dtv

Lexikon
des
Mittelalters
III

Codex Wintoniensis bis Erziehungs- und Bildungswesen

Deutscher Taschenbuch Verlag

Band 1: Aachen – Bettelordenskirchen
Band 2: Bettlerwesen – Codex von Valencia
Band 3: Codex Wintoniensis – Erziehungs- und Bildungswesen
Band 4: Erzkanzler – Hiddensee
Band 5: Hiera-Mittel – Lukanien
Band 6: Lukasbilder – Plantagenêt
Band 7: Planudes – Stadt (Rus')
Band 8: Stadt (Byzantinisches Reich) – Werl
Band 9: Werla – Zypresse
Anhang: Stammtafeln, integriertes Großregister

Oktober 2002
Deutscher Taschenbuch Verlag GmbH & Co. KG,
München
www.dtv.de
© Coron Verlag Monika Schoeller & Co., Lachen am Zürichsee
1999
Das Werk ist urheberrechtlich geschützt.
Sämtliche, auch auszugsweise Verwertungen bleiben vorbehalten.
Umschlagkonzept: Balk & Brumshagen
Umschlaggestaltung unter Verwendung eines Ausschnittes aus dem Teppich von Bayeux
(© AKG, Berlin)
Druck und Bindung: Druckerei C. H. Beck, Nördlingen
Gedruckt auf säurefreiem, chlorfrei gebleichtem Papier
Printed in Germany · ISBN 3-423-59057-2

INHALTSVERZEICHNIS

	Seite
Herausgeber und Berater mit ihren Fachbereichen	VII
Redaktion	VIII

	Spalte
Stichwörter von Codex Wintoniensis bis Erziehungs- und Bildungswesen	1–2208
Mitarbeiter des dritten Bandes	2209
Übersetzer des dritten Bandes	2219
Abbildungen	2219

DIE HERAUSGEBER UND BERATER MIT IHREN FACHBEREICHEN IM LEXIKON DES MITTELALTERS

Alphabetische Reihenfolge. Stand: Juni 1986

BAUTIER, ROBERT-HENRI, Paris: *Französische Geschichte im Spätmittelalter*
BERGHAUS, PETER, Münster (Westf.): *Numismatik*
BIEDERMANN, HERMENEGILD M., OSA, Würzburg: *Geschichte der Ostkirche*
BINDING, GÜNTHER, Köln: *Die mittelalterliche Baukunst in Europa in formaler, typologischer und stilistischer Hinsicht*
BRIESEMEISTER, DIETRICH, Mainz: *Romanische Literaturen und Sprachen* (Teilbereich)
BRUCKNER, ALBERT †, *Schrift-, Buch- und Bibliothekswesen*
BRÜCKNER, WOLFGANG, Würzburg: *Volkskunde*
BRÜHL, CARLRICHARD, Gießen: *Langobarden; Italien im Hochmittelalter* (unter Mitarbeit von THEO KÖLZER, Gießen)
BRUNHÖLZL, FRANZ, München: *Mittellateinische Sprache und Literatur*
BULLOUGH, DONALD A., St. Andrews: *Englische Geschichte im Hochmittelalter*
BYRNE, FRANCIS J., Dublin: *Keltologie*

VAN CAENEGEM, RAOUL, Gent: *Englische Rechtsgeschichte*
CAVANNA, ADRIANO, Milano: *Italienische Rechtsgeschichte*
CONTAMINE, PHILIPPE, Paris: *Kriegswesen*

DILG, PETER, Marburg a. d. Lahn: *Geschichte der Botanik*
DUJČEV, IVAN †, *Geschichte Südosteuropas*

ELBERN, VICTOR H., Berlin: *Kleinkunst*
ENGELS, ODILO, Köln: *Geschichte der Iberischen Halbinsel*
ENGEMANN, JOSEF, Bonn: *Archäologie der Spätantike und des Frühchristentums*
VAN ESS, JOSEF, Tübingen: *Arabische Welt*

FASOLI, GINA, Bologna: *Geschichte Italiens im Spätmittelalter*

FERLUGA, JADRAN, Münster (Westf.): *Byzantinische Geschichte und Kultur*
FLECKENSTEIN, JOSEF, Göttingen: *Frühmittelalter*
FRANK, KARL SUSO, OFM, Freiburg i. Br.: *Patristik*
FRENZ, THOMAS, Würzburg: *Heraldik*

GABRIEL, ERICH, Wien: *Belagerungsgeräte, Feuerwaffen*
GAMBER, ORTWIN, Wien: *Waffenkunde, Rüstungswesen*
GERRITSEN, WILLEM P., Utrecht: *Mittelniederländische Literatur*
GRAUS, FRANTIŠEK, Basel: *Geschichte Ostmitteleuropas im Spätmittelalter*
GREIVE, HERMANN †, *Geschichte des Judentums*
GRUBER, JOACHIM, Erlangen-Nürnberg: *Spätantike, Westgoten*

HAMANN, GÜNTHER, Wien: *Geschichte der Geographie und der Reisen im Mittelalter*
HARMUTH, EGON, Wien: *Mechanische Fernwaffen*
HARRIS, JENNIFER, Genf: *Kostümkunde*
HEINZELMANN, MARTIN, Paris: *Hagiographie*
HELLMANN, MANFRED, München: *Geschichte Rußlands, Litauens und der baltischen Ostseeländer*
HERDE, PETER, Würzburg: *Historische Grundwissenschaften*
HINZ, HERMANN, Tübingen: *Archäologie des Mittelalters*
HÖDL, LUDWIG, Bochum: *Philosophie und Theologie des Mittelalters*
HÜNEMÖRDER, CHRISTIAN, Hamburg: *Geschichte der Zoologie*

JUNG, MARC-RENÉ, Zürich: *Romanische Literaturen und Sprachen* (Teilbereich)
JÜTTNER, GUIDO, Berlin: *Geschichte der Mineralogie und Alchemie*

KLEMM, CHRISTIAN, Zürich: *Tafelmalerei*
KORN, HANS-ENNO †, *Heraldik*
KROESCHELL, KARL, Freiburg i. Br.: *Rechts- und Verfassungsgeschichte*
KÜHNEL, HARRY, Krems a. d. Donau: *Realienkunde des Mittelalters*

LANGGÄRTNER, GEORG, Würzburg: *Liturgie*
LUDAT, HERBERT, Gießen: *Geschichte Ostmitteleuropas im Hochmittelalter*

MAKSIMOVIĆ, LJUBOMIR, Beograd: *Geschichte Südosteuropas*
MANSELLI, RAOUL †, *Geschichte Italiens im Spätmittelalter; Häresien*
MEINHARDT, HELMUT, Gießen: *Philosophie und Theologie des Mittelalters*
MERTENS, VOLKER, Berlin: *Deutsche Literatur*
MEYER, WERNER, Basel: *Kriegswesen*
MORDEK, HUBERT, Freiburg i. Br.: *Kanonisches Recht; Kirchengeschichte und Kirchenverfassung*
VON MUTIUS, HANS-GEORG, Köln: *Geschichte des Judentums*

NEUENSCHWANDER, ERWIN, Zürich: *Geschichte der Mechanik, Mathematik und Astronomie*
NEWTON, STELLA M., London: *Kostümkunde*

ONASCH, KONRAD, Halle (Saale): *Russische Kunst*
OURLIAC, PAUL, Toulouse: *Romanisches Recht* (unter Mitarbeit von DANIELLE ANEX-CABANIS, Toulouse)

PÁSZTOR, EDITH, Roma: *Häresien*
PATSCHOVSKY, ALEXANDER, München: *Häresien*
PATZE, HANS, Göttingen: *Deutsche Geschichte im Spätmittelalter*
PETER, HANS †, *Römisches und gemeines Recht*
PLOTZEK, JOACHIM M., Köln: *Buch-, Wand- und Glasmalerei; Mosaikkunst*

REINLE, ADOLF, Zürich: *Skulptur*
RICHTER, MICHAEL, Dublin: *Keltologie*
RILEY-SMITH, JONATHAN, London: *Geschichte der Kreuzzüge*
RINGGER, KURT, Mainz: *Romanische Literaturen und Sprachen* (Teilbereich)
ROBBINS, ROSSELL H., Albany: *Altenglische Literatur; Mittelenglische Literatur*
ROBERG, BURKHARD, Bonn: *Kirchengeschichte und Kirchenverfassung*

RÖSENER, WERNER, Göttingen: *Agrar- und Siedlungsgeschichte*
RÜEGG, WALTER, Bern: *Humanismus; Universitäten, Schulwesen*

SÁEZ, EMILIO, Barcelona: *Geschichte der Iberischen Halbinsel*
SAUER, HANS, München: *Altenglische Literatur; Mittelenglische Literatur*
SCHIPPERGES, HEINRICH, Heidelberg: *Geschichte der Medizin*
SCHMID, HANS, München: *Geschichte der Musik*
SCHMITZ, RUDOLF, Marburg a. d. Lahn: *Geschichte der Pharmazie*
SCHRAMM, MATTHIAS, Tübingen: *Geschichte der Optik*
SCHULZE, URSULA, Berlin: *Deutsche Literatur*
SCHWENK, SIGRID, Göttingen: *Jagdwesen*

VON SEE, KLAUS, Frankfurt a. Main: *Skandinavische Literatur; Politische und Rechtsgeschichte Skandinaviens* (unter Mitarbeit von HARALD EHRHARDT, Frankfurt a. Main)
SEMMLER, JOSEF, Düsseldorf: *Mönchtum*
SPRANDEL, ROLF, Würzburg: *Handel, Gewerbe, Verkehr, Bergbau, Bankwesen*
STOOB, HEINZ, Münster (Westf.): *Städtewesen*
STOREY, ROBIN L., Nottingham: *Englische Geschichte im Spätmittelalter*
SVEJKOVSKÝ, FRANTIŠEK, Chicago: *Slavische Literaturen*

TIETZE, ANDREAS, Wien: *Geschichte der Osmanen*
TIMM, ALBRECHT †, *Technik und materielle Kultur*

VERHULST, ADRIAAN, Gent: *Agrar- und Siedlungsgeschichte; Geschichte der Niederlande*
VISMARA, GIULIO, Milano: *Italienische Rechtsgeschichte*
VONES, LUDWIG, Köln: *Geschichte der Iberischen Halbinsel*

WEIMAR, PETER, Zürich: *Römisches und gemeines Recht*
WERNER, KARL FERDINAND, Paris: *Geschichte Deutschlands und Frankreichs im Hochmittelalter*
WESSEL, KLAUS, München: *Byzantinische Kunstgeschichte*
WOLDAN, ERICH, Wien: *Geschichte der Geographie und der Reisen im Mittelalter*
WOLTER, HANS, SJ †, *Kirchengeschichte und Kirchenverfassung*

ZAPP, HARTMUT, Freiburg i. Br.: *Kanonisches Recht*

REDAKTION LEXIKON DES MITTELALTERS

Artemis Verlag München

Alphabetische Reihenfolge. Stand: Juni 1986

AVELLA-WIDHALM, GLORIA
LUTZ, LISELOTTE
MATTEJIET, ROSWITHA
MATTEJIET, ULRICH

C

FORTSETZUNG

Codex Wibaldi → Wibald v. Stablo

Codex Wintoniensis, moderne Bezeichnung für das ma. Kartular des Kathedralpriorats v. →Winchester. Während der 1. Hälfte des Episkopats Bf. Heinrichs v. Blois (1129–71) als Prachthandschrift hergestellt, enthielt der ursprgl. Codex 186 Kopien lat. und ae. Urkunden, die aus der Zeit zw. 650 und 1066 stammen. Den größten Teil der Urkunden bilden Königsdiplome, aber auch Pachtverträge, Schiedsverträge, Testamente und fiskal. Urkunden sind enthalten. Die Texte sind vollständig und genau kopiert (obwohl viele Fälschungen sind) und in Gruppen zusammengefaßt, die sich auf die einzelnen Fronhofverbände von Winchester beziehen. Urkunden wurden von zahlreichen späteren Schreibern bis zur Mitte des 14. Jh. ergänzt, aber ohne die ursprgl. Anordnung zu zerstören. Ungewöhnl. ist, daß der C. W. viele Landübertragungen an weltl. Adlige enthält. Obwohl die Verbindung eines kleinen Teils dieser Adligen mit der Kirche von Winchester noch nicht nachgewiesen werden konnte, besteht kein Grund mehr für die Annahme, daß die Kopisten Zugang zu einem Archiv der ags. Kg. e hatten. N. P. Brooks

Lit.: C. R. HART, The C. W. and the king's haligdom, AHR 18, 1970, 7–38 – A. R. RUMBLE, The purposes of the C. W. (Proc. Battle Conference on Anglo-Norman Stud. 4, 1981), 153–166.

Codex Wittekindeus (Berlin, Dt. Staatsbibl. Ms. theol. lat. fol. 1.), Evangeliar, seit dem frühen 12. Jh. nach alter Tradition im Besitz des Dionysius-Stifts zu Enger, in dessen Stiftskirche sich das vermeintl. Grabmal des Sachsenherrschers →Widukind († 807?) befindet. Im 15. Jh. gelangten die Rechte, Besitzungen und der Kirchenschatz an die Johanneskirche zu →Herford. Um die Mitte des 17. Jh. kam der C. W. als Geschenk Herfords an den Gr. Kurfürsten, von da an die kgl. Bibliothek zu Berlin.

Das Evangeliar ist ein Spitzenprodukt der Fuldaer Buchmalerei (→Fulda) aus dem letzten Viertel des 10. Jh. Es ist nach dem für Evangeliare üblichen Schema gegliedert: 16 Seiten Canones, vier Evangelistenbilder mit jeweils gegenüberliegenden Titelseiten. Vom ursprgl. Einband, der um 1818 durch einen neuen ersetzt wurde, dessen Aussehen aber in Beschreibungen überliefert ist, haben sich vier Elfenbeinreliefs mit Darstellungen der Traditio Legis, der Auferweckung des Lazarus, dem Auftrag Christi zur Speisung der Menge und des zwölfjährigen Jesus im Tempel erhalten. In der Mitte befand sich früher ein Onyx, wohingegen über die Verteilung der in den Beschreibungen gen. Heiligendarstellungen nichts Sicheres gesagt werden kann. Entgegen früherer Ansicht, die Elfenbeintäfelchen seien in Mailand oder Umgebung ausgeführt worden, nimmt man heute Magdeburg als Entstehungsort an, was durch die erhaltene Widmung »Engelhardus archiepiscopus me fieri iussit« nachzuweisen ist. Es handelt sich hierbei um den Ebf. Engelhardus (1052–63) v. Magdeburg, dem Enger unterstellt war.

A. Bruckner

Lit.: Handschriftenverzeichnis der Kgl. Bibl. Berlin, 1901 – E. H. ZIMMERMANN, Die Fuldaer Buchmalerei in karol. und otton. Zeit, 1910 – A. BOECKLER, C. W., 1938.

Codi (genauer: lo Codi), ein 1838 wiederentdecktes provenzal. Rechtsbuch, das eine elementare Zusammenfassung (Summe) des →röm. Rechts in der Ordnung der ersten 9 Bücher des Codex Iustinianus, d. h. des dritten Teils des →Corpus iuris civilis, enthält und wahrscheinlich um die Mitte des 12. Jh. in Arles entstanden ist. Man kennt heute 14 Hss. des umfangreichen Werkes, davon fünf mit der provenzal. Fassung; die anderen Mss. geben uns den Text in lat., altfrz., kast. und frankoprovenzal. Übersetzung. Der C. zeigt deutliche Einflüsse der Rechtsschule der Glossatoren von →Bologna, war aber mehr für die Gerichtspraxis als für die Wissenschaft bestimmt und wurde vom 12. bis zum 15. Jh. in Frankreich, Italien und Spanien, bald nach 1160 schon in Kgr. Jerusalem intensiv benutzt. Als älteste nicht in lat. Sprache geschriebene Darstellung der Grundzüge des röm. Rechts hat das mit manchen offenen Fragen umgebene Werk seit etwa 1890 immer wieder Juristen und Philologen in seinen Bann gezogen. H. Peter

Ed.: Lo Codi in der lat. Übersetzung des Ricardus Pisanus, ed. H. FITTING, 1906 [Nachdr. 1968] – La Somme du Code, ed. L. ROYER-A. THOMAS, Notices et extraits des manuscrits de la Bibl. Nat. ... 42, 1932, I–XXXII, 1–138 [unvollst. Ms. der frankoprovenzal. Fassung im Dialekt des nördl. Dauphiné] – F. DERRER, Lo Codi [Diss. Zürich 1974, provenzal. Fassung des Ms. Sorbonne 632, mit Forsch.Ber. und Lit.] –
Lit.: P. VINOGRADOFF, Roman Law in Medieval Europe, 1929², 71–77, 96 [Nachdr. 1961] – COING, Hdb. I, 198–201 [P. WEIMAR] – A. GOURON, La science juridique française aux XIe et XIIe s. (IRMAE I 4 d–e, 1978), 89–104.

Codices Balduini (oder »Balduineen«), von →Balduin v. Luxemburg, Ebf. v. Trier, angelegte Kopiare, zu den ältesten im Reich gehörend. Drei Bände befinden sich heute in Koblenz, einer ist in Merseburg. Die C. B. hatten im Zusammenhang mit Balduins Reformen auf allen Gebieten der Verwaltung die Sicherung der Besitztitel und Privilegien des Erzstifts Trier zum Ziel. Das Vorwort der drei Koblenzer Exemplare und das Merseburger Kopiar (»Balduineum Kesselstatt«) entstanden 1330/1340, die drei Koblenzer Bände (gleichartig angelegt und mit kostbarer Buchmalerei geschmückt) um 1350. Die beiden größeren waren für die Archive des Ebf.s und des Domkapitels bestimmt, der dritte, kleinere, war das Reiseexemplar des Erzbischofs. Fertiggestellt wurden sie erst nach dem Tode Balduins (1354). Die darin enthaltenen 2256 Urkunden, zu einem großen Teil nur hier überliefert, sind wichtige Quellen zur Reichs-, Territorial- und Verwaltungsgeschichte der ersten Hälfte des 14. Jahrhunderts.

J. Mötsch

Lit.: J. MÖTSCH, Die Balduineen. Aufbau, Entstehung und Inhalt der Urkundensammlung des Ebf.s Balduin v. Trier (Veröff. der Landesarchivverwaltung Rheinland-Pfalz 33, 1980).

Codices Bonifatiani, Hss. in der Hess. Landesbibl. Fulda, von denen zwei (1 + 2) höchstwahrscheinl. und eine (3) möglicherweise aus dem Besitz des hl. →Bonifatius stammen und nach seinem Tod (754) als Reliquien im →Fuldaer Kl. aufbewahrt wurden. Randbemerkungen in C. B. 1 sind Bonifatius selbst zugeschrieben worden. Von Bedeutung sind alle drei C., v. a. auch ihrer Einbände wegen, die zu den ältesten – nordwärts der Alpen entstandenen – gehören, die sich erhalten haben. K. Bierbrauer

Lit.: Hoops² IV, 59ff. [G. HASELOFF] – K. SCHERER, Die C. B. in der Landesbibl. zu Fulda (Festg. zum Bonifatiusjubiläum), 1905 – E. A. LOWE, Cod. Latini Antiquiores, 1959, Nr. 1196–1198 – H. KÖLLNER, Die illuminierten Hss. der Hess. Landesbibl. Fulda 1, Tafelbd., 1976.

1. C. B. 1 (Victor-Cod.), gen. nach Bf. Victor v. Capua (541–554), für die die Hs. (503 Bl., 288 × 140 mm), eine Evangelienharmonie nach Tatian, in Süditalien geschrieben wurde. Sie ist eine der wenigen fest datierten (spätestens 546/547) Unzialhss. der Spätantike. Der zugehörige Ledereinband mit Blindprägung und Metallbeschlägen stammt aus dem 8. Jh. K. Bierbrauer

Lit.: D. M. WILSON, An Anglo-Saxon Bookbinding at Fulda, The Antiquaries Journal 41, 1961, 199–217, Taf. 35–38.

2. C. B. 2 (Ragyntrudis-Cod.), gen. nach der Bestellerin (Eintrag 143v), eine in Luxeuil-Minuskel geschriebene theol. Sammelhs. (143 Bl., 280–85 × 190 mm). Die Art des Farbauftrages und die Motivwahl des Buchschmuckes (Zierseiten und Initialen) entsprechen auf charakterist. Weise den Hss. der Schule v. →Luxeuil, wobei der Ragyntrudis-Cod., stilist. gesehen, der Spätphase nach 700 angehört. Terminus ante für die Datierung der Hs. ist der Tod des hl. Bonifatius (754): Noch heute sichtbare Spuren zeugen für den Wahrheitsgehalt der Tradition, wonach sich der Märtyrer mit Hilfe dieses Buches gegen die Waffen seiner Mörder zu schützen versuchte.

Der zweischichtige, in Durchbruchsarbeit verzierte, dreifarbige Ledereinband ist zeitgenössisch, wahrscheinl. am gleichen Ort wie die Hs. entstanden. K. Bierbrauer

Lit.: G. HASELOFF, Der Einband des Ragyndrudis-Cod. in Fulda (Von der Klosterbibl. zur Landesbibl., Beitr. zum zweihundertjährigen Bestehen der Hess. Landesbibl. Fulda, 1978), 1–46.

3. C. B. 3 (Cadmug-Evangeliar), gen. nach seinem Schreiber (Kolophon 65r), wurde lange Zeit für ein Autograph des Bonifatius gehalten, spätestens seit dem Ende des 9. Jh., als der Cod. an Kg. Arnulf (887–896) ausgeliehen war und seine Rückkehr ins Kl. Fulda zu einem Eintrag in Goldschrift Anlaß gab (65v). Die künstler. Ausstattung der in ir. →Minuskel geschriebenen Hs. (66 Bl., 125 × 112 mm) ist wenig aufwendig. Zu Beginn der Evangelientexte ist viermal das gleiche (Ev.-)Bild wiederholt, die gegenüberliegenden Textseiten besitzen einfache ornamentierte Rahmen. Die Hs. gehört zu einer Reihe von ir. Taschenevangeliaren, vorwiegend aus der 2. Hälfte des 8. Jh.

Der zugehörige Ledereinband ist original, er ist in der Technik des Lederschnittes mit Diagonalkreuz und Flechtknoten verziert. K. Bierbrauer

Lit.: J. J. G. ALEXANDER, Insular manuscripts from the 6th to the 9th c., 1978, 70, Nr. 49 – H. SPILLING, Ir. Handschriftenüberlieferung in Fulda, Mainz und Würzburg (Die Iren und Europa im früheren MA, 1982), 885ff.

Cóe ('Gastung'), ein air. Wort, bez. die Gastfreundschaft, die ein Höriger einem Herrn während des *ráithe chue*, der 'Gastungsperiode' vom 1. Januar bis zum Beginn der Fastenzeit, schuldete. Während dieser Zeit hatte der Herr das Recht, mit einer größeren Zahl von Begleitern als sonst im Haus seines Hörigen einzukehren. Das ráithe chue gehörte zu den Perioden des Jahres, in denen am meisten Fleisch gegessen wurde. C. ist daher als wichtiger Teil der Leistungen des Hörigen an den Herrn, der ihm ursprgl. ein Viehlehen verliehen hatte, zu betrachten. Das Institut der C. ist vergleichbar dem *cuid oidhche* ('Teilhabe für eine Nacht'), das ir. Herren im 16. Jh. ausübten, ebenso der *cwynnos* ('Mahl für eine Nacht'), die sich in walis. Rechten findet, schließlich der engl. firma unius noctis, ursprgl.

'Beköstigung für eine Nacht', die im Domesday Book erscheint. T. M. Charles-Edwards

Lit.: D. A. BINCHY, 'Aimser Chue', Féilsgríbhinn Eóin Mhic Néill, ed. J. RYAN, 1940.

Coelestin

1. C. I., *Papst* (hl.) von 422–432. Der ehemalige röm. Diakon gehört zu den bedeutenden Vertretern der altkirchl. Primatsidee, wenn auch seine Bemühungen nicht immer erfolgreich waren. Die nordafrikan. Kirche lehnte unter ihm jede Appellation nach Rom ab. Im Streit mit →Nestorios v. Konstantinopel nahm er einseitig Partei für die Alexandriner, und →Kyrill v. Alexandria spannte auf dem Konzil v. →Ephesos 431 die röm. Autorität für seine Zwecke ein. – Im Jahre 431 sandte er den Diakon Palladius als Bf. nach Irland. – Erhalten sind 16 Briefe, hauptsächl. zum nestorian. Streit. K. S. Frank

Q.: LP, 230–231 – JAFFÉ, 366–388 – Lit.: E. CASPAR, Gesch. des Papsttums von den Anfängen bis zur Höhe der Weltherrschaft I, 1930, 368–373, 381–416 – CH. PIETRI, Roma christiana II, 1976 – M. WOJTOWYTSCH, Papsttum und Konzile von den Anfängen bis Leo I., 1981.

2. C. II. (Guido de Castello), *Papst* seit 26. Sept. 1143 (Wahl; Weihe: 3. Okt. 1143), † 8. März 1144, Rom, ▭ebd., Lateran. Der Domkanoniker von Città di Castello erwarb sich als Schüler von →Abaelard große, von Zeitgenossen gerühmte Gelehrsamkeit und führte den Magistertitel. Honorius II. kreierte ihn 1128 zum Kardinaldiakon von S. Maria in Via Lata, als welcher er 1130 für Innozenz II. Partei ergriff. Er begleitete diesen 1130 nach Frankreich und wirkte Ende 1131 als Legat in Deutschland, u. a. in Verhandlungen mit Kg. Lothar III. Im Dez. 1133 zum Kardinalpriester von S. Marco promoviert, zählte er, von 1132 an fast ständig in der Umgebung Innozenz' II., neben dem Kanzler Haimerich und Gerhard von S. Croce (später →Lucius II.), zu den maßgeblichen päpstl. Beratern. Er vertrat den Papst 1137 bei Verhandlungen mit dem Ks. über die rechtl. Stellung von →Montecassino und im selben Jahr bei Gesprächen mit Kard.en Anaklets II. vor Kg. →Roger II. in Salerno. 1139 wurde er als Legat in die Lombardei entsandt. Guido stand in briefl. Verbindung mit →Bernhard v. Clairvaux, →Gerho(c)h v. Reichersberg (der ihm und anderen Kard.en den »Libellus de ordine donorum sancti Spiritus« widmete), →Petrus Venerabilis u. a. Dem Kardinalkollegium schien er angesichts der Spannungen mit der Stadt →Rom wegen deren Streben nach kommunaler Selbstregierung als der geeignete Kandidat für den Stuhl Petri. Der ein knappes halbes Jahr währende Pontifikat läßt jedoch keine klare Linie erkennen. Die Mehrzahl der Urkk. sind Bestätigungen von Privilegien. Nach anfängl. Widerstand ließ C. Verhandlungen mit Kg. Roger II. v. Sizilien wegen der Investitur aufnehmen; im engl. Thronstreit stand er auf der Seite der Kgn. →Mathilde; das über Frankreich wegen der strittigen Wahl des Ebf.s v. Bourges verhängte Interdikt hob er auf. Bei der Vermehrung des 26köpfigen →Kardinalkollegiums um neun Mitglieder im Dez. 1143 bevorzugte C. keine bestimmte Personengruppe. Es überwiegen die farblosen Persönlichkeiten. Testamentarisch vermachte er 56 Bücher der Kathedrale seiner Heimatstadt. W. Maleczek

Q. und Lit.: DBI XXIII, 388–392 – DHGE XII, 59–62 – JAFFÉ II, 1–7 – GP – IP – LP II, 385 – MPL 179, 761–820 – PU, passim – J. PFLUGK-HARTTUNG, Acta Pontificum Romanorum I–III, 1881–88 – A. WILMART, Les livres légués par C. II à Città di Castello, RevBén 35, 1923, 98–102 – B. ZENKER, Die Mitglieder des Kardinalkollegiums von 1130 bis 1159 [Diss. Würzburg 1965], 83f.

3. C. III. (Giacinto [Hyacinthus] Bobone), *Papst* spätestens seit 10. April 1191 (Konsekration: 14. April), *Anfang des 12. Jh. (ca. 1105/06) in Rom, † 8. Jan. 1198, ebd.,

⌐ ebd., S. Giovanni in Laterano »iuxta S. Mariam de Reposo«; Devise: »Perfice gressus meos in semitis tuis«; Vater: Pietro Bobone, entstammte der röm. Adelsfamilie, die später den Namen →Orsini führen sollte. Früh für die kirchl. Laufbahn bestimmt, ist er schon 1126 als prior subdiaconorum von S. Giovanni in Laterano nachweisbar, studierte bei →Abaelard in Paris Dialektik und Theologie und verteidigte denselben zusammen mit seinem Studiengefährten →Arnold v. Brescia auf dem Konzil v. →Sens (1140) gegen die Angriffe →Bernhards v. Clairvaux. Coelestin II. ernannte ihn 1143 zum Kardinaldiakon von S. Maria in Cosmedin. Giacinto wurde mit wichtigen Legationen und schwierigen diplomat. Missionen betraut. Zwei Gesandtschaften auf die Iber. Halbinsel machten ihn zum Spezialisten der Kurie für die dort herrschenden Verhältnisse, was sich später auch in seinem Verhalten als Papst gegenüber den span. Reichen auswirken sollte. Unter Anastasius IV. zog er 1154/55 als Legat durch Aragón-Katalonien, Kastilien-León und Portugal und hielt Provinzialkonzilien in Valladolid und Lérida (sowie auf dem Rückweg in Narbonne) ab, auf denen die polit. und kirchl. Zustände auf der Halbinsel verhandelt wurden (Frage des Primats von →Toledo, Streit zw. →Braga und →Santiago de Compostela). Darüber hinaus trieb Giacinto die Organisation eines gemeinsamen span. Kreuzzugsunternehmens nachhaltig voran, indem er der Kreuzzugspredigt starke Impulse gab, selbst das Kreuz nahm und sich zumindest nominell die Führung übertragen ließ – auch als Papst sollte er noch die Kreuzzugsidee in Spanien unterstützen. Eine zweite große Legatenreise nach Spanien unternahm er 1172-74, bei der er einen Ausgleich der im Kern noch immer ungelösten Konflikte förderte. In den ereignisreichen Jahren zw. seinen großen Legationen war Giacinto überdies mehr und mehr in die Rolle eines Vermittlers zw. der päpstl. Kurie, dem dt. Ks. und dem frz. Kg. hineingewachsen. Hatte er schon im Juni 1158 als Legat nach dem Eklat v. →Besançon beschwichtigend auf die ksl. Partei eingewirkt, so brachte er im Verein mit →Bernhard v. Porto die Unterredung von →Souvigny (Aug. 1162) zw. dem frz. Kg. und Alexander III. zustande, durch deren Verlauf ein Erfolg der Verhandlungen mit dem Ks. nahezu ausgeschlossen wurde. 1177 wirkte er am Frieden v. →Venedig mit und war anschließend Mitglied der Kommissionen, die die Neuordnung der Verhältnisse in Mittelitalien vorbereiten sollten.

Die Wahl des fast 90jährigen zum Papst – er erhielt erst am 13. April 1191 die Priesterweihe – trug alle Anzeichen einer Kompromißentscheidung, durch die eine Spaltung innerhalb des Kardinalkollegs vermieden wurde; die Namenswahl muß als programmat. Rückbesinnung aufgefaßt werden. Der Pontifikat C.s ist im innerkirchl. Bereich gekennzeichnet durch den festen Willen zu einer Strukturreform, die wirkungsvoll durch administrative, die kurialen Behörden (→Kurie) aufwertende Maßnahmen eingeleitet wurde und selbst vor dem →Kardinalkolleg nicht haltmachte. Sie schloß, ungeachtet zunehmender Widerstände, die gezielt fortschreitende personelle Umgestaltung dieses Gremiums durch die Kreation neuer, dem Papst nahestehender Mitglieder ein und trieb zudem die Neuordnung des Kirchenbesitzes und die Zusammenfassung kirchl. Rechts- und Zinsansprüche unter zentralist. Gesichtspunkten voran, wozu die Anlage des →Liber censuum durch den Kämmerer Cencio Savelli (→Honorius III.) zw. 1192 und 1195 ein entscheidender Beitrag war. C.s erprobtes diplomat. Geschick sowie sein zähes Beharrungsvermögen gestatteten dem Papst die Vorbereitung einer Rekuperationspolitik auf lange Sicht. Von dieser Zielsetzung und der Abwehr der drohenden Umklammerung des Kirchenstaates durch die stauf. Macht wurde das Verhältnis C.s zu Heinrich VI. hauptsächl. bestimmt. Die Anerkennung der Königsherrschaft →Tankreds v. Lecce auf lehnrechtl. Basis durch das Konkordat v. Gravina (Juni 1192) war sowohl der Aufrechterhaltung der päpstl. Lehnshoheit über Süditalien und Sizilien als auch der Ausdehnung der Kirchenhoheit über den Rahmen des Vertrags v. →Benevent (Juni 1156) hinaus förderlich. Das Verhalten C.s in Fragen der Heiratspolitik zielte in vieler Hinsicht auf eine weitgehende Isolierung und letztl. Sprengung des stauf.-kapeting. Bündnisses, wenn auch die englandfeindl. Politik des frz. Kg.s in der Normandie solchen Versuchen zuwider zog. Nachdem die 1194 eingetretene »Unio regni ad imperium« die päpstl. Lehns- und Kirchenhoheit über Sizilien mehr denn je in Frage gestellt hatte, zudem die Beziehungen zum Ks. durch die Ermordung des Bf.s →Albert v. Lüttich (1192) und die Vorgänge um die Gefangennahme und Freilassung von →Richard Löwenherz empfindl. gestört waren, konnte die Unvereinbarkeit der polit. Vorstellungen auf päpstl. und ksl. Seite weder durch die Kreuznahme Heinrichs VI. noch durch Verhandlungen über den mittelit. Kirchenbesitz und den Rechtsstatus Siziliens überwunden werden, zumal die Kurie trotz eines bis heute inhaltl. nicht geklärten »hohen Angebots« von ksl. Seite keinerlei Bereitschaft zeigte, den →Erbreichsplan zu unterstützen. Erst der überraschende Tod Heinrichs VI. (28. Sept. 1197) beendete den schließlich permanenten Zustand erhöhter Gereiztheit, der durch die unklare Rolle der Kurie beim siz. Aufstand von 1197 verstärkt worden war, und ermöglichte der päpstl. Seite Rekuperationen im Kirchenstaat sowie die Sicherung der →Mathild. Güter. Die Absicht des altersschwachen C., durch eine freiwillige Renuntiation Ende 1197 dem von ihm favorisierten Kard. Giovanni di S. Paolo die Nachfolge auf dem Papstthron zu sichern, scheiterte am Widerstand der oppositionellen Kräfte im Kardinalkollegium, die noch am Todestag des Papstes die Wahl des Kardinaldiakons Lothar v. Segni (→Innozenz III.) durchsetzten.

L. Vones

Q.: WATTERICH, II, 708-748 – MPL 206, 864-1304 – J. PFLUGK-HARTTUNG, Acta Pontificum Romanorum, 3 Bde, 1881-88, I, 352-383; II, 396-402 – PU, passim [Ergänzungen dazu: F. BARTOLONI, QFIAB 34, 1954, 59-63 – W. HOLTZMANN, QFIAB 35, 1955, 60-64 – R. VOLPINI, RSCI 22, 1968, 415-424 – W. KOUDELKA, Revue d'hist. des missions 3, 1960, 128 – E. FRIEDBERG, Quinque compilationes antiquae, 1882, 66-104 – JAFFÉ² II, Nr. 16675-17679 [Nachträge dazu: V. PFAFF, HJb 78, 1959, 137-141] – DERS., ADipl 18, 1972, 367-398 – DERS., ZRGKanAbt 60, 1975, 157-167 – GP, passim – IP, passim – Lit.: DBI XXIII, 392-398 [V. PFAFF, Lit.] – DHGE XII, 62-77 – LThK² II, 1254f. – F. FITA, Primera legación del Cardenal Jacinto en España, BRAH 14, 1889, 530-555 – DERS., Concilios nacionales de Salamanca en 1154 y de Valladolid en 1155, BRAH 24, 1894, 449f., 467-475 – J. HALLER, Ks. Heinrich VI. und die röm. Kurie, MIÖG 35, 1914, 385-454, 545-669 [Neudr. 1962] – K. WENCK, Die röm. Päpste zw. Alexander III. und Innozenz III. . . . . (Fschr. P. KEHR, 1926), 442-474 – V. PFAFF, Ks. Heinrichs VI. höchstes Angebot an die röm. Kurie, 1927 – G. SÄBEKOW, Die päpstl. Legationen nach Spanien und Portugal [Diss. Berlin 1931], 48-51, 53-61 – W. HOLTZMANN, La »Collectio Seguntina« et les Décrétales de Clément III et Célestin III, RHE 50, 1955, 400-453 – V. PFAFF, Die Kard.e unter Papst C. III., T. 1, ZRGKanAbt 41, 1955, 58-94; T. 2, ZRGKanAbt 52, 1966, 332-369 – P. ZERBI, Papato, Impero e »Respublica Christiana« dal 1187 al 1198 (Pubblicazioni dell'Univ. cattolica del S. Cuore 50, 1955), 58-94 – V. PFAFF, Pro Posse Nostro. Die Ausübung der Kirchengewalt durch C. III., ZRGKanAbt 43, 1957, 89-131 – W. JANSSEN, Die päpstl. Legaten in Frankreich (1130-1198), 1961, 59, 80ff., 138-150 – V. PFAFF, Papst C. III., ZRGKanAbt 47, 1961, 109-128 – G. BAAKEN, Die Verhandlungen zw. Ks. Heinrich VI. und Papst C. III. in den Jahren 1195-1197, DA 27, 1971, 457-513 – J. DÉER, Papsttum und Normannen, 1972 – O.

ENGELS, Die Staufer, 1972 – V. PFAFF, Die innere Verwaltung der Kirche unter Papst C. III., ADipl 18, 1972, 342–366 – DERS., Der Vorgänger: Das Wirken C.s III. aus der Sicht Innozenz III., ZRGKanAbt 60, 1974, 121–157 – DERS., Das Papsttum in der Weltpolitik des endenden 12. Jh., MIÖG 82, 1974, 338–375 – K. JORDAN, Papst C. und die Welfen zu Beginn seines Pontifikats, ADipl 23, 1977, 242–256 – V. PFAFF, Das kirchl. Eherecht am Ende des 12. Jh., ZRGKanAbt 63, 1977, 73–117.

4. C. IV. (Goffredo Castiglioni), *Papst* seit 25. Okt. 1241 (Wahl), † 10. Nov. 1241, ▭ Rom, S. Pietro in Vaticano. Von seinem früheren Leben ist vor dem 18. Juli 1223, an dem er als Kanzler v. Mailand belegt ist, nichts bekannt. Er ist 1226 bei der öffentl. Lesung der »Rhetorica antiqua« des →Boncompagnus in Padua anwesend. Alte Nachrichten über ein vorgebl. Verwandtschaftsverhältnis mit Urban III. entbehren jeder Grundlage. Am 18. Sept. 1227 von Gregor IX. zum Kard. erhoben, wurde er 1228 als Legat in die Toskana und Lombardei gesandt, um die Städte, die Ks. Friedrich II. treu geblieben waren, zu einem Umschwenken auf die Politik der Kurie zu bewegen. Trotz energ. Bemühens, blieb er dabei erfolglos. Bei der Bekämpfung der Häretiker erwies er sich jedoch als geschickter Taktiker und konnte die Einsetzung der Inquisition in Mailand (1228) erreichen. 1238 erhielt er die Diöz. Sabina. Nach dem Tod Gregors IX. (22. Aug. 1241) schloß der Senator Matteo Rosso →Orsini Ende Aug. die an der Papstwahl teilnehmenden Kardinäle (zwei Mitglieder des Kardinalskollegiums befanden sich als Gefangene Friedrichs II. in Tivoli) im Septizonium ein (das »erste →Konklave der Geschichte«) und zwang sie, einen Papst aus ihrer Mitte zu wählen. Nach etwa 60 Tagen erzwungener Klausur wurde endlich G.C. am 25. Okt. gewählt, erkrankte aber zwei Tage später und starb am 10. Nov. Nach einigen Chronisten wurde er am 28. Okt. gekrönt, nach anderen erhielt er weder das Pallium noch die Krönung.

A. Paravicini Bagliani

Lit.: DBI XXIII, 398–402 – DHGE XII, 77–79 – G. P. BOGNETTI, Santa Maria di Castelseprio, 1949, 321–363 – G. MARCHETTI LONGHI, Il card. Gottifredo di Alatri, ASRSP 72, 1952, 17–49 – A. PARAVICINI BAGLIANI, Cardinali di Curia e familiae cardinalizie II, 1972, 407–416.

5. C. V. (Pietro del Morrone), *Papst* (hl.) seit 5. Juli 1294 (Wahl; Krönung: 29. Aug. 1294), abgedankt 13. Dez. 1294; * 1209 – Anfang 1210 im Molise, vermutl. S. Angelo Limosano, † 19. Mai 1296 in Fumone. – Aus einer Bauernfamilie stammend (Vater: Angelerio; Mutter: Maria), zweitjüngstes von 12 Kindern, trat er vor 1230 in das Benediktinerkloster S. Maria de Faifula ein, wurde ca. 1231 Eremit, zuerst am Monte Porrara, dann, nach Empfang der Weihen in Rom (ca. 1233/34), am Monte Morrone bei Sulmona. Ca. 1240–45 zog er sich in die Montagna della Maiella (weiter östl.) zurück, wo S. Spirito das Zentrum eines sich um ihn sammelnden Eremitenverbandes wurde, der 1264, endgültig 1275 (Privileg Gregors X.), als Teil des Benediktinerordens bestätigt wurde (vgl. →Coelestiner, 1). Beim Ausbau der Kongregation bewies Pietro del Morrone organisator. Geschick; der Verband gründete weitere Niederlassungen und erwarb (teils durch Schenkungen) Besitz in der Maiella, am Morrone in den Conca Peligna, in den Tälern der Flüsse Vella, Sagittario, Aterno und Sangro, aber auch in Rom und Umgebung, Isernia, L'Aquila u.a. Nach Besuch der päpstl. Kurie in →Lyon (Anfang 1275) hielt Pietro del Morrone das erste Generalkapitel ab, wurde dann nacheinander Abt seiner Kl. S. Maria de Faifula (1276) und S. Giovanni in Piano (bei Lucera, 1278/79). Ab 1281 wieder Prior von S. Spirito a Maiella, baute er seinen Verband weiter aus; zur Regula Benedicti kamen an die Mendikanten erinnernde Bräuche (arme Kleidung, einfache Speisen u.ä.). Obwohl von bäuerl.-einfacher Spiritualität, trat Pietro del Morrone mit der umbrischen Gruppe der Franziskaner-Spiritualen in Kontakt; die Viten und die Hl.-Geist-Patrozinien deuten auf (freilich wohl nicht tiefgehende) Vertrautheit mit den eschatolog. Spekulationen → Joachims v. Fiore und seiner Anhänger hin. Ab 1287 war der Eremitenverband nach zisterziens. Vorbild unter einem Generalabt (abbas pater) organisiert, der freilich nicht auf Lebenszeit ernannt war und wechselte (Pietro del Morrone hatte diese Stellung zeitweilig inne); dazu kamen Generalkapitel.

1293 ging Pietro del Morrone in das mittlerweile ausgebaute Kl. S. Spirito di Sulmona (del Morrone) zurück und ließ sich auf halber Höhe des Morrone in der Zelle S. Onofrio nieder. Dort erreichte ihn am 18. Juli 1294 eine Abordnung des Kardinalskollegiums, die ihm seine am 5. Juli in Perugia erfolgte Wahl zum Papst mitteilte. Nach mehr als zweijähriger Vakanz seit dem Tode →Nikolaus' IV., während der vornehml. infolge der Feindschaft zw. den →Colonna und →Orsini kein Kandidat die notwendige Zweidrittelmehrheit erhalten hatte, war in einer Inspirationswahl der heiligmäßige Pietro del Morrone gewählt worden, dessen Namen Kg. →Karl II. v. Anjou ins Spiel gebracht hatte, um seine Bemühungen zur Beendigung des Krieges der →Siz. Vesper zu unterstützen, und dessen Wahl zuletzt v.a. Kard. Latino Malabranca betrieben hatte. Pietro del Morrone akzeptierte unter schweren Bedenken, ritt, das Vorbild Christi nachahmend, am 28. Juli auf einem Esel in L'Aquila ein, wo vor der Kirche seiner Kongregation S. Maria di Collemaggio am 29. Aug. die Krönung stattfand. Er nahm den Namen C. an, offenbar zur Betonung der Verbundenheit mit den himml. Mächten. Karl II. sorgte, um Einfluß auf den Papst und die Wahl seines Nachfolgers ausüben zu können, für die Verlegung der Kurie nach →Neapel. Der kurze Pontifikat ist gekennzeichnet durch die Bestätigung der Kurie betreffenden Teile des Friedens v. →La Junquera (1. Okt.), Vermittlungsbemühungen im Krieg zw. →Eduard I. v. England und →Philipp IV. v. Frankreich, zahlreiche Privilegierungen der Niederlassungen seiner Kongregation und Versuche ihrer Erweiterung (u.a. um das Kl. Montecassino), die Erweiterung des Kardinalkollegiums um 12 neue, meist frz. Mitglieder (eschatolog. nach der Zahl der Apostel, darunter drei Mitglieder seiner Kongregation und weitere Mönche), die Wiedereinführung der Konklaveordnung →Gregors X. (→Konklave) und die Reorganisation der →Kurie. Am 5. Nov. traf C. V. mit Karl II. in Neapel ein, wo er sich im Castelnuovo eine Holzzelle bauen ließ. Da ihm trotz früher bewiesenen Organisationstalents die für die Leitung der Kurie nötige Erfahrung fehlte, das hohe Alter seinen Tribut forderte und das Kirchenregiment ihm aus den Händen glitt, erwog er bald nach seiner Ankunft in Neapel unter großen Gewissensqualen seine Abdankung. Von Kard. (u.a. Benedetto Caetani [→Bonifatius VIII.]) und Kanonisten beraten, vergewisserte er sich über die Zulässigkeit eines solchen Schritts und trat, trotz erhebl. Widerstände in seiner Umgebung, unter (jurist. an sich nicht erforderl.) Mitwirkung des Kardinalkollegiums am 13. Dez. zurück; als Gründe nannte er (entsprechend der kanonist. Lehre) Krankheit, Unwissenheit und den Wunsch, in seine Einsiedelei zurückzukehren. Vorher hatte er eine dann nur unter dem Namen seines Nachfolgers (CIC VI 1.7.1) verbreitete Konstitution über die Abdankung eines Papstes erlassen. Der bereits am 24. Dez. gewählte Bonifatius VIII. wollte aus Furcht vor der Anzweiflung der Rechtmäßigkeit der Abdankung Pietro del Morrone in seiner Umgebung unter Kontrolle halten; dieser entwich jedoch auf dem Zug von Neapel nach Rom nach S. Onofrio und entzog sich dort einer Verhaftung durch Abgesandte Bonifatius' VIII. durch die Flucht zu seinen Mitbrüdern in Apulien, die ihm von Rodi aus (in Nachahmung der Flucht der Spiritualen, denen C. V. als »Pauperes heremitae domini Coelestini« einen legalen Status gegeben hatte, die jetzt aber von Bonifatius VIII. verfolgt wurden [→Coelestiner, 2]) eine Flucht zur See nach Griechenland ermöglichen wollten. Die Strandung seines Schiffes bei Vieste führte jedoch zur Verhaftung durch den angiovin. Kapitan (10. Mai) und zur Rückführung nach Anagni zu Bonifatius VIII. Der Papst hielt Pietro del Morrone seit Ende Aug. 1295 im Kastell von Fumone in lockerer Haft, wo dieser am 19. Mai 1296 eines natürl. Todes starb.

Seine Person wurde in die Auseinandersetzungen um Bonifatius VIII. hineingezogen. Von den Colonna, einem Teil der Spiritualen und der frz. Partei wurde seine Abdankung auf Insinuationen Benedetto Caetanis zurückgeführt und (ebenso wie die folgende Wahl des Caetani) als rechtswidrig bezeichnet. Die Rechtsgültigkeit der Abdankung verteidigte am ausführlichsten →Aegidius Romanus (»De renuntiatione pape«, 1297). Im Häresieprozeß gegen Bonifatius VIII. spielte die Person C.s V. eine wichtige Rolle; als dieser Prozeß unter →Clemens V. im Sande verlief, wurde, auf Drängen der Mitbrüder und teils auch als Gegenleistung an die frz. Partei, Pietro del Morrone unter diesem Namen (damit die Rechtmäßigkeit der Abdankung nochmals betonend) am 5. Mai 1313 heiliggesprochen. In der eschatolog. Spekulation (→Eschatologie), die in Anlehnung an Joachim v. Fiore und die Gestalt des Endkaisers die eines endzeitl. Engelpapstes entwickelte, wurde C. V. bereits bald nach seinem Tod mit diesem 'papa angelicus' identifiziert; Verurteilungen wie die Dantes (Inf. III, 59f.) blieben Ausnahme. P. Herde

Q.: POTTHAST, Reg. 23947-24019 – B. CANTERA, Cenni storici-biografici risguardanti S. Pier Celestino, 1892, passim – DERS., Nuovi documenti risguardanti S. Pier Celestino, 1893 – P. HERDE, C. V., s.u., 207-211 – Viten: AnalBoll 16, 1897, 365ff.; vgl. ebd., 9, 1890, 147ff.; 10, 1891, 385ff.; 18, 1899, 38ff.; 20, 1901, 351f. – A. FRUGONI, s.u., 56ff. – F. X. SEPPELT, Monumenta Coelestiniana, 1921, passim – P. HERDE, C. V., s.u., 223-410 – Lit.: DBI XXIII, 402-415 [Lit.] – G. CELIDONIO, S. Pietro del Morrone, Celestino V, hg. M. CAPODICASA, 1954² [ursprgl. 1896] – F. BAETHGEN, Beitr. zur Gesch. C.s V. (Schr. der Königsberger Gel. Ges., geisteswiss. R., 10. Jahr, H. 4, 1934) – DERS., Der Engelpapst (ebd., 10. Jahr, H. 2, 1933) – DERS., Der Engelpapst. Idee und Erscheinung, 1943 – A. FRUGONI, Celestiniana, 1954 – M. BERTRAM, Die Abdankung Papst C.s V. (1294) und die Kanonisten, ZRGKanAbt 56, 1970, 1-101 – P. HERDE, C. V. (1294) (Peter vom Morrone), Der Engelpapst, 1981 [Lit.: dazu Vorarbeiten S. 419] – DERS., Die Entwicklung der Papstwahl im 13. Jh., Archiv für österr. Kirchenrecht 32, 1981, 31-35, 39-41 – DERS., Papst C. V. und die franziskan. Spiritualität (Fschr. F. KEMPF, hg. H. MORDEK, 1984).

Coelestiner. 1. C. (Damianisten), Zweig der →Benediktiner, begr. von Pietro del Morrone (1209/10-96), dem späteren →Coelestin V., und nach ihm benannt. Für die bereits am 1. Juni 1263 von Urban IV. genehmigte, eremitisch ausgerichtete Gemeinschaft, die 1293 schon 22 meist kleine Kl. und Eremitagen besaß, wurde der Pontifikat Coelestins äußerst bedeutend. Die Kongregation, die bislang dem Kapitel der Petersbasilika in Rom unterstanden hatte, wurde jetzt unmittelbar dem Hl. Stuhl unterstellt, teilweise mit Exemtionen aus der bfl. Gewalt und insgesamt mit weitgefaßten seelsorger. Befugnissen ausgestattet. Pietro del Morrone versuchte sogar, den gesamten Benediktinerorden nach seinen Vorstellungen zu reformieren. Montecassino verleibte er im Okt. 1294 seiner Kongregation ein, doch machte →Bonifatius VIII. diese Maßnahme kurz nach seiner Thronbesteigung wieder rückgängig, obgleich er die C. als solche erneut bestätigte.

Die ersten Niederlassungen außerhalb des Kgr.es Sizilien hatten die Mönche bereits vor 1275 im Kirchenstaat. I. J. 1300 rief der frz. Kg. Philipp IV. den »Orden« nach Frankreich, wobei der Streit des Kg.s mit Bonifatius VIII. bei diesem Entschluß eine wichtige Rolle spielte. Von hier aus fanden die C. eine begrenzte Verbreitung in Böhmen, Spanien und dem heut. Belgien. Die zu Beginn des 15. Jh. geplante Gründung eines Hauses in England indes kam nicht zur Ausführung. Am stärksten waren sie, v. a. gefördert durch die angiovin. Herrscher, in Italien vertreten, wo sie zu Beginn des 15. Jh. nachweisl. 96 Kl. besaßen. Im Regno hatten sie folgende, an den vorgegebenen staatl. Verwaltungseinheiten orientierte Einteilung in Provinzen vorgenommen: Abruzzen, Kampanien, Terra di Lavoro (Gegend um Neapel), Prinzipat, Kalabrien, Apulien, Molise, Terra d'Otranto. Nördlich des Kgr.es gab es drei weitere Provinzen: Dukat Spoleto; Romagna, Toskana, Mark Ancona; Lombardei. In Italien bestanden die C. auch am längsten; 1807 und 1810 wurden sie von der Säkularisation aufgehoben.

In Frankreich erlebten sie im 14. und 15. Jh., insbes. durch die Gunst Karls V. (1366-80) und Karls VI. (1380-1422), ihre Blüte. Karl V. holte sie 1352, noch als Dauphin, nach Paris. Das dortige Kl. N.-D. de l'Annonciation wurde zum Zentrum der frz. C., denen der avignones. Papst Clemens VII. 1380 das Recht zugestand, eine eigene Provinz zu bilden. Den Angehörigen des Pariser Konvents billigte Karl V. die gleichen Rechte zu wie den kgl. Sekretären, in ihrer Kirche ließen sich neben einigen frz. Kg.en v. a. auch die Mitglieder des hzgl. Hauses →Orléans beisetzen. Die Gemeinschaft, die im 15. Jh. in Frankreich als der beliebteste Orden galt, hatte dort im 17. Jh. 21 Klöster.

Sie erlebte jedoch, u. a. infolge der Hugenottenkriege, im 17. und 18. Jh. einen Niedergang und wurde, beginnend mit dem Jahre 1774, durch mehrere Verfügungen aufgehoben, aber erst von der Revolution völlig beseitigt. Von Frankreich aus waren weitere Gründungen in die Wege geleitet worden: Oybin, Böhmen (1366-1546); Barcelona (1410); Heverlee, Brabant (1525). Größere Bedeutung von diesen Niederlassungen erlangte der Oybin, auf dem Karl IV. die C. (aus Avignon) angesiedelt hatte. Um 1390 wurde dieses Kl. zum Zentrum der Provinz »Germania«; die Trennung von Paris hob man jedoch bereits 1427 wieder auf. Im 15. Jh. gelangten die Kl. Collemaggio (L'Aquila), Sant'Eusebio (Rom) und Nursia an die frz. C., doch wurde diese Unterstellung nach Streitigkeiten mit dem it. Zweig der Kongregation 1528 wieder aufgehoben. Vom Oybin aus gründeten die Mönche Niederlassungen in Prag (1386-1420), bei Dürkheim/Rheinpfalz (1472) und auf dem Königstein/Sachsen (1516-24). Nachdem das Prager Haus bereits von den →Hussiten zerstört worden war, gingen die Niederlassungen auf dem Königstein und das Kl. auf dem Oybin in der Reformation zugrunde.

Die C. lebten nach der →Regula Benedicti, die jedoch um Konstitutionen ergänzt war. Von der ursprgl. Verfassung, den »Instituta beati Petri« (1274-94), erhält man erst aus der Bestätigungsurkunde Coelestins vom 27. Sept. 1294 umfassende Kenntnis. Danach war einzig das Hauptkloster (S. Spirito del Morrone) Abtei, die übrigen Kl. besaßen den Rang von Prioraten. Erst unter Paul V. erfuhr dieses System 1616 eine Änderung. Im Hauptkloster trat jährlich das Generalkapitel zusammen – auf dem von jedem Kl. der Prior und ein Mönch vertreten waren –, welches für die Kongregation wichtige Fragen behandelte und alle drei Jahre für ebendiesen Zeitraum den »pater abbas« wählte. Dieser hatte als geistl. Oberhaupt der

Gemeinschaft insbes. auch das Recht zur Visitation aller Klöster. War ursprgl. eine sich unmittelbar anschließende Wiederwahl des gleichen Mannes möglich, so sollten seit 1320 mindestens neun Jahre zw. zwei Amtsperioden liegen. Eine weitere wichtige Einschränkung dieser Position – ebenfalls aus dieser Zeit – bedeutete die Wahl der drei »venerabiles patres« durch die Prioren der drei Primarpriorate S. Spirito a Maiella, S. Giovanni in Piano, S. Pietro (Neapel), die die Amtsführung des »pater abbas« überwachen sollten. In Frankreich wurde diese Aufgabe gegenüber dem Provinzial von den Prioren der Kl. Ambert, Chartres und Mantes wahrgenommen. Auch die Amtsdauer der Priore betrug nur drei Jahre. Unterhalb des Priors untergliederten sich die Mönche in Prokuratoren, die mit Verwaltungsangelegenheiten betraut waren, in Oblaten und Konversen.

Das klösterl. Leben bestimmten vollkommene individuelle Armut, äußerst strikte Fastenregeln und strenge Bußübungen. Gottesdienste und Andachten wurden zu Tages- und Nachtzeiten abgehalten. Waren in der Zeit Coelestins zönobit. und anachoret. Lebensweise miteinander verbunden, so ging letzteres Merkmal nach dem Tode des Gründers verloren. Einflüsse auf die monast. Organisation von den Konstitutionen der →Zisterzienser (Generalabt und -kapitel, Primarpriorate), →Franziskaner (Armut, Generalkapitel) und →Kamaldulenser (Bußübungen) sind durchaus wahrscheinlich. Bereits im 14. Jh. nahmen die Konstitutionen von Italien und Frankreich eine unterschiedl. Entwicklung. Maßgeblich für Änderungen war in Italien weiterhin das Generalkapitel, in Frankreich hingegen das Provinzialkapitel. Beide Einrichtungen, die inzwischen nur noch alle drei Jahre zusammentraten, hatten sich zu quasi judikativen Institutionen der Kongregation entwickelt. In Italien stellte man die Satzungen in der Mitte des 14. Jh. in 25 Kapiteln neu zusammen. In Frankreich erfuhren sie in der ersten Hälfte des 15. Jh., 1513 und 1667, neue Redaktionen.

Als Wappen führten die C. ein auf blauem Felde befindl. schwarzes Kreuz, dessen Stamm von einem silbernen »S« (für Sulmona) umschlungen und von zwei goldenen Lilien begleitet wurde. Bestand ihre Tracht zur Zeit Coelestins aus einem grauen Gewand, gewirkt aus grobem Stoff, so trugen sie später eine weiße Tunika, ein schwarzes Skapulier und eine braune Kapuze. Die Italiener unterschieden sich von den Franzosen durch eine weitere Kapuze, die zudem an das Skapulier geheftet war.   J. Göbbels

Q. und Lit.: DHGE XII, 102ff. – DIP II, 732ff. – DSAM II, 377ff. – DThC II, 2064ff. – L. BEURRIER, Hist. du monastère et convent des pères Célestins de Paris, Paris 1634 – C. TELERA, Hist. sagre degli Huomini illustri per santità della congregazione de Celestini, Bologna 1648 – L. HOLSTENIUS–M. BROCKIE, Cod. regularum monasticarum et canonicarum IV, Augsburg 1759, 476ff. – CH. GÉRIN, Les Bénédictins français avant 1789 d'après les papiers inédits de la commission des réguliers, Rev. des questions hist. 19, 1876, 449ff. – SAUPPE, Gesch. der Burg und des Cölestinerklosters Oybin, Neues Lausitz. Magazin 62, 1886, 88ff.; 79, 1903, 177ff. – CH. SUSTRAC, Les Célestins de France (Ecole nat. des Chartes, Pos. des thèses, 1899), 137ff. – BEAUNIER, Recueil hist. des Archevêchés, Evêchés, Abbayes et Prieurés de France, 1906 – M. HEIMBUCHER, Die Orden und Kongregationen der kath. Kirche I, 1933³, 212ff. – A. MOSCATI, I monasteri di Pietro Celestino, BISI 68, 1956, 91ff. – A. SERRAMONACESCA, Celestino V, 1967 – W. EICHHORN, Papst Cölestin V. und der Benediktinerorden, SMGB 79, 1968, 54ff. – A. BAZZI, Doc. per la stor. del monastero e della chiesa di S. Pietro Celestino di Milano (Memorie storiche della Diocesi di Milano 15, 1968, 242ff.; 16, 1969, 55ff. – L. NOVELLI, Un manoscritto celestino della bibl. malatestiana di Cesena, Benedictina 20, 1973, 231ff. – P. HERDE, Cölestin V., 1981.

2. C., Franziskaner-→Spiritualen aus den Marken, von Papst→Coelestin V. dem Orden der Coelestiner (→1. C.) unter der Bezeichnung »Pauperes heremitae domini Coelestini« angegliedert. Ihre geistl. Führer waren Fra Liberatus (Pietro da Macerata) und →Angelus Clarenus (Pietro da Fossombrone), die wegen ihrer rigorist. Ideen die Gegnerschaft der Oberen des →Franziskanerordens auf sich gezogen hatten. Die neue Kongregation, die unter dem Schutz des Kard. Napoleone→Orsini und des Abtes der C. stand, war von der Hierarchie des Franziskanerordens unabhängig; sie hatte die Befugnis, Postulanten aufzunehmen, und die Pflicht, die Regel und das Testament des hl. →Franziskus wörtl. zu befolgen, v.a. was das Armutsgebot betraf. Bereits →Bonifatius VIII. hob das Privileg seines Vorgängers durch die Bulle »Olim Coelestinus« (8. April 1295) auf und setzte damit der von den spiritualist. Ideen des Petrus Johannis→Olivi – der jedoch selbst der Bewegung fernstand – inspirierten, den Orden spaltenden Reformströmung ein Ende. Infolge der päpstl. Aufhebung der Kongregation mußten einige Anhänger nach Griechenland fliehen, darunter Angelus Clarenus, der später, wieder nach Italien zurückgekehrt, die Leitung der Rigoristen übernahm, die sich auf das Privileg Coelestins V. beriefen (→Fraticelli).   D. Ciccarelli

Q.: Angeli de Clarino Chronicon seu Historia septem tribulationum Ordinis Minorum, ed. A. GHINATO, 1959 – Lit.: CIRO DA PESARO, Il Clareno, 1920 – A. FRUGONI, Dai »Pauperes Heremitae domini Coelestini« ai Fraticelli »de paupere vita Christi« (Celestiniana, 1954), 125–168 – L. BERARDINI, Frate Angelo da Chiarino alla luce della storia, 1964 – L. VON AUW, Angelo Clareno et les Spirituels franciscains, 1979.

Coelho. 1. C., Gonçalo, ptg. Seefahrer, dessen Reisen einen Teil jenes Entdeckungsprogrammes bildeten, durch welches – im Gegenzug zur Erschließung des afrikan. Seeweges nach Indien um das Kap der guten Hoffnung – dasselbe Ziel auf dem westl. Seeweg erreicht werden sollte: durch die Auffindung einer Passage durch die neuentdeckten südamerikan. Landmassen oder durch Umfahrung ihrer Südspitze in Richtung Ostasien. Im Rahmen dieses Planes gehörte C. zu den Vorläufern von Solis (1515) und Magellan, der 1520/21 dieses Konzept verwirklichen konnte. C. befehligte im Auftrag Kg. Manuels I. zwei Expeditionen (1501/02 und 1503/04) mit Amerigo→Vespucci als bedeutendstem Teilnehmer: Die erste gelangte entlang der 1500 von→Cabral entdeckten und als Insel eingeschätzten brasilian. Küste vom Kap São Roque über das Kap Santo Agostinho und die Bucht von Rio de Janeiro bis 32° s. B. und soll danach auf offener See bis 52° s. B. in Sichtweite der patagon. malwin. Gestade gelangt sein. Die zweite (mit dem Ziel »Malakka«) wurde im Atlant. Ozean vom Sturm zerstreut und kehrte getrennt aus Brasilien zurück. Trotz Nichterreichung ihrer Ziele wurden diese Reisen durch die Mitwirkung Vespuccis kosmograph. bedeutsam, weil dessen Berichterstattung und geograph. Spekulation endgültig die Überzeugung begründete, man habe es bei jener Neuen Welt nicht, wie →Kolumbus meinte, mit Ost- und Südostasien und auch nicht bloß mit lockeren Archipelen zu tun, sondern mit einem zusammenhängenden riesigen Kontinent. Insofern war C. indirekt daran beteiligt, daß der neue Erdteil den Namen jenes Mannes erhielt, der diese neue globale Sicht theoret. wie publizist. klar vertreten hatte.   G. Hamann

Lit.: R. HENNIG, Terrae Incognitae IV, 1956, 411ff. – D. PERES, Hist. dos Descobrimentos Portugueses, 1960, 503ff. – O. PESCHEL, Gesch. der Erdkunde [Neudr. 1961], 258ff., 274ff. – A. TEIXEIRA DA MOTA, Novos Documentos sobre uma expedição de G. C. ao Brasil, 1969 – S. E. MORISON, The European Discovery of America. The Southern Voyages, 1974 – D. HENZE, Enzyklop. der Entdecker und Erforscher der Erde, 1978, 588ff.

2. C., Nicoláu, ptg. Entdeckungsfahrer, † Jan. 1504. Er befehligte eines der vier Schiffe, welche unter dem

Oberkommando Vasco da Gamas am 8. Juli 1497 Lissabon verließen, um auf einer neuen Route durch den Atlant. Ozean zum Kapland vorzustoßen und (im Anschluß an B. Dias) den weiteren Seeweg nach Indien zu erschließen, wo die Expedition im Mai 1498 anlangte. Auf dem Rückweg trennte sich C. Ende April 1499 bei den Kapverden von Gama (der seinen todkranken Bruder Paulo zu den Azoren brachte) und segelte direkt nach Lissabon voraus, wo er am 10. Juli 1499 eintraf. Er überbrachte daher als erster (zwei Monate vor Gama) die Erfolgsmeldung von der gelungenen, ein Jahrhundert lang erstrebten Auffindung eines direkten Seeweges nach Asien. 1500–01 nahm C. an →Cabrals Indienfahrt teil, in deren Verlauf am 22. April 1500 unversehens die brasilian. Küste entdeckt wurde. Mit Francisco de Albuquerque besuchte er 1503 zum dritten Male Indien, kam jedoch auf der Heimfahrt ums Leben. G. Hamann

Lit.: F. Hümmerich, Vasco da Gama und die Entdeckung des Seewegs nach Ostindien, 1898 – W. B. Greenlee, The voyage of Pedro Álvares Cabral to Brazil and India. From contemporary documents and narratives (Hakluyt-Soc., 2. Ser., Nr. 81, 1938) – D. Peres, Hist. dos descobrimentos portugueses, 1960 – G. Hamann, Der Eintritt der Südl. Hemisphäre in die europ. Gesch., SAW. PH 260, 1968 [bei allen angeführten Werken jeweils spezielle Q.- und Lit.-Hinweise].

Coemeterialkirche → Martyrium

Cóemgen, hl. → Glendalough

Coemptio (gr. συνωνή, συνωνητόν), Zwangsankauf von Nahrungsmitteln durch den Staat zur Verpflegung von Heer und städt. Bevölkerung. Maßnahmen in dieser Richtung wurden vielleicht schon von Konstantin d. Gr. getroffen, sichere Quellenzeugnisse liegen erst seit der 2. Hälfte des 4. Jh. vor. Einzelheiten sind in einem Gesetz des Ks.s Anastasios vom Jahr 498 geregelt (Cod. Iust. 10.27.2, 1–15). Der c. unterlagen (außer in Thrakien, wo auch Kaufleute herangezogen wurden) nur Landbesitzende; dabei erfolgt keine direkte Bezahlung, sondern eine Anrechnung der Summen auf die Steuerleistung. Die c. hat in dieser Form sicher bis in die 2. Hälfte des 6. Jh. existiert. Sie bestand, unter der Bezeichnung συνωνή, seit dem 13. Jh. auch σιταρκία, in mittel- und spätbyz. Zeit als Teil der Grundsteuer weiter (ohne diese jedoch zu verdrängen, wie teilweise irrtüml. behauptet), wurde aber spätestens seit dem 11. Jh. adäriert und wohl überwiegend den →Paroiken auferlegt. P. Schreiner

Lit.: Dölger, Beitr., 57–59 – G. Ostrogorsky, Die ländl. Steuergemeinde des Byz. Reiches im X. Jh., VSWG 20, 1927, 50f. – F. Dölger, BZ 34, 1934, 369–373 – J. Karayannopulos, Die chrysoteleia de riuga, ebd. 49, 1956, 77–79 – Ders., Das Finanzwesen des frühbyz. Staates, 1958, 97f.

Coenobiten → Koinobiten

Coenobium → Kloster

Coëtivy, breton. Adelsfamilie.

1. C., Alain de, frz. Prälat, Kard. (»card. d'Avignon«), * 8. Nov. 1407 auf dem Herrenhof Coëtlestrémeur in Plounéventer (dép. Finistère, arr. Morlaix, cant. Landivisiau), † 3. Mai 1474 in Rom, ⌑ S. Prassede; Bruder von 2 und 3, beschritt A. de C. die geistl. Laufbahn und erlangte dank der Gunst Kg. Karls VII. und der Päpste hohe kirchl. Würden. Kanoniker v. Léon, gab er dieses Amt 1436 auf. Am 30. Okt. 1437 wurde er zum Bf. v. Avignon erhoben. Nikolaus V. ernannte ihn am 20. Dez. 1448 zum Kard. v. S. Prassede. Am 1. April 1454 zum Generaladministrator des Bm.s Nîmes berufen, tauschte er diese Pfründe gegen die Abtei St-Jean d'Angely. Als Kommendatar erhielt er das Bm. Dol (18. Juni 1456), dessen Administration er Ambroise de Cambrai übertrug. C. war ferner u. a. Archidiakon v. Rennes und Léon, Kommendatarabt v. Redon (Resignation 20. Juli 1474) sowie Rektor v. Lannilis. Schließl. wurde er zum Kardinalbf. v. Palestrina (7. Juni 1465) und Sabina (11. Dez. 1472) erhoben. – Von Kg. Karl VII. wurde er zum *président clerc* der →*Chambre des Comptes* ernannt, welches Amt er als Nachfolger von Guillaume de Champeaux ausübte. 1436 begleitete C. die kgl. Gesandten zum Konzil v. →Basel; es gelang ihm nicht, beim Kg. die Rücknahme der →*Pragmatique Sanction* zu erreichen. 1441 vertrat er den Kg. beim Konzil v. Florenz (→Ferrara-Florenz); er bemühte sich 1442 um die Abhaltung eines allgemeinen Konzils in Frankreich. Schließlich spielte er eine Rolle als Vermittler im Vater-Sohn-Konflikt zw. Karl VII. und dem Dauphin Ludwig (Aug. 1456). – 1455, nach dem Tode Papst Nikolaus' V., bekämpfte C. die Kandidatur →Bessarions. Papst Calixtus III. entsandte ihn im Sept. 1455 als Legaten a latere nach Frankreich zur Durchführung der Kreuzzugsbulle gegen die Türken (→Türkenkrieg). 24 Galeeren standen für den Kreuzzug bereits in Marseille bereit, doch vermochte der Kard. die Gegnerschaft Kg. Karls gegen das Unternehmen nicht zu überwinden. Während seiner Legation leitete C. am 2. Juni 1456 die feierl. Erhebung der Gebeine von Vinzenz →Ferrer, auf dessen Kanonisation Calixtus III. hinwirkte. – C. war ein außerordentl. einflußreicher Prälat, der für seine Familie, insbes. seine Brüder Olivier und Prigent, zahlreiche Vergünstigungen erwirkte. Die breton. Bruderschaft S. Ivo zu Rom verdankt ihm die Übertragung der Kirche S. Andrea dei Marmorai. – Ein (zerbrochenes) Standbild C.s befindet sich in der breton. Kirche N.-D. du Folgoët. E. Lalou

Lit.: DBF IX, 104 – DHGE XIII, 195.

2. C., Olivier de, frz. Truppenführer im Dienst Kg. →Karls VII., * um 1415, † 1480, jüngerer Bruder von 3. Lange Zeit ohne Kriegsglück, erbte er nach dem Tode des Bruders (1450) einen Großteil von dessen Gütern, namentl. die Herrschaft Taillebourg (dép. Charente-Maritime). – C. begann seine militär. Laufbahn im Dienste des Connétable Arthur de →Richemont. Seit 1435 belegt, nahm er an den Belagerungen von Meaux (1439) und Pontoise (1441) teil, erhielt 1442 das Kommando des Schlosses La Réole, kämpfte bei →Formigny (1450) und war an der Eroberung der →Guyenne (1451) beteiligt. Er wurde zum Seneschall der Guyenne erhoben, was er bis zum Tod Kg. Karls VII. blieb. 1458 gab ihm der Kg. aus seiner Verbindung mit Agnès →Sorel hervorgegangene älteste Tochter, Marie de Valois, zur Frau. Nach dem Regierungsantritt →Ludwigs XI. (1461) fiel C. – wie andere Gefolgsleute des alten Kg.s – auf lange Zeit in Ungnade. Als Privatmann lebte er zumeist auf Taillebourg, fern von den Intrigen des Hofes. Mehrfach sah er sich durch Ludwig in seinem Besitzstand bedroht. Doch zeichnete sich ab 1476 eine allmähl. Besserung der Beziehungen ab; der Kg. wünschte ihn zu sehen und nannte ihn in seinen Briefen »Freund«, »Vetter« und sogar »Bruder«. Er übertrug ihm die Obhut der Brücke von Saintes, was allerdings eine demonstrative Maßnahme ohne prakt. Bedeutung blieb. Insgesamt erreichte C. eine Verbesserung seiner gesellschaftl. Stellung: Dies zeigt die Heirat seines einzigen Sohnes Charles mit Jeanne, der Tochter von Jean d'Orléans, Gf.en v. Angoulême. Von seinen Töchtern ehelichte Catherine de C. unter dem Druck Ludwigs XI. den Herren v. Maigné, Antoine de Chourses. – C. hatte wie sein älterer Bruder bibliophile Interessen; zahlreiche kostbare Handschriften aus seinem Besitz sind erhalten (bes. Chantilly, Musée Condé).

Ph. Contamine

Lit.: P. ANSELME, Hist. généalogique et chronologique de la maison de France..., Paris 1726-39, VII, 845f. – DBF IX, 105f. – P. MARCHEGAY, Louis XI, M. de Taillebourg et M. de Maigné, 1854 – DERS., Lettres de Marie de Valois à O. de C., 1875 – DERS., La rançon d'O. de C., 1877.

3. C., Prigent de, Amiral de France, frz. Heerführer und Flottenbefehlshaber des →Hundertjährigen Krieges, * um 1399, † 1450, Sohn des Alain III., Sire de Coëtivy (in d. Gegend von Brest, Bretagne), und der Catherine du Chastel, Schwester des Tanguy du →Chastel. Der bret. Adlige diente ca. 1420 unter dem Dauphin in der Champagne, anschließend in der Beauce, wo er in engl. Gefangenschaft geriet (1425). C. bekleidete unter Kg. Karl VII. Hofämter (*panetier* [Brotmeister], *écuyer d'écurie* [Stallknappe]) und wurde 1431 zum →*capitaine* von Rochefort (dép. Charent-Maritime) erhoben. Von den Fs. en Karl v. Maine zum Ritter geschlagen, nahm er an der Konspiration gegen den kgl. Günstling →La Trémoïlle teil (1433). Er profitierte vom Einfluß des *Connétable* →Richemont bei Hofe, wurde selbst Mitglied des kgl. Rates (→Conseil) und erhielt das Amt des→Gouverneurs von→La Rochelle (1437), anschließend den höchsten Flottenbefehl als→*Amiral de France,* wobei er die Nachfolge von André de→Lohéac (1439) antrat. C. eroberte i. J. 1441 das von den Engländern besetzte Pontoise nw. von Paris (dép. Seine-et-Oise). Obwohl in den 40er Jahren zunächst vom Einfluß am Hofe ausgeschlossen, blieb er dank seiner großen Besitzungen mächtig; seine Güter umfaßten die westfrz. Herrschaften Coëtivy, Taillebourg, Lesparre, Ingrandes, Chantocé sowie Retz, das er nach der Hinrichtung seines Schwiegervaters, des berüchtigten Gilles de Rais (→Retz, Gilles de Laval), erbte, wobei er seine Ansprüche nur nach längeren Auseinandersetzungen geltend machen konnte. Wieder zu Gnaden gelangt, war er an der Schlußphase des Hundertjährigen Krieges aktiv beteiligt: er kämpfte bei→Fougères (1449), befehligte bei →Formigny die Vorhut und nahm an der Belagerung von Cherbourg teil, bei der er fiel. – C. war auch ein namhafter Kunstmäzen und Bibliophiler; dies bezeugt v. a. sein →Stundenbuch mit 150 Illustrationen (Bibl. Anselme). M. Mollat

Lit.: DBF IX, 106f. – P. ANSELME, Hist. généalogique de la maison de France... VIII, Paris 1726-35, 844 [Nachdr. 1964] – DU FRESNE DE BEAUCOURT, Hist. de Charles VII, 6 Bde, 1881-91 – CH. DE LA RONCIÈRE, Hist. de la Marine française II, 1914, passim.

Coëtquis, Philippe de, * um 1376, † 12. Juli 1441 in Tours, ⊐ebd., Kathedrale; Sproß aus bret. Kleinadel, Dr. utr. iur., Universitätslehrer in Paris und Angers, Kanoniker in Dol und Tournai, Archidiakon v. Pincerais in der Kirche v. Chartres (ab 1435), wurde er 1419 Bf. v. St-Polde-Léon, das sein Neffe Jean verwaltete, da Ph. de C. für Kg. →Karl VII. häufig Missionen übernahm. 1427 nach Embrun und Tours transferiert, war der Ebf. 1429 wohl Mitglied der →Jeanne d'Arc prüfenden Poiteviner Kommission. 1433 führte er im Ebf.en v. Lyon und Bourges die frz. Gesandtschaft auf dem Basler Konzil (→Basel, Konzil v.), dessen Ziele er engagiert und nicht ohne Kollisionen zw. diplomat. Aufgabe und persönl. Überzeugung verfocht. →Eugen IV. sah in ihm einen der gefährlichsten Gegner und forderte bei Hofe auch seine Abberufung; in einer Verteidigungsschrift an den Kg. verwahrte sich Ph. de C. gegen die Anschuldigungen (Basel, UB EI¹, f. 82ᵛ-84ʳ; Paris, Bibl. nat. ms. lat. 1516, f. 169ʳ-172ʳ). Der Kurie galt er als einer der Urheber der →Pragmatische Sanction. 1439 trug er als frz. Gesandter auf dem Mainzer Kongreß und in Basel den Plan eines 3. Konzils mit. Auf dem Konzil bezog C. als Bf. gegen StMartin/Tours, als bret. Metropolit im burg.-bret. Rangstreit Position. Dem Kg. gehorsam, verließ er Basel Ende Mai 1439 und ignorierte die Erhebung zum Kard. 1440 durch Felix V. H. Müller

Q.: Conc. Basiliense I-VIII, 1896-1936 – Monumenta Conc. s. XV., II/III, 1873/95 – RTA, Ält. Reihe, XI–XIV-Piccolomini, Commentarii, ed. D. HAY–W. K. SMITH, 1967 – MANSI XXIX, 1225-1230 – Baronius, Annales ecclesiastici, ed. A. THEINER, XXVIII, 184f., 301ff. – *Lit.*: DBF IX, 115 – DHGE XIII, 200f. – GChr XIV, 126f. – E. R. PITROU, L'épiscopat tourangeau, 1881, 217f. – G. DU FRESNE DE BEAUCOURT, Hist. de Charles VII, II/III, 1882/85 – R. KERVILLER u. a., Rép. de bio-bibliogr. bretonne I, 1886/1904, 26f. – L. MERLET–R. MERLET, Dignitaires de l'église N.-D. de Chartres, 1900, LV, 167 – N. VALOIS, Hist. de la Pragmatique Sanction, 1906 – DERS., Le pape et le concile I/II, 1909 – P. OURLIAC, L'Église au temps du Grand Schisme et de la crise conciliane, Hist. de l'Église (A. FLICHE–V. MARTIN) XIV, 1, 1962 [passim; Index, Bd. 2].

Cœur, Familie, in →Bourges ansässige Familie, entstammte dem handeltreibenden Bürgertum und stieg dank der außergewöhnl. Karriere ihres bedeutendsten Vertreters, Jacques C. (1. C.), in den Adel auf. Das erste sicher belegte Familienmitglied, *Pierre*, kam aus St-Pourcain (dép. Allier) nach Bourges und betätigte sich dort als Pelzhändler. Aus seiner vor 1400 geschlossenen Ehe mit der Witwe des Fleischers Jean Baquelier stammen drei Kinder: eine Tochter mit unbekanntem Vornamen (∞Jean Bochetel, † 1470, aus Reims, kgl. Notar und Sekretär, 1444 geadelt); *Nicolas* (* um 1403, † 1451), Kanoniker v. Bourges, später Bf. v. Luçon (1442); der älteste Sohn war *Jacques* (1. C.), der Begründer des Ruhmes und Nachruhmes der Familie. Aus Jacques' ca. 1420 geschlossener Ehe mit Macée de Léodepart, Tochter des *Prévôt* v. Bourges, gingen fünf Kinder hervor: *Perrette,* ∞ 1447 Jacquelin Trousseau, Herrn v. Marville und St-Palais; als Witwe trat sie bei den Klarissinnen in Bourges ein. – *Jean,* Ebf. v. Bourges (2. C.). – *Henri* (* um 1430, † 1483), apostol. Protonotar, Dekan v. Poitiers, Archidiakon v. Bourges, unter Ludwig XI. kgl. Rat (*conseiller du roi*) und *maître des Comptes.* – *Ravand* († um 1460), Herr v. La Chaussée, der, an den väterl. Geschäften beteiligt (Mitgliedschaft in der *Arte della Seta* in →Florenz, Schiffseigner der »St-Jacques«), nach dem Sturz seines Vaters, ruiniert und mit seinen Brüdern verfeindet, das väterl. Exil teilte und mit ihm auch nach Rom ging. – *Geoffroy* († 1488), Herr v. La Chaussée, kgl. Kammerdiener *(valet de chambre)* und Mundschenk *(échanson ordinaire)* unter Ludwig XI., ∞ Isabelle Bureau, Tochter von Jean →Bureau; Kinder: *Jacques II.*, Herr v. Angerville, ohne Nachkommen; *Marie* († 1567), ∞ Eustache Luillier, Herr v. St-Mesmin, kgl. Notar und Sekretär; *Germaine* († 1526), ∞ 1513 Louis de Harlay, Herr v. Sancy (verwandt mit den Adelsfamilien Courtenay, Bauffremont und La Châtaigneraie). – Eine Nichte von Jacques C., *Perrette* († um 1454), deren genaue verwandtschaftl. Zuordnung noch ungeklärt ist, heiratete Jean de Villages, einen der engsten Helfer Jacques', und begründete einen provenzal. Familienzweig (La Salle et Cariolis). – WAPPEN: In Blau ein silberner Balken, belegt mit drei schwarzen Muscheln und begleitet oben und unten von drei roten Herzen. Devise: »A cuer vaillans rien impossible.« M. Mollat

Q.: Bibl. Nat., P. O. 799, Cab. Hozier 99, Dossier bleu 201; Arch. dép. Bouches du Rhône, fonds Coriolis – *Lit.*: P. CLÉMENT, s. u. – J. RIBAULT, Les biens immobiliers de Jacques C., Mém. Union Soc. Savantes de Bourges IX, 1963 – R. GUILLOT, s. u. – M. MOLLAT, Les affaires de Jacques C., s. u.

1. C., Jacques, frz. Großkaufmann, * um 1395 in Bourges, †1456 auf Chios; als Sohn eines Pelzhändlers und Schwiegersohn eines Münzmeisters stehen seine ersten Unternehmungen in diesen beiden Traditionen: 1423 Münzspekulationen, 1432 Orienthandel bei den *échelles du Levant* (→Levante, -handel). Weder eine Verurteilung wegen einer Münzaffäre noch eine Kaperung durch Piraten vermochten C. von weiteren und größeren Unternehmungen abzuhalten: 1438 wurde er zum *argentier* Kg. Karls VII. (→*Argenterie du roi*) ernannt, hatte als solcher für die Ausstattung des Hofes zu sorgen und war dessen Bankier. Er trat in den kgl. Rat (→*Conseil du roi*) ein und entwickelte in großem Stil seine Handelsgeschäfte im Mittelmeerraum. Seine Vertrauensstellung beim Kg. und die Übernahme zahlreicher Fiskalämter ermöglichten ihm die Investition von Steueraufkommen in seine Unternehmungen: Als *commissaire* bei den *Etats* des Languedoc und der Auvergne zog er die→*aides* ein; als Generalvisitator der →*gabelles* kontrollierte C. den Salzhandel im Languedoc und Rhônegebiet; ferner hielt er die Messeabgaben von Pézenas und Montagnac nahe Montpellier in Pacht. C.s Kundschaft fand in der in Tours etablierten Argenterie alle Arten von Waren: Wollstoffe, Seidenstoffe, Pelze, Rüstungen, Juwelen, Tapisserien, »Spezereien«. Wie C. selbst sagte, hatte er überall seine »Faktoren«, d. h. seine mit der Abwicklung von Kauf und Verkauf beschäftigten Helfer. Seine (mindestens sechs) Schiffe importierten über Aigues-Mortes, später über Marseille, Waren aus Alexandria, die von Fuhrleuten zu den innerfrz. Städten (v. a. Lyon, Bourges, Tours, Limoges, Orléans, Paris, Rouen) transportiert wurden. Dieses wohlorganisierte Handelsnetz veranlaßte den Zeitgenossen Thomas →Basin zu der Bemerkung, C. habe »seine Hand auf jedwede Handelsware dieses Kgr.es gelegt«. Außerhalb Frankreichs verfügte er ebenfalls über ständige und fallweise Korrespondenten und machte sich seine guten Verbindungen in den ausländ. Mächten zunutze. Insbes. war er auf gute Beziehungen zur Krone Aragón bedacht, die unter Alfons V. durch ihre weiträumigen Besitzungen im westl. Mittelmeerraum, v. a. Sizilien, eine Schlüsselstellung für den Orienthandel besaß. Ebenso notwendig war die Zusammenarbeit mit den Genuesen und dem Papst, der die Erlaubnis zum Handel mit den Ungläubigen erneuerte. Im Norden erweiterte C. seine Geschäfte bis in das Gebiet des burg. Staates und bis nach England, begünstigt durch den Waffenstillstand von 1444–49; C.s Schiffe fuhren durch die Straße v. Gibraltar bis nach Bordeaux, La Rochelle und Brügge.

Die it. Kaufleute waren sein Vorbild und seine Handelspartner. Wie sie und manchmal gemeinsam mit ihnen bildete er bes. Handelsgesellschaften, entsprechend der Art der jeweiligen Unternehmung. In →Florenz unterhielt er eine innerhalb der *Arte della Seta* zugelassene Sukkursalfirma. In Avignon, Genf und Montpellier bediente sich C. der Beziehungen mit den florent. und röm. Bankiers, namentl. den→Spinelli, zur Finanzierung seiner Geschäftsoperationen und zur Transferierung der Gelder an die röm. Kurie, die er – trotz der Bestimmungen der →Pragmatique Sanction von 1438 – auf Rechnung des frz. Klerus vornahm.

Der Höhepunkt der C.schen Handelstätigkeit liegt in den Jahren 1447–50. 1448 war er der aktivste Teilnehmer einer Gesandtschaft nach Rom; im folgenden Jahr machte er sich den Hl. Stuhl im Zuge von Verhandlungen über die Abdankung Felix' V. zum Schuldner. Der frz. Adel, vielfach durch Krieg und Agrardepression verarmt, geriet gegenüber C. in Schulden und mußte Schlösser und Ländereien an ihn verpfänden oder verkaufen. 1440 geadelt, war C. zum großen grundbesitzenden Herrn geworden und besaß u. a. die Schlösser Ainay, Menetou-Salon, St-Fargeau, St-Gérand, St. Haon usw.; in Bourges errichtete er sein erhalten gebliebenes Stadtpalais, ein Hauptwerk spätgot. Profanarchitektur und Dekorationskunst.

Der Kg. war C.s Schuldner, da dieser ihm die Rückeroberung der →Normandie finanziert hatte. Doch damit war der Bogen überspannt. Zu den Intrigen und Beschuldigungen seiner zahlreichen Neider gesellten sich bald Verleumdungen; er wurde des Giftmordes an der Mätresse des Kg.s, Agnès →Sorel, bezichtigt. 1451 überraschend verhaftet, wurde C. zwei Jahre später zu dauernder Haft verurteilt, konnte jedoch, von seinen treuesten Dienern aus der südfrz. Festung Beaucaire befreit, nach Rom entfliehen.

In Italien traf C. seine wichtigsten Helfer, Guillaume de Varye und Jean de Villages, sowie seine florent. und röm. Teilhaber und fand auch Unterstützung beim Papst. So nahm er am Kreuzzug, den →Calixt III. initiiert hatte, teil und starb 1456 auf Chios. Die Legende hat sich dieses geheimnisvollen Endes im Osten, wo C. seine ersten verheißungsvollen Abenteuer bestanden hatte, bemächtigt. Die letzten Jahre unseres Helden verzeichneten aber wohl bedeutendere Ereignisse als die banale Idylle, die man ihm zugeschrieben hat; danach soll er seine letzten Lebensjahre mit einer griech. Dame, die ihm zwei Töchter gebar, auf Zypern verbracht haben.

C., ein Mann seiner Zeit, hat nichts Neues erfunden; er tat nur im Großen, was alle Kaufleute seiner Epoche taten. Er nutzte für seine Geschäfte die monetäre Gewinnspanne, die im Handel zw. Abendland und Orient aus dem ungleichen Verhältnis von Gold und Silber resultierte: Eine Silbermark repräsentierte in Frankreich den Wert von sechs *écus*, in Syrien aber von sieben; an jeder exportierten Silbermark verdiente C. einen écu.

Fehlende Liquidität bildete stets ein Problem für C.s Handelstätigkeit; die Ausbeutung von Kupferminen im Lyonnais (Pampailly, Chessy, dép. Rhône) vermochte ihm die erforderl. Mittel nicht auf Dauer zu verschaffen. Traditionalist. Vorstellungen verhaftet, hat C. seine unternehmer. Tätigkeit durch allzu große Investitionen im Grundbesitz blockiert. Zum ländl. Grundherrn geworden, verkörperte C. – in außergewöhnl. Weise und zu einem sehr frühen Zeitpunkt – dennoch den Typ des großen Geschäftsmanns mit weitgespannter Aktivität.

M. Mollat

Lit.: L. GUIRAUD, Recherches et conclusions nouvelles sur le prétendu rôle de Jacques C., Mém. Soc. arch. de Montpellier, 2e sér. II, 1900, 1–169– H. PRUTZ, Jacques v. Bourges, Kaufmann aus dem 15. Jh., 1911 – A. B. KERR, Jacques C.: Merchant Prince of the MA, 1927 – H. DE MAN, Jacques C., der kgl. Kaufmann, 1950 – M. MOLLAT, Les affaires de Jacques C., Journal (séquestre) du Procureur Dauvet, 2 Bde, 1952 – P. CLÉMENT, Jacques C. et Charles VII, 2ᵉ éd., 1966 – R. GUILLOT, Le procès de Jacques C. (1451–57), Cah. d'Arch. et d'Hist. du Berry, 36–37, 1974, 1–165 – M. MOLLAT, Jacques C., un »manager« du XVᵉ s. [in Vorber.] – *zu C.s Bergbauunternehmungen:* P. BENOIT, A. BOURGOIN, A. TH. RENDU (Actes du 108ᵉ Congr. nat. des soc. savantes, Grenoble 1983) [im Dr.].

2. C., Jean, ältester Sohn von 1, Ebf. v. →Bourges, * um 1423, † 1482, studierte kanon. Recht in Orléans, war Dekan des Kathedralkapitels v. Poitiers und Kanzler der Kirche v. Bourges. 1446 zum Ebf. v. Bourges erhoben, erhielt er 1450 das Pallium und wurde 1462 auch Abt von St-Sulpice in Bourges. Er gründete hier die Universität (1463) und ein Klarissenkloster (1464) und war an der Einführung der Reform in →Fontevrault beteiligt. Eifrig auf seine Diöz. bedacht, verließ er sie selten (Reise ad limina apostolorum 1453) und führte mehrere Visitationen durch. Er promulgierte 1451 →Synodalstatuten, in denen er den seelsorgerl. Dienst an Kranken, Predigt, Sakramentenspendung und ein würdiges Erscheinungsbild der Kirchen vorschrieb. C. nahm persönl. die Beichte ab und führte in Bourges das Fest der Heimsuchung Mariä

(→Marienfeste) ein. Nicht ohne Konflikte behauptete er seine Bischofsgewalt gegen die Machtansprüche des Kathedralkapitels und die Übergriffe der kgl. Gewalt. Während einer »Pest«-Epidemie verstorben, hinterließ C. den Ruf eines eifrigen Prälaten. M. Mollat

Lit.: DBF IX, 118 – J. Chenu, Le livre des Offices Pontificaux de Jean C., Mém. Soc. des Antiqu. du Centre XLVIII n. 1938–41, 1–32 – N. Gotteri, Le clergé et la vie religieuse dans le dioc. de Bourges au XVᵉ s. d'après les suppliques en Cour de Rome (1438–84), 6 Bde [Thèse masch. 3ᵉ cycle, Paris IV-Sorbonne 1974] – G. Godineau, Les Statuts Synodaux de Jean C. (1451), Cah. d'Archéologie et d'Hist. du Berry [in Vorber.].

Cœur-Meister (René-Meister). Frz. Buchmaler, im 2. Drittel des 15. Jh. tätig. Notname nach seinem Hauptwerk, dem Livre du Coeur d'Amour épris (Buch vom liebentbrannten Herzen, Cod. 2597 der Österr. Nat. Bibl.), einer allegor. Dichtung des →René d'Anjou, Gf. der Provence, Kg. v. Sizilien. Diese Miniaturenfolge ist durch ein Interesse an der Wiedergabe verschiedener Lichtstimmungen ausgezeichnet, das in der Malerei der Zeit einzig dasteht (Morgendämmerung, gleißende Mittagshitze, Sonnenuntergang, Nacht-Interieur). Weitere Werke: 5 Miniaturen im Gebetbuch des Kg.s René (Frühwerk, stark ndl. beeinflußt) und Wien, Cod. 2617 (zus. mit dem →Jouvenel-Meister), ferner drei allerdings nur in Kopien erhaltene Illustrationsfolgen zu von René verfaßten Texten (Mortifiement de vaine plaisance, Livre des Tournois, Renault et Jeanneton). Die Identifikation des Malers ist in der Forschung umstritten. O. Pächt hat auf Grund einer Fülle von Indizienbeweisen Kg. René selbst vorgeschlagen – engster Zusammenhang aller Hss. mit René, Parallelität zw. der Biographie Renés, seinem Itinerar (Dijon, Neapel, Anjou, Provence), seinen Interessen einerseits, bestimmten Themen, Darstellungsweisen, Stilentwicklungen im Oeuvre des C.-Meisters andererseits – womit die sehr alte Tradition vom malenden Kg. René ihre Bestätigung fände. Der C.-Meister hat keine Nachfolger gehabt, es gibt auch keine Atelierarbeiten in seinem Stil, beides zusätzl. Hinweise, daß keine Werkstatt im Sinne eines kommerziellen Unternehmens existierte.

D. Thoss

Lit.: O. Smital–E. Winkler, Hzg. René v. Anjou, Livre du cuer d'amours espris, 1926 [Faks.] – O. Pächt–D. Thoss, Frz. Schule I (Die illuminierten Hss. der Österr. Nat. Bibl. I/1, 1974), 32–48 – O. Pächt, René d'Anjou-Studien I, II (Jb. d. Kunsthist. Slg.en in Wien LXIX, 1973, 85–126; LXXIII, 1977, 7–106) – M. Gousset, D. Poiron, F. Unterkircher, Le Coeur d'Amour épris, 1981.

Cofradía (confraternitas, confratria, *hermandad, gremio, liga, junta, unión*) bezeichnet in den span. Quellen des MA Zusammenschlüsse unterschiedl. Personengruppen und mit unterschiedlichen Zielen.

In der Frühzeit war die c. eine freiwillige Vereinigung von weltl. und geistl. Angehörigen einer Pfarrei oder Gemeinde mit religiösen und karitativen Aufgaben (Ausrichtung der Begräbnisse, Gebetsgemeinschaft, materielle Hilfe im Falle der Krankheit und Invalidität, Versorgung der Waisen). Schenkungen, Geldspenden, Kollekten, Bußgelder stellten die soziale Fürsorge für die Mitglieder der c. sicher. Die ältesten c.s dieses Typs waren die *c. de Frontanyá* und *Lillet* (Katalonien) am Ende des 11. Jh.; ins 12. Jh. gehört die *c. de S. Cristina v. Tudela* (Navarra); in Toledo ist seit 1129 die c. der Pfarrei S. Andrés nachweisbar.

Gefördert durch die →*fueros*, bildeten sich im Laufe des 12. Jh. die c.s zu berufsständ. Vertretungen um, ohne aber auf ihre ursprgl. Aufgaben zu verzichten; sie entsprechen in dieser Form etwa den Zünften und Gilden.

Zur Gewährleistung eines gesicherten regelmäßigen Warentransports über lange Distanzen und durch gefährdete Gebiete schlossen sich die Fuhrunternehmer zu c.s zusammen. Die *recueros de Atienza* (Guadalajara) erhielten 1234 von Kg. Ferdinand III. die Garantie des Schutzes ihrer Waren und Tiere; ein ähnl. Privileg zur Sicherung des Transportes in seinem aragon. Reich verlieh 1337 Peter IV. der kast. Bruderschaft v. Molina. Auch die Herdenbesitzer und Hirten vereinigten sich auf Grund der durch die →Transhumanz bedingten Probleme zu Genossenschaften, die in Aragón über eine lokale Bedeutung nicht hinauskamen (*casa de ganaderos de Zaragoza, liga de Calatayud, c. de Letux*), während in Kastilien spätestens seit 1273 die →»Mesta« auf nationaler Ebene ihre Mitglieder vertrat.

In der Verteidigung ihrer seit dem 12. Jh. primär wirtschaftl. Interessen griffen die c.s zu Monopolbildung, Ausschluß von Wettbewerb, Preisfestsetzung und Reglementierung des Handels. Da diese c.s wegen ihrer eigenen Gerichtsbarkeit die Autorität der Monarchen untergruben, führte seit dem 13. Jh. eine restriktive Politik der span. Kg.e zum Verbot dieser Gemeinschaften.

Zunehmend seit dem 14. Jh. erfolgte eine Wiederzulassung der c., aber nur in der früheren Form einer religiösen Bruderschaft. Nicht nur Handwerker assoziierten sich, sondern auch Jäger, Notare, blinde Bettler und Kriegsversehrte.

Eine Besonderheit waren die z. Z. Alfons' I. in Aragón gegründeten c.s militanter Zielsetzung, von denen die bekannteste, die c. de →Belchite, auch polit. Bedeutung errang. Die c. Cesaraugustane militie diente seit 1122 hauptsächlich zur Verteidigung der aragon. Hauptstadt Zaragoza und zur Bekämpfung der Mauren. Die Förderung der c.s wurde von der Kirche durch →Ablaß belohnt. Diese Milizen können als Vorläufer der span. →Ritterorden gelten.

Gleichzeitig mit den wirtschaftl. ausgerichteten Gremien, zu denen auch im Städtebund weite die *hermandad de las marismas* an der kantabr. Küste (1296) zu rechnen ist, entwickelten sich →*hermandades* einzelner städt. Schichten und Gemeinden als polit. Ordnungsfaktoren, so 1116 in Santiago, 1271 in Lerma, 1282 in Valladolid. Die *c. del campo de Arriaga* leitete bis ins 13. Jh. die Gft. Álava. In den von den Mauren gefährdeten Zonen übernahmen hermandades der Ritterorden (1182 Santiago/Calatrava) und andalus. Städte (1265) den Schutz des Reiches in diesen Regionen. Für Spanien am bedeutendsten wurden die hermandades der Städte, die seit 1282 besonders in den Zeiten der durch Erbfolgestreitigkeiten hervorgerufenen Staatskrisen mit eigenen Milizen die öffentl. Sicherheit und Ordnung aufrecht hielten, so die *Hermandad General* in Kastilien, die *Hermandad Vieja* der Städte Toledo, Talavera und Ciudad Real, in Aragón die *Unión*.

Die Organisation der c. zeigt gemeinsame Grundzüge: entsprechend den Statuten (*ordenanzas*) wählte die Mitgliederversammlung bzw. bei den Städtebünden die Delegiertenversammlung (*cabildo*) jährl. als Leiter die *alcaldes* (Kastilien), *mayorales* (Aragón), *consules* (Katalonien) und als deren Ratgeber consiliarii, *asesores, jurados*. Eine Schiedskommission vermittelte bei Streitigkeiten und hatte das Recht, Bußen zu verhängen. Am Patronatsfest der c. wurde meist in einem Kl. ein gemeinsames Mahl gehalten; die gesammelten Spenden kamen den Armen zugute. →Bruderschaft, →Gilde, →Zunft. B. Schwenk

Lit.: M. de Bofarull y Sans, Gremios y c.s de la antigua Corona de Aragón (siglos XIV–XV), 1876 [Neudr. 1975] – A. Rumeu de Armas, Hist. de la previsión social en España. C., Gremios, Hermandades, Montepios, 1944 [Neudr. 1981] – R. Freitag, Die katal. Handwerkerorganisationen unter Königsschutz im MA, SFGG. GAKGS 24, 1968,

41–226 – A. A. DE MORALES, Las hermandades, expresión del movimiento comunitario en España, 1974 – P. BONNASSIE, La organización del trabajo en Barcelona a fines del siglo XV, 1975, bes. 31ff.

Cogadh Gáedhel re Gallaibh ('Krieg der Iren mit den Fremden'), pseudohist. sagenartiges ir. Werk, das die Angriffe der Wikinger gegen Irland und den Widerstand der Iren schildert, wobei insbes. die Rolle der Familie Uí Briain (→O'Brien) und ihres hervorragendsten Repräsentanten, des Kg.s →Brian Bóruma († 1014), hervorgehoben wird. Das Werk wurde wahrscheinl. im frühen 12. Jh. von einem Anhänger der O'Brien von →Dál Cais unter Kg. →Muirchertach ua Briain († 1119) verfaßt und sollte Propagandafunktionen für diese Dynastie erfüllen. Der größte Teil des Textes ist ohne hist. Wert; die der früheren Zeit gewidmeten Passagen bieten jedoch einige sonst nicht überlieferte Nachrichten, da sich das Werk hier auf eine (verlorene) Sammlung von Annalen aus Munster stützt.

D. Ó Cróinín

Ed. und Lit.: J. H. TODD, C., 1867 – K. HUGHES, Early Christian Ireland: Introduction to the Sources, 1972, 288–300.

Cogitosus ua Aédo ('der Gedankenreiche'), ir. Mönch und Hagiograph im Kl. →Kildare, um die Mitte des 7. Jh., Verfasser der lat. Vita der hl. →Brigida v. Kildare († ca. 525), des möglicherweise ältesten erhaltenen hagiograph. Textes aus Irland. Die genaue Identität des Autors ist unbekannt; der Hagiograph→Muirchú moccu Machtheni (spätes 7. Jh.) erwähnt in seiner »Vita s. Patricii« den C. als seinen (geistl.) Vater und als Erneuerer der Erzähl- und Kompositionsweise der ir. →Hagiographie. Die in einem panegyr.-rhetor. Stil gehaltene Vita besteht vorwiegend aus sehr lebendig erzählten Wundergeschichten. V. a. durch eine im letzten Teil enthaltene Beschreibung der Kirche und Gebräuche von Kildare stellt das Werk auch eine wichtige Quelle für das Kl. Kildare des 7. Jh. dar. C. betrachtet sein Kl. als vornehmste und bedeutendste kirchl. Institution in Irland und schreibt ihr angebl. Jurisdiktionsrechte über die meisten anderen Kirchen des Landes zu. Diese Behauptungen dürften eher eine Reaktion auf die Ansprüche konkurrierender Kirchen denn als Ausdruck der kirchl.-polit. Realität des 7. Jh. zu betrachten sein.

D. Ó Cróinín

Ed. und Lit.: AASS Febr. I, 1658 [J. BOLLAND] – J. F. KENNEY, Sources for the Early Hist. of Ireland, 1929, 359f. – M. ESPOSITO, PRIA 30, 1912/13, 307–326 – DERS., Hermathena 24, 1935, 120–165 – BRUNHÖLZL I, 170, 533 u. ö.

Cognatio, ein Parallelbegriff zu →agnatio, die beide zwei sich ergänzende Prinzipien der Abstammung bezeichnen. Während die agnatio nach der klass. Lehre die Abstammung von einem Spitzenahn im Mannesstamm bestimmt, bezieht die c. die Blutsverwandten von der Mutterseite ein. Dementsprechend ist es seit J. FICKER üblich, zw. der agnat. oder »festen« und der cognat. oder »wechselnden« Sippe zu unterscheiden: wechselnd deshalb, weil sie sich mit jeder Heirat verändert, indem sie sich erweitert und neu konstituiert. Der Unterschied spiegelt sich in den alten dt. Bezeichnungen *Spindel-* oder *Kunkelmage* für die cognati, *Speer-* oder *Schwertmage* für die agnati, die bes. im Boden- und Erbrecht, später im Lehnrecht eine wichtige Rolle spielen (→Erbrecht, →Lehnswesen). Kann demnach kein Zweifel bestehen, daß der Unterschied zw. beiden dem MA geläufig war, so darf er jedoch, wie neuere Forschungen betonen, nicht darüber hinwegtäuschen, daß sowohl die Sippe wie die sie ablösende Familie und das Geschlecht in der geschichtl. Wirklichkeit beide Prinzipien in unterschiedl. Mischungen in sich verbinden. In der Regel werden die mütterl. den väterl. Ahnen gleichgestellt. Gelingt es, in eine vornehmere Familie hineinzuheiraten, so hebt die Heirat das ganze Geschlecht, was sich i. a. in seinem Namengut widerspiegelt. Beispielhaft tritt dies bei den Königsfamilien in Erscheinung, von denen etwa die Salier den Namen Heinrich von den Ottonen, die Staufer den gleichen Namen von den Saliern übernahmen. In beiden Fällen zeigt der neue Name ihren Aufstieg an. Der Adel ging in dieser Praxis mit dem Kgtm. konform. →Familie.

J. Fleckenstein

Lit.: J. FICKER, Unters. zur Erbenfolge der ostgerm. Rechte I, 1891, § 187 – SCHRÖDER–KÜNSSBERG, 1922⁶, § 11, bes. 69ff. – H.-W. KLEWITZ, Namengebung und Sippenbewußtsein in den dt. Königsfamilien des 10.–12. Jh., AU 18, 1944 – K. SCHMID, Zur Problematik von Familie, Sippe und Geschlecht, Haus und Dynastie in ma. Adel, ZGO 105, 1957 – H. PLANITZ–K. A. ECKHARDT, Dt. Rechtsgesch., 1961, 53ff. – H. CONRAD, Dt. Rechtsgesch. I, 1962², 31ff. [allg.] – W. SCHLESINGER, Randbemerkungen zu drei Aufsätzen über Sippe, Gefolgschaft und Treue (Fschr. O. BRUNNER, 1963).

Cóiced ('ein Fünftel, einer von fünfen'), air. Ordinalzahlwort (zu *cóic* 'fünf'), in der air. Zeit in zwei bes. Bedeutungen gebraucht: 1. als Landbesitztum, das ein Mann durch Teilhabe mit seinen Verwandten erhält (die Ländereien von Familienverbänden wurden nach traditioneller Vorstellung oft als fünf angrenzende Bauerngüter betrachtet); 2. als eine der Provinzen von →Irland. Aufgrund des angebl. Provinznamens 'coiced' wurde früher allgemein angenommen, daß es in einer frühen Zeit in Irland fünf Provinzen bestanden haben sollen. Die vier ersten dieser Provinzen waren diejenigen der Ulaid ('Ulstermen'), Laigin ('Leinstermen'), Mumu ('Munster') und Connacht ('Connaught'). Sofern es eine fünfte Provinz gegeben hat, dürfte es sich wohl um Mide ('Meath'), abgeleitet von *Medion ('die mittlere'), gehandelt haben. Es ist jedoch möglich, daß die unter 2 gen. Bedeutung von der Bedeutung 1 herrührt, so daß eine Suche nach der tatsächl. Existenz einer fünften Provinz damit hinfällig wird. Die Rechtsgelehrten des 7. Jh. betrachteten Irland als Land, das drei adligen Verbänden unterstand, den Féni, den Ulaid und den Laigin, so als handelte es sich um die Ländereien eines Familienverbandes. Im 8. Jh. wurde von den Gelehrten die Auffassung weiterentwickelt, daß alle großen Dynastien des Landes von einem gemeinsamen Ahnherrn abstammten und daß die Vorfahren der Iren im Zuge ihrer Landnahme Irland untereinander wie Brüder geteilt hätten. Daher könnten die Provinzen als *cóiceda* im Sinne von Familiengütern betrachtet worden sein.

T. M. Charles-Edwards

Lit.: T. F. O'RAHILLY, Early Irish Hist. and Mythology, 1946, 171–183 – F. J. BYRNE, Irish Kings and High-Kings, 1973, 45–47 – Bechbretha, ed. T. CHARLES-EDWARDS–F. KELLY, 1983, 133f.

Coictier, Jacques, Arzt und Familiar →Ludwigs XI., Kg.s v. Frankreich, * um 1440 Poligny (dép. Jura), † 25. Okt. 1506, Paris, ▭ ebd., St-André-des Arts. Aus angesehener Familie der Freigft. Burgund stammend, wechselte er aus dem Dienst bei →Philipp v. Savoyen, Gf. der Bresse, vor 1470 zu dessen kgl. Schwager. Ludwigs Furcht vor Krankheit und Tod nutzte er nach →Commynes v. a. in dessen letzten Jahren aus: er häufte Geld- und Grundvermögen sowie lukrative Ämter (*maître d'*→*Hôtel*/kgl. Hofmeister, Präsident der →*Chambre des Comptes/*Rechnungskammer [1482]); größeren polit. Einfluß scheint er aber nicht erstrebt oder ausgeübt zu haben. Bis auf letzteres Amt behielt er unter Karl VIII. und Ludwig XII. seine Funktionen.

H. Müller

Q.: Briefe, hg. L. GAUTHIER (Bull. Soc. d'hist. de la médecine, XI, 1912), 315–338; Bibl. nat. ms. fr. 10238, fol. 127–163 – *Lit.:* DBF IX, 1154f. – Nouvelle Biogr. Gén. XI, 86–89 – WICKERSHEIMER, Dict. I, 324f. [mit Q.] – H. TRIBOUT DE MOREMBERT, Un favori du roi: Jacques Coytier, Soc. Emul. Jura 1950–54, 20ff. – P. M. KENDALL, Louis XI.

The Universal Spider, 1971 [dt. Ausg.: Ludwig XI., 1979] – P.-R. GAUSSIN, Louis XI, un roi entre deux mondes, 1976.

Coimbra, Stadt und Bm. (ō Maria) in Portugal am Nordufer des Flusses Mondego.
I. Stadt und Bistum – II. Universität.

I. STADT UND BISTUM: Der Name leitet sich von Conimbriga her, einer südl. des ma. und heut. C. (in Wirklichkeit das spätantike Aeminium) gelegenen Römerstadt. Während Conimbriga (Condeixa-a-velha), das im 5. Jh. zweimal von den →Sueben angegriffen und zerstört wurde, von da an einer Periode endgültigen Verfalls entgegenging, erlebte die Nachfolgesiedlung des antiken Aeminium als C. dank ihrer günstigeren Verkehrslage und besseren strateg. Lage einen Aufstieg. Vielleicht schon in vorsueb. Zeit Bischofssitz, wurde die Diöz. während der Suebenherrschaft der galic. Metropole →Braga unterstellt, war aber in der westgot. Epoche der lusitan. Kirchenprovinz mit ihrer Metropole →Mérida zugeordnet. Auch nach der maur. Eroberung von 715/716 konnte sich C. als bedeutendes Zentrum mit einer Mischbevölkerung aus →Mozarabern und Mauren behaupten. Trotz der Schwierigkeiten, die sich aus verschiedenen krieger. Unternehmungen ergaben (bes. hervorzuheben sind die Einnahme und Plünderung der Stadt durch →al-Manṣur 987), konnte das chr. Leben in C. besonders nach der 878 erfolgten ztw. Eingliederung der Stadt in das astur.-leones. Königreich im Zuge der →Reconquista bis in die 1. Hälfte des 11. Jh. eine starke Kontinuität verzeichnen, was sich in der Struktur der städt. Gesellschaft niederschlug. Als C. 1064 endgültig von Ferdinand I. v. León zurückerobert wurde, konnte dieser nicht umhin, den dem einheim. Adel genehmen Mozaraber →Sisnando Davidiz als Statthalter (Alvazir, Consul) für das Territorium von C., das weit über den engeren Einzugsbereich der Stadt hinausging, einzusetzen. Sisnando wiederum besetzte den Bischofsstuhl mit dem mozarab. Bf. Paterno v. Tortosa, der sich bes. durch die Reorganisation des Kathedralkapitels und die Gründung einer Domschule hervortat. Erst unter Paternos Nachfolgern, dem von Ebf. →Bernhard v. Toledo eingesetzten Crescónio und dem Cluniazenser Mauritius (→Gregor VIII.), vollzog sich der Übergang der Kirche zum röm. Ritus. Dem Bf. Mauritius, der 1102/03 die Kirche Sta. Justa der Kongregation v. →Cluny anschloß, war bereits 1101 von Paschalis II. die Verwaltung der noch nicht wiedererrichteten Bm.er →Lamego und →Viseu übertragen worden. Die komplizierten kirchenpolit. Verhältnisse des ptg. und galic. Raumes brachten es mit sich, daß die Zugehörigkeit C.s zu einer Kirchenprovinz im 12. Jh. umstritten war und das Bm., nachdem es ztw. der Administration des Ebf.s v. →Toledo unterstanden hatte und sowohl von Braga als auch von →Santiago de Compostela (in der Nachfolge der Metropole →Mérida) als Suffragan beansprucht wurde, 1199 durch Innozenz III. der Kirchenprovinz Braga zugeschlagen wurde. Die Bevölkerungsstruktur der Stadt, in der den alteingesessenen mozarab. Kreisen bis in die erste Hälfte des 12. Jh. große Bedeutung zukam, wurde nach der Rückeroberung durch Zuzug aus dem Norden, v. a. aus Galicien, Asturien und Frankreich, noch vielschichtiger, so daß der Herrschaftsauftrag des Gf.en →Heinrich v. Portugal selbst mit Hilfe frz. Statthalter und trotz der Ausbildung einer festeren Ordnung für das Gemeinwesen nur schwer zu verwirklichen war. Die Spannungen, verschärft durch die Schenkung der mozarab. geprägten Klöster →Vacariça (1094) und →Lorvão (1109) an die Kirche v. C., entluden sich insbesondere in innerstädt. Aufständen nach 1109, die nur durch Konzessionen von gfl. Seite an die revoltierende Oberschicht beigelegt werden konnten. Bis zur Mitte des 12. Jh. kam C. (v. a. nach der maur. Gegenoffensive von 1116) eine bedeutende Funktion als Mittelpunkt einer ausgedehnten Grenzzone zu. Seit ungefähr 1140 konnte die Stadt eine wichtige Rolle als Zentrum des aufstrebenden ptg. Kgtm.s spielen, nachdem durch die Gründung des Regularkanonikerstifts →S. Cruz, das die Consuetudines von →St-Ruf in Avignon übernahm (1131), ein neuer geistiger Mittelpunkt entstanden war und zusätzlich nach 1140 auf Betreiben Kg. Alfons I. Henriques die alte mozarab. Kathedrale durch einen Neubau (Sé Velha) ersetzt wurde, der um 1175 geweiht und in dem Sancho I. 1185 zum Kg. erhoben wurde. In C. traten einige der bedeutendsten Cortes des ma. Portugal zusammen, von denen die Cortes von 1211 mit ihrer umfassenden Gesetzgebung für das ganze Reich und alle Cortes des letzten Drittels des 14. Jh. (1385, 1387, 1390, 1391, 1394/95, 1397, 1398, 1400) hervorzuheben sind. →Cortes (Portugal).   L. Adão de Fonseca/L. Vones

II. UNIVERSITÄT: Obwohl es vorher schon Domschulen (wie z. B. in →Braga und →Lissabon) und Klosterschulen (wie z. B. in →S. Cruz de Coimbra oder →Alcobaça) gab, fand die Einrichtung von Universitätsstudien im Lande erst gegen Ende des 13. Jh. statt. 1288 wurde der Papst auf einer Versammlung kirchl. Würdenträger um die Errichtung einer Universität gebeten, deren Gründung im März 1290 kraft eines Privilegs des Kg.s Dionis erfolgte und im August desselben Jahres durch eine Bulle Papst Nikolaus' IV. bestätigt wurde. In der genannten Bulle wurde die Einrichtung aller »licite facultatis« mit Ausnahme der Theologie erlaubt. Das neue Studium generale erscheint so als eine vom Kg. gegr. Univ., eine Tatsache, die seine ganze zukünftige Entwicklung beeinflussen sollte. Obwohl man gemeinhin von einer Univ. C. spricht, wechselte ihr Sitz in Wirklichkeit bis zum 16. Jh. häufig (nicht immer unter friedlichen Voraussetzungen) zw. C. und Lissabon. In Lissabon gegründet, blieb sie bis 1308 dort; von 1308–1338 hatte sie ihren Sitz in C., wobei es sich jurist. gesehen mehr um eine Neugründung als um eine Translation handelte, dann befand sie sich bis 1354 erneut in Lissabon, um von 1354–1377 nach C. zurückzukehren. 1377 wurde sie erneut nach Lissabon transferiert, wo sie bis zu ihrer endgültigen Übersiedlung nach C. 1537 verblieb. Bemerkenswert ist der Anteil frz. Studenten und Lehrer an der Univ. C. im 14. Jh. →Universität (Portugal).   L. Adão da Fonseca

Q. zu [I]: Chronicon Conimbricense, Portugaliae Monumenta Hist., SS I, 1856–61, 1–5 – Vita Tellonis, ebd., 62–75 – Vita Sancti Theotonii, ebd., 79–88 – P. ALVARES NOGUEIRA, Livro das Vidas dos bispos de C., ed. A. GOMES DE ROCHA MADAHIL, 1942 – PU Portugal, ed. C. ERDMANN, 1927 – Liber anniversariorum ecclesiae cathedralis Colimbriensis (Livro das Kalendas), ed. P. DAVID –T. DE SOUSA SOARES, 2 Bde, 1947–48 – Livro Preto da Sé de C., 2 Bde, 1977–78 – zu [II]: Livro Verde da Universidade de C. (Cart. do século XV), ed. A. GOMES DE ROCHA MADAHIL, 1940 – Chart. Universitatis Portugalensis (1288–1537), Bd. 1ff., 1966ff. – Lit.: zu [I]: DHGE XIII, 204–212 [P. DAVID] – DHP I, 607f.; IV, 160–162, 228–233 – M. RIBEIRO DE VASCONCELOS, Noticia hist. do Mosseiro da Vacariça..., 3 Bde, 1854–63 – C. ERDMANN, Das Papsttum und Portugal im ersten Jh. der ptg. Gesch., AAB, 1928, Nr. 5 – A. DE VASCONCELOS, A Sé Velha de C., Bd. I–II, 1930–35 – J. P. LOUREIRO, Forais de C., O Instituto, 1939 – P. MERÊA, Sobre as origens do concelho de C., RevPort 1, 1940, 49–69 – A. DE VASCONCELOS, A catedral de S. Maria Colimbriense ao principar o século XI, RevPort 1, 1940, 113–140 – P. DAVID, A Sé Velha de C., 1943 – DERS., Etudes hist. sur la Galice et le Portugal du VIe au XIIe s., 1947 – A. F. MARTINS, A Porta do Sol. Contribuição para o estudo da cerca medieval coimbrã, Biblos 27, 1951, 321–359 – T. DE SOUSA SOARES, Dois casos de constituição urbana: Santiago de Compostela e C., RevPort 5, 1951, 499–513 – D. MANSILLA, Orígenes de la organización metropolitana en la iglesia española, Hispania Sacra 12, 1959, 271–281 – P. MERÊA, Sobre as antigas instituições coimbrãs, Arquivo Coimbrão 19–20, 1964 – A. PALOMEQUE TORRES, Episcopologio de las Sedes del Reino de León, 1966, 476–491 – F. ALMEIDA, Hist. de Igreja em Portugal I, 1967 – L. A. GARCÍA MORENO, Prosopografía del Reino Visigodo de Toledo, 1974, 176–178, Nr. 463–469 – G. PRADALIÉ, Les Faux de la Cathédrale et la crise à Coïmbre au début du XIIe s., Mél. de la Casa Velázquez 10, 1974, 77–98 – DERS., Occupation du sol et cultures autour de Coïmbre au XIIe s., Actas de las I^{as} Jornadas de Metodología ... Santiago de Compostela, 1975, 79–87 – DERS., Quercynois et autres Méridionaux au Portugal à la fin du XIIIe et au XIVe s.: L'exemple de l'Église de Coïmbre, AM 94, 1982, 369–386 – vgl. auch die Lit. zu Braga, Lorvão, S. Cruz und Vacariça – zu [II]: A. L. ALMEIDA–M. BRANDÃO, A Universidade de C., 1937 – A. M. SÁ, O Infante D. Henrique e a Universidade, 1960.

Coincidentia oppositorum (Ineinsfall der Gegensätze), bei →Nikolaus v. Kues (N. v. K.) die Grundperspektive (directio speculantis) der Gotteserkenntnis: Alle möglichen Vollkommenheiten sind bei Gott unterschiedslos in eins zu denken. – Zur Vorgeschichte: Aristoteles sagt allg. von Wirk-, Form- und Zielursache (Phys. II, 7): Ἔρχεται δὲ τὰ τρία εἰς τὸ ἕν. Albertus M. und Heymeric van den Velde beziehen das (co)incidunt in unum auf die Identität der absoluten Wirk-, Urbild- und Zielursache in Gott. Die Wesensidentität der drei Personen in Gott sieht N. v. K. darin gespiegelt. Dionysios Areopagites spricht De div. nom. c. 3 § 7; c. 13 § 2 u. ö. von der eminenten Antizipation vor allem im einen Urprinzip; ähnlich Thomas v. Aquin S. th. I q. 13 a. 5f. Gott ist danach »alles, was sein kann«. Von De docta ign. I, 4 an leitet N. v. K. daraus die c. des Größten und Kleinsten sowie von Sein und Nichtsein in Gott ab. Schon 1428 stieß er bei Raimundus →Lullus auf die kreisförmige Vertauschbarkeit aller göttl. Attribute: Gottes »Güte ist nichts anderes als seine Weisheit, sondern dasselbe; denn die Verschiedenheit ist in Ihm Identität«; »Vergangenes nichts anderes als Künftiges« (so De docta ign. I, 21). Gott in sich ist durch diese Koinzidenz dem ird. Menschen wie durch eine Mauer entzogen (De vis. Dei c. 9–15). Die Umfälschung der c. o. in Deo zu einer c. o. cum Deo hat N.v.K. gg. Johannes Wenck energisch abgewehrt. Die dt. Identitätsphilosophie scheint das cusan. Koinzidenzdenken nur durch Giordano Bruno zu kennen.
R. Haubst

Lit.: R. HAUBST, Das Bild des Einen und Dreieinen Gottes in der Welt nach N. v. K., 1952 [auch zu Heymeric und Lull] – J. STALLMACH, Zusammenfall der Gegensätze (MFCG 1, 1961), 52–75 – K. FLASCH, Die Metaphysik des Einen bei N. v. K., 1973, 155–339 – W. BEIERWALTES, Identität und Differenz, 1978.

Coindmed, ir. Wort für Zwangseinquartierung, in der Regel von Soldaten, bei der gesamten Bevölkerung. Es ist erst ab der mittelir. Zeit (10.–12. Jh.) belegt und wurde als coynee, coignye, coyn anglisiert; die air. Bezeichnung war congbál. Das Wort c. war, obwohl erst spät belegt, wahrscheinl. keine Neuschöpfung. Es dürfte sich um das Verbalnomen eines Verbs coindmid (abgeleitet vom Nomen coindem) handeln; die wahrscheinl. Etymologie von coindem ist *kon-dema (*dema zu lat. domus 'Haus' etc.). Eine Wortbildung dieser Art weist auf hohes Alter hin. – Ab 1202 bildete sich eine neue Wortbedeutung aus: Die Söldner forderten jetzt von der Bevölkerung nicht mehr nur Kost und Beherbergung, sondern ihren Sold in Geld. Im SpätMA war die Anwendung unterschiedlich: Ein Teil der Herren beschränkte sich auf die Erhebung des c. in alter Weise, andere ließen durch ihre Söldner die Löhne bei der Landbevölkerung eintreiben. Zwangseinquartierungen scheint es im alten Irland zu allen Zeiten gegeben zu haben: das walis. Wort dofreth, ebenfalls eine Bezeichnung für Einquartierung, leitet sich ab vom archaischen Wort *damreth, air. damrad. T. M. Charles-Edwards

Lit.: T. F. O'RAHILLY, 'Coinneamh, coinne', Celtica I, 1950, 370–375 – C. A. EMPEY–K. SIMMS, The Ordinances of the White Earl and the Problem of Coign in the Later MA, PRIA 75, C, 1975, 161–188, bes. 178–183.

Cokaygne, Land of → Schlaraffenland

Col, Gontier, frz. Beamter und Frühhumanist, * um 1350 in Sens, † 1418. Er entstammte einer wohlhabenden Bürgerfamilie aus Sens, sein Bruder Pierre war ebenfalls Humanist. G. C. studierte vielleicht Jura an der Univ. →Orléans, sicher aber in Sens, und war als kgl. Beamter tätig: kgl. Steuereinnehmer zu Evreux, in einem polit. schwierigen Gebiet der Normandie (1379–80), Notar (1380), dann (von 1388 bis zu seinem Tode) kgl. Sekretär. C. war auch (1386, 1413) Sekretär →Johanns, Hzg.s v. →Berry, und hatte 1401–04 hohe Ämter in der kgl. Finanzverwaltung inne. Als Sekretär des Kg.s nahm er an zahlreichen bedeutenden Gesandtschaften teil: vom Hzg. v. Berry zu →Philipp dem Kühnen, Hzg. v. Burgund (1389), von Kg. →Karl VI. zu Papst →Benedikt XIII. (1395), nach Florenz (1396), zu Johann V., Hzg. v. →Bretagne (1414), und mehrfach nach England (1397–1417). Über die Gesandtschaften nach Avignon und an den bret. Hof sind Berichte C.s erhalten. Im Bürgerkrieg zw. →Armagnacs und Bourguignons schloß er sich der Partei des Hzg.s v. Orléans an. 1413 wurde sein Pariser Haus von den Cabochiens (→Caboche) geplündert. Bald nach dem Einzug der Bourguignons in Paris (Juni 1418) wurde C. getötet. – Wie andere Kanzleisekretäre Kg. →Karls VI. war C. Mitglied des Minnehofs (→Cour amoureuse) und Humanist. Er besaß Hss. antiker Autoren (u. a. Vergil, Horaz, Plinius d. J.) sowie von →Boccaccio. C. schrieb Hss. ab (u. a. Teile von Livius, →Abaelards Briefwechsel mit Heloïse, den »Trésor« von →Jean de Meung sowie »Les epistres du débat sur le Romant de la Rose«). Er veranlaßte →Jean de Montreuil, den neuen →Rosenroman zu lesen, den er in zwei Briefen (13., 15. Sept. 1401) gegen →Christine de Pisan verteidigte.
J.-M. Roger

Ed.: E. HICKS, Le débat sur le Roman de la Rose, 1977 – weitere Ed. in: Repfont III, 50 f. – Lit.: DBF IX, 170 f. – A. LE DUC, G. C. and the French Pre-Renaissance, The Romanic Review 7, 1916, 414–457; 8, 1917, 145–165, 290–306 [u. Sonderdr. 1918] – A. COVILLE, G. et Pierre C. et l'humanisme en France au temps de Charles VI, 1934 – A. COMBES, Jean de Montreuil et le chancelier Gerson, 1942 – J. de Montreuil, Opera I, ed. E. ORNATO, 1963 – I. ZARĘBSKI, Kodeks BJ nr 413: Giovanni Boccaccio, »Genealogia Deorum«, a G. C., humanista francuski wczesnego Odrodzenia, Biuletyn Biblioteki Jagiellońskiej 15, 1963, 39–48 – F. LEHOUX, Jean de France, duc de Berri, 1966–68 – E. ORNATO, Jean Muret et ses amis Nicolas de Clamanges et Jean de Montreuil, 1969 – C. BOZZOLO, L'humaniste G. C. et la traduction française des »Lettres« d'Abélard et Héloïse, Romania 95, 1974, 199–215 – E. HICKS–E. ORNATO, Jean de Montreuil et le débat sur le »Roman de la Rose«, Romania 98, 1977, 34–64, 186–219 – C. BOZZOLO, L'humaniste G. C. et Boccace (Boccaccio in Europe, 1977), 15–22 – DIES.–H. LOYAU, La Cour amoureuse dite de Charles VI, I, 1982, 70 f. (Nr. 59).

Cola di Rienzo, † 1354, röm. Staatsmann und Humanist, Sohn eines Schankwirts und einer Wäscherin, die am röm. Tiberufer in der Nähe des Ghettos wohnten, wo es neben der Tiberinsel eine Reihe von Mühlen gab, wurde früh zu seinen Verwandten aufs Land (nach Anagni) geschickt. Mit etwa 20 Jahren kehrte er nach Rom zurück und mußte, zumindest in kultureller Hinsicht, bereits zu Ansehen gekommen sein, da er die Tochter eines Notars (Francesco Mancini) heiraten konnte. Jedenfalls hatte er nach dem Zeugnis des →Anonymus Romanus zweifellos eine bedeutende lit. Bildung erworben, die im Lauf der Zeit derartige Vollendung erreichte, daß sie von Francesco →Petrarca bewundert und geschätzt wurde und →Johann v. Neumarkt, der Kanzler Karls IV., C.s Briefe abschrieb.

Zu seiner umfassenden Kenntnis der klass. Autoren, die schon an und für sich Bewunderung erregte, und seinem starken antiquar. Interesse trat eine natürl. Rednergabe hinzu, die ihn zu mitreißenden rhetor. Glanzleistungen befähigte, bei denen er sich sowohl des Wortes wie der Gleichnisse in Bildern bediente. Dadurch errang er im öffentl. Leben Roms Ansehen und Einfluß als Opponent des Adels (sein Bruder war von einem Adligen getötet worden, ohne daß die Familie dafür Sühne erlangte) und als Sprachrohr der Schicht der Stadtbevölkerung, die wirtschaftl. Aktivitäten und Handel trieb (die sog. »cavallerotti« - reiche Bürger, die in der städt. Miliz zu Pferd dienten -, unter denen die Viehhändler, die bobacterii, bes. Bedeutung besaßen). C. wurde aus diesen Gründen zu Papst Clemens VI. nach Avignon gesandt, um diesen zur Rückkehr nach Rom zu bewegen und zumindest für 1350 die Ansetzung eines Jubeljahres zu erbitten.

Die diplomat. Mission hatte - wenigstens für C. - nicht den gewünschten Erfolg, gewann ihm jedoch die Freundschaft Petrarcas, der zu jenem Zeitpunkt in C. den geeigneten Mann sah, Italien die alte Freiheit und die Größe des republikan. Rom wiederzugeben. Nach seiner Rückkehr nach Rom brachte C. - stets als Vertreter eines bestimmten Teils der Bevölkerung - nach einem geschickten Propagandafeldzug in einem polit. Handstreich am 20. Mai 1347, einem Pfingstsonntag, das Kapitol in seine Gewalt. Aus der Wahl dieses Tages läßt sich deutlich erkennen, daß C.s Revolution, die auf bestimmte soziale Schichten zielte, eine religiöse Inspiration aufwies und offen zur Schau trug: Seine Revolution sollte den Beginn eines von göttl. Ordnung und Gerechtigkeit geleiteten guten Staates bezeichnen und ein »gutes Regiment«, das in gewissem Sinn als Zeitalter des Hl. Geistes verstanden wurde, herbeiführen. Diese Bestrebungen fanden ihren Ausdruck in einer Reihe von neuen Gesetzen und Verfügungen und in energ. adelsfeindl. Maßnahmen, andererseits betrieb C. d. R. eine aktive Italienpolitik und richtete Sendschreiben an die Souveräne und Stadtregimente, um sie zu einer einigen nationalen Politik zu bewegen. Er nahm den Titel Tribun an und ließ sich in einer feierl. Zeremonie in der röm. Basilika S. Giovanni in Laterano zum Ritter weihen, um die Phantasie des Volkes zu beeindrucken. (Von da an lautete sein offizieller Titel »Candidatus Spiritus Sancti miles Nicolaus severus et castimus, liberator Urbis, zelator Italiae, amator orbis et Tribunus Augustus«.) In diesen Monaten seiner Regierung versetzte er mit seiner zwar unkoordinierten, aber stets sehr aktiven Politik die avignones. Kurie in Unruhe und brachte die entmachteten Adligen derart gegen sich auf, daß sie sich zu einem Bund gegen ihn zusammenschlossen und ihn am 20. Nov. des gleichen Jahres 1347 angriffen, jedoch nicht besiegen konnten. (Blutiger Kampf an der Porta S. Lorenzo, Tod vieler hoher Adliger, darunter mehrerer →Colonna.) Es gelang C. aber nicht, einen Aufstand seiner eigenen Gefolgsleute niederzuschlagen, so daß er - exkommuniziert - auf die Maiella in den Abruzzen flüchten mußte. Hier lernte er die myst. Ideale der dort lebenden Eremiten kennen und verband sie mit den Elementen seiner eigenen Rhetorik (1348). Inspiriert durch Träume von der Ankunft des Hl. Geistes, begab er sich nach Prag, um sie Ks. Karl IV. und dem Ebf. v. Prag, →Ernst v. Pardubitz, vorzutragen. Seine auf diese Weise entstandenen Schreiben sind rhetor. Glanzstücke, in denen sich auch seltsame, aber zeittypische Phantastereien finden, wie die Geschichte, er sei ein Sohn Ks. Heinrichs VII., der C.s Mutter während einer seiner einsamen heiml. Streifzüge durch das belagerte Rom verführt habe. Jedenfalls ließ sich Karl IV. von C.s grandiosen Idealen nicht beeindrucken und übergab ihn Papst Clemens VI., der seine Auslieferung gefordert hatte und ihn einem Häresieprozeß unterwarf. Nach dem Tod Clemens' VI. gedachte dessen Nachfolger Innozenz VI., sich C.s zu bedienen und stellte ihn dem mit der Reorganisation des Kirchenstaates betrauten Kard. Aegidius →Albornoz an die Seite. Von Albornoz zum Senator erhoben, hielt C., mit Geld und Truppen versehen, triumphalen Einzug in Rom, in dem die Erinnerung an den Versuch des »guten Staates« stärker fortlebte als an die Auswüchse von C.s Tribunat. Ohne seine frühere Ausstrahlungskraft versuchte er nun, seine Autorität mit brutaler Gewalt durchzusetzen und gab sogleich privaten Rachegelüsten nach. So ist es erklärlich, daß nach nur zwei Monaten des Senatorats im Okt. 1354 eine Gruppe von Aufständischen das Kapitol angriff, wo C. residierte. Er versuchte, verkleidet zu fliehen, wurde jedoch ergriffen und getötet. Sein Leichnam wurde unter schimpfl. Umständen verbrannt.

Der Tribun C. verkörpert in der Darstellung der zeitgenöss. Chronistik, bes. in der Sicht des →Anonymus Romanus, in gewisser Hinsicht einen Traum, mag er auch unrealisierbar sein; die weitere Entwicklung der Ereignisse läßt jedoch die tiefe innere Schwäche jener Ideale erkennen: C. verfolgte polit. Ziele, die - bei aller Grandiosität seiner Träume - in der konkreten Realität Roms im 14. Jh. nicht zu verwirklichen waren. In Rom gab es keine sozialen Gruppierungen von solcher Stärke, daß sie vereint dem mächtigen Adel, der auf seinen Landsitzen fast unangreifbar war, Trotz bieten oder sich der päpstl. Politik erfolgreich widersetzen konnten. Abgesehen von aller Utopie und literar. Rhetorik, die C.s Ideale enthalten, drückt jedoch die allgemeine Stimmung im Italien seiner Zeit - bei einiger offen zur Schau getragener Skepsis - auch die Hoffnung aus, einen it. Staat mit Rom als Mittelpunkt verwirklichen zu können (→Rom, Romidee). Nicht von ungefähr zitiert Machiavelli am Ende seines »Principe« einige Verse aus einer Canzone Petrarcas, die sich höchstwahrscheinl. auf C. beziehen. Als sich C. der vielen Widerstände und ihm feindl. Mächte bewußt wurde, vermeinte er sich dadurch zu retten, daß er seine Träume als Ausdruck eines übernatürl. Willens und des Plans der Vorsehung ansah. In dieser Hinsicht wollte C., »tribunus sompniator«, wie er sich nannte, das Reich des Hl. Geistes heraufführen und vollzog damit den Übergang von der Realität in die Sphäre des Übernatürl.-Mystischen.

R. Manselli

Q. und Lit.: DBI XXVI, 662–675 – Repfont III, 502 – K. BURDACH–P. PIUR, Vom MA zur Reformation, II: Briefwechsel des C. di R., 5 Teile, 1913–29 – P. PIUR, C. di R. Darstellung seines Lebens und seines Geistes, 1931 – E. DUPRÉ-THESEIDER, Roma dal comune di popolo alla signoria pontificia (1252–1377), 1952, 517–649 – A. FRUGONI, C. di R. »tribunus sompniator« (DERS., Incontri nel Rinascimento, 1954), 9–23 – J. MACEK, Petrarque et C. di R., Historica 11, 1965, 5–51 – R. MORGHEN, Il mito storico di C. di R. (DERS., Civiltà medioevale al tramonto, 1973), 201–229 – F. GREGOROVIUS, Gesch. der Stadt Rom im MA (hg. W. KAMPF, 1978), passim – Anonimo romano »Cronica«, ed. G. PORTA, 1981.

Colchester, Stadt im sö. England (Essex), am Colne nahe der Ostküste Englands gelegen. Das befestigte Areal der röm. Colonia Camulodunum, das ursprgl. für ein castrum zweier Legionen bestimmt gewesen war, reichte mit ca. 13 ha für den Siedlungsraum der ma. Stadt aus. 879–920 war C. von Dänen besetzt; Kg. →Eduard d. Ä. eroberte es zurück und ließ die Befestigungen wiederherstellen. Bei dem Wiederaufbau der städt. Siedlung benutzte man röm. Gebäudereste für Neubauten. Der *keep* (→Donjon) der norm. Burg (1077 erbaut), der auf dem

Podium eines röm. Tempels errichtet wurde, ist sogar größer als der heutige Tower in →London. Beide sind die frühesten aus Stein errichteten keeps in England. In zwei Kirchen sind röm. Mauern verbaut; andere wurden im 11. und 12. Jh. aus römerzeitl. Backsteinen errichtet. Aus diesem Material besteht auch die Prioratskirche St. Botulf (um 1093), die extra muros liegt. Es wurden ferner Baureste einer Gerichtshalle (um 1160) sowie von sechs Kaufmannshäusern des 12. Jh. gefunden, die sämtl. aus Back- und Bruchsteinen, nicht aus Holz, errichtet wurden. Von der Benediktinerabtei St. John, die 1095–1115 extra muros erbaut wurde, steht nur noch das aus Flint im 15. Jh. neuerrichtete, verzierte Torhaus. Die Lage des einen oder anderen Kl. könnte durch die frühere Existenz einer röm. Grabeskirche beeinflußt worden sein.

Die Stadt erhielt ihr erstes Königsprivileg 1189 und sandte Vertreter zu den ma. →*parliaments*. Der Fluß war bis Hythe (im SO der Stadt) schiffbar, wo sich ein kleiner Hafen befand. Die Burg hatte nach 1300 nur noch geringe militär. Bedeutung und wurde hauptsächl. als Kerker benutzt. M. W. Barley

Q. und Lit.: The Red Paper Book of C., hg. W. G. Benham, 1902 – G. H. Martin, The Story of C., 1959 – P. Crummy, Aspects of Anglo-Saxon and Norman C., 1981.

Coldingham (Schottland, Gft. Berwickshire), eine frühe angl. Siedlung, deren Land sich bis zum Meer bei St. Abb's Head erstreckte, wo 650 das Doppelkloster Coludesburg errichtet wurde. →Cuthbert besuchte das Kl., als die hl. Æbbe (Königstochter?) Äbtissin war († um 683, Fest: 25. Aug.). Das Kl. wurde später durch Feuer zerstört und nicht wieder aufgebaut. Die genaue Lage dürfte durch einen neuerdings ausgegrabenen Palisadenzaun und einen Wall aus dem 7. Jh. auf dem Kirk Hill nachgewiesen worden sein. Um 1100 wurde ein Benediktinerpriorat (ô Maria) in C. von Mönchen aus →Durham gegründet, einige Reste des Chors (um 1200) blieben erhalten.
D. A. Bullough

Q. und Lit.: Vita anon. Cuthb. II 3, ed. B. Colgrave, 1940, 80f. – Bede, Hist. Eccl. IV 19, ed. B. Colgrave–R. Mynors, 1969, 392f., 420f. – Journal of the English Place-Name Soc. 8, 1975/76, 31f. – L. und E. A. Alcock, Excavations on St. Abb's Head, Berw., 1980, 1981.

Colditz, Herren v. Der Ort C. (an der Freiberger Mulde, sö. von Grimma) gelangte zusammen mit Leisnig und →Groitzsch 1147 an Hzg. Friedrich v. Schwaben, dessen Auftreten in diesem Raum überrascht. Als Ks. nahm er anläßl. der Bildung des Pleißenlandes die Burg C. und den Ministerialen Thimo mit 20 Dörfern (aus hzgl. schwäb. Besitz) ans Reich. Die C. er erscheinen bis zur Mitte des 13. Jh. im Reichsdienst, u. a. als pleißnische Landrichter. Das Vorkommen von →Heimbürgen läßt vermuten, daß sie schon früh bei C. Siedler aus Thüringen angesetzt haben. Seit dem letzten Viertel des 13. Jh. blühen neben der Stammlinie die Nebenlinien Breitenhain (b. Lucka) und Wolkenburg. Mit der Vergrößerung ihres Besitzes steigen sie auch ständisch auf. Aus der Hauptlinie C. erlangten Thimo VII. als Marschall Mgf. Friedrichs d. Strengen v. Meißen und Thimo VIII. als Kämmerer Ks. Karls IV. große Bedeutung. Letzterer begünstigte die polit. Absichten des Ks.s, indem er 1368 seine Reichslehen als böhm. Lehen auftrug. Er erwarb 1378 die Herrschaft Eilenburg, 1379 die Pfandschaft Pirna und 1382 Neuseeberg in Böhmen. Die regen Dienste Thimos VIII. für Karl IV. brachten ihm reichen Besitz in Böhmen. Dem Zugriff der →Wettiner konnten sich die C. er lange entziehen. Erst 1404 verkauften sie ihren Stammsitz mit ausgedehntem Zubehör an die Wettiner. H. Patze

Lit.: Hist. Stätten Dtl. VIII, 49–52 [W. Coblenz–K. Blaschke] – K.

Truöl, Die Herren v. C. und ihre Herrschaft [Diss. Leipzig 1914] – H. Helbig, Der wettin. Ständestaat, 1955, 307–311.

Colet(t)a v. Corbie (Nicolette Boillet), hl. Ordensreformatorin, * 13. Jan. 1381, Corbie (Somme), † 6. März 1447, Gent. Nach dem Tod ihrer frommen Eltern 1399 erprobte die von Kindheit an durch tagelange Ekstasen und viele andere Charismata ausgezeichnete C. nacheinander die Lebensformen der →Beg(h)inen, →Benediktinerinnen, Klarissen und der Franziskanertertiarinnen (→Franziskanerinnen). Da ihr diese alle zu wenig streng schienen, wurde sie 1402 Rekluse. Erscheinungen des hl. →Franziskus veranlaßten sie, sich 1406 von ihrem Gelübde entbinden zu lassen, um, unterstützt von ihrem Beichtvater Heinrich v. Baume, den 2. Orden der Minoriten zu reformieren. Dazu wurde sie im selben Jahr von →Benedikt XIII. als Generaläbtissin eingesetzt, doch scheiterten die ersten Versuche einer Neugründung in der Picardie. Erfolgreich war C. dagegen u. a. in der Franche-Comté, Savoyen, Lothringen, Flandern und bes. in Burgund, so daß sie die Reform von 17 Frauenklöstern erleben konnte (→Colettinen), der sich auch sieben Männerklöster anschlossen. Mit der Reform wurde C. meist von den jeweiligen Landesfürstinnen beauftragt, wie z. B. der burg. Hzgn. →Margarete v. Bayern oder der bayer. Hzgn. Mahaut v. Savoyen. Auch Hzg. →Jakob v. Bourbon schloß sich C. eng an. 1434 wurden ihre »Sentiments«, die Ordenskonstitutionen, vom franziskan. Generalminister und den päpstl. Legaten bestätigt, doch kam es zu Differenzen mit dem Visitator →Johannes v. Capestrano. Bemüht war C. auch um die Beendigung des →Abendländ. Schismas, ihr Einfluß ist allerdings fraglich. – Strenge Armut, Askese (bes. Fasten) und Visionen (u. a. über den Heilszustand der Christenheit, über die Passion) kennzeichneten C.s Frömmigkeitsleben. P. Dinzelbacher

Q.: Viten, Briefe u. a., ed. U. d'Alençon, EF 19, 1908, 460–481, 668–691 – AFrH 2, 1909, 447–456, 600–612; 3, 1910, 82–207 – Archives Franciscaines 4, 1911, passim – AASS März 1, 1865, 531–626 [Übers.] – Vita S. Coletae, edd. Ch. van Corstanje u. a., 1982 [Illuminationen] – *Lit.:* Bibl. SS IV, 76–81 – DBF IX, 216f. – Biograph.-bibliograph. Kirchenlex. I, 1970, 1094 – DHGE XIII, 238–246 – DIP II, 1210f. – LThK² III, 1 – C. Yver, St. C. de C., 1945 – P. B. De Meyer, De h. C. van C., 1947 – J. Hofer, Johannes Kapistran I, 1964, 263ff., u. ö. – Eeuwfest van de heilige C., 1981.

Colettaner. Im Sinne →Colettas v. Corbie reformierte, nicht observante Minderbrüder, die wie die Martinianer, Diskalzeaten, Amadeiten und Clarener als »reformati sub ministris« bezeichnet werden. Aus ihnen gingen die Beichtväter und Almosensammler der →Colettinen hervor. Zentren der zunächst auf die Ordensprovinz Burgund beschränkten, dann jedoch auf benachbarte Provinzen übergreifenden Reform waren die Konvente in Dôle, Chariez, Sellières und Beuvray. 1427 übte Heinrich v. Baume mit Zustimmung des Ordensgenerals eine gewisse Aufsicht über die C. aus, später erhielten sie ein eigenes Kapitel und einen eigenen Vikar, ohne sich jedoch aus den konventualen Provinzen zu lösen. Stärker als die Colettinen hatten sich die C. gegen Annexionsbestrebungen der Observanten zu wehren, was ihnen durch mangelnde Unterstützung der Konventualen und eine unentschiedene Politik der Päpste erschwert wurde. Nachdem sich die C. seit 1465 intensiv um die Reform der Konventualen bemüht und unter Bonifatius v. Ceva († 1517) vergebl. eine Union mit den Observanten und reformierten Konventualen zu erreichen versucht hatten, wurden sie 1517 bei der Verselbständigung der beiden großen franziskan. Ordenszweige den Observanten zugeschlagen, was sie nicht hinderte, noch länger in der Observantenprovinz Burgund den Ton anzugeben. K. Elm

Lit.: DIP II, 1211-1217 - H. LAMAITRE, Géographie hist. des établissements de l'ordre de Saint François en Bourgogne, RHF 4, 1927, 445-574 - M. BIHL, Fra Bonifazio da Ceva († 1517) e i suoi giudizi su Bernadino da Siena, Studi francescani 17, 1945, 132-145 - B. DEGLER-SPENGLER, Observanten außerhalb der Observanz. Die franziskan. Reformen »sub ministris«, ZKG 89, 1978, 354-371 - J. ZWICKER, Franziskanerprovinz Burgund, Helvetia Sacra V 1, 1978, 309-369.

Colettinen. Die als C. bezeichneten reformierten Klarissen gehen auf → Coletta v. Corbie zurück, die am 26. April 1406 von Benedikt XIII. die Erlaubnis erhielt, in den Diöz. Amiens, Paris oder Noyon einen Frauenkonvent nach der Regel der hl. → Clara v. Assisi zu errichten und in ihm bis zu vier Minderbrüder mit der Seelsorge bzw. Almosensammlung zu betrauen. Der nach mißglückten Versuchen in Peronne und Rumilly 1408/10 mit Hilfe Heinrichs v. Baume und Unterstützung durch Hzgn. → Margarete v. Burgund und Gfn. Bianca v. Genf in Besançon zustandegekommene Konvent wurde zum Ausgangspunkt für die Reform bzw. Gründung zahlreicher reformierter Klarissenklöster in Frankreich, Spanien, Deutschland, Italien und der Schweiz, vornehml. aber im Herrschafts- und Einflußbereich der Hzg.e v. Burgund. Die C., die den ursprgl. Rigorismus des hl. → Franziskus und der hl. Clara erneuern wollten, befolgten die strenge, am 9. Aug. 1253 von Innozenz IV. für S. Damiano bestätigte Regel sowie eigene 1434 von Generalmagister Wilhelm v. Casale und 1458 von Pius II. approbierte, auf den »Sentiments« von Coletta fußende Konstitutionen (Seraph. Leg. Textus Orig., 1897, 102-170). Sie hatten sich gegen wiederholte, u. a. 1442 von → Johannes v. Capistrano unternommene Affiliationsversuche der Observanten zur Wehr zu setzen, um entsprechend der Intention Colettas unter den konventualen Ministern verbleiben zu können.   K. Elm

Lit.: DHGE XIII, 238-246; XVIII, 958-966 - DIP II, 1132-1134 - TH. BIZOUARD, Hist. de Ste-Colette et des Clarisses en Franche-Comté, 1888 - DERS., Hist. de Ste-Colette et des Clarisses en Bourgogne, 1890 - U. D'ALENÇON, Documents sur la réforme de Ste-Colette en France, AFrH 2, 1909, 447-456, 600-612; 3, 1910, 82-97 - H. HOLZAPFEL, Hb. der Gesch. des Franziskanerordens, 1909, 653-655 - H. GOYENS, Documenta circa Clarissas Colettanas in Belgio, saec. XV-XVIII, AFrH 5, 1912, 315-320; 8, 1915, 106-145 - A. IVARS, Origen y propagación de las clarisas coletinas o descalzas en España, Arch. Ib. Amer. 21, 1924, 390-410; 23, 1926, 84-100; 24, 1926, 94-104 - H. LIPPENS, S. Jean de Capistran en mission aux Etats bourguignons (1442-1443), AFrH 35, 1942, 113-132, 254-295 - DERS., Deux épisodes du litige séculaire entre les Clarisses-Colettines et les Pères Observants au sujet de leurs privilèges respectifs, XVe et XVIe s., ebd. 41, 1948, 282-295 - DERS., Henry de Baume, coopérateur de Ste-Colette, Sacris erudiri 1, 1948, 232-276 - A. DE PARIS, L'établissement des Clarisses de la première règle dans le Midi de la France (1430-1516), CF 28, 1958, 354-373 - TH. GRAF, Der Klarissenorden und seine Niederlassungen in der Schweiz, Helvetia Sacra V 1, 1978, 529-554.

Coligny, Burg und Adelsfamilie in Ostfrankreich (dép. Ain, arr. Bourg-en-Bresse). Die Burg ist erstmals erwähnt i. J. 974 in einer Schenkungsurkunde eines Gf.en Manasses zugunsten der Abtei Gigny. Das Territorium, welches diese Familie besaß und das allgemein mit demjenigen einer karol. Gft. gleichgesetzt wird, umfaßte unter der Bezeichnung »Manche de C.« das gesamte Revermont bis zur Rhône. Die Blütezeit der Familie lag im 12. Jh. Seit dem 13. Jh. setzte ein allmähl. Verfall ein, dessen Gründe zum einen in der großen Freigebigkeit gegenüber der Kirche (Stiftung von Kl.: Le Miroir 1131, Sélignat 1202 u. a.), zum anderen im Fehlen einer Hauspolitik zu sehen sind; daher erfolgte eine Zersplitterung der weiträumigen Herrschaft in eine Vielzahl kleiner Lehen, die von männl. oder weibl. Familienmitgliedern gehalten wurden. Um 1220 wurde die Herrschaft durch Heirat mit der Herrschaft → La Tour vereinigt. 1282 wurde Humbert v. La Tour und Coligny, der Schwiegersohn der »Grande Dauphine« Beatrix, → Dauphin des Viennois. Andererseits führte → Amadeus V., Gf. v. → Savoyen, als Konkurrent des Dauphins 1286 einen Besitztausch mit dem Hzg. v. Burgund durch: Der Burgunder erhielt zur Herrschaft → Bâgé gehörige Enklaven im Hzm. Burgund, der Savoyer die burg. Besitzungen im Revermont um C. 1289-95 verstärkte Amadeus V. seinen Einfluß durch Erwerb der Kastellaneien von Treffort, Jasseron und Ceyzeriat. Zu Beginn des 14. Jh. sah sich Etienne de C. nahezu vollständig seines Patrimoniums beraubt, so daß er im April 1304, »von drängender und unvermeidlicher Notwendigkeit« veranlaßt, dem Gf.en v. Savoyen seinen ganzen verbliebenen Besitz in Revermont, von Treffort bis Pont d'Ain, verkaufte, darunter auch die wichtige Burg Jasseron. Doch verschwand die Familie damit nicht aus der Region. 1560 vermochte der Admiral Gaspard de C., der spätere Hugenottenführer, sogar in Coligny selbst die beiden Herrschaften C.-le-Vieil und C.-le-Neuf, die seit dem Ende des 12. Jh. getrennt waren, zu vereinigen.   P. Cattin

Q. und Lit.: Du Bouchet, Preuves de l'Hist. de l'illustre maison de C., Paris 1662 - E. BOCQUILLOD, C. gallo-romaine, médiéval, pittoresque (Visages de l'Ain, 67, 1963) - vgl. auch: F. COTTON, La vie rurale en Revermont du milieu du XIVe à la fin du XVe s. (d'après les comptes de Treffort) [Positions Thèses Ecole de Chartes, 1961].

Colijn van Rijssele, *rederijker.* Über sein Leben wissen wir nur, daß er 1498 Mitglied der »Broederschap van de zeven Weeën« in Brüssel war. Von ihm stammt das Theaterstück »De Spiegel der minnen« (vor 1530 geschrieben), das früheste ernste Theaterstück in Europa, das in einem bürgerl. Milieu spielt. Die Handlung in dieser Liebesgeschichte mit trag. Ende erwächst nicht in erster Linie aus Standesunterschieden und äußeren Widerständen, sondern erhält ihre Motivierung v. a. aus der scharfsinnigen psycholog. Analyse der Hauptpersonen. Die erste Ausgabe (1561) stammt von dem bekannten Humanisten D. V. Coornhert. C. van R. ist wahrscheinl. mit Colijn Keyaert identisch, dem Verfasser des Spiels »Van Narcissus ende Echo«.   J. E. van Gijsen

Ed.: C. van R., De spiegel der minnen, hg. M. W. IMMINK, 1913 - *Lit.:* J. TE WINKEL, Ontwikkelingsgang der Ned. letterkunde, 1922, T. II, 397-399 - P. VAN DER MEULEN, Coornhert en Colyn van Ryssele, Ntg 40, 1947, 155-158 - E. DE BOCK, Opstellen over C. van R. en andere rederijkers, 1958 - W. VAN EEGHEM, Brusselse dichters. Vijfde reeks: Colyn van Risele (ca. 1450 - ca. 1500), 1963.

Colin, Philipp, Goldschmied in Straßburg, schuf mit Claus Wisse und Samson Pine den »Rappoltsteiner Parzifal« in den Jahren 1331-36 für den Straßburger Domherrn Ulrich V. v. Rappoltstein (Ribeauville). Die Bearbeiter veranlassen eine sorgfältige Kopie des »alten Parzefal« → Wolframs v. Eschenbach unter krit. Benutzung verschiedener Hss. und ergänzen ihn v. a. durch den »nuwen«, d. h. die aus dem Afrz. übersetzten Fortsetzungen von → Chrétiens de Troyes »Conte du Graal«, die zw. Wolframs 14. und 15. Buch eingeschoben werden. Der Jude Samson Pine scheint eine (mündliche?) Vorübersetzung geliefert zu haben (vgl. Ed. 854, 27-33), die von Wisse und Colin in Vers gebracht wurde. Dabei halten sie sich inhaltlich eng an ihre Vorlagen und nehmen überfüllte Verse und Füllwörter im Reim in Kauf; den Text gliedern sie sinnvoll durch neue Zwischenüberschriften. Von Wisse und Colin selbst stammen vermutlich ergänzende Verse und Überleitungen (auch in Prosa) und der Epilog (Colin allein?), 570 vv., eine »Mischung von Minne- und Ehrenrede« (WITTMANN-KLEMM, S. 111): die Entstehung des Werkes, veranlaßt durch Frau Minne, wird wirklich durch den Mäzen; daher wird der »Parzefal« den Liebenden als Lehrbuch anempfohlen und die Minnethematik in der

Erzählung und durch die Einfügung von Minnestrophen akzentuiert (u. a. →Walther v. der Vogelweide, →Reinmar der Alte, →Gottfried v. Neifen, →Reinmar v. Brennenberg). Stilistisch nimmt der Epilog den »Tristan« →Gottfrieds v. Straßburg zum Vorbild. Die aus dem Afrz. übersetzten Passagen umfassen die Elucidation, ca. 30 vv. Chrétiens, nahezu die gesamte 1., 2. und 3. (Manessier-)-Fortsetzung. Die Widersprüchlichkeiten der Handlungsführung und Personengestaltung der Vorlagen im Vergleich mit Wolframs Werk werden nicht eliminiert, wohl aber die Eigennamen sorgfältig angeglichen.

Die Leistung der Bearbeiter besteht in der inhaltsgetreuen Übersetzung, der teilweisen Neukombination und der Neugliederung des umfangreichen Komplexes. Sie wollen die Gralgeschichte mit Hilfe des im Afrz. vorliegenden versepischen Materials möglichst vollständig erzählen; damit ordnet sich ihr Werk in die Tendenz zur narrativen »Summe«, wie sie vor Mitte des 13. Jh. aufkommt: →Heinrichs v. dem Türlin »Crône«, die »Tristan«-Fortsetzungen →Heinrichs v. Freiberg und →Ulrichs v. Türheim, die »Willehalm«-Ergänzungen desselben und Ulrichs v. dem Türlin, auch die erzähler. Auffüllung der Artuswelt beim →Pleier. Die Resonanz des »Parzifal« war gering, vermutl. beschränkt auf den Umkreis des Rappoltsteiners und der Erben, die das Werk bis in das 16. Jh. lasen. →Gralsdichtung, →Parzivaldichtung.   V. Mertens

Ed.:Parzival von Claus Wisse und Philipp Colin, ed. K. SCHORBACH (Elsäss. Literaturdenkmäler aus dem 14.–17. Jh., 5), 1888 – Lit.: K. MARQUART, Die Verskunst des Neuen Parzifal [Diss. Königsberg 1914], 916 – E. K. HELLER, Stud. on the Alsatian Parzival, Germanic Review 5, 1920, 109–126 – W. BESCH, Vom 'alten' zum 'neuen' Parzifal, Deutschunterricht 14, 1962, 91–104 – A. HOLTORF, Eine Strophe Reinmars v. Brennenberg im 'Rappoltsteiner Parzifal', ZDA 96, 1967, 321–328 – D. WITTMANN-KLEMM, Stud. zum 'Rappoltsteiner Parzifal' (GAG 224, 1977).

Collatio
1. **C.** Der im Latein der Kirchenväter verhältnismäßig selten im Sinne von Konferenz, mündl. Gedankenaustausch, gebrauchte Terminus (vgl. Cyprian, ep. 30,5 u. öfter; Augustinus, Breviculus collationis cum Donatistis; Leo I. ep. 6,5) wird von Johannes Cassianus († 431/435) für die von ihm geführten Gespräche mit den Vätern der Wüste 420 zum Buchtitel gewählt. Durch die von Benedikt (Regel 42,3.5) getroffene Ordnung der sich allmählich im abendländ. Mönchtum einbürgernden Abendlesung an Nichtfasttagen wird c. zum Fachausdruck für diese und schon bald auf den bei dieser Gelegenheit gereichten Becher Wein, später auf das verringerte Speisemaß an Fasttagen oder auf die gestifteten, Caritas genannten Becher ausgedehnt. Aus diesem Anlaß verfaßte Lieder wurden im hohen MA bis in die Neuzeit zum festen Bestandteil der klösterl. Hauslit. des Mandatum.

E. v. Severus

Lit.: DSAM II, 1389, 1390–1394 – LThK² III, 3 – Lit. Woordenboek I, 426f. – MlatWb II, 831 – B. BISCHOFF, Caritaslieder (B. BISCHOFF–H. S. BRECHTER, Liber Floridus, 1950), 165–186 – J. HOFMANN OSB, Die Entlassung der benediktin. Komplet, ein Zeugnis für den altchristl. Horenschluß [im Dr.].

2. **C.** → Amt, kirchliches
3. **C.** → Steuer, -wesen

Collatio legum Mosaicarum et Romanarum, Bezeichnung für ein spätantikes jurist. Werk. In ihm vergleicht der Autor Bestimmungen des →Mosaischen Gesetzes mit inhaltl. entsprechenden Auszügen aus röm. Juristenschriften und Kaiserkonstitutionen. Welchen Zweck der Verfasser mit seinem Werk verfolgt hat, ist bis heute rätselhaft, zumal für die C. kein Vorwort überliefert ist. Immerhin spricht einiges dafür, daß das Werk im Zuge der religionspolit. Auseinandersetzungen des ausgehenden 4. Jh. den Nachweis erbringen sollte, daß jüd.-chr. und röm. Recht nicht in unüberwindlichem Gegensatz stünden. Unklarheit besteht auch über den einstigen Umfang des Werks, da der – wie es scheint – unvermittelte Abbruch des Textes die freilich nicht unwidersprochen gebliebene These größerer Textverluste erlaubt. Gegenüber älteren Auffassungen, wonach die C. entstanden sei durch Auswahl der passenden Titel eines jurist. Florilegiums, dem der Verfasser die mosaischen Texte vorangestellt habe und zu dem erst später einzelne Kaiserkonstitutionen hinzugesetzt worden seien, neigt die neuere Wissenschaft zur Annahme einer einheitl. Entstehung des Werks zu Ende des 4. Jh. bereits in jener Form, die uns heute vorliegt.   P. E. Pieler

Lit.: L. WENGER, Die Q. des röm. Rechts, 1953, 545–548 – J. GAUDEMET, La formation du droit séculier et du droit de l'Eglise au IVe et Ve s., 1957, 90f. – F. SCHULZ, Gesch. der röm. Rechtswiss., 1961, 394–398 – H. L. W. NELSON, Überlief., Aufbau und Stil von Gai institutiones, 1981, 104–117 – D. LIEBS, Jurisprudenz im spätant. Rom [i. Dr.].

Collazos, Landarbeiter in Spanien, die normalerweise auf einem *solar* (Gut) lebten, das ihnen nicht zu eigen war, und dafür bestimmte, nicht immer identische Leistungen zu erbringen hatten. Es konnte sich dabei um ihren Arbeitsertrag handeln, von dem sie dem Grundherrn einen festgesetzten Anteil abzuliefern hatten, oder um verschiedene, variierende Leistungen, wie z. B. →Hand- und Spanndienste; andere wieder mußten, wie es im Laufe der Zeit in den sog. *fueros extensos* festgelegt wurde, einem Herrn oder Senior für einen vorher vereinbarten Taglohn dienen. Die Bezeichnung c. scheint urspgl. von der Art und Weise abgeleitet worden zu sein, wie man diese Gruppe im MA ansah, nämlich als eine Art fester Gemeinschaft ('collatio'), dies v.a., da ihre Arbeitsstelle und ihr Wohnort – im Normalfall eine villa – eine Einheit geworden waren, der sie wie Pertinenzien angehörten. Chronolog. gesehen (10.–14. Jh.), auf halbem Wege zw. verwandten Erscheinungen wie den →*juniores* und den →*solariegos* angesiedelt, treten die c. bes. in Nordspanien auf. Das Zentrum ihrer Verbreitung liegt im Baskenland und in Altkastilien, in anderen Gebieten sind sie nur vereinzelt zu finden. Trotz aller Hypothesen ist es schwierig, Aufschluß über ihre Ursprünge und ihr späteres Schicksal zu gewinnen. →Mancipium.   J. L. Bermejo Cabrero

Lit.: C. SÁNCHEZ-ALBORNOZ, Solariegos y c. navarros. Un diploma que los diferencia, AHDE 4, 1927, 451–452 – R. HOMET, Los c. en Castilla, CHE 59–60, 1976, 105–177.

Collecta
1. **C.** (in der Liturgie) bezeichnete: 1. nur vorübergehend die Versammlung des christl. Volkes zur Meßfeier (Acta Saturnini n. 12, Anfang 4. Jh.), konnte sich in diesem Verständnis aber nicht durchsetzen, weil das Wort in der Liturgie bald anderweitig gebraucht wurde. – 2. An den Tagen mit Bußcharakter, v. a. in der Quadragesima und an den Quatembertagen, versammelte man sich zum →Stationsgottesdienst nicht direkt in der Stationskirche (Statio), in der die Messe gefeiert werden sollte, sondern in einer anderen, zentraler gelegenen Kirche, von der aus man unter dem Gesang von Litanei und Bußantiphonen zur Statio zog. Sowohl diese Versammlungskirche wie auch der dort stattfindende Eröffnungsritus trugen den Namen c. Der Hergang war folgender: Der Papst und die ihm assistierenden Kleriker zogen, mit den liturg. Gewändern bekleidet, von der Sakristei zum Altar, während die Schola die antiphona ad introitum (→Introitus) mit zugehörigen Psalm sang. Nach Verehrung des Altars, stillem Gebet und Begrüßung des Volkes zog die Prozession unter

dem Gesang der Litanei zur Stationskirche. Der Ritus der c. konnte sich in etwa wiederholen, wenn unterwegs eine weitere Kirche besucht wurde. Daraus entwickelte sich grundsätzl. der »Ritus des Kirchenbesuchs«, wie ihn das röm. →Pontificale für den feierl. Empfang eines Prälaten vorsieht. Im Fall der Meßliturgie wurde der »Kirchenbesuch« zum Eröffnungsritus. – 3. Das den Eröffnungsritus abschließende Gebet, welches in der röm. Liturgie als oratio, im Hinblick auf spätere Gebete zur Gabenbereitung und zum Abschluß auch als oratio prima bezeichnet wurde, trug in der gallikan. Liturgie den Namen c. oder collectio. Seit Pius V. wird die Bezeichnung in diesem Sinn auch in der röm. Liturgie verwendet. Der Name verdeutlicht, daß mit diesem Gebet der Priester die vorausgehenden Gebete der Gläubigen zusammenfaßt und abschließt: Collectas dicimus, quia necessarias earum petitiones compendiosa brevitate colligimus i. e. concludimus (Walahfrid Strabo). Aus dieser Bestimmung ergeben sich verschiedene Besonderheiten der Struktur und Durchführung dieses Gebets. – 4. Einsammlung von Almosen (Kollekte) – 5. Auch und bes. als Collatio bezeichnete gemeinsame außerliturg. Schrift- und Väterlesung der Mönche. – 6. In der Scholastik: demonstratio und species (vgl. RSPhTh 16, 1927, 435–476; 17, 1928, 82–94).

G. Langgärtner

Lit.: Du Cange, s. v. – RAC III, 243–245 – R. Hierzegger, C. und Statio, ZKTh 60, 1936, 511–554 – J. A. Jungmann, Missarum Sollemnia, 1962⁵ [Register] – R. Zerfass, LJb 8, 1958, 218–229 – Lit. Woordenboek, 1958/1962, I, 426–430 – A. Adam–R. Berger, Pastorallliturg. Handlex., 1980, 265.

2. C. ('Sammlung, Einsammeln von Steuern, Steuer [exactio, Schoß]'). Die seit dem 9. Jh. genannte, ursprgl. kgl. Steuer geriet wohl schon vor dem 12. Jh. teilweise in die Hände der Großen des Reichs und geistl. Institutionen. Seit dem 12. Jh. wurde der Begriff verstärkt auf die von und in Städten erhobene →Steuer angewendet. Diese wurde wahrscheinl. stets in Geld entrichtet. (»Placentini accipiant collectam in civitate et per totum episcopatum pro solvenda tantum modo supradicta pecunia ab omnibus personis exceptis his, qui erant in parte domini imperatoris ...«, MGH DD F.I., Nr. 362 [1162 Mai 11].) Der Einzug der C. war auch in Deutschland schon im 12. Jh. auf die Städte übergegangen, sie war vom (Grund-) Besitz zu zahlen. Der Stadtherr konnte sie Gruppen von Bürgern – häufig geistl. Instituten – erlassen. 1154 befreite der Ebf. v. Köln die Bewohner der Kölner Vorstadt St. Pantaleon »ab omni ... civilium collectarum exactione« (F. Keutgen, Urkk. zur städt. Verfassungsgesch., 1899 [Neudr. 1965], Nr. 32).

Seit dem 13. Jh. war das »collectam dare« eines der Merkmale für die Qualität des →Bürgers (»Cuiuscumque domus in civitate arserit, si tributum et collectam de fundo dederit, ... ius burgensie non amisit«, Bern 1218, vgl. auch das Stadtrecht von Regensburg, 1207, von Freiburg i. Br., 13. Jh.). C. wurde seit dem 14. Jh. sowohl mit Steuer (*stura seu collecta*, Süddtl. 1303) als auch mit →Schoß (collectam, dictam *dat schoet*, Dortmund 1346) gleichgesetzt. Daneben wurde C. allgemein als Synonym für (Geld-)Steuer bzw. Abgabe gebraucht, eine Bedeutung, die sie bis ins 18. Jh. beibehalten hat.

C. v. Looz-Corswarem

Lit.: J. F. Niermeyer, Mediae latinitatis lexicon minus, 1976, 199f. – J. H. Zedler, Großes vollständiges Universal-Lex. aller Wiss. und Künste VI, 1733, 688f. – K. Zeumer, Die dt. Städtesteuern, insbes. die dt. Reichssteuern im 12. und 13. Jh., 1878, 59ff.

3. C. ('Gruppe, Schar, Versammlung'). Als allgemeine Bezeichnung für »Gruppe« o. ä. begegnet C. schon im spätantiken Lat. und läßt sich bis ins HochMA nachweisen. Vielfach wird der Begriff durch Zusätze spezifiziert. So bezeichnen die Kapitularien des 9. Jh. →Gilden als »collectae, quas geldonias vel confratrias vocant« (oder: »collecta, quam vulgo geldam vocant«; »collectae vel confratriae, quas consortia vocant«), vgl. auch →Bruderschaft. Als »collectae quas Theodisca lingua *herizuph* appellant« o. ä. werden in den Kapitularien bewaffnete Scharen benannt, welche →Spurfolge ausüben (→Anefang). C. heißt im FrühMA auch die Bußprozession der röm. Stadtgemeinde unter Führung des Papstes, mit der man an Tagen mit Bußcharakter den Stationsgottesdienst einleitete.

O. G. Oexle

Lit.: A. Blaise, Dict. latin-français des auteurs chrétiens, 1954, 167 – R. Hierzegger, Collecta und Statio, ZKTH 60, 1936, 511–554 – O. G. Oexle, Gilden als soziale Gruppen in der Karolingerzeit (Das Handwerk in vor- und frühgesch. Zeit I, hg. H. Jankuhn u. a., AAG, Phil.-hist. Kl. 3. F., 122, 1981, 284–354), 291f., 339f.

Collectio Avellana, Sammlung von 243 Papst- und Kaiserbriefen aus den Jahren 367–553, wohl im späteren 6. Jh. in Rom zusammengestellt. Sie ist benannt nach der Herkunft einer Hs. aus dem umbr. Kamaldulenserkloster S. Croce in Fonte Avellana bei Gubbio. K. S. Frank

Ed.: O. Günther, CSEL 35, 1895–98 – *Lit.:* Repfont III, 504.

Collectio Caesaraugustana → Caesaraugustana, Collectio

Collectio(nes) canonum → Kanonessammlungen

Collectio Canonum Hibernensis → Hibernensis, Collectio

Collectio Dacheriana → Dacheriana, Collectio

Collectio(nes) decretalium → Dekretalensammlungen

Collectio Farfensis → Farfensis, Collectio

Collectio Hispana → Hispana, Collectio

Collectio Palatina, eine Sammlung verschiedener Schriften zur Stärkung der neuchalkedon. Theologie, wohl nach 533 zusammengestellt. Wichtigster Bestand sind die antipelagian. und antinestorian. Schriften des →Marius Mercator; die Benennung erfolgte durch E. Schwartz auf Grund des Fundortes der Hs. in der Vatikan. Bibliothek (Vat. Pal. 234). K. S. Frank

Ed.: ACO I 5,1., 1924–25.

Collectio LXXIV titulorum → Sententiae diversorum patrum

Collector → Kollektor

Collegantia (colleganza) → Handelsgesellschaft

Collège de St-Côme, Pariser Chirurgenvereinigung, angebl. unter Ludwig IX. um 1255 mit Privilegien ausgestattet. Die Chirurgen waren zunächst zunftmäßig verfaßt; ein »chirurgien juré du Roy au Chastelet« vergab die »Licencia operandi«. Erst 1360 unter Karl V. Vereinigung aller Pariser Chirurgen in der »confrérie en l'église St-Cosme et Damien«, mit Statuten (1379), welche bewußt Struktur und Charakter der med. Fakultät imitierten (»chirurgiens de robe longue«). Lange Zeit bestand keine eigene Schule; die Schüler lernten bei ihren Meistern. In der Kirche St-Côme unentgeltl. Konsultationen für die Armen. Im Hundertjährigen Krieg (Entwicklung der Feuerwaffen) Aufwertung der Chirurgie mit jahrhundertelanger Standeskonkurrenz zur Schulmedizin und zum Baderstand. Unter Ludwig XIII. Umbenennung in »Collège de Chirurgie«; eigenes Amphitheater. Im 17. Jh. unter dem Druck der Medizin Vereinigung mit den Barbieren; 1748 jedoch unter deren Ausschluß Umwandlung in die

»Académie Royale de Chirurgie«. 1793 während der Revolution offizielle Vereinigung der Chirurgie mit der Medizin. E. Seidler

Q.: Chartularium Universitatis Parisiensis, ed. H. DENIFLE–E. CHATELAIN, 1889–97 – *Lit.*: E. SEIDLER, Die Heilkunde des ausgehenden MA in Paris, 1967.

Collegium 1. C. (Spätantike und frühbyzantinische Zeit)

I. Spätantike – II. Frühbyzantinische Zeit (4.–6. Jh.).

I. SPÄTANTIKE: Im republikan. Rom gab es zahlreiche collegia (c.), die teils unmittelbar sozialen oder religiösen Zwecken dienten, teils Berufsvereinigungen v. a. von Gewerbetreibenden und Handwerkern waren (nur auf diese wird hier abgehoben). Ihre innere Ordnung war durch eine Satzung (lex collegii) rechtl. geregelt. Im Rom der späten Republik Träger sozialer Unruhen, daher restriktiver Gesetzgebung unterworfen, waren sie auch in der Kaiserzeit Gegenstand des staatl. Mißtrauens: Sie mußten zugelassen werden, ihre Zahl wurde beschränkt, mehrfache Mitgliedschaft wurde untersagt; umgekehrt gaben sie zahlreiche Loyalitätskundgebungen ab.

Gleichwohl gingen von den c., wenn auch vorwiegend von den vergleichbaren Verbänden im Ostteil des Reiches, weiterhin gelegentl. Unruhen aus, im Osten auch mit antiröm. Akzent. Im großen und ganzen jedoch wurden die c. sogar Teil des sozialen Systems im Reich. Sie waren die Organisationsform der städt. Bevölkerung unterhalb des Decurionenstandes (möglicherweise war ztw. ein Drittel der männlichen Bevölkerung der Städte in c. organisiert), nahmen an offiziellen Feiern teil und beteiligten sich aktiv durch Unterstützung von Kandidaten am Wahlkampf (Pompeji). Bis in die Spätantike hinein (und in Konstantinopel weiterhin) fand auf diese Weise eine Art Mitwirkung der mittleren Schichten der Bevölkerung an den städt. Angelegenheiten statt. In der Kaiserzeit wählten sich die c. zur Durchsetzung ihrer Forderungen Angehörige der Munizipalaristokratie sowie ksl. Freigelassene und Sklaven als Patrone (im Osten entsprechend), und ab Trajan nahmen auch die Ks. für erwiesene Wohltaten zahlreiche Ehrungen entgegen.

In der Kaiserzeit begann die für die Spätantike charakterist. Entwicklung der allmählichen Indienstnahme einiger für öffentl. Aufgaben bes. wichtiger c. durch den Staat: Aufgabenzuweisung; Verbot, die c. zu verlassen, Erblichkeit; so insbes. bei den für die Versorgung der Hauptstädte bes. wichtigen c. der navicularii (Seetransportunternehmer für das Getreide), pistores (Müller und Bäcker), suarii (Metzger). Dem entspricht es, daß seit Konstantin d. Gr. keine Ehrungen der Ks. durch die »verstaatlichten« c. mehr festzustellen sind. Es gab jedoch weiterhin Patrone, die aber nun nicht mehr die machtlos gewordenen Angehörigen der Munizipalaristokratie waren, sondern hohe und höchste Beamte der staatl. Verwaltung, deren Eigenschaft als Patron dann der öffentl. eingebundenen Funktion der c. entgegenwirkte. Ebenso scheint es so gewesen zu sein, daß die Mitglieder gerade derjenigen c., die in bes. intensiver Weise an den Staat gebunden waren (sowie die der staatlichen fabricae) bes. intensive Träger polit., wirtschaftl. und sozialer Unruhe gewesen sind. Gerade diese c. waren ja nämlich die für Staat und Gesellschaft wichtigsten und befanden sich daher in einer bes. Machtposition, unterstrichen durch zahlreiche Privilegien (Befreiung von Steuern und von munera [→munus]) sowie in bes. Fällen (navicularii) durch die Möglichkeit des Aufsteigens bis in den Senatorenstand. Daher fand auch – freilich regional und von collegium zu collegium sehr unterschiedlich – keineswegs immer eine Flucht aus den Kollegien aufs Land in den Schutz Mächtiger statt (das eher im Westen), sondern auch die umgekehrte Bewegung der Flucht v. a. von →Decurionen in die privilegierten collegia (v. a. im Osten). W. Schuller

II. FRÜHBYZANTINISCHE ZEIT (4.–6. JH.): Die c. (im gen. Zeitraum gr. τάξις, σύστημα, σωματεῖον) gehören zu den wichtigsten Institutionen der frühbyz. Stadt. Ob allerdings sämtl. Berufskategorien in c. zusammengefaßt waren, ist sehr fraglich. Die Inschriften der kleinen Stadt Korykos (Kilikien) weisen rund 40 Berufsbezeichnungen auf, wobei aber nicht eine nur annähernd gleiche Zahl an c. nachweisbar ist. Vier Probleme sind hinsichtlich der c. bes. hervorzuheben: [1] *Zwangsmitgliedschaft*: Trotz großer Lücken in der Dokumentation scheint sie, wenigstens für das 5. und 6. Jh., keineswegs so allgemein zu sein wie in der älteren Lit. oft angenommen, sofern es sich nicht um lebenswichtige Versorgungsbereiche der Großstädte handelt. Ein Streitfall um Bauverträge in Sardeis (459) zeigt, daß die Zugehörigkeit zu c. fakultativ war. – [2] *Monopolcharakter*: Seit der Mitte des 5. Jh. betreiben die c. eine Politik der Preisabsprache, die vielleicht mit geringen Produktionsmöglichkeiten und vermehrter Nachfrage zusammenhängt. Ks. Zenon wendet sich 483 in einem Erlaß gegen Preisabsprachen, während Justinian I. zum Schaden der Wirtschaft solche Rechte wiederum fixierte (Prokop, Hist. Arcana XX, 5 und Komm. von B. RUBIN, RE XXIII, 1, 552–553). – [3] *Polit. Funktion*: Die c. mit dem System der →Zirkusparteien (factiones) in Verbindung zu bringen, ist vom Quellenmaterial her nicht möglich. Ihr polit. Gewicht war aber trotzdem erheblich, schon auf Grund der Mitgliederzahlen, die diejenigen der factiones weit übertrafen. Daher sind auch aus allen Reichsteilen immer wieder →Revolten der c. bekannt; im ganzen aber ist ihre nachweisbare polit. Aktivität in frühbyz. Zeit (im Gegensatz zur mittelbyz.) gering. – [4] *Weiterleben*: Im →Eparchenbuch des 10. Jh. tritt uns eine für die mittelbyz. Zeit charakterist. Art der c. entgegen (→Zunftwesen, Byzanz). Stehen sie in Verbindung mit den frühbyz. c.? Der Rückgang der Stadtkultur im 7. und 8. Jh. und das Fehlen einer Erwähnung der c. in byz. Quellen dieser Zeit – für Italien gibt es spärliche lat. Belege – haben in der Forschung die Meinung aufkommen lassen, daß die Tradition abbrach. Diese Hypothese ist aber kaum haltbar, da Berufsverbände wenigstens in Konstantinopel weiter existierten und mit dem Niedergang der Zirkusparteien im 8. Jh. z. T. auch deren polit. Funktion übernahmen. P. Schreiner

Lit.: *zu [I]:* W. LIEBENAM, Zur Gesch. und Organisation des röm. Vereinswesens, 1890 [Nachdr. 1964] – J.-P. WALTZING, Étude hist. sur les corporations professionelles chez les Romains depuis les origines jusqu'à la chute de l'Empire d'Occident, 4 Bde, 1902–1905 [Nachdr. 1968] – G. MICKWITZ, Die Kartellfunktion der Zünfte und ihre Bedeutung bei der Entstehung des Zunftwesens, 1936, 166ff. – R. MACMULLEN, Enemies of the Roman Order, 1966, 173–178 – F. M. DE ROBERTIS, Storia delle corporazioni e del regime associativo nel mondo romano, 2 Bde, ca. 1971 – M. KASER, Das röm. Privatrecht I, 1971², 307–309; II, 1975², 153–156 – L. CRACCO RUGGINI, Le associazioni professionali nel mondo romano-bizantino (XVIII Sett. cent. it., 1971), 59–193 – G. CLEMENTE, Il patronato nei 'collegia' del'impero romano, Studi classici e orientali 21, 1972, 142–229 – L. CRACCO RUGGINI, Stato e associazioni professionali nell' età imperiale romana (Akten des VI. Internat. Kongr. für Griech. und Lat. Epigraphik, München 1972, 1973), 271–311 – JONES, LRE 350, 359, 693–705, 724, 734f. – L. CRACCO RUGGINI, 'Collegium' e 'Corpus': La politica economica nella legislazione e nella prassi (Istituzioni giuridiche e realtà politiche nel tardo Impero, hg. G. G. ARCHI, 1976), 63–94 – H. v. PETRIKOVITS, Die Spezialisierung des röm. Handwerks (Das Handwerk in vor- und frühgesch. Zeit I, 1981), 63–140 – DERS., Die Spezialisierung des weström. Handwerks II, Zs. für Papyrologie und Epigraphik 43, 1981, 285–306 – *zu [II]:* F. DÖLGER, Die frühbyz. Stadt

(Παρασπορά, 1961), 130–134 – K. P. Mentzu, Συμβολαὶ εἰς τὴν μελέτην τοῦ οἰκονομικοῦ καὶ κοινωνικοῦ βίου τῆς πρωΐμου βυζαντινῆς περιόδου, 1975, 201–204 – A. Cameron, Circus Factions, 1976, 84–86, 310–311 – E. Patlagean, Pauvreté économique et pauvreté sociale à Byzance, 1977, 158–163, 173–176 – G. Weiss, Antike und Byzanz. Die Kontinuität der Gesellschaftsstruktur, HZ 224, 1977, 541–543 – A. Kazhdan – A. Cutler, Continuity and Discontinuity in Byz. Hist., Byzantion 52, 1982, 438f.

2. C. (im mittelalterlichen Bildungswesen)

I. Universitäten (allgemein) – II. Collegium doctorum.

I. Universitäten (allgemein): Das aus dem klass. Latein (s. → 1. C.) über das röm. Recht in das ma. Latein gelangte Wort c. kann zunächst unspezifisch einen Zusammenschluß bzw. ein Gremium von Personen zur Erreichung eines gemeinsamen Zieles bezeichnen. So steht es u. a. im städt. Bereich für verschiedene Arten von Personenvereinigungen (→Rat, →Gilden, →Zünfte, →Bruderschaften etc.). Bei den Kanonisten wird das Wort im engeren Sinn auf alle Formen organisierter religiöser Gemeinschaften (Mönche, Kanoniker usw.) angewandt. Erst im späten 13. Jh. (Mittellat.) und im 15. Jh. (Volksspr.) nimmt das Wort – neben anderen Bedeutungen – diejenige der Universitätskollegien an. Diese Bedeutungserweiterung ist charakterist. für die erfolgte Annäherung zw. den Universitätseinrichtungen und den traditionellen religiösen Gemeinschaften. Vorher bezeichnete man die später c. genannten Einrichtungen als domus (hospicium, aula) (pauperum) scolarium (de Sorbonna, Navarra, Merton etc.).

Die ersten c. treten in Paris seit dem späten 12. Jh. auf (Dix-Huit 1180, St-Thomas du Louvre 1186–1210). Es handelt sich zunächst jedoch lediglich um fromme Stiftungen zum Unterhalt und zur Beherbergung einiger Studenten, oft aus den Kreisen der »armen Kleriker«. Die ersten echten c. entstanden – in Frankreich, später in England – in der 2. Hälfte des 13. Jh., als die Universitäten bereits einen großen Aufschwung genommen hatten und die Lebens- und Arbeitsbedingungen einer unaufhörlich wachsenden Masse von Studenten ernsthafte Probleme aufzuwerfen begannen, die auch die weltl. und kirchl. Autoritäten beschäftigten. Als bedeutendste c. entstanden die Collèges de la Sorbonne (1257) und d'Harcourt (1280) in →Paris, das Merton (1263–64), das Balliol (1261–66) und das University College (ca. 1280) in →Oxford sowie Peterhouse (1284) in →Cambridge. Ihre Organisation folgte von einen derjenigen der zahlreichen hospicia (halls in England), in denen auf privater Grundlage ein Graduierter einige Studenten gegen Zahlung einer Pension beherbergte, zum anderen derjenigen der Bettelordenskonvente, die seit ca. 1220–30 in den wichtigsten Universitätsstädten gegründet wurden, um die studierenden Mitglieder dieser Orden aufzunehmen. Diese ersten c. erhielten bei ihrer Gründung eine umfangreiche Ausstattung mit Grund-, Haus- und Rentenbesitz. Sie nahmen für eine feste oder variable Zeitdauer eine genau festgelegte oder aber wechselnde Zahl von Studenten, die dort freie Kost und Wohnung sowie einen wöchentl. Zuschuß erhielten, auf. Zu diesen c. gehörten neben den eigtl. Mitgliedern (socii, bursarii), Studenten wie Graduierten, und der entsprechenden Dienerschaft auch Kapläne, welche für die liturg. Handlungen (Seelenmessen usw.) zugunsten des Seelenheiles des Stifters (oder der Stifter) zu sorgen hatten. Die c. wurden als autonome Körperschaften betrachtet und besaßen ihre Statuten und Privilegien. Ihre Baulichkeiten umfaßten in der Regel die Schlafräume der Studenten (Kammern oder gemeinschaftl. Dormitorium), eine Kapelle und eine Bibliothek. Manche c., die z. T. Prioraten glichen, waren Studierenden aus bestimmten Abteien oder Orden vorbehalten, z. B. in Paris die Collèges du Chardonnet (OCist 1248), de Cluny (ca. 1260), de St-Denis (ca. 1263), in Oxford die Colleges v. Gloucester (1283) und Durham (1289). Die Mehrzahl der c. war aber für weltl. Studierende (oft mit Priorität für Nachfahren oder Landsleute des Stifters) bestimmt. Bis 1300 entstanden 19 c. in Paris, sechs in Oxford, eines in Cambridge. Viele der Pariser c. waren kleine, für junge Studenten der Artes bestimmte Einrichtungen. Ihre Selbstverwaltung war begrenzt, so daß äußere Autoritäten (Beauftragte des Bf.s v. Paris oder der Univ.) über die Aufnahme von Mitgliedern oder die Ernennung des Vorstehers entschieden und Disziplin und Verwaltung mittels des Visitationsrechtes (→Visitation) kontrollierten. Die engl. c. waren unabhängiger und demokratischer strukturiert. Die Mitglieder (fellows), die allerdings zumeist →baccalarii der Artes und Theologiestudenten waren, ergänzten sich durch Kooptation, wählten ihren Vorsteher (warden) und übten bei allen wichtigen Entscheidungen Mitsprache und -bestimmung aus.

Die c. als Universitätsinstitutionen erlebten ihre größte Verbreitung im 14. Jh., in dem in Paris 37, in Oxford fünf, in Cambridge sieben c. gegr. wurden. Während auch die neuen Pariser c. zumeist bescheidene Einrichtungen blieben (mit Ausnahme des Collège de Navarre, gegr. von der Kgn. v. Frankreich für 70 Studenten), hatten die engl. c. eine solide Grundlage. Das aufwendigste war das New College (Oxford), gegr. 1379 von William →Wykeham, Bf. v. Winchester, für 70 Studenten; es lieferte institutionell wie architekton. (monumentale Kapelle, viereckiger Grundriß) ein neues Modell, an das sich alle späteren engl. c. anlehnten. Die Institution des c. wurde im 14. Jh. auch an den Universitäten Südeuropas, wo sie bis dahin nahezu unbekannt gewesen waren, übernommen: 15 Gründungen in Südfrankreich (davon acht, z. T. große, in Toulouse), elf in Italien (das einzig bedeutende war das von Kard. →Albornoz gegr. Collegio di Spagna in Bologna), zwei in Spanien. Prag und die sonstigen neugegr. Universitäten im Imperium übernahmen ebenfalls diese Institution (insgesamt acht Gründungen), es handelte sich hier jedoch oft um einen neuen Typ, bei dem die c. den Magistern vorbehalten waren.

Gründer dieser c. waren zumeist kirchl. Würdenträger (Kanoniker, Bf.e, Kard., Päpste), zuweilen frühere Regentes, zuweilen hohe Beamte eines Fs.en. Einige c. waren kgl. Gründungen. Von Bürgern gestiftete c. sind demgegenüber selten. Die Motivationen der Gründer waren mit denjenigen des 13. Jh. nicht mehr völlig identisch. Zu den überkommenen karitativen (Hilfe für arme Studenten) und religiösen Beweggründen (Stiftung zum Gedenken an den Stifter und Gebet für seine Seele; →Seelgerät) traten soziale, polit. und intellektuelle hinzu. In einer Zeit, in der die allgemeinen Krisenerscheinungen auch vor den Universitäten nicht haltmachten, waren die c. sichere Häfen, die durch Statuten, Immunitäten und solide Besitzausstattung privilegiert waren. Die Studenten waren hier einer bestimmten Disziplin unterworfen, die im übrigen Universitätsbereich zunehmend fehlte, und erfreuten sich andererseits günstiger Arbeits- und Lebensbedingungen. In diesen c. wurden die Eliten herangebildet, aus denen sich die Träger der wichtigen Kirchenämter und die fsl. Beamtenschaft rekrutierten. Dies hatte zur Folge, insbes. in Oxford und an den Universitäten Südeuropas, daß die Rechtsstudenten in den c. die Artisten und Theologen stärker in den Hintergrund drängten. Bei alledem blieben die c. stark kirchl. Strukturen verhaftet; die Art des Privilegs, die Liturgie und selbst die architekton. Gliederung ließen das traditionelle monast. Vorbild durchblicken.

Die Gründung von c. wurde auch im 15. Jh., allerdings in langsamerem Rhythmus, fortgesetzt, in den ältesten Universitätsstädten (36 in Frankreich, neun in England, acht in Italien) ebenso wie andernorts (27 im Imperium, einschließl. Prag; drei in Polen; drei in Schottland; sechs auf der Iber. Halbinsel). Wurden bestimmte c. durch Kriegsfolgen und Pest ruiniert, so setzten andere – bes. engl. c. – die Anhäufung von Renten und frommen Stiftungen kontinuierlich fort. Darauf gestützt, vermochten sie ihre Bauten zu vergrößern, ihre Bibliotheken zu erweitern und v. a. eine eigene Lehrtätigkeit zu entfalten. Zu den schon länger abgehaltenen bloßen Repetitionen und Übungen, denen sich die jüngeren Studenten unter Leitung von seniores (*tutors* in den engl. c.) unterzogen, trat nun in einer Reihe von c. ein echter Vorlesungsbetrieb, der von Regentes, die von ihren Kollegen benannt wurden, ausgeübt wurde. Diese Vorlesungen traten, bes. in den Artes, nach und nach an die Stelle der bisherigen Vorlesungen der Fakultäten, denen schließlich nur noch die Abhaltung der Examina verblieb. In den neuen Universitäten Deutschlands bestand diese Situation oft von Anfang an. Infolgedessen entwickelten sich die bedeutendsten c. zu echten intellektuellen Zentren. Einige von ihnen – wie das Collège de Navarre in Paris oder das Magdalen College in Oxford – waren die ersten Universitätseinrichtungen, die sich humanist. Einflüssen öffneten.

Mit diesem Aufschwung der Lehrtätigkeit vergrößerte sich auch die Zahl der Mitglieder und Hospitanten der c. Neben den bisherigen Stipendiaten (bursarii), deren Zahl meist vom Stifter festgesetzt worden war, finden wir nun zum einen zahlende »Gäste« (hospites), oft Reiche oder Adlige, zum anderen Studenten geringeren Ansehens – Benefiziaten (beneficiarii) oder junge Grammatiker (grammatici) –, die oft in einem eigenen Gebäudetrakt untergebracht und auch zu Dienstleistungen herangezogen wurden. Zu den Vorlesungen der c. kamen auch auswärtige Hörer.

Zwar umfaßten die c. nur eine Minderheit der Lehrer und Studenten (ca. 10–20%, sowohl in Paris mit ca. 450 Plätzen um 1400 als auch in Oxford und Cambridge mit ca. 175 bzw. 225 Plätzen um 1450). Dennoch zogen sie mehr und mehr die Elite der Studenten an und kontrollierten den größten Teil des Lehrbetriebes, zumindest bei Artisten und Theologen.

Das institutionelle und pädagog. Modell, das die c. verkörperten, führte auch zur Gründung nichtuniversitärer c. für Artes und Grammatik (so die verschiedenen Studia, die von Papst Urban V. im Languedoc gegr. wurden, oder die c. von Winchester [1382] und Eton [1440] in England). An den Universitäten selbst beeinflußten die c. die im spätesten MA häufig auftretenden Ansätze zu einer Generalisierung des Internatssystems, zwar nicht in den c. mit vollem Lehrbetrieb, jedoch in den der Unterbringung dienenden c. (*halls*), die von einzelnen graduierten Mitgliedern der Universität unterhalten und von der Leitung der Universität kontrolliert wurden. J. Verger

Lit.: MlatWb II, 6, 845–847 – H. Denifle, Die Entstehung der Univ. des MA bis 1400, 1885 [Nachdr. 1956] – Rashdall I, 497–539; III, 169–235, 293–324, 353–376 – A. L. Gabriel, The College System in the Fourteenth Century Univ. (The Forward Movement of the Fourteenth Century, hg. F. L. Utley, 1961), 79–124 – A. L. Gabriel, Motivations of the Founders of Med. Colleges (Beitr. zum Berufsbewußtsein des ma. Menschen) (= Misc. Mediaevalia 3, 1964), 61–72 – A. B. Cobban, The Medieval Univ.: Their Development and Organization, 1975, 122–159 – G. Makdisi, The Rise of Colleges: Institutions of Learning in Islam and the West, 1981 – O. Weijers, Collège, une institution avant la lettre, Vivarium 21, 1983, 73–82.

II. Collegium doctorum: Die c. d. waren charakterist. Institutionen der ma. →Universitäten in Italien. Den c. d. gehörten sämtliche oder ein Teil der →Doctores, ob Regentes oder nicht, an; ihre wichtigste Aufgabe bestand in der Verleihung der Titel des Lizentiats und Doktorats unter dem Vorsitz eines Repräsentanten der geistl. Gewalt. Im it. Universitätssystem, in dem die Universitates scholarium die Regel waren, bildeten die c. d. die einzigen korporativen Zusammenschlüsse der Lehrenden. Üblicherweise wird angenommen, daß die c. d. von Bologna, zumindest in informeller Weise, gleichzeitig mit den Nationes und Universitates der Studenten aufgetreten sein dürften, möglicherweise sogar schon früher, d. h. zu Ende des 12. Jh. oder zu Beginn des 13. Jh.; doch erhielten sie ihre feste Gestalt erst 1260/80 oder – nach einer neueren Ansicht – sogar erst nach 1291. Sie blieben dabei auf die Kontrolle über die Examina beschränkt. Die Organisation des Studiums selbst kam mehr und mehr in die Hände der Studenten und fiel schließlich an die Kommune. Es gab eigene c. d. mit statutarisch festgelegter Mitgliederzahl: 16 Doctores des zivilen, 12 des kanon. Rechts, gemeinsame c. d. für die Artisten und Mediziner; ein collegium der Theologen erscheint in Bologna 1364 zugleich mit dem Theologiestudium. An der Spitze stand ein durch Los für kurze Amtszeiten gewählter Prior. Die Neuaufnahmen erfolgten durch Kooptation. Vom 14. Jh. an wurden Bürger von Bologna bevorzugt aufgenommen. Die c. d. verfolgten mithin trotz des Widerstandes der Studenten, aber mit Zustimmung der Kommune, die »oligarchische« Tendenz, den Doktorgrad vorwiegend Mitbürgern und – zunehmend – Mitgliedern der eigenen Familien zu verleihen. An den anderen it. Universitäten, wo keine mächtigen Gruppen einheim. Doctores existierten, war die Zusammensetzung der c. d. weniger festgefügt. Außerhalb Italiens bestanden c. d. an einigen Universitäten, deren Statuten sich mehr oder weniger an Bologna orientierten, so in →Salamanca und →Avignon. In Avignon, wo sich nie eine autonome Universitas scholarium hatte ausbilden können, übte das c. d. der Juristen, unter dem Vorsitz eines jährl. wechselnden »primicier«, bis zum Ende des MA die allgemeine Aufsicht über das Studium aus. J. Verger

Lit.: Rashdall I, II, passim – A. Sorbelli, Il »Liber secretus iuris Caesarei« dell'Università di Bologna, 1, 1378–1420, con una introduzione sull'origine dei collegi dei dottori, 1938 – Coing, Hdb. I, 54ff. [H. Coing] – M. Bellomo, Saggio sull'università nell'età del diritto comune, 1979, 239–263 – P. Weimar, Zur Doktorwürde der Bologneser Legisten (Aspekte europ. Rechtsgesch., Festg. H. Coing, 1982), 421–443.

Collenuccio, Pandolfo, Staatsmann, Schriftsteller, Humanist, * 1444 in Pesaro, † 1504 ebd., Sohn eines Grammatikers. Nach dem 1465 beendeten Rechtsstudium in Padua bekleidete er in seiner Vaterstadt wichtige öffentl. Ämter, die ihn als Orator in verschiedene it. Städte führten. Seit 1489 geriet er jedoch in Gegensatz zu dem neuen Signore von →Pesaro, Giovanni Sforza, verlor seine Besitzungen und wurde gezwungen, ins Exil zu gehen. Sein Ruhm als Schriftsteller und Gesandter war mittlerweile jedoch so angewachsen, daß er die Protektion der größten polit. Persönlichkeiten seiner Zeit genoß, wie Lorenzo il Magnifico (1490 Podestariat in Florenz, lat. Lobgedicht »Florentia« in Hexametern), der →Gonzaga und v. a. der →Este: Von Hzg. Ercole I. nach Ferrara gerufen, wickelte er in dessen Auftrag diplomat. Missionen ab, die ihn u. a. auch an den Hof Maximilians und an die röm. Kurie führten. 1500 wurde er von den Estensen zum »Capitano di giustizia« erhoben. C. wurde zum Anhänger →Cesare Borgias und unterstützte ihn bei seiner Eroberung der

Romagna und eines Teils der Marken, darunter von Pesaro. Nach dem Tod Alexanders VI. (1503) und der darauffolgenden Vertreibung Cesare Borgias erlangte C. von dem wieder an die Macht gekommenen früheren Signore Giovanni Sforza die Erlaubnis, in seine Heimatstadt zurückzukehren, wurde jedoch in verräter. Weise gefangengenommen und hingerichtet.

C.s intensive Teilnahme am polit. Leben hinderte ihn nicht, sich mit den Problemen seiner Zeit auseinanderzusetzen und Reflexionen über die menschl. Existenz anzustellen, die ihren Niederschlag in schriftsteller. Aktivität fanden: Sein bedeutendstes Werk in hist. Hinsicht ist der »Compendio delle Istorie del Regno di Napoli«, der kraftvolle Versuch einer Zusammenfassung der geschichtl. Ereignisse von Ks. Hadrian bis 1468. (Im 4. Buch steht Ks. Friedrich II. im Mittelpunkt.) Von Bedeutung sind auch die sechs Dialoge in der Manier Lukians (1497), ein kurzer pädagog. Traktat, in dem C. für die Bedeutung der klass. Antike eintritt, sowie eine Verteidigung des Plinius maior im Rahmen einer Humanistenpolemik über die Irrtümer in der »Naturalis historia« mit Niccolò Leoniceno. Beachtung verdienen daneben seine polit. Gesandtschaftsberichte (»relazioni«) an verschiedene Signoren. Neben Gelegenheitsdichtungen und Übersetzungen (»Anfitrione«) verfaßte er – vermutlich während einer früheren Gefangensetzung durch Giovanni Sforza – eine Kanzone auf den Tod (»Alla morte«), die in ihrer weitgehend isolierten Thematik zu den besten Dichtungen des it. Quattrocento zählt. Erwähnenswert ist auch sein Werk über Deutschland, die »Summa rerum Germanicarum«. R. Manselli

Ed.: A. Saviotti (Scrittori d'Italia 115), 1929 [Compendio...] – Ders., Operette morali, Poesie latine e volgari, 1929 – I. Zicari, Un'orazione inedita di P. C., Studia Oliveriana VII, 1959 – Ders., La »Canzone alla morte« di P. C., ebd. XV-XVI, 1967-68 – Lit.: DBI XXVII, s. v. – DLI I, 607-608 – A. Saviotti, P. C., umanista pesarese del secolo XV, 1888 – M. Morici, La famiglia di P. C., 1896 – V. Rossi, Il Quattrocento, 1933 – M. Santoro, La polemica pliniana fra il Leoniceno e il C., FR 3, 1956, 16-205 – E. Garin, P. C. umanista (La Rassegna della Letteratura It. 63), 1959 – C. Varese, P. C. umanista (Storia e politica nella prosa del Quattrocento), 1961 – E. Cochrane, Historians and Historiography in the Italian Renaissance, 1981, 155-157, und passim.

Colleoni, Bartolomeo, →Condottiero und Politiker, * wahrscheinl. 1400 Solza (Bergamo), † 1475 Malpaga (Bergamo). Gehörte einer adligen Familie an, Vater Paolo, Mutter Riccadonna dei Valvassori da Medolago, ⚭ Tisbe de Leonardo Martinengo. C. erlernte das Waffenhandwerk – wie viele seiner Zeitgenossen – unter dem Kommando von Braccio da Montone (→Fortebraccio; 1419) und Jacopo →Caldora. Dabei bewies er hervorragende militär. und polit. Führungsqualitäten. I. J. 1431 trat er in den Dienst der Republik →Venedig und flankierte die gegen den Hzg. v. Mailand, Filippo Maria →Visconti, gerichteten militär. Operationen des Gf.en v. Carmagnola, Francesco →Bussone. Auch hier errang er bei verschiedenen Anlässen große persönl. Erfolge. Während der Wirren um die Nachfolge →Johannas II. v. Anjou kämpfte er in Mittel- und Süditalien, kehrte später in den Dienst Venedigs zurück, nahm aber im Vergleich zu Francesco →Sforza und anderen großen Söldnerführern seiner Zeit eine zweitrangige Position ein. Da er sich u. a. der strengen Disziplin nicht beugen wollte, welche die Seerepublik den Feldherren auferlegte, die unter ihrem Oberbefehl kämpften, schied er aus dem Dienst Venedigs aus und trat 1442 in den Sold Filippo Maria Viscontis. Nach einigen Jahren verlor er jedoch das Vertrauen seines Herrn und wurde in Haft genommen. Bei dessen Tod aus dem Gefängnis entflohen, kehrte er 1448 in ven. Dienste zurück und kämpfte – gemeinsam mit Francesco Sforza – gegen die →Ambrosianische Republik. 1449 trug er eine Reihe glänzender Siege über die Mailänder davon, erregte aber gerade dadurch schließlich den Argwohn Venedigs, so daß man ihm das angestrebte Oberkommando verweigerte. Er kehrte daher in den Dienst Francesco Sforzas zurück, der mittlerweile die Signorie v. Mailand errungen hatte. 1454, nach dem Frieden von →Lodi, trat er erneut in die Dienste Venedigs und erhielt das ersehnte Oberkommando (»Capitano generale«), wurde jedoch von der Seerepublik auch im Kastell Malpaga in der Nähe seiner Heimatstadt Bergamo, wo er seit 1456 prunkvoll Hof hielt, genauestens überwacht. 1467 zog er gegen Pietro il Gottoso (den Gichtbrüchigen) von Florenz zu Felde, wurde jedoch bei Molinella geschlagen. (Die Schlacht ist militärhist. durch den Einsatz von leichter Artillerie bedeutsam.) Nach Malpaga zurückgekehrt, setzte C. seine glänzende Hofhaltung fort, unterstand jedoch stets der mißtrauischen Kontrolle Venedigs.

Nach seinem Tod errichtete man für ihn in Venedig ein berühmtes Reiterstandbild nach dem Entwurf des Andrea del Verrocchio. Die von ihm selbst gestiftete, von Giovanni Antonio Amadeo erbaute Cappella C. in Bergamo, eines der schönsten und elegantesten Bauwerke aus dieser Zeit, bewahrt seine sterbl. Überreste und die seiner Lieblingstochter Medea († 1470). Antonio →Cornazzano verfaßte über ihn eine panegyr. Biographie. B. C. hinterließ keine direkten männl. Nachkommen. R. Manselli

Lit.: DBI XXVII, 9-19 [M. E. Mallett] – B. Belotti, La vita di B. C., 1951² – Ders., Storia di Bergamo, e dei Bergamaschi, 6 voll., 1959.

Collibertus (afrz. *culvert*). Von der Mitte des 10. bis zur Mitte des 12. Jh. tritt die Bezeichnung c. meistens in Aufzählungen auf, wie z. B. in folgender: »sive sit liber, sive servus, sive colibertus«, oder auch als kennzeichnender Zusatz zu einem Eigennamen. Mag auch das →Domesday Book ungefähr ein Dutzend Beispiele bringen, so findet man die Bezeichnung des c. doch v. a. im Gebiet des Mittellaufs der Loire (Orléanais, Berry, Anjou, Touraine, Maine) und im Norden des Massif central (Nivernais, Bourbonnais, Limousin). Es handelt sich dabei um Unfreie, die sich erst durch eine manumissio (→Freilassung) aus dieser Schicht emanzipieren bzw. in den geistl. Stand aufgenommen werden können (Konzil v. Bourges 1031). Alle Versuche, die Herkunft dieser Personengruppe auf früher bekannte soziale Schichten zurückzuführen, wie z. B. auf die der 'liberti cum obsequio' (M. Bloch, C. Van de Kieft) oder die der 'mancipia' (J. Boussard) sind wenig überzeugend, ebensowenig wie der Versuch, sie der Schicht der Hörigen (servi) zuzuordnen. J. Boussard sah in ihnen eine unterhalb der Hörigen anzusiedelnde Schicht, die anderen Forscher tendieren dazu, sie den Hörigen überzuordnen.

Wenn auch in den meisten Urkunden genau zw. servus und collibertus unterschieden wird, so kommen doch zuweilen, wenn auch selten, Unschärfen vor. Es gibt einige Hinweise auf eine 'terra collibertina'. Die Hypothese J. Balons, c.i seien Hörige, die nach einer Heirat außerhalb ihrer Grundherrschaft (→*formariage*, forismaritagium 'Ausheirat') einem Condominium unterliegen, ist wenig überzeugend. So bewahrt diese soziale Schicht auch weiterhin ihr Geheimnis. G. Devailly

Q.: Du Cange II, 407-409, s.v. – MlatWb II, 847, s.v. – Lit.: M. Bloch, Collibertus ou Colibertus, Revue de Linguistique Romane, 1926, 16-24 [zur Begriffsgesch.] – Ders., Les colliberti. Etude sur la formation de la classe servile, RH 1928, 1-48, 225-263 – J. Boussard, Serfs et colliberti (XIᵉ-XIIᵉ s.), BEC 1947, 205-235 – G. Devailly, Du nouveau sur les colliberti: le témoignage du cart. de Vierzon, M-A 1961, 425-437 – J. Boussard, Les colliberti du cart. de Vierzon, RHDFE 40, 1962, 395-403 – C. Van de Kieft, Les colliberti et l'évolution du servage dans la France centrale et occidentale X°-XII° s., TRG 23, 1964, 363-375 – J. BALON, Le statut juridique des colliberts du val de Loire, RevBén 77, 1967, 298-324 – H. WERLE, Coliberti, ADipl 14, 1968, 193-201 – G. DEVAILLY, Le Berry du X° s. au milieu du XIII°, 1973, 206-216 – R. FOSSIER, Naissance de l'Europe (X°-XII° s.), 1982, 581f.

Collier (frz.; dt. Kragen, mhd. *kollir*), im 13. Jh. über dem Ringelpanzer getragener, rückwärts verschlossener Halskragen aus mehreren Lagen gesteppten Stoffes, allenfalls durch Metallteile verstärkt. Besonders beim gefährl. Speer-Turnier *(tjost)* als Halsschutz gebräuchlich. In den Darstellungen nicht mit Sicherheit zu identifizieren, vielleicht formgleich mit dem C. des späteren frz. Stachelschwein-Ordens.

Um 1300 durch einen am Panzer-Unterkleid angearbeiteten Stepp-Kragen ersetzt, welcher zw. 1320 und 1330 zu beträchtl. Höhe und Dicke anschwoll und auch in der zivilen Mode Eingang fand (vgl. das Fresko »Triumph des Todes«, Campo Santo, Pisa).   O. Gamber

Lit.: SAN MARTE, Zur Waffenkunde des älteren dt. MA, 1867, 57f. – G. DEMAY, Le costume d'après les sceaux, 1880, 161ff.

Collyria – collyrium (gr. κολλύριον, Dim. zu κολλύρα 'grobes Brot'), 1. *med.* Salbe, meist in Zäpfchenform: (Augen)Salbe bzw. in weiterem Sinne Suppositorium oder Pessar, 2. *techn.* (teigige) Mischung, Paste; in der Antike vielfältig verwendet, hauptsächl. zur Behandlung von Wunden (Fisteln, Rectum, Uterus, Harnröhre) und von Augenkrankheiten (dann meist opiumhaltig), im MA vorwiegend aus fein pulverisierten Mineralstoffen bestehend und nach Art der → Trochisci aufbewahrt, jedoch in flüssiger Form appliziert. Interessanterweise fehlen sie im 11. bis 13. Jh. so beliebten C. im Antidotarium Nicolai, werden aber im Zuge einer zweiten Rezeptionswelle der arab. Medizin im W unter dem Namen »sief« (von arab. *šiyāf*) sogleich wieder in die Pharmazie eingeführt. Das Sief spielt im »Canon medicinae« des Avicenna sowie im »Grabadin« des (Pseudo-) → Mesuë eine große Rolle, weswegen Saladin v. Ascoli (15. Jh.) genauer auf beide Arzneiformen eingeht: 1. *Collyrium,* zusammengesetztes Wasser (»aqua composita«) bei Triefen oder Entzündung der Augen bzw. filtrierte Flüssigarznei (»medicamen liquidum«) bei Augenschwäche, 2. *Sief,* Festarznei (»medicamen solidum«) bei Augentrübung, in Suppositorienform, die sich bei Erwärmen verflüssigt bzw. in Fenchelwasser oder ähnl. gelöst in die Augen gebracht werden kann. C. und Siefs werden noch bis ins 18. Jh. in nicht immer klar voneinander geschiedener Bedeutung in den Pharmakopöen aufgeführt.   F.-J. Kuhlen

Lit.: MlatWb II, s. v. – J. BERENDES, Die Pharmacie bei den alten Culturvölkern I, 1891 – P. PANSIER, La pratique de l'ophtalmologie dans le MA latin, Janus 9, 1904, 3-26 – Saladin v. Ascoli, Compendium aromatariorum, hg. und übers. L. ZIMMERMANN, 1919 – A. RINGER, Das Collyrium, BGPharm 7, 1955, 25-31 – D. GOLTZ, Ma. Pharmazie und Med. (VIGGPharm NF 44, 1976) – EJ² V, 356f., s. v. Kuḥl.

Colmán (s. a. Coloman)

1. C., Ela, hl., im Martyrologium v. Tallaght mit dem Beinamen »(Lainai)Elo« am 3. Okt. (Geburt, 560), am 27. Sept. (Tod, 611). Ausgebildet unter dem hl. Coeman v. Annatrim, wirkte er in Schottland, kehrte im Todesjahr Columbas nach Irland zurück und gründete in dem heute Lynally gen. Ort das Kl., dem er seinen Beinamen verdankt. Seine Vita wurde im 10. Jh. geschrieben, als dieses Kl. noch bestand, und enthält viele Details aus dem monast. Leben in Irland.   J. Hennig

Q. und Lit.: J. F. KENNEY, The Sources for the Early Hist. of Ireland I, 1929, 399f. – R. I. BEST-H. J. LAWLOR, The Martyrology of Tallaght, 1931 – W. W. HEIST, Vitae sanctorum Hiberniae, 1965, 209-224.

2. C., hl., * ca. 600 in Westirland, † achtzigjährig auf Inisbofin, predigte einige Zeit in England und wurde 661 nach dem Tod des hl. Finán Bf. auf der Insel → Lindisfarne (Northumbria). 664 vertrat er auf der von dem ihm wohlgesinnten Kg. → Oswin einberufenen Synode v. → Whitby den kelt. Standpunkt in der Frage des Ostertermins (→ Osterstreit), aber in dem (von → Beda ausführlich mitgeteilten) Streitgespräch siegte durch → Wilfrith, den Sprecher der Angeln, der röm. Standpunkt. C. zog sich daraufhin nach Lindisfarne und dann mit denjenigen Iren und Angeln, die ihm anhingen, nach Irland zurück, wobei er einen Teil der Gebeine des hl. → Aidan mitnahm. Nach einem Aufenthalt auf → Iona gründete C. ein Kl. auf Inisbofin vor der Westküste Irlands. Um die dort zw. Iren und Angeln entstandenen Streitigkeiten zu beenden, gründete er auf dem ir. Festland ein Kl. in Mayo, das als »Mageo der Sachsen« bekannt wurde. C. war durch sein Eintreten für Askese und seine spirituelle Tätigkeit vorbildlich. In dem altir. Kalendar → Félire Oengusso wird er am 8. Aug. als Bf. v. Inisbofin kommemoriert.   J. Hennig

Q.: Beda, Hist. Eccl. III, 35, 26; IV, 4 – AASS Febr. III, 84-90 – Lit.: Bibl. SS IV, 94 – DHGE XIII, 256 – DNB XI, 389f. – Catholic Enc. IV, 1908, 115; X, 1911, 89 – J. F. KENNEY, Sources for the Early Hist. of Ireland I, 1929, 217, 463f.

3. C. v. Cloyne, † 604, Gründer des ir. Kl. Cluain Uama (Cloyne, Co. Cork) im südl. → Munster, das den → Uí Liatháin unterstand. Einige kurze ir. Verse sind unter seinem Namen überliefert. Es ist durchaus denkbar, daß diese Zuschreibung authentisch ist; dann sind diese Verse die ältesten erhaltenen dichter. Zeugnisse des Altirischen. C. gehörte möglicherweise den Uí Liatháin an, seine genaue genealog. Herkunft ist aber unbekannt.

D. Ó Cróinín

Ed. und Lit.: R. THURNEYSEN, Zs. für celt. Philologie 19, 1933, 193-207.

4. C. moccu Béognae, ir. Klostergründer, wahrscheinl. identisch mit Columbanus filius Beognai, moccu Sailni († 611), der in der »Vita Columbae« des → Adamnanus v. Hy (cap. I, 5) erwähnt wird. Obwohl den Dál Sailni (einer Untergruppe der Dál nAiridi) im nö. Ulster zugehörig, gründete er seine Hauptkirche im Lande Elo (das sog. »Monasterium v. Elo«), wobei es sich um das heut. Lynally nahe Durrow (Co. Offaly) handelt. C. wird vielfach das sog. → »Apgitir Chrábaid« ('Alphabet der Frömmigkeit') zugeschrieben.   D. Ó Cróinín

Ed. und Lit.: J. F. KENNEY, The Sources for the Early Hist. of Ireland I, 1929, 399f., 472 – V. HULL, Celtica 8, 1968, 44-89.

Colmar

I. Stadtgeschichte – II. Kirchen, Klöster und Stifte.

I. STADTGESCHICHTE: Der karol. Königshof, 823 erstmals gen. (»ad fiscum nostrum nomine Columbarium«), geht auf die merow. Zeit zurück. Unter Ks. Karl d. Dicken fand hier 884 eine Reichsversammlung statt. Im 10. Jh. wurde der Hof von den Ottonen geteilt: Der Oberhof kam an das Kl. → Payerne (Peterlingen, 959), der Niederhof an das Domstift von → Konstanz. Für 865 ist Besitz der Abtei Münster im Gregoriental in C. belegt.

C. verdankt seinen Aufschwung unter den Staufern der günstigen verkehrsgeograph. Lage am Schnittpunkt wichtiger Straßen, am Ausgang zweier Vogesentäler sowie der Schiffbarkeit der Ill ab C. Ks. Friedrich I. hielt sich viermal in C. auf (Vogtei über den Niederhof, über die Abtei Münster). Unter Ks. Friedrich II. begann die Entwicklung C.s zur → Reichsstadt, 1226 wird sie erstmals als »civitas« erwähnt. Der Reichsschultheiß Wölfelin v. Hagenau veranlaßte den Bau der Stadtmauer. 1255 bestätigte Kg. Wilhelm v. Holland alle (jedoch im einzelnen nicht gen.) städt. Rechte und Freiheiten. Das 13. Jh. ist durch lange Parteikämpfe zw. Adel und Bürgerschaft gekennzeichnet. Schultheiß Johann Rösselmann rettete 1262 die →Reichsstandschaft C.s gegen den Adel und den Bf. v. →Straßburg. In der 2. Hälfte des 13. Jh. dehnte sich die Stadt räuml. rasch aus. Rudolf v. Habsburg verlieh ihr am 29. Dez. 1278 den Freiheitsbrief (in dt. Sprache), der maßgebl. für eine Reihe umliegender Städte wurde; Kg. Adolf v. Nassau bestätigte und erweiterte 1293 das Stadtrecht. Im 14. Jh. gab es weitere heftige Parteikämpfe. 1331 wurde ein diktator. Stadtregiment (»Novemvirat«) eingesetzt und 1358 der letzte Adelsaufstand niedergeworfen (»Ächterstein«). Seit Ende des 13. Jh. erschienen mit ihren »Meisterluten« die Zünfte (1356 : 20), die durch die Verfassung von 1360 (vom Ks. 1361 bestätigt) endgültig das Stadtregiment mit Obristmeister, drei Stettmeistern und dem Schultheißen übernahmen. Wie in anderen oberrhein. Städten erfaßte die Korporationsbildung früh den Bereich der Gesellen. Berühmt ist der Streik der Bäckergesellen von C. 1495, der Auswirkungen auf die Region hatte und bis an den Rand einer Revolution führte (SCHANZ, 78ff.). 1521 wurde die Zahl der Zünfte auf 10 reduziert. 1354 erfolgte die Gründung des elsäss. Zehnstädtebundes (→Dekapolis), an dessen Bestand und Fortdauer C. bis ins 17. Jh. maßgebl. beteiligt war. Im SpätMA erlebte C. einen bedeutenden wirtschaftl. Aufschwung (seit 1305 Jahrmarkt; seit 1376 Münzrecht; Zollrechte). Eine große Bedeutung hatte der Weinanbau und -handel. Den Handelsmittelpunkt in der Stadt bildete das →Kaufhaus (1370 erstmals erwähnt), dessen Bau von 1480 noch erhalten ist. Bereits 1328 bestand die Trinkstube der Herren, der »Waagkeller«. Im 15. Jh. war C. Mitglied des →Rappenmünzbundes, durch dessen Vertragsbestimmungen wir die steigende Prägetätigkeit C.s kennen: zunächst unter der Hälfte von Freiburg i. Br., 1498 mit dieser Nachbarstadt gleichziehend. Gegen Ende des MA war C. die bedeutendste Stadt des Oberelsaß.

II. KIRCHEN, KLÖSTER UND STIFTE: Die Stiftskirche St. Martin ist aus einer Kapelle der Abtei Münster (865) hervorgegangen. Das ursprgl. Seelsorgezentrum bildete wohl Argentovaria (Horbach). Der otton. Bau (um 1000) wurde gegen 1170 vergrößert. 1234 gründete der Bf. v. Basel das Kollegiatsstift (Statuten von 1237). Seit 1240 erfolgte der Neubau der Kirche, der Ende des 14. Jh. abgeschlossen war. Die Kirche St. Peter wurde vor dem Jahr 1000 im Oberhof von der Abtei Payerne gegründet. 1251 erfolgte die Neuerrichtung der 1250 abgebrannten Kirche. Seit dem 13. Jh. waren die Bettelorden in der Stadt ansässig. Das Franziskanerkloster entstand um die Mitte des 13. Jh. (1541 aufgehoben), das Dominikanerkloster um 1260 (Grundsteinlegung der Kirche 1283 durch Kg. Rudolf v. Habsburg). Das bedeutende Dominikanerinnenkloster Unterlinden (ursprgl. eine Klostergründung zu Anfang des 13. Jh.) schloß sich 1245 dem Dominikanerorden an. Albertus Magnus weihte 1269 die got. Kirche ein. Das Kl. war ein Mittelpunkt der ma. Mystik (Ms. »Vitae Sororum«). Heute beherbergt Unterlinden eine der bedeutendsten Sammlungen spätma. Kunst (C. Isenmann; M. Schongauer; Isenheimer Altar des Matthias »Grünewald«). Das Dominikanerinnenkloster St. Katharina wurde 1312 von Ammerschweier nach C. verlegt, die Gebäude sind heute stark umgebaut. Von dem Augustinerkloster, am Anfang des 14. Jh. gegr., ist fast nichts mehr erhalten. Die 1234 erwähnte Johanniterkomturei, Absteigequartier der Herrscher bei ihren Besuchen in C., wurde wohl im ersten Drittel des 13. Jh. gegr. (Kapelle von 1257, von Albertus Magnus 1269 eingeweiht). Der Niedergang der Komturei zeigte sich gegen Ende des 15. Jh. Das Spital, kurz nach 1220 gegr., wurde 1255 erstmals urkundl. erwähnt (Kapelle 1256) und erhielt 1288 durch Kg. Rudolf v. Habsburg Rechte und Freiheiten des Spitals zu →Straßburg. 1544 wurde es in das aufgehobene Franziskanerkloster verlegt. L. Sittler

Q. und Lit.: X. MOSSMANN, Recherches sur la Constitution de la commune de C., 1875 – G. SCHANZ, Zur Gesch. der dt. Gesellen-Verbände, 1877 – A. HUND, C. vor und während seiner Entwicklung zur Reichsstadt, 1899 – J. KAHN, Der Rappenmünzbund, 1901 – J. ANCELET-HUSTACHE, Les Vitae Sororum d'Unterlinden (Archives d'hist. doctrinale et litt. du MA V, 1930) – P. W. FINSTERWALDER, Der Freiheitsbrief Kg. Rudolfs I. v. Habsburg für die Stadt C. vom 29. Dez. 1278, Elsass-lothr. Jb. 19, 1935, 31–85 – L. PFLEGER, Die elsäss. Pfarrei, 1936 – DERS., Colmarer Stadtgesch. (Oberrhein. Stadtrechte, 3. Abt.: Elsäss. Rechte, 1938) – F. A. GOEHLINGER, Hist. du chapitre de l'église St-Martin de C., 1952 – L. SITTLER, La Décapole alsacienne des origines à la fin du MA, 1955.

Colmarer Liederhandschrift → Liederhandschriften

Colmieu, Pierre de (Petrus v. Collemezzo), Ebf. v. →Rouen und päpstl. Legat, † 25. Mai 1253; stammte aus Collemezzo in den Monti Lepini (Latium). P. de C. spielte eine bedeutende Rolle als Legat Honorius' III. und Gregors IX. in England 1218, Frankreich 1220–22 sowie insbes. bei →Raimund VI., Gf.en v. →Toulouse. Ks. →Friedrich II. ließ ihn im Zuge seiner Auseinandersetzungen mit dem Papsttum 1242–44 in Neapel gefangensetzen. 1231–36 war P. de C. Propst v. St-Omer, 1236 Kanoniker v. Mont-St-Eloi, 1236–44 Ebf. v. Rouen und 1244–53 Kardinalbf. v. Albano. Rouen verdankt ihm ein kirchl. Gesetzbuch, die Vollendung der Kathedrale und die Stiftung des Collège d'Albane. M. Baudot

Q. und Lit.: DBF IX, 312 – DHGE XIII, 274 – PRESSUTI, Reg. Honorii pap. III, 1888–95 – L. AUVRAY, Reg. Gregorii pap. IX, 1896–1955 – E. BERGER, Reg. Innocenti pap. IV, 1884–1921 – Rodière, Epigraphie du Pas-de-Calais VIII, 271, 1930 – O. BLED, Reg. des Evêques de Thérouanne, 1903, n°s 1539, 1543 – DEMAY, Inv. des sceaux de Flandre, 1873, n° 6298; Inv. des sceaux de Normandie, 1881, n° 2249.

Coloma, Juan de, aragon. Staatsmann, * um 1450 in Borja, † 14. Aug. 1517 in Zaragoza, ⌐ebd., Jerusalemkl. der Klarissen (Eigengründung). ∞ 1. 1479 Isabel Diez de Aux, 2. 1493 María Pérez Calvillo aus dem Haus der Herren von Alfocea. C. begann seine Karriere im Dienst Johanns II., dessen Sekretär er seit 1462 war. Als Schreiber Ferdinands II. war er während des Feldzugs gegen →Granada (1486–92) mit zahlreichen kgl. Konzessionen befaßt. Er bereitete die mit Christoph →Kolumbus und dessen Bevollmächtigtem, Fray Juan Pérez, ausgehandelten Capitulaciones [Vertrag] von Santa Fe vor, nahm an den Verhandlungen um den Vertrag von Barcelona von 1493 mit Karl VIII., Kg. v. Frankreich, teil, geriet dabei in die Gefangenschaft des Herrn v. Bellegarde, aus der ihn Baltasar de Tremps befreite, den C. später in seinem Testament erwähnen sollte. Mit seinen Bezügen, kgl. Benefizien und Geschäften mit Zinsgrundstücken und Vieh häufte er ein großes Vermögen an und erbaute einen eigenen Palast in Zaragoza (Calle del Coso). Als Herr v. Alfajarín (Zaragoza) hinterließ er seinem Sohn 12000 Dukaten Jahreseinkommen und über 100000 an Schmuck und beweglicher Habe. A. Canellas López

Lit.: M. SERRANO Y SANZ, Orígenes de la dominación española en América, 1918 – J. REGLÁ CAMPISTOL, Un pleito entre J. de C. y los canónigos de Tarazona, durante la embajada en Roma de Francisco de Rojas, 1498–1507 (Temas Medievales, 1972), 143–153.

Coloman (s. a. Colmán), wahrscheinl. ein ir. Palästinapilger, wegen seiner fremdartigen Tracht für einen (böhm. oder ungar.) Spion gehalten und (an der damaligen noch unruhigen Südost-Besiedlungsfront) in Stockerau nw. Wien (17. Juli?) 1012 an einem Baum erhängt. Der

Reue über die irrtüml. Volksjustiz folgte offenbar alsbald die Volkskanonisation: schon zwei Jahre später, am 13. Okt. 1014, werden nach den Melker Annalen die Gebeine vom babenberg. Mgf. en Heinrich II. (994–1018) in seine (damalige) Residenz (nebst Kl.) Melk übertragen. Sonst nur spärl. hist. Daten, die Passio des Melker Abtes Erchenfrid († 1163) ist sehr stark legendär. C.s Festtag, 13. Okt., ist der der Translation. Im MA Landespatron von Niederösterreich, seit der Heiligsprechung (1485) des Babenbergers Leopold III. († 1136) von diesem aus seiner Stellung allmählich, 1663 durch Ks. Leopold II. offiziell verdrängt. Verbreitung seiner Verehrung von Melk aus (Mirakel) über Österreich, Ungarn und Süddeutschland. Bäuerl. Patron, bes. bei Viehkrankheiten angerufen; Kultstätten und Patrozinien gern in Talgründen, aber auch in Berg- und Almkapellen. Reiches Brauchtum bei Wallfahrten und Votiven (G. Schreiber). Darstellung als Pilger mit Hut, Stab, Flasche und Strick (eines Gehenkten).

J. H. Emminghaus

Q. und Lit.: HWDA II, 95–99 – LCI VII, 1974, 328f. [Kat. der Darstellungen] – LThK² III, 7f. [Lit.] – MGH SS IV, 675ff. – AASS Oct. VI, 342–362, Venedig 1794: Passio C. i des Erchenfridus – H. Pez, Acta S. Colomani, 1913 – L. Gougaud, Les saints irlandais, 1936, 47–50 – J. Braun, Tracht und Attribute der Hl. en, 1943, 428–430 – C. Gugitz, Fest- und Brauchtumskalender, 1955, 119–121 – C. Schreiber, Irland im dt. und abendländ. Sakralraum, 1956, 62 – L. Réau, Iconographie et l'art chrétien II, 1, 1958, 328f. – J. Wodka, Kirche in Österreich, Wegweiser durch ihre Gesch., 1959, 76.

Colombe. 1. C., Jean, frz. Buchmaler, tätig ab ca. 1470 bis Ende 15. Jh., zunächst in Bourges, wo er bald eine vielbeschäftigte Werkstatt führte, in der Folge auch für das frz. Königshaus und die Hzg. e v. Savoyen, als deren Hofmaler er zwei hochberühmte, unvollendet gebliebene Hss. fertigstellte, die Très riches Heures der Brüder →Limburg (Chantilly, Musée Condé, Ms. 65) und die von Peronet Lamy und Jean Bapteur begonnene Apokalypse (Madrid, Ms. Escorial E. Vit. V). C. hatte ferner zahlreiche Angehörige des hohen Adels als Auftraggeber, aber auch wohlhabende Bürgerfamilien wie die →Coeur (Bayer. Staatsbibl. München, Cod. lat. 10103). Weitere bed. Hss. aus der riesigen Produktion, die durch einen gewissen Schematismus gekennzeichnet ist und in der eigenhändige und Werkstatt-Arbeiten oft kaum zu trennen sind: London, Brit. Libr., Harley 4335–4339; Paris, Bibl. Nat. fr. 177–179, fr. 364, fr. 449, fr. 5594, nouv. acq. fr. 24290; Wien, Österr. Nat. Bibl., Cod. 2577/2578. Stilist. steht C. in der Nachfolge →Fouquets (Darstellung von Massenszenen, Verwendung von Renaissanceformen in den Architekturszenerien, Abstufung des Kolorits gegen den Hintergrund zu). Charakterist. die reiche Verwendung von Goldhöhung, der üppige Skulpturenschmuck der in Bronzegold gehaltenen Architekturen, unverkennbare Figuren- und Gesichtstypen. D. Thoss

Lit: J. Porcher, L'enluminure française, 1959, 76–78 – C. Gardet, L'Apocalypse figurée des ducs de Savoie, 1969 – C. Schaefer, Communication sur le livre d'Heures dit de Jacques Coeur (Bull. de la Soc. Nat. des antiquaires de France, Séance du 21 avril 1971), 144–156 – O. Pächt-D. Thoss, Frz. Schule I (Die illuminierten Hss. der Österr. Nat. Bibl. I/1), 1974, 68–79 – Thesaurus Librorum. 425 Jahre Bayer. Staatsbibliothek (Kat. 1983), 146f.

2. C., Michel, frz. Bildhauer, * um 1430 vielleicht in Bourges, † nach 1512 in Tours, wohl in Burgund ausgebildet, seit 1473 für Ludwig XI. in Tours tätig, für den er 1474 zusammen mit Jean →Fouquet ein nicht ausgeführtes Grabmal entwarf. Nur drei Werke, alle aus den letzten Jahren, sind erhalten: 1500 die Bildnismedaille Ludwigs XII. für dessen Einzug in Tours, 1508/09 das Altarrelief des hl. Georg, in Schloß Gaillon, jetzt im Louvre, 1502–1507 das Grabmal Franz' II., Hzg. der Bretagne, und seiner Gemahlin Marguerite de Foix, in der Kathedrale von Nantes, für ihre Eltern in Auftrag gegeben von Kgn. Anne de Bretagne (→8. A.). Ein Hauptwerk der organ. Verbindung spätgot. frz. und antikisierender Typen und Stilformen, von C. in Zusammenarbeit mit dem Dekorateur-Entwerfer Jean Perréal und dem Bildhauer Girolamo da Fiesole geschaffen. Das C. in Auftrag gegebene Grabmal für Philibert von Savoyen († 1504) in der Abteikirche von →Brou konnte er nicht mehr ausführen. A. Reinle

Lit.: P. Vitry, M. C. et la sculpture française de son temps, 1901 – P. Pradel, M. C., 1953 – E. Brethe, De quelques »documents« sur M. C. (Bull. de la société de l'Ouest et des Musées de Poitiers, 1961, 213–229).

Colombini, Giovanni, sel., Gründer des Jesuatenordens, * 1304 in Siena, † 31. Juli 1367 in Acquapendente, ▭ in der Abtei OSB S. Bonda in Siena, stammte aus einer alten Kaufmannsfamilie. Nach langen Jahren ertragreicher merkantiler Tätigkeit, durch die er den Besitz der Familie beträchtl. vermehrt hatte und in denen er geheiratet und zwei Kinder gezeugt hatte, erlebte C. eine religiöse Wende. Er erstattete alles unrechtmäßig Erworbene zurück und widmete sich einem Leben der Buße, Krankenpflege und Armenfürsorge. Nach dem Tod seines Sohnes legte C. ein Keuschheitsgelübde ab und schenkte alle seine Güter an verschiedene religiöse karitative Einrichtungen in Siena, darunter das Benediktinerkl. S. Bonda, in das er seine dreizehnjährige Tochter eintreten ließ und mit dessen Kommunität er immer eng verbunden blieb. Durch sein karitatives Wirken und seine Predigttätigkeit sammelten sich rasch zahlreiche Anhänger um ihn, die den Namen »Jesuaten ('Gesuati') annahmen und sich in wenigen Jahren auch in anderen Teilen der Toskana und Umbrien ausbreiteten. Zu ihnen trat bald ein weibl. Zweig (Jesuatinnen, 'Gesuate'), der von C.s Cousine Caterina gegründet wurde. C.s Spiritualität ist durch eine große Liebe zur Armut und von tiefer Sehnsucht nach myst. Vereinigung mit Gott geprägt, die er durch eine »Transformation« in Christus zu erreichen hoffte. Aus diesen Gründen erregten die Jesuaten das wohlwollende Interesse der Gruppen von Dominikanern und Franziskanern, die eine innere Reform ihrer Orden anstrebten, während andere Kommunitäten der Bettelorden, ein Teil der kirchl. Hierarchie und die polit. Autoritäten in Siena ihnen mit Zweifel und Argwohn begegneten. Letztere exilierten sie sogar i. J. 1363 für kurze Zeit. Als Urban V. 1367 nach Italien kam, wollte C. dem Papst seine Lebensform vorstellen und von ihm die offizielle Approbation erlangen. Nach einer genauen »inquisitio« erhielten die Jesuaten die päpstl. Approbation und den Kard. v. Avignon, einen Bruder des Papstes, als Protektor. G. C. starb bald darauf, während seine Gemeinschaft im Lauf des »Institutionalisierungsprozesses« von inneren Auseinandersetzungen geschüttelt wurde. C. verfaßte Briefe und eine Vita des Kartäusers Pietro Petroni. Vgl. →Belcari, Feo

G. Barone

Lit.: DBI XXVII, 149–153 – Bibl. SS IV, 1964, 122–123 – DIP II, 1236f. [Lit.] – C. Gennaro, G. C. e la sua brigata, BISI 81, 1969, 237–271.

Colón

1. C., Cristóbal →Kolumbus, Christoph

2. C., Diego, * 1466 (?), in Genua, † 1515 Sevilla, jüngerer Bruder von Christoph →Kolumbus, findet sich in genues. Dokumenten als Giacomo Colombo, hispanisierte jedoch seinen Namen in Spanien, wo er 1493 eintraf. Er begleitete Kolumbus auf einigen seiner Amerikareisen und vertrat seinen Bruder verschiedentl. in der Leitung der Kolonie auf La Española. Später scheint er Geistlicher geworden zu sein. In der Entdeckungsgeschichte spielt er nur eine unbedeutende Rolle.

3. C., Diego, * 1478/82 Porto Santo oder Lissabon, † 1526 Puebla de Montalbán, legitimer Sohn und Erbe des Kolumbus und der Portugiesin Felipa Moniz de Perestrello, Gouverneur und Vizekg. in den von seinem Vater entdeckten Gebieten Amerikas, lebte zunächst als Page und später Höfling im Gefolge der Kath. Kg.e. Nach dem Tode seines Vaters erbte C. das Mayorat und alle Rechte des Kolumbus aus den 1492 mit der Krone geschlossenen Kapitulationen. 1508 heiratete C. María de Toledo, eine Nichte des Hzg.s v. Alba. Mit Unterstützung dieser Adelsfamilie gelang es C., von Ferdinand d. Kath. eine teilweise Wiedereinsetzung in seine ererbten Rechte zu erlangen. 1508 wurde er zum Gouverneur v. La Española ernannt. Da diese Ernennung jedoch als kgl. Gnadenakt erfolgte, strengte C. den berühmt gewordenen Kolumbus-Prozeß gegen die Krone an, der sich einschließl. mehrerer Wiederaufnahmeverfahren bis zum Kompromiß von 1536 hinzog und der Familie schließlich den erbl. Titel eines Admirals des Ozean. Meeres, den Adelstitel eines Duque de Veragua y Marqués de Jamaica mit der gleichnamigen Grundherrschaft in Amerika eintrug. Als Gouverneur lag C. in beständigem Streit mit den Kronbeamten, insbesondere mit den Richtern der 1511 gegr. Audiencia, vermochte aber dennoch die Eroberung Cubas und Puerto Ricos in die Wege zu leiten und beide Gebiete seiner Befehlsgewalt zu unterstellen. Durch Urteilsspruch des →Consejo Real erlangte C. 1511 seine Würde als Vizekg., allerdings mit Beschränkung auf die von seinem Vater entdeckten Inseln, zurück, ging jedoch in die Berufung, da er den Anspruch erhob, daß das gesamte Amerika seiner Autorität zu unterstellen sei. 1515 wurde C. von seinem Posten abberufen, 1520 erneut eingesetzt und 1523 auf ksl. Befehl endgültig seiner Ämter entbunden. Mit C.s Enkel Diego C. erlosch 1578 die direkte männliche Nachkommenschaft des Kolumbus.

Lit.: L. ARRANZ MARQUEZ, Don D. C., Almirante, Virrey y Gobernador de las Indias I, 1982 – s. a. Lit. zu →Kolumbus.

4. C., Hernando, * 15. Aug. 1488 Córdoba, † 12. Juli 1539 Sevilla, außerehel. Sohn von Christoph →Kolumbus und Beatriz Enríquez de Arana, Historiograph, Bibliograph, Büchersammler und Höfling am Hofe der Kath. Könige und Karls V., begleitete seinen Vater 1502–04 auf dessen vierter und letzter Entdeckungsfahrt nach Amerika. Der humanist. gebildete C. unternahm teils als Privatmann und teils in offizieller Mission ausgedehnte Reisen durch Italien, Deutschland, die Niederlande, Frankreich und England. Bedeutung erlangte C. als Historiograph der Entdeckungsreisen seines Vaters und als unermüdlicher Büchersammler. Auf ihn geht die überaus reichhaltige »Biblioteca Colombina« (heute Sevilla, Kathedrale) zurück, die am Ende von C.s Leben mehr als 15 000 Bände umfaßte. Sie enthält u. a. verschiedene, mit handschriftl. Anmerkungen des Entdeckers versehene Schriften; die von C. und seinem Bibliothekar angefertigten Inventarlisten gestatten wichtige Einblicke in die europäische Buchgeschichte. Von C.s Schriften ist ein Großteil verlorengegangen. Bes. bedeutsam und umstritten ist das 1571 in Venedig in it. Sprache erschienene Werk »Historie del S.D. Fernando Colombo. Nelle Quali s'ha particolare et vera relatione dell'Ammiraglio D. Christofor Colombo, suo padre«, eine zentrale Quelle für das Leben und die Entdeckungen des Kolumbus. Das Werk gibt, u. a. aufgrund des Verlustes des Manuskripts, bis heute große Rätsel auf und wird bald als Fälschung, bald als authent. bezeichnet. Neuesten Forschungen zufolge scheint nur der sich mit den Reisen des Kolumbus beschäftigende Teil von H. C. selbst verfaßt worden zu sein. H. Pietschmann

Ed.: H. C., Descripción y Cosmografía de España. Manuscrito de la Bibl. Colombina dado a luz ... por acuerdo de la Real Sociedad Geográfica, ed. A. BLÁZQUEZ, o. J. (1910 [?]) – H. C., Hist. del almirante don Cristóbal Colón, ed. und übers. M. SERRANO Y SANZ, 1932 – H. C., Catalogue of the Library of Ferdinand Columbus, ed. M. HUNTINGTON, 1950 – *Lit.*: E. JOS, Investigaciones sobre la vida y obras iniciales de Don Fernando C., 1945 – A. RUMEU DE ARMAS, H. C., historiador del descubrimiento de América, 1973.

Colonat → Kolonat

Colonia, Johannes de, ven. Druckherr und Großbuchhändler, * um 1430 (?) in Köln, † zw. 1. Juni und 22. Sept. 1480 in Venedig. Er war wohl schon Geldgeber des ven. Prototypographen Johannes de →Spira, dessen Witwe Paula er 1474 ehelichte und mit dessen Bruder Vendelinus de →Spira er seit 1471 vergesellschaftet war. 1474 bildete er ein Consortium mit dem dt. Drucker Johannes Manthen, der vorher Mitarbeiter des J. und V. de Spira war, und führte die Offizin der beiden Brüder weiter (Druck v. a. von jurist., kanonist. theol. Schriften). Er trieb auch Handel mit den Erzeugnissen fremder Pressen (gedruckte Bücherliste von 1475/76!). Nach Auflösung der um 1475 gegründeten Buchhandelsgesellschaft »Nicolaus Jenson sociique« gründeten J. de C., Nicolaus →Jenson, J. Manthen, Kaspar v. Dinslaken und der Frankfurter Kaufmann Peter →Uglheimer u. a. am 1. Juni 1480 die Gesellschaft »Johannes de Colonia, Nicolaus Jenson et socii«, die nach dem Tod von J. de C. und N. Jenson von P. Uglheimer erfolgreich geleitet wurde. Ihr Drucker war Johann Herbort. Häufig nachgeahmt wurde das Verlagssignet: Doppelkreuz über Kreis (= Weltkugel) mit Punkt und waagrechtem Balken in vier Größen. F. Geldner

Lit.: ADB XIV – NDB X – GELDNER II, 65–67 – K. HAEBLER, Die dt. Buchdrucker des 15. Jh. im Ausland, 1924, 30–34 – R. JUCHHOFF, Köln. und niederrhein. Drucker..., 1960, 10–13.

Colonica → Hufe

Colonna, bedeutendes it. Adelsgeschlecht, das in →Rom und →Latium eine führende Stellung innehatte. Nach der Tradition soll es über *Petrus de Columna* von den Gf.en v. →Tusculum abstammen. Dieser Petrus de Columna ist zu Beginn des 12. Jh. als Herr von C. und Zagarolo bezeugt und erscheint in den Aufständen, durch die Papst Paschalis II. die Kontrolle über zahlreiche Orte in Latium verlor, an der Seite der Tusculaner. In der Folge haben die C. wohl bei der Restrukturierung des päpstl. Dominiums Latium mitgewirkt. Ihr Aufstieg erscheint jedenfalls in der 1. Hälfte des 13. Jh. gesichert, als der Adel Latiums in das päpstl. Herrschaftssystem voll integriert war. →*Giovanni* (3. C., † 1245), Kardinalpriester von S. Prassede, Verwalter des →Patrimoniums Petri, erfüllte unter den Päpsten Honorius III. und Gregor IX. polit.-diplomat. Missionen. Sein Zwist mit Gregor IX. und sein Übergang zur ksl. Partei brachten wahrscheinl. eine polit. Kurswende des Hauses C. mit sich. Ein Neffe von Giovanni, *Oddone di Giordano* († 1256/57), der bereits 1238–39 röm. Senator war und dabei eine gemäßigte Richtung vertrat, wurde in seiner zweiten Amtsperiode 1241 vom Papst abgesetzt. Infolge einer Güterteilung Oddones mit seinem Vetter *Pietro* (1252), der Oddones Besitzrecht auf C., Zagarolo, Palestrina, Capranica und alle röm. Güter anerkannte, teilten sich die Colonna. Von Oddone leitete sich die Hauptlinie des Geschlechts ab, die C. di Palestrina. Pietro, der Ahnherr der Linie Gallicano, behielt Tivoli, Gallicano und S. Cesareo. Die vermutl. bereits in früherer Zeit entstandene Linie Genazzano hatte ihr Zentrum im östl. Teil Latiums. Nach einer Phase der polit. Stagnation, die vielleicht auf die kaiserfreundl. Parteinahme des oben erwähnten Kard.s Giovanni und das von den →Anjou beherrschte Senatorat in Rom zurückzuführen ist, scheint das Wiedererstarken der C. mit der antiangevin. Wendung Papst Nikolaus' III. in Zusammenhang zu stehen. 1278 führte → *Giacomo* (1. C., † 1318), der Sohn Oddones, nach seiner Erhebung zum Kard. Verhandlungen über die Übertragung des Senatorats an den Papst. Nikolaus IV. (Franziskaner und ehemaliger Bf. v. Palestrina) förderte die C. in reichem Umfang: 1288 erhob er →*Pietro di Giovanni* (8. C., † 1326) zum Kardinaldiakon v. S. Eustachio und betraute verschiedene Mitglieder der Familie mit Regierungsämtern, während in Rom das Ansehen von Giovanni und des Kard.s Giacomo wuchs, unter dem das Apsismosaik von S. Maria Maggiore von Jacopo Torriti ausgeführt wurde. In den mit größter Leidenschaft geführten Streit mit →Bonifatius VIII. (Benedetto →Caetani) zu Ende des 13. Jh. waren v. a. Kard. Giacomo und die Söhne des bereits verstorbenen Giovanni verwickelt: Insbes. Kard. Pietro, *Agapito* (auf dessen Nachkommen der Besitz von Genazzano übergehen sollte), →*Stefano* (9. C., † zw. 1348 und 1350) und →*Giacomo Sciarra* (2. C., † 1329). Mit diesen Persönlichkeiten (mit Ausnahme des 1301/02 verstorbenen Agapito) ist im 1. Viertel des 14. Jh. der polit. und territoriale Aufschwung der Familie C. verbunden, die sich mit Stefano und seinen Nachkommen auf einen guelf.-angevin. Kurs hin orientierte. In der neuen Generation der C. erschienen an der Kurie v. Avignon (→Kurie, röm., in Avignon) – neben Mitgliedern aus Seitenlinien wie →*Landolfo* (6. C., † nach 1331) und sein Neffe →*Giovanni* (5. C., † gegen 1343/44) – zwei Söhne von Stefano: *Giovanni* († 1348), seit 1327 Kardinaldiakon v. S. Angelo in Pescheria, und *Giacomo* († 1341), seit 1328 Bf. v. Lombèz, beide ebenso wie Landolfos Neffe Förderer Francesco →Petrarcas.

Nach dem ksl. Zwischenspiel von 1312 (→Heinrich VII.) und 1328 (→Ludwig d. Bayer) und dem Ende des angevin. Senatorats (1336) erschöpften sich die C. in Rom in blutigen Kämpfen gegen die →Orsini, deren mittelbare Folge auch das abenteuerl. Tribunat des →Cola di Rienzo war. Wie zur Zeit Bonifatius' VIII. fand der Kampf der C. mit den Tribunen großen Widerhall; sein Höhepunkt war das Gefecht an der Porta S. Lorenzo (20. Nov. 1347), in dem u. a. *Pietro*, der Sohn Agapitos I., Herr v. Genazzano (Senator 1338–39, 1347), und *Stefanuccio*, Sohn des Stefano (Senator 1332, 1342), sowie dessen Sohn *Giovanni* (Senator 1344) fielen. An dem zweiten Kampf gegen Cola (1354) waren die C. ebenfalls führend beteiligt.

Durch die Nachkommen von Stefano, Agapito I. und Giacomo Sciarra waren die C. fast während der gesamten 50er Jahre des 14. Jh. wiederholt im röm. Senat vertreten, bis eine Reform i. J. 1358 die Adligen vom Senat ausschloß und damit der Vorherrschaft des röm.-latin. Adels in Rom ein Ende setzte. Während des →Abendländischen Schismas wurden drei C. zu Kard.en erhoben, deren Genealogie strittig ist: 1378 *Agapito III.* († 1380) und *Stefano*, Propst von St-Omer († 1378), 1405 *Oddone* (Nachkomme Agapitos I.), der unter dem Namen → Martin V. 1417 zum Papst gewählt wurde. Sein Pontifikat, mit dem das Schisma zu Ende ging, bedeutete für die C. eine Periode großen Glanzes, da der Papst seine Brüder *Giordano* († 1424) und *Lorenzo* († 1423) sowie dessen Söhne *Antonio* († 1472), *Odoardo* und *Prospero* († 1463, seit 1426 Kard.) mit Ämtern, Benefizien und Besitzungen in Latium und im Kgr. →Neapel ausstattete. Einbußen erlitten die C. jedoch unter Martins V. Nachfolger, Eugen IV., und unter Sixtus IV., der, infolge des Bündnisses der C. mit dem Kg. v. Neapel, den Kard. *Giovanni*, Sohn des Antonio, gefangensetzen ließ. In der Folge wurde *Lorenzo*, Sohn des Odoardo, 1484 als Rebell hingerichtet und ein Feldzug gegen die Burgen der C. geführt, die von *Prospero* (Sohn des Antonio, † 1523) und *Fabrizio* (Sohn des Odoardo, † 1520) verteidigt wurden. Sowohl Eugen IV. wie Sixtus IV. stützten sich auf die Orsini, deren Rivalität mit den C. die Geschichte Roms und Latiums im ganzen 15. Jh. charakterisiert, bis beide Geschlechter unter dem Pontifikat von Alexander VI. beinahe der Vernichtung anheimfielen.

F. Simoni Balis-Crema

Q. und Lit. *[auch zu den einzelnen Mitgliedern der Familie]*: DBI XXVII, s. v. – DHGE XIII, 328–340 – LThK² III, 8–12 – P. A. PETRINI, Memorie prenestine, Roma 1795 – P. LITTA, Le famiglie celebri italiane, Milano 1821 ff., s. v. – A. COPPI, Memorie colonnesi, 1855 – R. LANCIANI, Il patrimonio della famiglia C. al tempo di Martino V (1417–1431), ASRSP 20, 1897, 369–449 – CL. COCHIN, Recherches sur Stefano C., prévôt du chapitre de St-Omer, cardinal d'Urbain VI et correspondant de Pétrarque, Rev. hist. litt. relig. 10, 1905, 352–383, 554–578 – A. EITEL, Der Kirchenstaat unter Klemens V., 1907 – L. HALPHEN, Etudes sur l'administration de Rome au MA (651–1252), 1907 – K. BURDACH–P. PIUR, Vom MA zur Reformation, II: Briefwechsel des Cola di Rienzo I, 1913, 133–135; III, 1912, passim; V, 1929, passim – L. MOHLER, Die Kard.e Jakob und Peter C., QuF 17, 1914 – R. NEUMANN, Die C. und ihre Politik von der Zeit Nikolaus IV. bis zum Abzug Ludwigs des Bayern aus Rom, 1288–1328, 1916 – A. DE BOÜARD, Le régime politique et les institutions de Rome au MA (1252–1346), 1920 – E. MARTIN-CHABOT, Contribution à l'hist. de la famille C. de Rome dans ses rapports avec la France, Annuaire bull. de la Soc. de l'hist. de France 57, 1920, 137–190 – H. COCHIN, Pétrarque et Jacques C., ebd. 59, 1922, 96–134 – A. SALIMEI, Senatori e statuti di Roma nel Medioevo, 1935 – P. PASCHINI, Roma nel rinascimento (Storia di Roma 12), 1940 – P. BREZZI, Roma e l'impero medioevale (774–1252; Storia di Roma 10), 1947 – E. DUPRÉ-THESEIDER, Roma dal comune di popolo alla signoria pontificia (1252–1377; Storia di Roma 11), 1952, passim – D. WALEY, The Papal State in the Thirteenth Century, 1961 – R. BRENTANO, Rome before Avignon, 1974 – M. DYKMANS, L'Agapito C., père du pape Martin V, RHE 71, 1976, 418–427 – F. GREGOROVIUS, Gesch. der Stadt Rom im MA (hg. W. KAMPF, 1978), passim.

1. C., Giacomo, aus der Linie der C. von Palestrina, Sohn des Oddone, Archipresbyter von S. Maria Maggiore in Rom bis 10. Mai 1297 und erneut seit 4. April 1306, Kardinaldiakon von S. Maria in Via Lata vom 12. März 1278 bis 10. Mai 1297, Kard. ohne Titulus seit dem 14./15. Dez. 1305, † 12. Aug. 1318; sympathisierte mit den Franziskanerspiritualen. Nach dem Tod von Nikolaus IV. suchte G. zusammen mit seinem Neffen Kard. →Pietro (8. C.), die Macht der C. zu sichern. Gemeinsam mit seinen Verwandten geriet er in Konflikt mit →Bonifatius VIII. aus der rivalisierenden Familie →Caetani. Am 10. Mai 1297 wurden G. und Pietro ihres Kardinalamts enthoben, während sie gleichzeitig mit dem Manifest von Lunghezza die Rechtmäßigkeit des Papstes bestritten. Am 23. des gleichen Monats wurden ihnen und ihren Familienangehörigen ihre Güter und Rechte entzogen. Nachdem Bonifatius VIII. gegen die C. zu einem richtigen Kreuzzug aufgerufen hatte, unterwarfen sich G., Pietro und dessen Brüder am 15. Okt. 1298 dem Papst. Sie wurden nach Tivoli verbannt, wovon sie vermutlich im Juli 1299 flohen. Nach dem Tod Bonifatius' VIII. kehrten sie nach Rom zurück, wurden am 23. Dez. 1303 zusammen mit ihren Verwandten rehabilitiert und von Clemens V. am 14./15. Dez. 1305 wieder in ihre Kardinalswürde eingesetzt (Bestätigungsbulle am 2. Febr. 1306). Seit 1310 an der Kurie in Avignon, fungierte G. als Zeuge in dem Prozeß gegen Bonifatius VIII. und in dem Kanonisationsverfahren Coelestins V. Beim Konzil von →Vienne hatte er in der Frage der Franziskanerobservanz eine Vermittlerrolle inne. Im Febr. 1316 setzte er sich zugunsten der Spiritualen der Provence ein. Von 1311 an beherbergte er bei sich den

Spiritualen →Angelus Clarenus, der auch bei seinem Tod in Avignon gegenwärtig war. G. ist auf dem Apsis-Mosaik (J. Torriti) von S. Maria Maggiore in Rom dargestellt. F. Simoni Balis-Crema

Lit.: L. Oliger, AfrH 16, 1923, 331 ff. – E. Müller, Das Konzil v. Vienne (1311–1312), 1934 – T. S. R. Boase, Boniface the Eighth, 1294–1303, 1935 – J. Gardner, Pope Nicholas IV and the decoration of S. Maria Maggiore, ZK 36, 1973, 22–38 – Vgl. Lit. zu C., Familie.

2. C., Giacomo, gen. *Sciarra*, aus der Linie der C. von Palestrina, Sohn des →Giovanni (4. C., † 1292), † 1329. Als Folge der Auseinandersetzung seiner Familie mit Bonifatius VIII. wurden ihm (sowie seinem Onkel →Giacomo [1. C., † 1318] und seinen Brüdern) am 23. Mai 1297 seine Güter und Rechte entzogen. Mit seinen Verwandten unterwarf er sich am 15. Okt. 1298 dem Papst (→Palestrina), floh jedoch einige Zeit darauf (1298/99). Anfang 1303 befand er sich mit seinem Bruder Stefano – wahrscheinl. als Gast des Guillaume de →Nogaret – am frz. Hof. Am 7. Sept. 1303 fiel G. zusammen mit diesem bewaffnet in Anagni ein und nahm den Papst gefangen. Der Aufstand der Anagnesen, durch den Bonifatius VIII. am 9. Sept. 1303 befreit wurde, zwang G. zur Flucht. Am 7. Juni 1304 wurde er von Benedikt XI. exkommuniziert und vor Gericht gestellt. Der Papst starb jedoch kurz darauf. G. wurde zusammen mit den anderen Mitgliedern seiner Familie in seine Güter und Rechte wieder eingesetzt (Bulle Clemens' V. am 2. Feb. 1306). Der anjoufeindl. Familientradition entsprechend, trat G. bei der Ankunft Heinrichs VII. in Italien auf dessen Seite und blieb auch weiterhin der ghibellin. Sache treu. Im Sept. 1312 und im März 1313 war er für kurze Zeit Senator in Rom, stand jedoch in den Jahren des Senatorats von →Robert v. Anjou polit. im Schatten. Bei einem Umsturz in →Rom und der Bildung der demokrat. Regierung wurde er 1327 zum →Capitano del Popolo gewählt, wehrte einen Angriff der Anjoupartei ab (29. Sept. 1327) und rief Ludwig den Bayern nach Rom. Es wird angenommen, daß G. zu den vom Populus Romanus ausgewählten Repräsentanten gehörte, die die Kaiserkrönung Ludwigs des Bayern am 17. Jan. 1328 in der Peterskirche vornahmen. Zusammen mit Giacomo →Savelli fungierte G. wahrscheinl. von März–April des gleichen Jahres als Senatorvikar und floh beim Auszug des Ks.s zusammen mit den anderen Häuptern der ghibellin. Partei aus Rom. Er starb kurz darauf.
F. Simoni Balis-Crema

Lit.: R. Holtzmann, Wilhelm von Nogaret, 1898, 66–110 – Vgl. Lit. zu C., Familie.

3. C., Giovanni, Kardinaldiakon seit 1206, Kardinalpriester v. S. Prassede seit 1217, † 28. Jan. 1245, zunächst v. a. an der Kurie tätig, wirkte G. dann als päpstl. Diplomat (Legation ins →Lat. Kaiserreich 1217/22) und Verwalter des →Patrimonium Petri (Rektor im Hzm. Spoleto 1224/27, Heerführer 1228/29, Rektor in der Mark Ancona 1232/35). Ab 1239 entzweite er sich mit Gregor IX. wegen des Kampfes gegen Ks. Friedrich II. und war als Haupt der kaiserfreundl. Partei 1241/43 in Rom gefangen.
W. Maleczek

Lit.: DBI XXVII, 324–328 – K. Wenck, Das erste Konklave der Papstgesch. (QFIAB 18, 1926), 118–137 – W. Maleczek, Papst und Kardinalskolleg von 1191 bis 1216, 1984 – Vgl. Lit. zu C., Familie.

4. C., Giovanni, aus der Linie der C. von Palestrina, älterer Sohn des Oddone und der Margherita Orsini, * wahrscheinl. um 1235, † 1292. G. war ausersehen, wichtige öffentl. und militär. Ämter zu bekleiden, während sein Bruder →Giacomo (1. C., † 1318) die kirchl. Laufbahn einschlug; Bruder der sel. →Margherita (7. C.). G. war mehrere Male Senator (1260–61, 1262–63, 1279 nach der Reform von Nikolaus III., welche Fremde vom Senatorenamt ausschloß, 1290–91). Den Höhepunkt seines polit. Erfolges erreichte er unter dem Pontifikat von Nikolaus IV. Von diesem Papst wurde G. zum Rektor der Mark Ancona ernannt und führte als Senator die Friedensverhandlungen mit →Viterbo, das sich als nicht sehr verläßl. Verbündeter Roms erwiesen hatte. Auf die glückl. Beendigung dieses Konfliktes bezieht sich wahrscheinl. eine Nachricht des »Chronicon Parmense«, nach der »Jacobus de Columpna« im Triumphzug wie ein antiker Ks. die Stadt betreten habe und von den Römern als ihr »Dominus« betrachtet wurde. G. war auch ein Mann von großer Frömmigkeit: Wie viele Mitglieder seiner Familie mit dem Franziskanerorden verbunden, ließ er für die Kapelle seiner Familie in der röm. Franziskanerkirche S. Maria in Aracoeli ein Mosaik ausführen, auf dem er im Senatorengewand vor der Muttergottes dargestellt wurde. Er ist höchstwahrscheinl. der Verfasser der Biographie seiner Schwester Margherita.
G. Barone

Lit.: Repfont III, 517 [Ed.] – R. Brentano, Rome before Avignon, A Social Hist. of 13th-C. Rom, 1974, passim – Vgl. Lit. zu C., Familie.

5. C., Giovanni, OP, aus der Linie der C. von Gallicano, * um 1300 (vielleicht 1298), † gegen 1343/44; trat mit etwa zwanzig Jahren in den Dominikanerorden ein, 1320 studierte er in Paris Theologie und wurde 1324 zum Praedicator generalis ernannt. Er war einige Jahre lang Kaplan des Bf.s v. Nicosia, Giovanni Conti, OP. Während seines Aufenthalts in Frankreich konnte er die Schule und die Bibliotheken von Chartres, wo sein Onkel →Landolfo (6. C.) Kanoniker war, sowie von Amiens und Troyes besuchen. In Avignon lernte er →Petrarca kennen, der acht seiner »Epistulae familiares« an ihn adressierte und in dessen Begleitung er 1337 die antiken röm. Ruinen besichtigte. Das Datum seiner Rückkehr nach Italien steht nicht fest, 1338 war er Vikar des röm. Kl. S. Sabina, ein Jahr später Lektor im Konvent von Tivoli. Von seinen lit. Werken sind »De viris illustribus« und »Mare historiarum« bes. hervorzuheben. In der erstgen. Schrift zeichnete er etwa 330 lit. Porträts von großen Männern der Vergangenheit (Christen und Heiden). Auffälligerweise fiel seine Wahl, im Gegensatz zur Vorgangsweise Petrarcas, der zu gleicher Zeit ein homonymes Werk begann (ohne es allerdings zu vollenden), nicht in erster Linie auf Condottieri und Politiker, sondern auf Schriftsteller und Denker. Nach einem biograph. Abriß beschreibt er die wichtigsten Schriften, diskutiert häufig über die Authentizität der ihnen zugeschriebenen Werke – was bes. beachtenswert ist – und bietet nützl. Hinweise auf deren hs. Überlieferung. Das um 1340 in Italien begonnene »Mare historiarum« war als Universalchronik geplant und sollte vom Ursprung der Welt bis in G. C.s Zeit reichen; wahrscheinl. durch den Tod des Verfassers unvollendet geblieben, beschreibt es in sieben Büchern Ereignisse bis in die Mitte des 13. Jh. In beiden Werken zeigt G. C. eine gute direkte Kenntnis vieler Autoren: von den antiken und patrist. Schriftstellern kennt er Valerius Maximus, →Sueton, →Seneca, →Lactantius, →Eusebius, →Hieronymus, →Augustinus, von den späteren Autoren →Johannes v. Salisbury, →Walter Burleigh, →Romuald v. Salerno, →Wilhelm v. Nangis sowie die berühmtesten Historiker und Enzyklopädisten des Dominikanerordens (→Vinzenz v. Beauvais, →Martin v. Troppau, Gerard(us) de Frachet(o) und →Jacobus de Voragine).
G. Barone

Lit.: Repfont III, 516f. [Ed.] – DBI XXVII, 337–338 – Th. Kaeppeli, Scriptores Ordinis Praedicatorum Medii Aevi II, 1975, 399f. – S. L. Forte, John C., O. P. Life and Writings (1298 c.–1340), APraed 20, 1950, 369–414 – Vgl. Lit. zu C., Familie.

6. C., Landolfo, aus der Linie der C. von Gallicano, † 1331, Onkel des Chronisten und Biographen→Giovanni (5. C.), OP. Er hielt sich von 1299 bis 1328 in Chartres (wo er seit 1290 Kanoniker war) auf und benutzte sehr eifrig die dortige Bibliothek, von der er zahlreiche Bücher ausleihen konnte. Er verfaßte drei Schriften, die mit Zitaten und gelehrten Anspielungen angefüllt sind. Im Rahmen der Auseinandersetzungen über die Autorität des Ks.s hatte sein »Tractatus de statu et mutatione imperii« (vor 1324) beachtl. Einfluß: das Werk zeigt guelf. Tendenz, wurde aber auch von→Marsilius v. Padua benutzt. Nur geringe Verbreitung genoß jedoch sein Johannes XXII. gewidmeter »Tractatus brevis de pontificali officio« über die Pflichten der Bf. e, und noch weniger bekannt wurde seine Weltgeschichte mit dem Titel »Breviarium historiarum«, die dem gleichen Papst gewidmet war. Infolge seines wenig luziden Stils ist L. weniger als Schriftsteller, sondern v. a. als gebildeter Bibliophile von Interesse: Unter seinen Büchern befanden sich herausragende Werke, die an Petrarca, seinen Neffen Giovanni und an Giovanni Cavallini de' Cerroni gelangten. Nachdem er aus Chartres nach Avignon gegangen war, wo er 1329 belegt ist, starb L. 1331 wahrscheinl. in Rom.

F. Simoni Balis-Crema

Lit.:Repfont III, 517 [Ed.] – S. RIEZLER, Die lit. Widersacher der Päpste zur Zeit Ludwig des Baiers, 1874, 171ff. – V. BALZANI, Landolfo e Giovanni C. secondo un codice Bodleiano, Arch. Soc. romana 8, 1885, 223ff. – G. BILLANOVICH, Petrarch and the Textual Tradition of Livy, JWarburg 14, 1951, 151–171 – DERS., Gli Umanisti e le cronache medioevali, IMU 1, 1958, 115–128 – Vgl. Lit. zu C., Familie.

7. C., Margherita, sel., * um 1255, † 30. Dez. 1280, aus der Linie der C. von Palestrina. Tochter des Oddone, Schwester des Senators→Giovanni und des Kard.s→Giacomo, unter dessen geistigem Einfluß sie stand. Bereits in früher Jugend verwaist, lehnte M. die ihr von ihrem älteren Bruder vorgeschlagenen Ehen ab und äußerte den Wunsch, der Welt zu entsagen. Ihre Absicht, in den Klarissenkonvent in S. Damiano, Assisi, einzutreten, scheiterte offenbar an ihrem angegriffenen Gesundheitszustand. Nach einem Versuch, als Oblate des Marienheiligtums der Mentorella (Latium) zu leben und einer kurzen Periode im Dienst einer röm. Büßerin, wählte M. anscheinend für sich und die kleine Gemeinschaft frommer Frauen, die ihrem Beispiel gefolgt waren, ein Leben in Buße, Armut und Gehorsam, das stärker auf tätige Nächstenliebe (Hilfe für Bedürftige und Kranke) als auf Kontemplation und Zurückgezogenheit ausgerichtet war. Wie viele Frauen ihrer Zeit hatte sie zahlreiche Christus-Visionen, die alle entscheidenden Phasen ihres Lebens prägten. Ihre letzten Jahre waren von Krankheit gezeichnet. Ihr Leben ist von uns v.a. durch die – höchstwahrscheinl. – von ihrem Bruder Giovanni verfaßte Biographie bekannt. Die von ihr gegründete Kommunität ließ sich bald nach M.s Tod in dem röm. Kl. S. Silvestro in Capite nieder; von Honorius IV. erhielten die frommen Frauen die Erlaubnis, die Regel der Sorores Minores der sel. Isabella v. Frankreich anzunehmen. So wurde S. Silvestro in Capite das zweite Frauenkloster des Franziskanerordens in Rom und ein wahres »Hauskloster« der Colonna. Der Kult M.s wurde 1847 von Pius IX. bestätigt.

G. Barone

Lit.: L. OLIGER, B. M. C. Le due vite scritte dal fratello Giovanni Colonna Senatore di Roma e da Stefania Monaca di S. Silvestro in Capite, Lateranum, N.S. 1/2, 1935 – G. BARONE, M. C. e la fondazione di S. Silvestro in Capite, Roma. Anno 1300 (Atti della IV Settimana di studi di storia dell'arte medievale, 19–24 maggio 1980), 1983, 799–805 – Vgl. Lit. zu C., Familie.

8. C., Pietro, aus der Linie der C. von Palestrina, Sohn des→Giovanni (4. C.), † 7. Jan. 1326 in Avignon. Seit dem 16. Mai 1288 Kardinaldiakon v. S. Eustachio, am 10. Mai 1297 der Kardinalswürde enthoben, am 14./15. Dez. 1305 ohne Titulus wieder eingesetzt, am 2. März 1317 zum Kardinaldiakon von S. Angelo in Pescheria ernannt. 1296 war P. Rektor und Podestà von Ninfa. Seine kirchenpolit. Aktivität ist eng mit derjenigen seines Onkels→Giacomo (1. C.) verbunden, dessen Geschick im Kampf mit→Bonifatius VIII. er teilte, sowohl im Hinblick auf die Degradierung wie auch die spätere Wiedereinsetzung. In der Folgezeit erhielt er von Papst Clemens V., der ihm anscheinend große Macht in der Kurie übertragen hatte, zahlreiche Benefizien und vermochte sich auch die Gunst des frz. Herrscherhauses zu sichern. Im Unterschied zu seinem Onkel bemühte er sich mit großem Engagement, die Colonna-Güter ab jurid. Wege zurückzugewinnen: der äußerst verwickelte Prozeß um die Colonna-Güter wurde zur Zeit der letzten Sitzungen des Konzils v. Vienne vor den Papst getragen. P. war Zeuge in dem Prozeß gegen Bonifatius und in dem Kanonisationsverfahren von Coelestin V. Beim Konzil v. Vienne wirkte er für die Reform des Klerus. Zusammen mit seiner Familie wurde er auch von Johannes XXII. begünstigt, der seiner Kardinalswürde erneut einen Titulus verleih.

F. Simoni Balis-Crema

Lit.: A. PARAVICINI BAGLIANI, Le biblioteche dei cardinali Pietro Peregrosso († 1295) e P. C. († 1326), Zs. für schweiz. Kirchengesch. 64, 1970, 104–139 – Vgl. Lit. zu C., Familie.

9. C., Stefano, aus der Linie der C. v. Palestrina, Sohn des→Giovanni (4. C., † 1292), † zw. 1348 und 1350; gilt als verantwortl. für den Angriff auf den päpstl. Schatz (3. Mai 1297), der den Kampf mit→Bonifatius VIII. einleitete, und wird von einigen für den Anstifter des Attentats von Anagni gehalten. St. war 1310 Gesandter bei Heinrich VII., den er auf dem Zug nach Rom begleitete. In der Folge näherte er sich jedoch den Anjou und war als Vikar →Roberts v. Anjou Senator in Rom (1323 und 1329). Zusammen mit Loncello Orsini von 1324 bis 1327 Syndicus und Defensor populi in Rom, wurde St. im Frühjahr 1327 aus der Stadt vertrieben, in die er jedoch bei dem Abzug Ks. Ludwigs des Bayern (Aug. 1328) zurückkehrte. In den dreißiger Jahren des 14. Jh. war er zusammen mit den Mitgliedern seiner Familie in den blutigen Kampf mit den→Orsini verwickelt. 1339 war St. noch einmal Senator und erscheint am Ende seines Lebens als das Symbol der aristokrat. Opposition gegen→Cola di Rienzo. Er konnte sich bei der blutigen Auseinandersetzung seiner Familie mit dem Tribun retten und kehrte nach dessen Flucht (Dez. 1347) nach Rom zurück. Er überlebte seine sieben Söhne.

F. Simoni Balis-Crema

Lit.: Vgl. Lit. zu C., Familie.

Colonna, Francesco, OP, * 1433 Venedig, † 1527 ebd., 1472 erstmals im Kapitel des Dominikanerkl. SS. Giovanni e Paolo in Venedig dokumentiert, wo er 94jährig starb. 1473 Baccalaureus der Theologie in Padua. Aufenthalte in Treviso, die sich in seinem Werk widerspiegeln.

F. C. ist der Verfasser der 1499 anonym bei Aldus →Manutius, 1545 in it. Übersetzung, erschienenen »Hypnerotomachia Poliphili« (H. P.), deren 172 Holzschnitte zu den schönsten Buchillustrationen der it. Renaissance gehören (HAIN 5501). Der Name des Autors wurde im 16. Jh. im Akrostichon, gebildet aus den reich verzierten Versalien zu Anfang der 38 Kapitel (POLIAM FRATER FRANCISCVS COLVMNA PERAMAVIT), erkannt. F. C. vermittelt in seinem laut Druckvermerk 1467 vollendeten, wahrscheinl. aber zw. 1479 und 1489 geschriebenen Werk im Rahmen einer Liebesgeschichte zw. Poliphilus und Polia eine Summe seiner humanist. Studien, insbes. seines auf Vitruv basierenden Wissens über die antike Kunst, dessen Darlegung er immer wieder mit umfangreichen, von Plinius d. Ä., Hippokrates u. a. übernommenen Erörterungen über botan., zoolog. und mineralog. Fragen unterbricht. Es entsteht ein anschaul. Bild des zeitgenöss. Verständnisses der antiken Kunst, das einerseits durch die reiche Kenntnis von originalen Kunstwerken und Architekturmonumenten, andererseits vermutl. durch die theoret. Schriften L. B. →Albertis geprägt ist, während im Aufbau des Romans offensichtl. der Einfluß von →Dantes Göttlicher Komödie wirksam ist.

Zu den Illustrationen des Werkes: Der anonyme Illustrator paßt sich dem Reichtum der behandelten Themen durch eine immense Fülle kalligraph., ornamentaler und figürl. Bildmotive an, die sich teilweise gleichsam wie in einem Antiquitätenkatalog verifizieren lassen. Die buchkünstler. Harmonie in der Gesamtausstattung sowie die hohe Qualität der Holzschnitte, die den Erstdruck zu einer der gelungensten Buchausgaben des Humanismus machen, haben dazu geführt, den Illustrator unter den berühmtesten Künstlern zu suchen bzw. die Illustrationen mit anderen Holzschnitten, etwa jenen in den Metamorphosen Ovids zusammenzubringen, die bei Giovanni Rosso 1497 in Venedig erschienen sind (HAIN 12166). Vermutl. wird man den zu den bedeutendsten it. Buchillustratoren des ausgehenden 15. Jh. gehörenden Künstler im Kreise der Buchmaler Venedigs oder in Städten der näheren Umgebung suchen müssen, wenn auch die vorgeschlagene Identifizierung mit dem Miniaturisten Benedetto Bordone (um 1460–1539) aus Padua nicht ohne Widerspruch geblieben ist. J. M. Plotzek

Ed.: G. Pozzi–L. A. Ciapponi, Faks-Ausg. und Komm., 2 Bde, 1964 [Lit.], 1980² [Lit.] – *Lit.*: DBI XXVII, 299–303 [G. Pozzi] – Repfont III, 511 – Kindlers Lit. Lex. III, 2923–2929 – Thieme-Becker 7, 255f. – J. Poppelreuter, Der anonyme Meister des Poliphilo, Zur Kunstgesch. des Auslandes 20, 1904 – W. Schürmeyer, Die H. P. des F. C., Zs. für Bücherfreunde NF 10, 1918, 44ff. – P. Kristeller, Kupferstich und Holzschnitt in vier Jh., 1921³, 142 – G. Leidinger, Albrecht Dürer und die H. P., SBA. Phil.-Hist. Kl. 1929, 3, 3ff. – E. Stickelberger, Der Liebestraum des Polyphilos, 1943 – M. T. Casella–G. Pozzi, F. C., Biografia e opere, 2 Bde, 1959 [Lit.] – E. Menegazzo, Per la biografia di F. C., IMU 5, 1962, 231–272 – Ders., IMU 9, 1966, 441–452 – F. Anzelewsky, PKG 7, 1972, 253f. – E. Verheyen, Die Malereien in der Sala di Psiche des Palazzo del Te, JbBM 14, 1972, 33ff. – M. Greenhalgh, The Monument of the H. and the Pyramids of Egypt, Nouveau Estampe 14, 1974, 13ff. – L. Donati, Polifilo a Roma: le rovine romane, Bibliofilia 77, 1975, 37–64 – M. Billanovich, F. C., il »Polifilo« e la famiglia Lelli, IMU 19, 1976, 419–428 – E. Kretzulesco-Quaranta, Les jardins du songe: 'Poliphile' et la Mystique de la Renaissance, 1976 – L. Donati, Bibliofilia 79, 1977, 269–276 – N. E. Land, Four Leaves from »La H. di Polifilo«, Muse 13, 1979, 32ff.

Colonne. 1. C., Guido delle, aus Messina, Vertreter der →Sizilianischen Dichterschule, Richter, urkundl. belegt zw. 1243 und 1280, * vermutl. um 1210. Er ist der Verfasser von fünf Canzonen (Zuschreibung nicht bei allen gesichert) mit verschiedenen Motiven der Liebesthematik: nach langem Leiden erhörte Liebe (I); Liebesfreude (II); das Leid unerwiderter Liebe (III); Flehen um Erwiderung seiner Liebe (IV); die Natur der Liebe und die Wirkungen, die Amor und die geliebte Frau ausüben (V). (Zählung nach der Ausgabe von Contini.) Die Canzonen IV und V werden von Dante in »De vulgari eloquentia« (I, XII, 2; II, V, 4; II, VI, 6) zitiert und wegen des Gebrauchs des Elfsilblers und ihres kunstvollen Baus gerühmt. In G.s Dichtungen verbinden sich persönl. Elemente mit Sentenzen und allgemeinen Definitionen, die den höf. Wertecodex widerspiegeln. Die zahlreich verwendeten Bilder entstammen zum Teil dem üblichen Metaphernschatz, zum Teil sind sie auch originelle Schöpfungen (v. a. in der Canzone V).

Es ist sehr unwahrscheinl., daß der Dichter G. d. C. mit dem homonymen Verfasser →Guido de Columnis der 1287 beendeten »Historia destructionis Troiae« in 35 Büchern identisch ist. F. Bruni

Ed.: Poeti del Duecento, ed. G. Contini, I, 1960, 95–110 – Le rime della scuola siciliana, ed. B. Panvini, I, 1962, 75–82, 405–407, 428–430 – *Lit.*: F. Torraca, Studi su la lirica it. del Duecento, 1902, 381–468 – F. Scandone, Notizie biografiche di rimatori della scuola poetica siciliana, 1904, 223–285 – G. A. Cesareo, Le origini della poesia lirica e la poesia siciliana sotto gli Svevi, 1924, 149–157 – G. Folena (Storia della Lett. it., hg. E. Cecchi–N. Sapegno, I, 1965), 319–322 – C. Dionisotti, Proposta per Guido Giudice, RCCM 7, 1965, 453–466 – A. E. Quaglio (La lett. it. Storia e testi, hg. C. Muscetta, I 1, 1970), 203–210 – M. Marti, Con Dante tra i poeti del suo tempo, 1971, 29–42 – M. Spampinato (Storia della Sicilia, IV, 1980), 415–416.

2. C., Odo delle, aus Messina, Vertreter der →Sizilianischen Dichterschule; er ist urkundlich nicht belegt, so daß es sich bei der Annahme, er sei ein Verwandter von Guido delle →Colonne um eine bloße Hypothese handelt. Da die frühere Zuweisung der in der einzigen Hs., die sie überliefert, anonymen Canzone »Oi lassa 'namorata« an O. nicht eindeutig begründet werden kann, ist O.s Verfasserschaft nur für die Canzone »Distretto core e amoruso« gesichert. Das Gedicht basiert auf dem höf. Wertecodex und ist auf der bereits der prov. Lyrik vertrauten Polemik gegen die »rei parladori« aufgebaut, die 'übelwollenden Verleumder': Die Dame solle festeres Vertrauen zu den treuen Liebenden (»leali amadori«) fassen, zu denen natürlich der Dichter zählt, damit in ihrer Liebesbeziehung von neuem Friede und Einklang hergestellt werde. F. Bruni

Ed.: Le rime della scuola siciliana, ed. B. Panvini, I, 1962, 91–92 – *Lit.*: G. A. Cesareo, Le origini della poesia lirica e la poesia siciliana sotto gli svevi, 1924, 134 – A. E. Quaglio (La letteratura it. Storia e testi, hg. C. Muscetta, I 1, 1970), 188.

Colonus → Kolonat

Color (lat.; →Farbe, Schmuck, [auch rhetor.] Verzierung) als musikal. Terminus in eigtl. und übertragener Bedeutung: 1. →Guidos v. Arezzo (um 1000) diastemat. Notationssystem benutzt anfängl. farbige Linien; in diesem Zusammenhang kann c. für linea colorata stehen. 2. In der Notenschrift des 14. bis 17. Jh. bezeichnet c. Noten, die gefärbt sind. Rote oder weiße (in England auch blaue) Noten in der schwarzen Notation des 14. und 15. Jh. und entsprechend schwarze Noten in der weißen Notation seit Mitte des 15. Jh. zeigen Wechsel an von Perfektion zu Imperfektion bzw. umgekehrt (→Mensuralnotation). →Philippe de Vitry (14. Jh.) benutzt c. auch zur Anzeige, daß Noten eine Oktave höher als notiert auszuführen sind. 3. Schon Guido nennt das melodische Auszieren colorare (»omnis cantus quo magis usitatur, eo magis coloratur«). 4. Analog zur rhetor. Verzierungsfigur nennt →Johannes de Garlandia (13. Jh.) die Dissonanz einen c. (»nunquam ponitur discordantia ... nisi causa coloris musicae«). 5. Ebenso, im Sinne von →chroma, bedeutet c. die Alteration von Einzeltönen zur Gewinnung von Leittönen oder zur Vermeidung von Dissonanzen (→Prosdocimus de Beldemandis (um 1400); →Marchettus da Padua (14. Jh.): colorati toni = falsi toni; →musica ficta). 6. Im Sinne einer rhetor. Wiederholungsfigur wird c. verstanden als Wiederholung eines Einzeltones mit verschiedenen Zwischentönen (»florificatio soni«) oder eines melod. Gliedes in derselben oder einer anderen Stimme (Johannes de Garlandia). In der →Isorhythmik (14. Jh.) ist c. daher Terminus zunächst für melod. und rhythm. Phrasenwiederholung (für letztere seit dem 15. Jh. →talea).

H. Leuchtmann

Lit.: MGG, s. v. – Riemann, Sachteil, s. v. – MlatWb, s. v. – The New Grove, s. v. – J. Wolf, Gesch. der Mensuralnotation I, 1904, 109–152 – H. Riemann, Gesch. der Musiktheorie, 1921², 139, 199, 231–232 – G. Adler, Hb. der Musikgesch., 1930², 214–215, 384 [Nachdr. 1975] – W. Apel, The Notation of Polyphonic Music 900–1600, 1953, 126–144 [dt. 1962].

Colores rhetorici (hs. oft reth-), colores: bes. in ma. 'Poetiken' übliche Termini (die Formel c.rh. ist eine ma. Prägung) für die Kunstmittel des Ausdrucks, neben →figurae, schemata, →tropi; →flores rhetorici.

[1] In der lat. Antike nennen die nachciceron. Rhetorik und die Grammatik diese Stilmittel üblicherweise figurae (verborum et sententiarum = schemata lexeos et dianoeas) und tropi, wie wir auch heute noch von (Wort- und Sinn-) Figuren und von Tropen sprechen. Was color betrifft, so sind, wenn Cicero etwa De orat. 3,100 von einer coloribus picta ... oratio spricht, die 'Farben' der Rede da anscheinend schon, wenn auch noch nicht terminolog. exakt, auf die Stilfiguren bezogen. Bedeutsam für die ma. Terminologie ist wohl bes. das Faktum, daß die – im MA Cicero zugeschriebene und sehr einflußreiche – »Rhetorica ad Herennium« (um 80 v. Chr.) die exornationes (verborum et sententiarum) mit c., mit Farben, vergleicht (4,11,16: mit den exornat. verb. sind hier strikt technisch die Wortfiguren und Tropen, mit den exornat. sent. die Sinnfiguren gemeint).

[2] Im MA treffen wir zunächst die Formel rh. c., die wohl im Anschluß an den c.-Vergleich der »Rhet. Her.« gebildet wurde, etwa um die Mitte des 11. Jh. (oder um 1075?) in dem von Wattenbach ed. (vgl. Lit.) und, nach der subscriptio, »Rh. c.« gen. Werk des Magisters→Onulf v. Speier, und zwar, außer in der subscriptio, nur 2,12/13,11 rhetoricosque c. als Hexameterschluß (ist also [1,10 hat er den Prosasing. membrum ... color rhetoricus] die griffige metr. Pluralfügung Onulfs, über die subscriptio, zum Ausgangspunkt der später so geläufigen techn. Prosaformel c. rh. geworden?). Alle 26 rh. c. ([1,13 nur c. genannt] repetitio bis expeditio), die Onulf da bespricht, sind Wortfiguren aus der »Rhet. Her.« (4,13,19–29,41). Im 12. Jh. behandelt →Matthaeus v. Vendôme in seiner »Ars versificatoria« (3,3ff., p. 168ff. Faral) die schemata (figurae) und tropi der grammat. Tradition (Donat, 4. Jh. n. Chr.) unter ihren griech. Bezeichnungen (anaphora, metaphora etc.). Getrennt davon führt er dann die c. rh. (hier bereits die plural. techn. Prosafügung), 30 Wortfiguren aus der »Rhet. Her.«, mit ihren lat. Namen auf. Auch Poetiken-Verfasser des 13. Jh., →Galfredus de Vinosalvo (Galfrid v. Vinsauf) in seinem »Documentum de modo et arte dictandi et versificandi« und in der »Summa de coloribus rhetoricis« und →Johannes v. Garlandia in seiner »Parisiana Poetria« beziehen sich mit dem Ausdruck c. rh. (bzw. color rhetoricus) normalerweise auf die Wortfiguren der »Rhet. Her.« (so auch der Einschub in →Eberhards [v. Béthune] grammat. Werk »Graecismus« [III, p. 11 Wrobel]), doch es können auch, scheint es (so Docum. 2, 3,102, p. 303 Faral), die Tropen und Sinnfiguren 'Ciceros' mitgemeint sein. Offenbar in diesem weiteren Sinn des Umfassens von exornationes verborum et sententiarum (der »Rhet. Her.«) finden wir c. rh. in der →ars dictandi, z. B. in →Guido Fabas »Summa dictaminis«, und im Bereich der Grammatik, so in einer anonymen Glosse (vor 1284) zum »Doctrinale« des →Alexander de Villa Dei (Thurot 471). Auch bloßes c. (bzw. color) kann in den gen. Werken, ferner in Galfrids »Poetria nova« und im »Laborintus« des →Eberhardus Alemannus speziell auf die Wortfiguren bzw. auf die Tropen (so Onulf 1,13 bzw. Poetr. nov. 960, p. 227 Faral) oder aber in weiterem Sinn auf alle exornationes (verborum et sententiarum) der »Rhet. Her.« gehen, so Paris. Poetr. 6,71, p. 112 Lawler de coloribus verborum (= Wortfiguren und Tropen) et sententiarum. Noch weiter ist die Bedeutung von color in der »Ars poetica« des →Gervasius v. Melkley, der auch den tropus sinodoche (= synekdoche) der grammat. Tradition einen color nennt (p. 74 Gräbener), und u. a. in den »Flores rhetorici« des →Alberich v. Montecassino, der z. B. den tropus metaphora als color einstuft (6,2; vgl. auch unten am Artikelende).

Konsequenter hielt man dagegen daran fest, mit der Formel c. rh. (im 11. Jh. bei Onulf rh. c.) nur die mit lat. Namen in der 'ciceronischen' »Rhet. Her.« aufgeführten exornationes (zunächst speziell die Wortfiguren) zu bezeichnen, die man so von den mit (im lat. MA häufig entstellten) griech. Termini benannten schemata (und tropi) der Grammatiktradition in der Bezeichnung (eben als c. rh.) absetzte. Allerdings sah schon Matthaeus, daß »gewisse« schemata und tropi »gewissen« c. rh. »zu entsprechen scheinen«, und schließlich setzte man (vgl. die erwähnte »Doctrinale«-Glosse [vor 1284]) die c. rh. und schemata (inhaltlich) generell gleich. Formal, der Bezeichnung nach, blieben sie (grundsätzl. auch bei →Johannes Balbi [»Catholicon«]) getrennt, zwei parallele Begriffssysteme, die man nebeneinander lehrte, wie im 12. Jh. nach →Johannes v. Salisbury →Bernhard v. Chartres figuras grammaticae und colores rhetoricos dozierte (Metalog. 1,24). Im 13. Jh. stellte man nun die Frage, wie der Begriff der c. rh., die die Wortfiguren (c. verborum) mit einschließen, denn vereinbar sei mit dem Diktum des Donat, daß die Wortfiguren (schemata lexeos) den grammatici (nicht der Rhetorik) »zugehören« (zu dem Dilemma vgl. →Figurae).

Daß die Fügung c. rh. über den techn. Bereich (zu dem etwa →Alanus ab Insulis, Anticlaud. 3,168f. noch zählt) hinaus bekannt war, bezeugt u.a. ihre Spiegelung z. B. auch in einer Elegienkomödie, dem »Miles gloriosus« (81 rhetoricos ... colores), und ihr Nachhall in nationalsprachl. Literaturen, wofür der Hinweis auf Chaucers krit. Erwähnung der colours of rethoryk(e) genügen möge. Das Gewicht, das die c. rh. hatten, ersieht man aus der Ausführlichkeit ihrer Behandlung in den Poetiken und aus den Spezialtraktaten, die man ihnen widmete (zu ihrer Rolle in den beiden 'Schmuckarten' vgl. →Ornatus). Die Intensität, mit der man sie, nicht selten übersteigert, anwandte, prägte weithin die (nicht nur die lat.) Literatur des MA (Manierismus). – Die antike Spezialverwendung von color im Sinne der parteiischen 'Umfärbung' der Fakten (Lausberg 183) findet Nachfolge etwa bei Alberich (z. B. Flor. rhet. 7,3). F. Quadlbauer

Lit.: Ch. Thurot, Extraits de divers manuscrits lat., 1869, 470–479 [Nachdr. 1964] – W. Wattenbach, Magister Onulf v. Speier (SAB 1894), 361–386 – E. Faral, Les arts poétiques, 1924 [Nachdr. 1962] – L. Arbusow–H. Peter, C. rh., 1948 [Nachdr. 1963] – H. Lausberg, Hb. der lit. Rhetorik, 1973² – J. J. Murphy, Rhetoric in the MA, 1974 – I. S. Robinson, The 'C. rh.' in the Investiture Contest, Traditio 32, 1976, 209–238, bes. 231ff. – Vgl. →Figurae.

Colpaert, mndl. Autor, 2. Hälfte des 14. Jh. (?), Verfasser der Reimerzählung »Van enen ridder die God sine sonden vergaf« (256 Verse). Der Autor teilt mit, daß die Geschichte aus dem Lat. übersetzt ist. Es gibt auch eine bekannte frz. Erzählung, →»Le chevalier au barisel«, die denselben Inhalt hat. Ein Raubritter beichtet zum Scherz einem Eremiten seine Sünden und hält ihn zum Narren. Als Buße muß er ein Fläschchen mit Wasser füllen, aber es gelingt ihm nicht. Nach sieben Jahren Irrfahrt kehrt er verzweifelt zurück. Eine seiner Reuetränen fällt in das Fläschchen, das sich nunmehr von selbst füllt. Der Ritter stirbt vor Freude. Die Erzählung endet mit der Feststellung, daß Gott nichts so sehr schätze wie die Bekehrung eines Sünders.

A. M. J. van Buuren

Ed.: Vaderlandsch museum, hg. C. P. Serrure, I, 1855, 50–57 – J. van Mierlo, Geestelijke epiek der middeleeuwen, 1939, 269–279.

Colswein v. Lincoln, ags. Adliger des späten 11. Jh. Im Jahre 1086 (→Domesday Book) waren C. v. L. und Thurkill v. Arden die beiden einzigen Angelsachsen, die Land in der Größe von Baronien direkt vom Kg. in England erhielten, das südl. des Flusses Tees lag. C. scheint sich seine Besitzungen unter der Regierung Kg. Wilhelms I. geschaffen zu haben. Zur Zeit der Landaufnahme für das Domesday Book hatte er vier Hofstellen in Lincoln geerbt. Außerdem hatte der Kg. ihm ein Suburbium der Stadt und zwei große Gutshofbezirke verliehen; davon erstreckte sich der eine nördl. von Lincoln bis nach Lindsey und nach Scawby und der andere dehnte sich im S bis ins östl. Kesteven aus. C.s Wohnsitz, der entweder in Lincoln war (wahrscheinl. in der Burg) oder auf seinem außerhalb der Mauern liegenden Besitz, der ein bedeutendes Anwesen auf neubesiedeltem Land darstellte, das wohl an der Hügelkette im Osten der Stadt lag und zwar am östl. Ende des vor der norm. Eroberung existierenden Suburbiums von Butwerk. C. hat keine Dynastie begründet. Sein Sohn Picot dürfte einige der städt. und außerstädt. Lehen erhalten haben, aber die meisten von C.s Besitzungen erwarb Robert de la Haye, der Muriel, wahrscheinl. eine Tochter C.s, heiratete und →constable der Burg v. Lincoln wurde.

D. J. Corner

Lit.: Domesday Book, 1783 – E. A. Freeman, Hist. of the Norman Conquest of England, 1867–79 – J. W. F. Hill, Medieval Lincoln, 1948.

Colton, John, engl. Prälat und Staatsmann in Irland, † 1404. Dr. decr., wurde er der erste Leiter *(Master)* des Cambridger Kollegs Gonville Hall (1349–60). Bei seiner weiteren Laufbahn verband C. kirchl. und weltl. administrative Tätigkeit im engl. beherrschten Teil Irlands: 1361 Schatzmeister *(treasurer)*, 1374 Dekan der Kathedrale St. Patrick's in Dublin; 1372–75 treasurer, 1380–82 Kanzler *(chancellor)* und 1382 Justitiar *(justiciar)* von Irland. Mit der Erhebung zum Ebf. v. Armagh (1383) trat C. von seinen zivilen Ämtern zurück, doch war er noch an den Verhandlungen mit den ir. Adligen von →Ulster, die sich 1395 Kg. Richard II. unterwarfen, beteiligt. Ein ir. Chronist nennt C. anläßlich seines Todes einen weisen und ehrenhaften Mann.

K. Simms

Q. und Lit.: W. Reeves, Acts of Archbishop C., 1850 – J. A. Watt, J. C. (England and Ireland in the Later MA, hg. J. Lydon, 1981), 196–203.

Columba (Colum Cille) v. Iona (C. von Hy), hl. [1] *Quellen*: Die wichtigste Quelle für das Leben C.s, eines der größten Hl. ir. und brit. Kirchentradition, sind die »Vita Columbae« des →Adamnanus v. Hy, 9. Abtes v. Iona und Verwandten des Hl. (verfaßt ca. 688/697), die »Hist. Ecclesiastica« des →Beda Venerabilis (vollendet 731) und das Lobgedicht →»Amra Choluim Cille«, das wohl bald nach C.s Tod entstand und neben Ungesichertem auch authent. Nachrichten überliefert. C.s Wunder sind in der »Vita Columbae« und in einer mittelir. Vita enthalten. Von einem weiteren Text wurde früher angenommen, daß er auf →Cuimíne Ailbe, Abt v. Iona 657–669, zurückgeht; heute wird er als verkürzte Fassung der »Vita Columbae« angesehen.

[2] *Leben und Verehrung*: C., hl., eigtl. Crimthann, Mönchsname Columba ('Taube'), in der ir. Form Colum Cille ('Taube der Kirche'), * ca. 520/522, † 9. Juni 597; entstammte der Familie der →Cenél Conaill aus dem mächtigen Verband der →Uí Néill, Kg.e v. →Tara, die während des 6. Jh. ihre Macht über Ulster festigten. Zu C.s Lehrern zählten ein Bf. Vinniavus (ident. mit →Finnián v. Clonard?), der Dichter Gemmán v. Leinster und Mobí v. Glasnevin. C. gründete in der Zeit vor seinem Auszug nach Schottland die Kl. →Derry (546) und wohl auch →Durrow. Ca. 563/565 begab er sich mit zwölf Begleitern nach Schottland. Sein Aufbruch in die Fremde ist in der Gedankenwelt der einem asket. Ideal verpflichteten →peregrinatio begründet. Nach späteren Traditionen war die Reise eine Pilgerfahrt, die der Buße für die Anstiftung zur Schlacht v. Culdrebene durch C. dienen sollte; doch berichten die Hauptquellen über C. (Adamnanus, Beda) davon nichts. C., der 34 Jahre in Schottland wirkte, gründete hier Kirchen und Kl.; auf den →Hebriden entstand neben weiteren Kl. seine Hauptgründung →Iona, das sich unter C. und den nachfolgenden Äbten aus seiner Familie, den Cenél Conaill, zum beherrschenden Haupt einer →Paruchia von Kl. im nördl. Irland und in Schottland entwickelte und dem →Mönchtum der brit. Inseln und schließlich des Kontinents stärkste Impulse verleihen sollte. Nach den ir. Annalen erhielt C. Iona als Schenkung des Conall, Kg.s v. →Dál Riada, doch mag Bedas Nachricht, daß die Gründung auf eine Schenkung der →Pikten unter Kg. →Bruide mac Maelchon zurückgeht, größere Wahrscheinlichkeit beanspruchen. Bedas Mitteilung, daß es C. war, der die nördl. Pikten bekehrte, dürfte gleichfalls zutreffend sein, auch wenn sie nicht durch einen unmittelbar entsprechenden Hinweis bei Adamnanus Bestätigung findet. C. war führend an der Synode von →Druimm Cett (ca. 575) beteiligt, auf der nach der Überlieferung die polit. Angelegenheiten im Kgr. Dál Riada geregelt wurden; C. weihte →Áedán mac Gabrain als Nachfolger Connalls zum Kg. – C. wurde in Iona bestattet und verehrt (Fest 9. Juni); er ist einer der drei ir. Haupthl., wurde aber auch als Patron Schottlands betrachtet. Die weitere Geschichte seiner Reliquien liegt im dunkeln. Das Kl. →Dunkeld (Perthshire) behauptete im 11. Jh., die Reliquien des Hl. (seit dem 9. Jh.) zu besitzen. Bereits aufgrund der Vita des Adamnanus war C. in Spanien, Gallien und Rom berühmt, durch →Willibrords Kalender wurde sein Kult auch im ostfrk. Reich verbreitet. – Der »Amra Coluim Cille«, der C.s Vorliebe u. a. für die Hl. Schrift und die Psalmen hervorhebt, gibt Schriften C.s zu Psalmen und Rechtstraktaten an, doch ist kein solches Werk überliefert. Auch wurde C. die Verfasserschaft verschiedener Hymnen u. Gedichte zugeschrieben; doch nur »Altus Prosator« u. ein Teil des »Noli Pater« sind möglicherweise authent.

[3] *Columbas Wunder und ihre Bezüge zur Volksliteratur*: Die in der »Vita Columbae« und in der mittelir. Vita erwähnten Wunder belegen die ungemein vielfältige Legendenbildung um diesen großen Hl. der ir. Kirche; die Wunder verwerten in reicher Fülle Motive aus der volkstüml. Überlieferung; vgl. dazu im einzelnen die Zusammenstellung von Stith Thompson im Index seines Werkes (s. Lit.). Ziel eines Teils dieser Legenden ist es, die Überlegenheit des hl. C. gegenüber den heidn. Magiern zu demonstrieren. Möglicherweise war mit der Verwendung derartiger folklorist. Motive eine Steigerung der Wirkung der hagiograph. Darstellung auf ein mit Märchen- und Sagenelementen vertrautes Publikum beabsichtigt. Der Adressatenkreis umfaßte dabei z. T. Laien, z. T. aber auch Geistliche, da Volkssagen und -erzählungen durchaus auch zum kulturellen Bestand des frühma. ir. Klerus gehörten. Bezeichnend ist, daß die von Adamnanus genannten Gewährsleute anscheinend Mönche waren.

D. W. Rollason

Q. und Übers.: Vita Columbae: BHL 1884–1891 – W. REEVES, Life of St. C., 1874 – A. O. ANDERSON–M. O. ANDERSON, Adomnan's Life of C., 1961 [mit Einl.] – ir. Vita: W. STOKES, Lives of Saints from the Book of Lismore, Anecdota Oxoniensia, 1890 – P. GROSJEAN, Scottish Gaelic Stud. 2, 1928, 111–171 – Amra: W. STOKES, RevCelt 20, 1899, 30–55, 132–183, 248–289, 400–437; 21, 1900, 133–136 – Lit.: Bibl. SS 4, 126–128 – DHGE XIII, 342–345 – LThK² VI, 403 – TRE VIII, 156–159 [weitere Q. und Lit.] – A. BELLESHEIM, Gesch. der kath. Kirche in Schottland I, 1883, 27–65 – J. F. KENNEY, Sources for the Early Hist. of Ireland I, 1929, 264f., 426–442 – L. GOUGAUD, Les saints irlandais, hors d'Irlande, 1936, 63–70 – STITH THOMPSON, Motif-Index of Folk-Literature, 1955–58 – BRUNHÖLZL I, 167f. – J.-M. PICARD, The purpose of Adomnán's Vita Columbae, Peritia I, 1981, 160–177 – M. RICHTER, Irland im MA, 1983, 50ff.

Columba v. Rieti (Reate), sel., Dominikanertertiarin, * 2. Feb. 1467 Rieti, † 20. Mai 1501 Perugia. Das fromme Mädchen Angela Guadagnoli (dies ihr eigentl. Name) erlebte zehnjährig eine Christuserscheinung, verweigerte die Ehe und widmete sich einem strengen Devotionsleben (bes. Fasten). Seit 1486 im Orden, legte sie 1490 die feierl. Profeß ab. Der trotz ihrer Jugend schon zu Lebzeiten (nicht unangefochten) als Hl. Verehrten errichtete man in Perugia ein Kl. (1493), in dem sie, obwohl auch von anderen Städten umworben, bis zu ihrem Tode lebte. Häufige Erscheinungen und Visionen (u. a. ekstat. Pilgerbesuch in Jerusalem) sowie verschiedene Wunder machten C. berühmt, Perugia wurde von ihr bes. gegen die Pest geschützt.   P. Dinzelbacher

Q.: Sebastianus Perusinus, Vita, AASS Mai V, 1866, 149*–226*; VII, 1867, 810 – Lit.: DHGE XIII, 322f. – Bibl. SS IV, 101–103 – LThK² III, 13 – J. v. GÖRRES, Die christl. Mystik I, 1879, 441ff. – M. C. DE GANAY, Les bienheureuses Dominicaines, 1913, 1924², 305–354 – M. L. FIUMI, Le mistiche umbre, 1928, 31–67.

Columban

I. Leben – II. Nachleben – III. Literarisches Werk.

I. LEBEN: C., * um 543 in der Prov. Leinster im SO Irlands, † 23. Nov. 615 in Bobbio. Zur Unterscheidung zu seinem 597 gest. Namensvetter und Klostergründer aus der kgl. Familie der Uí Néill (»Columcille«, →Columba v. Iona) wird C. auch mit dem Zusatz »der Jüngere« versehen. Die wichtigsten Quellen für das Leben C.s sind: 1. die zwei Bücher vom Leben des Abtes C. und seiner Schüler, 639–642 vom Mönch →Jonas v. Bobbio verfaßt (BHL 1898); 2. C.s eigenes Schrifttum (Briefe, Predigten, Gedichte etc.); 3. die Vita s. Galli (→Gallus) des →Wetti und des →Walahfrid Strabo.

Es fällt auf, daß Jonas in einer Zeit, die die Begriffe »adlig« und »heilig« weitgehend synonym verwendete, nur wenig von der Herkunft C.s berichtet. Wohl bleiben der Topos der Sonnenvision, die C.s Mutter vor der Geburt zuteil wurde, und die sorgfältige erste religiöse Erziehung C.s im Elternhaus nicht unerwähnt, die entscheidende Wende im Leben C.s war aber nach Jonas die Begegnung C.s mit einer Einsiedlerin. Trotz Widerstandes der Mutter – ein beliebter hagiograph. Topos – verließ C. die Familie und vervollständigte seine Ausbildung beim vir venerabilis Sinilis. Aus jener Lehrzeit stammt die nicht erhaltene »Expositio in psalmos«. Um 560 wurde C. Mönch im Kl. →Bangor (Benchuir), wo er 30 Jahre lang als Lehrer wirkte, wie seine Lehrgedichte aus dieser Zeit bezeugen. Der Aufenthalt in Bangor prägte die Persönlichkeit C.s entscheidend und beeinflußte sein weiteres Wirken, wozu das Vorbild des für seine asket. Strenge bekannten Abtes →Comgall kam. Im Alter von ca. 50 Jahren verließ C. mit zwölf Schülern Bangor, landete im Sinne der »peregrinatio pro Christo« 591/592 an der bret. Küste. Er erreichte noch im gleichen Jahr die Vogesen, trat sogleich mit dem frk. Adel in Kontakt und erhielt von Kg. →Guntram die Möglichkeit zur Gründung des Kl. Annegray. Nach einer anfängl. Notzeit wuchs die Mönchsgemeinschaft rasch an, was die Gründung des nahegelegenen Kl. →Luxeuil mit Erlaubnis Kg. →Childeberts II. v. Austrien und Burgund zur Folge hatte. Der starke Zustrom junger frk. Adliger führte wenig später zur Gründung eines dritten Kl., in Fontaines. C. verfaßte für die drei Kl., die schon bald über 200 Mitglieder beherbergten, seine Regula monachorum. C.s Weigerung, die hierarch. gegliederte frk. Episkopalkirche als Obrigkeit anzuerkennen, und sein Bestreben, seine Klostergründungen durch entsprechende Privilegierung dem Einfluß des Diözesanbischofs zu entziehen, bewirkten einen ernsten Konflikt C.s mit den burg. Bf.en. Dazu kam der Streit um den Ostertermin (→Osterstreit), der erst von Papst →Gregor I. mit einem Kompromiß beigelegt wurde. C.s Einfluß am Hofe Kg. →Theuderichs II. war von diesen Konflikten unbeeinflußt geblieben. Erst als C. den unsittl. Lebenswandel Theuderichs immer heftiger tadelte und den außerehel. Söhnen des Kg.s den Segen verweigerte, mußte C. 609/610 Luxeuil verlassen. Der Anteil →Brunichilds an dieser Vertreibung ist von Jonas stark unterstrichen worden. Wegen der krieger. Auseinandersetzungen Theuderichs mit Austrien begnügte sich der Kg. mit der Ausweisung C.s aus seinem eigenen Herrschaftsgebiet. Die geplante zwangsweise Heimreise C.s nach Irland unterblieb. C. wandte sich von Nantes aus an den Hof Kg. →Chlothars II., bei dem er ebenso wie bei Kg. Theudebert II. v. Austrien in Metz nur kurz verweilte. Theudebert wies C. und seinen Gefährten →Bregenz als Aufenthaltsort zu. Bevor C. aber nach Bregenz kam (610/612), weilte er ca. ein Jahr in Tuggen am Zürichsee. Die aus dieser Zeit stammenden Berichte über den C.-Schüler Gallus sind immer wieder Gegenstand der Diskussion gewesen. Jedenfalls scheint C. sowohl in Tuggen als auch in Bregenz mit Erfolg unter den heidn. →Alamannen missioniert zu haben. Heidn. Reaktionen, v. a. aber die im Mai 613 erfolgte Ausschaltung Kg. Theudeberts II. durch seinen Halbbruder Kg. Theuderich II. v. Burgund, beendeten C.s Aufenthalt im Bodenseeraum. Er zog nach Italien und fand beim Langobardenkönig →Agilulf Schutz. Der Kg. gestattete C. trotz dessen Kritik an dem in Mailand gepflogenen →Arianismus – die entsprechende Kampfschrift C.s ist verloren gegangen –, in der halb verfallenen Petersbasilika zu →Bobbio an der Trebbia 613/614 ein Kl. zu gründen, dessen erster Abt C. selbst wurde. Versuche Kg. Chlothars I., C. zur Rückkehr ins Frankenreich zu bewegen, waren vergeblich. C. blieb in Bobbio, wo er am 23. Nov. 615 starb.

II. NACHLEBEN: Die kath. Kirche feiert C.s Fest am 23. Nov. Der Reliquienschrein mit den Gebeinen des Hl. war im MA und in der frühen NZ das Zentrum des regionalen festländ. C.-Kults. Ikonograph. wurde C. als Abt mit Krummstab, als bärtiger Mönch mit Buch und Stab oder auch als Eremit mit dem Bären dargestellt. Mit der Verdrängung der Columbanregel verblaßte auch die Erinnerung an C. Nur in Bobbio und im Bodenseeraum lebte die Verehrung C.s in der frühen NZ weiter. C. gilt heute als Patron Irlands und als Schutzheiliger gegen Überschwemmung und Geisteskrankheit. 1916 wurde in Dublin die »Society of St. Columban« als erste Missionsgesellschaft von Weltpriestern gegründet, die vornehml. in China wirkte.

III. LITERARISCHES WERK: Die Regula monachorum wurde um 595 von C. für die Kl. Annegray, Luxeuil und Fontaines verfaßt. Sie legt in zehn Kapiteln die Grundhaltung des asket. Mönchslebens fest und enthält Bestimmungen über das geistl. Leben der Mönche, berührt aber auch die äußere Organisation des Klosterlebens (Mahlzeiten, Gebetsordnung). Ein eigenes Kapitel ist der Abtötung (mortificatio) gewidmet. Gleichzeitig entstand die Regula coenobialis, auch Regula patrum genannt. Sie hat den Charakter einer notizenhaften Aufzählung von Strafen, die für Verfehlungen im Klosterleben auferlegt wurden. C.s Nachfolger versahen die Reg. coenobialis mit zahlreichen Ergänzungen. Beide Regeln spiegeln die von Abt Comgall geprägte Spiritualität von C.s Heimatkloster Bangor wider. Freiwillige Bußleistungen zur Steigerung echter Bußgesinnung sind in den zwei von C. zusammengestellten Bußliedern (Poenitentialien) festgehalten. Der umfangreiche Briefwechsel C.s mit den führenden Persönlichkeiten des polit. und kirchl. Lebens läßt etwas von der furchtlosen Kompromißlosigkeit erahnen, die C.s Wirken im frk. Raum kennzeichnete. Zugleich zeigen die Briefe und Homilien C.s eine genaue Kenntnis antiker und kirchl. Autoren. Es sind auch einige Gedichte C.s erhalten, die gleichfalls von der gediegenen Bildung C.s zeugen, wenngleich ihnen kein originärer Charakter zukommt. Die Autorschaft dieser Gedichte wurde in der letzten Zeit teilweise angefochten. Dennoch scheint sich die Zuweisung an C. d. J. zu bewähren. H. Haupt

Q.: Vitae Columbani abbatis discipulorum eius libri II auctore Iona, ed. B. Krusch, MGH SRM IV, 1902, 1–61 – Sancti Columbani opera omnia, ed. G. S. M. Walker (= Scriptores latini Hiberniae II, 1957) – Columbanus Sanctus. Le Pénitentiel de St-Colomban, ed. J. Laporte, 1958 – Ionae Vitae Columbani liber primus, ed. H. Haupt (AusgQ IVa, 1982, 395–497 – Lit.: DIP II, 1228–1236 [J. Laporte] – TRE VIII, 159–162 [A. Angenendt] – J. F. Kenney, The Sources for the Early Hist. of Ireland, I: Ecclesiastical, 1929 [Nachdr. 1966] – F. Blanke, C. und Gallus, 1940 – J. Roussel, St-Colomban et l'epopée colombanien, 2 Bde, 1941 – L. Kilger, Die Q. zum Leben des hl. Kolumban und Gallus, Zs. für Schweizer. KG 36, 1942, 107–120 – Mél. Colombaniennes, 1950 – O. Heiming, Zum monast. Offizium von Kassianus bis Kolumbanus, ALW 7, 1961, 89–156 – F. Prinz, Frühes Mönchtum im Frankenreich, 1965, passim – I. Müller, Die älteste Gallus-Vita, Zs. für Schweizer. KG 66, 1972, 209–249 – K.-U. Jäschke, Kolumban v. Luxeuil und sein Wirken im alam. Raum (Mönchtum, Episkopat und Adel zur Gründungszeit des Kl. Reichenau, hg. A. Borst, 1974), 77–130 – W. Berschin, Gallus abbas vindicatus, Hist. Jb. 95, 1975, 257–277 – Mönchtum und Gesellschaft im FrühMA (WdF CCCXII, 1976) – HEG I, 1976, 520 ff. [H. Schieffer] – J. L. Nelson, Queen as Jezabels: The careers of Brunhild and Balthild in Merovingian hist. (Medieval Women, dedicated... to R. M. T. Hill, hg. D. Baker = Stud. in Church Hist. Subsidia 1, 1978), 31–77 – K. Hallinger, Überlieferung und Steigerung im Mönchtum des 8. bis 12. Jh. (Eulogia. Misc. liturgica... P. B. Neunheuser = StAns 68, 1979), 125–187 – C. and Merowingian monasticism, hg. H. B. Clarke – M. Brennan (Brit. Archeological Reports. Internat. ser. 113, 1981) – H. Löwe, C. und Fidolius, DA 37, 1981, 1–19 – Die Iren und Europa im früheren MA I, hg. H. Löwe, 1982 [Beitr. von K. Schäferdiek, P.-C. Jacobsen, D. Schaller] – I. Wood, The Vita Columbani and Merovingian hagiography, Peritia 1, 1982, 63–80.

Columbus → Kolumbus

Colum Cille → Columba v. Iona

Columella im Mittelalter. Die Abhandlungen des röm. Schriftstellers Lucius Junius Moderatus Columella (1. Jh. n. Chr., aus Gades/Cádiz, Spanien) über die Landwirtschaft und die Baumpflanzungen (»De re rustica«, 12 Bücher) waren, anders als →Palladius' Werk über die Landwirtschaft, im ma. Europa wenig bekannt. Aus der Zeit vor dem 15. Jh. sind nur zwei Handschriften erhalten, die im 9. oder 10. Jh. wahrschl. in Corbie und Fulda entstanden sind. C. wurde jedoch möglicherweise von →Ibn al-ʿAwwām für sein Werk »Kitāb al Filāḥa« (12. Jh., Spanien) benutzt, sicherl. aber von →Petrus de Crescentiis herangezogen, der ihn in seinen Ausführungen über das Düngen in den »Ruralium commodorum libri« (13. Jh., Bologna) zitiert. Im frühen 15. Jh. entdeckte G. F. →Poggio Bracciolini eine heute verlorengegangene Handschrift von C.s Werk, von der etwa 20 Kopien aus dem 15. Jh. erhalten sind. C.s Abhandlungen wurden 1472 (Venedig, Nicolaus Jenson) und 1482 (Reggio nell' Emilia, Bartholomaeus de Bruschis) gedruckt. P. D. A. Harvey

Ed.: V. Lundström, L. Iuni Moderati Columellae opera quae exstant, 1897–1940 – De re rustica, ed. W. Richter, 3 Bde (Slg. Tusculum), 1981–83 – Lit.: REIX, 1054–1068 – Kl. Pauly I, 1251f. – H. B. Ash, E. S. Forster, E. Heffner, L. Junius Moderatus C., On agriculture, 1941–55, I, XVI–XXI – G. E. Fussell, The Classical Tradition in West European Farming, 1972.

Comacchio, alte Etruskerstadt in der nördl. Emilia-Romagna, Prov. Ferrara. Ihre höchste Blütezeit erlebte diese Handelsstadt zu Ausgang der röm. Kaiserzeit. 854 und 946 wurde C. von den Venezianern zerstört und kam 971 an die röm. Kirche; der Papst vergab daraufhin dem Bm. – Gründungszeit umstritten, erster eindeutig belegter Bf. Vincentius, Anfang des 8. Jh. – an den Ebf. v. Ravenna als Lehen; ihm unterstand auch die Kirche als Suffraganbistum. Im 11. Jh. wurde C. freie Kommune, gelangte 1245 wiederum unter die Herrschaft des Ebf.s v. Ravenna und 1299 an das Haus →Este, unter dessen Herrschaft die Stadt alten Glanz gewann. 1378 wurde C. von den Genuesen und 1388 von den Venezianern zerstört. 1598 gelangte die Stadt erneut unter die Herrschaft der röm. Kirche. Vgl. auch →Pomposa. R. Pauler

Q. und Lit.: IP V, 174–187 – L. Bellini, I vescovi di C. nel primo millennio, Atti e Mem. della Dep. Prov. Ferrarese di Stor. Patr., ser. 3, Bd. 5, 1967 – Ders., L'origine spinetica di C., il suo avvento a città e comune, 1968 – D. Maestri, Storia di C. dalle origini al 1860, 1978.

Comarba (air. comarbae), Institut der ir. Kirchenverfassung. C. ist die übliche alte ir. Bezeichnung für 'Erbe', abgeleitet von 'orpae, orbae' unter Zusatz des Präpositionspräfixes 'com' ('mit'-, 'gemeinsam'). Orbae (verwandt mit dt. 'Erbe') ist ein verbreitetes ir. Wort für Land, das an Verwandte vererbt wird, in der Verbindung mit com- bezeichnet es jedoch die Person, welche das orbae besitzt, i. e. den Erben. Daran anknüpfend, wird es spezif. auf den Erben eines Kirchenstifters angewandt: So war der comarba Pátraic (lat. heres Patricii) das Oberhaupt der Kirche v. →Armagh. Ein solcher Erbe mußte jedoch nicht notwendig ein leibl. Nachkomme des Kirchenstifters sein. So unterscheidet das →Book of Armagh zw. weltl. und geistl. progenies (→Verwandtschaft, geistl.) des Stifters der Kirche von Trim. Selbst in →Iona, dessen frühe Äbte gewöhnl. den →Cenél Conaill, dem Familienverband des hl. →Columba, angehörten, gab es hiervon Ausnahmen. Nicht den Cenél Conaill zugehörige Äbte galten wahrscheinl. in gleichem Maße wie die leibl. Verwandten Columbas als seine Erben. Die zunehmende Verbreitung des Wortes c. vom 8. zum 10. Jh. zeigt, daß die Kontrolle über den Landbesitz einer Kirche mehr und mehr zum entscheidenden Kennzeichen des Oberhauptes wurde. T. M. Charles-Edwards

Lit.: K. Hughes, The Church in Early Irish Society, 1966, 158, 233.

Comasken → Lombarden

Comborn, Vicomtes de, südwestfrz. Adelsfamilie, wahrscheinl. aus der Familie der Vicomtes v. →Limoges hervorgegangen. Die C. erlangten den Titel von Vicecomites um die Mitte des 10. Jh., in einer Zeit, in der die Gft. Limoges, die nun definitiv in den Machtbereich der Gf. en v. →Poitiers gekommen war, eine Aufsplitterung in eine Reihe von Vizegft. en erlebte, die in die Hand lokaler Adelsfamilien gerieten, erlebte. Es gelang der dynam. und kinderreichen Familie der C. durch eine erfolgreiche Heiratspolitik zunächst, seit dem Ende des 10. Jh., die Vizegft. →Turenne wiederzuerlangen, sodann, ab 1139, die Vizegft. Limoges. In beiden Fällen wurde die Eigenständigkeit der einzelnen Herrschaften innerhalb dieser beiden Territorialverbände sorgsam respektiert. Um 1040 wurde das Territorium der Vicecomites v. C. selbst zw. zwei Brüdern geteilt: die Linie der *Archambaud* (Arcambaldus) behielt die Burg C. (dép. Corréze, Comm. Orgnac, cant. Vigeois, arr. Brive) und die umliegenden Besitzungen; diejenigen der *Ebles* (Ebolus) etablierten sich auf der Burg Ventadour (dép. Corréze, comm. Moustier-Ventadour, cant. Egletons, arr. Tulle), die zum Zentrum einer neuen Vizegft. wurde. Die C., die im Herzen einer Region mit starker Besitzkonzentration der Bf. e v. →Limoges saßen, gehörten zu den Vasallen dieser Kirche und hatten den Bf. en den Lehnseid zu leisten. Häufig in Verbindung mit den Abteien Vigeois, →Uzerche und →Tulle, beteiligten sich die C. im 11. Jh. an der Gründung des Priorats Meymac, im 12. Jh. an der Stiftung der Abtei Obazine, gründeten im 13. Jh. die Kartause Le Glandier und standen in engen Beziehungen zu den Dominikanern von Brive. Sie benutzten diese verschiedenen geistl. Institutionen nacheinander als Hausgrablege.

Gegen Ende des 14. Jh. verkaufte der Inhaber der Vizegft. aus der Linie der Archambaud diese an eine jüngere Linie, die Guichard de C., Herren v. Treignac, Chamberet und Chirac, welche die Vizegft. in direkter Linie bis 1508 besaßen. Die Burg C., gelegen unweit eines sehr alten nord-südl. Höhenweges, der Haut-Limousin und Quercy verband, erhebt sich auf einem nnö. gerichteten Bergsporn; heute – mit Ausnahme des Unterbaus eines viereckigen→Donjons–verfallen. B. Barrière

Lit.: J. B. Champeval, Généalogie de la maison de C. (Bull. Soc. sc., hist. et archéol. Corréze, 1889–90) – Ders., Dict. des familles nobles de la Corréze, 1911–23 – B. Barrière, L'abbaye cistercienne d'Obazine en Bas-Limousin. Les origines. Le patrimoine, 1977.

Comburg → Komburg

Comburgse (Komburger) Handschrift (Stuttgart, Württemberg. Landesbibl., cod. poet. et philol. fol. 22), mndl. Sammelhs., benannt nach dem ehem. Chorherrenstift →Komburg bei Schwäbisch Hall (Baden-Württemberg), eine der wichtigsten Quellen für die mndl. Literatur; enthält 48 Texte, darunter »Die Rose« von Heinric van Aken, »Heimelijkheid der heimelijkheden« und »Wapene Martijn« von Jacob van→Maerlant, »Reis van Sinte Brandaen«, »Van den vos Reinaerde« und die »Rijmkroniek van Vlaanderen«. Die Hs. zählt 346 Pergamentblätter in Kleinfolio, die von 10 Kopisten beidseitig in zwei Spalten mit 36 bis 43 Textzeilen beschrieben und nur mit einer einfachen Miniatur und drei Initialen verziert worden sind. Aufgrund von verschiedenen Pergamentqualitäten, unterschiedl. Zeilenzahlen und wechselnden Schriftarten können 6 Teile unterschieden werden, die vermutl. alle am Anfang des 15. Jh. in Gent entstanden sind. Die Teile 1, 4, 5, 6 sind von eng zusammenarbeitenden Kopisten geschrieben worden, die Teile 2 und 3 sind unabhängig voneinander und den anderen Teilen entstanden. Um 1500 sind diese 6 Teile zusammengefügt und mit arab. Paginierung versehen worden. Der Codex wurde von Erasmus Neustetter (1522–94) während einer Studienreise in die Niederlande erworben. Bei seinem Tode vermachte Neustetter seine Bibliothek dem Stift Komburg, an dem er ab 1569 als Dechant und später als Propst tätig gewesen war. Nach der Säkularisation des Stiftes i. J. 1802 wurde die C. H. 1805 von F. D. Gräter bei einer Inventur der Komburger Bibliothek entdeckt. M. Engelsman-Siteur

Ed. und Lit.: Denkmäler altndl. Sprache und Litteratur, nach ungedr. Q., hg. E. v. Kausler, 3 Bde, 1840–66 – J. Deschamps, Catalogus Middelnederlandse handschriften uit Europese en Amerikaanse bibliotheken, 1970, 1972², 73–77.

Comes (lat.; nhd.: 'Mitgänger, Begleiter, Gefolge, auch Inhaber eines Hof- oder Staatsamtes') erscheint in antiker, byz. sowie in vorkarol. Zeit in verschiedensten Funktionen. Zur Entwicklung im westl. Abendland von der Karolingerzeit an vgl. den Artikel →Graf.

I. Römische Kaiserzeit und Byzantinisches Reich – II. Vorkarolingische Zeit.

I. Römische Kaiserzeit und Byzantinisches Reich: [1] *Römische Kaiserzeit:* Der c. ist ein röm. Amtstitel der Kaiserzeit von vielfältiger Bedeutung. Zurückgehend auf die Begleitung von republikan. Statthaltern und die Mitglieder sowohl des ksl. Consiliums (→Consilium principis) als auch des militär. Stabes, wird er in der Spätantike für die höchste Rangklasse des Hofes (c. consistorianus, CTh 4, 12, 1; Nov. Theod. 1, 7; C. 2, 7, 23) verwendet. Seit dem 3. Jh. voll ausgeprägt, ist c. Amtstitel der zentralen Verwaltung in höchsten (→c. sacrarum largitionum, →c. rerum privatarum, vgl. u. a. CTh 12, 1, 120; 10, 9, 3, dazu der Titel c. et magister officiorum), niederern (c. auri, c. sacrae vestis, c. stabuli) und selbst subalternen Stellen (vgl. etwa c. dispositionum im gleichnamigen scrinium, vgl. C. 12, 19, 1). Dazu kommt der Titel in regional begrenzten Funktionen (so etwa c. commerciorum, c. 4, 63, 4ff.; Arm. 18, 5, 3; Not. dign. om. 13, 6ff.; occ. 11, 86; c. patrimonii Gildoniaci, vgl. Not. dign. or. 12, 5; CTh 9, 42, 16, c. metallorum per Illyricum) sowie in hauptstädt. Ämtern vor (so etwa c. formarum, vgl. CIL VI, 1765; Cassiodor, Variae VII. 6; c. riparum et alvei Tiberis für Rom, c. horreorum für Konstantinopel). Außerordentliches, nicht immer besetztes Amt ist möglicherweise der c. provinciarum, dem →vicarius ranggleich, doch mit Aufsicht über diesen (c. Africae, Asiae, Hispaniarum). Ein vollständiger Schematismus des Titels ist indes ebenso wenig bis ins letzte zu erkennen wie für die gesamte Verwaltung und ihre Instanzen, Titel und Kompetenzen. Daneben entwickelt sich seit Konstantin d. Gr. eine Hierarchie des c.-Titels auch für nicht mit dem Hof verbundene Amtsträger. Sie hat verschiedene Grade (comitiva I., II. und III. ordinis, dabei I für die obersten Würdenträger, II und III im Sinne eines ex-officio-Ranges) und ist, soweit erkennbar, an die Bekleidung bestimmter Ämter oder aber an persönl. Verleihung gebunden. Für das Verhältnis dieser comitiva zu den Rangklassen des ksl. Dienstes ist daher schwer eine Gesetzmäßigkeit zu erlangen. Einen Vorteil bedeutet die Befreiung von municipalen Lasten, was mit einer Titelinflation in Zusammenhang zu stehen scheint. Ähnliches gilt für die militär. Hierarchie (c. militaris, geteilt in Klassen der maiores und minores), in der der c.-Titel entweder den →Magister Militum (zu Gildo vgl. CTh 9, 7, 9) oder aber regionale Befehlshaber von verschiedenem Rang mit begrenzter Amtsdauer (c. Aegypti, Britanniarum, Litoris Saxoniae, Illyrici, Isauriae, Pannoniarum, Pamphyliae) kennzeichnet; zum c. ripae vgl. CIL VI, 2288; Not. dign. or. 39, 30ff. Eine bes. Rolle im Hof spielt der c. domesticorum als Chef der Garden (vgl. u. a. Not. dign. or. 15; occ. 13; Amm. 14, 11, 14; 18, 3, 6; C. 12, 17, 3; 2, 7, 25, 3). Für die östl. Reichshälfte ist der c. orientis angesichts der Wichtigkeit der von ihm geleiteten Diözese (CTh 6, 10; 1, 13, Not. dign. or. 22, 17) und ihres Sitzes Antiochia von weit über das Vikariat herausragender Bedeutung; der c. domorum als Leiter der Domänenverwaltung Kappadokiens hat eine herausgehobene Funktion für die Versorgung des Hofes (CTh 6, 30, 2; Nov. Iust. 20, 2, 30).

Neben der Verwendung in den germ. Nachfolgestaaten des Imperiums in verschiedenen militär. und zivilen Funktionen (vgl. Abschnitt II) wird der Titel bes. im it. Ostgotenreich für regionale Kommandanten (c. Sirmiensis) wie für die got. Aufseher einzelner Städte (c. Gothorum; c. civitatis) mit Gerichts- und Verwaltungsaufsicht verwendet. G. Wirth

[2] *Byzantinisches Reich:* Der οἰκεῖος (Oikeios), ἑταῖρος (Hetairos), φίλος (Philos) und δοῦλος (Dulos) des byz. Ks.s ist höchstwahrscheinl. der direkte Nachfolger des röm. Ehrentitels »comes«, wie die lockere soziale Funktion dieser Gruppe als »Gefolgschaft« bis zum Ende des Byz. Reiches beweist. Als Mitglieder des comitatus werden die comites in ihrer Amtsfunktion im Palast (intra palatium), im → Consistorium (intra consistorium) und im ksl. Haushalt (domestici) differenziert, weitere Gliederung folgt im Laufe der Zeit. Im folgenden werden nur die wichtigsten Amtstitel der comites (κόμητες) aufgezählt, die sich seit dem 4. Jh. entwickelten und in ihrer Funktion mehr oder weniger kontinuierl. in griech. Bezeichnung im mittelbyz. Zeit anzutreffen sind, wobei die administrativen Wandlungen durch die Themenordnung (→ Thema) und Verwaltungsveränderungen zu berücksichtigen sind. Teilweise verschwindet der Titel c. in den entsprechenden Ämtern in Mittelbyzanz oder wird von anderen verdrängt, z. B. vom δομέστικος (→ Domestikos). Im allgemeinen ist die Beobachtung zu machen, daß in mittelbyz. Zeit Spitzenfunktionen nicht mehr von comites eingenommen werden. In Spätbyzanz ist der Titel sehr selten. Eine Ausnahme bildet das erst in dieser Zeit nachweisbare Amt des πρωτοκόμης (Protokomes) als Flottenkommandanten.

Die wichtigsten comites und ihre Nachfolger im Byz. Reich waren: c. bandorum (κόμης βάνδων), c. commerciorum (Nachfolger wohl die κομμερκιάριοι der mittelbyz. Zeit), c. dispositionum (Nachfolger wohl ὁ ἐπὶ καταστάσεως als »Zeremonienmeister«; der c.-Titel fehlt also!), c. domesticorum (κόμης δομεστίκων), c. domorum (κόμης τῶν οἰκιῶν, μέγας κουράτωρ), c. formarum (wohl der spätere κόμης ὑδάτων oder λογοθέτης τῶν ὑδάτων), c. honoriacus (später κόμης τοῦ ἀριθμοῦ?), c. largitionum (wohl die späteren διοικηταί der Themen), c. metallorum (κόμης τῆς λαμίας), c. portus, c. riparium (παραθαλασσίτης), → c. rerum privatarum (bedingt der σακελλάριος), → c. sacrarum largitionum (bedingt σακελλάριος), c. sacrae vestis (πρωτοβεστιάριος), c. sacri patrimonii (μέγας κουράτωρ), c. scholarum (κόμης τῶν σχολῶν), c. stabuli (κόμης τοῦ σταύλου, in Spätbyzanz κόμης τῶν βασιλικῶν ἵππων).

Im Rahmen der Themenverfassung treten in mittelbyz. Zeit v. a. auf: κόμητες τῆς ἑταιρείας, κόμητες τοῦ πλοίμου, κόμης τῆς κόρτης. G. Weiß

Lit.: *zum Begriff:* MlatWb II, 911–918 [W. HESSLER] – J. F. NIERMEYER, Mediae Latinitatis Lexicon Minus, 1976, 204–207 – zu [I]: DEAR II, 1900, 468–530 [F. GROSSI-CONDI] – HOOPS² V, 63ff. [D. TIMPE] – JONES, LRE, 104ff. – KL. PAULY I, 1253f. [H. HAUSMANINGER] – RE IV, 622–679 [O. SEECK] – J. B. BURY, The Imperial Administrative System in the Ninth Century, 1911 [Register] – G. WEIß, Joannes Kantakuzenos, 1968 [Register] – N. OIKONOMIDÈS, Les listes de préséance Byzantines des IXᵉ et Xᵉs., 1972 [Register] – A. PIGANIOL, L'empire Chrétien, 1972², 344f. – F. MILLAR, The Emperor in the Roman World, 1977.

II. VORKAROLINGISCHE ZEIT: [1] *Merowingisches Frankenreich:* In der Ämterhierarchie des merow. → Frankenreiches ist das Amt des c. neben dem des → dux das eigtl. tragende und mit diesem konkurrierende Element der staatl. Ordnung. Comites civitatum sind bereits im 5. Jh. in Autun, Trier und Marseille bezeugt. Die insgesamt kleinräumigere → civitas erscheint anstelle der Provinz als Kern staatl. Verwaltungstätigkeit. Der Aufgabenbereich des merow. c. civitatis ist dem des spätröm. so ähnlich, daß die Übernahme dieses Amts durch die Franken wahrscheinlich ist. Nicht zuletzt spricht dafür auch der auffallend hohe Anteil von comites civitatis der roman. Oberschicht im 6. Jh. Der c. civitatis trägt immer das »vir illuster«-Prädikat. Im 6. Jh. ist der c. civitatis für zahlreiche Städte im W und S der alten Gallia nachzuweisen, Gebieten, die bes. stark roman. beeinflußt waren (Angoulême, Auxerre, Clermont, Limoges, Poitiers, Saintes, Tours). Im N und O ist der c. civitatis unbekannt. Er war der Vertreter des Kg.s in der civitas und ihrem Umland. Wie andere Amtsträger wurde der c. civitatis aus der roman. oder frk. Führungsschicht durch Bestallung (MGH Formulae 47f. Marc. I, 8) vom Kg. ernannt, aber auch wieder abgesetzt, wenn er dessen Zustimmung verlor. In nur wenigen Fällen konnte auch Unfreien über die Königsnähe der (auch soziale) Aufstieg in das c.-Amt gelingen (Leudast in Tours). Bei Regierungswechsel wurden die alten comites in der Regel abgelöst.

Der c. civitatis war in seiner Eigenschaft als öffentl. Richter und zugleich Exekutivorgan allgemein für die Friedenswahrung in seinem Amtsbereich zuständig. Der c. civitatis befehligte das militär. Aufgebot seines Sprengels. Er zog dort Steuern für den Kg. ein und war für die Zölle verantwortlich. In seiner herausragenden Funktion als Gerichtsvorsitzender unterschied sich der c. wesentl. vom dux. Wo es installierte Dukate gab, stand der comes unter dem dux, sonst war er ausschließl. an den Kg. gebunden. Indizien deuten an, daß der c. auch mit der Verwaltung von Fiskalgut seines Sprengels befaßt war. Fiskalgut stand dem c. wohl auch als persönl. Ausstattung zur Verfügung. Die Überlieferung dazu ist lückenhaft. Mit der Aufsicht über das Fiskalgut waren → vicarii als rangniedrigere Unterbeamte des c. beauftragt. In der Lokalverwaltung unterstanden dem c. weiterhin → tribuni. Im 6. Jh. werden Bestrebungen einzelner Familien der Oberschicht deutlich, das c.-Amt erblich zu machen. Comites waren oft in ihrem Amtsbereich beheimatet und verfügten dort z. T. über erhebl. immobilen Besitz. Das Pariser Edikt → Chlothars II. (18. Okt. 614) sanktionierte anscheinend nur, was sich bereits angebahnt hatte. Von etwa 70 namentl. bekannten comites des 6. Jh. trug nahezu die Hälfte einen roman. Personennamen, d. h. die Hälfte aller bekannten comites waren auch von Geburt Romanen, wenn man die Beobachtung zugrundelegt, daß sich kein Franke einen roman. Personennamen zugelegt hat. Dieser hohe roman. Anteil am c.-Amt zeigt, wie sehr das Kgtm. auf Große zurückgegriffen hat, welche civitates, in denen sie oft beheimatet und begütert waren, auch verwalten konnten. Im 7. Jh. werden etwa 80 comites namentl. überliefert; nur sechs sind roman. Deszendenz. Das Amt war jetzt ganz überwiegend in der Hand von Großen der polit. führenden gens. Fränkische comites civitatis des 7. Jh. sind aber nur noch für Aquitanien (Albi, Clermont) und insbes. Neuster bezeugt (Meaux, Nantes, Noyon, Paris, Rouen, Thérouanne, Vermand). In Neuster ging im ausgehenden 7. Jh. das Amt des nur dort vorkommenden *grafio* in dem des c. auf. In anderen Regionen des Frankenreiches trat neben den c. civitatis der c. pagi (Burgund, Elsaß). Im frühen 8. Jh. hat es comites civitatis noch vereinzelt gegeben (Le Mans, Paris, Rouen), vereinzelt auch comites, die einen pagus verwalteten (Laon, Semur, Verdun, Elsaß). Aus den meisten Gebieten des Frankenreichs ist der c. aber ganz verschwunden.

Comites am Hof treten in der Bedeutung ihres Amts hinter comites civitatis und comites pagi zurück. Seit der 2. Hälfte des 6. Jh. bis in das 1. Drittel des 7. Jh. werden comites stabuli genannt. Ob es ein Hofamt gewesen ist, bleibt fraglich. Die namentl. bekannten comites stabuli wurden neben der Aufsicht über die kgl. Gestüte auch mit militär. Aufgaben und Gesandtschaftsreisen betraut. Das »vir illuster«-Prädikat trugen sie nicht. Dieses Prädikat war jedoch mit dem c. palatii (vgl. →Hofpfalzgraf) verbunden, der seit der 1. Hälfte des 7. Jh. belegt ist. Comites palatii zählten zu den proceres und ministri des Kg.s und werden v. a. als Beisitzer der kgl. Gerichtsverhandlungen im palatium überliefert. Nicht immer kann der c. palatii einem bestimmten palatium zugeordnet werden. Die vorwiegend gerichtl. Funktion dieses c. macht erneut deutlich, wie sehr die iudiziellen Aufgaben zu den eigtl. wichtigsten Amtsbefugnissen frk. comites gehörten.

[2] *Das fränkische Teilreich Burgund:* Comites sind auch im regnum der Burgunder belegt; die Lex Kg. Gundobads (480–516) unterscheidet comites civitatum von den comites pagorum (Lex Gundobada I. 3). Die Lex nennt Burgunder und Romanen als Träger dieser Ämter (I. 3. und I. 11 sowie Extravag. XXI. 11). Ein Nebeneinander eines roman. und eines burg. comes in ein und derselben civitas oder pagus ist daraus nicht sicher zu erschließen. Mit einem einzigen c. ist seit der frk. Eroberung →Burgunds (532) zu rechnen, der entweder roman. oder germ. Herkunft gewesen ist. Zu Beginn des 6. Jh. unterzeichneten 31 comites anläßl. der Kodifikation der Lex neben dem Kg. in beratender Funktion. Die Namen dieser comites sind sämtlich germ., jedoch nur mit geringem Anteil ostgerm. Provenienz. Die Befugnisse der comites nach der Lex Gundobada waren ausschließl. ziviler iudizieller Art (I. 11 und Extravag. XXI, 11). Hilfsorgane des c. waren die *witiscalci* aus dem Kreis der pueri regis (Tit. 76). Militärische Aufgaben können für die Zeit vor 532 nur vermutet werden. Erst seit dem letzten Drittel des 6. Jh. sind solche Funktionen immer wieder als Hauptaufgaben des c. belegt. Die comites residierten als Angehörige der Oberschicht neben dem Bf. in der civitas, so in wichtigen Zentren Burgunds (in →Lyon, →Auxerre und →Chalon-sur-Saône). Im 7. Jh. hat es keinen c. civitatis mehr für Frankoburgund gegeben, wohl hingegen comites pagi auch noch im 1. Drittel des 8. Jh., ehe auch dieser c. ganz aus Burgund verschwand.

[3] *Westgotisches Königreich:* Im westgot. Kgr. (→Westgoten) ist der c. civitatis bereits im letzten Drittel des 5. Jh. bezeugt. Ihm oblag die zivile Rechtsprechung über Goten und vermutlich auch Romanen in der civitas, die als alter spätröm. Verwaltungsschwerpunkt zum Mittelpunkt der sich dort ansiedelnden westgot. Oberschicht geworden war. Dem c. civitatis als dem vom Kg. bestellten Amtsträger, den es wahrscheinl. in jeder civitas gab, waren der →defensor civitatis und der vicarius untergeordnet, der auch als →iudex, iudex loci oder iudex territorii bezeichnet wurde. Dem c. civitatis war der dux übergeordnet, u. a. als iudex, an den vom Gericht des c. aus appelliert werden konnte. Unter →Leovigild (568–586) wurde der c. mit militär. Aufgaben – wie der dux – betraut. In dieser Befugnis war dem c. der *thiufadus* untergeordnet. Militärische Befehlsgewalt, bestimmte richterl. Funktionen und der Einzug festgelegter Steuern in der civitas machten den c. dort zum bedeutendsten kgl. Amtsträger. Unter den westgot. Kg.en wurde dieses Amt in der Regel nur an westgot. Große der Führungsschicht vergeben. Militärisches Amt und richterl. Zuständigkeit blieben dem c. im 7. Jh. erhalten. Nach der islam. Eroberung scheint der c. civitatis noch in einigen Fällen als iudex Recht in Angelegenheiten gesprochen zu haben, die den christl. Bevölkerungsteil betrafen (z. B. in Córdoba).

Neben dem c. civitatis sind comites auch als Amtswalter in der kgl. Hofverwaltung belegt. Diese Hof-comites der schon vermutl. unter Leovigild geschaffenen →aula regia sind nur aus den Unterschriftenreihen der Teilnehmer an den →Toledanischen Synoden vorwiegend aus der 2. Hälfte des 7. Jh. bekannt. Den Hof-comites, die an den Synodalsitzungen zugegen und an deren Beschlußfassung selbst beteiligt waren, wurde stets das »vir illuster«- oder das »magnificentissimus«-Prädikat beigelegt. Seit 653 (Tolet. VIII) erfolgte ihre Zuordnung regelmäßig zur aula regia oder zum officium palatinum. Ein c. patrimoniorum, der Verwalter des kgl. Hausguts, ist schon 592 bezeugt. Ihn nennen dann die Akten der VIII. Synode von 653 erneut, daneben zum erstenmal den c. cubiculariorum, den c. scanciarum; den c. spatariorum und den c. notariorum; seit 683 (Tolet. XIII) schließlich den c. thesaurorum und den c. stabuli. Die Befugnisse dieser comites am Hof sind nur aus der Amtsbezeichnung zu erschließen. Ihre Zugehörigkeit zum officium palatinum war anscheinend durch die bes. Treueverpflichtung gegenüber dem Kg. begründet und hob sie aus dem Kreis der Großen innerhalb der aula regia noch hervor. Ihre Ämter am Hof sind teilweise germ. Ursprungs (c. stabuli, scanciarum, thesaurorum), teilweise oström. (c. cubiculariorum, spatariorum, patrimoniorum) oder röm. Provenienz (c. notariorum). Daß es sich in einigen Fällen um Ehrenämter gehandelt haben muß, ist daran abzulesen, daß für einige Ämter (c. scanciarum, spatariorum) mehrere Inhaber zur gleichen Zeit genannt werden, die zudem meist duces der Provinzen gewesen sind. Es gibt keinen Hinweis darauf, daß solche Titel erblich waren. H. Ebling

[4] *Merowingisches Elsaß, Alamannen, Bayern:* a) *Merowingisches Elsaß:* Im →Elsaß bildeten die civitates der Triboci um Straßburg und der Raurici um Basel die möglichen Kristallisationspunkte für frühfrk. Comitate. Allerdings bietet die Überlieferung erst für die Zeit Dagoberts I. (629–638/639) Hinweise auf Comitate innerhalb des elsäss. Dukats. Zum Hzm. gehörte damals auch der Sornegau, die Umgebung des Kl. Moutier-Grandval am Schweizer Jura. Hier ist unter Hzg. Eticho der c. Erich bezeugt; ein für Eticho ausgestelltes Diplom Childerichs II. von 675 wendet sich dagegen an den c. Rodebert. Rodebert scheint mit der Verwaltung von Königsgut im Oberelsaß betraut gewesen zu sein. Die beiden comites, die möglicherweise nebeneinander amtiert haben, sind den Namen nach kaum Angehörige des landfremden Herzogsgeschlechtes der →Etichonen, vielleicht aber Abkömmlinge alam. Adelssippen gewesen. Ein einheitl. Comitat läßt sich im Elsaß erst am Ende der Herzogszeit fassen, als die staatl. Befugnisse vollständig in der Etichonenherrschaft aufgegangen waren: Die Nachfolge Hzg. Adalberts († 722/723) traten dessen Söhne Liutfrid als dux und Eberhard als domesticus bzw. c. an.

b) *Alamannen:* Die unter Hzg. Lantfrid († 730) revidierte Lex Alamannorum setzte den c. als zentrale Figur der alam. Verfassung voraus (→Alamannen). Die ersten namentl. bekannten comites wurden wahrscheinl. von Dagobert I. eingesetzt; sie amtierten am Oberrhein und in der Gegend von St. Gallen. Ob sich die Comitatus-Verfassung auch jenseits von Schwarzwald und Bodensee schon in merow. Zeit durchsetzen konnte, ist ungewiß. Als beim Niedergang der Königsgewalt im ganzen Frankenreich der Adel erstarkte, wurden die comites offenbar von den Hzg.en abhängig und gingen vielleicht aus der Herzogssippe hervor. Gleichzeitig scheinen sich die Grafenfamilien starke Besitzpositionen aufgebaut zu haben, die die Vererbung des C.-Titels begünstigten. In der Merowingerzeit sind Gft.en als fest abgegrenzte Amtssprengel nicht nachweisbar; zu den gfl. Aufgaben gehörte wohl die Verwaltung des Königsgutes.

c) *Bayern:* Im agilolfing. →Bayern sind comites durch erzählende (Paulus Diaconus, Hist. Langob. V. 36 ad a. 680) und urkundl. Quellen bezeugt. Die Frage, ob die unter Hzg. →Tassilo zahlreichen Gf.en Sympathisanten der Karolinger waren und die Einführung der frk. Grafschaftsverfassung belegen, ist umstritten. Bereits in der Lex Bajuw. werden jedoch Comitate als Gerichtssprengel vorausgesetzt; der entsprechende Passus (II. 14) soll auf Dagobert I. zurückgehen (→comitatus). Demnach erscheint zweifelhaft, ob man eine agilolfing. pagus-Organisation chronolog. von der Grafschaftsverfassung in Bayern trennen kann. In der Lex Bajuw. (II. 5) wird »comitatus« im Sinne von 'Grafschaftsaufgebot' gebraucht. Diese Quellenstelle und die Belege der »in-comitatu«-Formel in Urkunden seit der Mitte des 9. Jh. haben zu der heute nicht mehr unangefochtenen Auffassung geführt, die Gewalt der bayer. Gf.en sei auf Königsgut und Königsleute beschränkt gewesen. – Vgl. weiterhin, auch zur Frage der Einführung der frk. Grafschaftsorganisation durch Karl. d. Gr. nach dem Sturz der Agilolfinger, die Artikel→Graf,→Grafschaft,→Bayern, Abschnitt II.

M. Borgolte

[5] *Langobarden:* Auf der Basis der spärl. Zeugnisse ist es schwierig, sich ein festumrissenes Bild von dem langob. c. zu machen. Comites begegnen regelmäßig im Besitzstörungsverbot der Conclusio langob. Königsurkk., und zwar immer in der Reihenfolge: duces, comites, gastaldii, agentes (oder actionarii). Daneben begegnen comites schon bei Gregor d. Gr. (Registr. epist., lib. V, ep. 6; Dialogi, lib. III, c. XIX) und Paulus Diaconus (Hist. Langob. III. 9, IV. 51, V. 9, 16) sowie in Reg. Farfense II, Nr. 20, und in der suspekten Inschrift bei C. Troya, CDL III, Nr. 471, nicht jedoch in der langob. Gesetzgebung. Hatte die ältere Forschung die comites mit den →Gastalden gleichgesetzt (v. Hegel, Pabst) oder in ihnen die Nachfolger der spätröm.-ostgotischen comites civitatis (Bognetti) erblickt, so rechnet man heute eher damit, daß die comites militär. Befehlshaber waren, d. h. hohe Offiziere des Heeres, Kommandanten einzelner Abteilungen oder einzelner krieger. Unternehmungen »nach und wohl auch unter den duces« (Brühl, 62). Nach Ansicht von G. Bognetti, später von C. G. Mor aufgenommen, könnten sich die comites von jenen Offizieren der röm. Militärverwaltung (im Rang den →duces und den →magistri militum nachgeordnet) herleiten, auf die sich der Cod. Iustinianus (C. 1, 48) bezieht. Es scheint, als hätte sich die militär. Funktion der comites nach der Zeit um 600 nur noch in den beiden Großdukaten →Spoleto und →Benevent erhalten. Jedenfalls erachtet C. Brühl die Nennung der comites in den langob. Königsurkk. »lediglich durch die Tradition bedingt und ohne Bezug auf die Verfassungsrealität der Zeit« (Brühl, 65). Ob die militär. Funktionen zeitlich befristet waren, ist aus den Quellen nicht zu erkennen. →Langobarden.

A. Benati/Th. Kölzer

Lit.: Hoops² V, 65ff. [D. Claude] – *zu [1]:* E. Frh. v. Guttenberg, ludex h. e. comes aut grafio (Fschr. E. E. Stengel, 1952), 93–129 – R. Sprandel, Dux und c. in der Merowingerzeit, ZRGGermAbt 70, 1957, 41–84 – R. Wenskus, Amt und Adel in der frühen Merowingerzeit (Mitt. Univ.bund Marburg H. 1/2, 1959), 40–56 – D. Claude, Unters. zum frühfrk. Comitat, ZRGGermAbt 81, 1964, 1–79 – E. Ewig, Das Fortleben röm. Institutionen in Gallien und Germanien, Beih. v. Francia 3/1, 1976, 409–434 – *zu [2]:* R. Guichard, Essai sur l'hist. du peuple burgonde, 1965 – K. Selle-Hosbach, Prosopographie merow. Amtsträger in der Zeit von 511–613 [Diss. Bonn 1974] – H. Ebling, J. Jarnut, G. Kampers, Nomen et gens, Francia 8, 1980, 687–795 – *zu*

[3]: Cl. Sanchez-Albornoz, El gobierno de las ciudades en España del siglo V al X, Sett. cent. it. 6, 1959, 359–391 – E. A. Thompson, The Goths in Spain, 1969 – D. Claude, Adel, Kirche und Kgtm. im Westgotenreich (VuF Sdbd. 8), o. J. (1971) – P. D. King, Law and Society in the Visigothic Kingdom, 1972 – L. A. García Moreno, Estudios sobre la organizacion administrativa del reino visigodo de Toledo, AHDE 44, 1974, 5–155 – H. Schwöbel, Synode und Kg. im Westgotenreich, 1982 – *zu [4]:* E. Hamm, Herzogs- und Königsgut, Gau und Gft. im frühma. Baiern [Diss. masch. München 1949] – G. Diepolder, Die Orts- und »IN PAGO«-Nennungen im bayer. Stammesherzogtum zur Zeit der Agilolfinger, ZBLG 20, 1957, 364–436 – F. Prinz, Hzg. und Adel im agilolfing. Bayern. Herzogsgut und Konsensschenkungen vor 788, ebd. 25, 1962, 283–311 – U. Uffelmann, Das Regnum Baiern von 788 bis 911 [Diss. Heidelberg 1965] – A. M. Burg, Das elsäss. Hzm. Ein Überblick, ZGO 117, 1969, 83–95 – H. K. Schulze, Die Grafschaftsverfassung der Karolingerzeit in den Gebieten östl. des Rheins, 1973 – H. Ebling, Prosopographie der Amtsträger des Merowingerreiches von Chlothar II. (613) bis Karl Martell (741), 1974 – H. Keller, Frk. Herrschaft und alemann. Hzm. im 6. und 7. Jh., ZGO 124, 1976, 1–30 – M. Borgolte, Die Gesch. der Grafengewalt im Elsaß von Dagobert I. bis Otto d. Gr., ebd. 131, 1983, 3–54 – Ders., Die Gf.en Alemanniens in merow. und karol. Zeit. Eine Prosopographie [im Dr.] – *zu [5]:* Hartmann, Gesch. Italiens II, 2, 1903, 39, 61 – G. P. Bognetti, L'influsso delle istituzioni militari romane sulle istituz. longobarde del secolo VI e la natura della »fara« (Atti del Congr. internaz. di Diritto Romano e di Storia del Diritto [Verona 1948] IV, 1953), 167–210 [= L'età longobarda III, 1967, 1–46] – C. G. Mor, Conte e Contea (Novissimo Digesto It. 4, 1959), 392–395 – P. M. Conti, La spedizione del »Comes Langobardorum de Lagare« contro il »Castrum Anagnis«, Archivio per L'Alto Adige 58, 1964, 316–318 – O. Bertolini, Ordinamenti militari e strutture sociali dei Longobardi in Italia, Ordinamenti militari in Occidente nell'alto medioevo, Sett. cent. it. 15, 1968, 429–580, bes. 482–489 – C. Brühl, Langob. Königsurkk. als Geschichtsquelle (Studi storici in on. di O. Bertolini I, 1973), 47–72, bes. 60–65.

Comes (ung. *ispán*) → Gespan

Comes (liturgisch), nur gelegentl. vorkommendes Synonym für capitulare (capitularium, →Kapitular), eine Liste der den einzelnen Tagen des Kirchenjahres zugeordneten Meßperikopen (capitula), die bis ins MA noch oft aus Vollbibeln vorgetragen wurden. Andererseits gibt es auch schon seit dem frühen MA von den Kapitularien ausgehende voll ausgeschriebene →Perikopenbücher (lectionarius, epistolarium, evangeliarium, Evangelistar). Das älteste Capitulare der röm. Kirche (7. Jh.) ist der C. v. Würzburg, eine insulare Handschrift.

J. H. Emminghaus

Lit.: G. Morin, RevBén 27, 1910, 41–47; 28, 1912, 297–317 – Th. Klauser, Das röm. Capitulare evangeliorum, LQF 28, 1935 – Ders., JLW 15, 1941, 465f. – J. A. Jungmann, Missarum Sollemnia, 1962⁵, 81.

Comes civitatis. [1] Der c. c. erscheint teils als Träger militär., teils judizieller Funktionen in Italien, Spanien und Gallien seit der zweiten Hälfte des 5. Jh. Im 6. Jh. läßt sich für zahlreiche süd- und westfrk. Orte ein c. c. nachweisen, ohne daß der frk. c. c. eindeutig als Nachfolger des spätröm. c. c. gesichert werden kann. Schon im 7. Jh. tritt der c. c. aber wieder deutlich zurück. Dies könnte auf die Übernahme der Stadtherrschaft durch die Bf.e zurückzuführen sein. Zum c. c. vgl. den Artikel →comes.

[2] Ohne sichtbaren Zusammenhang mit diesem älteren c. c. findet sich ein c. c. oder comes urbis seit der 2. Hälfte des 11. Jh. in dt. Städten, so 1083 in Köln, 1107 in Mainz, 1108 in Magdeburg. Zu den »Burggrafen« und der damit verbundenen Forschungsdiskussion vgl. den Artikel →Burggraf, -schaft.

G. Köbler

Lit.: J. F. Niermeyer, Mediae latinitatis lexicon minus, 1976, 206 – HRG I, 1786 [D. Willoweit, s. v. Graf] – J. Dechareuil, Des comtes de cité à la fin du Vᵉ s., RHDFE 34, 1910, 784ff. – E. Baleut, Recherches sur l'administration mérovingienne, ebd. 131, 1919, 265ff. – G. Köbler, Zur Entstehung des ma. Stadtrechts, ZRGGermAbt 86, 1969, 177 – Weitere Lit. in den Artikeln →Burggraf, -schaft, →comes.

Comes pagi → comes

Comes palatii, comes palatinus →comes, →Hofpfalzgraf, →comitiva
Comes provinciae → Landgraf
Comes rerum privatarum, in frühbyz. Zeit bis zum 7. Jh. Verwalter des Kron- und Privatgutes des Ks.s. Das Amt hat in Funktion und Titel keinen genau entsprechenden Nachfolger in mittel- und spätbyz. Zeit. Der volle Titel erscheint erst 342. Das Privatgut des Ks.s, zu dem sowohl eingezogene Vermögen, Erbschaften und Schenkungen wie auch die Domänenverwaltung gehören, wurde ursprgl. von zwei getrennten Ressorts als res privata und patrimonium principis verwaltet. Durch Zusammenlegung, erneute, im Ost- und Westreich verschieden verlaufende Trennungen, teilweise Verstaatlichung im 4. Jh., Aussonderung in das sacrum cubiculum, das im 6. Jh. zum sacellum wird, ist die Gesch. der Verwaltung der ksl. Privatgutes äußerst kompliziert und mangels Quellen undeutlich und kontrovers (s. im einzelnen die Sekundärliteratur). Obwohl also das sacellum den ksl. Schatz kennzeichnet, ist sein Verwalter, der im 7. Jh. zuerst greifbare σακελλάριος (sakellarios), seit dem 8. Jh. nicht nur Verwalter des ksl. Privatvermögens, sondern fungiert als Aufsichtsbehörde über alle Ämter mit finanziellen Agenden. Funktionen der im 6. Jh. in ihrem Wirkungsbereich stark ausgedehnten Prätorianerpräfektur (→Praefectus) dürften in dieses Amt mit eingeflossen sein. Der σακελλάριος ist als μέγας σακελλάριος (Megas Sakellarios) und μέγας λογαριαστής (Megas Logariastes) bis zur lat. Eroberung Konstantinopels 1204 nachweisbar. Der Zeitpunkt der Entstehung des Amtes des σακελλάριος ist gleichzeitig »die Geburtsstunde der beiden Zwillingssekreta, des ἐπὶ τοῦ σακελλίου und des ἐπὶ τοῦ βεστιαρίου« (DÖLGER), der Verwalter des Staatsschatzes an Geld und Naturalien. Die Trennung zur Verwaltung der ksl. Privatschatulle wird in den Quellen wenig deutlich. Nur einen Teil des ksl. Privatvermögens, die Domänen, verwaltet das Büro des μέγας κουράτωρ (Megas Kurator), ab 11. Jh. vom οἰκονόμος (Oikonomos) τῶν εὐαγῶν οἴκων abgelöst. In spätbyz. Zeit ist schwer erkennbar, bei welchen Beamten die Verwaltung des ksl. Privatvermögens liegt: vielleicht beim μέγας λογοθέτης (Megas →Logothetes) oder dem λογοθέτης τοῦ γενικοῦ oder dem προκαθήμενος τοῦ βεστιαρίου oder λογαριασταί mit speziellen Aufgaben. →comes, →Bestiarion, →Finanzverwaltung in Byzanz. G. Weiß

Lit.: PLRE I, 1062f.; II, 1261–RE IV, 664–670 [O. SEECK] – J. B. BURY, The Imperial Administrative System in the Nineth Century, 1911, 84–86 – E. STEIN, Stud. zur Gesch. des byz. Reiches vornehml. unter den Ks.n Justinus II. und Tiberius Constantinus, 1919, 168–185 – DÖLGER, Beiträge, 16–19 – J. KARAYANNOPOULOS, Das Finanzwesen des frühen byz. Staates, 1958, 62–80 – L.-P. RAYBAUD, Le gouvernement et l'administration centrale de l'empire byzantin sous les premiers Paléologues (1258–1354), 1968, 233f. – N. OIKONOMIDÈS, Les listes de préséance byzantines des IXe et Xe s., 1972, 312.

Comes sacrarum largitionum, nur in frühbyz. Zeit ab 350 bezeugtes Amt ohne Entsprechung in mittel- und spätbyz. Zeit. Der c. s. l. ist Chef eines officium mit mehreren Büros (scrinia) und Beamten im Außendienst, v. a. den comites largitionum. Wichtigste Aufgaben: Verwaltung der Gelder aus Bergwerken, aus bestimmten Sondersteuern, aus Einkünften von ksl. Werkstätten, aus indirekten Steuern, v. a. dem Handel. Ähnlich wie beim →comes rerum privatarum wird der Wirkungsbereich des c. s. l. durch die Prätorianerpräfektur (→Praefectus) im 6. Jh. stark eingeschränkt. Nur in der Übergangszeit des 7. und 8. Jh. dürfte der σακελλάριος (Sakellarios) auch die vielfältigen Aufgaben des c. s. l. übernommen haben, um sie dann an bestimmte Sekreta des λογοθέσιον τοῦ γενικοῦ (→Logothet) wieder abzugeben. →comes. G. Weiß

Lit.: PLRE I, 1064f.; II, 1260f. – RE IV, 1, 671–675 [O. SEECK] – J. KARAYANNOPOULOS, Das Finanzwesen des frühen byz. Staates, 1958, 54–62 – N. OIKONOMIDÈS, Les listes de préséance byzantines des IXe et Xe s., 1972, 312.

Comes stabuli → comes, →Connétable
Comes vici →Wikgraf
Comgall mac Sétnai, hl., † 601/602, gehörte den Uí Cremthainn Cuile, einem Zweig der →Dál nAraidi (Cruthin), an, welche die heut. Gft. Antrim beherrschten. C. gründete 555/559 ein Kl. in →Bangor, am Ufer des Belfast Lough, das in späterer Zeit zu einer der führenden kirchl. Institutionen in Irland wurde. C. war einer der Lehrer des hl. →Columban und ein enger Freund des hl. →Columba v. Iona. C. ist auch der Urheber einer monast. Regel, die nicht erhalten ist, aber wohl als Vorbild für Columbans Regel anzusprechen ist. Vielleicht hatte C. Verbindungen nach Leinster, diese lassen sich aber nicht zwingend nachweisen. D. Ó Cróinín

Lit.: J. F. KENNEY, The Sources for the Early Hist. of Ireland, 1, 1929, 396f.

Comitatenses → Heer, -wesen
Comitatus, polit. Begriff in Antike und MA (auch im Byz. Reich) mit weitem Bedeutungsspektrum. Seit der röm. Kaiserzeit bezeichnet c. das Gefolge des Herrschers; in diesem Sinne gebrauchtTacitus in der »Germania« (cc. 13, 14) den Ausdruck auch für die Anhänger des germ. princeps (→Gefolgschaft). Unter Diokletian nimmt c. die Bedeutung des Kaiserhofes an (noch MGH SRM III 150); in Italien wurde der Begriff später auf den Hof Theoderichs d. Gr. übertragen (vgl. z. B. Cassiodor, Variae III. 28), er scheint sich aber in den anderen Germanenreichen nicht durchgesetzt zu haben. Bei den Franken heißt der Königshof domus, palatium oder aula regis, doch kommt seit der Zeit Karls d. Gr. c. wieder auf (Einhard, »Vita Karoli Magni«, c. 14).

Eine Neubildung des MA dürfte die Ableitung des Begriffs c. vom comes civitatis gewesen sein. Bei Gregor v. Tours und in anderen erzählenden Quellen der Merowingerzeit ist der c. civitatis (urbis, municipii) vielfach im Sinne des 'Grafenamts' (actio, officium) belegt, das mit dignitas und honor verbunden ist und vom Kg. durch Praecept verliehen wird (vgl. MGH Formulae, 47f. Marc. I. 8). Da der c. in diesem Sinne an die vorhandene polit. und geogr. Einheit der →civitas (vgl. auch →Bischofsstadt, Abschnitt II) gebunden war, zu der als Umland der →pagus (terminus, territorium) gehörte (vgl. Gregor v. Tours, »Historiae« VIII. 18), bestand zunächst kein Bedürfnis, das Wort c. auch als Bezirksbezeichnung zu verwenden. Erst als die civitates während des 7. Jh. und bes. in Nord- und Ostgallien in eine Mehrzahl administrativer Einheiten zerfielen und civitas oder pagus räuml. Grundlage der Grafentätigkeit sein konnten, waren die Voraussetzungen für den Gebrauch von c. als 'Grafensprengel' gegeben (zu »civitatum aut pagorum comites« schon in der Lex Gundobada vgl. →comes, Abschnitt II). Einen frühen Beleg dürfte die Lex Bajuw. (II. 14) enthalten, der nach H. BRUNNER auf ein Reichsgesetz des Merowingerkönigs Dagobert I. von 629–634 zurückgeht. Im übrigen hebt die Verwendung des Begriffs c. zur Kennzeichnung des gfl. Amtsbezirks aber erst Mitte des 8. Jh. an, also mit der Herrschaft der Karolinger. Diese Entwicklung reflektiert zweifellos das Bemühen der Reichsgewalt, den c. trotz unterschiedl. regionaler Voraussetzungen als normale Verwaltungseinheit überall, auch rechts des Rheins, durchzusetzen. Bei dieser (Neu-)Einführung der Grafschaftsverfassung haben die Karolinger bewußt Bezirke geschaffen, die sich nicht mit den vorhandenen pagi oder

Adelsherrschaften deckten (Alemannien um 760, bes. südl. des Bodensees und östl. des Oberrheins; Sachsen seit 782); freilich blieb das kühne Reformwerk in vielen Gegenden stecken, so daß eine restlos lückenlose Grafschaftseinteilung wohl nirgendwo entstand und die c. des 9. Jh. in manchen Regionen (z. B. Ostalemannien, Bayern) auf Königs- oder Adelsgut beschränkt waren. →Grafschaft.

M. Borgolte

Lit.: MlatWb II, 923–927 [W. Hessler] – J. F. Niermeyer, Mediae Latinitatis Lexicon Minus, 1976, 207–209 – RE IV, 622–ThLL III, 1793–1797 – J. Prinz, Pagus und Comitatus in den Urkk. der Karolinger, AU 17, 1941, 329–358 – K. Bohnenberger, Landstrichs- und Gebiets-Bezeichnungen in den südwestdt. Urkk. des 8.–10. Jh., ZGO 95, 1943, 1–14 – S. Krüger, Stud. zur Sächs. Grafschaftsverfassung im 9. Jh., 1950 – E. Frhr. v. Guttenberg, Iudex h. e. comes aut grafio (Fschr. E. E. Stengel, 1952), 93–129 – P. v. Polenz, Gaunamen oder Landschaftsnamen? Die pagus-Frage sprachl. betrachtet, RhVjbll 21, 1956, 77–96 – R. Sprandel, Dux und comes in der Merovingerzeit, ZRGGermAbt 74, 1957, 41–84 – P. v. Polenz, Landschafts- und Bezirksnamen im frühma. Dtl., 1961 – D. Claude, Unters. zum frühfrk. Comitat, ZRGGermAbt 81, 1964, 1–79 – H. K. Schulze, Die Grafschaftsverfassung der Karolingerzeit in den Gebieten östl. des Rheins, 1973 – C. Sánchez-Albornoz, Viejos y nuevos estudios sobre las instituciones medievales españolas, T. I, 1976², 443–474 – E. Ewig, Spätantikes und frk. Gallien, 2 Bde, 1976–79, passim – M. Borgolte, Gesch. der Gft.en Alemanniens in frk. Zeit [im Dr.].

Comitatus (ung. *megye*) → Komitat

Comitiva. [1] Bezeichnung für Amtsgewalt und Würde eines →comes.

[2] Kaiserliche →Reservatrechte, die von den Inhabern des jüngeren Palatinats (→Hofpfalzgraf) in voller Eigenverantwortlichkeit im Namen des Ks.s ausgeübt wurden. Seit Kg. Ruprecht (1352–1410) unterscheidet man zw. der c. minor und der c. maior.

a) Die c. minor war in der Regel auf die Person des Privilegienempfängers beschränkt und nicht vererblich. Seit Ende des MA und zunehmend seit Ks. Karl V. bestand auch hier die Möglichkeit der Erblichkeit. Voraussetzung war, daß der männl. Erbe einen (iur.) Doktorgrad oder die Ratswürde erwarb. Häufig war die c. minor in den Privilegien territorial und in der Zahl der Verleihungen beschränkt. Die Befugnisse der c. minor bestanden im Recht zur Ernennung von »tabelliones seu notarii publici« (→Notar), der Legitimierung Unehelicher sowie in verschiedenen Akten der freiwilligen Gerichtsbarkeit (Volljährigkeitserklärungen, Adoptionsbestätigungen, Erteilung von →Moratorien), bisweilen auch in der »restitutio famae« und dem Recht, in Testaments- und Vormundschaftssachen tätig zu werden. Seit Ks. Friedrich III. umfaßte die c. minor z. T. auch die Befugnisse zur Promotion. Unter Ks. Maximilian I. läßt sich eine weitere Ausweitung der c. feststellen: so als Erweiterung des Promotionsrechts die »Krönung von Dichtern« sowie die Erlaubnis, Bürgerlichen Wappenbriefe zu verleihen (→Wappenverleihung).

b) Die c. maior wurde in der Regel als erbliches, regional unbegrenztes Recht verliehen. Sie umfaßte alle Rechte der c. minor, einschl. der Befugnis, Vizehofpfalzgrafen (iudices ordinarii) zu ernennen, Adel- und Wappenbriefe sowie den Doktorgrad aller Fakultäten zu verleihen. Das →Nobilitierungsrecht gehörte im MA noch nicht zu den typ. Rechten der c. maior. Im 16. Jh. kam noch das Recht hinzu, ksl. Privilegien für Universitäten verleihen zu dürfen.

P.-J. Schuler

Lit.: MlatWb II, 930 [W. Hessler] – J. F. Niermeyer, Mediae Latinitatis Lexicon Minus, 1976, 210 – F. Oesterley, Gesch. des Notariats I, 1842 [Repr. 1965], 425ff. – Ficker, Italien II, §§ 253–260, 265f. – G. A. Seyler, Gesch. der Heraldik, 1890 [Repr. 1970], 356ff. – F. Jecklin, Die Hofpfalzgrafen der Schweiz (Züriche Tb. 13), 1890 – E. Dobler, Das ksl. Hofpfalzgrafenamt und der Briefadel im alten dt. Reich, 1950 – J. Arndt, Hofpfalzgrafen-Register I, 1964 V–XXIV – P.-J. Schuler, Gesch. des Südwestdeutschen Notariats, 1976, 124ff. – J. Arndt, Das Ernennungsrecht der ksl. Hofpfalzgrafen (Tradition und Gegenwart, hg. P.-J. Schuler, 1981), 110ff.

Commán, hl., † 747, Gründer des ir. Kl. Ros Commáin ('C.'s meadow', heut. Roscommon) im unter der Herrschaft der →Uí Briúin stehenden →Connacht. C.s Vater, Faélchú, gehörte dem wenig bekannten Connachter Stamm der Sógain an, doch lag die Schutzherrschaft über das Kl. später im wesentlichen in den Händen der Uí Briúin. Eine alte, heute verlorene Vita des C. bezeichnet ihn als Schüler des Finnian of Clonard († 549), doch ist dies unwahrscheinlich. Eine hypothet. Verbindung C.s mit →Clonmacnoise ist ebenfalls unerwiesen. Das »Recht« (*cáin*) des C. wurde erstmals um die Mitte des 8. Jh. bekanntgegeben, später erfolgten period. Erneuerungen.

D. Ó Cróinín

Lit.: J. Ryan, Clonmacnois: A hist. summary, 1974, 35f.

Commemoraciones de Pere Albert, Gesamttitel, unter dem zwei Werke zum Feudalrecht des barcelones. Kanonikers Albert (13. Jh.), der in Bologna studierte, bekannt sind. »Costumas generals de Cathalunya entre senyors e vasalls, tenents castells e altres feus per senyor« und »Los casos en los quals no es tengut segon los Usatges de Barcelona, e observancia de Cathalunya, retre la potestat presa de castell, ne emparament de feu a son castlà, o vasall«. Auf der Grundlage des gemeinen Rechts (→Römisches Recht, Rezeption des) entwickeln sie das feudale katal. Gewohnheitsrecht (*costumbres*). Aus dem lat. Original wurden sie ins Katal. übersetzt und 1470 von den Cortes v. Monzón gebilligt. Die C. wurden im 15. Jh. von Joan de Socarrats kommentiert.

J. Lalinde Abadía

Ed.: Pere Albert, Commemoraciones, ed. J. Rovira i Ermengol, 1933 – J. de Socarrats, In tractatum P.A. canonici Barchinonensis de consuetudinibus Cataloniae inter dominos et vassallos... Commentaria, Lyon 1505, Barcelona 1551 – Lit.: Coing, Hdb. I, 296f. – J. M. Maravall, El régimen político territorial en la obra de Pere Albert (Études présentées à la Comm. Internat. pour l'hist. des assemblées d'états, 1961) – M. J. Peláez, Catalunya després de la guerra civil del segle XV, 1981 (v.a. zu den Glossierungen durch Joan de Socarrats).

Commemoratio ('Gedächtnis, Erinnerung, Erwähnung') hat in liturg. Hinsicht verschiedene Bedeutung: 1. Bezeichnung bestimmter Tage wie C. omnium defunctorum (→Allerseelen). – 2. Berücksichtigung eines durch ein höherwertiges Fest verhinderten Formulars. – 3. Erwähnung bestimmter Gebetsanliegen, die nach dem Niedergang des Gebets der Gläubigen (Fürbitten) auf diese Weise beachtet werden sollten. – Die seit dem frühen MA im Westen feststellbare Sitte, bei der Messe durch symbol. Anordnung der Brote bestimmte Glaubensgeheimnisse zu ehren und einzelne Opfermotive auszudrücken, erfuhr seit der Jahrtausendwende in der byz. Messe eine Weiterentwicklung durch symbolische C. verschiedenster Anliegen wie Anrufung von Hl.en und Gedächtnis der Lebenden und Verstorbenen. Der Westen suchte dies durch das Gebetswort zu erreichen. Diese Entwicklung setzte sich im gall.-frk. Raum durch (ca. 9. Jh.), während die römische Liturgie im Konkurrenzfall noch ausdrückl. an der Auswahl und am Grundsatz der una oratio festhielt. Ansätze zur C. erfolgten bei den Darbringungsgebeten nach dem Opfergang. Andere Formen waren die missa bi-(tri-)faciata, in der nach der Vormesse die weitere(n) Vormesse(n) eingeschoben wurde(n), oder die missa sicca, die sich an das Ende der Hauptmesse anschloß. V. a. aber diente die Häufung von Orationen nebst Gaben- und Schlußgebeten der gewünschten Absicht, wobei man bis 1967 an der Siebenzahl als Höchstmaß festhielt. Weniger große Bedeutung hatte die C. durch Schlußevangelium, Sequenz und Alleluja-Vers. G. Langgärtner

Lit.: V. THALHOFER–L. EISENHOFER, Hb. der kath. Liturgik II, 1912, 563–570–J. A. JUNGMANN, Missarum Sollemnia, 1962⁵, I, 493–497; II, 53–59, 557f. – LThK² III, 19 – A. ADAM–R. BERGER, Pastoralliturg. Handlex., 1980, 265f.

Commendatio → Kommendation

Commendise. Die c. ist ein frz. Rechtsinstitut (zu den Voraussetzungen → Kommendation), das dem Schutz der Schwachen dienen soll; vom 12. bis zum späten 14. Jh. ist es bes. im Hzm. und in der Freigft. Burgund, im Nivernais und in der Champagne sehr verbreitet. Der Schutzherr ist ein weltl. Adliger, die in den Schutz der c. Aufgenommenen sind in der Regel die Bewohner eines Dorfes oder eines größeren Gebietes; individuelle c.s sind selten. Anders als bei der kgl. → sauvegarde mußte zw. dem Schutzherrn und den Kommendierten vorher keine rechtl. Beziehung bestanden haben. Unfreie wie Freie konnten sich in den Schutz eines Herrn kommendieren. Die c. entstand immer durch einen bes. Rechtsakt, dem eine grundherrl. Erlaubnis vorausging, sofern die Kommendierten einem geistl. Herrn unterstanden. Üblicherweise war die c. unbeschränkt, doch finden wir auch c.-Bestimmungen, die auf den Aufenthalt des Kommendierten in der Herrschaft (seigneurie) seines Schutzherrn begrenzt sind. Die Funktion der c. bestand in erster Linie im Schutz gegen alle Akte des Fehde- und Kriegswesens. Für den gewährten Schutz konnte der Schutzherr zwar keine bes. Feudalrechte über die Kommendierten ausüben, er konnte jedoch eine jährl. Abgabe in Geld oder Naturalien erheben. Diese war oft sehr hart und entwickelte sich häufig zu einem Mittel gewaltsamer Unterdrückung. – Ähnlich wie die → garde verschwand die c., als die unsicheren Verhältnisse des späten MA sich konsolidierten. Durch den Machtzuwachs des Kgtm.s und der großen Lehnsfürsten wurde die Mediatisierung der Bevölkerung nach und nach aufgehoben; im Zuge dieser Entwicklung kam auch die c. allmähl. außer Gebrauch. D. Anex-Cabanis

Lit.: P. PETOT, La c. personnelle (Mél. P. FOURNIER, 1929), 609ff.

Commentariensis, Amtstitel der röm. Staats- und Heeresverwaltung, der den frühkaiserzeitl. a commentariis seit dem 3. Jh. fast völlig verdrängt. Er bezeichnet ursprgl. subalterne Protokollbeamte militär. Herkunft in Heeres- wie in zivilen Verwaltungsstellen (→ Praefectus Praetorio, → Praefectus urbi, Provinzverwaltung, Zentralverwaltung am Hofe), wird aber offensichtl. bei Ausweitung der Amtsbefugnis für Mitglieder des Ritterstandes und allgemein der 2. Rangstufe zentraler, regionaler und selbst municipaler (vgl. CIL IX 16/63) scrinia verwendet. Daneben ist der in Kriminalgerichten einzelner Provinzstatthalter selbständig tätige C. seit dem 4. Jh. (Cod. Theod. 9, 3, 5 m. Komm. von Gothofredus; 8, 15, 1; Joh. Lyd. Mag. 3, 8, 16) aus der Trennung von Militär- und Zivilverwaltung zu erklären. G. Wirth

Lit.: KL. PAULY I, 1259 [A. LIPPOLD] – RE IV, 759–768 [A. v. PREMERSTEIN] – Diz. epigrafico di antichità Romane II, hg. E. DE RUGGIERO, 1900, 537–546–J. MARQUARDT, Röm. Staatsverwaltung II, 1884², 547 – O. HIRSCHFELD, Die ksl. Verwaltungsbeamten, 1905², 325ff. – A. v. DOMASZEWSKI, Die Rangordnung des röm. Heeres, 1908, 1967² – JONES, LRE 94, 174, 587.

Commentarius → Kommentar

Commentarius Cantabrigiensis, anonymer Kommentar zu Röm – Hebr, Mitte des 12. Jh., von LANDGRAF in Cambridge entdeckt, wohl Nachschrift (Reportatio) einer Vorlesung → Abaelards. Sein bes. Wert liegt darin, daß er Abaelards Auslegung aller Paulinischen Briefe widerspie-gelt, während ein ausgearbeiteter Kommentar desselben nur zum Röm überliefert ist. R. Peppermüller

Lit.: A. LANDGRAF, Commentarius Cantabrigiensis in Epistolas Pauli e Schola Petri Abaelardi, 4 Bde, 1937–45 [Nachdr. 1960] – D. E. LUSCOMBE, The School of Peter Abelard, 1969, 145–153.

Commentum. Der 'Kommentar' ist eine Gattung ma. jurist. Literatur, v. a. des 12. und 13. Jh. Es handelt sich um Erklärungen des rechtl. Gehalts der kleinen Texteinheiten der Rechtsquellen als Ganzes. Neben C. einzelner leges der Digesten und des Codex gibt es fortlaufende C. zu ganzen Titeln der Digesten, zum ganzen Codex, zum Liber Extra usw. Die Erklärung beginnt jeweils mit dem im Text behandelten Fall; C. sind als eine entwickelte Form von → Casus aufzufassen. Von Glossenapparaten (→ Apparatus glossarum) unterscheiden sie sich dadurch, daß sie nicht unmittelbar den Quellentext interpretieren. Sie sind auch ohne den Text zu verstehen, wurden aber öfter in Form von → Glossen niedergeschrieben. Wichtige legist. C. sind die »Casus Codicis« des → Wilelmus de Cabriano, ein stark kompilator. C. zu den ersten vier Büchern des Codex von → Karolus de Tocco sowie jene über den Digestentitel »De diversis regulis iuris antiqui« von → Bulgarus (auch mit Zusätzen, u. a. von → Placentinus), von → Johannes Bassianus, von → Bertram v. Metz (Ed.: Bertrandus Metensis de regulis iuris, ed. S. CAPRIOLI, 1981) und von → Azo. Kanonist. C. sind die »Casus« zum Liber Extra und zu den Konstitutionen Innozenz' IV. von → Bernardus de Botone v. Parma. – Im 16. Jh. wurde es üblich, die gedruckten Vorlesungen (→ Lectura) der Kommentatoren über die Rechtsquellen als commentarii zu bezeichnen. P. Weimar

Lit.: E. M. MEIJERS, Sommes, lectures et commentaires (1100 à 1250) [1934] [jetzt in: DERS., Etudes d'hist. du droit III, 1959, 211–260] – COING, Hdb. I, 213–219.

Commercium (in theol. Sinn). Der Begriff steht im Lat. für jede Art von Handel und Warenaustausch, aber auch für die gemeinschaftl. Verbindung und den Verkehr unter Menschen. Im kaiserzeitl. Brauch des »commercium strenarum« erhält er kult. Bedeutung: dem Ks. werden am Neujahrstag Geschenke dargebracht, um sich der ksl. pietas zu versichern. Die Grundbedeutung »Austausch« führt in der altkirchl. Erlösungslehre zur theolog. Bedeutung des Begriffes. Ihr zentrales Anliegen ist die »Vergöttlichung« des Menschen, grundlegend verwirklicht in der Menschwerdung des Sohnes Gottes: der göttl. Logos wird Mensch, damit der Mensch zu Gott wird. Die Annahme der Menschheit in der Inkarnation des Logos und die Vergöttlichung des Menschen bedingen sich gegenseitig. Die Vorstellung des Austausches zw. Gott und Mensch ist damit gegeben. Sie findet ihren knappen Ausdruck in der Brevierantiphon zum 1. Januar: O admirabile commercium / creator generis humani / animatum corpus sumens / de virgine nasci dignatus est / et procedens homo sine semine / largitus est nobis suam deitatem (5. Jh., nach dem Konzil v. Ephesus 431). Das admirabile commercium kann auch mit dem erlösenden Sterben Christi verbunden werden (commercium passionis). Christus wird zum »himmlischen Kaufmann«, der den menschl. Tod annimmt, um göttl. Leben zu schenken und das ganze Menschengeschlecht von der Sünde loszukaufen (commercium emptionis; Augustinus). Der Tod Christi wird zum commercium salutare (Leo d. Gr.). Alle altkirchl. Aussagen bleiben vom Grundgedanken des Austausches beherrscht: Annahme der Menschennatur (durch den göttlichen Logos) – Teilhabe an der Gottnatur (durch den Menschen). Die Fortdauer des Austausches geschieht in der sakramentalen Heilszuwendung: Taufe und Eucharistie als sacra commercia, in denen der Austausch zw. Gott und Mensch durch Christus geschieht. – Die franziskan. Armutstheologie feiert die Armut als Heilsweg nach 2 Kor 8,9 und sieht in der freiwilligen Armut um Christi willen ein »sacrum commercium«, vorgebildet im »Bund des hl. Franziskus von Assisi mit der Herrin Armut«. K. S. Frank

Guilelmus →Duranti d. Ä. († 1296) erklärte zwar im Rationale divinorum officiorum (Lib. VI c. 15 ed. Lyon 1592, 519) in der Liturgie des Festes der Beschneidung des Herrn das Wort C.; die *scholast. Theologie* nahm den Begriff nicht auf. Sie brachte die soteriolog. Idee des gottmenschlichen Lebensaustausches objektiv(ierend) in dem aus dem Satz von der hypostatischen Union abgeleiteten Begriff der »communicatio idiomatum, operationum, gratiarum« zum Ausdruck (vgl. Thomas v. Aquin S.th. III [→Idiomen kommunikalion] q. 8, q. 16 u. 19). Die Entsprechung und Durchdringung der Eigentümlichkeiten, Handlungsweisen und Gnaden der göttl. und menschl. Natur in der Person des menschl. Sohnes Gottes holt die ganze menschl. Lebensgeschichte ein in das Geheimnis der Selbstmitteilung Gottes, so daß Christus, das Haupt der Menschen, nicht durch die Natur, sondern durch das personale Handeln (in der Natur) die Gnade der Gottesgemeinschaft vermittelt (ebd. q 8 a. 5 ad 1). L. Hödl

Lit.: A. GRILLMEIER, Chalkedon I, 5–202 – HDG III, 2A – M. HERZ, Sacrum commercium, 1958 – K. ESSER–E. GRAU, Der Bund des hl. Franziskus mit der Herrin Armut, 1966 – R. SCHWAGER, Der wunderbare Tausch, ZKTh 104, 1982, 1–24 – *Zur scholast. Theol.*: Die Dt. Thomas-Ausgabe Bd. 25: die Menschwerdung Christi (III 1–15), komm. v. L. SOUKUP, 1934, Bd. 26: Des Menschensohns Sein, Mittleramt und Mutter (III 16–34), komm. v. A. HOFFMANN, ebd. 1957.

Commercy
I. Stadt – II. Herren von Commercy.

I. STADT: C., Stadt in Lothringen, am linken Maasufer (dép. Meuse). C. wird in Thegans Vita Ludwigs d. Fr. 827/828 als castrum genannt. Im Verlauf einer Fehde mit der Champagne wurde die Kirche von C. um 1025 niedergebrannt. Der Ort dürfte zuerst den Gf.en v. →Verdun gehört haben, kam dann an den Bf. v. →Metz und vielleicht als Erbe der Gfn. Mathilde an die Gf.en v. →Bar. Die Burg war Zentrum einer mittelgroßen Herrschaft, zu der ein weiträumiger Königsforst gehörte. Zu der Kirche St-Pantaléon (Ende 10. Jh.) trat 1186 ein Stift St-Nicolas hinzu, das nahe bei der Burg gegr. wurde. Die Stadt entwickelte sich topograph. in westl. und auch nördl. Richtung; sie wurde begrenzt im Osten durch überschwemmungsgefährdete Ufergebiete der Maas, im Westen durch Sümpfe, die das Stadtgebiet von dem knapp 1 km entfernt gelegenen Priorat OSB Le Breuil (abhängig von →Molesme, Ende 11. Jh.) trennten. Ein unteres Schloß (Château-Bas, in Dreiecksform, 300×200 m) wurde an der nördl. Ecke der Stadt von der älteren Linie der Gf.en v. →Saarbrücken, Inhaber eines Teils der Herrschaft (s. a. Abschnitt II), errichtet; dem 12. oder 13. Jh. entstammend, blieb es bis in die Neuzeit erhalten. Im Süden, außerhalb der Stadt, entwickelten sich Handelsfunktionen mit Markt und Hallen; die Stadt profitierte vom lebhaften Handelsverkehr des Maastals. Als Stadt am linken Maasufer kam C. nach dem Vertrag von Brügge (1301), durch den der frz. Kg. Philipp IV. die Maas zur Grenze seines Reiches machen wollte, in den Lehnsbereich der frz. Krone.

II. HERREN VON COMMERCY: Die eigtl. Familie geht zurück auf *Stephania* (Stéphanie) (um 1144 – um 1178), Tochter des Gf.en v. →Bar, Rainald I. (Renaud) und Gemahlin von Hugo, Herrn v. Broyes (Champagne); sie wird als Dame oder Gfn. v. C. bezeichnet. (Die Familie des Ricuinus, gen. »von C.«, Bf.s v. Toul, 1107–24, ist in diesem Zusammenhang nicht zu berücksichtigen.) C. wurde von Stephanias Gemahl und Nachkommen als Lehen des Bf.s v. Metz gehalten. Die Herrschaft ging von Stephania auf ihren Sohn *Simon I.* (um 1145 – um 1208) über, der auch Herr v. Broyes und Vogt v. Neufchâteau (dép. Vosges) war. Danach fiel die Herrschaft an den jüngeren Sohn Simons I., *Gaucher I.* (um 1200–1248). Seine Nachkommen teilten sich in zwei Linien: die eine mit C., die andere mit Châteauvillain und Montrivel in der Freigft. Burgund. *Simon II.* († 1247) heiratete *Mathilde v. Saarbrücken*; hierdurch waren *Simon III.* (1248–1305) und *Johann I.* (1305–41) zugleich auch Gf.en v. →Saarbrücken. 1341 erfolgte eine Teilung: Der ältere Familienzweig erhielt Saarbrücken und ein Drittel der Herrschaft (Château-Bas in C.), der jüngere zwei Drittel von C. (Château-Haut). Die Herren v. C. waren seit dem 14. Jh. Vasallen des Kg.s v. Frankreich; dies ermöglichte den Gf.en v. Saarbrücken, am frz. Hof Fuß zu fassen (als Mundschenk/ *bouteiller*). Die Linie C.-Saarbrücken ging seit 1381–84 rasch im Haus →Nassau auf (über die Saarbrücker Erbtochter *Johanna*). Innerhalb der jüngeren Linie, der »damoiseaux« (Junker) von C., brachte es v. a. *Robert I.* (1414–64) zu Ruhm; er erlangte durch Heirat mit *Johanna* (Jeanne) die Gft.en →Roucy und Braine; das Château-Haut wurde nun der champagn. Gft. Braine zugeschlagen. Dieser Zweig der Herren v. C. stand stets zw. dem lothr. Maasland, der Champagne, der Freigft. Burgund und dem Land an der Saar. M. Parisse

Lit.: CH. DUMONT, Hist. de la ville et des seigneurs de C., 3 Bde, 1843 – S. FRANÇOIS-VIVES, Les seigneurs de C. au MA (XIe s. – 1429), Mém. Soc. Arch. Lorr., 1936–39 – A. MATHIEU, Recherches sur la topographie ancienne de C. [Ms. masch., 1981].

Comminatio → Sanctio

Comminges (lat. Convenae), Bm. und Gft. im sw. Frankreich, im Pyrenäenvorland und Gebirgsgebiet (dép. Hte-Garonne und Htes-Pyrénées).

I. Bistum und Bischofsstadt – II. Grafschaft.

I. BISTUM UND BISCHOFSSTADT: Suffraganbm. v. →Auch, bis 1801. Das Bm. C. wurde nicht vom hl. Saturninus oder seinen Schülern begründet, wie von der örtl. Überlieferung behauptet wurde. Christl. Inschriften und die Basiliken der röm. Stadt Lugdunum Convenarum (am Fuß der hochgelegenen ma. Bischofsstadt) belegen organisiertes kirchl. Leben seit dem 4. Jh. Die »Notitia Galliarum« vom Ende des 4. Jh. nennt die civitas Convenarum als eines der Bm.er der Novempopulania. Erster sicher bezeugter Bf. ist Suavis (506). Vom späten 6. Jh., in dem die Zerstörung von Lugdunum Convenarum im Zuge merow. Thronkämpfe erfolgte, bis zum 10. Jh. liegt die Geschichte des Bm.s weitgehend im dunkeln; die regionalen Heiligen der Kirche v. C., Gaudens, Vidianus, Cizius, Sabinus, sind nicht zuverlässig belegt. Die kleine Laienaristokratie hatte sich des Bischofssitzes bemächtigt. Die Neubelebung des religiösen Lebens und Wiedererrichtung der Bischofsstadt waren das Werk des Kirchenreformers →Bertrand de l'Isle (um 1083–1123) und seiner Nachfolger Roger de Noé (1123–52) und Arnaud-Roger I. (1152–77). Sämtliche Bf.e des 12. und 13. Jh. wurden vom Kathedralkapitel gewählt; sie entstammten den großen seniorialen Adelsfamilien des Pyrenäenraumes. Das Eindringen des häret. Katharertums (→Katharer, →Albigenser) im Bm. C. wird durch keinerlei lokale Quellen erhellt. Bf. Bertrand de Got (1294–99), der spätere Papst →Clemens V., war der erste Bf., der aufgrund päpstl. Reservation auf den Bischofssitz von C. gelangte. Mehrere Bf.e des 14. und 15. Jh. waren bemerkenswerte Persönlichkeiten: Unter ihnen waren große Bauherren wie Hugues de Castillon (1336–52),

Politiker wie Guillaume d'Espagne (1371–84) und Menaut de Barbazan (1390–1421), Mäzene und Humanisten wie Pierre (1422–51) und Jean de Foix (1466–1501). Das Diözesangebiet, verhältnismäßig klein und großenteils im Gebirgsland gelegen, umfaßte auch das zum Kgr. Aragón gehörige Valle d'Aran. 1369 zählte das Bm. 360 Pfarrkirchen nebst Filialen. Es umfaßte 5 Archidiakonate und 20 Archipresbyterien. Die Bf.e residierten zunächst in ihrer Bischofsstadt, wo sie bis zum 13. Jh. die Stadtherrschaft ausübten. Im SpätMA residierten sie vorwiegend in Alan. Die ursprgl. roman. Kathedrale in St-Bertrand wurde von Bertrand de l'Isle errichtet; vom roman. Bau ist namentl. der Kreuzgang mit bedeutender roman. Kapitellplastik erhalten. Zw. 1304 und der Mitte des 14. Jh. erfolgte eine großzügige got. Erweiterung. Bf. Jean de Mauléon (1523–51) ließ die Kathedrale im Renaissancestil ausstatten und das reichgeschnitzte Chorgestühl anfertigen. Als weiteres ma. Bauwerk ist die nahegelegene frühroman. Kirche St-Just de Valcabrère mit zahlreichen verbauten antiken Spolien erwähnenswert.

Die ma. Bischofsstadt entstand unter Bertrand de l'Isle oberhalb der im Tal gelegenen röm. Stadt auf einer Anhöhe, die bereits in der Antike eine befestigte Höhensiedlung (oppidum) getragen hatte. Bald nach der Kanonisation ihres Gründers erhielt die Stadt zu seiner Ehre den Namen St-Bertrand de Comminges (1222). Seit dem SpätMA war St-Bertrand am 2. Mai Ziel einer Wallfahrt (1309 feierl. Erhebung der Gebeine des hl. Bertrand durch Papst Clemens V.). Die Stadt erlebte angesichts der Konkurrenz der kgl. →bastide Montréjeau (gegr. 1272) seit dem 14.–15. Jh. einen Niedergang und ist heute weitgehend entvölkert. Teile der spätma. Stadtbefestigung sind erhalten.

II. GRAFSCHAFT: Das Grafenhaus C. geht auf einen missus des Raimund v. Toulouse namens *Arnaud* (949) und dessen Bruder *Roger* zurück. Die erste Erwähnung der Gft. datiert von ca. 979. Erst im 12. Jh. verliehen die Gf.en *Bernard I.* (1114–44), *Bernard II.* (1144–vor 1153) und *Dodon* (1153–76) ihrem Territorium die definitive Gestalt: Es entstand die »terre« C., die im W weniger ausgedehnt war als die Diöz., dafür im O das zum Bm. →Couserans gehörige Castillonnais umfaßte; 1120 fielen auch die Seigneurien Muret und Samatan durch Heirat an das Grafenhaus. Vor dem 13. Jh. war die »terre« von keinem Herrn lehnsabhängig; Muret und Samatan dagegen hatten die Gf.en v. C. von den Gf.en v. Toulouse zu Lehen. Das 12. Jh. war auch in C. eine Periode großen Bevölkerungsanstieges und Landesausbaus. Es gelang dem Gf.en *Bernard IV.* (1176–1225), seinen kleinen Pyrenäenstaat während der Kämpfe zw. den großen Grafenhäusern von →Toulouse und →Barcelona und während des Albigenserkrieges zu erhalten. Nach der Niederlage der südfrz. Fs.en bei →Muret (1213) verteidigte Bernard seine Gft. tapfer gegen Simon de →Montfort. Die drei Ehen, die Gf. Bernard schloß, erregten skandalöses Aufsehen, doch war die letzte dieser Heiraten, mit *Marie de Montpellier* (1197–1203), lediglich ein geschickter Schachzug, um →Peter II. v. Aragón die Nachfolge in →Montpellier zu sichern. Im 13. Jh. agierte die Grafenfamilie weniger glücklich. So gingen St-Gaudens und das Nébouzan an die Vicomtes v. →Béarn verloren (1232–58). Gf. *Bernard VI.* (1241–95) mußte dem Gf.en v. Toulouse für seine gesamte Gft. den Lehnseid leisten (1244); auf diese Weise wurde das C. – mit dem Anfall der Gft. →Toulouse an den frz. Kg. nach dem Tode →Alfons' v. Poitiers († 1271) – zum unmittelbaren Kronlehen. Trotz des Verlustes der Unabhängigkeit wurde die Gft. mit einer guten Verwaltungsorganisation, deren Struktur auf acht Kastellaneien basierte, ausgestattet. 1339 erschütterte ein erster Erbfolgestreit die Gft. Im →Hundertjährigen Krieg wurde das Unterland des C. verwüstet (1355). Im Vertrag v. →Brétigny verblieb das C. unter der Oberherrschaft des frz. Kg.s. Der Tod des Gf.en *Pierre-Raimond II.* (1341–75), der nur eine zehnjährige Tochter, Gfn. *Marguerite* (1375–1443), hinterließ, entflammte die Besitzgier der miteinander konkurrierenden Nachbarn: Zunächst trug das Haus →Armagnac den Sieg dank der ersten beiden Heiraten der Marguerite (1378, 1392) davon; das Haus →Foix gewann dann jedoch die Oberhand: Marguerite wurde 1419 zu einer dritten Heirat mit *Mathieu de Foix* gezwungen; dieser ließ sie sogar gefangensetzen. Die Stände des C. appellierten daraufhin an Kg. Karl VII., der die Befreiung der Gfn. durchsetzte, sich jedoch die Abtretung ihrer gfl. Rechte an die Krone sicherte. Die Eingliederung des C. in die Krondomäne nach dem Tod Mathieus († 1453) war die Folge dieser Entwicklung (Jan. 1454).   Ch. Higounet

Lit.: DHGE XIII, 378–401 – GChr I, 1090–1122 – RE XIII, 1723f. – R. LIZOP, Hist. des deux cités gallo-romaines. Les Convenae et les Consoranni, 1931 – J. CONTRASTY, Hist. des évêques de C., 1940 – CH. HIGOUNET, Le comté de C., de ses origines à son annexion à la Couronne, 2 Bde, 1949 – P. OURLIAC, L'origine des comtes de C. (Rec. de travaux ... C. BRUNEL, II, 1955), 313–320 – E. DELARUELLE, St-Bertrand, coll. Zodiaque-Weber, 1979² [zur Kunstgesch.] – vgl. allg.: Rev. de C., seit 1885.

Comminges, Jean Raymond de, frz. Prälat, Kard. v. S. Vitale, † 20. Nov. 1348; aus dem Hause der Gf.en v. →Comminges, Sohn Bernards VII. C. war zunächst Kanoniker v. Narbonne und wurde von Clemens V. 1309 zum Bf. v. →Maguelone erhoben, obwohl er weder das kanon. Alter besaß noch die Weihen empfangen hatte. Er stiftete in Maguelone Schulen für arme Kinder aus dem Kgr. Mallorca und ein Spital für Fremde. Er nahm am Konzil v. →Vienne teil (1311–12). Auf Betreiben des frz. Kg.s versetzte ihn Papst Johannes XXII. auf den Sitz des erst vor kurzem zum Ebm. erhobenen →Toulouse (1317). In dieser Eigenschaft lehnte er es ab, Bernard →Délicieux zu richten, und erwies sich überhaupt in Hinblick auf die →Inquisition als nachsichtig. 1327 zum Kard. v. S. Vitale, 1331 zum Bf. v. Porto erhoben, hatte er Hl. Kreuz in Jerusalem und S. Crisogono inne; mit diesen und zahlreichen anderen Benefizien in Frankreich, Deutschland, England und Spanien bepfründet, galt er als einer der Großen unter den zeitgenöss. Prälaten. Mit seinen Mitbrüdern Luca Fieschi und Jacques Fournier (späterer Papst →Benedikt XII.) betrieb er die Kanonisation von Yves →Hélory. Er soll beim Konklave von 1334 die Mehrheit auf sich vereinigt, die Wahl aber abgelehnt haben, da er nicht den Hl. Stuhl nach Rom zurückverlegen konnte. C. nahm an den Konferenzen von Avignon zur Wiederherstellung des Friedens zw. England und Frankreich teil (1344). Ferner bemühte er sich um eine Versöhnung seiner um die Grafenwürde v. →Comminges kämpfenden Verwandten. Auch soll →Peter IV., Kg. v. →Aragón, sich um C.' Hilfe gegen den Kg. v. →Mallorca beworben haben. C. werden einige geistl. Werke (»De passione Christi« sowie Predigten) zugeschrieben.   M. Hayez

Lit.: DBF IX, s. v. – DHGE XIII, s. v. – B. GUILLEMAIN, La cour pontificale d'Avignon, 1966.

Commissaire bezeichnet in der frz. Verwaltung (→Beamtenwesen) des MA den vom Kg. mit einem zeitl. befristeten und kompetenzmäßig abgegrenzten Auftrag (commissio, *commission*) versehenen Beauftragten. Bei der Ausübung seiner Mission genoß der c. die Privilegien der regulären Beamten (kgl. Schutz [*sauvegarde*], Bewilligungsschreiben der kgl. Beamten [*aveu des gens du roi*]). Die Funktionsfähigkeit der kgl. Verwaltung erforderte angesichts der kleinen Zahl der regulären Beamten und der Schwierigkeit, ihre Amtsführung zu kontrollieren, zahlreiche c.s. Die meisten außerordentl. Aufgaben wurden von c.s wahrgenommen: in der Diplomatie (Gesandtschaften, Verhandlungen), Justiz (Redaktion des Gewohnheitsrechts [*coutumes*]), Kirchenpolitik (Kampf Kg. →Philipps IV. gegen Papst →Bonifatius VIII.) und Militärwesen (Inspektion von Festungen). Die im 14. und 15. Jh. noch wesentl. auf der außerordentl. Besteuerung fußende kgl. Fiskalität und die damit zusammenhängenden administrativen Aufgaben lagen gleichfalls zum größten Teil in den Händen von c.s (*c. sur le fait des Aides, des Tailles*; →aides, →tailles, →Steuerwesen). Es gab c.s als Helfer der Richter und sonstigen Justizbeamten (*c.s enquêteurs, c.s examinateurs*) sowie der Finanzverwalter (*commis des receveurs et des élus*). Eine bedeutendere Rolle spielten c.s jedoch als Kontrollbeamte: Die *c.s -réformateurs* hatten das Kgr. Frankreich zu durchreisen und Verfehlungen der Beamten zu ahnden. Sie nahmen an den Sitzungen der regionalen und lokalen Gerichts- und Administrationsorgane, der *Grands Jours* und *États*, teil. Oft stellt ihre Tätigkeit eine Verdoppelung der regulären Verwaltungsinstitutionen dar. Die Richter an den Sondergerichtshöfen für polit. Prozesse sind c.s. – vom Prozeß Enguerrands de →Marigny (1315) bis zu demjenigen Semblançays (1527). Stets üben die c.s ihre Funktion zur Verteidigung der Rechte des Kg.s aus, dessen Hofhalt sie entstammen. Im 16. Jh. erhält der »c.-départi sur le fait de la justice, police et finances« die Bezeichnung *Intendant* und wird als solcher für die frühneuzeitl. Entwicklung der kgl. Zentralverwaltung in Frankreich grundlegend. F. Autrand

Lit.: G. DUPONT-FERRIER, Le rôle des c.s royaux dans le gouvernement de la France, spécialement du XIVᵉ au XVIᵉ s. (Mél. P. FOURNIER, 1929), 171–184 – J. GLENISSON, Les enquêteurs – reformateurs de 1270 à 1328 [Thèse Ec. des Chartes, 1946; Zus.Fassung: Position des Thèses, 1946, 81–88] – M.-E. CARREAU, Les commissaires royaux aux amortissements et aux nouveaux acquêts 1275–1328 [Thèse Ec. des Chartes, 1953; Zus.Fassung: Position des thèses, 1953, 19–22] – M. REY, Le domaine du roi et les finances extraordinaires sous Charles VI (1388–1413), 1965 – F. AUTRAND, Offices et officiers royaux en France sous Charles VI, RH 242, 1969, 285–338.

Commodianus, lat. christl. Dichter unbekannter Herkunft und Lebenszeit. Überliefert sind 2 Bücher »Instructiones«, insgesamt 80 Gedichte (Buch 1: Apologie mit dem Ziel, Heiden und Juden zu bekehren; Buch 2: Anweisungen zum chr. Leben) sowie das sog. »Carmen apologeticum« (in der Hs. ohne Titel und Autornamen, MARTIN: »Carmen de duobus populis«). Es will in 1060 Hexametern Heiden und Juden zum rechten Glauben führen. Die Betonung eschatolog. Gedanken, Hinweise auf ein Zurückgehen der jüd. Mission, ein grober →Chiliasmus sowie theol. Positionen vorkonstantin. Zeit machen eine Datierung in die Mitte des 3. Jh. wahrscheinlich (THRAEDE). Somit wäre C. der älteste lat. christl. Dichter. Die Spätdatierung (5. Jh.) beruht u. a. auf vermuteten Beziehungen zur Eroberung Roms 410 (apol. 807–822). Die Sprache weist stark vulgärlat. Züge auf, der Stil ist geprägt durch →Akrosticha, welche die Titel der Einzelgedichte ergeben, →Abecedarien (instr. 1, 35; 2, 19), Reime und Wortspiele. Der Hexameter ist nicht quantitierend, sondern akzentuierend. Die Überlieferung der »Instructiones« beruht auf dem Cod. Andecavensis aus St. Aubin zu Angers (vgl. I 633), jetzt Berolinensis 167, des 9. Jh. (Erstausg. von N. Rigaltius, St. Toul 1649), die des sog. »Carmen apologeticum« auf dem Cod. Mediomontanus des 8. Jh. aus Nonantola bei Modena, dann in Middlehill, jetzt im Brit. Mus. London (Erstausg. von J. B. PITRA, Paris 1852). J. Gruber

Ed.: B. DOMBART, CSEL 15, 1887 – J. MARTIN, CCL 128, 1960 – A. SALVATORE, 1965 und 1977 – *Lit.*: ALTANER-STUIBER 181f., 583f. – KL. PAULY I, 1260f. – RAC III, 248–252 – REIV, 773f. – K. THRAEDE, JbAC 2, 1959, 90–114; 4, 1961, 108–127.

Common law → Englisches Recht

Common Pleas, Court of (*Bench of Common Pleas*), engl. Gerichtshof in Westminster, London. Spätere Juristen wie W. BLACKSTONE betrachteten den Artikel 17 der →Magna Carta von 1215, der festlegte, »daß die common pleas [zu diesen Gerichtsverfahren vgl. →Engl. Recht] nicht mehr dem Königshof folgen, sondern an einem bestimmten Ort verhandelt werden sollen«, als den Wendepunkt in der Entwicklung der engl. Rechtes. Tatsächlich aber hatten die häufigen Abwesenheiten des Kg.s schon vor 1200 zur Herausbildung eines Gerichtshofes (*bancum, bench*) mit Berufsrichtern, die offensichtl. mit dem →Exchequer in Westminster in Verbindung standen, geführt. Die durchgängige Tätigkeit sowohl von Richtern »coram rege«, als auch von solchen »de banco« wird ab 1234 belegt durch zwei separate Serien von Verhandlungsprotokollen (*plearolls*), die parallel bis zur Reorganisation der obersten Gerichtshöfe durch Schaffung des *Supreme Court of Judicature* (1875) fortlaufen. Die Westminster Hall teilte die anfallenden *common pleas* nicht nur mit den *barons of the Exchequer*, die über fiskal. Streitfälle richteten, sondern auch mit den Richtern »coram rege«, die lange vor 1500 ihre Reisetätigkeit aufgaben und den als →*King's Bench* (Königsgericht) bekannten Gerichtshof begründeten. Dieses Gericht hatte größere polit. Bedeutung als der C. of C. P., seitdem es die schweren Kriminalfälle richtete. Außerdem korrigierte es auch Fehlurteile vom Common Bench, dem der King's Bench im 16. Jh. durch geschickte Ausnutzung der *Procedure by* →*Bill* selbst auf dem Gebiet des Zivilrechtes einen Teil der Richtertätigkeit entzog.

Dennoch ist BLACKSTONES Ansicht, daß die feste Einrichtung des »großen Gerichtshofes für Besitzprozesse« zw. Nichtadligen in Westminster eine entscheidende Etappe innerhalb der engl. Rechtsentwicklung darstelle, durchaus korrekt, einfach, weil dadurch das Gericht an einen Ort gebunden war und sich eine Gemeinschaft von »Professoren des Landrechts« herausbildete. Der Gerichtshof verfügte niemals über mehr als einen Oberrichter (*chief justice*) und drei nachgeordneten Richtern (*justices of Common Pleas*), doch spielte der Stab der Sekretäre (*clerks*) des Gerichtshofes, der als »lock and key of the common law« bezeichnet wurde, eine bedeutende Rolle. Die Tatsache, daß grundlegende Zivilprozesse über Besitzrecht, Besitzantritt, widerrechtl. Enteignung, Schuldforderungen und Verträge vor dem C. of C. P. verhandelt wurden, führte dazu, daß sich Korporationen von Anwälten aus dem Laienstand und Anwärtern herausbildeten, deren Plädoyers seit den 1290er Jahren in den →Year Books überliefert wurden. A. Harding

Lit.: M. HASTINGS, The C. of C. P. in Fifteenth Century England, 1947 – S. F. C. MILSOM, Historical Foundations of the Common Law, 1981, 32f.

Commonitorium ('Mahnzettel'), Bezeichnung für jedes entsprechende Schreiben privaten Charakters (vgl. Amm. 28, 20, 10; Symm. epist. 5, 21; 6, 45). Entsprechend wird c. (auch c. sacrum) Terminus für Urkunden mit bestimmten Aufträgen an Beamte (Cod. Theod. 6, 29, 10 mit Komm. von Gothofredus; 7, 4, 27; Cassiod. var. 3, 19; 7, 12) und bes. zur Steuereintreibung an Grundbesitzer als Inhalt (Cassiod. var. 7, 22). Nebenbedeutung hiervon ist c. als Gesuch mit vollstreckbaren Versprechungen an offizielle Dienststellen (Cod. Theod. 2, 29, 2; Symm. epist. 1, 68).

Lit.: RE IV, 775f. [O. SEECK] – ThLL III, 1934f. G. Wirth

Commonitorium Palladii → Alexander d. Gr., Abschnitt B I,2

Commote, eine der wichtigsten kgl. Verwaltungseinheiten des ma. →Wales, mit eigenem Zentrum. Nach den Rechtstraktaten aus dem 13. Jh. und der nachfolgenden Zeit bestanden vier *trefi* (grundlegende wirtschaftl. Einheit) in jedem *maenor/maenol* (grundlegende fiskal. Einheit) und zwölf *maenolau* sowie zwei zusätzl. trefi in jedem C.; der Kg. erhielt Abgaben und einige Dienstleistungen von jedem maenor; die Einkünfte aus den beiden zusätzl. trefi waren seiner direkten Nutzung vorbehalten. Die fiskal. Struktur des C. war anscheinend im 12. Jh. in Anwendung und hatte sich wahrscheinl. seit dem 10. Jh. entwickelt. Ihre Ursprünge, insbes. in Hinblick auf die Beziehung zu der größeren Einheit des →*cantref* (100 trefi), sind ungeklärt. Beide existieren im spätma. Wales, wobei manche Landschaften als in c.s, andere als in cantrefi eingeteilt erscheinen. Nach herkömml. Auffassung wurden die meisten cantrefi im frühen 12. Jh. zwecks größerer Effektivität unterteilt, was sich jedoch nicht durch schriftl. Quellen belegen läßt. W. Davies

Lit.: W. Davies, Wales in the Early MA, 1982, passim.

Commune → Kommune

Commune Sanctorum bezeichnet seit dem SpätMA Gebets- und Gesangstexte zu Messe und Stundengebet, die mehreren Heiligenfesten (ohne eigenes Formular) gemeinsam sind. Das Sacramentarium Leonianum des 7. Jh., das die liturg. Situation des 5. und 6. Jh. widerspiegelt, enthält eine frühe Form eines C.S. Seit dem frühen 11. Jh. nimmt das C.S. konkrete Gestalt an, die bis heute fortwirkt. D. v. Huebner

Lit.: MlatWb II, 1968–1973, 1004–1011 – ECatt IV, 1950, 68ff – LThK² III, 1959, 24 – M. Righetti, Manuale di storia liturgica I, 1950², 169; 3, 1949, 99–101 – A. Stuiber, Libelli sacramentorum Romani, Theophaneia 6, 1950, 30ff. – J. A. Jungmann, Missarum sollemnia I, 1962⁵, 179 – P. Salmon, L'office divin au moyen-âge. Hist. de la formation du bréviaire du IXe au XVIe s. (Lex Orandi XLIII, 1967).

Communia → Genossenschaft

Communia pacis (lat. fem. sing. und neutr. pl.: 'Friedensgemeinschaft, -en'), Schwurgenossenschaften zu gemeinsamen Vorgehen gegen Friedensbrecher. – Um die Jahrtausendwende in Frankreich und Nordspanien im Zusammenhang mit der →Gottesfriedensbewegung unter bfl. Führung entstanden, werden Pax-Milizen im 12. und 13. Jh. durch kgl. und päpstl. Privilegien bestätigt, obwohl am Ende des 12. Jh. die Volksaufgebote unter kirchl. Führung bereits weitgehend bedeutungslos geworden waren. Parallel zu den diözesanen entwickeln sich in Frankreich die städt. Schwurverbände (→Coniuratio), auch in Deutschland lassen sich Auswirkungen des Gottesfriedens auf die Stadtentwicklung nachweisen. Seit dem 12. Jh. begegnet in Frankreich bis in das SpätMA das commune pacis (frz. *commun de paix*) als Friedenssteuer (unter anderem Namen auch in Spanien belegt), die zum Unterhalt einer Friedenstruppe bzw. zur Befriedigung von Ersatzansprüchen geschädigter Mitglieder der Friedenseinung dienen sollte. →Kommune. P. Segl

Lit.: B. Töpfer, Volk und Kirche zur Zeit der beginnenden Gottesfriedensbewegung in Frankreich, 1957 – H. Hoffmann, Gottesfriede und Treuga Dei, 1964 – A. Vermeesch, Essai sur les origines et la signification de la commune dans le Nord de la France, 1966.

Communio. 1. C. [1] Gemeinschaft der Heiligen = der Gläubigen, die an der Eucharistie Anteil haben; so schon im 4./5. Jh. (Johannes Chrysostomos, Isidor von Pelusium). An eine Verbindung mit den jenseitigen Hl.en ist dabei noch selten und keineswegs formelhaft gedacht. Im umfassenderen Sinn zur Umschreibung des ganzen Wesens der Kirche findet sich der Ausdruck seit dem 5. Jh. in der westl. jüngeren Fassung des Apostol. Glaubensbekenntnisses.

[2] Schon früh bezeichnet C. den Empfang der Eucharistie (Kommunion) und diese selbst (→Abendmahl). Die Eucharistie ist com-munio, »gemeinsamer Besitz, anvertraute Gabe«, also nicht primär »Ver-einigung«, wenngleich diese eine Frucht ihres Empfangs ist.

[3] Gesang, der die Austeilung der Kommunion an die Gläubigen (nicht schon die Kommunion des Priesters) begleitet und aus Psalmengesang besteht, den eine Schola vortrug und der von einer von der ganzen Gemeinde gesungenen Antiphon umrahmt war, wie das die heutige erneuerte Liturgie wieder vorsieht. Durch den Rückgang des Kommunionempfangs blieb einst schließl. nur noch die Antiphon übrig, die vom Chor gesungen oder/und vom Priester still gebetet wurde. Man nannte sie seit Sicard v. Cremona († 1215) und dem Ordo Romanus XIV einfach C. G. Langgärtner

Lit.: V. Thalhofer – L. Eisenhofer, Hb. der kath. Liturgik II, 1912², 225–227 – J. A. Jungmann, Missarum Sollemnia II, 1962⁵, 341–527 – LThK² III, 26f.; IV, 651–653 – A. Adam – R. Berger, Pastoralliturg. Handlex., 1980, 268–270.

2. C. → Kommune, →Gemeinde

Community of the realm. [1] *England:* C. of the r. ('Gemeinschaft des Kgr.es', communitas totius regni) erscheint als Terminus seit 1258 und steht allgemein für eine Vereinigung von →Baronen, die Mitsprache und Kontrolle bei kgl. Entscheidungen beanspruchte (zu den allg. Voraussetzungen →Widerstandsrecht).

Es darf davon ausgegangen werden, daß bereits in der →Magna Carta (1215) eine C. of the r. Englands rechtl. anerkannt wurde, da 25 baroniale Hüter »cum communa tocius terre« dafür sorgen sollten, daß der Kg. die in der Carta festgelegten Bestimmungen, nämlich die Verleihung bes. Rechte an alle freien Männer und die Sicherheitsklausel der Urkunde (cl. 61), beachtete. Man darf auch annehmen, daß eine solche Institution noch durch die Bestätigungen der endgültigen Carta von 1225 durch Heinrich III. gefestigt wurde – diese Zugeständnisse mußte der Kg. als Gegenleistung für die Bewilligung allgemeiner Steuern oder unter dem Einfluß eines gewissen innenpolit. Drucks machen, der durch die Verletzungen der Carta durch den Kg. und seine Beamten erzeugt worden war. In diesem Zusammenhang erscheint die früheste bekannte Erwähnung einer »communitas totius regni« in den baronialen *Provisions of* →*Oxford* (1258), die zur Einrichtung einer Reformkommission von 24 Mitgliedern führten, die zur einen Hälfte vom Kg. ausgewählt wurden, zur anderen »ex parte communitatis regni«. Die treibende Kraft bei dieser allgemeinen Bewegung gegen Heinrich III. in England war jedoch eine Einung (conjuratio) Simons de →Montfort und sechs anderer Barone, deren Gemeinschaft *(commune)* durch den beschworenen Beitritt weiterer Barone erweitert wurde. Nach der Auflösung dieser »aristokrat. Gemeinschaft« 1265 (→Barone, Krieg der) erschien der Terminus »C. of the r.« dann 1297 erneut im Zusammenhang mit den Zugeständnissen, die Eduard I. machte (→Articuli super Cartas), und wurde auch in den polit. Wirren während der Regierung Eduards II. gebraucht (z. B. »la communaute de vostre roiaume« in seinem Krönungseid, 1308). Soweit der Terminus in Erklärungen Verwendung fand, die einen Meinungskonsens wiedergaben, wies er auf ein von den Baronen beanspruchtes Recht hin, mit dem Kg. im Namen aller Untertanen zu sprechen. Dieses Recht wurde gefordert, obwohl es gewählte Vertreter der Versammlungen der →*shires* und der →*boroughs* gab, die an vielen Parlamentssitzungen (→*Parliament*) teilnahmen.

Erst als 1322 diese gewählten Mitglieder als Repräsentanten der allgemeinen Öffentlichkeit offiziell anerkannt wurden, verloren die Lords ihre Funktion, die nun an die *Commons in parliaments* überging. Der Terminus »C. of the r.« kann in den Quellen seit der Mitte des 14. Jh. mit *House of Commons* wiedergegeben werden.

[2] *Schottland:* In Schottland erscheint der Terminus »C. of the r.« als ein Ausdruck für die polit. Einheit, so 1286, und trat ständig in offiziellen Dokumenten während der →Great Cause und des Unabhängigkeitskrieges (1291–1328; →Schottland) auf. Wie im zeitgenöss. England handelten die Lords im Namen der C. of the r., jedoch setzten die Schotten seit 1357 an die Stelle dieses Begriffs eine offensichtl. neue Formulierung: »tres communitates«, womit die drei Stände, Klerus, Adel und Bürger, anerkannt waren. R. L. Storey

Q.: W. STUBBS, Select Charters, 1913⁹, 374ff. – S. B. CHRIMES–A. L. BROWN, Select Documents of English Constitutional Hist. 1307-1485, 1961, 4ff. – Dict. of Medieval Latin from British Sources, Fasc. 2, 1981, 401 – *Lit.:* M. V. CLARKE, Medieval Representation and Consent, 1936, 154–172 – J. C. HOLT, Magna Carta, 1965, 184–187, 281–292 – R. NICHOLSON, Scotland: the Later MA, 1974, 26, 28, 166 – M. T. CLANCHY, England and its Rulers 1066–1272, 1983, 264–280 – Vgl. Lit. zu →Parliament.

Commutatio → Steuer, -wesen

Commynes, Philippe de

I. Leben und politisches Wirken – II. Die Memoiren.

I. LEBEN UND POLITISCHES WIRKEN: Commynes (Commines), Philippe de, burg.-frz. Staatsmann, Diplomat und Verfasser berühmter Memoiren, * kurz vor 1447 auf Schloß Renescure bei Hazebrouck (frz. Flandern, dép. Nord), † 18. Okt. 1511 auf Schloß Argenton (dép. Deux-Sèvres). Sohn von Colard de C., der als treuer Helfer →Philipps des Guten, Hzg.s v. →Burgund, u. a. das Amt des obersten →Bailli v. Flandern bekleidete. Ph. de C.' Mutter starb bei seiner Geburt, auch den Vater verlor er früh (1453). Im Hause seines Vetters Jean de C. erhielt er eine ritterl. Erziehung und begann seine Laufbahn am burg. Hof als Knappe *(écuyer)* des Gf.en v. Charolais, des späteren Hzg.s →Karl des Kühnen (1464). Unter diesem kämpfte er bei →Montlhéry (1465) und nahm an der Einnahme von Dinant sowie am Feldzug gegen →Lüttich teil (1466). Nach seinem Regierungsantritt schlug Karl der Kühne C. zum Ritter und machte ihn zu seinem Rat *(conseiller)* u. Kammerherrn (→*chambellan*) (1467). Der erste Kontakt C.' mit dem größten Gegenspieler Karls, Kg. →Ludwig XI., datiert von der Konferenz von →Péronne (Okt. 1468). C. wurde mit mehreren diplomat. Missionen betraut (Calais 1470, England 1471, Bretagne, Spanien [Santiago de Compostela]). Im Okt. 1471 am frz. Königshof, hatte er Gelegenheit, die Beziehungen zu Ludwig XI., dessen polit. Fähigkeiten er bewunderte, zu erneuern; vielleicht faßte er schon zu diesem Zeitpunkt den Entschluß, seinen bisherigen Herrn zu verlassen und sich Ludwig anzuschließen. In der Nacht vom 7. zum 8. Aug. 1472 ging er dann in Ponts-de-Cé (dép. Maine-et-Loire) zur kgl. Armee über. Für diesen Frontwechsel, einen Verrat in C.' eigenen Augen und denjenigen seiner Zeitgenossen, waren neben der Faszination, die Ludwigs Persönlichkeit auf C. ausübte, offensichtl. die Vorteile, die ihm der Kg. zu bieten bereit war, ausschlaggebend. Zwar ließ Karl d. K. die Güter des Renegaten konfiszieren, doch entschädigte ihn Ludwig in großzügiger Weise: Neben anderen Titeln und Ehrenämtern erhielt C. eine Pension von 6000 livres, die Fsm. Talmont, die Herrschaften Argenton und Chaillot, die Schloßhauptmannschaft *(capitainerie)* von Chinon und Poitiers etc. Eine reiche Heirat mit Hélène de Chambes (Jan. 1473) krönte diese Erfolge. Einflußreicher Rat *(conseiller)* des Kg.s, war C. an allen wichtigen polit. und militär. Vorgängen im Kgr. beteiligt bis zum Tode Karls d. K. (1477), der ein Zerwürfnis zw. dem Kg. und seinem Ratgeber nach sich zog. Ludwig verbannte C. nach Poitiers, berief ihn jedoch bald wieder an den Hof und betraute ihn mit Missionen im neueroberten Hzm. Burgund, in Florenz und in Piemont (1478). Nach dem Tod des Kg.s (30. Aug. 1483), an dessen Sterbebett C. anwesend war, begannen für ihn härtere Zeiten, da er im Parteienkampf zw. →Anna v. Beaujeu und dem Hzg. v. →Orléans auf das falsche, orléanistische Pferd gesetzt hatte. Im Jan. 1487 im berüchtigten »eisernen Käfig« eingekerkert, wurde er zu zehnjähriger Haft und Konfiskation seiner Güter verurteilt (März 1489). Er erreichte jedoch bald seine Rehabilitation (Dez. 1489) und konnte seine diplomat. Tätigkeit wiederaufnehmen: Verhandlungen für den Vertrag v. Senlis (1493); Italienfeldzug mit Karl VIII. (1494–95), auf dem er die Neutralität Venedigs (1494) sowie, nach der Schlacht v. Fornova, den Vertrag v. Vercelli (1495) aushandelte. Bedingt durch seine diplomat. Mißerfolge in Venedig und Mailand, fiel er nach seiner Rückkehr nach Frankreich (Dez. 1495) jedoch erneut in Ungnade. Nach dem Regierungsantritt Ludwigs XII. gewann er seinen polit. Einfluß z. T. zurück: So wurde er 1505 wieder zum kgl. Rat zugelassen und 1506 mit einer Gesandtschaft nach Deutschland betraut. 1507 begleitete er den Kg. nach Italien. C. starb 1511 in der Einsamkeit von Schloß Argenton und wurde in Paris beigesetzt. A. Vernet

II. DIE MEMOIREN. [1] *Zur Entstehung des Werkes:* Den äußeren Anstoß zur Abfassung der »Mémoires«, des mit Abstand bedeutendsten zeitgeschichtl.-polit. Werkes des späten 15. Jh., gab der neapolitan. Arzt und Astrologe Angelo Cato, Ebf. v. Vienne 1482–95, der – wie C. selbst – aus hzgl. burg. Diensten in diejenigen der Kg.s übergewechselt war und eine lat. Biographie Ludwigs XI. plante. Hierfür bat er C., seine Erinnerungen niederzuschreiben. C. diktierte seine Memoiren in zwei Teilen und acht Büchern (I–VI und VII–VIII). Die ersten sechs behandeln die Regierung Ludwigs XI. (1464–83) und wurden in Dreux verfaßt (I–V: Ende 1489 – Anfang 1490, VI: 1492–93). Die beiden letzten Bücher schildern vorwiegend den Italienfeldzug Karls VIII. (1494–95); Datierung (nach DUFOURNET): VII: Dez. 1495 bis Frühjahr 1496; VIII: letzte Monate 1497 (Kap. 1-22), Frühling 1498 (Kap. 23, Anfang des Kap. 24), Ende 1498 (Kap. 24–27). Zw. dem Tod Ludwigs XI. und dem Italienzug Karls VIII. klafft also eine Lücke. Dies zeigt, daß C. sich in Zeiten erzwungener Ruhe seinem Memoirenwerk widmete, das er offenbar als eine Art Rechtfertigung seiner polit. Tätigkeit betrachtete, weswegen er auch auf die Darstellung bestimmter Zeiträume und Vorgänge verzichtete; sei es, daß es sich um nicht selbsterlebte Vorgänge handelte, sei es, daß er über bestimmte Ereignisse mit Schweigen hinweggehen wollte. C.' erhaltene Briefe und die Depeschen der Mailänder Gesandten können die Lücken seines Memoirenwerkes nur bedingt schließen. Mit seinen Memoiren wollte C. keine allgemeine Geschichte Ludwigs XI. und Karls VIII. verfassen; diese Aufgabe sollte Angelo Cato vorbehalten bleiben. A. Vernet

[2] *Commynes als Geschichtsschreiber und politischer Denker:* Bei der Nachwelt hat C. seit der Editio princeps des ersten Teils seiner Memoiren (April 1524; der dt. Erstdruck erfolgte 1552) die widersprechendsten Urteile hervorgerufen: So galt er z. B. Ronsard als wahrheitsliebend,

Voltaire als Verräter, Montaigne als bescheiden, während Sainte-Beuve ihn »unseren sanftmütigen Machiavelli« nannte. Ebenso wurde er mit Polybios, Thukydides, Plutarch, Tacitus, Holbein, Talleyrand und Paul-Louis Courrier verglichen. Während sich C. zunächst stärker auf Angelo Cato, den Anreger seiner Arbeit, fixiert zeigt, scheint er im Verlauf seiner Arbeit zunehmend erkannt zu haben, welche Möglichkeiten ihm sein Werk bot, bestimmte Persönlichkeiten zu preisen, sich an anderen zu rächen, die geschichtl. Tatsachen geschickt zu entstellen oder zu färben. Auch fand er an der Schriftstellerei als solcher Gefallen.

C.' Frontwechsel von Karl d. K. zu Ludwig XI. muß als der entscheidende Einschnitt in seinem Leben gelten; in den eigenen Augen und denjenigen seiner Mitwelt war er damit zum Verräter geworden. Zu seiner Rechtfertigung stellt C. anhand zahlreicher zeitgenöss. Beispiele den Verrat als allumfassendes, alltägl. Phänomen dar; er rückt selbst Musterbilder an Loyalität (wie Pierre de→Brézé) ins Zwielicht und schont auch in dieser Hinsicht nicht die Feinde Ludwigs XI. (wie→Hastings) oder die Verstorbenen (wie Guillaume →Hugonet oder Gui de →Brimeu), die ein gewaltsamer Tod an rechtzeitigem Frontwechsel gehindert habe. Offenbar hinterließ die Preisgabe seiner Heimat und seines Herrn bei C. ein Trauma, das er unter der Maske des innerlich Unbeteiligten zu verstecken bestrebt war. C. ist – nach dem Abbruch der alten Bindungen – ein Entwurzelter und Einsamer.

Sein Renegatentum hat auch das Bild, das er von Karl d. K. zeichnet, mitbestimmt. C. sieht sich genötigt, den Leser nach und nach glauben zu machen, daß er mit seinem Abfall vom Hzg. richtig und konsequent gehandelt habe: So wird Karl als eine dem Kg. unterlegene Herrscherpersönlichkeit geschildert, dem es an polit., militär. wie charakterl. Fähigkeiten mangelt, sein verbrecher. Verhalten provoziert letztendlich seinen Fall, der als Strafe Gottes interpretiert wird. – Das Verhältnis des Autors zu Ludwig XI. ist komplexer: C. will bei seinen Lesern zum einen als Mann, der für die empfangenen Wohltaten Dankbarkeit empfindet, zum anderen aber als unabhängig urteilender Geist gelten. In der Tat betrachtet C. den Kg. trotz aller Bewunderung mit einem gewissen Groll, hatte ihm dieser doch nur in den Jahren 1472–77 seine volle Gnade zugewandt; daher werden ungünstige Eigenschaften des Kg.s nicht verschwiegen. Im übrigen liegt C. daran, seine eigene Rolle als diejenige eines überaus fähigen und loyalen Beraters und Helfers des Kg.s hervorzuheben. Schließlich kommt gerade bei der Darstellung der Persönlichkeit Ludwigs eine Lieblingsidee des Autors zum Tragen: Die Fs.en, die weit von ihrem hohen Anspruch entfernt sind, Ebenbilder Gottes darzustellen, zeichnen sich keineswegs durch bes. Integrität, Güte oder Größe aus. Diese Grundeinstellung läßt C. ein recht ungeschminktes, in vielem wohl wahrheitsgetreues Bild des Kg.s entwerfen, wobei seine Kritik an dessen Staatsführung allerdings vorwiegend die Jahre 1464–72 und 1477–83 – d. h. Zeiträume, in denen C. polit. einflußlos war – betrifft. – Die unübersehbaren apologet. Merkmale, die C.' Selbstdarstellung anhaften, dürfen uns aber nicht zu einer Simplifizierung verleiten; denn C. bewahrt sich stets einen scharfen Blick für die Komplexität der Wirklichkeit, deren genaue Kenntnis aber für den polit. Erfolg erforderlich ist. C. ist überzeugt von der Instabilität der Dinge, doch urteilt er nuanciert und vorsichtig, so daß er dem Leser oft die Wahl zw. mehreren Interpretationen eines Sachverhaltes läßt. Die Fs.en werden als »Menschen wie wir« dargestellt; jenseits der Masken des höf. Prunkes und der zeremoniellen Stilisierung durch Turniere, Ritterorden usw. will C. die wahren Motive und Zusammenhänge der Handlungen der Fs.en, die sich auf Untreue, Neid und Begehrlichkeit gründen, aufdecken. Angesichts ihrer Unzulänglichkeit rät C. den Fürsten, sich mit mehreren kundigen Ratgebern zu umgeben, ebenso tritt er für die →Etats généraux ein und erweist sich als Anhänger einer gemäßigten monarch. Gewalt, deren Macht insbes. in den Finanzangelegenheiten eingegrenzt werden soll. Darüber hinaus ist C. bestrebt, den Krieg zu »entmythologisieren« und seine schmutzige Wirklichkeit (Entbehrungen, Hunger, Kälte) illusionslos darzustellen. Trotz ungeschickten und törichten Verhaltens kann ein Fs. im Krieg den Sieg davontragen, d. h. auf militär. Gebiet regiert der Zufall. Daher tritt C. für eine Lösung der polit. Konflikte auf dem Wege klugen diplomat. Taktierens ein.

Die Memoiren sind zweifellos das Werk eines Moralisten und weisen in vielem schon auf Montaigne voraus. Zugleich sind sie eine Art Leitfaden des staatsmänn. Handelns, als die sie schon Karl V. verstand. Zum polit. Erfolg führen Frömmigkeit und Demut, Mißtrauen und an Furcht grenzende, äußerste Vorsicht, die genaue Kenntnis des jeweiligen Gegenübers, umfassende Information, beständiger Einsatz von Geld, die Verheimlichung aller wahren Gefühle und Handlungsmotivationen vor den Augen der Welt, ein stets zielbewußtes Vorgehen, das auf »moral«. Regungen wie Würde, Gerechtigkeit, Dankbarkeit, Treue zum gegebenen Wort und – falls die Situation es erfordert – auch auf religiöse Gefühle keine Rücksicht nimmt. In diesem Sinne muß der Fs. über den *sens* (die Intelligenz, Wendigkeit, Schlauheit) und die *vertu* (die Standhaftigkeit oder Beharrlichkeit des Charakters) verfügen, um seine polit. Ziele zu erreichen.

Die Vorliebe des Autors für genaue Faktendarstellung und seine (zumindest scheinbare) Wahrheitsliebe gehen Hand in Hand mit einem scharfen Blick für die Ambivalenz der Welt und einer kunstvollen Darstellung, deren oft pittoreske oder pathet. Momente nie um ihrer selbst willen auftreten, sondern sich stets dem Ziel des Autors – dem Leser auf subtile Weise seine Sicht der Dinge nahezubringen – unterordnen. C.' Größe liegt in seinen Einblicken in die Komplexität und Undurchschaubarkeit einer Welt, die sich in ihrer Totalität nicht erfassen läßt und die mit Begriffen wie ›Haß‹, ›Plage‹ und ›jäher Wandel‹ charakterisiert wird. J. Dufournet

Ed. und Q.: Ph. de C., Mémoires, ed. B. MANDROT, 2 Bde, 1901–03 – Ph. de C., Mémoires, ed. J. CALMETTE-G. DURVILLE, 3 Bde, 1924–25 – C., Mémoires sur Louis XI, ed. J. DUFOURNET, 1979 – E. BENOIST, Les Lettres de Ph. de Comynes aux Arch. de Florence, 1863 – C. KERVYN DE LETTENHOVE, Lettres et négociations de Ph. de C., 3 Bde, 1867–74 – L. SOZZI, Lettere inedite di Philippe de C. a Francesco Gaddi (Studi . . . T. DE MARINIS, 4, 1964), 205–262 [vgl. J. DUFOURNET, Bibl. Humanisme et Renaissance 28, 1966, 583–604] – *Dt. Übers. der Memoiren:* Ph. de C., Memoiren. Europa in der Krise zw. MA und NZ, übers. M. KRABUSCH-SCHAEFER, hg. F. ERNST, 1952 [Nachdr. 1983] – *Lit.:* DLFMA, 210–213 [J. DUFOURNET] – MOLINIER, 4663 – R. BOSSUAT, Manuel bibliogr. de la litt. française du MA, 5261–5290, 6988, 7981 f. – Repfont III, 519–527 [Lit.] – J. LINIGER, Le Monde et Dieu selon C., 1943 – G. CHARLIER, C., 1945 – A. PRUCHER, I »Mémoires« di Ph. de C. e l'Italia del Quattrocento, 1957 – K. BITTMANN, Ludwig XI. und Karl d. K. Die Memoiren des Ph. de C. als hist. Quelle, 3 Bde, 1964–70 [unvoll., nur bis 1474/75] – J. DUFOURNET, La destruction des mythes dans les Mémoires de Ph. de C., 1966 – P. ARCHAMBAULT, C.s Saigesse and the Renaissance Idea of Wisdom, Bibl. Humanisme et Renaissance 29, 1967, 613–632 – J. DUFOURNET, La Vie de Ph. de C., 1969 – J. VOSS, Ph. de C. und sein Memoirenwerk in der Forsch. seit 1945, DA 29, 1973, 224–235 – P. ARCHAMBAULT, C., Hist. as Lost Innocence (Seven French Chroniclers, 1974), 101–115 – J. DUFOURNET, Etudes sur Ph. de C., 1975 [Lit.] – J. DEMERS, C. (mé)mor(i)aliste, 1976 [vgl. J. DUFOURNET, M–A 82, 1976, 563–575] – W. J. MEYER, Erlebte Gesch. Möglichkeiten ihrer Darstellung am Beispiel der Memoiren von Ph. de C., 1977 – J. LINIGER, Ph. de C. Un Machiavel en douceur, 1978 – H. BAUMANN, Der Geschichtsschreiber Ph. de C. und die Wirkung seiner polit. Vorstellungen in Frankreich um die Mitte des 16. Jh., 1981 – J. DUFOURNET, Sur Ph. de C. Quatre études, 1982 [Lit.].

Como, it. Stadt und Bm. (Lombardei). Seit 89 v. Chr. Kolonie lat. Rechts; mindestens seit der Zeit des hl. →Felix, der von Bf. →Ambrosius v. Mailand geweiht wurde, ist die Stadt Bischofssitz. In der Folge wechselten sich Heruler, Ostgoten, Byzantiner und Langobarden in der Herrschaft über C. ab. Zur Zeit von Gregor d. Gr. und Bf. Agrippinus löste sich C. von der röm. Oboedienz und der Erzdiöz. Mailand, hing dem im Gefolge des →Dreikapitelstreits entstandenen Schisma an und unterstellte sich der Kirchenprovinz→Aquileia, zu der es auch nach Beilegung des Schismas – bis zum Jahre 1751 – gehörte. Im Bereich der Zivilverwaltung war C. bereits unter den Langobarden – vermutlich wegen seines anfängl. Widerstandes gegen diese – Mailand untergeordnet worden; gleichermaßen war es unter den Franken und ihren unmittelbaren Nachfolgern als kleinerer, einem Gastalden unterstehender Bezirk Teil des Comitats v. Mailand; der südwestl. Abschnitt seiner ausgedehnten Diözese, die auch den heut. Kanton Tessin in der Schweiz umfaßte, war jedoch in dem langob. Militärbezirk und späteren karol. ländl. Comitat Seprio eingeschlossen. Da C. eine der Schlüsselstellungen an den Verbindungsstraßen über die Alpen zw. Italien und dem Frankenreich bzw. später dem Imperium innehatte, spielten seine Bf.e, die bisweilen von jenseits der Alpen stammten bzw. aus der Hauptstadt →Pavia oder der →Hofkapelle kamen, seit der Zeit der Karolinger und des unabhängigen it. Königtums bis hin zu den sächs. und sal. Herrschern eine bedeutende Rolle in der ksl. Politik (z. B. gehörte Elibertus zu denjenigen, die Karl II. den Kahlen zum Kg. v. Italien wählten; Waldo war einer der Anreger des Italienzuges von Otto I.; Petrus III. fungierte als Erzkanzler Ottos III. und später →Arduins v. Ivrea). Während des Investiturstreits erfüllten die Bf.e v. C. eine Vermittlerrolle zw. Imperium und Reformpapsttum (Rainaldus). Nicht zuletzt dank dieser polit. Rolle erhielten sie von den Herrschern wichtige Rechte und Privilegien (z. T. spätma. interpolierte Kopialüberlieferung). Besser bekannt ist die kirchenreformer. Aktivität der Bf.e v. a. in der ersten Hälfte des 11. Jh.: Bau der roman. Kathedrale S. Maria, der ersten mit Sicherheit innerhalb des Stadtgebiets gelegenen Kathedrale C.s; im Suburbium vor 1013 und i. J. 1040 Gründung der beiden Benediktinerklöster S. Abbondio (das dem gleichnamigen Bf. der Stadt aus dem 5. Jh. geweiht ist, der später auch als Stadtpatron verehrt wurde) und S. Carpoforo, 1031 Gründung der Kollegiatkirche S. Eufemia auf der Isola Comacina usw. Auch die Stadt C., die sich in der Zwischenzeit als Kommune organisiert hatte (1109 erste Erwähnung der Konsuln) wandte sich an die Ks. v. a. der Stauferdynastie, um Unterstützung gegen Mailand zu erhalten, das auf die Stadt und den Bischofssitz Druck ausübte, der sich v. a. in den Perioden, in denen das Kaisertum in Italien weniger präsent war, verstärkte: 1118 bis 1127 führte Mailand einen mit der teilweisen Zerstörung C.s endenden Krieg, um die Gefangennahme des aus Mailand stammenden Bf.s zu rächen, den die Mailänder vergebl. C. aufzudrängen versucht hatten. Die Stadt erreichte schließlich ksl. Unterstützung und ein relatives Gleichgewichtsverhältnis mit Mailand, das 1170 durch die Teilung des alten ländl. Comitats Seprio und die Festlegung der jeweiligen Grenzen garantiert wurde. Nach dem Ende der Stauferdynastie und dem Beginn der Faktionsstreitigkeiten zw. den Familien Vittani und Rusca folgte C. dem wechselnden Geschick der entsprechenden Mailänder Faktionen der Torriani und →Visconti, wobei Exponenten dieser Mailänder Signoren-Familien Schlüsselpositionen wie das Amt des Podestà, des Capitano oder auch des Bf.s (Raimondo Torriani) ausübten, bis i. J. 1335 Franchino Rusca die Signorie der Stadt Azzone→Visconti anbot. Mit Ausnahme einer kurzen autonomen Periode unter Vittani und Rusca in einem Moment der Teilung und Schwäche der Visconti-Dynastie (1403–16), bildete C. von da an einen festen Bestandteil des mailänd. Territorialstaates der Visconti und später der→Sforza; u. a. erhielt es in dieser Zeit zwei neue Statutensammlungen (1335 und 1458), ein neues Befestigungssystem innerhalb der Stadt (Cittadella Viscontea), die Initiative zum Neubau der Kathedrale in den heutigen spätgotischen und Renaissanceformen (seit 1396) und natürlich auch eine beträchtl. Anzahl von Bf.en Mailänder Herkunft. Im Bereich des Regionalstaates fanden die Baumeister und Bildhauer des Gebiets von C. (→Comasken), die übrigens bereits seit Jahrhunderten Technologien oder Bauleute nach ganz Italien exportierten, umfassende Beschäftigung, z. B. beim Bau des neuen Doms von Mailand und der Kartause von Pavia; außerdem befanden sich in der hzgl. Flotte Schiffsingenieure aus C. sowie Schiffe, die dort hergestellt worden waren. Mindestens seit 1447 stärkte der neue Wintermarkt von S. Lucia, der zu dem bereits seit dem 13. Jh. bezeugten Ostermarkt von S. Abbondio hinzutrat, die Rolle C.s als Zentrum des Durchgangsverkehrs und Umschlagplatz der Waren von jenseits der Alpen und der Produkte einheim. Industrien (v. a. Weberei/Färberei und Glasbläserei). L. Fasola

Lit.: IP VI/1, 397 ff. – M. SALMI, Maestri comacini o Maestri commàcini? (Artigianato e tecnica nella società dell'Alto Medioevo occidentale, 1971 [Sett. cent. it. 18], I, 409–424) – W. SCHNYDER, Handel und Verkehr über die Bündner Pässe im MA zw. Dtl., der Schweiz und Oberitalien, I–II, 1973–75, passim – Il sistema fortificato dei laghi lombardi, 1977, passim – [Società Stor. Comense], Atti dei convegni celebrativi del centenario 1878–1978, 1979 – P. GINI, Evangelizzazione prefeliciana in C.e cronologia del protovescovo Felice, Periodico della Società Stor. Comense 48, 1981, 7–88 – M. GIANONCELLI, C.e il suo territorio. Le vicende degli ordinamenti territoriali comaschi dall'epoca romana agli albori dell'età moderna, 1982 – R. PAULER, Das Regnum Italiae in otton. Zeit, 1982, 154–163 – L. FASOLA, I necrologi della cattedrale di C. (XIII–XIV sec.) nella tradizione storica e antiquaria, Aevum 56, 1982, 153–199.

Compagna (vielleicht vom lat. »cum panis«), genues. Bezeichnung einer erstmals 1099 von→Caffaro bezeugten kommunalen Institution, deren komplexer hist. Entwicklungsprozeß nur spärlich dokumentiert ist und daher zu kontroversen Deutungsversuchen Anlaß bot. Nach dem neuesten Stand der Forschung erscheint die C. als freiwillige, temporäre und selektive Vereinigung, die in Opposition zu der bereits früher bestehenden öffentl. Gewalt der Vizegrafen und Bf.e entstanden war und neue Mitglieder, die in vorwiegend kommerzieller Hinsicht für das Gemeinwohl von Nutzen sein konnten, kooptierte. In diese festgefügte und elitäre Organisation, die auf eidlich festgelegten Normen aufgebaut war (sacramentum compagnae) traten in erster Linie die aktivsten kaufmänn. Unternehmer ein sowie aus dem Contado in die Stadt übergesiedelte Familien des Feudaladels, die ihr Vermögen gleichfalls in kommerzielle Unternehmungen investierten. Ursprgl. eine nur für drei oder vier Jahre geltende Schwurgemeinschaft, wandelte sich die C. schließlich von einer temporären Institution und privaten Vereinigung zu einer Körperschaft des öffentl. Rechtes. Sie stellte eine eigene Streitmacht auf und bildete eine autonome Verwaltungsstruktur nach dem Vorbild der alten Militär- und Gerichtsbezirke aus. Als sie imstande war, alle produktiven Kräfte der Stadt in sich zu vereinigen, in jährl. Wechsel die alten Machtträger zu ersetzen und zuletzt ihre Autorität auch auf den alten bfl. Machtbereich auszudehnen, fiel sie schließlich mit der Kommune zusammen. An der Spitze der C. und der Kommune standen Konsuln *(consules, consoli)*, die einander seit 1122 in jährl. Folge ablösten.

G. Petti Balbi

Lit.: U. Formentini, Genova nel basso impero e nell'alto medioevo (Storia di Genova II, 1941), 243–278 – V. Vitale, Breviario della storia di Genova, 1955, I, 13–18; II, 16–19 – V. Piergiovanni, Gli statuti civili e criminali di Genova nel medioevo. La tradizione manoscritta e le edizioni, 1980, 247–252 – G. Petti Balbi, Caffaro e l'annalistica genovese, 1982, 152–156.

Compagnacci → Arrabbiati

Compagni, Dino, florent. Chronist, Schriftsteller, Kaufmann und Politiker, * um 1246–47 in Florenz, † 26. Febr. 1324, ⌑ S. Trinita ebd. Stammte aus einer guelf. Popolanenfamilie. Er nahm als »weißer« Guelfe aktiv am öffentl. Leben teil und bekleidete hohe Ämter. Von 1282 bis 1299 hatte er sechsmal das Amt eines Vorstehers *(console)* der Seidenweberzunft von Por Santa Maria inne, der er seit 1269 angehörte. Als Mitglied der Räte der Kommune war er einer der Vorkämpfer der demokrat. Reformbestrebungen d. J. 1282 und unterstützte 1293 → Giano della Bella bei der Durchsetzung der die Ziele der Popolanen stärker berücksichtigenden → »Ordinamenti di Giustizia«. Im gleichen Jahr hatte er zwei Monate lang das Amt des »Gonfaloniere di Giustizia« inne. 1289 und 1301 war er »Priore«. Dank diesem Amt entging er beim Sturz der »Weißen« (Bianchi) durch die von Karl v. Valois unterstützten »Schwarzen« (Neri) i. J. 1301 der Verbannung. Jede polit. Aktivität wurde ihm jedoch untersagt. Durch die Ereignisse verbittert, schrieb er zw. 1310 und 1312 seine »Cronica delle cose occorrenti ne' tempi suoi«. Sein Werk unterscheidet sich von der traditionellen Chronistik, indem es sich auf die Beschreibung des Kampfs zw. Bianchi und Neri beschränkt; es zeugt dabei von leidenschaftl. Vaterlandsliebe. Um ihr Verantwortungsgefühl zu wecken, wendet sich D. C. an seine Mitbürger bald in trockenem, bald in erregtem Ton und mit der rhetor. Überhöhung des redegewandten Politikers. Er beschreibt die dargestellten Ereignisse nicht mit kühler Objektivität, sondern mit Engagement und Wahrheitsliebe. Sehr geglückt sind einige seiner Charakterstudien, wie die des Dino di Giovanni, gen. Pecora und des Corso → Donati. Diese Porträts verraten ein starkes Talent zur psycholog. Analyse. Die »Cronica« gliedert sich in drei Bücher. Das erste beginnt nach einem Prooemium und einer für die auswärtigen Leser (»strani«) gedachten, kurzen Beschreibung von Florenz und dessen Territorium mit der Bildung der Faktionen der Guelfen und Ghibellinen in Florenz (1215), schildert u. a. den Krieg gegen Arezzo sowie Aufstieg und Fall des Giano della Bella und endet mit der Spaltung der Guelfen in Bianchi (→ Cerchi) und Neri (→ Donati) i. J. 1301. Das zweite Buch behandelt die florent. Geschichte von 1301 bis 1303 (Kampf zw. Bianchi und Neri), mit bes. Hervorhebung von Karl v. Valois und Papst Bonifatius VIII. Im dritten Buch gibt der Verfasser seiner Freude über die Wahl Papst Benedikts XI. Ausdruck und seiner Hoffnung, Ks. Heinrich VII. (dessen Italienzug ein Drittel des Buches einnimmt) werde Frieden und Gerechtigkeit wiederherstellen.

D. C. ist nicht nur als Verfasser dieser für die Kenntnis der Dante-Zeit sehr wertvollen Chronik bekannt, er hat auch elegante Gedichte geschrieben. Viele seiner Liebesgedichte sind zwar verlorengegangen, die wenigen erhaltenen Sonette, unter ihnen eines an Guido → Guinizelli, lassen jedoch poet. Talent erkennen. Seine berühmteste Dichtung, die moral. Canzone »Amor mi sforza e mi sprona valere«, die sog. »Canzone da pregio«, lehrt, wie Ehre und Adel zu erreichen sind. Sie gibt ein Bild der Sitten und Gebräuche in Florenz am Übergang vom 13. zum 14. Jh. Interessant ist auch ein an Guido → Cavalcanti gerichtetes Sonett, in dem er ihn auffordert, sich in eine Zunft einzuschreiben. D. C. wird von einigen Forschern auch eine rund 309 Strophen umfassende allegor. Dichtung in Neunzeilern »L'Intelligenza« zugeschrieben, die auf den Beginn des 14. Jh. zu datieren ist und viele prov. und frz. Reminiszenzen aufweist.

S. Leissing-Giorgetti

Ed.: Muratori IX, 467–536 – I. Del Lungo-Muratori[2] 9/2, 3–266 – Ed. komm.: G. Luzzato, 1906 [Neudr. 1968] – G. Bezzola, 1982 – Dichtungen: N. Sapegno, Poeti minori del Trecento, 1952 – Lit.: DBI XXVI, 629–647 [G. Arnaldi] – D. Carbone, La cronaca fiorentina di D. C. e l'Intelligenza, 1868 – I. del Lungo, D. C. e la sua »Cronica«, 1878–87 – G. Bertoni, Storia della lett. it., Il Duecento, 1964 – A. Tartaro, La lett. civile e religiosa del Trecento, 1980 – G. Arnaldi, D. C. cronista e militante »popolano«, La Cultura XXI, 1983.

Compagnia → Kompanie

Compagnia di ventura (Pl. -ie), it. Bezeichnung für Söldnertruppen (it. neben anderen Bezeichnungen Soldati di ventura gen.) unter dem Kommando eines Söldnerführers (Capitano di ventura). An der Entstehung der C. d. v., die in Italien im 13. Jh. aufkamen und ursprgl. aus nichtit. Anführern und Soldaten bestanden, war die allmähl. Ersetzung der Bürgermilizen durch Söldner maßgeblich beteiligt. Dieses Phänomen muß mit der wachsenden wirtschaftl. Aktivität der Städter in Zusammenhang gebracht werden, die es ihnen praktisch unmöglich machte, in eigener Person für die Verteidigung der Städte zu sorgen, wie es in den vorangegangenen Jahrhunderten üblich gewesen war. Am Ende des 13. und in den ersten Jahrzehnten des 14. Jh. entstanden gleichzeitig sowohl aus ausländ. Soldaten gebildete C. d. v., z. B. jene des Guarnieri (→ Werner) v. Urslingen, des Jean de Montréal (in Italien als Fra → Moriale bekannt), des John → Hawkwood (von den Florentinern, in deren Dienst er lange stand, Giovanni Acuto gen.) und des Katalanen → Ramón de Cardona als auch it. Söldnerkompanien, z. B. jene des Guido da → Montefeltro oder des → Castruccio Castracani degli Antelminelli, die zu den ersten in Italien gehörten, die für Geld kämpften und deren Soldaten, zumindest teilweise, in einem Lehnsverhältnis zu den Anführern standen. Am Ende des 14. Jh. trat Alberico da Barbiano (→ 1. B.) mit seiner »Societas italicorum sancti Georgii« (società degli Italiani di San Giorgio) auf, der erste der großen it. Kriegsleute, der sowohl in organisator. wie in militär.-strateg. Hinsicht der Vorläufer der bedeutenden Söldnerführer des 15. Jh. war (auch Condottieri gen., da sie »a condotta« kämpften, d. h., ihre Kompanie jedem, der zahlte, vermieteten). Unter diesen seien aufgeführt: Facino → Cane, Bartolomeo → Colleoni von Bergamo, Muzio Attendolo gen. → Sforza, Braccio → Fortebraccio da Montone, → Erasmo da Narni, gen. Gattamelata, Jacopo → Piccinino von Perugia, Francesco → Bussone, gen. Carmagnola, Francesco → Sforza, der Sohn des Muzio. C. d. v. (mit Soldaten, die in Lehnsabhängigkeit standen, und anderen, den jeweiligen Erfordernissen entsprechend angeworbenen) standen auch im Dienst großer Familien, von denen einige sogar zu fsl. Rang aufstiegen, wie z. B. die → Montefeltro von → Urbino, die → Malatesta von → Rimini, die → Colonna und die → Orsini von Rom. Die Söldnerführer waren durch eine gewisse moral. Hemmungslosigkeit gekennzeichnet, die sich darin zeigte, daß

sie, entweder durch hohe Geldsummen oder durch eigenen persönl. Ehrgeiz bewogen, öfter auf die gegner. Seite überwechselten, wie es bei Francesco Bussone, Gf. v. Carmagnola, der Fall war, der zw. Mailand und Venedig schwankte, sowie bei dem ebenso bedeutenden Francesco →Sforza, der v. a. vom Ehrgeiz, sich einen eigenen Staat zu schaffen, getrieben wurde. Die C. d. v., die in Italien bis in die ersten Jahrzehnte des 16. Jh. bestanden (hochberühmt als Söldnerführer waren Fabrizio Colonna, Alfonso d'Avalos Mgf. v. Vasto und Emanuel Philibert v. Savoyen, bevor er den Herzogtitel annahm), besaßen eine bemerkenswerte polit. und militär. Bedeutung für die it. Geschichte. Auf sie läßt sich nämlich die moral. und polit. Krise zurückführen, von der Italien im späten 15. Jh. und am Anfang der Neuzeit betroffen war: Infolge der Existenz der C. d. v. sahen sich die Bürger der Städte und Staaten Italiens nicht zu persönl. Einsatz bei der Verteidigung ihrer Heimat gezwungen; die zweifellos für die militär. Lösung von Problemen, die zw. den einzelnen it. Staaten entstanden, nützlichen und brauchbaren C. d. v. standen andererseits nicht im Dienst eines als polit. Einheit gesehenen Italien und waren daher nicht imstande, von einer einheitl. Politik gelenkten »Nationalheeren« Widerstand zu leisten, auch wenn diese ebenfalls Söldnertruppen umfaßten. Die Söldnermilizen boten auch keine sichere Treuegarantie, da sie v. a. Interesse daran hatten, das Leben ihrer Mitglieder und daher paradoxerweise auch dasjenige ihrer Gegner zu schonen, so daß es Gefechte ohne Gefallene gegeben haben soll. Für einen Vergleich der it. C. d. v. und der Söldnerkompanien außerhalb Italiens siehe→Söldnerwesen, →Kompagnie. R. Manselli
Lit.: E. RICOTTI, Storia delle compagnie di ventura in Italia, 1844² – W. BLOCK, Die Condottieri, 1913 – P. PIERI, Il Rinascimento e la crisi militare it., 1952 – M. T. FERRER Y MALLOL, Mercenaris catalans a Ferrara (1307-1317), Annuario de estudios medievales 2, 1965, 155-227 – D. WALEY, The Italian City-Republics, 1969 – M. MALLET, Mercenaries and their Masters. Warfare in Renaissance Italy, 1974 – vgl. ferner die Lit. zu den einzelnen Söldnerführern.

Compagnie d'ordonnance ('Ordonnanzkompanie'), Kavallerieeinheit des frz. Heeres im 15.–16. Jh.; die c.s d'o. umfaßten ein Drittel der Reiter *(hommes d'armes)* bzw. Lanzenreiter *(lances)* und zwei Drittel der Bogenschützen *(archers)*. Die Mannstärken der c.s d'o. lagen zw. mindestens 20 hommes d'armes und 40 archers und höchstens 100 hommes d'armes und 200 archers. Die c.s d'o., die erstmals anläßl. der Heeresreform von 1445 auftreten, bestanden bis in die letzten Jahrzehnte des 16. Jh. Die Bezeichnung »ordonnance« bezieht sich in erster Linie auf die (verlorene) kgl. Ordonnanz, in welcher Karl VII. 1445 eine vollständige Reorganisation seiner berittenen Truppen verfügte, und erst in zweiter Linie auf die durch diesen Erlaß geschaffene institutionelle Struktur. Die Mitglieder der entsprechenden Truppen wurden als *homme d'armes, homme de guerre, archer, lance de l'ordonnance* (oder: *des ordonnances*) *du roi* bezeichnet, um ihre Zugehörigkeit zu den regulären, von der frz. Monarchie angeworbenen und unterhaltenen Streitkräften auszudrücken. Entsprechend dem kgl. frz. Vorbild wurde auch das Militärwesen im Hzm. →Bretagne unter Franz II. (ab 1465) und im Hzm. →Burgund unter Karl dem Kühnen (ab 1470–71) organisiert. →Heerwesen. Ph. Contamine
Lit.: PH. CONTAMINE, Guerre, Etat et société à la fin du MA. Etudes sur les armées des rois de France, 1337-1494, 1972.

Companaticum. Innerhalb der ma. Kultur und Lebensformen nehmen →Brot und →Wein einen grundlegend wichtigen Platz ein, wobei die kult.-liturg. Bedeutung (→Eucharistie, →Brotbrechen) wie die wichtige Rolle von Brot und Wein im Alltagsleben als Grundnahrungsmittel (→Ernährung) zusammenfließen. Von beiden Elementen ist das Brot das bedeutendere. So manifestiert sich in der Lex Salica (63, 1) die Gemeinschaft der Kämpfenden eines Truppenverbandes durch die Teilung des Brotes. Diejenigen, die das gleiche Brot essen, heißen companiones. Das companaticum dagegen bezeichnet die »Zukost«, die zum Brot gereicht wird, d. h. die Nahrung, die nicht Brot oder Wein (bzw. →Bier im nördl. Europa) umfaßt. In der Karolingerzeit machen Brot und Getränke gewichts- und kalorienmäßig etwas mehr als drei Viertel der gesamten Ernährung aus. Das c. muß daher für das FrühMA als Zusatzkost von eher nebensächl. Bedeutung gelten. Das zeigt sich etwa anhand der →Hungersnöte; so heißt es in Hinblick auf die Hungersnot von 793, sie sei so stark gewesen, »daß man nicht umhin konnte, während der Fastenzeit Fleisch zu essen«. Das c. besteht also aus Nahrungsmitteln, die als weniger wichtig angesehen werden: →Fleisch, gesalzener →Fisch, getrocknete oder frische →Gemüse, →Käse, →Salz, →Honig, Fett oder →Butter, getrocknetes oder (während der Saison) frisches →Obst, weiterhin bestimmte →Gewürze, welche die Eintönigkeit des Geschmacks vieler Gerichte ausgleichen (z. B. die →Zwiebel). Der Begriff des c. verschwindet im 11./12. Jh., um in volkssprachl. Form *(companage)* im 14. und 15. Jh. wieder aufzutreten; jetzt bezeichnet er nicht mehr die »überflüssige« Nahrung, sondern die »Zukost« als unentbehrl. Teil der Mahlzeit. M. Rouche
Lit.: L. STOUFF, Ravitaillement et alimentation en Provence aux XIVᵉ et XVᵉ s., 1970 – P. RICHÉ, La vie quotidienne à l'époque carolingienne [dt. Ausg. 1982], 1973 – M. ROUCHE, La faim à l'époque carolingienne, RH 508, 1973, 295–320 – M. MONTANARI, L'alimentazione contadina nell'alto Medioevo, 1979 – M. ROUCHE, Les repas de fête à l'époque carolingienne (Boire et manger au MA. Congr. de Nice, 1982), I, 1983, 265-298.

Compañía ('Kompanie'), span. Wort, bezeichnet: 1. die Handelskompanien oder -gesellschaften, die sich im SpätMA in den wirtschaftl. am weitesten entwickelten Gebieten der Iber. Halbinsel bildeten. Vgl. im einzelnen→Kompanie. – 2. Im spätma. span. →Heerwesen bezeichnet c. oder *capitanía* eine Kampfeinheit, die einem →Capitán (Hauptmann) unterstand und in größere Verbände eingegliedert war. Dies entsprach einem Streben nach Vereinheitlichung und der Entwicklung zum stehenden Heer im Militärwesen des entstehenden frühneuzeitl. Staates. Solche Formationen erscheinen schon zur Zeit der Kath. Kg.e unter dem Einfluß von Militärexperten wie Gonzalo de Ayora oder dem »Gran Capitán«. J. L. Bermejo Cabrero

Compendium → Kompendium

Compendium aromatariorum → Saladin v. Ascoli

Compère, Loyset, frz. Komponist, * um 1445 im Hennegau, † 16. Aug. 1518 in St-Quentin. Als Kapellsänger beim Hzg. v. Mailand, Galeazzo Maria Sforza, von Juli 1474 bis Febr. 1477 nachweisbar, als er wegen der durch die Ermordung des Hzg.s im Dez. 1476 bedingten Hofstaats-Einschränkung entlassen wird. 1486 in gleicher Funktion bei Karl VIII. v. Frankreich belegt, der ihn 1494 zum frz. Untertan macht. C. begleitet den Kg. beim it. Feldzug, ist Okt. 1494 in Monferrato, Jan. 1475 vermutlich in Rom. April 1498 bis Mai 1500 nachweisbar als Dekan an St-Géry in Cambrai, 1500–1503/04 als Propst am Kollegiatstift St-Pierre in Douai, diente er wohl zwischenzeitl. am frz. Hof und war seit mindestens Nov. 1491 auch Kanonikus in St-Quentin. Ob er Schüler von →Okkeghem war, läßt sich nicht beweisen. C. war seinen Zeitgenossen ein weit bekannter und beliebter Komponist, den Rabelais noch erwähnt. Seine Werke sind aufschlußreich für den Übergang zur neuen Kompositionstechnik des 16. Jh., sie schwanken zw. der traditionellen Setzweise (c.f.-Motetten) und moderner, it. beeinflußter (freikomponierte Motetten, Chansons). Charakterist. sind die (von Glarean so benannten?) motetti missales, Motettensätze anstelle des Meß-Ordinariums und -Propriums nach mailänd. Ritus. Am erfolgreichsten waren seine meist vierstimmigen Chansons mit pointierter, prägnanter Motivik, syllab. Textdeklamation und Textausdeutung. H. Leuchtmann

Werke: Messen, 3 motetti missales-Zyklen (zu je 8 Motetten) – Ed.: L. C., Opera omnia, ed. L. FINSCHER, CMM XV, 1958–1972 – Lit.: MGG, s. v. – RIEMANN, s. v. – NEW GROVE, s. v. – O. GOMBOSI, Ghizeghem und C. (Stud. zur Musikgesch., Fschr. G. ADLER, 1930 [Repr. 1971], 100–106 – M. PICKER, L'école polyphonique francoflamade: L. C., Rev. liturg. et musicale, 1932 – G. REESE, Music in the Renaissance, 1954, 223–228 – L. FINSCHER, L. C. (c. 1450–1518), Life and Works (Musicological Stud. and Documents XII), 1964.

Compiègne, Stadt in N-Frankreich (dép. Oise), unweit südl. des Zusammenflusses von Aisne und Oise.
I. Pfalz – II. Stift St-Corneille – III. Stadt.

I. PFALZ: C. war vom 6. bis 11. Jh. einer der wichtigsten Aufenthaltsorte der frk. und kapet. Kgtm.s: 561 beim Tode Chlothars I. villa, 7. Jh. vicus regius, 8. Jh. palatium publicum, Ende des 9. Jh. befestigtes castrum, 10. Jh. regalis sedis oppidum. Zur Pfalz gehörten ausgedehnte Forsten, Tiergehege, Münzstätte, Brücke, Siedlung und Markt, eine Walpurgiskapelle. Zw. Pfalzgebäude und Pfalzkapelle lag eine Mitte des 12. Jh. abgetretene curia regis. – Der Name Compendium bezieht sich nicht unbedingt auf eine schon gallo-röm. Straßenabkürzung; diese ist möglicherweise erst frk. (Soissons-Beauvais wahrscheinlicher als Champlieu-Roye; archäolog. Zeugnisse und Erwähnung in röm. Itinerarien fehlen). Die Pfalz C. spielt bis in die Zeit Napoleons III. eine Rolle im Kontinuitätsmythos der frz. Monarchie. D. Lohrmann

Lit.: Gründl. Monogr. fehlt. – J. PELLASSY DE L'OUSLE, Hist. du palais de C., 1862 – D. LOHRMANN, Trois palais royaux de la vallée de l'Oise, Francia 4, 1976 – R. KAISER, Aachen und C., RhVjbll 43, 1979 – J. BARBIER, Les biens fiscaux... Th. Ec. Ch., 1982.

II. STIFT ST-CORNEILLE (Korneliusstift): Ein oratorium im kgl. vicus C. besteht bereits 664 (Beda). Weihnachten 875 bei seiner Kaiserkrönung übertrug Karl d. K. die Pfalzkapelle (ŏ Maria) dem Papst und schuf damit die Grundlage der späteren Exemtion. Da der Ks. im Herbst 876 das östl. →Lotharingen, darunter →Aachen, nicht behaupten konnte, beschloß er den Ausbau von C. zu einem »Ersatz-Aachen«. Bereits am 5. Mai 877 weihten päpstl. Legaten die Pfalzkapelle und überbrachten Reliquien des hl. →Cornelius. Gleichzeitig erfolgte die Ausstattung als Stift für 100 Kleriker. Die kirchenrechtl. Exemtion aus der Gewalt des Bf.s v. Soissons wurde 1085 von Kg. Philipp I., 1119 von Papst Calixt II. bestätigt. 1150 Reform durch Benediktinermönche aus St-Denis. – Der Plan der karol. Pfalzkapelle folgte lit. Hinweisen zufolge dem des Aachener Oktogons, doch fehlt die Bestätigung durch Ausgrabung. D. Lohrmann

Q.: E.-E. MOREL, Cart. de St-Corneille de C., 3 Bde, 1904–77 – Lit.: M. VIEILLARD-TROIEKOUROFF, La chapelle du palais de Charles le Chauve à C., CahArch 21, 1971 – D. LOHRMANN, PU Frankreich NF 7, 1976, 204–211 [Bibliogr.] – L. FALKENSTEIN, Karl d. Gr. und die Entstehung des Aachener Marienstiftes, 1981, bes. 33–45.

III. STADT: Die Stadt entstand in enger Anlehnung an den Ende des 9. Jh. befestigten Komplex der Pfalzgebäude und des Korneliusstifts. Anfang 10. Jh. gehörten Münze, Markt, Brau- und Schankstuben und der Jahrmarkt in Venette zur kgl. bzw. stift. Grundherrschaft. Pfalz und Stift hatten frühzeitig den Handel in das an einem günstigen Schnittpunkt von Straßen- und Flußverkehr gelegene C. gelenkt. 17. März 1092 errichtete Kg. Philipp I. einen Jahrmarkt in C. und übertrug Zoll und Marktgerichtsbarkeit dem Korneliusstift. In der 1. Hälfte des 12. Jh. teilten sich St-Corneille, St-Clément, die Herren v. Pierrefonds und der Kg., vertreten durch seinen prepositus, der vermutl. an die Stelle des ehem. Fiskalamtmannes, des iudex, getreten war, in die Herrschaftsrechte über C. 1120 verbanden sich die homines de C. erstmals und protestierten erfolgreich gegen die kgl. Münzpolitik. Vor 1126 gewährte Ludwig VI. den Einwohnern der villa C. und den Marktbesuchern seinen Schutz und begründete das städt. Sonderrecht. Im Streit um die Umwandlung des Korneliusstiftes in ein Kl. OSB standen die Bürger 1150 auf der Seite des Kg.s, der 1153 die bürgerl. Schwureinigung anerkannte und den Bürgern das Stadtrecht v. →Soissons verlieh. 1179 erwarben die Bürger, deren Bürgermeister und iurati 1183 erstmals erwähnt werden, die kgl. prepositura, 1208 die Reste der Rechte der Herren v. Pierrefonds. Das 13. Jh. war die Glanzzeit der städt. Selbstverwaltung. Der wirtschaftl. Aufschwung von C. gründete auf der großen →Messe (Mittfasten), dem Handel mit Agrarprodukten, insbes. Wein. Seit Mitte des 12. Jh. gingen Markt, Halle, Wechsel, Backstuben, Hafen u. ä. an die Bürgerschaft der vor 1153 mit einer 2500–2600 m langen Mauer umgebenen Stadt über. Seit 1270 lag die Stadt im Streit mit St-Corneille wegen der Rechtsstellung der Geistlichen. Eine gleichzeitige Finanzkrise der Kommunalverwaltung führte 1319 zur Einführung der Prevotalverfassung (→prévôt, prévôté). Im 15. Jh. wurden die Rechte der *ville de prévoté* erweitert und mehrmals erneuert. R. Kaiser

Lit.: G. BOURGIN, La comm. de Soissons et le groupe communal soissonnais, 1908, 233–258 – L. CAROLUS-BARRÉ, La formation de la ville de C., Bull. Soc. hist. C. 24, 1952 – J. MOURICHON, C. au fil des annés et des siècles, 1973 – R. KAISER, Aachen und C., RhVjbll 43, 1979.

Compilatio maior (Aragón 1247/52), aragon. Rechtstext des 13. Jh., kompiliert im Auftrag Jakobs I. im Anschluß an die Cortes v. Huesca (1247) von →Vidal de Canellas, Bf. v. Huesca († 1252), bekannt als »In excelsis Dei Thesauris« oder »Vidal Mayor«. Überliefert, abgesehen von Fragmenten, ist nur eine aragon. Übersetzung. Im Gegensatz zu den normalerweise in den allgemeinen Sammlungen von →Fueros aufgenommenen aragon. Gesetzestexten, die man als »compilatio minor« bezeichnen könnte, handelt es sich hier um eine größere (maior) Sammlung aragon. Fueros, die nach justinian. Vorbild in neun Bücher gegliedert sind. Für eine gebildete Schicht zusammengestellt, sollte sie v. a. zur Vermeidung von Mißbräuchen in langwierigen Prozessen gegen einfache Leute dienen. Vom 16. Jh. an sah man in ihr eine Glosse oder einen Kommentar zu den Fueros, in der heut. Forschung wird die Frage diskutiert, ob es sich überhaupt um einen Gesetzestext handelt, da man ihn schon bald nach seiner Entstehung nicht mehr als solchen betrachtete.

J. Lalinde Abadía

Ed.: J. L. LACRUZ BERDEJO, Dos Textos interesantes para la hist. de la compilación de Huesca, AHDE 18, 1947, 531–541 – Vidal Mayor, Traducción aragonesa de la obra »In excelsis Dei thesauris« de Vidal de Canellas, ed. G. TILANDER, I–III, 1956 (Leges Hispanicae Medii Aevi 4–6) – Lit.: R. FEENSTRA, ZRGGermAbt 78, 1961, 343–352 – COING, Hdb. I, 682f. – A. PÉREZ MARTÍN, Einl. zu: Fori Aragonum, 1979, 1–100.

Compiuta Donzella, Pseudonym einer florent. Dichterin der 2. Hälfte des 13. Jh.s, deren Existenz und Geschlecht lange Zeit in der Forschung umstritten waren. Den Beweis, daß es sich nicht um eine fiktive Persönlichkeit handelt, liefern zwei vom Florentiner Mastro Torrigiano der C. D. gewidmete Sonette sowie der fünfte Brief von

Guittone d'Arezzo (»Sovrapiacente donna, di tutto compiuto savere...«). Die Ansicht, bei den ihr zugeschriebenen drei Sonetten handle es sich um nicht von einer Frau verfaßte »Rollendichtung«, widerspricht der ausgeprägt weiblichen Geisteshaltung ihrer Verse, deren phantasievolle Zartheit mit Trauer, Skepsis und Offenheit gepaart ist. Alte Motive der siz. Dichterschule klingen dabei an. Das Thema des bekanntesten Sonetts »A la stagion che 'l mondo foglia e fiora« ist der Gegensatz zw. der Freude der Menschen, die sich im Frühling verlieben, und der Trauer der Dichterin, für die es keine Liebe gibt, da ihr Vater sie gegen ihren Willen verheiraten möchte. In einem anderen Sonett erklärt sie, keinen Ehemann und Herrn haben zu wollen, sondern eher ins Kloster zu gehen (»lasciar vorria lo mondo, e Dio servire«). Beim dritten Gedicht handelt es sich um eine Tenzone mit einem anonymen Dichter, auf dessen Lob C. D. voll Bescheidenheit antwortet: »Amantata non sono como voria / di gran vertute nè di placimento«.   S. Leissing-Giorgetti

Lit.: L. Azzolino, La C. D. di Firenze, 1902 – A. Chiari, La C. D. (Indagini e letture, 2ª serie), 1954 – G. Bertoni, Storia della lett. it., Il Duecento, 1964 – A. Tartaro, Guittone e i rimatori siculo-toscani (Storia della lett. it., hg. E. Cecchi–N. Sapegno, I, 1965, 346–347.

Complant (complantum, complatagium, complantatio), Vertrag, durch den ein Eigentümer einem Pächter ein Stück Land mit der Verpflichtung, Bäume anzupflanzen oder einen Weinberg anzulegen, übertrug. Urspgl. gab der Bauer die Hälfte des bepflanzten Landes, sobald die Bäume oder Reben Früchte trugen, an den Eigentümer zurück und behielt die andere Hälfte. Diese Vertragsform brachte für beide Partner Vorteile: Der Eigentümer konnte auf diese Weise Land urbar machen lassen, der Bauer neue Landparzellen erwerben. Grundsätzlich war diese Besitzform dem röm. Recht bekannt, doch erfuhr sie ihre Ausprägung v. a. ab dem 9. und 10. Jh. unter dem Bevölkerungsdruck dieser Zeit, der zum Landesausbau führte. Sie hat stark zur Verbreitung des Weinbaus (→Wein) beigetragen. Wir finden den c. in seiner ausgebildeten Form 817 in der Provence. In Katalonien ist er erstmals 869 belegt und war im 10.–11. Jh. sehr beliebt, hier wurde eine Teilung des betreffenden Landes in zwei Hälften nach sieben Jahren vereinbart. Auch im Languedoc ist er im 10. Jh. häufig anzutreffen. Doch erlebte er seine größte Verbreitung offenbar in Westfrankreich während des 10.–12. Jh. und trug namentl. im Aunis, Poitou sowie im Loiregebiet zur Ausdehnung der Weinbauflächen bei; er hielt sich in den dortigen Weistümern bis zur Frz. Revolution. Auch im Weinland um Bordeaux kannte man den c. im 12.–13. Jh. Sporadisch tauchte diese Besitzform im 15. Jh. wieder auf und diente in Südfrankreich nun zur Wiederbesiedlung der durch den Hundertjährigen Krieg wüstgewordenen Flächen. In der Auvergne, im Viennois und in Burgund war diese Besitzform als *mi-plant* oder *méplant* ebenfalls im 9.–10. Jh. bekannt und hatte auch hier Bedeutung für den Landesausbau und die Verbreitung des Weinbaus. In der Praxis war die Nutzung oft auf die Lebenszeit des Pächters beschränkt, und das System entwickelte sich rasch zur Leistung eines Teils des Ernteertrages, so daß sich diese Besitzform nur schwer von →*champart oder terrage* unterscheiden läßt.   Ch. Higounet

Lit.: R. Grand, Le contrat de c. depuis les origines jusqu'à nos jours, 1917 – A. Poirier, L'évolution du bail à c. en France particulièrement en Loire-Inf., 1941 – G. Fournier, Le peuplement rural en Basse-Auvergne durant le haut MA, 1962, 299–304 – E. Magnou-Nortier, La société laïque dans la province ecclésiastique de Narbonne de la fin du VIIIᵉ à la fin du XIᵉ s., 1974, 203f. – P. Bonnassie, La Catalogne du milieu du Xᵉ à la fin du XIᵉ s., I, 1975, 230, 449f. – M. Le Mené, Les campagnes angevines à la fin du MA, 1982, 172–174.

Complet(orium) → Stundengebet

Complicatio-explicatio. An Proklos, Boethius und bes. →Thierry v. Chartres anknüpfend, hat→Nikolaus v. Kues (N. v. K.) das Modell c.–e. zu einem Kernstück seines philos.-theol. Denkens ausgebaut. C. bedeutet »Einfaltung«, Vorgegebensein (oder Zusammenfassung) in höherer Einheit. E. kann sowohl log. Analyse und mathemat.-gegenständl. »Entfaltung« (der Eins im Zahlensystem, des Punktes zu Linie-Fläche-Kubus) wie z. B. das reale Wachsen von Bäumen aus den Samen besagen. Von dieser Anschauungsbasis her wendet N. v. K. das Begriffspaar v. a. auf das unergründl. Verhältnis von Gott und Welt als Schöpfer und Geschöpf an (De docta ign. II, 3). Gott ist die c. absoluta oder c. complicationum, das Universum Gottes abbildl. Entfaltung in Vieleinheit. Zw. Universum, Gattungen, Arten und Einzeldingen gilt die Korrelation c.–e. je analog (c. 6). Von »De coniecturis« an gewinnt im c.–e.-Denken des N. v. K. das prokleische Schema der »vier Einheiten«: unitas absoluta (Gott), Intellekt, Seele (ratio) und Körper den Vorrang. Der menschl. Geist erfährt sich angesichts der vielen Dinge und seiner eigenen Denkgebilde als das »lebendige Bild« der alles in sich einfaltenden Einfachheit Gottes (De mente c. 9). Als Leib-Geist-Einheit faltet der Mensch die ganze übrige Schöpfung mikrokosmisch in sich ein (De coni. II, 14). Auf der Idee, daß das Humanum sich in einem Menschen komplikativ realisiere, baut N. v. K. in De docta ign. III seine spekulative Christologie auf. Das Heilswirken Christi entfaltet sich in der Kirche usf. Von all dem erhofft N. v. K. »große Erkenntnisfortschritte« (De mente c. 9). Er selbst mahnt aber auch, auf die je entsprechende inhaltl. Variierung der Begriffe c. und e. zu achten, »damit man nicht irre« (Pred. v. 1.1.1441). – Giordano Bruno brachte die cusan. Konzeption in pantheist. Zwielicht.   R. Haubst

Lit.: E. Hoffmann, Das Universum des N. v. C., 1950, 14–23 – J. Koch, Die ars coniecturalis des N. v. K., 1956 – R. Haubst, Die Christologie des N. v. K., 1956, 138–172, 219–233 – Ders., MFCG 1, 1961, 26–51 – Ders., N. v. K. und der Evolutionsgedanke, Schol 39, 1961, 481–494 – N. M. Häring, Commentaries on Boethius by Thierry of Chartres, 1971 [Glossary, 598, 605].

Composita, zusammengesetzte, aus mehreren einfachen (→Simplicia) nach Vorschrift eines Arzneibuches oder einer Magistralformel hergestellte Arzneimittel. – Das Prinzip Avicennas, Rhazes' u. a., die Simplicia, wenn man mit ihnen auskommt, den C. vorzuziehen (»quia natura gaudet simplicibus«), fand meist wenig Beachtung. Die Gradenlehre in der →Materia medica hatte Galen nur auf die Einzelarzneien angewandt; der Araber al-Kindī (9. Jh.) übertrug sie nun auch auf die C., wodurch dem Arzt ein ungemein kompliziertes Modell zur Verfügung gestellt wurde. – Die »Ordinationes... de apothecariis« der Pariser med. Fakultät von 1322 differenzierten zw. »receptes de Nicolas«, Arzneibuchvorschriften (Defektur), und »ordenache de phisicien«, der individuellen Vorschrift des Arztes (→Rezeptur). Die Anfertigung dieser Individualrezepte stellte für den Apotheker ein wirtschaftl. Problem mit den verschiedensten Risiken dar; die Beschränkung auf eine »series medicaminum«, wie durch die überschaubare Zahl der Arzneibuchpräparate gegeben, bot dagegen die Möglichkeit kontinuierl. Arbeitsablaufes und vorausschauender Disponierung. Durch die→Antidotarien, deren Autorität wie in Italien und Frankreich so auch seit dem 14. Jh. in Deutschland als unbestritten galt, war der Rahmen der apothekenüblichen Arzneien abgesteckt. Die konkurrenzlose Stellung der Antidotarien Nicolai und (Pseudo-)Mesuë hatte zur Folge, daß die C. theoret. in allen Apotheken nach denselben Vorschriften hergestellt wurden und damit identisch waren (vgl. →Apotheke, Abschnitt III).

Johannes de St. Amando (13. Jh.) spricht in seinen »A[u]reolae« von der Notwendigkeit der C., weil oft keine Einfacharzneien dem Grad der Krankheit entsprächen, manche Stoffe nur mit anderen gemischt zu gebrauchen seien oder weil bei komplizierteren Krankheiten eine einfache Arznei nicht genüge. Gleiches gelte für die Verstärkung von Wirkung und Eigenschaft eines Medikaments, zur Beseitigung unangenehmer Nebenwirkungen und schlechten Geschmacks sowie bei den Antidota. Normalerweise seien C. aus maximal fünf *Bestandteilen* zusammenzusetzen: aus der Basis (»radix«), dem sie verstärkenden, dem ihr ähnlich wirkenden und dem ihre schädl. Nebenwirkung aufhebenden Stoff sowie dem Geschmackskorrigens. Für den Begleitstoff habe sich die Gewichtsmenge nach dem gewünschten Effekt zu richten, für die anderen hätten bestimmte Proportionen zu gelten. – Das »Compendium« Saladins v. Ascoli (15. Jh.) legt die Haltbarkeit der C. nach (Pseudo-)Mesuë, Serapion und Nicolaus fest. Die Standgefäße für Opiate und Laxantien waren mit dem Herstellungsdatum zu versehen. – Neben der in den vor- und frühsalernitan. Antidotarien sich findenden *Aneinanderreihung* ohne inneren Bezug gab es drei Möglichkeiten, die C. aufzulisten: 1. nach der *Indikation*, meist den Krankheiten »a capite ad calcem« zugeordnet, seit dem 5. Jh. gebräuchlich; 2. nach dem *Alphabet*, seit dem 8./9. Jh. zu beobachten, setzt Präparatenamen voraus und wurde für die Salerner Schule maßgebend; 3. nach den →*Arzneiformen,* im Antidotar des Avicenna sowie dem seit 1300 dominierenden »Grabadin« des (Pseudo-)Mesuë. Die Einteilung nach Arzneiformen verleiht dem Herstellungsvorgang und damit der pharmazeut. Seite ein ungleich größeres Gewicht als einer, wenn auch oftmals praktischeren, lediglich alphabet. Aneinanderreihung und deutet einen Wandel in der Auffassung vom Arzneimittel an.

Die *Namensgebung* für die C. im MA stellt eine Mischung von galenunabhängiger Tradition und bewußtem Rückgriff auf seine Vorschriften dar. Das benannte Präparat wurde in seiner Indikation und Zusammensetzung immer eindeutiger definiert und hiermit der Zweck erreicht, den heute das »eingetragene Warenzeichen« der Fertigarzneimittel erfüllt. Die Benennung erfolgte auf drei Arten: 1. Nach dem *Hauptinhaltsstoff* oder der *Anzahl der Bestandteile,* z. B. »diamargariton« (= »confectio de margaritis«), »diacurcuma« u. ä., aber auch »pilulae de bdellio«, »electuarium de succo rosarum«, »mel rosaceum«, »trisandali« (mit 3 Sandelholzarten), »theriaca diatessaron« (mit 4 Ingredienzien). Die »*Dia-Mittel«* wurden geradezu zu Kennzeichen der ma. Medizin. Hierbei war z. B. das gr. τὸ (φάρμακον) διὰ κωδιῶν ('das mit den Mohnköpfen') zu »diacodion« geworden, später oft noch mit Zusatz der Arzneiform (»electuarium diacodion«). 2. Nach *pharmakologischen Eigenschaften* (v. a. bei Pillen, Sirupen und Salben), z. B. »sirupus diureticus«, »vomitus noster« als Emetikum, »electuarium frigidum« als Antipyretikum. Auf mehr allgemeine Indikation weisen Bezeichnungen wie »hygia graeca« ('Gesundheit'), »athanasia ('Unsterblichkeit') und »panchristum« ('für alles nützlich') hin. »Antidota« wurden v. a. die altberühmten C. genannt, die als Krönung der Arzneibereitung galten. 3. Nach *Personen* oder mit *Eigennamen,* die weder über Bestandteile noch Wirkung etwas aussagten. Galen hatte meist den Autor oder »Erfinder« angegeben, wie Andromachus, Mithridates u. a., die auch noch in der frühma. Antidotarien auftauchen. Ärzte wie Oreibasios, die die Eigenvorschriften Galens übernahmen, benannten sie nach ihm. Bisher namenlose Präparate wurden z. B. nach Kaisern (»hadrianum«) oder Propheten (»esdra«) benannt, die sog. Heiligmittel (»hiera«) nach verschiedenen Ärzten. Hier spielten sicher ebenso wie bei »benedicta« ('gesegnete Arznei') oder »sotira« ('Retterin') psycholog. und werbewirksame Gesichtspunkte eine Rolle. F.-J. Kuhlen

Lit.: Johannes de St. Amando, Die Areolae, hg. J. L. PAGEL, 1893, 113–122 – Saladin v. Ascoli, Compendium aromatariorum, hg. und übers. L. ZIMMERMANN, 1919 – D. GOLTZ, Die Konservierung von Arzneimitteln und Arzneiformen in hist. Sicht, PharmZ 117, 1972, 428–435 – DIES., Ma. Pharmazie und Med. (VIGGPharm NF 44, 1976) – U. SEIDEL, Rezept und Apotheke [Diss. Marburg 1977].

Compositiones ad tingenda Musiva (Pelles et alia, ad deaurandum ferrum, ad Mineralia, ad Chrysographiam, ad glutina quaedam conficienda, aliaque artium documenta, ante Annos nongentos scripta). Diesen Titel erhielt das *Lucca-Manuskript* (Teil des Codex Carolinus bzw. Codex Lucensis 490) im 18. Jh. von seinem ersten Herausgeber L. A. MURATORI. Die »Zusammensetzungen zur Färbung von Mosaik(gläsern)« entstammen dem Beginn des 9. Jh. in Italien und enthalten in ungeordneter Folge 157 Rezepte kunsttechn. Art, insbes. zur Farbbereitung und Färbung, die z. T. auf rein lit. Tradition, zum Teil auch auf prakt. Handhabung beruhen. Nach den antiken Texten und einigen erhaltenen Papyri des 3. Jh. n. Chr. (→Alchemie, Sp. 331; →Chemie) sind die C. erstes umfangreicheres Zeugnis ma. chem.-techn. Tätigkeit. Verderbtes Latein deutet auf mehrere Vorläufer und Graecismen auf ein griech.-byz. Original, dem auch alexandrin. Quellen nicht unbekannt gewesen sein dürften. Neue Rezepte wurden eingefügt. In diesem frühen Beispiel ma. Fachprosa, der artes-Literatur, frei von alchem.-hermet. Vorstellungen, sind Anweisungen zur Herstellung pflanzl. und mineral. Farben, zur Färbung u. a. von Glas (Mosaik = <opus> musivum = künstler. Werk), Holz und Leder gesammelt. Vergoldung und Versilberung spielen eine bes. Rolle, doch werden auch Metallgewinnung aus Erzen und einzelne Mineralien behandelt. Im Unterschied zu vergleichbaren, später aufgezeichneten (11.–13. Jh.) Sammlungen (→Mappae clavicula; →Heracliustraktat) und später entstandenen Schriften (Schedula diversorum artium des →Theophilus Presbyter, 12. Jh.) enthalten die C. (außer einem Rezept für Goldschrift) noch keine Anleitungen zur →Buchmalerei, die in diesen späteren Mss. mit Normen zu Farbzusammenstellungen großen Raum einnimmt. G. Jüttner

Ed.: H. HEDFORS, Compositiones ad tingenda musiva [Diss. Uppsala 1932; mit dt. Übers., Hinweisen auf frühere Ed. und Lit.] – *Lit.:* M. BERTHELOT, La Chimie au MA, 1893, 1 [Neudr. 1967] – DERS., Die Chemie im Altertum und im MA, übers. E. KALLIWODA, 1909 [Neudr. 1968] – THORNDIKE – zusätzl. zu HEDFORS: J. SVENNUNG, Compositiones Lucenses, 1941 – W. GANZENMÜLLER, Beitr. zur Gesch. der Technologie und der Alchemie, 1956, 182–185 [Erstveröff. als Artikel 1939]; 336–349 [Erstveröff. als Artikel 1941] – E. E. PLOSS, Ein Buch von alten Farben, 1967², 37ff. – DERS., HEINZ ROOSEN-RUNGE, u. a., Alchimia, 1970, 47–66 – B. BISCHOFF, Die Überlieferung der techn. Lit. (Artigianato e tecnica nella società dell' alto medioevo occidentale, Sett. cent. it. XVIII, 1, 1971, 267–296) – D. GOLTZ, Stud. zur Gesch. der Mineralnamen, SudArch, Beih. 14, 1972, 182–192.

Compossessorat, Institut des ma. Adelsrechts, bedeutend u. a. in →Ungarn. Der nicht persönl. erworbene Besitz stand nicht in der unbeschränkten Verfügungsgewalt des Eigentümers, sondern im Gemeineigentum der →Familie. Die Familienmitglieder lebten als condomini in unabgeteilter Besitzgemeinschaft. Die unabgeteilten Brüder genossen den Nutzen und trugen den Schaden des Eigentums gemeinsam. Beim Tod des Vaters erfolgte die Teilung des Gemeineigentums, aber die Söhne konnten den Besitz auch weiter unabgeteilt innehaben. Nach der Teilung (divisio) blieben die einstigen Miteigentümer und ihre Nachkommen auch ferner condivisionales; ohne ihre Zustimmung war jede Veräußerung und Verpfändung ungültig. Dieses Avitizität genannte System erhielt sich in Ungarn bis ins 19. Jh. G. Bónis

Compostela, Santiago de →Santiago de Compostela

Computator. Der C. kontrolliert den →Reskribendar des Kollegs der päpstl. Kanzleiskriptoren (→Kanzlei, päpstl.) bei der Festsetzung und Einnahme der →Taxen für die päpstl. Urkunden. Sein Kanzleivermerk ist seine Unterschrift links unter der Plika unter dem Namen des Reskribendars. Der C. wird, in der Regel für drei Monate, von den Skriptoren aus ihrer Mitte gewählt, so regelmäßig seit der förmlichen Kolleggründung i. J. 1445. Nähere Angaben für die frühere Zeit sind schwierig, da der Kanzleivermerk ständig erst im 15. Jh. gesetzt wird. Auch bei den anderen kurialen Kollegien (v. a. den →sollicitatores und den collectores taxae plumbi [→Bullaria]) kontrolliert ein C. den eigtl. →Receptor; bei den →Prokuratoren der →Audientia ist er alleiniger Taxeinnehmer. Th. Frenz

Lit.: Bresslau I, 307-E. v. Ottenthal, Die Bullenregister Martin V. und Eugen IV. (MIÖG Ergbd. 1, 1885), 576, 583 - P. Herde, Beitr. zum päpstl. Kanzlei-und Urkundenwesen im 13. Jh., 1967², 184ff.-B. Schwarz, Die Organisation kurialer Schreiberkollegien von ihrer Entstehung bis zur Mitte des 15. Jh., 1972, passim.

Computus, ein Kalendarium, ein Lehrbuch, das die Einteilung des Jahres in Jahreszeiten, Monate, Wochen, Tage, Stunden erläutert, lat. Begriffe wie Nonen, Kalenden, Iden erklärt, die astronom. Grundlagen der Kalenderrechnung darlegt und einzelne Phänomene wie Tag- und Nachtgleiche, Mondphasen, Sonnen- und Mondfinsternisse, Sternzeichen behandelt. Ein Hauptanliegen ist die Anleitung der Kleriker zur Festlegung der bewegl. Feste, v. a. Osterns (→Osterfestberechnung). Aber auch die Aufzählung der Tagesheiligen sowie der aus heidn. Tradition stammenden Unglückstage spielen eine Rolle. Neben den lat. Kalendarien gibt es auch volkssprachliche. Vgl. hierzu im einzelnen den Artikel →Komputistik. U. Ebel

Lit.: Grotefend - →Chronologie, →Komputistik

Comtat Venaissin, Territorium in der →Provence. Der »Comtat de Venisse« (von Venasque, der ztw. Residenz der Bf. e v. →Carpentras), diese »Markgrafschaft der Provence«, umfaßte einen ca. 50 km breiten Gebietsstreifen, gelegen östl. der →Rhône und nördl. ihres linken Nebenflusses Durance, an deren Einmündung die Stadt →Avignon liegt, die 1251-90 gemeinsamer und ungeteilter Besitz der Gf.en v. →Provence und →Toulouse war. 1125 fiel der C. an den Gf.en v. Toulouse im Zug einer Teilung, die er mit dem Gf.en v. →Barcelona und Provence vornahm; 1195 wurde das Territorium im O gegenüber der Gft. →Forcalquier abgegrenzt. 1178 nutzte Bertrand des →Baux die Ansprüche →Friedrichs Barbarossa auf die alten Kgr. e →Burgund und →Provence, um als mächtiger Anhänger des Ks.s im Rhônegebiet den Titel eines Fs.en (Prinzen) v. →Orange zu erlangen. Das 12. und 13. Jh. war erfüllt von den Auseinandersetzungen zw. den Bf.en und den Gf.en v. Toulouse, letztere wurden als Ketzerfreunde während der Albigenserkriege des frühen 13. Jh. (→Albigenser) abgesetzt. Im Vertrag von →Paris (1229), der das Ergebnis der Albigenserkreuzzüge fixierte, fiel der C. an den Hl. Stuhl, doch nahm der frz. Kg. durch seinen Seneschall (→Beaucaire) die →*garde* (Schutzherrschaft) wahr (1229-35), und schließlich wurde sogar die Herrschaft des Gf.en v. Toulouse, →Raimund VII., wiederhergestellt (1236-49). Nach dem Tod seines Schwagers→Alfons v. Poitiers (1271), des Bruders des frz. Kg.s Ludwig IX. d. Hl., sicherte Papst →Gregor X. der Kurie die Verwaltung des C. (1274). Nachdem sich schon im 12. Jh. vielerorts Konsulate gebildet hatten, folgten nun Verleihungen von →*chartes de franchises*; die bedeutendsten Baronien des Landes waren die von Sérignan, Beaumes und Le Thor, außerdem bestanden – durch Zersplitterung der Lehen – zahlreiche Conseniorate. In der Periode vor der päpstl. Verwaltung hatten die Gf.en v. Toulouse sich gegenüber den Juden tolerant gezeigt. Der →Rektor residierte in Pernes, bis schließlich der Bf. v. Carpentras 1320 auf die weltl. Gerichtsbarkeit in seiner Bischofsstadt verzichtete; damit wurde Carpentras zur Hauptstadt eines Territoriums mit ca. 80 Städten und Burgen. Im 14. Jh. erfolgte die Konstituierung der aus drei Ständen bestehenden →Etats (Landstände).

Papst →Clemens V., der 1309 in Avignon einzog (→Kurie, röm., in Avignon), residierte mit Vorliebe im C. (Malaucène, Carpentras, Monteux). →Johannes XXII. und seine Nachfolger erweiterten die Grenzen ihres Staates durch Erwerb von Templergütern (→Templer) (1317), die an die →Johanniter übergegangen waren, und durch Käufe von den →Dauphins des →Viennois (1327, 1336, 1344, 1355). Andererseits gelang es dem Herrn v. Sault, aus der päpstl. Vasallität in diejenige des Gf.en v. Provence überzuwechseln. Seit dem Pontifikat Johannes' XXII. erschütterten zunehmend Feindseligkeiten den Norden des C., und die Plünderungszüge der »grandes compagnies« erforderten – wie in Avignon – auch im C. neue Befestigungen für Städte und Burgen. Die avignones. Päpste ernannten zu Rektoren nun zumeist enge Getreue oder nahe Verwandte, die – eine neue Entwicklung – häufig ihr Rektorenamt mit dem des päpstl. Gouverneurs v. Avignon (1348 Erwerb der Stadtherrschaft durch →Clemens VI.) kumulierten, bis schließlich in der kurialen Ämterlaufbahn das Amt des Legaten v. Avignon dem Rektorat des C. vorausging. Das Gr. →Abendländ. Schisma und die Rivalitäten zw. →Ludwig v. Anjou und →Karl v. Durazzo um →Neapel führten zu neuem Aufflackern der Kriege: Raimond de Turenne verwüstete das Land, später führte →Boucicaut, auf dessen Truppen sich Papst →Benedikt XIII. stützte, Krieg im C. Die Friedensinitiative, die der päpstl. Legat →Pierre de Foix (1433-64) einleitete, führte im Lande zu einer Besserung der Lage; Foix paktierte dabei mit dem Dauphin →Ludwig (XI.), der bereits das Ziel einer Annexion des C. ins Auge faßte. Giuliano della Rovere, der spätere Julius II., erreichte die Erhebung von Avignon zum Ebm. mit den drei alten Bm. ern des C., →Carpentras, →Cavaillon und →Vaison, als Suffraganen (1475). M. Hayez

Q. und Lit: J. Girard, Les états du C., 1908 - C. Faure, Etude sur l'administration et l'hist. du C. V., 1909 - J. Fornery, Hist. du C., 3 Bde, 1909-10 [Neudr. 1983] - R. H. Bautier-J. Sornay, Les sources de l'hist. économique et sociale du MA, 1: Provence, C., 1968 [Bd. I: LXXX-LXXXII, 59-100, 581-585; Bd. II: 733-749, 1037-1073, 1282-1352] - E. Baratier, G. Duby, E. Hildesheimer, Atlas hist. Provence, C., 1969 - H. Dubled, Hist. du C., 1981.

Comtesse de Die (Comtessa de Dia) → Béatrice (2. B.)

Comtesse de Pontieu, La (genauer »La fille du comte de Pontieu«), frz. Novellen- und Romanstoff des 13.–15. Jh. Die älteste Bearbeitung ist zugleich die älteste frz. Prosanovelle überhaupt und entstand Anfang des 13. Jh. in der Gegend zw. Rouen und Saint-Pol (Ia). Weniger als 100 Jahre später wurde sie, etwas erweitert, in die »Histoire d'outre-mer et du roi Saladin« aufgenommen (Ib) und erschien im 15. Jh. als 2. Teil des Romans Jehan d'Avesne (II) in der umfangreichen Neubearbeitung eines burg. Hofautors.

Ia) Nachdem die Gfn. von Ponthieu auf einer Wallfahrt vor den Augen ihres Mannes Thibaut von Räubern entehrt worden ist, versucht sie, ihn zu töten (das Motiv dafür wird nicht genannt). Obwohl dieser ihr ihre Schande nicht zurechnet, schleudert sie ihr Vater in einer Tonne aufs Meer. In Almerien an Land gespült, wird sie vom Sultan geheiratet und zur Konversion gedrängt. Sie gebiert ihm zwei Kinder. Auf der Rückreise von einem Kreuzzug geraten der Gf. v. Ponthieu und sein Schwiegersohn infolge eines Sturms nach Almerien. Die Sultansgattin erkennt ihre Verwandten, rettet sie vor dem Tod und flieht mit ihnen und ihrem Sohn. Die zurückgelassene Tochter wird später Mutter des berühmten Saladins. Nach der kirchl. Reinigung von ihrer Schändung, ihrer Doppelehe und ihrer Abtrünnigkeit wird die Gfn. wieder in ihre alten Rechte als Gemahlin Thibauts eingesetzt. – Ib) Die 2. Version ist stärker religiös-erbaulich und mit betont höf. Einschlag, die Darstellungen der Gefühle grenzen aber manchmal ans Banale, der in Ia) nicht erklärte Gattenmordversuch wird hier rational aufgelöst. — II) stellt die sentimentale Wiederaufnahme des Stoffes dar, die Personen sind zu Idealfiguren stilisiert, die Handlung durch Genreschilderungen (v. a. Kampf-, Turnier- und Liebesszenen) erweitert. U. Ebel

Ed.: La fille du comte de Pontieu, nouvelle du XIIIe s., éd. C. Brunel, 1926 – La fille du comte de Pontieu, conte en prose, versions du XIIIe et XVe s., publ. C. Brunel, 1923 – Moderne Wiederaufnahme: F. Fleuret, La comtesse de Ponthieu, 1943 – Dt. Version nach Ib): G. Goyert, Liebesnovellen des frz. MA, 1919 – Lit.: T. Sato, Trois figures de femme. A propos du film japonais »Rashomon« et de »La F. du C. de P.«, Mél. R. Lejeune, II, 1969, 1245–1255 – J. Crow, The art of the medieval »conteur«: a study of La F. du C. de P., FrSt 30, 1976, 1–18 – E. B. Vitz, Narrative analysis of Medieval texts: La F. du C. de P., MLN 92, 1977, 645–675 – A. Adler, Über die Prosanovelle »La F. du C. de P.« (Der afrz. höf. Roman, hg. E. Köhler, 1978), 254–266.

Comunidades. Im ma. Spanien gehörte schon im 12. Jh. zum Machtbereich der Gemeinden oder →Concejos der Städte und villas ein ausgedehntes Territorium (Alfoz, Tierra), dessen Bevölkerung sich mit der im Mittelpunkt gelegenen Stadt zu einer Comunidad zusammenschloß. Es handelte sich dabei um ein Gebiet (término), in dem sich andere Orte oder kleinere ländl. Concejos herausgebildet hatten. Im Rahmen der Wiederbevölkerung des Landes hatte der Concejo der Stadt oder villa das Recht, dort Leute anzusiedeln oder Dörfer zu gründen. Die C., die man in Kastilien »Comunidad de Villa y Tierra« nannte, waren aus der Vereinigung der Stadt oder villa als Haupt der C. und der in ihrem Jurisdiktionsbereich ansässigen Bevölkerung hervorgegangen und understanden einem einheitl. Stadtregiment. Solche C. verdankten folglich ihren Ursprung der von den großen städt. Concejos betriebenen Wiederbesiedlungspolitik (→repoblación). Ende des 12. Jh. gab es in Kastilien-León bereits große Concejos oder C., unter anderen die C. v. Salamanca, Ávila, Segovia, Soria, Cuenca, Guadalajara und Madrid; in Aragón lagen als vorgeschobene Posten Calatayud, Daroca und Teruel. →Stadt, Städtewesen (Iber. Halbinsel).

L. García de Valdeavellano

Lit.: V. de la Fuente, Las C. de Castilla y Aragón bajo el punto de vista geográfico, Boletín de la Real Sociedad Geográfica 8, 1880 – C. de Lecea, La Comunidad y Tierra de Segovia, 1893 – J. Fernández Viladrich, La Comunidad de Villa y Tierra de Sepúlveda durante la Edad Media, Anuario de Estudios Medievales 8, 1972–73.

Comyn, Adelsfamilie in Schottland, deren Name von der Pflanze »cumin« ('Kümmel') abgeleitet ist. Die Familie C. war norm. Ursprungs und stammte vielleicht aus dem Gebiet südwestl. von Rouen. Während des 12. Jh. ließen sich die C. in England, Irland (John C. war Ebf. v. Dublin, 1182–1212) und Schottland nieder, dabei war es der schott. Zweig der Familie, der in aufsehenerregender Weise zur Macht gelangte und zur mächtigsten baronialen Einzelfamilie im →Schottland des 13. Jh. wurde. Den Erfolg der Familie begründete William, ein Sekretär im Hofhalt des engl. Kg.s Heinrich I., der Kanzler des schott. Kg.s David I. wurde, beinahe zum Bf. v. Durham (1141) gewählt worden wäre und als Archidiakon v. Worcester um 1160 starb. Sein Neffe Richard, Günstling Davids I. und Malcolms IV., heiratete eine reiche Erbin und besaß große Ländereien im südl. Schottland. Richards Sohn William stieg zu einem der größten Barone unter Wilhelm I. auf und war der erste Normanne, dem es gelang, ein schott. Earldom (1212) zu gewinnen, das er durch die Heirat mit der Tochter von Fergus, Earl of Buchan, erwarb. William war etwa von 1205–32 →Justitiar v. Scotia (d. h. Schottlands nördl. des Forth) und gründete 1219 die Zisterzienserabtei Deer. Aus seinen beiden Ehen gingen die zwei Hauptzweige der Familie hervor.

Die ältere Linie, möglicherweise »Red Comyns« genannt, besaß im Hochland die Lordschaften von Badenoch und Lochaber und errichtete Burgen in Lochindorb, Abernethy, Ruthven und Inverlochy. John C. II. († 1303) wirkte 1286–90 als Regent des Königreiches (Guardian of the realm) und war einer der Bewerber um den schott. Thron, der 1292 seinem Schwager, Johann (John) →Balliol, zuerkannt wurde. Sein Sohn, John III., hatte in der Zeit von 1298–1303 ebenfalls die Würde des Regenten (Guardian) inne. Als Rivale des jüngeren Robert Bruce, Earl of →Carrick, wurde John III. im Kampf um den Thron am 12. Febr. 1306 von Bruce und seinen Freunden eigenhändig in Dumfries ermordet.

Die jüngere Linie, vertreten von Alexander und seinem Sohn John (nacheinander Earls of Buchan, von 1233–89 und von 1289–1309), erfreuten sich ebenfalls einer starken Machtstellung und hohen Ansehens. Earl Alexander war über 30 Jahre lang Justitiar v. Scotia und diente von 1286–89 als Guardian, während Earl John ein aktiver patriot. Führer bis zur allgemeinen schott. Unterwerfung von 1304 war.

Aus der C.-Familie gingen mehrere Geistliche und Barone des obersten Rangs hervor; der mächtigste Vertreter der Familie war Walter C., ein jüngerer Sohn von Earl William und dessen erster Frau. Walter erwarb 1234 durch Heirat das Earldom of Menteith; seine Dienste bei der Niederschlagung der Aufstände in Nordschottland wurden mit der Verleihung von Badenoch belohnt, das später an seinen Neffen John C. I. überging. Walter wurde nach der Revolte von 1235 Galloway übertragen, und nach dem Tod Kg. Alexanders II. (1249) stand er an der Spitze des Regentschaftsrates, der Schottland während der Minderjährigkeit Alexanders III. zumeist regierte, oft in Gegensatz zu Heinrich III. v. England. Walters Tod (1258) zeigt die C.-Familie auf dem Höhepunkt ihrer Macht, die bis 1306–09 allmählich sank, was durch den Niedergang ihrer Hauptlinien bedingt war. G. W. S. Barrow

Lit.: Scots Peerage, s. v. Badenoch, Buchan – A. Young, William Cumin (York, Borthwick Papers), 1978 – Ders., The political rôle of Walter Comyn, earl of Menteith during the minority of Alexander III of Scotland, SHR LVII, 1978.

Conan

1. C. I. le Tors, Gf. v. →Rennes seit ca. 970, ✕ 992, Sohn und Nachfolger von Juhel Berenger (ca. 930–970), der 939 bei Trans die Normannen besiegt hatte. Im Alter war Juhel in Abhängigkeit von Wichoen (ca. 950, † 990), Bf. v. Dol, geraten, der dadurch zum eigtl. Herrn der Gft. Rennes wurde. In den Jahren um 960/970 beendete C. diesen

Zustand und stellte die gfl. Position wieder her. Um 970 selbst Gf. geworden, war er bestrebt, die Macht der Gf. en v. Rennes über die →Bretagne auszudehnen und den Gf. en v. →Nantes, den Nachkommen von Alan (Alain Barbetorte), ihre Machtstellung zu entziehen. Um seine Gegner zu isolieren, heiratete C. die Tochter des Gf. en v. Anjou (→Angers), Ermengarde. Da die Gf. en v. Anjou jedoch weiterhin die Gf. en v. Nantes unterstützten, trat C. in die Klientel der mit den Anjou konkurrierenden Gf. en v. →Blois, Tedbald (Thibaud) und Odo (Eudes), ein. Ein erstes Gefecht zw. den konkurrierenden Gruppierungen fand 981 bei Conquereuil statt. Nach dem Tod des Gf. en v. →Nantes, Guerech (981), vermochte sich C. in Nantes zu etablieren, doch fiel er 992 in der zweiten bedeutenderen Schlacht zu Conquereuil, in der er dem Gf. en v. Anjou, →Fulco Nerra, gegenüberstand. Mit C. begann die Vormachtstellung der Gf. en v. Rennes in der Bretagne.

G. Devailly

Q.: La Chronique de Nantes, ed. R. MERLET, 1896, 120–128 – *Lit.*: DBF IX, 427 – A. DE LA BORDERIE, Hist. de Bretagne, II, 1898 – E. DURTELLE DE ST-SAUVEUR, Hist. de Bretagne I, 1935, 108–114 – →Bretagne [Lit.].

2. C. II., letzter Gf. v. →Bretagne aus dem Hause →Rennes, †1066. Drei Monate vor dem Tod seines Vaters Alan (Alain) III. (1040) übernahm sein Onkel Odo (Eon) v. Penthièvre Regentschaft und Schutz des jungen Gf. en. 1047 bemächtigten sich Verschwörer der Person C.s, der erst 1055 die Macht übernahm. Bis 1062 war er vorwiegend mit dem Kampf gegen die rebellierenden Großen in seinem Fsm., zu denen u. a. sein Onkel Eon und Hoël v. Cornouaille zählten, beschäftigt. 1064 rief ein anderer aufständ. Adliger, Rivaillon v. Dol-Combourg, den Hzg. der Normandie, →Wilhelm, zu Hilfe, der →Dol und →Dinan eroberte (vgl. die berühmten Darstellungen auf dem Teppich v. →Bayeux), dann jedoch die Bretagne verließ, um seine Landung in England vorzubereiten. Nach Abschluß eines Abkommens mit dem Gf. en v. →Blois griff C. die Gft. Anjou (→Angers/Anjou) an und starb dort auf Château-Gontier. G. Devailly

Lit.: DBF IX, 427 – →Bretagne [Lit.].

3. C. III. le Gros, Gf. v. →Bretagne 1112–48, Sohn von Alan (Alain Fergent) und Ermengarde v. Anjou, ⚭ Mathilde, Tochter Heinrichs I., Kg. v. England. C. wurde von seiner frommen Mutter erzogen, die einen großen Einfluß auf ihn ausübte. In seinem Bestreben, das Fsm. zu befrieden, kämpfte er zeitlebens gegen die rebellierenden Großen (Barone v. Donges und Vitré, Herrn v. Pontchâteau und La Guerche). Dreimal leistete er dem frz. Kg. Ludwig VI. Heerfolge, obwohl dieser 1113 die Lehnsabhängigkeit der Bretagne von der →Normandie anerkannt hatte. Vor seinem Tod leugnete er die Vaterschaft an Hoël, dem Sohn seiner Gemahlin, ab und designierte als Erbin seine Tochter Berta (Berthe), die Witwe Alans des Schwarzen (Alain de Richemont), Gf. en v. Penthièvre; sie war in 2. Ehe mit Eon (Odo), Vicomte v. Porhoët, verheiratet. Langandauernde Erbauseinandersetzungen waren die Folge (s. den folgenden Artikel). G. Devailly

Lit.: DBF IX, 428 – →Bretagne [Lit.].

4. C. IV. le Petit, Hzg. v. →Bretagne 1155–66, † 1171. Sohn der Berta (Berthe) und Alans des Schwarzen (Alain de Richemont). Er revoltierte gemeinsam mit seinem enterbten Onkel Hoël (s. den vorhergehenden Artikel) gegen seine Mutter und ihren zweiten Gemahl, Eon (Odo) v. Porhoët. 1154 besiegt, ging er ins engl. Exil, aus dem er 1155 zurückkehrte. Mit Unterstützung Kg. →Heinrichs II. v. England gelang es ihm, Eon zu verdrängen und sich als Hzg. durchzusetzen. Doch mußte er dem Plantagenêt die Gft. →Nantes abtreten. Seine Politik, gekennzeichnet durch Schwäche gegenüber dem mächtigen engl. Bundesgenossen und Überheblichkeit gegenüber den alten Anhängern Eons, löste einen von Raoul de Fougères geführten Aufstand aus. C. wurde geschlagen und hielt sich nur dank der Hilfe Heinrichs II. Dieser setzte die Verlobung seines dritten Sohnes Gottfried (Geoffroy), der damals acht Jahre alt war, mit Konstanze (Constance), der fünfjährigen Erbtochter C.s, durch und veranlaßte 1166 den Hzg. zur Abdankung zugunsten des minderjährigen Paares. C. wurde mit der Gft. Guingamp abgefunden, während Heinrich II. im Namen seines Sohnes und seiner Schwiegertochter die Schutzherrschaft des Hzm.s übernahm. G. Devailly

Lit.: DBF IX, 429 – →Bretagne [Lit.].

Concejo (kast. Stadtrat; mlat. concilium; ptg. *Concelho*), in Kastilien, León und Portugal (10.–11. Jh.) von den Einwohnern eines Orts gebildete Versammlung, im Zuge der →Reconquista und Wiederbesiedlung *(repoblación concejil)* entstanden aus der Notwendigkeit einer dauernden Verwaltung, die sich auch auf den von einer Stadt abhängigen Umkreis (terminus, *alfoz*) erstreckte. Die Aufgaben des c. in den Dörfern umfaßten die aus dem Besitz entstandenen Probleme, gemeinsame Rechte und Pflichten; diejenigen in den Städten, die Aspekte der lokalen Wirtschaft, mit denen sich die Obrigkeiten nicht befaßten. 1158 erhielten einige c.s das Privileg der Selbstverwaltung und verwandelten sich in Gemeinderäte. Später bezeichnete man als c. die Vereinigung des Rates der *vecinos* (Gemeindeglieder im weitesten Sinne, sofern sie in der Stadt oder in der *tierra* lebten), nicht mehr nur der Einwohner mit den von diesem Rat gewählten Beamten *(c. abierto; c. mayor)*. Der c. übte die lokale Macht auf allen Gebieten aus: Erlaß von Verordnungen, Rechtsprechung, Verteidigung, Wirtschaft usw. Seine Entwicklung verschaffte einer breiten sozialen Schicht Zugang zur Sphäre der öffentl. Gewalt, die vorher dem Adel vorbehalten war. Die Entwicklung gipfelte in der Teilnahme der Vertreter der Städte an den →Cortes (1188). Mit der Reservierung der wichtigsten Ämter zugunsten der Ritter entstand jedoch ein →Patriziat; die Entwicklung dieses Patriziats zur Oligarchie rief Revolten und Unruhen bei den Sitzungen der Versammlung hervor, was Alfons XI. ausnutzte, um diese durch vom König ernannte →*regidores* zu ersetzen. Dies war die Geburtsstunde des →*ayuntamiento* (Gemeindeverwaltung). →Repoblación, →Stadt, -entwicklung.

M. del Carmen Carlé

Lit.: N. TENÓRIO Y CERERO, El C. de Sevilla, 1901 – P. MERÊA, Sôbre as origens do concelho de Coimbra, RevPort 1, 1940, 49–69 – T. DE SOUSA SOARES, Notas para o estudo das instituições municipais da Reconquista, ebd., 71–92 – J. GONZÁLEZ, Sellos concejiles de España en la Edad Media, Hispania 5, 1943, 339–384 – R. GIBERT, El C. de Madrid I, 1949 – F. MÁRQUEZ VILLANUEVA, Conversos y cargos concejiles en el siglo XV, RABM 63, 1957, 503–540 – E. S. PROCTER, The Towns of León and Castille as Suitors before the King's Court in the Thirteenth Century, EHR 74, 1959, 1–22 – J. GARCÍA Y SAÍNZ DE BARANDA, La ciudad de Burgos y su C. en la Edad Media, 2 Bde, 1967 – M. DEL CARMEN CARLÉ, Del c. medieval castellano-leonés, 1968 – J. CERDÁ RUIZ-FUNES, Hombres buenos, jurados y regidores en los municipios castellanos de la Baja Edad Media, Actas del I Symposium de Hist. de la Administración, 1970 – M. GONZÁLEZ JIMÉNEZ, El c. de Carmona a fines de la Edad Media (1464–1523), 1973 – L. GARCÍA DE VALDEAVELLANO, Curso de Hist. de las Instituciones españolas, 1975[4] – J. GAUTIER DALCHÉ, Hist. urbana de León y Castilla en la Edad Media (s. IX–XIII), 1979 – J. A. BONACHIA HERNANDO, El c. de Burgos en la Edad Media (1345–1426), 1980 – E. S. PROCTER, Curia and Cortes in León and Castille (1072–1295), 1980.

Concierge des châteaux royaux, Beamter der frz. Monarchie, der für die Bewachung der (befestigten oder unbefestigten) kgl. Burgen und Schlösser sowie für die Verwaltung der Forsten um die kgl. Residenzen (Vincennes, St-Germain) zuständig war. Er erhielt reguläre Bezüge und die Einkünfte aus diversen Abgaben und sonstigen Gebühren. Dieses Amt der Domanialverwaltung (→Krondomäne) wurde ztw. als Lehen ausgegeben, auf Lebenszeit oder sogar erblich an einen kgl. Dienstmann, der die Einnahmen bezog und die Aufgaben weiterdelegierte.

Die *conciergerie* der kgl. Residenzen wurde manchmal hohen Amtsträgern der Krone wie dem →*Connétable* oder dem →*Amiral de France* verliehen. In den kgl. →Ordonnances rangieren die c.s mit den *châtelains* (→Kastellanen) und→*capitaines* auf einer Stufe. F. Autrand

Lit.: Ordonnances des rois de France de la troisième race, Paris, 1723–1847 – G. Dupont-Ferrier, Concierges et châtelains, ABSHF, 1936-37, 98–103 – Ders., Gallia Regia ou état des officiers royaux des bailliages et des sénéchaussées de 1328 à 1515, 7 Bde, 1942–66.

Concierge du Palais, Amt der frz. Monarchie. In seiner Grundbedeutung bezeichnet *concierge* den Hüter eines Hauses oder einer Burg in Gegenwart bzw. Abwesenheit des Herrn. Der *concierge du Palais royal* auf der Pariser Ile de la Cité ist seit dem Beginn des 13. Jh. belegt. Er hatte die Gerichtsbarkeit innerhalb des Palastkomplexes und in seinem Umkreis inne. Seine Einkünfte waren domanialer Natur: Grundrenten auf Pariser Häuser, Forstabgaben (*gruage*) des Forstes v. Yveline, einige Niedergerichtsgefälle und Zunftabgaben. Die ersten bekannten Träger des Amtes waren Leute des kgl. Hofhaltes. In der 1. Hälfte des 14. Jh. wurde das Amt auf Lebenszeit verliehen. Nach der Aufgabe des Palais royal als ständige kgl. Residenz (1358) wurden »Hausverwaltung« und »Staatsverwaltung« in getrennten Komplexen untergebracht; das Palais nahm verschiedene zentrale Verwaltungseinrichtungen des Kgr.es auf (Justiz, Finanz, Kanzlei). Mit seinem Schutz war gewöhnl. ein Mann, der das kgl. Vertrauen genoß, beauftragt. Die litterae patentes (→lettres) vom Jan. 1359 umschreiben detailliert die Aufgaben des C. du Palais und machen ihn zum besoldeten Beamten, der drei *sous* pro Tag und ein *muid* Weizen pro Jahr erhielt. Neben der Schlüsselgewalt und der Überwachung der Türhüter hatte der c. die gesamte hohe, niedere und mittlere Gerichtsbarkeit innerhalb der Mauern des Palastes inne. Appellationsinstanz für seine Urteile war das→Parlement; er war insofern einem →Bailli oder →Seneschall gleichgestellt. Der c. hatte Kriminalgerichtsbefugnisse. Ihm stand die Kontrolle über die im Palais royal etablierten Kaufleute, die mit Luxusgütern handelnden »merciers«, zu. Bis ins späte 14. Jh. war der Inhaber der *conciergerie du Palais* ein großer Amtsträger (*grand officier*) der kgl. Justiz. In den Zeiten des Bürgerkrieges wurde die Bewachung des Palastes, der Schlüssel zur Beherrschung des Kgr.es, zum Spielball der polit. Machtverhältnisse. 1413–16 war die conciergerie der Kgn. →Isabeau de Bavière, sodann dem Dauphin, schließlich dem Hzg. →Johann v. Berry anvertraut; sie beauftragten jeweils einen Palast-Bailli ihrer Wahl mit der Ausübung und zogen die Einkünfte ein. 1417 wurde die conciergerie mit ihren Einkünften wieder der Krondomäne zugeschlagen; der vom Kg. ernannte c. behielt seine alte Besoldung. Das Amt war nun dem →*chancelier de France*, dem Leiter der kgl. Verwaltung, zugeordnet, der es bis zur Mitte des 15.Jh. behielt. Am Ende des 15. Jh. lag es oft in den Händen eines der Präsidenten der →*Chambre des comptes* (Rechnungshof). – Das *Hôtel du c.* nahm den südwestl. Trakt des Palais de la Cité ein. Das nördl. gelegene Gefängnis, das zum Gericht des c. gehörte, diente ab 1381 dem Parlement. Der Kerkermeister wurde zwar vom Kg. ernannt, die Einkünfte des Gefängnisses waren jedoch mit dem Amt des c. verbunden. Das Gefängnis des Palais royal bewahrte den Namen 'Conciergerie'. F. Autrand

Q. und Lit.: Ordonnances des rois de France de la troisième race, 1723–1847, t. 3, 310ff.; t. 6, 56ff.; t. 13, 459ff. – F. Aubert, Le Parlement de Paris de Philippe le Bel à Charles VII (1314–1422), t. I, 1886–J. Guerout, Le Palais de la Cité à Paris des origines à 1417, Mém. féd. des Soc. hist. et archéol. de Paris et d'Ile-de-France, 1, 1949, 57–212; 2, 1950, 2–204; 3, 1951, 7–101 – G. Dupont-Ferrier, Gallia Regia ou état des officiers royaux des bailliages et des sénéchaussées de 1328 à 1515, t. 4, 1953.

Concile de Remiremont → Jugement d'Amour, le

Conciliator, Bezeichnung für eine krit. Zusammenstellung med. Probleme, die divergierende Lehrmeinungen der Autoritäten dialekt. miteinander in Einklang zu bringen versucht. Vorbild dieser typ. Literaturgattung der med. Scholastik ist der »Conciliator differentiarum philosophorum et praecipue medicorum« (1303–10) des→Petrus v. Abano (1250–1315), der die strittigen Fragen in 210 »differentiae« abhandelt. Das populäre Werk, das noch bis ins 16. Jh. gedruckt wurde und dem Autor den Beinamen »Petrus Conciliator« eintrug, ist durch die salernitan. Quaestiones-Literatur beeinflußt. W. Schmitt

Lit.: M. Neuburger, Gesch. der Medizin II, 1911 – L. Norpoth, Zur Bio-, Bibliographie und Wissenschaftslehre des Pietro d'Abano, Kyklos 3, 1930, 292–353 – Sarton, III, 1947 – P. Diepgen, Gesch. der Med. I, 1949 – B. Lawn, The Salernitan Questions. An Introduction to the History of Medieval and Renaissance Problem Lit., 1963 – E. Seidler, Die Heilkunde des ausgehenden MA in Paris. Stud. zur Struktur der spätscholast. Med., 1967 – D. Garcia Guillén – J. L. Peset, La medicina en la baja edad media latina (Hist. Universal de la Medicina, hg. P. Laín Entralgo, III, 1972).

Concilium. 1. C., in republikan. Zeit Bezeichnung für Versammlungsplatz der Plebs, davon abgeleitet für deren Versammlungen. In der Kaiserzeit umschreibt c. die vornehml. dem Kaiserkult dienenden Provinziallandtage mit Priester, Altar, jedoch auch Kompetenzen, polit. Kontrollfunktionen und Rechten über das Religiöse hinaus, Kasse und Beamten. Demgegenüber gehen die analogen, jedoch vielfältigeren κοινά der östl. Reichshälfte zum großen Teil auf frühere polit. Organisationen zurück und haben weitgehend auch Münzrecht. In Fortentwicklung davon scheinen sich für das diokletian., für jede Provinz obligator. c. (CTh 1,16,6; 12,12,11ff.) als Hilfsorgan der Reichsverwaltung neben der Statthalterschaft mit Rangliste der Mitglieder und fester Sitzungsprozedur nach Abschaffung des Kaiserkultes die Befugnisse (siehe CIL VI 1702; 1736) noch zu vermehren. Neben der Kontrolle wird im 6. Jh. auch die Nominierung der Statthalter übertragen (Nov. 149; 151). Entsprechend entwickelt sich das kirchl. c. (gr. σύνοδος) aus der provinzialen Priesterversammlung und behält den Terminus auch bei Ausweitung auf das ganze Imperium bei. G. Wirth

Lit.: Kl. Pauly I, 1267f. [D. Medicus] – RE IV, 801–830 [E. Kornemann]; Suppl. IV, 929–941 [E. Kornemann] – Jones, LRE, 763ff.– H. Siber, Röm. Verfassungsrecht, 1952 – J. Deininger, Die Provinziallandtage der röm. Kaiserzeit von Augustus bis zum Ende des 3. Jh. n. Chr., 1965.

2. C. → Konzil, →Synode, →Rat

Concilium Germanicum, seit dem 18. Jh. übliche Bezeichnung für das erste Reformkonzil des hl. →Bonifatius, zugleich das erste Konzil auf (später) dt. Boden, von →Karlmann als Hausmeier des Reichsteils →Austrien zum 21. April 743, dem Sonntag der Osteroktav, einberufen. (Um das Datum gibt es eine schon alte gelehrte Streitfrage: das überlieferte Jahr 742 als im Frankenreich erstmalige Anwendung der – nachweislich noch unsicheren – Inkarnationszählung würde zu gänzlich unglaubhaften Folgerungen zwingen: daß Bonifatius bereits im Herbst 741, zu Lebzeiten Karl Martells, die Bm. er Würzburg, Büraburg, Erfurt gegründet hätte, andererseits aber der Papst Zacharias noch am 1. April 743 ohne Kenntnis von dem schon ein Jahr zurückliegenden C. G. gewesen wäre.) Außer Bonifatius nahmen die von ihm eingesetzten Bf. e → Burchard v. Würzburg, Witta v. Büraburg, → Willibald v. Eichstätt und Dadanus (v. Erfurt?) teil, dagegen niemand aus dem eben reorganisierten Bayern, aus Alemannien nur Heddo v. Straßburg, aus dem eigtl. Austrien lediglich Reginfred v. Köln (möglicherweise Tagungsort?).

Der kleine, aber homogene Kreis faßte radikale Beschlüsse. Die austr. Kirche wurde zu einem Metropolitanverband unter dem Ebf. und päpstl. Legaten Bonifatius zusammengefaßt. Auf allen Stufen sollte ein kanon. geordnetes Kirchenwesen wiederhergestellt werden: durch die Einsetzung von Bf.en und jährl. Synoden, die bedingungslose Rückerstattung entfremdeter Kirchengüter, die Verweisung »falscher« und »unzüchtiger« Kleriker aus dem Amt in den Büßerstand und die Abstellung heidn.-aberglaüb. Volksbräuche; die Priester, denen weltl. Lebensführung und Kleidung untersagt wurde, sollten sich der Amtsaufsicht ihres Bf.s unterwerfen; Mönche und Nonnen seien bei Gelübdebruch mit strenger Strafe zu belegen; in den Kl. habe die → Regula Benedicti zu gelten.

Es entsprach ags. Gewohnheit und leitete karol. Herrschaftsstil ein, daß Karlmann diese Synodalabschlüsse als → Kapitular verkündete. Zusammen mit den Konzilien v. Les → Estinnes und → Soissons (744) formulierte das C. G. ein großes Reformprogramm nach röm.-ags. Grundsätzen, hinter denen jedoch die Wirklichkeit, v. a. was Kirchengüter und Metropolitanverfassung anging, noch lange zurückblieb. Th. Schieffer

Q. und Lit.: MGH Epp. sel. I, ed. M. TANGL n. 56 (und n. 51); MGH Conc. II, 1–4 – HEFELE-LECLERCQ III, 2, 815–825 – TH. SCHIEFFER, Winfrid-Bonifatius, 1972², 205–214 – J. JARNUT, B. und die frk. Reformkonzilien 743–748, ZRGKanAbt 65, 1979, 1–26 – Zur kontroversen Datierung: H. LÖWE, JbfFL 15, 1954, 85–127 (=WdF 60, 1965, 264–328) – TH. SCHIEFFER, a. a. O., 333–335 – K. U. JÄSCHKE (Fschr. W. SCHLESINGER 2, 1974), 71–136 – s. a. Q. und Lit. zu → 10. Bonifatius (Winfrid).

Conclusio (-nes). In der (klass.) Logik bezeichnet c. die Schlußfolgerung aus zwei oder mehreren Vordersätzen (Prämissen), sie ist wahr oder falsch, allgemein oder partikulär. Im 14. Jh. werden die c.-es eine neue »literarische Gattung« (M. GRABMANN), z. B. in den c.-es zu den aristotel. Schriften des Gonsalvus Hispanus OFM. Unter Verzicht auf die fortschreitende Auslegung des Textbuches, der Diskussion endloser Argumentenreihen und längst überkommener Lehrmeinungen wird in den c.-es die Sentenze des Autors mit ihren Bestandteilen erhoben und als Folge des »Mittelbegriffes« deutlich gemacht. Sie bezeichnen so gut wie niemals Folgerungen aus den Argumenten. Sie bilden einen eigenen, wesentl. Teil der Quaestionen. Bei → Wilhelm v. Ockham finden sie sich fast in jeder Quaestio seines Sentenzenkommentars. → Crathorn (um 1331 in Oxford) und Petrus Thomae (um 1320) nahmen sie als festen Bestandteil in das Einteilungsschema einer Quaestio auf. Johannes Ripa faßte (um 1354) in c.-es wesentl. Thesen seiner Sentenzenerklärung zusammen. – In den c.-es kündigt sich nicht nur eine neue lit. Gattung, sondern eine neue scholast. Denkform an. Zum Problem der c. theologica vgl. A. LANG, Die theol. Prinzipienlehre der ma. Scholastik, 1964. F. Hoffmann

Lit.: M. GRABMANN, Methode und Hilfsmittel des Aristotelesstudiums im MA, SBAW.PPH 1935, 5 [VGI 25, II, 1979, 1563–1569].

Concordantia caritatis, umfangreichstes typolog. Werk des späten MA. Ähnlich der Armenbibel (→ Biblia pauperum) und dem Heilsspiegel (→ Speculum humanae salvationis) stellt es den Begebenheiten aus dem NT atl. Typen gegenüber, jedoch nicht wie diese in der chronolog. Ordnung der Ereignisse aus dem Leben Christi, sondern in der Konzeption von Brevier und Missale bzw. in der Reihenfolge des Kirchenjahres. Der erste Teil mit dem Temporale enthält die Evangelientexte der Sonntage, Herrenfeste sowie bestimmter Ferialtage, der zweite Teil mit dem Sanctorale die Heiligenfeste in der Abfolge des Festkalenders, denen in vollständigen Mss. noch eine Erklärung der Zehn Gebote mit Beispielen sowie eine Gegenüberstellung der Hauptsünden und Tugenden und des in den Himmel bzw. in die Hölle führenden menschl. Lebensweges folgen. Mit dem stets auf einer Rectoseite geschriebenen Text – Evangelienperikopen mit erläuterndem Text – korrespondieren die in den 6 (von insgesamt 24 teilweise unvollständig erhaltenen Hss.) bebilderten Exemplaren auf der gegenüberliegenden Versoseite angebrachten zugehörigen Illustrationen, die mit metr. Tituli versehen sind, in leicht variierender Bildanordnung. Übereinstimmend werden den insgesamt 238 Antitypen (156 Szenen im Temporale, 82 im Sanctorale) jeweils zwei entsprechende Szenen aus dem AT (ausnahmsweise auch aus der Apg, Off und aus Apokryphen) sowie (mit Ausnahme des 1. Antitypus im Temporale) zwei weitere Szenen aus naturwiss. Bereichen gegenübergestellt, deren Themen mit ihren nicht immer leicht verständl. typolog. Bezugspunkten antiken Autoren, dem → Physiologus bzw. Bestiarien und auch den Kirchenvätern entnommen sind. Die ntl. Hauptszene ist mit den Halbfigurenbildern von 4 (allein im Ms. 69 der John Rylands Library in Manchester von 8) Propheten umgeben.

Autor der C. C. ist Ulrich v. → Lilienfeld († 1358), der 1345–51 Abt dieses niederösterr. Zisterzienserklosters war und das Werk vermutl. nach dieser Zeit verfaßte. Nur einige Hss. überliefern den Titel, der die Absicht des Autors, nämlich die sich in der Heilsgeschichte offenbarende Übereinstimmung im Liebeswerk Christi zu zeigen, ausdrückt. Die Darlegungen in der Vorrede lassen vermuten, daß die Schrift dem niederen Klerus zur Vorbereitung homilet. Aufgaben dienen sollte, was auch darin Bestätigung finden würde, daß die meisten Exemplare in Form ungeschmückter Texthss. überliefert sind; unter den wenigen illustrierten Mss. ragt Ms. 151 der Bibliothek des Zisterzienserkl. Lilienfeld zugleich als das älteste, wohl nach 1351 entstandene Exemplar heraus, dessen qualitätvoll ausgeführter Bilderzyklus zu einer dem Text ebenbürtigen geistl. Belehrung führen konnte.
G. Plotzek-Wederhake

Lit.: LCI I, 459–461 – RDK III, 833–853 – H. TIETZE, Die Hss. der C. C., Jb. der K. K. Zentralkommission für Erforsch. der Kunst- und hist. Denkmäler, NF 3, 2, 1905, 27ff. – J. E. WEIS-LIEBERSDORF, Das Kirchenjahr in 156 got. Federzeichnungen, Stud. zur dt. Kunstgesch. 160, 1913 – Faksimilierung von Lilienfeld, Ms. 151 mit Kommentarbd. v. H. DOUTEIL, CSP [in Vorber.].

Concordantiae, in der scholast. Medizin kompendienartige Sammlungen von Zitaten der führenden griech. und arab. Autoritäten, die, alphabet. nach Schlagworten angeordnet, einen raschen Überblick über das med. Wissensgebiet ermöglichen. Sie dienten v. a. als handliche Nachschlagewerke für den med. Unterricht. Als beliebteste Sentenzensammlung dieser Art gelten die 'Concordanciae' des Johannes de Sancto Amando (13. Jh.), die hauptsächl. Galen und Avicenna exzerpieren und noch Ende des 14. Jh. ebenso wie ihre erweiterte Bearbeitung durch Petrus de Sancto Floro, »Colliget florum medicinae« (14.

Jh.), zur offiziellen Schulliteratur der Pariser med. Fakultät gehörten. W. Schmitt

Lit.: J. L. PAGEL, Die Concordanciae des Johannes de Sancto Amando, 1894 – DERS., Neue litterar. Beitr. zur ma. Medicin. I. Nachtr. zu den »Concordanciae des Johannes de Sancto Amando«, 1896 – M. NEUBURGER, Gesch. der Med. II, 1911 – P. DIEPGEN, Gesch. der Med. I, 1949 – E. SEIDLER, Die Heilkunde des ausgehenden MA in Paris, 1967 – D. GARCIA GUILLÉN – J. L. PESET, La medicina en la baja edad media latina (Hist. Universal de la Medicina, hg. P. LAÍN ENTRALGO, III, 1972).

Concoregio (Concorezzo), **Rinaldo da** → Rainaldus v. Mailand, sel.

Concorezzo. [1] *Ort*: It. Ortschaft in der Lombardei, zw. Mailand und Monza, 6 km von letzterem entfernt; im MA und bis in die neueste Zeit selbständiger Flecken.

[2] *Katharerkirche*: Der Ort C. gab der bedeutendsten Katharerkirche der Lombardei und ganz Italiens seinen Namen. Soviel sich von ihren Anfängen feststellen läßt, ist sie im Zusammenhang mit der ersten, den Okzident erreichenden Welle des bogomil. Dualismus (→Bogomilen) entstanden. Die Tatsache, daß einer ihrer Bf.e die als »Interrogatio Johannis« bekannte bogomil. Schrift aus Bulgarien mitbrachte, beweist, daß ihre Verbindung zum Osten immer bestehen blieb. Die Kirche v. C. konnte trotz innerer Spannungen und doktrinaler Auseinandersetzungen lange Zeit ihre zahlenmäßige Konsistenz bewahren. Sie erscheint in der »Summa de cataris et pauperibus de Lugduno« des Inquisitors Raniero→Saccone – dem einzigen Versuch, die verschiedenen Kirchen aufgrund der Zahl ihrer Anhänger zu vergleichen – als die zahlenmäßig stärkste Katharerkirche. Wenn man dabei berücksichtigt, daß sie keine festgelegten territorialen Grenzen hatte, sondern vielmehr als Gemeinschaft von Gläubigen, die durch die gleichen Glaubensvorstellungen verbunden waren, angesehen werden muß, so lassen sich sichere Zeugnisse für ihre Existenz bis zum Ende des 13. Jh. feststellen, nach diesem Zeitpunkt verlieren sich ihre Spuren.

Die Katharerkirche von C. wurde infolge innerer Auseinandersetzungen von einer Reihe von Schismen erschüttert. Das bedeutendste unter ihnen steht mit der Bildung der Kirche von →Desenzano in Zusammenhang, die ihre Entstehung dem Auftreten und der Verbreitung des radikalen →Dualismus in Italien verdankt.

Unter den Bf.en von C. müssen Marcus de Lombardia (um 1167) und v. a. Nazarius erwähnt werden, der – wahrscheinlich um seinen Glauben zu vertiefen – nach Bulgarien reiste und mit der »Interrogatio Johannis« zurückkehrte. Von Bedeutung ist auch sein Vorgänger Garattus, nach dem die Mitglieder dieser Kirche auch als »Garatenses« bezeichnet wurden.

Von allen Katharern hielt in erster Linie die Kirche von C. am Glauben an einen sog. gemäßigten Dualismus fest: Gott sei der Schöpfer des gesamten spirituellen und materiellen Universums, gegen ihn habe der erste Engel mit einer Schar von Anhängern rebelliert, sei deshalb aus dem Paradies vertrieben und auf die Erde herabgestürzt worden und habe dort versucht, die principia angelica in aus Lehm geformte menschl. Leiber zu inkorporieren, vermochte ihnen jedoch nur mit der Hilfe Gottes Seele und Leben zu geben. Nach dem Glauben dieser Katharer mußte ein Mensch, sobald er seine Lage als im Leib gefangenes geistiges Prinzip erkannt hatte, mit Gott zusammenwirken, um dieses Prinzip zu befreien: entweder durch Anstreben des Standes der Perfecti, der härteste Askese verlangte (Verzicht auf jede Form der Geschlechtlichkeit, auf Fleischspeisen bzw. irgendwie mit der Sexualsphäre in Zusammenhang stehende Nahrungsmittel wie Eier und Milch) oder des Standes der Credentes, die ohne Askese zu

praktizieren, sich dazu verpflichteten, auf dem Sterbebett das sog. consolamentum zu empfangen, einen Ritus der →Handauflegung.

Wie bei allen anderen Katharerkirchen traten zu diesem Komplex von Glaubenslehren, der auf der Kenntnis und Reflexion der Schriften des NT basierte, Sondertraditionen und Interpretationen hinzu, die aus apokryphen Texten herrührten. In ihrer Morallehre und ihrer Hierarchie unterschied sich die Kirche von C. nicht von den anderen →Katharern: Sie predigte rigorose Buße für die Perfecti und ließ den Credentes völlige Freiheit. Die Seelsorge oblag örtlich den Diakonen, an der Spitze der Kirche stand ein Bf., unterstützt von einem Filius maior, der zu seinem Nachfolger bestimmt war, und einem Filius minor.

R. Manselli

Lit.: A. BORST, Die Katharer, 1953, passim – M. LOOS, Dualist Heresy in the Middle Ages, 1964 – R. MANSELLI, L'eresia del male, 1980² [rev. und erweiterte Aufl.], passim – M. D. LAMBERT, Medieval Heresy, 1977 – Interrogatio Johannis, ed. E. BOZOKY, 1981.

Concurrentes → Jahreskennzeichen

Concursus divinus, theol. Terminus, der das Wie des Zusammenwirkens zw. Schöpfer und Geschöpf in Hinsicht auf dessen Sein, Geschehen und Wirken erhellen möchte. Er wurde im MA im Anschluß an den ersten Satz des durch →Gerhard v. Cremona († 1187), wohl aus dem Arab. übersetzten »Liber de causis«, v. a. nach der Kommentierung dieses Werkes durch Thomas v. Aquin (nach 1269) entwickelt, wie die zahlreichen Quodl. v. a. seit 1287 (Raymund Rigaldi Quodl. III q 1–3; Quodl. Anonym. IX q 10: GLORIEUX I, 329f.) zeigen. Bei Prosper v. Reggio (Quodl. I q 6, verfaßt 1317/18) findet sich wohl zuerst der Ausdruck von der mit der geschöpflichen konkurrierenden göttl. Ursache (causalitas Dei ut concurrens cum causalitate creaturae), der erst im 16. Jh. wieder regelmäßig begegnet. Der philos. Grund für diesen Terminus ist in den Gedanken des Neuplatonismus (Proklos: Stoicheiosis – Liber de causis) über den einen Seinsgrund für die mannigfaltige Wirklichkeit, das Zusammenwirken einer absoluten ersten mit relativen zweiten Ursachen in allem geschöpfl. Geschehen, der Präponderanz der Erstursache und ihrem Wirken in den Zweitursachen gemäß ihrer Eigenart (secundum modum recipientis), verbunden mit Gedanken aus Aristoteles und dem Pseudoareopagiten, zu suchen. Dabei wird von Anfang an eine zweifache Deutung der Grundaussagen, eine mehr ontolog. und eine mehr personalist. sichtbar, was sich auch in den mannigfaltigen Begriffsbildungen von einer causatio primaria und secundaria, universalis und specialis, totalis und particularis, immediata und mediata oder influentia, motio und motio physica auswirkt. – Der theol. Terminus c. d. findet Anwendung v. a. in den Fragen nach dem Zusammenwirken zw. Gott und dem toten, dem lebendigen und der freien Menschennatur, bei letzterer von Anfang an mit Bezug auf die Frage nach der Verursachung des Bösen und v. a. im 16. Jh. mit Bezug auf die Fragen nach dem Zusammenwirken von Gnade, Vorsehung, Prädestination durch Gott und menschl. Freiheit (Gnadenstreit). Dabei findet hier nicht nur Thomas v. Aquin durch die verschiedenen Schulen (Thomisten-Molinisten) eine verschiedene Auslegung, auch Augustinus (neben seinen zahlreichen Gnadentraktaten wird v. a. de gen. ad lit. VI 14,25; de Trin. III 4–9 häufig zitiert) und der alte Satz der Mystik, daß »Gott jedem Wesen innerlicher sei, als das Wesen sich selber ist« (s. Bonav. Sent C III dist 29 a un. q 2 ad 6), finden Berücksichtigung. – Für die theol. Einzelfragen mögen folgende Hinweise genügen: In der allgemeinen Schöpfungslehre geht es darum, die Allursächlichkeit des

Schöpfers bei Erschaffung und Erhaltung der Welt als Glaubensaussage neben der erfahrbaren Selbständigkeit und Eigengesetzlichkeit des Geschaffenen zu sichern und jeden Deismus, Okkasionalismus, Pelagianismus, Naturalismus dabei zu vermeiden. Der erste Satz des Liber de causis »Die Ersturache ist jeweils von größerem Einfluß auf das Verursachte als jedwede Zweitursache« mit seinen Entfaltungen, wie sie Thomas in seinem Kommentar (Proömium n. 10–42) darlegt, trägt diese theol. Aussagen. Was dabei Thomas von seinem Verständnis von einer geschichteten Wirklichkeit her (vgl. Sent II dist 37 q 2 a 2 c) dartut, faßt Vitalis v. Four († 1327) in mehr skotist. Weise in die Worte: »Ein und derselbe Effect ist ganz von Gott und ganz von der Natur, aber in je verschiedener Hinsicht: in erster und umfassender Hinsicht ist er von Gott, in secundärer und partikulärer Hinsicht ist er ganz von der Natur und von der freien Technik« (idem effectus est totus a Deo et totus a natura, sed alia et alia ratione; nam sub ratione universali et prima est a Deo, sub ratione posteriori et particulari est totus a natura et ab arte: de rer. princ. q 2 n 21: GARCIA 28). – Die Allursächlichkeit (nicht Alleinursächlichkeit) Gottes wird v. a. angesichts von Mängeln, Übel und Sünde in der Schöpfung zum Problem, das seine Beantwortung findet in der Feststellung: Übel und Sünde als innerweltl. Gesamteffekte stammen von Schöpfer und Geschöpf zugleich und ganz; der diese Wirklichkeiten bestimmende Defekt jedoch hat seinen Grund in den Zweitursachen, einzeln oder in mehreren oder allen (vgl. Thomas, Quaest. disp. De malo q 3 a 2; Bonaventura Sent. II dist 37 a 1 q 1 ad 5). Das Verständnis dieser Antwort setzt freilich das Wissen um die Transzendenz der Ersturache voraus. – Das alte stoische Problem über das Zueinander von Schicksal (Heimarmene: Chrysipp) und Freiheit wurde durch die christl. Lehre von der göttlichen »Vorsehung« entschärft. – In der Problematik, im Zusammenwirken von göttl. Gnade, Vorherwissen und Vorherbestimmung durch Gott und menschl. Freiheit und Verantwortung sichtbar wird, zeigt sich v. a. die mehr sachl. (neuplaton.) oder mehr personalist. (skotist.-nominalist.) Wirklichkeitsschau wirksam. So konnte Dominikus Bañez († 1604) von einer praemotio physica (naturhaften Vorherbewegung) durch Gott reden, in der die menschl. Freiheit einfach durch den metaphys. (transzendenten) Unterschied zw. erster und zweiter Ursache gerettet wird, während Luis de Molina († 1600) von einem bloßen c. d. sprechen konnte, um die göttl. Allwirksamkeit durch die Lehre von der scientia media (zw. intellektuellem und schauendem Erkennen) zu retten. Die im Gnadenstreit eingesetzte Congregatio de auxiliis konnte zw. diesen beiden Richtungen 1597–1607 keine Vermittlung finden.

J. Auer

Lit.: DThC III, 781–796 – Div. Thom. (Fr.) 2, 1924, 176–195, 277–307; 3, 1925, 360–369, 464–482 – J. B. STUFLER, Gott der erste Beweger aller Dinge, 1936 – Sacrae Theologiae Summa, 1964[4], 545–554 [Lit. zu STUFLER] – P. DUMONT, Liberté humaine et conc. div. d'après Suarez, 1936 – B. ROMEYER, ... selon Molina, Greg. 23, 1942, 169–201 – J. AUER, Kleine Kath. Dogmatik, hg. J. AUER–J. RATZINGER, III, 1975, 143–151; V, 1980[3], 240–254 – DERS., Transzendenz nach außen – Transzendenz nach innen: Gesch. und krit. Anm. zu Bonaventura Sent. Com. III dist 29 a 2 a d 6, FrFor 28, 1976, 41–56.

Condaghe (vom byz. *kontakion*), Bezeichnung für ma. Kloster-Chartulare in Sardinien, detailreiche Sammlungen von Traditionsnotizen, Aufzeichnungen über Verkäufe und Tauschgeschäfte etc., die auf Veranlassung der Äbte zusammengestellt wurden. Sie gehören zweifellos zu den interessantesten Dokumenten unter den einheimischen sard. Quellen, da sich aus ihnen wesentl. Schlüsse auf die soziale, wirtschaftl. und polit. Lage der in Judikate gegliederten Insel im späteren MA ziehen lassen. Jeder c. umfaßt eine variable Anzahl von Notizen bzw. Einzelblättern (recordationes), die nach folgendem Schema aufgebaut sind: Invocatio der Trinität o. d. hl. Jungfrau Maria, Name des Priors, unter welchem das Rechtsgeschäft abgewickelt wurde, Beschreibung des Geschäfts und Aufzählung der bei dem Rechtsakt anwesenden Zeugen. Die vier erhaltenen c_i umfassen etwa den Zeitraum vom 12.–13. Jh. und stammen aus: Abtei OSB S. Pietro di Silki; S. Maria di Bonarcado (Abtei im Regnum Arborea, Filialkloster von S. Zenone in Pisa); Abtei OSBCam S. Nicola di Trullas im Logudoro sowie S. Michele di Salvenor. Letzterer c. ist nur in einer span. Übersetzung aus dem 18. Jh. erhalten. O. Schena

Lit.: R. DI TUCCI, Il c. di S. Michele di Salvenor, Arch. Storico Sardo VIII, 247–337 – G. BONAZZI, Il c. di S. Pietro di Silki. Testo logudorese dei s. XII–XIII, 1900 – E. BESTA, I c. i di S. Nicola di Trullas e di S. Maria di Bonarcado, eingel. A. SOLMI, 1937 – O. SCHENA, Le scritture del c. di S. Maria di Bonarcado, Misc. di studi medioevali sardo-catalani, 1981, 47–73.

Condat → St-Claude

Conde Lucanor → Juan Manuel

Condestable. Im ma. Spanien war das Amt des comes stabuli (Stallmeisters) bis ins SpätMA unbekannt und wurde auch dann nur in den Kgr.en Kastilien-León und Navarra eingeführt. Vorläufer dieses Amtes sind zweifelsohne in der Palastordnung des →Westgotenreiches zu finden. Das officium palatinum, das Zentrum der westgot. Verwaltung und Keimzelle der →aula regia, wurde im 6. Jh. durch Kg. →Leovigild umgestaltet. Es setzte sich aus den Hofbeamten, den »Maiores palatii«, zusammen, die als comites (→comes) die verschiedenen Hofämter bekleideten. Einer dieser comites war der comes stabuli, der Vorsteher der kgl. Stallungen, der den einzelnen Stallmeistern der Pfalz vorgesetzt war.

In den hochma. Kgr.en Spaniens trat an die Stelle dieses alten westgot. Stallgrafenamtes das Amt des →caballerizo (strator, stabularius, maior equorum, *caballeriço*). Doch tauchte die alte Bezeichnung 'comes stabuli' in der volkssprachl. Form als *condestable* am Ende des 14. Jh. in Kastilien wieder auf, nun allerdings mit den militär. Aufgaben und Attributen, die diesem Amt in Frankreich beigelegt wurden (→Connétable). Die Funktion, die der Connétable in Frankreich wahrnahm, nämlich den (zumindest formellen) Oberbefehl über das kgl. Heer, hatte in Kastilien zunächst der kgl. →Alférez ausgeübt. 1382 führte Johann I., Kg. v. Kastilien-León, jedoch in Anlehnung an das frz. Beispiel das Amt des C. als höchste Würde des kgl. Heeres ein und kreierte gleichzeitig zwei →Marschälle. Von nun an hatte der C. v. Kastilien die Befehlsgewalt über das kgl. Heer in Abwesenheit des Kg.s inne, übte die Zivil- und Blutgerichtsbarkeit über Angehörige des kgl. Heeres aus und führte Aufsicht über den Zustand der Festungen des Reiches. Er war Träger eines der höchsten Staatsämter. Mit der Herrschaft der Kath. Kg.e wurde das Amt des C. erblich und blieb dem Geschlecht des Don Pedro Fernández de Velasco, Gf.en v. →Haro, vorbehalten. Damit wandelte es sich schließlich zu einem reinen Ehrentitel.

Im Kgr. Navarra wurde 1430 ebenfalls das Amt des C. eingeführt. Sein Aufgabenbereich überschnitt sich mit dem des →Mariscal, der seit Ende des 14. Jh. mit dem Oberbefehl über das kgl. Heer betraut war. Dadurch kam es zu Rivalitäten zwischen den Trägern beider Würden. Die Bastarde v. Navarra führten den Titel des C., die Beaumont den des Mariscal.   L. García de Valdeavellano

Lit.: L. G. de Valdeavellano, Curso de Hist. de las Instituciones españolas, 1977⁵ – J. Torres Fontes, Los C.s de Castilla en la Edad Media, AHDE 41, 1971, 57–112 – D. Torres Sanz, La administración central castellana en la Baja Edad Media, 1982, 247ff.

Condestável, Don Pedro → Pedro Condestável, Don

Conditum (-a) (von lat. condire 'würzen, einmachen'), 1. Würzwein (Isidor v. Sevilla [XX 3, 9]: »Conditum [vinum] vocatum, quod non sit simplex, et commixtione pigmentorum compositum.«), gr. *κονδῖτον*, arab. ḥandīqūn, 2. Arzneiform (Substantivierung des noch z. B. in »zingiber conditum« erhaltenen Partizips). Nach (Pseudo-) →Mesuë (13. Jh.) und →Saladin v. Ascoli (15. Jh.) verarbeitete man aus Geschmacks- und Konservierungsgründen d. C. hauptsächl. Wurzeln, Blüten und Früchte. Früchte wurden in Honig oder Zuckerwasser bei gelinder Wärme eingekocht und dann beiseite gestellt. Wurzeln ließ man abschaben, zerstückeln und mit Ingwer und Gewürznelken einkochen, Blüten hingegen zerreiben, mit der dreifachen Menge Zucker überstreuen und unter öfterem Umrühren ein Vierteljahr an die Sonne stellen oder mit Honig einkochen. Unter C. ordnet (Pseudo-) Mesuë auch Präparate wie »confectio zingiberis« oder den von Saladin zu den →Conservae gerechneten Rosenzucker und Rosenhonig ein.   F.-J. Kuhlen

Lit.: J. Berendes, Die Pharmacie bei den alten Culturvölkern II, 1891, 148f. – Saladin v. Ascoli, Compendium aromatariorum, hg. und übers. v. L. Zimmermann, 1919.

Condom, Abtei OSB, Stadt und Bm. in SW-Frankreich, Gascogne (dép. Gers). Die Gesch. von C. beginnt mit der Entstehung der Abtei. Trotz neuerer Hypothesen geht der Ort C. wohl nicht auf antike Wurzeln zurück, sogar die Ableitung von 'Condotomagus' ist umstritten. Die Angabe der späten und fabulösen »Historia abbatiae Condomiensis«, daß die Abtei bereits in den ersten Jahren des 9. Jh. gegr. worden sei, kann keine Glaubwürdigkeit beanspruchen. Sollte eine Abtei schon im 10. Jh. bestanden haben, so liegt ein sicherer Nachweis doch erst mit der »Restauration« von 1014 vor; diese wurde von Hugo, Bf. v. →Agen, einem Mitglied der gascogn. Herzogsfamilie, vorgenommen und verlieh der Abtei das Patrozinium des hl. Petrus und die Regula S. Benedicti. In der Folgezeit vermochte die Abtei ihren Besitz zu erweitern, geriet jedoch bald in Gegensätze zur entstehenden Stadt. Ob die Stadtentwicklung durch Gewährung einer →*sauveté* gefördert wurde, ist unbekannt; die Stadt profitierte von ihrer günstigen Lage an der Straße Toulouse–Bordeaux. 1210 ist anläßl. von Auseinandersetzungen, bedingt durch das Auftreten von Häretikern, erstmals ein →Konsulat belegt. Im 13.–14. Jh. wechselte die Stadt mehrfach zw. Frankreich und England den Besitzer. Abt Auger schloß 1283 einen →*Pariage*-Vertrag mit Eduard I., Kg. v. England und Hzg. v. Aquitanien, über die Teilung der Herrschaft von C. und ihres Territoriums. Der letzte Abt, Raimond de Galard, und Eduard II. legten 1314 erneut Recht und Gebräuche der Stadt fest. 1317 wandelte Papst →Johannes XXII. im Zuge seiner Kirchenpolitik (→Benediktiner, Abschnitt III) die Abtei in ein Bm. (Suffraganbm. v. →Bordeaux) um, dessen Territorium aus der Diöz. →Agen herausgelöst wurde. Der Abt wurde zum ersten Bf. erhoben. Am Ende des 14. Jh. wurde das Bm. in vier Archipresbyterate (C., Brulhois, Nérac, Villefranche) gegliedert; es zählte 130 Pfarreien. Das Bm. wurde vom →Hundertjährigen Krieg stark in Mitleidenschaft gezogen. Am Ende des 15. Jh. wirkte als Bf. der bedeutende Gelehrte und Kirchenreformer Jean Marre (1496–1521), der auch die Kathedrale erbauen ließ.   Ch. Higounet

Lit.: DHGE XIII – GChr II, 954–974 – A. Plieux, Recherches sur l'origine de la ville et de l'abbaye de C., Rev. de Gascogne, 1880 – J. Gardère, Hist. de la seigneurie de C., 1902 – Z. Bacqué, C. ville double, Bull. Soc. arch. Gers, 1924 – P. Rouleau, Jean Marre, évêque de C., 1939 – M. Durliat, Congr. arch. 128ᵉ, 1970.

Condottiero (abgeleitet von condotta 'Sold', 'Soldvertrag'), im 14. und in den folgenden Jahrhunderten in Italien verwendete Bezeichnung für Söldnerführer, die sich aufgrund eines Soldvertrags in den Dienst von Machthabern stellten. Ihre Truppen wurden in Italien → »Compagnia di ventura« genannt. Für die it. C.i ist charakterist., daß sie das Kriegshandwerk nicht nur aus wirtschaftl.-sozialen Motiven betrieben, sondern daß die bedeutendsten und fähigsten unter ihnen damit eine rege polit. Tätigkeit verbanden, durch die einige bekanntlich außergewöhnl. Machtpositionen errangen, wie Francesco →Sforza und Federico da →Montefeltro, Hzg. v. →Urbino.

Lit.: →Compagnia di ventura.   R. Manselli

Conductus. 1. C. →Geleit

2. C., ma. ein- oder mehrstimmige, liedartige Komposition mit lat. Text in akzentuierender (»rhythm.«) Versform und zumeist von stroph. Bau, in der Regel geistl., jedenfalls gehobenen Inhalts. Die Bezeichnung C. begegnet zuerst um die Mitte des 12. Jh. und bedeutet sehr wahrscheinl. 'Geleit'. Darin spiegelt sich die ursprgl. Funktion des C., Einleitungsgesang einer liturg. Handlung, insbes. einer Lesung zu sein (d. h. dem zu dieser schreitenden Diakon das Geleit zu geben). Die weitaus meisten überlieferten liturg. C. gehören entweder in den Weihnachtsfestkreis oder beziehen sich auf die Hl. Jungfrau. Auch außerhalb der Liturgie begegnen als C. bezeichnete Stücke, z. B. im geistl. Drama (Danielspiel), wo sie den Auftritt handelnder Personen begleiten. Der mehrstimmige C. ist neben →Discantus und →Organum die wichtigste musikal. Gattung des hohen MA. Im späten 11. oder frühen 12. Jh. in Südfrankreich entstanden und hier in mehreren Hss. des 12. Jh. musikal. greifbar (auch unter der Bezeichnung *versus*, →St-Martial, →Codex Calixtinus), erlebte er seine Blütezeit um und nach 1200 in der Pariser →Notre Dame-Schule. Etwa ab Mitte des 13. Jh. wurde er im Ursprungsland von der neuen Gattung der →Motette fast vollständig verdrängt, wenngleich noch um 1316 im →Roman de Fauvel einige späte Aufzeichnungen von Notre Dame-C. begegnen. Außerhalb Frankreichs (Spanien, England und – hier oft in einstimmiger Gestalt – Deutschland) sind seine Spuren etwas länger zu verfolgen. In Italien war der C. unbekannt; vielleicht ist aber die weltl. it. Musik des 14. Jh. von ihm mit beeinflußt (Handschin). – Zu den musikal. Merkmalen des C. gehören: das Fehlen einer präexistenten Melodie (dies im Gegensatz zu Organum, Discantus und Motette), gleichzeitige Silbenaussprache in allen Stimmen, das Nebeneinanderbestehen von syllabischen (ein Ton pro Silbe) und melismatischen (viele Töne pro Silbe) Stücken bzw. Abschnitten. Zu den noch nicht überzeugend gelösten Problemen der Forschung gehören u. a. das Problem der Tonalität – der Notre Dame-C. widersetzt sich einer Einordnung in das System der Kirchentonarten – und die Frage des Rhythmus insbes. der syllab. Teile.   R. Bockholdt

Ed. und Lit.: MGG – Riemann – New Grove [mit weiteren Ed. und Lit.] – J. Handschin, Zur Frage der C. – Rhythmik, Acta musicologica XXIV, 1952, 113ff. – F. Reckow, Der Musiktraktat des Anonymus IV, 1967 – W. Arlt, Ein Festoffizium des MA aus Beauvais in seiner liturg. und musikal. Bedeutung, 1970 – Notre Dame and Related C.: Opera omnia, hg. G. A. Anderson, 1979ff. – R. Stelzle, Der musikal. Satz der Notre Dame-C., 1984.

Condulmer, ven. Kaufmannsfamilie, deren Aufstieg sich zw. 1280 und 1297 vollzog: Durch die Aktivität ihres

Stammvaters, *Marco*, v. a. jedoch des *Fiornovello* (Fiorello, Fernovelli) und des *Angelo* (* in Venedig zw. 1305 und 1310, † 17. Sept. 1395), erreichte die Familie neben den Kaufleuten aus →Florenz (u. a. →Bardi und →Acciaiuoli) und →Genua eine bedeutende Stellung im Mittelmeer-Tuchhandel. Dieser Aufstieg geht zw. 1320 und 1390 Hand in Hand mit – v. a. von Angelo getätigten – Investitionen und Immobilienkäufen in wichtigen Zonen im Stadtgebiet v. Venedig (in der Gegend von San Simeone, San Marcuola und San Polo). In Notariatsurkunden des Jahres 1439 erscheinen schließlich die C. durch Angelos Sohn *Simone* mit den wichtigsten aufsteigenden Adels- und Kaufmannsfamilien, den →Foscari und →Gritti, verbunden. Auch die Sensibilität gegenüber religiösen Werten, die sich entwickelte, als die C. den Zenit ihrer wirtschaftl. und polit. Bedeutung erreichten, findet ihre Entsprechung in der unter den Kaufleuten im allgemeinen verbreiteten religiösen Bildung: in Verona bilden die C. eine Schicht von Kanonikern und Geistlichen, in Venedig drückt sich ihre Religiosität in Verbindungen mit monast.-eremit. Institutionen wie S. Gerolamo oder mit karitativen Einrichtungen wie den »Poveri di San Lazzaro« aus; daneben wird ein Einfluß der Reiseberichte aus dem Orient sichtbar. Diese religiöse und wirtschaftl. merkantile Komponente kennzeichnet die polit. und kulturellen Interessen der Prälaten der Familie C.; Interessen, die durch den Aufstieg eines ihrer Mitglieder, *Gabriele*, als →Eugen IV. zum Pontifikat (1431) noch verstärkt wurden. Gabrieles Neffe, *Giovanni Francesco* (Sohn des Simone, * um 1390 in Venedig, † in Rom 30. Okt. 1453), 19. Sept. 1431 Kard. v. S. Clemente, unterstützte die Bestrebungen Ludovico →Barbos und förderte mittels der Akolythen-Schulen in Verona eine Reform des Klerus. Nach seiner Ernennung zum Bf. v. Verona (20. Okt. 1438) war er bestrebt, die röm. Kurie, an der er weiterhin residierte, zum Zentrum neuer Kulturströmungen zu machen, in denen die Stadtforschung bes. Raum einnahm und die Architektur eine neue Wertschätzung erhielt. Im Briefwechsel mit Francesco →Barbaro (1437 bis 1453) treten die Verbindungen der Kurie Eugens IV. mit den größten Handelszentren der it. Halbinsel (Florenz und Venedig) zutage. Auch *Marco* (Sohn des Bartolomeo, ebenfalls ein Nipote des Papstes, * zw. 1405 und 1408 in Venedig, †nach 1460 in Rom) verfolgte die gleichen Ziele einer kirchl. Erneuerung sowohl in Avignon (Bf. 9. Jan. 1430) als auch in Bologna (8. Febr. 1433 Gouverneur) und 1439 bei dem Konzil von (→Ferrara-) Florenz. Die Faszination durch den Orient zeigte sich auch bei dieser Gruppe von intellektuellen Prälaten: v. a. in ihrem Versuch, den Papat Eugens IV. in einen Machtfaktor zu verwandeln, der eine Vereinigung der Kulturen des Mittelmeerraums herbeiführen sollte. In der zweiten Hälfte des 15. Jh. nimmt die polit. und wirtschaftl. Bedeutung der Familie ab. Zwar erreichte der von Lorenzo Valla erzogene Neffe des Giovanni Francesco, *Lorenzo Zane*, hohe Ränge in der kirchl. Laufbahn (Ebf. v. Spoleto), *Antonio* (Sohn des Bernardo, * 1452 in Venedig) mußte jedoch nach anfängl. glänzender Karriere den Niedergang seiner Familie erleben: 1508 Avogador di Comun, starb er (vermutl. am 1. Juli 1528) politisch völlig isoliert. In der Folgezeit verlor die Familie jede Möglichkeit, in die mediterrane und europ. Politik entscheidend einzugreifen. A. Olivieri

Lit.: DBI XXVII, 761–766 [A. OLIVIERI; Lit.] – EnclT XI, 111 [P. BOSMIN] – K. M. SETTON, The Papacy and the Levant (1204–1571) I, 1976, 323.

Conestabile (Comestabulo, Connestabile, Contestabile), von den Normannen in Sizilien und Süditalien eingeführtes Amt mit ausgeprägt militär. Charakter. Die C.i waren ursprüngl. Militärkommandanten eines Bezirks von unterschiedl. Größe (Comestabulia), der auch, wie aus dem →Catalogus Baronum hervorgeht, Lehen einschloß. Der erste namentl. bekannte C., Joel di Sant'Agata, begegnet 1112. In den großen Städten wie Palermo und Bari fungierte ein C., den gleichen Titel führte der Kommandant der Palastgarde (regiae privatae masnadae comestabulus). Seit dem Ende der Herrschaft →Rogers II. kam es zu einer Erweiterung der Funktionen der C.i in verschiedenen Bereichen. In jener Zeit entstand das Hofamt des *gran conestabile*, der bei Hof residierte und unter den hohen Amtsträgern des Regnum eine sehr bedeutende Rolle spielte. Nach TUTINI rangierte er an erster Stelle, da der gran c. bei den öffentl. Zeremonien vor allen anderen Amtsträgern einherschritt, im →Parlament zu Rechten des Herrschers saß und bei dessen feierl. Ausritten mit gezücktem Schwert an seiner Seite ritt. Nach CHALANDON hingegen kam der gran c. in der Rangfolge nach den ersten leitenden Staatsmann, dem *emiro degli emiri* (admiratus admiratorum) und nach dem *senescalco* (Seneschall), rangierte jedoch vor dem *maresciallo* (Marschall), dem *cappellanus*, dem *logoteta* (Logothet), dem *gran giustiziere* (Großjustitiar) und dem *gran camerario* (Großkämmerer). Der gran c. hatte zweifellos den Oberbefehl über das Heer und wurde in dieser Eigenschaft auch *capitano generale* (Generalkapitän) genannt. Von ihm hingen alle anderen comestabulie wie der »magister comestabulus totius Apuliae et Terrae Laboris« und der Befehlshaber der kgl. Leibgarde ab. Die hohe Würde des gran c. bekleideten Robert de Basseville (unter Roger II.), Simone di Policastro und Simone di Mandra (unter Wilhelm I.), Berardo Gentile, Tankred v. Lecce und Ruggero d'Adria (zur Zeit Wilhelms II.). In der stauf. Periode wurde das Amt von Gualtiero Gentile und von Manfred wahrgenommen. Unter den Anjou-Herrschern verlor es etwas an Bedeutung, und in den Statuten des Jahres 1268 wurde festgelegt, daß das Amt des gran c. »ad modum regni Franciae« ausgeübt werden sollte (→Connétable). Unter Karl I. bekleidete dieses Amt nur Jean Britaud de Nangis. Bereits 1302 wurde es nur mehr ehrenamtlich verliehen. In dieser Eigenschaft erscheint es auch im aragones. und span. Sizilien. F. Giunta

Q.: Catalogus Baronum, ed. E. JAMISON, 1972 – *Lit.*: C. TUTINI, Discorsi de' sette officii ovvero de' sette grandi del regno di Napoli, Roma, 1666 – C. MINIERI-RICCIO, De' grandi offiziali del regno di Sicilia, 1872 – F. CHALANDON, Hist. de la domination normande en Italie et en Sicile, II, 1907 – L. CADIER, L'amministrazione della Sicilia Angioina, 1974 – F. L. ODDO, Dizionario di antiche istituzioni siciliane, 1983, 47.

Confectio(nes) (von lat. conficere 'anfertigen, zusammenbringen'), 1. Anfertigung von Medikamenten, 2. Sammelbegriff für alle angefertigten Präparate, später v. a. für elektuarienartige Zubereitungen (→Electuaria); vielfach Konservierungsform, die bei Bedarf mit anderen Stoffen zu den »C. magnae«, d. h. den →Theriaks u. a. Universalheilmitteln (»C. opiatae«), verarbeitet wird. Gepreßte C. oder solche wie die »C. solidae de zuccaro« des →Saladin v. Ascoli (z. B. »Manus Christi«) →Trochisci. – Die oft zeitraubende Anfertigung vieler →Composita mag u. a. auslösend gewesen sein für die Tendenz zu haltbaren Präparaten, die der Honig und die Einführung des Zuckers in die Medizin durch die Araber ermöglicht hatten (Stoffe, die nun, später ergänzt durch den Weingeist, bis ins 19. Jh. das Bild der Pharmazie prägen sollten). Die Vorliebe der arabist. Heilkunde für Präparate wie die »C. magnae« half einen Berufsstand etablieren, der dem Arzt die umständl. Herstellung jener Arzneimittel abnahm und durch seine Herkunft vom Drogenhandel auch noch entsprechende Kenntnisse der →Simplicia besaß. Durch die Möglichkeit, haltbare Präparate verkaufen zu können, war der Drogenhändler zum »confectionarius« mit einer »statio«, einer Arzneimittel-»Niederlage«, geworden, der kein Wandergewerbe mehr auszuüben brauchte, hatte sich der Beruf des →Apothekers entwickelt. Ein Kompendium ma. Arzneibereitung ist der »Liber de confectione medicinarum« (12. Jh.), in dem alles erklärt wird, was für die pharmazeut. Tätigkeit wichtig erschien. Für jedes Einzelpräparat des →Antidotarium Nicolai, nicht für die Arzneiformen als solche, werden Reihenfolge und Form der Ingredienzien bei der Anfertigung aufgeführt sowie die zu beachtenden Handgriffe und manch nützlicher Wink. F.-J. Kuhlen

Q. und Lit.: Saladin v. Ascoli, Compendium aromatariorum, hg. und übers. v. L. ZIMMERMANN, 1919 – E. BENNDORF, Der »Liber de confectione medicinarum« [Diss. Leipzig 1920] – R. SCHMITZ, Über den hochma. »apoteca-apotecarius«-Begriff im dt. Sprachgebiet, PharmZ 104, 1959, 871f. – R. SCHMITZ, Über dt. Apotheker des 13. Jh., SudhArch 45, 1961, 289–302 – D. GOLTZ, Ma. Pharmazie und Med. (VIGGPh NF 44), 1976.

Confesor real. Das Amt des kgl. →Beichtvaters an den span. Königshäusern variierte beträchtlich je nach der Persönlichkeit des Beichtvaters und der seines kgl. Beichtkindes. Im MA und bis zum Ausgang der span. Habsburger waren die c.es im allgemeinen Dominikaner, denen später während der Herrschaft des Hauses Bourbon die Jesuiten folgten. Aber es treten im MA auch Franziskaner auf wie Fernando de Illescas, der c. von Johann I. v. Kastilien (1379–90). Auch die Kgn.en und andere Mitglieder der kgl. Familie hatten ihre eigenen c.es, sehr oft Franziskaner. A. García y García

Q. und Lit.: L. G. GETINO, Dominicos españoles c. de reyes, La Ciencia Tomista 14, 1916, 374–451 – L. FULLANA, Rescripto de Martín el Humano ordenando perpetuamente que los c.es de la Casa Real de Aragón sean franciscanos (Zaragoza 1 Agosto 1398), Archivo Ibero-Americano 16, 1921, 250–255 (vgl. ebd. 13, 1920, 408–413) – A. IVARS, Costumbre de los reyes de Aragón de presentar a sus c.es para las dignidades eclesiásticas, ebd. 13, 1920, 408–413 – A. LÓPEZ, C.es de la familia real de Castilla, ebd. 31, 1929, 6–75 – DERS., C.es de la familia real de Aragón, ebd. 145–240, 289–337 – DERS., C.es de la familia real de Mallorca y Navarra, ebd. 32, 1929, 213–225.

Confesseur du roi, →Beichtvater des Kg.s v. Frankreich.
[1] *Allgemeine Entwicklung:* Das Amt des c. du roi entwickelte sich aus der kgl. →Hofkapelle *(Chapelle du roi)* heraus. Seit der Regierung Ludwigs VI. (1108–37) erfolgte eine Aufgabenteilung unter den Klerikern, die die liturg. Handlungen zu verrichten hatten: Neben den Kaplanen, die den Kg. bei seinen ständigen Ortswechseln begleiteten, trat ein Kaplan für den Dienst an der Bartholomäuskapelle im kgl. Palast zu Paris auf, sodann ein weiterer Kaplan für die Kapelle Notre-Dame; ferner installierte Ludwig d. Hl. in der von ihm gestifteten Sainte-Chapelle ein Kapitel. Auch für die verschiedenen Königsschlösser wurden nachfolgend Kaplane bestellt. Daneben schuf bereits Kg. Philipp II. August, wohl nach engl. Vorbild, das Amt des *aumônier* (→*aumônerie,* →elemosinarius), dem die Almosenverteilung an Arme wie an geistl. Institutionen oblag und der aufgrund dieser Funktionen schließlich zum Leiter des Hospitalwesens im Kgr. Frankreich wurde. Unter Ludwig d. Hl. erfolgte eine neue Aufgliederung: Seit 1234 folgten zwei Dominikaner dem Kg., wohl um stets die Fastenpredigt zu gewährleisten. Nach der Weihe Innozenz' IV. erlangte Kg. Ludwig von ihm das Recht (5. Dez. 1243), einem seiner Kapellane nach freier Wahl zu beichten; dieser durfte ihn – ohne Einschaltung des jeweiligen Ortsbischofs – in allen Fällen absolvieren, außer bei Sünden, deren Schwere eine Konsultation des Papstes erforderte. Diese Einschränkung entfiel jedoch mit der Bulle Alexanders IV. (20. März 1246), die dem Kg. das Recht verlieh, frei seinen Beichtvater zu wählen und von ihm die Absolution zu empfangen. Schließlich erlaubte Clemens IV. dem c. du roi die Erteilung der Absolution unter allen Umständen, ebenso die Entbindung des Kg.s von sämtlichen Gelübden mit Ausnahme der »voyage d'Outremer«, des →Kreuzzuges (29. April 1265). Der c. du roi, üblicherweise ein →Dominikaner, war ein wahrer Seelenführer: Ludwig d. Hl., der überaus häufig beichtete, riet in seinen »Enseignemens« seinem Sohn, diesem Beispiel zu folgen und als Confessor einen Biedermann (»prudhommes«) zu erwählen, »der dir zu raten weiß, was du zu tun und wovor du dich zu hüten hast«. In dieser Zeit hatte der Papst bereits der Königinmutter, →Blanca v. Kastilien, das Privileg erteilt, so oft als erforderlich vom Bf. v. Paris, Renaud de Corbeil (→3. Corbeil), die Absolution zu empfangen, und etwa zur gleichen Zeit erhielt auch die Kgn. das Recht zur freien Wahl eines Confessor.

Am 25. April 1255 gestattete der Papst auch den Familiaren der Kgn., Klerikern wie Laien, dem *C. de la reine* zu beichten und sich absolvieren zu lassen, außer bei schweren Sünden, bei denen der Papst selbst zu konsultieren war. Wahrscheinl. zur selben Zeit wurde ein entsprechendes Privileg auch den Beamten und Dienstleuten des Kg.s erteilt, die den c. du roi als ihren Beichtvater annehmen konnten unter Ausschaltung von Bf. und Klerus des jeweiligen Aufenthaltsortes des Hofes. Ebenso wurde dem Hof das Privileg erteilt, die Messe auch an einem mit →Interdikt oder Exkommunikationen (→Bann) belegten Ort feiern zu lassen; dem Kg. wurde auch der Verkehr mit Exkommunizierten gestattet – man hat diese Bestimmungen als Ansatzpunkt zur Errichtung einer »kgl. Diözese« oder »persönl. Diözese« (ohne territoriale Abgrenzung) interpretiert. Durch eine weitere Bulle (25. April 1255) verlieh der Papst dem Kg. und der Kgn. 100 Tage→Ablaß für jede Predigt, die sie anhörten; auch die übrigen Hörer einer solchen vom Königspaar besuchten Predigt kamen in den Genuß eines bes. Ablasses. Der c. du roi, der von einem gleichfalls dem Dominikanerorden angehörigen socius unterstützt wurde und dem außerdem fallweise andere Prediger (Dominikaner oder Franziskaner) zur Seite standen, war somit zum Seelenführer des gesamten kgl. Hofhaltes und des Hofes geworden. Diese Entwicklung wurde während des 13. und 14. Jh. durch eine Reihe von Bullen fortgeführt. Der c. du roi erhielt das Recht, allen Gefolgsleuten des Kg.s die Beichte abzunehmen und ihnen die Sakramente der Buße, des Abendmahls und der Letzten Ölung zu spenden, auf Feldzügen auch allen Angehörigen des kgl. Heeres, womit die Grundlage für eine »aumônerie militaire« geschaffen wurde. Die Kapelläne und die Kleriker der Hofkapelle beschränkten sich demgegenüber auf die Abhaltung der allgemeinen Gottesdienste.

Andererseits hatte bereits Philipp August – unter Wiederaufnahme von Dispositionen seiner Vorgänger – feierlich seine Verfügungsgewalt über alle Präbenden und Benefizien, die während der Ausübung des Regalienrechtes über ein erledigtes Bm. vakant wurden, bekräftigt; trotz starker Opposition setzte sich dieses Prinzip durch und dehnte sich seit dem 13. Jh. auch auf die Pfründen von Kollegiatsstiften und auf Kapellaneien, die unter den obengen. Bedingungen vakant geworden waren, aus. Dieses kgl. Recht fand in den meisten Diöz. des Nordens (Bayeux, Beauvais, Chartres, Coutances, Evreux, Laon, Lisieux, Meaux, Noyon, Orléans, Paris, Reims, Rouen, Senlis, Sens, Soissons, Thérouanne, Tournai, Tours) Anerkennung, und man war bestrebt, es auch im Süden zur Geltung zu bringen (Clermont, Mâcon usw.). Darüber hinaus besaß der Kg. – neben den kgl. Kapellen im eigentl. Sinne – Patronatsrechte über eine große Anzahl von Kirchen und vergrößerte deren Zahl noch durch den Erwerb von Besitzungen zahlreicher seiner Vasallen (bes. in der Normandie), die der Krondomäne zugeschlagen wurden. Somit konnte der Kg. über die Vergabe einer großen Zahl von Benefizien verfügen. Seit der Regierung Ludwigs d. Hl. ließ der Kg. ein Verzeichnis aller für den Empfang solcher Benefizien in Frage kommender Kleriker führen; die Einträge wurden von verschiedenen Personen vorgenommen, hauptsächl. aber vom c. du roi. Die mit Zustimmung bzw. aufgrund einer Delegation des Kg.s erlassenen Ernennungsurkunden wurden auf Weisung des c. in der Kanzlei (→chancellerie) ausgefertigt. (Lediglich Hospitäler und Leprosorien unterstanden jedoch weiterhin der Befugnis des aumônier, nicht des c.) Darüber hinaus wurden die meisten Bf.e seit dem 13. Jh. aus dem Kreis der kgl. Kleriker bzw. aus den Familiae der kgl. Gefolgsleute rekrutiert, und es ist sehr wahrscheinlich, daß zahlreiche Bischofserhebungen auf Empfehlung des c. gegenüber den Domkapiteln, später dann gegenüber dem Papst erfolgten. Schließlich scheint – während der Regierung mehrerer Kg.e (u. a. unter Philipp IV.) – die kirchl. Politik des Kgr.es stark vom c. getragen oder zumindest beeinflußt worden zu sein. Im Laufe des 14. Jh. traten c.s du roi oft auch bei der Beurkundung kirchl. Grundbesitzerwerbs (kgl. Schenkungen und Kapellenstiftungen) und z. T. bei der Almosenvergabe auf. Trotz der Bedeutung dieses Amtes ist die Prosopographie der c.s du roi schlecht erhellt, und es fehlt jegliche Spezialuntersuchung. Selbst eine Liste der c.s du roi wurde bislang nicht erstellt; wir geben daher i. f. einen ersten Überblick.

[2] *Einzelne Beichtväter der Kg.e v. Frankreich: Geoffroy de Beaulieu OP* († um 1273), c. Ludwigs IX. d. Hl. und enger Vertrauter des Kg.s, den er auf dem Ägypten-Kreuzzug begleitete und an dessen Sterbebett in Tunis er anwesend war, schrieb um 1272 auf Wunsch Gregors X. eine Vita des Kg.s von hohem Quellenwert. – *Guillaume de Saint-Pathus OFM* († nach 1315), c. der Kgn. →Margarete und nachfolgend ihrer Tochter Blanche (→Blanca de Francia), Witwe des Infanten v. Kastilien, am Kanonisationsprozeß Ludwigs d. Hl. beteiligt (1282), dessen Vita und Mirakel er auf Wunsch der Blanche verfaßte. – *Guillaume de Chartres OP*, wohl socius von Geoffroy de Beaulieu, mit Kg. Ludwig IX. in ägypt. Gefangenschaft und in Tunis, Verfasser von »De vita et actibus Ludovici ... et de miraculis ejus«, einer wichtigen Ergänzung zu Geoffroys Werk. – *Fr. Laurent (v. Orléans) OP* († um 1296/1300), c. Philipps III., Testamentsvollstrecker von Peter v. →Alençon, Begleiter des Kg.s auf dem Kreuzzug gegen →Aragón, ließ das Herz des auf dem Kreuzzug verstorbenen Kg.s in der Jakobinerkirche v. Narbonne beisetzen; später Lektor und Inquisitor in Toulouse und Prior der Jakobiner in Paris, Autor des verbreiteten moral. Traktates →»Somme le roy« (1282). – Die vier c.s Philipps IV. des Schönen waren sämtlich Dominikaner: *Nicolas de Guorran* (Nicolaus de Gorrano), c. vom 2. Nov. 1285 bis 1296, 1296 Kanoniker v. Giens, verfaßte mehrere hundert Predigten u. a. erbaul. Texte (uned.). – *Nicolas de Fréauville* († 1333), Verwandter des Enguerran de →Marigny, c. 1296, offenbar von großem kirchenpolit. Einfluß, bes. während des Konflikts mit →Bonifatius VIII., 15. Dez. 1305 Kard. v. S. Eusebio, später päpstl. Legat Clemens' V. in Frankreich; sein socius *Fr. Wibert (Louvel)*, c. der Kinder des Kg.s, 1316–22 Inquisitor für Häresie, c. Karls IV., von ihm zum Testamentsvollstrecker Philipps IV. ernannt. – *Fr. Guillaume de Paris* († 1314), Kapellan, c. der Kinder des Kg.s, Inquisitor v. Frankreich, verurteilte 1310→Margarete Porrete, widmete dem Kg. das »Speculum historiale«; sein socius (seit 1307) und Nachfolger *Renaut d'Aubigny* († vor Febr. 1321), Bruder eines Bailli v. Amiens und Onkel eines kgl. Notars, Prior v. →Poissy und Testamentsvollstrecker Philipps IV., auch c. Philipps V. – *Fr. Nicolas de Clermont*, Prior v. Poissy, setzte die Bautätigkeit an diesem großen Kl. fort, Testamentsvollstrecker Philipps V. – *Jean Viel OFM*, c. der Kgn., leitete die Bauarbeiten an der großen kgl. Abtei Montcel (1304–18). – *Robert Boisseau*, c. der Kgn. Jeanne de Bourgogne, ebenfalls Bauleiter in Montcel (1349). – *Pierre de Treigny OP* († 1356), c. Philipps VI., Testamentsvollstrecker dieses Kg.s, ab 1351 Bf. v. Senlis.

Als bedeutende Figur unter den c.s des 15. Jh. sei genannt der c. Karls VII., *Gérard Machet*, * um 1380 in der Champagne, † 17. Juli 1448, ⬜ Tours, St-Martin; Kanoniker v. Reims und Paris, hatte als Ratgeber der →Armagnacs bedeutende Positionen inne, 1420 c. des Dauphin, danach c. des Kg.s bis zu seinem Tode; 1432 von Eugen IV. zum Bf. v. Castres erhoben, lehnte er den ihm vom Gegenpapst Felix V. angebotenen Kardinalshut und das Ebm. Tours ab (1440). Vorkämpfer des →Gallikanismus, verteidigte er mit Nachdruck die →Pragmatique Sanction. Dekan der theol. Fakultät und Administrator des Collège de Navarre, unterhielt er enge Beziehungen mit →Johannes Gerson und →Nicolas de Chamanges und förderte den Frühhumanismus. Er hinterließ eine Briefsammlung von nahezu 400 Stücken (Ed. in Vorber.).

R.-H. Bautier

Q. und Lit.: Gesamtdarstellung fehlt, vgl. lediglich die ungedr. Abhandlung: P. P. du Moulinet, Les c.s des rois de France de Saint Louis à Louis XIV [1674], Bibl. Nat., Ms fr. 1365 – *zu Einzelheiten:* G. MOLLAT, Le roi de France et la collation plénière des bénéfices ecclésiastiques, Mém. Acad. des Inscriptions et Belles-Lettres XIV, 2, 1951, 107ff., insbes. 134–168, 213–217 – E. BRAYER, La »Somme le roi« de Fr. Laurent [Thèse masch. Paris Ec. des Chartes, 1940] – F. LOT-R. FAWTIER, Hist. des institutions françaises III, 1962, 427f. – P. SANTONI, Gérard Machet, c. de Charles VII [Thèse masch. Paris Ec. des Chartes, 1968] – L. MOREAU, Recherches sur l'origine et la formation du dioc. royal en France [Thèse masch. Strasbourg 1973] – *Materialien für:* Gallia Philippica, Arch. Nat. [R. FAWTIER–R.-H. BAUTIER] – *päpstl. Bullen:* B. BARBICHE, Les actes pontificaux originaux des Arch. nat. de Paris, 3 Bde, 1975–82.

Confessio (lat. Bekenntnis) wird in frühchristl. Zeit für martyrium gebraucht und auf die Grabstätte des Märtyrers, das bleibende Zeugnis seines Bekenntnisses, übertragen (Brief Cassiodors an Papst Johannes von 533); seit dem 9. Jh. wird mit C. häufig jedes Altargrab bezeichnet. Im 8. Jh. (Lib. Pont., Vita Gregorii IV) jedoch verengt sich der Begriff auf die Vorkammer der zu dieser Zeit zahlreich angelegten Kultgräber »sub altare«. In Fortentwicklung der Kastenaltäre, bei denen der Gläubige seinen Kopf oder Gegenstände, bes. Leinentücher, durch eine Öffnung (fenestella) in den Innenraum der Stipes über dem Grab stecken (→Brandeum) und in die Nähe der hl. Gebeine gelangen konnte (in Italien bis 12. Jh., Dom zu Hildesheim und St. Stephan in Regensburg 10. Jh.), wurden Kammern oder Schächte (cataracta) angelegt, welche die Verbindung zu dem noch tiefer liegenden Grab herstellten, entweder unter dem Altar (Italien und Nordafrika, z. B. St. Peter in Rom) oder hinter dem Altar (Gallien und Germanien, z. B. St. Emmeram in Regensburg). Solche Vorkammern konnten in karol. Zeit von einem unter der Apsis gelegenen halbkreisförmigen Gang (Ringkrypta), wie in Alt-St.-Peter zu Rom, zugänglich sein (→Krypta). Die C. stand mit dem Grab durch einen Schacht, einen

Schlitz oder ein Fensterchen in Verbindung (Essen-Werden, Quedlinburg). G. Binding
Lit.: RAC I, 334ff. [Lit.] – RDK I, 412ff. [Lit.] – RGG I, 258 [Lit.] – LThK² III, 35ff. – H. Claussen, Heiligengräber im Frankenreich [Diss. Münster 1950; ungedr.] – L. Hertig, Entwicklungsgesch. der Krypta in der Schweiz [Diss. Zürich 1958] – F. W. Deichmann, Märtyrerbasilika, Martyrion, Memoria und Altargrab, Mitt. des Dt. Archäol. Inst., Röm. Abt. 77, 1970, 144–169.

Confessor, päpstlicher. Einen persönl. →Beichtvater dürften die Päpste schon im 13. Jh. besessen haben; wahrscheinl. war es der jeweilige Kardinalpönitentiar. Doch das Amt des C.s selbst wurde erst 1342 von Clemens VI. geschaffen. Ausgehend von Vertrauenspositionen, die der päpstl. Leibarzt und Beichtvater Gaufridus Isnardi seit 1317 innegehabt hatte, besaß der C. ab 1342 die Aufsicht über die päpstl. Gottesdienste, über einen Teil des Inventars der Kapellen und über die Bibliothek. Wegen seiner wichtigen Funktionen war der C. gewöhnl. Bischof. Seine liturg. Aufgaben wurden seit Urban V. oft von einem Gehilfen wahrgenommen, der nach 1378 den Titel des →sacrista führte. Der C. selbst behielt seine enge Bindung zum jeweiligen Papst, weshalb er in der Mitte des 15. Jh. auch die päpstl. Privatschatulle kontrollierte. Unter Calixt III. datierte der C. Cosmas de Montserrat außerdem wichtige Schreiben. Diese Funktion sowie die Aufsicht über die Privatkasse und zum Teil über die Bibliothek übertrug Pius II. 1458 einem anderen Kurialen, dem seitdem – v. a. für den Ämterhandel (→Ämterkäuflichkeit) – immer wichtiger werdenden →Datar. Sixtus IV. schließlich schuf aus Pflichten des C.s und des Datars ein neues Amt, das des Bibliothekars. Somit verblieben dem C. seit der Renaissance außer einer nicht fixierten Oberaufsicht über die Riten nur die Pflichten eines Beichtvaters. Gerade deshalb aber war er weiterhin päpstl. Vertrauter, woraus sich erklärt, daß sich sein tatsächl. Einfluß nur selten aus den Quellen erschließen läßt. Im Unterschied zu anderen spirituellen Ämtern an der →Kurie (→magister palatii, sacrista) und zu den C.es mancher Herrscherhöfe (→Confesseur du roi, →Confesor real) waren die der Päpste keinem einzelnen Orden reserviert. B. Schimmelpfennig
Lit.: F. Ehrle, Historia bibliothecae romanorum pontificum tum Bonifatianae tum Avenionensis, tom. I, 1890 – E. Göller, Die päpstl. Pönitentiarie I 1, 1907 – W. v. Hofmann, Forsch. zur Gesch. der kurialen Behörden vom Schisma bis zur Reformation I–II, 1914 – B. Schimmelpfennig, Die Organisation der päpstl. Kapelle in Avignon, QFIAB 50, 1971, 80–111.

Confirmatio → Firmung, →Urkunde, -nwesen

Confiteor, Form der Apologie, d. h. Gebet, in dem Schuld und Unwürdigkeit bekannt und Verzeihung erbeten werden – im Fall des C. vor Gott, Heiligen und Mitchristen, wobei letztere um Fürsprache gebeten werden, während die Vergebungsbitte in einem eigenen Absolutionsgebet (Misereatur, Indulgentiam) folgt. Apologien tauchen seit dem 7. Jh. als private Priestergebete in der Meßliturgie des Ostens und Galliens auf, dringen von dort in die röm.-frk. Liturgie ein, verschwinden aber seit dem 11. Jh. weitgehend aus der Meßliturgie, offenbar wegen der Einführung der öfteren Beichte. Das C. hält sich jedoch im Rahmen des sog. Stufengebetes. Hier ist es als privates Gebet des Priesters und der Assistenz seit dem 11. Jh. in Gebrauch (seit 1969 als gemeinsames Gebet von Priester und Gemeinde), während es vorher nur in Bußbüchern vor dem Beichtbekenntnis, seit dem 8. Jh. in der Prim und seit dem 11. Jh. in der Komplet des Stundengebetes vorkommt. Ebenfalls seit dem 11. Jh. ist das C. bei der Krankenkommunion bezeugt und kommt von dort seit dem 12./13. Jh. in den Kommunionritus der Messe (bis 1960). H. B. Meyer

Lit.: DACL I, 2591–2601; III/2, 2551–2553 – LThK² I, 731; II, 37 – Lit. Woordenboek I, 178f., 457f. – J. A. Jungmann, Die lat. Bußriten in ihrer gesch. Entwicklung, 1932 – Ders., Missarum Sollemnia, I, 1962⁵, 103–106, 386–402; II, 459–462.

Conflans, Jean de, frz. Truppenführer und Staatsmann, † 22. Febr. 1358, Sohn von Jean de Conflans und Agnès de Dampierre, ∞ Cunégonde de Grancey, kinderlose Ehe. – C. war Sire de Dampierre u. Marschall d. Grafschaft Champagne. 1340 erhielt er eine Vergütung als Befehlshaber eines Banners beim Aufgebot von Vervins. Johanna, Kgn. v. Navarra, ernannte ihn nach dem Tod ihres Gatten, Philipp v. Evreux, zum Gouverneur des Kgr.es →Navarra. Bald darauf erhielt er das hohe Richter- und Verwaltungsamt des *réformateur général de France*. Erst 1356 ist er erneut belegt; als aktiver Teilnehmer der →Etats généraux in Paris ergriff er Partei für die Reformen. Der Dauphin betraute ihn mit mehreren Missionen zu →Karl v. Navarra. C. wurde während des Pariser Aufstandes am 22. Febr. 1358 in Gegenwart des Dauphin von Anhängern Etienne →Marcels ermordet. Sein Schwager Raoul de Louppy erbte seine Güter. R. Cazelles
Lit.: R. Cazelles, Société politique... sous Jean le Bon, 1982, 294–296 und passim.

Conflent, Gft. in den Ostpyrenäen (Frankreich, dép. Pyrénées-Orientales). Das C. erscheint als polit. eigenständiges Gebiet erstmals unter Wifred, der 870 von Kg. Karl d. K. zum Gf.en v. →Cerdaña, →Urgel und C. ernannt wurde und C. seinem Bruder Miro als Mitgraf übertrug. Ein Grund für die Absonderung kann die kirchl. Zugehörigkeit des C. zum Bm. →Elne gewesen sein, da Cerdaña ein Teil des Bm.s →Urgel war. Nach dem Tode Miros 894/895 fiel C. an Cerdaña zurück und teilte auch bis ins 13. Jh. das Schicksal dieser Nachbargrafschaft, aber führte mit seinem Namen stets den Titel comitatus. Der Vizegf. von C. nannte sich stets nach der Gft und bildete keinen namengebenden Stammsitz aus (s. a. →Katalonien). O. Engels
Lit.: S. Sobrequés Vidal, Els barons de Catalunya, 1957 – R. d'Abadal i de Vinyals, Els primers comtes catalans, 1958 – O. Engels, Schutzgedanke und Landesherrschaft im östl. Pyrenäenraum, 1970.

Confoederatio cum principibus ecclesiasticis, erst im 19. Jh. geprägte Bezeichnung für ein Privileg, das Kg. Friedrich II. am 26. April 1220 in Frankfurt den geistl. →Reichsfürsten gewährte. Die C. war eine Gegenleistung für deren Zustimmung zur Wahl →Heinrichs (VII.), des minderjährigen Sohnes Friedrichs II., zum röm. Kg. (»eos, per quos promoti sumus, semper promovendos«). Als Originalausfertigung ist nur das Eichstätter Exemplar erhalten.

Die 11 Artikel der C. enthalten folgende Bestimmungen: Verzicht des Kg.s auf den Nachlaß geistl. Fs.en und Verbot an Laien, das →Spolienrecht auszuüben; Testierfreiheit für die geistl. Fs.en; kgl. Verzicht und allgemeines Verbot, in den Territorien der Kirchenfürsten ohne deren Zustimmung neue Zoll- und Münzstätten zu errichten; kgl. Verzicht und allgemeines Verbot, Hörige der geistl. Fs.en zu deren Nachteil in Städten aufzunehmen; Verpflichtung der Vögte, für Übergriffe auf Kirchengut doppelten Schadensersatz zu leisten; freie Verfügung der geistl. Fs.en über →Kirchenlehen; Verstärkung des →Kirchenbannes durch die nach sechs Wochen folgende →Reichsacht; Verbot, Burgen und Städte auf kirchl. Boden zu errichten; Versprechen, widerrechtl. angelegte Baulichkeiten zu zerstören; Beschränkung der kgl. Regaliennutzung (→Regalien) auf →Hoftage in Bischofsstädten.

Die C. und das →Statutum in favorem principum (1231/32) galten früher als »Grundgesetze zu Gunsten der dt. Fs.en« und »entscheidende Marksteine auf dem Weg zum dt. Partikularismus«. Man verstand diese »Fürstengesetze« als »Hingabe einer Menge von Reichsrechten«, durch die die Fs.en »zu unbeschränkten Herren ihres Gebietes« wurden. Nach neuerer Forschung ist darin jedoch »nirgends ein Nachgeben der Krone über das schon längst geübte Gewohnheitsrecht hinaus festzustellen« (E. KLINGELHÖFER). »Die Fürstenprivilegien ... lassen den Stand erkennen, den die Fürsten in den ersten Jahrzehnten nach 1200 nach Beendigung des unheilvollen Streites um die Krone bereits erreicht hatten« (E. SCHRADER). Möglicherweise sind sie aber auch »in mancher Beziehung als Pläne und Vorschläge« anzusehen, »die den Ablauf der Ereignisse in bestimmte Bahnen lenken sollten« (H. KOLLER). »Als 'spiegelnder' Ausdruck der Lage in Deutschland in jener Zeit sind sie in ihrem Quellenwert kaum zu überschätzen« (W. GOEZ). A. Wolf

Ed.: MGH Const. II, 86–91, Nr. 73 – *Lit.*: COING, Hdb. I, 590 [A. WOLF] – HRG I, 1358–1361 [W. GOEZ] – E. KLINGELHÖFER, Die Reichsgesetze von 1220, 1231/32 und 1235 (Q. und Stud. zur Verfassungsgesch. des Dt. Reiches VIII, 2, 1955) – H. KOLLER, Zur Diskussion über die Reichsgesetze Friedrichs II., MIÖG 66, 1958, 29–51 – P. ZINSMAIER, Zur Diplomatik der Reichsgesetze Friedrichs II. (1216, 1220, 1231/32), ZRGGermAbt 80, 1963, 82–117 – E. SCHRADER, Zur Deutung der Fürstenprivilegien von 1220 und 1231/32 (Stupor mundi, hg. G. WOLF, WdF 101, 1966), 420–454.

Confoederatio Helvetica → Eidgenossen, -schaft

Confractio (C.), **confractorium** (Cf.), Brotbrechung und Gesang zur Brotbrechung. Die C. war bei zahlreicher Kommunion des Volkes ein bedeutsamer Vorgang, der im feierl. Papstgottesdienst durch die Bf.e, Presbyter und Diakone, andernorts auch durch die Subdiakone und den leitenden Bf. vorgenommen wurde. Bereits in der alten gall. Messe war die C. von einem eigenen wechselnden Gesang begleitet, ebenso in der mailänd. Messe, wo er Cf. heißt. Unter dem aus Syrien stammenden Papst Sergius I. (687–701) oder kurz zuvor (starke Zuwanderung von griech. Klerikern aus dem vom Islam überfluteten Osten!) wurde das im Osten schon früher als Cf. gesungene →Agnus Dei auch in Rom eingeführt. Die Bezeichnung der Eucharistie als »Lamm« war im Osten schon früh geläufig, wo man den allgemeinen Ausdruck hostia mit ἀμνός, ἀρνίον konkretisierte. Das Agnus Dei wurde nach dem Papstbuch von Klerus und Volk gesungen und so oft wiederholt, wie es die C. erforderte. Bei großer Feierlichkeit wurde es von der Schola angestimmt, bis es schließlich ganz auf diese überging. Das Sprechen durch den Priester ist sekundäre Spätform. Nach Wegfall der C. verlor das Cf. seine Funktion und wurde Begleitgesang zur Pax oder Kommuniongesang. G. Langgärtner

Lit.: LThK² I, 203f.; II, 707f. – V. THALHOFER–L. EISENHOFER, Hb. der kath. Liturgik II, 1912², 203–211 – J. A. JUNGMANN, Missarum Sollemnia II, 1962⁵, 375–385, 413–422 – A. ADAM–R. BERGER, Pastorallitur. Handlex., 1980, 77f.

Confrérie, relig. Laienvereinigung (→Bruderschaft) zur Wahrung und Verfechtung von Glaubensprinzipien oder auch religionspolit. Interessen in Frankreich seit dem 11./12. Jh. (z. B. *C. de Dieu*; *C. de la Sainte-Vierge*; *C. de Notre-Dame*). Z. T. als *archiconfréries* mit angeschlossenen Filialen existierten sie seit dem 13. Jh. in ganz Europa unter der Gerichtsbarkeit des Episkopats, fest organisiert mit eigenen Statuten und Riten als sekten- und zunfthafte Vereinigungen und Gilden aus Mitgliedern aller sozialen Schichten mit unterschiedl. religiösen Programmen (*C. des pénitents*; *C. générales*; *C. d'arts et de métiers*); offiziell bis ins 18. Jh. trotz zahlreicher Eindämmungsversuche seitens polit. Instanzen. – Literaturwissenschaftl. sind die C. von Bedeutung als anfangs lose Zirkel religiös-lit. Laienbruder-schaften unterschiedl. sozialer Prägung (vgl. die lokalen Dichterzünfte seit dem 13. Jh. →Puys), die sich seit dem 14. Jh. in Paris und der Provinz als Amateurensemble mit festen Statuten organisierten, speziell zur Inszenierung und Aufführung geistl. Spiele (→Passions-, →Mysterienspiele, →Mirakel). Erste bekannte C. in Nantes 1371. Die bekannteste C. ist die Passionsbruderschaft Pariser Bürger, die *C. de la Passion [et Résurrection de nostre Sauveur et Rédempteur Jésus-Christ]*: bestand seit ca. 1380 (Cohen: 1371); urkundl. Ersterwähnung im Zusammenhang mit einer Passion-Aufführung 1395 in Chelles und 1398 in Saint-Maur-les-Fossés; erhielt 1402 von Karl VI. per Lizenz das Aufführungsmonopol für Mysterienspiele und Mirakel in Paris; spielte traditionsgemäß zuerst im Freien an verschiedenen Schauplätzen der Stadt, ab 1411 im Hôpital de la Trinité, seit 1539 im Hôtel de Flandre, seit 1548 im eigenen Theater, Hôtel de Bourgogne; 1548 Entzug des Aufführungsrechts für relig. Spiele durch das Parlament; die C. bestand als freie Theatertruppe fort, führte profane Spiele auf, überließ ihr Theater zeitweie professionellen Truppen oder spielte →Farces, →Sotties und →Moralités zusammen mit sog. *Confréries/Sociétés joyeuses* oder *Confréries des sots* wie z. B. den *Enfants sans souci* oder der *Basoche* (Spieltruppe der Pariser Juristen), die wie z. B. die *Cornards* in Rouen oder zahlreiche andere Truppen in Paris und der Provinz in der Nachfolge der »Fêtes des Fous« (→Narrenfeste, Eselsfeste, Fastnachtsspiele) burlesk-komödiant. Satiren und Parodien, sog. *serments joyeux*, aufführten; 1676 endgültige Auflösung der »C. de la Passion« durch Ludwig XIV. – In →Arras existierte seit dem 12. Jh. eine *C. des Jongleurs et Bourgeois d'Arras* (oder *C. de la Sainte-Chandelle*: im Zusammenhang mit der Legende vom Wunder der hl. Kerze von Arras; vgl. COHEN, La vie litt., 146f.). In diesem Umfeld und dem der Puys entstand im 13. Jh. das komische Theater Frankreichs (→Gautier d'Arras): C.s bürgerl.-lit. Prägung und lokale Dichterzünfte führten anläßl. pastoraler oder weltl. Festlichkeiten lit. Wettbewerbe, dramat. Aufführungen u. ä. durch. H.-M. Schuh

Lit.: L. PETIT DE JULLEVILLE, Les mystères, 2 Bde, 1880 – A. GUESNON, Le registre de la C. des Jongleurs d'Arras, 1899 – DERS., La Chandelle d'Arras, 1899 – G. COHEN, Gesch. der Inszenierung im geistl. Schauspiele des MA in Frankreich, 1907 – DERS., Le théâtre à Paris et aux environs au XIVᵉ s., 1910 – H. G. HARVEY, The theatre of the Basoche, 1941 – G. COHEN, Le théâtre en France au MA [Neudr. 1948] – DERS., La vie litt. en France au MA, 1949 – DERS., Etudes d'hist. du théâtre en France du MA et à la Renaissance, 1956 – R. HESS, Das roman. geistl. Schauspiel, 1965 – G. A. RUNNALS, Medieval French Trade Guilds and the »Miracles de Nostre Dame par personnages«, MAe 49, 1970, 257–287 – R. BERGER, Le nécrologe de la c. des jongleurs et des bourgeois d'Arras, 1970 – L. B. RICHARDSON, The 'c. des jongleurs et des bourgeois' and the 'puys d'Arras' in twelfth and thirteenth c. literature (Stud. in hon. of M. A. PEI, ed. J. FISCHER–P. A. GAENG, 1972), 161–171 – S. J. CLARK, The theatre of medieval Arras [Diss., Yale Univ., 1973] – J.-C. AUBAILLY, Le théâtre médiéval profane et comique, 1975 – K. SCHOELL, Das kom. Theater des frz. MA, 1975.

Cong, ehem. Kl. im westl. Irland (Gft. Mayo), im 7. Jh. gegr. 1111 war es kurzzeitig Bm. Der letzte Hochkönig v. Irland, Rory O'Conor, hatte hier nach der Normanneninvasion Irlands seinen Alterssitz. – Abteikirche und Kreuzgang des Kl. sind teilweise erhalten. Die Steinmetzarbeiten im Osteil des Kreuzganges zählen zu den besten Schöpfungen des Übergangsstils von der Romanik zur Gotik in Westirland. Details des Portals des Kapitelhauses ähneln stark einem Portal am Kreuzgang von St. Emmeram (→Regensburg). Es wurde daher die Hypothese aufgestellt, daß das Portal von C. eines der letzten Werke örtl. Handwerker war, die anschließend 1228 von den Söhnen

des Rory O'Conor in »weitentlegene Gebiete« verbannt wurden und möglicherweise nach Regensburg gelangten.
P. Harbison

Lit.: H. G. LEASK, Irish Churches and Monastic Buildings II, 1960, 59–61 – P. HARBISON, Twelfth and Thirteenth Century Irish Stonemasons in Regensburg and the end of the »School of the West« in Connacht, Stud., Winter 1975, 333–346 – DERS., Baugesch. Verbindungen zw. Irland und Regensburg, Verhandlungen des Hist. Vereins für Oberpfalz und Regensburg 116, 1976, 179f.

Congal Cáech ('der Einäugige'), ✠ 637, ir. Herrscher, wahrscheinl. Kg. v. →Tara. Nach dem air. Rechtstraktat →»Bech-bretha« (7. Jh.) wurde C. durch einen Bienenstich einäugig und daher als Kg. v. Tara abgesetzt. Er entstammte der Sippe der →Cruithin; seine genaue genealog. Zuordnung ist unklar. C. übernahm 627 das Provinzialkgtm. v. →Ulster. Unter Ausnutzung der Konflikte zw. den einzelnen Zweigen der →Uí Néill dürfte er etwa im Zeitraum von 630–635 die Königswürde in Tara errungen haben. Schließlich wurde er 637 in der wichtigen Schlacht v. Mag Rath (Moira, Gft. Down) geschlagen und fiel.
Ch. Doherty

Lit.: F. J. BYRNE, Irish Kings and High-kings, 1973, 112f. – T. CHARLES-EDWARDS–F. KELLY, Bechbretha, an Old Irish Law-Tract on Bee-Keeping, 1983, 123–131.

Congalach Cnogba ('von Knowth') mac Máel Mithig, † 956, ir. Kg. aus der Familie Síl nÁedo Sláine, einem Zweig der südl. →Uí Néill, der in Cnogba ('Knowth') (Gft. Meath), an der Stätte eines prähist. Hügelgrabes am Boyne, residierte. C. übernahm 944 das Königtum der südl. Uí Néill und hatte damit seit 728 als erstes Mitglied seines Familienzweiges diese Stellung inne. Gemeinsam mit seinen Verbündeten, den Wikingern v. →Dublin, schlug er die Angriffe seiner Gegner zurück. 951 stellte er die Oberherrschaft der Uí Néill über →Munster wieder her; 955 hinderte ihn jedoch ein Konkurrent aus einer anderen Linie der Uí Néill daran, →Connacht unter seine Kontrolle zu bringen. 956 fand C., nach erfolgreichem Vorgehen gegen →Leinster, in einem Hinterhalt, den ihm die Leinstermen und seine einstigen Bundesgenossen, die Wikinger, bereitet hatten, den Tod. C. ist einer der wenigen Kg.e, denen der Titel *rí Érenn* ('Kg. v. Irland') zuerkannt wurde (in seinem Todesvermerk in den Annalen v. Ulster).
Ch. Doherty

Lit.: F. J. BYRNE, Excavations at Knowth, 1962–65 by G. EOGAN, App., Hist. note on Cnogba (Knowth), PRIA (C), 1968, 383–400 – D. O'CORRÁIN, Ireland before the Normans, 1972, 118–119 – F. J. BYRNE, Irish Kings and High-kings, 1973, 87f.

Coniectura ('Mutmaßung'). Im *klass. Latein* bedeutet c. eine Annahme mit Wahrscheinlichkeitscharakter, wie sie bei schwierigen Problemen angemessen ist (vgl. Cicero, Pro S. Rosc. 97), bes. bei Voraussagen für die Zukunft (vgl. Cicero, Ep. ad fam. VI, 4, 1). Sehr häufig, fast schon terminolog. verfestigt, wird c. gebraucht für den gesamten Bereich der Mantik (vgl. etwa Plinius, Nat. hist. 11, 55; Cicero, De nat. deorum 2, 12).

Der *ma. Wortgebrauch* setzt zunächst denjenigen der Antike fort, so im 13. Jh. bei →Bonaventura und →Thomas v. Aquin. Für den c. »ist Irrtum und Unsicherheit beigemischt – admixtus est error ei dubietas« (Bonaventura, In sent. IV, 50, 2, 1, 2c), lediglich c. (= unsicheres Wähnen) ist das Wissen um Künftiges aus gegenwärtigen Anzeichen (Bonaventura, In sent. III, 33, d. 2). Thomas v. Aquin stellt die *certa cognitio* (sichere Erkenntnis) der *coniecturalis cognitio* gegenüber; letztere hat Vermutungscharakter, ist nur wahrscheinl. (S. Th. I, 14, 13c). Mit »bona coniecturatio« gibt er die εὐστοχία des Aristoteles wieder, die Fähigkeit, in prakt. Dingen das Richtige zu treffen oder zu erraten (Sent. lib. eth. VI, 8, 41ff.).

Profilierte terminolog. Verwendung findet c. dann aber im *SpätMA* in der Erkenntnismetaphysik des →Nikolaus v. Kues (1401–64). Die Bedeutung des Wortes wird dabei deutlich verschoben: nicht mehr unverbindl. Wähnen, sondern wirkliche, wenn auch partielle Wahrheitserkenntnis. Nikolaus vermittelt mit seiner Erkenntnismetaphysik die Gegensätze von Lullismus und Nominalismus: Präzise und sichere Erkenntnis, die →Raimundus Lullus († 1315) mit Hilfe seiner »ars generalis« im ganzen Bereich des Wißbaren prinzipiell für erreichbar hielt, gibt es für Nikolaus nur bei den Gegenständen, für der menschl. Geist selbst konstitutiv ist; gemeint sind alle Erzeugnisse der »artes-Künste«, bes. die Gegenstände der Mathematik (De coni. I, 11, h n. 54). Alle übrige Erkenntnis aber, und gerade die der Gegenstände der Metaphysik, ist für Nikolaus »coniectura – Mutmaßung«. Das ist ein Zugeständnis an den →Nominalismus, freilich ohne den Erkenntnisverzicht, den viele seiner Zeitgenossen aus dem Nominalismus glaubten ableiten zu müssen. Nikolaus beschreibt in seiner Schrift »De coniecturis« den c.-Charakter menschl. Erkenntnis sehr genau: Eine c. ist eine »positive Behauptung – positiva assertio« (I, 11, h n. 57, 10f.), wirkl. Wahrheitserkenntnis. Sie hat aber nie genug Wahrheit, der Zuwachs an Wahrheitsgehalt ist nicht ausschöpfbar (»non ... exhauribilis« – I prol., h n. 2, 5), conjecturale Erkenntnis ist ein unendl. Annäherungsprozeß an die Wahrheit, die aber »so, wie sie ist – uti est«, nicht erreicht, sondern nur partizipiert wird (I, 11, h n. 57, 11). Da die Mutmaßungen »aus unserem Geist hervorgehen – a mente nostra ... prodire«, wie die reale Welt aus Gott (I, 1, h n. 5, 3f.), enthalten sie ein Moment subjektiver Spontaneität; sie sind nicht vollkommen kommunikabel (»improportionabiles ... ad invicem«), da sie »im jeweils anderen nur nach Art des anderen bestehen – in alio non nisi aliter exsistit«; hinsichtl. ihrer Nähe zur Wahrheit sind sie »gestuft – graduales« (I prol., h n. 3).

Konjekturcharakter in dem hier beschriebenen Sinne haben auch die theol. Glaubenseinsichten, auch sie sind hinsichtl. ihrer Annäherung an die eine unerreichbare Wahrheit »gestuft« und in jeder Religion in jeweils anderer Weise präsent. Von daher verbietet sich für Nikolaus die Absolutsetzung einer bestimmten Religion, jede Religion hat teil an der Wahrheit, wenn auch »gestuft«, die eine mehr, die andere weniger. Die Vielheit verschiedener Religionsausprägungen bedeutet sogar eine begrüßenswerte Vermehrung der Gottesverehrung. Auf dieser Basis entwickelt Nikolaus in seiner Schrift »De pace fidei – Über den Frieden im Glauben« (entstanden 1453 als Reaktion auf die Eroberung Konstantinopels durch die Türken!) die Idee eines toleranten – ja sogar »konkordanten« Dialogs aller Weltreligionen, ohne indifferentist. Aufgabe des prinzipiellen Wahrheitsgehalts verschiedener positiver religiöser Überzeugungen.
H. Meinhardt

Lit.: J. KOCH, Die Ars coniecturalis des Nikolaus v. Kues, Arbeitsgemeinschaft für Forsch. des Landes Nordrhein-Westfalen, Geisteswiss., H. 16, 1956 – H. MEINHARDT, Exaktheit und Mutmaßungscharakter der Erkenntnis (Nikolaus v. Kues. Einf. in sein philos. Denken, hg. KLAUS JACOBI, 1979), 101–120 – Symposion »Der Friede unter den Religionen nach Nikolaus v. Kues«, Trier 13.–15. 10. 1982, MFCG 16, 1984.

Coninc, Pieter de, bedeutendster Führer der Volksbewegung in →Brügge im frühen 14. Jh., * um 1250/60 in Brügge, † zw. 22. Jan. 1332 u. 22. Jan. 1333 ebd., kann als erster großer Protagonist einer städt. Volksbewegung im ma. Europa, der tatsächl. aus der unteren Stadtbevölkerung hervorging, betrachtet werden. Weber von sehr bescheidener Herkunft, stellte sich C. seit 1301 an die Spitze der antifrz. Aufstandsbewegung. Seine führende

Rolle verdankt C. seiner polit. Klugheit, seinen charismat. Fähigkeiten und seiner außergewöhnl. Redebegabung, wodurch er bald weit über Flandern hinaus bekannt wurde. Ihm zur Seite standen als Volksführer u. a. der Fleischer Jan→Breidel und der Tuchwalker Jan Heem. C.s Einfluß in seiner Heimatstadt wie in der ganzen Gft. →Flandern – nahm seit Febr. 1302 noch zu, da C. nun die Unterstützung von Johann und Guy v. Namur, den Söhnen des in Paris gefangengehaltenen Gf. en v. Flandern, Guy de →Dampierre, erhielt. Im März 1302 setzte C. ein neues Stadtregiment in Brügge durch, das zum großen Teil aus Repräsentanten der Handwerkerkorporationen bestand; bald darauf verfuhr er ebenso in Aardenburg. Vor der Goldsporenschlacht v. →Kortrijk wurden er und seine beiden Söhne zu Rittern geschlagen, was C. das Recht auf eigenes Banner, Siegel und eine beachtl. Pension eintrug. Nach dieser bedeutenden Schlacht, in der die fläm. Aufgebote am 11. Juli 1302 den entscheidenden Sieg über die Franzosen und ihre Parteigänger davontrugen, erreichte C.s Macht den Höhepunkt; jetzt ließ er auch in →Gent neue Schöffen einsetzen. Dennoch hatte C. während der nachfolgenden Jahre selbst kein öffentl. Amt von Bedeutung inne; er übte lediglich einige diplomat. Missionen aus. Im übrigen verteidigte er die polit.-sozialen Interessen der Handwerker, die polit. Belange seiner Heimatstadt Brügge und diejenigen des Gf. en v. Flandern. Alle diese Interessen kollidierten jedoch häufig miteinander, etwa in den Jahren 1321–22, als sich die Brügger gegen den Gf. en erhoben. In dieser Situation ergriff C. die Partei des Gf. en, was ihm die Konfiskation seines Besitzes eintrug und ihn – für einige Zeit – zu überstürzter Emigration aus seiner Heimatstadt zwang. M. Ryckaert

Lit.: BNB IV, 895f. – NBW V, 220–225 – J. F. Verbruggen, P. d. C. et Jean Breidel, tribuns brugeois au début du XIVᵉ s., M–A 76, 1970.

Coniunctio → Alchemie, →Konjunktion

Coniuratio. Im MA kommt dem in der magisch-sakralen Sphäre wurzelnden →Eid eine zentrale Bedeutung zu. Er ist nicht nur Bestärkungsmittel, sondern auch konstitutiver Akt. Die c., d. h. die Zusammenschwörung, verbindet die Schwörenden als Schwurbrüder, sei es kurzfristig zur Durchsetzung eines gemeinsamen Zieles, sei es auf Dauer zu einem →Schwurverband, der eigene Verbandsgewalt beansprucht und sich eigene Institutionen schafft. Die Inhaber der Herrschaft sehen in der c. oft nur die →Verschwörung, die conspiratio und verbieten sie; so schon karol. →Kapitularien, dann →Reichsgesetze, v. a. der Staufer. Andererseits bedienen sich die Herrschenden zur Sicherung des Friedens in den →Gottes- und →Landfrieden des feierlichen Versprechens oder des Eides, um für ihre kirchl. oder weltl. Friedensgebote durchgreifende Wirkung zu erreichen. Der Friedenseid in Gottes- und Landfrieden wird Gott geleistet, nicht dem Schwurbruder (J. Gernhuber); der Eid ist auch nicht unerläßl., insofern sind sie keine coniurationes. Aber ihre Inhalte, die großen bewegenden Ideen des 10. bis 12. Jh. – Frieden und Freiheit – sind auch Gegenstand von c.nes, bes. im städt. Verfassungsleben.

Die Bedeutung der c. für die Stadtgemeinde ist zwar in Einzelheiten umstritten, sie wurde von H. Planitz, der in der c. die alleinige oder mindestens die wichtigste Ursprungskraft der Stadtgemeindebildung sah, überschätzt, ist aber insgesamt ein europ. Phänomen. Die städt. c. ist nicht nur ein Mittel der Einwohner, sich dem herrschaftl. Rechtskreis mehr oder weniger zu entziehen, sie dient – bezirksbezogen – ebensosehr der genossenschaftl. Sicherung des inneren Friedens in der Stadt. Diese Funktion kommt auch in ihrer Bezeichnung als »pax« oder »amicitia« zum Ausdruck. In der die Einwohnergenossenschaft bestätigenden Urkunde für→Aire-sur-la-Lys (1188) heißt es: »omnes autem ad amicitiam pertinentes ville per fidem et sacramentum firmaverunt quod unus subveniet alteri, tamquam fratri suo in utili et honesto« (G. Espinas, Rec. d. doc. rel. à l'hist. du droit municipal de France I, 56, vgl. F. L. Ganshof). In →Flandern erfolgt im 12. Jh. der Durchbruch zur Stadtgemeinde mittels der coniuratio. Allerdings setzt sich eine rein eidgenossenschaftl. Verfassung nicht durch; nicht Geschworenenausschüsse, sondern die Stadtschöffen werden zu Organen der →Eidgenossenschaften, sie bleiben unter der Kontrolle des Grafen. In Frankreich wird die Gemeinde vielfach als Eidgenossenschaft institutionalisiert. Sich unabhängig voneinander im 12. Jh. entwickelnde Diözesan- und Stadtkommunen sind beide durch gemeinsame Schwörakte zur Friedenssicherung gekennzeichnet. Auch die frz. städt. Kommune ist nicht in erster Linie gegen den Stadtherrn gerichtet; ihr Ziel ist Sicherung und Organisation des Friedens (A. Vermeesch). Der →Stadtfriede ist der Urgrund des strengen →Strafrechts der Kommune, u. a. der Genossenschaftsstrafe der Hauszerstörung. Die frz. Kommunen entwickeln in den Geschworenenausschüssen – →iurati – eigene Organe; auch die Stadtbürger werden iurati genannt. Im maas-mosellländ., rhein. und bes. im rechtsrhein. Raum spielt die c. nicht die entscheidende Rolle für die Gemeindebildung, die H. Planitz ihr zuwies. In dem von ihm v. a. herangezogenen →Köln bleibt es angesichts der dürftigen Quellenlage bestenfalls offen, ob die »c. Coloniae facta est pro libertate« – wohl 1114, nicht 1112 zu datieren – als stadtköln. oder vielmehr als Verschwörung des Ebf.s, der Stadt und der niederlothr. Großen gegen Ks. Heinrich V. zu interpretieren ist. Die in Köln seit 1074 – wo es vielleicht zu einer c. ad hoc gegen den Ebf. kam – schwelende Unruhe wird vom Gedanken der Friedensbewegung – →Pax Sigewini von 1083 – genährt. Die →Freiburger c. ist wohl als eidlicher Zusammenschluß des Marktgründers und der Marktsiedler zu deuten. Der Bezug der Freiburger Gründungsurkunde auf Köln gilt nur dem Kölner Marktbrauch. »Als tragenden Geltungsgrund allen Stadtrechts« hat W. Ebel »den in dem bei jeder Ratsumsetzung erneut geleisteten Gesamteid der Bürgerschaft«, die c. reiterata gesehen; auch hier sollte man nicht verallgemeinern: es ist W. Ebel selbst aufgefallen, daß sich die Einrichtung des Gesamtschwurs der Gemeinde von S nach N verdünnt. Auch die c. als einmaliger Akt steht, wenn überhaupt, nicht immer am Anfang der munizipalen Entwicklung; sie kann auch zur Überwindung einer bedrohlichen Situation einer bereits privilegierten und etablierten Gemeinde dienen, so in →Huy und in Aachen. In England kommt der c. eine begrenzte Rolle zu; die →Londoner Kommune von 1191 stieß auf starke Ablehnung. Daß sich die eidgenossenschaftl. Bewegung in Oberitalien gewaltig und erfolgreich darstellt, in der Mailänder→Pataria, in den lombard. Stadtkommunen (→Lombardei), in →Genua u. a., wird allgemein anerkannt, aber sehr modifiziert gesehen (G. Dilcher, H. Keller, U. Prutscher). Coniurationes sind die sog. germanitates in span. Städten.

Die →Städtebünde, sowohl die territorial übergreifenden wie die territorial begrenzten, die in die landständ. Bewegung einmünden, und die →Landfriedensbünde des SpätMA haben eine eidgenossenschaftl. Komponente, u. a. darin, daß sich die Bürger der verbündeten Städte gegenseitig als Mitbürger zu vollem Recht anerkennen. Bes. stark ist der eidgenossenschaftl. Charakter ausgeprägt in den bäuerl. Landfriedensbünden von Talgemeinden, wie sie seit dem 13. Jh. in Berggebieten von den Pyrenäen bis in die Ostalpen existieren. Sie sind im Grunde räumlich erweiterte Gemeinden. Als reichsfreie Talgemeinden – universitates – treten →Uri, →Schwyz und →Unterwalden 1291 zu einem unbefristeten Bündnis zusammen; aber erst durch die Verbindung mit den bedeutenden Reichsstädten →Zürich, →Bern, →Luzern entwickelt sich unter Führung Zürichs 1351/53 die achtörtige →Eidgenossenschaft. Seit dieser Zeit tritt die Bezeichnung »confoederati, confoederatio« auf, die zum Eigennamen der Schweizer Eidgenossenschaft werden sollte. Eine c. ist sie nicht, wenn auch eine verwandte Erscheinung. Nach der Lösung vom Reich, 1648, gewann sie Souveränität (»plena libertas et exemtio ab imperio«), die einzige eidgenossenschaftl. begründete europ. Staatsbildung. E. Ennen

Lit.: H. Planitz, Kaufmannsgilde und städt. Eidgenossenschaft in niederfrk. Städten im 11. und 12. Jh., ZRGGermAbt 60, 1940– Ders., Die dt. Stadtgemeinde, ebd. 64, 1944 – Ch. Petit-Dutaillis, Les communes françaises, 1947, 1970² – J. Gernhuber, Die Landfriedensbewegung in Dtl. bis zum Mainzer Reichslandfrieden von 1235, 1952, 2 – F. L. Ganshof, Einwohnergenossenschaft und Gf. in den flandr. Städen während des 12. Jh., ZRGGermAbt 74, 1957– W. Ebel, Der Bürgereid als Geltungsgrund und Gestaltungsprinzip des ma. Stadtrechts, 1958 – Ders., Zum Ende der bürgerl. c. reiterata, ZRGGermAbt 68, 1961– A. Vermeesch, Essai sur les origines et la signification de la Commune dans le Nord de la France (XIᵉ et XIIᵉ s.) (Etudes prés. à la Comm. internat. pour l'Hist. des Assemblées d'Etats 30, 1966) – G. Dilcher, Die Entstehung der lombard. Stadtkommune (Unters. zur Staats- und Rechtsgesch. NF 7, 1967) – T. Diederich, Coniuratio Coloniae facta est pro libertate. Eine quellenkrit. Interpretation, AHVN 176, 1974 – H. Keller, Einwohnergemeinde und Kommune: Probleme der it. Stadtverfassung im 11. Jh., HZ 224, 1975 – Th. Körner, Juramentum und frühe Friedensbewegung (10. bis 12. Jh.) (Münchner Universitätsschr. Abh. zur rechtswiss. Grundlagenforsch. 26, 1977) – H. C. Peyer, Verfassungsgesch. der alten Schweiz, 1978– E. Ennen, Aachen im MA, Zs. des Aachener Geschichtsvereins 86/87, 1979/80, 483 ff. – U. Prutscher, Der Eid in Verfassung und Politik it. Städte [Diss. Gießen 1980; Ms. abgeschlossen 1980. Nicht berücksichtigt: O. G. Oexle, Gilden als soziale Gruppen in der Karolingerzeit (Das Handwerk in vor- und frühgesch. Zeit I, hg. H. Jankuhn u. a., AAG, Phil.-hist. Kl. 3.F., 122, 1981– Ders., Coniuratio und Gilde im Frankreich vom 6.–9. Jh. (VuF 29 [erscheint 1984]).

Conlaed, hl., erster Bf. des von der hl. →Brigida gegr. Kl. →Kildare (Cell Dara), ⸗ gemeinsam mit Brigida neben dem Altar der Klosterkirche von Kildare. C. gehörte dem Familienverband der Uí Náir in →Leinster an, seine Stellung weist auf die polit. Bedeutung dieser Sippe im späten 6. Jh. hin. Es gibt nur wenige Nachrichten über ihn, außer der Erwähnung in den Viten der Brigida und in den Genealogien. – Ein neuer Schrein wurde zur Aufnahme seiner Reliquien i. J. 800 errichtet. D. Ó Cróinín

Lit.: J. F. Kenney, The sources for the early hist. of Ireland I, 1929, 360.

Connacht, Provinzialkönigreich in Westirland (die hist. Provinz C. umfaßt in etwa die Gft.en Galway, Leitrim, Mayo, Roscommon und Sligo); der Name soll von den Nachkommen des myth. Ahnherrn Conn Cétchathach ('Conn der hundert Schlachten') abgeleitet sein; dieser Conn galt in den air. Genealogien als ein Verwandter der Dynastie →Uí Néill. Als die »drei Connachts« betrachteten sich diejenigen Familienverbände, die ihre Abkunft herleiteten von den Brüdern des Stammesführers Niall Noígíallach, der im 5. Jh. die Herrschaft der Uí Néill gegen die →Ulaid befestigt hatte (s. a. →Irland). (Diese »drei Connachts« wurden später mit den Verbänden der →Uí Briúin, →Uí Fiachrach und →Uí Maine gleichgesetzt.) Einige Überlieferungen bewahren jedoch einen wohl älteren Namen für die Provinz: Cóiced Ól nÉcmacht ('Provinz der Stammesgruppe Fir Ól nÉ'). – C. war in der ir. Frühzeit nur als mögliche Herkunftsregion der Uí Néill von Bedeutung. Die Macht von C. im 7. Jh. wird möglicherweise durch die zahlreichen Überlieferungen über Guaire Aidne, Kg. der Uí Fiachrach Aidne und später Kg. v. C., reflektiert; dieser spielt eine wichtige Rolle in den air. Sagen. Doch erweiterten im 8. Jh. die →Uí Briúin, welche die zentralen Ebenen in C. beherrschten und auch den alten Vorort der Provinz, Cruachu, kontrollierten, ihre Macht auch über weitere Gebiete der Provinz; unter der Herrschaft der Uí Briúin erhielt C. eine stärkere polit. Bedeutung, die im 11.–12. Jh. mit dem Aufstieg der →Uí Conchobair, eines Zweiges der Uí Briúin, noch zunahm. Diese Dynastie stellte in →Toirrdelbach und →Ruaidrí Ua Conchobair zwei führende Bewerber um das Hochkönigtum *(high-kingship)* von Irland. Es dürften enge Beziehungen zu dem Kl. →Clonmacnoise bestanden haben, denn es diente zahlreichen Kg.en v. C. als Grabstätte.

Nach der anglonorm. Eroberung (1169) geriet Ruaidrí Ua Conchobair unter wachsenden Druck, von dem ihn der Vertrag v. Windsor (1175), der Ruaidrí zum Vasallen Kg. Heinrichs II. erklärte – als Gegenleistung für die Anerkennung von Ruaidrís »Hochkönigtum« –, nur kurzzeitig zu entlasten vermochte. Wiederholte Verletzungen dieses Vertrages durch anglonorm. Barone und das Wiederaufleben des polit. Einflusses des engl. Kgtm.s in Irland brachten den Kg. v. C. in erneute Bedrängnis; nach Ruaidrís Abdankung (1183) verstanden es die engl. Kg.e, eine Anzahl konkurrierender Thronbewerber gegeneinander auszuspielen. Schließlich war Félim Ua Conchobair 1237 gezwungen, den größeren Teil der Provinz an den engl. Baron Richard de→Burgh abzutreten.

D. Ó Cróinín

Lit.: R. Dudley Edwards, IHS, 1938, 135–153 – F. J. Byrne, Irish Kings and High-Kings, 1973, 230–253 – HEGI, bes. 456-463 [Ders.] – M. Richter, Irland im MA. Kultur und Gesch., 1983, passim.

Connecte, Thomas, frz. Karmeliter, vermutl. aus Rennes, † 1433 in Rom, gehört zu der Reihe der Volksprediger, die an der Wende vom 14. zum 15. Jh. Europa durchzogen. Er entfaltete seine Aktivität erstmals um 1420 in Flandern, durchwanderte das Land, predigte Buße und Sittenstrenge und zog gegen jegliche Form der Eitelkeit, v. a. der Frauen, zu Felde. Sein Erfolg unter den Gläubigen war groß, so daß einige seine Anhänger wurden. Nach weiterer Predigttätigkeit im Gebiet von Lyon kam er nach Italien und initiierte in der Weiterentwicklung einer bereits in Frankreich begonnenen Reformtätigkeit eine Bewegung, die sich die strenge »Observanz« der Ordensregel zum Ziele setzte. Nicht zuletzt auch durch das Wirken der Gefährten, die ihm nach Italien gefolgt waren, führte das zur Gründung der mantuan. Kongregation der →Karmeliter, die für die Entwicklung und Erneuerung des Ordens große Bedeutung besaß. In Rom wurde C. unter bis jetzt noch nicht eindeutig geklärten Umständen einem Häresieprozeß unterworfen und 1433 zum Tode auf dem Scheiterhaufen verurteilt, wahrscheinl. wegen seiner Predigten gegen den korrupten Klerus. In der Folge wurde in der Tradition des Ordens seine hist. Persönlichkeit sozusagen verdoppelt und die Gründung der Kongregation von Mantua einem →Thomasus de Francia, gestorben im Rufe der Heiligkeit, zugeschrieben. R. Manselli

Lit.: L. Saggi, La Congregazione Mantovana dei Carmelitani sino alla morte del b. Battista Spagnoli (1516), 1954, passim.

Connétable de France (lat. Constabulus oder constabularius Franciae), einer der großen Amtsträger *(grands officiers)* der frz. Monarchie. Der urspgl. Aufgabenbereich des im Codex Theodosianus (438) genannten comes stabuli ('Stallmeister') war die Aufsicht über die ksl. Gestüte. Die Merowinger übernahmen dieses Amt – wie andere Institutionen der späten Kaiserzeit: So ist Chuppa als comes stabuli des Kg.s Chilperich (561–584) und Eborin in gleicher Funktion unter Theuderich II. (587–613) belegt. Comites stabuli dienten auch als militär. Befehlshaber und Gesandte (vgl. a. →comes, Abschn. I, II). In der Karolingerzeit ordnet →Hinkmar v. Reims in »De ordine palatii« (882) den comes stabuli den beiden anderen ministeriales der Königspfalz, nämlich dem senescalcus (→Seneschall) und dem buticularius (→Mundschenk, frz. →bouteiller), zu, wobei der comes stabuli noch unterhalb des senescalcus rangiert und Weisungsbefugnis über nachgeordnete Amtsträger, die marescalci (→Marschall, frz. →maréchal), ausübt. Um 900 erwähnt →Regino v. Prüm den Begriff 'constabulus', der, wie er schreibt, eine verderbte Form für 'comes stabuli' darstellt.

1043, unter Kg. Heinrich I., ist der erste Connétable im kapeting. Frankreich belegt. Unter Kg. Philipp I. (1060–1108) findet man die Bezeichnung 'constabulus regis'. Der C. ist im 12. Jh. nur ein einfacher Amtsträger des kgl. Hofhalts (ministerialis hospitii domini regis). Es gibt für diese Zeit keinen Hinweis, daß er kraft seines Amtes über irgendeine militär. Befehlsgewalt verfügte. Dies gilt auch noch für die Regierung Philipps II. August (1180–1223), obwohl Rang und Ansehen des C. zu dieser Zeit offenbar wuchsen, zunächst aufgrund der Abschaffung des allgemeinen →Seneschall-Amtes (1191), dann durch den hohen Rang der Personen, die nun das C.-Amt bekleideten. Anscheinend zum ersten Mal heißt der Connétable Dreu de Mello in einer Urkunde von 1194 nicht mehr 'constabularius regis', sondern 'constabularius Franciae'. Volkssprachl. Quellen des 13. Jh. sprechen mehrfach vom 'connétable de France'. Die C.s Imbert de Beaujeu und Gilles le Brun unter Ludwig IX. (1226–70), Gaucher de →Châtillon unter Philipp IV. (1285–1314) und seinen Söhnen treten bei allen wichtigen militär. Entscheidungen und Operationen in Erscheinung. Im 14. Jh. erhöhten die zahlreichen Kriege, welche die frz. Monarchie führte, die Bedeutung des Amtes; darüber hinaus wurden von nun an die mit diesem Amt verbundenen Rechte, Privilegien und finanziellen Ansprüche schriftl. fixiert und in den offiziellen Registern niedergelegt. Es wurde bestimmt, daß der C. dem geheimen kgl. Rat (secret –conseil du roi) angehörte, daß der Kg. keine wichtige militär. Entscheidung ohne Rat des C. treffen solle, daß jedermann, auch Hzg.e und Gf.en, dem Befehl des C. zu gehorchen hätten, daß der C. bei Abwesenheit des Kg.s dessen rechtmäßiger Vertreter (*lieutenant*) sei. Alle diese Regeln blieben zwar in der Praxis vielfach toter Buchstabe, dennoch war der C. seit dieser Zeit nach Ansehen und Würde der erste Amtsträger der Krone und rangierte noch vor dem →*chancelier*, dem kgl. Kanzler. In dieser Zeit ließ der →Hundertjährige Krieg auch die Gewinne aus diesem Amt rasch ansteigen; die Einkünfte richteten sich im Prinzip nach den Truppenstärken der vom Kg. angeworbenen und bezahlten Streitkräfte. Kg. Karl V. (1364–80) wandelte zur Vermeidung von Streitigkeiten und Mißbräuchen diese variablen Einkünfte in eine feste Besoldung um: 2000 *livres tournois* monatl. bzw. 24000 jährl., eine enorme Summe, die noch für das Ende des 15. Jh. belegt ist. Vom 2. Viertel des 14. Jh. an begann der Gerichtshof der Connétablie, der an der Table de marbre im Palais royal zu Paris tagte, seine Kompetenz auf alle das Militärwesen betreffenden Fälle auszudehnen. Doch hatte die zentrale Jurisdiktionstätigkeit der Connétablie keinen kontinuierl. Charakter, da das →Parlement v. Paris und das Gericht der *Maréchaussée de France* (→Maréchal) ihm gegenüber als Konkurrenten auftraten. Das Amt des C. wurde 1627 durch Ludwig XIII. aufgehoben; die Connétablie blieb jedoch als Kriegsgerichtshof bis zur Revolution (1790) erhalten.

Das Amt des C. erreichte den Höhepunkt seiner Bedeutung unter den Kg.en Karl V. (1364–80) und Karl VI. (1380–1422); in dieser Zeit wurde es von einer Reihe bedeutender Heerführer ausgeübt: Bertrand →du Guesclin, Olivier de →Clisson, Louis de →Sancerre und Bernard VII. d'→Armagnac. Im Laufe des 15. Jh. nahmen dagegen die Vakanzen zu (1418–24, 1458–65, 1475–83, 1488–1515). Selbst wenn ein C. im Amt war, hieß das keineswegs, daß der Kg. ihn stets als Oberbefehlshaber in seinen Kriegen berief; vielmehr zog die Krone es vor, fallweise einen oder mehrere →*lieutenants généraux* einzusetzen. – Der C. führte als Zeichen seiner Würde das Schwert, das der Kg. jeweils dem ernannten C. feierlich neuverlieh, wobei der Ernannte dem Kg. den Treueid schwor und das homagium, die Lehnshuldigung, leistete. Bei offiziellen Zeremonien war es z. T. üblich, das bloße Schwert dem C. aufrecht voranzutragen. Ph. Contamine

Lit.: P. Anselme, Hist. généalogique VI, 1730, 233–236 – G. Vuatrin, Etude hist. sur le c., 1905 – G. Le Barrois d'Orgeval, La justice militaire sous l'Ancien Régime. Le tribunal de la connétablie de France du XIVe s. à 1790, 1918 – Ph. Contamine, Guerre, Etat et société à la fin du MA. Etudes sur les armées des rois de France 1337–1494, 1972.

Connor, ir. Kl. und Bm., seit dem 15. Jh. endgültig mit dem Bm. Down vereinigt (Nordirland, Gft. Antrim), gegr. der Überlieferung nach von Mac Nisse (Macanisius), der wahrscheinl. den →Dál nAraide (Cruthin) v. Ulster angehörte. Mac Nisse wurde nach seiner Vita vom hl. →Patrick getauft, doch dürfte dies eine Rückprojektion des 12. Jh. zur Legitimation bestimmter Rechtsansprüche von C. sein. I. J. 640 richtete der Papa electus an den Bf. v. C., Dimma Dub (den Dunklen, † 659), wie an andere Geistliche einen Brief, in dem er die Osterreform (→Osterfestberechnung, →Osterstreit) forderte. Auf noch frühere Bedeutung weist die enge Verbindung zum Kl. Land Elo (Lynally Gft. Offaly), gegr. von Colmán moccu Sailni († 611), einem Mitglied der Dál Sailni, eines Zweiges der Dál nAraide, hin; Mac Nisse gehörte möglicherweise diesem Familienzweig an. Der hl. →Malachias war 1123–27 Bf. v. C. und von →Bangor. Das Gebiet der Diöz. wurde jedoch stark beschnitten, ein Resultat der Synoden des 12. Jh., welche die neuen Diözesangrenzen festlegten. D. Ó Cróinín

Lit.: J. F. Kenney, Sources for the Early Hist. of Ireland, 1929, 222, 352, 399, 766.

Connotatio wurde ursprgl. lose verwendet im Sinne von Mit-bedeutung (ungefähr wie→consignificatio). Von der zweiten Hälfte des 13. Jh. ab wird es bei den Philosophen und Theologen systemat. gebraucht, um die implizierte Bedeutung eines Wortes zu bezeichnen. Bes. häufig wird c. von den Adjektiven angewandt: ein Adjektiv bezeichnet eine Eigenschaft und »connotat« den Träger. Bei Wilhelm v. Ockham wird eine neue Deutung der C. eine wichtige Seite seiner Epistemologie. Jeder Terminus, der nicht ausschließl. eine Substanz oder eine primäre Qualität bezeichnet, sondern darüber hinaus anderes einbezieht, ist ein konnotativer Terminus, der primär den Träger bezeichnet, sekundär und indirekt aber eine Eigenschaft oder eine Beziehung, ohne für diese stehen zu können. Solche Termini sind in der Sprache als eine Art Abbreviaturen zugelassen; ein Satz, der einen solchen Terminus enthält, kann immer in zwei oder mehrere Sätze »übersetzt« werden, die nur absolute Termini enthalten. In dieser Weise wird die Theorie der C. ein wichtiges Mittel in Wilhelms v. Ockham reduktionist. Analyse der Sprache. J. Pinborg

Lit.: J. PINBORG, Die Entwicklung der Sprachtheorie im MA, BGPhMA 47, 2, 1967.

Conon → Konon, →Conan

Conon de Béthune, eigtl. Quenes, lat. Cono, Herr v. Ruilly und Chamecy († nach 1207), Sohn Roberts V. v. →Béthune und jüngerer Bruder Wilhelms II. v. Béthune, des →Advokaten der Abtei von Saint-Vaast in →Arras, ist eine bedeutende lit. und polit. Persönlichkeit des pikard. Adels. Ob C. am 3. Kreuzzug teilgenommen hat, aber vorzeitig zurückgekehrt ist, läßt sich nur indirekt durch eine Anspielung in einem Gedicht seines Onkels →Huon d'Oisi erschließen. Im 4. Kreuzzug spielte er eine wichtige Rolle; nach →Villehardouin wurde er öfter als beredter Unterhändler eingesetzt. Unter den lat. Ks.n v. Konstantinopel versah er hohe Ämter, doch läßt sich nicht ausmachen, ob der 1212 erwähnte Titel »protocamerarius romanus« ihm oder seinem gleichnamigen ältesten Sohn verliehen wurde.

C., einer der ersten frz. →Trouvères, ist in formaler und themat. Hinsicht eine facettenreiche lit. Persönlichkeit. Die meisten seiner Lieder sind mehrfach mit Melodie überliefert. Er kennt die Troubadours z. T. persönlich. Von Bertran de Born (→2. Bertran) übernimmt er mehrere Liedformen; →Guiraut de Bornelh (Borneil) und Bernart de Ventadour (→2. Bernart) scheinen ihm vertraut; in Konstantinopel mißt er sich in einem zweisprachigen Streitgedicht mit →Raimbaut de Vaqueiras, dessen Dichtung ihn auch themat. Besonderheiten verbinden; ebenfalls in Konstantinopel richtet der Troubadour Elias →Cairel ein Gedicht an ihn. Vor seinem Wegzug in den Orient steht er in lit. Verbindungen zu mehreren Trouvères, Huon d'Oisi, →Blondel de Nesle, →Gace Brulé und Gilles de Viés-Maisons. Seine Lieder wurden auch zu →Kontrafakturen benutzt. Berühmt war sein Kreuzlied »Ahi! amours, com dure departie«, in welchem zum ersten Mal die Minnethematik in diese Gattung Eingang fand. Ein anonymer Trouvère sowie die Minnesänger →Friedrich v. Hausen und →Albrecht v. Johannsdorf benützten es als Vorbild. Eine Gesamtwürdigung des Dichters fehlt.

M.-R. Jung

Ed.: A. WALLENSKÖLD, 1891, 1921² – H. VAN DER WERF, 1977 (Trouvères-Melodien I = Monumenta monodica medii aevi XI) – Lit.: F. GENNRICH, Zu den Liedern des C., ZRPh 42, 1922, 231–241 – P. A. BECKER, Die Kreuzzugslieder von C. und Huon d'Oisi, ZFSL 64, 1941, 305–312 – E. HOEPFFNER, Un ami de Bertran de Born: »Mon Isembart«, Etudes romanes dédiées à M. ROQUES, 1946, 15–22 – I. FRANK, Trouvères et Minnesänger, 1952 – V. BERTOLUCCI PIZZORUSSO, Posizione e significato del canzoniere di Raimbaut de Vaqueiras, SMV 11, 1963, 21–31 – J.-M. D'HEUR, Traces d'une version occitanisée d'une chanson de croisade du trouvère C., Cultura Neolatina 23, 1963, 73–89 – A. ADLER, C., un Guerri le Sor lyrique, Studi in on. di I. SICILIANO, 1966, 9–14 – C. CREMONESI, C., Rambaldo di Vaqueiras e Peire Vidal, Studi ... in mem. di G. FAVATI, 1972, 233–244 – H.-H. S. RÄKEL, Drei Lieder zum dritten Kreuzzug, DVjs 47, 1973, 508–550 – S. SCHÖBER, Die altfrz. Kreuzzugslyrik des 12. Jh., 1976 – E. WARLOP, The Flemish Nobility before 1300, 1976 – H.-H. S. RÄKEL, Die musikal. Erscheinungsformen der Trouvèrepoesie, 1977 – R. LINKER, A Bibliogr. of Old French Lyrics, 1979 – NEW GROVE – G. ZAGANELLI, Aimer sofrir joir, 1982.

Conquereuil, Schlachten v. Bei C. am Don in der sö. Bretagne (nördl. von Nantes, dép. Loire-Atlantique) fanden im späten 10. Jh. zwei für die Machtverhältnisse in der →Bretagne und im westfrz. Raum bedeutende Schlachten statt: 981 besiegte →Conan I., Gf. v. →Rennes, den Bf. und Gf. en v. →Nantes, Guerech. – In der großen Schlacht vom 27. Juni 892 schlug →Fulco Nerra, Gf. v. Angers, Conan I., der im Kampf fiel. – Den Hintergrund bildete die Konkurrenz zw. den beiden führenden Fürstenhäusern Westfrankreichs, der Gf. en v. →Angers (Anjou), die den Gf. en v. Nantes unterstützten, einerseits, und den Gf. en v. →Blois, unter deren Schutz die Gf. v. Rennes handelte, andererseits. – Vgl. weiterhin →Fulco Nerra.

Q. und Lit.: →Fulco Nerra.

Conques, ō Salvator, Fides, große Abtei OSB in Frankreich, Rouergue (südwestl. Massif central), Bm. Rodez (dép. Aveyron); lat. Namen: Conchae, Vallis lapidosa. C. verdankt seine Gründung der Initiative eines Eremiten Dado oder Datus, der gegen Ende des 8. Jh. eine Gemeinschaft am Ort einer alten Kapelle ins Leben rief. Ludwig d. Fromme besuchte das Kl., nahm es unter seinen Schutz, schenkte ihm Land und unterstellte es der Regula S. Benedicti (Diplom von 819; Ermoldus Nigellus). Pippin I. bestätigte Privilegien und Besitzstand der Mönche und erlaubte ihnen, in →Figeac ein weiteres Kl. (Neu-Conques) zu gründen, das dem Abt v. C. unterstellt wurde (838). Ein langer Konflikt entspann sich zw. C. und Figeac, in dessen Verlauf die Mönche v. Figeac vorgaben, ihr Kl. sei bereits 755 von Pippin I. gegr. worden und also älter als C. Um 1050 rief der Abt v. C. den Herrn v. Calmont zu Hilfe, der Figeac C. unterstellte, während seinerseits der Abt v. Figeac sein Kl. an →Cluny affilierte. Der Streit kam vor den Hl. Stuhl: Gregor VII. stellte 1084 die Autorität von C. über Figeac wieder her (JAFFÉ 5267), doch trennten die Konzilien v. →Clermont (1095) und Nîmes (1097) beide Abteien voneinander und erkannten einer jeden ihren Abt zu.

Bereits im 9. Jh. sicherte C. seinen Wohlstand und sein Ansehen durch den Erwerb bedeutender Reliquien. Die Mönche scheiterten bei ihrem Versuch, die in Valencia aufbewahrten Reliquien des hl. →Vinzenz zu rauben, doch gelang es ihnen, sich derjenigen der hl. →Fides (Ste-Foy) v. Agen zu bemächtigen (863/883). Der Kult der Hl., die bes. von Blinden und Gefangenen angerufen wurde, ließ C. zu einem vielbesuchten Wallfahrtsort werden.

Nachdem C. zum Etappenort auf einer der großen Pilgerrouten nach →Santiago de Compostela geworden war, spielte die Abtei eine gewisse Rolle bei der →Reconquista des arab. Spanien. Im 13. Jh. hatte sich um das Kl. eine Siedlung gebildet, die als Abteistadt mit einer Mauer befestigt war, über Märkte und Jahrmärkte verfügte und ein →Konsulat besaß.

Während des Hundertjährigen Krieges mußten die Mönche in einer benachbarten Festung Schutz suchen, und es wurden Klostergebäude zerstört. Die Abtei verlor ihre exemte Stellung (1455–56). 1790 wurde C. aufgehoben; im ehem. Kl. befindet sich seit 1873 ein Prämonstratenser-Priorat.

Der karol. Kirchenbau wurde im 10. Jh. vergrößert. An seine Stelle trat ein bedeutender roman. Neubau, der vor Mitte des 11. Jh. begonnen wurde und über hervorragende Portalplastik verfügt. Der Kreuzgang wurde unter Abt Begon III. (1087–1107) errichtet, 1830 jedoch abgebrochen. C. besitzt den reichsten Kirchenschatz aus roman. Zeit in ganz Frankreich, was auf das hohe Ansehen der Abtei und ihrer Reliquien im 10.–12. Jh. zurückzuführen ist. Die größte Kostbarkeit ist das berühmte Statuettenreliquiar (→Reliquiar) der sitzenden hl. Fides, das in der 2. Hälfte des 10. Jh. für den Schädel der Hl. geschaffen wurde und einen neuartigen Typus verkörpert. G. Fournier

Q.: AASS, oct., 3, 263–329 – Chronicon monasterii Conchensis (MARTÈNE-DURAND, Thesaurus novus anecdotorum III, 1717, 1387–1390) – G. DESJARDINS, Cart. de C., 1872 – Ermoldus Nigellus, ed. E. DÜMMLER, MGH PP II, 1884, 11–13; ed. E. FARAL, 1932, 22–27 – C. COUDERC, Les Privilèges municipaux de C. (1289), Mém. Soc.

lettres, sciences et arts de l'Aveyron 15, 1894-99, 373-401 – A. BOUILLET, Liber miraculorum sancte Fidis, 1897 – MGR. SALLET, Le diplôme d'indulgences pour la construction de l'église de C., Bull. de l'Inst. cath. de Toulouse, 1902 – L. LEVILLAIN, Recueil des actes de Pépin Ier et de Pépin II, rois d'Aquitaine (814-848), 1926, n° 31, 32 – H. BOUSQUET, Deux contributions à l'hist. de l'abbaye de C., Mém. Soc. lettres, sciences et arts de l'Aveyron 22, 1928 (Bulle von 1245 und Inventar der Temporalien) – Lit.: DHGE XIII, 471–478 – M. AUBERT, C., Congr. Archéol., 1937 (1938), 459-523 – L. VÁZQUEZ DE PARGA, J. M.ª LACARRA, J. VRÍA RÍU, Las peregrinaciones a Santiago de Compostela I, 1948, 547-549 – L. BALSAN, DOM A. SURCHAMP, G. GAILLARD, M. M. S. GAUTHIER, Rouergue roman (La nuit des temps), 1963 – J. BOUSQUET, La Sculpture de C. aux XIe et XIIe s. Essai de Chronologie comparée, 1973.

Conquête d'Irlande (La), Verschronik in 3459 gereimten Achtsilbern, verfaßt ca. 1225, die vollkommen im Sinne des norm. Feudalismus die Einmischung anglonorm. Barone in die ir. Angelegenheiten erzählt. Wie in einer →Chanson de geste hat der Feind absolut Unrecht; das Gedicht preist ein abenteuerl. Zeitalter der jüngsten Vergangenheit, mit Maurice von Prendergast als Haupthelden, vielleicht als Antwort auf das Gedicht über den allmächtigen Marschall Wilhelm (→Guillaume le Maréchal) od. auf →Giraldus Cambrensis' »Expugnatio Hibernica«, die in ihrer ersten Fassung Maurice nicht erwähnt. Es ist wahrscheinl. von Maurice's Sohn Philipp († 1229), der eine bedeutende Rolle unter den in Irland ansässigen Normannen spielte, in Auftrag gegeben worden. Des Erzählers Sympathien sind viel mehr bei den kambrionorm. Abenteurern als beim anglo-norm. Kg. und zeugen von einem gewissen Heimweh nach den Jahren vor der vollständigen Unterwerfung Irlands durch Heinrich II. i. J. 1171. Das einzige Ms. datiert vom Ende des 13. Jh. und ist am Anfang und am Ende unvollständig.   H.-E. Keller

Ed.: FR. MICHEL, Anglo-Norman Poem of the Conquest of Ireland by Henry the Second, 1837 – G. H. ORPEN, The Song of Dermot and the Earl, 1892 – Lit.: P. MEYER, Romania 21, 1892, 444–451 – J. F. O'DOHERTY–M. J. DE C. DODD, Historical Criticism of the Song of Dermot and the Earl, IHS 1, 1939, 4–20, 294–296 – M. D. LEGGE, Anglo-Norman Lit. and its Background, 1963, 303 f. – W. SAYERS, The Patronage of La C. d'I., RP 21, 1967–68, 34–41.

Conquista (span. 'Eroberung', vereinzelt auch im Dt.: Konquista [veraltet]), bezeichnet im weitesten Sinne die span. Landnahme und Kolonisation in →Amerika insgesamt, im engeren Sinne die Phase des großräumigen militär. Ausgreifens Spaniens auf dem amerikan. Festland während der Regierungszeit Karls V., beginnend mit der Eroberung Mexikos durch Hernán →Cortés (1519/21) bis hin zur Eroberung Chiles durch Pedro de Valdívia (1540/53). Von der militär. C. unterscheidet man noch die »C. espiritual«, die als geistige Eroberung definierte Missionierung der amerikan. Ureinwohner durch die in Amerika tätigen Mönchsorden, eine weitgehend von den span. Sprachraum beschränkte, häufig einseitig positiv wertende Sprachregelung. Von der militär. C. im engeren Sinne unterscheidet man häufig die vorgeschaltete Phase der »Entdeckungen« (span. *descubrimientos*), die stärker durch seefahrer.-kommerzielle Motivationen geprägt war als die angebl. mehr von krieger. Elementen des niederen span. Adels, die von Abenteuerlust und der Hoffnung auf schnellen Reichtum sowie durch ein missionar. Sendungsbewußtsein motiviert waren, bestimmte Phase der C. Tatsächl. überlappen und vermischen sich beide Phasen der Landnahme ebenso wie die ihnen zugrundeliegenden Motivationen und Organisationsformen derart, daß eine strenge Unterscheidung zw. beiden nicht möglich ist. Charakterist. für die C. ist, daß in ihrem Verlauf die Spanier vorwiegend auf kulturell und organisator. fortgeschrittene Zivilisationen (→Indianer) stießen, die gerade dadurch sowie durch Mythen, die ihr bevorstehendes Ende prognostizierten, und durch die Zielstrebigkeit der Eroberertrupps, weniger jedoch durch die waffentechn. Überlegenheit der Spanier, unterlagen. Ein weiteres Charakteristikum ist die private Organisation der Züge, deren Teilnehmer sich unter Aufbringung der Kosten für ihre Ausrüstung freiwillig einem von der Krone bzw. der sie vertretenden staatl. Autorität bevollmächtigten Anführer unterstellten, der wiederum durch Eigenmittel und private Kredite die allgemeinen Kosten der Expedition finanzierte. Ziel der Teilnehmer war ein Anteil an der zu erwartenden Kriegsbeute. Die Krone selbst hat nur vereinzelt solche Unternehmungen bezuschußt. Ungeachtet dieser privatwirtschaftl. Hintergründe hatten die Expeditionen staatl. Charakter, da die Anführer militär. und zivile Amtsbefugnisse in den zu erobernden Gebieten übertragen erhielten und sich an gesetzl. festgesetzte Richtlinien hinsichtl. der Vorgehensweise, der Behandlung der Eingeborenen, der Errichtung von Städten und anderen kolonisator. Maßnahmen zu halten hatten. Daraus ergab sich häufig ein Spannungsverhältnis zwischen staatl. Interessen und den Interessen der Expeditionsteilnehmer. Der staatl. Charakter unterschied die C.-Züge von den privatorganisierten Feldzügen der Spanier gegen die iber. Maurenreiche im Zuge der ma. →Reconquista, mit der viele Autoren die C. in unmittelbare Beziehung setzen, um so eine Kontinuität zw. Reconquista und C. und zugleich einen mittelalterlich-feudalen Charakter für die C. zu postulieren. Wenngleich nicht zu bestreiten ist, daß die Mehrheit der Eroberer für ihre Dienste von der Krone mit Adelsprädikaten und Grundherrschaften belohnt zu werden hoffte, ist andererseits nicht zu bestreiten, daß der Staat diesen Tendenzen hartnäckig widerstand und daß andererseits viele Eroberer sich entgegen dem erwähnten Stereotyp unternehmerisch im handelskapitalist. Sinne betätigten. Der »mittelalterliche« oder »moderne« Charakter der C. ist nach wie vor umstritten.

H. Pietschmann

Lit.: F. MORALES PADRÓN, Fisonomía de la c. indiana, 1955 – J. LOCKHART, Spanish Peru 1532-1560. A Colonial Society, 1968 – P. CHAUNU, Conquête et exploitation des Nouveaux Mondes, Nouvelle Clio 26bis, 1969 – N. MEZA VILLALOBOS, Estudios sobre la c. de América, 1971 – J. LOCKHART, The Men of Cajamarca. A Social and Biographical Study of the first conquerers of Peru, 1972 – R. ROMANO, Les mécanismes de la conquête coloniale: les conquistadores, 1972 – J. LAFAYE, Les conquistadores, 1973 – P. K. LISS, Mexico under Spain, 1521-1556, 1975 – H. PIETSCHMANN, Staat und staatl. Entwicklung am Beginn der span. Kolonisation Amerikas, 1980.

Conrad v. Offida OFM, sel., * um 1237, † 1306 in Bastia bei Assisi. Sein Leichnam wurde 1320 in die Kirche S. Francesco in Perugia überführt, ▭ heute in dem anliegenden Oratorio di San Bernardino; 1817 von Pius VII. seliggesprochen.

C. trat sehr früh in den Franziskanerorden ein, wo er sich durch seine Tugenden, Ekstasen und den apostol. Eifer seiner Predigt auszeichnete. Er lebte in La Verna, Forano, Sirolo, Rivotorto und bei der Portiunculakirche (Assisi). Durch seine persönl. Bekanntschaft mit Frate Leone, einem Gefährten des hl. →Franziskus, erfuhr er einige Einzelheiten aus dem Leben des Hl., die in franziskan. Quellen festgehalten sind. Auch mit dem sel. Pietro da Treia, der sel. Benvenuta d'Ancona und Petrus Johannis →Olivi war er befreundet. Letzterer richtete an ihn einen Brief über die Abdankung des Papstes: ein Hinweis auf die Sympathien C.s für die Spiritualen, die jedoch sein Verhältnis zur Kommunität nicht beeinträchtigten.

D. Ciccarelli

Q.: Chronica XXIV Generalium, Analecta Franciscana, 1897, III, 422-428 – Ubertino da Casale, Arbor vitae crucifixae V, c. 4 und 5 – Fioretti di S. Francesco c. 42, 43, 44 – *Lit.*: M. FALOCI PULIGNANI, Misc. Francescana 7, 1898, 131-136 – B. BARTOLOMASI, ebd. 15, 1914, 14-21, 54-57, 72-79, 114-121, 152-157; 16, 1915, 22-25, 175-179; 17, 1916, 159-164 – F. FAZI, ebd. 38, 1938, 211-213 – L. OLIGER, AFrH 11, 1918, 333-334, 366-375 – L. DE CLARY–G. C. GUZZO, Aureola Serafica, 1954, VI, 311-317.

Conradus de Pistoia (Corradus de Pistoria), it. Komponist des frühen 15. Jh., Augustinermönch. Falls er ident. ist mit Curradus Ser Gualandi de Bracilionis de Pistorio, ist er Dez. 1410 als Sänger an der Domcantoria (S. Reparata) in Florenz angetreten. Möglicherweise hat er an der Kurie der Päpste Alexander V. und Johannes XXIII. in Pistoia und Bologna gelebt, was frz. Einflüsse auf seine Kompositionen erklären könnte. H. Leuchtmann

Ed.: Corpus Mensurabilis Musicae LIII, hg. W. APEL, 1-3, 1970-72 – *Lit.*: NEW GROVE, s. v. – J. WOLF, Gesch. der Mensural-Notation von 1250-1460, II-III, 1904 – N. PIRROTTA, Il codice estense lat. 568 e la musica in Italia al principio del' 400 (Atti della R. accad. di scienze, lettere e arti di Palermo, 4. s. V/2), 1944-45 – U. GÜNTHER, Das Ms. Modena, Bibl. Estense α.M. 5,24 (Musica Disciplina XXIV), 1970, 24, 29, 33, 60.

Conseil
A. Conseil du roi (des Königs von Frankreich) – B. Conseil ducal (des Herzogs von Burgund)

A. Conseil du roi (des Königs von Frankreich)
I. Unter den Kapetingern – II. Unter den Valois – III. Ausblick auf die frühneuzeitliche Entwicklung; Zusammenfassung.

I. UNTER DEN KAPETINGERN: Die ersten →Kapetinger führten die Gewohnheit der →Karolinger weiter, den Rat der →fideles, →optimates oder → proceres regni, der Großen des Reiches, bei polit. Entscheidungen einzuholen, ebenso denjenigen ihrer Vasallen, für die eine Verpflichtung zu →consilium et auxilium gegenüber dem Kg., ihrem Herrn, bestand. Mit dem Nachlassen der großen Ratsversammlungen, die unter den westfrk. Karolingern seltener, schließlich nur mehr zu bes. Anlässen einberufen wurden, ging der Kg. dazu über, sich mit einem begrenzteren Kreis von Beratern zu umgeben: Verwandten; →Baronen, die mehr oder minder regelmäßig an der aula palatii erschienen; Beamten der domus regia, des kgl. Hofhaltes. Diese Form des kgl. Rates bildete sich mit einiger Klarheit während der Minderjährigkeit des 1060 geweihten Philipp I. heraus und ist v. a. belegt durch eine Königsurkunde, ausgefertigt »quorum consilio meum regebatur palatium« (1063). Der Rat institutionalisierte sich unter Ludwig VI. (1108-37) und Ludwig VII. (1137-80); wenn der Kg. auch nicht auf den Rat der großen Lehnsträger, die gelegentl. bei Hof erschienen, oder der Prälaten, Bf.e und Äbte verzichten mochte, so scharte er doch einen festen Personenkreis von aulici, palatini, laterales regis oder →familiares, die bereits mehrfach consiliarii genannt werden, um sich; nach ihrer Herkunft handelte es sich um kleinere Herren aus der Ile-de-France, Kleriker, Beamte des kgl. Hofhaltes und Pariser Bürger. Die Quellen lassen bereits zwei Persönlichkeiten als bedeutendste und engste kgl. Ratgeber hervortreten: Es handelt sich um Etienne de →Garlande (»privatissimus regis consiliarius..., cujus consilio tota Francia regebatur«, sagt über ihn ein Zeitgenosse; »primus inter aulicos residere solebas, totum regnum pro tuo libitu disponebas«, verdeutlicht →Hildebert v. Lavardin) und später um →Suger (»Familiarissimus... sine quo nullum reges inibant consilium«). Urkunden wurden nun ausgestellt »interventu illorum qui de nostro consilio (oder: de domo et consilio nostro) erant«. So war der kgl. Rat fast unmerklich zur Institution geworden, und in der 2. Hälfte des 12. Jh. wurden in ihn bisweilen auch schon Juristen berufen wie Magister Manerius,

Pariser Magister und jurisperitus. Doch war und blieb der Rat eine informelle Institution, in die der Kg. nach Belieben Personen seiner Wahl berufen konnte; selbstverständlich war er niemals offiziell an Empfehlungen seines Rates gebunden, wenn er auch je nach Gelegenheit bestimmte Berater beauftragte, an seiner statt eine Entscheidung oder ein Urteil in einer bestimmten Angelegenheit zu fällen.

In den ersten Regierungsjahren des jungen →Philipp II. August, 1180-85, erfolgte anscheinend eine Konsolidierung dieses Systems: Eine kleine Gruppe von kgl. Beratern (der Kanzler Hugues, der Connétable →Robert de Clermont, die Marschälle Robert und Gilles →Clément) hatte offenbar eine beherrschende Rolle bei den Entscheidungen über die Politik des Kgr. es. In der Folgezeit scheint sich der Kg. aber in stärkerem Maße von den Ratschlägen und Ansichten seiner Umgebung freigemacht zu haben. Um 1200 jedoch scharte Philipp August eine kleine Gruppe von Ratgebern um sich: den Ritter Barthélemy de →Roye, den →Templer Frère Haimard als Spezialist für Finanzfragen, den camerarius Gautier, Henri le Maréchal und v. a. den Hospitaliter Frère →Guérin, der, zum Bf. v. Senlis erhoben, die Kanzlei (→*chancellerie*) leitete, Untersuchungen führte, die Finanzverwaltung wie auch das Heer-, Festungs- und Ausrüstungswesen überwachte und somit quasi die Position eines ersten Ministers innehatte (»specialis consiliarius« nennt ihn →Wilhelm d. Bretone, »quasi secundus a rege, negotia regni inculpate tractabat«).

Seit dem Ende des 12. Jh. betraute der Kg. bestimmte Personen aus dem Kreis seiner familiares mit der Anhörung von Klagen, der Untersuchung von Fällen, ja, sogar mit der Rechtsprechung und der Korrektur der Rechnungen – z. T. im Zusammenwirken mit dem Kg., z. T. unabhängig. Dies war die Keimzelle der Curia. Unter Ludwig d. Hl. wurden die »conseillers« (Barone, Prälaten, Beamte, Juristen) von Jahr zu Jahr mit der Abhaltung des →Parlement beauftragt; dessen Sitzungen entwickelten sich zur permanenten Institution, wobei der Teilnehmerkreis jedoch schwankte. Das Kgtm. verfügte in dieser Periode somit über consiliarii, doch nicht über ein consilium im Sinne einer regulären Institution; der Kg. konsultierte beständig, aber ohne Regelmäßigkeit einzelne oder Gruppen unter ihnen Räte, die ihrem sozialen Rang nach ebenso Fs.en, Barone und Bf.e wie auch einfache Ritter oder Kleriker aus dem kgl. »entourage« sein konnten. Unter diesen Ratgebern sind u. a. zu nennen: die Brüder des Kg.s; Simon de →Clermont, Herr v. Nesle (vom Kg. während seiner Abwesenheit mit der Regentschaft betraut); der Sire de →Joinville; der Kämmerer *(chambrier)* Jean de Beaumont; Alphonse de Brienne, Gf. v. Eu; der Jurist Pierre de →Fontaines; der →*chambellan* Pierre de Villebéon; der Kleriker Simon de Brion (späterer Papst Martin IV.); der Beichtvater (→*confesseur*) Geoffroy de Beaulieu usw. Folglich beklagt →Rutebeuf in seinem satir. »Renard le Bestourné«, daß Noble, der Kg. der Tiere, sich ganz und gar seinen Ratgebern, näml. Renart (Reineke) dem Fuchs, Isengrin dem Wolf, Bernard dem Esel usw., ergeben habe. Die Tätigkeit der kgl. Ratgeber hatte sich bald konsolidiert; ab 1269 stellte der Kg. ihnen Bestallungsbriefe *(lettres de retenue)* aus, auf Grund derer sie feste Einkünfte erhielten, und ließ sie einen Amtseid schwören. Die Bedeutung dieser Räte lag v. a. auf jurist. Gebiet.

Unter Philipp IV. dem Schönen (1285-1314) kann der C. als fest etablierte Institution gelten, die unabhängig von den Personen der Räte, der Magistri clerici *(maîtres clercs)* oder Laien, oder die Sitzungen des →Parlement durchführten, existierte. Es sind →Register der vom C. im Namen des Kg.s erlassenen Urkunden für die Jahre 1302-05 und

1307–11 (und erneut unter Philipp V.) erhalten; die Aufgabe des C. war es nun, in Gegenwart des Kg.s die polit. Entscheidungen, insbes. über Kriegs- und Finanzfragen, zu treffen; doch tagte der C. auch bei Abwesenheiten des Kg.s: die von ihm erlassenen Urkunden sind datiert mit Paris in Zeiten, in denen der Kg. sich nicht in der Stadt befand. Eine Gruppierung innerhalb des C. konnte nun in Paris unter dem Vorsitz des Siegelbewahrers *(garde des sceaux)* tagen; die diesbezüglichen Urkunden tragen den Vermerk: »Par les gens du roi résidant pour ses besoignes a Paris«. Aus dem Kreis dieser engen Berater sind zu nennen: die Siegelbewahrer Etienne de Suzy und sein Nachfolger Guillaume de →Nogaret, ebenso die früheren bzw. künftigen Siegelbewahrer Gilles Aycelin, Pierre de Belleperche (→Petrus de Bellapertica) und Pierre de →Mornay. Mehrfach lehnte es der Kg. ab, Gesandte zu empfangen oder Entscheidungen zu treffen, »quia ibi non erat suum Consilium«.

Nach dem Tode Philipps IV. setzte die aristokrat. Reaktion 1314 gegenüber Ludwig X. durch, daß ein vollständiger Austausch des Personals des C. stattfand und, wohl nach engl. Vorbild, künftig 24 Große, denen vom Kanzler, Connétable, den Marschällen, dem Leiter der →Chambre des comptes und zwei Bf.en assistiert wurde, das Ratsgremium bildeten. Auch Kg. Philipp V. mußte 1316 zunächst diesen »engen Rat«, der die Funktion hatte, der kgl. Machtausübung Schranken zu setzen, hinnehmen, doch verschaffte er zunehmend loyalen Ratgebern einen Sitz im C. Er räumte dem C. auch die Verfügungsgewalt über eine Reihe kgl. Ämter und über kirchl. Benefizien ein, gestand ihm die Überprüfung der Rechnungen und die Vergabe von Gnadenerweisen zu. 1318 verfügte er die Tagung des C. im monatl. Turnus, woraus sich der »C. du mois« entwickelte, und ordnete die Führung eines →Tagebuchs an; diese Periodizität der Sitzungen mißfiel aber offensichtl. den Fs.en und Großen wie Karl v. Valois. Zwischen diesen monatl. Ratssitzungen verzichtete der Kg. nicht auf sein Recht, Urkunden zu erlassen in Bereichen, die in die Kompetenz des C. fielen; sie tragen den Vermerk »non contrestant le C. du mois«. Schließlich rief er auch leitende Beamte aus den Einzelbehörden seines Hofhaltes *(maîtres des comptes, maîtres des requêtes* u. a.) in den C., der sich allmähl. vom »C. étroit«, dem »engen Rat«, wieder zum »Grand C.«, dem »großen Rat« entwickelte.

II. Unter den Valois: Unter den ersten Valois erfolgte eine weite Verbreitung des Titels »Conseiller du roi«; dieser wurde üblicherweise den Maîtres der wichtigsten Behörden des Hofhaltes wie Parlement, Chambres des comptes, Requêtes du Palais, Enquêtes usw. verliehen, und es erhielten ihn ehrenhalber auch Beamte der kgl. Verwaltung wie Baillis und Seneschälle; die echten conseillers waren jedoch nur diejenigen Räte, die der Kg. in seinen Grand C. berief. Dieser war nun zum regulären Regierungsorgan geworden und befaßte sich mit polit. und administrativen, bes. aber jurist. und finanzpolit. Angelegenheiten. Er »evozierte« bestimmte Prozesse, indem er sie den ordentl. Richtern, nämlich den Baillis, Seneschällen, Prévôts usw., entzog, und behielt sich insbes. die Prozeßführung bei Klagen gegen derartige kgl. Beamte vor. Der C. spielte eine bedeutende Rolle bei der Bewilligung der Ausgaben und der Festlegung der Steuern, daher arbeitete er eng mit den kgl. Fiskalbehörden (Géneraux des finances, Cour des Aides, Cour du Trésor) zusammen. Er beriet über die kgl. →Ordonnances und über die Ernennung oder Absetzung von Baillis und anderen Beamten. Zwar war die Gesamtzahl der zu diesen Sitzungen zugelassenen Räte relativ hoch, doch berief der Kg. (oder der Kanzler, der üblicherweise den Vorsitz im C. führte) in der Regel nur eine kleine Anzahl von Räten zu einer bestimmten Sitzung ein. Oft tagten diese Räte oder ein Teil von ihnen in Paris, während der Kg. das Kgr. durchreiste; wurden die kgl. Urkunden »Per regem in Consilio« ausgestellt, so wurden zahlreiche andere »Per Consilium« ausgefertigt (d. h. allein durch den C. oder auch nur eines seiner Mitglieder, das entsprechend den vorausgegangenen Beschlüssen des C. handelte) oder auch »Per consilium existens Parisius« (durch den in Paris während der Abwesenheit des Kg.s tagenden C.) oder »Per Consilium ad vestram relationem« (in diesem Fall urkundete fakt. der Kanzler, der sich aber der Autorität des C. bediente). Der C. sicherte so – im Zusammenwirken mit dem Kanzler – die Kontinuität der Regierungsgeschäfte, und ab 1347 erließ der C. auch Urkunden in eigenem Namen (»De par le C.«) und führte ein eigenes Siegel. Jedoch zog der Kg. für die wichtigsten Staatsangelegenheiten einen engen Rat, den *Conseil secret,* heran, oder es berieten über diese der Kanzler und eine Anzahl von Familiares gemeinsam mit einigen Fs.en von Geblüt und Prälaten. Bei bestimmten außergewöhnl. polit.-dynast. Anlässen – bes. beim Anfall der Regentschaft und dann des Kgr.es an →Philipp VI. v. →Valois und hinsichtl. der damit verbundenen Diskussionen über die Entschädigung der anderen Prätendenten, nämlich der Häuser Burgund und Evreux – wurde der Grand C. stark erweitert, insbes. durch Hinzuziehung einer Anzahl der großen Barone des Kgr.es, womit offenbar eine breitere Legitimationsbasis für Entscheidungen über die Thronfolge geschaffen werden sollte.

Kg. Johann II. der Gute (1350–64) berief in seinen C. eine große Zahl seiner Günstlinge, die vielfach Bürger waren und deren finanzpolit. Maßnahmen und Willkürakte inmitten der allgemeinen Krise eine starke Unzufriedenheit hervorriefen. Sie gerieten daher auf den →Etats Généraux von 1357 heftig ins Schußfeld der Kritik, und es wurde ihre Abberufung, die Einsetzung neuer Räte und eine allgemeine Verwaltungsreform gefordert. Der Erfolg der Pariser Revolution vom Febr.–März 1358 ließ dann einige ihrer Führer, namentl. Etienne →Marcel, in den C. einziehen. Doch führte der schließliche Sieg des Dauphin Karl (V.) zur Rückkehr zu den alten Verhältnissen.

Als Karl V. 1374 in Voraussicht eines frühen Todes und einer längeren Minorität des Nachfolgers Vorkehrungen für eine mögl. Regentschaft traf, sah er die Errichtung eines C. vor, dessen Beschlüssen sich der vorgesehene Regent, Karls Bruder →Ludwig v. Anjou, fügen sollte; aus der Zahl von etwa 40 potientiellen Räten, die Kg. Karl designierte, sollte die Königinmutter mindestens 12 auswählen. Tatsächlich führte der so gebildete C. auch anfänglich die Regentschaft für den minderjährigen Karl VI.; den Vorsitz hatte der Hzg. v. Anjou inne, dem die Onkel des Kg.s, die Hzg.e v. Berry, Burgund und Bourbon, assistierten; seit 1381 trat jedoch ein aus 12 gewählten Räten gebildeter »C. ordonné« an die Stelle des bisherigen Rates; schließlich wurde – nach Entfernung der obengen. Fs.en aus dem C. – der »Principal C. du roi« neugebildet; er umfaßte 12 Räte, zu denen aber fallweise, entsprechend der Art der zu behandelnden Fragen, zahlreiche weitere Räte hinzugezogen wurden. Die Wirren im Kgr. führten mehrfach zu einer Änderung der Zusammensetzung des C., der 1406 neben den Fs.en von Geblüt um die 50 Mitglieder umfaßte, insbes. diejenigen Prälaten und Laien, die den bedeutendsten Ämtern innerhalb des →Hôtel du roi und anderen wichtigen kgl. Institutionen vorstanden. Im Zuge der Parteienkämpfe der →Armagnacs und Bourguignons entstand dann nacheinander ein »C. bourguignon« (1411–12), dann wieder ein »C. orléanais« (1413–18), schließlich wieder ein von den Bourguignons gestellter C.; alle diese Gremien lenkten die Geschicke des Kgr.es im Sinne jeweils eines der beiden verfeindeten Fs.en, die an der Spitze der beiden Faktionen standen. Kg. Karl VII. errichtete nach seiner Flucht aus Paris einen C., der analog dem vorher in Paris bestehenden Rat organisiert war.

Zusammensetzung und Funktionsweise des »Grand C.« unter Karl VII. sind dank eines erhaltenen Fragments seiner Protokolle von 1455 bekannt; es überliefert insgesamt eine Zahl von ca. 50 Personen, doch nahmen an den 36 Sitzungen, die innerhalb von zwei Monaten stattfanden, im Durchschnitt nur 10 Personen teil: der Kanzler, Guillaume →Jouvenel des Ursins, war fast immer anwesend; daneben treten Fs.en von Geblüt und große Feudalherren hervor (bes. →Dunois, Gf. →Karl v. Maine, Connétable →Arthur de →Richemont, Gf. Gaston IV. v. →Foix, Amiral Jean de →Bueil) sowie einige Bf.e (unter ihnen Jacques →Jouvenel des Ursins), Niederadlige und Feldhauptleute (Jean d'Estouteville, Großmeister Raoul de Gaucourt, Pierre de →Brézé) und einfache Kleriker, Bürger, Juristen, Finanzfachleute und Diplomaten; Vertreter der letzteren Gruppen nahmen mit bes. Eifer an den Sitzungen teil, so Pierre →Doriole, der spätere Kanzler, der Finanzmann Etienne →Chevalier und der Organisator der Artillerie Jean →Bureau. Der Kg. beteiligte sich von Zeit zu Zeit am C., der sich mindestens im gleichen Umfang mit jurist. wie mit diplomat. und finanzpolit. Angelegenheiten befaßte.

Am Ende der Regierung Karls VII. machte das Anwachsen der jurist. Tätigkeit offenbar eine Herauslösung der jurist. Sitzungen notwendig: Seit 1448–50 wurde dem C. ein →avocat général (Advokat), ein →procureur général (Prokurator) und ein greffier (Schreiber) beigeordnet. Ludwig XI. erhielt diesen Grand C. in seiner Doppelfunktion – für polit.-administrative wie für jurist. Fragen – aufrecht, doch berief er vorwiegend ihm ergebene Männer in dieses Gremium. Die 1484, nach Ludwigs Tod, in Tours versammelten →Etats Généraux forderten demgegenüber eine völlige Neuordnung des C.

III. AUSBLICK AUF DIE FRÜHNEUZEITLICHE ENTWICKLUNG; ZUSAMMENFASSUNG: Durch die →Ordonnances Karls VIII. (2. Aug. 1497) und Ludwigs XII. (13. Juli 1498) wurde schließlich ein vom C. du roi getrennter Grand C. etabliert; dieser war ein oberster Gerichtshof mit 20 Mitgliedern, der alle Fälle, die auf Weisung des Kg.s den ordentl. Richtern entzogen worden waren, zu entscheiden hatte; der C. du roi (auch: C. secret, C. étroit, C. privé, C. des choses communes) behielt alle sonstigen Kompetenzen bei, wurde aber am 3. April 1547 in den C. des Affaires oder C. d'Etat (das eigtl. Regierungsorgan, das direkt den Kg. beriet) und den C. privé (zur Erledigung laufender Verwaltungs- und Finanzfragen) geteilt. Dieses System blieb, kaum verändert, während des ganzen Ancien Régime erhalten.

Der C. stellt somit einen institutionellen Organismus dar, dessen halb karol., halb feudale Ursprünge nur schwer zu entwirren sind, der sich aber – unter verschiedenen Namen – zu einem Eckpfeiler der kgl. Regierung im hoch- und spätma. Frankreich entwickelte. Dabei ist er nicht in allen Bereichen seiner Tätigkeit und Einflußnahme leicht zu fassen, da der Kg. den C. zwar bei jeder beliebigen Angelegenheit einsetzen konnte, aber nicht an seine Ratschläge gebunden war. Der C. war ein Gremium von komplexer und oft inhomogener Zusammensetzung – seine Mitglieder konnten vom Fs.en von Geblüt bis hin zum kleinen Bürger viele soziale Gruppierungen umfassen, wobei die einzelnen Mitglieder jedoch nur einer Sitzung beiwohnten, wenn sie der Kg. oder Kanzler dazu geladen hatte. Dadurch konnte ein Teil der Conseillers zu Akteuren, ja Hauptakteuren innerhalb der kgl. Regierung werden, während die Zugehörigkeit zum C. für die übrigen mehr oder weniger eine Ehrung, doch ohne größeren polit. Einfluß, blieb. R.-H. Bautier

Lit.: allg.: F. LOT–R. FAWTIER, Hist. des institutions françaises II, Inst. royales, 1958, 75–82 – nach Epochen: E. BOURNAZEL, Le gouvernement capétien au XIIe s., 1975, 161–167 – J. GLENISSON–J. GUÉROUT, sous la dir. de R. FAWTIER, Registres du Trésor des chartes. Règne de Philippe le Bel, 1958, 131–159 [Auswertung v. Arch. nat., JJ 42 A: reg. du C. du roi, 1308–1311] – P. LEHUGEUR, Hist. de Philippe le Long: le mécanisme du gouvernement, 1931, 9–53 – R. CAZELLES, La société politique et la crise de la royauté sous Philippe de Valois, 1958, 305–314 [vgl. dazu R.-H. BAUTIER, Recherches sur la chancellerie royale au temps de Philippe VI, 1966] – N. VALOIS, Etude hist. sur le C. du roi. Introd. à: Conseil d'Etat. Règne de Henri IV, 1886, VI–XXXVII, Le C. du r. aux XIVe, XVe et XVIe s., 1888 – M. HARSGOR, Recherches sur le personnel du c. du roi sous Charles VII et Louis XII, 4 Bde, 1980.

B. Conseil ducal (des Herzogs von Burgund)

Der Rat der Hzg.e v. →Burgund, der C. ducal oder Grand C., war in seiner personellen Zusammensetzung bis etwa 1430 sehr unbeständig; bei der Erwerbung von →Flandern und →Artois 1384 durch die burg. Valois wurden die meisten Mitglieder des gfl. Rates in den hzgl. Rat übernommen. Aber auch danach variierten die Personen, die in der Subscriptio der →Ordonnances aufgeführt sind; ihre Zusammensetzung war v. a. vom jeweiligen Ort des Erlasses abhängig. Als der Rat z. B. 1392 im Abstand eines Monats zweimal über dieselbe (fläm.) Angelegenheit beriet, waren außer dem Hzg., dem Thronfolger, einem Neffen und dem Kanzler, die an beiden Sitzungen teilnahmen, bei der ersten Sitzung, die in Lille stattfand, ein burg. und sieben fläm. Adlige anwesend, bei der zweiten, in Amiens abgehaltenen Sitzung aber nur frz. und burg. Adlige. Dadurch wird deutlich, daß der Hofadel nicht dauernd mit dem Hzg. reiste und daher die Zusammensetzung des Hofrates entsprechend dem Aufenthaltsort wechselte.

Regelmäßig tagte der C. ducal als Gerichtshof, und auch dann nahmen meistens Adlige und einige hohe Geistliche neben einem oder zwei Juristen an der Sitzung teil. Als in Lille i. J. 1386 eine Ratkammer (Chambre du conseil ordonnée en Flandre) mit Jurisdiktionsgewalt für die Gft. Flandern errichtet wurde, bestand noch keine strikte Trennung zw. dieser Institution und dem Hofrat. Beide Einrichtungen waren sowohl leitendes Gremium als auch Gerichtshof; die Herren der Ratkammer zu Lille waren weiterhin Teil des Hofrates, und ihr Kollegium war ihm nicht untergeordnet. Es gab also keine Möglichkeit zur Berufung von der Ratkammer zu Lille an den Hofrat. Ein Urteil in einem Streitfall aus den fläm.-burg. Territorien konnte letztinstanzlich sowohl durch die Ratkammer gefällt werden als auch durch den Hofrat, ebenso aber auch durch die Ratkammer unter Vorsitz des Kanzlers; letzteres konnte vorkommen, wenn sich der Hof in Lille aufhielt.

Der auf das kgl. frz. Vorbild zurückgehende Name 'Grand Conseil' weist vor 1430 weder auf eine bes. Institution noch auf eine große Anzahl von Mitgliedern hin, sondern er soll den feierl. Charakter einer Sitzung und die Wichtigkeit der Beschlüsse betonen. Eine Anzahl von 14 an einer Sitzung beteiligten Ratsherren kann für diesen Zeitraum als hoch angesehen werden.

Die sich sehr allmählich vollziehende Abspaltung einer selbständigen Ratkammer wurde durch die lange Abwesenheit des Hzg.s und den Anfall weiterer Fsm.er an Burgund gefördert. V. a. als 1430 das Hzm. →Brabant an Philipp den Guten kam, wuchs das Verlangen nach einer Differenzierung. In Brabant gab es nämlich ein Landesgericht, an dessen Spitze ein eigener Kanzler stand, und die brabant. Wahlkapitulation, die →Joyeuse Entrée, garantierte die Autonomie und die Besetzung von Ämtern mit Landsässigen.

1432 zog der Hzg. eine Angelegenheit, die bei seiner Ratkammer in Flandern anhängig war, vor seinen Hofrat. Damit begann eine Entwicklung, die zur Unterordnung der Ratkammer unter den Hofrat führte. In der →Hofordnung von 1426 wird zum ersten Mal eine Aufzählung der Mitglieder des Hofrats gegeben. Dieser besteht v. a. aus den adligen *conseillers-chambellans,* die aus den burg. und niederländ. Fsm.ern stammen. Neben dem →Kanzler, dem →Marschall v. Burgund und dem *premier chambellan* gibt es noch 9 Adlige, 3 hohe Geistliche und 3 jurist. geschulte *maîtres des Requêtes.* In der Hofordnung von 1433 findet sich schon eine Absonderung: Von den 12 conseillers-chambellans sind sieben in den *conseil ordinaire* aufgenommen, der zweimal täglich eine Versammlung abhalten soll und aus zwölf Ratsherren besteht, die unter dem Vorsitz von Jean →Chevrot tagen.

Bis 1445 vollzog sich nun eine allmähl. Differenzierung zw. dem Hofrat und dem obersten Gerichtshof, der fortan den bes. Namen Grand Conseil tragen sollte. Beide Institutionen entwickelten sich nun zu Gremien mit eigenen Befugnissen und eigenem Personal. Der Hofrat blieb eine der wenigen Institutionen, die gemeinsam für die beiden Teile der burg. Staaten, *Pays de par deça* und *Pays de par delà,* fungierten. Der Große Rat entwickelte sich zum niederländ. Gegenstück der →Parlements zu →Beaune und zu →Dole. V. a. das Gericht zählte eine schnell wachsende Anzahl von Juristen und Sekretären. Bis zu seiner Umformung zum →Parlement v. →Mechelen 1473 war der Große Rat ein reisender Gerichtshof, aber die Ortswechsel beschränkten sich auf einige pro Jahr in den großen Städten der Niederlande. Immer stärker trennten sich die Wege des Fs.en mit seinem Hofrat einerseits und des Großen Rates andererseits. Als das Parlement als Zugeständnis an die antizentralist. Opposition nach dem Tode Karls des Kühnen i. J. 1477 abgeschafft wurde und aufs neue ein Großer Rat als Oberstes Gericht in den Niederlanden errichtet wurde, amtierte dieser als reisender Gerichtshof, erhielt aber 1504 endgültig in Mecheln seinen Standort.

Hinsichtl. der Zusammensetzung des Großes Rates schrieben die Generalstände 1477 vor, daß er zur Hälfte aus Adligen, zur Hälfte aus Juristen bestehen solle; die Sitzverteilung sollte sich nach den Fsm.ern und nach der Sprache richten. An der Zusammensetzung des Hofrates rüttelten die Generalstände dagegen nicht. Nach der Subscriptio der Ordonnances aus dieser Zeit sind Überschneidungen bei der Zusammensetzung beider Räte nur noch in Ausnahmefällen festzustellen.

Durch seine Zusammensetzung entwickelte sich der Hofrat nach 1430–35 zu einem genau abgegrenzten Gremium mit einem Kern von 18 aktiven Räten und ca. 30 eher unregelmäßig auftretenden Personen. Vor 1435 war ein Drittel der den Kern bildenden Räte jurist. geschult, danach mindestens die Hälfte.

Als hoher Gerichtshof in den burg. Niederlanden behandelte der Große Rat Fälle, die führende, durch das fsl. freie →Geleit geschützte Personen betrafen, sowie Angelegenheiten, die mit der Ausführung der hzgl. Ordonnances zusammenhingen. In erster Instanz trat er bei Kompetenzstreitigkeiten zw. unteren Gerichten in Erscheinung und richtete in evocatione bei allen Prozessen, die der Hzg., eventuell auf Anfrage einer der Parteien, einem unteren Gericht entzogen hatte. Hierdurch wurde die Gewalt des Großen Rates ab etwa 1450 stark ausgebaut. Daneben hatte er auch die Funktion einer Berufungsinstanz. Der Große Rat hat auf diesem Wege einen nicht zu unterschätzenden Anteil an der Zentralisierung der Staatsgewalt im Hzm. Burgund gehabt.   W. P. Blockmans

Lit.: E. LAMEERE, Le Grand C. des ducs de Bourgogne de la maison de Valois, 1900 – J. TH. DE SMIDT–E. I. STRUBBE u. a., Chronologische lijsten van de Geëxtendeerde Sententien en Procesbundels van de Grote Raad van Mechelen I, 1465–1504, 1966 – J. VAN ROMPAEY, De Grote Raad van de hertogen van Boergondië en het Parlement van Mechelen, 1973 – s. a. Lit. zu →Burgund, Hzm. (Institutionsgesch.).

Consejo. Das lat. Wort →consilium wurde im ma. Spanien zu *consejo* (kast.) und zu *conseyl* (katal.). Dies war im SpätMA die Bezeichnung für staatl. Verwaltungsgremien wie den →*Consejo Real* oder die c.s, die den Stadtgemeinden der verschiedenen christl. Reiche Spaniens vorstanden. Schon im 13. Jh. wurde die Bürgerversammlung oder →*concejo,* die in den Stadtgemeinden das Regiment führte, durch einen Stadtrat *(consejo municipal)* ersetzt, der nur aus städt. oder örtl. Beamten und einer kleinen Anzahl von Räten (Rittern und angesehenen Bürgern, *hombres buenos*) gebildet war, die alle zusammen eine Körperschaft darstellten, die in Aragón *concello,* in Katalonien, Valencia und Mallorca *consell* und in Kastilien-León →*regimiento* oder →*ayuntamiento* genannt wurde. Die Tendenz, eine Bürgerversammlung durch einen örtl. c. zu ersetzen, setzte im 13. Jh. in den Ländern der Krone Aragón ein und behauptete sich in Kastilien-León erst ab Mitte des 14. Jh. C. hatte daneben als consilium auch eine lehnrechtl. Bedeutung (→consilium et auxilium).

L. García de Valdeavellano

Lit.: L. G. DE VALDEAVELLANO, Curso de Hist. de las Instituciones españolas, 1977[5].

Consejo de Ciento (katal. *Consell del Cent,* 'Rat der Hundert'), städt. Versammlung in →Barcelona. Sie beriet die →*consellers* (Ratsherren) in den Fällen, die das gemeine Wohl und die Verteidigung der städt. Gemeinde, ihres Territoriums und ihrer Besitzungen betrafen. Sie leitete sich nun von der allgemeinen Bürgerversammlung ab, die von der höchsten Autorität der Stadt, dem kgl. →*veguer,* einberufen wurde. 1258 begrenzte Kg. Jakob I. die Zahl der Teilnehmer auf 200 *prohoms* (probi homines) und später, 1265, auf 100, eine Form, die Bestand hatte und der Institution ihren Namen gab. In Wirklichkeit war die Zahl der prohoms oder *jurados* (jurati), die von consellers und kgl. Beamten gewählt wurden, nicht festgelegt, ebensowenig wie die Zahl der Sitze, die bis zum Privileg von 1455, dem Großbürgertum, den Kaufleuten und den Handwerkern zustanden. Danach bestand die Versammlung aus 128 jurados, die entsprechend den vier Ständen in vier Gruppen zu 32 aufgeteilt waren: *ciudadanos honrados* (katal. *ciutadans honrats,* cives honorati), Kaufleute, *artistas* (Notare, Apotheker, Bader, Gewürzkrämer und verwandte Berufe) und Handwerker. Ihre Sitzungen fanden im *Salón de Ciento* (Saal der Hundert), dem Kern des 1371 erbauten und noch bestehenden Stadthauses, statt. Sie wurden an bestimmten religiösen Festtagen abgehalten, wenn es sich um die Wahl von consellers, Konsuln oder anderer Beamter handelte, doch konnten auch die consellers, wenn sie es für nötig hielten, eine Versammlung einberufen. Allerdings zogen sie es vor, den *trentenari* (*Rat der Dreißig*), den engsten Rat, zu versammeln. Trotz der

Demokratisierungsbestrebungen im 15. Jh. (→Busca) entwickelte sich der Rat im aristokrat. Sinne unter Ferdinand d. Kath., der zw. 1493 und 1510 15 Adligen den Eintritt in die Versammlung erlaubte und den bestehenden Wahlmodus durch die Sackwahl ersetzte. Dieses Leitungsorgan der Stadt, das in ganz Katalonien sehr einflußreich war, spielte in der frühen NZ eine wichtige Rolle in den Kriegen der Segadores und im Erbfolgekrieg, was zu seiner Abschaffung durch Kg. Philipp V. (1714) führte.

Lit.: →Consellers. Carmen Batlle

Consejo Real (kgl. Rat). Im ma. Spanien löste sich der C. R. aus der kgl. →Curia heraus und entwickelte sich zu einer eigenständigen Institution. Dadurch wurde der Charakter der Curia als kgl. Gerichtshof noch unterstrichen, da die polit. und administrativen Angelegenheiten, die vorher vor ihr verhandelt wurden, nun einer Gruppe von Beratern des Kg.s vorbehalten blieben. Bis Ende des 12. Jh. gehörten Rechtsgelehrte, auch *sabidores de derecho* genannt, der Curia als solcher an. Dies war eine Folgeerscheinung der Rezeption des röm. Rechts (→Römisches Recht, Rezeption des) und der durch den anwachsenden Verwaltungsapparat bedingten Notwendigkeit, am Königshof die prakt. Erfahrung der Rechtsgelehrten zu Beratungen heranzuziehen.

Die neue Institution eines C. R. bildete sich im 14. Jh. sowohl in Kastilien als auch in Aragón unabhängig von der normalen Curia heraus. Es handelte sich um eine ratgebende Körperschaft, die den Kg. bei der Verwaltung der öffentl. Angelegenheiten beriet und mit ihm in Fragen der Regierung und Verwaltung des Staates zusammenarbeitete. In Kastilien-León ging die Einrichtung des C. R. als reguläre Institution mit eigenem Aufgabenbereich, Personal und festem Versammlungsort auf eine Initiative Kg. →Johanns I. (1375–90) zurück. Er ordnete 1385 auf den →Cortes v. Valladolid die Konstituierung eines C. R. an und setzte fest, daß sich das neue Gremium aus zwölf ständigen Beratern des Kg.s zusammensetzen sollte: vier Geistlichen, vier Rittern und vier Bürgern. Johann I. bestimmte, daß dieser C. in allen wichtigen Regierungsangelegenheiten gehört werden müsse. Einzig Fragen der Justizverwaltung fielen nicht in sein Ressort und blieben der ehemaligen Curia vorbehalten, die nun als 'audiencia' bezeichnet wurde. Der Kg. behielt sich auch das alleinige Recht zur Entscheidung über Landvergaben, Gnadenerweise, Begnadigungen in Mordfällen sowie die Verleihung öffentl. Ämter und der Palast- und Hofämter vor. Derselbe Johann I. ordnete auf den Cortes von Briviesca 1387 an, daß die Berater des Kg.s ihm Treue zu geloben hätten. Die Beschlüsse des C. R. seien geheim zu halten und von der Mehrheit der Anwesenden zu fällen. Später wurde die innere Struktur des C. R. in Kastilien als Folge polit. Wechselfälle wiederholt verändert. Fürs erste hob man die Zahl der Berater auf mehr als zwölf an. Heinrich III. gestaltete 1405 den C. R. von Kastilien neu; später setzte er die Anzahl der Berater auf 16 fest und ließ die bürgerl. Berater durch Rechtsgelehrte ablösen.

Während der folgenden Regierungen Johanns II. und Heinrichs IV. trat der C. R. nur selten und keineswegs dauernd als ratgebende Körperschaft zusammen. Erst als 1480 die Kath. Kg.e Ferdinand und Isabella auf den Cortes v. Toledo eine Umgestaltung des C. R. verfügten, wurde er als permanente beratende Körperschaft konstituiert, die sich aus einem festen Stab von Ratgebern zusammensetzte. Der C. R. hatte ständig am Königshof zu tagen. Er bestand zum größten Teil aus Rechtsgelehrten (acht Juristen gegenüber nur drei Rittern *[caballeros]* und einem Geistlichen). Diese Berater waren mit der Abwicklung täglich anfallender Regierungsgeschäfte betraut. Der C. R. mußte täglich in fünf Sälen des Königspalastes zusammentreten, was auch geschah. In einem Saal berieten der Kg., die Kgn. und einige Consejeros über Fragen der internationalen Beziehungen und empfingen Gesandtschaften; in einem anderen Saal war eine Gruppe von Consejeros mit der Verhandlung von Prozessen, u. a. Appellationen, betraut; ein weiterer Saal beschäftigte sich v. a. mit Fragen der kgl. Finanzen; in einem bes. Saal berieten Ritter und gelehrte Räte aus Aragón, Katalonien, Valencia und Sizilien. Ab 1489 wird ein Präsident des C. R. v. Kastilien in den Urkunden angeführt.

Auch am aragon. Königshof (*cort*) bildete sich im SpätMA ein C. R. aus, der von Zeit zu Zeit permanent tagte, um polit.-administrative Fragen zu erörtern und zu entscheiden. Nach KLÜPFEL konstituierte sich dieser C. R. unter der Herrschaft Alfons' III. (1285–91) innerhalb der Curia Regia als Beratergremium des Kg.s (*concello, conseyl*). Es handelte sich um dem Herrscher persönlich nahestehende Leute aus allen sozialen Schichten. Unter der Regierung Peters IV. v. Aragón »el Ceremonioso« (1336–87) hatte sich der C. R. bereits als dauerndes beratendes Organ herausgebildet, dem verschiedene Würdenträger und Beamte des Königshofes angehörten und dem der Kanzler vorstand. Dieser C. R. v. Aragón hatte keine bestimmten Kompetenzen. Er entschied in militär. Fragen (Inspektion der Grenzen, Unterhalt der Festungen) und besaß in allen Fragen, die die Regierung oder Verwaltung betrafen und die ihm unterbreitet wurden, ein Mitspracherecht. Zudem entschied er als Gerichtshof in letzter Instanz.

Auch im Kgr. Navarra gab es im SpätMA einen C. R., der den Kg. in allen wichtigen Fragen oder *fechos granados* beriet. L. García de Valdeavellano

Lit.: M. COLMEIRO, Curso de Derecho Político según la Hist. de León y Castilla, 1873 – CONDE DE TORREÁNAZ, Los C.s del Rey durante la Edad Media, 2 Bde, 1884–90 – L. KLÜPFEL, Verfassungsgesch. des Kgr.es Aragón zu Ende des 13. Jh., 1915 – L. GONZÁLEZ ANTÓN, Las Uniones Aragonesas y las Cortes del Reino, I, 1975, 402ff. – S. DE DIOS, El C. R. de Castilla (1385–1522), 1982 – D. TORRES SANZ, La administración central castellana en la Baja Edad Media, 1982, 181ff.

Consellers (katal. 'Ratsherren', consiliarii). Das Amt des conseller ist das höchste der Gemeinde v. →Barcelona, aber auch die →*regidores* anderer katal. Gemeinden wie z. B. Manresa wurden als c. bezeichnet. Äquivalente sind →*jurado, cónsul* (→Konsul) oder *paer*; die beiden letzteren Bezeichnungen wurden in Barcelona verwandt, bis das Privileg Kg. Jakobs I. (1258) acht regidores als c. einsetzte, deren Zahl auf sechs, später auf fünf verringert wurde (1260, 1274). Die Ursprünge des Amtes gehen zurück auf die prohombres (katal. prohoms; →probi homines), die den →*veguer*, der die Stadt im Namen des Kg.s verwaltete, unterstützten. Nach und nach verdrängten die c. die Autorität des veguer, der sich ihnen schließlich unterordnete (Ende des 13. Jh.). In ihren Händen lagen Exekutivgewalt und zahlreiche Prärogativen in der Stadt und deren Territorium; sie waren Richter in Zivil- und Strafrechtsverfahren, ernannten die *cónsules de Ultramar* (→Konsul) etc. Theoret. hatten sie die Beschlüsse des Rates der Hundert (→*Consejo de Ciento*) bzw. des Rates der Dreißig auszuführen, in der Praxis aber drängten sie ihre nur von einer kleinen Gruppe gestützten Entschlüsse den gen. prohombres auf. Dies war einer der Mißbräuche, welche die →Busca 1453 zu beseitigen versuchte. Nicht alle c. hatten den gleichen Rang, denn der mit der höchsten Stimmenzahl gewählte war der *conseller en cap*, d. h. das Oberhaupt der übrigen, deren Funktionen auch ihrem Wahlergebnis entsprachen. Das war der Schlüssel zur Macht. Am Anfang war die jährl. Wahl der c. am St.-Andreas-Tag dem Rat der Hundert vorbehalten, der sie mittels eines Dutzends seiner prohombres durchführte. Sie konnten zwar prinzipiell jeden Barcelonesen wählen, aber bald lagen alle Möglichkeiten in den Händen der bürgerl. Oberschicht, deren privilegierte Stellung erst mit dem Triumph der Busca und dem kgl. Privileg von 1455 endete. Nach der Konsolidierung der Ansprüche der niederen Stände waren Kaufleute, *artistas* (Notare, Apotheker, Bader, Gewürzkrämer und verwandte Berufe) und Handwerker gleichberechtigte Mitglieder der Gruppe der zwölf Elektoren neben den *ciudadanos honrados* (katal. *ciutadans honrats,* cives honorati) und stiegen schließlich zu den drei unteren Rängen des Ratsamtes auf. Die Reformen Kg. Ferdinands d. Kath. (1493–1510) führten die Sackwahl statt des hergebrachten Wahlverfahrens ein und erlaubten den Zugang des Adels zum Ratsamt, was von der städt. Oberschicht gefordert worden war. Die fünf bestanden aus: einem Ritter, zwei ciudadanos honrados, einem Kaufmann; die 5. Stelle stand in jährl. Wechsel einem artista und einem Handwerker zu. Wie vorauszusehen, führten die Proteste der Benachteiligten schließlich zum Erfolg. Die Zahl der c. wurde 1641 auf sechs erhöht und den beiden niederen Ständen der Zugang zum Ratsamt gewährt. Das System bestand bis zum Ende der städt. Autonomie von Barcelona. J. 1714. Carmen Batlle

Lit.: J. Mª. FONT RIUS, Orígenes del régimen municipal de Cataluña, 1946 (auch in: AHDE 16, 1945, 389–529; 17, 1946, 229–585) – C. BATLLE, La crisis social y económica de Barcelona a mediados del siglo XV, 2 Bde, 1973 – S. SOBREQUÉS VIDAL, La época del patriciado urbano (Hist. de España y América, social y económica, hg. J. VICENS VIVES, II, 1979).

Consensus (Patrum et Theologorum) → Konsens(us)

Consentius → Grammatik

Conserva(e) (von lat. conservare '[auf]bewahren'), Arzneiform; durch Zucker und/oder Honig konservierte Frischdrogen, meist Rosenblüten oder Früchte; später auch Sammelbegriff für einige früher als Confecta oder Condita bezeichnete Heilmittel. →Saladin v. Ascoli (15. Jh.) läßt zur Herstellung der C. Zucker und Rosen- oder andere Blüten im Verhältnis zwei zu eins im Mörser stoßen und mehrere Tage an die Sonne stellen. Einteilung nach Saladin in »C. de zuccaro« (wie z. B. »conserva rosata« = »zuccarum rosatum«) und »C. de melle« (wie »mel rosatum«). F.-J. Kuhlen

Lit.: Saladin v. Ascoli, Compendium aromatariorum, hg. und übers. v. L. ZIMMERMANN, 1919 – D. GOLTZ, Die Konservierung von Arzneimitteln und Arzneiformen in hist. Sicht, PharmZ 117, 1972, 428–435.

Conservatio ('Erhaltung'), Grundbegriff der ma. Seins- und Weltlehre, gebildet aus dem Zusammenwachsen des Weltbildes der Offenbarung mit neuplaton. (Einheit, Grund und Ziel des Seins: Proklos, Stoicheiosis prop. 7–13: ed. E. R. DODDS, 9–17), aristotel. (Ursachenlehre: Met. V 1012b–1014a) und stoischen (Vorsehung–Weltregierung: M. POHLENZ, Die Stoa, I 98f., 430, 452) Grundvorstellungen. Bei allem Wissen um den Selbsterhaltungstrieb des Seienden (Thomas STh I q104, 1, 3) bleibt die metaphys. Grundposition: Alles Geschaffene muß von Gott im Sein erhalten werden (conservatio est continuatio creationis: Aug. de Gen ad lit IV c 12 n 22–23: MPL 34, 304; Thomas STh I q104, a 1 und 2), und zwar im Sein (in esse durch influxus: sonst →annihilatio, im Werden (in fieri durch 1. und 2. Ursache), im Gutsein (bonum esse) und gut Handeln (agere bonum) durch Gnade und Beistand (→concursus divinus) (Bonaventura Sent. Com II dist 37 q 2). Johannes Duns Scotus baut darauf seinen philos. Gottesbeweis auf (Tract. de primo principio um 1300), Vitalis v. Four (de Funo; † 1327) konfrontiert die Conservatio-Idee mit der Frage nach dem Verhältnis zw. Materie und Form (QD de rerum principio, ed. M. F. GARCIA als Werk des J. Duns Scotus, Quaracchi 1910), und Wilhelm v. Ockham führt durch seine Identifizierung von Materie und Quantität das Problem zum nz. Begriff von einer innerweltl. c., bis der Deismus (J. Bodin 1596; H. v. Cherbury 1624) jede Welterhaltung durch Gott leugnet. Grundlage für den ma. c.-Begriff ist die Zusammenschau von Gott über – Gott in der Schöpfung (PRZYWARA), Transzendenz nach außen – Transzendenz nach innen (AUER), causa prima – causa secunda (Thomas): C. ist Schöpfung und Seinsgeschichte des Erschaffenen, wie Linie Punkt und Bewegung des Punktes. Diese Zusammenschau von »Inkommensurablem« ergibt die »Continuatio«-Fortsetzung des ersten durch das zweite. J. Auer

Lit.: E. PRZYWARA, Analogia entis, 1962⁹ – G. W. VOLKE, Sein als Beziehung zum Absoluten nach Th. v. A., 1964 – A. GOMEZ-MORIANA, Die verborgene Gegenwart des Unendlichen bei Nikolaus v. Kues, 1968 – N. M. WILDIERS, Weltbild und Theologie vom MA bis heute, 1974 – J. AUER–J. RATZINGER, Kleine Kath. Dogmatik III, 1983, 132–141 – B. und K. PHILBERTH, Das All, Physik des Kosmos, 1983.

Consiglio, consilium ('Rat'), beschränkte Zahl von Mitgliedern umfassende Versammlung, bestimmende Komponente der inneren Struktur der it. Kommunalverfassung neben dem Stadtregiment und den Ämtern.

Die älteste derartige Einrichtung wird im allgemeinen *Consiglio di credenza* (consilium credentiae) genannt, da sie aus einer begrenzten Anzahl von Stadtbürgern, den »homines credentes« ('vertrauenswürdigen Männern') besteht, entsprechend dem Sprachgebrauch der Leges Langobardorum, Pip. 8 (9) (MGH Leg. IV, 516). Auch die Zahl der Mitglieder wird namengebend (*C. degli Otto*, 'Rat der Acht', *C. dei Dodici*, 'Rat der Zwölf', usw.); daneben gibt es Bezeichnungen wie *C. dei Savi* ('Rat der Weisen'), *C. degli Anziani* ('Rat der Ältesten'; →Anzianen) usw. Neben dem C. di cr. versammelte sich später der *C. maggiore* (consilium maius, 'großer oder weiter Rat'), der auch, v. a. in Siena, *C. della Campana* hieß (nach dem Glockengeläut, mit dem man ihn zusammenrief). Auch dieser weite Rat wurde häufig nach der Zahl seiner Mitglieder benannt, wie der *C. dei Cinquecento* (Rat der Fünfhundert) in Florenz.

Die auch »sapientes« gen. Mitglieder des C. di credenza wurden unter den einflußreichsten Persönlichkeiten aus den Familien der Führungsschicht gewählt, die – aufgrund von Erbrecht oder späterer Aufnahme – in bes. Listen verzeichnet waren. Bisweilen wurden auch die Häupter einiger *Arti* (Zünfte) oder ähnl. Korporationen sowie Universitätsprofessoren, die Bürger der jeweiligen Städte waren, u. a. aufgenommen. In Bologna rekrutierte sich z. B. die Hälfte der Mitglieder des C. di credenza aus dem städt. Adel, die andere Hälfte bestand aus Doktoren, Juristen und reichen Kaufleuten. Vollkommen ausgeschlossen von dieser Institution waren die Kleinhändler und Handwerker.

Der weite Rat (maggior consiglio), der seine Entstehung v. a. dem Bestreben der unteren Schichten nach Teilnahme am Stadtregiment verdankte, umfaßte einen bedeutend umfangreicheren Teil der Stadtbevölkerung. Die Mitglieder beider Ratsorgane rekrutierten sich auf unterschiedl. Weise, häufig durch zwei Wahlgänge, manchmal durch das Los. Im übrigen bestanden in den herkömml. oder geschriebenen Satzungen sowie in der Vorgangsweise bei Beratungen und Beschlußfassungen von Stadt zu Stadt beträchtl. Unterschiede. Der c. di credenza sowie später der c. maggiore wurden gebildet, um den evidenten Unzulänglichkeiten abzuhelfen, die sich bei dem Zusammentreten der ursprgl. Vollversammlung ergeben hatten, deren allzu große Mitgliederzahl keine effiziente Beratung und Beschlußfassung über die wichtigsten Probleme der Kommune erlaubte. Mit der Zustimmung jener allgemeinen Versammlung wurden viele Kompetenzen und Befugnisse, die vormals die ganze Bürgerschaft innegehabt hatten, auf diese engeren Ratsorgane übertragen, die z. B. den Auftrag erhielten, Entscheidungen über Krieg und Frieden zu treffen (der i. J. 1177 von Friedrich Barbarossa mit den lombard. Städten geschlossene Waffenstillstand z. B. wurde von den Konsuln, den »Credentiae«, den Podestà und den fünzig »boni homines« beschworen), sowie über Bündnisse, Auferlegung von Tributen, Verwaltung des Vermögens der Kommune usw.; ferner oblag ihnen die Ernennung der Magistrate und die Oberaufsicht über die einzelnen Ämter. Mehr als einen dieser consigli könnte man als repräsentative Organe bezeichnen, häufig verbergen sich jedoch unter ihrer Namensgleichheit wesentl. Unterschiede in der Struktur, den Befugnissen und Kompetenzen usw.

Der zahlenmäßig umfangreichere c. maggiore stellte eine reduzierte Form bzw. einen Ersatz der frühma. Versammlungen germ. Ursprungs dar; zuweilen bildete er eine engere *giunta* oder *aggiunta*, einen Aufsichtsausschuß mit beschränkter Mitgliederzahl, der nicht nur für die Geschäftsordnung zuständig war, sondern auch für die Abstimmung mit den anderen Organen und Consigli der Kommune zu sorgen hatte.

Eine Charakteristik des c. di credenza bestand, abgesehen von der geringen Zahl der Mitglieder, in der eidl. Verpflichtung zur Geheimhaltung (credentia 'Geheimnis', 'Versprechen, ein Geheimnis zu bewahren'). Dieser c. stellte die Verbindung her zw. der gleichsam deliberativen Gewalt, die von der allgemeinen Versammlung und dem c. maggiore ausgeübt wurde, und der exekutiven Gewalt, die zuerst von den Konsuln (→Konsulat, -sverfassung), später von den Podestà wahrgenommen wurde. Seine hauptsächl. Kompetenz bestand in der Ausarbeitung von Ratschlägen und Empfehlungen, die in jedem Fall verpflichtend und in einigen bes. Fällen zwingend waren, d. h. vom Stadtregiment nicht abgelehnt werden konnten. Dabei wurde nicht nur das Problem der Effizienz der konsularen Gewalt oder zumindest ihrer realen Funktionsmöglichkeit angesprochen, sondern auch das allgemeine Problem des Gleichgewichts der einzelnen Gewalten innerhalb der Kommunen; die kommunale Verfassung war trotz ihres urspgl. aristokrat. Charakters im übrigen bestrebt, die exklusive Herrschaft der Konsuln zu beschränken. Außerdem bestanden in den verschiedenen Städten starke Kräfte, die nach aktiver Teilnahme am polit. Leben drängten. Ein Zeugnis dafür ist die Erhebung der Kaufleute und Handwerker von Bologna, die 1228 die Kommune zur Einrichtung eines neuen *c. generale* (allgemeinen Rates) neben dem bisher bestehenden, der zum *c. speciale* (bes. Rat) wurde, zwangen. Die Schaffung neuer Organe und die Umwandlung der bereits bestehenden ist im übrigen ein Kennzeichen des kommunalen Zeitalters, in dem sich der oft gewaltsame Anpassungsprozeß der polit. Macht an die sozialen Entwicklungen durch eine beständige Ausbildung neuer Strukturen manifestiert. Die Neuheit und Fruchtbarkeit des kommunalen Gedankens zeigt sich v. a. in der Entwicklung dieser Consigli, ihrer funktionalen Organisation und ihrer Ausdehnung auf den nicht aristokrat. Teil der Bevölkerung. Damit bahnt sich eine eigenständige Entwicklung an, die eine Antwort auf die neuen Aufgabenstellungen bildet, die ein neuartiger, autonomer, hist. Prozeß mit sich bringt. – Vgl. →Consilium. M. L. Sagú

Lit.: G. VOLPE, Medioevo Italiano, 1932 [Nachdr. 1962] – G. FASOLI, Le compagnie delle armi a Bologna, 1933, II ff. – DIES., Le compagnie delle arti a Bologna fino al principio del secolo XV, 1936, 6ff. – N. OTTOKAR, I comuni cittadini nel Medio Evo, 1936 – G. DE VERGOTTINI, Arti e popolo nella prima metà del secolo XIII, 1943, 15 ff. – W. GOETZ, Le origini dei Comuni It., 1944, 1965, 32 ff., 95, 117 ff. – F. CALASSO, Gli ordinamenti giuridici del Rinascimento medioevale, 1949, 1965, 120 ff. - P. S. LEICHT, Storia del diritto it., Il diritto pubblico, 1950, 1972, 237 – A. MARONGIU, Il Parlamento in Italia nel Medio Evo e nell'età moderna, 1962, 398 – DERS., Storia del diritto it. Ordinamento e istituto di governo, 1977, 80 ff. – G. TABACCO, Egemonie sociali e strutture di potere nel Medioevo it., 1974, 1979, 237 ff. – M. BELLOMO, Società e Istituzioni in Italia tra medioevo ed età moderna, 1976, 1981, 45 – O. CAPITANI, Città e comuni in Comuni e Signorie: istituzioni, società e lotte per l'egemonia, Storia d'Italia, IV, UTET, 1981, 5–53.

Consiglio dei Dieci ('Rat der Zehn'), am 10. Juli 1310 als provisor. außerordentl. Gerichtshof in Venedig zur Unterdrückung der Verschwörung des Bajamonte→Tiepolo und des Marco Querini eingesetzt. Die anfängl. provisor. Institution (urspgl. Verlängerung der Amtszeit um jeweils zwei Monate, später fünfjährige und zehnjährige Amtsdauer) wurde schließlich am 20. Juli 1335 zur ständigen Einrichtung. Der C. d. D. bestand aus zehn ordentl. Mitgliedern, die vom *Maggior Consiglio* unter den Senatoren gewählt wurden. Aus jeder Familie durfte nicht mehr als ein Mitglied ausersehen werden, sie unterlagen der sog. *contumacia*, d. h. konnten nur nach Ablauf von einem Jahr, später von zwei Jahren, wiedergewählt werden. Außerdem gehörten dem C. d. D. der Doge an, der den Vorsitz führte, sechs Berater (*consiglieri*) des Dogen und mindestens einer der *avogadori di comun*, der über die Legalität der Vorgänge wachen mußte, jedoch kein Stimmrecht besaß. Anläßlich des Prozesses gegen Marin→Faliero 1355 wurde der C. d. D. um eine *Zonta* vergrößert, die anfängl. nur beratende Funktion, später auch Stimmrecht hatte. Sie bestand aus 20 (seit 1529 aus 15) Mitgliedern, die zuerst vom C. d. D. selbst, später vom Maggior Consiglio gewählt wurden. Der Consiglio wählte monatl. drei »Häupter« (*Capi*), denen die Geschäftsführung und die Ausführung der Beschlüsse oblag. 1539 wurden aus seiner Mitte drei *Inquisitori di stato* zur Aufrechterhaltung der öffentl. Sicherheit und Untersuchung polit. Delikte gewählt, deren Amt erst 1583 zur ständigen Einrichtung wurde. Der C. d. D. erfüllte anfängl. die Funktionen eines obersten Strafgerichtshofs und einer Staatspolizei: Er wachte über die Sicherheit des Staats und die öffentl. Ordnung, deckte Verschwörungen, Spionagefälle, Hochverrat und untersuchte seit 1624 alle Straftaten von Adligen. Mit der Zeit erweiterten sich seine Kompetenzen de facto auf die Kontrolle der Kanzlei des Dogen, der Streitkräfte, Duelle, Wälder, Bergwerke, Glasbläsereien, öffentl. Schauspiele, Almosensammlung, Prostitution sowie des monast. Lebens und der Konzession der »voci per liberar banditi« (Rückholung von Verbannten). V. a. seit dem 15. Jh. vergrößerte sich sein Einflußbereich in zunehmendem Maße: Er kontrollierte die Außenpolitik, korrespondierte mit den Rektoren der Terraferma und den Gesandten, führte auch ohne Wissen des Senats geheime Friedensverhandlungen und zog in finanzieller Hinsicht die Kompetenzen anderer staatl. Organe an sich. Diese Erweiterung seiner Funktionen, die im Lauf des 16. Jh. von der zunehmenden Bedeutung der *Zonta* noch verstärkt wurde, führte zu einer heftigen antioligarch. Reaktion der von den Familienverbänden innerhalb des C. d. D. von der Macht ferngehaltenen Patrizier, so daß es

1582 zu einer Verweigerung der Neuwahl der Zonta und zum Entzug der ausschließl. Kompetenz über die geheimsten Staatsgeschäfte, die *Zecca* (Münze) und das Finanzwesen kam. Weitere Beschneidungen der Kompetenzen erfolgten mehrmals im 17. Jh. und zuletzt 1762. Vgl. →Venedig. P. Preto

Lit.: M. MACCHI, Istoria del C. dei X, 1864 – E. BESTA, Il Senato veneziano. Origini, costituzione, attribuzione e riti, 1899, 146–151 – A. DA MOSTO, L'Archivio di stato di Venezia, 1937, 52–62 – G. MARANINI, La costituzione di Venezia, 2 Bde, 1974, 385–490 – M. J. C. LOWRY, The reform of the Council of Ten 1582–1583: an unsettled problem?, StVen XIII, 1971, 275–310 – weitere Lit. →Venedig.

Consiglio, Serrata del Maggior. Mit dem Ausdruck *serrata* ('Schließung') wird eine 1297 in →Venedig getroffene Maßnahme bezeichnet, durch die das bis dahin allen in period. Ablösung offenstehende höchste Organ der Legislative, der »Große Rat«, nur mehr bestimmten Mitgliedern zugänglich gemacht wurde, deren Vorrecht der Zugehörigkeit, das sie auch weitervererbten, feststand. Die Bildung eines »ständigen« Rates (consilium perpetuum nach der Definition des Quattrocento) in einem Staatswesen wie dem ven., das stets zeitl. befristete consilia und Ämter vorsah und auch in Zukunft an diesem Grundsatz festhalten sollte, ist ein Phänomen, für das sehr komplexe Ursachen maßgebend sind: Als Reaktion auf eine Wirtschaftskrise, die auch soziale Implikationen aufwies und schließlich die Mechanismen der Staatsführung zu beeinträchtigen drohte, sahen gewisse – v. a. in der →Quarantia konzentrierte – Kräfte die Notwendigkeit gekommen, den Zugang zum »Maggior Consiglio«, der damals heftig umstritten war (von 501 Mitgliedern der Jahre 1269–70 sank die Zahl in den Jahren 1295–96 auf knapp 260), zu regeln. Ein am 3. Okt. 1286 approbiertes Gesetz verlangte eine Bestätigung der Wahl der Mitglieder des Maggior Consiglio durch die Quarantia. Der zwei Tage später in deutlich stabilisierender Absicht eingebrachten »pars« ('Antrag'), die den Kreis der Mitglieder aller Räte (daher auch des Maggior Consiglio) auf Personen beschränken wollte, die bereits selbst oder deren Vorfahren daran teilgenommen hatten, war jedoch kein Erfolg beschieden. Das Bestreben, die Mitglieder des Großen Rates eindeutig zu definieren, blieb latent bestehen und setzte sich schließlich – wieder mit Hilfe der Quarantia – durch: Eine pars vom 28. Febr. 1297 entschied, daß alle, die in den letzten vier Jahren in den Großen Rat eingetreten waren, ständige Mitglieder werden konnten. (Es wurde dabei jedoch die Aufnahme anderer Personen mittels des alten Wahlsystems nicht ausgeschlossen.) Das Gesetz, das ursprgl. nur zeitl. befristet sein sollte, wurde i. J. darauf bestätigt. Diese Bestätigung legte den Grundstein zu der Entstehung eines auf verfassungsmäßigen Rechten begründeten →Patriziats, das mit geringen Modifikationen bis zum Ende der Seerepublik erhalten blieb. Das Urteil der meisten Gelehrten über die »Serrata« ist positiv: dank dieser Maßnahme habe sich Venedig vor dem polit. Chaos, in das die anderen Kommunen stürzten, bewahren können. Ferner habe die Serrata nicht eine Einengung, sondern im Gegenteil eine Erweiterung der Führungsschicht erbracht (die Mitgliederzahl des Maggior Consiglio wuchs von den 260 Personen der Jahre 1295–96 i. J. 1311 auf 1017). Es gibt jedoch auch einige Forscher, die eher zu einer gewissen Zurückhaltung neigen: Die Serrata habe den Populus von der Staatsführung ausgeschlossen, eine gewisse Fluktuation in der Führungsschicht verhindert und eine Oligarchie-Bildung begünstigt. Man kann also die Serrata als ein Ereignis bezeichnen, dessen Folgen durchaus ambivalent waren. G. Cracco

Q. und Lit.: F. C. LANE, The Enlargement of the Great Council of Venice (Florilegium historiale, Essays presented to W. K. FERGUSON, 1970), 237–274 – G. CRACCO, Patriziato e oligarchia a Venezia nel Tre-Quattrocento (Florence and Venice: Comparisons and Relations, I: Quattrocento, 1979), 71–98, bes. 73–75.

Consignificatio. Der Begriff c. spielte eine wichtige Rolle in der ma. spekulativen Grammatik. Ursprgl. wurde c. verwendet, teils um die Art der Bedeutung zu bezeichnen, wodurch ein Verb im Gegensatz zum Nomen immer Zeit impliziert, teils um die Bedeutung der Partikel (syncategoremata) auszudrücken, die nur zusammen mit Subjekt und Prädikat eine präzise Bedeutung erhalten. In der spekulativen Grammatik wird c. ein zentraler techn. Terminus, der jede Modifizierung der Bedeutung umfaßt, die durch die grammat. Kategorie eines Wortes zustande kommt; 'Pferd' hat etwa die c. von Substanz (qua Nomen), von Einheit (qua singulär), von Agens (qua Nominativ). In diesem Sinn ist c. identisch mit →modus significandi. Ontolog. wird c. bestimmt als die Beziehung eines Wortes zu gewissen allgemeinen Zügen des bezeichneten Gegenstandes (modi essendi, proprietas rei). J. Pinborg

Lit.: J. PINBORG, Die Entwicklung der Sprachtheorie im MA, BGPhMA 47, 2, 1967.

Consilia evangelica → Evangelische Räte

Consiliarius civitatis. Consiliarius wird für das klass. Latein nhd. als 'Ratgeber, Berater, Beisitzer im Rat oder Gericht' erklärt und erscheint auch vereinzelt in den röm. Rechtsquellen sowie immerhin 23 mal in der →Vulgata. Got. entspricht ihm *ragineis*. Ahd. wird es durch *gi-rato* (8. Jh., hapax legomenon) und *rat-gebo* (nach 11. Jh.) übertragen, von denen ratgebo im übrigen consultor, satelles, auricularius, consul sowie consultus vertritt.

In der hochma. dt. Stadt finden sich consiliarii seit dem Ende des 12. Jh., zuerst in Speyer und Straßburg, dort mit »rectores« identifiziert, sowie in Mainz (1219), ausdrücklich als bfl. »officiati«, dann u. a. in Zürich (1220), Colmar (1225), Mülhausen (1227) und Überlingen (1241). In Halberstadt werden 1241 fünf Ministeriale und fünf Bürger als consiliarii civitatis bezeichnet. Die consiliarii civitatis stehen den späteren »consules« nahe, doch ist die Konsiliarvon der Ratsverfassung zu unterscheiden. Gleichzeitig findet der c. auch im Bereich der Landesherrschaft weltl. Fs.en Eingang. →Rat. G. Köbler

Lit.: Ahd. Glossenwb., hg. T. STARCK–J. C. WELLS, 1972, 473 – G. KÖBLER, Lat.-germanist. Lex., 1983[2] – J. F. NIERMEYER, Mediae latinitatis lexicon minus, 1976, 255 – H. PLANITZ, Die dt. Stadtgemeinde, ZRGGermAbt 64, 1944, 75 – DERS., Die dt. Stadt im MA, 1954, 100[5], 262 – H. STOOB, Forsch. zum Städtewesen in Europa I, 1970, 64ff., 298f. – H. RABE, Frühe Stadien der Ratsverfassung in den Reichslandstädten bzw. Reichsstädten Oberdeutschlands (Beitr. zum spätma. Städtewesen, hg. B. DIESTELKAMP, 1982), 1ff.

Consilium. 1. C. Das lat., seit Ennius (329–169 v. Chr.) belegte Wort c. ist vermutl. von der idg. Wurzel *sel-(3) ('nehmen, ergreifen') abzuleiten. Die zugehörige Wendung »consulere senatum« versteht sich von daher zunächst als »den Senat zusammennehmen«, dann »den Senat um Rat fragen«, schließlich als »beratschlagen«. C. selbst ist aktiv die »Beratung, Beratschlagung« und passiv der »Ratschluß, Beschluß«. Vom »c. quod habetur« geht dann schon in vorchristl. Zeit die übertragene Bedeutung »beratendes Kollegium« aus, von der aus der Senat als »id est orbis terrae c.« umschrieben werden kann. In dieser Bedeutung erscheint c. insbes. auch in Rechtstexten und meint v. a. die den höheren Magistraten zur Seite stehenden Assessoren (z. B. »esse in consilio consulis«), dann auch das →c. principis.

In der Bibel scheint diese Bedeutung von c. kaum auf. Immerhin ist das Wort dort häufig belegt. Von daher überrascht es nicht, daß es sich auch in den wichtigsten frühma. Quellen (Leges, Concilia, Diplomata) fast überall findet. Auffälligerweise wird es in den ahd. Texten der karol. Zeit durch *girati, giratida* wiedergegeben, das seit Notker durch *rat* ersetzt wird, das seinerseits außerdem »arbitrium, censio, consensus, conspiratio, consultum, decretio, facultas, fatus, fructus, fruges, opes, persuasio, prolatum, propositio, propositum, proventus« und »sermo« überträgt. Gotisch entsprechen c. *garuni, mitons, muns, ragin* und *runa,* ae. *getheaht, (ge)theahtung* und *lar.* Von Notker wird andererseits c. auch durch ahd. *ding* oder *rihtari* übertragen.

Seit dem HochMA erscheint dann für beratende Kollegien in England die Ableitung →*council,* in Frankreich →*conseil,* in Italien →*consiglio* und in Spanien →*consejo.* Im dt. Sprachraum setzt sich die Bezeichnung →Rat durch. Vgl. auch →2. c., →c. et auxilium. G. Köbler

Lit.: DU CANGE II, 517–REIV, 1, 915 ff. –ThLL IV, 440–K. E. und H. GEORGES, Ausführl. lat.-dt. Hwb. I, 1913[8], 1527 [Neudr. 1983] – A. WALDE–J. B. HOFMANN, Lat. etymolog. Wb. I, 1938[3], 264 – G. KÖBLER, Lat.-germanist. Lex., 1983[2], 90 – DERS., Ahd.-lat. Wb., 1984[2], 146.

2. C. ('Rechtsgutachten') ist das schriftl. Gutachten über einen Rechtsstreit oder eine Rechtsfrage, das ein Rechtskundiger einem Gericht oder einer Partei auf Grund des geschriebenen Rechts erteilt. C. beginnen meistens mit dem Sachverhalt; dann wird das Problem formuliert; es folgen →Argumente mit Quellenallegationen und Literaturzitaten, die Widerlegung der Gegenargumente und zum Schluß die Entscheidung.

Bes. wichtig ist das Institut des Gerichtsgutachtens (c. sapientis iudiciale). Hier bestellt das Gericht das Gutachten. Es übersendet dem Gutachter die Prozeßakten. Dieser hört die Rechtsausführungen beider Parteien an und erstattet das C., welches der Richter oft ohne weiteres als Urteil verkündet. Gemeinrechtl. gelten C. nach dem Vorbild der Rechtsauskünfte (responsa) der röm. Juristen als zulässig. Eine Bindung des Gerichts wird aber grundsätzl. abgelehnt. Die lokalen Rechtssatzungen regeln viele Einzelheiten: Zulässigkeit und Notwendigkeit eines Gutachtens, Bestimmung und Pflichten des Gutachters, Kosten, Bindung des Gerichts. – Das Gerichtsgutachten entwickelt sich im 12. Jh. in Italien aus der mündl. Beratung des Richters durch Rechtskundige und gelangt dort im 14. und 15. Jh. zur höchsten Blüte. Vom 13. Jh. an ist es für Deutschland nachgewiesen, später auch für Frankreich und Katalonien. Weltl. Gerichte bedienen sich des C. iudiciale dann, wenn der Richter selbst nicht genügende Rechtskenntnisse hat, z. B. als Laie vom gemeinen Recht oder als Ortsfremder vom lokalen Recht, oder wenn er sich für den Fall eines Fehlurteils vor der Verantwortung schützen muß, v. a. in it. Städten mit →Podestà-Verfassung im Hinblick auf den Syndikatsprozeß. In Neapel-Sizilien, wo es beamtete, rechtskundige Richter gibt, kommen Gerichtsgutachten kaum vor; im Kirchenstaat sucht man sie zugunsten der Appellation an die Kurie zu unterdrücken. Geistl. Gerichte holen keine C. ein. Im 16. Jh. scheint das Institut in den roman. Ländern abzusterben, doch lebt es in Dtl. bis zum 19. Jh. in der Form der Aktenversendung an ein Spruchkollegium weiter.

Gesuchte Gutachter wie→Oldradus de Ponte, →Bartolus de Saxoferrato und →Baldus und Angelus de Ubaldis (14. Jh.), Raphael →Fulgosius, Ludovicus Pontanus und →Paulus de Castro (1. Hälfte des 15. Jh.) sowie →Alexander de Tartagnis, Bartholomaeus →Socinus, →Jason de Mayno und →Philippus Decius (2. Hälfte des 15. Jh.) haben jeder Hunderte von C. hinterlassen. Sie wurden als wichtige Quelle der Rechtserkenntnis in Hss. gesammelt und im 15. und 16. Jh. wiederholt gedruckt. (Unrichtig ist aber die Angabe Bd. I, 1497 über eine Druckausg. der C. des Bartholomaeus de Saliceto.) Die Gutachtenerstattung verbesserte und beschleunigte die Rechtspflege und förderte die wiss. Durchdringung des lokalen Rechts und die Praxisnähe der Rechtswissenschaft. Sie war eine so charakterist. Tätigkeit der it. Rechtslehrer des 14. und 15. Jh., daß man vorgeschlagen hat, diese nicht Postglossatoren oder →Kommentatoren, sondern Konsiliatoren zu nennen. P. Weimar

Lit.: HRG II, 1102–1105 – A. CHECCHINI, I »Consiliari« nella storia della procedura, AIVSL LXVIII.2, 1908–09, 625 ff. – G. SALVIOLI, Storia della procedura civile e criminale (Storia del diritto it., ed. P. DEL GIUDICE III), T. 2, 1927 [Neudr. 1969], 498–503 – W. ENGELMANN, Die Wiedergeburt der Rechtskultur in Italien durch die wiss. Lehre, 1938, 243–335 – G. ROSSI, C. sapientis iudiciale, 1958 – H. COING, Röm. Recht in Dtl. (IRMAE V. 6), 1964, 208–212 – L. LOMBARDI, Saggio sul diritto giurisprudenziale, 1967, 126 ff. – H. LANGE, Das Rechtsgutachten im Wandel der Gesch., Juristenzeitung, Jg. 24, 1969, 157–163 – G. KISCH, C. Eine Bibliogr. der jurist. Konsilienslg.en, 1970 – COING, Hdb. I, 336–341 [HORN] und II, 2, 1976, 1195 ff. [ASCHERI] u. ö.

Consilium et auxilium, formelhafte Redewendung, die das Wesen der vasallit. Treuepflicht umschreibt, wonach der Vasall verpflichtet war, dem Herrn unter Einsatz seiner ganzen Person »mit Rat und Tat« zu dienen (→Treue, →Vasallität). Während sich hinter consilium die Pflicht des Vasallen verbirgt, dem Herrn an dessen Hofe Beratungs-, Verwaltungs- und Gerichtsdienste zu leisten (→Hoffahrtspflicht), weist auxilium v. a. auf den geschuldeten Waffendienst hin, der in der Regel als Ritterdienst zu leisten war (→Rittertum). Gegenüber der älteren Forschung, die bereits im 9. Jh. bezeugte Formel allein aus dem Treuegedanken des germ. Gefolgschaftswesens (→Gefolgschaft) ableiten will, wird neuerdings (J. DEVISSE, J. HANNIG) darauf verwiesen, daß der Begriff consilium entscheidend auch durch die christl.-kirchl. Tradition geprägt wurde. Im Hoch- und SpätMA begegnet die Formel auch im Rahmen anderer Treueverhältnisse, wobei allerdings offen bleiben muß, ob es sich hier um eine bloße Analogie im Sprachgebrauch oder um eine von Anfang an originäre Entwicklung handelt, die die beiden Begriffe als Wesensbestandteile eines jeden Treueverhältnisses und damit als »Grundkategorien der außen- und innenpolitischen Handelns« (O. BRUNNER) im MA erscheinen läßt. K.-F. Krieger

Lit.: H. MITTEIS, Lehnrecht und Staatsgewalt, 1933, 59ff. – O. BRUNNER, Land und Herrschaft, 1965[5], 269ff. – M. FRANÇOIS, Auxilium et consilium (Bull. de la Soc. Nat. d'Antiquaires de France, 1967), 111–121 – J. DEVISSE, Essai sur l'hist. d'une expression qui a fait fortune: Consilium et auxilium au IXe s., M-A 74, 1968, 179–205 – F. L. GANSHOF, Was ist das Lehnswesen?, 1977[5], 91ff. – J. HANNIG, Consensus fidelium. Frühfeudale Interpretation des Verhältnisses von Kgtm. und Adel am Beispiel des Frankenreiches (Monogr. zur Gesch. des MA 27, 1982), 24, 205ff.

Consilium principis. Beratergremium des röm. Ks.s, mit offiziellem Charakter seit Augustus nachweisbar, mit anfangs 15 halbjährl. wechselnden Senatoren (vgl. Dio Cassius 53, 21, 4), später mit wechselnder Zusammensetzung (vgl. Suet. Nero 35; Tac. ann. 14, 62; Plin. epist. 4, 22, 1; CIL IX 5420). Doch läßt H.A. Hadr. 18,1 erstmals einen fest umrissenen, titulär fixierten Personenkreis mit fester Besoldung (→comes, Abschnitt I) neben den naturgemäß hierfür wichtigen Hofbeamten und Armeeführern vermuten. Seit dem 2. Jh. spielen bes. Juristen (Dig. 27, 1, 30; 30, 4, 11, 2; CIL VI 1518, CIG 5895) eine wichtige Rolle. Umfang, Einberufung und Einfluß des c. p. freilich standen wie die Beratungsprozedur im Belieben des Kaisers. →Consistorium. G. Wirth

Lit.: KL. PAULY I, 1280f. [F. RABER] – TH. MOMMSEN, Röm. Staatsrecht II, 1877³, 988–992 – J. CROOK, C. p., 1955.

Consistorium. 1. C., Bezeichnung für das ksl. Beratergremium (sacrum c., vgl. C. 9, 47, 12), seit Augustus, wenngleich in anderer Zusammensetzung, unter der Bezeichnung →consilium (principis) fungierend. Der Name leitet sich seit Diokletian davon her, daß die Mitglieder in Gegenwart des Kaisers zu stehen hatten (consistere; daher auch Bezeichnung für den Beratungsraum des Palastes). Der Kreis der comites consistoriani (CTh 7, 8, 3) (→comes, Abschnitt I) wird von Fall zu Fall durch ksl. Wahl bestimmt, feste Teilnehmer sind die Inhaber der höchsten zivilen und militär. Ämter am Hofe (quaestor sacri palatii, →magister officiorum, →comes rerum privatarum, →comes sacrarum largitionum, →magistri militum praesentales) mit ihrem Beamtenstab (notarii). Aufgabe des c. ist die Behandlung ksl. Vorlagen zu Verwaltung; Heeresorganisation und Gesetzgebung (C. 1, 14, 8), Beschwerden und gerichtl. Entscheidung; die Protokolle haben Rechtskraft (Nov. 23, 2, 62, 1; C. 9, 47, 12; CTh 1, 22, 4; 4, 20, 3; 8, 15, 1), doch stehen Art, Umfang und Wirksamkeit der Beratungsergebnisse wie die Einberufung des c.s im Belieben des Kaisers. Dazu kommt die Leitung des diplomat. Verkehrs (CTh 6, 4, 28; Cassiod. var. 6, 16, 1; Pacatus, Paneg. Lat. 12, 15; Konst. Porphyrog., cerim. 1, 89ff.). G. Wirth

Lit.: KL. PAULY I, 1281f. [D. MEDICUS] – RE IV, 926–932 [O. SEECK] – JONES, LRE, 333 – A. CROOK, Consilium Principis, 1955.

2. C., Versammlung der in Rom anwesenden Kardinäle unter Vorsitz des Papstes; →Kurie, →Kardinal.

Consolat de mar (Consulado del Mar) de Barcelona ('Seekonsulat v. →Barcelona'). Die Institution des Seekonsulats, die zuerst in Italien nachweisbar ist (vgl. →Konsul, Konsulatsverfassung), war für das →Seerecht von großer Bedeutung, da sich die Konsulate zu regelrechten Seegerichtshöfen entwickelten. Der Seegerichtshof v. Barcelona war der bekannteste und wirkte seit der zweiten Hälfte des 14. Jh. auf die Rechtsprechung im ganzen Mittelmeergebiet. Der berühmte →»Llibre del Consolat de Mar« von Barcelona ist eine wichtige Quelle für das Seerecht und läßt sich im Manuskript bis 1370 zurückverfolgen. In diese Rechtssammlung gingen auch die »Costumes de la Mar« von Valencia (1283–1343) und die von Tortosa (1272) ein.

Cónsules del Mar sind in Barcelona seit 1282 belegt, die Institution des Seekonsulats ist wahrscheinl. älter, da die sog. »Carta Consulatus Ripariae Barchinone« auf 1258 datiert ist. 1348 war bereits auf →Mallorca ein Seekonsulat eingerichtet. Eine Krise der Institution des Seekonsulats führte zu einer Umwandlung der katal. Konsulatsverfassung nach dem Vorbild von Valencia. Das Konsulat von Barcelona wurde im Pestjahr 1348 reformiert. Es unterschied sich von den anderen katal. Konsulaten, die über eine größere Unabhängigkeit verfügten, durch seine Bindung an den Stadtrat. So wurden in der Tat die Konsuln (ein Bürger der Stadt und ein Kaufmann) und der ihnen zugeordnete Richter, der für Berufungsfälle zuständig war, vom Rat der Hundert (*Consell del Cent*) am Markustag, dem 25. April, gewählt, um anschließend ihren Amtseid vor dem *Batlle* der Stadt abzulegen. Mitte des 15. Jh. erhielten alle drei vom Stadtrat ein jährl. Entgelt von 50 Pfund. Das System hatte bis zu jener Verfügung Ferdinands »el Católico« Bestand, die die Sackwahl bei allen Gemeindewahlen verbindl. machte (1498). Von da an wurde der erste Konsul unter Vertretern des militär. Standes, ehrenhaften Bürgern der Stadt und Doktoren des Rechts und der Medizin ausgelost, der zweite unter den in die Matrikel eingetragenen Kaufleuten. Die beiden Konsuln sprachen Recht in erster Instanz, und der ihnen beigegebene Berufungsrichter bearbeitete Beschwerden gegen Urteile ordentl. Gerichte. Diese Jurisdiktionsgewalt, die sich ursprgl. auf wenige konkrete Fragen der Schiffahrt bezog (wie Fracht, Heuer der Seeleute, Versicherungen, Schiffbrüche), wurde 1380 auf alle Fragen des See- und →Handelsrechts ausgedehnt, die nicht länger vor dem →*Consejo real* verhandelt wurden, sondern den Konsuln vorbehalten blieben.

Dem Konsulat wurde auch die Kaufmannsgilde angegliedert, die sich im 14./15. Jh. unter Vorsitz des *defensor de la mercaderia* (Gildenmeisters) zusammengeschlossen hatte (→Kaufmann, Kaufmannschaft). Sitz des Konsulats und aller anderen Vertreter der Kaufmannsgilde war die Lonja, ein 1382 im got. Stil errichtetes Gebäude, dessen großer Sitzungssaal noch erhalten ist (auch heute Börse).

Carmen Batlle

Q.: F. VALLS I TABERNER, Consolat de Mar I–III, 1930–33 – Libre del Consolat de Mar (Códice de Valencia), 1955 – Repertorio de documentos referentes a los cónsules de Ultramar de Barcelona (Estudios y documentos del Instituto Municipal de Hist. de Barcelona 13, 1964), 21–166 – A. DE CAPMANY, Libro del Consulado del Mar, reed. con estudio de J. M. FONT RIUS, 1965 – Llibre del Consolat de Mar, Vol. I–II, ed. G. COLEN, 1981–82 – *Lit.:* COING, Hdb. I, 806ff. [H. POHLMANN] – STRUPP-SCHLOCHAUER, Wb. des Völkerrechts I, 1960², 299f. [W. PREISER] – R. S. SMITH, The Spanish Guilt Merchant. A Hist. of the Consulado, 1250–1700, 1940 – A. GARCÍA SANZ, Notas sobre el régimen orgánico del »Consolat de la Mar« (siglos XIII–XIV) (Boletín de la Sociedad Castellonense de Cultura 35, 1959), 180–211 – DERS., El derecho marítimo preconsular (ebd. 36, 1960), 47–774 – C. CARRÈRE, Barcelone – centre économique, 1380–1462, 2 Bde, 1967 – A. GARCÍA SANZ, Estudios sobre los orígenes del derecho marítimo hispanomediterráneo, AHDE 39, 1969, 213–316 – DERS., La datació de la compilació valenciana del »Llibre del Consolat de Mar« (VIII. Congreso de Hist. de la Corona de Aragón II, 1, 1969), 257–271 – DERS., La influencia de los consulados del mar de Barcelona y Valencia en la erección del consulado de Burgos (Boletín de la Sociedad Castellonense de Cultura 45, 1969), 225–244.

Consorteria (pl. consorterie), Verband adliger Familien im ma. Italien, im allgemeinen der gleichen Sippe, bisweilen aber auch aus verschiedenen Häusern; entstand in der Übergangszeit zw. der Auflösung der alten Feudalstrukturen und dem Entstehen der Stadtkommunen (→Kommune). Die C. bildeten in der 2. Hälfte des 12. Jh. autonome Machtzentren (in der Form einer polit. einflußreichen Familie mit eigenen Häuptern, einem befestigten Stadthaus oder Turm, in dem sich alle Mitglieder in Gefahrenmomenten versammeln konnten) und stellten damit zu Angriff und Verteidigung geeignete Organisationen dar. In bes. Fällen wurden auch Einkünfte und Besitzungen zusammengelegt, man spricht dann von Vermögenskonsorterien (»consorterie di patrimonio«); Beispiele finden sich in Lucca und Pisa. Mit der Abnahme der polit. Funktion des Feudums verstärkt sich seine vermögensrechtl. Bedeutung, es wird sogar teilbar. Die neuen Besitzer des Feudums, die jeweils einzelne sortes (Lose, Parzellen) des Territoriums innehaben, sind an einer strengen Trennung nicht interessiert, da sie sich einem Gemeinwesen gegenübersehen, das nicht immer in der Lage ist, ihnen ausreichenden Schutz zu gewähren, und sich in einem Wirtschaftssystem befinden, das auf geschlossenen Zirkeln basiert, deren Stärke und Krisenfestigkeit in ihrer Größe und Autarkie liegen. Deshalb sehen sie ihren Vorteil in der Bildung einer Einheit, einer domus auf der Grundlage einer Erbengemeinschaft pro indiviso, die sich auch auf Privatvermögen und Erwerbungen erstreckt. Neben dem Namen consortes für die Mitglieder eines derartigen Zusammenschlusses erscheinen auch die Bezeichnungen sortifices, consortifices, portionari. In der

Enge der Verbindung liegt ihre Stärke. Sie ermöglicht eine wachsame Kontrolle der Tätigkeit der →Konsuln durch eine beständige, direkte Teilnahme an jeder öffentl. Aktivität und sichert darüber hinaus einen möglichst umfassenden Anteil an Privilegien und autonomen Rechten, auch gegenüber der (podestarialen oder popolaren) Kommune, welche die C. im übrigen polit. mittragen. Den Kern der C. bildet die mächtigste Familiengruppe, deren Oberhaupt an der Spitze des ganzen Geschlechts steht (maior domus). Der Verband wird ferner von Konsuln (»Consoli«) oder Kämmerern (»Camerlinghi«) geleitet, welche das am Ende jedes Konsulats unter die Consortes aufzuteilende Geld verwalten. Die wechselseitigen Rechte und Pflichten der Mitglieder sind gewöhn. in einer Urkunde festgehalten, die mit der ksl. Approbation versehen ist, falls es sich bei den Kontrahenten um ksl. Lehensträger handelt. Vergleichbare Verbände erscheinen in der Geschichte des Privatrechts bereits sehr früh (Zeugnis für das röm. Recht ist Gaius-consortium recto non cito –, für das langobard. Recht das Edictum Rothari 167), die Adelsverbände der Feudalzeit haben jedoch beträchtl. Vermögen, Latifundien und zudem noch Interessen nicht nur wirtschaftl. Art. Dies kommt bes. deutlich zum Ausdruck, je stärker das Phänomen der Urbanisierung und des Kampfes der Städte gegen die Feudalherrschaft fortschreitet. Der wehrhafte Charakter der C. entwickelt sich in gleichem Verhältnis wie die Zunahme der popolaren Kräfte: Die Feudalgeschlechter schließen sich in wachsender Solidarität zusammen und unternehmen Vergeltungsaktionen gemeinsam. Im Gegenzug entstehen magnatenfeindl. Tendenzen, die in der Gesetzgebung ihren Niederschlag finden und in Florenz und anderen Städten in den→»Ordinamenti di giustizia« gipfeln. Die Auseinandersetzungen ziehen sich lange hin, bis es schließlich den konsolidierten Kommunen gelingt, der C. Herr zu werden u. deren Geschlechtertürme u. feste Häuser zu schleifen. M. L. Sagú

Lit.: M. TABARRINI, Le c. nella storia fiorentina del medio evo (La vita it. nel Trecento, 1892), 162 – G. SALVEMINI, Magnati e popolani in Firenze dal 1280 al 1295, 1899, passim – F. NICCOLAI, I consorzi nobiliari ed il Comune nella alta e media Italia, 1940, 1960, 49ff. – W. GOETZ, Le origini dei comuni it., 1944, 1965, 109ff. – F. CALASSO, Gli ordinamenti giuridici del rinascimento medioevale, 1949, 1965, 99ff. – A. MARONGIU, Storia del diritto it. Ordinamento e istituto di governo, 1977, 79, 106 – G. TABACCO, Egemonie sociali e strutture di potere nel medio evo it., 1974, 1979, 275, 281ff. – M. BELLOMO, Società e istituzioni in Italia fra Medioevo e età moderna, 1976, 1980, 237 – O. CAPITANI, Comuni e Signorie: istituzioni sociali e lotte per l'egemonia (Storia d'Italia IV, 1981), 5–53 – I ceti dirigenti in Toscana in età precomunale, 1981, 1–58.

Consortium → Zunft, → Handelsgesellschaft

Constable, Lord High, engl. erbl. →Hofamt. Während der comes stabuli ('Stallmeister') des Frankenreiches ein Amtsträger am Königshof war (vgl. →comes, Abschnitt II, 1; →Connétable), bezeichnete das Wort »constabularius« (Constable) jedoch bei den Normannen der Eroberungszeit unspezifisch den Befehlshaber einer Burg oder einer Schar von Rittern. Das erbl. Hofamt des C. of England entstand wahrscheinl. während der Regierung Kg. Heinrichs I. (1100–35) mit Walter, Sohn des Roger de Pîtres, der als »constabularius, princeps militiae domus regiae« betitelt wird; von dessen Sohn ging das Amt an das Haus →Bohun über, um im 14. Jh. an die Familie →Stafford zu gelangen. Mit der Hinrichtung des Edward Stafford, Duke of Buckingham († 1521), verschwand das Amt; es hat sich ledigl. als Bestandteil des Zeremoniells am Krönungstag erhalten. Dagegen lebt das Amt des Lord High C. of Scotland noch in der Familie →Hay, Earls of →Erroll, fort.

Die vornehmste Funktion des C. war die Aufsicht über die militär. Disziplin, wobei dem C. der →Marshal (Marschall) zur Seite stand. Außerdem besaß der C. die Jurisdiktionsgewalt bei Streitfällen, die sich um Verträge zw. den *captains* und ihren Söldnern, um die Verteilung der Beute und die Lösegeldforderungen für Gefangene entspannen. Diese Rechtsprechung von C. und Marshal ist schon für die Zeit kurz nach dem Ausbruch des →Hundertjährigen Kriegs (1339) belegt. Die spektakulärsten Fälle dieses *Court of Chivalry* waren private Anklagen wegen Verrats (*'appeals' of treason*), wobei die Entscheidung durch sorgfältig durchgeführte gerichtl. →Zweikämpfe der Parteien herbeigeführt wurde. Eine dritte Bedeutung erlangte das Amt, als Kg. Eduard IV., in Übergehung des erbl. Titels Staffords, John →Tiptoft mit einer neuen umfassenden Jurisdiktionsgewalt bei Klagen wegen Verrats betraute, welche den Namen »Tiptoft« berüchtigt machte.

Das Amt des C. spielte auch polit. eine Rolle, was 1297 zum Ausdruck kam, als der C. und der Marshal Eduards I. Befehl, das Heer ohne den Kg. in die Gascogne zu führen, mißachteten. Dieser Zwischenfall mag noch bis ins frühe 16. Jh. nachgewirkt haben, als man Kg. Heinrich VIII. davon überzeugte, daß die Ansprüche des Herzogs v. Buckingham auf das Amt des C. »sehr anmaßend und gefährlich« seien. A. Harding

Lit.: L. W. VERNON HARCOURT, His Grace the Steward and the Trial of Peers, 1907 – J. H. ROUND, The King's Serjeants and Officers of State, 1911 – G. D. SQUIBB, The High Court of Chivalry, 1959.

Constabularius, Constabulus → Connétable, Constable, Condestable, Constafler, Conestabile

Constafler (Constofler; auch in der Form: *kunstabelen, kunstavelen, constavele*), Bezeichnung mit unterschiedl. Bedeutung für städt. Gruppierungen in Straßburg, Zürich und anderen Städten. Das Wort knüpft an den Begriff »constabularia« an, der ein unter einem constabularius stehendes Stadtviertel oder dessen Bewohner bezeichnet.

In →Straßburg waren die nichtzünftigen Bürger in verschiedene, einzelne Stadtteile umfassende Constofeln eingeteilt. Eine vom Wortsinn her zu vermutende Verbindung zur militär. Pferdehaltung ist für Straßburg nicht eindeutig zu belegen, da im 14. Jh. auch reiche Zünftler beritten und C. zu Fuß dienten. Die Stellung von Pferden war allein von der Höhe des Vermögens abhängig. Andererseits mußten gemäß Ratsbeschluß von 1472 Bewerber um Aufnahme als C. nachweisen, daß schon ihre Väter und Großväter Pferde gestellt hatten. Schon im 5. Stadtrecht (vor 1311) werden Constofeln und →Zünfte parallel genannt. Wie den Zünftigen die Zunftmeister, so geboten den C.n die Constofelmeister Pferdehaltung, Steuerleistung und Torwache. Eingeteilt in Constofeln und Zünfte erfolgte der militär. Auszug. Zuvor den Constofeln angehörende Handwerker wurden 1332 (u. a. Schiffleute, Seiler, Wagner) und 1362 (u. a. Goldschmiede und Tuchscherer) den Zünften zugeteilt. In den Constofeln blieben fast nur noch Adlige und →Burger. Der Begriff C. nahm deshalb eine soziale Färbung an und wurde zur Bezeichnung für das →Patriziat, dem seit spätestens 1472 aktiver Handel und Ausübung eines Gewerbes untersagt war. In dieser Bedeutung ist das Wort auch in den Schwörbriefen rezipiert worden. Seit dem 1. Schwörbrief 1334 wurden die →Räte in je bestimmter Anzahl aus Adligen, Burgern und Handwerkern (d. h. Zünftlern) gewählt. Die Schwörbriefe nach 1420 nennen nur noch die Ratsgruppierungen der C. und der Zünftler. Auch in den Kollegien der →Schöffen und des sog. ständigen Regiments (XIII, XV und XXI) stellten die C. eine bestimmte Zahl von

Mitgliedern. Ihre Dreiervertretung im Niedergericht wurde 1420 durch Zünftige verdrängt.

In →Zürich wurde nach dem Umsturz des Rudolf →Brun, gemäß dem 1. Geschworenen Brief, das Patriziat aus Adel und bürgerl. Rentnern, Kaufleuten, Salzleuten, Gewandleuten, Wechslern und Goldschmieden in der neuerrichteten Constafel zusammengefaßt. Der Rat wurde je zur Hälfte aus C.n, denen der Ratstitel vorbehalten blieb, und Zunftmeistern gebildet. Seit den 1380er Jahren war für Zünftler der Übertritt zu den C.n nicht mehr notwendig, um ursprgl. diesen vorbehaltene Ratsstellen einzunehmen. Der 3. Geschworene Brief gestattete dies 1393 auch formell. Der polit. Einfluß der C. verminderte sich durch die weitere Verfassungsentwicklung.

In Magdeburg nannte man kunstabelen die Söhne der reichsten Bürger, welche weltl. Festlichkeiten in der Pfingstzeit vorstanden. – Kunstavelen hießen in Braunschweig die Mitglieder der patriz. Gelagbrüderschaft. – Beim Einzug des alten Rates in Lübeck 1416 waren auch junge Leute, constavele genannt, dabei, die 1408 mit der Ratsmehrheit die Stadtbücher verlassen hatten. H.-J. Gilomen

Q.: Chr. dt. Städte, 6, 7, 8, 9, 28 – Urkk. und Acten der Stadt Straßburg, Abt. 1: UB der Stadt Straßburg, 7 Bde, 1879ff. – K. Th. Eheberg, Verfassungs-, Verwaltungs- und Wirtschaftsgesch. der Stadt Straßburg bis 1681, Bd.1: Urkk. und Akten, Straßburg 1899 – Die Zürcher Stadtbücher, 3 Bde, 1899ff. – Q. zur Zürcher Zunftgeschichte, bearb. W. Schnyder, 2 Bde, 1936 – *Lit.*: G. Schmoller, Straßburg zur Zeit der Zunftkämpfe und der Reform seiner Verfassung und Verwaltung im 15. Jh. (Q. und Forsch. zur Sprach- und Kulturgesch. der germ. Völker 11), 1875 – Schweizer. Idiotikon III, 1895, 366f. – W. Dettmering, Beitr. zur älteren Zunftgesch. der Stadt Straßburg (Hist. Stud. 40), 1903 – K. Dändliker, Gesch. der Stadt und des Kantons Zürich, 3 Bde, 1908ff. – Ph. Dollinger, Patriciat noble et patriciat bourgeois à Strasbourg au XIVe s., Revue d'Alsace 90, 1950/51, 52–82 – H. Ammann, Unters. über die Wirtschaftsgesch. Zürichs im ausgehenden MA III, SchZG 2, 1952, 335–362.

Constança, Constance → Konstanze

Constans. 1. C. I., röm. Ks. 337–350, Sohn →Konstantins d. Gr., * wohl 320, † 350 in Elne (Helene) (südl. Gallien). Sorgfältig erzogen, wurde er 333 zum Caesar ernannt und mit der Verwaltung von Italien, Pannonien und Afrika betraut. Nach dem Tode seines Vaters erhielt er – nach der Annahme des Augustustitels (9. Sept. 337) – auf dem Kongr. v. Viminacium (338) noch Illyrien und Thrakien, mußte jedoch die Vormundschaft seines ältesten Bruders Constantinus (→Konstantin II.) hinnehmen. Als dieser auf einem Kriegszug gegen ihn gefallen war (340), gewann er den gesamten Westen des Reiches (mit Mailand als Residenz). Auf ausgedehnten Reisen sorgte er für die soldat. Disziplin und kämpfte erfolgreich gegen Sarmaten (338), Franken (341/342) sowie Pikten und Skoten in Britannien (343). Früh verheiratet, zeigte er sich als Freund des christl. Glaubens (Steuerfreiheit für Kleriker). In seiner Sorge um Schutz und Ausbreitung der Kirche erließ er scharfe Gesetze gegen Juden (339), Heiden (341) und die →Donatisten in Afrika (seit 347 blutige Verfolgung). Stark beeinflußt von →Athanasius, zwang er seinen Bruder →Constantius II. zu einem Konzil in →Serdika (342/343), wo er von den »Arianern« (→Arius, Arianismus) des Ostens eine Wiederaufnahme der von Konstantin d. Gr. verbannten Bf.e verlangte. Nach zwei weiteren Synoden versöhnten sich die beiden Ks. 347 (Rückkehr des Athanasius nach Alexandria), eine einheitl. Bekenntnisformel für die gesamte Reichskirche kam jedoch nicht zustande. Wegen anstößigen Lebenswandels (Trunksucht, Päderastie), zunehmender Strenge gegen die Soldaten und einer harten Finanzpolitik erhob sich gegen ihn der Franke →Magnentius (18. Jan. 350). Kurz darauf wurde C. auf der Flucht nach Spanien ermordet. Das Mausoleum v. Centcelles (bei →Tarragona) ist wohl als seine Begräbnisstätte anzusehen. R. Klein

Lit.: Kl. Pauly I, 1282f. [A. Lippold] – LAW, 658 [H.-J. Diesner] – RE IV, 948–952 [O. Seeck] – Stein, Spätröm. Reich I – K. Kraft, Die Taten der Ks. C. und Constantius II., JNG 9, 1958, 141–186 – G. Gigli, La dinastia dei secondi Flavi: Costantino I, Costante, Costanzo II (337–361), 1959 – J. Moreau, C., JbAC 2, 1959, 179–185.

2. C., Sohn des Usurpators →Konstantin III. Ursprgl. Mönch (Oros. 7, 40, 7; Olympiod. Frgm. 12), eroberte er 408 Spanien, wurde aber 409 an den Hof nach Arles berufen (Greg. Tur. Franc. 2, 9; Zosim. 6, 5). Wohl 409 empörte sich sein Magister militum in Spanien, Gerontius, während durch Verrat →Vandalen, →Sueben und →Westgoten in Spanien eindrangen (Oros. a.O.; Olympiod. Frgm. 30; Sozom. 9, 12). C. wurde beim Versuch gewaltsamer Rückkehr nach Spanien (Ende 410), inzwischen selbst zum Augustus erhoben, besiegt und auf der Verfolgung noch vor Konstantin bei Vienne (wohl Anfang 411) vernichtet (Oros. 7, 42, 1; Olympiod. Frgm. 16). G. Wirth

Lit.: Kl. Pauly I, 1283 [A. Lippold] – RE IV, 952 [O. Seeck] – L. Schmidt, Die Vandalen, 1942, 20f. – Stein, Bas-Empire I, 252ff. – Ch. Courtois, Les Vandales et l'Afrique, 1955.

Constant du Hamel → Fabliau

Constanța (Konstanza), Stadt am Westufer des →Schwarzen Meeres in der →Dobrudža (Rumänien). – Als Kolonie von Milet wohl schon in der Mitte des 7. Jh. gegr., erscheint der Name Tomi(s) nicht vor dem 3. Jh. v. Chr. bezeugt. In augusteischer Zeit wurde Tomi(s) als Verbannungsort Ovids bekannt. Im 3. Jh. hatte die Stadt unter den Einfällen der Goten schwer zu leiden. Unter Diokletian wurde Tomi(s) Hauptstadt der Prov. Scythia Minor. Zur Zeit Konstantins d. Gr. und seiner Nachfolger erhielt das neue, westl. der alten Ansiedlung gelegene Stadtviertel vermutl. nach →Constantius II. den Namen Constantia, der auch auf den alten Ort übertragen wurde. Derselbe Name erscheint um die Mitte des 10. Jh. bei Konstantinos Porphyrogennetos (de adm. imp. 9). In it. Seekarten des 14.–16. Jh. findet man die Namensform Constanza, die ins Türk. als Kiustendje übergeht. Ob mit C. der in einigen Quellen des 5. und 6. Jh. genannte Ort Constantiana identisch ist, ist noch ungeklärt.

Als ökonom. und religiöses Zentrum (Sitz des Provinzstatthalters und des Metropoliten) erlebte C. im 4.–6. Jh. eine Blütezeit, die zahlreiche archäolog. Funde bestätigen: Festungsmauer aus hellenist. Zeit mit späteren Wiederherstellungen, Thermen, christl. Basiliken, Geschäftshäuser mit reichem Bauschmuck (v. a. Mosaiken), vergoldeter Silberteller des ersten Metropoliten Paternus (ca. 500–520), griech. und lat. Inschriften. Der Bulgareneinfall von 679 beendete diesen Zustand.

Im 8. Jh. nennt Patriarch Nikephoros Tomis als Dorf. Vereinzelte Überreste (v. a. Keramik, Münzen und byz. Bleisiegel) bezeugen die Siedlungskontinuität im 10.–12. Jh. Aus dieser Periode (10. Jh.) datiert der sog. Steinwall zw. Axiopolis und C. Der Hafen Constantia-Constanza wird während des ganzen MA erwähnt. Die sog. »genuesische Mauer«, die sich entlang des Hafens in Überresten erhalten hat, bildete wahrscheinl. die Festungsmauer. Vom 15. Jh. bis 1877/78 befand sich Constantia-Kiustendje unter türk. Herrschaft. I. Barnea

Lit.: Kl. Pauly V, 888f. [Ch. M. Danoff] – RE Suppl. IX, 1397–1428 [Ch. M. Danoff] – Dicționar de istorie veche a României, 1976, s. v. Constantia, Constantiana, Tomis – The Princeton Enc. of Classical Sites, hg. R. Stillwell, 1976, 528f. [D. M. Pippidi] – I. Stoian, Tomitana, 1962 – R. Vulpe, Pontice 2, 1969, 157–167 – I. Barnea, Din Istoria Dobrogei II, 1968; III, 1971 – V. Barbu, Tomis, 1972 – E.

Popescu, Inscripţiile greceşti si latine din secolele IV–XIII descoperite în România, 1976, Nr. 37 – A. Aricescu, Armata in Dobrogea romana, 1977, 163f., 166f. – I. Barnea, Les monuments paléochrétiens de Roumanie, 1977, Nr. 18.

Constantia (s. a. Konstanze)

1. C. I., Tochter des röm. Ks. s→Constantius I. (293–306). Bereits früh für die christl. Religion gewonnen, wurde sie von ihrem Halbbruder→Konstantin d. Gr. mit→Licinius verlobt (wohl noch Ende 311) und im Febr. 313 in Mailand vermählt. Eine Folge dieser »polit.« Heirat, die zur Festigung des Bündnisses zw. beiden Herrschern diente, war die Anerkennung des Christentums im sog. »Mailänder Edikt« (313). Seit Licinius Augustus des Ostens geworden war (313), residierte C. in Nikomedia, wo sie in ihrem Glauben von dem Hofbf. →Eusebius, einem Anhänger der Lehre des →Arius, stark beeinflußt wurde. Mit dem gelehrten Bf. →Eusebius v. Caesarea stand sie im Briefwechsel. Nach der Schlacht v. Chrysopolis (324) vermittelte sie bei Konstantin d. Gr. den Frieden für ihren geschlagenen Gatten, konnte aber nach einem erneuten Aufstand sein Leben nicht mehr retten. Auf dem Konzil v. →Nikaia (325) versuchte sie die arian. Bf.e zur Anerkennung der Homoousios-Formel zu bewegen. Als nobilissima femina spielte sie am Kaiserhof weiterhin eine bedeutende Rolle, was aus Gedenkmünzen mit ihrem Bildnis und der Umbenennung des Hafens v. Gaza in Constantia hervorgeht. Das Todesjahr ist unbekannt. R. Klein
Lit.: Kl. Pauly I, 1283 [A. Lippold] – RE IV, 958 [O. Seeck] – J. Vogt, Constantin der Große und sein Jahrhundert, 1960².

2. C. II. (Constantina), älteste Tochter →Konstantins d. Gr., * um 320, † 354. Mit einem Diadem und dem Titel Augusta ausgezeichnet, wurde sie 335 von Konstantin mit ihrem zum Kg. v. Armenien bestimmten Vetter Hannibalianus verheiratet. Während der Usurpation des Franken →Magnentius im Westen (350) bewog sie den Magister militum Vetranio, sich gleichfalls zum Ks. erheben zu lassen, um Magnentius im Osten auszuschalten. Auf ihren Rat hin erkannte der bedrängte →Constantius II. zunächst Vetranio an, konnte ihn aber bald zur Niederlegung des Purpurs bewegen. 351 wurde sie von ihrem Bruder mit dem Caesar Gallus vermählt, mit dem sie in Antiochia ein gewalttätiges Regiment ausgeübt haben soll (Amm. 14, 1,2: »Megaera quaedam mortalis«). Auf der Reise in den Westen zu Constantius, den sie gegen ihren angeklagten Gatten versöhnlich stimmen wollte, starb sie in Bithynien (354). Bestattet wurde sie in Rom an der Via Nomentana in dem um 350 erbauten Mausoleum S. Costanza. Ihr mit Eroten und Weinranken geschmückter Porphyrsarkophag wird im Vatikan gezeigt. – Zur ma. Legendenbildung um C. → Konstanze, hl. R. Klein
Lit.: Kl. Pauly I, 1283f. [A. Lippold] – RE IV, 958f. [O. Seeck] – Stein, Spätröm. Reich – J. Češka, Die Gattin des Caesars Gallus. Hieß sie Constantina oder Constantia?, Acta Archaeologica Acad.sloven. 28, 1977, 428–435 – R. Helbig, Führer durch die öffentl. Slg.en klass. Altertümer in Rom, 1963, Nr. 21 [zum Sarkophag].

3. C. III., Tochter des Constantius II. →Gratian

Constantin v. Fleury (C. v. Micy), Mönch in →Fleury (St-Benoît-sur-Loire östl. Orléans), wurde 988/996 Dekan im Kl. St-Mesmin (s. Maximini) beim heut. Micy-St-Mesmin (Dép. Loiret, südl. von Orléans), wo er von 1011 (nach 8. Aug.) bis 1020/21 Abt war. Die 1961 (s. Lit.) aufgrund eines Diploms Roberts II. gesicherte Abtszeit des C. schließt seine vielfach vorgenommene Identifikation mit dem gleichnamigen Abt v. Nouaillé († 1014) aus. Vornehmer (einem an ihn gerichteten Gedicht zufolge gar kgl.-ksl. Ahnen zurückgehender) Familie entstammend, war C. einflußreicher Freund des Reimser Domscholasters →Gerbert (später Ebf., dann als Silvester II. Papst), der ihm Schriften widmete. Beider Korrespondenz läßt den Kreis der Gegner des →Abbo v. Fleury (Bf. →Arnulf v. Oléans, Berater Kg. →Hugos, Gerbert, C.) erkennen und wirft ein Schlaglicht auf die Beziehungen der beiden bedeutendsten Gelehrten der Zeit (»Gerbert ne cite jamais Abbon dans sa correspondance«, P. Riche, Francia 6, 1978, 747). Als 988 der wohl von Kg. Lothar der Abtei Fleury aufgezwungene Abt Hilbold (häufig verballhornt in »Oilbold«) starb, scheint sich Gerbert der Wahl des C. zum Nachfolger sicher gewesen zu sein. Erhoben wurde jedoch Abbo, der durch die Gunst von Hugos Mit-Kg. →Robert II. zeitweilig großen Einfluß gewann. Arnulf v. Orléans hat C. wohl bald darauf zum Dekan der von ihm abhängigen Abtei Micy gemacht, wo dieser jedoch erst nach Arnulfs Tod Abt geworden ist. C. war ein vielseitig begabter, sich v. a. in Musik und Astronomie auszeichnender Gelehrter. Unter ihm wurde vom Mönch Stabilis v. Micy eine Zusammenstellung von Gerbert-Briefen und Schriften (Codex »L«) hergestellt. Durch →Andreas v. Fleury erfahren wir, daß der Kantor →Helgaud (identisch mit dem Biographen Roberts II.) in Fleury die von C. vertonte Geschichte der Translatio der Gebeine des hl. →Benedikt nach Fleury aufführen ließ.
K. F. Werner
Q.: Die Briefslg. Gerberts v. Reims, ed. F. Weigle (MGH, Epp. DK II), 1966, Nr. 86, 142, 143, 191, dazu 139; vgl. auch: Lettres de Gerbert (983–997), ed. J. Havet, 1889, gleiche Nummern, sowie S. 85, 238 – André de Fleury, Vie de Gauzlin, abbé de Fleury, ed. R.-H. Bautier – G. Labory, 1969, 38 – *Lit.:* K. F. Werner, DA 17, 1961, 92, 99ff., 113–118 – R. H. Bautier, Einl. zu: André de Fleury (s.o.) – Ders., Einl. zu: Helgaud de Fleury, Vie de Robert le Pieux, ed. R.-H. Bautier – G. Labory, 1965, 22ff. – vgl. ferner O. G. Oexle, Francia 8, 1980, 636f. [zu den Gegnern Abbos innerhalb des Mönchtums und in Micy] – *zum Gedicht auf C.:* Manitius, 1923, 506–509 und zuvor – E. Dümmler, NA 2, 1877, 222f., nebst Text, 224–227.

Constantinata, Bezeichnung für byz. Goldmünzen des 11. Jh., die wegen ihrer Darstellung (Maria, den Ks. krönend) als heilbringend angesehen und bis zum 19. Jh. im Original oder als Nachahmung, auch in unedlen Metallen, zu →Amuletten umgearbeitet und als Hänger oder Broschen getragen wurden. P. Berghaus
Lit.: F. W. Hasluck, »Constantinata« (Essays and stud., presented to W. Ridgeway, hg. E. C. Quiggin, 1913), 635–638 – V. Laurent, Numismatique et folklore dans la tradition byz. (Cronica Numismatica si Archeologica 119f., 1940), 9–16 – T. Bertelé, Constantino il Grande e S. Elena su alcune monete bizantine, Numismatica 14, 1948, 91–106.

Constantine II., schott. Kg. → Konstantin II.

Constantinus (s. a. Konstantin, Constantin)

1. C. I., *Papst* seit 25. März 708, † 9. April 715, Syrer. Der Schwerpunkt des vorsichtig selbständigen Pontifikates lag in der Festigung guter Beziehungen zu Ostrom. Auf Ladung Ks. Justinians II. ging C. 710/711 (als letzter Papst vor Paul VI.) nach Konstantinopel und Nikomedia und wurde ehrenvoll empfangen. Näheres über die offensichtl. friedlichen Verhandlungen ist nicht bekannt. C. bekämpfte die monothelet. Kirchenpolitik (→Monotheletismus) des Usurpators →Philippikos Bardanes. Ks. Anastasius II. übersandte ihm ein orthodoxes Glaubensbekenntnis. G. Schwaiger
Q.: LP I, 389–395 – Jaffé² I, 247–249 – *Lit.:* DHGE XIII, 589–591 – HKG III, 1, 7f. – LThK² III, 48 – E. Caspar, Gesch. des Papsttums II, 1933, 637–643, 801 – Seppelt II, 86–88.

2. C. II., *Papst* (5. Juli 767–6. Aug. 768), bald als Gegenpapst gezählt. Nach dem Tod Paulus' I. (28. Juni 767) erzwang Hzg. Toto v. Nepi die Wahl seines eigenen Bruders C., eines Laien. C. erhielt rasch die Weihen, am 5. Juli die Weihe zum röm. Bf. in der Peterskirche, und konnte sich 13 Monate unangefochten behaupten, aber nicht die erbetene förml. Anerkennung des Frankenkönigs Pippin des Jüngeren erreichen. Ende Juli 768 gewann sein Gegenspieler, der Primicerius Christophorus, mit langob. Hilfe Rom. Am 31. Juli wurde C. gefangengesetzt. Hinter dem Rücken des Christophorus wurde von der langob. Partei der Mönch Philippus zum Papst erhoben, aber noch am gleichen Tag in sein Kl. verwiesen; am 1. Aug. wurde dann auf Betreiben des Christophorus →Stephan III. zum Papst gewählt. Noch vor dessen Konsekration wurde C. von einer Bande geblendet und am 6. Aug. 768 in der Lateranbasilika als »Eindringling« (invasor) gerichtet. Die Sentenz wurde auf der Lateransynode Stephans III. (12.–14. April 769) bestätigt, der Pontifikat mit allen Amtshandlungen für ungültig erklärt, C. erneut schwer mißhandelt und wohl bis zum Tod in Klosterhaft gehalten. G. Schwaiger

Q.: LP I, 468–485 – JAFFÉ² I, 283–285 – MGH Conc. II/1, 74–92 – *Lit.*: DHGE XIII, 591–593 – HKG III, 1, 29f. – LThK² III, 48 – SEPPELT II, 147–152 – H. ZIMMERMANN, Papstabsetzungen des MA, 1968, 13–25.

3. C. Africanus Cassinensis (Cassianensis, Siculus), auch Costantinus oder Constabulus (verwechselt mit Consta →Qusṭa ibn Lūqā), Übermittler griech.-arab. med. Wissensguts, † 1087. Einer Erfurter Hs. des 13. Jh. (Cod. lat. Ampl. Oct. 62a) entnehmen wir, daß C. als muslim. Kräuterhändler nahezu 40 Jahre den Mittelmeerraum und den vorderen Orient bereiste. Auf einer dieser Handelsfahrten kam er um das Jahr 1075 an die Schule v. →Salerno. Als getaufter Laienbruder des Benediktinerordens übersetzte er arab. Werke ins Lat., vermutl. in →Montecassino, wo er i. J. 1087 starb. Als Hauptwerk imponiert der »Liber pantegni« (aus gr. »pantechne«), der eine Bearbeitung des »Liber regalis« des ʿAlī ibn al-ʿAbbās darstellt. Das Werk ist in zahlreichen Hss. erhalten und in die Frühdrucke zu Lyon (1515) und Basel (1536/39) eingegangen. Dem Bedürfnis nach einem knappen Handbuch entsprach das »Viaticum peregrinantis«, eine Übersetzung aus Ibn al-Ǧazzār (hebr. Übers. durch Mose ibn Tibbon). Eine weitere Schrift mit dem Titel »Megatechne« (nach Galens »De methodo medendi«) vervollständigt das von C. tradierte Kompendium griech.-arab. Medizin. Kleinere Traktate befassen sich mit der Harn- und Fieberlehre, die beide in die →Articella eingegangen sind; ferner Gelegenheitsschriften wie »De stomacho«, »De melancolia«, »De oculis«, »De coitu«, »De elephantiasi« u. a. C. überlieferte weder sorgfältige Übersetzungen noch schuf er eigenständige Werke, beschränkte sich vielmehr auf freie Bearbeitung der ihm zugängl. Texte, die für die prakt. Belange der Schule v. Salerno von Bedeutung wurden. C. kann somit als einer der ersten Vermittler des griech.-arab. Wissens an die lat. Schulen gelten. Von seinen Zeitgenossen wurde ihm neben dem Titel eines »novus effulgens Hippocrates« der Ehrentitel »orientis et occidentis magister« zugesprochen (so Petrus Diaconus in: »De viris illustribus Cassinensibus«, cap. 23). H. Schipperges

Ed.: Constantini opera, Basel 1536/39 – Omnia opera ysaac, Lyon 1515 – *Lit.*: M. STEINSCHNEIDER, C. A. und seine arab. Q., Virchows Arch. path. Anat. 37, 1866, 351–410 – R. CREUTZ, Der Arzt C. A. v. Monte Cassino, SMGB 47, 1929, 1–44 – DERS., Die Ehrenrettung Konstantins v. Afrika, ebd. 49, 1931, 25–44 – K. SUDHOFF, Konstantin der Afrikaner und die Medizinschule v. Salerno, Arch. Gesch. Med. 29, 1930, 113–128 – DERS., C., der erste Vermittler del. Wiss. ins Abendland, Archeion 14, 1932, 359–369 – P. O. KRISTELLER, The School of Salerno, BHM 17, 1945, 138–194 – H. SCHIPPERGES, Die frühen Übersetzer der arab. Medizin in chronolog. Sicht, SudArch 39, 1955, 53–93 – DERS., Die Assimilation der arab. Medizin durch das lat. MA, SudArch, Beih. 3, 1964 – G. BAADER, Zur Terminologie des C. A., MedJourn 2, 1967, 36–53.

Constantius

1. C. I. Chlorus, röm. Ks., 293–306, geb. um 250 in Illyrien, gest. Juli 306 in Eburacum (York), □ Trier. Er verband sich um 280 mit der Schankwirtin Helena, die ihm in Naissus den Sohn und späteren Ks. Constantinus (→Konstantin d. Gr.) gebar. Nach raschem militär. Aufstieg heiratete er spätestens 280 in Mailand Theodora, die Stieftochter des westl. Augustus Maximianus. Von diesem adoptiert (1. März 293), erhielt er als Caesar des Westens die Diöz. Gallien und Britannien (seine Residenz war Trier). Von dort aus führte er erfolgreiche Feldzüge zum Schutz der Rheingrenze gegen die Franken (297) und Alamannen (298). Durch Siege über die Usurpatoren Carausius und Allectus gewann er Britannien der Zentralgewalt zurück. Nach der Abdankung von →Diokletian und Maximianus (1. Mai 305) rückte er zum Augustus des Westens auf, während →Galerius den Osten übernahm. Auf einem Feldzug gegen die Pikten und Skoten starb er 306 in Eburacum. Gerühmt werden seine maßvolle Steuerpolitik und seine milde Regierungsweise. Einem aufgeklärten Monotheismus verpflichtet, ließ er während der Christenverfolgung Diokletians die Christen aus dem Heer ausstoßen, ihre Kirchen niederreißen und Versammlungen verbieten, die weiteren Gesetze führte er nicht durch. Bald nach seinem Tod setzte eine von Konstantin d. Gr. geförderte Legendenbildung ein, wonach er ein Abkömmling des Ks.s Claudius Gothicus († 270) gewesen sei und bereits Christen an seinen Hof berufen habe.

R. Klein

Lit.: KL. PAULY I, 1290 [A. LIPPOLD] – LAW, 658f. [H. D. MEYER] – RE IV, 1040–1043 [O. SEECK] – STEIN, Spätröm. Reich I – J. MOREAU, C. II., JbAC 2, 1959, 158–160 [Lit.] – DERS., Die Christenverfolgung im röm. Reich, 1971².

2. C. II., röm. Ks. 337–361, Sohn →Konstantins d. Gr., * 7. Aug. 317, † 3. Nov. 361 in Mopsukrene (Kilikien). Sorgfältig erzogen, wurde er 324 zum Caesar erhoben und erhielt nach seiner Ernennung zum Augustus (9. Sept. 337) auf dem Kongr. v. Viminacium (338) die östl. Reichsteile Thrakien, Vorderasien und Ägypten. Eine unmittelbare Schuld an der Ermordung seiner Verwandten nach dem Tode Konstantins ist ihm nicht nachzuweisen. Den langwierigen Grenzkrieg mit dem Perserkg. →Šapūr II. führte er ohne größere Verluste (dreimaliger Entsatz v. Nisibis, unentschiedene Schlacht v. Singara), wobei es ihm auf diplomat. Wege gelang, den Kg. Aršak v. →Armenien auf röm. Seite zu halten (Entsendung des Katholikos Nerses). Durch die Aussendung des Bf.s Theophilus nach Südarabien und Vorderindien suchte er den handelspolit. Interessen der →Sāsāniden entgegenzuwirken. Die Aufnahme einer christl. Gotenschar unter Bf. →Wulfila (345/346) bedeutete eine erhebl. militär. Stärkung Roms im Abwehrkampf gegen die Perser. Als C. gegen den Usurpator →Magnentius in den Westen zog, ließ er seinen Vetter Gallus als Caesar in Antiochia zurück (354 hingerichtet). Nach dem verlustreichen Sieg bei Mursa über Magnentius (351) vereinigte er das gesamte Reich in seiner Hand. Als er die Erhebung des Franken Silvanus niedergeschlagen hatte, setzte er →Julian, den jüngeren Bruder des Gallus, zum Caesar in Gallien ein, wo er selbst die Alamannen zurückschlug (354–356). Nach Kämpfen gegen Sarmaten, Quaden und Limiganten an der unteren Donau (357/358) wurde er während der Vorbereitungen für einen neuen Perserzug 360 von der Erhebung →Julians zum Augustus überrascht. Auf dem Marsch gegen diesen starb er in Kilikien.

Die bes. Sorge des C. galt der Wiederherstellung der christl. Glaubenseinheit unter Begünstigung des in der östl. Kirche verbreiteten Arianismus (→Arius, Arianismus, →Nikaia). Sah er sich zunächst wegen der ständigen Persergefahr genötigt, dem Druck seines von →Athanasius stark beeinflußten Bruders →Constans nachzugeben (Rehabilitierung des Athanasius u. a. auf dem Konzil v. Serdika 342/343), so ging er seit 351 daran, mit Hilfe ihm ergebener Bf.e auf mehreren Synoden (353 Arles, 355 Mailand, 357–359 Sirmium) athanasiusfreundliche Bf.e (so →Liberius v. Rom) auszuschalten und ein einheitliches, arianerfreundl. Bekenntnis für alle Christen im Reich formulieren zu lassen. Auf den Konzilien v. Ariminum (Rimini) und Seleukia (359) und abschließend in Konstantinopel (360) glaubte er sein Ziel erreicht zu haben (Vertreibung sämtlicher Anhänger des Nicaenums). Die erzwungene Kircheneinheit hatte jedoch keinen Bestand. Von gleicher Härte zeigte sich C. in mehreren Gesetzen gegen die Heiden (354 Verbot des gesamten heidn. Kultes); ausgenommen war die noch weitgehend heidn. Bevölkerung Roms, dessen glanzvolle Bauwerke er bei seinem Besuch (357) bewunderte (Amm. 16, 10). Seine hohe Auffassung vom Kaisertum, die sich bes. in der ikonenhaften Starre bildl. Darstellungen (z. B. Silberschale v. Kertsch) äußert, haben ihm den Beinamen des ersten byz. Ks.s eingetragen. R. Klein

Lit.: Kl. Pauly I, 1290f. [A. Lippold]–LAW, 659 [H.-J. Diesner]–RE IV, 1044–1094 [O. Seeck]–Stein, Spätröm. Reich–J. Moreau, C. II., JbAC 2, 1959, 162–178 – H. Lietzmann, Gesch. der alten Kirche, III: Die Reichskirche bis zum Tode Julians, 1961 – R. Klein, C. II. und die christl. Kirche, 1979.

3. C. v. Lyon, Vertreter des gebildeten spätantiken Klerus Südfrankreichs des 5. Jh. Der mit ihm befreundete →Sidonius Apollinaris, der vier an C. gerichtete Briefe veröffentlichte, schätzte ihn als Dichter und ließ sich von ihm zu seiner Briefsammlung anregen. Die im Innern der alten, von Bf. Patiens um 470 errichteten Bischofskirche von Lyon angebrachten hexametr. Verse sind infolge der Zerstörung des Bauwerks verloren. Erhalten ist die etwa 40 Jahre nach dem Tode des →Germanus v. Auxerre (†445 oder 448) entstandene Vita des Heiligen, die C. auf Veranlassung des Bf.s Patiens verfaßte und auf Wunsch des Bf.s Censurius v. Auxerre veröffentlichte. Sie ist in seelsorgerl. Absicht in einer klaren und verständl. Sprache mit mäßigem Einsatz rhetor. Mittel geschrieben und bietet neben hist. für die Kirchengesch. Galliens und Britanniens des 5. Jh. bedeutenden Nachrichten zahlreiche Wundergeschichten wie Krankenheilungen und Dämonenaustreibungen. Eine in der 1. Hälfte des 9. Jh. in Auxerre entstandene erweiterte Vita (2 Bücher) bildet die Grundlage der hexametr. Vita in 6 Büchern des →Heiric v. Auxerre.
J. Gruber

Ed.: W. Levison, MGH SRM VII 1, 225–283 – R. Borius, SC 112, 1965, 112–204 – Lit.: RE IV, 1103f. – Repfont III, 617–618 – Brunhölzl I, 484 – W. Levison, Bf. Germanus v. Auxerre und die Q. zu seiner Gesch., NA 29, 1904, 95–175 – K. F. Stroheker, Der senator. Adel im spätantiken Gallien, 1948, 162 – St. German in Stadt und Bm. Speyer, hg. A. Kloos, 1957 – E. Griffe, L'hagiographie gauloise au Ve s. La vie de saint Germain d'Auxerre, BLE 66, 1965, 289–294 – W. Gessel, Germanus v. Auxerre (um 378 bis 448), RQ 65, 1970, 1–44.

Co(n)stanza → Konstanze

Constanze-Griseldis-Romanzen, me. → Griseldis

Constitucions de Cat(h)alunya (ausführl. Bezeichnung seit dem 16. Jh.: Constitucions i altres drets de Catalunya), den Prinzipat v. →Katalonien betreffende, sachl. und chronolog. geordnete Sammlung von Gesetzestexten, die von den Cortes verabschiedet und bzw. oder vom Kg. verkündet wurden. Die erste Kompilation wurde auf Betreiben der Stände auf den Cortes von Barcelona (cap. 8 und 34) 1413 für Ferdinand I., den ersten Herrscher aus dem Hause Trastámara, zusammengestellt. Der kgl. Archivar Diego García und die Juristen Bonanat Pere und Jaume →Callís waren vom Kg. ernannt worden, um die Beschlüsse der Cortes, gewohnheitsrechtl. Bestimmungen und die →»Usatges« zusammenzutragen und eine lat. Redaktion entsprechend der Anordnung im Codex Justinianus auf Latein vorzunehmen. Auf Betreiben der Generalidad v. Katalonien wurden »tres buenas e idoneas personas y un notario apto« (zu den oben gen. traten Narcís de Sant Dionís und Francesc Basset hinzu) damit betraut, eine Übersetzung der genannten Kompilation ins Katal. anzufertigen. Nach Abschluß der Arbeit sollte das Original im Kgl. Archiv in Barcelona (heute Archivo de la Corona de Aragón) deponiert werden, authent. Abschriften sollten in der Casa de la Diputación del General (der Generalidad Kataloniens in Barcelona) hinterlegt werden. Der barcelones. Kathedralkanoniker Narcís de Sant Dionís beteiligte sich auch an der Übersetzung, und die Kompilation wurde 1495 gedruckt. Von da an kamen immer neue Kompilationsvorhaben hinzu, wie die Beschlüsse der Cortes von 1533 und 1564/65 zeigen.

Noch im 16. Jh. erschienen einzelne C. im Druck (1534, 1540, 1553). Auf den Cortes v. Monzón 1585 wurde beschlossen, eine neue Kompilation mit dem Titel »Constitucions i altres drets de Catalunya« anzulegen, womit sich eine aus Vertretern des Kg.s und der Cortes bestehende Kommission befaßte. Eine weitere C. wurde auf Beschluß der Cortes v. Barcelona angelegt. F. Udina

Ed. und Lit.: Constitucions y altres drets de Cathalunya, 1704 – Edición facsímil de la anterior por Collegi d'advocats de Barcelona, 1909 – Coing, Hdb. I, 688f. – Història del derecho de Cataluna, 1918 – R. d' Abadal I de Vinyals, Dels visigots als catalans II, 1974², 381–403 – S. Sobrequés Vidal, Història... Dret Català..., 1978.

Constitutio in Basilica Beati Petri → Krönungsgesetze Friedrichs II.

Constitutio domus regis, einzigartiges Verzeichnis der Ämter im →Hofhalt der anglo-norm. Kg.e, das zw. 1135 und 1139 zusammengestellt wurde, vielleicht anläßl. des Regierungsantritts Kg. Stephans v. Blois, durch oder im Auftrag von Bf. Nigellus v. Ely, Schatzmeister Heinrichs I. In diesem Verzeichnis sind alle Ämter des kgl. Hofhalts mit ihrer Bezahlung und ihren Befugnissen aufgeführt. Die bedeutendsten der in der C. genannten Ämter waren: der Kanzler (→chancellor) an der Spitze der Kanzlei und der Hofkapelle sowie die Seneschälle (→stewards) und der oberste →Mundschenk (master butler), die den Ämtern für die Nahrungsmittelversorgung des Hofes vorstanden, der Oberkämmerer (master →chamberlain), der an der Spitze der Kammer stand, der Schatzmeister (→treasurer), den der Rang des Oberkämmerers innehatte, wenn er im Hofhalt anwesend war, und der bis auf den heutigen Tag sowohl für die Finanzen als auch für die häusl. Angelegenheiten zuständig ist. Die →constables und Obermarschälle (master →marshals) überwachten das Personal außerhalb des Hofhalts. Auch die kgl. Jagdbediensteten (royal hunting officials) waren verzeichnet. J. A. Green

Ed.: Constitutio domus regis (Dialogus de Scaccario, ed. und übers. C. Johnson, 1956), 129–135 – Lit.: G. H. White, The Household of the Norman Kings (Transactions of the Royal Historical Society, 4th Ser., XXX, 1948), 127–155 – J. A. Green, Some Aspects of Royal Administration in England during the reign of Henry I [Diss. masch. Oxford 1975].

Constitutio de feudis (1037). Die Rechtsnormen des Lehnswesens fanden v. a. als Gewohnheitsrecht Ausbildung und Verbreitung. Die karol. Kapitularien haben nur Einzelfragen aus der Materie berührt. 1037 wurde das Verfahren bei Streitfällen zw. Herrn und Vasall, die zum

Entzug der Lehen führen konnten, durch Konrad II. schriftlich fixiert (D 244 = MGH Const. I Nr. 90). Die Statusgarantie war dem Ks. im Aufstand der oberit. »Valvassoren« abgezwungen worden, die sich gegen den stärkeren herrschaftl. Zugriff der fsl. (v. a. reichskirchl.) Lehnsherren wehrten. Lehen aus Reichs- bzw. Kirchengut durften nur auf Grund eines Urteils der Lehnsgenossen entzogen werden; gegen ein als Unrecht empfundenes Urteil konnte – mit aufschiebender Wirkung – der Kg. (durch die größeren adligen Vasallen) bzw. der Königsbote (durch die kleineren Vasallen, meist die Untervasallen der ersteren) angerufen werden, vor dem die Lehnskurie neu über den Streitfall richten mußte. Die Verfügung sollte die Vasallen vor ungerechtfertigtem Lehnsentzug schützen und das otton. Herrschaftssystem in Italien neu stabilisieren. Eine Wirkung außerhalb Italiens ist zunächst nicht nachweisbar. Als C. de f. wurde das »Gesetz« seit Anfang 12. Jh. zum Orientierungspunkt bei der systematisierenden Aufzeichnung der lehnrechtl. Gewohnheiten in den oberit. Libri feudorum. H. Keller

Lit.: HRG II, 1717-1721, 1725-1741 – K. Lehmann, Das langob. Lehnrecht, 1896 – H. Mitteis, Lehnrecht und Staatsgewalt, 1933 [Neudr. 1958], 398ff. – H. Keller, Adelsherrschaft und städt. Gesellschaft in Oberitalien, 1979, 286ff., 356ff.

Constitutio contra incendiarios, diesen »Brandstifterbrief« hat Friedrich I. 1186 auf dem Reichstag zu Nürnberg verkündet. Mehr Gesetz (»edictum«) als Einung, wird dennoch der Prozeß gegen die »principes« in der Arenga erwähnt, ebenfalls die Zielrichtung »ad reprimandas incendiariorum insolentias«; dies sind nach § 1 in erster Linie →Brandstiftungen im Rahmen einer Fehde. Die Anordnung, daß der Täter ipso facto (»statim«) in die Acht fällt (§ 1), stellt realistischerweise den Fall in den Vordergrund, daß der Täter nicht ergriffen wird; diese Auffassung macht zwar den Prozeß gegen den leugnenden Täter nicht überflüssig, erlaubt aber eine schärfere Erfassung begünstigender Handlungen (§ 3) und fördert eine rein materielle Auffassung der Straftat. §§ 10, 11 und 12 regeln eine Art Gefährdungshaftung der Fehdeführer für Brandstiftungen ihrer Gefolgsleute. § 13 erwähnt seit der →Decretio Childeberti c. 7 (Boretius) zum ersten Mal wieder ein amtl. Übersiebenungsverfahren; der notor. Täter ist sogar ohne weiteres zu enthaupten. Die §§ 14, 15 schränken das Recht zu Brandstiftungen als Fehdehandlungen wegen begangener Brandstiftungen ein, von dem allgemeinen Fehdeverbot des ronkal. Landfriedens ist keine Rede mehr. Wirksamer als dieses erweist sich in der Folge das in § 18 zum ersten Mal aufgestellte, aus Lehnsbräuchen kommende Gebot, die »Fehde drei Tage vorher anzusagen. Mit dem Fehderecht eng zusammenhängend verbietet § 20 Söhnen von Klerikern und Bauern die Aufnahme in den Ritterstand, während § 21 die Leihe des Blutbanns durch den Kg. schützt und § 22 denjenigen, der Weinberge oder Obstbäume beschädigt, dem incendiarius gleichstellt. H. Holzhauer

Q. und Lit.: MGH Const I, 318 – vgl. →Constitutio de pace tenenda.

Constitutio de pace tenenda. Als Titel 27 überliefert lib. I der in das Corpus iuris civilis aufgenommenen »Libri Feudorum unter der Überschrift »De pace tenenda et ejus violatoribus« einen Text, in dem seit langem ein Landfriedensgesetz Friedrichs I. erkannt wird. Für die Zuweisung an Friedrich I. sind inhaltl. Gesichtspunkte maßgebend. Der Text enthält keine Datierung; die Erwähnung der Thronbesteigung sowie das mehrfache »regius« o. ä. sprechen für den Anfang der Regierungszeit vor der Kaiserkrönung des Jahres 1155; das »imperator« der Intitulatio mag spätere Änderung des Kopisten oder Vorwegnahme der Würde sein. Gegen die Zuordnung an Italien, wofür die Aufnahme in die Libri Feudorum spräche, steht das »per universas regni partes« der Arenga; die Aufnahme eines schwäb. Rechtswortes (*asteros hant*, vgl. Lex Alamannorum 9) sowie die Getreidepreisvorschrift des § 11 sprechen für Schwaben als Entstehungsraum, wo 1151 eine Mißernte war und Ende Juli 1152 Friedrich in Ulm seinen ersten großen Hoftag gehalten hat. Die Großen des Reiches werden weder als Mitwirkende noch als Adressaten erwähnt; gegen den neuerlich angenommenen Weistumscharakter spricht der dezidierte Reformwille in Einzelfragen. Herkömmliche Landfriedensmaterie sind die Delikte der Tötung (§ 1), Körperverletzung (§ 3), Diebstahl (§ 18), Räuberei (§ 16), schon nicht mehr die Einbeziehung der Injurien (§ 4), dagegen wieder der Landfriedensprozeß (§ 2: Kontumaz, § 6: Friedbruch durch Kleriker, § 7: Begünstigung). Bedeutsam ist die Nivellierung der Stände gegenüber den einheitl. peinlichen Strafdrohungen. Mit den Vorschriften über den Lehnsprozeß (§§ 8, 9), das Vogteirecht (§ 17) und den Getreidepreis (§ 11) wird die für rechtsneuernde Anordnungen als einzige zur Verfügung stehende Form des Landfriedens weiteren Inhalten dienstbar gemacht. Der Gesamtzusammenhang spricht dafür, daß das in § 2 des ronkalischen Landfriedens v. J. 1158 (→Roncaglia) ausgesprochene absolute Fehdeverbot schon hier zugrunde liegt (Gernhuber, 180). Aus »infra pacem constitutam« (§ 1) und »infra pacis edictum« (§ 3) wird auf eine zeitl. befristete Geltung geschlossen; von einem Beschwören des Friedens wird nichts berichtet. H. Holzhauer

Q. und Lit.: MGH DD F. I. 25 – RI IV, 1980, Nr. 125 – F. Küch, Die Landfriedensbestrebungen Ks. Friedrich I. [Diss. Marburg 1887] – J. Gernhuber, Die Landfriedensbewegung in Dtl., 1952.

Constitutio Romana, Nov. 824 von Ks. Lothar I. in Rom verkündet. Teil eines größeren Vertragswerkes aus Jahre 824/825, zu dem neben der C. R. gewöhnl. auch der Römereid, die päpstl. »promissionis firmitas« und das ksl.-päpstl. Pactum (die beiden letzteren nicht erhalten) gerechnet werden. Die C. R. ist als Reaktion Ks. Lothars I. auf schwere röm. Unruhen des Jahres 823 (→Rom) zu verstehen und verfolgt in ihren neun Kapiteln, das »Laisser-faire« des →Pactum Hludowicianum von 817 einschränkend, das Ziel einer Neuordnung, d. h. einer festeren Bindung des →Kirchenstaates an die frk. Herrschaft: Wer unter dem bes. Schutz von Papst und Ks. stehe, sei tabu; neu eingesetzte päpstl. und ksl. →»missi« hätten bei Rapportpflicht über Rechtsprechung und Gesetzestreue der Römer zu wachen und Mißstände abzustellen; die Römer sollten selbst wählen, nach welchem Recht sie zu leben wünschten; alle Richter hätten sich einer ksl. Kontrolle zu unterziehen; dem Papst schulde jedermann Gehorsam u. a. m. Die →Papstwahl bleibt weiterhin allein den Römern vorbehalten. Sie müsse aber – so führt der Römereid aus – »canonice et iuste« erfolgen, und der päpstl. →»electus« – das ist ein wesentl. neues Element – habe dem Ks. in Gegenwart seines missus und des Volkes *vor* der Weihe einen Treueid zu schwören »pro conservatione omnium«. Damit war der ksl. Einfluß bei der Papsterhebung gesichert. Die Bedeutung der C. R. wird in der Forschung verschieden hoch veranschlagt. Während nach L. Halphen (258) und W. H. Fritze (16f.) mit der C. R. »eine neue Periode in der Geschichte der päpstl.-ksl. Beziehungen beginnt«, sieht A. Hahn (100) wie vor ihr schon W. Ullmann (117) in dem Dokument nur eine »Ausführungsbestimmung zum Hludowicianum«. In karol. Zeit hat die C. R. jedenfalls durchaus Beachtung gefunden; ihre Bestimmungen wirkten nach im →Privilegium Ottonianum (962) und im →Privilegium Heinricianum (1020). →Italien, →Papsttum, →Kaisertum.

H. Mordek

Ed.: MGH Cap. 1, ed. A. BORETIUS, 322–324, Nr. 161 – *Lit.*: E. E. STENGEL, Die Entwicklung des Kaiserprivilegs für die röm. Kirche 817–962, HZ 134, 1926, 216–241 [überarbeiteter Neudr.: DERS., Abh. und Unters. zur ma. Gesch., 1960, 218–248]–L. HALPHEN, Charlemagne et l'Empire Carolingien, 1949², 256ff. – W. ULLMANN, The Origins of the Ottonianum, CHJ 11, 1953, 117ff. – O. BERTOLINI, Osservazioni sulla »Constitutio Romana« e sul »Sacramentum cleri et populi Romani« dell' 824 (StM ... A. DE STEFANO, 1956), 43–78 [wiederabgedr.: DERS., Scritti scelti di Storia Medioevale, hg. O. BANTI, Univ. degli Studi di Pisa. Pubbl. dell' Istituto di Storia della Facoltà di Lettere 3, 1968; 2, 705–738] – P. PARTNER, The Lands of St Peter, 1972, 49f. – W. H. FRITZE, Papst und Frankenkönig (VuF Sonderbd. 10, 1973), 15ff., 51 – A. HAHN, Das Hludowicianum, ADipl 21, 1975, 15–135 – A. M. DRABEK, Die Verträge der frk. und dt. Herrscher mit dem Papsttum von 754 bis 1020 (VIÖG 22, 1976), 43ff. – Weitere Lit. →Privilegium Ottonianum.

Constitutio Waldemariana (15. Aug. 1326). Die »C. W.« wird in einer Urkunde des dän. Kg.s Christian I. (1448) zitiert. Sie ist Teil der Dispositio einer Urkunde oder einer Wahlhandfeste Kg. →Waldemars III. v. Dänemark (1326–29). Darin wird festgelegt, daß das Hzm. Südjütland (Schleswig) weder mit dem Kgr. noch mit der Krone →Dänemarks so vereint oder verbunden werden dürfe, daß gleichzeitig ein Herr über beide sei. Der Vormund des Kg.s (der bisher Hzg. v. Schleswig gewesen war), Gf. →Gerhard III. v. Holstein, erhielt so eine Rechtsgrundlage dafür, sich von seinem Neffen →Schleswig als Lehen übertragen zu lassen.

E. Hoffmann

Lit.: K. ERSLEV, Den saakaldte »C. V.« af 1326, Dansk Historisk Tidskrift 6.R., 7, 1895–97, 205f. – K. FABRICIUS, Kristian Erslevs Tolkning af den saakaldte C. V., ebd. 11.R., 6, 1960–62, 245f. – E. HOFFMANN, Gf. Gerhard III. d. Gr. v. Holstein, ZSHG 102/103, 1977/78, 9–47 (hier 28f.).

Constitutiones Aegidianae, von Kard. Aegidius →Albornoz, dem Legaten und Generalvikar in temporalibus des avignones. Papstes Innozenz VI., Ende April und den ersten Maitagen d. J. 1357 in Fano promulgiertes Corpus von Verordnungen für die verschiedenen Länder und Provinzen, aus denen sich die »Terre Ecclesie in Italia citra Regnum Sicilie consistentes« zusammensetzten (→Kirchenstaat). Dieses bedeutende legislative Werk sollte Regel und Richtschnur bilden für die verschiedenen Organe der päpstl. Gewalt in den strukturell unterschiedl. Gebieten, von Nieder-Latium und Umbrien (Dukat Spoleto) mit ihrer Feudalverfassung bis hin zu den starken Städten der →Romagna. In all diesen Gebieten hatten sich zudem über und aus den alten feudalen bzw. kommunalen Strukturen seit geraumer Zeit →Signorien entwickelt, was der Zentralgewalt des Papstes und der röm. (bzw. avignones.) Kurie gefährlich werden konnte. Zu den bereits schwerwiegenden Auswirkungen der endem. Feudalanarchie und der weitreichenden libertates der Stadtkommunen trat so ein weiteres destabilisierendes Element hinzu, das in der Bildung halbsouveräner lokaler und subregionaler Gewalten bestand, die weit stärkere Hegemonietendenzen entwickelten als die früheren Gewalten. Um diese – für den Kirchenstaat bedenkliche – Entwicklung einzudämmen, wurde – nach einer langen Reihe von Fehlschlägen seiner Vorgänger (von →Bertrand du Poujet bis Bertrand de Déaulx) – der fünfzigjährige kast. Kirchenfürst Aegidius (Gil) de Albornoz gerufen, von WURM als »zweiter Gründer des Kirchenstaats« bezeichnet. Sein Ziel, das er in zähem Widerstand gegen die »Tyrannen« des Patrimonium S. Petri in Tuszien (Präfekten de →Vico), der Mark →Ancona (→Malatesta, →Gentile da Mogliano), Romagna (→Manfredi, →Ordelaffi) und später in

Verhandlungen und Friedensschlüssen mit ihnen erreichte, bestand in erster Linie darin, die lokalen und territorialen Gewalten – die man natürlich nicht vernichten konnte – derart zu koordinieren und systemat. gegeneinander auszuspielen, daß ein System des Gleichgewichts hergestellt wurde, das es den Organen und Mächten des Staates erlaubte, sich wirkungsvoll in das durch gegenseitiges Mißtrauen und Zusammenstöße gekennzeichnete lokale Kräftespiel einzuschalten. Diese Organe werden v. a. im 2. und im 4. Buch der C. Ae. definiert, angefangen vom Rector provincialis, dem die Provinz unterstand, den Richtern, denen die Gerichtsbarkeit der letzten Instanz oblag, dem Schatzmeister (*Tesoriere*), dem Marschall (*Maresciallo*), bis hin zum Provinzialparlament, das eine koordinierende Funktion zw. den Lokalgewalten und der Zentralgewalt erfüllen und den Willen des Papsttums übermitteln sollte, und in dem die für die Provinz geltenden Verordnungen promulgiert wurden. Die in 6 Büchern zusammengefaßten 177 C. Ae. (mit zwei Extravaganten, die in der Handschriftentradition später vielfach mit dem 6. Buch vereinigt sind) umfassen im wesentl. die Definition dieser Provinzialorgane und Funktionsträger sowie der Organe in spiritualibus, ferner eine detaillierte Definition der Appellationsgerichte im 6. Buch und viele strafrechtl. Bestimmungen und Verordnungen zur Aufrechterhaltung der öffentl. Ordnung im 4. und 5. Buch. Sie wurden in Fano in einem feierl. »Parlamentum generale« am Ende der ersten Legationsperiode des Kard. Albornoz promulgiert, noch vor seiner im Sept. 1357 erfolgten abrupten Rückkehr nach Avignon, wo er sich gegen Anschuldigungen zur Wehr setzen mußte. Bei der Zusammenstellung seiner Sammlung von Verordnungen (bei der er sich der Hilfe einer Gruppe seiner Hofjuristen unter der Führung von Enrico da Sezze bedient haben dürfte und dazu wohl Politiker und administrative Führungskräfte konsultierte) wollte und mußte Albornoz an die vorhergehende legislative Tradition anknüpfen, beschränkte sich jedoch bezeichnenderweise (was gleichzeitig eine gewisse Gefahr bedeutete) auf den Komplex der erst kurz vorher von einem Privatmann neubearbeiteten Verordnungen des »Liber Constitutionum Curie generalis Marchie Anconitane«, d. h., er begnügte sich damit, die bis dahin allein in der Mark Ancona gültigen Ordnungen – mit einigen raschen und oberflächl. Modifizierungen – im ganzen Kirchenstaat einzuführen. Die Zersplitterung und das Gegeneinander-Ausspielen der Mächte in der Mark, v. a. in ihrem Zentrum, zw. Ancona, Macerata und Camerino, schienen dem »großen Kardinal« exemplarisch zu sein, so daß er dieses Prinzip mittels seiner generalisierenden »Constitutiones« auf den gesamten Kirchenstaat ausdehnen wollte: ein Modell und zugleich Grenzfall einer kühnen und vorurteilslosen Gesetzgebung. – Vgl. auch →Italien, →Papsttum.

P. Colliva

Q.: Repfont III, 619 – P. SELLA, Costituzioni Egidiane dell'anno MCCCLVII (Corpus Statutorum Italicorum, hg. P. SELLA, 1), 1912 – P. COLLIVA, Il testo volgare delle Costituzioni di Fano dal ms. Vat. Lat. 3939 (Appendice zu DERS., Il cardinale Albornoz, lo Stato della Chiesa, le »C. Ae.« (1353–1357) (Studia Albornotiana, hg. E. VERDERA Y TUELLS, XXXII), 1977 – *Lit.*: J. WURM, Cardinal Albornoz, der zweite Begründer des Kirchenstaates. Ein Lebensbild, 1892 – F. FILIPPINI, Il cardinale Egidio Albornoz, 1933 – J. BENEYTO PEREZ, El cardenal Albornoz, canciller de Castilla y Caudillo de Italia, 1950 – A. ERLER, Aegidius Albornoz als Gesetzgeber des Kirchenstaates, 1970 – P. COLLIVA, Il Cardinale Albornoz, lo Stato della Chiesa, le »C. Ae.« cit., 1977.

Constitutiones Melphitanae → Liber Augustalis

Constitutiones principum. Unter den c. pr. versteht man Rechtssetzungsakte des röm. Ks.s. Von ihren vier verschiedenen Arten (edicta 'Verordnungen', rescripta 'Bescheide', decreta 'Entscheidungen', mandata 'Dienstanweisungen') nehmen in der Spätantike die vom Ks. in Ediktform erlassenen generellen Gesetze die wichtigste Stelle ein. Die übrigen Formen der c. pr. finden nur noch gelegentl. als Bezeichnung für ein Kaisergesetz Verwendung, sie haben aber in der Regel ihren speziellen Bedeutungsinhalt verloren. Im Dominat verschmelzen sie allmählich zum Kaisergesetz schlechthin, zur constitutio oder lex, manchmal mit dem Beisatz edictalis, generalis oder sacra. Nach Erlaß des CTh geht die Einzelgesetzgebung der Ks. weiter. Die nach der Kodifikation erlassenen constitutiones nennt man novae oder novellae (leges). Daraus hat sich der Begriff→Novelle für das typ. Kaisergesetz der byz. Epoche entwickelt. Daneben stehen in den Quellen als weitere Bezeichnungen für ksl. Rechtssetzungsakte genereller Art Termini wie adnotatio, sanctio pragmatica oder διατύπωσις (Diatyposis), deren inhaltl. Bedeutung heute noch umstritten ist. Auch auf Einzelfälle bezogene Rechtssetzungsakte des Ks.s sind aus byz. Zeit überliefert; die Quellen bezeichnen sie als λύσις und σημείωμα. →Constitutiones Sirmondianae. P. E. Pieler

Lit.: RE IV, 1106-1110 [P. Jörs] – Th. Mommsen, Röm. Staatsrecht, II.2, 1887, 905ff. – J. Gaudemet, La formation du droit séculier et du droit de l'Eglise aux IVe et Ve s., 1957 – G. Gualandi, Legislazione imperiale e giurisprudenza, 1963 – F. Dölger, Byz. Urkundenlehre (HAW XII, 3,1,1), 1968, 71–87 [Lit.] – W. Kunkel, Röm. Rechtsgesch., 1980⁹, 119–122 – P. E. Pieler, Byz. Rechtslit. (Hunger, Profane Lit. II), 352–361, 373–375, 407–411 [Lit.].

Constitutiones Regni Siciliae → Liber Augustalis

Constitutiones Sirmondianae, kleine Sammlung von 16 (18) röm. Kaisergesetzen der Jahre 333 (bzw. 321; Konstantin d. Gr.) bis 425 (Valentinianus III.), die ihren Namen vom ersten Herausgeber, dem frz. Jesuiten Jacques Sirmond (1559–1651), herleitet. Eine sachl. oder zeitl. Ordnung, also ein System, ist in der Sammlung nicht erkennbar, doch werden die Konstitutionen, an deren Echtheit, abgesehen von der ersten, heute kaum mehr jemand zweifelt, inhaltl. durch ihre fast durchgängige Ausrichtung auf kirchenrechtl. Fragen zusammengehalten. Dies und ihre alleinige vollständige Überlieferung in den Hss. einer alten burg. Kanonessammlung führte zu der These, die Sammlung sei spätestens im 7. Jh. im mittleren Rhônetal entstanden (C. G. Mor). Im Anschluß an P. Krüger und M. Conrat hielt Th. Mommsen – und diese Auffassung hat sich in der Forschung weitgehend durchgesetzt – die Konstitutionen 17 und 18 aus dem →Codex Theodosianus für einen späteren Zusatz, er vermutete die Heimat der urspgl. C. S. in Gallien oder Nordafrika und setzte ihre Abfassungszeit in die Jahre zw. 425 und 438. Das röm. Recht der C. S. – das beweist seine Verwendung bei→Florus von Lyon, →Benedictus Levita, →Hinkmar von Reims, →Anselm von Lucca u. a. – blieb im MA durchaus bekannt. →Constitutiones principum.
H. Mordek

Ed.: Th. Mommsen, Theodosiani libri XVI cum Constitutionibus Sirmondianis I, 1, 1905, CCCLXXVIII–CCCLXXX; I, 2, 1905, 907–921 – *Übers. [engl.]*: C. Pharr, The Theodosian Code and Novels and the Sirmondian Constitutions, 1952, 477–486 – *Lit.*: F. Maassen, Gesch. der Q. und der Lit. des canon. Rechts im Abendlande, 1870, 792–796 – Ders., Ein Commentar des Florus von Lyon zu einigen der sog. Sirmond'schen Constitutionen, SAW.PH 92, 1878, 301–325 – M. Conrat (Cohn), Gesch. der Q. und Lit. des röm. Rechts im früheren MA I, 1891, 93f., 146f. – P. Krüger, Gesch. der Q. und Litteratur des Röm. Rechts, 1912², 333f. – C. G. Mor, La recezione del diritto romano nelle collezioni canoniche dei secoli IX–XI in Italia e oltr'Alpe (Acta congressus iuridici internat. Romae 12–17 Novembris 1934, II, 1935), 281–302 [wiederabgedr. in dessen Scritti di storia giuridica altomedievale, 1977, 289–309] – L. Wenger, Die Q. des röm. Rechts, 1953, 542 – CPL², Nr. 1795 – J. Devisse, Hincmar et la loi, 1962, 14, 21, 48f. – J. Gaudemet, La formation du droit séculier et du droit de l'Eglise aux IVe et Ve s., 1979², 73f.

Constitutum Constantini → Konstantinische Schenkung

Constitutum legis, constitutum usus → Pisa

Consuetudines, monastische → Gewohnheiten, monastische

Consuetudo → Gewohnheitsrecht, →Weistum

Consuetudo Bononiensis → Chronologie

Consul (pl. consules). C. es hießen die obersten republikan. Magistrate in Rom, schwerlich seit Beginn der Republik, sicher aber seit der Mitte des 4. Jh. v. Chr., ab da auch in der kanon. Zweizahl und unter Einschluß von Plebejern. Das Konsulat bildete den Höhepunkt des →cursus honorum, die gewesenen c. es den Führungskreis der principes viri im Senat (→Nobilität). Die Amtsgewalt (imperium) der c. es bezog sich auf den gesamten zivilen und militär. Bereich, eingeschränkt durch die Prinzipien der Kollegialität und Annuität, das Provokationsrecht (Widerspruchsrecht) der röm. Bürger und die Einführung anderer Ämter (Quästur, Prätur, Zensur). Seit Ende des 4. Jh. v. Chr. kam es zur Verlängerung militär. Kommanden (Prokonsuln). Bei Tod, Amtsunfähigkeit oder Rücktritt der c.es wurden c.es suffecti gewählt; Wahlorgan war in jedem Fall die nach Zenturien (Hundertschaften) gegliederte Volksversammlung (comitia centuriata). Im Verlauf der Kaiserzeit verloren die nunmehr de facto vom Ks. ernannten c.es ihre polit. Bedeutung. Neben die weiterhin das Jahr benennenden c.es ordinarii (häufig die Ks. oder Verwandte, Amtsantritt am 1. Jan.) traten mehrere Paare von c.es suffecti. Doch erhielt sich das Ansehen der c.es, die in der Spätantike, weil für Ost- und West-Rom gemeinsam, eine Klammer zw. den Teilreichen waren. 534 wurde der letzte c. für den Westen, 541 der letzte nichtkaiserl. c. für den Osten ernannt. J. v. Ungern-Sternberg

Lit.: RE IV, 1112–1138 – Kl. Pauly I, 1293f. – LAW, 1590f. – The Oxford Classical Dict., 1977², 286 – Th. Mommsen, Röm. Staatsrecht II, 1887, 74ff. – M. Gelzer, Die Nobilität der röm. Republik, 1912 [Neudr. mit Erg. 1983] – T. R. S. Broughton, The Magistrates of the Roman Republic, 2 Bde und Suppl., 1951–60 – A. Degrassi, I fasti cons. dell' impero romano, 1952 – R. Werner, Der Beginn der röm. Republik, 1963 – H. Kloft, Prorogation und außerordentl. Imperien 326–81 v. Chr., 1977 – J. Bleicken, Zum Begriff der röm. Amtsgewalt, auspicium-potestas-imperium, NAG, ph.-hist. Kl., Jg. 1981, Nr. 9 – A. Heuss, Gedanken und Vermutungen zur frühen röm. Regierungsgewalt, ebd., Jg. 1982, Nr. 10 – A. Giovannini, Consulare Imperium, 1983.

Zu den vielfältigen Erscheinungsformen des Konsulats im MA (z. B. c.es mercatorum, c.es civitatis, c.es de commune, c.es de placitis) s. →Konsul, Konsulat, -sverfassung.

Consularis (vir consularis) (pl. consulares), urspgl. Bezeichnung für den ehem. →consul, zugleich Mitglied der höchsten Rangklasse im Senat. Seit Caesar daneben Verleihung des Ranges (adlectio inter c.) oder auch der Ehrenabzeichen (ornamenta c.; zuerst ca. 67 v. Chr.). Früheste Belege für die (zunächst inoffizielle) Benennung des ksl. Provinzstatthalters als c. Anfang des 2. Jh. n. Chr.; gebräuchlich seit dem 3./4. Jh. In der Spätantike bilden die c., ohne Konsul gewesen zu sein, eine gegenüber correctores (→corrector) und praesides (→praeses) herausgehobene Gruppe der Statthalter. Die ehem. Konsuln gehören als viri illustres nunmehr zu einer weit höheren Rangstufe im Senat. J. v. Ungern-Sternberg

Lit.: DEAR II, 865–869 – LAW, 659 – Kl. Pauly I, 1295 – RE IV, 1138–1142 – L. Bella, De nouveau sur le titre de c., Acta class. Univ.

Sc. Debrecen. 8, 1972, 85–88 – S. Mazzarino, Antico, tardoantico ed èra costantiniana I, 1974, 183ff. – F. De Martino, Storia della costituzione romana V, 1975, 325ff., 368ff. – W. Eck, Die staatl. Organisation Italiens in der hohen Kaiserzeit, 1979, 247ff. – S. Roda, Comm. stor. al libro IX dell'epistolario di Q. Aurelio Simmaco, 1981, 175f.

Consulat des marchands, Consulat des villes → Konsul, Konsulatsverfassung

Consules maris (Seekonsuln), zuerst in Pisa nachweisbar und im Laufe des 13. und 14. Jh. in vielen it. Städten und anderen Mittelmeerländern verbreitet. Berühmt war das Seekonsulat v. →Barcelona (→*Consolat de mar de Barcelona*), das als Seegerichtshof große Bedeutung erlangte. →Konsul, Konsulatsverfassung.

Consultatio veteris cuiusdam iurisconsulti. Unter dieser Bezeichnung faßt man heute Texte zusammen, die Cujaz erstmals nach der Abschrift eines von Loysel entdeckten Ms. ediert hat. Das Ms. und die Kopie sind verschollen. Bei diesem ungeklärten hs. Befund scheint es fraglich, ob die Texte überhaupt eine lit. Einheit bildeten. Der Zweifel wird dadurch bestärkt, daß sich die C. in zwei Massen zergliedern läßt. Deren eine (cap. 1, 2, 3, 7, 7a, 8) ist als Antwortreihe eines Lehrers auf Fragen eines die Advokatur anstrebenden Schülers aufzufassen. Inhaltlich haben die mit byz. ἐρωταποκρίσεις vergleichbaren cap. gemeinsam, daß sie das Vermögensrecht der Ehefrau betreffen. Die cap. 4, 5, 6 hingegen sind Kleintraktate zu verschiedenen Problemkreisen, die nur stilist. Gemeinsamkeiten aufweisen. In allen Abschnitten der C. ist den eigenen Ausführungen des Verfassers eine Auswahl von Quellenstellen beigegeben, deren Beschränkung auf die Paulussentenzen und die drei spätantiken Codices für die letzte Reduktion der jurist. Lit. im Westen charakteristisch ist. Den – oder die – Verfasser der Texte der C. wird man daher wohl in Gallien in der 2. Hälfte des 5. Jh. zu suchen haben. P. E. Pieler

Lit.: L. Wenger, Die Q. des röm. Rechts, 1953, 548f. – F. Schulz, Gesch. der röm. Rechtswiss., 1961, 408f. – K.-H. Schindler, C., Labeo 8, 1962, 16–61 – F. Wieacker, IRMAE I, 2a, 50f.

Consultationes Zacchaei, fiktiver Dialog zw. dem Christen Zacchaeus und dem Heiden Apollonius: Ablehnung der heidn. Religion, Zurückweisung jüd. und falscher christl. Gottesvorstellungen und schließlich Verteidigung der asket.-monast. Lebensform. Der Verfasser ist bis heute unbekannt geblieben; wahrscheinl. wurde das Werk in Afrika nach 411 geschrieben. K. S. Frank

Ed.: G. Morin, Florilegium Patristicum 39, 1935 – *Lit.:* Altaner-Stuiber, 361.

Contado. Der C. ist das auf einen städt. Mittelpunkt bezogene, von ihm her erfaßte Gebiet; er deckt sich im allgemeinen mit der Diöz. der städt. Bischofskirche. Seit dem 12./13. Jh. erheben die Städte Anspruch auf Jurisdiktions-, Steuer- und Militärhoheit in »ihrem« C. und unterwerfen die Landbewohner auch den Auflagen ihrer Versorgungspolitik; dabei wird der C. von einem wesentl. engeren Gebiet ausschließlicher Herrschaft der Stadtkommune, dem Distrikt (→Stadtflur), unterschieden. Der Begriff C. leitet sich von lat. comitatus ab. Da die karol. Comitate sich vielerorts nicht mit den späteren Stadtgebieten (= Diöz.) decken (z. B. im Bereich von →Cremona, →Mailand, →Pavia, →Novara, →Vercelli), spiegelt die Bezeichnung des Stadtgebietes als C. eine Entwicklung der nachkarol. Zeit wider, deren Fortschreiten durch Otto v. Freising (Gesta II, 14) und die Verträge der 1. Lega Lombarda (→Lombardischer Städtebund) in der Mitte des 12. Jh. belegt wird. In der Ausweitung der bfl. Hoheitsrechte seit dem 10. Jh. hat schon L. A. Muratori eine wesentl. Ursache für die Entstehung des mit der Diöz. deckungsgleichen Stadtcomitats gesehen. Da die Bischofskirche gleichzeitig zum Mittelpunkt des sich lehnrechtl. an den Bf. bindenden Adels wurde, der in und außerhalb der Stadt dem bfl. Senior als kollektives Beratungsgremium zur Seite stand, verklammerte die Adelsherrschaft Stadt und Umland seit dem 10./11. Jh. in immer stärkerem Maße. Die Beschränkung auf eine Diöz., die Zuordnung zu einer Stadt setzt allerdings die kommunale Einung als bindenden und abgrenzenden Faktor voraus. Der Adel, der außerhalb der Stadt seine Herrschaftsrechte konzentrierte, stellte den maßgebl. Teil der frühkommunalen Führungsschicht. Die frühesten Verpflichtungen der Contadini gegenüber der städt. Kommune waren z. T. eine Folge der Zugehörigkeit der adligen Ortsherren zur städt. Gemeinschaft, in anderen Fällen wurden die Pflichten einer Landgemeinde gegenüber der Stadtkommune in Analogie zu den Rechten feudaler Dorfherrschaft gestaltet. Die seit ca. 1100 erkennbare Scheidung von Bürger und Bauer gewinnt wesentl. Kriterien aus der Unterwerfung des Bauern unter die Adelsbzw. Stadtherrschaft. Durch Erwerb von Feudalrechten, direkte vasallit. Bindung von Adligen an die Kommune, seit dem späten 12. Jh. durch gezielte Siedlungspolitik (→*Borgo franco*) gelang es den Kommunen zunehmend, ihren C. herrschaftl. zu durchdringen. Im Widerstreit von kommunalem Rechtsanspruch und Reichsrecht haben die Kommunen ein formales Bürgerrecht entwickelt, das die Scheidung von Stadt und C. akzentuierte. Solange der Adel maßgebl. an der Leitung der Kommunen beteiligt war, führte diese Politik noch nicht zu einer Ausbeutung der bäuerl. Landbevölkerung. Das seit dem späten 12. Jh. immer dringlicher werdende Versorgungsproblem und die Ständekämpfe führten jedoch rasch auch zu wirtschaftl. Herrschaft der Stadt über den Contado.

Die inneren Auseinandersetzungen zw. Adel und Volk berühren das Verhältnis von Stadt und Land in mehrfacher Hinsicht. Der in der Stadt bedrohte oder ausgeschaltete Adel bekämpft von seinen ländl. Positionen her die popular beherrschte Kommune, die ihrerseits die wirtschaftl. und machtpolit. Basis des Adels im C. zu zerschlagen sucht und dazu auch in das rechtl.-soziale Gefüge des Landes eingreift (Aufhebung der Schollenbindung, Reglementierung des Getreidehandels etc.). Die »popolare« Wiedereroberung sowie Durchdringung des C., ihren in der Stadt ein Aufstieg neuer Führungsgruppen entspricht, verändern das Verhalten der Kommune zum C., des städt. Landbesitzers zum Bauern. Das Landgut wird ein Attribut bürgerl. Sozialprestiges und zugleich ein Feld der Nutzung städt. Kapitals, der C. ein Potential im Dienst der städt. Politik. Neben dem militär. und verkehrspolit. Aspekt treten in der Behandlung des C. seit dem 13. Jh. immer deutlicher die inneren Probleme der Stadt zutage: Versorgung, Lebensmittelpreise, Absatz gewerbl. Produkte, Konkurrenz in handwerkl. Produktion usw. Obwohl der C. das Reservoir für die demograph. Entwicklung der Stadt und für die in ihr benötigten Arbeitskräfte bleibt, erschweren die Städte den Zuzug immer mehr, so daß die Verleihung des Bürgerrechts zunehmend auf vermögende oder beruflich qualifizierte Gruppen beschränkt wird. Das Grundeigentum im C. wird dadurch in erhebl. Umfang in städt. Hand konzentriert, so daß seit dem SpätMA das Verhältnis von →Stadt und C. und der Gegensatz von städt. Grundbesitzer und ländl. Pächter bis zu einem gewissen Grade miteinander korrespondieren.

H. Keller

Lit.: L. A. Muratori, Antiquitates Italiae medii aevi, 1737–1742, I, 399–448 (Diss. VIII); II, 149–222 (Diss. XXI); IV, 1–194 (Diss.

XLV-XLVII) – H. C. PEYER, Zur Getreidepolitik oberit. Städte im 13. Jh., 1950 – E. FIUMI, Sui rapporti economici tra città e c. nell'età comunale, ASI 114, 1956, 18–68 – E. CRISTIANI, Città e campagna in alcuni pubblicazioni dell'ultimo decennio, RSI 75, 1963, 829-845 – Storia d'Italia 2/I–II, 1974 – D. WALEY, The Italian City-Republics, 1977² [dt. Übers.: DERS., Die it. Stadtstaaten, 1969]–P. RACINE, Ville e c. dans l'Italie communale: l'exemple de Plaisance, NRS 61, 1977, 273–290–H. KELLER, Adelsherrschaft und städt. Gesellschaft in Oberitalien, 1979 – A. GROHMANN, Città e territorio tra medioevo ed età moderna (Perugia, secc. XIII–XVI), 1981 – A. HAVERKAMP, Die Städte im Herrschafts- und Sozialgefüge Reichsitaliens, HZ Beih. 7, 1982, 149–245.

Contador-Mor, leitender Beamter des →Finanzwesens des Kgr.es Portugal. Der älteste Hinweis auf dieses Amt stammt aus dem Jahre 1404. Nach einem Erlaß von 1434 besaß der C. folgende Kompetenzen: jurisdiktionelle Gewalt über die Beamten der *Casa dos Contos,* des in der 2. Hälfte des 13. Jh. geschaffenen kgl. ptg. Rechnungshofes, und über die Steuerbeamten des Distrikts v. Lissabon. Der C. war abhängig von den *vedores da fazenda,* die für den Staatshaushalt verantwortlich zeichneten; er konnte in Abwesenheit dieser höheren Amtsträger gewisse richterl. Funktionen übernehmen. Die Schaffung des Amtes eines C. fügte sich in die Ausbildung eines öffentl. ptg. Finanzwesens seit Ende des 14. Jh. ein. Sie stand in Zusammenhang mit der Reorganisation gewisser Bereiche der Casa dos Contos: Die Contos v. Lissabon, die bis zu diesem Zeitpunkt für das ganze Land zuständig waren, beschränkten von da an ihre Aktivitäten auf die Hauptstadt. Im 15. Jh. stellten die Contos v. Lissabon und das in sie integrierte Amt des C. die bedeutendste Abteilung des öffentl. Rechnungswesens des Kgr.es dar. Aber im 16. Jh. und wegen der inzwischen aufgetretenen Veränderungen in Wirtschaft und Verwaltung Portugals verloren sie mit der Zeit diese Vorrangstellung zugunsten der vom Kg. eingerichteten *Contos del Rei.* Diese wiederum wurden 1514 zu den *Contos do Reino e Casa* umgebildet, wobei der Name schon den Geltungsbereich anzeigt. Die Contos v. Lissabon und das Amt des C. haben während des ganzen 15. Jh. eine wichtige Rolle beim Übergang vom spätma. Finanzwesen zur modernen zentralisierten Finanzwirtschaft, die ihrerseits in der Schaffung der obengenannten Contos do Reino e Casa ihren Ausdruck fand, gespielt. Diese Entwicklung sollte 1560 zur Zusammenlegung beider Körperschaften führen. Das Amt des C. bestand bis 1761.   L. Adão da Fonseca

Lit.: Dicionario de Hist. de Portugal I, 686f., 688f. – V. RAU, A Casa dos Contos, 1951.

Contadurías (Rechnungshöfe), seit etwa Mitte des 14. Jh. Hauptträger der öffentl. Verwaltung des kgl. →Finanzwesens *(Hacienda Real)* der Krone Kastiliens. Die *C. Mayor de Hacienda* kontrollierte alle Einnahmen und Ausgaben, veranlaßte und organisierte die Einziehung der *rentas* (d. h. der dem Kg. zustehenden Abgaben), der Pacht und Regalzinsen, bestimmte die Höhe der zu leistenden Zahlungen und schickte alle Akten der Hacienda an den obersten Rechnungshof *(C. Mayor de Cuentas).* An der Spitze der C. Mayor de Hacienda standen seit der Zeit Kg. Peters I. (1351–69) zwei höhere Rechnungsbeamte *(contadores mayores).* Seit 1461 waren sie zudem oberste Richter in Rechtsstreitigkeiten um Finanzfragen und mußten in ihren Registern alle kgl. Urkunden vermerken und eintragen, die in Bezug zu ihren Tätigkeiten standen. Verschiedene Sonderbereiche, in denen *contadores menores* (niedrige Rechnungsbeamte) tätig waren, unterstanden ihnen ebenfalls. 1476 waren dies: das Rentamt *(oficio de rentas),* das die rechtl. Grundlage jeder Abgabe laufend zu überprüfen und die Bedingungen für ihre Eintreibung festzusetzen hatte, wie auch die von den Steuerpächtern für viele rentas zu leistenden Abschlagszahlungen; das *oficio de relaciones,* das die sog. *recetas* vorbereitete, Schriftstücke, in denen die Höhe jeder Abgabe und die darauf lastende Schuldverschreibung festgelegt waren *(situado y salvado),* und eine Pauschalschätzung der Einkünfte und Ausgaben jedes Jahres abgab; das *oficio de extraordinario,* das Sondereinkünfte verwaltete; die *oficios de sueldo, tierras* und *tenencias,* die sich mit der Verwaltung der Militärausgaben, die *oficios de quitaciones* (Zivilverwaltung) und *mercedes* (Gnadenerweise), die sich mit Ausgaben des zivilen Bereichs befaßten, Ausgaben, die den größten Teil des Staatshaushaltes ausmachten. Im Laufe des 15. Jh. wurden verschiedene Verordnungen über die C. Mayor de Hacienda und ihr Personal erlassen, um zum einen die Art und Weise ihrer Tätigkeit zu regeln, zum anderen die Abdeckung eines Teils der Gehälter durch die Erhebung von Gebühren auf die Höhe der einzuziehenden Einkünfte zu gewährleisten. Die wichtigsten Verfügungen wurden in den Jahren 1433, 1436, 1442, 1476 und 1488 getroffen.

Die *C. Mayor de Cuentas* (oberster Rechnungshof), auch die von zwei Rechnungsbeamten geleitet wurde, mag eine ähnliche hist. Entwicklung durchlaufen haben, obwohl man vor der Veröffentlichung ihrer ersten Anordnungen in den Jahren 1437, 1442 und 1478 nur wenig über ihre Tätigkeiten weiß. Aufgabe der C. Mayor de Cuentas war die Überprüfung all jener, die Gelder der Krone verwalteten. Führte diese Überprüfung zur Aufdeckung von Unregelmäßigkeiten *(alcances),* sei es zugunsten oder zum Schaden der kgl. Kammer, so mußten diese bereinigt werden. Im Anschluß daran erhielt der betreffende Beamte eine entsprechende *carta de finequito,* die seinem Verwaltungsdienst ein Ende setzte *(fenecimiento de cuenta,* 'Entlassung') und den Verfall der von ihm bei Dienstantritt geleisteten Bürgschaften einschloß. Anscheinend intervenierte die C. Mayor de Cuenta auch bei Ausschreibungen zur Vergabe öffentl. Arbeiten oder bei Versteigerungen zum Erwerb von Gütern en gros *(compras en grueso)* zu Lasten des kgl. Finanzhaushaltes.   M. A. Ladero Quesada

Lit.: M. A. LADERO QUESADA, La Hacienda Real de Castilla en el siglo XV, 1973 – DERS., El siglo XV en Castilla. Fuentes de renta y política fiscal, 1982 – R. PÉREZ-BUSTAMANTE, Del sistema de Contadurías al Consejo de Hacienda. 1433-1525 (Hist. de la Hacienda Española, 1982), 681–738.

Contarini, eine der ältesten und vornehmsten Familien des ven. Patriziats, aus der bis zum Ende der Republik Venedig u. a. acht Dogen und verschiedene bedeutende Persönlichkeiten hervorgingen, die eine wichtige Rolle in Kultur, Politik und dem religiösen Bereich spielten. Die Familie lebte in mehreren Linien teilweise über den Fall der Republik (1797) hinaus fort.   P. Preto

Lit.: M. BARBARO, Arbori de' patritii veneti, Hs. in Archivio di stato di Venezia, ad voces.

1. C., Ambrogio, ven. Reisender und Diplomat, † 1499 in Venedig, Sohn des Benedetto. Wurde 1474 von der Republik Venedig in diplomat. Mission zum Perserkönig Uzun Hasan entsandt, um ihn für d. Krieg gegen die Türken zu gewinnen. Am 23. Febr. 1474 von Venedig aufgebrochen, erreichte er Isfahan am 30. Okt. des folgenden Jahres. Sein Reiseweg führte über Deutschland, Polen, Rußland, die Krim und Mingrelien. Von Giosafat Barbaro (→3. B.), der sich in gleicher Mission bereits am pers. Hof befand, bei dem Herrscher eingeführt, vermochte er dessen Vertrauen zu gewinnen und begleitete ihn auf seinen Visitationsreisen durch die Provinzen des Reiches. Nach abenteuerl. Heimreise (Überquerung des Kaspischen Meers, Rettung aus tatar. Sklaverei durch den russ. Gesandten, Aufenthalt am Hof des Gfs. en v. Moskau) traf er am 10. April 1477 wieder in Venedig ein. Seine abenteuerl. Reise, welche die Erzählungen Marco Polos wieder aufleben zu lassen schien, machte ihn in seiner Heimat berühmt. In den folgenden Jahren bekleidete er verschiedene ehrenvolle Ämter, darunter den Podestariat von Vicenza. Seine Reiseerlebnisse hielt er in einem Tagebuch fest, betitelt »Questo è il viazo di misier Ambrogio Contarin...«, kurz »Itinerario« genannt. Der Erstausgabe von 1486 folgten zahlreiche Nachdrucke und Übersetzungen in viele Sprachen. Der in Wirklichkeit ziemlich trockene und wenig anschaul. »Itinerario« ist infolge seiner zahlreichen genauen Nachrichten über die Länder des Kaukasus, am Kasp. Meer und im südl. Teil Rußlands eine wertvolle Quelle. P. Preto

Lit.: Repfont III, 642 – Biogr. universale, ed. Missiaglia, XIII, 1842, 119–120 – P. Zurla, Di Marco Polo e degli altri viaggiatori veneziani più illustri, II, 1819, 230–235 – N. Di Lenna, A. C. politico e viaggiatore veneziano del secolo XV, 1921 – P. Donazzolo, I viaggiatori veneti minori. Studio biobibliografico, 1927, 50–52.

2. C., Andrea, ven. Doge (Amtszeit 1368–82), Sohn des Nicolò da San Paterniano, † am 5. Juni 1382, ▭ im Kreuzgang v. S. Stefano, Venedig. A. war in seiner Jugend längere Zeit als Kaufmann in der Levante tätig, wie es bei den Patriziersöhnen der großen ven. Familien üblich war. Seine intensive Handelstätigkeit hinderte ihn jedoch nicht, auch lit. Interessen zu pflegen. Ungeachtet eines Vorfalls in seinen Jugendjahren, als eine überstürzte Rückkehr nach Venedig von einer Mission in Candia ihn eine schwere Strafe kostete, war seine polit. Karriere brillant und von wichtigen Erfolgen gekrönt. Nachdem er zahlreiche kleinere und mittlere Ämter bekleidet hatte, erlangte er die Würde eines Procurator de citra. Einer schlecht belegten Legende zufolge habe er zweimal hintereinander die Dogenwürde zurückgewiesen, bevor er effektiv am 20. Jan. 1368 zu diesem höchsten Amt gewählt wurde. Sein Dogat war reich an wichtigen Ereignissen: im gleichen Jahr fand der fehlgeschlagene Aufstand von Triest statt, 1372 bis 1374 wurde der Krieg gegen Francesco da →Carrara und das Hzm. Österreich fortgesetzt. 1378 bis 1381 führte A. C. gegen Genua den sog. →Chioggiakrieg. Nach anfängl. Niederlagen, der Zerstörung einer Flotte und einer schweren militär. und finanziellen Krise brachte die Republik Venedig am 24. Juni 1380 in den Gewässern von Chioggia die gesamte genues. Flotte in ihre Gewalt und A. C. kehrte als triumphierender Sieger nach Venedig zurück, wo er zwei Jahre später starb. P. Preto

Lit.: G. B. Sardegna, Lettere del doge A. C. e del capitano generale Domenico Michiel, Archeografo triestino, 1882 – G. Cracco, Società e stato nel Medioevo veneziano, 1967, 445, 446, 454 – A. da Mosto, I dogi di Venezia nella vita pubblica e privata, 1977², 138–142, 564.

3. C., Domenico, ven. Doge (Amtszeit 1042–70), † 1071, ▭ San Niccolò in Lido (Marmorgrabmal). Wurde 1043 als Nachfolger des Domenico Flabanico zum Dogen gewählt, bemühte sich in bes. Weise um gute Beziehungen zum →Byzant. Reich, von dem ihm in Anerkennung seiner Verdienste als ehrenvolle Auszeichnung der Titel eines Archypatos, Anthypatos und Magister verliehen wurde. Auch mit Ks. Heinrich III. vermochte er ein gutes Verhältnis herzustellen und bewog ihn ohne Schwierigkeiten zur Erneuerung der gewohnten Privilegien der Republik Venedig. Er führte persönl. den Eroberungskampf um →Grado, das von →Poppo, Patriarchen v. Aquileia, besetzt worden war; in der Folge betrieb er intensiv die Wiedereroberung des einige Jahre zuvor vom Kg. v. →Ungarn eingenommenen →Zadar. Während seines Dogates begann der Bau der heutigen Basilika San Marco. Auf seine Initiative geht auch die Errichtung des Kl. und der Kirche S. Niccolò in Lido und des Kl. S. Angelo di Concordia zurück. Vermutl. während der letzten Jahre seines Dogats kam Papst Leo IX. nach Venedig, zu dessen Ehren die Kirche S. Caterina in S. Lio umbenannt worden sein soll. P. Preto

Lit.: C. Ughelli, Italia sacra V, 1720, 1216 – C. Malagola, Le Livre de Venise à travers l'hist., 1909 – A. da Mosto, I dogi di Venezia nella vita pubblica e privata, 1977², 52–53.

4. C., Francesco, ven. Diplomat und Chronist, * 1421 in Venedig, † zw. 1460 und 1475 ebd. Nach einigen Jahren der Lektorentätigkeit für Philosophie an der Univ. Padua, war er 1451 als Orator in Bologna und wurde 1453 während des Kriegs mit den Florentinern nach Siena entsandt. Als Anhänger einer Politik der Neutralität der Seerepublik gegenüber den Türken wurde er nach dem Reichstag von Mantua ausgewählt, sich als Orator an die Kurie zu Pius II. zu begeben (1458). Viele Jahre lang übte er daraufhin polit.-diplomat. Aktivitäten aus, pflegte dabei seine lebhaften kulturellen Interessen und widmete sich einer relativ umfangreichen lit. Produktion. Neben bis jetzt noch unedierten kleineren Schriften und einem Brief über den ven. Adel (1460), dessen Authentizität umstritten ist, hinterließ er eine – gewöhnl. »Commentari« betitelte – »Historia Etruriae«, in der er mit nüchterner Klarheit und in anschaul. Stil die polit. und militär. Ereignisse des Kriegs zw. Siena und Florenz beschreibt, den er selbst miterlebt hatte. P. Preto

Lit.: DBI XXVIII, s. v. [P. Preto] – Repfont III, 642–643 – L. Pastor, Gesch. der Päpste seit dem Ausgang des MA, 1885ff., passim – A. Segarizzi, F. C. politico e letterato veneziano del secolo XV, NAV, n. s. VI, 1906, t. III, 1, 272–306 – G. B. Picotti, La dieta di Mantova e la politica de' veneziani, Misc. di storia veneta, s. III, t. IV, 1912, passim.

5. C., Jacopo, ven. Doge (Amtszeit 1275–80), * vermutl. 1195, † 1280, ▭ Frarikirche, Venedig. Durchliefene schnelle und brillante Ämterkarriere in der Finanzverwaltung und Rechtspflege. Die Krönung langer Jahre intensiver Teilnahme am öffentl. Leben bildete seine Ernennung zu den ehrenvollen Ämtern eines Gesandten in Konstantinopel und eines Procurator von S. Marco de ultra. Nach einer erbitterten Kontroverse um die Wahl des Nachfolgers von Lorenzo Tiepolo einigten sich die Patrizier schließlich am 16. Sept. 1275 auf J. C., in der Überzeugung, daß dieser infolge seines fortgeschrittenen Alters wenig Eigeninitiative entwickeln würde. Während J. C.s nur fünfjährigen Dogats führte die Republik Venedig erbitterte Kriege mit Aquileia und Ancona und hatte große Aufstände in Candia (Kreta) und Istrien zu bekämpfen. Um gute Beziehungen zu der traditionellen Rivalin Genua aufrechtzuerhalten, willigte J. C. ein, die Allianz mit Pisa aufzulösen. Bezeichnend für das wachsende Ansehen der Republik Venedig in der Welt ist ein Brief Kg. Rudolfs I. an J. C. 1278 mußte auch der Adriahafen Ancona für einige Zeit Venedigs Oberhoheit anerkennen, konnte sie jedoch später abschütteln. J. C. dankte am 6. März 1280 ab, vermutl. nicht zuletzt infolge starken Drucks einiger Patrizier, und starb noch im gleichen Jahr. P. Preto

Lit.: G. Cracco, Società e stato nel Medioevo veneziano, 1967, 264, 288, 410 – A. da Mosto, I dogi di Venezia nella vita pubblica e privata, 1977², 92–93.

Contemptus mundi

A. Contemptus mundi als Begriff und Haltung abendländischer mittelalterlicher Geistigkeit – B. Beispiele von Schriften zu Contemptus mundi.

A. Contemptus mundi als Begriff und Haltung abendländischer mittelalterlicher Geistigkeit

Das Nichtachten, Geringachten, ja Verachten alles Diesseitigen und v. a. der weltl. Betriebsamkeit, die Absage und Verweigerung, der Verzicht auf weltl. Aktivität, die

Besinnung auf den rechten Gebrauch der Weltgüter, doch auch eigentl. Weltflucht (fuga mundi, saeculi), all dies gehört zu dem komplexen Begriff. Als Terminus technicus der christl. Spiritualität meint c.m. jedoch stets eine nur bedingte oder relative Weltverachtung in dem Sinne, daß sie vor dem Hintergrund der Credo-Sätze von der Auferstehung des Fleisches (resurrectio mortuorum) und der Erwartung der zukünftigen Welt (vita venturi saeculi) strikte auf eine ewige Seligkeit, auf ein Leben in der Anschauung Gottes nach dem Tode, wovon ein Vorgeschmack bereits hienieden in der Kontemplation und unio mystica gekostet wird, bezogen bleibt. Die Lehre vom c.m. ist also paränet. Teil einer theol. bestimmten Anthropologie. In ihren lit. Ausformungen – v. a. in der Speculum-, Trost- und →Ars moriendi-Lit. sowie in der Totenklage – will sie die Lebensentscheidung, Lebensführung und -haltung jedes Christen beeinflussen. Sie verarbeitet entsprechende Aussagen antiker Philosophen, hauptsächl. aber Textstellen aus dem AT (v. a. die Bücher der Lehrweisheit) und die Paulin. Briefe sowie die Schriften gewisser Kirchenväter, so des Ambrosius »De fuga saeculi« (MPL 14) und des (Pseudo-?) Augustinus »Sermo de vanitate saeculi« (MPL 40). Im 11. und 12 Jh. wurde die c.m.-Literatur vorab in den auf monast. und kirchl. Reform hinarbeitenden Zentren verfaßt (Cluny, Gorze, Hirsau, Viktoriner). Die Lehre vom c.m. bricht, in der Absicht, heilsam zu erschüttern und zu erbauen, jede unreflektierte, rein vitale und elementare Lebenslust, um den instinktiven Lebensdrang und -optimismus zu bekehren: der Mensch soll, seiner hohen Bestimmung gemäß, um absolute, unvergängl. Werte sich bemühen. Lit. ist der c.m. an keinerlei Gattung oder Form gebunden, hingegen hält er ein Arsenal charakterist. und stereotyper Themen und Motive bereit, die alle, oft brutal, auf die negativ erfahrenen Gegebenheiten der fakt. menschl. Existenz hinweisen, damit die vom Schöpfergott beabsichtigte Größe und Würde des Menschen um so mehr sich positiv als 'Kehrseite' abzuheben vermöge.

Europ. Verbreitung fand im MA die in verschiedene Volkssprachen übersetzte Schrift Lothars von Segni (Lotario Conti, →Innozenz III.), »De miseria conditionis humanae«. Sie ist eine Summa der *c.m.-Themen*: sie will die menschl. superbia, Hochmut, Willkür und Anmaßung in ihre Schranken weisen. Die drei Bücher Lothars umfassen den klägl. Eintritt des Menschen in die Welt, nach dem elenden Anfang den mühseligen Fortgang des Erwachsenenlebens, darauf das schwierige Ende des Alten. Gefährdung, Krankheit, Tod begleiten den Menschen von der Geburt bis zu seinem Ende, falsche Ambitionen und Illusionen kennzeichnen das mittlere Alter, Hinfälligkeit und Not den Lebensabschluß. Als in der Folge lit. fruchtbar erweisen sich bes. folgende Themen und Motive: die drei, auf richtige Selbsteinschätzung und -erkenntnis tendierenden Fragen nach dem Woher, dem Ist-Zustand und dem Wohin des Menschen; die Gewißheit des Todes, die Kürze des Lebens (brevitas vitae), damit oft verbunden die bis auf Boethius (»De Consolatione Philosophiae« II, 7) zurückreichende Frage »wo sind geblieben?« (ubi nunc, ubi sunt); die Altersklage und Reue um die Jugend; der Laster- und Sündenkatalog des 'mittleren Alters', die Berufs- und Ständesatire; die Auflösung des Körpers durch den Tod; das Gericht und Urteil über die Seele, Himmel und Hölle; die allgemeine Sinnfrage: »was hat es für einen Wert?« Nach der Großen Pest 1348/50 dominiert das Todesthema. Oft abgewandelt zur Welt- und Todesklage, zieht sich das c.m.-Thema bis zum Ende des Barockzeitalters. L. Gnädinger

B. **Beispiele von Schriften zu Contemptus mundi**
I. Mittellateinische Literatur – II. Französische Literatur – III. Italienische Literatur – IV. Literaturen der Iberischen Halbinsel – V. Deutsche Literatur – VI. Englische Literatur.

I. MITTELLATEINISCHE LITERATUR: Die Lehre, daß alles Diesseitige, zur Welt Gehörige, im Vergleich zum Leben nach dem Tode gering zu schätzen sei, beherrscht das ma. Denken so vollkommen, daß Ausdrücke wie »hic mundus« oder »saeculum« von vornherein pejorative Konnotation besitzen (vgl. Röm 12,2 »et nolite conformari huic saeculo«). C.m. ist auch Titel zahlreicher lit. Werke in Dichtung und Prosa, die zur Weltflucht mahnen. Dichterisch bes. prägnant ist der Gedanke in den →Hildebert v. Lavardin zugeschriebenen Versen »De IV bonis et IV malis«, Incipit: Spernere mundum (WALTHER, Initia 18492 und Nachträge) formuliert, die sprichwortartig verbreitet waren. Den kunstvollsten Ausdruck findet das Thema in den ca. 3000 Trinini salientes des →Bernhard v. Morlas (um 1140, hg. H. C. HOSKIER, 1929). Erwartungsgemäß finden sich einschlägige Werke oder Passagen bei jenen ma. Autoren, die in bes. Maße für das Ideal der →Askese eintraten (→Petrus Damiani, →Hugo v. St. Victor, →Bernhard v. Clairvaux), während andererseits ein Werk wie die »Consolatio Philosophiae« des →Boethius durch die Beifügung »et de mundi contemptu« im Titel (Konrad v. Hirsau, Dialogus 1,1065) für das Thema nicht unpassend herangezogen werden konnte. Zu Unrecht dem Bernhard v. Morlas wie Bernhard v. Clairvaux zugeschrieben wurde eine Dichtung »Chartula« (Inc.: Chartula nostra tibi mandat, dilecte, salutes, WALTHER, Initia 2521 und Nachträge), die seit der ersten Hälfte des 12. Jh. weit verbreitet ist und deren Umfang zw. 374 und 900 Hexametern schwankt. Die Chartula wurde Bestandteil der Auctores octo morales, einer seit 1488 fünfzigmal gedruckten Sammlung moralisierender Schriften und bes. Stein des Anstoßes für die Humanisten. Kein einschlägiges Werk erreichte aber die Wirkung, die Lothar von Segni (Lotario Conti), der spätere Papst →Innozenz III., mit seinem 1195 verfaßten Werk »De miseria conditionis humanae« auf die Nachwelt ausübte: 672 erhaltene Hss. der lat. Originalfassung, 52 gedr. Ausgaben, Übersetzungen in die meisten Volkssprachen und Zitate bei späteren Autoren (→Albertanus v. Brescia) sind naturgemäß auch auf die Position des Verfassers zurückzuführen, aber auch Beweis für die Tatsache, daß Lothar-Innozenz gerade mit dieser Schrift »den Nerv der Zeit getroffen« hat (H. FUHRMANN, Von Petrus zu Johannes Paul II., 1980, 118), obwohl oder weil der moralisierende Traktat in drei Büchern über zu meidende Laster, gelegentl. aufgelockert durch drast. Exempla, in eher anspruchsloser Weise zur Einkehr aufruft. Weitere Werke verwandter Thematik werden u. a. →Augustin, →Anselm v. Canterbury, →Bernhard v. Clairvaux zugeschrieben, entsprechende Schriften verfaßten u. a. auch →Eucherius v. Lyon, →Stephan Langton, →Hermann v. Reichenau (Contractus), →Dionysius d. Kartäuser (vgl. R. RUDOLF). G. Silagi

Lit.: Verf.-Lex.² IV, 390f., s. v. Innozenz III. – R. RUDOLF, Ars moriendi, 1957, 25–37 – R. BULTOT, La Chartula et l'enseignement du mépris du monde, StM 3ˢ. 8, 1967, 787–834 (zu →Adelard v. Bath, →Konrad v. Hirsau, →Petrus v. Compostella, →Heinrich v. Settimello und ihren Beziehungen zur »Chartula«) – R. E. LEWIS, Lotario de Segni (Pope Innocent III), De miseria condicionis humanae, 1978 (S. 66, Anm. 5: Ankündigung einer umfassenden Darstellung des Themas für die Zeit nach Innozenz III. durch D. R. HOWARD).

II. FRANZÖSISCHE LITERATUR: Wohl im Gefolge des Zisterziensermönchs →Thomas Beverley v. Froidmont, † 1170, der einen »Liber de modo bene vivendi« verfaßte (MPL 184), schrieb Hélinant (→Helinand) v. Froidmont zw. 1194 und 1197 »Les Vers de la mort« mit 312 Str. zu 12 Versen (24 Hss.). Nach dem »Speculum Historiale« (XXX, 108) des →Vinzenz v. Beauvais wurden sie öffentl. vorgetragen. H. schickt den personifizierten Tod all seinen Freunden – in hierarch. Ordnung –, um in ihnen heilsame Todesfurcht zu wecken, wozu u. a. auch eine Attacke auf die Mächtigen und Reichen gehört. H.s Dichtung wurde oft zitiert und imitiert. In derselben, damals neuen Strophen- und Versform dichtete um 1200 Barthélmy →Renclus de Molliens (Moiliens) den »Roman de Carité« und »Miserere« (273 Str.). Er nimmt die drei Fragen nach dem Menschen auf (Str. 8–20), den Sünden- und Lasterkatalog (Str. 76–128), das Thema Schmerz und Unbill (Str. 175ff.), Tod (Str. 215–225). Das anonyme →»Poème moral« (580 Vierzeiler) vom Anfang des 13. Jh., eine Belehrung über christl. Lebensweise, bringt einleitend (vv. 1–60) eine Beschreibung der weltl. Vanitas. Doch erscheint hier das mühselige Leben als Heilsweg, sofern Umkehr und Buße geschehen. Kein Exemplar dieser Dichtung ist komplett, die themat. Teile wurden in den Hss. jeweils neu zusammengestellt. Das einem sonst unbekannten Johannes Macabré (Macabrus) zugeschriebene Erbauungswerk »Le Mors de la pomme« (1 Hs.) wurde von Jean Miélot abgeschrieben und mit dem Jahre 1468 datiert. Es ist wohl die älteste Variante des »Poème de la Mort«; der Prolog stellt wiederum die drei Fragen nach dem Woher, dem Ist-Zustand und dem Wohin des Menschen. Ein ergänzendes »De dignitate« mit dem Motto Hebr. 2,7 ist geplant, wird aber nie von Lothar v. Segni ausgeführt. Einen »Miroir de Vie et de Mort« verfaßte 1266 Robert de l'Omme. Seit Eustache →Deschamps, 1346–1406, der das c.m.-Thema v.a. als Todes- und Vergänglichkeitsthema in seinem »Double Lay de la fragilité humaine« berücksichtigt, ist nicht mehr unbedingt religiöse Umkehr beabsichtigt: das »carpe diem«, nutze die Zeit, wird vielmehr nun daraus abgeleitet. Pierre Nesson, 1382–1442, war durch seine »Vigiles des morts« und »Neuf leçons de Job« (auch »Le Vers« gen.) einflußreich für die Dichter der Grande Rhétorique (→Rhétoriqueurs); freilich auch für François →Villon, der in »Le Testament« (2023 Verse) die c.m.-Themen der Vergänglichkeit, des Verlustes der Jugend, der Klage über das Alter, das ubi sunt u. a. nun in verändertem Sinne verwendet. Aus dem 15. Jh. sind in der Tradition des c.m. weiter zu nennen: George →Chastellain, der durch den in »Le Miroir de la mort« (93 Str. zu 8 Versen) poetisierten Tod seiner Dame zum c.m. geführt wird; sieben Balladen, die »Ballades de moralité«, haben die condition humaine zum Gegenstand. Pierre→Michault verfaßt zw. 1460 und 1466 die »Danse aux Aveugles« (19 Hss. und frühe Drucke), ein Opus magnum aus Prosa und Vers in 16 Teilen, in dem die Personifikationen von Amour, Fortune und Mort die Menschheit tanzen machen, mit dem Fazit: menschl. Wirken ist Vanitas. Memento mori ist das letzte Wort des »Danse aux Aveugles«. Jean →Meschinot, der Autor der »Lunettes des Princes« mit Abschnitten über die Hinfälligkeit des Leibes und den Tod, dichtete zudem zehn »Ballades de la condition humaine« mit c.m.-Motiven. Jean →Molinet, im »Dictier pour penser a la mort«, Guillaume →Cretin, in der »Translation du chant de misère« und in der »Invective contre la Mort«, Octovien de Saint-Gelais (1458–1502) und Jean Lemaire de Belges (1473 – nach 1515?) ordnen das c.m.-Thema ganz demjenigen der Vergänglichkeit und des Todes unter, nun mit der Aufforderung zum carpe diem. L. Gnädinger

Ed.: Les Vers de la Mort par Hélinant, moine de Froidmont, ed. F. WULFF–E. WALBERG, 1905 (= Soc. des anc. textes fr., 75) – Li Romans de Carité et Miserere du Renclus de Moiliens, Poème de la fin du XII*s., ed. A. G. VAN HAMEL, 1885 [Repr. 1974] – Le poème moral, ed. A. BAYOT, 1929 (= Acad. Roy. de Langue et Litt. fr. de Belgique, Textes anciens, T. 1) – Le Mors de la pomme, ed. E.-ED. SCHNEEGANS, Romania 46, 1920, 537–570 – Robert de l'Omme, Le miroir de Vie et de Mort, ed. A. LANGFORS, Romania 47, 1921, 511–531; 50, 1924, 14–53 – Übrige Texte s. die Angaben bei C. MARTINEAU-GÉNIEYS, Le thème de la mort – *Lit. [allg.]:* DSAM V, 1575–1605 – Le mépris du monde. La notion de mépris du monde dans la tradition spirituelle occidentale, 1965 – F. LAZZARI, Il c.m. nella scuola di S. Vittore, Ist. it. per gli studi storici 19, 1965 – L. CHEVALLIER–H. RONDET, L'idée de vanité chez saint Augustin, RevAug 3, 1975, 221–234 – CH. ELSAS, Neuplaton. und gnost. Weltablehnung in der Schule Plotins, 1975 (Religionsgesch. Versuche und Vorarbeiten, 34) – G. S. WILLIAMS, The vision of death. A study of »memento mori« expressions in some Latin, German, and French didactic texts of the XIth and XIIth c., GAG 191, 1976 – C. MARTINEAU-GÉNIEYS, Le thème de la mort dans la poésie française, 1978 – GRLMA VI.

III. ITALIENISCHE LITERATUR: Der Gedanke, daß das Diesseits gegenüber dem Jenseits geringwertiger sei, bildet die Grundlage der ma. →Askese. Er ist daher in der gesamten asket. Literatur implizit, aber auch explizit enthalten, mithin auch in der in Italien von Italienern verfaßten lat. (vgl. Abschnitt I) wie in der it. Literatur. Weite Verbreitung fand die Schrift »De miseria conditionis humanae« des Lothar v. Segni (Lotario Conti, als Papst →Innozenz III.), die von Bono →Giamboni aus Florenz (zw. 1261/1292) ins It. übersetzt wurde. Weltverachtung preist die Laudendichtung der Flagellanten in Umbrien (→Laude; Laudesi) und die aus ihr hervorgegangene Laudendichtung des →Jacopone da Todi. Aus der Schrift Innozenz' III. gewann →Dante Alighieri Anregungen für seine Schilderung von Hölle und Himmel. Zur Zentralfigur des 21. Gesanges des »Paradiso« in der »Göttlichen Komödie«, der den »spiriti contemplativi« gewidmet ist, machte Dante den Hl. →Petrus Damiani, der in einem Großteil seines umfangreichen Schaffens ebenfalls Weltverachtung lehrt. Das asket. Ideal der Weltflucht tritt, mit stoischem Gedankengut verbunden, in mehreren lat. Schriften →Petrarcas hervor: »De vita solitaria«, »De otio religiosorum«, »De remediis utriusque fortunae«. Die Sündhaftigkeit der Welt malen in ihren Predigten z. B. die Dominikaner →Giordano da Pisa (ca. 1260–1311) und Iacopo →Passavanti (1317–57; »Specchio di vera penitenza«) aus. Weltentsagung lehrte der Mystiker Giovanni →Colombini, der Gründer des Jesuatenordens, sowie die Hl. →Katharina v. Siena. Der asket. Geist der toskan. Mystiker lebt weiter in des Humanisten Maffeo Vegio (1407–58) 'Lob des klösterl. Lebens' (»De perseverantia religionis«, 1448). W. Th. Elwert

Lit.: M. MINOIA, La vita di Maffeo Vegio, 1896 – P. MISCIATTELLI, Mistici senesi, 1913 – G. PARDI, Giovanni Colombini, NRS XI, 1927, 286–539 – M. AURIGEMMA, Saggio sul Passavanti, 1957 – C. DEL CORNO, Per l'edizione delle prediche di frate Giordano da Pisa, Studi di filologia it. XXII, 1964, 25–165.

IV. LITERATUREN DER IBERISCHEN HALBINSEL: Viele der ma. Vers- und Prosaschriften De c.m. wurden auf der Iber. Halbinsel bekannt im Gefolge der Reformbewegungen von Cluny und des IV. Laterankonzils, z. B. der ps.-augustin. Sermo de contemptu mundi (möglicherweise im 15. Jh. von Gonzalo García de Santa María als »Tratado de las diez cuerdas de la vanidad del mundo« übersetzt), ps.-bernhardin. Werke, Bernhardins v. Siena »Speculum peccatorum de c.m.«, Alanus' ab Insulis »Summa de arte praedicatoris« (cap. XI/XII). Die Zahl der noch erhaltenen lat. Hss. bezeugt die Verbreitung des berühmtesten unter den ma. Traktaten über die Verachtung der Welt, »De miseria conditionis humanae« des Lothar v. Segni (Lotario Conti, des späteren Papstes →Innozenz III.). Gegen Ende des 14. Jh. entstand die kast. Fassung »Libro de la vilesa dela humana condiçion« (Madrid, Bibl. Nac., ms 10201, f. 1r–35v; Montserrat, ms 1025, f. 1r–41v). Die katal. Übersetzung findet sich in ms 75, f. 128ra–155va der UB Barcelona sowie in ms. 77, f. 163–235r der Bibl. de Catalunya, Barcelona (spätes 14. Jh.). Der anonyme »Libro de la miseria de omne«, eines der letzten Zeugnisse für den »mester de clerecía«, bietet die freie Wiedergabe von Lothars Schrift mit gelegentl. Erweiterungen bei der Ständesatire. Im 15. Jh. entwickelt sich die Gattung der geistl. Abhandlungen über den Weltverzicht weiter. Der Kartäuser Bernardo Fontova (1390–1460) verfaßte einen »Menospreçio de las cosas visibles«; von Alonso Núñez de Toledo stammt der »Tratado llamado vençimiento del mundo« (1481). Die Nachwirkung des c.m. im Erbauungsschrifttum ist unübersehbar und vermischt sich mit anderen Themen der Askese bzw. Todesdidaktik (z. B. bei Lope Fernández im »Espejo del alma«, 2. Hälfte des 15. Jh., oder im »Libellus lamentationis generis humani« von Alfonso Ortiz, UB Salamanca, ms 370, spätes 15. Jh.). Der katal. Traktat »De menyspreu del mon« (Escorial M-II-3, f. 6r–12r, N-I-16, f. 168ra–170v) greift auf den bekannten Titel zurück, der auch für die ptg. Übersetzung von »De religione« des Nestorianers Isaac v. Ninive (7. Jh.) Verwendung fand (»Livro do desprezo do mundo«, Bibl. Nac., Lisboa, Cod. Alcob. CCLXI/387; im gleichen Bestand Johannes' Klimakos Himmelsleiter, in der ptg. Übersetzung »Como havemos de fugir o mundo«, Cod. Alcob. CCLXXIV/213). In den ptg. Erbauungsbüchern (14./15. Jh.) »Orto do Esposo« (Abschnitt 3 »da vaidade das cousas humanas«) und im »Boosco Deleitoso« (Erstdr. Lissabon 1515), in dem »Dom Locario« im Rahmen einer Vision auftritt und über die Verachtung der Welt spricht, verbinden sich Einflüsse von Petrarcas »De vita solitaria« mit Gedankengut des c.m. Die anfängl. Gerson zugeschriebene »Imitatio Christi«, das meistgelesene Erbauungsbuch des ausgehenden MA, wurde vielfach unter dem Titel C.m. bekannt (katal. Übersetzung »De la imitació de Jesuchrist e del menyspreu de aquest mon«, Barcelona 1482; kast. Übersetzung. »C.m. menosprecio de todas las vanidades del mundo«, Sevilla 1493; ptg. Teilübersetzung von Frei João Alvares).

In der weltl. didakt. Lit. taucht das Thema im 15. Jh. auch in der Cancionero-Lyrik auf (in Verbindung mit dem Ubi-sunt-Motiv). Die »Coplas del menesprecio e contempto de las cosas fermosas del mundo« des Condestables Dom →Pedro de Portugal entstanden 1453/55 (Erstausg. Zaragoza 1490) und wurden bis ins 17. Jh. häufig aufgelegt. Span. Drucken der →Disticha Catonis wird seit der Inkunabelzeit bis in die Mitte des 16. Jh. u. a. oft der ps.-bernhardin. c.m. beigegeben; die sog. Libri menores waren für den lat. Grammatikunterricht bestimmt. Die Nachwirkung der Traktate De c.m. reicht in Spanien weit in das Siglo de Oro hinein (desengaño; Diego de Estella, Libro de la vanidad del mundo, Toledo 1562), findet aber auch ihr Gegengewicht im humanist. Lob auf die Würde des Menschen (Fernán Pérez de Oliva, †ca. 1531).

D. Briesemeister

Ed. und Lit.: Libro de miseria de omne, ed. M. ARTIGAS, 1920; Ed. crit., introd. e nota a cura di P. TESAURO, 1983 – M. MARTINS, O Livro do desprezo do mundo, de Isaac de Nínive, em medievo-português, Boletim de Filologia 13, 1953, 153–163 – Tratado llamado vençimiento del mundo, ed. R. A. DEL PIERO–P. O. GERICKE, Hispanófila 7, 21, 1964, 1–29 – R. A. DEL PIERO, Nueva Rev. de Filología Hispánica 15, 1961, 377–392 – Dom Pedro de Portugal, Obras completas, ed. L. A. DA FONSECA, 1975, 177–304 – E. GASCÓN VERA, El tema de De c.m. en Castilla, a mediados del siglo XV, Boletín de la Bibl. Menéndez y Pelayo 53, 1977, 19–37.

V. DEUTSCHE LITERATUR: Eine feststehende Wortentsprechung für c.m. existiert im ma. Dt. nicht. Begreift man Bewußtmachen und Veranschaulichen der Vergänglichkeit des Menschen, der ird. Güter, der Welt insgesamt als konkretisierende Begründung der Abwendung von der Welt mit dem Ziel der Hinwendung zu Gott und zum ewigen Leben, so kommen diese Aspekte in der dt. Literatur des MA vielfältig zur Geltung und zwar als zentrales Thema in predigthaften Lehrgedichten, in Liedern, Novellen, Dialogen, Traktaten und als Motiv in verschiedenem Kontext. An einen bestimmten abgrenzbaren Texttyp sind sie nicht gebunden. Die c.m.-Thematik bedeutet nicht unbedingt Forderung streng asketischer Lebensführung, ist auch nicht primär – wie oft angenommen – spezifischer Ausdruck der von Cluny ausgehenden, von Hirsau u. a. rezipierten monast. Reformbestrebungen, sondern durchgängige Grundhaltung der biblisch begründeten, patristisch sanktionierten eschatolog. Weltsicht des MA. Die Vorstellung von der Endlichkeit der Weltzeit und der folgenden ewigen Seligkeit oder Verdammnis stellt das Leben des Menschen in übergreifende Relationen. Allerdings gab es immer wieder geistl. Strömungen, neue Orden, Reformbewegungen, die eine bes. Affinität zu der c.m.-Thematik entwickelten und radikale prakt. Konsequenzen anstrebten.

Die dt. Schriften zu diesem Themenkomplex sind nicht vollständig erfaßt und aufgearbeitet. Bekannt sind dt. Übertragungen verbreiteter lat. »de contemptu mundi«-Texte: z. B. eine hd. und eine ripuar. Übersetzung der irrtüml. Bernhard v. Morlas bzw. Bernhard v. Clairvaux zugeschriebenen »Chartula« (auch »Carmen paraeneticum ad Rainaldum« gen., MPL 184, 1304–1314) aus dem 14. Jh. (hd. CPV 4118, 143^r–160^v aus Mondsee; ripuar. Kassel, LB, Ms. philos. 5 in 8°, 77^v–115^v), eine hd. Übertragung des unter dem Namen Bernhards v. Clairvaux oder Roberts Grosseteste laufenden »Ecce mundus moritur« = »Sich die werlt irstirbet gar« (CPV 2710, 5–6 aus Ambras) aus dem 14. Jh. sowie mehrere dt. Fassungen von »De miseria conditionis humanae« des Lothar v. Segni, später Papst Innozenz III. (s. RUDOLF, 8). Andere dt. Texte gehen auf verschiedene Quellen zurück. Ein Beispiel für die sprachl. Umsetzung des lat. Ausdrucks c.m. bietet der Traktat »Van versmaygen deser werelt vnd der dyngen die da ynnen synt« (Stuttgart, LB, cod. theol. et phil. 4° 68, 50^r–85^r: alem.; Köln, Hist. Arch.; cod. W 2° 266, 178ra–187rb: ripuar.), der mit sieben Gesichtspunkten die Abwendung von der Welt begründet. Der lat. Titel »De c.m.« ist einer im 15. Jh. mehrfach überlieferten dt. Reimpaardichtung, Inc. »Die welt wirt vns bezeichnet hie« (uned., Überlieferung s. RUDOLF, 7 ad 3b) vorangestellt, die zum Leben nach Gottes Geboten auffordert, und in der verschiedene Menschen ihre – letztlich teufelsbezogene – Weltgebundenheit artikulieren, während ein Engel, Sonne, Mond, ein Priester und schließlich der Tod und Cadaver vor der Fixierung auf die Welt warnen. Abkehr von der Welt aus dem Blickpunkt des Todes predigt die dt. →memento mori-Dichtung, die seit der 2. Hälfte des 11. Jh. bis ins SpätMA faßbar ist. Das »Alem. memento mori« (ed. R. SCHÜTZEICHEL, 1962) als frühestes Zeugnis gehört wahrscheinl. in den Zusammenhang der monast. Reformbewegung des dt. Südwestens im 11. Jh., die mönchische Lebensweise auch für Laien (Conversen) propagierte. →»Von des todes gehugde« Ende des 12. oder Anfang des 13. Jh. entstanden, versteht der unbekannte Autor als lit. Bußakt, an dem andere partizipieren. Neben der Kritik am höf. Leben und den verschiedenen Ständen – einschließl. Geistlichkeit und

Papst – wird die Vergänglichkeit durch die Begegnung einer Frau mit dem Leichnam ihres Mannes und eines Sohnes mit seinem toten Vater eindrücklich veranschaulicht. Dieses Modell der mahnenden Konfrontation eines Toten mit einem Lebenden wurde bis ins SpätMA benutzt, so in der »Admonicio mortui ad viventem. Der tod spricht zw dem lebendigen« (Cgm 3974, 55$^{ra/rb}$).

Die Gestalt der →Frau Welt als Allegorie der Vergänglichkeit mit einer verführerisch schönen Frontansicht und einer von Verwesung gezeichneten Kehrseite gehört ebenfalls zur lit. c. m.-Thematik. An die Stelle des verwesenden Menschen ist exemplar. die Kunstfigur getreten. Sie begegnet zum ersten Mal in einem Lied →Walthers v. der Vogelweide (L 100, 24ff. »Fro Welt, ir sult dem wirte sagen«), das vor dem schließlichen Weltverzicht die Faszination durch sie zum Ausdruck bringt. Drastisch geschildert erscheint die Gestalt in →Konrads v. Würzburg »Der Welt Lohn« (ed. E. Schröder, 1965, 1–11), wo der Dichter Wirnt v. Grafenberg die von Würmern zerfressene Rückseite seiner einstigen Geliebten erblickt und sich büßend auf einen Kreuzzug begibt. In der höf. Laienliteratur stehen die c.m.-Motive in einem Kontext, in dem die Welt durchaus graduell positiven Wert besitzt. Die mehrfach variierte Devise, vor Gott und der Welt zu bestehen (insbes. bei Walther von der Vogelweide und Wolfram v. Eschenbach), ist u. a. als Replik auf die geistl. Forderung radikaler Weltabkehr zu erklären. C.m. bleibt weiterhin ein lit. Motiv, das die religiöse Weltsicht und eine grundsätzl. menschl. Erfahrung bewußt hält.

Dezidiert behandelt wird das c.m.-Thema außerdem in Streitgesprächen vom Typ der →Visio Philiberti (neben strengeren Übersetzungen freiere Nachdichtung →Heinrichs v. Neustadt), wo Seele und Leib sich über ihre Verantwortlichkeit für das Schicksal des Menschen nach dem Tode auseinandersetzen, sowie in Dialogen, in denen der personifizierte Tod auftritt, wie im »Zwiegespräch des Todes mit dem Leibe, des Leibes mit der Seele und der Seele mit dem Teufel« (CPV 3009, 97^v–102^v) von 1437 und dem »Ackermann aus Böhmen« des →Johannes v. Tepl. Der →Totentanz als bes. Variante des memento mori in Bild-Wort-Kombination ist auch dem c.m.-Komplex zuzuordnen. Aus allen erwähnten Bereichen gespeist wurde die im SpätMA von einer Seelsorgehandreichung zu einem bes. Texttyp entwickelte→ars moriendi-Literatur.

U. Schulze

Lit.: Verf.-Lex.² I, 1, 16f. [B. D. Haage]; II, 1/2, 5–8 [R. Rudolf] – E. Schröder, Ein rhein. 'C.m.' und seine Q., GGN ph.-hist. Kl. 1910, 335–357 – W. Stammler, Frau Welt (Freiburger Universitätsreden NF 23), 1959 – R. Rudolf, Ars moriendi. Von der Kunst des heilsamen Lebens und Sterbens (Forsch. zur Volkskunde 39), 1957 [123–127: umfassendste Auflistung dt. Texte zum c.m.-Thema mit bibliogr. Angaben].

VI. Englische Literatur: Die Ermahnung zur Verachtung der Welt findet sich im ae. und me. Schrifttum in mannigfaltigen Formen und Variationen. In homilet. Kontext erscheint das Thema von der Vergänglichkeit und Nichtigkeit alles Irdischen etwa in den ae. Bodley-Homilien (Nr. 12, vgl. die 10. →Vercelli-Homilie), wobei der Appell zur Weltverachtung durch das Bild vom verwesenden Leichnam unterstrichen wird. Die 'descriptio mortui' und die 'signa mortis' als Inbegriff der Vergänglichkeit sind für eine ganze Gruppe me. religiöser Gedichte typisch (z. B. »Wen þe turuf is þi tuur« / »Cum sit gleba tibi turris«, Index 4044, von denen das bekannteste, »Erþe toc of erþe« (Index 703–5, 3939–40, 3985), in mehreren Versionen in ca. 30 Hss. überliefert ist. Meditationen über Tod und Vergänglichkeit, oft verknüpft mit dem 'Ubi sunt'-Motiv, finden sich in den unter dem Begriff der Elegie zusammengefaßten ae. Reflexionslyrik (insbes. »Wanderer«, Z. 73ff., »Seefahrer«, Z. 66ff., »Reimgedicht« [→Elegien, ae.]) sowie in der engl. moralisierenden Dichtung des MA, so etwa im frühme. →»Poema Morale« (Index 1272) oder in den ae. und me. Gedichten, die in der Tradition des Dialogs zw. Seele und Leichnam stehen. Das 'Ubi sunt'-Motiv weist auch die me. Übersetzung des »Rhythmus de Contemptu Mundi« auf (»Cur mundus militat«, Walther, Nr. 3934; →Jacopone da Todi zugeschrieben): »Whi is the world biloued, þat fals is & vein?« (Index, 4160). Die me. Dichtung →»Pricke of Conscience« (»Stimulus Conscientiae«, Index 3428), bezeichnenderweise die in den meisten me. Hss. überlieferte Dichtung des engl. MA, behandelt wiederholt das Thema der Vergänglichkeit, v. a. im zweiten Buch von der »unstabulnes of þis world«, wobei teilweise die Schrift des Lothar v. Segni (Lotario Conti; →Innozenz III.) »De miseria conditionis humanae« Vorbild war. Auch →Chaucer kannte diesen Traktat, woraus er einen Abschnitt (I. 16) im Prolog zu »Merchant's Tale« in seinen »Canterbury Tales« paraphrasiert.

K. Reichl

Bibliogr.: C. Brown–R. H. Robbins, The Index of Me. Verse, 1943 – H. Walther, Alphabet. Verz. der Versanfänge mlat. Dichtungen, 1969² – *Ed.*: A. O. Belfour, Twelfth-Century Homilies in MS. Bodley 343, EETS, 137, 1909, 124ff. – R. Morris, The Pricke of Conscience, 1863 – H. M. R. Murray, The Me. Poem Erthe upon Erthe, EETS, 141, 1911 – K. Reichl, Religiöse Dichtung im engl. MA (Texte und Unters. zur engl. Philol. 1, 1973) – *Lit.*: J. E. Cross, 'Ubi Sunt' Passages in Old English – Sources and Relationships, Vetenskaps-Societeten i Lund Årsbok, 1956, 25–44 – R. Woolf, The English Religious Lyric in the MA, 1968, 67ff., 309ff. – D. Gray, Themes and Images in the Medieval English Religious Lyric, 1972, 176ff.

Contes dévots, Form der afrz. Verserzählung (meist in paarweise gereimten Achtsilbern); es handelt sich um fromme Geschichten mit menschl. Protagonisten, direktes Eingreifen Gottes oder eines Hl. ist möglich, bildet aber (anders als im →Mirakel) nicht den Kern des Geschehens. Die C. d. sollen ihrem Publikum eine (geistl.) Lehre vermitteln, die sich im alltägl. Leben unmittelbar anwenden läßt, z. B. die Gefahren eines unchristl. Lebens und den Lohn, der dem Frommen im Jenseits zuteil wird, anschaulich darstellen, auf die Bedeutung der Beichte und die Notwendigkeit wahrer Reue hinweisen oder (ähnlich wie z. B. manche Marienmirakel) bestimmte Gebete oder religiöse Praktiken verbreiten helfen, etc.; ihre Funktion gleicht damit der der Predigt und speziell der des Exempels (in den lat. Exempelsammlungen finden sich Kurzfassungen von zahlreichen der in den C. d. erzählten Geschichten). Sie gehören einem breiten Strom erbaulicher Lit. in den Volkssprachen an, die sich v. a. an Laien richtet und mit dem 13. Jh. (in Zusammenhang u. a. mit der Entstehung der →Bettelorden) einsetzt. Der älteste bekannte Text (Anfang 13. Jh.) ist der vom →»Chevalier au barisel«. Von dieser Geschichte, die die heilsame Wirkung wahrer Reue verherrlicht, sind zwei weitere afrz. Fassungen überliefert, eine davon in den »Vies des pères« (Mitte 13. Jh.; 74 Erzählungen, davon nur einige aus den lat. →Vitae patrum übernommen; zwei Autoren, ein Zisterzienser, ein den Bettelorden nahestehender Laie), die neben ca. 30 Marienmirakeln zahlreiche Geschichten enthalten, die die Gefahren der Sünde (Unzucht, Mord, aber auch Fluchen, Trunksucht ...) für Laien und Mönche demonstrieren; andererseits können dem reuigen Sünder aber auch schwerste Verfehlungen (z. B. ein Teufelspakt) verziehen werden.

Die Nähe zur Predigt ist offensichtl.: Viele Geschichten weisen einen Prolog (oder Epilog) auf, in dem sich der Autor direkt an die Zuhörer wendet und sie ermahnt, ihr

Leben zu ändern. – Neben den »Vies des pères« gibt es noch die Slg. des »Tombel de Chartrose« (31 Stücke), ca. 1335 für das Kartäuserkl. Bourg-Fontaine (dép. Aisne) verfaßt; die Stoffe (und auch der religiöse Gehalt der Gattung) leben jedoch auch in anderen Gattungen weiter, v. a. in der Form des geistl. →Dit: Anfang des 14. Jh. vereinigen z. B. die 24 Dits des Jehan de Saint Quentin (in vierzeiligen, monorimischen Alexandrinerstrophen) ebenfalls Marienmirakel und fromme Erzählungen, übernehmen einige Geschichten, die sich auch in den »Vies des pères« finden, und geben ähnliche Lehren (Bedeutung der Beichte, Gefahren der Sünde etc.). – Die Stoffe der C. d. sind auch in anderen Lit. als der frz. behandelt worden; eine Gattung C. d. aber hat sich nur in Frankreich (mit seiner reichen Überlieferung an kurzen erzählenden Texten) herausgebildet; in anderen Ländern verhinderte wahrscheinl. die Nähe dieser Geschichten zu Exempel und (teilweise) Mirakel eine solche Entwicklung.   A. Gier

Ed.: Le Chevalier au barisel, hg. F. LECOY, 1955 – es gibt keine Gesamtausg. der Vies des pères; vgl. zu Ausg. einzelner Stücke (ca. 40) A. GIER, MR 4, 1977, 301f. – Fou, Dixième conte de la Vie des pères, hg. J. CHAURAND, 1971 – Contes pieux en vers du XIVe s. tirés du recueil, intitulé Le Tombel de Chartrose, ed. E. WALBERG, 1946 – 18 contes français tirés du recueil intitulé Le Tombel de Chartrose, ed. E. KOOIMAN, 1975 – Trois contes français du XIVe s. tirés du recueil intitulé Le Tombel de Chartrose, ed. S. SANDQVIST, 1982 – Dits en quatrains alexandrins monorimes de Jehan de Saint-Quentin, hg. B. M. OLSEN, 1978 – *Lit.:* GromPhil II[1], 654, 914-926 – J.-Ch. PAYEN, Le motif du repentir dans la litt. fr. médievale, 1967, 517-557.

Conteur(s) (Substantiv, zu afrz. *conter* von lat. *computare* 'rechnen', 'zählen', 'erzählen'; auch: *conteor, compteur*). 1. Kleriker, der mit der Verifizierung von Daten oder Etataufstellungen (etwa in der →Chambre des Comptes in Paris) betraut ist; der Abgabeneinnehmer; allgemein: der Zähler, der Rechner. – 2. Person, die die Rechte anderer vor Gericht wahrnimmt; der Anwalt. – 3. Der Erzähler, der Rezitator. In dieser Bedeutung ist der Begriff ein Schlüsselwort zum Verständnis der Entfaltung der volkssprachl. Kultur des MA, denn der mündl. Weitergabe von lit. Texten kommt – wie man aus der vergleichenden Epenforschung oder aus den Theorien zum Ursprung der Lyrik weiß – in einer weitgehend nicht alphabetisierten Gesellschaft größte Bedeutung zu. Auf den weitergesungenen und weitergesagten Liedern und Texten fußt die individuelle, populäre Modelle nachahmende oder gelehrte Kunstliteratur mit dem ihr eigenen hohen Grad an Bewußtheit und Rationalisierung spontaner sprachl. Verhaltensweisen etwa in den Systemen von Rhetorik, Metrik oder Rhythmus. Diese komplexe Interdependenz begründet ebenso die geistesgeschichtl. wesentl. Funktion wie die soziale und kulturelle Umstrittenheit des ma. Erzählers, die in dem Maße zunimmt, in dem sich die volkssprachl. Bildung verschriftet. So distanziert sich →Chrétien de Troyes im Prolog zu seinem »Erec« ausdrücklich von denen, »die vom Erzählen leben wollen« (v. 22), weil sie eine zusammenhängende Geschichte nur verderbt und in Stücken darzubieten pflegen. Ähnlich argumentieren →Raoul de Houdenc (in »Meraugis de Portlesguez«) und Jean →Renart (in »L'Escoufle«). Sozial sind die c. den →*jongleurs* zuzuordnen. Entsprechend niedrig ist ihr Rang in der Hierarchie der Stände. Gleichwohl erkannten schon Zeitgenossen ihre Funktion als fiktionales Gedächtnis der Gesellschaft und als Stilmodell (Alexandre de Bernai, Benoît de Sainte-Maure, Marie de France, Wace). Texte und ikonograph. Belege bestätigen darüber hinaus, daß auch die als c. bezeichneten Spielleute ihren Vortrag musikal. untermalten oder gliederten. Als Grundlage ihrer Rezitationen dürften antholog. angelegte Manuskripte (»Spielmannshandschriften«) gedient haben. Poetolog. bedeutsam ist der Authentizitätsanspruch der Historie, den die Erzähler für ihre Geschichten reklamieren, um sich gegen den Vorwurf von Lüge und Märchen zur Wehr zu setzen. Mit ihm legen sie einen wesentl. Grund für das Wahrscheinlichkeits- und Realitätspostulat des neuzeitl. Romans. Mit der Verbreitung der Lesefähigkeit und der Zunahme der sie begleitenden Prosaauflösungen der ma. Versepik beginnt der Niedergang der c., als deren späte Nachfahren Moritatensänger oder *cantastorie* in den entsprechenden sozialen Umfeldern bis ins 20. Jh. wirksam sind.   W.-D. Lange

Lit.: F. GODEFROY, Dict. de l'ancienne langue française et de tous ses dialectes du IXe au XVe s., 2, 1883 [Repr. 1961], s. v. Conteor; ebd. 9 (Komplement), s. v. conter – E. FARAL, Les jongleurs en France au MA, 1910 – R. MENÉNDEZ PIDAL, Poesía juglaresca y juglares: Aspectos de la hist. literaria y cultural de España, 1924 (= Poesía juglaresca y orígines de las literaturas románicas: Problemas de hist., literaria y cultural, 1957[6]) – A. THIBAUDET, Le liseur de romans, 1925 – TOBLER– LOMMATZSCH, Afrz. Wb. 2, 1936, s. v. conteor, conter – G. DOUTREPONT, Les mises en prose des épopées et des romans chevaleresques du 14e au 16e s., 1939 – P. NYKROG, Les fabliaux, 1957 (1973) – Frz. Literarästhetik des 12. und 13. Jh. Prologe-Exkurse-Epiloge, hg. U. MÖLK, 1969 – R. LIMMER, Bildungszustände und Bildungsideen des 13. Jh. Unter bes. Berücksichtigung der lat. Q. [Nachdr. 1970] – W.-D. LANGE, Vom moral.-didakt. Nutzen der Fiktion als Historie (Kg. Artus und seine Tafelrunde. Europ. Dichtung des MA, hg. W.-D. LANGE–K. LANGOSCH, 1980), 709-750.

Conti, große röm. Familie, deren Stammsitz sich im Gebiet von Segni (Latium) befand. Ihre Glanzzeit lag im 13. Jh. Die erste bedeutende Persönlichkeit der Familie, *Trasimundo,* war der Vater des *Lotario* (Lotharius), des späteren Papstes →Innozenz III. Dieser trug in bes. Maße zur Vermehrung des Einflusses und Reichtums der Familie bei, die sich in Rom unweit des Kolosseums niederließ (Rest der »Torre dei Conti« noch erhalten) und in der Stadt neben den anderen bereits seit geraumer Zeit mächtigen Familien eine bedeutende Stellung gewann. Innozenz III. belehnte seinen Bruder *Riccardo* mit Poli und Valmontone, ihm verdankt auch sein Neffe *Ugolino* (Hugolinus), der spätere Papst →Gregor IX., seine hohe kirchl. Karriere, diesem wiederum *Rinaldo* (Rainaldus), der als Papst den Namen →Alexander IV. annahm. Infolge dieser Reihe von Päpsten erhöhten sich Ansehen und Macht der ganzen Familie, und es kam zu einem beträchtl. Anwachsen der Besitztümer in Rom selbst wie in den umliegenden Gebieten. Nach dieser größten Blütezeit trat in der Machtentfaltung der Familie C. (die jedoch stets von großer Bedeutung blieb) ein gewisser Stillstand ein; dies gilt v. a. für das Ende des 13. Jh., als der Aufstieg neuer Familien und neuentstandene Interessenkonflikte die C. anscheinend zu einer vorsichtigeren Verwaltung ihres Vermögens und weniger risikoreichen Politik veranlaßten. In dieser Zeit teilte sich die Familie, ausgehend von den Söhnen Riccardos, *Paolo* und *Giovanni,* in zwei Linien, den Zweig von Valmontone (der im 14. Jh. auch Signorie und Vikariat von Segni erhielt) und denjenigen von Poli, die beide im Lauf der späteren Jahrhunderte sehr bedeutend waren, ohne jedoch den früheren Glanz zu erreichen.

Zu den wichtigsten Vertretern der C. von Valmontone am Ende des 13. Jh. gehörte der Franziskanerbruder *Andrea* (Andreas de Comitibus), der 1302 im Kl. Piglio bei Agnani im Ruf der Heiligkeit starb und im 18. Jh. seliggesprochen wurde. Im 15. Jh. ragten *Jacopo* und *Andrea*, die zu den besten Condottieri ihrer Zeit zählten, sowie der Tradition nach der Dichter *Giusto* C. († 1449) dessen Canzoniere »La bella mano« in der Nachfolge Petrarcas steht (→Petrarkismus), aus den Mitgliedern der Familie C. von Valmontone hervor. Dieser Familienzweig erlosch im Mannesstamm im 16. Jh. Aus der anderen Linie, die den Herzogtitel von Poli erhalten hatte, gingen in der Person von Michelangelo C., der den Namen Innozenz XIII. annahm (1721–24), noch ein Papst sowie andere Persönlichkeiten der Kurie, unter ihnen zwei Kardinäle, hervor. Dieser Zweig der Familie starb am Anfang des 19. Jh. aus. R. Manselli

Lit.: →Innozenz III. – F. GREGOROVIUS, Gesch. der Stadt Rom im MA, hg. W. KEMPF, 1978, passim – E. DUPRÉ-THESEIDER, Roma dal comune di popolo alla signoria pontificia..., 1952, passim – *für die nachma. Zeit:* L. v. PASTOR, Gesch. des Papsttums XV, 1930, 391–460 – *zum sel. Andrea:* Bibl. SS I, 1156f.

Conti. 1. C., Niccolò dei, it. Asienreisender, * um 1396 in Chioggia, † 1469 in Venedig. Als Kaufmann in Damaskus ansässig, unternahm er ab dem Jahre 1414 von dort aus eine nur relativ datierbare 25jährige Geschäfts- und Erkundungsreise nach Süd- und Südostasien (die spätestens 1444, als er den Papst in Florenz traf, beendet gewesen sein muß). Seine Beherrschung des Arab. und Pers. und der ihm abgenötigte Übertritt zum Islam kamen ihm dabei zustatten. Seine (vermutl. indische) Frau und vier Kinder begleiteten ihn. Nach Durchquerung der Syr. Wüste erreichte er Mesopotamien, besuchte Bagdad, befuhr Tigris und Euphrat, segelte von Baṣra durch den Pers. Golf und die Straße von Bender Abbas, berührte Ormuz und Oman und erreichte über das Arab. Meer Vorderindien, das er als erster Europäer durchquerte und bis tief ins Innere des Hochlandes von Dekkan kennenlernte. Er besuchte die Handelsstädte an der Malabar- und Koromandelküste, trat in Verbindung mit Nestorianern und Thomaschristen, befuhr den Golf v. Bengalen in verschiedenen Richtungen, verweilte lange auf Ceylon (Taprobane), gelangte über die Andamanen zur Gangesmündung, fuhr stromaufwärts zu den Städten Hindustans und lernte als einer der ersten Europäer Hinterindien und den Malaiischen Archipel näher kennen: zunächst Birma mit den Landschaften Tenasserim und Arakan, dem Stromgebiet des Irawadi, der alten Hauptstadt Ava (bei Mandalay) und dem Reich Pegu (um Rangun); ferner die Halbinsel Malakka, den Golf v. Siam und das südl. Indochina (Kotschinchina), wo er mit der chines. Kultursphäre in Berührung kam; schließlich in Indonesien die Großinseln Sumatra, Java, Borneo und einige Inseln der Sunda- und Banda-See. C.s Anwesenheit im südl. China ist wegen der Dürftigkeit einschlägiger Aussagen sehr umstritten und eher unwahrscheinlich. Die Rückkehr nach Venedig erfolgte über Vorderindien (Quiloa, Cochin, Kalikut, Cambaya), die Insel Sokotra, Aden, die äthiop. Somaliküste bei Berbera, das Rote Meer (mit Landungen in Ǵhidda und am Sinai) und Kairo. C.s Reisebericht enthält trotz vieler chronolog. und topograph. Unklarheiten und Undeutlichkeiten eine Fülle von Angaben über Klima, Bodenschätze, Tier- und Pflanzenwelt (insbes. Gewürze), Völker, Sitten und Religionen, dazu eine Reihe einschlägiger Vergleiche und regionaler Unterscheidungen sowie Angaben über die Seefahrt Asiens. Die Zeit der bishin üblichen phantast. Fabelberichte ist damit überwunden. Zu verdanken haben wir diese originelle Quelle der Umsicht Papst →Eugens IV., der anläßl. der Rückkehr C.s in die kath. Kirche seine Absolution mit dem Auftrag verband, der zeitweilig Abtrünnige habe seine Erlebnisse dem päpstl. Sekretär und Humanisten →Poggio Bracciolini, zur Niederschrift zu erzählen. (Vergleichsweise wissen wir von einem anderen, gleich lange in Asien reisenden Zeitgenossen, dem Florentiner Kaufmann Bartolomeo, so gut wie nichts.) G. Hamann

Q. und Lit.: Poggio Bracciolini, Historiae de varietate fortunae lib. IV – V. BELLEMO, I viaggi di N. de C., 1883 – F. S. GIARDINA, I viaggi di N. de C., 1899 – V. BELLEMO, La cosmografia e le scoperte geogr. del sec. XV e i viaggi di N. de C., 1908 – Viaggi in Persia, India e Giava di N. de C., hg. M. LONGHENA, 1960 – *Zur hs. Überlieferung* (31 Bracciolini-Mss. und eine sehr detaillierte Verarbeitung in einer span. Hs. des Pedro Tafur) *und Druckgesch.:* Enclt 11, 234f. [Lit.] – *Zur Diskussion der Conti-Probleme (mit Spezialllit.):* O. PESCHEL, Die Reisen des N. de C. (Abhandl. zur Erd- und Völkerkunde v. O. PESCHEL, hg. I. LÖWENBERG, 1877), 177ff. – W. SENSBURG, Poggio Bracciolini und N. de C. in ihrer Bedeutung für die Geographie des Renaissancezeitalters, Mitt. der Geogr. Ges. Wien 49, 1906, 257–373 – O. PESCHEL, Gesch. der Erdkunde [Neudr. 1961²], 182ff. – G. DAINELLI, Missionari e mercadanti rivelatori dell'Asia nel medioevo, 1960 – D. HENZE, Enzyklopädie der Entdecker und Erforscher der Erde, 5. Lfg., 1978, 636–642.

2. C., Sigismondo, Kirchenpolitiker, Humanist und Geschichtsschreiber, * um 1450 in Foligno, stammte aus einer adligen, lokalen Familie, † 1512. Er genoß eine humanist. Ausbildung und beendete seine Studien in Perugia. Seine hohe klass. Bildung und sein eleganter Stil waren bei den Zeitgenossen berühmt. Protegiert von Sixtus IV. und danach von Kard. Giuliano della Rovere (dem späteren Papst Julius II.), den er auf dessen flandr. Legationsreise begleitete, war er zuerst in der apostol. Kanzlei tätig und bekleidete dann das Amt eines apostol. Sekretärs unter Innozenz VIII. und dessen Nachfolgern. Im Auftrag dieser Päpste wickelte er diplomat. Missionen ab, v. a. wichtige Friedensverhandlungen mit Venedig. Seine Bedeutung als Schriftsteller und Dichter gründet sich in erster Linie auf »Historiae sui temporis libri« (1475–1510). Dieses in elegantem Latein verfaßte Werk berichtet von Ereignissen, deren Augenzeuge C. gewesen war oder von denen ihm direkte Nachrichten vorlagen. Trotz einer offen zutagetretenden Parteinahme für die Päpste, die ihn gefördert hatten, und deren Familien ist das Werk eine der interessantesten Quellen für die Geschichte seiner Zeit. Ein Proträt S. C.s findet sich in dem von ihm in Auftrag gegebenen Gemälde Raffaels »Madonna di Foligno« (Pinacoteca Vaticana). R. Manselli

Ed.: I. CIAMPI, Dei »Libri Historiarum sui temporis« di S. dei C. da Foligno, ASI, Ser. IV, 1, 1878, 88–97 – G. RACIOPPI, 1883 [mit it. Übers. v. F. CALABRÒ] – Lit.: DBI XXVIII, s. v. – EncCatt IV, s. v.

Continuatio Hispana, auch als Chronicon Isidori Pacensis, Anonymus v. Córdoba/Toledo oder Crónica Mozárabe v. 754 bekannt, lat. Chronik eines unbekannten Verfassers. Man vermutet, daß er mozarab. Geistlicher aus Córdoba oder wahrscheinlicher aus Toledo war. Die Darstellung beginnt 611 mit dem Regierungsantritt des Ks. s →Herakleios und endet 754. Der Autor behandelt unter Benutzung verschiedener Quellen gleichzeitig Byzantiner, Araber und Westgoten, arbeitet nach verschiedenen chronolog. Systemen und gibt am Schluß Kommentare zur Chronologie. Er bietet eine eigene, auf die Vorsehung vertrauende Interpretation der Begebenheiten unter Einschluß übernatürl. Elemente und astronom. Phänomene. Dabei vertritt er einen hispan. Standpunkt und betrachtet die arab. Invasion in Hispanien als eine Katastrophe. In schlechtem Latein verfaßt, besitzt die Chronik doch hist. Quellenwert. J. M. Alonso-Núñez

Ed.: TH. MOMMSEN, MGH AA XI, 323–369 – J. GIL, Corpus Scriptorum Muzarabicorum I, 1973, 15–54 – Lit.: Repfont III, 644–645 – J. E. LÓPEZ PEREIRA, Estudio crítico sobre la Crónica Mozárabe de 754, 1980 – G. V. SUMNER, José Pellicer y la Crónica mozárabe de 754, Emerita 49, 1981, 61–64.

Continuum (gr. syneches, Stetiges). Aristoteles gab in der »Physik« für das C. zwei Definitionen, eine hinsichtl. der Verbindung von Teilen (231 a 22), eine andere hinsichtl. der Zerlegbarkeit eines Ganzen (232 b 24 f.). Daher ist für die aristotel. Scholastik ein C. etwas, dessen Teile so verknüpft sind, daß die Grenzen zusammenfallen (»zusammenwachsen«), oder etwas, das immer wieder in

Teile derselben Art teilbar ist. Meistens wurde die zweite Definition (unendliche Teilbarkeit) verwendet. Dabei sind die Grenzpunkte die einzigen jeweils aktualen Punkte des C. Nie gehen alle potentiell unendlich vielen Punkte durch Teilung in aktuale Punkte über. Aristoteles hatte neben der stetigen Verbindung noch die Berührung (zw. den nichtident. Grenzen beider Teile liegt nichts) und die Nachbarschaft (zw. beiden befindet sich nichts der gleichen Art) betrachtet. Nach Averroes ist diese Differenzierung nur im physikal. Bereich relevant, denn im math. impliziert Berührung auch Stetigkeit. Während nach Boethius (Inst. arith. I, 1) die Arithmetik Mengen disjunkter Elemente behandelt, ist die Geometrie das Feld der stetigen Größen. Neben die aristotel. Aspekte von Zerlegung und Zusammensetzung des C. tritt im MA noch die Vorstellung von der Erzeugung des C. aus seinem Prinzip (im Doppelsinn von »Anfang« und »Urgrund«) durch ein Fließen des Punktes bzw. Indivisibile.

Unendlichkeit und Allmächtigkeit als Attribute des christl. Gottes lassen in der Scholastik die Frage entstehen, ob Gott nicht fähig sei, ein C. total, also in aktual unendlich viele Teile zu zerlegen. Die sich so entwickelnden verschiedenen Auffassungen vom C. listet Thomas →Bradwardine in seinem Traktat »De continuo« auf: 1. Das C. besteht aus immer wieder teilbaren Teilen (Aristoteliker), 2. aus unteilbaren Körperchen (Atomisten), 3. aus endlich vielen Punkten (Platonisten), 4. aus unendlich vielen unmittelbar zusammenhängenden Punkten (Heinrich v. Harclay), 5. aus unendlich vielen mittelbar verbundenen Punkten (fälschlicherweise wird Robert Grosseteste genannt). Kristallisationspunkte für die Continuumsdiskussion in der Scholastik sind: 1. Kommentierung der Aristotel. »Physik«, 2. Allmachtsspekulationen, 3. Frage nach der Stetigkeit der Engelsbewegung, 4. Problem der Wandlung im Altarsakrament. Die beiden letzten Probleme betreffen vorwiegend die Prozeßkontinuität, die sich unter dem Titel »De intensione et remissione formarum« verselbständigte.

In der Musiktheorie unterscheidet Boethius die vox continua beim fortlaufenden Reden in der Prosa von der durch Intervalle und Verzierungen unterbrochenen Stimme im Gesang (Inst. mus. I, 12). W. Breidert

Lit.: W. BREIDERT, Das aristotel. Kontinuum in der Scholastik, 1970, 1979² (BGPhThMA, NF 1) [Bibliogr.].

Conto de Amaro, ma. eschatolog. erzählender Prosatext, zur Gruppe der Berichte von Jenseitsfahrten auf dem Meer gehörend, schildert die Reise des Helden zum ird. Paradies, wobei die Beschreibung der abenteuerl. Fahrt größeren Raum einnimmt als die des eigtl. Reiseziel es; älteste Hs. 1375/1400 von Fr. Hylario da Lourinhãa kopiert oder übersetzt, im Cod. 266 des ptg. Kl. Alcobaça enthalten, heute im Arquivo Nacional da Torre do Tombo, Lissabon. Die starke Parallelität zur →»Navigatio Sancti Brendani« berechtigt, die Legende als eine volkssprachl. Umgestaltung dieses auf iber. Boden nur in einer lat. Fassung des 12. Jh. erhaltenen Erzählstoffes anzusehen. Sie blieb ihrerseits auf diesen geograph. Raum beschränkt. Die Umformung brachte eine Verschmelzung der Brendanlegende mit dem Exemplum »Der Mönch und das Vöglein« (E. HEINEN) sowie die Aufnahme zahlreicher hagiograph. und volkstüml. Motive mit sich. Autor, Entstehungszeit und Entstehungsort sind unbekannt. Die Überlieferung kennt zwei Versionen, die sich unabhängig voneinander aus einer gemeinsamen, verlorenen Urfassung entwickelten: die altptg. Hs. (14. Jh.) und die Druckfassungen (ptg. und span., 16. bzw. 16.–20. Jh.). Auf der Tradition der inhaltl. stark veränderten span. Drucke des 19. und 20. Jh. beruht eine orale galic. Version der Legende. E. Zacherl

Ed. und Lit.: A vida de Sancto Amaro. Texte portugais du XIV° s., ed. O. KLOB, Romania 30, 1901, 504–518 – E. ZACHERL, C. de A., 1979 [zweispr. Ausg.] (Texte roman. Volksbücher, hg. Internat. Arbeitsgemeinschaft für Forsch. zum roman. Volksbuch, H. 5) – M. L. MEIRELES PINTO, O. C. de A. Leitura crítica do texto e glossário [Diss. Lissabon 1961] – E. HEINEN, Die altptg. Amaro-Legende. Krit. Ausg. der ältesten Fassung [Diss. Münster (Westf.) 1973] – E. ZACHERL, Jenseitsvorstellungen in der Volkslit. der Westromania. Eine Unters. anhand des Brandan- und Amarostoffes [Diss. Salzburg 1978].

Contractus, Contractio (c.) ('zusammengezogen, Zusammengezogensein'). C. gelangt in die philos. Sprache wohl als Übersetzung des gr. σύνοδος (vgl. Maximos Homologetes, Ambiguorum liber MPG 91, 1169c). In der ma. Philosophie wird 'contractus' ('zusammengezogen') vornehml. zur Charakterisierung des Verhältnisses zw. dem Allgemeinen und dem Besonderen gebraucht, freilich zunächst noch nicht terminolog., so bei Gilberts Kommentaren zu Boethius (vgl. Gislebertus Pictavensis, Expos. in Boecii lib. De Trin. I, 2, ed. HÄRING, n. 11–13; dass., De bonorum ebdomade, n. 99).

Albertus Magnus sieht das Zusammengezogensein als ein Merkmal des endlichen Gutes an. Durch Teilhabe am ersten Gut sind die individuellen Einzeldinge gut. Das oberste Gut bedarf zu seiner Existenz nicht solcher »zweier zusammenziehender Prinzipien« (De bono tract. 1 q. 1 a. 7).

Bei Thomas v. Aquin taucht der Begriff c. auf im Zusammenhang mit der Frage nach reinen Geistwesen. Im Unterschied zur geschaffenen Form bleibt die geistige Form »frei von derartiger Zusammenziehung« (Quaest. de spirit. creaturis a. 1). Gegensatz zum aus Materie und Form, aus Potenz und Akt zusammengezogen Seienden, ist Gott als reiner Akt, dessen »Fülle nicht zusammengezogen ist zu irgendeiner Natur einer Gattung oder Art« (ebd.). Thomas unterscheidet auch Stufen der C. Dabei bestimmt die Nähe zur Materie jeweils den Grad der Zusammenziehung. Die »immateriellen Potenzen« sind »weniger zusammengezogen« und daher »vollkommener und allgemeiner« (In Phys. VIII lect. 21). Selbst im Bereich der reinen Geistwesen gibt es diese Gradabstufungen der c.

Für Johannes Duns Scotus verhalten sich Zusammenziehendes (contrahens) und Zusammengezogenes (contractum) ähnlich wie Akt und Potenz (De primo principio c. 4 Concl. 9, 4).

Raimundus Lullus verwendet den Begriff c. ebenfalls zur Charakterisierung des Verhältnisses von Allgemeinem und Besonderem. So ist z. B. die »Weißheit (albedo) eine abstrakte Wesenheit«, die in dem einzelnen weißen Ding »durch eine gleichnatürliche zusammenziehende« Kraft »zusammengezogen« ist (De essentia et esse Dei dist. 7 ROL 232).

Auch zur Unterscheidung der göttl. →Trinität gebraucht Raimundus das Wort c. Der Vater »kann seine Natur im Person gewordenen Sohn zusammenziehen« und beide »können die ganze Natur zusammenziehen... in der Hauchung des Heiligen Geistes« (De consolatione Eremit. 9 ROL 214a).

In der Philosophie des Nikolaus v. Kues erfolgt die endgültige terminolog. Festlegung des Begriffes. Er ist zugleich ein Schlüsselbegriff seines gesamten Denkens. Sehr optimistisch formuliert Nikolaus: »Daher sind, sobald man bezüglich der Contraction folgende Erwägungen anstellt, alle Dinge klar« (De docta ign. II c. 7; p. 73, 22 n. 114). Contract-sein ist eine, und zwar die wesentl. Bestimmung der endlichen Wirklichkeit. Das, was im

Bereich der Endlichkeit als wirklich gefunden wird, ist als contract zu bezeichnen. Das ganze 2. Buch von »De docta ignorantia«, in dem Nikolaus v. Kues seine Lehre über das Universum entfaltet, könnte man als eine Theorie der c. bezeichnen. Contract ist der Gegensatz zu absolut. »Gott allein ist absolut, alles andere zusammengezogen« (De docta ign. II c.9; h I p.95, 27sq. n. 150). Umgekehrt gilt aber auch, daß das Absolute nichts Zusammengezogenes, Contractes an sich hat. Die absolute Einheit ist »allgemein frei von jeder Beziehung und Zusammenziehung« (C.) (ebd. I c.2; p.7, 6sq. n. 5). Daher kann Gott als forma omnis formae auch incontracta et absoluta forma genannt werden (Apol. doct.ign.; h II p.8, 19 n. 11). Somit bedeutet Contract-sein zugleich auch Geschaffen-sein (vgl. De docta ign. II c.9; h I p.95, 25–27 n. 150). Als solches muß das Endliche, da es vom absoluten dreieinheitl. Ursprung herstammt, als Abbild desselben ebenfalls dreieinheitl. gedacht werden; »also hait eyn yclich dinck, das da is, eyn bild Goedes und der heiligen drivalt in yme, durch welche bilde das dinck is« (Sermo XXIV n. 19, 21–23 h XVI). In jedem geschaffenen Ding »sehen wir eine zusammengezogene Einheit«, die zugleich »eine dreieine« ist (Serm. XXII n. 17, 8–11 h XVI; vgl. auch De docta ign. II c.7; h I p. 81, 18–24 n. 127; Serm. XXXVIII n. 13, 1–3 u. 22–25 h XVII).

Contract-sein ist, ähnlich wie bei Raimundus Lullus, das Schlußglied eines Ternars: contrahibile, contrahens, nexus (De docta ign. II c.7; p. 82, 15–17 n. 128). Die bloße Seins-Möglichkeit (contrahibilitas, materia) wird durch das aktiv Wirkende (contrahens, forma, actus) bestimmt und beider Verknüpfung (nexus) ergeben die zum tatsächl. wirkl. Einzelding bestimmte Möglichkeit (possibilitas determinata actu hoc vel illud) (ebd. p. 83, 12 – p. 84, 9 n. 130).

Aber nicht nur das jeweils Einzelseiende ist durch das Zusammenwirken dieser drei Prinzipien bestimmt, sondern das ganze Universum. »Die Einheit des Universums besteht also als dreieinheitliche, weil aus Möglichkeit, Notwendigkeit der Verknüpfung und Verbindung, die Möglichkeit, Wirklichkeit und Verbindung genannt werden können« (ebd. p. 83, 20sq. n. 130). Das Universum als Gesamt des Geschaffenen ist somit »zusammengezogenes Maximum« (ebd. p. 84, sq.) im Gegensatz zum absoluten Maximum (vgl. auch II c.4; p.72, 23–75, 18 n. 112–116; c. 1 p. 65, 6sq n. 97).

Das Universum als zusammengezogenes Maximum existiert nicht für sich, sondern nur in den Einzeldingen, und als Folge davon nur in der Vielheit dieser Einzeldinge. Die Einheit des Universums ist nämlich »in Vielheit zusammengezogen« (De docta ign. I c.2; h I p. 7, 19 n. 6) und hat »ohne Contraction« keine Existenz (p. 7, 23sq.); vgl. ebd. II c.6 p. 79, 4sq. n. 123; III c.2; p. 123, 13sq. n. 190).

Innerhalb des Universums unterscheidet Nikolaus v. Kues Stufen und Grade der C. und zwar vom Allgemeinen zum Besonderen hin. Je weiter der Abstand vom Ursprung und je größer die Besonderung ist, um so stärker ist der Grad der C. Diese Stufung entwickelt das Kapitel 6 von »De docta ignorantia« Buch 2 (II c.6 p.79, 7–81, 15 n. 123–126). Eine abgewandelte Sicht dieser Entfaltung bringt die Schrift »De coniecturis«.

Aber nicht nur vom Allgemeinen zum Besonderen, sondern auch von der Möglichkeit zur Wirklichkeit sind Stufen der C. zu unterscheiden (vgl. De docta ign. II c.8; p. 89, 24sq. n. 140).

Diese verschiedenen Stufungen der Zusammenziehung machen den Zusammenhang des Universums aus (vgl. ebd. III c. 1 p. 120, 25–29 n. 185). Zugleich ist damit aber auch die Vielheit und Unterschiedenheit der Einzeldinge bedingt. »Kein Zusammengezogenes kann also den Grad der Zusammenziehung eines anderen genau partizipieren« (ebd. p. 119, 16sq. n. 183; vgl. ferner p. 120, 1–7 n. 186).

Das Zusammengezogensein macht das Einzelsein der Dinge aus. »Die Zusammenziehung besagt auf etwas hin« zusammengezogen sein, »wie auf dieses oder jenes« (ebd. II c.4 p. 75, 12 n. 116). Somit zeigt sich die Zusammenziehung als Bedingung für das Distinktsein der Einzeldinge. »Die Formen der Dinge sind daher nur unterschieden, wie sie contract sind« (ebd. II c.9; p. 94, 17sq. n. 148).

Aktuell wirkl. Existenz kommt nur dem Einzelding zu, »in dem das Allgemeine auf zusammengezogene Weise es selbst ist« (ebd. II c.6; p. 80, 10sq. n. 125). Singulärsein macht aber auch den Wert und die Würde des einzelnen aus, denn »es gibt nichts im Universum, was sich nicht einer gewissen Einzigartigkeit erfreute, die in keinem anderen auffindbar wäre« (ebd. III c. 1; p. 122, 4sq. n. 188).

Trotz dieser hohen Einschätzung alles Geschaffenen ist es im Vergleich zum Absoluten defizient. Im Gegensatz zum absoluten Maximum, das, »in negativer Weise unendlich ist«, ist das zusammengezogene Maximum in »privativer Weise unendlich« (ebd. II c.1; p. 64, 14 n. 17 n. 97). Diese privative Unendlichkeit des Universums besagt, daß dieses als Einheit in der Vielheit endlos ist und daher einer Zielgrenze ermangelt. Damit entbehrt es einer letzten Vollendung und Sinngebung. Auf Grund dieses Mangels entwickelt Nikolaus v. Kues in Buch III von »De docta ignorantia« Kapitel 1–3 (p. 119–129 n. 182–202) die hypothet. Forderung nach einem Maximum, das zugleich zusammengezogen (contractum) und absolut ist (III c.2; p. 123, 11sq. n. 190). Erst in einer solchen Verbindung ist die Sinnhaftigkeit des Universums gewährleistet, weil allein dadurch die unendliche Kluft zw. Schöpfer und Geschöpf, contract und absolut, überbrückt werden kann (ebd. III c. 3; p. 127, 3–6 n. 198). Dieser Brückenschlag ist für Nikolaus v. Kues in unüberbietbarer Weise in der Person Jesu Christi Wirklichkeit geworden, was allerdings nur im Glauben erfaßbar ist. Hiermit ist dann der Schritt von der philosoph. Überlegung zur Theologie hin vollzogen (ebd. III c.4 p. 129, 18–22 n. 203). H. Schnarr

Lit.: R. HAUBST, Das Bild des Einen und Dreieinen Gottes in der Welt nach Nikolaus v. Kues, 1952 – DERS., Die Christologie des Nikolaus v. Kues, 1956 – J. KOCH, Die Ars coniecturalis des Nikolaus v. Kues, 1956 – K. JASPERS, Nikolaus Cusanus, 1964 – H. MEINHARDT, Der christolog. Impuls im Menschenbild des Nikolaus v. Kues, MFCG 13, 1978, 105–116 – J. HOPKINS, Nicolas of C.'s Metaphysic of Contract., 1983.

Contrada (pl. -de). Der Terminus c. bezeichnet in der ma. Urkunden Italiens bis zum 12. Jh. eine Häusergruppe (und ihre Bewohner) in einer Stadt oder unmittelbar angrenzenden Vorstadt. In diesem Sinn fällt der Begriff praktisch mit »hora«, »guaita«, »vicinia«, »cappella« oder »popolo« zusammen. Sie unterscheiden sich durch verschiedene Aspekte: Bei »cappella« liegt der Akzent auf der kirchl. Organisation, bei »hora« auf der Verwaltung, bei »guaita« auf der militär. Organisation und der Verteidigung der Mauern, bei »vicinia« auf der Nachbarschaft und wechselseitigen Hilfeleistungen, bei »popolo« auf den polit.-sozialen Verhältnissen, während c. auf die Lage an einer wichtigen Straßenachse abhebt. Die demograph.-urbanist. Entwicklung ließ im 13. Jh. viele neue Straßen in städt. und vorstädt. Gebieten entstehen, die früher teilweise von Feldern und Nutzgärten eingenommen wurden, so daß der Begriff c. lange Zeit zw. der weiteren Bedeutung »rione« (der städt. Entsprechung zu der kirchl. Einteilung in »cappelle« oder »parrocchie« [Pfarrsprengel]) und der engeren Bedeutung 'Hauptstraße' eines bestimmten Stadtgebiets schwankt. Zum Unterschied von »quartiere« – Stadtviertel – (der wichtigsten städt. Gliederungseinheit) und »cappella« oder »parrocchia«, in die sich dieses untergliedert, spielte die c. in den Fällen, in denen sie nicht völlig mit der cappella zusammenfiel, nie eine bedeutende Rolle in der polit. institutionellen, militär. oder fiskal. Struktur der ma. it. Stadt. Ihre Bedeutung lag jedoch auf administrativem Gebiet. Den zumeist »ministrales« genannten Häuptern der c.e, die direkt von den »vicini« gewählt und bezahlt wurden, oblag die Kontrolle des Gesundheitswesens, der öffentl. Sicherheit und Ordnung, die Brandverhütung usw. Die c.e konnten auch Entscheidungen zur Ausführung bestimmter öffentl. Arbeiten (die von den vicini bezahlt wurden) treffen und waren für die Organisation von lokalen Festen zuständig. Als sich mit der Zeit in den Städten eine Zentralisation der Verwaltung durchsetzte, blieb die Organisation von Festen (religiösen und weltl. Charakters) die einzige Funktion der städt. c.e, wie sich noch heute in Siena erhalten hat, wo die c.e für die Durchführung der »Corsa del Palio« verantwortlich sind. A. I. Pini

Lit.: A. MAZZI, Le vicinie di Bergamo, 1881 – P. NARDI, I borghi di San Donato e di San Piero a Ovile. Populi, contrade e compagnie d'armi nella società senese dei secoli XI–XIII, Bull. senese di storia patria, LXXIII–LXXV, 1966–68, 7–59 – A. I. PINI, Le ripartizioni territoriali urbane di Bologna medievale. Quartiere, contrada, borgo, morello e quartirolo, 1977.

Contrafactum, Kontrafaktur (mlat. contrafacere 'nachahmen, fälschen'). Auf Grund einer singulären Belegstelle aus der 2. Hälfte des 15. Jh. (Pfullinger Liederbuch, Landesbibl. Stuttgart), in der ein weltl. Liedtext als »contrafact uff einen geistlichen sinn« bezeichnet wird, haben Literaturwissenschaft (K. HENNIG, 1909) und danach Musikwissenschaft (F. GENNRICH, 1918) Verb und Substantiv kontrafazieren bzw. C. oder K. als Terminus eingeführt für den uralten, selbstverständl. Vorgang und dessen Ergebnis, vorhandener ein- und mehrstimmiger Vokalmusik ohne Eingriff in die musikal. Substanz einen veränderten oder neuen Text, auch in anderen Sprachen als der ursprgl., zu unterlegen. Das MA kannte keinen Terminus (ebensowenig wie die Moderne bislang) für dieses Verfahren und beschränkte sich soweit nötig auf Hinweise wie »contra ...« oder »super cantilenam ...« u. ä. Abzugrenzen ist C. von bloßer Textübersetzung, musikal. Bearbeitung und kompositor. Parodie-Verfahren. Frühe, aber nicht früheste Beispiele für C. sind etwa bestimmte Psalmen, die auf präexistente Liedweisen zu singen waren (Nrn. 9, 22, 45, 46 (?), 56–60, 69, 75, 80). Vertauschung gegensätzl. Aussage-Inhalte (weltl.-geistl., geistl.-weltl.; Konfessions- und Parteiungs-Differenzen) sind bei C. häufig, aber nicht typisch. Religiöse und polit. Glaubens-, Erbauungs- und Kampflieder zu kontrafazieren ist bis heute üblich. H. Leuchtmann

Lit.: MGG, s. v. Parodie und K. – RIEMANN, Sachteil, s. v. K. – Hwb. der musikal. Terminologie, 1972ff., s. v. – NEW GROVE, s. v. – FR. GENNRICH, Lat. Kontrafacta altfrz. Lieder, ZRPh 50, 1930 – J. MÜLLER-BLATTAU, K. im älteren geistl. Volkslied (Fschr. K. G. FELLERER, 1962), 354–367 – J. AENGENVOORT, Die K. in der Gesch. des geistl. Liedes (Musik und Altar XVIII, 1966) – Lasso-Gesamtausg., Vorworte zur 2. Aufl. der Bde XII, XIV, XVI, ed. H. LEUCHTMANN, 1982.

Contrafuero, Begriff des kast. Verfassungsrechts. Ein c. (*desafuero, agravio,* in Katalonien und Valencia *greuge*) ist gegeben, wenn gewisse Handlungen des Kg.s oder der Verwaltung nicht dem geltenden Recht entsprechen und deshalb möglicherweise gegen sie appelliert oder Einspruch erhoben wird. Die Möglichkeiten, dem Einspruch stattzugeben, waren allerdings weder von vornherein durch bindende Rechtsnormen festgelegt, noch wurden sie von Kg. und Ständen in gleicher Weise interpretiert. Gab eine kgl. Urkunde Anlaß zu einem c., so verhielt man sich – prinzipiell – angesichts eines solchen Dokuments gehorsam, ohne ihm jedoch fakt. Folge zu leisten: man gehorchte, um zu zeigen, daß man die Macht des Kg.s respektierte, aber man vollstreckte seinen Befehl nicht, da er nicht dem geltenden Recht entsprach. Die Stände, wie sie von d. →Cortes repräsentiert wurden, hingegen strebten danach, das fragliche Rechtsinstrument jeglicher Wirkung zu berauben, ohne weitere Instanzen zu bemühen, während der Kg. dafür Sorge trug, daß die durch ein c. betroffenen Personen persönl. bei Hofe, an einem vorher abgesprochenen Ort, erschienen, wo dann letztlich über die Gültigkeit der Königsurkunde entschieden wurde. In der Praxis pflegte man *escritos de razones* an den Hof zu entsenden – Gehorsamsbeteuerungen und Rechtfertigungen für die Nichtvollstreckung der Urkunde. In Extremfällen berief man sich auf das →Widerstandsrecht, um c.s zu verhindern.

In Aragón übte der →Justicia Mayor auch das Amt eines Richters über c.s aus, während die privilegierten Schichten in Navarra zur Verteidigung ihrer Sonderrechte und Freiheiten gegenüber eventuellen c.s der Königsgewalt eigene Verfahrensweisen, die sich bald mittels der dafür zuständigen Organe über das ganze Reich ausdehnen sollten, ausbildeten. →Gravamina. J. L. Bermejo Cabrero

Lit.: J. L. BERMEJO CABRERO, La idea medieval de c. en León y Castilla, Revista de Estudios Políticos 187, 1973.

Contrasto → Streitgedicht

Contratación de las Indias, Casa de la, am 20. Jan. 1503 in Sevilla gegr. staatl. Handelshaus zur Abwicklung des Handels, der Schiffahrt und des Personenverkehrs mit den neu entdeckten kast. Überseegebieten in →Amerika. Neben ihren fiskal. und kommerziellen Aufgaben hatte die C. auch die Funktion, die Ergebnisse der Entdeckungsfahrten auszuwerten, die in der Überseeschiffahrt benutzten naut. Instrumente zu prüfen und Steuerleute zu examinieren. Im Verlaufe des 16. Jh. erhielt die von einem Faktor (*factor*), einem Schatzmeister (*Tesorero*) und einem Rechnungsführer (*Contador*) kollegial geleitete Behörde auch die Gerichtsbarkeit für ihren Geschäftsbereich übertragen. 1503, 1510ff. regelten ausführl. Dienstanweisungen die Aufgaben und Befugnisse der C., die durch ihren Sitz in Sevilla den gesamten Verkehr Spaniens mit Amerika auf diesen andalus. Hafen konzentrierte und die Stadt zu einem Zentrum des europ. Überseehandels von herausragender Bedeutung machte H. Pietschmann

Q.: J. de Veitia Linage, Norte de la contratación de las Indias Occidentales, 1672 [Nachdr. 1945] – R. ANTÚNEZ Y ACEVEDO, Memorias hist. sobre la legislación y gobierno del comercio de los españoles con sus colonias en las Indias Occidentales, 1796 [Nachdr. 1982] – *Lit.:* E. SCHÄFER, El Consejo Real y Supremo de las Indias. Su historia, organización y labor administrativa hasta la terminación de la Casa de Austria, I, 1935 – C. H. HARING, El comercio y la navegación entre España y las Indias en la época de los Habsburgos, 1939 – P. CHAUNU, Séville et l'Atlantique (1504–1650), 11 Bde, 1955–59.

Contratenor (musikal. Gegenstimme zum Tenor). Zum kompositionstechnisch zweistimmigen Gerüstsatz der frühen Mehrstimmigkeit aus der seit dem 12. Jh. zu unterst liegenden Grundstimme (seit dem 13. Jh. →Tenor genannt) und einer oder mehrerer darübergesetzten Stimme(n) tritt im frühen 14. Jh. (Philippe de Vitry, Guillaume de Machaut) der C. als eine weitere Stimme mit der Besonderheit, daß sie sich zunächst als Gegenstimme zum Tenor in dessen Tonraum bewegt und dessen harmon. Stützfunktion verstärkt. Kompositor. differenziert durch größere Beweglichkeit und oftmals sprungweise Fortschreitung, umrankt sie anfänglich den Tenor, spaltet sich jedoch im frühen 15. Jh. (Guillaume Dufay) in zwei Stimmen mit eigenen Tonräumen. Als c. altus liegt sie nun oberhalb des Tenors und unterhalb der Oberstimme(n), als c. bassus wird sie zur tiefsten Stimme des Satzes und drängt den bisher als Fundament herrschenden Tenor in die Funktion einer Mittelstimme. Die Adjektive altus und bassus werden rasch als Substantive benutzt. Mit der Einbeziehung des theoret. verfügbaren Tonraums G–e² in die zur Norm werdende Vierstimmigkeit des 15. Jh. verlieren die Stimmen ihre bisherige rein kompositionstechnische Qualität als Lagenstimmen und werden zu Stimmlagen (Discantus, Altus, Tenor, Bassus) im Sinne der menschl. Stimmgattungen, die bis heute deren Namen tragen (Sopran für Discantus oder Cantus schon im 15. Jh. auftauchend). C. als Stimmbezeichnung verschwindet im 16. Jh., nachdem er noch eine Zeitlang in der Bedeutung von c. altus gebräuchl. gewesen war. Mit dem Aufkommen des C. ändert sich der musikal. Satz und dessen Kompositionsweise. – In England hat sich C. als *countertenor* zur Bezeichnung des Sängers der hohen Altlage und einer Lautensaite erhalten; viele moderne Volkssprachen (z. B. it., frz., span., engl., russ.) haben die italienisierte Form *contralto* übernommen und beibehalten als Benennung für die Altlage und die Altistin.   H. Leuchtmann

Lit.: MGG, s. v. – Riemann Sachteil, s. v. – Hwb. der musikal. Terminologie, 1972ff., s. v. – New Grove, s. v. u. s. v. C. altus – H. Riemann, Gesch. der Musiktheorie, 1921², 289–290 – G. Adler, Hb. der Musikgesch., 1930² [Nachdr. 1975], 268–272 – H. Besseler, Bourdon und Fauxbourdon, 1950 – D. Hoffmann-Axthelm, Tenor/C. und Bourdon/Fauxbourdon [Diss. masch. Freiburg/Br. 1970].

Contritio. Conterere ist ein gängiger atl. Ausdruck, der ebenso das äußere gewalttätige, wie das inwendige Zerbrechen in der Reue bedeuten kann (vgl. Ps 50,19; 146,3 – Jes 57,15 – Jer 23,9). Im Wandel der sakramentalen Bußdisziplin von der öffentl. →Buße zur inwendigen Bußgesinnung wurde c. in der frühscholast. Theologie (des Anselm v. Laon) zu einem Grundbegriff der Bußtheologie und des Bußsakramentes. Nach Abaelard (Ethica c. 19 u. 23, ed. Luscombe, 88f., 96f.) wirkt die Reue des Herzens die Sündenvergebung. Im 12. Jh. unterschied die Schule →attritio und c. als anfängl. und (Bekenntnis und Vorsatz) umfassende, vollständige, später im 13. Jh. als nichtgnadenhafte und gnadenhafte Reue. Die Einordnung der c. in den sakramentalen Prozeß der Rechtfertigung bereitete den Theologen große Schwierigkeiten. Nach Bonaventura wird die attritio mittels des Bußgeschehens zur c. Auch nach Thomas v. Aquin wirkt die c. die Sündenvergebung; sofern die c. den Vorsatz der Beichte einschließt, ist in der c. die Schlüsselgewalt der Kirche im voraus wirksam. Johannes Duns Scotus ließ auch die attritio als Voraussetzung zum fruchtbaren Empfang des Bußsakramentes gelten. Die spätscholast. Theologie unterschied die vollkommene und unvollkommene Reue nach den Motiven (Reue aus Gottesliebe bzw. aus Furcht). Gegenüber den Minimalisierungstendenzen der sog. Attritionisten (im Gegensatz zu den Kontritionisten) opponierten v. a. die Vertreter der →Devotio moderna. Diese betonen in vielen Zeugnissen (z. B. Malogranatum lib. I, dist. 2; Imitatio Christi lib. I, cap. 21, lib. III, cap. 9) den affektiven Charakter ('Tränen der Reue'), der auch in der landessprachl. Dichtung hervortritt (vgl. Payen). C. gewinnt wieder die Weite und Tiefe der ständigen Bekehrung (conversio). Luther verwies in dem frustrierenden Schulstreit um attritio und c. auf Geist und Gnade der Buße.

M. Gerwing

Lit.: V. Heynck, contritio vera, FSt 33, 1951, 137–179; 36, 1954, 1–81; 41, 1959, 163–212 – J.-C. Payen, Le motif du repentir dans la litt. française médiévale, 1967 – R. Schwarz, Vorgesch. der reformator. Bußtheologie, 1968 – H. Vorgrimler, Buße und Krankensalbung (HDG² IV, 3), 138–145.

Contumacia → Kontumaz

Convenevole da Prato, Ser, Sohn des Ser Acconcio, Notar, Lehrer der Rhetorik und Grammatik, * um 1270, † vor 1338, Prato. Erhielt 1290 die niederen Weihen, seit 1306 Notar, in Prato und Florenz tätig, übte vorwiegend den Lehrberuf aus. 1307 bei der Vertreibung der Ghibellinen und der Weißen Guelfen exiliert, begab er sich nach Avignon. Vor 1336 kehrte er nach Prato zurück, wo er ausschließlich als Lehrer tätig war. In der avignones. Zeit hatte er zahlreiche Schüler, unter ihnen Francesco →Petrarca. Nach dessen Zeugnis (Seniles XVI, 1) pflegte C. viele lit. Werke zu beginnen, sie jedoch später abzubrechen und unfertig liegenzulassen. Dies ist möglicherweise ein Grund, weshalb kein von C. sicher zuzuschreibendes Werk erhalten ist. Eine längere polymetr. Dichtung, die Robert von →Anjou gewidmet ist (»Carmina« oder »Regia Carmina«), mit reichen, eng auf den Text bezogenen Illustrationen, kann mit großer Wahrscheinlichkeit C. zugeschrieben werden, obwohl ausdrückl. Belege dafür und schlagende Beweise fehlen: die Forschung ist geteilter Meinung (Burdach, Mehus, Giani und Grassi bejahten die Zuschreibung, D'Ancona war dagegen, Frugoni unsicher). Die drei Hss. (London, British Library, 6.E.IX; Wien, ÖNB, ser. nov. 2639; Florenz, Bibl. Naz. II, I 27) sind alle anonym. Die Illustrationen wurden mit verschiedenen Künstlern und Werkstätten in Beziehung gebracht und sehr uneinheitlich bewertet.   A. Vitale-Brovarone

Ed.: Regia Carmina, ded. a Roberto d'Angiò, re di Sicilia e di Gerusalemme, ed. a. c. d. C. Grassi, A. Petri (u. a.), 1982 – A. Frugoni, C. da P. e un libro figurato in onore di Roberto d'Angiò, BISI 81, 1969, 1–32 – *Lit.:* Repfont III, 646 – *Biographie:* G. Giani, Ser C. da P. maestro del Petrarca secondo nuovi documenti, 1913 – R. Piattoli, Per la biografia di ser C. da P., Atti e memorie della R. Accademia Petrarca, n. s. 14, 1933, 114–121 – *Zur Handschrift des C. und ihren mögl. Einfluß auf die Schrift Petrarcas:* R. Piattoli, Un autografo di ser C., BISI 81, 1969, 33–46 – A. Petrucci, L'autografo di ser C., ebd. 47–53.

Convenientia ist eine Vertragsform röm. Ursprungs, bei der beide Parteien, in den Urkunden oft als *pares* bezeichnet, gegenseitig verpflichtende Vereinbarungen treffen. Die c. wurde in der Merowingerzeit für verschiedenste Zwecke gebraucht: Nutzung eines Weinbergs ohne den Fruchtertrag, Adoption eines Sohnes, Übereinkunft zweier Herren wegen Heirat ihrer Knechte (→ servi), Errichtung einer Prekarie usw. Stets stellt die c. einen zweiseitig bindenden Vertrag dar, der auf dem freien Willen beider Parteien beruht, die bei dem Vertragsabschluß wie vorher rechtl. gleichgestellt sind. Der Inhalt der c. wurde je nach der Art der Abmachung in gleichlautenden oder aufeinander bezogenen Schriftstücken festgelegt. Die Ausfertigungen blieben im Besitz der Vertragsparteien, zum Beweis ihrer Rechte. Eine c. konnte auch durch →Eid bekräftigt werden.

Im 9. Jh. wurde die c. von den westfrk. Karolingern für polit. Zwecke gebraucht. →Karl d. K. bediente sich dieses Vertragstyps, um Frieden mit der Aristokratie zu schließen. Die bei der →Salbung geleisteten Eide sind unmittelbar von der c. beeinflußt. Im 10. Jh. bildete die c. im Süden der westl. Francia den rechtl. Rahmen für die Friedensschlüsse zw. weltl. Herren und Klerus von Kirchen und Klöstern, wobei erstere sich als »adiutores« u. »defensores« bezeichneten. Daraus ergibt sich die enge Verbindung zw. c. und →Gottesfrieden. Noch die Troubadoure des 12. und 13. Jh. sprechen von *convinensa* und von *pariers*.

Selbst die →Katharer räumten der c. in ihrem Ritus einen Platz ein.
E. Nortier

Q. und Lit.: MGH, Formulae, ed. K. ZEUMER, 1886 – P. OURLIAC, La »c.« (Etudes d'Hist. du Droit..., P. PETOT, 1959), 3–12 – E. MAGNOU-NORTIER, La société laïque et l'Eglise dans la province ecclésiastique de Narbonne (Zone cispyrénéenne) de la fin du VIIIe à la fin du XIe s., 1974 – DIES., Foi et fidélité. Recherches sur l'évolution des liens personnels chez les Francs du VIIe au IXe s., 1976 – CH. THOUZELLIER, Rituel cathare, Coll. Sources chrétiennes, no. 236, 1977 – E. MAGNOU-NORTIER, La foi et les c.: Enquête lexicographique et interprétation sociale (Actes du coll.: Litt. et société au MA, 1978), 249–262 – P. OURLIAC, Troubadours et juristes (Etudes d'Hist. du droit médiéval, 1979), 273–301 – E. MAGNOU-NORTIER, Les évêques et la paix dans l'espace franc du VIe au XIe s. (Presses Univ. Angers), 1984.

Conversano. [1] It. *Stadt* in Apulien (Prov. Bari), an der Stelle des antiken Norba an der Via Traiana. Die Anfänge des Bm.s (Suffragan von →Bari) liegen im dunkeln; der erste namentl. bekannte Bf. (Leo) ist erst 1081 urkundl. belegt. Unsicher und legendenhaft verbrämt sind auch die Anfänge des Kl. S. Benedetto (angebl. Gründung durch einen Benedikt-Schüler; die Echtheit des Urkundenbelegs von 899 ist umstritten). Sicher bezeugt ist das Kl. 957. 1266 übergab es Clemens IV. an die Zisterzienserinnen von S. Maria de Verga. 1862 aufgelöst.

[2] *Grafen:* Nach dem Zerfall der byz. Herrschaft begegnet als erster norm. Gf. ab 1068 Gottfried, ein Neffe Hzg.s Robert Guiscard (Hauptorte sind C., Brindisi und Nardò). Ihm folgen seine Söhne Robert und Alexander, der 1132 als einer der Beauftragten Kg. Rogers II. den Frieden mit Bari bekräftigt, sowie Tankred, den Roger als einen der Führer des apul. Aufstandes 1133 absetzte. An dessen Stelle setzte der Kg. 1134 seinen Schwager Robert de Bassunvilla (1138 schon verstorben). Dem gleichnamigen Sohn und Nachfolger verlieh Kg. Wilhelm I. 1154 auch die Gft. →Loretello (Molise). Dennoch gehörte Robert II. zu den Anführern der Adelsopposition von 1154–57 und 1161–62 und wurde deshalb exiliert (er begegnet am Hof Barbarossas). 1169/70 von der Regentin wieder eingesetzt, begegnet er in den Quellen nunmehr als Pfgf. v. Loretello und Gf. v. C. Nach seinem Tod (1182) war die Gft. offenbar zeitweise von der Krone eingezogen, denn erst 1190 verlieh Kg. Tankred sie seinem Gefolgsmann Hugo (II.) Lupinus, Gf. v. Catanzaro, der später zu Heinrich VI. überging und wohl 1197/98 ohne Erben starb. Nach dem Tod des Ks.s übertrug Ksn. Konstanze C. dem Berard v. Celano, Gf. v. Loreto († 1207), der mit einer Enkelin Rogers II. verheiratet war. Sein Sohn Berard II. – zunächst vertreten durch einen Verwandten – erhielt 1218 von Friedrich II. die Investitur mit dem väterl. Erbe, konnte sich jedoch nicht gegen Andreas Lupinus (1219–25) durchsetzen, einen Sproß der früheren Gf.en v. C. und Valet Friedrichs II. Nachdem dieser als Verräter abgesetzt worden war, wurde die Gft. in stauf. Zeit offenbar nicht mehr ausgegeben. Als Stadtherr v. C. begegnet seit etwa 1239 bis zum Ende der stauf. Epoche Philipp Chinard, der spätere Admiral Kg. Manfreds. Im späteren MA wechselt der Besitz von C. zw. mehreren Familien.

H. Enzensberger/Th. Kölzer

Q. und Lit.: DHGE XIII, 794–796 – IP IX, 358–366 – DBI VII, 185f.; XXIII, 335–339; XXIV, 786–789 – D. MOREA, Il chartularium del monastero di S. Benedetto di C., I, 1892 – D. MOREA – F. MUCIACCIA, Cod. dipl. Barese, XVII, 1942 – G. CONIGLIO, Cod. dipl. Pugliese, XX, 1975 – A. PETRUCCI, I documenti di Roberto di Basunvilla, Il conte di C., BISI 71, 1959, 113–140 – W. HOLTZMANN, Aus der Gesch. von Nardò in der norm. und stauf. Zeit, NGG 1961, Nr. 3, 35–82, bes. 56ff. – M. LANERA, Appunti per la storia del monastero di S. Benedetto di C., Studi di storia pugliese in on. di G. CHIARELLI, I, 1972, 345–422 – L. R. MENAGER, Inventaire des familles normandes (Roberto il Guiscardo e il

suo tempo, 1975), 350f. – N. KAMP, Kirche und Monarchie im stauf. Kgr. Sizilien, I/2, 1975, 625–629.

Conversio Bagoariorum et Carantanorum, die mit Abstand wichtigste Quelle zu Gesch. und Kirchengesch. des weiteren Ostalpenraums für das 7.–8. Jh., bes. zur Frühgesch. der Alpenslaven, der späteren →Slovenen; kein Denkmal der Historiographie, sondern eine um 870 in Salzburg entstandene Denkschrift. Sie stellt in komplizierter Situation mit grandios-raffinierter Einseitigkeit den Salzburger Rechtsstandpunkt dar, unter Verwendung sorgfältig ausgewählten älteren Materials und bewußter Auslassung aller Zusammenhänge, die diesem Standpunkt gefährl. werden könnten. Unmittelbarer Anlaß zur Abfassung war die Bedrohung des Besitzstands des Ebm.s →Salzburg durch die vom Papsttum geförderte pannonisch-mähr. Mission des Method (→Konstantin und Method). Weiter akut waren Selbständigkeitsbestrebungen der zur Entlastung des Ebf.s für →Karantanien und →Pannonien eingesetzten →Chorbischöfe, wohl auch die Möglichkeit wiederauflebender Ansprüche →Aquileias, das der nur von Karl d. Gr. sanktionierte Schiedsspruch von 811 benachteiligt hatte, ganz abgesehen von Problemen mit eigenen Salzburger Suffraganen (Grenze gegen→Passau; massives Eindringen →Freisings ins oberkarantan. Missionsgebiet Salzburgs). In dieser Situation beschränkt sich die Denkschrift konsequent auf die Darstellung des Anteils, den die Salzburger Bf.e und Ebf.e an der kirchenpolitisch-missionar. Erschließung des Südostraums genommen hatten, samt zugrundeliegender Rechtsbasis, unter zielgerichteter Unterdrückung sämtl. konkurrierender Leistungen; selbst die Christianisierung der Bayern wird allein auf Salzburg (→Rupert) zurückgeführt unter Ausklammerung der Iren oder des →Bonifatius; auch die Chorbischöfe verschwinden ganz in gewolltem Dunkel, ausgenommen ihre rechtl. Abhängigkeit von Salzburg. Kontrollmaterial existiert wenig, doch genügend, um Tendenz und Arbeitsweise des unbekannten Autors zu erkennen. Das bedingt eine unverhältnismäßig starke Abhängigkeit von der C., der als erzählende Quelle für diese Zeit und Großregion nichts Vergleichbares zur Seite tritt. Glücklicherweise scheint es, daß sie im wesentl. durch Auslassung fälscht und nicht so sehr durch positive Erfindung.
H.-D. Kahl

Ed.: M. Kos, Razprave znanstvenega društva v Ljubljani 11 (hist. ods. 3), 1936 [ausführl. slov. Komm. mit dt. Zusammenfassung; maßgebl. krit. Ausg.] – H. WOLFRAM, C. (Böhlau-Quellenbücher, 1979) [neue Studienausg. mit dt. Übers. und weiterführendem Komm.] – Lit.: H.-D. KAHL, Zw. Aquileja und Salzburg (DÖAW, phil.-hist. Kl. 145, 1980), 33–81, passim.

Converso(s) → Konvertiten

Conveth, schott. Rechtsbegriff, der die schott. Form des Wortes *coinnmheadh* (im ir. und schott. Gälisch, von mittelir. →*coindmed*) darstellt. Die Auffassungen über die Bedeutung des in Schottland seit dem 12. Jh. belegten Wortes sind geteilt. Seit W. F. SKENE wurde zumeist angenommen, daß es ursprgl. die Gastungspflicht (→Gastung) bezeichnete, die sich zu einer festen Naturalabgabe, die anläßlich eines Königsaufenthalts an einen örtl. kgl. Hof zu entrichten war, entwickelte. Es wurde mit dem nordengl. und schott. Begriff *waiting* gleichgesetzt. In der Tat trat in schott. Urkunden seit der Regierung Kg. Alexanders III. (1249–86) *waiting* an die Stelle von c. Von W. F. SKENE wurde der Begriff c. mit dem ir. und schott. gäl. *cuid oidhche* (anglisiert *cuddihy* 'Teilhabe für eine Nacht'), das die Gastungspflicht umschreibt, gleichgesetzt, und sogar mit dem walis. *dofreth*, das die Zwangsstung von kgl. Gefolgsleuten oder Soldaten, offenbar nur durch Unfreie, bezeichnet. Demgegenüber betrachtet W.

J. Watson das c. als Pflicht zur Einquartierung der Haupttruppen eines Herrn; damit würde das Wort wiederum genau dem ir. coindmed (und auch dem walis. dofreth) entsprechen. Die Schwierigkeit der Begriffsklärung liegt zum einen im Fehlen eindeutiger Quellenbelege für den Wortgebrauch, zum anderen in der Verwischung zw. der (ehrenvollen) Pflicht der Gastung gegenüber dem Kg. und seinem Hof und der (weit weniger ehrenvollen) Auflage der Untertanen, beliebige vom Kg. bezeichnete Leute aufnehmen zu müssen. Das ir. coindmed und das walis. dofreth sind Beispiele für die letztgenannte, drückende Form der Gastung. Hauptbeleg sind Immunitätsbestimmungen in Urkunden, die das c. als eine von mehreren Pflichten gegenüber dem Kg., von denen der Empfänger befreit wird, aufführen. Die in derartigen Urkunden aufgezählten Begriffe müssen – v. a. bei den gemischtsprachigen Verhältnissen in Schottland – nicht immer der Sache nach unterschiedl. Verpflichtungen bezeichnen; die Absicht der Urkunde konnte gerade die Befreiung des Empfängers von allen Verpflichtungen und Abgaben eines bestimmten Typs sein, so daß eine Nennung von Synonymen nahelag. Auch wenn eingeräumt wird, daß *coindmed* im schott. →Dal Riáda schon vor der Begründung eines geeinten schott. Kgtm.s um die Mitte des 9. Jh. in der gleichen Bedeutung wie in Irland gebraucht wurde, so ist davon auszugehen, daß die Wandlungen seit dem 9. Jh. zu einer veränderten Organisation des kgl. Heeres und seiner Versorgung geführt haben. Im östl. Schottland war das Kgr. schon seit pikt. Zeit in kleine Verwaltungseinheiten aufgeteilt, die sich in angl. beherrschten Gebieten mit der Institution der kgl. →*thegns* verbanden und als →*shires* bezeichnet wurden. Innerhalb eines jeden shire lag eine villa regis mit einer Halle *(hall)*, die den Kg. und zumindest einen Teil seines Gefolges aufnehmen konnte. Sobald dieses System in Funktion getreten war, dürfte die überkommene Verpflichtung zur Aufnahme des Kg.s im eigenen Haus in eine Naturalabgabe (Lieferung von Verpflegung für eine bestimmte Anzahl von Nächten in der Königshalle) umgewandelt worden sein. Wenn mit c. oft eine solche Abgabe bezeichnet wird, würde dies auch die belegte Verleihung an geistl. Institutionen durch den Kg. erklären. Andererseits dürfte die Verpflichtung manchmal auch als Gastungspflicht erhalten geblieben sein, was manche Bestimmungen in den Quellen erklären würde (z. B. Verbot des Kg.s gegenüber seinen Gefolgsleuten, zu den Hörigen der Abtei →Scone »in conveth« zu gehen). Auch das Recht eines Bf.s und seiner Gefolgsleute auf Gastung wurde manchmal als c. bezeichnet; in diesem Falle scheint es sich um ein grundherrl. Recht gehandelt zu haben. So erscheint c. aufgrund der schott. Überlieferung ursprgl. – und teilweise noch im 12. und 13. Jh. – als Gastungsrecht. Die Frage, ob es sich um eine ehrenvolle oder drückende Form der Gastung handelte, ist schwer zu beantworten, da die Quellen nicht klar erkennen lassen, welche sozialen Gruppen oder Schichten zu dieser Leistung verpflichtet waren. Wahrscheinl. hatte der Kg. ein allgemeines Recht auf c., das er in bestimmten Gegenden wahrnahm, wie es Ortsnamen, die das Wort als Bestandteil enthalten, nahelegen. Doch könnte der Begriff auch die Gastungspflicht eines Vasallen gegenüber seinem Herrn, die mehr auf der vassallit. Beziehung als auf einer Verleihung von Regalien durch den Kg. beruhte, bezeichnet haben. T. M. Charles-Edwards

Q. und Lit.: W. F. Skene, Celtic Scotland III, 1890², 232 – W. J. Watson, The Hist. of the Celtic Place-Names of Scotland, 1926, 220 – Regesta Regum Scottorum I, ed. G. W. S. Barrow, 1960, 55, Nr. 243; II, ed. Ders., 1971, 52 – Ders., The Kingdom of the Scots, 1973, 35, 47.

Conviva(e) regis. Die Ernennung zum c. r. (wörtl. 'Tischgenosse des Kg.s') führte im Merowingerreich zu einem erhöhten Rechtsschutz für den begünstigten Galloromer durch eine Verdreifachung seiner Totschlagsbuße (→Wergeld) auf 300 solidi gegenüber dem freien Romanus homo possessor. Die Verdreifachung ist offenbar der Wergelderhöhung für frk. Antrustionen (→Antrustio) nachgebildet und in beiden Fällen Folge der Königsnähe. Die Institution der c. r. stellte im frühen 6. Jh. eine Parallele zum Antrustionat dar, zu dem Galloromer wohl noch keinen Zugang hatten. Durch die Privilegierung sollten vermutlich vornehme grundbesitzende Galloromanen in den Dienst des Kg.s gezogen werden. Im späten 6. und 7. Jh. scheinen auch Nichtromanen zum c. r. ernannt worden zu sein, worauf die Namen der beiden einzigen bekannten c. r. deuten. Die c. r. gehörten zu den Ratgebern des Kg.s und vielleicht zu den optimates des sog. frk. Ämtertraktats, von denen es heißt, daß sie mit dem Kg. speisen. D. Claude

Q.: Pactus Legis Salicae 41 § 8 – Lex Salica 69 § 5 – Venantius Fortunatus, Carm. VII, 16, 41f. – Ionas, Vita Columbani I, 26 – F. Beyerle, Das frühma. Schulheft vom Ämterwesen, ZRGGermAbt 69, 1952, 7 – Lit.: H. Dannenbauer, Die Rechtsstellung der Gallorömer im frk. Reich, WaG 7, 1941, 51–72 – H. Grahn-Hoek, Die frk. Oberschicht im 6. Jh., 1976.

Convivium M. Tulli (Metulli), Titel einer für das Fortleben der sog. »Sententiae sapientium« beachtenswerten Spruchsammlung, die in den Exzerpten des →Heiric v. Auxerre überliefert ist. Den Grundstock der Sammlung bilden bereits in der Spätantike ins Lat. übersetzte Sentenzen der →Sieben Weisen, die aus der Sammlung des Demetrios v. Phaleron und der des Sosiades stammen. Diese lat. Version wurde in der Zeit zw. 650 und 850 um inhaltl. nur locker verbundene Stücke aus →Isidors »Sententiae«, aus der Vulgata und aus Sextus ergänzt. Ein weiterer, zeitl. allerdings nicht genau festlegbarer Schritt der Anverwandlung bestand darin, daß die Namen der griech. Weisen durch röm. Namen ausgetauscht wurden. Wie die Aufschrift in den Hss. zeigt, glaubte man Auszüge vor sich zu haben, die einem »Convivium M. Tulli« oder einem »Convivium Metulli« (vielleicht nach Cicero de oratore 3,18,68) entnommen waren. E. Heyse

Ed.: L. Traube, Das Gastmahl des Cicero, RhM 47, 1892, 558–568 (= Ders., Vorlesungen und Abh. III, 1920 [Nachdr. 1965], 119–128 [mit ausführl. Einl.]) – Lit.: R. Reitzenstein, Philologus NF 11 (57), 1898, 52ff. – Manitius I, 501–502 – Brunhölzl I, 482–483.

Convocations v. Canterbury und York, im späten MA vielfach bezeugte Standesvertretungen des engl. Klerus, deren Ursprünge in der Provinzialsynode zu suchen sind. Obwohl die Entwicklung zur Untergliederung der engl. Kirche in den beiden Kirchenprovinzen →Canterbury und →York bereits im 7. Jh. begann, werden die Synoden dennoch angesichts der komplizierten und häufig wechselnden Diözesanverhältnisse Englands erst seit dem 13. Jh. aufgrund ihres jeweiligen Teilnehmerkreises deutlich als Kirchenversammlungen der jeweiligen Provinz faßbar. Da die Synoden stets eine enge Verbindung zur Krone hatten, entsprachen nur wenige streng den kanon. Vorschriften. Der Teilnehmerkreis der Provinzialsynoden wurde im 13. Jh. beträchtl. erweitert, und sie traten in eine enge Verbindung zum →Parliament. Diese Entwicklung war auf die Tatsache zurückzuführen, daß die Krone der Zustimmung zu ihrer Steuererhebung bedurfte.

Neben den Prälaten wurden erstmals 1226 – und in der Folgezeit immer häufiger – Vertreter des Kathedralklerus und ebenso der Diözesangeistlichkeit zu den Synoden geladen. Dabei war der 1283 für Canterbury angewandte

Modus, der die Mitwirkung jeweils eines Delegierten der Kathedralkirche und zwei aus jeder Diöz. vorsah, das übliche Verfahren für zahlreiche Versammlungen. Die Kg.e Eduard I. (1272–1307) und Eduard II. (1307–27) versuchten, diese Versammlungen des Klerus fest dem Parliament einzugliedern; doch gelang es nach den dreißiger Jahren des 14. Jh. dem Klerus, sich in seinen C. als seiner selbständigen Vertretungen zu organisieren, in deren Rahmen die Geistlichkeit im wesentlichen ihr Steuerbewilligungsrecht wahrnahm und ihre Gravamina artikulierte, wobei die Convocation v. Canterbury (mit 17 Bf.en unter der Jurisdiktion v. Canterbury) immer sehr viel bedeutender war als die Convocation v. York (mit nur drei Bf.en unter der Jurisdiktion v. York).

Parliament und C. wurden parallele Institutionen im Zentrum des polit. und verfassungsmäßigen Lebens des spätma. England. Die Promulgation von Dekreten zur Reform des Klerus bildete einen wichtigen Bestandteil der Arbeit der C., wobei jedoch die richterl. Befugnisse der Versammlung stets sehr begrenzt blieben. Im 15. Jh. teilte sich die Convocation v. Canterbury in ein Unter- und Oberhaus, wobei Äbte und Prioren manchmal in der einen, dann wieder in der anderen Kammer saßen. Die verfassungsmäßige Stellung der C. wurde vom Erlaß des »Act of Submission of the Clergy« (1534) durch Kg. Heinrich VIII. tiefgreifend beeinflußt: Da nun ausschließl. der Kg. das Recht, Kirchenversammlungen einzuberufen, beanspruchte, wurden die Befugnisse des Klerus, sich selbständig zu versammeln, zu tagen und gesetzgeber. Handlungen vorzunehmen, eingeschränkt. – Vgl. auch die England gewidmeten Abschnitte der Artikel →Stände und →Kleriker, Klerus. J. H. Denton

Q. und Lit.: Concilia Magnae Britanniae et Hiberniae, ed. D. WILKINS, 4 Bde, 1737 – Councils and Ecclesiastical Documents, ed. A. W. HADDAN–W. STUBBS, 3 Bde, 1869–78 – D. B. WESKE, C. of the Clergy, 1937 – E. W. KEMP, Counsel and Consent, 1961 – Councils and Synods I, 871–1204, ed. D. WHITELOCK, M. BRETT, C. N. L. BROOKE, 2 Tle., 1981; II, 1205–1313, ed. F. M. POWICKE–C. R. CHENEY, 2 Tle., 1964 – J. H. DENTON, The Clergy and Parliament (The English Parliament in the MA, hg. R. G. DAVIES–J. H. DENTON, 1981).

Conwoion, hl., Gründer des bret. Kl. →Redon, † 5. Jan. 868, verehrt zum 28. Dez. C. wurde gegen Ende des 8. Jh. in Comblessac geboren, in einem Gebiet, in dem sich gallofrk. und kelt. Sprache und Kultur überschnitten. (So trug C. einen kelt. Namen, sein Vater, Cono, dagegen einen frk.) C. entstammte dem »Senatorenadel«, erhielt früh die Priesterweihe und wurde Archidiakon des frk. Bf.s v. →Vannes, Raginarius. Um 830 zog er sich mit fünf anderen Priestern in die Einsamkeit zurück und lebte als Einsiedler in Redon, das in einer abseitigen Gegend der plebs von Bains am Zusammenfluß von Oust und Vilaine gelegen war. Angesichts des Zustroms von Anhängern wandelte er seine Einsiedelei in ein Kl. (St. Salvator) um, dem er die →Regula Benedicti, die von einem Mönch aus dem Kl. Glanfeuil (St-Florent-sur-Loire) eingeführt wurde, zugrundelegte. C. erlangte für seine Gründung sehr bald die Schutzherrschaft des bret. Fs.en →Nominoë, nach einigen Schwierigkeiten nach 834 auch die Protektion Ks. Ludwigs d. Fr. In den Auseinandersetzungen der bret. Fs.en Nominoë und →Erispoë mit dem westfrk. Kg. Karl d. K., die ab 840 einsetzten (→Bretagne), stellte sich C. bedingungslos auf die Seite der Bretonen. Als Nominoë beabsichtigte, drei dem westfrk. Kg. ergebene Bf.e abzusetzen, riet C., diese wegen Simonie zu verklagen und begab sich nach Rom, um den Fall dort Leo IV. persönl. vorzutragen; für sein Kl. erhielt er Reliquien des Papstes Marcellinus geschenkt (848). Kurz vor seinem Tod mußte C. sein durch Normanneneinfälle gefährdetes Kl. Redon verlassen und nach Plélan gehen, wo er starb. Seine Reliquien wurden nach Redon übertragen und 1793 profaniert; sein Fest (28. Dez.) kommemoriert wohl die Translation. Seine Biographie (BHL 1945) wurde 868/875 verfaßt, nach LOT von dem Bf. Ratvili v. Alet. C. hat Redon zum bedeutendsten Kl. der Bretagne gemacht. Er strebte nach der Errichtung einer von der westfrk. Kirchenorganisation unabhängigen bret. Kirche, die aber in Ritus und Aufbau röm., nicht kelt. strukturiert war. G. Devailly

Q. und Lit.: Vies des saints 1, 102f. – Bibl. SS 4, 1964, 164f. – DHGE XIII, 796f. – Actes des saints de Redon (DOM H. MORICE, Mém. pour servir de preuves à l'hist. eccl. et civile de la Bretagne, T. I, 1742), 229–268 – Cart. de Redon, ed. A. DE COURSON, 1863 – La Chronique de Nantes, ed. R. MERLET, 1896 – L. LEVILLAIN, Les réformes eccl. de Nominoë, M–A, 1902, 241–257 – F. LOT, Mél. d'hist. bretonne, 1907, 71 – weitere allg. Lit. →Bretagne, →Redon.

Conwy (Aberconw(a)y), ehem. bedeutende Abtei OCist, Stadt und Burg im nördl. →Wales (Gft. Caernarfon). Die Zisterzienserabtei wurde 1186 in Rhedynog Felen gegr., doch bereits um 1192 an das linke Ufer des Conwy, an seiner Erweiterung zur Mündungsbucht, verlegt. Die frühen Schenkungen walis. Fs.en für Aberconw(a)y wurden in einer bemerkenswerten Urkunde des Fs.en →Llywelyn ab Iorwerth aus dem Jahre 1198 bestätigt und erweitert; A. wurde zur bedeutendsten Abtei im Fsm. Gwynedd. Ihre Mönche wurden von den Fs.en oft im Kanzlei- und Gesandtendienst verwendet; auch war A. fsl. Grablege (⊐ Llywelyn ab Iorwerth, † 1240, sowie seine Söhne Gruffudd, † 1244, und Dafydd, † 1246).

Auch in der Zeit der großen polit. Wandlungen unter Fs. →Llywelyn ap Gruffudd († 1282) blieb A. bedeutend; die Abtei war Schauplatz der Verhandlungen, welche die Beauftragten des Fs.en in über dessen Unterwerfung unter den engl. Kg. Eduard I. führten (1277). Im Frühjahr 1283, nach Llywelyns Tod, schlug der engl. Kg. in A. sein Heerlager auf und leitete von hier aus die letzten Feldzüge zur Eroberung von Gwynedd. Er begründete am Platz der Abtei eine Burg sowie eine Stadt *(borough)*; die Abtei selbst wurde mit Zustimmung des Generalkapitels v. Cîteaux und auf Kosten des Kg.s nach Maenan, 7 Meilen flußaufwärts am rechten Ufer des Conwy, verlegt. Die Bautätigkeit begann in C. 1283 unter der Leitung des savoyischen Baumeisters des Kg.s, Master James of St. George; 1292 war d. Burg fertiggestellt. Der borough erhielt 1284 einen kgl. Status *(charter)*. Er war mit Mauern befestigt, die sich – ebenso wie die Burg – noch heute in gutem Erhaltungszustand befinden. – Eine Hs. aus A. hat sich in einer Kurzchronik (→Chronik, I. II) mit Register erhalten (Brit. Libr. Harley 3725); in ihr finden sich Preisgedichte auf einige der späteren Äbte, unter denen insbes. die dem Abt Dafydd ab Owain gewidmeten Verse des Tudur Aled von Bedeutung sind. J. B. Smith

Q. und Lit.: Register and Chronicle of the Abbey of Aberconway, ed. H. ELLIS, 1843 – C. A. GRESHAM, The A. Charter, Archaeologia Cambrensis 94, 1939, I, 23–62 – Inventory of the Ancient Monuments in Caernarvonshire, I (Royal Commission on Ancient Monuments, 1956), 1–2, 38–57 – R. W. HAYS, The Hist. of the Abbey of Aberconway 1186–1537, 1963 – The Hist. of The King's Works, I, hg. R. A. BROWN, H. M. COLVIN, A. J. TAYLOR, 1963, 337–354 – C. A. GRESHAM, The A. Charter: Further Consideration, BBCS 30, 1982–83, 311–347.

Conzié, François de, apostol. Kämmerer, Kirchenpolitiker der Zeit des →Abendländ. Schismas, * 1356, † 31. Dez. 1431. C. entstammte einer Vasallenfamilie der Gf.en v. Genf. 1379 Kanoniker v. Chartres, war er Dr. utr. iur., apostol. →Auditor und wurde von Clemens VII. 1380 als Nachfolger seines Onkels zum Bf. v. →Grenoble erhoben. Dreimal reiste er 1381 nach Nizza, um die Kard.e

Simone de Brossano und Pietro Corsini zum Anschluß an die avignones. Oboedienz zu bewegen. Danach begab er sich ins Languedoc, um der apostol. →Kammer gehörige Vermögenswerte (Juwelen, Naturalien) zurückzuerlangen. 1382 ist er als Gläubiger der apostol. Kammer belegt. Am 24. Dez. 1383 zum apostol. Kämmerer ernannt, war er außerdem: Generalvikar von Avignon (1383–85, 1391–92, 1411), Ebf. von Arles (1388), sodann Ebf. v. Toulouse (1390), Administrator der Abtei Montmajour (1391) und schließlich Ebf. v. Narbonne (1391). Er verhandelte in Paris über die Schaffung des it. Kgr.es Andria zugunsten→Ludwigs, Hzg.s v. →Orléans, und bekämpfte die feindl. Haltung, die die Pariser Univ. gegen Clemens VII. einnahm (März–Aug. 1394). Nach dem Entzug des Gehorsams gegenüber →Benedikt XIII. (1398) ernannte Kg. Karl VI. C. zum Hüter des von frz. Truppen in seinem Avignoneser Palast belagerten Papstes. Nach dem erneuten Anschluß Frankreichs an die Oboedienz Benedikts XIII. (1403) hielt sich C. häufig in Marseille auf, wo er an den Verhandlungen mit den Gesandten des röm. Papstes →Gregor XII. teilnahm (März 1407). Ab Okt. 1408 strengte Benedikt XIII. einen kanon. Prozeß gegen C. an; tatsächl. finden wir den Kämmerer nun auf der gegner. Seite der Kard.e, die auf dem Konzil v. →Pisa (1409) die Absetzung Benedikts wie Gregors betrieben. In Avignon folgte er als Vikar →Alexanders V. dem Kard. Pierre de Thury nach, ebenso wurde ihm die Regierung des →Comtat-Venaissin anvertraut (2. Jan. 1411); als Amtssitz erhielt er den Palast der abgezogenen aragon. Garnison. Bis zu seinem Tode war er in Avignon und dem Comtat der eigtl. Inhaber der weltl. Gewalt. 1413 schuf Johannes XXIII. für ihn das Gericht der *vice-gérance* (mit einer der →Audientia sacri palatii oder Rota vergleichbaren Amtsgewalt). Er begleitete den röm.-dt. Kg. →Siegmund zu dessen Konferenz mit Benedikt XIII. und begab sich danach zum Konzil v. →Konstanz (17. Febr. 1415). Dort ließ er sich später durch den Vizekämmerer Mauroux vertreten (28. Mai 1415), den er aber 1417 wegen zu großer Nachgiebigkeit gegenüber Siegmund abberief. Danach setzte er seinen Neffen Louis →Aleman zum Vizekämmerer ein. Im Juli 1418 unterstellte er sich in Genf förmlich dem gewählten Papst, →Martin V., der ihn in seinen Funktionen bestätigte. C. widmete sich mit großem Eifer seinem hohen Kämmereramt, wobei er manchmal die seelsorgerl. Pflichten der Prälaten den Interessen der Finanzverwaltung aufopferte. In der Kammer sorgte er über ein halbes Jahrhundert mit großer Strenge für exakten Geschäftsgang und perfekte Organisation, doch »erschöpfte er die Finanzmittel des Klerus und den Kredit des Papsttums« (J. FAVIER). – Zu seinem Zeremonialbuch →Caeremoniale Romanum. M. Hayez

Lit.: DBF IX, s. v. – DHGE XIII, s. v. – G. PÉROUSE, Le card. Louis Aleman et la fin du grand schisme, 1904 – P. PANSIER, La maison du camérier, Annales d'Avignon..., 1913, 243–255 – J. FAVIER, Les finances pontificales à l'époque du grand schisme, 1966 – M. DYKMANS, D'Avignon à Rome, Martin V et le cortège apost., Bull. Institut hist. belge de Rome, 1968 – B. SCHIMMELPFENNIG, Die Zeremonienbücher der röm. Kurie im MA, Bibl. des Dt. Hist. Inst. Rom 40, 1973, 120–126 – L. BINZ, Genèse et débuts du Grand Schisme, 1980, 107–123.

Cooke (Cook), John, engl. Komponist, Mitglied der Chapel Royal (→Hofkapelle), † wahrscheinl. 1419. Es sind 10 C. zugeschriebene oder zuzuschreibende Kompositionen erhalten; alle sind geistl., 7 von ihnen Messensätze; 2 Stücke sind fünf-, die übrigen dreistimmig. Die Quelle für sämtl. Sätze ist die Old Hall-Hs. R. Bockholdt

Ed. und Lit.: The Old Hall Manuscript, hg. A. HUGHES, M. BENT, 1969–72 – NEW GROVE, s. v.

Copho, Magister an der Schule v. →Salerno im ersten Drittel des 12. Jh. zu Beginn von Hochsalerno. Die von DE RENZI postulierte Existenz eines C. d. Ä. in der Mitte des 11. Jh. läßt sich nicht verifizieren. C. wurden drei Werke zugeschrieben: 1. die »Anatomia porci« (ed. DE RENZI, Coll. Sal. II, 388–390), 2. eine »Ars medendi« (ed. DE RENZI, Coll. Sal. IV, 415–438), 3. die »Practica Cophonis« (ed. DE RENZI, Coll. Sal. IV, 439–505), wobei wohl nur letzteres tatsächl. von C. selbst stammt. Sie besteht aus zwei Büchern – einer Fieberlehre (Pathologie und Therapie) in 61 Kapiteln sowie einer Krankheitslehre »a capite ad calcem« in 85 Kapiteln – und ist noch wenig von der durch →Constantinus Africanus vermittelten arab.-galen. Tradition beeinflußt. Die »Anatomia porci« aus dem Anfang des 12. Jh. ist der früheste erhaltene salernitan. Begleittext zu anatom. Demonstrationen am Schlachttier; ihre irrtüml. Zuschreibung an C. geht auf einen 1532 in Hagenau erschienenen Druck des Valentin Kobian zurück. Um 1100 entstand die »Ars medendi« oder »Liber de modo medendi«, eine Allgemeine Therapeutik, deren Einleitungsworte sie als Kompilation eines Unbekannten erscheinen lassen; das Werk wird auch Archimatthaeus zugeschrieben. A. Bauer

Q. und Lit.: L. CHOULANT, Hb. der Bücherkunde für die ältere Medicin, 1841², 260–263 – S. DE RENZI, Collectio Salernitana, 5 Bde, 1852–59 – K. SUDHOFF, Kurzes Hb. der Gesch. der Med., 1922, 180f. – R. CREUTZ, Der Magister C. und seine Stellung im Hochsalerno, SudArch 31, 1938, 51–60; 33, 1941, 249–338 – F. PASCARELLA, Cofone, Ars Medendi, 1959.

Copilación de Leyes, Kompilation von Gesetzen, Verordnungen und Vorschriften der →Cortes seit 1348 und Vorschriften der Kgr.es →Kastilien sowie einiger Kapitel des →Fuero Real, die im Auftrag der Kath. Kg.e in den Cortes v. →Toledo 1480 von dem Juristen Alonso Díaz de Montalvo zusammengestellt und 1484 gedruckt wurde. Ihr Titel lautete »Ordenanzas reales de Castilla« (seit 1490), obwohl sie bekannter ist als Ordenamiento de Montalvo. Wenngleich in kgl. Auftrag zusammengestellt, wurde sie nie offiziell sanktioniert und daher als offiziös angesehen, aber viel benutzt und mehrfach neuaufgelegt. Sie bestand aus acht Büchern, die in Tituli unterteilt waren, welche verschiedene Gesetze des öffentl. wie des privaten Rechts umfaßten. Die C. d. L., der bereits 1485 eine alphabetisch geordnete Secunda Compilatio folgte, war die erste von drei kast. Kompilationen; die beiden späteren stammen aus den Jahren 1567 (Nueva Recopilación) und 1805. J. Lalinde Abadía

Ed.: Copilaçion de Leyes, por mandado delos... principes..., ed. A. Díaz de Montalvo, Huete 1484 – Los Códigos españoles concordados y anotados, VI², 1872, 253–562 – *Lit.:* COING, Hdb. I, 558, 674 – R. DE UREÑA, Los incunables jurídicos de España, BRAH 95, 1929, 1–36, bes. 18.

Copla, span. Strophenform, die zuerst in volkstüml. und religiösen Gedichten verwendet wird. Als C. wird auch die Ballade populären Ursprungs bezeichnet, die eine Strophenform von 3 bis 5 Versen aufweist; die einzelnen Verse sind unregelmäßig und haben gewöhnl. 8 bis 12 Silben. Zum Ausgang des 15. Jh. erscheint die C. als polit. Satire (→»Coplas de Mingo Revulgo«; →»Coplas de ¡Ay panadera!«; →»Coplas del Provincial«) und als Trauergedicht in →Jorge Manriques »Coplas por la muerte de su padre«. W. Kroll

Lit.: R. BAEHR, Span. Verslehre auf hist. Grundlage, 1962 – vgl. auch →Cobla.

Coplas de ¡Ay Panadera!, span. Satire in achtsilbigen Stanzen; 15. Jh.; der Titel des Gedichts stammt von dem Refrain, »¡Ay Panadera!« ('O Bäckerin!'). C. gehört zu jenen Werken, die Erscheinungen des sozialen und polit.

Lebens Kastiliens in der 1. Hälfte des 15. Jh. analysieren und kritisieren. Der anonyme Dichter läßt einen Augenzeugen über die Schlacht von Olmedo (1445) berichten. Heftig wird das feige Verhalten der adligen Rebellen angegriffen, die sich von den Truppen Kg. Johanns (Juan) II. und Don Alvaros de Luna besiegen ließen. Auch den Regierungstruppen wird vorgeworfen, sie hätten vergessen, wie man tapfer kämpft. Das ruhmlose Verhalten der führenden Kämpfer beider Seiten wird einzeln aufgeführt und ihre Feigheit wiederholt als lächerlich und verächtl. bezeichnet. Die neutrale Einstellung des Erzählers trägt offensichtl. dazu bei, den verkommenen Adelsstand anzuprangern, d. h., die Unfähigkeit ihrer Vertreter, auf dem Schlachtfeld Ruhm zu erwerben. W. Kroll

Ed. und Lit.: B. J. GALLARDO, Ensayo de una biblioteca española de libros raros y curiosos, I [Repr. 1968], 613–617 – M. ARTIGAS, Nueva redacción de las C. de la P., Estudios eruditos in memoriam de A. BONILLA, I, 1927, 15–89 – J. RODRÍGUEZ PUÉRTOLAS, Poesía de protesta en la Edad Media castellana, 1968 – Coplas hechas sobre la batalla de Olmedo que llaman las de la panadera. Introd., testo crit. e note di P. ELIA, 1982.

Coplas de Mingo Revulgo, um 1460 entstandene Dichtung in 35 Strophen *(coplas)* mit jeweils neun Achtsilbern, gehört neben den →»Coplas de ¡Ay panadera!« und den →»Coplas del Provincial« zu den bedeutendsten Zeugnissen der zeitkrit. polit. Satire in Kastilien unter Kg. Heinrich IV. (1454–74). Die Verfasserschaft des anonym überlieferten, um 1485 erstmals gedruckten und in zahlreichen Ausgaben bis in das späte 17. Jh. verbreiteten Werkes bleibt ungeklärt. Neuerdings wird es dem aus jüdischen converso-Kreisen stammenden Franziskanerdichter Iñigo de Mendoza (1425?–1507?) zugeschrieben. Es gibt den sprachl. etwas rustikal stilisierten Dialog zw. zwei Hirten über den düsteren Zustand Kastiliens wieder. Mingo Revulgo (Dominus Vulgus) spricht für den gemeinen Mann und beklagt, daß die Schafherde Kastilien sowohl vom Hirten Candaulo (dem Kg.) als auch von den schützenden Hunden (allegor. Bilder der vier Kardinaltugenden) im Stich gelassen und den Wölfen (Adligen) preisgegeben worden sei. Gil Arribato (der Hochgestellte, Seher) entgegnet, daß auch das Volk Schuld am Verfall von Sitte und Ordnung treffe, weil es Glaube, Hoffnung und Liebe verloren habe. Er verkündet Unruhen, Umsturz, Not und Kriegszeit und ermahnt das Volk eindringlich zu Gebet und Umkehr. Die erbaulich ernste Ausrichtung der C. hebt bereits der Geschichtsschreiber Hernando del Pulgar in seinem dem Konnetabel v. Kastilien, Conde de Haro, gewidmeten Kommentar hervor. Die früheste Glosa schrieb Juan Martínez de Barros (1464). Eine dritte anonyme Auslegung bietet eine leicht veränderte Strophenanordnung. D. Briesemeister

Ed. und Lit.: J. SIMÓN DÍAZ, Bibliogr. de la lit. hispánica 3 (2a ed.), Nr. 3654–3691 – Faks. der undat. 1. Inkunabelausg., Valencia 1953 – Faks. der Hs. Biblioteca Nacional, Madrid, hg. L. DE LA CUADRA ESCRIVÁ, 1963 – H. DEL PULGAR, Glosa, hg. J. DOMÍNGUEZ BORDONA, 1958 (= Clásicos Castellanos 99) – B. J. GALLARDO, Ensayo de una biblioteca española de libros raros y curiosos, I, 1968, 823–854 [Repr.] – H. BRODEY, Political satire in the Coplas of the 15th c. [Diss. Columbia Univ. 1959] – J. RODRÍGUEZ PUÉRTOLAS, Sobre el autor de las C. de M. R., Homenaje a Rodríguez-Moñino, 2, 1966, 131–142 – DERS., Actas del 2° Congr. Internac. de Hispanistas, 1967, 513–516 – C. STERN, The C. de M. R. and early Spanish drama, Hispanic Review 44, 1976, 311–322 – M. CICERI, La tradizione manoscritta delle C. de M. R., Quaderni di lingue e lett. 1, 1976, 191–201 – DIES., Le C. de M. R., CN 37, 1978, 187–266.

Coplas del Provincial, span. Satire, 15. Jh., bestehend aus 149 achtsilbigen Vierzeilern, entstanden ca. 1474, dem letzten Herrschaftsjahr Heinrichs (Enriques) IV. Das anonyme Gedicht beschäftigt sich eingehend mit Ereignissen der vorangehenden 9 Jahre der Regierungszeit des Kg.s. Der kast. Hof Heinrichs wird als verkommenes Kloster dargestellt. Antisemit. Elemente sind reichlich vorhanden, Beschreibungen von Lastern und Perversionen, als Symbol einer verdorbenen Gesellschaft, bestimmen den Ton des Gedichts. Vor dem Provinzial des Kl. erscheinen die bedeutendsten Hofleute und Adligen des Landes als Nonnen und Mönche und werden mit ihren richtigen Namen vor den Inquisitor gerufen. Die Anklagen gegen die Adligen werden genau aufgeführt, ehe der Richter den Sündern bestimmte Bußstrafen auferlegt. – C. wurde den Dichtern Rodrigo de Cota, Antón de Montoro und Alonso de Palencia zugeschrieben. W. Kroll

Ed.: R. FOULCHÉ-DELBOSC, RHi 5, 1898, 255–266 – Fortsetzung von Diego de Acuña um 1545 bei R. FOULCHÉ-DELBOSC, Notes... 428–446 und Komm. (ebd., 417–424) – M. CICERI, CN 35, 1975, 66–136 – *Lit.:* R. FOULCHÉ-DELBOSC, Notes vor 'Las C. d. P.', RHi 6, 1899, 417–446 – J. RODRÍGUEZ PUÉRTOLAS, Poesía de protesta en la Edad Media castellana, 1968 – K. R. SCHOLBERG, Sátira e invectiva en la España medieval, 1971.

Coppo di Marcovaldo, florent. Maler, tätig um 1250–74. C. ist der erste namentl. bekannte Maler der Florentiner Schule; in der Schlacht von→Montaperti 1260 von den Sienesen gefangengenommen, signiert und datiert er im folgenden Jahr die Madonna in S. Maria dei Servi in Siena, die auf Guido da Siena wirkt. Ferner sind ihm die früher entstandene »Madonna del Carmine« (Florenz, S. Maria Maggiore), noch mit altertüml. in Relief erhabenen Köpfen, und das Madonnenbild der Servitenkirche in Orvieto zuzuweisen. Von einigen wird C. u. a. auch der Kruzifix in der Pinacoteca Civica von S. Gimignano zugeschrieben. Ch. Klemm

Lit.: R. OERTEL, Die Frühzeit der it. Malerei, 1966, 45s – M. BOSKOVITS, Intorno a C. di M. (Scritti di Storia dell'Arte in on. di U. PROCACCI, I, 1977), 94–105.

Copula, copulatio ('Verbindung', 'Herstellung einer Verbindung'), musikal. Fachtermini von sehr unterschiedl. Bedeutung, deren Gebrauch sich mindestens vom 11. bis ins 14. Jh. erstreckt und mit denen gemeint sein kann: die Verbindung von Tönen zu einer Melodie, von Stimmen zu einem mehrstimmigen Satz, von Noten zu einer →Ligatur; der Zusammenklang von Tönen (allgemein oder, v. a., an Schlüssen); die Art der Verbindung des vorletzten mit dem letzten Klang (nur: copulatio); eine in musikal. Hinsicht zwischen→Discantus und→Organum stehende Satzweise (so bei→Johannes de Garlandia im 13. Jh., in dieser Bedeutung wahrscheinl. mit prov. *cobla* 'Strophe' zusammenhängend); allgemein ein im Vergleich mit Discantus wie Organum rhythm. irregulär gebauter Abschnitt. R. Bockholdt

Lit.: NEW GROVE, s.v. [dort weitere Lit.].

Copyhold, gewohnheitsrechtl. Form der Landleihe im ma. England, bei welcher der Pächter sein Land aufgrund einer *copy* ('Abschrift') aus dem grundherrl. Gerichtsregister innehatte. Diese Leiheform entwickelte sich in England im 14. Jh. mit der zunehmenden Ablösung der Frondienste durch Geldzinse und erfuhr im 15. Jh. starke Verbreitung. Sie wurde rasch als erbliche Form der Leihe betrachtet. Die einzelnen Etappen bei der Verbreitung dieser Besitzform im Gewohnheitsrecht und ihre Bedeutung für die engl. Agrargeschichte sind viel diskutiert worden. Wenn die C. den Bauern tatsächl. einen besseren Schutz gegen grundherrl. Übergriffe gewährte als die älteren gewohnheitsrechtl. Leiheformen, dann könnte sie einen wichtigen Faktor beim Niedergang der →Leibeigenschaft dargestellt haben. Schon die Existenz eines schriftl. Dokuments und damit einer nachprüfbaren Besitzgrundlage mußte dem hörigen Bauern diese Leiheform (wie in späterer Zeit auch anderen Bauerngruppen) als weniger drückende Form der Abhängigkeit erscheinen lassen. Allerdings scheinen Untersuchungen an grundherrl. Urkunden des späten 13. Jh. und frühen 14. Jh. zu ergeben, daß die Lasten der hörigen Bauern, die ihren Besitz nach Gutdünken des Herrn innehatten, nicht wesentlich größer waren als diejenigen der kleinen freien Pächter. Derartige Schlußfolgerungen widersprechen jedoch offenbar den wiederholten Forderungen nach Freiheit, wie sie bei den engl. Bauernaufständen des 14. Jh. (→Revolten) erhoben wurden. R. L. de Lavigne

Lit.: F. POLLOCK–F. W. MAITLAND, Hist. of English Law, 1898²–W. S. HOLDSWORTH, Hist. of English Law III, 1923³ – J. A. RAFTIS, Tenure and Mobility, 1964 – R. H. HILTON, The Decline of Serfdom in Medieval England, 1969– C. DYER, Lords and Peasants in a Changing Society, 1980.

Coq-à-l'âne (nach dem frz. Sprichwort »C'est bien sauté du coq à l'âne« für inkohärentes Geschwätz), kleines Gedicht in acht- bis zehnsilbigen Versen im Paarreim, das unter dem Schutz einer scheinbar unzusammenhängenden Nonsense-Dichtung die menschl. Fehler und Schwächen satirisch behandelt. Clément Marot begründete die Gattung 1530 in vier an Lyon Jamet adressierten Versepisteln und inspirierte sich dabei am Geist der ma. *fatrasie* (→Unsinnsdichtung) und der *sottie*. Hinter dem obskuren Sinn der Gedichte verbargen sich z. T. gewagte Anspielungen auf aktuelle Ereignisse sowie scharfe Bemerkungen über den Papst, die Mönche, die Sorbonne, die Richter und die Frauen. Die c. hatten zunächst großen Erfolg und wurden vielfach nachgeahmt, bis sie von der Pléiade als vulgär verurteilt wurden. E. Bange

Lit.: J. PLATTARD, Clément Marot, 1938 – CH. RINCH, La poésie satirique de Clément Marot, 1940 – Dict. des Lettres Françaises XVIe s., 1951, s. v. – W. F. PATTERSON, Three Centuries of French Poetic Theory, 1328–1630, 3 Bde, 1966.

Coquatrix (Cocatrix), eine der bedeutendsten Familien des Bürgertums im Paris im 13. und 14. Jh. Ihr bekanntestes Mitglied, *Geoffroy* C. († 3. Sept. 1321), stand seit 1297 an der Spitze einer Handelsgesellschaft, die die kgl. Heere in der Gascogne und in Flandern belieferte. Er war auf Weinhandel spezialisiert und ist als kgl. Mundschenk (→*échanson du roi*) belegt. 1300–03 war Geoffroy als →*receveur* (Einnehmer) in den Diöz. Toulouse und Rodez tätig. 1305 wurde er *maître des ports et passages* (oberster kgl. Beamter für Grenzübergänge und -zölle). Ihm oblag auch die Durchführung der Enteignung von Grundstücken, die für die Vergrößerung des Königspalastes benötigt wurden. 1315–16 und 1319–21 war er *maître* der →*Chambre des comptes*. Von großem Reichtum, hatte Geoffroy C. namentl. Güter in Paris und Corbeil. Aus seinen beiden Ehen gingen zahlreiche Kinder hervor, unter ihnen *Geoffroy* und *Renier* C., beide →*trésoriers des guerres*, sowie *Gencien* C., →*receveur* v. Paris. Die C. waren mit den →Marcel verbunden, 1374 ist *Bernard* C. als Besitzer des »fief d'Autonne«, einer innerhalb der Stadt Paris gelegenen Domäne, genannt. *Jean* C. *de Bonnes* ist 1359 →Schöffe (*échevin*) v. Paris; er stand 1380 als →*prévôt des marchands* an der Spitze des Pariser Stadtregiments. R. Cazelles

Coquillart, Guillaume, * um 1452 in Reims, † 12. Mai 1510 ebd., studierte in Paris kanon. Recht und war von 1481 bis 1492 (?) Advokat am Châtelet. In Reims wurde er 1483 Kanonikus, 1492 Offizial der dortigen Kirche und 1496 Rat der Stadt. Noch für Clément Marot galt C. neben →Villon, →Molinet und J. →Lemaire als bedeutender Dichter seiner Zeit. Seine Werke, die bis 1550 in 22 Drucken erschienen, gehören zur Vorgeschichte des frz. komischen Theaters. Sie stehen ganz in der satir.-realist. Tendenz der Lit. der 2. Hälfte des 15. Jh. Mit Sicherheit stammt von C. das »Plaidoié« (813 V.) und die »Enqueste d'entre la Simple et la Rusee« (914 V.) sowie die »Droitz nouveaulx« (2329 V.). Zw. 1478/80 als student. Karnevalsulk ohne krit. Absicht entstanden, parodieren sie die Rechtsprechung der Zeit, indem der komplizierte jurist. Apparat auf den alltäglichen, frivol geschilderten Streit zweier Frauen um einen Liebhaber angewandt wird. Authentisch ist auch der »Débat des dames et des armes« (513 V.), der, 1498 zur Krönung Ludwigs XII. verfaßt, die nicht ernst gemeinte Frage behandelt, ob der Fürst mehr den Umgang mit Frauen oder mit Waffen pflegen soll. Wahrscheinl. nicht von C. stammen die unter seinem Namen überlieferten vier »ballades politiques« und die fünf »monologues Coquillart«, in denen ein Liebhaber seine amourösen Mißgeschicke schildert. M. Tietz

Ed.: Œuvres, ed. P. TARBÉ, 1847 [Repr. 1981; mit Anm. und Gloss.]– Œuvres. Suivies d'œuvres attribuées à l'auteur, ed. M. J. FREEMAN, 1975 – Lit.: M. J. FREEMAN, La satire affectueuse dans les »Droitz nouveaux« de C., Réforme, Humanisme, Renaissance, Bull. de l'Assoc. d'Etude sur l'Humanisme, la Réforme et la Renaissance, VI, 11, 1980, 92–99.

Corana (Coriano; Prov. Pavia), im →Tafelgüterverzeichnis genannt. Großer Königshof schon vor der otton. Zeit. 896 von Wido und Lambert der Ksn. Angeltrud übereignet (D Wi.-Lo. 4), 937 durch Hugo und Lothar an Lothars Braut Adelheid (D Hu.-Lo. 47), die es an S. Salvatore (Pavia) vergab. Die nachfolgenden Ks. haben C. als Schenkung Adelheids bestätigt: D OII 281, D HII 284, D HIV 291. D. von der Nahmer

Lit.: BRÜHL, Fodrum – P. DARMSTÄDTER, Das Reichsgut in der Lombardei und in Piemont, 1896– C. BRÜHL–TH. KÖLZER, Das Tafelgüterverzeichnis des röm. Kg.s, 1979.

Corazzo, Zisterzienserkl. S. Maria di C. (nach dem Fluß Corace), Diöz. Martirano, heute Ruine südl. Carlopoli, Prov. Catanzaro, Kalabrien. Gegr. um 1157 (so in einer Liste der Tochterkl. von →Sambucina von 1507) von Roger de Marturano wohl noch als Benediktinerkl., wurde es unter Alexander III. den Zisterziensern übertragen und war seit etwa 1188 der Zisterze →Fossanova unterstellt. Bedeutendster Abt der Anfangsphase war →Joachim v. Fiore (sicher belegt seit 1177), der dann um 1189 sein eigenes Kl. (S. Giovanni in Fiore) gründete. C. erwarb sich in stauf. Zeit, v. a. unter Friedrich II., ausgedehnte Besitzungen und Rechte in Kalabrien, die es durch Fälschungen im Verbund mit benachbarten Zisterzen noch auszuweiten suchte. Eine übergeordnete Bedeutung für die Ausbreitung des O Cist errang das Kl. nicht. Seit 1445 war C. Kommendatarabtei und wurde 1806 aufgelöst.

Th. Kölzer

Q. und Lit.: DHGE XIII, 805 – IP X, 119–123 – P. DE LEO, Documenti imperiali e regi di età normanno-sveva in archivi privati calabresi, BISI 88, 1979, 349–377 – TH. KÖLZER, Urkk. und Kanzlei der Ksn. Konstanze, Kgn. v. Sizilien, 1983, 140–148.

Corbeil, kleine Stadt in Nordfrankreich (heute chef-lieu canton Corbeil-Essonne, dép. Essonne), an der Seine, gegenüber der Einmündung der Essonne, ca. 30 km stromaufwärts →Paris, stromabwärts →Melun. Wohl gall. Ursprungs (Corboilus – von Corbogilus?, später Corbolium), erscheint C. jedoch erst im 6. Jh. anläßl. eines Wunders bei der Translation des Leichnams des hl. →Germanus (das Patrozinium der nahegelegenen Pfarrei St-Germain-lès-C. erinnert daran; sie heißt im 11. Jh. Vetus Corboilum, was wohl darauf hindeutet, daß hier der alte Ort lag). Gegen Ende des 9. Jh. soll eine Burg zur Normannenabwehr errichtet worden sein, doch fehlt hierfür jegliches Quellenzeugnis. Erst für die Mitte des 10. Jh. ist ein castrum belegt, das einem als comes bezeugten Haymo (Haimo) unterstand; in diesem hat man einen fidelis des

Hzg.s →Richard v. Normandie gesehen oder aber einen Verwandten der Herren v. →Buzançais. Nach einer ansprechenden Hypothese von K. F. WERNER hatte Haymo C. inne aufgrund seiner Heirat mit Elisabeth, Tochter von Elisiardus/Elisiernus, dem Bruder des Vicecomes bzw. Gf.en v. Paris, Teudo (Thion), der im Nov. 941 als Mönch in →Fleury eingetreten war (vgl. PROU-VIDIER, Rec. des chartes de Fleury, n° 47, 120–122); demnach wäre C. eine aus der Gft. →Paris herausgelöste Gft. Anscheinend war es Haymo, der auf seiner Besitzung die vor bret. oder norm. Invasoren geflüchteten Reliquien westl. Hl. barg oder doch zumindest für diese in seinem Castrum einen Zufluchtsort errichtete, aus dem sich das Kapitel St-Spire (= St-Exupère, hl. Exuperius) und die Abtei St-Guénaud (hl. Winwaloeus/Guénolé v. Landevennec) entwickelten.

Nach den Angaben der »Vita Burcardi comitis«, der wichtigsten Quelle für diese Periode, verstarb Haymo nach einer Reise ins Hl. Land, und →Hugo Capet, der nun Hzg. der Francia war, vermählte daraufhin Haymos Witwe mit einem seiner treuesten Gefolgsleute, dem Gf.en v. →Vendôme, Burchard (→6. Burchard). Dieser hatte damit zu seiner Gft. Vendôme die Gft.en C., Melun und – nach dem Tode des Teudo (Onkel seiner Gattin?) – auch die Gft. Paris hinzugewonnen, was ihn zum mächtigsten Vasallen des Hugo Capet und zu dessen Hauptstütze gegen den Gf.en →Odo I. v. →Blois machte. Burchard ließ seine Gft.en von Vicecomites verwalten; das Haus der Vicomtes v. C. bestand das ganze MA hindurch (an sie erinnert der Ort Fontenay-le-Vicomte, wohl altes honor dieser Familie). Nach dem Tode Burchards fiel C. an Mauger (Malgerius), den Gatten der Tochter von Burchards Frau aus erster Ehe mit Haymo; dieser Mauger war jüngerer Sohn Richards I., Hzg.s v. Normandie. Die von ihm begründete Grafendynastie (Mauger; Wilhelm; Burchard II., † um 1100; Odo) beherrschte über ein Jahrhundert C., das als echte Enklave eine Barriere zw. den beiden kgl. Städten Paris (das nach dem Tode Burchards v. Vendôme an den Kg. gefallen war) und Melun bildete. Nach dem Tod des letzten Gf.en, Odo (Eudes; † 1112), fiel die Gft. C. an dessen Neffen, Hugues du →Puiset. Dieser befand sich jedoch in Gefangenschaft Kg. Ludwigs VI. Nachdem Ludwig VI. vergeblich versucht hatte, C. zu erobern, ließ er Hugues du Puiset frei und gab ihm gegen Verzicht auf C. seine Burg Le Puiset (Beauce) zurück. Damit wurde C. zur kgl. Stadt; die Gft. wurde nunmehr als »Kastellanei« betrachtet und understand dem →Châtelet, der »prévôté et vicomté de Paris«. Die Kastellanei C. entsprach im wesentl. der alten Gft. mit Ausnahme von Brie-Comte-Robert, das 1260 herausgelöst wurde und fortan eine eigene Prévôté bildete. Zwei Söhne Ludwigs VI., Heinrich v. Frankreich (Henri de France) und Philipp, waren nacheinander Äbte v. St-Spire und v. Notre-Dame. 1134 errichtete Kg. Ludwig VI. ein St-Victor de Paris unterstelltes Kanonikerstift in der Kirche St-Guénaud. In der Folgezeit war C. häufig Wittum von Kgn.en (Ingeborg v. Dänemark, Witwe von Philipp August; danach →Blanca v. Kastilien; 1260 →Margarete v. Provence, Gattin von Ludwig IX.; 1316 Clementia v. Ungarn, Witwe von Ludwig X.; 1332 Johanna v. Burgund, Gattin von Philipp VI.). 1305–16 gehörte C. zur Apanage Philipps (V.). Die Verwaltung des Wittums, die auch ztw. andere Besitzungen (Moret und Château-Landon, im Gâtinais) umfaßte, wurde für die jeweilige Kgn. von einem Bailli v. C. ausgeübt. Während der Regentschaft der Blanca v. Kastilien versammelten sich die Barone, um den jungen Ludwig IX. mit Gewalt dem Einfluß seiner Mutter zu entziehen; diese entsandte gegen diese Empörung Adlige der Ile-de-France und bürgerl. Aufgebote (Montlhéry, 1228). 1248 verabschiedete sich in C. Ludwig IX., der zum Kreuzzug aufbrach, von seiner Mutter. 1258 wurde in C. der wichtige Vertrag v. C. (→Corbeil, Vertrag v.) geschlossen.

C. wurde vom Hundertjährigen Krieg stark in Mitleidenschaft gezogen. Es war 1358 eines der Zentren der →Jacquerie. 1359 von den Engländern erobert, wechselte es mehrfach den Besitzer und wurde erst 1436, nach dem Frieden v. →Arras, von den kgl. frz. Truppen Karls VII. zurückerobert.

Im MA spielte C. als Zentrum der Seineschiffahrt sowie als bedeutender Getreidemarkt eine wichtige Rolle für die Versorgung von Paris; sogar Brot für Paris wurde in C. gebacken. Daneben wurden auch örtl. Weinbau und Holzhandel betrieben. Seit der Zeit Philipps August wurde in C. ein ertragreicher Seinezoll erhoben. R.-H. Bautier

Q.: Cart. de St-Spire de C. au dioc. de Paris, ed. E. COUARD-LUYS, 1882 (Mém. et doc. publ. par la Soc. archéol. de Rambouillet, VI) – vgl. auch die Q. zu →Paris, Bm., St-Victor – Vie de Bouchard le Vénérable, comte de Vendôme, C... par Eudes de St. Maur, ed. CH. BOUREL DE LA RONCIERE, 1892 – G. FOURQUIN, Le domaine royal en Gâtinais d'après la prisée de 1332, 1963 – vgl. auch Q. zu →Suger und die einzelnen Kg.en – *Lit.*: DHGE XIII, 806–808 – J. DE LA BARRE, Antiquités de C., 1647 – J. DEPOIN, Les vicomtes de C. et les chevaliers d'Etampes au XIIe s., 1899 (Bull. Soc. hist. et archéol. de C., V, 1899, 1–71) – P. CAVAILLER, Essai sur la prévôté de C., 1964 (Extr. des Bull. cités, 1960–64 [Karte]) – G. FOURQUIN, Les campagnes de la région parisienne à la fin du MA, 1963 (Publ. Fac. Lettres de Paris, Recherches, t. X) – K. F. WERNER, La région parisienne aux IXe et Xe s., Bull. Soc. nat. Antiq. 1975 [1978], p. 74–75 – FR. MAILLARD, L'extension de la prévôté de Paris et des châtellenies de l'Ile-de-France au XIVe s., Actes 100e Congrès nat. soc. sav., Paris 1975 [1978], 27f., 30 [Karte].

Corbeil

1. C., Michel de, Ebf. v. →Sens, † Nov. 1199, ⌐ Sens, Kathedrale; wohl dem Vizegrafenhaus v. Corbeil zugehörig, war C. Kanoniker v. Cambrai und Soissons, Archidiakon v. Brüssel, Dekan von Meaux und sodann von Laon, 1192 Dekan v. Paris. 1194 wurde er zum Patriarchen v. Jerusalem gewählt, doch erfolgte kurz darauf seine Wahl zum Ebf. v. Sens. Am 24. April 1194 geweiht, sah er sich – wie die übrigen Prälaten Frankreichs – mit den Problemen der Ehescheidung Kg. →Philipps II. August konfrontiert. Ebenso hatte er sich mit dem Auftreten von Häretikern, insbes. der »populicani« in Nevers, zu beschäftigen. Unter seinen Amtshandlungen sind u. a. die ebfl. Approbation einer von Gaucher de Joigny für Dollot gemachten Stiftung betreffs einer tägl. Totenmesse (1196) und die Anerkennung der Rechte des Cantors v. St-Quiriace in Provins an den Schulen dieser Stadt hervorzuheben. Die Zeitgenossen (Rigord, Wilhelm der Bretone, Alberich v. Troisfontaines) loben die große Mildtätigkeit und die Bildung des Ebf.s. Professor an den Schulen v. Paris, trat C. als Verfasser von »Distinctiones in Psalmos« hervor. M.-C. Gasnault

Ed. und Q.: MPL CCXI, 444f., CCXIV, passim – E. BALUZE, Miscellanea III, 90–91 – M. QUANTIN, Cart. gén. de l'Yonne II, 1873, passim – RBMA, Nr. 5638–5640 – Rigord, Gesta Philippi Augusti, ed. DELABORDE, 126, 146f. – *Lit.*: DBF IX, 593 – DHGE, s. v. – GChr XII, 55–56, Instr. 62: Hist. litt. de la France XV, 324–326 – H. BOUVIER, Hist. de l'église et de l'ancien archidiocèse de Sens II, 1911, 144–152.

2. C., Pierre de (Petrus v. Corbeil), Ebf. v. →Sens, † Juni 1222, ⌐ Sens, Kathedrale (Zeichnung des Grabmals von Gaignières erhalten; vgl. J. ADHÉMAR, Les tombeaux de la coll. Gaignières I, 106). Kanoniker v. Paris und Theologieprofessor, zählte er zu seinen Schülern den späteren Papst →Innozenz III., der ihn 1199 zum Bf. v. Cambrai, 1200 zum Ebf. v. Sens erhob. Ebenso hatte C. das Vertrauen des Kg.s →Philipp II. August, der den Ebf.

oft mit wichtigen und schwierigen diplomat. Missionen betraute (Eheauseinandersetzungen des Kg.s, albigens. Häresie, Beziehungen zu England, Auseinandersetzungen in den Suffraganbistümern v. Sens). C. zeichnete sich auch durch ein aktives Eintreten für die geistl. und weltl. Angelegenheiten seines Ebm.s aus, das er energisch gegen Eingriffe des Kg.s wie des Papstes zu verteidigen suchte. C. führte den Vorsitz bei den Provinzialkonzilen v. Paris (1210, 1212) und Melun (1216) und nahm am IV. →Laterankonzil (1215) teil. Er gründete mehrere Kollegiatstifte in seiner Diöz.: Châtillon-sur-Loing (heute Ch.-Coligny), Villefolle, Courpalay, Villeneuve-le-Roi. Der Ebf. erteilte den Satzungen der »Bruderschaft der Priester der Dreizehn Pfarreien der Stadt Sens« seine Approbation und ließ die Bauarbeiten an der Kathedrale fortführen. C. ist wahrscheinl. der Autor eines Kommentars zu den Paulusbriefen. Eine weit zurückreichende Tradition schrieb ihm außerdem die Verfasserschaft eines Officiums für das Fest der Beschneidung Christi zu; dieses auch »Livre des Folz« gen. Werk (→Narrenfest) blieb bis zum 16. Jh. in Sens in Gebrauch. M.-C. Gasnault

Q.: MPL CCXII, 70–72, CCXIV, 442–444 und passim, CCXV, passim – M. QUANTIN, Recueil pour faire suite au cart. gén. de l'Yonne, 1873, passim – RBMA, Nr. 6593–6598 – F. BOURQUELOT, L'office de la fête des fous de Sens, Bull. Soc. archéol. de Sens VI, 1854, 87–186 – *Lit.*: DBF IX, 593 – DHGE, s. v. – GChr XII, 57–60, App. 363–364 – Hist. litt. de la France XVII, 223–228 – H. BOUVIER, Hist. de l'église et de l'ancien archidiocèse de Sens II, 1911, 154–197 – A. CHEREST, Nouvelles recherches sur la fête des Innocents et la fête des Fous, Bull. Soc. Sciences Hist. et Nat. de l'Yonne VII, 1853, 6–28.

3. C., Renaud de (gen. auch Renaud Mignon), Bf. v. →Paris, † Juni 1268, ▢ Paris, St-Victor; Sohn von Simon de Corbeil und Alix, wohl Neffe des Pierre de Corbeil, Ebf. v. Sens († 1222). C. war Großarchidiakon v. Reims, bevor er im Juli 1250 Bf. v. Paris wurde. Seiner Inthronisation ging eine zehnmonatige Sedisvakanz nach dem Tod von Gautier de Château-Thierry, dem nur kurz regierenden Nachfolger von Guillaume d'Auvergne († 1249), voraus. C.s Obhut unterlag die Erteilung der letzten Ölung für die frz. Kgn. Blanche de Castille (Ende 1252); er taufte auch einen der Söhne Kg. Ludwigs d. Hl. (1260). Seine ersten Episkopatsjahre waren von dem schweren Konflikt zw. den Weltgeistlichen der Universität (→Paris, Universität) und den in diese vordringenden Bettelorden überschattet: Hierbei war C. zunächst dem Wortführer der Universität – Wilhelm v. St-Amour, günstig gesonnen; doch schloß er sich bald, durch Wilhelms überspitzte Positionen ermüdet, der vorsichtigen und reservierten Haltung Kg. Ludwigs IX. an und führte die päpstl. Weisungen aus, welche die Lehrer der Universität zur Unterwerfung aufforderten und Wilhelms »Tractatus brevis« verurteilten. Anscheinend war C. ein aktiver Helfer Kg. →Ludwigs d. Hl. bei dessen Kirchenpolitik (Gründung, Bewidmung oder Reformierung geistl. und karitativer Einrichtungen). Seine Frömmigkeitshaltung hinderte den Bf. nicht, über die Cité von Paris im Zuge eines Konflikts mit der kgl. Jurisdiktion das Interdikt zu verhängen (1265). In seinem Testament bedachte C. v. a. seine Kathedrale, um die er sich auch schon zu Lebzeiten durch Fortsetzung der Bauarbeiten verdient gemacht hatte; ferner setzte er eine bes. Summe für die Gründonnerstagsmeßfeier aus und vermachte Stiftungen für jährl. Seelenmessen in St-Exupère de Corbeil und St-Victor de Paris.
M. C. Gasnault

Q.: E. BERGER, Les registres d'Innocent IV, 1884–1921, passim – J. GUIRAUD, Les registres d'Alexandre IV, 1895–1959, passim – E. JORDAN, Les registres de Clément IV, 1893–1945, n° 835 et 1862 und passim – *Lit.*: DBF IX, 593f. – GChr VII, 101–108 – Hist. litt. de la France, XIX, 421f. – FELIBIEN, Hist. de la ville de Paris, 1725, 328–415 – M. M. DUFEIL, Guillaume de St-Amour et la polémique universitaire parisienne 1250–1259, 1972.

Corbeil, Vertrag v. (11. April 1258). Der Ausgang der Albigenserkriege öffnete der frz. Krone einen breiten Zugang nach Südfrankreich, den Kg. →Jakob I. v. Aragón durch vielfältige Bündnisse mit einheim. Territorialherren abzuriegeln suchte. Daß er die Heirat der Erbtochter der Provence mit Karl v. Anjou (1246) und den Übergang der Gft. →Toulouse an die frz. Krone (1249) nicht verhindern konnte, waren offenkundige Zeichen für das Scheitern seiner Politik. Als 1254 die Einwohner von →Montpellier die Hilfe Kg. Ludwigs IX. v. Frankreich anriefen, sich der Bf. v. →Maguelonne (Lehnsherr von Montpellier) zum Lehnsmann des frz. Kg.s erklärte und Kg. Jakob als Aftervasall Ludwigs bezeichnet wurde, da er in Montpellier nur Senior und nicht König sei, war die Frage nicht mehr zu umgehen, inwieweit die Reklamation kgl. Rechte aus der Zeit der westfrk. Karolinger durch den frz. Kg. zu berücksichtigen habe, daß die Gft. en v. →Barcelona inzwischen zu Trägern eines neuen Kgtm.s aufgestiegen waren. Eine Kommission wog zw. 1255 und 1258 die Ansprüche Ludwigs IX. auf Altkatalonien und Jakobs I. auf alle einmal von Barcelona abhängig gewesenen Territorien in Südfrankreich gegeneinander auf und machte sich im Endergebnis die von der frz. Krone betriebene strenge Auslegung des Lehnsrechts zu eigen; nur den beiden Vertragspartnern persönl. geleistete Lehnseide sollten Berücksichtigung finden. Am 11. April 1258 unterzeichneten Ludwig IX. und die Gesandten Jakobs I. in der Pfalz von Corbeil einen Vertrag (von Jakob I. am 16. Juli 1258 durch Unterschrift in Barcelona ratifiziert), wonach Ludwig IX. auf die altkatal. Territorien und Jakob I. mit Ausnahme hauptsächl. der Gft. →Roussillon und →Cerdaña, des Capcir und Valle de Arán, der Vizegft. en →Bigorre und →Béarn sowie Montpelliers auf alle Ansprüche in Südfrankreich verzichtete. Nicht als Bestandteil des Vertrages, aber sachlich zuzuordnen ist der Verzicht auf das Erbe Raimund Berengars V. v. Provence, den Jakob am 17. Juli 1258 in Barcelona erklärte. Damit war die im 11. und 12. Jh. starke Präsenz des Hauses Barcelona in Südfrankreich endgültig beendet. O. Engels

Lit.: O. ENGELS, Der Vertrag v. C. (1258), SFGG. GAKGS 19, 1962, 114–146 – DERS., El rey Jaime I de Aragón y la política internacional del siglo XIII (X Congreso de Hist. de la Corona de Aragón, Zaragoza 1979), 221–230.

Corbény, Ort in Nordfrankreich (dép. Aisne, cant. Craonne). Der zw. Laon und Reims gelegene Ort befand sich an einer Römerstraße. C. ist als karol. Palatium u. →Fiscus belegt. Unter Kg. Karl III. (893–929) suchten die von den norm. Plünderungen bedrohten Mönche der Abtei Nanteuil (Manche) mit den wundertätigen Gebeinen des hl. →Marculf Zuflucht in C. 906 stiftete der Kg. ein Monasterium (cella) zur Aufnahme der Reliquien. Bereits 907 kam diese Stiftung mit dem umliegenden Besitz zum Wittum der Kgn. Frederun, welche sie an St-Rémi in →Reims übertrug. C. wurde zum Priorat dieser Abtei.

Der in C. verehrte hl. Marculf (Marcoul), Abt aus dem Cotentin (6. Jh.), für den Kg. →Ludwig d. Hl. (1226–70) einen kostbaren Schrein stiftete, wurde gegen Zeugungsunfähigkeit und – damit zusammenhängend – gegen die →Skrofeln angerufen. Die wundertätige Skrofelnheilung wurde seit dem 11. Jh. den Kg.en v. Frankreich zugeschrieben; sie steht mit der dynast. Überlieferung der →Kapetinger in engem Zusammenhang; →Robert II. der Fromme dürfte der erste Kg. gewesen sein, der sie ausübte

(→Königtum, Frankreich; →Sakralität). Diese Fähigkeit des Kg.s zur Wunderheilung war an die erfolgte Krönungszeremonie und an die fromme Lebensführung des jeweiligen Kg.s geknüpft. Am Ende des 15. Jh. zog der Kg. nach der →Salbung in Reims als Pilger nach C., um dort am Schrein des hl. Marculf die Heilung zu spenden; bei den Krönungsfeierlichkeiten der späteren Bourbonen (Ludwig XIV., XV. und XVI.) wurde allerdings der Markulfschrein jeweils nach St-Rémi überbracht.

Die Güter von C. wurden im 11. und 12. Jh. durch päpstl. Bullen bestätigt; im 16. Jh. wurden sie der mensa abbatialis, schließlich der mensa conventualis von St-Rémi übergeben. Die monast. Gemeinschaft war stets recht klein. 1789 umfaßte sie nur noch drei Religiose. 1790 wurden das Priorat aufgehoben und der Schrein zerstört, die Reliquien blieben jedoch verschont. E. Bournazel

Lit.: M. BLOCH, Les rois thaumaturges, 1961 – J. P. POLY–E. BOURNAZEL, La mutation féodale, 1980 – vgl. auch Lit zu: →Marculf, hl.; →Skrofeln.

Corbera, Familie, katal. Adelsgeschlecht, benannt nach der am rechten Ufer des Llobregat (Prov. Barcelona) gelegenen Burg, die 1032 im Besitz des Wilhelm v. Mediona erscheint, eines Adligen der Diözese →Vich, der im Auftrag Bf. →Olibas die Südgrenze gegen die Mauren sicherte. Nach dem Verlust der Burg Mediano scheint ein Zweig der Familie C. als Stammsitz gewählt zu haben. Im 12. Jh. ist ein Bernhard Adalberti v. C. als Lehnsmann der Vizegf. en v. →Castelnou bezeugt. Von da an waren die C. Vasallen der Gf. en v. →Barcelona. Die Familie, deren Leitnamen Bernhard, Gilabert und Raimbald waren, erlangte v. a. im 14. und 15. Jh. im Rahmen der Expansionspolitik der Krone Aragón in den Mittelmeerraum Bedeutung. Zu erwähnen sind dabei vor allem: *Gilabert* v. C., 1343 Stellvertreter des Statthalters v. Mallorca, Arnald v. →Erill, und 1348–51 Generalstatthalter v. Katalonien; *Raimbald* v. C. († 1354), Statthalter v. Sardinien (1348–50), hielt er →Mallorca für →Peter IV. v. Aragón gegen →Jakob III. v. Mallorca; *Bernhard* v. C., Sohn des Vorgenannten, 1426 Gesandter Alfons V. in Mailand, 1428 in Genua, 1436 Mitglied des kgl. Rates in Gaëta; *Raimbald* v. C., Bruder des Vorherigen, 1393 mit Bernhard v. →Cabrera auf der Expedition nach Sizilien, 1410–12 Vertreter der Ritterschaft beim katal. Parlament, 1412 stellvertretender Statthalter von Katalonien, 1420 Statthalter von Sardinien, 1421 Vertreter der Ritterschaft beim sard. Parlament. Er unterstützte die →Trastámara gegen →Jakob v. Urgell; *Johann* von C., 1393 Teilnahme an der Expedition in Sizilien, 1411 und 1418–20 Vizekg. v. Sardinien; nahm mit →Romeu v. C. am Angriff auf Marseille teil; 1436 Statthalter v. Katalonien.

Ein Bernhard v. C. war im 13. Jh. in Barcelona Mitbegründer des Ordens der →Mercedarier.

Ende des 15. Jh. kam die Baronie von C. an die Gualbes, die sich von da an C. nannten. – Das in der Nähe der Burg gelegene, im 11. Jh. gegründete Priorat von Sant Ponç de C. wurde im 12. Jh. an →Cluny übertragen und wurde im 13. Jh. Sant Pere de Casserres unterstellt. I. Ollich i Castanyer

Lit.: Dicc. biogràfic dels Catalans I, 614–618 – R. D'ABADAL I DE VINYALS, Dels Visigots als Catalans II, 1974², 238–244 (= L'abat Oliba i la seva epoca, 1948) – E. JUNYENT, Catalogne Romane I, 1960, 160 f. – J. MATEU IBARS, Los Virreyes de Cerdeña, 1964, 102–105.

C., Romeu de, Admiral und Meister des Ritterordens v. →Montesa, * in Barcelona, † 6. Sept. 1445 in Valencia, Sohn von Bernhard und Violante v. Llupià, Herren v. Corbera, trat 1397 dem Orden v. Montesa bei, wurde 1407 Komtur v. Vilafamés und 1410 von Benedikt XIII. zum Ordensmeister ernannt, womit er den wegen der Wahl entbrannten Streitigkeiten ein Ende setzte. Kg. Ferdinand I. v. Aragón entsandte C. im Okt. 1412 als einen von vier Vizeregenten nach →Sizilien, um die von Adelskämpfen für oder gegen die verwitwete Kgn. zerrissene Insel zu befrieden. Am 9. Nov. wurde er zudem von Benedikt XIII. zum apostol. Gesandten für Sizilien ernannt und 1413 auf dessen Drängen hin zum Vizekg. Doch als der Kg. v. Aragón dem Papst die Oboedienz aufsagte, zog sich C. von Sizilien zurück. Seit 1420 nahm er im Dienste Kg. Alfons' 'el Magnánimo' an der Eroberung des Kgr.es →Neapel teil, war 1420 in Sizilien und auf Sardinien und erreichte 1421 als kgl. Gesandter beim Hzg. v. Mailand die Übertragung einiger Burgen auf Korsika, das er im Okt. 1421 gegen die genues. Flotte verteidigen mußte, wobei er in Foz Pisana einen Sieg errang. 1423 nahm er an der von der kgl. katal. Flotte gegen Marseille geführten Strafexpedition teil und zeichnete sich aus (Trophäen des Feldzugs in der Kathedrale v. Valencia).

Seit 1429 hatte C. das Amt eines stellvertretenden Generalstatthalters des Kgr.es →Valencia inne und mußte das Kgr. mit Waffengewalt gegen den Kg. v. Kastilien verteidigen. 1421 erhielt er vom Kg. auf Lebenszeit die Blutgerichtsbarkeit über die zum Orden v. Montesa gehörende Stadt Onda und die Orte Vilafamés, Perputxent und Mont-roig. E. Duran

Lit.: A. L. JAVIERRE MUR, Privilegios reales de la orden de Montesa en la Edad Media, o. J. – J. GRAMUNT, Los linajes catalanes en Cerdeña, 1958 – F. GUTTON, L'ordre de Montesa, 1974.

Corbie, ehem. Abtei OSB in Nordfrankreich, Picardie (Diöz. Amiens; dép. Somme; nö. v. Amiens).

I. Geschichte – II. Bibliothek und Handschriftenüberlieferung.

I. GESCHICHTE: C. wurde von der merow. Kgn. →Balthild im Einvernehmen mit ihrem Sohn →Chlothar III. zw. 657 und 661 gegr. Die Verfassung des neugegr. Kl. war außergewöhnl.; seine Gründung war Bestandteil der allgemeinen Klosterpolitik der Kgn., die bestrebt war, das →Frankenreich in spiritueller wie materieller Hinsicht zu transformieren, um so dem Aufstieg des Adels auf Kosten des Kgtm.s entgegenzuwirken. Darüber hinaus erlebte das nördl. Gallien in der 2. Hälfte des 7. Jh. mit der Gründung von →Quentowic den Beginn neuer wirtschaftl. Aktivität, die zu dieser Zeit völlig in den Händen einer heidn. Bevölkerung, Sachsen und Friesen, lag. C., das auf Fiskalland ca. 100 km vom Meer entfernt lag, wurde zu vollem Eigen Mönchen aus →Luxeuil übertragen; diese lebten nach der →Regula S. Benedicti, die vom hl. →Columban vermittelt und adaptiert worden war. Die neugegr. Abtei wurde dem Patrozinium der hll. Petrus und Paulus unterstellt, womit die Treue zu Rom und der missionar. Ansatz bekundet wurden. Dem Kl. und seinem Abt wurde →Immunität verliehen, die in der Folgezeit beständig erneuert wurde. Um die vom Kg. gewährte Immunität (emunitas) zur vollen Wirkung kommen zu lassen, trat ein vom Bf. Berthefrid v. Amiens am 6. Sept. 664 ausgestelltes Bischofsprivileg (privilegium) hinzu; in diesem verzichtete der Bf. auf jede Einmischung in das Leben des Kl. und in die Verwaltung seiner Güter. Er gestand den Mönchen die unbehinderte freie Abtwahl zu. Mit der privilegienrechtl. Unabhängigkeit verband sich nicht nur administrative Autonomie, sondern v. a. auch die Förderung des Landesausbaus: Die Abtei erhielt neben der Domäne von C. und neun weiteren Villae die im spätröm. Kataster registrierten, inzwischen wüstgefallenen Besitzungen eines ehem. heidn. Tempels, die nach der Christianisierung von Ks. konfisziert worden waren. Das unbesiedelte Land (forestis) von ca. 12 000 ha bildete zusammen mit den 9500 ha der übrigen Domänen den ursprgl. Landbesitz der Abtei.

Damit war der Ausgangspunkt für umfangreiche Rodungstätigkeit und für die Ausdehnung des Einflusses von C. geschaffen. Die Gründung und Ausstattung dieser großen Abtei kann als »ein letzter bedeutender Akt der merow. Zentralgewalt« (EWIG) gelten.

Die Verfassung von C. hat EWIG als »'kleine' Freiheit« charakterisiert, da sie die Zustimmung des Herrschers zur Person des künftigen Abtes und die Weihe des Neugewählten durch den Bf. nicht in Frage stellte. Sie war von völliger Zollbefreiung für das gesamte Kgr. begleitet. Vielleicht setzte der Hausmeier Pippin I. als Abt v. C. →Grimo ein. Dessen Abbatiat dauerte, mit einer kurzen Unterbrechung, während derer ein anderer Abt von des neustrischen Hausmeiers Gnaden regierte, mindestens bis 747. Die Praxis der Besetzung der Abtswürde durch Mitglieder der Karolinger erhielt sich bis ins 9. Jh. trotz des 825 und 847 bestätigten Abtwahlprivilegs, da die Abtei polit. zu wichtig war, um sie aus den Händen der Herrscherfamilie zu lassen. Wohl unter Grimos Abbatiat hatten die Karolinger den größten Teil des »Forsts« v. Vicogne und andere Besitzungen dem Kl. zugunsten ihrer fideles entfremdet. Abt Adalhard führt nämlich in seinem Verzeichnis der Klostergüter von 822 nur mehr einen Teil der ursprgl. Güterausstattung auf; zwei Drittel von dieser waren faktisch oder sogar juristisch nicht mehr im Besitz der Abtei. Die Schenkungstätigkeit begann, den erhaltenen Urkunden nach zu urteilen, erst wieder ab 842.

C. war somit während der Karolingerzeit Königsabtei. Als solche war sie nach 774 Haftort des gefangenen Langobardenkg.s →Desiderius. Die Abbatiate der beiden großen Äbte aus dem Karolingerhaus, →Adalhards d. Ä. (780–826) und seines Bruders →Wala (826–836), wurden von hoher Bedeutung für die Gesch. der Abtei und die kirchl. Entwicklung in Frankenreich. Zw. 815 und 825 übernahm die Abtei die schwere Pflicht, ein Tochterkloster im neueroberten →Sachsen, Corbeia nova (→Corvey), zu gründen, das zu einem der wichtigsten Stützpunkte karol. Kirchen- und Missionspolitik im Norden werden sollte. 822 verfaßte Adalhard die Statuten von C., die uns Einblick in das Leben dieser großen Abtei der Karolingerzeit gewähren: C. beherbergte of 350 Personen – geistlichen wie weltlichen Standes. Wir erhalten ein umfassendes Bild von der grundherrschaftl. Verwaltung einer Abtei, von agrarisch-landwirtschaftl. Produktion, von Vorratshaltung und Verteilung. Adalhard, der von Karl d. Gr. als →Missus zur Reorganisation der Verwaltung des Kgr.es →Italien entsandt wurde, gehörte zweifellos zu den führenden Verwaltungsfachleuten seiner Zeit, woraufhin auch seine (nicht selbständig erhaltene, doch in →Hinkmars »De ordine palatii« eingegangene) Hofordnung deutet. Hatten schon Adalhard und Wala als Mitglieder des Hofkreises starken Anteil an der →Bildungsreform Karls d. Gr. gehabt, so trat seit etwa 830 die wissenschaftl. und theol. Aktivität C.s in den Vordergrund. Diese stand in engem Zusammenhang mit der karol. Reichs- und Kirchenpolitik und fand ihren Ausdruck u. a. in den Adalhard- und Wala-Biographien des Abtes →Paschasius Radbertus (843–851) und in den theol. Werken des Mönchs →Ratramnus († nach 868). Bibliothek und Skriptorium erlangten hohes Ansehen, nachdem im letzten Drittel des 8. Jh. die ags. →Unziale die karol. →Minuskel in C. abgelöst hatte.

Die bedeutende Schule hatte insbes. eine wichtige Funktion für die Ausbildung von Missionaren (→Ansgar, →Hamburg-Bremen, →Mission).

Auf diese kulturelle Blüte in karol. Zeit folgte bis in die Mitte des 11. Jh. eine längere Periode des Verfalls und der Krisen. 859 konnte ein erster Angriff der →Wikinger noch von Abt Odo abgewehrt werden. Im Febr. 881 jedoch fiel die Abtei der wiking. Plünderung und Brandschatzung anheim. Abt Franco (892–911) ließ die Abtei befestigen, erlangte von Kg. Odo das Recht der Münzprägung und ließ Corbeienser Denare mit seinem eigenen Namen schlagen – erste Schritte auf dem Weg zur Bildung einer geistl. Feudalherrschaft, deren Strukturen sich zu Beginn des 11. Jh. deutlich konstituierten. Die Abtei war zu dieser Zeit nach wie vor im Königsbesitz: Sie gelangte als Dotalicium an →Adela, Tochter Roberts d. Fr., Gemahlin →Balduins V., Gf. en v. Flandern (∞ 1028). 1071, zu Beginn der Regierung Philipps I., kehrte die Abtei jedoch definitiv in die kgl. Domäne zurück. 1123 erkannte Ludwig VI. die →Kommune der sich beim Monasterium als →Abteistadt entwickelnden städt. Siedlung an. Es gelang Ludwig VI. mehrfach, Äbte seiner Wahl durchzusetzen. 1186 verlieh Philipp II. August dem Abt den Grafentitel, was diesem – durch Festlegung der Grenzen der Gft. – die Rückgewinnung der Rechte C.s an dem durch Rodung neuerschlossenen »Forst« v. Vicogne ermöglichte.

Neben das kgl. Patronat über C. trat seit der Karolingerzeit ebenso die päpstl. Protektion: 855 dehnte Benedikt III. die Verpflichtung zur Wahrung der Freiheit von C. auf alle Bf.e aus und proklamierte die absolute Freiheit der Abtswahl. 863 fügte Nikolaus I. dem ein Appellationsrecht der Abtei an den Hl. Stuhl gegen die Bf.e (unter bestimmten Voraussetzungen) hinzu. Im Zuge der Konflikte, die zw. Abt Fulco und den Bf.en v. →Amiens, Fulco II. und Guido, auftraten, wurde C. 1064–65 als Abtei unter den bes. Schutz des Hl. Stuhles aufgenommen. Seit 1096 entrichtete C. einen Rekognitionszins für den päpstl. Schutz. 1170 und 1171 erhielt C. die volle Exemtion von bfl. Jurisdiktionsgewalt und konnte den Bf., der die Abtsweihe vorzunehmen hatte, frei wählen. Damit genoß die Abtei auch uneingeschränkte kanonischrechtl. libertas.

Der Güterbesitz, der bereits unter Karl d. Kahlen einige Erweiterungen erfahren hatte, wurde seit den Äbten Ratold (um 972–986) und Megingaud (986–1013/15) wiederhergestellt und ausgedehnt. Die Zahl der Mönche variierte im 11. und 12. Jh. zw. 30 und 50. Um 1130 führte Abt Robert die cluniazens. Gewohnheiten (→Cluny) ein, ohne doch völlig die Autonomie der aus dem 9. Jh. überkommenen kl. Ämter aufzuheben; auch das Kapitel bewahrte eine sehr weitgehende Unabhängigkeit. Die beiden →Mensae (m. abbatialis, m. conventualis) blieben dank hoher Einkünfte lange leistungsfähig; der weitgestreute Besitz umfaßte Güter in 40 Pfarreien, bes. in den Diöz. Amiens (Somme- u. Ancretal), Thérouanne, Soissons und sogar in der Gft. Flandern (Forst v. Houthulst). Doch vermochten die Einkünfte der Mensa abbatialis – im Gegensatz zu denen der Mensa conventualis – im späten 13. Jh. den Bedarf nicht mehr zu decken. 1267 erfolgte der Anschluß der Mensa conventualis an die Mensa abbatialis.

Ursprgl. besaß die Abtei drei Kirchen: St-Pierre-St-Paul, St-Etienne und St-Jean. Darüber hinaus sind aus karol. Zeit zwei oder vier Kapellen bekannt. 1052 wurde St-Pierre neuerrichtet (voll. 1065–73). St-Jean wurde zw. 1152 und 1174 wiederaufgebaut. In der Stadt war die Zahl der Pfarreien inzw. von zwei auf sechs gestiegen. 1251 legte Abt Raoul den Grundstein der got. Kirche St-Pierre, doch beanspruchte die Neuerrichtung der Konventsbauten die Kräfte der Abtei bis zum Ende des MA, und die Verwüstungen des Hundertjährigen Krieges verhinderten die Neuerrichtung des roman. Kirchenbaus.

Die Kommunalverfassung der Stadt C. wurde 1330 aufgehoben und die Stadt erneut der Autorität des Abtes unterstellt. Bald darauf verfiel C. den Zerstörungen des →Hundertjährigen Krieges. Stadt und Abtei wurden im 14. und 15. Jh. siebenmal geplündert (1373, 1417, 1418, 1431, 1445, 1470, 1492). Die Einschließung der hl. →Coletta, die 1402-06 bei der Kirche St-Etienne als Rekluse lebte, ist nicht ohne Zusammenhang mit den Leiden C.s während dieser Kriegszeiten zu denken. 1435 kam C. durch den Frieden v. →Arras an den Hzg. v. →Burgund. Ludwig XI. besetzte die Stadt 1463-65 und definitiv 1475, wobei es zu einer neuen Plünderungsaktion kam. Ludwig XI. versuchte 1477 vergebl., in C. einen →Kommendatarabt einzusetzen; der Widerstand gegen dieses Bestreben kann als Zeugnis für die lange Tradition der Unabhängigkeit der monast. Gemeinschaft gelten. Erst 1550 zur Kommende umgewandelt, trat C. 1618 der Maurinerkongregation bei. 1792 wurde die Abtei aufgehoben.

II. BIBLIOTHEK UND HANDSCHRIFTENÜBERLIEFERUNG: Seit C.s bedeutender Rolle als frühma. Bildungszentrum beherbergte die Abtei ein äußerst aktives Skriptorium (zur Buchmalerei von C. →Buchmalerei, Abschnitt A. IV) und eine reiche Bibliothek. Für die Urkunden der Abtei wurde 1295 ein Inventar notwendig. Ein zweites Inventar wurde 1421 angelegt (Paris, Bibl. Nat., ms. fr. 24143). Weitere Inventare entstanden 1730 und 1778 (beide Arch. dép. Somme). Es sind 16 Cartulare erhalten, deren ältestes sich in der Staatsbibl. Berlin (Phillipps 1776) befindet; die übrigen verteilen sich auf 11 Hss. der Bibl. Nat. – Bereits nach der Belagerung von 1636 wurde ein Teil der Hss. aus der Bibliothek von C. nach Paris ausgelagert. 1791 wurden diese auf verschiedene Depots verteilt bzw. verstreut. Die Bibl. Nat. besitzt 400 aus St-Germain des Prés überkommene Corbeienser Hss., die Bibl. mun. in Amiens führte 1803 offiziell 400 weitere Hss. auf, tatsächl. sind heute aber nur noch 325 vorhanden. Die öffentl. Bibliothek Leningrad besitzt 35 Hss. (aus einem 1791 erfolgten Diebstahl in St-Germain des Prés); sie zählen zu den ältesten. Andere kamen über den Besitz Christines v. Schweden in die Vaticana. Hervorzuheben sind zahlreiche liturg. Hss., Bibelkommentare und ein Teil des auf Weisung von Abt Mordramnus (771-781) revidierten Bibeltextes. Kirchenvätertexte bildeten zwar die überwältigende Mehrzahl des Bestandes der Karolingerzeit, doch waren auch antike Autoren (Livius, Columella) und nahezu zeitgenöss. Geschichtsschreiber (älteste bekannte Hs. der »Hist. Francorum« des →Gregor v. Tours) vertreten. Schließlich läßt das Vorhandensein von Lexika und von Übersetzungen aus dem Griech. (z. B. Chronicon Barbari und lat. Aratos) den Schluß zu, daß in C. im 8. Jh. Griechischkenntnisse – ad verbum, aber nicht ad sensum – bestanden. M. Rouche

Lit.: *zu [I]*: DHGE XIII, 805 – GChr X, 1263-1289 – A. de Caulaincourt, Chronique de Corbie (Bibl. Mun. Amiens ms. 524) [Teiled.: J. GARNIER, Mem. Antiq. Picardie, VIII, 1845, 507-523] – L. LEVILLAIN, Les statuts d'Adalhard pour l'abbaye de C. (IXᵉ-Xᵉ s.), M-A 13, 1900, 333-386 – DERS., Examen critique des chartes mérovingiennes et carolingiennes de l'abbaye de C., 1902 – C. BRUNEL, L'Original du diplôme des empereurs Louis le Pieux et Lothaire pour l'abbaye de C., M-A, 1912, 129-143 – H. PELTIER, Pascase Radbert, abbé de C., 1938 – J. F. LEMARIGNIER, Les domaines des abbayes de Sithiu et C., dans la seconde moitié du VIIᵉ s., Revue du Nord 38, 1946, 305-307 – L. DUBAR, Recherches sur les offices du monastère de C. jusqu'à la fin du XIIIᵉ s., 1951 – R. BONNAUD-DELAMARE, La paix d'Amiens et de C. au XIᵉ s., Revue du Nord, 1956, 167 – P. HELIOT, Die Abtei C. vor den norm. Einfällen, Westfalen 34, 1956, 133-141 – DERS., L'abbaye de C., ses églises et ses bâtiments, 1957 – A. VERHULST-J. SEMMLER, Les Statuts d'Adalhard, M-A, 1962, 68, 91-123, 232-269 – C., abbaye royale, vol. du XIIIᵉ centenaire, 1963 – J. SEMMLER, Die Beschlüsse des Aachener Konzils i.J. 816, ZKG 74, 1963, 15-82 – L. WEINRICH, Wala, Gf., Mönch und Rebell, 1963 – M. TH. MORLET, Les noms de personne à C. au XIVᵉ s., Bull. phil. et hist., 1967, 2 [1969] – R. FOSSIER, La terre et les hommes en Picardie, 2 Bde, 1968 – H. PELTIER, Adalhard, abbé de C., Mém. Soc. Antiq. Picardie 52, 1969 – K. A. ECKHARDT, Studia Corbeiensia, 2 Bde, 1970 – M. ROUCHE, La dotation foncière de l'abbaye de C. (657-661), Revue du Nord, T. 55, n° 218, Juill.-Sept. 1973, 219-226 – J. COUDOUX, Géographie agraire de la dotation foncière de l'abbaye de C., ebd., 227-230 – J. BOUSSARD, Le diplôme de Hugues Capet de 988 pour l'abbaye de C., Journal des Savants, 1976, 1, 54-64 – CH. ZOLLER-DEVROEY, Le domaine de l'abbaye de C. en Basse-Lotharingie et en Flandre..., RBPH 59, 1976, 427-457, 1061-1097 – R. DELATOUCHE, Regards sur l'agriculture aux temps carolingiens, Journal des Savants, 1977, 73-100 – J. SEMMLER, Zur pippinid.-karol. Sukzessionskrise 714-723, DA 33, 1977, 1-36 – E. EWIG, Das Privileg des Bf.s Berthefrid v. Amiens für C. von 664 und die Klosterpolitik der Kgn. Balthild (DERS., Spätantikes und frk. Gallien II, 1979), 538-583 – W. SIMONS, Deux temoins du mouvement canonial au XIIᵉ s. ..., Sacris erudiri 24, 1980, 203-244 – K.-H. KRÜGER, Zur Nachfolgeregelung nach 826 in den Kl. C. und Corvey (Tradition als hist. Kraft, hg. N. KAMP-J. WOLLASCH, 1982), 181-196 – L. MORELLE, Les chartes de l'abbaye de St-Pierre de C. (988-1196) [Positions des thèses, Ec. des Chartes, Paris, 1982], 109-116 – J. SEMMLER, Benedictus II: una regula-una consuetudo (Benedictine Culture 750-1050, hg. W. LOURDAUX-D. VERHELST, Mediaevalia Lovaniensia Ser. I, Stud. 11, 1983), 1-49 – B. KASTEN, Adalhard v. C. Die Biographie eines karol. Politikers und Klostervorstehers [Diss. Düsseldorf 1984] – F. SCHWIND, Zu karolingerzeitl. Kl. als Wirtschaftsorganismen und Stätten handwerkl. Tätigkeit (Fschr. J. FLECKENSTEIN, 1984), 101-123 – *zu [II]*: J. GARNIER, Cat. descriptif et raisonné des manuscrits d'Amiens, 1843, XXII ff. – L. DELISLE, Recherches sur l'ancienne bibl. de C. (BEC I, 1860), 393-439, 498-515 – DERS., Mém. Acad. Inscr. et Belles Lettres, 1861, Bd. 24, 266-342 – DERS., Cab. des mss. de la Bibl. Nat., 1874, II, 104-141, 427-440 – DACL III, 2913-2958 [A. WILMART] – E. LESNE, Livres, scriptoria et bibl., IV, 1938, 217-227, 615-622 – O. DOBIAŠ ROSZDESVENSKAJA, Hist. de l'atelier graphique de C. de 651 à 830 refletée dans les Corbeienses Leninopolitanae, 1934 – L. WEBBER JONES, The Scriptorium at C., Scriptorium, 1947, 191-204, 375-394 – Les mss. à peintures en France du VIIᵉ au XIIᵉ s. [Ausst.], Bibl. Nat., Paris 1954, n° 131-141 – CH. HIGOUNET, La création de l'écriture caroline, 1958 – B. BISCHOFF, Ma. Stud. I, 1966, 49-62, 176-179, 183, 191 – F. AVRIL, Un ms. de Beauvais et le Maître des Evangiles de C. (Ms. Amiens 24), Cahiers archéol. 21, 1971, 181-190 – T. A. M. BISHOP, The Script. A criterium (Essays... G. I. LEEFTINCK, 1972), 1, 9-16 – C. NORDENFALK, C. and Cassiodore. A pattern page bearing in the Early Hist. of Bookbinding, Pantheon 32, 1974, 3, 225-231 – CH. DE MÉRINDOL, La production des livres peints à l'abb. de C. au XIIᵉ s. [Thèse Lille, 1976, 3 Bde] – D. GANZ, The Merovingian Library of C. (Columbanian and Merov. Monasticism, Colloquium, Dublin, 1977 [1981]), 153-172 – T. A. M. BISHOP, The Prototype of Libri glossarum (Essays... N.R. Ker, 1978), 69-86 – B. BISCHOFF, Paläographie des röm. Altertums und des abendländ. MA, 1979, 100, 134-137, 143ff., 149, 243ff., 246ff. – DERS., Ma. Stud. III, 1981, 11, 115 n. 12, 152 n. 17, 155-158, 166ff., 213ff., 224 – Mss. et sculpture de l'abb. de C. dans la seconde moitié du XIIᵉ s. Le recueil de Hélie et le portail de l'église St Etienne et N. D., Bull. archéol., 1982, n. s. A-14, 141-168 – H. LE BOURDELLÈS, L'Aratus latinus, étude réel. et linguistique, 1984.

Corco Baiscind, kleines ir. Kgr. im südwestl. Teil der Gft. Clare, verlor im 8.-9. Jh. einen großen Teil seines Territoriums an die expandierenden →Dál Cais. Die beiden Hauptzweige seiner Dynastie waren die Uí Décce und die Uí Nó. Die Uí Décce dominierten im 8.-10. Jh., doch bemächtigten sich gegen Ende des 10. Jh. die Uí Domnaill, die – zumindest nach den ma. Genealogien – ein Zweig der Uí Nó waren, der Kontrolle über das Kleinkönigreich und monopolisierten im 11.-12. Jh. die Königsgewalt. Im späteren MA wurde C. B. von den MacMahons, einer Linie der Dál Cais, überrannt; die einheim. Adligen sanken zu kleineren Landbesitzern ab.

D. Ó Corráin

Lit.: J. FROST, The Hist. and Topography of the County of Clare, 1893.

Corco Loígde, ir. Familienverband. Nach den alten ir. Genealogien gehörten die C. L. zu einer großen Konföderation von frühen Stämmen, die abwechselnd als Dáirine und Érainn bezeichnet wird. Vor dem Aufstieg der → Eóganachta, vielleicht schon vor dem frühen 7. Jh., beherrschte der Familienverband große Gebiete von → Munster und beanspruchte dessen Provinzialkgtm. Doch verloren die C. L. vom 7. Jh. an ihre Machtstellung zunehmend an die Eóganachta (bes. die Eóganacht Raithlind) und mußten sich auf das sw. Munster beschränken, wo sie ein immer kleineres, von der Oberhoheit der Munster-Kg.e abhängiges Kleinkönigreich behaupteten. Im 12. Jh. markierten die Grenzen des kleinen Bm.s → Ross ihre äußersten Herrschaftsansprüche. Im SpätMA von den üppig wuchernden Linien des weitverzweigten Eóganachta-Verbandes selbst in dieser bescheidenen Position bedrängt, hielten sich die C. L. als lokale Herren bis zur Eroberung der elisabethan. Zeit. D. Ó Corráin

Lit.: J. O'DONOVAN, Miscellany of the Celtic Society, 1849 – D. Ó CORRÁIN, The Uí Chobthaig and their Pedigrees, Ériu 30, 1979, 168–173.

Corcu Duibne, ir. Familienverband, beherrschte die Halbinsel von Kerry und Teile des fruchtbaren Launetals mindestens vom 6. Jh. an. Die alten ir. Genealogien führen den Familienverband auf einen Corc Duibne zurück, der eine spätere lit. Fiktion darstellt, während die traditionelle myth. Abstammung von der Göttin Dovvinia längst in Vergessenheit geraten war. Wohl im 8. Jh. war die Teilung in drei Unterverbände (Áes Irruis Tuaiscirt, Áes Irruis Deiscirt, Áes Conchind) abgeschlossen. Der erstgen. Zweig hatte am Ende des 7. Jh. das Kgtm. inne, doch hatten sich im späten 8. Jh. die Áes Conchind als dominierender Verband durchgesetzt. Einer ihrer Dynasten, Máel Bracha, könnte sich sogar der Königswürde der benachbarten → Eóganacht Locha Léin bemächtigt haben. Im 12. Jh. waren die führenden Familienzweige die Uí Faílbe, Uí Ségda und Uí Chongaile. Im Zuge der norm. Invasion verloren diese Familien ihre Herrschaft. D. Ó Corráin

Corcu Mruad, ir. Dynastie, führte ihre Abstammung auf den Heros eponymos v. Ulster, Fergus, zurück. Die C. M. beherrschten in der frühhist. Zeit die heut. Baronien Corcumroe und Burren sowie die Aran Islands; ihr Herrschaftsgebiet reichte vor der Invasion der → Dál Cais (744) wohl noch nicht viel weiter nach Süden. Die → Eóganacht-Hochkönige hatten zu diesem Zeitpunkt bereits ihre Macht auf die strateg. wichtigen Aran Islands ausgedehnt. Obwohl die C. M. einen starken Widerstand gegen die Dál Cais leisteten, wurde ihr Gebiet im 10. Jh. von zwei von außen eingedrungenen Dál Cais-Kg.en beherrscht. Doch stellte die einheim. Dynastie im späten 10. Jh. ihre Herrschaft kraftvoll wieder her, wobei zwei konkurrierende Linien, die Uí Chonchobair und die Uí Lochlainn, auftraten; letztere behaupteten den größeren Teil ihres alten Territoriums bis zum Ende des Mittelalters. D. Ó Corráin

Lit.: F. J. BYRNE, Eóganacht Ninussa, Éigse 9, 1958, 18–29 – D. Ó CORRÁIN, The Families of Corcomroe, N. Munster Antiq. Journal 17, 1975 (1978), 21–30.

Cordeliers → Franziskaner

Cordier, Baude, frz. Komponist, * in Reims, tätig im frühen 15., vielleicht auch schon im späten 14. Jh. Möglicherweise ist er identisch mit einem im Dienste Philipps des Kühnen stehenden Organisten und Harfenspieler ('cordier') Baude Fresnel (C. WRIGHT). Von C. erhalten sind außer einem dreistimmigen Gloria 10 weltl. Sätze (9 dreistimmige Rondeaux, 1 vierstimmige Ballade), die z. T. Charakteristika der komplizierten frz. Musik vom Ende des 14. Jh. (→ Chantilly-Hs.), z. T. aber auch it. Merkmale aufweisen (Einfluß der → caccia). Das starke Überwiegen des Rondeau gegenüber der Ballade ist chronolog. insofern von Bedeutung, als dies eher ins 15. als ins 14. Jh. weist. R. Bockholdt

Ed.: Early Fifteenth C. Music, hg. G. REANEY, Corpus Mensurabilis Musicae XI/1, 1955 – Lit.: MGG – NEW GROVE – C. WRIGHT, Tapissier and Cordier: New Documents and Conjectures, The Musical Quarterly LIX, 1973, 177ff.

Córdoba (lat. Corduba, Cordubensis; arab. Qurṭuba), Stadt in Zentralandalusien (S-Spanien), am Guadalquivir (arab. al-Wād[ī] al-kabīr), dem antiken Baetis.

I. Stadt und Bistum in der Spätantike bis zur arabischen Eroberung – II. Stadt und Emirat/Kalifat in arabischer Zeit – III. Stadt und Bistum nach der Reconquista.

I. STADT UND BISTUM IN DER SPÄTANTIKE BIS ZUR ARABISCHEN EROBERUNG: [1] *Stadt:* Corduba, sehr alte Siedlung mit iber. Namen, um 152 v. Chr. röm. geworden, in augusteischer Zeit zur Kolonie (Colonia Patricia) erhoben, war als Sitz des proconsul provinciae Baeticae und Hauptstadt des Gerichtsbezirks das Zentrum der röm. Provinz Hispania ulterior bzw. → Baetica. Die Via Augusta, Verbindung zw. Narbonne und Cádiz, führte durch die Stadt und über ihre Römerbrücke. C. war ein aktives Handels- und Gewerbezentrum am bis C. schiffbaren Baetis, u. a. mit Kupferbergbau und Schafzucht. Die Heimatstadt der beiden Seneca und des Lukan zeichnete sich auch durch reges geistiges Leben aus. In der 2. Hälfte des 6. Jh. n. Chr. stand C. unter byz. Herrschaft, die 572 mit der Eroberung durch die Westgoten unter → Leovigild endete. Die Römerstadt lag im Norden des Flusses, sie erhielt später eine westgot. (?) Erweiterung. H.-R. Singer

[2] *Bistum:* Bereits im 3. und 4. Jh. entwickelte sich in C. christl.-gemeindliches Leben, was zur Ausbildung einer lockeren Kirchenorganisation führte. Der erste bedeutende Bf. → Ossius v. C. ist auf dem Konzil von → Ilíberis (Elvira, um 306) nachweisbar; sein Nachfolger Hyginus (ca. 358–ca. 387) wurde tief in die Auseinandersetzungen um den → Priscillianismus verstrickt. Auch nachdem die byz. durch die westgot. Herrschaft (seit 572) abgelöst worden war, blieb das Bm. Teil der Kirchenprov. Baetica und war als Suffragan dem Metropolitansitz → Sevilla (Hispalis) zugeordnet. – Nach der arab. Eroberung bildeten sich im Bm. C. im 9. Jh. starke christl. Widerstandskräfte gegen den wachsenden islam. Einfluß: → Córdoba, Märtyrer v., → Eulogius, → Albarus Paulus. – Zur liturg. Entwicklung → Mozarab. Liturgie, → Toledo. L. Vones

Lit.: DHEE I, 616–618 [J. VIVES] – DHGE XIII, 837–871 – LThK² III, 55 – RE IV, 1221–1224 – KL. PAULY I, 1304 f. – J. GÓMEZ BRAVO, Catálogo de los obispos de C., 2 Bde, 1771 – D. MANSILLA, Orígenes de la organización metropolitana en la Iglesia Española, Hispania Sacra 12, 1959, 267–271 – K. SCHÄFERDIEK, Die Kirche in den Reichen der Westgoten und Suewen, 1967 – L. A. GARCÍA MORENO, Prosopografía del Reino Visigodo de Toledo, 1974, 102–104, Nr. 199–206 – A. LIPPOLD, Bf. Ossius v. Cordova und Konstantin d. Gr., ZKG 92, 1981, 1–15 – A. IBAÑEZ CASTRO, C. hispano-romano, 1983 [Lit.].

II. STADT UND EMIRAT/KALIFAT IN ARABISCHER ZEIT: [1] *Topographie und Geschichte:* 711 eroberten die Araber unter Muġīṯ ar-Rūmī C. Sie fanden die Römerbrücke wie auch den Palast eines westgot. Statthalters zerstört vor. Das Gebiet der Römerstadt nördl. des Flusses wurde von den Arabern al-Madīna/al-Qaṣaba (al-ʿatīqa) genannt. In dessen S-Teil liegen die Mezquita (Moschee) und der → Alcázar der Emire/Kalifen, nw. davon das Judenviertel, dem der berühmte Ibn Maimūn (→ Maimonides) entstammte. Diese Madīna zählte für zwei der insgesamt 21 Stadtviertel, die C. in kalifaler Zeit aufzuweisen hatte: Die im W der Altstadt bezeichnete man als al-ǧānib al-ġarbī ('Westflügel'), jene im O von ihr als al-ǧānib aš-šarqī ('Ostflügel'). Letztere Benennung lebte als »Ajerquía« fort. Die Südstadt jenseits des Flusses umfaßte 2 Quartiere (rabaḍ Šaqun-

da = lat. Secunda), die nach der berühmten »Rebellion der Vorstadt« 818 unter al-Ḥakam I. (796–822) dem Erdboden gleichgemacht und bis Ende des 10. Jh. nicht wiederbesiedelt werden durften. Bis zu Beginn unseres Jahrhunderts umfaßte die Stadt den Raum der Madīna und der Ajerquía. – C. war Mittelpunkt eines Verwaltungsbezirks, dessen Gebiet im wesentl. der kūrat Qurṭuba entspricht und im 9./10. Jh. 15 Kreise (*iqlīm*) mit 1059 Orten (*qarya*), 294 Festungen (*burǧ*) und 148 Burgen (*ḥiṣn*) aufwies. Im N der Stadt lag der Iqlīm al-Balāliṭa oder Faḥṣ al-Ballūṭ ('Eichelfeld'), im S des Guadalquivir die allzeit fruchtbare Campiña (arab. al-Kanbāniya, lat. campania).

Bereits nach 716 wurde der Regierungssitz von →al-Andalus von →Sevilla nach C. verlegt, was ab ca. 720 zu einer Reihe städtebaul. Maßnahmen führte, so dem Wiederaufbau der Brücke sowie dem der röm. Mauer, die die Altstadt in Form eines schrägen Parallelogramms umschließt. Unter den omayyad. Emiren (ab 756) entstand allmählich die großartigste Moschee des muslim. Westens und der Palastkomplex der Fs.en (s. Abschnitt 2: Archäologie und Baugeschichte). Von ihm führten mindestens 5 Tore in die Stadt, von denen das *Bāb as-Sudda*, das Zeremonialtor, in der S-Mauer lag. Die Altstadt selbst wies sieben Tore auf; Hauptverkehrsader war der Verlauf der Via Augusta, die *sikka/maḥaǧǧa al-ᶜuẓmā*. C. soll z. Z. des Kalifats etwa 500 000 Einwohner gehabt haben und wäre damit so groß wie Konstantinopel oder Baġdād gewesen. Vielleicht ist diese Zahl nicht einmal übertrieben, war doch damit vermutl. die Einwohnerzahl der gesamten Stadtlandschaft gemeint, einschließl. der Palaststädte *Madīnat az-Zahrāʾ* und *Madīna az-Zāhira*. Dagegen dürften manche andere Angaben (3000 Moscheen, 900 Bäder, 100 000 Häuser und ebensoviele Läden) übertrieben sein. Überliefert sind uns nebst den Namen der 21 Stadtteile, die von nicht ganz 100 Moscheen, 26 Friedhöfen und 31 Landvillen (*munya*); die Lage von ca. 15 Bädern ist nachgewiesen. In allen Fällen sind nur ganz wenig sichere Lagebestimmungen möglich. – C. war ein bedeutender Standort von Exportgewerben (v. a. Verarbeitung von →Leder; Textilien, Waffen) und ein wichtiger Umschlagplatz (s. a. →Araber, Abschnitt III).

Die Geschichte des Emirats bzw. Kalifats v. C. ist bis 1031 die von →al-Andalus. Nach dem Zerfall des Reiches, der auch den Ruin der beiden Palaststädte, des Alcázars und der meisten aristokrat. Residenzen zur Folge hatte – zumal durch die Belagerung und Plünderung der Stadt durch die Berber (Nov. 1010 bis Mai 1013) –, herrschte bis 1070 über die Stadt und ihren Bereich ein Senat mit einem Präsidenten aus der Familie der →Ǧahwariden. Nach kurzer Herrschaft des al-Maʾmūn von Toledo bemächtigten sich die →ᶜAbbādiden der Stadt, die 1091 von den →Almoraviden und 1148 von den →Almohaden erobert wurde. Unter beiden Dynastien blieb C. Sitz eines Statthalters. Im Zuge der Eroberung Andalusiens durch Ferdinand III. d. Hl. fiel C. am 29. Juni 1236 in christl. Hand.

C. schenkte der islam. Kultur viele bedeutende Gelehrte und Dichter, bemerkenswerterweise gerade in den Jahrhunderten des Verfalls (11.–13. Jh.), von denen nur →Ibn Ḥazm, →Ibn Šuhaid, →Ibn Zaidūn, →Ibn Ḥayyān, der bedeutendste Historiker von al-Andalus, →Ibn Quzmān, Ibn Rušd (→Averroes), die durch Generationen blühende Arztfamilie der Ibn Zuhr (→Avenzoar) genannt seien.

H.-R. Singer

Q.: Al-Idrīsī, ed. 1866, 208–214, 256–266 – Yāqūt, Muᶜǧam al-buldān, ed. Wüstenfeld, IV, 58–61 – Al-Himyarī, ed. Lévi-Provençal, Nr. 140 – Al-Maqqarī, ed. I. ᶜAbbās, I, 294–627 – Anonymus, Wasf ġadīd li-Qurṭuba, RIEEI 13, 1965/66, 161–181 – *Lit.*: EI² IV, 509–512 [Lit.] – R. Castejón, C. califal, Bol. R. Acad. de ... C., VIII, 1929, 235–339 – E. Lévi-Provençal, L'Espagne musulmane au Xᵉ s., 1932, 195–236 – E. García Gómez, Algunas precisiones sobre la ruina de la C. omeya, Al-Andalus 12, 1947, 267–293 – R. Castejón, Nuevas rectificaciones de la C. califal (Actas del I Congr. de Estudios Árabes e Islámicos, Córdoba, 1962, 1964), 371–389 – E. García Gómez, Notas sobre la topografía cordobesa ..., Al-Andalus 30, 1965, 319–379 – E. Lévi-Provençal, HEM III, 1967, 356–395 – M. Ocaña Jiménez (C. colonia romana, corte de los califas, luz de Occidente, 1975), 25–48 – A. Arjona Castro, El reino de C. durante la dominación musulmana, 1982 – Ders., Anales de C. musulmana (711–1008), 1982.

[2] *Archäologie und Baugeschichte:* Die zur Kathedrale in C. umgewandelte, weitgehend erhaltene Hauptmoschee ist einer der bedeutendsten Sakralbauten des Islam, für den W vorbildl. Wirkung. Nach rechtmäßigem Erwerb eines kirchl. Komplexes errichtete der erste span. Omayyade, ᶜAbdarraḥmān I., um 785 einen langschiffigen Säulensaal in ostomayyad., basilikaler Tradition (→Jerusalem, al-Aqṣā-Moschee), den ᶜAbdarraḥmān II. 848 um acht Joche verlängerte. Das Bauprogramm des Kalifates eröffnete ᶜAbdarraḥmān III.: nach Abriß des Turmes Hišāms I. entstand 951 das neue Minarett, Modell noch für die almohad. Moscheetürme bis in den S Marokkos (Marrakesch, Kutubīya, vor 1162). Sein Sohn erweiterte von 962–971 zum zweiten Mal den Betsaal: Monumentale Neuerungen, v. a. die Systeme sich kreuzender Bögen der Rippenkuppeln und ihrer ebenen Stützarkaturen, prägen den Bau al-Ḥakams II. Wieder wurden aber die doppelgeschossigen Arkaden ᶜAbdarraḥmāns I. nach S verlängert, die zwölfjochige Tiefe der Gründungsphase gar wiederholt; das restaurierte Kalifat beruft sich auf die vom Neugründer der Dynastie gesetzten Maße. Die bereits größte Moschee des Westislam verbreitete →al-Manṣūr, der Majordomus des schwachen Hišām II., 987–988 von 11 auf 19 Schiffe. Dem Anspruch des Kalifates genügte auch nicht mehr der aus einer westgot. Anlage gewachsene Regierungspalast neben der Hauptmoschee, Gegenstand jüngster Ausgrabungen. Ab 936 entstand 8 km westl. des Stadtkerns die Residenz Madīnat az-Zahrāʾ. Am Fuß der Sierra umfriedet ein doppelschaliger Mauerring ein fast perfekt rechteckiges, nur an der Hangseite leicht einbuchtendes Areal (1520×745 m = 2700×1500 Ellen). Nur der zentrale Palast auf der Stadtkrone wird ausgegraben. Altorientalisches agglutinierendes und streng axiales, vermutl. am spätantik-ostomayyad. und neueren abbasid. Städte- und Palastbau (ᶜAnǧar; Sāmarrā) geschultes Prinzip konkurrieren. Aus der Reihung kleinerer quadratnaher Hofanlagen ragen zwei fünfschiffige Säle mit ihren Großhöfen hervor: ein schlichter an der N-Grenze und in der Tiefenachse der Palaststadt der mit seinem ergänzten Sandsteinschmuck wiedererrichtete Salón Rico.

Ch. Ewert

Lit.: H. Terrasse, L'art hispano-mauresque, 1932, 57 ff. – M. Gómez-Moreno, Ars Hispaniae III, 1951, 19 ff. – Hist. de España, hg. Menéndez Pidal, 5, 1957, 342 ff. [L. Torres Balbás] – L. Torres Balbás, La mezquita de C. y las ruinas de Medinat al-Zahra, 1965⁶ – K. Brisch, Madīnat az-Zahrāʾ ... (Kunst des Orients 4, 1963), 5 ff. – Ch. Ewert, Systeme sich kreuzender Bögen, I: C., 1968 – L. Golvin, Essai sur l'architecture religieuse musulmane 4, 1979, 21 ff. – Ch. Ewert – J. P. Wisshak, Forsch. zur almohad. Moschee, 1: Vorstufen, 1981.

III. Stadt und Bistum nach der Reconquista: C. wurde am 29. Juni 1236 von →Ferdinand III. v. Kastilien als erste große Stadt Andalusiens erobert; der nördl. Teil des Territoriums von C. war zu diesem Zeitpunkt allerdings noch nicht gänzlich unterworfen. Die maur. Bevölkerung wurde vertrieben und durch Christen ersetzt. Anders erging es der jüd. Gemeinde, die ihre Besitzungen behalten durfte und großen Wohlstand erlangte. C. wurde als Suffraganbm. (ỡ Santa María) des Erzstuhls v. →Toledo errichtet und vom Kg. reich dotiert. Die Stadt wurde in 14 Pfarreien aufgeteilt, ihr Gebiet von drei Archidiakonen verwaltet, die ihren Sitz in C. selbst, in Pedroche und in Castro hatten. Im Laufe des SpätMA wurden die Dominikaner, die Augustinereremiten, die Franziskaner und die Hieronymiten in C. ansässig. 1241 gewährte Ferdinand I. der Stadt →Fueros. Dieser Kg. und sein Nachfolger Alfons X. steckten nach und nach den *alfoz* bzw. Jurisdiktionsbereich von C. ab, indem sie ihm andere, später eroberte Gebiete und Siedlungszentren zuschlugen. Ende des MA hatte der *Reino* von C. eine territoriale Ausdehnung von annähernd 14 100 km² erreicht. Im Gegensatz zu den anderen andalus. Reinos gab es in C. keine unabhängigen Stadtgemeinden *(municipios)* außer der Stadt C. selbst. Die übrigen Orte des Bm.s blieben als *terminiegas* der Gerichtsbarkeit der Stadt unterstellt, ihre Amtsträger wurden von denen in C. ernannt. Nach der Eroberung der Stadt und bes. offenkundig im 14. und 15. Jh. bildeten sich auf einem großen Teil des städt. Territoriums weltl. Herrschaften (→ *Señorío*) heraus. Am Ende des MA waren 49% des Gebietes in der Hand weltl. Herren. Mehrere mächtige Familien herrschten in weiten Teilen von Los Pedroches und La Campiña, den beiden größten Gebieten des Bm.s. In Los Pedroches hatten sich die Herrschaften der →Mejía (Santa Eufemia) und der →Sotomayor (Belalcázar) herausgebildet, in La Campiña u. a. die der Venegas (Luque), der De los Ríos (Fernán Núñez), aber v. a. des fruchtbaren Geschlechts der →Fernández de C., das sich in vier Zweige aufgeteilt hatte, deren Herrschaftsmittelpunkt sich jeweils in Cabra, Aguilar, Lucena und Montemayor befanden. Einige dieser Geschlechter bestimmten die Besetzung der führenden Ämter in der Stadt C., die seit dem 14. Jh. vom dort ansässigen Adel beherrscht wurden, und standen an der Spitze häufiger Konfrontationen zw. den einzelnen Parteiungen der städt. Oberschicht. Vom 13. bis 15. Jh. machte C. die verschiedenen polit. und sozialen Unruhen des Kgr.es Kastilien sehr intensiv durch. 1281 nahm es offiziell Partei für den Infanten→ Sancho (IV.) bei seinem Aufstand gegen seinen Vater→Alfons X. Ende des 13. Jh. und zu Beginn des 14. Jh., während der Regierungen Ferdinands IV. und Alfons XI., spielte C. eine führende Rolle bei den unzähligen, von den Städten ausgehenden Unruhen. Während des Bürgerkrieges zw. →Heinrich v. Trastámara und →Peter I. nahm es für ersteren Partei. Peter I., unterstützt durch die Truppen des Emirs v. →Granada, Muḥammad V., zwang ihm 1368 eine harte Belagerung auf. 1391 litt auch C. wie andere Städte der Iber. Halbinsel unter den Folgen des blutigen Judenpogroms, und im Laufe des 15. Jh. spiegelten sich die bürgerkriegsähnl. Wirren der Regierungen Johanns II., Heinrichs IV. und der ersten Jahre der Kath. Kg.e in exemplar. Weise auf städt. Ebene in C. wider.

Im nördl. Teil des Bm.s, in Los Pedroches und La Sierra, wurde vornehml. Viehzucht betrieben, v. a. Schafzucht für den Export von Wolle. Die bedeutendsten Zentren waren hier Fuenteovejuna (bekannt als Schauplatz des gleichnamigen Dramas von Lope de Vega [1619], das einen örtl. Aufstand von 1476 behandelt), Belalcázar und Pedroche. Im Süden, in La Campiña, wo es bessere Böden gab, war die Landwirtschaft vorherrschend (Anbau von Getreide, Wein und Oliven). In C. selbst blühte das ganze SpätMA hindurch die traditionelle Handwerkskunst, die sich – größtenteils in Fortführung arab. Gewerbetätigkeit – v. a. auf Lederbearbeitung, Textilproduktion und Waffenherstellung spezialisiert hatte. Diese Handwerkszeugnisse stammten v. a. aus dem mauerumwehrten Viertel von La Ajerquía. E. Cabrera

Q.: T. und R. Ramírez de Arellano, Colección de documentos inéditos... para la hist. de C., I, 1885 – Jerónimo, Descriptio Cordubae, ed. M. Nieto Cumplido, 1973 – Ordenanzas del Consejo de C. (1435), ed. M. González Jiménez, Hist., Instituciones, Documentos 2, 1975, 67–97 – A. García y García, F. Cantelar Rodríguez, M. Nieto Cumplido, Catálogo de los manuscritos e incunables de la catedral de C., 1976 – Corpus Mediaevale Cordubense, ed. M. Nieto Cumplido, I, 1979 – *Lit.*: R. Ramírez de Arellano, Hist. de C., IV, 1919 – M. A. Orti Belmonte, La ciudad de C. en tiempos de Juan de Mena, Boletín de la R. Acad. de C. 76, 1957, 225–279 – E. Cabrera, El Condado de Belalcázar (1444–1516), 1977 – Ders., Tierras realengas y tierras de señorío en C. a finales de la Edad Media (Actas del I Congr. de Hist. de Andalucía, Andalucía Medieval I, 1978), 295–308 – M. C. Quintanilla Raso, Nobleza y señoríos en el reino de C. La casa de Aguilar (siglos XIV y XV), 1979 – J. Edwards, Christian C. The City and its Region in the Late MA, 1982 [*Lit.*].

Córdoba. 1. C., Alvaro de OP, sel., * in Córdoba, Lissabon oder Zamora, † ca. 1430 im Konvent Scala coeli (Escalaceli, Córdoba); Apostel Andalusiens und mit Luis de Valladolid und Juan de Torquemada einer der großen Erneuerer des →Dominikanerordens in Spanien im 15. Jh. 1368 trat er in den Konvent von S. Pablo in Valladolid ein, wurde dort Dozent und Magister der Theologie sowie Beichtvater und Ratgeber der Kgn. Katharina und des Kg.s Johann II., die die Reform voll unterstützten. Reisen nach Italien und Jerusalem förderten bei ihm den Reformgedanken; am 13. Juni 1423 erwarb er – im Endstadium des Großen →Abendländ. Schismas – mit Rodrigo de Valencia das Gelände zur Begründung des reformierten Konventes Scala coeli in der Provinz Córdoba (ähnlich später Porta coeli in Sevilla). Er erreichte durch seinen Einfluß, daß Kastilien 1417 dem Beispiel Aragóns folgte, →Martin V. als Papst anerkannte und auch die Kgn. schließlich die Sache →Benedikts XIII. fallen ließ. Im neuen Konvent standen nicht nur Gebet und Betrachtung des Lebens Jesu, sondern auch die Predigttätigkeit im Mittelpunkt. Das Kloster wurde Zentrum volkstüml. Wallfahrten (bis heute); dort wurde bereits die spätere Frömmigkeit der Kreuzwegstationen antizipiert. – Benedikt XIV. approbierte am 22. Sept. 1741 durch ein Dekret die Verehrung des Sel. Liturg. Fest am 19. Febr. J. Stöhr

Q. *und Lit.*: DHEE I, 619–621 – DHGE II, 879f. – Arch. gener. OP, Roma – Benedictus XIV, De canonizatione sanctorum I, c. 31 n. 18; II c. 22 n. 5, c. 24 n. 203–210, c. 53 n. 14; IV p. 2 c. 4 n. 7 – L. Sotillo de Mesa, Breve compendio de la vida... del siervo de Dios Fr. A. de C. ..., Córdoba 1620 – J. De Ribas, Vida y milagros del b. fray A. de C., Córdoba, 1687 – Touron, Hommes illustres de l'ordre de Saint-Dominique, III, 1746, 98–110 – J. B. Feuillet, Vie du B. P. A. de Cordoue, Année Dominicaine, 1884, 649–659 – Th. A. Dyson, B. Alvarez of Córdova (Stars in S. Dominic's Crown, 1890), 163–178 – R. Castano, San A. de C. y su convento de Escalaceli, Vergara 1906 – M. Gutierrez, Fundaciones monásticas en la Sierra de Córdoba, 1909 – C. Gil Atrio, Espana, cuna del Viacrucis?, Archivo Ibero-Americano 11, 1951, 63–92 – A. Huerga, Beato A. de C. (Año Cristiano I, 1959), 390–400.

2. C., Fernando de, * um 1421 wahrscheinl. in Córdoba, † um 1480 in Rom, unter Sixtus IV. Auditor der Rota (→Audientia sacri palatii). F.d.C. scheint in Salamanca studiert zu haben, erscheint 1443 in Italien, wo er von Lorenzo →Valla Kg. Alfons V. v. Aragón empfohlen wurde. 1444 führte er in Paris Disputationen; hier erregte er durch seine Begabung ungemeines Erstaunen und wurde schließlich sogar der Zauberei verdächtigt und angeklagt, der →Antichrist zu sein. 1446 weilte er in Gent, Köln und Genua und blieb für den Rest seines Lebens in Italien. Seine nur vereinzelt edierten Werke behandeln hauptsächlich kanon. Recht und Philosophie; sie sind noch nicht hinreichend erforscht. A. García y García

Ed.: De artificio omni et investigandi et inveniendi natura scibilia, ed. A. Bonilla Sanmartín, 1911 – Praefatio ad De animalibus Alberti

Magni, ed. DERS., 1911 – *Lit.*: DHEE I, 620–621 [B. ALONSO RODRIGUEZ] – Repertorio de Hist. de las Ciencias Eclesiásticas en España IV, 1972, 61–63 [V. MUÑOZ DELGADO]; V, 1976, 165 [K. REINHARDT].

Córdoba, Märtyrer v. (Mitte des 9. Jh.). In den Hinrichtungen der M. v. C. gipfelten die Verfolgungsmaßnahmen der Autoritäten des islam. Spanien (→al-Andalus) gegen eine christl. Bewegung, die auf vielfältige Wurzeln zurückgeht: Verbot der Ausübung des Christentums für Kinder eines muslim. Vaters und einer christl. Mutter; Einfluß der ostkirchl. antiislam. Apologetik; Widerstand gegen die wachsende Machtstellung des islam. Emirates v. →Córdoba unter dem →Omayyaden 'Abdarraḥman II. (822–852), der die Islamisierung und den Ausbau der staatl. und administrativen Strukturen stark vorantrieb; hispanoroman. Bestrebungen, gefördert von Prophezeiungen über das bevorstehende Ende des Islam. Mit der Hinrichtung der Brüder Adulphus und Johannes (830/840) unter 'Abdarraḥman II. wuchs bei den strenggläubigen Christengemeinden der antiislam. Widerstand, inspiriert von dem Abt Speraindeo († 851), seinem Schüler →Eulogius und dessen Schüler Alvaro (→Albarus Paulus v. Córdoba). Die Bewegung richtete sich auch gegen den versöhnlicheren Geist der Bf.e Rekkafred v. Córdoba (späterer Metropolit v. Sevilla) und Hostegesis v. Málaga. Die Verfolgungen, die mit den Martyrien von Perfectus (851), Isaac, Flora und Maria begannen, erstreckten sich über die Jahre 850–859. Unter Moḥammed I. (seit 852) verschärfte sich die Situation. 50 Christen aller Stände (Mönche, Priester, Diakone, Nonnen, Laien) wurden wegen ihrer offen geäußerten abweichenden Ansichten, ihres öffentl. Zeugnisses des christl. Glaubens und ihrer heftigen Ausfälle gegen Mohammed und den Koran als Unruhestifter unter strikter Anwendung des islam. Rechtes in Moscheen und auf Märkten hingerichtet. Das Auftreten der Märtyrer rief Bewunderung hervor, deren Widerhall sich im »Martyrologium« Usuards findet (14 Notizen, von Eulogius angeregt), daneben aber auch Befürchtungen und Ablehnung, da es z. T. als Bedrohung des Zusammenlebens der Religionsgemeinschaften in al-Andalus galt; gegen diese Vorbehalte wandte sich bereits Eulogius. Die Gesch. der Bewegung erfuhr eine Würdigung durch Eulogius (859 ebenfalls hingerichtet) in seinen Werken »Documentum martyriale«, »Memoriale martyrum« (in drei Büchern), »Liber apologeticus martyrum«; dieselbe Richtung verfolgte auch Albarus Paulus v. Córdoba mit seinem »Indiculus luminosus« und v. a. der »Vita vel passio Eulogii«. →Mozaraber. M. C. Díaz y Díaz

Lit.: I. DE LAS CAGIGAS, Los mozárabes, 1947–48 – F. R. FRANCKE, Die freiwilligen Märtyrer v. Cordova und das Verhältnis der Mozaraber zum Islam, SFGG.GAKGS 13, 1958, 1–170 – E. P. COLBERT, The Martyrs of C. (850–859), 1962.

Corentinus, hl., lebte im 6./7. Jh. in der breton. →Cornouaille, Fest 12. Dez. Älteste Erwähnung in der Vita Winwaloei II, 19 (um 880; BHL 8957). Seine erste Biographie wurde nach 1086 von einem Kanoniker von Quimper verfaßt, vielleicht sogar erst zu Beginn des 13. Jh. (Ausg. von OHEIX/FAWTIER-JONES, Mémoires de la Soc. d'hist. et d'archéol. de Bretagne 6, 1925, 38–56); in völliger Unkenntnis der hist. Persönlichkeit des Helden – in Mißachtung der Chronologie soll die Weihe des C. vom hl. Martin v. Tours vorgenommen worden sein – prangert der Verfasser die Zügellosigkeit der Geistlichen seiner eigenen Zeit an und führt längere Wunderberichte auf; sein Werk dient in erster Linie dazu, die bfl. Autorität über die Kl. der Diöz. zu stützen und die Zugehörigkeit zum Ebm. Tours – gegen Dol – zu manifestieren. Eine zweite Biographie wurde ebenfalls von einem Kanoniker von Quimper kurz vor 1236 verfaßt (BHL 1954). Eine Hs. des Martyrologs Bedas (Ende 10./Anfang 11. Jh.) nennt C. Bf.; demnach ist er möglicherweise erster Bf. bret. Herkunft in Cornouaille gewesen, aber wohl kaum erster Bf. v. Quimper. Seine Reliquien wurden z. Z. der norm. Einfälle verstreut, v. a. nach St-Magloire de Léhon 876/880, nach Paris um 920 und von da nach Marmoutiers (BHL 1955), wo man zum 1. Mai ein Fest für ihn einrichtete. Eine Armreliquie wird heute noch in Quimper verehrt.

J.-C. Poulin

Lit.: DHGE XIII, 871–872 – R. LARGILLIÈRE, St-C. et ses Vies latines. A propos d'une publication récente, Bull. de la Soc. archéol. du Finistère 52, 1925, 86–108 und LVI–LVII – Vies des Saints 12, 1956, 383–387.

Coria, Stadt und Bm. in Spanien (Prov. Cáceres). Über die Stadt vor der maur. Okkupation von 711 gibt es keine Zeugnisse, wohl aber die Unterschriften des »episcopus Cauriensis« in den westgot. Konzilsakten seit 589 als Suffragan der Metropole →Mérida. Daß der Bf. v. Oviedo seinen Amtsbrüdern v. C. und Salamanca im 9./10. Jh. die Kirche San Julián zuwies, sagt noch nicht, diese seien 711 vor den Mauren nach Asturien geflohen, sondern kann auch (sofern die Nachricht authent. ist) nur einen (vorübergehend bezeugten) Anspruch auf Rückeroberung ausdrücken. Die Wiedereroberung durch Alfons VII. v. Kastilien erfolgte im Mai 1142, die erste päpstl. Privilegierung im Aug. 1142. Der erste Bf. beklagte sich 1148 in Reims bei Papst Eugen III. über die große Armut seines Sprengels. Die Privilegierung durch den weltl. Herrscher setzte erst 1162 ein, zugleich wies Ferdinand II. v. León das Bm. der Kirchenprovinz →Santiago zu. Alexander III. bestätigte 1168 dem Bf. den 1167 eroberten Ort Alcántara, was die letztlich bis 1874 andauernden Streitigkeiten des Bf.s mit dem dort angesiedelten Orden v. →Alcántara auslöste. Voraussetzungen für eine gedeihl. Entwicklung erreichte das Bm. nicht vor dem 13. Jh.; der östl. Teil des alten Sprengels kehrte nach seiner Reconquista um 1189 nicht an C. zurück, sondern bildete mit →Plasencia – das keinen westgot. Rechtsvorgänger hatte – eine neue Diöz., weil er im Unterschied zu C. zum Kgr. Kastilien gehörte. Die erste Diözesansynode fand 1315 statt. Der Bau der heut. Kathedrale wurde um die Mitte des 15. Jh. begonnen und 1570 fertiggestellt. – 1469 gab Kg. Heinrich IV. die Stadt C. an García Alvarez de →Toledo, Hzg. v. Alba, und ernannte ihn zum Marqués de C. O. Engels

Lit.: DHEE I, 622–628 [F. RONCERO] – V. BARRANTES, Aparato bibliográfico para la hist. de Extremadura, 3 Bde, 1875 – L. SERRANO, El obispado de Burgos y Castilla primitiva II, 1935 – E. SAEZ, El Fuero de C., 1949 – M. A. ORTÍ BELMONTE, Episcopologio Cauriense, 1958 – L. A. GARCÍA MORENO, Prosopografía del Reino visigodo de Toledo, 1974, 175 f. – M. C. GERBET, La noblesse dans le royaume de Castille, 1979.

Corio, Bernardino, mailänd. Geschichtsschreiber, * 8. März 1459, † nach 1503 (1513?). Stammte aus einer an die →Visconti und später an die →Sforza gebundenen Familie und stand selbst im Dienst der Hzg. e. Im Auftrag von Ludovico il Moro (der seine Arbeit durch die Gewährung von freiem Zutritt zu den Dokumenten der Archive und Bibliotheken in umfassender Weise förderte) verfaßte er die erste Stadtgeschichte Mailands in Volgare. Sie reicht von den Anfängen bis 1499 (Flucht des Moro infolge der frz. Invasion in das Hzm.). Das Werk (Ed. pr. Patria Historia, Mediolani 1503, apud A. Minutianum) folgt annalist. Ordnung und ist in 7 Teile gegliedert. Die Erzählung beginnt mit der legendären Gründung der Stadt, gelangt rasch (Mitte des 1. Teils) zum 12. Jh. und gewinnt mit den Kämpfen zw. Mailand und Friedrich I. Barbarossa breiteste Ausführlichkeit. B. C. stützt sich dabei sowohl auf Chroniken, denen er oft ganz genau folgt, manchmal ohne die Autoren zu zitieren (von O. Morena und M. Bosso zu G. Simonetta), als auch auf Originaldokumente. Seine »Historia« hatte großen Erfolg (zwei Editionen im 16. Jh. – 1544 und 1565 – eine i. J. 1646), den sie u. a. der Verwendung der Volkssprache, der Liebe zur Heimat, die aus ihr spricht (die sie zur eigtl. Stadtgeschichte Mailands macht), und einer gewissen Vorliebe des Verfassers für farbenprächtige Schilderungen von Orten, Festen und Zeremonien verdankt. Auch heute noch stellt sie eine der Hauptquellen für die mailänd. Geschichte v. a. des 15. Jh. dar. G. Chittolini

Ed.: hg. E. DE MAGRI, A. BUTTI, L. FERRARIO, 3 Bde, 1855–57[Nachdr. 1975] – hg. A. MORISI GUERRA, 2 Bde, 1978 (Classici della storiografia) – *Lit.*: P. C. ANNONI, Un plagio dello storico B. C., RIS 1–2, 1874–75, 57–89 – F. GÜTERBOCK, Die Urkk. des C., ein Beitrag zur Gesch. des Lombarden-Bundes, NA 23, 1898, 213–227 – E. FUETER, Gesch. der neueren Historiographie, 1963³, 45–47 – A. MORISI GUERRA, Einl. zur zit. Ed.

Corippus (Flavius Cresconius Corippus), lat. Epiker des 6. Jh. aus Afrika. In seinem Hauptwerk »Iohannis« oder »De bellis Libycis« beschreibt C. in 8 Büchern die Bekämpfung der Mauren durch Justinians Feldherrn Johannes Troglita 546–548. Die Schilderung beruht wohl auf eigener Anschauung, so daß das Werk trotz poet. Gestaltung eine wichtige Geschichtsquelle darstellt. Sprache und Erzähltechnik stehen in der Tradition Vergils. Außerdem verfaßte C. um 567 in 4 Büchern ein Preisgedicht zu Krönung und Konsulatsantritt des Ks.s →Justin II. (In laudem Iustini Augusti Minoris), das zwar von geringerem dichter. Wert, aber für die Kenntnis des byz. Hofzeremoniells sowie für die zeitgenöss. Kunst von Interesse ist. C. ist im MA so gut wie unbekannt, nachweisl. erst wieder im 11. Frühhumanismus des 14. Jh. J. Gruber

Ed.: I. BEKKER, CSHB 28, 1836–J. PARTSCH, MGH AA III, 2, 1879–M. PETSCHENIG, Berliner Stud. für class. Philol. IV, 2, 1886 – Iohannis: P. MAZZUCCHELLI, 1820[Ed. pr.] – J. DIGGLE, F. R. D. GOODYEAR, 1970 – O. VEH, Prokop, Vandalenkriege, 1971, 431–559 [Auswahl mit dt. Übers.] – Laud. Iust.: M. RUIZ AZAGRA, 1581 [Ed. pr.] – D. ROMANO, 1970 [mit it. Übers.] – A. CAMERON, 1976 [mit engl. Übers. und Komm.] – U. J. STACHE, 1976 [Komm.] – *Lit.*: KL. PAULY I, 1306f. – MANITIUS I, 168–170 – RAC III, 424–429 – RE IV, 1236–1246 – SCHANZ-HOSIUS IV, 2, 78–82 – J. BLÄNSDORF (Fschr. E. BURCK, 1975), 524–545 – E. BURCK, Das röm. Epos, 1979, 379–399 – W. EHLERS, Philologus 134, 1980, 109–135 – M. A. VINCHESI, Studi Classici e Orientali 20, 1980, 143–158 – DIES., Atene e Roma 26, 1981, 172–183.

Cork (Corcaigh), Kl. und Stadt in Irland, seit dem Hoch-MA Sitz eines Kgr.es und Bm. Das Gründungsjahr des auf hochliegendem Gelände südl. des Flusses Lee gelegenen Kl. ist unbekannt. Die frühesten annalist. Belege gehören dem 7. Jh. an: Nachrichten über Tod der Äbte Suibne mac Máel hUmai, † 681/682, und Ruissíne mac Lappa, † 686/687. Beide gehörten zur Dynastie der Uí Meic Brócc aus dem Verband der →Eóganacht an; anscheinend war C. schon seit sehr früher Zeit ein Kl. der Eóganacht, und die Erbfolge der Äbte hatte sich bereits im späten 7. Jh. durchgesetzt. Im 8. und 9. Jh., als sich C. zum bedeutenden monast. Zentrum entwickelt hatte und Mittelpunkt eines ausgedehnten Klosterverbandes (→paruchia) geworden war, regierten hier Äbte von ganz unterschiedl. Herkunft. Sie beherrschten z. T. auch das große Kl. →Lismore.

C. wurde 823 von Wikingern geplündert, 839 gänzlich niedergebrannt. Die Wikinger errichteten hier eine Burg (Dún Corcaighe), gegen welche der Kg. v. →Munster i. J. 848 einen Feldzug durchführte. Für den Rest des 9. Jh. erfahren wir jedoch nichts von Wikingern in C. Erneute Wellen wiking. Angriffe erfolgten im frühen 10. Jh., und es entstand bei C. eine Wikingersiedlung; sie stand jedoch im Schatten der weitaus bedeutenderen Niederlassungen in →Dublin, →Limerick und →Waterford. Über die Beziehungen zw. dem Kl. C. und der Wikingersiedlung, die wohl etwas weiter östlich und flußabwärts lag, ist zwar im einzelnen wenig bekannt, doch gab es wohl schon bald einen Modus vivendi; darauf deuten die Annalen hin, nach denen das Leben im Kl. im 9. und 10. Jh. insgesamt friedlich und ruhig war. Im 9.–12. Jh. arbeiteten die Mönche die Hagiographie des als Gründer des Kl. geltenden hl. Finnbarr in Form einer Reihe von Redaktionen seiner Vita aus; diese Quellen vermitteln zahlreiche Angaben über die Besitzansprüche von C. im 11. und 12. Jh., aber keine verläßl. Nachrichten über die Gründung und Frühzeit des Klosters.

Nach der Niederlage der O'Brien im frühen 12. Jh. und der Aufteilung des Kgr.es →Munster in Thomond und Desmond stiegen die MacCarthys in Desmond zur führenden Dynastie auf und machten in den 1130er Jahren C. zu ihrer Hauptstadt. Die Abtswürde wurde beherrscht von den Uí Selbaig, einer Familie mit erbl. Kirchenämtern, die ihre Ursprünge von den weitaus älteren Uí Meicc Iair herleitete. Von Konkurrenten bedrängt, vermochten die Uí Selbaig ihre Position aufrechtzuerhalten, bis in den 1140er Jahren durch den hl. →Malachias und die Kirchenreformpartei ein Reformbischof durchgesetzt wurde. Die entstehende Diöz. war ein Objekt intensiver polit. Bemühungen, denn die MacCarthys waren lebhaft an der Bildung einer Großdiözese, deren Umfang ihrem Kgr. entsprach, interessiert. Diese Bestrebungen zerschlugen sich mit der Synode v. →Kells (1152), die eine Teilung des Gebietes in drei Diöz. beschloß, wodurch C. von seinem ausgedehnten Hinterland abgeschnitten wurde.

Im Zuge der norm. Eroberung Irlands kam das Kgr. C. (i. e. das Kgr. der MacCarthys in seiner weitesten Ausdehnung) an zwei anglonorm. Abenteurer, Robert FitzStephen und Milo de Cogan, doch behielt Kg. Heinrich II., entsprechend seiner Urkunde von 1177, die Stadt C. und das Gebiet ('cantred' der Ostmänner) (i. e. Land im Süden der Stadt, das den Wikingern von C. gehört hatte) der Krone vor. Durch eine von John, Lord of Ireland, um 1184 ausgestellte Urkunde erhielt die Stadt Selbstverwaltung; diese Rechte wurden durch eine Carta Kg. Heinrichs III. von 1241/42 bestätigt und erweitert. D. Ó Corráin

Lit.: C. PLUMMER, Vitae SS Hiberniae I, 1910, 65–74 – DERS., Bethada Náem nÉrenn I, 1922, 11–22 – W. O'SULLIVAN, The Economic Hist. of C. City from the Earliest Times to the Act of Union, 1937 – A. GWYNN, The Bishops of C. in the Twelfth Century, Irish Ecclesiastical Records 74, 1950, 17–29, 97–110 – E. BOLSTER, A Hist. of the Dioc. of C., 1972.

Cormac mac Cuilennáin, Kg. der →Eóganachta Caisil (902–908) und Bf. v. →Cashel. Während seine Einsetzung als Kg. offenbar eine Kompromißlösung darstellte, wird in der Überlieferung v. a. seine Frömmigkeit und Gelehrsamkeit hervorgehoben. Ihm zugeschrieben wird eine verlorene Sammlung von Genealogien des Kgr.es →Munster, die als »Saltair Caisil« ('Psalter v. Cashel') bekannt ist und in späteren Kompilationen häufig zitiert wird. Mit größerer Wahrscheinlichkeit kann er jedoch als Autor einer Kompilation, des »Sanas Cormaic« ('C.s Glossar'), gelten, die eine Sammlung von Erklärungen für seltene und archaische Wörter darstellt und viel altes Material überliefert. Die Zuschreibung einer Reihe weiterer Werke an C. ist wohl unberechtigt. Obwohl ein Mann der Kirche, trat C. auch polit. hervor, indem er bestrebt war, die Ansprüche der Eóganachta auf das »Hochkönigtum« *(high-kingship)* von Irland durchzusetzen; möglicherweise fiel er in der Schlacht von Belach Mugna bei der Verfolgung dieses Zieles. Mit diesem Fehlschlag fanden die ernsthaften Bemühungen der Eóganachta um die polit. Vorherrschaft im südl. Irland ihr Ende. D. Ó Cróinín

Lit.: K. Meyer, Anecdota from Irish Mss. 4, 1913 – D. Ó Corráin, Ireland before the Normans, 1972, 111-113 – HEG I, 463 [F. J. Byrne].

Cormery, Abtei in Westfrankreich, Touraine (dép. Indre-et-Loire, cant. Montbazon). Um 770 erwarb der Abt v. St-Martin in →Tours, Iterius, den Hof C. und gründete hier ein Priorat. Nachdem sein Nachfolger, →Alkuin, in St-Martin mit dem Versuch der Durchsetzung der →Regula Benedicti gescheitert war, siedelte er diejenigen Kleriker aus St-Martin, die zur Unterwerfung unter die Benediktinerregel bereit waren, gemeinsam mit Mönchen, die →Benedikt v. Aniane entsandt hatte, in C. um 800 an. Alkuin wandelte das Priorat in eine St-Martin unterstellte Abtei um. Seit 820 hatte C. seinen eigenen Abt. Wie in St-Martin, dem C. auch weiterhin unterstellt blieb, traten auch in C. →Laienäbte an die Spitze der Abtei. Die Kapetinger, die das Laienabbatiat in St-Martin ausübten, traten ihre Rechte über C. schließlich an die Gf.en v. Anjou (→Angers/Anjou) ab. Im 10. Jh. nominierten die Gf.en für C. Regularäbte (Guy d'Anjou, späterer Bf. v. Le Puy 965; Thibaud [Tedbald] 977), wodurch aber die alten Bindungen zu St-Martin nicht aufgelöst wurden. Diese Äbte stellten durch Reformmaßnahmen, über die im einzelnen wenig bekannt ist, wieder geordnete monast. Verhältnisse her. Im 11. Jh. erfolgte auch ein Neubau der Abtei; die frühroman. Kirche, deren Glockenturm mit Portalvorbau (Tour St-Paul) sich erhalten hat, wurde 1054 geweiht. Großen Ruhm erlangte C. durch den hl. Leothericus (Leotheric), einen aus dem Bm. Sens stammenden Einsiedler, der diese Gegend zum Aufenthalt wählte, in C. Aufnahme fand und hier das Amt des →Elemosinarius ausübte, um schließlich als Eremit in der Oboedienz zunächst des Abtes v. →Anchin, sodann desjenigen v. Vontes zu leben. Im 13. Jh. wurde die Abtei im got. Stil neu errichtet (das Refektorium blieb erhalten). Nachdem der Hundertjährige Krieg Zerstörungen gebracht hatte (1358, 1412), erfolgte seit 1443 ein Wiederaufbau.

G. Devailly

Q. und Lit.: Bourrassé, Cart. de C. précédé de l'hist. de l'abbaye de C. d'après les chartes, Mém. soc. arch. de Touraine 12, 1861 – Vaucelle, La collégiale de St-Martin de Tours, 1907 – F. Lesueur, C. (Congr. arch. de France, 106, Tours, 1949), 167-173 – M. Vieillard-Troiekouroff, Les vestiges de l'église de l'abb. de C. consacrée en 1054, Bull. Soc. Antiq. Fr., 1966, 41-51, pl. II-IV – O. Guillot, Le comté d'Anjou et son entourage au XIe s., 1972, 167-173 – G. M. Oury, Hist. religieuse de la Touraine, 1975.

Cornaro, ven. Familie, die von den zahlreichen Autoren, die über sie in verschiedenen Epochen schrieben, auf die altröm. gens Cornelia zurückgeführt wurde. Ohne den enkomiast. Genealogien oder den späten Traditionen Glauben schenken zu wollen, die demzufolge die C. als eine der vier tribunizischen »evangelischen« Familien zusammen mit den zwölf »apostolischen« den Aufstieg der Serenissima begründet hätten, läßt sich jedoch feststellen, daß die Geschicke der Familie – als angesehene Exponentin des ven. Patriziats – von den Anfängen an eng mit der Geschichte der Seerepublik verbunden waren, wie bereits i. J. 867 die Wahl des *Alvise* zum Procurator »de supra« bezeugt. Die Glanzzeit der durch den Orienthandel reichgewordenen Familie lag jedoch erst im 14. und 15. Jh., als sie den Höhepunkt ihrer polit. Macht und die größte Ausdehnung ihres Besitzes erreichte: Nach einem glänzenden Cursus honorum hatte *Marco* von 1365 bis 1368 den Dogat inne, in einer Zeit, in der die Serenissima ein aktives Engagement in dem savoyischen »Kreuzzug« (→Amadeus, 7. A. VI.) gegen die Türken vermied und in Candia (→Kreta, →Venedig) die Revolte der Brüder Calergi energisch unterdrückte; *Pietro* zeichnete sich als scharfsinniger Politiker und tüchtiger Kondottiere aus und brachte durch seine Geschicklichkeit 1377 ein gegen Genua gerichtetes Bündnis mit Bernabò →Visconti zustande. *Federico*, gen. »der Große«, erwies sich in der Vermögensschätzung (»estimo«) des Jahres 1379 als reichster Mann Venedigs. In den dramat. Tagen des →Chioggiakrieges war er der Geldgeber des krisengeschüttelten Staates, so wie er früher die Herren der ägäischen Inseln finanziert hatte und vor allem (mit gut 60 000 Dukaten) den Kg. v. →Zypern, Peter I. v. →Lusignan. Letzteres kam den Interessen seiner Familie (die nach der zum Lehen erhaltenen Burg Episkopi und den anliegenden Gütern ihrem Namen das Attribut »Piscopia« hinzufügte) sowie der Politik der Republik Venedig zustatten, die schon seit jeher bestrebt gewesen war, ihren Einflußbereich auf jene in wirtschaftl. und strateg. Hinsicht wichtige Insel auszudehnen. Eben dieses dichte Interessennetz der C. in der Levante ermöglichte es 1467 *Andrea*, das Heiratsprojekt zustandezubringen, das seine Nichte *Caterina* (→1. C.) auf den Thron von Zypern brachte, während 1487 *Giorgio*, der wegen seiner Erfolge als Provveditore »in Campo« gegen die Truppen der Liga von Cambrai »Padre della Patria« (Vater des Vaterlandes) genannt wurde, dank seines Einflusses auf seine Schwester Caterina, diese zur Schenkung der Insel an Venedig veranlaßte, wofür er die Ernennung zum Ritter *(Cavaliere)* erhielt. F. Colasanti

Q. und Lit.: Enclt XI, 418 f. – M. Barbaro-A. M. Tasca, Arbori de' patritii veneti, Venedig, Archivio di Stato, Misc. cod. I, Storia veneta 19, 12-123 – G. A. Capellari Vivaro, Il Campidoglio veneto, Venedig, Bibl. Naz. Marciana, Cod. It. VII, 15 (= 8304), cc. 321v.-339r. – G. Priuli, I pretiosi frutti del Maggior Consiglio, Venedig, Bibl. del Civico Museo Correr, Cod. Cicogna 2889 (= 3781), cc. 187r-207v. – F. Pollicini, I fasti gloriosi dell' ecc. ma Casa Cornara, 1698 – E. A. Cicogna, Delle inscrizioni veneziane, I-VI, 1824-53, ad indices – A. Berruti, Il patriziato veneto. I Cornaro, 1952.

C., Caterina, Kgn. von Zypern, * 1454, † 10. Juli 1510 in Venedig, Tochter d. Marco C., eines direkten Nachkommens des gleichnamigen Dogen, und der Fiorenza Crispo, Hzgn. v. Naxos. Im Juli 1472 ∞ per procuram Jakob II. Lusignan, Kg. v. Zypern, in der Folge von der Republik Venedig zur Adoptivtochter erklärt. Von ihrem Gatten wurde C. erst nach längerem Zögern im Herbst 1472 zu sich gerufen. Wenige Wochen nach dessen Tod (am 7. Juli 1473) schenkte sie am 18. Aug. einem Sohn das Leben und wurde im Nov. des gleichen Jahres durch ein Komplott neapelfreundl. Elemente, die der Serenissima feindlich gesinnt waren, entmachtet. Mit Hilfe eines ven. Truppenkontingents wurde die Ordnung wiederhergestellt, C. selbst jedoch de facto durch die Seerepublik ihrer Macht beraubt, da ihr im März 1474 ein Provveditore und zwei Consiglieri an die Seite gestellt wurden, die den direkten Oberbefehl über das Heer und die administrative Leitung des Kgr.s übernahmen. Nur mehr auf eine repräsentative Rolle beschränkt, mußte C. nach dem Tod ihres Söhnchens ohnmächtig zusehen, wie Zypern seinen unabhängigen Status verlor und in den Besitz der Serenissima überging; sie wurde zudem noch verdächtigt, sich durch Heiratsprojekte, die ihr immer wieder, v. a. am Hof von Neapel, vorgeschlagen wurden, der strengen »Vormundschaft« entziehen zu wollen. Im Febr. 1489 überredete sie ihr Bruder Giorgio im Auftrag Venedigs, sich in die Seerepublik zurückzuziehen und auf den Thron von Zypern zu verzichten. Dafür wurde sie mit der Herrschaft über Asolo (Prov. Treviso) abgefunden. Dort hielt sie sich von 1492 an vorwiegend auf, förderte in großzügiger Weise die Künste und Wissenschaften und zog die berühmtesten Persönlichkeiten aus Politik und Kulturleben ihrer Zeit an ihren kleinen Renaissancehof, der Pietro Bembo zu seinem Werk »Gli Asolani« inspirierte. Von zahlreichen Dichtern ihrer Zeit gefeiert, wurde sie auch in den folgenden Jahrhunderten zur Heldin einer Reihe von Werken der Literatur, darstellenden Kunst und Musik.

Lit.: DBI XXII, s. v. F. Colasanti

Cornazzano, Antonio, Dichter, Humanist und Tanztheoretiker, * 1429/30 in Piacenza, † 1484 in Ferrara. [1] *Vita und literar. Tätigkeit:* Seine fruchtbare schriftsteller. Produktion und seine Geschicklichkeit, über die verschiedensten Themen Verse zu machen, erwarben C. unter seinen Zeitgenossen hohes Ansehen. Nach einem Rechtsstudium in Siena und einem längeren Aufenthalt in Rom begab er sich um 1455 in den Dienst Francesco →Sforzas und begann damit eine lange und glänzende Karriere als Hofdichter. 1455 verfaßte er als Tanzmeister der Ippolita Sforza den »Libro dell'arte del danzare« (von dem nur die zehn Jahre später entstandene zweite Auflage erhalten ist. Francesco Sforza ist die »Sforzeide« gewidmet, ein 12 Bücher umfassendes Epos in der Volkssprache, das C. zw. 1456 und 1459 verfaßte (noch unediert): Eng dem Vorbild Vergils folgend, erzählt C. darin die Taten des Kondottiere, eines neuen Aeneas, bis zur Gewinnung des Hzm.s Mailand. In die gleichen Jahre ist eine – ebenfalls unedierte – lange Biographie des Muzio Attendolo →Sforza zu datieren. Nach Sforzas Tod 1466 trat C. in den Dienst des Kondottiere Bartolomeo →Colleoni, dessen Leben er in sechs Bänden beschrieb (»De vita et gestis B.C. principis bello invictissimi commentarii«, 1471–72; ed. Graevius, Thes. lett. Italiane, 9/7, 1723, 1–38). Nach Colleonis Tod begab sich C. im Nov. 1475 an den Hof der →Este in →Ferrara, wo er bis zu seinem Tode blieb. Borso d'→Este ist das von C. selbst ins It. übersetzte Kurzepos »De excellentium virorum principibus« gewidmet. Von C. sind verschiedene andere, teils unedierte, teils gedruckte Werke erhalten: insbes. eine »Vita della Vergine Maria« (1471), ein militär. Traktat »Opera bellissima de l'arte militare« (1493), eine Sammlung von verschiedenen Dichtungen in Terzinen (»De modo regendi«, »De re militari«, »De moto fortunae...«, 1517) und v. a. zwei Sammlungen von »Sonetti e Canzone« und »Proverbi in Facetie«, die großen Erfolg hatten und mehrmals nachgedruckt wurden. Unter den unedierten Werken sind zu nennen: »Epistole virorum illustrium« und »Florentine urbis laudes«. G. Chittolini

[2] *Musikhistorische Bedeutung:* A. C. war in Piacenza Schüler des berühmten Tanzlehrers, Tanztheoretikers und Komponisten →Domenico da Piacenza (»mio solo maestro e compatriota«), dessen Traktat »De arte saltandi e choreas ducendii« (um 1420) in Inhalt und Gliederung Vorbild seines eigenen »Libro dell' arte del danzare« ist. Beide Werke sind die wichtigsten Quellen für die Tanzgeschichte der Frührenaissance. C.s Libro ist nur in einer zweiten Ausgabe von 1465 überliefert; wir wissen also nicht, ob und wie sie sich von der ersten Ausgabe von 1455 unterscheidet, von der nur ein Widmungssonett erhalten ist. Wichtig ist C.s Definition des *balletto* als einer dramat. Tanzform, die – in schon modernem Sinne – mit Hilfe der natürl. Körperbewegungen das zugrundeliegende Thema zum Ausdruck bringe – eine Forderung, die sein Lehrer Domenico bereits in den ersten beiden wirkl. Balletten der Neuzeit, »La mercanzia« und »La sobra«, vorgebildet und erfüllt hatte. H. Leuchtmann

Ed. und Lit.: *zu [1]:* C. POGGIALI, Memorie per la storia letteraria di Piacenza, 1789, I, 64–130 – M. A. SILVESTRI, Gli antenati e la famiglia di messer A.C., umanista piacentino, 1914 – DERS., Appunti di cronologia cornazzaniana, Misc. di storia lett. e arte piacentina, 1915, 130–171 – C. FAHY, The 'De mulieribus admirandis' of A.C., Boll. stor. Piacentino 62, 1960, 144–174 – DERS., Per la vita di A.C., ebd. 59, 1964, 57–91 – D. BIANCHI, Intorno ad A. C., ebd. 58, 1953, 76–96 – DERS., A.C. e le sue biografie, La Bibliofilia 67, 1965, 17–124 – N. DE VECCHI PELLATI, Sulla vita e sulle opere di A.C., RIL L 115, 1981 – DIES., Quattro elegie e una lettera di A.C. a Nicodemo Tranchedini, Boll. stor. Piacentino, I – gennaio giugno –, 1983, 80–96 – *zu [2]: Ed.:* C. MAZZI, Il libro dell'-arte del danzare di A.C., La Bibliofilia XVII, 1915-16, 1–50 – *Lit.:* NEW GROVE, s. v. – G. ZANNONI, Il libro dell'arte di A.C. (1465), Rendiconti della R. accad. dei Lincei, 4. ser. VI, 1890, 281ff. – A. MICHEL, The Earliest Dance Manuals, Medievalia et humanistica, III, 1945, 117ff. – D. BIANCHI, Tre maestri di danza alla corte di Francesco Sforza, ASL, 9. ser., II, 1962–64, 290ff. – I. BRAINARD, Bassedanse, Bassadanza and Ballo in the Fifteenth C., Dance Hist. Research: Perspectives from Related Arts and Disciplines, 1970, 64ff.

Cornel (katal. Cornell), Name eines aragon. Geschlechts des Hochadels (*ricos-hombres*), das sich im 13. und 14. Jh. im Dienste der Kg.e der Krone →Aragón auszeichnete. Trotz seines schimpfl. Namens (gleichbedeutend mit 'der Gehörnte') erlangte das Geschlecht hohes Ansehen. Hervorragendste Vertreter waren: 1. *Eixemén C.* († um 1229), aus Ribagorza stammend, Mayordomus Peters II. v. Aragón. Schon als Jüngling nahm er 1212 an der Schlacht v. Las →Navas de Tolosa teil und befehligte einen Teil des aragon. Heerbanns. Zu 1219 wird er in der Chronik Jakobs I. als »weisester, bester und umsichtigster Mann, der zu dieser Zeit in Aragón lebte« bezeichnet – Eigenschaften, um derentwillen ihn Innozenz III. 1216 zum Mitglied des Regentschaftsrates für den jungen Herrscher ernannt hatte. Eine seiner Nichten, Schwester des Pero Cornell, heiratete Pero Ahonés († 1226), einen anderen bedeutenden Ritter aus Ribagorza; beide wurden von Jakob I. als Berater hoch geschätzt. Der Kg. selbst nennt Eixemén einen seiner besten Ratgeber, der ihm zur Heirat mit Eleonora v. Kastilien, der Tochter Alfons' VIII., geraten habe. Eixemén starb als Ritter des Templerordens, kurz nach seiner Teilnahme an der Belagerung von Albarracín (1229). – 2. *Pero Cornell* († um 1245), Neffe des Eixemén. Seit 1219 erscheint er in der Gefolgschaft Jakobs I., nahm 1221 mit anderen Getreuen des Kg.s an der Belagerung der Burg →Montcada teil, bevor er selbst gegen den Kg. rebellierte. 1227 versöhnte er sich jedoch wieder mit dem Kg. und nahm 1229 an der Eroberung von →Mallorca und →Valencia teil. Er führte dem Kg. zur Einnahme von Burriana (1233) 150 aragon. Ritter zu, wurde zum Befehlshaber dieses Ortes ernannt und verteidigte ihn zwei Monate lang. Er trug auch zur Eroberung der Stadt →Valencia und von Almenara bei und war 1245 am Erlaß der →Fueros v. Valencia beteiligt. Seit 1236 war er Mayordomus des Kgr.es Aragón. Pero hatte zwei Söhne: *Pero* und *Exemén*; dieser war Herr v. Alfajarí und unter Peter IV. »el Ceremonioso« 1326 Generalstatthalter von Aragón. Dieser Exemén hatte drei Söhne: *Pero, Ramon* und *Tomàs*, die schon 1328 zusammen mit ihrem Vater an der Spitze seiner Gefolgschaft im Dienste des Kg.s erschienen, so wie in den Chroniken des Ramón →Muntaner und Peters IV. berichtet wird. Sie empfingen diesen Herrscher 1336 in Zaragoza. – Pero erbte die Herrschaft Alfajarí. Dieser Zweig der Familie scheint durch die Schwarze Pest um die Mitte des 14. Jh. stark dezimiert worden zu sein. M. Riu Riu

Q. und Lit.: Les Quatre Grans Cròniques, ed. F. SOLDEVILA, 1971 – G. GARCÍA CIPRES, Los Cornel (Linajes de Aragón VII, 101) – A. UBIETO ARTETA, Aproximación al estudio del nacimiento de la nobleza aragonesa (siglos XI y XII). Aspectos genealógicos (Homenaje a J. Mª. LACARRA, Estudios Medievales II, 1977), 7–54.

Cornelius, hl., Papst, † 253 (Fest 16. Sept.). [1] *Leben:* Als Nachfolger des unter Ks. Decius hingerichteten Märtyrerpapstes Fabianus († 20. Jan. 250) wurde im März 251 der vielleicht aus der großen röm. Familie der Cornelii stammende C. zum Nachfolger gewählt, der schon 253 von Ks. Gallus zum Exil in Civitavecchia verurteilt wurde, in dem er starb. Nach dem Liber Pontificalis, der eine Passio des 5. Jh. wiedergibt, erscheint C. bereits als Märtyrer und Opfer des Decius, begraben beim röm. Friedhof des Callistus. Seit dem 4. Jh. (nach der Translation seiner Gebeine nach Rom) wird C. am 14. Sept. verehrt, um ihn in eine Beziehung zu seinem Freund, dem hl. →Cyprianus v. Karthago zu setzen, der ebenfalls am 14. Sept. verehrt wurde. Das leonian., gelasian. sowie gregorian. Sakramentar kennt entsprechend eine gemeinsame Messe für beide Hll., die auch im Martyrologium Hieronymianum (um 600) zusammen geführt werden. M. Heinzelmann

[2] *Kultverbreitung:* Cornelius-Kirche um 450 in Rom. Kult nördl. der Alpen seit dem 9. Jh. intensiv und verbreitet. Durch Karl den Kahlen kommen 875 C.-Reliquien nach →Compiègne, das in Funktion und Reliquienbestand ein zweites Aachen werden sollte. Im Rheinland ist →Köln-St. Severin ältestes Kultzentrum, jedoch mit geringer Kultwirkung nach außen (Vilich). Wichtigster Kultort ist →Kornelimünster (früher Inden, bei Aachen) seit dem 9. Jh., das durch Herrenreliquien und Wallfahrt in Parallele zu Aachen, Maastricht und Compiègne steht. Von Kornelimünster hängen Ninove und Ronse (Renaix) mit Patrozinien und 110 Orten volkstüml. Verehrung in Flandern, weiteren Orten in den Niederlanden, im Rheinland nördl. der Mosel ab. Weitere Corneliuskirchen in Metelen/Westf. und Buchau am Bodensee und deren Umkreis.

In Frankreich finden sich Gruppen von Kultorten nördl. von Valence, bei Compiègne und in der Bretagne mit Carnac und der prähist. Steinallee, nach der Sage versteinerten Häschern, und dort rund 20 Kapellen einer sehr lebendigen Verehrung. Im roman. Sprachbereich gilt C. wegen seines Namens als Helferheiliger für Rindvieh (»bêtes à cornes«). Die Kopfreliquie des Hl. in Kornelimünster löste seine Verehrung bei Epilepsie in Flandern und dem Rheinland aus. Verbreitet war der Brauch, das Gewicht des Kranken in erbetteltem Korn zu opfern. – Im Rheinland und in den Niederlanden wurde C. vom 14.–17. Jh. der Gruppe der hl. Vier Marschälle zugezählt (C., Antonius Eremit, Hubert, Quirin), die als hochgestellte Gottesbeamte wirksam helfen sollten.

C. wird als Papst mit einem Büffelhorn (nach dem Namen) dargestellt, das auch als Reliquiar dienen konnte.
M. Zender

Q. und Lit.: BHL 1958-66 – Vie des Saints 9, 1950, 322-327 – AASS Sept. IV, 143-191 – Bibl. SS IV, 182-189 – LCI VII, 340f. [Lit.] – DACL III, 2968-2986 – M. ZENDER, Räume und Schichten ma. Heiligenverehrung, 1973², 144-188 [Lit.].

Cornelius Aurelius, CanR, ndl. Humanist, * ca. 1460 in Gouda, † nach 1523. Stand in Verbindung mit Zeitgenossen wie seinem Lehrer Erasmus und Trithemius. V. a. bekannt durch die ihm zugeschriebene »Chronijcke van Hollant, Zeelant ende van Vrieslandt« (1517), »divisiekroniek«, genannt nach den 32 Abschnitten *(divisies)*, in die er den Stoff einteilte. Sie war weit ins 18. Jh. das Standardwerk für die ndl. Geschichte. In der Hauptsache ist sie eine dynastisch orientierte Geschichte von Holland. Durchaus traditionell sind die Darstellung der Ursprünge (Schöpfung, Sintflut, Untergang Trojas) und die Behandlung der Grafengesch. im chronolog. Rahmen der universal-christl. Mächte. C. nennt u. a. Caesar und Tacitus unter seinen Quellen und handelt ausführlich und kritisch von der röm. Zeit. Diese Kombination von traditionellhistoriograph. Merkmalen und Interesse für die eigene antike Vergangenheit kennzeichnet die Eigenart der Chronik.
J. Davidse

Lit.: J. ROMEIN, Geschiedenis van de Noord-Nederlandsche Geschiedschrijving in de ME, 1932, 208-211 – B. EBELS-HOVING, Het karakter van de Divisiekroniek, Theoretische Geschiedenis 9, 1982, 246-263.

Cornellana, S. Salvador de, Kl. in Asturien (Bm. Oviedo), in der Nähe des Flusses Narcea gelegen. C. wurde 1024 über einer 'villa' wahrscheinl. röm. Ursprungs (Cornelíana) von Christina, der Witwe des Infanten Ordoño Ranimírez und Tochter Kg. Bermudos II. v. León, gegründet. Ursprgl. ein Eigenkloster, nahm es die Gründerin und ihr Gesinde auf, die dort »more monastico« lebten. Nach dem Tode der Infantin wurde der Klosterbesitz unter ihre Erben aufgeteilt. Während des 1. Hälfte des 12. Jh. vereinigte und erweiterte der mit Enderquina, der Enkelin der Gründerin, verheiratete Gf. →Suero (Suario) Bermúdez das Klostergut und unterstellte 1122 S. Salvador der Jurisdiktion von →Cluny. Damit setzte eine Blütezeit für das Kl. ein: Das regulierte Leben wurde eingeführt, die Kirche wiedererrichtet, und am 21. Juli 1126 erlangte C. von Alfons VII. die Gewährung des →»Coto«. Obwohl durch verschiedene Päpste wiederholt den Cluniazensern bestätigt (JAFFÉ 7193, 8621; POTTHAST 2371), begann es bald, wie andere span. Klöster auch, nach Unabhängigkeit zu streben. Bereits im 13. Jh. gehorchte C. nicht mehr dem Abt v. Cluny. Im 14. Jh. machte es wie andere astur. Kl. eine Periode des Verfalls durch. 1382 verfaßte Gutierre v. Toledo Reformstatuten für C. 1536 wurde das Kl. der Kongregation von S. Benito de →Valladolid angeschlossen und teilte damit das Schicksal vieler Gründungen der Diöz. Oviedo.
F. J. Fernández Conde

Q.: A. C. FLORANO, Colección de fuentes para la hist. de Asturias, I.: El Monasterio de C., 1949 – Lit.: U. ROBERT, Etat des monastères espagnols de l'Ordre de Cluny aux XIIIᵉ-XVᵉ s., BRAH 20, 1882, 321-431 – J. URIA RIU, La donación del Monasterio de C. al de Cluny, Revista de la Univ. de Oviedo I, 1940, 131-136 – S. AGUADO NIETO, El monasterio de C., Boletín del Inst. de Estudios Asturianos 22/63, 1968, 29-58 – F. J. FERNÁNDEZ CONDE, La Iglesia de Asturias en la alta Edad Media, 1972, 124-128 – P. SEGL, Kgtm. und Klosterreform in Spanien, 1974, 125f., 161-166 – J. I. FERNÁNDEZ DE VIANA, Pergaminos del monasterio de C. en el Archivo de S. Payo de Anteáltares, Asturiensia Medievalia 4, 1981, 297-399.

Corneto → Tarquinia
Cornetum, cornetto (Zink) → Musikinstrumente
Cornicines → Heer, -wesen
Corniculari → Heer, -wesen
Cornische Sprache → Keltische Sprachen
Cornouaille, Gft. und Bm. in der sw. Armorica/→Bretagne im kelt. Sprachgebiet. Die Gesch. der Region bleibt bis zum 9. Jh. unklar. Erster Bf. bret. Herkunft war möglicherweise der hl. →Corentinus (wohl 6./7. Jh.); er und der legendäre Kg. Grallon oder Gradlon (»le roi d'Ys«) stehen im Mittelpunkt bret. Sagen. Im 9. Jh. durchzogen die Heere Ludwigs d. Fr. das Gebiet; dieser ließ in Landevennec die Regula Benedicti einführen. Für das 9. Jh. sind die Namen zweier Gf.en bekannt: Rivelen und Gourmaelon. Zu Beginn des 10. Jh. wurde die Region von den Normannen verwüstet. Nach der Plünderung der Abtei Landevennec (914) wurde die Region von den Angehörigen der weltl. und kirchl. Oberschicht aufgegeben, nach den Siegen Alains Barbetorte über die Normannen kehrten sie jedoch gegen 940 zurück. Eine Grafendynastie regierte nun die C.: Grallon (?), Alfrett, Diles, Budic. Letzterer war »comes et episcopus«. Er war verheiratet und vererbte die Grafengewalt seinem ältesten Sohn Alain Canhiart, die Bischofswürde dagegen seinem jüngeren, Orscant. Dieser vermählte sich, als er bereits Bf. war; ebenso hielt es sein Sohn und Erbe Benoit (Budic). Erst nach dem Tod Budics (II. oder III.), † 1113, begann sich die Kirchenreform durchzusetzen. Sie ging nur langsam vonstatten und wurde auch noch im 13. Jh. fortgeführt. Die

den Laien entzogenen Kirchen kamen bevorzugt an den Bf., nicht an Klöster. Die Gft. verlor ihre Autonomie mit dem Anfall der Herzogsgewalt der Bretagne an Hoël, den Sohn von Alain Canhiart, durch seine Ehe mit Havoise, der Erbtochter des regierenden Hauses→Rennes (1066).

G. Devailly

Q.: A. DE LA BORDERIE, Cart. de Landevennec, 1888 – ABBÉ PEYRON, Cart. de l'église de Quimper, 1909 – *Lit.:* R. LATOUCHE, Mél. d'hist. de C., 1911 – s. a. Lit. zu →Bretagne.

Cornu (Cornut), frz. Adelsfamilie, welche die Herrschaften Villeneuve-la-Cornue (heute Salins, dép. Seine-et-Marne), La Chapelle-Rablais und Fontenailles-en-Brie besaß. *Simon I.* (∞ Tochter von Robert Clément, Marschall von Kg. Philipp II. August) starb vor 1218. Er hinterließ eine Tochter und fünf Söhne: *Simon II.,* seinen Erben; *Gautier* (1. C.); *Aubry* († 1243), Kanoniker v. Paris, Sens und Chartres, Dekan v. St-Martin de Tours, Bf. v. Chartres seit 1236; *Gilon I.* (2. C.), Kanoniker v. Orléans, Archidiakon, später Ebf. v. Sens; *Robert* († 1253), Kanoniker v. Chartres und Sens, Bf. v. Nevers seit 1241. Simon II. († vor 1266) hatte neun Söhne: *Peter* († Sept. 1276) folgte ihm in Villeneuve-la-Cornue, *Gautier* († nach 1292) in La Chapelle-Rablais und Fontenailles-en-Brie nach; die übrigen Söhne wurden Geistliche: *Henri* (4. C.) war Archidiakon v. Sens, Bf. v. Nevers, schließlich Ebf. v. Sens; *Gilon II.* (3. C.), zuerst Praecantor v. Sens, war der letzte C. auf dem Erzsitz v. Sens; *Simon* († nach 1275) war Kanoniker v. Laon und Sens; *Albéric* († 1290/95) war Kanoniker und Praecantor v. Sens; *Jean* († nach 1281) war Kanoniker v. Sens, Dekan v. Bray, Archidiakon v. Sens; *Robert* († vor 1294) war Kanoniker v. Chartres und Sens, dann Archidiakon v. Sens; *Guillaume* († um 1306) war Kanoniker v. Sens, Archidiakon v. Etampes und Dekan v. Sens.

1. C., Gautier, Ebf. v. Sens, * vor 1180 in Villeneuve-la-Cornue, † April 1241, ⌐ Sens, Kathedrale (Zeichnung des Grabmals von Gaignières erhalten; vgl. J. ADHÉMAR, Les tombeaux de la coll. Gaignières I, 184). C. studierte in Paris (Promotion zum Dr. utr. iur.), war dann Kanoniker v. Paris und erhielt durch das Pariser Kathedralkapitel die Propsteien Vernou und Rozoy. Von Kg. Philipp II. August geschätzt, wurde er Dekan v. Paris und schließlich Ebf. v. Sens. Kapellan Ludwigs VIII., nahm C. an den Feldzügen nach England und Südfrankreich (Albigenserkrieg) teil. Er leitete die Begräbnisfeierlichkeiten für den Kg. in St-Denis. Als Rat der frz. Kgn. Blanche (Blanca) de Castille hielt er sich häufig am Hof auf und ließ sich in Sens durch einen seiner Brüder, den Kanoniker Aubry, vertreten. C. begleitete das Kgl. Heer nach Ancenis. In Südfrankreich war er mit den Verhandlungen, die der Eheschließung zw. Ludwig IX. und Margarete, Gfn. v. Provence, vorausgingen, betraut; am 27. April 1234 traute er das Königspaar in Sens, 1239 begleitete er den Kg., als dieser unweit von Sens die →Dornenkrone verehrte; auf Weisung des Kg.s verfaßte C. die Geschichte der Translation dieser Reliquie: »Historia susceptionis S. Coronae«. Der Ebf. förderte die Niederlassung von Bettelorden in seiner Stadt (Franziskaner vor 1225, Dominikaner um 1230). Er ließ den Bischofspalast und das Hospital in Sens errichten. Ferner erweiterte er den Besitz des Ebm.s (Erwerb von Besitztümern in Nailly und Villeneuve l'Archevêque; Forst v. Rageuse, den er Erard de →Brienne abkaufte).

2. C., Gilon I., Ebf. v. Sens, * 1180 in Villeneuve-la-Cornue, † Febr. 1254, ⌐ Sens, Kathedrale (Zeichnung des Grabmals von Gaignières erhalten; vgl. J. ADHÉMAR, Les tombeaux de la coll. Gaignières I, 239). C. ist 1218 als Kanoniker v. Orléans belegt. Archidiakon v. Sens, wurde er vom Kathedralkapitel zum Nachfolger seines Bruders Gautier († 1241) designiert, doch verzögerte sich seine Einsetzung; er wurde erst im Dezember 1244 von Innozenz IV. geweiht. 1245 nahm er am Konzil v. Lyon teil. Am Ende desselben Jahres bedrohte der päpstl. Legat, Eudes (Odo) de Châteauroux, bei seinem Durchzug durch Sens alle diejenigen, die beim großen Narrenfest v. Sens Exzesse verübten, mit schweren Kirchenstrafen. Gilon hielt regelmäßig Provinzialsynoden ab: Eine dieser Synoden beschloß 1253 die Verlegung des Kathedralkapitels v. Chartres nach Mantes infolge der Ermordung des Cantors v. Chartres, Renaud de L'Epine.

3. C., Gilon II., Ebf. v. Sens, † Juli 1292, ⌐ Sens. Kathedrale (Zeichnung von Gaignières erhalten; vgl. J. ADHÉMAR, Les tombeaux de la coll. Gaignières I, 240). Mag. decret., bekannt für seine Beredsamkeit; Kanoniker v. Sens (1270), Praecantor, als Nachfolger von Pierre de →Charny gewählt (Dez. 1274). Im Juli 1275 richtete er gemeinsam mit den Bf.en seiner Provinz einen Brief an den Hl. Stuhl, um die Kanonisation Kg. Ludwigs IX. voranzutreiben. 1285 machte er dem Kathedralkapitel v. Sens eine Stiftung in Form einer Rente von 10 Muden Getreide, die für jährl. Seelenmessen bestimmt war.

4. C., Henri, Ebf. v. Sens, † Nov. 1257 (angebl. durch Gift), ⌐ Sens, Kathedrale (Zeichnung des Grabmals von Gaignières erhalten; vgl. J. ADHÉMAR, Les tombeaux de la coll. Gaignières I, 255). Archidiakon v. Sens, folgte C. 1253 seinem Onkel Robert als Bf. v. Nevers; 1254 seinem Onkel Gilon I. als Ebf. v. Sens. Die Provinzialsynode, die er in Sens im Aug. 1255 abhielt, verfügte die Verbannung der Mörder des Robert de l'Epine, Cantors v. Chartres; die Synode von 1256, die ebenfalls in der Metropole stattfand, auferlegte den Tätern eine Pilgerfahrt ins Hl. Land. C. berief auch das Konzil v. Paris ein (Frühjahr 1256), das den schweren Konflikt zw. der Universität (→Paris, Universität) und den Bettelorden beilegen sollte. Der Ebf. entfaltete eine breitangelegte Tätigkeit zugunsten der Armen und Rechtlosen und setzte sich insbes. die Bekämpfung des →Wuchers durch harte Maßnahmen zum Ziel. Für das Ebm. erwarb er die Domäne v. Noslon.

M.-C. Gasnault

Q.: Hist. Francorum script. V, 407–414 – M. QUANTIN, Recueil pour faire suite au cart. gén. de l'Yonne, 1873, N. 308, 477, 504, 507, 571–572, 721 und passim – *Lit.:* DBF IX, 697–700 – GChr VIII, 1159–1161; XII, 60–63, 63–64, 64–65, 67–68, 644 und Instr. 78–79 – Hist. litt. de la France XVIII, 1835, 270–278 – BECh XXXIX, 1878, 401–407; XL, 1879, 123 – H. BOUVIER, Hist. de l'église et de l'ancien archidiocèse de Sens II, 1911, 201–265 – P. QUESVERS, Notes sur les C., seigneurs de Villeneuve-la-Cornu, La Chapelle-Rablais et Fontenailles-en-Brie, 1893.

Cornutus → Johannes de Garlandia

Cornutus novus → Otto v. Lüneburg

Cornwall, Halbinsel im SW von England, Gft., seit 1337 Hzm.

I. Geschichte – II. Wirtschaft, Siedlungs- und Agrarwesen.

I. GESCHICHTE: [1] *Vor 1066:* Der heut. engl. Name C., der zuerst in der ags. Chronik für das Jahr 891 belegt ist, war ursprgl. die Bezeichnung für ein Volk, der Briten in Cornwall. Sie ging später auf Landschaft und Gft. (heute Verwaltungscounty) über. Der einheim. Name *Kernow* (vergleichbar mit dem modernen engl. *Cornish* für Sprache und Eigenart) leitet sich vom röm.-brit. *Cornovia* ab. Die Etymologie ist umstritten, das Wort wurde aber anscheinend während der Zeit der röm. Vorherrschaft im westl. Teil des Gebietes der brit. →Dumnonii gebraucht. Die Römer hatten nur wenig belegbaren Einfluß auf die isolierten einheim. Siedlungen in C., eine (angenommene) Christianisierung vor 400 erscheint fraglich. Während des 5. Jh. bildete sich wieder ein einheim. Kgr. der Dumnonia, doch zeugen archäolog. Funde und wohl auch Ortsnamen von der gleichzeitigen Existenz von Kleinkönigen oder »Häuptlingen«, die z. T. von wiederbesiedelten vorröm. Sitzen aus herrschten und deren Gefolgsleute und Vasallen sich immer mehr dem Christentum zuwandten. Der erhaltene bemerkenswerte Gebäudekomplex aus dem späten 5. bis 8. Jh. in Tintagel, dessen Ortsname quellenmäßig nicht vor dem 13. Jh. belegt ist, dürfte nach Meinung des Ausgräbers ein frühes Kl. gewesen sein, doch könnte es sich auch um einen weltl. Baukomplex handeln. Detailliertere Darstellungen der Geschichte einiger Herrscherfamilien und ihrer kirchl. Gründungen sind von heutigen Historikern (bes. von MORRIS) zusammengestellt worden, mit Hilfe von Heiligenviten, die als zuverlässige zeitgenössische Quellen betrachtet werden, obwohl sie tatsächl. zumeist viele Jahrhunderte später und oftmals in der Bretagne entstanden sind. Andere Historiker bezweifeln allerdings den Quellenwert der Viten, die ihrer Meinung nach doch nicht viel mehr aussagen, als daß →Samson und Pedroc, der wahrscheinl. die erste klösterl. Gemeinschaft in Bodmin gegründet hat, sowie vielleicht Paulus Aurelianus in C. ebenso wie in der Bretagne tätig waren und daß einige von ihnen, die in Patrozinien kommemoriert werden, derselben oder einer nur wenig späteren Periode angehören. Im späten 6. Jh. erreichte die Auswanderung aus C. in die Armorica (→Bretagne) einen Höhepunkt; die Verbindungen zur Bretagne blieben, auch nach dem Abbruch der Kontakte zu den Briten in →Wales zur gleichen Zeit, noch für mehrere Jahrhunderte bestehen.

Gegen Ende des 7. Jh. erreichten die Angelsachsen aus →Wessex den Fluß Tamar und nahmen rasch das Land zw. Tamar und Ottery in Besitz. Kg. Geraint v. Dumnonia, den →Aldhelm nach 672 dringend bat, den Bräuchen der nichtröm. Kirche zu entsagen (nach Beda Venerabilis mit Erfolg), wurde in der Schlacht v. 710 geschlagen, vielleicht die Grund für die Angliederung des Landes zw. dem unteren Tamar und dem Fluß Lynher an Wessex. Doch eine ags. Niederlage bei Hayle (722) setzte dem weiteren Vordringen der Angelsachsen für fast ein Jahrhundert ein Ende. Ein erfolgreicher ags. Vorstoß gelang erst wieder in der Zeit Kg. →Egberts, von dem uns überliefert ist, daß er Kirchenbesitz und andere Güter in C. an →Sherborne übertrug. In der Regierungszeit Egberts oder seines Nachfolgers bekannte sich ein einheimischer Bf. mit seinem Sitz in Dinurrium (Dingerein) zur Obödienz v. →Canterbury. Der Tod eines Kg.s v. C. aus dem späten 9. Jh. ist in annalist. Quellen belegt, ein »Ricatus rex« auf einem erhaltenen Kreuz stammt wohl aus dem frühen 10. Jh.

Das Ende eines unabhängigen Herrschaftsgebietes in C. und die Unterwerfung des ganzen Landes durch die ags. Kg.e ist allgemein verbunden mit dem Namen des Kg.s →Æthelstan, von dem uns →Wilhelm v. Malmesbury berichtet, daß er die östl. Grenze am Tamar festsetzte. Die als »Bodmin manumissions« bekannten Freilassungsurkunden bezeugen die Existenz eines →ealdorman Ordgar und seines Sohnes als high-reeve für das späte 10. Jh. Aus ihnen läßt sich wohl auch entnehmen, daß ältere Gebietsteilungen im Verlauf des Jahrhunderts zu Hundertschaften umgewandelt wurden. Wohl 926 setzte Æthelstan einen →Chorbischof mit brit. Namen in St. Germans (ursprgl. Lanalet, wo es ein früh errichtetes Kl. gab) ein. Die Diözese von C., seit 994 unabhängig, wurde vor 1027 mit der von →Crediton vereinigt.

In der späten frühengl. Zeit lebte in C. eine Bevölkerung, die überwiegend Cornisch, ein kelt. Idiom, sprach (→Keltische Sprachen) und an der Leibeigene einen ungewöhnl. hohen Anteil hatten. Sie bewohnte häufig Einzelhöfe mit dazugehörigen Feldern und war abhängig von einer kleinen Gruppe engl. Grundbesitzer, die größtenteils im O lebten, aber auch Besitz und Herrschaft in ganz C. hatten. Nach dem →Domesday Book waren 1065 nur drei Grundbesitzungen in der Hand von Leuten mit kornischen Namen, die alle im W der Gft. ansässig waren. Nun erscheinen auch die ersten städt. Gemeinden in C., Bodmin hatte 1086 68 Häuser.   D. A. Bullough

[2] *Nach 1066:* Zum earl v. C. wurde wahrscheinl. 1066 Brian (ein junges Mitglied des Herzogshauses der →Bretagne) erhoben, der eine Truppe von Bretonen bei der Schlacht v. →Hastings geführt hatte. 1068 zog Kg. Wilhelm d. Eroberer durch C., 1069 mußte Brian einen Aufstand der Söhne des Harald Godwinsson im westl. Landesteil niederschlagen. Doch beteiligte sich Brian 1075 an der Revolte des Ralph de Gael gegen Kg. Wilhelm. Daraufhin wurde ihm sein earldom entzogen, und er verließ England. Seine Besitzungen in C. und bes. sein earldom wurden Robert v. Mortain, einem Halbbruder des Kg.s, übertragen. 1086 besaß Robert, der größte weltl. Grundherr in England nächst dem Kg., ca. 280 Grundherrschaften (*manors*) in C. (über zwei Drittel der Gft.), außerdem die beiden einzigen quellenmäßig belegten Burgen in der Gft., in Launceston und Trematon. Der Kg. und der Bf. v. →Exeter besaßen jeweils 17 und 11 Grundherrschaften in Cornwall. Robert heiratete Mathilde, die Tochter von Roger, earl of →Shrewsbury. 1088 beteiligte sich sein Bruder →Odo, Bf. v. Bayeux, an einer Rebellion gegen Kg. Wilhelm II., er wurde aber begnadigt. Robert starb am 8. Dez. 1090 (⊐ Abtei Grestain, gemeinsam mit Mathilde). Sein Sohn Wilhelm, Gf. v. Mortain und earl v. C. (1090–1106), rebellierte gegen Kg. Heinrich I. und wurde 1106 in Tinchebrai gefangengenommen, seiner Lehen verlustig erklärt und für viele Jahre eingekerkert. 1140 trat er als Mönch in die cluniazens. Kl. Bermondsey (→Cluny, Cluniazenser, B. V) ein, wo er, wahrscheinl. kinderlos, starb. Bereits unter Heinrich I. waren seine Besitzungen direkt dem Kg. unterstellt. 1140 wurden zwei earls v. C. erhoben: Kgn. →Mathilde verlieh den Titel an Reginald v. Dunstanville, dem illegitimen Sohn von Heinrich I., während Kg. →Stephan v. Blois die Würde an Alan, Neffe des ersten earl Brian, ebenfalls Mitglied der bret. Herzogsfamilie, übertrug. Nach der Schlacht v. →Lincoln (2. Febr. 1141) wurde Alan jedoch der Titel wieder entzogen, und Stephan bestätigte die Verleihung Mathildes an Reginald, dessen Mutter wahrscheinl. Sybil Corbet war. 1140 heiratete er Beatrix, die Tochter des Wilhelm FitzRichard, eines bedeutenden Gutsbesitzers in Cornwall. Reginald blieb earl v. C. bis zu seinem Tod, wurde aber für seinen Gutsbesitz in C. nicht zum Exchequer veranlagt. Er starb am 1. Juli 1175 in Chertsey (⊐ Reading, Abtei). Kg. Heinrich II. Plantagenêt verweigerte den beiden Töchtern des Reginald und ihren Gatten die Erbschaft der Besitzungen ihres Vaters, die dieser seinem fünften Sohn Johann zudachte.

Von 1175–89 wurde C. wieder der kgl. Verwaltung unterstellt, und Johann Ohneland erhielt die Einnahmen der Grundherrschaften, aber 1189 übertrug Kg. Richard Löwenherz seinem Bruder sechs Gft.en, einschließl. Dorset, Somerset, Devon und C., die nicht der Kontrolle durch die kgl. Verwaltung unterstehen sollten. Nach dem Aufstand von 1193–94 wurde Johann dieses außerordentl. Privileg entzogen, aber er behielt weiterhin die Besitzungen des earldoms Cornwall. 1204 und 1215 bat der Grafschaftsrat (*county community*) Johann um die Befreiung vom Forstbann in den (nicht großen) kgl. Forsten in C., und 1208 bezahlte er dem Kg. 1300 Mark für eine Zusage, daß der *sheriff* aus den Bewohnern der Gft. gewählt werden sollte. Doch übertrug Kg. Johann 1215 dem illegitimen Sohn von earl Reginald, Heinrich FitzCount, die gesamte Gft. C. zur Verwaltung bis zur erneuten Befriedung des Kgr.es sowie die Schlüsselfunktionen des sheriff von C., des *constable* der Burg v. Launceston und des Aufsehers der Zinngruben von C. (vgl. Abschnitt II). Obwohl Heinrich FitzCount nicht zum earl ernannt wurde, hatte er C. bis zur Rückgabe an Kg. Heinrich III. i.J. 1220 inne; danach nahm Heinrich FitzCount das Kreuz. Am 13. Febr. 1225 übertrug Heinrich III. die Gft. C. auf Lebenszeit seinem jüngeren Bruder →Richard v. C., der 1227 zum earl v. C. erhoben wurde und den Territorialbesitz des earldoms erheblich erweiterte. Die dt. Königswürde (Doppelwahl von 1257) blieb ebenso wie für seinen Konkurrenten, →Alfons X. v. Kastilien, weitgehend ein leerer Titel (→Interregnum). Er starb am 2. April 1272 in Berkhampstead. Sein Nachfolger war sein Sohn Edmund »v. Almayn«, von 1272-1300 earl v. C., und 1278-1300 sheriff v. C.; er starb 1300 kinderlos und wurde bei seinen Eltern in Hailes begraben.

Sein Erbe war sein Vetter, Kg. Eduard I., der die Besitzungen des earldoms bis 1307 behielt; am 6. Aug. 1307 übertrug Kg. Eduard II. das Amt des sheriff und das earldom seinem Günstling Piers de →Gaveston, der von aufständ. earls am 19. Juni 1312 hingerichtet wurde. Der Anspruch seiner Witwe Margaret, die später (1317) Sir Hugh Audley heiratete, auf das earldom wurde abgewiesen. 1317 wurden die Landgüter, die einen Wert von £ 1094 repräsentierten, der Kgn. Isabella für die Versorgung der jüngeren Kinder des Kg.s übertragen. Nachdem man ihr diese Güter 1324 entzogen hatte, erhielt sie diese 1326 zurück, da sie führend an der Revolte, die zum Sturz Eduards II. geführt hatte, beteiligt gewesen war. 1328 wurde ihr zweiter Sohn, Johann v. Eltham, zum earl v. C ernannt, aber Kgn. Isabella übergab den Besitz erst 1331 an Johann, als sie von ihrem ältesten Sohn, Kg. Eduard III., dazu gezwungen wurde. Johann starb im Sept. 1336 in Perth, bei einem Feldzug gegen die Schotten.

Am 3. März 1337 erhob Eduard III. seinen ältesten Sohn →Eduard, den Schwarzen Prinzen, zum Hzg. v. C. (damit der erste Hzg. in England), und am 17. März schuf er kraft einer Charter das Hzm. C., dessen Gebiet niemals aufgegliedert werden durfte; es sollte durch Geburtsrecht stets dem ältesten Sohn des engl. Monarchen gehören bzw. dem Monarchen selbst, wenn es keinen Erben gab. Den Kern des Hzm.s bildete der Grundbesitz des earldoms, aber es gehörten auch zahlreicher anderer Landbesitz in C. und andernorts sowie verschiedene vererbbare Privilegien wie das Amt des sheriff der Gft. dazu. Nach dem Tod des »Schwarzen Prinzen« (8. Juni 1376) wurde seiner Witwe Johanna v. Kent ein Drittel seiner hzgl. Besitzungen als Wittum übertragen, was im Widerspruch zur Charter von 1337 stand. Am 20. Nov. 1376 wurde der einzige überlebende Sohn des »Schwarzen Prinzen«, Richard, Hzg. v. C., der im Juni 1377 als Richard II. den engl. Thron bestieg. Er übertrug einige der hzgl. Grundherrschaften an seine Freunde und Verwandte, abermals ein Verstoß gegen die Charter von 1337. Der kinderlose Richard wurde am 30. Sept. 1399 wegen Mißwirtschaft abgesetzt, und am 15. Okt. übertrug der neu gekrönte Führer der siegreichen Opposition, Heinrich IV., das Hzm., das wieder fast seinen Umfang von 1337 erhielt, an seinen ältesten Sohn Heinrich. Zw. 1399 und 1460 war das Hzm. ständig in den Händen des Kg.s oder seines ältesten Sohnes, aber im Dez. 1460 wurden die Grundbesitzungen (aber nicht der Titel) des Hzm.s an Richard, Hzg. v. York, übertragen, der als Thronerbe im Okt. anerkannt worden war. Eduard IV., Richard III. und Heinrich VII. übertrugen das Hzm. jeweils ihrem ältesten Sohn, und bis heute führt der älteste Sohn des engl. Monarchen kraft Geburtsrecht den Titel des Hzg.s v. Cornwall.

Die earls und Hzg.e überflügelten alle sonstigen Grundbesitzer in der Gft., aber unter den adligen Familien in C. sind doch folgende beachtenswert: die Arundells, Bodrugans, Talbots, Trevelyans, Edgcumbes, Treffrys und Nanfans. Die ma. Gesellschaft C.s war stark abgeschlossen und nur wenig fremden Einflüssen ausgesetzt; als kelt. Sprache erhielt sich das Cornisch. Hinsichtlich der Verwaltung wurde C. oft mit dem Nachbarregion →Devon verglichen. Im 15. Jh. stritten Thomas Courtenay, earl v. Devon, und Wilhelm, Lord Bonville, heftig über das Recht der Verwaltung des Hzm.s. Während der →Rosenkriege führte die Familie der Bodrugans die Partei →York an, während die Familie der Edgcumbes an der Spitze der Partei →Lancaster stand. Kg. Eduard IV. betrachtete C. als eine Gft. der Lancaster, und viele Adlige aus C. erklärten sich 1483 in Bodmin für Heinrich Tudor. Aber 1497 rebellierten sie zweimal gegen Heinrich; 1549 wurde C. das Zentrum eines ernsthaften Aufstandes. Diese Region war 1339, 1378, 1405 und 1457 frz. und kast. Einfällen und Kaperkriegsaktionen ausgesetzt. Bes. zu leiden hatten die Bewohner von Fowey, das aber selbst als Piratenort bekannt war. C. Given-Wilson

Q. und Lit.: MGH AA XV, 48off. – Peerage III – VCH Cornwall I, V– M. Förster, Die Freilassungsurk. des Bodmin-Evangeliars (A Grammatical Misc... O. Jespersen, 1930), 77ff. – L. E. Elliott-Binns, Medieval C., 1955 – C. Thomas, C. in the Dark Ages (Proc. W. C. Field Club, 1957), 59ff. – F. E. Holliday, A hist. of C., 1959 – H. P. R. Finberg, Lucerna, 1964, 95ff., 161ff., 186ff. – S. M. Pearce, The Kingdom of Dumnonia, 1978 [Bibliogr.].

II. Wirtschaft, Siedlungs- und Agrarwesen: Johannes Grandisson bezeichnete, als er über seine Berufung zum Bf. v. Exeter 1327 reflektierte, die südwestl. engl. Halbinsel als »not only the ends of the earth, but the very end of the ends thereof«. C., das zweifellos in der äußersten Ecke des Kgr.es liegt, wurde schon seit frühester Zeit durch seine Zinnminen in das europ. Handelsgeschehen einbezogen (→Zinn). Archäolog. Grabungen haben gezeigt, daß die Zinnlager in C. in der späten Bronzezeit und in der frühen Eisenzeit regelmäßig abgebaut wurden. Für fast ein Jahrtausend nahm das Zinn aus C., zusammen mit den Zinnvorkommen in der benachbarten Gft. →Devon, eine monopolartige Stellung innerhalb der europ. Zinnproduktion ein, d.h. in der Zeit zw. dem Zusammenbruch des Zinnabbaus in Nordspanien in der Mitte des 3. Jh. v. Chr. bis zur Ausbeutung der Minen in →Böhmen und →Sachsen im frühen 13. Jh. Aber auch nach diesem Zeitpunkt sorgten die Qualität des Zinns und die Menge des Vorkommens dafür, daß das Zinn aus C. weiterhin auf den internat. Märkten Europas und im Mittleren Osten die Vorherrschaft hatte.

Mit dem Einsetzen der schriftl. Quellen, d. h. auch aller Aufzeichnungen der kgl. Steuern für das gesamte produzierte Zinn, wird ein gewaltiger Anstieg der Zinnförderung seit der Mitte des 12. Jh. dokumentiert. Der augenblickl. Forschungsstand erlaubt keine getrennten Angaben der Produktion in C. und in Devon, doch kann insgesamt festgestellt werden, daß die Produktion in beiden Gebieten um ein Zehnfaches anstieg, von ca. 60 t i.J. 1156 auf ca. 600 t i.J. 1214. Im Laufe des 13. Jh. muß die Produktion zurückgegangen sein und dann stagniert haben, da die folgenden Quellenbelege, die 1301 einsetzen, zeigen, daß die Förderung auf die Hälfte gesunken war. Für die 1. Hälfte des 14. Jh. ist jedoch ein erneuter Aufschwung zu verzeichnen, um 1332 erreichte die Produktion einen neuen Höhepunkt mit über 700 t. Die Pest von 1348-49 führte zu einem merkl. Rückgang des Abbaus, aber der weitere Verlauf war insgesamt, wenn auch langsam, steigend; gegen Ende des 14. Jh. hatte die Produktion wieder den Stand von 1330 erreicht. Doch im 15. Jh. spiegelt sich der Beginn der allgemeinen spätma. Depression wider, der Tiefpunkt wurde 1464 erreicht mit weniger als 250 t.

Zur Zeit der höchsten Produktion dürften vielleicht mehr als 5000 Menschen in der Zinnförderung tätig gewesen sein, obwohl viele nicht ganztägig oder nur zeitweise beschäftigt waren.

Die Zinnproduktion hatte ihre Auswirkungen auf die Entwicklung der Landwirtschaft in C., nicht nur daß die Moorgebiete, in denen die Minen lagen, kultiviert wurden, sondern für den erhöhten Nahrungsmittelbedarf der zahlreichen, in der Zinnförderung Tätigen mußte auch der Anbau in den feuchten Niederungen intensiviert werden.

Obwohl das ma. C. weit von einem mustergültigen Ackerbau entfernt war, kann es doch keineswegs als Gebiet mit reiner Weidewirtschaft gelten. Zwar wurde Vieh in großer Anzahl gehalten, doch erforderten die schwierigen Umweltbedingungen auch einen effektiven Ackerbau, der auf →enclosures (grundherrl. Einfriedungen) und auf flexiblen Betriebsformen basierte.

Nach den Quellen für die Abtei →Tavistock kann man schließen, daß die Getreideerträge erstaunl. hoch gewesen sein müssen. Es ist anzunehmen, daß wegen des feuchten Klimas und des Überwiegens schlechter Böden der Hafer die verbreitetste Getreideart war, aber der Weizenanbau wurde auch häufig betrieben, sowohl auf den Grundherrschaften als auch auf den bäuerl. Anbauflächen. Auch Gerste war in C. eine wichtige Getreideart, weniger wurde Roggen angebaut. Insgesamt läßt sich für den Bereich der Landwirtschaft feststellen, daß C. erst in der frühen NZ zu einer Region mit vorherrschender Weidewirtschaft wurde, während vor dem 15. Jh. der Anbau von Getreide größere Bedeutung besaß.

In C. ist zw. dem späten 11. Jh. und der Mitte des 14. Jh. ein beachtenswerter Landesausbau und Bevölkerungsanstieg zu beobachten. Anders als in anderen Teilen Englands dauerte diese Entwicklung bis zum Auftreten des »Schwarzen Todes« an. Bes. erwähnenswert ist wohl die große Zahl der neuen Bauernhöfe, die seit der Mitte des 13. Jh. zunächst am Rand, dann in den sehr entlegenen und abweisenden inneren Moorgebieten errichtet wurden, was in jüngster Zeit archäolog. Ausgrabungen in den Gebieten von Garrow Tor, Rough Tor und Bodmin Moor gezeigt haben.

Die Stellung C.s innerhalb der engl. Gft. en gewann im 14. und 15. Jh. an Bedeutung. Im erhebl. Gegensatz zu den meisten anderen Gebieten begann die Landnachfrage im mittleren und östl. C. zu steigen, und mit ihr die Bodenpreise. Die boroughs in C. scheinen deshalb wenig unter der spätma. Krise gelitten zu haben. Die Wirtschaft der Gft. war sehr vielfältig, neben dem Ackerbau und dem Zinnabbau war die Fischerei ein wichtiger Faktor; im Verlauf des 15. Jh. gewann die Textilherstellung im östl. C. und im westl. Devon an Bedeutung. Zw. 1334 und 1524 stieg die Steuerkapazität C.s auf eine Quote, die nur von Devon und Middlesex übertroffen wurde. J. Hatcher

Lit.: The Ministers' Accounts of the Earldom of C. 1296-97, hg. L. M. MIDGLEY (Camden Society, 3rd ser., Bde 66, 68), 1942-45 – M. W. BERESFORD, Dispersed and Grouped Settlement in Medieval C., AHR 12, 1964 – J. HATCHER, Rural Economy and Society in the Duchy of C., 1300-1500 (Cambridge Univ. Press), 1970 – The Caption of Seisin of the Duchy of C. (1337), hg. P. L. HULL (Devon and C. Record Society, NS, Bd. 17), 1971 – J. HATCHER, English Tin Production and Trade to 1550 (Oxford Univ. Press), 1973.

Cornyshe, William, engl. Komponist, Dichter, Dramatiker und Schauspieler, † Okt. 1523 in London. Er wird zuerst in einem Zahlungsvermerk vom 12. Nov. 1493 erwähnt. 1504 kam er wegen einer Schmähschrift ins Gefängnis, war jedoch ab Sept. 1509 bis an sein Lebensende im Hofdienst als Master of the Children der Chapel Royal, d. h. er unterrichtete und unterhielt die Chorknaben der kgl. Kapelle (→Hofkapelle). 1513 und 1520 begleitete er an der Spitze der Chapel Royal Heinrich VIII. auf den Kontinent und erntete Gunstbeweise für seine Darbietungen. Als Karl V. 1522 in London über ein gemeinsames Vorgehen mit England gegen Frankreich verhandelte, schrieb C. eine Allegorie auf diesen Anlaß. Überhaupt war er seit 1509 unentbehrl. geworden bei der Gestaltung der festl. Unterhaltungen bei Hofe; er dichtete die Texte, komponierte die Musik und trat selbst in seinen Stücken, Aufzügen und Maskenfesten als Schauspieler auf. Daneben verdiente er als Geschäftsmann am Zoll und an der Ein- und Ausfuhr von Wein, Bier und Waid. Jan. 1512 hatte er seine Testament aufgesetzt, das am 14. Okt. 1523 vollstreckt wurde. Seine geistl. und weltl. Kompositionen (Magnificat, Salve Regina, Stabat mater, Motetten und Lieder) sind hs. in Windsor, Cambridge und Edinburgh erhalten. H. Leuchtmann

Ed.: Historical Anthology of music, hg. A. TH. DAVISON–W. APEL, 1950 – Musica Britannica X, 1956, 1969²; XI, 1958, 1973²; XII, 1961, 1973² (hg. FR. LL. HARRISON); XVIII (hg. J. STEVENS), 1962, 1969² – Early English Church Music IV (hg. P. DOE), 1964 – Lit.: MGG – RIEMANN–NEW GROVE, s.v. – W. H. FLOOD, Early Tudor Composers, 1925 [Repr. 1968] – E. PINE, The Westminster Abbey Singers, 1953 – FR. LL. HARRISON, Music in Medieval Britain, 1958, 1963² – S. ANGLO, C. in a Play, Pageants, Prison and Politics, RES n. s. X, 1959, 347ff. – H. BAILLIE, Some Biographical Notes on Engl. Church Musicians, chiefly working in London (1485-1560) (Royal Musical Association Research Chronicle II), 1962, 18–57 – W. F. FORD, Some wills of Engl. Musicians of the Fifteenth and Sixteenth C. (Royal Musical Association Research Chronicle V), 1965, 80.

Corona (als Symbol monarch. Herrschaft)
I. Einleitung – II. England – III. Frankreich – IV. Imperium – V. Böhmen – VI. Ungarn – VII. Polen – VIII. Skandinavien – IX. Iberische Halbinsel.

I. EINLEITUNG: Unter den dinglichen →Herrschaftszeichen kam der →Krone (lat. corona) neben →Szepter und →Thron im hohen MA zweifellos die größte Bedeutung zu. Es lag daher nahe, den Begriff 'c.' auch über die Person des jeweiligen Trägers hinaus als Symbol monarch. Herrschaft zu gebrauchen, ebenso wie bereits in der Antike Abzeichen einer Herrschaft zur Bezeichnung der Herrschaft selbst genannt werden konnten. Der metonym. Gebrauch von c. = 'Kranz', 'Krone' war dem MA zudem durch die Bibel in den verschiedensten Zusammenhängen geläufig. Die Bedeutungserweiterung des Kronbegriffs gehört in den Zusammenhang jener Bestrebungen, welche auf eine schärfere Erfassung des Wesens der Herrschaft gerichtet waren. Seine transpersonale Ausgestaltung hat sich in den einzelnen ma. Monarchien freilich auf unterschiedl. Weise vollzogen. Die Problematik ist für die einzelnen Länder ungleichmäßig gut erforscht. T. Struve

II. ENGLAND: Schon in ags. Zeit gab es kgl. Besitzungen, die dauernd dem →regnum zugehören sollten und deshalb dem Monarchen nicht zu freier Verfügung standen. Im frühen 12. Jh. begegnen die Bezeichnungen »placita regis« und »placita coronae« für Rechtsfälle, deren Entscheidung dem Kg. vorbehalten war. Kg. Heinrich II. forderte 1155– nach den Wirren der »Anarchie« – Städte, Burgen und Grundherrschaften zurück, »quae ad coronam regni pertinebant«, und beauftragte 1176 seine Reiserichter, zu prüfen, welche Rechte und Güter »ad dominum regem et coronam eius« gehörten. →Glanvill rechnete das Majestätsverbrechen sowie Bruch des Königsfriedens und ähnliche Vergehen der c. domini regis zu. Die Krone in diesem Sinn wurde verstanden als »das über das individuelle Leben des Monarchen hinaus sich erstreckende Symbol des dauernden Königtums« (F. HARTUNG). Die um 1200 in London entstandenen Leges Anglorum betrachteten die c. Britanniae als Träger imperialer Ansprüche (u. a. auf Norwegen) und hoben die Unveräußerbarkeit der Kronrechte hervor. Die weitere Diskussion stand unter dem Einfluß der Kanonistik, ist aber auch vor dem Hintergrund des im 13. Jh. forcierten Aufbaus einer speziellen Krondomäne in England zu sehen. Der Begriff c. wurde zur »utilitas publica« in Beziehung gesetzt. →Henricus de Bracton bemühte sich um Klärung der Frage, was der Kg. als »res quasi sacra res fiscalis« nicht aus der Hand geben dürfe »et quae faciunt ipsam coronam et communem respicium utilitatem«. Im Verlauf der Auseinandersetzungen zw. Kgtm. und Hochadel suchten beide Seiten die c. gleichsam als Schild für ihre Rechtsposition zu verwenden. Die kgl. Ratgeber wurden eidlich zur Wahrung der Rechte von Kg. und Krone verpflichtet. 1301 erklärte Kg. Eduard I., er werde die ihm von den Magnaten vorgelegten Forderungen nur billigen, wenn sie nützlich seien »pur le roy, pur la coroune e pur le peuple«, und er sie annehmen könne »saunz blemir son serment e saunz la coroune desheriter«. 1308 vertrat die Opposition gegen Eduard II. die Auffassung, die Lehnsbindung verpflichte eher »ratione coronae quam personae regis«. Die Magnaten leiteten hieraus das Recht ab, den »status coronae« zu bessern, wenn der Kg. sich diesem gegenüber nicht vernunftgemäß verhalte. Dieser Ansatz zu prinzipieller Trennung zw. dem Monarchen und der überpersönl. Krone wurde aber bald aufgegeben. Im 14. Jh. galt die c. als Symbol für das regnum und gleichzeitig für das rechtl. Band zw. dem Kg. und der hochadligen »communitas regni« (W. ULLMANN). Bf. Johannes Grandisson v. Exeter meinte 1337, »la substance de la nature de la corone est principaument en la persone le roi, come teste, et en les piers de la terre, come membres, ...«. Später wurde der Gedanke vertreten, der gesamte »body politic« bis hinab zum kleinsten Vasallen gehöre der Krone an. Kg. Eduard III. allerdings betrachtete die c. als Inbegriff seiner Rechte, und der von theokrat. Selbstbewußtsein erfüllte Richard II. übersteigerte diesen Anspruch. Bei seiner Absetzung 1399 spielte die Beschuldigung eine Rolle, er habe »in magnum praejudicium populi et exheredationem coronae regni« gehandelt. Gelegentl. wurde die c. auch herangezogen, um Eingriffe des Papsttums abzuwehren. – Der Begriff c. entzieht sich eindeutiger Festlegung (E. H. KANTOROWICZ: »a tangle of intersecting, overlapping and contradictory strands of political thought«). Er gehört in die Vorgeschichte der frühneuzeitl. Konzeption vom »Body natural« und »Body politic« im Kg., ohne diese schon vorwegzunehmen. K. Schnith

III. FRANKREICH: Mit dem Regierungsantritt von Hugo Capet (987) verlor die Krone ihre Bedeutung als Zeichen sakraler und universaler Herrschergewalt, als das sie seit Kg. Pippin I. betrachtet worden war, und wurde zum Herrschaftsinstrument und zum Nachweis für den Besitz der erblichen Legitimität. Die Krone hatte innerhalb des Weiheritus keine liturg. Bedeutung; ihre Bedeutung war geringer als diejenige der →Salbung. Sie symbolisierte zwar die Würde des Herrscheramtes, aber die Übergabe des Zepters verlieh dem Kg. die Herrschergewalt.

Die jurist. und institutionelle Bedeutung von c., die in Frankreich allgemein als ein seinen Inhaber überdauerndes Herrschaftsinstrument angesehen wurde, vergrößerte sich faktisch mit der Zentralisierung der monarch. Gewalt: 1154 macht sie Abt→Suger v. St-Denis zum Zeichen der kgl. Herrschaft, seit Kg. Philipp II. August gilt das Tragen der Krone unter den Mitgliedern der Dynastie nicht mehr als teilbar. Nachdem unter den →Valois im 14. Jh. der dauerhafte Ausbau des auf der kgl. Familie beruhenden polit. Systems erfolgt war, wurden der Übertragung der Krone zunehmend situationsbedingte und dem Gewohnheitsrecht entsprechende Regeln zugrunde gelegt. Die Krone war ausdrückl. den männl. Mitgliedern der Königsfamilie vorbehalten. Frauen waren seit 1316 ausgeschlossen. Die Ereignisse von 1420 (Vertrag v. →Troyes) und 1429 (Feldzug der →Jeanne d'Arc zur Krönung Karls VII.) gaben den kgl. Juristen Gelegenheit, die Krone für unverfügbar zu erklären, eine These, deren Ursprünge übrigens bis auf den →»Songe du Verger« zurückreicht, der im Auftrag von Karl V. verfaßt wurde. Die Krone unterscheidet sich darin somit von einem privaten Besitz und impliziert künftig die Unmittelbarkeit der kgl. Nachfolge (ausgedrückt in »le roi est mort!«, »vive le roi«) sowie die Unveräußerlichkeit des kgl. Dominiums.

Die Strenge der Vorschriften über die Unveräußerlichkeit der Krone (der Kronbegriff fungiert hier als Vorläufer des Staatsbegriffes) wurde allerdings vielfach von den Gewohnheiten des feudalen Erbrechts gemildert; zu nennen ist insbes. die Schaffung von →Apanagen, die allerdings nicht als Veräußerungen von Krongut, sondern als eine Art von Schutzzone für die Krone verstanden und seit dem Ende der Regierung Philipps IV. in direkter männl. Linie übertragen wurden. Im Zusammenhang mit den Apanagen wurde die Auffassung vom Primat der Krone formuliert (Eid Karls V. bei dessen Königsweihe, 1363 Konstituierung des Hzm.s →Burgund als Apanage für →Philipp den Kühnen, vgl. Burgund, Hzm. B. I). Schließlich drang seit der Regierung Karls VII. die Vorstellung durch, daß der Kg. selbst nur den Nießbrauch und die Verwaltung seiner Domäne – wie der Krone selbst – innehabe.

Die beiden Bereiche, in denen die c. praktisch zur Geltung gebracht wurde, waren der jurist. und der fiskalische. In den südfrz. Gebieten (Langue d'Oc) erfolgte die Anwendung der Rechte der c. im Rahmen des – allerdings gewohnheitsrechtl. beeinflußten – →röm. Rechts, das dem Souveränitätsgedanken breiten Raum gab. Im nördl. Frankreich war dagegen das Gewohnheitsrecht (→coutumes) stärker gefestigt, trug individuellere Züge und konnte sich folglich gegenüber den vereinheitlichenden Rechtstendenzen der Krone besser behaupten. In beiden Gebieten führte jedoch die Ausprägung eines Kronrechts in Form der *arrêts du Parlement* (seit 1258) und der kgl. →*ordonnances* zu einer Verquickung der Vorstellungen von der Krone und denjenigen vom »öffentl. Wohl« oder »gemeinen Nutzen« (→Staat, -sbegriff).

Im fiskal. Bereich ist die Geltung der c. weniger klar erkennbar. Zum einen spiegeln die ordentl. oder aus der unmittelbaren Domäne stammenden Finanzen direkt die Budgetlage der Krone wider, welche die auf kgl. Grundbesitz oder Bannherrschaft ruhenden Steuern und Abgaben sowie die kgl. Gerichtsgefälle erhob; zum anderen gab es die außerordentl. Finanzen, die seit 1287 zur Deckung des Defizits der ordentl. Finanzeinnahmen erhoben wurden. Bei den letzteren mußte die Krone seit 1355 ihre

Autorität mit den →*Etats* (den sog. *Etats Généraux*) teilen, die das Recht der Steuerbewilligung wahrnahmen (→*fouage*, →*taille*).

Abschließend läßt sich feststellen, daß das gesamte Regnum Francorum grundsätzlich offenbar als Domäne der Krone betrachtet wurde, aber mit zahlreichen Abstufungen, entsprechend dem Maß der konkreten Beeinflussung durch die kgl. Gewalt, wie es J.-F. LEMARIGNIER gezeigt hat. Ebenso wurden die Vorstellungen von der c., der einzigen Quelle legitimer kgl. Gewalt, in ambivalenter Weise auf unterschiedl. verfaßte Gebiete innerhalb des Kgr.es (Pays de langue d'oc und de langue d'oïl, Apanagen, direkter und indirekter Königsbesitz) angewandt – trotz der faktisch weit fortgeschrittenen Zentralisation des monarch. Systems in Frankreich.   J.-P. Cuvillier

IV. IMPERIUM: Eines der frühesten Zeugnisse für die Verwendung von c. als Staatsmetapher liegt in einer Urk. Heinrichs III. (DH.III. 142) vor, die – obgleich in ihrer Echtheit nicht unumstritten – noch dem 11. Jh. zuzuschreiben ist. Unverkennbar rechtl. Bedeutung, wenngleich nicht losgelöst von der Person des Herrschers, nahm der Kronbegriff an, wenn die Empfänger zweier Urkk. Heinrichs V. (STUMPF-BRENTANO 3157, 3178) verpflichtet wurden, gegen die Feinde der »Krone« vorzugehen. Eine bedeutsame Rolle kam der Krone als Inbegriff ksl. Herrschaft in der →Italienpolitik Friedrich Barbarossas zu. Wenn der Ks. im Zusammenhang mit dem »beneficium«-Streit von →Besançon 1158 bemerkt haben soll, lieber wolle er die Krone niederlegen, als eine Niederlage der c. imperii zu dulden (Rahewin III, 17), dann wurde hierbei deutlich zw. der Institution des Staates und dem einzelnen Herrscher unterschieden. Durch die Einbeziehung der c. imperii in die Eidesformel, welche die Lombarden beschwören sollten (MGH Const. 1, 237 Nr. 171 aus Rahewin III, 20; fast ident. mit dem Lombardeneid des →Konstanzer Friedens 1183, MGH Const. 1, 419 Nr. 294), wurde der Kronbegriff mit einem konkreten Rechtsinhalt verbunden. Als Symbol weltl. Herrschaft begegnet die Krone in der polit. Dichtung →Walthers von der Vogelweide (LACHMANN 83,26). Trotz des Eindringens des Kronbegriffs in die rechtl. Sphäre blieb freilich stets dessen Bindung an die Person des Herrschers bestehen. Da in Deutschland die herkömml. Bezeichnungen →»imperium« und →»regnum« – insbes. in der Verbindung mit →»honor« – weiterhin bevorzugt wurden, ist hier – im Unterschied zu England und Frankreich sowie den osteurop. Ländern – eine jurist. Weiterbildung des Kronbegriffs unterblieben.   T. Struve

V. BÖHMEN: Die Krönungen →Vratislavs II. (1085) und →Vladislavs II. (1158) ermöglichten, trotz ihrer teilweise unterschiedl. Wertung, die Verwendung der Krone als Symbol zur Abgrenzung gegenüber den älteren Begriffen →»terra« und »regnum«. Bald erweiterte sich die Bedeutung von c.: Bezeugt ist 1169 c. als Krongut; diese Bedeutung blieb aber in Böhmen vereinzelt. Symbolcharakter erlangte zwar bald die Königskrone selbst, jedoch nicht der abstrakte Begriff »Krone«. Erst 1329 verwendete Kg. →Johann in der Zeit der faktischen Adelsherrschaft im Lande den Begriff »staatsrechtlich« (»corona et mensa regni nostre Bohemie«), zweifellos unter fremdem Einfluß, ohne daß es gelungen ist, ein unmittelbares Vorbild festzustellen; zu einem Schlüsselbegriff wurde »c. regni Bohemiae« unter seinem Nachfolger →Karl IV., der bereits 1348 in einer Reihe von Urkk. die auf sehr unterschiedl. Rechtsgrundlage mit Böhmen verbundenen Teile seiner eigenen Herrschaft unter diesem Oberbegriff zusammenfaßte. Daneben verstärkte Karl IV. auch den symbol.-sakralen Charakter der böhm. Königskrone durch ihre unmittelbare Verbindung mit den Reliquien des hl. →Wenzels; der Begriff »Länder der Wenzelskrone« ist jedoch erst ein nz. Staatsbegriff, den Erfordernissen der polit. Auseinandersetzungen im 19. Jh. entsprechend.

Durch die Abstraktion »c. regni Bohemiae« unter Karl IV. ist ein prägnanter Oberbegriff, vom Herrscher weitgehend unabhängig, geschaffen worden, der die staatsrechtl. Vorstellungen der Folgezeit beherrschte, allerdings auf das Land Böhmen selbst beschränkt blieb. In der Hussitenzeit wurde sie v.a. von den Gegnern Kg. →Siegmunds systematisch literar. (oft personifiziert) verwendet: Die »Krone von Böhmen« trat in der Streitliteratur als Anklägerin gegen den wortbrüchigen Thronprätendenten auf. (Um diesen Charakter zu unterstreichen, tauchte sogar der Begriff »Boemice gentis corona« auf). Aber auch die Gegenseite bediente sich dieses Begriffes, und etwa 1420 erklärten die Herren »wir sint die crone von Behem und nit die geburen« (gemeint sind die Prager). Der Begriff »Krone« bzw. »Krone des Königreiches Böhmen« blieb dann bis in das 19. Jh. der maßgebende Staatsbegriff im Lande. Im Tschech. wurde er erst in der ersten Hälfte des 19. Jh. durch das Lehnwort *stát* allmählich immer mehr verdrängt.   F. Graus

VI. UNGARN: In Urkk. des Kgr.es Ungarn wurde c. seit dem späten 12. Jh. häufig metaphor. benutzt, doch zunächst immer als c. regis/regia, ohne eine über das Kgtm. oder die Königsherrschaft im allgemeinen hinausgehende Bedeutung. Im 13.–14. Jh. wird üblicherweise von der »fidelitas«, die der Krone zukomme, gesprochen. Während der Interregna nach 1382 tritt die »sacra corona regni« immer häufiger auf als abstrakte Trägerin der Herrschaft, die nach dem Verständnis der Magnaten auch von einem Rat, der »im Namen der Heiligen Krone« regiert, ausgeübt werden könne. Diese Ansicht hatte ihre spezif. Wurzeln teils in jener der »Stefanskrone« zugeschriebenen gleichsam magischen Kraft, die bereits um 1310 urkundl. belegt ist (und mit dem metaphor. Begriff der c. in Ungarn immer verschmolzen blieb), teils in römisch-rechtl. Ideen, die u.a. durch Kontakte mit den dalmatin. Städten in die Kanzlei Eingang gefunden hatten. Unter →Sigismund (1386–1437) läßt sich eine weitere Loslösung der c. von der Person des Herrschers, dem sie in Formeln wie »nos et corona« nebengeordnet wurde, beobachten. In den königslosen Jahren um die Jahrhundertmitte füllte sich schließlich der c.-Begriff nicht nur mit transpersonalen Staatsvorstellungen, sondern wurde gelegentl. mit einer organ. Auffassung verbunden, indem Magnaten, Städte und Landesteile als »membra coronae« bezeichnet wurden. Neben der Treue »zur Krone« ist in dieser Zeit zunehmend von Rechten der c. regni die Rede (vergleichbar mit dem zeitgenöss. Wortgebrauch in Böhmen oder Polen), wobei die Bedeutung von regnum widerspruchsvoll bleibt. Das Wort kann sowohl 'Land' und 'Herrschaft' bedeuten, doch meist bezieht es sich auf die Großen im Königsrat oder auf die adlige Diät. In der Werbőczyschen Sammlung des Gewohnheitsrechts (Tripartitum, 1516) wurde die Krone beiläufig als Quelle allen Landbesitzes – und somit des Adels – bezeichnet, woraus in der Folgezeit die These entstand, jeder Adlige sei »Glied der Krone«. Dieser Gedanke wurde in den polit. Auseinandersetzungen zw. Budapest und Wien im späten 19. Jh. zur »Lehre von der Heiligen Krone« hochstilisiert und blieb bis in die jüngste Vergangenheit offiziöse Staatsideologie Ungarns.   J. M. Bak

VII. POLEN: In Polen wurde die c.-Auffassung um die Mitte des 14. Jh. aus Ungarn übernommen; sie sollte der

Überwindung der Aufteilung Polens in selbständige Fsm. er dienen. Dazu unterstützte sie den Anspruch auf die verlorenen Gebiete (→Schlesien, →Pommern), auf die Einbeziehung des von der poln. Krone nach 1320 noch unabhängig gebliebenen →Masovien sowie auf die Gewinnung neuer Gebiete (Rotrußland). Eine Vorstellung von der c. regni als überpersönl. Institution prägte sich endgültig nach 1370 aus, als in Polen Mitglieder fremder Dynastien die Regierung übernahmen. Als erster Herrscher verpflichtete sich→Ludwig v. Anjou, der gemeinsame Herrscher von Ungarn und Polen, in seinem Krönungseid: »... ipsam coronam regni Poloniae salvam et integram ac illibatam conservare et nullas terras vel partes earum ab ipsa alienare vel minuere, sed eam augere et recuperare«. Auch Ludwigs Nachfolger, die →Jagiellonen, wiederholten diese Formel. →Władysław II., der erste Jagiellone, versprach anläßl. der Union mit →Litauen in →Krewo 1385: »... terras suas Lituaniae et Russiae coronae regni Poloniae perpetuo applicare...«. Zu dieser Zeit wird in den Quellen immer deutlicher zw. den Rechten, der Macht und den Interessen des Herrschers einerseits und der Krone andererseits unterschieden. Als Vertreter der Interessen der Krone erscheinen auch die »regnicolae« (Einwohner der poln. Kronländer). Die nach dem Tod Ludwigs v. Anjou (1384) von der communitas nobilium des Adels unter Mitwirkung der Bürger gebildeten Konföderationen sollten zum Wohle »communitatis et coronae huius regni ... quousque habebimus regem coronatum« wirken. Die Bedeutung dieser »politischen Nation« innerhalb der Auffassung der »c. regni Poloniae« zeigt sich in den Huldigungseiden unter→Jagiełłos Regierung, die den »regi Poloniae... et ipsius regno, coronae et regnicolis Poloniae...« geleistet wurden. Gegen diese Formel wandten sich 1426 die Fs.en v. Masovien, die seit 1355 Vasallen der Kg.e v. Polen waren, da auf diese Weise »... quilibet de corona posset nos suum omagialem asserere«. Nach dem Tod Jagiełłos änderte sich allmähl. die Bedeutung des Begriffs der »c. regni Poloniae«. Er bezeichnet schließlich das Kgr. Polen im Unterschied zu dem mit ihm in Union verbundenen Litauen. Für die Bezeichnung des poln. Staates setzte sich allmählich der Begriff »res publica« durch, so bildete 1439 Spytko v. Melsztyn seine Konföderation »... pro bono huiusmodi alme corone seu re publica«. St. Russocki

VIII. SKANDINAVIEN: Obwohl die Königsherrschaft in den skand. Ländern spätestens seit dem 12. Jh. deutliche Merkmale einer überpersonal organisierten Institution zeigt – beispielsweise durch die Existenz von Krongut (Uppsala öd) –, bezieht sich noch im 13. Jh. die mit dem Kgtm. zusammenhängende Terminologie in der Regel auf die jeweilige Repräsentanz kgl. Herrschaft. So etwa die seit der 2. Hälfte des 12. Jh. in Norwegen und Dänemark belegte »Dei gratia-Formel« oder die Ausdrücke tign ('dignitas') und sœmd ('honor') für die Bezeichnung der »Würde« und der »Ehre« des Kg.s. Der von den einzelnen Herrscherfiguren unabhängige Komplex von kgl. Rechten und Pflichten ist noch am ehesten in dem altnord. konungdómr (»Kgtm.«) enthalten (E. GUNNES), das somit das einheim. Äquivalent für den modernen kontinentalen Terminus »c.« darstellt.

Die ersten Krönungen in Skandinavien (Norwegen 1163, Dänemark 1170, Schweden 1210) haben an diesen terminolog. Verhältnissen zunächst nichts geändert. Erst um 1300 taucht »c.« (anorweg. krúna, adän./aschwed. krona, kruna) häufiger in den skand. Quellen auf. Gefördert wurde der Gebrauch durch eine intensivere Beschäftigung mit dem röm. und kanon. Recht und steht offensichtl. im Zusammenhang mit Thronfolgeregelungen, die zur Vormundschaftsregierung des ersten norweg.-schwed. Unionskönigs →Magnus (VIII.) Eriksson (Regierungszeit in Norwegen 1319-50, in Schweden 1319-64) führte. Auch die Wahl von Kg.en aus ausländ. Fürstenhäusern (z.B. →Albrecht v. Mecklenburg 1364-89, →Erich v. Pommern 1396/1412-1439, →Christoph v. Bayern 1440-48) trugen dazu bei, daß »Krone« zum Oberbegriff für alle unveräußerbaren »nationalen« Besitztümer und Rechte wurde.

In Norwegen wird krúna erst nach der Kodifizierung des Reichsrechts (1274), in den Rechtsbesserungen und Diplomen →Hákons V. Magnússon (1299-1319) zu einem gebräuchl. Terminus, während in Schweden noch die jüngste Schicht der Landschaftsrechte (bes. →Upplandslagh 1296, →Södermannalagh 1327) und das Reichsrecht von 1347 Belege aufweisen, meist im Zusammenhang mit der Königswahl, mit Hochverrat, mit dem Veräußerungsverbot von Krongut und als Gegensatz zur Institution »Kirche« (z.B. kruna ok kirkia, UL KkB 22). In Dänemark erscheint c. bereits vereinzelt in Urkk. →Waldemars II. (1202-41). Bezeichnungen wie »Krone Schwedens, Dänemarks etc.« scheinen indessen erst dem 16. und 17. Jh. vorbehalten gewesen zu sein. Der gesamte Komplex bedarf jedoch noch genauerer Untersuchung.
H. Ehrhardt

IX. IBERISCHE HALBINSEL: Kronen als Herrschaftsinsignien spielen in den christl. Reichen der Iber. Halbinsel nur eine untergeordnete Rolle, soweit dies aufgrund der dürftigen Forschungslage bislang zu beurteilen ist. Die Kg.e ließen meist Kronen für den persönl. Gebrauch anfertigen, die nicht Teil eines Kronschatzes bildeten, sondern persönl. Besitz des jeweiligen Herrschers blieben, der darüber nach Gutdünken verfügen konnte. Im Spät-MA ist z.B. die kgl. Standarte (Pendón Real) als Herrschaftsinsignie weitaus wichtiger als Krone, Szepter, Thron usw. Seit dem 13. Jh. beginnt v.a. in Aragón und Kastilien die Bezeichnung c. als rechtl. Begriff eine bedeutende Rolle zu spielen, ohne daß bislang eine Untersuchung des rechtl. Begriffsgehalts vorläge. »C. de Aragón« und »C. de Castilla« bezeichnen fortan die durch verschiedene Rechtsetzungsakte fixierte Einheit der von beiden Kronen vereinigten Teilreiche, während die anfangs synonyme Bezeichnung regnum oder reino auf die einzelnen Teilreiche im engeren Sinne angewandt wird. Die c. wird zu einer Rechtsperson, der etwas als unveräußerl. Bestandteil angegliedert werden und die folglich etwas besitzen kann. So werden z.B. Valencia und Mallorca der »C. de Aragón« zu Beginn des 14. Jh. angegliedert, Navarra und Las Indias (Amerika) an der Wende vom MA zur NZ der »C. de Castilla«. Die c. im rechtl. Sinne erscheint somit völlig losgelöst von der Person des Herrschers und bildet als Begriff am Ende des MA eine Art nationales Identifikationssymbol, wie im späten 15. und 16. Jh. deutlich zu beobachten ist. Eine parallele Entwicklung fand im Kgr. Portugal statt. H. Pietschmann

Lit. zu [1]: HRG II, 1215 [H. FILLITZ] – C. regni, hg. M. HELLMANN (WdF 3, 1961) – zu [II]: E. H. KANTOROWICZ, The King's Two Bodies, 1957 – J. KARPAT, Zur Gesch. des Begriffes C. regni in Frankreich und England (C. regni, s. o.), 70ff. – W. ULLMANN, Principles of Government and Politics in the MA, 1961 – H. HOFFMANN, Die Krone im hochma. Staatsdenken (Fschr. H. KELLER, 1963), 71–85 – B. P. WOLFFE, The Royal Demesne in English Hist., 1971 [über »crown estate«] – zu [III]: M. DAVID, La souveraineté et les limites du pouvoir monarchique du IXe et XVe s., 1954 – F. LOT–R. FAWTIER, Hist. des institutions françaises au MA, II (Les institutions royales), 1958 – P. E. SCHRAMM, Der Kg. v. Frankreich, I–II, 1960² – M. BOULET-SAUTEL, »Le concept de souveraineté chez Jacques de Revigny...« (Actes du congrès sur l'ancienne univ. d'Orléans, 1962) – J.-P. ROYER, L'Eglise et le royaume de France au XIVe s. d'après le »Songe du vergier« et la jurisprudence du Parlement, 1969 – J.-F. LEMARIGNIER, La France médiévale: institutions et société, 1981[6] – J. BARBEY, La fonction royale. Essence et légitimité d'après le »Tractatus« de Jean de Terrevermeille, 1983 – *zu [IV]*: H. BEUMANN, Zur Entwicklung transpersonaler Staatsvorstellungen (VuF 3, 1954), 185–224, bes. 210ff. – P. E. SCHRAMM, Herrschaftszeichen und Staatssymbolik II (MGH Schr. 13/2, 1955), 386 – DERS., Ks. Friedrichs II. Herrschaftszeichen (AAG 3. F. 36, 1955), 141 – F. HARTUNG, Die Krone als Symbol der monarch. Herrschaft im ausgehenden MA (C. regni, s.o.), 1–69 – M. HELLMANN, Nachwort (C. regni, s.o.), 549ff. – H. HOFFMANN (s.o.) – P. CLASSEN, C. Imperii. Die Krone als Inbegriff des röm.-dt. Reiches im 12. Jh. (Fschr. P. E. SCHRAMM I, 1964), 90–101 – G. KOCH, Auf dem Wege zum sacrum imperium, 1972, 144f. – *zu [V]*: R. FLIEDER, C. regni Bohemiae (Sborník věd právních a státních 9, 1908/09) – J. KALOUSEK, České státní právo, 1920[2] – J. PROCHNO, Terra Bohemiae, Regnum Bohemiae, Corona Bohemiae (C. regni, s.o.), 198–224 – BOSL, Böhm. Länder I, 1967, 403ff. – Z. HORÁLKOVÁ u.a., Die Aussagen der alttschech. Sprache über die ma. Auffassung des Staates in Böhmen, ZSl 18, 1973, 838–852 – F. GRAUS, Die Nationenbildung der Westslawen im MA, 1980, bes. 98f., 168 – W. H. FRITZE, C. regni Bohemiae (Berliner Hist. Stud. 6, 1982), 209–296 – *zu [VI]*: H. STEINACKER, Über Stand und Aufgaben der ung. Verfassungsgesch., 1907 [Austro-Hungarica (Buchreihe der Südostdt. Hist. Komm. 8, 1963), 1–74; im Nachwort (S. 61ff.) wird die neuere Diskussion bis 1962 krit. referiert] – F. ECKHART, A szentkoronaeszme törtenete, 1941 [vgl. die Rez. v. J. KARPAT, Carpatica Slovaca I/II, 1943/44, auch in: C. regni (s.o.), 349–398] – J. KARPAT, Corona regni Hungariae im Zeitalter der Arpaden (C. regni, s.o.), 225–348 – L. PETER, The Antecedents of the Nineteenth Century Hungarian State Concept: An Historical Analysis [Diss. masch. Oxford 1966] – J. M. BAK – A. GARA-BAK, The ideology of a 'millennial constitution' in Hungary, East European Quarterly XV, 1981, 307–326 – *zu [VII]*: J. DABROWSKI, Die Krone des poln. Kgtm.s im 14. Jh. (C. regni, s.o.), 399ff. – K. GRZYBOWSKI, »C. regni« a »C. regni Poloniae« (Czasopismo Prawno-Historyczne, Bd. 9, 1957), no. 2, 299ff. – J. BARDACH, Hist. państwa i prawa Polski I, 1964[2], 385ff. – J. KRZYŻANIAKOWA, Regnum Poloniae w XIV w. (Sztuka i ideologia XIV w., 1975), 63ff. – *zu [VIII]*: C. STRANDBERG, Zur Frage des Veräußerungsverbotes im kirchl. und weltl. Recht des MA, 1967, 29ff., 175ff. – N. DAMSHOLT, Kingship in the Arengas of Danish Royal Diplomas 1140–1223, MSc 3, 1970, 66–108 – E. GUNNES, Kongens Ære, 1971, 241ff. – K. HELLE, Konge og gode menn i norsk rikssstyring, 1972, 35, 476ff. – A. E. CHRISTENSEN, Kongemakt og Aristokrati, 1976, 71ff. – O. FENGER, Romerret i Norden, 1977, 27ff., 104ff. – *zu [IX]*: H. DA GAMA BARROS, Hist. da Administração em Portugal nos séculos XII a XV (2. ed. v. T. DE SOUSA SOARES), I–III, 1945–46 – J. MANZANO MANZANO, La incorporación de las Indias a la C. de Castilla, 1948 – P. E. SCHRAMM, Las insignias de la realeza en la edad media española, 1960 [Auszug aus: DERS., Herrschaftszeichen und Staatssymbolik, 3 Bde, 1954–56] – L. GARCÍA DE VALDEAVELLANO, Curso de Hist. de las Instituciones españolas, 1975[4].

Zu C. im Sinne von Insignie und zu den noch erhaltenen Herrscherkronen → Krone.

Corona, hl. (Fest 14. Mai; 20. Febr.; 24. April; 18. Sept.), wurde seit dem 14. Jh. als volkstüml. Hl. verehrt an vielen Kultorten und Wallfahrtsstätten, bes. in Österreich, Bayern und Böhmen. Ihre Verehrung wurde v.a. von den Benediktinern gefördert. Echte Nachrichten über ihr Leben gibt es nicht. Legendar. Passiones waren im O und W verbreitet. Ihr Name taucht in vielen Martyrologien auf. Sie soll im 2. Jh. entweder in Syrien oder Ägypten den Tod erlitten haben. Ihr Name weist – wie der ihres Gefährten »Victor« – auf den allgemeinen Begriff »Märtyrer« hin. In der griech. Passio trägt sie den Namen Stephana. Von Victor soll sie im Alter von 16 Jahren getauft worden sein. Zwei Palmen, an der Spitze zusammengebunden, zerrissen sie beim Zurückschnellen. Reliquien kamen von Ägypten über Zypern und Sizilien nach Norditalien. Von Otricoli brachte Otto III. (997) sie ins Aachener Münster. C. wurde bes. von Schatzgräbern und Metzgern angerufen. Attribute: 2 Bäume, Krone, Palme, Goldstück, Schatzkästchen.

B. Kötting

Lit.: AASS Maii III, 265–271 – BHL, 8559–8563, p. 1241 – BHG, 1864f. – BHO, 1242ff. – LThK[2] III, 61 – AnalBoll 61, 1943, 194–197; 75, 1957, 121; 91, 1972, 405 – A. DAL ZOTTO, La translazione da Alessandria d'Egitto dei SS. Vittore e C., 1951 – E. BERNLEITHNER, Kirchenhist. Atlas v. Österreich, 1967/72, 12.

Coronelías, Kampfeinheiten im Heer der Kath. Kg.e (→ Heer, -wesen, span.), die während der Italienfeldzüge gebildet wurden und die älteren, *Batallas* genannten Kampftruppen wie auch ihre kleineren Untereinheiten, die *Quadrillas*, ablösten. Mit dieser Unterteilung in Regimenter legte der *Gran Capitán* → Gonzalo Fernández de Córdoba die Grundlagen für das moderne Heerwesen, das in Kampfeinheiten oder Heersäulen *(columnas)* organisiert wurde, die man Schwadronen *(Escuadrones)* oder, unter Einfluß des It., *Coronelías* nannte. Sie unterstanden dem Befehl eines Obersten (*coronel* von it. *colonello*), dem Vorsteher einer colonna oder Heersäule. Die C. waren aus 12 Compañías gebildet, die jede dem Befehl eines → *Capitán* unterstanden und jeweils 500 Mann stark waren. 1534 wurden die C. durch die *tercíos* ersetzt und bestanden während des 16. und 17. Jh. nur als Einheiten von Söldnern fort, die in den Dienst der span. Krone getreten waren.

S. Claramunt

Lit.: L. GARCÍA DE VALDEAVELLANO, Curso de Hist. de las Instituciones españolas, 1975[4], 620 – J. VIGÓN, El Ejército de los Reyes Católicos, 1968.

Coroner, engl. Richter bei Strafklagen. Das Richteramt des c. wurde 1194 in allen engl. Gft.en eingeführt; seit 1200 erhielten auch → *boroughs* das Recht, eigne c.s einzusetzen; im SpätMA wurde das Privileg zunehmend auf viele private Freibezirke ausgedehnt. Die c.s der Gft.en und die meisten c.s in den boroughs wurden gewählt; die Herren von Freibezirken ernannten dagegen in der Regel ihre c.s. Die Aufgaben »ex officio« der c.s umfaßten: die Durchführung der gerichtl. Untersuchung bei gewaltsamen, unnatürl. und plötzl. Todesfällen und bei Todesfällen im Gefängnis; die Entgegennahme des Schwurs der ins Asyl geflüchteten Kapitalverbrecher, das Kgr. zu verlassen; die Anhörung von → *appeals* (bes. engl. privates Gerichtsverfahren zur Verfolgung von Verbrechen) bei dem Tatbestand der → Felonie, einschließl. der appeals, die von Kronzeugen (d.h. von Mitschuldigen, die ein Geständnis abgelegt hatten) vorgebracht wurden. Zu den Aufgaben der c.s in den Gft.en gehörte die Anwesenheit im gfl. Gerichtshof, um einen Eintreibungs- oder Ächtungsprozeß zu legalisieren.

Die c.s fertigten einen formalen Bericht über ihre Tätigkeit an, in der Regel in der Form der → *Rolls*. Sie wohnten den Obergerichtshöfen bei, wo ihre Angelegenheiten vorgetragen wurden. Einige c.s der boroughs sowie der Freibezirke hatten noch andere Aufgaben. Die c.s in den Gft.en erhielten regelmäßig durch → *writs* Anweisungen, die eine Vielzahl von Verwaltungsaufgaben beinhalteten und v.a. die Vertretung des → *sheriffs* durch den c. vorsahen, wenn dieser nicht in der Lage war, sein Amt auszuüben. Abgesehen von wenigen Ausnahmen, wurden die c.s nicht besoldet. Es war deshalb erforderlich, daß sie über erhebl. Landbesitz in ihren Amtsbezirken verfügten. Das versetzte sie auch in die Lage, alle Geldbußen bezahlen zu können, die bei Vernachlässigung ihrer Pflichten oder schlechter Amtsführung gegen sie verhängt wurden.

R. F. Hunnisett

Lit.: R. HUNNISETT, The Medieval C.s' Rolls, AJLH 3, 1959, 95–124, 205–221, 324–359, 383 – DERS., The Medieval C., 1961 – DERS., Bedfordshire C.s' Rolls (Bedfordshire Historical Record Society XLI), 1961.

Corporale (palla corporalis). [1] *Liturgie*: Ursprgl. das oberste Altartuch, das mit dem Herrenleib (Corpus Domini) am nächsten in Kontakt kam. Es wurde ursprgl. erst vor der Gabenbereitung ausgebreitet und oft nach der Konsekration mit dem hinteren Teil (zum Schutz gegen Verunreinigung) über den Kelch gezogen (so noch O. Cart.). Seit etwa 1200 wird das C. verkleinert (heute meist ca. 50 × 50 cm), zur Bedeckung des Kelches dagegen – statt des rückwärtigen C.-Teils – die sog. Palla benutzt, ein eigenes kleineres quadrat. (meist aus mehreren Stofflagen bestehendes oder sonstwie versteiftes) Leinentextil. Das C. wurde stets mit großer Sorgfalt behandelt, weil ihm eventuell noch konsekrierte Brot-Partikeln anhaften konnten. Es wurde vor dem ersten Gebrauch benediziert, stets in einer Bursa o. ä. aufbewahrt und nur von Diakonen oder Priestern gewaschen. J. Emminghaus

Lit.: LThK² III, 62 – J. Braun, Die liturg. Paramente in Gegenwart und Vergangenheit, 1924, 205–209 – Eisenhofer, 353–356.

[2] *Frömmigkeitsgeschichte:* Durch die Berührung mit dem Allerheiligsten galt das C. als sakramental. Kraftträger. Es wurde bei Feuersnot in die Flammen geworfen und half nach Aussage angesehener ma. Schriftsteller dadurch wunderbar. In Cluniazenserkirchen lag darum für diesen Zweck auf dem Hauptaltar stets ein C. bereit, obgleich die Synode v. Seligenstadt 1022 solchen Gebrauch scharf ablehnte als einen von stultissimi presbyteri. Noch im späten Volksbrauch galt das Auflegen des C. als heilsam bei Augenleiden. Im Falle der Verschüttung von konsekriertem Wein und Verunreinigungen durch eingewickelte verrottende Hostien konnten ausgesprochene Wundercorporalien entstehen, auf denen sich der Legende nach nicht mehr abwaschbare Zeichen zeigten, so daß sie wie Reliquien oder Gnadenbilder verehrt, ausgestellt, gewiesen, berührt und gebraucht wurden und dadurch Anlaß und Auslöser von Wallfahrten wurden. →Blutwunder, →Bolsena (→Orvieto), →Walldürn. W. Brückner

Lit.: HWDA II, 1426 – LThK² III, 62 f. – A. Franz, Die Messe im dt. MA, 1902, 87–91 – W. Brückner, Die Verehrung des hl. Blutes, 1958, 30–33.

Corpus-Christi-Kongregation (Kongregation vom hl. Fronleichnam), 1328 durch den aus der vornehmen Familie der Mgf.en v. Torre di Andrea bei Assisi stammenden [ehrw.] Andrea di Paolo gegründet, der ursprgl. der Abtei S. Benedetto al Monte Subasio angehört hatte, die weitgehend der zisterziens. Observanz folgte, ohne de iure diesem Orden zu unterstehen. Mit der Approbation des Bf.s v. Nocera, Alessandro di Pietro Vincioli, wurde in Gualdo Tadino ein Kl. errichtet, das zum Mutterhaus des neuen Instituts und zur ständigen Residenz des Abtes bestimmt wurde. Die Wahl des Patroziniums Corpus Christi für die Kirche verrät eine bes. Hingabe an die Verehrung des Altarsakraments, die sich in jenen Jahren ausbreitete. Die Kongregation nahm die Regel des hl. Benedikt sowie Habitus und Konstitutionen der Zisterzienser an, gleichfalls ohne jedoch de iure diesem Orden anzugehören. Das Signum des Instituts zeigte einen Kelch mit darüberschwebender Hostie, der von zwei anbetenden Engeln emporgehalten wird. Die Mönche widmeten sich mit bes. Eifer allem, was mit der Verehrung der Eucharistie zu tun hatte: Anbetung, Prozessionen, bis hin zur Pflege der hl. Altargeräte und der Schmückung der Altäre selbst. Beim Tod des Gründers (1340) besaß die Kongregation nur die bfl. Genehmigung; Andreas' Nachfolger erlangten jedoch auch am 15. Juli 1377 von Gregor XI. die päpstl. Approbation. 1393 wurde der Sitz des Hauptes der Kongregation nach S. Maria in Campis bei Foligno verlegt. Im 15. Jh. umfaßte die in Umbrien und den Marken verbreitete Kongregation 12 Kl., mit einem weibl. Zweig in S. Maria di Betlem in Foligno. Nach inneren Krisen, die auch in anderen Kongregationen lokalen Charakters auftraten, erlangte der Generalabt Giovanni Battista v. Foligno in der 2. Hälfte des 16. Jh. von Gregor XIII. die Erlaubnis, sein Institut mit der Benediktinerkongregation vom Monte Oliveto (→Olivetaner) zu vereinigen (1582). V. Cattana

Lit.: DIP III, 164–165, s. v. – DIP I, 625, s. v. Andrea di Paolo – P. Magnanensi (= P. Lugano), Della Congregazione benedettina cisterciense del SS. Corpo di Cristo, Riv. storica benedettina 1, 1906, 79–89 – R. Guerrieri, Storia civile ed ecclesiastica del comune di Gualdo Tadino, 1933, 342–349 – C. Hontoir, La Congrégation pseudocistercienne du Corpus Christi, COCR 14, 1952, 52–54 – M. Sensi, S. Maria di Betlem a Foligno, monastero di contemplative agostiniane, 1981, 5–16.

Corpus hermeticum, Fragmente einer im 2.–3. Jh. n. Chr. zusammengestellten Sammlung hermet. Schriften zur theol.-philosoph. Erbauung (→Hermetisches Schrifttum), die teilweise bis ins 1. Jh. v. Chr. datiert werden. Geprägt vom hellenist. Synkretismus Alexandrias erwarben sie als »Konkurrenzschriften« das Interesse frühchristl. Schriftsteller. Deren Zitate sowie die lat. Übersetzung eines Traktates →»Asclepius« waren dem FrühMA vertraut und erweckten seit dem 12. Jh., auch durch Rezeption arab. Überlieferung, weiteres Interesse, so daß auch Pseudo-Hermetica entstanden. Unsere Kenntnis der griech. Schriften stammt von vielfach byz. Mss. des 14.–16. Jh. In myst. Einkleidung sind darin Popularisierungstendenzen platon. und neuplaton. Philosophie und heidn. Gnosis festzustellen.

In gebetsartiger und hymnischer Sprache handelt es sich um Verkündigungen des einem Erzähler in einer Epiphanie sich offenbarenden →Hermes Trismegistos, welcher sich zunächst auch als Poimandres einführt. Sodann sind es belehrende Dialoge zw. Hermes und einem Schüler (→Asclepius) oder seinem Sohne Tat. Den 18 sprachl. z. T. inhomogenen Fragmenten sind als Themen Theologie, Kosmologie und Anthropologie gemeinsam, wovon astrolog. Lehre und naturkundl. Überlegungen zu den Kräften der Steine und Pflanzen im MA bes. Interesse erweckt haben.

Der als ägypt. Weisheit mit Götternamen wie Isis und Horus deklarierte Inhalt entspricht griech.-hellenist. Tradition, in der auch die oriental. Astrologie schon rezipiert war. Der bereits von Augustinus »De civ. Dei« zitierte lat. Asclepius wird seit dem 9. Jh. unter dem Namen des →Apuleius (→Pseudo-Apuleius) geführt und fördert seit dem 12. Jh. die Verbindung von Schriften zur →Magia naturalis, →Astrologie und →Alchemie mit diesem Corpus. Die →Makro-Mikrokosmos Entsprechungslehre begünstigte die Einbeziehung der Alchemie, deren esoterisch-religiöser Charakter zweifellos dem Hermetismus nahe ist und als deren Begründer Hermes Trismegistos (→Tabula smaragdina) auch angesehen wurde. Doch liegen hier wohl Parallelentwicklungen aus der mysteriengetränkten Religiosität des spätantiken Synkretismus zugrunde.

Folgerichtig ist die Chemiatrie des 16. Jh. als Hermetische Medizin bezeichnet worden; »hermeticae aves« sind die Destillationsdünste, und der hermet. Verschluß (eines Gefäßes im alchem. Werk) ist als Begriff geblieben.

G. Jüttner

Lit.: →Asclepius, →Pseudo-Apuleius, →Hermes Trismegistos, →Hermetisches Schrifttum – LAW, 669, 670 – RGG 3, 265 – A. J. Festugière, La révélation d'Hermès Trismégiste, I–IV, 1949–54 – E. E. Ploss u. a., Alchimia, 1970, 32–34, 79–82 – H. Biedermann, Handlex. der mag. Künste, 1973², 131, 221–223 – W. D. Müller-Jahncke, Astrolog.-mag. Theorie und Praxis in der Heilkunde der frühen NZ, SudArch, Beih. 25, 1983.

Corpus iuris canonici

I. Allgemeines – II. Decretum Gratiani – III. Decretales Gregorii IX. (Liber Extra) – IV. Liber Sextus – V. Clementinae – VI. Extravagantes Johannis XXII. – VII. Extravagantes communes.

I. ALLGEMEINES: C. i. c. ist die Bezeichnung für die Sammlung der in den Abschnitten II–VII genannten ma. kirchl. Rechtsquellen, die sich in dieser Bedeutung allerdings erst seit dem 16. Jh. durchgesetzt hat. Zwar wird der Begriff »Corpus«, wie er auch aus dem Sprachgebrauch des röm. Rechts bekannt ist (vgl. C 5.13.1), seit alters her für kirchl. Rechtssammlungen verwendet, so schon für Kanonessammlungen (z.B. für die →Dionysio-Hadriana, die →Hispana u.a.); Innozenz IV. nennt die Dekretalen Gregors IX. »Corpus iuris« (POTTHAST, Reg., 15129). In den Schulen der Kanonisten setzte sich in Anlehnung an das →Corpus iuris civilis der Legisten bald die Bezeichnung des C.i.c. für die maßgebl. Sammlungen ihrer Disziplin durch. Zeugnisse dafür finden sich schon im 13. Jh., etwa bei →Johannes de Ancona im Prolog seiner Titelsumme zum Liber Extra. Zudem trat die Betonung der Einheit beider Rechte stark hervor, lautet doch z.B. der Anfang eines bekannten Modus legendi et allegandi: »Corpus iuris dividitur in ius canonicum et civile«. Die Parallelsetzung wurde so ausgeprägt, daß man den Digesten das Dekret Gratians, dem Codex Iustinianus die Dekretalen Gregors IX. und den Novellen den Liber Sextus mit den Clementinen an die Seite stellte. Die Zusammenfassung der drei offiziellen Sammlungen (Liber Extra, Liber Sextus, Clementinae) und der übrigen drei Rechtsbücher zum C.i.c. geht zurück auf den Pariser Lizentiaten der Rechte Johannes Chappuis, der zusammen mit Vitalis v. Theben im Auftrag der Pariser Drucker Gering und Rembolt eine Edition des Dekrets und der →Dekretalensammlungen redigierte (1500–1503, 1505). Dieser Ausgabe fügte er aus den privaten Extravagantensammlungen nach den Clementinen die Extravagantes Johannes' XXII. sowie eine weitere Sammlung päpstl. Dekretalen an, die er Extravagantes communes nannte.

Dieses C.i.c. hatte ledigl. den Charakter einer privaten Kompilation; seine einzelnen Teile behielten ihre ursprgl. Rechtsqualität. An dieser Zusammenfassung rein äußerer Art änderte auch die unter Gregor XIII. erfolgte editio Romana von 1582 nichts. Als Arbeitsergebnis der 1566 von Pius V. als Revisionskommission eingesetzten Correctores Romani, besetzt zunächst mit fünf Kard.en und 12 Doktoren, später mit insgesamt 35 Mitgliedern, legte diese Ausgabe den Text aller Sammlungen mit der Glosse offiziell fest. Das Dekret Gratians erfuhr eine sehr viel gründlichere Bearbeitung als die übrigen Teile; die Correctores Romani setzten sich dabei die Herstellung eines »idealen« Gratian. Textes zum Ziel, also eines Dekretes, »wie Gratian es verfaßt haben würde, wäre er schon im Besitze humanist. Textausgaben gewesen« (H. E. TROJE). Das nach Fertigstellung ihrer Arbeit ergangene Breve »Cum pro munere« Gregors XIII. vom 1. Juli 1580, eine um zwei Jahre vorgezogene und den Drucken (auch der FRIEDBERG-Ausgabe) dann beigefügte Promulgationsbulle, bezeichnet ausdrückl. die genannten Sammlungen als »Juris Canonici corpus«; sie verbietet für alle Zukunft, den mit der editio Romana offiziell festgelegten Text des C.i.c. zu verändern, zu ergänzen oder mit Erläuterungen zu versehen. Solche – in der kirchl. Gesetzgebungsgeschichte nicht neuen und auch später noch zu beobachtenden – Bestimmungen dürften in diesem Zusammenhang wohl nicht zuletzt mit der Dekret- und Dekretalenausgabe von Charles Dumoulin (Lyon 1553–54) zu sehen sein; die sich v.a. auf das Dekret beziehenden textkrit. annotationes und bes. seine kirchl. Dogmen angreifenden apostillae wurden mit zwei Dekreten von 1572 und 1573 indiziert. Die Benutzung von Ausgaben, die seine Zusätze enthielten, waren danach ausdrückl. nur gestattet, wenn die additiones des »impius Carolus Molinaeus« daraus getilgt waren. Neue Forschungen zur Glossa ordinaria des Liber Extra (ST. KUTTNER) betonen, daß auf Grund der Verurteilung dieser Zusätze dann – wohl durch Versehen – auch Teile der Glosse in der editio Romana der Zensur zum Opfer fielen (abgesehen von ähnl. Folgen privater »übereifriger Reinigungen« in noch erhaltenen Drucken), andererseits aber Zusätze Dumoulins, natürlich ohne Nennung des Autors, in ebendiese Ausgabe der Correctores Romani aufgenommen wurden. Wie ernst man dieses Verbot wissenschaftl. Arbeit am C.i.c. mitunter nahm, zeigt die auch Dumoulinsches Material verarbeitende quellenkrit. Corpus-Edition der Brüder François († 1596) und Pierre († 1621) Pithou, d. wohl aus dem gen. Grund erst lange nach dem Tod ihrer Verf. erschien (zuerst Paris 1687).

Kritik an der Arbeit der Correctores Romani, die im vernichtenden Urteil J. F. FRH. V. SCHULTES indessen eine einmalige Schärfe erreicht haben dürfte, wurde oft geäußert, angefangen von A. Agustin in den ein Jahr nach seinem Tode erschienenen »De emendatione Gratiani dialogorum libri duo« (Tarragona 1587) bis zur Corpus-Ausgabe AE. FRIEDBERGS. V.a. wird dabei die das Werk der Correctores bestimmende Verfahrensordnung bemängelt, welche die »Leges constitutae et observatae in correctione Decreti D. Gratiani« und die in den »Admonitiones ad lectorem« zusammengefaßten Richtlinien von 1570 festlegen (vgl. AE. FRIEDBERG, Bd. 1, LXXVIIff.). Als bes. gravierende, die Revision der Correctores stark behindernde Weisung gilt der dort festgelegte Grundsatz, wonach der Zusammenhang zw. Text und Glosse nicht gestört werden durfte. Bei der Würdigung der editio Romana sollte jedoch nicht außer acht gelassen werden, daß das Anliegen der Revision ein wohl primär kirchenpolit. war, nämlich ein in seinem Text verbindl. und damit für die kirchl. Rechtspraxis taugl. Werk zu schaffen, das nicht nur an Ansprüchen moderner Textkritik gemessen werden darf. Der in älterer Literatur mitunter anzutreffende Begriff eines »C.i.c. clausum« dürfte auf ein in der Folgezeit fehlgedeutetes Dekret des →Basler Konzils über die Beschränkung päpstl. Reservationen von Benefizien zurückzuführen sein. Teils verstand man darunter die drei offiziellen Sammlungen (Liber Extra, Liber Sextus, Clementinae), teils schloß man nur die Extravagantensammlungen aus; schließlich kann diese Bezeichnung auch ledigl. darauf hinweisen, daß zu dem Corpus aller genannten Sammlungen, das ja tatsächl. bis 1918 die bei weitem bedeutendste formale kirchl. Rechtsquelle darstellte, keine weiteren Teile hinzugekommen waren. Keinesfalls kann diese Formulierung in dem Sinn gedeutet werden, als ob das C.i.c. als authent., einheitl. und exklusives Gesetzbuch zu werten sei, das weitere Gesetze von universaler Bedeutung ausschloß.

II. DECRETUM GRATIANI: Es gilt in der Geschichte des kirchl. Rechts als Vollendung und Beginn zugleich. Einmal schließt es eine Periode ab, die in vielen verschiedenartigsten, aber unvollständigen und letztl. ungenügenden Sammlungen den in der Kirche angewachsenen Rechtsstoff zu vereinen und zu ordnen suchte (→Kanonessammlungen). Mit seinem rund um 1140 umfassenden und immensen Material, das in fast 4000 capitula nahezu die gesamten, anfangs des 12. Jh. erfaßbaren kirchl. Rechtsquellen zusammengetragen hat, ist es zum andern Ausgangspunkt einer neuen, sich von der Theologie lösenden kirchl. Rechtswissenschaft, der Kanonistik, die sich bald zur ebenbürtigen Schwester der aufblühenden weltl. Jurisprudenz, der Legistik, entwickelte. Sein Verfasser →Gratian, zu Recht als »Vater der Kanonistik« gewürdigt, führte den gesammelten Rechtsstoff, der häufig seiner heterogenen Herkunft entsprechend widersprüchl. Texte enthält, unter Anwendung scholast. Interpretationsmethoden zu einer Synthese, einer »Harmonie«, wie der von ihm gewählte Titel seines Werkes schon andeutet: »Concordia discordantium canonum«. In der dekretist. Schule setzten sich Bezeichnungen wie »Decretum«, »Decreta«, »Liber decretorum«, »Corpus decretorum« durch, daneben finden sich »Concordantia«, »Corpus canonum« und auch »Corpus iuris«. Über Gratian selbst gibt es eine Anzahl legendenhafter Berichte, aber kaum gesicherte Ergebnisse. Unsicher ist ebenfalls der genaue Zeitpunkt der Vollendung seines Werkes; nach einer von A. VETULANI in jüngerer Vergangenheit ausgelösten Kontroverse hält man nun allgemein wieder den Zeitraum um 1140 für wahrscheinlich.

Die Hauptmasse des aus älteren Collectiones im Dekret zusammengetragenen Stoffes stammt aus Bestimmungen von Konzilien und Synoden, aus Papstbriefen und patrist. Schriften; daneben finden sich Texte aus dem AT und NT, den →Canones apostolorum, aus →Bußbüchern und anderen kirchl. wie weltl. Rechtsquellen. Gratian reiht diese sehr unterschiedl. Texte nicht – etwa nach dem Beispiel systemat. Kanonessammlungen – einfach nebeneinander, sondern erörtert die sich aus den Quellen ergebenden Probleme und sucht sie einer Lösung zuzuführen. In der Regel schickt er den einzelnen Abschnitten zu bestimmten Themenbereichen knappe Inhaltsangaben (→casus) voraus und fügt dann jeweils die mit einer inscriptio versehenen Quellenstücke (auctoritates, capitula) als Argumente pro oder contra hinzu. Solche Argumentationsstränge sucht er mit erklärenden Bemerkungen oder Kurzkommentaren – wie die einführenden Sätze als »dicta Gratiani« oder (älter) »paragraphi« bezeichnet – miteinander zu verbinden. Meistens sind den einzelnen capitula überschriftsähnl. Leitsätze vorangestellt, die Rubriken (auch Summarien genannt); es ist allerdings fragl., ob sie von Gratian stammen.

Obwohl das Dekret durchaus themat. geordnet ist, fehlt ihm eine Systematik im modernen Sinn. Vielmehr wird inhaltl. Zusammengehöriges aneinandergereiht, diesem aber oft gedankl. Naheliegendes beigefügt. Durch diese »Gedankengänge« ergeben sich Abschweifungen und Wiederholungen, so daß die einzelnen Rechtsmaterien zwar an schwerpunktartigen Stellen behandelt, oft aber in anderem Zusammenhang wieder aufgegriffen werden und so über das Dekret verstreut sind. Von Anfang an sah sich die dekretist. Wissenschaft deshalb veranlaßt, die Arbeit mit dem Dekret durch Allegationen und Verweise in ihren Glossen und Summen zu erleichtern. Eine grobe, schon auf →Rufinus zurückgehende inhaltl. Einteilung wird mit den Begriffen »ministri«, »negotia« und »sacramenta« charakterisiert. Diese Inhaltsangabe versucht, die äußere Gliederung des Dekrets durch den Hinweis auf die sachl. Materialgruppierung verständl. erscheinen zu lassen. Die Kapitel des Gratian. Werkes sind im ersten Teil in 101 distinctiones, im zweiten in 36 Causae, unterteilt in quaestiones, zusammengefaßt; dabei bildet die 3. quaestio der Causa 33 einen eigenen »tractatus de poenitentia«, der wieder sieben distinctiones enthält. Der dritte Teil ordnet seine capitula in fünf Distinktionen, gekennzeichnet durch den Zusatz »De cons.«, da die 1. distinctio die Kirchenkonsekration behandelt.

Die ursprgl. Dekreteinteilung läßt noch manche Fragen offen. In frühen Hss. finden sich neben der Dreiteilung des Dekrets auch Hinweise auf eine Zwei- und Vierteilung; bei der Gliederung in vier Teile sind verschiedene Stoffanordnungen zu beobachten. Neueste Forschungen (R. WEIGAND) weisen überdies auf die interessante Tatsache hin, daß sehr früh auch eine Einteilung des Dekrets in Titel, ebenfalls mit insgesamt vier Teilen, bestanden hat. Mit Recht wird diese wohl dem Corpus iuris civilis nachgeahmte Vierteilung als Romanisierungsversuch des Dekrets bezeichnet, zumal sich in frühen Dekretabschriften neben der zusätzl. Titelgliederung auffallende, mit – auch paläograph. völlig gleich angelegten – Hss. des röm. Rechts gemeinsame rote Zeichen finden, die erst jetzt überzeugend erklärt wurden (G. DOLEZALEK, R. WEIGAND). Diese Vierteilung des Werkes mit Titelgliederung läßt sich auch aus Allegationen, also frühesten Glossen, nachweisen. Selbst im Dekret finden sich Verweise, die wohl auf eine früher andere Einteilung zu deuten sind (z.B. C. 11 q. 3 c. 15 »ut supra in tractatu ordinandorum«, wohl D. 93). Unbestritten ist, daß die Distinktionengliederungen späteren Ursprungs sind; dagegen dürften die Causae mit ihren quaestiones – freilich nicht deren Einteilung in partes – auf Gratian zurückgehen, wenn auch nicht in der jetzigen Form. So ist »de poenitentia«, zumindest zum größten Teil, eine spätere Einfügung. Nicht nur andersartiges Quellenmaterial dieses Traktats mit auffallenden Unterschieden äußerer Art (spärl. Rubriken), sondern auch Untersuchungen zu frühen Formen des Dekrets und gleichzeitigen →Abbreviationes dazu (J. RAMBAUD) lassen diese Annahme als gesichert erscheinen. Wohl ebenfalls nicht von Gratian stammt wegen innerer und äußerer Kriterien der dritte Teil, wenigstens in der jetzigen Fassung (z.B. D. 2 und D. 4); vermutl. hat es einen schon sehr früh vom zweiten Dekretteil abgesetzten Grund-Traktat »de consecratione« gegeben. An weiteren Dekretzusätzen sind die über das Werk verstreuten →Paleae zu nennen, sowie wohl alle röm.-rechtl. Texte, die in relativ wenigen »Blöcken« eingefügt wurden. Die Numerierung der Kapitel setzte sich erst im 16. Jh. durch.

Das Werk Gratians ist eine Privatarbeit, die nie offizielle Anerkennung als Gesetzbuch fand, auch wenn sie zur Grundlage kanonist. Lehre in scholis et iudiciis wurde. Neben zahlreichen →Summen der →Dekretisten trug dazu wesentl. die →Glossa ordinaria des →Johannes Teutonicus bei, »präzis, umfassend, wohl abgewogen und ohne Anspruch auf Originalität« (ST. KUTTNER), die in der Überarbeitung und Anpassung an das Dekretalenrecht Gregors IX. durch →Bartholomaeus Brixiensis den meisten Ausgaben des 15.–17. Jh. beigefügt wurde.

Zitierweise des Decretum Gratiani: D. 20 c. 2 (ma: d(i).xx Si decreta), D. 24 pr. (ma: di. xxiiii § 1); C. 9 q. 3 c. 11 (ma: ix q. iii Fuit); De poen. D. 5 c. 3 (ma: de pe(n). d. v. Contrarium); De cons. D. 4 c. 13 (ma: de con. d. iiii Proprie).

III. DECRETALES GREGORII IX. (LIBER EXTRA): Sie bilden die zweite, gegenüber dem Dekret Gratians völlig andersartige Sammlung des C.i.c. Die junge Wissenschaft der Kanonistik hatte mit ihrer Arbeit am Dekret und für die Erfordernisse der Rechtspraxis neben im Dekret nicht erfaßtem Rechtsstoff v.a. neue Gesetze gesammelt, die als Extravagantes, also außerhalb des Dekrets kursierende Quellenstücke, diesem zunächst noch in Anhängen beigefügt wurden. Die seit →Alexander III. (1159–81) stark wachsende Zahl der das ius novum begründenden päpstl. →Dekretalen machte bald wieder eigene Sammlungen erforderl., neben primitiven, ungeordnetes Material enthaltenden dann auch systemat., in denen die Rechtstexte nach Titeln gegliedert wurden. Unter diesen →Dekretalensammlungen nahmen die sog. Compilationes antiquae, von denen die dritte und fünfte authent. sind, eine überragende Stellung ein.

Um 1230 existierten zahlreiche verschiedenartige Sammlungen, die v.a. das inzwischen sehr umfangreich gewordene Dekretalenrecht, aber auch etwa die Konstitutionen des III. und IV. Laterankonzils in größeren oder kleineren Teilzusammenfassungen enthielten; daneben gab es eine Anzahl in keine Sammlung aufgenommener Dekretalen, so daß die Masse geltender Rechtsquellen sehr unübersichtl. geworden war. Gregor IX. (1227–41) beauftragte daher seinen Poenitentiar →Raymund v. Peñafort mit einer umfassenden Neukompilation zur Beendigung dieser Unsicherheiten; Ziel und Methode der Aufgabe Raymunds sind in der Promulgationsbulle »Rex pacificus« Gregors IX. vom 5. Sept. 1234 genannt. Die über zahlreiche Sammlungen verstreuten, z.T. widersprüchl., sich wiederholenden, langatmigen und daher Verwirrung stiftenden Dekretalen sollten in »unum volumen« zusammengefaßt, Widersprüche beseitigt und alle überholten Stücke weggelassen werden. Diesem Auftrag kam Raymund mit einer tiefgreifenden Neuredaktion nach, die im Interesse der Rechtssicherheit und der gerichtl. Praxis auch Veränderungen alter Dekretalen nicht scheute. Beachtenswert ist die – unter Beibehaltung des Incipits – mitunter der Verständlichkeit abträgl. starke Kürzung der Dekretalen um den narrativen auf den rechtserhebl. Teil, was in geringerem Maß allerdings auch schon in den älteren Kompilationen geschehen war. Formale Quellen waren für Raymund fast ausschließl. die fünf Compilationes antiquae, denen er Gregors Dekretalen beifügte, von denen manche – gesetzgebungstechn. bemerkenswert – direkt für die Aufnahme in die Neukompilation erlassen wurden. Nach dem Vorbild schon der Compilatio prima, unter dem Titel »Breviarium extravagantium« um 1190 v. →Bernhard v. Pavia verfaßt, teilte Raymund sein Werk in fünf Bücher (Memorialvers: iudex, iudicium, clerus, connubia, crimen), welche die einzelnen, chronolog. geordneten Kapitel wieder in Titel zusammenfassen, deren Rubriken großenteils mitübernommen werden konnten. Nach ebenfalls schon bewährter Methode wurden dabei Teile eines umfangreichen, mehrere Entscheidungen enthaltenden Dekretale je nach Rechtsinhalt unter verschiedenen Titeln eingereiht. Die Promulgation erfolgte durch Übersendung der Sammlung an die Universitäten Bologna, Paris und (wohl) weitere. Von den verschiedenen Bezeichnungen der Kompilation setzte sich neben »Decretales Gregorii IX« v.a. in den Schulen die des »Liber Extra« (d.h. »Liber decretalium extra decretum vagantium«) in bewußter Anlehnung an das Dekret Gratians durch. Gegenüber älterer Ansicht ist der Liber Extra wohl nicht als Gesetzbuch im Sinn einer modernen Kodifikation zu werten, wohl aber als authent., universale und insofern ausschließl. Sammlung, als nicht nur gegenteilige, sondern auch alle (jedoch wohl nur nach dem Dekret erlassenen) nicht aufgenommenen Dekretalen universalen Charakters ihre Gültigkeit verloren. Rechtsverbindlichkeit wird nur dem dispositiven, normsetzenden Teil der einzelnen capitula im Wortlaut der neuen Fassung sowie jenen Titelrubriken zugesprochen, die einen vollständigen Rechtssatz enthalten; alle anderen Texte gelten als Interpretationshilfen. Von den zahlreichen Apparaten zum Liber Extra wurde der des →Bernardus de Botone als Glossa ordinaria von den Schulen rezipiert.

Zitierweise der Decretales Gregorii IX.: X 4.19.8 (ma: ex(tra) c. Gaudeamus. de divortiis).

IV. Liber Sextus: In den Jahren und Jahrzehnten nach dem Liber Extra entstand eine Rechtssituation, die der um 1230 nahekam. Neue Gesetze der Päpste, bes. Innozenz' IV. (1243–54), und die Konstitutionen weiterer Konzilien (Lyon 1245, 1274) hatten wiederum zu verschiedenen Sammlungen geführt; neben von Päpsten herausgegebenen Kollektionen ihrer »novae constitutiones« (drei von Innozenz IV., von Gregor X. und Nikolaus III.) kursierten auch etliche private Sammlungen, so daß erneut Unzuträglichkeiten entstanden. Bonifatius VIII. promulgierte daher am 3. März 1298 mit der Bulle »Sacrosanctae Romanae ecclesiae« eine neue, in seinem Auftrag von einer (Dreier-)Kommission redigierte Kompilation, die neben Material aus nachgregorian. Novellensammlungen zum überwiegenden Teil seine eigenen Dekretalen verarbeitete. Um den Anschluß an die fünf Bücher des Liber Extra zu betonen (und wohl auch als Symbol der Vollkommenheit), legt die Promulgationsbulle die Bezeichnung der neuen Sammlung mit »Liber Sextus« fest, ist aber selbst nach dem Vorbild des Liber Extra in fünf Bücher mit insgesamt 76 Titeln gegliedert.

Die Neuredaktion geht im Vergleich zum Liber Extra viel eingreifender vor, die einzelnen Quellenstücke werden einer wesentl. freieren Bearbeitung unterzogen und abstrakter gefaßt, so daß mitunter der zugrundeliegende Originaltext kaum mehr erkennbar ist. Alle Gesetze universaler Bedeutung nach den Dekretalen Gregors IX. verlieren ihre Gültigkeit, sofern sie nicht in die neue Sammlung Aufnahme fanden, ebenso gegenteilige Gesetze im Dekret und Liber Extra. Mit Recht schreibt man dem Liber Sextus den Charakter eines modernen Gesetzbuches zu, da er nicht nur authent., universal und ausschließl. (ausgenommen die Dekretalen Bonifatius' selbst), sondern auch insofern einheitl. ist, als alle seine Gesetze auf die Gesetzgebungsgewalt Bonifatius' zurückgeführt werden und mit der Promulgation gleiche Verbindlichkeit erlangen; dies trifft wohl auch für die der Sammlung beigefügten, weithin dem röm. Recht entnommenen 88 Regulae iuris zu. Die Glossa ordinaria stammt von →Johannes Andreae.

Zitierweise des Liber Sextus: VI 1.6.26 (ma: VI(to) c. Si electio. de elect.).

V. Clementinae: Dritte und letzte authent. Sammlung des C.i.c. sind die Clementinae, benannt nach →Clemens V. (1305–14), da ihr gesamtes Material auf ihn zurückgeht. Ihren Grundstock bildet eine Reihe von Clemens promulgierter Dekretalen, die er auch auf dem Konzil v. →Vienne (1311–12) vorlegte. Nach Einfügung der Gesetzgebung dieses Konzils – ein komplizierter, im einzelnen noch ungeklärter Vorgang – und weiterer Konstitutionen veröffentlichte Clemens seine nach der Methode Raymunds überarbeitete Sammlung am 21. März 1314 in Monteux bei Carpentras. Ihre in fünf Bücher mit 52 Titeln geordneten Kapitel stammen nach den Inskriptionen gänzlich von Clemens; dabei wurde je ein von Benedikt XI. aufgehobenes Dekretale Bonifatius' VIII. (Clem. 3.7.2) und Urbans IV. (Clem. 3.16.un.) von Clemens wieder aufgenommen. Die in der übl. Weise durch Übersendung an Universitäten vorgesehene Promulgation erfolgte trotz Vorliegens der Promulgationsbulle »Cum nuper« wegen des Todes des Papstes am 20. April 1314 nicht mehr. Nach erneuter Revision promulgierte sein Nachfolger Johannes XXII. die Sammlung erst am 25. Okt. 1317 mit der Bulle »Quoniam nulla«; die von Clemens vorgesehene Bezeichnung »Liber Septimus« wurde weder von Johannes noch von der Schule übernommen, vielmehr nannte man die Sammlung »Constitutiones Clementis V.« oder einfach

»Clementinae«. Wohl wegen der kirchenpolit. Situation wurde davon abgesehen, den Clementinen ausschließl. Charakter zu verleihen. Die Geltung nicht aufgenommener Gesetze, etwa des berühmten »Unam sanctam« Bonifatius' VIII., blieb daher unberührt. Unter den zahlreichen Bearbeitungen durch die kanonist. Schule setzte sich der Kommentar des Johannes Andreae als Glossa ordinaria durch.

Zitierweise der Clementinae: Clem. 2.11.2 (ma: in cle[ment.] c. Pastoralis. de sent.).

VI. EXTRAVAGANTES JOHANNIS XXII.: Die weitere, allerdings wesentl. geringere päpstl. Gesetzgebungstätigkeit führte erneut zu privaten Sammlungen; da diese Quellentexte trotz verschiedener Versuche in keiner authent. Kompilation mehr zusammengefaßt wurden, bleiben sie Extravagantes, die entsprechenden Zusammenfassungen werden daher als Extravagantensammlungen im engen Sinn bezeichnet. Die erste derartige Kompilation im C.i.c. geht auf →Zenzelinus de Cassanis zurück, der 1325 zu drei von Guilelmus de Monte Lauduno schon 1319 zusammengefaßten und kommentierten Konstitutionen Johannes' XII. weitere Dekretalen dieses Papstes hinzufügte, sie chronolog. ordnete und ebenfalls kommentierte. Diese als Sammlung tradierten 20 Dekretalen wurden als Extravagantes Johannis XXII. von Johannes Chappuis in seiner Corpus-Ausgabe auf 14 Titel verteilt.

Zitierweise der Extravagantes Johannis XXII.: Extravag. Jo.XXII. 4.2.

VII. EXTRAVAGANTES COMMUNES: Diese letzte Sammlung des C.i.c. wurde von Chappuis in Anlehnung an eine ebenfalls schon überlieferte Kollektion zusammengestellt. Die auf 35 Titel verteilten 74 Kapitel (nach der 2. Ausgabe) umfassen Dekretalen von Urban IV. (1261–64) bis Sixtus IV. (1471–84), davon 33 von Johannes XXII.; einige sind bereits in anderen Teilen des C.i.c. enthalten. Obwohl sich darunter kein eherechtl. Text befindet (»Liber quartus vacat«), hielt Chappuis an der Fünf-Bücher-Einteilung fest. Da beide Sammlungen Privatarbeiten sind, hatten ihre Dekretalen nur die mit ihrem ursprgl. Erlaß gegebene Verbindlichkeit.

Zitierweise der Extravagantes communes: Extravag. com. 3.5.2. H. Zapp

Ed.: Drucke des C.i.c. sind zahlreich, ebenso Separatdrucke seiner einzelnen T.e; letzte Ausg. des Corpus mit der Glossa ordinaria: Lyon 1671 [Älteren Ausg. sind häufig Hilfsmittel – Annotationes, Margaritae, Tabulae concordantiae – bzw. private Ergänzungen beigefügt, neben den →Canones apostolorum und Canones poenitentiales etwa der 1623 auf den Index der verbotenen Bücher gesetzte »Liber septimus decretalium« des Petrus Matthaeus, Lyon 1590 – nicht zu verwechseln mit dem nicht promulgierten »Liber septimus decretalium Clementis VIII.« von 1598 – und die »Institutiones iuris canonici« des Johannes P. Lancelottus, 1563] – Modernste Ausg.: AE. FRIEDBERG, 2 Bde, 1879–81 [letzter Nachdr.: 1959; für das Dekret wurde der Gratian. Urtext angestrebt, für die anderen T.e war die ed. Romana Grundlage] – Dt. Übers.: B. SCHILLING – C. F. F. SINTENIS, 2 Bde, 1834–37 [in Auszügen] – Zu Ausg. vgl.: HAIN und ERG., GW 4848-4905 (VI), 7077-7117 (Clem.) [jeweils z.T. auch mit Extravag. Jo. XXII. bzw. Extravag.] – vgl. ferner: DDC IV, 623-627 – SCHULTE I, 71-75; II, 22-25, 43-44, 49-50, 59-65; III/1, 69-74 – A. ADVERSI, Saggio di un Catalogo delle edizioni del ›Decretum Gratiani‹ posteriori al secolo XV, SG 6, 1959, 281-451 [jeweils mit Angabe, ob der Dekretdruck Teil einer Corpus-Ausgabe ist] – E. WILL, Decreti Gratiani Incunabula. Beschreibendes Gesamtverz. der Wiegendrucke des Gratian. Dekretes, ebd., 1959, 1–280 – Lit.: zu [I]: BMCL (NS), 1971ff. – COING, HdB I, 835-846 [K. W. NÖRR] – DDC IV, 610–644 – FEINE, 276–294 – LThK² III, 65–69 – MIC C, 1965ff. – PLÖCHL II, 469–486 – SCHULTE I, 46–91; II, 3–65 – SG 1953ff. [Artikel aus dieser Reihe sind im folgenden nicht eigens genannt] – VAN HOVE, 337–369 – A. M. STICKLER, Hist. iuris can., 1950, 197–276 – L'Age classique (Hist. du Droit et des Inst. de l'Eglise en occident 7, 1965), 51–129 [J. RAMBAUD]; 222–256 [CH. LEFEBVRE] – F.

SCHMIDT-CLAUSING, Das C.i.c. als reformator. Mittel Zwinglis, ZKG 80, 1969, 14–21 – H. E. TROJE, Graeca leguntur, 1971, 74–89 – S. MÜHLMANN, Luther und das C.i.c. bis zum Jahre 1530: Ein forschungsgesch. Überblick, ZRGKanAbt 58, 1972, 235–305 – *zu [II]:* K. SCHELLHASS, Wiss. Forsch. unter Gregor XIII. für die Neuausg. des DG (Fschr. P. KEHR, 1923 [1973]), 674–690 – KUTTNER, passim – DERS., The Father of the Science of Canon Law, Jurist 1, 1941, 2–19 [ältere Lit.] – DERS., De Gratiani opere noviter ed., Apollinaris 21, 1948, 118–128 – DERS., New Stud. on the Roman Law in DG, Seminar 11, 1953, 12–50; 12, 1954, 68–74 – G. FRANSEN, La date du DG, RHE 51, 1956, 521–531 – G. ROSSI, Per la storia della divisione del DG e delle sue parte, Dir. eccl. it. 67, 1956, 201–311 – R. METZ, A propos des travaux de A. VETULANI, La date et la composition du DG, RDC 7, 1957, 62–85 – J. GAUDEMET, Das röm. Recht im DG, ÖAKR 12, 1961, 177–191 – P. PINEDO, DG: Dictum Gratiani, Ius Canonicum 2, 1962, 149–166 – P. LEGENDRE, La pénétration du droit rom. dans le droit can. de Gratien à Innocent IV (1140–1254), 1964 – A. VETULANI, Autour du DG, Apollinaris 41, 1968, 43–58 – DERS., Les sommaires-rubriques dans le DG, MIC C 4, 1971, 51–57 – K. KOHUT, Zur Vorgesch... Die Rolle des DG in der Übermittlung patrist. Gedankenguts, AK 53, 1973, 80–106 – CH. MUNIER, Canones conciliorum qui in DG citantur, MIC C 5, 1976, 3–10 – B. BASDEVANT-GAUDEMET, Les sources de droit rom. en matière de procédure dans le DG, RDC 27, 1977, 193–242 – R. WEIGAND, Gandulphusglossen zum Dekret, BMCL 7, 1977, 15–48 (46) – P. CLASSEN, Das DG wurde nicht in Ferentino approbiert, BMCL 8, 1978, 38–40 [zu: J. NOONAN, ebd. 6, 1976, 15–27] – R. METZ u.a., An Index verborum to DG: The reason to computerize it, Computers and the Humanities 12, 1978, 27–32 [vgl. BMCL 3, 1973, 165] – T. LENHERR, Die Summarien zu den Texten des 2. Laterankonzils v. 1139 im DG, AKKR 150, 1981, 528–551 – G. DOLEZALEK – R. WEIGAND, Das Geheimnis der roten Zeichen, ZRGKanAbt 69, 1983, 143–199 – R. WEIGAND, Romanisierungstendenzen im frühen kanon. Recht, ebd., 200–249 – *zu [III–VII]:* ST. KUTTNER, Decretalistica I: Die Nov. Innozenz' IV., ZRGKanAbt 26, 1937, 436–455 – P. J. KESSLER, Unters. über die Nov.-Gesetzgeb. Innozenz' IV., ebd. 31, 1942, 142–320; 32, 1943, 300–383 – ST. KUTTNER, Conc. Law in the Making. The Lyonese Const. (1274) of Gregory X (Misc. P. PASCHINI II, 1949), 39–81 [auch in: ST. KUTTNER, Med. Councils, Var. Repr. 1980, XII mit Retract. 13–16] – ST. KUTTNER, The Date of the Const. »Saepe«... and the Rom. Ed. of the Clem. (Mel. E. TISSERANT IV, 1964), 427–452 [auch in: Med. Councils, Var. Repr., 1980, XIII mit Retract. 17–18] – S. GAGNÉR, Boniface VIII and Avicenna, MIC C 1, 1965, 261–279 – ST. KUTTNER, Some Emendations to Friedberg's Ed. of the Decretals, Traditio 22, 1966, 480–482 – K. W. NÖRR, Päpstl. Dekretalen und röm. kan. Zivilprozeß, Stud. zur europ. Rechtsgesch., 1972, 53–65 – M. BERTRAM, Zur wiss. Bearbeitung der Konst. Gregors X, QFIAB 53, 1973, 459–467 – J. TARRANT, The Clem. Decrees on the Beguines: Conciliar and Papal Versions, AHP 12, 1974, 300–308 – J. LÓPEZ ORTIZ, Aportación de R. de Peñafort al libro de las Decretales, Inst. de España, 1976, 9–23 – ST. KUTTNER, Notes on the Glossa ord. of B. of Parma, BMCL 11, 1981, 86–93.

Corpus iuris civilis

I. Die Teile der justinianischen Kodifikation – II. Die Wirkung der Kodifikation – III. Das Corpus iuris im hohen und späten Mittelalter – IV. Die Druckausgaben des Corpus iuris.

Seit der Mitte des 12. Jh. nennt man die unter Ks. →Justinian I. (527–565) geschaffene Kodifikation des →röm. Rechts Corpus iuris 'Inbegriff (und bildhaft: Leib) des Rechts', seit dem 13. Jh. auch Corpus iuris civilis. Der Name ist also nicht erst durch die Druckausg. des Dionysius Gothofredus 1583 eingeführt worden. Das Gesetzgebungswerk umfaßt die Digesten, den Codex Iustinianus und die Institutionen; ferner rechnet man die justinian. Novellen hinzu. Zu diesen antiken Texten gesellten sich in den ma. Hss. einzelne Gesetze röm.-dt. Ks. sowie das Lehenrechtsbuch.

I. DIE TEILE DER JUSTINIANISCHEN KODIFIKATION: [1] *Die Digesten* (Digesta) oder *Pandekten* (Pandectae, πανδέκται) sind eine umfangreiche Zusammenstellung von Auszügen aus Juristenschriften der klass. Zeit der röm. Rechtswissenschaft, d. h. aus dem 1. und 2. Jh. und v. a. vom Anfang des 3. Jh. Der schon für ältere kasuist. Werke verwendete Name Digesta soll angebl. ein 'geordnetes

Sammelwerk' bezeichnen. Das digerere 'schriftl. Auseinandersetzen, Darstellen' dürfte sich jedoch auf die einzelnen erörterten Fälle und nicht auf deren Zusammenstellung beziehen. Digesta sind daher 'Fallösungen, Problemanalysen'. Der gr. Name ist von πᾶν δέχεσθαι 'alles umfassen' abgeleitet.

Die Digesten sind in 50 Bücher (libri→'Rollen') und für Unterrichtszwecke daneben in sieben Teile (partes) eingeteilt. Jedes Buch umfaßt 2 bis 32 Titel; nur der erbrechtl. Titel De legatis et fideicommissis umgreift seinerseits drei Bücher (30–32). Jeder der insges. 426 Titel trägt eine Überschrift (rubrica) und ist einem bestimmten Rechtsgebiet gewidmet. Es werden nacheinander erörtert: Rechtsquellen und Rechtssubjekte; Gerichtsbehörden, →Zivilprozeß sowie sachenrechtl. und schuldrechtl. Klagen (→Actio); →Familienrecht; →Erbrecht; Freilassung von Sklaven und Eigentumserwerb (→Eigentum); →Interdikte; →Exceptionen; →Obligationen aus Schuldversprechen und Delikte; →Strafverfahren und →Strafrecht; →Appellation; öffentl. Lasten. Der verschlungene Aufbau ist durch Verschmelzung der Systematik der prätor. Jurisdiktionsedikte mit der Systematik der Darstellungen des Zivilrechts entstanden. Innerhalb der einzelnen Titel sind die Auszüge so angeordnet, daß im allgemeinen Texte aus drei verschiedenen Quellenmassen einander folgen: der »Sabinusmasse« (Komm. zur Darstellung des Zivilrechts des Frühklassikers Masurius Sabinus), der »Ediktsmasse« (Komm. zu den prätor. Jurisdiktionsedikten) und der »Papiniansmasse« (kasuist. Werken des Spätklassikers Papinianus u. a.). Jeder einzelne Auszug (Fragment, lex), weniger als eine Zeile bis mehrere Spalten lang, beginnt mit einer Quellenangabe (Autor, Werk, Buchzahl), der sog. Inscriptio. Insgesamt sollen nach Justinians Angaben etwa 2000 Bücher oder 3 Millionen Zeilen Text ausgewertet und auf ein Zwanzigstel ihres Umfangs reduziert worden sein. Darunter könnten schon einzelne kleine Textsammlungen in der Art des zu redigierenden Werkes gewesen sein. Von den 39 zitierten Juristen lieferten: Domitius Ulpianus († 228) etwa zwei Fünftel des Textes, sein Zeitgenosse Iulius Paulus ein Fünftel, Papinianus († 212), Gaius (2. Jh.) und Herennius Modestinus († nach 239) zusammen ein weiteres Fünftel; nur ein Fünftel des Textes rührt von den übrigen 34 Juristen her. Die alten Texte wurden prinzipiell wörtlich übernommen. Zur Anpassung an die veränderte Rechtslage und zur Vermeidung von Widersprüchen waren neben Weglassungen aber manche Änderungen des Wortlauts notwendig, sog. Interpolationen 'Einschübe'.

Die Digesten sollten die teilweise überholten, schwer zugängl. und kaum überschaubaren lit. Quellen des Juristenrechts (ius), in erster Linie wohl für den Rechtsunterricht, aufbereiten. Sie wurden von einer Kommission redigiert, der, unter dem Vorsitz des ksl. Justizministers (quaestor sacri palatii) →Tribonianus, der Vorsteher der ksl. Kanzleien (magister officiorum) und vier Rechtslehrer (antecessores) sowie elf Anwälte angehörten. Dabei scheinen je zwei der erstgen. sechs Mitglieder je eine der drei erwähnten Quellenmassen bearbeitet zu haben, während die Anwälte Hilfsarbeiten erledigten. Die Digesten traten am 30. Dez. 533 in Kraft.

[2] Der *Codex Iustinianus*, das 'Justinian. Buch' (→Codex), ist eine Sammlung ksl. Konstitutionen (→Constitutiones principum) aus der Zeit von Ks. Hadrian (117–138) bis zum J. 534. Der Codex ist in 12 Bücher eingeteilt, deren jedes 44 bis 78 Titel umfaßt. Jeder der insges. 765 Titel ist wiederum einem bestimmten Rechtsgebiet gewidmet. In bezug auf die behandelten Rechtsgebiete und den Aufbau gleicht der Codex im wesentl. den Digesten. Am Anfang wird aber zusätzl. das Kirchenrecht (→Kanon. Recht) behandelt und in den letzten drei Büchern sind über die öffentl. Lasten hinaus zahlreiche Titel den Berufsständen, der Beamtenschaft und dem Militär gewidmet. Innerhalb der einzelnen Titel sind die Konstitutionen chronolog. angeordnet. Jede Konstitution beginnt mit einer Inscriptio, die den ksl. Urheber sowie den Adressaten nennt. Eine Subscriptio am Ende datiert die Konstitutionen nach Ort, Tag und Konsulat. Viele wurden gekürzt und überarbeitet, einige geteilt.

Der Codex Iustinianus sollte die noch geltenden ksl. Konstitutionen aus den Codices Gregorianus und Hermogenianus (vor 305) und dem →Codex Theodosianus (438) mit den später erlassenen vereinigen. Dabei sollten veraltete Gesetze ausgeschieden, Widersprüche beseitigt und die Texte gestrafft werden. Dieses v. a. an Bedürfnissen der Praxis orientierte Vorhaben hatte am Anfang der Gesetzgebung Justinians gestanden. Schon im Frühjahr 528 berief er eine zehnköpfige Kommission zur Ausarbeitung des Codex, und am 16. April 529 trat deren Werk in Kraft. Nach dem Abschluß der Arbeit an den Digesten mußte der Codex einer Revision unterzogen werden; u. a. sollten zahlreiche Einzelgesetze Justinians eingearbeitet werden, die während der Arbeit an den Digesten oder, wie die Quinquaginta decisiones '50 Entscheidungen' v. 530, vorher ergangen waren. Die Neufassung, der Codex Iustinianus repetitae praelectionis, wurde von einer fünfköpfigen Kommission unter Tribonian ausgearbeitet und trat am 22. Dez. 534 in Kraft. Die erste Fassung, der sog. Codex vetus, ist nicht erhalten geblieben.

[3] Die *Institutiones* 'Unterweisungen', so genannt im Anschluß an das gleichnamige Buch des Juristen Gaius (um 160), oder *Elementa* sind ein amtl. Anfängerlehrbuch des Rechts, das in vier Bücher mit zusammen 98 Titeln eingeteilt ist. Der Text ist weitgehend der jurist. Lit., v. a. Institutionen-Werken, und ksl. Konstitutionen entnommen. Der Aufbau folgt dem Schema Rechtsquellen; Personen- und Familienrecht (1. Buch); Sachenrecht und Rechtserwerb, insbes. durch Verfügungen von Todes wegen (2. Buch) oder gesetzl. Erbfolge und entgeltl. Rechtsgeschäfte (3. Buch); Deliktsrecht; Prozeßrecht und Klagen (4. Buch) – stark vereinfachend: personae, res, actiones. Verfasser der Institutionen waren die Rechtslehrer Dorotheus aus Beirut (Bücher 1 und 2) und Theophilus aus Konstantinopel (Bücher 3 und 4), die unter der Oberleitung Tribonians arbeiteten. Die Institutionen traten gleichzeitig mit den Digesten am 30. Dez. 533 in Kraft.

[4] *Novellen*, novellae (constitutiones) 'neue Gesetze' sind die Einzelgesetze, die Ks. Justinian nach der Publikation des Codex repetitae praelectionis, d. h. nach Abschluß der Kodifikation, erließ. Die meisten dieser »Nachtragsgesetze« sind in gr. Sprache abgefaßt, die Minderzahl auf lat., und einige wenige wurden in beiden Sprachen publiziert. Die Überschriften und die Einteilung in Kapitel (capita) und Paragraphen wurde erst später eingeführt. Wir kennen drei umfangreichere Überlieferungen solcher Novellen: Die Epitome Iuliani, das Authenticum und die Gr. Novellensammlung. 1. Die sog. Epitome Iuliani 'Auszug Julians' umfaßt 122 Novellen in lat. Sprache. Es handelt sich um einen Index, ἴνδιξ, eine sinngemäße Wiedergabe des Inhalts der einzelnen Konstitutionen, wie sie im Rechtsunterricht der →Antecessores der Lektüre und Erläuterung des Gesetzestextes vorausging. Die Epitome dürfte in den Jahren 556/557 in Konstantinopel entstanden sein. 2. Das sog. Authenticum 'Original' enthält 134 Novellen, und zwar die lat. und zweisprachigen im lat.

Originaltext, die gr. in einer oft schwerverständl. lat. Übersetzung. Hierbei handelt es sich um eine wortwörtl. Übersetzung, ein κατὰ πόδα 'auf dem Fuße'. Solche Übersetzungen wurden ursprgl. über die Textzeilen geschrieben und von den Antecessores im Rechtsunterricht als Übersetzungshilfen gebraucht. Das Authenticum dürfte gleichzeitig mit der Epitome Iuliani entstanden sein. 3. Die Gr. Novellensammlung besteht aus 150 Novellen Justinians nebst fünf älteren Gesetzen und drei Dubletten, sieben Gesetzen seiner ersten beiden Nachfolger sowie drei Erlassen von Präfekten, im ganzen aus 168 Stücken. Sie ist als Privatarbeit im wesentl. wohl z. Z. Justinians entstanden, wurde aber noch nach 575 erweitert.

II. DIE WIRKUNG DER KODIFIKATION: [1] Die Kodifikation war ein Teil des großen Planes Justinians, das Röm. Reich im alten Glanze wiedererstehen zu lassen (→Renovatio). Sie war daher, trotz manchen Neuerungen, im Kern der Vergangenheit zugewandt. Ihrer unmittelbaren Anwendung in der Rechtspraxis des Ostens standen verschiedene Hindernisse entgegen: die lat. Sprache, abweichende gr.-ägypt. Rechtsvorstellungen und eine nichtgenügende jurist. Ausbildung vieler Beamter und Richter. Es ist zu vermuten, daß der Geltungsanspruch des Gesetzgebungswerkes außerhalb der Zentralbehörden des Reichs und vielleicht der obersten Provinzialbehörden nicht allgemein durchgesetzt werden konnte. Die Teile des C.i. waren z. Z. Justinians Gegenstand des →Rechtsunterrichts an den Rechtsschulen in →Konstantinopel und →Beirut. Der Rechtsunterricht brachte eine reichhaltige, überwiegend gr. Lit. hervor (→Byz. Recht). Sie verdrängte überall die lat. Originaltexte der Kodifikation. Als man um die Wende des 9. Jh. die →Basiliken redigierte, konnte man nur noch die gr. Novellen im Original benutzen.

[2] Die Kodifikation war nach der Zerstörung des →Ostgotenreichs und der Eroberung Italiens durch Belisar und Narses (535–553) auch dort in Kraft gesetzt worden. Allerdings verloren die Byzantiner die Herrschaft in Italien bald wieder bis auf geringe Reste. Überall waren die folgenden Jahrhunderte eine Zeit immer tiefer sinkender Rechtskultur, die für das C.i. nur wenig Verständnis und fast keine Verwendung hatte. Die Digesten gerieten völlig in Vergessenheit. Doch blieben der Codex, wenn auch unvollständig, die Institutionen und die Novellen, diese in der Gestalt der Epitome Iuliani, bekannt und veranlaßten ein bescheidenes lit. Schaffen. Die Epitome Iuliani wurde vereinzelt auch im heut. Frankreich benutzt.

[3] Die große Wende im Abendland kündigte sich im 11. Jh. an und trat mit dem Beginn des Rechtsunterrichts in Bologna am Anfang des 12. Jh. ein. Im 11. Jh. hatte man sich, vielleicht im Zusammenhang mit der säkularen Auseinandersetzung zw. Kaiser- und Papsttum, der Quellen des röm. Rechts besonnen, um Argumente zur Begründung der beiderseitigen Standpunkte zu gewinnen. Nun legten die Bologneser Juristen das C.i. ihrem Rechtsunterricht zugrunde, erklärten es und schufen so die Voraussetzungen seiner Anwendung in der Rechtspraxis. Es entstand eine umfangreiche jurist. Lit. (→Bologna, B. II, IV; →Glossatoren; →Kommentatoren). Mit dem Erfolg der Bologneser Rechtswissenschaft wurden die Texte des C.i. bald in ganz Europa verbreitet und an vielen Orten erklärt und schriftl. bearbeitet. Die Institutionen wurden schon 1220/30 ins Frz. übersetzt. Gegen Ende des MA war die Kodifikation in weiten Teilen des Abendlandes als Quelle des subsidiär geltenden →gemeinen Rechts anerkannt. Sie hat auch die Gesetzgebung und manche Aufzeichnung von Gewohnheitsrecht beeinflußt.

III. DAS CORPUS IURIS IM HOHEN UND SPÄTEN MA: [1] Das ma. C.i. besteht aus fünf Handschriftenbänden. Die ersten drei Bände werden von den Digesten eingenommen. Alle Kenntnis der Digesten seit dem 12. Jh. beruht auf einer antiken Hs., die noch zu Lebzeiten Justinians in Konstantinopel geschrieben wurde und bis heute erhalten geblieben ist, dem Codex Florentinus. Er hatte sich im 11. Jh. in Süditalien befunden. Im 12. Jh. gelangte er nach Pisa – einer Überlieferung aus dem 13. Jh. zufolge hatten die Pisaner ihn in Amalfi erbeutet, möglicherweise 1137. I. J. 1406 nahmen die Florentiner ihn nach der Unterwerfung Pisas nach Florenz mit. Dort liegt er heute in der Bibl. Medicea Laurenziana unter strengem Verschluß. Von dieser Hs. wurde, wahrscheinl. um 1070, vielleicht im Kl. →Montecassino, eine Abschrift hergestellt und nach einer zweiten Hs. korrigiert, näml. der von TH. MOMMSEN erschlossene Codex secundus. Von diesem stammen sämtl. anderen Digestenhss. ab, außer wenigen kleinsten und einem kleinen Fragment im sog. Codex Rosnyanus der Staatsbibl. Berlin (West) (9. Jh.; Lat. fol. 269). Im Hinblick auf die Textabweichungen zw. dem Codex Florentinus und den anderen Hss. spricht man von der Littera Florentina oder Pisana und der Littera vulgata oder Bononiensis. Der erste und der dritte Teil der Digesten heißen Digestum vetus und Digestum novum 'Altes und Neues »Digest«', wohl in Anlehnung an das Alte und Neue Testament. Der zweite zw. beide »eingezwängte« Teil heißt, vielleicht deshalb, Infortiatum; er reicht vom Titel 24,3 bis zum Ende des 38. Buchs. Die Grenzziehung zw. den drei Teilen, v. a. zw. den ersten beiden wurde schon im MA als rätselhaft empfunden, ebenso die in den Hss. übliche Hervorhebung der Worte tres partes 'drei Teile' mitten in D. 35,2,82 und der daraus gebildete Sondername für das letzte Viertel des Infortiatums. Vielleicht hat jemand, bei der Redaktion des Codex secundus(?), in diesen Worten eine orakelhafte Rechtfertigung der vom zweibändigen Codex Florentinus abweichenden neuen Dreiteilung der Digesten erblickt. Auch die Überschriften der ersten Titel des Infortiatums, Soluto matrimonio ... 'Nach Ehescheidung ...', und des Digestum novum, De operis novi nuntiatione 'Über die Anzeige eines neuen Werkes', könnten so gedeutet worden sein. (Weniger rätselhaft ist die ma. Abkürzung »ff.« für die Digesten, die noch in der Redensart »aus dem ff. kennen« lebt. Sie ist aus einem durchstrichenen Đ entstanden.)

Im 4. Band des ma. C.i. findet man die ersten neun Bücher des Codex Iustinianus. Der 5. Band, das Volumen (parvum), enthält in wechselnder Reihenfolge: die letzten drei Bücher des Codex (Tres libri Codicis), die Institutionen (ma. meist: Instituta) und die Novellen, diese stets in der Form des Authenticums (Autenticum, Autentica, Liber autenticorum). Die Epitome Iuliani, von den gelehrten Juristen als Novellae oder Liber novellarum bezeichnet, wurde kaum noch benutzt; die Gr. Novellensammlung gelangte erst durch den Fall des Byz. Reiches im 15. Jh. ins Abendland.

[2] Die gelehrten Juristen setzten sich krit. mit den Lesarten ihrer Texte auseinander und suchten, sie zu verbessern, im Falle der Digesten sogar durch Vergleich mit der Littera Pisana. Sie scheuten sich auch keineswegs vor redaktionellen Änderungen: Längere Textabschnitte teilten sie in Paragraphen ein. Zahlreiche gr. Stellen der Digesten, die in den älteren Hss. entweder gefehlt hatten oder verunstaltet waren, wurden seit dem Ende des 12. Jh. in einer wörtl. lat. Übertragung des →Burgundio v. Pisa wiedergegeben. Von den 134 Novellen des Authenticums wurden nur 97 als brauchbar befunden und in neun Colla-

tiones 'Zusammenstellungen, Gruppen' eingeteilt, wohl in Anlehnung an die neun Bücher des Codex im 4. Band des C.i. Die übrigen Novellen ließ man fort; in manchen Hss. stehen einige davon in einem Anhang.

[3] Unter die antiken Konstitutionen des Codex wurden zwei Gesetze röm.-dt. Ks. auf deren Anordnung hin als Authenticae eingereiht, näml. das Scholarenprivileg Ks. Friedrichs I. v. 1155, die Authentica ›Habita‹ (→Bologna, B. II und C. I), hinter C. 4, 13, 5, und die →Krönungsgesetze Ks. Friedrichs II. v. 1220, die Leges de statutis et consuetudinibus contra libertatem Ecclesie editis, verteilt auf elf Stellen. Die Authentica ›Sacramenta puberum‹, ein Abschnitt des Ronkal. Landfriedens (→Roncaglia) Ks. Friedrichs I. v. 1158, fand dagegen spontan Aufnahme im Codex, hinter C. 2,27(28),1.

Als Authenticae bezeichnete man auch die zahlreichen kurzen Auszüge aus Justinian. Novellen, welche schon die ältesten Glossatoren, v. a. →Irnerius und →Martinus Gosia, neben abgeänderte Konstitutionen des Codex, auch der Tres libri, und neben die entsprechenden Stellen der Institutionen geschrieben hatten. Ursprgl. Bestandteile der gelehrten Kommentare (Glossapparate), wurden sie bald gleichlautend in jüngere Kommentare übernommen. Die Authenticae zu den ersten neun Büchern des Codex gelangten schließlich in die Textspalten der Hss. und wurden selbst kommentiert, insbes. durch die Glossa ordinaria des Accursius. Dies erweckt den Anschein, als handele es sich um Gesetzestexte, doch betrachtete noch Bartolus de Saxoferrato im 14. Jh. den Wortlaut solcher Authentiken nicht als verbindlich. Die Authentiken zu den Tres libri Codicis wurden ebenso wie diejenigen zu den Institutionen durch die Glossa ordinaria unterdrückt.

[4] Seit der Mitte des 13. Jh. enthalten die meisten Hss. des Volumens, oft hinter dem Authenticum und unter der Bezeichnung Decima collatio, das Lehenrechtsbuch (Consuetudines, Liber oder Libri feudorum). Unrichtig ist die Meinung, diese Neuerung sei dem Glossator →Hugolinus de Presbyteris zuzuschreiben. Es war vielmehr →Accursius, der Glossator des C. i., der am Anfang seiner Summa Authentici in einem Zusatz zur dort zitierten Materia Authentici des →Johannes Bassianus, welche bisweilen als Schrift des Hugolinus angesehen wurde, die Anfügung der neuen Gesetze der Ks. Friedrich I. und Heinrich VI. sowie der Consuetudines feudorum als 10. Kollation an das Authenticum vorgeschlagen hat. Daß dies tatsächl. geschah, dürfte damit zusammenhängen, daß Accursius auch die →Libri feudorum glossiert hat.

[5] Die ma. Hss. des C.i. sind fast alle glossiert. Etwa seit der Mitte des 13. Jh. setzten sich die →Apparatus glossarum des →Accursius als Glossa ordinaria durch. (Über das Handschriftenwesen und Maßnahmen zur Reinhaltung der Texte →Handschriften; →Pecia; →Stationarius.)

IV. Die Druckausgaben des Corpus iuris: I. J. 1468 wurden die Institutionen in Mainz als erster Teil des C. i. gedruckt. Die erste Gesamtausg. aller fünf Bände kam 1477–78 in Venedig heraus. Bis zum Jahre 1800 erschienen an die 200 Gesamtausg., ferner etwa 500 Separatausg. der Institutionen und mehr als 50 von anderen Teilen der Kodifikation. Die ältesten Ausg. gleichen prinzipiell nach Inhalt und Ausstattung den jüngeren Hss., doch blieb die Tendenz zu Erweiterungen ungebrochen. Schon in die erste Ausg. des Volumens (Rom 1476) wurden zwei Gesetze Ks. Heinrichs VII. gegen Majestätsverbrechen ›Ad reprimenda‹ und ›Quoniam nuper‹ v. J. 1313 mit dem Glossapparat des →Bartolus de Saxoferrato aufgenommen, der dieser selbst als 11. Collation des Authenticums bezeichnet hatte. Seit 1483 kam der Friede v. →Konstanz

v. J. 1183 mit dem Kommentar des →Baldus de Ubaldis hinzu. Gegen Ende des 15. Jh. begann man, zusätzl. zur Glosse des Accursius →Casus verschiedener Verfasser abzudrucken.

Seit der vierbändigen Ausg. des Gregor Haloander (Meltzer), Nürnberg 1529–31 (Bd. 1: Digesten, unter Verwendung der krit. Arbeiten des L. →Bologninus; Bd. 2: Institutionen; Bd. 3: Codex, alle 12 Bücher; Bd. 4: Novellen, in der Form der Gr. Sammlung, mit lat. Übers.) gerieten die Ausg. des C. i. immer stärker unter den Einfluß der humanist. Rechtswissenschaft: Durch intensive Textkritik und bes. durch die Wiederherstellung der gr. Texte suchte man die justinian. Fassung der Kodifikation zurückzugewinnen. I. J. 1553 brachte L. Torelli in Florenz seine vielbeachtete Ausg. der Littera Florentina heraus. Man stattete die Ausg. mit Einführungen und Registern aus; in einige wurden weitere antike, byz. und vereinzelt auch germ. Rechtsquellen aufgenommen. Dabei hat man die ma. Grundstrukturen des C. i. in der Mehrzahl der Ausg. bewahrt: die Dreiteilung der Digesten, die Abtrennung der Tres libri Codicis, die neun Collationes des Authenticum, in die manchmal auch erst neuerdings entdeckte oder zu Ehren gekommene Novellen gepreßt wurden. Die Authentiken des Codex und die übrigen ma. Texte wurden in diesen Ausg. beibehalten; das Lehenrechtsbuch hat man sogar neu bearbeitet und durch den Abdruck älterer Zusätze (sog. Extravaganten) erweitert.

Die Folge der mannigfachen editor. Bemühungen war eine verwirrende Vielgestaltigkeit der Ausg. des 16. Jh., bis sich mit der eingangs erwähnten Ausg. des Denis Godefroy von 1583, die als erste unter dem Gesamttitel »C.i.c.« erschien und genau 200 Jahre lang immer wieder überarbeitet und neu aufgelegt wurde, eine neue »Humanistenvulgata« durchsetzte. Seit 1525 waren zahlreiche nichtglossierte Ausg. des C.i.c. erschienen, doch kamen während des ganzen 16. Jh. zu jeder Zeit noch mehr glossierte Ausg. heraus. Unstimmigkeiten zw. der Glosse und den veränderten Quellentexten waren unvermeidl. Die letzte Ausg. mit der durch unzählige Zusätze angereicherten Glossa ordinaria erschien 1627 in Lyon.

Im 19. Jh. erlangte die Ed. stereotypa, d. i. immer wieder unverändert aufgelegte Ausg., von A. und H. Kriegel, Herrmann und Osenbrüggen (1843, 1887[17]) die größte Verbreitung. Heute sind führend die »große Digestenausg.« von Mommsen (1868–1870) und die »große Codexausg.« von Krüger (1887). Auf ihnen beruht weitgehend die moderne Ed. stereotypa von Mommsen, Krüger, Schöll und Kroll (seit 1872–95). Die Herausgeber strebten, radikaler als die Humanisten, eine Ausg. der justinian. Texte an und geben sogar Hinweise auf ältere Textstufen. Mommsen selbst hat sich allerdings den Digesten allzu ausschließl. auf den Codex Florentinus verlassen, so daß ihm manche echte Lesart der »schlechteren« Vulgathss. entging. Die Littera vulgata muß man in der Ausg. von Gebauer und Spangenberg (1776–97) oder in einem der alten Drucke, am besten aus der Zeit vor 1530, aufsuchen.

P. Weimar

Ed.: (Corpus iuris civilis), 5 Bde, Venetiis: Baptista de Tortis 1487–89 [Neudr. CGIC VII–XI, 1968–69] – C.i.c. codd. veteribus mss. et optimis quibusque edd. collatis, ed. G. C. Gebauer – G. A. Spangenberg, 2 Bde, 1776–97 – C.i.c. Ed. stereotypa, ed. Th. Mommsen, P. Krüger, R. Schöll, W. Kroll, 3 Bde, seit 1872–95 – Authenticum. Novellarum constitutionum versio vulgata, ed. G. E. Heimbach, 1845–51 – Digesta Iustiniani Augusti, ed. Th. Mommsen – P. Krüger, 1868–70 [Neudr. 1962–63] – Iuliani Epitome lat. novellarum Iustiniani, ed. G. Hänel, 1873 [Neudr. 1965] – Codex Iustinianus, ed. P. Krüger, 1877 – Iustiniani Augusti digestorum seu pandectarum Codex Florentinus phototypice expressus, 1902–10 – J. A. C. Thomas, The

Institutes of Justinian, 1975 – *Lit.:* E. Spangenberg, Einl. in das Röm.-Justiniane. Rechtsbuch, 1817 [Neudr. 1970; mit Nachw. alter Ausg.] – F. Bluhme, Die Ordnung der Fragmente in den Pandectentiteln, Zs. für gesch. Rechtswiss. 4, 1820, 257–472 [Neudr. in: Labeo 6, 1960, 50ff.] – H. E. S. Schrader, W. F. Clossius, G. L. F. Tafel, Prodromus corporis iuris civilis, 1823 – F. A. Biener, Gesch. der Novellen Justinian's, 1824 [Neudr. 1970] – Savigny III, 420–536 – M. Conrat (Cohn), Gesch. der Q. und Lit. des röm. Rechts im früheren MA, 1891 [Neudr. 1963] – F. Hofmann, Die Compilation der Digesten Justinians, hg. I. Pfaff, 1900 – H. Kantorowicz, Über die Entstehung der Digestenvulgata, ZRGRomAbt 30, 1909, 183–271; 31, 1910, 14–88 [auch als Buch 1910] – P. Krüger, Gesch. der Q. und Lit. des röm. Rechts, 1912², 365–439 – P. Noailles, Les collections des Novelles de l'Empereur Justinien, 2 Bde, 1912–14 – H. Peters, Die oström. Digestenkomm. und die Entstehung der Digesten, SB der Kgl. Sächs. Ges. der Wiss., LXV. 1, 1913, 1–113 [Neudr. in: Labeo 16, 1970, 183 ff., 335 ff.] – Th. Kipp, Gesch. der Q. des röm. Rechts, 1919⁴, 153–174 – H. Krüger, Die Herstellung der Digesten Justinians und der Gang der Exzerption, 1922 – E. Genzmer, Die iustinian. Kodifikation und die Glossatoren (Atti del Congr. Internaz. di Diritto Romano, Bologna 1933, I, 1934), 345–430 – P. Collinet, La genèse du Digeste, du Code et des Institutes de Justinien, 1952 – L. Wenger, Die Q. des röm. Rechts, 1953, 562–734 [Lit.] – F. Ebrard, Digestenbände (L'Europa e il diritto romano. Studi i. m. di P. Koschaker I, 1954), 179–186 – J. Miquel, Mechan. Fehler in der Überlieferung der Digesten, ZRGRomAbt 80, 1963, 233–286 – H. J. Scheltema, Subseciva, TRG 31, 1963, 275–284 [über Authenticum und Epitome Iuliani] – H. Peter, Mommsen versus Hofmann (Mél. Ph. Meylan I, 1963), 253–277 – Th. Mayer-Maly, Bemerkungen zum Aufbau der Digestentitel (Synteleia V. Arangio-Ruiz II, 1964), 878–885 – F. Sinatti d'Amico, Gli Indices titulorum et legum del C. i. c. (Atti del Convegno internaz. di studi accursiani II, 1968), 521–576 – H. E. Troje, Graeca leguntur, 1971, 3–73, 90–103 – F. Wieacker, Zur Technik der Kompilatoren, ZRGRom Abt 89, 1972, 293–323 – Coing, Hdb. I, 155–168 [Lit.] – J. E. Spruit, De iustiniaanse wetgeving (Coniectanea Neerlandica iuris Romani. Inleidende opstellen over Romeins recht, hg. J. E. Spruit, 1974), 59–99 [Lit.] – H. J. Scheltema, Das Kommentarverbot Justinians, TRG 45, 1977, 307–331 – T. (= A. M.) Honoré, Tribonian, 1978, bes. 124–222 [Lit.] – P. E. Pieler, Byz. Rechtslit. (Hunger, Profane Lit. II), 341–480, bes. 400–426 [Lit.] – W. Waldstein, Tribonianus, ZRGRom Abt 97, 1980, 232–255, bes. 241–251.

Corrector. 1. C. Um die Verhältnisse in den von der Provinzialverwaltung unabhängigen civitates liberae (→civitas) zu ordnen, wurden seit trajan. Zeit ksl. Sonderbeauftragte entsandt (legati Augusti pro praetore ad corrigendum / ordinandum statum liberarum civitatium); die Aufgabe des c. konnte mit der allgemeinen Statthalterschaft verbunden sein. Ein c. Italiae begegnet zuerst unter Caracalla (CIL X 5178/5398), wohl nach den provinzialen Vorbildern als außerordentl. Bevollmächtigter des Ks.s in schwieriger Lage. Vielleicht schon in der 2. Hälfte des 3. Jh., sicher in diokletian. Zeit, wurden die c. es zu regulären (nurmehr titular unterschiedenen) Statthaltern der jetzt analog zu den Provinzen organisierten ital. Regionen und Siziliens. Im Verlauf des 4. Jh. wurde die Mehrzahl der c. es zu →consulares aufgewertet. In der Notitia dignitatum werden außerdem noch zwei c.es im Orient (or. I 126ff. p. 5 S.), einer in Pannonien (occ. I 82f. p. 105 S.) erwähnt.

J. v. Ungern-Sternberg

Lit.: RE IV, 1646–1656; VII A, 2456 – E. de Ruggiero, Dizionario epigrafico di antichità Romane II, 1242–1248 – Kl. Pauly, I, 1324 – LAW, 672 – R. Thomsen, The Italic Regions from Augustus to the Lombard Invasion, 1947 – W. Eck, Die staatl. Organisation Italiens in der hohen Kaiserzeit, 1979, 266 mit A. 98 – B. Levick, Pliny in Bithynia and what followed, Greece & Rome 26, 1979, 119–131 – W. Simshäuser, Unters. zur Entstehung der Provinzialverfassung Italiens, Aufstieg und Niedergang der Röm. Welt II 13, 1980, 433–452.

2. C., ven. Amtsträger. Nach der umstrittenen Dogenwahl des Jacopo →Tiepolo (6. März 1229) wurden fünf »correttori della dogal promissione« eingesetzt. Gewählt auf Vorschlag der Signoria vom Maggior →Consiglio, blieben sie in dem Zeitraum vom Tod eines Dogen bis zur Promissio (beschworene Wahlkapitulation) des Nachfolgers im Amt: sie brachten Zusätze, Vereinfachungen oder Modifizierungen bei der Promissio ducalis an, die danach dem Maggior Consiglio zur endgültigen Entscheidung vorgelegt wurden. Die Institution dieses Amtes ist ein Ausdruck für die Tendenz, die polit. Aktivitäten des Dogen einer strengen Kontrolle zu unterziehen und jede willkürl. Entscheidung von seiner Seite zu unterbinden.

P. Preto

Lit.: E. Musatti, La storia della promissione ducale, 1888 – G. Maranini, La costituzione di Venezia I, 1974², 194–199.

Corrector litterarum apostolicarum. Der C. l. a. war ein Bediensteter der päpstl. →Kanzlei, erstmals belegt unter Innozenz III. Seine Funktion und Stellung in der Kanzlei erfuhren im Laufe der folgenden Jahrhunderte erhebliche Veränderungen. Er war zunächst zuständig für die Überprüfung aller von der Kanzlei expedierten Briefe auf Einhaltung des Kanzleistils, bes. die Korrektheit der jurist. Diktion. Das geschah nach der Korrektur der Reinschriften in den camerae notariorum. Im Laufe des 13. Jh. wurden die einfacheren Korrekturen an die →auscultatores delegiert (Vergleich der Reinschrift mit dem Konzept, bzw. bei Mehrfachausfertigungen mit Vorurkunden oder bei stereotypen Formularen mit Formularbehelfen). Von den weiterhin allein vom C. überprüften Briefen bildeten den größten Teil diejenigen, die in der Audientia publica (→Audientia litterarum contradictarum) verlesen wurden, wo für die Parteien Einspruchsmöglichkeiten bestanden. Der C. wirkte bei den Verhandlungen über diese Einsprüche mit. Bei Beanstandungen notierte die correctoria den korrekten Text am Rand des Briefes und schickte ihn mit dem Vermerk »cor(rigenda)« an den Schreiber zurück. – C. und Auditor litterarum contradictarum gehörten nicht zur Kanzlei im engeren Sinn von communitas cancellariae. Im Zeremoniell rangierten sie gleich hinter Vizekanzler und Notaren und damit ziemlich hoch.

Seit Ende des 13. Jh., abgeschlossen unter Johannes XXII., wurde die Expedition der Papstbriefe getrennt nach Justiz- und Gratialsachen. Dabei verlor der C. die Korrektur der immer wichtiger werdenden Gratialsachen fast ganz an den Vizekanzler und die ihn dabei unterstützenden Kanzleiabbreviatoren. Da zugleich Justizsachen immer mehr an Gewicht verloren, minderte sich die Bedeutung des C.-Amtes. Seit 1370 jedoch erreichten die C.es ihre Mitwirkung an der Expedition der Gratialbriefe und den Anschluß an den Kreis der →Abbreviatoren, die dem Vizekanzler assistierten (assistentes vicecancellario, praesidentia); außerdem übernahmen sie Aufgaben zur Entlastung des Vizekanzlers. Dominierend blieben sie bei Korrektur und Freigabe der Justizbriefe. Diese Veränderungen in Gewicht und Ansehen des Amtes zeigen sich an den Karrieren der C.es der Zeit. – Im 15. Jh. wird zum C. stets ein Abbreviator aus dem parcus maior ernannt. Ihre Funktionen in der Expedition der Justizbriefe delegieren sie z. T. an Stellvertreter, für die die Bezeichnung corrector minoris iusticie oder corrector conquestuum vorkommen. Bei den Konsistorialprovisionen blieb im 15. Jh. nur der Empfang einer Taxe übrig. In der 2. Hälfte des 15. Jh. erreicht das C.-Amt sein größtes Ansehen, ablesbar an der Höhe der Preise, als die Ämter käufl. wurden (→Ämterkäuflichkeit). – Die Umstrukturierung der kurialen Behörden zu Beginn und mehr noch Mitte des 16. Jh. (Trienter Konzil) brachten grundlegende Veränderungen für den C. l. a.

B. Schwarz

Lit.: Bresslau I², 279ff., 301ff. – DDC IV, 681–689 – W. v. Hofmann, Über den c. l. a., RQ 20, 1906, 91–96 – P. Herde, Beitr. zum päpstl. Kanzlei- und Urkundenwesen im 13. Jh., 1967², 197ff., 243ff. – P.

ACHT, Der Korrektor der päpstl. Kanzlei und seine Kontrollzeichen auf den Originalen, Ann. Scuol. Spec. 11, 1971, 46–52 – B. SCHWARZ, Der c. l. a., QFIAB 54, 1974, 122–191 – G. NÜSKE, Unters. über das Personal der päpstl. Kanzlei 1254–1304, ADipl 21, 1975, 390ff. – B. SCHWARZ, Abbreviature officium est assistere vicecancellario in expeditione litterarum apostolicarum (Fschr. H. HOBERG 2, 1979), 789–823 – P. HERDE, Die 'Registra contradictarum' des Vatikan. Archivs (1575–1799) (Studi i.o. di G. BATTELLI 2, 1979), 409ff.

Correctores Romani → Corpus iuris canonici

Corredum (bei den Normannen in Sizilien), Gastungspflicht gegenüber dem Kg., Synonym der in den Urkunden häufiger erscheinenden Begriffe victum, gistum, procuratio. Gemäß einer Konstitution des Normannenkg.s Wilhelm (wahrscheinl. Wilhelm II.), die in den Liber Augustalis aufgenommen wurde (III, 20), war die Gastungspflicht gegenüber dem Kg. einer der Fälle in Sizilien, bei denen (im Unterschied zu Frankreich) die Kirchen und die »Großen« (prelati ecclesiarum, comites, barones, milites) durch Verlangen eines adiutorium ('Beisteuer') auf ihre homines zurückgreifen konnten. Die Eintreibung dieser Abgabe geschah mittels »collectae«, ein Begriff, der schließlich sowohl die gewöhnlichen direkten Abgaben als auch die aus der Adiutoriumspflicht erwachsenen umfaßte.

Im Spätlatein bezeichnete corredium, wie das germ. *rheto, rhedo* etc., v. a. Kleider und Gerät der Frauen, die in ein Kl. eintraten oder sich verheirateten. Im MA erscheint c. in diesem Sinn in einigen südit. Städten, wie z. B. Amalfi. In den Eheverträgen der apul. Städte, die unter norm. Einfluß gestanden hatten, bezeichnete c. die zur Mitgift gehörige bewegl. Habe, die einer Scheinschätzung unterlag (additio tertii). C. Storti Storchi

Lit.: BRÜHL, Fodrum, 309 ff. – T. BUYKEN, Die Constitutiones von Melfi und das Jus Francorum, 1973 – H. CONRAD, T. BUYKEN, W. WAGNER, Die Constitutionen Friedrichs II., 1973 – H. DILCHER, Die sizil. Gesetzgebung Friedrichs II., 1975 – F. P. DE STEFANO, Romani Longobardi e Normanno-Franchi della Puglia nei secoli XV–XVII, 1979.

Correggio da, it. Familie. Einer ma. Tradition folgend, schrieben die Gelehrten des 17. und 18. Jh. der Familie da C. gemeinsame Wurzeln mit dem Haus →Canossa zu. Diese Gemeinsamkeit ist jedoch eher polit.-sozialer Natur, als daß sie auf einer gesicherten genealog. Grundlage beruhte.

Beide Familien scheinen sich nämlich aus dem spätlangob. Amtsadel herzuleiten, aus dem sich – mehr als hundert Jahre nach dem Fall des langob. Kgr.s – allmähl. wieder die herrschende Schicht konstituierte. Der Aufstieg der Familie da C. vollzog sich jedoch viel später als derjenige der Canossa, da er offenbar mit der Entwicklung der Institutionen der Stadtkommune in Zusammenhang steht.

Die Familie erscheint bereits mit *Frogerius (-io)* (der als ihr Stammvater betrachtet wird, † vor 1029) in Correggio (Emilia) ansässig, gelangte aber erst zwei Jahrhunderte später v. a. mit *Gherardo* »dei denti« und dessen Sohn *Guido* (Amt des Podestà u. a. in Reggio, Modena, Genua, v. a. jedoch in Parma) zu beträchtl. Machtfülle. Man könnte sagen, daß die C. fast das ganze 13. Jh. lang die Geschichte →Parmas lenkten und bestimmten. *Giberto*, der Sohn des Guido, wurde 1303 zum Signore der Stadt akklamiert, konnte die Signorie jedoch nur bis 1316 aufrechterhalten, seinem Sohn *Azzo* – einem Förderer der Künste und Freund Petrarcas – gelang es 1341, sie für kurze Zeit wiederzugewinnen. Den Angriffen der →Visconti und v. a. der →Este konnten die da C. allerdings nicht lange Widerstand leisten. Auf ihr angestammtes kleines Territorium Correggio beschränkt – das 1452 zur Gft., 1616 zum Fsm. erhoben wurde –, mußten sie die Hegemonie der Este anerkennen und diesen 1634 das Fsm. abtreten, da sie die gewaltige Geldbuße nicht aufbringen konnten, die der Ks. für die Emission verfälschter Münzen über sie verhängt hatte.

Literaturhist. interessant ist *Niccolò* da C. (1450–1508) als Verfasser einer 1487 am Hof von Ferrara aufgeführten Tragödie »Fabula de Cefalo«. Die Familie starb Anfang des 18. Jh. aus. P. M. Conti

Q. und Lit.: G. Tiraboschi, Memorie storiche modenesi, Modena 1793–95, V, cap. 14 – I. Affo', Storia della città di Parma III, Parma 1795, 129ff. – M. MELCHIORRI, Vicende della signoria di Ghiberto da C. in Parma, Arch. stor. per le prov. parmensi IV, 1906, 1 ss. – R. FINZI, Azzo da C., 1928 – Niccolò da C., Opere, ed. A. TISSONI BENVENUTI, 1969.

Corregidor (von *corregir* 'zurechtweisen'), in Kastilien und León kgl. Beauftragter in den Gemeinden. Seit der 2. Hälfte des 13. Jh. wurden in den Kgr.en Kastilien und León die Beauftragten des Kg.s, die er an die →*concejos* oder Ortsgemeinden entsandte, wenn sie wegen ihrer schlechten Verwaltung in wirtschaftl. Schwierigkeiten geraten oder während der Wahl von Lokalgewalten Unruhen ausgebrochen waren, c. es genannt. Diese Abgesandten des Kg.s waren im Prinzip Visitatoren oder Richter, die als *pesquisidores, veedores, emendadores* oder *alcaldes de salario* bezeichnet wurden (in León waren es häufig bezahlte Sonderrichter); die Herrscher sandten diese zu den Städten und Gemeinden auf Betreiben ihrer concejos mit dem Auftrag, die dortige Verwaltung zu inspizieren, sie zu reformieren und gemeinsam mit den *alcaldes de Fuero* oder ortsansässigen Richtern Recht zu sprechen.

Schon Kg. Alfons XI. v. Kastilien-León (1312–50) schickte in die Städte und Dörfer auf deren Ersuchen hin Beamte, die *regidores* oder *corregidores* genannt wurden. Letztere Bezeichnung wurde normalerweise auf solche Abgesandte des Kg.s angewandt, die in Städte und Gemeinden mit einer gewissen Unabhängigkeit entsandt wurden. Die c. es übten ein Aufsichtsrecht über die Stadtverwaltung aus.

Seit der 2. Hälfte des 14. Jh. bürgerte sich weitgehend der Brauch ein, an die concejos nicht mehr bei Bedarf einen c. zu entsenden, sondern einen c. als ständigen kgl. Vertreter in einer Stadt zu installieren. Als solcher griff dieser ins Stadtregiment ein. Zusammen mit dem ortsansässigen alcaldes de fuero sprach er Recht. Der Chronist Fernando del Pulgar berichtet in seiner »Crónica de los Reyes Católicos«, daß Ferdinand und Isabella 1480 in den wichtigsten Städten Kastiliens und Leóns c.es einsetzten, die an der Spitze der jeweiligen Stadtregierung *(regimiento, cabildo,* →*ayuntamiento)* als wirksame Vertreter der kgl. Politik fungierten. So war die Entsendung der c.es in die Concejos oder Municipios in Kastilien und León ein Bestandteil der Zentralisierungspolitik der kast.-leones. Kg.e des Spät-MA, einer Politik, die damit begonnen hatte, daß an Stelle der Wahl von Beamten durch eine freie Versammlung oder den concejo die Einsetzung von *hombres buenos* oder *regidores* trat, die nun die jährl. Ernennung der höheren und niederen Beamten vornahmen. Diese Zentralisierungspolitik war durch Kg. Alfons XI. eingeleitet worden, der an die Stelle der freien Bürgerversammlung einen örtlichen Rat, den regimiento oder ayuntamiento, gesetzt hatte, dessen Mitglieder schließlich vom Kg. auf Lebenszeit ernannt wurden und unabsetzbar waren. Entscheidend ausgeweitet wurde die Institution der c.es schließlich unter Heinrich III. (1390–1406). Im Baskenland (→Bask. Provinzen), das zwar unter der Souveränität der Kg.e v. Kastilien-León stand, aber durch eigene *Juntas de Herman-*

dad regiert wurde, stand in jeder der bask. Provinzen ein c. als Vertreter der Königsmacht an der Spitze der Juntas.

L. García de Valdeavellano

Lit.: E. Mitre Fernández, La extensión del régimen de c. es en el reinado de Enrique III, 1969 – J. Cerdá Ruiz-Funes, Hombres buenos, jurados y regidores en los municipios castellanos de la Baja Edad Media (Actas del I Symposium de Hist. de la Administración, 1970) – B. González Alonso, El C. castellano (1348–1808), 1970 – A. Bermúdez Aznar, El C. en Castilla durante la Baja Edad Media (1348–1474), 1974 – M. Cuartas Rivero, Los c. es de Asturias en la época de los Reyes Católicos (1474–1504), Asturiensia Medievalia 2, 1975, 259–278 – L. G. de Valdeavellano, Curso de Hist. de las Instituciones españolas, 1977⁵.

Correr, ven. Familie, stammte aus →Torcello, wurde 1297 in die Serrata del Maggior →Consiglio einbezogen. Bedeutendstes Mitglied der Familie im 13. Jh. war *Pietro*, Bf. v. Castello, danach von Candia und Patriarch v. Konstantinopel. In den folgenden Jahrhunderten gingen aus der Familie wichtige Kirchenfürsten und Staatsmänner hervor. *Angelo* († 18. Okt. 1417), Patriarch v. Konstantinopel, Nuntius in Neapel, 1405 Kardinal, wurde am 5. Dez. 1406 unter dem Namen →Gregor XII. während der Periode des →Abendländischen Schismas, in der es drei Päpste gab, zum Papst gewählt; von Venedig nicht anerkannt, dankte er bei dem Konzil von →Konstanz am 4. Juli 1415 ab. Sein Vetter, *Antonio*, Sohn des Pietro (1369–1445), Bf. v. Ceneda, vielleicht auch Bf. v. Brescia, wurde nach dem Konzil v. →Pisa abgesetzt, konnte jedoch nach verschiedenen Wechselfällen von seiner Diözese wieder Besitz ergreifen. *Paolo*, Sohn des Filippo († 14. Sept. 1443), ein Neffe des Papstes, war 1416 Podestà in Padua, 1418–20 Capitano in Zara (h. Zadar); in den Jahren 1427 bis 1429 begegnet er als Rektor von Padua, 1428 wurde er zu den Friedensverhandlungen von Ferrara mit Filippo Maria →Visconti entsandt, 1431 nahm er an dem Kongreß von →Piacenza mit Ks. Sigmund teil, leitete 1437 eine Gesandtschaft an den Hzg. von Ferrara und war 1440 als Plenipotentiar in Cavriana (Mantua), um mit dem Hzg. v. Mailand Friedensverhandlungen zu führen.

Antonio, Sohn des Filippo (* 13. Juli 1369, † 19. Jan. 1445), gründete zusammen mit Gabriele →Condulmer (dem späteren Eugen IV.) die Kongregation der Regularkanoniker von S. Giorgio in Alga. 1407 Bf. v. Bologna, Kard. (nach dem Konzil v. Konstanz abgesetzt), Bf. v. Porto (1430), Ostia und Velletri (1432), Legat Martins V. in Umbrien, nahm 1439 am Konzil v. Florenz (→Ferrara-Florenz) teil. *Gregorio* (* 1411, † 19. Nov. 1464), ein Schüler des →Vittorino da Feltre, war apostol. Protonotar unter Eugen IV., vertrat 1433 in Basel (→Basel, Konzil v.) konziliarist. Thesen und nahm 1439 am Konzil v. Florenz (→Ferrara-Florenz) teil, bei dem die Union mit der griech. Kirche betrieben wurde. Infolge der kühlen Haltung des Papstes ihm gegenüber und der in andere Richtung gehenden Politik Venedigs wurden seine Hoffnungen auf die Bm.er Padua und Verona und danach auf die Patriarchenwürde mehrfach enttäuscht. Er pflegte ausgeprägte humanist. Interessen und schrieb u. a. die Tragödie »Progne«, den metr. Traktat »Quomodo educari debeant pueri et erudiri«, die Epistel »Ad Caeciliam virginem de fugiendo saeculo« sowie sechs Satiren und übersetzte zahlreiche griech. Autoren ins Lateinische. P. Preto

Lit.: EnclXI, 495f. [R. Cessi] – DBI, s. v. Antonio C., Gregorio C. [P. Preto; im Dr.] – P. Litta, Famiglie celebri d'Italia, 4, 1819 – Ders., Cenni intorno ad alcuni distinti uomini della veneta patrizia famiglia Corraria, 1841.

Corroboratio, Angabe der Beglaubigungsmittel in Urkk. am Ende des →Kontextes, die v. a. der stärkeren Absicherung der Echtheit eines Schriftstückes dienen soll-te. Die zunächst stetige Erweiterung der C. wurde in der Forschung v. a. für die Herrscherkanzlei verfolgt: Begnügten sich die merow. Kg.e und die frühen →Formelsammlungen dieser Zeit noch mit dem ausschließl. Hinweis auf die eigenhändige Unterschrift des Ausstellers, so trat seit Pippin d. J. (MGH D Arn. 20) die Angabe einer Besiegelung hinzu, was auf fehlende oder mangelhafte Schreibkenntnisse der frühen Karolinger hindeuten kann. Unter Karl d. Dicken (MGH D K III. 2ff.) wurde noch der Beurkundungsbefehl hinzugefügt. In der frz. Kanzlei verwies man seit Robert II. (Bouquet X, 591f., 596f.), in der dt. seit Lothar III. (MGH D L. III. 119) und Konrad III. (MGH D K. III. 4ff.) auf die Zustimmung namentl. aufgeführter Zeugen. Dieser Brauch wurde in Frankreich bezeichnenderweise seit der Stärkung der Monarchie unter Philipp II. August, der nur auf sein eigenes Siegel und seine Unterschrift als Beglaubigung der Urk. im Sinne eines Schriftstücks hinwies, in Deutschland seit dem SpätMA aufgegeben. In der spätma. dt. Kanzlei wurde nur noch eine ganz kurze C. benutzt. Während die päpstl. (z. B. RI 2,5, Nr. 145) und die byz. (Chrysobulla Sigillia des 11. Jh.; zwei Urkk. des 14. Jh.) Kanzlei eine C. nur in Ausnahmefällen, andere europ. Herrscher in abgewandelten Formen (in der norm. Kanzlei Namensnennung des Notars, seit Wilhelm I. auch Ankündigung der →Rota) verwandten, durchlief die C. in vielen Privaturkk. eine ähnliche Entwicklung wie in der Herrscherkanzlei und wurde im späteren MA auf Grund gewandelter Formen der Urkundenexpedition vielfach aufgegeben. →Urkunde. B. Schneidmüller

Lit.: Bresslau I, 687ff. u. ö. – W. Erben, Die Kaiser- und Königsurkk. des MA in Dtl., Frankreich und Italien, 1907, 363ff. – G. Tessier, Diplomatique royale française, 1962, 218ff. u. ö. – F. Dölger – J. Karayannopulos, Byz. Urkundenlehre I, 1968, 49, 102ff. – H. Enzensberger, Beitr. zum Kanzlei- und Urkundenwesen der norm. Herrscher Unteritaliens und Siziliens, 1971, 39, 78.

Corrody (engl.; lat.: corrodia, corredia, conredia), in England Bezeichnung für die Abgabe, die vom Lehnsmann für den Unterhalt seines Lehnsherrn geleistet wurde. Im Hoch- und SpätMA war C. allgemein gebräuchlich für Zuwendungen von Kl. oder anderen geistl. Institutionen, wobei es sich allerdings um Naturalien handelte, die meistens aus den Haushalten der geistl. Häuser stammten. Die C.s konnten bestimmt sein für den Unterhalt eines laikalen Knechts oder für die Altersversorgung eines Vikars oder Kaplans. Kg.e und auch andere Feudalherren übten oft Druck auf ihre Eigenkirchen aus, damit diese ihren Kandidaten C.s stifteten. Um sich Geld zu beschaffen, verkauften die Kl. auch die C.s, was zur Folge hatte, daß das Überhandnehmen der C.s eine Ursache für die Verarmung der engl. Kl. im SpätMA war. J. H. Denton

Lit.: H. Cole, Documents Illustrative of English Hist. in the Thirteenth and Fourteenth Centuries (Corrodia petita de domibus Templariorum 1307–13), 1844, 139–230 – A. Savine, The English Monasteries on the Eve of the Dissolution, 1909, 240–245 – A. Hamilton Thompson, A C. from Leicester Abbey (Transactions of Leicestershire Archaeological Society, XIV), 1926, 114–134 – J. R. H. Moorman, Church Life in England in the Thirteenth Century, 1955, 269–271 – S. Wood, English Monasteries and their Patrons in the Thirteenth Century, 1955, 107–111 – J. H. Tillotson, Pensions, C.s and Religious Houses: an Aspect of the Relations of Crown and Church in Early Fourteenth-century England, The Journal of Religious Hist. VIII, 1974–75, 127–143.

Corset (lat. corsettus), in frz. und engl. Quellen des 13.–15. Jh. verwendeter Ausdruck für ein von beiden Geschlechtern getragenes Kleidungsstück. Von J. Evans als mantelartiger, zumeist rund geschnittener Umhang definiert, der verschiedene Längen aufweisen kann. Über

Stoffqualität und -quantität geben die Quellen hinreichend Auskunft.

Die ältesten Erwähnungen beziehen sich auf von Männern getragene C.s; so taucht der Begriff erstmals 1239 in den Ausgabenbüchern für den frz. Kg. auf. Die erste Nennung in Zusammenhang mit weibl. Garderobe erfolgt 1317 in den Rechnungsbüchern des Geoffroy de Fleuri. Detaillierte Beschreibungen enthalten z. B. die Rechnungen des Connétable d'Eu (1338): ein mit Gold und Perlen besticktes C., die Stickerei stellt u. a. ein Boot mit drei nach Herzen fischenden Damen dar. Auch in den Rechnungen des engl. Königshauses taucht in dieser Zeit der Begriff C. des öfteren auf: 1333 läßt Philippine v. Hennegau, die Gemahlin Eduards III., ihre Hofdamen mit C.s einkleiden. C.s werden aber auch in den wenigen erhaltenen Inventaren und Rechnungen aus bürgerl. Haushalten erwähnt: So besitzt die Gemahlin des Ponce Clair, Anwalt in Valence-sur-Rhône, vier C.s (Inventar von 1345), durchwegs aus guten Stoffen gefertigt, z. T. mit Pelz gefüttert und mit Applikationen versehen.

Generell dürften in erster Linie schwere Wollstoffe, Samte und Seiden zur Anfertigung verwendet worden sein; einen wichtigen Bestandteil bildet auch das Futter, zumeist Pelze wie Feh (1345–49: C. aus Wollstoff für Kgn. Philippine sowie 300 Felle Feh für das Futter desselben).

Nennungen in Quellen des 15. Jh. weisen darauf hin, daß in diesem Zeitraum die oben angeführte Definition nicht mehr zutrifft, werden doch im Zusammenhang mit C.s bisweilen weite Ärmel angeführt, während im 13. und 14. Jh. gerade die Ärmellosigkeit typisch für die C.s zu sein scheint. E. Vavra

Lit.: V. Gay, Glossaire archéologique I, 1887, 435–438 – C. Enlart, Manuel d'archéologie française depuis les temps mérovingiens jusqu'à la Renaissance, 3: Le costume, 1916, 556 – J. Evans, Dress in Medieval France, 1952, 33 – M. Beaulieu–J. Baylé, Le Costume en Bourgogne, 1958, 58 – F. Boucher, Hist. du Costume en occident de l'antiquité à nos jours, 1965, 431 – K. Staniland, The Medieval 'C.', Costume, The Journal of the Costume Society 3, 1969, 10–13 – F. Piponnier, Costume et vie sociale. La Cour d'Anjou XIVᵉ–XVᵉ s., 1970, 35–36, 301–302, 384–385 – S. M. Newton, Fashion in the Age of the Black Prince, 1980, bes. 15, 25, 27, 67.

Corsini, florent. Familie, stammte aus der Val di Pesa und ist seit den 70er Jahren des 13. Jh. in →Florenz belegt. Ihre in die Wollzunft (»Arte della Lana«) eingeschriebenen Mitglieder wurden bereits Ende des 13., Anfang des 14. Jh. dem »Popolo Grasso« zugezählt und gehörten von da an ununterbrochen der Führungsschicht in Florenz an. Die C. stellten der Republik Florenz zahlreiche Magistraten (8 Gonfalonieri und 56 Priori), Politiker, Diplomaten, Prälaten und führende Persönlichkeiten des Geisteslebens. Zu den bedeutendsten Persönlichkeiten des Hauses C. zählen: *Jacopo* († 1394), trat dem Aufstand der →Ciompi entgegen und war Mitglied der Balia im 1393 in rigoroser Weise das Fundament für die polit. Vorherrschaft der oligarch. Familien legte; der Karmeliter *Andrea* (1302–74), seit 1340 Bf. v. Fiesole, wurde wegen seines heiligmäßigen Lebens und seiner heroischen Pflege der florent. Pestkranken während der großen Epidemie 1348–50 von Urban VIII. 1629 heiliggesprochen; *Piero* († 1405), 1362 Bf. v. Volterra, 1363 Bf. v. Florenz, 1370 Kard. und Bf. v. Porto, trat nach anfängl. Unterstützung →Urbans VI. während des avignones. Schismas auf die Seite des Gegenpapstes →Clemens VII. und verfaßte einen »Tractatus iuris et facti super schisma«, in dem er die Rechtmäßigkeit der Wahl Urbans VI. bestritt; *Tommaso* († 1366) war der Mitbegründer des florent. Studio und lehrte dort Zivilrecht; *Giovanni* zeichnete sich in der 2. Hälfte des 14. Jh. als Gouverneur von Rhodos aus; *Matteo* (1322–1402) war ein Freund des →Petrarca; der vom Ks. zum Pfgf. ernannte *Filippo* (1334–1421), der fünfmal das Amt des Gonfaloniere bekleidete, entfaltete eine glänzende diplomat. Tätigkeit; ihm ist eine führende Rolle beim Zustandekommen der ital. Liga gegen die Compagnie di ventura zuzuschreiben, auch die Neubelebung des florent. Studio ist hauptsächl. sein Verdienst. *Giovanni* (1398–1462) und *Gherardo* (1455–1578) unterstützten tatkräftig die Signorie der Medici.

Die Vorrangstellung der Familie setzte sich auch in nachma. Zeit fort (kulminierend im 18. Jh. mit Papst Clemens XII.), die C. erhielten den Adelstitel und wurden zuerst von den Großhzg.en der Toskana, später vom it. Königshaus mit verschiedenen diplomat. und polit. Aufgaben betraut. Die Familie existiert noch heute. F. Cardini

Lit.: EncIt XI, 525f., s.v. – L. Passerini, Genealogia e storia della famiglia C., 1858.

Cortellaggio (*Coltellaccio*, it. 'Großes Messer'), aus dem ma. Streitmesser entstandene spätma. →Blankwaffe mit Messer- oder Schwertgriff samt Parierstange. Unter dem Einfluß des türk. →Säbels wurde das Klingenende oft kurvig verbreitert. Da die griech. *macheira*, eine artverwandte Waffe, oft an antiken Panzer-Statuen dargestellt wurde, hielt man in der it. Renaissance das Streitmesser für eine Hauptwaffe der Römer und gab daher den C. in prunkvoller, antikisierender Ausführung von Griff und Scheide der →Armatura alla Romana bei. O. Gamber

Lit.: L. G. Boccia – E. T. Coelho, Armi Bianche Italiane, 1975 [allg.].

Cortenuova, Dorf sö. Martinengo (Prov. Bergamo), 877 als karol. Königshof erwähnt, seit 915 im Besitz der Bf.e v. Bergamo, im 11. Jh. Burg der Grafen v. Bergamo aus der Familie der Giselbertiner, wohl im 12. Jh. unter die Oberhoheit Bergamos gelangt, berühmt durch die Schlacht, die hier am 27./28. Nov. 1237 zw. den Heeren Ks. Friedrichs II. und des Lombard. Bundes stattfand. – Im Nov. 1237 lagerten die gegner. Heere im Raum sw. Brescia. Nach erfolglosen Verhandlungen traten die Lombarden den Rückmarsch in ihre w. gelegenen Heimatstädte an. Der weiter s. stehende C. marschierte nach NW, um den Feind in einer Feldschlacht zu stellen. Seine Vorhut stieß s. C. auf die Lombarden, die sich nach kurzem Kampf in das befestigte Dorf zurückziehen mußten, das bald auch von der Hauptmacht des Ks.s angegriffen wurde. Nach schweren Verlusten flüchteten die Lombarden in der Nacht unter Zurücklassung des Mailänder Fahnenwagens (Carroccio), den Friedrich II. auf dem röm. Kapitol aufstellen ließ. Der Sieg brachte jedoch keine polit. Entscheidung, da Friedrich II. die weitgehenden Friedensangebote Mailands ablehnte und die Lombarden dadurch zur Fortsetzung des Krieges zwang. H. M. Schaller

Lit.: RI 5, Nr. 2289a–2295 – K. Hadank, Die Schlacht bei C. [Diss. Berlin 1905; dazu NA 31, 1906, 252] – H. Delbrück, Gesch. der Kriegskunst 3, 1923², 367–369 – Storia di Milano 4, 1954, 231 f. – B. Belotti, Storia di Bergamo 2, 1959, 47–50 – J. Jarnut, Bergamo 568–1098, 1979.

Corteolona. Die Pfalz »Olonna«, ca. 20 km ö. Pavia am Fluß Olona gelegen, ist eine der wichtigsten Pfalzen des »Regnum Italiae« im 9. Jh.; sie wird im 10. Jh. in der Regel *castrum* gen.; ein *palatium* ist erstmals unter Lothar I. bezeugt (D Lo. I. 5); auch Ludwig II. und Karl III. haben hier geurkundet; der letzte Herrscher, der in C. urkundet, ist Berengar I. 920 (DD Ber. I. 124–125). Im Dez. 937 geht C. als Wittum an die spätere Ksn. Adelheid, die es zw. 967 und 972 dem Salvatorkl. in Pavia schenkt (D O. II. 281; D O. III. 302). Die älteste Erwähnung von Olonna findet sich bei Paulus Diaconus (Hist. Lang. VI, 58) anläßl. der Gründung eines Kl. S. Anastasius durch Kg. Liutprand, das später nicht mehr erwähnt wird. Es ist jedoch nicht ident. mit dem erstmals 822 urkundl. erwähnten Kl. S. Cristina (B-M 763), dessen Gründer unbekannt ist, das aber mit Sicherheit in das 8. Jh. zurückreicht. C. Brühl

Lit.: P. Darmstädter, Das Reichsgut in der Lombardei und Piemont, 1890, 189–190 – K. Voigt, Die kgl. Eigenklöster im Langobardenreich, 1909, 13, 53–54 – IP VI/1, 224–225 – K. Schrod, Reichsstraßen und Reichsverwaltung im Kgr. Italien, 1930, 73–74 – Brühl, Fodrum, 401–407, 414–415, 421 – C. Calderini, Il palazzo di Liutprando a C., Contrib. dell' Ist. di Archeologia dell'Univ. Catt. Milano, 1975, 174–203.

Cortereal (Corte-Real), Gaspar, ptg. Seefahrer, * um 1450, † 1501 (verschollen). Jüngster Sohn des *João Vaz* C. (Statthalter der Azoren-Inseln Terceira und São Jorge, † 1496), der von einigen Autoren zu den vorkolumbian. Entdeckern Amerikas gezählt wird (→Pining und Pothorst). Nachdem Gaspar C. vor 1500 mindestens eine Entdeckungsfahrt in den Atlantik unternommen hatte, erhielt er im Mai 1500 von Kg. Manuel I. einen Patentbrief zur Suche nach unbekannten Ländern und Inseln. Noch im gleichen Jahr trat C. eine Seereise nach NW an, bei der er höchstwahrscheinl. das 1497 von →Caboto entdeckte Neufundland oder Süd-Labrador, möglicherweise auch Grönland, erreichte. Auf der 1501 wiederholten Fahrt landete man an der neufundländ. Küste; von dort sandte C. zwei Schiffe nach Portugal, während er selbst die Forschungen fortsetzte, von denen er jedoch nicht mehr zurückkehrte.

Miguel C. (* um 1450, 1502 verschollen) segelte 1502 nach Neufundland, um seinen verschollenen Bruder zu suchen, erlitt aber das gleiche Schicksal. J. Dörflinger

Lit.: S. E. Morison, Portuguese Voyages to America in the Fifteenth C., 1940, 33–41, 68–72 – D. Peres, Hist. dos Descobrimentos Portugueses, 1960², 216–226, 469–482 – S. E. Morison, The European Discovery of America. The Northern Voyages, 1971, 213–217, 244–247 – D. Henze, Enzyklop. der Entdecker und Erforscher der Erde I, 1978, 727–731.

Cortes, Ständevertretungen in den christl. Staaten der Iber. Halbinsel.

I. Kastilien und León – II. Portugal – III. Krone Aragón – IV. Navarra.

I. Kastilien und León: In den Kgr.en Kastilien und León traten seit der 2. Hälfte des 12. Jh. Cortes (pl. von *corte, cort*) zusammen, als unter dem Schutz des Kg.s stehende polit. Versammlungen der drei →*brazos* oder →Stände, die die ständ. Gruppen des Klerus, des Adels und der Vertreter der Städte repräsentierten.

Geistlichkeit und Adel hatten schon in westgot. Zeit und im frühen HochMA aktiv am polit. Leben teilgenommen. Sie saßen in der westgot. →Aula regia und später in der →Curia regis, wie man seit dem 11. Jh. jede von den kast.-leones. Kg.en einberufene Versammlung nannte. An außerordentl. Zusammenkünften nahmen die geistl. und weltl. Großen teil, um über militär., polit., wirtschaftl. und finanzielle Fragen zu beraten.

So stellte das Auftreten städt. Vertreter in außerordentl. Versammlungen polit. Charakters der Curia, die man seit dem 13. Jh. C. nannte, den Ausgangspunkt für diese Institution dar, die zweifelsohne als Folgeerscheinung der wachsenden wirtschaftl. und sozialen Bedeutung der Städte in Kastilien und León zu werten ist. Grundlage war die Wiederbelebung des Handels vom 11. Jh. an, die zur Ausbildung einer neuen sozialen Größe, der ma. Stadt, geführt hatte; Vertreter der bedeutendsten städt. Gemeinwesen erlangten allmählich eine Mitwirkung in den einzelnen staatl. Gremien.

Neben dieser Funktion einer städt. Standesvertretung betont Sánchez-Albornoz im Zusammenhang mit der Entstehung der C. die zunehmende Komplexität in Politik und Verwaltung in Kastilien und León, die zur Umwandlung der Curia regis und zur Ausbildung zweier neuer, unabhängig voneinander sich konstituierender Körperschaften führte: des →Consejo Real, in Fortsetzung der üblichen Zusammenkünfte der Curia, zuständig für Fragen des Rechts und der Verwaltung, und der C. des Kgr.es, zuständig für allgemeine Probleme polit., wirtschaftl. und gesetzgeber. Natur.

Ist man bereit, die Curia des Jahres 1170, auf der Ferdinand II. v. León den Rat der »bonorum hominum, pontificum, militum, borgensium« einholte, als ersten Beleg einer Teilnahme städt. Vertreter auf öffentl. Versammlungen des Kgr.es zu werten, dann muß diese Curie in gewisser Weise als bedeutendster Vorläufer der Curia Plena betrachtet werden, die Alfons IX. 1188 nach León berief. Auf dieser Versammlung erschienen nämlich zusammen mit Bf.en und Großen (»episcopis et magnatibus regni mei«) Vertreter der Städte (»electis civibus ex singulis civitatibus«). Obwohl die Versammlung über verschiedene Fragen der öffentl. Ordnung, des Personenrechts und der Rechtswahrung Beschlüsse faßte, haben einige Historiker die Anwesenheit städt. Vertreter in den einzelnen polit. Gremien mit fiskal.-finanziellen Fragen wie dem Münzrecht und der Steuerbewilligung in Verbindung gebracht. Sie verwiesen konkret auf die Tatsache, daß der Kg. seinen Städten das Münzrecht gegen eine fixe Abgabe in Edelmetall, die an den kgl. Schatz (*erario real*) ging, verkaufte. Ähnliches sollte 1202 auf der Curia v. Benavente erfolgen, an der auch die gewählten Vertreter der Städte des Reiches teilnahmen und die der Curia von 1188 genau im Zeitraum von zweimal sieben Jahren folgte, wie es damals festgelegt worden war.

Was Kastilien betrifft, so hat O'Callaghan herausgestellt, daß sich der erste Beleg für die Präsenz städt. Vertreter auf der kgl. 'Curia' 1187 in S. Estéban de Gormaz findet. Die Vereinigung beider Reiche – 1230 unter Ferdinand III. endgültig abgeschlossen – führte nicht sofort zu einer gemeinsamen Einberufung der Stände. Noch zu Beginn des 14. Jh. gab es unabhängige C., auf denen nur Vertreter Kastiliens erschienen, aber wenig später fand eine Zusammenlegung statt. Dies ist wahrscheinl. auf die in diesem Sinne erfolgten Eingaben der Prokuratoren an den Kg. 1302 zurückzuführen.

Im Laufe des SpätMA zeichneten sich verschiedene Entwicklungen in der Art und Weise ab, in der die drei Stände auf die C. von Kastilien und León vertreten waren. Anfänglich intervenierten Klerus und Adel sehr häufig, um sich dann später von dieser Institution zu distanzieren und sich anderen Organen der Machtausübung zuzuwenden. Andererseits wiederum ist eine Teilnahme von städt. Vertretern in dieser Frühzeit nur sporadisch festzustellen, sie stieg aber zu Beginn des 14. Jh. zweifellos aufgrund der polit. Entwicklung an und erreichte auf den C. von Burgos 1315 die Zahl von 100 Prokuratoren. Im 15. Jh. waren nur noch 17 Städte vertreten, nach der Eroberung Granadas 18, eine Zahl, die sich in der Neuzeit nicht mehr ändern sollte. Nichtsdestoweniger waren damit die wichtigsten Städte des Reiches repräsentiert: Burgos, León, Toledo, Murcia, Sevilla, Salamanca, Valladolid usw., und ihre, wenn auch geringe Anzahl kann herangezogen werden, um den demokrat. oder repräsentativen Charakter dieser Institution zu unterstreichen, da zum einen seit der Herrschaft Alfons' XI. die Zentralgewalt auch bei rein lokalen Belangen intervenierte und ihre Kontrolle ausübte, zum anderen viele der Prokuratoren jener städt. Oberschicht angehörten, die im Stadtrat saß und je nach Gelegenheit Zugang zu denjenigen Gruppen hatte, die den Staatsapparat kontrollierten. Andererseits trug ein Territorialisierungsprozeß, der seit der 2. Hälfte des 14. Jh. beschleunigt zahlreiche städt. und ländl. Siedlungen erfaßte, zweifelsohne zum Rückgang der Zahl der vertretenen Städte bei.

Die Einberufung der Stände erfolgte nicht in festgelegtem zeitl. Abstand, obwohl gelegentl., wie z. B. in Palencia 1313, ein Rhythmus von zwei Jahren gefordert wurde. Zudem scheint es, daß der Stellenwert der C. entsprechend der Herrschaftsauffassung des jeweiligen Kg.s schwankte. Dem Kg. stand das Recht zu, Einzelpersonen und Gemeinwesen durch die Entsendung von Schreiben zu den C. zu laden. In ihnen wurden Ort, Datum und Tagesordnung bekanntgegeben. Der Kg. eröffnete die Sitzungen mit einer Rede (*proposición* oder *razonamiento*), und die Anwesenden legten Eingaben (*peticiones*) vor, die öffentl. oder aber private Fragen betrafen und in den Beschwerdeheften, den *Cuadernos de Cortes*, gesammelt wurden (zu vergleichbaren Beschwerdeheften der frz. Etats →Cahier de doléances). Sie gingen gemeinsam mit den dort erlassenen Verordnungen in die Akten der C. ein.

Vielfältige Probleme wirft die Frage nach Funktion und Kompetenzen der C. v. Kastilien-León auf. Sie ist je nach dem Zeitpunkt innerhalb der langen Geschichte dieser Institution verschieden zu beantworten. Zweifelsohne kam den C. eine hervorragende Bedeutung öffentl.-rechtl. Natur zu, v. a. durch ihre Mitwirkung beim Treueid des Kg.s, bei Fragen der Thronfolge, der Regentschaft während der Minderjährigkeit eines Kg.s und bei Heiratsverbindungen des Königshauses. Die C. griffen auch in die Außenpolitik ein, bei Kriegserklärungen, Friedensverträgen, dem Abschluß von Bündnissen und befaßten sich mit der inneren Verwaltung des Kgr.es.

Die Art und Weise dieser manchmal rein symbol. Interventionen führte in der Forschung dazu, daß man den C. jede andere als eine rein beratende Funktion absprach und die Frage aufgeworfen wurde, ob sie echte gesetzgeber. Aufgaben erfüllten mit dem Kg. zusammen die Legislative bildeten (so PISKORSKI und SÁNCHEZ-ALBORNOZ), ob ihre Mitwirkung bei der Verkündung gesetzeskräftiger Verfügungen einzig dem Zwecke größerer Feierlichkeit und weiterer Verbreitung der ihnen vom Kg. vorgelegten Gesetze diente (so PÉREZ-PRENDES) oder ob, wie GIBERT meint, die gesetzgeber. Tätigkeit der C. größeren Stellenwert besitzt. Allem Anschein nach gingen die Befugnisse der C. über eine rein beratende Funktion hinaus, da der Kg. die *Leyes* in manchen Fällen nur im Einvernehmen mit der Versammlung verabschieden und in den C. verfügte Gesetze nicht einseitig aufheben konnte, zusätzl. bei weiteren Entscheidungen an die Zustimmung der Stände gebunden war.

Eine andere Aufgabe der C., die in engem Bezug zum Ursprung dieser Institution stand, war die Bewilligung der vom Kg. angeforderten Sondersteuern, die zur Abdeckung der wachsenden kgl. Ausgaben, insbes. der Kriegskosten dienten; als Gegenleistung ging der Kg. die Verpflichtung ein, die von den Prokuratoren vorgetragenen *Peticiones* anzuhören und eine Entscheidung darüber zu treffen.

Eine der Ursachen, die zum Verfall der C. führte, war offensichtlich die Tendenz zur Einführung eines kgl. Absolutismus, der von einer Mitwirkung der C. bei den Staatsgeschäften nach Möglichkeit Abstand nahm. Das Kgtm. konnte diese absolutist. Bestrebungen auch durchsetzen, denn mit dem Scheitern des Aufstands der Comuneros (1520-22), die u. a. beabsichtigt hatten, den repräsentativen Charakter der C. wiederherzustellen, schwand auch der Einfluß dieser Institution. R. Pérez-Bustamante

Q.: T. MUÑOZ Y ROMERO, Colección de C. de los antiguos Reinos de España por la Real Academia de la Hist. Catálogo, 1855 – C. de los antiguos Reinos de León y Castilla, 7 vol., 1861-1903 – A. BALLESTEROS Y BERETTA, Las C. de 1252, Anales de la Junta para ampliación de estudios 3.3, 1911, 109–141 – *Lit.:* W. PISKORSKI, Las C. de Castilla en el periodo de tránsito de la Edad Media a la Moderna, 1188-1520 [span. Übers., 1930, 1977² mit einl. Stud. v. J. VALDEÓN BARUQUE: Las C. medievales castellano-leonesas en la historiografía reciente] – J. F. O'CALLAGHAN, The Beginnings of the C. of León-Castile, American Hist. Review 74, 1969, 1503–1537 – J. VALDEÓN BARUQUE, Las C. Castellanas en el siglo XIV, Anuario de Estudios Medievales 7, 1970–71, 633–644 – C. ÁLVAREZ ÁLVAREZ, Asturias en las C. medievales, Asturiensia Medievalia 1, 1972, 241–259 – J. M. PÉREZ-PRENDES, C. de Castilla, 1974 – L. GARCÍA DE VALDEAVELLANO, Curso de Hist. de las Instituciones Españolas, 1975⁴ – E. MITRE FERNÁNDEZ, Los 'Cuadernos de C.' castellano-leonesas (1390-1407), Actas de las I Jornadas de Metodología Aplicada de las Ciencias Históricas. Santiago de Compostela, II: Hist. Medieval, 1975, 281–291 – E. S. PROCTER, Curia and C. in León and Castile, 1072–1295, 1980 – J. SALCEDO IZU, La autonomía municipal según las C. castellanas de la Baja Edad Media, AHDE 50, 1980, 223–242.

II. PORTUGAL: Im Kgr. Portugal entwickelte sich die Versammlung der C. ebenfalls aus der vom Kg. feierlich einberufenen curia extraordinaria (→curia regis) und gewann seit dem 13. Jh. als Ständevertretung gegenüber dem kgl. *Concelho* zunehmend an Bedeutung bei der Ausübung der Regierungsgewalt. Da die von Brandão 1633 ans Licht gebrachten Akten über angebliche C. in Lamego 1143 längst als Fälschung erwiesen und die in der ptg. Geschichtswissenschaft als die ersten drei C. gewerteten Versammlungen unter Alfons II., Sancho II. und Alfons III. (1211 und 1229 in Coimbra, 1250 in Guimarães) wohl eher als curiae regis (curiae extraordinariae) anzusprechen sind (obwohl 1211 wichtige gesetzgeber. Tätigkeiten ausgeübt wurden), können erst die Zusammenkünfte von 1253 in Lissabon (PROCTER) und 1254 in Leiria (CAETANO), auf denen erstmalig offiziell Vertreter der Städte anwesend waren, als C. im eigtl. Sinne bezeichnet werden. Die Beteiligung der städt. *Concelhos* und ihrer Repräsentanten an den Beratungen von Klerus und Adel mit dem Kg. ist auf den zunehmenden Einfluß der Kaufmannschaft und damit des Bürgertums zurückzuführen, so daß das Kgtm. nun die Städte und ihre polit. und wirtschaftl. Kraft als Gleichgewichtsfaktor gegenüber den Vertretern der beiden etablierten Stände einsetzen konnte, während im munizipalen Bereich ein sich verfestigendes Bewußtsein für die eigene Autonomie gegenüber den Rechten und Forderungen von Klerus und Adel festzustellen ist. Der eigtl. Beginn der parlamentar. Institutionalisierung im Kgr. Portugal ist jedoch nicht vor den C. von Guimarães-Coimbra 1261 anzusetzen, als die dort versammelten Ständevertreter das Recht auf »moeda« (→moneda) als zur Rechtssphäre des Kgr.es, und nicht ausschließlich des Herrschers, gehörig beanspruchten; erst seit den C. von Santarém 1331 bildeten die Concelhos einen eigenen *braço* (CAETANO). Die Mitsprache der C. erstreckte sich neben der Teilhabe an polit. Entscheidungen (Bündnisverträge, Heiratspolitik, Königsnachfolge, Vorbereitung militär. oder anderweitiger Unternehmungen u. ä.), administrativen Maßnahmen, Behandlung von Gravamina sowie verfassungsrechtl. und gesetzgeber. Initiativen v. a. auf den finanzpolit. Sektor und dort vornehmlich auf Fragen der Steuererhebung bzw. -gewährung und der Geldpolitik (Münzverschlechterung bzw. Auferlegung der septennalen moeda-Steuer, Verkauf des Münzrechts durch den Kg., *jus cunandi* [→Münzwesen, -recht], Probleme des Geldumlaufs), wobei in der Hauptsache den finanzkräftigen Städten die führende Rolle zukam. Doch auch andere Belange kamen vor den C. zur Sprache, vielleicht sogar die

Gründung eines Studium Generale in →Lissabon (1288, →Coimbra, Univ.). Unklar ist jedoch andererseits, ob die Promulgation der das Besiedlungs- und Kultivierungsrecht regelnden Lei das Sesmarias (26. Mai 1375) in Santarém auf einer Versammlung der C. erfolgte. Der Wechsel der Königsdynastie, der 1385 mit der Wahl →Johanns (I.) v. Avís, des illegitimen Sohns Kg. Peters I., auf den C. v. Coimbra vollzogen wurde (→Avís, Haus), steigerte das Mitspracherecht der Ständeversammlung nochmals beträchtlich, da das neue Königshaus aus verständlichem Legitimationsbedürfnis heraus auf eine enge Zusammenarbeit mit Klerus, Adel und Städten Wert legen mußte. So wurde nicht nur der vereinbarte jahrweise Zusammentritt der C. bis zum Ende des 14. Jh. wirklich durchgeführt, bis sich dieser Modus aus organisator. Gründen bis 1418 auf einen Zwei-Jahres-Rhythmus einpendelte, sondern die Versammlungen der C. wurden nun zur Gesetzgebung verstärkt herangezogen – eine Tätigkeit, die eine der Grundlagen für die späteren großen Gesetzessammlungen bildete. So gingen z. B. viele Bestimmungen der C. von Lissabon 1439 in die berühmten →»Ordenações Afonsinas« ein. L. Vones

Q. und Lit.: DHP I, 608–613, 711–715; II, 131, 149–155, 392–394, 401–403, 653–654, 675–677, 757–775; III, 101–102, 429–430, 764–770; IV, 177f., 333–334, 379–380, 399–402 – Visconde de Santarém, Alguns Documentos para Servirem de Provas à Parte 2.ª das Memorias para a Hist., e Theoria das C. Gerais, 1828 – J. P. Ribeiro, Memorias sobre as fontes do Codigo Philippino, Memorias de Lit. Portugueza II, 1869² – A. de Sousa-Costa Lobo, Hist. da Sociedade em Portugal no Século XV, 1904 – C. Sánchez-Albornoz, La c. regia portuguesa. S. XII y XIII, 1920 [abgedr. in: Ders., Investigaciones y documentos sobre las instituciones hispanas, 1970], 381–436 – J. Leitão, C. do Reino de Portugal, 1940 – P. Merêa, O Poder Real e as C., 1943 – T. de Sousa Soares, As C. portuguesas, RevPort 2, 1943, 565–573 – D. Peres, As C. de 1211, RevPort 2, 1943, 1–8 – H. da Gama Barros, Hist. da Administração Pública em Portugal nos Séculos XII a XV, 2.ª, ed. dir. por T. de Sousa Soares, T. I–III, 1945–46 – M. Caetano, As C. de 1385, RevPort 5, 1951, 5–86 – Ders., As C. de Leiria de 1254, 1954 – A. Moreira de Sá, Actas das C. de 1438, Revista da Faculdade de Letras de Lisboa, 2ª série, 22, 1956, 158–176 – M. A. Flores Gonçalves, Capítulos especiais de Santarém nas C. de 1436, RevPort 8, 1959, 310–326 – M. Caetano, Subsídios para a Hist. das C. Medievais Portuguesas, Bracara Augusta 14–15, 1963, 139–160 – I. Vicente Gonçalves, Pedidos e Empréstimos Públicos em Portugal durante a Idade Média, 1964 – H. Baquero Moreno, As C. de Lisboa de 1448, RevPort 16, 1976, 185–208 – J. Veríssimo Serrão, Hist. de Portugal I–II, 1979–80³, passim [Karten I, 320; und II, 213] – E. S. Procter, Curia and C. in León and Castile 1072–1295, 1980 – C. Portuguesas, Reinado de D. Afonso IV (1325–57), 1982.

III. Krone Aragón: Erste Ansätze zur Bildung von C. (katal. *corts*) finden sich schon während der Regierungszeit Jakobs I. (1213–76), aber erst →Peter III. nahm 1283, nachdem er nach der Eroberung →Siziliens mit dem Bann belegt worden war, die Forderung des gegen ihn rebellierenden aragon. Adels nach jährl. Einberufung einer Versammlung der drei Stände an. →Katalonien gestand er dies Wochen später auch zu, →Valencia wurde dieses Recht stillschweigend gewährt, während →Mallorca in unregelmäßigen Abständen auf den katal. C. vertreten war. Jakob II. (1291–1327) sorgte für eine institutionelle Verankerung der C.: Er verfügte die Aufnahme des Klerus, machte die Präsenz auf den C. für alle verpflichtend, legte die Zusammensetzung der Stände oder *brazos* in etwa fest, ebenso wie das Prinzip, sich durch Prokuratoren mit weitgehenden Machtbefugnissen vertreten zu lassen, und bestimmte, daß sich die C. künftig alle drei Jahre in Katalonien und Valencia sowie alle zwei Jahre in Aragón versammeln sollten – eine Forderung, die nie erfüllt wurde.

Peter IV. gelang es, 1348–50 einen erneuten Aufstand des Adels in Aragón und Valencia niederzuschlagen, aber die wirtschaftl. und soziale Krise wie auch die fortwährenden Kriege mit Kastilien erleichterten es Kreisen der städt. Oberschicht, als Reaktion darauf die Rolle der C. stärker zu betonen, die durch die Gewährung oder Verweigerung militär. oder finanzieller Unterstützung entscheidenden Einfluß auf den Herrscher ausübten. Unter der kast. Dynastie der →Trastámara gelang es den C. im 15. Jh., ebenfalls bedeutende Erfolge zu verzeichnen, aber sie verloren gleichzeitig an Ansehen, bedingt durch ihre immer stärkere Kontrolle durch einflußreiche Minderheiten, die wachsende Gleichgültigkeit eines Großteils der Bevölkerung, die immer bedeutendere Rolle der →Diputaciones und die Feindschaft weiter Kreise, die in Bauernaufständen ihren Ausdruck fand. Ferdinand der Kath. (1479–1516) regierte von Kastilien aus durch die Einsetzung von Vizekönigen und rief 1494 den Consejo v. Aragón ins Leben, wodurch die Beziehungen zw. Kgtm., C. und den einzelnen Reichen in der Neuzeit in andere Bahnen gelenkt wurde.

Ein wachsendes Desinteresse an den C. zeigte sich v. a. darin, daß die Stände nur noch ausnahmsweise ihr regelmäßiges Zusammentreten forderten und sogar dem Wunsch Ausdruck verliehen, die Einberufung zu verschieben. Die Angehörigen des katal. Hochadels pochten auf ihr Recht, nicht daran teilzunehmen. Durch die Aufteilung des Adels in *ricoshombres* und Ritter gab es in Aragón vier brazos. Die Ritterschaft Kataloniens versuchte ebenfalls zw. 1389 und 1406 einen eigenen brazo zu bilden, scheiterte aber am Einspruch der übrigen Stände. Klerus und Ritterorden spielten in Aragón keine bes. Rolle, während sie in Katalonien u. a. zu Beginn des 15. Jh. hervortraten. Was dagegen die Vertretung der Städte und Dörfer betrifft, den sog. *brazo real*, so rechnete man in Aragón mit annähernd 24–26 Orten, in Katalonien mit mehr als dreißig, in Valencia dagegen mit bedeutend weniger. Die Prokuratoren wurden direkt ernannt und pflegten über ausgedehnte Machtbefugnisse zu verfügen. Manchmal verwischten sich auch die Unterschiede zw. den einzelnen Ständen: So schlossen sich einige Städte Aragóns der Ritterschaft an, und häufig vertrat auch derselbe Prokurator einen Adligen und eine Stadt. Dies verhinderte jedoch nicht die klass. Konfrontationen zw. den einzelnen Gruppen, die so weit gingen, daß der katal. Adel 1414 gegen die Tatsache der Existenz eines brazo real protestierte. Seit Mitte des 14. Jh. benutzten Adel und städt. Oberschicht die C. sehr geschickt zur Wahrung ihrer Macht und Privilegien, so daß die C. wesentl. zur Ausformung der Strukturen des Spätfeudalismus beitrugen: V. a. in Katalonien und Aragón wurden auf den C. die Rechte der Herren über ihre Vasallen ausgedehnt, die *malos usos* (→malae consuetudines) und das Recht des Herrn über Leben und Tod, das ius maletractandi, sanktioniert, ohne daß das Kgtm. oder die Proteste der Vertreter des Dritten Standes irgend etwas daran ändern konnten.

Die Regel, daß der Kg. die C. einzuberufen habe und dort den Vorsitz führen solle, wurde schon bald nicht mehr beachtet. Normalerweise tagten die Versammlungen – mit Ausnahme Valencias – viele Monate, ja sogar Jahre hindurch, und diese Tatsache, verbunden mit der Tendenz, die Abhandlung der anstehenden Fragen kleinen Kommissionen anzuvertrauen, bewirkte, daß viele Mitglieder die C. vorzeitig verließen. Bei den Abstimmungen war entweder die Mehrheit ausschlaggebend oder die *sanior pars*, häufig wurden Beschlüsse von einzelnen oder ganzen Ständen zurückgewiesen. Die Schwierigkeit, immer gesonderte C. für die drei Reiche einzuberufen, führte manchmal zur Berufung von Generalständen (*C. generales*) an irgendeinen Grenzort, die dann an verschiedenen Orten tagten.

Die Kg.e erkannten niemals die Verpflichtung zur regelmäßigen Einberufung von Ständen an und hielten sich auch nicht an die Bedingung, sich auf den C. krönen zu lassen und dort die →Fueros zu beschwören. V. a. in Katalonien umging man häufig die C., indem man zur Behandlung wichtiger Fragen und zur Erlangung von Sondersteuern kleinere, *parlamentos* genannte Versammlungen einberief. In Valencia bemühte sich das Kgtm. um eine direkte Verständigung mit den Städten, die nur geringes Interesse an der Einberufung von C. hatten; diese dienten vielmehr dem aus Katalonien und Aragón stammenden Adel zur Verteidigung seiner Herrschaftsprivilegien. Die gelegentl. verfochtene Doktrin des Paktismus, eines Bündnisses aller Städte, die in dieser Form durch die klass. Geschichtsschreibung mystifiziert wurde, liegt mehr in den tatsächl. Machtinteressen einer städt. Oberschicht begründet als im angebl. Vorherrschen bürgerl. Freiheiten.

Von 1350 an lag die wirkliche Macht der C. in der Gewährung oder Ablehnung von Anleihen oder Sondersteuern (*servicios*). Sie setzten so gewisse allgemeine und regelmäßig zu erhebende Steuern fest, die sie dann von den Diputaciones und einer parallel dazu geschaffenen Verwaltung einziehen ließen. Diese Sondersteuern pflegten sich an der voraussichtl. Wiedergutmachung von zum Schaden des Reiches bestehenden Mißständen auszurichten, da diese Wiedergutmachung als wesentl. Bestandteil der Aufgaben der C. angesehen wurde. In Wirklichkeit fand eine solche nicht immer statt, auch war die kgl. Verwaltung nicht immer für die Mißstände verantwortlich, sondern vielfach Einzelpersonen oder einzelne Institutionen der jeweiligen Reiche. Das Kgtm. gestand den C. immer das Petitionsrecht zu, aber keine legislative Gewalt, die die C. – außer in Ausnahmefällen – auch nicht forderten. Dennoch gelang es den C. aufgrund ihrer Machtstellung im 14. und 15. Jh. vielfach, das Kgtm. zum Einlenken zu nötigen. Einzelne oder Stände, die mit gewissen Fueros nicht einverstanden waren, erklärten, daß sie sich zu ihrer Einhaltung nicht verpflichtet fühlten. In Katalonien und Valencia sprach man von *leyes compradas* (erkauftem Recht), in Anspielung darauf, daß die Sondersteuern nur als Gegenleistung für bestimmte, den Mitgliedern der C. günstige Anordnungen, erbracht wurden. Daraus entstanden die späteren Mythen von der Macht dieser Institution und auch der Mißkredit, in den sie offensichtl. gegen Ende des MA geriet. L. González Antón

Lit.: s. nach Abschnitt IV.

IV. NAVARRA: Die Entstehung von C. ist hier relativ spät anzusetzen und wenig bekannt. Erst der Wechsel der Dynastien im 13. Jh. führte zur Bildung von Bündnissen zw. Adel und Städten. Bei der Thronbesteigung Johannas I. und Philipps v. →Evreux legten die *Tres Estados* ihre Forderungen vor (Olite 1329). Aber schon in der 2. Hälfte des 14. Jh. sind häufig Versammlungen zusammengetreten. Wegen der nur geringen Größe des Kgr.es waren die Beziehungen zu einem so nahen Kgtm. weniger institutionell gefestigt als in den anderen Reichen, bedingt durch eine Koinzidenz zw. der Ausbildung der C., der Nationalisierung des Kgtm.s und der Abgrenzung gegen Frankreich. Die Macht des Adels war nicht bes. groß, der Klerus nur selten vertreten. So kam den Städten größeres Gewicht zu als in den Gebieten der Krone Aragón. Zudem bildete sich hier bereits die Gewohnheit aus, auch die Beschwerden einzelner anzuhören, die nicht selbst Mitglieder der C. waren. Die Versammlungen pflegten nur sehr kurz zu tagen, so daß das Interesse an einer Teilnahme nicht erlahmte. Theoret. war für die Gültigkeit der Beschlüsse die Zustimmung der Mehrheit jedes Standes erforderlich, aber diese Voraussetzung wurde häufig nicht erfüllt. Die den C. 1355 abgenötigte Gewährung von *donativos* (= *servicios*, Sondersteuern) wiederholte sich im Laufe der Jahre regelmäßig, so daß die drei Stände die Betrauung kgl. Beamter mit ihrer Erhebung und Verwaltung forderten, damit die Errichtung einer →Diputación nicht erforderlich würde (bis Ende des 16. Jh.). Die Beschwerdefälle pflegten auf jeden Fall gegen Ende der Sitzungsperioden gehört zu werden, wenn auch über diese Fragen und über legislative Aufgaben keine Kompetenzstreitigkeiten mit dem Kgtm. aufkamen, da sie immer in seine Zuständigkeit fielen. Die C. v. Navarra pflegten sich zur Wahrung der öffentl. Ordnung zusammenzuschließen, und so unterstützten die Tres Estados während des ganzen 15. Jh. Bündnisse zw. den Städten.

L. González Antón

Q.: *[zu Aragón, Katalonien, Valencia]:* Actos de C. del Reino de Aragón, Zaragoza 1664 – P. DE BOFARULL, Procesos de las antiguas C. y Parlamentos de Cataluña, Aragón y Valencia, 1847–50 [= CODOIN I–VIII] – C. de los antiguos Reinos de Aragón y de Valencia y Principado de Cataluña, 25 vol., 1896–1919 – J. GASSIOT, Parlaments à les Corts Catalanes, 1928 – S. ROMEU ALFARA, AHDE 39, 1969, 725–728; 40, 1970, 581–607; 43, 1973, 385–427; 44, 1974, 675–711 [zu den Cortes v. Valencia] – E. BELENGUER CEBRIÀ, C. del reinado de Fernando el Católico, 1972 – Mª. L. LEDESMA RUBIO, Proceso de las C. de Maella de 1404, EEMCA 9, 1973, 527–639 – DIES., C. de Caspe-Alcañiz-Zaragoza (1371–72), 1975 – A. SESMA MUÑOZ–E. SARASA SÁNCHEZ, C. del Reino de Aragón, 1357–1451, 1976 – J. Mª. PONS GURI, Actas de las C. Generales de la Corona de Aragón de 1362–63, 1982 – *[zu Navarra]:* Cuaderno de Leyes y agravios reparados por los tres estados del Reino de Navarra, 2 vol., 1896 – C. GARRÁN, Catálogo de los documentos hist. referentes a las antiguas C. del Reino de Navarra, BRAH 35, 1899, 167–176 – *Lit.:* J. COROLEU–J. PELLA, Las C. catalanas, 1876 – J. Mª. LACARRA, Las C. de Aragón y Navarra en el siglo XIV, Anuario de Estudios Medievales 7, 1970–71, 645–652 – J. ZABALO ZABALEGUI, La administración del reino de Navarra en el siglo XIV, 1973, 343ff. – P. RYCRAFT, The Role of the Catalan Corts in the Later MA, EHR 89, 1974, 241–269 – L. GONZÁLEZ ANTÓN, Las C. de Aragón en el reinado de Jaime II, AHDE, 47, 1977, 523–682 – A. Mª. UDINA ABELLÓ, Los organismos representativos catalanes en el siglo XIV. Las C. y la Diputación del General, Cuadernos de Hist. 8, 1977, 171–187 – L. GONZÁLEZ ANTÓN, Las C. de Aragón, 1978 – E. SARASA SÁNCHEZ, Las C. de Aragón en la Edad Media, 1979 – A. UBIETO ARTETA, Las convocatorias a C. en el contexto económico aragonés medieval, Aragón en la Edad Media 4, 1981 – J. LALINDE ABADÍA, Presupuestos metodológicos para el estudio institucional de las c. medievales aragonesas, Medievalia 3, 1982, 53–80 – J. L. MARTÍN, Economía y sociedad en los reinos hispánicos de la Baja Edad Media II, 1983, 295–333 – W. KÜCHLER, Die Finanzen der Krone Aragón während des 15. Jh., 1983.

Cortés, Hernán, span. Eroberer und Regent Mexikos, * 1485 in Medellín/Estremadura, † 2. Dez. 1547 Castilleja de la Cuesta/Sevilla, entstammte einer →Hidalgo-Familie und war mütterlicherseits verwandt mit der Familie →Pizarro, der der Eroberer Perus entstammte. Zum Studium der Rechte bestimmt, studierte C. etwa 2 Jahre in Salamanca, wo er Latein lernte und die Grundlagen einer humanist. Bildung erwarb, dann jedoch seine Studien abbrach und einige Zeit als Gehilfe eines Notars zubrachte.

1504 schiffte er sich nach La Española (Haiti) ein, wo er sich als Kolonist und Notar niederließ. 1511 nahm C. an der Eroberung Cubas teil, bekleidete in der Folgezeit mehrere öffentl. Ämter in der Inselverwaltung und gelangte durch erfolgreiche wirtschaftl. Betätigung zu Vermögen. Nach der Erkundung der mexikan. Golfküste durch Hernández de Córdoba (1517) und Grijalva (1518) erteilte der Gouverneur Cubas, Diego de Velázquez, C. den Oberbefehl über eine weitere Expedition an die mexikan. Küste, die v. a. Tauschhandel mit den Indianern betreiben sollte. Ungeachtet seiner Absetzung durch Velázquez, der durch die Rüstungen C.' mißtrauisch geworden war, verließ C. am 18. Febr. 1519 Cuba. Nach mehreren Kontakten mit der Mayabevölkerung Yucatáns und Tabascos, wo ein von den Indianern gefangen gehaltener Spanier, der die Mayasprache beherrschte, und eine Indianerin, die neben Maya auch Nahuatl, die Sprache der Azteken, verstand, zu C. stießen, landete C. mit seinen elf Schiffen, ca. 500 Spaniern, 16 Pferden und 14 Geschützen in der Nähe des heut. Veracruz im Herrschaftsgebiet des ca. 20–30 Millionen Einwohner umfassenden Aztekenreiches. Nach mehreren Kontakten mit Abgesandten des Aztekenherrschers Moctezuma II. und mit den von den Azteken unterworfenen Totonaken entschloß sich C. entgegen seinen Anweisungen zur Eroberung des Aztekenreiches. In Anknüpfung an ma. span. Rechtstraditionen gründete C. die Stadt Veracruz, ließ ein Stadtregiment wählen, das seinerseits C. zum Generalkapitän und obersten Richter im Namen des Kg.s ernannte und ihm auf diese Weise den benötigten Rechtstitel für sein weiteres Vorgehen verschaffte, freilich ein Akt der Rebellion gegen die koloniale Verwaltungshierarchie. Nachdem C. eine Botschaft an Karl V. gesandt hatte, ließ er die Schiffe auf Grund setzen und wandte sich landeinwärts. Durch Ausnutzung der Spannungen im Aztekenreich, psycholog. Kriegführung (Artillerie, Pferde) und diplomat. Geschick sicherte sich C. zunächst die Gefolgschaft der Totonaken und nach einigen militär. Siegen auch die Unterstützung des mit den Azteken verfeindeten Stadtstaates Tlaxcala, ohne jedoch definitiv mit den Azteken zu brechen. Seinen indian. Bundesgenossen erwies sich C. als energ. Verkünder des Christentums. Am 8. Nov. 1519 wurde C. in Tenochtitlán, der Hauptstadt der Azteken, von Moctezuma II. friedlich empfangen. Moctezuma war durch Orakel und myth. Überlieferungen von der Rückkehr des weißen Gottes Quetzalcoatl überzeugt, identifizierte die Spanier mit den Abgesandten des Gottes und wagte keine Gegenwehr, erkannte vielmehr bald die Oberhoheit Karls V. an. Nachdem C. im Mai 1520 eine von Cuba gegen ihn entsandte Strafexpedition überwunden und das Gros dieser Soldaten auf seine Seite gezogen hatte, kam es nach seiner Rückkehr zum Aufstand in Tenochtitlán gegen Moctezuma und die Spanier. Nach einem verlustreichen Rückzug aus der Stadt konnte sich C. in Tlaxcala neu organisieren und begann 1521 mit zahlreichen indian. Bundesgenossen und 13 neu gebauten Schiffen die Belagerung Tenochtitláns, das nach erbittertem Widerstand, abgeschnitten von Trinkwasser und Nahrungsmittelzufuhr, am 13. Aug. 1521 kapitulierte.

In der Folgezeit widmete sich C., 1522 von der Krone zum Gouverneur und Generalkapitän des auf C.' Anregung »Neu-Spanien« genannten neu eroberten Gebietes eingesetzt, der Organisation der span. Herrschaft. Nach seinen brillanten Leistungen als Truppenführer und Diplomat erwies sich C. nunmehr als Persönlichkeit mit staatsmänn. Talenten, da es ihm gelang, die span. Herrschaft dauerhaft zu organisieren, die Christianisierung der Indianer voranzutreiben und neue Wirtschaftsformen einzuführen. Weitere größere Expeditionen, die C. 1524/25 nach Honduras und in den 30er Jahren entlang der Pazifikküste Mexikos unternahm, hatten jedoch keine spektakulären Ergebnisse. Anklagen gegen C., etwa wegen der Hinrichtung des letzten Aztekenherrschers Cuauthémoc und angebl. Parteilichkeit bei der Belohnung seiner Gefolgsleute, unterminierten seine Stellung und veranlaßten die Krone, C. 1527 seiner Regierungsämter zu entheben. Die persönl. unternommene Rechtfertigung am Hofe Karls V. war nur teilweise erfolgreich. Er wurde als Generalkapitän bestätigt, nicht jedoch als Gouverneur, erhielt den Titel eines Marqués del Valle de Oaxaca und die Grundherrschaft gleichen Namens. C.' polit. Pläne eines span., auf den überseeischen Eroberungen basierenden Ksm.s fanden im Mutterland kein Gehör. Lit. Ruhm schon zu C.' Lebzeiten erlangten seine ausführl. Berichte von der Eroberung Mexikos an Karl V., die sog. »cartas de relación«, die mit Caesars Bellum Gallicum verglichen wurden und C. als Persönlichkeit ausweisen, die von den geistigen Strömungen an der Wende vom MA zur Neuzeit geprägt war. H. Pietschmann

Ed. und Q.: Cartas y relaciones de H. C. al Emperador Carlos V, ed. P. Gayangos, 1866 [zahlreiche spätere Ed., dt.: H. C., Die Eroberung Mexikos. Eigenhändige Berichte an Ks. Karl V., 1975] – Documentos inéditos relativos a H. C. y su familia, 1935 – F. Termer, Durch Urwälder und Sümpfe Mittelamerikas. Der fünfte Bericht des H. C. an Ks. Karl V., 1941 – F. López de Gómara, Hist. de la Conquista de México, 1943 [zahlreiche weitere Ausg.] – B. Díaz del Castillo, Hist. verdadera de la Conquista de la Nueva España [zahlreiche Ed., dt.: 1965] – B. de las Casas, Hist. de las Indias, 1951 – *Lit. und Bibliogr.:* W. H. Prescott, Hist. of the Conquest of Mexico, 1843 [dt. 1956] – Estudios Cortesianos. IV Centenario de Hernán Cortés, ed. Instituto Gonzalo Fernández de Oviedo, 1947 – J. Toribio Medina, Ensayo biobibliográfico sobre Hernán Cortés. Obra Postuma, Introd. de G. Feliu Cruz, 1952 – R. Heliodoro Valle, Bibliogr. de H. C., 1953 – S. de Madariaga, C., Eroberer Mexikos, 1956 – R. Konetzke, Entdecker und Eroberer Amerikas, 1963 – H. Matis, H. C., Eroberer und Kolonisator, 1967 – V. Frankl, Die Begriffe des mexikan. Ksm.s und der Weltmonarchie in den »Cartas de Relación« des H. C., Saeculum XIII, 1962, 1–34.

Cortes, Vertrag v. (29. April 1333). Mit dem Ziel, den Druck Alfons' XI. v. Kastilien auf die Grenze bei Fitero abzuwehren, unterzeichnete Philipp III., Kg. v. Navarra aus dem Haus →Évreux, diese Übereinkunft mit Alfons IV. v. Aragón. Beide versprachen sich gegenseitig Freundschaft und Bündnis und gaben Burgen als Sicherheitspfand. Vereinbart wurde auch die Heirat zw. Johanna v. Navarra und dem Infanten Peter v. Aragón, dem späteren Peter IV., da sie, falls Philipp III. ohne männl. Nachkommenschaft bliebe, Rechtsansprüche auf Navarra erhalten sollte. Die Ehe wurde aber nicht geschlossen, da sich Johanna in ein Kl. zurückzog. L. Suárez Fernández

Lit.: J. E. Martínez Ferrando, Els descendents de Pere el Gran, 1956 – J. M. Lacarra, Hist. de Navarra II, 1975.

Cortona, Stadt in Mittelitalien (Toskana), zw. Chiana- und Tibertal gelegen, ital.-etrusk. Ursprungs (etrusk. Stadtmauern teilweise erhalten). Für das FrühMA fehlen sichere Nachrichten. Im 13. Jh. war C. ein Streitobjekt zw. →Arezzo, zu dessen Diöz. es gehörte, und →Perugia. Um 1220 entstand die Kommune, in der sich um die Mitte des 13. Jh. wie in den anderen toskan. und gesamtit. Kommunen der Kampf zw. »Magnati« und »Popolani« zuspitzte. Der Sieg der zum Ghibellinentum neigenden popolanen Faktion i. J. 1261, die von Uguccio Casali geführt wurde, war eine der Voraussetzungen für die Signorie der Familie Casali, die sich 1325 konsolidierte. Im gleichen Jahr wurde die Kirche von C. von Arezzo unabhängig und bildete eine eigene Diözese. Die Casali hatten das Stadtregiment bis 1409 inne. Sie betrieben eine geschickte Heiratspolitik mit den signoralen Familien in Umbrien, den Marken, in Latium und der Romagna und suchten mittels Protektoratsverträgen (»accomandigia«) abwechselnd die Unterstützung von Florenz und Siena. Die häufigen dynast. Krisen der Familie, die oftmals von Bluttaten begleitet wurden, führten schließlich zu einem Aufstand der Cortonesen, die i. J. 1409 →Ladislaus v. Anjou-Durazzo, dem Kg. v. Neapel, die Tore der Stadt öffneten. Dieser verkaufte jedoch C. seinerseits i. J. 1411 an →Florenz. Seit diesem Zeitpunkt war C. eine – auch durch die Wallfahrtskirche der hl. →Margarete (Margherita) berühmte – Grenzstadt der Republik Florenz. F. Cardini

Lit.: DBI XXI, 60–114, s. v. Casali – D. TARTAGLINI, Nuova descrizione di C., Perugia 1700 – A. ZUCCHINI, Notizie odeporiche di C., s. l., 1800 – P. UCCELLI, Storia di C., 1835 – G. MANCINI, C. nel medioevo, 1897 – F. CARDINI, Una signoria cittadina »minore« in Toscana: i Casali di C., ASI CXXXI, 1973, 241–255 – DERS., Allegrezza Casali: devota di santa Margherita, figura poco nota della spiritualità cortonese, Studi francescani LXXII, 1975, 335–344 – DERS., Agiografia e politica: Margherita da C. e le vicende di una città inquieta, Studi francescani LXXVI, 1979, 127–136.

Corvada, corvée → Frondienste

Corvey (Corbeia nova), ehem. Abtei OSB (Stadt Höxter, Nordrhein-Westfalen). [1] *Abtei:* Als ältestes Kl. Sachsens 822 (in der Nachfolge eines mißlungenen Versuchs in »Hethis«) von den Karolingern → Adalhard und → Wala v. Corbie (s. a. →Corbie) aus als Königskloster gegr. und St. Stephan geweiht, war C. dank seiner hervorragenden Verkehrslage am Übergang des →Hellwegs über die Weser in Kreuzung mit N-S-Straßen und dank einer umfassenden Privilegierung durch Ks. Ludwig d. Fr. eine rasche Blütezeit beschieden. Abt Warin (826–856) zählte zu den treuesten Anhängern dieses Ks.s und erlangte 836 von Abt Hilduin v. St-Denis die Reliquien des hl. →Vitus, die C. bald zu einem Wallfahrtsort in Sachsen erheben sollten. Der Bau der Klosteranlage machte rasche Fortschritte (844 Weihe der Kirche); das →Westwerk, bis heute erhalten, war 885 abgeschlossen. Über den umfangreichen Grunderwerb des Kl. bis ca. 875 geben die C.er Traditionen (karol. Serie) Auskunft; bes. bemerkenswert ist die Übertragung der Missionszellen Meppen und Visbek sowie reicher Zehntrechte im Bm. →Osnabrück (Bereich zw. Ems und Hunte). Dadurch sah sich C. in der Lage versetzt, geistige und materielle Stützpunktarbeit im Vorfeld der Mission Skandinaviens zu leisten (enge Beziehungen zum Erzstift Hamburg; →Hamburg-Bremen, →Ansgar). Unter den lit. Erzeugnissen des karol. C. seien neben der »Translatio S. Viti« die »Vita Ansgarii« →Rimberts und die »Vita Hathumodae« des →Agius als Spiegelung regen geistigen Lebens angezeigt. Insgesamt hat die günstige Entwicklung im 9. Jh. die Grundlage für einen Aufschwung C.s im HochMA bereitgestellt. Um 900 nahm C. in Sachsen die Position ein, die →Fulda in Franken und der →Reichenau in Schwaben zukam. Im Rahmen des werdenden Deutschland verblaßten die Beziehungen C.s nach Westfranken; das Kl. nahm eine entschieden sächs. Prägung an, verdichtet im Werk des Geschichtsschreibers →Widukind v. C. Die Ottonen standen C., das dank seiner Straßenlage in steter Königsnähe verblieb und zur Bildungsstätte des sächs. Adels heranreifte, wohlwollend gegenüber – vgl. die Privilegierung Meppens durch Kg. Otto I. –, wiewohl sich das Kl. gegen die lothring. Reform sträubte, die erst Ks. →Heinrich II. gegen heftigen Widerstand und unter Kassierung des exemten Status (981 erworben) 1014/15 durchführte. Der vom Ks. berufene Abt Druhtmar (1015–46) kam aus →Lorsch. Diese Maßnahme gehört zugleich in den Rahmen der umfassenden Hellwegsicherung durch diesen Ks., stabilisierte indessen C.s Stellung für die Periode der frühen Salierzeit. Die C.er Grundherrschaft in weiter Streuung zw. Holland und Elbe wird greifbar in der otton. Serie der Traditionen und in der C.er Heberolle aus dem Anfang des 11. Jh. Die Ablösung der Gorzer Reform durch den Anschluß an die Hirsauer (→Hirsau) unter Abt Markward (1081–1107) um 1090 führt mitten hinein in den Umbruch des Investiturstreits, in dem C. sich zum Hort der Gregorianer und Ausstrahlungszentrum der Hirsauer in Sachsen profilierte. Dieses konsequente Weggleiten ins antisal. Lager geht auf zwei traumat. Vorgänge zurück: 1065 ließ es Kg. Heinrich IV. zu, daß C. kurzzeitig zum Eigenkloster des ztw. übermächtigen kgl. Ratgebers und Mentors Ebf. →Adalberts v. Bremen, der mit dieser Erwerbung offenbar weitgespannte besitzpolit. Ziele verfolgte, erniedrigt wurde; 1077 erreichte des Kg.s Anhänger Bf. →Benno II. v. Osnabrück aufgrund gefälschter Urkunden die Herausgabe der immensen C.er Zehntrechte in der norddt. Tiefebene (→Zehntstreit, Osnabrücker). Zu Beginn des 12. Jh. öffnete sich C. ephemer junggorz. Einflüssen. Kg. Konrad III. glückte es 1146, mit der Berufung des Abtes →Wibald C. der stauf. Einflußsphäre anzunähern. Wibald war bestrebt, sich gegen die C.er Ministerialen durchzusetzen und entfremdete Güter zurückzugewinnen. Die geistigen Interessen dieses Abtes fanden auch in C. Niederschlag (Anlage des Liber Vitae). Mit dem Tode Wibalds 1158 setzte der kontinuierliche Niedergang der Reichsabtei ein. Nach 1180 in schwankendem Verhältnis zur Krone, sah sich C. im 13. Jh. immer mehr im Kräftespiel des Territorialisierungsprozesses vom Ebf. v. Köln, vom Bf. v. Paderborn und vom Hzg. v. Braunschweig bedrängt. Der Abtei verblieb bei Vollendung dieses Prozesses nur ein kleines Territorium im unmittelbaren Umland der Abtei. Papst Bonifatius IX. verkündete 1400 die vollständige Inkorporation C.s in das Hochstift →Paderborn. Im 15. Jh. verfiel die Abtei zur schier verödeten Ruine, in welcher ein Abt und vier verwilderte Konventualen hausten. Der segensreiche Eingriff der →Bursfelder Reform stieß auf Widrigkeiten, konnte jedoch um 1500 als abgeschlossen gelten. Das Kl. überstand die Reformation und Verwüstungen im 30jährigen Krieg, ja erlebte sogar eine Nachblüte im Barock (Neubau der Klosterkirche). In diese Zeit fällt das Wirken der sog. C.er »Lügenhistoriker«, die durch umfangreiche Geschichtsfälschungen Verwirrung über die ma. Geschichte der Abtei stifteten. Papst Pius VI. erhob C. 1794 zum Fürstbm., doch folgte schon 1803 die Aufhebung des weltl. Bestands, 1821 der geistl. Existenz des Hochstifts. Die Territorien kamen 1815 unter preuß. Hoheit (ausgetan als Mediatfsm.).

H. H. Kaminsky

[2] *Bibliothek:* Von der Bibliothek C.s hat sich kein ma. Katalog erhalten. Zur frühen Ausstattung des Kl. gehörten Bücherschenkungen Ks. Ludwigs d. Fr., seines Hofkaplans Gerold und der Mutterabtei Corbie. Überkommen ist z. B. ein Hieronymus-Codex in Unzialschrift. Im 9. Jh. dürften Hss. in der Art der Werke des →Paschasius Radbertus die junge Bibl. C.s bereichert haben. Die Münchener Hs. des →Heliand wurde im C. des 3. Viertels des 9. Jh. geschrieben. Auch spiegelt das Werk des Widukind v. C., daß in C. Hss. von antiken Klassikern vorhanden gewesen sein müssen. Aus der C.er Bibl. des 10. Jh. direkt besitzen wir noch zwei Evangeliare, ein Sakramentar und Codices mit germ. Volksrechten. Bekannt ist ferner eine Tacitus-Hs. aus dem 9. Jh. Die Salierzeit dürfte der C.er Bibl. kaum eine Mehrung beschert haben. Aus der Zeit des Abtes Wibald (1146–58) ragen dessen Cicero-Corpus und der »Liber Vitae« C.s heraus. Seit dem 13. Jh. ist mit fortlaufenden Handschriftenverlusten zu rechnen. – Zur Buchmalerei in C. →Buchmalerei, A. VI. H. H. Kaminsky

[3] *Stadt:* Unmittelbar der Abtei benachbart entstand im Weserbogen mit eigener Kirche (capella S. Petri) die Marktsiedlung C., auf die das Marktprivileg Ludwigs d.

Fr. von 833 zu beziehen ist. Räumlich davon getrennt wurde 863 westl. der Abtei das 1266 nach Höxter verlegte Pauluskollegiatstift (Nienkerken) begründet. Den raschen Ausbau des Suburbiums kennzeichnet 940 ein Privileg Ottos I. Seit dem 12. Jh. gewann Höxter die Oberhand gegenüber C., das zwar 1255 als vollentwickelte Stadt mit Ratsverfassung erscheint, dessen planmäßige Förderung seitens des Abtes aber keinen Erfolg mehr zeitigte. 1265 zerstörte Höxter im Bund mit dem Bf. v. →Paderborn die Stadt völlig. 1340 und 1343 nochmals schwer geschädigt, wurde sie im weiteren 14. Jh. aufgegeben und war um 1500 völlig wüstgefallen, so daß heute nicht einmal ihre genaue Lage sicher nachzuweisen ist. F. B. Fahlbusch

Q. und Lit.: zu [1]: DIP III, 170f. – H. H. KAMINSKY, Stud. zur Reichsabtei C. in der Salierzeit, 1972 – K. HONSELMANN, C. als Ausgangspunkt der Hirsauer Reform in Sachsen, Westfalen 58, 1980, 70–81 – W. STÜWER, C. (Germania Benedictina VIII, 1980), 236–293 [Lit.] – B. BISCHOFF, Ma. Stud. III, 1981, 112–119, 281f. – K.-H. KRÜGER, Zur Nachfolgeregelung nach 826 in den Kl. Corbie und C. (Tradition als hist. Kraft, hg. N. KAMP–J. WOLLASCH, 1982), 181–196 – J. PRINZ, Die C.er Annalen. Textbearb. und Komm., 1982 – Der Liber vitae der Abtei C., ed. K. SCHMID–J. WOLLASCH, 1983 – B. KASTEN, Adalhard v. Corbie. Die Biographie eines karol. Politikers und Klostervorstehers [Diss. Düsseldorf 1984] – zu [2]: P. LEHMANN, Erforsch. des MA V, 1962, 94–178 [zuerst 1919] – zu [3]: A. HÖMBERG, Westfalen 25, 1940, 41–51 [ebd. 52: Katasterplan] – H. STOOB, Forsch. zum Städtewesen in Europa I, 1970, 177–184 – künft.: H. CLAUSSEN.

Corvi da Brescia, Guglielmo de' (auch: Guillelmus de Brixia, Guillelmus de Canedo, Aggregator), Kanoniker, Philosoph und scholast. Mediziner, * um 1250 in Canneto oder Brescia, † 1326 in Paris. 1274 Prof. der Logik und Philosophie an der Univ. zu Padua. 1280 Studium der Medizin in Bologna, 1286 ebd. »magister in phisica«. Ab 1298 päpstl. Leibarzt bei Bonifatius VIII. in Rom und später bei Nachfolgepäpsten wie Clemens V. und Johannes XXII. in Avignon, wo er zugleich an der Univ. als Prof. für Philosophie und Medizin tätig war. Gegen Ende seines Lebens Aufenthalt in Paris, von hier aus Stiftung eines »Collegium Brescianum« in Bologna, vorzügl. zugunsten von Studenten aus der Heimat. Hauptwerk: Ad unamquamque egritudinem a capite ad pedes practica, (Venedig) 1508 [Padua, 1505, 1515: HAESER, 1875, 711], eine lehrmäßige Darstellung auf Grund autoritativer Ansichten.

Ein zweiter *Guglielmo da Brescia* wirkte als Prof. der prakt. Medizin in Bologna 1388–90 (HENSCHEL, 1853, 388; GUERRINI, 1922, 57). M. E. v. Matuschka

Lit.: Verf.-Lex. ²I, 461f. [G. KEIL] – A. SCHIVARDI, Biografia dei medici illustri Bresciani, 1839 [Nachdr. 1976], 7–19 – A. W. E. TH. HENSCHEL, Wilhelm von Brescia, Janus, NF 2, 1853, 387–389 – H. HAESER, Lehrb. der Gesch. der Med. 1, 1875, 710–711 – Hb. der Gesch. der Med., hg. M. NEUBURGER – J. PAGEL, I, 1902, 673–674 – P. GUERRINI, Guglielmo da Brescia e il Collegio Bresciano in Bologna, Studi e memorie per la storia dell'Univ. di Bologna 7, 1922, 55–116 – E. W. G. SCHMIDT, Die Bedeutung Wilhelms v. Brescia als Verfasser von Konsilien [Diss. Leipzig 1923] – A. SORBELLI, Storia dell'Univ. di Bologna I, Il Medioevo (Sec. XI–XV), 1940, 225 – TH. HOLSTE, Der Theriakkrämer (Würzburger med. hist. Forsch., 5), 1967, 28f., 55–57, 88–101, 172–177 – M. Mc VAUGH, Theriac at Montpellier (with an Edition of the »Quaestiones de Theriaca« of William of Brescia), SudArch 56, 1972, 113–144 – Die lat. ma. Hss. der Universitätsbibl. Freiburg i. Br. (ab Hs. 231), beschr. von W. HAGENMAIER, 1980 (= Kat. der Universitätsbibl. Freiburg i. Br., Bd. 1, T. 3) [S. 12: Aufführung einzelner in Hs. 239, 187ra–205ra enthaltener Texte des C.d.B.].

Corvinen, fachsprachl. Bezeichnung der Codices der Bibliothek des Kg.s →Matthias Corvinus v. Ungarn (1458–90), der Bibliotheca Corviniana (→Bibliothek, Abschnitt VIII). In den 1460er und 70er Jahren wurden die für die Bibliothek angefertigten Codices meistens mit Weißranken verziert, in den 80er Jahren entstanden jedoch sowohl in verschiedenen it. Städten als auch im kgl. Atelier in Buda die prachtvollsten Meisterwerke der Renaissance-Buchmalerei. Die meisten C. wurden von berühmten Florentiner Meistern illuminiert: Attavante, Boccardino Vecchio, Gherardo und Monte di Giovanni, Cherico, Rosselli. Die reich vergoldeten Prachteinbände der C. stellen einen Höhepunkt der europ. Einbandkunst dar. Heute kennt man 208 authent. erhalten gebliebene C. (die Bücher der Kgn. →Beatrix [5. B.] und die des Nachfolgers, Wladislaw II. Jagiełło eingerechnet), die in der ganzen Welt verstreut sind. Cs. Csapodi

Lit.: J. BERKOVITS, Corvinen. Bilderhss. aus der Bibliothek des Kg.s Matthias Corvinus, 1963 – Cs. CSAPODI, The Corvinian Library. History and Stock, 1973 – Cs. CSAPODI-K. CSAPODI-GÁRDONYI, Bibliotheca Corviniana, 1973³.

Cosa → Mathematik

Cosa, Juan de la, span. Entdecker und Kartograph, * um die Mitte des 15. Jh., † 1509, nahm erstmals 1493/94 auf →Kolumbus' 2. Reise an einer Amerikafahrt teil und wurde in der Folgezeit durch zahlreiche Fahrten in die Neue Welt zu einem der erfahrensten Nautiker seiner Zeit, der die Krone mehrfach in den Angelegenheiten der überseeischen Entdeckungen beriet. Wohl im Sommer 1500, im Anschluß an eine gemeinsam mit →Ojeda und →Vespucci unternommene Fahrt entlang der südamerikan. Nordküste, zeichnete C. seine berühmte Planisphäre, die die erste erhaltene Darstellung Amerikas zeigt (Madrid, Museo Naval). Neben der Darstellung Afrikas und Asiens, die erkennen lassen, daß C., allerdings recht ungenau, die Ergebnisse der ptg. Afrikafahrten bis hin zur Reise Vasco da →Gamas registriert, ist v. a. die Wiedergabe Amerikas von Bedeutung. Sie umfaßt im weitesten Sinne die Karibik, einschließl. von Teilen der brasilian. und der nordamerikan. Küsten, woraus folgt, daß C. nicht nur die Fahrten des →Kolumbus, →Pinzón, →Niño und Ojeda verwertete, sondern auch von der ptg. Entdeckung durch →Cabral und der im engl. Auftrag unternommenen Reise Giovanni →Cabotos Kenntnis hatte, wie die Legende der Karte zeigt. Süd- und Mittel- und Nordamerika sind noch nicht als zusammenhängend eingezeichnet, dagegen wird Cuba schon als Insel dargestellt, obwohl die Insel erst 1508 umsegelt wurde, woraus man auf eine spätere Bearbeitung schloß (SKELTON). Das erhaltene Exemplar als veränderte Kopie des Originals bezeichnet (s. u.). Auch der Golf v. Mexiko ist in der Darstellung nicht enthalten, wodurch evtl. spätere Retouchen zeitlich eingegrenzt werden. Insgesamt hat die Karte zu mannigfachen Kontroversen und Deutungen Anlaß gegeben, die die Forschung bis heute beschäftigen. 1500/01 erkundete C. gemeinsam mit →Bastidas die Küste von Kolumbien und Panama, die er 1504 erneut aufsuchte. Von der Krone mit verschiedenen Pensionen, kgl. Gnadenerweisen und Ämtern in zu kolonisierenden Gebieten ausgestattet, führte C. noch mehrere Amerikafahrten durch, bevor er 1509 zusammen mit Ojeda von Santo Domingo aus den Versuch unternahm, die Küste Kolumbiens zu besiedeln. Bei diesem Versuch wurde C. anläßl. eines von Cartagena aus ins Landesinnere durchgeführten Vorstoßes von Indianern getötet.

L. Mendonça de Albuquerque

Lit.: W. F. GANONG, Crucial Maps and the Early Cartography and Place Nomenclature of the Atlantic Coast of Canada, Royal Soc. of Canada, Proceedings and Transactions (Ottawa), 3rd ser., Bde XXIII–XXIX, XXXI, 1929–35, 1937 – A. FERNÁNDEZ GALAR, Juan de la C., 1951 – F. R. CORRIA, Hallazgo en el mapa de Juan de la C., 1956 [zur Darstellung von Cuba] – R. A. SKELTON, Explorer's Maps. Chapters in the Cartography Record or Geographical Discovery, 1958, 59, 71 [Abb. der Planisphäre auf S. 57] – ROYO LAGUARDIA, D. Cristóbal Colón. La insularidad de Cuba y el Mapa de Juan de la C., Revista de

Indias, diciembre de 1968 – R. BARREIRO-MEIRO, Juan de la C. y su doble personalidad, 1970 – M. J. GUEDES, As Primeiras Expedições de Reconhecimento da Costa Brasileira, Hist. Naval Brasileira, Bd. 1, T. 1, 1975, 181-199 [zur Darstellung der Küste von Brasilien].

Cosenza, Stadt und Bm. in Süditalien (Kalabrien). In der Antike Hauptort von Brut(t)ium, auf einem Hügel gegenüber dem Sila-Gebirge am Zusammenfluß von Crati und Busento gelegen. Der Ort war Statio der Via Popilia am Schnittpunkt der Küstenstraßen des Ion. und Tyrrhen. Meeres mit einem blühenden Markt, der auch von den Juden frequentiert wurde, die in der Stadt bis zum 16. Jh. eine Synagoge besaßen. Bereits seit der Spätantike christianisiert, ist C. erstmals 599 als Bischofssitz belegt. Nach der Plünderung Roms (410) war die Stadt vom Durchzug der Westgoten →Alarichs betroffen, der in der Nähe von C. starb und der Tradition nach im Flußbett des Busento begraben wurde. Nachdem →Cassiodors Versuch, nach der Machtergreifung Theoderichs Römer- und Barbarentum zu verschmelzen, fehlgeschlagen war, wurde C. in justinian. Zeit Herrschaftsgebiet von Byzanz und bildete im 7. Jh. im Dukat →Kalabrien den Vorposten gegen die Langobarden, welche die Stadt jedoch im folgenden Jahrhundert unter ihre Kontrolle brachten. Von →Paulus Diaconus unter den Städten der Region erwähnt, figuriert C. 849 unter den 16 Gastaldaten des Prinzipats →Salerno. Obwohl C. mit der ganzen Region von →Nikephoros Phokas am Ende des 9. Jh. für das Byz. Reich zurückerobert wurde, bewahrte es wesentl. Elemente der lat. Kultur, des röm. Ritus und der lat. Tradition, obgleich es, wie die »Notitiae episcopatuum« berichten, dem Patriarchen v. Konstantinopel unterstand. Im 10. Jh. war die Stadt das Ziel ständiger Einfälle und Belagerungen der →Sarazenen (bes. unter Ibrāhīm II. i. J. 902 und Abū al-Qāsim 976). 1058 von →Robert Guiscard unterworfen, dem die Stadt einen Tribut leistete und Soldaten stellte, fügte C. sich nicht immer den Ansprüchen der streitbaren Eroberer: Nach dem Tod des Normannenhzg.s unterstützte es →Bohemund gegen die Rechte von →Roger Borsa, der sich an seinen Onkel→Roger, den Großgrafen, um Hilfe wandte, um seinen Anspruch durchzusetzen. Aus der Konsolidierung der norm. Verwaltung zog. C. zweifellos Vorteile. Die Stadt wurde vom Papst in den Rang eines Ebm.s erhoben. 1184 wurde C. fast völlig durch Erdbeben zerstört, von den Überlebenden jedoch rasch wieder aufgebaut. Als Anhängerin→Tankreds erlitt die Stadt Sanktionen von seiten→Heinrichs VI., erfreute sich aber in der Folgezeit der Gunst →Friedrichs II., der den Märkten Privilegien verlieh und i. J. 1222 bei der Einweihung der neuen Kathedrale zugegen war. Diese diente später als Grablege für →Heinrich (VII.), den aufstand. Sohn des Ks.s, sowie für Isabella v. →Aragón, die Gemahlin →Philipps III. v. Frankreich, und für→Ludwig III. v. Anjou, Hzg. v. Kalabrien. Voll in den Kampf zw. Staufern und Anjou verwickelt, in Faktionen geteilt und in der Gewalt von Pietro und Giordano Ruffo, erlebte die Stadt schließlich die Herrschaft→Karls I., zu deren Konsolidierung Ebf. Bartolomeo Pignatelli, den Innozenz IV. 1254 von Amalfi transferiert hatte, wesentl. beigetragen hatte. Während des Vesper-Krieges (→Sizilianische Vesper) verursachten Streifscharen d. →Almogávares im Crati-Tal neue und noch schwerere Schäden. Erst in der 1. Hälfte des 14. Jh., nach der Konsolidierung der Macht der Anjou, genoß die Stadt eine vergleichsweise ruhige Zeit: Als Verwaltungszentrum der Domäne Sila wurden ihre Privilegien bestätigt, welche die wirtschaftl. Entwicklung förderten, jedoch Gegensätze zw. den sozialen Schichten entstehen ließen. Die Kämpfe gegen die Aragonesen, bei denen Antonio Centelles eine bedeutende Rolle spielte, und später die Verschwörung der →Barone führten C. in eine schwere Krise, in deren Verlauf es in Auseinandersetzungen mit Nachbarortschaften verwickelt war und von Girolamo Sanseverino, Fs. v. Bisignano, angegriffen wurde. Nach der kurzfristigen Eroberung des Kgr.s Neapel durch Karl VIII. ging C. am Anfang des 16. Jh. in die Herrschaft des span. Vizekg.s über, was den wirtschaftl. Niedergang der Stadt bedeutete, während sie in kultureller Hinsicht vielversprechende Ansätze zeigte.   P. De Leo

Q. *und Lit.:* IP X, 93 ff. – Privilegii et Capitoli della città di C. et suoi Casali, Neapel 1557 [Nachdr.: 1982] – E. PONTIERI, La Calabria a metà del sec. XV e le rivolte di Antonio Centelles, 1963 – G. GALASSO, Economia e società nella Calabria del Cinquecento, 1975².

Cosmas v. Prag, * ca. 1045, † 21. Okt. 1125, Verfasser einer Chronik der Böhmen (Chronica Boemorum) in drei Büchern, der ersten böhm. →Chronik überhaupt (älter sind Legenden und Annalen); in die Geschichte Böhmens wird von C. auch die Geschichte Mährens integriert. Die Chronik ist ein Alterswerk; der Verfasser beendete den ersten Teil wohl erst 1119, arbeitete am Werk knapp vor seinem Tode. Inhaltl. beginnt die Chronik mit einer Sagengeschichte der Böhmen (Urvater Bohemus [→Čech], →Libussa, →Přemysl- und dem Lučanenzyklus, ein Sagenkranz, der seit der Romantik viele Deutungsversuche hervorrief), reicht bis zur Regierung des ersten christl. Herrschers →Bořivoj († ca. 894). Die Geschichte Böhmens schilderte C. in unterschiedlicher Breite, chronolog. und inhaltl. nicht immer zutreffend, bis zum Jahr 1125. Der Chronist nennt selbst (I, 15, 29f.) mehrere Quellen seiner Darstellung; für die Sagengeschichte beruft er sich auf die mündl. Überlieferung (I, Praef.: »didici senum fabulosa relatione«), für die spätere Zeit verweist er öfter auf Zeugenberichte; vermutlich verwendete er überdies Annalen der Prager Kirche, außerdem ausgiebig klass. Autoren und chronikal. Werke, wie →Regino v. Prüm u. a.

Über C.' Leben sind wir nur unvollständig aus seiner Chronik informiert: Er entstammte möglicherweise einer Priesterfamilie, wurde 1099 zum Priester geweiht, war verheiratet (den Tod seiner Gattin Božetěcha erwähnt er zum Jahr 1117, III, 43). Er studierte in Lüttich und war in der Folgezeit an der Prager Bischofskirche tätig, zuletzt als Domdechant. In der Kirchenpolitik war C. ein entschiedener Gegner des slav. Ritus; das Slavenkloster →Sázava wird nicht erwähnt, und Spuren eines slav. »Gemeinschaftsbewußtseins« fehlen vollständig. Die Geschichte Böhmens wird im Werk völlig auf die herrschende Dynastie (→Přemysliden) bezogen, daneben kommt ein ausgeprägtes Landesbewußtsein zum Ausdruck und die gens Boemorum ist ein fester Begriff. Die zwei Heiligen der Prager Kirche→Wenzel und →Adalbert sind bei C. bereits voll ausgebildete Landespatrone, die Adelsgemeinde ist im Ansatz vorhanden. Die »Erbfeinde« der Böhmen sind für C. die Polen und die Deutschen. Ein Wir-Gefühl des Chronisten umschließt die ganze böhm. Oberschicht, eine »patriotische« Wertung ist öfter zu verzeichnen.

Die Zentrierung der Geschichte auf die Dynastie und das Land hat sich in der Chronistik der folgenden Jahrhunderte voll durchgesetzt; C. ist die Grundlage der gesamten böhm. ma. Geschichtsschreibung geblieben und hat ältere Ansätze einer anderen Auffassung (Spuren im Necrologium Bohemicum) völlig verdrängt. Sein Werk ist von mehreren Autoren fortgesetzt worden (sog. »Fortsetzer des Cosmas«, traditionelle Namen Vyšehrader Kanonikus 1141, Mönch von Sázava für die Jahre 1126-1162, geschrieben 1172-77; zuweilen werden auch noch spätere

Chronisten zu den »Fortsetzern« gezählt). Die Chronik ist das einzige gesicherte Werk des C.; ältere Versuche, ihm weitere Schriften zuzuweisen (bes. Adalbert-Viten), wurden von der Forschung abgelehnt. Von der Beliebtheit der Chronik zeugen zahlreiche erhaltene Hss. F. Graus

Ed.: B. BRETHOLZ in MGH SS NS 2, 1923 und Nachdr. [maßgebend] – Lit.: SłowStarSłow III, 1964, 483ff. [M. WOJCIECHOWSKA] – V. NOVOTNÝ, České dějiny I–2, 1913, 744–752 – WATTENBACH-SCHMALE II, 803ff.; III, 222ff. – F. GRAUS, Necrologium bohemicum – martyrologium pragense a stopy nekosmovského pojetí českých dějin (ČČH 15, 1967), 789–810 – D. TŘEŠTÍK, Kosmova kronika, 1968 – W. BAUMANN, Die Lit. des MA in Böhmen, 1978, 32ff. – F. GRAUS, Die Nationenbildung der Westslawen im MA, 1980, 59ff.

Cosmas und Damian → Kosmas und Damian

Cosmaten, it. *maestri cosmati,* Bezeichnung für mehrere, von Anfang 12. – Anfang 14. Jh. in Rom und Umgebung tätige Künstlerfamilien, deren Mitglieder häufig den Namen Cosmas trugen; aber auch andere Familien sind in ähnlicher Weise tätig, so daß man sie besser unter marmorarii romani zusammenfaßt. Sie schufen durch dekorative Einlegearbeiten kostbar geschmückte, farbig-leuchtende marmorne Ausstattungsstücke (Chorschranken mit Ambonen und Kanzeln, Bischofsstühle, Altäre, Tabernakel, Osterleuchter) sowie Wand- und Fußbodenverzierungen (z. B. Fußböden des Lateran, S. Clemente, S. Maria in Cosmedin zu Rom). Die prächtigen roman. Kreuzgänge von S. Paolo fuori le mura und S. Giovanni in Laterano, Werke der Vassaletti im frühen 13. Jh., sind, wie weitere in Rom und der Portikus des Doms von Civita Castellana, ebenfalls Cosmatenarbeit. Für die feine, intarsien- und mosaikartige Dekorationskunst verwendeten die C. aus den Bruchstücken antiker Bauten gewonnene Steinchen, ferner farbige Glasflüsse und vergoldete Glaspasten. In der Technik und Motivwahl nahmen sie Anregungen von arabisch beeinflußten Wandgestaltungen in Süditalien auf. Einer der ältesten bekannten Mitglieder der C. ist der magister marmorarius *Paulus,* der zu Anfang des 12. Jh. in Ferentino gearbeitet hat. Stammvater einer anderen Familie ist *Lorenzo,* zu der *Jacopo* und sein Sohn *Cosma* gehören, deren Namen mit der Vorhalle von Civita Castellana (1210) und dem Kl. S. Scolastica in Subiaco verbunden werden. Erst in der 2. Hälfte des 13. Jh. führten C. auch figürl. Mosaiken und Plastiken aus. *Giovanni di Cosma,* beeinflußt von → Arnolfo di Cambio, schuf die Grabmäler der Bf.e Guilelmus Duranti († 1296) in S. Maria sopra Minerva zu Rom und Gonsalvo Rodriguez († 1299) in S. Maria Maggiore zu Rom. Außerhalb Roms ist ihr Einfluß bes. in Umbrien und den Abruzzen, in der Toskana und in Oberitalien erkennbar; auch außerhalb Italiens lassen sich Arbeiten der C. finden (Grabmal Kg. Heinrichs III. von 1272 in der Westminster-Abtei zu London). G. Binding

Lit.: Enc. of World Art III, 1961, 829–835 – Lex. der Kunst I, 1968, 470 f. – C. BOITO, I Cosmati, 1800 – G. CLAUSSE, Les Marbriers Romains et le mobilier presbytéral, 1897 – L. FILIPPINI, La scultura nel Trecento in Roma, 1908 – THIEME-BECKER 7, 504–506 – A. MUÑOZ, Roma di Dante, 1921 – E. HUTTON, The Cosmati, the Roman marble workers of the 12th and 13th c., 1951.

Cosnac, Bertrand de, frz. Prälat, Bf. v. → Comminges, Kard. (»Kard. v. Comminges«), * Ende des 13. Jh., † 17. oder 18. Juni 1374, ◯ Avignon, Dominikanerkl. C. entstammte einer limousin. Adelsfamilie; er war Regularkanoniker, Prior v. Brive (1329) und Dr. legum in Toulouse. C. war vielleicht apost. Auditor, bevor ihn Papst Clemens VI. zum Schatzmeister (1347) und Bf. v. Lombez (1348) erhob; an der Seite von Jean Raymond de → Comminges tritt er nun auf, um die verfeindeten Mitglieder der Grafenfamilie v. Comminges zu versöhnen. Der Papst betraute ihn mit den Verhandlungen, die zur Eheschließung seines Neffen Guillaume Roger de Beaufort mit Aliénor de Comminges führten, sowie mit denjenigen des Erwerbs der Vicomté → Turenne durch Guillaume Roger. Von Clemens VI. 1352 zum Bf. v. Comminges erhoben, setzte er bei → Peter IV., Kg. v. → Aragón, durch, daß die kgl. Beamten Interventionen im Valle d'Arán (einem zur Krone Aragón, kirchl. aber zur Diöz. Comminges gehörigen Pyrenäental) in Angelegenheiten, die Sache des Bf.s waren, unterließen (1353). Ferner senkte er die Zahl der Kanoniker v. St-Gaudens von zehn auf acht und erneuerte ihr Statut (1366). Er gab Anfang 1353 das Schatzmeisteramt auf, betätigte sich 1355 als Richter in Ketzerprozessen und wurde von Innozenz VI. nach Kastilien entsandt, um den Krieg zw. den Bastarden von Alfons XI. und Kg. Peter zu beenden (Waffenstillstand von → Tudela, 1357). Wieder in Aragón, empfing er seine Promotion zum Kard. durch Gregor XI. (1371) mit dem Titel Kard. v. S. Marcello. M. Hayez

Lit.: DBF IX, s. v. – DHGE XIII, s. v. – R. DE COSNAC, Bull. Société scient., hist. et archéol. Corrèze 52/53, 1930–31, 146–151 – CH. HIGOUNET, Le comté de Comminges, 1949 – B. GUILLEMAIN, La cour pontificale d'Avignon, 1966.

Cospatric, Earl v. → Northumbria (1068–72), stammte mütterlicherseits von den engl. Earls v. → Bamburgh und Northumbria und durch seinen Vater Maldred von dem schott. Kg. → Duncan I. ab. Er erhielt sein earldom von Kg. Wilhelm dem Eroberer, war aber 1068 und 1069 unmittelbar an engl. Rebellionen beteiligt. Nachdem Wilhelm den Norden verwüstet hatte, unterwarf und erlangte C. sein earldom zurück. Aber 1072 wurde ihm sein Amt entzogen, und er mußte nach Flandern und später nach Schottland ins Exil gehen, wo Kg. → Malcolm III. ihn zum Earl v. Dunbar machte. N. P. Brooks

Lit.: STENTON³, 601–614 – W. KAPELLE, The Normans Conquest of the North, 1979, 108–118, 122–133.

Coss, Cossisten → Mathematik

Cossa, Francesco del, it. Maler, * 1435/36 Ferrara, † 1477/78 Bologna. Solange er in Ferrara wirkte, stand er im Schatten Cosmè → Turas, unter dessen Oberleitung er die Ostwand im Salone dei Mesi im Palazzo Schifanoia freskierte. Die der außerordentl. qualitätsvollen, an frisch beobachteten Szenen reichen Ausführung nicht gerecht werdende Bezahlung ließen C. 1470 nach Bologna übersiedeln. Neben zahlreichen Entwürfen für Kunstgewerbe (Intarsien, Glasmalereien, Steinmetzarbeiten) entstehen Altäre: die »Verkündigung« (Dresden), das Polyptychon Griffoni aus San Petronio (1473, London, Mailand u. a. a. O.), die Madonna aus dem Palazzo della Mercanzia (1474, Bologna, Pinacoteca). In seiner Kunst verbindet sich die Tradition → Piero della Francescas mit Manierismen von Turas Hofstil, der in den Werken seines eigenwilligen Schülers und Mitarbeiters Ercole de Roberti um 1451/56–1496) wieder stärker zum Tragen kommt. Ch. Klemm

Lit.: E. RUHMER, F. del C., 1959 – R. MOLAJOLI, Cosmè Tura e i grandi pittori ferraresi del suo tempo: F. C. e Ercole de' Roberti, 1974 (Classici del Arte LXXVIII).

Costa ben Luca → Qusṭā ibn Lūqā

Costanza → Konstanze

Costello (MacCostello, ir. MacGoisdealbh 'Sohn des Jocelin'), angloir. baroniale Familie. Gilbert »MacCostello«, ein Sohn von Jocelin de Nangle, 1. Baron v. Navan, nahm im späten 12. Jh. Dienst beim ir. Kg. v. → Connacht und wurde dort mit Gütern entlohnt. Im 13. Jh., nach der engl. Eroberung von Connacht, wurden seine Nachkommen zu Vasallen der de → Burghs (Burkes), der neuen Herren von Connacht, nahmen mit ihnen an der Revolte gegen die engl. Krone teil und assimilierten sich wie diese mit den Iren. Im späten 16. Jh. war MacCostello, Inhaber der Baronie Costello (Gft. Mayo), einer der fünf »Elektoren«, denen die Wahl des MacWilliam Burgh, Lord v. Mayo, oblag. K. Simms

Lit.: G. H. ORPEN, Ireland under the Normans II, 1911, passim – The Life of Aodh Ruadh Ó Domhnaill, ed. P. WALSH, I. 1948, 114-118.

Costumbres, Costums → Gewohnheitsrecht, →Weistum

Cotentin, nach ihrem Zentrum →Coutances benannte Landschaft in NW-Frankreich (in der →Normandie, in Grenzlage zur→Bretagne), belegt als pagus erstmals im 6. Jh. (Vita des hl. Paternus), als comitatus 867. Der Umfang des durch den Namen bezeichneten Gebietes variierte mehrfach. Mehrere karol. Quellen nennen einen in seinem Bereich im NW gelegenen pagus Coriovallensis oder Corialensis, der seinen Namen nach dem antiken Ort Coriovallum (nahe dem späteren Cherbourg) erhielt, sowie einen im NO liegenden pagus Onellicus, dessen Name auf den kelt. Stamm der Onelli zurückgeht. Bis zum Ende des MA bezog sich der Name C. auf das gesamte seit dem 6. Jh. belegte Bm. →Coutances (doch wurden 1499 die bei England verbliebenen westl. vorgelagerten →Kanalinseln dem Bm. Winchester unterstellt). Seit dem 19. Jh. wird mit dem Namen in der Regel nur noch der nördliche Teil der Halbinsel bezeichnet.

Über die Geschichte des C. in frk. Zeit ist nichts Näheres überliefert. 867 trat ihn Karl der Kahle an die →Bretagne ab. Um 900 flohen die Bf.e v. Coutances vor der wiking. Bedrohung nach Rouen und verblieben hier bis in die 1. Hälfte des 11. Jh. Der C. wurde wohl 933 förmlich den Normannen (→Normandie) abgetreten.

Durch Ergebnisse der Orts- und Personennamenforschung wie durch die Dialektologie ist die Bedeutung, die die skand. Siedlung während des 10. Jh. im N der Halbinsel hatte, gesichert. Der C. ist die einzige Region der Normandie, in der neben dän. auch norw. Sprach- und Volkselemente, die über Irland (→Dublin) vermittelt wurden, eine erhebl. Rolle spielten. Die Halbinsel war Ausgangspunkt eines bedeutenden Teiles der norm. Eroberer Süditaliens im 11. Jh., insbes. der Familie→Hauteville (aus Hauteville-la-Guichard oder Hauteville-sur-Mer), die zur Herrscherdynastie des norm. →Sizilien wurde.

Innerhalb des Hzm.s Normandie bildete der C. eine Vicomté, die im 11. Jh. in den Händen der iro.-skand. Familie der Néel (v. St-Sauveur) lag, doch gehörte ein südl. Teil der Region ztw. zu einer Vicomté Gavray, und der Gf. v. →Mortain hatte hier ausgedehnten Lehnsbesitz. 1087-1106 war der C. eine Art Apanage für den künftigen engl. Kg. Heinrich I. Während der C. – wie die übrige Normandie – von Philipp II. August, Kg. v. Frankreich, zurückerobert wurde (1204), blieben die Kanalinseln, die loyal zum Kg. v. England hielten, m. England verbunden.

Trotz starken Landesausbaus seit dem 11. Jh. blieb das Innere des C. während des gesamten MA vorwiegend Wald- und Ödland. An den Küsten entwickelte sich dagegen ein aktives Wirtschaftsleben mit Salzgewinnung, Wal- und Fischfang sowie einer Landwirtschaft mit dank maritimer Düngung reichen Erträgen. Neben Coutances waren die bedeutendsten Städte: St-Lô (das alte Briovère), die zweite Bischofsresidenz; Barfleur, dessen Hafen bis 1204 durch die Schiffsverbindungen mit England bes. bedeutend war; Cherbourg, dessen Aufstieg erst seit dem 12. Jh. einsetzte.

Der C. wurde stark vom →Hundertjährigen Krieg in Mitleidenschaft gezogen. 1354-79 (und rechtl. sogar bis 1404) unterstand ein größerer Teil des Gebietes dem Kg. v. →Navarra (→Karl II. der Böse, →Evreux, Haus); der Norden war seit 1378 engl. besetzt. Das gesamte Gebiet unterstand 1418-50 engl. Herrschaft. L. Musset

Lit.: L. DELISLE, Hist. du château et des sires de St-Sauveur-le-Vicomte, 1867 – G. DUPONT, Hist. du C. et de ses îles, 4 Bde, 1870-85 – P. CHESNEL, Le C. et l'Avranchin sous les ducs de Normandie (911-1204), 1912 – Y. NÉDÉLEC, Les noms de pays dans la Manche aux XIXe et XXe s. (Mél. d'hist. normande . . . R. JOUANNE, 1970), 212-224 – A. DUPONT, Hist. du dép. de la Manche, 5 Bde, 1975-77 – s.a. Lit. zu →Coutances.

Coto (altkast.; ptg. couto, mlat. cautum 'Gebot') bezeichnete in den Kgr. en Asturien, Kastilien, León (mit Galicien) und Portugal die kgl. Banngewalt (coto regio), die Strafe oder →caloña, mit der ihre Verletzung geahndet wurde, und gleichermaßen den Herrschaftsbereich eines Adligen, einer Kirche oder eines Kl., dem der Kg. durch einen speziellen Akt→Immunität und weitgehende jurisdiktionelle Eigenständigkeit verliehen hatte. Solchermaßen privilegierte Kerngebiete territorialen Herrschaftsausbaus (→honor) bildeten die Ausgangsbasis für die Entwicklung der großen weltl. und kirchl. →Señoríos. Im Zuge der Stadtentwicklung beanspruchten auch die urbanen Zentren seit dem 13. Jh. eine seniorale Stellung bezüglich ihres jurisdiktionellen Einzugsbereichs, wobei der C. dem städt. Terminus (término, alfoz) entsprach. In Wirtschaft und Handel bezeichneten C.s Absprachen, um die Warenpreise hochzuhalten; im Agrarbereich verstand man unter cotos redondos (cercados) im Gegensatz zu den allgemeiner Nutzung offenstehenden Weideflächen (campos abiertos) die selteneren, weltl. und geistl. Herrn gehörenden abgetrennten Weidegründe. L. Vones

Lit.: DU CANGE II, 244, s.v. – J. de Santa Rosa de Viterbo, Elucidário das palavras, termos e frases, que em Portugal antigamente se usaram, ed. crít. por M. FIÚZA, II, 1966, 142, s.v. couto – P. MERÊA, Em torno da palavra 'couto', O Instituto 69, 1922, 345-359 (auch in: DERS., Estudos de História do Direito, 1923, 109-135) – L. GARCÍA DE VALDEAVELLANO, Curso de Hist. de las Instituciones españolas, 1975^4, passim – C. SÁNCHEZ-ALBORNOZ, La potestad real y los señoríos en Asturias, León y Castilla (Siglos VIII al XIII) (DERS., Viejos y nuevos estudios sobre las Instituciones Medievales Españolas II, 1976), 1277-1310 – A. DE ALMEIDA FERNANDES, A Nobreza na Época Vimarano-Portugalense, Revista de Guimarães 89, 1979, 45ff. – L. GARCÍA DE VALDEAVELLANO, El feudalismo hispánico, 1981, 129ff.

Cotrone (heute Crotone) → Capo Colonne

Cottbus, Stadt in der Niederlausitz (→Lausitz), aus einer slav.-dt. Burgstelle hervorgegangen, die 1156 mit dem ksl. Burggf.en Heinrich besetzt war. Um 1200 entwickelten die Herren v. Cottbus daraus eine Burggft., die in ihrer größten Ausdehnung den alten Kreis Cottbus umfaßte. Auf einer Diluvialinsel westl. der Spree erfolgte nach 1225 in mehreren Etappen die planmäßige Stadtanlage mit einer starken Mauerbefestigung, die sich insbes. in den Hussitenkriegen (1429) bewährte. Als Hauptkirche der Stadt dürfte die heut. Oberkirche anzusehen sein, ein dreischiffiger Hallenbau aus dem 15. Jh., von dem seit dem Ausgang des MA das Nikolai-Patrozinium bezeugt ist. Die »Wendische Kirche« des um 1290 gegr. Franziskanerkl. diente den Herren v. C. als Grablege. Aus der Burgkapelle ist die 1419 erstmals erwähnte Katharinenkirche hervorgegangen. In nachreformator. Zeit ist sie nach einem Brand (1600) als frz.-reformierte Schloßkirche (1700) wieder errichtet worden. Die Einwohner (um 1400 ca. 2000) lebten hauptsächl. vom Textilgewerbe (Erneuerung des Tuchmacher-Privilegs 1405, Leineweber-Privileg 1406), von der Bierbrauerei und vom Fernhandel. C. stand zunächst unter der Lehnshoheit der →Wettiner und ging 1304 an die→Askanier über. Nach deren Aussterben 1319 wechselte der Besitz im 14. Jh. mehrmals zw. Meißen, Sachsen, Wittelsbachern und Luxemburgern, bis die Stadt Mitte des 15. Jh. auf Dauer an →Brandenburg überging.

W. Ribbe

Bibliogr.: W. DRANGOSCH, Bibliogr. zur Gesch. der Stadt C., 1974 (Gesch. und Gegenwart des Bezirks C., Sonderh.) – *Lit.:* Die Kunstdenkmäler des Stadt- und Landkreises Cottbus, bearb. K. REISSMANN, E. KÜSTER, G. KRÜGER, 1938 – G. KRÜGER, Die Gesch. der Stadt C., 1941² – 800 Jahre Stadt C. [Fschr.], 1956 – Niederlausitzer Mitt., H. 1–4, 1967–70; 5–15ff., 1871–81ff. [ersch. u.d. T.: Gesch. und Gegenwart des Bezirks C.].

Cotte (frz. *cote, cotte,* it. *cota,* engl. *kirtle,* verwandt dem dt. →Kutte), Untergewand, das ähnlich der antiken →Tunika seit dem frühen MA von Frauen und Männern aller Stände getragen wurde. Da uns derartige Kleidungsstücke aus früher Zeit nicht erhalten sind, bleiben wir auf die Darstellungen von Wand- und Buchmalerei angewiesen. Die C. war ein meist aus Leinen, in N-Europa oft auch aus Wolle gefertigtes, über den Kopf gezogenes Schlupfkleid, das über dem Hemd getragen wurde. Die Frauen trugen die C. im Haus meist ohne Überkleid *(surcote)*. Beim Mann reichte sie im 10. und 11. Jh. bis zu den Knien, im 12. und 13. Jh. bis zu den Knöcheln. Sie hatte vielfach an der vorderen Mitte einen bis zur Hüfte reichenden Reitschlitz. Die C. des Mannes war mit breiten Riemen gegürtet zum Anbringen des Schwertes oder der Tasche *(aumonière)*. Beim Arbeiten konnte man sie mittels eines Gürtels hochraffen. Sie reichte dann nur bis zur Wade, was v. a. die Feldarbeit erleichterte. Die Ärmel waren im oberen Teil meist eng anliegend und bei der eleganten Kleidung oftmals von den Ellbogen abwärts mit einem herabfallenden Streifen besetzt, der dem Gewand eine gewisse Eleganz verlieh, sowie die Möglichkeit zur Ausschmückung mittels Tressen, Borten oder Stickereien bot.

Die C. der Frauen war v. a. bei den höheren Ständen reich verziert. Das zeigte sich an dem die Füße bedeckenden Saum und der Mannigfaltigkeit der Ärmelformen. Die Ärmel endeten, oft über die Hände hinausgehend, in weiten, offenen Tüten, die teils auch zurückgeschoben werden konnten und so die ebenfalls verzierten Hemdsärmel sehen ließen.

Im Laufe des 13. und 14. Jh. verfeinerte sich die Ausschmückung der Untergewänder, bes. wenn sie durch geschicktes Übereinander von einzelnen Teilen den Form zur Geltung brachten (Ärmel, Kragen, Oberteil). Die Frauen behielten die C. bis ins 15. Jh. bei. Eine Veränderung ergab sich nur durch die Verengung des Oberteils durch seitliche Schnürung. Bei den Männern wurde die C. von dem am Ende des 14. Jh. in Mode kommenden, kurzen Rock abgelöst.
M. Braun-Ronsdorf

Lit.: V. GAY, Glossaire archéologique I, 1887, 449–452 – C. ENLART, Manuel d'Archéologie Française, 1916, 541, 556 – P. POST, Das Kostüm und die ritterl. Kriegstracht, 1939, Kap. 1–8 – J. EVANS, Dress in Medieval France, 1952, 5, 12, 31.

Cotte d'armes → Waffenrock

Cotte Hardie (*coteardie,* frz.) bezeichnete in der männl. Kleidung ein dem Mantel ähnliches Obergewand, meist am Hals eng anliegend und mit Kragen versehen, an der Brust teilweise geknöpft. Sie war ein über den Kopf gezogener Schultermantel, der gern als Reisegewand benutzt wurde. Sie wurde als solches von beiden Geschlechtern bis ins 14. Jh. getragen. Ärmel konnten mit Nesteln abgetrennt werden. Die Frauen trugen die C. H., außer als Reisemantel, eng im Oberteil anliegend mit weitem Rock, der oftmals auch gegen den Protest der Kirche in einer Schleppe *(swanz, swänzlein)* endete.
M. Braun-Ronsdorf

Lit.: V. GAY, Gloss. archéol. I, 1887, 551f. – C. W. und PH. CUNNINGTON, Handb. of Engl. Mediaeval Costume, 1960 [Gloss.].

Cotto (Cotton, Cottonius), Johannes, Musiktheoretiker um 1100, →Johannes Afflighemensis

Cotton-Bibel → Genesisillustration

Coucy, Herrschaft und bedeutende Adelsfamilie der Picardie (Nordfrankreich). Die drei Burgen Coucy, La Fère und Marle (dép. Aisne, ehem. Diöz. Laon), die mit ihren Territorien seit 1190 Kastellaneien *(châtellenies)* heißen, unterstanden seit etwa der Mitte des 11. Jh. einem adligen Familienverband, der sich seit ca. 1160 nach der Burg Coucy nannte, obwohl diese gegenüber den beiden anderen Burgen keine Vorrangstellung beanspruchen konnte. Seit dem 11. Jh. vollzog sich die (nie vollendete) polit. Verselbständigung, die auf Kosten der kirchl. Gewalten (St-Remi de Reims, Bf. v. Laon), von denen die C. Besitzungen empfingen, sowie der →Kapetinger und der Gf. en v. →Vermandois (von denen die Herren v. Coucy und Marle abhingen) erfolgte. *Enguerran (Ingerannus) I.,* der zugleich Sire v. Boves und Gf. v. Amiens war, begründete durch Heirat mit *Ade (Ada) I.* v. Marle, die von den ersten Gf. en v. →Roucy abstammte, die »große Linie« der C. Beider Sohn *Thomas,* der seit 1100 Marle besaß, war nach dem Tode seines Vaters Sire v. C. und Boves (1117); die Feldzüge Kg. →Ludwigs VI. gegen ihn beraubten ihn zwar der Gft. →Amiens, doch vermochten sie ihm kaum seine Rechte über die lokalen Kirchen zu entziehen und beeinträchtigten ebensowenig die »Bannherrschaft« *(seigneurie banale)* seiner Nachkommen über die Besitzungen C., La Fère und Marle, die an Enguerran II. (1130–47) fielen, während Boves an den jüngeren Sohn Robert kam. Die Herrschaft Raouls I. (1147–90) war entscheidend für die Erreichung des baronialen Ranges (→Baron). Durch seine beiden Ehen mit hohen Adligen (*Agnes v.* →*Hennegau,* 1160–73, danach *Alix v.* →*Dreux*) erlebten die C. einen Aufstieg. In der entscheidenden Periode der Herausbildung einer feudalen Hierarchie (2. Hälfte des 12. Jh.) strebte Raoul I. danach, seine Burgen als direkte kgl. Lehen zu halten. Zum 3. →Kreuzzug aufgebrochen (1190), behielt er seine drei Hauptburgen seinem ältesten Sohn *Enguerran* vor, während seine jüngeren Söhne *Thomas* und *Robert* als Apanagen Vervins und Pinon erhielten; mit dieser Festlegung verlieh er Haus und Hausbesitz von C. eine dauerhafte Struktur. Der Sire de C. regierte über drei Kastellaneien (vier ab 1289: Errichtung von St-Gobain). Die Kastellaneiämter lagen in den Händen dreier adliger Familien, die Vasallen der Sires waren. Im 11. Jh. sind erstmals →*prévots* belegt; über ihnen stehen seit 1209 →*Baillis,* die bald nach der Einführung dieser Institution durch das kapet. Königshaus auftreten. Der Sire vermochte die in seiner Hand befindlichen →Regalien (→*Garde* von Kirchen, Recht des →Aufgebots, →Forstbann und Wegerecht) im 13. Jh. weitgehend zu wahren trotz der konkurrierenden Bestrebungen der lehnsabhängigen Adligen, die eigene Burgen errichteten und z. T. sogar die Hochgerichtsbarkeit erlangten, und der kleinen Städte in seiner Herrschaft (Coucy, La Fère, Marle). Es war das Vordringen der kgl. Justiz und Verwaltung, organisiert im *grand bailliage* des Vermandois, mit dem sich die Söhne Enguerrans III., *Raoul II.* (1242–50) und *Enguerran IV.* (1250–1311), konfrontiert sahen, ebenso die Sires der »zweiten Linie«, die auf *Alix de Guines,* Tochter von Enguerran IV., zurückgeht: *Enguerran V.* (1311–21), *Guillaume* (1321–35), *Enguerran VI.* (1335–46) und *Enguerran VII.* (1346–97). Ab 1259 entspann sich der berühmte Prozeß Enguerrans IV.: Der Abt v. St-Nicolas-aux-bois rief nach der schimpfl. Hinrichtung dreier Lehnsleute seiner Abtei, die in einem umstrittenen Gebiet des Forstes von Vois (nahe C.) durch Büttel des Sire de C. gehenkt worden waren, Kg. Ludwig d. Hl. an. Nach einem spektakulären Rechtsstreit, der in der Konfrontation zw. Kg. und →Baronen und der Verhaftung Enguerrans IV. gipfelte, erlangte der Abt Wiedergutmachung. Diese »cause celèbre«, die in ihrer Bedeutung für die C. jedoch nicht überschätzt werden darf, vermochte die Stellung der Familie nicht dauerhaft zu erschüttern, vielmehr konnte sie ihren Besitz noch durch die Erbschaft von Oisy (Cambrésis) und Montmirail (Champagne), von mütterl. Seite, erweitern. Mit Enguerrans VII. Tochter *Marie* erlosch das Haus in direkter Linie.   D. Barthélemy

Lit.: J. TARDIF, Le Procès d'Enguerran de C., BEC 79, 1918, 5–44; 80, 1918, 414–454 – E. FARAL, Le procès d'Enguerran de C., RHDFE 4ᵉ sér. 26, 1948, 213–258 – D. BARTHÉLEMY, Les deux âges de la seigneurie banale. Pouvoir et société dans la terre des sires de C. du milieu du XIᵉ au milieu du XIIIᵉ s., 1984 [auch zu den Herren v. C. bis zu Enguerran IV.].

1. C., Enguerran III. de, * um 1182, † 1242, Sohn von Raoul I. (✕ 1191 vor Askalon), dem er nach Vormundschaftsregierung seiner Mutter Alix i. J. 1197 als Sire de C. nachfolgte. 1200–02 war er Gf. v. →Roucy aufgrund seiner Heirat mit Eustachie, 1204–07 Gf. des →Perche aufgrund seiner 2. Heirat mit Mahaut († vor 1211). Eine von ihm geplante Eheverbindung mit Johanna, der Erbtochter der Gft. →Flandern, schlug fehl. Schließlich heiratete er in 3. Ehe Marie de Montmirail, die ihm sechs Kinder gebar, darunter: Raoul II.; Enguerran IV.; Marie, seit 1239 Kgn. v. Schottland; Alix, Gfn. v. →Guines. Mit seinen Brüdern Thomas und Robert nahm Enguerran III. an allen großen Kriegen der Kapetinger teil: 1205 Anjou, 1214 →Bouvines, 1216–17 England, 1226 Albigenserkrieg (→Albigenser), nachdem E. bereits 1210 in Südfrankreich gekämpft hatte. Fast gleichaltrig mit Kg. Ludwig VIII., war er dessen enger Vertrauter, was seine Rolle als Statthalter in London und seine bedeutende Rolle in der kgl. Curia 1223–26 beweisen. Nach dem Tod seines Gönners entfremdete er sich dem Königshof und nahm mit seinen Vettern aus dem Hause →Dreux 1229–30 aktiv an der Opposition der großen Barone gegen die Regentin, →Blanca v. Kastilien, und →Tedbald IV., Gf. en v. Champagne, teil. Die durch den →Ménestrel de Reims in einer Andeutung überlieferten eigenwilligen persönl. Ansichten E.s über die Krone bleiben gleichwohl Legende. Der Nachruhm E.s beruhte auch auf seinen Bauten: Im Zuge eines planmäßigen fortifikator. Ausbaus seiner Herrschaft ließ E. die größeren Festungen wiederherstellen und sechs Burgen in den Kastellaneien errichten; Krönung dieser Bautätigkeit war das berühmte Schloß C., dessen monumentale Anlage ein Zeugnis vom Reichtum und Stolz seines Erbauers ablegt.   D. Barthélemy

Lit.: CH. PETIT-DUTAILLIS, Etude sur la vie et le règne de Louis VIII (1187–1226), 1894 – E. BERGER, Hist. de Blanche de Castille, 1895 – s. a. Lit. zu →Coucy, Familie.

2. C., Enguerran VII. de, * um 1340, † am 18. Febr. 1397 in Bursa (Türkei); Heerführer des →Hundertjährigen Krieges, letzter männl. Sproß der C. (zumindest in direkter Linie). Abstammung und Heiraten E.s VII. zeigen die Zugehörigkeit seines Hauses zum höchsten europ. Adel: E. VII. war Sohn von Enguerran VI. und Katharina (Catherine), Tochter des →Habsburgers →Leopold I., Hzg. s v. Österreich; ∞ 1. 1365 Katherine (Catherine), Tochter des →Plantagenêt →Eduard III., Kg. s v. England; Tochter: Marie (∞ Heinrich, älterer Sohn des Hzg. s v. →Bar); ∞ 2. Isabelle (Elisabeth), Tochter von →Johann, Hzg. v. →Lothringen; Tochter: Isabelle (∞ Philippe, Gf. v. →Nevers). – 1358 führte E. VII. erstmals die Waffen. Die Verbindung mit seinem Schwiegervater Eduard III., seine großen engl. Besitzungen (er war durch seine Gattin Gf. v. →Bedford) und seine Stellung als Ritter des →Hosenbandordens ließen ihn lange zögern, sich an der Seite des frz. Kg.s Karl V. am 1369 neuaufgenommenen Krieg gegen England zu beteiligen. Statt dessen führte er Krieg auf eigene Rechnung (1375–76 Zug gegen →Österreich ins Elsaß und in die Schweiz) oder im Dienst Papst →Gregors XI. gegen die →Visconti (1372–73). Sein Bruch mit England erfolgte erst nach der Krönung →Richards II. (1377). Von nun an kämpfte er für Karl V. und Karl VI. Aufgrund seiner militär. Fähigkeiten wurde E. de C. zweimal der Titel des →Connétable de France angeboten; beide Male lehnte er ab. 1384 führte er unter Hzg. →Ludwig I. v. Anjou Krieg in Oberitalien, 1390 nahm er am Feldzug in die Berberei teil, 1396 am →Kreuzzug nach →Nikopolis. Er starb 1397 in türk. Kriegsgefangenschaft. – Seine 1396 verwitwete Tochter Marie († 1405) verkaufte 1400 die Herrschaft C. mit den Nebenbesitzungen an Ludwig v. Orléans, den Bruder König Karls VI., für einen Preis von 400 000 *livres*.   Ph. Contamine

Lit.: DBF IX, 867–874 – B. TUCHMAN, A Distant Mirror, 1978 [dt.: Der ferne Spiegel, 1980] [populär].

3. C., Raoul de, Bf. v. →Metz (1388–1415) und Noyon (1415–25), * um 1345/50, † 17. März 1425; entstammte als Sohn des Raoul de C. und der Jeanne de Harcourt einem Zweig der Coucy. – R. de C. begann seine kirchl. Laufbahn als Kanoniker in Reims und Châlons und setzte sich 1388 in Metz während des Großen →Abendländischen Schismas als Kandidat →Clemens' VII. gegen den von →Urban VI. und dem Luxemburger →Wenzel protegierten Thilmann Vuss durch, der jedoch noch lange Zeit gleichfalls durch Führung des Bischofstitels Anspruch auf das Bm. Metz erhob. – Die Verwandtschaft, die C. mit dem Hzg. v. →Lothringen verband, dürfte bei seiner Erhebung eine gewisse Rolle gespielt haben. C. zog am Dreikönigstag 1388 in seine Bischofsstadt ein. Er sah sich alsbald konfrontiert mit den unaufhörl. Auseinandersetzungen, in denen sich die Hzg. e v. →Lothringen und →Luxemburg, die Stadt Metz und zahlreiche weltl. Fs.en bekämpften. Um diese Konflikte zu beenden, beteiligte sich C. an den Vorbereitungen zum Friedensschluß von →Pont-à-Mousson (17. März 1392) und schloß außerdem i. J. 1405 einen Vertrag mit dem Hzg. v. Lothringen; ferner kam durch seine Vermittlung ein Abkommen zw. den Bürgern von Metz und den mit dem Hzg. v. →Orléans verbündeten Adligen zustande (25. Juli 1408). C. erwies sich als geschickter Verwalter seiner Diözesanangelegenheiten, zahlreiche Herren trugen ihm Güter zu Lehen auf; andererseits sah er sich jedoch auch genötigt, eine große Anzahl seiner Kastellaneien zu verpfänden, insbes. an den Hzg. v. Lothringen. Auf dem Konzil v. Konstanz bewog er Johannes XXIII., ihn auf den Bischofsstuhl von Noyon zu versetzen, den er bis zu seinem Tod behielt.   M. Parisse

Lit.: M. Meurisse, Hist. des évêques de Metz, 1634, 536–541 – P. ANSELME, Hist. généalogique et chronologique de France 1725, II, 415f.; VIII, 544.

Coucy, Kastellan v., Trouvère; Ende 12. und Beginn 13. Jh. Die Identifizierung mit dem Kastellan Gui v. Coucy, der auch Gui v. Ponceaux genannt worden wäre und somit zum Freundeskreis des Trouvère →Gace Brulé gehört hätte, ist nicht gesichert. Fest steht nur, daß einige der berühmtesten Minnelieder des Trouvère-Repertoires in den Hss. einem Chastelain de Couci zugeschrieben werden. Die große themat. Geschlossenheit dieses »canzoniere« (völlige Hingabe an die Liebe bis zum Tod) macht den Kastellan schon im 13. Jh. zur legendären und exemplar. Figur, etwa im Roman des →Châtelain de Coucy et de la Dame du Fayel.   M.-R. Jung

Ed.: J. B. de la Borde, 1780 – F. Michel, 1830 – F. Fath, 1883 – A. Lerond, 1964 – H. van der Werf, 1977 (Trouvères-Melodien I = Monumenta monodica medii aevi XI) – *Lit.*: R. Baum, Der K. v. C., ZFSL 80, 1970, 51–80, 131–148 – P. Zumthor, Essai de poétique médiévale, 1972, 194ff. – Ders.–L. Vaina-Pusca, Le jeu de la chanson, Canadian Review of Comp. Lit. 1, 1974, 9–21 – S. Schöber, Die afrz. Kreuzzugslyrik des 12. Jh., 1976 – A. M. Perry, La symbolique du coeur dans quelques chansons du Ch. de C., RLR 83, 1979, 237–244 – R. Linker, A Bibliogr. of Old French Lyrics, 1979 – New Grove – G. Zaganelli, Aimer sofrir joir, 1982.

Coudelarias, Gebiete größerer und geringerer Ausdehnung bzw. Bezirke, in die das Kgr. Portugal wahrscheinl. spätestens seit der Regierungszeit des Kg.s →Dinis (1279–1325) eingeteilt war, und denen ein *coudel* (*caudilho*, von lat. caput 'Anführer') vorstand. Nach dem Zeugnis der →Ordenações Alfonsinas aus dem 15. Jh. stand an der Spitze aller C. des Reiches schließlich ein *coudel-mor*. Die C. dienten der Überwachung der Pferdezucht und der Einhaltung der diesbezügl. Gesetze; es sollte gewährleistet werden, daß dem Adel, der entsprechend seiner (ebenfalls von den Amtsträgern kontrollierten) Besitzverhältnisse zum Kriegsdienst zu Pferde verpflichtet war, stets genügend geeignete Tiere zur Verfügung standen. L. Vones
Lit.: DHP I, 732f. – H. da Gama Barros, Hist. da Administração Pública em Portugal, 2.ª ed., dir. T. de Sousa Soares, Vol. IX, 1950, 171ff.

Coulaines, Hoftag v. Im Nov. 843 wurde in C., unweit von Le Mans, ein allgemeines →placitum abgehalten. Bei dieser Versammlung wurden →Karl dem Kahlen, der seine ihm durch den Vertrag v. →Verdun (Aug. 843) zuerkannte Herrschaft über die Francia occidentalis (→Westfranken) erst wenig hatte konsolidieren können, unter dem Druck der Bf.e eine Anzahl von Zugeständnissen zugunsten der Großen seines Reiches abgenötigt. Gegenüber dem Klerus verpflichtete sich Karl, sein Volk in maßvoller und gerechter Weise zu regieren, um es zu Frieden und Eintracht zu führen. Die »theokrat.« Herrschaftsauffassung, die der Zeit Ludwigs d. Fr. von bedeutenden Vertretern des Episkopates wie →Jonas v. Orléans und →Agobard v. Lyon vermittelt und die namentl. auf der Synode v. Paris i. J. 829 formuliert worden war, erlebte in C. ihre feierliche Apotheose; sie erhielt einen bes. Akzent durch die Tatsache, daß es die Bf.e waren, die als privilegierte Verkünder des göttl. Willens beanspruchten, die Handlungen des Kg.s zu leiten (→Reichskirche, karol.). Dies war der Ansatzpunkt für ein Regierungssystem, in welchem die Bf.e als Ratgeber fungierten; es sollte seine Höhepunkte finden im Zeremoniell, das →Hinkmar v. Reims für die Weihe →Ludwigs d. Stammlers im Dez. 877 entwarf.

Allgemein verpflichtete sich Karl in C., die Rechte und honores seiner Getreuen stets zu achten; in dieser Zeit begann die Vermischung von honores (→honor) und beneficia (→beneficium), wobei der Adel danach trachtete, diese Güter, die er aufgrund seiner vasallit. Verpflichtungen besaß, seinem Hausgut einzuverleiben.

So markiert C. den Übergang zu einem System vertragsmäßig beschränkter Königsgewalt, welche die Unterstützung durch die Aristokratie mit Zugeständnissen erkaufen mußte. Hierbei kam es bald zu Konflikten der weltl. und geistl. Großen untereinander um die Vormachtstellung innerhalb der aristokrat. geprägten Regierung; die Großen traten bei diesen Auseinandersetzungen weniger in ihrer Eigenschaft als öffentl. Amtsträger auf, sondern mehr aufgrund ihrer persönl. Bindung an den Kg., die auf commendatio und vasallit. Treueid beruhte.
E. Bournazel

Q.: MGH Cap. 2, 253ff. – *Lit.*: F. Lot–L. Halphen, Le règne de Charles le Chauve (840–877), première partie (840–853), 1909 – L. Halphen, Charlemagne et l'empire carolingien, 1947 – J. Dhondt, Etudes sur la naissance des principautés territoriales en France (IXe–Xe s.), 1948 – HEG I, 609f. [Th. Schieffer].

Council, Great. Mit der Bezeichnung des »G. C. « wurden in England verschiedene Typen großer Versammlungen bezeichnet, am häufigsten und regelmäßigsten jedoch eine bestimmte Versammlungsart, welche die gleichen Wurzeln wie das →*Parliament* hat und bis zur Mitte des 14. Jh. diesem wohl auch sehr ähnlich war. Es gab in England, ebenso wie in anderen westeurop. Ländern, eine alte Tradition kgl. Beratungen mit einflußreichen und hochrangigen Männern über aktuelle polit. Angelegenheiten. Am Ende des 13. Jh. wurde die größte und durch Verfahrensregeln bes. geprägte Versammlung dieser Art als »Parliament« (parliamentum) bezeichnet, doch fanden auch weiterhin andere Versammlungen unter anderen Bezeichnungen statt.

In den dreißiger und vierziger Jahren des 14. Jh. hießen diese Versammlungen üblicherweise »Councils«, doch wurden sie auch schon G. C.s genannt; und in den fünfziger Jahren wurde dies die übliche Bezeichnung – wohl zur Unterscheidung dieser Versammlungen mit großer Teilnehmerschaft vom dauernd tagenden (engen) Rat des Kg.s (→*Council, King's*). In dieser Zeit ähnelte ein G. C. nach seinem Teilnehmerkreis und seinem Aufgabenbereich noch stark einem Parliament. Während im Zentrum der Verhandlungen des Parliaments jedoch Fragen der Steuerbewilligung und Gesetzgebung standen, hatten im G. C. die Belange des Kg.s größeres Gewicht, und insbes. war der Kg. hier wahrscheinl. nicht verpflichtet, private Petitionen anzunehmen oder sich zu ihnen zu äußern – doch ist diese Unterscheidung umstritten. Von ca. 1350 an prägten sich Parliament und G. C. in unterschiedl. Weise aus: Entwickelte sich das Parliament in Richtung einer Repräsentativversammlung der Nation, so wurde der G. C. mehr zu einer erweiterten Sitzung des kgl. Council. Die Ladung zum Parliament erfolgte mittels serienmäßiger lat. Briefe mit großem Siegel, die Ladung zum G. C. mit frz., später engl. Briefen mit Privatsiegel *(Privy Seal).* Bei einigen Anlässen, letztmals i. J. 1401, wurden Vertreter von Gft.en und Städten zu G. C.s einberufen, so daß die Versammlungen ca. 200–300 Teilnehmer umfaßten; in der Regel wurden aber nur 30–40 ausgewählte geistl. und weltl. Lords, Ratsmitglieder und Beamte geladen. Die Funktionen des G. C. wandelten sich in dem Maße, wie die Kompetenzen des Parliaments deutlichere Umrisse gewannen. So hatten zunächst die G. C.s oft Steuern genehmigt und z. B. 1371 eine Parochialsteuer erhöht, die ein Parliament bewilligt hatte. 1378 aber erklärte ein G. C., daß allein das Parliament das Steuerbewilligungsrecht ausübe, was auch in der Folge nie mehr in Frage gestellt wurde. Der G. C. war nun eine Versammlung, in welcher innere Staatsangelegenheiten, auswärtige Beziehungen, Kriege, Finanzfragen usw. diskutiert wurden. Kg. Heinrich V. erörterte die Beziehungen zu Frankreich in zwei G. C.s, bevor er 1415 die Kriegserklärung beschloß; in den fünfziger Jahren des 15. Jh. wurde mehr als ein Dutzend G. C.s abgehalten, auf denen die katastrophale polit. Situation diskutiert wurde. Ein G. C. war nie eine stark formalisierte Institution, der Teilnehmerkreis war niemals festgelegt. Die Tagungen sind unzureichend dokumentiert; doch zeigt etwa die Tatsache, daß im 15. Jh. mehr G. C.s als Parliaments abgehalten wurden, seine Bedeutung.

Die Bezeichnung »G. C. « hatte auch noch andere Bedeutungen: Vom 12. Jh. an bezeichnete dieser Begriff in den Chroniken anscheinend jede große Versammlung. In den »Provisions of→Oxford« (1258) wurde mit G. C. eine Körperschaft bezeichnet, die mehr Autorität genoß, als die dem Kg. dienenden Räte, sich aber vom Parliament unterschied. Vom 14. Jh. an wurde die Bezeichnung oft auf die Lords im Parliament angewandt, im späten 14. und frühen 15. Jh. ebenso auf den King's Council, sofern er extra einberufen und zahlenmäßig erweitert worden war (z. B. im Parliament 1377 und 1404). A. L. Brown

Lit.: H. G. RICHARDSON – G. O. SAYLES, Parliaments and G. C.s in Medieval England, 1961 – vgl. Lit. zu →Council, King's.

Council, King's. [1] *Die Anfänge:* Hinweise auf eine Institution, die C. genannt wurde, finden sich in England seit dem frühen 13. Jh. häufiger in den Quellen. Der C. bezeichnete zunächst einerseits die Gruppe der Beamten und sonstige Personen in der Umgebung des Kg.s, die dieser jeden Tag zur Beratung (consilium) und zur Hilfe (assensus) bei Regierungsfragen heranzog, und andererseits auch die gelegentl. Versammlungen von Leuten mit bedeutendem Rang im Kgr., die aufgefordert wurden, Rat und Zustimmung bei wichtigen Angelegenheiten zu erteilen. Beide Formen müssen schon lange vor dem 13. Jh. existiert haben (→curia regis), aber nur die frühen Versammlungen der ags. Zeit sind gut belegt; im späten ags. England wurden sie →witenagemots genannt. Die Einholung des Rats von Großen hatte dann im anglonorm. England eine starke Tradition (→Baron, Abschnitt III). 1215 bestätigte z. B. die →Magna Carta, daß die Abgaben nur »per commune consilium« auferlegt werden sollten und legte fest, nach welchen Modalitäten eine solche zustimmende Versammlung einberufen werden sollte. Im 13. und frühen 14. Jh. wurden diese Versammlungen, die mehrmals im Jahr stattfanden, mit den verschiedensten Namen bezeichnet (z.B. parliamentum, consilium und tractatus). →Parliament erschien als Bezeichnung für den bedeutendsten und üblichsten Versammlungstyp, aber auch andere Versammlungen unter anderen Bezeichnungen wurden weiterhin einberufen. In den dreißiger und vierziger Jahren des 14. Jh. wurden diese Versammlungen am häufigsten »Council«, seit den fünfziger Jahren des 14. Jh. *Great →Council* genannt.

Gewöhnlich wurde jedoch mit dem Terminus »Council« die oben erwähnte kleinere Gruppierung bezeichnet, die zunächst ein vorwiegend beratendes Gremium war, sich bald aber auch zu einer mächtigen und bedeutenden exekutiven Institution entwickelte. Diese Versammlung wurde oft mit den Adjektiven »privatum« und »secretum« bezeichnet, selbst in den Akten, vor allen Dingen aber, bevor der Begriff »Great C.« eine spezielle Bezeichnung für die (große) Versammlung wurde. Es tagte jedoch stets nur ein C., der verschiedene Tagungsformen haben konnte. So gab es z.B. ein Treffen der Ratsmitglieder am Hof mit dem Kg. oder ein Treffen (gewöhnl. ohne den Kg.) in Westminster, dem Hauptsitz der Verwaltung. Der Kreis der Teilnehmer dürfte sich weitgehend nach den anstehenden Aufgaben oder den jeweiligen Umständen gerichtet haben.

Hinweise auf den C. sind zahlreich, aber Belege seiner Verfahrensweisen im einzelnen finden sich selten, und seine Anwesenheitslisten sind kaum vor dem späten 14. Jh. belegt, als ein Sekretariat des C. geschaffen wurde. Das Amt des Ratsschreibers *(Clerk of the Council)* wird zuerst 1392 erwähnt, und die regelmäßige Amtsnachfolge der Ratsschreiber beginnt 1406. Das Aktenmaterial aus der Zeit zw. ca. 1389 und ca. 1456 ist zahlreich. Die Akten in der British Library sind fast alle von N. H. NICOLAS gedruckt worden, aber die urspgl. Sammlung im Public Record Office ist noch weitgehend ungedruckt, obwohl sie in letzter Zeit Gegenstand vieler Untersuchungen war. Die meisten Akten des späteren 15. Jh. und des frühen 16. Jh. sind verlorengegangen.

Der C. des 13. Jh. war offenbar mehr eine Gruppe von Ratgebern als eine feste Institution, obwohl Zeugnisse wie der erste Text der Vereidigung eines Ratsmitgliedes von 1257, die wachsende Korrespondenz zw. dem Kg. und dem C. sowie die Akten von Ratsmitgliedern, die Entscheidungen trafen, zeigen, daß sich eine Wandlung vollzog. Am Ende des Jahrhunderts gab es eine ziemlich große Zahl von mindestens nominellen Ratsmitgliedern. Viele von ihnen waren Beamte, zu den bedeutendsten zählten der Kanzler (→*Chancellor*), der Schatzmeister (→*Treasurer*) und die →Justitiare *(justiciar)*. Es gab weiterhin die Schreiber der Kanzlei und des →*Exchequer*, Beamte des kgl. Hofhalts, kgl. Ritter und Schreiber, ebenso Prälaten und weltl. Große, und es gab sogar einige Ausländer unter ihnen. Bei bes. Gelegenheiten, etwa anläßl. der Abhaltung eines Parliaments, konnte eine Sitzung des C. dreißig oder mehr Mitglieder umfassen, unter denen dann sehr viele Magnaten waren. Weitaus häufiger sind aber Ratsversammlungen in kleiner Besetzung belegt, die meist aus Beamten bestanden, die Angelegenheiten von geringerer Bedeutung regelten, dem Kg. Rat erteilten oder die Gerichtshöfe und den Exchequer in schwierigen Fragen unterstützten. Ein großer Teil der Detailarbeit des Parliaments wurde von Gruppen von Räten geleistet; den Zeitgenossen war dies offenbar sehr gut bekannt, sind doch zahlreiche Bittschriften an Kg. und C. gerichtet. Die Quellen lassen dabei mehr das Bild von ad hoc zusammenarbeitenden Räten als das regelmäßig abgehaltener Ratssitzungen entstehen.

[2] *Entwicklung zur wichtigen Institution:* Im späten 14. Jh. wird das Aktenmaterial des C. reichhaltiger und aussagekräftiger und zeigt Wandlungen innerhalb des C.: Die Zahl der Mitglieder des C. hatte abgenommen, ihr Rang und Status waren dagegen gewachsen. Niedrigere Beamte wie die Schreiber der Kanzlei, des Exchequer und des Hofhalts waren nicht mehr beteiligt, und die im Rat vertretenen Richter waren offenbar eher professionelle jurist. Berater als echte Ratsmitglieder und sind selten bei den Sitzungen belegt. Dreißig und mehr Ratsmitglieder sind für wenige Jahre als Sitzungsteilnehmer bezeugt, doch erscheinen einige nur selten, während ein kleiner Mitgliederkreis ständig an den Beratungen teilnahm. Die durchschnittl. Teilnehmerzahl lag ungefähr bei sieben, wobei am häufigsten die drei großen Amtsträger der Krone (chancellor, treasurer und *Keeper of the Privy Seal* [→*Privy Seal office*]) nachweisbar sind. Außerdem erscheinen einige wenige Bf.e, üblicherweise Inhaber von hohen Kronämtern, altgediente Ritter und Notabeln *(esquires)* sowie einige hohe Adlige (→*earls* und Barone). Mitglieder des C. waren am Hof im Gefolge des Kg.s, einige begleiteten ihn auch auf seinen Reisen und hielten dort Sitzungen ab. Die quellenmäßig am besten belegten Versammlungen des C. sind jedoch die in Westminster, bei denen der Kg. nicht anwesend war. Bald nach 1340 wurde in einem neuen Gebäude in Westminster dem C. ein Raum zur Verfügung gestellt, die sog. Sternkammer *(Star Chamber)*, benannt nach der Bemalung der Decke mit Sternen. Sie ist in der Folgezeit sehr häufig als Sitzungssaal belegt. Diese Sitzungen fanden oft, zw. Okt. und Juni fast täglich, statt, so daß man, nicht zu Unrecht, den C. nun als »ständigen« Rat bezeichnete.

Die Aufgabe des C. war die Unterstützung des Kg.s bei der ganzen Palette tägl. anfallender Regierungsgeschäfte:

Der C. erteilte dem Kg. Rat und entlastete ihn von der Entscheidung in vielerlei Detailfragen, sehr oft wechselten Briefe oder Kuriere mit mündl. Nachrichten zw. beiden. Der C. korrespondierte mit engl. →Gesandten im Ausland über Details von Unterhandlungen, führte selber Unterredungen mit ausländ. Gesandten und war wohl auch mit seinem Rat zur Stelle, wenn der Kg. geruhte, Besucher persönlich zu empfangen. Die Tätigkeit des C. umfaßte ferner: Anordnungen zur Zahlung von Geld, die Prüfung und Entscheidung in zweifelhaften Finanz- und Rechnungsangelegenheiten, die Beratung des Kg.s bei an ihn gerichteten Gesuchen, bei militär. Belangen (so bei Verträgen mit Söldnern) und bei allen alltägl. größeren oder kleineren Problemen der Regierung. Vom 14. Jh. an war der C. auch als Gerichtshof tätig. Es war nicht vorgesehen, daß der C. sich mit Fällen beschäftigte, die den Gerichtshöfen des *Common Law* (→ Englisches Recht) vorbehalten waren, aber der Status des C. machte diesen zu einer ausgezeichneten Schlichtungsstelle für spezielle Gerichtsfälle. So erhielt der C. Petitionen über Streitfälle aus dem See- und Handelsrecht, oft von Ausländern, auch von armen Klägern oder von Personen, die behaupteten, ihr Recht werde ihnen andernorts wegen des Auftretens mächtiger Opponenten verweigert. Anklagen wegen Gewalttätigkeit oder Friedensbruches konnten dazu führen, daß die Beklagten vor den C. zitiert und inhaftiert wurden oder eine Bürgschaft beibringen mußten. Im zweiten Statut des →»Praemunire« wurde die Vollstreckung durch Kg. und C. niedergelegt. Fälle wie die oben genannten konnten vom C. beigelegt werden, bei anderen konnte der C. dem Kläger den einzuschlagenden Rechtsweg zeigen.

Um 1400 war der C., die Zustimmung des Kg.s vorausgesetzt, das Herzstück der engl. Exekutivgewalt. Der Wandel des C., der sich seit 1300 vollzogen hatte, konnte bisher nicht im einzelnen untersucht werden, da die Quellen wenig Material bieten. Dennoch kann als wahrscheinl. gelten, daß der Grund für diese Wandlungen v.a. in der Ausdehnung der Regierungsgeschäfte selbst liegt, die eine zunehmende Professionalisierung und auch höhere Kosten verursachten, weiterhin in der stärkeren Beteiligung von Laien an der Regierung sowie dem Aufstieg einer kleinen Gruppe weltl. →Pairs. Wenig wahrscheinl. ist es demgegenüber, als Ausgangspunkt für die Weiterentwicklung des C. eine bewußt polit. Entscheidung, die Persönlichkeit oder den Lebensstil eines bestimmten engl. Kg.s oder gar, wie öfter behauptet wurde, eine »Machtübernahme« im C. durch Barone anzusehen. Vielmehr gibt es eine Reihe von Anzeichen, die für einen allmähl. Entwicklungsprozeß über einen längeren Zeitraum sprechen.

Schon während der Minderjährigkeit Heinrichs III. (seit 1216) regierte der C. in der Tat stellvertretend und im Namen des Kg.s, und bereits 1244 wurde ein mit erweiterten Befugnissen ausgestatteter C. als geeignetes Mittel vorgeschlagen, um den vom rechten Wege abgeirrten Kg. zu lenken. So wurde der C. zum Angelpunkt der Regierung, wenn der Kg. minderjährig, abwesend oder unfähig war oder wenn sein Benehmen mißbilligt wurde u. man ihm Einhalt gebieten wollte. Derartige Situationen traten im 14. und 15. Jh. mehrfach ein. Nach den Vorstellungen der Zeit wurde in einer solchen krit. Phase die Berufung eines C. für ideal gehalten, der paritätisch Bf.e, Earls und Barone umfaßte und die Tätigkeit der Beamten wirksam zu unterstützen vermochte. Manchmal wurden Gratifikationen gezahlt, um einen Anreiz zum Dienst im C. zu schaffen. In der Tat war es stets schwierig, die Großen des Reiches zur regelmäßigen Tätigkeit im C. zu bewegen, so daß diese Bürde immer häufiger anderen, arbeitswilligeren Leuten aufgetragen wurde, die für den C. kennzeichnend wurden. Bei mehreren Anlässen zw. 1376 und 1406 wurde, speziell auf die Kritik von seiten der Commons im Parliament hin, ein C. geschaffen. Dies wurde bisher üblicherweise als eine frühe Äußerung von parlamentar. Bestrebungen und als eine Vorstufe zu einem Konstitutionalismus gewertet. Man geht heute davon aus, daß es sich hierbei nur um eine Forderung nach einer guten und sparsamen Regierung gehandelt hat, die von Personen erhoben wurde, die vom Kg. selbst ausgewählt worden waren und die geschworen hatten, dem C. beizutreten und die erforderl. Maßnahmen durchzuführen.

[3] *Der Wandel im 15. Jahrhundert:* Im Laufe des 15. Jh. wandelte sich der C. noch hinsichtl. seines Charakters und seiner Zusammensetzung. Persönl. und polit. Verhältnisse, so u.a. die kontinentalen Feldzüge Heinrichs V. (→Hundertjähriger Krieg) und dann die lange Minderjährigkeit sowie später die Persönlichkeit und die Krankheit Heinrichs VI., führten zu ztw. personellen Wechseln und zu einem teilweise stärkeren Gewicht des weltl. Adels im C. In der zweiten Jahrhunderthälfte erfolgten noch tiefgreifendere Wandlungen: Die Zahl der Leute, die den Titel »Councillor« trugen, stieg an (124 unter Eduard IV., 227 unter Heinrich VII.). Für einige war es nur ein Ehrentitel, die meisten aber besuchten zumindest gelegentl. die Sitzungen. Die Teilnahme an den Versammlungen insgesamt schwankte beträchtlich – sie ist auch nicht allzu gut belegt –, doch war sie nun allgemein zahlreicher als früher. Die Teilnehmerzahl betrug unter Eduard IV. manchmal 20, unter Heinrich VII. über 40. Die hohen Amtsträger bildeten nach wie vor den Mittelpunkt, einige Kirchenleute, Lords sowie auch Laien geringeren Standes waren sehr aktive Mitglieder, auch hohe Adlige fehlten nicht. Die Häufigkeit der Versammlungen nahm ab, und der C. war wahrscheinl. weniger ein tägl. zusammentretendes Exekutivorgan, sondern eher eine beratende Körperschaft. Kg. Eduard IV. nahm manchmal, Kg. Heinrich VII. oft an den Sitzungen teil. Der C. fungierte stärker als vorher als Gerichtshof, sowohl für Kriminal- wie Zivilprozesse. Es wurde lange angenommen, daß ein separates Gericht des C. (*Court of Star Chamber*) mit dem Statut von 1487 geschaffen wurde; doch hat sich heute die Meinung durchgesetzt, daß diese Verordnung lediglich ein kurzlebiges Sondertribunal ins Leben rief, dem einige Mitglieder des C. angehörten. Die wesentl. Zäsur in der Entwicklung des C. erfolgte unter Heinrich VIII. in den 30er Jahren des 16. Jh., als der C. in zwei Institutionen geteilt wurde, in den *Privy Council*, einem polit. Gremium, und in den Court of Star Chamber, einem Gerichtshof. A. L. Brown

Q.: Proceedings and Ordinances of the Privy Council of England, ed. N. H. NICOLAS, 7 Bde, 1934–37 – *Lit.:* J. F. BALDWIN, The King's C. during the MA, 1913 – B. WILKINSON, Stud. in the Constitutional Hist. of the 13th and 14th centuries, 1937 – C. G. BAYNE–W. H. DUNHAM, Select Cases in the C. of Henry VII (Selden Soc. 75, 1958) – A. L. BROWN, The Commons and the C. in the reign of Henry IV, EHR 79, 1964, 1–30 – G. R. ELTON, Why the hist. of the early Tudor C. remains unwritten (Annali della Fondazione Italiana per la storia amministrativa I, 1964), 268–296 – J. L. KIRBY, C.s and councillors of Henry IV, 1399–1413, TRHS, 5th Ser., 14, 1964, 35–65 – A. L. BROWN, The king's councillors in fifteenth-century England, TRHS, 5th Ser., 1969, 95–118 – DERS., The Early Hist. of the Clerkship of the C., 1969 – R. VIRGOE, The composition of the king's C., 1437–61 (BIHR 43, 1970), 134–160 – J. R. LANDER, Crown and Nobility 1450–1509, 1976.

Couplet (von lat. copula, →cobla, →copla), in der spätma. frz. Lyrik Bezeichnung für ein Reimpaar, später jeder Zusammenschluß mehrerer gleichgebauter Verse zu einem gegliederten Ganzen und in diesem Sinne synonym zu Strophe. In den späteren Chansons de geste heißen die durch den gleichen Reim verbundenen Verse C. (oder Laisse). Dichtungstheoretiker des 16. Jh. (z. B. Peletier du Mans) nannten die einzelnen Strophen der Ode C. Seit dem 18. Jh. engte sich die Bedeutung ein auf ein Strophenlied scherzhaft-satir. Inhalts, das in die kom. Oper, Vaudeville, Singspiel oder später auch Operette eingefügt wurde, um auf aktuelle Ereignisse anzuspielen. E. Bange

Lit.: Dict. des Lettres Françaises, 16. Jh., s. v., 1971 – MGG II, s. v. – RIEMANN, s. v. – E. LANGLOIS, Recueil d'Arts de seconde rhétorique, 1902 [Repr. 1974] – W. SUCHIER, Frz. Verslehre auf hist. Grundlage, 1952 – G. v. WILPERT, Sachwb. der Lit., 1979⁶, s. v.

Cour amoureuse de Charles VI, der bedeutendste und am besten bekannte der frz. →Minnehöfe des SpätMA, am Dreikönigstag 1400 wohl in der Umgebung der Kgn. →Isabeau de Bavière gegründet; die (teilweise fiktive) Gründungscharta mit den Statuten und zwei Mitgliederlisten (ca. 1416; ca. 1425, über 600 Mitglieder) sind erhalten. Es handelt sich um eine hierarchisch wie der Königshof gegliederte lit. Gesellschaft, mit drei Großkonservatoren (darunter der Kg.), elf Konservatoren (ausnahmslos Fs.en), 24 Ministern, etc. Einmal im Monat fand ein Minnefest statt, wobei die Minister im Wettstreit miteinander Gedichte vortrugen; daneben gab es jährlich drei außerordentl. Feste (das wichtigste am Valentinstag, ebenfalls mit Dichterwettstreit). Zu den Mitgliedern gehörten neben den bekanntesten Dichtern der Zeit kgl. Beamte, aber auch Bürger. A. Gier

Lit.: A. PIAGET, La cour amoureuse, dite de Charles VI, Romania 20, 1891, 417-454; 31, 1902, 579-603 – TH. STRAUB, Die Gründung des Pariser Minnehofs von 1400, ZRPh 77, 1961, 1-14.

Couronne d'or (frz., 'Goldkrone'). 1340 durch Kg. Philipp VI. v. Frankreich eingeführte Goldmünze (5.44 g) mit der Darstellung einer Krone. Von bes. Bedeutung war der 1385 von Kg. Karl VI. eingeführte *Ecu à la couronne* (4.08 g) mit einem Lilienschild auf der Vorderseite und einem von Kronen umgebenen Lilienkreuz auf der Rückseite, der häufig in den Niederlanden nachgeahmt wurde. 1423 wurde unter Karl VII. erstmals der *Ecu d'or à la Couronne* (3.82 g) geprägt, dessen Gewicht bis 1461 auf 3.45 g abfiel, 1474 nochmals auf 4.00 g aufgewertet wurde. 1540 wurde in den südl. Niederlanden die *Couronne d'or au soleil* (3.43 g) eingeführt und bis in die Mitte des 17. Jh. bei stetig abfallendem Gewicht geprägt. P. Berghaus

Lit.: Wb. der Münzkunde, hg. F. FRHR. v. SCHROETTER, 1930, 115 [F. FRHR. v. SCHROETTER] – L. LAFAURIE, Les monnaies des rois de France, 1951, 39ff.

Cours d'amour → Minnehöfe

Court, Guillaume, OCist, frz. Prälat, Kard.; * Ende des 13. Jh. in Belpech (dép. Aude), † 12. Juni 1361 in Avignon an der Pest. Mönch der Abtei OCist →Boulbonne, wurde er – gleichzeitig mit der Promotion zum Mag. theol. in Paris (9. Mai 1319) – dortiger Abt. Papst Benedikt XII. beauftragte ihn mit der Verfolgung der durch die Religiosen von →Grandselve begangenen Vergehen. Seit 30. April 1337 Bf. v. →Nîmes, wurde er am 3. Dez. 1337 zum Bf. v. →Albi ernannt, wo er Güter und Rechte wiederherstellte. Am 18. Dez. 1338 wurde er zum Kard. v. SS. Quattro Coronati erhoben und erhielt Wohnung im Papstpalast v. Avignon nahe den päpstl. Zimmern. Von →Philipp VI., Kg. v. Frankreich, geschätzt, stand er auch bei Papst Clemens VI. in Gunst; dieser entsandte ihn nach Italien, um Frieden in der Lombardei zu schließen, ein Bündnis gegen →Ludwig den Bayern zustande zu bringen und die Unterstützung der Republik →Venedig gegen die Türken zu erlangen (Okt. 1342–Okt. 1343). Nachdem er schon einige Ketzerprozesse geführt hatte, examinierte C. 1354 als Kardinalbf. v. Tusculum (seit 25. Okt. 1350) →Johannes v. Rupescissa (Roquetaillade), bei dem er den »Liber secretorum eventuum« in Auftrag gegeben hatte. C. machte Stiftungen zugunsten des Kollegs St-Bernard in Paris und des Hospitals von Belpech. M. Hayez

Lit.: DBF IX, s. v. – DHGE, s. v. – B. GUILLEMAIN, La cour pontificale d'Avignon, 1966.

Court of Common Pleas → Common Pleas, Court of
Court of Exchequer → Exchequer
Courtebarbe → Aveugles, les trois de Compiègne

Courtecuisse, Jean (lat. Johannes Brevis Coxae), frz. Theologe und Frühhumanist, * um 1355 in Allaines (dép. Orne, Bm. Le Mans), † 4. März 1423 in Genf. [1] *Leben:* Als Theologe und Staatsmann ist sein Leben gekennzeichnet durch die bedeutendsten Auseinandersetzungen der Zeit: Von den polit. Kämpfen zw. England und Frankreich und dem innerfrz. Bürgerkrieg war er ebenso betroffen wie vom →Abendländ. Schisma. Seit 1367 studierte er an der Univ. Paris (Coll. de Navarre), promovierte zum Mag. art. sowie, um 1389, zum Mag. theol. und war 1416–21 Dekan der theol. Fakultät wie Kanoniker von Notre-Dame. 1419–21 fungierte er anstelle von →Johannes Gerson als Kanzler der Universität. Nach Kräften bemühte er sich, das Abendländ. Schisma zu beseitigen. Zunächst noch unentschieden, verlangte er schließlich öffentlich, →Benedikt XIII. den Gehorsam zu verweigern. C. war Rat *(conseiller)* des Hzg.s →Ludwig v. Orléans und anschließend Rat Kg. Karls VI., 1408 dessen Almosenier. Da C. Partei für den Orléans ergriff, geriet er in Gegnerschaft zum proengl. Hzg. v. Burgund (→Armagnacs et Bourguignons). Als er auf Veranlassung Karls VI. 1421 zum Bf. des (zu dieser Zeit engl. beherrschten) Paris gewählt wurde, erreichte es der Kg. v. England, daß C. sein Amt nicht antreten konnte. 1422 versetzte ihn deshalb Papst Martin V. auf den Bischofssitz von →Genf. – C. vermachte seine Bibliothek mit reichem Bestand an Hss. des klass. Lateins der Kathedrale Notre-Dame. G. Ouy

[2] *Theologisches und philosophisches Werk:* C.s philos. und theol. Schriften spiegeln die kirchenpolit. Tätigkeit von C. Für Hzg. →Johann v. Berry übersetzte und glossierte er die im ganzen MA unter →Senecas Namen verbreitete Schrift des →Martin v. Braga († 579) »Formula vitae honestae« (»Sénêque des IV vertus«) und stellte die vier →Kardinaltugenden als →Fürstenspiegel vor. In seinem theol. Traktat »De fide, Ecclesia, Romano Pontifice et Concilio« diskutiert er in der geistigen Gefolgschaft von →Johannes Gerson und Pierre d'→Ailly die aktuellen kontroversen Fragen über »Kirche, Papst und Konzil« ganz im Sinne der Reformtheologie. Ausgehend von der theol. Idee einer in Treu und Glauben Christus hörigen Braut-Kirche erörtert er in drei Artikeln, die ihrerseits in viele Konklusionen und Korollarien (Zusätze) aufgegliedert sind, Gnade, Gestalt und Gegenstand des Glaubens (1. Art.), die Glaubensfestigkeit der Kirche (2. Art.), die sich nur im ›ordo apostolicus‹ wahrhaft geistlicher Priester bis an das Ende der Zeiten bewährt, und im 3. Art. die →Unfehlbarkeit der Kirche, des Papstes und des Konzils. Bei der notwendigen Vorrangstellung des Konzils kann der Bibeltheologe C. aus der Hl. Schrift keinen Beweis führen, daß nicht auch das allgemeine Konzil irren könnte, selbst wenn es in den christl. Grundwahrheiten unfehlbar ist. Bekannter Spätscholast. Disputationsmethode getreu, löst C. die Argumente beider Parteien und Positionen und überläßt die Entscheidung den einzelnen, für die probablere und sichere Meinung wählen mag. Gegen diesen theol. Probabilismus kann nur das Schriftzeugnis auf-

kommen. In der Auslegung der Schrift und also in der Wahrung der rechten Lehre gehen die »doctores« den »praelatis et jurisdictionem habentibus« vor (a.a.O. 840 A). M. Gerwing

Ed.: L'oeuvre oratoire française de Jean C., ed. G. DI STEFANO, 1969 - Senêque des IIII vertus. La formula honestae vitae de Martin de Braga (Pseudo-Sénêque) traduite et glosée (1403), ed. H. HASELBACH, 1975 - Gersonii opera omnia, Tomus I, 805-904: Tractatus de fide et Ecclesia, Romano Pontifice et Concilio generali, ed. L. E. DUPIN, Antwerpen, 1706 – Lit.: Dizionario critico della letteratura francese I, 1972, 312 [G. DI STEFANO] - F. EHRLE, Neue Materialien zur Gesch. Petrus' v. Luna, ALKGMA 6, 1892, 139–302 - A. COVILLE, Recherches sur J. C. et ses sermones oratoires, BEC 65, 1904, 469–529 - E. PELLEGRIN, Ms. de l'abbaye de St-Victor et d'anciens collèges de Paris, BEC 103, 1944, 69–98 - G. DI STEFANO, Un sermon français inédit de J. C. (Justum Adiutorium), Romania 85, 1964, 417-454.

Courtenay, weitverzweigte frz. Adelsfamilie, durch die Kreuzzüge v. a. im Lateinischen Osten (Edessa, Konstantinopel) bedeutend, desgleichen in England.

A. Die Courtenay in Frankreich und im Lateinischen Osten – B. Die Courtenay in England.

A. Die Courtenay in Frankreich und im Lateinischen Osten

I. Die älteren Courtenay – II. Die Courtenay als Seitenlinie der Kapetinger.

I. DIE ÄLTEREN COURTENAY: Während die heut. Historiker die Familie C. genealogisch manchmal den alten Gf.en v. →Sens, die die Burg Châteaurenard (dép. Loiret) errichteten, zuordnen, führten die C. dem Kontinuator →Aimoins v. Fleury zufolge ihren Ursprung auf einen ministerialis *Atto,* der die Burg C. (dép. Loiret) auf Kirchenland erbaute, zurück; dieser Atto sei Sohn eines Kuchenbäckers (gastelarius) gewesen, doch, zum Ritter geschlagen, heiratete er eine Adlige (zw. 998 und 1031). Sein Sohn *Josselin* war in 2. Ehe mit Elisabeth v. Montlhéry vermählt; diese gebar ihm vier Söhne: *Milo, Josselin* (Joscelinus), *Geoffroy* (Gaufridus Chapalii) und *Renaud* (Rainaldus); letzterer war 1086 Kanoniker und verstarb 1113. Der 2. Sohn, →Josselin, der 1101 das Kreuz nahm, erhielt von seinem Vetter Baudouin de Bourcq (→Balduin II., Kg. v. Jerusalem), der der Sohn einer seiner Tanten von mütterl. Seite war, die Burg Turbessel; er heiratete eine Armenierin und wurde 1118 Gf. v. →Edessa. Sein Sohn, →*Josselin II.,* 1131–49 Gf. v. Edessa, starb in sarazen. Gefangenschaft und hinterließ die Tochter, *Agnès,* die →Amalric, den künftigen Kg. v. Jerusalem, heiratete, sowie einen Sohn, →*Josselin III.* († 1199/1200). Letzterer verlor die Gft. Edessa, errichtete sich jedoch ein weites Herrschaftsgebiet innerhalb des Kgr.es →Jerusalem, als dessen Seneschall er fungierte. Seiner Ehe mit *Agnès,* Tochter von Henri le Buffle, entstammten zwei Töchter, die ihre Erbteile in ihre Ehen mit frk. Großen einbrachten: *Béatrix* heiratete Otto, Gf. v. →Henneberg, *Agnès* dagegen Wilhelm, Sire v. Amigdala im Kgr. Sizilien. Béatrix und Otto veräußerten 1220 ihren Anteil an der »Seigneurie du comte Josselin« dem →Dt. Orden, der damit seine Territorialherrschaft im Hl. Land begründete.

Die ältere Linie der C. geht auf *Milo* († 1127), den älteren Bruder von Josselin I. v. Edessa, zurück. Milo stiftete 1124 die Abtei OCist Fontaine-Jean. Sein älterer Sohn, *Guillaume,* Sire de C., starb 1148 auf dem 2. Kreuzzug; der jüngere, *Renaud,* der bereits Sire de Châteaurenard war, erbte C. Aus seiner Ehe mit der Tochter des Herren v. Corbeil gingen zwei Töchter hervor: die jüngere heiratete den Sire de Seigneley, während die ältere, *Elisabeth,* 1150 den jüngeren Sohn Kg. →Ludwigs VI., *Peter (Pierre),* ehelichte; dieser wurde damit Herr v. C., Châteaurenard und Montargis.

II. DIE COURTENAY ALS SEITENLINIE DER KAPETINGER: Das zweite Haus C. war also ein Zweig der →Kapetinger. Ebenso wie das ebenfalls von Ludwig VI. abstammende Haus →Dreux führten die C. nicht die kgl. →Lilie im Wappen, vielmehr nahmen sie einen goldenen Schild, belegt mit drei Scheiben, an; die war wahrscheinl. das Wappen des alten Hauses C., das auch die engl. Courtenay, die eine jüngere Linie der alten C. waren, führten.

Peter I. († 1183) verlieh 1170 Montargis die Freiheiten von →Lorris und nahm 1179 das Kreuz; seine Witwe, die ihn noch bis 1210 überlebte, gab 1185 den Bewohnern von C. die Freiheit. Das älteste der dreizehn Kinder aus dieser Ehe, →*Peter II.,* der spätere Ks. v. Konstantinopel (→Lat. Kaiserreich), heiratete in erster Ehe *Agnès,* Erbtochter der Gft. en Auxerre, Nevers und Tonnerre; Peter mußte Montargis an den Kg. abtreten, um dessen Zustimmung zur Heirat zu erlangen. Aus dieser ersten Ehe stammte eine Tochter, *Mahaut,* die der Vater unter dem Druck des Kg.s mit Hervé, Sire de Donzy, vermählen mußte (1199), obwohl sie schon mit Philipp v. Namur verlobt war. 1192 verwitwet, verheiratete sich Peter in 2. Ehe mit *Yolande v. Hennegau,* der Erbtochter der Mgft. →Namur. Unter den Kindern aus dieser Ehe sind zu nennen: *Yolande,* die spätere Kgn. v. Ungarn; *Marie* (∞ Theodor I. Laskaris); *Philipp* und *Heinrich,* beide Mgf.en v. Namur; *Margarete,* die ihre Ansprüche auf Namur in die Ehe mit Heinrich v. →Vianden einbrachte; →*Robert* und →*Balduin,* beide Ks. v. Konstantinopel. 1216 nahm Peter II. nach dem Tode →Heinrichs v. Hennegau die Kaiserkrone an; wurde jedoch vom Despoten v. →Epiros gefangengenommen und starb 1219. Sein Sohn Robert, der ihm als Ks. nachfolgte, starb 1228; an seine Stelle trat Balduin († 1273). Dieser mußte, 1261 aus Konstantinopel vertrieben, Namur 1263 dem Gf.en v. →Flandern abtreten. *Philipp* († 1285), der Sohn von Balduin und Marie v. →Brienne, erbte C. und die Ansprüche auf die byz. Kaiserwürde; er hinterließ beide seiner Tochter *Catherine,* die er aus der Ehe mit Beatrix v. Sizilien, der Tochter →Karls I. v. Anjou, hatte. Durch Catherines Heirat mit →*Karl v. Valois* (1301) fiel die Herrschaft C. an das Haus →Valois.

Zwei andere Söhne Peters I., *Robert* und *Guillaume,* begründeten die beiden Familien der Sires de Champignelles (dép. Yonne) und de Tanlay (ebd.). Robert spielte unter Philipp August, Ludwig VIII. und Ludwig IX. eine gewichtige Rolle; Philipp August belehnte ihn mit der norm. Herrschaft Conches. Als →bouteiller de France befehligte er mehrmals das kgl. Heer; er starb nach Gründung der Abtei OCist Beauvoir auf dem Kreuzzug (1239). Einer seiner Söhne, *Pierre,* war Sire de Conches; der zweite, *Guillaume,* Sire de Champignelles; ein dritter, *Raoul,* begleitete →Karl I. v. Anjou auf seinem Sizilienfeldzug und erhielt die it. Gft. Chieti; ein vierter, *Robert,* war Bf. v. Orléans (1258–79); ein fünfter, *Jean,* Ebf. v. Reims (erwählt 1266), starb 1270 auf dem Tunis-Kreuzzug. Zwei weitere C.s aus dieser Linie waren Ebf.e v. Reims: *Robert* († 1323) und *Etienne* († 1352, vor der Weihe).

Pierre de C., Sire de Champignelles, bekleidete noch 1411 das Amt des kgl. →Chambellan (1411), doch sah sich sein Sohn Jean († 1472) genötigt, seine wichtigsten Herrschaften an Jacques →Coeur und Jean →Jouvenel des Ursins zu verkaufen. Die Herren v. Bléneau, eine jüngere Linie der C. v. Champignelles, und die Sires de Tanlay erhoben sich nicht über den Regionaladel; sie hatten Besitzungen im Sénonais, Tonnerrois und Gâtinais. Im 17. Jh. versuchten sie vergeblich, als Fs.en v. Geblüt (*princes du sang*) anerkannt zu werden; im 18. Jh. ausgestorben. J. Richard

Q. und Lit.: DBF IX, 1017–1020 – Recueil des historiens de la France XI, 276 – J. DU BOUCHET, Hist. généalogique de la maison royale de C.,

Paris 1661 – ABBÉ A. BERTON, C. et ses anciens seigneurs. Notes hist., 1877 – H. STEIN, Chartes inédites relatives à la famille de C., Annales de la Soc. hist. et archéol. du Gâtinais 36, 1923 – G. SIRJEAN, Enc. généalogique des maisons souveraines du monde. France. Branches cadettes III, Les C., 1965 [Bibliogr.] – *über die C. v. Edessa:* R. L. NICHOLSON, Joscelyn I, Prince of Edessa, 1954 – DERS., Joscelyn III and the Fall of the Crusader States, 1973 – H. E. MAYER, Die Seigneurie de Joscelin und der Dt. Orden (VuF 26, 1980).

B. Die Courtenay in England

Die engl. Hochadelsfamilie C. geht auf Renaud de C. zurück, ein jüngeres Mitglied des älteren Hauses C. (→Abschnitt A.I), der sich 1161 in Sutton (Berkshire) niederließ. Die Blütezeit der Familie fällt in das 13. bis 15. Jh.; sie beherrschte in dieser Periode den engl. Westen (insbes. →Devon) und spielte eine wichtige Rolle in den Kriegen Englands mit Schottland und Frankreich. Heiraten und Erbschaften begründeten den Aufstieg des Geschlechtes. Renaud heiratete in zweiter Ehe die Enkelin Kg. Heinrichs I., Maud († 1224). Sein Sohn, ebenfalls mit Namen *Renaud* († 1194), erweiterte seinen Besitz durch die Ehe mit Hawise († 1219), Herrin von Okehampton (Devon, mit Besitzungen auch in Dorset, Somerset, Berkshire und Buckinghamshire). Der Besitz dieser Hausgüter im westl. England wurde abgesichert durch die Heirat des Sohnes *Robert* († 1242) mit Mary, der einzigen Tochter von William de Reviers, dem Earl of Devon: nach dem Erlöschen der Linie de Reviers i. J. 1293 erbte *Hugh* de C. († 1340), Roberts Urenkel, die Baronie Plympton (Devon mit Gütern in Dorset und Hampshire). Hugh diente zunächst loyal dem König, geriet aber bald in Opposition zu den Kg.en Eduard I. und Eduard II. Obwohl er seit 1299 als Lord C. zum Parliament geladen wurde, erlaubte ihm erst 1335 Kg. Eduard III. die Führung des Titels 'Earl of Devon'.

Die C. gehörten in der Folgezeit zwar nicht zu den reichsten engl. Großen, doch stiegen sie offenbar zur wohlhabendsten der in Devon ansässigen Familien auf und bezogen jährl. Nettoeinkünfte von ca. 1500 £ aus landwirtschaftl. genutztem Grundbesitz, Schiffseigentum und Textilverarbeitung, ihr Hauptsitz war Tiverton Castle. Earl Hugh, sein Sohn *Hugh II.* († 1377) und Mitglieder der C.-Familie waren bedeutende Feldherren, als kgl. Räte tätig und zeichneten sich bei der Verteidigung Westenglands während des →Hundertjährigen Krieges aus. Dort erweiterten sie noch ihren Besitz durch vorteilhafte Heiraten und Landkäufe. *William* († 1396), Sohn von Hugh II., durchlief eine große geistl. Karriere, die in seiner Erhebung zum Ebf. v. Canterbury 1381 gipfelte (→Courtenay, William). Nebenlinien des Geschlechts saßen in Powderham und Haccombe (Devon). Seit der Zeit des Earls *Edward* (1377–1419) geriet die C.-Familie durch verschiedene Faktoren in eine Krise: Zersplitterung des Besitzes für die Versorgung zahlreicher jüngerer Familienmitglieder (Hugo II. hatte allein acht Söhne und neun Töchter), sowie wirtschaftl. und familiäre Probleme (Witwenversorgung, 1377–91 und 1433–41; Minderjährige an der Familienspitze, 1422–33; Earl Edwards wachsende Blindheit; die kurze Herrschaft von Earl *Hugh III.*, 1419–22). Außerdem wurden andere Familien entweder durch Kg. Richard II. in Devon hineingedrängt (so die Holland earls of →Huntingdon) oder durch die Kg.e aus dem Hause →Lancaster begünstigt (bes. die Familie Bonville); auch machten jüngere Linien der C. dem Hauptzweig seinen Einfluß streitig. Glückloses und verfehltes polit. Handeln während der →Rosenkriege führten den weiteren Niedergang der Hauptlinie der C. herbei: *Thomas II.* wurde in der Schlacht v. →Towton gefangengenommen und 1461 hingerichtet, seine Familie enterbt. Nach der nur kurzdauernden Wiedereinsetzung seines Bruders *John* (1470–71), die infolge der Wiedergewinnung der Gunst des Hauses Lancaster erfolgte, wurde der Titel des Earldom (aber nur ein geringer Teil der Güter) durch Heinrich VII. einer jüngeren Linie der C. übertragen (1485). Doch auch deren Rechte und Güter verfielen wegen des Verdachts des Verrats der Konfiskation (erstmals 1509, nach einer Wiedereinsetzung i. J. 1511 erneut 1539). Mit dem Tod des Earls *Edward* (erhoben 1553, † 1556), der keine Erben hinterließ, erlosch das Haus C. in England.

R. A. Griffiths

Lit.: DNB XII, s. v. – Peerage IV, s. v. – A. B. EMDEN, A Biographical Register of the Univ. of Oxford to A. D. 1500, I, 1957, 499–504 – G. A. HOLMES, The Estates of the Higher Nobility in XIV Century England, 1957 – I. J. SANDERS, English Baronies, 1960 – J. A. F. THOMSON, The C. Family in the Yorkist period (Bull. of the Institute of Historical Research XLV, 1972), 230–246 – A. TUCK, Richard II and the English Nobility, 1973 – M. CHERRY, The C. Earls of Devon: the Formation and Disintegration of a late-medieval Affinity (Southern Hist. I, 1979), 71–97 – DERS., The Struggle for Power in Mid-Fifteenth-Century Devonshire (Patronage, the Crown and the Provinces in Later Medieval England, hg. R. A. GRIFFITHS, 1981), 123–144 – DERS., The Crown and the Political Community in Devonshire, 1377–1461 [Diss. masch.], Swansea 1981].

C., William, engl. Prälat und Staatsmann, Bf. v. Hereford seit 19. März 1370, Bf. v. London seit 2. Dez. 1375, Ebf. v. Canterbury seit 23. Okt. 1381; Kanzler *(Chancellor)* v. England 1381; * 1340/41, † 31. Juli 1396, fünfter (?) Sohn von Hugh II. v. →Courtenay, Earl of Devon. C. bekräftigte seinen Eintritt in den geistl. Stand in Oxford (Doctor of Canon Law 1369; Kanzler der Univ. 1367–69). Als ein aufrichtiger Verteidiger der kirchl. Rechte setzte er sich, gegen starke polit. Interessen, für das Vorgehen gegen John →Wyclif ein (seit 1377) und verteidigte William of →Wykeham, Bf. v. Winchester, und das Asylrecht. 1382 hielt C. die sog. »Erdbebensynode« in London ab, bei der 24 Conclusiones aus Wyclifs Werk verurteilt wurden. Obwohl er eine offen krit. Haltung gegen die Nachgiebigkeit seines Metropolitan, Simon →Sudbury, gegenüber der polit. Gewalt einnahm, wurde er mit allseitiger Unterstützung 1381 dessen Nachfolger. Sein schlechter Gesundheitszustand erschwerte ihm die Ausübung seines geistl. Amtes. Besorgt über die Regierungsmethoden →Richards II., beteiligte er sich 1386 an gemäßigten Reformaktivitäten, danach aber verstärkte sich seine Ablehnung gegenüber einer Verwicklung in weltl.-polit. Angelegenheiten noch. Er trat den →Lollarden stets mit kompromißloser Entschiedenheit entgegen, zuerst 1382 in Oxford und später bei weiteren Auseinandersetzungen. Seinen Amtspflichten kam C. mit großer Sorgfalt nach; zumindest sein Kampf gegen Mißstände bei der Besetzung von Ehrenämtern und Pfründen zeigt großen Scharfblick. Seine umfangreiche Visitationstätigkeit in der ganzen Kirchenprovinz von Canterbury ist ohne Beispiel. Wenn C. bei seiner kirchenpolit. Tätigkeit auch keineswegs alle seine Möglichkeiten voll ausschöpfte, erlangte er doch allgemeines Ansehen. – Sein Neffe Richard C., den der Ebf. sein liebstes Kind und seinen Pflegesohn genannt hatte, war Bf. v. Norwich und starb 1415, am Vorabend seines Aufstieges zu einer seinem Onkel vergleichbaren Vorrangstellung.

R. G. Davies

Lit.: J. H. DAHMUS, The Metropolitan Visitations of W. C., 1950 – DERS., W. C., Archbishop of Canterbury 1381–96, 1966 – R. G. DAVIES, The Episcopate and the Political Crisis in England of 1386–88, Speculum 51, 1976, 659–693.

Courtesy Books → Tischzuchten

Courtois d'Arras, afrz. Schauspiel, erscheint vor 1228 in 658 achtsilbigen Reimpaaren und 6 freien Versen. Das dramat. Spiel ist eine freie Adaptation der Geschichte vom verlorenen Sohn (Lk XV). Wie sein bibl. Vorbild verläßt Courtois sein Elternhaus, wird später ausgeplündert, verdingt sich als Schweinehirt, ehe er nach Hause zurückkehrt. Die Handlung enthält einige heitere Elemente, die dazu beitragen, die bibl. Geschichte dem ungebildeten Volk zu erklären. Obwohl das Spiel unterschiedl. »dramatis personae« aufweist, ist nicht auszuschließen, daß ein einzelner *jongleur* die 8 Rollen des Stückes aufführte: Courtois der verlorene Sohn, sein Vater, sein Bruder, ein Gastwirt, ein Junge, die Frauen Pourette und Manchevaire und ein Bauer, bei dem der Held als Schweinehirt unterkommt. – Ohne Zweifel sind die Anfänge der frz. Komödie in C. und ähnlichen liturg. Dramen des 12. Jh. zu finden. W. Kroll

Ed.: E. FARAL, 1911 – A. PAUPHILET, Jeux et sapience au MA, 1951 – G. MACRI, 1977 [mit Lit., Faks., it. Übers.]. – *Lit.:* G. COHEN, Le théâtre de France au MA, 1948 – G. FRANK, The Ma. French Drama, 1954 – T. M. SCANLAN, The return of the prodigal sons, Studi di Lett. Francese 5, 1980, 191–199 – J. B. DOZER, The Tavern: Discovery of the secular »locus« in medieval French drama [Diss. Univ. of California Los Angeles 1980].

Courtoisie → Höfische Sitte

Courtrai → Kortrijk

Cousan, Guy de → Damas, Guy

Couserans, kl. frz. Bm. in den Pyrenäen (dép. Ariège), Suffraganbm. von → Auch; aus der gallo-röm. civitas der Consoranni hervorgegangen. Erster Bf. war Valerius (Valier), wohl dem Ende des 4. Jh. zugehörig; ihm folgte Glycerius, Signatar des Konzils v. Agde (506); nach ihm ist die Bischofsstadt (St-Lizier) benannt. Die Verehrung des hl. Hieronymus (Girons) wurde erst spät übernommen. Die Christianisierung erfolgte spät. Bis zum 13. Jh. wurde das Bischofsamt von lokalen Adelsfamilien okkupiert (Montégut, Aspet). Die Kathedrale wurde 1117 eingeweiht. Ein langdauernder Konflikt (ca. 1130–1230) entspann sich zw. den Bf.en v. C. und den Gf.en v. → Comminges um den Besitz der Herrschaft St-Lizier; um neuen Ansprüchen der Gf.en vorzubeugen, leisteten die Bf.e dem Gf.en v. Toulouse, → Alfons v. Poitiers, den Vasalleneid, schließlich – nach dem Übergang von Toulouse an die Krone – dem Kg. (1256, 1271). Die päpstl. Einschaltung in die Bischofswahlen seit dem 14. Jh. führte zur Einsetzung gebildeterer und offenerer Bf.e, als vorher regiert hatten. Ch. Higounet

Lit.: DHGE XIII, 960–969 – GChr I, 1123–1146 – F. J. SAMIAC, Rapports féodaux des évêques de C. et des comtes de Comminges, Bull. Soc. ariégeoise de Sc. L. A., 1909–10 – E. DELARUELLE, Les débuts du C. ecclésiastique (Actes 2ᵉ Congr. études pyrénéennes 6, 1957).

Cousin, Jean, frz. Komponist um 1446–75. Er wirkte von 1446–48 in der Kapelle Karls (des Kühnen), Gf. v. Charolais, des späteren Hzg.s v. Burgund, und von 1461–75 in der Kgl. Kapelle. Von seinen Kompositionen ist nur mehr eine vermutl. ursprgl. dreistimmige Missa tube erhalten, die ihren Namen wohl den trompetenhaft geführten Tenor- und Contratenor-Stimmen verdankt.

H. Leuchtmann

Ed.: Denkmäler der Tonkunst in Österreich CXX, hg. H. SCHENK, 1970 – *Lit.:* NEW GROVE, s. v. – F. X. HABERL, Wilhelm Du Fay, Vierteljahrsschr. für Musikwiss. I., 1885, 397 – M. BRENET, Musique et musiciens de la vieille France, 1911.

Cousinot, Guillaume, frz. Chronist des 15. Jh. von nicht hinreichend geklärter Identität; Jacques le Féron (16. Jh.) benutzte eine frz. Chronik, die er einem G. C. zuschrieb. Zwei Personen dieses Namens, Onkel und Neffe, sind im 15. Jh. belegt: Der ältere G. C. war Anhänger der Armagnacs (→ Armagnacs et Bourguignons), 1415 Kanzler des Hzg.s v. → Orléans und könnte Verfasser des von den Trojanern bis 1429 reichenden Geschichtswerkes »Geste des nobles français« sein, obwohl die Zuschreibung umstritten bleibt; der jüngere G. C., sein Neffe, * um 1400, † um 1484, könnte die Chronik des Onkels weitergeführt haben; die → »Chronique de la Pucelle« wurde als Fragment seiner Chronik betrachtet – eine heute aufgegebene Hypothese. Dieser jüngere C., der als kgl. Rat, als Gesandter sowie als → chambellan (1463) eine bedeutende Rolle am frz. Hof spielte, ist darüber hinaus unbestritten Verfasser von diplomat. Instruktionen, Gesandtenberichten, Abhandlungen über die Kronrechte sowie eines → Robertet gewidmeten Gedichtes. P. Bourgain

Lit.: Repfont IV, 728 [Ed., Lit.]. – A. VALLET DE VIRIVILLE, Essais critiques sur les historiens originaux du règne de Charles VII, BEC 18, 1857, 105–126 – R. PLANCHENAULT, La Chronique de la Pucelle, ebd. 93, 1932, 55–104 – M. HAYEZ, Un exemple de culture hist. du XVᵉ s.: La Geste des nobles François, MEFRM 75, 1963, 127–178.

Coutances, Stadt und Bm. in der Normandie, auf der Halbinsel → Cotentin (dép. Manche); Civitas der Lugdunensis II, in der Tabula Peutingeriana Cosedia, später, in der Notitia dignitatum, Constantia gen., wovon sich auch der Name »Cotentin« für das Diözesangebiet ableitete. Im Frankenreich zu Neustrien, 867 an die → Bretagne abgetreten, kam C. 933 an die → Normandie. Mindestens seit dem Ende des 4. Jh. war C. Bistum. Der Legende nach war Ereptiolus der erste Bf.; in den Quellen ist als frühester Bf. Leontianus bezeugt (511 bei der Synode v. Orléans). Als Bischofssitz stand C. bis zum 11. Jh. zw. in Konkurrenz zu Briovère (dem späteren St-Lô).

Die skand. und bret. Einfälle führten zu einem Verfall des Bm.s, in dem z. T. heidn. Wikinger siedelten, so daß die Bf.e v. C. vom Ende des 9. Jh. bis 1025 in Rouen Zuflucht suchten. Im späten 10. Jh. wurde ein (erfolglos gebliebener) Versuch der Wiederherstellung der kirchl. Hierarchie in der Diöz. unternommen. Nach ihrer Rückkehr nach C. errichteten die Bf.e eine roman. Kathedrale, die durch die Kriegsbeute der Normannen in Süditalien finanziert wurde. 1056/57 geweiht, brannte der Bau 1218 ab; an seine Stelle trat der heute noch bestehende got. Bau, bei dem Teile des Vorgängerbaus einbezogen wurden. Vor 1239 wurde in C. ein Dominikanerkl. gegründet. 1801 wurde das Gebiet der Diöz. Avranches an C. angegliedert. – Vom 11. Jh. an war C. Sitz der Vicomté, die 1474 nach Granville verlegt wurde. Unter den Plantagenêt Sitz einer *baillie* (→ bailli, bailliage), wurde diese nach der frz. Eroberung (1204) dem *grand bailliage* Cotentin einverleibt. – Zur weiteren Siedlungs- und Wirtschaftsgeschichte → Cotentin. J.-C. Poulin

Lit.: DHGE XIII, 969–989 [C. LAPLATTE] – RE V, 957 – R. TOUSTAIN DE BILLY, Hist. ecclésiastique du dioc. de C., 3 Bde, 1874–86 – B. JACQUELINE, Origines du dioc. de C., Revue dép. Manche 11, 1969, 282–291 – s. a. Lit. zu → Cotentin.

Coutances, Walter v., anglo-norm. Prälat und Staatsmann, † 1207; Bf. v. Lincoln 1183–84, Ebf. v. Rouen 1184–1205; → Justitiar v. England 1190–93 (allerdings offiziell nie mit diesem Titel bezeichnet). C. begann seine Laufbahn im Dienst Kg. Heinrichs II. v. England in den siebziger Jahren des 12. Jh., wobei er v. a. diplomat. Verhandlungen mit Frankreich führte. Er begab sich im Gefolge → Richards I. Löwenherz auf den 3. → Kreuzzug, wurde 1191 aber wieder nach England entsandt, um Maßnahmen gegen die Rebellion → Johanns (Ohneland), des Bruders Richards, zu ergreifen. Anschließend führte C. den Vorsitz im Regentschaftsrat. 1194 hielt er sich als

Bürge für die Zahlung des Lösegeldes für den gefangenen Kg. Richard am dt. Königshof auf, anschließend kehrte er zu seinem Erzbischofssitz in die Normandie zurück. Als sich der Gegensatz zw. den Anjou-Plantagenet und den Kapetingern in der Normandie verstärkte, stand C. als Oberhaupt des norm. Klerus in Opposition zu beiden Parteien. 1196 befand er sich in Konflikt mit Philipp II. August, 1197 dagegen mit Richard (diese Auseinandersetzungen wurden bes. durch die Tatsache verschärft, daß der Ort Les Andelys, wo Richard seine große Festung →Château-Gaillard errichten ließ, zum ebfl. Territorium gehörte). 1199 unterstützte C. die Nachfolge Johanns in der Normandie; dennoch hatte er nach Johanns Niederlage und Philipps II. Besetzung von Rouen keine Schwierigkeiten, seinen Treueid auf den Kapetinger zu übertragen.

J. Critchley

Lit.: DNB IV, 1276–1279 – F. W. POWICKE, The Loss of Normandy, 1913, 169–174 – F. J. WEST, The Justiciarship in England, 1966, 74–78.

Coutereel, Peter, städt. Politiker in →Löwen, * um 1320 in Neerijse (?), † bald nach 1393 in Löwen; Meier zu Löwen 1350–53, 1356–58; Vogt in Wallon. Brabant 1359–60. Schon 1350 und 1358 geriet C. in Konflikt mit dem Löwener Magistrat. Sein Versuch, 1350 die Weber gegen die Stadtverwaltung aufzuwiegeln, scheiterte, aber am 22. Juli 1360 konnte er die Macht in der Stadt ergreifen. Er wurde dabei von den Zünften unterstützt, die das Finanzgebaren des Patriziats nicht länger hinnahmen, sowie von Hzg. Wenzel v. Luxemburg-Brabant, der auf diese Weise das Löwener Stadtregiment zu demütigen hoffte. C.s neues Verwaltungssystem, bei dem die Hälfte aller polit. Ämter den Zunftmeistern vorbehalten wurde (1. Sept. 1360), blieb fast unverändert und nahezu ununterbrochen bis zum Ende des 18. Jh. erhalten, obwohl C. selbst schon 1363 seinen Einfluß in Löwen verlor.

R. van Uytven

Lit.: H. SERMON, Geschiedenis van P. C., 1860 – R. VAN UYTVEN, P. C. en de troebelen te Leuven, Mededelingen Geschied- en Oudheidkundige Kring Leuven III, 1963, 63–97.

Coutume, Coutumier. Die C. (consuetudo, usus, coustuma, costuma) wird im Laufe des 10. und 11. Jh. die wichtigste Rechtsquelle in Frankreich und löst die verschiedenen Volksrechte (→leges) und die kgl. Gesetze der frk. Zeit (→Kapitularien) ab. Im Gegensatz zu diesen öffentl. verkündeten Quellen ist die C. das Ergebnis einer langen Entwicklung, auf die die Obrigkeit nur wenig Einfluß nimmt. (Zur Ausprägung des Gewohnheitsrechts im übrigen Europa→Gewohnheitsrecht, →Weistum.) Im n. Teil Frankreichs gründet sich die C. im wesentl. auf die germ. Tradition, die aus aufgezeichneten Texten und jahrhundertelang mündl. überlieferten Erinnerungen besteht. Im Gebiet s. der Loire gilt bis zum Wiederaufleben des gelehrten Rechts im 12. Jh. ebenfalls die C., die aus Rechtsregeln germ. (z.B. Ausschluß der ausgestatteten Töchter von der Erbfolge) und röm. (z.B. Gütertrennung) Ursprungs gebildet ist. Dabei überwiegen die vom röm. Recht inspirierten Normen, die jedoch von Richtern und Rechtsuchenden nicht immer richtig verstanden werden. Die kgl. Gewalt beteiligt sich weder an der Ausgestaltung noch an der Entwicklung der C., sondern beschränkt sich auf ihre Anwendung bei der Rechtsprechung. Deshalb müssen die neuerrichteten Appellationsgerichte die verschiedenen C.s in ihren Sprengeln kennen und beachten.

Die C. wird als Rechtsgewohnheit definiert, die sich auf die Sitte gründet und ihre verbindl. Kraft durch dauernde Anwendung (acta assidua) erwirbt. Die Gelehrten des 12. und 13. Jh. vervollständigen und verfeinern die in ihren Augen ungenügende Definition: Für die Romanisten, wie Jacques de Revigny (→Jacobus de Ravanis) und Guillaume de Paris, führt der Zeitablauf zum Rechtserwerb, und zwar entweder nach 10 Jahren oder, wenn man die Frist der praescriptio longissimi temporis des röm. Rechts anpaßt, nach 40 Jahren. Für die Kanonisten ist die Grundlage der Verbindlichkeit die stillschweigende Billigung des Volkes, getragen von der Überzeugung, daß es sich um Recht handelt (opinio necessitatis). Von der Mitte des 13. Jh. an verlangen die Kanonisten außerdem, daß der Brauch vernünftig ist und dem offenbarten Willen Gottes entspricht. Obwohl die Obrigkeit die C. nicht schafft, verleiht sie ihr doch ihre volle Wirksamkeit, entweder durch gerichtl. Anwendung, also kraft der Präjudizien, oder indem sie sie durch Aufzeichnung in einer öffentl. Urkunde sanktioniert, was ebensogut durch einen kleinen Herrn (seigneur) wie durch den Kg. selbst geschehen kann. Im letzten Fall wird sie zum Gesetz. Dieses Verfahren kommt im N Frankreichs selten vor, ist aber s. der Loire seit dem 13. Jh. sehr verbreitet. Dort bemühen sich die Stadtbewohner um die offizielle Aufzeichnung ihrer C.s, denn sie erhoffen sich davon bei der Festigung gegenüber dem gleichmacherischen droit écrit. Die südfrz. C.s beschränken sich auch keineswegs auf Straf- und Bußtarife, sondern regeln die städt. Verfassung und ebenso das Privatrecht (vgl. die C.s von Montpellier von 1204–05, Bordeaux von 1206, Toulouse von 1270/86).

Um die C. anwenden zu können, muß das Gericht sichere Kenntnis von ihrem Inhalt haben. Man unterscheidet herkömmlicherweise zwei Arten der C., die gerichtsbekannten (c.s notoires) und die nicht bekannten (c.s privées). Wer sich auf eine notor. C. beruft, braucht sie nicht zu beweisen; es obliegt vielmehr dem Gericht, sich mit allen zweckdienl. Mitteln über den Inhalt der Rechtsquelle zu informieren. Das Gericht muß die C. auch dann von Amtes wegen anwenden, wenn sie nicht vorgetragen wird. Im Gegensatz dazu hat eine Partei, die sich auf eine nicht bekannte C. beruft, zu beweisen, daß sie besteht. Er muß darlegen, daß wiederholt ähnl. Fälle übereinstimmend entschieden worden sind, und Beweismittel für diese Tatsachen angeben. In der ältesten Zeit sind alle Beweismittel zugelassen (Zeugen, Eid, gerichtl. Zweikampf usw.), doch schon bald neigt man dazu, den Zeugenbeweis vorzuziehen (Ordonnanz über das Duellverbot und den Zeugenbeweis Kg. Ludwigs IX. vom Jahr 1258). Im allgemeinen wird eine große Zahl von Zeugen geladen. Werden sie einzeln vernommen, spricht man von *preuve d'enquête* oder *testimoniale;* werden sie gemeinsam befragt – ungefähr wie die Schöffen eines Schöffengerichts –, spricht man von *enquête par turbe* (lat. inquisitio per turbam, 'Turba'). Im Rahmen seiner großen Rechtsreformen ordnet Kg. Ludwig mit Erlaß des Parlement de la Chandeleur (2. Febr. 1270), des Parlaments von Lichtmeß, an, daß das Beweisverfahren durch Turba anzuwenden sei. Obwohl die Entscheidung überall gelten soll, bleibt südl. der Loire unter dem Einfluß des röm. Rechts der Zeugenbeweis durch Einzelbefragung bis zur Vereinheitlichung des frz. Rechts 1804 in Gebrauch. Das Beweisverfahren durch Turba ist sehr genau geregelt: Nach Eid und gemeinsamer Beratung erklärt die Turba in besiegelter Urkunde, zwischen welchen Parteien der in Frage stehende Rechtssatz angewandt worden ist, in welchem Fall, von welchem Gericht und unter welchen Umständen. Jeder Turbier muß seine Stellungnahme begründen. Man erachtet den Spruch der Turba für ein Verdikt, das der einmütigen Überzeugung aller Turbiers entsprechen muß. Seit dem Ende des 13. Jh. sind Regeln obligatorisch; ihre Nichtbeachtung hat die Ungültigkeit des Beweises zur Folge.

Es bleibt noch zu klären, wieviele Turbiers für einen gültigen Beweis notwendig sind. Eine Turba ist dann richtig besetzt, wenn sie aus mindestens zehn Zeugen besteht. Das ist aufGrund eines Textes von Ulpian (D. 47, 8, 4, 3) seit 1390 anerkannt. Für die auf Perfektion bedachten Legisten ist aber die Turba letzten Endes nichts anderes als ein einziger kollektiver Zeuge; nach der C. genügt andererseits das Zeugnis eines einzelnen nicht (testis unus, testis nullus). Nach einem Jh. der Unsicherheit wird das Problem geklärt: Durch die Ordonnanz v. Blois vom März 1499 schreibt Kg. Ludwig XII. vor, daß wenigstens zwei Turben von mindestens zehn Personen ein übereinstimmendes Zeugnis abgeben müssen. Das Gesetz folgt damit der im 15. Jh. herrschenden Meinung der Autoren zu den C.s wie Masuer (Practica forensis, XVI, 4).

Läßt man die zw. dem 13. und 14. Jh. amtl. aufgezeichneten C.s beiseite, so bleibt der größte Teil des Gewohnheitsrechts mündl. überliefert. Obwohl einzelne Fragen durch Gerichtsentscheide geklärt werden, bestehen viele Unsicherheiten und Ungenauigkeiten, auch wegen der Änderung der Rechtsgewohnheiten im Laufe der Zeit. Um auf diese Schwierigkeiten eine Antwort zu finden, versuchen einige Rechtsgelehrte, auf rein privater Basis festzulegen, was als Gewohnheitsrecht anzusehen sei.

Von den sehr zahlreichen privaten Aufzeichnungen *(coutumiers, livres de pratique)* seit dem 13. Jh. haben einige großen Erfolg. Sie werden von Rechtsberatern und Richtern allgemein als Nachschlagewerk benutzt und erlangen fakt. das Ansehen amtl. Aufzeichnungen. In Form und Ausdruck sind die Arbeiten über das Gewohnheitsrecht sehr unterschiedlich. Den Verfassern, die oft eine Ausbildung an der Univ. Italiens oder Frankreichs genossen haben, fällt es oft schwer, zwischen spezif. gewohnheitsrechtl. und röm.-rechtl. Normen zu unterscheiden, zumal sich ihre Ausbildung auf das gelehrte Recht beschränkt. So kommt es dazu, sicher unbewußt, daß Sätze des röm. Rechts unter die Regeln des Gewohnheitsrechts gelangen, so daß die Reinheit der C. durch diese unvermeidl. Nachbarschaft bedroht ist. Einigen scharfsinnigen Autoren gelingt es jedoch, den Inhalt der C. ihres Landes genau zu erfassen und klar darzustellen. Als die wichtigsten Autoren dieser Art sind an erster Stelle die unbekannten Redaktoren des normann. Gewohnheitsrechts zu nennen (→Normandie, Recht). Deren Werke, die das Lehenrecht völlig in sich aufgenommen haben, bilden eine wichtige Stufe in der Entwicklung des normann. Rechts, das in seiner primitiven Form mit Wilhelm dem Eroberer den Ärmelkanal überquert und so zu einer der Grundlagen des →engl. Rechts wird. Es handelt sich v.a. um die »Statuta et consuetudines Normanniae«, frz. »Très ancienne coutume de Normandie« (1200/20), und die z.Z. Ludwigs d. Hl. (1254/58) entstandene »Summa de legibus Normanniae«, frz. »Grand coutumier de Normandie«. Beide wurden zuerst in lat. Sprache verfaßt und zeichnen sich durch Klarheit und Kürze aus. Einzelne Bestimmungen der Summa sind auf den →Kanalinseln Guernsey und Jersey noch heute geltendes Recht.

Im Gegensatz dazu erscheint das »Livre de Jostice et de Plet« (um 1260) als mittelmäßiger. Es enthält ein paar gewohnheitsrechtl. Regeln des Orléanais, vervollständigt durch mehr oder weniger gut verstandene Texte des röm. Rechts, die der Verfasser in die Form ungeschickt gefälschter kgl. Erlasse kleidet. Ähnl. Mängel zeigt der »Conseil à un ami« von →Pierre de Fontaine (1253). Als ehem. →Bailli des Vermandois zeichnet der Autor die C. seines früheren Amtsbezirks auf. Soweit er sie nicht kennt, füllt er die Lücken mit Übersetzungen entsprechender Stellen der Digesten und des Codex Iustinianus aus. Bei den →»Etablissements de Saint Louis« (1270/72) handelt es sich nicht um eine offizielle Sammlung der Ordonnanzen Ludwigs d. Hl., sondern um eine einfache Zusammenstellung des Rechts des Orléanais, ergänzt durch die wichtigsten Erlasse des Kg.s. Am Ende des 13. Jh. stehen die ausgezeichneten »C.s du comté de Clermont-en-Beauvaisis« (1283), ein Hauptwerk unter den frz. Coutumiers. Der Verfasser, der →Bailli →Philippe de Beaumanoir, stellt das lokale Recht des Beauvaisis (nördl. von Paris) dar und berücksichtigt die C.s der benachbarten Provinzen. Weit entfernt von einer einfachen Beschreibung, schafft er ein krit. Werk und bietet eine Darstellung des Gewohnheitsrechts von allgemeiner Bedeutung. Er untersucht die Beziehungen zw. dem Kg. und der Kirche, die Rechte des Kg.s und die leitenden Prinzipien der staatl. Institutionen. Er nennt seine Quellen (Urteile und das röm. Recht, mit dem er souverän umzugehen weiß) und schreibt so das erste theoret. Werk über das Gewohnheitsrecht. Bei einer Lücke der C. oder, wenn eine Regelung ihm als mangelhaft erscheint, zögert er nicht, eigene Lösungen vorzuschlagen.

Im 14. und 15. Jh. sind die nach Qualität und Bekanntheitsgrad wichtigsten Werke: die bisweilen moralisierende anonyme »Très ancienne coutume de Bretagne« (1316/25) (→Bretagne, Abschnitt C) und die »Somme rural« (um 1395) von →Jean Boutillier, einem kgl. Bailli. Boutillier versucht, eine Synthese des gesamten Gewohnheitsrechts der nördl. Provinzen zu schaffen. Er ist jedoch nicht konsequent genug, um seinen Plan voll verwirklichen zu können. Die »Practica forensis« von Jean Masuer (Johann Masuyer), Advokat an der Sénéchaussée Riom († um 1450), stellt die gewohnheitsrechtl. Rechtsprechung der Auvergne und des Bourbonnais dar. An diese fügt der Verfasser einige allgemeine Lehren über das Privatrecht an, die durch das gelehrte Recht inspiriert sind. Zu erwähnen ist noch der »Stilus curie parlamenti« (um 1330) von →Guillaume Du Breuil, →avocat (Advokat) am Pariser Parlement. Diese systemat. und genaue Darstellung des Gerichtsverfahrens beeinflußt das alte Recht sogar über das Ende des MA hinaus. Den Abschluß bildet der »Grand coutumier de France« des Jacques d'→Ableiges (um 1388), die trotz ihrer Mittelmäßigkeit bekannteste Sammlung. Der Verfasser, Bailli in Evreux, stellt kgl. Ordonnanzen und Verfahrensvorschriften sowie verschiedene Sätze aus der C. von Paris unsystemat. nebeneinander. Da sie die wesentl. Grundzüge des in der Ile de France geltenden Rechts enthält, hat die mäßige Arbeit großen Erfolg.

Der Anwendungsbereich der C. ist normalerweise streng territorial. Das bedeutet, daß die Gerichte die C. des Bezirks anwenden, ohne Ansehen der Parteien, auch wenn eine derselben in einem anderen Gerichtsbezirk wohnt. Diese Strenge wird dann unerträglich, wenn die Bevölkerung mobiler wird: Eine und dieselbe Person gilt bald als volljährig, bald als minderjährig; ein Testament, das am Ort der Errichtung gültig ist, ist am Ort der Vollstreckung ungültig. Um solche Unzulänglichkeiten zu beheben, läßt die Gerichtspraxis im Anschluß an die Lehren der →Glossatoren Ausnahmen zu. Dem it. Kommentator →Bartolus gebührt das Verdienst, mit seiner Statutenlehre eine Gesamtdarstellung aller dieser Fälle gegeben zu haben. So gilt bei Streitigkeiten über Liegenschaften die C. des Ortes der »belegenen Sache«. Handelt es sich um den Stand einer Person (status), wird die C. des ordentl. Wohnsitzes angewandt; der Personenstand bleibt also bei einer vorübergehenden Ortsveränderung derselbe. Personal- und Sachstatut allein genügen jedoch nicht;

es müssen einige weitere Regeln entwickelt werden. So sind Rechtsgeschäfte derjenigen C. unterworfen, die am Ort des Abschlusses gilt; im Falle eines Deliktes wird die C. des Tatortes angewandt. Fremde können sich zu ihrer Entschuldigung auf die Unkenntnis der örtl. C. berufen. Diese erweiterte Statutenlehre wird nach und nach allgemein anerkannt und bildet eine Grundlage des modernen internationalen Privatrechts.

Um die Entwicklung des Gewohnheitsrechts, hauptsächl. im Privatrecht, zu fördern, sucht der Kg. v. Frankreich die Ausbreitung des röm. Rechts zu begrenzen, das jedoch, neben dem kanon. Recht, bis zur Zeit Ludwigs XIV. als einziges gelehrt wird. Im 15. Jh., am Ende seiner ma. Entwicklung, ist das Gewohnheitsrecht völlig den bestehenden Verhältnissen angepaßt. Dies wird aber mit schweren Mängeln erkauft. Die Rechtsgewohnheit ist v. a. unsicher, so daß man im Extremfall nicht weiß, ob sie besteht oder nicht. Es ist schwer zu bestimmen, wann ein Brauch zu einer verbindl. C. wird. Die Verschiedenheit und Veränderlichkeit der C.s verschärft diese Unsicherheit; jeder Gerichtshoheit entspricht eine bes. C., und jede C. ändert sich im Laufe der Zeit. Belastet mit den Kosten für den Beweis der C., mit dem auch die lange Prozeßdauer zusammenhängt, befinden sich die Rechtsuchenden in einer sehr ungünstigen Situation, und viele gelangen mit Beschwerden zum Kg. Auf Grund der wiederholten Gesuche schreitet Karl VII. ein. Ohne den wesentl. Kern der C.s anzutasten, bemüht er sich, die schwersten Mängel zu beheben. Durch Art. 125 der Ordonnanz v. Montils-les-Tours (1454) veranlaßt er die Landesherren zur Aufzeichnung der »coustumes, usages et stiles de tous les pays de nostre royaumes«. Die Texte werden vom höchsten Gericht, dem Pariser Parlement, bestätigt und anschließend publiziert und erhalten dadurch eine öffentl. Sanktion. Eine Weiterentwicklung der C.s ist damit nicht abgeschnitten; es bleibt möglich, durch Turba zu beweisen, daß sich die C. geändert hat. Erst unter der Regierung seines Enkels, Karls VIII., wird die Aufzeichnung der C.s wirklich zu Ende geführt. Durch seine öffentl. Erlasse, *lettres patentes,* von 1498 stellt der Kg. für das Verfahren der Aufzeichnung genaue Regeln auf, so daß man den örtl. Besonderheiten besser Rechnung tragen kann. Ungefähr 300 C.s werden aufgezeichnet, sie bestätigen die Rechtsprinzipien, die sich im MA herausgebildet haben. Den C.s des Westens mit dem lehenrechtl. Grundsatz der ungeteilten Vererbung des Grundvermögens stehen die C.s des Nordens gegenüber, die eine Aufteilung des Grundvermögens zw. den Erben vorsehen. Die C.s Mittelfrankreichs nehmen eine Zwischenstellung ein, und die des Ostens bilden eine Rechtsfamilie mit unterschiedl. Tendenzen. Das durch die Aufzeichnung geschaffene Corpus des frz. Rechts bewirkt die Fixierung der lokalen Eigenheiten und ermutigt zu deren theoret. Studium. Diese am Ende des 14. Jh. beginnenden wissenschaftl. Bemühungen führen zu einer zunehmenden Vereinheitlichung des Rechts. Ungeachtet der kgl. Versprechungen verlieren die C.s nun ihre Anpassungsfähigkeit, wodurch auch Eingriffe des Kg.s in deren Inhalt veranlaßt werden.

D. Anex-Cabanis

Lit.: HRG I, 641–648 [GUDIAN] – A. GOURON–O. TERRIN, Bibliogr. des c.s de France avant 1789, 1975 – R. HOLTZMANN, Frz. Verfassungsgesch., 1910, 52–55, 224–228 – E. MEYNIAL, Remarques sur les traits originaux de l'ancien droit privé français, TRG 4, 1923, 402–421 – J. DECLAREUIL, Hist. générale du droit français, 1925, 851–887 – F. OLIVIER-MARTIN, Le roi de France et les mauvaises c. au m.a., ZRGGermAbt 58, 1938, 108–137 – L. BUISSON, Kg. Ludwig IX. d. Hl. und das Recht, 1954, 56ff. – R. FILHOL, La rédaction des c.s en France aux XVe et XVIe s. (La rédaction des c.s dans le passé et dans le présent, 1962), 63–85 – J. SPILISSA, La loi et la c. dans l'hist. du droit depuis le haut m.a., 1962 – G. LEPOINTE, Hist. des institutions et des faits sociaux, 1963^2, 11ff., 225–228 – J. YVER, Essai de géographie coutumière: Egalité entre héritiers et exclusion des enfants dotés, 1966 – J. F. POUDRET, Enquêtes sur la c. du pays de Vaud et coutumiers vaudois à la fin du m.a. (Ius Romanum in Helvetia III, 1967) – COING, Hdb. I, 633–650 [A. Wolf]; II/2, 200 [B. DÖLEMEYER; Aufstellung der aufgezeichneten C.s nach den Ordonnancen von 1454 und 1497], 201–220 – J. GILISSEN, La c. (TS 41, 1982).

Covadonga, Felsenhöhle (vulgärlat. cova = cava; -donga aus domnica mehrfach in span. Ortsnamen) in Asturien (NW-Spanien), am Fuß des Berges Auseba (sö. von →Cangas de Onís, Prov. Oviedo); Schauplatz der ersten Kampfhandlung der →Reconquista. Wohl in C., einem schwer einnehmbaren Stützpunkt, wurde 718 das astur. Reich mit der Wahl des Pelagius (→Pelayo) begründet. Dieser war kein Fremdling, sondern konnte sich als Haupt einer in jener Gegend verwurzelten und einflußreichen Familie auf die Asturer verlassen. 718/722 schlug Pelagius, dem seine überlegene Ortskenntnis zugute kam, bei C. muslim. Truppen unter ʿAlqama. Hauptquelle ist ein in der Chronik →Alfons' III. wiedergegebener Mirakelbericht, dem zufolge in der Schlacht 124000 und auf der Flucht weitere 63000 feindl. Soldaten ums Leben kamen. Nach muslim. Überlieferung (ʿĪsā ar-Rāzī, →Ibn Ḥayyān) handelte es sich um die Belagerung einer Schar von 300 christl. Rebellen, die fast ganz aufgerieben wurde; Pelagius hielt sich mit 30 ausgehungerten überlebenden Gefährten, deren Bekämpfung sich nicht mehr lohnte. Kontrovers ist die Beurteilung des Vorgangs (Schlacht oder kleines Scharmützel?) – ebenso wie die Datierung – noch heute.

Der göttlichem Eingreifen zugeschriebene Erfolg der Christen wurde zum Ausgangspunkt der Covadonga-Sage. In der Höhle bestand nach dem Mirakelbericht schon zum Zeitpunkt der Schlacht ein Marienheiligtum; archäol. Funde deuten auf eine der westgotenzeitl. Felsenkirchen (Kultstätten in Höhlen, denen wohl oft schon in vorchristl. Zeit religiöse Bedeutung zukam). J. Prelog

Q.: Die Chronik Alfons' III., ed. J. PRELOG, 1980 – Lit.: Z. GARCÍA VILLADA, La batalla de C. en la tradición y en la leyenda, Razón y Fe, 1918, 312–318, 413–422 – A. BALLESTEROS BERETTA, La batalla de C. (Estudios sobre la Monarquía Asturiana, 1971^2), 43–87 – C. SÁNCHEZ-ALBORNOZ, Orígenes de la nación española. Estudios críticos sobre la hist. del reino de Asturias II, 1974, 5–181 – Y. BONNAZ, Etude critique des chroniques asturiennes [Diss. masch., Paris 1977] – E. BENITO RUANO, La época de la Monarquía Asturiana (Hist. de Asturias, 4, 1979), bes. 8–15.

Covarrubias (Caveis Rubeis), Abtei und →Infantado in Kastilien, Diöz. Burgos, im Tal des Arlanza gelegen.

[1] *Infantado:* Gf. →García Fernández v. Kastilien (970–995) begründete 978 für seine Tochter →Urraca den Infantado von C. und gewährte ihm die Immunität. Außer der Abtei umfaßte er die Orte Mecerreyes, Retuerta und Puentedura, 32 Pfarreien und ca. 20 kleinere Kl. in den Bm.ern Burgos, Palencia und Pamplona. Die Infantin übte alle Herrschaftsrechte aus, seit Beginn des 12. Jh. trat der jeweilige Abt des Kl. gleichberechtigt neben sie. Nach dem Tode der letzten Infantin von Kastilien-León, →Sancha († 1159), die 1148 →Fueros zur Wiederbesiedlung des Gebietes erlassen hatte, fiel der Infantado an den Kg. v. Kastilien zurück.

[2] *Kloster San Cosme und San Damián:* Im 10. Jh. als Dependenz des Kl. San Pedro de Valeránica gegr., kam das Doppelkl. 972 im Tausch gegen drei Villae an den Gf. en García Fernández. In der dortigen urspr. eremitisch ausgerichteten Gemeinschaft lebten Kanoniker und Kanonissen, wie die 978 als »Christi Ancilla« eingetretene Infantin Urraca. Seit dem 13. Jh. bestand die Abtei als

säkularisiertes Kollegiatstift fort. Die 1175 erfolgte Schenkung der Abtei C. durch Alfons VIII. v. Kastilien an den Erzstuhl v. →Toledo, führte im 13. Jh. zu Streitigkeiten zw. Toledo und C., das dank der Intervention Kg. Ferdinands III., dessen Sohn, der Infant Philipp, dort Abt war (1248–58), seine Selbständigkeit wiedererlangen konnte. 1260 wurde C. von der Zahlung der →*moneda*, 1285 von der des *yantar* befreit.
U. Vones-Liebenstein

Q.: L. Serrano, Cartulario del Infantado de Covarrubias, 1907 [Fuentes para la Hist. de Castilla, II] – *Lit.*: DHGE XIII, 992–994 [M. Palacios] – L. Serrano (a.a.O.), Einl. XIII–CXIII – J. Pérez de Urbel, El Condado de Castilla II, 1970, 361–363 – L. García Calles, Doña Sancha hermana del Emperador, 1972, 111–113 – A. Linage Conde, Los Orígines del monacato benedictino en la península ibérica II, 1973, 621–624; III, 157.

Coventry. 1. C., Stadt in Mittelengland (Co. Warwick), östl. von Birmingham. Am Anfang der sehr komplexen Stadtentwicklung stehen eine ca. 1003 belegte Kirche (St. Nikolaus/St. Nicholas) und ein Nonnenkloster, das 1016 von Eadric Streona, dem Ealdorman v. →Mercien und damaligen Verbündeten Kg. →Knuts, geplündert wurde. 1043 stiftete Leofric, der nächste Earl, und seine Gemahlin Godgifu (Godiva) eine Benediktinerabtei, die vielleicht an der Stelle des früheren Nonnenklosters lag, und statteten sie mit reichem Besitz aus. Nach der norm. Eroberung Englands (1066) wurden Godgifus Güter dem Earl v. Chester verliehen. Der Bf. v. →Chester (ehem. von →Lichfield) verlegte seinen Sitz 1102 nach C., machte sich zum Abt und verstand es, mit Hilfe gefälschter Urkunden seine Ansprüche auf den Besitz der nördl. Hälfte der Stadt durchzusetzen. Der südl. Teil der Stadt entwickelte sich im 12. Jh. zum Zentrum der →Textilverarbeitung; er wurde von der Burg des Earls sowie von Wall und Graben geschützt; neben diesen befand sich ein Tiergehege des Earl. Der Earl verlieh den Bürgern i. J. 1140 ein Statut, das an die Privilegien von →Lincoln angelehnt war. Im Zuge des wirtschaftl. und demograph. Wachstums der Stadt wurde das Gelände der Burg für die Bebauung mit Häusern freigegeben. Im 13. Jh. erlebte die Tuchproduktion dann auch im nördl. Teil der Stadt ihre Blüte, wo v. a. das berühmte blaue Tuch von C. *(Coventry blue)*, das mit Waid gefärbt wurde, eine Rolle spielte. Aufgrund der Auflösung des Earldoms v. Chester gelang es dem Prior des Kl., seine Kontrolle auf die bisher dem Earl unterstehende Stadthälfte auszudehnen. Ein Abkommen zw. der Königin, den Bürgern und dem Prior i. J. 1355 vereinigte die Gesamtstadt unter der Oberhoheit des Priors. Die Bürger nahmen nun ein ehrgeiziges Befestigungsprogramm in Angriff; diese Bewehrung der Stadt war erst nach 1500 abgeschlossen. Der drei Meilen lange Mauerring besaß zwölf Tore und 20 Abschnittstürme. Innerhalb der Mauern lagen der Prioratsbezirk, die beiden Pfarrkirchen, zwei Bettelordenskonvente (Karmeliter, Franziskaner) und mehrere Hospitäler und Gildehallen, die von Zünften oder religiösen Bruderschaften unterhalten wurden. Die Handwerkszünfte waren auch berühmt durch ihre Aufführungen der großen Mysterienspiele (→*Coventry Plays*). Die Straßen des ma. C. waren von reich dekorierten Fachwerkhäusern gesäumt. Seit dem 14. Jh. war C. nach →London, →Bristol und →York die größte und reichste der engl. Städte. Am Ende des 15. Jh. begann der Verfall des Woll- und Tuchhandels von C., welcher die Grundlage der Prosperität und kulturellen Blüte der Stadt im SpätMA gewesen war.
M. W. Barley

Q.: British Borough Charters I, hg. A. Ballard, 1913; II, hg. Ders. –J. Tait, 1923 – The C. Leet Book, hg. M. D. Harris, EETS, 1907/13 – *Lit.*: J. C. Lancaster, C. (M. D. Lobel, Atlas of Historic Towns 2, 1975) – M. W. Barley, Plans and Topography of Medieval Towns in England and Wales, 1976, 57–70 – C. Phythian-Adams, Desolation of a City: C. and the Urban Crisis of the Late MA, 1979 [Bibliogr.].

2. C., Bm. → Lichfield

Coventry Plays. Über den in →Coventry an →Fronleichnam aufgeführten Zyklus von Spielen heilsgeschichtl. Inhalts (früheste Erwähnung 1392, zuletzt 1580 veranstaltet, nicht zu verwechseln mit dem fälschlich so genannten→»Ludus Coventriae«) sind wir u. a. durch das »Coventry Leet Book« (eine Sammlung von Aufzeichnungen über gerichtl.-administrative Vorgänge sowie über Zeitereignisse) unterrichtet. Von den mindestens zehn Spielen, die jeweils von bestimmten Zünften auszurichten waren, sind allerdings nur zwei überliefert, bei denen der Einfluß der älteren Propheten-Spiele deutlich ist. Das Spiel der Scherer und Schneider zeigt nach einem von Isaias gesprochenen Prolog die bibl. Ereignisse von der Verkündigung an Maria bis zum bethlehemit. Kindermord, unterbrochen von einem kommentierenden Dialog zweier Propheten. (Die Hs., früher Birmingham, Free Reference Library, wurde 1879 durch Brand zerstört.) Ebenfalls ein Propheten-Dialog eröffnet das Spiel der Weber (Hs. von 1534 in Coventry, St. Mary's Hall), gezeigt werden dann die Darbringung im Tempel sowie der 12jährige Jesus vor den Schriftgelehrten. Beide Spiele enthalten Liedeinlagen und komische Szenen wie etwa die Auftritte des Wüterichs Herodes oder des lamentierenden Joseph, der sich für betrogen hält. →Mysterienspiele.
W. E. Coleman

Bibliogr.: Manual ME 5. XII, 1343–1345, 1589–1591 – NCBEL I, 733 – *Ed. und Lit.*: H. Craig, Two Coventry Corpus Christi Plays, EETS ES 87, 1902, 1957² – M. D. Harris, The Coventry Leet Book, EETS 134, 135, 138, 146, 1907–13 – H. Craig, English Religious Drama of the MA, 1955, 281–298 – G. Wickham, Early English Stages 1300–1660, I², 1980 – R. W. Ingram, Coventry, Records of Early English Drama, 1981.

Covilhã, Pêro da, ptg. Entdeckungsreisender in den Jahren 1487–93. * um 1447, † nach 1520 in Äthiopien. Im Zuge seines großangelegten Afrika-Asienkonzeptes beauftragte Johann II. v. Portugal den bereits marokkoerfahrenen und der arab. Sprache mächtigen C., gleichzeitig mit Bartolomeu →Dias, jedoch auf einer anderen Route, eine Verbindung mit Indien herzustellen: Während Dias das seit den →Vivaldi und Heinrich d. Seefahrer erstrebte und seinem Vorläufer Diogo →Cão beinahe schon gelungene »Kap-Programm« vollenden sollte (Vorstoß längs den atlant. Küsten Afrikas zu dessen erhofftem Südende, Einfahrt in den Ind. Ozean zu den arab. Hafenstädten Ostafrikas, Überfahrt nach Vorderindien – was Dias nur bezügl. des Kaps gelang und erst von Vasco da Gama vollendet wurde), sollte C. unter Nutzung bereits bestehender arab. Handelswege dasselbe Ziel auf einer nördlicheren Linie erreichen, quer durch den mediterranen und oriental. Raum hindurch die beste Kombination von See- und Landreisemöglichkeiten erkunden und gleichzeitig auch das als Bündnispartner erträumte Reich des Erzpriesters →Johannes suchen. Gemeinsam mit Afonso de Paiva fuhr C. am 7. Mai 1487, zwei Monate vor der Abfahrt des Dias, von Santarem aus über Neapel, Rhodos und Alexandria nach Kairo. Als Kaufleute zogen beide über die Landenge von Suez, fuhren durch das Rote Meer über Suakin in Nubien nach Aden, wo sie im Sommer 1488 ankamen und sich – in Unklarheit über die Lage des Reiches des Priesters Johannes – voneinander trennten. Während Paiva es in Äthiopien suchen wollte, überquerte C. mit günstigem Monsun das Arab. Meer und erreichte als erster Portugiese die vorderind. Malabarküste in Cananor, besuchte Kalikut (wo V. da Gama 10 Jahre später landete), traf Gebiete mit nestorian. Christen, sammelte

Nachrichten über Gewürzhandel und Seefahrt, besuchte hernach das Handelszentrum→Hormuz am Eingang zum Pers. Golf, fuhr Ende 1489 mit dem NO-Monsun entlang der afrikan. Küste als erster Europäer nach Sofala, dem südlichsten Stützpunkt arab. Handels auf der Südhalbkugel, wo er von Madagaskar (der Ilha da Luna) und von den Goldminen des Reiches Monomotapa (Simbabwe) hörte und damit das Geheimnis von Kg. Salomos Ophir lüftete. Über Moçambique, Quiloa, Mombassa, Melinde, Aden, Dschidda, Suez nach Ägypten zurückgekehrt (Ende 1490 – Anfang 1491), erfuhr er in Kairo, daß Paiva inzwischen gestorben war und daß der Kg. ihn durch zwei jüd. Boten suchen ließ: Durch den einen, Josef, sandte C. seine Zwischenbilanz der Reise nach Lissabon; den anderen, Abraham, nahm er mit nach Hormuz (Rotes Meer–Aden–Hadramautküste–Oman), von wo er ihn mit den Berichten über Syrien heimschickte, während er selbst, dem Wunsche des Kg.s entsprechend, nunmehr in Äthiopien das Reich des Priesters Johannes suchte (1492–93). Über Zeila a. d. Somaliküste gelangte er zur damaligen Residenz des Negus in Tegulat, wurde freundlich aufgenommen, jedoch nicht mehr heimgelassen, sondern in einflußreicher Stellung bei Hofe zurückbehalten. Noch 1520 traf ihn eine ptg. Gesandtschaft unter Rodrigo de Lima dort, wohlhabend und verheiratet, mit Familie an. C. hat mit einer immensen Ausdauer die bis dahin umfangreichsten Kenntnisse über die Meere und Küstenländer des arab.-ostafrikan.-pers.-ind. Raumes erworben und durch deren Übermittlung an die Planungsstellen seiner Heimat die Voraussetzungen für den großen Schlußerfolg Gamas geschaffen. Seine von O her gewonnene Überzeugung von der Umschiffbarkeit Afrikas ergänzte die Meldung des Dias von seiner Umschiffung des unmittelbaren Kap-Bereiches (1488) bezügl. der noch offenen südostafrikan. Strecke wesentlich Nur weil sein Lebensausgang im Schatten lag, wurden seine Leistungen als die eines der größten europ. Entdeckungsreisenden oft zu Unrecht verdunkelt. G. Hamann

Lit.: P. F. Álvares, Verdadeira Informação das Terras do Preste João das Indias, Lissabon 1540 – J. de Barros, Décadas da Asia I/III/V, Lissabon 1561 – F. Lopez de Castanheda, Hist. do descobrimento e conquista da India delos Portugueses, Coimbra 1552–61 – A. Galvão, Tratado dos diversos e desvayrados caminhos, Lissabon 1563 – CONDE DE FICALHO, Viagens de P. da C., 1898 – A. KAMMERER, La Mer Rouge, l'Abyssinie et l'Arabie depuis l'antiquité (Mém. Soc. Roy. Géogr. d'Egypte, 1935, II) – Hist. da expansão portuguesa no mundo, hg. A. BAIÃO, H. CIDADE, M. MÚRIAS, 1937–40, III, 11ff. – R. HENNIG, Terrae Incognitae IV, 1956, 419ff. – D. PERES, Hist. dos descobrimentos portugueses, 1960, 317ff. – G. HAMANN, Der Eintritt der Südl. Hemisphäre in die Europ. Gesch., SAW. PH 260, 1968, 351–362.

Coyanza, Konzil v. (C., Ort im Bm. Oviedo, heute Valencia de Don Juan), leones.-kast. Reichskonzil von 1055 (nicht 1050). Seine Beurteilung ist sehr erschwert durch die zwei erhebl. voneinander abweichenden Versionen der Akten. Bf. Pelayo v. Oviedo ließ sie im frühen 12. Jh. in das Chartular seiner Bischofskirche aufnehmen. Er ist bekannt für seine vielfältigen Fälschungen mit dem Ziel, →Oviedo als früheren Metropolitansitz zu erweisen, dessen Status wiederherzustellen sei. Dieses Ziel hat auch hier einen Niederschlag gefunden, aber es ist unsicher, ob die Anwesenheit auch Kg. Ferdinands I. und des Laienadels sowie die Behandlung auch weltl. Fragen den Manipulationen zuzuordnen ist. Folgt man dieser Version, dann war das Konzil v. C. eine gemischt kirchl.-weltl. Versammlung, deren Beschlüsse der Monarch promulgierte. In der anderen Version – eine Kopie des beginnenden 13. Jh. im Livro Preto von Coimbra – erscheint das Konzil als eine rein kirchl. Versammlung, die vom Episkopat allein getragen wurde. Auch diese Version ist von Anleihen aus der Zeit ihrer Niederschrift nicht ganz frei, weswegen nicht ausgeschlossen werden kann, daß der weltl. Anteil als inzwischen unverständlich einfach eliminiert wurde. Dies würde mit der Beobachtung übereinstimmen, daß die führende Stellung des kast. Herrschers auf einem Konzil erst im 12. Jh. abgebaut wurde. In jedem Falle handelte es sich nicht um ein grundlegendes Reformkonzil, sondern um eine Besinnung auf Canones aus der →Hispana Collectio. O. Engels

Lit.: A. GARCÍA GALLO, El concilio de C., AHDE 20, 1950, 275–633 – DERS., Archivos Leoneses 5, 1951, 5–113 – G. MARTÍNEZ DÍEZ, El concilio Compostelano del reinado de Fernando I, Anuario de Estudios medievales 1, 1964, 121–138 – O. ENGELS, Papsttum, Reconquista und span. Landeskonzil im HochMA, AHC 1, 1969, 266–268, 276ff. – H. GRASSOTTI, La Iglesia y el Estado en León y Castilla de Tamarón a Zamora (1037–1072), CHE 61–62, 1977, 96–144.

Cozia (Nucet), Kl. in der Valachei (Rumänien), von Fs. →Mircea d. Alten 1387/88 gegründet. Das Kl., das auch die Grabstätte des Stifters beherbergt, wurde im Rahmen der hesychast. Bewegung (→Hesychasmus) als Bollwerk der Orthodoxie errichtet. – C. zählt zu den eindrucksvollsten kirchl. Bauten des ma. SO-Europa; ursprgl. durch die serb. Architektur beeinflußt, wurde es zweimal im Laufe des 16. Jh. restauriert (1517, ca. 1583). Wertvolle Bruchstücke spätma. Wandmalerei sind in C. erhalten.

S. Papacostea

Lit.: C. MILLET, C. et les églises serbes de la Morava (Mél. N. IORGA, 1933), 827–856 – M. DAVIDESCU, Mănăstirea C., 1966.

Cozmin, Dorf in der Moldau (Rumänien), in dessen Nähe im Walde C. (Codrul Cozminului) 1497 die Endschlacht des poln.-moldauischen Krieges ausgetragen wurde. Der erfolgreiche Widerstand der Festung→Suceava und die drohende Haltung →Ungarns zwangen den Kg. v. Polen, →Johann Albrecht, zum Rückzug; damit scheiterte endgültig der seit Jahren vorbereitete Feldzug, dessen Ziele die Wiederherstellung der Oberhoheit →Polens über die →Moldau und die Vertreibung der Osmanen (→Osman. Reich) von der Nordküste des Schwarzen Meeres gewesen waren. Auf dem Rückweg wurde ein großer Teil des poln. Heeres von den Moldauern unter persönl. Führung des Fs.en→Stefan d. Gr. und mit Unterstützung valach., türk. und tatar. Truppen aufgerieben (26.–30. Okt. 1497). S. Papacostea

Lit.: E. FISCHER, Kozmin, ein Beitr. zur Gesch. des poln.-moldauischen Konfliktes i. J. 1497, 1903 – GH. DUZINCHEVICI, Războiul moldo-polon din 1497. Critica izvoarelor (Studii şi materiale de istorie medie 8, 1975), 9–61.

Crabbe, Jan, OCist, Abt der westflandr. →Dünenabtei, * in Hulst, † 1. Mai 1488 in Brügge. Am 11. Nov. 1457 zum Abt gewählt, nahm er seine Amtsgeschäfte jedoch erst 1459 auf, was auf den anfängl. Widerstand der Gemahlin Hzg. Philipps des Guten, →Isabella, die einen anderen Kandidaten bevorzugte, zurückzuführen ist. C. bemühte sich erfolgreich um eine Sanierung der Finanzen seiner Abtei, die unter seinem Vorgänger stark beeinträchtigt worden waren. Namentl. konnte er durch Deichbaumaßnahmen und die Trockenlegung von Poldern den Grundbesitz der Abtei um seeländ. Flandern vergrößern. Innerhalb der Abtei sorgte er für die Straffung der Disziplin. Weiterhin führte er, in Zusammenarbeit mit dem Abt v. Clairvaux, Pierre de Virey, eine Reihe von Reformen in mehreren Zisterzienserinnenkl. durch. Auch in der Politik des burg. Staates spielte C. als einer der Berater der Hzgn. →Maria v. Burgund und ihres Gemahls →Maximilian eine wichtige Rolle. – Seinen Nachruhm verdankt C. jedoch in erster Linie seinen kulturellen und künstler. Interessen. In seinem Auftrag wurde eine große Anzahl von reich illustrierten Handschriften geschaffen; die Auswahl der Autoren, deren Werke er abschreiben und bebildern ließ, zeigt die Hinwendung des Abtes zum Humanismus, dessen Ausbreitung in Flandern in dieser Zeit begann. Wahrscheinl. gab C. auch bei einigen der großen fläm.-burg. Tafelmalern seiner Zeit, wie Hans →Memling und Hugo van der →Goes, Gemälde in Auftrag. Unter seinem Abbatiat erlebte das spirituelle und intellektuelle Leben in seiner Abtei einen Höhepunkt. Als Beispiel sei das Geschichtswerk des Adrian de→But genannt.

M. Ryckaert

Lit.: A. FRUYTIER, De opvolging der abten in ter Duinen, Biekorf 35, 1929 – A. DUBOIS – N. HUYGHEBAERT, Abbaye des Dunes, Monasticon Belge III/2, 1966, 403–405 – N. GEIRNAERT, De bibl. van de Duineabt J. C. (Vlaamse kunst op perkament. Kat. Gruuthusemuseum Brugge, 1981), 176–206.

Cramaud, Simon de, frz. Prälat, Kard., Kirchenpolitiker der Zeit des →Abendländ. Schismas; * vor 1360 im Poitou, †15. Dez. 1422, ⌑Poitiers, Kathedrale. C. erlangte den Grad eines Dr. utr. iur. (22. Mai 1379) in Paris, wo er Anhänger des avignones. Papstes →Clemens VII. war. C. wurde von →Johann, Hzg. v. Berry, dem Onkel und *lieutenant* Kg. Karls VI., zum Richter über die Juden in den Sénéchausséen des Languedoc ernannt (1381). Zum Bf. v. →Agen erhoben (1382), stand er als Kanzler in Abwesenheit des Hzg.s dem Rat des Hzg.s *(conseil)* vor. Auf den Bischofssitz v. →Béziers transferiert, war er an der kgl. Ratssitzung beteiligt, welche die Abschaffung der Steuerprivilegien des Languedoc beschloß (1383). Zum Bf. v. Poitiers ernannt (1385), begleitete er den Kg. nach Flandern, um die frz. Landung in England vorzubereiten (1386). Als Patriarch v. Alexandria (1391, zugleich Administration des Bm.s Avignon, anschließend 18jährige Administration des Bm.s Carcassonne) war er der erste Prälat im Kgr. Frankreich, setzte sich als solcher bei der Kirchenversammlung von 1395 in der Schismafrage für die »via cessionis« gegen →Benedikt XIII. ein und proklamierte seine Vorstellungen des »Gallikanismus« in England, Barcelona, Kastilien und Navarra (1396). Unter dem Einfluß Hzg. Johanns v. Berry eröffnete er das Konzil v. Paris, auf dem die »via subtractionis« (Gehorsamsentzug) verkündet wurde, und beteiligte sich 1400 in Frankfurt an den offiziellen Wahlfeierlichkeiten →Ruprechts v. der Pfalz (nach der bereits 1399 in Boppard durch die →Kurfürsten erfolgten Wahl Ruprechts anstelle von →Wenzel). Die Erfolge Ruprechts auf dem Reichstag von →Mainz (29. Juni 1401) führten die Ungnade C.s herbei, der aus dem Rat Karls VI. entfernt wurde, in dem er aber 1406 durch →Ludwig, Hzg. v. Orléans, den Bruder des Kg.s, wieder eingeführt wurde. Der Hzg. v. Orléans nahm C. auch auf seinen Feldzug mit, den er in der Guyenne gegen die Engländer führte. Rasch nach Paris zurückgekehrt, um sich führend an der Versammlung des Klerus zu beteiligen, trat C. wie →Joh. Gerson als Vertreter der sog. »dritten Partei« auf, blieb aber mit seinen Gesandtschaften bei den beiden gegner. Päpsten, dem avignones. Papst →Benedikt XIII. und beim röm. Papst →Gregor XII., erfolglos (1407). 1409 verlas er auf dem allgemeinen Konzil v. →Pisa das bereits beim Pariser Konzil 1408 beschlossene Absetzungsurteil für beide Päpste, das diese jedoch nicht beachteten. 1409 von dem Pisaner Papst Alexander V. zum Ebf. v. Reims erhoben, hatte C. als Anhänger der Orléans von seiten des Hzg.s v. Burgund Repressalien zu erdulden (→Armagnacs und Bourguignons). 1413 vertrat er beim Konzil v. Rom den frz. Klerus. Von Johannes XXIII. zum Kard. v. S. Lorenzo in Lucina (mit Administration des Bm.s Poitiers) promoviert (1413), nahm C. auch am Konzil v. →Konstanz und der Wahl →Martins V. teil (1417–18).

M. Hayez

Lit.: DBF IX, s. v. – DHGE XIII, s. v. – A. FLICHE – V. MARTIN, Hist. de l'Eglise, 14¹, 1962 – F. LEHOUX, Jean de France, duc de Berri II, 1966.

Crannog (von ir. *crann* 'Baum'), frühgeschichtl. Siedlungstyp in Irland, in einem See, einem Moor- oder Sumpfgebiet angelegt. Manche c.s wurden auf natürl. Inseln oder auf einem Fundament von im See aufgeschichteten Steinen erbaut. Andere haben Fundamente aus Torf und Buschwerk, manchmal auch aus Holzbalken. Der c. wurde durch einen Palisadenzaun aus Stämmen ungefähr kreisförmig begrenzt. Die Fundamente waren mit gestampfter Erde bedeckt, darauf standen ein oder mehrere Häuser. Bester Nachweis für die Hausbauten in einem c. ist Ballinderry (Gft. Westmeath), wo im 10. Jh. ein rundes Haus (Durchmesser: ca. 18,50 m) errichtet wurde, das auf einer Schichtung von Baumstämmen ruhte. Um 1000 wurde ein zweites, rechtwinkliges Haus, im späteren MA ein drittes errichtet.

C.s wurden in Irland erstmals im späten Neolithikum gebaut, danach in der späten Bronzezeit/frühen Eisenzeit. Eine dritte Phase war die frühe christl. Periode zw. 600 und 1000; in ihr erfuhr dieser Siedlungstyp offenbar die größte Verbreitung. Durch dendrochronolog. Untersuchungen könnten die Bauperioden noch näher eingegrenzt werden. W. G. WOOD-MARTIN (1886) verzeichnete 220 bekannte c.s in Irland, doch dürfte tatsächlich die doppelte Anzahl erhalten sein. Wohl aufgrund der Umweltbedingungen liegt die Mehrzahl der c.s in der Nordhälfte Irlands, insbes. in den Gft.en Cavan und Fermanagh.

Wegen der Lage der c.s in sumpfigem Gelände haben sich zahlreiche Funde, insbes. Holz, erhalten. Ein hoher Standard der Holzbearbeitung zeigt sich nicht nur in den erhaltenen Bauresten, sondern auch in den in c.s gefundenen Schiffen.

P. Harbison

Lit.: W. G. WOOD-MARTIN, The Lake-Dwellings of Ireland, 1886 – H. O'N. HENCKEN, Ballinderry C., No. 1, RIAProc 43 C, 1936, 103–239; No. 2, ebd. 47 C, 1942, 1–76 – DERS., Lagore C., ebd. 53 C, 1950, 1–247 – A. E. F. COLLINS, Excavations in Lough Faughan C., Co. Down, Ulster Journal of Archaeology 18, 1955, 45–81.

Craon, Adelsfamilie des Anjou, geht auf *Robert le Bourguignon* (Robert den Burgunder) zurück, der um die Mitte des 11. Jh. von Geoffroy Martel, Gf. v. Anjou (→Angers/Anjou), mit dem honor v. Craon (heute dép. Mayenne, arr. Château-Gontier, chef-lieu cant.) belehnt wurde; Robert, der dem Grafenhaus v. →Nevers angehörte, war infolge der Heirat Geoffroys Martel mit der Burgunderin Agnès, Tochter von Ott-Wilhelm, Gf.en v. Mâcon, ins Land gekommen. Die von Robert begründete Familie hatte die Herrschaft C. in männl. Linie bis zum Tode *Amaurys IV.* († 1373) inne. Danach fiel die Herrschaft an die Schwester des Verstorbenen, Isabelle, ∞ Louis de Sully. Über beider Tochter Marie gelangte sie an die Familie →La Trémoille. 1620 kam das Baronat C. durch Kauf an die d'Aloigny.

Ph. Contamine

1. C., Amaury IV., sire de, Heerführer im Dienst der frz. Kg.e Philipp VI. v. Valois, Johann II. des Guten und Karls V.; † 30. Mai 1373, ⌑ Angers, Kirche der Cordeliers (von einem seiner Vorfahren am Ende des 13. Jh. gestiftet), Enkel von Amaury III., der eine gewisse Rolle in den ersten Regierungsjahren Philipps VI. spielte, Sohn von Maurice VII. v. C. und Marguerite de Mello, Neffe von 3. – Der früh verwaiste Amaury IV. trat 1333 die Nachfolge seines Großvaters an. Nachdem er zunächst der Obhut von Olivier III. v. →Clisson anvertraut war, begann er seine militär. Laufbahn im Dienst der Valois und erhielt bald Truppenkommandos auf regionaler Ebene. 1347, als

chevalier banneret (→chevalier), bekleidete er das Amt eines *capitaine souverain* in Anjou und Maine, war →*capitaine* für Kg. Philipp VI. in der Bretagne und →*lieutenant* des Hzg.s Johann v. Normandie (des späteren Kg.s Johann II.). 1351 finden wir ihn als lieutenant Johanns II. in Poitou, Saintonge, Angoumois, Limousin und Périgord. 1352–55 übte er das Amt des *lieutenant du roi* im Languedoc aus. 1355 befehligte er den weiträumigen Bereich von Normandie, Anjou und Maine. Während des Feldzuges →Eduards, des Schwarzen Prinzen, der im engl. Sieg bei →Poitiers gipfelte, wurde C. bei der Übergabe von Romorantin am 3. Sept. 1356 gefangengenommen. Bald nach England verbracht, lebte er hier mehrere Jahre als Gefangener und als Geisel für Kg. Johann II. Ab 1361 hielt er sich wieder in Frankreich auf. 1363 huldigte er dem Schwarzen Prinzen, der inzwischen Fs. v. Aquitanien geworden war, zwar pro forma für einige seiner Lehen, blieb aber Anhänger des frz. Kg.s, dessen lieutenant »es parties d'Anjou, Maine et Touraine« er war. Diese Funktion behielt er auch in den ersten Regierungsjahren Karls V. bei, der C.s militär. Fähigkeiten während der erneuten Kämpfe mit Eduard III. in breitem Umfang nutzte (1369: Belagerung und Einnahme von La Roche-sur-Yon). In den letzten Lebensjahren ließ C.s Aktivität nach. 1372 verfügte er für den im Fall seines Todes ohne legitime Erben die Übergabe der Kastellanei Sablé an den Bruder des Kg.s, Ludwig I. v. Anjou. Dieser Fall trat mit C.s Tod am 30. Mai 1373 ein.
Ph. Contamine

2. C., Antoine de, Herr v. Beauverger, bei Azincourt (→Agincourt); Sohn von Pierre de C. und Jeanne de Châtillon, stand er im Dienst von →Johann Ohnefurcht, Hzg. v. Burgund. Dieser verlieh C. 1411 das Hofamt des *grand panetier* (großer Brotmeister). Ph. Contamine

3. C., Georges de →La Trémoille, Georges de, Sire de Craon

4. C., Jean de, Ebf. v. Reims, † 26. März 1373; Sohn von Amaury III., sire de Craon, wählte die kirchl. Laufbahn. 1336, in jungem Alter, war er Kanoniker von Angers und Tours. Darauf wurde er Archidiakon und schließlich Bf. v. Le Mans. Im Juli 1355 wurde er zum Ebf. v. Reims erhoben. C. spielte eine bedeutende Rolle bei der Versammlung der →Etats in Paris am 30. Nov. 1355, wo er im Namen des frz. Klerus das Wort führte. Während des Sommers 1357 stand er dem Dauphin nahe. Ende 1359 geriet er während der 40tägigen Belagerung von Reims durch den engl. Kg. Eduard III. in einen schweren Konflikt mit der Bevölkerung der Stadt und dem kgl. capitaine, Gaucher de Châtillon. Als Kg. Johann II. und sein ältester Sohn in Gegensatz gerieten, ergriff er die Partei des Dauphin und begleitete ihn nach Mouzon, um dort mit Ks. Karl IV. zu verhandeln. R. Cazelles

Lit.: B. DE BROUSSILLON – P. DE FARCY, La maison de C., 1050–1480, 2 Bde, 1893 – G. DUPONT-FERRIER, Gallia regia, 6 Bde, 1942–61 – O. GUILLOT, Le comte d'Anjou et son entourage au XIe s., 2 Bde, 1972 – R. CAZELLES, Société politique, noblesse et couronne sous Jean le Bon et Charles V, 1982.

Crastoni (-us), Johannes, aus Piacenza (daher Placentinus), OCarm (daher frater/monachus Johannes Carmelitanus), Lexikograph gegen Ende des 15. Jh. Sein Hauptwerk (neben einer Vita Alexandri zu Curtius, der lat. Übersetzung des Psalterium graecum und eines Teils der griech. Grammatik des Laskaris) ist das Lexicon graecolatinum (λεξικὸν κατὰ στοιχεῖον = dictionarium secundum ordinem alphabeti), Mailand vor 1478. Öfter aufgelegt und um Beigaben erweitert (so durch Aldus Manutius, Venedig 1497), auch gekürzt (in epitomen reductum) und als Lexicon (vocabulista) latino-graecum wurde es als erstes seiner Art von den westl. Humanisten viel benutzt, unter den Deutschen von Johannes Cuno, dessen annotiertes Exemplar (Vicenza 1483) 1513 an Beatus Rhenanus gelangte, und Willibald Pirckheimer (Aldine von 1497). Erst der Thesaurus graecae linguae des Henri Estienne (Henricus Stephanus) markiert 1572 einen neuen Standard in der Geschichte der griech. Lexikographie. R. Düchting

Ed. und Lit.: GW 7812–7818 – COSENZA II, 1138–1140 – L. COHN, HAW II 1, 1913⁴, 706 ff. – L. DELARUELLE, Le dict. grec-latin de Crastone, Studi Italiani di filologia classica NS 8, 1930, 221–246 – M. SICHERL, Johannes Cuno, 1978, 191 f. – N. HOLZBERG, Willibald Pirckheimer, 1981, 92 ff.

Crathorn (Crowthorn, Crauthorn), **Wilhelm** bzw. (nach anderer Überlieferung) *Johannes,* engl. Dominikanertheologe des 14. Jh., Ordensbruder und Kollege des →Robert Holcot, in den frühen 20er Jahren Studium der Theologie in Oxford, 1330–32 baccalaureus sententiarius; seine öffentl. Bibelvorlesung, die bis heute unbekannt ist und in der er Robert Holcot scharf angriff, wurde von diesem seinem sociuns in dessen »Sex articuli« seinerseits kritisiert. C. wurde vom Orden zurückgerufen, ohne den Magistergrad erlangt zu haben. C.s Hauptwerk, die Quaestiones, ausgewählte Fragen des Sentenzenkommentars, sind (von einer quaestio »De universalibus«, ed. M. GRABMANN – FR. PELSTER, Opuscula et Textus fasc. XVIII, 1936, abgesehen) unveröffentlicht. Das bes. Interesse C.s galt der Erkenntnistheorie (Logik und Semantik) und der Naturphilosophie. Ausgehend von der Einheit von Seele, Vermögen und Akten, und die völlige Passivität des erkennenden Subjekts vorausgesetzt, erklärt er in der Erkenntnistheorie die sinnenhafte »species« (Sinneseindruck) als eigtl. Ursache des Erkennens und Wollens. Entsprechend der doppelten »memoria« ist auch das Sinnenbild zugleich sinnenhaft und geistig in einer (modern gesprochen) Phänomenologie. – In der Sprachphilosophie arbeitete C. die semant. Differenz von Satz und Sachverhalt kritisch heraus. Mentaler, geschriebener und gesprochener Satz entsprechen einander nicht, gleichwohl kann der geschriebene Satz einen mentalen verwahren. Der Begriff als Satzteil ist willkürl. gesetztes Zeichen. Diese radikale Trennung von Sprache und Denken, Denken und Sache rechtfertigt C.s Zuordnung zum Nominalismus des 14. Jh., der auch in seiner Theorie von den »futura contingentia« (d. h. der Erkenntnis des Künftig-kontingenten durch Gott) offenkundig wird. F. Hoffmann

Lit.: H. ELIE, Le complexe significabile, 1936 – J. KRAUS, ZKTh 57, 1933, 66–88 – H. SCHEPERS, Holkot contra dicta Crathorn, I–II, PhJb 77, 1970, 320–354; 79, 1972, 106–136 – F. HOFFMANN, Die theol. Methode des Oxforder Dominikanerlehrers Robert Holcot (BGPhThMA NF 5, 1972), 358–367 – Kritische Ed. der Quaestiones durch F. HOFFMANN in Vorber.

Crawford, Earls of → Lindsay, Familie

Creatio ex nihilo → Schöpfung

Crécy, Schlacht bei (Crécy-en-Ponthieu, dép. Somme, arr. Abbeville, chef-lieu cant.), ausgetragen am 26. Aug. 1346 zw. dem Heer Philipps VI. v. Valois, Kg.s v. Frankreich, und demjenigen Eduards III. Plantagenet, Kg.s v. England; letzterer errang trotz einer höchstwahrscheinl. zahlenmäßigen Unterlegenheit bei C. den ersten großen Landsieg des →Hundertjährigen Krieges. Nach seiner Landung in St-Vaast-la-Hougue b. Cherbourg (12. Juli 1346) durchquerte Eduard III. die Normandie von West nach Ost, wobei er zahlreiche Städte, darunter St-Lô und Caen, besetzte. Nach Erreichen des Seinetals stieß er in diesem in Richtung auf Paris vor. Es gelang ihm, an der Brücke von Poissy am 16. Aug. die Seine zu überschreiten; sein Ziel war die Vereinigung mit seinen fläm. Verbündeten. Am 24. Aug. erfolgte dann bei der Furt der Blanche

Taque der Übergang über die Somme. Am Morgen des 26. Aug. sah sich der engl. Kg. in der Lage, unbemerkt seine abgesessenen Truppen zw. C. und Wadicourt auf einer Anhöhe, die die heut. Vallée aux Clercs beherrscht, in Stellung zu bringen. Während dieser Zeit verließ Philipp, der die engl. Verbände nicht links der Seine binden konnte, aber immerhin Paris zu schützen vermochte, seine Hauptstadt (17. Aug.), unterbrach seinen Marsch am 20. Aug. in Amiens, wo er seine Truppen sammelte und begann sodann mit der Verfolgung des Gegners. Am 25. Aug. feierte er im Priorat St-Pierre d'Abbeville das Fest des hl. Ludwig. Als er von der erfolgten Postierung der engl. Armee erfuhr, entschloß er sich – überstürzt – zum Angriff. Die Schlacht begann in den späten Nachmittagsstunden des 26. Aug. und setzte sich bis in die Nacht fort. Die engl. Bogenschützen (→archers), die zu Beginn des Treffens wohl vom Feuer einiger Kanonen unterstützt wurden, schlugen die genues. Armbrustschützen sowie die mehrfach angreifenden frz. Ritter zurück. Der möglicherweise verwundete Philipp VI. gab schließlich die Schlacht verloren, verließ das Schlachtfeld und suchte Zuflucht auf Schloß Labroye, von wo aus er sich am folgenden Morgen nach Amiens zurückzog. Am selben Sonntag, dem 27. Aug., vollendeten die Engländer ihren Sieg mit der Überrumpelung der Kommunen Rouen und Beauvais. Während die Engländer insgesamt nur sehr geringe Verluste erlitten, fielen auf frz. Seite mehrere tausend Mann, auch die Zahl der Gefangenen war hoch. Unter den Gefallenen auf frz. Seite waren ein Kg., der blinde Luxemburger →Johann v. Böhmen, und ein Hzg., Raoul (Rudolf) v. Lothringen. Eduard III. entschloß sich angesichts seines Sieges zur Belagerung von →Calais, unter dessen Mauern er im Okt. 1346 eintraf.

Ph. Contamine

Lit.: J. VIARD, La campagne de juillet-août 1346 et la bataille de C., M–A 36, 1926, 1–84 – R. CAZELLES, La société politique et la crise de la royauté sous Philippe de Valois, 1958 – A. BURNE, The C. War: A Military Hist. of the Hundred Years War from 1337 to the Peace of Brétigny, 1360, 1976 – PH. CONTAMINE, C. (1346) et Azincourt (1415): une comparaison (Divers aspects du MA en Occident. Actes du congrès Calais, sept. 1974), 1977, 29–44.

Crediton, Ort in der engl. Gft. →Devon (Name vom brit. Flußnamen Crydian). In der engl. Siedlung des 7./8. Jh. erhielt 739 das Bm. →Sherborne 20 Hufen. Die Überlieferung, daß C. der Geburtsort von →Bonifatius sei, ist nicht vor dem 14. Jh. nachgewiesen. 909 wurde C. zum Bischofssitz für Devon und →Cornwall erhoben, Bf. Eadwulf (909–934) erscheint als Zeuge in einer Reihe von kgl. Urkunden. Wohl 926 setzte er in C. einen →Chorbischof für Cornwall ein, der seinen Unterhalt teilweise aus den Gütern in C. bezog; eine unabhängige Diöz. existierte von 924–1027. Doch waren Lyfing (1027–46) und →Leofric Bf. e v. C. und Cornwall. 1050 wurde der Bischofssitz mit päpstl. und kgl. Bewilligung nach Exeter verlegt. Die Kirche v. C. (ō hl. Rood) wurde als ein Säkularkanonikerstift neu genutzt. C. war im 13. Jh. ein bfl. →borough.

D. A. Bullough

Lit.: W. G. SEARLE, Anglo-Saxon Bishops, 1899, 96–103 – H. P. R. FINBERG, West-Country Hist. Stud., 1969, 29–69, 144 – F. BARLOW, The English Church 1000–1066, 1979², 211–214.

Credo. [1] *Historische Entwicklung:* C., ursprgl. Bekenntnis des Glaubens vor der Taufe, das im O in der Fassung des Nicaeno-Constantinopolitanum, im W in der des Apostol. Glaubensbekenntnisses formuliert wurde. Während das Apostol. Glaubensbekenntnis erst in unserer Zeit Eingang in die Messe fand, wurde das Nic.-Const. im O schon früh zum Meß-C. Seine Verwendung in der Messe hat von ihren Anfängen her antihäret. Charakter (Arianismus!). Das beweist auch seine Einführung in Spanien durch die 3. Synode v. Toledo 589 und im Frankenreich unter Karl d. Gr. gegenüber dem Adoptianismus. Karl erlangte die Zustimmung von Leo III., der allerdings das Filioque vermieden haben wollte. Heinrich II. verlangte im Zusammenhang mit seiner Kaiserkrönung in Rom 1014 die Aufnahme des C. in die röm. Messe. Die Begründung seines seitherigen Fehlens durch röm. Kleriker, die röm. Kirche sei niemals von einem Irrtum berührt worden, ist von der Geschichte des Meß-C. her also plausibel. Das C. wurde zunächst in jeder Messe gesprochen oder gesungen (vgl. Abschnitt 2), doch schon bald auf die Sonntage und jene Festtage eingeschränkt, »deren im Symbolum Erwähnung geschieht«, was allmähl. recht weit ausgelegt wurde. Das C. wurde als Bekenntnis des gläubigen Volkes verstanden und zunächst von der ganzen Gemeinde vollzogen. Erst allmähl. wurde es als Sache des Chors und noch später der polyphonen Musik zu einem Glanzstück der Messe.

G. Langgärtner

[2] *Liturgisch-musikalische Entwicklung:* In allen Liturgien der Ostkirche – auch heute – wird das Symbolum nur gesprochen; in den feierl. Liturgien der Westkirche wird es v. a. im officium missae in Form des Nic.-Const. stets und im officium chori in Form des Apostolicum (und Athanasianum) zuweilen gesungen. In der mozarab. Liturgie paraphonieren Klerus und Volk das Symbolum nach der Transsubstantiation (GERBERT I, 426; PRADO, 123). Als symbolum dominicale erklingt es in der ambrosian. Liturgie nach der Offerenda, dem Offertorium (CERIANI, 5; MAGISTRETTI, 53; Paléographie Musicale V, 1896, 266f.; VI, 1901, 316f.; GASTOUÉ, 38, 1934, 15f.). Die 3. Toletan. Syn. 589 lehrt, das Nic.-Const. zu singen; es beginnt ursprgl. mit »Credimus«, bis Paulinus v. Aquileja es um 796 zu »Credo« redigiert. Die Aachener Syn. 798 verordnet es für das ganze Frankenreich. Amalar (Eclogae in ordinem romanum, MPL 105, 1323) berichtet in der 1. Hälfte des 9. Jh., in Gallien singe das ganze Volk bei der Eucharistie das Symbolum. Den Gesang der Symbola bezeugen für den röm. Ritus der Ordo Romanus II (ANDRIEU), Walahfrid Strabo (De rebus ecclesiasticis 22, MPL 114, 947) und Bern v. Reichenau (De quibusdam rebus ad missae officium pertinentibus cap. 2, MPL 142, 1056). Die Weisen wurden einfach, syllab. rezitativ. vorgetragen. Die etwa seit 1000 v.a. nördl. der Alpen entstehenden einstimmigen Melodien des C., das zunächst auch in griech. Sprache gesungen wurde, sind formelhaft, psalmod. komponiert. Graduale Romanum (1979) ediert I–VI Credo-Weisen (10./11.–15. Jh.); darunter gilt I als älteste und ursprgl. Melodie östl. Provenienz. Obschon – aus Ehrfurcht vor seinem Text – das Symbolum im allgemeinen untropiert bleibt, ist die als C. VII bekannte Melodie des Neujahrsoffiziums von Sens aus dem 13. Jh. (VILLETARD) eine Ausnahme. Die Weise war ursprgl. einem tropierten Apostolicum supponiert und später vom Symbolum Nic.-Const. adaptiert worden. Überdies tradieren das Kuttenberger Graduale (Wien N. B. 15501, fol. 53v–55r) und bes. das Schäftlarner Breviarium aus dem Ende des 12. Jh. (München BSB, Clm 17022, fol. 8r–8v) bisher kaum bekannte Credo-Tropen. Um an manchen Tagen die Feierlichkeit der Liturgie zu heben, »sang man auch das Symbolum mit den anderen Teilen des Ordinarium missae – neben Teilen des Proprium – mehrstimmig, und zwar zunächst organal (Organum), später mensural (→Mensuralmusik). Im SpätMA tragen Chor und Orgel das Symbolum, das nach dem Beginn seines auskomponierten Teils »Patrem«, betitelt wird, auch alternierend

vor (AMF 1, 1936, 133ff.). Nach einigen älteren Messen (Tournai sowie Toulouse, Barcelona und Besançon) und der Messe (vor 1364) von Guillaume →Machault (ed. F. Ludwig–H. Besseler, GA IV, 1954), einem Werk neueren Stils, beginnt im 15. Jh. eine Schaffenswelle mehrstimmiger Ordinarien-Zyklen.   D. v. Huebner

Q. und Lit.: DACL XV 2, 1756–1778 – LThK² III, 88f. – Eisenhofer 2, 52–58, 123–126 – MGG 2, 1769–1773; 9, 170ff – New Grove V, 29 – New Oxford Hist. of Music 2, 1969, 78, 88, 165; 3, 1974, passim – K. G. Fellerer, Gesch. der kath. Kirchenmusik 1, 1972, 208–233; 2, 1976, passim – M. Gerbert, De cantu et musica sacra 1, 1774, 426–430 – M. Magistretti, Beroldus sive Ecclesiae Ambrosianae Mediolanensis Kalendarium et Ordines saec. XII, 1894 – A. Ceriani, Notitia liturgiae ambrosianae ante saeculum med. XI, 1895 – H. M. Bannister, Rassegna Gregoriana 4, 1903, 151–153, 254–255 – H. Villetard, Office de Pierre de Corbeil improprement appelé »Office des Fous«, 1907, 140f., 172, 199, 202 – H. M. Bannister, Kirchenmusikal. Jb. 21, 1908, 147f. – Paléogr. Musicale 10, 1909, 90–176 – El, Analecta historica – ascetica 42, 1928 – G. Prado, El canto mozárabe, 1929 – F. J. Badcock, The Hist. of the Creeds, 1930 – M. Andrieu, Les Ordines Romani du haut MA, I et II, SSL 11, 1931; 23, 1948 – J. H. Desroquettes, RevGrég 17, 1932, 68–73 – A. Gastoué, Revue du chant grégorien 37, 1933, 166–170; 38, 1934, 14–18; 42, 1938, 61ff. – F. Cabrol, RevGrég 18, 1933, 41–48; 81–87 – A. Angie, Musica Sacra 64, 1934, 139–141 – D. B. Capelle, RThé 6, 1934, 249f. – M. Huglo, RevGrég 30, 1951, 68–76 – J. A. Jungmann, Missarum Sollemnia I, 1962⁵, 591–606.

Creil, Familie →Westfranken

Crema, it. Stadt in der Lombardei im Norden der Prov. →Cremona. Ihre Gründung läßt sich zeitl. nicht festlegen, steht aber sicher in Zusammenhang mit den hydrolog. Sicherungsmaßnahmen des Gebietes zw. den Flüssen Adda, Oglio und Po und insbes. der Flußregulierung des Serio, die vermutl. in der Spätantike vorgenommen wurden. In byz. und langob. Zeit kam es so zu neuen Ansiedlungen in der Zone des heut. Crema (»Cremasco«), die damals einen Teil des »Insula Fulkerii« gen. Gebietes bildete. Ein Teil dieses Domänenlandes war im Besitz der Familie der →Giselbertiner, Gf.en v. →Bergamo. Unter ihren Burgen ist das »castrum« Crema (1084–1091) verzeichnet. Die Heirat der Tochter Giselberts (Gisalberto) II., Gf. v. Bergamo, Richilde, mit →Bonifaz, Mgf. v. Tuszien, hatte der Familie i Canossa Rechte auf die »Insula Fulkerii« eingetragen (Anfang 11. Jh.). Auch der Bf. v. Cremona konnte seinen Einfluß auf dieses Gebiet ausdehnen, da ihm vom Ks. Heinrich III. 1040 der »districtus« (Amtsgewalt) über C. und das umliegende Land übertragen wurde. 1098 erhielten die Cremonesen von →Mathilde v. Canossa (Tuszien) die Investitur der ihr zustehenden Rechte auf das »castrum« Crema und die »Insula Fulkerii«. In dieser Periode übten einige Familien des Lehnsadels bedeutende Macht in dem Gebiet aus: hervorzuheben sind die Gf.en v. Offanengo und v.a. die Gf.en v. Camisano, ein Zweig der Giselbertiner. Im Zuge seiner gegen Cremona gerichteten Politik verbündete sich C. im Kampf gegen Friedrich I. Barbarossa mit Mailand. In der Folge belagerte der Ks. die Stadt und zerstörte sie i.J. 1160. Nach dem Frieden von Konstanz erreichte C. in dem Ks. die Anerkennung eigener Konsuln und die Übertragung der Rechte, die bis zu jenem Zeitpunkt die Gf.en v. Camisano innegehabt hatten (1185). Diese Privilegien wurden von Otto IV. und Friedrich II. anerkannt und vermehrt. Im Lauf des 13. Jh. spielte C. infolge seiner strateg. günstigen Lage bei den Kämpfen zw. den lombard. Städten, insbes. zw. Mailand und Cremona, eine wichtige Rolle, wobei beide Städte abwechselnd von den lokalen guelf. und ghibellin. Faktionen C.s unterstützt oder bekämpft wurden. 1338 unter Azzone →Visconti wurde C. Teil des mailänd. Herrschaftsbereichs. Nach dem Tode v. Gian Galeazzo →Visconti wurde die Stadt unter den Brüdern Benzoni eine autonome Signorie (1403). Deren Nachfolger Giorgio Benzoni erhielt den Titel »Reichsvikar« und wurde 1414 mit C. und Pandino Vasall des Filippo Maria →Visconti. Von 1423 bis 1449, dem Zeitpunkt seiner Unterwerfung unter →Venedig, bildete C. einen Teil des Visconti-Herrschaft. Beim Frieden von →Lodi (1454) wurde die Übergabe des Cremasco an die Serenissima beschlossen, wodurch bis zum Ende der Republik Venedig (1797) eine ven. »Enklave« im lombard. Gebiet entstand. Erst im 16. Jh. erhielt C. die Anerkennung als Stadt und wurde Bischofssitz.

Die wirtschaftl. Entwicklung C.s, die vermutl. mit dem 12. Jh. einsetzte, steht mit der bes. Eignung seines Territoriums für die Agrarwirtschaft in Verbindung, da das Gebiet dank der Kanalisierung von Quellen und Steigbrunnen (mit einem System der »rogge« gen. Bewässerungskanäle) sehr fruchtbar wurde (Flachsanbau und Leinenherstellung). Die führenden Schichten der Stadt, deren Interesse das ganze MA hindurch in starkem Maße der Agrarwirtschaft galt, trugen zu dieser Entwicklung bei. Der wirtschaftl. Wohlstand C.s im SpätMA hinterließ bedeutende Spuren in der Anlage und den Kunstdenkmälern der Stadt (Dom S. Maria Assunta, erste Hälfte 14. Jh., S. Maria della Croce, San Domenico usw.).   G. Albini

Q. und Lit.: P. da Terno, Hist. di C. (570–1557), hg. M. und C. Verga, 1964 – G. Albini, La comunità ebraica in C. nel sec. XV e le origini del Monte di Pietà, Nuova Rivista Storica, LIX, fasc. III–IV, 1975, 378–406 – Dies., Aspetti delle finanze di un comune lombardo tra dominazione milanese e veneziana: dazi e taglie a C. dal 1445 al 1454 (Felix olim Lombardia, 1978), 669–789 – AAVV, Momenti di storia cremasca, 1981.

Cremona, Stadt in N-Italien (Lombardei). [1] *Geschichte:* Die 218 v. Chr. als Vorposten gegen die Gallier gegr. Kolonie, seit 90 v. Chr. Municipium, wurde rasch eine der blühendsten Städte Oberitaliens. Bei den Machtkämpfen um die Nachfolge Neros 69/70 wurde C. zerstört, infolge der strateg. Lage an der Via Postumia und der wirtschaftl. Bedeutung (Po-Schiffahrt, Handelszentrum) unter Vespasian wieder aufgebaut, ohne jedoch seine alte Bedeutung wiedererlangen. Der erste gesicherte Bf. Johannes wird in den Akten der Mailänder Synode von 451 erwähnt. Am Ende des oström.-got. Krieges (553) befand sich C. in den Händen Ostroms, das ein Militärlager (cataulada) im Norden des Stadtzentrums jenseits des Baches Cremonella errichten ließ. Erst 603 von den →Langobarden Agilulfs erobert, wurde die Stadt von Theodolinde und später von Liutprand (8. Jh.) gefördert, unter dessen Herrschaft sie ihre wirtschaftl. Bedeutung zurückgewann. Noch günstiger für den Aufschwung der Stadt wirkte sich die Herrschaft der Bf.e aus, die weitreichende Immunitäten und bedeutende Privilegien von den Karolingern und den Kg.en v. Italien erhielten. Unter dem Schutz des Bf.s, der zahlreiche Marktrechte innehatte, bildete sich eine Vasallenschicht von Grundherren und zugleich Kaufleuten (negotiatores), die dem Handel in der Poebene und entlang dem gesamten Flußlauf neue Impulse gaben. Die Cremonesen traten bereits im 9. Jh. an die Stelle der bfl. milites von →Comacchio (Venedig), die seit dem 8. Jh. im gleichen Gebiet Handel trieben; sie kauften Schiffe und versuchten, sich wenigstens in kommerzieller Hinsicht der Kontrolle ihres Bf.s zu entziehen, indem sie Befreiung von den Abgaben für die Benutzung des Flußwegs und des Zollhafens am Po verlangten (10. Jh.). Die eigtl. Wurzel des Wachstums der Stadt und Kommune C. blieb jedoch die Bischofsherrschaft. 998 wird der Bischofssitz als »domus civitatis« bezeichnet, und →Mathilde belehnte 1093 drei Vertreter der »homines« von C. mit

→Crema und der »Insula Fulcheria« im Namen der Kathedrale (S. Maria). Dies ist die erste Erwähnung eines kommunalen Zusammenschlusses; Konsuln sind erst seit 1112–16 verzeichnet. 1118 begann die Expansion in das Umland (Contado) mittels Bündnisverträgen der Kommune mit den »domini« des ländl. Gebiets entlang der Flüsse Oglio und Adda und jenseits des Po. Kaisertreu (im Gegensatz zu Mailand), erhielt C. von Friedrich I. Barbarossa viele Privilegien (1157, 1162, 1164, 1176). Erst 1167 trat es der ersten →Lombardischen Liga bei und geriet nach dem Frieden von Konstanz (1183) erneut in Konflikt mit den Nachbarkommunen, im Gegensatz, der durch die wirtschaftl. Hegemonie Mailands noch verschärft wurde. Bei Castelleone (1213) und →Cortenuova (1237) mußte Mailand jedoch schwere militär. Niederlagen von seiten der mit Friedrich II. verbündeten Cremonesen hinnehmen. Der bei Cortenuova erbeutete Mailänder Carroccio (Fahnenwagen) wurde vom Ks. zum Zeichen der schmachvollen Niederlage zuerst nach Cremona gesandt, bevor er in Rom auf dem Kapitol aufgestellt wurde. Das Podestà-Amt wurde 1184 eingesetzt (als städt. Podestà fungierten die Faktionshäupter) und wechselte sich im Stadtregiment mit den Konsuln ab, bis i. J. 1217 der Usus, auf auswärtige Podestà zurückzugreifen, definitiv eingeführt wurde. Interne Zwistigkeiten und Tumulte leiteten eine Krise der kommunalen Strukturen ein, deren Ende von dem Podestat des Uberto Pelavicino (1249), der mit Hilfe Buosos da →Dovara, des auf Lebenszeit gewählten Podestà der Mercanzia, seinen Einflußbereich auf viele Zentren der Poebene ausdehnen konnte, sowie der Signorie Buosos (1254) selbst bezeichnet wurden. Mit diesen beiden Persönlichkeiten hatte der Aufstieg der Ghibellinen seinen Höhepunkt erreicht. Nach der Schlacht von →Benevent (1266) wurden beide aus C. vertrieben, die Guelfenpartei kam mit der Familie →Cavalcabò an die Macht, welche die Stadt bis zu deren Unterwerfung unter die Herrschaft Azzo →Viscontis (1334) innehatte. Nach dem Tode von Gian Galeazzo →Visconti erhielten Ugolino Cavalcabò (1402–05) und Cabrino Fondulo (1406–20) die Signorie. Letzterer verkaufte C. für 40 000 Golddukaten an Filippo Maria →Visconti. Die Stadt bildete einen Teil der Mitgift seiner Tochter →Bianca Maria bei ihrer Heirat mit Francesco →Sforza (1411) und ging 1450 in den Besitz der Sforza über. Von 1499–1509 unterstand sie der Republik Venedig.

[2] *Wirtschaftliche und topographische Entwicklung:* In ökonom. Hinsicht besaß die Agrarwirtschaft große Bedeutung für die Stadt; sie flankierte die beiden anderen wichtigen Wirtschaftszweige C.s, die Binnenschiffahrt (C.s Hafen ist bereits am Anfang des 8. Jh. urkundlich belegt) und die Barchentproduktion, mit der C. bald in Konkurrenz zu Mailand trat, von dem es jedoch schließlich überflügelt wurde.

Am hist. Kern C.s ist noch heute die Anlage des späten 12. und frühen 13. Jh. zu erkennen. Den Mittelpunkt der Stadt bildete der Hauptplatz, an dessen einer Seite der Palazzo del Comune – gen. Palazzo dei »Nobili« oder »dei Ghibellini« (1206) – und die »Loggia dei militi« (1292) liegen, auf der anderen befinden sich der Glockenturm (Torrazzo, 13. Jh.), der Dom (12. Jh.), ein Nachfolgerbau der Kathedrale S. Maria, und das Baptisterium (12. Jh.). Die demogr. Expansion und sozio-ökonom. Entwicklung ließen außerhalb der Stadtmauern Vorstädte (Borghi) entstehen: im SW in der Nähe des Po und im NW, wo die »Cittanova« gegründet wurde, in der man 1256 den Palazzo del Popolo oder Palazzo dei Guelfi errichtete. Die viereckigen röm. Mauern, die zur Zeit der Ungarneinfälle wiederhergestellt wurden, erfuhren vermutl. im 11. Jh. eine Erweiterung. Auf 1169 datiert der Beginn des Baues des kommunalen Mauerringes, der mit zahlreichen Toren und Bastionen zur Verteidigung der neugegründeten Borghi ausgestattet wurde. Weitere Vorstädte entstanden jedoch auch im 13. und 14. Jh. Unter den wichtigsten Kirchenbauten und Spitälern sind neben der Kathedrale die – heute mehr oder weniger baulich veränderten – Kirchen S. Michele (7.–8. Jh.), S. Luca (13. Jh.), S. Agata (1077), S. Agostino (14. Jh.), S. Pietro Po (11. Jh.) mit den dazugehörigen Kl. zu nennen, ferner die Benediktinerabteien S. Giovanni della Pìpia, S. Maria del Boschetto, S. Sisto, S. Giovanni in Deserto und die Konvente der Humiliaten, der Franziskaner und Dominikaner, die Häuser des Templerordens, der Chorherren vom Hl. Grab und der Frati Gaudenti. G. Soldi Rondinini

Q. und Lit.: L. Astegiano, Codice diplomatico cremonese 715–1334 (Historiae Patriae Monumenta, 1898) – F. Robolotti, Storia di C. prima del Comune, 1878 – Ders., Repertorio diplomatico Cremonese, 1878 – E. Signori, C. nei suoi monumenti del Medioevo, 1899 – U. Gualazzini, La formazione di un'antica città: C., ASL, 1939 – G. Chittolini, I beni terrieri del capitolo della Cattedrale di C. fra il XIII e il XIV s., NRS 49, 1965, 213–274 – Le carte cremonesi dei secoli VIII–XII, ed. e introd. a c. di E. Falconi, I: Documenti dei fondi cremonesi (759–1069), 1979 – W. Montorsi, C. Dalla città quadrata alla cittanova, 1981.

Crépy, Guillaume de → Guillaume de Crépy

Crescas, Ḥasday, jüd. Theologe, Philosoph und Staatsmann zur Zeit der beginnenden Krise des span. Judentums, stammte aus Zaragoza, dort gest. 1412 (?), wirkte in Barcelona, ab 1387 vertiefte Beziehungen zum kgl. Hof *(familiaris de casa del senyor rey)*, nach den →Judenverfolgungen von 1391 um die Reorganisation der jüd. Gemeinden Aragóns bemüht. C. verfaßte in katal. Sprache eine Streitschrift gegen die christl. Dogmen, die aber nur in einer freien hebr. Übersetzung überliefert ist (gedruckt 1860 in Saloniki unter dem Titel »Biṭṭûl ʿiqqᵉrê hannoṣrîm«, ʿKritik der christl. Dogmenʾ). Sein theol.-philos. Hauptwerk »Or ᵃdonay« (ʿLicht des Herrnʾ) enthält eine krit. Auseinandersetzung insbes. mit der aristotel. Naturphilosophie und richtet sich gegen den in traditionell-jüd. Sicht bedrohlichen, die Besonderheit der jüd. Überlieferung zurückstellenden religiös-philos. Intellektualismus der Zeit, der sonst auch als »»Averroismus« angegriffen wird. Der Autor plädiert (wie vor ihm Jehuda →Halevi) für die Befreiung der jüd. Offenbarungsreligion von der philos. Ratio, sieht in der Güte die entscheidende Bestimmung Gottes und in der Liebe zu Gott den Zweck der →Tora. C.' wirkungsgeschichtl. Bedeutung (Möglichkeit unendl. Größen [Vakuumsdiskussion] und Mengen) wird zuweilen überschätzt. Immerhin wird er von Spinoza gelegentl. genannt. Auch hat ihn Gianfrancesco Pico della Mirandola (der Neffe Giovannis), vielleicht auch Giordano Bruno gekannt. H. Greive

Ed.: Biṭṭûl ʿiqqᵉrê han-noṣrîm, hg. E. Deinard, 1904 [Nachdr. 1972] – Or ᵃdonay, Ed. pr. 1555 [Nachdr. 1969] – H. W. Wolfson, C.' Critique of Aristotle, 1929 [enthält Teiled. von Or ᵃdonay mit Übers.] – *Lit.:* EJud (engl.) V, 1079–1085 – S. Pines, Scholasticism after Thomas Aquinas and the Teachings of Hasdai C. and his Predecessors, 1967 – H. Greive, Ḥasday C. und das Problem der unendl. Größe und Menge, FZPhTh 19, 1972, 96–105 [Lit.].

Crescentialegende, dt. Der in Orient und Abendland verbreitete, urspgl. profane Motivkomplex von der unschuldig den Nachstellungen ihres Schwagers ausgesetzten Frau erscheint in der Lit. des MA als christl. Legende; nur hier trägt die Verfolgte den Namen C. Vorlage ist ein lat. Marienmirakel, das in der C. zur Beichtlegende umgestaltet ist. In solchem Zusammenhang erfolgt die Rettung der zweimal in den Tiber gestürzten röm. Ksn. zunächst durch einen Fischer, dann durch Petrus als Inhaber der Schlüsselgewalt, der ihr die Vollmacht gibt, reuige Sünder, so auch ihre Verfolger, zu heilen. Daß die C. als bereits fertiges Gedicht in die →Kaiserchronik (V. 11352–12812) aufgenommen ist, wird durch Endsilbenreim (vgl. U. PRETZEL, Frühgesch. des dt. Reims, 1941) und andere formale wie inhaltl. Kriterien nahegelegt. Überholt ist die Annahme einer Benutzung von Apolloniusroman und pseudoclementin. Recognitionen (TEUBERT) und damit das Hauptargument für Identität des Verfassers der hypothet. Ur-C. mit dem des Faustinian in der Kaiserchronik. Die ebenfalls noch ins 12. Jh. gehörenden Colmarer Fragmente (insges. 231 Verse) widersprechen RÖHRSCHEIDTS These, die C. des 13. Jh. (Heidelberger Cod. pal. germ. 341 und Kalocsaer Hs.), eine Bearbeitung in reinen Reimen, gehe direkt auf die Ur-C. zurück. Auch die übrigen Versionen bieten kein Indiz für eine verlorene Ur-C.: das Teichner-Gedicht Nr. 565 (DTM 48) benutzt vermutl. die Kaiserchronik, in den Prosadarstellungen (Rez. C der Sächs. Weltchronik, davon abhängige P. der Leipziger Hs. 1279 aus der 1. Hälfte des 15. Jh., zwei Volksbücher, eins in einem Druck des 16. Jh., das andere nur in einer Bearb. des 19. Jh.) sind jeweils mehrere Quellen benutzt, die C. wird im Zuge der Prosa-Tradition zur Wanderlegende, die Tendenz zur Säkularisierung ist spürbar. K. Baasch

Ed.: Kaiserchronik: MGH DC 1,1, ed. E. SCHRÖDER, 1892 (= Dt. Neudr. 1964) – Die Kaiserchronik, Ausgew. Erz. II, ed. W. BULST, 1970² – für die übrigen Versionen vgl. Verf.-Lex.² II, 19–23 [E. NELLMANN] – *Lit.:* K. BAASCH, Die C. in der dt. Dichtung des MA, 1968 [Lit.] – S. JÄGER, Stud. zur Komposition der C. der Kaiserchronik, des Vorauer und des Straßburger Alexander und des Hzg. Ernst B, 1968 – C. RÖHRSCHEIDT, Stud. zur Kaiserchronik, 1907 – ST. TEUBERT, C.-Stud., 1916 [Wiederabdr. der Volksbücher] – *Zur Stoffgesch.:* A. WALLENSKÖLD, AASF 34, 1907, 1–174 – DERS., NM 14, 1912, 67–77.

Crescentier, röm. Adelsfamilie, die in der 2. Hälfte des 10. Jh. die polit. Herrschaft in →Rom und in Teilen seines Umlandes (→Sabina, →Terracina, →Palestrina) erlangte und in Auseinandersetzung mit den otton. Kaisern bis zum innerröm. Umsturz des Jahres 1012 (→Tuskulaner) mit unterschiedl. Erfolg (in der Sabina auch noch länger) sich zu behaupten verstand. Der wissenschaftl. Hilfsname »C.« (kein zeitgenöss. Familienname) leitet sich her von Crescentius, einem (neben Johannes und Benedictus) in der Familie (aber nicht nur in dieser) verbreiteten Vornamen. Die Ursprünge der C. (ein Crescentius ist erstmals 901 in Rom bezeugt) sind ungeklärt. Eine heutigen Ansprüchen gerecht werdende Untersuchung über den Aufstieg der C., welche über die stark genealog. ausgerichteten Arbeiten von G. BOSSI, W. KÖLMEL, O. GERSTENBERG und C. CECCHELLI hinausginge, fehlt bislang (weiterführend jetzt P. TOUBERT). Noch in neueren Handbüchern und Lexika herrscht Verwirrung über Namen und Titel einzelner C. Besser aufgearbeitet ist durch die Forschungen von H. ZIMMERMANN die gleichzeitige Geschichte der Papsttums (→Papst, Papsttum), auf das die C. einerseits beherrschenden Einfluß ausübten, von dem sie andererseits aber auch gefördert wurden.

In dem in der Kirchengeschichte als »saeculum obscurum« (H. ZIMMERMANN, Das dunkle Jh., 1971) verrufenen 10. Jh. stellte das Herrschaftsgebilde der C. – nach dem Prinzipat der Sippe des →Theophylakt (→Alberich II., †954), von dem die C. ebenfalls abstammten – den zweiten, durchaus vergleichbaren Versuch dar, ein unabhängiges polit. Gebilde in und um Rom zu schaffen. Daß sie dabei weniger erfolgreich waren als ihre Vorgänger, lag wohl nicht in erster Linie an ihrer »weniger entschlossenen Tatkraft« (G. FALCO, Geist des MA, 1958, 182), sondern vielmehr an dem polit. Interessengegensatz, in den sie nicht nur mit dem in der Zwischenzeit neu errichteten Kaisertum der →Ottonen, sondern auch mit dem stärker als bislang eigene polit. Ziele verfolgenden Papsttum gerieten. Die wechselvollen Titel, die die führenden Vertreter der C. führten (comes, dux, consul, senator, praefectus, patricius), spiegeln die Schwierigkeiten wider, eine im Grunde ungeklärte verfassungsgeschichtl. Situation angemessen zu manifestieren. Ungeklärt ist dabei auch, warum die C. den Princepstitel Alberichs II. nicht übernahmen. Der von ihnen (nach den Karolingern) wiederbelebte Patriziustitel (vgl. zuletzt P. TOUBERT, 1018, Anm. 2) wurde später von →Heinrich III. übernommen. Über das Gedankengut der damaligen stadtröm. Kreise, das sich in solchen an der röm. Antike orientierten Titeln widerspiegelt, informiert uns die (allerdings etwas jüngere) →Graphia aureae urbis Romae (P. E. SCHRAMM, Kaiser, Rom und Renovatio, 1929, 193ff.).

Bedeutende C. waren: *Crescentius (I.) de Theodora*, Gf. der Sabina und von Terracina, † Rom 7. Juli 984, durch seine Mutter Theodora wahrscheinl. ein Enkel Theophylakts. Unter Papst Johannes XIII., dessen Abstammung von den C.n (so zuletzt P. TOUBERT) H. ZIMMERMANN bezweifelt, emporgestiegen, betrieb er 974 den Sturz →Benedikts VI., der im Juli 974 in der →Engelsburg, der Festung der C., auf Betreiben seines kurz zuvor erhobenen Gegenkandidaten →Bonifatius VII. erdrosselt wurde. Crescentius mußte sich später Otto II. unterwerfen. Er starb als Mönch im Alexiuskloster auf dem Aventin.

Crescentius (II.) Nomentanus (fälschl. auch bekannt als Johannes Crescentius), röm. Senator und Konsul, Gf. v. Terracina, † Rom 29. April 998, Sohn des Crescentius de Theodora. Mit seiner Hilfe wurde Papst →Johannes XIV. 984 gestürzt und Bonifatius VII. wieder eingesetzt, der dieser 985 selbst ein wahrscheinl. gewaltsames Ende fand. Unter →Johannes XV. (985–996) baute er seine Stadtherrschaft aus, konnte allerdings 996 die Einsetzung →Gregors V. durch →Otto III. nicht verhindern. Als Crescentius den mit der Ks. verwandten Papst vertrieb und an seine Stelle Johannes Philagathos (→Johannes XVI.) einsetzte, schlugen Otto III. und Gregor V. mit unerbittl. Härte zurück: Crescentius wurde mit seinen Gefolgsleuten enthauptet, Johannes XVI. grausam verstümmelt und eingekerkert. Den Patriziustitel (damals noch in der Form »patricius domni Apostolici«) hat nicht Crescentius, sondern sein Bruder *Johannes (I.)*, Gf. v. Terracina († 988), geführt, der 985 an der Erhebung Johannes' XV. maßgeblich beteiligt gewesen war.

Johannes (II.) (in der Lit. zumeist *Johannes Crescentius*, auch *Crescentius III.* genannt), röm. Patrizius (patricius Romanorum), † Rom 18. Mai 1012, Sohn Crescentius' (II.). Er brachte nach dem Tode Ottos III. und →Silvesters II. Rom und den Papststuhl unter seine Herrschaft, wußte sich mit Heinrich II. zu arrangieren und diesen von einem Romzug abzuhalten. Nach seinem Tode brach die Herrschaft der C. in Rom zusammen, ihr Kandidat für den Papstthron, →Gregor (VI.), wandte sich vergebl. an Heinrich II., der vielmehr →Benedikt VIII., den ersten Tuskulanerpapst, anerkannte. Nur in der Sabina konnten sich die C. mit ihren Seitenzweigen der Stephaniner (Stefaniani) und der Oktavianer (Ottaviani), die im 12. Jh. auch mehrere Mitglieder des Kardinalkollegiums gestellt haben (H. TILLMANN, R. HÜLS), noch bis ins 12. Jh. behaupten (G. BOSSI, P. TOUBERT). Auch Papst →Viktor IV. (1159–64) war Oktavianer (H. SCHWARZMAIER).

H. Zielinski

Q.: RI II (insbes. II/5), neuerdings erschlossen durch das von H. ZIMMERMANN bearbeitete Register, 1982 – LP II, 255ff. – Chronicon Farfense, ed. U. BALZANI (Fonti 33–34) – Regestum Farfense, edd. I. GIORGI–U. BALZANI, 1879–1914 – *Lit.*: LThK² III, 93f. – G. BOSSI, Crescenzi di Sabina, Stefaniani e Ottaviani (dal 1012 al 1106), ASRSP 41, 1918, 111–170 – O. VEHSE, Die päpstl. Herrschaft in der Sabina bis zur Mitte des 12. Jh., QFIAB 21, 1929/30, 120–175 – C. CECCHELLI, La famiglia di Giovanni XIII e le prime fortune dei Crescenzi, ASRSP 58, 1935, 72–97 – W. KÖLMEL, Rom und der Kirchenstaat im 10. und 11. Jh., 1935, 25–56, 167 [Stammtafel] – DERS., Beitr. zur Verfassungsgesch. Roms im 10. Jh., HJb 55, 1935, 521–546 – O. GERSTENBERG, Stud. zur Gesch. des röm. Adels im Ausgange des 10. Jh., HVj 31, 1937, 1–26 – C. CECCHELLI, I Crescenzi, i Savelli, i Cenci, 1942 – P. BREZZI, Roma e l'impero medioevale (774–1252) (Storia di Roma 10), 1947, 97–217 – C. G. MOR, L'età feudale I, 1952 – H. ZIMMERMANN, Parteiungen und Papstwahlen in Rom zur Zeit Ks. Ottos d. Gr., RHMitt 8/9, 1964/66, 29–88 [Otto d. Gr., hg. DERS., WdF 450, 1976, 325–414] – DERS., Papstabsetzungen des MA, 1968, 98–118 – H. SCHWARZMAIER, Zur Familie Viktors IV. in der Sabina, QFIAB 48, 1968, 64–79 – P. E. SCHRAMM, Ks., Kg.e und Päpste III/3, 1969, 410–414 – H. TILLMANN, Ricerche sull'origine dei membri del collegio cardinalizio nel XII secolo, RSCI 24, 1970; 26, 1972; 29, 1975 – K. J. HERRMANN, Das Tuskulanerpapsttum, 1973 – P. TOUBERT, Les structures du Latium médiéval II, 1973, 998–1038, 1083–1087 [Stammtafeln] – R. HÜLS, Sui primordi di S. Trifone a Roma, ASRSP 99, 1976, 336–341 – DERS., Kard., Klerus und Kirchen Roms 1049–1130, 1977, bes. 258f.

Crescentiis, Petrus de → Petrus de Crescentiis

Crescentius (Grizi) OFM, Generalminister, * in Iesi, † 1263, trat nach dem Studium des kanonischen Rechts und der Medizin erst als alter Mann in den Orden der Minderbrüder ein und wurde bald darauf zum Provinzial der Mark Ancona gewählt, in der eine Gruppe von Spiritualen Fuß gefaßt hatte, die er energisch bekämpfte. Das brachte ihm herbe Kritik von seiten →Salimbenes und der Spiritualen-Schriftsteller ein. 1244 wurde er auf dem Kapitel in Genua zum Generalminister gewählt, bei dem man den Entschluß faßte, die Nachrichten über den hl. →Franziskus und seine Wunder zu sammeln: Es entstand damit die sog. »Legenda trium sociorum« und die Legenda II des →Tommaso da Celano. C. verfaßte ein kleines Werk in Dialogform über das Leben der Heiligen des Ordens. 1245 zum Konzil zu Lyon geladen, entsandte er nur einen Vertreter; er nahm nicht einmal am Generalkapitel des J. 1247 teil, bei dem er von seinem Amt enthoben wurde. Seine Wahl zum Bf. v. Assisi wurde von Innozenz IV. nicht bestätigt. Die Angabe von Thomas de Eccleston, C. G. sei Bf. v. Iesi gewesen, läßt sich nicht eindeutig auf ihn beziehen.
D. Ciccarelli
Q.: Th. de Eccleston, Liber de adventu Fratrum Minorum in Angliam, Anal. Franc. I, 1885, 244 – Chronica XXIV Generalium Ord. Minorum, Analecta Franc. III, 1897, 261–269 – Chronica fr. Salimbene de Adam (ed. O. HOLDER EGGER), MGH SS XXXII, 176 – Peregrini de Bononia Chronicon abbreviatum de successione Min. Gen. (G. LITTLE, Tractatus Th. de Eccleston, app. II, 141–145), 1909 – *Lit.*: T. BALDASSINI, Notizie hist. di Iesi, 1703, 176 – G. BALDASSINI, Memorie hist. di Iesi, 1765, 367 – S. MELCHIORRI, Biografia di fra Crescenzio dei conti Grizi di Iesi, 1868 – P. SABATIER, Opuscules de critique I, 1901, 126–134 – C. EUBEL, Bullarii Franc. Epitome, 1908, 54, 60 – DERS., Hierarchia Catholica I, 1913, 75, 112 – J. MOORMAN, A hist. of the Franciscan order from its origins to the year 1507, 1968, 108, 111f., 291f.

Crescenzi, Piero de' → Petrus de Crescentiis

Cresconius, sonst unbekannter Verfasser einer von ihm selbst »Concordia (canonum)« genannten systemat. Kirchenrechtssammlung in 301 (300) Kapiteln, deren Stoff allein aus den Konzilskanones und Dekretalen der →Dionysiana geschöpft ist (bei dem im MPL 88, 831f., als Einleitung gedruckten Prolog der »Statuta ecclesiae antiqua« handelt es sich um einen späteren Zusatz aus der »Collectio Herovalliana«). Die Sammlung besteht aus Praefatio, Inhaltsverzeichnis (Breviarium) und Text der Kanones. Im als Brief an einen Bf. Liberi(n)us stilisierten Vorwort belehrt uns der Autor, er wolle alle kirchl. Bestimmungen zusammentragen, anders als sein Vorgänger Fulgentius Ferrandus in seiner »Breviatio canonum« auch den Wortlaut der Überlieferung zitieren und durch eigene Überschriften für eine leichtere Benutzbarkeit der Stoffmassen sorgen. Sein Werk kann frühestens im 6. Jh. entstanden sein, ob in Nordafrika (Flavius C. Corippus), ob in Rom (→Dionysius Exiguus), läßt sich nicht sicher nachweisen. – Der nur in Cod. Paris, Bibl. Nat. Lat. 4280 A, überlieferte sog. Gall. Cresconius ist mit seinen 355 Kapiteln eine wohl karol. Umarbeitung und Erweiterung der »Concordia canonum« des C. nach dem Gesichtspunkt geistl. und weltl. Personengruppen. Die Provenienz der neu aufgenommenen Texte weist auf Gallien als Heimat des deshalb sog. Gall. Cresconius. H. Mordek
Ed.: MPL 88, 829–942 [krit. Ausg. ist ein dringendes Desiderat] – *Lit.*: F. MAASSEN, Gesch. der Q. und der Lit. des canon. Rechts im Abendlande, 1870, 806–813, 846f. – P. PINEDO, Concordia canonum Cresconii, Ius canonicum 4, 1964, 35–64 – H. MORDEK, Kirchenrecht und Reform im Frankenreich, 1975, 122–124, 253–255.

Cresques. 1. C., Abraham, katal. Seekarten- und Kompaßmacher, * 11. Juli 1325 in Mallorca, war jüd. Abstammung und lebte bis zu seinem Tod im März 1387 in Palma de Mallorca. Er schuf mehrere Weltkarten für Kg. Peter (Pedro) IV. »el Ceremonioso« v. Aragón und dessen Sohn Johann I. (Juan). Seine größte Leistung ist der »Katalanische Weltatlas« aus dem Jahre 1375. E. Woldan
Lit.: El Atlas Catalan, 1975, 14–21 – Der Katal. Weltatlas, hg. G. GROSJEAN, 1977, 12–15.

2. C., Jafuda, Sohn von 1, * nach 1350 in Mallorca, † 1410 in Palma de Mallorca, erscheint spätestens ab 1382 als Mitarbeiter seines Vaters. Mit seiner Mutter trat er 1391 zum Christentum über und hieß nun Jaume Ribes. Er führte die Werkstätte seines Vaters in Palma de Mallorca weiter. Er ist nicht ident. mit dem »Mestre Jacome de Malhorca«, der von Prinz →Heinrich dem Seefahrer nach Portugal als Lehrer an dessen Seefahrerschule in Sagres berufen wurde. E. Woldan
Lit.: → 1. C., Abraham

Crest → Heraldik

Cretin, Guillaume, Kantor und Kanonikus in Vincennes und Paris, * um 1460, † 1525. Von seinen Zeitgenossen als Dichter sehr geschätzt. Die religiösen Gedichte, z. T. für die Wettbewerbe der Palinods in Rouen entstanden, sind unbedeutend. Die übrigen Werke bilden hingegen eine Fundgrube für das lit. Leben der Zeit. Die Versepisteln richten sich an den Kg., den Hochadel, Beamte und Dichterkollegen (→Molinet, Jean→Lemaire, F. →Robertet), einige haben fiktive Absender. Die umfangreichen Totenklagen sind anfänglich noch mytholog. Gestalten in den Mund gelegt (»Deploration« auf→Ockeghem, nach 1496); später, in der »Apparition du Mareschal. . . Jacques de Chabannes« (1525), führt der Autor selbst, unter Verzicht auf die enkomiast. Redundanz, ein Gespräch mit dem in der Schlacht v. Pavia getöteten →Chabannes (3. Ch.) und schlägt dabei zeitkrit. Töne an. C. pflegt auch die Invektive, das Streitgespräch und die Pastorale. Seine artist. Reimkunst und sein manierist. Vokabular sind erst in neuerer Zeit wieder gewürdigt worden als ein Experimentieren mit Formen und Rhythmen, als ein Ausloten sprachl. Möglichkeiten. Eine Chronik Frankreichs in Zehnsilblern, auf Geheiß des Kg.s Franz I. 1515 begonnen, wurde erst nach C.s Tod von René Macé vollendet. Als Geschichtswerk unbedeutend, wartet diese Verschronik immer noch auf eine Würdigung als »poème historique«.
M.-R. Jung

Ed.: Oeuvres poétiques, ed. K. CHESNEY, 1932 [Neudr. 1977] – *Lit.:* H. GUY, La Chronique française de Maître G. C., RLR 47, 1904; 48, 1905 – DERS., Hist. de la poésie française au XVIe s., I: L'école des rhétoriqueurs, 1910 [Neudr. 1968] – Y. GIRAUD – M.-R. JUNG, La Renaissance I, 1480–1548, 1972.

Crèvecoeur, Philippe de, Ratgeber →Karls d. Kühnen, Hzg.s v. Burgund, dann →Ludwigs XI., Kg.s v. Frankreich, * um 1418, † 22. April 1494 in L'Arbresle (bei Lyon), ▭Boulogne-sur-Mer, Notre Dame. Der Sohn von Jacques de C., eines engen Ratgebers Philipps des Guten, und Marguerite de La Trémoille, Patensohn Philipps d. Guten, war Jugendgefährte Karls und zählte zu den wichtigeren Räten und Militärs des Hzg.s, an dessen Feldzügen er maßgeblich beteiligt war. Herr v. Esquerdes (Cordes, dép. Pas-de-Calais), seit 1468 Mitglied des Ordens vom →Goldenen Vlies, trat er nach Karls Tod in die Dienste Ludwigs XI. über, dem er am 4. März 1477 Arras auslieferte. Der Kg. bestätigte ihn in seinen zahlreichen Ämtern im nordfrz. Grenzgebiet und verlieh ihm weitere, wie die Gouvernemente des Artois, der Picardie und von La Rochelle. Trotz Fehlverhaltens in der Schlacht v. (En) →Guinegatte (1479) blieb C. ein bes. für die Infanterieorganisation geschätzter Militärberater Ludwigs, für den er die Verhandlungen um das burg. Erbe führte (Friede v. Arras 1482); ebenfalls war er am Abschluß des Heiratsvertrags zw. dem Dauphin und Margarete v. Österreich beteiligt. Auch am Hofe Karls VIII., den Ludwig ihm sterbend anempfohlen hatte, stand C., 1485 zum *Maréchal* und 1493 zum *Grand Chambellan* befördert, v. a. wegen militär. Erfolge gegen Habsburg in Ansehen. Unterhändler der Krone in Etaples (1492) und Senlis (1493), lehnte er, der persönl. Kontakte zu Venedig geknüpft hatte, auf Grund polit. und militär. Bedenken die Italienpläne Karls VIII. ab. Über den Vorbereitungen des Italienzugs verstorben, wurde er unter kgl. Ehren in Boulogne bestattet.

H. Müller

Lit.: BNB IV, 500–504 – RTA, Mittl. Reihe, III, passim – A. COLLET, Ph. de C., maréchal d'Esquerdes, Mém. Soc. acad. de l'arr. de Boulogne-sur-Mer 28, 1917, 376–468 – M. HARSGOR, Recherches sur le personnel du conseil du roi sous Charles VIII et Louis XII, II, 1980, 1077–1116.

Crispin, engl. Adelsfamilie von norm. Herkunft, benannt nach ihrem charakterist. lockigen Haar. Erstes bekanntes Mitglied war *Gilbert I.* im frühen 11. Jh.; er hatte die norm. Burg Tillières-sur-Avre (dép. Eure) zu Lehen. Sein ältester Sohn, *Gilbert II.,* folgte ihm in diesem Lehen. Er nahm wahrscheinl. an der Eroberung Englands (1066) teil, und der im →Domesday Book erwähnte *Milo* C. († 1107) war möglicherweise sein Sohn. Milo erwarb das bedeutende Lehen *(honor)* von →Wallingford durch Heirat. Doch ging das Lehen nach Milos Tod durch Wiederverheiratung der Witwe Matilda mit →Brian Fitzcount an diesen. Der 2. Sohn Gilberts I., *Wilhelm I.,* hielt die Burg Neaufles in der Normandie zu Lehen und war Förderer der norm. Abtei Le →Bec. Über die Familiengeschichte der C.s erfahren wir vieles aus einer Erzählung über Wilhelms I. wunderbare Errettung aus einem Hinterhalt. Der älteste Sohn Wilhelms I., *Wilhelm II.,* unterstützte →Robert Kurzhose gegen Kg. Wilhelm II. und Heinrich I. v. England; sein Enkel *Wilhelm III.* kämpfte unter →Geoffroy v. Anjou. Das bedeutendste Familienmitglied war der 2. Sohn Wilhelms I., →*Gilbert* C. († 1117), Mönch in Le Bec und später Abt v. Westminster.

M. C. Prestwich

Lit.: DNB XIII, 100f. – J. A. ROBINSON, Gilbert C., Abbot of Westminster, 1911.

Crispinus und Crispinianus, hll. (Fest: 25. Okt., Gedächtnis auch am 27. Juni), wohl röm. Herkunft, Martyrium in Soissons, wahrscheinl. vor 305; in allen lat. Martyrologien erwähnt. Crispinus ist häufiger röm. Name, auch Crispinianus findet sich. Die Berichte über ihr Leben und ihr Martyrium sind späteren Datums und enthalten viele, auch in anderen Märtyrerlegenden enthaltene Topoi. Danach verließen sie Rom und kamen nach Soissons in Gallien. Sie lebten dort von ihrer Hände Arbeit als Schuster, forderten aber kein Entgelt für ihre Leistung (Typus d. Anargyroi). In Erinnerung an diese Mildtätigkeit entstand später der Spruch: »Crispinus machte den Armen die Schuh' und stahl das Leder auch dazu«; er beruht auf dem Mißverständnis des alten Ausdrucks »stalt« = stellte. Das Martyrium erlitten sie in Soissons, wo sie zunächst mit dem Mühlstein in der Aisne versenkt wurden. Als sie aber am anderen Ufer gesund aus dem Fluß stiegen, wurden sie erneut gefoltert. Da diese Folterungen erfolglos blieben, ließ der Richter sie schließlich verbrennen. (Der Name des Richters Rictiovarus gehört mit zum Topos gall. Märtyrerlegende; vgl. C. JULLIAN.) Die später erhobenen Gebeine übertrug man in d. Hauptkirche v. Soissons, die Hll. wurden Patrone d. Stadt.

Im Zuge der Sachsenmission unter Karl d. Gr. wurden Reliquien der Hll. nach Osnabrück gebracht. 1721 wurden diese Reliquiare geöffnet; sie enthielten einzelne Glieder. Auch nach Rom soll eine Übertragung stattgefunden haben (angebl. Beisetzung in S. Laurentius in Panisperna). Ein Bericht bringt sie mit Johannes und Paulus in Beziehung – daher ihre Erwähnung im Martyrologium Romanum am 27. Juni (H. DELEHAYE). Von Rom aus soll i. J. 838 eine Übertragung nach Fulda stattgefunden haben mit einer Fülle anderer Reliquien. Beide Hll. wurden die Patrone aller Handwerker, die mit Leder zu tun hatten, der Schuhmacher und auch der Weber, wobei Crispinus Patron der Lederarbeiter und Schuhmacher und der kleinere Crispinianus Patron der Schuhflicker war.

Seit dem HochMA oft dargestellt: In vielen Bildern, namentl. im Dienste der Zünfte, wird das Brüderpaar in der Kunst vergegenwärtigt, zuweilen, wie etwa in Münster, sogar in bfl. Gewandung.

B. Kötting

Lit.: AASS Oct. XI, 495–540 – LCI VI, 3–7 – LThK² III, 96 – H. SAMSON, Die Hll. als Kirchenpatrone, 1892, 171f. – C. JULLIAN, Le cycle de Rictiovar, REA 25, 1923, 367–378 – K. KÜNSTLE, Ikonographie der Hll., 1926, 171–173 – H. DELEHAYE, Etudes sur le légendier romain, 1936, 126–130 – H. GRÖGER, Die Hll. Crispinus und Crispinianus, die Patrone der Schuhmacherzunft, Pro Arte 3, 1944, 212 – L. RÉAU, Iconographie de l'art chrétien III, 1958, 350–353.

Crispus, Mailänder Diakon (vermutl. 14. Jh.), Verfasser eines »carmen medicinale« mit parodist.-satir. Charakter, das nach seiner Entdeckung durch ANGELO MAI zunächst dem Ebf. →Benedictus v. Mailand († 732) zugeschrieben wurde und mit 241 Hexametern das umfangreichste poet. Zeugnis jener Zeit gewesen wäre. Der dem Werk voranstehende, im Gegensatz zur unbeholfenen Form der nachfolgenden Verse anspruchsvoll wirkende Widmungsbrief in Prosa drückt bereits Geringschätzung des med. Lehrtriebs aus. Diese zeigt sich auch in den 27 unterschiedl. langen Gedichten, in denen – nach traditioneller Art »a capite ad calcem« – Krankheiten und ihre Heilmittel dargestellt sind. Ist hier der Umgang mit den benützten Quellen (Plinius, Serenus u. a.) schon einigermaßen verwirrend, so enthüllen die darüber hinaus empfohlenen grobschlächtig absurden Heilmethoden vollends den unernsten Charakter des Werkes.

E. Heyse

Ed.: F. BRUNHÖLZL, Benedetto di Milano ed il »Carmen medicinale« di Crispo, Aevum 33, 1959, 25–67 – *Lit.:* LThK² II, 181 f. – MANITIUS I, 197 ff. – BRUNHÖLZL I, 59 Anm., 516 – A. LAGHI, Il poemetto medico di Crispo già attribuito all' arcivescovo Milanese s. Benedetto (Comunicazione pres. al Congr. Internaz. di Storia della Farmacia, 1958; Atti e Memorie A.I.S.F. 1961/63 [mit it. Übers.]).

Cristus, Petrus → Christus, Petrus

Críth Gablach, Name eines air. Rechtstraktates der 1. Hälfte des 8. Jh., enthält eine detaillierte Aufzählung der angemessenen Besitzgrundlagen der verschiedenen Ränge der Freien und Adligen bis hinauf zum Kg.; ebenso vermittelt der Text wichtige Hinweise auf überlieferte Rechtsbegriffe. Der Ort der Entstehung ist unbekannt. Der C. G. ist nicht in den beiden großen Sammlungen des weltl. Rechts, dem → Bretha Nemed aus Munster und dem → Senchas Már aus dem Herrschaftsbereich der → Uí Néill, enthalten. Die Beschreibung, die der Verfasser des C. G. von der ir. Gesellschaft gibt, ist beeinflußt von (insbes. numerischen) Ordnungsvorstellungen, so daß manche seiner Aussagen als unrealistisch gelten müssen.
T. M. Charles-Edwards

Ed. und Lit.: D. A. BINCHY, C. G., 1941 – The Law of Status or Franchise, PRIA C, 36, 1923, 281–306 [engl. Übers.].

Crivelli, Carlo, ven. Maler, * um 1430/35 Venedig, † 1495 Ascoli Piceno. 1457 in Venedig wegen Ehebruchs verurteilt, verläßt er die Stadt; 1465 in Zadar als Bürger genannt, ist er seit 1468 in den südl. Marken nachweisbar, wo er sich 1469 in Ascoli niederläßt und in reicher Produktion die ganze Region mit Altären beliefert. Dem frühesten datierten Werk, einem Polyptychon von 1468 für San Sebastiano in Massa Fermana, geht anscheinend die kleine Madonna in Verona voraus: stärker als ven. Elemente in der Art → Vivarinis sprechen die paduan. Einflüsse → Squarciones, → Donatellos und → Mantegnas, die C. möglicherweise durch Giorgio Schiavone vermittelt wurden. Wie die Form seiner Polyptychen mit thronender Madonna im steil proportionierten Mittelfeld, stehenden Heiligen in den Seitenfeldern, begleitet von Halbfiguren und kleinen Szenen in den oberen und unteren Registern (Montefiore; Ascoli, Dom, 1472/73; Monte San Martino, z. T. von seinem Bruder Vittore, und Zerstreutes bes. in London, Mailand und Amerika) nur zögernd die neuere, vereinheitlichende Form der Sacra Conversazione (Berlin 1488, London 1490, Mailand 1493) aufnimmt, so bleibt auch seine dekorativ schmuckhafte, reich mit Gold und Flächenmustern arbeitende Formgebung stark älteren Vorstellungen verpflichtet; ihre provinzielle Verhärtung und expressive Übersteigerung fasziniert durch ihre preziös präzise, der spröden Strenge von Goldschmiedearbeiten gleichende Stilisierung.
Ch. Klemm

Lit.: A. BOVERO, L'opera completa del C., 1975 (Classici dell'Arte 80) – F. V. LOMBARDI, Un capolavoro di C. C. e la sua origine, Antologia belle Arti 1979 no. 9–12, p. 43–47.

Cró → éraic

Croat (abgeleitet von lat. cruciatum), seit dem Ende des 13. Jh. bis gegen Ende des 15. Jh. in Barcelona geprägte Silbermünze (ca. 3 g) mit dem Brustbild des Kg.s auf der Vorderseite und einem langen Kreuz auf der Rückseite.
P. Berghaus

Lit.: Wb. der Münzkunde, hg. F. FRHR. V. SCHROETTER, 1930, 116.

Croce dipinta. Eine frühe Form von Tafelmalerei, zeigen die Croci dipinte auf einer kreuzförmigen Tafel den Gekreuzigten zw. Maria und Johannes und häufig weitere Figuren und Szenen in kleinerem Maßstab. V. a. in der Toskana und Umbrien vom 12. bis ins 14. Jh. stark verbreitet – das älteste, 1138 datierte Kreuz in Sarzana –, verbinden sie byz. Traditionen mit Typen der Goldschmiedekunst und der plastischen, zw. Chor und Schiff schwebenden Triumphkreuze, deren Funktion sie teilen, wenn auch die Aufstellung als »Retabel« schon seit dem frühen 13. Jh. gelegentl. nachzuweisen ist; die selteneren unterlebensgroßen, doppelseitig bemalten Beispiele dienten als Vortragskreuze. Entstehung (Zusammenhang mit einem Beschluß des Generalkapitels in Cîteaux 1134?) und Verbreitung sind eng mit den Reformorden, bes. den Franziskanern, verbunden; unter deren Einfluß herrscht schon um 1240 der Christus patiens-Typ gegenüber dem triumphierenden vor.
Ch. Klemm

Lit.: E. SANDBERG-VAVALÀ, La C. d. e l'iconografia della Passione, 1929 – H. HAGER, Die Anfänge des it. Altarbildes, Unters. zur Entstehungsgesch. des toskan. Hochaltarretabels, 1962, bes. 75–81 – R. SCHNEIDER-BERRENBERG, Gemalte Kruzifixe außerhalb Italiens, Das Münster XXVIII, 1975, 203–217.

Crocq, Jan, ndl. Bildhauer, vermutl. aus Brügge oder Antwerpen, zw. 1486 und 1510 als lothring. Hofbildhauer in Bar-le-Duc und Nancy tätig, Inhaber einer größeren Werkstatt für Arbeiten in Stein und Holz. Bezeugt Tätigkeit am ehemaligen Grabmal Heinrichs IV. in der Schloßkirche von Bar-le-Duc und Möbel im hzgl. Palast von Nancy. Hauptwerk das Grabmal Hzg. Karls des Kühnen von Burgund (✕ 1477), von seinem Gegner Hzg. René II. v. Lothringen 1506 für die Hofkirche in Nancy in Auftrag gegeben, 1717 zerstört, jedoch durch zwei Zeichnungen gut überliefert. H. D. HOFMANN hat diesem wichtigen Verbreiter ndl. Stils eine Reihe von Werken zugeschrieben.
A. Reinle

Lit.: H. D. HOFMANN, Der Niederländer J. C., Hofbildhauer in Bar-le-Duc und Nancy, sein lothring. Oeuvre, AaKbll XXXII, 1966, 106–125.

Crocus Martis, gelber Eisenrost (Mars=Eisen). Crocus ist zunächst die lat. Übersetzung der ma. arab. Farbbezeichnung *zaʿfarān* (gelbrot). Als → Saf(f)ran ist dies dann zum Namen der Heil- und Gewürzpflanze (lat. Crocus sativus) bzw. der gelbroten Narbenschenkel der Blüte im engeren Sinne geworden. Gelbrote Metalloxide, wie C. M. oder auch *Crocus Veneris* (Kupferoxid [Venus = Kupfer]) bzw. Produkte ähnlicher Herstellungsart, die im allg. in der Chemiatrie med. Zwecken dienten, wurden in Analogie zur ma. arab. Tradition Crocus genannt.
G. Jüttner

Crocus Veneris → Crocus Martis

Cromwell, Ralph, Baron, engl. Staatsmann, * wohl um 1402, † wahrscheinl. im Frühjahr 1456, ⚭ Juli 1424 Margaret, Tochter von John, Lord Deyncourt. C. diente in den Jahren 1415, 1420 und 1421 in den Kriegen gegen Frankreich. Von 1422 bis 1455 wurde er zum *Parliament* geladen und war seit 1421 Mitglied des Regentschaftsrates für Kg. Heinrich VI. Er bekleidete das einflußreiche Amt des → chamberlain des kgl. Hofhaltes, das er aber im März 1432 aufgeben mußte. Im Aug. 1433 wurde er zum *Lord → Treasurer of England* (kgl. Schatzmeister) ernannt und führte einige Reformen in der Finanzverwaltung durch; im Juli 1443 trat er von diesem Posten zurück. Ab 1445 war er Hüter des kgl. Forstes v. Sherwood (bei Nottingham) und zugleich → *Constable* (Befehlshaber) der Burg v. → Nottingham. Da er kinderlos starb, fiel seine Baronie als herrenloses Gut an die Krone. – C. war sehr wohlhabend; er ließ seit 1435 das Tattershall Castle (Co. Lincolnshire) errichten, das durch die große Höhe seines *keep* (→ Donjon) von nahezu 35 m und die vollständige Errichtung aus Backsteinen Bewunderung erregte. Ebenso war er an der Gründung eines in der Nähe seiner Burg gelegenen Stiftes beteiligt; dieses umfaßte Pfründen für Priester und Laien sowie ein Armenhaus. In South Wingfield (Co. Derbyshire) ließ C. ein schönes Herrenhaus bauen, das teilweise erhalten ist.
C. T. Allmand

Lit.: Peerage III, 552f.

Crondall Hoard (Schatzfund v. C.), 1828 in C. (Co. Hampshire) entdeckt, enthielt Münzen, die sich heute im Ashmolean Museum, Oxford, befinden, und auch

Schmuck, der verschollen ist. Der Fund gilt als das bedeutendste Zeugnis für das Einsetzen der ae. Münzprägung. Er enthält 52 Goldmünzen von verschiedenen, unabhängig in England geprägten Typen, außerdem 24 kontinentale Prägungen und 19 engl. Nachprägungen von frk. Münzen. Eine der Münzen engl. Herkunft zeigt die umstrittene Legende »Avdvarld Reges«, die mit Eadbald v. Kent (616–640) in Verbindung gebracht wird. Eine große Gruppe von Münzen hat die Legende »Witmen Monita«. Der C. H. ist wohl auf ca. 640–645 zu datieren. Eine Gruppe der Münzen und der ihnen folgenden Prägungen nennen London als Prägungsort, die übrigen engl. Münzen dürften aus Kent stammen. V. J. Smart

Lit.: Hoops[2] V, 102f. [J. P. C. Kent] – C. H. V. Sutherland, Anglo-Saxon Gold Coinage in the Light of the C. H., 1948 – J. D. A. Thompson, Inventory of British Coin-Hoards AD 600-1500, 1956 – J. P. C. Kent, Gold Standards of the Merovingian Coinage AD 570–700 (Methods of Chemical and Metallurgical Investigation of Ancient Coinage, hg. E. T. Hall – D. M. Metcalf, 1972), 69–74 – Ders., The Date of the Sutton Hoo Hoard (The Sutton Hoo Ship-Burial, hg. R. L. S. Bruce-Mitford, I, 1975), 588–647.

Crónica de Alfonso XI, zeitgenöss. historiograph. Hauptquelle in Vernakularsprache für Leben und Regierung Kg. →Alfons XI. v. Kastilien (1312–50), verfaßt wahrscheinl. von dem in offiziellem Auftrag und auf kgl. Anregung schreibenden Kanzler Fernán Sánchez de Valladolid *(Canciller del sello de la Poridad)*. Der Verfasser, der sein Werk am 8. April 1344, also sechs Jahre vor dem Tod des Kg.s, vollendete oder unterbrach, zeigt sich sehr gut unterrichtet, hatte wohl Zugang zu geheimen Dokumenten, stand in Opposition zu →Juan Manuel, dem Neffen Kg. Alfons' X., und räumte dem Kampf des anfangs noch minderjährigen Kg.s um die Herrschaft gegen die widerstrebenden Adelsgewalten einen bes. Rang ein, während er gegenüber Leonor de Guzmán, der Geliebten des Kg.s, eine möglichst neutrale Haltung einnahm. Die wichtigsten Redaktionen der C., von der Catalán eine Vulgataversion und eine Versión crítica unterscheidet, datieren aus der Regierungszeit der Kg.e Heinrich II. und Johann II. (1376, 1379, 1415); in einem Zweig der Handschriftenfamilie erscheint die C. auch als Bestandteil der »Crónica de cuatro reyes« (Alfons X., Sancho IV., Ferdinand IV., Alfons XI.). Die älteste erhaltene Pergamentabschrift der Vulgataversion der C. (bei Catalán Sigle E = Bibl. de El Escorial, Ms. Y-II-10) wurde 1376 durch Ruy Martínez de Medina de Rioseco auf Anweisung des *justicia mayor* Juan Núñez de Villazán für den Thesaurus Kg. Heinrichs II. angefertigt. Zur gleichen Zeit entstand zw. 1376 und 1379 eine von der C. z. T. unabhängige, ausgedehntere Redaktion, die »Gran Crónica de Alfonso XI«, für die das 1348 durch Rodrigo Yáñez verfaßte, von der C. wiederum nicht abhängige und mit anderer polit. Zielsetzung (Kampf gegen den Islam) geschriebene →»Poema de Alfonso XI« eine zusätzliche Quelle bildete. Der Rückgriff auf die alfonsin. Chronistik gegen Ende der Regierungszeit Heinrichs II. entsprang dem angesichts der Nachfolgeregelung zunehmende Legitimierungsbedürfnis der →Trastámara-Dynastie. L. Vones

Ed.: Chronica del muy esclarecido Principe e Rey don Alfonso el Onzeno, Madrid 1551 (auf Grundlage von E und der Redaktion von 1415) – F. Cerdá y Rico, Crónica de D. Alfonso el Onceno de este nombre, Madrid 1787 (auf Grundlage von E), danach mit Abänderungen gedr. von C. Rosell, in: BAE 66, 1875, 173–392 – Crónica de Alfonso XI (1344), ed. crítica por D. Catalán [in Vorber.] [cf. El Poema de Alfonso XI, ed. Yo ten Kate, 1956] – Gran Crónica de Alfonso XI, ed. crítica por D. Catalán, 2 Bde, 1976 – Lit.: Repfont III, 264f. – D. Catalán, Poema de Alfonso XI, 1955 – Ders., Un prosista (~cronista) anónimo del siglo XIV, 1955 – Ders., La tradición manuscrita en la »Crónica de Alfonso XI«, 1974 – Ders., Einl. zur Ed. der Gran Crónica (s. o.), I, 7–267.

Crónica de Don Alvaro de Luna, La →Luna, Alvaro de

Crónica General de España. Die »Primera Crónica General de España« (auch »Estoria de Espanna«) ist die erste in kast. Sprache geschriebene Chronik und das bedeutendste Werk der ma. span. Geschichtsschreibung (→Chronik, Abschnitt K I, 2; →Historiographie). Sie wurde auf Anregung →Alfons' X. und unter seiner Leitung begonnen und steht in der Tradition der Weltchroniken eines →Lucas v. Túy (Chronicon Mundi) und Rodrigo→Jiménez de Rada (Historia Gothica). Neu ist v. a., daß die Ursprünge Spaniens und die Römerzeit als integraler Bestandteil der span. Geschichte behandelt werden, wobei letztere bes. ausführlich dargestellt wird. Der erste Teil der Chronik, der von der Erschaffung der Welt bis zum Einfall der Araber reicht, wurde 1270–80 abgefaßt. Der 2. Teil von Pelayo bis Ferdinand III. mit bes. Berücksichtigung von Kastilien und León wurde 1289 geschrieben. Außer den Werken des Jiménez de Rada, die häufig benutzt wurden, und des Lucas von Túy, wurden als Quellen v. a. lat. Autoren (Lukan, Sueton) und zwei maur. Chroniken herangezogen: eine, die den maur. Einfall in Spanien schildert, und eine andere, welche ausführlich von den Taten des Cid in Valencia berichtet. Ebenfalls aufgenommen wurden Texte volkssprachl. Epik, die nur so überliefert sind und u. a. von den Taten des Bernardo del Carpio, des Fernán González, der Infanten v. Lara, al-Mansūrs oder des Cid berichten. Die Chronik zeichnet sich insgesamt durch eine unkrit. Haltung aus; in den Text sind zahlreiche Legenden aufgenommen. Die Lektüre des Werkes ist gleichwohl keineswegs ohne Reiz. Der zweite Teil der Primera Crónica General regte im 14.–16. Jh. eine reiche historiograph. Tätigkeit an. Mitte des 14. Jh. entstand eine zweite Redaktion, die sog. »Segunda Crónica General«, in die neue volkssprachl. Dichtungen aufgenommen wurden, u. a. die sog. »Crónica del moro Rasis«, so daß die Schilderung der Ereignisse jetzt bis 1344 reichte. Um 1380 wurde ein Abriß davon ins Galizische übersetzt; 1390 die »Tercera Crónica General« abgefaßt, die Ocampo 1541 edierte in der Annahme, es handle sich um den Text der Zeit Alfons' X. – Zu den ptg. Fassungen→Chronik, Abschnitt K. III. M.-A. Ladero Quesada

Ed.: R. Menéndez Pidal, Crónicas generales de Espana, 1918[3] – Ders., Primera C. g. Estoria de España que mandó componer Alfonso el Sabio y se continuaba bajo Sancho IV en 1289, 1955 [erstmals 1906] – Crónica de 1344, ed. D. Catalán – M. S. de Andrés, 1971 – La traducción gallega de la C. G. y de la Crónica de Castilla, ed. R. Lorenzo, 1975 – Lit.: D. Catalán-Menéndez Pidal, De Alfonso X al conde de Barcelos, 1962 – L. Chalon, Comment travaillaient les compilateurs de la Primera C., M–A 82, 1976, 289–300.

Crónica de Pere el Cerimoniós, die vollständigste der vier großen katal. Chroniken. Kg. Peter IV. v. Aragón (»el Ceremonioso«; 1336–87) regte ihre Abfassung an, vereinheitlichte selbst ihre verschiedenen Teile und beaufsichtigte (zw. 1372 und 1375) die erste katal. Version des Bernat→Descoll, dem beim Zusammentragen des Stoffes und der Redaktion einzelner Teile Arnau Torrelles, Tomás Canyelles und Bernat Ramón Descavall, alle drei Höflinge, sowie Beamte des kgl. Hofhaltes und Schreiber der verschiedenen Scriptorien zur Seite standen. In einer zweiten Redaktion erweiterte Ramón de Vilanova, ein Edelmann aus Valencia, verschiedene Teile und überarbeitete 1382 das Gesamtwerk. Das vor 1385 abgeschlossene Werk umfaßt sechs Kapitel, die von 1319–66 die Ereignisse während der Herrschaft Peters IV. darstellen, und einen Epilog für die Jahre 1374–80. Gegenstand der Chronik ist v. a. die Person des Kg.s, auch wenn die Darstellung mit den Taten Jakobs II. einsetzt, so u. a. der Eroberung von →Sardinien. Sie berichtet von der Krönung Peters IV., dem Ende des Kgr.es→Mallorca, den Ereignissen zur Zeit der Unionen in Aragón und Valencia, den Kämpfen der Venezianer gegen Genua, den Kriegen mit Kastilien usw. Die letzten sieben Jahre der Regierung Peters IV. (1381-87) werden nicht behandelt, so daß die Darstellung nicht ausgewogen ist. Sechs Hss. aus dem 14. bis 16. Jh. sind überliefert, von denen von 1547 bis 1971 fünf vollst. Editionen angefertigt wurden. M. Riu

Ed. und Lit.: F. SOLDEVILA, Les Quatre Grans Cròniques, 1971 [gibt den Text der krit. Ed. von A. PAGÈS, Toulouse 1942, wieder; auch Angaben zu Hss. und früheren Drucken] – M. DE RIQUER, Hist. de la Literatura Catalana I, 1980², 480–501.

Cronica s. Petri Erfordensis moderna (Erfurter Peterschronik). Die nach ihrem Entstehungsort, dem Benediktinerkl. St. Peter in →Erfurt, benannte Chronik, die den Zeitraum von 1070–1355 umfaßt, ist das wichtigste Werk der hoch- und spätma. Erfurter Geschichtsschreibung. Sie entstand in mehreren Phasen, wobei auf ihren ersten, um 1209 niedergeschriebenen Teil bald nach 1276, um 1291 sowie mehrfach nach 1302 weitere Fortsetzungen folgten. Ihrem eigentlichen Abschluß um 1335 schlossen sich noch mehrere, sich z.T. überschneidende Nachträge bis 1355 an. Die Chronik, die man im 14. Jh. im Unterschied zu den in St. Peter befindl., bis 1181 fortgesetzten Annalen →Lamperts v. Hersfeld als »cronica moderna« bezeichnete, ist eine mit vielen eigenständigen Nachrichten durchsetzte Kompilation, die aus zahlreichen Vorlagen schöpfte, wobei die wichtigsten aus Erfurt selbst (v.a. aus St. Peter) und aus Reinhardsbrunn (→Cronica Reinhardsbrunnensis) stammten. Die in der Chronik überlieferten Auszüge verlorener Quellen und ihre eigenen Nachrichten enthalten wichtige Mitteilungen zur Geschichte Erfurts, zur thür. Landesgeschichte und nicht selten auch zur Reichsgeschichte. Das Werk besitzt darüber hinaus hohes Interesse als Zeugnis für die historiograph. Bemühungen von St. Peter als einem der angesehensten ma. Klöster in →Thüringen. M. Werner

Ed.: Monumenta Erphesfurtensia, ed. O. HOLDER-EGGER, MGH SRG XLII, 1899, 150–398 – *Lit.:* O. HOLDER-EGGER, Stud. zu Thür. Geschichtsq. IV, V, NA 21, 1896, 443–546, 687–735 – H. PATZE, Landesgeschichtsschreibung in Thüringen, JGMODtl 16/17, 1968, 101f. – WATTENBACH-SCHMALE I, 407f.

Cronica Profetica → Chronik, Prophetische

Cronica Reinhardsbrunnensis (Reinhardsbrunner Chronik), um 1340/49 in dem thür. Kl. Reinhardsbrunn kompilierte, vom 6. Jh. bis zum Jahre 1338 reichende Chronik, gehört nach Inhalt und Umfang zu den bedeutendsten Zeugnissen ma. Landesgeschichtsschreibung in Deutschland. Ihr Wert liegt allerdings weniger in der historiograph. Leistung ihres Verfassers als vielmehr in ihrer weitgehend wortgetreuen Wiedergabe älterer, als Vorlage benutzter verlorener Quellen von hohem hist. Interesse. Dies gilt bes. für die beiden ersten Abschnitte des in drei Teilen zu gliedernden Werkes, in deren Vordergrund der Aufstieg und die Blütezeit des thür. Landgrafenhauses der →Ludowinger stehen, dessen Gründung und Hauskloster Reinhardsbrunn war. Als wichtigste Quellen dienten in diesen Partien zwei um 1198/1212 bzw. zwischen 1187 und 1215 in Reinhardsbrunn entstandene, demselben Autor zuzuweisende Schriften über die Anfänge der Ludowinger und die Landes-, Reichs- und Kreuzzugsgeschichte der Jahre 1187–1215 (letztere die sog. Historiae Reinhardsbrunnenses) sowie für die anschließende Zeit des Lgf.en→Ludwigs IV. († 1227) eine kurz nach 1308 in Reinhardsbrunn niedergeschriebene Vita Ludowici, die ihrerseits große Teile einer verlorenen, um oder bald nach 1228 von dem landgräfl. Kaplan Berthold verfaßten Lebensbeschreibung Ludwigs enthielt (sog. Gesta Ludowici IV. lantgravii). Diesen, in der C. R. am weitaus ausführlichsten überlieferten Quellen, deren Wiedergabe mit vielfachen Auszügen anderer Vorlagen, insbes. Erfurter Provenienz, und eigenen Zusätzen des Kompilators durchsetzt ist, sind zahlreiche überaus wertvolle Nachrichten zur Geschichte der Ludowinger und der Lgft. Thüringen sowie zur stauf. Reichsgeschichte zu verdanken. Der dritte, von 1230 bis 1338 reichende Abschnitt der Chronik enthält v.a. umfangreiche wörtliche Auszüge aus der →Cronica s. Petri Erfordensis und der Erfurter Minoritenchronik. Seine wenigen eigenständigen Nachrichten, die möglicherweise gleichfalls auf ältere Aufzeichnungen zurückgehen, bieten aufschlußreiche Mitteilungen zur Geschichte der Lgft. Thüringen nach ihrem Übergang an die →Wettiner und zur Klostergesch. von Reinhardsbrunn. M. Werner

Ed.: MGH SS XXX, 1 514–656 – *Lit.:* O. HOLDER-EGGER, Stud. zu Thür. Geschichtsquellen II, NA 20, 1895, 571–637 – H. PATZE, Adel und Stifterchronik, BDLG 100, 1964, 37–39 – DERS., Landesgeschichtsschreibung in Thüringen, JGMODtl 16/17, 1968, 111–116 – WATTENBACH-SCHMALE, I, 411–413.

Crónica de Veinte Reyes ('Chronik der zwanzig Könige'), eine der zahlreichen Versionen der unter→Alfons X. dem Weisen zusammengestellten →»Crónica General de España«. In ihr wird über die Herrschaft der leones. Kg.e Fruela II. bis Vermudo III. und der kast. Kg.e bis zum Tode Ferdinands III. († 1252) berichtet. Es handelt sich um zwei deutlich innerhalb des Werks unterschiedene Teile, wobei der zweite herausragt. In jedem Fall springen die Erzählungen aus volkstüml. Quellen ins Auge, während gelehrte Zitate und Interpolationen, wie sie der sog. »versión regia« (ed. MENÉNDEZ PIDAL, »Primera Crónica General«, Madrid 1955) und anderen »volkstümlichen« Versionen eigen sind, fehlen. Die C. de V. R. weist eine originelle Anordnung der Kapitel in diesem Sinne auf, v. a. was die Geschichte von Fernán González anbelangt. Sie wurde nach der »Primera Crónica«, aber vor der Chronik von 1344 (= Segunda Crónica General) verfaßt. →Crónica General de España. M. Recuero Astray

Hss., Ed. und Lit.: Madrid, Bibl. Nacional, Mss. 1.501, 1.507, 1.347, 10.210, 18.416 – Bibl. de El Escorial, Cód. X-I-6, X-II-24, Y-I-12 – Madrid, Bibl. del Palacio Nac., Cód. 180, 1.782, 2.437 – Bibl. Menéndez Pelayo, Cód. 320, 329 – E. PROCTER, Alfonso X of Castile, 1951 – D. CATALÁN-MENÉNDEZ PIDAL, De Alfonso X al conde de Barcelos, 1962 – J. GÓMEZ PÉREZ, La Hist. de España Alfonsí de Fruela II a Bermudo III, Hispania 100, 1965, 519ff. – M. RECUERO ASTRAY, Los reyes de León en la Crónica de Veinte Reyes (León y su Historia IV, 1977), 413–530.

Cronicón Iriense, im geistigen Umfeld der Kathedralkirche von→Santiago de Compostela entstandene knappe Geschichte des Bischofssitzes von →Iria(-Compostela) von seiner sagenhaften Begründung durch den sueb. Kg. →Miro bis in die Zeit des leones. Kg.s→Vermudo III., der unter Verwendung der Werke des →Hydatius und des →Isidor v. Sevilla sowie von Elementen der Trojasage ein chronikartiger Anstrich verliehen wurde. Der hist. Wert und die chronolog. Genauigkeit des C., das in meist kurzer Form die Taten von 25 Bf.en berichtet (von Andreas bis zum hl. Pedro de Mezonzo, 561–985), sind für die einzelnen Epochen unterschiedl. zu beurteilen, doch finden sich manche zusätzl. Nachrichten. Während die ältere Forschung als Abfassungszeit Daten vom Ende des 10. bis Mitte oder Ende des 12. Jh. annahm, und z. T. im Compostelaner Kard. Pedro Marcio den Autor sah, sprach sich GARCÍA ÁLVAREZ im Rahmen seiner krit. Edition des C.

für das letzte Jahrzehnt des 11. Jh. und für einen anonymen Kathedralkanoniker der Jakobuskirche (Mitglied der Kathedralschule?) als Verfasser aus. Noch im 15. Jh. diente das C. dem Kleriker Ruy Vázquez de Santa Eulalia de Chacín (Noya) als eine der Vorlagen für seine in Gallego geschriebene »Corónica de Santa María de Iria«. L. Vones

Ed.: El C. I. Estudio preliminar, edición crítica y notas históricas, por M.-R. GARCÍA ÁLVAREZ (Memorial Hist. Español L), 1963, 1–240 [krit. dazu: D. MACKENZIE, García Álvarez y la »Corónica de Iria«, Anuario de Estudios Medievales 6, 1969, 525–533] – *Lit.:* Repfont III, 355f. – R. MENÉNDEZ PIDAL, Un historiador medieval desconocido, CHE 20, 1953, 5–11 – C. TORRES RODRÍGUEZ, El Cronicón de Hidacio. Consideraciones, Compostellanum 1, 1956, 237–273 – M.-R. GARCÍA ÁLVAREZ, Sobre la »Corónica de Iria«, Cuadernos de Estudios Gallegos 19, 1964, 161–184 – L. VONES, Die 'Hist. Compostellana' und die Kirchenpolitik des nordwestspan. Raumes 1070–1130, 1980.

Cros. 1. C., Jean de, Kard., † 21. oder 22. Nov. 1383, ⊐ Avignon, N.-D. des Doms; stammte aus dem Limousin, Verwandter →Gregors XI. und Bruder Pierres II. (→ 3. C.). Studium des röm. Rechts in →Orléans, später Dr. legum, Kanoniker in Limoges (1339), Prior v. Vatan, 1347 von Clemens VI. zum Bf. v. →Limoges erhoben. Im Zuge der engl.-frz. Auseinandersetzungen um Aquitanien (→Hundertjähriger Krieg) sah sich C. trotz seiner ausgezeichneten Beziehungen zu Eduard, Prince of Wales, dem Vorwurf ausgesetzt, den Einzug des Hzg.s →Johann v. Berry in seine Bischofsstadt Limoges (24. Aug. 1370) begünstigt zu haben, und wurde in engl. Haft genommen; Karl V., Kg. v. Frankreich, steuerte 100 *francs* zum Lösegeld für den Bf. bei (Febr. 1371). Von Gregor XI. 1371 zum Kard. von SS. Nereo e Achilleo ernannt, wurde C. 1376 dem Bf. v. Palestrina erhoben; bereits seit Okt. 1373 bekleidete er das Amt des päpstl. Pönitentiars. Beim röm. Konklave von 1378 trug er gemeinsam mit Guillaume d'Aigrefeuille dazu bei, eine Stimmenmehrheit für Bartolomeo Prignano (→Urban VI.) zustandezubringen. Dieser bedrohte ihn, vermutl. in geistiger Verwirrung, nach seiner Wahl mitten in einer Sitzung des Konsistoriums. Diese und ähnliche Vorfälle gaben den Anlaß zum Rückzug C.' und anderer Kard. nach Anagni und zum Ausbruch des Gr. →Abendländ. Schismas. Beim Konklave v. Fondi (20.–21. Sept. 1378) präsentierte C. Robert v. Genf als nichtit., nichtfrz., dagegen dem Imperium entstammenden Papst (→Clemens VII.). Als Legat Clemens' erklärte C. gegenüber dem frz. Kg. Karl V. die Wahl Urbans VI. für nichtig (April–Mai 1379), was er in seinen Ausführungen für die kast. Gesandten (1381) bekräftigte. Durch die Auswahl seiner Familiaren, unter denen sich kaum Leute der Universität befanden, erscheint er als der charakteristischste der limousin. Kardinäle; er hatte (März 1379) mindestens zwei Archidiakonate, sechs Priorate, eine Propstei und eine Pfarrei inne und lieh Geld an den päpstl. Schatz für den Italienfeldzug Ludwigs v. Anjou (Mai–Juni 1382). M. Hayez

Lit.: DHGE XIII, s. v. – DBF IX, s. v. – HEFELE-LECLERCQ, VI², 1915 – O. PREROVSKY, L'elezione di Urbano VI, 1960 – J. FAVIER, Les finances pontificales, 1966 – FR. LEHOUX, Jean de France, duc de Berri, I, 1966 – A.-L. REY-COURTEL, Les clientèles des card. limousins en 1378, MEFR 89, 1977.

2. C., Pierre (I.) de, Kard., † 23. Sept. 1361 an der Pest, ⊐Avignon, N.-D. des Doms. C. stammte aus dem Limousin, war Vetter Papst Clemens' VI. An der Sorbonne wurde er nachfolgend Mag. art., Bacc. (1335), Lic. (1337), Dr. theol. (1338) und Provisor (1340), war Kanoniker an der Kathedrale von →Lisieux und →Paris, wo er Dekan wurde (1342). Clemens VI. erhob ihn zum Bf. v. →Senlis (1344), →Auxerre (1349), Kard. v. S. Martino ai Monti (1350). Er wurde als Richter im Prozeß gegen Richard Fitzralph, Ebf. v. Armagh, eingesetzt, und leitete mit den Kard. Elie →Talleyrand v. Périgord und Johannes v. Caraman den Kanonisationsprozeß des hl. →Eleazar v. Sabran ein. Zu seinen Benefizien zählten u. a. die Archidiakonate Châteauroux und Lieuvin (Bm. Lisieux) sowie Kanonikate in Bremen, Xanten, St. Severin zu Köln, von denen einige nach seinem Tod an Familiaren des Kard. Nikolaus v. Besse übergingen. →Urban V. beauftragte nach dem Tode Aymeris v. Beaufort, eines der Testamentsvollstrecker von C., einen Landsmann des Verstorbenen, den Bf. v. Autun, Geoffroi David Pauteix, der neben Bernier de Fayt, Abt v. St. Bavo zu Gent, und Jean du Pin, Prior von St-Martin-des-Champs zu Paris, als Exekutor fungierte (14. Mai 1363). M. Hayez

Q. und Lit.: DBF, s. v. – DHGE, s. v. – Lettres comm. d'Urbain V, par l'Ecole fr. de Rome – B. GUILLEMAIN, La cour pontificale, 1966.

3. C., Pierre (II.) de, apostol. Kämmerer und Kard., † 16. Nov. 1388, ⊐ Avignon, St-Martial (von ihm, in Anknüpfung an St-Martial zu Limoges, gegr. Collegium). C. stammte aus Chalmefort bei St-Exupéry (dép. Corrèze) im Limousin; Bruder von Jean (1. C.) und Hugo, Abt v. →Déols seit 1384. – C. war Benediktiner in St-Martial zu →Limoges, Prior in Roussac (dép. Hte-Vienne) i. J. 1342, Cellerarius der Kathedrale v. →Tulle (1343), Prior v. La Voûte-Chillac (dép. Hte-Loire), sodann Abt v. →Tournus (1348). Innozenz VI. erhob ihn zum Bf. v. →St-Papoul (1362). Seit 1371 Kämmerer, bestanden seine ersten Maßnahmen im Schutz der avignones. Grundbesitzer gegen die Willkür der Kardinäle. C. beschäftigte sich mehrere Jahre mit der Schaffung eines gegen die →Visconti gerichteten Bündnisses, dem sich Amadeus, Gf. v. →Savoyen, der Mgf. v. →Montferrat und Otto, Hzg. v. →Braunschweig, anschlossen; später bemühte er sich um Friedensverhandlungen. 1370 von Urban V. zum Ebf. v. →Bourges erhoben, war er wegen seiner polit. Geschäfte ebenso wie Hzg. →Johann v. Berry – meist abwesend, was der Entfremdung von ebfl. Gütern durch hzgl. Beamte Vorschub leistete. Seit 1374 Ebf. v. →Arles, erreichte er, daß ihm päpstl. Kornlieferungen aus Italien zur Versorgung seiner Stadt Salon-de-Provence zugestanden wurden; in seiner Kathedrale ließ er das Reliquiar des hl. Trophimus ausschmücken und die Martialskapelle errichten (1381). Als Kämmerer stand er der weltl. Gerichtsbarkeit der Kurie in Avignon vor (1375). Nach der Verhängung des Interdikts über Florenz durch Gregor XI. (1376) mußte er sich der lucches. Bankiers anstelle der Florentiner für den päpstl. Zahlungsverkehr bedienen; er verstärkte die Anwendung von →Assignationen, um den Geldumlauf zu drosseln. Auf die Papstwahl Bartolomeo Prignanos (→Urban VI.) im April 1378 reagierte C. äußerst feindselig und hätte den Papst gern eingekerkert oder vergiftet. Am 8. Mai beauftragte er Pierre de Murles, beim Kg. v. Frankreich, →Karl V., Bericht über die gewaltsamen Umstände der Wahl zu erstatten; von der Todesstrafe bedroht, floh C. und erreichte am 15. Mai Anagni, von wo aus er am 22. Juni seinen letzten Brief an Urban VI. schrieb. In seinem Brief vom 1. Juli an den apostol. Schatzmeister betrachtete er den Hl. Stuhl als unbesetzt und ordnete an, daß die Einkünfte der Kollektorien an die Kammer, nicht aber an den Papst gelangen sollten. Er ließ die Römer durch Bernardon de la Salle angreifen (Sieg am Ponte Salario, 16. Juli 1378); gemeinsam mit anderen Kard. besiegelte er das Manifest v. Anagni (2. Aug.), welches über das Märzkonklave, das zur angefochtenen Wahl Urbans VI. führte, berichtet. Mit dem Electus der frz. Partei, →Clemens VII., nach Avignon zurückgekehrt, stellte er in zwei Jahren mit äußerster Härte die

Einheit und Arbeitsfähigkeit der Kammer wieder her, der er auch Geld aus seinem persönl. Vermögen lieh. 1382-83 leitete C. die Finanzierung der Süditalienexpedition des Hzg.s →Ludwig v. Anjou. Am 23. Dez. 1383 zum Kard. (SS. Nereo e Achilleo) promoviert, hatte er das Ebm. →Arles als Kommende inne und übergab sein Kämmereramt an François de →Conzié. Er war Testamentsvollstrecker des Kard. Hugues Roger (1384). In seinen Testamenten (27. Febr. und 15. Nov. 1388) bekräftigte er nochmals Clemens als rechtmäßigen Papst. – Die apostol. Kammer veräußerte im Febr. 1389 die immensen Schätze an Wertsachen und Juwelen, die C. und sein Bruder hinterlassen hatten, für einen Gesamtpreis von 11457 fl., C.' Benefizien wurden auf mehr als 15000 fl. geschätzt. –J. Favier nennt C. einen »Politiker mit sehr hohen Zielen, beflügelt von Machtstreben und Tatendrang«; R.-H. Bautier schreibt ihm – wie auch dem Kard. La→Grange – die entscheidende Verantwortung für den Ausbruch des Schismas zu. M. Hayez

Q.: Lettres secr. et cur. de Grégoire XI (France et autres pays), par l'Ecole fr. de Rome – Arch. Vat. Intr. et exitus 365; Instr. misc. 3375 [Inv.] – Lit.: DBF, s. v. – DHGE, s. v. – L. Gayet, Le grand Schisme d'Occident I, 1889 – N. Valois, La France et le grand Schisme I, 1896 – O. Prerovsky, L'elezione di Urbano VI, 1960 – J. Favier, Les finances pontificales, 1966 – R.-H. Bautier, J. Favier, B. Guillemain, E. Pasztor, D. Williman, Genèse et débuts du Grand Schisme d'Occident, 1980 – M. Dykmans, La fin du séjour des papes en Avignon d'après quelques documents inédits sur les habitations, Mém. de l'Académie de Vaucluse [in Vorber.].

Crowland, ehem. Benediktinerabtei (heute in Gft. und Diöz. Lincoln), nach der Überlieferung der 12. Jh. 718 von Kg. →Æthelbald, Kg. v. Mercia, über der um 699 erbauten Einsiedlerzelle des hl. →Guthlac († 714) auf einer Insel in den Fens (Marschland) gegründet; von dem Kleriker Turketil (später Abt v. C., † 975) teilweise zerstört und neu gegründet. Die frühe Geschichte der Abtei, vor allen Dingen bis zur Neugründung (nicht vor 971), ist umstritten, bes. wegen der zweifelhaften Darstellung im ersten Teil der »Historia Croylandensis« aus dem 14. Jh. Aber das →Domesday Book bestätigt, daß die größte Zahl der Schenkungen von schließlich über 20 Grundbesitzungen in den Gft.en Lincoln, Huntingdon, Cambridge, Northampton und Leicester bereits vor 1066 bestand. Wunder bestätigten die Heiligkeit des Hauptpatrons St. Guthlak und des in C. begrabenen Earl Waltheof († 1076). Ein Priorat wurde um 1141 in Frieston gegründet. 1535 zählte C. zu den 25 reicheren Benediktinerklöstern Englands, 1539 wurde es aufgehoben. Nur Reste der Klostergebäude blieben erhalten (Westfront, Westturm und nördl. Seitenschiff). E. O. Blake

Q. und Lit.: VCH, Lincolnshire, 1906 – G. F. Warner, The Guthlac Roll, 1928 – F. M. Page, Estates of Crowland Abbey, 1934 – B. Colgrave, Felix's Life of St Guthlac, 1956 – Ordericus Vitalis, Hist. Ecclesiastica II, ed. M. Chibnall, 1969.

Croy, picard. Adelsgeschlecht, das während des 15. Jh. zur mächtigsten Familie im burg. Staat (→Burgund, Hzm.) wurde. 1354 vermählte sich *Guillaume* († vor 1364), Herr v. C. (Crouy, dép. Somme. arr. Amiens, cant. Picquigny), mit *Isabelle de Renty* (Renty, dép. Pas-de-Calais, arr. St-Omer, cant. Fauquembergues), wodurch die im Artois gelegenen Besitztümer Renty, Sempy (dép. Pas-de-Calais, arr. Montrend, cant. Campagne-lès-Hesdin) und Seringhem (dép. Pas-de-Calais, arr. St-Omer, cant. Limbres), die bedeutender als die ursprgl. Stammgüter waren, in den Familienbesitz übergingen. Der steile Aufstieg der C. begann unter Hzg. Johann Ohnefurcht, in dessen Dienst *Jean* de C. (2. C.) 1415 in der Schlacht von Azincourt (→Agincourt) fiel. Jeans Schwester *Agnès* war Mätresse des Hzg.s. Die Söhne dieses Jean de C., *Antoine* (1. C.) und *Jean* (3. C.), spielten unter Hzg. Philipp dem Guten eine führende Rolle; sie gehörten beide zu den ersten 25 Mitgliedern des 1430 gestifteten Ordens vom →Goldenen Vlies. Heiraten u. a. mit den Familien de→Lalaing und de →Lannoy verstärkten ihre Position im →Hennegau. Wegen ihres Konflikts mit Hzg. Karl dem Kühnen stand die Familie für einige Zeit in Ungnade, doch bekleideten *Philippe,* Herr v. Renty, und v. a. *Philippe,* Herr v. Sempy und Quiévrain und Gf. v. Chimay, in den siebziger Jahren erneut hohe Ämter am burg. Hof. Letztgenannter wurde 1473 Mitglied des Ordens v. Goldenen Vlies und 1474 Statthalter in →Geldern. Die Familie C. stellte auch während späterer Jahrhunderte führende Räte und Bischöfe. Sie besteht in männl. Linie fort und besitzt die älteste erhaltene Kette des Ordens vom Goldenen Vlies.

1. C., Antoine de, Herr v. Renty und Gf. v. Porcien, * bald nach 1400, † 1475, ∞ 1. Jeanne (oder Marie) de Roubaix, 2. 1432 Marguerite de Lorraine, Sohn (aus 2. Ehe): Philippe († 1511). A. war *premier→chambellan* und→*Gouverneur* v. →Luxemburg. Er trat als erfahrener Heerführer (noch während des Genter Krieges 1452–53) und, schon seit den zwanziger Jahren, als führendes Mitglied des Großen Rates (→*conseil*) des Hzg.s auf. In dieser Funktion stieg er mit dem Kanzler Nicolas →Rolin und dem Ratsvorsitzenden Jean →Chevrot zu einem der drei mächtigsten Räte Hzg. Philipps des Guten während dessen gesamter Regierungszeit auf. 1442 war er während der Abwesenheit des Hzg.s Gouverneur der Niederlande. Vom Hzg. mit reichen Schenkungen und Gunsterweisen bedacht, konnte A. de C. seinen anfänglich bescheidenen Adelsrang stark ausbauen.

In seinem Testament von 1450 nennt er elf Herrschaften, darunter die ansehnliche picard. Gft. →Porcien, mit einem Gesamtwert von gut 60 000 *francs* sein eigen. Er konnte 900 Ritter aufbieten. Die C. hatten durch ihre geograph. Herkunft oft eine Zwischenstellung zw. Frankreich und Burgund: Der frz. Kg. Karl VII. zahlte 1435 an neun Räte Hzg. Philipps umfangreiche »Vergütungen«, wobei Kanzler Rolin und A. de C. die höchsten Beträge erhielten, nämlich 10000 *saluts;* auch 1441 empfing A. große Geldsummen, um die frz. Interessen zu fördern. Im burg. Staat war seine Machtbasis so stark, daß er gleichsam wie ein souveräner Fs. auftrat. Er war Gouverneur v. Namur, Luxemburg (seit 1443), Boulogne und Capitaine von St-Omer. Seit 1452 hatte er den Titel des *capitaine général,* Träger des hzgl. Banners.

Seit 1456 führte die übermächtige Stellung des »Familienclans« der C. zu Spannungen am Hofe, aus denen die C. als Sieger hervorgingen, während die Hzgn. →Isabella, der Erbprinz →Karl der Kühne, der Kanzler Rolin und der Ratsvorsitzende Chevrot verdrängt wurden. Von 1454 bis 1464 beherrschten die C., unter Führung von A. de C., den gesamten burg. Staat: A. ließ seinen Sohn Philippe, Herrn v. Renty, zum→chambellan ernennen und besetzte freigewordene Ämter mit seinen Günstlingen. Unter dem Einfluß der C. stimmte Hzg. Philipp 1463 dem Rückkauf der seit 1435 (→Arras, Friede v.) in burg. Besitz stehenden →Sommestädte durch Kg. Ludwig XI. zu. Gerüchte verbreiteten sich über einen geplanten Mordanschlag der C. gegen Karl den Kühnen. Angeblich hatten die C. vor, sich nach dem Tode Hzg. Philipps dann der Gft.en Boulogne, Namur und Luxemburg zu bemächtigen und Johann v. Burgund, Gf.en v. Etampes und Nevers, beim Erwerb v. Brabant zu unterstützen; so lauteten zumindest die Anschuldigungen, die Karl der Kühne später als Hzg. vor dem Orden vom Goldenen Vlies gegen die C. erhob.

Nachdem 1464 eine Versöhnung zw. Hzg. Philipp und seinem Sohn Karl stattgefunden hatte und dieser seit 1465 als Generalstatthalter fungierte, verkündete er schon am 12. März 1465 seine Anklage gegen die C., die aus den burg. Gebieten flohen. Antoine wurde erst 1473 rehabilitiert, sein Sohn sogar erst 1475.

2. C., Jean de, Berater des Hzg.s v. Burgund, *1415 bei Azincourt; Sohn von Guillaume de C. († vor 1364), bereits unter Hzg. Philipp dem Kühnen *chambellan* (1398), unter Hzg. Johann Ohnefurcht Rat *(conseiller)*, Gouverneur des Artois, seit 1409 ständig im Gefolge des Hzg.s, der ihn 1412 zum *grand bouteiller de France* ernannte.

3. C., Jean de, Herr von Tours-sur-Marne und Chimay, † 1473, ∞ Marie de Lalaing, Sohn: Philippe († 1482/83); jüngerer Bruder von 1, Berater des Hzg.s v. Burgund, *grand bailli* v. Hennegau, gehörte 1430 mit seinem Bruder zu den ersten Rittern vom Goldenen Vlies. J. de C. übte verschiedene Missionen als Heerführer aus, u. a. während des Genter Krieges 1452–53. Von 1434 bis 1458 war er *grand bailli* und *capitaine général* v. Hennegau, sein Nachfolger in diesem Amt war sein Sohn Philippe, Herr v. Sempy. Im Großen Rat des Hzg.s trat er offenbar weniger hervor als sein Bruder; 1435 zahlte ihm der frz. Kg. »nur« 2500 *saluts* an Bestechungsgeldern. Doch wirkte J. de C. als fester Gesandter beim Kg. v. Frankreich. 1465 floh er mit seinem Sohn aus den burg. Gebieten, doch wurden beide 1468 begnadigt. Philippe machte danach eine glänzende Karriere als Heerführer und Diplomat Karls des Kühnen. Vater und Sohn waren bedeutende Bibliophile.

W. P. Blockmans

Q. und Lit.: Les C., conseillers des ducs de Bourgogne. Doc. extraits de leurs archives familiales, 1357–1487, hg. M. R. Thielemans, Bull. de la Comm. royale d'Hist. 124, 1959, 1–141 – J. Bartier, Légistes et gens de Finances au XVe s., 1955, 267–268 – R. Vaughan, Philipp the Good, 1970, passim – s. a. Lit. zu →Burgund, Hzm.

Croyland → Crowland

Cruilles, katal. Adelsgeschlecht, das seinen Namen von C. in Niederampurias (Prov. Gerona) ableitete. Stammvater war ein *Gilabert* († vor 1035); *Humbert* (1136–65) nannte sich als erster nach Burg und Herrschaft C. Das Geschlecht zeichnete sich im 13./14. Jh. durch seine Königsnähe aus, v. a. während der Regierungen Peters III. (*Berengar* v. C. de Calonge) und Jakobs II. v. Aragón (*Gaufred,* Abt v. Foix, Familiar des Kg.s und Botschafter an der Kurie; *Gilabert* v. C., Familiar; *Bernat,* Admiral von Almería), und spielte eine wichtige Rolle bei den Feldzügen nach Sardinien und Sizilien. Im 15. Jh., während der bürgerkriegsartigen Zustände nach dem Kompromiß v. →Caspe, kämpften die C. teils auf seiten des Prätendenten Jakob v. Urgel (so *Bernat* de C., Baron de Calonge, und *Joan Bernat* de C. de Llagostera), teils gegen ihn (*Jofre Gilabert* de C. de Peratallada), agierten als Vertreter der Ritterschaft im Parlament v. Gerona und taten sich während der Aufstände der →Remensas in Ampurias hervor (v. a. *Bernat Gilabert* de C. de Peratallada, 1435–95).

Die Herrschaft C. umfaßte den Ort C. selbst und die umliegenden Ortschaften mit Sant Joan de Salelles, Santa Pellaia und Sant Cebrià dels Alls. 1249 erwarben die C. die Baronie von Peratallada durch die Heirat des *Gilabert* de C. (ca. 1225–1295/1304) mit der Erbtochter *Guillelma*. Unter ihren Söhnen, *Bernat* (ca. 1250–1325) und *Berengar* (1250–vor 1330), spaltete sich die Familie in die Linien der *C. de Peratallada* und der *C. de Calonge* (bzw. de Bestracà) auf. Zu Beginn des 15. Jh. kam die Baronie von Llagostera durch die Heirat des *Joan Bernat* de C. de Calonge mit Elionor v. Montcada an diesen Zweig der Familie, dessen bedeutendster Vertreter der Kämmerer Karls v. Viana, *Martin Guerau* de C. (1410–73), sein sollte. Sein Bruder *Bernat Guerau* († vor 1462) heiratete 1446 *Beatriz de Sant Pau,* die ihm die Baronie Castellfollit de la Roca als Mitgift einbrachte. Ein Zweig der C. de Calonge ließ sich in Valencia nieder, ein weiterer mit dem Kämmerer Martins V., *Berengar* de C. (ca. 1340–1402), in Sizilien. Nach Übertragung der Baronien Francoforte, Terranova, Montforte und Clatabiano durch den Kg. vererbte sie Berengar an seinen zweiten Sohn *Joan,* der die siz. Linie der C. begründete. *Gilabert* de C. de Peratallada (1306–95) erwarb 1369 die Baronie von Rupit bei Vich; unter seinem Enkel *Jofre Gilabert* († 1452), dem Sohn der *Margarita de Cervelló,* verselbständigte sich die Linie der *C. de Rupit.* Die Hauptlinie der C. de Peratallada erlosch 1495 mit dem Tode des *Bernat Gilabert;* Besitzungen und Titel gingen an das Geschlecht der Quadres über.

Die C., deren Leitnamen Gilabert, Gaufred, Bernhard und Gerald waren, standen in verwandtschaftl. Beziehungen zu bedeutenden katal. Geschlechtern wie den Alagón, →Cabrera, →Centelles, →Cervelló, →Cardona, →Montcada und →Rocabertí. Sie stellten zwei Bf.e von Gerona: *Gilabert* (1334–35) und *Berengar* (1349–62).

I. Ollich i Castanyer

Lit.: San Petrillo, Los Cruilles y sus alianzas (Suplemento del Centro de Cultura Valenciana 15, 1946ff.) – Gran Enc. Catalana 5, 1973, 780–787 [S. Sobrequés i Vidal, mit Genealogien von A. de Fluvià] – S. Sobrequés i Vidal, El Compromís de Casp i la Noblesa Catalana, 1973 – S. Sobrequés i Vidal–J. Sobrequés i Callicó, La guerra civil catalana del segle XV, Vol. II, 1973, 57–82 – E. Belenguer Cebrià, Valencia en la crisis del segle XV, 1976, 253–261 – M. J. Peláez, Catalunya després de la guerra civil del segle XV, 1981.

Crul, Cornelis → Rederijkers

Crussol, Louis de, frz. Heerführer und Diplomat; Geburtsjahr unbekannt, † 1473, entstammte als Sohn des *Géraud* de C. (Schloß Crussol bei Valence) und der *Alix de Lastic* einer Adelsfamilie der Dauphiné; ∞ Jeanne de Lévis, Dame de Florensac, 2 Söhne: Jacques, François. – C. verdankte seiner Herkunft aus der Dauphiné der Gunst des Dauphins →Ludwig (XI.), an dessen Hof er ab 1447 als →*Valet d'écurie,* dann als →*chambellan* diente, um 1461 *grand* →*panetier* zu werden. Nach dem Regierungsantritt Ludwigs (1461) erhielt er hohe Verwaltungsposten: Er war →*bailli* v. Chartres, →Seneschall des Poitou und schließlich →Gouverneur der Dauphiné (1473). Militär. war er als Kommandant einer Einheit von 100 *lances* 1462 in Katalonien tätig, ferner kämpfte er gegen die →Ligue du Bien Public und gegen →Karl den Kühnen, Hzg. v. Burgund (burg. Belagerung von Beauvais, 1472); C. hatte als *Maître de l'* →*artillerie* das Oberkommando der kgl. Artillerie inne. – Seine diplomat. Tätigkeit umfaßte Gesandtschaften an die hzgl. Höfe von Savoyen (1464, 1471) und Bretagne (1468, 1470). C. gehörte zu den 15 ersten Rittern des von Ludwig XI. gestifteten →Michaelsordens.

M. Mollat

Lit.: DBF IX, 1333 f. – E. Charavay, J. Vaesen, B. de Mandrot, Lettres de Louis XI, 1883–1909 – G. Dupont-Ferrier, Gallia Regia, 1942–45, n° 7841 – Ph. Contamine, Guerre, Etat et Société à la fin du MA, 1972.

Cruthin (Cruithni), Volksgruppe im nördl. Irland, bildeten den Hauptteil der Bevölkerung im reduzierten alten Kgr. der Ulaid (→Ulster), das durch das Vordrängen der →Uí Néill seit dem 5. Jh. auf seine östl. Gebiete beschränkt wurde. Der Name C. ist die Q.-kelt. Version des Namens Pritani (Welsh Prydyn), der Bezeichnung für die →Pikten im nördl. Britannien. Diese ir. »Pikten« haben jedoch mit den schott. Pikten keinen hist. Zusammenhang; die Sprache und Sozialstruktur der C. ist vielmehr mit derjenigen der Bevölkerung im übrigen Irland identisch. In den ma.

ir. Genealogien wurden auch die →Loígis v. Leinster und die verschiedenen Stämme der Sogain (v. a. in Connacht) als C. betrachtet. Im 6. und 7. Jh. bildeten die C. einen lockeren Bund von kleineren Dynastien im nö. Irland. Unter diesen waren die →Dál nAraide mit Sitz in Ráith Mór dominierend. Bedeutung erlangten auch die Uí Echach Cobo (Baronien v. Iveagh, Gft. Down). Sie standen in vorderster Linie bei den frühen Kämpfen gegen die Uí Néill und stellten auch gelegentl. den Provinzialkg. v. Ulster, wobei die Annalen v. Ulster sie jedoch nie mit dem Titel *rí Ulad* belegen. Seit dem späten 10. Jh. mußten sie sich den →Dál Fíatach unterwerfen. Ch. Doherty

Lit.: T. F. O'RAHILLY, Early Irish Hist. and Mythology, 1957, 341–352 – F. J. BYRNE, Irish Kings and High-Kings, 1973, 106–129.

Crux-gemmata-Gruppe. Unter den frühma. sakralen Prachteinbänden nehmen die Einbände der C.-g.-G., die allein aus christl. Voraussetzungen zu erklären sind, eine wichtige Stellung ein. Die Komposition der Buchdeckel wird durch ein von Edelsteinen, Perlen oder Filigran besetztes Kreuz bestimmt, woher die Gruppe ihre Bezeichnung erhalten hat. Das Kreuz erstreckt sich über die gesamte Deckelfläche und teilt die Gesamtfläche in vier gleich große Felder, die an den Außenkanten von einem Rahmen begrenzt werden.

Das älteste Beispiel ist der Einband des Evangeliars der Langobardenkönigin →Theodelinde († 625) im Schatz der Basilika S. Giovanni Battista in Monza: ein Kreuz, dessen Balkenenden sich trapezförmig erweitern (crux ansata), liegt über einer von einem schmalen Rahmen umgebenen Fläche; der reiche Schmuck aus Glasfluß, Steinen und Perlen charakterisiert es als crux gemmata; die Zwickelfelder sind mit Inschriftstreifen, Winkelleisten und Kameen besetzt. Die crux gemmata kann auch als Lebensbaum ausgewiesen werden. Die Form des Kreuzes kann verschiedene Varianten aufweisen: neben dem einfachen Kreuz die crux ansata, das griech. Kreuz mit gleichlangen Armen, die Kreuzform mit kapitellartig verbreiterten Kreuzenden, das Diagonalkreuz. Die Vierung des Kreuzes ist als ausgezeichneter Ort betont; dies kann durch einen Edelstein, durch ein Kreuz, durch das Agnus Dei, durch den Kruzifixus oder durch geschnittene Steine geschehen. Die Kreuzkomposition wird in einer weiter entwickelten Form durch figürl. Darstellungen (Evangelisten, Evangelistenbilder, Symbole des Paradieses) belebt. Die Symbolik des →Kreuzes ist eine mehrfache: als höchstes christl. Symbol ist es zugleich Siegesmal, Zeichen ksl. Repräsentation, Lebensbaum, Paradieseszeichen; die Mitte des Kreuzes ist speziell als 'Christus' zu deuten; die Vierung als Ort des Christushauptes ist die zentrale Stelle der Komposition. Als Techniken der C.-g.-G. kamen Elfenbein-, Goldschmiede- und Emailarbeiten in Anwendung.

Bedeutende Beispiele der Gruppe sind neben dem Evangeliar der Theodelinde noch folgende Codices: das Lindauer Evangeliar (um 800, New York, Pierpont Morgan Library, M. 1), der otton. Einband von Clm 4454 der Bayer. Staatsbibl. in München (Anfang 11. Jh., Evangeliar), das Evangeliar Cod. Guelf. 426 Helmst. (Wolfenbüttel, Hzg. August Bibl., Anfang 11. Jh.), das Helmarshauser Evangeliar (um 1100, Trier, Domschatz), ein Deckel mit getriebenen Evangelistensymbolen (1. Hälfte 10. Jh., London, Victoria & Albert Museum, 528–1893), das Evangeliar des hl. →Gauzlin (3. Viertel 10. Jh., Nancy, Kathedrale), das Evangeliar des hl. →Lebuinus (11. Jh., Utrecht, Ebfl. Museum, No. 750), das Mondsee-Evangelistar (11. Jh., Baltimore, Walters Art Gallery, Ms. W. 8).
O. Mazal

Lit.: F. STEENBOCK, Der kirchl. Prachteinband im frühen MA von den Anfängen bis zum Beginn der Gotik, 1965.

Cruzada, span. Kreuzzugsbulle, Papsturkunde, die denjenigen, die in den Kampf gegen die Mauren zogen, vollständigen →Ablaß und andere Gnadenerweise gewährte. Der Ausdruck 'c.' tritt 1212 erstmals auf; Urkunden dieses Inhalts wurden jedoch schon viel früher ausgestellt. Von Anfang an wurde die →Reconquista als hl. Krieg verstanden. Alexander II. sprach ihr den Charakter eines →Kreuzzugs zu und gewährte allen, die in den Krieg gegen die Sarazenen in Spanien zogen, vollkommenen Ablaß. Gerade dies aber kennzeichnet im wesentl. jede C. Sein Privileg »Eos qui in Ispanium« von 1064 ist die erste bekannte Kreuzzugsbulle. Urban II. (1088–99) stellte den Kreuzzug in Spanien dem Palästinakreuzzug gleich und verbot den Spaniern, ihren Jahrhunderte währenden Kampf einzustellen, um sich an den Zügen ins Hl. Land zu beteiligen. Den Spaniern, die den Feind auf ihrem eigenen Grund und Boden bekämpften, sollte der gleiche Sündenstrafenerlaß und der gleiche himml. Lohn zuteil werden. Nachfolgende Päpste bereicherten die Kreuzzugsbulle um verschiedene geistl. und weltl. Privilegien. Calixt III. gewährte erstmals einen vollständigen Ablaß auch für Verstorbene (14. April 1456).

Die Kreuzzugsbulle wurde zu einem unersetzlichen Instrument im Kampf gegen den Islam, da sie den Krieg durch ein religiöses Ideal sublimierte. Sie trug entscheidend zur Eroberung von Tarragona, Zaragoza, Cuenca, Valencia, Córdoba, Sevilla und der Balearen bei, wie auch zu den großen Siegen der Christen 1212 bei Las →Navas de Tolosa, 1340 bei El →Salado und 1571 bei Lepanto. Wenn wegen eines allgemeinen Interdiktes die Kreuzzugspredigt eingestellt werde, ließe auch die Frömmigkeit des Volkes und seine Begeisterung für den Maurenkampf nach, wie man den Papst 1198 erklärte.

Es gab nie eine immerwährende Kreuzzugsbulle; sie wurde nur für begrenzte Zeit gewährt. Seit Gregor XIII. (1573) mußte sie alle sechs Jahre verlängert werden. Ihre Wirksamkeit zeigte sich anfangs bei der Rekrutierung von Freiwilligen, später bei der Erhebung von Abgaben. Im 16. Jh. war sie schließlich zu einer der ergiebigsten und sichersten Einnahmequellen des span. Staates (300 000 bis 400 000 Dukaten jährlich) geworden. Sobald der wirtschaftl. Aspekt in den Vordergrund trat, schlichen sich Mißbräuche ein, die die Konzilien und die Päpste, bes. Pius V. (1566–72), abzustellen versuchten. Seit 1849 kamen die Erträge aus der C. der Gestaltung des Gottesdienstes und anderen frommen Werken in Spanien zugute. Am 18. Aug. 1966 wurde sie aufgehoben.
J. Goñi Gaztambide

Lit.: J. GOÑI GAZTAMBIDE, Hist. de la Bula de la C. en España, 1958.

Crwth → Musikinstrumente

Csaba (Chaba)

1. Cs., sagenhafter jüngster Sohn des Hunnenkönigs →Attila († 453) von der Tochter des Ks.s →Honorius († 423), der nach dem Bruderkrieg (proelium Crimildinum) um das Erbe Attilas erst nach Griechenland geflohen, dann in die Urheimat Skythien zurückgekehrt sein soll. Sein Sohn Edemen soll mit den ung. »Hunnen« 888 wieder nach Ungarn zurückgekehrt sein, wo die zurückgelassenen Reste der Hunnen, die →Székler, sein Andenken erhalten haben. Diese zum Sagenhelden gewordene lit. Gestalt erscheint erst in Simon →Kézais »Gesta Hungarorum« (um 1283) und dient hier als Bindeglied der Identifizierung von Hunnen und Ungarn. Die Quellen der synkretist. Persönlichkeit Cs.s sind: Jordanes, Getica, cap. 50, über das Schicksal des jüngsten Sohnes Attilas, Hernac;

das Nibelungenlied über Etzel und Kriemhilds Rache; die Tradition der Székler (→ 2. Cs.); die Familientradition des Fürstengeschlechts Aba (→ 3. Cs.).

Q. und Lit.: SSrer Hung I, 277f. – S. DOMANOVSZKY, Kézai Simon mester krónikája, 1906, 64ff. – G. GYÖRFFY, Századok 92, 1958, 59 – J. SZŰCS, ebd. 107, 1973, 630ff.

2. Cs., Fs. oder Prinz der Ungarn zur Zeit der Streifzüge; aus unbekannter Quelle erwähnt Aventin (lib. 5) den Namen von Schaba unter den reguli, die an der Schlacht auf dem →Lechfeld (955) teilnahmen; nach Anonymus, Gesta Hungarorum (cap. 45) blieben die Sobamogera ('die Ungarn des Cs.') bei einem Streifzug nach 903 in Griechenland. Simon →Kézai überlieferte die Tradition der →Székler, wonach ihr Fs. Chaba nach einem Bruderkrieg nach Griechenland flüchtete. Die mit Cs. nach Griechenland übersiedelten Ungarn wurden mit den →Vardarioten, den am Vardar ansässig gewordenen »Türken« (11.–14. Jh.), gleichgesetzt.

Lit.: G. GYÖRFFY, Krónikáink és a magyar östörténet, 1948, 32ff., 142ff. – H. GÖCKENJAN, Die Vardarioten, JbGO 21, 1973, 431ff. – G. GYÖRFFY, Magyar Nyelv 76, 1980, 308ff.

3. Cs., erster comes (palatinus) Kg. →Stephans I. v. Ungarn, der um 1005 mit dem Ebf. Sebastian an der Weihe und Ausstattung der Abtei →Martinsberg (Pannonhalma) teilnahm; aus seiner Ehe mit einer Arpadin (→Arpaden) stammten wahrscheinl. Samuel →Aba, Kg. von Ungarn (1041–44), und die verzweigte Magnatenfamilie Aba, deren Mitglieder bis 1312 die höchsten Würden bekleideten.

G. Györffy

Lit.: G. GYÖRFFY, István király és műve, 1977, 241, 380.

Csák (slowak. Čak), ung. Fürstenfamilie, Seitenlinie der →Arpaden. Die Cs. leiteten ihre Abstammung von Előd (Eleud), Großvater von →Árpád, her; Előds Sohn (oder Enkel) Szabolcs war der zweite Gfs. nach Árpád und wahrscheinl. sein Nachfolger um 910–920. Kg. →Stephan I. beließ dem Urenkel des Szabolcs, *Csák,* die Hausgüter im Komitat Fejér (um →Stuhlweißenburg); Cs.s Nachkommen nannten sich »de genere Chak«. Ugrin II. gründete vor 1146 das Kl. Vértesszentkereszt. Im 12.–13. Jh. hatten zahlreiche Mitglieder der Familie in Ungarn die höchsten Ämter (Palatin, Landesrichter, Schatzmeister, Truchsess, Mundschenk, Banus, →Woiwode v. →Siebenbürgen) und Gft.en inne. Von den zwölf Zweigen der Familie erwarben v.a. die Nachkommen von *Matthäus (Matteus) I.* seit 1270 neben Transdanubien in NW-Ungarn riesige Besitzungen und Komitate; der größte Oligarch, *Matthäus III.,* errichtete von seinem Zentrum, der Burg →Trentschin (Trencsén, Trenčín), aus eine Territorialherrschaft mit mehr als 30 Burgen und wurde zum erbitterten Gegner des ersten ung. Anjou-Kg.s →Karl-Robert; nach Matthäus' Tod (1321) büßten die C. ihre Macht und Güter zum größten Teil ein und sanken in den mittleren Adel ab.

G. Györffy

Lit.: J. KARÁCSONYI, A magyar nemzetségek a XIV. század közepéig I, 1900, 291ff. – G. KRISTÓ, Cs. Máté tartományúri hatalma, 1973 – G. GYÖRFFY, Archivum Eurasiae Medii Aevi I, 1975, 81ff.

Csanád (Chanad), Neffe und Heerführer →Stephans I. v. Ungarn, Sohn des comes Doboka. 1008 besiegte Cs. zusammen mit →Gyula v. Siebenbürgen, Onkel des Kg.s, den von Byzanz unterstützten und gegen Stephan im heut. Banat revoltierenden ung. Stammesfs.en Ajtony (Ohtum) und die »schwarzen Ungarn«. Cs. wurde vom Kg. zum comes in Ajtonys Burg, Marosvár, bestellt; diese erhielt nach ihm den Namen →Csanád. Von seinen Nachfolgern, die sich »de genere Chanad« nannten, spielten bes. die Mitglieder der Magnatenfamilie Telegdy, so Csa-

nád, Ebf. v. Gran (1330–49), und István (Stephan), 1509–1514 Schatzmeister, eine große polit. Rolle.

Gy. Györffy

Lit.: J. KARÁCSONYI, A magyar nemzetségek a XIV. századig, 1900, 344ff. – GY. GYÖRFFY, István kirely és mův, 1977, 173ff.

Csanád (Tschanad, rumän. Cenad), Stadt im Banat (bis 1920 zu Ungarn, heute zu Rumänien), am Fluß Mieresch (Maros, Mureș). Die Burg, das alte Marosvár, war um 1000 unter dem Namen urbs Morisena Sitz des ung. Stammesfs.en Ajtony (Ohtum), der hier für griech. →»Basilianer« ein Kl. gründete. Ajtony wurde 1008 von →Csanád, dem Neffen und Feldherrn Kg. →Stephans I., geschlagen. Csanád erhielt vom Kg. als comes die Burg Marosvár und ihr Komitat, welche nach ihm benannt wurden. 1030 gründete Kg. Stephan I. in Cs. ein Bm. und ernannte zum Bf. seinen Vertrauten, den Venezianer →Gerhard (Gellért) d. Hl. Beide stifteten hier zwei Benediktinerkl. Kg. →Aba ließ 1044 auf dem hier abgehaltenen Landtag 50 seiner Gegner ermorden. Das Domkapitel fungierte von 1200 bis 1550 als →locus credibilis für Südostungarn. Die Stadt wurde 1241 durch die Tataren, 1514 im Bauernaufstand, 1552 durch die Türken verwüstet.

G. Györffy

Lit.: K. JUHÁSZ, Das Tschanad-Temesvárer Bm. im MA, (I) (1030–1307), 1930; (II) (1307–1552), 1964 – G. GYÖRFFY, Geogr. Hist. Hungariae tempore stirpis Arpadianae I, 1966, 836ff.

Csepel, Pfalz in Ungarn auf einer Donauinsel (südl. von Budapest), seit der Besetzung Pannoniens durch die Ungarn (900) Sommerresidenz des Gfs.en →Árpád und seiner Nachfolger und Sitz ihres Gestütes. Seit Ende des 12. Jh. Forstgespanschaft und Jagdrevier des kgl. Hofes; 1189 jagte hier →Friedrich Barbarossa als Gast des Kg.s v. Ungarn. 1272–1526 war Cs. Morgengabe für die ung. Kgn.en. Die kgl. Pfalz lag bis zum 16. Jh. in der Cs. gen. südl. Vorstadt von Buda und Pest.

G. Györffy

Lit.: F. PESTY, Az eltünt régi vármegyék, 1880, 75ff. – Budapest története, hg. L. GEREVICH, I, 1973, 253ff.; II, 1973, 30ff. [G. GYÖRFFY; A. KUBINYI].

Cuaderna vía, 'vierfacher Weg', span. Bezeichnung für die älteste feste Strophenform, die in der ma. kast. Literatur verwendet wurde, bestehend aus vier 14silbigen Alexandrinern mit einer einzigen Vollreimbindung. Ursprgl. *quadernería* genannt (im »Libro de Alexandre«), findet sich im »Libro de Apolonio« auch der Ausdruck *nueva maestría*. Die frz.-prov. Herkunft gilt heute als gesichert. Die c. v. kommt als wichtigste und typ. stroph. Form des gelehrten mester de clerecía in didakt. und hagiograph. Dichtungen des 13.–14. Jh. vor, z. B. bei →Gonzalo de Berceo, im »Libro de Buen Amor« des Arcipreste de Hita (→Ruiz, Juan) und im »Rimado de Palacio« des Pedro →López de Ayala. Seit dem frühen 15. Jh. nicht mehr verwendet, wird die c. v. abgelöst durch die copla de→ arte mayor.

D. Briesemeister

Lit.: J. D. FITZ-GERALD, Versification of the c. v., 1905 – P. HENRÍQUEZ UREÑA, La c. v., Revista de Filología Hispánica 7, 1945, 45–47 – R. BAEHR, Span. Verslehre auf hist. Grundlage, 1962, 182ff.

Cubicularius → Kämmerer

Cubiculum → Katakomben

Cuckoo Song ('Kuckuckslied'). Das kurze Lied mit den Anfangsworten »Sumer is icumen in« (ca. 1240–60), themat. eine *reverdie* ('Frühlingslied'), gehört zu den frühen Zeugnissen me. Lyrik. Überliefert ist es als einziges engl. Stück in einer Gruppe lat. und frz. Texte (Hs. BL, Harley 978, aus der Abtei Reading), wobei es mit dem lat. →»Perspice chrisicola« die musikal. Notation gemeinsam hat (→Kontrafaktur). Zu singen ist es wahlweise als zwei- bis vierstimmiger Kanon *(rota)* mit zweistimmiger Begleitung *(pes)*. Diese Umstände erweisen es, ungeachtet der einfach erscheinenden Wortwahl, als kompliziertes Kunstprodukt. R. H. Robbins

Bibliogr.: J. HANDSCHIN, The Summer Canon and its Background, Musica Disciplina 3, 1949, 55–94 – *Ed.:* C. BROWN, English Lyrics of the XIIIth Century, 1932, No. 6 – E. J. DOBSON – F. L. HARRISON, Medieval English Songs, 1979, No. II. 9 – *Lit.:* F. GENNRICH, Grundriß einer Formenlehre des ma. Liedes, 1932, 81ff. – B. SCHOFIELD, The Provenance and Date of 'Sumer is Icumen in', Music Review 9, 1948, 81–86 – E. REISS, The Art of the ME Lyric, 1972, 8–12 – J. TRAVIS, The Celtic Derivation of 'Somer is icumen in', Lochlann 6, 1974, 128–135.

Cucufas, hl. (katal. Cugat), Märtyrer, † in →Barcelona zu Beginn des 4. Jh. während der diokletian.-maximian. Verfolgungen. →Prudentius bezeugt die Existenz eines Kults zu seinen Ehren in Barcelona im 4. Hymnus seines zw. 398 und 400 verfaßten Peristephanon (Vers 33): »Barcinon claro Cucufate freta surget...«. Die schriftl. Überlieferung in Barcelona selbst, deren erste Spuren bis in die letzten Jahre des 6. oder die Anfänge des 7. Jh. zurückreichen, kennt Scilli in Nordafrika als Ort seiner Herkunft. Von dort sei er mit seinem Freund und Studiengefährten →Felix, der später als Märtyrer in →Gerona sterben sollte, in dessen Heimatstadt gegangen. Die Morphologie des Namens 'Cucufas' scheint dies zu bestätigen, wenn man die semit. Wurzeln *Cucàb, Coqueba, Cúcuba* ('Stern') als mögliche Wurzel des lat. Namens Cucufas ansieht.

In der 2. Hälfte des 7. Jh. wurden für die Verehrung des Hl. in Barcelona selbst einige legendäre Märtyrerakten verfaßt, die als Grundlage für eine eigene Messe zu seinen Ehren (FEROTIN, Liber mozarabicus Sacram., col. 497–502) und für einen Hymnus (CHEVALIER, Repertorium, nr. 2317) dienten. Die ersten Akten gingen verloren, die uns heute bekannte Überlieferung (BHL, 1999) stellt eine überarbeitete Fassung aus der Mitte des 8. Jh. dar. Das Martyrium des hl. C. trug sich, wie es scheint, in der Stadt Barcelona zu, wahrscheinl. im Osten ihres Mauerkranzes (Sant Cugat del Rec), aber der Leichnam wurde im Norden der Stadt begraben. Dort sollte sich viel später (5. Jh.) eine Grabkapelle erheben, was im Laufe der Jahrhunderte (in westgot. Zeit) zur Errichtung der großen Abtei OSB →Sant Cugat del Vallès führen sollte.

Das röm. Martyrologium gibt als Tag der liturg. Feier des Festes des hl. C. den 25. Juli an; doch finden sich auch der 27. und 30. Juli sowie der 15. und der 16. Februar. – Reliquien eines hl. Cucufaz fanden sich gegen Ende des 11. Jh. auch in →Braga. Sie wurden 1102 von Bf. →Diego Gelmírez nach →Santiago de Compostela entführt und bildeten dort den Bezugspunkt eines lokalen Kultes. Die Identifizierung dieses Hl. mit dem in Barcelona verehrten ist stark umstritten, jedoch nicht völlig auszuschließen.

A. Fábrega-Grau

Q. und Lit.: AASS Julii VI, 1749, 149–62 – BHL Nr. 1997–2000 – Bibl. SS IV, 384–388 – F. FITA, BRAH 24, 1894, 313 – A. López Ferreiro, Hist. de la S.A.M. Iglesia de Santiago de Compostela III, 1900, Apénd. 64–66 – H. QUENTIN, Les Martyrologes hist. du MA, 1908, 205, 434 – B. DE GAIFFIER, AnalBoll 55, 1937, 269–283; 72, 1954, 382–396 – A. DE JESÚS DA COSTA, O Bispo D. Pedro e a organização da diocese de Braga, Biblos 33, 1957, 152f.

Cuenca (Conchensis), Stadt und Bm. in Spanien (Neu-Kastilien), am Júcar. Die Stadt kam um das Jahr 1091 anläßl. der Heirat Alfons' VI. mit der Prinzessin Za'ida, der Tochter des muslim. Kg.s Ibn ʿAbbād v. →Sevilla, zusammen mit Uclés und Huete als Mitgift an das Kgr. Kastilien-León. Etwas später fiel sie wieder an die Mauren zurück. Erst Kg. →Alfons VIII. v. Kastilien konnte C. nach langer Belagerung (6. Jan. bis 21. Sept. 1177) unter großen Schwierigkeiten (Verweigerung der Hilfe durch den kast. Adel) mit Unterstützung des aragones. Kg.s Alfons II. einnehmen. C. war in dieser Zeit offensichtl. noch unbedeutend, spielte jedoch bei den künftigen Eroberungsplänen des kast. Herrschers eine wichtige Rolle. Dieser entsandte sogleich Siedler aus der →Estremadura zur Wiederbesiedlung (→*repoblación*) und bemühte sich um einen schnellen Ausbau der Stadt und ihrer Befestigungen.

Auch die Erhebung von C. zum Bm. wurde von Alfons VIII. angeregt und von Papst Lucius III. 1183 bestätigt. In diesem Bm. wurden die Gebiete der ehemaligen westgot. Diöz. Valeria und Ercávica zusammengefaßt. Juan Yáñez wurde zum ersten Bf. ernannt. Das Interesse des Herrschers an der neueroberten Stadt zeigte sich bes. deutlich in der Gewährung eines Stadtrechts (→*Fuero*), das für die Stadt selbst neu ausgearbeitet wurde und vom Kg. 1189 oder 1190 verkündet worden sein soll. Später sollte dieser Fuero auch in anderen kast. Städten weite Verbreitung finden. Bes. bedeutsam war, daß in ihm erstmals das Leben einer Stadt, in der christl., maur. und jüd. Bevölkerungsgruppen zusammenlebten, geordnet wurde. Von der Rückeroberung bis gegen Ende des 15. Jh. erlebte C. einen bedeutenden wirtschaftl. Aufschwung als eines der Zentren der kast. Textilindustrie, da die Stadt Ausgangspunkt für einen der drei Hauptpfade der Herden der Mesta (→Transhumanz) war. F. A. Chacón

Q. und Lit.: DHEE I, 651–657 [C. SANZ; Lit.] – DHGE XIII, 1085–1094 [A. S. RUIZ] – El² V, 392f – J. KLEIN, The Mesta, 1920 – Fuero de C., ed. R. DE URENA, 1935 – M. LÓPEZ, Memorias históricas de C. y su obispado, 2 Bde, 1949–53 – P. IRADIEL-MURUGARREN, Evolución de la industría textil castellana en los siglos XIII–XVI, 1974 – J. GONZÁLEZ, Repoblación de Castilla la Nueva, I, 1975, 232ff. – S. DE MOXÓ, Repoblación y Sociedad en la España cristiana medieval, 1979, 237–240 – Mª D. CABANAS GONZÁLEZ, La Caballería Popular en C. durante La Baja Edad Media, 1980 – H. GRASSOTTI, El sitio de C. en la mecánica vasallático-señorial de Castilla (DIES., Estudios Medievales Españoles, 1981), 237–249 – J. M. NIETO SORIA, La fundación del obispado de C., 1177–1183, Hispania Sacra 34, 1982, 111–132.

Cuerdale (in der Nähe von Preston, Lancashire, England), Fundort eines Silberschatzes von über 40 kg von ca. 903, der 1840 in der Nähe des Ufers des River Ribble in einer Bleitruhe gefunden wurde. Er enthielt fast 7000 Münzen aus den meisten skand. Einflußgebieten: 1062 engl. Münzen (vorwiegend von Alfred d. Gr.), 1024 festländ. Münzen, 4865 Wikingermünzen (die meisten aus Northumbria und East Anglia) und 36 kufische Münzen oder Fragmente. Außerdem enthielt der Schatz etwa 28 kg schwere Silberteile, darunter ein paar gut erhaltene Stücke, viel Hacksilber und Barren. P. Sawyer

Lit.: HOOPS² V, 104f. [D. M. WILSON] – E. HAWKINS, An account of coins and treasure found in C. (Numismatic Chronicle 5), 1842–43 – Archaeological Journal 5, 1847 – C. S. S. LYON – B. H. I. H. STEWART, The Northumbrian Viking Coins in the C. Hoard (Anglo-Saxon Coins, hg. R. H. M. DOLLEY,), 1961 – J. GRAHAM-CAMPBELL, Viking Artefacts, 1980, 87.

Cuevas, las, Vertrag v. (auch: los Traces, nahe bei Viana, Navarra), Schiedsvertrag zw. →Kastilien und →Navarra (28. Febr. 1336), der den Streit um den Besitz des Zisterzienserkl. →Fitero, des Stammhauses des Ordens v. →Calatrava, und der Burg von Tudején beilegen sollte. Die Friedensinitiative, die man im Kontext der Anfänge des →Hundertjährigen Krieges sehen muß, ging von →Philipp VI. v. Frankreich aus, der, verwandt mit den Kg.en v. Navarra, ein Bündnis mit →Alfons XI. v. Kastilien suchte. Dieser hatte zu diesem Zeitpunkt Schwierigkeiten mit Portugal und Aragón und mußte mit mächtigen Gegnern im eigenen Land rechnen. Die Entscheidung wurde bis zum Schiedsspruch des Legaten Gui de →Boulogne, der zugunsten Navarras ausfiel, hinausgeschoben (1373).

F. de Moxó

Q.: Archivo General de Navarra, Sección de Comptos, caja 7, nr. 62; gedr. in: J. de Moret, Annales de Navarra, 1776, Bd. III, Lb. XXIX, Cap. III und IV. Ref. Crónica de Alfonso XI, Cap. CL und CLXXIV – *Lit.*: G. DAUMET, Etude sur l'alliance de la France et de la Castille au XIVe et au XVe s., 1898 – J. GOÑI GAZTAMBIDE, Hist. del monasterio cisterciense de Fitero, Príncipe de Viana 26, 1965, 295–329 – J. Mª LACARRA, Hist. política del Reino de Navarra III, 1972–73.

Cuignières, Pierre de, frz. Staatsmann, † Juli 1345; jüngerer Sohn einer Adelsfamilie des Beauvaisis. Protegiert von dem kgl. Siegelbewahrer *(garde des sceaux)* Guillaume de Crépy, begann C. eine kirchl. Laufbahn und wird 1311 als Rechtsprofessor bezeichnet. Nach dem Tod seines älteren Bruders i. J. 1319 trat er jedoch aus dem Klerus aus und ließ sich zum Ritter schlagen. 1322 ist er Bailli v. Sens. 1328 ergriff er bei der Versammlung von →Vincennes über die kirchl. Gerichtsbarkeit im Auftrag des Kg.s das Wort zur Verteidigung der kgl. Rechte und Prärogativen. Danach wurde er Mitglied des Parlement und bekleidete das Amt des *Président,* 1336 dasjenige des Ersten *Président.* Daneben war er 1326–43 auch *maître des →requêtes de l'Hôtel.* 1344 wurde C. zum Président der →Chambre des comptes und zum Mitglied des *Conseil secret* ernannt. R. Cazelles

Lit.: F. AUBERT, Notes pour servir à la biographie de P. de C., Bull. de la Soc. de l'Hist. de Paris, 1884, 134–137.

Cuimíne (s. a. Cummianus). **1. C. Ailbe** (Cummianus oder Cummeneus Albus, ir. Hagiograph, 7. Abt des Kl. →Iona 657–669; C. A. war Urgroßenkel eines Vetters 1. Grades des hl. →Columba. Er verfaßte eine Sammlung der Wunder des hl. Columba (»Liber de uirtutibus s. Columbae«), die von →Adamnanus v. Hy für seine große Columba-Vita benutzt wurde. Ein Teil des Textes von C. A. ist wörtl. in einer Abschrift des Abts Dorbéne v. Iona (vor 713) enthalten (Schaffhausen, Stadtbibl. Ms. Generalia I). Die Sammlung des C. ist eines der ältesten hagiograph. Zeugnisse der ir. Kirche. D. Ó CRÓINÍN

Ed. und Lit.: J. F. KENNEY, Sources for the Early Hist. of Ireland, 1929, 428f. – A. O. ANDERSON–M. O. ANDERSON, Adomnan's Life of Columba, 1961, 9 – BRUNHÖLZL I, 174, 534.

2. C. Fota mac Fiachnai (Cummianus oder Cummineus Longus, Cummean v. Clonfert), ir. Autor des 7. Jh., entstammte dem Familienverband der →Eóganachta Locha Léin, dem westl. Zweig der regierenden →Munster-Dynastien; vielleicht ist C. F. identisch mit →Cummianus, dem Verfasser eines Briefes an Ségéne v. →Iona, über die Osterfestberechnung. C. F. verfaßte ein lat. Bußbuch (→Bußbücher) und einen lat. Hymnus auf die Apostel sowie möglicherweise eine beschreibende Aufzählung Christi und der Apostel. C. F. spielt in der ir. Sage in Verbindung mit Guaire Aidne, dem Kg. v. →Connacht, eine große Rolle. Traditionell wird C. F. in Beziehung zu dem Kl. →Clonfert Brénainn (Gft. Galway) gesehen; er soll dessen Abt gewesen sein. Eine wohl im 12. Jh. verfaßte Vita ist v. geringem Quellenwert. Eine Elegie, angebl. auf seinen Tod von einem Dichter aus Cork, Colmán moccu Cluasaig, verfaßt, wird in der Forschung z. T. auf eine spätere Zeit datiert. D. Ó CRÓINÍN

Ed. und Lit.: J. F. KENNEY, Sources for the Early Hist. of Ireland, 1929, 420f., 266 – BRUNHÖLZL I, 168, 532, 535 u. ö.

Culant, Sires de, frz. Adelsfamilie aus dem Berry, mit Sitz Culan (dép. Cher, arr. St-Amand-Montrond, cant. Châteaumeillant). Mitglieder der Familie gehörten offenbar zur Klientel der Hzg.e v. →Bourbon und standen im 15. Jh. im Königsdienst. Ph. Contamine

1. C., Charles de, † 1460, Heerführer und Diplomat, Herr v. La Crête (dép. Allier, arr. Montluçon, cant. Hérisson, comm. Audes), sodann Sire de Culant, Neffe von 2. – Ch. de C. erscheint 1437 bei der Belagerung von Montereau. Er begleitete den Dauphin Ludwig (XI.) bei seinem Feldzug gegen die Schweizer (1444), erhielt 1445 eine im Berry stationierte →compagnie d'ordonnance; zu dieser Zeit war er auch kgl. Gouverneur dieses Bailliage. Er nahm an verschiedenen Verhandlungen mit England teil und wurde 1449 Großer Hofmeister *(grand maître de l'hôtel de France)* unter Kg. Karl VII. An der Rückeroberung der →Normandie (1449–50) nahm er als einer der militär. Befehlshaber teil. 1451 wurde er als Großer Hofmeister abgesetzt unter dem Vorwurf, Soldzahlungen unterschlagen zu haben. 1454 übte er diplomat. Funktionen im Dienst Karls I., Hzg.s v. Bourbon, aus. – Sein Sohn Louis de C. war 1484–87 Bailli v. Berry. Ph. Contamine

2. C., Louis de, *Amiral de France,* † 1444. C. ist 1395 als *panetier* (Brotmeister) des Hzg.s Ludwig II. v. Bourbon belegt, dessen Hofhalt er bis 1409 stets angehörte. 1409 ging er nach Spanien, um sich an der →Reconquista des Kgr.es →Granada zu beteiligen. Im Bürgerkrieg zw. →Armagnacs und Bourguignons stand er auf seiten der Armagnacs. Dies trug ihm das Amt des Bailli v. Melun (1417), sodann v. St-Pierre-le-Moûtier (1419) ein. Als Getreuer des Dauphin Karl (VII.) wurde er 1421 oder 1422 zum →Amiral de France erhoben. 1423 finden wir ihn als *lieutenant général* des Kg.s in Lyonnais und Mâconnais. Zu einem der führenden Räte Karls VII. aufgestiegen, nahm C. an verschiedenen militär. Operationen teil (1429–32). Danach nahm seine Aktivität ab. Ende 1439 löste ihn Prigent de →Coëtivy im Admiralsamt ab. C. starb ohne legitime Nachkommen. Seine Neffen Charles und Philippe teilten sich sein Erbe. – Möglicherweise ist Pierre, der Bastard v. Culant, der unter Karl VII. während des »Kgtm.s v. Bourges« als *capitaine* ein Truppenkommando ausübte, als illegitimer Sohn L. de C.s anzusehen.

Ph. Contamine

3. C., Philippe de, *Maréchal de France,* † 1454, Herr v. Jalognes (dép. Cher, arr. Bourges, cant. Sancerre), jüngerer Bruder von 2, tritt bei Montivilliers 1437 als *capitaine* auf. 1439 bei der Belagerung von Meaux anwesend, war er 1439–41 Seneschall des Limousin. 1441 wurde er bei der Belagerung von Pontoise zum →Maréchal de France ernannt. Er war im Gefolge des Dauphin Ludwig (XI.) bei dessen Feldzug gegen die Schweizer. 1447–54 war er *capitaine* des »dicken Turmes« (grosse Tour) in Bourges. Er erhielt den Befehl über eine →Compagnie d'ordonnance, die eine zeitlang in Marche und Limousin lag, und nahm an den frz. Rückeroberungsfeldzügen (→Normandie 1449–50, →Guyenne 1451–53) teil. Nach seinem Tod (1454) erhielt Jean Poton de →Xaintrailles sein Marschallamt. Ph. Contamine

Lit.: DBF IX, 1365–1367 – G. DUPONT-FERRIER, Gallia regia, 1942–61 – A. DEMURGER, Guerre civile et changements du personnel administratif dans le royaume de France de 1400 à 1418..., Francia 6, 1978, 247f.

Culdeer → Céli Dé

Culm → Kulm

Culmer Handfeste → Kulmer Handfeste

Cumal, air. Wort, bezeichnet eine Sklavin (ancilla in den lat. Quellen). Es hat zwei weitere Bedeutungen: 1. eine Wert- und Recheneinheit; 2. ein Landmaß. Als Werteinheit muß es ursprgl. eine Anzahl von Sklaven, in denen der Wert einer Ware ausgedrückt wurde, bezeichnet haben, doch wurde es dann zu einer Werteinheit, die etwa in Silber oder Vieh ausgedrückt werden konnte. Im 7. und 8. Jh. waren vier Typen von Werteinheiten für den Güteraustausch gebräuchl.: 1. der Sack gemälzter Gerste (*miach*); 2. eine →Unze Silber (*screpul*, lat. scripulum, uinga < uncia); 3. das *sét*, eine künstl. Werteinheit bzw. eine Gruppe von Einheiten, aber beruhend auf Vieh; 4. die c. – Der Gebrauch von c. als Landmaß geht wohl auf die Bewertung von Land nach c.s zurück; im air. Rechtstraktat→»Críth Gablach« wird ein Landbesitz von sieben c.s als Land, dessen jährl. Abgabe eine Kuh beträgt, definiert. Von daher war vermutl. ein Grundbesitz von einer c. dasjenige Land, dessen Kaufpreis eine c. betrug. Erst später dürfte sich daraus ein eigtl. Landmaß entwickelt haben.

Lit.: Unters. fehlen. T. M. Charles-Edwards

Cumberland, Landschaft und Gft. [1] *Unter britischer Herrschaft:* C. (lat. Cumbria), das Land der Cumbrer oder →Briten, umfaßte das heutige Gebiet Nordwest-Englands und Südwest-Schottlands, es lag zw. den Gebieten der Engländer, Pikten und Schotten und verblieb auch in ags. Zeit unter der Herrschaft einheim. brit. Kg.e. Der brit. Name →Strathclyde für dieses Land der Cumbrer leitete sich von der Abgrenzung des Gebiets durch das Clyde-Tal im 8. Jh. ab, er erscheint zuerst 872 in den »Annals of Ulster« (ed. HENNESSY, fälschl. unter 871, richtig aber 872), als der »rex Britanorum sratha Cluade« starb. Das Gebiet unterstand dem Bischofssitz →Glasgow. Die bedeutendste Burganlage Ail Cluaithe (später →Dumbarton), »the fort of the Britons«, wurde 870 von Wikingern aus →Dublin eingenommen, das brit. Kgr. blieb aber in Abhängigkeit von Schottland bestehen. Die skand. Eroberung des südl. →Northumbrien ermöglichte es den Briten, ihr Gebiet auf seine größte Ausdehnung zu erweitern, wovon zwei Grenzsteine zeugen (»Clach nam Breatann«, 'Britons' Stone'), oberhalb von Loch Lomond und Rere Cross in Stainmore, an der Grenze zw. →Yorkshire und →Westmorland. 927 beanspruchte in Eamont bei Penrith der engl. Kg. →Æthelstan (ca. 894–939) die Oberherrschaft »inter alia« gegenüber Owain, dem Kg. v. Strathclyde, über das Grenzgebiet zw. Westmorland und Cumberland. 945 verwüstete der engl. Kg. →Edmund C. und übergab es dem schott. Kg. →Malcolm I. In C. folgte noch bis 1018 (Tod von Owain) eine Reihe von Kg.en, die offenbar von den Schotten abhängig waren. Der letzte den Titel »Kg. der Cumbrianer« tragende Herrscher war Duncan, Enkel und Nachfolger (1034) des schott. Kg.s →Malcolm II.

Das Gebiet C.s südl. des Solway war seit 1050 unter engl. Kontrolle, aber die lokale Herrschaft wurde von Leuten brit., schott., engl. und vielleicht auch skand. Herkunft ausgeübt. Einer dieser lokalen Machthaber, Cospatrick, Sohn von Uhtred, stellte um 1050 als Lord v. Allerdale ein →*writ* aus (HARMER, Anglo-Saxon Writs, Nr. 121). Nach der norm. Eroberung von 1066 fielen die Schotten häufig in dieses Gebiet ein. 1092 eroberte es schließlich Kg. →Wilhelm II. Rufus, der in →Carlisle die älteste norm. Burg errichten ließ, womit tatsächl. die Grenze zu Schottland gezogen war.

Der Name »C.« ging dann auf das Gebiet südl. vom Solway über, das östl. an Westmorland grenzte. 1133 wurde von Kg. Heinrich I. das Bm. Carlisle errichtet, indem er einen Teil von der Diöz. Glasgow abtrennte.

P. Sawyer

[2] *Englische Grafschaft:* Die Ursprünge der ma. Gft. C. liegen in der kgl. Verwaltung des Gebietes um Carlisle durch einen →*sheriff,* der von den norm. Kg.en eingesetzt wurde und zuerst um 1128–30 nachweisbar ist. Zur selben Zeit wurde ein kgl. sheriff für das nördl. Westmorland (das obere Eden-Tal) bestellt, mit Sitz auf Burg Appleby. Große Gebiete der beiden späteren Gft.en C. und Westmorland wie z. B. Gilsland, Allerdale, Copeland und das ganze südl. Westmorland (Kentdale) lagen außerhalb der Distrikte, die direkt von kgl. Beamten verwaltet wurden. Doch verbanden sich im Laufe des 12. Jh. allmählich das nördl. und das südl. Westmorland zur gleichnamigen Gft., während die verschiedenen feudalen Herrschaftsgebiete im Westen und Norden von Westmorland mit den frühesten sheriff-Bezirken zur Gft. v. C. verschmolzen. Von 1226–27 wurden Ritter aus C. und Westmorland gewählt, die an Versammlungen teilnahmen. Diese dürfen als Vorläufer des allgemeinen →*Parliaments,* wie es seit 1250 existierte, angesehen werden. So machte die ältere Einteilung von »Cumbria« (die übrigens seit 1974 wieder neu entsteht) zwei Gft.en Platz, in Übereinstimmung mit den engl. Gft.en zw. Yorkshire und dem Kanal, die schon vor der norm. Eroberung von 1066 eingerichtet worden waren.

C., die nördlichere der beiden Gft.en, teilte ihre anglo-schott. Grenze seit ca. 1157 mit ihrer Nachbargrafschaft im Osten, →Northumberland. Durch den Vertrag v. →York (1237) erhielt der Kg. v. Schottland einen beträchtl. cumbrischen Besitz, den Honor v. Penrith. Die anhaltenden Kriege zw. England und Schottland seit 1296 führten zur Errichtung der sheriff-Organisation, die durch die Befehlshaber *(wardens)* der westl. Mark (entsprechend den Befehlshabern der östl. und vielleicht der mittleren Marken, letztere war östl. der Pennine-Wasserscheide) sowie die Schaffung von *earldoms* für lokale Adlige von bewährtem militär. Können ergänzt wurde. Das erste dieser earldoms war Carlisle, das für Andrew de →Harcla 1322 geschaffen wurde. Doch nach seiner Hinrichtung wegen Verrats i. J. 1323 vergingen 74 Jahre, bis die engl. Krone Ralph de →Neville of Raby zum Earl of Westmorland erhob. Dieser wurde zum Begründer einer Familie, die bis zum unrechtmäßigen Aufstieg der nördl. earls (1571) an der Macht blieb. Das Earldom v. C. wurde 1525 für Henry Clifford geschaffen, dem Haupt einer Adelsfamilie, die an der nordwestl. Grenze seit der Regierung Eduards I. eine bedeutende Stellung einnahm. Derartige große Magnaten waren im ma. C. allerdings selten; vielmehr war das Vorherrschen zahlreicher, relativ armer Adelsfamilien typisch – einige von ihnen (z. B. die Dacres) stiegen während des 14. und 15. Jh. jedoch in den Hochadel auf. Unterhalb dieser festgefügten Adelsfamilien, die sich einer beträchtl. Unabhängigkeit erfreuten, rangierte eine Schicht von Grundeigentümern oder kleineren Gutsbesitzern, die, bes. in den Dörfern des Lake Districts, als *statesmen* bezeichnet wurden. G. W. S. Barrow

Lit.: VCH C. I, 1901; II, 1905 – English Place-Name Soc.: C., I–III, 1950–52 [Einl.: B. DICKINS, Bd. III] – J. NICOLSON–R. BURN, Hist. and Antiquities of Westmorland and C., 2 Bde, London 1777 [ind.: C. and Westmorland Antiquarian and Archaeological Soc., Extra Ser. 17, 1934] – D. P. KIRBY, Strathclyde and Cumbria (Transactions of the C. and Westmorland Antiquarian and Archaeological Soc. 72), 1962 – P. A. WILSON, On the use of the terms »Strathclyde« and »Cumbria« (ebd. 66), 1966 – A. A. M. DUNCAN, Scotland: The Making of the Kingdom, 1975.

Cummean → Cummianus, →Cuimíne Fota (Cummean v. Clonfert), →Cuimíne Ailbe

Cummianus (Cummeanus, Cummeneus, ir. Cuimíne) **1. C.,** ir. Autor der 1. Hälfte des 7. Jh., verfaßte einen lat. Brief (ca. 632) an Ségéne, Abt v. →Iona, und den Reklusen Bécáin über die ir. und röm. Osterfestberechnungen (s. a. →Osterstreit). Üblicherweise, aber zu Unrecht wird C. mit dem zentralir. Kl. →Durrow in Verbindung gebracht; wahrscheinlicher ist, daß er →*fer léigind* oder vielleicht Bf. v. →Clonfert Brénainn war, vielleicht identisch mit→Cuimíne Fota. Möglicherweise verfaßte er einen komputist. Text (nur in je einer Brüsseler und Vat. Hs. erhalten) sowie einen Komm. zum Markusevangelium. Ein Gedenkstein in Peakaun, Aherlow (Gft. Tipperary) mit den Namen CVMMENE und LADCEND bezieht sich vielleicht auf ihn. D. Ó Cróinín

Ed. und Lit.: J. F. KENNEY, Sources for the Early Hist. of Ireland, 1929, 220f. – BRUNHÖLZL I, 195, 536.

2. C. Albus → Cuimíne Ailbe
3. C. v. Clonfert → Cuimíne Fota

Cumulatio beneficiorum umschreibt die im MA verbreitete Ämterhäufung des Klerus, d. h. den Besitz mehrerer kirchl. Stellen mit deren Einkünften durch einen Kleriker. Das Problem ergab sich bereits in der Alten Kirche, obwohl in dieser durch die Ordination die Geistlichen grundsätzl. nur einer Kirche zugeordnet waren. Im frühen MA führte die Verselbständigung kirchl. Sondervermögen (→Beneficium) dazu, daß die Möglichkeit des Bezugs mehrerer Amtseinkünfte erweitert war und die Wahrnehmung mehrerer Ämter finanziell erstrebenswert wurde. Die Kumulation von Benefizien tritt daher v. a. in der Zeit der Karolinger auf; seit Ludwig d. Fr. versuchen Reformkonzilien dagegen vorzugehen. Bei →Benedictus Levita wird der Grundsatz ausgesprochen, daß ein Kleriker nur eine Kirche haben dürfe, da auch ein Laie nur eine Frau haben könne (Ben. Lev. 2.73 und 2.75). Dieses Prinzip konnte jedoch nicht durchgesetzt werden; ebenso wenig ähnliche Normen der Reformkonzilien des 11. Jh. Ein rigoroses Verbot war schon deshalb unmöglich, weil nicht jedes kirchl. Amt den Lebensunterhalt mit seinen Einkünften gewährleistete. Dementsprechend geht die Tendenz des kanon. Rechts seit Ende des 11. Jh. dahin, die Anhäufung kirchl. Einkünfte bei einzelnen einzudämmen, ohne ein ausnahmsloses Verbot der gleichzeitigen Wahrnehmung zweier Stellen auszusprechen. Dieser Mittelweg wird bereits von →Gratian verfolgt (C. 21, q. 1). Das III. →Laterankonzil (1179) verbot den gleichzeitigen Besitz zweier kirchl. Dignitäten (z. B. Propst, Dekan) oder zweier Pfarrkirchen (c. 13, 14). Das IV. →Laterankonzil (1215) bestimmte, daß man nicht gleichzeitig zwei Seelsorgebenefizien haben dürfe und bei Zuwiderhandeln das ersterworbene ipso iure verlieren solle (c. 29); jedoch konnte der Papst für vornehme und gelehrte Personen →Dispens vom Verbot erteilen. Die päpstl. Dispense von diesen Verboten waren im 12. und 13. Jh. nicht selten; aber auch ohne diese Genehmigung erfolgten weiterhin viele Kumulationen, und es kam zu Umgehungsgeschäften, indem man sich ein zweites Beneficium als Vikar oder in Form einer →Kommende verleihen ließ. Ein umfassender Versuch, diese Kumulation von Benefizien auf einmal zu beseitigen, wurde von Johannes XXII. in der Konstitution »Exsecrabilis« 1317 unternommen (Extrav. Joann. XXII. 3. un.); nach ihr sollten die Inhaber mehrerer Dignitäten und Seelsorgebenefizien, auch wenn sie für die Kumulation Dispens hatten, binnen Monatsfrist sich eine Stelle auswählen und auf alle anderen verzichten. Die dadurch vakanten Stellen wollte der Papst selbst vergeben. Diese radikale Anordnung ließ sich nicht durchsetzen; vielmehr war das SpätMA die Zeit größter Verbreitung der kirchl. Ämterhäufung, v. a. in England und Frankreich. P. Landau

Lit.: P. HINSCHIUS, Kirchenrecht III, 1883 [Neudr. 1959], § 159 – G. LE BRAS, Institutions ecclésiastiques de la Chrétienté médiévale 2 (HE 12/2), 1964, 573–575 [Lit.] – R. E. RODES, Ecclesiastical Administration in Medieval England, 1977.

Cunault, Notre-Dame de, Kl. (Priorat) in Westfrankreich, Anjou (comm. Trèves-Cunault, cant. Gennes, dép. Maine-et-Loire), an der Loire gelegen. 846 ist hier ein monasteriolum belegt. Es wurde dem Gf. en Vivianus, Laienabt v. St-Martin de Tours, sodann den Mönchen von St-Philibert-de-Grandlieu übertragen und beherbergte 857–862 die Reliquien des hl. Philibert, die wegen der Einfälle der Loirenormannen nach C. geflüchtet wurden. Anschließend wurde es Priorat der großen burg. Abtei →Tournus, wohin schließlich die Philibert-Reliquien überführt worden waren (Anerkennung der Rechte von Tournus über C. 875 durch Karl d. K., 876 durch Papst Johannes VIII.). Das Priorat genoß im 11. Jh. Förderung durch die mächtigen Gf.en v. Anjou (→Angers/Anjou). Die hervorragende roman. Kirche mit reicher Kapitellplastik entstand im 11. (Glockenturm) und 12. Jh. Die Bedeutung des an sich bescheidenen Priorats C. lag in den dort aufbewahrten Reliquien (Leib des hl. Maxentiolus/Maxenceul, Ehering sowie Fläschchen mit »Milch« der hl. Jungfrau), die eine bedeutende Wallfahrt begründeten. Mit der Umwandlung zur Kommende im 15. Jh. erfolgte ein Niedergang; während der Frz. Revolution wurde C. aufgehoben. G. Devailly

Lit.: DHGE XIII, 1109 – L. MAITRE, C., son prieuré et ses archives, BEC 59, 1898, 239–261 – BARONNE BRINCART, C. – ses chapiteaux du XIIe s., 1937 – L'Anjou Roman (La nuit des temps, 1959), 70–110 – F. SALET, N. D. de C. (Congr. archéologique de France CXXIIe session Anjou, 1964), 636–676 – J. MALLET, L'art roman en Anjou [Thèse masch. Rennes 1978], II, 398–406, 571–611.

Cunincpert, langob. Kg. (680/688–700), Sohn Kg. Perctarits, ⚭ Hermelinda, Vater Kg. Liutperts, ⌐ S. Salvatore, Pavia. C., der zur sog. bayer. Dynastie (→Agilolfinger) gehörte, war 680 von seinem Vater zum Mitkönig erhoben worden und hatte maßgebl. Einfluß auf dessen Politik gewonnen. Als er nach →Perctarits Tod (688) die Alleinherrschaft antrat, brach ein gefährlicher, v. a. NO-Italien erfassender Aufstand gegen ihn aus, an dessen Spitze Hzg. Alahis v. Trient stand. Nach anfängl. Erfolgen wurden die Rebellen noch 688 von C. in einer blutigen Schlacht bei Coronate an der Adda besiegt. Wichtigstes Ziel des tatkräftigen Kg.s war die vollständige Katholisierung der Langobarden und die Überwindung des →Dreikapitelstreits, die 698 auf der Synode von →Pavia erreicht wurde.

J. Jarnut

Lit.: HARTMANN, Gesch. Italiens 2/1, 266ff. – G. P. BOGNETTI, L'età longobarda 2, 1966, 458ff. – R. SCHNEIDER, Königswahl und Königserhebung im FrühMA, 1972, 47ff. – H. FRÖHLICH, Stud. zur langob. Thronfolge [Diss. Tübingen 1980], 158ff. – P. DELOGU, Il regno longobardo (Storia d'Italia, hg. G. CALASSO I, 1980), 113ff. – J. JARNUT, Gesch. der Langobarden, 1982, 62ff.

Curator. 1. C. (gr. λογιστής), ursprgl. Inhaber eines außerordentl. Amtes zur Wahrnehmung bestimmter Verwaltungsaufgaben außerhalb des →cursus honorum, seit Diokletian als →comes oder →consularis dem →praefectus urbi unterstellt. Seit dem Beginn des 2. Jh. bestellten die Ks. auf Wunsch einzelner Städte Sonderbeamte als c. es mit dem Ziel, die in Unordnung geratenen städt. Finanzen durch Sondervollmachten in Ordnung zu bringen; die c. es kamen zwar von außen und wurden oft dem ksl. Dienst entnommen, entstammten aber häufig selbst den höheren Rängen von Stadtgemeinden. Seit Konstantin d. Gr. hatte jede Stadt ihren aus den Decurionen (→decurio) gewählten c. Das Amt war nun der Höhepunkt der städt. Beamtenkarriere (Decurionenverzeichnis von Thamugadi, CIL VIII 2403, um 370). Strittig ist, ob die Bestellung von c.es als zentralist. Hineinregieren in die städt. Angelegenheiten aus ksl. Finanzinteresse oder als eine im Interesse der Erhaltung der Autonomie der Städte und des Decurionenstandes vorgenommene Maßnahme zu verstehen ist; wohl eher letzteres. W. Schuller

Lit.: KL. PAULY, I, 1555f. – RE IV, 1761–1813 – JONES, LRE I, 726–731 – A. CHASTAGNOL, L'Album municipal de Timgad, 1978 – G. P. BURTON, The C. Rei Publicae: Towards a Reappraisal, Chiron 9, 1979, 465–487 – G. CAMODECA, Ricerche sui c.es rei publicae, Aufstieg und

Niedergang der röm. Welt II, 13, 1980, 453–534 – F. VITTINGHOFF, Stadt und Herrschaft. Röm. Kaiserzeit und Hohes MA, 1982 (HZ, Beiheft 7), 107–146.

2. C. → Munt, → Pfleger

Curatorie → Sardinien

Curia

1. C. regis

I. Begriffsbestimmung – II. Deutschland – III. Königreich Sizilien – IV. Frankreich – V. England – VI. Iberische Halbinsel – VII. Böhmen – VIII. Polen – IX. Ungarn.

I. BEGRIFFSBESTIMMUNG: Seit dem 11. Jh. wurde c. regis allgemein zur gebräuchl. Bezeichnung für den Königshof sowohl im personalen (→Hofstaat, Umgebung des Kg.s) als auch im institutionellen Verständnis (→Hofkapelle, →Hofgericht, →Hoftag). Dabei knüpfte die Verwendung des Begriffs c. in seiner ganzen inhaltl. Breite an den Sprachgebrauch der Antike an. Damals bedeutete c. ursprgl. einen Verband vornehmer Familien in der Stadt Rom, dann dessen Versammlungsraum und später auch die Sitzungsorte des röm. Senats ebenso wie die Körperschaft selbst. In diesem Sinn ging das Wort in die Munizipalverfassung ein und wurde zum Ausdruck für die städt. Rats- und Gerichtsbehörde schlechthin. Dementsprechend setzten die frühma. Glossen c. mit senatus oder βουλευτήριον ('Rathaus') gleich. Das von c. abgeleitete Adjektiv bzw. Substantiv »curialis« (→decurio), in der Antike Bezeichnung des Mitglieds einer c., bedeutete nun, offenbar unter Einfluß der seit →Varro geläufigen Etymologie c. a cura, den öffentl. Amtsträger, v. a. in der fiskal. Verwaltung. Von der 1. Hälfte des 11. Jh. an ließ c. regis die früheren Bezeichnungen für den Königshof, voran palatium (vgl. Abschnitt II), in den Hintergrund treten, ohne daß diese allerdings ganz außer Gebrauch gekommen sind. Analog zu dieser Entwicklung läßt sich der Begriffswandel auch in den Herrschaftsbereichen der geistl. und weltl. Würdenträger beobachten (c. Romana, episcopi, abbatis, ducis, comitis [→Kurie]).

II. DEUTSCHLAND: Der mit dem Kg. im Reich umherziehende Hof als Herrschaftszentrum, wie er sich um die Mitte des 11. Jh. zu erkennen gibt, als für ihn die bis dahin nur vereinzelt belegte Bezeichnung c. regis üblich zu werden begann, geht in seiner Grundstruktur auf das palatium (→Pfalz) der merow. und karol. Zeit zurück. Zu diesem gehörten sowohl die ständige Umgebung des Kg.s, bestehend aus den Trägern der den kgl. Haushalt (domus regia, familia regis) wie die Reichsverwaltung betreffenden ministeria (→Hofämter, →Hausmeier, Hofkapelle mit →Kanzlei, →Pfalzgraf), als auch im weiteren Sinne die geistl. und weltl. Großen des Reiches (proceres, optimates), die auf Hoftagen (conventus, colloquium generale) durch →consilium und consensus an der Regierung des Kg.s beteiligt waren und von denen einzelne als engere Ratgeber des Kg.s (consiliarii) zeitweise an den Hof verpflichtet wurden (→Hoffahrt). Aus beiden Personenverbänden des Hofes setzten sich die Urteiler in dem unter Vorsitz des Kg.s oder seines Stellvertreters, des karol. Pfgf.en, tagenden Hofgerichts zusammen.

Die Ottonen haben die karol. Tradition der Herrschaftsausübung im wesentl. fortgeführt, und dem entspricht, daß auch im 10. Jh. »palatium, aula, curtis regalis« die geläufigen Bezeichnungen für den Königshof blieben. In ihnen und in ihren Ableitungen »palatini, aulici, domestici« spiegelt sich offenkundig die Vorstellung vom Haus des Regenten als dem Kernelement der Herrschaft, in dem allerdings stets die Mitwirkung der dem Kg. zu Rat und Hilfe (→consilium et auxilium) verpflichteten Magnaten – je nach Stellung und Stärke des Kgtm.s – unterschiedl. stark ins Gewicht fiel. Der Wandel der Reichsstruktur und der damit verbundenen Herrschaftspraxis (u. a. Ausdehnung des kgl. Reisewegs auf das ganze Reichsgebiet) nach der Jahrtausendwende hat auch die Anschauung vom Königshof berührt. Denn neben die am Haus des Kg.s orientierten Ausdrücke trat seit der Mitte des 11. Jh. mit immer größerem Gewicht der Begriff c. regis, dem die Bedeutungen 'senatus', 'Rathaus', 'Gerichtsbehörde' innewohnten. Dieser Wechsel im Wortgebrauch hat sich gerade zu einer Zeit vollzogen, als die Königsherrschaft durch die polit. Situation, v. a. des →Investiturstreits, in eine tiefe Krise geriet und andererseits den Fs.en als »columnae et firmamentum rei publicae« (Lampert v. Hersfeld) eine gesteigerte Funktion im Reichsregiment zuerkannt wurde. Seiner Grundbedeutung entsprechend bezeichnete c. regis in der Folgezeit fast ausnahmslos den Hoftag (c. generalis, plena, sollemnis) und das Hofgericht (ius, lex, iudicium, sentencia curiae), während für den Königshof allgemein seit Friedrich Barbarossa neben c. auch wieder die Begriffe »aula« und »(sacrum) palatium« in Geltung kamen, ablesbar an der Titulatur der hohen Kanzleibeamten.

Im 12. Jh. hat sich die Erscheinungsform der c. regis unter dem Einfluß der allgemeinen Verfassungs- und Gesellschaftsentwicklung in mehrfacher Hinsicht gewandelt. So verlor infolge der Auseinandersetzung zw. Kirche und Welt im späten 11. und frühen 12. Jh. die Hofkapelle fast vollständig ihre Funktion als Rekrutierungsstätte des dt. Episkopats, wohingegen die mit ihr eng verbundene Hofkanzlei als polit. Organ ständig an Einfluß gewann. V. a. deren Vorsteher, der seit der Spätzeit Heinrichs V. für alle Reichsteile zuständige eine Kanzler, war eine der wichtigsten Stützen der stauf. Herrscher (z. B. →Rainald v. Dassel). Folgerichtig wurde in der c. regis zur Entlastung des Kanzlers das seit 1157 nachweisbare Amt des →Protonotars neu geschaffen.

Für die c. regis seit dem ausgehenden 11. Jh. ist ferner von Bedeutung, daß in ihr die Schicht der →Ministerialen in zunehmendem Maße vertreten war. Bereits unter Heinrich IV. sind sie als Träger der Hofämter bezeugt, und diese Verbindung von →Reichsministerialität und Hofverwaltung wurde zum dauerhaften Merkmal der Stauferzeit. Auch in den Urteilerkreis des Hofgerichts, bis dahin von den principes gebildet, vermochten die Ministerialen allmählich einzurücken. Denn im Zuge der Feudalisierung der Reichsverfassung im 12. Jh. urteilte die c. regis verstärkt nicht nur in landrechtl., sondern auch in lehnrechtl. Verfahren, und hier kam den Ministerialen als Lehnsträgern ein Mitwirkungsrecht zu. Dieses ist zur Zeit Konrads III. auf Fälle ihrer Standesgenossen (pares) beschränkt, doch vereinzelt seit der 2. Hälfte des 12. Jh. und auf breiter Basis im 13. Jh. waren die Ministerialen neben den vorrangig wirkenden principes und den nobiles/magnaten an der Urteilsfindung des Hofgerichts in Lehnssachen allgemein beteiligt. Auch bei der Hinzuziehung von Ministerialen zur Bezeugung der Königsurkunden ist im 12. Jh. eine grundsätzl. steigende Tendenz zu beobachten. Allerdings bleibt in der Forschung strittig, wie hoch der Anteil der Ministerialen an dem zur Familiarität (→familia) der stauf. Herrscher gehörenden Personenkreis war, der in wechselnder Zusammensetzung ihren Berater- und Helferstab bildete, sieht man einmal von herausragenden Einzelpersönlichkeiten am Hofe wie den Reichsministerialen →Werner v. Bolanden oder →Markward v. Annweiler ab.

Trotz der festzustellenden Veränderungen haben die Hauptmerkmale der c. regis, wie sie ihr von der Struktur des voraufgehenden palatium überkommen sind, im wesentl. fortbestanden: der Mangel an Kompetenzabgrenzung zw. den einzelnen Elementen des Hofes und die Ausrichtung auf die Person des (reisenden) Königs. So bleibt auch noch in der 2. Hälfte des 12. Jh. bisweilen unklar, welcher Personenkreis bzw. welche Einrichtungen mit c. regis jeweils gemeint sind. Wenn Urkk. Friedrichs I. principes curiae erwähnen, so sind hierunter die im weiteren Sinn zum Hof gehörenden Fs.en zu verstehen, während die Wendung »principes et tota c.« erkennen läßt, daß hier auch Edelfreie und Ministerialen (Hofamtsträger?) angesprochen sind. Ferner konnte die Kanzlei zur c. regis gerechnet werden, wie aus Zeugnissen über Zahlung von Geldern an die c., aufgeschlüsselt nach Kanzler, Protonotar, Kämmerer »et alii homines curie«, hervorgeht. Gerade diese Zahlungen an die c. regis, die neben den (weitaus höheren) an das Königshaus im späten 12. Jh. immer wieder erwähnt werden, machen ebenso wie die Formel »imperator et curia sua« in Verträgen deutlich, daß der c. regis ein gewisses Eigengewicht zukam. In diesem Zusammenhang sind auch Ansätze zu einer Institutionalisierung der c. regis im 12. Jh. zu berücksichtigen, insofern zeitweise das Kanzleramt mit der Propstei des Servatiusstifts in Maastricht und die Leitung der Hofkapelle mit der Propstei des Aachener Marienstifts (Heribert prepositus curie nostre 1163) verbunden waren.

Unter Friedrich II. ist die Tendenz einer gewissen Institutionalisierung der c. regis weiter zu verfolgen. V. a. der zum Zwecke der vormundschaftl. Regierung für seine Söhne →Heinrich (VII.) und →Konrad (IV.) eingesetzte Kronrat (consilium imperii), zu dem zahlreiche Reichsministerialen gehörten, erscheint als selbständiges Kolleg neben dem Kg. in Deutschland; auf beide sind iuramenta, z. B. der Wormser Bürger 1232, zu leisten, an beide richtet der Ks. polit. Mitteilungen. Doch war dieser Kronrat letztlich auf die Bedingungen der vormundschaftl. Regentschaft zugeschnitten, so daß dieser Einrichtung keine Zukunft beschieden war. Anders verhält es sich mit der Neueinsetzung des →Hofrichters, des iusticiarius curie, und einer ihm zugeordneten eigenen Kanzlei durch Friedrich II. auf der c. sollemnis, dem Hoftag zu →Mainz 1235. Die Schaffung dieses Amts, einer Stellvertretung des Kg.s im Hofgericht, mit der der Ks. ebenso an die siz. Hoforganisation wie an die Institution des karol. Pfalzgrafenamts anknüpfte, hat über Friedrich II. hinaus Bestand gehabt und leitet damit einen neuen Abschnitt in der Geschichte der c. regis als →Hofgericht ein. – Zur Entwicklung der c. regis als beratendes Kollegium im SpätMA s. →Rat.

Th. Zotz

Lit.: zu [I]: Kl. Pauly I, 1556f. – RE IV, 1815–1826, 2319–2352 – K. Jordan, Die Entstehung der röm. Kurie, ZRGKanAbt 28, 1939, 108ff. – vgl. Lit. zu →decurio – zu [II]: O. Franklin, Das Reichshofgericht im MA, 1867 [Nachdr. 1967] – C. Wacker, Der Reichstag unter den Hohenstaufen (Hist. Stud. 6), 1882 – V. Samanek, Kronrat und Reichsherrschaft im 13. und 14. Jh. (Abh. zur ma. und neueren Gesch. 18), 1910 – P. Schubert, Die Reichshofämter und ihre Inhaber bis um die Wende des 12. Jh., MIÖG 34, 1913, 427–501 – Bosl, Reichsministerialität, passim – F. Hausmann, Reichskanzlei und Hofkapelle unter Heinrich V. und Konrad III. (MGH Schr. 14), 1956 – J. Fleckenstein, Die Hofkapelle der dt. Kg.e II (MGH Schr. 16/II), 1965 – E. Meuthen, Die Aachener Pröpste bis zum Ende der Stauferzeit, Zs. des Aachener Geschichtsvereins 78, 1966/67, 5–95 – Brühl, Fodrum – J. Deeters, Servatiusstift und Stadt Maastricht, Rhein. Arch. 75, 1970 – K.-F. Krieger, Die kgl. Lehngerichtsbarkeit im Zeitalter der Staufer, DA 26, 1970, 400–433 – H. Patze, Friedrich Barbarossa und die dt. Fs.en (Die Zeit der Staufer V, 1977), 35–75 – H. Jakobs, Kirchenreform und HochMA (Oldenbourg Grdr. der Gesch. 7), 1984 [Register, s. v. Hof] – W. Petke, Kanzlei, Kapelle und kgl. Kurie unter Lothar III. (1125–1137) (Forsch. zur Kaiser- und Papstgesch. des MA 5) [im Dr.].

III. Königreich Sizilien: C. regis ist die in personeller Hinsicht nach 1130 (Königskrönung Rogers II.) ohne Bruch fortgesetzte c. comitis/ducis, die nun aber in einem rigorosen theokrat. Absolutismus byz. Prägung ihren Mittelpunkt hat. Als Sammelbegriff meint c. die Gesamtheit weltl. und geistl. Großer und Funktionsträger am Hof, die den Kg. bei der Wahrnehmung hoheitl. Aufgaben beriet und unterstützte (in angiovin. Zeit berechnet man das Gefolge auf mindestens 400 Personen). Von der c. ist in späterer Zeit undifferenziert auch dann die Rede, wenn man bestimmte Amtsträger als Adressaten erwarten würde; c. konnte sogar, wie etwa auch →corona, in metonym. Bedeutung für die Gesamtheit staatl. Kompetenz stehen (naves curie, foreste curie). Die festen Residenzen der norm.-stauf. Herrscher (→Palermo, mit Abstrichen →Messina, unter Friedrich II. v. a. →Foggia) waren der relativen Konsistenz dieser Personengruppe förderl.; Häuser der Großen im Umkreis der Residenzen in Palermo und Foggia sind bezeugt und wurden gelegentl. sogar vom Kg. geschenkt. Besonderes Gewicht am Hofsicherte jedoch nicht die Wahrnehmung einer der traditionellen, z. T. schon in derkönigl. Zeit nachweisbaren →Hofämter (Truchseß, Kämmerer, comestabulus/Marschall, Seneschall), sondern die persönl. Nähe zum Kg. (unter Roger II. und Wilhelm I. etwa Präponderanz des Großadmirals [amiratus amiratorum, →admiratus], unter Tankred des →Kanzlers, unter Friedrich II. des →Kämmerers), die sich bald in dem Kreis der Familiaren (→familia) manifestierte, einer herausgehobenen und bevorrechtigten (bes. Schutz, Aufwandsentschädigungen) Gruppe von engen Vertrauten, die als »Kronrat« oberstes Leitungsorgan waren und bereits seit Wilhelm II. auch selbständig im Namen des Kg.s tätig werden konnten. Trotz der regelmäßigen Mitgliedschaft des Admirals und Kanzlers handelte es sich um eine offene, in ihrer Zusammensetzung und Wirksamkeit vom Vertrauen und der Stärke des Kg.s determinierte Gruppe mit in der Regel geistl. Übergewicht. Im Zuge der Reformen Friedrichs II. minderte sich das Gewicht der Familiaren, und übrig blieb schließlich ein häufiger vergebener Ehrentitel, dem schon in den 1230er Jahren keine praktische polit. Bedeutung mehr zukam.

Die allmähl. Aufspaltung der nur durch die Königsnähe differenzierten c. in unterschiedl. Geschäftsbereiche, die schließlich behördenartige Züge entwickeln konnten, ist die Reaktion auf die sich seit den 1140er Jahren konsolidierende lokale und regionale Verwaltung, die in assimilierten griech.-arab. Institutionen vorprägende Strukturen besaß (→Beamtenwesen, A. VI). Dieser interne, erst seit der Zeit der Wilhelme sich deutlicher abzeichnende Differenzierungsprozeß in die Bereiche Rechtsprechung, Finanzverwaltung und Kanzlei ging langsam vor sich, und ungeachtet zahlreicher normativer Quellen hat man mit wechselnden, ad personam ausgerichteten Kompetenzverlagerungen, mit neuen und fließenden Inhalten alter Amtsbezeichnungen (admiratus, logotheta [→Logothet]) und v. a. mit der fortdauernden Bedeutung »informeller« Strukturen zu rechnen, wie sie etwa der sog. →Hugo Falcandus (FSI 22) für die Zeit von ca. 1154–69 mit spitzer Feder bloßlegt. Ein guter Gradmesser für diese Entwicklung ist die →Kanzlei, deren Ein-Mann-Betrieb noch in der Frühzeit Rogers II. diesen Namen kaum verdient, sich aber bald personell von der kgl. →Hofkapelle löst und sich unter den Wilhelmen zu einem gut organisierten Schreibbüro entwickelt, um sich schließlich unter Friedrich II. mit mannigfachen Querverbindungen zu anderen Abteilungen des Hofes zum dienenden Organ der allgemeinen Verwaltung fortzuentwickeln. Der Kanzler ist schon unter Roger II. nur formell der Vorsteher der Kanzlei; in Wirklichkeit übt er ein polit. Amt aus, das offenbar über lange Zeiträume hinweg entbehrl. schien.

Seit Wilhelm I. begegnet man dem kollegial von den Großhofjustitiaren (regie curie magistri iusticiarii; seit 1231 von vier Großhofrichtern unter dem Großhofjustitiar [→Justitiar]) geleiteten Großhofgericht (→Hofgericht), dem bald ein eigener Notar zur Verfügung stand. Die Kompetenzen sind fließend, da wichtige Streitfälle auch vor dem Kg. und/oder den Familiaren verhandelt werden konnten. Parallel geht einher das Bestreben der Staufer, die noch bestehenden Hochgerichtsimmunitäten zu beseitigen. Seit den 1170er Jahren bildete sich nach embryonalen Vorstufen die zentrale →Finanzverwaltung am Hof aus, das magnum secretum (→Duana, →Dīvān), dessen zwei mit vielleicht nur regional unterschiedl. Kompetenzen ausgestattete Abteilungen (duana de secretis, duana baronum), die wohl auch Aufgaben der kgl. →Kammer absorbierten, gleichfalls kollegial von den magistri duane geleitet wurden. Schon in stauf. Zeit wurde die Sekretie jedoch in kleinere, in ihren Kompetenzen und Benennungen wechselnde Einheiten auf provinzialer Basis dezentralisiert, die der Kammer als oberstem Rechnungshof zur regelmäßigen Rechnungslegung verpflichtet waren (daneben sorgte die Kammer traditionell für die Versorgung des Hofes – unter Friedrich II. ist eine eigene camera der Ksn. erwähnt – und bezahlte u. a. auch die Gehälter der Beamten). An diesem Prinzip haben auch Friedrichs II. vielfach experimentierende Reformen trotz oder gerade wegen der schnell expandierenden Staatswirtschaft im Grundsatz nichts geändert.

Die auffälligste Begleiterscheinung der Aufgliederung der c. regis war eine enorme Zunahme der Schriftlichkeit, verbunden mit einer zunehmend differenzierten Registerführung (→Register) der Behörden, die das schon zur Zeit Rogers II. belegte Hofarchiv (scrinium unter einem scriniarius) ergänzten. Registerartige Aufzeichnungen der Kanzlei dürfen wohl erst für die Zeit Wilhelms II. angenommen werden; aus der Zeit Friedrichs II. sind nur einige Bruchstücke überliefert (Registerfragment 1239/40, Marseiller Exzerpte), während die berühmte Reihe der »Registri Angioini« im letzten Krieg unterging und heute mühsam rekonstruiert werden muß. In sozialgesch. Sicht geht mit der Auffächerung der c. regis die Ausbildung einer Expertenaristokratie einher, die das traditionelle Reservoir der domini curie zunehmend in den Hintergrund drängte und stattdessen (gelehrten) bürgerl. und kaufmänn. Kreisen den Weg zum Hof und in höchste Ämter öffnete, wobei zunehmend auch ein Universitätsstudium zur Grundvoraussetzung für eine erfolgreiche Karriere wurde. So könnte man, bildlich gesprochen, sagen, daß den noch in feudalen Traditionen wurzelnden valetti imperatoris in friderizian. Zeit gleichberechtigt die Absolventen der »Staatsuniversität« →Neapel (gegr. 1224) an die Seite traten, die einem neuen, »nivellierten« Typ des Staatsdieners Vorschub leisteten, der durch Besoldung, Diensteid, Rechnungslegung, Schadenshaftung und normative Vorgaben eng an sein Amt und die Interessen des Herrschers gebunden war.

Die Anjou und danach die Aragonesen führten keine grundsätzl. Modifikationen herbei, sondern füllten die stauf. Verwaltungsstrukturen lediglich mit Landsleuten und heim. Erfahrungen. Für die gesamte ma. Folgezeit läßt sich feststellen, daß der Entwicklungsprozeß im Innern der c. im wesentl. auf eine größere Effizienz und differenziertere Abgrenzung der Kompetenzen abzielt.

Unter der Bezeichnung c. generalis oder solemnis wurde seit der Zeit Friedrichs II. und v. a. der ersten Anjouherrscher die in anderen Ländern parlamentum genannte Institution verstanden. Hier versammelten sich die Vertreter der verschiedenen Schichten und Länder des Kgr.es, um den Herrscherwillen in die verschiedenen Territorien zu übermitteln. Berühmt ist etwa der Tag von →Melfi (1231), auf dem das später→»Liber Augustalis« genannte Gesetzeswerk promulgiert wurde. R. Manselli/Th. Kölzer

Lit.: L. CADIER, Essai sur l'administration du Royaume de Sicile sous Charles I et Charles II d'Anjou, 1891 – P. DURRIEU, Les Archives Angevines de Naples, 2 Bde, 1896 – F. CHALANDON, Hist. de la domination normande en Italie et en Sicile II, 1907–H. ARNDT, Stud. zur inneren Regierungsgesch. Manfreds, 1911–R. TRIFONE, La legislazione angioina, 1921 – W. E. HEUPEL, Der siz. Grosshof unter Ks. Friedrich II., 1940– E. G. LÉONARD, Les Angevines de Naples, 1954– E. JAMISON, Admiral Eugenius of Sicily, 1957 – L.-R. MÉNAGER, Amiratus – Ἀμηρᾶς, 1960 – F. GIUNTA, Sicilia angioino-aragonese, 1961 – P. COLLIVA, Ricerche sul principio di legalità nell'amministrazione del regno di Sicilia al tempo di Federico II, 1964–M. CARAVALE, Il regno normanno di Sicilia, 1966–E. MASCHKE, Die Wirtschaftspolitik Ks. Friedrichs II. im Kgr. Sizilien, VSWG 53, 1966, 289–328 – E. MAZZARESE FARDELLA, Aspetti dell'organizzazione amministrativa dello stato normanno e svevo, 1966 – E. JAMISON, Judex Tarentinus. The Career of Judex Tarentinus magne curie magister justiciarius and the Emergence of the Sicilian regalis magna curia, PBA 53, 1967, 289–344–H. SCHADEK, Die Familiaren der siz. und aragon. Kg.e im 12. und 13. Jh. (SFGG: GAKGS 26, 1971), 201–348 – F. GIUNTA, Bizantini e bizantinismo nella Sicilia normanna, 1974²–N. KAMP, Vom Kämmerer zum Sekreten. Wirtschaftsreformen und Finanzverwaltung im stauf. Kgr. Sizilien (Probleme um Friedrich II., hg. J. FLECKENSTEIN, VuF 16, 1974), 43–92 – DERS., Die siz. Verwaltungsreformen Ks. Friedrichs II. als Problem der Sozialgesch., QFIAB 62, 1982, 119–142– TH. KÖLZER, Die siz. Kanzlei von Ksn. Konstanze bis Kg. Manfred (1195–1266), DA 40, 1984.

IV. FRANKREICH: Der Begriff der c. regis als Bezeichnung der kgl. Regierung des frühen kapet. Frankreich stellt im wesentl. einen von Historikern geprägten Kunstbegriff dar und findet sich in den Urkunden wie bei den Chronisten der Zeit nur sehr selten; der aus dem Karolingerreich überkommene Begriff palatium (→Pfalz) deckt auch bis zur Mitte des 12. Jh. noch die (wechselnde) kgl. Residenz wie das Personal des unmittelbaren Gefolges und der Dienstleute der Kapetinger ab.

Voraussetzung für die Wandlungen innerhalb des kgl. Gefolges in der frühen Kapetingerzeit war die wechselseitige Entfremdung zw. dem Kg. und den mächtigsten Fs.en seit dem späten 10. Jh. (→Königtum, →Fürstentum). Auch die Gf.en im engeren Bereich der Francia, die dem Kgtm. näherstanden, verschwinden ab 1023 aus der Umgebung des Kg.s; in dieses Vakuum dringen Herren und Kastellane aus der Ile-de-France ein, die eine zunehmende Rolle im kgl. Gefolge spielen und in den Zeugenlisten der Königsurkunden stark hervortreten. Nach 1077 verschwinden auch die Bf.e und Äbte mehr und mehr aus dem Gesichtskreis des Königshofes; unter dem Einfluß der gregorian. Reform wenden sie sich zunehmend den Aufgaben ihrer Bm.er und Abteien zu.

Damit war der kapet. Kg. in seinem Palast und innerhalb seiner Domäne auf die Dienste seines schwer kontrollierbaren und eigene Herrschaftsinteressen verfolgenden Lehnsadels angewiesen. Zwar vermochte das Kgtm. diese Kräfte, v. a. durch Ausnutzung ihrer Rivalitäten, vielfach zu binden und z. T. sogar auszuschalten (so etwa im Fall des Familienverbandes der Montlhéry-Rochefort), dennoch bestand bei den Kg.en das Bedürfnis, Leute von geringerem sozialen Rang, aber größerer Loyalität in ihren Dienst zu stellen. Hierbei handelte es sich in der Regel um einfache Ritter aus dem Bereich der kgl. Domäne, die oft obskurer Herkunft waren und deren Mittellosigkeit Ergebenheit und Eifer für das Kgtm., das ihren sozialen Aufstieg sicherte, gewährleistete. Mit Hilfe dieser Gefolgsleute konnte der Kg. zunächst in der Domäne (→Krondomäne) geordnete Verhältnisse wiederherstellen. So war unter den beiden Kapetingern Ludwig VI. (seit 1108, tatsächl. schon seit 1100) und Ludwig VII. (seit 1137) die kgl. Regierung charakterisiert durch das Auftreten einer Schar von jungen Rittern (→iuvenes), die gemeinsam mit dem Kg., dessen Gefährten sie waren, an die Macht gelangten. Sie bildeten die ständige Gefolgschaft des Kg.s, begleiteten ihn bei seinen Residenzwechseln und standen ihm bei seinen polit. Entscheidungen beratend zur Seite. Diesen mit →familia bezeichneten Personenverband (in der Vernakularsprache *mesnie* oder *maisonnée* genannt) gab es auch an anderen Höfen, doch verstanden es die kapet. Kg.e in bes. Maße, die familia in den Dienst ihrer polit. Ziele zu stellen.

Das Kapital der milites regii, die in erster Linie einen niedrigen sozialen Status hatten und relativ mittellos waren, war die Nähe zu den Kapetingern, die ausgenutzt wurde. Die Klage eines Chronisten über die Korruption der kgl. Umgebung (»der Kg. leiht sein Ohr allzusehr niederen, durch Gewinnsucht verdorbenen Leuten«) ist zweifellos berechtigt. Als Dotationen erhielten die Ritter der kgl. familia jährl. Kleidung, Ausrüstungsstücke und sonstige Geschenke sowie ein stipendium in Form von Rentenlehen; diese gewohnheitsrechtl. Bezüge sind seit der 1. Hälfte des 12. Jh. belegt. Die in der Pfalz ausgeübten, in karol. Tradition stehenden großen →Hofämter und ebenfalls die unteren Ämter garantierten ihren Trägern Einkünfte, da sie mit dem Nießbrauch an Lehen verbunden waren (was keineswegs bedeutet, daß das Amt selbst als Lehen betrachtet wurde!). Einige dieser großen Amtsträger – wie z. B. Etienne de →Garlande – brachten es durch Kumulation auch geistl. Pfründen zu beträchtl. Einnahmen.

Zu Unrecht ist – durch die Übertragung der Verhältnisse in »Hinkmars »De ordine palatii« (9. Jh.) auf die Zeit der Kapetinger – angenommen worden, daß die Ämter innerhalb der c. regis genau festgelegte Funktionen umfaßten. Tatsächlich hingen die Bedeutung und der Aufgabenkreis eines Amtes in starkem Maße von der Persönlichkeit seines Trägers ab, eine echte Aufgabenteilung im polit. und militär. Bereich gab es noch nicht oder allenfalls erst in geringen Ansätzen.

Zu Beginn des 12. Jh. tritt uns die c. regis als ein Gefüge von Ämtern entgegen, das von einer Reihe von Grundbedürfnissen des Kg.s und seines Hofes seinen Ausgang genommen hat: von der Versorgung mit Brot, Fleisch und Wein, aber auch vom Dienst im kgl. Schlafgemach und vom Gebet. Innerhalb dieser Gesamtinstitution, der camera, erhält allmählich die Gruppe der für die kgl. Schlafkammer zuständigen →*Chambellans* eine Sonderstellung; ihre Hauptaufgabe ist die Wache über die Sicherheit der kgl. Person. Doch neben diesem irdischen Sicherheitsbedürfnis tritt die Sorge um das Seelenheil; dies ist die Aufgabe der →Hofkapelle, der Gesamtheit der Kapellane, die auch als →Notare des Kg.s fungieren und ebenfalls als Gesandte Verwendung finden; im 13. Jh. treten neben diese Kapellane die neuen geistl. Funktionen des kgl. Elemosinarius (→*Aumônier*) und des kgl. Beichtvaters (→*Confesseur*) – im Rahmen der Entwicklung zur persönl. Frömmigkeitshaltung, verkörpert v. a. durch →Ludwig d. Hl.

Die familia stellt somit die Summe der verschiedenen Gruppierungen dar – große Amtsträger, untere Amtsträger, Kleriker, kgl. Ritter –, die gemeinsam das kgl. *entourage*, das palatium, bilden. Wenn auch manche kgl. familiares eine bedeutendere Rolle spielen als andere, stellt die familia doch ein bemerkenswert homogenes Ganzes dar. Die Mitglieder des direkten kgl. Gefolges werden nicht eigtl. mit festgelegten Amtshandlungen betraut, vielmehr können sie potentiell an allen Handlungen des Kgtm.s beteiligt werden. Die milites regii haben als Elitetruppe v. a. die kgl. Macht in der Domäne und ihrem Umkreis zu verteidigen und auszuweiten. Ihre soziale Existenz erfährt v. a. seit dem späten 11. Jh. durch Adaptation ritterl.-spiritueller Vorbilder (→Chanson de Geste, →Karl d. Gr./Karlsverehrung, →St-Denis) eine Überhöhung. Neben ihrer militär. Bedeutung spielen die familiares eine wichtige Rolle bei allen Entscheidungen des Kg.s, dies weniger aufgrund ihrer vasallit. Bindungen, sondern wegen ihrer herausgehobenen persönl. Stellung als »Freunde«, als familiares des Kg.s. Der Kg. spricht Recht im Angesicht der Gesamtheit seiner Gefährten, nicht in Gegenwart einzelner Amtsträger; auf den Rat seiner Gefährten hin entscheidet er über einen Feldzug, verzeiht er einem rebellierenden Gf.en, erläßt er Urkunden. Vor Reichsversammlungen, die der Kg. mit den Fs.en und großen Lehnsherren abhält, konsultiert er seine Gefolgsleute, die auch zu Fragen von größter dynast. und polit. Bedeutung (z. B. 1137 Verheiratung des Thronfolgers Ludwig [VII.] mit Eleonore v. Aquitanien durch Ludwig VI. kurz vor dessen Tod) gewichtigen Rat erteilen.

Den auswärtigen Mächten war der polit. Einfluß der kgl. Ritter wohlbekannt; Bestechungsversuche belegen dies. Um die Mitte des 12. Jh. steigen dann mit Etienne und Anseau de Garlande sowie mit →Suger Leute aus dem Kreis der familia zu Staatsmännern von höchstem Einfluß auf. Doch bleiben die Beziehungen des Hofhalts zum Kg. noch im wesentl. informell; ein festumrissenes Beratungsgremium oder eine c. im Sinne einer festumrissenen Institution existieren noch nicht.

Seit der 2. Hälfte des 12. Jh. setzt eine entscheidende Wandlung ein: Die Gefolgschaft erweitert sich, da das kapet. Kgtm. seine Beziehungen zur hohen Aristokratie erneuert. Zur gleichen Zeit nimmt – mit dem Ausbau der kgl. Macht über Land und Leute im ganzen Kgr. – auch die Zahl der polit., jurist. und fiskal. Fragen zu, in der das Kgtm. Entscheidungen zu treffen hat. Innerhalb der informellen, noch kaum nach Kompetenzen gegliederten Pfalzorganisation bilden sich in einem allmähl. Prozeß die künftigen zentralen Institutionen des monarch. Frankreich heraus: Der Bereich des Hofhalts (domus, afrz. *Hôtel-le-roi*, neufrz. *Hôtel du roi, Maison du roi* etc.) wird von der c. im eigtl. Sinne geschieden; d. h., die Funktionen der Hausverwaltung zum einen, diejenigen der »staatl.« Regierung zum anderen erfahren eine klarere Differenzierung, wobei allerdings die Hausverwaltung auch fortan (und sogar verstärkt) Aufgaben, die – zumindest nach heut. Begriffen – als »öffentl.« Bereichen zugehörig gelten können, wahrnimmt (→Hôtel du roi).

Die c. regis im Zeitraum vom späten 12. Jh. bis zum 13.–14. Jh. gliederte sich zunehmend in eine Anzahl verschiedener spezialisierter Einzelinstitutionen. Als erste dieser Institutionen trat der →*Conseil du roi*, der Rat, auf. Die *Cour des* →*Pairs*, die seit Philipp II. August zur eigenen Gerichtsinstitution wurde, war Ausdruck des neuen Anspruchs, mit dem Philipp August seinen →Baronen, weltl. wie geistl., gegenübertrat; sie sollte wohl auch die karol. Legende in die institutionelle Wirklichkeit transponieren. Unter Ludwig d. Hl. trat die c. in parliamento (→*Parlement*) auf, die sich in verschiedene Kammern teilte und den Kg. in seiner wesentl. Funktion als obersten Richter repräsentierte. In der 2. Hälfte des 13. Jh. sah sich der Kg. genötigt, sich mit Finanzspezialisten zu umgeben, um das Fiskalwesen zu intensivieren. Aus der so geschaffenen c. in compotis entwickelte sich die →Chambre des comptes, die zentrale Finanzbehörde der frz. Monarchie.

E. Bournazel

Lit.: F. Lot–R. Fawtier, Hist. des institutions françaises au MA, II: Institutions royales, 1958–J. F. Lemarignier, Le gouvernement royal aux premiers temps capétiens (987–1108), 1965 – Ders., La France médiévale, Institutions et société, 1969–E. Bournazel, Le gouvernement capétien au XIIe s. (1108–1180), 1975–J. P. Poly–E. Bournazel, La mutation féodale, 1980–La France de Philippe-Auguste, hg. R.-H. Bautier, 1982 – vgl. auch die Lit. zu einzelnen Institutionen wie →Conseil, →Chambre des comptes, →Parlement usw.

V. England: Die c. regis war bis zum 12. Jh. die Versammlung der Bediensteten und Großen des Kgr.es, die sich in wechselnder Zahl und Zusammensetzung beim Kg. aufhielt und mit ihm die »Regierung« bildete. Als gemeingerm. Einrichtung ist die c. regis daraus zu erklären, daß sich ein Kg. des Rates seiner Großen zu versichern und sich in zeremoniell-sichtbarer Übereinstimmung mit ihnen als Kg. des Volkes darzustellen hatte. Schon die Tatsache, daß Beda († 735) nicht die Bezeichnung c. regis, sondern stets personale Umschreibungen in seiner Kirchengeschichte wählt, weist auf den geringen Grad institutioneller Verfestigung in der ags. Zeit hin. Es lassen sich zwei Personengruppen als Glieder der c. regis unterscheiden: der kgl. Haushalt mit der Königsfamilie und den Bediensteten als meist ständige Begleitung der das Land durchreisenden Kg.e, und die geistl. und weltl. Großen, die sich regional und vereinzelt oder bes. Anlässen (hohe Feiertage, Beratung wichtiger Angelegenheiten) in großer Zahl beim Kg. einfanden. Im 9. Jh. erkennbare Ansätze, nur zeitweilig anwesende hohe Adlige durch die Übertragung von (zeremoniellen) →Hofämtern institutionell in den kgl. Haushalt einzubinden, haben sich in ags. Zeit nicht durchgesetzt: die Inhaber der Hofämter gehörten dauernd zur kgl. Umgebung. Ihre Nennung in den Zeugenlisten der Urkunden oft gleich nach den *Ealdormen* zeigt, daß ihnen polit. Einfluß und Bedeutung am Königshof zukam. Ob es für Schriftverkehr und Vermögensverwaltung des Kg.s schon in ags. Zeit eine →Kanzlei und ein rudimentäres Schatzamt gab, ist umstritten. Seit dem frühen 11. Jh. ist die Bezeichnung →*witenagemot* für die ratgebende kgl. Hofversammlung bezeugt, und für die Zeit seit Wilhelm dem Eroberer werden in der wissenschaftl. Literatur die drei großen zeremoniellen, mit Festkrönungen verbundenen Hofversammlungen zu Weihnachten, Ostern und Pfingsten als »Great→Councils« von der »normalen« c. regis begrifflich abgesetzt. Es ist aber unzulässig, für die c. regis einerseits und witenagemot (magnum concilium) andererseits einen wesentl. Unterschied in der Art einer Unterscheidung von Hoftag und Reichstag anzunehmen, denn beide hatten die gleiche Funktion: »The important matter is consent and counsel, not the number consulted or councelling« (Oleson, 21). Die engl. geschriebene Version E der ags. →Chronik bezeichnet denn auch die »magna concilia« als »hired« (Haushalt). Trotz fehlender formaler Verfahrensregeln scheint auf den Hofversammlungen eine hierarch. Rangordnung geherrscht zu haben. Von 1066 an zeigt sich allmählich die Feudalisierung der c. regis. Mit der Einrichtung des →*Exchequer* unter Heinrich I. (1100–35) und des Amtes des *chief justiciar* (→Justitiar) beginnt die Entwicklung zur »impersonal monarchy« (Richardson-Sayles, 168), so daß regelmäßig seit Heinrich II. (1154–89) die Bezeichnung c. regis nicht mehr nur auf die beim Kg. sich aufhaltende Hofversammlung, sondern auch auf Behörden angewandt wird, die im Namen des Kg.s ohne seine persönl. Anwesenheit tätig wurden. – Vgl. →Council, King's.

H. Vollrath

Lit.: L. M. Larson, The King's Household in England before the Norman Conquest, 1904–J. E. A. Jolliffe, The Constitutional Hist. of Medieval England, 1954 – T. Oleson, The Witenagemot in the Reign of Edward the Confessor, 1955 – H. G. Richardson–G. O. Sayles, The Governance of Medieval England, 1963 – S. Keynes, The Diplomas of King Aethelred 'The Unready', 1980 – H. R. Loyn, The Governance of Anglo-Saxon England 500–1087, 1984.

VI. Iberische Halbinsel: [1] In *Kastilien* und *León* ist die Bezeichnung c. regis (vulg. sprachl. *corte* oder *cort*) für eine regelmäßig oder unregelmäßig am Königshof zusammentretende Versammlung von Großen des Reiches und der Kirche quellenmäßig erst seit der Regierungszeit Kg. Alfons VI. (1072–1109) zu belegen, weshalb E. S. Procter bei der Entwicklung dieser Institution drei Etappen unterscheidet: 1072–1157, als für die Reiche Kastilien und León aufgrund der durch Alfons VI. herbeigeführten Einheit nur eine gemeinsame c. regis existierte; 1157–1230, als die beiden Reiche getrennt waren und damit auch ihre c. regis wieder getrennt waren; und 1230–95, von der endgültigen Wiedervereinigung der Reiche unter Kg. Ferdinand III. bis zum Tod Kg. Sanchos IV., als die übergreifende Funktion des kgl. Corte noch nicht durch die Versammlung der →Cortes entscheidend reduziert worden war. Man muß allerdings davon ausgehen, daß die Institution der c. regis bereits unter der Regierung Ferdinands I. v. Kastilien-León (1037–65) vorhanden war, wenn auch der Terminus in der Urkundensprache nicht zweifelsfrei nachgewiesen werden kann. Heftig umstritten ist die Frage, ob die c. regis des 11. Jh. eine direkte Fortsetzung der aus präfeudalen Vorstellungen erwachsenen westgot. →aula regia (officium palatinum) bzw. des nach dem westgot. Vorbild unter Kg. Alfons II. v. Asturien (791–842) wiederbelebten palatium (→Pfalz) regis (palatinum collegium, senatus togae palatii, concilium) im astur.-leones. Reich darstellt (C. Sánchez-Albornoz, L. García de Valdeavellano) oder als eine Neuschöpfung aus gleichen Bedürfnissen heraus zu betrachten ist (N. Guglielmi), wobei nun unmittelbare Einflüsse des unter der Navarra-Dynastie vordringenden Lehnswesens (→Lehen, Lehenswesen) zu postulieren sind, wie auch die Bezeichnung selbst aus dem Raum jenseits der Pyrenäen stammt. Im Unterschied zum astur.-leones. palatium regis übte die c. regis nach einer längeren Übergangsphase (Ferdinand I., Anfänge Alfons VI.) keine religiösen Funktionen mehr aus, da sie vom Konzil getrennt wurde. Vielmehr rückten polit.-administrative, jurist. und schließlich gesetzgeber. Wirksamkeiten in den Mittelpunkt. Den Mitgliedern wurde Mitsprache bei kgl. Gnadenerweisen, Kriegserklärungen und Friedensschlüssen, Auseinandersetzungen mit der Kirche und Eheschließungen eingeräumt.

An der kurzfristig zusammentretenden c. ordinaria (kleiner Hoftag) nahmen neben dem Kg., dem die Leitung oblag, Mitglieder der kgl. Familie, Adlige des Hofes, die zur engeren kgl. Gefolgschaft zählten, bedeutende geistl. und weltl. Territorialherren, die Inhaber der wichtigen →Hofämter, weitere gerade anwesende Gefolgsleute, seit Ende des 12. bzw. Anfang des 13. Jh. auch die Großmeister der Ritterorden teil; sie alle waren Ratgeber sowie Beisitzer beim kgl. Gericht, das als bes. Gerichtshof für reservierte Fälle (spätere →*Casos de Corte*), Appellationen und Streitigkeiten unter Adligen (*Riepto* und *Desafío*) fungierte. Die c. extraordinaria (general, plena; allg. Reichsversammlung) hingegen wurde aus bes. Anlässen eigens in feierl. Form einberufen und umschloß einen erweiterten

Teilnehmerkreis, zu dem seit Ende des 12. Jh. auch Vertreter der Städte gehörten (León seit 1188, Kastilien seit 1214). Sie wandelte sich im Laufe des 13. Jh. zur Institution der →Cortes, auf die u. a. die Gesetzgebung überging. Die c. ordinaria, von der sich bereits in der 2. Hälfte des 12. Jh. allmählich die kgl. →Kanzlei (*Cancillería, Chancillería*) als eigenständige Einrichtung abzuspalten begann und deren Rechtsprechungsfunktion unter Kg. Alfons X. auf den →*Tribunal de la Corte* verlagert wurde, bildete den Vorläufer des →*Consejo Real.*

[2] In *Portugal* bildete sich die c. regis parallel zur fortschreitenden Herauslösung der Gft. aus dem kast.-leones. Reichsverband aus dem gfl. Hof heraus und nahm mit einer gewissen Verzögerungsphase eine Entwicklung, die der in Kastilien-León entsprach und zur schließlich dominierenden Einrichtung der →Cortes führte, obwohl im 12. Jh. angesichts der unsicheren polit. Verhältnisse der c. ordinaria eine größere Bedeutung zukam. Vertreter der Städte sind auf den Cortes des Kgr.es Portugal erst nach der Mitte des 13. Jh. (1253/54) nachzuweisen.

[3] Im Kgr. *Navarra* hatte die c. regis ebenfalls ihren Ursprung in der Versammlung des kgl. palatium, die bereits zur Zeit der pamplones. Kg.e wohl unter frk. Einfluß stärker ausgebildet war als in León. Neben dem Kg. nahmen die Kgn. (ggf. die Königinmutter), die Königssöhne und -brüder, die Bf.e und verschiedene Äbte des Reiches, ein dux (*Duque*), verschiedene Gf.en und seniores bzw. tenentes der bedeutendsten festen Plätze, Große mit bes. Beziehung zur Königsfamilie (u. a. der conlactaneus oder coleganeus 'Milchbruder', der nutricio oder *eitan* 'Erzieher') sowie Magnaten als Inhaber von Ämtern des kgl. Hofes und Haushaltes (→Hofämter) teil. Sie übten eine beratende Funktion in polit., militär. und rechtl. Angelegenheiten aus; als Rechtsbeirat wurde zusätzlich ein iudex (*juez*) herangezogen, ursprgl. ein Geistlicher oder ein mit den örtl. Gewohnheiten vertrauter Rechtskundiger. Das Amt des iudex wandelte sich im 12. Jh. zur festen Einrichtung des *Justicia de la Curia* (iusticia in c. regis) und wurde dann von einem ständigen Amtsträger wahrgenommen. In Navarra entwickelten sich gleichfalls →Cortes, auf denen die Städte zunehmend an Einfluß gewannen, ein Cort, der sich als permanente Gerichtsinstanz etablierte, sowie ein *Cort General* als oberstes Entscheidungsorgan in schwierigen Rechtsfällen, aus dem sich in Erweiterung der Befugnisse ein →Consejo Real herausbildete.

[4] Im Kgr. *Aragón* spielte das navarres. Vorbild bei der Ausformung der c. regis eine große Rolle, zumal der Kern des Kgr.es Pamplona zw. 1076 und 1134 Aragón angegliedert war. Seit Kg. Ramiro I. (1035–63) umfaßte die c. regis die Versammlung der Adligen, die den Kg. berieten und die wichtigsten →Hofämter bekleideten; vereinzelt traten Geistliche hinzu. Diese vom Gefolgschaftsdenken geprägte c. regis wandelte sich nach der Berührung mit anderen Rechtsvorstellungen zu einem Organ zentraler Verwaltung, als sich erkennbare Ansätze zu einer eigenständigen Kanzlei herausbildeten und unter der Regierung Kg. Alfons' I. (1104–34) eine erste Unterscheidung zw. c. und →Gefolgschaft gemacht wurde. Zwar ist zu dieser Zeit noch immer kein scharf abgegrenzter Kreis auszumachen, doch erhielt der kgl. →*Alférez* eine feste Funktion. Die Aufgaben der c. regis erstreckten sich auf die Wahl des Kg.s, ein Mitspracherecht bei Verträgen, Heiratsbündnissen (Recht auf Verweigerung der Zustimmung) und der Wiederbesiedlung, den Rat im Kriege, die Bestallung von Amtsträgern und den Beisitz im kgl. Gericht, für das die c. den Umstand bildete. Seit Alfons I. taucht in der c.

ordinaria ein *Justicia de Corte* (iudex palatii, ab 1110) als Beirat in komplizierten Rechtsfragen auf, ein Amt, aus dem im 13. Jh. schließlich die →*Justicia Mayor de Aragón* hervorgegangen ist.

In *Barcelona-Katalonien* bildete sich die c. regis nach der Vereinigung mit Aragón aus dem von gleichartigen Entwicklungen und lehnsrechtl. Vorstellungen geprägten Hof des Gf.en v. →Barcelona heraus (in Katalonien ersetzte der Terminus c., zuerst 1079 nachweisbar, im ersten Drittel des 12. Jh. die älteren Begriffe *coors* bzw. *cohorte*), wurde jedoch ebensowenig wie die Kanzlei mit der aragones. Institution zusammengelegt, wenn auch an beiden c. wechselweise sowohl aragones. als auch katalan. Adlige zu finden sind. Entsprechend tagten die c. extraordinariae häufig gemeinsam. Vertreter der Städte waren mit Sicherheit bei einer gemeinsamen Sitzung 1214 in Lérida anwesend; bei den getrennten Tagungen der c. nahmen Städtevertreter erstmals in Katalonien 1217 (Villafranca) und in Aragón 1220 (Zaragoza) teil. Im 13. Jh. entwickelte sich unter der Regierung Alfons III. (1285–91) aus der c. ordinaria ein kgl. *Concello* bzw. *Conseyl* (L. KLÜPFEL). L. Vones

Lit.: zu [1] und [2]: DHP I, 774f.; III, 593f. – C. SÁNCHEZ-ALBORNOZ, La C. Regia portuguesa. S. XII y XIII, 1920 [abgedr. in: DERS.: Investigaciones y documentos sobre las instituciones hispanas, 1970], 381–436 [mit Addenda] – N. GUGLIELMI, La C. Regia en León y Castilla, CHE 23–24, 1955, 116–267; 28, 1958, 43–101 – M. FERNÁNDEZ RODRÍGUEZ, La entrada de los representantes de la burguesía en la C. Regia Leonesa, AHDE 28, 1956, 757–766 – M. A. NUNES COSTA, Notícia de Cúria em Coimbra no ano de 1254, Associação Portuguesa para o Progresso das Ciências (XXIII Congresso Luso-Espanhol, T. VIII, 1958), 109–116 – E. S. PROCTER, The Towns of León and Castille as Suitors before the King's Court in the Thirteenth Century, EHR 74, 1959, 1–22 – C. SÁNCHEZ-ALBORNOZ, Burgueses en la C. Regia de Fernando II de León?, RevPort 12, 1964, 1–35 [abgedr. in: DERS., Investigaciones y documentos..., 460–482] – J. A. MARAVALL, Estudios de historia del pensamiento español, 1967 – O. ENGELS, Papsttum, Reconquista und span. Landeskonzil im HochMA, AHC 1, 1969, 37–49, 241–287 – B. F. REILLY, The Court Bishops of Alfonso VII of León-Castilla, 1147–1157, MSt 36, 1974, 67–78 – M. A. PÉREZ DE LA CANAL, La justicia en la Corte de Castilla durante los siglos XIII al XV, Hist. Instituciones. Documentos 2, 1975, 283–481 – L. GARCÍA DE VALDEAVELLANO, Curso de Hist. de las Instituciones españolas, 1975⁴, bes. 450ff., 557ff. – E. S. PROCTER, Curia and Cortes in León and Castile, 1072–1295, 1980 – H. GRASSOTTI, La Iglesia y el Estado en León y Castilla de Tamarón a Zamora (1037–1072) [DIES., Estudios Medievales Españoles, 1981], 377–431 – S. DE DIOS, El Consejo Real de Castilla, 1982, 7–68 – D. TORRES SANZ, La administración central castellana en la Baja Edad Media, 1982, bes. 40ff. – *zu [3] und [4]:* L. KLÜPFEL, Verwaltungsgesch. des Kgr.es Aragón zu Ende des 13. Jh., 1915 – L. F. ARREGUI LUCEA, La Curia y las Cortes de Aragón, Argensola 4, 1953, 1–36 – F. VALLS TABERNER, La cour comtale barcelonaise, Obras selectas II, 1955, 258–275 – J. M. RAMOS LOSCERTALES, Instituciones políticas del reino de Aragón hasta el advenimiento de la Casa catalana, EEMCA 10, 1975, 9–45 – L. GARCÍA DE VALDEAVELLANO, S. O., 1975⁴ – J. M. LACARRA, Hist. del reino de Navarra en la Edad Media, 1976, bes. 172ff. – J. FERNÁNDEZ VILADRICH, Notas en torno a las asambleas condales en la Cataluña de la Alta Edad Media, 1983 – vgl. auch die Lit. zu →Cortes sowie zu→ Aragón, →Katalonien, →Kastilien, →Navarra, →Portugal.

VII. BÖHMEN: C. (ducis, principis, regis) bezeichnet in Böhmen sowohl den Herrscherhof als auch die Versammlung der »Bohemi« und später den beginnenden Landtag. Es gab zwei Arten von Versammlungen der Freien, die sich nach der Größe, dem Repräsentationscharakter und der Regelmäßigkeit der Zusammenkünfte unterschieden: Die engere Versammlung hieß »c.«, die weite »colloquium«. Die Termini wurden manchmal (vornehmlich in Mähren) abwechselnd benutzt, so daß die Grenze fließend war, auch andere Begriffe kamen vor (c. generalis, concilium magnum, convocatio, convocatio generalis, synodus generalis, conventus, colloquium generale bzw. commune). Älteste Belege sind bei →Cosmas v. Prag für das 11. Jh. zu finden, bezeichnen jedoch bloß den Hof. Erst seit der zweiten Hälfte des 12. Jh. bringen die Urkk. konkrete Beweise für die Abhaltung von Versammlungen zu gerichtl. Zwecken, die jedoch sicher schon früher bestanden. Die colloquia, die zweifellos ebenso lang wie die c. existierten, waren Versammlungen öffentl. Charakters mit breiter Teilnahme der Freien, an die auch die Kirche in Streitfällen appellieren konnte. Während die c. ohne große Vorbereitung und auch an entlegeneren Orten stattfinden konnten, da sie nur Recht in konkreten Einzelfällen sprachen, hatten die colloquia eine öffentl. Funktion und fanden regelmäßiger statt. Sie wurden meist ins Herrschaftszentrum (d. h. nach Prag) u. in Verbindung mit der Fronfasten einberufen, mit Ausnahme der Kolloquien bei Kriegszügen. In den Kolloquien wurden – neben öffentl. Angelegenheiten – auch Privatsachen verhandelt. Im Laufe der Zeit konnte sich in den Versammlungen immer stärker der Adel zur Geltung bringen, dem auch die zur Institution gehörenden Ämter zufielen, namentlich das des iudex curiae (urkundl. zum erstenmal um das Jahr 1170 belegt). Dieses Amt erhielt bald weitere richterl. Funktionen. Die wachsende Rivalität zw. dem emporstrebenden Adel und dem Kg. zeigte sich offen in der Zeit →Ottokars Přemysl II., der in den sechziger Jahren des 13. Jh. auf der Grundlage der c. das böhm., in Prag tagende Landgericht schuf, das allmählich ein ständ. Instrument wurde. Seit dieser Zeit verschwand die Bezeichnung c. sowohl für das Amt des iudex als auch für die Institution, die erst seit 1334 neu belegt wird. I. Hlaváček

Q. und Lit.: Latinitatis medii aevi lexicon bohemicum Lfg. 6, 7, 1984 [s. v.] – Codex diplomaticus et epistolaris regni Bohemiae Iff., ed. G. FRIEDRICH, Z. KRISTEN, J. ŠEBÁNEK, S. DUŠKOVÁ, 1904ff. – R. KOSS, Forsch. zur ma. Gerichtsverfassung Böhmens und Mährens, 1919 – J. KEJŘ, Počátky dvorského soudu (Rozpravy ČSAV 66, H. 4, 1956) – Z. ŠIMEČEK, K charakteristice středověkých kolokvií v Cechách (Českoslov. čas. hist. 18, 1970), 593–601 – S. RUSSOCKI, Protoparlamentaryzm Czech do początku XV wieku, 1973.

VIII. POLEN: Das Fehlen eines Lehnssystems bewirkte, daß sich in Polen die c. regis (auch c. principis) aus geistl. und weltl. Würdenträgern zusammensetzte. Häufigere Nachrichten über die c. regis in einer erweiterten Zusammensetzung (colloquia oder generalia c.) treten erst zur Zeit der Teilung Polens in Teilfürstentümer im 13. Jh. auf. Diese colloquia wurden (ähnlich wie anderswo die c. generalis oder solempnis) ziemlich regelmäßig einberufen. Bei diesen Versammlungen gehörte es zu den Obliegenheiten der Herrscher, gemäß dem Rat und dem Einverständnis der Anwesenden Recht zu sprechen, Urkunden auszustellen sowie die Angelegenheiten der Verwaltung zu regeln. Es ist kaum anzunehmen, daß die c. regis dieser Zeit irgendwelche eigene, den Monarchen einschränkende Kompetenzen hatte. Mit Ausnahme von Kleinpolen (Krakau) war die Zusammensetzung der c. regis nicht festgelegt und vom Willen des Monarchen abhängig. Gegen Ende des 14. Jh. entwickelte sich die c. regis neben dem engeren, den Kg. auf seinen Reisen begleitenden →Hofrat (consilium secretum) zu einem consilium magnum oder supremum oder auch zu einem Generaltag der c. regis und der Vertreter der Stände (consilium totius regni in conventione). Im Laufe des 15. Jh. bildete sich eine feste Zusammensetzung der c. regis heraus. Sie erlangte eigene Kompetenzen, z. B. die Mitsprache in Gericht und Gesetzgebung. Die c. regis war in funktioneller Hinsicht – mit Ausnahme der Kanzlei – weiterhin nicht differenziert. Zu ihren Mitgliedern zählten die höchsten Würdenträger des Kgr.es sowie die lokalen höchsten Beamten (palatini, castellani). Gegen Ende des 15. Jh. entstand aus der c. regis die Oberkammer des adligen →Sejms. St. Russocki

Lit.: Z. WOJCIECHOWSKI, L'État polonais au MA, 1949 – J. BARDACH, Gouvernants et gouvernés en Pologne (Anc. Pays et Ass. d'Etats 36, 1965) – K. ZERNACK, Die burgstädt. Volksversammlungen..., 1967 – ST. RUSSOCKI, Assemblées préreprésentatives... (Acta Poloniae Hist. 30, 1974) – DERS., Parliamentary Systems in 15th Century Central Europa (Poland at the 14th: Internat. Congr. of Hist. Sciences in San Francisco, 1975) – DERS., The High Court of colloquium generale (Quaestiones Medii Aevi, 1, 1977) – DERS., Le »consilium baronum« en Pologne médiévale (Acta Pol. Hist. 35, 1977) – J. BARDACH, Formation des assemblées polonaises... (Anc. Pays et Ass. d'Etats 70, 1977) – A. GĄSIOROWSKI, Rex ambulans (Quaest. Medii Aevi, 2, 1981).

IX. UNGARN: Die c. regis bestand aus den Magnaten der engeren Umgebung des Kg.s, die wichtige Ämter des Landes bekleideten, am Hof in wechselnder Zahl anwesend waren, mit Ratschlägen dienten und auch Richterämter versahen. Es geht schon aus den Gesetzen →Stephans I. (997–1038) hervor, daß der Herrscher seine Entscheidungen auf die Bitte oder nach dem Beschluß seines Rates (regalis senatus, consilium) traf. Die →Goldene Bulle von →Andreas II. (1205–35) bewilligte i. J. 1222 die Ernennung von Ausländern für hohe Ämter nur mit dem Einverständnis des kgl. Rates. Dasselbe Gesetz verfügte auch, daß der Kg. oder, im Falle seiner Verhinderung, der →Palatin jedes Jahr am 20. Aug. in →Stuhlweißenburg eine Gerichtsversammlung abhalten solle. Diese entwickelte sich bald zum →Reichstag. Das Dekret von 1267 verfügte das Erscheinen von zwei oder drei Adligen aus jedem Komitat bei diesen Versammlungen, was die Vertretung des ganzen Adels bedeutete. Das Dekret von →Andreas III. aus d. J. 1290 bestimmte nicht nur eine ständige Kontrolle der höchsten Würdenträger, der Barone, durch diese Versammlung, sondern schrieb auch vor, daß ihre Ernennung auf Vorschlag des Rates der Adligen des Landes stattfinden sollte. Obwohl die Tätigkeit des Reichstags seit dem 15. Jh. zunahm, setzte sich die Teilnahme der hohen Würdenträger des Hofes im kgl. Rat bis 1526 fort. Die Rechtsprechung der c. wurde zur Entlastung des Herrschers meistens von den verschiedenen Würdenträgern geleitet: Ihr erster Dignitär, der Palatin (palatinus comes, ung.: *nádor*), wurde mit der Zeit zum allg. Vertreter des Herrschers auch in Rechtsfragen, später zum Leiter des palatinalen →Gerichts. Der Hofrichter (curialis comes, iudex curiae regiae, ung.: *országbíró*), der zuerst in der ersten Hälfte des 12. Jh. erscheint, wurde vom 13. Jh. an zum Richter mit Kompetenz für das ganze Land. I. Bertényi

Q. und Lit.: CH. D'ESZLÁRY, Hist. des institutions publiques hongroises I, 1959, 416; II, 1963, 448 [dazu die Rez. in: Acta Hist. XIII, 1967, 213–227] – I. BERTÉNYI, Zur Gerichtstätigkeit des Palatins und des Landesrichters (judex curiae regiae) in Ungarn im XIV. Jh. (Annales Universitatis Scientiarum Budapestinensis de Rolando Eötvös Nominatae Sectio Hist., VII, 1965), 29–42 – DERS., Die städt. Bürger und das Gericht der kgl. Anwesenheit im 14. Jh. Zur Gesch. des Instituts des Landesrichters (iudex curiae) (ebd., XI, 1970), 3–31 – DERS., Die Gesch. der Institution des iudex curiae in den achtziger Jahren des 14. Jh. (ebd., XV, 1974), 35–55.

2. C. (ländliche Hofanlage). [1] *Begriffsbestimmung:* Synonym mit →curtis gebraucht, bezeichnet c. einen ländl., meist mit Wällen und Gräben umschlossenen Großhof, üblicherweise Verwaltungszentrum und manchmal auch Zentrum des Wirtschaftsbetriebes einer Gruppe von ländl. Besitzungen, die ebenfalls mit dem Begriff c. belegt werden (→Fronhof, →Grundherrschaft). Die Bezeichnung c. wird erst im 10.–11. Jh. häufig verwendet, wahrscheinl. infolge der administrativen und jurist. Funktionen, die die curtis, insbes. als Sitz des grundherrschaftl.

Gerichts, inzwischen erhalten hatte. Diese Bedeutung von c. dürfte daher wohl von c. im Sinne von 'Hofversammlung, -tag, -gericht' (→ 1. c.), die am »Hofe« des Kg.s oder eines hohen Adligen stattfanden, abgeleitet sein.

Lit.: →Fronhof, →Grundherrschaft. A. Verhulst

[2] *Archäologie:* Ländl. Betriebe, die meist von Wassergräben und (oder) Wällen umgeben sind und denen Türme und stärkere →Befestigungen (A. IV) fehlen (sie zählen nach dem →Sachsenspiegel daher nicht als Burgen), werden im norddt. Flachland und in Schleswig-Holstein, bes. häufig im 13.-14. Jh., c. genannt. Sie sind in adligem oder kirchl. Besitz. Ihre Funktion gleicht der der späteren Gutshöfe, die ergrabene c. Futterkamp hat schon im 13. Jh. die U-Form der Gutshöfe. Im späten MA übernehmen auch reiche Bauern diese Bauform als Statussymbol.

In anderen Regionen Europas sind solche Betriebe ebenfalls nachweisbar, neben »c.« auch mit der Bezeichnung curtis oder villa. Die meisten dieser Anlagen entstehen seit dem späten MA, mit modernen Bezeichnungen Gräftenhof (Westfalen), Hofesfeste (Rheinland), umwallter Hof (Flandern), *moated site* (England), *manoir* oder *ferme fortifiée* (Frankreich) genannt. Es gab aber auch ältere Anlagen (z. B. Curia fossata, St. Gallen). H. Hinz

Lit.: I. LEISTER, Rittersitz und adliges Rittergut in Holstein und Schleswig, 1952 – H. HINZ, Motte und Donjon, 1980 – I. ERICSSON, Futterkamp. Unters. ma. befestigter Siedlungen im Kreis Plön, Offa Buch 47, 1981; 54, 1983.

Curia de Alcaldes, zentrale Justizinstitution des Kgr.es →Navarra. Es entstand aus dem Gericht der *Curia* oder *Cort* des Monarchen, der von jurist. Fachleuten *(judices* oder →*alcaldes)* beraten wurde. Im 13. Jh. gehörten dem kgl. Gericht noch drei bis sieben Magnaten *(ricoshombres)* an, die sich mit Verfahren im Bereich des Adels *(infanzones, hidalgos)* befaßten. Das ständige Personal bestand schließlich (1413) aus vier Alkalden als Vertreter des Kg.s und der drei Stände und ebensovielen Notaren, zusätzlich aus einer veränderlichen Anzahl von untergeordneten Kräften *(porteros)* und darüber hinaus aus einem öffentlichen Ankläger. Die *Cort* befaßte sich als Gericht in erster Instanz mit den zivil- und strafrechtl. Angelegenheiten des Adels und als Appellationsgericht mit den Urteilen der Orts- und Distriktrichter *(alcaldes de mercado)*. Gegen ihre Entscheidungen konnte vor dem →Consejo Real appelliert werden, einer Institution mit sehr viel weiterreichenden Funktionen als die der Rechtsprechung, diese hatte sich ebenfalls – ebenso wie die→Cortes oder Stände – aus der →Curia Regis des HochMA heraus entwickelt. Das Tribunal der Cort bestand unter dem Namen *Corte Mayor* bis ins erste Drittel des 19. Jh. A. Martín Duque

Lit.: J. YANGUAS Y MIRANDA, Diccionario de antigüedades del reino de Navarra, 1840-42 – J. ZABALO ZABALEGUI, La administración del reino de Navarra en el siglo XIV, 1973 – L. GARCÍA DE VALDEAVELLANO, Hist. de las instituciones españolas de los orígines al final de la Edad Media, 1975⁴, 544f.

Curia publica → Rat, städt.

Curia Romana → Kurie, röm.

Curial e Güelfa. Der nur in einer Hs. überlieferte, zw. 1443/1462 geschriebene Ritterroman zählt neben »Tirant lo Blanch« zu den wichtigsten Denkmälern katal. Erzählprosa im 15. Jh. Der unbekannte Verfasser, der möglicherweise mit dem aragones. Hof→Alfons' I. (V.) in Verbindung stand, zeigt eine beachtl. Belesenheit in der klass. und neueren Lit. (u. a. Vergil, Dante, Bernat Desclot). Die drei Bücher schildern in geschickter Darstellung, wie der junge, aus einfacher Familie stammende Curial in Monferrato mit Unterstützung der reichen, bereits im Alter von 15 Jahren verwitweten Güelfa zum vollendeten Hofmann ausgebildet wird. Seine Liebe zu Güelfa, der Schwester des Gf.en v. Monferrato, krönt schließlich nach Heldentaten in europ. Ländern, Eifersüchteleien, Prüfungen und Irrfahrten doch noch die Heirat. Die Handlung spielt zur Zeit Kg. Peters d. Gr. von Aragón, »des besten Ritters der Welt« (spätes 13. Jh.), wenngleich sie ganz vom zeitgenöss. ritterl. Ambiente des Autors geprägt wird. Die Erwähnung zahlreicher authent. Personen bzw. lombard. Örtlichkeiten soll der Erzählung, die auf die in Ritterromanen übliche Phantastik verzichtet, realist. Detailtreue vermitteln. Andererseits werden Allegorien, Traumgesichte sowie episod. Elemente des byz. Liebes- und Abenteuerromans (Reisen – in den Orient: Alexandrien, Jerusalem, Athen; Parnaßvision –, Schiffbruch und Gefangenschaft bei den Sarazenen, Verkleidung, Wiedererkennungslied) aufgenommen. D. Briesemeister

Ed.: R. ARAMON I SERRA, 1981³ – Lit.: P. BOHIGAS, Notes sobre l'estructura de C. e G., EUC 22, 1936, 607-619 (Homenatge a A. RUBIÓ I LLUCH) – G. E. SANSONE, Studi di filologia catalana, 1963, 205-242–P. WALEY, In search of an author for C. e G., BHS 53, 1976, 117-126 – DIES., Historical names and titles in C. e G. (Medieval Stud. pres. to R. HAMILTON, 1976), 245-256 – P. BOHIGAS, C. e G., Actes del Tercer Col·loqui Internac. de Llengua i Lit. Catalanes, 1976, 219-234 – M. DE RIQUER, Història de la lit. catalana 2, 1980².

Curiosum urbis Romae → Rombeschreibungen

Curriculum medicinae. Die Ausbildung zum Arzt durchläuft während des europ. MA mehrere Phasen und darf keinesfalls als stat. Schema aufgefaßt werden. Es vollzieht sich ein Prozeß allmähl. Szientifizierung, Institutionalisierung und Professionalisierung. Im FrühMA wird die Medizin im Rahmen der →Artes liberales zum fakultativen Lehrgegenstand in den Kloster- und Domschulen; dabei erscheint sie als Appendix des Quadrivium (ars octava). Für die systemat. Zuordnung prägend sind die »Etymologiae« des→Isidor v. Sevilla, so bei→Alkuin, unter dessen Einfluß→Karl d. Gr. im Capitulare v. Thionville (805) die »Physica« in den Unterricht seiner Palastschule einführt (»ut infantes artem medicinalem discere mittantur«). Als Schulautoren werden dabei Hippokrates, Galen und Dioskurides ebenso herangezogen wie spätröm. Schriftsteller (Marcellus Empiricus, Theodorus Priscianus) oder Werke von Klerikerärzten (Walahfrid Strabo, Hrabanus Maurus). Prakt. Unterricht findet im FrühMA in den Krankensälen der Kl. statt (z.B. Monte Cassino). Neben der →Klostermedizin behauptet sich die handwerksmäßige Schulung der Wundärzte, die gegen Lehrgeld (merces discipuli) Privatunterricht erhalten können (Westgotengesetze). Eine Entwicklung zur Institutionalisierung und Professionalisierung kann in der zweiten Hälfte des MA beobachtet werden. Schrittmacherfunktion kommt dabei den med. Fachschulen in→Salerno und →Montpellier zu, die von Laien ins Leben gerufen werden. Mit der um 1100 einsetzenden Rezeption griech.-arab. Heilkunde in den lat. Übersetzungen des→Constantinus Africanus bildet sich in Salerno ein didakt. Grundgerüst med. Lehrtexte, das in Form der→Articella auch von den europ. Univ. des SpätMA übernommen wird. Diese treten vom 13. Jh. an zunehmend in Konkurrenz zu den med. Fachschulen, wobei die Medizin als eine von vier Fakultäten im Rahmen des →Studium generale integriert wird. Mit der Konsolidierung der Univ. findet die Entwicklung des C. ihren vorläufigen Abschluß. Eine staatl. Approbation als Voraussetzung für die Zulassung zur ärztl. Praxis wird 1140 durch Roger II. für die Schule von Salerno bestimmt und 1231 von Friedrich II. erneuert. Dieser erläßt 1240 eine Medizinalordnung, die nach einem dreijährigen Studium der Logik eine fünfjährige med.

Ausbildung mit anschließendem Examen sowie einjähriger Praxisphase vorsieht. Die europ. Univ. orientieren sich an diesem Vorbild und verleihen seit dem 13. Jh. nach einem zwei- bis dreijährigen Studium der theoret. Medizin den Grad eines →Baccalarius, nach weiteren zwei bis drei Jahren theoret. und prakt. Ausbildung den zur Ausübung der ärztl. Praxis berechtigenden Titel eines →Lizentiaten, wobei jeweils ein Examen vor der med. Fakultät abzulegen ist. Ebenfalls im 13. Jh. erhalten die Univ. das Promotionsprivileg; die an keine zusätzl. Prüfung gebundene Verleihung des med. Doktorgrades macht die Lizentiaten zu vollberechtigten Mitgliedern der med. Fakultät. A. Bauer

Lit.: Th. Puschmann, Gesch. des med. Unterrichts, 1889, 156–238 – J. H. Baas, Die gesch. Entwicklung des ärztl. Standes und der med. Wiss., 1896, 127–174 – P. Diepgen, Gesch. der Medizin II (MA), 1914, 97–112 – K. Sudhoff, Med. Unterricht und seine Lehrbehelfe im frühen MA, SudArch 21, 1929, 28–37 – V. L. Bullough, The Development of Medicine as a Profession, 1966.

Cursor Mundi. Das umfangreiche me. Gedicht (ca. 24 000 Zeilen in Reimpaaren), ca. 1300 von einem Geistlichen in N-England verfaßt und bis ins 15. Jh. in verschiedenen Redaktionen neu bearbeitet und verbreitet (erhalten sind neun Hss.), verfolgt erklärtermaßen die Absicht, einem an weltl. Literatur gewohnten Laienpublikum christl. Wissensstoff in der eigenen Sprache zu vermitteln. In flüssigem Stil wird die gesamte Heilsgeschichte vorgetragen und gedeutet, eingeteilt nach den Sieben Weltaltern (→Geschichtsdenken im MA) und angereichert mit exemplar. und legendenhaften Stoffen. In den einzelnen Hauptabschnitten wird demnach v. a. behandelt: 1. Schöpfung bis Noe; 2. Sintflut bis Turmbau zu Babel; 3. Abraham bis Saul; 4. David bis Babylon. Gefangenschaft; 5. Leben Mariae und Christi bis zur Taufe Christi; 6. Taufe Christi bis Kreuzauffindung; 7. Antichrist, Jüngstes Gericht und Himmelreich. Als Anhang folgen noch einige geistl. Dichtungen (an die 6000 weitere Verse).

Der gebildete Autor hat zahlreiche Quellen benutzt. Die wichtigsten davon waren für das AT (nach S. M. Horrall), abgesehen von der Bibel selbst: a) →Honorius Augustodunensis, »Elucidarium«; b) eine anonyme afrz. »Genesis und Exodus«-Dichtung; c) die afrz. metr. Bibeldichtung des →Hermann de Valenciennes; d) →Petrus Comestor, »Historia Scholastica«; e) eine lat. Version der Geschichte vom Kreuzesholz (→Kreuz); f) Honorius Augustodunensis, »De imagine mundi«. Zusätzl. Quellen für kürzere Passagen waren u. a.: a) Pseudo-Methodius, »Revelationes«; b) →Robert Grosseteste, »Chateau d'amour«; c) →Isidor v. Sevilla, »Etymologiae«; d) Honorius Augustodunensis, »Speculum ecclesiae«. Für das NT wurden ferner u. a. die →Apokryphen benutzt. – Vgl. auch →Bibeldichtung, IV. R. H. Robbins

Bibliogr.: NCBEL I, 500f. – J. E. Wells, Manual of Writings in ME 1050–1400, 1916–51, 339, 816 – *Ed.*: R. Morris, C. M., EETS 57, 59, 62, 66, 68, 99, 101, 1874–93 – S. M. Horrall, The Southern Version of 'C. M.', I, 1978 – *Lit.*: L. Borland, Herman's 'Bible' and the 'C. M.', StP 30, 1933, 427–444 – E. G. Mardon, The Narrative Unity of the C. M., 1970 – S. M. Horrall, An Old French Source for the 'Genesis' Section of 'C. M.', MSt 40, 1978, 361–373.

Cursus bezeichnet in der modernen Forschung (seit Valois [1881]) 'technisch' in der Regel den Prosarhythmus, meist speziell das System der akzentuierenden Kadenzen (Klauseln, Satzschlüsse) in der lat. Prosa des MA; in Verbindung mit qualifizierenden Adjektiven bezeichnet C. besondere Formen von Kadenzen (vgl. [2]).

[1] In der Antike bedeutet C. üblicherweise den (rhythm.) 'Fluß' der Rede, doch Cic. orat. 178 (quosdam certos c. conclusionesque verborum) bezieht sich C. möglicherweise schon (mit) auf Klauseln. Die klassische lat. Prosa (in der übrigens für den gesamten Satz oratorischer numerus [Rhythmus] gefordert wird) hat, in Anlehnung an die griechische, quantitierende (oft 'metrische' genannte), also auf einer geregelten Folge von langen und kurzen Silben beruhende clausulae. Als für die spätere Entwicklung wichtige Hauptklauseln können gelten (die gegebenen Beispiele haben die gebräuchlichsten Zäsuren):

1) $-\cup/-\cup$ (Creticus + Trochaeus): téla vitámus (wohlbekannt ist die ciceron. Variante mit aufgelöster zweiter Länge: $\cup\cup/\cup\cup-\cup$ ésse videátur);

2) $-\cup/-\cup-\cup$ (Dicreticus): vícta desérvias;

3) $-\cup/-\cup-\cup$ (Creticus + Ditrochaeus): cónsules perferémus.

Im Zusammenhang mit dem steigenden dynam. Charakter des lat. Akzents und mit der zunehmenden Beschränkung auf die wenigen Hauptformen der Klauseln (die den Zusammenfall von Klausel-Iktus und Wortakzent begünstigen) werden in der Spätantike die quantitierenden Klauseln (über das Stadium eines zugleich quantitierenden und akzentuierenden 'C. mixtus' [Janson, 8; Hagendahl, 74]) immer mehr zu akzentuierenden Kadenzen, die aus einer – unter Berücksichtigung von Wortakzent und Wortgrenze – geregelten Folge von betonten und unbetonten Silben bestehen.

[2] Das MA praktiziert die akzentuierenden (auch 'rhythmisch', im engeren Sinn, genannten) Klauseln. Als deren Hauptformen, die aus den oben erwähnten quantitierenden ('metrischen') Hauptklauseln hervorgegangen sind, kann man – in der Terminologie der modernen Forschung – anführen (in den Klammern ausgewählte Varianten der jeweiligen, zwei Wörter umfassenden Normalformen): 1) den C. planus, $-\cup\cup/-\cup\cup$ (ha) bére patrónum ($-\cup/-/-\cup$ [vio]lári non-pótest: statt des üblichen Schluß-Trisyllabums hier ein Mono- und Disyllabum [non potest]: das MA nennt das consillabicatio; vgl. auch unter 2 und 3); 2) den C. tardus, $-\cup\cup/-\cup\cup\cup$ tímet impéria ($-\cup/-\cup/-\cup\cup$ óvis ad-víctimam); 3) den C. velox, $-\cup\cup/-\cup\cup-\cup$ lápide preciósa ($-\cup\cup/-\cup\cup/-\cup$ ágere nimis dúre: 'cleft' velox: Janson, 73).

Die lat. C.-Namen stammen aus →Artes dictaminis des 13. Jh. (die für tardus auch ecclesiasticus C. sagen: Lindholm, 15; C. steht übrigens auch im MA sonst häufig für den 'Fluß' der Rede im allgemeinen).

Nicht zu halten ist die in der älteren Forschung nicht seltene Ansicht, daß durch den Bildungsverfall die Klauseltechnik seit dem 7. Jh. etwa vergessen und der C. erst durch →Johannes v. Gaeta, der (nach dem Liber pontificalis) von Papst Urban II. 1088 als cancellarius bestellt wurde, um den stilus der Kurie zu 'reformieren und den C. leoninus' (Deutung umstritten, vgl. Janson, 66) 'zurückzuführen', wieder eingeführt worden sei. Der C. lebt in der fragl. Zeitspanne, wenn auch zum Teil nur vereinzelt, weiter. Um die Mitte des 7. Jh. in Gallien 'recht gut' bekannt, wird er dann erst gegen Ende des 8. Jh. (z. B. bei →Paulus Diaconus) und darauf im 9. Jh. wieder intensiver verwendet, so z. B. bei Servatus →Lupus v. Ferrières (Lindholm, 11) und →Hrabanus Maurus (Janson, 50). Im 10. und 11. Jh. steht einer (an die Technik des 9. anschließenden) nordit. C.-Tradition (z. B. →Petrus Damiani), die reich an Varianten der drei Hauptformen ist, eine Richtung in Deutschland und Frankreich gegenüber, die hauptsächl. nur die Normalformen von planus, tardus und velox und, als Besonderheit, den (in der Forschung so genannten) *trispondiacus* ($-\cup\cup/-\cup\cup\cup$ ágnos admittátis, ein akzentuierendes Gegenstück des erwähnten ciceron. ésse videátur: Janson, 53) pflegt. Im späteren 11. Jh.

fließen die beiden Traditionen zusammen (wobei allerdings in Deutschland der C. bei den Autoren – 'zugunsten der →Reimprosa' [des rhetorischen similiter desinens: →Figurae] – für über ein Jh. ganz zurückzugehen 'scheint': JANSON, 55). Der velox gewinnt an Frequenz und hat bes. vom 12. Jh. an eine stark dominierende Stellung, während der tardus zurücktritt (JANSON, 104; C. und Reimprosa vereinen die Chronicae Polonorum [12. Jh.]: POLHEIM, 55 ff.; den C. pflegt traditionell etwa auch die [siz.] Kanzlei Ks. Friedrichs II.: SCHALLER, 299).

In der päpstl. Kanzlei erfährt der C., nach intensiverem Gebrauch gegen Ende des 9. Jh., im 10. einen starken Rückgang und wird offenbar bis ins 11. Jh. hinein nur in festen alten (vielfach präkarol.) Formeln noch beibehalten. Doch seit Alexander II. (1061–73) gibt es wieder deutl. eigenständigen C., unter seinem Pontifikat mit vorherrschendem velox entsprechend der Zeittendenz, mit noch häufigerem velox unter Papst Urban II. (1088–92), und zwar schon, bevor Johannes v. Gaeta sein Kanzler wird (der also nicht den C. in der Kurie erst wieder eingeführt hat [JANSON, 60]; vgl. oben). Der C. ist in der päpstl. Kanzlei lebendig bis um 1450, erlebt dann Rückschläge und erlischt mit dem Eintritt des Ciceronianers →Petrus Bembo in die Kanzlei (1513). – Von den bedeutenden Autoren haben zwar noch im 14. Jh. z. B. →Dante und →Cola di Rienzo noch eindeutigen C., aber bei den Ciceronianern um 1400, wie Leonardo →Bruni u. a., ist ein intendierter Gebrauch des ma. C. nicht mehr festzustellen (LINDHOLM, 198 ff.).

Theoret. Erörterungen des C. und seiner akzentuierenden ('rhythmischen') Kadenzen (parallel zur damaligen Erörterung der 'rhythmischen' Dichtung: PLEZIA, 20) finden sich in Traktaten der Ars dictaminis seit etwa 1180. Eine 'französische Schule' (von Orléans), vertreten durch →Bernhard von Meung (38. B.) u. a., gibt Vorschriften auch für den Satzbeginn, deutet die akzentuierenden Rhythmen als 'imaginäre' dactili et spondei und läßt neben den üblichen Kadenzen auch sehr lange Klauseln mit bes. langen Schlußwörtern zu (z. B. die Zwei-Wort-Klausel vínculo [gilt als Daktylus] excommunicatiónis [gilt als vier Spondeen]). Ihr steht, polemisch ablehnend, die 'italienische Schule' (→Transmundus, →Boncompagno u. a.) gegenüber, die nur die üblichen (normal-langen), auch von der curia Romana verwendeten C.-Formen (des tardus, planus, velox) propagiert, in der Beschreibung der Klauseln nicht von dactili et spondei, sondern von dictiones tetrasillabe, trisillabe (mit betonter [langer] oder unbetonter [kurzer] Paenultima] etc. spricht und die 'französische Schule' ab etwa 1250 in Theorie und Praxis in steigendem Maße beeinflußt und dann zum 'Verschwinden' bringt (JANSON, 101).

Das Weiterleben der Klauseln seit der Antike legt nahe, daß man sie auch in der Zeit, bevor eine feste ma. C.-Theorie formuliert war, (mancherorts) im Unterricht (an Hand von Stilmustern und einschlägigen antiken praecepta) behandelte und praktisch übte ('anscheinend' bes. in 'Laienschulen': JANSON, 78). Die Erforschung des C. ist, da bis jetzt nur ausgewählte Texte nach unterschiedl. Methoden (die zu divergierenden Bewertungen bestimmter Klauseln als vom Autor 'intendiert' bzw. 'nicht intendiert' führen: vgl. JANSON [Eranos 76], 177) untersucht wurden, noch keineswegs abgeschlossen. Mit gewissen Korrekturen und Differenzierungen bisheriger Ergebnisse wird zu rechnen sein. – Auf die Existenz akzentuierender Klauseln in der (spätantiken und byz.) griech. Prosa (MEYER, 202 ff., HÖRANDNER, 37 ff.) sei wenigstens hingewiesen. – Vgl. Prosarhythmus (Byzanz). F. Quadlbauer

Lit.: W. MEYER, Gesammelte Abh. zur mlat. Rhythmik II, 1905 – M. G. NICOLAU, L'origine du 'cursus' rythmique etc., 1930 – K. POLHEIM, Die lat. Reimprosa, 1925 – H. HAGENDAHL, La prose métrique d'Arnobe, 1937 – F. DI CAPUA, Il ritmo prosaico nelle lettere dei papi e nei documenti della cancelleria Romana dal IV al XIV secolo, 1937/46 – DERS., Fonti ed esempi per lo studio dello 'stilus curiae Romanae' medioevale, 1941 – H. M. SCHALLER, Die Kanzlei Ks. Friedrichs II., 2. T., ADipl 4, 1958, 264–327 – G. LINDHOLM, Stud. zum mlat. Prosarhythmus. Seine Entwicklung und sein Abklingen in der Briefslit. Italiens, 1963 – M. LEUMANN, J. B. HOFMANN, A. SZANTYR, Lat. Gramm. II, 1965, 714–721 – A. PRIMMER, Cicero numerosus, 1968 – H. LAUSBERG, Hb. der lit. Rhetorik, 1973² – M. PLEZIA, L'origine de la théorie du cursus rythmique au XII⁰ s., ALMA 39, 1974, 5 ff. – T. JANSON, Prose Rhythm in Medieval Latin from the 9th to the 13th C., 1975 [vgl. A. PRIMMER Rez., Gnomon 50, 1978, 269–273] – DERS., Prosarhythmus und Stufenvergleich, Eranos 76, 1978, 171–178 [Antwort auf Gnomon-Rez.] – W. HÖRANDNER, Der Prosarhythmus in der rhet. Lit. der Byzantiner, 1981 – J. HOWE, The Alleged Use of C. by Bishop Arbeo of Freising, ALMA 42, 1982, 129–131.

Cursus (mus.) → Notation, →Psalmodie

Cursus honorum, röm. Ämterlaufbahn. Im Verlauf der röm. Republik verfestigten sich allmählich die Prinzipien für die Bekleidung der Staatsämter hinsichtl. der Reihenfolge, des Mindestabstandes zw. den Ämtern und des jeweils erforderl. Mindestalters (certus ordo magistratuum). Wichtige Etappen waren die lex Villia annalis (180 v. Chr.) und die lex Cornelia Sullas (81 v. Chr.). Die Kaiserzeit übernahm den republikan. c. h.: Quästur-Volkstribunat/Ädilität-Prätur-Konsulat. Vorangestellt wurde jetzt der Vigintivirat, dazu meist ein Militärtribunat; bedeutungsvoller waren die nach der Prätur (→Prätor) bzw. dem →Konsulat zu übernehmenden Aufgaben im Auftrag des Senats oder des Princeps (u. a. Legionskommandeure oder Statthalterschaften). Der senator. c. h. stand Senatorensöhnen (→Senat) und den vom →Princeps mit dem senator. Standesabzeichen (latus clavus) Ausgezeichneten offen. Auch konnte der Princeps einen senator. Rang verleihen (adlectio). Im 3. Jh. schwanden zahlreiche Ämter, insbes. die militär. Funktionen. Konstantin I. vermehrte die Zahl wieder, Eingangsamt in den Senat wird jetzt die Prätur. Seit Valentinian I. (364–375) und Gratian (367–383) wurden die Ämter in die drei Ranggruppen Clarissimat, Spektabilität und Illustrität gegliedert. Nach etwa 440 saßen im Senat allein die illustres. Neben dem senator. c. h. entwickelte sich während der Kaiserzeit ein eigener ritterl., der v. a. seit Diokletian den senator. an Bedeutung zeitweilig übertraf. Ferner gab es einen c. h. in den Munizipien (→municipium).

J. v. Ungern-Sternberg

Lit.: KL. PAULY I, 1345–1346 – LAW, 677–678 – Oxford Classical Dict., 303 – H. G. PFLAUM, Les procurateurs équestres sous le Haut-Empire romain, 1950 – A. ASTIN, The Lex Annalis Before Sulla, 1958 – H. G. PFLAUM, Les carrières procuratoriennes équestres sous le Haut-Empire romain, 4 Bde, 1960/61; Suppl. 1982 – G. RÖGLER, Die Lex Villia Annalis, Klio 40, 1962, 76–123 – W. ECK, Beförderungskriterien innerhalb der senator. Laufbahn, dargestellt an der Zeit von 69 bis 138 n. Chr., Aufstieg und Niedergang der Röm. Welt II, 1, 1974, 158–228 – G. ALFÖLDY, Konsulat und Senatorenstand unter den Antoninen, 1977 – A. CHASTAGNOL, La carrière sénatoriale du Bas-Empire (depuis Dioclétien) (Atti del colloquio su 'Epigrafia e ordine senatorio', 1982) – H. LÖHKEN, Ordines dignitatum. Unters. zur formalen Konstituierung der spätantiken Führungsschicht, 1982 – W. KUHOFF, Stud. zur zivilen senator. Laufbahn im 4. Jh. n. Chr., 1983.

Cursus monasticus → Psalterium
Cursus publicus → Post
Cursus Romanus (canonicalis, canonialis) → Psalterium
Curtea de Argeş → Argeş
Curtis bezeichnet im wesentl. im früheren MA (6.–10. Jh.) eine Gruppe von Bauwerken mit agrar. Funktion, zu der ein Garten oder freier Platz gehörte und die, zumindest teilweise, eingefriedet war. Die c. war in der Regel das

Zentrum des Wirtschaftsbetriebes einer großen Domäne, bei der es sich oft um einen kgl. →Fiskus handelte; von daher rührt die Bedeutung von c. im Sinne von 'kgl. Residenz, Pfalz, Königshof', die in den Quellen seit der 2. Hälfte des 9. Jh. und im 10.–11. Jh. begegnet und schließlich synonym mit der Bezeichnung →curia gebraucht wird. – Im FrühMA wird c. manchmal synonym mit →villa gebraucht, bezeichnet aber auch die Hofstätte eines einfachen Pächters, zuweilen auch unter Einschluß der Felder, Wiesen usw. Oft trägt die c. einen eigenen Namen, der zugleich für die villa, deren wirtschaftl. Zentrum die c. bildet, benutzt wird. →Fronhof, →Grundherrschaft.

A. Verhulst

Lit.: Hoops² V, 105–113 [Lit.] – →Fronhof, →Grundherrschaft.

(Q.) Curtius Rufus im Mittelalter. Die nicht datierbare, in der Kaiserzeit, im 1. oder 2. Jh. n. Chr. entstandene romanhaft gestaltete Alexandergeschichte (Historiae Alexandri Magni) des Quintus Curtius Rufus hat im Altertum nur geringe Wirkung ausgeübt. Ihre Erhaltung hängt trotz der großen Zahl ma. und humanist. Hss. fast an einem Zufall. Vielleicht hat überhaupt nur ein einziges Exemplar die Fährnisse der Völkerwanderungszeit überdauert und den Text ins MA, die Zeit der Bewahrung, hinüber gerettet: eben jenes, das Werk vermutl. auf zwei Codices mit je einer Pentade verteilt enthaltende, verstümmelte Exemplar (es fehlen Buch I und II sowie der Anfang von III, Ende von V und Anfang von VI sowie Schluß von X), von dem letzten Endes unsere gesamte Überlieferung abhängt. Auch das MA hat lange Zeit von C. nur sehr wenig aufgenommen. Für die Jahrhunderte des Übergangs bis zur Karolingerzeit läßt sich unmittelbare Benützung nirgends nachweisen. Mit dem 9. Jh. wird die hs. Überlieferung für uns an verschiedenen Orten sichtbar und verteilt sich in der Folgezeit, wie es scheint, verhältnismäßig gleichmäßig über die ganze lat. Welt; es ist möglich, daß darüber hinaus auch noch mancher Eintrag in ma. Bibliothekskatalogen mit »historia Alexandri« ohne Nennung des Verfassernamens auf Vorhandensein eines C. hinweist. Wiewohl man zuweilen Spuren seiner Kenntnis zu finden meint, so ist doch C. weder zu einem formalen Vorbild in größerem Umfang geworden, noch ist er es gewesen, der die Kenntnis des Alexanderstoffes der abendländ. Welt vermittelt und das Bild →Alexanders maßgebl. geprägt hätte. Das wichtigste Ereignis im Nachleben des C. ist die Benützung seines Werkes als hist. Hauptquelle durch →Walter v. Châtillon in seiner Alexandreis im 12. Jh. Die außerordentl. starke, über die ganze lat. Welt sich erstreckende Verbreitung dieser Dichtung seit dem 13. Jh., die für das späte MA im lat. Raum wohl das bedeutendste Epos gewesen ist, hat auch dem C., dessen Werk es an Bedeutung und Einfluß niemals mit anderen, kürzeren Alexandergeschichten hat aufnehmen können, zu mittelbarer Wirkung verholfen. C. gehörte zu den Autoren, welche nicht neu entdeckt zu werden brauchten und ohne Schwierigkeit erreichbar waren, als mit dem it. Frühhumanismus eine neue Richtung des geistigen Lebens eingeleitet wurde. Zu den bes. geschätzten Autoren hat er, wiewohl allbekannt, nicht fortan nicht gezählt; doch findet man seit dem 15. Jh. nicht selten auch ausgewählte Reden aus C. für sich allein oder zusammen mit ebensolchen aus anderen röm. Historikern, vorzugsweise aus Sallust und Livius, zu Mustersammlungen vereinigt.

F. Brunhölzl

Lit.: Manitius I–III [Register] – S. Dosson, Etude sur Quinte Curce, 1887, 315 ff. – H. Christensen, Das Alexanderlied Walters v. Châtillon, 1905, 102 ff. – M. Manitius, Hss. antiker Autoren in ma. Bibliothekskatalogen, 1935, 104 ff. – A. de Lorenti, Curzio Rufo, 1965.

Curzola (heute jugoslav. Korčula), Schlacht bei, eine der schwersten Niederlagen, die →Venedig im Kampf gegen →Genua erlitt, ein Ereignis von großer Tragweite, das reichen lit. Niederschlag fand. Die von Lamba →Doria, einem der beiden Capitani von Genua und von dem ven. Dogen Andrea →Dandolo kommandierten Flotten stellten sich am 7. Sept. 1298 in der Adria auf der Höhe der Insel C. in dem Meeresarm zw. der Insel und der dalmat. Küste zur Schlacht. Nach den zeitgenöss. Zeugnissen kämpften 96 oder 98 ven. Galeeren mit 78 oder 84 genues., wobei sie ihre Angriffe auf den rechten Flügel der feindl. Flotte konzentrierten. Trotz der schweren Verluste auf diesem Abschnitt gab L. Doria nicht Befehl zum Rückzug, sondern ließ die Galeeren des linken Flügels nach rechts schwenken, so daß sie die Venezianer an den Flanken und im Rücken einschlossen und am Wenden hinderten. Diesem kühnen Manöver verdankten die Genuesen den Sieg: sie brachten fast alle feindl. Galeeren auf und machten zahlreiche Gefangene (darunter auch →Marco Polo). Wegen innerer Schwierigkeiten konnte Genua den Sieg jedoch nicht ausnutzen und unterzeichnete am 25. Mai 1299 den Friedensvertrag mit Venedig.

G. Petti Balbi

Lit.: G. Caro, Genua und die Mächte am Mittelmeer: 1257–1311, 1895 – T. O. De Negri, Storia di Genova, 1968.

Cusanus, Nicolaus → Nikolaus v. Kues

Custodia ('Bewachung, Verwahrung'), ein durch die Zeiten und Regionen unterschiedl. benutzter und nicht klar abgegrenzter Begriff, wird seit dem 13. Jh. als Bezeichnung für das →Ciborium verwendet, dann für die v. a. im 15. und 16. Jh. bes. in Südwesteuropa gebrauchte ständerlose turmartige →Monstranz (noch heute wird in Spanien und Portugal die →Monstranz C. genannt), und schließlich im heutigen kirchl. Gebrauch nur für ein überwiegend schmuckloses »Verwahrungsgefäß« für die zur Aussetzung in der Monstranz bestimmte konsekrierte große Hostie. Im folgenden ist mit C. nur die ständerlose turmartige Monstranz gemeint, die am Fronleichnamsfest zur Aussetzung des Allerheiligsten diente und auch während der Prozession mitgeführt werden konnte. Die C. unterscheidet sich von der üblichen Monstranz durch das Fehlen des Fußes oder Ständers und durch eine größere Höhe. Auf einer profilierten Fußplatte, die oft von Löwen oder Evangelistensymbolen getragen wird, erhebt sich der im allgemeinen vierseitige, mehrgschossige und sich nach oben verjüngende, meist zierlich durchbrochene Aufbau (aus Gold oder Silber, vergoldetem oder versilbertem Kupfer oder Messing).

Die Höhen der C. reichen von ca. 90 cm (C. in der Kathedrale von Silos) bis 333 cm (C. in der Kathedrale von Sevilla). Fast alle erhaltenen C. en befinden sich in Spanien (custodia de asiento [Stehmonstranz]), von denen die meisten aus den Werkstätten der Goldschmiedefamilie d'Arphe stammen, deren erstes nachweisbares Mitglied, Enrique d'Arphe, wahrscheinl. aus dem niederrhein. Harff a. d. Erft eingewandert ist (1501 als Enrique de Colonia, platera, genannt). Im rhein. oder burg. Kunstkreis dürfte der Ursprung der C. zu suchen sein. Die älteste span. C. (in der Kathedrale von Gerona) entstand von 1430 bis 1458. Außerhalb Spaniens hat sich jedoch offenbar nur eine C. erhalten: in der Pfarrkirche von Racibórz (Ratibor, Oberschlesien), datiert 1495. Im Wiener Heiltumsbuch von 1501 ist eine C. aus St. Stephan wiedergegeben. Eine Miniatur aus dem 1871 verbrannten Stundenbuch des Juvenal des Ursins (Ebf. von Reims, † 1473) zeigte eine von zwei Priestern getragene C. während der Prozession. Daß auch in England C.en in Gebrauch waren, läßt sich verschied. schriftl. Quellen entnehmen.

W. Arenhövel

Lit.: LThK² III, 111 – RDK III, 891–895 – TRE XII, 396ff. – J. Braun, Das christl. Altargerät in seinem Sein und in seiner Entwicklung, 1932, 397–400.

Custodia Terrae Sanctae, Teil der östl. Ordensprovinz der →Franziskaner (gegr. 1217). Während der Zeit der Kreuzzüge gründeten die Franziskaner mehrere Konvente im Hl. Land (1217–91), waren aber nicht mit der Betreuung der hl. Stätten betraut. Nach der Eroberung →Akkons durch die →Mamlūken (1291) zogen sich die Franziskaner nach →Zypern zurück, richteten jedoch die C. T. S. neu ein, nachdem Robert, Kg. v. Neapel, und seine Gattin Sancha ihnen das Coenaculum auf dem Berge Sion in Jerusalem, das beide 1332/33 vom Sultan v. Ägypten kauften, übertragen hatten. Die C. T. S. gründete Konvente auf dem Berg Sion (1336), am Hl. Grab (1336), in Bethlehem (ca. 1345) und Beirut (vor 1390), weiterhin ein Hospiz auf dem Sion (1353), das von Tertiarinnen geführt wurde. Die wichtigste Aufgabe der C. T. S. war die Meßfeier nach lat. Ritus an den hl. Stätten; sie hatte exklusive Zelebrationsrechte im Coenaculum, während sie diese in der Grabeskirche in Jerusalem und in der Geburtskirche in Bethlehem mit den Ostkirchen teilen mußte; auch an den anderen Altären hielt sie entsprechend den jeweiligen Möglichkeiten Gottesdienste ab. Sie übte die Seelsorge für die westl. Pilger und die kath. Kriegsgefangenen aus. Nach dem Unionskonzil v. Florenz (1439) bemühte sich die C. T. S. um die Schaffung engerer Verbindung zu den unierten Maroniten. Die Bekehrung von Muslimen war ihr verboten. Die islam. Regierungen verhielten sich, außer während der Kriege mit westl. Staaten, gegenüber der C. T. S. insgesamt tolerant. Die C. T. S. konnte ihre Position behaupten und sogar noch verstärken; heute betreut sie 36 Altäre. B. Hamilton

Lit.: Biblioteca bio-bibliografica della Terra Santa e dell' Oriente francescano, hg. G. Golubovich, ser. 1, 5 Bde, 1906–27; ser. 2, 14 Bde, 1921–39; ser. 4, Bd. 1 (1): M. Roncaglia, I Francescani in Oriente durante le crociate (sec. XIII), 1954 – L. Lemmens, Die Franziskaner im Hl. Lande, I: Die Franziskaner auf dem Sion (1335–1552), 1925² – C. T. S., 1342–1942, Pubblicazioni del Centro di Studi orientali della Custodia francescana di Terra Santa, Varia 2, 1951.

Custos, klösterl. Amtsträger. Der Begriff c., der allgemein eine Person bezeichnet, die mit der Obhut über eine Sache betraut ist, nahm im kirchl. Raum eine spezif. Bedeutung an, wobei der Inhaber eines solchen Custoden-Amtes mit entsprechender Amtsgewalt ausgestattet war. Wir kennen u.a. den c. ecclesiae, c. chori, c. infirmorum, c. dormitorii usw. Oft entspricht das Amt des c. demjenigen des →Magister; der c. überwacht die Disziplin der Zöglinge (z.B. c. puerorum), einen klösterl. Versorgungs- oder Wirtschaftsbereich (z.B. c. vini) oder einen bestimmten Fonds (z.B. c. caritatum). Eine der verbreitetsten Bedeutungen des Begriffs im techn. Sinne macht den c. zum Wärter einer Kirche, in dessen Obhut sich die Pforte, die Glocken, die Kerzen und Lampen, die liturg. Gefäße und Gewänder usw. befinden. Wir finden den c. an den Märtyrergräbern der suburbikar. Basiliken, die im 6. Jh. oft Subdiakonen übertragen sind und an den röm. Apostelgräbern, wo der c. auch cubicularius (Liber Pont.) heißt. Gelegentl. wird er als collibertus bezeichnet und heißt mansionarius (Gregor d. Gr.) oder aedituus (Gregor v. Tours). Der c. kann Priester sein (so bei Isidor v. Sevilla und in zahlreichen ma. Quellen) und als solcher die Oberaufsicht über Kirchenschatz, Preziosen und Geldmittel führen (vgl. Cap. von 806). Die Dekretalen (X, 1, 27. c 1,2) unterstellen den c. der Jurisdiktion des Archidiakons; gemeinsam mit diesem und dem Archipresbyter bildet der c. »die drei Säulen der Kirche«. Der c. begegnet als Verwalter über die Zehnten eines Kapitels, der auch das große und sogar das kleine Siegel führt. In den Orden bezeichnet der c. die Seniores (Cluny), die Dekane (Cîteaux), den →Gardian eines Konvents oder den →Superior einer Custodia wie etwa der berühmten →Custodia Terrae Sanctae (Franziskaner), gelegentl. auch den Ordensmeister (Johanniter). J. Hourlier

Q. und Lit.: Du Cange, s.v. custa, custodrix, custos, custrix – Gregor I, Dialog. III, 24 et 25 – Gregor v. Tours, Gloria mart. 19 – K. Hallinger, CCM [cf. Taf.] – Hilarius Parisiensis [F.-E. Mongin], Regula Fratrum Minorum... explanata, 1870 – Liber Pontificalis, ed. L. Duchesne, I, 171, 190, 239; II, 180 – DDC IV, 1008–1011 – DIP III, 359–362.

Cutbercht-Codex, Evangeliar aus Salzburg, letztes Viertel 8. Jh. (Wien. Österr. Nat. Bibl. Cvp 1224). Der Name der Hs. stammt von einer Eintragung von der Hand des Codex vor dem Textbeginn mit einer Gebetsbitte für »Cutbercht«, die allgemein als Schreibernennung ausgelegt wird. Der Codex (209 Bl., 31 × 23,5 cm) besitzt vier Vollbilder, acht Seiten mit Kanonestafeln und fünf Initialen. Die Textschrift ist eine insulare bzw. ags. Schrift in mehreren Ausformungen. Ergänzungen stammen von nicht viel späteren Salzburger Händen. Die Hand des Codex tritt nach E. A. Lowe (CLA X, 1445) als Korrektor in dem Altsalzburger Bibelfragment (Kremsmünster, Fragment 1) auf. Der Text (Vulgata unter starkem Einfluß der Vetus Latina) bildet mit dem →Codex Millenarius (Benediktinerstift Kremsmünster, Oberösterreich) und den →Mondseer Fragmenten in New York (Pierpont Morgan Libr. M 564) und Nürnberg (Germ. Nat. Mus. und Stadtbibl.) die Gruppe des Salzburger Sondertextes. K. Forstner (1982) betont die Altertümlichkeit des C.-C. Dagegen weisen das Bildschema und die Verwendung nur weniger Initialen auf die Entwicklung, der auch die fr. →Hofschule angehört. Die Mondseer Fragmente und das wegen seines Ornaments eng zum C.-C. gehörige →Ingolstädter Evangeliar (München, Bayer. Staatsbibl. Clm 27270) zeigen die ältere Tradition mit vielen Initialen. Die Vollbilder sind, wie beim Codex Millenarius, von einer oberit. Vorlage abzuleiten, jedoch stark insular geprägt. Die Ornamentik der Rahmungen und der Canonesbögen zeigt weitgefächerte Einflüsse. Die insularen Elemente sind vielfach kontinental »entspannt«, die südbayer. in diesem Bereich tief verwurzelt (K. Holter, 1962; K. Bierbrauer, 1979), die gegenständigen Tiermotive weisen auf den Osten. Diese Kombination legt einen langjährigen Aufenthalt des Schreibers im salzburg.-bayer. Bereich nahe. – Die Datierungsfrage bewegt sich v. a. um das Problem, ob die Hs. vor oder nach dem Tod Bf. →Virgils v. Salzburg († 784) entstanden sei. B. Bischoff läßt die Frage offen, K. Forstner tritt neuerdings nachdrückl. für die Virgilzeit ein. Seine Argumentation, die auf der Annahme einer einheitl. Schreibschule in St. Peter (→Salzburg) beruht, ist nicht zwingend. – Der got. Einband (Salzburg, um 1433) besteht aus weißl. Schweinsleder über Holz. K. Holter

Lit.: W. Neumüller–K. Holter, Der Codex Millenarius, 1959 – Ders., Zur Ornamentik des C.-C. (Wien, Österr. Nat. Bibl. 1224) (Stucchi e mosaici alto medioevali, 1962), 321–330 – Ders., Das Problem der Salzburger bildenden Kunst im Zeitalter Virgils am Beispiel der Buchmalerei dargestellt (Mitt. der Ges. für Salzburger LK, 115), 1975, 161–174 – K. Bierbrauer, Die Ornamentik frühkarol. Hss. aus Bayern (AAM Phil.-Hist. Kl., NF 84, 1979), 83f. – B. Bischoff, Die südostdt. Schreibschulen und Bibl. in der Karolingerzeit II, 1980, 95 Nr. 24 – Das Mondseeland (Ausstellungskat., 1981), 451, Nr. 11.2., zu Clm 27270 [K. Holter] – K. Forstner, Die Schreibschule von St. Peter in der Karolingerzeit (Kat. der Ausstellung »St. Peter in Salzburg«, 1982), 182 – Kat. der Ausstellung »St. Peter in Salzburg«, 1982, 359, Nr. 421 [O. Mazal] – K. Forstner, Die Datierung des C.-C. Ein Hauptproblem des Skriptoriums von St. Peter (Fschr. Erzabtei St. Peter in Salzburg 582–1982, 1982), 776–801.

Cuthbert, Bf. v. Lindisfarne, hl., * ca. 634, † 20. März 687 (auch Festdatum). [1] *Leben:* Von seiner Herkunft, wohl aus Nordhumbrien, ist wenig bekannt; die Zurückführung der Abkunft des C. auf einen ir. Kg. (Genealogie des 12. Jh.) ist unhistorisch. Nach einer Zeit als Krieger trat C. in die Abtei →Melrose (südl. Schottland, Roxburgh) ein. Von dort begab er sich ins Kl. →Ripon (Yorkshire), dann nach →Lindisfarne an der Nordostküste Englands, wo C. Prior wurde. Aus Lindisfarne zog er sich als Eremit auf die nahegelegene Insel Farne zurück. 685–686 war er Bf. (Ordinatio vom 26. März), zunächst von →Hexham, dann von Lindisfarne. Danach kehrte er auf die Insel Farne zurück, wo er bald darauf starb. Seine ältesten Biographien schrieben ein Mönch v. Lindisfarne (zw. 699 und 705) sowie Beda (zunächst eine in Versen und wahrscheinl. kurz vor 721 eine in Prosa). Sein Kult auf dem Kontinent wurde durch den Kalender →Willibrords (um 700) eingeführt. Er wurde in Lindisfarne begraben.

[2] *Verehrung:* Am 20. März 698 wurde sein unverwester Leib in den Altarraum umgebettet. Die Mönche von Lindisfarne überführten seinen Leichnam im 9. Jh. vielleicht nach Norham, Northumberland (auf diese Translation bezieht sich wohl das in einem Kalender des 9. Jh. genannte Fest zum 4. Sept.), und nahmen ihn sicherlich bei ihrer Flucht vor den Wikingern 875 mit. Nach verschiedenen Irrfahrten bargen die Mönche C.s Schrein i. J. 883 in →Chester-le-Street. Hier bewahrten sie auch das berühmte Cuthbert-Evangeliar oder »Book of Lindisfarne auf, das zu Ehren Gottes und des hl. C. geschrieben wurde. 934 besuchte Kg. →Æthelstan den Schrein des Heiligen. 995 wurde er nach →Durham überführt, wo man für ihn eine Kirche errichtete. Der Neubau dieser Kirche erfolgte seit 1093. Über die Gesch. von C.s Reliquien berichten die »Historia de Sancto Cuthberto« (Mitte des 10. Jh. entstanden) und die »Historia Dunelmensis Ecclesiae« (endet 1096, wahrscheinl. von Symeon v. Durham verfaßt). 1104 wurde C.s Leib in einen neuen Schrein überführt. Augenzeugen sollen damals berichtet haben, der Leichnam sei noch immer unverwest gewesen. Die Überführung von 1104 schildern ein anonymer Schreiber (nach 1122 tätig) und Reginald v. Durham (vor 1165 begonnen und nach 1172 beendet). Während der Reformation wurde der Schrein von Beauftragten Heinrichs VIII. (um 1539–41) zerstört und sein Inhalt begraben. Untersuchungen des Grabes in den Jahren 1827 und 1899 führten zur Auffindung einer Reihe von Gegenständen, die mit dem Hl. und seinem Kult in Verbindung stehen: so Bruchstücke eines Sargreliquiars, ein liturg. Kamm, ein Tragaltar, ein Brustkreuz, Fragmente bestickter Gewänder und Seidenreste.

D. W. Rollason

Ed.: BHL, 2019–2032 – J. RAINE, Reginaldi Monachi Dunelmensis Libellus de Admirandis Beati Cuthberti Virtutibus (Surtees Society I), 1835 – T. ARNOLD, Symeonis Monachi Opera Omnia, RS, 1882–85 – W. JAAGER, Bedas Metrische Vita Sancti Cuthberti, 1935 – B. COLGRAVE, Two Lives of St. C.: A Life by an Anonymous Monk of Lindisfarne and Bede's Prose Life, 1940 [Repr. 1969] – *Lit.:* Bibl. SS IV, 413f. – DHGE XIII, 1118–1120 – J. RAINE, St. C., 1828 – C. FOX–B. DICKINS, The Early Cultures of North-West Europe, 1950 – C. F. BATTISCOMBE, The Relics of St. C., 1956.

Cuvelier. 1. C. (irrtüml. auch Cimelier oder Trueller gen.), Autor einer 1380–85 verfaßten Chanson de geste (24 346 Alex.) über den frz. Heerführer Bertrand →Du Guesclin, in acht Hss. erhalten (einige unvollständig, zahlreiche Umarbeitungen). C. ist wahrscheinl. nicht mit 2 identisch. Seine Chanson enthält neben zuverlässigen Berichten (so zeigt er sich bes. in seiner Schilderung der Schlacht v. →Cocherel gut informiert) auch frei Erfundenes, wobei sich C. als Erfinder markanter Szenen und Wechselreden erweist. Der Erfolg seines Werkes wird durch eine Prosaversion für Jean d'Estouteville (1387) dokumentiert; diese diente seit 1488 als Quelle für zahlreiche gedruckte Bearbeitungen.

J.-C. Faucon

Ed.: E. CHARRIÈRE, La vie vaillant Bertrand du Guesclin, 1839 – *künftig:* La Chanson de Bertrand du Guesclin, hg. J.-C. FAUCON (Thèse Paris-Sorbonne, erscheint 1985 [krit. Neued., Komm., Lit.]) – *Lit.:* Repfont III, 676f. [Ed., Lit.] – J.-C. FAUCON, Note sur deux manuscrits, Rev. hist. des textes 8, 1978, 319–323 – DERS., Un curieux duel judiciaire, Romania 100, 1979, 382–397 – DERS., La sagesse populaire au service du roi (Richesse du proverbe. Univ. Lille, Bd. I, 1984), 87–111 – DERS., Un imagier de la guerre de 100 Ans (Mél. FROMILHAGUE, 1984), 13–22.

2. C., Jo[hannes] (Jean, Jacquemart le C.), frz. Komponist, vermutl. aus Tournai, Ende des 14. Jh. 1372 steht er in Diensten Kg. Karls V. v. Frankreich. Von seinen Kompositionen sind Vertonungen vier eigener Balladen überliefert, die, dreistimmig vokal-instrumental gesetzt, ursprgl. um 1385 im Stil der komplizierten frz. Notation der Zeit (»ars subtilior«) aufgezeichnet wurden.

H. Leuchtmann

Ed.: Corpus mensurabilis musicae LIII, 1970 – W. APEL, French Secular Music of the Late Fourteenth C., 1950 – *Lit.:* RIEMANN, Nachtrag s. v. – NEW GROVE, s. v. – J. WOLF, Gesch. der Mensural-Notation von 1250–1460, I, 1904, 150ff. – H. BESSELER, Die Musik des MA und der Renaissance, 1930–33, 145f. [mit Übertr. einer Ballade] – G. REANEY, The Manuscript Chantilly, Musée Condé, 1047, Musica Disciplina VIII, 1954, 67.

Cuvier, Farce du. Das in einem Sammeldruck aus der 1. Hälfte des 16. Jh. überlieferte Theaterstück (332 Achtsilber) wurde vor 1500 in der Pikardie von einem anonymen Autor verfaßt. Es behandelt das geläufigste Thema der →Farce, den Streit der Eheleute darum, wer Herr im Haus ist. Schwiegermutter und Ehefrau zwingen den widerstrebenden Jaquinot, alle Hausarbeiten zu übernehmen, die sie ihm in einer detaillierten Liste vorschreiben. Als seine Frau bei der Wäsche in einen Bottich *(cuvier)* fällt, weigert er sich listig, ihr herauszuhelfen, weil seine Liste diese Aufgabe nicht enthält. Erst als ihn beide Frauen als Herrn im Hause anerkennen, ist er zur Hilfe bereit. Für das traditionelle Thema und seine Gestaltung finden sich Vorläufer in der Erzähllit. *(fabliaux).* Es ist insofern originell gestaltet, als es nicht mit dem üblichen Sieg der Frau endet. Ausschließl. Ziel des Stücks bleibt jedoch das Gelächter der Zuschauer.

M. Tietz

Ed.: La farce en France de 1450 à 1550. Rec. de textes (...), hg. A. TISSIER, 1976, 47–77 – La F. du C. (...), hg. A. HINDLEY (Hull French Texts 4), 1979 – *Lit.:* M. C. SANDHU, La F. du C.: Origines du thème, RP 34, 1980/81, 209–216 – Weitere Lit. →Farce.

Cuxa (Cuixà), St-Michel de (im 9. Jh. sanctus Germanus), bedeutende Abtei in der Gft. →Conflent im östl. Pyrenäenraum (Bm. Elne, heute dép. Pyrénées-Orientales). Infolge einer Überschwemmungskatastrophe 878 von St-André d'Exalada (oder Eixalada) im oberen Conflent nach C. verlegt. Die Gründungsvorgänge in Exalada waren noch stark von westgot. Rechtsvorstellungen bestimmt. Das kgl. Schutzprivileg Karls d. Kahlen von 871 wurde im Moment seiner Ausstellung so umgedeutet, daß der erste Gf. des Conflent als Herr des Kl. auftreten, zugleich aber auch mit der Fiskalqualität des Kl. seine gfl. Würde begründen konnte. 968 nahm Johannes XIII. die Abtei in päpstl. Schutz. 974 erfolgte die Kirchweihe. Gf. →Bernhard Tallaferro v. →Besalú gliederte i. J. 1000 das Kl. St-Paul de Monisaten (im Fenouillèdes) C. an. 1011 erhielt es die Exemtion (ohne Zinspflicht). Abt →Oliba v. →Ripoll, seit 1018 auch Bf. v. →Vich, leitete 1007–46 in Personalunion auch die Abtei C.; das hatte territorialpolit. Gründe, verkörperte aber auch, da Oliba über weitere Abteien als Oberabt fungierte, eine Parallele zur cluniazens. Organisationsform. Auf Veranlassung der Grafengewalt war C.

1091–1150 dem Reformverband St Victor de →Marseille angeschlossen. Zum reichen Patrimonium (mit über 30 Kirchen) kamen noch die Priorate Calahons und Riquer hinzu. Um den Konvent von den Verpflichtungen der im 13. und 14. Jh. meist dem Adel angehörenden Äbte zu entbinden, wurde eine mensa abbatialis ausgesondert. Seit 1473 leiteten Kommendataräbte die Abtei. 1790 aufgehoben. – Die erhaltene Kirche (großenteils vorromanisch vor 974, frühroman. Krypta unter Abt Oliba errichtet) und der Kreuzgang mit reicher Kapitellplastik (vor 1150, zu großen Teilen heute in New York, Cloisters) zählen zu den bedeutendsten Zeugnissen ma. Kunst im katal. Raum.   O. Engels

Lit.: DHEE III, 1556f. – DHGE XIII, 1121–1142 – F. Font, Hist. de l'abbaye royale de St-Michel de C., 1882 – P. Schmid, Die Entstehung des Marseiller Kirchenstaats, AU 10, 1928, 176–207; 11, 1929, 138–152 – M. Jampy, L'abbaye de St-Michel de C., 1930 – P. Ponsich, Les origines de St-Michel de C., St-André d'Exalada et St-Germaine de C., Études Roussillonnaises 2, 1952, 7–19 – Ders., Le rôle de St-Michel de C. dans la formation de l'Historiographie catalane et l'historicité de la legende de Wifred le Velu, ebd. 4, 1954–55, 156–159 – R. D'Abadal ide Vinyals, Com neix i com creix un gran monestir pirinenc abans de l'any mil, Eixalada-Cuixà, Analecta Montserratensia 8, 1954–55, 125–338 – A. Mundó, Moissac, Cluny et les mouvements monastiques de l'Est des Pyrénées du Xe au XIIe s., Annales du Midi 75, 1963, 551–570 – J. J. Bauer, Rechtsverhältnisse der katal. Kl. von der Mitte des 10. Jh. bis zur Einführung der Kirchenreform, SFGG GAKGS 22, 1965, 8–18 – Ders., Rechtsverhältnisse der katal. Kl. in ihren Klosterverbänden (9.–12. Jh.), ebd. 23, 1967, 90–93 – O. Engels, Schutzgedanke und Landesherrschaft im östl. Pyrenäenraum, 1970, Register, passim – *zur Kunstgeschichte:* M. Durliat, Roussillon roman, 1958, 31–69.

Cybo (Cibo), genues. Familie. Sieht man von zweifelhaften Zeugnissen und unsicheren Überlieferungen ab, nach denen die Familie C. bereits seit dem 10. Jh. (auf der Basis einer vermeintl. Urkunde Ks. Ottos I. aus d. J. 962) verschiedene Burgen und in der Folge einige Inseln besessen habe, so bleibt als sicheres Faktum bestehen, daß sie zur konsular. Führungsschicht →Genuas gehörte.

Die Familie erreichte erst mit *Aronne* (Arano) eigtl. hist. Bedeutung (* wahrscheinl. nach 1380 in Rhodos, † vermutl. in Capua, ⌐ebd. in der Kathedrale). Sein Todesjahr ist jedoch später anzusetzen als das von allen Genealogen überlieferte Datum 1457, da er noch im März 1458 seine Ämter in Neapel ausübte. Ursprgl. war er Kaufmann und hatte Handelsinteressen in Spanien. Von der Republik Genua vermutl. 1438 nach Neapel gesandt, um einen Konvoi für →René d'Anjou zu begleiten, nahm er an dem Krieg zw. diesem und →Alfons I. (V.) v. Aragón teil. Nach seiner Rückkehr nach Genua wurde er als Botschafter der Republik erneut 1443 nach Neapel zu den neuen Kg. gesandt, blieb bei Hof und erhielt Ämter mit großer Verantwortung, darunter jenes eines kgl. Rats (consiliarius regius). 1455 begab sich Aronne C. nach Rom, wohin ihn Calixtus III. berufen hatte, um das wichtige Amt eines Senators zu bekleiden.

Die Bedeutung der Familie erhöhte sich in starkem Maße mit Aronnes Sohn *Giovanni Battista*, der die kirchl. Laufbahn einschlug, Kard. und später Papst wurde und als solcher den Namen →Innozenz VIII. annahm. Dieser überhäufte seinen Bruder *Maurizio* mit Ehren und ließ sich bes. das Geschick seiner Kinder angelegen sein: *Teodorina* heiratete den Genuesen Gerardo →Usodimare; entscheidend für die weitere Geschichte der C. war jedoch die Ehe des Sohnes des Papstes, *Franceschetto*, der den Titel eines Grafen v. Anguillara führte und das Amt eines Gouverneurs der Kirche innehatte, mit der Tochter von →Lorenzo il Magnifico, *Maddalena de' Medici* (25. Febr. 1487). Diese Heirat sicherte nämlich der Familie C. die Gunst der Medici-Päpste (insbes. →Leos X. und Clemens' VII.). Von den Kindern Franceschettos hatten v. a. Bedeutung: *Innocenzo* (1513 mit erst 22 Jahren Kardinal, Legat in Bologna, später Regent in Florenz), *Caterina* (⚭ 1520 mit dem Signore von →Camerino G. M. Varano, regierte ihren kleinen Staat auch nach dem Tod des Gatten), *Giambattista* (Bf. v. Marseille); bes. wichtig war jedoch *Lorenzo* (1500–49), Mgf. v. Massa und Gf. v. Ferentillo, der durch seine Heirat mit *Ricciarda* →Malaspina das Haus Cybo-Malaspina begründete, das die Herrschaft über →Massa und →Carrara innehatte und im öffentl. Leben Italiens im 16. bis 18. Jh. verschiedentl. hervortrat.   S. Polica

Lit.: Cronache di Massa di Lunigiana, a c. di G. Sforza, 1882 – L. Staffetti, Il libro di ricordi della famiglia Cybo, Atti della Soc. ligure di Storia Patria 38, 1908 – Il »Codice Cnigi«, un registro della cancelleria di Alfonso I..., a c. di I. Mazzoleni, 1965 – G. Viani, Memorie della famiglia C. e delle monete di Massa Lunigiana 1971 [Nachdr.] – Weitere Lit. →Innozenz VIII.

Cycle du Roi → Karl d. Gr., Lit.

Cynamolgus (gr. kinnamōmon), der Zimtvogel, verdankt seine ausschließl. lit. Existenz dem Bestreben der Gewürzhändler, den hohen Preis des aus dem fernen Osten (wahrscheinl. Indien) mit großem Risiko importierten Zimts zu rechtfertigen. Herodot berichtet (3,111), diese großen Vögel trügen die getrockneten Rindenstücke des Zimtbaumes in ihre an unzugängl. Felsen klebenden Lehmnester. Die Menschen sollten dann dadurch in den Besitz der kostbaren Ware kommen, daß die ebenfalls eingetragenen schweren Fleischköder die Nester herabstürzen ließen. Nach dem unechten 9. Buch der Tierkunde des Aristoteles (cap. 13, p. 616 a 6–13) brütet der C. auf hohen Bäumen, von denen die Nester durch bleibeschwerte Pfeile herabgeschossen würden. Über Plinius (10,97) wurde die ausgeschmückte Fabel an Solinus (33,15) und von dort u. a. an Isidor (12,7,23) und Thomas v. Cantimpré (5,25) weitergegeben. Die störenden Zusätze bei Thomas (s. a. Vinzenz v. Beauvais, 16,51) erklären sich aus der schlechten Überlieferung des Aristoteles: Da in der arab.-lat. Version (s. Rom, Bibl. Apost. Vat., Cod. Chisian. E. VIII, 251, 13. Jh., f. 36vb) die vorher in anderem Zusammenhang erwähnte Amsel (gr. kottyphos, lat. verballhornt foccokoz) in einer Glosse irrtüml. als C. erklärt wird und das Äquivalent für die Beutelmeise (gr. akanthyllis) ausgefallen ist, wird von →Michael Scot(t)us das Nest des C. fälschlich als kugelförmig mit kleinem Eingang beschrieben. Außerdem werden Größe, Gliederfarbung und Fischnahrung des ebenfalls namenlosen Eisvogels (gr. halkyōn) auf den C. bezogen. Die Illustration zum Solintext des lat. Physiologus MS 81 der Pierpont Morgan Library, New York (12. Jh., f. 52^r) zeigt einen mit einer Schleuder (statt des Wurfspießes) nach einem im Wipfelnest sitzenden Greifvogel und seinen beiden Jungen zielenden Mann.

Nach unbekannter Quelle behauptet Albertus Magnus (23, 32), daß der C. zusammen mit seinen Eingeweiden wegen seiner aromat. Zimtnahrung gegessen werde.

Ch. Hünemörder

Q.: Albertus Magnus, De animalibus, ed. H. Stadler, II, 1920, BGPhMA 16 – Isidorus Hispalensis, Etymologiae, ed. W. M. Lindsay, 2, 1911 – Solinus, Collectanea rerum memorabilium, ed. Th. Mommsen, 1895² [Neudr. 1958] – Thomas Cantimpratensis, Liber de natura rerum, T. 1: Text, ed. H. Boese, 1973 – Vincentius Bellovacensis, Speculum naturale, 1624 [Neudr. 1964].

Cynewulf, ags. Dichter, wahrscheinl. Geistlicher, dessen Namen wir kennen, weil er ihn in Form von →Runen in die Endpartien von vier seiner Werke einfügte, nämlich in →»Christ« II, »The Fates of the Apostles«, →»Elene«, →»Juliana«. Nur diese vier signierten Gedichte können C.

mit Sicherheit zugeschrieben werden. Ihre Sprache deutet darauf hin, daß C. Angle (wahrscheinl. Merzier) war und in der 2. Hälfte des 8. oder der 1. Hälfte des 9. Jh. lebte. Versuche, ihn genauer zu identifizieren, blieben erfolglos. C.s Stoffe sind lat. Vorlagen entnommen, sein Stil beruht auf der traditionellen, heroischen ae. Dichtung, ist aber oft abstrakter. Seine Dichtung ist wohl schriftl. entstanden, benützt aber noch Elemente der mündl.-formelhaften Dichtung. Einmal, in »Christ« II, hat C. eine lat. Homilie poetisch paraphrasiert, ansonsten Heiligenleben gestaltet. In »The Fates of the Apostles«, seinem kürzesten und anspruchslosesten Werk, zählt er katalogartig auf, wo die zwölf Apostel den Martyrertod erlitten. Der in der Hs. vorausgehende →»Andreas« hat wohl nichts mit C. zu tun. Kunstvoller gebaut sind C.s »Elene« und »Juliana«, in deren Mittelpunkt zwei einzelne Heilige stehen. →Ae. Literatur.   H. Sauer

Bibliogr.: NCBEL I, 271f., 279f. – K. JANSEN, Die C.-Forschung, 1908 – S. B. GREENFIELD–F. C. ROBINSON, A Bibliogr. of Publ. on OE Lit., 1980, 207–210, 225 – Ed.: ASPR II, 51–54, 66–102; III, 15–27, 113–133 – C. W. KENNEDY, The Poems of C., 1910 [Übers.; Repr. 1949] – K. R. BROOKS, Andreas and the Fates of the Apostles, 1961, 56–60 – Lit.: HOOPS² V, 114–120 [G. I. NEEDHAM] – K. SISAM, C. and his Poetry, PBA 18, 1932 [Repr.: DERS., Stud. in the Hist. of OE Lit., 1953, 1–28] – C. SCHAAR, Critical Stud. in the C. Group, 1949 – T. WOLPERS, Die engl. Heiligenlegende des MA, 1964, 119–129 – S. B. GREENFIELD, A Critical Hist. of OE Lit., 1965, 107–118, 128–131 – R. WOOLF, Saints' Lives (E. G. STANLEY, Continuations and Beginnings, 1966), 37–50 – R. I. PAGE, An Introduction to English Runes, 1973, 205–214 – D. G. CALDER, C., 1981.

Cynfeirdd ('frühe Dichter'), seit dem 17. Jh. Sammelbezeichnung für die walis. Dichter des 6.–11. Jh., während die Dichter der Zeit von ca. 1100 – ca. 1350 als →*Gogynfeirdd* und diejenigen von ca. 1350 bis ca. 1550 als *Cywyddwyr* (→*Cywydd*) bezeichnet werden. Es handelt sich hierbei um ein relativ vages Periodisierungs- und Einteilungsschema, insbes. da zw. den C. und den Gogynfeirdd keine scharfe Zäsur festzustellen ist. →Walisische Literatur.
T. M. Charles-Edwards

Lit.: R. BROMWICH, Medieval Celtic Literature: a Select Bibliogr., Toronto Medieval Bibliogr., No. 5, 1974, 48–51, 84–87 – Llyfryddiaeth Llenyddiaeth Gymraeg, ed. T. PARRY–M. MORGAN, 1976, 17–31 – A. O. H. JARMAN, The C. Early Welsh Poets and Poetry, 1981 – Llyfr Du Caerfyrddin, ed. A. O. H. JARMAN, 1982.

Cynghanedd, Name eines Systems kunstvoller poet. Verzierungen in der ma. walis. Dichtkunst (→Walisische Literatur), das sich durch die Anwendung sowohl des Binnenreims als auch der Alliteration auszeichnet und in dem die betonten Wörter innerhalb einer Verszeile aufeinander bezogen sind.   T. M. Charles-Edwards

Lit.: T. PARRY, Twf y Gynghanedd, Transactions of the Honourable Society of Cymmrodorion, 1936, 143–160 – Poems of the Cywyddwyr, ed. E. I. ROWLANDS, 1976, 27–49.

Cyninges tun ('Königshöfe'), ae. Bezeichnung (lat. *villa regia*) für die →Fronhöfe der ags. Kg.e, die im FrühMA als Zentren der kgl. Regierung in England dienten. Der C. t. war die Sammelstelle für die Naturalabgaben, die den kgl. Haushalt versorgten und die noch der norm. Eroberung im →Domesday Book (1086) als Rechnungseinheiten, die firma unius noctis heißen, erscheinen. In den C. t. trafen auch die Kg.e mit ihren Ratgebern zusammen. Die *thegns* und *radmen* des Fronbezirks versahen dort den Königsdienst in der Königshalle und trafen die Vorbereitung für die kgl. Jagd. Der C. t. diente aber auch als Gerichtshof für den Fronbezirk (regio, *lathe, soke* oder *shire*), der einen Vorläufer der →*hundreds* (Hundertschaften) des 10. Jh. darstellte, aber größer als diese war. Im späteren MA behielten die C. t. oft die Oberaufsicht über eine Gruppe von mehreren hundreds. Der C. t. wurde von einem →*reeve* verwaltet, und spätestens seit der Regierung Kg. →Alfreds d. Gr. besaß er ein Gefängnis, wo Männer, die des Treuebruchs angklagt waren, bis zum Hoftag eingesperrt werden konnten.

Viele der alten Klosterkirchen *(minsters)* von Wessex wurden in oder nahe bei einem C. t. errichtet. Heute ist die Existenz der C. t. häufig durch den Ortsnamen »Kingston« nachweisbar, das gilt etwa für Kingston in Surrey, wo im 9. und 10. Jh. die westsächs. und engl. Kg.e geweiht wurden.   N. P. Brooks

Lit.: STENTON³, 482f. – P. H. SAWYER, The royal tun in preconquest England, in Ideal and Reality (Essays presented to J. M. WALLACE-HADRILL, hg. C. P. WORMALD–D. A. BULLOUGH, 1983).

Ps.-Cypriani Cena, burlesk-parodist. und rätselvolles Prosastück, dem MA ein Werk →Cyprians v. Karthago, von der Forschung verschiedenen Autoren (bes. dem Heptateuchdichter Cyprianus [→ 3. C.] zugeschrieben, wohl im 5. Jh. entstanden. Reich überliefert (STRECKER kennt 54 Hss. des 9.–15. Jh.). – Den Handlungsverlauf (Hochzeitsmahl des Kg.s Johel zu Kana, das mit Tötung und Bestattung eines Gastes, Achan nach Jos 7, fröhlich endet) illustrieren katalogartige Aufzählungen bibl., auch apokrypher Personen, die als Gäste zahlreich erscheinen und ihrer traditionellen Konzeption Entsprechendes ausführen, erleiden usf. (Eva setzt sich auf Feigenblätter, Kain auf den Pflug); manches ist in Wortspielen versteckt (Jesus trinkt passus – passio, ißt einen asellus – Fisch). Nächst der Hl. Schrift kennt der Verfasser Fachlit. (z.B. Plin. nat. h.), auch des Gr. ist er mächtig. Vorbild (und möglicherweise Gegenstand der Parodie) ist der tractatus post traditum baptisma I 24 (II 38) des Zeno v. Verona; ferner die vv. 83–93 des Vespa (SCHALLER, 16249), die mytholog. Figuren scherzhaft verfremden. Die C. C. steht in mancher Hinsicht in antiken Traditionen (Götterparodie, Symposion-Lit.). LAPÔTRE deutet sie als Parodie auf den Ceres-Kult des Julianus Apostata, LEHMANN sieht in ihr – wie das MA – »Belustigung ohne satirisch-polemische Hintergedanken«.

Mittelalterliche Bearbeitungen: [1] Um 855 bearbeitet →Hrabanus Maurus die C. C. für Lothar II. als cena nuptialis des Kg.s Abbatheos für dessen Sohn Bartheos, d.i. Christus, mit theol.-moral. Tendenz. [2] →Johannes Diaconus setzt sie 876 in rhythm. Fünfzehnsilber um und fügt ihr satir. auf Zeit, Aufführung und Publikum (u.a. Karl der Kahle) anspielend Prolog, Epilog und Widmung (an Papst Johannes VIII.) bei. – In Frankreich wird die C. C. erneut rhythm. (4 × 8 ˘ –) imitiert, in freien, weitausholenden, nur je in 1 Hs. überlieferten Gedichten: [3] im Parisinus BN lat. 5609 (s. IX), wohl Teil der von Salmasius erwähnten, verschollenen Cena Azelini (vgl. WALTHER, 18739), [4] in Arras 624 (557) (s. XII), eine in drei Bücher nach den heilsgeschichtl. Epochen unterteilte Fassung (im 2. abbrechend). [5] Die Rätsel der C. C. theol. zu erhellen, unternimmt in der Mitte des 12. Jh. →Herveus v. Déols (Burgidolensis). U. Eco greift auf die C. C. in seinem Roman »Il nome della rosa« (dt. 1982) zurück.   E. Rauner

Lit. allg.: RAC III, 478ff. – SZÖVÉRFFY, Weltl. Dichtungen 662f. [Lit.] – P. LEHMANN, Die Parodie im MA, 1963², 12ff. – M. M. SINISCALCHI, StM 3ª ser. XXIV, 1983, 407–413 – *Zur C. C.*: K. STRECKER, MGH PP IV 857–900 [ed.] – A. LAPÔTRE, La C. C. et ses énigmes, RechSR 3, 1912, 495–596 – *zu 1:* Verf.-Lex.² IV, 193 – *zu 2:* SCHALLER, 13639 – A. LAPÔTRE, Le souper de Jean diacre (DERS., Etudes sur la papauté au IXᵉ s., II, 1978), 439–519 – F. SCHNEIDER, Rom und Romgedanke im MA, 1925, 135f. – *zu 3:* WALTHER, 6998 – *zu 4:* MGH PP IV 868, 1. Catgén 4, 1872, 222f. – *zu 5:* A. WILMART, Le prologue d'Hervé de Bourgdieu pour son commentaire de la C. C., RevBén 35, 1923, 255–263.

Cyprianus
1. C. v. Antiochia, nach der etwa um 350 entstandenen

Legende (Conversio Justinae et Cypriani, daran anknüpfend die Confessio seu paenitentia Cypriani, später das Martyrium [Passio Cypriani et Justinae]) ein heidn. Magier, an den sich ein junger Mann wendet, um die Liebe der christl. Jungfrau →Justina in Antiochia zu erringen. Die Erfolglosigkeit aller mag. Bemühungen führt schließlich zu seiner Bekehrung, über die er in der Confessio berichtet. Nach dem Martyrium stirbt er mit Justina unter Diokletian den Märtyrertod in Nikomedia (Kessel mit siedendem Pech, Enthauptung). Die Legenda aurea kombiniert die drei Texte zu einer Erzählung (c. CXLII [137], Th. Graesse, 632–636), die Calderons »El magico prodigioso« als Vorlage gedient hat. Das auf die Cyprianlegende zurückgehende, vielfach variierte Motiv des Bündnisses mit dem Teufel hat Eingang in die Faustsage gefunden. Dargestellt (vor der Taufe als Doktor, danach vorwiegend als Bf.), zumeist zusammen mit Justina, bes. im O mit →Cyprian v. Karthago gleichgesetzt. Th. Baumeister

Q.: Bibl. hagiographica Graeca³, 452–461c, Auctarium 452–461e – Bibl. hagiographica Orientalis, 228–232 – BHL, 2047–2054 – *Übers.*: Th. Zahn, Cyprian v. Antiochien und die dt. Faustsage, 1882, 21–72 – *Lit.*: EM III, 197–200 – LCI VI, 12–14 – RAC III, 467–477 [L. Krestan–A. Hermann; Q. und Lit.] – H. Delehaye, Cyprien d'Antioche et Cyprien de Carthage, AnalBoll 39, 1921, 314–332 – E. Dorn, Der sündige Hl. in der Legende des MA, 1967, 30–34 – A. Gier, Der Sünder als Beispiel, 1977, 318–321.

2. C. v. Córdoba, Epigrammatiker des späten 9. Jh., aus der im Codex Madrid BN 10029 (10. Jh.) erhaltenen Sammlung von hexametr. Epigrammata domini Cipriani Cordobensis sedis arcipresbiteri bekannt. Von den acht Stücken sind sieben sicher Tituli (zwei für Bibeln, zwei auf Fächer; drei Grabschriften, darunter das Epitaph des 890 gestorbenen →Samson v. Córdoba). Bes. Beachtung findet ein vielleicht als Inschrift für ein Lusthaus zu verstehender Dreizeiler (Fragment?), der zu Naturgenuß und Trunk einlädt (Nr. 3 bei Traube, von Gil – wohl zu Unrecht – mit Nr. 2 zusammengezogen). J. Prelog

Ed.: MGH PP 3, 143–146 [L. Traube] – Corpus scriptorum Muzarabicorum II, 685–687 [J. Gil] – *Lit.*: Repfont 3, 678 – G. Bernt, Das lat. Epigramm im Übergang von der Spätantike zum frühen MA, 1968, 309f. – Schaller [Bibliogr.].

3. C. Gallus. Erschlossener Verfassername für die unter den Schriften Cyprians v. Karthago überlieferte poet. Bearbeitung der ersten 7 Bücher des AT (Heptateuchos), die um 425 in Gallien entstanden sein dürfte. Der christl. Stoff wird, vermutl. für Unterrichtszwecke, mit den Mitteln der lat. Dichtersprache dargeboten. Wie weit noch andere im Corpus Cypriani überlieferte Werke diesem Anonymus zuzuweisen sind, ist umstritten. Zu nennen sind: Cena Ps. →Cypriani, die Gedichte »De Sodoma« ('Über den Untergang Sodoms') und »De Iona« ('Über den Untergang Ninives nach der Prophezeiung Jonas'). J. Gruber

Ed.: R. Peiper, CSEL 23, 1891 – *Lit.*: Altaner-Stuiber, 411 – Kl. Pauly I, 1354 – RAC III, 477–481 – RE IV, 1941f. – Schanz-Hosius IV, 1, 212–214 – W. Hass, Stud. zum Heptateuchdichter C. [Diss. Berlin 1912].

4. C. v. Karthago, * 200/210, 248/249 Bf. v. Karthago, † 14. Sept. 258 als Märtyrer, hinterließ eine Sammlung von 81 Briefen, von denen 65 von ihm stammen, und eine Reihe von theol.-prakt. Schriften, u.a. »De opere et eleemosynis«, »De bono patientiae«, »De zelo et livore«, »De habitu virginum«, »De mortalitate«, »Ad Fortunatum de exhortatione martyrii« (ed. CSEL III). Er schrieb an seinen Freund Donatus eine Art confessio seiner Bekehrung und Taufe (»Ad Donatum«) sowie eine (bis heute) oft gelesene Vater-Unser-Auslegung (»De dominica oratione«). In der Auseinandersetzung über die Rekonziliation der in der decisischen Verfolgung Abgefallenen ('lapsi') und angesichts der Kirchenspaltung in Karthago und in Rom (novatian. Schisma) griff er zur Feder: »De ecclesiae unitate« (ed. ebd.). Im 3.–5. Jh. entstanden eine Anzahl ps.-epigraph. Schriften, die auch das MA C. zuerkannte (vgl. u.a. »De duodecim abusivis saeculi«, →Ps.-Cypriani Cena. Zu den echten und unechten Schriften C.s vgl. weiter CPL 8–14, 244, 318, 322, 324, 508).

Seit →Cassiodor (Institutiones) trat C. in der Liste der lat. Kirchenlehrer auf (später häufig zusammen mit →Hilarius v. Poitiers), seine Schriften wurden zitiert und in den Sentenzen- und Canonessammlungen angeführt (z. B. bei →Gratian und →Petrus Lombardus). In den kirchenpolit. und ekklesiolog. (Streit-)Schriften des 11. und 12. Jh. wurde häufig seine Autorität zu Fragen der kirchl. Gewalt und der Kirchenreform geltend gemacht (z.B. bei →Rupert v. Deutz und →Ger(h)och v. Reichersberg). Die scholast. Theologen des 12. und 13. Jh. zitierten C. in der Sakramentenlehre und in asket.-moral. Darlegungen (z.B. →Thomas v. Aquin). Die spätma. Auslegungen des Herrengebets (z.B. des →Johannes v. Kastl, des →Malogranatum) sind von C. beeinflußt.

Dargestellt ist C. als Bf. mit Buch und Bischofsstab oder mit den Zeichen des Martyriums, Palme und Schwert. Vgl. auch →Cyprianus v. Antiochia. M. Gerwing

Lit.: Altaner-Stuiber⁸–J. Quasten, Patrology 2, 1964, 340–383 – *zur Wirkungsgesch. im MA:* P. Lehmann, Erforsch. des MA, 1–5, 1959–62 – Manitius – Landgraf, Dogmengeschichte – J. de Ghellinck, Le mouvement théol. du XIIe s., 1948.

Cyrenaica, nordafrikan. Küstenlandschaft zw. der Gr. Syrte (Arae Philaenorum bei Kap Ra's al-ʿĀlī) und Ägypten, benannt nach der dor. Kolonie Kyrene (gegr. 631 v. Chr.), die mit den vier weiteren Städten Berenike (Bengasi), Teuchira/Arsinoe (Tocra), Apollonia (Marsa Susa) und Ptolemais (Tolmeita) als sog. Pentapolis das ökonom. Zentrum mit griech., jüd. und libyscher Bevölkerung bildete. Zunächst vom Königshaus der Battiaden, später von den Ptolemäern beherrscht, wurde die C. 96 v. Chr. von Ptolemaios Apion den Römern testamentar. vermacht, 74 v. Chr. als Provinz eingerichtet und unter Augustus mit Kreta vereinigt. Export von Getreide, Öl, Straußenfedern und der Gewürz- und Drogenpflanze Silphion (bis zum Beginn der Kaiserzeit) begründete neben Pferde-, Schaf- und Rinderzucht den Wohlstand der C., der jedoch nach dem jüd. Aufstand von 115 n. Chr. zurückging. Diokletian teilte die C. in die Einzelprovinzen Libya superior (Pentapolis) und inferior (sicca, Marmarica). Schon früh ist in Kyrene eine bedeutende christl. Gemeinde anzunehmen. Im 4. Jh. waren alle wichtigen Orte Bischofssitze, die dem Patriarchen v. Alexandria unterstanden. Sabellianer (→Sabellianismus), Arianer (→Arius, Arianismus) und Monophysiten (→Monophysitismus) hatten zahlreiche Anhänger. Vom 4. Jh. an bedrohten die Wüstenstämme der Asturaner (gegen die um 400 →Synesios den Abwehrkampf auf dem Lande organisierte), im 6. Jh. die der Mazikes die C. Justinian bemühte sich durch Neuordnung der Provinz und Anlage von Befestigungen um eine Stabilisierung der Lage; gleichzeitig fördert es die Ausbreitung des Christentums im Binnenland. 608 wurde die C. strateg. Ausgangspunkt der Erhebung des →Herakleios gegen →Phokas. 642/645 besetzten die Araber unter →ʿAmr ibn al-ʿĀṣ das jetzt nach der neuen Hauptstadt Barqa genannte Gebiet als Ausgangsbasis für ihr Vordringen nach dem Westen. Die städt. Siedlungen und landwirtschaftl. Anlagen verfielen endgültig nach 1046 (Einfall der Nomadenstämme der Banū Hilāl und Banū Sulaim). 1517 kam die C. unter türk. Herrschaft. J. Gruber

Lit.: Kl. Pauly III, 410f. – LAW, 1660f. – RE XII, 156–169 – P. Romanelli, La Cirenaica Romana, 1943 – R. G. Goodchild, Kyrene und Apollonia, 1971 – Ders., Libyan Stud., 1976.

Cyriacus (Ciliax), hl. Diakon und Martyrer, mit Largus und Smaragdus (Fest 8. Aug. und 16. März). Zu trennen vom hl. Papst C. der Ursulalegende (→Ursula, hl.).

C. soll in Rom um 303/304 hingerichtet und an der Via Ostia begraben worden sein. Sein Kult in Rom angebl. seit Mitte 4. Jh.; weiteres Kultzentrum in Italien: Ancona. In Deutschland begann der Kult mit Reliquien in Neuhausen b. Worms und kam von dort nach Speyer und Lorsch. Otto I. brachte Reliquien nach Bamberg, 952 verlieh er Geseke die Immunität. Mgf. Gero erhielt 959 Reliquien des Hl. und weihte ihm die Gotteshäuser von Gernrode (961) und Frose b. Halle. Durch Leo IX. kamen Reliquien nach Altdorf (Elsaß) und durch Ebf. Anno II. v. Köln in den Umkreis von Siegburg und Grafschaft. Von diesen Kultzentren breitete sich seit dem 10./11. Jh. die Verehrung von C. insbes. am Mittelrhein, in Mainfranken, Thüringen und im Harz über Halberstadt und Merseburg bis zur Elbe, im Sauerland und in Hessen, weiter im Elsaß und am Oberrhein aus. Der Hl. fehlt bis auf sehr wenige Orte in NW-Deutschland und östl. der Elbe. C. gehört, so zuerst 1450 in Würzburg, zu den hl. Vierzehn →Nothelfern. Als Attribut führt C. einen Teufel (Drachen) an einer Kette, da er die Tochter Diokletians von einem Teufel befreit haben soll und er bei Besessenheit wie zur Abwendung von Gewittern angerufen wurde. M. Zender

Darstellungen sind aus mittel- und oberrhein. Gebieten zahlreich erhalten, stets als Diakon in der Dalmatika, jugendlich, meist mit Buch, Palme, auch Schwert sowie Teufel bzw. Drache zu seinen Füßen (Gero-Sarkophag in der Stiftskirche zu Gernrode, Ende 15. Jh.). Früheste Darstellungen in S. Prassede zu Rom Anfang 9. Jh., im Lektionar der Landesbibl. Karlsruhe fol. 550 und im Passionale der Stuttgarter Landesbibl. um 1130. Als Halbfigur mit Buch und Palme um 1200 auf dem Boden eines Reliquienkästchens der Äbtissin Agnes im Halberstädter Domschatz, am Reliquiar in Altdorf Anfang 14. Jh., als Diakon mit Palme im Fenster des Straßburger Münsters 2. Hälfte 13. Jh. Seit dem Ende 15. Jh. überwiegend als Exorzist bzw. Nothelfer. G. Binding

Q. und Lit.: AASS Aug. II, 327–340 – BHL 2056–66 – Bibl. SS III, 1301–05 – LCI VI, 16–18 – LThK² III, 118f. – N. Fickermann, Eine hagiograph. Fälschung otton. Zeit aus Gernrode (Corona Quernea. Festg. K. Strecker, 1941), 159ff. – K. Lutz, Cyriacuskult im Speyrer Dom (Fschr. Biundo, 1951), 188–235 – E. Donckel, Die Verehrung des hl. C. in Luxemburg, Bll. der Action Catholique Masculine Luxembourgeoise, 1962/63, 5–47 – H. Schauerte, Sankt C. im westfäl. Raum, Rhein.-westfäl. Zs. für Volkskunde 11, 1964, 64–73 – H. K. Schulze, Das Stift Gernrode, 1965.

Cyrillisches Alphabet → Alphabet (Abschnitt IV)

Cyrillonas (Qurillona), syr. Dichter, 4./5. Jh., über den keine biograph. Nachrichten vorliegen, gilt als Verfasser von sechs für Geschichte, Volksfrömmigkeit und Dogmatik wichtigen Gedichten, die nach Form, Inhalt und Qualität dem Werk →Ephraem des Syrers nahestehen. Er bespricht u. a. den Hunneneinfall von 395, das Pascha Christi, die Bedeutung der Eucharistie, Martyrerverehrung und Reliquienkult. W. Cramer

Ed.: G. Bickell, ZDMG 27, 1873, 566–598; 35, 1881, 531f. – *Übers.*: S. Landersdorfer, BKV² 6, 1–54 – *Lit.*: C. Vona, I Carmi di Cirillona, 1963.

Cyrillus → Kyrill(os), → Konstantin

Cyrus → Kyros

Cysoing, Abtei im frz. Flandern (alte Diöz. Tournai; dép. Nord, arr. Lille), gegr. 854 oder kurze Zeit vorher von →Eberhard, Mgf. v. Friaul, Sohn von Unruoch, Gf. en v. →Thérouanne, aus der Familie der →Unruochinger, und von seiner Frau Gisela, der einzigen Tochter Ks. Ludwigs d. Fr. und dessen zweiter Frau Judith. 854 erhielt Eberhard von Papst Leo IV. die Reliquien des hl. Papstes→Calixtus, die er nach C. überführen ließ. Das ursprgl. Kirchengut der Abtei wurde durch eine Schenkung der Fiskalgüter begründet, welche Eberhard in C. selbst sowie in Vitryen-Artois besaß. Nach seinem Tod (864/865) wurde das Kirchengut durch die Schenkungen Giselas vergrößert, u.a. in Somain. Um der Abtei und ihrem Besitz Schutzherrschaft zu geben, unterstellte sie Abt Rudolf, der Sohn Eberhards, der Kathedrale von Reims. C. ist so ein ebfl. Eigenkloster geworden; dies wurde durch die Translation von Reliquien des hl. Calixtus nach Reims i. J. 891 bestätigt.

Nach einer Periode nahezu ohne nähere Nachrichten treten um 1082 die Herren v. C. und Petegem als Vögte der Abtei in Erscheinung. Das geistl. Niveau der Kanoniker, die nun in der Abtei lebten, war so sehr gesunken, daß Reformen notwendig erschienen. Zu deren Durchführung wurde Anselm, Kanoniker v. St-Remi in Reims, 1129 zum Abt geweiht. Dank seiner Initiative nahmen die Kanoniker die Augustinerregel an und schlossen sich wahrscheinl. 1132 der Kongregation v. →Arrouaise an. Später, im 13. Jh., folgten die Kanoniker der Observanz v. →St-Victor.

Die wirtschaftl. Hauptgrundlage der Abtei bildeten zwei Domänen, bes. Somain, wo sich das von Beaurepaire abhängige Priorat befand, und Hertsberge, eine Schenkung der Gf.en v. Flandern, Dietrich (1128–68) und Philipp v. Elsaß (1168–91), die mittels einer kleinen Propstei genutzt wurde. G. Berings

Q.: I. de Coussemaker, Cart. de l'abbaye de C. et de ses dépendances, 1886 – Translatio S. Calixti Cisonium, MGH SS XV, 418–422 – Flodoardi historia Remensis ecclesiae, MGH SS XIII, 558, 569, 573 – *Lit.*: DHGE XIII, 1188f. – J. Bataille, C. Les seigneurs, l'abbaye, la ville, la paroisse, 1934 – P. Grierson, La maison d'Evrard de Frioul et les origines du comté de Flandre, Revue du Nord 24, 1938, 241–266 – W. Metz, Die Königshöfe der Brevium Exempla, DA 22, 1966, 598–617 – L. Milis, L'ordre des chanoines réguliers d'Arrouaise I, 1969, 146f., 191 – N. Huyghebaert, Prévôté de Sainte-Gertrude à Hertsberge, Monasticon Belge 3, 1974, 991–1010.

Cywydd, übliche Bezeichnung für ein ma. walis. Versmaß (vollständige Bezeichnung: *c. deuair hirion*), das auf paarweise gereimten Verszeilen von sieben Silben beruht. Von den gereimten Silben ist die eine betont, die andere unbetont. Diese Charakteristika finden sich ebenfalls bei einem der verbreitetsten ir. Versmaße, *deibiche scaílte*. Die Ursprünge des c.-Versmaßes sind unbekannt; es wurde von einer Schule bedeutender walis. Dichter, unter ihnen →Dafydd ap Gwilym und →Iolo Goch, übernommen. Damit gab es der Dichterschule der *cywyddwyr*, die in der walis. Dichtkunst zwei Jahrhunderte lang tonangebend waren, den Namen. →Walisische Literatur.

T. M. Charles-Edwards

Lit.: R. Bromwich, Medieval Celtic Literature: a Select Bibliogr., Toronto Medieval Bibliogr., No. 5, 1974, 54–55 – Llyfryddiaeth Llenyddiaeth Cymraeg, ed. T. Parry–M. Morgan, 1976, 81–121 – Poems of the Cywyddwyr, ed. E. I. Rowlands, 1976.

Czartoryski, litauische, dann poln. fsl. Familie, begründet durch Fs. *Konstantin* († nach 30. Okt. 1390), Sohn des Gfs. en →Olgierd (Algirdas) und seiner ersten Gemahlin, Maria v. Witebsk, Halbbruder des Kg.s Władysław Jagiełło (Jogaila), mit Czernihów und nachher mit Czartorysk in Wolhynien sowie mit Słuck ausgestattet. Von seinen ma. Nachkommen sind zu erwähnen: seine Enkel, die Brüder *Alexander* († nach 1477), Sohn *Vassilijs* zu

Czartorysk, Statthalter des Gfs.en v. Moskau in Pskov (Pleskau) 1443-47, 1456-60 und in Novgorod 1447-56, litauischer Statthalter in Czernihów seit 1462, und *Michail*, († vor 1489), Hofmarschall des Gfs.en Swidrygiełło (Svitrigaila), Statthalter in Bracław. Als schon vom Großvater und Vater geführtes dynast. litauisches Wappen: Pogoń (Reiter in Verfolgung), 1442 dem Fs.en Michail bestätigt.

A. Gieysztor

Lit.: PSB III, 1937, 299, 271, 286-287; XIII, 1967, 603 – S. M. Kuczyński, Ziemie siewiersko-czernichowskie pod rządami Litwy, 1936 – O. Halecki, Koriatowicze a przodkowie Holszańskich i Czartoryskich (Miesięcznik Herald, 18, 1939), 81-88 – Z. Wdowiszewski, Genealogia Jagiellonów, 1968.

Czerwińsk, Ort an der Weichsel, nördl. von Sochaczew, Polen. Der Marktflecken in →Masovien wurde im 11. Jh. im Privileg für die Abtei →Mogilno (angeblich von 1065) erstmals erwähnt. Er gehörte seit 1075 dem Bf. v. →Płock. Vor 1155 wurde die Regularkanonikerabtei (Cervenscum) von Bf. Alexander v. Płock (1129-56) gegründet. Die Herkunft der Kanoniker ist in der Literatur umstritten (Lateran, Arrouaise, St-Victor in Paris, wahrscheinl. St. Aegidius in Lüttich?). Die kunsthistorisch bedeutende Klosterkirche wurde im zweiten Viertel des 12. Jh. errichtet.

Nach der Gründung der Abtei gehörte C. je zur Hälfte dem Abt und dem Bf. v. Płock. Der bfl. Teil erhielt 1373, der klösterl. 1582 Stadtrecht. 1410 vereinigte sich in C. das poln.-litauische Heer (vgl. →Tannenberg, Schlacht). 1422 erhielt in C. der poln. Adel ein wichtiges Privileg, das u. a. eine Beschlagnahme seiner Güter ohne Gerichtsurteil verbot (→Polen). A. Gieysztor

Lit.: ECatt III, 840f. [M. Lewko] – H. Rybus, Zbiór materiałów do dziejów opactwa kanoników regul. w C. (Studia Theol. Vars. 7/2,

1969), 261-269 – Sztuka polska przedromańska i romańska do schyłku XII w., hg. M. Walicki, 1971, 681-683 – T. Mroczko, C. romański, 1972.

Częstochowa (Tschenstochau), Stadt und Wallfahrtsort in Polen, am Oberlauf der Warthe (Wojewodschaft Częstochowa), 1220 als villa ducis erwähnt, civitas 1377. An der Kreuzung wichtiger Landstraßen nach →Krakau gelegen, verdankt C. seine Entwicklung den hier befindlichen Erzlagern. C. wurde 1382 von Fs. Władysław v. →Oppeln den →Paulinern übertragen; diese gründeten auf der Anhöhe Jasna Góra (Clara Mons) ein Kl. Seit dem 31. Aug. 1384 wird hier das Bild der Mutter Gottes (sog. »Schwarze Madonna«) verehrt, eine auf Lindenholz gemalte →Ikone im Typ der →Hodigitria, die den ältesten Darstellungen Mariens mit dem Jesusknaben nahesteht (vgl. die Marienbilder in den röm. Basiliken S. Maria Maggiore, 10. Jh., und S. Maria Nuova, 6. Jh., und im Kl. →Chilandar auf dem Athos, 12. Jh.). 1430 erlitt das Bild eine grobe Profanierung und Beschädigung. König Władysław Jagiełło betraute fähige Krakauer Maler mit der Restaurierung, jedoch ließ sich das ursprüngl. enkaustische Gemälde (→Maltechniken) nicht mehr instandsetzen; die zusammengefügte und geglättete Holzplatte wurde vielmehr mit einer getreuen Replik in Temperatechnik übermalt. Im Laufe des 15. Jh. entwickelte sich Jasna Góra zum beliebtesten Wallfahrtsort Polens; Johannes →Długosz nennt die Mutter Gottes von Jasna Góra »Königin der Welt und die unsere« (Liber Beneficiorum III). Legenden umwoben die Frühgeschichte des Bildes (Translatio Tabulae, 1. Hälfte des 15. Jh.; Hist. pulchra von P. Risinius, Cracoviae 1523). B. Kürbis

Lit.: Encyklopedia Katolicka III, 1979, 852-879.

D

Dabar, serb. Bm., gegr. 1219, mit Sitz im Kl. Sv. Nikola in Banja bei Priboj, am unteren Lim, war D. Stützpunkt der serb. Kirche im Kampf gegen den bosn. Bogomilismus (→Bogomilen). Über die Verlegung des Bischofssitzes nach →Mileševo und die Erhebung zur Metropolie unter Tvrtko I. (nach Mauro Orbini) gibt es keine sicheren Angaben. – Seit 1282 befand sich D. im Herrschaftsbereich von Kg. Stefan Dragutin. Nach der Zerstörung durch den bosn. Ban Stefan II. Kotromanić stiftete Kg. Stefan III. Dečanski 1328/29 die neue Kirche. Diese befand sich seit 1349 im Besitz der Vojnovići, denen sie als Grablege diente, und seit 1373 im Besitz des bosn. Bans Tvrtko I. Ende des 16. Jh. wurde D. zur bosn. (im 18. Jh. 'dabrobosn.') Metropolie erhoben, deren Sitz in Sarajevo war. I. Djurić

Lit.: I. Ruvarac, Nešto o Bosni, Dabarskoj i Dabro-bosanskoj episkopiji i o srpskim manastirima u Bosni (Godišnjica N. Čupića II, 1878) – Savva H. (S. Kosanović), Pregled bilježaka ili izvora o dabarskim episkopima i dabrobosanskih mitropolitima, 1-6, 1898 – M. Dinić, O krunisanju Tvrtka I za kralja, Glas SKA 147, 1932, 133-145 – M. Janković, Episkopije srpske crkve 1220. godine, Sava Nemanjić – Sveti Sava, 1979, 73-84 – M. Šakota, Riznica manastira Banje kod Priboja, 1981.

Dabiša, Kg. v. →Bosnien (1391-95), Vetter und Nachfolger König →Tvrtkos I. Die Krone als »Kg. der Serben, Bosniens und der Küstenlandes« übernahm er in fortgeschrittenem Alter. In den ersten Jahren seiner Herrschaft gelang es ihm, den von Tvrtko geschaffenen Staat ungeschmälert zu erhalten. Zu Beginn seiner Herrschaft konnte er auch einen türk. Angriff vereiteln. Innenpolit. zeigten sich allerdings bereits die ersten Anzeichen für eine Schwächung der Zentralgewalt und ein schrittweises Erstarken des Hochadels. Es gab sogar Versuche, Staatsland zu veräußern. Die Uneinigkeit des bosn. Adels nutzte →Siegmund, Kg. v. →Ungarn, aus, um ihn seiner Macht unterzuordnen. 1394 unterwarf der Luxemburger auch D., der auf →Kroatien und →Dalmatien verzichten mußte und zusammen mit dem bosn. Adel darin einwilligte, daß nach seinem Tode die Krone Bosniens an Siegmund fallen sollte. R. Mihaljčič

Lit.: F. Rački, Pokret na slavenskom jugu koncem XIV i početkom XV stoljeća, Rad 3, 1878, 64-152 – F. Šišič, Vojvoda Hrvoje Vukčić Hrvatinić i njegovo doba, 1902 – V. Ćorović, Historija Bosne, 1940 – S. Ćirković, O »Djakovačkom ugovoru«, IstGlas, 1-4, 1962, 3-10 – Ders., Istorija srednjovekovne bosanske države, 1964 – Ders., Komentari, Mavro Orbin, Kraljevstvo Slovena, 1968, 345.

Dabragezas, byz. Heerführer slav. Herkunft des 6. Jh., Geburts- und Todesdatum unbekannt. Das Eindringen der Slaven in die staatl. Hierarchie des Byz. Reiches begann schon im 6. Jh., als einzelne Slaven als Söldner in Dienst genommen wurden, von denen manche wie Dabragezas (Etymologie des Namens ungeklärt) hohe Kommandoposten erreichten. D. vom Stamm der Anten wurde um die Mitte des 6. Jh. zum Taxiarchos (Dux) ernannt und kämpfte erfolgreich gegen die Perser in Lazika. An den militär. Operationen um 556 nahm auch sein Sohn teil, der schon den typisch byz. Namen Leontios trug.

I. Dujčev

Q.: Agathiae Myrinaei Historiarum libri quinque, rec. R. Keydell, S. 91, 3ff., 23ff.; S. 111, 26ff.; S. 112, 13ff.; S. 145, 3, 12 – Agathias, The Histories, ed. J. D. Frendo, 1975, 74, 91, 92, 119 – Fontes graeci historiae bulgaricae 2, 1968, 183, 184 – *Lit.*: I. Dujčev (La Persia e il mondo greco-Romano, 1966), 370 – Ders., Bŭlgarsko srednovekovie, 1972, 42f.

Dach
A. Definition – B. Germanische und römische Voraussetzungen – C. Allgemein. Mittel- und Westeuropa – D. Italien – E. Östliches Europa – F. Britische Inseln – G. Skandinavien – H. Byzantinischer Bereich – I. Islamischer Bereich

A. Definition
Das D. als oberer Abschluß eines Bauwerkes gegen Witterungseinflüsse ist ein die Erscheinung des Gebäudes wesentl. mitbestimmender Bauteil, der aus der Dachkonstruktion und der Dachdeckung besteht. Form und Eindeckung sind neben gestalter. Absichten abhängig von dem Klima; so kann in den trockenen Mittelmeerländern bei Steinbauten die oberste massive Decke den Abschluß bilden. Die Dachflächen werden begrenzt: oben vom First, unten von der waagerechten Traufe, am Giebel vom Ort oder Ortgang; bilden zwei Dachflächen mit ihrer Traufe eine ausspringende Ecke, so wird ihre Schnittlinie zum Grat, bei einspringender Ecke mit der Kehlrinne. Ein Grat, der zwei verschiedenhohe Firstpunkte verbindet, heißt Verfall. Zu den wichtigsten Dachteilen vgl. Fig. 8.

G. Binding

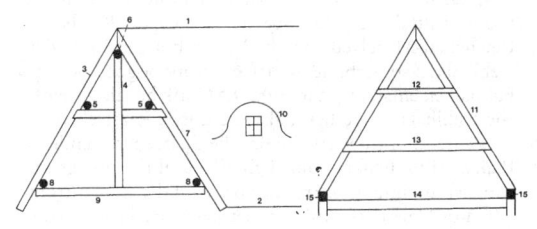

Fig. 8: Die wichtigsten Dachteile: 1 = First, 2 = Traufe, 3 = Ort, 4 = Firstsäule, 5 = Nebenpfetten, 6 = Firstpfette, 7 = Rofen, 8 = Fußpfetten, 9 = Ankerbalken, 10 = Gaube, 11 = Sparren, 12 = Hahnenbalken, 13 = Kehlbalken, 14 = Dachbalken/Ankerbalken, 15 = Rähm.

B. Germanische und römische Voraussetzungen
I. Germanischer Raum – II. Römisches Dach.

I. Germanischer Raum: Im germ. Raum sind Häuser nur aus Grabungen bekannt. Deshalb muß die Dachkonstruktion mittelbar aus Pfostenlöchern und Wandlinien erschlossen werden. Zahlreich vom Nordkap bis zu den Alpen sind Grundrisse mit Pfostenlöchern in der Mittelachse, auch mit Dreisäulengerüsten, die die Firstpfette abgestützt haben. Diese Pfosten hießen vermutl. Säulen (*sule, magansul*). Bei den häufigen Zweisäulengerüsten stand manchmal eine Mittelsäule an den Giebeln, woraus eine abgefangene Firstsäule (*Dwerg*) erschlossen wurde, was auch bei wandlastigen Bauten möglich ist. Die Firstpfette scheint zunächst als Träger der Dachlast nicht ersetzbar gewesen zu sein. Man hat sie auch durch gespreizte Pfostenpaare im Innern in der Gabel abgestützt (ältere röm. Kaiserzeit [RKZ] in den Niederlanden, Wikingerzeit [WZ] in Jütland). In Jütland sind diese bis heute als *stritsuler* bekannt. Die Gabelung als Pfettenlager konnte auch durch Bogenscheren (engl. *crucks*) ersetzt werden, die paarweise in der Wandlinie standen, gebildet werden (RKZ: britische Inseln und Niederdeutschland, NZ: von Westeuropa, England bis Nordnorwegen). Ebenso werden gerade Scheren (skand. *saxe*) von der Wand oder den Nebenpfetten aus (WZ in Haithabu, NZ allgemein) üblich gewesen sein. Bei Zweisäulengerüsten mit kleinem Abstand konnte die Firstpfette zugunsten der Nebenpfetten fortfallen (z. B. NZ in Bunge, Gotland). – Auf der First-, den Neben- und den Wandpfetten lagen die Rafen, Rofen (obdt.), *rafter* (engl.), *raptr* (altnord.). Sie waren lose verlegt oder auch am First verbunden; die Identität von Wort und Sache ist gesichert (fraglich bei Hoops). Bei festen Wänden stützten sie sich auf diese, beim Dachhaus auf den Boden (Stangenrofen). Auf den eng verlegten Rofen lag die Dachhaut, meist ein Weichdach aus Ried (Schilf), Stroh oder Gras, das unregelmäßig geschichtet oder gestampft und vielleicht durch Seile gesichert war (Rofe aus der RKZ in Ginderup, *taugreptan salr* in den Hávamál). Besser nachzuweisen sind Erddächer aus Torf und Soden auf Birkenrindenunterlage an verkohlten Resten (ab RKZ bis NZ).

Holzdächer sind wahrscheinl., Reste jedoch unbekannt, wie auch alle Dachziegel fehlen, obgleich Philologen eine frühe Übernahme des Wortes vermuten. – Das in Niederdeutschland herrschende Sparrendach ohne Pfetten ist jünger, vermutl. aus der oberschichtigen Bauweise übernommen, und hat sich mit der erst im MA sich entwickelnden Niederdeutschen Halle (»Niedersachsenhaus«) ausgebreitet, obgleich K. Rhamm sie noch für regional germ. hielt. Giebelzieren sind wahrscheinl., wie Abbildungen auf Bildsteinen der Völkerwanderungszeit lehren. Römische Darstellungen von Barbarenhütten sind als Topoi nur bedingt auswertbar.

II. Römisches Dach: Über das röm. D. sind wir durch erhaltene Teile, Fresken, Mosaiken, giebelseitige Balkenspuren, Modelle und die Literatur, voran durch → Vitruv, der jedoch die hellenistisch-frühröm. Bauten vor Augen hatte, unterrichtet. Das D. war in der Regel mit Ziegeln, den schweren rechteckigen *tegulae* mit Randleisten, die überlappend vom First zur Traufe reichten, gedeckt (s. Fig. 10, Abb. 1). Die Stoßfugen und Firste überdachten halbrunde, lange *imbrices*, nicht zur Wasserableitung (Hoops), sondern zur Abdichtung. Bei dichter Bebauung gab es Falleitungen aus Röhren für das Wasser. Die Giebelleiste war durch Firstziegel und Akroterien geschmückt. Das schwere und daher nicht steile D. wurde von dicken Pfetten getragen, die aufgrund von Spuren von Giebel zu Giebel reichten. Auf den Pfetten lag ein dichtes Netz von Rofen, teils mit Brettern und Lehmbett für die Ziegel. Eine reichere Variante hatte eine Firstpfette (*columen*), auf der Hauptrofen (*cantheri*) lagen, die firstparallele Nebenpfetten (*templa*) abstützten. Darauf ruhten dicht die Rofen (*asseres*). Bei größeren Spannweiten mußten Ankerbalken von Wand zu Wand oder über Säulen und Pfeiler gelegt werden, als Basis für abgefangene First- und Nebenfirstsäulen. – Neben Ziegeln sind Schieferplatten gefunden worden, und in Holzbauten wird es auch Holzdächer gegeben haben. Das röm. D. lebt, teils mittelbar über die sakrale und mönch. Architektur, in West- und Südeuropa weiter. In der röm. Spätzeit waren Kuppel- und Gewölbebauten häufig, deren D. er meist wohl massiv waren (→ Gewölbe).

H. Hinz

Lit.: *zu [I]*: Hoops[2] II, 113ff. [H. Hinz]; V, 123ff. [H. Beck, H. Hinz] – K. Rhamm, Urzeitl. Bauernhöfe im germ.-slaw. Waldgebiet, 1908 – H. Hinz, Forsch. und Fortschritt 27, 1953, 59ff. – O. Klindt-Jensen, Nordisk Kultur 17, 1953, 71ff. – A. Zippelius, BJ 153, 1953, 13ff. – H. Hinz, Offa 13, 1954, 6ff. – A. Zippelius, Rhein. Jb. für VK 5, 1954, 7ff. – H. Hinz, BJ 158, 1958, 117ff. – B. Schier, Hauslandschaften und Kulturbewegungen im östl. Mitteleuropa, 1966[2]. – B. Trier, Das Haus im NW der Germania libera, 1969 – A. Zippelius, Ausgrabungen in Haithabu I, 1969, 13 – P. J. R. Modderman (Ber. Rijksd. Oudh. Bodemonderzoek 13, 1973), 149ff. – S. Nielsen, Mus. i. Viborg amt 6, 1976, 52ff. – *zu [II]*: J. Durm, Die Baukunst der Etrusker; die Baukunst der Römer (Hb. der Architektur II 2, 1905) – A. Grenier (Man. d'arch.

gallo-romaine 2, 1934), 782ff. – D. S. ROBERTSON, A Handbook of Greek and Roman Architecture, 1959 – A. TROVOR HODGE, The Woodwork of Greek Roofs, 1960 – F. E. BROWN, Architektur der Römer, 1962 – G. T. RIVOIRA, Roman Architecture, 1972 – J. J. COLTON, The Architectural Development of the Greek Stoa, 1976.

C. Allgemein. Mittel- und Westeuropa
I. Kirchen und Wohnhäuser – II. Dach und städtische Bauordnungen – III. Ländlicher Bereich.

I. KIRCHEN UND WOHNHÄUSER: [1] *Dachformen:* Bei rechteckigen Gebäuden wie Wohnhäusern oder Kirchen erscheinen: das Pultdach mit nur einer schrägen Dachfläche, das Sattel- oder Giebeldach mit zwei schräg gegeneinander gestellten Dachflächen und zwei senkrechten Giebelwänden; beim Walmdach sind die Giebel des Satteldaches durch schräge Dachflächen ersetzt, beim Krüppelwalmdach nur die Giebelspitze, beim Fußwalmdach nur der Giebelfuß. Ist das D. um ein senkrechtes Stück über das Obergeschoß erhoben, nennt man diesen Teil Drempel oder Kniestock (bes. in den Niederlanden und im westl. Grenzgebieten Deutschlands). Die Fortsetzung des Hauptdaches über einem Anbau erfolgt durch ein Schleppdach. Das Abdach ist ein auskragendes Vordach, z. B. über Portalen, Fenstern o. ä. Über quadrat. Gebäuden, bes. auf Türmen, gibt es außerdem noch weitere abgeleitete Formen: das roman. Pyramiden- oder Zeltdach mit vier oder acht gleichen Dreieckflächen; das seit hochroman. Zeit verwendete Kreuzdach mit vier zum First hochgezogenen Giebeln und sich überkreuzenden Firstlinien; das spätromanisch-got. Helm-, Rhomben- oder Rautendach mit vier niedrigeren Giebeln, von denen Grate zu einer häufig sehr hohen Spitze aufsteigen; beim gleichzeitigen Faltdach ist die rhomb. Fläche des vorigen nach innen gebrochen, und es entsteht eine Kehle; über rundem Grundriß erheben sich bes. in Südwestfrankreich das Kegeldach und auf aquitan. Kirchen das Kuppeldach.

Zur Belichtung und Belüftung des Dachraumes dienen Dachaufbauten: Froschmaul als leichte Erhebung der Dachfläche; Schleppgaube mit senkrechter Fensterwand und Seitenwänden, aber nur geringer Anhebung der Dachhaut, in größerer Form Gaube oder Gaupe und bei geschoßhohem Ausbau über der Traufe in der Hausflucht Lukarne oder Zwerghaus (auch Zwerchhaus) genannt (bes. in Frankreich ausgebildet). Auf dem First kann ein →Dachreiter aus zumeist leichter Holzkonstruktion für Glocken aufsitzen.

Bei Kirchenbauten wird in der Regel das Mittelschiff mit einem Satteldach überdeckt (eine Ausnahme bilden die aquitan. Kuppelkirchen). Das roman., verhältnismäßig flach geneigte D. kann bis zu 0,90 m überstehen (Ilbenstadt, 1159 geweiht, Schiffenberg; auch bei Wohnhäusern, wie z. B. Kanonikerhaus in Münstereifel, 1167). In der Gotik wird es steiler, bis es im 15. Jh. fast die Höhe des Unterbaues erreicht und Träger ornamentaler Gestaltung werden kann (Gratziegel mit Krabben). Auch das Querhaus ist fast immer mit einem Satteldach gedeckt, das in karol. Zeit nur selten die Höhe des Mittelschiffes erreicht, dann aber bei Ausbildung der ausgeschiedenen Vierung im 11. Jh. gleiche Höhe hat. Bei den Seitenschiffen ist das Pultdach üblich, seit dem 13. Jh. auch das Satteldach (zur Belichtung des Triforiums), oder über jedem Seitenschiffjoch quergestellte Satteldächer, meist mit Abwalmung (Augsburg, Paderborn, Minden, Wetzlar, Braunschweig, Erfurt, Breslau, Minoritenkirchen in Köln und Andernach, Katharinenkirche in Oppenheim). In der Spätgotik wird das Satteldach des Mittelschiffes auch über die Seitenschiffe abgeschleppt. Bei Bürger- und Bauernhäusern finden sich Satteldächer mit reichgestalteten Giebeln oder Walmdächern, je nach regionaler Tradition.

[2] *Dachstuhlkonstruktionen:* Die Konstruktion des Dachstuhles (vgl. Fig. 9) ist geprägt von der zu überspannenden Raumweite, von Traditionen und optischen Vorstellungen. Der Typ des Firstsäulenhauses mit Rofendach hat sich vornehml. an ländl. Bauten erhalten. Das gilt auch für das bei geringer Spannweite auftretende Sparrendach, bei dem gegeneinander geneigte und im First miteinander verbundene Sparren auf einem waagerechten Dachbalken (Bundbalken) fußen, mit ihm verzimmert sind und so einen Dreiecksverband herstellen. Der Zapfen des Sparrens ist gegen den Balkenkopf etwas zurückgesetzt, um genügend Widerstand gegen Abscheren zu bieten. Das überstehende Ende (Vorholz) des Balkens am Sparrenfuß wird durch den Aufschiebling gedeckt, der nicht verzimmert, sondern nur durch Vernagelung gesichert wird. Bei größerer Spannweite ist eine Unterstützung der Sparren erforderl.; sie erfolgt durch waagerechte Kehlbalken, die mit den Sparren schwalbenschwanzförmig verblattet, seltener verzapft sind, da bei Belastung der Zapfen ausscheren kann. Die Kehlbalken zerlegen den Dachraum in Geschosse; sie werden mit Bretterböden abgedeckt und ergeben die für das Haus notwendigen Lagerräume. Der oberste durch keinen Boden belastete Kehlbalken eines Gespärres ist der Hahnenbalken. Die ältesten erhaltenen Dachstühle sind binderlose Kehlbalkendachstühle (Karden, 12. Jh.) oder mit Verstrebungen (Steinbach, Maulbronn, Mittelrhein). Die Sparren sind bei der Kirche von Reichenau-Mittelzell durch Verstrebungen mit dem Kehlbalken so verbunden, daß ein Rundbogen über dem Fußbalken entsteht (1236/37). Die Gotik behält die einfache Kehlbalkenlage bei, teilweise mit Kreuzstreben.

Während normalerweise der die Sparren verbindende Balken (Bundbalken) auf dem Wandrähm aufliegt und zumeist mit ihm verkämmt ist oder auf der Mauerkrone, z. T. mit Mauerlatte, ruht, findet sich auch die Konstruktion, daß der Balken unter dem Rahmen mit der Wand verbunden ist und die Sparren direkt mit dem Rahmen verzimmert sind, hier spricht man von Oberrähmverzimmerung, einer Technik, die wohl auf die mit Zapfenschloß versehene Ankerbalkenverzimmerung der Bauernhäuser zurückgeht. Verstrebungen und Säulen kehren bei frühen Konstruktionen in jedem Gespärre wieder; schon seit dem 14. Jh. wird die Dachlast auf Bindergespärre verteilt, die alle 3–5 m zw. einfache Kehlbalken- oder Leergespärre angeordnet werden. Der Längsverband (Windverband) wird durch Latten (Windrispen) gesichert, die unter den Sparren schräg zur Trauflinie befestigt sind. Die Sparren können aber auch durch Pfetten unterstützt werden, die in der Längsrichtung des D. es waagerecht unter den Sparren der Dachfläche entlanglaufen und ihrerseits von Wänden oder Säulen (Stuhlsäulen) getragen werden. Während anfangs die an der Firstpfette oder besser am Firstbaum hängenden Rofen auf dem Wandrahmen auflagern, übernimmt im Laufe der Entwicklung eine von den Balken getragene Dachschwelle oder Fußpfette die Aufgabe des letzteren. Statt der Firstpfette kann auch unter dem First noch einmal ein kleiner Kehlbalken oder eine Zange eingeschoben werden. Um notwendige Zwischenauflager herzustellen, wird der stehende Stuhl gebildet, dessen Pfetten zugleich eine sichere Längsverbindung im Dachstuhl gewährleisten. Längsverbände bes. Art finden sich mit durchlaufenden Schwellen, angeblatteten Mittelriegeln und Firstpfetten, untereinander verstrebt oder kreuzverstrebt (Andreaskreuz). Zuvor wird der Längsverband – abgesehen von den Windrispen – von den an der Firstsäule überblatteten Unter- und Überzügen übernommen. Da nun die steil ansteigenden Sparren an ihrem Fuße eine feste Stütze besitzen, hat die Firstsäule mit Kehlbalken an Bedeutung verloren.

Um den Dachraum frei begehbar zu machen, wird bei großen Spannweiten die Firstsäule einem unter dem Kehlbalken liegenden Unterzug aufgesattelt. Die Anforderung wird am Anfang des 15. Jh. durch den liegenden Stuhl erreicht, indem man den Fußpunkt der Säulen nach der Traufe verschiebt (Kürschnerhaus in Nördlingen 1427, Rathaus in Eßlingen 1430). In dem aus dem Anfang des 16. Jh. stammenden »Bau« in Geislingen besitzen das erste und zweite Dachgeschoß liegende Stühle, das dritte einen stehenden Stuhl. Schließlich wird die Firstpfette vom liegenden Stuhl unmittelbar aufgenommen und dieser zugleich zum Träger der Zwischenpfetten benutzt. Vereinzelt kann die Firstpfette von einer aus Streben gebildeten Schere getragen werden (Brückensteg bei Luzern).

[3] *Dachdeckung:* Auf der Dachfläche liegt die Dachhaut aus verschiedenen witterungsbeständigen Materialien. Die Wahl ist abhängig von der Dachneigung, dem Zweck und der Lage des Gebäudes, der beabsichtigten Wirkung, zumeist entscheidend beeinflußt von den in der Umgegend vorhandenen Baustoffen, so daß die Dachdeckung zu den wichtigsten Merkmalen ortsgebundener Bauweise zählt.

Die Stroh-, Rohr- (Ried-) und Schilfdeckung eignet sich nur bei Steildächern. Sie war nicht nur für das niederdt. Bauernhaus und im Schwarzwald bis ins 19. Jh. üblich, sondern im MA auch bei Stadthäusern und einzelnen Kirchen; erst im 14./16. Jh. werden Strohdächer in Städten wegen der Feuergefahr verboten. In waldreichen Gegenden, bes. Alpenländer und Ostdeutschland, waren Holzschindeln aus Nadelholz allgemein üblich. Die Schindeln sind etwa 8–12 cm breit und 50–60 cm lang; sie werden mit ⅔-Überdeckung verlegt und sind so auch bei flacher Dachneigung dicht.

Die Schieferdeckung aus 3–6 mm dicken Platten ist bereits in röm. Zeit bekannt und erst seit dem 11. Jh. wieder nachweisbar. Man unterscheidet verschiedene Deckungsarten. Die engl. Deckung, die auch in Skandinavien, Nord- und Westdeutschland eingeführt ist, erfolgt auf Latten oder Schalung in parallelen Schichten; die Schiefer sind gleichgroß und unten oft spitzbogig zugeschlagen. Die frz. Deckung auf Latten verwendet Schiefer von Rauten- oder Sechseckform, häufig statt der Nagelung an Haken aufgehängt. Die altdt. Deckung liegt auf einer Schalung in schräg zur Traufe verlaufenden Lagen (Gebinden), die links unten beginnen und nach oben an Größe abnehmen. Die auf der Baustelle freihändig zugeschlagenen Steine haben eine unregelmäßig rhombische Form, an der man »Kopf« und »Brust« als die überdeckten, »Rücken« und »Reiß« als die sichtbaren Seiten unterscheidet. Die altdt. Deckung vermag mit ihren unterschiedl. Formaten die Orte, Firste, Grate und Kehlen ohne Verwendung von anderen Materialien auszudecken und allen Schweifungen zu folgen. Ausgrabungsfunde lassen vermuten, daß die altdt. Deckung seit stauf. Zeit üblich war (Burg Münzenberg, 3. Viertel 12. Jh.). Steinplatten werden wie die engl. Deckung verwendet, sind jedoch größer und dicker als Schieferplatten.

Aus Ton gebrannte Ziegel, aus den Mittelmeerländern von den Römern in Europa eingeführt, werden durchgängig angewandt. Die Deckung erfolgt auf Latten, an denen sie mit einer an ihrer Rückseite befindl. Nase aufgehängt sind. Grate und Firste werden mit bes. geformten Hohlziegeln überdeckt. Bei der Klosterdeckung werden Halbzylinder abwechselnd nach oben gewölbt, als »Nonne« bezeichnet, und nach unten gewölbt, »Mönch« genannt, ineinandergreifend verlegt. Bei den Biberschwänzen, flachen Platten mit gerundetem bzw. leicht zugespitztem unterem Abschluß, werden ⅔-Fugenlänge von der nächstoberen Lage überdeckt. In karol.-otton. Zeit finden sich in röm. Tradition hergestellte Ziegelplatten mit seitl. Stegen, die von Hohlziegeln überdeckt werden.

Blei- und Kupferplatten werden aufgenagelt und miteinander durch Falze verbunden; vornehml. auf den D.ern bedeutender Kirchen verwendet, zunächst erscheinen Bleidächer (wie z. B. auf der Aachener Pfalzkapelle), seit der 2. Hälfte des 15. Jh. dann Kupferdächer (Lübeck, St. Peter, 1464; Dom, 1492).

[4] *Dachrinnen:* Sie dienen, an den Dachtraufen angebracht, dem Abfluß des Regenwassers von den Dachflächen. Im Altertum bes. an Tempeln ausgebildet, geraten sie bis zum Bau der got. Kathedralen weitgehend in Vergessenheit. Bei giebelständigen Häusern ohne Traufgäßchen sind hölzerne Regenrinnen auf den Brandmauern notwendig, so 1171/72 für Köln bezeugt. Komplizierte, wohldurchdachte Wasserabführung bei den got. Kathedralen sind in Stein ausgeführt und mit Blei oder anderem Metall ausgekleidet; das Wasser wird über steinerne Wasserspeier abgeleitet.

G. Binding

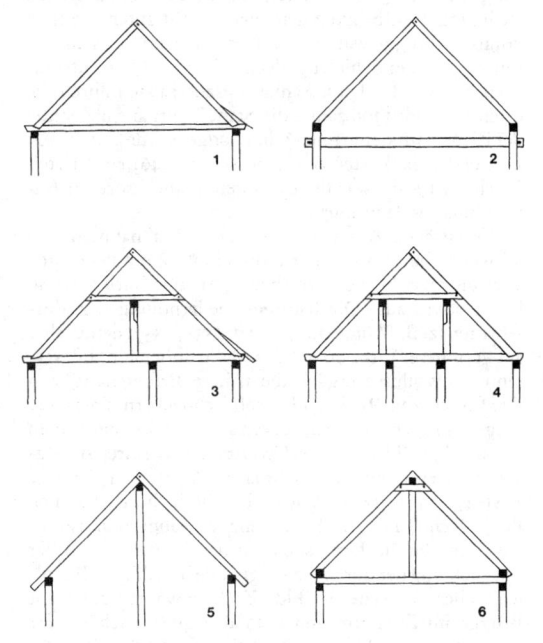

Fig. 9: Wichtige Dachkonstruktionen: 1 = Sparrendach, rechts mit Aufschiebling, 2 = Sparrendach mit Ankerbalken, Zapfenschloß, 3 = Kehlbalkendach mit einfachem stehendem Stuhl, rechts überkragender Aufschiebling, 4 = Kehlbalkendach mit doppeltem stehendem Stuhl, längsversteift durch Büge, 5 = Pfettendach mit Firstsäule, 6 = Pfettendach mit abgefangener Firstsäule oder einfachem stehendem Stuhl und Zange.

II. DACH UND STÄDTISCHE BAUORDNUNGEN: Im MA wurden angesichts der häufigen →Brandkatastrophen zahlreiche städt. →Bauordnungen (→Feuerordnungen) erlassen, die vielfach auch die D.er betrafen, da diese bei der Ausbreitung von Feuersbrünsten eine bes. Gefahrenherd darstellten, wenn es sich um Schindel-, Stroh-, Riedoder Schilfdächer handelte. Die Erforschung dieses Problemkreises steht im wesentl. noch aus; sie müßte sowohl die Beschaffenheit der jeweils am Ort verfügbaren Baustoffe als auch die in der jeweils untersuchten Region traditionellen Bauweisen und -typen miteinbeziehen. Gleichwohl lassen sich beispielhaft einige Grundtatsachen aufgrund von Belegen aus den alten Niederlanden, wo die Verhältnisse quellenmäßig etwas besser erfaßt sind, darstellen: Bis auf einige Ausnahmen (Brügge, Aardenburg 1232) begann der Kampf gegen die Ried- und Strohdächer erst zu Anfang (Ypern 1306) oder in der Mitte bzw. am Ende des 14. Jh. (Brüssel 1342, Antwerpen 1391, Mons 1392, Tournai 1394, Lille 1400). Die baupolizeil. Maßnahmen zielten auf die zunehmende Errichtung von Ziegel- oder Schieferdächern ab. Bei Neubauten sollte eine Eindeckung mit Ried oder Stroh von vornherein unterbunden werden, bei bestehenden Häusern war die Erneuerung alter Ried- oder Strohdächer zu verhindern (Ypern 1306); manchmal wurde eine Frist für die Errichtung von Ziegeldächern eingeräumt (Antwerpen 1391: drei Jahre). Diese Vorschriften galten üblicherweise nur für ein bestimmtes Gebiet im Stadtkern (so in Mons für den 1350 fertiggestellten Großen Markt und die Straßen in seiner engeren Umgebung).

Um die Hausbesitzer zum Einbau der kostspieligeren Ziegeldächer zu veranlassen, wurden sowohl Bußen verhängt (Ypern 1306: 50 *livres*) als auch Beihilfen gewährt; auch ging die Obrigkeit mancherorts mit gutem Beispiel voran (in Brügge waren die öffentl. Gebäude ausschließl. mit Ziegel oder Schiefer gedeckt). Die Beihilfen entsprachen in etwa den heut. Sanierungszuschüssen durch die öffentl. Hand: 1396 zahlte die Stadt Tournai ein Zehntel der Ziegel (»dixième tuile«); in Brügge wurde ab 1417 ein Drittel der Baukosten zugeschossen, ab 1461 ein Viertel. Noch im 17. Jh. war dieses System mancherorts in Anwendung (z. B. in Lier).

Die tatsächl. Auswirkungen dieser Maßnahmen sind schwer zu bestimmen. Die ikonograph. Zeugnisse sagen über die tatsächl. vorherrschende Art der Dachdeckung kaum etwas aus. Die häufige Wiederholung der Vorschriften (z. B. Brügge 1417, 1467, 1535, 1553) deutet eher auf geringere Wirksamkeit der Maßnahmen hin. Interessante Aufschlüsse ergäbe die nähere Erforschung von Konflikten zw. Ried- und Strohdachdeckern einerseits, Ziegel- und Schieferdachdeckern andererseits; die ersteren sahen sich, wohl bes. in den Großstädten, bei ihren Aufträgen z. T. empfindlich geschmälert (Gent 1414; Brügge 1441-45, 1461, 1471: Klage, daß die in Not geratenen Ried-Dachdecker ins Hinterland abwandern müssen). Auch ergäbe die Untersuchung des Umfangs und der Entwicklung der durch die Magistrate bewilligten Beihilfen sicher ein klareres Bild. Z. B. gewährte die Stadt Brügge im Zeitraum von 1417 bis 1492 Zuschüsse für mindestens 955 D.er, was dem Gegenwert von ca. 5000 Arbeitstagen eines Dachdeckermeisters entspricht. Auch die Auferlegung eines bestimmten Ziegelformats durch die Behörden dürfte ein wichtiges Indiz darstellen. Die Vorschriften hinsichtl. der D. er müssen dabei im Zusammenhang mit den sonstigen baupolizeil. Maßnahmen zur Verringerung der Brandgefahren (Zurückdrängung der Gebäude mit Holzfassaden) gesehen werden. Eine systemat. Untersuchung der maßgebl. Quellen steht noch aus.

J.-P. Sosson

III. Ländlicher Bereich: [1] *Mitteleuropa*: Das D. im ländl. Hausbau Mitteleuropas kann nicht isoliert vom D. der städt. und kirchl. Bauten betrachtet werden. Wenn auch noch immer weit mehr städt. als ländl. Häuser aus dem MA bekannt sind, so weisen intensivere neue Forschungen doch einen, vor wenigen Jahren kaum erwarteten erhebl. Fundus ma. ländl. Bauten und damit D.er nach, die wenigstens die Entwicklung seit dem HochMA beleuchten können. Wegen der z. Zt. sehr in Fluß begriffenen Forschungslage mit immer neuen, überraschenden Entdeckungen (v. a. mit Hilfe der Dendrochronologie) kann kein gültiger Überblick über das D. im ländl. Hausbau Mitteleuropas gegeben werden, sondern nur einige Hinweise aufgrund neuer Forschungsergebnisse. Zwei gegensätzl. Hauptformen des Dachgerüstes beherrschen seit dem 19. Jh. die Diskussion in der (Bauern-)Hausforschung: Sparrendach (Kehlbalkendach) und Rofendach (Pfettendach). Das Sparrendach ist ein »stehendes« D., das Pfettendach ein »liegendes« D. (vgl. Abschnitt C.I,2). Zu den Pfettendächern, deren Formenvielfalt im Unterschied zum Sparrendach sehr groß ist, gehört auch das Firstsäulendach (Firstpfettendach, →Bauernhaus). Gerade letztere Konstruktion gilt allgemein als die ältere, urtümlichere, die erst allmähl. im Laufe des MA, z. T. sogar erst in der NZ vom fortschrittlicheren Sparrendach verdrängt worden sein soll.

Dem steht entgegen, daß nicht nur in Norddeutschland (vom 13. bis teilweise ins 19. Jh.) das einfache Sparrendach mit Dachbalken und aussteifenden Kehlbalken die bisher älteste, fest datierbare Dachform bei profanen (und sakralen!) Bauwerken darstellt, sondern gerade auch im mittel- und oberdeutschen Raum, wenigstens bei Steildächern (z. B. in Limburg 1289, Amorbach 1290, in Esslingen 1328, Biberach 1321, Windsheim 1318, Eichstätt 1321). Um die Mitte des 14. Jh. wird im südd. Raum das einfachere Sparrendach durch eingestellte stehende, ab 1400 dann auch liegende Stühle zum bis weit ins 19. Jh. für Stadt und Land gültigen Dachgerüstsystem, das vermutl. nicht auf ein älteres Pfettendachsystem verweist, als vielmehr seine Entstehung dem Wunsch nach belastbaren Böden innerhalb des Dachraums verdankt. Diese zweite, bereits im 14. Jh. nachweisbare Phase im profanen ma. Dachstuhlbau Süddeutschlands verkörpert auch ein Bauernhaus aus Höfstetten bei Heilsbronn (Mittelfranken) von 1368 mit zweireihigem Innengerüst und Dachbalkenlage (s. Fig. 10, Abb. 2). Dagegen sind die an sich als altertüml. geltenden, mit Firstsäulen verzimmerten D.er bisher nur im Neckarraum und Odenwald mit Beispielen aus dem 15. Jh. belegt, z. B. Sindelfingen 1447, Untergrombach 1492 (die Datierung: 1420 im Artikel →Bauernhaus ist durch erst jetzt durchgeführte Untersuchungen entsprechend zu korrigieren). Neben dem schon im ältesten Bestand ab dem 13. (im Sakralbau ab dem 11.) Jh. nachzuweisenden Sparrendach mag auch das flachgeneigte, schindelbelegte Pfettendach im alpinen Bereich im MA üblich gewesen sein, wenn auch bisher konkrete Sachzeugen vor 1500 spärlich sind. Weiter zurückführen läßt sich dagegen derzeit das an sich nur lokal begrenzte flachgeneigte Steinplattendach (Legschieferdach, Kalkplattendach) der Altmühlalb um Eichstätt und Solnhofen. Konstruktiv ist es eher als reduziertes Steildach zu begreifen – das als Sparrendach z. B. für Eichstätt 1321 nachgewiesen ist. Ältester und aufschlußreichster Beleg ist wohl ein kleinbäuerl. Haus in Dollnstein von 1340, das ähnlich wie das Beispiel aus Höfstetten ein zweireihiges Innengerüst besitzt, dazu keine durchgehenden, sondern nur am Balken abgefangene Firstsäulen, die bei der flachen und schweren Eindeckung statisch unentbehrl. sind. Ein ebenfalls einst steingedecktes, weitgehend gemauertes, vermutlich bäuerl. Haus in Matting bei Regensburg (um 1300) hat dagegen den originalen Dachstuhl nicht behalten.

Bis auf kleinere Sondergebiete wie das genannte Altmühlgebiet herrscht im MA in Mitteleuropa das steile Strohdach bei weitem vor, in vielen Regionen zugleich als Vollwalmdach, wie es u. a. Dürers Aquarelle, Stiche und Zeichnungen so eindringlich für Franken zeigen. Daneben hat es aber schon vor 1500 Steilgiebel im ländl. Raum gegeben, v. a. im W, z. B. bei Speichern Westfalens, in Einzelfällen vermutl. auch schon ziegelgedeckte Bauernhäuser. K. Bedal

[2] *Westeuropa*: Das frz. D. ist so vielgestaltig wie die Landschaft. Urzeitlich in der Technik, doch schwer zu datieren, sind kegel- oder tonnenförmige Massivdächer in falscher Wölbung, meist aus Trockenmauerwerk, bei Kleingebäuden, aber auch kleinen Wohnhäusern, die vom Mittelmeergebiet über den Midi, Zentral- u. Nordwestfrankreich bis auf die Brit. Inseln verbreitet sind. Das früher vorherrschende Strohdach ist in der südl. Hälfte Frankreichs nur noch vereinzelt in Sumpfgebieten (Camargue) und im Zentralmassiv (z. B. Jasserie und Buron in der Auvergne) vorhanden; im Landais findet sich das Strohdach v. a. an Nebengebäuden, mit in Reihen liegenden und nicht geschorenen Strohschauben. In Nordfrankreich ist es häufiger. In den Gebirgen sind auch Steinplatten benutzt worden. Am häufigsten ist das Ziegeldach, das seit dem 12. Jh. das Strohdach zunehmend verdrängt hat. Auf röm. Kontinuität weisen tegulae und imbrices hin. Weiter sind rechteckige Flachziegel und Bieberschwänze benutzt worden. Vielfach sind Hohlziegel wechselnd so verlegt worden, daß die Traufen einen welligen Umriß haben. Alle Ziegeldächer haben Hohlziegel am First. – Neben dem im N üblichen Steildach, das als Strohdach, aber auch sonst auftritt, herrscht das mehr flache, manchmal weit gespannte D. vor. In der Spätzeit ist die Kontur auch durch Aufschieblinge geknickt oder mansardenähnlich, dies wohl durch städt. Einfluß. Eigenartige bizarre Umrisse entstehen durch vielfache, in verschiedener Höhe und Achse angeklappte Bauteile mit Pultdach, das bei isolierten Taubentürmen nicht selten ist, die jedoch bei rundem Grundriß auch Kegeldächer haben, wie die Windmühlen.

Bei vielen D. ern sind Einbauten und Dachstühle unterschiedl. Bauart üblich. Eine Firstpfette fehlt selten (*faitage, panne faîtié*), die auf einer abgefangenen Firstsäule (*poinçon*) ruht, welche auf einem Anker (*entrait*) oder einer Art Kehlbalken (*feaux entrait*) stehen kann. Die Pfette kann auch von Scheren (*arbalétrier*) getragen werdern, »arbalétrier« heißen auch liegende Stuhlsäulen. Zur Unterstützung der Rofen (*chevron*) gibt es auch Seitenpfetten (*panne de versant*) und die Wandpfette (*panne sablière*); vgl. Fig. 10, Abb. 3. Breit ausladende D. er wie im Landais besitzen eine Vielzahl von Firststielen und lange Anker. Komplizierte und »mehrstöckig« abgestufte Stühle finden sich in den großen Klostergrangien und öffentl. Markthallen mit zahlreichen Nebenpfetten für die großen Dachflächen. – In Zentralfrankreich und an der Atlantikküste von der Bretagne bis zu den Pyrenäen gibt es sichere Crucks und Ableitungen davon, vermutl. das Restgebiet einer ehemals dichteren Verbreitung (2100 in Britannien, etwa 130 in Frankreich). – Einen eigenartigen Giebel haben die Breitbauten des Landais und am Pyrenäenrand: das weit am Giebel vorkragende und durch Firststiele auf langen Ankern gegliederte D. schützt einen offenen Vorraum, von dem man in die Wohnung und den Stall gelangt. – In Zentral- und Südfrankreich steht das D., durch Säulen gestützt, vielfach an den Langseiten über und erinnert an die röm. Portikusfassade. H. Hinz

Lit.: zu [1]: RDK III, 911–968 [H. Vogts; Lit.] – H. Wachhausen, Die ma. Kirchturmbedachungen auf der rechten Seite des oberen Rheintales vom Rheinknie bei Basel bis zum Main in ihren Formen und Holzkonstruktionen [Diss. Darmstadt 1930] – H. W. Mehlau, Das Braunschweiger Kirchendach. Ein Beitr. zur Gesch. des Dachwerks [Diss. masch. Braunschweig 1953] – K. Gruber, Roman. Dachstühle (Dt. Kunst und Denkmalpflege, 1959), 57–64 – W. New, Spät- und nachgot. Kirchendachstühle im Landkreis Sonthofen, Ber. des Bayer. Landesamtes für Denkmalpflege 19, 1960, 44–49 – H. Janse–L. Devliegher, Middeleeuwse Bekappingen in het vroegere Graafschap Vlaanderen, Koninklijke Commissie voor monumenten en Landschappen 13, 1962, 301–380 – H.-G. Griep, Hist. Dachdeckungen im Goslarer Nordharzgebiet, 1962 – K. Hillenbrand, Dachziegel und Zieglerhandwerk (Ziegel aus Museen und Sammlungen, in: Der Museumsfreund 4/5, 1964), 7–54 – G. Binding, Das Aufkommen von Backstein und Ziegel in Dtl. (Gebrannte Erde, 1973) [Lit.] – A. und K. Bedal, Dachstühle im Hofer Land vor 1650 (Beitr. zur Hausforsch. I, 1975), 127–173 – C. A. Hewett, English Historic Carpentry, 1980 [Lit.]. – Ders., Church Carpentry, 1982 [Lit.] – K. Freckmann–F. Wierschem, Schiefer, Schutz und Ornament, 1982 (Schriftenreihe des Freilichtmuseums Sobernheim, Nr. 8) [Lit.] – K. Göbel u. a., Grundformen des D. es, d-extrakt 28, 1983 – *zu [II]*: Eingehendere Spezialunters. fehlen weithin; Hinweise bei: J. Hollestelle, De steenbakkerij in de Nederlanden tot omstreeks 1560, 1961 – J.-P. Sosson, Les travaux publics de la ville de Bruges, XIVᵉ–XVᵉs. Les matériaux. Les hommes, 1977 – H. J. Constandt, Ieperse middeleeuwse huizen met houten gevel (Verhand. Kon. Acad. v. Wetenschappen, Letteren en Schone Kunsten van België, Kl. der Schone Kunsten 1981, 33), 1981 [Lit.] – vgl. auch Lit. zu →Bauordnung, →Brandkatastrophen – *zu [III,1]*: →Bauernhaus, B – Hausbau im MA, Jb. für Hausforsch. 33, 1983 [Beitr. von: W. und W. Kirchner, B. Lohrum, A. Bedal, K. Bedal, B. Becker] – *zu [III,2]*: →Bauernhaus, G – W. Horn, Les Halles de Crémieu, Bull. Groupe d'Étud. Hist. et Geogr. Bas Dauphiné 17, 1961, 1ff. – Ders., The Plan of St. Gall 2, 1979, 110ff. – L'architecture rurale française, hg. J. Cuisenier–Chr. Lhuisset, L'architecture rurale en Languedoc/en Roussillon, 1980 – L. Breuillé u. a., Maisons paysannes et vie traditionelle en Auvergne, 1980.

D. Italien

Im nördl. Italien wurden für die tragenden Bauteile des D. es Holzbalken verwendet. Je weiter man in den S kommt, desto geringer wird die Neigung der Dachflächen, die schließlich zur Terrassendachlösung führt. Daneben finden sich vielfach örtl. Sonderformen. Der am meisten verbreitete Typus bei Sakral- und Profanbauten ist das Satteldach. Daneben gibt es jedoch auch komplizierte Formen mit einer größeren Zahl von Dachflächen.

Im Sakralbau bestimmen bei den Kirchen die auf der gesamten Apenninenhalbinsel üblichen Fassadenformen die Ausprägung von Dachflächen mit jeweils verschiedener Neigung. Folgender Entwicklungsprozeß läßt sich beim Kirchenbau feststellen: Für die frühchristl. Kirchen ist der offene Dachstuhl typisch, allmählich geht man jedoch zu verschiedenen Formen der Einwölbung über, im allgemeinen handelt es sich dabei um Kreuz(grat)gewölbe, über denen sich das D. erhebt.

Dabei ergeben sich zwei verschiedene Lösungen der Wechselbeziehung von Innenraum und Außenansicht: Im ersten Fall bildet der Dachstuhl eine symbolhafte Bekrönung mit polarisierender Wirkung, die eine unmittelbare Entsprechung in der Außenansicht findet (z. B. Florenz, S. Miniato; Monreale, Dom). Im zweiten Fall, in dem die Gewölbe in figuralem wie materiellem Sinn mit den vertikalen Baustrukturen verbunden sind und einen neuen Raumtypus schaffen, besitzen die äußeren Dachflächen nur Schutzfunktion und haben daher in erster Linie techn. Bedeutung.

Als eigene Untergruppe sind die Bedachungsformen anzusehen, bei denen Spiegelgewölbe (in kielbogenartiger Form) von Satteldächern oder ähnlichen Dachformen überdeckt werden (z. B. die dreipaßförmige Decke in S. Zeno, Verona).

Dachlösungen ohne schräge Dachflächen bieten die Kuppeldächer byz. Ursprungs (S. Marco in Venedig). Beispiele für Kuppeln finden sich in Sizilien (Palermo, S. Giovanni degli Eremiti, S. Cataldo); vom 10. bis 12. Jh. entwickelt sich v. a. in der Lombardei der Typus einer sphärischen Kuppel (→Gewölbe). Bei den Baptisterien, die als überkuppelte Zentralbauten angelegt sind, kann die äußere Schale eine polygonale Form annehmen – mit Marmorinkrustationen (in Florenz) – oder Dachform aufweisen (Cremona, Parma). Im Baptisterium von Pisa überschneidet sich eine konische Innenkuppel mit einer hochgezogenen sphärischen Außenkuppel. Die an und für sich hoch aufragenden Campanili (Glockentürme) werden mit hohen, spitz zulaufenden konischen (Pomposa) oder polygonalen (Modena, Trani) Bekrönungen abgeschlossen.

Im Profanbau bilden bei den öffentl. Gebäuden und Geschlechterhäusern D.er mit schrägen Dachflächen (zumeist Satteldächer) den Abschluß, die in einzelnen Fällen durch Fassadenbekrönungen (Venezianische Paläste) oder Zinnenkränze (Siena, Palazzo Pubblico) verdeckt sein können.

Kielbogenförmige Dachstuhlkonstruktionen (»Spiegelgewölbe«), welche die Außenansicht des Gebäudes wesentl. bestimmen, werden bes. im Veneto zur Überdachung weiter Räume verwendet (Palazzo della Ragione in Vicenza und Padua). Die Dachformen der überall in Italien verbreiteten Burgenbauten entsprechen den bei anderen Bauwerken verwendeten Typen: Dachflächen mit starker Neigung, geringer Neigung oder Terrassendächer (Castel del Monte in Apulien, Kastell Friedrichs II. in Catania) erscheinen entsprechend den geogr. und klimat. Gegebenheiten.

Im S der it. Halbinsel und in Sardinien wird der architekton. Aspekt der Bedachung von anderen Erfordernissen als im N geprägt. Es überwiegen Loggien und Balkone, die Gebäude weisen im allgemeinen nur eine geringe Höhe auf und werden von in verschiedener Höhe angelegten Terrassen abgeschlossen. Es entwickelt sich die sog. mediterrane Bauweise, bei der die Terrassen den Gesamteindruck der Siedlungen bestimmen (Positano, Amalfi). Wegen des verwendeten Baustoffs (undurchlässige gestampfte Vulkanmasse oder Konglomeratgestein) *lastrici* genannt, stellen sie eine eigenständige Lösung für das rasche Abfließen des Regenwassers dar. In einigen Fällen haben charakterist. Sonderentwicklungen der Hausformen dem D. gegenüber dem übrigen Teil des Hauses eine Vorrangstellung eingeräumt, was in techn., struktureller und ästhet. Hinsicht zu hochinteressanten Lösungen führte (Kragkuppeldächer bei den apulischen Trulli, z. B. Alberobello).

Bei der Dachdeckung ist festzustellen, daß in den meisten Fällen die Satteldächer und verwandten Formen mit Ziegeln gedeckt wurden (Flachziegel mit seitlich erhöhten Stegen, die von Hohlziegeln überdeckt werden, Mönch-Nonne-Hohlziegel, oder Flachziegel allein [Lombardei]). Außerdem finden sich Schiefer- und Natursteinplatten sowie Blei. Witterungsbeständige Mörtelgemische, in Neapel auf Pozzolanerbasis, machten die Terrassen und deren Brüstungen regenundurchlässig, während roter, wasserabstoßender Putz ein Charakteristikum der siz. Kuppeln darstellt (S. Cataldo, S. Giovanni degli Eremiti, Palermo; S. Maria di Mili bei Messina). Im festländ. Süditalien und in Neapel findet sich die Deckung von Kuppeln und anderen Überdachungen mit bunten glasierten Ziegeln. Für die im ganzen Land verstreuten ländl. (Wirtschafts-)Gebäude wurden zur Deckung neben gebrannten Tonziegeln und verschiedenen Natursteinen gewöhnlich pflanzl. Materialien verwendet (Roggen- und Weizenstroh, manchmal Schilf), für die Mühlen auch häufig Holzschindeln (Eiche). E. Polla

Lit.: Diz. storico di Architettura, I–II, 1842 – E. PERUCCA, Diz. d'ingegneria, 1954 – Diz. dell'Architettura e Urbanistica, 1969 – EncIt, 1929ff. – P. CARBONARA, Architettura Pratica I, 1954 – N. DAVEY, Storia del materiale da costruzione, 1965.

E. Östliches Europa

In Osteuropa sind noch einfache Kegeldächer aus Stangen und zeltähnliche Gerüste (bes. im N) bei Sommerküchen, Riegen, Darren u. a. erhalten, die D.er aus Birkenrinde oder Fellen tragen. Bei Scheunen und Vorratsbauten kommen Dachhäuser vor. Das Ziegeldach ist auf dem Lande erst spät eingedrungen. Stroh- und Holzdächer sind üblich, Rieddächer weniger. Das Walmdach scheint älter als das Satteldach zu sein. Das D. wird von Pfetten und Rofen, aber auch von Sparren getragen. D. ZELENIN hält nur die aus dichten Pfetten gebildeten D.er für Pfettendächer, jedoch nicht solche mit Firstsäulen. Echte Sparren kommen indes nicht vor, vermutl. durch mitteleurop. Einfluß. Pfettendächer, die B. SCHIER Sochadächer nennt, finden sich von den Alpen bis Skandinavien bei Blockbauten, bei denen die Balken über die Wandhöhe bis zum First dichtgelegt auslaufen. Es gibt indes auch Firstsäulendächer und D.er, bei denen die Pfette durch Scheren, die auf der Wand stehen, abgefangen wird. Zweisäulengerüste sind bei Scheunen und Riegen von Südrußland bis zum Baltikum verbreitet. In Litauen werden, geradezu urtüml., First- und Nebenpfetten auch von gewachsenen Bäumen auf gekappten Ästen getragen, auch kommen Firstsäulen mit Naturgabeln vor. – Am weitesten ist das Strohdach von N bis S verbreitet, das Rieddach ist dagegen selten. Das Stroh wird entweder ohne Ordnung (Wirrstrohdach) aufgebracht und durch Stangen oder Seile gehalten oder reihenweise in Schauben befestigt, so daß das D. wie getreppt aussieht, bes. an den Graten. Das glatte Strohdach gilt als »deutsches« Dach. In den nördl. Waldgebieten dominiert das Holzdach aus Legschindeln, Schleißen, später auch Brettern. Da die Schindeln etwa die halbe Dachbreite erreichen, werden sie an der Traufe, in Dachmitte und am First durch kräftige Stangen angedrückt (*Lubben*/Lubbendach, s. Fig. 10, Abb. 4). Am Traufenende kommen Asthaken oder Wurzelenden der Dachrippen als Sicherung für Traufe und Rinnen vor. Der First wird mit Kurzstroh oder Flachs abgedichtet, Firstreiter waren früher im Baltikum häufig. Die vorstehenden Pfettenenden und der Firstbalken sind mit geschnitzten Holzprotomen (Pferdeköpfe, Vögel) geschmückt. Bei Orel gibt es auch Strohmännchen auf Scheunendächern. Die Windbretter sind v. a. in Nordrußland, an der oberen Wolga, mit Schnitzzierraten versehen, heute barocke Motive und geometr. Elemente. Die Dorfkirchen haben Satteldächer, bei kreuzförmigem Grundriß auch Kreuzdächer, während die Türme, dem byz. Stil folgend, zwiebelförmige Kuppeln haben, wobei Kleinschindeln eingesetzt wurden, ehe man zum Steinbau überging. H. Hinz

Lit.: A. BIELENSTEIN, Die Holzbauten und Holzgeräte der Letten, 1907–18 – K. RHAMM, s. o., 1908 – U. T. SIRELIUS, Über die primitiven Wohnungen der finn. und ob-ugrischen Völker (Separat. aus: Finn.-ugrische Forsch., 1909–11) – H. GRIESEBACH, Das poln. Bauernhaus, 1917 – H. SOEDER, Das Dorf Tritschuny im litauisch-weißruss. Grenzgebiet, 1918 – D. ZELENIN, Russ. (altslaw.) VK, 1927 – K. MOSZYŃSKI, Kultura ludowa Słowian I, 1929 – J. GIMBUTAS, Das D. des litauischen Bauernhauses, 1948 – J. V. MAKOVECKIJ, Pamjatniki narodnogo zodčestva verchnego povolž'ja (Denkmäler der Volksbaukunst im oberen Wolgagebiet, 1952) – J. YDRA, L'udvá architekturá na Slovenskú, 1958 – G. RÄNK, Die Bauernhausformen im balt. Raum, 1962.

F. Britische Inseln

Bei den D.ern des ma. England spielt der Schaueffekt (prunkvolle Ausgestaltung der Kirchendächer aus religiösen Gründen und der D.er der feudalen Herrensitze zum Zwecke der Repräsentation) oftmals eine vorrangige Rolle, vielfach unter Vernachlässigung funktionaler Erfordernisse.

Die Kirchendächer des späten 12. und frühen 13. Jh. unterscheiden sich wenig von den kontinentalen Formen, außer im Hinblick auf das Fehlen von Ankerbalken (*tiebeams*; Kathedrale von Peterborough, getäfelt und bemalt, sieben Schrägen). Das D. der Kathedrale von Lincoln mit Längsversteifung durch Schlußbalken (*locking-beams*) über Anker-, später Kehlbalken (*collar-beams*) ist ungewöhnlich. Bei Holzgebäuden mit Seitenschiffen werden reichlich verbindende Querversteifungen (*passing-braces*) gebraucht. Die Profilierungen angesichts des Hochsitzes sind reicher als an anderen Stellen. Im späten 13. Jh. entwickeln sich Scherenstützen (*scissors-bracing*) und die Mittelstiele (*crown-post*) mit Kehlbalken und Mittelpfetten (*purlins*), die Stiele sind meist achteckig mit profilierten Basen, Kapitellen. Die Adels- und Gutshalle gibt die Seitenschiffe zugunsten eines ungebrochenen Giebeldaches auf, das von Crucks, kurzen Hauptraftern oder im 14. Jh. von einem Stichbalken (East-Anglia) getragen wird. Diese Konstruktionen reichen bis zur halben Dachhöhe und tragen oben einen Mittelstiel oder Hauptrafter. Der letztere steht im Zusammenhang mit der Entwicklung regionaler Bautraditionen, die auf den verschiedenen Konstruktionsprinzipien des Kehlbalken-rafter-Dachs und davon abgeleiteter Formen beruhen. Das Kehlbalkenrafter-Dach ist der einzige Typ, der über das MA noch lange in Südostengland fortbesteht. In Westengland erscheinen D.er mit Hauptraftern, die Pfetten tragen und oft reich mit maßwerkartig ausgeschnittenen Windbrettern (*windbraces*) versteift sind (Worcester, Guesten Hall, um 1330). Während des frühen 15. Jh. ist dies der einzige Dachtyp der Herrenhäuser (*manor-houses*) und der Kirchen in den westl. Midlands und in Nordwales. Die Windbretter formen oft einen breiten Vierpaß oder mit den Hauptraftern auch einen Fünfpaß. In Nordengland ist ein D. mit Pfetten und Firststielen (*king-post*), die mit der Firstpfette (*ridge-tree*) verklammert sind, üblich. Dieser Dachtyp besteht noch bis ins 17. Jh. Er hat kein Ornament außer Fischgrätenmuster der Querwände. Bei Bauernhäusern und einigen Häusern von Bevölkerungsschichten mit höherem Sozialstatus war überall auf den Brit. Inseln, außer in Südostengland, die Cruck-Konstruktion üblich (vgl. Fig. 10, Abb. 5).

Bei den spätma. Kirchen ist mit einem ungestützten Lichtgaden in der Regel ein D. mit geringer Neigung verbunden, mit Krummbögen, die sich bogenförmig auf die langen Wandpfosten stützen. Steile D.er haben drei Formen. Zwei trennen den Dachraum durch senkrechte Fluchten, entweder mittels Stichbalken (*hammer-beams*), oft in Form von Engeln geschnitzt, die die himml. Heerscharen verkörpern sollen (East-Anglia), oder durch Hauptrafter, die am Fuß oft kleine, den Stichbalken ähnliche Balken haben. Alternativ dazu werden Seitenpfetten durch Bogenstreben mit flacher Krümmung gestützt, um den Eindruck eines vollständig einheitl. Dachraumes zu erzielen. Dieser Typ ist in etwas abgewandelter Form in Südwestengland und in Süd-Wales zu finden, wo er eine Tonnendecke formt, die reich profiliert und mit geschnitzten Knaufen versehen ist. In Schottland und Irland sind nur wenige ma. D.er, alle mit Hauptsparren, erhalten.
J. T. Smith

Lit.: F. E. HOWARD–F. H. CROSSLEY, English Church Woodwork, 1927[2] – J. T. SMITH, 'Medieval Roofs...', Archaeological Journal 115, 1958 – C. HEWETT, s. o., 1980.

G. Skandinavien

Die skand. Dachlandschaft ist, wie die Bauten, nicht einheitlich. Bei den Blockbauten in Mittel- und Nordschweden, Ostnorwegen und großen Teilen des Gebirgslandes herrscht das Pfettendach als Satteldach vor (*åstak*). – In Norwegen wird so ein D. mit einer dichten Reihe von Pfetten (*åsern*) bezeichnet, die von Giebel zu Giebel reichen. Das *mønåstak* (Firstpfettendach) hat nur die Firstpfette. Diese wird auch durch Scheren (*saxe*) gestützt oder die Rofen liegen auf Seitenpfetten (*sideåser*), wie in der Raulandstue. Hier von *sperrestue(tak)* zu sprechen, ist irreführend, wie schon K. RHAMM gegenüber N. NICOLAYSEN vertrat. Indes sind bei Seitenpfetten Übergänge zum sog. »echten« Sparrendach möglich, das die Finnesloft in Voss besitzt. Auf Firststielen abgefangene Pfetten (*dverger*) kommen vor. Das Sparrendach ist an der Westküste, bes. im Stift Bergen, verbreitet, was schon K. RHAMM auf hans. Einfluß zurückführt. Es ist wohl jünger als das Rofendach, auch nach den Beurkundungen (*rafter, raptr* gegen *sperre*). Im W von Lista-Sunnmøre – südl. Trøndelag – sind dreischiffige Scheunen (*stavløe*) häufig. Das D. ruht auf Sparren, die auf dem Rähm (*stavleja*) stehen, der in den Winkel zw. *stav* und eingehälstem Anker (*bete*) eingeklemmt ist. Bei wandlastigen Ständerbauten stehen die Sparren auf dem Wandrähm. – Als Dachdeckung dienten Heide, Gras und Torfsoden auf einer Birkenrindenschicht, diese lag wiederum auf einer firstparallelen Strauch- oder Balkenlage (*trod*). An den Giebeln sicherten Windbretter (*vindski*), an den Traufen Bretter mit eingebundenen Asthaken (*krókraptar*) den Belag. Holzdächer, v. a. bei →Stabkirchen aus Schindeln, und schwere Steinplatten kommen vor. Eine Licht- und Rauchöffnung (*ljore, lyre*) war beim *mønåstak* seitlich, beim Sparrendach am First üblich. In Nordnorwegen haben Norweger und Lappen in Gammen gewohnt, deren D.er von Crucks gebildet wurden, aber sonst dick mit Torf eingedeckt waren. Unklar ist die Herkunft der Gammen (abhängig von Westeuropa, materialbedingt durch sturmgebogene Birken, Einfluß der lapp. *bæl'lje*; Konstruktion der Zeltkohten oder gebogene Walbeinhäuser?). – In Schweden sind die D.er der Blockbauten den norw. sehr ähnlich. Auf Gotland hat man schwer brennbares Moorgras (*Ag*) in dicken, überhängenden Lagen auf den Rofen festgetreten. Scheunen haben Sondergerüste: Bunge, Gotland (s. Fig. 10, Abb. 6), mit dichtgestelltem Ständerpaar, das in Naturgabeln Pfetten trägt; in Västergötland mit wechselnden 1–3 Säulengerüsten. – In Dänemark (einschließl. Schonen-Blekinge) herrscht das steile Sparrendach mit gebundenem Weichdach vor. Meist wandlastig, gibt es in Nordjütland auch Zweisäulengerüste mit gutem Hochrähm, isoliert von dem westurop. Vorkommen. In Mitteljütland und Fünen kommen in Scheunen und Ställen Firstsäulen mit Naturgabeln sowie die gespreizten Innensäulen (*stritsuler*) mit Gabel für die Firstpfette vor. Auf Læsø wird ein dickes Tangdach, dem Ag ähnlich, benutzt. Mittelalterl. D.er bei Bauernhäusern haben sich in Dänemark nicht erhalten.
H. Hinz

Lit.: KL, s. v. tak – N. NICOLAYSEN, Kunst og Handverk. Norges Fortid, 1881–91 – A. JENSEN, Fortid og Nutid, 1914, 60–67 – G. BOETHIUS, Stud. i. den nordiska timmermansbygnadskonsten från Vikingatiden till 1800-talet, 1927 – H. ZANGENBERG, Skivebogen, 1930, 1–36 – M. CLEMMENSEN, Bulhuse, 1937 – S. ERIXON, Svensk Bygnadskultur, 1947 [Lit.] – H. VREIM, Norske Trearkitektur, 1947 – A. BERG, Finnesloftet, Fortidsfor. årbok, 1949 – Nordisk Kultur, 1953

[S. Erixon, H. Vreim, A. Steensberg] – S. Björklund, Anders Zorn Hembygdsvåren, 1972 – A. Berg, Korleis Bonden bygde..., 1973 – P. Gjaerder, Vest-norske utløer i Stavverk, 1976 – G. Svahnström–A. Salomonssen, Jb. für Hausforsch. 27, 1976, 1–66 – R. Hauglid, Laftekunst, 1980 – A. Berg, Konstruktionen im profanen norw. Hausbau des MA (C. Ahrens, Frühe Holzkirchen im nördl. Europa, 1982).

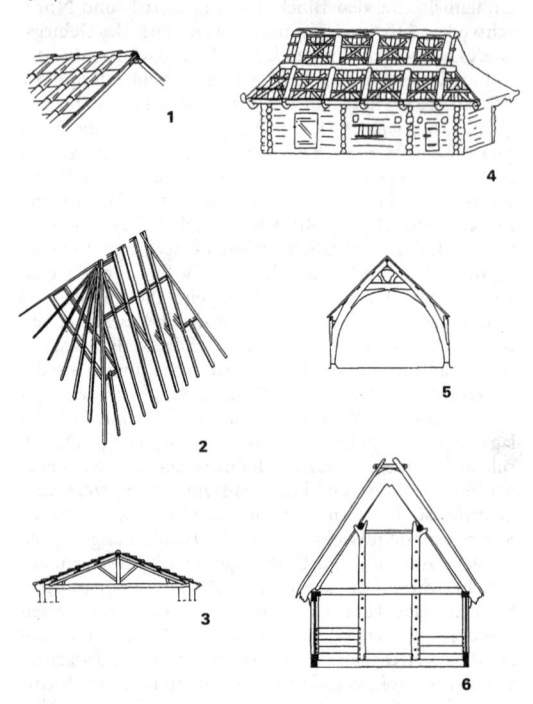

Fig. 10: Beispiele besonderer Dachformen: 1 = Röm. Ziegel- und Schieferdach nach rhein. Funden, 2 = Dach des Bauernhauses aus Höfstetten von 1368, 3 = Hartdach mit First und Nebenpfetten, Castelnaudry am Gers, 4 = Litauisches Lubbendach (nach Bielenstein), 5 = Engl. Cruckdach mit zentralem Ornament (Hall Tŷ-mawr [Trefeglwys]), 6 = Querschnitt Bohlenwandscheune von Bunge, Gotland, mit Agdach, zwei Säulen mit Naturgabeln als Kletterbäume.

H. Byzantinischer Bereich

Das Repertoire griech.-röm. Dachausbildungen wird mit seinen Grundelementen, insbes. den Schrägdächern (Pult- und Satteldächern), ohne Schmuckformen in die byz. Architektur übernommen. Die unterschiedl. Landschaften des Byz. Reiches bedingen jedoch vielfältige regionale Sonderformen und Bautraditionen.

Die Mehrzahl der öffentl. Bauten (Kirchen, Paläste) war insbes. in frühbyz. Zeit mit Satteldächern gedeckt, die Dachstühle aus Holz, die Giebel aus Stein gebildet. Die ursprgl. D. er lassen sich zumeist nur aufgrund der teilweise erhaltenen Steingiebel erschließen. Nur die justinian. Kirche des Katharinenklosters im Sinai bewahrt noch das originale Hängewerk aus Holz (mit Hängesäulen und Spannriegeln, Bundbalken mit Schnitzwerk und Inschriften) des ursprgl. offenen Dachstuhls. Mit pyramidalen Zeltdächern war eine Reihe frühbyz. Zentralbauten gedeckt, die Apsiden der Kirchen je nach der äußeren Grundrißform mit halben Zelt- und Kegeldächern. Die Beschaffung geeigneter Holzbalken für die Dachstuhlkonstruktionen war in frühbyz. Zeit nicht ohne Probleme, zuweilen mußte das Holzmaterial über weite Entfernungen transportiert werden. Die Außenhaut der D. er bestand in frühbyz. Zeit überwiegend aus gebrannten großen Flach- und Hohlziegeln. Herstellungstechnik, Form und Umfang der Ziegel blieben der röm. Tradition verhaftet. Für aufwendige Sakral- und Profanbauten sind durch literar. Quellen Deckungen aus Buntmetallen – Blei und Kupferlegierungen – bezeugt (Konstantinopel: Apostelkirche, Forum des Theodosios, Kaiserpaläste; Ephesos: Johanneskirche; Jerusalem: Grabeskirche). Die Dachhaut aus Blei der Hagia Sophia und der Sergios- und Bakchos-Kirche in Istanbul oder der Kirche des Katharinenklosters im Sinai (14. Jh.) weisen noch auf die ursprgl. Eindeckung hin. Für Dachrinnen gibt es offenbar keine archäol. Belege, doch finden sich zuweilen Spuren von Ton- und Metallrohren, die zu Zisternen neben oder unter einzelnen Kirchenbauten führen und solche Rinnen voraussetzen.

In mittel- und spätbyz. Zeit werden die Kirchen fast ausschließl. eingewölbt (Tonnen, Gurte und Kuppeln), die Dachhaut besteht nun aus gebrannten, in Mörtel verlegten Hohlziegeln. In Ausgleichschichten zw. Decke und Dachhaut werden vereinzelt Gefäßkeramiken (kleine Amphoren) eingemauert (Hagia Sophia in Trapezunt).

In der einfachen ländl. Stein- und Holzarchitektur ist während der gesamten byz. Zeit mit einem hohen Anteil des traditionellen Flachdachs, bestehend aus nebeneinanderliegenden Holzstämmen, Reisig und Lehmdecke, zu rechnen; wegen der Vergänglichkeit der Materialien ist diese Form archäolog. nur schwer nachzuweisen. In Gegenden mit prägender Steinbautradition – beispielsweise auf den griech. Inseln – finden sich Steindächer aus schuppenartig verlegten Bruchplatten.

Im christl. Armenien und Georgien wie auch im islam. Mittel- und Ostanatolien liegen steinmetzmäßig sorgfältig gearbeitete Steinplatten als Dachhaut – D.er aus gebrannten Ziegeln nachbildend – vornehml. auf anspruchsvollen Wölbbauten.   H. Hellenkemper

Lit.: Eine Gesamtdarstellung byz. Dachkonstruktionen fehlt. – RAC III, 517–536 [F. W. Deichmann; Lit.] – F. W. Deichmann, Unters. zu D. und Decke (Fschr. E. Langlotz, 1957), 249–264 – G. H. Forsyth–K. Weitzmann, The Monastery of Saint Catherine at Mount Sinai. The Church and Fortress of Justinian, Plates, o. J. [1968], Taf. 66–83 – G. H. Forsyth (J. Galey), Sinai und das Katharinenkloster, 1979), 57, Abb. 13, 29–35 – G. Tchalenko, Eglises de village de la Syrie du Nord (Documents d'archéologie: La Syrie à l'époque de l'empire Romain d'Orient, No. 1), Planches, 1979; Album, 1980.

I. Islamischer Bereich

Im weiten Gebiet des Islam werden unterschiedl. traditionelle vorislam. Grundtypen bewahrt. Weiterentwicklungen gipfeln in spezifisch islam. Zierformen, die wiederum die polit. Herrschaft des Islam dokumentieren. Der am stärksten verbreitete Typ ist das schon im Alten Orient übliche Flach- oder Terrassendach. In regen- und holzarmen Gebieten des O treten Gewölbereihungen hinzu.

Typenvielfalt kennzeichnet den iran. Wüstenraum. Seßhaft werdende Nomaden überdecken ihre Hürdenhäuser noch oft mit bisweilen demontablen Rohrmatten. Starre Terrassen- und Wölbdeckungen überwiegen aber. Kuppeln und Tonnengewölbe prägen noch heute Dorf-Silhouetten. Die Technik der aus der Senkrechten verkippten Ziegelschichten, schon über einem weiten Īwān des sāsānid. Großpalastes von Ktesiphon nachgewiesen, ermöglicht das freihändige Wölben ohne Holzgerüst. Auch die Holzbalken eines Flachdaches können durch eine Wölbkonstruktion ersetzt werden: Gurtbögen und zw. ihnen spannende Quertonnen unterfangen die Terrasse. Noch im islam. MA sind gebrannte Ziegel anspruchsvollen öffentl. Bauten, v. a. Großmoscheen und -palästen, vorbehalten. Wie für die aufgehenden Wände blieb auch für die Überdeckungen ungebrannter Lehm gängiger

Baustoff, bis in den Sakral- und Palastbau hinein, nicht nur im O (z. B. Gewölbe von Palastruinen in Sīstān), sondern bis in den äußersten W (z. B. Terrassendächer der Ganzlehmbauten berberischer Qaṣabas).

Insbes. in den westl. Mittelmeerländern, aber auch in regen- und holzreicheren Landstrichen des O (z. B. im traditionellen türk. Holzbau) überlebt auch das Neigungsdach mit hölzernem Stuhl. Terrassen- und Neigungsdächer werden im W bisweilen über stark miteinander verwandten Gebäudetypen, auch unter klimat. vergleichbaren Bedingungen, nebeneinander verwirklicht. Die Hauptmoscheen von Córdoba (Spanien) und Qairawān (Tunesien) zeigen Holzdecken (→Moschee). Die Funktion der Wetterhaut nehmen in Córdoba ziegelgedeckte Einzelschiffdächer mit hölzernem Stuhl wahr, in Qairawān ist dagegen eine fast einheitl. Dachterrasse ausgeführt. In Qairawān zeichnen sich auch die Schirmkappen beider Kuppeln außen direkt ab, ein Außenhautträger ist ebensowenig wie über den mit Córdoba verwandten Rippengewölben der Hauptmoschee von Iṣfahān (Persien) aufgesetzt. In Córdoba sind über den Gewölben Zeltdächer errichtet, wie auch in den späteren, verwandten Moscheen Marokkos; erst die schützende Wetterhaut ermöglicht den durchbrochenen stuckierten Gitterdekor der Vormiḥrābkuppel in der almoravid. Hauptmoschee von Tlemcen (Algerien). Zeltdächer schützen auch stets die späteren westislam. stuckierten Stalaktitenkuppeln (z. B. Säle und Pavillons am Löwenhof der Alhambra). Dem Schutz des stuckierten Außenwanddekors dienen weit auskragende D.er mit kunstvoll geschnitzten Konsolbalken (z. B. Alhambra, Comares-Hof; Höfe merīnīdischer Medresen Marokkos). Im Maġġrib und in Spanien entwickelt sich aber v. a. der offene Holzdachstuhl mit hohem dekorativem Anspruch: Die Sparrenhölzer verflechten sich zu Sternmustern. Die ältesten Beispiele stammen aus almohad. Zeit (Marrakesch, Kutubīya-Moschee; vor 1162), die islam. Handwerkstradition läßt diese Zimmermannskunst aber erst nach der →Reconquista, in den span. *artesonados*, gipfeln. Ch. Ewert

Vgl. →Haus,-formen, →Kirchenbau, →Bauernhaus, →Bürgerhaus.

Dachau, Gf. en v.; von den Gf. en v. →Scheyern abstammende bayer. Adelsfamilie. Zur Sicherung und Verwaltung der Güter, die dem Scheyerner Grafengeschlecht an der oberen Amper im 11. Jh. angefallen waren, ließ eine Seitenlinie dieses Geschlechts um 1100 auf der beherrschend in die Ampernniederung vorstoßenden Anhöhe eine Burg erbauen, die in der Nähe der alten Siedlung Dachau (ahd. Dahauua; heute Reg. Bez. Oberbayern, nw. von München) lag und von ihr den Namen bekam. Als die Stammburg Scheyern um 1120 dem Mönchskonvent von Petersberg-Eisenhofen überlassen wurde, fiel die Burg D. mit den zugehörigen Ministerialen und dem Grundbesitz an Gf. *Arnold* v. Scheyern, der sich von da an wie seine Nachkommenschaft nach der Burg D. nannte. Mit großer Wahrscheinlichkeit übten sie auch Grafenrechte über ihren Besitz aus, wodurch sie zu Konkurrenten der Grafschaftsinhaber des Freisinger Raumes, der Gf. en v. Ottenburg-Grögling-Hirschberg wurden, die sie nach und nach daraus zusammen mit ihren Vettern, den Pfgf. en v. →Wittelsbach, bis zur Mitte des 12. Jh. verdrängten. Seit etwa 1130 sitzt ein Angehöriger des D.er Grafengeschlechts auf der Burg Valley (Reg. Bez. Oberbayern, Krs. Miesbach), die so zum Stammsitz einer eigenen Valleyer Linie dieses Geschlechts wurde, die 1238 ausstarb. Höhepunkt der D.er Grafenherrlichkeit war die Erhebung des Gf. en *Konrad II.* v. Dachau 1152/53 zum Hzg v. Meranien, Dalmatien und Kroatien. Er begegnet auf den ksl. Heerzügen Friedrich Barbarossas in Italien mit einem großen ritterl. Lehensgefolge. So schnell der Aufstieg gekommen war, so jäh stellte sich auch der Untergang des D. er Grafengeschlechts ein: Gf. *Konrad III.*, der Sohn des Hzg.s v. Meranien, starb 1182 ohne Hinterlassung von erbberechtigten männl. Nachkommen. Seine Witwe verkaufte daraufhin die Burg D. mit all ihren Zugehörungen an Ministerialen und Gütern dem wittelsbach. Hzg. Otto I. bzw. seinem Sohn Ludwig. Damit wurde die Gft. in den wittelsbach. Landesstaat einverleibt; die Burg wurde zum Sitz eines Landrichters, der die ehem. Gft. als Landgericht D. verwaltete, auf das der heutige Landkreis D. zurückgeht.

P. Fried

Lit.: J. F. Huschberg, Älteste Gesch. des durchl. Hauses Scheiern-Wittelsbach, 1834, 2. Buch – C. Trotter, Die Gf. en v. Scheyern, D., Valley usw. (Genealog. Hb. zur bair.-österr. Gesch., hg. O. Dungern, 1. Lfg.), 1931, 29ff. – P. Fried, Die Landgerichte D. und Kranzberg (HAB, Altbayern, H. 11/12), 1958.

Dacheriana, Collectio canonum, benannt nach ihrem ersten Herausgeber, dem Mauriner L. d'Achery († 1685). Das um 800 in Lyon entstandene systemat. Kirchenrechtswerk (möglicher Verfasser→Agobard v. Lyon) handelt in seinen knapp 400, auf drei Bücher mit entsprechenden Capitulationes verteilten Kanones – wie der Autor einleitend bemerkt – vornehml. von der Buße, dem Gerichtswesen und dem Klerus; in Wirklichkeit wird das kirchl. Leben in einem wesentl. breiteren Spektrum angesprochen. Als Vorwort dient eine wohl urprgl. selbständige, da nur zum ersten Buch passende Abhandlung über die Buße. Die Texte des Corpus entstammen den besten Quellen der Zeit, der→Dionysio-Hadriana und der systemat. →Hispana. Über 50 erhaltene, großenteils frühma. Codices, mehrere Versionen (u. a. mit pseudoisidor. Verfälschungen) und die rasche und langlebige Rezeption zeugen von dem ungewöhnl. Erfolg dieses für die kirchl. Praxis geschaffenen bedeutendsten method. Kirchenrechtsbuches der karol. Reform. H. Mordek

Ed.: L. D'Achery, Veterum aliquot scriptorum qui in Galliae Bibliothecis, maxime Benedictinorum latuerant, spicilegium 11, 1672, 1–200 [Neued. des Spicilegium von L.-F.-J. de la Barre I, 1723, 509–564] – *Lit.*: F. Maassen, Gesch. der Q. und der Lit. des canon. Rechts im Abendlande, 1870, 848–852 – G. Le Bras, Les deux formes de la D. (Mél. P. Fournier, 1929), 395–414 – G. Haenni, La D. mérite-t-elle une réédition?, RHDFE, 4ᵉ sér., 34, 1956, 376–390 [mit Ankündigung einer krit. Ausg.] – Ders., Note sur les sources de la D., SG 11, 1967, 1–22 – H. Mordek, Zur handschriftl. Überlieferung der D., QFIAB 47, 1967, 574–595 – Ders., Kirchenrecht und Reform im Frankenreich, 1975, 259–263.

Dachreiter, Bezeichnung für ein auf dem →Dach aufsitzendes Türmchen aus Holz oder seltener aus Stein, das zur Aufnahme einer Glocke oder zuweilen auch nur zur Betonung einer Dachkreuzung dient. Zumeist besteht der D. aus vier Eckständern, die auf der unteren Kehlbalkenlage des Dachstuhls aufstehen und durch Andreaskreuze versteift sind. Die senkrechten Wände werden über dem Dach bis auf die Schallöffnungen verschalt und mit dem Dachdeckungsmaterial verkleidet. D. aus Werkstein werden entweder von dem Triumphbogen oder von doppelten Gurtbogen getragen bzw. sitzen auf der Mauer des Giebels auf. Für St. Marien in Utrecht, 1099 geweiht, und St. Cäcilien in Köln, 12. Jh., sind mächtige kreuzförmige D. überliefert. D. sind seit otton. Zeit bezeugt. In der Frühgotik sitzen sechs- oder achteckige, teilweise maßwerkdurchbrochene Spitzhelme des D. oft an jeder Seite über einem Steilgiebel auf. Erhöhte Bedeutung gewinnt der D. durch die Ablehnung massiver Türme seitens der Zisterzienser und der sich ihnen anschließenden Bettelorden, in

der Regel aus Holz, bei frz. Ordensbauten auch aus Stein von quadrat. oder achteckigem Grundriß; in Deutschland bildet der 1407–09 von Georg v. Salmsweiler erbaute große Maßwerk-D. auf der Vierung der Zisterzienserkirche Bebenhausen eine Ausnahme; ferner Dominikanerkirche in Bern 1423. Seit dem 15. Jh. finden sich D. auch auf profanen Gebäuden (Rathäuser, Tortürme, Spitäler) oder auf Klostergebäuden (Bebenhausen). G. Binding
Lit.: RDK III, 968–976 [Lit.].

Dachs, Meles meles L. [1] *Name:* Zur Familie der Mustelidae gehörige Marderart, benannt nach dem Anlegen ihrer unterird. Baue (ahd. *dahs;* nhd. *Griewel* (zu 'bauen' bzw. 'graben') sowie vom Gestank her (nhd. *Fies(el)* zu mhd. *vist* 'Flatulenz'). Germ. *phasu-* wurde als taxus ins Spätlat. entlehnt; das synonyme »meles« ist außerindoeurop. Ursprungs. Mlat. »daxus« kontaminiert, im Anlaut Einfluß von mhd. *dahs*. G. Keil

[2] *Zoologie:* Das nächtl. lebende Raubtier war in der Antike nahezu unbekannt. Das angebl. Zauber abwehrende Fell wurde zu Taschen, Jagdmützen und Halsbändern für Hunde verarbeitet, das Fett diente med. Zwecken. Eine Beschreibung des D.es (Fuchsgröße, niedrigere Läufe, grau-weißes Fell) liefert nach dem »Liber rerum« erst Thomas v. Cantimpré (4, 32) u. eingehender aufgrund eigener Anschauung Albertus Magnus (22, 49), der auch der Fabel von der geringeren Länge der linken Beine widerspricht. Thomas schreibt dem Schmalz ein von den Mondphasen abhängiges Wachsen und Verschwinden zu. Empir. Ausgangspunkt dafür dürfte der herbstl. Fettansatz für den Winterschlaf sein. Über die Okkupation von Dachsbauen durch den Fuchs berichten in unterschiedl. Weise Thomas (= Vinc.), Albertus Magnus, Bartholomaeus Anglicus (18, 101) und Alexander Neckam (2, 127). Letzterer behauptet, analog zu dem Verhalten des →Bibers, den Mißbrauch eines Tieres als Transportmittel für die beim Graben anfallende Erde. Eine andere Motivübertragung bietet Bartholomaeus, wo das Weibchen des D.es (statt des →Hamsters, vgl. Thomas 4, 38) sich auf Kosten des sparsamen Männchens an den gemeinsamen Wintervorräten vergeht. Chr. Hünemörder

Bei der *Jagd* wurde der D. aus seinem Bau ausgeräuchert oder ausgegraben (Konrad Heresbach, 86), wenn man ihn nicht beim Einschliefen in der Dachshaube fing, am Luder mit dem »selpgeschoz« erlegte oder bei der Nachthatz mit der zweizinkigen Dachsgabel erstach (Hans Peter v. Firdenheim, 7).

[3] *Medizin; Pharmazie:* Neben Plinius (28, 156.190) und Marcellus Empiricus (36,5) hat die med. Indikationsstellung v. a. der spätantike »Anonymus de taxone« bestimmt; der als Vorläufer ma. →Wunderdrogentraktate die organotherapeut. Verwertung des D.es lehrt: Das Fett wird gegen Fieber, das in Öl gekochte Gehirn gegen allerlei Schmerzen, das gesalzene Blut äußerl. gegen bösartige Geschwüre bei Tier und Mensch und die mit Honig gekochten Testikeln gegen Impotenz empfohlen. In sprachl. anderer Form begegnen diese Medikationen im sog. »Aesculapius«, woraus Thomas v. Cantimpré (4,32 = Vinc. 19,111) zitiert. Der Text findet sich auch in spätmhd. Übertragung. In obd. Arzneitaxen des 15. Jh. (Wien, München, Andechs, Nördlingen) ist »axungia daxi« offizinell. Die von Thomas dem D. zugeschriebene Antidot-Wirkung blieb trotz Konrads v. Megenberg Übersetzung für die ärztl. Praxis ohne Bedeutung.

[4] Eine *ikonographisch* gültige Bildtradition scheint sich im MA nicht entwickelt zu haben: Der 'Hortus-sanitatis'-Holzschnitt (anim. 142) bildet eher Hunde oder Füchse, keineswegs aber D.e ab.

[5] *Volkskunde:* Mag. Verwendung des rechten Auges und anderer Teile finden sich im »Liber aggregationis de lapidibus, herbis et animalibus« von Ps. Albertus Magnus (vgl. das Kap. in der afrz. »Livre des secrez de nature« bei DELATTE, 345). Im volksmed. Brauchtum Europas leben organotherapeut. Anwendungen antik.-ma. Ursprungs fort. In N- und Mitteldeutschland galt der D. als elbisches Seelentier und zog mit bei der Wilden Jagd.
Chr. Hünemörder/G. Keil

Q.: Albertus Magnus, De animalibus, ed. H. STADLER II, 1920, BGPhMA 16 – Alexander Neckam, De naturis rerum, ed. TH. WRIGHT, 1863 [Neudr. 1967] (Rer. Brit. 34) – Bartholomaeus Anglicus, De proprietatibus rerum, 1601 [Neudr. 1964] – Thomas Cantimpratensis, Liber de natura rerum, T. 1: Text, ed. H. BOESE, 1973 – Textes Latins et vieux français relatifs aux Cyranides, hg. L. DELATTE, 1942 (Bibl. Fac. Phil. et Lettr. Univ. Liège, fasc. XCIII) – Anonymus de taxone, ed. E. HOWALD–H. E. SIGERIST, 1927 (CML 4) – Vincentius Bellovacensis, Speculum naturale, 1624 [Neudr. 1964]–*Lit.*: REIV, 2, 1948–CML IV, 227–232–HOOPS I, 386–HOOPS² V, 134–137–ZEDLER, Univ.-Lex. VII, 12–17 – HWDA II, 129–134 – Verf.-Lex.², s. v. De taxone liber – W. SCHNEIDER, Lex. zur Arzneimittelgesch., 1968–75, I, 65–J. JÜHLING, Die Tiere im der Volksmed. alter und neuer Zeit, 1900, 10f. – M. HÖFLER, Die volksmed. Organotherapie und ihr Verhältnis zum Kultopfer, 1908, 72f., 164 – I. SCHWARZ, Gesch. des Wiener Apothekerwesens im MA (Gesch. der Apotheken und des Apothekerwesens in Wien I, 1917), 142, 180, 188, 250 – H.-F. ROSENFELD, PBB 78, 1956, 402; 80, 1958, 424 – K. LINDNER, Dt. Jagdtraktate des 15. und 16. Jh., 1959, II, 168f., 195f. – W. DRESSENDÖRFER, Spätma. Arzneitaxen des Münchner Stadtarztes Sigmund Gotzkircher aus den Grazer Cod. 311, Würzburger med. Forsch., 15, 1978, 192.

Dachstuhl → Dach
Dacia → Dakien
Dadanudd (mittelwalis. *datanhud*), im walis. Recht eine der drei Hauptformen der Klageerhebung bei Ansprüchen auf Landbesitz. In südwalis. Rechtsquellen wird der d. angewandt, wenn ein Mann Land beansprucht, das sein Vater »sein Leben lang und bis zu seinem Tod« (der Kläger selbst aber nicht) besessen hat. In nördl. Rechtsquellen wird der d. auch dann zur Anwendung gebracht, wenn der Kläger selbst von seinem Grund und Boden vertrieben wurde. Im 13. Jh. war der d. eine Besitzstörungsklage; volle Erbansprüche wurden durch die Klageform *ach ac edryf* ('Abstammung und Vaterschaft') geltend gemacht. Ein Vergleich mit dem ir. *tellach* zeigt jedoch, daß der d. ursprgl. ein altertüml. Rechtsritual und ein außergerichtl. Mittel zur Geltendmachung von Erbansprüchen auf Land war. Dieses Ritual gipfelte im Entzünden des Herdfeuers in dem zu dem beanspruchten Land gehörigen Haus. Hierin besteht auch die ursprgl. Wortbedeutung von d. ('Aufdeckung'), die die Aufdeckung des vom (verstorbenen) Vater zugedeckten Herdfeuers bezeichnet.
T. M. Charles-Edwards

Lit.: D. JENKINS, A Lawyer looks at Welsh Land Law, Transactions of the Honourable Society of Cymmrodorion, 1967, 220–247.

Daddi, Bernardo, florent. Maler, * um 1290, erste Nennung zw. 1312–20 als Mitglied der Zunft, datierte Werke von 1328 bis zu seinem Tod 1348 in Florenz. – D.s Stil ist ganz von seinem Lehrer →Giotto bestimmt; seine Bedeutung liegt in der Übernahme und Verbreitung des in Siena seit →Duccio geläufigen »kleinen Andachtsbilds«: Einzeltafeln und kleine Triptychen als Haus- und Reisealtärchen, die er mit einer wachsenden Werkstatt und handwerkl. Präzision in großer Zahl ausführte. Ch. Klemm

Lit.: R. OFFNER, A critical and historical Corpus of Florentine Painting. Sect. III, vol. III, 1930; VIII, 1958 – R. OERTEL, Die Frühzeit der it. Malerei, 1966², 121f.

Dafydd. 1. D. ap Llywelyn ab Iorwerth, Fs. v. Nordwales (princeps Norwallie) (→Gwynedd) 1240–47, nachweisl. erster Träger des Titels 'Fs. v. Wales' (princeps

Wallie, 1244/45). Sohn des Fs.en →Llywelyn ab Iorwerth (Llywelyn Fawr 'd. Große' oder? der Ältere, ca. 1194–1240) und dessen Frau Johanna, Tochter Kg. Johanns v. England. Unter Umgehung walis. Erbrechtes wurde D.s älterer Stiefbruder Gruffudd von der Erbfolge in Gwynedd ausgeschlossen und D. 1238 zum alleinigen Nachfolger im Fsm. bestimmt. Als Lehnsmann des engl. Kg.s für Nordwales 1240 anerkannt, verlor D. diese Bezeichnung durch die engl. Verwaltung nach einer militär. Niederlage gegen die Engländer im Vertrag von Gwern Eigron 1241. Er übergab seinen Stiefbruder Gruffudd dem engl. Kg. als Geisel. Nachdem Gruffudd 1244 bei einem Fluchtversuch ums Leben kam, ergriff D. die Gelegenheit, seine Unabhängigkeit zu erneuern und unterstellte sich der päpstl. Lehnsoberhoheit als princeps Wallie. Seine Anerkennung als Fs. v. Wales wurde 1245 unter engl. Druck von Papst Innozenz IV. annulliert, aber sie markiert eine wichtige Etappe auf dem Weg, der seinem Neffen →Llywelyn ap Gruffudd 1267 die Anerkennung als princeps Wallie durch die engl. Krone einbrachte (→Prince of Wales). M. Richter

Q.: J. G. Edwards, Littere Wallie, 1940 – Lit.: M. Richter, David ap Llywelyn, the first Prince of Wales, Welsh Hist. Review 5, 1970–71, 205–219.

2. D. ap Gwilym, bedeutendster walis. Dichter des späteren MA, genaue Lebensdaten unbekannt, lebte wahrscheinl. um die Mitte des 14. Jh. Seine Familie stammte aus dem sw. Wales und hatte Ämter der engl. Regierung inne. Bedeutend war v. a. seine Liebes- und Naturdichtung. – Vgl. ausführlich→Walisische Literatur. T. M. Charles-Edwards

Ed. und Lit.: Gwaith D. ap G., ed. T. Parry, 1952, 1979³ – R. Bromwich, Medieval Celtic Literature: A Select Bibliogr., Toronto Medieval Bibliographies, No. 5, 1974, 54f. – T. Parry–M. Morgan, D. ap G., Writers of Wales Series, 1974 – Llyfryddiaeth Llenyddiaeth Gymraeg, ed. T. Parry–M. Morgan, 1976, 94 – D. ap G.: A Selection of Poems, ed. und übers. R. Bromwich, 1980 [grundlegende Einf.].

Dagobert

1. D. I., merowing. Kg., * ca. 608, † 19. Jan. 638/639, ⊐ St-Denis. Nach zehnjähriger Alleinherrschaft setzte →Chlothar II. 623 seinen Sohn D. zum Unterkg. im reduzierten Austrasien ein (ohne die Gebiete westl. von Ardennen und Vogesen und die Exklaven in Aquitanien und in der Provence). Der Hausmeier →Pippin d. Ä. und Bf. →Arnulf v. Metz wurden seine maßgebl. Berater. Anläßlich seiner Hochzeit mit Gomatrude, einer Schwester seiner Stiefmutter, ertrotzte D. 625/626 eine Vergrößerung seines Unterkg.es nach Westen. Nach Arnulfs Rückzug in die Einsamkeit der Vogesen (→Remiremont) wurde Bf. →Kunibert v. Köln neuer Berater. 629, nach dem Tod Chlothars II., wurde D. Nachfolger im Gesamtreich; die Ansprüche seines Bruders→Charibert II. befriedigte er mit einem Unterkg. Toulouse (mit den Marken gegen Basken und Septimanien), das aber nach Chariberts Tod 632 bereits wieder aufgelöst wurde.

Rivalitäten innerhalb der Reichsaristokratie (bes. Unzufriedenheit der Austrasier) und außenpolit. Mißerfolge gegenüber dem Slavenreich des →Samo (631 Niederlage bei der →Wogastisburg), den →Thüringern und den →Sachsen (Verlust des Tributs der Ostsachsen) zwangen D. zu neuerlichen Zugeständnissen: 633 erhob in Metz seinen dreijährigen Sohn →Sigibert III. zum Unterkg. in Austrasien; Bf. Kunibert v. Köln und der dux →Adalgisel fungierten als Regenten. Nach der Geburt eines zweiten Sohnes →Chlodwig II. 634 begegnete D. den neustr. Widerständen gegen eine mögl. austras. Vorherrschaft mit einem eigenen Teilungsprinzips: Sigibert III. sollte in Austrasien (mit den südgall. Exklaven), Chlodwig II. in Neustrien und Frankoburgund nachfolgen. Nach erfolgreichen Kämpfen gegen die Basken und der Unterwerfung der Bretonen starb der letzte bedeutende Merowinger am 19. Jan. 638 (oder 639); in der von ihm reich ausgestatteten Basilika von →St-Denis fand er sein Grab.

Das Nachleben des »bon roi Dagobert«, des populärsten Merowingerkg.s, reicht – bes. in Frankreich – bis in die Gegenwart. U. Nonn

Q.: Fredegar IV, 47, 52–62, 67–68, 72–80 (MGH SRM II) – Liber hist. Fr. 41–43 (ebd.) – Gesta Dagoberti I. regis Fr. (ebd.) – Lit.: Hoops² V, 176–179 – R. Barroux, D. roi des Francs, 1938 – E. Ewig, Die frk. Teilreiche im 7. Jh., Trierer Zs. 22, 1953, 107–115 (= Ders., Spätantikes und frk. Gallien I, 1976, 194–201) – Ders., Stud. zur merow. Dynastie, FMASt 8, 1974, 50 – M. Bouvier-Ajam, D., 1980 – C. Wehrli, Ma. Überlieferungen von D. I., 1982.

2. D. II., merowing. Kg., † 23. Dez. 679, ⊐ Stenay (Ardennen). Vor der Geburt D.s hatte sein Vater, →Sigibert III., den Sohn des pippinid. Hausmeiers →Grimoald I. adoptiert. Nach Sigiberts Tod 656 übergab Grimoald den Prinzen D. dem Bf. Desiderius v. Poitiers, der ihn nach Irland in ein Kl. verbrachte, und ließ den adoptierten →Childebert (III.) zum austras. Kg. erheben (»Staatsstreich Grimoalds«). Nach dem Tod des adoptivus kam das Ostreich an →Childerich II. (662–675). In den chaot. Machtkämpfen nach dessen Ermordung 675 riefen austras. Große unter dem Hausmeier →Wulfoald D. aus Irland zurück, der sich im Ostreich durchsetzen konnte – trotz der erbitterten Feindschaft →Ebroins. Doch bereits am 23. Dez. 679 erlag der letzte austras. Merowinger einem – wahrscheinl. von den →Arnulfingern und Ebroin angezettelten – Mordanschlag bei →Stenay-sur-Meuse (Ardennen).

Im dortigen Kl. wurde der ermordete Kg. später als Märtyrer verehrt; spätestens seit 1069 galt der 'hl. D.' als Patron der Kirche, dessen Kult sich in Lothringen und im Elsaß verbreitete. U. Nonn

Q.: Liber hist. Fr. 43 (MGH SRM II) – Vita Wilfridi 28, 33 (MGH SRM VI) – Lit.: E. Ewig, Die frk. Teilreiche im 7. Jh., Trierer Zs. 22, 1953, 121–134 (= Ders., Spätantikes und frk. Gallien I, 1976, 207–220) – R. Folz, Tradition hagiogr. et culte de St-D., roi des Francs, M-A 69, 1963, 17–35 – E. Ewig, Noch einmal zum Staatsstreich Grimoalds (Fschr. J. Spoerl, 1965), 454–457 (= Ders., Spätantikes und frk. Gallien I, 1976, 573–577).

3. D. III., merowing. Kg., * um 698, Kg. v. 711–715/716, ⊐ vermutl. St-Denis, Sohn Childeberts III. Der Name d. Mutter ist nicht überliefert. Bei seinem Regierungsantritt im Febr. 711 war D. III. wohl erst 14jährig und nach ripuar. Recht noch unmündig (Lib. hist. Franc. cap. 50). Die fünfjährige durch Instabilität der staatl. Verhältnisse gekennzeichnete Regierungszeit, in der die Auseinandersetzung zw. →Plektrud, →Karl Martell und →Raganfrid bestimmt wurde, zeigt, daß D. III. nur der fiktive Kg. in der Hand →Pippins d. M. war. Ohne polit. eigtl. in Erscheinung getreten zu sein, starb D. III. noch nicht 20jährig. Er hinterließ einen Sohn, Theuderich (IV.), den die Neustrier mit dem Recht des Siegers verbannten. Zum Nachfolger D.s III. wurde→Chilperich II. bestimmt. H. Ebling

Lit.: E. Hlawitschka, Die Vorfahren Karls des Großen (Braunfels, KdG I, 1965), bes. 61–63 – R. Schneider, Königswahl und Königserhebung im FrühMA, 1972, 176–178 – J. Semmler, Zur pippinid.-karol. Sukzessionskrise 714–723, DA 33, 1977, bes. 7f.

Dagome-iudex-Dokument (auch: Dagone iudex). D. i. sind die Anfangsworte eines Regestes einer Urkunde, das in der Collectio canonum (entstanden 1086–87) des Kard.s →Deusdedit enthalten ist. Es beinhaltet den berühmten Schenkungsakt →Mieszkos I. († 962), Fs. v. →Gnesen, an den Apostol. Stuhl: Der Fs. und seine Gemahlin Oda, Tochter des Mgf.en Dietrich v. →Haldensleben, schenken um 990/991 ihr Land »Schinesghe« (Gnesen), das im N bis zum Baltischen Meer, im S bis zur Provinz Krakau, im O bis zum Land der Russen und im W bis zur Oder reicht, dem hl. Petrus. Man nimmt an, daß dieser Schenkungsakt die direkte Thronfolge in Gnesen für die minderjährigen Kinder Mieszkos I., Mieszko und Lambert, gegen →Bolesław I. Chrobry, Mieszkos Sohn aus der Ehe mit →Dobrawa, sichern sollte. In der Forschung wird auch für möglich gehalten, daß die Schenkung die Metropolitanorganisation der poln. Kirche, die tatsächl. i. J. 1000 durchgeführt wurde, vorbereiten sollte. Das Regest enthält die älteste geogr. Beschreibung der polit. Grenzen→Polens und überliefert die erste bekannte Schenkung eines Staates an den Apostol. Stuhl. G. Labuda

Lit.: B. Stasiewski, Unters. über drei Quellen zur ältesten Gesch. und Kirchengesch. Polens, 1933, 29–117 – B. Kürbisówna, D. i. – Studium krytyczne (Początki państwa polskiego I, 1962), 363–423 – H. Łowmiański, Początki Polski V, 1973, 595–618 – G. Labuda, Znaczenie prawne i polityczne dokumentu D. i. (Studia i Materiały do dziejów Wielkopolski i Pomorza 25, 1979, 83–100 – Ch. Warnke, Ursachen und Voraussetzungen der Schenkung Polens an den Heiligen Petrus (Europa Slavica-Europa Orientalis, 1980), 127–177.

Dagsburg (frz. Dabo), elsäss. Adelsfamilie (→Elsaß), die über Gf. Hugo v. Tours auf die →Etichonen des 7. und 8. Jh. zurückgeführt werden kann. Bekanntester Sproß der Familie ist *Bruno*, Bf. v. Toul (= Papst→Leo IX.). Die Ausdehnung des Altbesitzes kennzeichnen die Burgen D. (dép. Moselle), die kurz vor 1000 durch Heirat erworben wurde, und Egisheim im Oberelsaß, nach denen in der Lit. die älteren Familienmitglieder benannt werden. Er verdichtete sich zw. Breusch und Leber, wurde in der 2. Hälfte des 11. Jh. durch Gf. *Heinrich I.* um Moha und Waleffe bei Huy an der Maas und 1153 um die Übertragung der Stadtgft. →Metz und der Hochvogtei über das Bm. Metz durch Ks. Friedrich I. an Gf. *Hugo IX.* erheblich vergrößert. Die Regelung der Erbfolge nach dem Tode Gf. *Alberts II.* († 1211), der nur eine Tochter *Gertrud* hinterließ, die nach drei kinderlosen Ehen mit Hzg. Theobald I. v. Lothringen, Gf. Tedbald IV. v. Champagne und Gf. Simon v. Leiningen 1225 starb, ist in den stauf.-welf. Thronstreit und die stauf. Territorialpolitik im Elsaß verwoben. Der Besitz umfaßte zuletzt 11 Burgen, die Vogtei über 9 Klöster, Anteile an Salinen im oberen Saartal und einige Vogesenpässe, darunter den von Saarburg nach Zabern. Simon v. →Leiningen konnte nur das Gebiet um D. selbst halten, die Mgf.en v. Baden als Miterben überließen ihre Rechte dem Bf. v. →Straßburg, der Bf. v. →Metz zog die heimgefallenen Lehen ein, Moha und Waleffe fielen nicht an Hzg. Heinrich I. v. Brabant als Miterben, sondern an den Bf. v. →Lüttich. H.-W. Herrmann

Lit.: E. Hlawitschka, Die Anfänge des Hauses Habsburg-Lothringen, 1969, 102–116 – H. W. Herrmann, Territoriale Verbindungen und Verflechtungen zw. dem oberrhein. und lothr. Raum im SpätMA, Jb. westdt. Landesgesch. 1, 1975, 142–147 – W. Mohr, Gesch. des Hzm.s Lothringen, T. II, 1976, 15zf.; T. III, 1979, 46–69 – M. Parisse, Noblesse et chevalerie en Lorraine médiévale du XIe et XIIIe s., 1982, 87–95, 334.

Daguí (Degui), **Pere,** philos. Autor, Verbreiter der Lehre des Ramon Llull (→Raimundus Lullus), * um 1435 in Montblanc (Katalonien), † 1500 in Sevilla, studierte erst spät die Llullsche Philosophie, übernahm 1481 den einst von Llull innegehabten Lehrstuhl in Palma de Mallorca. D. wurde aufgrund seines ersten Werkes »Ianua artis magistri R. Lullii« (1473; 1482 in Barcelona i. Dr., 1516 8. Aufl.) von der Inquisition verfolgt, 1484 in Rom aber gerechtfertigt. 1487 wurde er zum kgl. Kapellan ernannt. 1489 erschien seine Zusammenfassung der Llullschen Lehre: »Opus de formalitatibus sive metaphisica«. Durch dieses und die nachfolgenden Werke »Formalitates« und »Tractatus de differentia« verbreitete D. den Lullismus insbes. in Italien und Spanien und wurde damit zum wichtigsten Nachfolger Llulls. Columba Batlle

Lit.: DHEE II, 679 [A. Orive] – Gr. Enc. Catal. VI, 1977², 17 [E. Duran] – T. und J. Carreras y Artau, Hist. de la Filos. Esp. II, 1943, 65–69, 72–81, 251, 256, 281 – L. Pérez Martínez, El Maestro Pedro D. y el lulismo mallorquín de fines del siglo XV, Estudios Lulianos 4, 1960, 291–306.

Dagulf-Psalter (Wien, ÖNB Cod. 1861). Auf einem Einzelblatt zu Beginn der Hs. (fol. 4) sind zwei Gedichte eingetragen, die über den Auftraggeber – Karl d. Gr. –, ihre Bestimmung – Geschenk für Papst Hadrian I. (772–795) – und den Namen des Schreibers – Dagulf – unterrichten. Der mit goldener Tinte in Minuskelschrift auf Purpurblätter geschriebene Codex (154 Bl., 19,2 × 12 cm) besitzt ausschließl. ornamentalen Schmuck: eine Incipitseite (24v), drei Initialseiten zu Beginn von Ps 1, 51, 101 (25r, 67v, 108v), kleinere Initialen zu Ps 109, 118 und zum ersten canticum (120v, 125r, 146r). Der D. gehört zu den Hss. der Hofschule Karls d. Gr. (→Buchmalerei); Schrift und Buchschmuck sprechen für einen Zeitansatz nach dem Godescalc-Evangelistar, also nach 783; der terminus ante ist gegeben durch das Todesjahr des Papstes (795), in dessen Hände die Hs. vermutl. nicht mehr gelangte. Im 15. Jh. befand sie sich in Bremen (Dom), seit Mitte des 17. Jh. im Besitz Ks. Leopolds I., von dort gelangte sie in die Hofbibliothek Wien. – Durch die Beschreibung des Einbandes im 2. Gedicht (4v) konnten zwei Elfenbeintafeln in Paris (Louvre) als Teile des Originaleinbandes des D.s identifiziert werden (H. 16,8, Br. 8,1 cm). Sie entstanden zur gleichen Zeit wie die Hs. in der Hofschule Karls d. Gr.

K. Bierbrauer

Lit.: Zur Hs.: W. Koehler, Karol. Miniaturen II, 1958, 42ff., Taf. 31–32 – Faks.Ausg. 1980 – P. E. Schramm–F. Mütherich, Denkmale der dt. Kg.e und Ks., 1981², Nr. 11 – Zum Einband: A. Goldschmidt, Die Elfenbeinskulpturen I, 1914, Nr. 3–4 – Karl d. Gr. Kat. Aachen 1965, Nr. 518.

Dagworth, Thomas, führender engl. Heerführer der frühesten Phase des →Hundertjährigen Krieges, * 1300/10, † 1350 bei Auray (Bretagne, dép. Morbihan); Sohn von Sir John D. von D. (Suffolk) und Bradwell (Essex), erbl. *usher* (Türhüter) des →Exchequer, und der Alice FitzWarin; ∞ Eleanor Bohun († 1363), Tochter: Eleanor, keine männl. Nachkommen. – Th. D. tritt zunächst im Dienst der einflußreichen Familie →Bohun auf. Im Okt. 1337 hatte er William Bohun, Earl of Northampton, ins Ausland zu begleiten, während er zw. 1336 und 1342 in den Besitzrechnungen von Humphrey IX. Bohun, Earl of Hereford, als Amtsträger erscheint. Die Bindung an die Bohun wurde durch die Heirat mit Eleanor Bohun, der Schwester der beiden vorgenannten und Witwe von James Butler, Earl of →Ormond in Irland, noch gefestigt. Im Mai 1345 wurde D. mit William Bohun in die →Bretagne entsandt, um Johann v. →Montfort, dem von England unterstützten Prätendenten auf das Hzm. Bretagne, Hilfe zu bringen. D. schlug schon kurz nach seiner Landung ein kleines franko-bret. Kontingent bei La Lande de Cadoret (dép. Morbihan) am 17. Juni 1345. Auch nach dem Tod von Johann de Montfort († 26. Sept. 1345) setzte D. gemeinsam mit William Bohun, dessen *lieutenant* D. im Jan. 1346 wurde, seine Angriffe auf die Truppen der frz. Prätendenten, Karl v. Blois, fort, bis der Winter einsetzte. Im folgenden Sommer, nun unabhängig handelnd, begann D. erneut einen kühnen Angriff gegen feindl. Garnisonen in der nördl. Bretagne, der im bedeutenden Sieg von La Roche-Derrien (9. Juni 1346) gipfelte. Im Jan. 1347 wurde D. zum kgl. lieutenant in der Bretagne ernannt. Er nahm seine im vergangenen Jahr verfolgte Strategie wieder auf und errang mit der erbittert ausgefochtenen zweiten Schlacht von La→Roche-Derrien (20. Juni 1347) einen noch größeren Triumph. Karl v. Blois wurde gefangengenommen (Kg. Eduard III. hatte D. hierfür einen Lösegeldanteil von £4900 zu zahlen); zahlreiche weitere bret. Herren fielen oder gerieten ebenfalls in Gefangenschaft. D. war ein Meister der Belagerungstechnik und der bewegl. Kriegführung mit geringen Kräften; seine militär. Fähigkeiten fanden hohe Anerkennung: persönl. Ladungen (→*writs*) zum →Parliament (Nov. 1347, Febr. 1348) bezeichnen seinen Aufstieg in den Rang eines →Barons. Er setzte seine Operationen in der Bretagne fort, bis er im Sommer 1350 bei Auray einem Hinterhalt des Raoul de Caours zum Opfer fiel. Die Periode seiner Regierung in der Bretagne, gekennzeichnet durch eine allgemeine Verschlechterung der Fähigkeit der anglo-bret. Verwaltung, ihre Amtsträger zu kontrollieren, fiel auch mit der Zeit des Schwarzen Todes zusammen. – D.s Tochter Eleanor heiratete Walter, Lord FitzWalter. Die Ansprüche auf das Baronat D. gingen an einen Neffen, Nicholas († 1402), über, der als Soldat und Diplomat eine nur mittlere Karriere durchlief.

M. Jones

Lit.: Peerage III, 27–29 – M. JONES, Sir Th. D. et la guerre civile en Bretagne au XIVe s., Annales de Bretagne 88, 1980, 621–639.

Daillon, Jean de, Herr v. Le Lude (Maine), Gouverneur der Dauphiné und der Touraine 1474–81, † 22. Nov. 1481. Der aus dem Maine stammende D. wurde zum Rat *(conseiller)* und →*chambellan* des Dauphin Ludwig II. (späteren Kg.s →Ludwig XI.) bald nach dessen Übernahme der Dauphiné ernannt (10. Juni 1447). Er spielte nach dem Regierungsantritt Ludwigs XI. eine bedeutende Rolle in der Verwaltung des Kgr.es, nachdem gerichtl. Verfolgungen wegen seiner Parteinahme für den alten Kg., Karl VII., niedergeschlagen worden waren. 1470–74 Bailli des Cotentin und 1472 Gouverneur v. Alençon, wurde er am 7. März 1474 zum Gouverneur der →Dauphiné erhoben. Seine *Ordonnance* vom 25. Mai 1476 über die Erhebung der direkten Steuern *(tailles),* die kirchl. Gerichtsbarkeit und die Justizorganisation war die Reaktion auf Beschwerden *(doléances)* der Provinzialstände *(Etats provinciaux).* Nach Teilnahme am Feldzug gegen →Karl den Kühnen, Hzg. v. Burgund, erhielt D. das Amt des Gouverneurs v. Arras und Artois. 1479–80 Bailli und Gouverneur der Touraine, starb er am 22. Nov. 1481 auf Schloß Chinon. V. Chomel

Q. und Lit.: G. DUPONT-FERRIER, Gallia regia I, 7077; II, 7843; VI, 22151 – E. PILOT DE THOREY, Catalogue des actes du dauphin Louis II..., 1899–1911, I, 36, Anm. 2; II, 200, Anm. 1 a – A. DUSSERT, Les Etats de Dauphiné de la Guerre de Cent Ans aux Guerres de Religion, 1922, 62–71.

Daimbert (Daibert), Patriarch v. →Jerusalem 1099–1101, † 16. Juni 1107 in Messina. Der aus Pisa stammende D. war seit 1088 Bf. v. Pisa und wurde 1092 von →Urban II. zum Ebf. v. →Pisa, Metropolitan v. →Korsika und Legaten v. →Sardinien erhoben. Nach dem Tode des päpstl. Legaten auf dem 1. →Kreuzzug, →Adhémar v. Monteil (1098), wurde D. von Urban II. zum Legaten ernannt und nach Syrien entsandt. D. annullierte die Wahl Arnulfs v. Chocques und wurde 1099 erster lat. Patriarch von Jerusalem. Als Gegner des Byz. Reichs und der orthodoxen Kirche führte er einen pisan. Angriff gegen das byz. Latakia, weihte lat. Bf.e für Provinzen im orthodoxen Patriarchat →Antiochia und nahm vielleicht die Lehnseide der lat. Fs.en →Gottfried v. Bouillon und →Bohemund I., Fs. v. Antiochia, entgegen, womit er byz. Ansprüchen auf eine Oberherrschaft über die neuen Kreuzfahrerstaaten entgegentrat. D.s autokrat. Gebaren rief den Widerstand des 1100 von D. gekrönten 1. Kg.s v. Jerusalem, →Balduin I., hervor; der Kg. veranlaßte den Legaten, Kard. Mauritius, zur Absetzung D.s unter dem Vorwurf des Verrats, der Unterschlagung und der Angriffe auf orthodoxe Christen (Aug. 1101). Unter antiochen. Einfluß wieder eingesetzt (1102), wurde D. bald darauf durch den neuen Legaten, Robert v. Paris, wieder seines Amtes enthoben. Gegen diese Maßnahme appellierte er erfolgreich bei Paschalis II. (1105), starb aber am 16. Juni 1107 in Messina auf der Reise nach Jerusalem. B. Hamilton

Q.: IP III, 1908, 320f. – Lit.: N. ZUCCHELLI, Cronotassi dei vescovi e arcivescovi di Pisa, 1907, 44ff. – R. B. YEWDALE, Bohemond I, Prince of Antioch, 1924 [Repr. 1970] – J. G. ROWE, Paschal II and the Relation between the Spiritual and Temporal Powers in the Kingdom of Jerusalem, Speculum 32, 1957, 470–501 – A. BECKER, Papst Urban II., I (MGH. Schr., 19/I), 1964 – S. BOESCH-GAJANO, Storia e traditione vallombrosane, BISI 76, 1964, 118–133 – B. HAMILTON, The Latin Church in the Crusader States. The Secular Church, 1980, 14–16, 52–57 – G. FEDALTO, La Chiesa Latina in Oriente I, Studi Religiosi 3, 1981², 118–120.

Dainos (Daiņas), litauische und lett. Volkslieder, sind durch Anonymität des Autors, mündlich-gedächtnismäßige Weitergabe von Generation zu Generation und Spontaneität des Gebrauchs in breiten Volksschichten gekennzeichnet (→Mündliche Literaturtradition). Die ersten Aufzeichnungen erfolgten im 17. Jh., gedruckte Sammlungen existieren seit dem 19. Jh.; die lett. Volkslieder *(tautas dziesmas)* werden seit dem 19. Jh. auch Daiņas genannt. Als Blütezeit wird gewöhnlich das 15.–18. Jh. angenommen, dem Inhalt nach werden viele Volkslieder aus älteren Zeiten stammen. Zu den ältesten Schichten gehören u. a. Volkslieder mytholog. Inhalts, Totenklagen, Arbeitslieder. Volkslieder über Kriegsereignisse lassen sich etwas genauer datieren. Die D., insbes. die lett. Daiņas, werden als typ. Frauenlieder bezeichnet, die Mehrzahl wurde von Frauen verfaßt und von Frauen gesungen. Trotz der nahen sprachl. Verwandtschaft unterscheiden sich die litauischen und die lett. Volkslieder ziemlich stark in ihrer Form; inhaltl. gibt es zahlreiche Parallelen. Für die moderne litauische und bes. für die lett. Poesie gilt das ungemein umfangreiche Volksliedermaterial (Symbole, sprachl.-stilist. Eigenart, auch metr. Struktur) als wichtiges Vorbild und Anregungsquelle.

V. Rūķe-Draviņa

Lit.: A. OZOLS, Latviešu tautasdziesmu valoda, 1961 – K. ALEKSYNAS, Lietuvių liaudies dainų kalbinės stilistinės ypatybės, 1971 – L. SAUKA, Lietuvių liaudies dainų eilėdara, 1978.

Dakien, Daker
I. Antike – II. Mittelalter.

I. ANTIKE: Die nordthrak. Stämme (→Thrakien) der Daker treten in der antiken Überlieferung zuerst um 200 v. Chr. im späteren Siebenbürgen auf. Unter Burebistas (vor 60–44 v. Chr.) geeint, konnten sie ihr Herrschaftsgebiet bis in die Theißebene ausdehnen. Die wechselvollen Kämpfe des 1. Jh. n. Chr. mit den Römern fanden ihren Abschluß in den drei Dakerkriegen (85–106), in denen die unter Decebalus erneut vereinigten Stämme zuletzt von Trajan besiegt wurden; dieser richtete 106 die Provinz Dacia (Siebenbürgen und Kleine Valachei) ein. Die stark entvölkerten Gebiete wurden teilweise mit Orientalen besiedelt. Nach Einfällen der Goten (240) und Gepiden (256) gab Aurelian 271 die Provinz auf und errichtete dafür in Teilgebieten Mösiens die neue Provinz Dacia ripensis, an die sich später im Süden Dacia mediterrana mit der Hauptstadt Serdica (→Sofia) anschloß. Das alte Provinzland besetzten Bastarner, →Gepiden, Goten und Vandalen, von denen sich die→Goten behaupteten. Kontinuität der dak.-röm. Bevölkerung bis zur Mitte des 5. Jh. ist in den größeren Städten wie Sarmizegetusa (Várhely), Apulum (→Alba Iulia), Napoca (→Klausenburg [Cluj]), Potaissa, Porolissum, Tibiscum wie auch in ländl. Gebieten archäol. gesichert. Unter Konstantin und in späterer Zeit konnte zeitweise der Einfluß des Reiches auf das linke Donauufer wieder verstärkt werden, bis durch das Vordringen der →Slaven im Lauf des 6. Jh. neue machtpolit. Verhältnisse eintraten. J. Gruber

Lit.: Kl. Pauly I, 1355–1357 – RE IV, 1948–1976 – Abriß der Gesch. antiker Randkulturen, hg. W. D. v. Barloewen, 1961, 123–128 [R. Werner; Lit.] – Römer in Rumänien, Kat., 1969, 13–84 – Aufstieg und Niedergang der röm. Welt II 6, 1977, 889–1015 – V. Velkov, Cities in Thrace and Dacia in Late Antiquity, 1977 – R. F. Hoddinoth, The Thracians, 1981, 145–157.

II. Mittelalter: Die röm. Herrschaft in D. fand ihren Nachhall in ma. Quellen; die Erinnerung an das südl. der Donau gelegene D. als Verwaltungseinheit erhielt sich bis ins 10. Jh. (Konstantin Porphyrogennetos). Die frühma. Quellen erwähnen die durch die Völkerwanderungen hervorgerufenen polit. Veränderungen: die kurzfristige Herrschaft der Goten (Orosius: »Dacia ubi et Gothia«), diejenige der Gepiden (Jordanes: »Dacia quae nunc Gepidia dicitur«) und der Avaren (Geographus Ravennas: »Dacia ubi modo Uni qui et Avari inhabitant«; er unterscheidet auch zw. Dacia maior und Dacia minor). Der Ausdehnung des karol. Einflusses in Pannonien infolge der Zerschlagung des Avarenreichs durch Karl d. Gr. (791, 795/796) sind neue Erwähnungen D.s zu verdanken (Einhard, Poeta Saxo, Annales regni Francorum). Die früh- und hochma. Karten (Beatus-Karte, Karte v. Albi, Ebstorfer Weltkarte) geben nur die Angaben der Schriftquellen wieder. Die Daker des FrühMA sind allem Anschein nach die Nachfolger der romanisierten Bevölkerung von D. (Stephan v. Byzanz, Martin v. Braga). Jordanes' falsche Etymologie (Geten/Goten) war der Ausgangspunkt der irrigen Annahme der dak. Herkunft der →Goten und der Siebenbürger →Sachsen. Die Bewahrung beider Begriffe (D. und Daker) im FrühMA kann als Anzeichen einer Kontinuität der einheim. Realitäten unter der Decke der sich wandelnden polit. Lage und der wechselnden Herrschaften gelten. Die archaisierende Tendenz der byz. Autoren erschwert die Zuordnung der von ihnen erwähnten Daker. In der Suda werden die Pečenegen, die sich am unteren Lauf der Donau niedergelassen hatten, als Daker bezeichnet, während Anna Komnene unter demselben Namen wahrscheinl. die Ungarn versteht. Für Kekaumenos sind die Daker, deren Auseinandersetzungen mit den Römern ihm nicht unbekannt sind, Vorfahren der Vlachen. Infolge der Behauptung der Rumänen als tragender Faktor in Teilen des Karpatenraumes im 13.–14. Jh. werden die Daker zunehmend mit ihnen identifiziert und D. mit den neugegr. Fsm.ern →Valachei und →Moldau. Ansätze dieser Anschauung sind bei Manuel Holobolos feststellbar, der die Daker und ihr »unbegrenztes Land« zw. dem Gebiet der Alanen und Pannonien (Ungarn) lokalisiert. Für die Humanisten des 14.–15. Jh. sind die Daker grundsätzl. Rumänen (Flavio Biondo, Pietro Ranzano), während D. den Raum der rumän. Länder bezeichnet. Die Daker des Laonikos Chalkondyles sind die in der →Valachei, →Moldau und →Siebenbürgen ansässige Rumänen, deren Verwandtschaft mit den Balkanvlachen er hervorhebt. Siebenbürgen wird von Chalkondyles Paionodakien genannt, also als ein unter ung. Herrschaft gelangter Teil des ehemaligen D. betrachtet. – Seit dem 10. Jh. wurde →Dänemark häufig auch 'Dacia' genannt, was zu zahlreichen Verwechslungen führte. S. Papacostea

Lit.: A. Bărcăcilă, »Dacia dela Dunăre« a analelor france din secolul al IX–XI, 1947 – Moravcsik, Byzturc I–II – A. Armbruster, Evolutia sensului denumirii Dacia, Studii. Revista de Istorie, 3. Ser., 22, 1969, 423–444 – Dacoromania. Jb. für östl. Latinität 1, 1973 [mit mehreren Beitr.].

Dál, umfaßt im Irischen zwei voneinander unabhängig Wörter gleicher Lautung, die unterschiedl. Bedeutung haben:

1. D. (o-Stamm, neutr.), 'Geschlecht', 'Familie', 'Teil eines Geschlechts', erscheint ausschließl. in Stammesnamen, die ihrerseits stets auf Geschlechternamen zurückgehen. Auf 'd.' folgt in der Regel der Name eines göttl. oder myth. Stammvaters (bisweilen auch ein weibl. Name), manchmal (wie im Falle von →D. Cais) eine aus polit. Erwägungen entstandene, offenkundig unhistorische Bildung. Ohne Zweifel gehört dieser Stammesnamentyp zu einer frühen Schicht, denn ein genuines Beispiel scheint in hist. Zeit nicht entstanden zu sein. In einigen Fällen weisen Namenkonstruktionen mit 'd.' auf frühkelt. Zeit, so z. B. D. Maugnae (Maigne) < gall. Magunios und D. Cuirind mit Bezug auf Coriondae (Ptolemäus 2,2,8) und Corionototae. Allerdings muß berücksichtigt werden, daß mit 'd.' zusammengesetzte Namen dazu tendieren, mit ebenfalls frühen, aber unterschiedlichen Namensformen abzuwechseln. Es sind über hundert frühe ir. Stammesnamen mit 'd.' bekannt, von denen jedoch viele schwankend oder nur noch umschreibend sind. Die meisten dieser Namen wurden von höchstens in Umrissen bekannten Stämmen getragen, und nur ganz wenige (→D. Riata, →D. nAraide, →D. Fiatach) waren noch in frühma. Zeit von Bedeutung. Nach ir. Sprachgebrauch konnten Stammesnamen leicht zu Landesnamen werden. Häufig überlebten sie auf diese Weise in Namen fast vergessener Stämme in frühen Aufzeichnungen oder als Ortsnamen. So schreibt Beda (Hist. eccl. I, 1) unter Bezug auf D. Riata: »a quo uidelicet duce (i. e. Reuda) usque hodie Dalreudini uocantur, nam lingua eorum *daal* partem significat«. Diese Etymologie (d. = 'Teil') erscheint bei den frühen ir. Glossatoren, wird aber von der modernen Forschung zurückhaltend beurteilt.

D. Ó Corráin

Lit.: E. Hogan, Onomasticon Goedelicum, 1910, 330ff. – E. Mac Neill, Early Irish Population Groups, PRIA C 29, 1911–12.

2. D. (a-Stamm, fem.), 'Zusammenkunft', 'Treffen', 'Gerichtsverhandlung', 'Streit', bezeichnet im engeren Sinne die (kgl.) Versammlung, wobei das Compositum *rígdál* die an den Grenzen stattfindende Zusammenkunft von Kg.en zur Regelung von beiderseitigen Streitfragen bedeutet. Eine Reihe solcher wichtiger Treffen wird in den Annalen seit dem 6. Jh. erwähnt. D. Ó Corráin

Lit.: Royal Irish Acad., Dict. of the Irish Language, 1913–76, s.v. – J. Bannerman, Stud. in the Hist. of Dalriada, 1974, 162ff. – Celtica 13, 1980, 181.

Dalalagh ('Recht von Dalarna'). Seit dem Ende des 19. Jh. gängig gewordene Benennung einer schwed. Rechtsaufzeichnung (einzige überlieferte Hs.: Holm B 54, Mitte d. 14. Jh.) ohne Titelüberschrift, die man im 16. und 17. Jh. zunächst als Recht der schwed. Landschaft →Dalarna ansah, wohl aufgrund inzwischen verlorengegangener Handschriften, die eine solche Zuweisung enthielten und der im ererechtl. Abschnitt (GB 11) überlieferten Bemerkung »þæssum lagh hawa standit æ siþan dala bygdhus« ('dieses Recht hat gegolten, seit Dalarna bewohnt ist«)

Im 19. Jh. hielt man den Text indessen für eine ältere Redaktion des Rechts der südl. an Dalarna angrenzenden Landschaft Västmanland, weil Dalarna keinen eigenen

Lagman (→Rechtssprecher) gehabt habe und somit eine Landschaft ohne Rechtsautonomie gewesen sei. Vielmehr habe das Rechtsbuch von Västmanland (→Västmannalagh) auch in Dalarna Gültigkeit gehabt. Beide Texte weisen danach weitgehende Übereinstimmungen auf. Die Hs. Holm B 54 wird in der bislang einzigen Ausgabe von SCHLYTER als »Den äldre codex af Westmanna-lagen« bezeichnet.

Gegen Ende des 19. Jh. setzte sich die Auffassung durch, daß Dalarna eine eigene Gesetzessammlung haben konnte, obwohl es zum Zuständigkeitsbereich des Lagmans von Västmanland gehörte. Größere inhaltl. Eigenständigkeit von Holm B 54 gegenüber Västmannalagh und chronolog. Gründe sprechen danach ebenfalls für die Ansicht, daß in Holm B 54 das Landschaftsrecht von Dalarna zu sehen sei.

Umstritten ist weiterhin die chronolog. Einordnung des Textes. Die jüngere Datierung stützt sich v. a. auf eine Textstelle, in der offensichtl. Kg. Birger Magnusson (1290–1318) erwähnt wird (R 11). Auch die Abhängigkeit vom uppländ. Recht (→Upplandslagh), das 1296 redigiert wurde und vom Recht der Landschaft Södermanland (→Södermannalagh), das 1327 redigiert wurde, weist auf eine Entstehungszeit nach 1296, aber vor 1347 (Einführung des Reichsrechts), hin.

Die ältere Datierung bezieht die Notiz über Kg. Birger Magnusson lediglich auf die vorausgehende Bestimmung, nicht aber auf den gesamten Text, der als weitgehend unabhängig von der vorbildhaften uppländ. Rechtsrevision von 1296 angesehen wird. Übereinstimmungen mit Upplandslagh und Södermannalagh werden mit gemeinsamem Rechtserbe erklärt. D. ist danach um 1280 entstanden.

D. ist ein von bäuerlichem Rechtsdenken bestimmter Text. Der im sö. Teil von Dalarna betriebene Bergbau hat im D. wohl deswegen keine Spuren hinterlassen, weil die Bergbauorte einen rechtl. Sonderstatus hatten. Der Text enthält u.a. die üblichen kirchenrechtl. Bestimmungen und den Kanon der →Eidschwurgesetzgebung. D. hat gegenüber Upplandslagh eine andere Kapiteleinteilung, ist jedoch inhaltlich und stilistisch stark von diesem Text beeinflußt worden. H. Ehrhardt

Ed.: Sveriges Gamla Lagar, ed. C. J. SCHLYTER, 5, 1841 – *Übers.*: Å. HOLMBÄCK–E. WESSÉN, Svenska landskapslagar, 2. ser., 1936 [Lit.] – Corpus Codicum Suecicorum Medii Aevi, ed. E. WESSÉN, vol. XVIII, 1964 [Faks.-Ausg.] – *Lit.*: KL II, 623–626 – C. I. STÅHLE, Medeltidens profana litteratur. Ny Illustrerad Svensk Litteraturhistoria I, 1955, 44f. – E. WESSÉN, Svenskt lagspråk, 1965, 17f., 23 – G. HAFSTRÖM, De svenska rättskällornas historia, 1978, 43f. – H. EHRHARDT, Zur Alliteration in Dalalagen, Skandinavistik 11, 1981, 96–106 [Lit.].

Dalarna (Dalarne), aschwed. *dala* 'die Täler', lat. *valles*, seit 1647 Kopparbergs län, nördlichste Landschaft Svealands (→Schweden), grenzt im W an Norwegen, im N an Härjedalen, im S an Värmland und Västmanland, im O an Gästrikland und Hälsingland. Im MA bezog sich der Name *dala* in erster Linie auf die landwirtschaftl. geprägten Siedlungen im Bereich des Siljan-Sees und der Oberläufe des Öster- und Väster-Dalälv, wurde aber auch auf die im SO gelegene Bergbauregion um das heut. →Falun (Bergslag, Dala-bergslag) übertragen. Die Benennung ist im MA schwankend.

Administrativ war D. mit Västmanland verbunden, dessen Lagman (→Rechtssprecher) auch für D. zuständig war. Im Rahmen der kgl. Verwaltung unterstand D. der Vogtei Västerås. D. weist indessen eine Reihe eigenständiger Züge auf: Es besaß offensichtl. eine eigene, wohl Anfang des 14. Jh. aufgezeichnete Gesetzessammlung (→Dalalagh) und war nach älterem Brauch in Drittel (aschwed. *þriþiungar*) eingeteilt, nicht in »Hundertschaften« *(hundare)*. Der kgl. Amtsträger wird im Dalalagh noch *husabyman* genannt *(husaby* = Königsgut), während sich im übr. Schweden die Bezeichnung *lensman* durchgesetzt hatte. Kirchl. unterstand D. →Västerås.

Die bedeutende Kupfer- und Eisengewinnung (→Kupfer, →Eisen, →Bergbau) im sö. Teil D.s gehörte zu den wichtigsten Einnahmequellen der schwed. Krone. Spätestens seit Beginn des 14. Jh. werden die montanen Aktivitäten in D. von einem kgl. Vogt kontrolliert. Die Bergbauorte hatten eine rechtl. und administrative Sonderstellung inne. →Schweden. H. Ehrhardt

Lit.: R. TENGBERG, Om den äldsta territoriella indelningen och förvaltningen i Sverige I, 1875 – Å. HOLMBÄCK–E. WESSÉN, Svenska landskapslager, ser. 2, 1936, XVff. [Lit.] – E. F. HECKSCHER, An Economic Hist. of Sweden, 1968, 17ff. – B. FRITZ, Hus, land och län. Förvaltningen i Sverige 1250–1434, 1–2, 1972–73 [Lit.].

Dalassenoi, byz. Magnatenfamilie aus Dalassa/Talaša (im Gebiet v. Kaludia an der byz. Ostgrenze), möglicherweise armen. Ursprungs. Die D. zählten v. a. im 1. Drittel des 11. Jh. zu den Spitzen der byz. Militäraristokratie, wurden dann aber durch die Hofkamarilla stark zurückgedrängt. Die Mutter des Ks.s →Alexios I. Komnenos, die bedeutende Anna Dalassene, stammte mütterlicherseits von den D. Für die Komnenenzeit ist zu bedenken, daß die Namen →Dukas und Komnenos (→Komnenen) als viel »edler« galten, weshalb sie von vielen auch dort vorgezogen wurden, wo sie nur die Abstammung mütterlicherseits betrafen. Dennoch gibt es auch noch im 12. Jh. einige prominente Namensträger in Militär- und Zivilverwaltung. W. Seibt

Lit.: A. ADONTZ, Etudes arméno-byzantines, 1965, 163–177 – A. P. KAŽDAN, Armjane v sostave gospodstvujuščego klassa Viz. imperii v XI–XII vv., 1975, 92–97 – W. SEIBT, Die byz. Bleisiegel in Österreich I, 1978, 314f. – W. FELIX, Byzanz und die islam. Welt im frühern 11. Jh., 1981, 47, 66, 74–79, 85f., 103.

Dalberg, mittelrhein. Adelsfamilie. Die Kämmerer v. →Worms waren aus der →familia des Bf.s herkommende Ministerialen, nachweisbar seit Beginn des 12. Jahrhunderts, verwandt mit den Rheingrafen, Brömser und Kind v. Rüdesheim. Die dann namengebende Herrschaft Dalberg (Krs. Kreuznach) erbten sie 1315/25 unter Wahrung der Lehnsrechte des Bf.s v. →Speyer. Mit dem Niederadel des Mittelrheinraumes knüpften sie intensive Verbindungen. Das Augustinerchorherrenstift Frankenthal und Damenstift Ormsheim sind Gründungen des Kämmerers *Ekbert* († 1132) und seiner Gemahlin *Richlinde*. Die Herrschaft D. umfaßte mehrere Dörfer und Weiler im Soonwald. Durch die Öffnung der Dalburg erlangten 1367 die Pfalzgf.en Einfluß auf das Kleinterritorium. Dorfherrschaften als Lehen der Gf.en v. →Leiningen wurden seit Ausgang des 14. Jh. in Herrnsheim und Heßloch bei Worms aufgebaut, außerdem Beteiligungen an Ganerbschaften im Mainzer Raum erreicht. Widerstandsregungen gegen Kurpfalz, bes. im Städtekrieg 1388, waren erfolglos. Nach dem Ausgleich mit Kg. →Ruprecht v. d. Pfalz sind D. oftmals in Pfälzer Diensten und als Burgmannen nachweisbar. – Seit 1452, bestätigt 1494, besaß die Familie Anrecht auf den ersten Ritterschlag nach einer Kaiserkrönung. 1654 wurde sie in den Freiherrnstand erhoben. A. Gerlich

Q.: Vita s. Ekenberti (Q. zur Gesch. der Stadt Worms, hg. H. Boos, 3, 1893, 129–143 – *Lit.*: W. FABRICIUS, Die Herrschaften des unteren Nahegebietes, 1914, 179–183 – W. MÖLLER, Stammtaf. westdt. Adelsgeschlechter im MA I, 1922, 115 – J. F. S. ZIMMERMANN, Ritterschaftl. Ganerbschaften in Rheinhessen [Diss. Mainz 1957] – K.-H. SPIESS, Lehnsrecht, Lehnspolitik und Lehnsverwaltung der Pfalzgf.en bei Rhein im SpätMA, 1978, 161f., 168, 212 u. ö.

D., Johann v., Bf. v. →Worms, Humanist, * 14. Aug. 1455 in Oppenheim, † 27. Sept. 1503 in Heidelberg. D. studierte seit 1466 in Erfurt Philosophie und ab 1473 Rechtswissenschaft in Padua, wo er 1476 Petrus Ravennas und Rudolph →Agricola kennenlernte und zum Dr. der Rechte promoviert wurde. Seit 1480 war er Wormser Dompropst und 1481–97 zugleich Kanzler der Univ. →Heidelberg. Die Wahl zum Bf. v. Worms am 2. Aug. 1482 wurde von seinem Gönner Kfs. Philipp v. der Pfalz kräftig gefördert. In Italien hatte D. die Begeisterung für die klass. Bildung, insbes. die griech. Sprache und Kultur, empfangen. Als Kirchenfürst trat er für Reformen ein und war zugleich ein eifriger Förderer humanist. Studien. Seine Residenzen Worms und Ladenburg und insbes. Heidelberg wurden zu Zentren des geistigen Lebens; hierher zog er R. Agricola, der ihn 1485 auf einer Romreise begleitete und die Rede verfaßte, die D. vor dem Papst hielt. Daneben war D. als Sammler alter Codices und auch selbst literarisch tätig. Unter seiner tatkräftigen Förderung ging aus dem Heidelberger Humanistenkreis die von Konrad →Celtis ins Leben gerufene »Sodalitas litteraria Rhenana« hervor, der neben D., Celtis und Agricola J. →Reuchlin, →Johannes Trithemius, S. →Brant, J. →Wimpfeling u. a. angehörten. K. Arnold

Lit.: NDB III, 488 – K. MORNEWEG, J. v. D., ein dt. Humanist und Bf., 1887 – Der Briefwechsel des Konrad Celtis, hg. H. RUPPRICH, 1934, 174f. – G. RITTER, Die Heidelberger Univ. I, 1936, 467ff.

Dál Cais, ir. Dynastie aus →Munster, sprgl. einer der Zweige der Déisi, die das Gebiet der späteren Gft. Waterford im Osten über die südl. Gft. Tipperary bis zur Gft. Limerick kontrollierten. Zunächst polit. eng verbunden, teilten sich die Déisi in zwei Hauptgruppen: die östl. Gruppierung etablierte das Kgr. der Déisi Muman, während die westl. Gruppierung die Déis Deiscirt (südl. Déisi) und die Déisi Tuaiscirt (nördl. Déisi), die späteren D. C., umfaßte. Der Name der D. C. tritt in den Annalen zwar erst 934 auf, doch hatte sich die Familie zweifellos bereits seit der Mitte des 8. Jh. eine Machtposition in der östl. Gft. Clare aufgebaut. In der 2. Hälfte des 10. Jh. erlebten die D. C. ihren steilen Aufstieg, insbes. die von →Brian Bóruma († 1014) begründete Linie der Ua Briain (→O'Brien). Nach Verdrängung der bisherigen Provinzialkg.e v. Munster, der →Eóganachta (→Cashel), beanspruchten die D. C. zunächst die Oberherrschaft in Munster, sodann die Würde des →Hochkönigs v. Irland. Der in Geschichtsschreibung und Sage als Heros gefeierte Brian Bóruma, der 1005 einen Feldzug bis nach →Armagh führte, vermochte sich gegen die nach Irland eingedrungenen →Wikinger und ztw. auch gegen seine mächtigen ir. Gegenspieler, die →Uí Néill, durchzusetzen; nach seinem Tod in der Schlacht v. →Clontarf sahen sich die D. C. jedoch wieder zunehmend auf die regionale Herrschaft in Munster beschränkt. Der Aufstieg der D. C. zu polit. Macht korrespondierte mit ihrem rastlosen Bemühen um Kontrolle über alle bedeutenden Kirchen in Munster; im Zuge dieser Bestrebungen wurde →Killaloe zum erblich in der Familie gehaltenen Bm. Die von den D. C. entfaltete Propaganda, insbes. die Königslisten, bildete anscheinend einen bedeutenden Teil des »Leabhar Ruadáin Lothra« ('Buch v. St. Ruadán v. Lorrha', Gft. Tipperary), einer Sammelhs. des 12. Jh. D. Ó Cróinín

Lit.: D. Ó CORRÁIN, Ireland before the Normans, 1972, 8f. – DERS., D. C. – Church and Dynasty, Ériu 24, 1973, 52–63.

Daleminzen, Daleminzien. Der nordwestslav. Stamm in Demelchion (in der Nähe des heut. Meißen, zw. Elbe und Zschopau und östl. der Elbe) wurde zuerst spät sub anno 805 erwähnt, als eines von drei frk. Heeren, die gegen Böhmen entsandt worden waren, über Demelchion (Name ist germ. Herkunft; slav. Entsprechung »Glomaci« erst bei Thietmar v. Merseburg) zog, dessen Kg. (rex) Semela besiegt wurde und Geiseln stellen mußte. Das Verhältnis der Daleminzier zu den →Sorben ist nicht mit letzter Klarheit zu bestimmen. Die meisten Erwähnungen deuten jedoch mindestens auf polit. Unabhängigkeit, wenn nicht sogar auf eine dominierende Rolle hin. Der →Geographus Bavarus weist den »Talaminzi«, die er gesondert von den Sorben aufführt, 13 →civitates zu. Im ersten Jahrzehnt des 10. Jh. gerieten die Daleminzen in die sächs. Einflußsphäre. Offenbar versuchten sie, sich dem Zugriff des Sachsenherzogs durch ein (unfreiwilliges?) Bündnis mit den Ungarn zu erwehren. 929 belagerte Kg. Heinrich I. die daleminz. Hauptburg Gana 20 Tage lang, ehe er sie erobern konnte. Damit war die polit. Rolle der Daleminzen beendet. L. Dralle

Q.: Chronicon Moissiacense, ed. G. H. PERTZ (MGH I, 1826), 307f. – Descriptio civitatum ad septentrionalem plagam Danubii, ed. B. HORÁK–D. TRÁVNÍČEK, 1956, 18 – Thietmari Merseburgensis episcopi chronicon, hg. R. HOLTZMANN (MGH SRG NS IX, 1955), I/3, 14 – Widukindi monachi Corbeiensis rerum gestarum Saxonicarum libri tres, ed. P. HIRSCH (MGH SRG 60, 1935), I/17, 20, 34, 36, 74 – Lit.: W. SCHLESINGER, Die Verfassung der Sorben (Siedlung und Verfassung der Slawen zw. Elbe, Saale und Oder, hg. H. LUDAT, 1960), 75ff. – E. EICHLER–H. WALTHER, Die Ortsnamen im Gau Daleminze. Stud. zur Toponymie der Kreise Döbeln, Großenhain, Meißen, Oschatz und Riesa, I, II (Dt.-slaw. Forschgg. zur Namenkunde und Siedlungsgesch. 20, 21, 1966/67) – W. COBLENZ, Archäolog. Betrachtungen zur Gana-Frage im Rahmen der älterslaw. Besiedlung des Gaues Daleminze (Beitr. zur Archivwiss. und Geschichtsforsch., 1975), 389ff.

Dál Fíatach, ir. Volksgruppe und Dynastie, ging aus den Stammesteilungen innerhalb des durch das Eindringen der →Uí Néill reduzierten Kgtm.s der Ulaid (→Ulster) im nö. Irland hervor. Die D. hatten das Gebiet zw. Dundrum Bay und Belfast Lough in Besitz. Ihr Herrschaftszentrum war Dún-dá-Lethglass (Downpatrick). Ein jüngerer Zweig, die Uí Echach Arda, besaß bis zu seiner Vernichtung durch die Norweger im 9. Jh. die Halbinsel Ards. Die Hauptlinie der Dynastie expandierte westwärts zum Lough Neagh und nordwärts in das südl. Antrim im 8. Jh. – in ein Territorium, das heute noch im Diözesangebiet von →Down fortlebt. Aufgrund inneren dynast. Drucks wurde im 9. Jh. ein neues dynast. Zentrum in Dún Echdach (Duneight, nördl. Gft. Down) etabliert. Unter ständiger Pression von seiten der →Uí Néill stehend, wurden die D. von diesen 1004 und 1103 entscheidend geschlagen. Ihr reduziertes Reich wurde im 12. Jh. mehrfach unter den Mac Lochlainns geteilt. Obwohl die Mac Duinnshléibe, ihre führende Familie, auch unter den Normannen weiterhin den Titel »rex Hibernicorum Ulidiae« führten, gaben sie um 1280 den Kampf um ihre Herrschaftsrechte auf und traten mit Ua Domnaill v. Tír Conaill (Donegal), der Arzt wurde, in Dienstverhältnisse ein. Ch. Doherty

Lit.: F. J. BYRNE, Irish Kings and High-Kings, 1973, 106–129.

Dalfin d'Alvernha(e), (Dauphin d'Auvergne), prov. Dichter, in den Hss. immer als »lo Dalfin« bezeichnet, * zw. 1155 und 1160, Sohn Wilhelms (Guilhem) VII. d. J., Gf. von Clermont (→Dauphiné d'Auvergne), † 1235. Sein Hof stand bei den Troubadours der Zeit in hohem Ansehen, und D. war mit vielen von ihnen in Verbindung, z. B. mit →Guiraut de Bornelh, →Gaucelm Faidit, →Perdigon. Seine literarhist. Bedeutung beruht mehr auf dieser Mäzenatenrolle als auf der Qualität seiner eigenen Werke. Unter den acht erhaltenen Dichtungen, die bis jetzt noch nicht zusammenfassend ediert wurden (eine Ausgabe von S. C. ASTON ist in Vorbereitung), verdient bes. Interesse ein →Partimen über den Vorzug des Herzensadels (für den der

D. eintrat) gegenüber dem Geblütsadel (dessen Sache Perdigon vertrat), wobei Gaucelm Faidit den Schiedsspruch fällte. Beachtung verdient auch ein an →Richard Löwenherz gerichtetes →Sirventes: Richard hatte D. nämlich anfangs ermutigt, sich gegen→Philipp II. August zu erheben, ihn jedoch dann im Stich gelassen und in einem in Langue d'oïl verfaßten Sirventes getadelt.

A. Vitale-Brovarone

Ed.: E. M. BRACKNEY, A Critical Ed. of the Poems of D. d'Alvernhe [ungedr. Diss. Univ. of Minnesota, 1937] – *Teiled.:* J. H. MARSHALL, Le partimen de Dauphin d'Auvergne (Pillet – Carstens 119,6), (Mél. d'Hist. litt., de linguist. et de philol. romanes offerts à CH. ROSTAING, 1974), 669–678 – *Lit.:* S. C. ASTON, The Name of the Troubadour D. d'Alvernhe (French and Provençal Lexicography: Essays Presented to Honor A. H. SCHUTZ), 1964, 140–163 – M. DE RIQUER, Los trovadores III, 1975, 1247–1256 – F. DE LABAREYRE, La cour litt. de Dauphin d'Auvergne des XIIe et XIIIe s., 1976 – P. HOELZLE, Die Kreuzzüge in der okzitan. und dt. Lyrik des 12. Jh., 1980.

Dalheim, Stift in Westfalen (Lkrs. Paderborn). D. war als →Augustinerchorherren-Stift der →Windesheimer Kongregation Nachfolger eines wohl 1244 von der Ministerialenfamilie v. Dalheim gegr. Nonnenkl., das wegen wirtschaftl. Not, Entvölkerung des umgebenden Sintfelds und Kriegsfolgen nach 1369 einging. Stätte und Besitz wurden 1429 vom Lokaladel dem 1409 im Sinne der Windesheimer reformierten Kl. Böddeken übertragen, das D. als Grangie führte. 1452 wurde D. selbständiger Konvent der Kongregation; sein erster Prior kam aus Böddeken. Durch Aktivierung alter Rechtstitel weitete D. seinen Besitz bis 1518 über zwölf bis dahin wüste Dorfmarken; ab 1460 wurden Kirche und Klostergebäude neu errichtet. 1461 wurden von D. die Schwesternhäuser Arolsen, Lippstadt und Volkhardinghausen reformiert.

H. Schoppmeyer

Lit.: W. SEGIN, Domus sancti Petri in Daelhem (W. KOHL u. a., Monasticon Windeshemense, T. 2, 1977), 97ff.

Dalhoff, Johannes, Goldschmied in Osnabrück, wird in den Strukturregistern des dortigen Domes von 1452–58 erwähnt. Danach fertigte er 1452 eine »monstrantia ad balsamum«, ein noch vorhandenes, von dem Priester Dr. Henricus Brumzele gestiftetes Ölgefäß. Ein ähnliches aus Damme in Oldenburg befindet sich im Mus. für Kunst und Gewerbe in Hamburg. Außerdem hat sich im Osnabrücker Domschatz eine Hostiendose des gleichen Stifters erhalten, die mit einiger Wahrscheinlichkeit D. zugeschrieben wird. 1458 restaurierte er das Kapitelkreuz des 11. Jh. Ob auch die thronende Maria mit Kind, zwei Schreine und die Statuette des hl. Paulus – sämtl. im Osnabrücker Domschatz – als seine Werke angesehen werden dürfen, läßt sich nicht beweisen. Die etwas derb wirkenden Arbeiten gehören stilist. dem 2. Viertel des 15. Jh. an.

J. M. Fritz

Lit.: F. WITTE, Der Domschatz zu Osnabrück, 1925, 42ff. – W. SCHEFFLER, Goldschmiede Niedersachsens, 2, 1965, 995 – W. BORCHERS, Der Osnabrücker Domschatz, 1974, 12, 39, 104–112, 120f. – J. M. FRITZ, Goldschmiedekunst der Gotik in Mitteleuropa, 1982, Nr. 882–884, 895 – D. LÜDKE, Die Statuetten der got. Goldschmiede, 1983, Nr. 74, 75.

Dalimil, sog., angebl. Verfasser einer (anonymen) alttschech. Reimchronik in 106 Kapiteln und ca. 4500 Versen mit mehreren späteren Zusätzen. Der Name entstand erst im 17. Jh. als falsche Kontamination dieser manchmal auch als Boleslavsche bezeichneten Chronik mit der sonst unbekannten Chronik eines angebl. Kanonikers in Bunzlau, Dalimil aus Meziříčí, die der Chronist Václav Hájek um die Mitte des 16. Jh. erfunden hatte. D. ist vorwiegend ein polit., im Geiste des einheim. Adels verfaßtes und gegen die »Eindringlinge«, d. h. gegen Dt. (auch gegen das in Böhmen ansässige dt. Bürgertum) gerichtetes Pamphlet. Die Tschechen werden hier zuerst betont als Sprachgemeinschaft aufgefaßt. Alle Versuche, den Verfasser zu identifizieren (so mit Hynko v. Dubá; Johann IV., dem letzten Bf. v. Prag vor der Erhebung zum Ebm.) oder wenigstens ständ. sicher einzuordnen, mußten wegen der zu unsicheren Quellenaussagen scheitern. Wahrscheinl. ist die adlige Abstammung des Verfassers, wie seine Auffassungen zeigen. Er verfügte offenbar über eine relativ hohe Bildung; so besaß er anscheinend Latein- und Deutschkenntnisse und hatte gewisse Kenntnisse der antiken Geschichte sowie ma. Chroniken und Legenden, bes. stark ist seine Abhängigkeit von →Cosmas. Der eigtl. Text endet mit dem Jahr 1314 und wurde wohl um diese Zeit auch abgeschlossen. Der Verfasser äußert pointiert seine Meinungen zu polit., sozialen und nationalen Geschehnissen und zu den Sitten der Zeit vor und nach dem Antritt der lux. Herrschaft (→Luxemburger); deshalb legt er keinen großen Wert auf die Chronologie, in der sich Fehler finden. Der böhm. Vorzeit wird viel Raum gegeben (23 Kap.). Aus eigener Erfahrung schildert er die Zeit etwa vom Ende der Regierung Přemysls II. an. Charakteristisch sind die Angaben zur Etymologie sowie über herald. Sagen des böhm. Adels. – Schon die erste Redaktion wurde um 1345 in Versform ins Dt. übertragen, wobei zeitgeschichtl. Angaben modifiziert wurden. Die Prosaübersetzung folgt der zweiten Redaktion und ist in die Zeit kurz vor 1444 zu datieren. Über ein Dutzend Hss. des 14. und 15. Jh. und ein Druck von 1620 belegen die große Beliebtheit des Werkes, bes. in den Wendezeiten der nationalen Geschichte (Hussitismus, als die 2. Redaktion entstand; Anfang des 30jährigen Krieges; 1848).

I. Hlaváček

Ed.: J. JIREČEK, FontrerBohem 3, 1878 [mit beiden dt. Übers.] – Nejstarší česká rýmovaná kronika tak řečeného Dalimila, ed. B. HAVRÁNEK–J. DAŇHELKA, mit Komm. v. Z. KRISTEN, 1958[2] – Krit. Ed. in Vorber. – *Lit.:* W. BAUMANN, Die Lit. des MA in Böhmen, 1978, 40ff. – R. ŠŤASTNÝ, Husitský rukopis Dalimilovy kroniky, Česká literatura 27, 1979, 477–487 – F. GRAUS, Die Nationenbildung der Westslawen im MA, 1980, 92ff., 219f. [Lit.] – Die alttschech. Reimchronik des sog. D., 1981, 7–37 [J. DAŇHELKA] – J. LEHÁR, Nejstarší česká epika. Dalimilova kronika, Alexandreida, první veršované legendy, 1983, 12–76, 186–219.

Dalla Viola (della Viola, [de la] Viola), it. Musikerfamilie, die ab 1470 ca. 100 Jahre lang in Ferrara wirkte. Ein *Andrea D. V.* ist zw. 1470 und 1506 nachweisbar, sein Bruder *Zampaulo,* ein Instrumentalist, zw. 1478 und ca. 1500. Andreas Sohn *Agostino* (auch Agostino da Ferrara genannt) diente ebendort von 1497 bis 1522 als Sänger und Instrumentalist.

H. Leuchtmann

Lit.: EITNER, s. v. – MGG, s. v. Viola – RIEMANN, s. v. – NEW GROVE, s. v.

Dallán Forgaill, ir. Dichter aus dem Verband der Masraige Maige Slécht aus Bréifne, Connacht (heute Gft. Leitrim). Der Name bedeutet 'der kleine Blinde'. Derartige Bezeichnungen erscheinen häufig in Verbindung mit den frühen ir. Dichtern *(filid).* D. F. galt als bedeutester Dichter Irlands *(ardollam Hérend),* als er →Columba v. Iona (Colum Cille) begegnete (586–598). Kg. Aed mac Ainmerech von den →Cenél Conaill, dem nördl. Zweig der →Uí Néill, der Familie Columbas, bezahlte D. F. 7 *cumals* (= 21 Kühe) dafür, daß dieser seinen Namen in dem großen Gedicht →»Amra Choluim Chille« erwähnte, das D. F. nach dem Tod des Hl. (597) schuf. Obwohl es streckenweise bis heute unverständlich geblieben ist, zeigt es eine gute Kenntnis frühchristl. monast. Gelehrsamkeit (Basileios, Cassian, Psaltexegese, bibl. Quellen). Das

Gedicht erlangte eine große Bedeutung als Hymnus, dessen tägl. Rezitation einen Platz im Himmel sichern sollte. Ein weiterer D. F. zugeschriebener Hymnus auf Columba ist nach sprachl. Gesichtspunkten ein Jahrhundert später anzusetzen. P. Ní Chatháin

Q. und Lit.: Lebor na hUidre, ed. R. I. BEST–O. BERGIN, 1929, 11–41– F. KELLY, Ériu 24, 1973, 1–34.

Dalle Carceri, Veroneser Familie, die ihren Aufstieg ihrer bedeutenden Rolle in den innerstädt. Auseinandersetzungen verdankte. Der Name ist anscheinend abgeleitet von einer Örtlichkeit »ad carceres« in der Nähe des Marktes (heute Piazza delle Erbe) im geschäftigen Mittelpunkt Veronas. Die Familie ist urkundl. erst in der zweiten Hälfte des 12. Jh. belegt, als ein *Wibertinus,* der auch beim Frieden v. →Konstanz i. J. 1183 anwesend war, dreimal (1171–72; 1173; 1179) als Podestà begegnet. Daraus geht hervor, daß die Familie bereits beachtl. Ansehen besessen haben muß, das sich in den folgenden Jahren während der Auseinandersetzungen zw. den großen Faktionen der Conti und der Montecchi weiter erhöhte. Die D. C. waren zuerst Anhänger der Gf. en v. San Bonifacio, v. a. zeichnete sich dabei *Rotondello* 1210 als treuer Gefolgsmann aus. Gleichzeitig hatten zwei andere Mitglieder der Familie, *Giberto* und *Ravano,* zusammen mit einem anderen Veroneser, Pecorario di Merca Nuovo das Kreuz für den 4. →Kreuzzug genommen und beteiligten sich an der Belagerung von Zara und Konstantinopel. Dank der Unterstützung von Jacques d'Avesnes wurde ihnen von Bonifaz von Montferrat die Insel Negroponte (das antike→Euböa) zu Lehen gegeben. Nach Gibertos Tod und der Rückkehr des Pecorario di Merca Nuovo nach Verona kam die urspgl. auf drei Lehensträger aufgeteilte Insel in den Besitz des Ravano. Um sich definitiv die Herrschaft über die Insel zu sichern, leistete 1209 Ravano Venedig den Lehenseid, wodurch ihm die Serenissima die Insel zum Lehen gab, sich jedoch durch die Einsetzung eines →Bailo in Negroponte die Oberkontrolle vorbehielt. Bei seinem Tod hinterließ Ravano den mittleren Teil des Feudums den Söhnen Gibertos, *Guglielmo* und *Alberto,* den südl. Teil seiner Frau *Isabella* und der Tochter *Berta,* und den nördl. Teil *Rizzardo* und *Merino I.,* den Söhnen jenes Rotondello, der in Verona verblieben war. Diese Teilung barg die Keimzelle zu ständigen Zwistigkeiten in sich, die bald das Eingreifen von Venedig veranlaßten, da die Seerepublik nicht zuletzt aus polit.-militär. Gründen die Kontrolle über die Insel behalten wollte. Trotz dieser Auseinandersetzungen gelang es den D. C., sich auch nach der Eroberung Konstantinopels durch die Türken bis 1470 an der Macht zu halten, obwohl nach der Ermordung *Niccolò II.,* der keine Erben hinterließ, Ende des 14. Jh. die tatsächl. Herrschaft über Negroponte von den Venezianern ausgeübt wurde. Der in Verona verbliebene Teil der Familie spielte eine wichtige Rolle bei den inneren Kämpfen, die →Ezzelino III. da Romano an die Macht gebracht hatten, der nach seiner Machtergreifung die D. C. verbannte. Da es ihnen nicht gelang, von den Scaligern (→Della Scala) wieder aufgenommen zu werden, kehrten sie nicht mehr nach Verona zurück. R. Mansellí

Lit.: Eine Monographie über die D. C. fehlt. – W. MILLER, The Latins in the Levant. A Hist. of Frankish Greece (1204–1566), 1908 – F. THIRIET, Regestes des délibérations du Sénat de Venise concernant la Romanie I, 1958, passim – DERS., Romanie vénetienne au MA: le développement et l'exploitation du domain colonial vénétien (XII–XV s.), 1959 – AA. VV., Verona e il suo territorio II–III, 1975, 1977, passim – Weitere Lit. →4. Kreuzzug.

Dalmatica (Dalmatik) →Kleidung, liturg.; →Krönungsornat.

Dalmatien

I. Die spätantike Provinz Dalmatia – II. Geschichte und Wirtschaftsgeschichte im Mittelalter – III. Archäologie.

I. DIE SPÄTANTIKE PROVINZ DALMATIA: D., röm. Prov. (nach 9 n. Chr., mit der Zweiteilung von →Illyricum) im NW der Balkanhalbinsel; mit Hauptstadt →Salona (Solin, bei dem seit Diokletian bedeutenden Spalatum/ →Split). Seit dem Ende des 3. Jh. v. Chr. zunehmend im röm. Einflußbereich, wurde D. erst unter Augustus endgültig unterworfen. Im Schutze der binnenländ. Gebirge nahmen Urbanisierung und wirtschaftl. Entwicklung bis zum 4. Jh. n. Chr. einen ungestörten Verlauf. Eisen- und Goldgewinnung, Holz- und Weidewirtschaft sowie Handel waren Grundlagen des Wohlstands. Mit Diokletians Neueinteilung der Provinzen verlor D. im SO die Region Praevalitana. Die Teilung des Reiches nach dem Tod Theodosius' I. (395) brachte D. als Grenzland (zunächst des W) in die Konfliktzone der beiden Reichshälften. Nach vorübergehender polit. Unabhängigkeit unter dem comes rei militaris (später magister militum) Marcellinus (454–468) und seinem Nachfolger Iulius→Nepos (bis 480, von 474 an nominell auch Ks. des W) gelangte D. 482 unter die Herrschaft Odowakers, dann unter die des Ostgoten →Theoderich (493–526). Das Ausgreifen Ostroms nach W unter Justinian I. ließ D. von 535 bis zur Vernichtung der →Goten 555 zum Kriegsschauplatz werden; Einfälle von →Slaven und →Avaren (seit 547) führten schließlich zur Zerstörung Salonas (um 614) und zum Ende auch der oström. Herrschaft. Einzelne roman. Bevölkerungsreste konnten sich bis ins MA behaupten.

Die Aufwärtsentwicklung des Christentums in D. setzte erst nach dem Toleranzedikt (313) ein und erreichte unter Bf. Hesychius v. Salona (belegt 418) einen Höhepunkt. Religiöse und polit. Auseinandersetzungen (Arianismus, Dreikapitelstreit) brachten die dalmat. Kirche zeitweise in Gegensatz sowohl zum Papsttum als auch zu Ks. Justinian. J. Hahn

Lit.: Regelmäßige Berichterstattung in: Vjesnik za arheologiju i historiju Dalmatinsku – KL. PAULY I, 1364–1368 – LAW, 686 – RE Suppl. VIII, 21–59 – J. J. WILKES, Dalmatia, 1969 – DERS., The Population of Roman Dalmatia, Aufstieg und Niedergang der röm. Welt II, 6, 1977, 732–766 – M. ZANINOVIĆ, The Economy of Roman Dalmatia, ebd., 767–809 [Lit.] – J. ZEILLER, Les origines chrétiennes dans la province romaine de Dalmatie, 1906.

II. GESCHICHTE UND WIRTSCHAFTSGESCHICHTE IM MITTELALTER: Der Begriff D. erhielt im 7. Jh. als Folge der slav. Landnahme einen endgültigen Wandel: Seit dieser Zeit blieb er im MA und weiter bis heute auf einen Küstenstreifen mit Städten auf dem Festland und auf die Inseln beschränkt. Im Verlauf der Zeit änderten sich die Grenzen D.s und umfaßten auch Gebiete etwas tiefer im Inland, erreichten aber nie mehr die der röm. und frühbyz. Zeit. Das im 7. Jh. entstandene byz. D. umfaßte einige alte Städte mit den umliegenden Gebieten auf dem Festland, darunter Butua (→Budva), Ulcinium (Uljcinj), Antibaris (→Bar), Acruvium (→Kotor), Tragurium (→Trogir), Iadera (→Zadar), auf den Inseln Arbum (→Rab), Curictae (Krk), Apsarum (Osor) und z. T. neuentstandene Städte wie Spalatum (→Split) im diokletian. Palast und Ragusium (Dubrovnik/→Ragusa) auf einem schon länger teilweise bewohnten Felsen unweit des von den Slaven zerstörten Epidaurum (Cavtat). Teile der alten röm. Provinz D. – der Begriff wurde noch einige Zeit in den Quellen für das Inland angewandt – befanden sich unter slav. Herrschaft (Kroaten, Serben, Paganen, Zachlumier, Terbunioten), die oft bis zur Küste reichte. Im 9. Jh. wurde das byz. D., das inzwischen einige Inseln an die Slaven verloren hatte, zum Thema erhoben; Anfang des 11. Jh. wurde von diesem im Süden das Gebiet von Dubrovnik als selbständiges Thema losgetrennt. Im 11. und 12. Jh. machten sich die Städte mehr und mehr unabhängig, und es kann kaum von einer stärker und auf längere Zeit organisierten (sei es byz., kroat., ven. oder ung.) Provinz D. die Rede sein. Auch die Titel der kroat. und ung. Kg.e oder der ven. Dogen, in denen D. erscheint, bezeugen weder ihre tatsächl. Macht in D. noch die Einheit der Provinz. Es ist fraglich, inwieweit von einer arpad. oder angevin. Provinz D. die Rede sein kann: Die nördl. dalmat. Inseln neigten meistens zu Venedig hin, die mitteldalmat. Städte führten jede ihre eigene Politik gegenüber Venedig und Ungarn bei der Verteidigung ihrer Autonomie, das narentan. Fsm. war in einer bes. Lage, Dubrovnik entwickelte sich zu einer unabhängigen Kommune und erweiterte sein Territorium diplomat. vorsichtig und beständig, südl. davon hatten Kotor, Budva und ihr Umland mit Serbien bzw. Zeta zu rechnen. Erst im 15. Jh. gelang es →Venedig, D. als eine relativ einheitl. Provinz zu organisieren, die alle Inseln und die meisten Städte (Zadar, →Šibenik, Trogir, Split, Kotor, aber auch Novigrad, →Nin, Skradin, Ostrovica usw.) außer dem Gebiet von Dubrovnik umfaßte und sich bei der Bucht von Kotor an das ven. Albanien anschloß. Die Grenzen der neuen ven. Provinz waren gegenüber denjenigen der alten verändert. Sie erfuhren aber Erweiterungen 1669 (Acquisto vecchio), 1699 (Acquisto nuovo) und 1718 (Acquisto nuovissimo), als sie bis zu den Bergketten des unmittelbaren Hinterlandes ausgedehnt wurden und so blieben bis zum Fall der Republik 1797.

Im 7. Jh. fanden in D. als Folge der slav.-avar. Invasion und der Landnahme der Slaven bzw. der Serben und Kroaten radikale Veränderungen statt. Die Bevölkerung floh in das gebirgige Inland, in die Küstenstädte und auf die Inseln. Das spätröm. D. war endgültig verschwunden; einige Küstenstädte mit den umliegenden Gebieten und die Inseln bildeten von jetzt an die viel kleinere byz. Provinz D., in der sich durch den Flüchtlingsstrom das lat. Element verstärkte. Das Byz. Reich, das gegen die Araber zu See und zu Lande um sein Überleben kämpfen mußte, konnte sich kaum um diese periphere Provinz kümmern, und so war D. fast völlig sich selbst überlassen. Es ist anzunehmen, daß im 7. und 8. Jh. der Schwerpunkt der Provinz auf den Inseln lag, wo große Teile der Bevölkerung Zuflucht gesucht hatten, und daß die Küstenstädte erst im 8. Jh. wieder die polit. Führung übernahmen. Seit der Mitte des 6. Jh. stand D. unter einem Proconsul, der von der lokalen Aristokratie gewählt wurde. Seit dem Anfang des 9. Jh. wurde D. von einem →Archonten, dessen Sitz in Zadar war, verwaltet. Nach der Zerstörung von →Salona erscheint gegen Ende des Jahres 805 Zadar, das mit seinem Umland, dem ganzen alten ager, die Umwälzungen des 7. Jh. überstanden hatte, als polit. und administrative Metropole D.s und bleibt es bis ins 20. Jh. Ob als Archont der Prior, nämlich das Stadtoberhaupt von Zadar, oder aber ein lokaler Magnat oder ein byz. Beamter fungierte, bleibt offen.

Das byz. D., das sich aus Städten und Inseln zusammensetzte, hatte keine territoriale Kontinuität. Jede Stadt erlebte ihre spezif. Entwicklung aufgrund der röm. Tradition und der neu entstandenen Lage. Dadurch erhielten die Munizipalbehörden, bes. die Prioren als Oberhäupter der Städte, immer mehr Bedeutung. Der erste Prior ist in den Quellen im 10. Jh. in Zadar erwähnt, aber es ist anzunehmen, daß es ihn und weitere städt. Beamte (z. B. Tribunen) schon früher auch in anderen Städten gab.

Die dalmat. Kirche unterstand wahrscheinl. seit Justinian I. zunächst der Jurisdiktion von Konstantinopel. Nach den Umwälzungen des 7. Jh. blieben die dalmat. Städte Bischofssitze, ohne daß eine von ihnen die kirchl. Vorherrschaft an sich reißen konnte, und nach dem neuesten Stand der Forschung wurden die kirchl. Angelegenheiten erst am Anfang des 10. Jh. geregelt und Split zur Metropole von D. erhoben.

Zu Anfang des 9. Jh. dehnte Karl d. Gr. seine Macht auf D. aus; frk. Statthalter war damals Paulus, dux Jaderae. Dies war aber nur ein kurzes Zwischenspiel, denn die byz. Flotte stellte bald den alten Zustand wieder her: Mit dem Frieden v. Aachen (812) erhielt das Byz. Reich die Küstenstädte, das alte byz. D., zurück.

Anfang der siebziger Jahre des 9. Jh., im Rahmen der expansiven Westpolitik Ks. Basileios' I., und nicht früher, wie oft angenommen, wurde D. zum →Thema erhoben. An der Spitze des Themas stand ein →Stratege als von der Regierung ernannter Beamter, der die militär. und zivilen Befugnisse in seinen Händen vereinte. Mit ihm war in D. nur sein engerer Stab, denn diese Provinz hatte nicht jene militär., soziale und ökonom. Struktur, die sonst für die Themenordnung typisch war. Im übrigen ist über die byz. Verwaltung in D. wenig bekannt. Wahrscheinl. war der erste Stratege von D. Bryennios (→Bryennioi), der den Titel eines ksl. →Spathars besaß.

D. behielt für das Byz. Reich bis zum Ende des 9. Jh. eine bes. Bedeutung wegen der Besitzungen an der oberen Adria und als Seeweg für den Handel zw. Ost und West; später zeigte Byzanz aber kaum noch Interesse an diesem entlegenen Gebiet. Die Gliederung der Küste und Inseln, die günstigen Meeresströmungen, die meterolog. Gegebenheiten und die vielen guten Häfen erklären den Vorteil des Seeweges entlang der dalmat. Küste während der ganzen Epoche der Segelschiffahrt sowohl für Byzanz als auch später für Venedig, wie auch für jede andere Seemacht.

Die neue Themenverwaltung D.s regelte als erstes die Beziehungen zu den benachbarten Slaven. Seit der Landnahme waren die dalmat. Städte auf dem Festland ihrem ständigen Druck ausgesetzt, und bald begannen sich Slaven auch auf den Inseln anzusiedeln. Dies führte zu lokalen Streitigkeiten, auch zu Kampfhandlungen, die erst um 878/879 eine endgültige Regelung fanden. Nach ihr hatten die dalmat. Städte den kroat. Herrschern (→Kroatien) insgesamt 710 →Nomismata als Tribut zu entrichten, von Stadt zu Stadt in unterschiedl. Höhe: Split 200, Trogir 100, Zadar 110, Osor, Rab und Krk je 100 – und nur noch 10 dem byz. Strategen als Zeichen, daß sie dem Ks. unterworfen waren. Der größte Teil des Tributs bestand aus Naturalien, von denen aber nur Wein bekannt ist. Dubrovnik zahlte den Herrschern von →Zachlumien und →Terbunien für Weinberge auf ihren Gebieten jeweils 36 Goldstücke, insgesamt also 1 Pfund Gold.

Bis zum Ende des 10. Jh. fanden keine grundsätzl. Veränderungen in D. statt. Die in der Geschichtsschreibung verbreitete Annahme, daß Anfang des 10. Jh. der kroat. Kg. →Tomislav in D. die ihm vom byz. Kaiser verliehene Prokonsularmacht ausgeübt habe, beruht offensichtl. auf einer Mißdeutung der Quelle. Ebenso ist auch eine angebl. Abtretung D.s an den kroat. Herrscher Držislav gegen Ende desselben Jahrhunderts abzulehnen. D. genoß in dieser Zeit Ruhe und Wohlstand. Die Beziehungen zu den Slaven im Hinterland waren friedlich, die arab. Angriffe, die um die Mitte des 9. Jh. einigen dalmat. Städten (Kotor, Rose, Dubrovnik, Osor) Unheil gebracht hatten, waren abgeklungen, die Beziehungen zu den Narentanern waren seit dem Ende des 9. Jh. geregelt, und die Handelsschiffahrt war wieder sicher geworden.

Nur sehr wenig ist über die wirtschaftl. Lage D.s bekannt. Daß die Städte vom Meer lebten, wie Konstantin Porphyrogennetos sagt, weist auf Handel hin, der zur See wie auch ins Land hinein sehr bescheiden gewesen sein muß. Von den gehandelten Produkten ist nur Wein bekannt; der Handel mit anderen Produkten wie Öl oder Salz ist anzunehmen.

Im 3. Jahrzehnt des 10. Jh. wurden endgültig die kirchl. Angelegenheiten in D. geregelt. Zum Metropoliten von D. wurde der Bf. v. →Split, als Nachfolger der »apostolischen« Kirche von Salona, gewählt. Das Slavische (→Glagolit. Liturgie) wurde mit Einschränkungen weiter zugelassen. Das kroat. Bm. →Nin wurde abgeschafft bzw. Split unterstellt. I. J. 1000, nachdem die meisten Städte unter starken kroat. Druck geraten waren, führte der Doge Peter II. →Orseolo (991–1009) eine ven. Expedition nach D. Es war der erste ven. Versuch, die dalmat. Städte an sich zu binden. Venedig erhielt den Tribut, den bis dahin die Städte den kroat. Herrschern zahlten. Die Oberherrschaft der byz. Kaiser wurde in D. weiter anerkannt: In den kirchl. Laudes wurde der byz. Ks. vor dem Dogen genannt. Der Doge fügte zu seinem Titel »dux Venetiarum« auch den eines »dux Dalmaticorum« hinzu.

Im 11. Jh. bahnte sich in D. eine Entwicklung an, die in der Geschichte der dalmat. Städte tief verwurzelt war: einerseits die Auflösung D.s in kleinere territoriale Einheiten, andererseits das Auftreten eines städt. Patriziats, das mehr und mehr die Macht an sich riß. I. J. 986 stand an der Spitze des Themas D. der Proconsul Madius, der als Prior auch Stadtoberhaupt von Zadar war. Es zeigt sich der Anfang eines Prozesses, in dem die Autonomie der Städte zum ersten Mal deutlich zum Vorschein kommt. In der Entwicklung der Städte von einer im frühen MA noch begrenzten Selbstverwaltung hin zu kommunaler Autonomie, die allerdings in unterschiedl. Grade erreicht wurde, liegt der Schlüssel zur ma. Geschichte D.s. Das gilt nicht nur für die alten röm. Civitates, die Bischofssitze waren und die Umwälzungen des 7. Jh. überstanden hatten, sondern auch und bes. für andere Ansiedlungen, die durch ihre soziale und ökonom. Entwicklung mit der Zeit den Status einer Civitas erreichten, wie →Biograd, Šibenik, Nin, Skradin, →Korčula.

Während der 1. Hälfte des 11. Jh. wurde das alte Thema D., das die mittleren Gebiete um Zadar und Split umfaßte, durch militär. und diplomat. Maßnahmen gefestigt, wobei im Süden Dubrovnik unter einem Strategen ein eigenes, wenn auch territorial bescheidenes Thema eingab. Schon seit der Mitte des 9. Jh. lassen sich die ersten Ansätze einer bes. Entwicklung Dubrovniks verfolgen, die sich im 11. Jh. weiter verstärkte. Die Aufteilung in Dalmatia superior, d. h. Nord- und Mitteldalmatien, und Dalmatia inferior, von Dubrovnik bis Bar, aus dem 10. Jh. ergänzt im Bereich diese Entwicklung.

In der Zeit vom Ende des 10. bis zur Mitte des 11. Jh. standen an der Spitze der byz. Provinz D. →Proconsuln, Strategen oder →Katepane – die Titulatur entspricht der Entwicklung innerhalb der byz. Themenordnung im 11. Jh. –, die alle zugleich auch Prioren v. Zadar waren. Die Stellung als Stadtoberhaupt war Vorbedingung für das Amt des ksl. Statthalters in D. Als byz. Gouverneure übten die Prioren keine Verwaltungstätigkeit aus, zeigten aber oft größere polit. Ambitionen in D.; es gab auch keine byz. Beamten in der Provinz. Faktisch drückte das Byz. Reich auf diese Weise nur seine nominelle Oberhoheit über D. aus.

Die Prioren waren die höchsten Vertreter der Verwaltung in den dalmat. Städten. Vom Populus auf einen nicht näher präzisierten Zeitraum von mehreren Jahren gewählt, mußten sie nicht vom byz. Ks. bestätigt werden. Neben ihnen gab es andere städt. Organe wie Richter und Tribunen und wahrscheinl. auch die Volksversammlung. Die Prioren stammten meistens aus städt. patriz. Familien, deren Reichtum auf Handel und Landbesitz beruhte. In einigen Familien wurde das Priorat erblich, so in Zadar bei den Madii, die als Prioren der Metropole auch als Statthalter D.s nach außen auftraten.

Die dalmat. Städte erreichten einen sehr hohen Grad von Autonomie, deren Erhaltung das Hauptziel all ihrer Handlungen blieb. Im Laufe der 2. Hälfte des 11. Jh. fanden sich die Städte, in die das dalmat. Gebiet aufgesplittert war, den unterschiedl. polit. Einflüssen alter und neuer Mächte ausgesetzt: Es waren Kroatien, Venedig, die südit. Normannen, Ungarn sowie die in die Kämpfe um die Reform zw. Alexander II. (1061–73) und dem Gegenpapst Honorius II. (1061–62) verwickelte röm. Kirche. Der kroat. Kg. Petar Krešimir IV. (1058–74) und sein Nachfolger Kg. Dmitar Zvonimir (1075–89) trugen beide auch den Titel »rex Dalmatiae«, der nach dem heut. Forschungsstand dadurch zu erklären ist, daß die dalmat. Mark, zu der die Inseln des Kvarner (Quarnero) gehörten, mit ung. Hilfe unter die Herrschaft von Kroatien kam. Die norm. Expedition nach D. 1074 unter dem comes Amicus, den wahrscheinl. die mitteldalmat. Städte gerufen hatten, ist im Rahmen der Bemühungen des Reformpapstes Gregor VII. zu sehen, den Einfluß der röm. Kirche auf dem Balkan zu stärken. Die ven. Intervention in D. im gleichen Jahre 1074 und das Versprechen von Split, Trogir, Zadar und Biograd, nie mehr Normannen und sonstige auswärtige Mächte nach D. zu rufen (»adducere Normannos aut extraneos«), bekundet den Willen Venedigs, seinen Seeweg nach dem Osten fest in den eigenen Händen zu behalten. I. J. 1075 erhielt Zvonimir von Papst Gregor VII. die Krone als Kg. v. Kroatien und Dalmatien, wobei ihm die Herrschaft über die Inseln des Kvarner bestätigt wurde und die röm. Kirche in diesen Gebieten gestärkt wurde. Zvonimir konnte aber seine Macht nicht auf die mitteldalmat. Städte erweitern, und diese konnten dank der allgemeinen polit. Lage ihre Autonomie weiter festigen. Während des letzten Jahrzehnts des Jahrhunderts wurde Kroatien in innere Zwistigkeiten verwickelt, und auch dem ung. Kg. Ladislaus (1077–95), der die Nachfolge als Kg. v. Kroatien angetreten hatte, gelang eine Inbesitznahme von D. nicht. Dieses Ziel erreichte auch Almoš nicht, als Hzg. in Kroatien regierte. Byzanz, das die innere Krise und die großen territorialen Verluste der siebziger Jahre überwunden hatte, konnte mit Hilfe des norm. comes und ksl. Sebastos Gottfried seine Position in D. wieder stärken. Den dalmat. Städten unter ihren Prioren und Bf.en gab diese ganze Entwicklung Gelegenheit zur weiteren Entfaltung ihrer Autonomie.

1105 gelang es Ungarn, auch dank der erhebl. Unterstützung durch den Klerus, seine Macht auf die dalmat. Städte Zadar, Trogir und Split zu erweitern, während Osor und Krk als schon früher zu Kroatien gehörend geerbt wurden. Seitdem trugen →Koloman (1096–1116) und seine Nachfolger auch den Titel eines Kg.s v. Kroatien und Dalmatien. Den Städten versprach Kg. Koloman, ihre alten Rechte zu achten. Bald aber wurde der comes, der an die Stelle des Priors getreten war, ein kgl. Beamter; der Bf. war oft ein Fremder, und beide mußten vom König bestätigt werden. Der alte Tribut an die Herrscher des Hinterlandes wurde abgeschafft, die Hafengebühren zw.

Kg., comes und Bf. aufgeteilt, wovon der letztere den Zehnten erhielt. Dieses allgemeine Bild der Privilegien war von Stadt zu Stadt verschieden: Trogir besaß die meisten Vorrechte, Zadar unterlag gewissen Einschränkungen, Split hatte noch weniger Privilegien usw.

Für Venedig bedeutete die ung. Einverleibung D.s die größte Gefahr für seinen lebenswichtigsten Seehandelsweg nach dem Osten, und es unternahm daher während der 1. Hälfte des 12. Jh. mehrere Expeditionen gegen die dalmat. Städte (1115, 1116, 1118, 1125), die wiederum eine Reihe ung. Kriegszüge auslösten (1117, 1124, 1133). Zadar, Trogir, Split, aber auch Šibenik und Biograd sowie andere Städte wechselten einige Male die Oberherrschaft. Es ergab sich schließlich, daß D. in mehrere Gebiete aufgeteilt wurde: Die Inseln des Kvarner und Zadar blieben unter der fast ununterbrochenen Herrschaft Venedigs, das Gebiet zw. Šibenik und der Neretva mit Trogir und Split kam zu Ungarn, daran schloß sich das narentan. Fsm. (→Narentaner) mit Zentrum in Omiš an, während sich südl. bis Bar ein Gebiet erstreckte mit Kotor und Dubrovnik, das nominell unter der Oberhoheit des Byz. Reiches stand, faktisch aber autonom war. Venedig konnte seine Stellung im nördl. D. durch kirchenpolit. Maßnahmen festigen. 1154 wurde Zadar Ebm. mit den Suffraganen Rab, Krk und Osor; es wurde aber schon 1155 dem Patriarchen von →Grado, seither Primas v. D., unterstellt.

Zum letzten Mal vermochte Byzanz zw. 1165 bzw. 1167 und 1180 seine Macht in D. wiederherzustellen. Das byz. D. wurde von einem dux verwaltet, dessen Sitz sich nicht mehr in Zadar, sondern in Split befand. Ztw. wurde diese kurzlebige Provinz sogar mit Kroatien, Diokleia und Albanien zusammengefügt.

In Zadar wurde 1177 Papst Alexander III. von der Bevölkerung mit Laudes und Gesängen in slav. Sprache (»in eorum sclavica lingua«) empfangen. Seit langem schon erhielten Zadar und die anderen dalmat. Städte Zuzug aus der slav. Bevölkerung des Hinterlandes. Wie viele Namen belegen, wurden nicht nur die unteren sozialen Schichten, sondern auch der kroat. Adel (Subići, Draginići u. a.) aufgenommen.

Kurz nach dem Tod Ks. Manuels (1180) konnte der ung. Kg. Bela III. D. wieder erobern. Seitdem herrschte bis 1204 fast ununterbrochen Krieg zw. Venedig und Zadar, das widerwillig die ven. Herrschaft ertrug, von Ungarn, dessen Oberhoheit es anerkannte, aber kaum Hilfe erhielt. In den wiederholten ven. Versuchen, einen comes einzusetzen und die städt. Autonomie einzuschränken, liegen die Ursachen der zahlreichen Aufstände Zadars im 12. und 13. Jh.

Mit Hilfe der Kreuzfahrer (→Kreuzzug, 4.) konnte Venedig unter seinem Dogen Enrico →Dandolo Anfang des 13. Jh. seine Position in D. festigen und den so wichtigen Seeweg zur Levante sichern (Erstürmung von →Zadar 1202), auch gegenüber der kleinen, aber gefährl. Flotte der Seeräuber von Omiš. Somit erwies sich erneut die Wichtigkeit der östl. Adriaküste für die ven. Handelspolitik; insbes. zeigt sich, daß Venedig die einzige Macht war, die eine ausreichende Flotte besaß, um seine Herrschaft zur See und im Küstengebiet zu behaupten. Gelöst von Byzanz, blieb Venedig während des ganzen MA dank seiner Flotte allen anderen Mächten, Normannen, Ungarn, Kroaten, später auch Feudalherren aus dem Hinterland weit überlegen und war dadurch zugleich der gefährlichste Feind und Freund, Gegner und Verbündeter der dalmat. Städte.

Zadar wurde 1205 endgültig unterworfen. In dem aufgezwungenen Vertrag verlor die Stadt ihre alten Privilegien, comes und Bf. waren seither ven. Adlige, und wenn auch weiterhin vom Stadtrat gewählt, mußten sie vom Dogen bestätigt werden. Außerdem wurden viele neue und drückende Bedingungen auferlegt.

Im 13. Jh. ging die Entwicklung der Selbstverwaltung in fast jeder Stadt mehr oder weniger spezif. Wege. Die Städte waren einerseits durch Parteienkämpfe zerrissen, andererseits nicht nur starkem ven. und schwächerem ung. Druck ausgesetzt, sondern auch dem vieler adliger Familien aus dem Hinterland (Šubići aus Bribir, Kačići aus Omiš u. a.). Einige Städte setzten Auswärtige, oft geschulte Juristen, als oberste Verwalter ein, um die städt. Autonomie vor dem äußeren Druck zu bewahren und den inneren Kämpfen ein Ende zu setzen. Es fungierten neben den comites und potestates auch consules und rectores aus Italien, Venedig, Istrien, auch aus anderen dalmat. Städten. Eine Ausnahme bildeten Krk und Korčula, wo Frankopanen und Zorzi erbliche comites waren. Im allgemeinen hatten die Städte, in denen die Autonomie stärker entwickelt war, einen Großen Rat (consilium maius) mit gesetzgebender Gewalt, in dem die Angehörigen der Patrizierfamilien, die nobiles, saßen. Die städt. Regierung war von Stadt zu Stadt unterschiedlich zusammengesetzt. Außerdem gab es verschiedene Räte (consilia) und Magistrate (Richter, Notare usw.). Parallel mit der Bildung der Kommunalinstitutionen sonderte sich eine Schicht von nobiles ab, die consiliarii, die mit der Zeit mehr und mehr die Macht in den Städten an sich rissen. Die Gesetze wurden systematisiert in den Statuten (Split 1240 und 1312, Zadar 1305, Brač 1305 usw.). Kataster und Archive wurden angelegt, neue Bauten entstanden (Stadtmauer, Kathedrale, Kommunalpalast, Loggia, Stadttürme u. a.).

Der Prozeß der Slavisierung der Städte nahm ununterbrochen zu. Am Anfang des 15. Jh. gab es nobiles, die kein Latein oder Italienisch beherrschten und für die man im Großen Rat dolmetschen mußte.

Der kurze Einfall der Mongolen 1241/42, die Ungarn und Kroatien verwüsteten und bis zur Adria vordrangen, wo in Trogir König Bela IV. (1235–70) vor ihnen Zuflucht gefunden hatte, legte die Schwächen des ung. Königreiches bloß.

Zadar hatte 1242 versucht, sich mit ung. Hilfe von Venedig zu befreien, mußte aber im folgenden Jahr unter noch schwereren Bedingungen als 1205 die ven. Oberheit anerkennen. Venedig stellte den comes, die Stadtmauern wurden geschleift und ein Kastell vor der Stadt erbaut, die Einkünfte der Gemeinde wurden stark gekürzt. Ehen der städt. Bevölkerung mit Kroaten wurden verboten, Kroaten durften sich in der Stadt nicht niederlassen, es wurden sogar Venezianer angesiedelt, und viele Einwohner mußten die Stadt verlassen.

Split hatte während der ersten Jahrzehnte des 13. Jh. unter ausländ. potestates seine Autonomie gestärkt, mußte sich aber 1244 Bela IV. unterstellen, der der Stadt seinen comes aufzwang. Im Kampf mit Trogir, auf dessen Seite der ung. Kg. stand, mußte es Verluste seines Gebietes hinnehmen. Als Folge der Schwäche der ung. Kg.e in der 2. Hälfte des 13. Jh., bes. zur Zeit Ladislaus' IV. (1272–90), übten Mitglieder der Familie Šubići von Bribir als potestates oder comites ihre Macht in Trogir, Split oder Šibenik, das mit ihrer Hilfe Bistumssitz geworden war, aus. Zadar und die meisten Inseln blieben weiter in ven. Gewalt.

In der Machtkonstellation der Zeit war es für das Patriziat die wichtigste polit. Aufgabe, die städt. Autonomie zu erhalten und zu stärken, und daher sind die Schwankungen zu erklären sowohl bei der Anerkennung der Oberhoheit Venedigs, Ungarns oder Neapels als auch bei der Wahl von auswärtigen oder einheim. comites oder potestates. So öffneten sich in Mitteldalmatien Split, Trogir und Šibenik den Šubići, von denen Paulus 1273 vom ung. Kg. zum →Banus des Küstenlandes ernannt worden war. Der Versuch des Paulus nach 1311 und, nach dessen Tod, der seines Sohnes, des Banus Mladin II., die Macht auf Zadar auszuweiten, schlug nach ersten Erfolgen 1313 fehl, da die Stärke der Landstreitkräfte wie der Flotte nicht ausreichte, was zum Wechsel der Fronten innerhalb der Familie der Šubići führte. Von den eigenen Interessen ausgehend, unterstellten sich 1322 Šibenik und Trogir, 1327 Split und 1329 Nin Venedig. Die Republik blieb somit im Besitze D.s mit Ausnahme Kotors und des narentan. Gebietes, das aber nach der ven. Eroberung der Inseln Hvar, Brač und Korčula als Seemacht fast jede Bedeutung eingebüßt hatte, und sie erweiterte ihre Macht auch ins Innere des Landes hinein.

Für die →Anjou war die Herrschaft über die Adria zur Verbindung zw. Neapel und Ungarn unentbehrlich. Daher stand am Anfang der energischen Regierung →Ludwigs I. (1342–82) die krieger. Auseinandersetzung mit Venedig. Einem erneuten Aufstand Zadars folgte 1345–46 eine ven. Belagerung, eine der schwersten in der Gesch. der Stadt. Erst am 18. Febr. 1358, nach erfolgreichen Kriegshandlungen der Ungarn und ihrer Verbündeten auf der ven. Terra ferma, kam es zum Friedensschluß von Zadar. Die Republik v. S. Marco mußte auf alle Ansprüche auf D., auf die Städte, Festungen, Häfen und allen Besitz vom Kvarner bis Dyrrhachion, der Doge auf seinen Titel »dux Dalmatiae et Croatiae« verzichten. Den ven. Kaufleuten wurde das Anlaufen der dalmat. Häfen verboten. D. war wieder territorial vereinigt wie seit Jahrhunderten nicht. Die Anstrengungen Ludwigs I., nach den großen Erfolgen gegen Venedig mit Hilfe der dalmat. Städte eine Flotte bauen zu lassen, führten zu keinen dauerhaften Ergebnissen. Der Friede v. Turin, der 1381 den sog. →Chioggiakrieg zw. dem mit Ludwig I. verbündeten →Genua und Venedig beendete, änderte äußerlich nichts an der Lage der dalmat. Städte, verschlechterte aber faktisch die Handelsbedingungen.

Während der ung. Thronkämpfe nach dem Tode Ludwigs I. führte das dalmat. städt. Patriziat eine geschickte, der außenpolit. Lage des Augenblicks angepaßte Politik. Ausschlaggebend waren nicht der eine oder andere Herrscher, sondern die städt. Parteigruppierungen. Es war kein Zufall, daß Zadar sich fast immer den Anjou treu zeigte, sich gegen Venedig aber feindlich verhielt, denn von Venedig kam die größte Gefahr für seine Autonomie. In Zadar ließ sich Ladislaus nach langem Zögern 1403 als ung. König mit einer fragwürdigen Krone krönen.

Unter der ung. bzw. angevin. (1358–1409) und der kurzen bosn. Oberhoheit (1390) erfuhr die Autonomie der dalmat. Städte eine weitere Entwicklung. Das höchste Amt in der Stadt hatten der potestas oder der comes inne, die nicht nur gelehrte Ausländer, sondern auch Dalmatiner waren, oft aus Zadar, aber auch aus anderen Städten des Landes. Die 2. Hälfte des 14. Jh. war eine ruhige Zeit. Die Verbindung der dalmat. Städte zum Hinterland wurde durch die polit. Lage begünstigt. Es war, auch wenn D. insgesamt ein eher armes Land blieb, wirtschaftl. gesehen eine Blütezeit.

Zu wenig ist über die wirtschaftl. und gesellschaftl. Entwicklung D.s bekannt, um ein abgerundetes Bild entwerfen zu können. Die Städte besaßen auf dem Land und den Inseln nur bescheidene Gebiete mit kargem Boden (Karst), so daß nur kleinerer und zerstreuter Grundbesitz entstand, der sich zu 70–80% in den Händen der nobiles befand. Wein und Öl waren die Hauptprodukte. Da es in D. nur freie Leute gab, überwog als Arbeitsverhältnis zw. Besitzer und Bearbeiter der Weinberge und Olivenhaine, aber auch sonst, in verschiedenen Formen, der Taglohn, ein Arbeitsverhältnis, das zu keiner Unzufriedenheit oder zu Aufständen in D. führte.

Das städt. Gewerbe und der Handel von Dubrovnik sind recht gut bekannt, im Gegensatz zu den anderen Städten, für die sowohl die Quellen wie auch moderne Studien fehlen. Bis zum 15. Jh. waren die Unterschiede von Stadt zu Stadt beträchtlich. Es produzierten für den Export, wenn auch in bescheidenem Maße, z. B. Goldschmiede (Zadar) und Kürschner (Trogir, Split). Meistens aber war man auf den lokalen Markt hin orientiert (Schuster, Müller, Bäcker, Fischer u. a.). Die Meister arbeiteten allein und nahmen selten mehr als einen Lehrling auf. Größere Investitionen waren selten, ausgenommen dort, wo beträchtlichere Gewinne außerhalb des städt. Marktes in Aussicht standen. Im 13. Jh. erschien als erste genossenschaftl. Bruderschaft diejenige der Schuhmacher in Zadar, und es ist anzunehmen, daß sich noch weitere sowohl in Zadar als auch in anderen Städten bildeten.

Im Handel gewann Dubrovnik (→Ragusa) als einzige dalmat. Stadt Bedeutung als Vermittlerin zw. der Balkanhalbinsel und der übrigen Mittelmeerwelt. Aus dem 12. und 13. Jh. sind fast ausschließl. Handelsverträge aus Dubrovnik bekannt. Die Handelsbeziehungen der dalmat. Städte mit Italien, Venedig, Bosnien, Kroatien, Serbien, Ungarn und anderen Regionen des Binnenlandes waren bescheiden, führten aber im 14. Jh. eine gewisse Blüte herbei, die zum Teil im Zusammenhang mit der Entwicklung des Hinterlandes zu erklären ist. Mit dem Aufschwung des Bergbaus erhöhte sich das Interesse einiger Städte (Trogir, Split) für den Handel mit Bosnien. Aus Zadar ist in der 2. Hälfte des 14. Jh. der Handel mit Textilien, Salz, Leder u. a. bekannt, und es gab in der Stadt reiche Kaufleute. Außerdem erschienen Genuesen, die mit Eisenwaren, Blei, Wein u. a. handelten, und Florentiner, die sich mit Transithandel beschäftigten und Salz von der Insel Pag exportierten. Salz, Wein, Öl und Weizen waren die schmale Grundlage des dalmat. Handels. Salz, das unentbehrlich für die menschl. und tier. Ernährung und als Konservierungsmittel für Fleisch, Fisch usw. war und daher eine äußerst gewinnbringende Handelsware darstellte, wurde in den meisten Städten zum Monopol, oder es war mit Ein- und Ausfuhrsteuern zugunsten von Kg.en, Gemeinden oder einzelnen Händlern belastet. Nach 1420 zog Venedig den Salzhandel mehr und mehr an sich und fügte damit den dalmat. Städten großen Schaden zu. Der Getreidehandel zeigt einen anderen Aspekt der dalmat. Wirtschaft, der nach dem 15. Jh. noch stärker hervortritt, nämlich die Abhängigkeit von außen. An Getreide fehlte es in D., es mußte größtenteils importiert werden, was den Städten oft große finanzielle Probleme verschaffte.

Als Folge des ökonom. Wandels vollzog sich eine gewisse soziale Differenzierung, auf welche äußere Geschehnisse wie die Große Pest von 1348 oder die ven. bzw. ung. Politik keinen entscheidenden Einfluß ausübten. Die mittleren städt. Schichten, Handwerker, Händler, kleine Besitzer, forderten ihren Anteil an der städt. Verwaltung. Sie griffen in die Parteienkämpfe ein, wobei sie eher Stellung für eine Gruppe von Patriziern gegen eine andere als gegen das Patriziat als solches nahmen. Gelegentl. erlangte das Volk für kurze Zeit polit. Macht. In einigen Städten kam es zur Einsetzung von Volkskapitänen (capi-

tani del popolo), z. B. in Trogir 1357, Zadar 1386, Split 1387.

1409 verkaufte Ladislaus nach langjährigen Verhandlungen den Venezianern für 100000 Dukaten die von ihm beherrschten Städte Zadar, Novigrad, Vrana und die Insel Pag sowie alle seine Rechte auf D. 1437 erkannte auch →Siegmund gegen 10000 Dukaten die neuentstandene Lage in D. an. Aus Furcht vor größeren Einbußen an Autonomie beschloß man in Zadar, sich freiwillig Venedig zu ergeben. Kurz darauf unterwarfen sich Rab, Osor und Nin, die bis dahin Siegmunds Oberhoheit anerkannt hatten, nachdem Venedig ihnen die Erhaltung ihrer munizipalen Privilegien versprochen hatte. Skradin, Ostrovica und Šibenik ergaben sich 1412, 1420 Trogir, Split, Kotor sowie die Inseln Brač, Hvar und Korčula. Als sich 1423 das Gebiet der Pastrovići, südl. von Kotor, unterwarf, war die Verbindung zum ven. Besitz an der südadriat. Küste und in Albanien hergestellt. Die Städte behielten anfangs noch zum Teil ihre Autonomie, aber der comes war nun ein vom Doge eingesetzter ven. Adliger, und die Verteidigung lag in den Händen eines ven. Kastellans.

Um den Besitz von Split und sein Gebiet zu sichern, versuchte Venedig vergeblich, die bedeutende Festung Klis einzunehmen. Es gelang der Republik aber, in den vierziger und fünfziger Jahren des 15. Jh. Poljica, Omiš und das Küstenland zw. der Cetina und der Neretva zu besetzen und so die Verbindung zu den süddalmat. und alban. Besitzungen zu festigen. Als sich 1480 auch Krk ergab, erstreckte sich die ven. Macht über alle dalmat. Inseln bis nach Korčula im Süden.

Es begann eine neue Epoche der dalmat. Geschichte, in welcher sich die Städte durch eine autoritäre ven. Politik, durch die ständige türk. Gefahr, abgeschnitten von ihrem Hinterland, in einer veränderten wirtschaftl. Lage befanden und dabei auf sich selbst gestellt waren. J. Ferluga

Q.: Documenta historiae Chroatice periodum antiquam illustrantia, Monumenta spectantia historiam Slavorum meridionalium VII, ed. F. RAČKI, 1874 – Š. LJUBIĆ, Listine o odnošajih izmedju južnoga Slavenstva i mletačke republike, I–X, 1868–1891 – DERS., Commissiones et relationes venetae I, 1876 – Thomas archidiaconus, Hist. Salonitana, ed. F. RAČKI, Monumenta spectantia historiam Slavorum meridionalium XXIV, 1894 – Constantine Porphyrogenetus, De administrando imperio, ed. GY. MORAVCSIK [mit engl. Übers. von R. J. H. JENKINS], 1967 – Historia Salonitana Maior, ed. N. KLAIĆ, 1967 – Codex diplomaticus Croatiae, Dalmatiae et Slavoniae, I (743–1100), red. M. KOSTRENČIĆ, coll. et digg. J. STIPIČIĆ–M. ŠAMŠALOVIĆ, 1967 – Codex diplomaticus Croatiae, Dalmatiae et Slavoniae, col. et dig. T. SMIČIKLAS, II–XI (1108–1378), 1904–34; XVI (1379–1385), 1976 – *Lit.:* M. BARADA, Dalmacija (Hrvatska enciklopedija IV, 1942), 467–470 – DHGE IX, 28–38 – I. LUCIUS, De regno Dalmatiae et Croatiae libri sex, Amsterdam 1666 – F. ŠIŠIĆ, Genesis des hist. Begriffes »D.«, SOF 3, 1939, 667–673 – KRETSCHMAYR, Venedig, I–II – LJ. KARAMAN, Pregled umjetnosti u Dalmaciji od doseljenja Hrvata do pada Mletaka, 1952 – G. PRAGA, Storia di Dalmazia, 1954³ – B. KREKIĆ, Dubrovnik (Raguse) et le Levant au MA, 1961 – N. KLAIĆ, Problem vrhovne vlasti nad Dalmacijom do početka XV st., Zbornik »Zadar«, Matica hrvatska, 1964, 141–167 – S. ĆIRKOVIĆ, Istorija srednjovekovne bosanske države, 1964, 113–117, 140–157, 160–165 – E. SESTAN, La conquista veneziana della Dalmazia, La Venezia del Mille, 1965, 85–116 [Nachdr. It. Medievale, 1966, 121–150] – M. ŠUNJIĆ, Dalmacija u XV stoljeću, 1967 – N. KLAIĆ, Povijest Hrvata u ranom srednjem vijeku, 1971 – J. TADIĆ, Venezia e la costa orientale dell'Adriatico fino al secolo XV, Venezia e il Levante fino al secolo XV, II, 1973, 687–704 – N. KLAIĆ, Povijest Hrvata u razvijenom srednjem vijeku, 1976 – N. KLAIĆ–I. PETRICIOLI, Zadar u srednjem vijeku do 1409, 1976 – E. HÖSCH, Küsten-D. und Byzanz, Münchner Zs. für Balkankunde 1, 1978, 111–125 – J. FERLUGA, L'amministrazione bizantina in Dalmazia, 1978 – J. FERLUGA, D. Wandlung eines verwaltungsgeograph. Terminus in den byz. Q. des 12. Jh. (Gießener Abh. zur Agrar- und Wirtschaftsforsch. des europ. Ostens, 100, Europa slavica – Europa orientalis [Fschr. H. LUDAT, 1980]), 341–353 – R. CESSI, Storia della repubblica di Venezia, 1981 – Istorija srpskog naroda, I–II, 1981–82 – L. STEINDORFF, Die dalmat. Städte im 12. Jh. Stud. zu ihrer polit. Stellung und gesellschaftl. Entwicklung, 1984 – N. KLAIĆ, Povijest Trogira, I [im Dr.] – B. KREKIĆ, La formation du réseau ragusain des renseignements (XIV Settimana di Studio Prato, 1982) [in Vorber.].

III. ARCHÄOLOGIE: Die archäolog. Hinterlassenschaft D.s im FrühMA ist bestimmt durch seinen territorialen Rahmen und die polit. Zugehörigkeit einzelner Gebiete. Beide Faktoren sind zu dieser Zeit wesentl. verschieden von jenen der einstigen röm. Provinz gleichen Namens (→Abschnitt I). Das ma. D., beschränkt auf die zum Byz. Reich gehörigen Städte und Inseln der östl. Adria, bietet ein sehr spezif. archäolog. Bild. Während in der Antike sowohl die Küste wie das nahe Hinterland und auch die entfernteren Bereiche einen ziemlich einheitl. Charakter trugen, welcher als »provinzialröm.« bezeichnet werden kann, ist die archäolog. Problematik des frühma. D. und der Sklavinien im Hinterland der Adria, v. a. →Kroatiens, manchmal identisch, manchmal verwandt, zuweilen aber auch vollständig unterschiedlich.

Am Ostufer der Adria kann man, wenn man Istrien ausläßt, drei Hauptregionen unterscheiden: 1. die nördl. Adria, das einstige Liburnien; 2. die mittlere Adria mit Kroatien im Hinterland; 3. die südl. Adria mit Paganien bis zur Mündung der Neretva, mit Zachlumien, Terbunien und Diokleia im Süden. Die mittlere Region, also das eigtl. D. mit den Städten Zadar, Trogir und Split, bzw. der Bereich vom Fluß Zrmanja bis zur Cetina, mit Knin im Landesinnern, dem Territorium, auf welchem sich der frühe kroat. Staat entwickelte, bietet ein einheitl. Bild. Andere Regionen, wie jene nördl. von Zadar bis Istrien einschließl. der nördl. Adriainseln (Krk, Cres, Lošinj), und auch die Südregion, die sich von der Cetina über die Neretva, Ston und Pelješac bis nach Dubrovnik und zu den süddalmat. Inseln erstreckt, weisen – wenn man sie mit Mitteldalmatien und Kroatien vergleicht – in archäolog. Hinsicht bedeutende Unterschiede auf. Die Unterschiede sind durch den andersartigen Verlauf der Ereignisse im polit., gesellschaftl. und religiösen Bereich bedingt.

Eine der wichtigsten Besonderheiten des dalmat. Raumes in archäolog. Hinsicht ist die ausgeprägte Siedlungskontinuität, die sowohl in der Toponomastik wie in der Siedlungslage evident wird. Für das byz. D. hat v. a. Bedeutung, daß bei vielen Siedlungen eine Kontinuität von der vor- oder frühgeschichtl. über die Römerzeit und das MA bis zur Gegenwart besteht. Zu dieser Gruppe des archäolog. Erbes gehören v. a. sämtl. Küstenorte und Inseln, die in der ma. Geschichte D.s eine Rolle spielten, daneben aber auch jene im Bereich von Kroatien, welche schon im 9. Jh. von Bedeutung waren.

Diese Siedlungskontinuität in D. und in ähnlichen Bereichen ist in erster Linie durch die topograph. Besonderheiten des Bodens bedingt. Es handelt sich dabei um die sehr kleinen Karstebenen und die unmittelbar an der Adriaküste gelegenen Ebenen. Eine zweite sehr wichtige Komponente im dalmat. und kroat. Bereich ist das Straßennetz, das dieses Gebiet seit der Römerzeit entlang der Küste (Aquileia, das östl. von Rijeka gelegene Tarsatica, Iader/Zadar, Salona, Narona, Epidaurum/Cavtat usw.) verband und das auch die Verbindung zum Binnenland (bes. von Salona aus in nördl. Richtung zur Save) herstellte. Im Rahmen dieser Gegebenheiten entwickelte sich das Leben nicht nur in der Römerzeit und in der späten Antike, sondern auch im MA. Augenscheinl. ist, daß auch in den slav. Siedlungen, im mitteldalmatin. Bereich bei den Kroaten, die gleichen Bedingungen für Ackerbau und Viehzucht bestanden. Ähnliches kann man auch im Gebiet von Zachlumien, genauer in der Umgebung von Ston, beobachten. Die archäolog. Hinterlassenschaft und die wenigen im Hinterland gefundenen Denkmäler bestätigen diese Feststellung.

Es bestehen allerdings auch bestimmte Konstanten, welche in archäolog. Hinsicht beide polit. Territorien – das byz. D. sowie Kroatien und die übrigen →Sklavinien– verbinden, wobei allerdings nicht nur die territorialen und polit. Komponenten berücksichtigt werden müssen, sondern auch die sozialen Verhältnisse, die Herrschaftsstruktur, die Religion usw. Die erwähnten Gebiete zeigten doch erst seit Beginn des 7. Jh. starke Unterschiede. In →Istrien, das auch zu dieser Zeit unter byz. Herrschaft stand, ist eine frühe slav. Landnahme zu verzeichnen, während es im mittleren Teil des ostadriat. Küstenlandes und südl. der Neretva keine archäolog. Hinweise auf eine solche gibt. Der Grund dafür liegt sicher in der schon geschilderten Siedlungskontinuität. Die ausgedehnten Territorien der istr. Städte zogen die slav. Siedler an, die von der byz. Verwaltung aufgenommen wurden. Die autochthone Bevölkerung in Mitteldalmatien hingegen, bes. diejenige im Gebiet zw. Zadar und Split und weiter südl. um Dubrovnik, hatte sich in die Städte an der Küste und auf den Inseln zurückgezogen, wo den Siedlern nur das Territorium unmittelbar vor den Stadtmauern und die Karstebenen im Hinterland zur Verfügung standen. Aufgrund der sehr bescheidenen archäolog. Unterlagen und der schriftl. Quellen lassen sich weder die slav. Besiedlung eingehender datieren noch bestimmte Siedlungsformen und -vorgänge feststellen. Das ist erst für die Zeit um die Wende vom 8. zum 9. Jh. im zentraldalmat. Hinterland, in Kroatien, möglich. Am Fuße des Velebit-Gebirges, in Vinodol, dann in der nördl. Küstenregion finden sich auch archäolog. Zeugnisse, die über die Bevölkerungsstruktur in dieser Zeit Auskunft geben. Über die Gebiete südl. der Neretva, bei Ston, in Zachlumien und in der Umgebung von Dubrovnik lassen sich keine Aussagen machen.

Charakterist. für das ganze Gebiet des byz. D. und für den größten Teil des Hinterlandes von Mitteldalmatien ist die Vielzahl der Denkmäler aus frühchristl. Zeit. Es handelt sich dabei v. a. um Kirchen, Basiliken, Kapellen, Taufsteine, die sich nicht nur in den Städten und an der Küste und auf den Inseln befinden, sondern auch in zahlreichen Landgemeinden. Salona, Sitz einer Metropolie, bewahrt eine Vielzahl von Architekturdenkmälern (darunter 20 Basiliken), Skulpturen (bes. Sarkophage), eine große Zahl von Inschriften, kunsthandwerkl. Gegenständen usw. Ähnlicher Art sind auch die archäolog. Funde in den übrigen Städten, z. B. in Zadar, Narona, in den Inselstädten Rab (Arva), Krk (Curicta), Pag, Brač und in Osor (Apsorus) auf Cres. Gleichzeitig mit den städt. errichtete man auch Coemeterialkirchen (→Basilikaklöster), hauptsächl. über den Gräbern lokaler Märtyrer, wie z. B. in Salona Manastirine, Kapljuč und Marusinac. Es wurde nach den üblichen Prinzipien frühchristl. Architektur gebaut, obwohl einige Forscher auch oriental.-syr. Einflüsse vermuten (DYGGVE, der darüber hinaus einen eigenen Kunststil im ostsröm. beherrschten Adriaraum, den sog. »Adriabyzantinismus«, annahm). Tatsache bleibt, daß die Zeit Justinians das baul. und künstler. Schaffen am Ostufer der Adria prägte. Eine der Folgen dieses östl. Einflusses in D. ist die Verehrung der Gottesmutter und die Errichtung von Kreuz- und Zentralbauten (Honorius-Basilika, Kirche von Gradina in Salona, von der nur noch die Fundamente erhalten sind). Die Kirche in Gradina ist im Grundriß rechtwinklig mit achteckigen Säulen in der Mitte und noch vier in den Winkeln, was unzweifelhaft auf eine Kuppelkonstruktion schließen läßt. Das ist eine sehr spezif. Form, die eine Bautechnik in D. begründet, an deren Anfang Sv. Donat in →Zadar steht, die möglicherweise in ihrer ersten Phase zeitgenössisch mit der Kirche von Gradina ist, also aus dem 6. Jh. stammt; damit setzte eine Bautradition ein, die bis zu den vorroman. Kirchen mit sechsapsid. Grundrissen im 10. Jh. reicht.

Augenscheinl. Verbindungen mit dem Osten zeigen die importierten Skulpturen (Kapitelle, Plutei, Ambonen u. a.) in Poreč und Salona sowie die Skulpturen lokaler Herkunft, die nach byz. Vorbild vorwiegend im Gebiet von Salona angefertigt wurden. Neben den zwei erwähnten Städten, von denen eine in Istrien liegt, müssen auch andere Bischofssitze erwähnt werden, die in den Akten des Konzils v. Salona in den Jahren 530 und 533 aufscheinen, wie Arva, Iader, Scardona und Narona, sowie auch kleinere Orte auf den Inseln Mitteldalmatiens, bes. auf Brač, die auch ohne über einen Bischofssitz zu verfügen, ein reiches baul. Erbe aus dem 5. und 6. Jh. bewahren, das von einer weiten Verbreitung des Christentums in der Küstenzone und im Hinterland zeugt.

In D., längs der ganzen Küste, bes. aber in Salona, wurden viele frühchristl. Skulpturen gefunden, die ikonograph. ganz in der Tradition der klass. Symbolik stehen. Es handelt sich dabei v. a. um zahlreiche →Sarkophage, teils aus einheim. Kalkstein, sehr oft mit einer eingemeißelten Grabinschrift, teils aus importiertem Marmor mit figürl. Darst. (Guter Hirte, Durchzug durch das Rote Meer). Für die dalmat., bes. aber für die Salonitaner Skulptur sind in den erwähnten Jahrhunderten v. a. die bescheiden geschmückten Sarkophage charakterist., bei denen sich auf der Vorderseite ein eingemeißeltes einfaches Kreuz, sowohl alleinstehend als auch innerhalb eines Kreises, befindet. Das gleiche Motiv findet sich auch auf kirchl. Mobiliar, auf Pilastern, Plutei, Kapitellen, Kämpfern. Dieses Motiv ist charakterist. für die Werkstätten von Salona, die ihre Produkte auch in die weitere Umgebung und selbst nach Italien exportierten.

Im gleichen Zeitraum, im 5. und 6. Jh., und unmittelbar vor der byz. Rückeroberung sind in der archäolog. Hinterlassenschaft D.s auch Einflüsse der Ostgoten zu bemerken (zahlreiche Fibeln, verschiedene typolog. Kennzeichen: plattenförmige, strahlenförmige, zoomorphe Gürtelschnallen, Armbänder, Appliken, massive Spangen, mit Einkerbungen und Almandinen verziert, hauptsächl. aus Salona, Kašić und Knin stammend).

Der Einfall der Slaven in D., der um die Wende vom 6. zum 7. Jh. erfolgte, hinterließ in archäolog. Hinsicht keine Spuren: die Eroberung von Salona und der Vorstoß bis zur Adria ist nur aufgrund der schriftl. Quellen zu verfolgen. Die archäolog. Quellen geben auch nur wenig Aufschluß über die ersten beiden Jahrhunderte, die dem Slaveneinfall folgten. Aus dem Zeitraum zw. dem 7. und 8. Jh. sind in D. nur einige isolierte archäolog. Zeugnisse bekannt, die von einer byz. und avaro-slav. Nachbarschaft sprechen. Es handelt sich dabei um einige wenige Grabbeigaben, die aus byz.-mediterranen Provinzwerkstätten und dem avar. Kulturkreis stammen (z. B. Goldschmuck aus Golubić bei Knin – Halsschmuck und zwei Paar Ohrgehänge –, Goldschmuck ähnlicher Art aus einem Frauengrab in Trilj bei Sinj – Halskette, drei Paar Ohrgehänge, zwei Knöpfe, ein Ring und ein Solidus Ks. Konstantins V., 741–775). Aus dem 7. Jh. stammen ein hölzernes Model zum Guß von Pferdeschmuck aus Biskupija bei Knin und Teile einer vergoldeten Gürtelgarnitur für die avar. Männertracht aus Smrdelji bei Skradin.

Am Ende des 8. und zu Beginn des 9. Jh. macht sich im

gesamten dalmat. Gebiet ein starker karol. Einfluß bemerkbar; nach einigen neueren Autoren (MARGETIĆ) fand damals auch eine verstärkte kroat. Siedlung im dalmat. Hinterland statt. Der karol. Einfluß kommt zum Ausdruck in den Schriftquellen, in Inschriften, bei denen einige frk. Namen aufscheinen (Gumpertus, Theodebertus) und in archäolog. Funden aus dem Bereich von Kroatien (Räuchergefäß aus Vrlika, frk. Schwerter, Lanzen, Sporne, zur Kriegerausstattung gehörige Schmuckgegenstände usw.).

In den dalmat. Städten gab es zu jener Zeit, ebenso wie in Kroatien, eine charakterist. vorroman. Architektur und Plastik, die im Hinterland in Zusammenhang mit der Christianisierung der kroat. Oberschicht steht, in den Städten mit dem Aufschwung des städt. Patriziats, nachdem Ks. Basileios I. (867–886) friedliche Beziehungen zw. D. und Kroatien hergestellt hatte. Sowohl die einen als auch die anderen Bauten waren Kirchen, errichtet nach jahrhundertealter handwerkl. Tradition, die ihre Wurzeln in der Spätantike hatte. Ž. Rapanić

Lit.: LJ. KARAMAN, Iz kolijevke hrvatske prošlosti, 1930 – DERS., Iskopine društva Bihaća u Mravincima i starohrvatska groblja, Rad 268, 1940 – E. DYGGVE, Hist. of Salonitan Christianity, 1951 – I. PETRICIOLI, Fragmenti skulpture od VI do VIII stoljeća u Zadru, Diadora 1, 1959–T. MARASOVIĆ, Regionalni južnodalmatinski kupolni tip u arihitekturi ranog srednjeg vijeka, Beritićev zbornik, 1960 – I. PETRICIOLI, Pojava romaničke skulpture u Dalmaciji, 1960 – Z. RAPANIĆ, Ranosrednjovjekovni latinski natpisi iz Splita, Vjesnik za arheologiju i historiju dalmatinsku 65-67, 1963-65 – I. NIKOLAJEVIĆ, Nekoliko ranohrišćanskih reljefa geometrijskog stila iz Dalmacija, ZRVI 11, 1968 – Z. VINSKI, Rani srednji vijek u Jugoslaviji, Vjesnik arheološkog muzeja u Zagrebu, Ser. III, 5, 1971 – I. NIKOLAJEVIĆ, O poreklu orijentalnih uticaja u ranohrišćanskoj umetnosti u Dalmaciji, Zbornik radova Filozofskog fakulteta u Beogradu 12, 1974 – N. CAMBI, Neki problemi starokršćanske arheologije na istočnoj obali Jadrana, Materijali Saveza arheoloskih društava Jugoslavije 12, 1976 – D. JELOVINA, Starohrvatske nekropole, 1976 – L. MARGETIĆ, Konstantin Porfirogenet i vrijeme dolaska Hrvata, Zbornik radova Historijskog instituta JAZU, Zagreb 8, 1977 – Z. VINSKI, Novi ranokarolniński nalazi u Jugoslaviji, Vjesnik Arheološkog muzeja u Zagrebu, Ser. III, 10–11, 1977-78 – N. CAMBI, Starokršćanska crkvena arhitektura na području salonitanske metropolije, ArhVest 29, 1978 – T. MARASOVIĆ, Prilog morfološkoj klasifikaciji ranosrednjovjekovne arhitekture (Prilozi istraživanju starohrvatske arhitekture, 1978) – J. BELOŠEVIĆ, Materijalna kultura Hrvata od VII–IX st., 1980 – Ž. RAPANIĆ, Prilog proučavanju kontinuiteta naseljenosti u salonitanskom ageru u ranom srednjem vijeku, Vjesnik za arheologiju i historiju dalmatinsku 74, 1980 – I. FISKOVIĆ, Ranokršćasni sarkofazi s otoka Brača, Vjesnik za arheologiju i historiju dalmatinsku 75, 1981 – Ž. RAPANIĆ, Dva splitska ranosrednjovjekovna sarkofaga, Arheološki radovi i rasprave 8–9, 1982.

Dalmatinac, Juraj (Georgius Dalmaticus, Georgius quondam Mathei de Jader oder Georgio Orsini gen.), Bildhauer und Baumeister, * Anfang 15. Jh., Zadar, † Okt. 1473, Šibenik, erhielt seine Ausbildung bei den Gebrüdern Bon in Venedig, arbeitete mit ihnen an der plast. Ausstattung der Porta della Carta (zw. S. Marco und Dogenpalast). Wurde, nach Dalmatien zurückgekehrt, zum bedeutendsten Architekten und Bildhauer seiner Zeit an der O-Adriaküste, sehr geschätzt auch in Italien. Seine architekton. Meisterwerke schuf er im spätgot. Stil, dem sog. *gotico fiorito*, die Skulpturen im Frührenaissancestil. Ab 1444 übernahm er den Bauauftrag für die Kathedrale S. Jacobus (Sv. Jakov) in Šibenik, die er bis zu seinem Tode zur Höhe der Seitenschiffe aufführen konnte. Seine große künstler. bildhauer. Leistung ist der Außenschmuck der drei Apsiden mit einem Fries von 74 vollplast. Porträtköpfen. Ebenfalls von ihm die Sakristei mit offener Loggia, das Baptisterium und der Entwurf des Querschiffes mit Kuppel; 1454 Entwurf der rechten Seitenkapelle mit Grabmal des Juraj Šižgović, an der Kirche seine Skulpturen des hl. Petrus und Paulus. 1444/45 Altar des sel. Arnerius in der Pfarrkirche des Kastells Lukšić bei Split, 1448 Altar des hl. Anastasius (mit 'Geißelung Christi') in der Kathedrale von Split, 1452 die Loggia dei Mercanti und die (nicht vollendeten) Portale der Kirchen S. Francesco und S. Agostino in Ancona. Ferner der Palast Papalić in Split und der got. Palast Orsini in Šibenik (1455 als sein Privatbesitz erbaut). 1465/66 Beteiligung am Ausbau mehrerer Befestigungsanlagen in Ston und Dubrovnik, hier auch der monumentale Wehrturm Minčeta und seine Skulptur des hl. Basilius (Vlacho). Ebendort in Zusammenarbeit mit dem it. Baumeister Michelozzo Michelozzi Entwurf der Pläne für den Wiederaufbau des Palazzo Ducale. 1466 Entwurf eines Stadtplans von Pag und seiner Befestigungen. D. Nagorni

Lit.: P. ZAMPETTI, Un artista dalmata del Quattrocento in Ancona, Giorgio di Sibenico, La vie d'Italie, 1948, 85–88 – D. KEČKEMET, Majstor J. D., Urbanizam-Arhitektura, 1951, 5–8 – LJ. KARAMAN, J. D., Hrvatsko Kolo 2, 1952, 93–102 – C. FISKOVIĆ, Neobjavljeno delo Jurja Dalmatinca u Dubrovniku, Anali historijskog instituta u Dubrovniku I, 1952, 145–150 – DERS., Zadarski srednjovječni majstori, 1959, 50–56 – DERS., J. D., 1963 – M. MONTANI, J. D. i njegov krug, 1967.

Dalmatios, Mönch und Klosteroberer in Konstantinopel, † 437. Der ehemalige Offizier im Dienst Theodosius I. trat in ein neugegr. Kloster der Reichshauptstadt ein, das er mit eigenen Mitteln ausstattete (daher nach ihm Dalmatu-Kloster) und dessen Abt er 396 wurde. Als solcher war er verantwortl. für alle Kl. der Hauptstadt; dieses Aufsichtsamt blieb lange mit dem Dalmatu-Kloster verbunden. D. war entschiedener Gegner des →Nestorius. Er drängte Ks. Theodosius II. zur Einberufung des Konzils v. →Ephesus 431. K. S. Frank

Lit.: R. JANIN, La géographie ecclésiastique de l'empire byz. I 3, 1953– BECK, Kirche.

Dalmatius, Bf. v. Rodez ca. 524–ca. 580, hl. (Fest 13. Nov.). Der aus Rodez gebürtige Bürger D. wurde um 524 in noch jugendl. Alter – was als Hinweis auf seine gehobene soziale Stellung gewertet werden darf – in Narbonne vom dortigen Metropoliten zum Bf. seiner Heimatstadt geweiht. Trotz des strengen Ar(r)ianismus des in Narbonne residierenden Westgotenkg.s →Amalarich († 531) hatte D. mit ihm ein gutes Verhältnis; 531/534 ging Rodez in die Herrschaft der frk.-austras. Kg.e über, die D. zeitweise auch die Verwaltung des kleinen Bm.s Arisitum überließen, das von der Diöz. des westgot. gebliebenen →Nîmes (bis zum 8. Jh.) abgespalten worden war. D. besuchte die Synoden v. →Clermont (535) und von →Orléans (541); von seinen 56 Jahren Amtszeit erwähnt sein Zeitgenosse und Kollege Gregor v. Tours (Hist. Franc. V 46: »Vom Tode des Bf.s D.«) die asket. Lebensweise, den Bau einer Kirche sowie das Testament des Bf.s. Die Biographie des D. (BHL 2084; die Abfassung dürfte gegen den letzten Hg., B. KRUSCH, wegen ihrer zuverlässigen sachl. Angaben eher dem 7. als dem späten 8. Jh. zugehören) legt die Betonung in erster Linie auf die Wundertätigkeit des D. (bes. Exorzismen und Gefangenenbefreiungen), dessen Kult indessen nicht über die Diöz. Rodez hinausgestrahlt zu haben scheint. M. Heinzelmann

Lit.: Vies des Saints XI, 1954, 401–403 [weitere Lit.].

Dál nAraide (Dál nAraidi), ir. Dynastie, tritt seit dem 8. Jh. als einzige Dynastie auf, die über die →Cruthin östl. des Unterlaufs des Bann im nö. Irland herrscht (→Ulster). Ein nördl. Familienzweig saß in Eilne zw. den Flüssen Bann und Bush, wurde aber von der Hauptlinie der Dynastie 776 geschlagen und verschwindet nach dem 9. Jh. Eine andere Familie, die Uí Echach Cobo (Baronien v. Iveagh, Gft. Down), wurde genealog. zwar mit der Hauptlinie in Zusammenhang gebracht, doch war diese Verbindung künstlich. Das dynast. Herrschaftszentrum der D. war Ráith Mór, östl. von Antrim, in Mag Line. Ihre Macht wurde durch die Expansion der Uí Thuirtri geschwächt, und nach 972 stellten sie keinen Provinzialkg. v. Ulster mehr. Bedrängt von den →Dál Fíatach, erlagen sie diesen in der Zeit nach dem späten 10. Jh. Die gegenwärtige Diöz. von →Connor umfaßt das alte Territorium der D., aber ebenso dasjenige der →Dál Riada. Berühmtester Kg. aus dem Geschlecht der D. war→Congal Cáech (✕ 637).

Ch. Doherty

Lit.: F. J. BYRNE, Irish Kings and High-Kings, 1973, 106-129 – T. M. CHARLES-EDWARDS–F. KELLY, Bechbretha, an Old Irish Law-Tract on Bee-Keeping, 1983, 123-131.

Dalon (Dalonium, Dalo), Notre-Dame de, Abtei OCist im Périgord (Diöz. Limoges, heute Diöz. Périgueux; comm. Ste-Trie, dép. Dordogne, arr. Périgueux, cant. Excideuil). D. wurde 1114 von Bf. Gérald de Sales († 1120 als Eigenkl. gegr., dessen Vorschriften die Funktion einer monast. Regel erfüllten. 1162 wurde es dem →Zisterzienserorden als Filialkl. von →Pontigny angeschlossen; Tochterkl. von D. waren Bonlieu de Limoges (gegr. 1121); Le Beuil und Loc-Dieu im Rouergue (gegr. 1123); Aubignac (gegr. 1138); Prébenoît (gegr. 1140), Palais-Notre-Dame (gegr. 1156); sie erlebten die gleiche Entwicklung: Papst Alexander III. billigte den Übergang von D. an die Zisterzienser in der Bulle »Justis petentium« (Juli 1167). Vor dem Ende des 12. Jh. trat der Troubadour →Bertran de Born in das Kl. ein. Die Zeit des Wohlstandes endete mit dem Hundertjährigen Krieg, der die Abtei stark in Mitleidenschaft zog; sie wurde nacheinander von Franzosen und Engländern besetzt (1346). I. J. 1365 lebten nur noch zehn Religiosen in D. Die Abtei bestand dennoch bis 1768.

E. Lalou

Q.: Arch. dep. Haute-Vienne, H.-Bibl. nat. Paris, Baluze 375; Périgord 33, 34; ms. lat. 12697, 17120– Bibl. Poitiers, D. Fonteneau, LVIII, 19-24 – Arch. dep. Corrèze, H 27 – Arch. dep. Lot. F III, 133 – RHF XIV, 161-162: Liber fundationis et donationum abbatie B. Marie Dalonis – Lit.: DHGE XIV, 38 – GChr II, 623 – ROY-PIERREFITTE, L'abb. de D., Bull. soc. arch. Limousin XIV, 1864, 79ff. – J. BROUSSE, Doc. sur… D., Bull. soc. sciences Corrèze 56, 1934, 1221-71 – A. DIMIER, Recueil de plans d'églises cisterciennes, 1949.

Dál Riada (Dál Ríata), bedeutende kelt. Volksgruppe, die usprgl. die Glenns in der Gft. Antrim im nördl. Irland besiedelte. Möglicherweise handelt es sich hierbei um die bei Ptolemaios II 2, 1.2.7 erwähnten Robogdii. Wie die →Dál Fíatach, eine der Hauptgruppen im alten Ulaid (→Ulster), wurden auch die D. als Zweig der Éraiinn betrachtet. Möglicherweise bedingt durch äußeren Druck, zogen die D. während des 5. Jh. über die Ir. See und siedelten in →Kintyre und →Argyll an der Westküste von Schottland. Mit Fergus Mór mac Eirc verlegte auch die herrschende Dynastie der D. ihren Sitz um 500 aus Irland in die neubesetzten schott. Gebiete. Für die 1. Hälfte des 6. Jh. besitzen wir nur spärl. Quellenzeugnisse; zweifellos aber ging die Landnahme der D. in Argyll weiter. Die Dynastie teilte sich in drei Hauptzweige: die Cenél nGabráin, Cenél Loairn und Cenél nÓenguessa. Bis zum Beginn des 8. Jh. entstammten alle Kg.e der D. dem Zweig der Cenél nGabráin.

→Gabráin († 558), der Heros eponymos dieses Zweigs der Dynastie, eröffnete eine Expansionspolitik gegen die →Pikten, die wohl begünstigt wurde durch die Förderung des Christentums durch den Kg. der Pikten, →Bruide mac Maelchon. Gabráins Sohn →Áedán war der erfolgreichste Kg. der D. Er wurde, wohl 574, widerstrebend vom hl. →Columba v. Iona zum Kg. geweiht – die erste derartige Weihe eines ir. Kg.s. Im Rahmen der Versammlung (rígdál) v. →Druimm Cett (ca. 575) schlossen die D. – durch Vermittlung des hl. Columba – ein Bündnis mit dem → Uí Néill-Hochkönig →Aéd mac Ainmerech gegen den Kg. der Dál Fíatach, →Báetán mac Cairill († 581), der starken Druck auf Gebiete der D. ausübte. Ein weiteres Ergebnis der Verhandlungen von Druimm Cett war, daß die alten ir. Heimatgebiete der D. der Oberherrschaft des Hochkönigs unterstellt wurden und ihm Heerfolge zu Lande zu leisten hatten, während das schott. Kgr. unabhängig bleiben sollte und lediglich mit seiner Flotte dem Hochkönig auf dessen Hilfeersuchen Beistand zu geben hatte.

Áedan erlangte Kontrolle über die Isle of Man und führte Krieg gegen die Pikten. Um 590 besiegte er in verlustreichem Kampf (Tod zweier Söhne und von 303 Kriegern) die südschott. Miathi (→Maeatae). I. J. 598 verlor er in einem Kampf gegen die Angeln zwei weitere Söhne. In der Schlacht v. Circenn (nördl. des Firth of Tay) wurde er zw. 598 und 608 von den Pikten geschlagen. Bei seinem Versuch, die wachsende Macht des ags. Kgr.es →Northumbria einzudämmen, wurde er 603 von Kg. Æthelfrith in der Schlacht v. →Degsastan geschlagen. Bei ihrem Kampf gegen die Angelsachsen wurden die D. von ihren langjährigen Verbündeten, den →Cenél nEógain und den →Dál nAraide, unterstützt.

Die Schlacht v. Mag Roth (Moira, Gft. Down) (637) erwies sich als Katastrophe für die D., die damit die Kontrolle über ihr altes ir. Gebiet verloren. In den 630er Jahren wurden sie zweimal in Schottland geschlagen, wahrscheinl. von Pikten. Um 642 unterlagen die D. den Briten von →Strathclyde. 649 und 654 errangen die Pikten neue Siege; die D. dürften damit ihre Kontrolle über pikt. Gebiete eingebüßt haben.

In der 2. Hälfte des 7. Jh. und im frühen 8. Jh. setzte sich der Niedergang der Cenél nGabráin fort, und die Cenél Loairn traten als führender Familienverband an ihre Stelle. 734 unterlagen die D. in einer Seeschlacht vor der Mündung des Bann dem Kg. Flaithbertach mac Loingsig aus dem Geschlecht der →Cenél Conaill (nördl. Uí Néill). In den 730er Jahren erlitten sie neue Niederlagen gegen die Pikten. Unter Kenneth Mac Alpin (843–858) vereinigten sich die Pikten und die Schotten von D. und bildeten somit die Grundlage des ma. Kgr.es →Schottland. Das Territorium der D. wurde allmählich von den Dál nAraide absorbiert und im 12. Jh. in das Diözesangebiet von →Connor einbezogen.

Ch. Doherty

Lit.: T. F. O'RAHILLY, Early Irish Hist. and Mythology, 1943, 6f. – M. O. ANDERSON, Kings and Kingship in Early Scotland, 1973, 134f. – F. J. BYRNE, Irish Kings and High-Kings, 1973 – J. BANNERMAN, Stud. in the Hist. of D., 1974 – A. A. M. DUNCAN, Scottland: The Making of the Kingdom, 1975.

Dal Verme, Jacopo, Condottiere, Sohn des Luchino, aus einer führenden Veroneser Familie, Geburtsdatum und -ort unbekannt; vermutl. erste Erwähnung 1366 als Condottiere im Dienst des Cansignorio →della Scala, † 12. Febr. 1409 in Venedig. ∞ 1. Cia di Gaspero degli Ubaldi. 2. Francesca di Francesco Brancaleoni, drei ehel. (Antonio, Luigi, Pietrantonio), zwei illegitime Söhne bekannt (Francesco, Peterlino). 1368 kämpfte J. d. V. auf seiten der mit den Scaligern verbündeten →Visconti gegen die →Bonaccolsi von →Mantua. 1370–75 unterstützte er Galeazzo II. Visconti bei der Wiedereroberung der Val Tidone (Tidonetal). 1378 befehligte er das Heer der Della Scala gegen Bernabò →Visconti. Nach dem gewaltsamen Tod des Bartolomeo della Scala, der gemeinsam mit seinem

Bruder Antonio die Signorie über →Verona innehatte, verließ J. d. V. jedoch 1381 die Stadt und trat in den Dienst des Gian Galeazzo →Visconti. Er setzte die Gefangennahme von dessen Onkel Bernabò ins Werk und war die treibende Kraft bei dem »Staatsstreich«, der den jungen Visconti an die Macht brachte. Außerdem spielte er die führende Rolle bei der Eroberung von Padua während des Krieges, den Gian Galeazzo 1387 gegen die Städte Venetiens angestrengt hatte. Diesem Feldzug verdankte J. d. V. die Eintragung in das Goldene Buch des ven. Adels (1388) und den Erwerb des ven. Palastes der da →Carrara. Er führte die Visconti-Truppen gegen Jean d'Armagnac (1391), gegen die →Gonzaga (1397) sowie gegen den gewählten dt. Kg. →Ruprecht von der Pfalz (1401) zum Sieg; im gleichen Jahr 1401 eroberte er Bologna für den Visconti. Nach dem Tode Gian Galeazzos (1402) war er einer der Testamentsvollstrecker und Mitglied des Regentschaftsrats im Hzm. Mailand während der Minderjährigkeit des Giovanni Maria →Visconti. Er brachte auch den da Carrara die das Ende ihrer Herrschaft über →Padua besiegelnde Niederlage bei. Von den Visconti erhielt er zahlreiche Lehen, teils als Lohn für seine treuen Dienste, teils zur Verteidigung strateg. wichtiger Punkte an den Grenzen des viscontëischen Herrschaftsbereichs in der Poebene und im Gebiet von Verona. 1378 erhielt er das Bürgerrecht von Piacenza, 1391 das von Mailand und übte großen Einfluß in beiden Städten und deren Territorien aus. Um 1405 trat er in den Dienst Venedigs. J. d. V. ist zweifellos die bedeutendste Persönlichkeit seiner Familie und einer der berühmtesten Condottieri der zweiten Hälfte des 14. Jh., der auch in der Anwendung der neuesten Techniken auf dem Gebiet der Artillerie auf der Höhe seiner Zeit stand. G. Soldi Rondinini

Q. und Lit.: Archivio di Stato di Verona, Archivio Zileri-Dal Verme, Pergamena a. 807-1528 – P. LITTA, Famiglie celebri italiane, 1855, IV, tav. II – G. SOLDI RONDININI, La dominazione viscontea a Verona (1387-1404) (Verona e il suo territorio IV, 1978), 85-102.

Dám, air. Rechtswort für die Begleitung oder Gefolgschaft, die ein freier Mann mit sich führen darf, wenn er bei einem anderen zu Gaste geht. Auf diese Gastfreundschaft hat jeder Freie Anrecht; wird sie ihm verweigert, kann er als Entschädigung eine (seinem Rang entsprechende) Buße verlangen (esáin). Doch ist die Zahl der Begleiter begrenzt, die Angabe ihrer Anzahl ist der d. im Rechtssinn. Der d. kann damit als Folgeerscheinung der allgemeinen Verpflichtung zur (urprgl. begrenzten) Gastfreundschaft und von deren Übersteigerung betrachtet werden. Wie es heißt, durften Kg.e und andere höhere Adelsränge bei Reisen in öffentl. Angelegenheiten eine größere Zahl von Gefolgsleuten in ihrem d. mitführen als bei privaten Reisen. T. M. Charles-Edwards

Lit.: Críth Gablach, ed. D. A. BINCHY, 1941, 82.

Damas. 1. D., Erard, * ca. 1364, † ca. 1452, Kammerherr (chambellan) →Johanns Ohnefurcht, Hzg.s v. →Burgund, entstammte einer mächtigen Adelsfamilie der Gft. →Forez, war Sohn von Huguenin, Herrn v. Marcilly (lès Buxy), und Philiberte v. Crux. Er diente zuerst Jean de →Chalon, Herrn v. Châtel-Belin, seinem »Onkel«, unter dem er 1396 in der verlustreichen Schlacht v. →Nikopolis kämpfte. Am 6. März 1406 stellte er als Herr v. Marcilly dem Hzg. v. Burgund, Johann Ohnefurcht, →aveu et dénombrement aus; dieser ernannte ihn am 24. Sept. 1408 zum Kammerherrn. Als Knappe (1405), Ritter (1410) und →Bannerherr/chevalier banneret (1412) diente er im Heer des Hzg.s v. Burgund, 1410 in der Kompagnie Philipps v. Burgund, Gf.en v. Nevers. Am 13. Febr. 1423 ernannte Philipps Witwe, Bonne v. Artois, Gfn. v. →Nevers, E. D., der bereits als ihr Statthalter v. Nivernois und Donziois fungierte, zu einem der Garanten ihres Waffenstillstands mit →Karl VII.; die Fsn. nennt E. D. bei diesem Anlaß ihren »Vetter«. Am 26. Febr. 1427 gehörte er zu den Vertretern →Philipps des Guten, Hzg.s v. Burgund, die bei Corbigny den Vertrag mit Perrinet Gressart abschlossen. Am 27. Okt. 1436 gab ihm Karl v. Burgund, Gf. v. Nevers, das Lehen Marcy. E. D. machte am 6. Jan. 1448 sein Testament und starb etwa 1452. J.-M. Roger

Q. [ungedr.]: Arch. dép Côte-d'Or, B 361, 362, 10 555, 11 397, 11 762, 11 777, 11 779 – Bibl. nat., Pièces orig. 963, doss. 21 314, Nr. 39, und 964, fol. 245 r°–v°, 260 r°, 291 r° – [gedr.]: Inv. des titres de Nevers, 1873 – Lit.: P. ANSELME, Hist. ... de la maison royale de France, VIII, 1733, 322 – A. BOSSUAT, Perrinet Gressart et François de Surienne, 1936 – H. LAMANT, La maison de D., 1977, 57f.

2. D., Guy, Herr v. Cousan, * ca. 1330, † kurz vor dem 22. März 1408, Oberkammerherr (grand chambellan) in Frankreich. G. D. entstammte der ältesten Linie des Hauses D., die sich nach ihrem Lehen Cousan (Gft. Forez) nannte. Er war der ältere Sohn v. Hugues, Herrn v. Cousan und Lugny (lès Charolles), und Alis de la Perrière. 1356 verteidigte er →Bourges gegen →Eduard, Prinz v. Wales. 1357 war er zugegen bei dem Ehevertrag v. Beraud Dauphin, Gf. v. Clermont (→Dauphiné d'Auvergne), und Jeanne v. →Forez. Schon 1358 war er Rat Johanns, Gf.en v. Poitiers (→Berry), zu dem er am 19. Dez. von den Etats provinciaux der Auvergne entsandt wurde. 1359 diente er in der Auvergne und schloß einen Vertrag zw. Johann v. →Armagnac und dem Prior v. Perrecy (les Forges) ab. 1370-78 betrauten ihn →Johann, Hzg. v. Berry, und →Ludwig, Hzg. v. Anjou, mit einer Reihe schwieriger Aufträge. Unter →Ludwig, Hzg. v. Bourbon, kämpfte er 1382 in der Schlacht v. →West-Rozebeke, 1385 bei der Eroberung v. Verteuil. Er wurde vom Kg. am 15. Mai 1385 zum Obermundschenk (grand échanson), 1386 zum Oberhofmeister (grand maître d'hôtel), am 4. Okt. 1401 zum Oberkammerherrn (grand chambellan) ernannt.

J.-M. Roger

Q. [ungedr.]: Arch. nat., KK 251-252 – Arch. dép. Côte-d'Or, B 283, 383, 534, 963, 10 515, 10 534, 10 537, 10 555, 10 557 – Bibl. nat., Pièces orig. 913, doss. 20 149, Nr. 2-12, 21 314, Nr. 2-3, 28 – [gedr.]: L. DOUËT-D'ARCQ, Comptes de l'hôtel, 1865 – DERS., Nouveau recueil de comptes de l'argenterie, 1874 – Titres de la maison ducale de Bourbon II, 1874, Nr. 4635, 4724 – J. Froissart, Chroniques, ed. S. LUCE, V, 1874, 4 – Chronique du bon duc Loys de Bourbon, ed. A.-M. CHAZAUD, 1876 – Lit.: DBF X, 31 – P. ANSELME, Hist. ... de la maison royale de France VIII, 1733, 316, 319, 446, 546 – R. LACOUR, Le gouvernement de l'apanage de Jean, duc de Berry, 1934 – FR. LEHOUX, Jean de France, duc de Berri, I, 1966 – H. LAMANT, La maison de D., 1977, 45f.

Damaskios, neuplat. Philosoph, * um 458 in Damaskos, nach philos. und rhetor. Studien in Alexandria und Athen letzter Leiter der athen. →Akademie. Als Justinian 529 die Schule schloß, ging D. mit sechs anderen Vertretern der heidn. neuplaton. Philosophie an den Hof des Perserkg.s →Chosroes I., um dort seine Arbeit fortzusetzen. Der Versuch scheiterte, und so kehrte D. nach 533 ins röm. Reich zurück.

Seine Philosophie entspricht in ihrer stark differenzierten Hypostasenlehre weitgehend der des →Proklos, jedoch räumt D. ähnlich wie →Iamblichos dem Wunderglauben und der Theurgie großen Raum ein. Da nach Auffassung des D. alle Begriffe relativ sind, sind sie nur Erkenntnishilfen, und somit läßt sich das höchste Wesen nur erahnen. Von seinen biograph., systemat. und kommentierenden Schriften sind erhalten: 1. Vita Isidori, eine in Referat und Auszügen (v.a. bei →Photios und in der →Suda) fragmentar. überlieferte ausführl. Biographie seines Lehrers Isidoros, welche auch zahlreiche der letzten Vertreter des philos. Heidentums in antichristl. Tendenz darstellt (ed. C. ZINTZEN, 1967; dt. Übers. R. ASMUS, Philos. Bibl. 125, 1911). 2. Ἀπορίαι καὶ λύσεις περὶ τῶν πρώτων ἀρχῶν (Dubitationes et solutiones de primis principiis), über die Schwierigkeit der Beschreibung des transzendenten Einen (ed. C. AE. RUELLE, 2 Bde, 1889; frz. Übers. mit Komm. A. E. CHAIGNET, 3 Bde, 1898). 3. Kommentare zu Platons Parmenides (ed. C. AE. RUELLE, 1889; frz. Übers. A. E. CHAIGNET, 1898), Philebos (ed. L. G. WESTERINK, 1959, mit engl. Übers. und Komm.), Phaidon (ed. L. G. WESTERINK, 1977, mit engl. Übers.). Nur durch Photios (cod. 130) sind Auszüge aus seinen Παράδοξα (Wundergeschichten) erhalten; ein Epigramm auf eine Sklavin Anth. Pal. 7, 533. J. Gruber

Lit.: EFil² II, 235 – KL. PAULY I, 1371 – RE IV, 2039–2042 – R. STRÖMBERG, Damascius, Eranos 44, 1946, 175–192 – R. v. HOEHLING, D. und die heidn. Opposition im 5. Jh. n. Chr., JbAC 23, 1980, 82–95.

Damaskus (griech. Δαμασκός; hebr. Dammäśäq; akkad. Dimašqa; arab. Dimašq, heute Dimašq).

I. Antike und frühbyzantinische Zeit – II. Islamische Zeit.

I. ANTIKE UND FRÜHBYZANTINISCHE ZEIT: D., das alte Zentrum →Syriens, eine Siedlung von sehr hohem Alter, liegt auf einer Hochebene am östl. Fuß des Antilibanon, am Ausgang der Baradā-Schluchten. Es verdankt seine Ursprünge der Gūṭa, einer äußerst fruchtbaren Oase, die, vom Baradā-Fluß und einigen anderen Wasserläufen gespeist, am Rande der arab.-syr. Wüstengebiete liegt und den Kreuzungspunkt mehrerer Karawanenstraßen, die teils entlang dem Gebirge, teils in den Iraq führen, bildet.

In der Bibel wird D. bereits in der Geschichte Abrahams (19.–17. Jh. v. Chr.) erwähnt (Gen 12–25); diese Überlieferungen wurden – mit Sagen und Legenden vermischt – noch von den Arabern der islam. Zeit tradiert. D. ist in der Städteliste des ägypt. Herrschers Tutmosis III. (15. Jh. v. Chr.) verzeichnet. Seit dem 2. Jt. erscheint die Stadt als Hauptstadt des Staates der Aramäer. Bedeutender Handelsplatz, kam D. durch die Eroberung Davids im 10. Jh. v. Chr. an Israel, erlangte aber unter Salomon wieder die Unabhängigkeit und zählte fortan zu den Gegnern Israels. Von Assyrern und Babyloniern eingenommen und geplündert, begann unter der Herrschaft der Perser ein erneuter Aufschwung der Stadt, der in die Blütezeit der Stadt in der hellenist. und röm. Epoche einmündete. In hellenist. Zeit stand D. unter der Herrschaft der Seleukiden und der Nabatäer. 66 v. Chr. wurde es durch Pompeius dem Röm. Reich eingegliedert. Der Einfluß der hellenist. geprägten Mittelmeerwelt spiegelt sich u. a. im Grundriß des neuen Stadtviertels wider, das neben der altoriental. Stadt entstand. – D. gehörte zur röm. Provinz Syria, seit dem 2. Jh. n. Chr. zur Phoenicia, seit der Neugliederung der Provinzverwaltung unter Diokletian zu Phoenice ad Libanum. Unter Hadrian wurde D. 130 zur Metropolis erhoben. Auch in der röm. Kaiserzeit war D. eine Großstadt mit lebhaftem Handel und Verkehr. Diokletian begründete hier Werkstätten und Magazine für die Versorgung der im Ostteil des Reiches stationierten Truppen, insbes. Betriebe zur Waffenherstellung. – Aus der Römerzeit, in der D. als eine der schönsten Städte des Reiches galt, sind umfangreiche archäolog. Funde überkommen, am bedeutendsten des Mosaikzyklus um den Hof der Moschee.

Zur Zeit des NT besaß D. eine starke jüd. Kolonie, in der offenbar das junge Christentum Fuß fasssen konnte, was Anlaß gab zur Expedition des Saulus (Paulus) (Apg 9,2). Die jüd. Bevölkerung von D. litt unter dem jüd. Krieg (66–70); Josephus spricht von 10 000 Opfern der Verfolgung. Aus der christl. Geschichte von D. haben wir sichere Nachrichten erst seit dem 4. Jh.: Bischöfe von D. waren unter den Teilnehmern der Synoden v. →Nikaia (325), Antiocheia (341), →Konstantinopel (381), →Ephesos (431) und →Chalkedon (451). Ks. →Theodosios I. (379–395) verwandelte den prächtigen Jupitertempel in eine Kirche zu Ehren Johannes' des Täufers, Ks. →Justinian I. (527–565) ließ eine andere zum hl. Leontios erbauen. Berühmt wurde die Marienkirche, der man den 2. Platz nach der Anastasis in Jerusalem zuerkannte. →Sophronios, Patriarch v. Jerusalem, →Andreas v. Kreta, →Johannes Damaskenos waren seine berühmtesten Söhne.

613 wurde D. von den Persern geplündert und ein Teil der Bevölkerung verschleppt. Am Vorabend der arab.-islam. Expansion Hauptstadt des christl.-arab. Fsm.s der →Ġassāniden, wurde D. 635 nach mehrmonatiger Belagerung von den Arabern eingenommen, wie es scheint, aufgrund von Verhandlungen, an denen der Vater des Johannes Damaskenos, Sarǧun ibn Manṣūr, wesentl. beteiligt war, und 636 nach ihrem Sieg am Yarmūk über die Byzantiner endgültig besetzt. Allem Anschein nach gab es viele Übertritte zum Islam, obwohl die Eroberer zunächst eher großzügige Duldung gewährten. Das Stadtgebiet wurde geteilt: westl. der »Geraden Straße« (vgl. Apg 9,11) waren die Viertel der Araber, östl. die der Christen und Juden. H. M. Biedermann

II. ISLAMISCHE ZEIT: Das erste Jahrhundert der arab.-islam. Herrschaft bedeutete für D. eine unvergleichl. Blütezeit. Mit der Erhebung zur Hauptstadt durch den Begründer der →Omayyaden-Dynastie, →Muʿāwiya, wurde D. zum Zentrum des arab. Großreiches (661). Während sich die Araber in anderen Provinzen ihres Reiches in neuangelegten Heerlager-Städten etablierten, errichteten die Omayyaden ihren Sitz in der Stadt selbst, im Kontakt mit der dort lebenden christl. Bevölkerung (zu deren Oberschicht etwa die Familie des großen Theologen→Johannes Damaskenos gehörte, s. o.); die Christen stellten das Verwaltungspersonal für die neuen Herren. Um 700 wurde über der Johanneskirche die große →Moschee, eine der glanzvollsten Schöpfungen d. islam. Kunst, errichtet. Das Oasengebiet der Gūṭa wurde großzügig ausgebaut, um die Versorgung der Großstadt gewährleisten zu können.

Die abbasid. Revolution (→Abbasiden) um die Mitte des 8. Jh., die die Verlegung des Herrschaftszentrums des islam. Reiches in den Iraq zur Folge hatte, war für D. eine Katastrophe, auch wenn die Stadt ein bedeutender Umschlagplatz blieb. Die Opposition gegen die neue Dynastie führte zu wiederholten Unruhen. Mit dem beginnenden Zerfall des Kalifats wurden Syrien und D. zum Streitobjekt zw. den Herrschern v. →Ägypten und den Mächten, die das nördl. Syrien, die Grenzzone zum →Byz. Reich, kontrollierten. Die Eroberung Ägyptens durch die →Fāṭimiden, die den Bruch Ägyptens mit Bagdad vollendete, führte schließlich zu einer von den Einheimischen kaum unterstützten Besetzung der Stadt D. und des südl. Syrien durch die maghribin. Armee der Fāṭimiden, während der Norden in der Hand autonomer Beduinendynastien verblieb; die Nomaden gewannen in den Landgebieten einen stets wachsenden Einfluß. Die Quellen dieser Zeit berichten von permanenten Konflikten innerhalb einer städt. Bevölkerung, die sunnit. Notabeln, Geistliche, private Stadtmilizen der aḥdāṯ, der kleinen Leute aus der Unterschicht, und in die Soldaten der Okkupationsarmee gespalten war.

Mit der Bildung des Reiches der →Seldschuken, das mit der Ausdehnung auf Iran auch das gesamte arab. Asien umschloß, wurde D. in die neuen türk. Fsm.er einbezogen; diese vermochten durch ihre Garnisonen, die örtl. Volksbewegungen in D. bis zu einem gewissen Grad in Schach zu halten. D. wurde für ein halbes Jahrhundert (1104–54) zur Residenz der kleinen türk. Dynastie der →Büriden und wurde dann in das Reich des →Nūrad-Dīn und seiner zengid. Erben (→Zengiden) einverleibt, im Rahmen eines im Innern geeinigten Syrien, dessen Küstengebiete allerdings von den Kreuzfahrern besetzt waren. Die Eroberung Ägyptens durch die türk.-kurd. Armee →Saladins stellte gegen die Kreuzfahrerstaaten (Schlacht v. →Ḥaṭṭīn 1187) die polit. Einheit von Syrien und Ägypten wieder her. Der Kampf gegen die Kreuzfahrer und die Expansionspläne der →Ayyūbiden, der Erben Saladins, machten aus D. eines der polit. und militär. Hauptzentren des in dynast. Teilherrschaften gespaltenen Ayyūbidenreiches, und die nachfolgende Herrschaft der →Mamlūken ließ die bedeutende Rolle von D. bis zum Ende des MA fortleben. Gleichwohl profitierte D. indirekt auch vom Aufschwung des Mittelmeerhandels; nächst →Kairo war es im 13. Jh. die größte Stadt im Nahen Osten. Das religiöse und architekton. Erscheinungsbild wandelte sich durch die Errichtung zahlreicher →Madrasen (religiöser Hochschulen), Klöster, Moscheen. Es war zudem eines der Zentren der auf religiöse Integration bedachten Rechtsschule der Ḥanbaliten und, bes. im 14. Jh., Sitz einer bedeutenden Schule der Historiographie.

Das ausgehende MA war für D. wie für den gesamten Nahen Osten eine Periode der Schwierigkeiten und der Stagnation. Der Aufstieg des →Mongolenreiches seit dem 13. Jh. hatte zu einer teilweisen Verlegung der Großen Handelswege geführt und zw. Syrien und Mesopotamien eine Art »Guerillazone« entstehen lassen, die dem Nomadentum, nicht aber dem Handel günstig war. Dazu kamen die Große Pest, die Invasion →Timurs, der die besten Handwerker aus D. in seine Hauptstadt →Samarqand deportieren ließ, der fiskal. Druck, die häufigen Militärrevolten und der allgemeine Verfall der Mamlūkenherrschaft. In dieser Periode vollzog sich in Kleinasien und Südosteuropa der Aufstieg des →Osman. Reiches; 1516 wurde D. von Sultan Selim I. erobert, 1517 Ägypten.

C. Cahen

Bibliogr.: S. MUNAJJED, Bibliogr. damasquaine, Oriens 5, 1952 – Lit.: zu [I]: RE IV/2, 2042–2048 – KL. PAULY I, 1371–1373 – LAW, 687 – DACL IV, 119–145 [Lit.] – DHGE XIV, 42–47 – HE, 925–931 – K. WULZINGER–C. WATZINGER, D., I: Die antike Stadt, 1921 – Enciclopedia dell'Arte Antica Classica e Orientale II, 1959 [E. WILL] – zu [II]: EI², s. v. Dimashḳ [N. ELISÉEFF] – K. WULZINGER–C. WATZINGER, D., II: Die islam. Stadt, 1924 – R. LE TOURNEAU, Damas de 1075 à 1154. Traduction annotée d'un fragment de l'Hist. de Damas d'Ibn Al-Qalânisi, 1952 – E. ASHTOR-STRAUSS, L'administration urbaine en Syrie médiévale, Rivista degli Studi Orientali 31, 1956, 73–128 – N. A. ZIADEH, Damascus under the Mamluks, 1964 – J. SOURDEL-THOMINE–D. SOURDEL, Nouveaux documents sur l'hist. religieuse et sociale de Damas au XIe s., REI 32, 1964, 1–25 – TH. BIANQUIS, Damas et la Syrie sous la domination fatimide [Thèse Paris-Sorbonne 1984].

Damast (it. *damachino, damasco*, frz. *damas*, engl. *damask*). [1] *Webtechnik:* D. ist ein webtechn. Ausdruck. Er bezeichnet ein einkettiges Gewebe, dessen Musterung durch den Wechsel von Kett- und Schußbindung gebildet wird. Als Bindung dient zumeist →Atlas- oder →Köperbindung. Die klass. Form der Damastweberei bedient sich derselben Bindung für das Kett- und für das Schußsystem. Gewebt wird Ton in Ton oder zweifarbig; bei einfarbigen Stoffen wird das Muster durch die unterschiedl. Lichtreflexion der in entgegengesetzter Lage verlaufenden Fäden von Kette und Schuß sichtbar (Grund matt, Muster glänzend; auf der in der Musterung ident. Rückseite des Stoffes umgekehrt). Materialien für die Damastweberei sind →Seide und →Leinen; selten wird auch →Wolle verwendet.

Wieweit die in ma. Inventaren erwähnten D.e tatsächl. aufgrund ihrer Webtechnik als solche anzusprechen sind, läßt sich nicht überprüfen. Einer der ältesten ostasiat. D.e in Europa, der nicht nur als Fragment überliefert ist, ist der der Kaiserdalmatik in Wien (Weltl. und Geistl. Schatzkammer). Die ältesten erhaltenen Damastreste stammen aus dem liturg. Bereich. D.e finden dann aber, wie Inventare und Kleiderordnungen beweisen, Eingang in profane Verwendungsgebiete.

E. Vavra

[2] *Begriff und Herkunft:* Der Begriff 'D.', nach abendländischer ma. Überlieferung auf die Stadt →Damaskus zurückzuführen, ist in ma. orientalischen Q. nicht nachweisbar. Allerdings verbanden letztere vermutl. D. nicht mit Damaskus, sondern gaben diese Stoffart unter einem oder mehreren Namen an, wobei *Dimaqs* am nächsten kommt, das möglicherweise mit dem lat. 'Damacius' in Zusammenhang steht und dessen Beschreibung den charakterist. Eigenschaften des D.s weitgehend entspricht. Nach arab. ma. Wörterbüchern war Dimaqs ein glänzender (Atlas-)seiden- oder Leinenstoff, der den Arabern der vorislam. Zeit bekannt und bei ihnen sehr begehrt war. Ein Gewand daraus bezeichnete man als *Ṯaub* ('Gewand') *mudamqas*. Nach der arabischen vorislam. Dichtung wurde der Dimaqs aus dem byz. Syrien oder dem sasanid. Iran eingeführt. In islam. Zeit kannte man auch das *Muwaššā al-Dimaqs*, z. B. in Regenbogenfarben, sowie das *al-Musayyar*.

Eng mit der Geschichte des D.s ist die Entwicklung des Zampel- oder Zugwebstuhls (→Webstuhl) verbunden, der aus Syrien stammen soll und sich über den sasanid. Iran bis nach China verbreitete. Die chines. Damaststoffe, die bereits im 3. oder 4. Jh. in den Q. erwähnt werden, wurden von Indien und Iran aus bis zu den Mittelmeerländern exportiert. Die ersten und ältesten Funde des Seidendamasts stammen aus Palmyra (273 n. Chr.). Er wurde in China hergestellt und für die Umwicklung von Mumien verwendet.

Als erstes Zentrum der Damastproduktion wird von einigen Forschern nicht Damaskus, sondern →Antiochia betrachtet. Beide Städte blicken jedenfalls auf eine lange Tradition in der Weberei zurück und beide fielen im 6. Jh. an die →Sasaniden. Bereits vorher waren griech. Weber – mindestens seit der 2. Hälfte des 4. Jh. – nach Iran eingewandert. Sasanidische oder oriental. Weber ahmten die syr. Webmuster nach. Die Seidenweberei (auch die Damastproduktion) blühte sowohl in Alexandria als auch in Antiochia; →Konstantinopel erlangte erst nach der Mitte des 7. Jh. die unbestrittene Führung im Oström. Reich und war somit auch Produktions-, Stapel- oder Umschlagplatz für sämtl. Stoffarten.

[3] *Entwicklung im Frühmittelalter:* Die Araber übernahmen das Damastgewebe und verbreiteten es über die Nordküste von Afrika bis nach Spanien und Sizilien. Waren es in Byzanz die ksl. →Gynäceen, die für den Herrscher und zumeist für die Bedürfnisse des Hofes arbeiteten, so waren es nun die Dūr (Dār) aṭ-Ṭirāz (Palastwerkstätte für Textilien; →Ṭirāz), die für den Bedarf der arab. Fs.en webten. Doch produzierten nicht nur staatl., sondern auch freie Webereien D., wobei der Eigenbedarf der islam. Welt (etwa für die umfangreichen Kleidermagazine der ägypt. →Fāṭimiden) höher lag als der Exportbedarf. Neben dem Verlagsgeschäft konnten auch Privat-

personen ihr Garn nach Gewicht einem beliebigen Weber liefern und mit einem gewünschten Muster D. fertigen lassen, wobei vielfach in die Bordüren neben dem Namen des Besitzers auch der des Webers eingewebt wurde (Embleme und Sprüche auch im Mittelfeld). In Orten wie Tinnīs und Dabīq wohnten fast ausschließlich Weber, die unter strenger staatl. Kontrolle arbeiteten und ihre Produktion an den Staat lieferten.

Hatte Byzanz die private Produktion nur in beschränktem Maße geduldet, so schränkten die islam. Regierungen diese Gewerbetätigkeit nicht ein. Die Weberei erlebte einen Aufschwung; allerdings behinderten hohe Steuern, Stapelrecht, Sonderabgaben usw. die Entfaltung der privaten Unternehmer gegenüber der fsl. Produktion.

In Ägypten sind die Ṭirāz-Betriebe seit der →Ṭūlūnidenzeit (868–905) belegbar (auch in der Literatur mehrfach erwähnt, z. T. ausführl. Angaben über die Ṭirāz-Organisation). Alexandrinische Stoffe tauchen häufig im →Liber Pontificalis auf, was darauf hindeutet, daß die Weberei von Alexandria und der früheren kopt. Zeit auch im FrühMA beibehalten und verfeinert wurde. Die in Ägypten gefertigten Ärmeleinsätze (8.–13. Jh.) mit kufischer Schrift als die Hauptzierde festl. Gewänder waren im gesamten Orient begehrt und wurden mit Vorliebe rein epigraph. gehalten. Solange derartige Einsatzstreifen aus bestimmten Fabrikationsorten im Nildelta in Mode waren, waren sie überall begehrt. →Ṭinnīs wurde damals sehr bekannt und seine Stoffe waren so berühmt, daß Byzanz seine Konkurrenz fürchtete und spürte. Nāṣir-i Ḥosrau berichtet (vor Mitte des 11. Jh.) von dem farbigen Qaṣab-Stoff aus Ṭinnīs, einem sehr feinen Gewebe aus Leinen. In Damiette dagegen wurde der weiße Qaṣab gewebt. Der Leinendamast war wegen seiner Qualität dem Seidendamast ähnlich und erzielte unvorstellbar hohe Preise.

Zu den wichtigsten Stofflieferanten und Produzenten der östl. islam. Welt gehörten nicht nur Ägypten, Syrien und der Jemen, sondern auch der Irak und der Iran, was durch den Aufstieg →Trapezunts als byz. Grenzhandelsplatz des frühen MA deutlich wurde. Das Anwachsen des Austauschverkehrs mit Iran hatte zur Folge, daß sich der iran. D. gerade nach der Entstehung der islam. Macht günstiger entwickelte und den byz. D. stark beeinflussen konnte, als dieser während des 10. Jh. eine neue Blüte erfuhr.

[4] *Entwicklung im Hoch- und Spätmittelalter:* So bedeutend auch die oriental. Weberei war, im HochMA gewannen vor ihren Produkten die auswärtigen den Vorrang. Seit dem 11. Jh. war der byz. (*Rūmī-*)D., das byz. Textilgewebe schlechthin, der Inbegriff der guten und besten Qualität im islam. Mittelmeerraum. Im SpätMA verstand man im islam. Orient unter »Rūmī-Stoff« auch die abendländ. Textilwaren, auch aus Zypern und Sizilien. Neben diese abendländ. Textilien trat der chines. D., der auch in der islam. Welt einen bes. Ruf genoß. Ein Zeichen dafür ist die Ausbreitung des Begriffes 'Kamḫa' oder 'Kimḫa'. Aus Alexandria bezog das Abendland eine Art Seidendamast, den man in Italien, in Ableitung des arab. Namens, *Camocato* nannte, wobei es sich um einen damaszierten Seidenstoff handelte, der nicht immer, aber häufig mit Gold durchwirkt war und zur Fertigung von Ehrengeschenken für Wesire und sonstige Beamte sowie von Prachtgewändern und Kirchenparamenten und zur Auskleidung ganzer Wohnräume verwendet wurde. Die Fabrikation des Kamḫa hatte ihren ursprgl. Sitz in China, dem Herkunftsland seiner Bezeichnung, wo er ein Kleidungsstück der Oberschicht war. In Iran, Iraq, Syrien und Ägypten wurde er gewebt in Yazd, Herat, Nīšāpūr und Tauris/Täbris, in Bagdad, Damaskus und Alexandria. Zyprioten und Griechen befaßten sich ebenfalls mit diesem Stoff (gr. ψανουχάς). Sowohl in Famagusta als auch in Konstantinopel erscheint er als Handelsware. Von da aus ging er in das Abendland und fand namentl. am frz. Hof vielfach Verwendung.

Sichere Nachrichten über die Anfänge des it. D.s sind dürftig. Vermutl. verbreiteten Weber, die aus dem Orient und aus dem byz. Griechenland zw. dem 7. und 10. Jh. und v. a. während des →Bilderstreits nach Rom kamen, die Seidenwebkunst (auch des D.s) und deckten bald teilweise den Bedarf der Päpste. Die unterit. Betriebe des 9. und 10. Jh. waren wohl vereinzelte und nur vorübergehende Unternehmungen, die nicht in einem Entwicklungszusammenhang mit dem späteren Seidengewerbe der oberit. Handelsstädte →Venedig, →Genua und →Lucca standen. Im Verlauf der Kreuzzugsbewegung entstanden an der syr. Küste und in Konstantinopel Webzentren der it. Städte mit griech. und syr. Webern. Bis zum Jahre 1265 besaß Lucca außerdem eine Faktorei in Barcelona. Das Abendland verlor die Betriebe in Byzanz 1261 und in Syrien 1291. Nach Lucca selbst kam die Seidenweberei im 12. Jh. und erlangte bald Weltruf. Lucca galt bis 1400 als die eigtl. Seidenstadt des Abendlandes. An zweiter Stelle ist Venedig zu nennen, das Lucca am Ende des MA überflügelte. Während Lucca mehr die westl. Länder (Frankreich, Burgund und England) versorgte, belieferte Venedig vorwiegend den Orient und Deutschland. D. aus Lucca blieb jedoch ein Begriff für die Damastwebart, dessen Echtheit sich durch die regelmäßig abgestuften Konturen auszeichnete. Der it. Stoff (nicht nur D.) der byz. Richtung ist unter dem Namen →»Diasper« bekannt und am häufigsten im Schatzverzeichnis von St. Peter zu Rom für das Jahr 1361 beschrieben, wobei der Gattungsname »Diasper« nicht die Farbe, sondern eine bes. Art der Damastbindung bezeichnet. Ursprgl. waren diese Stoffe einfarbig, vorwiegend weiß, seltener grün oder rot. Sowohl das ein- als auch das zweifarbige Muster wurden aus dicken ungedrehten und daher sehr glänzenden Schußfäden so hergestellt, daß es sich in merkl. Relief von dem matten Grund abhob. Mindestens seit dem 13. Jh. war Lucca der Hauptherstellungsort dieser Diasperstoffe.

Die Entstehung der mongol. Weltherrschaft in Asien vom Mittelmeergestade bis zur chin. Küste öffnete den Weg für die Übertragung chin. Ornamentik von chin. Stoffen auf die europ. Gewebe.

Wohl bereits im 14. Jh. ist in Frankreich die schwierige Webart des Seidendamast bekannt gewesen. Neben den begehrten und kostspieligen D.en aus Lucca tauchten damals in den Inventaren auch einheimische D.e auf. Der spanische D. wurde seit der islam. Herrschaft berühmt und ist verhältnismäßig gut belegt, während bei der maġribinischen Produktion der Ortsname zwar bekannt, das Belegmaterial aber noch dürftig ist.

Da die techn. Voraussetzungen beim Weben von Leinendamastgeweben fast die gleichen sind wie bei der Seide, vermutete man, daß die it. Seidenweber diese Technik in Flandern verbreiteten, wo bereits der Zugwebstuhl bekannt war. Seit dem 15. Jh. besaß Flandern bedeutende Damastmanufakturen, v. a. in →Kortrijk und →Mechelen. Tafeltücher und Servietten aus Leinendamast mit Darstellungen aus der bibl. Geschichte und mit erklärender Schrift wurden gewebt. Größere Tücher mit Wappen und Emblemen erscheinen erst zu Beginn des 16. Jh. S. Labib

Lit.: RDK III, 998–1004 – V. Gay, Glossaire archéologique I, 1887, 536–538 – W. Heyd, Hist. du Commerce du Levant au MA, 2 Bde,

1885–86, 1959² – G. Migeon, Manuel d'art musulman, II: Les arts plastiques et industriels, 1907 – J. Ross-N. Erichsen, The Story of Lucca, 1912 – Otto v. Falke, Kunstgesch. der Seidenweberei, 2 Bde, 1913 – A. Neuburger, Die Technik des Altertums, 1919 – E. Kühnel, Tirazstoffe der Abbassiden (Der Islam 14–15, 1925) – Ders., Islam. Stoffe aus ägypt. Gräbern, 1927 – Gesch. des Kunstgewerbes aller Zeiten und Völker V, hg. H. Th. Bossert, 1932 – E. Kühnel–L. Bellinger, Cat. of Dated Fabrics (Umayyad, Abbasid, Fatimid, 1952) – M. Braun-Ronsdorf, Seidendamast, Ciba Rundschau 120, 1955, 4452–4460–Dies., Leinendamast, ebd., 4463–4472– M. A. Marzouk, Hist. of Textile Industry in Alexandria, 1955 – E. Flemming, Das Textilwerk. Gewebe von der Spätantike bis zum Anfang des 19. Jh. einschließl. Ostasiens und Peru, neu bearb., mit einl. Text von R. Jacques, 1957 – H. Schmidt, Alte Seidenstoffe, 1958 – G. T. van Ysselsteyn, White Figurated Linen Damask from the 15th to the Beginning of the 19th Century, 1962 – M. T. Hussein, Mamlukische Kunstformen in der Seidenweberei des 13. bis 15. Jh. Ein Beitr. z. islam. und europ. Kunst [Diss. Köln 1963] – D. T. Rice, Islamic Art, 1965 – H. E. Wulff, The Traditional Crafts of Persia, 1966 – B. Klesse, Seidenstoffe in der it. Malerei des 14. Jh., 1967 – Gebilddamast, hg. R. Jacques (Krefelder Gewebesammlung, Textband 1, 1968) – Abū l-Faḍl al-Maidānī an-Naisābūrī, as-Sāmī fī l-asāmī, hg. M. M. Hindāwī, 1976 – B. Markowsky, Europ. Seidengewebe des 13.–18. Jh. (Kunstgewerbemuseum der Stadt Köln, 1976) – B. Schmedding, Ma. Textilien in Kirchen und Kl. der Schweiz, 1978 – M. Prinet, Les damas de lin. Hist. du XVIᵉ au XIXᵉ s., 1982.

Damasus

1. D. I., *Papst* (hl.), seit 1. Okt. 366, * um 305, † 11. Dez. 384; Sohn eines röm. Priesters, trat D. früh in den Dienst der röm. Gemeinde. Unter Papst →Liberius (352–366) war er Diakon. Nach dessen Verbannung durch Ks. Constantius II. 355 schloß er sich dem Gegenpapst →Felix (355–365) an, trat aber nach der Rückkehr des Liberius 358 wieder auf dessen Seite. Die unruhige Vorgeschichte wirkte sich auf die röm. Bischofswahl 366 aus. Ihr Ergebnis war die Doppelwahl von D. und →Ursicinus, wobei D. die rechtmäßige Wahl für sich beanspruchen konnte. Die beiden röm. Bf. e bekämpften sich aufs schärfste, ihre Anhänger lieferten sich blutige Schlachten (Amm. Marc. XXVII 3, 13; Coll. Avell; ep. 1). Die Unruhen nahmen erst 368 nach ksl. Eingreifen ein Ende. Der gefährdete und bewegte Amtsbeginn hatte eine lange Nachgeschichte; zweimal mußte sich D. in einem Zivilprozeß verantworten. Diese Erfahrung drängte D., für den röm. Bf. eine privilegierte Rechtsstellung anzustreben, was vom Ks. abgelehnt wurde.

Der Osten, der bis zum Tode des Ks. s →Valens (378) in die arian. Wirren verstrickt war, hatte wenig Hilfe an D. In →Antiochia unterstützte er Bf. →Paulinus, versagte sich aber dem →Meletius (vgl. die Klage des Basilius v. Caesarea, ep. 239,2). Besser war die Verständigung mit Bf. →Petros v. Alexandrien. Als Ks. →Theodosius i. J. 380 das nizänische Glaubensbekenntnis als allein gültiges und verbindliches christl. Bekenntnis vorschrieb, nannte er den Alexandriner Petros und den Römer D. als dessen normative Zeugen.

Mit gezieltem Eifer bemühte sich D. um den Ausbau der kirchl. Vorrangstellung Roms. Ksl. Hilfe wurde ihm zugesagt bei der Durchführung kirchl. Prozesse. Dem röm. Bf. wurde die Gerichtshoheit über die Kirche des Westens zuerkannt. »Auctoritas regalis« beanspruche er für sich, warfen ihm seine Gegner vor (Coll. Avell., ep. 2,83). Als das Konzil v. →Konstantinopel 381 dem Bf. v. Konstantinopel einen Ehrenprimat zusprach, weil die Stadt die »Nea Roma« sei, reagierte der Bf. des Alten Rom. Mit Mt 16,18, das jetzt zum ersten Mal ausdrückl. auf den röm. Primat bezogen wurde, legitimierte er den Vorrang →Roms. Die Petrinität wurde zum entscheidenden Argument einer kirchl. Rangordnung (Röm. Synode v. 382). Für die weitere Entfaltung der röm. »Petrinologie« (W. Ullmann) war der lat. Bibeltext hilfreich, den →Hieronymus im Auftrag des Papstes herstellte (→Vulgata). Sichtbaren Ausdruck fand das neue Primatsverständnis in der Übernahme der ksl. Dekretale in das päpstl. Briefformular.

Neben den amtl. Schreiben werden ihm ein Carmen und ein Sermo über die christl. Jungfräulichkeit zugeschrieben (von Hieronymus, ep. 22,22 erwähnt, aber nicht erhalten); sicher förderte er die asket. Bewegung in Rom. Zeugen der stadtröm. Märtyrerverehrung sind seine Epigramme. K. S. Frank

Werke: MPL XIII, 347–424 – A. Ferrua, Epigrammata damasiana, 1942 – *Lit.:* Altaner-Stuiber, 1980⁹, 354f. – E. Caspar, Gesch. des Papsttums I, 1930, 196–256 – Ch. Pietri, Roma Christiana I, 1976, 272–884 – J. Fontaine, Naissance de la poésie dans l'occident chrétien, 1981, 111–125 – W. Ullmann, Gelasius I. (492–496), 1981.

2. D. II. (Poppo), *Papst* seit 17. Juli 1048, † 9. Aug. 1048 in Palestrina, ⌑ Rom, S. Lorenzo fuori le mura, stammte wohl aus bayer. Adel, 1039 zum Bf. v. Brixen erhoben. Er wird mehrfach in der Umgebung Kg. Heinrichs III. genannt und beteiligte sich auch an dessen Romzug, der mit den Synoden v. →Sutri (Dez. 1046) und →Rom (Jan. 1047) die Ära des Reformpapsttums einleitete. Nach dem raschen Tod des damals eingesetzten Papstes →Clemens II. bestimmte der Ks. an Weihnachten 1047 in Pöhlde Poppo gegenüber einer röm. Gesandtschaft zum Nachfolger. Auf dem Weg nach Rom, wo der abgesetzte →Benedikt IX. wieder zur Herrschaft gelangt war, mußte er im Frühjahr 1048 zunächst umkehren; erst als Heinrich III. den Mgf.en →Bonifaz v. Tuszien zu wirksamer Unterstützung angehalten hatte, gelang es im Juli, den Gegenpapst zu verdrängen und Poppo in Rom unter dem Namen D. zu inthronisieren. Er behielt offenbar das Bm. Brixen bei, starb aber bereits nach 23 Tagen, vermutl. an Malaria. Über seine kurze päpstl. Amtsführung ist nichts überliefert. R. Schieffer

Q.: Jaffé² I, 528f. – LP II, 274 – *Lit.:* DHGE XIV, 53 f. – NDB III, 498 – E. Steindorff, JDG H. III., 1874–81 [Nachdr. 1963] – K. Guggenberger, Die dt. Päpste, 1916, 38–40 – P. Kehr, Vier Kapitel aus der Gesch. Ks. Heinrichs III. (AAB, Phil.-Hist. Kl. 1930, Nr. 3, 1931) – A. Sparber, Die Brixner Fürstbischöfe im MA, 1968, 45–47 – H. H. Anton, Bonifaz v. Canossa, Mgf. v. Tuszien, und die Italienpolitik der frühen Salier, HZ 214, 1972, 529–556 – H. Beumann, Reformpäpste als Reichsbischöfe in der Zeit Heinrichs III. (Fschr. Fr. Hausmann, 1977), 21–37.

3. D. (Ungarus), Kanonist ung. Herkunft, lehrte in Bologna von 1210–20. Zu seinen Werken, meist nur handschriftl. überliefert, zählen Glossen zum →Decretum Gratiani, Zusätze zu den Apparaten des →Tancredus v. Bologna zur Compilatio II und III und Glossen zur Compilatio III (nicht überliefert); seine originellste Arbeit ist eine Quaestionessammlung. Außerdem stammen von ihm eine »Summa titulorum decretalium«, die im wesentl. eine auch die Compilatio II und III beachtende Bearbeitung der Summa des →Bernhard v. Pavia ist, ein Apparat zu den Konstitutionen des IV. Laterankonzils (wohl 1216) sowie die Glossen zur »Arbor Consanguinitatis« der Compilatio IV. Weite Verbreitung fanden die →Brocarda (1210/15), die dann in der Bearbeitung des →Bartholomaeus Brixiensis (nach 1234) und einer von einem Anonymus erweiterten Fassung mehrfach gedruckt wurden. H. van de Wouw

Ed.: Damasi Apparatus in Concilium quartum Lateranense (A. García y García, Constitutiones Concilii quarti Lateranensis una cum commentariis glossatorum, MIC A 2, 1981), 385–458 – *Lit.:* Coing, Hdb. I, 374–375, 389 [K. W. Nörr] – DDC IV, 1014–1019 – NCE IV, 626 – Kuttner, 521 [Ind.] – Van Hove, 444, 447–448 – S. Kuttner, Misc. G.

MERCATI V (StT 125, 1946), 608 n. 1 – M. BERTRAM, BMCL 4, 1974, 11, 13 – A. GARCÍA Y GARCÍA, Glosas de Juan Teutónico, Vicente Hispano y Dámaso Húngaro a los Autores Consanguinitatis et Affinitatis, ZRGKanAbt 69, 1982, 153–185.

Damaszener Klingen → Waffen, -herstellung

Damaszierung. Bezeichnung für musterartige Struktur des Stahles – v. a. bei Schwert- und Messerklingen –, die durch bes. Herstellungstechnik und anschließende Flächenbehandlung entsteht. Bei der Anfertigung von Damaszener Stahl werden Stahlsorten unterschiedl. Härte und Geschmeidigkeit so durch Schweißen und Schmieden miteinander verbunden, daß ein aus zahlreichen z. T. sehr dünnen Schichten bestehender Stahl entsteht. Daraus gefertigte Klingen zeichnen sich sowohl durch Härte wie durch Elastizität aus. Beim Beizen der fertig geschliffenen Flächen ergeben sich – bedingt durch die einzelnen Schichten – Muster (Damaste) in Hell und Dunkel in vielerlei Variationen – gestreift, geflammt, gewunden etc. –, je nach Art der Verarbeitungstechnik.

Der Name D. leitet sich von der Stadt Damaskus her, als angebl. Ursprungsort der seit dem ausgehenden MA vom Orient nach Europa exportierten Klingen. Doch scheint Damaskus im wesentl. nur Umschlagplatz für die überwiegend aus Persien und Indien stammenden Waffen gewesen zu sein. In Europa wurde sehr früh und offenbar unabhängig vom Orient die in den Grundzügen gleiche Technik entwickelt. Entsprechende frühe Schwertfunde reichen bis in die späte Römerzeit zurück (Nydamfund, 1. Hälfte 3. Jh.). Die Besonderheit der sog. »wurmbunten« Klinge wird bereits in einem Brief Theoderichs d. Gr. um 520 (Cassiodor) und noch in der frühma. Dichtung (z. B. Beowulf) erwähnt. Sie ist bis ins 11. Jh. in N- und NW-Europa nachweisbar, z. B. an Wikingerschwertern. Abendländ. Klingen dieser Provenienz sind auch im Orient beliebt gewesen, wie arab. Berichten u. a. des 10. Jh. zu entnehmen ist. In späterer Zeit findet sich die D. in variierter Technik auch an Gewehr- und Pistolenläufen. In jüngerer Zeit schließlich wird bisweilen D. durch geätzte Muster vorgetäuscht. Im älteren Sprachgebrauch ist D. auch gleichbedeutend mit → Tauschierung. In der *Heraldik* wird D. die Belebung glatter Flächen durch geometr. Muster oder Rankenwerk (Feldmusterung) genannt, ohne daß sie einen wesentl. Bestandteil des Wappens bildete.

W. Arenhövel

Lit.: RDK III, 1007–1015, s. v. Damaststahl, Damaszierung.

Dame (von lat. domina 'Herrin'), im Afrz. seit dem 11. Jh. (Alexiuslied) belegt. Der Begriff bezeichnet in der sozialen Hierarchie üblicherweise die Gemahlin eines adligen Herrn (dominus, *seigneur*), die Tochter eines Kg.s oder Fs.en und ies., bes. seit dem 13. Jh., die Gattin eines Ritters. Daher rührt die Bezeichnung *dame chevaleresse*, die gelegentl. in vernakularsprachl. Texten des späten MA auftritt. Parallel hierzu wurden, ebenfalls seit dem 13. Jh., Frau eines Knappen (→ *écuyer*), eines → *damoiseau* und auch die Frau eines Bürgers mit der Verkleinerungsform *damoiselle* bezeichnet. Die Abstufung dieses Titels wird z. B. durch eine Stelle in Beaumanoirs »Coutumes de Beauvaisis« (1283) belegt: »S'ele est dame, qu'ele i envoie chevalier, et s'ele est damoisele, qu'ele i envoit escuier.« – Die Bezeichnung 'd.' trugen auch Nonnen und Regularkanonissen. → Frau.

Ph. Contamine

Dame, Brettspiel → Spiele

Damen, Hermann, mhd. Spruchdichter der 2. Hälfte d. 13. Jh., wohl aus Norddeutschland. Chronolog. und lokale Anhaltspunkte für Autor und Werk ergeben sich aus Relationen zu erwähnenden, allerdings nur z. T. sicher identifizierbaren adligen Herren und zu namentlich genannten zeitgenöss. Dichtern: Friedrich v. Sonnenburg († ca. 1275) als verstorben, → Konrad v. Würzburg († 1287) und → Heinrich Frauenlob († 1318) als lebend. Ob die Belehrung des jungen Heinrich über die rechte Art, Frauen zu loben, ein wirkliches Lehrer-Schüler-Verhältnis bekundet, bleibt unsicher. Die gepriesenen Fs.en gehören in den norddt. Raum: Adolf v. Segeberg, Heinrich I. v. Holstein (→ Schauenburger), ein Brandenburger Fs., ein Hzg. v. Schleswig u. a. Umstritten ist die genaue Version von H.s Namen, da neben der Autornennung »Herman damen« in der → Jenaer Liederhs., der Hauptüberlieferungsquelle seiner Texte, abweichende Formen bei Frauenlob (»herman der damen«) und in einem Bücherverzeichnis von 1437 (»Herman von der Dhame«) auftauchen. SCHLUPKOTENS Versuch, H. als einen wohlhabenden Rostocker Bürger zu identifizieren, bleibt hypothetisch, doch eher wahrscheinlich als LANGS Einordnung H.s in das Geschlecht derer von der Dahme.

Ein Leich und 39 Strophen in fünf verschiedenen Tönen mit Melodien sind von H. überliefert. Sie behandeln religiöse Themen, bes. die menschl. Sündhaftigkeit und Gottes Barmherzigkeit, außerdem allgemein menschl. Qualitäten, z. B. Besonnenheit, Freundestreue, dann den Verfall der Kunst, Zeitklage und Fürstenlob. Dabei prunkt H. im Gegensatz zu anderen Spruchdichtern kaum mit Gelehrsamkeit, und bei ihm fehlen die typischen Motive der Fahrenden, das Ringen um angemessene Belohnung und soziale Anerkennung sowie die konkurrierende Auseinandersetzung mit anderen Spruchsängern. KIEPE-WILLMS leitet daraus wohl mit Recht einen bes. Status des Autors ab: Seßhaftigkeit und materielle Unabhängigkeit, so daß H. bereits als Vorgänger späterer städt. Meistersänger (→ Meistersang) betrachtet werden kann.

U. Schulze

Ed.: H. D., Unters. und Neuausg. seiner Gedichte, ed. P. SCHLUPKOTEN, 1911, 1913 – De gedichten van Herman der D., ed. H. ONNES, 1913 – Die Jenaer Liederhs., ed. H. TERVOOREN–U. MÜLLER (Litterae 10), 1972, f. 113vb–123vb – Lit.: Verf.-Lex.^{2} II, 36–39 – P. SCHLUPKOTEN, a.a.O. – H. ONNES, a.a.O. – M. LANG, Zw. Minnesang und Volkslied (Stud. zur Volksliedforsch. 1), 1941, 14f., 80–83 – K. H. BERTAU, Sangverslyrik, Palaestra 240, 1964, 175–181 – B. WACHINGER, Sängerkrieg, 1973 (MTU 42), 173, 182–187 – E. KIEPE-WILLMS, Sus lêret H. D. Unters. zu einem Sangspruchdichter des späten 13. Jh., ZDA 107, 1978, 33–49.

Damenstift → Stift

Damerow, Dietrich (Theodericus), Bf. v. Dorpat, *um 1330(?), † nach 1408, vermutl. aus der preuß. Familie im Danziger Großen Werder, 1364 Kanonikus und Lizentiat in art., Domherr in Breslau, 1370 baccalaureus utr. iur. und Domherr im Ermland, 1372–76 Notar, dann Protonotar in der ksl. Kanzlei Karls IV., Inhaber von Präbenden in Kammin und Speyer, 1375 Propst an der Marienkirche zu Krakau; bewarb sich 1376 vergebl. um das Bm. Pomesanien. 1378 von Papst Urban VI. für das Bistum → Dorpat providiert, 1379 vom Ebf. v. Prag zum Bf. geweiht, danach in Preußen (Ermland), weil das Dorpater Domkapitel den dortigen Dompropst Albert Hecht zum Bf. gewählt und vom Gegenpapst Clemens VII. hatte bestätigen lassen, dem sich ein Teil der stift. Vasallen angeschlossen und den Dt. Orden in Livland unterstützt hatte, der dafür stift. Schlösser besetzen durfte. D. klagte bei Urban VI., welcher am 21. Dez. 1379 den livländ. Ordensmeister Wilhelm v. Vriemersheim aufforderte, Hecht festzunehmen, auch wegen Hilfeersuchens an die Russen von Pskov (Pleskau). 1380 resignierte Hecht gegen eine Geldsumme und begab sich nach Avignon, übergab aber dem Dt. Orden die stiftischen Schlösser. D. war 1382 bei Kg. Wenzel IV. in Prag und klagte in Rom gegen den Dt.

Orden. Erst im Juli 1387 kam es zu einem Vergleich, bei dem D. dem Dt. Orden Abbitte leisten mußte; nun konnte er von seinem Bm. Besitz ergreifen. Im Streit zw. dem Ebf. v. Riga, Johann v. Sinten, und dem Dt. Orden stand D. auf Seite des Ebf.s und intrigierte 1392 durch einen Beauftragten in Rom gegen die Pläne des Ordens, das Erzstift →Riga zu inkorporieren. Den neu ernannten Ebf. Johann v. Wallenrode, einen Priesterbruder des Dt. Ordens, lehnte er ab, nahm aufrührer. erzstift. Vasallen in seinem Bm. auf, wandte sich 1393/94 an Kg. Richard II. v. England und trug ihm das Protektorat über sein Bm. an, sowie an die Hzg.e v. Mecklenburg und die →Vitalienbrüder, holte Hzg. Albrecht v. Mecklenburg als Koadjutor nach Dorpat und nahm Verbindungen mit Kg. Władysław II. Jagiełło v. →Polen, mit den Hzg. en v. →Pommern auf und schloß am 26. März 1396 ein Bündnis mit Gfs. →Witowt v. Litauen. Außerdem traf er Abmachungen über Hilfe mit dem benachbarten Pskov (Pleskau). Verhandlungen des Dt. Ordens mit D. scheiterten, obwohl die Mecklenburger und Litauen sich zurückzogen. Ende Juli 1396 griff der livländ. Ordensmeister Wennemar v. Bruggenoye das Stift Dorpat an, konnte die Stadt selbst aber nicht nehmen. D. klagte bei Kg. Wenzel IV. Erst auf einem Tage zu Danzig, auf dem alle Streitfragen der beteiligten Mächte erörtert wurden, kam am 15. Juli 1397 ein Vertrag zw. Bf., Vasallen und Stadt Dorpat und dem Dt. Orden zustande, dem sich D. fügte. Die stift. Vasallen wurden von jeder Heeresfolge gegenüber dem Dt. Orden befreit. D.s Nachgiebigkeit dürfte auf seine schwindenden materiellen Möglichkeiten und die veränderte allgemeine polit. Lage zurückzuführen sein. Auseinandersetzungen mit den selbstbewußten stift. Vasallen, die einen der ihren, den Domherrn Heinrich v. Wrangel, zum Bf. erheben ließen, veranlaßten D. 1400 gegen ein Jahrgeld zur Resignation. Er begab sich nach Riga, wo er 1408 noch nachgewiesen ist. Eine polit. Rolle hat der ehrgeizige Mann nicht mehr gespielt. M. Hellmann

Q.: Johann v. Posilge, Chronik (SS Rer. Pruss. III, 104ff.) – Livländ. UB II, III, VI – Est- und Livländ. Briefflade, hg. F. G. v. Bunge, III, 1879, 349ff. – Vetera Monumenta Poloniae et Lithuaniae..., ed. A. Theiner, I, 1860, 843ff. – *Lit.*: Th. Lindner, Das Urkundenwesen Karls IV., 1882, 24 – A. v. Gernet, Forsch. zur Gesch. des balt. Adels II, 1895, 71ff. – Ders., Verfassungsgesch. des Bm.s Dorpat, 1896 – P. Girgensohn, Die Inkorporationspolitik des Dt. Ordens in Livland 1378–1397 (MittLiv XX, 1907) [Lit.] – B. Jähnig, Johann v. Wallenrode O. T., 1970, 21ff. [Lit.].

Damett, Thomas, engl. Komponist, * vermutl. um 1389/90, † zw. dem 15. Juli 1436 und dem 14. April 1437. Er ist nachweisbar 1413 in der Pfarrei Stockton, Wiltshire, und in den Personallisten der kgl. →Hofkapelle (Royal Household Chapel) der Jahre 1413, 1421 und 1430/31. Da seine Pfründen in Windsor (an St. Paul ab 1418, an St. Georg ab 1431) mit dem 5. Aug. 1436 neu vergeben werden, und sein Testament vom 15. Juli 1436 am 14. April 1437 beglaubigt wird, muß er innerhalb dieses Zeitraums gestorben sein. Wir besitzen von ihm neun dreistimmige geistl. Kompositionen: 4 Gloria, 2 Credo und drei Motetten, von denen eine dreitextig ist.
H. Leuchtmann

Ed.: CMM XLVI, ed. A. Hughes–M. Bent, 1969–72 – *Lit.*: New Grove, s. v.

Damian, hl. → Kosmas und Damian

Damianisten → Coelestiner

Damianistinnen → Franziskanerinnen

Damianiten → Damianos

Damianos, Patriarch v. Alexandrien (578–604), gehört zu den wichtigen Vertretern eines späten Monophysitismus. Gegen andere monophysitist. Richtungen verteidigte er die Einheit im Dreifaltigen Gott in dem Sinne, daß keine der drei göttlichen Personen an und für sich Gott sei, sondern nur durch die ungeteilte Teilhabe an der einen gemeinsamen Gottnatur. Seine Gegner warfen ihm deshalb »Sabellianismus« vor. Seine Anhänger heißen *Damianiten*, nach ihrem Versammlungsort Anglion in Alexandrien auch *Angeliten*. K. S. Frank

Ed.: CPG III Nr. 7240–7245 – *Lit.*: J. P. Kirsch, Kirchengesch. I, 1930, 667–669 – R. Y. Ebied, Peter of Antioch and Damian of Alexandria (Tribute to A. Vööbus), 1977, 277–282.

Damianus, Bf. v. Pavia ca. 681–711, hl., Fest 12. IV. Vielleicht Verfasser eines gegen den Monotheletismus gerichteten Synodalbriefs des Ebf.s Mansuetus v. Mailand an Ks. Konstantinos Pogonatos von 679. Unterstützt Kg. →Cunincpert in seinen Bemühungen, den →Dreikapitelstreit beizulegen. Verfasser des Berichts über die Synode v. Pavia 698. Tritt als Bauherr hervor. R. Pauler

Q. und Lit.: Acta SS Apr. II (1865), 91f. – R. Maiocchi, A. Moiraghi, San Damiano vescovo di Pavia, 1910 (dazu: BSP 10, 1910, 222f.) – F. Savio, Gli antichi vescovi d'Italia II, 2, 1932, 366ff. – E. Hoff, Pavia und seine Bf.e im MA, 1943, 436 (it. Übers. in BSP 61, 1, 1961, 23ff; 63,2, 1963, 3ff.; 64,1, 1964, 57ff.) – J. Jarnut, Gesch. der Langobarden, 1982, 69ff.

Damietta (frz. Damiette; gr. Tamiathis, davon abgel.: Damiata; arab. *Dimyāṭ*), Hafenstadt und Festung in →Ägypten, an der Mündung des östl. Nilarms an dessen Westufer gelegen. In islam. Zeit war D. ein wichtiger Hafen mit bedeutender Leinenproduktion. 854 nach einer byz. Razzia befestigt, war es auch arab. Flottenbasis. Nach 1150, mit der erneuten Verwicklung Ägyptens in die →Kreuzzüge, wurde D. zum häufigen Angriffsziel der Kreuzfahrer. Von der sizilian. Flotte 1155 angegriffen und von Amalrich I., Kg. v. Jerusalem, 1169 belagert, wurden die Befestigungen der Stadt 1181–82 verstärkt; nun konnte auch eine Sperrung des Flusses mit einer von zwei gegenüberliegenden Türmen aus gespannten Kette vorgenommen werden. 1192, als D. evakuierte Bewohner aus seiner östl. Nachbarstadt Tinnīs aufnahm, wurde zudem ein Graben angelegt. Alle diese Verteidigungsmaßnahmen vermochten D. aber nicht vor der Eroberung durch die Kreuzfahrer zu retten, die erstmals 1220, beim 5. Kreuzzug, erfolgte, sodann beim 6. Kreuzzug im Frühjahr 1249, durch Kg. →Ludwig IX. v. Frankreich. 1250 den Mamlūken übergeben, ließen diese die Stadt räumen und bis auf die Moschee zerstören. 1261 wurde die Mündung abgedämmt, was eine Verlegung des Nilverlaufs in nördl. Richtung zur Folge hatte. Die Stadt wurde weiter im Süden neuerrichtet, so daß für D. bestimmte Waren von Seeschiffen auf kleinere flußgängige Boote umgeladen werden mußten. M. Brett

Q. und Lit.: Maqrīzī, Al-Mawā'iẓ wal-i'tibār (Hiṭaṭ), Kap. 61 (vgl. frz. Übers.: U. Bouriant, Description de l'Égypte, 1895) – J. Maspéro–G. Wiet, Matériaux pour servir à la géographie de l'Égypte, 1919, s. v. Dimyāṭ – s. a. Lit. zu → Kreuzzüge (5. und 6.).

Damm- und Deichbau → Deich- und Dammbau

Dammartin, Renaud de → Renaud de Dammartin

Damme, Stadt in Flandern (heut. Belgien, Prov. Westflandern), 5 km nö. von →Brügge gelegen. D. entstand kurz vor 1180 am äußersten Ende der schiffbaren Strecke des Meeresarmes →Zwin, an der Stelle, wo der von Brügge kommende →Kanal über eine Schleuse in den Zwin einmündete; diese war in einem transversalen Damm angelegt, nach dem die Stadt ihren Namen erhielt. D. wurde 1180 von →Philipp v. Elsaß, Gf.en v. Flandern, Stadtrecht verliehen; Philipp kann als der eigtl. Stadtgründer gelten. Im 13. Jh. war D. nicht nur Vorhafen von

Brügge, sondern auch von →Gent, mit dem D. durch einen kleinen Kanal, die Lieve, verbunden wurde. D. besaß →Stapelrecht, u. a. für Hering und Wein; dadurch wurde die Stadt zum bedeutendsten ma. Weinhandelsmarkt (v. a. für Bordeauxweine) der Gft. Flandern. Streitigkeiten um die Schiffahrt im Zwin wurden oft von den Schöffen von D. entschieden; daher erhielt die fläm. Version der »Rôles d'Oléron« die Bezeichnung »Seerecht v. Damme« (→Damme, Seerecht v.). Die Blütezeit D.s im 13. Jh. förderte eine rege Bautätigkeit; es entstanden: die Liebfrauenkirche als Hauptkirche (2. Viertel des 13. Jh.), die Halle (1241, an ihrer Stelle wurde 1464–67 das Rathaus in brabant. Spätgotik errichtet), das Johanneshospital (gegr. vor 1249), die Katharinenkirche extra muros. Die ersten schriftl. Belege für eine Stadtbefestigung datieren von 1297–98, doch dürfte diese wohl älter sein. Am Ende des 14. Jh. setzte der wirtschaftl. und demograph. Verfall ein. Im 17. Jh. kleine Garnisonsstadt, wurde D. in der Folgezeit zur dörfl. Siedlung, die nur mehr einen Teil der ma. Stadtfläche umfaßt. M. Ryckaert

Lit.: L. DEVLIEGHER, Kunstpatrimonium van West-Vlaanderen 5, D., 1971.

Damme, Seerecht v., fläm. Version des atlant. Seerechts, stützt sich unmittelbar auf die »Rôles d'→Oléron« und wurde wohl kurz nach 1300 abgefaßt. Alle bisher bekanntgewordenen dt. Versionen und Übersetzungen der »Rôles d'Oléron« basieren auf dem Seerecht v. D.; dies gilt wahrscheinl. auch vom seeländ. Seerecht (Seerecht v. Westkapelle). M. Ryckaert

Lit.: K. F. KRIEGER, Ursprung und Wurzeln der Rôles d'Oléron, 1970 – Brugge en de zee, hg. V. VERMEERSCH, 1982, 145–155 [D. VAN DEN AUWEELE].

Damnastes. Unter dem sonst unbekannten Autornamen D. ist in einer Florentiner Hs. des 11. Jh. ein kurzer Text aus einer Schrift Περὶ κυουσῶν καὶ βρεφῶν θεραπείας ('Über die Therapie der schwangeren Frauen und der Kleinkinder') in vier Kapiteln überliefert, in welcher die wichtigsten Stadien der Entwicklung des Embryos unter dem Gesichtspunkt des Sieben-, Acht-, Neun- und Zehnmonatskindes genannt sind. H. E. Papadimitriu

Lit.: G.-A. COSTOMIRIS, Études sur les écrits inédits des anciens médecins grecs, REG 5, 1892, 71–72 – I. BLOCH, Byz. Medizin (M. NEUBURGER–J. PAGEL, Hb. Gesch. Medizin I, 1902), 564 – Vgl. jetzt auch HUNGER, Profane Lit. II, 310.

Damoiseau (von mlat. dominicellus), im Afrz. seit dem 12. Jh. belegt, als domnicillus bereits in den merow. Formulae Marculfi (7. Jh.) als Bezeichnung für die Söhne des Kg.s bezeugt. Schon früh bezeichnet der Begriff, zumindest auf dem Kontinent, den Sohn eines →Barons oder adligen Herren, dies belegt eine Stelle in den »Leges Edwardi Confessoris« (12. Jh.): »Rex Edwardus ... Edgarum ... nutrivit pro filio, quia vero heredem putabat eum facere, nominavit eum *aetheling* quod nos dicimus domicellum, sed nos de pluribus quia filios baronum vocamus domicellos, Angli autem nullum praeter filios regum vocant.« Vom 13. Jh. an wird das Wort zunehmend auf diejenigen Adligen angewandt, die nicht oder noch nicht zum →Ritter (→chevalier) geschlagen worden sind. Damit festigte sich die Hierarchie: Gf., Baron/Kastellan (*châtelain*), Ritter (*chevalier*), *damoiseau*. In verschiedenen Varianten (*damoisel, danzel, donzeau*) war das Wort in Frankreich (v. a. im Süden, Südosten und Osten) verbreitet; it. Entsprechung *donzello*, span. →*doncel*. Andernorts setzte sich die Bezeichnung →*écuyer* durch. Am Ende des MA stellte das Wort 'd.' z. T. nicht mehr nur eine Bezeichnung, sondern einen echten Adelstitel dar; die Quellen erwähnen insbes. für den lothr.-südndl. Bereich die Damoiseaux v. →Hennegau, Ivory, Rodemack und →Commercy. Ph. Contamine

Lit.: P. GUILHIERMOZ, Essai sur la noblesse en France au MA, 1902.

Dämonen, Dämonologie

A. Altes und Neues Testament – B. Lateinisches Mittelalter – C. Ostkirche – D. Häresien – E. Mittelalterliches Judentum – F. Islam – G. Ikonographie

A. Altes und Neues Testament

Die Vokabel »daimonion«, das Dämonische, begegnet im NT 63mal (»daimōn« nur Mt 8,31; das Verbum »besessen sein« 13mal); synonym sind die Begriffe »unreiner Geist«, »böser Geist« und »Engel (des Teufels)«. Damit werden – einer antiken Auffassung gemäß – animistisch vorgestellte Wesen bezeichnet, die in Wüsten und an unreinen Orten hausen, von wo aus sie den Menschen besetzen, beherrschen und ihm Schaden zufügen.

Israel hatte ursprgl. Gutes und Böses auf →Jahwe zurückgeführt (vgl. Jes 45,7; Am 3,6); in den bösen Widerfahrnissen sah es Gottes strafendes oder versuchendes Handeln (vgl. 1 Sam 16,14–23; 2 Sam 24,14f. u. ö.). Vorherrschend war im AT das Bestreben, den dämonenglauben völlig auszuschalten: Zw. Gott und Mensch vermitteln nicht D., sondern die Boten (Engel) Jahwes. Erst die Begegnung mit synkretist. Religionen führte zu weitgehender Rezeption des Dämonenglaubens durch das nachexilische Judentum. Zwar bleibt Gott Herr auch der D., für die Volksfrömmigkeit jedoch verliert diese Tatsache zunehmend an Bedeutung.

Im NT finden sich die Belege für »Dämon(en)« überwiegend in den synopt. Evangelien, v. a. in den Heilungsberichten (Mk 1,23–28 par; Mt 9,32–34 par u. v. a.). Nach diesen Zeugnissen hat Jesus auch als Exorzist gewirkt; wie seine Zeitgenossen führte er viele Krankheiten des Leibes und des Geistes auf D. zurück (vgl. u. a. Mt 12,43–45 par). Mit exorzist. Methoden, v. a. jedoch durch sein Wort in Vollmacht (Mt 8,16), heilte er Blindheit, Stummheit, Lähmung, Aussatz und Fieber, aber auch Geisteskrankheiten (vgl. Mk 1,23–28 par; Mk 5,1–20 par); nach dem dämonolog. Summarium Mt 12,43–45 (vgl. Lk 11,24–26) fährt der »unreine Geist« von den Menschen aus (das Tun des Exorzisten wird als »Hinauswerfen« bezeichnet). Weil in Jesus das Herr-sein Gottes gekommen ist, vermag er die Macht der D. zu brechen (Mt 12,28).

Eine Reihe der ntl. Schriften kennt den Dämonenglauben nicht: Paulus verwendet die Vokabel nur 4mal (in 1 Kor 10,20f.); sie fehlt ganz in den deuteropaulin. Schriften und in den kath. Briefen; nur je 1mal kommt sie in den Pastoralbriefen und im Jak-Brief vor; selbst in der Off, in der sich die von D. beherrschte apokalypt. Welt spiegelt, begegnet sie nur 3mal. Das aber heißt: Die exorzist. Handlungen Jesu wurden nur überliefert, um das alleinige Herr-sein Gottes hervorzuheben, überkommene Tabus religiöser und gesellschaftl. Art aufzuheben und die Furcht vor D. zu bannen. Nach Gal 5,20 (vgl. Off 9,20f.; 18,23 u. ö.) werden auf D. zurückgeführte Zauberei und Aberglaube abgelehnt; von einer bereits endgültigen Fesselung der bösen Mächte für das Endgericht sprechen 2 Petr 2,4 und Jud 6. Schon im Mt-Evangelium ist die Tendenz, Jesus aus der Nachbarschaft gewöhnl. Exorzisten zu lösen und die religiöse Vorstellungswelt seiner Gemeinde zu entdämonisieren, zu erkennen. Der Glaube, daß durch die Auferweckung und Erhöhung Jesu die D. besiegt sind, setzt sich durch: Dämonenfurcht und Dämonenglaube, aber auch das Interesse an antidämon. Zauber verlieren ihr Gewicht. A. Sand

B. Lateinisches Mittelalter

I. Allgemeiner Überblick – II. Populäre Dämonologie und Dämonenglaube – III. Scholastische Dämonologie.

I. ALLGEMEINER ÜBERBLICK: Der Dämonenglaube des MA hat seine Wurzeln in allgemein religiösen Vorstellungen: in dualist. Systemen sowie in der durch die antike Religionsphilosophie propagierten Überhöhung des Gottesbildes, wobei sich im Zwischenbereich D., die »Geister der Lüfte«, etablieren. Für das Christentum, das jeden Dualismus ablehnt, sind die D. nicht Verkörperung eines bösen Urprinzips, sondern gefallene Engel: Dämonismus wird nicht als Ausdruck kosm. Dualität, sondern als Ergebnis heilsgeschichtl. Entscheidung verstanden. Im FrühMA verstärken sich allerdings »dualisierende«, kosmolog. Vorstellungen: Gottesherrschaft und Teufelsbereich stehen unmittelbar (aber nicht konkurrierend) nebeneinander. Sach-, Gebrauchs- und Nahrungsmittel, sogar Sakralbauten wie auch hl. Geräte müssen mittels bes. Gebete (z. B. »Kirchweihe«) von D. befreit werden. V. a. aber kämpfen Engel und D. um den Menschen: Bei der Taufe wird das »innere Haus« des Gläubigen durch →Exorzismen, aber auch durch ethische Absagung von den teufl. Bewohnern gereinigt, auf daß der Geist Christi einziehen kann. In der Todesstunde kämpfen Engel und D. um die Seele, im Gericht treten die D. mit dem Buch der bösen Taten den Engeln mit ihrem Buch der guten Taten entgegen; selbst an der ewigen Pein der Verurteilten wirken die D. mit. Die »Unterscheidung der Geister« wird wichtig. Erkenntnis und Macht über die D. besitzt v. a. der asket. Gottesmann. Sein Gebet wird exorzist. und apotropäisch als »lorica« (Schutzpanzer) gegen die bösen Mächte eingesetzt. Gelingt es auch der scholast. Theologie, viele der zweifellos unchristl. Praktiken und Vorstellungen zu korrigieren, so bleiben sie in breiten Bevölkerungsschichten doch existent, um zu Beginn der NZ abermals loszubrechen.

II. POPULÄRE DÄMONOLOGIE UND DÄMONENGLAUBE: Die Dämonologie als Lehre von Existenz, Wesen und Wirken der D. war im MA zuvorderst Aufgabe der gelehrten theol. sowie der theozentr. orientierten naturwiss. Diskussion. Das überlieferte Quellenmaterial vermag zwar die Tatsache dämon. Vorstellungsformen zu bezeugen, nicht aber wie weit diese verbreitet waren. Es erlaubt keine Rückschlüsse auf populären Dämonenglauben und Fälle von Dämonismus in den breiten Bevölkerungsschichten oder gar eine Rekonstruktion vorchristl. Glaubenssubstrate.

Die Wurzeln ma. Dämonologien reichen in die Antike zurück. →Augustinus vermittelte in seinen Werken »De civitate Dei« und »De divinatione daemonum« das neuplaton. Ideengut Plotins, Porphyrios' und Jamblichos', womit er am Beginn einer neuen Traditionskette steht. Theologie und kirchl. Lehramt (vgl. II. Laterankonzil 1215, DENZINGER-SCHÖNMETZER 800) betrachteten entgegen allen dualist. Tendenzen die D. als die urgeschichtl. gefallenen und gestürzten Engel. Damit konnte nun in der katechet. Unterweisung, v. a. in der Predigt, vom göttl. Heilsplan gesprochen werden, der sich des dämon. Wirkens und der konkreten Personifizierungen des Bösen bediene. Dieses bestimmt auch die sittl. Entscheidung des Menschen in der Geschichte. Ferner fungierten – spätantiker Tradition gemäß – im MA die D. als geistige Wesen zw. Diesseits und Jenseits. Da sie u. a. im sublunaren Bereich lokalisiert wurden, konnten sich Dämonologie, Magie und Astrologie verbinden. Dabei entstand in der Wechselwirkung von gelehrter Lit. und bildender Kunst ein therio- und anthropomorphes Bildrepertoire, das gerade durch ma. Freskenzyklen und Tafelmalereien in den Kirchen konkrete dämonolog. Vorstellungsmuster dem gemeinen Volk vermittelte. Im »Dialogus Miraculorum« des →Caesarius v. Heisterbach treten Teufel und D. in Tiergestalten, aber auch als Soldaten, Bauern oder Verführer. Frauen auf. Ihre Erscheinung wird nicht selten mit üblem Geruch, oft mit Schwefelgestank, verbunden. Es ist nicht auszuschließen, daß es sich hier lediglich um die Fixierung lit. oder semilit. Topoi handelt. Unbestritten bleibt aber, daß seine wie auch die Kompilationen z. B. des →Vinzenz v. Beauvais, →Stefan de Bellevilla oder des →Thomas v. Cantimpré mit ihrem umfangreichen erzählenden Belegmaterial Ausgangspunkt volkstüml. Dämonenvorstellungen wurden. Dies gilt auch für die ma. hagiograph. Lit., bes. für die »Legenda aurea« des →Jacobus a Voragine, stellt doch ein wesentl. Strukturmerkmal der Heiligenlegenden die Auseinandersetzung des Menschen mit den D. und deren Überwindung als exemplar. Tat gottgefälligen Lebenswandels dar (z. B. →Antonius der Eremit). Schließlich aber erfuhr der ma. Mensch die dauernde Umgebenheit durch böse Mächte sehr konkret. In Unkenntnis der tatsächl. phys. Ursachen und physikal. Wirkungen schrieb man zahlreiche, außerhalb empirisch feststellbarer Gesetzmäßigkeit liegende Phänomene dämon. Wirken zu. Dies betraf Naturereignisse ebenso wie Erkrankungen (vgl. Augustinus, De civitate Dei 15,23 u. ö.), denen mit dem Heilritual des Exorzismus, Gebeten, Segnungen, Gebärden, geweihten Gegenständen und – im Rahmen des kirchl. Erlaubten – →Amuletten begegnet wurde.

Von zentraler Bedeutung für die ma. wie nachma. Dämonologie wurde allerdings die Diskussion um die Bewertung der »magia daemoniaca« (→Magie, →Teufel), zu deren Durchführung es des Paktes bedurfte, mit dem man sich der Hilfe der D. zu Divination, Schadens- und Liebeszauber versicherte. So war mit der ma. Dämonologie zuletzt ein System geschaffen, das der →»Hexenhammer« zur Hexendiagnostik reduzierte, und das, angereichert durch kabbalist. Gedankengut (z. B. von G. →Pico della Mirandola u. a.), sich verstärkt mit naturwiss. Fragestellungen verband, und so bei Heinrich Cornelius Agrippa v. Nettesheim († 1535) und seinen Nachfolgern Magie und D. zu einem Schlüsselwort des neuen frühnz. Naturverständnisses machte. Ch. Daxelmüller

III. SCHOLASTISCHE DÄMONOLOGIE: Die christl. Theologie verstand von Anfang an die Dämonologie als religionsphilosoph. Auseinandersetzung mit den Göttern der Heiden: Die D. sind keine Götter, aber alle Götter der Heiden sind D. (D. HARMENING, Superstitio, bes. 291–303). Von Justin, dem Märtyrer († um 165, Apologie I und II) über Tertullian († nach 220, Apologeticum), Laktanz (1. Hälfte 3. Jh.) bis zu Ambrosius und Augustinus währt diese Kontroverse über die D., die keine Götter und Mittler zw. Himmel und Erde sind, sondern betrüger. Geistwesen, an deren Existenz zu zweifeln die christl. Philosophen und Theologen keinen Grund sahen, denn sie gehörten zum antiken Weltbild. Von ihrem Wesen und Ursprung her sind die D. die in Hochmut und Überheblichkeit gefallenen Engel. Origines († 253) sah im Sturz der Engel die vor- und übergeschichtl. Entscheidung im Himmel, die immer schon die Schöpfungs- und Heilsgeschichte bestimmt. Augustin verlegte diesen Sturz an den Anbeginn der Schöpfung, indem Gott Licht und Finsternis schied (und zwar als kosm. und geschichtl. Mächte). Der aus der Höhe der Gottesnähe und Herrlichkeit gestürzte Engel zerstört im Sturz die Schöpfungsordnung (De civitate Dei VIII c.22, XIV c.11 CCL 47, 239, 48, 432f.). Für die ps. augustin. Quaestiones Veteris et Novi Testamenti (MPL 35, 2216), die wahrscheinl. von Ambrosiaster stammen, ist Luzifer der Anführer der gefallenen Engel, dessen Sturz um so tiefer war, weil er als Lichtengel alle anderen überragte. Gregor d. Gr. nahm in den Moralia in Job (XXX c. 32 n. 76, MPL 76, 520f.) und in den Homilien zu den Evangelien den Luzifersturz auf und beleuchtete ihn von Ez 28 (Drohrede gegen den Fs. en v. Tyrus). Im Sturz der Engel eröffnen sich vom Luftraum über die Welt bis in die Unterwelt die Dimensionen des Dämonischen im ganzen Kosmos. Als Machthaber in den Lüften haben die D. eine äther. Natur, sind beweglich und durchdringen alles Körperliche: sie sind in ihrem Wissen aufgeblasen, der Gerechtigkeit und Liebe bar und üben aller Art Trug, Zauber und Magie aus, worüber auch die Theologen spekulieren (Augustin, De divinatione daemonum, CSEL 41, 597–618; Hrabanus Maurus, De magicis artibus, MPL 110, 1095–1110). Die Formen des dämonischen Aberglaubens wurden von Theologie und Kirche als Heidentum verworfen (vgl. die Verurteilung der »pagani« [Heiden] auf der Synode v. Braga 561, DENZINGER-SCHÖNMETZER 459 [vgl. D. RAMOS-LISSON, 77–86]; vgl. ferner die Glaubensbekenntnisse der Waldenser, DENZINGER-SCHÖNMETZER 797, und des Lateranense IV, 1215, ebd. 800). Geschichtstheologie, Schöpfungslehre, asket.-myst. Theologie und Bußkanones sind die Hauptgebiete, auf denen die scholast. Theologen von den D. handeln.

a) Nach Augustin hat der Gegensatz zw. den beiden civitates seinen Grund im Sündenfall und Sturz der →Engel. Die volle Zahl der Himmelsbürger muß in der Schöpfungs- und Heilsgeschichte wiederhergestellt werden. Für die Geschichtstheologen des Deutschen Symbolismus, →Rupert v. Deutz (De victoria Verbi Dei, ed. RH. HAAKKE, MGH Q 5, 1970, 1–426), →Gerhoch v. Reichersberg und →Honorius Augustodunensis (Liber duodecim quaestionum, MPL 172, 1177–1186) ist die Restauration der himml. Bürgerschaft der eigtl. Gotteskrieg gegen die Mächte des Bösen und der D., der in der Zusammenschau des uranfängl. Engelsturzes und des endzeitl. Kampfes Michaels gegen den Drachen (Apok 12, 7–12) seinen dramat. Charakter empfängt. Der Sieg Michaels über die abgefallenen Engel hat ein für allemal die Auseinandersetzung entschieden. Diese Entscheidung muß im Kampf und in der Frontstellung gegen die widergöttl. und dämon. Kräfte ausgetragen werden.

b) Die urgeschichtl. Scheidung der guten und bösen Engel und der Sturz Satans und seines Anhangs haben ihre Entsprechung in der Schöpfungsgeschichte. Anselm v. Canterbury veranschaulichte am »Fall des Teufels« das Unheilsgeschick des geschöpfl. Geistes, der den angestammten Ort in Gott preisgegeben hat und die Rechtheit des freien Wollens vernichtete. Petrus Lombardus sammelte im Anschluß an die Sentenzensammlungen aus den Schulen des Anselm v. Laon und der Viktoriner in der Schöpfungstheologie (Sent. II d. 2 c. 6–d. 8, ed. Rom, 1971, 341–370) die unterschiedl. Väteraussagen zu den Fragen nach der Engelssünde, dem Sturz und Ort der D., deren Wissen, Wollen und Wirken. Mit diesen Fragen der Dämonologie mußten sich alle Erklärer des Sentenzenwerkes auseinandersetzen. Vgl. auch →Wilhelm v. Auvergne (de Alvernia) († 1249 als Bf. v. Paris), De universo II p. 3: De universo spirituali (ed. 1674, fol. 1015r–1074). Das Problem der Fixierung des freien Willens in der Sünde, der Verstockung des Geistes in der Unbußfertigkeit und der Verfinsterung des Herzens in der irreversiblen Abkehr von Gott rührt an das Geheimnis der Freiheit des Geistes vom Negativen her (vgl. Thomas v. Aquin S. th. I q. 64

a. 2, Bonaventura, Sent. II d. 7 p. 1 a. 1 q. 1–3). Die D. tragen die Finsternis und Verstockung in die Geschichte des Geistes hinein und reißen im Sturz die Tiefen der Hölle auf (Thomas v. Aquin, ebd. a. 4). Die Vorstellungen der Theologen über die Wirkmächtigkeit der D. sind am antiken Weltbild orientiert: Kraft ihrer äther. Natur durchdringen die D. die Körperwelt und okkupieren sie. Dies geschieht beim Menschen, sofern es Gott zuläßt, sei es zum Erweis seiner göttl. Herrlichkeit, sei es zur Bestrafung der Sünde oder zur Besserung des Sünders, sei es zu unserer heilsamen Erziehung (Bonaventura, ebd. q. 1). Die Geistseele des Menschen und seine Freiheit können die D. nicht besetzen (ebd. q. 2). Sie können aber Sinnesvorstellungen und Strebevermögen des Menschen infizieren und so den Menschen in Versuchung führen. In den Lastern des Hochmuts, der Begehrlichkeit usw., die den Menschen (in einer Transzendenz nach unten) desorientieren, sahen die Lehrer des geistlichen Lebens (→Bernhard v. Clairvaux, Tractatus de gradibus superbiae, ed. J. LECLERCQ–H. M. ROCHAIS, 1963, 13–59, →Heinrich Seuse, † 1366, Horologium Sapientiae, ed. P. KUENZLE, 1977) dämonische Einflüsse. Thomas v. Aquin (S. th. I^a II^{ae} q. 80 a. 2) bezog diesen Einfluß sachl. und sprachl. auf den Teufel. Im Aberglauben sah er aber (ebd. II^a II^{ae} q. 96 a. 1) eine Verbindung des Menschen mit den D. und den schuldhaften Versuch, mit Hilfe der D. (Dämonenpakt, ebd. q. 95 a. 2) sich unzugängl. Wissen oder Macht zu verschaffen.

L. Hödl

C. Ostkirche

Die Dämonologie der Ostkirche in der byz. Tradition ist das Erbe aus bibl. und außerbibl. Quellen, übermittelt in den Werken der frühchristl. Theologen. Daraus schöpften die Väter, die theol. Lehrer des Ostens, bis heute. Der »Teufel und seine Engel« begegnen uns schon im NT (Mt 25,41; vgl. Apc 12,7), ebenso die D. und ein ἀρχὼν τῶν δαιμονίων (Mk 3,22 par). Das NT setzt »gefallene Engel« und D. nicht einfach gleich, doch geschieht es dann sehr früh. Für die weitere Entwicklung einer Dämonologie waren die Apokryphen – jüdische wie christl. – und die Gnosis von großer Bedeutung. Ventiliert wurde die Frage nach der Herkunft der D., Gen 6,4 dafür bemüht, was aber wie im W (Hilarius, Augustinus), so im O zuletzt auf entschiedene Ablehnung stieß (z. B. Johannes Chrysostomos [hom. 22 in Gen, MPG 53, 187]; Theodoret v. Kyros [quaest. in Gen 47, MPG 80, 147]). Die D. sind »unkörperlich« – gemessen am Menschen. Einig sind sich die Väter in der Abwehr jeden Dualismus: Auch die D. sind von Gott gut geschaffen. Ihre Bosheit (Verfinsterung) ist die Folge ihres Abfalls, verstanden als Auflehnung gegen Gott aus Stolz und als Eifersucht gegenüber dem Menschen aus Neid. Ihr Aufenthaltsort ist die »untere Luft«; das »unauslöschliche Feuer« ist für sie bereitet, doch erst am Ende der Welt werden sie ihm unwiderruflich verfallen. Im 6. Jh. ergaben sich Schwierigkeiten im Zusammenhang mit origenist. Strömungen im palästinens. Mönchtum, womit sich zuerst eine Synodos endemusa 543 und dann das 5. ökumen. Konzil (553) auseinandersetzten. Verurteilt wurde die Lehre von der schließlichen Wiederversöhnung der D. (c. 9 v. 543) und die Verquickung der Dämonologie mit einer merkwürdigen Christologie (Anathematismen v. 553: euagrian. Origenismus). – Eine gleichsam konkrete Ausprägung erfuhr die Dämonologie in der asket. Überlieferung des Mönchtums. Als klass. Dokument kann das »Leben des hl. Antonios« (MPG 26, 835–976) gelten, von Athanasios bald nach dem Tod des Mönchsvaters (356) verfaßt (um 357) und von Euagrios ins Lat.

übersetzt. Wir erfahren viel über Listen und Künste der D., ihre Erscheinungen und Verwandlungen, ihren unablässigen Kampf gegen die Mönche, die sie aus ihrem letzten Reservat, der Wüste, verdrängen, da sie sich dort, und gleich noch in Scharen, als Anachoreten niederlassen. Hatten die D. ursprgl. in den Tempeln der Heiden, zuweilen mit deren Göttern identifiziert, gewohnt, so wurden sie von den Christen zuerst aus den Städten verjagt; nun machten die Mönche ihnen auch noch die Wüste streitig. Eingeteilt in »Ränge«, entsprechend den Hauptleidenschaften (Hauptsünden), greifen sie in steigenden Wellen an. Doch sind sie nicht so sehr zu fürchten als vielmehr zu verachten. Der Name Jesu, das Kreuzzeichen, aufrichtige Abtötung schlagen sie in die Flucht. – Dogmat. behandelt Johannes Damaskenos das Thema in seiner $Πηγὴ\ γνώσεως$ (Die Schriften des Joh. v. Damaskenos II [= PTS 12] Kap. 18, 48–50; MPG 94, 873–877): Der erste unter jenen Engelsmächten, denen die Erde anvertraut war, von Gott gut geschaffen, doch aus freier Entscheidung durch Auflehnung gegen den Schöpfer böse geworden, wurde zum Anführer einer »unzähligen Menge« von ihm im Abfall folgenden Engeln. Sie haben keine Macht, außer jener, die ihnen Gott nach seinem Heilsplan einräumt. Die Zukunft kennen sie nicht, wohl aber die Hl. Schriften. Niemals ist ihnen zu glauben, selbst wenn sie Wahres sagen. Alle Bosheit und die unreinen Leidenschaften sind von ihnen ersonnen. Den Menschen können sie zum Bösen versuchen, doch nicht zwingen. Was der Tod für den Menschen, ist für den Engel der Abfall: Es gibt danach keine Umkehr mehr. Darum ist für den Teufel und die D. das ewige Feuer bestimmt. – Eine eigene Monographie hat Michael Psellos den D. im 11. Jh. gewidmet: $Τιμόθεος\ ἢ\ περὶ\ δαιμόνων$ (de daemonorum energia seu operatione: MPG 122, 819–882). Was er darin über die Aussagen eines Mönches Markos – zuerst in den Teufelsdienst eingeweiht und dann bekehrt – berichtet, klingt abstrus und unheimlich; im übrigen vertritt er die überlieferte Dämonologie und untermauert sie mit Väterzitaten. H. M. Biedermann

D. Häresien

Gegen Ende der Spätantike war das dämonolog. Problem v. a. in den Glaubensvorstellungen der Manichäer – in ausgeprägt dualist. Form (→Dualismus) – präsent, trat aber auch sporadisch in einigen chiliast. Zeugnissen auf, die sich mit der tausendjährigen Fesselung Satans und dem Reich Gottes beschäftigten. Jedenfalls hatte sich bereits die für das MA wirksame christl. Dämonologie, in Verbindung mit der Angelologie (→Engel), herausgebildet. Im FrühMA hatte die Dämonologie für die Theorien über die Erbsünde und v. a. das Wirken Satans in der Endzeit und den →Antichrist Bedeutung. Sie bewegte sich jedoch in den Grenzen der Orthodoxie, obzwar sie Züge der Volksfrömmigkeit annehmen konnte, in der Satan als Versucher dargestellt wird, der jede Gelegenheit nützt, um die Seelen zu verführen.

Im 10. und 11. Jh. erfuhr die Dämonologie schlagartig eine bedeutende Entwicklung. Ist den Angaben von →Ademar v. Chabannes oder →Guibert v. Nogent Glauben zu schenken, die von einem Wiederauftauchen des Manichäismus in ihrer Zeit sprechen, so muß man in erster Linie an neue Glaubensvorstellungen denken, die sich auf die Dämonologie beziehen; die ganze häret. Neuheit dieses Ideenguts zeigte sich jedoch erst in der ersten Hälfte des 12. Jh., als erstmals vom Bogomilentum in Osteuropa, insbes. in Bulgarien, ausgehend (→Bogomilen) neue Auffassungen über die D. in den W gelangten und innerhalb der Kathar. Häresie (→Katharer) ihren Platz fanden. Das Bogomilentum setzte sich im W in seiner ersten Ausprägung fast gleichzeitig in Deutschland, Südfrankreich und Italien durch. In diesen drei Ländern kam es zu einer ersten Welle einer Dämonologie, die Satan und die anderen D. als abgefallene Engel betrachtete, die, von Gott aus dem Himmel auf die Erde herabgestürzt, sich auf verschiedene Weise – entsprechend den unterschied. Mythen – in Wesen verkörperten, die vom ersten der Engel, Satan, geschaffen waren: er hatte in die leblosen Körper die gefallenen Engel eingeschlossen und sie dadurch belebt, wobei sich dieses diabol. Leben durch jede geschlechtl. Vereinigung fortpflanzte. In den Glaubensvorstellungen dieser ersten häret. Welle waren die D. bzw. Teufel also gefallene Geschöpfe Gottes, die jedoch immer ein Teil des göttl. Universums blieben, auch wenn sie Unordnung, Schmerz und das Böse dort hineintrugen. Infolge ihrer Ähnlichkeit mit der kath. Lehre blieb diese erste Welle einer neuen Dämonologie fast unbemerkt und unerkannt, obwohl ihre häret. Tendenz der Aufmerksamkeit einer →Hildegard v. Bingen oder eines →Ekbert v. Schönau nicht entging. Letzterer nicht sogar in seinen »Sermones contra Catharos« der Häretiker seiner Zeit für die antiken Manichäer, wie sie aus Augustinus kannte.

Die zweite kathar. Welle, die etwa 30 Jahre später erfolgte, brachte eine ausgesprochene dualist. Dämonologie mit sich: Satan und seine Engel sind völlig autonom und stellen die Manifestation des Bösen dar, im Gegensatz zu dem guten Gott und den guten Engeln. In einer Reihe von Geschehnissen, die in bisweilen sehr verschiedenen Mythen erzählt werden, gelingt es einem der bösen Engel, das Vertrauen des guten Gottes zu gewinnen und einen Teil der guten Engel zu verführen; diese werden daraufhin alle aus dem Paradies vertrieben und gezwungen, auf der Erde, die die Hölle bedeutet, da sie das Reich des Bösen ist, materielle Leiber anzunehmen, bis ein guter Engel, Christus, auf die Erde kommt und den in der Materie gefangenen Brüdern ihr Schicksal bzw. die Möglichkeit der Befreiung aus dem Gefängnis der Materie enthüllt. Diese Dämonologie, die derjenigen der antiken Manichäer viel näher stand, war für die zeitgenöss. Theologie von nicht geringer Bedeutung: einerseits führte sie im Katharertum selbst zu Diskussionen (→»Liber de duobus principiis«; →Giovanni di Lugio; →Katharer; →Albigenser), andererseits bewirkte sie, daß in der kath. Theologie das Problem der Engel, der D. und alle damit in Zusammenhang stehenden Fragen (Weltgericht, Gericht über den einzelnen, Antichrist usw.) stärker beachtet wurden. Infolge dieses erneuten Interesses für die Dämonologie wurde dem Problem der Gegenwart der D. und der Dämonenfurcht im Leben der Christen stärkere Aufmerksamkeit geschenkt. Ein bes. Aspekt dieser Beschäftigung mit der D. muß auch darin gesehen werden, daß bereits im 13. Jh. und deutlicher noch im 14. Jh. zw. Dämonologie und Hexerei eine Verbindung hergestellt wurde. Zu dieser Zeit tritt an die Stelle der Herodias oder Diana, die mit ihrem Gefolge durch die Lüfte ziehen, der (Hexen-)Sabbath, das heißt die Versammlung von Satan und seinen Anbeterinnen, wobei gleichzeitig in dem Verhältnis des als männl. gedachten Satans und der weibl. Hexen neben der mag. auch eine sexuelle Komponente auftritt. In diesem Sinn bietet die Dämonologie die Möglichkeit, die Hexen der Häresie anzuklagen und ihnen Dämonenkult vorzuwerfen. Dämonolog. Aspekte müssen auch im 14. und 15. Jh. bei den – nach Meinung des Verfassers ernstlich anzuzweifelnden – Schilderungen nächtl. Orgien gesehen werden, bei denen nicht selten von der Gegenwart des Teufels die Rede ist. R. Manselli

E. Mittelalterliches Judentum

Die umfangreiche dämonolog. Tradition in →Talmud und →Midrasch (RAC 9, 579–585) wirkte im ma. Judentum auf verschiedenen Ebenen fort und wurde mit der Angelologie weiter ausgebaut. Im Volksglauben in Verbindung mit mag. Praktiken (Beschwörungen, Amulettgebrauch) und mit astrolog. Vorstellungen, mit der geläufigen Auffassung vom Menschen als Mikrokosmos als Brücke zur zeitgenöss. Medizin. Auf diesem Reflexionsniveau bestand eine starke Tendenz zu interreligiösem und internationalem Informationsaustausch (Namen, Beschwörungsrezepte). Theol.-spekulativ verwertet begegnet D. im aschkenasischen ‎Ḥasidismus in noch volkstüml. Form, während philosophierende Richtungen (wie in Christentum und Islam) die Einordnung in ein neuplatonisch und/oder aristotelisch geprägtes Weltbild versuchten. Alle Aspekte und Traditionen griff die Kabbala auf, um ihre Auffassungen des Bösen darzustellen. Dessen Ursprung wird (trotz mitklingender populär-neuplaton. Verbindung mit Materie bzw. Sinnenwelt) in einer Störung der Harmonie der Struktur der zehn Sefirot (Wirkungskräfte der Gottheit) angesetzt, wobei z. T. Engelfalltraditionen miteingebaut werden. Erklärt wird diese Störung doppelt, als isoliert bzw. unausgeglichen (von oben her) wirksame göttl. Gerichtspotenzen und als Folge negativer Einwirkung durch die menschl. Sünde von unten her. D. repräsentieren die Kräfte des Bösen (»links«) außerhalb und in den Seinsstufen unterhalb der Sefirot, auch die herrschenden polit. Kräfte (Samael als Engelfürst »Roms«). Im SpätMA dominierte infolge zunehmender Popularisierung die »praktische« Kabbala mit dem Schwerpunkt auf den herkömml. volkstüml. Vorstellungen und Praktiken wie Amulettgebrauch und Dämonenbeschwörungen.

J. Maier

F. Islam

Mohammed, gest. 632 n. Chr., übernahm den Glauben an D. aus dem vorislam. Arabien. Die heidn. Beduinen stellten sich darunter unheiml. Wesen vor, die meist unsichtbar gewisse Orte und Landschaften bewohnten und sich in der Wüste manchmal durch seltsame Töne hören ließen: das Phänomen der »singenden Sande«. Gefürchtet war die Wüstendämonin ġūl. Dichter gaben auch vor, von D. inspiriert zu werden. Die D. zerfielen in verschiedene Klassen. Ihr allgemeiner Name aber ist ǧinn (dschinn), Sg. ǧinnī, ein noch ungedeutetes Wort. Die ǧinn drangen mit ihrem Namen schon im 2. Jh. n. Chr. aus der Wüste in das Gebiet der palmyren. Stadtkultur, wo sie zu Gottheiten aufstiegen, aramaisiert als ginnājē bezeichnet und in Reliefs als bewaffnete Männer auch bildl. dargestellt wurden. – Die ǧinn des Islams sind jedoch keine degradierten Götter, sondern eine Gattung von Lebewesen für sich wie die Menschen. Sie bilden Völker, die einander manchmal bekriegen, sichtbar etwa in Windhosen. Sie sind gut und böse, werden wie die Menschen (im Unterschied zu Tieren und Engeln) am Jüngsten Tag für ihre Taten zur Verantwortung gezogen und wandern ins Paradies oder in die Hölle. Sie haben die gleichen Religionsgemeinschaften wie die Menschen, denn die sog. Gottgesandten von Adam bis Mohammed, obwohl ausnahmslos aus dem Menschengeschlecht erwählt, haben ihre himml. Botschaften auch für die ǧinn verkündet. Sure 72 des Korans zeigt ǧinn, die den Koran vernehmen und Muslime werden. Die ungläubigen oder bösen ǧinn werden oft als šayāṭīn, Sg. šaiṭān, »Satane« oder abālisa, Sg. iblīs, »Teufel« bezeichnet. Zu ihnen gehört auch der →Satan oder Iblīs (von gr. διάβολος) selbst. Er ist nicht der Vater aller ǧinn und auch nicht deren Anführer, sondern nur der Anführer der bösen und der Vater mancher von ihnen. Er ist nach Sure 18, 50 ein ǧinnī, also kein gefallener Engel wie im Juden- und Christentum. Das ist schon darum unmöglich, weil die Engel des Islams von Natur aus gegen Versuchungen immun sind und Gott nicht ungehorsam sein können. Durch Einwirkung nichtislam. Anschauungen ist das islam. System manchmal durchbrochen und es kann, zumal wegen des mißverständl. Wortlauts von Sure 18, 50, der Satan auch etwa als gefallener Engel erscheinen. – Die ǧinn sind männlich und weiblich, werden geboren, zeugen Kinder und sterben. Sie werden einerseits als zart, schwächlich und verletzlich, anderseits als zäh, ungeheuer stark und sehr langlebig geschildert. Einerseits, heißt es, wissen sie mehr als die Menschen, anderseits lassen sie sich von Menschen in theol. Wissenschaften unterrichten. Sie nützen den Menschen und schaden ihnen. Menschen und ǧinn leben auf Erden nebeneinander und müssen miteinander auszukommen suchen, wofür einige Regeln gegeben werden. Die Zauberei gibt dem Menschen sogar Mittel an die Hand, sich die ǧinn dienstbar zu machen. Salomo hatte, dank seinem Siegel, Macht über sie und zog sie zu Fronarbeiten heran. Mächtige Bauten des Altertums gelten als ihr Werk. Als Wesen, die jeden Widerstand der Natur zu überwinden vermögen, nehmen sie in der Phantasie der ma. Muslime die Maschinen voraus und verkörpern als »Geister« der Natur deren Hüter und Rächer. Aber sie stehen nicht für die ordnungsgemäßen Abläufe in der Natur, sondern für die ausgefallenen oder machen sich wenigstens in solchen bes. deutlich bemerkbar: stoßweise sprudelnde Quellen u. dgl. So ist auch ihre Beziehung zum Menschen. Sie können ihn inspirieren oder krank, v. a. geistig krank, besessen machen. Maǧnūn, »verrückt« ist soviel wie »krank durch Einsitz oder Schlag eines ǧinnī«. Sie verursachen das Abweichende, nicht das Gesunde. Für die Ordnung der Dinge sind die Engel zuständig, die zwar im »Himmel« zu Hause sind, aber, soweit die mytholog. Vorstellungsweise beibehalten wird, zu bestimmten Aufgaben in die sublunare Welt, ja sogar in die Hölle delegiert werden können. Der Satan ist nicht der Fürst der Hölle, und Pförtner und Häscher der Hölle sind nicht D., sondern Engel. Die Satane werden dereinst, wenn sie abgeurteilt sein werden, wie die Menschen in der Hölle durch Engel bestraft, und Engel sind angewiesen, ein spionierendes Vordringen der ǧinn in die obere Welt, wo sie nichts zu suchen haben, durch den Wurf von Feuerbränden zu verhindern. Das sind die Sternschnuppen. Die ǧinn können sich beliebig verwandeln. – Heirat zw. Menschen und ǧinn gilt als möglich. Ob aus solchen Verbindungen auch Kinder entstehen, ist strittig. Nach der Sage war die Kgn. v. Saba einer solchen Ehe entsprossen, und öfters werden gewisse fremde und fremdartige Völker als Mischlinge dieser Art ausgegeben. – Bilder sind von guten und v. a. von bösen ǧinn, trotz dem islam. Bilderverbot, hauptsächl. in Persien oder unter pers. Einfluß, vielfach gemalt worden, an Wänden und in Miniaturen. Die bösen haben dabei meist einen gefleckten Körper, Hörner und nicht selten einen Schwanz. – Die ǧinn erscheinen nur am Rand der islam. Glaubenslehre. Ihre Existenz bildet meist so wenig einen Glaubensartikel wie die Existenz der andern Naturreiche, Menschen und Tiere, im Gegensatz zu den Engeln. Ibn Ḥazm, gest. 1064, Ibn Taimiyya, gest. 1328, und andere verlangen jedoch ihre ausdrückl. Anerkennung. Aufklärungsbestrebungen haben den Islam schon vom 8. Jh. an begleitet. Sie sprechen den ǧinn entweder bestimmte Fähigkeiten ab oder deuten die ǧinn um oder leugnen geradezu ihre Existenz.

F. Meier

G. Ikonographie

I. Westen – II. Byzanz – III. Altrußland.

I. Westen: Dämonendarstellungen hatten in der germ. Kultur eine apotropäische Bedeutung (Oseberg-Schiff, Weiterwirken noch im Teppich v. Bayeux). Man sah die D. als phantast. Fabelwesen an. Das frühe MA kannte die D. v. a. in Form von Ungeziefer, das unter dem Schutz Beelzebubs stehen sollte. D. erscheinen im christl. MA in zweierlei Gestalt: Zum einen als phantast., zoomorphe Mischwesen, die in monströser Weise mit Merkmalen des Menschen ausgestattet werden, zum anderen als zumeist schwarze, geflügelte Teufel in menschl. Form. Die erste Gattung findet sich häufig an den Westportalen des Kirchenbaues sowie an den sog. »Bestienpfeilern« (Freising). Auch die Kapitellplastik ist reich an Dämonendarstellungen. Die zweite Gattung tritt v. a. bei Darstellungen von Austreibungen und Besessenenheilungen (Giotto, Fresken in der Oberkirche von S. Francesco, Assisi) sowie bei Versuchungsszenen von Hl. auf. Innerhalb der wichtigsten Rahmenthemen, die eine Darstellung von D. zulassen, werden jedoch die beiden Kategorien häufig miteinander vermischt. Dies sind das Weltgericht und die Höllendarstellung (Tympanon von Beaulieu, 1130; Winchester-Psalter, 1161, London, Brit. Mus.; Kuppelmosaik, Florenz, Baptisterium; Brüder Limburg, Stundenbuch des Duc de Berry, Chantilly, Mus. Condé; Stephan Lochner, Weltgerichtsaltar, um 1435, Köln, Wallraf-Richartz-Mus.), der Sturz der abgefallenen Engel bzw. der Kampf Michaels mit dem abtrünnigen E. (Meister HL, Niederrotweiler Altar; Pieter Bruegel d. Ä., Brüssel; Dürer, Holzschnitt) und die Versuchung des Hl. Antonius (Kupferstiche von Meister E. S. und Martin Schongauer, Miniat. im Codice Antonita, Florenz, Bibl. Laurenziana, 15. Jh.; Fresko von Agnolo Gaddi in S. Croce, Florenz; Gemälde von Sassetta, Bosch – Lissabon, Berlin, Lugano – und Grünewald, Isenheimer Altar). Eine Sonderform sind die »Ars Moriendi«-Holzschnitte des 15. Jh., in denen die Verstorbenen von D. gepeinigt werden. Im späten MA steigert sich im Œuvre von Bosch und seinen Nachfolgern das Dämonenbild zu einem »Genre des Dämonischen« (CH. DE TOLNAY, 1925), das als Gegenbild zur Sphäre des Heils erscheint.
D. Kocks

II. Byzanz: In frühbyz. Zeit gibt es Darstellungen von D., abgesehen vom Bild der Heilung eines Besessenen durch Christus auf der Elfenbeintafel von Murano (Ravenna, Mus. Naz., um 500), wo eine kleine menschl. Figur aus dem Kopf des Geheilten fährt, auf Amuletten (6./7. Jh.?), auf denen Salomon oder der hl. Sisinnios, beide zu Pferde, einen am Boden liegenden D. mit der Lanze durchbohren. Nach einem kopt. Fresco von Bạwīt (6. Jh.?) handelt es sich um den weibl. D. Alabastria, die auch geflügelt und fischschwänzig vorkommt. Auf den Amuletten sind Einzelheiten nicht erkennbar. In mittel- und spätbyz. Zeit sind D. nur sehr selten dargestellt, z. B. in Psalterien mit Randminiaturen, im Chludov-Psalter, Moskau, noch nackt, dunkelhäutig und langhaarig, im Ms. gr. 20, Paris, schon geflügelt (beide 9. Jh.), in den späteren, z. B. dem Theodor-Psalter (1066; London, Brit. Mus.) stets als kleine schwarze Engel, ebenso in vielen Hss. der »Himmelsleiter« des Johannes Klimakos bis in die nachbyz. Zeit. Diese Dämonenbilder sind oft mehr oder weniger gut ausradiert. Außerdem gibt es D. als Menschen mit Tierköpfen in Hss. der Homilien des →Gregor v. Nazianz.
K. Wessel

III. Altrussland: Auch im alten Rußland stehen das dualist. Weltbild des MA und die Heilungspraxis von seel. Kranken durch die Kirche (Exorzismus) in der Darstellung von D. und Dämonenheilungen im Hintergrund. D. werden größtenteils als geflügelte Teufelchen oder tiergestaltig wiedergegeben. Neben den Anargyroi und Arztheiligen Kosmas und Damian erscheint der »Hyperhagios« Nikolaus (Nikola, Nikolaj) auf den Randbildern seiner Vitenikonen als Exorzist überhaupt. Schlangengestaltige D. als Feinde der Viehherden werden von ihren Patronen (Georg, Vlasij u. a.) abgewehrt. In der Ikonographie des »Schrecklichen Gerichts« quälen kleine Teufel die Verdammten.
K. Onasch

Lit.: zu [B. I]: DSAM III, 212–234 – HDG II, 2b [G. TAVARD u. a., Die Engel] – HOOPS² IV, 540–577, bes. 544ff. – RAC IX, 761–797 – TRE VIII, 286–300 [Lit.]. – A. FRANZ, Die kirchl. Benediktionen im MA, 2 Bde, 1909 – H. ACHTERBERG, Interpretatio Christiana. Verkleidete Glaubensgestalten der Germanen auf dt. Boden. Eine Quellenschau nach den Berichten der Merowinger- und Karolingerzeit [Diss. Greifswald 1930] – O. BOECHER, Dämonenfurcht und Dämonenabwehr. Ein Beitr. zur Vorgesch. der christl. Taufe [Beitr. zur Wiss. vom AT und NT, 5. F., H. 10), 1970 – Die Mächte des Guten und Bösen. Vorstellungen im XII. und XIII. Jh. über ihr Wirken in der Heilsgesch., hg. A. ZIMMERMANN (Misc. mediaevalia, 11), 1977 [bes. die Artikel: A. ANGENENDT, Der Taufexorzismus und seine Kritik in der Theologie des XII. und XIII. Jh., 388–410; H. BACKES, Teufel, Götter und Heiden in geistl. Ritterdichtung. Corpus Antichristi und Märtyrerliturgie, 417–441; J. EHLERS, Gut und Böse in der hochma. Historiographie, 27–71] – P. DINZELBACHER, Vision und Visionsliteratur im MA (Monographien zur Gesch. des MA, 23), 1981, 90–120 – zu [B. II]: EM III, 223–259 – LThK²III, 139–147 – KL III, 125–138 – PH. SCHMIDT, Der Teufels- und Dämonenglaube in den Erzählungen des Caesarius v. Heisterbach, 1926 – C. ERNST, Teufelsaustreibungen. Die Praxis der kath. Kirche im 16. und 17. Jh., 1972 – D. HARMENING, Superstitio. Überlieferungs- und theoriegesch. Unters. zur kirchl.-theol. Aberglaubenslit. des MA, 1978 – . J. GRIMM, Dt. Mythologie II, 1981, 822–924; III, 291–319 – M.-L. THOMSEN, D. HARMENING, CH. DAXELMÜLLER, Magie [Kindlers Enzyklop. Der Mensch VI, 1983], 688–706 – THORNDIKE, II–IV – zu [B. III]: DDC VI, 1327–1343 – DThC IV, 321–409 (bes. 384–400) – Dt. Thomas – Ausg. 8, 1951 (S. th. I qq 103–119) – H. ROßMANN, Die Hierarchie der Welt (Franz. Forsch. 23), 1972 – D. L. WALZEL, The Sources of medieval Demonology, Univ. Microfilm Internat., 1974 – W. KETTLER, Das Jüngste Gericht. Philol. Stud. zu den eschatolog. Vorstellungen in den alten und frühmhd. Denkmälern, Q. und Forsch. zur Sprach- und Kulturgesch. germ. Völker, NF 70, 1977 – J. ORLANDIS – D. RAMOS LISSON, Die Synodenauf der Iber. Halbinsel bis zum Einbruch des Islam (711), 1981 – zu [C]: DSp III, 154–212 – DThC IV, 339–379, 407 – RAC IX, 700–715 – P. PERDRIZET, Negotium perambulans in tenebris, 1922 – A DELATTE – CH. JOSSERAND, Contribution à l'étude de la démonologie byz., AIPh 2, 1934, 207–232 – P. JOANNOU, Les croyances démonologiques au XI°s. à Byzance: Actes du VI° Congrès internat. d'études byz., 1950, 245–260 – B. KRIVOSCHEIN, Angels and Demons in the Eastern Orthodox Spiritual Tradition (The Angels of Light and the Powers of Darkness, hg. E. L. MASCALL, 1954), 22–46 – R. ARBESMANN, The 'Daemonium meridianum' and Greek and Latin patristic exegesis, Traditio 14, 1958, 17–31 – P. JOANNOU, La démonologie populaire. Démonologie critique au XI° s. La vie inédite de S. Auxence par M. Psellos (Schr. zur Geistesgesch. des östl. Europa 5), 1971 – zu [D]: Satan (Etud. Carmélitaines, 27), 1948, passim – A. BORST, Die Katharer, 1953, passim – M. LOOS, Dualist Heresy in the MA, 1964 – H. HAAG, Teufelsglaube, 1974 – M. D. LAMBERT, Medieval Heresy, 1977, passim – R. MANSELLI, Le premesse medioevali della caccia alle streghe (M. ROMANELLO, La stregoneria in Europa, 1978), 39–62 [Zum Verhältnis zw. Dämonologie und Häresie] – R. MANSELLI, L'eresia del male, 1980² – Weitere Lit. →Engel – zu [E]: J. TRACHTENBERG, Jewish Magic and Superstition, 1961² – G. SCHOLEM, Some Sources of Jewish-Arabic Demonology, JJS 16, 1965, 1–13 – J. MAIER, Gesch. der jüd. Religion, 1972 [Register] – G. SCHOLEM, Kabbalah, 1974, 320–326 – L. JUNG, Fallen Angels, 1974 – Y. DAN, Stud. in Aschkenazi-Hasidic Lit. [hebr.], 1975, 9–25, 34–93 – zu [F]: Q.: Ibn Qayyim aš-šiblīy, Ākām al-marğān fī aḥkām al-ğānn »Korallenbänke: Über die Stellung der ğinn«. (14. Jh.) – Lit.: EI² (djinn) – G. VAN VLOTEN, WZKM 7 und 8 – J. HAMMER-PURGSTALL, Die Geisterlehre der Moslimen, Denkschr. phil. hist. Kl. Wien 3/1, 1852]Neudr. A. SCHIMMEL, Zwei Abh. zur Mystik und Magie des Islams, 1974, 139–216] – P. A. EICHLER, Die Dschinn, Teufel und Engel im Koran [Diss. Leipzig 1928] – F. MEIER,

Ein arab. »bet-ruf«, Asiat. Stud. 33, 1979, 153–198 – *zu [G. I]*: Enc. Univ. dell'Arte IV, 1958, 277–281 – LCI I, 465–468 – RDK III, 1015–1027 – E. CASTELLO, Il Demoniaco nell' arte, 1952 – L. RÉAU, Iconographie de l'art chrétien I, 1955, 107–124; II, 1, 1956, 56–64 – H. DANIEL, Devils, Monsters and Nightmares, 1964 – A. ROSENBERG, Engel und D., 1967 – G. LASCAULT, Le monstre dans l'art occidental, 1973 – H. MODE, Fabeltiere und D. in der Kunst. Die fantast. Welt der Mischwesen, 1973/74 – *zu [G. II]*: C. BONNER, Stud. in Magical Amulets Chiefly Greco-Egyptian, 1950 – J. R. MARTIN, The Illustration of the Heavenly Ladder of John Climacus, 1954 – H. MENZEL, Ein christl. Amulett mit Reiterdarstellung, Jb. Röm.-germ. Zentralmus. Mainz 2, 1955, 253–261 – C. D. G. MÜLLER, Von Teufel, Mittagsdämon und Amuletten, JbAC 17, 1974, 91–102 – *zu [G. III]*: LCI I [Besessene, Besessenheit; D.] – J. SCHMIDT-VOIGT, Russ. Ikonenmalerei und Medizin, 1980 – K. ONASCH, Liturgie und Kunst der Ostkirche in Stichworten, 1981 [Exorzismus].

Dampierre, frz. Adelsfamilie aus der Champagne, benannt nach ihrer Burg D. im NO von Troyes (dép. Aube), stammt jedoch aus Moëlain-en-Perthois (dép. Marne) und besaß auch die Herrschaften St-Just und St-Dizier (dép. Hte-Marne). Stammvater war *Walter (Gautier) v. Moëlain* (1049–75). Durch die Heirat seines Sohnes *Theobald (Tedbald, Thibaud)* († 1107) mit Isabella v. Montlhéry erwarben die D. einen Anteil (advocatia) an der Kastellanei v. →Troyes, auf den Wilhelm II. 1220 jedoch Verzicht leistete. Seit Wilhelm I. (Guillaume) († 1172) führten die D. den Titel des Connétable v. Champagne, der ihnen Ansehen verlieh, so daß die Familie in Heiratsverbindungen mit dem höchsten Adel Frankreichs (Haus Bourbon, Grafenhaus v. Flandern) eintreten konnte. Dadurch blieben die Hausgüter nahezu ungeschmälert stets in den Händen der jüngeren Kinder, bis sie schließlich nach dem Tod *Wilhelms V.* († 1309) an den Gatten der *Margarete* v. D., Walter IV. v. →Châtillon, fielen. Das Haus D. verdankt seinen Ruhm der Reihe der Gf.en v. →Flandern, die es zw. 1246 und 1384 stellte. 1223 heiratete *Wilhelm II. v. D.* († 1231) Margarete (Marguerite) v. Konstantinopel, die spätere Gfn. v. Flandern und →Hennegau (1244–78). Während der zweite Sohn, *Johann (Jean) v. D.*, die ursprgl. Familiengüter erhielt, führten seine Brüder *Wilhelm III.* (1246–51) und *Guido (Gui) III.* (1251/1278–1299) den Titel eines Gf.en v. Flandern. Wilhelm III. mußte seine Ansprüche v. a. gegen die Prätentionen von Johann und Balduin v. →Avesnes verteidigen, die Kinder aus der ersten, 1215 vom Papst annullierten, aber fakt. erst 1221 aufgegebenen Ehe Margaretes v. Konstantinopel. Obwohl Ludwig IX., Kg. v. Frankreich, 1246 in einem Schiedsspruch die Nachfolge in der Gft. Flandern dem Haus D. und in der Gft. Hennegau dem Haus Avesnes zusprach, entspann sich ein Erbfolgestreit, der – unter Beteiligung weiterer Fs.en aus dem Bereich der Niederlande – bis ins 14. Jh. andauern sollte. Erst nach dem Thronverzicht seiner Mutter i. J. 1278 konnte Guido als erster D. die vollen gfl. Rechte in Flandern ausüben. Guido v. D. (1251/1278–99), →*Robert v. Béthune* (1299–1322), →*Ludwig II. v. Nevers* (1322–46) und →*Ludwig v. Male* (1346–84) folgten aufeinander als Gf.en. Ihre Regierungen waren gekennzeichnet durch einen latenten Kriegszustand zw. Frankreich und England, eine autoritäre Politik der frz. Kg.e gegenüber ihren fläm. Vasallen, die wachsende wirtschaftl. und soziale Krise in Westeuropa und die Zentralisierungsbestrebungen der Gf.en, die bald mit den auf Autonomie bedachten fläm. Städten in Konflikt gerieten. Die 1369 erfolgte Hochzeit *Margaretas v. Male* mit →Philipp dem Kühnen, Hzg. v. →Burgund aus dem Hause Valois, sollte 1384 eine neue Dynastie an die Macht bringen.

1. D., Wilhelm II. v., *ca. 1200, † 1231, jüngerer Sohn von Guido (Gui) v. D. († 1216) und Mathilde v. Bourbon, erwirkte 1221 von seinem Bruder Erchembald die Hausgüter der Herren v. D., die Stammburg D. und die Stadt St-Dizier, außerdem noch den Titel des →Connétable v. Champagne. W.s Plan einer Heirat mit Alix, der ältesten Tochter Heinrichs II., Gf.en v. →Champagne, Witwe Hugos I., Kg.s v. Zypern, scheiterte, da Papst Innozenz III. i. J. 1223 wegen zu naher Verwandtschaft den Dispens verweigerte. Bereits 1223 heiratete W. jedoch Margarete v. Konstantinopel, die jüngere Schwester Johannas v. Konstantinopel, Gfn. v. Flandern, diesmal ohne eigens um Dispens nachzusuchen. Dieser wurde erst 1230, nach einem schwierigen Verfahren, erteilt; damals waren bereits vier Kinder aus dieser Ehe hervorgegangen: Johanna (1224–46), Wilhelm (1225–51), Guido (1226/1227–1305), Johann (1228/1229–1257/1258); es folgte noch Marie (1230/31–1302). W. erhielt seine Grabstätte im Zisterzienserkl. Orchies (dép. Nord, arr. Douai), das seine Witwe zu seinem Gedenken stiftete. 1257 wurden Kl. und Grabmal nach Flines (Flines-lès-Raches, dép. Nord, arr. Douai) verlegt.

2. D., Wilhelm III. v., *1225, † 5. Mai 1251, ◻ Abtei Marquette (dép. Nord, arr. Lille, cant. Lille-Ouest); ältester Sohn von 1. und Margarete v. Konstantinopel. Als W.s Mutter 1244 ihrer Schwester als Gfn. v. Flandern und Hennegau nachfolgte, flammte der Streit zw. Johann und Balduin v. →Avesnes, den Söhnen aus Margaretes erster, annullierter Ehe mit Burchard v. Avesnes, und dem Haus D. auf. Der Schiedsspruch Kg. Ludwigs IX. und des päpstl. Legaten Odo, Bf. v. Tusculum, vom Juli 1246 war eine polit. kalkulierte Entscheidung und wies Flandern dem W. v. D., Hennegau aber dem Johann v. Avesnes zu. Aus wohlbegründetem Mißtrauen gegen die Avesnes veranlaßte Gfn. Margarete ihren Sohn W., dem Kg. v. Frankreich schleunigst den Lehnseid für die Gft. Flandern zu leisten (Okt. 1246). So war W. der erste D., der (zumindest nominell) die Gft. Flandern regierte. Die Heirat mit Beatrix, Tochter Heinrichs II., Hzg.s v. Brabant, verschaffte dem D. einen wichtigen Bundesgenossen im Kampf gegen die Avesnes. 1248 beteiligte sich W. am 6. Kreuzzug. Nach der Kapitulation des Kreuzfahrerheeres in Ägypten gefangengenommen (6. April 1250), wurde er bald gegen Lösegeld wieder freigelassen. Ende 1250 nach Flandern zurückgekehrt, starb W. am 5. Mai 1251 während eines Turniers. M. Vandermaesen

Lit.: E. HAUTCOUR, Hist. de l'abbaye de Flines, 1874 – C. DUVIVIER, La Querelle des d'Avesnes et des D. ..., 2 Tle, 1894 – A. ROSEROT, Dict. hist. de la Champagne méridionale (Aube) des origines à 1790, 1942–48 – TH. LUYKX, Johanna v. Constantinopel, Gravin van Vlaanderen en Hennegouwen, 1946 – DERS., Het Grafelijk geslacht D. en zijn strijd tegen Filips de Schone, 1952 – TH. EVERGATES, Feudal Society in the Baillage of Troyes under the Counts of Champagne (1152–1284), 1975 – M. BUR, La formation du comté de Champagne (v. 950–v. 1150), 1977 – Alg. Geschiedenis der Nederlanden II, 1983, 399–440 [M. VANDERMAESEN; ausführl. Lit.].

Dan. 1. D. I., Fs. der →Valachei, ca. 1383–86, Sohn des Fs.en →Radu I. Kurz nach dem Tode →Ludwigs I., Kg.s v. →Ungarn, schloß er sich einer antiung. Koalition an und unternahm in deren Rahmen einen Feldzug in das Gebiet von Temesvar. Als Verbündeter des Zaren v. →Vidin, Stracimir, leistete er diesem militär. Hilfe gegen den Zaren v. →Tŭrnovo und gegen die Türken. D. kam wahrscheinl. während dieser Kämpfe ums Leben. – Er machte reiche Schenkungen zugunsten der kirchl. Stiftungen seiner Vorfahren. S. Papacostea

Lit.: N. IORGA, Hist. des Roumains et de la Romanité orientale III, 1937, 303–311.

2. D. II., Fs. der →Valachei 1421/1422–31, Sohn von 1. Als Vorkämpfer gegen die osman. Expansion war D. eng mit Kg. →Siegmund verbündet. D. versuchte bald nach seinem Regierungsantritt, den osman. Festungsgürtel an der unteren Donau zu zerschlagen, um eine großangelegte Offensive der christl. Mächte vorzubereiten. 1426 wurde er von einem türk. Gegenangriff zur Flucht nach Siebenbürgen gezwungen, von wo aus er mit Hilfe Siegmunds sein Land zurückeroberte; 1428 nahm er an der verlorenen Schlacht bei →Golubac teil. In den letzten Jahren bemühte sich D., die Festung →Kilia an der Donaumündung zu erobern. S. Papacostea

Lit.: N. IORGA, Hist. des Roumains et de la Romanité orientale IV, 1938, 7–44.

Dancus Rex, Name eines der ältesten veterinärmed. Traktate des W über die Behandlung von Beizvogelkrankheiten, nach »Dancus«, dem sagenhaften Kg. v. Armenien, benannt, der in der Überlieferung als Verfasser galt. Die lat. Fassung des im MA weit verbreiteten Werkes entstand vermutl. am Hof der norm. Kg.e Siziliens im 12. Jh. und ist in 14 eng miteinander verwandten Hss. aus dem 13. bis 15. Jh. erhalten. Sie zerfällt in einen Prolog und 32 Kapitel. Übersetzungen erfolgten ins It., Frz., Span., Katal., Ptg. und teilweise auch ins Engl. und Deutsche. Wirkungsgeschichtl. interessant ist die anonyme it. Fassung des 14. Jh., welche in einem Prolog und 58 Kapiteln die Traktate von D., Gerardus und Guillemus Falconarius miteinander verknüpft (ed. A. CERUTI). S. Schwenk

Ed.: G. TILANDER, Dancus Rex, Guillelmus Falconarius, Gerardus Falconarius, Les plus anciens traités de fauconnerie de l'occident, Cynegetica IX, 1963; dt. T. in: A. GERDESSEN, Beitr. zur Entwicklung der Falknerei und der Falkenheilkunde, 1956 – Q.: Trattato di falconeria, hg. A. CERUTI (Il Propugnatore II, 2, 1870), 221–273 [Neudr.: Arte della Caccia, hg. G. INNAMORATI, 1, 1965, 85–114].

Dandolo, ven. Familie, die in der Geschichte der Seerepublik vom 12. bis 15. Jh. eine bedeutende Rolle spielte; sie begegnet in den Urkunden seit dem 10. Jh. Die ven. Genealogisten (Barbaro, Cappellari, 17. Jh.) rekonstruierten die genealog. Folge der einzelnen Familienmitglieder ab dem 11. Jh., wobei ihre Resultate noch der Bestätigung aufgrund prosopograph. Untersuchungen der Archivdokumente harren. Die D. erscheinen nicht unter den »case vecchie« ('alte Häuser'), d. h. in den Listen der bis auf die Gründung des Dukats von Venetien zurückgehenden tribuniz. Familien; die sich in späteren Chroniken aus dem 12. und 13. Jh. und v. a. in den zahlreichen ven. Codices mit Wappenschildbeschreibungen aus dem 14. bis 18. Jh. finden, die von der modernen historiograph. Forschung vollkommen ignoriert wurden. Anläßl. der Serrata del Maggior →Consiglio erfanden und verbreiteten die D. im 13. Jh. wie die anderen aristokrat. Familien fiktive Rückprojektionen ihres Ursprungs in die röm. und germ. Zeit. Insbes. versuchten sie, ihren Stammbaum mit der Familie des Dogen Orso Ipato (Ursus Hypatos) zu verknüpfen, wobei sie den byz. Titel »Hypatos« für einen Familiennamen hielten. Nach dieser Genealogie habe ein *Ranieri* »Ipato« 736 den Familiennamen D. angenommen. H. KRETSCHMAYR schließt mit größerer Berechtigung die D. nicht unter die tribuniz. Familien ein, die zw. dem 9. und 10. Jh. von den einzelnen Lagunensiedlungen des Dukats auf die Inselgruppe des Rialto übersiedelten. Der erste D. mit dem Vornamen *Orso (Ursus)* begegnet 978 in einer Zehntenliste, während einige andere D. 982 unter den Unterzeichnern der Schenkung von S. Giorgio Maggiore an den Giovanni Morosini OSB zur Gründung eines Kl. erscheinen. I. J. 1000 wird ein *Ottone* mit der Errichtung der Zugbrücke über den Rialto beauftragt. 1020 befehligte *Domenico*, Sohn des Ottone, die ven. Flotte, welche die Reliquien des hl. Tarasius (Patriarch von Konstantinopel) mit sich führte, die in S. Zaccaria beigesetzt wurden. *Daniele*, Sohn des Domenico, nahm an dem Feldzug gegen Zara (Zadar) um 1050 teil, *Buono* war 1055 Mitglied einer Gesandtschaft zu Heinrich III. Ein anderer *Domenico* reiste als Gesandter 1082 zu Alexios I. Komnenos. Beim Vertrag v. Bari des Jahres 1122 figurieren die D. mit vier Mitgliedern: *Domenico, Giovanni, Enrico* und *Orso*, ein Zeichen für den erstarkten polit. Einfluß der Familie. 1130 wurde ein *Domenico*, Sohn des Enrico, von Innozenz II. als Patriarch v. Grado bestätigt. 1131 fungierte *Buono* als Richter in der Contrada S. Luca. 1156 erwarb *Marco* Rechte in Gallipoli, ein *Andrea* begegnet als Bailo in Negroponte, *Marino* als Provveditore in der Levante, hervorzuheben sind weiters die Dogen *Enrico* (→2. D.), *Andrea* (→1. D.) und der Chronist *Enrico* (→3. D.). Vom 14. bis 17. Jh. erlebte die Familie in gesellschaftl. und polit. Hinsicht ihren Höhepunkt und hatte weitgespannte Interessen in der Levante, wie u. a. die »Diari« des →Sanudo bezeugen. Noch am Ende des 18. Jh. sind drei Zweige der Familie in S. Tomà, S. Pantalon und S. Stae in Venedig präsent. Im 19. Jh. scheinen die D. mit dem Archivar Gerolamo ausgestorben zu sein. A. Carile

Q. und Lit.: M. Barbaro, Arbori dei patrizi veneti, continuato de A. M. Tasca (A. S. Ve., Misc. Cod. 894–898 sec. XVII) – G. A. Cappellari Vivaro, Il Campidoglio veneto (B. M. Ve., Marc. It., VII, 17) – H. KRETSCHMAYR, Gesch. von Venedig, 1905–34 – A. LOREDAN, I D., 1983 [unkrit.].

1. D., Andrea, ven. Doge und Chronist, Sohn des Fantino, *30. April 1306 in Venedig, †1354, ⌐ in S. Marco. Bereits 1331 Prokurator von S. Marco (alle Stufen seiner Karriere erreichte er sehr früh), wurde er 1333 Podestà von Triest. Seine von einigen berichtete Teilnahme am Krieg zw. Venedig und den Scaligern 1336 sowie die Erwerbung des Dr. jur. in Padua sind quellenmäßig nicht gesichert. Er wurde am 4. Jan. 1343 zum Dogen gewählt, wozu mehr als sein Verdienst die Unfähigkeit der Wahlmänner, sich auf einen älteren u. angeseheneren Kandidaten zu einigen, beitrug. Nach seiner Wahl beteiligte sich Venedig an einer antitürk. Liga, aus der es bedeutende Vorteile auf diplomat. Gebiet zog. 1345–46 unterdrückte der Doge den Aufstand von Zara (Zadar), 1348 versuchte er, die Pestepidemie einzudämmen. 1350 stürzte er sich entschlossen in den Krieg mit Genua und befürwortete den Kampf bis aufs äußerste, was ihm bittere Vorwürfe von seiten →Petrarcas eintrug und – nicht zuletzt wegen des wechselhaften Kriegsglücks – Widerstand in Venedig selbst hervorrief. Als Prokurator von S. Marco ließ A. D. in der »Summula statutorum« eine Reihe von Beschlüssen des Maggior →Consiglio sammeln und 1346 eine Kommission von fünf Savi ernennen, um die Statuten zu reformieren: im Nov. des gleichen Jahres entstand als Resultat ihrer Arbeit der »Liber sextus« (»sextus«, da er als sechstes Buch an die fünf Bücher der Statuten des Jacopo →Tiepolo aus dem Jahre 1242 angefügt wurde und sie damit komplettierte); die Vorrede dazu verfaßte der Doge selbst. Er betrieb die Edition aller Verträge, die von der Seerepublik mit den Staaten im Orient und in Italien (Liber Albus bzw. Liber Blancus) geschlossen worden waren. Er selbst schrieb zwei Chroniken: zum einen die »Chronica brevis« während seiner Amtszeit als Prokurator von S. Marco, welche die Ereignisse von den Ursprüngen Venedigs bis zum Tode des Bartolomeo Gradenigo, seines Vorgängers im Dogat (1342), umfaßt; zum anderen die »Chronica per extensum descripta« (oder »Extensa«), kurz nach seiner Wahl zum Dogen begonnen und mindestens bis 1352 fortgeführt, die den Zeitraum von 48 n. Chr. – Ankunft des hl. Marcus in Aquileia – bis 1280 behandelt. In der

»Extensa«, in die er 40 vollständige Urkunden sowie 240 in der Form von Zusammenfassungen oder Regesten aufnimmt, greift A. D. neben der Darstellung der Geschichte Venedigs in die Weltgeschichte aus. Diese Chronik wurde in der Forschung auf verschiedene Weise interpretiert: nach CRACCO drückt sie die Revolte des Dogen D. gegen den Patrizierstaat und den Plan, die absolute Herrschaft zu gewinnen aus; nach ARNALDI stellt sie nur eine – originale, da von der Hand des Dogen stammende – Bekräftigung des guten Rechts von Venedig dar. Als letzter unter den ven. Dogen erhielt A. D., der mit 47 Jahren 1354 starb, ein Grabmal in S. Marco.

A. Menniti Ippolito

Lit.: G. CRACCO, Società e stato nel medioevo veneziano, 1967 – G. ARNALDI, A. D. doge-cronista (La storiografia veneziana fino al secolo XVI. Aspetti e problemi), 1970 – G. CRACCO, La cultura giuridico-politica nella Venezia della »Serrata« (Storia della Cultura Veneta II), 1976 – G. ARNALDI-L. CAPO, I cronisti di Venezia e della Marca Trevigiana (Storia della Cultura Veneta cit.).

2. D., Enrico, ven. Doge, * 1107 in der Contrada S. Luca als Sohn des Vitale, Bruder des Patriarchen Enrico v. Grado, †Juni 1205 in Konstantinopel. ∞ 1. Felicita, Tochter des Pietro Bembo, Prokurator von S. Marco, 2. Contessa (vielleicht Minotto), Tochter des Tomaso di S. Cassiano. Vier Söhne aus diesen Ehen sind gesichert: Marino, Ranieri, Vitale und Fantino. Ranieri hatte während des IV. →Kreuzzugs das Dogenamt inne, Vitale kommandierte die ven. Flotte während dieses Unternehmens, Fantino wurde der Nachfolger des Tomaso →Morosini im lat. Patriarchat v. Konstantinopel. – E. war als →Bailo (Gesandter) in Ferrara, bei Kg. Wilhelm in Sizilien u. in Konstantinopel bei Manuel II. Komnenos, dem er 1172 den Protest Venedigs wegen der Konfiskationen des Vorjahrs vortrug. Am 21. Juni 1192 wurde er im Alter von 85 Jahren und bereits seit geraumer Zeit erblindet (der Legende nach infolge einer von Ks. Manuel II. Komnenos veranlaßten Blendung) zum Dogen gewählt. 1195 vertrieb er die Pisaner aus Pola (Pula) und brachte ihnen wiederholte Niederlagen in der Adria bei, wodurch er ihre Versuche, den Adriahandel der Venezianer zu hemmen, vereitelte. 1196 entsandte er eine Flotte in die Meerenge von Abydos, die einerseits gegen die Pisaner gerichtet war, andererseits Ks. Alexios III. Angelos unter Druck setzen sollte, der die seit Andronikos Komnenos an die Venezianer gezahlten Reparationen der Kriegsschäden des Jahres 1171 nicht mehr entrichten wollte.

Die für die Geschichte Venedigs bedeutsamste Aktion des alten Dogen war jedoch seine Teilnahme am IV. Kreuzzug. Im April 1201 schloß er mit den franko-lombard. Kreuzfahrern einen Vertrag, der ihren Transport in die Romania (byz. Reich) garantieren sollte: Es handelte sich dabei um 4500 Ritter mit der entsprechenden Anzahl von Pferden, 9000 Knappen und 20000 Mann Fußvolk. Die Bezahlung für Transport und Verpflegung sollte 85000 Kölnische Silbermark betragen. Der Doge rüstete auch eine ven. Flotte aus (anfänglich waren 50 Galeeren vereinbart, in Wirklichkeit waren es jedoch 62), die das Recht haben sollte, die Hälfte der künftigen Eroberungen für sich zu behalten. Da im Juni 1202 in Venedig nach dem Zeugnis der Quellen weniger Kreuzfahrer als vorgesehen zusammengekommen waren und man die den Venezianern gegenüber eingegangenen Zahlungsverpflichtungen nicht einhalten konnte, schlug der Doge den Kreuzfahrern vor, ihnen die Zahlung von 34000 Silbermark zu stunden, wenn sie dafür bei der Unterwerfung der Stadt Zara (heut. →Zadar), die sich dem offiziell am Kreuzzug teilnehmenden Kg. v. Ungarn unterstellt hatte, Hilfe leisten. Am 10. Okt. 1202 lief die Flotte gegen Zara aus. Die Stadt wurde eingenommen, geplündert und diente als Winterlager für das Heer. Die Venezianer und ihr Doge wurden von →Innozenz III. exkommuniziert, dies hinderte jedoch den Führer des Kreuzzugs, Bonifaz v. →Montferrat (der sich während der Einnahme Zaras in Rom befand), nicht, zu dem Heer zu stoßen und im Febr. 1203 mit dem späteren Ks. →Alexios IV. Angelos die »Umleitung« des Kreuzzugs nach Konstantinopel zu vereinbaren. Die polit. und militär. Erfahrung, die E. D. schon früher in Konstantinopel gesammelt hatte, spielte eine entscheidende Rolle für die zweimalige Eroberung der Stadt, im Juli 1203 und im April 1204. E. D. war v. a. der geistige Urheber der Übereinkunft vom März 1204, in der die Weichen für die Struktur und die polit. Basis des künftigen →Lat. Kaiserreichs v. Konstantinopel gestellt wurden: gestützt auf das starke ven. Kontingent und kraft seiner Erfahrung im Osten gelang es dem Dogen, eine Schiedsrichterfunktion zw. den verschiedenen Kontingenten des Kreuzfahrerheers einzunehmen und dadurch die führende Rolle bei der Errichtung eines fragilen polit. Gebildes zu spielen, das so beschaffen war, daß es den von. Interessen nicht im Wege stehen konnte. Bei der Aufteilung der Lehen des künftigen Kaiserreichs beanspruchten die Venezianer drei Achtel allen Landes, wobei sie vom Lehnseid ausgenommen waren. Den Venezianern blieb außerdem der lat. Patriarchat von Konstantinopel vorbehalten. Der Ehrgeiz des alten Dogen hielt jedoch mit seinen Kräften nicht Schritt: es war ihm nicht möglich, alles zu erobern, was den Venezianern im Laufe des Kreuzzuges zugesprochen worden war. Aber der Erwerb von →Kreta, das ursprgl. dem Mgf. en Bonifaz v. Montferrat zugesprochen worden war, sowie die Gewinnung einiger für die handelspolit. und nun auch militär. und kolonialpolit. Präsenz der Venezianer in der Ägäis bedeutender Stützpunkte waren eine Folge der Teilnahme des Dogen am Kreuzzug. Nachdem E. D. an der Lösung der schweren polit. und militär. Probleme, die mit der Bildung des Lat. Kaiserreichs verbunden waren, mitgewirkt hatte, starb er 1205 und wurde in der Hagia Sophia begraben, wo jedoch bei den archäolog. Untersuchungen des Jahres 1880 keine Spuren seines Grabes gefunden wurden.

A. Carile

Lit.: E. BRAVETTA, E. D., 1929 [unkrit.] – A. CARILE, Per una storia dell' impero latino di Constantinopoli (1204–1261), 1978, 54–385, passim – D. E. QUELLER, The Fourth Crusade. The Conquest of Constantinople (1201–1204), 1978, passim – A. LOREDAN, I D., 1983, 95–153 [unkrit.].

3. D., Enrico, ven. Geschichtsschreiber aus der 2. Hälfte des 14. Jh., Verfasser einer noch unedierten volkssprachigen Chronik, Sohn des Giovanni, gen. Spirito, Enkel des Marco; sein Todesdatum wird im Cod. Cicogna 3424 (2832), c.n.n. mit 1357 angegeben. In Wahrheit war E. D. ein Verwandter des Dogen Andrea (→1. D.) und stand wahrscheinl. mit →Petrarca anläßl. dessen Aufenthalts in Venedig (1362 bis 1365) in Kontakt. Er begann seine Chronik i. J. 1360 und behandelte darin die Geschichte der Stadt Venedig von ihren Ursprüngen an bis in seine Zeit. Sein Werk ist v. a. für die Zeitspanne 1340–1362 von Bedeutung.

A. Carile

Lit.: Repfont III, 104 – A. CARILE, Aspetti della cronachistica veneziana dei s. XIII e XIV (AAVV, Aspetti della Storiografia veneziana fino al XVI s., 1969), 75–126 – DERS., La cronachistica veneziana (s. XIII-XVI)..., 1969, 45–76 – Ed. durch L. ORIOLI in Vorber.

Danegeld. Der Ausdruck D. wurde zuerst gegen Ende des 11. Jh. in England verwendet, offensichtl. als Äquivalent zu dem allgemeineren Ausdruck →geld, einer landesweit erhobenen Grundsteuer, die dem Kg. vor und nach der norm. Eroberung entrichtet wurde. In einer Urkunde Wilhelms I. (1066–85) erscheint die Formel »quietas de murdro et geldo vel danegeldo« (Regesta Regum Anglo-

Normannorum I, 125, Nr. 25), im Chronicon Abbatiae Rameseiensis »ab omni collectione census qui geld vel scot vel Denegeld anglice nominatur« (Rer. Brit., Bd. 83, 224). Die steuerl. Berechnungsgrundlage war die sog. Steuerhufe *(hida geldans/geldantes)* oder die →Carucata. Die Abgabenhöhe schwankte zw. 12 und 72 denarii pro Hufe oder Carucata. Der letztere Betrag wurde nach dem Liber Exoniensis (Domesday Book, IV) in den südwestl. Gft.en seit dem Jahre 1084 gezahlt und wurde von den Normannen vermutl. jährlich erhoben, zum letzten Mal 1162.

Das Wort erscheint nicht in zeitgenöss. Texten aus der Zeit vor der norm. Eroberung, wird aber an einer Stelle im →Domesday Book als eine Steuer bezeichnet, die schon vor der Eroberung üblich war: »Stanford (d. i. Stamford, Lincolnshire) burgum reddit geldum tempore regis Edwardi pro xii hundrez et dimido in exercitu et navigio et in Danegeld« (I, 336b).

Die Bezeichnung »D.« beruht offenbar auf einer Verwechslung mit Tributzahlungen, die im 9. Jh. verschiedentl. den dän. Invasoren entrichtet wurden. Die Ags. →Chronik berichtet unter dem Jahr 865 von einer solchen Zahlung, erwähnt sie sonst jedoch nur euphemist. im Zusammenhang mit »Friedensschlüssen«, so für die Jahre 868, 871, 872, 873, 876. Weitere Belege finden sich in der Chronik Æthelweards (ed. A. CAMPBELL, 40, 41) und in einer Urkunde von 872, in der der Bf. v. Worcester Land zur Pacht ausgibt »pro inmenso tributo barbarorum« (P. H. SAWYER, Handlist of Anglo-Saxon Charters, 1968, Nr. 1278). Kg. Eadred (946–955) hinterließ 1600 £, die aufgrund testamentar. Verfügung entweder bei einer Hungersnot oder als Ablösungssumme beim Überfall eines heidn. Heeres verwendet werden sollten (P. H. SAWYER, Handlist, Nr. 1515).

Nach der Wiederaufnahme der dän. Angriffe i. J. 980 werden in der Ags. Chronik umfangreiche Tributzahlungen, *gafol* genannt, erwähnt: i. J. 991 10000 £, 994 16000 £, 1002 24000 £, 1007 36000 £, 1012 48000 £, 1018 72000 £ und 10500 £ allein von London. Die ersten drei Zahlungen (und einige kleinere Summen) wurden nur regional geleistet. Erst mit dem Jahr 1007 setzten landesweit erhobene Tributzahlungen ein. I. J. 1012 engagierte Kg. Æthelred eine Wikingerflotte zur Unterstützung bei Verteidigungsmaßnahmen und zahlte ihr dafür ein *heregeld*, das von da an jährl. einer skand. Schiffstruppe bis zu ihrer Auflösung i. J. 1051 gezahlt wurde.

Eine Reihe ostschwed. Runeninschriften (→Runen) aus dem 10. und 11. Jh. erinnert an Männer, die in England Geld empfangen hatten (E. WESSÉN, Historiska runinskrifter, Kgl. Vitterh. Hist. och Antikv. Ak. Handl., Filolog.-Filos. Ser. 6, 1960, 11–29). Ca. 50000 engl. Münzen sind, meist in wikingerzeitl. Hortniederlegungen, in Skandinavien gefunden worden (z. B. bei dem kurz nach 1000 vergrabenen Schatz v. Igelösa, Schonen).

Auch auf dem Kontinent wurden den Skandinaviern im 9. Jh. Tribute gezahlt. Nach dem frühesten Beleg entrichteten die Friesen 810 an den Dänenkönig →Göttrik 100 £. 845 wurden 7000 £ Silber zur Rettung von Paris gezahlt. Andere große Summen beliefen sich auf 4000 £ i. J. 860, 5000 £ i. J. 877, 12000 £ i. J. 884. Die Skandinavier wurden auch für Hilfeleistungen bezahlt: So bekam beispielsweise Weland, der Anführer eines Wikingerheeres, i. J. 861 5000 £ und i. J. 862 6000 £ für die Unterstützung der Franken gegen →Salomon, Hzg. der Bretagne.

P. H. Sawyer

Lit.: HOOPS² V, 225–227 – LIEBERMANN, Gesetze II, 344f. – E. JORANSON, The D. in France, 1923 – J. A. GREEN, The last century of D., EHR 96, 1981, 241–258.

Danehof, dän. Reichsversammlung, die im 13. Jh. aus den jährl. Zusammenkünften der kgl. Gefolgschaft (→Hird) hervorgegangen ist. Eines der frühesten Beispiele für die Wirksamkeit des D. ist der Hoftag v. Vordingborg 1241, an dem Waldemar II. das →Jütsche Recht verkündete. Unter seinen Söhnen wurde der »Hof« (parlamentum, concilium) zu einem Forum für die Beteiligung der Aristokratie an der Regierung des Reiches. Der beträchtl. erweiterte Kreis der »Besten Männer des Reiches« (meliores regni) wollte über die Mitwirkung bei der Reichsgesetzgebung das Königtum an polit. und rechtl. Verhaltensweisen binden, die vom Kg. und seinem Rat eingehalten werden sollten. Nur über kurze Perioden wurde eine fruchtbare Zusammenarbeit zw. beiden Organen, Hof und Rat, erreicht. Der Hof, die Versammlung aus – nicht gewählten – weltl. Großen und den Bf.en des Landes, war Ausdruck für die wachsende polit. Macht der Aristokratie und befand sich oft in Opposition zum Rat, der den Standpunkt des Kgtm.s vertrat. Zeitweise unterließ es der Kg., den Hof einzuberufen, mußte aber 1282 einem jährl. Zusammentreten des Hofes (»parlamentum quid dicitur *hof*«) zustimmen. Diese Bestimmung wurde später in die Wahlkapitulationen (→Handfesten) aufgenommen. Erich V. fertigte zusammen mit dem Hof das große Reichsrecht von 1284 aus, und 1287 wurde über die Mörder Erichs V. auf einer Versammlung des Hofes zu Gericht gesessen. In der folgenden Periode trat der Hof regelmäßig zusammen, nach 1305 jedoch seltener.

Im Zuge der Reichssammlung unter Waldemar IV. (1340–75) versuchte man, den Hof zum Vorteil der Königsmacht einzusetzen. Der Hof wurde nun 'D.' genannt und war nicht nur in der Reichsgesetzgebung aktiv, sondern fungierte als Adelsgericht und war außerdem höchste Appellationsinstanz des Reiches. Da sich der ursprgl. kgl. Rat zum Reichsrat entwickelte, verlor der D. nach und nach seine Bedeutung. Als die letzte wirkliche Versammlung des D. gilt der Reichstag v. 1413, an dem das Hzm. Schleswig zum immerwährenden Bestandteil Dänemarks erklärt wurde. Die D.-Bestimmungen in den späteren Handfesten hatten nur noch formalen Charakter (→Dänemark, Abschnitt D.)
Th. Jexlev

Q.: Diplomatarium Danicum 2. R. I–XII, 3. R. I–IX, 1938–83 – Dansk rigslovgivning indtil 1400, hg. E. KROMAN, 1971 – Lit.: KL II, 641–643 – A. HUDE, Danehoffet [Diss. København 1893] – L. HOLBERG, Konge og D., 1895 – A. E. CHRISTENSEN, Kongemagt og Aristokrati, 1945, 1976² – TH. RIIS, Les institutions politiques centrales du Danemark 1100–1332, 1977, 256–260.

Danelag → Danelaw

Danelaw (ae. *denalagu*). Das ae. Wort erscheint zuerst in Gesetzeskompilationen des Ebf.s →Wulfstan aus dem frühen 11. Jh. und bezeichnet die Regionen Englands, deren Rechtsgewohnheiten durch die dän. Eroberungen des späten 9. und beginnenden 10. Jh. beeinflußt worden waren.

Die Ausdehnung dieses Gebietes wird zuerst in Texten des frühen 12. Jh. genauer benannt (vgl. LIEBERMANN I, 552, Anm. f.) und umfaßte danach in etwa die 15 Gft.en von Essex und Middlesex im S bis Yorkshire im N. Manche dieser Gft.en standen niemals unter dän. Kontrolle und wurden wohl nur miteinbezogen, weil man annahm – so ausdrückl. in den »Leges Edwardi Confessoris«, 30 (LIEBERMANN I, 652) –, daß die →Watling Street die Grenze markiere. Der Grund hierfür liegt offenbar in der falschen Interpretation des Vertrages (ca. 886) zw. →Alfred d. Gr. und dem Dänenkönig →Guthrum, in dem die Watling Street als Grenzlinie für das Gebiet nördl. der Bedfordshire Ouse festgelegt wurde (LIEBERMANN I, 126).

In einem um 963 entstandenen Gesetzestext, der den Dänen eine weitgehende Rechtsautonomie zugesteht, wird das in Frage stehende Gebiet nicht erwähnt, es muß aber Teile von Northumbria, Mercia und East Anglia umfaßt haben, weil den →*ealdormen* dieser Provinzen Abschriften des Gesetzes zugesandt wurden.

Wie schon aus Ortsnamen hervorgeht, war das Verbreitungsgebiet einer Oberschicht skand. Herkunft größer als das Gebiet mit der dichtesten skand. Besiedlung. Es umfaßte mit Sicherheit Yorkshire, die »Five Boroughs« (Derby, Nottingham, Leicester, Stamford, Lincoln) und vielleicht East Anglia, obwohl in einem der Gesetze Kg. →Knuts d. Gr. (1016–35) diese Region zusammen mit Mercia und Wessex von den Ländern unter dän. Herrschaft unterschieden wird (II Cnut 71, 2–3, LIEBERMANN I, 358).

Gerichtsverfahren und Bußen innerhalb des D. boten das gleiche vielfältige Bild wie in allen anderen Teilen Englands. Bes. Gerichtsverfahren sind in Texten nach 1066 überliefert, so beispielsweise die Konstituierung des Eidhelfergremiums (→Eid) durch Los und nicht durch Auswahl (Leges Henrici Primi 66, 10; LIEBERMANN I, 586). Bußen, die im D. meist höher waren als im übrigen England, wurden nach den skand. Münzeinheiten *ora* und *marc* benannt oder als *lahslit* ('Rechtsbruch') bezeichnet und richteten sich, so z. B. im northumbrischen Priesterrecht, nach dem gesellschaftl. Rang des Missetäters (LIEBERMANN I, 383, cl. 51–53).

Im D. waren noch andere spezif. Rechtstermini gebräuchlich: Unterbezirke einer Gft. *(shire)* wurden *wapentakes*, von anord. *vápnatak*, genannt, deckten sich jedoch in ihrer Funktion mit den engl. →Hundertschaften. In einem Gesetz Æthelreds (LIEBERMANN I, 228–233), das sich mit den dän. Einflußgebieten befaßt, finden sich frühe, im D. verwendete Rechtsbegriffe, u. a. *landcop* 'Landkauf', *lahcop* 'Kompensationszahlung zur Wiedererlangung des Rechtsstatus' und *witword* 'Übereinkunft', 'Rechtsanspruch'. Auch gibt es frühe Belege, daß Bürgen bei Grundstückstransaktionen *festermenn* genannt wurden (A. J. ROBERTSON, Anglo-Saxon Charters, 1956, Nr. 40, vgl. isländ. *festumaðr* 'Bürge, Gewährsmann'; in späteren Quellen erscheint *sacrabar* für 'Kläger', von anord. *sakaráberi*). Diese Rechtstermini spiegeln eher einen sprachlichen skand. Einfluß wider als rechtl. Innovationen, denn die zugrundeliegenden Erscheinungen waren dem engl. Recht ebenfalls bekannt. So wurden beispielsweise die im D. als *sokes* bezeichneten Verwaltungsbezirke von der Forschung als Neuschöpfungen angesehen. Der Name kann durchaus skand. Ursprungs sein (evtl. von *sókn* 'Bezirk'), die Institution findet sich jedoch unter anderem Namen (z. B. ae. *scír*) auch in den übrigen Teilen der Brit. Inseln (G. W. S. BARROW, The Kingdom of the Scots, 1973, 7–68). P. H. Sawyer

Q. und Lit.: HOOPS² V, 227–236, s.v. Danelag [Lit.] – LIEBERMANN, Gesetze – F. M. STENTON, Preparatory to Anglo-Saxon England, 1970, 136–165 – D. WHITELOCK, Wulfstan and the so-called laws of Edward and Guthrum, EHR 51, 1941 – J. M. KAYE, The Sacrabar, EHR 83, 1968, 744–758.

Dänemark

A. Einleitung – **B.** Archäologie – **C.** Allgemeine und politische Geschichte Dänemarks im Früh- und Hochmittelalter – **D.** Allgemeine und politische Geschichte Dänemarks im späteren Mittelalter – **E.** Missions- und Kirchengeschichte. Verhältnis zum Papsttum – **F.** Wirtschafts-, Verfassungs- und Sozialgeschichte

A. Einleitung

I. Geographie – II. Volks- und Landesname, Sprache.

I. GEOGRAPHIE: Das ma. Kgr. D. bestand aus drei Regionen, die durch die Meerengen zw. Ostsee und Kattegat getrennt waren: Jütland mit Fünen, Seeland mit Lolland und Falster, Schonen mit Halland, Blekinge und Bornholm; Teile dieser Kernbereiche des ma. D. kamen im Zuge der nachmittelalterl. Entwicklung an Schweden (Schonen, Halland, Blekinge) und Deutschland (südl. Teil des Hzm.s Schleswig). Von Schweden war D. durch ausgedehnte Waldgebiete getrennt, während die Südgrenze von dem einzigen größeren dän. Fluß, der von Marsch und Moor umgebenen Eider, sowie – nach O hin – von erst im 13. Jh. besiedelten Waldgebieten (»Dänischer Wohld«) gebildet wurde. Trotz schwieriger Verkehrsbedingungen bei ungünstigem Wetter war das Meer für das Reich der verbindende Faktor. Hieraus erklärt sich, daß das frühmittelalterl. Heerwesen v. a. auf einer Flottenorganisation (→Leding) beruhte, daß beinahe alle Handelsplätze und Königsburgen Zugang zum Meer hatten und daß in der Handfeste von 1282 festgelegt wurde, die kgl. Hoftage an Orten abzuhalten, die mit Schiffen erreichbar waren. Andererseits war das Meer aber auch der Einfallsweg für feindl. Heere und Seeräuber; die Meerengen, v. a. der Öresund, dienten als internationale Verkehrswege. Im SpätMA wurde die über D. führende Handelsroute von den Nordseeländern zu den preuß. Städten bes. wichtig. Im Bereich der inneren dän. Fahrwasser gab es überall aufgrund der geringen Entfernungen zw. Förden, Buchten und Flußmündungen günstige Hafenplätze, so daß sich fast an jeder Stelle Handelsstädte etablieren konnten. Dagegen existierten an der nordwestl. jütischen Ausgleichsküste keine natürl. Häfen, nachdem der Limfjord an seinem Westausgang zu Beginn des 12. Jh. verlandet war. Die südjüt. Westküste mit ihrem Wattenmeer und der vorgelagerten Inselkette bot dagegen bessere Möglichkeiten für Häfen (bes. wichtig war →Ripen). – Unter den Landwegen war am bedeutendsten die alte N-S-Verbindung durch Jütland und Nordalbingien/Holstein zur Elbe, der →Heerweg, wegen seiner Bedeutung für den Ochsenhandel auch 'Ochsenweg' genannt.

Der größte Teil D.s besteht aus Landschaften, die während der letzten Eiszeit (»Weichsel-Eiszeit«) geformt wurden. Die äußere Grenze der letzten Vereisung verläuft durch Schleswig-Holstein nach N und biegt bei Viborg in Jütland nach W ab. Das dem Eisrand vorgelagerte W-Jütland besteht teils aus Sanderflächen, den Schmelzwasserebenen der großen Gletscherflüsse, und teils aus einer Altmoränenlandschaft der vorletzten Eiszeit (»Saale-Eiszeit«), die während der letzten Eiszeit stark überformt wurde. Der Boden in W-Jütland ist folglich wenig fruchtbar, außerdem sorgten übermäßige Viehweide und Brandrodung für einen starken Rückgang des Waldes und die Ausbreitung der Heide. Bis zur Kultivierung im 19.–20. Jh. waren die Sanderflächen große Heideebenen. Mitteldänemark, einschließl. SW-Schonen, ist das Gebiet der hügeligen Jungmoränenlandschaft, die während der Rückzugsstadien der letzten Vereisung entstand (mit Erhebungen zw. 125 und 170 m). Der Boden besteht überwiegend aus fruchtbarem Geschiebemergel. Die besten Böden auf den ebenen oder leicht abfallenden lehmigen Moränen wurden intensiv kultiviert, so daß Weidemöglichkeiten außerhalb der Dorfmark begrenzt waren.

N-Jütland gehört zum Gebiet der nacheiszeitl. Landhebung, durch die bes. im Umkreis des Limfjords ein weitläufiges Küstenland mit guten Weidemöglichkeiten entstand. Im südwestl. D. sank die steinzeitl. Küstenlinie im Meer ab, weitere Gebiete an der Westküste Nordfrieslands fielen 1362 und später Sturmfluten zum Opfer.

Im Gebiet östl. des Öresunds (mit Ausnahme SW-Schonens) sind die Hauptelemente der Landschaft nicht vom Eis geprägt worden – die Moränenschicht ist nur dünn. Vielmehr ist der Grund für den Wechsel von waldlosem Flachland und erhöhtem Waldland geologisch vornehml. auf den Unterschied zw. Senkungsbassins und Horsten zurückzuführen. Auf dem schonischen Höhenrücken (höchste Erhebungen 150-225 m) und zur ehemaligen Grenze nach Schweden hin ragt das Urgestein (und jüngere Gesteinsarten) an manchen Stellen bis an die Oberfläche. Die Kristianstadebene in O-Schonen und die flachen Küstengebiete Hallands sind die größten ebenen Landstriche.

Der natürliche Bewuchs ist überall in D. der Laubwald, wenn man von der Dünenzone an der westjüt. Küste absieht. Im SpätMA macht sich wegen des geringen Waldbestandes vielerorts ein Mangel an Bau- und Brennholz sowie an Holz für Zäune bemerkbar. – Klimatisch liegt D. im Bereich des nordatlant. Zyklongürtels mit milden Wintern (Durchschnittstemperatur im Januar 0°- ÷ 1°) und recht kühlen Sommern (Juli 16°-17°). Im W ist der Temperaturunterschied zw. den Jahreszeiten am geringsten. Die Saatzeit für die Frühjahrsaussaat lag in älterer Zeit im Mai (somit bis zu einem Monat später als heute), bes. wohl deswegen, weil mit den einfachen landwirtschaftl. Geräten der Boden schwerer zu bearbeiten war. Die Getreideernte der Frühjahrssaat erfolgte deswegen etwas später als heute, und da der August der regenreichste Monat des Jahres ist, konnte das Getreide häufig erst spät eingefahren werden. Wahrscheinl. gab es, wie auch im übrigen NW-Europa, eine Klimaverschlechterung im Verlaufe des 13. Jh., eine Beeinträchtigung der Verhältnisse läßt sich jedoch konkret nicht feststellen. E. Ulsig

II. VOLKS- UND LANDESNAME, SPRACHE: Bei →Prokop und →Jordanes wird »Scandza« als die urspgl. Heimat der Dänen genannt. Nach diesen Berichten des 6. Jh. eroberten sie von Schonen aus die dän. Inseln und vertrieben die Heruler. Die hist. Wirklichkeit dieser Angaben hat man mit sprachl. und archäolog. Argumenten zu stützen versucht, ohne allerdings greifbare Ergebnisse zu erzielen. →Gregor v. Tours erwähnt den Angriff eines dän. Kg.s auf frk. Küstengebiete; um diese Zeit scheinen die Dänen auch das südl. Jütland beherrscht zu haben. In der ae. Übersetzung der »Historia adversus paganos« des →Orosius hinzugefügten Reiseberichten, die am Hofe →Alfreds d. Gr. um 890 aufgezeichnet wurden, kommt der Name »dena mearc« vor, und es werden außerdem verschiedene Teile des späteren D. genannt: Jütland mit Schleswig bis zur Eider, die dän. Inseln sowie Schonen und Halland (Blekinge gehörte nach dieser Quelle noch zu den »Sveonen«). Die älteste Version des Landesnamens – *tanmarc* – ist auf den beiden Runensteinen in →Jelling (10. Jh.) belegt. Die frühesten Zeugnisse der dän. Sprache stammen von Runeninschriften (→Runen) aus der Zeit von ca. 300 n. Chr. bis 1200 und aus Ortsnamenmaterial. Das lat. Alphabet wird seit dem 11. Jh., z. B. auf Münzen, benutzt. Die ältesten umfangreichen Texte in Altdän. sind die volkssprachigen Provinzialgesetze des 12. und 13. Jh. (Zur Sprach- und Literaturgeschichte vgl. →Altnordische Literatur). I. Skovgaard-Petersen

Lit.: L. JACOBSEN–E. MOLTKE, Danmarks Runeindskrifter, 1942 – P. SKAUTRUP, Det danske sprogs historie I, 1943 [Neuausg. 1968] – KR. HALD, Vore stedsnavne, 1965 – E. MOLTKE, Runerne i Danmark, 1976 – s. a. die bibliogr. Angaben nach Abschn. D.

B. Archäologie

I. Römische Kaiserzeit, Völkerwanderungszeit, Merowingerzeit (ca. 300-ca. 750 n. Chr.) – II. Wikingerzeit – III. Mittelalter.

I. RÖMISCHE KAISERZEIT, VÖLKERWANDERUNGSZEIT, MEROWINGERZEIT (CA. 300 – CA. 750 N. CHR.): Der Zeitraum 300 bis rund 750 n. Chr. umfaßt in D. das letzte Jahrhundert der röm. Kaiserzeit (RKZ; bis rund 400 n. Chr.), die Völkerwanderungszeit (VWZ; von 400 bis 550/575) und fast die gesamte Merowingerzeit (MZ; bis rund 800 n. Chr.). Das archäolog. Material variiert in den verschiedenen Zeitabschnitten beträchtlich: es umfaßt Gräber, Siedlungen, Waffenopferfunde und Horte (in verschiedener Zusammensetzung), die sich unterschiedl. auf die oben erwähnten Zeitabschnitte verteilen.

Grabfunde aus der Zeit von 300 bis 575 sind in D. schwach repräsentiert, außer auf →Bornholm und in Teilen →Jütlands. Bes. wichtig sind die Gräberfelder Sejlflod bei Ålborg (4.–5. Jh.) und Lindholm Høje (6.–10. Jh.). Die Ausstattung ist meist bescheiden: Tongefäße, Schmuck und selten röm. Importe wie Gläser und Bronzegefäße. Grabfunde aus der MZ finden sich hauptsächl. auf Bornholm. Nur wenige Gräber enthalten Schmucksachen oder Waffen. Aufgrund stilist. Merkmale der Grabbeigaben lassen sich die Funde aus VWZ und MZ chronolog. nach typ. Depotfunden aus Schonen und von Alsen gliedern. Die VWZ umfaßt: 1. Sösdalastil (400–450 n. Chr.), 2. Nydamstil (425–500 n. Chr.) und 3. Sjörupstil Stil I (500–550/575 n. Chr.). Die drei Phasen der MZ werden durch die nord. Tierornamentik gekennzeichnet: I mit südskand. Tierstil B; II mit südskand. Tierstil C und später auch Stil D; III mit Weiterverwendung von Stil D, kombiniert mit Tierstil F und E.

Waffenopferfunde aus dem 4. und 5. Jh. sind bekannt (bisweilen mit Schiffsfunden wie dem Nydam-Boot), im 5. Jh. werden sie aber nur in einer kleineren Auswahl bestimmter Beschlag- und Waffentypen repräsentiert – im Gegensatz zu den zahlreichen Funden aus der jüngeren Kaiserzeit (Thorsberg, Nydam, Illerup, Ejsbøl in Jütland, Kragehul, Vimose auf Fünen).

Im Laufe der letzten Jahre sind in D. verhältnismäßig zahlreiche Siedlungen des 4. bis 6. Jh. ausgegraben worden, allerdings fast nur in Jütland. Die Siedlungen Jütlands (bestes Beispiel ist →Vorbasse zw. Grindsted und Kolding) zeigen eine Weiterentwicklung von →Dorf und Haustypen (→Haus, -formen) der Kaiserzeit. Es handelt sich um große Wohnstallhallen, die mit kleineren Bauten den Hof bilden, oder auch kleine Höfe mit Wohnbauten oder Wohnstallbauten. Jeder Hof hatte seinen eigenen Zaun und Hofplatz, die Höfe des Dorfes waren nach einem bestimmten Plan angelegt. Schon seit vorröm. Zeit werden die Dörfer alle ein bis zwei Jahrhunderte innerhalb eines bestimmten Gebietes verlegt. Im Laufe der jüngeren Kaiserzeit, wahrscheinl. im 4. Jh., kommen Grubenhäuser auf, die auch in der jüngeren Eisenzeit verbreitet sind. Zu den völkerwanderungszeitl. Höfen gehören meist Grubenhäuser. Die meisten Dörfer verfügen über eine Schmiede. Siedlungen aus der MZ sind kaum bekannt, ledigl. einige Lang- und Grubenhäuser, z. B. in Bejsebakken, →Aggersborg und Trabjerg in N-Jütland, doch ist gerade in Vorbasse das fehlende Bindeglied zw. VWZ und WZ entdeckt worden (noch unpubliziert). Seit der MZ haben die Siedlungen wohl eine bereits differenzierte Gewerbestruktur, u. a. hatte das Dorf Dankirke bei Ripen Kontakte mit dem Frankenreich, wie aus zahlreichen frk. Glasfunden hervorgeht. Stadtähnl. Anlagen mit Handel und Handwerk wie →Ripen (Ribe) und →Haithabu (Hedeby) entstehen am Ende der MZ.

Die zahlreichen völkerwanderungszeitl. Hortfunde sind eine wichtige archäolog. Quellengruppe, denn sie enthalten viele Fundgegenstände, die häufig nicht als Grabbeigaben verwendet wurden: →Brakteaten, Goldschmuck, Zahlungsmittel in Gold und Silber, Solidi, Silberblech- und Relieffibeln. Die berühmten Goldhörner von Gallehus (S-Jütland) sind auf rund 400 n. Chr. datiert.

Während die VWZ in mancher Hinsicht eine kulturelle Fortsetzung des 4. Jh. ist, ergibt sich ein kultureller Bruch beim Übergang zur MZ, denn die merowingerzeitl. Kultur bekommt starke Impulse aus dem frk., ags. und ir. Bereich. Viele Erscheinungsformen der MZ gehen dann ohne Bruch im 9. Jh. in die Wikingerzeit (WZ) über.

U. Lund Hansen

II. WIKINGERZEIT: In D. umfaßt die WZ traditionell die Zeitspanne von etwa 800 bis 1050. Diese Abgrenzung gründet sich auf krieger. und polit. Ereignisse. Reichhaltiges archäolog. Material bezeugt Kontinuität zw. MZ und WZ sowie zw. WZ und MA. →Dörfer sind bes. aus Jütland (u. a. Sædding, →Vorbasse) bekannt. Die einzelnen Höfe (in Vorbasse) bestanden aus einer Anzahl frei stehender, von Zäunen umgebener Gebäude. Die am gründlichsten untersuchte frühstädt. Siedlung ist Haithabu (Hedeby), das ab etwa 800 ein weitgehend festes Straßennetz und Grundstücksparzellen besaß; im 11. Jh. wurde der Ort aufgegeben. Auch in mehreren Städten, wie z. B. Ripen, →Aarhus, →Viborg und →Lund, wurden Funde aus der WZ gemacht. Einige Siedlungen waren wohl nur zu bestimmten Jahreszeiten bewohnt, u. a. →Löddeköpinge und Skuldevig. Das größte Festungswerk ist das →Danewerk bei Schleswig. In Haithabu und Aarhus wurden im 10. Jh. Halbkreiswälle errichtet. Um 980 entstanden geometr. Rundburgen (→Trelleborg [Seeland], →Fyrkat [Mittel-Jütland], →Aggersborg [N-Jütland] und wahrscheinl. Nonnebakken [Fünen]), die vermutl. innenpolit. Bedeutung hatten. Bauherr muß der Kg. gewesen sein (vgl. →Befestigung, Abschnitt A. 13). Seesperren sind bes. aus dem 11. Jh. bekannt.

Die →Schiffe entsprachen den nord. Typen, wobei es spezielle Handels- und Kriegsschiffe gab; Hafenanlagen mit Landungsbrücken (Haithabu) und ein gegrabener Schiffskanal (→Kanal, -bau), der Kanhavekanal (8. Jh.), sind nachgewiesen. Außerdem gab es Brücken (u. a. Ravning Enge um 980) und Wege. Importwaren finden sich überall in den stadtähnl. und ländl. Siedlungen. Sie umfassen Luxuswaren und alltägl. Gebrauchsgüter. Während in den schriftl. Quellen v. a. die Verbindungen mit Westeuropa belegt sind, weisen die archäolog. Funde deutlich auf einen lebhaften Kontakt auch mit dem Ostseegebiet (→Wäringer) hin. Silberhortfunde sind aus allen Phasen der WZ bekannt. Die ältesten selbständigen dän. →Münzen stammen etwa aus dem Jahr 800.

In heidn. Zeit (bis rund 960) waren Brandbestattungen und Erdbestattungen gebräuchlich (→Grab). Die Grabbeigaben waren im 9. Jh. spärlich, vom 10. Jh. an gibt es eine große Gruppe wohlausgestatteter aristokrat. Gräber. Der größte Grabhügel D.s ist der Nordhügel in →Jelling, wo in der Übergangszeit zw. Heidentum und Christentum großartige kgl. Grabmonumente errichtet wurden. Runensteine sind die ganze WZ hindurch bekannt. Der prächtigste dieser kulturhist. bedeutenden Totengedenksteine ist der Jellingstein von Kg. →Harald Blauzahn. Die ornamentale Kunst folgt der allgemeinen skand. Entwicklung, für das 9. Jh. gibt es jedoch nur wenige chronolog. Anhaltspunkte.

III. MITTELALTER: Traditionell wird die chronolog. Grenze zw. WZ und (archäolog.) MA auf etwa 1050 gezogen. Viele Dörfer fanden ihren heutigen Siedlungsplatz in der späteren WZ oder im FrühMA, obwohl ihre Namen ältere Formen aufweisen; anscheinend wurde der Standort der Dörfer bis in diese Zeit häufig innerhalb eines kleinen Gebietes verlegt (z. B. Vorbasse). Die Ursache dieser auch in anderen Gebieten im FrühMA zu beobachtenden Erscheinung ist noch nicht mit letzter Sicherheit geklärt. Spuren von Höfen und Häusern finden sich sporad.; am gründlichsten untersucht ist die seeländ. Wüstung Borup mit Höfen, Feldern usw. Ausgrabungen haben gezeigt, daß mehrere ältere Städte (u. a. Ripen, →Schleswig, Aarhus) um etwa 1200 oder im 13. Jh. einen regelmäßigen Grundriß erhielten. Andere Städte wurden zu diesem Zeitpunkt, oder auch früher, gegründet, einige in Verbindung mit einer Burg (u. a. →Kopenhagen und Kalundborg). Die Häuser waren gewöhnlicherweise aus Holz; seit dem 14. Jh. gibt es in den Städten Häuser aus Backsteinen. Nur wenige haben sich erhalten.

Steinburgen und Erdwerke (dän. *Voldsteder*) haben oft gleiche Funktionen, doch umfassen Voldsteder auch nichtburgl. Anlagen. Ältere Anschauungen mußten nach neueren Ausgrabungen häufig revidiert werden (z. B. Eriksvolde auf Lolland). Jedoch können vom Kg. und vom Hochadel gebaute Anlagen oft mit zeitgenöss. Burgen im übrigen Nordeuropa verglichen werden. Zuverlässig datierte Burgen aus dem 11. Jh. sind nicht bekannt, und der größte Teil der zahlreichen →Motten entstand in der polit. unruhigen Zeit des 14. Jahrhunderts. →Donjons aus Stein und Ziegel sind ab dem 12. Jh. bekannt, am ältesten und größten ist der Bastrupturm (Nordseeland). Seit der Mitte des 12. Jh. bauten Kgtm. und Hochadel Burgen mit Umfassungsmauer, Palas usw. aus Bruchstein oder Backstein; der →Backsteinbau wurde zu dieser Zeit in D. eingeführt. Das Danewerk wurde zum letztenmal Ende des 12. Jh. ausgebaut, jetzt mit einer Backsteinmauer (sog. »Waldemarsmauer«). Im 14. Jh. entstanden auch zahlreiche Burgen des lokalen Adels, die verschiedene Formen hatten. Es gab z. B. Ringmauerburgen, aber auch kleinere, turmartige Holzburgen. Die größte Steinburg dieser Zeit war jedoch die ebfl. Burg Hammershus auf Bornholm von etwa 1250. Zw. 1396 und 1483 war der priv. Burgenbau verboten (→Burg, Abschnitt C. XII, 1).

Die Tradition des Schiffbaus der WZ lebte weiter und ist bes. bei den ma. dän. Handelsschiffen archäolog. dokumentiert. Ab dem 13.–14. Jh. gibt es auch →Koggen unter den Funden aus dän. Gewässern. Die materielle Kultur ist für die Zeitspanne 1200–1350 am besten erhellt, bes. in den Städten und auf Burgen. Bis rund 1150–1200 läßt sich in vielen Bereichen (Keramik, Kleinkunst usw.) Kontinuität seit der WZ erkennen, danach wird das Gepräge europäischer. Importwaren sind allgemein, Werkstatt-Funde aus dem 13.–14. Jh. haben aber gezeigt, daß einige der früher als Importe angesehenen Waren auch in D. hergestellt worden sind. Münzhortfunde sind zahlreich; die Zeit der Niederlegung entspricht den aus schriftl. Quellen bekannten polit. unruhigen Zeiten.

Untersuchungen an vielen Kirchenfußböden und -mauern haben Auskünfte über frühere →Holzkirchen sowie über Bauphasen und die ma. Raumeinrichtung in den jetzigen Kirchen geliefert. In Jelling gingen der jetzigen Steinkirche von ca. 1100 drei Holzkirchen voraus; die älteste und größte stammt aus der Bekehrungszeit (um 960). Aus der 1. Hälfte des 11. Jh. gibt es Belege für Steinkirchen (in →Roskilde), und aus dem Ende des Jahrhunderts sind Teile von Kirchen (in Aarhus und Dalby, Schonen) erhalten geblieben. Die meisten Dorfkirchen wurden im Zuge der Kirchenorganisation und einer ausgedehnten Dom- und Klosterbauaktivität im 12. Jh. und Anfang des 13. Jh. aus Stein gebaut. Ab der Mitte des 13. Jh. macht sich im →Kirchenbau norddt. Einfluß geltend, und der Backstein wird vom 13. Jh. an zum vorherrschenden Kirchenbaumaterial. Viele Klostergebäude waren bis weit ins MA hinein aus Holz. Hölzerne Glockentürme und Kirchendachstühle geben wichtige Auskünfte über die Holzbaukunst. Aus roman. und got. Zeit sind in den Kirchen viele guterhaltene Fresken bewahrt.

E. Roesdahl

Lit. zu [I]: C. ENGELHARDT, Sønderjyske mosefund I, 1863 [Thorsbjerg], II, 1865 [Nydam], Fynske mosefund I, 1867 [Kragehul], II, 1869 [Vimose] – M. ØRSNES, Form og stil i sydskandinaviens yngre germanske jernalder, 1966 – H. GEISSLINGER, Horte als Geschichtsquelle, Offa 19, 1967 – U. LUND HANSEN, Kvarmløsefundet – en analyse af Sösdalastilen og dens forudsætninger, ANOH, 1969 – E. THORVILDSEN, Dankirke. Fra Nationalmuseets Arbejdsmark, 1972 – TH. RAMSKOU, Lindholm Høje. Gravpladsen, 1976 – S. HVASS, Die Struktur einer Siedlung der Zeit von Christi Geburt bis ins 5. Jh. n. Chr. Ausgrabungen in Vorbasse, Jütland, D. (Stud. zur Sachsenforsch. 2, 1980) – J. JENSEN, The Prehistory of Denmark, 1983 – zu [II]: R. SKOVMAND, De danske Skattefund, ANOH, 1942 – Berichte über die Ausgrabungen in Haithabu 1ff., hg. K. SCHIETZEL, 1969ff. – E. MOLTKE, Runerne i Danmark, 1976 – O. OLSEN, E. ROESDAHL, H. SCHMIDT, Fyrkat, En jysk vikingeborg, I–II, 1977 – Acta Arch. 50, 1979, 89–208 [Dörfer, Häuser usw.] – E. ROESDAHL, Danmarks vikingetid, 1980 [Engl. Ausg.: Viking Age Denmark, 1982] – O. CRUMLIN-PEDERSEN, Skibe på havbunden. Vragfund i danske farvande fra perioden 600–1400, Handels- og Søfartsmuseets Årbog, 1981, 28–65 – zu [III]: Danmarks Kirker (ed. Nationalmuseet), 1933ff. – J. P. TRAP, Danmark, Bde I–XV, 1953–72⁵ – H. H. ANDERSEN, P. J. CRABB, H. J. MADSEN, Århus Søndervold. En byarkæologisk undersøgelse, 1971 – V. LA COUR, Danske borganlæg til midten af det trettende århundrede, I–II, 1972 – Uppgrävt förflutet för PKbanken i Lund, hg. A. W. MÅRTENSSON, 1976 – T. GRØNGAARD JEPPESEN, Middelalderlandsbyens opståen, 1981 – H. JOHANNSEN–C. M. SCHMIDT, Danmarks arkitektur. Kirkens huse, 1981 – H. STIESDAL, Types of Public and Private Fortifications (Danish Medieval Hist. New Currents, hg. N. SKYUM-NIELSEN–N. LUND, 1981), 207–220 – A. STEENSBERG, Borup. A Deserted Settlement and its Fields, 1983 – Projekt Middelalderbyen, Bde 1–11, Statens humanistiske Forskningsråd, 1984ff. – s. a. die bibliograph. Angaben nach Abschn. D.

C. Allgemeine und politische Geschichte Dänemarks im Früh- und Hochmittelalter

I. Wikingerzeit (ca. 700 – ca. 1050) – II. Vom späten 11. Jh. bis zur Waldemarzeit.

I. WIKINGERZEIT (CA. 700 – CA. 1050): Während über die Geschichte D.s in der Merowingerzeit nur vereinzelte Auskünfte vorliegen, ergibt sich im 8. Jh. bereits ein vollständigeres Bild – archäologisch durch Ausgrabungen in →Ripen (Ribe) und am →Danewerk, literarisch durch die Vita des hl. →Willibrord. Königsherrschaft entwickelt sich im südl. Jütland in Verbindung mit Handelsaktivitäten – ein Zusammenwirken, das die Geschichte D.s, zumindest nach Auskunft der durchaus einseitigen Quellen, bis zum Ende des 10. Jh. bestimmt. Insbes. die Münzfunde, aber auch andere archäolog. Zeugnisse weisen auf enge Beziehungen zu Osteuropa hin. Dort stößt man immer wieder auf Spuren wikingerzeitl.-skand. Ansiedlungen. Ortsnamen, die in ganz D. verbreitet sind, belegen eine kontinuierl. Ausweitung der Besiedlung bis ins 13. Jh. hinein. Die konstante sozio-ökonom. Grundlage während dieser Periode ist die in Dörfern und Einzelhöfen betriebene Landwirtschaft, während das Verhältnis zw. Königsmacht und Handel von bestimmten Entwicklungsstadien markiert wird: zunächst durch Abgaben an den Kg. zum Schutz der Handelsplätze und Handelswege, später durch direkte Teilnahme kgl. Amtsträger am lokalen Handel mit Landwirtschaftsüberschüssen.

Die frk. Reichsannalen erwähnen dän. Verhältnisse im Zusammenhang mit den →Sachsenkriegen Karls d. Gr. Dän. Kg.e leisten aufrührerischen Sachsen Unterstützung und unternehmen Kriegszüge gegen die dem Frankenreich gehörige Nordseeküste. Das Danewerk war dabei zugleich Bollwerk gegen Angriffe von Süden und Schutz der Handelswege über die südjüt. Landenge. Kg. →Göttrik (Gudfred; † 810) verlegte den ehemals slav. Handelsplatz Reric (→Mecklenburg) an die Schlei. Die Anlage des auf diese Weise gegründeten →Haithabu (Hedeby) läßt eine zentrale Planung erkennen.

Göttriks Nachkommen hatten im 9. Jh., wenn auch untereinander zerstritten, den dän. Thron inne. Zwei von ihnen, Horik I. und II., unterstützten →Ansgars Missionswerk, ohne selbst die Taufe empfangen zu haben. Möglicherweise nahmen einige dieser Kg.e an Wikingerzügen teil: Im Westen wurden – nach einer Periode heftiger Angriffe auf Paris – die Grundlagen für das Hzm. →Normandie gelegt. Gleichzeitig unterwarfen dän. →Wikinger die engl. Gebiete nördl. der alten Römerstraße →Watling Street. Die eroberte Region wurde →Danelaw (Danelag) genannt, weil hier dän. Recht galt. Dagegen spielten Dänen bei den Wäringerzügen in Rußland nur eine geringe Rolle. Ihr Anführer bei den ersten Unternehmungen hieß Ruric. Ein skand. Fs. gleichen Namens brachte 853 das Gebiet zw. Eider und Schlei unter seine Botmäßigkeit.

Die Verhältnisse in D. während der 2. Hälfte des 9. Jh. liegen im dunkeln. Die Fuldaer Annalen erwähnen unter dem Jahr 873 zwei dän. Kg.e, Sigifred und Halvdan, die mit dem Kg. v. Ostfranken ein Abkommen über den Schutz des grenzüberschreitenden Handels abschließen.

Kurz vor 900 sollen nach →Adam v. Bremen schwed. Wikinger in Schleswig geherrscht haben. Adams Bericht wird von zwei Runeninschriften aus der Gegend um Schleswig gestützt. Wie groß das schwed. Herrschaftsgebiet war, ist nicht bekannt. Auf einem Runenstein der Insel Lolland ist von »Süd-Schweden« die Rede, jedoch ohne erkennbare Verbindung zu den schwed. Wikingern in Schleswig. Adam berichtet, daß die schwed. Kg.e von einem dän. Königsgeschlecht aus »Nortmannia« vertrieben wurden. Wo genau diese Ereignisse stattfanden, ist unbekannt. 936 besuchte der Ebf. v. Hamburg-Bremen, →Unni, D. und traf dort mit Kg. →Gorm zusammen, der sich allerdings weigerte, das Christentum anzunehmen. Jedoch ließ sich sein Sohn →Harald Blauzahn taufen. Auch diese Vorgänge lassen sich nicht datieren. Adam ist für das 10. Jh. zwar nur mangelhaft unterrichtet, doch geht die prächtige Anlage von →Jelling wirklich auf diese beiden Kg.e zurück, wie von den Inschriften zweier an dieser Stelle errichteter Runensteine bestätigt wird. Somit kann die dän. Königsreihe von der Mitte des 10. Jh. an als gesichert angesehen werden.

Die Annahme des Christentums durch Harald Blauzahn erfolgte aller Wahrscheinlichkeit nach auf polit. Druck von dt. Seite, denn D. gehörte zum Ebm. Hamburg-Bremen, dessen Bf.e aufs engste mit dem otton.-sal. Kgtum. (→Reichskirche) verbunden waren. Um einer allzu starken polit. Einflußnahme auszuweichen, nutzte Kg. Harald – ebenso wie der poln. Fs. – das Engagement der →Ottonen in Italien zur Festigung seiner Führungsposition innerhalb der dän. Kirche. Zwar eroberte Otto II. 976 das Danewerk-Gebiet, aber acht Jahre später wurde es von den Dänen wieder zurückgewonnen.

Nach Adam v. Bremen wurde der endgültige Sieg des Christentums eine Zeitlang von einer heidn. Reaktion unter Haralds Sohn →Svend Gabelbart verzögert. Im Zusammenhang mit diesen inneren Konflikten stehen wohl auch vier regelmäßig-kreisförmig, auf die zentralen Landschaften D.s verteilte Befestigungsanlagen (→Trelleborg), die als Etappe auf dem Weg zu einer endgültigen Reichsbildung angesehen werden können, denn jeder, der diese Anlagen beherrschte, verfügte über ein ganz D. umfassendes System lokaler Machtzentren.

Ausweitung des Fernhandels und Gründung städtischer Siedlungen sind weitere Elemente dieser Entwicklung, die um d. J. 1000 auch →Schonen erfaßt. Das kgl. Engagement hierbei spiegelt sich im wachsenden Interesse des Kgtm.s an den östl. Teilen des Landes. So erhielt →Roskilde eine kgl. Grabeskirche und einen Königshof. Auch →Lund entstand in dieser Zeit, zunächst als kirchl. Zentrum. Die dän. Bf.e wurden vom Kg. ernannt, die Weihe war jedoch weiterhin dem Ebf. v. Hamburg-Bremen vorbehalten.

Nach dem Tod seines Vaters übernahm Svend Gabelbart ca. 987 den Thron. Die von ihm aus wirtschaftl. Gründen wiederaufgenommenen Wikingerzüge waren indessen nicht geeignet, seine Stellung im Lande zu stärken. Wie bei seinen Vorgängern scheinen seine militär. Ressourcen eher privater als öffentlicher Natur gewesen zu sein. In England stieß er nicht nur auf den Widerstand der ags. Kg.e, sondern auch konkurrierender skand. Kräfte. Nach ihrer Niederwerfung wurde er 1013, kurz vor seinem Tod, als Kg. über ganz England anerkannt. Sein Sohn →Knut d. Gr. mußte erneut den Kampf gegen die einheim. Kgtm. aufnehmen, bevor er 1017 in →England eine Herrschaft errichten konnte, die teils auf ags. Institutionen beruhte, teils auf direkter Huldigung durch die neuen Untertanen. 1018 wurde er auch Kg. v. D.

Die »Personalunion« zw. England und D. hinterließ in zahlreichen wichtigen Bereichen ihre Spuren. So wurden Münzen nach engl. Vorbild mit dem Porträt des Kg.s und seinem Namen in der Umschrift geprägt. Zunächst waren wohl diese Münzen zusammen mit anderen ausländ. Münzen und Edelmetallen in verschiedenen Formen, jeweils nach ihrem Metallgewicht taxiert, in Umlauf. Sie bildeten den Übergang zu einem Münzmonopol, bei dem nur einheim., vom Kg. garantierte Währung akzeptiert wurde. Weiterhin war es offensichtl. das engl. Heerwesen, das als Vorbild für den dän. →Leding diente, eine öffentl. organisierte Flotte, deren Schiffe im Rahmen landesweit eingerichteter *skipaen* ('Schiffsgestellungsbezirke') gebaut, bemannt und ausgerüstet wurden. Schließlich deuten engl. Lehnwörter und die Namen vieler Missionare auf einen deutlichen Einfluß der ags. Kirche hin.

Diese Verhältnisse machen das sog. »Nordseeimperium« Knuts d. Gr. und seines Nachfolgers zu einer Übergangsphase zw. »Wikingerzeit« und »Mittelalter« (nach der Periodisierung der skand. Forschung Übergang zum »Frühmittelalter«). Gleichzeitig beschränkte sich der dän. Fernhandel auf das Ostseegebiet und die Verbindung mit Byzanz. Die Grenzen D.s hatten sich u. a. durch einen Grenzvertrag zw. Schweden und D. konsolidiert. Das früher selbständige →Bornholm wurde enger an Schonen gebunden, die Eidergrenze blieb in der Folgezeit unangefochten. Obwohl die dän. Monarchie erst 1660, im Zeitalter des Absolutismus, als Erbmonarchie konstituiert wurde, hatte im HochMA immer dasselbe Geschlecht die Königswürde über einen längeren Zeitraum inne. Dieser Umstand verhinderte allerdings nicht langwierige Bürgerkriege zw. den zahlreichen Thronprätendenten im 12. Jh. Militärisch stützte sich das Kgtm. in wachsendem Maße auf eine gepanzerte Reiterei; kirchlich sicherte es sich seit der Regierung →Svends Estridsens (1060–74) Einfluß durch insgesamt acht Bm.er (davon drei neuerrichtete und ein neubesetztes), in denen der Kg. die Einsetzung der Bf.e übernahm, und ebenso durch die Bemühungen um ein nord. Ebm.; fiskalisch durch die Erhebung verschiedener Abgaben und Steuern, z. B. des sog. »Mittsommergeldes« oder des »Herdgeldes« in den Städten; jurist. schließlich durch Forderung hoher →Bußen für Friedensbruch als Gegenleistung für die Garantie des →Landfriedens. Die Einflußnahme auf die bisher geltende Rechtsautonomie der lokalen Dingversammlungen (→Ding) wurde nach 1200 entschiedener betrieben. Doch auch in der Folgezeit wurde das überkommene Recht bei Fehden zw. den mächtigen Familien weitgehend respektiert.

II. Vom späten 11. Jh. bis zur Waldemarzeit: Bereits in der Schenkungsurkunde →Knuts d. Hl. (1080–86) für die Domkirche in Lund werden die gewandelten Verhältnisse deutlich: Danach hatte der Kg. einen Teil des geschenkten Gutes durch Bußen für Landfriedensbruch sowie durch Erhebung des Mittsommergeldes erworben. Auch Bußen für den Bruch der Ledingspflicht trugen zur Vergrößerung des kgl. Vermögens bei. Die Schenkung selbst bestand aus Höfen in Schonen und auf Seeland, wobei die Lage der Höfe mit Hilfe einer Hundertschaftseinteilung (*herred*, →Hundertschaft) beschrieben wird, die nur von einer Zentralgewalt organisiert werden konnte. Ob die Hundertschaft ursprgl. eine militär. oder rechtl. Funktion hatte, ist umstritten.

Dieses dän. Kgtm. entstand in enger Zusammenarbeit mit der Kirche: So soll Kg. Knut d. Hl. versucht haben, den →Zehnten gegen den Willen des Volkes einzuführen, das aber eine so starke Machtentfaltung nicht hinnehmen wollte. Während eines Aufruhrs wurde Knut in der St. Albans-Kirche zu Odense erschlagen. Es gelang der Geistlichkeit, den Königsmord zum Vorteil der Kirche auszunutzen und die Kanonisierung Knuts - auch unter dem Eindruck einer verheerenden Mißernte - zu erreichen. Anfängl. Widerstände gegen die Christianisierung wurden von Kgtm. und Kirche niedergerungen, denn beide hatten gemeinsames Interesse an einer starken Zentralgewalt. 1104 wurde in →Lund ein für den gesamten Norden zuständiges Ebm. gegründet.

Unter Kg. Niels (1104–1134) vollzog sich die Umwandlung der alten Hofämter zu einer stärker zentralisierten Administration: Der Mundschenk wurde zum Drost und übernahm Verantwortung für die inneren Reichsangelegenheiten, der Marschall wurde zunehmend für das Kriegswesen zuständig etc. Überall im Lande saßen loyale Gefolgsleute als kgl. Amtsträger. Eine bes. wichtige Position bekleidete der kgl. Statthalter (*gældkeri*) in Schonen, wo sich der Heringsfang (→Fischerei, Fischhandel) zu einer immer einträglicheren kgl. Einnahmequelle entwickelte (→Schonische Messen).

In den letzten Regierungsjahren Kg. Niels' versuchte eine Laienbewegung, den →Zölibat gewaltsam durchzusetzen. Offenbar stellte sich der Kg. gegen diese Reform, bedeutsamer war jedoch, daß der Kirche, als Folge der Erhebung, das →privilegium fori, die Unabhängigkeit von den lokalen Dinggerichten, zugestanden wurde. Bald danach brach mit der Ermordung →Knut Lavards (7. Jan. 1131), des Hzg.s v. Südjütland (Schleswig) und eines der möglichen Thronprätendenten, durch Kg. Niels' Sohn Magnus ein langanhaltender Thronfolgestreit aus. Knut Lavard hatte Anlaß zu bes. Mißtrauen gegeben, denn er hatte - im Zuge der Ostpolitik →Lothars v. Süpplingenburg - die Herrschaft über die westl. Wendenstämme (→Slaven) als Reichslehen erhalten. Ob Knut wirklich Ambitionen auf den dän. Thron hatte, ist unbekannt, aber seinem Bruder Erik gelang es, sich mit Hilfe des mächtigen seeländ. Adelsgeschlechts der Hvide, bei dem Knut aufgewachsen war, gegen Kg. Niels und seinen Sohn zu erheben. In der Schlacht bei Fotevig (1134) in Schonen fielen Magnus und fünf Bf.e; Kg. Niels wurde bald darauf in Schleswig von Gildebrüdern erschlagen. Damit war für die Nachkommen Knut Lavards der Weg zum dän. Thron frei. Erik wurde Kg. (1134–37) und bemühte sich um die Heiligsprechung seines Bruders Knut als Märtyrer. Der amtierende Ebf. v. Lund, Asser, stand dem Plan wohlwollend gegenüber, aber unter seinem Nachfolger →Eskil (1138–77) geriet das Verfahren ins Stocken, während gleichzeitig der Bürgerkrieg erneut entbrannte. Erst nachdem Knut Lavards Sohn →Waldemar seine Mitkonkurrenten um den Thron 1157 besiegt hatte und nun als Alleinherrscher die päpstl. Anerkennung der Kanonisierung des Hzg.s Knut erlangt hatte, konnte Waldemar am 25. Juni 1170 in Ringsted die Heiligsprechung vornehmen lassen. Zugleich wurde bei dieser Gelegenheit sein siebenjähriger Sohn Knut von Ebf. Eskil zum Kg. gekrönt.

Vor diesen Ereignissen war das Verhältnis zw. Ebf. und Kg. indessen eher von Uneinigkeit geprägt: Während der Bürgerkriege waren sie getrennte Wege gegangen, und im Schisma von 1158–77 hatten sie sich lange Zeit gegenüber gestanden. Der Kg. v. D. schloß sich Ks. Friedrich an und leistete ihm, wie auch seine Vorgänger, die Lehnshuldigung. Bald darauf begann er sich jedoch Papst →Alexander III. anzunähern, und es zeichnete sich damit die Möglichkeit einer Versöhnung mit Eskil ab. Nach mehrjährigem Exil kehrte der Ebf. nach D. zurück, wo ein Großteil der Geistlichkeit, mit Bf. →Absalon (aus der Familie der Hvide) an der Spitze, der Politik des Kg.s gefolgt war. Papst Alexander III. und Ebf. Eskil waren Gregorianer und verfolgten die größtmögliche Unabhängigkeit der Kirche von weltl. Oberhoheit, im übrigen förderten Kg. und Kirche gemeinsam die Gründung von Klöstern, insbes. des Zisterzienserordens (→Zisterzienser), und die Ausschmückung der Kirchen.

Auf dem Reichstag v. Ringsted konnte außerdem der größte Erfolg gefeiert werden, den Kg. Waldemar und Bf. Absalon bei ihrem Vordringen gegen die Wenden errungen hatten, denn 1168 wurde die große slav. Kultstätte →Arkona auf →Rügen erobert. Diese Wendenkriege waren nicht nur Kreuzzugsunternehmungen, sondern auch Vergeltungsaktionen für slav. Piratenzüge und bewirkten eine neue Sammlung der Bevölkerung nach den Jahren des Bürgerkriegs. Die dän. Wendenkriege waren mit der Eingliederung von Rügen in das Bm. Roskilde noch nicht zu Ende, sondern es erfolgten unter Kg. Waldemar weitere Vorstöße gegen →Pommern. Durch diese Unternehmungen geriet Waldemar in Konkurrenz zu →Heinrich dem Löwen, Hzg. v. Sachsen. Trotz dessen persönl. Niederlage in den Auseinandersetzungen mit den Dänen vermochten die Deutschen letztendlich den größten Nutzen aus dieser Kreuzzugs- und Ostsiedlungsbewegung zu ziehen, während sich die Dänen ledigl. die Herrschaft über →Estland sichern konnten. Von der sagenumwobenen Schlacht v. →Lyndanisse 1219, in der Ebf. Andreas Sunesen (→Andreas filius Sunonis) durch Gebete den Dänen zum Sieg über die Esten verholfen haben soll, wurde später berichtet, daß das dän. Banner, der Danebrog, Beweis des göttl. Beistandes gewesen sei.

Ein weiterer militär. Erfolg war die Eroberung der von den →Schauenburgern beherrschten Gft. →Holstein (1200–01), die 1214 in der Goldenen Bulle Ks. Friedrichs II. bekräftigt wurde. Auch →Lübeck kam 1202 unter dän. Herrschaft, behielt aber seinen Besitzstand und seine rechtl. Selbständigkeit. Ende des Jahrhunderts erhielten eine Reihe dän. Städte Verfassungen nach lübischem Vorbild. Im frühen 13. Jh. erfolgte mit den Gotlandfahrten (→Gotland) nach →Visby ein verstärktes Eindringen Lübecks in den Ostseehandel.

Der Begriff »Waldemarzeit« bezieht sich auf die Regierungszeiten →Waldemars d. Gr. (1157–82) und seiner beiden Söhne →Knut VI. (1182–1202) und →Waldemar II. Sejr ('des Siegers') (1202–41). Angriffe auf die Königsmacht durch Thronfolgeansprüche von Angehörigen anderer Linien des Geschlechts und Aufstände in Schonen gegen die Zentralgewalt, personifiziert durch den Ebf. und kgl. Amtsträger →Absalon (1178–1202), konnten überwunden werden und verstärkten damit die auf eine nahezu theokrat. Auffassung gestützte Herrschaft der Waldemar-Dynastie. Die Neuorganisation der kgl. Kanzlei brachte Ordnung in die Verwaltung, und eine umfassende Gesetzgebung trug wesentl. zur Veränderung der dän. Gesellschaft bei: Am ältesten sind das schon. und seeländ. Kirchenrecht, letzteres mit Bestätigungsdatum vom 21. Juli 1171. Darin trifft der Diözesanbf. mit den »Bauern«, also den rechtsfähigen Teilen der Bevölkerung, eine Vereinbarung über die jeweiligen Rechte und Pflichten, wobei das übernommene Gewohnheitsrecht vor dem kanon. Recht Vorrang hatte. Eine ähnliche Gegenüberstellung zeigt sich auch in der nächsten Phase der Kodifikation, beginnend mit der »Verordnung Knuts VI. über Totschlag« vom 28. Dez. 1200. Bestimmungen über Erbschaft und Schiffsgestellung (→Leding) folgten. Häufig scheint die Initiative von Kg. ausgegangen zu sein, jedoch wurden rechtskundige Männer zu Rate gezogen, und die Sanktionierung der Gesetze geschah, wie früher, auf dem Ding. Insgesamt gesehen sind indessen in den großen Gesetzessammlungen, dem schon. und seeländ. Recht, nur einzelne Bestimmungen kgl. Ursprungs. Das älteste schon. Recht ist nur indirekt aus einer Paraphrase bekannt, die Ebf. Andreas Sunesen kurz vor dem 4. Laterankonzil i. J. 1215 anfertigen ließ und die u. a. die geistl. Mitwirkung bei der Eisenprobe verbot. Auch »Waldemars Seeländisches Recht« wurde vor 1215 angenommen. Nur in Nuancen und Sprachvarianten unterscheidet sich die Gesetzgebung der verschiedenen Landesteile voneinander, und selbst das etwas später entstandene →Jütsche Recht (1241) steht auf dem Boden des einheim. Rechts, auch wenn sich der Einfluß des kanon. und röm. Rechts mehr und mehr geltend macht (etwa durch die Betonung der Individualhaftung im Gegensatz zur bis dahin vorherrschenden Familienhaftung). Dies bedeutet ein Vordringen der öffentl. Strafe auf Kosten von Fehde und Blutrache.

Der Ausdruck »Valdemarernes Storhedstid« (»Großmachtzeit unter der Waldemar-Dynastie«) meint v. a. die Jahrzehnte um 1200, eine Zeit der Hochkonjunktur, während der »D. für seine Waren die Preise Europas erhielt« (K. Erslev) und Landwirtschaft und Besiedlung expandierten. Der öffentl. Bereich hatte Anteil an den Überschüssen aus landwirtschaftl. Produktion v. a. durch Verdinglichung von Leistungen, Erhöhung von Steuern und Änderung der militär. Aufgebotspflicht: Es wurde nicht mehr ein Mann aus jedem *havne* (einer Anzahl Höfe) aufgestellt, sondern jeder Haushalt mußte einen bestimmten Geldbetrag oder Naturalien für die Kriegsmacht des Landes beisteuern. Die sozialen Folgen dieses Systems bestanden u. a. in der Ausbildung einer neuen Adelsschicht, die vollen Kriegsdienst gegen Steuerfreiheit leistete (→Frälse). Im Umkreis kgl. Burgen und an verkehrsgünstigen Stellen wurden Städte angelegt, die zahlreichen Holzkirchen durch Steinbauten ersetzt. Kirchenbau und Kirchenschmuck folgten roman. Vorbildern, wobei sich in unterschiedl. Ausmaß byz. (→Byz. Reich, Abschnitt G), lombard. und frz. Einflüsse geltend machen. Auch wurden die neuen Universitäten des Kontinents in wachsender Zahl von Dänen besucht. Literarisch wird diese kulturelle Blütezeit in dem theol. Gedicht »Hexaemeron«

des Andreas Sunesen fruchtbar, der damit seinen Landsleuten die Möglichkeit eröffnen will, ohne Rückgriff auf klass. Texte Latein zu lernen. Sein Werk bedeutet ein Abrücken von der bislang gepflegten Beschäftigung mit der antiken röm. Dichtung, die bes. den Geschichtsschreiber →Saxo Grammaticus beeinflußte, der in seinen um 1200 entstandenen »Gesta Danorum« isländ. Sagastoff und klass. Stilideale vereinte.

Um 1220 stand Waldemar Sejr auf dem Höhepunkt seiner Macht. Zwei Jahre vorher war sein ältester Sohn Waldemar gekrönt worden und der Weiterbestand der Waldemar-Dynastie schien für die Zukunft gesichert. Aber 1223 wurden Vater und Sohn während einer Jagd auf der Insel Lyø (südl. von Fünen) von norddt. Großen gefangengenommen und erst nach zweijähriger Gefangenschaft gegen eine hohe Lösegeldsumme wieder freigelassen. Die neugewonnenen norddt. Gebiete waren verloren. Der Versuch einer Rückeroberung in der Schlacht v. →Bornhöved (22. Juli 1227) mißlang gänzlich.

Q. und Lit.: s. nach Abschnitt D.   I. Skovgaard-Petersen

D. Allgemeine und politische Geschichte Dänemarks im späteren Mittelalter
I. Feudalismus und Reichsauflösung (1227/1241–1340) – II. Das dänische Spätmittelalter (1340–1523).

I. FEUDALISMUS UND REICHSAUFLÖSUNG (1227/1241–1340): [1] *Die letzten Regierungsjahre Waldemars II.*: Die Niederlage von Bornhöved hatte insofern grundsätzl. Bedeutung, als Waldemar II. seine Expansionspolitik aufgab und sich auf die innere Lenkung und Herrschaftssicherung konzentrierte. Zunächst jedoch stabilisierte er seine Stellung gegenüber dem Ausland durch separate Übereinkommen mit seinen Gegnern. Im Zuge dieser Konsolidierungspolitik kam →Reval unter das Ebm. Lund. Erich (IV.) wurde 1232 zum Mitkönig nach dem Tod des älteren Bruders Waldemar gekrönt, während die übrigen Mitglieder des Königshauses mit der Verleihung von Kronlehen abgefunden wurden. Durch eine Ehe zw. Hzg. Abel und der schauenburg. Grafentochter Mechthilde sollte ein friedl. Verhältnis zw. Schleswig und Holstein erreicht werden. Ab 1231 entstand das sog. »Landbuch des Kg.s Waldemar« (Liber census Daniae), eine kamerale Mischhandschrift, die u. a. als Grundlage von Steuererhebungen diente (→Urbar). Die Arbeit an den verschiedenen Listen dauerte mehrere Jahrzehnte. Bedeutung und Provenienz dieses Urbars sind umstritten, es hat jedoch als eine Hauptquelle für die Erforschung des hochma. Finanz- und Steuersystems D.s zu gelten.

Wenige Monate vor seinem Tod legte Waldemar II. auf dem Hof in Vordingborg das jüngste der dänischen Landschaftsrechte, das →»Jütsche Recht« vor, in dessen Bestimmungen altes und neues dän. Recht kodifiziert ist. Die Vorrede ist vom röm. Recht beeinflußt. Dieses Gesetzeswerk wurde Waldemar Sejrs Testament für die Nachwelt.

[2] *Dynastische Politik (1241–1319)*: Die Reichseinheit, die von Waldemar I. nach dem Sieg von 1157 etabliert wurde und unangetastet bis zum Tod Waldemars II. 1241 fortbestanden hatte, stand bald vor mehreren Bewährungsproben. Waldemar II. hatte seinen jüngeren Söhnen die Grenzprovinzen zu Lehen gegeben: Abel wurde Hzg. v. S-Jütland, Christoph (Christoffer) Hzg. v. Lolland-Falster, und die unehel. Söhne Knut und Niels erhielten Blekinge und Halland. Diese Lehen waren nicht als erbl. Besitz gedacht, stellten aber dennoch eine Bedrohung der Reichseinheit dar. Kg. →Erich IV. (Erik Plovpenning) geriet auch bald in Gegensatz zu seinen Brüdern, insbes. zu Abel. Erichs Versuch, die norddt. Politik des Vaters wiederaufzunehmen, mißlang, und Abel nutzte die Situation aus, was innere Unruhen in D. nach sich zog. Diese zogen u. a. auch die geistl. Institutionen in Mitleidenschaft; die Kirche antwortete ihrerseits mit Banndrohungen, deren Verwirklichung auf der Synode v. Odense 1245 beschlossen wurde. Damit war der Grundstein für den nachfolgenden großen Kirchenkampf gelegt, und der Bf. v. Roskilde, Niels Stigsen, der gleichzeitig kgl. Kanzler war, mußte das Land verlassen. Zur Abdeckung der Kosten dieses Bürgerkrieges wurden neue Steuern ausgeschrieben. Als Erich IV. auf dem schonischen Landsding erneut die Zustimmung zu einer Abgabe auf jeden Pflug, zur Verbesserung der Münzqualität, verlangte, entstanden Unruhen, und der Kg. mußte fliehen. Die Steuer wurde trotzdem erhoben. Nach erneutem Friedensbruch zog Erich gegen Schleswig und besiegte Abel, wurde aber, vermutl. auf dessen Anstiftung, an der Schlei ermordet. Da Erich keine Söhne hatte, wurde Abel kurz darauf auf dem Landsding zu Viborg zum Kg. erhoben und im selben Herbst gekrönt. Doch fiel er schon nach kurzer Regierung im Kampf gegen die Friesen (1252). Es spricht vieles dafür, daß Abel die Durchsetzungskraft hatte, die Königsmacht gegenüber dem mächtiger werdenden Herrenstand und den Selbständigkeitsbestrebungen der hohen Geistlichkeit zu stärken. Es gelang ihm, sowohl Privilegien für Städte als auch Privilegien für ausländ. Kaufleute, u. a. für die aus dem holl.-fläm. Bereich stammenden »Umlandfahrer«, die ein Gegengewicht zur vordringenden dt. Hanse bildeten, auszustellen. Da die Landschaftsrechte als Gesetzeswerk für ein zentral gelenktes Staatswesen nicht ausreichten, wurde anscheinend eine größere Gesetzgebungsarbeit, die in der Forschung viel diskutierte »Abel-Christoffersche Verordnung«, in Angriff genommen. Es fiel indessen dem jüngsten Bruder, Christoph, zu, die Politik Waldemars I. weiterzuführen. Da er aber an drei Fronten zugleich zu kämpfen hatte, erreichte er eine Konsolidierung der Königsmacht nicht. Abel hinterließ drei minderjährige Söhne, von denen sich der älteste in der Gefangenschaft des Ebf.s v. Köln befand. Dies ermöglichte die Wahl Hzg. Christophs zum dän. Kg. Gleichzeitig aber drohte ein norw.-schwed. Angriff, und im S versuchte die Königinwitwe Mechthilde, zusammen mit ihren Verwandten, den Söhnen Abels die Krone zu sichern. Es gelang Christoph, die Offensive von N aufzuhalten, indem er Schadenersatz versprach; die Holsten fand er mit der Belehnung des jungen Waldemar mit dem Hzm. des Vaters ab. Die Folge war ein verstärkter holstein. Einfluß in Schleswig; Christoph und seine Nachkommen sahen sich stets mit der Aufgabe konfrontiert, die Linie Abels vom dän. Thron fernzuhalten. Im Innern mußte Christoph den Bestrebungen des Adels, verstärkten Einfluß zu gewinnen, entgegenkommen. Die jährl. Zusammenkünfte der meliores regni wurden von nun an zu einer festen Institution, dem »Hof« (Hoftag), später →Danehof genannt. Nur über Zugeständnisse konnte Christoph die begonnene Reichsgesetzgebung durchführen und den kgl. Gerichtshof zum obersten Gericht des Reiches erheben. Christoph geriet auch in Gegensatz zu Ebf. →Jakob Erlandsen, der Macht und Unabhängigkeit der Kirche durch die Forderung zu erweitern suchte, daß nicht nur alle Geistlichen, sondern auch die weltl. Untergebenen der Kirche unter die kirchl. Jurisdiktion fallen sollten. Seine Bestrebungen, die schonische Kirchenverfassung zu ändern, stießen auf starken Widerstand des Kg.s. Der Ebf. reagierte darauf mit Fernbleiben vom Hof in Nyborg 1256 und hielt statt dessen eine Kirchenversammlung in Vejle ab, auf der beschlossen wurde, keine Gottesdienste mehr

abzuhalten, wenn Bf.e gefangengenommen würden. Der Streit zw. Kg. und Ebf. spitzte sich zu, als Christoph im nächsten Frühjahr auf einem Sondergerichtstag in Lund die Privilegien des Erzbischofsstuhls einzog. Nach Hzg. Waldemars plötzl. Tod besiegte Kg. Christoph ein holstein. Heer, eroberte Schleswig und überführte den Leichnam Erichs IV. nach Ringsted. Um seine eigene Dynastie gegen die Ansprüche Mechthilds, die für die Nachkommen Abels eintrat, zu sichern, ließ Christoph seinem zehnjährigen Sohn huldigen und forderte seine Krönung. Der Ebf. lehnte ab und wurde vom Kg. gefangengesetzt. Über das ganze Reich sollte daraufhin das Interdikt verhängt werden, was aber nur teilweise durchgesetzt werden konnte. Dagegen versuchte Abels Sohn Erich, seine Ansprüche auf das Hzm. durchzusetzen, indem er sich mit dem Freund des Ebf.s, Fs. Jarimar v. Rügen, verbündete und einen Angriff auf Seeland durchführte. Bevor Kg. Christoph zum Gegenangriff übergehen konnte, starb er plötzl. in Ripen. Die zwei streitbaren Königinwitwen setzten den Kampf fort, aber nachdem Jarimar in einer Schlacht bei Næstved den Sieg davongetragen hatte, mußte Kgn. Margarete Sambiria bedeutende Zugeständnisse machen. Ebf. Jakob Erlandsen wurde freigelassen und Abels Sohn Erich mit Schleswig belehnt. Der Sieg des Ebf.s währte nur kurz, und als er den Bann über die Bf.e Jütlands verhängte, die dem Interdikt nicht Folge geleistet hatten, zwang ihn Margarete ins Exil. Sie versuchte darauf, den Einfluß der Gf.en v. Holstein im Hzm. zurückzudrängen, aber die dän. Heer erlitt eine Niederlage bei Lohede, und Kgn. Margarete und Kg. →Erich V. (Erik Klipping) wurden als Gefangene nach Hamburg geführt und erst durch die Vermittlung des Welfen Hzg. →Albrechts I. v. Braunschweig wieder freigelassen. Er begleitete die Kgn. nach D., um an der Vormundschaftsregierung teilzuhaben. Das Verhältnis zu Schweden und Norwegen versuchte man durch eine doppelte Verheiratung zu stabilisieren. Um Mitgift und spätere Erbansprüche zu umgehen, wurden die zwei jüngsten Prinzessinnen ins Kl. gegeben, konnten aber wegen der Feindschaft zw. der Königsfamilie und den Zisterziensern nicht im Marienkloster zu Roskilde untergebracht werden. Statt dessen wurde mit ihrer Ausstattung ein Dominikanerinnenkloster in Roskilde gegründet (gleichsam in Konkurrenz zu einem kurz vorher von einem Verwandten Jakob Erlandsens gestifteten Klarissenkloster).

Der landflüchtige Ebf. Jakob Erlandsen ging nach Rom, konnte seine Sache aber nur zögernd voranbringen; nach zwölf Jahren kam auch ein für den Kg. annehmbarer Vergleich zustande. Der Ebf. starb während der Heimreise auf Rügen, neuesten archäolog. Untersuchungen zufolge durch Mord. Kurz zuvor war Hzg. Erich gestorben, und Kg. Erich V. konnte das Hzm. einziehen. Er fühlte sich stark genug, um sich in die schwed. Verhältnisse einzuschalten – mit wechselnder Unterstützung für Kg. Waldemar und seinen aufrührerischen Bruder, den Hzg. und späteren schwed. Kg. Magnus. Diese Politik, bei der auch dt. Söldnertruppen zur Niederhaltung der inneren Opposition eingesetzt wurden, war äußerst kostspielig. Der Hof (→Danehof) war nicht regelmäßig einberufen worden, so daß keine neuen Steuern erhoben werden konnten. Die Folge war eine ständige Geldverschlechterung. Der Hof von 1276 geriet zur Konfrontation: Der Adel war zwar bereit, die Steuern zu bewilligen, billigte aber nicht das vom Kg. geforderte Vorgehen bei Majestätsverbrechen. Die Verhältnisse spitzten sich in den folgenden Jahren zu und auf dem Hof von Vordingborg 1282 mußte Erich V. die erste →Handfeste (Wahlkapitulation) in der dän. Geschichte akzeptieren, die u. a. wegen des habeascorpus-Artikels mit der →Magna Charta verglichen worden ist. So wurde die kgl. Gerichtshoheit beschnitten, indem Streitfälle zunächst vor die Bezirks- und Landsdinge gebracht werden mußten. Den wachsenden Ansprüchen der Seitenlinien der Königsfamilie wurde durch die Bildung einer Kommission zur Regelung von Erbansprüchen entgegengetreten. Das Jahr 1282 ist sicherl. nur ein Schritt in einer Entwicklung gewesen, aber die Charakterisierung als »Systemwechsel« ist durchaus berechtigt, denn bis zur Einführung des Absolutismus i. J. 1660 mußten die dän. Kg.e Handfesten unterzeichnen, bevor sie gewählt werden konnten. Die Handfeste von 1282 ist darüber hinaus richtungweisend, weil hier zum ersten Mal die Bedingungen einer Ständegesellschaft berücksichtigt wurden.

Trotz eingehender Forschungen besteht über den Hintergrund für die Allianz der folgenden Jahre zw. Aristokratie und Kg. keine Klarheit, auch wenn der Grund für die z. T. fehlgeschlagene dynast. Politik im plötzl. Tod Albrechts I. v. Braunschweig († 1279) zu suchen sein dürfte. Die neue Zusammenarbeit zw. Hof und Kg. brachte eine umfassende Reichsgesetzgebung: Gleichzeitig mit der Annahme der Handfeste wurde Schiffbrüchigen das Recht auf ihr gestrandetes Gut zugesprochen, und 1284 erfolgte die Verabschiedung des großen Reichsrechts (rigslov), das die alten Ledingssteuern änderte, um die finanzielle Lage von Krone und Reich zu verbessern. Das Fehderecht (→Fehde) wurde eingeschränkt, indem eine Reihe von Totschlagsdelikten unausweichlich die →Friedlosigkeit nach sich zogen. Den Erbansprüchen der kgl. Verwandtschaft kam man mit Verlehnungen und Teilhabe am Krongut entgegen. Hzg. Waldemar Eriksen war mit seinen Lehnsbedingungen nicht einverstanden und erhob sich gegen den Kg., wurde aber gefangengesetzt. Der Streit endete mit einem Vergleich vor dem Hof im Frühjahr 1286. Im Herbst des gleichen Jahres wurde mit der Ermordung Erichs V. ein gewaltsamer Schlußpunkt unter diese friedl. Zusammenarbeit gesetzt. Wer hinter dem Verbrechen stand, ist unsicher, jedoch nicht der Personenkreis, der verurteilt wurde. Falls Mitglieder der kgl. Familie darin verwickelt waren, dann eher Hzg. Waldemar als Gf. Jakob v. Halland und der Kg. v. Norwegen, der sich in den folgenden Jahren der Sache der »Friedlosen« annahm. Nach dem Urteil über die Anführer der Opposition 1287 verlor der Hof seinen Einfluß, und der kgl. Rat wurde zur Stütze der neuen Vormundschaftsregierung. Er bestand seine Bewährungsprobe im wiederaufgenommenen Kirchenkampf, der in der Gefangennahme des Ebf.s →Johann (Jens) Grand i. J. 1294 kulminierte. Die Stärkung der Königsmacht erlaubte es Kg. Erich VI. (Erik Menved), die expansive Politik Waldemars II. in Norddeutschland wiederaufzunehmen. Erich VI. war noch mehr als sein Vater von ritterl. Idealen der Zeit durchdrungen, gab sich aber nicht mit prächtigen Turnieren zufrieden; den ritterl. Übungen sollten vielmehr Eroberungen folgen. Um ausreichend Geld für die benötigten Söldnertruppen aufzubringen, mußte der Kg. die Zusammenarbeit mit dem Hof wiederaufnehmen. Dies führte zum Reichsrecht von 1304, das dem Kg., gegen einige Zugeständnisse an den Herrenstand, Zugang zu einer neuen Flottensteuer verschaffte. Im darauffolgenden Jahr wies der Hof eine Revision des Urteils über die »Friedlosen« ab, und damit hatte der Hof seine Rolle bis zum Thronwechsel ausgespielt. Die Kriegspolitik des Kg.s umfaßte auch die militär. Einmischung in die schwed. Thronstreitigkeiten. Unzufriedenheit in Dänemark führte zum seeländ. Bauernaufstand von 1312 und zu einem Aufruhr von Bauern und Adligen in Jütland 1313. Die Aufstände wurden niedergeschlagen; zur künftigen Kontrolle des Landes wurden mehrere kgl. Zwingburgen in Jütland errichtet. Der Sieg war indessen ein Pyrrhussieg, denn zur Verhinderung eines finanziellen Zusammenbruches mußte der Kg. eine Reihe Lehnsburgen an Holsten und Dänen verpfänden. Die Macht Kg. Erichs VI. war in seinen letzten Regierungsjahren stark geschwächt: Mit seinem Bruder, Hzg. Christoph, lag er im Streit und konnte, da ohne Konzept, die Situation, daß i. J. 1319 Norwegen und Schweden ohne Thronfolger waren, nicht nutzen. Er selbst starb ohne direkte Erben.

[3] *Reichsauflösung (1320–40):* Die nord. Thronwechsel 1319 hätten zu einer Union herbeiführen können, da der junge Magnus, der Kg. v. Schweden und Norwegen wurde, sowohl von mütterlicher wie von väterlicher Seite mit dem dän. Königshaus verwandt war. Jedoch wurde die dän. Königswahl von den Kreditgebern des Reiches bestimmt. Zur Wahl standen der Kandidat der Abelschen Linie, Hzg. Erich II. (Erik Waldemarsen) v. Schleswig, und der Kandidat der Christophschen Linie, Hzg. Christoph v. Südhalland. Der größte Gläubiger, Ludwig Albertsen, hielt Christoph für am besten geeignet, die Zahlungsverpflichtungen Erichs VI. zu erfüllen. Aus diesem Grunde wurde er gewählt gegen Ausfertigung einer Handfeste, die die kgl. Machtmittel begrenzte und der Aristokratie weitgehende Zugeständnisse einräumte. Der Hof wurde anstelle der kgl. Gerichtshofes zur höchsten Gerichtsinstanz erhoben, und Christoph mußte der Niederlegung der Zwingburgen zustimmen und dafür Sorge tragen, alle Schulden zu bezahlen. Letzteres war nach den gegebenen Verhältnissen allerdings unmöglich, so daß sich der in Gang gekommene Feudalisierungsprozeß beschleunigte. Schließlich führte Christophs II. norddt. Eroberungspolitik zum endgültigen Zusammenbruch, der 1326 zur Absetzung des Kg.s führte und zur Wahl des noch unmündigen Hzg.s Waldemar v. Schleswig, der im Vorjahr seinen Vater abgelöst hatte. Sein Vormund, der Schauenburger Gf. →Gerhard III. d. Gr. v. Rendsburg, mit ausgedehnten Pfandansprüchen in D., hatte sich bereitwillig am Aufstand beteiligt und wurde für die nächsten 15 Jahre zum wichtigsten Machtfaktor in D. Hinter den Veränderungen von 1326 stand keineswegs ein geschlossener Herrenstand, und das Fehlen einer zentralen Regierungsgewalt vertiefte in den folgenden Jahren die Trennungslinien und führte 1329 zu einem Aufruhr in Jütland. Gf. Gerhards geschwächte Position bewirkte 1330 die Wiedereinsetzung Christophs II. unter Mithilfe des Gf.en Johann III. v. Plön, eines anderen großen Pfandbesitzers aus schauenburg. Hause. 1331 erlitt Christoph II. eine Niederlage am Danewerk und mußte Gf. Gerhard ganz Nordjütland und Fünen überlassen. Als Christoph II. 1332 starb, war das Reich unter den zwei schauenburg. Pfandhaltern aufgeteilt. Eine Königswahl fand nicht statt. Christophs ältester Sohn, Erich, starb noch im selben Jahr, und Junker Ottos mißglückter Versuch, gegen Gf. Johann anzutreten, endete mit der Niederlage auf der Tapheide 1334. Dagegen hatte Gf. Johann den schonischen Aufstand von 1332 nicht unterdrücken können und mußte die Übernahme der Pfandrechte in Schonen durch Kg. Magnus v. Schweden-Norwegen hinnehmen. Der jüngste Sohn Christophs II., Waldemar (IV.), wuchs am Hof Ks. Ludwigs des Bayern auf und war wohlausgebildet, um sich in die diplomat. Auseinandersetzungen um die Wiederaufrichtung des dän. Königtums zu stürzen. Gleichzeitig, aber unabhängig davon, ergab sich eine neue Konfrontation zw. Gf. Gerhard und den Jütländern, als ein holstein. Heer im Frühjahr 1340 die Steuererhebungen sichern sollte. Ein dän. Adliger erschlug den Gf.en in Randers. Der Weg war frei für einen neuen dän. König.

II. DAS DÄNISCHE SPÄTMITTELALTER (1340–1523): [1] *Wiedererrichtung der Zentralgewalt und Kampf gegen die Hanse (1340–80):* Nach gängiger Auffassung erreichte D. mit der Thronbesteigung →Waldemars IV. Atterdag Anschluß an die zeitgenöss. europ. Geistesströmungen. Es ist allerdings die Frage, ob diese nicht schon lange vorher Einzug gehalten hatten. Der dän. Kirchenkampf des 13. Jh. entsprach in gewisser Weise den großen Auseinandersetzungen zw. Kaiser und Papst seit dem Investiturstreit. Dynast. Politik und feudale Auflösungserscheinungen hatten Parallelen im übrigen Europa: die Verbindung zw. D. und Europa erstreckte sich um 1300 durchaus auch auf andere Dinge als Turniere und ritterl.-höf. Leben. Sicherl. verstärkten sich die Verbindungen zu Westeuropa unter Waldemar IV., u. a. gefördert durch die beginnende internationale Agrarkrise, die in hohem Maße vom »Schwarzen Tod« (1349–50) verschärft wurde. Die unmittelbare Wirkung dieser großen Epidemie in D. war indessen, verglichen mit Norwegen, begrenzt.

Inwieweit die Machtstellung der holstein. Schauenburger die inneren Verhältnisse D.s beeinflußt hat, ist aufgrund der schlechten Quellenlage unsicher und wenig erforscht. Während die Handfeste von 1282 den zögernden Beginn eines Ständestaates markiert, wird deutlich, daß sich diese Entwicklung unter der Regierungszeit Waldemars IV. ausweitete, wie der »Große Landfrieden« von 1360 zeigt, der den Endpunkt der Reichseinigung unter Waldemar IV. darstellt. D. war, als Waldemar IV. es übernahm, nicht weniger ruinös als beim Tode Erichs VI. Der Unterschied war, daß Waldemar – aufgrund größerer polit. Einsicht – eine umsichtigere Politik verfolgte als sein Vater Christoph II., und er stand – was nicht weniger wichtig war – keiner geschlossenen Adelsopposition gegenüber. Die dän. Aristokratie hatte eingesehen, daß ein gewisses Gleichgewicht notwendig war und daß eine gestärkte Königsmacht eine bessere Garantie für ihre Privilegien bot als fremde Pfandbesitzer. Außerdem waren viele Grundbesitzer – als Reaktion auf die Agrarkrise – mit Strukturveränderungen beschäftigt. Dieses Moment ist eine wichtige Voraussetzung dafür, daß Waldemar IV. eine so umfassende Wiedererwerbung von Krongut durchführen konnte – zu geringen Kosten.

Das Haus →Wittelsbach hatte ein wirtschaftl. Interesse an der Kandidatur Waldemars IV. für den dän. Thron, da die Mitgift für die 1324 geschlossene Ehe zw. Waldemars Schwester Margarete und Ks. Ludwigs ältestem Sohn Ludwig, Mgf. v. Brandenburg (später →Ludwig V., Hzg. v. Bayern), noch nicht ausbezahlt worden war. Waldemar IV. hatte i. J. 1338 Handelsprivilegien für die Pommerschen Städte →Greifswald und Anklam ausgestellt, war aber noch bei der Übereinkunft von Lübeck (1340) zw. Gf. Gerhard und Hzg. Waldemar v. Schleswig (als Waldemar III. dän. Kg. 1326–29) über einen Tausch ihrer Pfandschaften nicht als ernsthafter Thronbewerber angesehen worden. Der Tod des Gf.en Gerhard änderte die Lage, und seine Erben leiteten in Spandau Verhandlungen zw. Junker Waldemar und den in Brandenburg regierenden Wittelsbachern ein. Das Ergebnis war eine Absprache über die Eheschließung zw. Waldemar und der Tochter des Gf.en Gerhard mit Teilen von Jütland als Mitgift. Als Kg. v. D. sollte Waldemar Verfügungsgewalt über den bewilligten Betrag in Silber zur Einlösung der Pfandschaften bekommen. Der endgültige Vertrag in Lübeck lautete jedoch anders, vermutl. wegen der Ansprüche der Rendsburger Linie der Schauenburger. Anstelle deren Schwester sollte Waldemar IV. die Schwester Hzg. Waldemars ehelichen. Die Absprache über die Pfandschaften erfolgte teils auf der Grundlage der früheren Lübecker Absprachen, teils auf den Übereinkünften von Spandau. Waldemar IV. konnte seine Stellung in etwa behaupten, während Hzg. Waldemar zw. dem Kg. und Holstein »eingeklemmt« wurde. Diese Ordnung erlangte Bedeutung für die dän. Außenpolitik der nächsten Jahre; der abgewirtschaftete Junker Otto wurde vom Dt. Orden gegen den Verkauf →Estlands 1346 entmachtet. Damit endete die über hundertjährige Herrschaft D.s in Estland, wo der dt. Einfluß in der Zwischenzeit stark angewachsen war. Die Verkaufssumme brachte Geld für neue Pfandeinlösungen und – was bes. wichtig war – besiegelte das gute Verhältnis zu den →Wittelsbachern, denn Margaretes Mitgift konnte nun bezahlt werden. Ende der 1340er Jahre unternahm Waldemar IV. zur Unterstützung der Wittelsbacher einen Feldzug in Norddeutschland und trat als Friedensvermittler in Prag auf. Als Dank wurde ihm die Reichssteuer der Reichsstadt →Lübeck überlassen, zu der er schon seit einigen Jahren ein gutes Verhältnis hatte. Während →Mecklenburg 1349 noch feindlich eingestellt war, vollzog sich in den 1350er Jahren eine Änderung durch einen Ehevertrag zw. Waldemars IV. ältester Tochter und dem Sohn des Hzg.s v. Mecklenburg.

Die entschlossene Einlösungspolitik Waldemars IV. verursachte innere Unruhen, und auf dem Hof von 1354 mußte er die Einhaltung der Privilegien versprechen. Der kgl. Machtentfaltung wurden durch den Gerichtshof, der in dieser Periode eine feste Institution zur Behandlung eigentumsrechtl. Fragen wurde, Grenzen gesetzt. Mit der Verordnung von 1354 kaufte sich Waldemar IV. frei, um die Einlösung der letzten Burglehen auf den Inseln und Jütland abzuschließen. Bereitwillig stellte er Stadtprivilegien aus, und in den Jahren 1355–57 reisten vom Kg. entsandte Kommissionen durchs Land und kauften veräußertes Krongut zurück. Die Krönung der innenpolit. Maßnahmen war der Landfriede v. 1360, der im Unterschied zu anderen Reichsgesetzen als eine auf Gegenseitigkeit beruhende Übereinkunft zw. Kg. und Volk angesehen werden muß, »ein wie selten fein abgestimmter Herrschaftskontrakt und eine sorgfältig abgewogener Gegenseitigkeit« (A. E. CHRISTENSEN).

Im gleichen Jahr gelang – begünstigt durch die geschwächte Stellung Kg. Magnus' – die Wiedererwerbung Schonens. Mit der blutigen Eroberung →Gotlands 1361 wurde der Angriff auf Schweden fortgesetzt. Diese kontinuierl. Expansionspolitik konnten weder die Gf.en v. Holstein noch die Hansen ruhig hinnehmen. Der erste Hansekrieg zu Beginn der 1360er Jahre war noch in Umfang und Wirkung begrenzt. Es glückte Waldemar IV., eine bereits ins Auge gefaßte Koalition zu sprengen, indem er dem Gf.en v. Holstein zuvorkam und eine Heirat zw. seiner Tochter Margarete und dem Kg. v. Norwegen, Håkon, zustandebrachte. Die Gefahr war jedoch nur aufgeschoben: Als die Verhandlungen Waldemars mit den wend. Hansestädten im Frühjahr 1367 abgebrochen wurden, kam es zum Bündnis von Köln (→Kölner Konföderation) zw. den preuß. und wend. Hansestädten, dem sich später die Mehrzahl der Hansestädte anschloß (»77 Hense 77 Gänse«). Zur gleichen Zeit wurde ein Bündnis zw. Hzg. →Albrecht II. v. Mecklenburg, seinem Sohn →Albrecht (III.), der Kg. v. Schweden geworden war, den zwei Gf.en v. Holstein und einigen jüt. Adligen geschlossen. Umgeben von Feinden, zog es der Kg. vor, das Land zu verlassen. Die Regierung des Reiches und die Kriegsführung überließ er seinem Drost Henning Podebusk (Putbus). →Kopenhagen wurde im Handstreich erobert, so daß Podebusk im Herbst 1369 in Stralsund Friedensverhandlungen aufnehmen mußte. Der Friede wurde am 24. Mai 1370 geschlossen und im folgenden Jahr von Waldemar IV. ratifiziert (→Stralsund, Friede v.). Dieser »triumphale Erfolg der Hanse« (DOLLINGER) beinhaltete die generelle Garantie hans. Handelsprivilegien und, als Schadenersatz, die Übertragung von vier schonischen Burgen am Sund für 15 Jahre; diese verblieben zwar unter dän. Verwaltung, durch ihren Besitz sicherte sich jedoch die Hanse für einen längeren Zeitraum die Kontrolle über den Sund. Der Friedensschluß mit den Fs.en geriet Waldemar dagegen fast zu einem Sieg, da die Gf.en v. Holstein die besetzten Burgen herausgeben mußten; Waldemar konnte in seinen letzten Regierungsjahren folglich seinen Einfluß in Schleswig ausweiten. Die Regierung Waldemars IV. war von rastlosen außen- und innenpolit. Aktivitäten geprägt: Er führte Verhandlungen mit England und Frankreich und schickte mehrere Gesandtschaften an die Kurie in Avignon. Er hatte ein so gutes Verhältnis zur Geistlichkeit und zu dem Kreis von Adligen, aus denen sich sein Rat und seine Amtsträger zusammensetzte, daß er ihnen in Gefahrensituationen die Regierung überlassen und außer Landes gehen konnte, um Verhandlungen zu führen – was bei seinen Vorgängern undenkbar gewesen wäre. Das Urteil über Waldemar IV. schwankte zw. Nationalheld (REINHARDT) und zynischen Realpolitiker (ERSLEV, ARUP), während die neuere Forschung ein facettenreicheres Bild zeichnet.

[2] *Die Nordische Union (1380–1448)*: Nach Waldemars IV. Tod 1375 standen zwei Tochtersöhne zur Wahl. Das norweg. Königspaar handelte schnell und kam den Mecklenburgern zuvor. Oluf wurde gewählt und stimmte einer Handfeste auf dem →Danehof Mai 1376 zu, die von einer nach dem Frieden v. Stralsund notwendig gewordenen hans. Zustimmung bestätigt wurde. →Margarete (Margrete) begab sich mit ihrem Sohn nach D., nahm die Amtsträger ihres Vaters in ihre Dienste und bildete zusammen mit dem Rat eine Vormundschaftsregierung. Der Rat spielte in diesen Jahren eine bes. wichtige Rolle und entwickelte sich vom kgl. Rat zum Reichsrat. Politisch änderte sich nichts, als Oluf nach Håkons Tod 1380 Norwegen erbte, aber hiermit war die Grundlage für die von Margarete geformte nord. Union gelegt. Nach dem plötzl. Tod des 16jährigen Oluf stand kein Thronerbe zur Verfügung, so daß sich Margarete 1387 als »Hochmächtige Frau« huldigen ließ. Da die Schweden mit →Albrecht v. Mecklenburg unzufrieden waren, wandten sich die schwed. Adligen an Margarete und sprachen ihr bei der Übereinkunft von Dalaborg 1388 die Herrschaft über Schweden zu, die sie dann in der großen Schlacht bei →Falköping (Febr. 1389) errang. 1395 kamen aufgrund des Vertrages von Lindholm die Burgen von Stockholm und Kalmar hinzu.

Die Union der drei Reiche war nun eine Realität, aber um sie zu konsolidieren, war ein Thronfolger nötig. 1396 wurde Margaretes Großneffe →Erich v. Pommern aus dem Greifenhaus zum Erben von Norwegen erklärt und zum König v. D. und Norwegen gewählt. Auf der berühmten Zusammenkunft in Kalmar (Sommer 1397) wurde Erich zum Unionskönig gekrönt und mit den beiden ausgestellten Dokumenten eine verfassungsmäßige Grundlage für die Union geschaffen (→Kalmarer Union). Kein Dokument der nord. Geschichte war Gegenstand so zahlreicher Forschungen wie die Unionsurkunde, deren Rätsel wohl niemals gelöst werden können. Zu der damaligen Zeit wurde sie jedoch als rechtsgültig angesehen.

Innenpolit. setzte Margarete die Politik ihres Vaters mit umfassenden Grundbesitzerwerbungen fort, von denen sie die mit fragwürdigem Rechtstitel erworbenen Güter freigebig an Kirchen und Klöster schenkte. Um liquides Kapital zu bekommen, mußte sie zeitweise bedeutende Anleihen gegen Verpfändungen - vorzugsweise an dän. Gläubiger - aufnehmen. Die Einkünfte aus den internationalen schonischen Messen waren umfangreich, aber weit geringer, als in neuerer Forschung behauptet (LINTON). An einem Gutteil ihrer Politik waren die Bf. e v. Roskilde, Niels Jacobsen und Peder Jensen, die als ihre Kanzler fungierten, eng beteiligt. Die Agrarkrise war auf ihrem Höhepunkt, scheint aber keinen Bruch im wachsenden Wohlstand der Städte - abzulesen an den steigenden Steuerleistungen - bewirkt zu haben. In der Verwaltung verloren die Amtsträger der Reichsadministration allmählich an Bedeutung und wurden von einer stärker dezentralisierten Regierung mit loyalen Lehnsleuten abgelöst. Bei der Verwaltung der Unionsreiche überschritt Margarete ohne Zweifel die Kompetenz, die dem Unionskönig zugesprochen worden war, was aber erst nach ihrem Tod zu Unruhen führte. Nach außen konnte eine Balancepolitik aufrechterhalten werden, die die Sammlung aller Kräfte zur Wiedererwerbung von Südjütland (→Schleswig) ermöglichte. Kurz vor diesem Ziel starb Margarete plötzl. 1412 in Flensburg.

Erich v. Pommern setzte ihr Werk fort und erreichte beim Ks. 1424, nach verschiedenen dän. Vorlagen 1413ff. und nach einem Beschluß des Konzils v. Konstanz 1415, die vollgültige Erklärung über die Zugehörigkeit des Hzm.s →Schleswig zur dän. Krone. In seinem Verhältnis zur Hanse nutzte Erich VII. die stärker hervortretenden Rivalitäten unter den Städten, um die Ausführung des gemeinsamen Stralsundprivilegiums in Grenzen zu halten, konnte aber bewaffnete Zusammenstöße, bes. mit Lübeck, nicht vermeiden. Als Gegenmaßnahme gegen die hans. Münzverschlechterung entfernte Erich VII. alles Edelmetall von seinen eigenen Ausmünzungen, und er versuchte, die sinkenden Einkünfte aus den schonischen Messen, insbes. aus dem alten Schiffszoll, mit der Erhebung des Öresundzolls bei Krogen (Helsingør) für alle Passagen durch den Sund wieder auszugleichen (→Sundzoll, -register). Das Neue in seiner Stadtpolitik waren weder die vielen Stadtprivilegien noch das Stadtrecht, es war vielmehr der klare Wille zum Ausbau der Öresundregion, der hinter seinen Stadtgründungen und Privilegien stand. Dt. nach Herkunft und Erziehung, benutzte Erich IV. ausschließlich die dt. Sprache in seinen Beziehungen zu den Hansen und zu den dt. Fürsten. Die dän. Sprache, die nach und nach unter Margarete als Urkundensprache erscheint, setzte sich nun überall durch, zumal Erich auch Parallelausfertigungen auf Dän. und Lat. ausfertigen ließ. Die Kanzlei wurde ausgebaut, und die vielen Akten aus seiner Zeit lassen auf ein beginnendes Archivwesen schließen.

Die Ehe mit der engl. Prinzessin Philippa blieb kinderlos. Erich versuchte, die Thronfolgefrage von den norw. Bestimmungen her zu lösen und seinen Vetter Bogislaw anerkennen zu lassen. Der Rat akzeptierte, daß das Burgrecht bei Erichs Tod an Bogislaw übergehen sollte, wünschte aber in Wirklichkeit keinen Thronfolger aus dem pommerschen Fürstenhaus. Dies erlangte Bedeutung, als 1434 in der schwed. Landschaft Dalarna ein Aufstand ausbrach, ausgelöst von der Unzufriedenheit mit einigen dt. Vögten, zweifellos aber aufgrund eines komplexeren Ursachenzusammenhanges. Ein Vermittlungstreffen in Halmstad 1435 führte zu keinem Resultat. Auf dem Treffen in Kalmar 1436 beharrte Erich auf seinem Rechtsstandpunkt: er wollte die Verurteilung, nicht den Vergleich. Er lehnte es ab, nach den Bedingungen des Rates zu handeln und zog sich nach Gotland zurück. 1438 wandte sich der dän. Reichsrat an Erichs Neffen, den jungen Wittelsbacher →Christoph (Christoffer) v. Bayern, und setzte im Jahr darauf Erich als König ab.

Christoph III. legte 1440 den Königseid vor dem Viborger Landsding ab und wurde in Ripen von Ebf. Hans Laxmand als archirex gekrönt - wohl im Hinblick auf die Würde als Unionskönig, die er im Laufe des nächsten Jahres erlangte. Es wurde oft behauptet, daß seine Königsmacht allein auf den Bedingungen des Rates beruhte und daß seine Bedeutung als Unionskönig minimal gewesen sei. Das ist allerdings fraglich. Im Laufe seiner sieben Regierungsjahre bereiste er die drei Reiche wie kein anderer Unionskönig und verlieh norw. und schwed. Städten Privilegien, die mit entsprechenden Privilegierungen dän. Städte durchaus vergleichbar waren. Auch pflegte er gute Beziehungen zu seinem Stammland und verfolgte, wie Erich VII., eine aktive Konzilspolitik durch eine ständige Vertretung beim →Basler Konzil. Von Hause aus stand er unter birgittin. Einfluß (→Birgittiner), und wie auch Erich bei der Gründung des Kl. →Maribo mitgewirkt hatte, beteiligte sich Christoph an der Errichtung des Kl. →Mariager. Sein plötzl. Tod 1448 ohne Erben brachte den Reichsrat, wie 10 Jahre vorher, in eine außerordentl. Machtposition.

[3] *Unionskriege und -auflösung (1448-1523):* Der dän. Reichsrat wandte sich an den Schauenburger →Adolf VIII., Hzg. v. Schleswig, der, selbst ohne Erben, an seinen Neffen, Gf. →Christian v. →Oldenburg, weiterverwies. Im Sept. 1448 fertigte dieser in Haderslben eine vorläufige Handfeste aus, die dem Reichsrat Mitbestimmung in allen wichtigen Angelegenheiten zubilligte. Kein Ausländer sollte Lehen oder Sitz im Reichsrat erhalten. Zuvor hatte Christian vor der schleswig-holstein. Ritterschaft die Einhaltung der →Constitutio Waldemariana gelobt, deren Ursprung und Bedeutung in der Forschung umstritten ist. In die Absprachen mit dem dän. Reichsrat wurde aufgenommen, daß Christian I. die Witwe Christophs III., →Dorothea v. Brandenburg, heiraten solle, was gleichzeitig mit der Krönung 1449 geschah. Schon im Sommer 1448 wählte der schwed. Reichsrat den Marschall Karl Knutsson zum Kg. v. Schweden. Beiden Kandidaten wurde in Norwegen gehuldigt, aber auf dem Treffen in Halmstad 1450 verzichtete Karl Knutsson auf Norwegen, und es wurde bestimmt, daß sich nach dem Tod eines der beiden Könige zwölf Räte aus jedem Reich zur Königswahl auf der Basis der erneuerten Unionsbedingungen von Kalmar 1438 in Halmstad treffen sollten. Das diplomat. Spiel reichte indessen nicht lange hin, und nach mehreren militär. Angriffen von beiden Seiten, die v. a. die Besitzungen des Grenzadels berührten, wurde Christian I. 1457 Kg. v. Schweden in Zusammenarbeit mit dem unionswilligen Flügel des schwed. Reichsrats, v. a. repräsentiert von den Familien →Oxenstierna und Thott. Schwed. Unzufriedenheit führte 1464 zum Aufstand, und Karl Knutsson kehrte 1464-65 und erneut 1467 bis zu seinem Tod 1470 zurück. Im Intervall 1466 war →Erik Axelsson Thott schwed. →Reichsverweser. Das gab Christian I. Gelegenheit zum Bruch mit diesem mächtigen Geschlecht, er zog dessen dän. Lehen und Besitzungen ein. Nach Karl Knutssons Tod wurden sowohl Chri-

stian I. als auch die Familie Thott von Sten →Sture ausgespielt, dem es gelang, in Dalarna ein schlagkräftiges Heer aufzustellen und die dän.-schwed. Truppen am 10. Okt. 1471 am →Brunkeberg vor den Toren Stockholms zu schlagen. Christian I. hielt bis zu seinem Tod daran fest, der rechtmäßige Kg. Schwedens zu sein. Der Realität entsprach dies allerdings nicht.

Auch wenn die Unionspolitik Christian I. über längere Zeit bschäftigte und auch kostspielig war, stellte sie doch nur eine Seite seiner polit. Tätigkeit dar. Trotz der Erklärung von 1448 wurde Christian I. nach Hzg. Adolfs VIII. Tod 1459, gegen großzügige Zahlungen an die übrigen Erben, zu dessen Nachfolger, d. h. zum Hzg. v. →Schleswig und Gf.en v. →Holstein gewählt. Die Landstände von →Schleswig und →Holstein sicherten sich hierbei im Wahlvertrag v. →Ripen (5. März 1460) und in der nachfolgenden Tapferen Verbesserung (Kiel, 4. April 1460) eine Reihe wichtiger Privilegien; als folgenreich für die europ. Geschichte späterer Jahrhunderte erwies sich die Bestimmung der Unteilbarkeit von Schleswig und Holstein, die in Ripen getroffen wurde.

Unter der Verwaltung Kgn. Dorotheas und Bf. Alberts v. Lübeck gelang es, Ordnung in die Finanzen zu bringen und eine ökonom. Grundlage für die Auslandsreisen des Kg.s zu schaffen. Auf seiner Romreise 1474 erreichte er die Erhebung Holsteins zum Hzm. und bereitete die Gründung der Univ. Kopenhagen, die dann 1479 erfolgte, vor. Auf der Heimreise trat Christian I. in →Neuss als Vermittler zw. Ks. Friedrich III. und Hzg. Karl dem Kühnen im sog. »Burgunderkrieg« auf. Schon in den 1450er Jahren hatte sich Christian I. in die frz.-engl. Politik eingeschaltet und war eine Allianz mit Frankreich eingegangen. Auf den Verhandlungen von Bourges 1460 schlug Kg. Karl VII. eine Ehe zw. Kg. Jakob III. v. Schottland und der Tochter Christians I., Margarete, vor, um eine Lösung in den Auseinandersetzungen um die Nordatlantikinseln herbeizuführen. Der Plan wurde 1468 realisiert.

Die Politik Christians I. gegenüber den Hansestädten war durch seine Abhängigkeit vom hans. Rentenmarkt bestimmt. Lübeck brachte es Nutzen, daß weiterhin zw. Rechtsansprüchen in den Hzm.ern und dem Kgr. getrennt wurde, ebenso wie der Gegensatz zu Danzig zum Vorteil Lübecks war. Bei Ausgleich mit England wurden die Interessen der wend. Städte, bes. beim Islandhandel, entsprechend berücksichtigt. Als Gegengewicht gegen die Hanse wurden Handelsrechte an holländ.-burgund. Kaufleute vergeben.

Im Innern ging Christian I. gestärkt aus dem Streit mit den Axelsöhnen (Thott) hervor, und 1468 wurde seine wirtschaftl. Stellung durch einen verstärkten Zufluß städt. Steuerzahlungen verbessert, sowie durch die Möglichkeit, verpfändete Lehen zurückzufordern. Mehrere Verordnungen zielten auf ein Handelsverbot außerhalb der Städte. Die innere Politik der Städte sollte durch städt. Zusammenkünfte im Rahmen der einzelnen Landesteile geregelt werden. Die Landgerichte waren bestrebt, eine Standesunterteilung festzulegen, vorzugsweise zugunsten des Adels, der eine weitgehende Gerichtshoheit (*birkeret*) über seine Bauern zugesprochen bekam, während der Reichsrat das eigene Standesgericht (*værneting*) darstellte. Der Reichsrat zählte mehr Mitglieder als vorher oder nachher, und im Laufe der 30jährigen Regierung Christians I. entwickelte sich der Rat von einem engeren Kreis hochadliger Familien zu einer wesentl. breiter angelegten Repräsentationsversammlung unter Einschluß des niederen Adels und des Dienstadels.

Diese Tendenzen zu einer »Demokratisierung« des Reichsrates und die einsetzende Ausweitung des Beamtenstandes konnten nur in begrenztem Umfang die aufgrund der veränderten Agrarstruktur entstandene Krise des niederen Adels abwenden. Dem Niederadel fehlte das notwendige flüssige Kapital, um selbst den einträgl. Export von Butter und Ochsen (→Viehhandel) zu organisieren. Kirchenpolit. erreichte Christian I. beim Hl. Stuhl verschiedene Zugeständnisse bei der Ämtervergabe und anderem. Auch bestand ein gutes Verhältnis zu den Bf.en, die sich bes. aus dem Kanzleidienst rekrutierten.

Der Tod Christians I. zog eine langwierige Regierungskrise nach sich mit umfassenden Unionsverhandlungen in Halmstad und Kalmar. Außerdem spielten die Verhältnisse in den Hzm.ern eine Rolle, wo Kgn. →Dorothea die begonnene Sanierung der Finanzen vorantrieb und die beachtl. Machtfülle innehatte. Die Prinzen →Hans (Johann) und sein wesentl. jüngerer Bruder Friedrich (Frederik) wurden gemeinschaftl. 1482 zu Landesherren gewählt. Damit wurde die Grundlage zur Teilung von 1490 gelegt. 1483 wurde Hans dän.-norw. Kg. nach Annahme einer Handfeste, die den Einfluß der Aristokratie verstärkte und als Neuerung einen Aufruhrparagraphen enthielt. Am Ende eines langjährigen diplomat. Tauziehens zw. Kg. Hans und dem schwed. Reichsverweser Sten Sture stand ein Bündnis zw. Hans und →Ivan III., Gfs.en v. Moskau, das erste Zusammengehen zw. Dänemark und Rußland gegen Schweden an der Schwelle der Neuzeit. Nach Kämpfen der Russen in Finnland 1495–96 gelang Hans 1497 die Eroberung Schwedens und die ztw. Verdrängung Sven Stures. Die Union war nun in vollem Umfang wiederhergestellt, wenn auch nur für kurze Zeit, denn der fehlgeschlagene Eroberungsfeldzug gegen →Dithmarschen (1500) hatte verheerende Folgen für die Regierung von Kg. Hans. Es folgte eine Unionskrise, und die Morde an Knut Alfsøn in Norwegen und Paul Laxmand in Kopenhagen 1502 schwächten die Stellung des Kg.s, und auch das gute Verhältnis zu Ebf. →Birger Gunnersen litt Schaden. In Schweden lag die Macht seit 1501 de facto wieder in Händen der Sture als Reichsverweser, während sich die Unruhen in Norwegen durch die Entsendung des jungen Christian (II.) legten.

Eine bereits unter Christian I. begonnene effektivere Gestaltung der Verwaltung wurde fortgesetzt, gleichzeitig vollzog sich eine Verbürgerlichung des Dienststandes, wobei die junge Univ. Kopenhagen ihren Anteil hatte. Das bedeutete indessen kaum eine Schwächung der Machtstellung des Adels, trotz der umfassenden Klagen bei der Inthronisierung Christians II. Im Jahrzehnt 1513–23 spitzten sich die Gegensätze zu und führten schließlich zur Anwendung des Aufruhrparagraphen durch den Reichsrat. Sowohl Christians II. Stadt- und allgemeine Handelspolitik wie auch sein Versuch einer durchgreifenden Reichsgesetzgebung bahnten ohne Zweifel den Weg für seinen Sturz. Hinzu kommt seine rigorose Unionspolitik, in deren Verlauf 1517 die erneute Unterwerfung Schwedens erfolgte; aber mit dem Blutbad von Stockholm (1520) und dem nachfolgenden Aufstand unter Gustav Vasa (1521–23) fand die dän. Herrschaft über Schweden ihr Ende. Die Lage des Kg.s wurde auch erschwert durch die Zurückhaltung der Mitgift seiner Gattin, der Habsburgerin Elisabeth, Tochter von Ehzg. Philipp dem Schönen; dies z. T. bedingt durch das Festhalten des Kg.s an seiner holl. Mätresse Dyveke, auch nach der Heirat.

Am Jahreswechsel 1522/23 brach der Aufstand aus, sicherl. aufgrund gemeinsamer Initiative der aufrührer. jütischen Räte und Hzg. Friedrichs. Christian II. ging ins

Exil, nachdem ihm vom Rat die Verzichterklärung übergeben worden war, und versuchte über Jahre hin vergeblich, im Ausland Hilfe zur Rückgewinnung seines Throns zu bekommen. 1530 erhielt er schließlich das erforderliche Kapital von seinem Schwager Ks. Karl V., worauf er einen Angriff auf Norwegen durchführte. Er begab sich nach D.; statt der versprochenen Verhandlungen erwartete ihn dort jedoch das Gefängnis, in dem er 1559 starb.

Die kurze Regierungszeit Christians II. war in vieler Hinsicht die Vollendung der Entwicklung von der ma. Gesellschaft zum modernen, von der Renaissance geprägten Staat. Auch auf kirchl. Gebiet setzten sich die internationalen Veränderungen durch und bereiteten so die einige Jahre später sich ausbreitende Reformation vor. Die Kalmarer Union hatte endgültig aufgehört zu existieren.

Die letzten 300 Jahre des MA bedeuten eine Entwicklung zu einer ständisch gegliederten Gesellschaft, in der die Kräfteverhältnisse zw. Königsmacht und Aristokratie wechseln, die Bedeutung der Zentralmacht jedoch ständig zunimmt, abgesehen von den königslosen Perioden. Nach den Auseinandersetzungen im 13. Jh. stabilisierte sich das Verhältnis zw. Königtum und Geistlichkeit zu beider Vorteil. Seit der Mitte des 14. Jh. tragen eine verbesserte Zentral- und Lokaladministration sowie eine geregelte Gerichtspraxis zur Entstehung eines Staates auf der Grundlage des Rechts bei.

Die Quellen zeigen eine steigende Tendenz, Rechtsakte und andere verbindl. Absprachen durch schriftl. Zeugnis festzuhalten, so daß das Quellenmaterial kontinuierl. anwächst. Hinzu treten am Ende der Periode eine beginnende Privatkorrespondenz, verstreute Reste von Rechnungsaufzeichnungen, Archivverzeichnissen und Kopiebüchern. Unter den ausländ. Quellen sind die hans. Archive und das Vat. Archiv von größter Bedeutung. Von der Mitte des 14. Jh. an erweiterte sich der polit. Horizont, und dän. Material findet sich überall in zahlreichen europ. Archiven.

Dagegen verschwindet die hochma. Annalistik, nur eine einzige Chronik, die »Jüngere Seeländische Chronik« (»Yngre sjællandske Krønike«) enthält wichtige zeitgenöss. Beiträge zur Periode Waldemars IV. Erzählende Quellen sind im D. des Spätmittelalters nur dürftig repräsentiert, verglichen mit Schweden, dessen →Reimchroniken aufgrund polit. Propaganda starke antidän. Tendenzen aufweisen. Th. Jexlev

Q.: [zu einzelnen Autoren wie z. B. Saxo oder Adam v. Bremen s. die bei den jeweiligen Einzelstichwörtern angegebenen Ed.]: Scriptores rerum Danicarum medii aevi, 9 Bde, ed. J. LANGEBEK u. a., 1772–1878 – Reg. diplomatica historiae Danicae, I, 1847–70; II, 1889–1907 – Danske Kongers Haandfæstninger og andre lignende Acter, ed. C. F. WEGENER, 1856–60 – Samling af Danske Forordninger indtil 1500, ed. C. F. WEGENER, 1871–75 – Schleswig-Holstein. Reg. und Urkk., bisher 6 Bde, 1886ff. – Rep. diplomaticum regni Danici mediaevalis I, ed. KR. ERSLEV u. a., 1894–1912; II, ed. W. CHRISTENSEN, 1928–39 – Danmarks Gilde og Lavsskraaer fra Middelalderen, I–II, ed. C. NYROP, 1895–1904 – P. HAUBERG, Myntforhold og Udmyntninger i Danmark indtil 1146, 1900 – Acta Pontificum Danica (1316–1536), ed. L. MOLTESEN u. a., I–VII, 1904–43 – P. HAUBERG, Danmarks Myntvæsen i Tidsrummet 1146–1241, 1906 – Vitae Sanctorum Danorum I, II, ed. M. CL. GERTZ, 1908–12 – Scriptores minores historiae Danicae medii aevi, I–II, ed. M. CL. GERTZ, 1917–22 – H. PETERSEN, Danske Kongelige Sigiller... (1085–1559), 1917 – Annales Danici, ed. E. JØRGENSEN, 1920–21 – Kong Valdemars Jordebog, ed. S. AAKJÆR, 1926–43 – Bullarium Danicum. Pavelige Aktstykker verdrørende Danmark (1198–1316), ed. A. KRARUP, I–II, 1931–32 – Acta processus litium inter regem Danorum et archiepiscopum Lundensem, ed. A. KRARUP–W. NORVIN, 1932 – Danmarks gamle Landskabslove med Kirkelovene, I–VIII, ed. J. BRØNDUM NIELSEN–P. J. JØRGENSEN, 1932–61 – Corpus diplomatum regni Danici, I–VIII, ed. F. BLATT–C. A. CHRISTENSEN, 1938 – Diplomatarium Danicum, udg. af Det danske Sprog- og Litteraturselskab, 1938ff. – E. MOLTKE u. a., Danske Runeindskrifter, I–II, 1942 – Danske middelalderlige Regnskaber, 1: Hof of Centralstyre, ed. G. GALSTER, 1944–53 – Danmarks gamle købstadslovgivning, I–V, ed. E. KROMAN, 1951–61 – Den danske rimkrønike, I–III, ed. H. TOLDBERG, 1958–61 – Corpus codicum Danicorum medii aevi I–X, 1960–73 – Handlingar till Nordens hist. 1515–1520, hg. L. SJÖDIN, I–III (Historiska handlingar 39–41, 1967–79) – Den danske rigslovgivning indtil 1400, ed. E. KROMAN, 1971 – Danmarks middelalderlige annaler, ed. E. KROMAN, 1980 – Danakonunga sǫgur, ed. DJ. GUDNASON, 1982 – *Bibliogr.*: B. ERICHSEN–A. KRARUP, Dansk historisk Bibliogr., I–III (bis 1912), 1917–27 – H. BRUUN, Dansk historisk bibliogr. (1913–42), I–VI, 1966–77; (1943–47), 1956 – B. PEDERSEN, Dansk historisk årsbibliografi (1967–69), 1972–74.

Lit.: [allg.]: KL–DBL – Hist. Stätten Dänemark, hg. O. KLOSE, 1982 – Hist. Stätten Dtl., I: Schleswig-Holstein, hg. DERS., 1964 – O. SCHÄFER, Dän. Annalen und Chroniken von der Mitte des 13. bis zum Ende des 15. Jh., 1872 – E. ARUP, Danmarks hist., I–II, 1925–32 – P. J. JØRGENSEN, Dansk Retshistorie, 1940, 1947² – S. IUUL, Fællig og Hovedlod, 1940 – A. E. CHRISTENSEN, Kongemagt og aristokrati, 1945, 1968² – I. ANDERSSON, Skånes hist. I, 1947; II, 1974 – L. WEIBULL, Nordisk hist., Forskningar och undersökningar, I–III, 1948 – J. P. TRAP, Danmark, 1–15, 1953–72⁵ – Gesch. Schleswig-Holsteins, hg. O. KLOSE, 1955ff. – P. LAURING, Gesch. D.s, 1964 – Middelalderstudier til A. E. CHRISTENSEN, 1966 – N. SKYUM-NIELSEN, Kvinde og Slave, 1971 – A. E. CHRISTENSEN, Danmark, Norden og Østersøen. Udvalgte Afhandlinger, 1976 – E. ARUP, Udvalgte afhandlinger, I–II, 1977 – Danmarks Hist., hg. A. E. CHRISTENSEN u. a., I–II, 1977–80 – T. RIIS, Les institutions politiques centrales du Danemark (1100–1332), 1977 – A. E. CHRISTENSEN, Ret og magt i dansk middelalder, 1978 – N. LUND–K. HØRBY, Dansk social hist. II, 1980 – Danish Medieval Hist., New Currents, hg. N. SKYUM NIELSEN–N. LUND, 1981 – Middelalder, metode og medier. Fschr. N. SKYUM-NIELSEN, 1981.

zu [C]: J. STEENSTRUP, Normannerne, I–IV, 1876–82 [Neudr. 1972] – H. OLRIK, Konge of Præstestand i den danske Middelalder, I–II, 1892–95 – KR. ERSLEV, Valdemarernes Storhedstid, 1898 – L. WEIBULL, Kritiska undersökningar i Nordens hist. omkring år 1000, 1911 [abgedr. in: Nordisk hist. I, 1948] – E. ARUP, Leding og ledingsskat i det 13. Aarh., HTD, 1914 [abgedr. in: DERS., Udvalgte afhandlinger, 1977] – C. WEIBULL, Saxo, Hist. tidsskr. f. Skåneland, 1915–1918 – DERS., Sverige och dess nordiska grannmakter under den tidigare medeltiden, Hist. tidsskr. f. Skåneland, 1921 – L. WEIBULL, Necrologierna från Lund, Roskildekrönikan och Saxo, Scandia, 1928 – L. JACOBSEN, Svenskeväldets Fald, 1929 – E. ARUP, Svend den 2.s biografi, Scandia, 1931 – ST. BOLIN, Danmark och Tyskland under Harald Gormsson, Scandia, 1931 – E. JØRGENSEN, Historieforskningen of historieskrivningen, 1931 – H. KOCH, Danmarks Kirke i det begyndende Højmiddelalder, I–II, 1936 – O. MOBERG, Olav Haraldsson, Knut den Store och Sverige, 1941 – SV. ELLEHØJ, Olav Tryggvesons fald og Venderne, HTD, 1953 – H. PALUDAN, Flos Danie, Jyske Samlinger, 1967 – A. K. GADE KRISTENSEN, Danmarks ældste annalistik, 1969 – T. E. CHRISTIANSEN, Træningslejr eller Tvangsborg, Kuml, 1970 – O. FENGER, Fejde og mandebod, 1971 – E. HOFFMANN, Die hl. Kg.e bei den Angelsachsen und den skand. Völkern, 1975 – A. K. GADE KRISTENSEN, Stud. zur Adam v. Bremen-Überlieferung, 1975 – DJ. GUDNASON, Saxo oc Eíriksdrápa (Fschr. G. HOLM, 1976) – K. JOHANNESON, Saxo Grammaticus, 1978 – R. MALMROS, Blodgildet i Roskilde, Scandia, 1979 – J. PETERSOHN, Der südl. Ostseeraum im kirchl.-polit. Kräftespiel des Reiches, Polens und D.s vom 10.–13. Jh., 1979 – B. STRAND, Kvinnor och män i Gesta Danorum, 1980 – C. BREENGAARD, Muren om Israels hus, 1982.

zu [D]: C. PALUDAN-MÜLLER, De første Konger af den Oldenborgske Slægt, 1874 – D. SCHÄFER, Die Hansestädte und Kg. Waldemar v. D., 1879 – KR. ERSLEV, Danmarks Hist. under Dronning Margrethe of Erik af Pommern, I–II, 1882–1901 – DERS., Den såkaldte »Constitutio Valdemariana« af 1326, HTD, 1895–97 – M. MACKEPRANG, De danske fyrsten i middelalderen, HTD, 1895–97 – L. J. MOLTESEN, De avignonske pavers forhold til Danmark, 1896 – KR. ERSLEV, Den senere Middelalder (Danmarks Riges Hist., II, 1898–1905) – P. GIRGENSOHN, Die skand. Politik der Hansa (1375–95), 1898 – M. MACKEPRANG, Dansk købstadstyrelse fra Valdemar Sejr til Kristian IV., 1900 – W. CHRISTENSEN, Dansk Statsforvaltning i det 15. Århundrede, 1903 – J. O. ARHNUNG, Roskilde Domkapitels Hist., I–II, 1937–70 – J. ROSÉN, Striden mellan Birger Magnusson och hans bröder. Studier i nordisk politisk hist. 1302–1319, 1939 – H. BRUUN, De nordiske Unioner

(1380-1523), 1940, 1973² - N. K. Andersen, Ærkebiskop Jens Grand, I-II, 1943-44 - L. Sjödin, Kalmarunionens slutskede..., I-II, 1943-47 - Lunds domkyrkas hist., hg. E. Newman, I, 1946 - I. M. Andersson, Erik Menved och Venden (1300-19), 1954 - L. Sjöstedt, Krisen inom det svensk-skånska väldet (1356-1359), 1954 - P. Enemark, Den økonomiske baggrund for de første oldenborgske kongers udenrigspolitik, Jyske Samlinger Ny R. 4, 1957-58 - H. Bruun, Poul Laxmand og Birger Gunnersen, Studier over dansk politik i årene omkring 1500, 1959 - Ders., Kalundborgvidissen 1425 af Kalmarunionsbrevet 1397, HTD, 1960-62 - A. v. Brandt, Die Hanse und die nord. Mächte im MA, 1962 - Sv. Tägil, Valdemar Atterdag och Europa, Bibl. hist. Lundensis 9, 1962 - T. Dahlerup, Lavadelens Krise i dansk Senmiddelalder, HTD, 1969-70 - K. Hørby, Christian I and the Pawning of Orkney. Some Reflections on Scandinavian Foreign Policy 1460-1468, SHR 48, 1969, 54-63 - HGBll, 1970 [mit Beitr. zum Stralsunder Frieden und Umfeld von A. v. Brandt, Ph. Dollinger, J. Goetze, H. Stoob] - K. H. Schwebel, Der Stralsunder Friede im Spiegel der hist. Lit., 1970 - Nordiske historikermøde i København, aug. 1971 [mit Beitr. zum nord. Adel von F. Dahlerup, E. Ladewig Petersen] - K. Fritze, Die Bedeutung des Stralsunder Friedens von 1370, ZGW 19, 1971 - M. Linton, Drottning Margareta, 1971 - N. Skyum-Nielsen, Kvinde og Slave. Danmarkshist. uden retouche 3, 1971 - B. Losman, Drottning Margaretas ekonomi och donationspolitik, Scandia 38, 1972 - W.-D. Mohrmann, Der Landfriede im Ostseeraum während des späten MA, 1972 - G. Authén Blom, Hansaen of Norden, HTSt, 1973, 66-91 - I. M. Peters(-Wülfing), Der Ripener Vertrag und die Ausbildung der landständ. Verf. in Schleswig-Holstein, I-II, BDLG 109, 111, 1973-75 - E. Albrectsen, Den holstenske adels indvandring i Sønderjylland i det 13-14. århundrede, HTD XIII, 1974, 81-149 - E. Hoffmann, Die dän. Königswahl 1376 und die norddt. Mächte, ZSHG 99, 1974 - E. Ladewig Petersen, Fra Domænestat til skattestat. Syntese og fortolkning, 1974 - Dollinger, Hanse² - Th. Jexlev, Fra dansk senmiddelalder. Nogle kildestudier, 1976 - H. Rebas, Infiltration och handel. Studier i senmideltida nordisk Balticumpolitik I. Tiden omkring 1440-79, 1976 - E. Hoffmann, Die Bedeutung der Schlacht v. Bornhöved für die dt. und skand. Gesch., Zs. des Vereins für Lübeck. Gesch. und Altertumskunde 57, 1977 - K. Hørby, Status regni Dacie. Studier i Christofferliniens ægteskabs- og alliancepolitik 1252-1319, 1977 - H. Rebas, Högadlig intressepolitik... 1441, Scandia, 43, 1977 - P. Enemark, Fra Kalmarbrev til Stockholms blodbad. Den nord. trestatunions epoke 1397-1521, 1979 - J. E. Olesen, Rigsråd-kongemagt-union 1334-49, 1980 - E. Albrectsen, Herredømmet over Sønderjylland 1375-1412, 1981 - P. Enemark, Kriseår 1448-51, 1981 - H. Christensen, Len og magt i Danmark 1439-81 (Fschr. P. Enemark, 1983) - J. E. Olesen, Unionskrige og stændersamfund 1450-81, 1983 - Fra Christian Is Italienrejse 1474 (F. Nuvolinis lat. Rede), ed. B. Werdelin-V. Etting, 1984.

E. Missions- und Kirchengeschichte. Verhältnis zum Papsttum

Die frühesten quellenmäßig bezeugten Kontakte der Dänen mit dem Christentum beziehen sich auf die Missionsreise →Willibrords nach D. um 700 (Vita Willibrordi) und auf die Taufe des dän. Kg.s →Harald Klak in Mainz 826 (Ermoldus Nigellus), bei der Ludwig d. Fr. Pate stand. Im Zuge der karol. Expansion nach dem Norden hatte Ebf. →Ebo v. Reims den Auftrag erhalten, Skandinavien zu missionieren. Mit der Durchführung beauftragte er →Ansgar, der aus dem westfrk. →Corbie in dessen sächs. Tochterkl. →Corvey (Nova Corbeia) übergewechselt war; Ansgar machte Hamburg zum Zentrum seiner Mission (→Hamburg-Bremen, Ebm.). Die Vita Anskarii, von seinem Nachfolger →Rimbert († 888) verfaßt, überliefert die Gründung von Kirchen in →Ripen und →Schleswig durch Ansgar, wo neue Untersuchungen für Ripen festgestellt und für Schleswig wahrscheinl. gemacht haben, daß die Bischofskirche außerhalb der (vor)wikingerzeitl. Siedlung errichtet wurde. Über die mögliche Kontinuität einer hier begründeten christl. Tradition durch die folgenden 150 Jahre hindurch ist nichts bekannt (vgl. Abschnitt C).

Ein neues Konzept schuf →Otto d. Gr. 948 durch die Errichtung von Bischofssitzen in drei Missionszentren Jütlands unter Ebf. →Adaldag v. Hamburg-Bremen (937-988; neu: →Aarhus). Vielfältige Impulse sowohl aus dem Ottonenreich wie auch aus England und Westfranken dürften zur Taufe des Kg.s →Harald Blauzahn geführt haben, wodurch D. offiziell zum Christentum übertrat. Die staatl. Machtkonzentration und die Eroberung →Englands unter →Svend Gabelbart († 1014) ließen das Bedürfnis nach der Kirche als neuem Faktor der Einheit noch dringlicher erscheinen und führten unter →Knut d. Gr. (1018-35) zur Errichtung fester kirchl. Zentren auf Fünen, auf Seeland (→Roskilde) und in Schonen (Lund, Dalby). Unter Svend Estridsen († 1074) setzte sich dieser Prozeß durch Errichtung von Bischofssitzen an der jüt. Dingstätte →Viborg und im Inselbereich nördl. des Limfjord (später →Børglum) fort. Der Märtyrertod des im Sinne christl. Gesetzgebung tätigen Kg.s Knut IV. (1080-86) in Odense auf Fünen unterstrich die Bedeutung dieses Ortes als Zentrum des Christentums aller Inseln von Alsen bis Falster und Fehmarn und gab den Anstoß zur Berufung engl. Mönche und zur Heiligsprechung Knuts 1099. Seit Alexander II. (1061-73) strebten die Päpste gute Beziehungen zu D. an. Kg. Erich I. (1095-1103) reiste nach Rom und erwirkte die Loslösung des Nordens von der Metropolitangewalt des Ebm.s Hamburg-Bremen und die Schaffung eines eigenen Ebm.s; dieses wurde in →Lund errichtet und erhielt die geistl. Jurisdiktion für das gesamte Skandinavien. Im Rahmen der Kreuzzugsbewegung gingen von D. bewaffnete Pilgerfahrten (→Pilger, -wesen) aus, die z. T. an die Tradition des Dienstes von Skandinaviern in der Waräger-Garde des byz. Ks.s (→Byz. Reich, Abschnitt G) anknüpfen konnte (P. Riant). Das Christentum D.s der ersten Jahrhunderte war fest in die Zwänge der weltl. Gesellschaft eingebunden (Breengaard), und die Bf.e, die aus führenden Adelsfamilien stammten, mußten Dienst beim →Leding leisten, eine Tradition, die in der regelmäßigen Beteiligung Bf. →Absalons v. Roskilde (aus der Hvide-Familie, später Ebf. v. Lund 1177-1201) und anderer Bf.e an den Wendenkriegen und in der Gliederung der Leding-Flotte nach Bm.ern (Knytlingasaga) zum Ausdruck kam (Zerstörung der heidn. Kultstätte→Arkona auf Rügen; s. Abschn. C).

Auf die ersten Holzkirchen folgten im 11. Jh., bes. aber im 12. Jh., zahlreiche Steinkirchen; die frühesten waren Dom- und Klosterbauten. Erste religiöse Vertiefung brachten die →Benediktiner (erstes sicheres Auftreten in →Lund, →Odense, →Schleswig vor 1100, Venge, Seem/Ripen, Næstved, →Ringsted vor 1150, dann Kalvø, Glenstrup, Essenbæk, Vejerslev/Alling, Voer und mehrere Nonnenkl.) und die →Augustiner-Chorherren (Dalby, Vestervig, →Viborg, dann Æberholt, Tvilum), ab 1144 die →Zisterzienser (u. a. →Herrisvad, →Esrom, →Sorø, →Vitskøl, Tvis, Holme, →Øm, →Løgum, Ryd) und →Prämonstratenser (Lund, →Børglum, Tommarp, Vä, Öved), ab ca. 1165 die →Johanniter (Antvorskov).

Umstritten ist die Persönlichkeit des Ebf.s →Eskil (1137-77). Nachdem er anfängl. ganz Skandinavien kirchl., auch als päpstl. Legat (Skyum-Nielsen, 1969), betreut hatte, schied nach Norwegen 1153 auch Schweden 1164 aus seinem Metropolitanbereich aus, während er sich 1161-68 im Exil bei Papst Alexander III. (1159-81) befand und 1164 eine Pilgerfahrt nach Jerusalem unternahm. Seine größten Verdienste bestanden wohl im planvollen Aufbau eines durchstrukturierten Klosterwesens in D. und in den weitgespannten Missionsansätzen in Pommern/Preußen (Klostergründungen ab 1171) und in Finnland/Baltikum (päpstl. Missionsauftrag für Estland 1171). Sein Konflikt mit Kg. Waldemar I. (1157-82) dürfte u. a. in unterschiedl. polit. Interessenlagen und in seiner anfängl. über D. hinausgreifenden Amtsführung begründet gewesen sein (NYBERG, 1975). Die politisierende Interpretation seiner Rolle im Kampf für das sacerdotium (Saxo Grammaticus; L. WEIBULL, E. ARUP) mußte neuerdings einer ausgewogeneren Deutung seiner Amtsführung weichen (BREENGAARD). Eskil resignierte 1177 und starb 1181 in Clairvaux. Im Laufe des 12. Jh. wurde der →Zehnte mit gewissen Einschränkungen (bfl. Anteil) überall in D. eingeführt. Ähnlich Eskil und Absalon, hatte auch Ebf. Andreas Sunesen (1201–23, † 1228) (→Andreas filius Sunonis) die Stellung eines päpstl. Legaten inne und versuchte, diese Autorität auch bei der dt. und schwed. Mission im Baltikum und in Finnland zur Geltung zu bringen; die dän. Eroberung Estlands 1219 wurde jedoch zur Notwendigkeit, nachdem auch die nichtdän. Mission im östl. Ostseeraum in eine Eroberungs- und Siedlungstätigkeit eingemündet war (NYBERG, 1976, 1983). Das Bm. →Reval wurde Suffragan von Lund.

Nach der Niederlage Waldemars II. 1227 und der Kodifikation des Jyske lov (→Jütsches Recht) 1241 (Bf. Gunner v. Viborg) entspann sich eine heftige Auseinandersetzung um das Recht des Kg.s, geistl. Ämter zu besetzen. Bes. unter den Ebf.en →Jakob Erlandsen (1252–74) und →Johann (Jens) Grand (1289–1302) ergaben sich Konflikte, bei denen es den Kg.en unter Anwendung neuer Methoden gelang, auch die Päpste zur Beteiligung am Kirchenkampf im Interesse nationaler Ziele heranzuziehen, was z. B. in der Versetzung von Johann Grand nach Riga (1303) zum Ausdruck kommt (SKYUM-NIELSEN, 1963). Die religiöse Geschichte D.s wurde nun in stärkerem Maße von den →Bettelorden getragen, die durch eine schnelle Verbreitung schon am Ende des 13. Jh. in zahlreichen dän. Städten Niederlassungen hatten und von hier aus eine neue Frömmigkeitshaltung und ein neues Verhältnis der Bevölkerung u. a. zu Christus und zum Papsttum als religiösen Größen (Franziskaner) und zur reinen Lehre als Norm der Sittlichkeit (Dominikaner) schufen. Ihr städt. Hintergrund begr. die Ansätze zu einem bürgerl. Selbstbewußtsein und die Herausbildung städt. Selbstverwaltung und verstärkte so die Bindung des Handels an die Stadt. Neben dem Adel fanden nun auch die bürgerl. und z. T. die bäuerl. Gesellschaftsschichten eigene religiöse Sprache und Ausdrucksformen. Da beide Bettelorden sich jeweils als gemeinnordische Provinz Dacia organisierten, förderten sie den Austausch ihrer Mitglieder zw. den nord. Ländern und trugen damit zur Entstehung eines gesamtnord. Lebenshorizonts bei. Durch philosoph. (→Boetius de Dacia), mystisches (→Petrus de Dacia in Visby, vielleicht ein Schwede, † 1289) und wissenschaftl. (→Nicolaus de Dacia in Lund, 15. Jh.) Schrifttum traten die Dominikaner (neben in Paris ausgebildeten Weltgeistlichen, z. B. Johannes de Dacia, Martinus de Dacia, Petrus Philumena) als geistig-kulturell führende Kraft auf. Die Franziskaner entfalteten eine stärker volkserzieher. Tätigkeit, wie u. a. hist. Werke bezeugen (Jütische Chronik um 1340, Visby-Annalen um 1420 [→Historiographie]). Nach der Periode des roman. Kirchenbaus im 12. Jh., dessen Meister sich bald auch des →Backsteinbaus bedienten (Ringsted, Sorø, Løgum), fand das got. Gewölbe Anfang des 13. Jh. in D. Eingang, und roman. Kirchen wurden gotisch umgebaut oder – unter dem Einfluß der Bettelordensarchitektur – mit got. Chorraum versehen.

Die starke Bindung der Hierarchie an das Kgtm., die unter →Waldemar IV. Atterdag (1340–75) und →Margarete I. (1387–1412) in der fast ausschließl. Besetzung der Bm.er mit Adligen und durch Heranziehung der Bf.e zu Regierungs- und Verwaltungsaufgaben zum Ausdruck kam, ließ im Gegenzug eine neue Religiosität entstehen. Neue Orden signalisierten die Veränderung: Antoniter (Morkær, Præstø), Birgittiner (Maribo, Mariager), Karmeliter (Landskrona, Helsingør, Sæby). Johanniter und Hl.-Geist-Brüder übernahmen Kirchen und Hospitäler. Die Weltgeistlichen größerer Orte schlossen sich zu Gilden (→Kaland) zusammen, die ältere Gemeinschaftsformen ersetzten und sich modernen Heiligen unterstellten, z. B. in Lund der hl. →Birgitta. Das Wallfahrtswesen erhielt neben seinem gesamteurop. Profil (→Pilger, -wesen) seine eigene dän. Geographie: Neben die Heiligengräber aus dem frühen MA (Odense St. Knut, Viborg St. Kjeld, Aarhus St. Niels, Slagelse St. Anders, Æbelholt St. Wilhelm, Roskilde St. Margrethe, Vestervig St. Thøger, Haraldsted und Ringsted St. Knut Lavard) traten in Jütland Karup (St. Maria), Kliplev (St. Salvator), auf Alsen Lysabild (Hl. Blut), auf Fünen Lørup (St. Anna), auf Langeland Snøde (St. Andreas), auf Falster Kippinge (blutende Hostie), auf Seeland Bistrup (Hl. Kreuz), Holmstrup (St. Søren), Kopenhagen (St. Maria), Tisvilde (St. Helena), im Osten Schonens Sankt Olov (St. Olav) hinzu. Das Gildewesen der Kaufleute und der Handwerker in den Städten erhielt ein immer stärker werdendes religiöses Gesicht. Eine Bewegung zur Erweiterung der Kirchenräume und zur Bemalung der Gewölbe durch volkstüml. ausgerichtete Künstler (→Kalkmalereien) bestimmte für die folgenden Jahrhunderte das Erscheinungsbild der dän. Pfarrkirchen. Die Regierung Erichs v. Pommern (1412–39) brachte in der Hierarchie den Sieg des →Konziliarismus, der unter Christoph III. (1440–48) zum Bruch mit Rom und Anschluß an Papst Felix V. führte (Ebf. Hans Laxmand 1436–43). In dessen Folge wuchs die staatl. und bfl. Aufsicht über die Kl. immer mehr (SKYUM-NIELSEN, 1955). Unter Christian I. v. Oldenburg (1448–81) wurden die Kontakte zur röm. Kurie erneuert. Auf den vergebl. Versuch einer Universitätsgründung unter Erich folgte 1475 die päpstl. Erlaubnis für die Einrichtung einer Universität in Kopenhagen. Das →Wiener Konkordat wurde förmlich als Gesetzesgrundlage für das Verhältnis D.s zum Papsttum anerkannt, und die päpstl. Provisionen und Expektanzen sowie der kgl. Einfluß auf Stellenbesetzungen nahmen dementsprechend zu. Nach der kurzen Phase mit hochadligen Bf.en unter Erich wurden die Bf.e wieder verstärkt vom niederen Adel gestellt (Glossen zum Jütschen Recht durch Bischof Knud Mikkelsen v. Viborg), bis unter Kg. Hans (1481–1513) und Christian II. (1515–23) einige Bf.e bürgerl. Abstammung Unruhe in die Reihen der höheren Geistlichkeit brachten. So geriet der streitbare und humanist. gebildete Ebf. →Birger Gunnersen (1497–1519) in Konflikt mit dem schon. Adel. Von dem durch Bf. geförderte Observanzbewegung ergriff zw. 1480 und 1520 alle dän. Franziskanerhäuser. Der Bibelhumanismus erhielt in dem an der Universität tätigen Karmeliter Poul Helgesen (Paulus Helie) einen hervorragenden Vertreter, der, ähnlich wie Erasmus, von der zw. 1521 und 1536 immer stärker werdenden luther. Predigt entschieden Abstand nahm, jedoch resignieren mußte; sein hist. Testament stellt die Skiby-Chronik dar. Die von Friedrich I. (1523–33) geduldete luther. Lehre wurde nach dem Bürgerkrieg der Grafenfehde und der sofort nach dem Regierungsantritt Christians III. (1536–59) erfolgten Absetzung der Bf.e zur einzigen staatl. anerkannten Konfession, deren Festigung in engem Zusammenwirken mit Luther erfolgte.

T. Nyberg

Q. und Lit.: P. RIANT, Expéditions et pèlerinages des Scandinaves en Terre Sainte au temps des croisades, 1865 (dän. 1868) – A. D. JØRGEN-

SEN, Den nordiske Kirkes Grundlæggelse og første Udvikling, I–II, 1874–78 – Lunde Domkapitels Gavebøger (Libri memoriales capituli Lundensis), ed. C. WEEKE, 1884–89 [Neudr. 1973] – L. J. MOLTESEN, De Avignonesiske Pavers Forhold til Danmark, 1896 – J. LINDBÆK, Pavernes Forhold til Danmark under Kongerne Kristiern I og Hans, 1907 – Vitae Sanctorum Danorum, ed. M. CL. GERTZ, 1908–12 – E. JØRGENSEN, Fremmed Indflydelse under den danske Kirkes tidligste Udvikling (Det Kongelige Danske Videnskabernes Selskabs Skrifter 7.R., hist.-phil. Afd. I, 2, 1908) – V. LORENZEN, De danske Klostres Bygningshistorie, I–XI, 1912–41 – J. BACHMANN, Die päpstl. Legaten in Dtl. und Skandinavien (1125–59), 1913 – L. WEIBULL, Den skånska kyrkans äldsta historia, Historisk Tidskrift för Skåneland V, 1914–17, 109–246 [Neudr.: DERS., Nordisk Historia II, 1948, 1–130] – Necrologium Lundense, ed. L. WEIBULL, 1923 – Skrifter af Paulus Helie, I–VII, 1932–48 – J. GALLÉN, La province de Dacie de l'ordre des frères prêcheurs I, 1946 – Den danske Kirkes Historie I, 1950 [H. KOCH]; II, 1962 [N. K. ANDERSEN]; III, 1965 [P. G. LINDHARDT] – N. SKYUM-NIELSEN, Ærkekonge og ærkebiskop. Nye træk i dansk kirkehistorie 1376–1536, Scandia XXIII, 1955–57, 1–101 – DERS., Kirkekampen i Danmark 1241–1290, 1963 – K. VALKNER, Paulus Helie og Christiern II. Karmeliterkollegiets oppløsning, 1963 – W. SEEGRÜN, Das Papsttum und Skandinavien bis zur Vollendung der nord. Kirchenorganisation (1164) (Q. und Forsch. zur Gesch. Schleswig-Holsteins 51, 1967) – T. DAHLERUP, Det danske Sysselprovsti i Middelalderen, 1968 – H. KRINS, Die frühen Steinkirchen D.s, 1968 – A. RIISING, Danmarks middelalderlige Prædiken, 1969 – N. SKYUM-NIELSEN, Das dän. Ebm. vor 1250 (Acta Visbyensia III, 1969), 113–145 – C. WALLIN, Birgittagillen i det medeltida Danmark, Kyrkohistorisk årsskrift 1973, 98–149 – T. NYBERG, Eskil av Lund och Erik den helige (Fs. J. ROSÉN, 1975), 5–21 – DERS., Kreuzzug und Handel in der Ostsee zur dän. Zeit Lübecks (Lübeck 1226, Reichsfreiheit und frühe Stadt, 1976), 173–206 – A Cat. of Wall-Paintings in the Churches of Medieval Denmark 1100–1600ff., 1976ff. (ersch.: Erzdiöz. Lund) – Schleswig-Holstein. Kirchengesch., Bd. 1–2, 1977–78 – Consuetudines Lundenses. Statutter for kannikesamfundet i Lund c. 1123, ed. E. BUUS, 1978 – T. NYBERG, Die skand. Zirkarie der Prämonstratenserchorherren (Fs. N. BACKMUND, 1978), 265–279 – C. DAXELMÜLLER–M.-L. THOMSEN, Ma. Wallfahrtswesen in D., JbV 1978, 155–204 – J. E. OLESEN, Rigsråd-Kongemagt-Union (Skrifter udgivet af Jysk Selskab for Historie 36, 1980), 223–241 – C. BREENGAARD, Muren om Israels hus. Regnum og sacerdotium i Danmark, 1982 – B. P. MCGUIRE, The Cistercians in Denmark (Cistercian Stud. Ser. 35, 1982) – T. NYBERG, Dt., dän. und schwed. Christianisationsversuche östl. der Ostsee im Geiste des 2. und 3. Kreuzzuges (Die Rolle der Ritterorden in der Christianisierung und Kolonisierung des Ostseegebietes, Colloquia Torunensia Historica I, 1983), 93–114 – s.a. die bibliogr. Angaben nach Abschn. D.

F. Wirtschafts-, Verfassungs- und Sozialgeschichte

I. Ländliche Siedlungs-, Verfassungs- und Wirtschaftsgeschichte – II. Städtische Wirtschafts-, Verfassungs- und Sozialgeschichte.

I. LÄNDLICHE SIEDLUNGS-, VERFASSUNGS- UND WIRTSCHAFTSGESCHICHTE: [1] *Quellen:* Agrarhist. Material liefern zunächst Archäologie und Ortsnamenforschung, von ca. 1072 an Diplome mit eigentumsrechtl. Inhalt. Seit der 1. Hälfte des 13. Jh. treten die Landschaftsrechte und das sog. »Landbuch« (Jordebog) Waldemars II. von 1231ff. hinzu, weiterhin die Urbare der Domkapitel in →Ripen (1290) und →Aarhus (1315). Für das SpätMA sind das Urbar des Bm.s →Roskilde von ca. 1370 und das Urbar der Adligen Eline Gøye (Anfang 16. Jh.) von großer Bedeutung.

[2] *Besiedlung, Landesausbau und Bevölkerung:* Zwar liegen keine direkten Angaben zu Bevölkerungsgröße und Landesausbau vor, auf indirektem Wege läßt aber die Besiedlungsgeschichte des ma. D. Rückschlüsse auf die Bevölkerungsentwicklung zu, da die Lebensgrundlage des ma. D. nahezu ausschließlich auf der Landwirtschaft beruhte. So zeigt das archäolog. Material, daß das Land in der Röm. Eisenzeit (ca. 1–400) in hohem Maße erschlossen war (bemerkenswert die umfangreichen für den Ackerbau genutzten Flächen) und daß ein Rückgang während der Germ. Eisenzeit (ca. 400–800) einsetzte. Aus der Verbreitung typ. Ortsnamen geht hervor, daß D. während der Wikingerzeit (ca. 800–1050) durchgängig besiedelt war. Zweifellos gab es neben den noch heute bestehenden Waldgebieten in Schonen, Halland und Blekinge auch große Wälder bes. in N-Seeland und entlang der Ostküste Jütlands. Dicht besiedelt waren indessen sowohl die guten Böden u. a. in W-Schonen, W-Seeland und um den westl. Limfjord als auch die weniger fruchtbaren, aber gut entwässerten Böden z. B. nördl. und westl. von Randers in Jütland. Bereits in der Wikingerzeit begann eine Ausweitung der Besiedlung, teils durch Ausbau der altbesiedelten Dorffluren (bes. Namen auf *-torp*), teils durch Neurodung von Waldgebieten (Namen auf *-rød, -tved* u. a.). Obwohl der größte Teil dieser Neusiedlungen vor 1104 entstanden sein muß, spielten sie nur eine geringe Rolle bei der Kirchspieleinteilung, obwohl diese, der Forschung zufolge, frühestens mit der Einführung des Zehnten (um 1104) abgeschlossen war. Das ergibt sich aus der Beobachtung, daß in Gebieten mit hohem Anteil junger Ortsnamen die Kirchspiele an Areal und Siedlungen bes. umfangreich bemessen waren (und deshalb in späterer Zeit ebenfalls reich an Hofstellen und Ressourcen). Die Ergebnisse der Besiedlungsexpansion sind im »Landbuch« Waldemars II. ablesbar: Für 100 Dörfer der Insel Falster (d. h. exkl. nur d. allerjüngsten) werden sowohl deren Größe in *bol* (einem vermutl. aus der Zeit um 1000 stammenden Ackermaß; →Hufe) angegeben, wie deren Größe in *mark* (einer offenbar für die Grundbucherfassung durchgeführten Taxation). Die 25 größten Dörfer (mit 6–14 bol) wurden durchschnittl. mit 1,3 mark pro bol angesetzt, während 39 kleine Siedlungen (jede mit nur einem bol) mit 3,2 mark pro bol veranschlagt wurden. Die unterschiedl. Taxierung der beiden Siedlungsgruppen spiegelt den kräftigen Zuwachs an Wirtschaftsfläche der kleinen Ausbausiedlungen, der *torp*-Orte, bis etwa 1231 wider. Damit hatte der Ausbau seine Grenze erreicht – eine Maximalausdehnung, die erst im 1750 überschritten wurde. Die vermutl. ebenfalls noch im 13. Jh. entstandenen Neusiedlungen bewirkten eher eine intensivere Bodennutzung als eine Erweiterung der Wirtschaftsfläche.

Erst mit der Periode des Schwarzen Todes setzte ein starker Bevölkerungsrückgang ein, der seinen Höhepunkt um 1400 erreichte (→Wüstungen). Demograph. Material existiert nicht, die Auswirkungen liegen dagegen klar zutage: wüst gewordene Kleindörfer *(torper)* und Höfe, Aufgabe von Kirchen, Rückgang der Pachtabgaben und Versuche, die Freizügigkeit der Bauern einzuschränken. In der Regel waren es in erster Linie die kleinen Rodungsdörfer, die wüstfielen, einige wurden von Wald überwuchert, aber die meisten (jedenfalls später) von anderen Dörfern aus bewirtschaftet. Lediglich in Jütland gingen Kirchen ab (10 % unter Berücksichtigung der kirchenorganisator. Veränderungen nach der Reformation 1536), ein deutlicher Hinweis, daß in diesem Landesteil Waldrodung, Urbarmachung und Viehweide einen Raubbau an den natürlichen Ressourcen verursachten. Bes. im Bereich der weniger guten Böden in O-Jütland, wo die Kirchen dicht beieinander lagen (z. B. nördl. von Randers), aber auch in den sandigen Geestgebieten Mitteljütlands verschwanden zahlreiche Kirchspiele, und Heide breitete sich aus. Im 16. Jh. nahm die Bevölkerung erneut stark zu, die Gutsbesitzer in den dichtbesiedelten Gebieten verhinderten jedoch Hofteilungen und Waldrodung (→Gutsherrschaft).

[3] *Dorfentwicklung und Flursysteme:* Die jüngsten archäolog. Untersuchungen haben auch für D. gezeigt, daß die Dörfer bis ins 11. Jh. hinein – mit unterschiedl. Zeitintervallen – oft verlegt wurden. So liegen die ma. Dörfer auf

Fünen zw. 300 und 800 m von den wikingerzeitl. Ansiedlungen entfernt. Die in der Folgezeit zu beobachtende Stabilisierung der Besiedlungsstruktur kann u. a. mit der Festlegung der Kirchspielgrenzen erklärt werden, deutlicher aber scheint der Zusammenhang mit einer intensiveren Bodennutzung und Änderungen in der Agrartechnik. Wahrscheinl. waren Räderard (→Pflug) und Räderpflug bereits während der Wikingerzeit in Gebrauch: So sind die wikingerzeitl. Äcker in Borup (S-Seeland) nach Art ma. Flurformen schmal und langgezogen. Das Schonische Recht erwähnt Ein-, Zwei- und Dreifelderwirtschaft (→Flursysteme); in einer Reihe ostjüt. Dörfer wurde um 1315 Zweifelderwirtschaft betrieben, sonst sind aber die verschiedenen Systeme der Feldbestellung und ihre Verbreitung schwer erkennbar. Im 16. und 17. Jh. dominierte die Dreifelderwirtschaft in den zentralen Regionen (S- und W-Schonen, den Inseln, dem mittleren O-Jütland); Zweifelderwirtschaft war bes. um den Kl. Belt verbreitet, während eine Kombination von Einfelderwirtschaft und extensiv genutzten Böden – also ein *infield-outfield-System* (→Flursysteme) – in Gebieten mit guten Weidemöglichkeiten (d. h. mit großer Produktion von Dung) üblich war, v. a. nördl. des Limfjords und in den Waldsiedlungen Schonens. Im restl. Jütland herrschte Grasfeldwirtschaft vor. Alle Bodennutzungssysteme waren Ausdruck der Anpassung an die lokalen Naturgegebenheiten. Vermutl. hatte die Dreifelderwirtschaft die Zweifelderwirtschaft im Laufe der Zeit verdrängt, aber es bleibt die Frage, wann die Zelgenwirtschaft als solche, mit einem der Gemeinweide vorbehaltenen Feld (*vang* 'Zelge'), Bedeutung erlangte. Vermutl. vollzog sich diese Entwicklung bereits im 12. Jh., da die Ausbreitung der Zelgenwirtschaft mit einer starken Zunahme des Ackerareals und einem daraus folgenden Mangel an Weideflächen (außerhalb der dafür reservierten Zelge) zusammenhing. Hierzu paßt, daß die Landschaftsrechte Bestimmungen über Gemeinweide (→Allmende) und Einfriedung der Getreidefelder enthalten, dies weist auf Konflikte hin, die augenscheinl. aufgrund der Zelgenwirtschaft entstanden sind. Die Zelgenwirtschaft förderte den Flurzwang in den Dörfern, der indessen noch zur Zeit der Landschaftsrechte (Anfang 13. Jh.) weniger konsequent gehandhabt wurde als später. Der Aufschwung der Landwirtschaft war eine Grundvoraussetzung für die starke Ausbildung städt. Handelszentren im 13. Jh., deren Wirtschaftsleben wiederum auf Grundbesitzer und Bauern zurückwirkte.

Die Dörfer der zentralen Landschaften waren im frühen MA nach einem der →Hufe vergleichbaren Ackermaß, *bol*, geschätzt. Aus den Gesetzen geht hervor, daß die Flur ebenfalls nach bol-Einheiten aufgeteilt und abgemessen war. Die bol-Einheit war wiederum in Teilstücke aufgeteilt, die auf die Bauern verteilt waren, die Anteile in dem betreffenden bol hatten. Noch 1682–83, als alles Ackerland katastermäßig vermessen wurde, gab es zahlreiche Dörfer mit bol-Teilung. Innerhalb der einzelnen Dörfer waren die bol-Einheiten gleichgroß, das bol war nämlich der Berechnungsquotient für die Anteile im Dorf, dessen Größe wiederum von der bol-Anzahl bestimmt wurde. Allerdings variierte die Größe eines bol von Dorf zu Dorf, wie anhand der Falster-Liste des Waldemarschen »Landbuchs« von 1231 und bei der Katastervermessung von 1682–83 festzustellen ist. Indessen scheinen die Größenunterschiede um das Jahr 1000 so gering gewesen zu sein, daß das Kgtm. die bol-Einheiten als Bemessungsgrundlage für Abgaben benutzen konnte; dabei wurden die jeweils kleinsten Siedlungen mit 1 bol veranschlagt. Im Zuge des expandierenden Landesausbaus des HochMA verschoben sich die Größenverhältnisse zw. den Dörfern, so daß die Wertbemessungen nach bol-Einheiten durch Taxierungen auf Basis des Goldwertes und der Abgabenleistung abgelöst wurden. Vermutl. weil die Höfe in den Dörfern mit der Zeit häufig Anteil an verschiedenen bol bekamen und das bol-System nicht in die abgelegenen Landesteile und die jüngsten Ausbauorte vorgedrungen war, wird im →Jütschen Recht ein Verfahren zur Durchführung der sog. →solskifte ('Sonnenteilung') angegeben, bei der die Verteilung des Ackerlandes auf die jeweiligen Höfe nach deren Größe vorgenommen wurde. Diese Form der Bodenverteilung wurde mit der Zeit die gebräuchlichste.

Die wichtigsten Getreidesorten waren Gerste (bes. zum Bierbrauen) und Roggen. Beim Ernteertrag rechnete man um 1300 mit einem dreifachen Ertrag als Berechnungsbasis für den Pachtzins. Hafer wurde auf den schlechten und ungedüngten Böden angebaut. Vermutl. wegen der Klimaverschlechterung des SpätMA wurden die Äcker gewölbt angelegt, damit das Wasser besser abfließen konnte. An Haustieren hielt man die auch sonst in Nordeuropa verbreiteten Arten. Bedingt durch die gesunkene Bevölkerungszahl wandte man sich im 15. Jh. einer ausgedehnteren Großviehhaltung zu und exportierte in großem Umfang Ochsen (→Viehhandel), v. a. aus Jütland (→Heerweg).

[4] *Bauern, Grundherren und Königtum:* Die wichtigste Bevölkerungsschicht bildeten in der Wikingerzeit die gemeinfreien Bauern. Die bäuerl. Bevölkerung war aber in Hinblick auf Landbesitz und sozialen Status in sich gliedert. Das gleiche gilt für die Schicht der höher gestellten Leute, von denen einige den Königssippen angehörten oder vielleicht Nachkommen ehem. Kleinkönige waren, während andere zur kgl. Gefolgschaft (→*hird*) gehörten (und von daher ihren höheren Status ableiteten). Bei den in letzter Zeit vorgenommenen Ausgrabungen ma. Dörfer in W-Jütland stieß man auf ansehnliche großbäuerl. Anwesen aus der Wikingerzeit. Die Sklavenschicht war in der Wikingerzeit möglicherweise größer als in den Zeiten davor und danach, insgesamt weiß man aber wenig über sie. Es ist anzunehmen, daß der Kg. – und die Königsfamilie – über ausgedehnten Grundbesitz verfügten und daß die militär. Unternehmungen des Kgtm.s der Bevölkerung fühlbare Bürden auferlegten.

In der Periode zw. 1050 und 1200 erfolgten Grundlegung und Ausbau des äußerst umfangreichen Kirchenbesitzes. Diese Entwicklung läßt Rückschlüsse auf die Besitzverhältnisse des Kg.s, der Königsfamilie und einiger Adelsgeschlechter zu, die aus ihrem Grundbesitz Schenkungen an die Kirche tätigten. Auf Seeland wuchs der Kirchenbesitz bes. stark an. Der Kg. kompensierte die Schenkungen damit, daß er auf die Bf.e als seine wichtigsten Berater zurückgriff und außerdem die Leistungen der Bevölkerung bei Heerfolge und Gastung in feste Steuern umwandelte (um 1200). Gleichzeitig entstand ein kgl. und bfl. Dienstadel, der Mitglieder der alten Aristokratie und Angehörige des Bauernstandes umfaßte. – Der Großgrundbesitz bestand teils aus größeren Gutshöfen, die von →Meiern (*bryti*, villicus) geleitet und von freien oder unfreien Dienstleuten bewirtschaftet wurden, teils aus Höfen, die im Umkreis der Gutshöfe lagen und an Zinsbauern (*landbo*, colonus) ausgetan waren. Die dän. Rechtsaufzeichnungen liegen spät und sind größenteils Zeugnisse einer Reformgesetzgebung. Wenn in diesen Quellen das Kolonenwesen als ein freies Pachtverhältnis dargestellt wird, dann spiegelt das wohl kaum alte Zustände wider, ungeachtet der Tatsache, daß Bauern (von unterschiedl. Status) im 12. Jh. und vermutl. bereits um das Jahr 1000

Land für die größeren Grundbesitzer bewirtschafteten. Andererseits enthalten die Gesetze zahlreiche Bestimmungen über die Sklavenhaltung, die gerade zu Beginn des 13. Jh. verschwand. Die Sklaven wurden zu freien Dienstleuten oder zu Kossäten (*garthsætæ*, inquilinus), einige vielleicht zu Zinsbauern.

Kl. und Domkirchen bemühten sich schon im 12. Jh. um Freistellung ihrer Zinsbauern von allen kgl. Forderungen. Nachdem die Bauern ihre militär. Bedeutung für das Kgtm. verloren hatten, hätte es insofern auch seine Ansprüche gegenüber den Zinsbauern aufgeben können, doch hielt es im Jütschen Recht (1241) an der Militärsteuer im Prinzip fest. Vor 1300 hatten Adel und Kirche erreicht, u. a. wahrscheinl. durch Umbenennung der Zinsbauern in Meier, daß diese qua Dienstverhältnis an der Abgabenfreiheit der Privilegierten teilhatten. Im übrigen befanden sich jetzt alle, die auf dem Boden eines Grundbesitzers wirtschafteten, unter dessen Schutz, so daß die meisten dem Kg. zustehenden Bußen dem Grundherrn zufielen. Auch suchten viele unabhängige Bauern den Schutz der Privilegierten. Die Kg.e bemühten sich, solchen zum Zweck der Steuerfreiheit getroffenen Vereinbarungen Einhalt zu gebieten, konnten aber reguläre Eigentumsübertragungen nicht verhindern. Insbes. zw. 1300 und 1350 wurde versucht, den Rückgang der Steuereinkünfte durch Sondersteuern, zu denen alle beizutragen hatten, auszugleichen. Das führte in Jütland zu gemeinsamen Aufständen von Adel und Bauern.

Den Quellen zufolge umfaßten die großen Güter bis gegen 1370 neben dem zentralen Herrenhof üblicherweise eine Anzahl großer, von Meiern bewirtschafteter Höfe (ca. 25–70 ha Ackerland) mit dazugehörigen nahezu grundbesitzlosen Kossäten oder mit kleinen Zinsbauern mit 5–6 ha Ackerland. Außerdem gab es mittelgroße Höfe; dies aber vermutl. eher auf den Besitzungen und in den Landstrichen, die quellenmäßig schlecht erfaßt sind. Alle größeren Höfe leisteten um 1300, nach Befreiung von den alten Steuern, eine hohe Feudalrente (*landgilde*) – bis zu einem Drittel der Getreideernte –, während die kleinen Höfe Arbeitskräfte für Dienstleistungen auf den großen Meierhöfen oder auf dem Herrenhof stellten. Insgesamt wurden die Bauern, ob sie Pachtland oder Eigenbesitz bewirtschafteten, von Großgrundbesitzern und Königsmacht in starkem Maße belastet.

Der Bevölkerungsrückgang nach 1349 hatte tiefgreifende soziale Folgen. Mit der wachsenden Anzahl wüstgefallener Höfe (→Wüstung) gelang es den Bauern, eine drastische Abgabenverminderung (oft bis zu 50 %) durchzusetzen. Es wurde schwierig, Pächter für die kleinen Hofstellen zu finden, dadurch fehlte es an Arbeitskräften für die großen Höfe, die geteilt werden mußten, während man die kleinen Wirtschaften zusammenlegte. Zw. Meier und Zinsbauer wurden keine Unterschiede mehr gemacht. Die Königsmacht verminderte nach 1350 die Sondersteuern und vermehrte statt dessen ihren Besitz durch Landerwerb aus dem Besitz des häufig ökonom. geschwächten Adels. Gleichzeitig erlangte die Krone vollständige Kontrolle über die steuerpflichtigen Bauern und verbot dem Adel, deren Höfe zu erwerben, und den Bauern, ihre Höfe unbewirtschaftet liegen zu lassen (Vererbungspflicht von 1396).

Nach 1412 war die Besitzverteilung abgeschlossen: Drei Viertel des Grund und Bodens gehörte den Herrenständen und ein Viertel der Krone, wovon jedoch mehr Land in bäuerl. Eigenbesitz war als in direktem Kronbesitz. Innerhalb des Adels vollzog sich eine Besitzkonzentration: Der niedere Adel wurde geschwächt, während ein Angehöriger des Hochadels mehrere Herrenhöfe und 400–800 Bauernhöfe besitzen konnte, was den Besitzungen eines westdän. Bm.s entsprach. Die Änderungen im Agrarsystem bedeuteten, daß ein Gutskomplex jetzt aus einem Gutshof und einer Vielzahl von Pachthöfen bestand. Hochadel, Bf.e und Krone strebten nach größeren Grundbesitzkomplexen; für einen Hochadligen waren 100–200 Höfe üblich, überflüssige Herrenhöfe wurden niedergelegt. Folglich bestand der größte Teil des Adelsgutes aus Streubesitz. Hierzu trug das Erbrecht entscheidend bei: alle Söhne erbten je einen Anteil, die Töchter einen halben. Dagegen besaßen die Kl. arrondierte, seit Jahrhunderten angewachsene Grundherrschaften.

Die großen Gutskomplexe bedeuteten eine administrative Modernisierung, waren aber auch Ausdruck einer geringeren Rentabilität des Pachtgutes. Obgleich der Mangel an Arbeitskräften in der Folgezeit überwunden wurde, blieben die Abgaben doch so niedrig, daß die Erhöhung verschiedener Kleinabgaben (insbes. für Gastung) den Verlust nicht auszugleichen vermochte. Fronarbeit auf den wenigen Herrenhöfen wurde von den unmittelbar benachbarten Pächtern geleistet, während dem Streubesitz u. U. nur einige Tage Erntearbeit abverlangt wurden. Dagegen gerieten die Bauern jetzt zunehmend in völlige Abhängigkeit: Gutsbesitzer und Krone verboten den Zinsbauern wie den unabhängigen Bauern, Ziegen zu halten, weil sie die Wälder zerstörten, und geboten, Obstbäume zu pflanzen. Teilung und Zusammenlegung von Höfen in Eigenbesitz wurde untersagt. Ab 1523 empfingen die hohe Geistlichkeit und der Adel alle Gerichtsbußen ihrer Untergebenen; sie besaßen nun ausgedehnte obrigkeitsrechtl. Befugnisse, die Gerichtsbarkeit blieb aber öffentlich. Auf Seeland und Lolland-Falster wurde in den 1490er Jahren die Schollenbindung (*vornedskab*) für die Pachtbauern eingeführt. – Der dän. Bauernhof des 16. Jh. war groß, umfaßte meist 15–20 ha Ackerland und wurde teilweise mit Hilfe von Knechten bewirtschaftet. Sondersteuerregister von ca. 1522 zeigen, daß die seeländ. Bauern reich an Großvieh und Silberschmuck waren. Die Gutsbesitzer versuchten, mit Einstandszahlungen (die bis zu doppelt so hoch waren wie die jährl. Rente) Anteil am bäuerl. Reichtum zu gewinnen, größere Beträge jedoch zog die Krone über Sondersteuern ein. E. Ulsig

Lit.: H. Larsen, Nogle oplysninger og bemærkninger om danske landsbyer, ANOH 3. r. VIII, 1918, 177–293 – C. A. Christensen, Nedgangen i landgilden, HTD 10. r. I, 1931, 446–465 – A. E. Christensen, Danmarks befolkning og bebyggelse i middelalderen, Nordisk Kultur, 1938, 1–57 – S. Dahl, Torna och Bara, 1942 – P. Meyer, Danske bylag, 1949 – C. A. Christensen, Ændringerne i landsbyens... struktur, HTD 12. r. I, 1964, 257–349 – E. Ulsig, Danske adelsgodser i middelalderen, 1968 – T. Dahlerup, Lavadelens krise, HTD 12. r. IV, 1969, 1–43 – C. A. Christensen, Falsterlistens tal og talforhold, HTD 12. r. IV, 1970, 401–421 – S. Gissel, Forskningsrapport for Danmark, Nasjonale Forskningsoversikter, 1972, 1–71 – P. Raslow, Ødegårde og landgilde, HTD 75, 1975, 1–38 – P. Rasmussen, Århus Domkapitels jordebøger III, 1975 – Hornsherredundersøgelsen, ed. S. Gissel, 1977 – S. Gissel u. a., Desertion and Land Colonization in the Nordic Countries, 1981 – T. G. Jeppesen, Middelalderlandsbyens opståen, 1981 – E. Ulsig, Landboer og bryder (Festskrift N. Skyum-Nielsen, 1981), 137–165 – C. A. Christensen, Begrebet bol, HTD 83, 1983, 1–34 – K.-E. Frandsen, Vang og tægt, 1983 – E. Hofmeister, Selvejerbøndernes dispositionsmuligheder i dansk senmiddelalder (Hist. ny række XV, 1983), 55–86 – E. Porsmose, Bønder, bryder og tjenere... 1502–42, 1983 – A. Steensberg, Borup A. D. 700–1400. A Deserted Settlement, 1983 – E. Ulsig, Kronens kamp... for skattegodset (Festskrift P. Enemark, 1983), 203–217 – s. a. die bibliograph. Angaben nach Abschn. D.

II. Städtische Wirtschafts-, Verfassungs- und Sozialgeschichte: [1] *Städtewesen in Dänemark:* Am Ausgang des MA hatte D. 80–90 juridisch als solche anerkannte Städte. Nur zwei können ihre Wurzeln bis in 8. Jh. verfolgen: die Vorgängersiedlung Schleswigs, Haithabu (Hedeby), und Ripen (Ribe). Die Bischofsstädte sind alle unter den frühesten Städten bezeugt (vor 1050), die Urbanisierung scheint allmählich im Laufe des MA stattgefunden zu haben, denn nur einige Städte gingen auf Gründungen zurück, die Mehrzahl entwickelte sich organisch und erhielt dann die Privilegien oder das Stadtrecht. Aus den Städten zogen die Kg.e seit Ende des 11. Jh. Regalieneinkünfte. Da städt. Siedlungen in D. vor der Mitte des 11. Jh. bezeugt sind, kann von der Existenz kgl. Einkünfte nicht auf eine ursprgl. Städtegründung auf Königsland geschlossen werden; vielmehr handelte es sich um Abgaben, die im Nachhinein von einem erstarkenden Kgtm. eingeführt wurden.

Nach europ. Maßstab waren die dän. Städte des MA klein. Die steuerzahlenden Bürger waren wohl mit den städt. Grundbesitzern identisch. Die Zahl der Einwohner, die z. Miete wohnten, betrug wohl ca. 10 % d. Grundbesitzer. Bei Annahme einer durchschnittl. Familiengröße von fünf Personen lassen sich folgende Einwohnerzahlen berechnen: Flensburg 1300 (ohne Geistlichkeit, 1436), Malmö (Ellenbogen) 3400 (1518), Kopenhagen 2100 (einschließl. Geistlichkeit, 1377) und 3300 (davon 100 Geistliche, 1510). I. J. 1377 gab es in Kopenhagen 381 Steuerzahler, es gab aber 560 Grundeigentümer, was auf einen Rückgang der Einwohnerzahl hindeutet. Falls diese Verminderung mit der Pest zusammenhängt, wird die Einwohnerzahl zur Zeit der Seuche (1349–50) bei etwa 3100 gelegen haben.

Oft treten in den Städten fremde Einwohnergruppen auf, in der Regel Kaufleute. Im 12. Jh. ist eine dt. Kolonie in Roskilde bezeugt, die eigtl. Einwanderung dt. Kaufleute und Handwerker erfolgte aber im 14. und 15. Jh.

In Schleswig hatten i. J. 1406 nur 20 % der Grundbesitzer dän. Namen, während 1436 in Flensburg 25 % dt. Namen trugen; die Kaufleute waren unter den Einwanderern in Flensburg die stärkste Gruppe. In Ripen gab es vor 1398 53 % deutsche Namen gegenüber 37 % in den Jahren 1403–50, in Roskilde waren die entsprechenden Zahlen 20 % und 16 %, in Kopenhagen ging das dt. Element von 25 % i. J. 1377 auf 12 % i. J. 1510 zurück. Wahrscheinl. ließen sich auch Norweger und Schweden in den dän. Städten nieder, ihr Anteil an der Einwohnerschaft ist jedoch kaum auszumachen, da unter den nord. Namen national nicht eindeutig unterschieden werden kann. Gegen Ende des MA kamen Engländer und Schotten nach D., letztere in größerer Zahl bes. in die Städte am Sund. Niederländer gelangten im späteren MA häufig als Kaufleute nach D., die eigtl. Emigration nach D. setzte aber erst in nachmittelalterl. Zeit ein.

[2] *Soziale Schichtung und städt. Verfassung:* Theoret. war es in einigen Städten dem Adel untersagt, städt. Grundeigentum zu besitzen, in Viborg und Aalborg beispielsweise durften Edelleute für Bürger keine Kautionen stellen; es bleibt aber zweifelhaft, ob diese Regeln streng eingehalten wurden. Es ist eher wahrscheinl., daß auch Adlige Stadthäuser besaßen, für die sie die üblichen Steuern zahlen mußten, zumindest wenn sie dort nicht ihren Wohnsitz hatten. Adlige wurden bis etwa 1500 in den Stadtrat gewählt, und es gab in mehreren Städten eine intermediäre Gesellschaftsschicht zw. Adel und Bürgertum. Die geistl. Grundbesitzer hatten eine ähnliche Stellung wie die adligen, mit dem Unterschied, daß sie nicht Ratsmitglieder werden konnten. Der städt. Rat ist zum ersten Mal um die Mitte des 13. Jh. belegt, etwa ein Jahrhundert später werden Bürgermeister (proconsules) erwähnt (frühestes Beispiel Schleswig 1342), die um 1400 allgemein verbreitet sind. Die Finanzverwaltung der Stadt unterstand dem *Kæmner* (camerarius, seit etwa 1300 in den größeren Städten belegt), der Repräsentant des Stadtherrn (praefectus, villicus, exactor, seit der Mitte des 13. Jh. immer advocatus, *byfoged* 'Stadtvogt') hatte normalerweise nur zivile, z. B. jurisdiktionelle Befugnisse. Neue Ratsmitglieder wurden üblicherweise kooptiert, die Ernennung der Bürgermeister war dem Kg. vorbehalten.

Die städt. Oberschicht setzte sich v. a. aus Kaufleuten zusammen, aus deren Reihen die Ratsherren und Bürgermeister gewählt wurden. Goldschmiede standen sozial den Kaufleuten näher als den Handwerkern. Die Handwerkerschaft bildete die Mittelschicht. Schon der unehelich geborene Handwerker konnte jedoch nicht Zunftmitglied werden; damit war es ihm verwehrt, eine Verbesserung seiner sozialen Stellung in derselben Generation zu erreichen. Er gehörte somit wohl einer Grenzgruppe zw. Mittel- und Unterschicht an. Einen den Handwerkern ähnlichen sozialen Status hatten die Kleinhändlerinnen, die genauso wie die Handwerker unter der Kontrolle des Rates standen. Im Laufe des 15. Jh. (erstmals 1402 erwähnt) treten Gesellenorganisationen auf, die die Entstehung einer spezif. Gruppe zw. Mittel- und Unterschicht bezeugen. Die Unterschicht bestand v. a. aus städt. Armen und Kranken.

Die Stadt besaß gewöhnlich von den Bürgern genutzte Äcker und Wiesen (→ Feldmark). Zahlreiche Stadtbürger erwarben Bauernhöfe, die gern als Pfand akzeptiert wurden, denn der Ertrag war doppelt so hoch wie der eines Pfandes in städt. Grundbesitz. Diese Gewinnmöglichkeit wurde 1483 Adel und Geistlichkeit vorbehalten, was möglicherweise mitverantwortl. für die Schwäche der meisten dän. Städte im 16. Jh. war.

[3] *Zünfte und Gilden:* Die bedeutendsten zünftigen Handwerkergruppen waren Schuhmacher, Schneider, Schmiede und Bäcker, während z. B. Töpfer, Weber und Bauhandwerker im ma. D. unzünftig waren. Handwerkerkorporationen unter einem Zunftmeister gab es schon im 13. Jh. (Schleswig, Roskilde); die ältesten erhaltenen Zunftartikel sind die der Ripener Gewandschneider (1349), die anderen stammen alle aus der Zeit nach 1400.

Das Schuhmachergewerbe scheint die meisten Mitglieder gehabt zu haben, denn in den kleineren Städten, die nur eine Korporation hatten, gehörte diese gewöhnlich den Schuhmachern. Meistens umfaßte eine Zunft mehrere Gewerbezweige, allein in Kopenhagen war die Gewerbestruktur wegen der größeren Spezialisierung komplizierter. Frauen durften oft das Handwerksgeschäft ihres verstorbenen Mannes weiterführen.

Rechtlich waren Handwerker und städt. Patriziat scharf voneinander getrennt. Handwerker konnten nur Ratsmitglieder werden, wenn sie ihren Beruf aufgaben, und durften normalerweise nur gemeinsam mit einem Kaufmann Handel treiben (1521–22). Mit verschiedenen Maßnahmen versuchte das spätma. Kgtm., in die herkömml. Wirtschaftsstrukturen einzugreifen: I. J. 1507 wurden, begründet mit den Bedürfnissen der Käufer, die Schuhmacherzünfte aufgehoben, 1526 wurden alle Zünfte abgeschafft, um eine Auflehnung der Zünfte gegen den Rat zu verhindern. Trotz des Verbotes bestanden die Zünfte weiter und wurden allmählich wieder anerkannt.

Der Fernhandel war weitgehend der kaufmänn. Oberschicht vorbehalten. Geistlichkeit und Adel durften nur für ihren eigenen Bedarf Handel treiben, eine Einschränkung, die häufig nicht beachtet wurde. Gegen Ende des

MA wuchs der Antagonismus zw. den Kaufleuten und Gutsbesitzern, die daran interessiert waren, ihre landwirtschaftl. Produkte zu exportieren. Der Konflikt kulminierte im Bürgerkrieg der Grafenfehde (1534–36). Im allgemeinen waren die dän. Städte zu klein, um der Zentralregierung durch zu große Selbständigkeit gefährlich werden zu können, und das Kgtm. vermochte auch in der vorreformator. Zeit, die Städte durch wirtschaftl. Privilegien und eine gleichzeitig verstärkte polit. Einflußnahme (Privilegien 1440–41) unter Kontrolle zu halten.

Zumindest in den größeren Städten waren auch die Kaufleute, ähnlich wie die Handwerker, organisiert; kaufmänn. Gesellenverbände sind bereits im frühen 15. Jh. belegt (Randers 1417, Aarhus 1418). Drei Kategorien städt. Kaufmannsgilden lassen sich unterscheiden: Die traditionelle fachlich-gesellige→Gilde der einzelnen Städte und die wenigstens anfangs straff organisierten Gilden unter dem Patronat des hl. →Knut Laward (erstmals 1177 erwähnt), denen es um die Förderung der dän. Handelsexpansion ging. Die zentrale Organisation der Knutsgilde war noch um die Mitte des 13. Jh. intakt, scheint aber danach zerfallen zu sein. Die dritte Kategorie war die Gilde der Fremden; gewöhnl. waren ihre Mitglieder dt. Kaufleute, aber wahrscheinl. wurden auch andere Ausländer in den »dt.« Kompanien akzeptiert.

[4] *Dänemark und der Ostseehandel:* D. war anscheinend bis in die 1. Hälfte des 13. Jh. im Ostseehandel (→Ostsee) führend, auch stand →Lübeck im 1. Viertel des 13. Jh., einer Zeit, in der es seine verstärkte Rolle im Ostseehandel zu spielen begann, unter dän. Herrschaft. Etwa ab 1200 lassen sich Spuren dt. Einflusses in D. erkennen. Möglicherweise waren einige der Nikolaikirchen (→Nikolaus, hl.) im südl. D. dt. Kaufmannskirchen. Die Dominanz der wend. Hansestädte (→Hanse), z. B. auf den →Schonischen Messen, gehört jedoch erst dem 14. und 15. Jh. an. Obwohl einige der wend. Städte schon 1250–51 vom Kg. v. D. Privilegien erhielten, versuchte die dän. Regierung zur selben Zeit, mit der Privilegierung der ndl. »Umlandfahrer« (d. h. bes. der Kaufleute aus den Zuiderseestädten) ein Gegengewicht zu den wend. Städten zu schaffen. Bis ins 16. Jh. wurde diese Gleichgewichtspolitik verfolgt, und die Konkurrenten der Hanse bzw. der wend. Städte (Niederländer, später auch Engländer [→Merchant adventurers] und Schotten) wurden gefördert. Die Hansekaufleute interessierten sich bes. für den Schonenmarkt mit seinem Handelsaustausch und dem Heringsgeschäft (→Fischerei, Fischhandel), handelten aber auch mit einzelnen dän. Städten; auch dän. Kaufleute trieben in norddt. Städten Handel. Auch über Land gab es gegen Ende des MA einen regen Handel, bes. mit Ochsen und Pferden aus D. (→Viehhandel). An diesem Viehhandel waren v. a. Lübeck und Hamburg beteiligt, in D. waren es Städte in Jütland und auf Fünen, so v. a. Flensburg, Ripen, Kolding, Odense und Assens. Die Dänen importierten u. a. Gewürze, Wein und Tuche. – Die ersten Kg.e aus dem Hause Oldenburg bemühten sich, den Handel der dän. Städte zu fördern. Im frühen 16. Jh. führte Christian II. diese Politik weiter; insbes. versuchte er, den Fernhandel auf die Städte der Sundregion und auf Ripen zu konzentrieren. Christians II. Niederlage im dän. Bürgerkrieg und nordeurop. Krieg der Grafenfehde (1534–36) bedeutete auf der einen Seite die Schwächung der dän. Städte für ungefähr ein halbes Jahrhundert, auf der anderen Seite die Schwächung Lübecks, das als Verbündeter des gestürzten Christian II. noch einmal versucht hatte, die alte wirtschaftl.-polit. Führungsrolle im westl. Ostseeraum zu behaupten.

Th. Riis

Lit.: KL I–XXII (bes. VI, s. v. Hantverkare; XVI–XVII, s. v. Stad) – D. Schäfer, Das Buch des lübeck. Vogts auf Schonen, 1927² – A. E. Christensen, La Foire de Scanie (RecJean Bodin V: La Foire, 1953), 241–266 – Ders., Scandinavia and the Advance of the Hanseatics, SEHR, 1957, 89–117 – L. Schwetlik, Der hans.-dän. Landhandel und seine Träger 1484–1519, ZSHG 85/86, 1961; 88, 1963, 93–174 – A. E. Christensen, Über die Entwicklung der dän. Städte von der Wikingerzeit bis zum 13. Jh. (Acta Visbyensia I, 1965), 166–172 – C. Weibull, Lübecks Schiffahrt und Handel nach den nord. Reichen 1368 und 1398–1400, Zs. für Lübeck. Gesch. 47, 1967, 5–98 – Th. Riis, Sct. Nicolai i Svendborg – en købmandskirke? (Fynske Minder, 1972), 67–76 – Dollinger, Hanse² – L. Sprandel-Krafft, Rechtsverhältnisse in spätma. skand. Städten am Beispiel Viborgs, ZRGGerm Abt 93, 1976, 257–314; 94, 1977, 20–67 – H. M. Jansen, T. Nyberg, Th. Riis, Danske byers fremvekst og udvikling i middelalderen (Urbaniseringsprosessen i Norden, I: Middelaldersteder, hg. G. Authén Blom, 1977, 9–90 [umfassende Bibliogr.] – Th. Riis, The Baltic about 1200. Some Danish Evidence (Actes du Cinquième Congrès Internat. d'Hist. Economique, Leningrad 1970, VI [1977], 246–251 – Th. Jexlev, Københavns borgere 1377 og 1510 (Hist. Meddelelser om København, 1978), 39–59 – L. Sprandel-Krafft, Handel und Gewerbe und ihre Träger im spätma. Viborg, HGBll 96, 1978, 47–105 – Th. Riis, Some Types of Towns in the 14th–16th Century Netherlands (The Rhine-Meuse-Scheldt Delta, hg. P. W. Klein-J. H. P. Paelinck, 1979), 19–49, bes. 37–40 – Danske Socialhistorie II, hg. N. Lund–K. Hørby; III, hg. E. Ladewig Petersen, 1980 – Th. Riis, Juridical and Social Problems of Danish Medieval Towns (Storia della Città Nr. 14, 1980), 117–124 – Ders., Einige Bemerkungen über das städt. Proletariat D.s vom MA bis zum Ende des 19. Jh. (Zur Entstehung des Proletariats, 1980), 64–70 – J. Schildhauer, Die Hanse, 1984 – s. a. die bibliograph. Angaben nach Abschn. D.

Danewerk, bedeutende →Befestigung (Abschnitt A. I) vom Langwalltyp aus dem 8.–12. Jh., die den Zugang nach Jütland zw. Schlei (Ostsee) und Treene/Eider (Nordsee) sperrte. Es bestand aus mehreren Systemen von verschiedener Bauart und jeweils mehreren Bauperioden: Hauptwall zw. Danewerksee und Rheider Au, mit dem Krummen Wall als Verlängerung nach W, dem Nordwall vom Danewerksee gegen →Schleswig und dem Verbindungswall (mit Bogen- und Doppelwall im W), der sich an den Stadtwall von →Haithabu (Hedeby) anlehnte. Der Ostwall riegelte die Halbinsel Schwansen ab. Südl. vor den Wällen lag der Kograben. Vor Haithabu und dem Kograben waren kurze Vorwälle. Jeder Wall bestand aus einem mächtigen Erdwall. Nordwall und Kograben hatten ein Holzpalisade, der Verbindungswall eine gebökostete Sodenfront, der Hauptwall besaß zunächst Palisaden, dann eine Feldstein- und zuletzt eine Ziegelmauer, die auf →Waldemar d. Gr. († 1181) zurückzuführen ist (Waldemarsmauer). Vor Nordwall, Verbindungswall und Hauptwall lagen Sohlgräben, vor dem Kograben ein Spitzgraben. Zur Datierung stehen dendrochronolog., archäolog. und hist. Daten zur Verfügung. Das älteste System (Phase I), aus drei Wällen bestehend (Hauptwall, Nordwall und Ostwall), ist dendrochronolog. auf 737 datiert. Dann folgt der sog. »Göttrikswall« (Phase II), in schriftl. Quellen 808 genannt. Der Baubeginn am letzten, dritten System (Phase III) wird dendrochronolog. mit 968 bestimmt. Zu den drei Systemen gehören: 1. Ostwall, Nordwall, ältester Hauptwall aufgrund gleicher Bautechniken; 2. Kograben: Er ist nicht datiert und könnte dem dän. Kg. →Göttrik zugeschrieben werden (808), doch spricht seine streng geometr. Form und die Qualität der Bautechnik für eine Nähe zu den Burgen vom Trelleborgtyp (→Trelleborg) kurz vor 1000; 3. Jüngerer Hauptwall, Krummer Wall, Verbindungswall, der die Existenz des Stadtwalles von Haithabu voraussetzt. Hier wurde lange gebaut, zuletzt Ende des 12. Jh. (Mauerbau). – Der hist. Hintergrund für die Phase I ist unbekannt. Für die Errichtung des Göttrikswalles, der vielleicht nur ein Ausbau

(Hauptwall?) war, ist als Anlaß die Spannung zw. dem Frankenreich und dem dän. Reich belegt. Wenn es nur ein Ausbau war, so ist dieser am Hauptwall vorgenommen worden. Der Beginn der Phase III am Hauptwall fällt mit Auseinandersetzungen zw. dem otton. und dem dän. Reich zusammen; in diese Zeit würde auch der Kograben passen, wenn das angenommene Datum stimmt. Der spätere Hauptwall (Phase III) könnte gegen die Dänemark angreifenden Slaven gerichtet sein, wie auch schon der Kograben (→Dänemark, Abschnitt B). – Nicht näher untersucht ist die Thyraburg, eine Motte am Ostende des Hauptwalles am Danewerksee. Dort führen Wege und Dämme durch den Morast zu den Wällen, und Doppelwall wie Bogenwall bilden kleine Wegsperren. Die Burg ist nach wenigen Funden im 13. Jh. entstanden. Sie kann zu dieser Zeit und an diesem Ort nur kgl. gewesen sein und muß eine dezidierte Aufgabe übernommen haben und ein bewohnter Sitz am D. gewesen sein. Etwa in der Mitte führt der große östl. →Heerweg durch den Hauptwall. Die Stelle galt als altes Tor, was jedoch aufgrund neuer Grabung (unpubliziert) nicht der Fall ist. H. Hinz

Lit.: HOOPS² V, 236-243 [H. H. ANDERSEN] – H. JANKUHN, Die Wehranlagen der Wikingerzeit zw. Schlei und Treene, 1937 – H. ANDERSEN, H. J. MADSEN, O. VOSS, Danevirke, 1976 – H. H. ANDERSEN, Jyllands Vold, 1977.

Daniel

I. Frühchristliche Kunst – II. Abendländische Kunst des Mittelalters – III. Byzantinische Kunst – IV. Altrussische Kunst.

I. FRÜHCHRISTLICHE KUNST: Der Prophet D. ist die Hauptgestalt des gleichnamigen atl. Buches, dessen verschiedene Teile in hellenist. Zeit entstanden (zur Gesch. der aram., hebr. und griech. Elemente vgl. LEBRAM; in Dan 3,1–97 auch die Erzählung der →Jünglinge im Feuerofen). Dan verlegt D.s Wirken in frühere Zeit: er soll unter Nebukadnezar bei einer Eroberung Jerusalems (605 v. Chr.) nach Babylon verschleppt worden sein und später eine einflußreiche Stellung am Königshof gehabt haben. Wie bereits in der jüd. Haggada nimmt auch in der frühchristl. Lit. die Errettung D.s aus der Löwengrube (Dan 6,2–29; 14,29–42) die wichtigste Stelle unter den Erzählungen des D.-Buches ein. Neben der exemplar. Bedeutung als Beispiel für die Macht des Gebetes und für göttl. Rettung finden sich seit Origenes und Hippolyt typolog. Deutungen: D. als Typos Christi, das Bad der Susanna, die durch D. vor verleumder. Anklage gerettet wurde (Dan 13,1–64), als Typos der Taufe. – Bilder D.s in der Löwengrube, mit antithet. Anordnung zweier Löwen zu seiten des (öfters nackten) D. in Orantenhaltung und bisweilen mit Beigabe Habakuks, der D. Nahrung bringt (Dan 14,33–39), überwiegen gegenüber Darstellungen der Susannalegende und der Tötung des babylon. Drachens (Dan 14,23–27) auch in der frühchristl. Grabkunst (seit dem 3. Jh.; etwa 40 Beispiele in der Katakombenmalerei, 30 auf Sarkophagen) und Kleinkunst (seit dem 4. Jh.; monumentale nichtsepulkrale Denkmäler in ö. und w. Kunst sind seltener, z. B. Holztür von S. Sabina, Rom: nur Entrückung Habakuks erhalten). Das Rettungsbild des D. in der Löwengrube war auch gut zur Übelabwehr geeignet: Verwendung auf frk. Gürtelschnallen des 6./7. Jh. in der Westschweiz und Südfrankreich (sog. »Danielschnallen«, vgl. KUHN; Herleitung aus kopt. Kunst überholt); die apotropäische Bestimmung ist z. T. durch Herrichtung als Reliquienbehälter gesichert. J. Engemann

II. ABENDLÄNDISCHE KUNST DES MITTELALTERS: Auch hier ist die Darstellung D.s in der Löwengrube das bei weitem beliebteste Thema, besitzt aber nicht mehr die vorrangige Stellung und symbolmächtige Bedeutung wie in der frühchristl. Kunst. Der traditionelle hierat. symmetr. Bildtyp (D. frontal zw. zwei antithet. Löwen) weicht allmählich einer mehr narrativen Auffassung, mit dem seitlich im Profil neben den Löwen sitzenden D., häufig begleitet von dem Engel, der Habakuk mit der rettenden Speise herbeibringt (Beatus-Apokalypse von Saint-Sever, Reliefs in Beaulieu und Worms, Bibeln von Michaelbeuren, Pamplona und des Florentiner Doms, Esslinger Glasfenster in Darmstadt). Seltener sind andere Einzelszenen, wie die Drei Jünglinge im Feuerofen (verl. Wandmalerei im Mainzer Dom, Kapitell in Moissac, Bibel von Cîteaux), der Traum Nebukadnezars (AT-Kommentar in Bamberg, Wandmalerei in Brauweiler, Portalreliefs in Laon, Amiens) und D. mit dem babylon. Drachen (Arnstein- und Heisterbach-Bibel). Ausführliche zykl. Darstellungen zum Buch D. finden sich in der Buchmalerei, so in der engl. Lambeth-Bibel (12. Jh.) und v. a. in der span. Bibel-Illustration des 10.–13. Jh., am umfangreichsten überliefert in dem →Daniel-Kommentar der →Beatus-Apokalypsen, den katal. Bibeln des 11. Jh. aus Ripoll und Roda (Vat. lat. 5729 und Paris BN Lat. 6) sowie den Pamplona-Bibeln des 12. Jh. (Amiens Ms. 108 und Harburg, Ms. 1, 2, lat. 4°, 15). Dieser reichste D.-Zyklus, der sich aus dem MA erhalten hat, beruht gleich anderen Darstellungen (Lambeth-Bibel, Bamberger AT-Kommentar) auf einem spätantiken, vielleicht italischen Archetyp des 5.–6. Jh. Im späteren MA erscheinen D.-Szenen zunehmend in typolog. Zusammenhängen (→Bible moralisée, →Biblia pauperum →Concordantia caritatis, →Speculum humanae salvationis), wobei z. B. D. in der Löwengrube als atl. Prototyp für das Verhör Christi vor dem Hohenpriester oder als Symbol der Geduld gelten kann. Umfangreichere D.-Zyklen kehren erst gegen Ende des MA im Bildschmuck der Frühdrucke wieder, so in der Kölner Quentell-Bibel von 1479, der Straßburger Grüninger-Bibel von 1485, der Lübecker Bibel von 1494 und bes. in den 18 Holzschnitten der Bamberger »Historia Danielis« von 1462. – Als Einzelfigur erscheint D. v. a. in der Reihe der →Propheten, meist als jugendl.-bartlose Gestalt mit kurzem Gewand und phryg. Mütze (Glasfenster des Augsburger Doms, Portale von Compostela, Laon, Freiberg, Kaufbeuren), zuweilen ist er als einer der vier großen Propheten den vier Evangelisten gegenübergestellt (karol. Tours-Bibel in Bamberg, Querhausfenster in Chartres). P. K. Klein

III. BYZANTINISCHE KUNST: Die Szene »D. in der Löwengrube« verliert nach dem →Bilderstreit an Bedeutung. In Kirchen selten, steht sie im Zusammenhang der →Pastophorien, z. B. in H. Lukas (11. Jh.) und der Apostelkirche in →Peć (Mitte 13. Jh.). In der vatikan. Kosmas Indikopleustes-Hs. (9. Jh.) begegnet sie über die Personifikation der vier Weltreiche (nach Dan 7) als Reiter auf Bestien. Ähnlich ist sie im →Menologion Basileios' II. (Ende 10. Jh., Bibl. Vat.), neben ihr die Enthauptung D.s, im Psalter Pantokratoros 61 (9. Jh.) und im Theodor-Psalter (1066, London, Brit. Mus.), an der armen. Kirche von Achtamar (Ende 9. Jh.) und auf der Holztür von Sv. Nikola in →Ohrid (14. Jh.). D. trägt in dieser Szene wie in allen anderen Darstellungen stets die »persische Tracht«. Wichtiger ist, daß D. zu den Propheten gehört, die im Kuppeltambour erscheinen können. D. ist nicht immer dabei, aber nicht selten, z. B. in →Daphni, in Sv. Kliment (Peribleptos) in Ohrid (1295), in der →Chora-Kirche in Konstantinopel (hier unter den Vorfahren Christi in der Narthex-Kuppeln), in der Pantanassa in →Mistra (um 1420), in der Cappella Palatina und der Martorana (S. Maria dell' Ammiraglio) in →Palermo, in der O-Kuppel von S. Marco in →Venedig und in der serb. Kirche von Djurdjevi Stupovi (um 1183). Gelegentl. kann D. auch einen Namensvetter als Stifter präsentieren, so in der Uspenje Bogorodice in Peć den serb. Patriarchen Danilo II. (1324/37).

Eine in den Psalterien mit Randminiaturen vorkommende wichtige Szene zeigt D. als Propheten auf einer Kline liegend zu Füßen eines hohen, steilen Felsens, meist mit dem Bild der Madonna im oberen Teil, einem herabfallenden losen Felsbrocken (zu Ps. 67) und dem bezeugenden David (Chludov-, Pantokratoros-, Bristol- und Theodor-Psalter). Beischriften verweisen auf Dan 2,34f.

K. Wessel

IV. ALTRUSSISCHE KUNST: In der altruss. Kunst wird D. als einer der prophet. Zeugen Christi zumeist gemeinsam mit David (und Salomon) dargestellt. →David.

Lit.: *zu [I]:* LC I I, 469–473 – RAC III, 575–585 – RDK III, 1033–1047 – TRE VIII, 325–349 [LEBRAM] – HOOPS V, 244–248 – H. KÜHN, Die D.-Schnallen der Völkerwanderungszeit, Jb. Prähist. Ethnogr. Kunst 15–16, 1941–42, 140–169 – *zu [II]:* W. NEUSS, Die katal. Bibelill. um die Wende des ersten Jt., 1922, 85–94 – A. SCHRAMM, Der Bildschmuck der Frühdrucke I, 1922, 128–145; VIII, 1924, 449–453; XI, 1928, 1039–1043; XX, 1937, 92–96 – G. WACKER, Die Ikonographie des D. in der Löwengrube, 1954 – L. RÉAU, Iconographie de l'art chrétien II, 1, 1956, 390–410 – F. BUCHER, The Pamplona Bibles, 1970, 21, 85, 242–245 – C. M. KAUFFMANN, Romanesque Manuscripts 1066–1190 (Survey of Mss. illuminated in the British Isles 3), 1975, 39, 99f. no. 70 – W. CAHN, Die Bibel in der Romanik, 1982, 76, 138–141, 148, 195–198 – *zu [III]:* RbyzK I, 1113–1120 – *zu [IV]:* →David.

Daniel (s. a. Daniil, Danilo, Deiniol)

1. D. I., Bf. v. →Prag, † 9. Aug. 1167 vor Rom, aus einer böhm. Klerikerfamilie stammend, verwandt mit →Heinrich Zdik, Bf. v. →Olmütz. Nach einem Studium in Paris wurde er 1143/44 Propst der Prager Kirche, als Mitarbeiter Heinrich Zdiks war er an der Kurie wie am dt. Königshof bald wohlbekannt. 1148 wurde er mit Zustimmung Hzg. Wladislaws II. als Bf. eingesetzt. Für die innere Entwicklung und Selbständigkeit seines Bm.s leistete D. Bedeutendes: Urkunden- und Siegeltätigkeit, wohl auch die Einrichtung der fsl. Hofämter gehen auf ihn zurück. Er baute die Organisation der Archidiakonate in seiner Diöz. auf, führte das →Decretum Gratiani in Böhmen ein und brachte den Reformorden der →Prämonstratenser ins Land. Ebenso bedeutend erscheint seine polit. Tätigkeit im Dienste zweier Herren; er wirkte nicht als bloßer Landesbf., sondern als Mitglied des Reichsepiskopats und wurde (auch im Interesse seiner eigenen Stellung) zum Vorkämpfer und Garanten der engen Verbindung des stauf. Kgtm.s mit dem →Přemysliden →Wladislaw II., dessen Politik er wesentl. mitbestimmte. Als ein Hauptvertreter der erneuerten stauf. Reichskirchenregiments gehörte D. zu den wichtigsten polit. und diplomat. Helfern Friedrichs I. während zweier Italienzüge (1158–60, 1166–67) und im päpstl. Schisma seit 1159.   P. Hilsch

Lit.: P. HILSCH, Die Bf.e v. Prag in der frühen Stauferzeit, 1969.

2. D., Metropolit v. Smyrna und Ephesos, 2. Hälfte des 15. Jh. Aus seinem Leben sind nur jene wenigen Fakten bekannt, die Martin Crusius in der Turcograecia und D. selbst in der Reisebeschreibung erwähnen. D. war Metropolit v. Smyrna (seit ca. 1470/71) und später v. Ephesos (seit 1481 bis ca. 1489). Neben einigen kleineren Schriften verfaßte er als Hauptwerk eine Beschreibung des Hl. Landes, die auf einer Inspektionsreise zu den Patriarchaten Antiocheia, Alexandreia und Jerusalem, unternommen zw. 1476 und 1482, basiert. Im Gegensatz zu mehreren anderen griech. Schilderungen Palästinas vermerkt der Verfasser tatsächl. seine eigenen Eindrücke und gibt nicht bloße Topoi wieder.   P. Schreiner

Q. und Lit.: M. Crusius, Turcograeciae libri octo, Basel 1584, 138 – Διήγησις Δανιήλ Μητροπολίτου Ἐφέσου, ed. G. DESTUNIS (Pravoslavnyj Palestinskij Sbornik III, 2 = fasc. 8, 1884) – DHGE XIV, 72f. – LThK² III, 155 – PLP 5133 – Θρησκευτικὴ καὶ ἠθικὴ ἐγκυκλοπαιδεία IV, 1964, 956 – K. D. SEEMANN, Die aruss. Wallfahrtslit., 1976, 37.

3. D. v. Capodistria (Daniele de Justinopoli, Rigino Danielli Justinopolitano), it. Grammatiklehrer und Lehrdichter, 2. Hälfte des 14. Jh.

Andauerndem Nachruhm verdankte D. einer zum alchem. Fachschrifttum zählenden Canzone (»Rithmus de lapide physico«), in der man nach frühneuzeitl. Urteil »tutta la Filosofica arte del precioso Lapis de Filosofi« behandelt fand. Sie entstand in strikter Gebundenheit an im 14. Jh. aktuelle Autoren, von denen eine auf Sol, Luna und Mercurius gegründete Alchemie gelehrt worden ist, beruht vermutl. auf Kenntnis der »Pretiosa margarita novella« von Petrus →Bonus und unterrichtet über alchem. Wege zum Gewinn einer alle sonstige Arznei übertreffenden Universalmedizin.

Nach Ausweis der hs. Überlieferung des 15. bis 17. Jh. genoß die Canzone unter it. Alchemisten hohes Ansehen. Abdrucke in der Erstausgabe von Schriften des →Geber latinus (15. Jh.) und in G. B. Nazaris »Sogni« (1564 u. ö.) machten sie auch außerhalb Italiens einschließlich des dt. Kulturgebietes bekannt. Als ein Zeugnis aus der Frühzeit der italienischsprachigen Alchemistendichtung besitzt D.s Canzone literarhist. Rang.   J. Telle

Ed. und Lit.: Liber Geber, o. O. o. J. (Inkunabel, Hain 7505), 116v–120v. – G. B. Nazari, Della tramutatione metallica sogni tre, Brescia 1599, 159–167 (1564¹; auch: 1572) – O. ZENATTI, Una canzone capodistriana del s. XIV sulla pietra filosofale, Arch. Stor. per Trieste, l'Istria e il Trentino 4, Fasc. 2, 1890, 81–117 [mit Textabdruck] – DERS., Nuove rime d'alchimisti, Il Propugnatore N. S. 4, 1891, 387–414 – DERS., Nuovi testi della canzone capodistriana sulla pietra filosofale, Arch. Stor. per Trieste, l'Istria e il Trentino 4, Fasc. 3, 1895, 186–192.

4. D. v. Morley (Morilegus), Naturphilosoph, * ca. 1140 Norfolk, † ca. 1210. Nach für ihn enttäuschenden Studien in Oxford und Paris ging D. nach →Toledo, wo er als Mitglied der Übersetzergruppe um →Gerhard v. Cremona zu denken ist. Neben →Salerno war Toledo ein wesentl. Rezeptionszentrum arab. Wissenschaft und somit auch antiken Wissens, das von Syrern und Arabern tradiert worden ist. Um 1187 ist D. mit zahlreichen Hss. der neuen »doctrina Arabum« nach England zurückgekehrt und verfaßte dort sein Hauptwerk »De naturis inferiorum et superiorum«.

Aristoteliker und von →Wilhelm v. Conches beeinflußt, untersucht er die Weltenharmonie, die Entsprechung von →Makro- und Mikrokosmos. Ersterem nähert er sich auch astrolog.-mathematisch. Mit Mikrokosmosvorstellung (Naturreiche und Mensch) verbindet er hermet. Denken. Teile des →Corpus hermeticum (daraus zitiert als Autoritäten Hermes magnus, Mercurius magnus, Trismegistus) sind ihm bekannt. Dazu kommen antike Schriften und diejenigen der Kirchenväter. Die »Alckimia« (→Alchemie) ist ihm Untergruppe der Astronomie, neben Agrikultur und Nigromantie. Einbezogen in physiolog. und patholog. Vorstellungen führen für ihn diese Disziplinen zu der »causa rerum« und damit zu rationeller Therapie nach seinem Leitsatz »De naturalibus naturaliter agimus«. Entsprechend begrüßt er die von den Arabern weiterentwickelte Signaturenlehre als sichtbare Einbindung des Makro- in den Mikrokosmos.   G. Jüttner

Ed.: »Liber de naturis inferiorum et superiorum« Codex Arundel 377, Brit. Mus., Ed. K. SUDHOFF, AGNT 8, 1917/18, 6–40 – Lit.: LThK²III, 154ff. – THORNDIKE II, 171–187 – M. MÜLLER, Die Stellung des D. v. M. in der Wissenschaft des MA, PhJb 41, 1928, 301–307 – H. SCHIPPERGES, Einflüsse arab. Medizin auf die Mikrokosmosliteratur des 12. Jh., Misc. Mediaevalia 1, 1962, 139–142.

5. D. Stylites, hl. erster→Stylit (Säulensteher) auf dem Gebiet von Konstantinopel, *um 409 in Maratha oder Meratha in Samosata (Syrien), † um 494 bei Anaplus am Bosporus. Seine erste anonyme Vita gehört dem 7. Jh. an. Eine zweite Vita, die dem →Symeon Metaphrastes zugeschrieben wird, entstammt dem 10. Jh., eine dritte ist neueren Datums. Im 12. Lebensjahr soll er ins Kloster eingetreten sein. Sein großes Vorbild – wie für alle Styliten – war der Begründer dieser asket. Sonderform, Symeon Stylites († 459), den er unbedingt kennenlernen wollte. Dieser Traum soll nach seinem Biographen in Erfüllung gegangen sein, als D. einmal einen Abt nach Antiochia begleitete. Ab 451 ließ er sich in Konstantinopel bei Anaplus am Bosporus nieder. In strenger Askese verharrte er auf seiner Säule und zog eine große Schar von Schülern an. Von Kaiser Leon I. wurde er bes. verehrt. Der Ks. stiftete ihm noch eine weitere Säule neben der ersten und ließ – auf D.s Wunsch – dorthin die Reliquien des älteren Symeon Stylites von Antiochia übertragen. Das Kl., das hier seine Schüler gründeten, bestand bis zum 13. Jh.

E. Konstantinou

Q. und Lit.: Les saints stylites, ed. H. Delehaye (SubHag 1923), 1–147 – *Frz. Übers.:* J. Festugière, Les moines d'orient, II: Les moines de la région de Constantinople, 1960 – N. H. Baynes, The Vita s. Danielis stylitae, EHR 40, 1925, 397–402.

Daniel. Das 764 alliterierende Langzeilen umfassende, in der auf ca. 1000 datierten Hs. Oxford, Bodleian Library, Junius 11 (→Junius-Handschrift) überlieferte ae. Gedicht »D.« ist eine freie Paraphrase von Kap. 1–5 des atl. Dan, unter Einschluß der sog. deuterokanonischen Zusätze (Kap. 3.24–90: Gebet des Azarias, Gesang der drei Jünglinge im Feuerofen). Die früher weit verbreitete Auffassung, wonach die das Gebet des Azarias einschließenden Verse 279–361 des »D.« Ergebnis einer Interpolation seien, wird heute nicht mehr allgemein geteilt. Eine weitere Bearbeitung des Gesangs des Azarias und des Gebets der drei Jünglinge im Feuerofen stellt der im →Exeter-Buch überlieferte →»Azarias« dar; v. a. sein erster Teil (Vers 1–72) steht in deutlicher Textnähe zu Teilen des »D.« (Vers 279–361). Das Verhältnis beider Dichtungen überhaupt ist ungeklärt. →Bibeldichtung, IV.

C.-D. Wetzel

Bibliogr.: NCBEL I, 272f. – S. B. Greenfield–F. C. Robinson, A Bibliogr. of Publ. on OE Lit., 1980, 210f. – *Ed.:* ASPR I, 111–132 – F. A. Blackburn, Exodus and D., 1907 – W. Schmidt, Die ae. Dichtungen 'D.' und 'Azarias', Bonner Beitr. zur Anglistik 23, 1907 – R. T. Farrell, D. and Azarias, 1974 – *Lit.:* S. B. Greenfield, A Critical Hist. of OE Lit., 1965, 159–161 – A. Jones, D. and Azarias as Evidence for the Oral-Formulaic Character of OE Poetry, MAe 35, 1966, 95–102 – R. T. Farrell, The Structure of OE D., NM 69, 1968, 533–559.

Danielkommentar, Illustration. Der um 407 entstandene D. des →Hieronymus (MPL 25, 491–584; CCL 75A, 771–950) wurde um die Mitte des 10. Jh. dem Apokalypse-Kommentar des →Beatus v. Liébana bei einer redaktionellen Überarbeitung hinzugefügt und mit Illustrationen versehen, um so typolog. der ntl. Offb die atl. Endzeitvisionen des Daniel gegenüberzustellen. Der illustrierte D. ist erhalten in 11 Hss. des 10.–13. Jh. der jüngeren Beatus-Redaktion, aus der ihn zwei Hss. der älteren Beatus-Fassung übernommen haben (Paris BN Lat. 8878 und Madrid RAH Cod. 33). Die 9 Kap. des Kommentars sind mit 10 meist ganzseitigen Miniaturen zu Daniel I–XII sowie einem einleitenden Bild der schlangenumringten Stadt Babylon illustriert (letzteres wohl übernommen aus einer historiograph. Sammel-Hs. im Typus des Códice de Roda, Madrid RAH 78). Als Vorlage der übrigen Bilder diente die Daniel-, Jeremias- und vielleicht auch Königsbücher-Illustration einer zeitgenöss. span. Bibel (wie León S. Isidoro Cod. 2), die auf einen spätantiken Zyklus des 5.–6. Jh. zurückging (→Daniel-Ikonographie, MA). Auf einer ähnl. Überlieferung beruht auch Nebukadnezars Traum in dem Reichenauer AT-Kommentar in Bamberg (Ms. bibl. 22, Ende 10. Jh.), bei dem die ältere Bildtradition gemäß der Exegese des Hieronymus und den otton. Stilgewohnheiten der Reichenau abgewandelt ist.

P. K. Klein

Lit.: H. Fischer, Ma. Miniaturen aus der Staatl. Bibl. Bamberg I, 1926 – W. Neuss, Die Apokalypse des hl. Johannes in der altspan. und altchristl. Bibel-Ill., 1931, 22–236, 244f. – G. Menendez-Pidal, Sobre miniatura española en la alta edad media (Discurso leído ante la Real Acad. de la Hist.), 1958, 24–30 – C.-O. Nordström, Text and Myth in some Beatus Miniatures I, CahArch 25, 1976, 7–37 (cf. 26–30) – Actas del simposio para el estudio de los códices del 'Comentario al Apocalipsis' de Beato de Liébana, I, 1980, 83–115, bes. 104f. [P. K. Klein]; 201–227, bes. 211–219 [J. Williams].

Danielswiese. Konrad II. urkundet 1037 ad lacum Gardensem in pratis Sancti Danihelis: D Ko.II.245. Die Ebene am Gardasee diente dt. Herrschern wiederholt als Lagerplatz und zur Heerschau, bevor die Truppen ihren Zug nach Süden fortsetzten; im 12. Jh. sind hier Lothar III. (D Lo.III.43: actum in Gardesana) und bes. Friedrich I. bezeugt (DD F.I.220,451), doch reicht die D. in ihrer polit. Bedeutung nicht an die Roncalischen Felder heran.

C. Brühl

Lit.: K. Schrod, Reichsstraßen und Reichsverwaltung im Kgr. Italien, 1931, 79 – Brühl, Fodrum, 474, 595 u. ö.

Daniil

1. D., *1261, † 5. März 1303, jüngster Sohn des Fs.en →Alexander Nevskij und Stammvater der Moskauer Fürstenlinie (→Moskau, Stadt/Fsm.), erhielt um 1276 das Gebiet am Mittellauf des Flusses Moskva. Die Burgstadt Moskau wurde damit zum ständigen Fürstensitz. Seit 1282 beteiligte sich D. an Fürstenkoalitionen, die – unter Ausnutzung der Doppelherrschaft in der →Goldenen Horde – die Schwächung der gfsl. Macht (vertreten abwechselnd von D.s älteren Brüdern Dimitrij, † 1294, und Andrej, † 1304) zum Ziel hatten. Mit dem Bündnis, das D. während der 80er und 90er Jahre des 13. Jh. mit dem Fs.en v. →Tver, Michail, verband, wuchs D.s polit. Bedeutung, was auch in seiner und seines Sohnes Ivan Einladung auf den Novgoroder Fürstenstuhl (→Novgorod) an der Wende 1296/97 seinen Ausdruck fand. Im Herbst 1300 führte D. einen Feldzug gegen das Fsm. →Rjazań durch, bei dem er bedeutende Gebiete am Unterlauf der Moskva bis zur →Oka, mit den Burgstädten →Kolomna und →Serpuchov, eroberte. Nach dem Tode seines Vetters und Verbündeten, Fs. Ivan v. →Perejaslavl Zalesskij, übernahm D. Ende 1302 dessen Fsm. D.s geschickte Politik trug zur polit. Festigung und Verdoppelung des territorialen Umfangs des Teilfürstentums Moskau bei, und er schuf die Grundlage für die Erfolge seiner Nachfolger. Vor seinem Tode erhielt D. die Mönchsweihe (→Schima). Seit dem 16. Jh. gilt das Kl. des hl. Daniel in Moskau als seine Stiftung und seine Grabstätte. Um 1600 wurde die lokale Verehrung D.s vom Patriarchen v. Moskau festgesetzt.

A. Poppe

Lit.: RBS 97–99 – A. V. Ekzempljarskij, Velikie i udel'nye knjazja severnoj Rusi v tatarskij period, II, 1891, 273–275 – A. N. Nasonov, Mongoly i Ruś, 1940 [Register] – V. A. Kučkin, Rol Moskvy v političeskom razvitii Severno-Vostočnoj Rusi konca XIII v. (Novoe o prošlom našej strany, 1967), 54–64 – HGeschRußlands I, 565–568, 579–581 – J. Fennell, The Crisis of Medieval Russia 1200–1304, 1983 [Register] – L. L. Muravjeva, Letopisanie Severno-Vostočnoj Rusi XIII–XV veka, 1983 [Register].

2. D. igumen, Klostervorsteher und russ. Pilger zu Beginn des 12. Jh. Trotz vieler Versuche bleibt die Identität des Verfassers der »Pilgerfahrt des Daniil, Klostervorsteher aus dem russischen Lande« (»Choženie Daniila Rus'kyja zemli igumena«) unbekannt. Die Hypothese, daß der Pilgerabt D. derselbe D. ist, der am 6. Jan. 1114 zum Bf. v. Jur'ev geweiht wurde und am 9. Sept. 1122 gestorben ist, darf jedoch als wahrscheinl. gelten. Über seine Reise, die ihn auf dem Seeweg über Konstantinopel, Patmos, Rhodos, Zypern (älteste Beschreibung dieser Insel in der altruss. Lit.) ins Hl. Land führte, verfaßte D. einen Bericht, der ab dem 15. Jh. in ca. 150 Hss. erhalten ist und für die altruss. Leser als *die* Beschreibung der christl. Denkwürdigkeiten in Palästina galt. Das »Choženie« fand Eingang in die »Großen Lese-Menäen« des Metropoliten Makarij (unter dem 30. Juni) aus der Mitte des 16. Jh. und wurde im 17. Jh. ins Ukrain. übersetzt. Aufgrund der Erwähnung d. russ. Fs. en, für welche D. am Grabe Christi betete, und eines mit dem Jordan verglichenen russ. Flusses wird angenommen, daß der Abt D. aus der Gegend von Černigov stammte. In Palästina verbrachte D. 16 Monate, bereiste das Land, hielt sich im Sabas-Kl. bei Jerusalem auf und traf mit Kg. Balduin I. zweimal zusammen; sein Palästina-Aufenthalt kann aufgrund dessen auf die Jahre 1106–08 datiert werden. Die Vermutung, der Abt D. habe im offiziellen Auftrag des Fs. en v. Černigov im Zuge der Auseinandersetzung mit dem Fs. en von Kiev ein Gesuch bei dem Jerusalemer Patriarch eingereicht, bleibt unbewiesen, ebenso wie die von RYBAKOV vorgeschlagene Identität des Abtes D. mit dem Bylinen-Helden Danilo Ignat'evič. Der Reisebericht des D. ist nicht zuletzt infolge der Benutzung mündl. Lokaltraditionen eine wichtige Quelle für die Topographie des Hl. Landes, den Zustand der Altertümer und die dortigen kirchl.-polit. Verhältnisse. Insbes. muß aufgrund von D.s Nachrichten über die Abtei OSB auf dem Tabor und über Nazareth die Echtheit der Papsturkunde von 1103 über eine Bistumsgründung auf dem Tabor (JAFFÉ 5948) angezweifelt werden. Das Werk leitet die altruss. lit. Gattung der Pilgerfahrten zu den hl. Stätten ein (*palomnik* aus lat. palma) und steht in der Tradition der lat. itineraria bzw. der gr. προσκυνητάρια. Der Verfasser, der Griechisch konnte, benutzte bei seinen Beschreibungen apokryphe Erzählungen (z. B. Protevangelium Jacobi).

Ch. Hannick/A. Poppe

Ed.: M. A. VENEVITINOV, Žit'e i choženi'e Danila rus'kyja zemli igumena (Pravoslavnyj Palestinskij sbornik 3,9), 1883–85 [Nachdr. mit Erg. K. D. SEEMANN, Slav. Propyläen 36, 1970] – G. M. PROCHOROV (Pamjatniki literatury drevnej Rusi. XII vek), 1980 – *Übers.:* A. LESKIEN, Die Pilgerfahrt des russ. Abtes Daniel ins hl. Land, Zs. des Dt. Palästina-Vereins 7, 1884, 17–64 – C. W. WILSON, The Pilgrimage of the Russian Abbot Daniel, 1888 – B. DE KHITROWO, Itinéraires russes en Orient I, 1, 1889, 3–83 – *Lit.:* V. L. JANIN, Meždunarodnye otnošenija v èpochu Monomacha i »Choždenie igumena Daniila«, Trudy Otdela drevnerusskoj literatury 16, 1960, 112–131 – V. P. ADRIANOVA-PERETC, Iz istorii russko-ukrainskich literaturnych svjazej v XVII veke (Issledovanija i materialy po drevnerusskoj literature, 1961), 245–299 [dort S. 271–292 Ed. der ukrain. Übers.] – SłowStarSłow I, 1962, 329–330 [W. JAKUBOWSKI] – J. P. GLUŠAKOV, O putešestvii igumena Daniila v Palestinu (Problemy obščestvenno-političeskoj istorii Rossii i slavjanskich stran [Fschr. TICHOMIROV, 1963]), 79–87 – B. A. RYBAKOV, Drevnjaja Rus'. Skazanija, byliny, letopisi, 1963, 115–124 – N. S. TRUBETZKOY, Vorlesungen über die altruss. Lit., 1973, 77–89 – K. D. SEEMANN, Die altruss. Wallfahrtslit., 1976, 173–193, 428–430 – A. POPPE, Soobščenie russkogo palomnika o cerkovnoj organizacii Kipra (Ἐπετηρὶς τοῦ Κέντρου Ἐπιστημονικῶν Ἐρευνῶν VIII, 1978), 53–72 – G. PODSKALSKY, Christentum und theol. Lit. in der Kiever Rus' (988–1237), 1982, 196–200 [Lit.].

3. D. Zatočnik. Als Verfasser einer in zwei Redaktionen erhaltenen altruss. Bittschrift an einen Fs. en wird ein D. Z. (der Verbannte, Gefangene) angeführt, dessen Lebensdaten aus dem Namen des Empfängers annähernd erschlossen werden können. In der ersten Redaktion mit der einfachen Überschrift »Slovo« (Rede) gilt als Adressat Jaroslav Vladimirovič, Fs. v. Novgorod von 1182 bis 1199 und Urenkel des Vladimir Monomach; die zweite Redaktion mit der Überschrift »Molenie« (Bittschrift) bzw. »Poslanie« (Epistel) richtet sich an Jaroslav Vsevolodovič, einen Sohn des Vsevolod Bol'šoe Gnezdo und Fs. v. Perejaslav und Vladimir (1190–1246). Andere Identifikationen wurden vorgeschlagen; eine endgültige Klärung steht noch aus. Somit dürfte D., dessen Beiname vielleicht aus einer Verwechslung entstand, in der 2. Hälfte des 12. Jh. gelebt haben. Das Werk, das hs. ab dem 16. Jh. überliefert ist, stellt ein gattungsmäßig einzigartiges Denkmal der altruss. Literatur dar. Mit Aphorismen (z. B. gegen die bösen Frauen), Zitaten aus der Bibel, Sprichwörtern wendet sich der Verfasser an seinen Fs. en und Herrscher und beklagt sich gegen Unrecht von Seiten der Bojaren bzw. der Klöster und verteidigt die Überlegenheit des Verstands im Verhältnis zur krieger. Tapferkeit. Der allgemeine Inhalt der Bittschrift und die relative lit. Belesenheit des Verfassers lassen vermuten, daß D. dem Stand des »Kleinadels« entstammt. Ch. Hannick

Ed.: N. N. ZARUBIN, Slovo Daniila Zatočnika po redakcijam XII i XIII vv. i ich peredelkam, 1932 [Nachdr. Das Gesuch D.s, hg. B. CONRAD, slaw. Propyläen 123, 1972] – D. S. LICHAČEV (Izbornik, Sbornik proizvedenij literatury drevnej Rusi, 1969), 224–235 [Red. I und russ. Übers.] – N. K. GUDZIJ, Chrestomatija po drevnej russkoj literature, 1973[8], 138–146 [Red. II] – D. S. LICHAČEV (Pamjatniki literatury drevnej Rusi XII vek, 1980), 388–399 [Red. I und russ. Übers.] – M. COLUCCI-A. DANTI, D. Z., Slovo e Molenie, 1977 – *Übers.:* I. P. EREEMIN-D. S. LICHAČEV, Chudožestvennaja proza Kievskoj Rusi XI–XIII vekov, 1957, 229–234 – K. MÜLLER, Sendschreiben D.s des Verbannten, ZSl 5, 1960, 433–445 – H. GRASSHOFF, O Bojan, du Nachtigall der alten Zeit, 1965, 349–361 – *Lit.:* B. A. RYBAKOV, D. Z. i vladimirskoe letopisanie konca XII v. Archeografičeskij ežegodnik za 1970 god, 1971, 43–89 – D. S. LICHAČEV, Velikoe nasledie. Klassičeskie proizvedenija literatury drevnej Rusi, 1975, 205–221 – Leksika i frazeologija »Molenija« Daniila Zatočnika, 1981 – G. PODSKALSKY, Christentum und theol. Lit. in der Kiever Rus' (988–1237), 1982, 263–265.

Danilo. 1. D. II., Ebf. der serb. autokephalen Kirche, * ca. 1270/75, † 19. Dez. 1337. Sohn »reicher und berühmter Eltern«, erhielt D. von einem Privatlehrer die Grundlagen seiner Bildung. Als Jüngling stand er einige Zeit im Hofdienst des Kg.s →Stefan Uroš II. Milutin (1282–1321). Dem asket. Leben zugeneigt, verließ er heimlich den Hof und wurde Mönch im Kl. Končul, wo er den Namen D. erhielt. Um die Jahrhundertwende folgte er widerstrebend dem Ruf des Ebf.s Jevstatije (Eustathios) II. (1292–1306), sich an den ebfl. Hof zu begeben. Hier wurde D. zum Priester geweiht und teilte anderthalb Jahre die Zelle mit dem Ebf. I. J. 1305 wurde D. zum Hegumenos des serb. Kl. →Hilandar auf dem →Athos erwählt. Er organisierte die Verteidigung seines Kl. gegen die →Katal. Kompagnie (1307–08). Als Gesandter reiste er zum Bruder des Kg.s, dem Exkönig →Stefan Dragutin (1276–82, † 1316), der unabhängig über die ehemals ung. Gebiete im Norden Serbiens herrschte und für seine Söhne den serb. Thron beanspruchte. Um 1310 zog sich D. für kurze Zeit in die Zelle des hl. →Sava in Karyes zurück. Im folgenden Jahr ging D. nach Serbien, wurde Bf. v. →Raška und übernahm die Aufsicht über den Bau des Kl. Banjska, das Kg. Milutin als seine Grablege gestiftet hatte; D. leistete dem Kg. wichtige Dienste während des Krieges mit seinem Bruder. Als Bf. war D. am Sterbebett der Königinmutter →Jelena (Helene v. Anjou) († 8. Febr. 1314) anwesend, zog sich aber bald auf den Athos zurück. Während der Vorbereitungen zu einer Pilgerfahrt ins Hl. Land wurde er abermals nach Serbien berufen, wo er das Bm. →Hum im Westen des Kgr.es erhielt. Als Vertrauter des

Kg.s bei dessen Tod anwesend (Okt. 1321), organisierte er das Begräbnis in Banjska. D. gehörte zum Kreis der Berater des neuen Kg.s →Stefan Uroš III. Dečanski (1321-31). Im Auftrag des Kg.s unternahm D. eine lange Gesandtschaftsreise nach Tŭrnovo, Konstantinopel und zum Athos (1323-24). Unmittelbar danach erfolgte seine Wahl zum Ebf. (Sept. 1324). Bis zu seinem Lebensende stand er an der Spitze der serb. Kirche. Unbekannt bleibt seine Rolle während der Auseinandersetzungen zw. Kg. Stefan Dečanski und seinem Sohn Dušan (1330, 1331). Jedenfalls hat D. nach dem Umsturz (Aug. 1331) den neuen Kg. →Stefan Dušan (1331-45, Ks. 1345-55) gekrönt.

D.s unbekannter Biograph hebt bes. die Verdienste des Ebf.s als Kirchenerbauer und -erneuerer hervor. D. war auch bei der Gründung des kgl. Kl. →Dečani beteiligt, doch galt seine Förderung insbes. den ebfl. Bauten. Am zweiten Sitz des Ebm.s, in→Peć, ließ D. die Muttergotteskirche erbauen und verband durch einen gemeinsamen Exonarthex die drei Kirchen zu einem Komplex (Pećka patrijaršija). Ihm wird ferner u. a. die Restauration der ersten ebfl. Residenz in Žiča zugeschrieben wie auch die Errichtung der Burg Maglič. Unerwähnt bleibt in seiner Biographie die lit. Tätigkeit des Ebf.s. D. hat die Viten der Kg.e Dragutin und Milutin, ihrer Mutter Jelena und der ersten drei Nachfolger des hl. Sava verfaßt und dadurch das Kernstück der Vitensammlung der serb. Kg.e und Ebf.e (»Danilov zbornik«) geschaffen. Die schon vorhandenen Viten der Gründer der Dynastie und der autokephalen Kirche (Nemanja und Sava) galten als Vorbild und boten den Ausgangspunkt für die Parallelität der beiden Biographienreihen. Später wurden andere Biographien, mitunter auch diejenige D.s, hinzugefügt. D. hat auch Liturgien für die kanonisierten Ebf.e Arsenije und Jevstatije verfaßt. S. Ćirković

Q., Ed. und Lit.: BLGS I, 373f. - Zivoti kraljeva i arhiepiskopa srpskih, ed. D. Daničić, 1866 - N. Radojčić, O arhiepiskopu Danilu II i njegovim nastavljačima (Vorwort zu der Ausg. der Übers. von L. Mirković, 1936) - D. II. und sein Schüler: Die Königsbiographien, übers., eingel. und erklärt von St. Hafner (Serb. MA 2, 1976) - D. Bogdanović, Istorija stare srpske književnosti, 1980.

2. D. III. d.J., serb. Patriarch, *ca. 1350, wahrscheinl. † 7. April 1396 (auf jeden Fall vor 1400), war möglicherweise Sohn eines Adligen (des späteren Mönches Dorotej), der ausgedehnte Besitzungen b. Kruševac hatte. Bevor D. Patriarch wurde, war er eventuell Stifter und erster Vorsteher des Kl. Drenča. Zum Patriarchen wurde er wahrscheinl. auf einer Kirchenversammlung im Kl. Žiča im Herbst 1390 oder Frühjahr 1391 gewählt. D. ist die Überführung der Gebeine des Fs.en →Lazar von Priština nach Ravanica zu verdanken, die 1391 erfolgte, als der Fürst heiliggesprochen wurde. - D. verfaßte (Ende 1392/Anfang 1393) eine sehr poet. »Pohvala knezu Lazaru« (Lobgesang auf den Fs.en Lazar) und wahrscheinl. auch liturg. Gesänge, die im Gottesdienst (Služba) Verwendung fanden. Von ihm stammen auch noch *Slova* (Lobreden) auf →Stefan Nemanja und →Sava, die auf Werken von Teodosije beruhen. I. Djurić

Lit.: V. Ćorović, Siluan i D. II, srpski pisci XIV-XV v., Glas Srpske Kraljevske Akademije 136, 1929, 13-103 - Dj. Sp. Radojičić, Izbor patrijarha Danila III i kanonizacija kneza Lazara, Glasnik Skopskog naučnog društva 21, 1940, 33-81 - Ders., Stari srpski književnici, 1942, 45-78 - V. R. Petković, Ko je bio osnivač manastira Drenče, Starinar 1, 2, 1951, 57f. - R. Novaković, Istorijsko-geografska i istorijske crtice, Prilozi za književnost, jezik, istoriju i folklor 25, 1959, 78-80 - Ders., Da li je D. izabran za patrijarha 1390. godine?, ebd. 26, 1960, 71-81 - D. Bogdanović, Izmirenje srpske i vizantijske crkve (O knezu Lazaru, 1975), 81-90 - M. Purković, Srpski patrijarsi srednjega veka, 1976, 127-134.

Dānismend-nāme, legendendurchsetzte Geschichte des Turkmenenfürsten Dānismend (gest. ca. 1104) im nördl. Kappadokien und Galatien (Residenz in Neocaesarea, heute Niksar), nach mündl. Überlieferung zuerst 1245 von Ibn ʿAlāʾ aufgezeichnet und nach dieser (verlorengegangenen) Fassung 1360 von ʿĀrif ʿAlī neu erzählt. Die breite, volkstümliche (daher türk.!) Darstellung in Prosa mit eingestreuten Gedichten atmet den Geist der Kreuzzugszeit, natürlich aus islam. Sicht. A. Tietze

Ed. und Übers.: I. Melikoff, La geste de Melik Danişmend, 2 Bde, 1960 - Lit.: V. S. Garbuzova, Skazanie o Melike Danišmende, 1959 - Arif Ali, Daniszmendname, 1980.

Dannenberg, Stadt und ehem. Gft. im östl. Niedersachsen (Krs. Lüchow-Dannenberg, 55 km sö. Lüneburg). Die Niederungsburg D. an der unteren Jeetzel gab seit 1162 den Namen ab für ein gfl. Geschlecht (→Salzwedel); Zeitpunkt, Begleitumstände und räuml. Dimension dieser dt. Herrschaftsbildung auf slav. Substrat haben sich nicht klären lassen. Die →Welfen betrachteten D. im Jahre 1202 als Teil ihres patrimonium; gleichwohl müssen konkurrierende Rechte der →Askanier in Rechnung gestellt werden. Der letzte Gf. v. D. verkaufte seine Herrschaft i. J. 1303 an →Otto den Strengen, Hzg. v. Braunschweig-Lüneburg; in der Folgezeit begegnet dieser Komplex häufig als Pfandobjekt. Die Burg war 1223-25 Haftort des gefangenen Kg.s v. Dänemark, →Waldemars II. - Die Stadt D. entstand in deutlicher Anlehnung an die Burg, Ratsverfassung ist erstmals 1323 bezeugt. M. Last

Lit.: H. K. Schulze, Adelsherrschaft und Landesherrschaft (Mitteldt. Forsch. 29, 1963), 90f. - B. Wachter, Aus D. und seiner Gesch. (Schriftenreihe des Heimatkundl. Arbeitskreises Lüchow-Dannenberg 3, 1981).

Dansa. Die prov. Tanzlieder werden im allgemeinen »Baladas« oder »D.« genannt und sind durch einen Refrain gekennzeichnet. Die verschiedenen Formen sind nach der Art der Verbindung zw. Refrain und Couplets unterschieden. Die ungefähr zur gleichen Zeit wie der Virelai (13. Jh.) bestehende D. zeichnet sich jedoch durch eine größere Formstrenge aus und steht den von Eustache →Deschamps für den Virelai vorgeschriebenen Formen näher. Bei den älteren Werken ist das Couplet mit dem Refrain durch einen gemeinsamen Reim wie bei der Balada verbunden. Der letzte Teil des Couplets und des Refrains stimmt überein (3 oder 4 Verse). Mit den »Leys d'Amors« werden neue Forderungen gestellt. Der Refrain steht vor dem Werk, das drei Couplets mit oder ohne Tornada enthält. Die Couplets gliedern sich in zwei Teile: der erste Teil weist keine strenge Bindung der Reime auf; im zweiten Teil sind die Reime für alle Couplets gleichförmig, gleichen ebenfalls den Reimen des Refrains und, falls vorhanden, denjenigen der Tornada. Den Inhalt bilden Motive der höf. Dichtung. Außer einigen anonymen prov. Werken aus dem 13. Jh. sind eine D. von Uc de Saint-Circ, eine von Jacques d'Aragon sowie ca. 10 von Guiraut d'Espagne sowie die 12 späteren Stücke in der Sammlung von Galhac (»Les Joies du Gai Savoir«, nr. 47-54, 56-61) überliefert. M. Vuijlsteke

Lit.: A. Jeanroy, La Poésie lyrique des Troubadours, 1934, II, 341-344 - P. le Gentil, Le Virelai et le Villancico. Le problème des origines arabes, 1954 [Bibliogr.] - P. Bec, La lyrique française au MA (XIIe-XIIIe s.). Contribution à une typologie des genres poétiques médiévaux, 1977, 234-240 - GRLMA II.

Danse Macabre → Totentanz

Dante Alighieri
A. Leben - B. Werke
A. Leben

D. A. (lat. Dantes Alagherius), größter Dichter des europ. MA, *zw. 14. Mai und 13. Juni (jedenfalls im Sternzeichen der Zwillinge) 1265 in Florenz, † 13./14. Sept. 1321 in Ravenna, entstammte einer kleinadligen Familie. Sein Urahne Cacciaguida (* 1091 in Florenz), von Konrad III. auf dem 2. Kreuzzug zum Ritter geschlagen und ca. 1148 gefallen, hatte als Gattin eine aus dem Po-Tal stammende Alagheri, woher D.s Familienname stammt. D.s Vater, Alaghiero II., war wahrscheinl. im Geldgeschäft tätig. Die Mutter Bella starb früh. D.s Ehe mit Gemma di Manetto Donati entstammen die Söhne Jacopo und Pietro, die später Teile der »Divina Commedia« kommentierten, sowie eine Tochter, Antonia, die als Schwester Beatrice in Ravenna ins Kl. S. Stefano degli Ulivi eintrat. Ein vermutl. dritter Sohn, Giovanni, wird 1308 urkundl. in Lucca erwähnt.

D. genoß die Erziehung eines jungen Edelmannes: Er erlernte außer den Leibesübungen und nebst dem Lat. die ars dictandi, vielleicht unter der Leitung des von ihm hochverehrten Brunetto →Latini. D.s entscheidende Begegnung mit Beatrice findet 1274 statt (laut Boccaccio die Tochter Folco Portinaris, spätere Gattin Simones de' Bardi). D. hatte sie schon Jahre vorher als neunjähriges Mädchen erblickt, als er selbst kaum einige Monate älter war; sie starb am 19. Juni 1290. Beatrice inspirierte nicht nur sein Jugendwerk, die »Vita Nuova«, sondern seine ganze Dichtung.

Die folgenden Jahre sind intensiven Philosophiestudien gewidmet (wahrscheinl. bei den Dominikanern in S. Maria Novella und den Franziskanern in S. Croce). D. beschäftigt sich mit Boethius, Albertus Magnus, Thomas v. Aquin und durch ihn mit Aristoteles und Cicero. Boccaccio erwähnt auch einen Aufenthalt an der Univ. Bologna. Seit 1283 tauscht D. Sonette mit dem führenden Dichter seiner Zeit, Guido →Cavalcanti, seinem Freund, sowie mit →Dante da Maiano, Gianni →Alfani, Forese Donati, Cecco →Angiolieri. In diese Zeit dürfte auch eine vertiefte Lektüre der prov. Troubadours fallen, v. a. des Meisters des trobar clus, →Arnaut Daniel, den D. bewundert und der seine spätere Dichtung beeinflußt. – 1289 nimmt D. am Sieg der Florentiner Guelfen über die ghibellin. Aretiner bei Campaldino und an der Belagerung der Pisanerburg Caprona teil. Da mit den →Ordinamenti della Giustizia des Giano della Bella von 1282 nur Mitglieder der Arti (Zünfte) regierungsfähig waren, tritt D. 1295 der Zunft der Ärzte und Apotheker bei. Ab 1295 ist er Mitglied mehrerer Räte der Stadt. Im Mai 1300 geht D. als florent. Gesandter nach San Gimignano, um die Stadt für die guelf. Partei zu gewinnen, die Florenz beherrschte. Vom 15. Juni bis 15. Aug. 1300 gehört D. dem Rat der Prioren an. Als solcher stimmt er der Verbannung der Häupter der sich bekämpfenden schwarzen und weißen Guelfen zu, unter denen auch sein enger Freund Guido Cavalcanti war. Unter seinem Priorat haben D. und seine Kollegen mit dem Friedensstifter Bonifatius' VIII., dem Kard. Matteo v. Acquasparta, zu verhandeln und sich eines Versuchs einiger großer Bankherren zu erwehren, die Stadt dem Papst zu verkaufen. Während D. 1301 mit einer Gesandtschaft bei Bonifatius VIII. in Rom weilt, lassen die schwachen neuen Prioren den neuen Abgesandten des Papstes, Karl v. Valois, in Florenz ein. In kleinen Gruppen dringen die verbannten schwarzen Guelfen in die Stadt: Es fängt ein Morden und Brennen der Häuser der weißen Guelfen an, dem Karl v. Valois tatenlos zusieht. Die Prioren werden abgesetzt, es regnet Verbannungs- und Todesurteile unter Einziehung der Güter und Zerstörung der Häuser. Unter den Verbannten findet sich am 27. Jan. 1302 auch D. Auf der Rückreise von Rom wird er mit anderen am 10. März in Abwesenheit zum Tod auf dem Scheiterhaufen verurteilt. Er sieht Florenz niemals wieder. Nach dem mißglückten Versuch der weißen Guelfen und der Ghibellinen, in Florenz einzudringen, verweilt D. in manchen Städten und an verschiedenen Höfen, in Forlì, in Mugello, in Verona, Treviso, Padua und Venedig, am Hofe des Mgf.en Moroello Malaspina in der Lunigiana, v. a. am Scaligerhof in Verona (→Della Scala) und zuletzt bei Guido Novello da→Polenta in Ravenna. Die Hoffnungen, die D. auf den Italien-Zug →Heinrichs VII. v. Luxemburg (1310) setzte, wurden durch den frühen Tod des Herrschers (1313) enttäuscht. Am 27. Aug. 1311 war D. in Florenz zum zweiten Mal zum Tod verurteilt worden. Obschon 1315 Florenz eine Amnestie für alle verbannten Guelfen erläßt, lehnt es D. in einem entrüsteten Brief ab, unter den daran geknüpften demütigenden Bedingungen in seine Vaterstadt zurückzukehren. Auf der Rückkehr von einer Gesandtschaft nach Venedig ereilt D. in der Nacht vom 13. auf den 14. Sept. 1321 in Ravenna der Tod.

R. R. Bezzola (†)

Ikonographie: D.s Bildnis ist in d. Kapelle des Bargello in Florenz 1337 (Giotto?, stark rest.) überliefert, eine Bronzebüste des 14. Jh., die angebl. auf die Totenmaske zurückgeht, befindet sich im Nat.-Mus. Neapel. G. Binding

B. Werke

I. Überblick – II. Zur Dichtung – III. Wirkungsgeschichte der Commedia – IV. Interpretationsfragen der Commedia – V. Convivio, Monarchia und Commedia unter philosophisch-theologischem Gesichtspunkt – VI. Dantes Werk unter astronomisch-astrologisch-kosmologischem Aspekt – VII. Handschriftenüberlieferung.

I. ÜBERBLICK: D.s Weltruhm fußt auf der »Divina Commedia«, die er während der Verbannung verfaßte. Ihr gingen andere Werke voraus. 1. Die »Vita Nuova« (entstanden 1292–93), in welcher der Dichter in feierl. Prosa seine Liebe und seine Begegnungen mit Beatrice bis zu ihrem Tod und ihrer Verklärung erzählt. D. kommentiert darin seine von B. inspirierten Sonette und Canzonen. 2. Die »Rime«, d. h. die Sonette, Ballate und philos. Canzonen. Diese Lyrik, deren erste Phase unter dem Einfluß →Guittones d'Arezzo steht, um anschließend im Zeichen Cavalcantis stilnovist. Elemente zu übernehmen, zeigt D. auf der Suche nach den ihm gemäßen philosoph., themat. und stilist. Gegebenheiten. 3. Im (wohl 1306–08 entstandenen) Prosawerk »Il Convivio« erläutert D. ausführl. 3 seiner Canzonen. Das Fragment gebliebene Conv. hätte sich nach D.s Plan aus 15 Traktaten aufbauen sollen: 14 wären Canzonen-Kommentare gewesen, ein erster hätte die Einleitung gebildet. Der 1. Teil des Conv. besteht aus einer Einführung, die als Verteidigung der it. Sprache und des Stils der Canzonen konzipiert ist. Der zweite berichtet über D.s Bekehrung zur Philosophie nach dem frühen Tod Beatrices, erklärt die Interpretationsweise nach dem vierfachen Schriftsinn und die Canzone »Voi ch'intendendo«. Der 3. Traktat über den Schmuck der Canzonen erklärt in myst.-neoplaton. Perspektive die Canzone »Amor che nella mente mi ragiona«; der 4. Traktat handelt vom wahren Adel und erläutert in aristotel. Optik die Canzone »Le dolci rime«. 4. Unvollendet blieb auch die lat. Schrift »De vulgari eloquentia«, in 2 Büchern. Das erste handelt von der Sprache im allgemeinen und beschreibt 14 it. Dialekte, um schließlich D.s Vorstellung vom *volgare illustre,* der Literatursprache Italiens, zu entwickeln, die aus der siz. Dichterschule hervorgegangen ist und in den toskan. Autoren des →Dolce stil n(u)ovo ihre Vollendung erreicht hat. Das zweite Buch erörtert die Anwendungsmöglichkeiten des *volgare illustre* und setzt sich mit der Canzone als deren vornehmster auseinander. 5. Lat. abgefaßt ist ebenfalls die Schrift »De Monarchia«.

Ihre Datierung schwankt in der Forschung zw. 1312/1313 und 1308/1309; manche verweisen sie sogar in D.s letzte Lebensjahre. In 3 Büchern äußert sich D. hier über die Universalmonarchie; über das Problem, ob dem röm. Volk die Ausübung der Monarchie zustehe; und über die Frage, ob die ksl. Autorität von derjenigen der Kirche abhänge. In diesem Zusammenhang betont D. einerseits den wesentl. geistl. Auftrag der Kirche, andererseits die im göttl. Heilsplan aufgehobene Rolle des Reichs. 6. Die lat. »Epistulae« spiegeln D.s polit. Betätigung und zeigen ihn als an den Mustern ma. Rhetorik (von Cassiodor bis Petrus de Vinea) geschulten Stilisten. Sie sind gerichtet: an Niccolò Albertini da Prato, den Kard. v. Ostia, im Namen der verbannten florent. weißen Guelfen (D.s Autorschaft ist umstritten); an die Gf.en Oberto und Guido da Romena aus Anlaß des Todes ihres Onkels Alessandro (1305); an einen pistoies. Verbannten, wahrscheinl. →Cino da Pistoia (zw. 1307 und 1319); an den Mgf.en Moroello di Malaspina (1307); an die Kg.e, Fs.en und Völker Italiens über das Kommen des neuen Ks.s, Heinrichs VII. (1310); an »die verbrecherischen Florentiner in der Stadt« (31. März 1311); an Ks. Heinrich VII., den Friedensbringer, zu seinem Italienzug (16. April 1311); drei Briefe im Namen der Gfn. Battifolle an die Ksn. Margarete v. Brabant, Gattin Heinrichs VII., um die Freude über ihren Zug nach Italien auszudrücken (D.s Autorschaft ist umstritten); an die it. Kard. über ihre Pflichten gegenüber der Kirche (1314); an einen ungen. Florentiner Freund über die für D. ehrenrührigen Amnestiebedingungen (1316). Der letzte Brief ist an Cangrande I. →della Scala gerichtet; D. widmet ihm das »Paradiso« und erläutert darin zugleich nach der Methode ma. Textauslegung Sinn und Form seiner »Commedia« (1316). Wie bei anderen Episteln blieb D.s Autorschaft an diesem Brief lange umstritten (vgl. P. TOYNBEE, A. MONTI, E. G. PARODI, R. MORGHEN, G. VINAY, A. MANCINI, F. MAZZONI, B. NARDI, F. CHIAPELLI); dasselbe gilt u. a. für einen Brief an Guido da Polenta, der jedoch heute allgemein als unecht betrachtet wird. Gleichfalls nicht unkontrovers sind 7. Die 2 »Eclogae« in lat. Hexametern, 1319 an den Humanisten Giovanni del Virgilio in Bologna gerichtet. D. antwortet darin auf den Vorwurf, nicht lat. zu dichten. 8. Nach wie vor umstritten bleibt die Authentizität des kleinen lat. Traktats »Questio de aqua et terra« (1320), in dem D. im Rahmen einer zeitgenöss. Kontroverse beweist, daß überall auf der Erdoberfläche Land höher liegt als der Meeresspiegel. 9. Ebenfalls umstritten ist D.s Verfasserschaft des »Fiore«, für dessen Echtheit sich immerhin G. CONTINI einsetzt. Es handelt sich dabei um eine in 232 Sonetten gestaltete Paraphrase des erzählenden Teils des →Rosenromans, wobei sowohl Guillaumes de Lorris Text als auch derjenige Jeans de Meung einbezogen sind. 10. Themat. zum »Fiore« gehörend und vom selben Autor verfaßt, ist der »Detto d'amore«, den die »Enciclopedia dantesca« dem jungen D. zuschreibt. Er stellt einen Kurztraktat von 480 Siebensilbern über die höf. Liebe dar. 11. Die »Commedia«, zw. 1307 und D.s letzten Lebensjahren entstanden, schildert in 100 Gesängen in Terzinen Dantes Reise durch das Jenseits; durch Hölle (»Inferno«) und Fegefeuer (»Purgatorio«) führt ihn der Dichter und Weise Vergil, Beatrice hingegen geleitet ihn vom ird. Paradies durch die Himmelsphären hindurch vor das Angesicht Gottes. Die Reise findet i. J. 1300 statt und dauert sieben Tage. Jeder der drei durchwanderten Jenseitszonen sind 33 Gesänge gewidmet, so daß sich, rechnet man den einleitenden ersten Gesang mit ein, die vollkommene Zahl 100 ergibt.

R. R. Bezzola (†)/K. Ringger

II. ZUR DICHTUNG: In der »Commedia« wird der Leser mit dem ersten Vers in das erschütternde Erlebnis des Dichters hineingerissen: die bevorstehende Reise versteht sich als Läuterungsgang des vom rechten Weg abgekommenen Menschen. Siebenmal wendet sich D. im »Inferno« an den Leser, siebenmal im »Purgatorio«, siebenmal im »Paradiso«. Wie im gesamten MA spielt die →Zahlensymbolik auch bei D. eine große Rolle und zwar von der »Vita Nuova« (V. N.) bis zur »Commedia« (Comm.). Die symbol. Bedeutung der Drei, wie sie D. in der V. N. erklärt, ist bekannt. Die Zahl Sieben ist die mag. Zahl der Vollendung. In sieben Tagen hat Gott die Welt erschaffen. Es gibt sieben Todsünden und sieben Tugenden, sieben freie Künste; und es gibt in der Comm. dreimal sieben Mahnungen, die Größe des Erlebnisses des Menschen D. zu erfassen, das unser aller Erlebnis sein kann, wenn wir Gott in uns und in der Welt suchen. Sowohl die V. N. als auch die Comm. sind ganz auf der Zahl Neun aufgebaut, dem Produkt der mit sich selbst multiplizierten Drei, der Drei der heiligen Dreieinigkeit, wie D. selber bereits im Jugendwerk betont: Dem neunjährigen D. begegnet die neunjährige Beatrice. Neun Jahre später sieht er sie wieder, um die neunte Stunde des Tages. In der ersten der neun letzten Stunden der Nacht hat er den prophet. Traum. Beatrice stirbt in der ersten Stunde des neunten Tages des Monats, der nach syr. Brauch der neunte Monat des Jahres ist, in dem Jahr – sagt D. –, als die vollkommene Zahl (die Zehn) sich neunmal wiederholt hatte (1290). Neun sind nach Ptolemäus und der christl. Wahrheit die kreisenden Himmel. Beatrice ist selber eine Neun, betont D. und fügt hinzu: »Ich sage es als Gleichnis und sehe es so.«

Die V. N. umfaßt eine Ballata, drei Canzonen und 29 Sonette, wovon neun der ersten Canzone vorausgehen. Im ganzen sind es 33 Gedichte wie die 33 Gesänge einer jeden »Cantica« (Inferno, Purgatorio, Paradiso) der Comm., denen ein Gesang als Einleitung vorangeht. So wird das Produkt der vollkommenen Zahl zehn erreicht; 100 Gesänge. Jeder Gesang besteht aus Terzinen, d. h. Dreierversgruppen, durch dreimalige Wiederholung des Reims verbunden und gleichzeitig in einen nie abreißenden Versfluß eingebaut, da immer ein neuer Reim ertönt, bevor der letzte Reim verklungen ist. D. beschreibt die Hölle als in neun Kreise abgestuften kon. Abgrund; das Fegefeuer erscheint als neunstufiger Läuterungsberg, auf dessen Gipfel der Garten Eden liegt; das Paradies umfaßt die neun Himmelssphären des Ptolemäischen Systems, über denen – jenseits von Zeit und Raum – Gott und die Seligen schweben.

D. als ein Dichter der leidenschaftlich am Leben der Gemeinschaft teilnimmt, aber auch beständig die Gemeinschaft auffordert, an seiner Dichtung miterlebend teilzunehmen: dieser Umstand bildet eines der wichtigsten Strukturelemente sowohl der Comm. als auch seines übrigen Werkes. Die erste Begegnung mit Beatrice beeindruckt D. tief. Von der zweiten Begegnung ist er erschüttert, um so mehr, als ihr ein geheimnisvoller Traum folgt, aus dem sein ganzes Schicksal sich ihm zu erschließen scheint, zahlenmyst. im kosm. Geschehen verankert. Weil ihm die Freunde darauf keine befriedigende Antwort geben können, sucht er sie selber, nicht nur denkerisch, sondern v. a. dichterisch formend. Das Ergebnis ist die V. N. als Verklärung seiner Leidenschaft und der Ereignisse, die sich bis zum Tod Beatrices ganz so abspielen, wie der Traum es ahnen ließ. Am Ende der V. N. hat D. eine Vision, deren Sinn formend zu klären ihm als ein fernes Ziel vorschwebt. Dieses Ziel ist die »Commedia«.

Die Gestaltung seiner neuen Sicht des menschl. Schicksals kommt D. in der Übergangszeit von der V. N. zur Comm. so schwierig vor wie das Erlangen der Gnade einer strengen Frau, die sich ihm in der Gestalt der *donna pietra* versagt, welche die huldvolle *donna gentile* ersetzt, die ihn nach Beatrices Tod mit ihrer Milde tröstete. Es folgt eine neue Verwandlung des unzugängl. Wesens, das sich immer wieder in einer Traumgestalt verkörpert und wahrscheinl. jeweils vom Bild einer realen Frau ausgeht. Diesmal ist es ein kokettes Mädchen, die *pargoletta,* über die Beatrice spotten wird, wenn sie dem Dichter zuoberst auf dem Läuterungsberg entgegentritt. Ob es sich, sowohl bei der *donna pietra* als auch bei der *pargoletta,* um Allegorien handelt oder um ird. Frauen, die – wie die *donna gentile* (dort sagt es D. selber im Kommentar) – ohne ihre Weiblichkeit zu verlieren, sich in die zu erstrebende menschl. Weisheit verwandeln, ist unerheblich. Menschl. Weisheit ist in den Augen der himml. Beatrice, der beseligenden göttlichen Gnade, eine Eitelkeit von kurzer Dauer. Bei Beatrice, bei der *donna gentile*, bei der *donna pietra*, bei der *pargoletta*, handelt es sich um immer neue Aspekte des »ewig Weiblichen«.

So kann denn nicht nur die Comm., sondern das ganze dichter. Werk D.s als ein Weg bezeichnet werden, der von der ird. Beatrice über scheinbar verschiedene Frauengestalten zur himml. Beatrice und durch sie zu Gott führt. Beatrice wird zum Zeichen der Einheit von D.s Werk. Der Dichter erkennt sie als Bild der von den Irrungen befreiten Seele bezeichnenderweise erst dann, als er in der Hölle den Sünden wider den Geist ins Auge geblickt hat, und – geleitet von Vergil als Verkörperung der zielbewußten begnadeten Vernunft – sich von den Leidenschaften befreit hat, die eine Reinigung der Seele verhinderten. »Er ist auf der Suche nach Freiheit«, sagt Vergil zu Cato am Fuß des Büßerberges, als ihn der Wächter des »Purgatorio« fragt, was D. erstrebe. Erst als ihm Vergil die erlangte innere Freiheit endlich bestätigt, und ihn Mateldas Gesang aufatmen läßt, tritt dem Wanderer D. das lang ersehnte, von göttl. Gnade erfüllte Urbild seiner gereinigten Seele entgegen und läßt ihn in strenger Selbsteinkehr alle Verirrungen abstreifen. Nunmehr ist D. mündig, aus dem Mund Beatrices nicht nur seine eigenen Sünden und sein eigenes Heil zu erfahren, sondern die Sünden der ganzen Menschheit; ein Vorgang, der in den symboltiefen Verwandlungen des Triumphwagens der Kirche zum Ausdruck kommt, der D. im ird. Paradies erscheint.

Der Wagen ist von dem die zweifache Natur Christi symbolisierenden Greifen gezogen und kommt als letzter in der von der Vision Ezechiels inspirierten feierlichen Prozession daher. Die Erscheinung Mateldas bei Vergils und Dantes Eintritt in das ird. Paradies wirkt wie eine Ankündigung der Begegnung, auf die sie D. hinführt, Johannes d. T. vergleichbar, dem Künder Christi. Als Vorbote eines letzten Lichtes erscheint auch Vergil, der – von Beatrice gesandt – D. zu ihr geleitet, die als einzige würdig ist, ihn vor Gott zu führen. Johannes d. T. kündet das Kommen Christi; als die feierl. Prozession im ird. Paradies erscheint, stimmt einer der schreitenden Greise, der das Hohelied Salomons verkörpert, das »Veni, sponsa, de Libano«, an, mit dem die Kirche als Braut Christi angekündigt wird. Der Wagen der Kirche trägt Christus. So ertönt jetzt im Chor »Benedictus qui venis«, der Gesang, mit dem das Volk am Palmsonntag Jesus in Jerusalem beim Einzug begrüßte. Nach diesem Gesang entsteigen dem Wagen, Blumen streuend, Scharen von Engeln, den Seligen des Jüngsten Tages vergleichbar. Durch die Blumenwolke bricht aber nicht Christus, die Sonne, sondern eine Frauengestalt: nicht Christus, das Licht der Welt – Christus als Greif zieht ja den Triumphwagen der Kirche –, sondern eine Frau, gekleidet in den drei Farben des Glaubens, der Hoffnung und der Liebe, gegürtet mit dem Gürtel der Weisheit und des Friedens. Es ist die Liebe des Neunjährigen, die Liebe des Achtzehnjährigen, die D. mit letzter Gewalt wieder packt, nachdem sie durch so viele Verwandlungen gegangen war. Sie wird ihn jetzt durch alle Himmel zum letzten Geheimnis, zu Gott hinaufführen.

In ihrer Geschlossenheit ist Beatrice, wie die anderen Gestalten der Comm., ganz der Einbildungs- und Ausdruckskraft des Dichters entsprungen. Dies gilt selbst für Vergil; für die großen Sünder Francesca, Farinata, Pier della Vigna, Bertran de Born, Ulisse, Ugolino; für die großen Büßer Manfred, Sordello, Buonconte da Montefeltro, Pia de' Tolomei; für die Seligen Cunizza da Romano, Piccarda Donati, Giustiniano, Cacciaguida, den Hl. Thomas, den Hl. Bonaventura und viele andere mehr. Diese Einheit weitet sich zur Universalität aus, indem die der Phantasie des Dichters entsprungenen Figuren in ein Weltbild eingeordnet werden, das in vollkommener Kreisform alle Zeiten und Räume umfaßt. In der letzten der kreisenden Himmelssphären, im Cristallino, über welche sich nur noch die Sphäre des unbewegl. Empireo wölbt, erfährt der Leser, hier seien Zeit und Raum überwunden; denn hier entstehen sie erst, als Ausfluß der göttl. Liebe.

»Inferno«, »Purgatorio« und »Paradiso« klingen alle drei mit dem Wort *stelle* (Sterne) aus, und die vollkommene Form des Kreises, die das ganze Weltbild D.s beherrscht, das im »Paradiso« durch die Erörterung großer theol. Themen wie Liebe, freier Wille und Prädestination gekrönt wird, offenbart sich ein letztes Mal im Bild des Schöpfers, das D. als drei verschiedenfarbige Lichtkreise gleichen Umfangs erlebt, die sich ineinander spiegeln, so daß sie gleichzeitig als Drei und Eins erscheinen.

Das sind einsichtige Erscheinungen der Einheit der Form. Daneben werden geheime Fäden immer wieder zweimal aufgegriffen, so daß sich die Zahl Drei ergibt: in den neun Kreisen der Hölle, in den drei Vorstufen und den neun Stufen des »Purgatorio«, in den neun kreisenden Himmeln. Unter den dramat. Begegnungen in der Hölle treten drei Szenen, her. hervor, in denen jeweils die eine von zwei Seelen das Wort ergreift, während die andere weint, zusammenbricht oder schweigt: drei Szenen, von Menschen bestritten, die der unmittelbaren Vergangenheit D.s angehören: Francesca da Rimini und Paolo Malatesta, die Liebenden; Farinata degli Uberti, der verkörperte Mannesstolz neben seinem weichen Freund Cavalcante de' Cavalcanti (Guidos Vater); Ugolino della Gherardesca, der große Hasser, mit seinem stummen Gegner, dem Ebf. Ruggieri. Überdies begegnet D. den Dichtern und Philosophen der Antike, seinem Meister Brunetto Latini, Manfred, dem Sohn Friedrichs II., dem Sänger Casella, den Dichtern Guinizelli und Bonagiunta und dem Troubadour Arnaut Daniel. Dreimal ertönt in der Comm. D.s zornige Strafrede, jedesmal im sechsten Gesang einer »Cantica«. Zuerst im »Inferno« bei der Begegnung mit dem Florentiner Ciacco, Florenz verurteilend. Im »Purgatorio«, da der Mantuaner Troubadour Sordello den Mantuaner Dichter Vergil umarmt, ist es eine Strafpredigt auf das sich zerfleischende Italien. Im »Paradiso« erschallt im 6. Gesang aus dem Munde des röm. Adlers, den die Lichtseelen des Jupiterhimmels bilden, die Verdammung der das Weltreich verhindernden Menschheit.

Von jedem Gesang der Comm. aus ziehen sich Fäden

zum vorhergehenden und kommenden, erklingen Rhythmen und Lautfolgen, die in großen Abständen an Früheres erinnern, so daß das Ganze in seiner einheitl. Konzeption nachvollziehbar bleibt.

Der auffallendste Charakterzug der »Commedia« besteht darin, daß diese Dichtung, von der Lektüre antiker Klassiker genährt, den Begriff der Wirklichkeit in jenem vierfachen Sinn vertieft, welcher der christl.-ma. Auffassung entspricht und den D. selbst im Conv. und in seinem Brief an Cangrande auslegt. Damit entzieht D. jedoch dem Wort und dem Bild ihren poet. Gehalt keineswegs zugunsten diskursiver Darstellung; er läßt vielmehr den Leser durch die dichter. Gestalt die geistige Wirklichkeit im weitesten Sinne des Wortes ahnen.   R. R. Bezzola (†)

III. Wirkungsgeschichte der Commedia: Die frühe Wirkungsgeschichte der »Commedia« (Comm.) – als »Divina Commedia« wird D.s Dichtung erst 1544 in einem ven. Druck bezeichnet – bleibt in Italien zunächst an die philos.-theol. Tragweite der darin abgehandelten Gegenstände gebunden. Wie die ersten Commedia-Kommentare belegen, stellt die Comm.-Lektüre eine bevorzugte Art der Beschäftigung mit den großen Themen der abendländ. Geistesgeschichte und Poesie dar. Der zweite Aspekt, der die Wirkung D.s in Italien bis hin zu den nationalist. gefärbten Interpretationen des Risorgimento (G. Mazzini) bestimmt, ist die Sprache, in der die Comm. abgefaßt ist. Indem nämlich D. sich für das von ihm überdies – wenn auch in widersprüchl. Perspektive – sowohl in »De vulgari eloquentia« als auch im »Convivio« entwickelte »volgare« als sprachl. Vehikel für die Erörterung schwierigster Themen aus dem antiken, dem jüd.-christl. und dem zeitgenöss.-polit. Bereich entscheidet, verleiht er einerseits dem Italienischen das kulturelle Prestige, das sonst einzig dem Lateinischen zusteht; andererseits wirft D. damit schon jene »questione della lingua« auf, zu deren Diskussion im 16. Jh. nach dem Erscheinen von Bembos »Prose della volgar lingua« (1525) bes. die – lange vor dem von Corbinelli in Paris veranstalteten lat. Erstdruck (1577) – von Giangiorgio Trissino besorgte und veröffentlichte it. Übersetzung des Traktats »De vulgari eloquentia« (1529) beiträgt. Als Dichter wirkt D. bes. dank →Boccaccios Comm.-Auslegungen. Boccaccio leitet 1373 auch jene florent. Tradition der öffentl. »lecturae Dantis« ein, die um die Mitte des 16. Jh. die Akademie in Florenz zu einem ihrer wichtigsten Anliegen macht (Benedetto Varchi, Giambattista Gelli). Bleibt D.s Ruf als Dichter seit dem Trecento beim it. Publikum ungeschmälert, so setzt bei den gelehrten Rhythmanisten – bereits Petrarca äußert sich mitunter krit. über D. – eine vornehml. auf sprachl.-stilist. Vorbehalten fußende Abwertung der Comm. ein. Es ist mithin bezeichnend, daß aus dieser Epoche zwei Versuche vorliegen, die Comm. ins Lat. zu übertragen: Matteo Rontos Hexameter entstehen um 1381, Giovanni da Serravalle, der als Bf. v. Fermo 1416 in Konstanz während des Konzils die Comm. in öffentl. Vorlesungen kommentiert, gestaltet seine Übersetzung zw. 1416 und 1417. Weder der Erstdruck der Comm. (1472) noch die Publikation von Cristoforo →Landinos mit Stichen nach Botticelli geschmücktem Kommentar (1481), noch Michelangelos stete Bewunderung vermögen freilich die negative Tendenz in der D.-Bewertung aufzuhalten, die sich erst dank Vicos Neubeurteilung wieder zu einer deutl. positiven Einschätzung wenden wird.

Von D.s europ. Wirkung zeugen verschiedene Übersetzungen der Comm. Was Spanien betrifft, so liefert Enrique de Aragón, Herr v. Villena, 1428 die erste kast. Comm.; ein Jahr später beendet Andreu Febrer seine katal. Fassung. Die erste vollständige frz. Comm. entsteht anonym um 1550, bereits kurz vor 1524 beendete indessen François Bergaigne seine »Paradiso«-Übertragung. Einige dt. Verse aus dem dritten Gesang des »Inferno« liegen 1479 vor.

Einen wichtigen Maßstab für D.s Wirkung bildet die Bewunderung, die ihm ausländ. Dichter wie →Christine de Pisan, Alain →Chartier und Marguerite de Navarre entgegenbringen, wobei Christine de Pisan ihn für bedeutender hält als →Jean de Meung. Einflüsse der Comm. lassen sich im »Buch der sieben Grade« nachweisen, das ein anonym gebliebener Mönch aus Heilbronn in der ersten Hälfte des 14. Jh. verfaßte, wie auch in Hartmann →Schedels »Weltchronik« (1493); sie treten sowohl in Bernat→Metges »Sompni« (1400) in Erscheinung als auch in →Chaucers »Canterbury Tales«.   K. Ringger

IV. Interpretationsfragen der Commedia: Die D.-Auslegung, bes. die Interpretation der Comm., setzt mit »Inferno«-Glossen ein, in denen D.s Sohn Jacopo es um 1322 unternimmt, den allegor. Sinn der Dichtung zu erhellen. Bereits um 1330 entsteht der erste vollständige Comm.-Kommentar in it. Sprache: Jacopo della Lana bemüht sich darin weiterhin um die allegor. Deutung, geht überdies auch auf die Erklärung sprachl. Besonderheiten sowie auf die Erläuterung moralphilosoph. Begriffe ein und verankert die Comm. ansatzweise sogar in hist. Zusammenhänge. Unter den theol.-dogmat. ausgerichteten Auslegungen dort Ragt der lat. Kommentar hervor, den D.s zweiter Sohn Pietro schrieb (1341/1348). →Boccaccios D.-Schriften liefern nicht nur erste Hinweise auf D.s Aneignung der lat. Klassiker, sondern stellen auch D. selbst als Inbegriff des Dichters dar. Diese Vorstellung wird Vico im 18. Jh. schon in der ersten Fassung seiner »Scienza nuova« aufgreifen, um aus D. förmlich den Homer des MA zu machen. Vicos D.-Bild versteht sich auch als Reaktion auf die stilkrit. D.-Studien der Humanisten, die – wie Pietro →Bembos »Prose della volgar lingua« (1525) zeigen – dem Geschmack der Epoche entsprechend die Sprache der Comm. im Gegensatz zu derjenigen →Petrarcas als roh und ungehobelt empfinden. Mit Ugo Foscolos auf die Hervorhebung prägnanter Charaktere wie Farinata, Francesca und Piccarda Donati bedachtem »Discorso sul testo della Divina Commedia« (1825) setzt jene das Gedankengut des Risorgimento miteinbeziehende D.-Deutung ein, die den Dichter der Comm. und den Verfasser des D. v. e. als Propheten der it. Einigung aus dem Geist der nunmehr in seiner Nachfolge zu schaffenden Nationalsprache versteht. Zu diesem D. des Risorgimento fügt sich der aus der ästhet. Würdigung der Comm. gewonnene romant. D. Francesco De Sanctis', der seit 1845 die Comm. – bes. das »Inferno« – als Galerie außerordentl. Schicksale (Farinata, Ugolino, Pier della Vigna, Francesca) auffaßt, deren dichter. Substanz sich in dramat. überhöhten Situationen ausprägt.

Im 19. Jh. leitet die dt. D.-Forschung (K. Witte, F. Schlosser, E. Boehmer) die nach den Kriterien der im Entstehen begriffenen neusprachl. Philologien betriebene hist.-krit. Beschäftigung mit dem Verfasser der Comm. ein. Diese Methode faßt auch in Italien Fuß, wo 1888 mit der Gründung der »Società Dantesca Italiana« ein Forum für jene Bemühungen entsteht, die dank Archivforschung, Quellenstudium und Handschriftenrezension in jahrzehntelangen, nach wie vor noch nicht abgeschlossenen Arbeiten, die hist.-krit. Gesamtausgabe des Werkes D.s zum Ziel haben (s. Ed.). Diese Bemühungen haben unlängst nicht nur zur fruchtbaren Neubeschäftigung mit den frühen Comm.-Kommentaren geführt (B. SANDKÜHLER), sondern auch dazu beigetragen, umstrittene Zuschreibungen einzelner Schriften einer Klärung näherzubringen: »Fiore« und »Detto d'Amore« (G. CONTINI), »Egloghe« (A. ROSSI, G. BILLANOVICH), Cangrande-Brief und »Quaestio de aqua et terra« (F. MAZZONI, B. NARDI, G. PADOAN).

Mit seinem Buch »La poesia di Dante« (1920) hatte BENEDETTO CROCE eine Interpretationspolemik ausgelöst, die über Jahrzehnte hinweg die ästhet. Deutung der Comm. beeinflußte. CROCE stellt nämlich die Einheit der Comm. als Dichtung in Frage, indem er die diskursive Struktur, die den »romanzo teologico« trägt, vom »Lyrischen« unterscheidet, worin einzig sich das Erzählerische punktuell in eigtl. dichterischen Textpassagen verwirklicht. So eigenwillig CROCES Ansatz auch anmuten mag, es bleibt ihm das Verdienst, Studien angeregt zu haben, die das Poetische der Comm. zu erfassen suchen (K. VOSSLER, L. RUSSO, R. GUARDINI). Damit verbunden ist auch eine Neueinschätzung des seit der Romantik doch eher vernachlässigten »Paradiso«.

Was die neuere und neueste Comm.-Auslegung anbelangt, so ist einerseits auf die reichhaltigen Kommentare hinzuweisen, in die laufend Erkenntnisse hist.-biograph. Forschung einfließen (s. Lit.). Andererseits fällt das zunehmende Interesse an D.s Produktionsästhetik auf (G. GETTO), an seiner Sprache (L. SPITZER, L. MALAGOLI), an seinem »Realismus« (E. AUERBACH, M. MARTI, P. P. PASOLINI, C. GARBOLI, E. SANGUINETI), an der Rekonstruktion seiner »Bibliothek«, d. h. der kultur- und geistesgeschichtl. Gegebenheiten, aus denen die Comm. miterwächst (B. NARDI, E. CERULLI, L. TONELLI, M. BARBI, E. GILSON, A. PÉZARD, A. RENAUDET, P. RENUCCI, M. CORTI) sowie an der Art und Weise, wie darin Rhetorik, Symbol und Allegorie gehandhabt werden (E. R. CURTIUS, E. AUERBACH, S. BATTAGLIA, A. BUCK, C. SINGLETON, G. MAZZOTTA, J. PÉPIN, M. HARDT). Schließlich haben sowohl semant. Ansätze (A. PAGLIARO) und intertextuelle Perspektiven (M. CORTI) als auch strukturalist. und semiot. Analysen (C. SEGRE, E. RAIMONDI, D'ARCO S. AVALLE) ebenfalls wesentl. zur Erhellung noch verborgener Aspekte der Comm. beigetragen. K. Ringger

V. CONVIVIO, MONARCHIA UND COMMEDIA UNTER PHILOSOPHISCH-THEOLOGISCHEM GESICHTSPUNKT: Da D. als Dichter nicht nur entscheidend von der Philosophie seiner Zeit beeinflußt wurde, sondern sich ztw. selbst als Philosoph verstand, darf sein Beitrag zur Geschichte der Philosophie keineswegs unterschätzt werden.

[1] *Die Philosophie im »Convivio«:* Nach D.s eigenem Geständnis (Conv. II, XII) hat der Tod Beatrices ihn zur Philosophie (Ph.) geführt. Verzweifelt suchte er bei ihr Halt, las die Trostschriften des →Boethius und Ciceros, besuchte »die Schulen der Ordensleute und die Disputationen der Philosophierenden« (II, XII, 7). Das dreißigmonatige Studium der Ph. verjagte schließlich jeden anderen Gedanken. D. verliebt sich in die Ph., die symbol. als edle Frau beschrieben wird (II, XII, 6). In gewissem Sinne läßt sich das Conv. als die Geschichte dieser zweiten Liebe D.s lesen, gesteht er doch selbst, »daß die Frau, in die ich mich nach meiner ersten Liebe verliebt habe, die schönste und ehrbarste Tochter des Weltenkaisers war, der Pythagoras den Namen ›Philosophie‹ gab« (II,XV,12). In ihr kommt das menschl. Streben nach Wissen (cf.I,I,1) zur Vollendung, sie verleiht dem Menschen Glück und Seligkeit (III,XV).

Von den 15 Traktaten, die D. selbst als Kommentare zu seinen eigenen Canzonen gemäß einer eigens erörterten Hermeneutik (II,I) konzipiert hat (I, I, 14-19; I,III,2), sind nur vier abgefaßt worden. Allein das Erhaltene zeugt bereits von D.s Absicht, eine Art philos. Enzyklopädie für jene zu schreiben, welche aus äußeren Gründen, nämlich der Sorge um die Familie und der bürgerl. Pflichten wegen (I,I,4), an der Beschäftigung mit den Wissenschaften gehindert sind (cf.I,I,13). Diese Sorge um das Wohl der Vielen, welche D. explizit unter dem Stichwort der Freigebigkeit (»liberalitate«) thematisiert (I,VIII), erklärt auch, warum der Traktat in der Volkssprache verfaßt werden mußte. D. widmet der Verteidigung dieser Wahl eine längere Passage des ersten Traktates (I, V-XIII). Dieses von D. geplante »Gastmahl«, an dem sich Tausende sättigen sollen (I,XIII,12), wobei ausdrücklich Frauen einbezogen werden (I,IX,5), muß im Zusammenhang mit einer umfassenden Bewegung der Popularisierung und Laizisierung der Ph. zu Beginn des 14. Jh. gesehen werden.

Nach dem hermeneut. Einleitungskapitel, in dem D. v. a. seine folgenreiche Definition der Allegorie als »Wahrheit unter dem Mantel der schönen Lüge« (II,I,3) vorlegt, spricht D. im 2. Traktat von seiner neuen Liebe. Ausführl. kosmolog. Darlegungen führen zu einer Einteilung der Wissenschaften in Analogie zu den Himmelssphären (II,XIV-XV). In diesem Zusammenhang fällt der betonte Primat der Moralphilosophie (»morale filosofia«), die mit dem Kristallhimmel verglichen wird (II, XIV,14), vor der Metaphysik auf. Diesen Vorrang des Praktischen begründet D. aus der Überzeugung, daß ohne die Moralphilosophie alle anderen Wissenschaften nutzlos blieben und kein geglücktes menschl. Leben denkbar wäre (II,XIV,18). Das im 3. Traktat vorgetragene Lob der Ph., welche primär Gott, sekundär den himml. Intelligenzen zukommt und an welcher der Mensch ztw. Teil hat (III, XIII,7), erreicht seinen Höhepunkt in der Aussage, im Anblick dieser Frau werde »die menschl. Vollkommenheit, d. h. die Vollkommenheit der Vernunft, erworben« (III,XV,4).

Da aber die Sittlichkeit die Schönheit der Ph. ausmacht (III,XV,11), leuchtet es ein, daß D. im 4. Traktat, dessen prakt. Intention eigens betont wird (IV,I,5), von einem eth. Problem, nämlich dem wahren Adel, handelt. Gegen die →Friedrich II., dem letzten Ks. der Römer (IV, III,6), zugeschriebene Definition des Adels als »uralten Reichtum und feine Sitten« (IV,III,6) deutet D. die *nobiltà* »als Same von Glückseligkeit, der von Gott in die gesunde Seele gelegt wird« (IV,XX,9), die sich im tugendhaften Leben ausweist. In einer grundlegenden Digression (IV,IV-V) entwickelt D. seine Auffassung der ksl. Autorität, welche sich soweit erstreckt, als unsere Handlungen reichen (IV,IX,1). Der polit. steht die Autorität des Philosophen, →Aristoteles, gegenüber. Ihm, dem »Meister und Führer der menschl. Vernunft« (IV,VI,8) in Hinsicht auf ihren Endzweck und ihr Ziel, gebührt »im höchsten Maße Glaube und Gehorsam« (IV,VI,5; 6; 7; 17), weil er die Moralphilosophie zu ihrer Vollendung geführt hat (IV,VI,18). Nur die Verbindung dieser beiden Autoritäten ermöglicht ein friedl. und geglücktes menschl. Zusammenleben in der Gesellschaft.

[2] a) *Imperium und Papsttum in der »Monarchia«:* Das philos. Hauptwerk D.s, die Mon., steht zwar von ihrer Thematik her, der kirchl. potestas in temporalibus, in einer säkularen Tradition, aber D. beansprucht dennoch zu Recht, er lege inteptatas veritates (Mon.,I,I,3) vor, denn durch ihre einzigartige philos. Originalität überragt diese Schrift alle zeitgenöss. Versuche einer Kritik an den theokrat. Machtansprüchen des Papsttums. Schon im

Conv. behauptet D., wenn Kriege und ihre Ursachen von der Welt verschwinden sollen, müsse »notwendig die ganze Erde und aller menschl. Besitz zu einer Monarchie, d. h. zu einer einzigen Herrschaft, zusammengeschlossen sein« und »einen Herrscher haben« (IV,IV,4; cf.IV,V,4). Die Monarchie als Herrschaft eines Einzigen (»unicus principatus«; I,II,2) über alle in der Zeit definierend, beweist D. einerseits unter explizitem Verweis auf die geschichtl. Erfahrung von Gewalt und Ungerechtigkeit (I,XVI) die Notwendigkeit einer solchen Universalmonarchie; andererseits zeigt er, daß das röm. Volk sich von Rechts wegen die Würde des Ksm.s angeeignet hat (II,II,1), in dem u. a. die heilsgeschichtl. Sendung des imperium Romanum betont wird (II,I–XII). Die Untersuchung gipfelt aber in der Aussage, daß der röm. Ks. unmittelbar von Gott abhänge und in keiner Weise dem Papst unterstehe (III,XIII–XVI). D. zweifelt zwar nicht an der Echtheit der →Konstantinischen Schenkung, stellt aber deren Rechtmäßigkeit in Frage (III,X; cf.II, XII,8).

Die eigtl. Bedeutung des überaus streng nach dem Vorbild der ma. quaestio komponierten dreiteil. Traktats, der die theokrat. Machtansprüche von →Bonifatius VIII. sowie deren theoret. Rechtfertigung in →Aegidius Romanus' Traktat »De ecclesiastica potestate« widerlegt, beruht nicht nur auf der dezidierten Verteidigung einer Autonomie der polit. Ordnung und der damit verknüpften Entklerikalisierung der Politik, sondern ist zudem in der diese Emanzipation ermöglichenden theoret. Grundlegung zu suchen: Das die ganze Argumentation D.s tragende Grundprinzip (I,II,4; I,II,8; I,III,2) muß in der Behauptung eines zweifachen Ziels des Menschen gesucht werden (III,XVI,6; 7; 10). Der Mensch als Grenzwesen zw. vergängl. und unvergängl. Wirklichkeit, dem Horizont vergleichbar (III,XVI,3), strebt sowohl nach der Glückseligkeit dieses Lebens, die durch die Verwirklichung der Tugend erreicht wird, als auch nach der beatitudo vitae aeternae (III,XVI,7). Diese These eines zweifachen Zieles legitimiert nicht allein die gänzl. Autonomie der gesellschaftl.-staatl. Wirklichkeit vom Bereich des Glaubens und der kirchl. Institution, sondern impliziert die konsequente Trennung von Vernunft und Glaube. Diese scharfe Abgrenzung der beiden Bereiche steht in direktem Gegensatz zur diesbezügl. Lehrmeinung des →Thomas v. Aquino, welcher aus der Höherwertung der Gnade bezügl. der Natur, des Glaubens bezügl. der Vernunft, der Theologie bezügl. der Philosophie die Unterordnung der staatl. Ordnung unter das Papsttum ableitet (cf. Thomas Aqu., De regno II,III). D.s Erweis der Notwendigkeit einer Universalmonarchie gründet zudem in seiner Auffassung vom Endziel der menschl. Gattung (I,III,2). Dieses Telos besteht in der gänzl. Verwirklichung des menschl. Erkenntnisvermögens, das nur durch die Vielheit der Menschen aktualisiert werden kann (I,III,3–10). Das Erreichen dieses Zieles erfordert den allgemeinen Frieden (»pax universalis«; I,IV,2), der seinerseits die von D. entworfene Monarchie voraussetzt.

b) *Quellen. Wirkungsgeschichte:* Der Frage nach den philos. Quellen von D.s polit. Denken kommt insofern eine große Bedeutung zu, als ihre Antwort die Deutung seiner philos. Position mitbestimmt. Während G. BUSNELLI und M. MACCARONE den thomist. Grundzug von D.s Denken zu erweisen suchten, betonte B. NARDI die averroist. Elemente. E. GILSON erachtet eine Zuordnung zu einer einzigen Schule für unmöglich, obschon er zugesteht, die Lehre D.s in der Mon. verletze den Thomismus tödlich. Obschon D.s gute Kenntnisse der thomist. Philosophie kaum bezweifelt werden können, ist es dennoch die entscheidende Beeinflussung durch →Albertus Magnus nicht zu übersehen. Direkte Beziehungen zum lat. →Averroismus sind ebenfalls nicht auszuschließen (M. CORTI).

Die Quellenfrage hängt eng mit dem Problem der philos. Ausbildung D.s zusammen, insbes. damit, was D. mit den in Conv. II,XII,7 gen. Ordensschulen meint. Einiges spricht dafür, daß er den Lehrveranstaltungen von →Remigius von Florenz (da Girolami) beigewohnt hat. Die in der Mon. enthaltene grundlegende Kritik an der zeitgenöss. Amtskirche erklärt, daß diese Schrift 1329 vom Lehramt verurteilt wurde und bis 1881 auf dem Index stand. Nach dem Zeugnis →Boccaccios wurde die Mon. in den Kreisen um Ludwig den Bayern, während dessen Auseinandersetzung mit Johannes XXII., ausgiebig benutzt. Zw. 1327 und 1334 verfaßte Guido Vernani seine Streitschrift »De reprobatione Monarchie composite a Dante Alighero florentino«, in welcher erstmals gegen D. der Vorwurf des Averroismus erhoben wurde. Eine Widerlegung des Traktats versucht gegen Ende des 14. Jh. ebenfalls →Wilhelm v. Cremona im »Tractatus de jure Monarchie«. Neben dem Rückgriff auf D.s Schrift durch den am Basler Konzil tätigen Juristen Antonio Roselli und der it. Übers. Marsilio →Ficinos bezeugt insbes. die editio princeps durch den protestant. Gelehrten Johannes Heroldt (Basel 1559), der im selben Jahre die erste dt. Übers. vorlegt, die lange anhaltende Wirkungsgeschichte der polit. Streitschrift des Dichterphilosophen.

[3] *Commedia:* Im poema sacro (Par. XXV,1) bestimmt D. das Verhältnis von Philosophie (Ph.) und Theologie (Th.) anders als in der Mon., wo er in der Nachfolge von →Boethius v. Dacien und →Siger v. Brabant aus der theoret. Trennung von Glauben und Vernunft die polit. Konsequenzen zog. Die Hinordnung des philos. Wissens auf den Glauben ergibt sich bereits aus der Rolle, welche Virgil in der Jenseitswanderung übernimmt: Der Bote Beatrices (Inf. II,43–142) verkörpert die Möglichkeiten der natürl. Vernunft (Purg. XVIII,46–47); er ist jener »edle Weise, der alles weiß« (Inf. VII,3), was der Mensch selbst erkennen kann. Zugleich aber bekennt sich der »gute Meister« (Inf. IV,31) zu einer für ihn unerreichbaren Wahrheit, welche allein das menschl. Streben nach Wissen zu stillen vermöchte: Mit Aristoteles, Sokrates, Platon, Demokrit, Diogenes, Anaxagoras, Thales, Empedokles, Heraklit, Zenon, Cicero, Seneca und Averroes gehört auch Virgil zu jenen »großen Geistern« (Inf. IV,119), die ohne Hoffnung in Sehnsucht leben (Inf. IV,42). Die auf sich selbst gestellte Vernunft ist unfähig, den »unendlichen Weg« allein zu beschreiten, »alles zu sehen«: deshalb bleibt ihr Verlangen ungestillt (Purg. III,34–45). Das unendl. menschl. Sehnen nach Wissen, von dem zu Beginn des Conv. gehandelt wird und von dem D. in der Mon. glaubt, die Aktualisierung des mögl. Intellekts durch *alle* Menschen könne es befriedigen, ruht nach der Comm. erst in jener Glaubensbotschaft, welche die selbst schauende Beatrice und nach ihr →Bernhard v. Clairvaux verkünden. Nur das Wort der Gnade vermag den »natürl. Durst« (Purg. XXI,1) zu stillen; denn der menschl. Intellekt kann allein durch jene Wahrheit zum Frieden gelangen, die alle Wahrheit umfaßt (Par. IV,124–126) und ohne deren Erreichen alle Sehnsucht vergebens wäre (Par. IV,128–129). Mit dieser Zuordnung von Vernunft und Glaube erreicht das Werk D.s seine Synthese, wenn polit. Reform und kirchl. Erneuerung eine unzertrennl. Einheit bilden in einer prophet. Vision (B. NARDI), die nach den Gründen forscht, warum die Welt schuldig geworden ist (Purg. XVI,104), und eine Reform der Kirche und des Reiches – (»in pro del mondo che mal vive,« Purg.

XXXII,103) – sowie die Hoffnung auf eine baldige Erlösung der kranken Welt verkündet (vgl. Purg. XXXIII,31–45). Die Tragik jener Vernunft, die sich ihrer Grenzen nicht bewußt ist, verdeutlicht D. am Beispiel des Odysseus (Inf. XXVI,79–142): Dieser rastlose Seefahrer, der in seinem »verrückten Flug« aus Wissensdurst und Neugierde über die Grenzen der bekannten Welt hinausstrebt, erleidet schließlich beim Anblick des ird. Paradieses Schiffbruch. Angesichts dieser neuen Verhältnisbestimmung von Ph. und Th. könnte die Aufnahme Sigers v. Brabant unter die von →Thomas v. Aquino gelobten Weisen (Par. X,136–138) den Interpreten einige Schwierigkeiten bereiten. An einer adäquaten Deutung dieses Rätsels, das sich einerseits aus der kontroversen Bewertung des sog. →Thomismus D.s und des →Averroismus Sigers ergibt, entscheidet sich indessen die Interpretation der intellektuellen Entwicklung D.s. Es unterliegt allerdings keinem Zweifel, daß Siger die von der Th. unabhängige, reine Ph. vertritt, zumal die Annahme MANDONNETS, D. sei mit den Lehren Sigers nicht vertraut gewesen, von B. NARDI und E. GILSON eindeutig widerlegt wurde. Das in der Comm. wirksame Verhältnis von Ph. und Th. im Sinne einer Hinordnung besagt weder Bevormundung noch Unterordnung, vielmehr versteht D. die gegenseitige Unabhängigkeit radikaler als Thomas, v. a. im Hinblick auf die polit. Implikationen. Ein Schlüssel zur Erklärung der Anwesenheit Sigers im Paradies läßt sich aus D.s Verständnis des Verhältnisses von Natur und Gnade gewinnen: Thomas als Vertreter der spekulativen Th. fällt nicht ohne Grund die Aufgabe zu, jenen zu loben, der unbequeme Wahrheiten verkündet hat (Par.X,138). An der strikten Trennung der zeitl.-natürl. Ordnung von der übernatürl.-geistl. hält D. auch in der Comm. fest; allerdings scheint es, daß er der Reform der Kirche im Gedicht ebenso viel Bedeutung beimißt wie dem Postulat völliger Autonomie der Politik. Eine umfassendere quellengeschichtl. Untersuchung könnte prüfen, inwieweit D.s Kirchenverständnis durch die bei den franziskan. →Spiritualen vorherrschenden Ideen →Joachims v. Fiore, der nach →Bonaventuras Worten (Par. XII,141) mit prophet. Seherkraft begabt war, bes. durch die Vermittlung von Petrus Johannis →Olivi beeinflußt wurde. Jedenfalls ist D.s kompromißlose Kirchenkritik primär durch die Forderung nach radikaler Armut und gänzl. Verzicht auf weltl. Machtansprüche motiviert. Mit unnachgiebiger Strenge geißelt D. die Habsucht unwürdiger Päpste, die er mit »reißenden Wölfen im Hirtengewande« (Par. XXVII,55) vergleicht und in deren Machtansprüchen er die Ursache entdeckt, »die die Welt schuldig werden ließ« (Purg. XVI,103–105), (vgl. Inf. XIX,104–117; Purg. XVI,98–102; Par. IX,127–138; Par. XVIII,124–136; Par. XXVII,40–57). Die Konstantinische Schenkung (dazu Inf. XIX,106–117; Purg. XXXII,124–160; Par. XX,55–66), durch die sich Kirche und Reich gleichermaßen von ihrem Wesen entfremden, ist die Ursache der von D. getadelten Unheilszustände; sie ist v. a. dafür verantwortlich, daß auf der Erde niemand regiert und die menschl. Familie in die Irre geht (Par. XXVII,140–141). D.s welthist. Sendung, auf die er sich an mehreren Stellen beruft (z. B. Purg. VIII,66–67; Purg. XIII,145–146; Purg. XIV,79–80; Par. XV,25–30), besteht demnach sowohl in der Entlarvung der Gründe des polit. und religiösen Verfalls seiner Zeit als auch im offenen Entwurf einer normativen und gerechten Weltordnung. Beides versteht sich nur unter Voraussetzung der menschl. Freiheit, die als das größte Geschenk der neidlosen göttl. Güte betrachtet werden muß (Par. V,19–24). Nur beim Menschen selbst ist also der Ursprung der geschichtl. Verirrung zu suchen (»Però, se 'l mondo presente disvia,/in voi è la cagione, in voi si cheggia«; Purg. XVI,82–83). Die Freiheit des Willens als Fähigkeit zu urteilen, stellt die Grundlage für Verantwortung und Sittlichkeit dar (Purg. XVIII,64–66). Als bewegende Kraft allen menschl. Handelns gilt die Liebe, sie ist der »Same aller Tugend und jeder Tat die Strafe verdient« (Purg. XVII,104–105). Genau in der Mitte der Comm., in den Gesängen XVI, XVII, XVIII des Purg. entfaltet D. seine Lehre von der Liebe, die alles, Schöpfer und Geschöpf, belebt (Purg. XVII,91–93), soweit sie von der natürl. Vernunft erfaßt werden kann (Purg. XVIII,46). Die Verkehrung des ordo amoris ist deshalb die Ursache allen menschl. Verfehlens gegen sich selbst, den Nächsten und Gott, der jenes absolute Gute ist, das die Seele ersehnt und in dessen Genuß sie Ruhe findet (Purg. XVII,127–129). Seinen ganzen Glauben zusammenfassend bekennt D. den ewigen und einen Gott, »der selbst unbewegt den ganzen Himmel bewegt mit Liebe und mit Sehnen« (Par. XXIV,131–132). Daß die Weltschöpfung ebenfalls aus einem freien Akt der göttl. Liebe (vgl. Par. X,1–12; XII,52–66) geschieht, betont D. bes. im Kontext der unmittelbaren Erschaffung der menschl. Seele, deren Leben ohne Mittler die höchste Güte (»somma beninanza«) atmet und sich deswegen liebend nach ihr sehnt (Par. VII,142–144; vgl. 64–72). Gott, dessen Wesen Liebe ist (vgl. Par. X,1–2), stellt Ursprung und Ziel alles Seienden dar; er hat die Ordnung der Dinge (vgl. dazu Par. I,104–141) so eingerichtet, daß sich auf ihn zu »alles bewegt, was er erschuf und was die Natur gemacht« (Par. III,86–87). Die Liebe erweist sich deshalb als das universale Prinzip, das die in der Comm. entworfene Weltdeutung beherrscht und trägt. Die zentrale Bedeutung der Liebe hat D. in Anlehnung an Arist. Met. XII,7,1072b3 (κινεῖ ὡς ἐρώμενον 'bewegt in der Art des Geliebten') und Boethius (De cons.phil.II,m.8, 28–30: O felix hominum genus/si vestros animos amor/quo caelum regitur regat) im letzten Vers noch einmal mit genialer Prägnanz verdichtet: »L'amor che move il sole e l'altre stelle« (Par. XXXIII,145). R. Imbach

VI. DANTES WERK UNTER ASTRONOMISCH-ASTROLOGISCH-KOSMOLOGISCHEM ASPEKT: Auf den kosmolog. Aspekt seiner Werke legte D. offensichtl. großes Gewicht, und die Leserschaft maß ihm hohe Bedeutung bei. Der Wert der Kosmologie lag indes in ihrer strukturierenden Funktion; mit einer präzisen, ausführl. Darstellung der astronom. Einzelheiten in der Dichtung ist nicht zu rechnen. Die Zeitbezüge in der Comm. – z. B. die problemat. Stellen wie Par. XXII 151–154 und XXVII 79–87, wo D. auf das Planetensystem und die Erde hinabblickt – werfen schwierige Fragen auf, die noch einer eingehenden Untersuchung harren. Die Diskussion über die »erzählte Zeit« des Werkes (1300 oder 1301) hat zur Hypothese geführt, daß D. den Almanach des Profatius benutzt habe. In der Comm. ist oft von Astronomie die Rede, im Conv. stellt sie ein Hauptthema dar. Die konzentr. Sphären oder Himmel (cieli) der ma. Astronomie liefern dabei den Aufbau des Universums, durch das D. ins Paradiso emporsteigt; überdies mag die Struktur der Hölle in gewisser Weise als Gegenbild des Himmels gemeint gewesen sein. D. bezog ausgedehnte astronom. Kenntnisse von →al-Farġānī (Alfraganus), dessen »De aggregationibus« ihm in der um 1142 entstandenen Übersetzung des →Johannes v. Sevilla vorlag. Er nennt den islam. Gelehrten zwar nur zweimal namentlich, in Zusammenhang mit dem Erd- und dem Merkurdurchmesser (Conv.II xiii 11), doch verdankt er ihm auch Einzelheiten über den Erdschatten, muslim. Zeitrechnungsbräuche, die – heute als Vorrücken der Tagundnachtgleichen aufgefaßte – Bewegung der achten Sphäre sowie die Abstände, mittleren Bewegungen und Größen verschiedener Planeten. D.s Theorie und Parameter der Bewegung der achten Sphäre sind zwar eher schlicht und wären von den besten Astronomen der Zeit als überholt angesehen worden, doch war D. offenbar auf seine Beherrschung der Lehre des Alfraganus stolz (Conv. II xiv 15–17) und verwendete sie in der V. N. (II) für einen indirekten Hinweis auf den Zeitpunkt seiner ersten Begegnung mit Beatrice. Das einfache astronom. System, von dem er gewöhnl. ausgeht, ist im Prinzip das eudoxisch-aristotel.; doch durch Alfraganus kannte er auch das leistungsfähigere ptolemäische zur Erklärung und Vorhersage der Planetenbewegungen, das im Conv. (II iv 78ff.) klar dargelegt wird. D. versetzt übrigens Ptolemaios wie Euklid und die großen antiken Philosophen in den Limbus (Inf. IV 142).

Ptolemäisch sind auch D.s gelegentl. Bemerkungen über die astrolog. Eigenschaften der Planeten und der Himmel im allgemeinen, wiewohl ihm viele andere astrolog. Autoritäten wohlbekannt waren. Der Begriff *astrologi* ist bei ihm zweideutig und bezeichnet in der Regel Astronomen im modernen Sinne (V. N., XXIX 2; Conv. II xiii 28; Quest. 53 und 54; vgl. 'astronomi' in Epist. XI 4). D. nahm indes zweifellos astrolog. Einfluß der Gestirne und Himmel *(influenza, virtù celestiale)* an. Der Auffassung seiner Zeit folgend, meint D., daß die Sphären unter der Lenkung himml. Vernunftwesen *(angeli)* mittels ihrer Bewegungen und des von ihnen ausgehenden Lichts der Materie spezif. Formen verleihen und so die Elemente gemäß dem Zweck der Himmel – und letztl. nach Gottes Willen – ordnen (Par. VII 141; Conv. II vi 9, III xiv 2–3, IV ii 6–7). D. teilte die damals allgemeine Überzeugung, daß himml. Tugend und Himmelskörper zusammengehören. Zur Bestätigung dienen ihm die Mondflecken, denn Licht gilt als Ausdruck von Engelstugend (Par. II 49ff. und 139–146). Den Angriffen von Theologen auf die Astrologie entzieht sich D., indem er die sensitive Seele des Menschen, nicht aber die vernunftbegabte der Macht der Gestirne unterwirft (Purg. XVI 67ff.; vgl. Conv. IV xxi 4). Sein Standpunkt in dieser Frage ist im wesentl. der thomistische. Im Hinblick auf seine ausgeprägte Neigung zur Numerologie ist sein Vergleich zw. den Eigenschaften der Arithmetik und denen des Sonnenhimmels bemerkenswert (Conv. II xiii 8, 15ff. usw.).

An vielen Stellen seiner Werke zeigt D. seine Vertrautheit mit der Naturwissenschaft des Aristoteles. Von guter Kenntnis der »Meteorologica« zeugen seine Beschreibungen der Kondensations- und Verdampfungsvorgänge (Par. II 106–108, Rime C und CII usw.), von Regen, Hagel, Schnee, Tau und Reif (Purg. XXI 43 und 46–53 usw.) sowie weiterer Erscheinungen dieser Art. Über das Tierreich informieren ihn außer Aristoteles auch zahlreiche andere Quellen, doch bleibt sein Weltbild stark vom geschlossenen, kohärenten aristotel. System geprägt. So beruht seine Sicht der Stufenordnung der Natur trotz Zuhilfenahme neuplaton. Vorstellungen (etwa des Ps.-Dionysios) im Grunde auf aristotel. Prinzipien, darunter bes. den in »De anima« aufgestellten Lehren. J. D. North

VII. HANDSCHRIFTENÜBERLIEFERUNG: Die Textgestaltung der »Commedia« ist nach wie vor umstritten, da uns keine Autographen der Dichtung überliefert sind. Nach dem heutigen Kenntnisstand wurde das »Inferno« vor 1308, das »Purgatorio« vor 1312 verfaßt; das »Paradiso« war 1321 vollendet. Die frühesten noch erhaltenen Hss., der Codex Landianus (1336) und der Trivulziano 1080 (1337), stammen aber erst aus den dreißiger Jahren des 14. Jh. Von einer verlorenen Hs. von 1330 sind außerdem Varianten bekannt. Die Frage, warum es keine vor 1330 datierte Hs., wohl aber schon seit 1322 Kommentare zur »Commedia« gibt, läßt sich nicht endgültig beantworten. Vermutl. waren schon vor der Fertigstellung des »Paradiso« Abschriften der ersten beiden »Cantiche« in Umlauf.

Die Zahl der annähernd vollständigen Hss. wird heute mit 495 angegeben. Dazu kommen etwa 100 Codd., die einzelne »Cantiche« oder Gesänge überliefern. Auffälligerweise ist die Zahl der »Inferno«-Texte mehr als doppelt so groß als die der »Paradiso«-Abschriften.

Von Boccaccio wissen wir, daß er Petrarca eine Hs. der »Commedia« zukommen ließ, vermutl. Vaticanus lat. 3199. Doch so sehr sich Boccaccio um die Verbreitung von D.s Schriften bemühte, so willkürl. ging er als Philologe vor, was zur weiteren Komplizierung der Textüberlieferung beitrug.

Die frühen Drucke folgen im allgemeinen einer Hs. aus dem späten 14. oder dem 15. Jh. Bes. zu erwähnen sind hier die Ed. princeps von 1472, die beiden Aldine Bembos von 1502 und (Nachdr.) 1515 sowie die mit einem Kommentar Landinos versehene Florentiner Ausg. von 1481. Obwohl sich Bembo kaum um die Handschriftenüberlieferung kümmert, verdrängt die Aldina doch für lange Zeit die berühmte Landino-Ausg. von ihrem Platz als vulgata. Bembos Autorität ist jedoch nicht unumstritten. So beginnen die Florentiner Humanisten, den Text der Aldina mit verschiedenen Hss. krit. zu vergleiche und die bes. Stellung des von Bembo benutzten sog. optimus codex zu relativieren. Diese philolog. Tätigkeit gipfelt in der Ausg. der Accademici della Crusca (1595), die anscheinend 95 verschiedene Hss. berücksichtigt hat.

Die Bemühungen um einen der Urfassung der Dichtung nahekommenden Text vermehrten sich im Laufe des Settecento, doch sollte erst das 19. Jh. konkrete Ergebnisse bringen. Entscheidend trug dazu die 1888 erfolgte Gründung der *Società Dantesca* bei, welche die krit. Gesamtausg. v. D.s Werken förderte. Richtungweisend wurden K. WITTES Berliner Ausg. der »Commedia« (1862), und die 1894 gedr., von E. MOORE hg. Oxforder Ed. Beide Forscher befolgten erstmals eine method. gesicherte Textkritik. Ein neuer Höhepunkt wurde 1921 erreicht, als G. VANDELLI nach 15jähriger Vorarbeit die »Commedia« im Rahmen der von der Società Dantesca veröffentl. Werke D.s vorlegen konnte. Textkrit. noch besser abgesichert war jedoch die 1924 erschienene Ausg. von M. CASELLA. Seine Annahme, man könne von einem Urtext der »Commedia« ausgehen, der sich dann in zwei Gruppen und in viele Untergruppen aufgeteilt habe, ist eine fruchtbare, aber nicht zwingende Arbeitshypothese. Das bisher letzte, aber nicht endgültige Wort zu diesem ganzen Fragenkomplex findet man in der von G. PETROCCHI veranstalteten krit. Ausg. von 1966. Fragl. scheint uns für diesen heute maßgebenden Text die These, daß die späteren Hss. notwendigerweise auch die schlechteren sein sollen und daß es in der späteren Tradition keine ernsthaft diskutierbare Lesart gebe. Die Bibelforschung hat den entgegengesetzten Beweis geliefert. PETROCCHIS »Commedia« (»secondo la antica vulgata«) geht von 27 Hss. aus, die vor 1335 geschrieben wurden oder geschrieben sein könnten. Doch behält auch sein Text eine Reihe von Lesarten der späteren Tradition bei, welche der krit. Text VANDELLIS von 1921 nach Kriterien übernahm, die von WITTE, MOORE, BARBI und CASELLA erarbeitet worden waren. Weder die von CASELLA angewandte genealog. Textzuordnung zu bestimmten Handschriftengruppen noch PETROCCHIS einseitige Bevorzugung der frühen Texte überzeugen voll und ganz. Für die Zukunft ergibt sich kaum eine andere Lösung als die schon 1891 von BARBI und neuerdings auch von FOLENA nachdrückl. geforderte Gesamtkollation aller »Commedia«-Hss.

M. BARBIS krit. Ausg. der »Vita Nuova« (1907, verb. 1932) berücksichtigt 40 Hss., wovon einzelne nur fragmentar. erhalten sind. Die Hss. lassen sich in 2 Gruppen, α und β, unterteilen. Die wichtigsten sind der Chigiano L VIII 305 (Mitte 14. Jh.) aus der ersten, Boccaccios Autograph Toledano 104 6 und der Magliabechiano VI 143 aus der zweiten Gruppe. D.s Frühwerk, um 1293 entstanden, wurde erstmals – nur die Gedichte – 1527 in Florenz gedruckt. Es folgt die von N. Carducci hg. Ed. pr. (Florenz, 1576), zu der im 18. Jh. (Venedig, 1723) eine weitere Ausgabe kommt. Die Ausgaben des 19. Jh. (RAJNA, WITTE, BECK) fußen auf einer lückenhaften Rezension.

Die Gedichte D.s (Rime) wurden nicht als organ. Ganzes konzipiert und sind in zahlreichen Hss. überliefert. Boccaccios Autograph (Toledano 104 6) enthielt 15 Gedichte, darunter die wohlbekannten »Petrose«. Wichtiger als die erste gedr. Ausg. (Mailand 1518) ist die sog. »Giuntina di Rime antiche« von 1527, eine Anthologie toskan. Lyrik, die im 16. Jh. weitere verlegerische Erfolge hatte. Doch erst die Società Dantesca bemühte sich um eine krit. Ausg., die 1921 als Teil der Jubiläumsausg. erschien (M. BARBI). (Neuere krit. Ausg. s. Ed.).

Der »Convivio« scheint erst mit Boccaccio eine gewisse Verbreitung gefunden zu haben. Tatsächl. gehen die frühesten Hss. auf die letzten Jahrzehnte des 14. Jh. zurück. Die Mehrheit stammt sogar erst aus der Zeit von 1440/70. Alle 44 Hss. scheinen auf einen gemeinsamen Archetyp zurückzugehen. Der Erstdruck entsteht 1490 in Florenz; es folgen 3 venetian. Ausgaben. Erste Versuche, den Text krit. zu edieren, bringt das 19. Jh. (TRIVULZIO, MONTI, MOORE). (Neuere krit. Ausg. s. Ed.).

D.s sprachphilosoph. Werk »De vulgari eloquentia« wurde in nur 5 Hss. überliefert, welche heute in Tübingen (B; früher Berlin), Grenoble (G), Mailand (T), Straßburg (S) und im Vatikan (V) aufbewahrt werden. Da V jedoch eine Kopie von T ist und S den Druck von Venedig 1758 wiedergibt, verbleiben nur drei Mss. – eine wahrhaft geringe Zahl. B war längere Zeit unbekannt und bildet, wie wir heute wissen, eine eigene Familie. T und G gehen auf einen verschollenen Typ y zurück. (Ausg. s. Ed.).

Der lat. Text der »Monarchia« ist auf 20 Mss. überliefert, die jedoch z. T. erst in neuerer Zeit zum Vorschein kamen. Die Überlieferung dieses aus polit. Gründen vielfach angefochtenen Werkes gilt als nicht ganz gesichert. Schon den frühesten Kopisten unterliefen zahlreiche Fehler. Die erste gedr. Ausg. erschien 1559 in Basel. Erwähnenswert ist die von Marsilio Ficino stammende erste it. Übers. von 1467. Der erste Versuch einer krit. Ausg. geht auf WITTE (1874) zurück, doch gelang es diesem Forscher noch nicht, die Zusammenhänge zw. den acht Codd., über die er verfügte, zu rekonstruieren. 1918 folgte ein weiterer Versuch von L. BERTALOT, der vier Familien von Hss. unterscheidet. Die krit. Ed. von E. ROSTAGNO, die für die Jubiläumsausg. von 1921 bestimmt war, brachte kaum neue Erkenntnisse. P. G. RICCIS Ausg. (1965) rekonstruiert ein stemma codicum, das heute z. T. allerdings wieder in Frage gestellt wird.

G. Güntert

Ed.: Gesamtausg. (Soc. Dantesca It.): M. BARBI, E. G. PARODI, F. PELLEGRINI, E. PISTELLI, P. RAJNA, E. ROSTAGNO, G. VANDELLI, 1921, 1960² - V. n.: M. BARBI, 1932 - D. v. e.: P. RAJNA, 1965² - A. MARIGO, 1968³ - Conv.: G. BUSNELLI-G. VANDELLI, 1964² - M. SIMONELLI, 1966 - Mon.: P. G. RICCI, 1965 - Rime della V. n. e. della giovinezza, M. BARBI-F. MAGGINI, 1956 - Rime della maturità e dell'esilio, M. BARBI-V. PERNICONE, 1969 - Opere minori, II, P. V. MENGALDO, B. NARDI, A. FURGONI, G. BRUGNOLI, E. CECCHINI, F. MAZZONI, 1979 - Comm.: La commedia secondo l'antica vulgata, G. PETROCCHI, 1966-67 - Komm. Ausg.: Oeuvres complètes, A. PÉZARD, 1965 - V. n.: E. SANGUINETI, 1965 - D. v. e.: P. V. MENGALDO, 1968, 1979 - Rime: K. FOSTER-P. BOYDE, 1967 - G. CONTINI, 1973³ [Nachdr.] - Comm.: N. SAPEGNO, 1957 - T. CASINI, S. A. BARBI, A. MOMIGLIANO, 1972ff. - Mon.: B. NARDI, 1979 - Ecloghe: G. BRUGNOLI, R. SCARCIA, 1980 - Il Fiore e il Detto d'Amore, attrib. a D. Alighieri, hg. G. CONTINI, 1984 - Bibliogr. [Auswahl]: Medioevo latino III, IV, s. v. - EM, s. v. - A. VALLONE, Gli studi dant. del 1940 al 1949, 1950 - E. ESPOSITO, Gli studi dant. dal 1950 al 1964, 1965 - Rep. bibliogr. dant., hg. S. ZENNARO, I-VII, 1968-74 - A. VALLONE, La critica dant. nel Novecento, 1976 - DERS., Storia della critica dant. dal XIV al XX secolo (Storia della lett. d'It. IV, 1-2), 1981 - Für laufende bibliogr. Angaben: »D.« in: La Rassegna della lett. it., 1896ff. - »D.« in: Roman. Bibliogr., 1927ff. - D.-Zs.: Annual Report of the D. Society, 1883-1965, seit 1966: D. Stud. with the Annual Report of the D. Society - Atti e notizie della Soc. Dant. it., 1906ff. - Studi dant., 1920ff. - Dt. Dante-Jb., 1928ff. - L'Alighieri, Rassegna bibliogr. dant., 1960ff. - Annali dell'Ist. di Studi dant., 1967ff. - Lex.: G. SIEBZEHNER-VIVANTI, Diz. della D. C., 1965 [Neudr.] - EDant, 1970-78 - Konkordanzen: La D. C. (Testo, concordanze, lessici, rimari, indici), IBM-Italia, 1965 - A. Concordance of the D. C. of D. A., ed. E. H. WILKINS-TH. G. BERGIN, 1966 - Spogli elettronici dell'it. della origini e del Duecento, II, Forme, hg. M. ALINEI, vol. 5, D. C., 1971; vol. 8, V. n., 1971; vol. 11, Rime, 1972; vol. 13, Conv., 1972 - Concordanza della Commedia di D. A., hg. L. LOVERA, 1975 - Lit.: zu [A. und B. I (Auswahl)]: allg.: G. A. SCARTAZZINI, Dantologia, Vita e opere di D. A., 1883 - DERS., D.-Hb. Einf. in das Studium des Lebens und der Schriften D. A., 1892 - S. SANTANGELO, D. e i trovatori provenzali, 1921 (1982²) - G. BOCCACCIO, Vita di D. e difesa della poesia, 1963 - J. DÉER, D. in seiner Zeit (D. A. 1265-1321, 1966), 26-49 - M. BARBI, D. Vita, opere e fortuna, 1965² - P. TOYNBEE, D., his Life and Works, 1965² - AAVV., D. A., Einl. v. H. FRIEDRICH, 1968 - G. CONTINI, Un'idea di D., 1976 - G. PADOAN, Il Pio Enea, l'empio Ulisse Tradizione classica e intendimento medievale in D., 1977 - B. SANDKÜHLER, Die frühen Dantekomm., 1977 - W. TH. ELWERT, Die it. Lit. des MA: D., Petrarca, Boccaccio, 1980 - G. GORNI, Il nodo della lingua e il verbo d'amore. Studi su D. e altri Duecentisti, 1981 - P. ANTONETTI, La vita quotidiana a Firenze ai tempi di D., 1983 - M. CORTI, La felicità mentale: nuove prospettive per Cavalcanti e D., 1983 - R. MORGHEN, D. profeta, 1983 - D. C.: K. VOSSLER, Die G. K., Entwicklungsgesch. und Erklärung, 1907-10 - zu [A. Ikonographie]: L. VOLKMANN, Iconografia Dantesca, 1897 - M. v. BOEHM, Danteporträt und Danteillustration, 1938 - zu [B.III]: B. CROCE, La poesia di D., 1921² - D. MATTALIA, D. (Classici it. nella storia della critica, I), 1934 - F. MAGGINI, La critica dantesca, Questioni e correnti di storia letteraria, 1949 - W. P. FRIEDERICH, D.'s Fame Abroad (1350-1850), 1950 - U. COSMO, Guida a D., 1962² - G. PETROCCHI, L'Inferno di D., 1978 - zu [B. IV]: A. VALLONE, Storia della critica dantesca dal XIV al XX secolo (Storia della lett. d'It. IV, 1-2), 1981 - zu [B.V]: EDant, s. v. Convivio, Filosofia, Monarchia - G. BUSNELLI, Cosmologia e antropogenesi sec. D. A. e le sue fonti, 1922 - F. ERCOLE, Il pensiero politico di D., 1927-28 - B. NARDI, Saggi di filosofia dantesca, 1930 [1967²] - P. MANDONNET, D. le théologien, 1935 - TH. KAEPPELI, Der Dantegegner Guido Vernani O. P. von Rimini, QFIAB 28, 1937-38, 107-146 - E. GILSON, D. et la Philosophie, 1939 [1953²] - A. PÉZARD, Le »Conv.« de D., 1940 - B. NARDI, D. e la cultura medievale, 1942 [1949²] - DERS., Nel mondo di D., 1944 - A. RENAUDET, D. humaniste, 1952 - B. NARDI, La Filosofia di D. (Grande Ant. filos. IV, 1954), 1149-1266 - M. MACCARONE, Il terzo libro della Mon., Studi dant. 33, 1955, 5-142 - A. PASSERIN D'ENTRÈVES, D. politico e altri saggi, 1955 - N. MATTEINI, Il più antico oppositore politico di D.: Guido Vernani da Rimini. Testo critico del »De reprobatione Mon.«, 1958 - C. S. SINGLETON, D. Stud., I-II, 1954-58 - B. NARDI, Dal »Conv.« alla »Comm.« Sei saggi danteschi, 1960 - F. SCHNEIDER, D., sein Leben und sein Werk, 1960⁵ - G. VINAY, Interpretazione della Mon. di D., 1962 - B. NARDI, Saggi e note di critica dantesca, 1966 - J. GOUDET, D. et la politique, 1969 - J. PÉPIN, D. et la tradition de l'allégorie, 1970 - H. LÖWE, Von Cassiodor zu Dante, 1973, 277-297, 298-328 - E. GILSON, D. et Béatrice, 1974 - K F. WERNER, Das Imperium und Frankreich im Urteil D.s (Fschr. H. LÖWE, 1978), 546-564 - E. L. FORTIN, Dissidence et philos. au MA. D. et ses antécédents, 1981 - M. CORTI, D. a un nuovo crocevia, 1982 - zu [B.VI]: Q.: Almanach Dantis Aligherii, ed. G. BOFFITO-C. L. MELZI

D'ERIL, 1908 – *Lit.*: P. TOYNBEE, D.'s obligations to the Elementa astronomica of Alfraganus (D. Stud. and Researches, 1901) – E. MOORE, Stud. in D., Third Series, 1903 – M. A. ORR, D. and the Early Astronomers, 1914 – P. BOYDE, D. Philomythes and Philosopher, 1981 – J. D. NORTH, Hierarchy, creation, and »il veltro«, Annali dell'Ist. e Mus. di Storia d. Scienza di Firenze VII 2, 1982, 5–28.

M.-P. Scholl-Franchini

Dante da Maiano, altit. Dichter des 13. Jh., aus der Toskana, auch Magalante gen. und in einer Urkunde aus dem Jahr 1301 erwähnt. Zwar läßt sich D.s Person nicht sicher identifizieren, doch ist seine lit. Tätigkeit im Bereich des frühen →»Dolce stil novo« anzusiedeln; sein →Canzoniere, der nur dank der Edition von Giunti (1527) überliefert ist, bietet sich uns als eine Aneinanderreihung überkommener Themen und Motive dar, die in konventioneller, von der Sprache der →Troubadours und →Guittones beeinflußter Diktion behandelt werden. D.s Dichtung ähnelt so mehr der älteren Poesie als derjenigen seiner Zeit.

D. muß bei seinen Zeitgenossen einiges Ansehen genossen haben, denn auf seine Aufforderung hin, die von ihm im →Sonett »Provedi, saggio, ad esta visione« geschilderte Vision zu erklären, erhielt er Antwortsonette von Chiaro →Davanzati, Guido Orlandi, Salvino Doni, Ricco da Varlungo, Ser Cione Baglione sowie vom jungen →Dante Alighieri, der im Rahmen dieser →Tenzone mehrmals sein Korrespondent war.

Die poet. Korrespondenz mit Dante Alighieri (5 Sonette) zählt zu dessen ersten dichter. Erfahrungen. In der erwähnten Tenzone, die als »Duol d'amore« bezeichnet wird, da sie die Frage nach dem größten Liebesschmerz stellt, zeigt sich D. gegenüber D. Alighieri nicht als unterlegen; D. Alighieris Dichtkunst stand zu diesem Zeitpunkt unter dem (später – in »De vulgari eloquentia« und im »Purgatorio« – verleugneten) Einfluß von Guittone d'Arezzo. D. da M. ist stilist. Guittone so sehr verpflichtet, daß die Kritik immer wieder versucht hat, die üblicherweise diesem zugeschriebene Canzone »Tutto ch'eo poco vaglia« als Werk D.s da M. zu betrachten.

Die Schwierigkeit, im einzelnen zu entscheiden, welche Sonette des »Duol d'amore« nun Dante Alighieri bzw. D. da M. zum Verfasser haben, beruht auf der Verwendung austauschbarer Stilelemente; sie zeigt zumindest, daß D. da M. für den jungen Dante ein durchaus ernstzunehmender Partner war. Bei eingehender Binnenanalyse der Texte scheint sich aber zu ergeben, daß die Initiative zu dieser Tenzone bei Dante lag und der Wettstreit abbrach, als D. da M. die Argumente ausgingen. Es folgte noch eine Wiederaufnahme dieses Dialogs, die aber mit der unhöflichen, wohl parodist. aufzufassenden Antwort D.s da M. auf Dantes Sonett endete, das später als poet. Prolog in die »Vita Nuova« Aufnahme fand. D. da M. ist auch Autor zweier Sonette in altprov. Sprache.

R. Blomme

Ed.: R. BETTARINI, D. da M., Rime, 1969 – *Lit.*: A. BORGOGNONI, D. da M., 1882 – S. SANTANGELO, Dante Alighieri e D. da M., Saggi danteschi, 1959, 5–19 – R. BLOMME, Studi per una triplice esperienza poetica del Dante minore, 1978, 32–85 – DERS., L'ante-litteram dantesco, del Maianese (Langue, Dialecte, Littérature. Etudes romanes à la mémoire de H. PLOMTEUX, 1983), 47–55.

Danza de la Muerte → Totentanz

Danzig (poln. Gdańsk)

I. Archäologie und frühstädtische Siedlungsgeschichte – II. Stadtgeschichte und Topographie – III. Wirtschaft und Handel.

I. ARCHÄOLOGIE UND FRÜHSTÄDTISCHE SIEDLUNGSGESCHICHTE: D. (lat. Gedanum, Dantiscum), bedeutender Ostseehafen an der Danziger Bucht, am W-Rand der Weichselniederung, wurde zuerst um 1000 als Gyddanyzc in der Vita prior S. Adalberti erwähnt, 1148 dann urkundl. als Kdanzc. Die Ableitung ist umstritten, wahrscheinl. von einem slav. Grundwort *gьd-, bzw. erweitert *gьdan- in der Bedeutung 'feuchte Stelle, Wiese', mit dem Suffix »-sk-, -sko-« gebildet; balt. oder germ. Etymologien (z. B. Verknüpfung mit Gothiscandza bei →Jordanes, Get.) überzeugen nicht. Der dt. Name entstand aus der hypokorist. Form Danczk>Danczik>Danzig.

G. Labuda

Die älteste bekannte Siedlung, die als Vorgängerin D.s gelten kann, wurde bei Grabungen 1971–74 im Gebiet des Rathauses der Rechtstadt gefunden. Ob diese Siedlung des 9. Jh. durch einen Wall befestigt war, ist nicht restlos geklärt. Andere Funde aus diesem Gebiet – ein Schiffswrack und Scherben des 9.–10. Jh. – sprechen für die Existenz eines Hafens. Über der Siedlung des 9. Jh. wurde eine des 10.–12. Jh. gefunden, die durch einen Wall geschützt war. Auf dem eingeebneten Wall befanden sich die Reste von drei Fachwerkbauten aus Eichenholz und Ziegeln, die ins 13. Jh. datiert werden. Die dort gefundene Keramik besteht zu 75 % aus blaugraue Ware und nur zu 20 % aus einheim. Keramik. Die Anlage der Burg D. auf einer Insel in der Mottlau wird auf archäol. Wege in die Zeit 970–980 datiert. Sie war von Anfang an stark befestigt. Die Bauweise des Walles, Kasten- und Hakenkonstruktion, gilt als westslavisch. Gemeinsamkeiten in der materiellen Kultur können aber hier für die polit. Geschichte schriftl. Quellen nicht ersetzen. Strittig ist die Frage, ob die Innenbebauung der ca. 2 ha großen Burganlage seit Beginn planmäßig erfolgte oder ob erst nach dem erweiterten Wiederaufbau im 12. Jh. mit fester Parzellierung zu rechnen ist. Noch nicht ausgegraben ist der Sitz des Fürsten. Vor der Burg sind Hafenanlagen nachgewiesen. Nach der Eroberung im Jahre 1308 errichtete der →Dt. Orden seine Burg auf den Fundamenten der slav. Anlage. Im Gebiet der ehemaligen Nikolaikapelle wurde eine Siedlung gefunden, die ins 10.–13. Jh. datiert wird. Diese wohl befestigte Siedlung wurde im 12./13. Jh. in Richtung auf die Burg erweitert, wobei eine planmäßige Anlage angenommen wird; sie bestand über das Jahr 1308 hinaus fort. Bachläufe werden für diese Siedlung in der Altstadt als Hafenkanäle in Anspruch genommen. Die Funde in D. belegen die große Bedeutung des Fischfanges seit Beginn und die rasche Entwicklung der verschiedenen Handwerke. Gut bezeugt sind auch Handel und Handelsbeziehungen. Vgl. auch →Burgwall, slav.

R. Köhler

II. STADTGESCHICHTE UND TOPOGRAPHIE: [1] *Bis zum Ende des Hochmittelalters*: Schriftliche Quellen berichten, daß der Prager Bf. →Adalbert Vojtěch während seiner Missionsreise zu den →Preußen in D., wo ein mit →Bolesław Chrobry verschwägerter Fürst herrschte, die Bewohner taufte. 1148 wird D. (castrum Kdanzc) als Sitz einer neuen pommerell. Dynastie (→Pommerellen) genannt, deren erster Repräsentant Sambor I. 1186 das Zisterzienserkloster →Oliva bei D. mit Mönchen aus dem Kl. →Kolbatz bei Stettin gründete. Seine beiden Neffen Swantopolk und Sambor II. konnten 1227 die volle Unabhängigkeit von Polen erringen und führten den Titel »dux Pomeranorum«. Mit Mestwin II. (†25. Dez. 1294) erlosch die Dynastie.

Bei den einzelnen frühen Siedlungen in D. bleiben wegen der unterschiedl. Bewertung der schriftl. Überlieferung und v. a. wegen der längst noch nicht abgeschlossenen archäol. Grabungen in D. in der Forschung noch immer viele Fragen der Lokalisierung und der Chronologie offen. Außer der Burg mit einem Suburbium entstanden kleinere Handwerks- und Kaufmannssiedlungen an der Mottlau, auf dem →Hakelwerk und am späteren

Langen Markt. In der zweiten Hälfte des 12. Jh. (1185/90?) wurde die Nikolaikapelle als Parochialkirche (vielleicht einer fremden Kaufleutegemeinde) gebaut, die 1227 von dem Bf. v. →Włocławek (Leslau) und dem Fs. Swantopolk dem Dominikanerorden überlassen wurde. In der Nähe der neuen Parochialkirche St. Katharinen entstand eine eigenständige Kaufmanns- und Handwerkersiedlung der Lübecker mit eigenem Schulzen (Andreas scultetus, 1227). Die in der Forschung diskutierten Indizien, die für eine Umgestaltung dieser Lübecker Gemeinde zu einer civitas mit dt. Stadtrecht in den Jahren 1235-40, bzw. noch früher, sprechen, sind nicht unstrittig; diese Gemeinde scheint sich vielmehr in der Zeit der heftigen Kämpfe Swantopolks mit dem →Dt. Orden (1242-48) aufgelöst zu haben. Erst 1252 kam es zur Aussöhnung Swantopolks mit der Stadt →Lübeck. Das angebl. Datum einer Gründung in den Jahren 1261-63 ist nicht gesichert. Diese neue Siedlung wurde an die Lange-Markt-Straße verlegt, in Anknüpfung an eine ältere slav. Befestigungs- und Hafenanlage. Sie erhielt eine eigene Filialkirche St. Marien, deren Umbau zur großen Marienkirche erst im 14. Jh. erfolgte. Aus dem 13. Jh. stammt das Siegel mit der Aufschrift »Sigillum burgensium in Dantzike« und der Abbildung der →Kogge. Neben der neuen Rechtsstadt bildete nun die Siedlung um Nikolaikapelle und Katharinenkirche die Altstadt, an die sich die Burg und die Siedlung auf dem Hakelwerk anschlossen, welche meistens von der slav. und auch pruss. Bevölkerung bewohnt wurde. Die Altstadt erhielt 1377 das Stadtrecht. Die Einwohnerzahl D.s schwankte im 11.-12. Jh. zw. 1500-3000 Einw., im 13. Jh. zw. 3000-5000 Einw.   G. Labuda

[2] *Im Spätmittelalter:* Nach dem Erlöschen der pommerell. Dynastie (1294) gelangte Pommerellen unter wechselnde Herrschaften. Anfang des 14. Jh. verlor schließlich Władysław von Polen →Pommerellen an den →Dt. Orden, der Stadt und Burg D. nach schweren Kämpfen besetzte. Der Dt. Orden behielt D. und ganz Pommerellen in seiner Hand und kaufte im Vertrag v. →Soldin (13. Sept. 1309) den Askaniern alle Besitztitel (lehnherrschaftl. Rechte seit dem Vertrag v. →Arnswalde, 1269) für 10000 Mark Silber ab.

Zahlreich waren in der Folgezeit die Spannungen und Streitigkeiten zw. der Stadt und dem Dt. Orden um den freien Handel und die Kontrolle über die Schiffahrt. 1343 wurde an Stelle des lübischen Rechtes das im Gebiet des Dt. Ordens gültige →Kulmer Recht eingeführt. Auf den Fundamenten der alten Burganlage errichtete der Dt. Orden um 1340 eine große Burg, die zum Sitz des D.er →Komturs wurde. Nach dem poln.-litauischen Sieg über den Dt. Orden bei →Tannenberg (1410) ging der D.er Rat zum poln. König über. Es kam zu blutigen Repressalien gegen die Ratsherren, als der Dt. Orden die Macht im Kern seines Territoriums zurückerlangte (Friede v. →Thorn, 1411). In der Folgezeit versuchte D., sich finanziellen Leistungen an den Orden zu entziehen. 1416 führten Unruhen in der Stadt zum Eingreifen der Ordensritter und zu einer verstärkten Abhängigkeit D.s vom Dt. Orden in der Mitte des 15. Jh. (Dem Landeschoß von 1419 verdanken wir als wertvolle Q. das Fragment einer Steuerliste, KEYSER, Baugeschichte, 329f.) Danzig war Mitglied im sog. →Preußischen Bund, zu dem sich 1440 die ständ. Mitregierung fordernden Städte und Adligen in Preußen zusammengeschlossen hatten. In den dann seit 1452/53 ausbrechenden Auseinandersetzungen zw. den Ständen und dem Dt. Orden spielte D. eine führende Rolle, es finanzierte v. a. den dreizehnjährigen Krieg gegen den Orden, der mit dem zweiten Frieden v. →Thorn (1466) seinen Abschluß fand. Danzig hatte bereits 1454 die Schutzhoheit des poln. Kg.s anerkannt; die ordensfreundl. Bewegung in der Stadt wurde vom Rat 1456 blutig niedergeschlagen. 1457 huldigte D. dem poln. Kg. →Kasimir IV. und erhielt dabei zahlreiche Privilegien. Die Stadt war seitdem in Personalunion mit Polen verbunden. Danzig hatte praktisch einen polit. selbständigen Status mit dem Recht des freien Handels, der Münzprägung und der Kontrolle über die Schiffahrt.

Bereits im 13. Jh. gewann die Rechtsstadt eine immer stärkere Position in der →Hanse, am Ende des 13. Jh. hatte sie ein Mitspracherecht bei den Gerichtsangelegenheiten der Hansekontore in →Novgorod und in Pommerellen. D. wurde zum Vorort des preuß. Quartiers. Seit 1361 ist die Teilnahme am Hansetag belegt, bereits 1377 hatte D. eine ebenso bedeutende Stellung innerhalb des Hansebundes wie →Thorn und →Elbing. An den Auseinandersetzungen der Hanse mit →Dänemark und →Schweden nahm D. seit 1367 teil (→Kölner Konföderation). Die Politik der Stadt D. gegenüber der Hanse wurde teilweise durch den Dt. Orden beeinflußt, der sie zur Neutralität im Krieg der Hanse (1426-35) gegen →Erich v. Pommern zwang; innerhalb der Hanse aber betrieb D. immer mehr eine eigene Politik, unabhängig von der Stadt →Lübeck, zu der ein gewisser Interessengegensatz bestand. Gegen Ende des 15. Jh. war D. in zahlreiche Konflikte mit dem Adel, anderen Städten und dem poln. Kg. im preuß. Raum verwickelt.

Der wachsende Reichtum der Stadt zeigte sich in der starken Erweiterung des Stadtareals, die auch wegen der zahlreichen Einwanderer notwendig wurde (Kaufleute und Handwerker, u. a. aus den Hansestädten, aus Brandenburg, Obersachsen und Thüringen). Das Stadtgebiet dehnte sich nach N aus, wo die sog. Neustadt entstand (Pfarrkirche St. Johannes ca. 1349) und auch nach S, wo sich die sog. Vorstadt um die Schiffswerft entwickelte (Filialkirche St. Peter und Paul um 1400). Die Rechtsstadt hatte seit 1378 eine Ratsverfassung; am Langen Markt entstand 1380 das Rathaus, seit 1343 wurde die Marienkirche ausgebaut. Seit der 2. Hälfte des 14. Jh. führte die schnelle Entwicklung D.s wiederholt zu Konflikten zw. dem Patriziat, das die Rat bildete, und den Handwerkern sowie den neu zugezogenen Kaufleuten (1363, 1378).

Am Anfang des 15. Jh. wurden die Mottlauufer zum Haupthafen D.s; das Hafengelände wurde mit Magazinen, Lagern und Speichern bebaut. Anfang der 30er Jahre des 15. Jh. entstand in Richtung des Marschlandes die Vorstadt Langgarten, deren Entwicklung stark gefördert wurde, als die Franziskaner sich hier niederließen. 1380 hatte der Orden nördl. der Altstadt bereits die sog. Jungstadt gegründet, die um 1457 als Handelskonkurrenz ausgeschaltet war. Eine zentrale Rolle im sozialen und wirtschaftl. Leben der Führungsschicht in D. spielte der Artushof (→Artusbruderschaften), dessen Statuten erhalten sind (hg. von P. SIMSON, Der Artushof in D., 1900). Nach einem Brand wurde er 1477-81 erneuert und war nun Börse und Festhalle der Bürgerschaft. Bedeutende Hospitäler waren: Heiliggeistspital, Elisabethhospital (1394 vom Dt. Orden gegr.), Jakobshospital (seit 1432). Um 1500 zählte die Stadt mit ca. 30000 Einw. zu den europ. Großstädten.   H. Samsonowicz

III. WIRTSCHAFT UND HANDEL: Günstig für die wirtschaftl. Entwicklung seit dem Anfang des 10. Jh. war die Lage D.s, einerseits zw. dem Außendeichland des späteren →Kujaviens und dem fruchtbaren Höhenrücken und anderseits am Schnittpunkt von Weichselhandel (→Weichsel) und Ostseehandel (→Ostsee). Der erste Faktor begünstigte die lokale Warenproduktion und den lokalen Handel zw. den landwirtschaftl. Gebieten und den Jagd- und Fischereiregionen, der zweite Faktor war für die Entwicklung der D.er Fernhandelsbeziehungen zum gesamten frühma. Europa wichtig – die untere Weichsel war ein Teil des Wasserweges, der die Ostsee über den Bug, Wolhynien und den Dnjepr mit dem Schwarzen Meer verband.

Neben dem altpreuß. →Truso war D. bereits frühzeitig ein Handelszentrum für den Warenaustausch zw. der Südküste der Ostsee und Skandinavien. Anscheinend exportierte man bereits im 10. bis 12. Jh. Nahrungsmittel, v. a. aber wurden →Sklaven an skand., russ. oder arab. Kaufleute verkauft. Aus den Münzfunden kann man auf einen sehr regen und gewinnbringenden Handel schließen.

Mit der Entstehung der →Hanse und dem Auftreten des →Dt. Ordens an der Ostsee erfolgte in der 1. Hälfte des 13. Jh. eine grundlegende Änderung. Außerdem führte der gleichzeitige Niedergang der →Kiever Rus' zur Verlagerung des Fernhandels. Bereits in den 20er Jahren des 13. Jh. war D. ein wichtiger Meeres- und Flußhafen für den Fernhandel, er war Umschlagplatz für den Ostseehandel mit flandr. Tuchen, die man von D. aus nach S weitertransportierte, mit Salz (wahrscheinl. aus →Lüneburg), Fischen, Getreide, Fellen und Häuten. Innerhalb des Ostseehandelssystems waren für D. einmal die Handelsroute »Lübeck-Visby-Novgorod«, zum anderen die Handelsroute »Lübeck-Dirschau, Pommerellen-Kujavien« von Bedeutung. In Pommerellen geriet D. mit den Ordensstädten Elbing u. Thorn in Konflikt. Kontakte der D.er mit →Brandenburg lassen auf ein weiträumiges Einzugsgebiet des D.er Handels schließen; es reichte im W bis zur →Neumark und im O bis nach Kujavien. Aus ihm kamen viele Agrarprodukte für den hans. Handel.

Frühzeitig entwickelte sich auch der lokale Markt. Märkte und Jahrmärkte (der bekannteste fand immer im August statt, bis heute »Dominikaner-Jahrmarkt« gen.) hatten regen Zulauf. Im 13. Jh. wurden im Bereich von D. 20 verschiedene Handwerke betrieben, zu den wichtigsten gehörten: Bootsbau, Gerberei, Fell- und Pelzverarbeitung, Metallgewerbe und Lebensmittelerzeugung. Sie lassen sich durch archäolog. Funde gut belegen. Das Erscheinen des Dt. Ordens führte zu einem Rückgang des städt. Handels, bes. des Fernhandels, der erst seit den 30er Jahren des 14. Jh. eine neue Blüte erfuhr.

Im 14. Jh. war D. zunächst Hauptexporthafen für Waren, die auf der Weichsel geflößt wurden. In den 40er Jahren überrundete D. Elbing. Die Entwicklung des hans. Handels auf der Ost-West-Route und die Entfaltung eines großen Exports von Pelzen und diversen Waldprodukten verhalfen der Stadt zu großer Bedeutung als Haupthafen des poln. und litauischen Hinterlandes. Auch die Ausfuhr von ungar. Kupfer über Krakau und von poln. Blei wirkte sich für die Stadt günstig aus. In der 2. Hälfte des 14. Jh. war D. zum größten Handelshafen des Ordensgebietes geworden. Innerhalb der Hanse erlangte D. bald eine herausragende Stellung. Als Handelspartner nahm bis zum Ende des 15. Jh. →Lübeck den ersten Platz ein. Am Handel mit D. hatten auch engl. (vor 1370) und flandr. Kaufleute zunehmendes Interesse. 1454 endete die Handelskonkurrenz zum Dt. Orden und zu Polen. Nach dem dreizehnjährigen Krieg der Hanse gegen den Dt. Orden erstreckte sich der Handelshorizont auf folgende Bereiche: von Portugal (Setubal) bis nach Island, Norwegen (Bergen), Schweden bis zum Bottnischen Meerbusen, Finnland (Åbo, Vyborg), Novgorod, Tver, Mogilev, Brest-Litovsk, Lemberg, Kamieniec Podolski, Košice, Buda, Prag, Nürnberg, Frankfurt a. M. und bis in die südl. Niederlande, die Bretagne und nach Aquitanien.

Fünf verschiedene Handelszonen lassen sich unterscheiden: Westeuropa (woher Tuche, Salz, Heringe, Nahrungsmittel kamen), Skandinavien (das Eisen, Fische, Fett lieferte), das poln.-litauisch.-russ. Hinterland (aus dem Getreide, Holz, Pelze und diverse Waldprodukte kamen), die wendischen Städte mit Lübeck sowie der Bereich »Oberdeutschland, Böhmen und Ungarn«, der nur eine geringe Rolle spielte und nur auf gewerbl. Investitionen und den Umschlag von Handelskapital beschränkt blieb. D. erlangte große Bedeutung durch die Übernahme der größten Teils der Handelskontakte zw. den Ländern Westeuropas (England, Niederlande, Frankreich) und dem litauisch-poln. Hinterland.

Für die Zeit seit dem Ende des 14. Jh. sind drei verschiedene Phasen des Handels erkennbar, die sich durch die Struktur des D.er Exports bestimmen: In der ersten Phase (bis ins dritte Jahrzehnt des 15. Jh.) spielten Pelze, Honig, Wachs und Hopfen, ztw. auch Getreide, die Hauptrolle, also Güter, die aus Masowien, Litauen und Preußen geliefert wurden. Während der zweiten Phase (bis in die 80er Jahre des 15. Jh.) wurden v. a. Getreide und Holz gehandelt, wobei Holz an westeurop. Werften, hauptsächl. holländ., aber auch engl., geliefert wurde. (Vgl. als Q. dazu die Pfahlkammerbücher ab 1460, ungedruckt, ausgewertet bes. durch W. STARK.) Die dritte Phase (in den letzten zwei Jahrzehnten des 15. Jh.) wird durch den steigenden Getreideexport nach Holland und Zeeland charakterisiert.

Der Anstieg des Handels ging seit dem 14. Jh. mit der Ausweitung der Kreditbeziehungen einher. Um 1400 kannte man in D. Kredite (sog. »Vorlegung«), die v. a. auf künftige Erträge aus der Land-, aber auch Waldwirtschaft (Wachs, Honig, Pelze, Teer) gewährt wurden. Diese Praxis machte die Produktion von der Nachfrage in D. nach bestimmten Waren abhängig. Sie war dank der Aktivität der zahlreichen D.er Faktoreien in anderen poln. Städten möglich. Im Laufe des 15. Jh. läßt sich beobachten, daß sich das Handelskapital in den Händen einer immer kleiner werdenden Gruppe konzentrierte, die allerdings bis zum Ende des MA von Einwanderern aus dem W verstärkt wurde. Die durch den Handel reich gewordenen Unternehmer (bis zu 30 % Gewinn bei einer gelungenen Transaktion) betrieben z. T. Wucher und Kreditspekulationen und erwarben Grundbesitz in der Stadt und auf dem Lande. Der Handel ließ auch Anfang der 60er Jahre des 15. Jh. die ersten Versicherungsfirmen und privaten Banken entstehen, verschiedene Arten des →Kreditwesens entstanden (vgl. das noch unedierte Handlungsbuch von Joh. Pisz, 1421-54, und dazu: W. SCHMIDT-RIMPLER, Gesch. des Kommissionsgeschäfts in Dtl. I, 1915, 77ff.). Auch die →Buchhaltung wurde weiterentwickelt.

Handwerk und Gewerbe erlebten im 15. Jh. eine Blüte. Bes. auffällig war die Expansion im Bereich des Bauwesens, der Metallgewerbe, des Schiffbaus und der Brauereiwesens.

H. Samsonowicz

Lit.: HOOPS² V, 252-254 [H. TIEFENBACH; Lit.] - SłowStarSłow II, 87-91 [K. JAŻDŻEWSKI; Lit.] - TH. HIRSCH, D.s Handels- und Gewerbegesch. unter der Herrschaft des Dt. Ordens, 1858 - P. SIMSON, Gesch. der Stadt D. I, 1913; IV (Urkk.), 1918 - E. KEYSER, Die Entstehung von D., 1924 - DERS., Neue Forsch. über die Entstehung der Stadt D., Zs. des Westpreuss. Gesch. Ver. 75, 1939, 55-138 - DtStbI, 1939, 34-39 [E. KEYSER] - M. PELCZAR, Polski Gdańsk, 1947 - A. ZBIERSKI, Port gdański na tle miasta w X-XIII wieku, 1964 - K. JAŻDŻEWSKI, J. KAMIŃSKA, R. GUPIENEC, Le Gdańsk des Xᵉ-XIIIᵉ s. (Archaeologia Urbium I, 1966) - Hist. Stätten Ost- und Westpreußen, 1966, 29-35 [E. KEYSER] - H. SAMSONOWICZ, Unters. über das D.er

Bürgerkapital in der 2. Hälfte des 15. Jh. (Abh. zur Handels- und Sozialgesch. 8, 1969) – Gdańsk, jego dzieje i kultura, hg. F. MAMUSZKA, 1969 – E. KEYSER, Die Baugeschichte der Stadt D., 1972 – T. ROSŁANOWSKI, Polens Städte und Bürgertum am Ausgang des MA (Stadt und Stadtherr im 14. Jh., hg. W. RAUSCH, 1972), 391–417 – B. LEPOWA, Gdańsk im 10. bis 13. Jh. (Hanse in Europa, 1973) – W. STARK, Lübeck und D. in der 2. Hälfte des 15. Jh., 1973 – Historia Gdańska I, II, hg. T. CIEŚLAK, 1978, 1982 [Lit.] – H. LINGENBERG, Die Anfänge des Kl. Oliva und die Entstehung der dt. Stadt D., 1982. – DERS., Der Strukturwandel in der Entwicklung D.s vom 12. zum 13. Jh. (Die Stadt in Preußen, Beitr...., hg. U. ARNOLD, 1983), 43–78 [Lit.; = Schriftenreihe Nord-Ost-Archiv H. 23].

Daphni, Kl. (ὁ Κοίμεσις), 10,5 km w. von→Athen, gegr. wohl im 6. Jh., aus dem die Reste der Umfassungsmauern mit Türmen und der an sie gelehnten Zellen und anderer Räume stammen. Das Katholikon wurde um 1080 neugebaut als Achtstützenbau (→Baukunst, Abschnitt B. I) in ausgezeichnetem Kästelmauerwerk, mit vier Kapellen beiderseits der seitl. Kreuzarme, ebenso n. von ihm eine →Trapeza (zerstört). 1205 wurde D. Besitz des Dominus v. Athen, Otto (Othon) de la Roche, der es 1207 den →Zisterziensern übergab. Aus dieser Periode stammen die Reste des Kreuzgangs s. der Kirche und die Umgestaltung des Exonarthex in gotisierender Form. Die Kirche diente als Grablege der Herren, später Hzg. e v. Athen aus der Familie de la →Roche und Gualtiers (Gautier) v. Brienne. Infolge der osman. Eroberung von Athen zogen die Zisterzienser 1456 ab. Das Kl. wurde bald danach wieder orthodox, später profaniert und ist heute in der Obhut des zuständigen Ephoros der Altertümer.

Seinen Ruhm verdankt D. v. a. seinen →Mosaiken, die, wenn auch z. T. stark restauriert, dem späten 11. Jh. zugehören. Der Pantokrator im Zenit der Kuppel kann als das wohl ausdrucksvollste und zugleich strengste Beispiel dieses Bildtypus angesehen werden. Der Mosaikschmuck beschränkt sich vornehml. auf die oberen Zonen des Innenraumes. Nur an den →Bema-Pfeilern sind Mosaik-Bildnisse Christi und Mariae wie ortsfeste →Mosaik-Ikonen angebracht. Die Mosaiken im Naos und im Narthex können in drei Gruppen gegliedert werden: 1. der Pantokrator, die Propheten im Kuppeltambour, die Erzengel im Bema und Szenen christolog. Gehaltes wie die Anastasis, die Kreuzigung und die Verkündigung (stark antikisierender Stil, sehr körperhafte Formen). – 2. Geburt Christi, Einzug in Jerusalem und die Koimesis (antikisierende Tendenz schwächer, etwas abweichende Farbigkeit). – 3. Die Mosaiken im Esonarthex (nachlässigere Zeichnung, lebhaftere Farbigkeit und Bewegungen, z. T. auch typ. komnenische Haltungen und Körperformen). Die zahlreichen, z. T. bei der Restaurierung (1892–97) versetzten Büsten von Hl. gehören z. T. zur ersten Gruppe, z. B. Johannes Baptistes in der →Prothesis, zum größeren Teil aber wohl zur zweiten Gruppe. Der Versuch von A. FROLOW, die Mosaiken wesentl. früher zu setzen, darf aus Stilgründen als gescheitert gelten. K. Wessel

Lit.: RbyzK I, 1120-1133 – E. DIEZ–O. DEMUS, Byz. Mosaics in Greece, 1931 – A. FROLOW, La Date des Mosaïques de D., Rev. Archeol. 1963, 183–208.

Daphnopates, Theodoros, Inhaber hoher Ämter am byz. Kaiserhof und Verfasser verschiedener lit. Werke, * vermutl. kurz vor 900, † wohl vor 963. Die wenigen Angaben über sein Leben entstammen fast ausnahmslos den 40 Briefen, die er in offiziellem Auftrag, aber auch als Privatmann geschrieben hat. Um 925 oder etwas später trat er in den Dienst des K.s →Romanos I. Lakapenos; er hatte den Rang eines →patrikios und wohl die Funktion eines hohen ksl. Sekretärs (protasekretis). Während der Regierungszeit des Konstantin VII. Porphyrogennetos scheint er nicht mit Staatsaufgaben betraut gewesen zu sein. Unter dessen Sohn →Romanos II. (959–963) war er zunächst →Logothet der Armee (Heereszahlmeister), dann Stadteparch (→Eparch) v. Konstantinopel.

Neben den bereits genannten Briefen hat er sieben theol. und hagiograph. Texte verfaßt, sicherlich auch eine verlorene Leichenrede auf Romanos I. oder Konstantin VII. Weniger wahrscheinl. sind die Zuweisung einer Rede auf den Frieden mit den Bulgaren 927 und ein Text auf die Übertragung des edessen. Mandilion 944. Verbreitet ist in der Sekundärliteratur die Meinung, D. sei der Verfasser des unter dem Namen →Theophanes Continuatus bekannten Geschichtswerkes oder eines Teiles davon; sie beruht auf einer ungenauen Interpretation des Vorwortes im Geschichtswerk des Johannes →Skylitzes und einer späten Familienchronik der Melissenoi aus dem 17. Jh. (Staatsbibl. Berlin, Phillipps 1456). Daraus ergibt sich mit gewisser Wahrscheinlichkeit nur, daß er ein Geschichtswerk (beginnend 813?) verfaßt hat, das aber nichts mit Theophanes Continuatus zu tun hat. P. Schreiner

Ed. und Bibliogr.: Theodore Daphnopatès. Correspondance, hg. und übers. J. DARROUZÈS–L. G. WESTERINK, 1978 [ausführl. Werkverzeichnis] – Tusculum Lex., 1982², 183f.

Dār al-ḥarb ('Gebiet [Haus] des Unfriedens/der Rechtlosigkeit'), korrespondierender Begriff→dār al-Islām; nicht im Koran, nicht in der kanon. Prophetenüberlieferung. Herkunft wohl aus der theoret. Rechtsdiskussion, dort spätestens seit ca. 800 nachweisbar. Der Begriff bezeichnet diejenigen Gebiete der Ökumene, in denen die islam. Rechtsordnung (→Islam. Recht) keine Gültigkeit hat und die daher für Muslime kaum bewohnbar sind. – Die in der Sekundärliteratur z. T. enthaltene Interpretation als Kriegsgebiet (d. h. von den Muslimen unbedingt zu erobernde Länder) ist nicht gesichert. A. Noth

Lit.: EI², s.v. [Lit.].

Dār al-Islām ('Gebiet [Haus] des Islam', Zusammenhang mit im Koran begegnendem dār as-salām [Haus des Heils]?), (primärer) Korrespondenzbegriff zu dem (wohl sekundären) →dār al-ḥarb. Der Begriff bezeichnet – vorwiegend in der islam. Rechtsliteratur – diejenigen Gebiete der Ökumene, in denen der islam. Rechtsordnung (→Islam. Recht) in allen Einzelheiten Geltung verschafft werden konnte. Muslime brauchen im d. nicht die zahlenmäßige Majorität zu haben, sofern die Nicht-Muslime den für sie vorgesehenen Bestimmungen des islam. Gesetzes unterworfen werden können. A. Noth

Lit.: EI², s.v. [Lit.].

Darbringung Christi im Tempel → Kindheitsgeschichte Christi

D'Arcy (Darcy), engl. und angloir. Adelsfamilie, geht auf einen Verwandten der norm. Gf. en v. Arques zurück, der mit→Wilhelm dem Eroberer 1066 nach England zog und in Lincolnshire eine baroniale Familie begründete. Im späten 13. und frühen 14. Jh. stand John D., Lord of Knaith, in langjährigen Diensten der engl. Kg. e Eduard I., II. und III. bei ihren Kriegen mit Schottland; hierfür wurde er belohnt mit dem Amt des→Justitiar v. Irland, das er im Zeitraum zw. 1324 und 1344 insgesamt etwa zwölf Jahre innehatte. Während dieser Zeit erwarb er ir. Besitzungen in den Gft.en Meath und Louth; in 2. Ehe heiratete er Joan, Tochter von Richard de →Burgh, Earl of Ulster, und Witwe von Thomas →FitzGerald, Earl of Kildare. John D. sir. Landbes. fiel nach seinem Tod an den Sohn aus dieser Verbindung, William. 1488 spielte ein Nachkomme Williams, Sir William D. of Platten (Gft. Meath), bei den Auseinandersetzungen zw. den Häusern →York und

→Lancaster eine gewisse Rolle: Der Überlieferung nach ein Hüne von Gestalt, trug dieser William den jungen Thronprätendenten der York-Partei, Lambert Simnel, auf seinen Schultern zur Krönung in Dublin. – Lord John D.s älterer Sohn, der die engl. Hausgüter erbte, wurde zum Stammvater der Earls of→Holderness.   K. Simms

Lit.: Anon., An Hist. Sketch of the Family of D., 1901 – H. G. Richardson–G. O. Sayles, The Administration of Ireland (1172–1377), 1963.

Dardanellen (Hellespont), Meerenge, welche (wie der weiter nördl. gelegene →Bosporus) einerseits den Übergang von Europa nach Asien und andererseits die Verbindung vom Mittelmeer zum →Schwarzen Meer ermöglicht. Sie ist etwa 65 km lang, durchschnittlich 5–6 km breit und mißt an der schmalsten Stelle zw. Çanakkale und Kilitbahir etwa 1220 m. Bei den Byzantinern trug sie noch den antiken Namen Hellespontos, die Lateiner nannten sie nach der wichtigen byz. Zollstation →Abydos (am asiat. Ufer) Bucca Avedi (danach arab. Ḥalīǧ Abda), ferner wie den Bosporus Brachium S. Georgii bzw. Stretto della Romania. Das um 1470 von Meḥmed II. gegründete Sultansschloß (Sultaniye) bei Çanakkale trägt in den it. Seekarten den Namen Dardanelo (nach der unweit südl. gelegenen alten Stadt Dardanos); danach erhielt die Meerenge den Namen Dardanellia, Dardanellen. Neben Abydos, wo der Usurpator Bardas →Phokas 987 im Kampf gegen →Basileios II. starb, und Dardanos waren →Lampsakos (heute Lapseki am asiat. Ufer) und →Kallipolis (heute Gelibolu) wichtige Städte am Hellespont. Kallipolis (am nördl. Eingang in die D.) wurde 1354 erster befestigter Stützpunkt der→Osmanen in Europa.   F. Hild

Lit.: EI² (frz.) II, 11f. – Kl. Pauly II, 1010f. – Tomaschek, 15–18 – H. Högg, Türkenburgen am Bosporus und Hellespont. Ein Bild frühosman. Wehrbaus bis zum Ausgang des 15. Jh., 1932.

Dardanien (Dardania), nach dem illyr. Stamm der Dardani benanntes Gebiet zw. den Flüssen Ibar und Morava und um den Oberlauf des Vardar (Teile von Serbien und Mazedonien im heut. Jugoslawien). Seit dem Anfang des 1. Jh. unter röm. Herrschaft, zuerst innerhalb der Provinz →Moesia (später Moesia Superior), wurde D. unter Diocletian eigene Provinz. Zu ihr gehörten Naissus (→Niš), Ulpiana, Scupi, Municipium Dardanorum und die von Justinian I. gegr. Stadt Iustiniana Prima. Bei Prokop, Aed. sind 69 erneuerte oder neugebaute Festungen in D. verzeichnet. Am Anfang des 7. Jh. im Zusammenhang mit den Balkankriegen des Ks.s →Maurikios erwähnt, später zu den verlorenen Gebieten gezählt. Die »Miracula Sancti Demetrii« berichten anläßl. der slav.-avar. Belagerung von →Thessalonike (um 618) von Flüchtlingen aus D. Im SpätMA taucht D. wieder in den Schriften gelehrter Autoren auf. Der Bf. Martinus Segonius († 1485) identifizierte die Bewohner von D. mit den Serben.   S. Ćirković

Lit.: F. Papazoglu, The Central Balkan Tribes in Pre-Roman Times, 1978, 131–170.

Dares Phrygius. Als Augenzeuge habe D. Phr. den Kampf um Troja dargestellt, behauptet ein spätantiker Schwindelautor, der sich selbst im Prolog seiner »Historia de excidio Troiae« unter dem Namen des Cornelius Nepos als Übersetzer jenes Augenzeugenberichtes ausgibt und ihn keinem Geringeren als Sallust zu widmen sich anmaßt. – Entstanden ist diese lat. Prosaerzählung minderer Qualität vielleicht noch im 5. Jh., jedenfalls aber vor Isidors »Etymologiae«. Ob es eine griech. Vorlage gab, ist umstritten. Die Darstellung neigt den Trojanern zu und kann insofern als Gegenstück zu der des →Dictys Cretensis gelten. Das Fehlen der Götterhandlung mag wohl auch zu der erstaunl. Beliebtheit beider Darstellungen in der folgenden Zeit beigetragen haben. D. Phr. ist im Frankenreich zum ersten Mal in der Fortsetzung der sog. →Fredegar-Chronik faßbar und wird dann für den W fast ausschließl. zum Gewährsmann für viele Trojadichtungen sowohl in der lat. als auch volkssprachl. Literatur. – Die zahlreichen Hss. seines Werkes sind noch nicht zu überblicken.   E. Heyse

Ed.: F. Meister, 1873 – *Lit.:* Schanz-Hosius IV, 2, 84–87 – Manitius I, 225 – Brunhölzl I, 142 – J. Stohlmann, Anonymi Hist. Troyana Daretis Frigii (Beihefte zum MJb 1), 1968 – W. Eisenhut, Spätantike Troja-Erzählungen – mit einem Ausblick auf die ma. Troja-Lit., MJb 18, 1983, 1–28.

Dargun (Dargunium), AbteiSOCist (Krs. Malchin, heut. Bezirk Neubrandenburg), zuerst 1172 auf polit. Initiative Kg. →Waldemars I. v. Dänemark im Zentrum eines slav. Burgbezirks in Zirzipanien, bei der Burg Dargon, gegründet, mit Mönchen des dän. Kl. →Esrom (bei Kopenhagen) besetzt. Die Flucht der Mönche 1199 nach Eldena (späteres Tochterkloster) beendete die »dän. Zeit«. 1209 wurde das Kl. auf Initiative von Fs. →Kasimir v. Pommern und dem Bf. v. →Kammin neugegründet und mit Mönchen aus →Doberan besetzt. D. erhielt Missionsaufgaben und erlebte eine schnelle wirtschaftl. Blüte (Getreide, Salzpfannen, Binnen- und Meeresfischerei, Handel). Der Paternitätsstreit zw. Esrom (Filiation →Clairvaux) und Doberan (Filiation →Morimond) wurde 1258 durch das Generalkapitel zugunsten Doberans entschieden. D. gehörte zunächst polit. zu Pommern, seit 1236 zu Mecklenburg. Die Abtei besaß Güter bes. im Bm. Kammin, aber auch im Bm. →Schwerin, später viele in Hinterpommern, wo 1260 das Tochterkloster Bukow gegründet wurde. 1444 war D. an der Errichtung eines Zisterzienserstudienhauses an der Univ. →Rostock beteiligt. In wirtschaftl. Schwierigkeiten geriet die Abtei Ende des 15./Anfang des 16. Jh. Am 6. März 1552 wurde D. von Hzg. Johann Albrecht I. aufgehoben. Die Backsteinkirche und die Klosteranlage wurden am 30. April 1945 durch Brandstiftung zerstört.   R. Schneider

Lit.: A. Wiese, Die Cistercienser in D. von 1172 bis 1300 [Diss. Rostock 1888] – G. Schlegel, Das Zisterzienserkloster D. 1172–1552, 1980.

Ḍarīr → Muṣṭafā aż-Żarīr

Darlehen → Kredit, -wesen, →Wucher, →Zins, →Kapital, →Handel

Darraðarljóð (auch Walkürenlied), altnord. stroph. Gedicht im eddischen Stil, überliefert innerhalb der→»Njáls saga«, die es auf die Schlacht v. →Clontarf am Karfreitag des Jahres 1014 bezieht. Die D. selbst stützen diesen Bezug nicht eindeutig, einiges scheint sogar für eine Verwechslung zu sprechen. So ist auch die Datierung auf die Zeit unmittelbar nach Clontarf nicht unumstritten. Als Entstehungsraum bieten sich aufgrund von Indizien die brit. Inseln an. Der Titel »D.« ist nachmittelalterlich. Als Sprecher der D. treten→Walküren auf, die mit diesen Strophen den Verlauf einer Schlacht zw. Iren und Nordleuten ankündigen und offenbar zugleich auch entscheidend beeinflussen. Die Darstellung umkreist zwei eng aufeinander bezogene Kernbereiche: eine blutige Schlacht und einen grausigen Webvorgang mit Menschenköpfen als Gewichten, Menschendärmen als Kettfäden, Schwertern und Pfeilen als Werkzeugen. Dabei bleibt unklar, wieweit das Weben wirklich als übernatürlich-reale Handlung oder nur als Kampfallegorie im Sinne einer breit entfalteten →Kenning zu verstehen ist. Die Rahmenerzählung in der »Njáls saga« nimmt hier zwar eindeutig im ersteren Sinne Stellung, ist aber ohne eigenen Zeugniswert, da sie sichtlich aus dem Lied selbst herausgesponnen ist. So leitet sie aufgrund eines Mißverständnisses den Namen des Dǫrruðr, der die Walküren am Morgen der Schlacht beim Weben beobachtet und belauscht haben soll, aus der leitmotivischen Kenning *vefr darraðar* 'Speergewebe', 'Odins Gewebe' (beides 'Kampf') oder 'Kampfbanner' ab. V. a. wegen seiner expressiven Bildsprache gehören die D. zweifellos zu den eindrucksvollsten Vertretern ihrer Art, faßt man sie nun vornehmlich als Arbeitslied, als mag. Lied, als heroisches Lied oder als Preislied auf. G. Kreutzer

Ed.: Eddica minora, ed. A. HEUSLER–W. RANISCH, 1903, 1974², 58ff. – Den norsk-islandske Skjaldedigtning, ed. F. JÓNSSON, A I, 1908, 419–421 – Brennu-Njáls saga, ed. E. Ó. SVEINSSON, 1954, 454–458 – *Übers.:* F. GENZMER, Edda II, Götterdichtung und Spruchdichtung (Thule II), 1963², 48ff. – *Lit.:* KL II, 667f. – Kindlers Lit.-Lex. II, 576f. – HOOPS² V, 254–256 [H. UECKER] – A. J. GOEDHEER, Irish and Norse Tradition about the Battle of Clontarf, 1938 – A. HOLTSMARK, Vefr Darraðar. Maal og Minne, 1939, 74–96 [abgedr. in: DIES., Studier i norrøn diktning, 1956] – F. GENZMER, Das Walkürenlied, ANF 71, 1956, 168–171 – K. v. SEE, Das Walkürenlied, PBB (Tübingen) 81, 1959, 1–15 – E. Ó. SVEINSSON, Íslenzkar bókmenntir í fornöld I, 1962, 352–357 – J. DE VRIES, Altnord. Literaturgesch. I, 1964², 317–320.

Das[e]ia[n]-Notation, Notenschrift des 9./10. Jh., die ausgehend vom Schriftbild der nota daseia (lat. Spiritus asper), vier Grundzeichen für die Finaltöne der Kirchentonarten bildet und diese durch Umlegen auf verschiedene aneinander anschließende Höhenlagen versetzt, so daß 4½ gleichgebildete Tetrachorde (Viertongruppen mit in der Mitte liegendem Halbtonschritt) mit insgesamt 18 Tönen exakt bezeichnet sind. Die in →Musica Enchiriadis und Scolica Enchiriadis erläuterten und benutzten Zeichen fanden darüber hinaus wenig Verwendung. H. Schmid

Lit.: RIEMANN, Sachteil, s.v. – NEW GROVE, s.v.

Dassel, Gf.en v., nach seinem Stammsitz D. (Niedersachsen, Lkrs. Northeim) am östl. Solling sich nennendes edelfreies Geschlecht im südl. Sachsen, das 1113 unvermittelt mit *Reinold I.* auftrat, zur Grafenwürde aufstieg und einen vom Stammsitz ausgehenden Herrschaftsbereich aufbaute. Grundlage dafür waren vielfältige Amts-, Lehens- und Familienverbindungen, die sich über den Solling mit der Gft. Nienover bis an die obere Weser und Diemel nach Hessen und andererseits bis nach Thüringen (Lobdeburger) erstreckten. Die Dasseler erreichten schon bald den Höhepunkt ihrer polit. Wirksamkeit, wobei sie im Kampf gegen →Heinrich d. Löwen standen und durch →*Rainald II.*, Hildesheimer Dompropst, späteren Ebf. v. →Köln und Kanzler →Friedrichs Barbarossa, auch in enge Beziehung zum Reich traten. Aber schon unter *Adolf I.* erfolgte 1202 die Trennung in die beiden Linien D. und Nienover, womit der Keim für den bald beginnenden und rasch voranschreitenden Verfall dieses Geschlechtes gelegt wurde. Nicht zuletzt unter dem Druck benachbarter territorialer Mächte, so auch der →Welfen, setzte um die Mitte des 13. Jh. die Auflösung des Dasseler Herrschaftsbereiches ein: die Besitzungen links der Weser wurden bald nach 1250 zumeist vom Ebf. v. →Mainz, die um den Solling seit 1269 von den Welfen erworben, während der Stammbesitz um D. den Bf.en v. Hildesheim 1310 veräußert wurde. 1325 starb das Grafengeschlecht mit *Simon*, Lehnsmann des Bf.s v. →Hildesheim, in der 6. Generation aus, nachdem der Nienover-Zweig bereits gegen Ende des 13. Jh. erloschen war. – Das →Weichbild D. kam 1310 an Hildesheim und erhielt 1315 vom Bf. Stadtrecht; Pfarrkirche St. Laurentius. E. Plümer

Lit.: Hist. Stätten II, 107f. – E. PLÜMER, Gesch. der Stadt D., 1965 – J. SCHILDHAUER, Die Gf.en v. D. Herkunft und Genealogie, 1966 [Lit.].

Dastin, John (Dausten, Johann), alchem. Fachschriftsteller, über den bislang nicht mehr bekannt ist, als daß er im frühen 14. Jh. in England lebte und vermutl. Beziehungen zur päpstl. Kurie in Avignon unterhielt.

In spätma. Zeit kannte man von D. einen »Rosarius philosophorum« (»Desiderium«), eine »Epistola« an Johannes XXII., zwei an Kard. Napoleone Orsini gerichtete Traktate (»Verbum abbreviatum«, »Liber philosophiae«), einen »Liber aureus«, eine allegor. »Visio« und weitere Werke. Aus diesem lat. Schriftcorpus, das einige Pseudepigraphe einbegreifen dürfte, sind manche Werke in die engl. und dt. Sprache übertragen worden; Geltungskraft unter frühnz. Alchemisten bewahrten sich insbes. der »Rosarius« und die »Visio«.

D. vertrat im Anschluß an die um 1400 im lat. W aktuelle Fachliteratur eine »alkimia«, die auf den Gewinn einer 'mindere' Metalle in Silber und Gold wandelnden und alle menschl. Krankheiten heilenden »medicina« zielte. Ihr theoret. Fundament bildet die altherkömml. Vierelementen- bzw. Qualitätenlehre; ihre markantesten Züge verdankt sie der wohl jungen Doktrin, daß die Elixierherstellung auf der Basis von Quecksilber und der 'Fermente' Gold und Silber zu erfolgen habe.

Obwohl D. von allen um 1400 tätigen Alchemisten zu den wenigen namentl. bekannten zählt, deren Werk eine bis ins 18. Jh. verfolgbare Wirkkraft beschieden gewesen ist, stehen eindringendere Würdigungen seiner lit. und fachl. Leistungen aus und fehlen textkrit. Ausgaben.

J. Telle

Lit.: DNB 14, 89–90 – FERGUSON I, 199f. [Hinweise zur Drucküberl.] – THORNDIKE III, 85–102, 676–678 – C. H. JOSTEN, The Text of J. D.'s »Letter to Pope John XXII«, Ambix 4, 1949, 34–51 [lat. Text und neuengl. Übers.] – M. MANZALAOUI, J. D. and the pseudo-Aristotelian »Secretum Secretorum«, Ambix 9, 1961, 166–167 – E. J. HOLMYARD, L'alchimie, 1979 [engl. 1957¹], 157–160.

Data communis (Dataria) → Kanzlei, päpstliche

Dataria Apostolica → Kanzlei, päpstliche

Dati (Datus), **Agostino** (Augustinus), Humanist, * 1420 in Siena, † 6. April 1478 ebd. Nach Studien der artes, Theologie und Jurisprudenz lehrte er Rhetorik und humanitates zuerst in Urbino (1442), dann – unter Verzicht auf einen Ruf von Papst Nikolaus V. – in Siena (1444), wo er 1455 Nachfolger seines Lehrers Francesco Filelfo wurde; zugleich ab 1457 Sekretär und Historiograph von Siena. Seine Schriften umfassen fast das gesamte Spektrum humanist. Gelehrsamkeit: »De animi immortalitate« (unvollendet) zeigt gründl. Kenntnisse der scholast. Theologie (bes. Buch III–V) neben antiken Philosophen und Dichtern, Buch X ausführl. über die Unterwelt. »Orationes« (ca. 300), »Epistolae«, »Carmina«, »Senensis historia« (unvollst. ed.), »Historia Plumbinensis«. »Elegantiae«, darin der »Isagogicus libellus pro conficiendis et epistolis et orationibus«, unter dem Titel »Elegantiolae« als Lehrbuch ab 1471 in ganz Europa »notissimae ac millies impressae«, zugleich kursierte von Deutschland aus eine D. zugeschriebene »Rhetorica minor«. »Stromata« (u. a. Pädagogisches), »De ordine discendi«, »Lectio prima« zu Vergils Aeneis, »De vita beata«, Übers. von Pseudo-Platon (Lukian), Halkyon. P. R. Blum

Q.: Opera, Siena 1503 [gesammelt von seinem Sohn Nicolaus, mit Vita, ed. von s. Neffen Hieronymus]; dass. Venedig 1516 – Elegantiolae, Ferrara 1471 u. ö., – *Lit.:* Repfont IV, 120–121 – COSENZA II, 1184–1187; V, fol. 601f. – DBI, s.v. – Enc. universal ilustr., 1913, 17, 1060f. – LThK III, 161 – LThK²I, 1102 – J. N. BANDIERA, De Augustino Dato, 1733 – A. RÖSLER, Kard. Ioh. Dominici's Erziehungslehre, Bibl. der kath. Pädagogik 7, 1894, 164–175 – L. ZDEKAUER, Lo Studio di Siena nel Rinascimento, 1894, 110–115 – E. GARIN, La cultura filosofica del Rinascimento it., 1961, 108–110 – C. BÜHLER, Three Early Venetian Editions of Augustinus Datus, Library Chronicle 40, 1974, 62–69 – G. FIORAVANTI, Alcuni aspetti..., Rinascimento 19, 1979, 117–167 passim – DERS., Pietro de' Rossi, ebd. 20, 1980, 87–159 passim.

Datierung von Urkunden

I. Allgemein – II. Besondere Entwicklung in den einzelnen Kanzleien.

I. ALLGEMEIN: D. leitet sich von lat. »datum« ab (dt.: »gegeben am...«). Die Fixierung eines hist. Zeitpunkts von Ereignissen oder einer Handlung in einer geschichtl. Quelle in Form von →Tag, →Monat und →Jahr ist für die geschichtl. Erkenntnis von zentraler Bedeutung. Der Erforschung der einzelnen Datierungsformen der Zeitangabe (→Chronologie) hat die diplomat. Forschung bes. Beachtung geschenkt, v. a., um von den überlieferten Urkk. richtigen Gebrauch machen zu können. Die D. ist ganz allgemein ein Hilfsmittel, die Entstehungsgeschichten einzelner Quellen herauszuarbeiten, Interpolationen, Verfälschungen oder gesamte Fälschungen von echten Quellen zu unterscheiden.

Schon in spätröm. Zeit hat Ks. Konstantin (312, 316) aus fiskal. Gründen angeordnet, daß öffentl. Urkk. mit der Angabe von Jahr und Tag versehen werden müssen (CTh 1, 1, 1). Entscheidend für die ma. D. wurde die Novelle 47 Ks. Justinians, wonach jede Urk. am Anfang das Regierungsjahr und den Namen des Ks.s und der Konsuln, die →Indiktion, Monat und Tag aufweisen mußte. Mit den Formen des spätröm. Schriftverkehrs übernahmen auch die Germanen diese Bestimmungen. Die westgot., alem. und bayer. Volksrechte machten sogar die Rechtsgültigkeit der Urkk. von einer ordnungsgemäßen D. abhängig (Leg. Visigoth. II. 5, 1.2.14; Lex Bajuw. 16,16; Lex Alam. 42.2); auch ein karol. Kapitular sprach Urkk. »absque mense et die mense« (MGH Cap. 1, Nr. 168.4) alle Rechtskraft ab. Noch im 12. Jh. nahm man in Köln auf das röm. Recht Bezug, als man einer undatierten Urk. die Rechtskraft bestritt.

Der verpflichtende Grundsatz der D. gilt im MA nur für Dokumente mit rechtl. Bedeutung. →Briefe, die noch sehr lange in der spätröm. Tradition verhaftet waren, bedurften erst spät einer Datierung. Z. Zt. Ks. Friedrichs I. setzte in der päpstl. und ksl. Kanzlei der Brauch ein, Briefe mit Ort und Datum zu versehen. Die D. ist im MA in der Regel eine feste Formel des Schlußprotokolls und beinhaltet zumeist neben der Zeitangabe auch die des Ortes; daneben begegnen auch Anfangsdatierungen (z. B. bei Notariatsurkunden). In den früh- und hochma. →Urkk. ist die D. oft vom Urkundentext abgesetzt und nimmt am Ende der Urk. eine eigene Zeile ein und ist bisweilen von anderer Hand geschrieben. In anderen Urkk., v. a. ab dem 12. Jh., steht die D. im Anschluß an den Urkundentext vor den →Unterfertigungen. Die beiden im MA am häufigsten zur Einleitung der D. gebrauchten Worte »actum« und »datum (data)« – seltener »factum«, »scriptum« – gehen auf röm. Sprachgebrauch zurück und wurden als feste techn. Ausdrücke übernommen. »Actum« stellt die typ. Einleitungsformel der altröm. D. dar und bezieht sich auf das abgeschlossene Rechtsgeschäft, d. h. auf den Ort der Rechtshandlung; »datum« ist das regelmäßige Eingangswort der röm. Kaisererlasse, wie auch der in Briefform gekleideten Urkk. und bezieht sich auf den Zeitpunkt der →Beurkundung. Seit FICKER scheidet man zw. »einheitlicher« und »nicht einheitlicher« D. der Urkunden. Die erstere galt der älteren diplomat. Forschung als Axiom (BÖHMER, JAFFÉ, STUMPF-BRENTANO); sie hat alle Urkk., bei denen sich Zeit- und Ortsangabe nicht auf einen Zeitpunkt beziehen – wobei es gleichgültig ist, welcher ist –, oder Urkk., bei denen sich die Schwierigkeiten einer einheitl. D. nicht durch Annahmen von Schreibfehlern oder Irrtümern beheben ließen, als →Fälschungen verworfen. Diese Annahme hat heute noch ihre allgemeine Gültigkeit; doch weiß man seit FICKER, daß es auch nicht einheitl. D. gibt, wobei sich der Ort auf die Handlung, die Zeitangabe auf die Beurkundung beziehen kann oder wobei Ort und Tag zusammenstimmen und der Handlung entsprechen, die Jahre aber den Zeitpunkt der Beurkundung anzeigen. Schließlich gibt es noch die sog. »willkürliche D.«, durch die Urkk. voraus- oder zurückdatiert wurden. Hierfür waren zumeist polit. oder rechtl. Gründe maßgebend. Insgesamt können für die Beurteilung der D. äußere Kennzeichen (Rasuren, Lücken, Nachtragungen) oder innere Gründe (Widersprüche, Unwahrscheinlichkeiten) von Bedeutung sein. Bei der Betrachtung der Form der D. ist bei Privilegien, Schenkungen und Bestätigungen auch daraufzuachten, ob das Formular der Urk. nicht durch das der →Vorurkunde bestimmt wird, d. h. ältere Datierungsformen aufweist, die nicht denen des Datums entsprechen. Dies gilt in bes. Maß für Neuausfertigungen.

Die *Tages- und Monatsangabe* erfolgt im MA unterschiedl.: mittels des röm. →Kalenders in der altröm. Weise oder in der spezifisch ma. Form, die den Monat in zwei Teile zerlegt, mittels der im Orient entstandenen, seit dem 6. Jh. im Abendland bekannten fortlaufenden Tageszählung, mittels des christl. →Festkalenders, der sich der bewegl. und unbewegl. Feste des Kirchenjahres bedient, mittels der Bolognesischen D. (Consuetudo Bononiensis), die den Monat auch in zwei Hälften zerlegt, sowie mittels des Mondzyklus, der →Epakten, der Concurrentes und des Sonntagsbuchstabens (die letzteren erscheinen fast ausnahmslos als zusätzl. Datierungselemente und sind seit Mitte des 13. Jh. aus den Urkk. fast vollständig verschwunden). – Für die Bezeichnung der Wochentage stehen dem MA zwei Möglichkeiten zur Verfügung: die jüdisch-christl., die die Woche vom Sonntag zum Samstag durchzählt (feria prima), und die heidnisch-röm. mit den planetar. Wochentagsnamen (dies lunae, Montag). Bei beiden Benennungsweisen werden für den Sonntag und den Samstag die Bezeichnungen »dies dominica, sabbatum« gebraucht.

Die *Kennzeichnung des Jahrs* erfolgt ebenfalls in unterschiedl. Weise: einmal mittels der Herrscherjahre, wobei die ältesten die in röm. Zeit zurückreichenden Konsulats- bzw. Postkonsulatsjahre sind, die bis ins FrühMA zur Anwendung kamen; zum anderen mittels der auf Ks. Justinian I. (Novelle 47) zurückgehenden Regierungs- oder Herrscherjahre, die im MA größerer Bedeutung erlangten. Das Problem liegt in der Ermittlung der verschiedenen →Epochentage, d. h. des Tages, von dem an das neue Jahr gezählt wird. Trotz gewisser Grundsätze muß im Einzelfall nachgeprüft werden, ob der Tag der Wahl des Herrschers (nachstauf.), der Krönung (ottonisch-sal.) oder der Todestag des Vaters (karol.) der entscheidende ist. Bei der Kaiserkrönung wird der Krönungstag als entscheidend angesehen. Seit Papst Hadrian I. (772–795) rechnen die Päpste während des ganzen MA nach ihren Pontifikatsjahren. Eine ebenfalls antike Form der Jahresrechnung ist die →Indiktion mit ihrem 15jährigen Zyklus und drei unterschiedl. Epochentagen, wodurch die Umrechnung der vier letzten Monate des Jahres problematisch wird. Relativ spät fand die D. nach den Jahren der Christl. Ära (Inkarnationsjahre) in den Urkk. Eingang; auch hier sind vier unterschiedl. Jahresanfänge zu beachten. – Die nicht unkomplizierte Zeitrechnung brachte es zwangsläufig mit sich, daß eine nicht unbeträchtl. Anzahl von Urkk. Datierungsfehler aufweist, deren Gründe zu nennen sind: einmal der bloße Schreibfehler, z. B. bei abschriftl. Überlieferung, zum anderen die Ungeschicklichkeit bei der Datierungsberechnung, wie mangelnde Fertigkeit im

Umgang mit röm. Zahlen und falsches Umsetzen des Epochentags. Datierungsfehler sind bis ins HochMA in den weltl. Kanzleien häufiger als in geistl.; bes. in Privaturkunden des FrühMA wird das Datum häufig vernachlässigt oder durch Mißgriffe entstellt. Im SpätMA kann man auch im weltl. Bereich mit weitgehend korrekter D. rechnen.

II. Besondere Entwicklung in den einzelnen Kanzleien: Im Verlauf der Jahrhunderte hat sich in den einzelnen→Kanzleien die Form der D. unterschiedl. entwickelt:

[1] *Papsturkunden:* Die älteren →Papsturkunden entsprechen dem antiken Brieftyp und enthalten eine Schlußdatierung: Data, Tag nach dem röm. Kalender, Konsulatsjahre. Ende des 5. Jh. begegnet erstmals die Indiktion, die Ende des 6. Jh. immer häufiger auftritt; erstmals unter Papst Vigilius erscheinen i. J. 550 die ksl. Regierungsjahre. Unter Hadrian I. (781) werden die Kaiserjahre durch die Pontifikatsjahre der Päpste ersetzt. Seit dieser Zeit gliedern sich die Papsturkunden in zwei Gruppen: in Briefe mit einer einfachen D. und in Privilegien (frz. Forsch.: Bullen) mit einer ausführl. D., die vom Urkundentext abgesetzt ist und zwei Zeilen einnimmt; sie hat das Schema: »Datum (Data)«, Tag nach dem röm. Kalender, →»datum per manum«-Formel und Name des Datars, Jahresbezeichnung. Daneben befindet sich in der Skriptumszeile am Schluß des →Kontextes eine zusätzl. Monats- und Indiktionsangabe. Leo III. nimmt seit der Eroberung Italiens durch Karl d. Gr. die Kaiserjahre wieder in die D. auf; in der Folgezeit schwankt dies und ist in etwa ein Ausdruck des Verhältnisses zw. Papst und Kaiser. Die Postkonsulatsjahre sind ab 904 völlig verschwunden und dafür tauchen bisweilen die Inkarnationsjahre auf. Seit Stephan IX. (1057–58) erscheint in der D. eine Ortsangabe und seit Nikolaus II. (1058–61) wird die Angabe der Inkarnationsjahre die Regel. Unter Urban II. (1088–99) bekommt die D. das Schema: »Datum (data, dat.)«, Ort, »datum per manum« und Name des Datars, Tag, Indiktion, Inkarnationsjahr, Pontifikatsjahr. Der Epochentag der Indiktion ist wechselnd, bis sich unter Eugen III. (1145–53) der →calculus Pisanus durchsetzt. Die Kaiserjahre erscheinen seit Leo IX. (1049–54) nur noch in bes. polit. Situationen; die Pontifikatsjahre werden fortan vom Tag der Konsekration an gerechnet. Der Datar, der bisher die Datierungszeile eigenhändig schrieb, beschränkt sich nun auf den ersten Buchstaben seines Namens. Die einzelnen Urkundenarten unterscheiden sich in der Form der D.: die Privilegien haben die große D. und die »litterae clausae« (Mandate) eine verkürzte D., die seit dem 11. Jh. am Kontext angeschlossen ist (Datum, Ort, Tag, Pontifikatsjahr). Seit Innozenz III. (1198–1216) existieren für die einzelnen Urkundenarten Datierungsvorschriften, die bis zum Beginn des 15. Jh. verbindlich sind. Unverändert bleibt die D. der Privilegien. Auch die zunehmende Zahl der Litterae weist eine große D. auf; die einzelnen Datierungsbestandteile der Orts-, Tages- und Jahresangabe durften hier nicht in verschiedene Zeilen auseinandergerissen werden. Die →Bullen weisen eine kleine D. am Schluß auf. Für das 15. Jh. gilt seit Eugen IV. (1431) die →Kanzleiregel, wonach die Bullen mit Datum, Ort, Inkarnation, Tag und Pontifikatsjahr datiert und alle Zahlen ausgeschrieben sein mußten. Die Jahresangabe erfolgt bis in die NZ nun nach dem stilus (→calculus) Florentinus. Die D. der →Breven besteht aus: »Datum«, Tag (fortlaufend gezählt und in röm. Ziffern), Inkarnationsjahr (Nativitätsstil und in Zahlen), Pontifikatsjahr (in Buchstaben).

[2] *Kaiser- und Königsurkunden:* Die langob. Herzogs- und Königsurkunde gebrauchte »datum« und »actum« unterschiedlos zur Einleitung der D., die aus Tag (fortlaufende Zählung), Regierungsjahr, Indiktion und Ort besteht und sich auf den Zeitpunkt der Beurkundung bezieht. Die merow. Königsurkunde hat regelmäßig die Formel »Datum, Tag (nach einer bes. Art des röm. Kalenders), Regierungsjahr, Ort« und bezieht sich auf den Zeitpunkt der Rechtshandlung; die Gerichtsurkunden (»placita«) werden mit »acta« eingeleitet. Seit Pippin tritt zunächst nur vereinzelt die zweiteilige Datumsformel der frk. Privaturkunde »datum et actum« auf, die bis Ende des 11. Jh. die Form der Datierungszeile bestimmt und erst in den letzten Urkk. Heinrichs IV. verschwindet. Die Datierungsformel lautet: »Data (Datum)«, Tag (röm. Kalender), Inkarnationsjahre (ab 876), Indiktion (ab 802), Herrscherjahre, »actum«, und Ortsangabe. Die Reihenfolge der einzelnen Datierungselemente wechselt unter den verschiedenen Kg.en, wie auch bisweilen »actum« und die Ortsangabe vorangestellt werden, was für die frz. Kanzlei bis ins 12. Jh. bestimmend wird. Die Briefe bleiben bis zu Friedrich I. undatiert. In der 1. Hälfte des 12. Jh. ist von einem festen Kanzleigebrauch bei der D. nichts mehr zu erkennen; die Anordnung der einzelnen Datierungselemente wechselt und einzelne fehlen ganz. Erst seit Friedrich I. bildet sich für die feierl. Privilegien eine feste Datierungsformel, die »feierliche oder staufische D.« (Ficker) aus: »Acta sunt haec«, Inkarnationsjahr, Regierungsjahre (seit der spätstauf. Zeit Epochentag: Tag der Wahl), »data«, Orts- und Tagesangabe. In den einfachen Privilegien ist die Zeit- und Ortsangabe ohne Differenzierung von »datum et actum« zu einer einfachen Datierungsformel zusammengezogen: »Acta (Data) sunt haec«, wobei meist einzelne Datierungselemente fehlen. In der Zeit nach dem →Interregnum entfällt die Zweiteiligkeit der Datierungsformel, obwohl man sich bis Anfang des 14. Jh. der Bedeutung von »actum« und »datum« bewußt war. Die spätma. Datierungsformel vereinigt hinter »Datum ('Gegeben')« Ort, Tag, Indiktion (soweit noch angegeben), Inkarnationsjahr (Nativitätsstil), Regierungsjahr. In den Königsurkunden der →Luxemburger werden Tag und Inkarnation miteinander vertauscht. Die Tagesdatierung wird in den Königsurkunden lange Zeit nach dem röm. Kalender angegeben; abgesehen von Einzelfällen erfolgt nach dem Interregnum die Tagesangabe immer häufiger nach dem Festkalender, was seit dem 14. Jh. fester Kanzleigebrauch ist. Die Angabe von Wochentagen läßt sich vor dem 13. Jh. selten nachweisen. Der Gebrauch der Indiktion in den Königsurkunden setzt erst nach 800 ein und ist vermutl. auf das päpstl. Vorbild zurückzuführen, wobei in der Reichskanzlei unterschiedl. Epochentage zur Anwendung kommen. Die Herrscherjahre werden nach Königs- und Kaiserjahren getrennt gezählt und angegeben. In stauf. Zeit kommen noch weitere Herrschaftsangaben hinzu, die nicht Bestandteil des Reiches sind (Sizilien, Jerusalem). Karl IV. betont sein böhm. Königtum, indem er seine böhm. Herrscherjahre hinzufügt, Kg. Sigmund folgt diesem Beispiel und nennt die ung. Herrscherjahre. Als letztes Datierungselement findet die Christl. Ära unter Ludwig III. und Karl III. (876) Eingang in Königsurkunden, obwohl sie bereits in den karol. Kapitularien des 8. Jh. vorkommt; als Epochentag kommt bis Anfang des 13. Jh. und dann wieder seit Karl IV. der Nativitätsstil zur Anwendung; bei den späten Staufern der calculus Florentinus und nach dem Interregnum zeitweise der Circumcisionsstil.

[3] *Privaturkunde:* Im FrühMA und im 10.–13. Jh. sind ein erhebl. Teil der Privaturkunden undatiert, ohne daß sie ihre Rechtskraft eingebüßt hätten. Daneben sind in Italien

und im bayer., rätisch-schwäb. Raum z. T. bis zum 13. Jh. Urkk. mit Anfangsdatierung bezeugt, die auf die neuröm. Urk. des 4.-5. Jh. zurückgehen; die alem.-frk. Privaturkunden weisen in der Regel eine Schlußdatierung auf, die in den alem. Urkk. teilweise mit dem »scripsi« des Schreibers verbunden ist. Im Verlauf der Jahrhunderte setzt sich immer mehr die Schlußdatierung durch. Die D. nennt gewöhnlich Herrscherjahr, Inkarnationsjahr und Tag. Die Tagesangabe erfolgt in weiten Teilen Italiens nach der fortlaufenden Zählung, im langob. Bereich nach dem röm. Kalender. Die in frühen Urkk. des 6.-7. Jh. im dt. Bereich vereinzelt angewandte fortlaufende Zählung (Fulda, Reichenau) wird im 9. Jh. vom röm. Kalender verdrängt. Die Inkarnationsjahre lassen sich bereits im 8. Jh. nachweisen, die Indiktion seltener und erst ab der Mitte des 9. Jh. Die Bischofsurkunden des 10.-13. Jh. nennen nach päpstl. Vorbild die Pontifikatsjahre des amtierenden Bf.s; diesem Beispiel folgen später auch einzelne Fs.en (Italien, Lothringen). Bei den Inkarnationsjahren werden in Deutschland unterschiedl. Epochentage angewandt, wobei man sich allgemein nach den Gewohnheiten der zuständigen bfl. Kanzlei richtet. Im Ebm. Mainz, seinen Suffraganen und in Paderborn hielt man am Nativitätsstil fest, wie auch zunächst in den Ebm.ern Trier und Köln. In Trier setzt sich Anfang des 12. Jh. der Annunziationsstil durch, der 1236 als »mos Treverensis« verbindlich wurde, in Lothringen und Luxemburg hielt er sich bis ins 16. Jh. In den Bm.ern Toul und Metz setzte sich im 14.-15. Jh. der aus Frankreich übernommene Osterstil (→Osterfestberechnung) durch (»mos Gallicanum«); im Ebm. Köln verdrängt er den Nativitätsstil, der aber 1310 durch Synodalbeschluß als »mos Coloniensis« wieder eingeführt wurde. Die köln. Suffraganbistümer hatten z. T. eigene Regelungen: Minden den Nativitäts- bzw. Circumcisionsstil, Osnabrück seit dem 13. Jh. den Annunziationsstil. – In den spätma. Privaturkunden fehlt in keinem Fall eine D., häufiger aber die Ortsangabe. Die D. ist entweder als Relativsatz an die →Corroboratio angehängt oder bildet einen eigenen Satz; sie enthält »Gegeben (Datum)«, Ort, Tag, Inkarnationsjahr.

[4] *Notariatsinstrument:* Ihre D. beruht auf spätröm. Bestimmungen und ist in der Regel eine Anfangsdatierung, die seit dem 12. Jh. folgende Teile enthalten muß: Pontifikats- und/oder Herrscherjahre (letztere seltener), Indiktion, Inkarnationsjahre, Tag und Uhrzeit. Im Schlußprotokoll und in der notariellen Unterschrift wird in allgemeiner Form (mit »actum« eingeleitet) nochmals auf die D. Bezug genommen. Als einzige ma. Urk. muß die Notariatsurkunde eine ausführl. Ortsangabe enthalten, die eine genauere Beschreibung des Handlungsortes umfaßt. Die D. und der Ort beziehen sich ausnahmslos auf die Rechtshandlung; auch bei späteren Neuausfertigungen (»levationes«) aus der notariellen →Imbreviatur (»ex signatura«) sind das Datum und der Ort der Handlung maßgeblich.   P.-J. Schuler

Lit.: Bresslau, passim – Ginzel III – J. Ficker, Beitr. zur Urkundenlehre, 2 Bde, 1877–78 – W. Erben, Die Kaiser- und Königsurkk. des MA in Dtl., Frankreich und Italien (G. Below–F. Meinecke, Hb. der ma. und neueren Gesch. IV, I, 1907) – O. Redlich, Die Privaturkk. des MA, 1911 [Neudr. 1967] – L. Schmitz-Kallenberg, Die Lehre von den Papsturkk. (A. Meister, Grdr. der Geschichtswiss. I, II, 1913²) – A. Giry, Manuel de Diplomatique, 1925² [Neudr. 1972] – A. de Bouärd, Manuel de diplomatique française et pontificale, 2 Bde, 1929, 1948 – P. Herde, Beitr. zum päpstl. Kanzlei- und Urkundenwesen im 13. Jh., 1967² [Lit.] – H. Fichtenau, Die D. nach Herrschern in der Zeit der Völkerwanderung (Studi erauriti i. o. di G. Pepe, 1969), 143ff. – Ders., Das Herrschertum des FrühMA in den D.en von Urkk. (MBöhm I, 1969), 9ff. – Ders., Das Urkundenwesen in Österreich vom 8. bis zum frühen 13. Jh. (MIÖG Ergbd. 23, 1971) – P.-J. Schuler, Gesch. des südwestdt. Notariats, 1976.

Datini, Francesco di Marco, bedeutender it. Kaufmann, *um 1335 in Prato als Sohn der Monna Vermiglia und des Schankwirts Marco di Datino, † 17. Juli 1410, ebd., ∞ Margherita di Domenico Bandini seit 1376. Nach dem Tod seiner Eltern bei der großen Pest des Jahres 1348, wurde er, zusammen mit seinem Bruder Stefano, von Monna Piera di Pratese Boschetto aufgenommen. Bald darauf kam er nach Florenz in die Kaufmannslehre und machte sich dort mit Handel und Buchführung vertraut. 1350 wurde er nach →Avignon gesandt, das als Residenz der Päpste seine Blütezeit erlebte. Dort existierte eine bedeutende Kolonie florent. Kaufleute, welche Kurie und Stadt mit speziellen Handelsprodukten versorgte und deren Bedarf an Geldmitteln deckte. Bei einer dieser florent. Firmen wurde D. zunächst als »garzone« (Botenjunge), später als Faktor angestellt. Seit 1363 finden wir ihn als Sozius in Handelskompanien (in untergeordneter Stellung), seit März 1373 leitete er eine eigene Firma, deren Handelskontakte mit ganz Mittel- und Norditalien, Deutschland, Flandern, Frankreich, Spanien und der Levante er beträchtl. erweitern konnte. Die Ehe mit Margherita di Domenico Bandini blieb kinderlos, seine Frau kümmerte sich um den Haushalt und die Verwaltung des Besitzes, den das Paar in und um Prato erworben hatte. 1382 gründete D. mit zwei Mitarbeitern, Boninsegna di Matteo und Tieri di Benci, in Avignon eine Handelskompanie, vertraute ihnen die Leitung der Firma an und kehrte nach Italien zurück. Im Jan. 1383 traf er mit seiner Frau und zwei Angestellten in Prato ein und gründete bald darauf zwei eigene Firmen in →Pisa und →Florenz. 1383 wurde neben der Firma in Florenz noch eine →Kompanie gebildet, an der D., Stoldo di Lorenzo und Falduccio di Lombardo beteiligt waren. 1392 wurde die Firma in Pisa in eine Kompanie umgewandelt, in der die Kompanie von Florenz die meisten Anteile besaß; zum leitenden Sozius wählte man Manno d'Albizzo, einen hervorragenden Kenner der Marktverhältnisse. Im gleichen Jahr beteiligte sich die florentin. Kompanie D.s, welche die Kapitalmehrheit besaß, an einer anderen Kompanie, die in →Genua tätig war. Zu ihren Leitern wurden bereits in der Stadt tätige Soziusse bestellt, Andrea di Bonanno und Luca del Sera. Von 1393 an gründete die genues. Firma Zweigniederlassungen, zunächst in →Barcelona und →Valencia und zuletzt in →Mallorca. Diese katalan. Firmen bildeten 1396 den Kern der katalan. Handelskompanie Datinis. Das Firmensystem bestand aus mehreren Teilen mit dem Sitz in Barcelona bzw. Valencia und Tochterniederlassungen in anderen Zentren. Am Kapitalvermögen der Kompanie war die florent. Firma beteiligt, ihre Soziusse leiteten daher die drei Teilfirmen.

In seiner Heimatstadt →Prato hatte sich D. seit 1384 für die Wollbranche interessiert und mit Piero di Giunta del Rosso, dessen Sohn Niccolò und zuletzt dessen Enkel Agnolo Kompanien in diesem Zweig gegründet. 1395 entstand eine »Compagnia di arte della tinta«. Als letzte Firma gründete D. 1398 in Florenz die »Compagnia del Banco«. Neben diesen Kompanien bestanden seine Alleininhaberfirma in Florenz weiter, welcher die leitende Rolle in D.s Firmensystem zukam, die Familien-Handelsfirma in Prato sowie eine Handelsgesellschaft (Schleierstoffe aus Seide und Baumwolle) mit Domenico di Cambio, die ohne Unterbrechung von 1388 bis 1410 existierte.

1398 erreichte D.s Firmensystem seine größte Ausdehnung und umfaßte Handelsgesellschaften, Banken und Produktionsbetriebe. In wirtschaftsgeograph. Hinsicht sind sie ein Zeugnis für die Verlagerung der Handelsinteressen auf den W, die für die Aktivität der it. Wirtschaftsunternehmer in der 2. Hälfte des 14. Jh. charakterist. ist. Kennzeichnend für D.s Firmensystem war das Bestehen von Kompanien neben Alleininhaberfirmen. An dem Kapital dieser Kompanien hatte entweder D. selbst (Avignon, die beiden Produktionsbetriebe und der Banco) oder die Kompanie in Florenz (Pisa, Genua, Katalonien) den Mehrheitsanteil; mit geringerem Einsatz oder als Soziusse waren auch die Leiter der einzelnen Niederlassungen daran beteiligt. Der Gesamtkomplex der von der Kompanie in Florenz geleiteten Firmen stellte den Prototyp einer »holding« dar, die in den →Medici-Firmen des 15. Jh. ihre volle Verwirklichung finden sollte. Das ganze System bildete eine von dem »maggiore«–wie D. genannt wurde–geleitete Einheit, so daß in diesem Organisationsmodell die eigentliche Funktion der »Direktion« voll zum Tragen kam: Unterstützt von den Mitarbeitern der florentin. Firma dirigierte D. das ganze Firmensystem mit der Auswahl, Kontrolle und Ausbildung des Personals und der Leitung und Oberaufsicht über die einzelnen Unternehmen. Die →Buchhaltung D.s ist uns vom Jahr 1383 an erhalten.

Während der Pest des Jahres 1400 sah sich D. gezwungen, infolge des Todes seiner Gesellschafter und Direktoren, die Firmen in Pisa und Genua, den Banco und die beiden Produktionsbetriebe in Prato zu schließen. Bei seinem Tod 1410 hinterließ D. sein Vermögen (rund 70000 Florin) einer damit begründeten frommen Stiftung, dem »Ceppo dei poveri di Francesco di Marco«. Diese Institution hat das nahezu vollständige→Archiv des Kaufmanns bis in unsere Tage bewahrt.

D.s Tätigkeit diente F. MELIS als Beispiel für seine Darstellung des Wirtschaftsunternehmers der Renaissance, der sich mittels der ihm zur Verfügung stehenden Hilfsmittel wie Handelskorrespondenz (→Brief, Abschnitt F. II) und Buchführung mit den wirtschaftl. Problemen seiner Zeit vertraut machte und bei seinen Firmen die jeweils diesen Erfordernissen entsprechenden Maßnahmen veranlassen konnte. A. SAPORI dagegen meinte, D. habe nicht die Größe seiner Vorgänger früherer florentiner Wirtschaftsunternehmer besessen. SAPORIS damit verbundenes Werturteil läßt unberücksichtigt, daß es Männer wie D. und dessen Zeitgenossen waren, die dem ökonom. Rationalismus entscheidende Impulse gaben, die für die weitere Entwicklung der europ. Wirtschaft als unumgänglich notwendig zu erachten sind, wie F. MELIS hervorhob.   B. Dini

Lit.: C. GUASTI, Ser Lapo Mazzei. Lettere di un notaro a un mercante del secolo XIV, 1880–I. DEL LUNGO, Francesco di Marco D. mercante e benefattore, 1897 – G. LIVI, Dall'archivio di Francesco D. mercante pratese, 1910 – G. CORSANI, I fondaci e i banchi di un mercante pratese del Trecento, 1922 – R. BRUN, Quelques italiens d'Avignon au XIVe s. (Mél. d'archéol. et d'hist., 1923), 103–113, 219–236 – E. BENSA, Francesco di Marco da Prato, 1928 – R. BRUN, A Fourteenth-Century Merchant of Italy: Francesco D. of Prato, Journal of Economic and Business Hist., 1930, 451–466 – R. PIATTOLI, L'origine dei fondaci datiniani di Pisa e di Genova, 1930–F. MELIS, L'archivio dei mercanti e banchieri del Trecento: Francesco di Marco D. da Prato, Moneta e Credito, 1954, 60–69 – DERS., Note di Storia della banca pisana nel Trecento, 1955 – A. SAPORI, Economia e morale alla fine del Trecento (Studi di Storia Economica. Secoli XIII–XIV–XV, 1955), 155–179 – DERS., Il rinascimento economico (ebd.), 619–652 – F. MELIS, Piccola guida della Mostra Internazionale dell'Archivio Datini di Prato, 1956 – I. ORIGO, The Merchant of Prato, 1957 – F. MELIS, A proposito di un nuovo volume sul »mercante di Prato«, EconStor, 1959, 737–763 – DERS., Aspetti della vita economica medievale (Studi nell'Archivio Datini di Prato), 1962 – DERS., Il problema D. Una necessaria messa a punto, NRS, 1966, 682–709 – V. RUTENBURG, Tre volumi sul D. Rassegna bibliografica sulle origini del capitalismo in Italia, NRS, 1966, 666–681 [Lit.] – A. SAPORI, A proposito del mestiere dello storico, un tentativo di chiarimento, NRS, 1966, 710–717 – DERS., Cambiamenti di mentalità del grande operatore economico tra la seconda metà del Trecento e i primi del Quattrocento (Studi di Storia Economica, 1967), 357–485 – F. MELIS, Documenti per la storia economica dei secoli XIII–XVI, 1972.

Dattel, Dattelpalme (Phoenix dactylifera L./Palmae). Die in Südwestasien und im Mittelmeergebiet weit verbreitete Dattelpalme gehörte zu den wichtigsten Nutzpflanzen des Altertums. Plinius (Nat. hist. 13, 26–50) zählt schon 49 Sorten (genera) der bes. formenreichen Gattung auf. Er erwähnt auch erstmals den gr. Namen *daktylos* für die länglichen, gelegentl. einem Finger ähnl. Früchte (der Vergleich auch bei Isidor, Etym. XVII, 7, 1), dem die lat./mlat. Bezeichnungen *dactilus* (STEINMEYER-SIEVERS III, 97, 528; Albertus Magnus, De veget. 6, 169–180; Gart, Kap. 102) bzw. *dactulus* (SIGERIST, 53, 59, 64, 98, 121) sowie die ahd. Wörter für den Baum, z. B. *da(h)tilboum* (Hildegard v. Bingen, Phys. III, 17), entlehnt sind. Daneben waren im MA die von gr. *phoinix* abgeleiteten Bezeichnungen *finican*, *finicen* (Alphita, ed. MOWAT, 65^b) bzw. *finicus*, *fenitia* (Antidotarium Nicolai) gebräuchlich. Med. wurden die D.n in Zubereitungen gegen Katarrh, Lungen- und Brustleiden sowie als zusammenziehendes Mittel bei Durchfall benutzt. Sie bildeten außerdem den Hauptbestandteil des als Latwerge wie als Pflaster angewandten »diafenicon«, das bis ins 16. Jh. ein geschätztes Mittel gegen Gallen-, Milz- und Magenleiden war (Dispensatorium des Valerius Cordus, 1546/47).   I. Müller

Lit.: MARZELL III, 692 – V. HEHN, Kulturpflanzen und Haustiere, 1911^8, 270–286 – H. E. SIGERIST, Stud. und Texte zur frühma. Rezeptlit., StGM 13, 1923 – H. BRÜCHER, Trop. Nutzpflanzen, 1977, 505–507.

Datum per manum. Die Formel geht auf die »datum per«-Formel der ksl. →Reskripte des 3. Jh. und die sog. Botenvermerke der →Kanonessammlungen des 4.–6. Jh. zurück. Der erste Nachweis findet sich in einer Urk. Papst Hadrians I. von 782 und bietet bereits den vollen Wortlaut. Die »D. p. m.«-Formel ist ein fester Bestandteil der großen →Datierung der Privilegien; zw. »datum« und »per manum« werden Datierungselemente (Tag und Monat) eingeschoben, dann folgt der Name des Datars und die restl. Datierung. Sie stellt einen Prüfungs- und Unterfertigungsvermerk dar, durch den der Datar, stets ein höherer Kanzleibeamter, die Verantwortung für die Übereinstimmung des Urkundeninhalts mit dem päpstl. Befehl übernimmt. In dieser Bedeutung läßt sich die Formel bis ins 13. Jh. nachweisen.

In den dt. Königsurkunden tritt sie erstmals 1092 in einem Diplom Ks. Heinrichs IV. auf; häufiger läßt sie sich unter Konrad III. nachweisen und wurde unter Friedrich I. zur Unterfertigungsformel des →Protonotars. Entgegen der älteren Forschung (FICKER), die sie als Aushändigungsformel auffaßt, versteht man sie heute als Prüfungsvermerk des Kanzleivorstehers oder seines Vertreters, die durch sie die rechtlich-sachl. Verantwortung für die Ausfertigung übernehmen. Während die älteren Nachweise direkte Entlehnungen aus den Papsturkunden darstellen, ist ihre Anwendung unter Friedrich I. wohl auf Bamberger Kanzleigebräuche zurückzuführen. In den dt. Fürstenurkunden – ausgenommen im Gebiet des Dt. Ordens – hat die »D.p.m.«-Formel Ende des 11. Jh. nur in geringem Umfang Eingang gefunden und zwar zu einer Zeit, als sich die fsl. Kanzleien auszubilden begannen. Der Gebrauch der Formel hängt immer vom einzelnen Notar ab und ist nirgends als Kanzleigewohnheit nachzuweisen. Entsprechend dem individuellen Gebrauch tritt die Formel im wesentl. in drei Bedeutungen entgegen: als Vollmachtsvermerk, als Rekognition oder an Stelle der sonst üblichen Unterfertigung mit Zeugen.

In der siz.-norm. Königskanzlei ist die von der Papsturkunde entlehnte Formel (es heißt stets: »Data per manum/manus«) bis Kg. Wilhelm III. (1194) und zunächst auch unter Friedrich II. nachweisbar, nicht jedoch in den Urkk. Konstanzes, der Gemahlin Ks. Heinrichs VI. Bereits seit Roger II. ist sie »eine mechanisch angewandte Formel der Beglaubigung« (K. A. KEHR) seitens des Kanzlers bzw. seines Vertreters (später auch der Familiaren), die damit die sachlich-jurist., nicht büromäßig Verantwortung übernahmen. In der Kaiserzeit Friedrichs II. verschwindet die Formel im Zuge von Veränderungen im inneren Gefüge der Kanzlei und begegnet erst wieder seit 1247, als →Petrus de Vinea die Leitung der Kanzlei innehatte. – Seit 1080 begegnet die Formel auch in den frz. Königsurkunden in der Bedeutung der →Rekognition, die sich bald eigenständig zur verfassungsrechtl. Gegenzeichnung des Staatskanzlers fortbildet. In den frz. Privaturkunden hat sie schon im 10. Jh. Eingang gefunden und zwar als Rekognition wie auch als Aushändigungsformel. In der letzteren Bedeutung fand sie Eingang in die aquitan. und norm. Herzogsurkunde und schließlich in die engl. Königsurkunde, wo sie dann ausschließlich vom Kg. gebraucht wurde (»per manus nostras«). – Über die Urkk. der norddt. Fürsten fand die Formel in der 1. Hälfte des 13. Jh. auch in die dän. Königsurkunde Eingang. Über Böhmen drang die Formel Ende des 12. Jh. in die poln. Herzogs- und Königsurkunde ein; hier hat die Formel die Grundbedeutung der Prüfung und des Erlasses, die die Besiegelung nach sich zog.
P.-J. Schuler

Lit.: BRESSLAU, II, 470ff., 572ff. – J. FICKER, Beitr. zur Urkundenlehre II, 1878, 206ff., 220ff. – S. HERZBERG-FRÄNKEL, Gesch. der dt. Reichskanzlei 1246–1308 (MIÖG Ergbd. 1, 1885), 279f. – O. REDLICH, Die Privaturkunden des MA, 1911, 138ff. – H. PLECHL, Die 'Datum per manus'-Formel [Diss. masch. Berlin 1947] – H. FICHTENAU, Das Urkundenwesen in Österreich vom 8. bis zum frühen 13. Jh. (MIÖG Ergbd. 23), 1971 – D. HÄGERMANN, Stud. zum Urkundenwesen Wilhelm v. Hollands, ADipl Beih. 2, 1977, 354ff.

Daucher, Adolf und **Hans.** *Adolf* D., † 1523/24, v. a. Kistler und Altarbauer, Schwiegersohn des Bildhauers Michel Erhart, zieht 1491 von Ulm nach Augsburg, wohin ihm sein Schwager, der Bildhauer Gregor →Erhart 1494 folgt und 1500 seinen Sohn *Hans* D. in die Lehre nimmt. Hans D. in hzgl. württ. Dienst 1537 erwähnt, † 1538 im Siechenhaus von Stuttgart. Adolf D. liefert 1493 und 1498 Altäre für Augsburg und 1502 den Hochaltar der Klosterkirche Kaisheim, dessen Plastiken Gregor Erhart und Gemälde Hans →Holbein d. Ä. Erhalten ist einzig der 1522 aufgerichtete steinerne Hochaltar von Annaberg in Sachsen mit plast. Jessebaum, Umsetzung des got. Altarprinzips in antikische Architektur. Der Anteil von Vater und Sohn D. sind schwer zu trennen, ebenso wie in der aktenmäßig nicht dokumentierten Ausstattung – Altargruppe der Pietà, Grabmäler, Chorgestühl, Schranken – der Augsburger Fugger-Kapelle von 1509–1518, dem ersten Renaissance-Gesamtwerk auf dt. Boden. Hans D. hat auf jeden Fall eine stattl. Zahl von kabinetthaft zierlichen Renaissancereliefs in Solnhofer Stein, sakralen und profanen Inhalts, hinterlassen.
A. Reinle

Lit.: THIEME-BECKER VIII, 427–431 – PH. M. HALM, Adolf D. und die Fuggerkapelle bei St. Anna in Augsburg, 1921 – N. LIEB, Die Fugger und die Kunst im Zeitalter der Spätgotik und der frühen Renaissance, 1952, 135, 373, 433 – M. BAXANDALL, The Limewood Sculptors of Renaissance Germany, 1980, 24, 112, 127ff., 134–135, 296–298.

Daude de Pradas, prov. Troubadour des 13. Jh., stammt nach seiner Vida aus dem Rouergue, aus dem heut. Prades-Salars, in der Nähe von Rodez, und war Domherr von Maguelonne; offensichtl. war er ein gebildeter Mann und begeisterte sich für Jagdvögel. Als Dichter wurde er wenig geschätzt. Diese seiner Vida entnommenen Daten werden durch die erhaltenen Dokumente z. T. bestätigt, welche es erlauben, die lit. Aktivität dieses Troubadours zw. den Jahren 1214 und 1282 anzusetzen, wenn man davon ausgeht, daß er mit dem Magister und Kleriker aus Rodez namens Deodatus de Pratis oder D. de Pradas identisch ist; alles deutet jedoch darauf hin, daß der Troubadour immer in Rodez lebte. 17 seiner Dichtungen sind erhalten: 12 Liebes-cansós, 3 satir. sirventes, ein religiöses Gedicht und ein anläßl. des Todes des Troubadours Uc Brunenc geschriebener planh. D. verfaßte auch zwei Lehrgedichte, eines über die vier Kardinaltugenden, welches auf der Formula honestae vitae des →Martin v. Braga fußt, sowie eines über die →Beizjagd.
C. Alvar

Ed.: Romanz de quatre vertutz cardenals, ed. A. STICKNEY, 1879 – Poésies, ed. A. H. SCHUTZ, 1933 [Neudr. 1971] – Dels auzels cassadors, ed. A. H. SCHUTZ, 1945 – Vida in J. BOUTIERE–A. H. SCHUTZ–I. CLUZEL, Biographies des troubadours, 1964 – *Lit.:* GRLMA VI – D. RIEGER, Gattungen und Gattungsbezeichnungen der Trobadorlyrik, 1976 – D. EVANS, Le traité de fauconnerie en vers prov.: Dels auzels cassadors, son intérêt culturel (La Chasse au MA, Actes du colloque de Nice [22–24 juin 1979], 1980), 9–17.

Daudin, Jean, Kanonikus der Sainte-Chapelle in Paris († 1382). Übersetzte vor 1373 »De eruditione puerorum nobilium« des →Vinzenz v. Beauvais (eine Hs.) und 1374 den »Tractatus consolatorius de morte amici« desselben Autors (eine Hs., Attribution nicht gesichert). Wichtig für den frz. Frühhumanismus ist seine Übersetzung von Petrarcas »De remediis utriusque fortunae«, für welche er 1378 vom frz. Kg. Karl V. 200 Goldfranken erhielt (7 Hss., von denen 4 Nicolas →Oresme als Übersetzer nennen; Drucke: Paris 1523 und 1534).
M.-R. Jung

Lit.: L. DELISLE, Anciennes traductions françaises du traité de Pétrarque sur les remèdes de l'une et l'autre fortune, Notices et extraits des mss. de la Bibl. Nat., 34, 1891 – N. MANN, La fortune de Pétrarque en France: recherches sur le »De Remediis«, Studi francesi 37, 1969, 1–15.

Dauerackerbau, Bezeichnung für ein primitives Ackerbausystem, bei dem ein beschränktes Areal urbaren Landes jedes Jahr ganz mit Getreide besät wurde, ohne →Brache. Der Ackerbau war somit auf ein einziges und einheitl. bestimmtes Stück *Mikro-openfield* (Einzelfeld) beschränkt, das meistens auch durch einen Zaun von der nicht oder wenig kultivierten Naturlandschaft, die es umgab, getrennt war (Einzelfeldwirtschaft; s. a. →Flursysteme). Der D. wurde ermöglicht durch intensive Bodenbearbeitung, aber v. a. durch vielfaches Düngen (→Düngung). In seiner reinen Form war der D. auf den →Eschen Nordwestdeutschlands und der angrenzenden östl. Niederlande (Prov. Drenthe) verbreitet. Hier wurde der D. meist als »ewiger Roggenbau« dank umfangreicher Plaggendüngung betrieben. Diese Art der Düngung, bei der Heideplaggen mit Viehdung gemischt wurden, ist jedoch jünger als der archäolog. ins frühe MA datierte Esch; die Plaggendüngung soll erst seit der Jahrtausendwende Eingang gefunden haben, womit bezweifelt wird, ob D. im eigtl. Sinne vorher überhaupt möglich war.

In anderen Regionen Westeuropas hat der D., vermutlich in einer weniger reinen Form, Eingang gefunden. Auf den brit. Inseln kann das *Infield-Outfield-System* (→Flursysteme) als eine Art D. betrachtet werden, da es eine intensive Bearbeitung des *Infield* nebst einer mehr extensiven Nutzung (oft in einem der →Feldgraswirtschaft ähnl. System) das *Outfield* darstellte. Die Kulturen auf dem Infield variierten aber stärker, und in Schottland und Irland, wo das Infield-Outfield-System am meisten angewandt wurde, waren die Infields, auf denen der Getreideanbau nicht durch Brache oder →Driesch unterbrochen wurde, recht selten.

Auch in einigen Regionen Frankreichs hat es ein derartiges Ackerbausystem gegeben, nämlich in Maine, Poitou, Bretagne sowie einigen Gebieten des Massif Central. Man unterschied hier die gedüngten *terres chaudes* (d. h. Düngland, in der Bretagne *méjou* genannt) von den *terres froides*. Aus anderen Teilen Europas, u. a. aus Skandinavien und Ungarn, sind ebenfalls abgeleitete Formen des D.s bekannt. – Seit dem 13. Jh. wurde der D. in vielen Gebieten durch entwickeltere Ackerbausysteme ersetzt, bestand aber in einigen Regionen bis ins 19. Jh. fort. E. Thoen

Lit.: P. McCourt, Infield and Outfield in Ireland, EconHR, 2nd ser, 7, 1954–55, 369–376 – H. Uhlig, Old Hamlets with Infield and Outfield Systems in Western and Central Europe (Morphogenis of the Agrarian Cultural Landscape. Papers of the Vadstena symposium at the XIXth Internat. Geographical Congress, 1960), 285–312 – W. Abel, Gesch. der dt. Landwirtschaft vom frühen MA bis zum 19. Jh., 1962, 80f. – Stud. of Field Systems in the British Isles, hg. A. H. Baker–R. A. Butlin, 1973 – M. Born, Die Entwicklung der dt. Agrarlandschaft, 1974, 40f. – E. Ennen–W. Janssen, Dt. Agrargesch. Vom Neolitikum bis zur Schwelle des Industriezeitalters, 1979, 170f. – R. A. Dodgshon, The Origins of Traditional Field Systems (The Making of the Scottish Countryside, hg. M. L. Parry–T. R. Slater, 1980).

Daugmale, Burgberg in Lettland, auf einem Sporn am linken Ufer des Unterlaufs der Düna gelegen, am Beginn 3 km langer Stromschnellen und dem Kreuzungspunkt mit einem Landweg. Die Anfänge reichen bis in die späte Bronzezeit zurück. Erst in der Völkerwanderungszeit wurden der Stirnwall erhöht und der Plateaurand bewehrt. Der Stirnwall wuchs während vieler Bauperioden bis zum MA auf 7 m an. Die Vorderfront wurde mit Dünakalkplatten belegt. Auf dem Wall entstand ein Wehrgang mit darunterliegenden kasemattenähnl. Kammern. Hinter dem Wall ließen sich Wohnreste und techn. Öfen von Handwerkern nachweisen. Viele Münzfunde bezeugen einen Fernhandel. Aus archäolog. Funden läßt sich schließen, daß die Burg seit dem 9. Jh. in semgallischer Hand war. Nachdem sie vielleicht für kurze Zeit skand. Wikingern gehört hatte, wurde D. wohl Anfang des 12. Jh. von den Semgallern zurückerobert und zerstört.
H. Hinz

Lit.: Hoops[2] V, 258–260 [J. Ozols] – F. Balodis, Det äldsta Lettland, 1940 – V. Urtāns, D. ekspedīcijas rezultāti 1966ff gadā (Referātu tēzes zinātniskai sesijai, veltītai arheoļģiskiem izrakumiem un entogrāfiskai ekspedīcijai Latvijas PSR teritorijā, Riga 1967–70) – J. Ozols, Die vor- und frühgeschichtl. Burgen Semgallens, Commentationes Balticae 14/15, 1968/70 (1971), H. 3, 107–213, bes. 171–184.

Dauphin (lat. Delfinus, Delphinus; altprov. Dalfin). Nachdem der Name als Taufname, dann als Beiname, schließlich im 12. und 13. Jh. von mehreren Gf.en v. →Vienne und →Albon (Hochadelsfamilien im alten Kgr. Burgund) als Familienname geführt wurde, transformierte er sich seit dem 2. Viertel des 13. Jh. zunehmend zum seniorialen Adelstitel, vgl. dazu eine Urkunde des Andreas, Gf.en v. Vienne, von 1223: »Ego Andreas, Delfinus et comes Albionis et palatinus Vienne«. In einem Kaiserdiplom von 1250 wird der »camerarius delfini Viennensis«, der Kämmerer des Dauphin v. Vienne, erwähnt. Die entscheidende Wende vollzog sich mit dem Regierungsantritt Humberts de la Tour (1281), der das Viennois durch Heirat mit Anna, der Erbtochter Guigos XI., erhielt; vgl. seine Urkunde von 1282: »Nos Humbertus, delphinus Vienne et Albonis comes«. Entsprechend nahm seine Gemahlin den Titel einer *Dauphine* (delfina) an, während 1285 die Bezeichnung delphinatus den comitatus delphini oder die Gft. Vienne bezeichnet (→Dauphiné). Nachdem Humbert II. den Dauphiné de Viennois an den Kg. v. →Frankreich, Philipp VI., verkauft hatte (Urkunden von 1343–44 und 1349), wurde der Enkel des Kg.s, Karl (V.), als D. de Viennois tituliert. Der Titel wurde danach von dem jungen Karl (VI.) geführt, danach jeweils von seinen Nachfolgern in direkter männl. Linie. Seit dem 15. Jh. wurde der älteste Sohn und Erbe des Kgtm.s Frankreich in der Umgangssprache schlechthin als D. bezeichnet, ohne daß noch ausdrücklich auf das Viennois Bezug genommen wurde.

Seit der Mitte des 12. Jh. trugen auch Mitglieder des Grafenhauses v. Clermont (→Clermont 1, →Dauphiné d'Auvergne, →Auvergne), das in weibl. Linie vom Haus Albon abstammte, häufig den Namen D., und das gleichnamige Meerestier wurde auch in das Wappen dieser Grafenfamilie aufgenommen (Gegensiegel von Dauphin, Gf. v. Clermont, 1199). In seinem Testament von 1281 verwendete Robert II., Gf. v. Clermont, die Intitulatio »Robertus comes Claromontensis et Alvernie delphinus«; letztere Bezeichnung wurde zur feudalen Würde. 1302 belegte Robert II. im Testament seinen Herrschaftsbereich mit dem Begriff Delphinatus, während er seinen Sohn Johann als Delphinetus bezeichnet. Ph. Contamine

Lit.: A. Prudhomme, De l'origine et du sens des mots d. et dauphiné et de leurs rapports avec l'emblème du d., en Dauphiné, Auvergne et Forez, BEC 54, 1893, 429–456 – G. de Manteyer, Les origines du Dauphiné de Viennois. D'où provient le surnom de baptême D. reçu par Guigues IX, comte d'Albon (1100–05)?, 1925 – P.-F. Fournier, Le nom du troubadour Dauphin d'Auvergne et l'évolution du mot d. en Auvergne au MA, BEC 91, 1930, 66–99.

Dauphiné (Delphinat), zw. den Alpen und dem Flußlauf der Rhône gelegenes Fsm. des Imperiums, später Provinz des Kgr.es Frankreich.

A. Geschichte – B. Wirtschaftsgeschichte – C. Rechtsgeschichte

A. Geschichte

I. Der Dauphiné als unabhängiges Fürstentum (1029–1349) – II. Der Dauphiné im Verband des Königreichs Frankreich (1349–ca. 1500).

I. Der Dauphiné als unabhängiges Fürstentum (1029–1349): Das Fsm. D. entstand im Zuge der Auflösung des Kgr.es Burgund (→4. Burgund). Das erste Auftreten des Fsm.s fällt nahezu mit dem Tod des letzten rudolfing. Kg.s v. Burgund, →Rudolfs III. († 1032), zusammen. Die Entwicklung des Fsm.s war im wesentl. das Werk dreier aufeinanderfolgender Dynastien, die seine Ausbildung, seine Blüte und seinen Niedergang prägten: der Gf.en v. →Albon (1029–1162), des Hauses →Burgund (1162–1282), der Barone von →La Tour-du-Pin (1282–1349). Guigo (Wigo) d. Ä. († 1070 in Cluny als Benediktiner, der dem Haus der→Wigonen aus Vion am rechten Rhôneufer entstammte, und seine vier gleichnamigen Nachfolger gründeten ihre Machtposition auf starke Grundlagen: Sie besaßen seit 1029 die Gft. →Albon im Viennois, wobei jedoch die Stadt →Vienne unter ebfl. Stadtherrschaft verblieb; daneben hatten sie Besitzungen im →Briançonnais (1053) inne und besaßen ferner Güter auf der piemontes. Alpenseite, in der Vallée d'Oulx (Tal v. Ulzio) (ca. 1060) sowie im Grésivaudan, wo sich Guigo d. Ä. als Vogt des Bf.s v. Grenoble, Mallerus, eine Machtposition auf dessen Kosten verschaffte. Der Aufstieg des Fürstenhauses wird auch durch eine Reihe glanzvoller Heiraten dokumentiert: so mit der Tochter eines Gf.en v. Barcelona, mit der »Kgn.« Mathilde, die wohl Tochter Rogers v. Sizilien und Witwe Konrads v. Italien war, ferner mit den Häusern Burgund und Montferrat. Die Regalien, u. a. das Münzrecht, wurden dem Gf.en v. Albon durch eine Urkunde Friedrich Barbarossas übertragen (13. Jan. 1155, bestätigt 1238 durch Friedrich II.). Seit

1133 führten die Albon ständig den (sich allmähl. zum festen Titel entwickelnden) Namen Delphinus (→Dauphin), und ihre Nachfolger schmückten sich seit dem späten 12. Jh. mit dem Pfalzgrafentitel; »Delphinatus« als Bezeichnung für das Fsm. wurde jedoch erst seit dem späten 13. Jh. synonym zum Begriff comitatus verwendet. Durch die Heirat der Beatrix v. Albon, Erbtochter Guigos V. und der Beatrix v. Montferrat, mit Hugo III., Hzg. v. Burgund, fielen Fsm. und Dauphin-Titel an das Haus der Hzg.e v. →Burgund. Unter den Burgundern vergrößerte sich der Territorialbesitz der Dauphins beträchtlich. Durch Heirat kamen 1232 die Gft.en Gap und →Embrun, 1241 das →Faucigny an die Dauphins; durch Kauf der Herrschaft Allevard (1263) vermochte Guigo VI. seine Position im Isèretal zu stärken. Nach Erlöschen dieser zweiten Dynastie mit dem frühverstorbenen Johann I. (1270–82) heiratete dessen Schwester und Erbin, Anna, den Baron von →La Tour und →Coligny, Humbert, der zum Begründer eines dritten regierenden Dauphin-Hauses wurde. Durch diese beiden Baronate expandierte der Delphinat in die Region von La Tour-du-Pin und Crémieu, somit bis in den mittleren Jura. Ebenso fiel das Baronat Montauban, im Grenzgebiet zur→Provence, um 1300 an die Dauphins. Letzte Territorialgewinne erfolgten unter Humberts Sohn Johann II. mit dem Baronat Mévouillon (1317) und unter Humbert II. mit der Stadt Romans (1342). Dieser Besitzstand verbürgte – zumindest scheinbar – den Dauphins eine Machtstellung und territoriale Geschlossenheit, vergleichbar derjenigen ihrer mächtigen Nachbarn, der Gf.en v. →Savoyen und von der Provence. Schließlich zeigte der Lehnseid, den der Mgf. v. →Saluzzo, Thomas II., 1343 dem Dauphin Humbert II. leistete, welches Gewicht der Dauphin selbst jenseits der Alpen, im polit. Kräftespiel →Piemonts, besaß.

Diese Machtstellung darf aber nicht darüber hinwegtäuschen, daß der D. um die Mitte des 14. Jh. über nur wenig gefestigte Territorialstrukturen verfügte. Das Ineinandergreifen der Besitzungen der Dauphins und derjenigen der Gf.en v. Savoyen sowie ein Fortbestand großer Allodialherrschaften (Clermont, Bocsozel, Bressieux, Sassenages, Alleman, Bardonnèche u. a.) standen einer Vereinheitlichung, wie sie zur Bildung einer starken Landesherrschaft erforderlich war, im Wege. Andererseits zeigt das bemerkenswerte, unter Guigo VI. 1260/72 angelegte, Probus genannte Urbar *(Censier)* die begrenzten Möglichkeiten, die die Grundherrschaft, selbst die fsl., gegenüber dem bäuerl. Allodialbesitz hatte. Im Unterschied zu Savoyen vermochte sich der D. auch nicht als »Paßstaat« zu konstituieren: der alpenüberschreitende Verkehr benutzte in erster Linie den Mont-Cenis, die Wege durch den D. dagegen in geringerem Umfang. Schließlich standen die Dauphins einem machtbewußten Episkopat gegenüber, das, im Besitz der Regalien in den Städten Vienne, Embrun und Gap, die Dauphins als Vasallen behandelte und von ihnen den Lehnseid forderte. Die Dauphins blieben demgegenüber auf rein ländl. Herrschaftsgebiete ohne städt. Zentren beschränkt. Allerdings ermöglichte ein 1226–42 geschlossenes →pariage mit den Bf.en, daß sich die Dauphins in →Grenoble zu etablieren vermochten; hierhin verlegten sie 1343 ihre Verwaltungsbehörden mit Rat *(conseil)*, Rechnungshof *(Chambre des comptes)* und Appellationsgericht (unter Vorsitz des *juge-mage des appellations)*. Für Vienne erreichten sie jedoch kein solches Abkommen, und die pariage-Verträge, die die Dauphins mit dem Ebf. v. Embrun und dem Bf. v. Gap abschlossen, hatten nur begrenzte Wirkung für eine Zentralisierung, mußte doch Guigo VI. dem mächtigen Schutzherrn dieser Bf.e, →Karl v. Anjou als Gf.en der Provence, den Lehnseid leisten. Aus allen diesen Gründen geriet die Fürstengewalt der Dauphins, die keine unbestrittene Autorität über die regionalen geistl. und weltl. Feudalmächte zu erringen vermochte, seit der Regierung des Dauphins Humbert I. (1282–1305) in allmähl. Verfall.

Zu diesem Niedergang trugen neben strukturellen Schwächen zwei polit. Momente entscheidend bei: zum einen die nahezu ununterbrochenen Kriege zw. Dauphins und Savoyern (1283–1334), zum anderen die gewagte Politik des letzten Dauphin, Humberts II. Dieser hochbegabte Fs. war Nachfolger seines 1333 vor La Perrière (nahe Voiron) im Kampf gegen den Savoyer gefallenen Bruders Guigo VII. Humbert verschrieb sich ehrgeizigen innen- und außenpolit. Vorhaben, so der völligen Reorganisation seines Staates und dem Zypernkreuzzug (1345). Diese Projekte überforderten angesichts der bereits zerrütteten Finanzen seine Kräfte. Die Verschuldung, die schon unter Humbert I. begonnen hatte, nahm unter Humbert II. irreparable Ausmaße an; Gläubiger des Fs.en waren mehrere it. Bankhäuser, namentl. die Gianfigliazzi. Der finanzielle Ruin beendete die Unabhängigkeit des D. Ein Projekt der Abtretung des Fsm.s an Papst→Benedikt XII. gab Anlaß zu einer minuziösen Enquête über den Besitzstand des Dauphin (1338–40), blieb im übrigen aber folgenlos. Nach langen und verwickelten Verhandlungen mit Philipp VI., Kg. v. Frankreich, wurde am 30. März 1349 zu Romans der Verkauf des D. gegen Zahlungen von 200 000 fl. sowie einer Jahresrente von 4000 fl. vereinbart; das Fsm. wurde zur Apanage Karls, Hzg.s der Normandie, bestimmt. Schon zwei Wochen vorher, am 14. März, hatte Humbert II. für seine Untertanen das »Statut delphinal«, in dem die Privilegien des Landes zusammengefaßt waren, erlassen. Es bildet gemeinsam mit den Privilegien *(chartes de franchises)*, welche die Städte und Flecken des D. seit dem Ende des 13. Jh. erlangt hatten, die wichtigste Rechtsquelle des D.

II. Der Dauphiné im Verband des Königreichs Frankreich (1349–ca. 1500): Mit dem Übergang an die Krone Frankreich endete die eigenständige Geschichte des D., die nun zur frz. Provinz wurde. Eine gewisse jurist. Sonderstellung blieb ihm gleichwohl erhalten. Hierzu trug der im Vertrag von 1349 nicht vorgesehene Usus bei, den D. den frz. Kronprinzen, die fortan→»Dauphins« genannt wurden, als →Apanage zu verleihen. Nach einer fortdauernden Fiktion wurden die kgl. →Ordonnanzen – wie in einem autonomen Staatswesen – im D. unter dem Titel und mit dem Wappen des Dauphin verkündet.

Doch nur der Dauphin Ludwig II., der spätere Kg. →Ludwig XI., der sich wegen der Spannungen mit seinem Vater Karl VII. in den D. zurückgezogen hatte, übte unmittelbar und sehr aktiv die fsl. Gewalt aus. Die übrigen Dauphins residierten selten in ihrem Fsm. und ließen sich zumeist von→Gouverneuren vertreten; diese waren in der Regel hohe Militärs oder Verwaltungsbeamte aus dem Königsdienst. Bei ihrer Amtseinführung hatten sie in einer feierl. Handlung die Wahrung des »Statut delphinal« zu beeiden. Die Stellung des D. als Teil des Imperiums wandelte sich entscheidend durch die Verleihung des →Reichsvikariats im Kgr. →Arelat durch Ks. →Karl IV. an den frz. Thronfolger Karl (VI.); damit erhielt das frz. Kgtm. die rechtl. Grundlage für ein Vorgehen gegen die opponierenden weltl. und geistl. Gewalten, die sich auf ihre Zugehörigkeit zum Imperium beriefen.

Unter frz. Herrschaft erreichte der D. die territoriale Abschließung, die ihm als selbständiges Fsm. gefehlt hatte. Hierzu trug u. a. ein Vertrag (Paris, 5. Jan. 1355) zw.

Kg. Johann II., dem Dauphin Karl und Amadeus V., Gf. en v. Savoyen, bei, der – gegen die Preisgabe des Faucigny und der Dependenzen des Baronates La Tour am rechten Rhôneufer – die Abtretung der savoyard. Kastellaneien des →Viennois an den D. festsetzte. Nach langen Verhandlungen wurde im April 1446 auch die Gft. →Valentinois dem D. angeschlossen. Innerhalb der Provinz zwang der Dauphin Ludwig II. die kirchl. Gewalten (Ebf. v. Vienne, Bf. e v. Grenoble und Valence) zur Leistung des Vasalleneides und nötigte andererseits den Bf. v. St-Paul-Trois-Châteaux zu einem Pariage-Vertrag. Ebenso hielt er die weltl. Allodialherren mit äußerster Wachsamkeit in Schach.

Parallel hierzu erfuhren die Institutionen, denen die Monarchie der Valois in einem allmähl. Prozeß ihren Stempel aufdrückte, eine vorher unbekannte Vereinheitlichung. Der überkommene Rat *(Conseil delphinal)* wurde 1453 als *Parlement* konstituiert und bildete den dritten höchsten Gerichtshof des Kgr.es. Demgegenüber fungierte der Rechnungshof *(Chambre des comptes)* zu Grenoble, der 1384 reorganisiert worden war, ledigl. als Kontrollorgan der unteren Lokalbehörden; die Überprüfung der Kassenführung der allgemeinen Finanzverwaltung der Provinz erfolgte in der Chambre des comptes zu Paris. Hatte Humbert II. in seinen Münzstätten noch Florenen prägen lassen, so wurden diese nach dem Übergang an Frankreich zunächst durch Francs (mit der Lilie), später durch Ecus (mit der Krone) ersetzt. 1447 wurden umfangreiche Verwaltungs- und Justizreformen, die u. a. eine Neuverteilung der Bailliages und Sénéchaussées umfaßten, erfolgreich abgeschlossen. Als Gegengewicht zur Machtstellung der Gouverneure entwickelten sich die seit 1367 belegten →*Etats provinciaux*, die bestrebt waren, die kgl. Fiskalität in ihre Schranken zu weisen und eine Kontrolle über die Verteidigung des Fsm.s, die Verwaltung und das Justizwesen ausübten. Es erhielt sich in der D. ein durchaus lebendiges »Landesbewußtsein«, dessen wesentl. Grundlage der Sonderstatus der Untertanen des Dauphin bildete.

Die Einverleibung des D. in das Kgr. Frankreich hatte auch zur Folge, daß das Land den Wechselfällen des →Hundertjährigen Krieges preisgegeben war. Als wichtigste Ereignisse der Kriegszeit sind zu nennen: die Verwüstung des Embrunais und der →Baronnies (1368), die wiederholten Durchzüge von Söldnerscharen durch das Rhônetal (1357, 1358, 1362–68, 1390–92), schließlich die Zurückschlagung eines burg.-savoyischen Angriffs auf den D. in der Schlacht v. →Anthon (11. Juni 1430). Schwerere und dauerhaftere Folgen als die Kriegsereignisse selbst hatten die hohen Steuerforderungen der Monarchie (1430: 50000 fl.), die gegen die Beschwerden *(doléances)* der Etats provinciaux durchgesetzt wurden und eine hohe Verschuldung der Landbevölkerung und -gemeinden nach sich zogen. Die bedeutendsten Ereignisse in der Geschichte des D. in der 2. Hälfte des 15. Jh. waren: die erneute Übernahme der Provinz in direkte Verwaltung Kg. →Karls VII. nach der Flucht seines Sohnes Ludwig an den Hof von Burgund, wobei der D. die Härte des kgl. Regiments zu spüren bekam; die Teilnahme eines Truppenverbandes des D. an der Schlacht bei →Montlhéry während des Krieges der →Ligue du Bien public (1465); Ketzerverfolgungen gegen →Waldenser sowie die ersten Italienkriege der frz. Monarchie. V. Chomel

B. Wirtschaftsgeschichte

Nicht anders als im übrigen Abendland war das Überwiegen der Agrarwirtschaft – von Ackerbau und Viehzucht – ein Hauptkennzeichen der Wirtschaftsverhältnisse im D. im 11. und 12. Jh. Aus den Urkunden der Bf. e v. Grenoble und den Urbaren des Priorats Domène erkennt man das Vorherrschen von Mansen und, bes. in den Berg- und Waldregionen, von kleineren Bauernstellen *(chabanneries, borderies)*. Unterwasserausgrabungen im Lac de Charavines haben vor kurzem ausgezeichnetes archäolog. Material für diese Zeit zur Verfügung gestellt. Die durch den Probus überlieferten Erhebungen der Dauphins lassen für die Zeit von 1250–67 erkennen, daß die Grundherrschaft des Dauphin nur einen Teil seines Territoriums erfaßte, in weiten Gebieten aber das bäuerl. Allod fortbestand. Der Rückgang der grundherrl. Eigenwirtschaft, die Ausbreitung der Pachtverträge und das weitverbreitete Überwiegen der Naturalabgaben stellen charakterist. Züge der Grundherrschaftsentwicklung dieser Zeit dar.

Im 13. Jh. belebte sich der Handel in starkem Maße, was bes. für Romans gilt, wo bedeutende Messen stattfanden. Unter den Straßen sind diejenigen des Rhônetals bes. hervorzuheben, ferner die Straßen des Mont-Genèvre und des Durancetales, die seit dem 14. Jh., mit der Verlegung der Papstresidenz nach →Avignon, belebt wurden und endlich die von dt. Kaufleuten mit ihren Tuchtransporten auf dem Weg nach Katalonien eifrig benutzten Straßen im unteren D., auf der Strecke von →Genf zur →Provence (15. Jh.). It. Firmen aus Piemont und aus der Toskana beherrschten seit dem ausgehenden 13. Jh. das Geld- und Bankwesen, zu einer Zeit, als sich auch die Juden in diesen Bereichen stark ausbreiteten. Ein Hauptreichtum des Landes lag in der Eisenerzgewinnung in Allevard und in einer bemerkenswerten Blüte der Eisenindustrie.

Der Bevölkerungseinbruch im Gefolge des »Schwarzen Todes« und der nachfolgenden Pestzüge markierte einen tiefen Einschnitt; erst zu Ende des 17. Jh. erreichten viele Gemeinden wieder eine Bevölkerungszahl, wie sie vor 1348/49 bestanden hatte. Hart getroffen von dieser Krise und überdies Opfer der massiven Steuerforderungen der Valois-Kg.e, mußten die Dörfer und Höfe zugleich die unverminderten Abgabenbelastungen der Grundherren tragen, wodurch die Verschuldung der Bauern und die Mobilität ihres Besitzes allgemein zunahm. Die wirtschaftl. Aktivität des städt. Bürgertums von Grenoble, Romans und Valence blieb im übrigen recht bescheiden und reichte nicht aus, um die Kapitalbesitzer von der Geldanlage im ländl. Grundbesitz abzuhalten. V. Chomel

Q.: U. CHEVALIER, Regeste dauphinois, 7 Bde, 1912–26 – R.-H. BAUTIER-J. SORNAY, Les sources de l'hist. économique et sociale du MA. Provence, Comtat Venaissin, D., Savoie, 3 Bde, 1968–74 – *Lit.:* *[allg.]:* Valbonnais, Hist. de D., 2 Bde, Genève 1722 – Hist. du D., hg. B. BLIGNY, 1973 – C. REYDELLET-GUTTINGER, La chancellerie delphinale (fin XIIIe s. – milieu XIVe s.), Münchner Beitr. zur Mediävistik und Renaissance-Forsch. 35 [in Vorber.] – *zu [B]:* A. SAPORI, I libri di ragione dei Gianfigliazzi, 1941 – V. CHOMEL, Le dauphin Humbert II et l'atelier monétaire de Visan (1338-1345) (Provence hist., 1973), 133–145 – P. PARAVY, L'Eglise et les communautés dauphinoises à l'âge de la dépression. Le témoignage des révisions de feux du XVe s., Cah. d'hist. 19, 1974, 209–252 – R. COLARDELLE-M. COLARDELLE, L'habitat médiéval immergé de Colletière à Charavines (Isère). Premier bilan de fouilles, Arch. médiévale, 1980, 167–269 – G. WEILL, La pierre écrite, épitaphe hébraïque de la tombe juive de Serres et les juifs du Serrois, REJ 142, 1983, 22–72.

C. Rechtsgeschichte

Die Testamente des Ebf. s →Desiderius v. Vienne (um 606) und des Patricius Abbo (739) sind nur ehrwürdige Denkmäler einer verschwundenen Rechtskultur im Dauphiné. Nach dem gehaltlosen durch convenientiae gekennzeichneten Gewohnheitsrecht des 11. Jh. findet man seit der Mitte des 12. Jh. ein Recht, das stark durch die justinian. Kodifikation beeinflußt ist, deren Kenntnis eher durch das Rhônetal als über die Alpen vordringt. Dem Gewohnheitsrecht fehlt jedoch, wegen der polit. Schwäche und des mangelnden Zusammenhalts des D., der bes. Charakter ebenso wie eine eigenständige Rechtsliteratur. Die im einzelnen kaum bekannte Vervollkommnung dieses wenig differenzierten Rechts unter dem Einfluß der röm. Rechtstechnik ist das Werk gelehrter Juristen, die für das Billigkeitsdenken des →Martinus Gosia empfängl. sind und v. a. aus der Abtei →St-Ruf (in Avignon, seit 1158 in Valence) hervorgehen. (Daneben gebührt auch →Vienne als Zentrum der Rechtspflege eine gewisse Aufmerksamkeit.) Sie verfassen eine Institutionensumme, einen Kommentar zum Codex (1127/58) und die →Exceptiones legum Romanarum des Petrus (Valence 1157/60). Ohne große Nachwirkungen werden diese Werke am Ende des 12. Jh. durch den unmittelbaren Rückgriff auf die Lehren der ultramontanen Rechtslehrer abgelöst, auch wenn um 1230/40 der provenzal. →Codi (Arles, um die Mitte des 12. Jh.) in den Dialekt des D. übersetzt wird. Unterstützt durch gemeinverständl. schreibende Notare, sind seit der Mitte des 13. Jh. oft fremde, aus der Provence stammende Juristen als einflußreiche Ratgeber der Dauphins, der großen Adligen, der Bf.e und der Städte tätig. Die Gründung einer eigenen Universität, in →Grenoble (1339) und später in →Valence (1452), ändert daran kaum etwas. Der seit 1336 bestehende Rat *(conseil)* des D. wird i. J. 1453 in ein Parlement umgewandelt. Dies bezeugt die Wichtigkeit dieses Gerichtes für die Vereinheitlichung des lokalen Rechts, die, unter dem Einfluß eines frühen jurist. Humanismus, schließlich zum Sieg des röm. Rechts *(droit écrit)* führt. Die Werke (»Decisiones«, »Consilia«) des Guido Papa (Guy →Pape, 1404-77) beeinflussen nachhaltig das europ. Recht, und zwar über die Grenzen des D., wo sie Gesetzeskraft haben, hinaus.

Die in den →Chartes de franchises seit dem 13. Jh. verbriefte Erbfreiheit drängt das →Mortuarium *(mainmorte,* →Tote Hand*)* zurück, das sogar den Adel tangierte. Die Erbfreiheit geht Hand in Hand mit der Übernahme des röm. Testamentsrechts, dessen Formalien man seit der Mitte des 13. Jh. beherrscht. Als eine Art der Regelung des ehel. Güterstandes verdrängt das Testament das traditionelle Güterrecht mit dem germ. sponsalitium, und es entsteht ein Dotalsystem (dos, →dotalicium), das mit dem Ausschluß der ausgesteuerten Töchter von der Erbfolge verbunden ist. Gütergemeinschaften *(frérêches)* bleiben aber möglich. Im Laufe des 13. Jh. ersetzt das →Albergement, eine Art Dauerleihe, die alten Formen des Grundbesitzes (wie →Libellus, →Precaria, →Beneficium, Chabannerie und bürgerl. →Lehen), dann verschmilzt es mit der Erbpacht (→Emphyteusis). Betont werden muß aber die große Bedeutung, die das Eigengut (→Allod) bis zum Ende des 15. Jh. hat. Sie führt zu einer Schwächung der Grundherrschaft, des Lehnswesens und damit auch der Landesherrschaft, denn diese verdankt ihren bescheidenen Zusammenhalt den weit verbreiteten Treuebindungen der Vasallen, obwohl auch die Belehnung Bürgerlicher längst üblich ist.

Das Gewohnheitsrecht übernimmt Formeln und Regeln des gelehrten Rechts und der Libri feudorum, verändert sie aber zugunsten der Vasallen. Die Ligesse (→Lehen) kommt i. J. 1189 auf. Die Verallgemeinerung des Freilehens *(franc fief),* über das der Vasall nach seinem Belieben verfügen kann, hindert den Dauphin, Konfiskationen *(commises)* anzuordnen oder das Mortuarium zu erheben und verschafft ihm nur unbedeutende Rechte im Falle der Veräußerung eines Lehens, auf die er sogar oft verzichtet. Diese Praxis wird, ebenso wie die →Fehde, durch das »Statut delphinal« von 1349 (→Abschnitt A) sanktioniert.

Die wenigen nichtadligen Lehnsträger, die unter sehr unterschiedlichen wirtschaftl. Verhältnissen leben, reihen sich in den zahlreichen Adel ein, indem sie gegen Entrichtung doppelter Abgaben (laudationes, *lods*) Lehen erwerben. Der Adel ist weder an Ritterschaft noch an Lehen gebunden. Jede der anderen sozialen Gruppen hat ihren bes. Status: Man kann den homo ligius daher nicht mit dem Hörigen gleichstellen, doch lassen sich zw. Adligen und Bürgerlichen in Bewegung befindl. Gruppen von Freien mit unterschiedl. Schicksal erkennen, die bald vereinzelt und mit dem Adel verbündet auftreten wie in Chabeuil, bald zahlreich als aktives städt. Bürgertum wie in Briançon. Unter den frz. Dauphins erzwingt eine stärkere Zentralgewalt eine gewisse rechtl. Anpassung, die mit der Auslöschung der Besonderheiten des D. endet.

G. Giordanengo

Q.: Statuts de 1349 (Valbonnais, Hist. de D. II, Genève 1722, 586-592) – La Somme du Code, texte dauphinois de la région de Grenoble, ed. L. ROYER–A. THOMAS (Notices et extraits de la Bibl. nat. 42, 1933) – C. G. MOR, Scritti giuridici preirneriani, 1935-38 [Neudr. 1980] – P. VAILLANT, Les libertés des communautés dauphinoises, 1951 – La Summa Institutionum »Iustinianum est in hoc opere«, ed. P. LEGENDRE, 1973 – Lit.: C. U. J. CHEVALIER, Ordonnances des rois de France et autres princes souverains relatives au D., 1871 – L. CHABRAND, Etude sur Guy Pape, 1912 – P. DUPARC, Les tenures en hébergement et en abergement, BEC 122, 1964, 5-88 – P. DUPARC, Libres et hommes liges, Journal des savants, 1973, 81-98 – A. GOURON, Une école juridique française dans la première moitié du XII⁵ s. (Mél. AUBENAS, 1974), 363-384 – M. PETITJEAN, Essai sur l'hist. des substitutions du IX⁵ au XV⁵ s. spécialement en France méridionale, 1975 – J. P. POLY, Les maîtres de St-Ruf, Annales de la faculté de droit de Bordeaux 2, 1978, 183-203 – P. PARAVY, A propos de la genèse médiévale de la chasse aux sorcières: le traité de J. Tholosan (um 1436), MEFRM 91, 1979, 333-379 – G. GIORDANENGO, Le droit féodal dans les pays de droit écrit: l'exemple de la Provence et du D. [Thèse droit, masch., Montpellier 1981].

Dauphiné d'Auvergne, Fsm. im Bereich der alten Gft. →Auvergne. Bei der Teilung der Gft. Auvergne um 1167 erhielt *Wilhelm VII. d. J.* Gebiete, die im wesentl. im Bergland auf dem rechten Allierufer lagen. Wilhelms VII. Gattin stammte aus dem Grafenhaus →Albon; durch diese Verbindung wurde der bei den Albon bereits bezeugte Name →Dauphin (Delphinus, altprov. Dalfin) bei dieser Linie der Auvergnegrafen eingebürgert. Wilhelm führte einige Jahre den Titel des Gf.en v. Auvergne. Doch nahm sein Sohn, der als →Troubadour und Mäzen bekannte →Dalfin d'Alvernhe († 1235), den Titel des Gf.en v. Clermont (→Clermont-Ferrand) an. Die Hauptresidenz dieses Hauses war die Burg Montferrand, bei der die Gfn. G. (Guillelma?), Gattin von Dalfin, eine Neustadt *(ville neuve)* gründete (1196-99). Als Kg. Philipp II. August die Auvergne eroberte (1210-11), behielt Dalfin seinen Territorialbesitz; dennoch nahm er an den Aufständen gegen die frz. Kgn. Blanca v. Kastilien teil, schloß 1230 aber Frieden.

Seine Nachfolger verlegten ihre Residenz in den Süden der Basse Auvergne, zunächst nach Champeix (Mitte des 13. Jh.), dann nach Vodable (Ende des 13. Jh.); die alte Hauptstadt Montferrand, die schon 1225 kgl. Schutzherrschaft unterstellt wurde, kam 1292 an die Krondomäne. Gleichzeitig entwickelte sich die Bezeichnung →Dauphin (wie bei den verschwägerten Gf.en v. Albon und Vienne; →Dauphiné) vom Personennamen zur feudalen Würde: In seinem Testament von 1281 betitelte sich *Robert II.* (1262-82) als Dauphin d'Auvergne (»Robertus comes Claromontensis et Alvernie delphinus«). 1339 verdoppelten die Dauphins ihre Territorien durch das Erbe der Mercoeur, deren Besitzungen im Grenzgebiet zw. Basse und Haute Auvergne lagen, und nahmen Residenz auf Schloß Mercoeur (bei Ardes). *Béraud II.* (1356-1400) beteiligte sich als Truppenführer an der Seite des Kg.s an mehreren

Feldzügen, ging als Geisel für Kg. Johann den Guten nach England und kämpfte gegen die *routiers*, die Söldnerkompagnien. Territorialpolit. bemühte er sich um einen engeren Zusammenhalt seines Fsm.s. *Jeanne*, die Erbtochter seines Nachfolgers *Béraud III.*, der 1426 ermordet wurde, heiratete 1428 *Louis*, Gf.en v. Montpensier († 1482), der der Familie →Bourbon angehörte und über seine Großmutter bereits Erbansprüche auf den D. d'A. hatte. Nach dem Tode der *Jeanne* (1436) vermochte sich Louis nach allerlei Streitigkeiten durch eine Transaktion den größten Teil des Erbes zu sichern. Fortan verquickt sich die Geschichte der Dauphins d'Auvergne mit derjenigen der Gf.en v. →Montpensier-Bourbon. G. Fournier

Lit.: P. F. FOURNIER, Le nom du troubadour Dauphin d'A. et l'évolution du mot dauphin en Auvergne au MA, BEC 91, 1930, 66–99 – PH.-A. BECKER, Dalfin d'Alvernhe, der Troubadour, 1941 – M. C. DESSERT, Les possessions des comtes dauphins d'A. de la fin du XIIe s. au début du XVe s., 29–32 [Ec. des Chartes, Positions des thèses, 1955].

Daurel et Beton, aprov., mit afrz. Formen durchsetzte chanson de geste (eine Hs. 14. Jh.); erhalten sind gut 2180 Verse, Laisse 1 bis 5 Alexandriner, der Rest Zehnsilber; der Schluß fehlt. – Bove v. Antona, vermählt mit Ermenjart, der Schwester Karls d. Gr., wird von seinem *compagnon* Gui v. Aspremont auf einer Eberjagd umgebracht. Gegen ihren Willen wird die Witwe von Karl d. Gr. mit dem Verräter verheiratet. Der Spielmann Daurel rettet Boves Sohn Beton, indem er seinen eigenen Sohn ausliefert. Daurel und Beton fliehen nach Babilonia, wo Beton heranwächst und durch sein Verhalten seine edle Abstammung verrät. Bevor er die Emirstochter heiratet, kehrt er aber nach Frankreich zurück und bestraft den Verräter. Darauf will er von Karl d. Gr. Rechenschaft fordern. Hier bricht der Text ab.

Der anonyme Verfasser verwendet Motive, die auch in afrz. Epen (→Bueve de Hanstone, Jourdain de Blaye, Orson de Beauvais) vorkommen; da aber eine Fassung des D. schon um die Mitte des 12. Jh. belegt ist, d. h. vor den erhaltenen afrz. Texten, sind die Abhängigkeiten nicht zu klären. Einzigartig sind die Darstellung von Betons Kindheit und die Stellung des Spielmanns als treuer Garant des adligen *lignage*. M.-R. Jung

Ed.: P. MEYER, 1880 – A. S. KIMMEL, 1971 – Lit.: J. BUMKE, Die Eberjagd im D. und in der Nibelungendichtung, GRM 41, 1960, 103–111 – J. DE CALUWÉ, D., chanson de geste provençale, Société Rencesvals, VIe Congr. Internat., Aix-en-Provence 1973, 1974, 439–460 – A. S. KIMMEL, Le jongleur héros épique, ebd., 461–472 – A. ADLER, Ep. Spekulanten, 1975 – A. LIMENTANI, L'eccezione narrativa, 1977 – J. DE CALUWÉ, L'enfant dans D., Senefiance 9, 1980, 315–334 – DERS., Les liens »féodaux« dans D., Etudes ... JULES HORRENT, 1980, 105–114 – M. R. MULLER, Style and Structure in D. [Diss. Univ. of Massachusetts, 1981].

Dauvet, Jean, Herr v. Bazoches, Le Plessis und La Bourgonnière, frz. Staatsmann und Jurist, * um 1400, † 1471. Zu J. D.s Vorfahren zählte Simon, Rat Kg. Karls V.; sein Vater Jacques D. war Seneschall v. Anjou. Jean D. war Rat (*conseiller*) des Kg.s →René v. Anjou und Kg. →Karls VII. v. Frankreich. 1466 *procureur général*, danach Erster Präsident des →Parlement. Er setzte sich für die Stärkung der kgl. Gewalt gegen die Machtansprüche der konkurrierenden Fs.en (Hzg.e v. →Burgund und →Savoyen, Gf. v. →Foix, →René v. Anjou und →Charles de France, Bruder Ludwigs XI.) ein. D. vertrat die Sache des →Gallikanismus auf dem Konzil v. →Basel (1433) und gegen→Pius II. (1460). Er führte die Beschlagnahme der Güter des Jacques →Coeur (1455–57) durch und beauftragte die Verurteilung des Hzg.s v. →Alençon und des Gf.en v. →Armagnac. Er war ein charakterist. Repräsentant der Parlementskreise, aus denen auch seine beiden Frauen stammten: 1. Jeanne Boudrac, mit der Familie der Vitry verwandt (mindestens zwei Söhne: Guillaume, Robert); 2. Louise Raguier (Kinder: Yves, Jeanne, Michel). M. Mollat

Q. [ungedr.]: Paris, Bibl. Nat. P.O. 981; Doss. bleus 233; Carrés d'Hozier 224; Cab. d'H., 118; Nouv. d'H., 115; Clairambault 763 – Arch. dép. Maine-et-Loire E 2206 – Lit.: P. Anselme, Hist. généalogique VIII, 1733, 774 – Biogr. générale Didot 13, 194 [A. VALLET DE VIRIVILLE] – G. DU FRESNE DE BEAUCOURT, Hist. de Charles VII, IV, V, VI, 1888–91, passim – C. BALLU, J. D., Rev. Anjou, n.s. 58, 1909, 485–493 – M. MOLLAT, Les affaires de Jacques Coeur, Journal du Procureur D., 2 Bde, 1952 – F. AUTRAND, Naissance d'un grand corps de l'Etat. Les gens du Parlement de Paris 1345–1454, 1981.

Davach (davoch), in Schottland Ackermaß für Pflugland, seit dem 11. Jh. belegt. Das Wort ist vom ir. und schott. gäl. *dabhach* ('großes Faß') abgeleitet; hierbei handelte es sich ursprgl. um ein Hohlmaß. Der Gebrauch dieser Maßeinheit als Landmaß blieb auf Schottland beschränkt und zwar auf das Gebiet nördl. von Forth und Clyde, das im 11. und 12. Jh. als Scotia bezeichnet wurde. Jedoch tritt es nicht in ursprgl. von Iren besiedelten Gebieten wie →Argyll auf, woraus einige Historiker geschlossen haben, daß es sich um eine pikt. Maßeinheit, lediglich mit gäl. Namen, handele. Auf welche Weise diese Maßeinheit vom Hohlmaß zum Landmaß wurde, ist wegen Fehlens von Quellen nicht bekannt. Eine Möglichkeit besteht in der Anwendung des dabhach als Maß bzw. Scheffel für Saatgetreide oder für die Kornernte, wodurch es zur Maßeinheit für Pflugland wurde. Eine weitere Möglichkeit besteht darin, daß es – wie die terra modii des frühma. Wales – mit der Erhebung der Naturalabgaben in Verbindung steht: So war in Wales der modius ursprgl. ein Maß für Ale (Bier); da bei den Abgaben das Verhältnis von Ale zum Brot und zur Zukost (companagium, →companaticum) fixiert war, wurde der modius (→Maße) zur Grundeinheit der Abgabenmenge und damit schließlich des Umfangs eines bäuerl. Besitzes. Da Ale aus gemälzter Gerste gebraut wird, konnte ein solches Hohlmaß leicht zur Maßeinheit für Pflugland werden. T. M. Charles-Edwards

Lit.: K. H. JACKSON, The Gaelic Notes in the Book of Deer, 1972, 116f. – G. W. S. BARROW, The Kingdom of the Scots, 1973, 266–278.

Dávalos, einflußreiche Familie in Kastilien, erstmals 1162 in Navarra nachgewiesen, seit dem 13. Jh. auch in Kastilien ansässig. *Lope Fernández D.* beteiligte sich an der →Reconquista Andalusiens im Gefolge Kg. Ferdinands III. d. Hl. und erhielt dafür ein Lehen in Ubeda (Prov. Jaen). Sein Enkel, *Diego López*, bekam für seine Tapferkeit in Kämpfen gegen die Mauren bei Algeciras von Kg. Heinrich II. das Recht verliehen, zwölf Löwen am Rand seines Wappens anzubringen. Der Sohn von Diego López war *Ruy López D.* (* 1357, † 6. Jan. 1428), Gf. v. Ribadeo, seit 1394 *Corregidor* v. Arjona, vielleicht das berühmteste Mitglied der Familie. Er trat in den Dienst Kg. Johanns I. v. Kastilien und wurde von dessen Sohn, Kg. →Heinrich III., zu einem seiner engsten Vertrauten und Ratgeber ernannt. Am 4. Okt. 1396 wurde er zum *Adelantado Mayor* für das Kgr. →Murcia bestellt, 1400 wurde ihm das Amt des kgl. →Condestable v. Kastilien, 1418 des Corregidor v. Murcia übertragen, und nach des Kg.s frühem Tod war er Testamentsvollstrecker und Rat des minderjährigen Johann II. im Sinne Ferdinands v. Antequera (v. Aragón). In den Intrigen um den Einfluß auf den jugendl. Kg. unterlag er schließlich, wurde als Parteigänger des Infanten →Heinrich v. Aragón des Hochverrats angeklagt und 1422 seiner Ämter entkleidet. Andere Günstlinge erhielten seine ungeheuren Reichtümer. Er selbst floh nach Aragón. Seine zahlreichen Söhne erfreuten sich der Gunst Kg. Alfons' V. v. Aragón und dienten ihm im Kgr.

Neapel. Einer von ihnen, *Iñigo* D. († 1481), erhielt das Flottenkommando gegen Venedig. U. Lindgren

Lit.: DHE I, 1099; II, 783f. - F. RUANO PRIETO, El Condestable Ruy López D., RABM, 1903-04 - F. CERDÁ RUIZ-FUNES, Adelantados Mayores y Concejo de Murcia, Primera semana de Estudios Murcianos, I, 1961, 189-221 - E. MITRE FERNÁNDEZ, La extensión del regimen de corregidores en el reinado de Enrique III de Castilla, 1969, 75 - F. CERDÁ RUIZ-FUNES, Para un estudio sobre los Adelantados Mayores en Castilla, II. Symposium de Hist. de la Administración, 1971, 183-223 - J. TORRES FONTES, Los Condestables de Castilla en la Edad Media, AHDE 41, 1971, 68-77 - A. BERMÚDEZ AZNAR, El Corregidor en Castilla durante la Baja Edad Media, 1974 - L. SUÁREZ FERNÁNDEZ, Nobleza y Monarquía, 1975², bes. 119ff. - R. PÉREZ-BUSTAMANTE, El gobierno y la administración territorial de Castilla (1230-1474), 2 Bde, 1976.

Davanzati, Chiaro, it. Dichter des 13. Jh., über dessen Herkunft und Lebensdaten sichere Angaben fehlen; von der Forschung mit dem Florentiner Clarus f. Davanzati Banbakai aus dem Populus von S. Frediano gleichgesetzt, der sich 1303 noch am Leben befand, am 27. April 1304 bereits verstorben war und im »Libro di Montaperti« (zusammen mit einem bereits 1280 verstorbenen Mann gleichen Namens, der aufgrund der Datierung der Tenzone mit →Dante da Maiano [1283] nicht mit dem Dichter identisch sein kann) auf Seiten der Guelfen erwähnt wird; 1294 begegnet er als Capitano von Or San Michele sowie von Sept. 1302 an als Procurator des Ebf.s v. Gent, Johannes de Calora. Aus seinem Canzoniere erschloß man einen möglichen Aufenthalt in Pisa (LIV, LVI und LVII) und eine Datierung seiner Canzone auf »Florenz »Ahi dolce e gaia terra fiorentina« um 1267. Weiter geht aus seinem Werk hervor, daß er mit Pallamidesse di Bellindote, Pacino di ser Filippo, ser Cione, →Dante da Maiano, frate Ubertino, →Guittone d'Arezzo und v. a. mit Monte Andrea poet. Korrespondenzen führte. (Der Cod. Marciano it. IX, 191 sowie der von ihm abhängige Cod. Magliabechiano VII, 1187 überliefern ein aus zwei Sonetten bestehende Tenzone Chiaros als Antwort auf zwei Sonette eines Dante, die eher dem Maianesen zuzuschreiben sind als →Dante Alighieri.) Ch. ist nach Guittone d'Arezzo der fruchtbarste Dichter des 13. Jh. Er erfreute sich unter seinen Zeitgenossen offenbar großer Anerkennung, wie nicht zuletzt die Zahl der poet. Korrespondenzen in seinem umfangreichen und themenreichen Canzoniere beweist (der ohne die zweifelhaften Zuschreibungen 61 Canzonen und mehr als 120 Sonette enthält). Der Themenreichtum seiner stilist.-einheitl., leicht dahinfließenden Lyrik ist groß: Klage über Vergangenes, Verurteilung der Gegenwart sowie philosoph. und pseudowissenschaftl. Erörterungen, die die reine Liebesdichtung (in den verschiedenen Abwandlungen des Liebesbekenntnisses und des Liebeslieds, den Variationen über Streit und Eifersucht) überwiegen. Jede seiner Dichtungen zeugt von beachtl. poet. Geschmack und dichter. Können; sie sind in formaler Hinsicht makellos und stehen in direkter okzitanischer (eine Dichtung von Aimeric de Perdigon ist nahezu wörtlich übersetzt in »Troppo aggio fatto lungia dimoranza«) und siz. Tradition (deutl. Nachahmungen von →Giacomo da Lentini), während die poet. Theorien Guittones d'Arezzo und das aufkommende →»Dolce Stil N(u)ovo« nur vereinzelt und ohne direkte Absicht ein Echo finden. Ch.s hochlit. Dichtung ist durch große Formschönheit gekennzeichnet; die schöpfer. Kraft scheint sich ausschließlich auf die techn. Gesichtspunkte zu konzentrieren, v. a. auf die metr. Form: der Dichter experimentiert mit neuen Stanzen in der Canzone, variiert die Versmaße sowie Stellung und Art der Reime, bis hin zum Bruch mit der traditionellen symmetr. Korrespondenz der Stanzen untereinander und der Einführung einer nur aus Elfsilbern bestehenden, in vier metr. Perioden gegliederten Stanze, die später von Dante kanonisiert werden sollte. Gerade diese Charakteristika eines Epigonen der okzitan.-siz. Tradition können als Erklärung dienen, weshalb Ch. - im Vergleich zu dem großen Erfolg unter seinen Zeitgenossen - bei der folgenden Generation, deren Dichtung beim »Stilnovo« neue Wege ging, der Vergessenheit anheimfiel. G. Busetto

Ed.: Rime, ed. critica... A. MENICHETTI, 1965 [mit Bibliogr.] - *Lit.*: EncDant I, 956f. - E. PASQUINI-A. E. QUAGLIO, Il Duecento dalle origini a Dante, I, to. I, 1970, 316-328, 335.

David

I. Abendländische Kunst - II. Byzantinische Kunst - III. Altrussische Kunst.

I. ABENDLÄNDISCHE KUNST: D., atl. Prophet, König, Sänger. Der schon in der Jugend durch den Propheten Samuel gesalbte (1 Sam 16,1-13) spätere Nachfolger Sauls als Kg. von Israel galt bereits im AT als Vorbild des Messias; im NT ist Jesus der erwartete Kg. aus dem Stamme D.s. Dessen Harfenspiel (1 Sam 16,23) und sein zahlreichen Psalmen beigegebener Autorname vervollständigen die Gestalt zum kgl. Sänger und Propheten. In der Väterliteratur wurden auch einzelne Episoden aus dem Leben D.s typolog. gedeutet; z. B. die Salbung, das Harfenspiel, der Sieg über den Philister Goliath (1 Sam 17), der Ehebruch mit Bethseba und die Reue D.s (2 Sam 11f.). - Obwohl bereits die Fresken der Synagoge in Dura Europos (Mitte 3. Jh.) Szenen eines D.-Zyklus enthalten, sind in der frühchristl. Kunst D.-Bilder vor den ersten ebenfalls zykl. Darstellungen (Ende 4. Jh.: Holztür S. Ambrogio, Mailand; Quedlinburger Itala-Frgm.e; 6. Jh.: Malereien in Bawit/Ägypten) selten. Bereits aus diesen Zyklen, wie aus den ma. Miniaturen in Hss. der Königsbücher läßt sich die Existenz von narrativen Illustrationsfolgen der christl. Buchmalerei für das 4. Jh. gut erschließen (SUCKALE-REDLEFSEN), während vorausgehende jüd. Königsbücher-Illustrationen (WEITZMANN) hypothet. sind. - Auf die Idealisierung christl. Kaiser als »neuer D.« (lit. vom 4. Jh. bis ins späte MA belegt; Beispiele: STEGER, 127-129) wurde seit dem 6. Jh. durch imperiale Gewandung und Diadembekrönung D.s angespielt (D. inmitten der Propheten, Justinian. Apsismosaik, Sinai; D. als prophet. Zeuge: Evangeliare von Rossano und Sinope). Imperiale Aufwertungsbemühungen des Heraklius (610-641) sind vielleicht auch bei den D.-Tellern aus Zypern erkennbar (ALEXANDER). Ausgedehnte D.-Zyklen bieten erhaltene ö. und w. Hss. der Königsbücher; von deren Vorbildern hängen auch Illustrationen in Hss. des Psalters ab, die dem Text vorausgehen oder eingeschoben oder am Rand beigegeben sind. Im Titel- oder Autorenbild erscheint neben der häufigen Darstellung des thronenden, musizierenden D. mit Musikern und Tänzern auch D. selbst als Tänzer (Erinnerung an den Tanz vor der Bundeslade 2 Sam 6, 5. 14). Narrative Bilder in ma. Wandmalerei (St. Johann in Müstair, um 800) und Fußbodenmosaik (St. Gereon, Köln, Mitte 12. Jh.) stehen ebenso unter Einfluß von Hss.-Illustrationen wie Portal- und Kapitellplastiken (Beispiele Wyss). Einzelbilder in Prophetenzyklen zeigen D. meist als den kgl. Sänger. Weitere wichtige Bereiche: vielfältige Verwendung von D.-Szenen in typolog. Bildzusammenhängen; D. unter den Vorfahren Christi in Bildern der →Wurzel Jesse; im späten MA Einbeziehung unter die →Neun guten Helden. J. Engemann

II. BYZANTINISCHE KUNST: Die Davidlebenzyklen in mittel- und spätbyz. Zeit gehen auf verschiedene Vorbilder zurück, die z. T. vielleicht auf jüd. Zyklen beruhen (vgl. die Synagoge von Dura-Europos v. J. 245). Der umfangreichste findet sich in der einzigen illuminierten Hs. der Königsbücher (Vat. gr. 333, Ende 11. Jh.) mit mehr als 70 Miniaturen, die offenbar ein Auszug aus einem ursprgl. weit reicheren Zyklus sind. In manchen Szenen verwandt, aber knapper im Detail, sind die 23 Randminiaturen in der Pariser Hs. der Sacra Parallela (Bibl. Nat. Ms. gr. 923; frühes 9. Jh., Palästina). Von ganz anderer Auswahl sind die Zyklen in Psalterien, sowohl in denen mit einer einleitenden Bildfolge als auch in denen mit Randminiaturen. Das Paradebeispiel für die erste Gruppe ist der Pariser Psalter (Bibl. Nat. Ms. gr. 139; frühes 10. Jh.), der noch im 13. Jh. Nachfolger hatte. Freilich ist die Szenenauswahl in dieser Gruppe ebensowenig konstant wie die Ikonographie im einzelnen. Bei der zweiten Gruppe werden D.-Szenen an den Rand gesetzt, wo ein Psalmenvers auf ein Ereignis aus seinem Leben gedeutet wird. In den frühen Exemplaren (Chludov-Psalter, Moskau; Psalter des Athos-Kl. Pantokratoros Cod. 61; Par. gr. 20; alle 9. Jh.) ist die Auswahl unterschiedl., die Ikonographie z. T. ohne Nachfolge. Die späteren Psalterien (bes. Theodor-Psalter, London, 1066, und Barberini-Psalter, Bibl. Vat., wohl Ende 11. Jh.) weichen z. T. in der Ikonographie ab und erweitern sie. Mischungen der Zyklen beider Gruppen kommen vor (z. B. Bristol-Psalter, London, Ende 10. Jh.). Eine Sonderstellung nimmt der Psalter Vat. gr. 752 (2. Hälfte 11. Jh.) ein, der einerseits einen eigenwillig erweiterten Anfangszyklus (mit Geburt, erstem Bad und Übergabe des Kindes, alles ohne bibl. Grundlage) und andererseits Bilder zu einzelnen Psalmen hat, die aus einem anderen, sonst so nicht belegten Zyklus stammen. Zu Einzelheiten vgl. G. SUCKALE-REDLEFSEN. Sehr anderen Vorlagen folgen die Bilder des serb. Psalters in München und der bulg. Tomić-Psalter in Moskau (beide 14. Jh.). Ihre Beziehungen zu den jüngeren Randpsalterien sind nur schwach. Eine ähnl. Sonderstellung nimmt der gr.-lat. Hamilton-Psalter in Berlin ein (13. Jh., Zypern), der neben einem Eingangszyklus Miniaturen zu einzelnen Psalmen hat, die stilist. nicht einheitlich und im Eingangszyklus z. T. ikonograph. eigenwillig sind. In der Elfenbeinplastik gibt es zwei völlig abweichende, auch untereinander nicht verwandte D.-Zyklen auf einem Kasten (10./11. Jh., Armenien) im Pal. Venezia, Rom, und auf einem bisher nicht datierbaren Kasten in der Kathedrale v. Sens. Zahlreiche Einzeldarstellungen D.s oder von Szenen seines Lebens bezeugen außerdem das große Interesse an seiner Person, als Vorfahr Christi, Gerechter des Alten Bundes und Prophet und Psalmist. Deswegen gehört er in die →Wurzel Jesse wie in das Bild der Höllenfahrt Christi (Anastasis), bei der Christus seinen Ahnherren u. a. befreit. Oder wird D. als Zeuge von ntl. Ereignissen dargestellt, die man in Psalmen vorausgesagt sieht, nicht nur in den Psalterien, mit Randminiaturen, sondern auch in anderen Hss. und in Wandmalereien (z. B. in der Peribleptos, Mistras).

Als Prophet wie oft auch als Psalmist ist D. wie ein byz. Ks. der Frühzeit gekleidet. Er ist dann stets ein weißhaariger Greis mit kurzem, rundem Vollbart. So erscheint er dann auch in Prophetengruppen in Kuppeln bzw. Tambouren, z. B. in Daphni, Sopoćani, Gelati (Georgien) u. ö., auf den Rahmen von Marienikonen, im plast. Dekor der Paregoretissa in Arta, auf einem Elfenbeinkasten in Stuttgart (um 1300), in der Prophetenreihe der Pala d'Oro in S. Marco, Venedig, u. ö.

D., im Kaiserornat den Psalter oder die Leier spielend, meint den Psalmisten (z. B. im Chludov-Psalter, 9. Jh., im NT in Chicago, im Psalter im Athos-Kl. Stavronikita Cod. 46 oder im Hamilton-Psalter Berlin, alle 13. Jh.). Als solcher ist er wohl auch gemeint in der bulg. Übersetzung der Manasses-Chronik (Vat. slav. II), wo er der Krönung des Zaren Ivan Alexander beiwohnt, auf seiner Schriftrolle der Beginn von Ps 20 (21). Begleitet von Sängern oder Chören begegnet D. z. B. im Vat. gr. 699 (Ende 9. Jh.), im Bristol-Psalter (London, um 1000) und im Münchner serb. Psalter (mit vier Musikanten und 70 Chorsängern). Häufiger aber ist D. in jugendl. Gestalt (Hirt) als Psalmist dargestellt, im Chludov-Psalter zu Ps 151, verbunden mit dem Bären- und dem Löwenkampf, ähnlich im Theodor-Psalter, dort auch zu Ps 20 (21) mit seiner Herde und zu dem nur in dieser Hs. belegten Gedicht zw. Psalmen und Oden Flöte spielend zw. seiner Herde. Das berühmteste Bild des jugendl. Psalmisten, zugleich wohl das antikst. Bild der byz. Buchmalerei, ist das im Pariser Psalter Ms. gr. 139, zu ihm und seiner Nachfolge vgl. RbyzK. In der gleichen Hs. finden wir auch die keinem anderen Propheten zuteil gewordene Überhöhung D.s, der, im ksl. Ornat, auf einem Podest steht, einen offenen Codex in der Hand, die Taube des Hl. Geistes über sich, zw. den Personifikationen von Sophia und Propheteia; zur Nachfolge vgl. RbyzK. K. Wessel

III. ALTRUSSISCHE KUNST: Seiner Bedeutung in der theol. und homilet. Lit. entsprechend fand die Darstellung des »Zar David« Verbreitung in der altruss. Kunst. Mit Daniel und Salomon gehört D. zu den prophet. Zeugen Christi und erscheint mit ihnen in der Monumentalmalerei vorzugsweise der Kuppeltambours unter dem Pantokrator (z. B. Staraja Ladoga, Ende 12. Jh.; Sophienkathedrale in Novgorod, 1108; Uspenie-Kathedrale in Vladimir, 1408), um mit Entstehung des hochragenden russ. Ikonostas in den Prophetenrang aufgenommen zu werden, wo sie die Gottesmutter des Zeichens (Znamenie) flankieren und damit Empfängnis und Geburt des Emmanuel verkünden (vgl. Jes 7, 14) (Teil eines Ranges mit Daniel, D. und Salomon, Novgorod, 15. Jh.; Ikonostas der Troica-Kathedrale im Dreieinigkeits-Sergij-Kl. [LEBEDEWA]). In dieser Funktion wie als kgl. Sänger erscheint D. mit Daniel auf den Außenwandskulpturen einiger Kirchen von Vladimir-Suzdal' und auf den Türen der Kathedrale im Kreml' von Suzdal' (1227–37). Als christolog.-hermeneut. Schlüsselfigur spielt D. natürl. in den russ. Psalter-Illustrationen eine hervorragende Rolle (Kiever Psalter, 1397; Onega-Psalter, 1395; Moskauer Psalter, Ende 15. Jh. [→Buchmalerei C.V]). Im semiolog. Programm des Ikonostas erscheint D. (mit Salomon) in der Höllenfahrt Christi im Limbus, während die Psalter-Illustrationen ihn vor dem leeren Grab zeigen. Die Höllenfahrt des Festtagsranges gab das Vorbild ab für unzählige Bilder dieses Typs (vgl. z. B. ONASCH, Ikonen, 1961, Taf. 39, 73). Gestalt ikonograph. zeichnen sich D. und Salomon durch Kronen, Daniel durch seine Jugendlichkeit und pers. Tracht aus. Es liegt wohl am dominanten semant.-liturg. Kontext, daß Lebensszenen der drei Propheten relativ selten sind. In der Spätzeit finden sie Eingang in Bilder der Hl. Weisheit, der Gottesmutterthemen oder der Taufe Christi (Ikonenmus. Recklinghausen, 1981[6], Nrr. 81, 173, 175, 215, 225, 281). K. Onasch

Lit.: zu [I]: LCI I, 477–490 – RAC III, 594–603 – RDK III, 1083–1119 [WYSS] – H. STEGER, D. rex et propheta, 1961 – K. WEITZMANN, Zur Frage des Einflusses jüd. Bilderquellen auf die Ill. des AT: Mullus (Festschr. TH. KLAUSER, 1964), 401–415 – G. SUCKALE-REDLEFSEN, Die Bilderzyklen zum Davidleben von den Anfängen bis zum 11. Jh. [Diss. München 1972] – S. S. ALEXANDER, Heraclius, Byz. imperial ideology, and the D. plates, Speculum 52, 1977, 217–237 – zu [II]: LCI I, 477–490 [R. L. WYSS]; VI, 35f. [H. KUNZE] – RbyzK I, 1145–1161 [K. WESSEL] – M. V. ŠČEPKINA – I. S. DUJČEV, Bolgarskaja Miniatiura XIV veka.

Issledovannje Psaltyri Tomiča, 1963 – Der serb. Psalter, Textbd., 1978, hg. H. Belting, 1978 – *zu [III]:* V. N. Lazarev, Iskusstvo Novgoroda, 1947 – Ders., Freski Staroj Ladogi, 1960 – N. H. Voronin, Zodčestvo Severo-vostočnoj Rusi XII–XV vekov 1, 1961; 2, 1962 – Ders., Wladimir, Bogoljubowo, Susdal, Jurjew-Polskoi, 1962 – J. A. Lebedewa, Andrei Rubljow und seine Zeitgenossen, 1962 – V. I. Antonova–N. E. Mneva, Kat. Drevnerusskoj Živopisi 1, 1963, Nr. 91, Taf. 68–71 – O. Popova, Les Miniatures Russes du XIe au XVe s., 1975 – K. Onasch–D. Freydank, Altruss, Hl. leben, 1977 [Register] – A. N. Ovčinnikov, Suzdal'skie Zlatye Vrata (Golden Gates in Suzdal), 1978 – H. Faensen, Kirchen und Kl. im alten Rußland, 1982 [Register] – N. Labrecque-Pervouchine, L'Iconostase. Une Evolution Hist. en Russie, 1982, passim – G. Podskalsky, Christentum und theol. Lit. in der Kiever Ruś, 1982 [Register].

David

1. D. Komnenos, Mitbegründer des Ksr.es v. →Trapezunt, * nach 1185, ✕ 1214; Enkel von Ks. →Andronikos I. Komnenos (→Komnenen). Nach neueren Forschungen (Lampsides, Kursanskis) wird seine Flucht zur Kgn. v. →Georgien, Thamar, gemeinsam mit seinem Bruder Alexios, kurz nach der Ermordung seines Großvaters (1185) angezweifelt und erst in die Zeit der Eroberung Konstantinopels durch die Kreuzfahrer nach Juli 1203 (→Kreuzzug, 4.) verlegt. Auch die nahe Verwandtschaft zu Thamar wird neuerdings in Frage gestellt. Mit einem offenbar nur kleinen Hilfskontingent der in Kämpfen mit den →Seldschuken verwickelten Georgierkönigin besetzten die Brüder offenbar kampflos Trapezunt und sein Umland. Wahrscheinl. kam sowohl der dortigen Lokalaristokratie wie der Landbevölkerung die Gründung eines selbstständigen Staates aus wirtschafts- und sicherheitspolit. Gründen gelegen. Zu Kämpfen mit dem Reich v. →Nikaia unter →Theodor I. Laskaris kam es erst bei weiterem Vordringen nach Westen (1205, 1206). Als nomineller Vasall des →Lat. Ksr.es konnte D. mit Mühe Herakleia (Pontus) und Amastris halten. Beide Städte gingen erst 1214 an Nikaia endgültig verloren. Im Sommer 1214 fiel D. im Kampf um Sinope gegen die Seldschuken. Ein Bild seiner Persönlichkeit läßt sich bei dem spärlichen Quellenmaterial nicht zeichnen. Nur so viel ist greifbar, daß er der eigtl. militär. Führer des jungen Staates war, der vielleicht häufig seine Kräfte überschätzt hat.

G. Weiß

Lit.: A. A. Vasiliev, The Foundation of the Empire of Trebizond (1204–1222), Speculum 11, 1936, 3–37 – Ostrogorsky, Geschichte³, 351f., 356 – E. Janssens, Trébizonde en Colchide, 1969 – M. Kursanskis, Autour des sources géorgiennes de la fondation de l'empire de Trebizonde, Archeion Pontu 30, 1970, 107–116 – O. Lampsides, ebd. 31, 1971, 3–18 – S. P. Karpov, Empire of Great Comnenoi: Some Remarks on Particularities of its Foundation (Actes du XVe Congr. Internat. d'Etudes Byz. IV, 1980), 153–159.

2. D. I., *Kg. v. Schottland* 1124–53, * um 1085, † 24. Mai 1153 in Carlisle, der jüngste Sohn →Malcolms III. »Canmore« und der hl. →Margarete, Tochter von Eduard Ætheling u. Agathe v. Ungarn, ⚭ 1112 Mathilde, Tochter des engl. Earl Waltheof (Sohn von Siward) u. d. Gfn. Judith, einer Nichte Wilhelm d. Eroberers; Sohn: Heinrich († 1152). D. verbrachte seine Kindheit und Jugend am Hof Kg. Heinrichs I. von England, wo er eine ritterliche Erziehung erhielt und den Feudalismus aus erster Hand kennenlernte, die neuesten Strömungen religiösen Denkens aufnahm und das Geheimnis des Erfolges der normann. Regierungsmethode sah. Als jüngster Sohn Malcolms folgte D. unerwartet auf den schott. Thron durch die Kinderlosigkeit der beiden älteren Brüder →Edgar und →Alexander I. Obwohl D. zunächst ein abhängiger Schützling Heinrichs I. war, ging er schnell zu einer unabhängigen Politik über, die auf die Schaffung eines großen schott. Kgr.es zielte, das von →Caithness im N bis nach →Carlisle und sogar →Northumberland im S sowie bis zum westl. hochländ. Festland reichen sollte, sich aber nicht auf die →Hebriden ausdehnte, die unter norw. Herrschaft verblieben. Dieses Ziel wurde 1136 erreicht, als D. mit dem neuen engl. Kg. →Stephan v. Blois, dessen Position schwach war, ein für Schottland vorteilhaftes Abkommen vereinbarte. Von diesem Zeitpunkt an bis zu seinem Tod unterstützte er Ksn. →Mathilde und ihren Sohn Heinrich (später →Heinrich II.), den angevin. Bewerber auf den engl. Thron; zweimal fiel D. als Verbündeter in engl. Gebiet ein. Sogar, als D.s Armee bei der Schlacht von der →Standarte (1138) schwer geschlagen wurde, blieben die Kontrolle von Cumbria (→Cumberland) und der größte Teil des nördl. England in schott. Hand. Von 1141–53 regierte D. tatsächlich den größten Teil der Zeit von Carlisle aus, wo er auch sterben sollte. Durch seine Heirat mit Mathilde erwarb er ein großes Feudallehen im östl. Mittelengland. Ihr einziger Sohn Heinrich war zum »rex designatus« ernannt und besaß seit 1139 das Earldom v. Northumberland. Er hinterließ bei seinem Tod drei Söhne, von denen die beiden ältesten, →Malcolm (IV.) und →Wilhelm (I., der Löwe), nacheinander Kg.e v. Schottland wurden.

D. gelang es, das Kgr. der Schotten bis nördl. der Flüsse Forth und Clyde endgültig auszuweiten, womit der größte Teil von Cumberland oder Strathclyde und →Lothian, dem nördlichsten Teil von Northumbria zw. Forth und Tweed, einbezogen waren. Die Führungsschicht wurde nach feudalen Prinzipien umgestaltet, ein Prozeß, der durch die Ansiedlung von Baronen und Rittern aus England, der Normandie, der Bretagne und dem kgl. frz. Flandern, die sich bes. im S Schottlands etablierten, begünstigt wurde. Die städt. Entwicklung, die sich bis zu diesem Zeitpunkt nur in schwachen Ansätzen abzeichnete, wurde erheblich durch die Gründung von zahlreichen *burghs* (→*boroughs*) oder privilegierten Marktflecken beschleunigt, die wiederum auch durch die umfangreiche Einwanderung von engl., fläm. und skand. Händlern und Handwerkern begünstigt wurden. Der Handel selbst wurde durch kgl. Schutz und die Prägung (etwa seit 1136) der ersten schott. Münze (silberne *sterling pennies* nach engl. Vorbild) gefördert.

Die Kirchenorganisation in den Diözesen wurde gründlich neugestaltet, in Anpassung an die vertrauten Vorbilder in England und Frankreich, obwohl es D. nicht gelang, die Metropolitanstellung für den vornehmsten schott. Bischofssitz →St. Andrews, zu erlangen. Außerdem stiftete der Kg. persönlich viele religiöse Gemeinschaften von Männern sowie Frauen. Zu nennen ist die Niederlassung von Zisterziensern (→Melrose [1136], Newbattle, Kinloss), Augustiner-Chorherren (→Holyrood [1128], St. Andrews, Cambuskenneth), Hospitalitern und Templern; v. a. aber die Ansiedlung der hochadligen Benediktiner v. →Tiron, die sich in →Kelso niederließen (1113/1128) und die strengste Regel im ma. Schottland befolgten. – D. war neben →Robert I. (Bruce) einer der bedeutendsten Herrscher Schottlands im Mittelalter.

G. W. S. Barrow

Q. und Lit.: The Acts of Malcolm IV King of Scots, 1153–65, ed. G. W. S. Barrow (Regesta Regum Scottorum I), 1960 – A. A. M. Duncan, Scotland: the Making of the Kingdom, 1975 – G. W. S. Barrow, Kingship and Unity: Scotland, 1000–1306, 1981.

3. D. II. (Bruce), *Kg. v. Schottland,* * 5. März 1324 in Dunfermline, † 22. Febr. 1371 in Edinburgh, Sohn →Roberts I. (Bruce), ⚭ 1. Johanna († 1362), Schwester Kg. Eduards III. v. England am 16. Juli 1328; 2. Margaret Logie, 1363. In Zusammenhang mit dem anglo-schott.

Friedensvertrag v. →Edinburgh-Northampton, der die Unabhängigkeit Schottlands anerkannte, wurde D. mit der Schwester des engl. Kg.s verheiratet. Als Kg. Robert starb (7. Juni 1329), erbte D. den Thron und wurde am 24. Nov. 1331 in Scone gekrönt und gesalbt. Jedoch untergrub Eduard III. heimlich den Friedensvertrag, indem er die →»Disinherited« unterstützte, eine Gruppe von Adligen, die Ländereien und Titel in Schottland beanspruchten. Unter der Führung von Eduard →Balliol, dem Sohn des schott. Kg.s Johann († 1314 oder 1315), landeten sie in Fife und besiegten am 11. Aug. 1332 eine schott. Armee bei Dupplin. Obwohl Eduard in Scone gekrönt wurde, war er doch bald gezwungen, nach England zu fliehen und huldigte Eduard III., der dann offen mit der Belagerung von Berwick intervenierte und eine schott. Armee bei →Halidon Hill am 19. Juli 1333 besiegte. Eduard III. setzte Eduard Balliol als Vasallenkönig in Schottland ein. 1334 wurde D. zu seiner Sicherheit nach Frankreich gesandt, wo er von Philipp VI. gut aufgenommen wurde. Allmählich begannen die Engländer, in Schottland Rückschläge zu erleiden, und das Interesse Eduards III. an der Unterstützung Eduards Balliol sank, als er selbst Anspruch auf die Krone v. Frankreich erhob, und der →Hundertjährige Krieg begann. D. II., der für Philipp VI. v. Frankreich in Flandern 1340 kämpfte, kehrte im folgenden Jahr nach Schottland zurück und hatte bald die Kontrolle über den größten Teil des Kgr.es. 1346 fiel er zur Unterstützung der Franzosen in England ein, wurde aber bei →Neville's Cross (Yorkshire) schwer geschlagen. Er selbst wurde verwundet und gefangengenommen und blieb 11 Jahre in engl. Gefangenschaft, während sein Neffe, →Robert Stewart (»the Steward«) Schottland als Verweser leitete.

Langwierige Verhandlungen um D.s Freilassung gipfelten in d. Vertrag v. Berwick (3. Okt. 1357); dem Kg. wurde die Rückkehr nach Schottland erlaubt gegen das Versprechen, die ungeheure Summe von 100000 Mark in zehnjährl. Teilzahlungen zu entrichten. Zur Aufbringung dieser Teilzahlungen (womit D. bald im Rückstand war) wurden Steuern erhoben und die Zollabgaben beim Export verdoppelt, verdreifacht und schließlich vervierfacht, während der Vertrag über die Summe 1365 und 1369 erneuert werden mußte. Im Verlauf der damit verbundenen diplomat. Verhandlungen wurde sicherlich auch der Vorschlag erwogen, daß ein jüngerer Sohn Eduards III. von D. als mutmaßlicher Thronfolger in Schottland anerkannt werden sollte. D.s Ehe mit Margaret Logie blieb kinderlos. Gegen seinen geblütsmäßigen Erben, dem mit Nachkommen gesegneten Robert Stewart, der kurz vor der Hochzeit D.s mit Margaret andere Magnaten in einer aufrührer. Verschwörung anführte, war er eingenommen. D. unterdrückte diese Verschwörung mit der Unterstützung des niederen Adels und regierte anschließend mit fester Hand.

Trotz der augenscheinl. Schuldenlast wurde tatsächl. nur vergleichsweise wenig an England bezahlt. Der schott. Exporthandel blühte, und die Einnahmen aus dem Zoll waren gesichert. Die polit. Lage Schottlands erforderte ständige Zusammenkünfte von allgemeinen Ratsversammlungen und der Parlamente, die nach 1357 die drei Stände, Klerus, Adel, Bürgertum, repräsentierten. Bei seinem Tod hinterließ D. →Schottland gut regiert und in geordnetem Zustand. Schließlich folgte Robert Stewart auf den Thron.
R. Nicholson

Q. und Lit.: E. W. M. BALFOUR-MELVILLE, Papers Relating to the Captivity and Release of D. II (Misc. of the Scottish Hist. Society 9, 1958), 1–56 – R. NICHOLSON, D. II, the Historians and the Chroniclers, SHR XLV, 1966, 59–78 – A. B. WEBSTER, D. II and the Government of Fourteenth-century Scotland, TRHS, 5th ser., 1966, 115–130 – R. NICHOLSON, Scotland, the Later MA (Edinburgh Hist. of Scotland 2), 1974 [Nachdr. 1978] – Regesta Regum Scottorum III, Acta of D. II, ed. A. B. WEBSTER, 1982.

4. D., erster Sohn des Comes Nikolas und der Ripsimia. Er war mit seinen Brüdern, den sog. Komitopouloi →Samuel, →Aaron und →Moses, Führer des großen antibyz. Aufstandes in den westbulg. Territorien nach dem Tode des byz. Ks.s →Johannes Tzimiskes i. J. 976. In den Anfängen des Aufstandes beherrschte er wahrscheinl. den südöstl. Teil Makedoniens. D. wurde im Gebiet zw. →Kastoria und →Prespa von Vlachen getötet, wahrscheinl. nicht lange nach dem Aufstand, aber vor dem Jahre 993, wie aus einer bulg. Inschrift ersichtlich ist. Nach legendar. Nachrichten wurde D. später als Heiliger verehrt.
I. Dujčev

Q.: Ioannis Skylitzae Synopsis Historiarum, ed. H. THURN, 255, 73ff.; 328, 59ff.; 329, 77ff. – Lit.: J. IVANOV, Bǎlg. starini iz Makedonija, 1931², 23ff. – ZLATARSKI, Istorija I/2, 590ff., 633ff., 650ff.

5. D., hl. (Dewi Sant), Gründer und erster Bf. v. →St. David's (Menevia, Mynyw) in Pembrokeshire, Patron v. →Wales, † 1. März 588/589 oder 601. D. ist – im Unterschied zu den entsprechenden ir. und schott. Patronen →Patrick und →Columba – nicht durch zeitgenöss. oder zeitnahe Quellen unmittelbar bezeugt. Seine älteste erhaltene Vita wurde erst von Rhigyfarch, dem Sohn des Bf.s Sulien v. St. David's um 1095 verfaßt; der Autor behauptet aber, weit ältere Quellen zugrundegelegt zu haben. Die Abfassung dieser Vita war vielleicht eine Reaktion auf die Ansprüche Ebf. →Anselms v. Canterbury auf Metropolitanrechte über Wales, und die nachfolgende Verbreitung der D.-Verehrung im 12. Jh., nicht zuletzt durch →Giraldus Cambrensis, ist im wesentl. auf die kirchenpolit. Bestrebungen des Bm.s St. David's zurückzuführen. D.s tatsächl. Lebensumstände sind nahezu unbekannt, doch gibt es keinen Grund, an seiner Existenz zu zweifeln. Sein Todestag (1. März) ist zu 588/589 in ir. Annalen bezeugt, in den »Annales Cambriae« jedoch zu 601, vielleicht auf der Grundlage zuverlässiger örtl. Überlieferungen. Noch früher als diese Zeugnisse ist ein vermutl. Hinweis auf D.s extremes Asketentum in Brieffragmenten des →Gildas, in denen dieser bestimmte Praktiken der Kasteiung verurteilt (wie das Ziehen des Pfluges), die Rhigyfarch D.s Gemeinschaft zuschreibt – D. war als aquaticus ('Wassertrinker') bekannt. Ein D. zugeschriebenes →Bußbuch war (gemeinsam mit ir. Schriftzeugnissen) seit dem 8. Jh. auf dem Kontinent verfügbar, und sein Kult war seit 800 (in der Zeit, in der die Abfassung fortlaufender Annalen in St. David's einsetzt) im südl. Wales und Irland bekannt; seine Verbreitung im ags. England geht möglicherweise auf →Asser zurück. Die walis. »Weissagung« des 10. Jh., →»Armes Prydein«, erbittet das Eingreifen »Dewis und der Heiligen von Britannien« in den Kampf zur Vertreibung der Engländer. Wahrscheinl. hing die zunehmende Verehrung D.s als eines Hl. für alle Waliser (966 Translation von Menevia nach Glastonbury) stark mit den polit. Ambitionen der Kg.e v. →Dyfed (Demetia, sw. Wales) im 10. und 11. Jh. zusammen; erst danach dürfte die Kirche von St. David's den Ruhm des Hl. in den Dienst ihrer kirchenpolit. Ziele gestellt haben.
C. P. Wormald

Q.: The Irish Penitentials, ed. L. BIELER, 1963, 3, 70–73 – Rhigyfarch's Life of St. David, ed. J. W. JAMES, 1967 – Gildas, ed. M. WINTERBOTTOM, 1978, 10, 80–82, 142–145, 154f. – Lit.: Bibl. SS IV, 516f. [Lit.] – J. E. LLOYD, A Hist. of Wales, 1911, I, 151–159 – J. MORRIS, Dates of the Celtic Saints, JTS NS 17, 1966, 349, 383–385 – W. DAVIES, Wales in the Early MA, 1982, 141–197, 207f.

6. D. v. Burgund, Bf. v. Thérouanne und Utrecht, * um 1427 in Arras, † 16. April 1496; außerehel. Sohn →Philipps des Guten, Hzg.s v. →Burgund, und der Johanna (oder Nicoletta) Chastellain, gen. De Bosquiel, die schon vorher dem Hzg. eine Tochter, Marie, geboren hatte. Am 26. Okt. 1439 wurde D. auf Betreiben seines Vaters zum Propst des Stiftes St. Donatian zu Brügge gewählt. Er erhielt seine Ausbildung bei Antoine Haneron, »maistre des bastards de Monseigneur«, der später auch als Erzieher des Erbprinzen Karl des Kühnen fungierte. Unter dem Einfluß seines Mentors ließ sich D. 1450 auch als Student an der Univ. →Löwen, an der Haneron lehrte, immatrikulieren. Haneron sollte auch später noch eine Rolle als Rat D.s in Utrecht spielen. Am 13. Sept. 1451 erreichte Hzg. Philipp bei Papst Nikolaus V. die Erhebung D.s zum Bf. v. →Thérouanne, obwohl er Bastard und ungeweiht war. Diese Ernennung steht im Zusammenhang mit dem Bestreben des Hzg.s, die Bischofssitze in seinen Territorien und deren Umkreis mit seinen Günstlingen zu besetzen. Mehrere Päpste haben – gegen burg. Bestechungsgelder und nie eingelöste Kreuzzugsversprechen – dieser Politik Vorschub geleistet.

Als 1455 das wichtigere Bm. →Utrecht vakant wurde, bemühte sich Hzg. Philipp, D. dort einsetzen zu lassen. Jedoch wählte das Domkapitel am 7. April fast einstimmig den Dompropst Geijsbrecht v. Brederode, einen Anhänger der antiburg. holländ. Partei der →Hoeken. Dieser fand als Elekt Anerkennung bei Ks. Friedrich III., bei Rat und Gilden der Stadt Utrecht, sodann auch bei den Ständen des Stiftes als weltl. Schutzherr (18. Sept. 1455). Doch hatte Philipp Papst Calixt III. bereits am 12. Sept. zur Einsetzung D.s bewegen können; diese Entscheidung traf in Utrecht aber erst im Okt. ein. Ab März 1456 setzten der Hzg. und seine Parteigänger Utrecht unter diplomat. und militär. Druck. Brederode ließ sich schließlich zu Verhandlungen über eine Abfindungssumme überreden. Am 3. Aug. 1456 zog D. als weltl. Herr des Stiftes gemeinsam mit seinem Vater mit Heeresmacht in Utrecht ein, am 6. Aug. bestätigte er den Ständen die Landesprivilegien. Nur durch erneutes militär. Eingreifen ließ sich auch Overijssel zur Huldigung nötigen: Am 18. Sept. ergab sich →Deventer Hzg. Philipp. Die Befriedung des Parteienstreits zog sich jedoch noch bis 1458 hin, als D. mit holländ.-burg. Unterstützung der Familie Brederode, die Geistlichkeit und den Rat der Stadt Utrecht zu einer symbol. Unterwerfungsgeste zwang. 1470 ließ D. die Häupter der Hoeken, darunter wieder einige Brederodes, gefangensetzen. Die weltl. Herrschaft D.s war durch die Einführung einer zentralisierten Regierung nach burg. Vorbild gekennzeichnet, wobei bfl. Beamte vielfach die örtl. Gewalten verdrängten. Charakterist. war die Installierung der Schive (17. Jan. 1474), eines Oberhofes, der als Berufungsinstanz für alle Landesgerichte fungierte und hauptsächl. mit studierten Juristen besetzt war. Das Vorbild des kaum einen Monat zuvor errichteten →Parlement v. →Mecheln ist unverkennbar.

Im Zuge der antizentralist. Aufstände in den burg. Landen nach Karls d. K. Tod regte sich auch im Bm. Utrecht seit April 1477 Widerstand, auf den D. mit Zugeständnissen reagierte (28. Juli 1477 Wiederherstellung alter Privilegien, 6. Juni 1478 Erlaß eines neuen Landesbriefes für Overijssel). Faktisch wurden aber bald wieder zentralist. Regierungsmethoden eingeführt. Der holländ. Parteienstreit gewann aber 1481 auch wieder in Utrecht an Boden. D. wurde vertrieben und konnte nur mit Unterstützung Ehzg. →Maximilians seine Macht wiedergewinnen, wobei er auch die Konzessionen von 1477 und 1478 zurücknahm. 1483 wurde D. während eines erneuten Aufstandes gefangengenommen und konnte nur durch das militär. Eingreifen Maximilians befreit werden. Dieser nahm die Gelegenheit wahr, um sich selbst zum weltl. Herrn des Stiftes auszurufen, wodurch er die Einbeziehung Utrechts in die burg.-habsburg. Machtsphäre vollendete. Die Versuche D.s, eine selbständige Politik zu treiben, waren gescheitert.

Die geistl. Amtsführung D.s war, im Gegensatz zu derjenigen vieler anderer Bf.e der Zeit, durch große Aufmerksamkeit für die theol. Bildung der Priester und aktives Eintreten für eine strenge Disziplin in den Kl. gekennzeichnet. Auch die →Devotio moderna fand die Unterstützung des Bf.s. Er reformierte weiterhin durch Einführung klar umschriebener Kompetenzen und Tarife die bfl. Rechtsprechung. D. zählte auch zu den bedeutenden Mäzenen aus dem Hause Burgund. W. P. Blockmans

Lit.: D. TH. ENKLAAR, Het landsheerlijk bestuur in het Sticht Utrecht aan deze zijde van den IJsel gedurende de regeering van bisschop D. van Bourgondië, 1922 – S. B. J. ZILVERBERG, D. van Bourgondië, bisschop van Terwaan en van Utrecht, 1951.

7. D. v. Augsburg, Franziskanertheologe, * um 1200/1210 in Augsburg, † 15. oder 19. Nov. 1272 ebd. Um 1240 Novizenmeister in Regensburg, 1246 päpstl. Visitator von Ober- und Niedermünster in Regensburg mit →Berthold v. Regensburg, sein Begleiter auf vielen Predigtreisen, beteiligt an der Inquisition gegen die →Waldenser. Mit »De exterioris et interioris hominis compositione« verfaßte er eines der wirkungsmächtigsten Lehrbücher der »methodischen Meditation«. Er übernimmt von →Wilhelm v. St. Thierry den dreifachen Weg als Grundmuster des Aufstiegs zum geistl. Leben. Das 1. Buch widmet er den Beginnenden, den Novizen, das 2. richtet sich an die Fortgeschrittenen und lehrt eine Wiederherstellung der (augustin.) Seelenkräfte ratio, voluntas und memoria, das 3. zeigt sieben Stufen zur Vollkommenheit auf; der siebte Schritt bietet eine myst. Theologie auf der Basis der Mystiker des 12. Jh. (Wilhelm, →Bernhard v. Clairvaux). Das »Compendium« ist breit überliefert (370 lat. Hss. bekannt) und in dt. und ndl. Übersetzungen verbreitet. Bedeutend ist der Einfluß auf die →Devotio moderna; →Johannes v. Kastl benutzt es in »De adhaerendo Dei« und →Johannes v. Indersdorf in »Von dreierlei Wesen der Menschen«.

Ob D. deutsch geschrieben hat, ist umstritten. Einzig »die sieben Vorregeln der Tugend« sind für D. bezeugt, daneben gelten eine Reihe anderer Schriften als echt oder zumindest als »davidisch« in Inhalt und Stil, nachgewiesen durch die Übereinstimmung mit dem lat. Werk (F. M. SCHWAB, K. RUH). Um D.s Schriften bildete sich in Augsburg ein franziskan. asketisch-myst. Schrifttum in dt. Sprache, das als einer der ersten Höhepunkte der volkssprachl. theol. Literatur zu gelten hat. V. Mertens

Ed.: Compendium: P. P. Collegii S. Bonaventura, 1899, unter Bonaventura: A. C. PELTIER, Opera omnia 12, Paris 1868, 292–442 – E. LEMPP, D.s v. A. Schriften aus den Hss. der Münchener Hof- und Staatsbibl. Clm 15312, ZKG 19, 1899, 340–359 – F. PFEIFFER, Dt. Mystiker des 14. Jh. I, 1845, 309–397 – K. RUH, Die sieben Staffeln des Gebetes (Kleine dt. Prosadenkmäler des MA I, 1964) – F. M. SCHWAB, D. of Augsburg's »Pater noster« and the Authenticity of his German Works (MTU 32), 1971 – Lit.: Verf.-Lex.² II, 47–58 [K. RUH] – D. STÖCKERL, Bruder D. v. A., 1914 – M. VILLER, Le 'Speculum monachorum' et la Dévotion moderne, Rev. d'ascétique et de mystique 3, 1922, 45–46 – C. SMITS, D. van A. en de invloed van zijn Profectus op de Moderne Devotie, Collectanea Franciscana Neerlandia, 1927, 127–203 – J. HEERINCKX, Theologia Mystica in scriptis fratris D. ab Augusta, Antonianum 8, 1933, 49–83, 161–192 – K. RUH, D. v. A. und die Entstehung eines franziskan. Schrifttums in dt. Sprache, 1955 [abgedr. in: K. RUH, Kleine Schriften II, 1984] – DERS., Zur Grundlegung einer Gesch. der franziskan. Mystik (WdF 23), 1964, 240–274.

8. D. v. Dinant, Naturphilosoph (magister) und Mediziner, 'capellanus' an der Kurie Innozenz' III., † zw. 1206–10, hat vor den lat. Übersetzungen der naturphilosoph. und metaphys. Schriften des →Aristoteles dessen biolog. und zoolog. Schriften, u. a. »De generatione animalium«, »De somno et vigilia«, »De partibus animalium« sowie die Meteorologica anläßl. eines Studienaufenthaltes in Griechenland exzerpiert, übersetzt und (später) erklärt. Bei der Erörterung der Fragen bediente er sich der Methode der Problemschrift des Aristoteles, die D. als erster Lateiner ins und nach der Meinung Alberts d. Gr. (Politica II c. 7, ed. BORGNET, VIII, 163) für Ks. Friedrich II. übersetzte. In den Fragmenten seiner Vorlesungsniederschriften (»quaternuli«) verbindet er die naturkundl. Erkenntnisse des Aristoteles mit dem med. Wissen des Galenus und Hippokrates. Die med. Schrift »De anatomia venarum et arteriarum et nervorum totius corporis« (über den Blutkreislauf) ist verschollen (vgl. Ed. 38,6). Die Physiologie der Fortpflanzung und Entwicklung des (animal.) Lebens, die Psychologie der Sinneswahrnehmung und Erkenntnis und die kosmolog. Geschehnisse (auch die bibl. Naturwunder der Sintflut, der Vernichtung von Sodom und Gomorra, des Mannas in der Wüste, des Sterns von Bethlehem) erklärt er (in der med. Tradition) aus ein und denselben Prinzipien und Elementen. Letztere sind einfache Körper (Ed. 43,7), nicht unteilbar, aber sich selber gleich. Erde und Feuer (Stoff und Form) sind die beiden Grundelemente des Makro- und Mikrokosmos. Hier wie dort ist Gott offenbar. (Nicht Gott ist die Welt, sondern) die Welt ist Gott (»mundus est ipse Deus«), und Gott ist der Wesensgrund des seelischen Lebens. Gott ist 'hyle' und 'mens'; und so folgt auch: »mentem et hylen idem esse« (Ed. 70). Im Horizont der neuplaton. Weltanschauung waren diese Identitätsthesen unverfänglich. Durch die Identitätsmystik der Amalrikaner (und anderer Spiritualen) aufgeschreckt und irritiert, verurteilte eine Pariser Synode 1210 die »Quaternuli magistri David de Dinant« und verbot die (akadem.) Lektüre der naturphilosoph. Schriften des Aristoteles; die Pariser Universitätsstatuten von 1215 wiederholten diese Verurteilung und das Verbot (Chart. Univ. Paris. I, 70). Auf der Grundlage der physikal. und metaphys. Schriften des Aristoteles kritisierte Albert d. Gr. die Identitätsphilosophie des D. samt dessen Aristoteles-Auslegung. L. Hödl

Ed. und Lit.: Medioevo latino II–IV, s. v. – Davidis de Dinanto Quaternulorum fragmenta primum, ed. M. KURDZIALEK, Stud. Mediewistyczne 3, 1963 [L VIIIf. Lit.] – G. THÉRY, Autour du décret des 1210, I: D. de D. Etude sur son panthéisme matérialiste (Bibl. Thom. 6), 1925 – M. KURDZIALEK, D. v. D. als Ausleger der aristotel. Naturphilosophie, Misc.Med. 10, 1976, 181–192 – DERS., L'idée de l'homme chez D. de D., Symbolae Sect. A, Vol. I, 1976, 311–322.

9. D. Dis(h)ypatos, bedeutender byz. Theologe und Polemiker, † vor 1354. Über seinen Lebenslauf ist wenig bekannt: Wahrscheinl. in Thessalonike als Mitglied der vornehmen Familie der Dishypatoi geboren, verbrachte D. viele Jahre am Hof in Konstantinopel; sicher ist, daß er Mönch war und Schüler des Gregorios Sinaites; ob er sich auf dem →Athos aufhielt, bleibt offen. Früh nahm er an der hesychast. Kontroverse (→Hesychasmus) an der Seite des Gregorios →Palamas, der ihm eines seiner bedeutendsten Werke widmete, aktiv teil. Im Auftrag der byz. Ksn. →Anna v. Savoyen verfaßte D. 1346/47 einen Bericht über die Entstehung und den Verlauf der Kontroversen zw. Palamas und →Barlaam v. Kalabrien; er schrieb ein Gedicht in jambischen Versen über die palamit. Lehre gegen Gregorios →Akindynos, eine »Rede über die Lästerungen des Barlaam und Akindynos«, Nikolaos →Kabasilas gewidmet. J. Ferluga

Ed.: M. CANDAL, OrChrP 15, 1949, 116–124 [mit span. Übers.] – R. BROWNING, D. D.' Poem on Akindynos, Byzantion 25–27, 1955–57, 723–738 – D. G. TSAMES, Δαβὶδ Δισυπάτου Λόγος κατὰ Βαρλαὰμ καὶ Ἀκινδύνου πρὸς Νικόλαον Καβάσιλαν, 1973, 35–95 – *Lit.:* M. CANDAL, a.a.O., 85–115 – R. BROWNING, a.a.O., 713–722, 739–745 – PLP, 1978, 52f. (Nr. 5532) – DHGE XIV, 115f. – ECatt IV, 1247 – BECK, Kirche, 730–733, 797 – Tusculum Lex., 1982², 202 – TSAMES, a.a.O., 15–31, 97ff. – H.-V. BEYER, D. D. als Theologe und Vorkämpfer für die Sache des Hesychasmus (ca. 1337 – ca. 1350), JÖB 24, 1975, 107–128.

10. D. v. Munktorp, schwed. Lokalheiliger, der Legende nach engl. Herkunft und Cluniazenser. Vom hl. →Siegfried (1. Hälfte des 11. Jh.) wurde ihm die Missionierung der schwed. Landschaft Västmanland anvertraut (»Apostel Västmanlands«). Nach seinem Tod wurde David als Hl. verehrt. Sein Grab in der Pfarrkirche zu Munktorp (Västmanland, sw. von Västerås) wurde Ziel einer Wallfahrt. Das SpätMA rechnete ihn zu den Patrones regni. Sein Fest wird im Heimatbistum →Västerås am 25. Juni, in der Erzdiözese Uppsala am 15. Juli gefeiert. Das »Graduale Arosiense Impressum« (ed. T. SCHMID, 1959–65) hat für D. die Sequenz »Ante mundum mundum sciuit«. In der spätma. Kunst Mittelschwedens wird er als hl. Abt mit Stab und Buch, bisweilen auch mit Spruchband, jedoch selten dargestellt. O. Odenius

Q. und Lit.: KL III, 28f. – Scriptores Rerum Svecicarum Medii Aevi, 2, 1828 – O. ODENIUS, En legend om S. D. av M. Några anteckningar kring ett senmedeltida lektionariefragment, Fornvännen 57, 1962, 26–40.

11. D. v. Thessalonike, hl., wichtigster Hl. von →Thessalonike nächst dem Stadtpatron →Demetrios, gilt als Anhänger der strengen asket. Richtung der →Styliten; *um 450 in Mesopotamien, kam er im 5. Jh. oder in den ersten Dezennien des 6. Jh. nach Thessalonike. Nach dreijähriger harter Askese als Stylit auf einem Mandelbaum begab er sich anschließend ins Kl. der hll. Theodoros und Merkurios, Kukulleoton, nicht weit von der Stadt entfernt; † um 535 ebd. D.s Vita stammt von einem anonymen Biographen um 720, während →Josephos Hymnographos den →Kanon seiner Akoluthie verfaßte. D.s Reliquien befinden sich seit dem 13. Jh. in Padua. In seinem Kanon wird er als neuer David gepriesen, der die Anfechtungen des Fleisches wie einen anderen Goliath bezwungen habe. E. Konstantinou

Ed.: V. ROSE, Leben des hl. D. v. Thessalonike, 1887 – P. N. PAPAGEORGIOU, Νέον χειρόγραφον τοῦ βίου τοῦ ὁσίου Δαβίδ, Βυζαντίς 2, 1911, 231–234 – *Lit.:* A. A. VASILIEF, The Life of D. of Thessalonica, Traditio 4, 1946, 115–147 – R. LOENERTZ, St-D. de Thessalonique, RevByz 11, 1953, 205–222 – BECK, Kirche, 464.

12. D., scholasticus, Kaplan Heinrichs V. Iroschotte, bekleidete vor 1110 in Würzburg das Amt des Domscholasters. Aufgrund seiner umfassenden Bildung wurde er von →Heinrich V. in die Hofkapelle aufgenommen. Er begleitete Heinrich V. auf dessen erstem Italienzug 1110/11, über den er in ksl. Auftrag eine drei Bücher umfassende offizielle Darstellung verfaßte. Seine Identifizierung mit dem gleichnamigen Bf. v. Bangor (1120–39) (Wilhelm v. Malmesbury, Gesta regum Anglorum V, 420) wird neuerdings in Zweifel gezogen.

D.s Romzugsgeschichte, die der Rechtfertigung der ksl. Politik, insbes. des Vorgehens Heinrichs V. gegen Paschalis II., dienen sollte, fand offenbar weite Verbreitung, ist aber selbst nicht erhalten. Sie wurde von dem anonymen Verfasser der »Kaiserchronik für Heinrich V.« (sog. Rezension C der Weltchronik Ekkehards von Aura), der sie →Ekkehard (Rezension III) vermittelte, von →Wilhelm v. Malmesbury und Ordericus Vitalis benutzt, aus deren Werken sie in Umrissen erschlossen werden kann. Als Autor der »Kaiserchronik« (SCHMALE-OTT, 1956) kommt D. jedoch nicht in Betracht (→Kaiserchronik).

Versuche, D. als Verfasser weiterer Schriftstücke über die röm. Ereignisse in Anspruch zu nehmen (PIVEC), haben sich als unhaltbar erwiesen. Nicht einmal für das ksl. Manifest vom April 1111 (MGH Const. 1, 151 Nr. 101) läßt sich seine Urheberschaft mit Sicherheit erweisen. Der ihm zugeschriebene Einfluß auf das polit. Geschehen bedarf deshalb der Korrektur. D.s Bedeutung als eines der maßgeblichen Publizisten des →Investiturstreites ist hingegen unbestritten. T. Struve

Q.: Anonyme Kaiserchronik für Heinrich V. ad 1110 (AusgQ 15, 254) – Wilhelm v. Malmesbury, Gesta regum Anglorum V, 420–426 (RerBrit 90/2, 498–502) – Ordericus Vitalis, Hist. ecclesiastica X (MGH SS 20, 67) – *Lit.:* MANITIUS III, 356f. – WATTENBACH–HOLTZMANN–SCHMALE II, 363f., 476, 501; III, 118*, 153*f. – DHGE XIV, 119–121 – W. GIESEBRECHT, Gesch. der dt. Kaiserzeit III, 1890⁵, 1053 – G. MEYER V. KNONAU, JDG H. IV. und V., Bd. 6, 1907 [Nachdr. 1966], 124f., Exkurs I, 370ff. – K. PIVEC, Stud. und Forsch. zur Ausg. des Cod. Udalrici, MÖIG 46, 1932, 257–342, bes. 264ff. – DERS., Die Bedeutung des ersten Romzuges Heinrichs V., ebd. 52, 1938, 217–225 – A. GWYNN, The Continuity of the Irish Tradition at Würzburg, Würzburger Diözesangeschichtsbll. 14/15, 1952/53, 57–81, bes. 62f. – F. HAUSMANN, Reichskanzlei und Hofkapelle unter Heinrich V. und Konrad III. (MGH Schr. 14, 1956), 83–86, Exkurs 310–318 – I. SCHMALE-OTT, Die Rezension C der Weltchronik Ekkehards, DA 12, 1956, 363–387, bes. 379ff. – A. WENDEHORST, Das Bm. Würzburg I (GS NF 1, 1962), 128 – I. SCHMALE-OTT, Unters. zu Ekkehard v. Aura und zur Kaiserchronik, ZBLG 34, 1971, 403–461, bes. 440ff. – F.-J. SCHMALE–I. SCHMALE-OTT, AusgQ 15, 1972, 40–42 [Einl.].

David, Gerard, ndl. Maler. * um 1460 Oudewater bei Gouda, †1523; 1484 in die Zunft in Brügge aufgenommen und dort bis zu seinem Tode tätig, 1515 in den Registern der Antwerpener Gilde genannt. – Seine frühesten erhaltenen Werke stehen bereits unter dem Eindruck der großen südndl. Tradition: während er von den ihm als führenden Brügger Meister voraufgehenden Hans →Memling nur vereinzelte Motive – wie die frührenaissancist. dekorativen Putti – übernimmt, stützt er sich in mehreren Tafeln direkt auf Vorbilder der alten Hauptmeister, auf →Rogier van der Weyden (»Madonnen«, Berlin, Mus. Lázaro-Galdiano Madrid; »Geburt Christi«, Budapest, Cleveland; »Kreuzigung«, Winterthur) und →Campin (»Kreuzigung«, Slg. Thyssen Lugano, vereinzelt auf →Hugo van der Goes (»Anbetung der Könige«, München), v. a. aber auf den ihm in der plast. Monumentalität innerlich verwandten Jan van →Eyck (»Marien-Triptychon«, Paris). Sein verhaltenes Temperament läßt die beiden großen »Madonnen mit weiblichen Heiligen« (London, um 1505; Rouen, 1509 vom Maler gestiftet) zu Hauptwerken werden, in denen die Sicherheit der Modellierung und räuml. Entfaltung an der Schwelle zur Hochrenaissance stehen. Das zweite durch Urkunden gesicherte Werk sind die Gerechtigkeitsbilder mit »Kambyses und Sisamnes« (1498, Brügge). Seine kohärente, bis in den Vordergrund detailreiche Entwicklung der Landschaft entfaltet sich im Altar mit der »Taufe Christi« (1502ff., Brügge) und den Darstellungen der »Ruhe auf der Flucht« (Madrid, Washington). Sein farblich zurückhaltender, graue und bläuliche Töne bevorzugender Altersstil kulminiert in der »Kreuzigung« (Pal. Bianco Genua), in dem die gelegentl. zu einer gewissen Leere führende Strenge zu ergreifender Ausdruckskraft geläutert erscheint. – D. ist der letzte bedeutende Vertreter der großen Tradition der Schule v. Brügge; Quinten →Massys, der Begründer der zukunftsträchtigen Antwerpener Schule, ist sein Zeitgenosse; Adriaen →Isenbrant pflegt seinen Stil weiter. Ch. Klemm

Lit.: M. J. FRIEDLÄNDER, Die Altndl. Malerei VI, 1928¹ [engl. 1971²] – E. PANOFSKY, Early Netherlandish Painting, 1953, 350–352 – O. v. SIMSON, D.s Gerechtigkeitsbilder und der spätma. Humanismus (Fschr. BRAUNFELS, 1977), 349–356.

Davidstern (*Magen David* 'Davidschild'), Hexagramm aus zwei ineinandergeschobenen Dreiecken. Bis ins frühe MA war der D. im israelit./jüd. Bereich – erster sicherer Nachweis auf einem Siegel in Sidon (7. Jh. v. Chr.) – ebenso wie in anderen Kulturbereichen – im arab. Bereich als »Siegel Salomons« – als Ornament ohne spezif. jüd. Bedeutung bekannt. Auch treten beide Bezeichnungen – D. und Siegel Salomons – bis ins 18. Jh. nebeneinander auf. Vom 13. Jh. an findet sich der D. in Hss. und auf Amuletten (u. a. auch zum Schutz gegen Feuer und in Verbindung mit Gen 15,1: »Gott als Beistand Abrahams«) als mag. Zeichen Verwendung. 1354 wird er durch Karl IV. der Prager jüd. Gemeinde als Fahnensymbol erlaubt und zum offiziellen Gebrauch zugelassen. Als Druckerzeichen erscheint er in Prag, Italien und Holland. Vorwiegend auf Ritualien im 18. Jh. verwendet, erscheint der D. zunehmend im 19. Jh. als Symbol des Judentums. Rolf Schmitz

Lit.: G. SCHOLEM, The Messianic Idea in Judaism and Other Essays, 1971.

Davrentios (Dauritas), spätes 6. Jh., Fs. eines nördl. der Donau, in der Valachei siedelnden slav. Stammes. Bei den Einfällen des Khagans der →Avaren, Bajan (578/579), versagte D. diesem den Gehorsam und vernichtete die Gesandten des Khagans. Im Kampf mit den Avaren erlitt er jedoch eine Niederlage, sein Gebiet wurde erobert und geplündert. Über D. sind keine weiteren Angaben überliefert. Die Etymologie seines Namens ist ungeklärt.

I. Dujčev

Q.: Menander (Excerpta de legationibus, ed. C. DE BOOR, 1903), 208ff. – Fontes graeci historiae bulgaricae II, 1958, 230–232 – *Lit.:* J. KULAKOVSKIJ, Istorija Vizantii II, 1912 [Neudr. 1973], 393ff. – P. MUTAFČIEV, Bulgares et Roumains dans l'hist. des pays danubiens, 1932, 70 – L. NIEDERLE, Rukovet' sloviansk ých starožitností, 1953, 320, Anm. 1 – Vizantiski izvori za istoriju naroda Jugoslavije, I, 1955, 92.

Dax, Bm. und Stadt in SW-Frankreich (dép. Landes), Suffragan v. Auch, ant. Ort Aquae Tarbellicae, später Civitas Aquensium (3. Jh. n. Chr.). Wahrscheinl. verbreitete sich das Christentum hier seit dem Ende des 3. Jh. durch den hl. Vincentius v. Xaintes, dessen extra muros im Süden der Civitas gelegene Basilika der älteste Bischofssitz war. Die Bischofsliste ist für die ersten Jahrhunderte sehr dürftig. Der Episkopat von D. erscheint wieder im 11. Jh., im Rahmen des sog. »Gascognebistums« (→Gascogne). Bf. Raimond d. Ä., »Bf. v. Gascogne«, verlegte die Kathedrale Notre-Dame ins Innere der Ummauerung und rief eine Klerikergemeinschaft ins Leben (1056–59). Das Diözesangebiet zeichnete sich erst nach der Auflösung des Gascognebm.s (1059) ab: D. büßte zugunsten des Bm.s →Bayonne den sw. Teil seines Gebietes ein; seine Grenzen zu den Diöz. von →Bordeaux und →Bazas waren lange Zeit fließend. Bf. Raimond de Sentes (ca. 1098–1117) leitete die Errichtung von vier Archidiakonaten ein: Maremne (im Westen, bis zum Atlantik), Brassenx (im NO), Mixe (im äußersten S bis zu den Pyrenäen), D. (im Zentrum der Diöz.). Darüber hinaus entstanden im 13. Jh. zahlreiche Archipresbyterate auf der Grundlage der alten Pagi; das Bm. umfaßte insgesamt 243 Pfarreien. Die Machtstellung des Bf.s in seiner Bischofsstadt wurde bereits seit dem 11. Jh. durch das Auftreten der Vicecomites beschränkt; dem Bf. verblieb schließlich nur mehr eine schmale Machtbasis, nachdem die Stadt von den Kg./Hzg.en v. →Aquitanien aus dem Hause Plantagenêt seit 1177 der direkten Domäne einverleibt worden war, und auch die Stadt selbst sich als Kommune konstituiert hatte (1219; 1243 Privileg der Kg. – Hzg.e). Das Papsttum machte 1217 erstmals seinen Einfluß bei der Bischofswahl geltend. Gleichwohl regierten im 13. Jh. eine Reihe bedeutender Bf. e: Gaillard de Salinis (1220–33), Navarre de Miossens (1239–72), Arnaud de Biele (1277–1305). Letzterer und Bertrand de Liposse (1327–59) sind Urheber wichtiger →Synodalstatuten. Die Bf.e des 14. Jh., die auf Betreiben der →Albret und der Kg.e v. →Navarra eingesetzt wurden, überließen die Verwaltung ihres Bm.s dagegen Generalvikaren. Während des Gr. →Abendländ. Schismas herrschten chaot. Zustände, da die Diöz. zu einem Teil der Krone England, die die röm. Obödienz favorisierte, unterstand, zum anderen aber der Krone Navarra, die der avignones. Partei anhing. Pierre de →Foix (1451–59), der das Bm. nach der frz. Besetzung erhielt, und ebenso sein Neffe Jean de Foix (1459–66) residierten ebensowenig wie die früheren Bf.e in ihrem Bm. und ließen es der Anarchie anheimfallen.

Ch. Higounet

Lit.: DHGE XIV, 127–140 – GChr I, 1035–1070 – A. DEGERT, Les constitutions synodales de l'ancien diocèse de D., 1898 – DERS., Hist. des évêques de D., 1899 – DERS., L'évêché de Gascogne, Rev. de Gascogne, 1900 – A. CLERGEAC, Chronologie des archevêques, évêques ... de l'ancienne province ecclésiastique d'Auch, 1912 – R.-A. SÉNAC, L'évêché de Gascogne et ses évêques (977–1059), 104ᵉ Congrès nat. Sociétés savantes, Bordeaux 1979, philol. et hist., II, 131–144.

Deabolis. [1] *Bischofssitz*: D. (Diabolis, slav. Devol), Name eines Flusses, eines Bischofsortes und einer byz. Festung sowie eines Gebietes in Mazedonien; Lage der Siedlung unsicher, aber an der Via Egnatia, zw. den Engpässen von Arbanon und dem Tomosgebirge am Fluß D., unweit von Ochrid, zu lokalisieren (heut. Albanien). Etymologie des Namens vorslavisch, wohl thrak.-illyr. Ursprungs, identisch mit dem bei Ptolemaios (III, 12, 23) belegten Dibolia in Eordeia. Ende des 9./Anfang des 10. Jh. war D., nach Angaben des Theophylaktos (Vita Clementis, cap. XVII, 54), Sitz des Bf.s Klemens, der vor 916 Markos als Nachfolger ernannte. Andererseits wird D. aber in einer Urkunde Basileios' II. für das Ebm. →Ochrid als eine der fünf Städte in der Diöz. des Bf.s v. →Kastoria erwähnt. Wegen der irrigen Deutung des Flußnamens (flumen Diabolis/Demonis 'Teufelsfluß') wurde der Bischofssitz von D. in Selasphorou (bei dem heutigen Dorf Zvezda) umbenannt. D. blieb bis ins 17. Jh. selbständiges Bm.

I. Dujčev

[2] *Byzantinische Festung*: Vom 11. Jh. an ist D. öfter als bedeutende Festung auf dem Weg aus dem Landesinneren in die Küstenebene Nordalbaniens erwähnt, an einem Zweig der Via Egnatia; von hier aus stellte Ks. Basileios II. nach 1018/19 die Ordnung in den neueroberten Gebieten her; später wurde D. zum →Thema erhoben; nach 1082 in den byz.-norm. Kriegen stark umkämpft, spielte die Festung eine große Rolle, und hier wurde 1108 der Vertrag zw. →Bohemund und Ks. →Alexios I. geschlossen (→Deabolis, Vertrag v.). D. blieb auch im 13. und 14. Jh. eine wichtige Festung, die während der Wiedereroberung des Balkans durch die Ks. v. →Nikaia öfter erwähnt wird.

J. Ferluga

Q. und Lit.: DHGE XIV, 1960 [R. JANIN] – V. N. ZLATARSKI, Se namiral gr. Devol, Izvestija na istoričeskoto družestvo 5, 1922, 35–56 – I. SNĚGAROV, Istorija na Ochridskata archiepiskopija I, 1924, 23ff., 166ff., passim – A. DUCELLIER, La façade maritime de l'Albanie au MA, 1981, 18–23, 77–79, 162–168, 175 – P. KOLEDAROV, O mestonachoždenii srednevekovogo goroda Devol i predelach odnoimennoj oblasti. Palaeobulgarica VI, H. 1, 1982, 87–101; H. 2, 1982, 75–90 – G. PRINZING, Stud. zur Provinz- und Zentralverwaltung im Machtbereich der epirot. Herrscher Michael I. und Theodoros Dukas, Epeirotika Chronika 25, 1983, 62–63, 95.

Deabolis, Vertrag v. Der norm. Fs. →Bohemund v. Tarent führte i. J. 1107 gegen das →Byz. Reich einen großen Kriegszug, der u. a. das Ziel hatte, den byz. Druck auf das norm. Fsm. →Antiocheia zu verringern. Er scheiterte, →Dyrrhachion konnte nicht eingenommen werden, das norm. Heer geriet durch Krankheit, hohe Verluste und Hunger, abgeschnitten vom Nachschub aus Italien, in höchste Not, und Bohemund sah sich gezwungen, um Frieden zu bitten. Ks. →Alexios I., selber in Bedrängnis, nahm das Angebot bereitwillig an. Der Ks. befand sich z. Zt. am Fuße der Engpässe von D., daher wurde der Vertrag nach D. benannt. Über den Inhalt berichtet sehr genau →Anna Komnene. Durch diesen Vertrag wurde Bohemund homo ligius (→Lehnswesen) des byz. Ks.s und seines Sohnes, des Mitks.s Johannes; er mußte u. a. persönlich Heerfolge leisten bei der Verteidigung von byz. Gebieten, aber auch gegen Verschwörer im Innern; er verpflichtete sich, eroberte Gebiete an den Ks. zurückzugeben; er durfte keinen Vertrag zum Nachteil des Ks.s abschließen; ferner mußte er versprechen, byz. Aufständische zu vertreiben und Flüchtlinge zurückzuschicken und gegen seinen Neffen →Tankred und dessen Vasallen die Waffen zu ergreifen, sollten diese den Vertrag ablehnen. Er erhielt mit ksl. →Chrysobull als Lehen zahlreiche Gebiete, Städte und Festungen (Dukat v. Antiocheia, aber vom Meer abgeschnitten; Teile von Syrien und Mesopotamien, Dukat v. →Edessa usw.). Im übrigen sollte ein Orthodoxer als Patriarch v. Antiocheia eingesetzt werden und fast alle Gebiete nach dem Tod Bohemunds an den Ks. zurückfallen. Bohemund sollte ein Jahresgehalt von 200 Goldpfund in guten alten Nomismata erhalten. Der Vertrag wurde durch feierlichen Eid von seiten Bohemunds und durch Unterschriften hochgestellter Zeugen beider Parteien bekräftigt. Obwohl der Vertrag nicht verwirklicht wurde, ist er ein bedeutendes Zeugnis der Adaptation westl. feudaler Formen im Byz. Reich.

J. Ferluga

Q.: Anne Comnène, Alexiade, ed. B. LEIB, III, 1945 [Nachdr. 1967], 125–134 [mit frz. Übers.] – *Lit.*: DÖLGER, Reg., Nr. 1243 – F. CHALANDON, Essai sur le règne d'Alexis I Comnène, 1900 [Nachdr. o. J.], 245–250 – J. FERLUGA, La ligesse dans l'Empire byz., ZRVI 7, 1961, 99ff. [abgedr. in: DERS., Byzantium on the Balkans, 1976, 401ff.] – J. N. LJUBARSKIJ–M. M. FREJDENBERG, Devol'skij dogovor 1108 g. meždu Alekseem Komninom i Boemundom, VV 21, 1962, 260–274 [mit russ. Übers.] – R.-J. LILIE, Byzanz und die Kreuzfahrerstaaten, 1981, 22, 52f., 67–73.

De actionibus, ein anonym überliefertes, griech. geschriebenes jurist. Werk kleineren Umfangs, entstand im Kern möglicherweise schon zu Ende des 5. Jh. in Konstantinopel. Spätere, um einige Texte angereicherte Versionen sind zumeist im Anhang zur →Synopsis maior Basilicorum tradiert. Die Schrift vermittelt, nach Tatbeständen geordnet, elementares Wissen über Namen, Legitimation, Fundament und Ziel der Klagen (→Actio). Es erscheint plausibel, daß Unterricht und Praxis das Werk verwendeten; prakt. Bedeutung erlangte es wohl nur dann, wenn »klassizistische« Strömungen das Rechtsleben enger mit der Wissenschaft verbinden wollten.

P. E. Pieler

Ed.: De actionibus, ed. und komm. F. SITZIA, 1973 – Ius Graecoromanum III, edd. J. D. ZEPOS–P. J. ZEPOS, 1931 [Neudr. 1962], 359–369 [Ed. einer jüngeren Textstufe] – *Lit.*: P. E. PIELER, Byz. Rechtslit. (HUNGER, Profane Lit. II), 395f.

Death and Liffe ('Tod und Leben'). Das dem »Alliterative Revival« (→Alliteration C. IV) zugehörige me. Gedicht von ca. 1450 (459 Zeilen; einzige Überlieferung im sog. »Percy Folio Ms.« von ca. 1650 [= London, BL, MS Add. 27879]; →Percy, Thomas) schildert in der konventionellen Form einer Traumvision ein Streitgespräch zw. der schönen Dame »Leben« und der häßl. Dame »Tod«. Dame »Tod« kann zwar töten, doch steht auch sie im Dienste Gottes, der dem Menschen ewiges Leben gibt.

Thematische und wörtl. Anklänge verbinden das Gedicht u. a. mit →»Piers Plowman«, →»Winner and Waster« und »The→Parliament of the Three Ages«. R. H. Robbins
Bibliogr.: NCBEL I, 546 - Manual ME 5. XIII, 1503f., 1705 [Nr. 245] *Ed.:* J. H. Hanford–J. M. Steadman, D. and L.: An Alliterative Poem, StP 15, 1918, 221–294 – I. Gollancz–M. Day, D. and L., 1930 – *Lit.:* E. Scamman, The Alliterative Poem D. and L., 1910 – J. P. Oakden, Alliterative Poetry in ME, 1930–35, II, 63–66 [Neudr. 1968] – T. Turville-Petre, The Alliterative Revival, 1977.

Debar (alban. Dibra), Stadt und Landschaft am Schwarzen Drim, im Grenzgebiet zw. Albanien und Jugoslawien. Als Deborus in den ptolemäischen Karten verzeichnet, wird D. in den Quellen jedoch erst im Zusammenhang mit den Ereignissen von 1040 erwähnt. Um 1107 unterstand es kurzzeitig den Normannen. Damals war D. Bischofssitz. 1214–56 im Besitz der Angeloi aus Epirus (→Epeiros), gehörte D. danach den Ks. n in Nikaia und Konstantinopel. Seit 1284 war D. serbisch, bis es am Ende des 14. Jh. von den Türken erobert wurde. Im J. 1443 durch den Aufstand →Georg Kastriota Skanderbegs befreit, wurde D. zum Schauplatz heftiger Kämpfe mit den Türken bis 1457. Die Burg D. war damals schon bedeutungslos, denn der wichtigste Stützpunkt des Gebiets war die auf hohem Felsen gelegene Festung Svetigrad (türk. Kodžadžik); die bedeutendste Siedlung des Gebiets war Rahovnik (Oronok bei M. Barletius), deren Fortsetzung das heut. Städtchen D. darstellt. Die Bf. e v D. haben sich hier erst im 17. oder 18. Jh. niedergelassen. Früher hatten sie ihren Sitz in Peshkopie (Piskopeia), wo sich wahrscheinl. auch die frühma. Burg D. befand. Die Landschaft D. erstreckte sich i. J. 1308 bis zum Fluß Mat. In der 2. Hälfte des 15. Jh. gehörten zu ihr die Bezirke Ober-D., Unter-D., Reka, Dlgo Brdo und Čermenica. Ihre Bevölkerung umfaßte schon im MA sowohl Slaven als auch Albanier.
S. Ćirković

Lit.: M. Šufflay, Städte und Burgen Albaniens hauptsächl. während des MA, Denkschr. der Akademie der Wiss. Wien 63, 1924 – G. Palikruševa–A. Stojanovski, Debarska oblast u šezdesetim godinama XV veka (Simpozium o Skenderbegu, maj 1968, (Priština 1969), 181–194.

De' Bassi (Del Basso), (Pietro) Andrea, ferrares. Dichter, *um 1375, genaues Todesdatum unbekannt. (In einem Niccolò III. d'Este [† 1441] gewidmeten Werk bezeichnet er sich selbst als sehr alt.) Er studierte in Ferrara und war danach in der Verwaltung der Este tätig. Es werden ihm mit Sicherheit drei Werke zugeschrieben, zu denen noch eine »Disperata« tritt, deren Authentizität man heute eher zu leugnen geneigt ist. Seine Werke sind in einer einzigen Hs. in Mailand erhalten (Bibl. Ambrosiana, D 524 inf.): ein Kommentar zur »Teseida« des Boccaccio (»Commento alla Teseida«), die »Fatiche di Ercole« und ein Kommentar zur Canzone »Spirto gentile da quel gremio sciolto« des Niccolò Malpigli. Der »Commento alla Teseida«, im Auftrag des Niccolò III. d'Este verfaßt, versieht Boccaccios Text mit erklärenden Anmerkungen mytholog. Inhalts: anderen Kommentaren verpflichtet und keineswegs eine brillante Schöpfung, erfreute sich das Werk dennoch der Drucklegung (Ferrara 1475 durch Agostino Carneri). In der Abhandlung über die Taten des Herkules (»Fatiche di Ercole«), ebenfalls 1475 gedruckt, zählt D. B. 23 Taten auf, wobei er auch die kleineren Unternehmungen miteinbezieht; die benutzten Autoren, die weit zahlreicher sind als die im Commento zitierten, bezeugen eine ziemlich umfassende, aber eher oberflächl. Bildung. Greift D. B. andere mit dem Herkules-Mythos verbundene Themen auf (Lob der Dichtkunst), so zeigt er einen beträchtl. kulturellen Abstand zu Coluccio→Salutati. Der interessanteste Teil des Werkes besteht in der Widmung, die eine Beschreibung des Hofes der Este enthält. Der Kommentar zur Canzone des Niccolò Malpigli ist ebenfalls von bescheidener Bedeutung. Die genrehafte Canzone »disperata« »Ressurga da la tumba avara et lorda« ist aus metr. und stilist. Gründen D. B. eher abzusprechen.
A. Vitale-Brovarone

Ed.: La disperata, ed. Baruffaldi, Rime scelte de' Poeti ferraresi, Ferrara 1713 – G. Carducci, Primavera e fiore, 1889, 128ff. – Die anderen Werke sind noch nicht krit. ediert. – *Lit.:* G. Bertoni, Pietro Andrea Basso, GSLI 78, 1921, 142–146 – G. Orlandi, Intorno alla vita e alle opere di P. A. de' B., GSLI, 83, 1924, 285–320 – M.-R. Jung, Hercule dans la litt. française du XVIe s. De l'Hercule courtois à l'Hercule baroque (Travaux d'Humanisme et Renaissance), 1966.

Débat, Debate → Streitgedicht

Débat du Clerc et du Chevalier → Streitgedicht

Debrc, ma. serb. Stadt, am Saveufer westl. von→Belgrad gelegen. Die Stadt gehörte zunächst zum Gebiet von Sirmien (Srem), wurde im 13. Jh., unter ung. Herrschaft, aber dem →Banat v. Mačva (ung. Macsó) eingegliedert. Unweit der Festung (castrum Debrechen) befand sich seit 1282 die Residenz →Stefan Dragutins (1276–1316), der von dort aus – nach seiner Abdankung als Kg. v. Serbien – sein zw. den Kgr.en Serbien und Ungarn etabliertes Herrschaftsgebiet regierte. Die Siedlung D. entwickelte sich bes. im 15. Jh., als sie zu den Besitzungen des serb. Magnaten Radič Postupović gehörte. J. Kalić

Q. und Lit.: Životi kraljeva i arhiepiskopa srpskih, ed. Dj. Daničić, 1866, 28, 43–47 – S. Novaković, Zakonski spomenici srpskih država srednjeg veka, 1912, 335 – Jireček I, 331; II, 5f. – A. Deroko, Srednjevekovni gradovi u Srbiji, Crnoj Gori i Makedoniji, 1950, 115 – Arheološki spomenici i nalazišta u Srbiji I, 1953, 23–27.

Debrecen (Debreczin), Stadt in Ungarn. Bei der Kreuzung der Straßen von N-Siebenbürgen nach Erlau und von Großwardein nach Kaschau wurden vier eng benachbarte Dörfer (D., Szentlászló, Szentmihály und Torna) von der Familie Debreceni zu einem Mittelpunkt ihrer Herrschaft zusammengelegt. Am Marktplatz entstanden die übergroße Andreaskirche, der Herrensitz, 1322 ein Franziskanerkl. und die kgl. Salzkammer. Richter und Geschworene werden 1332 erwähnt, obzwar der Kg. die freie Richterwahl lediglich 1361 gewährte. Nach Aussterben der Debrecenes erhob Kg. Siegmund D. zur Freistadt mit →Ofener Recht und Rechtszug. Trotz Verschenkung an Private (1421 Lazarević-Branković, 1450 Hunyadi) bewahrte D. seine städt. Vorrechte, war nun aber oppidum, und die früheren cives et hospites Leibeigene. Wirtschaftl. Grundlage bildeten Handwerk (1395 erster Zunftbrief für Weber) und Handel (Kaufleute von D. 1299 erwähnt), v. a. mit Tuchen und Rindern, die teils aus der Moldau eingeführt, teils in der riesigen Gemarkung gezüchtet wurden. 1477, nach einem Streit zw. Kaufleuten und Großwardeiner Domherren, wurde D. zum größten Umschlagplatz der Tiefebene mit sieben Jahrmärkten.
E. Fügedi

Lit.: I. Szűcs, Sz. kir. D. város törtélnelme, 1870 – B. Iványi, D. és a budai jog, 1924 – D. története, hg. I. Rácz [i. Dr.].

Debs, Benedikt, Sammler ma., überwiegend geistlicher Spiele in Südtirol am Anfang des 16. Jh. Gebürtig aus Ingolstadt, war D. in seinen letzten Lebensjahren 1511–15 als Schulmeister und Chorleiter in Bozen tätig, wo er 1514 nach Ausweis des Spielerverzeichnisses bei der Aufführung eines Passionsspiels selbst mitwirkte. Die von D. gesammelten Spiele hat Vigil →Raber übernommen, der auf den »Sunder liebhaber der Spill« verweist. Von drei auf D. zurückgeführten Handschriften ist nur die »dickke alte Scarteggn« erhalten, ein Sammelcodex des 15. Jh. mit 14 von Vigil Raber inventarisierten Bozener Spielen, die z. T.

enge Beziehungen untereinander aufweisen, mit den bekannten Tiroler Spielen aber nicht zusammenhängen: 3 Osterspiele, 2 Marienklagen, 2 Kreuzabnahme-, 2 Emmausspiele, ein Abendmahls-, ein Verkündigungs- und ein Lichtmeßspiel sowie das Fastnachtsspiel »Consistory Rumpoldi« als einziges weltl. Stück. U. Schulze

Lit.: Verf.-Lex.² II, 59–61 [mit Lit. zu den einzelnen Spielen] – J. E. WACKERNELL, Altdt. Passionsspiele aus Tirol, 1897, I–V [enthält alle Lebenszeugnisse über D.].

Debt and detinue (lat. debet et detinet; 'schuldet und hat in Gewahrsam') war ein Klageformular (→*writ*) des →engl. Rechts, mit dem der Kläger vom Beklagten geschuldetes Geld und vorenthaltene bewegl. Sachen herausverlangen konnte. Die lokalen Gerichte hatten Regeln entwickelt über die Herausgabe von Geld und bewegl. Sachen, die dem Kläger vom Beklagten gewaltsam vorenthalten *(deforced)* wurden. Hieran knüpfte wahrscheinl. ein writ an, mit dem solche Klagen erstmals vor das Gericht der →*Common Pleas* gebracht werden konnten. Im 13. Jh. wurde, falls ein Dritter das Geld oder die Sache in Händen hatte, in diesem Klageformular das Wort »deforciat« (afrz. *deforcer*, 'etwas gewaltsam vorenthalten') durch »debet et iniuste detinet« oder nur »detinet« ersetzt. Dies läßt erkennen, daß nun verschiedene Herausgabeverpflichtungen verschieden behandelt wurden. Richtete sich die Klage gegen einen Schuldner, der keinen Schuldschein *(written bond)* ausgestellt hatte, und war auch kein förml. Schuldanerkenntnis *(recognisance)* in die Gerichtsrolle eingetragen, so konnte dieser mit Eideshelfern schwören *(wage his law)*, daß die Schuld nicht bestehe. Um dem entgegenzuwirken, bezogen die kgl. Gerichte die ursprgl. Vertragsabreden in ihre Entscheidungen ein und betrachteten eine Gegenleistung, Waren oder Dienste, als den einzigen sicheren Beweis für eine Verpflichtung des Empfängers. Aber D. a. d. blieb eine einheitl. Klage auf Herausgabe von bewegl. Gut. Sogar im Falle des Kaufs, bei dem eine bloße mündl. Vereinbarung bald Rechtsverbindlichkeit erhielt, wurde die nicht gelieferte Ware als vom Verkäufer geschuldet und vorenthalten *(owed and detained)* angesehen. Nach dem Ende der MA wurden gesonderte Klagen wegen Vertragsbruchs oder Nachlässigkeit entwickelt gegen Personen, denen Sachen anvertraut worden waren *(bailees,* →*bail)*, die sie nicht zurückgeben konnten, weil sie abhanden gekommen oder untergegangen waren. Gegen andere Personen, angebliche Finder *(trover,* von frz. *trouver)*, entwickelte sich eine Klage wegen Zueignung des Gegenwertes fremder Sachen *(conversion)*. A. Harding

Lit.: Early Registers of Writs, hg. E. DE HAAS–G. D. G. HALL (Publ. of the Selden Society 87), 1970 – S. F. C. MILSOM, Historical Foundations of the Common Law, 1981, 257f. – J. L. BARTON, Remedies for Chattels (Law, Litigants and the Legal Profession, hg. E. W. IVES–A. H. MANCHESTER, 1983).

Dečani, Kl. in Südserbien (Metohija), Kirche ō Pantokrator, eng verbunden mit der Dynastie der →Nemanjiden. Gegründet von Kg. →Stefan III. (nach seiner Gründung Dečanski gen. und hier bestattet), wurde D. von dessen Sohn →Stefan Uroš IV. Dušan vollendet. Künstler. Berater war Ebf. →Danilo II. Den Bau der Kirche leitete Frater Vitus aus Kotor zw. 1327 und 1335 (Inschrift am Südportal der Kirche). Der Naos der Kirche ist fünfschiffig mit einer Kuppel, der Altarraum dreiteilig mit drei halbkreisförmigen Apsiden und der Narthex ebenfalls dreischiffig mit neun Jochen. Die Kirche bietet von außen den Anblick einer dreischiffigen Basilika, errichtet aus blauen und gelblichen Steinen in wechselnden Reihen. Der Stil ist teils roman., teils gotisch. Portale, Fenster und Kapitele sind mit Flachreliefplastiken mit Pflanzendekor und Tierfiguren, mit geometr. Ornamenten oder – seltener – mit religiösen Darstellungen (Taufe, Drachenkampf des hl. Georg, triumphierender Christus) geschmückt. D. ist die Kirche mit der größten Ausdehnung und der aufwendigsten Ausstattung im ma. Serbien.

Die vollständig erhaltenen Fresken sind in der Vielfalt ihrer Thematik einmalig in der ma. orthodoxen Welt. Die Fresken umfassen ca. 20 Zyklen und einige tausend figürl. Darstellungen. Dargestellt sind: die großen Feiertage, Leiden, Predigten und Wunder Christi, Genesis, Taten der Apostel, Viten der hl. Nikolaus, Johannes, Demetrios und Georg, Marienlob, alttestamentl. Szenen und Sprüche Salomons, Menologion und Ökumen. Konzilien, Wurzel Jesse und Stammbaum der Nemanjidendynastie, eine Reihe von Herrscherbildnissen in verschiedenen ikonograph. Darstellungen, Bildnisse von kirchl. Würdenträgern und Adligen des serb. Staatswesens. Aus den Datierungen, die sich auf einigen Fresken befinden, ergibt sich eine Entstehungszeit zw. 1339 und 1348; auch der Name des Malers, Sergius (Srdj), ist durch Inschrift überliefert. Die Fresken von D. sind stilist. das letzte große Beispiel für die sog. Renaissance der Palaiologen, einer »neoklassizist.« Stilrichtung, die mit ihnen erlosch. Spuren eines neuen Stils finden sich in beschränkter Anzahl unter den Fresken im Narthex.

Von ma. Bauwerken sind erhalten: Speisesaal (errichtet nach byz. Vorbild), Klosterpforte, Kirchlein der Drei Hierarchen oberhalb des Klosters. Nach den ma. Quellen wurden die Bauten innerhalb des Klosterkomplexes von bekannten Baumeistern aus Serbien – Djordje, Dobroslav und Nikola – errichtet. D. hat, abgesehen von →Hilandar, die reichste Schatzkammer Serbiens (Ikonen, 150 Handschriften). V. Djurić

Lit.: RByzK I, 1161–1178 [Dj. MANO-ZISI] – M. VASIĆ, Žiča i Lazarica, 1928, 74–85 – A. DEROKO, Crkva manastira Dečana, Glasnik Skopskop naučnog društva, 1933, 135–146 – V. R. PETKOVIĆ–DJ. BOŠKOVIĆ, Manastir D., 1941 – M. ŠAKOTA, Inventar rukopisnih knjiga manastira Dečana, Saopštenja Zavoda za zaštitu spomenika kulture NR Srbije, I, 1956, 198–211 – R. KOVIJANIĆ, Vita Kotoranin, neimar Dečana, 1962 – L. MIRKOVIĆ, Ikone manastira Dečana, Starine Kosova i Metohije II–III, 1963, 11–55 – V. KORAĆ, Graditeljska škola Pomorja, 1965, 106–108, passim – S. RADOJČIĆ, Staro srpsko slikarstvo, 1966, 131–140 – V. DJURIĆ, Byz. Fresken in Jugoslawien, o. J., 78–86, 266–268 [Lit.] – R. HAMANN–MAC LEAN, Grundlegung zu einer Gesch. der ma. Monumentalmalerei in Serbien und Makedonien, 1976 – P. IVIĆ–M. GRKOVIĆ, D. ke hrisovulje, 1976 – G. SUBOTIĆ, ZRVI 20, 1981.

De Canistris, Opicino, it. Kleriker und Schriftsteller, *24. Dez. 1296 in Lomello bei Pavia, † ca. 1350/52. Erst seit knapp 60 Jahren infolge der Forschungen von GIANANI und SALOMON als Verfasser von zwei bereits wohlbekannten, bedeutenden Werken identifiziert: »Liber de laudibus civitatis Ticinensis« (ed. MURATORI, XI, 5–46 unter dem Titel »Anonymi ticinensis Commentarius de laudibus Papiae« und danach ebenfalls als anonymes Werk in MURATORI², XI, 1, 1903–1906, 1–52, ed. R. MAIOCCHI, F. QUINTAVALLE) sowie »De preeminentia spiritualis imperii« (ed. R. SCHOLZ, 1914, II, 89–104). O.s Studienweg nahm einen ungeregelten Verlauf nicht zuletzt infolge der Krise, in die seine 'popolare' Familie während der innerstädt. Kämpfe geriet, so daß er in verschiedenen Örtlichkeiten des Gebietes von Pavia herumziehen und sich 1315–18 in Genua aufhalten mußte. Er übte verschiedene Tätigkeiten aus, u. a. war er Handschriftenilluminator. 1318 Altarist im Dom von Pavia, 1320 zum Priester geweiht, erhielt er 1323 die paves. Pfarre S. Maria in Cappella. In dieser Zeit schrieb er verschiedene, nicht erhaltene Werke theol. Inhalts. 1329 begab sich O. nach Avignon und verfaßte den Tractat »De preeminentia spiritualis imperii«, in dem er die Position der Kurie gegen Ludwig d. Bayern vertrat. Johannes XXII. nahm die Widmung des Werkes entgegen und O. erhielt – nicht zuletzt dank der Protektion des Juristen Jean Cabassole – einen Posten als Schreiber an der apostol. Pönitentiarie (1330). Im gleichen Jahr verfaßte er »De laudibus civitatis ticinensis«, eine umfassende und genaue Beschreibung seiner Heimatstadt (Topographie und Bauwerke, Einrichtungen, tägl. Leben). Der Aufenthalt in Avignon, der O. zwar die langersehnte finanzielle Sicherheit brachte, wurde zuerst durch einen Streit um seinen Posten in der Pönitentiarie getrübt, später durch eine schwere Krankheit (1334), die bleibende Störungen der Sprechfähigkeit und der rechten Hand hinterließ. Außerdem quälten ihn Gewissensängste mit Visionen und Angstvorstellungen. In den letzten Jahren war er v. a. mit der Anfertigung zahlloser Zeichnungen beschäftigt (Vat. Pal. Lat. 1993 und Vat. Lat. 6435), die geometr. Formen, Symbolbilder, geograph. und astrolog. Karten darstellen: Ihre sehr reiche und eindrucksvolle Bildsprache ist nicht immer leicht zu deuten (auf einem dieser Blätter ist eine 1336 verfaßte Autobiographie enthalten). 1347 wurde er unter die Familiares des Papstes aufgenommen. Seine letzte datierte Zeichnung stammt aus dem Jahr 1350. G. Chittolini

Ed. und Lit.: Repfont III, 113–114 – DBI XVIII, 116–119 – R. Scholz, Unbekannte kirchenpolit. Streitschriften aus der Zeit Ludwigs d. Bayern, 2 Bde, 1911–14 (I, 37–43; II, 89–104 [Ed. des Liber de preeminentia]) – F. Gianani, O. d. C. l'»Anonimo ticinese« (cod. Vat. Pal. Lat. 1993), 1927 – R. Salomon, O. d. C. Weltbild und Bekenntnisse eines avignones. Klerikers des 14. Jh., 2 Bde, 1936.

Dečanski → Stefan Uros III. Dečanski

Decanus → Dekan

Decembrio. 1. D., Angelo, it. Humanist, jüngerer Bruder des berühmteren Pier Candido (→2. D.), * vor 1418, † nach 1466. Nach dem Tod des Vaters Uberto (1427) vom über 20 Jahre älteren Bruder P. C. D. in Mailand erzogen, dort auch Schüler → Barzizzas, studierte A. D. 1432–38 in Ferrara Medizin bei Ugo → Benzi sowie Humaniora bei → Guarino. Das enge, fast Sohn-Vater-Verhältnis zu P. C. D., für den er auch Kopier- und Korrekturarbeiten ausführte, machte 1441 einer vom Bruder als Hochmut und Undankbarkeit beklagten Distanz Platz und zerbrach vollends 1465 wegen finanzieller Unregelmäßigkeiten des älteren Bruders. 1446–47 lehrte A. D. in Mailand, war nach dem Tode Filippo Maria → Viscontis wieder in Ferrara tätig, begab sich 1450 als Gesandter nach Zaragoza und ging nach dem im selben Jahr erfolgten Tod Leonellos d'Este seinem Bruder voraus nach Neapel, wo er am Hofe → Alfons' V. (→17. A.) in den Dienst Iñigo Dávalos trat. Nach dem Tode Alfons' (1458) unternahm er in Spanien systemat. Bibliotheksforschungen, wurde aber bei der Rückkehr nach Ferrara 1465 durch Johann d' → Armagnac aller Bucherwerbungen und auch eigener Arbeiten beraubt. 1466 betraute ihn Borso d' → Este mit einer Gesandtschaft nach Burgund. Näheres ist mangels einer eigtl. Biographie über den bis heute im Schatten seines Bruders stehenden A. D. nicht bekannt.

Neben seinen zahlreichen – inedierten – Schriften in Prosa und Poesie über hist., religiöse und philolog. Themen des griech. und lat. Altertums (Sabbadini, 17f.), die eine große Belesenheit und scharfe Intelligenz zeigen, ist die nach dem Vorbild der »Noctes Atticae« des Aulus Gellius 1447 in einer ersten Fassung entworfene, in erweiterter Form → Pius II. gewidmete »Politia litteraria« wichtig. Sie enthält als »Philobiblon dell' età umanistica matura« (Zabughin, 4) ein krit. diskutiertes Programm humanist. Büchersammlungen und zeichnet zugleich im Dialog Leonellos mit den führenden Humanisten seines Hofes ein lebendiges Bild humanist. Lebensform.
W. Rüegg

Ed.: Politia litteraria, Augsburg 1540, Basel 1562 – Lit.: A. Della Guardia, La Politia litteraria di A. D., 1910 – R. Sabbadini, Tre autografi di A. D., Scritti vari in on. di R. Renier, 1912, 11–19 – G. Bertoni, Guarino di Verona fra letterati e cortigiani a Ferrara (1429–1460), 1921, 77f. – V. Zabughin, Vergilio nel Rinascimento it. da Dante a Torquato Tasso II, 1923, 4–45 – E. Garin, La cultura filosofica del Rinascimento it., 1960, 1979², 412f. – V. Zaccaria, P. C. Decembrio traduttore di Platone, IMU II, 1959, 194ff. – M. T. Casella, Il volgarizzamento liviano del Boccaccio, IMU IV, 1961, 127f.

2. D., Pier Candido (Petrus Candidus de Viglevano), it. Humanist, *24. Okt. 1399, Pavia (1392 nach Corbellini, dem R. Sabbadini in EncIt XII folgt), † 12. Nov. 1477, Mailand, ▭ S. Ambrogio, ebd. (Marmorsarkophag und Epitaph erhalten), Sohn des Uberto dei Decembrio Badalla von Vigevano und der Caterina Marazzi, Tochter des berühmten Arztes Marracio. Er wurde wahrscheinl. nach seinem Taufpaten Petros Philargis, Bf. v. Candia, dem späteren Pisaner Papst → Alexander V., genannt. Sein Vater Uberto, selbst ein Humanist von Rang, hzgl. Sekretär unter Giovanni Maria → Visconti (1402–10) führte ihn in die griech. und lat. Literatur ein. Als Uberto 1411 im Laufe der Kämpfe zw. den Visconti und Facino → Cane, der sich des Hzm.s bemächtigen wollte, im Turm der Porta Romana in Mailand eingekerkert wurde, wurden P. C. und sein Bruder Paolo Valerio von den → Doria in Genua aufgenommen. Dem Dogen Tommaso di Campofregoso widmete P. C. die kleine Schrift »De septem liberalium artium inventoribus«. 1419–47 stand er als Sekretär im Dienst Filippo Maria → Viscontis. Auch während der → Ambrosianischen Republik war er Sekretär, konnte jedoch nicht die Gunst Francesco → Sforzas gewinnen. Immer bestrebt, Ruhm, eine befriedigende soziale Stellung und einen gewissen Wohlstand zu erwerben – was ihm nie gelang –, bekleidete er unter Nikolaus V. und während eines Teils des Pontifikats von Calixtus III. das Amt eines »magister brevium« an der röm. Kurie. Vielleicht infolge der Freundschaft mit Leonello Accrociamura, Gf. v. Celano, und mit Iñigo Dávalos einer der angesehensten Persönlichkeiten am Hof v. Neapel, der nach der Schlacht v. → Ponza (1435) als Gefangener in Mailand gewesen war, erhielt P. C. von dem Sforza die Erlaubnis, sich in das Regno zu begeben, wo er zw. 1456 und 1458 Hofdichter war und als Sekretär Alfons' V. und später Ferrantes v. Aragon mit vertraul. Missionen beauftragt wurde. 1459 kehrte er ohne Amt nach Mailand zurück und suchte enttäuscht und verbittert wieder erfolglos die Gunst Francesco Sforzas. 1462 (nach Borsa 1461) beendete er dessen »Vita«, die er auf Verlangen des Hzg.s in die Volkssprache übersetzte. 1466 lud ihn schließlich Borso d' → Este nach Ferrara ein, wo er acht Jahre lang »sine spe utilitatis et lustri« blieb. Er starb am 12. Nov. 1477 in Mailand. P. C., ein bedeutender Vertreter des lombard. Humanismus, verkörpert den gebildeten Literaten im Mailänder Quattrocento, der auf das Mäzenatentum der Fürsten angewiesen war, um zu überleben und dem die Teilnahme an der Politik keine Befriedigung mehr bereitete. Er war mit den berühmtesten Literaten seiner Zeit befreundet (Antonio da Rho, Gasparino Barzizza, Maffeo Vegio, Zambeccari, Arcimboldi, Pizzolpasso, Aurispa usw.), stand aber auch aus Eifersucht in erbitterter Polemik mit Guarino Veronese, Bruni, Panormita und v. a. mit Francesco Filelfo. Spuren dieser Polemiken sind in seinem umfangreichen lit. Oeuvre enthalten. Am bekanntesten von seinen Werken sind die »Vite« des Visconti und des Sforza; er übersetzte zahlreiche Werke der Antike (u. a. Plutarch, Appian, Teile der Ilias) zum Gebrauch der Herrn, in deren Dienst er stand, in die Volkssprache und ins Lat. Seine Übersetzung von Platons »Politeia« widmete er Hzg. Humfred v. Gloucester. Unter seinen eigenen Schriften sind zu verzeichnen: der Dialog »De vitae ignorantia«, der für seine Lebensauffassung kennzeichnend ist; »De anima et eius immortalitate« (unediert); »De origine fidei« (unediert); »Vita Homeri« (unediert) und einige kleinere Schriften, u. a. »De laudibus Mediolanensis Urbis Panegyricus«, als Antwort auf Leonardo Brunis »De laudibus Florentinae Urbis«. Man kennt von ihm auch Emendationen und Kompendien, die das hohe Niveau seiner Bildung bezeugen, das auch durch die lobenden Urteile einiger seiner Zeitgenossen wie Poggio und Lorenzo Valla hervorgehoben wird. Für die Kenntnis des it. Quattrocento von kulturhist. Bedeutung sind seine zum Großteil im »Epistolario« zusammengefaßten Briefe, mit deren Sammlung D. selbst 1433 (mit einem nur z. T. verwirklichten Gliederungskonzept) begonnen hatte. Zu der hs. Überlieferung der drei erhaltenen Sammlungen s. u. Das Material ist fast zur Gänze unediert.

G. Soldi Rondinini

Q. *(zum Epistolario):* Bibl. Nazion. Braidense, Mailand, Cod. AHXII 16– Bibl. Univ. Bologna, Cod. n. 2387– Cod. Ambrosiano I, 235 inf.– Bibl. Univ. Genova, Cod. Gaslini – Bibl. Estense, Modena, Cod. Campori 1072 (18. Jh.) – Bibl. Colombina, Sevilla, Cod. 7 4 20 – Florenz, Cod. Riccardiano 827 und 834 – *Lit.:* F. GABOTTO, L'attività politica di P. C. D., Giornale Ligustico XX, 1893, 161–198, 241–270 – M. BORSA, P. C. D. e l'umanesimo in Lombardia, ASL XX, 1893, 5–75 und 358–441 – A. CORBELLINI, Appunti sull'umanesimo in Lombardia, Boll. Soc. Pavese di Storia Patria, 16, 1917, 5–13 – E. DITT, P. C. D., Contributo alla storia dell'umanesimo italiano, »Memorie« dell'Istituto lomb. Accad. di Scienze e Lettere, XXIV, 1930 (umfassendste Arbeit über D.) – A. BUTTI–F. FOSSATI im Komm. zu Vita Philippi..., MURATORI² XX, 1925–26 – V. ZACCARIA, L'Epistolario di P. C. D., Rinascimento, III, 1952, 85ff. – DERS., Sulle opere di P. C. D., Rinascimento, III, 1956, 13–74 – DERS., P. C. D., Traduttore della »Repubblica di Platone«, IMU II, 1959, 179–206 – G. SOLDI RONDININI, Ambasciatori e ambascerie al tempo di Filippo Maria Visconti, (1412–1426), Nuova Rivista Storica, XLIX, 1965 – DIES., Il Tractatus de Principibus di Martino Garati da Lodi, 1968, Einl. – G. SANTINELLO, Glosse di mano del Cusano alla Repubblica di Platone, Rinascimento IX, 1969, 117–137 – R. HILARY, Sources for a Biography of P. C. D., Romances Notes XVI, 1974–75, 700f. – E. MADERNA, Una lettera inedita di Guarnerio Castiglioni a P. C. D., Libri e Documenti, 1978, nn. 1–2, p. 17–25 – G. IANZITI, From Biondo to Crivelli, Rinascimento XX, 1980, 21f. – M. FERRARI, Fra i »latini scriptores« di P. C. D. e biblioteche umanistiche milanesi, Vestigia, Studi in on. di G. BILLANOVICH, 1984, 247–296 – D. BOTTONI, I D. e la traduzione della Repubblica di Platone, ibid. 75–91.

Decemprimi → Domesticus

Decentius Magnus, Caesar 350–353 und naher Verwandter (Bruder?) des Usurpators Flavius Magnus → Magnentius, der nach der Ermordung des Ks.s → Constans von gall. Truppen erhoben wurde. Als sein Stellvertreter erhielt D. die Aufgabe, die angeblich auf Veranlassung von → Constantius II. in Gallien eingefallenen Germanen zurückzudrängen, unterlag aber wegen seiner unzureichenden Streitmacht dem Alamannenkg. Chnodomar und konnte sich nur mit Mühe gegen plündernde germ. Scharen behaupten (Liban. or. 18, 33, 107, 113; Julian. or. 135 A; Ammian. 16, 12,4f.). Es gelang ihm nicht, Trier, das sich Constantius angeschlossen hatte, zurückzugewinnen. Als Constantius nach dem Sieg über Magnentius bei Mursa mit einem starken Heer in Gallien erschien, beging der Usurpator, von seinen Truppen verlassen, Selbstmord in Lyon. Auf diese Nachricht hin verzichtete auch D. auf weiteren Widerstand und erhängte sich am 18.

Aug. 353 in Sens (Eutr. 10, 12,2; Aur. Vict. 42, 10; Chron. Min. I, 238; 455). R. Klein

Lit.: KL. PAULY I, 1407f. – RE IV, 2268f. – O. SEECK, Gesch. des Untergangs der antiken Welt IV, 1922 [Nachdr. 1966], 105, 116f. – STEIN, Bas-Empire I, 140f.

Dechant → Dekan

Decima → Zehnt

Decke. 1. D. (Architektur), allgemeine Bezeichnung jedes Raumabschlusses nach oben, jedoch zumeist nur des waagerechten, im Unterschied zum → Gewölbe. Dem aus Holzbalken bestehenden Tragewerk, der eigtl. Deckenkonstruktion, ist eine Verkleidung, die D., untergehängt oder zwischengeschoben und bei Geschoßtrennung ein Fußboden aufgelegt.

Im *Profanbau* ist die flache Holzdecke als Wohnraumabschluß üblich. Nur bei Ratssälen, auf Burgen und in engl. Herrensitzen sowie vereinzelt in Dormitorien wurde der offene Dachstuhl beibehalten. Üblich ist – wie auch vereinzelt im Kirchenbau – die Holzbalkendecke mit auf Flechtwerk verputzten oder holzverschalten Zwischenfeldern (Windelboden, Einschubdecken) oder mit durchgehend verbretterter Untersicht, deren Fugen von profilierten Leisten verdeckt werden, die der Spätgotik ohne Rücksicht auf die Fugen oft in der Art eines Netzwerkes zur Verzierung aufgenagelt (St. Georgen in Stein am Rhein Anfang 16. Jh., Ratssaal in Goslar um 1500). Die D.n können durchgehend farbig gefaßt sein, oder nur die Leisten oder Balken werden hervorgehoben. Reichste Ausbildung erfuhr im ausgehenden MA die Bohlenbalkendecke, deren Balken und z. T. auch die in Nuten eingeschobenen Bohlen profiliert und mit Schnitzwerk verziert wurden (Ratssaal in Überlingen 1494). Beim Wechsel von Bohlen und Kreuzholz entsteht die Riemchen- oder Bälkchendecke, bes. im alem. Fachwerkbau verwendet, wo sich auch die einfache Bohlendecke findet, die leicht gewölbt oder flach aus Bohlen besteht, die mit Nut und Feder verbunden sind und an den Seitenwänden in die Nut einer Wandbohle eingreifen.

Wann und wo das in England, Italien und bei → Bettelordenskirchen bis ins späte MA übliche offene Dachwerk im *Kirchenbau* (Reichenau-Mittelzell 1236, Fontenay um 1200, Cluny um 1300, Selommes) durch eine flache Holzdecke unter den Dachbalken zum Kirchenraum abgeschlossen worden ist, kann nicht beantwortet werden, da sich Reste von flachen Holzdecken erst seit dem 12. Jh. erhalten haben: Maulbronn vor 1178, Ilbenstadt 1159 geweiht mit in Nuten zw. die Balken eingeschobenen Brettchen und Münster zu Konstanz 12. Jh. mit Brettern, die mit Nut und Feder verbunden und mittels Holznägeln unter die Balken genagelt sind. Die um 1230 entstandene, reich bemalte Holzdecke in St. Michael zu Hildesheim ist nicht direkt mit Eisennägeln unter den Balken befestigt, sondern auf einem Gebälk, das mittels kurzer Balkenstükke senkrecht unter die Dachbalkenlage gehängt ist. Bei der ebenfalls reich bemalten D. der kleinen Pfarrkirche in Zillis/Graubünden um 1130/40 waren »die wie T-Träger beidseitig ausgeschnittenen Längsfriese angenagelt, deren Nuten die Füllungen sowie die mit Falzen und Zapfen versehenen Querleisten aufnahmen« (Die Kunstdenkmäler der Schweiz 14, 232). G. Binding

Lit.: RDK III, 1125–1140 [Lit.] – J. BOHLAND, Das konstruktive Gefüge der Holzdecke von St. Michael (in Hildesheim), Niedersächs. Denkmalpflege 2, 1957, 19ff. – K. GRUBER, Roman. Dachstühle, Dt. Kunst und Denkmalpflege, 1959, 57–64 [Maulbronn] – J. SOMMER, Das Deckenbild der Michaelskirche zu Hildesheim, 1966 – E. MURBACH, Zillis, 1967 – R. REUTER, Das Alter des Mittelschiffdachstuhls der ehem. Benediktiner-Klosterkirche Mittelzell auf der Insel Reichenau/

Bodensee, mit Erg. v. K. LIST, Nachrichtenbl. der Denkmalpflege in Baden-Württ. 12, 1969, 54–61 – G. BINDING, U. MAINZER, A. WIEDENAU, Kleine Kunstgesch. des dt. Fachwerkbaus, 1977² [Lit.] – weitere Lit. →Dach.

2. **D.** (Textil). In unterschiedl. Funktion (z. B. Altardecke, Bettdecke, Tischdecke, Pultdecke, Pferdedecke) tritt die D. sowohl im kirchl. als auch im profanen Bereich des MA aus verschiedensten Materialien (Leinen, Wolle, Mischgewebe, Seide, etc.; Pelz, Leder) und in verschiedensten textilen Techniken gefertigt auf (Stickerei, Wirkerei, Weberei, Strickerei, Zeugdruck). Neben Bedeckung und Schutz spielt v. a. die Komponente des Schmuckes eine entscheidende Rolle. Ornamentale oder figurale Musterung, Bildzyklen und -programme machen D.n im Zusammenspiel mit dem Wert des Materials zu textilen Repräsentationsobjekten der ma. Welt (im Wohnbereich neben Teppich und Wandbehang bes. Bett- und Tischdecken) und zum Mittel für eine Kennzeichnung sozialer Unterschiede. Die Übernahme oriental. Muster und der Import prunkvoller D.n aus dem Osten (z. B. 'heidnische' D.n) sowie ihre Erzeugung in europ. Textilzentren kann regelmäßig belegt werden. Eine Decklakenweberzunft ist in Köln bereits 1149 nachzuweisen. Neben der Produktion in Handwerksbetrieben ist auch der Herstellung in Heimarbeit sowie in Frauenklöstern eine entscheidende Rolle zuzuweisen. →Textilien, Textilherstellung. G. Jaritz

Lit.: RDK III, 1140–1145 – KL XV, 134–149 (Sengeutstyr) – V. GAY, Glossaire archéol. du MA et de la Renaissance I, 1883, bes. 484f. (couvertoir); II, 1928, 39f. (houssure), 376–386 (tapis) – M. HEYNE, Das dt. Wohnungswesen von den ältesten gesch. Zeiten bis zum 16. Jh., 1899 – J. LESSING, Wandteppiche und D.n des MA in Dtl., 1902 – H. A. GRÄBKE, Eine westfäl. Gruppe gestickter Leinendecken des MA, Westfalen 23, 1934, 179–194 – M. SCHUETTE, Gestickte Bildteppiche und D.n des MA, 2 Bde, 1927–30 – E. WURMBACH, Das Wohnungs- und Kleidungswesen des Kölner Bürgertums um die Wende des MA, 1932 – R. JAQUES, Dt. Textilkunst, 1953 – E. FLEMMING, Das Textilwerk, 1957 – A. SCHULTZ, Das höf. Leben zur Zeit der Minnesinger I [Neudr. 1965] – R. KROOS, Niedersächs. Bildstickereien des MA, 1970 – R. PYLKKÄNEN, The Use and Traditions of Mediaeval. Rugs and Coverlets in Finland, 1974.

Deckelbecher → Becher

Deckenmalerei. Bereits die Antike kannte vollkommen ausgemalte Räume, in denen sich die ornamentalen oder figürl. Ausstattungsschemata der Wände auch auf die Dekoration der Decken ausdehnten. Die Katakombenmalereien der frühchristl. Zeit mit ihren in Komposition und Thematik einheitl. D.en stehen durchaus noch in solcher Tradition. Obwohl umfangreiche Zyklen der Wandmalerei aus karol. Zeit überkommen sind (Müstair, St. Johannes, Ende 9. Jh.; Castelseprio, S. Maria in Foris, 7./8. Jh.), hat sich aus dieser Epoche, mit Ausnahme weniger Reste (z. B. Aachen, Pfalzkapelle), keine nennenswerte D. erhalten. Erst seit dem 11. Jh. finden sich umfassendere Bilderzyklen auch auf Decken, vorzugsweise auf solchen von Krypten, Vierungen, Chorjochen, die thematisch mit der Apsismalerei (→Apsisbild) in Verbindung stehen können, und Kapellen, ebenso der Langhausschiffe, später auch in Profanbauten.

Die D. steht in engstem Verhältnis zur Konstruktion der Decke. Der Typ des Raumabschlusses, ob Flachdecke aus Holz oder Gewölbekonstruktion bis hin zu Netz- und Sterngewölben, bestimmt in unterschiedl. Maße Umfang und Konzeption des Programms von D.en. Die aus 153 quadrat. Einzelfeldern bestehende Holzdecke von St. Martin in Zillis/Graubünden, 3. Viertel 12. Jh., stellt eine beliebig fortsetzbare und ursprgl. wohl auch umfangreichere Sammlung in sich geschlossener Tafelbilder mit Szenen aus dem Leben Jesu sowie des Patrons, gerahmt von Meerungeheuern, dar und steht darin in der Tradition antiker Deckenkassettierungen; hingegen könnte man die aus zahlreichen Brettern zusammengefügte Decke der ehem. Benediktinerabteikirche St. Michael in Hildesheim, um 1240 mit dem von Propheten, Engeln, Paradiesflüssen, Evangelisten und deren Symbolen umgebenen Stammbaum Christi als ein einziges monumentales Tafelgemälde ansehen.

Die architekton. Form der gemauerten und für die Aufnahme von Malereien übertünchten Gewölbe greift weit intensiver in Akzentuierung, Szenen- und Figurengruppierung ein und bestimmt weitgehend Kompositionsschemata sowie durch die festgelegte Anzahl der in den Gewölbefeldern vorgegebenen Bildflächen Umfang und Zuordnung bildzykl. Gestaltung (in typolog. Zuordnung z. B. Brauweiler, Kapitelsaal der ehem. Benediktinerabtei, 3. Viertel 12. Jh.; Schwarzrheindorf, St. Clemens, Unterkirche, 3. Viertel 12. Jh.). Hiervon weniger berührt zeigen sich D.en auf Tonnengewölben, auf denen Anzahl und Format der Darstellungen der Jochteilung angepaßt sein können (Idensen, Grabkirche des Bf.s Sigwart v. Minden, um 1120–1130, mit typolog. zugeordneten Szenen, Saint-Savin-sur-Gartempe (Vienne), Abteikirche, Krypta, Vorhalle und Langhaus, Ende 11. Jh. – Anfang 12. Jh. mit verschiedenen Zyklen). Zahlreiche D.en sind in Sakralräumen v. a. des 12. und 13. Jh. mit z. T. umfangreichen, oftmals auf die spezielle Funktion des Raumes Bezug nehmenden Themata erhalten, die sich fast ausnahmslos in das inhaltl. Konzept der übrigen →Wandmalerei einbezogen zeigen (z. B. Lambach, Oberösterr., ehem. Westchor der Benediktiner-Stiftskirche, kurz vor 1089, mit der episch ausgebreiteten Magiergeschichte; Winchester, Kathedrale, Guardian Angels Chapel, Mitte 13. Jh., mit Engeln in Medaillons zw. Rankenwerk; Parma, Baptisterium des Domes, Mitte 13. Jh., mit Tauf- und Predigtszenen). Bilder die D.en in den Krypten enthalten in diesem Sinne häufig über die Bildszenen der Wände hinausgehende Darstellungen aus den Viten der am Ort bes. verehrten Hl. (Aquileia, Krypta des Doms, um 1200), andererseits auch apokalypt. Motive (Anagni, Krypta der Kathedrale, 2. Viertel 13. Jh.; Auxerre, Krypta der Kathedrale, Mitte 12. Jh., reitender Christus inmitten von 4 Engeln zu Pferde). Der Vorstellung von Sakralarchitektur als himml. Abbild und Bedeutungsträger entspricht, daß gerade die Deckengewölbe von Sakralräumen zum Träger von himml. Szenerien verwendet werden, so daß sich dem Emporschauenden das Jenseits gleichsam in apokalypt. Schau öffnet. Immer wieder finden sich in ikonograph. Variationen Darstellungen des Himml. Jerusalem mit den in paradies. Vegetation bzw. inmitten von Aposteln und Auserwählten thronenden Christus (Le Puy [Haute Loire], Saint-Michel-d'Aiguilhe, um 1000; Saint-Chef en Dauphiné [Isère], Abteikirche, Chapelle conventuelle, 3. Viertel 11. Jh.; Civate, San Pietro al Monte, Westwerk, Ende 11. Jh.; Canterbury, Kathedrale, Saint Gabriel's Chapel, um 1130, mit weiteren apokalypt. Motiven; Matrei, Osttirol, St. Nikolaus, Oberkirche, 3. Viertel 13. Jh.; Gurk, Dom, Westempore, um 1260–1270). Der Typus der auf Wänden und Gewölben mit einem einheitl. Programm vollständig ausgemalten Räume (León, Panteón de los Reyes, 3. Drittel 12. Jh.; Novalesa [Piemont], Cappella di S. Eldrado, 2. Drittel 13. Jh.) wird, da es die Architektur der Gewölbeformen zuläßt, v. a. in Italien bis ins ausgehende MA beibehalten (Siena, Palazzo Pubblico, Kapelle des Rates, Anfang 15. Jh.; Siena, Baptisterium des Domes) und gipfelt in den 1508 bis 1512 ausgeführten D.en →Michelangelos in der im übrigen von ihm und anderen ausgemalten Sixt. Kapelle des Vatikan. Umfangreichere D.en aus got. Zeit haben sich auch in Skandinavien erhalten (Höjby, Seeland, Dänemark, Anfang 15. Jh.; Risinge, Östergötland, Schweden, 3. Viertel 15. Jh., →Kalkmalereien) sowie vereinzelt auch andernorts (Kolberg, Marienkirche, Anfang 15. Jh.), andererseits finden sie sich in neuen architekton. Zusammenhängen (z. B. Brixen, Kreuzgang des Doms, Ende 14. Jh./1. Hälfte 15. Jh.). In Sakral- und Profanräumen mit reicher ausgebildeten Gewölbeformen entbehrt die D. meist eines größeren zusammenhängenden Programms, vielmehr werden die von den Rippen scharf umrissenen Gewölbekappen häufig mit vegetabilen Motiven gefüllt, in die Einzelfiguren eingefügt sein können (Oberwesel, St. Martin, Anfang 15. Jh.; Prag, Veitsdom, Wenzelkapelle, um 1372 und Anfang 16. Jh.). J. M. Plotzek

Lit.: RDK III, 1145–1187 [Lit.] – P. CLEMEN, Die roman. Monumentalmalerei in den Rheinlanden (Publ. der Ges. für Rhein. Geschichtskunde 32, 1916) – H. CORNELL, S. WALLIN, Sengotiskt Monumentalmåleri i Sverige, 1917 – P. CLEMEN, Die got. Monumentalmalereien der Rheinlande, 1930 – E. W. ANTHONY, Romanesque Frescoes, 1951 – K. WEITZMANN, The Frescoe Cycle of S. Maria di Castelseprio, 1951 – A. VERBEEK, Schwarzrheindorf. Die Doppelkirche und ihre Wandgemälde, 1953 – E. RUGGIERO, I pittori della chiesa di San Pietro al Monte di Civate, 1953 – L. BIRCHLER, Zur karol. Architektur und Malerei in Münster (Müstair) (Frühma. Kunst in den Alpenländern, 1954), 167ff. – C. R. DODWELL, The Canterbury School of Illumination, 1954 – M. RICKERT, Painting in Britain. The Middle Ages, 1954 – J. MASIN, Roman. Wandmalerei in Böhmen und Mähren, 1954 – A. BORELIUS, Romanesque Mural Paintings in Östergötland, 1956 – H. SCHRADE, Vor- und frühroman. Malerei, 1958 – R. EHMKE, Der Freskenzyklus in Idensen, 1958 – D. KLUGE, Got. Wandmalerei in Westphalen, 1290–1530, 1959 – A. C. MARTIN, Pinturas Románicas del Panteón Real de San Isidoro de León, 1959 – H. VON EINEM, Michelangelo, 1959 – H. BESELER, Zu den Monumentalmalereien im Kapitelsaal von Brauweiler, Jb. der Rhein. Denkmalpflege 23, 1960, 98ff. – G. P. BOGNETTI, Castelseprio, 1960 – E. LUNDBERG, Albertus Pictor, 1961 – N. WIBIRAL, Beitr. zur Ikonographie der frühroman. Fresken im roman. Westchor der Stiftskirche von Lambach, Oberösterreich, Würzburger Diözesangeschichtsbll. 25, 1963, 63ff. – G. HENDERSON, The Sources of the Genesis Cycle at Saint-Savin, Journal of the Brit. Archaeological Association 3/26, 1963, 11ff. – E. KUSCH, Alte Kunst in Skandinavien, 1964 – R. SALVINI, Romanico o Alto Medioevo. Il problema cronologico della decorazione di S. Pietro al Monte (Arte Lombarda 9, 1964), 61ff. – W. MYSS, Bildwelt als Weltbild. Die roman. Kirchendecke von Zillis, 1965 – J. SOMMER, Das Deckenbild der Michaeliskirche zu Hildesheim, 1966 – R. OERTEL, Die Frühzeit der it. Malerei, 1966² – N. CAHANSKY, Die roman. Wandmalereien der ehem. Abteikirche Saint-Chef (Dauphiné), 1966 – E. MURBACH, Zillis. Die roman. Bilderdecke der Kirche St. Martin, 1967 – O. DEMUS, Roman. Wandmalerei, 1968 [Lit.] – P. SCHMIEDER, Die Gewölbegemälde im Läuthaus der Stiftskirche zu Lambach, Mitt. der Central-Commission 13, 1968, 86ff. – K. STEJSKAL, Prag und Böhmen. Die Wandmalerei (Die Parler und der Schöne Stil 1350–1400. Europ. Kunst unter den Luxemburgern 2, 1978), 718ff. – H. L. NICKEL, Ma. Wandmalerei in der DDR, 1979 – Weitere Lit. → Wandmalerei.

Declamatio. In den Rhetorikschulen der röm. Kaiserzeit stellte die d. die wichtigste Übung dar; sie bestand im Vortrag einer vom Schüler – oder, sofern es sich um ein Unterrichtsmuster handelte, vom Lehrer – nach den klass. Regeln ausgearbeiteten Rede, die, entweder in Form der suasoria oder der controversia gehalten, einen mehr oder weniger realitätsnahen Sachverhalt behandelte (→Rhetorik). Sammlungen antiker d.nes sind erhalten (Seneca d. Ä., Ps.-Quintilian). Diese Praxis der d. erhielt sich in den Rhetorikschulen Galliens und Italiens mindestens bis ins 6. Jh. (»Dictiones« des →Ennodius v. Pavia). In der Folgezeit scheint die d. als solche trotz des Fortlebens des Rhetorikunterrichts im frühma. Schulbetrieb verschwunden zu sein. Doch könnte die Kunst der d. zumindest teilweise den Ausgangspunkt gebildet haben für die rhetor. Prakti-

ken und Momente, die im Leben der Schulen des 12. Jh. und auch der nachfolgenden Universitäten eine große Rolle spielten: die scholast. →Disputation, die→Ars dictaminis (s. a. →Brief), die kunstvoll-gelehrte universitäre Predigt, die Prunkreden, die anläßlich von Examen (Lizentiat, Doktorat), gehalten wurden. Die antiken d.-Sammlungen waren im MA jedoch nicht sehr verbreitet und dienten vorwiegend als Exempla-Sammlungen. Erst im 14. und 15. Jh. erlebte die d. als in die lat. Rede einführende Schulübung ihre Wiederbelebung und mit ihr die klass. Rhetorikregeln nach Cicero und Quintilian. Diese Erneuerung im Zeichen des Humanismus ließ echte Rhetorikschulen entstehen, zunächst an den Universitäten Italiens (Bologna, Padua, Pavia), dann auch an denjenigen der Reichsgebiete nördl. der Alpen (Wien, Löwen), ebenso an den humanist. Kollegien (contubernia) des Quattrocento (Guarino in Verona, Vittorino da Feltre in Mantua). Vgl. →Vortragsformen, musikal.-lit. J. Verger

Lit.: C. S. BALDWIN, Medieval Rhetoric and Poetic, 1928 – R. R. BOLGAR, The Classical Heritage and its Beneficiaries, 1963 – J. J. MURPHY, Rhetoric in the MA, 1974.

Declan, hl., im Martyrologium v. →Tallaght und in →Félire Oengusso (ca. 800) mit Ardmore (damals noch eine Insel vor der Südküste Irlands) in Verbindung gebracht, soll nach der traditionsreichen, ca. 1200 geschriebenen, zuerst in zwei Hss. des 14. Jh. erhaltenen Legende vor →Patrick in Rom gewesen und dort zum Bf. geweiht worden sein. Nach seiner Rückkehr brachte er dem (von Patrick nicht besuchten) Decies genannten Teil Irlands den Glauben. Ardmore galt bis ins 13. Jh. als Bm. Unter den alten Ruinen in Ardmore Stein des hl. D. mit Wasserstelle, bis in die Gegenwart Wallfahrtsort (24. Juli). J. Hennig

Lit.: AASS Jul. V, 1727, 590–608 – C. PLUMMER, Vitae Sanctorum Hiberniae, 1910, I, LX–LXII; II, 32–59 – DHGE XIV, 150–152 – J. F. KENNEY, The Sources for the Early Hist. of Ireland, 1966, 313, 777 – A. GWYNN–R. N. HADCOCK, Mediaeval religious houses Ireland, 1970, 32, 62.

Decorated Style → Baukunst

De creditis, byz. jurist. Traktat kleineren Umfangs, der vermutl. dem 11. Jh. entstammt. Gegenstand der anonym im Anhang (als Paratitlon 24) zum →Procheiron auctum überlieferten Schrift ist eine Abhandlung über Forderungen, insbes. aus Darlehen, und deren hypothekar. Sicherung. Der Jurist benutzte wie der Autor des in seiner Anlage ähnl. Traktats →De peculiis das Corpus iuris Justinians in Gestalt der Antezessorenschriften und die Basiliken. Die Analyse des Werks steht noch aus.

P. E. Pieler

Ed.: Τραχτάτον περὶ ἐνυποθήκων καὶ προσωπικῶν δανείων ἤτοι ἀνυποθήκων, ed. K. E. ZACHARIÄ V. LINGENTHAL, Heidelberger Jbb. der Lit. 334, 1841, 540ff. [mit lat. Übersetzung] – Ius Graecoromanum VII, edd. J. D. ZEPOS–P. J. ZEPOS, 1931 [Neudr. 1962], 348–354 [im Rahmen der Ausg. des Procheiron auctum] – *Lit.*: P. E. PIELER, Byz. Rechtslit. (HUNGER, Profane Lit. II), 468.

Decreta Sabaudiae Ducalia, bedeutende Sammlung von Gesetzestexten, am 17. Juni 1430 von Hzg. →Amadeus VIII. für →Savoyen erlassen (1434 auch in →Piemont eingeführt), die die ma. savoy. Gesetzgebung, die vom Gf.en →Peter II. um 1264 begonnen worden war, fortführte und abschloß. Bereits die älteren Statuten aus dem 13. und 14. Jh. hatten das Ziel, dem savoy. Staatswesen allgemeingültige Rechtsnormen zu verleihen (Prozeßverfahren, Gerichtswesen, Notariat, Organisation der Gerichtshöfe). Wie die älteren Statuten zeigen auch die D. diese Vereinheitlichungstendenzen des Fs.en, der sich durch den Fortbestand von Gewohnheitsrechten (→coutumes) und lokalen oder ständ. Privilegien in der Ausübung seiner landesherrl. Autorität beeinträchtigt sah. Daher finden sich in Buch II ergänzende ausführl. Bestimmungen zur Gerichts- und Verwaltungsorganisation (über Räte, Richter und Prokuratoren, Baillis und Kastellane, den Schatzmeister *[trésorier général]*, Münzer, Kämmereibeamte); Buch IV führt die Tarife der Gerichts- und Verwaltungsgebühren auf. Daneben treten neue Rechtsbestimmungen zum religiösen und sozialen Leben auf, die die religiös-moral. Interessen Hzg. Amadeus' VIII., der ja später Eremit in Ripaille und schließlich Papst (Felix V.) wurde, widerspiegeln: Buch I befaßt sich zur Gänze mit den Sanktionen gegen Ketzer, Zauberer, Gotteslästerer und Personen mit unsittl. Lebenswandel, mit der Rechtsstellung der →Juden (mit für die Zeit maßvollen Bestimmungen) sowie mit Vorschriften für den Gottesdienst; Buch III enthält jeweils einen Abschnitt über die sozialen Stände (von den Baronen bis hinab zu den Dirnen), über Zünfte und Löhne und untersagt Wucher und Glücksspiele; in Buch V findet sich eine ständ. abgestufte →Kleiderordnung, durch die der Gesetzgeber den Luxus bekämpfen will. B. Demotz

Ed.: Decreta seu Statuta vetera Sabaudiae, Torino 1586 – *Lit.:* L. CHEVAILLER, Recherches sur la réception du droit romain en Savoie: des origines à 1789, 1953 – COING, Hdb. I, 630 u. ö.

Decretales Gregorii IX., neben »Liber Extra« die üblich gewordene Bezeichnung für die zweite Sammlung in →Corpus iuris canonici (vgl. dort Abschnitt III). Dieses 1234 von Gregor IX. durch Übersendung an die Universitäten (z. B. →Bologna, →Paris) promulgierte Rechtsbuch ist eine Neukompilation des seit der Mitte des 12. Jh. verstärkt entstandenen Dekretalenrechts. Ein knappes Jahrhundert nach dem Erscheinen des →Decretum Gratiani waren die Massen der das »neue Recht« begründenden →Dekretalen und Konstitutionen in zahlreichen, verschiedenartigsten Sammlungen verstreut. Unter diesen →Dekretalensammlungen erlangten (neben den Collectiones etwa des →Alanus Anglicus und →Gilbertus) v. a. die fünf sog. »Compilationes antiquae« bes. Bedeutung. Sie wurden – unter Übernahme ihrer Systematik – Hauptquelle für die von →Raymund v. Peñafort im Auftrag Gregors IX. vorgenommene Neuredaktion, die ihr Quellenmaterial teilweise stark veränderte. Als authent. und ausschließl. Rechtssammlung (mit dem Verbot künftiger privater Sammlungen) stellt dieses Werk einen entscheidenden Fortschritt in der Geschichte der kirchl. Gesetzgebung dar, auch wenn es noch nicht als Gesetzbuch im modernen Sinn verstanden werden kann. H. Zapp

Q. und Lit.: →Corpus iuris canonici.

Decretio Childeberti. Das Dekret →Childeberts II. (575–596) ist ein Reichsgesetz für →Austrien, kein Ergänzungskapitular zur Lex Salica, obwohl es fast ausschließlich in Salica-Hss. überliefert wird. Das Dekret ist hervorgegangen aus Beratungen des Kg.s mit den Großen seines Reiches auf den Märzfeldern zu Andernach 594 (c. 1), Maastricht 595 (c. 2–6) und Köln 596 (c. 7–14) und wurde am 1. März 596 in Köln verkündet. Es zeigt deutlich Einfluß burg. Rechts (c. 1,3–5 und 7), der auf den Rekognoszenten der D. Ch. Asclipiodotus zurückgehen dürfte, 584 Referendar Kg. →Guntrams v. Burgund († 593), nach dem Anfall →Burgunds an seinen Neffen Childebert offenbar Leiter von dessen Kanzlei. W. A. Eckhardt

Lit.: W. A. ECKHARDT, Die D. Ch. und ihre Überlieferung, ZRGGermAbt 84, 1967, 1–71.

Decretum, im allgemeinen Sinn Beschluß, Urteil, Entscheidung, als jurist. Terminus Entscheidung eines einzelnen im Rahmen eines Gerichtsverfahrens oder Beschluß einer Mehrheit von Personen.

Zu den Einzelentscheidungen gehören die d.a der Gerichtsmagistrate, des Prätors und des kurul. Ädils sowie von Provinzmagistraten, z. B. RICCOBONO, Fontes iuris Romani anteiustiniani 51 und 59.

Seit der Prinzipatszeit sind d.a die durch ein umfassendes →imperium begründeten Rechtsverfügungen der Ks., wobei zu unterscheiden ist zw. einer weiteren Bedeutung von d.a, die alle ksl. Willenskundgebungen umfassen, z. B. Dig. 1,1,7 (d. identisch mit →constitutiones principum), also auch →Reskripte (Bescheide auf Anfrage), →Mandate (Dienstanweisungen) und Edikte (Verordnungen), und einer engeren Bedeutung, worunter man eine im Einzelfall ergangene ksl. Entscheidung in einem Rechtsstreit nach vorangehender sachl. Prüfung versteht, z. B. RICCOBONO, loc. cit. D.a wurden über den Einzelfall hinaus bindendes Recht, das gesammelt und aufgezeichnet wurde (vgl. Dig. 4,2,13 und 48,7,7).

Zu den Mehrheitsentscheidungen sind zu rechnen die d.a des röm. Senats (wohl identisch mit dem senatus consulta), des Dekurionenrats in den Munizipien, der Provinziallandtage, der Pontifices usw. Die Beschlüsse dieser Kollegien bilden keinen einheitl. Gegenstand, Zustandekommen und Wirkung solcher Beschlüsse sind von der Art und Zuständigkeit der verschiedenen Gremien abhängig. Seit sich die Bischofssynoden der christl. Kirche nach dem Vorbild röm. Verwaltungsformen, insbes. nach der Geschäftsordnung der röm. Senats richteten (Mitte des 3. Jh.), werden die bfl. Synodalbeschlüsse ebenfalls als d.a bezeichnet, die, auf Mehrheitsentscheidungen gestützt, zu rechtl. bindenden Satzungen werden, vergleichbar Entscheidungen des röm. Senats. R. Klein

Lit.: KL. PAULY I, 1413–1415 – E. HERRMANN, Ecclesia in Republica, 1980, 69ff. – G. DULCKHEIT, F. SCHWARZ, W. WALDSTEIN, Röm. Rechtsgesch., 1981, 217, 272.

Decretum Gelasianum, pseudogelasian. Schrift aus dem 4.–6. Jh. in 5 Kap.: 1. De explanatione fidei (knappe theol. Erörterungen über Christus und den Hl. Geist), 2. Verzeichnis der kanon. Schriften der Bibel, 3. kurze Ausführungen über den Primat der röm. Kirche, 4. und 5. Kataloge der von der röm. Kirche angenommenen (60–65) bzw. abgelehnten (62) Schriften (kirchenrechtl., patrist., hagiograph., bibl. und lit. Texte). Über die zahlreichen Quellen (→Bibel, →Augustinus, →Hieronymus u. a. m.) und ihre Schichten (auch Interpolationen) besteht keine volle Klarheit. Problematischer noch sind Herkunft und Verfasserschaft. →Gelasius I., den die beliebte, nur Kap. III–V bietende frk. Handschriftenversion als Autor nennt, scheidet ebenso aus wie der von der span. Version favorisierte →Hormisdas (damit wird nur hohe päpstl. Autorität vorgetäuscht). E. v. DOBSCHÜTZ plädierte für einheitl. Abfassung in der 1. Hälfte des 6. Jh., doch hat sich die Annahme einer sukzessiven Entstehung des Werkes durchgesetzt: Kap. I–III könnten aus der Zeit →Damasus' I. stammen (nach 381; zumindest Kap. III im Kern ein Synodaldekret des Damasus, d. h. also ein offizielles päpstl. Dokument; erste sichere Rezeption nach 419 in der längeren Vorrede des Nicaenum [→Nikaia]), Kap. IV-V gelten als eine vermutl. in Südgallien verfertigte »Privatarbeit von minderer Qualität« (E. CASPAR) aus dem 6. Jh. Bald schon lief die kombinierte und redigierte Vollform um. Zum verbindenden Element der Teile gerieten die Führungsrolle der röm. Kirche und ihre Entscheidungskompetenz in Fragen des geltenden Schrifttums. Die erstaunl. Verbreitung des D. G. in Hunderten von Hss. v. a. kanon., patrist., literarhist. und liturg. Inhalts, seine Aufnahme u. a. in das →Decretum Gratiani und seine damit quasi amtl. Geltung als kirchl. Index librorum bewirkten freilich keine Eliminierung der im MA weithin beliebten →Apokryphen. H. Mordek

Ed.: Das D. G. De libris recipiendis et non recipiendis in krit. Text, hg. und unters. E. v. DOBSCHÜTZ (TU 38, 4, 1912) [gültige krit. Ausg.] – *Lit.*: DACL VI, 722–747 [H. LECLERCQ] – Dict. de la Bible, Suppl. III, 579–590 [G. BARDY] – E. v. DOBSCHÜTZ, a.a.O. [grundlegend; mit Verarbeitung der älteren Lit.] – J. CHAPMAN, On the D. G. de libris recipiendis et non recipiendis, RevBén 30, 1913, 187–207, 315–333 – R. MASSIGLI, Le Décret pseudo-gélasien, Revue d'hist. et de litt. religieuses NS 4, 1913, 155–170 – P. BATIFFOL, Le Siège Apostolique (359–451) (Le Catholicisme des origines à Saint Léon 4, 1924), 146–150 – E. CASPAR, Gesch. des Papsttums I, 1930, 598f.; II, 1933, 773f. – E. SCHWARTZ, Zum D. G., Zs. für die ntl. Wiss. und die Kunde der älteren Kirche 29, 1930, 161–168 – P. LEHMANN, Das Verhältnis der abendländ. Kirche (bis 800) zu Lit. und Gelehrsamkeit (Le Chiese nei Regni dell'Europa occidentale e i loro rapporti con Roma sino all' 800 [Sett. cent. it. VII, 2], 1960), 623 – B. DE GAIFFIER, Un prologue hagiographique hostile au Décret de Gélase, AnalBoll 82, 1964, 341–353 – DERS., Un nouveau manuscrit du D. G., ebd., 354 – F. ARNALDI, A proposito del D. G., Rivista di cultura classica e medioevale 7, 1965 [= Studi i. o. di A. SCHIAFFINI I, 26–28] – H. MORDEK, Kirchenrecht und Reform im Frankenreich (Beitr. zur Gesch. und Quellenkunde des MA 1, 1975), 124f. – CH. PIETRI, Roma Christiana I (Bibl. des Ecoles Françaises d'Athènes et de Rome, Fasc. 224, 1976), 868, 881–884 – W. ULLMANN, Gelasius I. (492–496) (Päpste und Papsttum 18, 1981), 256–259 – P. G. SCHMIDT, Krit. Philologie und pseudoantike Lit. (Die Antike-Rezeption in den Wiss. während der Renaissance. Mitt. X der Kommission für Humanismusforsch. 1983), 120f.

Decretum Gratiani, erster Teil des →Corpus iuris canonici (vgl. dort Abschnitt II); von →Gratian um 1140 aus zahlreichen älteren Collectiones zusammengestellt, enthält diese umfangreiche private Sammlung eine beeindruckende Auswahl kirchl. Rechtsstoffes. Das ein rundes Jahrtausend repräsentierende, aus höchst unterschiedl. Quellen stammende Material ist unter Anwendung scholast.-didaktischer Methodik geordnet und bearbeitet. Dabei wird versucht, die ihrer heterogenen Herkunft entsprechend oft gegensätzl. Texte zu einer Synthese zu führen, sich widersprechende Normen zu harmonisieren, wie schon der von Gratian gewählte Titel seines Werkes anzeigt: »Concordia discordantium canonum«. In seiner Auswirkung auf die Kanonistik oft mit der Bedeutung der wiederentdeckten Digesten für die Legistik verglichen, wurde das Dekret zum Ausgangspunkt der Entwicklung der Kanonistik von einer »theol. Unterdisziplin« zur selbständigen, von der Theologie getrennten Wissenschaft.

Q. und Lit.: →Corpus iuris canonici. H. Zapp

Decumanus (lat., später auch decimanus), wörtl. abgeleitet von decimus, im röm. Vermessungswesen (→Vermessung) Hauptlinie der Landvermessung bei der Vergabe des Staatslandes. Decumani und cardines (→Cardo) bildeten gemeinsam ein System rechtwinklig kreuzender Wegelinien (limites). Die Hauptarme des Meßkreuzes heißen D. maximus und Cardo (maximus). Ausgehend vom zentralen Meßpunkt (groma) wurde der D. zum Sonnenaufgang im O orientiert. Von der Landvermessung fand der D. Eingang in die Aussteckung von Militärlager- und Stadtfluren. D. und Cardo wurden die bestimmenden Siedlungsachsen neu angelegter urbaner Zentren mit symmetr. geführten Wegefluchten. Dieses Planungsmuster blieb bei Neugründungen bis in frühbyz. Zeit bestimmend. H. Hellenkemper

Lit.: RE IV, 2314–2316; weitere Lit. →Cardo.

Decumates agri. Belegt ist der Begriff d. a. nur einmal bei →Tacitus, Germania 29: »non numeraverim inter Germaniae populos, quamquam trans Rhenum Danuviumque consederint, eos qui decumates agros exercent«. Die Versuche, Bedeutung und Herleitung des Wortes d. zu klären, gehen von sprachl. und sachl. Erwägungen aus und sind seit langem umstritten; decumates ist wohl kaum als Nom. 'als zinspflichtige Bauern', sondern als Adjektiv im Akk. Pl. und somit als Attribut zu 'agros' aufzufassen. Mehr als eine Beziehung zu dem Begriff »zehnter« läßt sich nicht ausmachen.

Im speziellen Teil der Germania (c. 28ff.) spricht Tacitus zu Beginn von den Grenzstämmen auf beiden Seiten des Rheins und ihrer ethn. Zugehörigkeit. Er bestreitet denen, welche die d. a. bewirtschaften, die Zugehörigkeit zum Germanentum, weil sie gall. Herkunft seien. Heute benutzt man d. a. überwiegend als feststehenden Begriff für ein Territorium und seine dort lebende Bevölkerung. Tacitus vollzog keine unmittelbare geograph. Bestimmung des fraglichen Gebietes, das zw. Rhein und Donau liegen soll. Im N und O bildete der Limes, wie er unter Domitian (81–96) errichtet worden war, die Begrenzung; es spricht einiges dafür, daß die Wetterau dazugehört hat.

Die entscheidenden Voraussetzungen für die röm. Besiedlung des Raumes schuf die militär. Besetzung unter Vespasian (69–79); es erfolgte ein Ausbau wichtiger Straßenzüge, die sich bald wie ein Netz über das besetzte Territorium spannten und ein Überwachungs- und Kontrollsystem bildeten. Die wichtigsten Orte des Gebietes waren Sumelocenna (Rottenburg a. N.), Civitas Aurelia Aquensis (Baden-Baden), Lopodunum (Ladenburg) und Arae Flaviae (Rottweil). Um 185/186 kam es zu einem Aufstand der ländl. Bevölkerung gegen die röm. Autorität, d. h. gegen die Legion in Argentorate (→Straßburg). Ein erster Einfall der →Alamannen erfolgte 233, seit 259 besetzten sie das Gebiet endgültig. Die röm. Siedlungen wurden aber nicht sofort beim Fall des Limes geräumt; provinzialröm. Lebensweise und Siedlungskontinuität lassen sich noch bis in den Anfang des 5. Jh. aufzeigen. →Germanen, Germanien. M. Clauss

Lit.: HOOPS² V, 271–286 – KL. PAULY I, 1416 – RE I, 893f.; IV, 2316; Suppl. VII, 3–15 – R. MUCH, Die Germania des Tacitus, 1967³, 370ff. – H. CASTRITIUS, Das Ende der Antike in den Grenzgebieten am Oberrhein und an der oberen Donau, Arch. für hess. Gesch. und Altertumskunde, NF 37, 1979, 9–32.

Decuria. In der Antike waren Genossenschaften (corpora), insbes. von Verwaltungsbeamten in Rom (apparitores, scribae), unabhängig von der wirklichen Anzahl in decuriae eingeteilt bzw. hießen so. Das ist bis ins 6. Jh. nachweisbar. W. Schuller

Lit.: TH. MOMMSEN, Röm. Staatsrecht I, 341–343, 369 – A. H. M. JONES, Stud. in Roman Government and Law, 1960, 154–158.

Decuriales, Angehörige von decuriae (→decuria), insbes. von Genossenschaften berufsmäßiger Verwaltungsbeamter (scribae). Als solche konnten sie in der Spätantike ritterl. Status erlangen und genossen zahlreiche Privilegien (CTh 14,1), während sich ihre tatsächl. Aufgaben bis hin zu Sinekuren verflüchtigt hatten. W. Schuller

Lit.: KL. PAULY I, 1417 – A. H. M. JONES, Stud. in Roman Government and Law, 1960, 158, 205f. – RE IV, 2318f.

Decurio. Die Decurionen (auch curiales genannt) waren in der Spätantike im Stand des ordo decurionum zusammengefaßt, der sowohl polit. den Stadtrat (curia, βουλή) bildete, mit ihm also identisch war, als auch die soziale Oberschicht darstellte. Er bestand im W aus regelmäßig 100 Mitgliedern, im O aus bis zu 600; Unter- und Überschreitungen gab es je nach Bevölkerungsgröße. In seiner polit. Funktion hatte der ordo die regulären Magistrate (duoviri, aediles, quaestores; später →curatores und →defensores; im O zahlreiche Varianten) zu bestellen sowie Sonderaufgaben wie Steuereintreibung und die verschiedenen munera (Lasten: Spiele, Bauten, Lebensmittel- und Wasserversorgung u. a. m.) unter sich zu verteilen. Es bestand ein Vermögenszensus; die Aufnahme in den ordo erfolgte durch Kooptation (nominatio).

Schon seit dem 1. Jh. n. Chr. gibt es Zeugnisse dafür, daß entsprechend qualifizierte Bürger der Stadt gegen ihren Willen zur Mitgliedschaft gezwungen werden konnten; seit Mark Aurel und den Severern ist das durchgängig anzutreffen; Konstantin d. Gr. hat diese Bestimmungen dann zusammengefaßt. Entsprechendes gilt von der Verpflichtung zu den munera, die schon früh keineswegs immer freiwillig und aus Bürgersinn erfüllt wurden. Schließlich ergibt sich auch die Erblichkeit der Zugehörigkeit zum ordo aus der – in der Regel ja auch ererbten – Vermögensstellung und tritt auch schon in der hohen Kaiserzeit auf.

Über die soziale Stellung des Decurionenstandes, die lange Zeit unter dem Einfluß seiner Selbstaussagen, etwa durch →Libanios, in den düstersten Farben gesehen wurde, zeichnet sich in der Forschung zunehmend ein relativierendes Bild ab. Demgemäß muß auch die in der Spätantike häufig auftretende und von den Kaisern heftig bekämpfte sog. Decurionenflucht differenziert betrachtet werden. Zwar trifft es zu, daß, wie oben dargelegt, auf den D.nen als Folge der inneren und äußeren Entwicklung des Gesamtreiches immer zahlreichere Verpflichtungen lasteten und daß auch sie unter den häufigen Amtsmißbräuchen der Beamtenschaft stark zu leiden hatten. Trotzdem unterschätzt man – vor allem wohl für den O – die Zahl der wohlhabenden und sogar reichen Gemeinden mit ihren D.nen, und die zahlreichen Privilegien, die diese hatten (etwa Befreiungen von Todesstrafe und Folter, später aufgehoben). Was das Drängen aus dem Decurionenstand selbst betrifft, so muß beachtet werden, daß es sich in den durch die Gesetze bekannten häufigsten Fällen um ein Ausweichen nach oben handelt, in den Senatorenstand oder in die ksl. Beamtenschaft, so daß dieser Vorgang nicht ohne weiteres als Flucht aus unerträgl. Zuständen gewertet werden darf. Auch der Übertritt in den Klerus darf nicht nur als Entweichen vor staatl. Druck angesehen werden, sondern kann selbstverständl. auch religiöse Gründe gehabt haben. Trotzdem ging der Decurionenstand, wie aber so vieles andere auch, in der Spätantike zurück, und die ksl. Gesetzgebung, die aus Interesse an seiner Erhaltung die »Decurionenflucht« eindämmen wollte, sah das Problem genau. – Eine gewichtende Gesamtuntersuchung des Sachverhaltes fehlt. W. Schuller

Lit.: Kl. Pauly I, 1417–1419 – RE IV, 2319–2352 – A. H. M. Jones, LRE, 737–757 – W. Schubert, Die Sonderstellung der Dekurionen (Kurialen) in der Kaisergesetzgebung des 4.–6. Jh., ZRGRomAbt 86, 1969, 287–333 – W. Langhammer, Die rechtl. und soziale Stellung der Magistratus municipales und der D.nes in der Übergangsphase der Städte von sich selbstverwaltenden Gemeinden zu Vollzugsorganen des spätantiken Zwangsstaates (2.–4. Jh. der röm. Kaiserzeit), 1973 – A. H. M. Jones, The Caste System in the Later Roman Empire (Ders., The Roman Economy, 1974), 396–418 – P. Garnsey, Aspects of the Decline of the Urban Aristocracy in the Empire (Aufstieg und Niedergang der röm. Welt, II 1, 1974), 229–252 – D. Liebs, Privilegien und Ständezwang in den Gesetzen Konstantins, Revue internat. des Droits de l'Antiquité, 3ᵉ sér. 24, 1977, 297–351 – F. Vittinghoff, Zur Entwicklung der städt. Selbstverwaltung – einige krit. Anm. (Stadt und Herrschaft. Röm. Kaiserzeit und hohes MA, hg. Ders., 1982[HZ, Beih. 7]), 107–146 – I. Hahn, Immunität und Korruption der Curialen in der Spätantike (Korruption im Altertum, hg. W. Schuller 1982), 179–195.

Decursio → Heer, -wesen

Dede Qorqut, legendäre Figur der türk. Tradition, mit deren Namen ein Zyklus von zwölf Erzählungen (»Kitāb-i D. Q.«, 'Das Buch des D. Q.') verbunden ist. Das nur in einer vollständigen (Dresden) und in einer die Hälfte enthaltenden (Vatikan) Hs. sowie zu einem kleinen Teil mündlich überlieferte Vortragsmaterial türk. Barden wurde wahrscheinl. erst im 15. Jh. in Anatolien aufgezeichnet, spiegelt aber die Zustände einer älteren Periode wider, die nur oberflächlich mit islam. Elementen verbrämt wird. Die Abenteuer von Stammeshelden der Vorzeit, ihre Kämpfe mit Nachbarstämmen oder den Christen des Kaukasus und Ostanatoliens werden in altertümlich-poetischer gehobener Prosa mit eingelegten Gesängen erzählt. Sie enthalten in der Weltliteratur weit verbreitete Motive wie z. B. Zweikampf des Vaters mit dem nicht erkannten Sohn, die Bitte um die Abgabe von Lebensjahren (Admetos-Sage) oder die Polyphem-Geschichte. D. (= Großvater) Q. greift als eine Art Stammespriester oder Weiser in die Handlung ein. Der Zyklus, ein seltenes Beispiel der älteren türk. Literatur, erfreut sich heute hoher Wertschätzung. A. Tietze

Ed.: Dedem Korkudun kitabı, ed. O. Ş. Gökyay, 1973 – engl. Übers.: F. Sümer, A. E. Uysal, W. S. Walker, The Book of Dede Korkut, 1972 – Lit.: EI² II, 200 [F. Iz; ältere Lit.] – F.-K. Böller, Ethnolog. Unters. zum Kitāb-ı Dede Qorqut [Diss. München 1976] – X. Celnarová, On the Latest Editions of the Book of Dede Korkut, Asian and African Stud. (Bratislava) 12, 1976, 179–184 – J.-P. Roux, Recherche des survivances pré-islamiques dans les textes turcs musulmans, II: Le Kitāb-i Dede Qōrqūt, JA 264, 1–2, 1976, 35–55 – R. P. Finn, Epic Elements in Dedem Korkudun Kitabı, Edebiyât 2, 2, 1977 [1978], 173–189.

Dederoth, Johannes (von Münden), Begründer der →Bursfelder OSB-Reform, †8. Febr. 1439 in Bursfelde an der Pest. Aus Münden, 1413 an der Univ. Erfurt immatrikuliert. Nach der Chronik des H. Bodo war er »ante conversionem (d. h. Klostereintritt) curiae Romanae non incognitus«. Nach Profeß in der Abtei St. Blasius OSB/Northeim und Priesterweihe wurde er dort bald Novizenmeister. Auf einer Reise an die röm. Kurie zur Schlichtung eines Konfliktes zw. Abt und Konvent von Northeim lernte er die it. OSB-Reform kennen (vermutl. neben der Reform von →S. Giustina auch die von →Subiaco). Auf Betreiben Hzg. Ottos v. Braunschweig-Göttingen am 21. Juli 1430 zum Abt v. →Clus gewählt; seit 1433 zusätzl. noch Abt v. Bursfelde. Kontakte mit der →Windesheimer Reform der Augustinerchorherren. 1434 bei Abt Johannes →Rode v. St. Matthias/Trier, der ihm eine Abschrift der Mattheiser Statuten und vier Trierer Mönche überließ. D. starb in der Anfangsphase der Reform, noch vor Entstehung der Bursfelder Kongregation. P. Engelbert

Q.: Anonyme Vita des Abtes Heinrich Peine v. Abdingho, um 1500 (Trier, Dombibl., Cod. 31, ff. 177ʳ–209ᵛ): Auszug, ed. J. Linneborn, WZ 59, 1901, 178–181 – Henricus Bodo, Chronica cenobii Clusini (Wolfenbüttel, Cod. 19.13 Aug 4°), 1523–1540: Auszug, ed. G. W. Leibniz, SS rer.Brunsv. 2, 1710, 345–370 – Henricus Angelonius (= Bodo), De institutione Bursfeldensis reformationis 1537, ed. H. Herbst, Das Benediktinerkloster Klus . . . und die Bursfelder Reform, 1932, 98–113 – Lit.: NDB III, 554 – F. W. Bautz, Biogr.-Bibliogr. Kirchenlex. I, 1975, 1240f. – H. Herbst, Die Anfänge der Bursfelder Reform, Zs. Ges. Nds. Kirchengesch. 36, 1931, 13–30 – H. Goetting, Das Bm. Hildesheim 2 (GS 8, 2), 1974, 270f. u. ö.

Dedikationsbericht → Weihinschrift

Dedikationsbild, Darstellung der Übergabe einer Stiftung (→Stifterbild) an einen Höhergestellten, entwickelt aus antiken Bildern der Tributdarbringung (aureum coronarium u. ä.). V. a. aber findet sich das D. in der Buchmalerei und illustriert hier die Widmung eines Textes bzw. einer Hs. durch den Verfasser (Autorenbild, →Bildnis), Schreiber (Schreiber- bzw. Künstlerbild), Übersetzer oder auch durch den Auftraggeber (Stifterbild) an eine weltl. oder geistl. Persönlichkeit, wobei diese Übergabe zugleich auch den Charakter einer editor. Ausgabe des bestimmten Buches haben kann. J. M. Plotzek

D.er beginnen mit →Mosaiken, in denen ein Bf. ein Kirchenmodell zu Christus oder der Madonna trägt, geleitet von einem Engel oder einem Hl.: S. Vitale, Ravenna (Bf. Agnellus), Basilica Eufrasiana, Poreč (Bf. Eufrasius mit Diakon Claudius mit Buch und dessen Sohn mit Kerzen) und S. Lorenzo fuori le mura, Rom (Papst Pelagius II.). Das Geleit durch einen Ranghöheren und das Gegenüber oder die Zwischenschaltung von Hl. wirkt bis ins späte MA nach, auch in anderen Kunstzweigen, bes. in der Buchmalerei, wo im byz. Bereich seit dem 10. Jh. der kniende Stifter bevorzugt wird (→Devotionsbild). Als Beispiel sei der Cod. Iviron 5 (Mitte 13. Jh.) genannt: Maria führt den Stifter Christus zu, neben dem Johannes Chrysostomos steht. K. Wessel

Im W liegt der Schwerpunkt auf der Buchmalerei. Seit karol. Zeit erhielt der Typus der beiden dem Werk des →Hrabanus Maurus »De laudibus sanctae crucis« und in seinen zahlreichen Abschriften beigefügten D.er vorbildhafte Wirkung. Der Autor widmet darin, per Alkuin vermittelt, sein Werk dem hl. Martin bzw. Gregor IV. Die Dreifigurengruppe, bestehend aus dem Darbringenden, dem vermittelnd geleitenden Intercessor und dem Empfänger, wird in den folgenden Jahrhunderten ledigl. in Haltung und Gestik der Akteure verändert, oder aber die Mittlerfigur wird fortgelassen, wie z. B. der Bildserie von Dedikationsszenen im Hornbacher Sakramentar (Solothurn, St. Ursus, Schatzkammer Ms. U. I. fol. 7v, 8v, 9v, 10v; Ende des 10. Jh.) zu entnehmen ist, innerhalb der Hs. vom Schreiber Eburnant an den Abt Adalbert, von diesem an den hl. Pirmin, von ihm an Petrus und vom Apostelfürsten schließlich Christus überreicht wird (P. BLOCH, Das Hornbacher Sakramentar und seine Stellung innerhalb der frühen Reichenauer Buchmalerei, Basler Studien zur Kunstgesch. 15, 1956). Davon abweichende Typen des D.s entstanden in Verbindung mit →Devotionsbildern oder in Form einer Niederlegung der Hs. auf dem Altar, z. B. Hildesheim, Dombibl., Hs. 18, Bernward-Evangeliar, fol. 16v, um 1015, dann auch in der abweichenden Überreichung des Werkes durch den Intercessor. Im SpätMA entwickelt sich das D. zur Darstellung einer vielfigurigen Szenerie, in deren Mitte der Autor oder Übersetzer kniend oder seltener in gebeugter Haltung das Werk seinem Gönner mit der Übergabe widmet. Die Anwesenheit zahlreicher zum Teil identifizierbarer Hofbeamter sowie die nur in Details abweichenden Kompositionsunterschiede etwa innerhalb der Fülle der für den burg. Hof im 15. Jh. geschaffenen Hss. mit D. dokumentieren den zeremoniellen Charakter des realist. Vorgangs. Andererseits entspricht es der Gewohnheit bes. in humanist. Kreisen des 15. und 16. Jh., den in Hss. wie in frühen Drucken neu edierten Texten antiker oder frühma. Autoren neben dem eigenen Dedikationsanspruch ein zweites D. einzufügen, welches die hist. Widmung illustriert.
J. M. Plotzek

Lit.: RDK III, 1189–1197 – LCI I, 491–494 – K. SCHOTTENLOHER, Buchwidmungsbilder in Hss. und Frühdrucken, Zs. für Bücherfreunde NF 12, 1920, 149–183 – E. STOLLREITHER, Bildnisse des IX.–XVIII. Jh. aus Hss. der Bayer. Staatsbibl., 1928 – J. PROCHNO, Das Schreiber- und D. in der dt. Buchmalerei bis zum Ende des 11. Jh., 1929 – P. BLOCH, Zum D. im Lob des Kreuzes des Hrabanus (Das Erste Jahrtausend, hg. V. ELBERN, I, 1962), 471–494 – A. REINLE, Das stellvertretende Bildnis, 1984, 42ff.

Dediticii (lat. 'Personen, die sich ergeben bzw. unterworfen haben'), Begriff des röm. Rechts, insbes. des röm. →Völkerrechts, steht mit dem völkerrechtl. Institut der deditio (Dedition) in Verbindung. Zu unterscheiden sind:

[1] *D. peregrini*, Kriegsfeinde, die sich Rom auf Gnade und Ungnade ergeben hatten und noch keiner Provinzordnung unterstellt waren (Gai inst. I 14). Sie hatten ihre staatl. Souveränität verloren, waren jedoch persönl. frei, gehörten weiterhin ihrer civitas (→Civitas I) an, wurden von Rom nach den Normen des ius gentium behandelt und im Verlauf der Zeit in eine feste Rechtsform übergeführt (Bürgerrechtsverleihung, Wiederherstellung des früheren Staatswesens u. a.). – [2] *D. libertini* nach der Lex Aelia Sentia (4 v. Chr.), ehem. →Sklaven, die aufgrund von Strafen oder Verbrechen nach der Freilassung das Bürgerrecht (→Civis) nicht erlangen konnten, sondern peregrini (→Fremde) wurden. Sie blieben außerhalb der Gemeinde- und Rechtsordnung und mußten sich mehr als 100 Meilen von Rom entfernt aufhalten, Behandlung nach dem ius gentium. – [3] In der späteren Kaiserzeit wurden auch unterworfene Barbaren, welche auf röm. Reichsboden siedelten oder als Hilfstruppen dienten, als d. bezeichnet (z. B. CTh 7, 13, 16). – [4] Ob im Reichsgesetz der Constitutio Antoniniana von 212, durch das Caracalla allen freien Reichsangehörigen das röm. Bürgerrecht gewährte, die Gruppe der d. ausgeschlossen war, bleibt umstritten (Pap. Giss. 40, I 9 χωρ[ὶς] τῶν [δεδ]ειδικίων).
R. Klein

Lit.: HOOPS² V, 286–307 – KL. PAULY I, 1421f. – RE IV, 2359–2363 – W. DAHLHEIM, Struktur und Entwicklung des röm. Völkerrechts, 1968 – H. WOLFF, Die Constitutio Antoniniana und Papyrus Gissensis 40 I [Diss. Köln 1976], 210ff. – P. A. BARCELÒ, Roms auswärtige Beziehungen unter der Constantin. Dynastie (306–363), 1981, 146ff.

De donis conditionalibus, erstes Kapitel des 2. Statuts v. →Westminster (1285) »über bedingte Zuwendungen«, das einen Wendepunkt in der Entwicklung sowohl des Grundeigentums als auch der Gesetzgebung in England darstellte. Das Statut sollte Anordnungen der Familien, die die Ausstattung jüngerer, nicht erbberechtigter Kinder und ihrer Nachkommen betrafen, sichern. Der Zweck von Heiratsausstattungen an jüngere Söhne und ihre Leibeserben wurde oft von den Ausgestatteten *(donees)* dadurch vereitelt, daß sie das Land zu ihrem eigenen unmittelbaren Vorteil verkauften. Schon früher hatte es ein Klageformular gegeben, das *writ of formedon* (von lat. forma doni) *in the reverter,* mit dem der Ausstatter *(donor)* oder sein Erbe die Rückgabe solchen Landes verlangen konnte. Das Statut bestimmte, daß alle Anordnungen, die die Ausstattung regelten, verbindlich sein sollten, und führte ein neues Klageformular ein, das *writ of formedon in the descender.* Mit dessen Hilfe konnte das Land auf den Erben des Ausgestatteten übertragen werden, wenn der Ausgestattete es veräußerte. Der Oberjustitiar William Bereford verkündete im Jahre 1312, daß Erben bis ins vierte Glied diese Klage ausüben könnten, und es scheint in der Praxis keine Generationenbeschränkung gegeben zu haben. Damit war eine neue Form von Grundeigentum geschaffen: ein voll im Eigentum stehendes Lehen, nur insofern beschränkt *(fee-tail),* als die Seitenverwandten des Eigentümers von der Erbfolge ausgeschlossen waren *(taillée).*

Obwohl Bereford behauptete, als Richter wisse er, was das Statut besage, weil es von Richtern gemacht worden sei, wurde es doch vom Kg. im *Parliament* erlassen. Mit dem Statut beginnt die Einführung techn. hochentwickelter Rechtsnormen auf dem Wege der Gesetzgebung. Vorlesungen über die beiden 1275 und 1285 in Westminster erlassenen Statuten wurden später zur Grundlage der Juristenausbildung in den →Inns of Court. A. Harding

Lit.: T. F. T. PLUCKNETT, Legislation of Edward I, 1949 – S. F. C. MILSOM, Historical Foundations of the Common Law, 1981², 172–177.

Deduktion (ἀπαγωγή, deductio, 'Herabführung'), Herleitung eines Besonderen aus einem Allgemeinen, Erkennbarmachen des Einzelnen durch den Nachweis seines Zusammenhanges mit einer allgemeinen Gesetzmäßigkeit (im Gegensatz zur →Induktion, den Weg vom Besonderen zum Allgemeinen). Die Form des deduktiven Schließens entwickelte Aristoteles als eine Methode der Logik in seiner Ersten Analytik. Durch die Aristotelesrezeption im MA findet diese Schrift des Organon Eingang in den Lehrbetrieb der ma. Scholastik. →Syllogismus, →Logik. U. Mörschel

Lit.: GRABMANN, Scholast. Methode – weitere Lit. →Logik.

De duodecim abusivis saeculi, in der Collectio canonum →Hibernensis unter dem Namen des Patrick zitierter anonymer Traktat »Über die zwölf Mißstände in der Welt«, der auch Isidor, Augustin und vielfach Cyprian zugeschrieben wurde. Abgefaßt wurde diese Morallehre eigener Prägung wohl im südl. Irland in der Zeit zw. Isidor (dessen »Etymologiae« benützt sind) und etwa 700. Ohne eigtl. Vorrede beginnend, werden menschl. Verkehrtheiten in einzelnen Abschnitten geradezu katalogartig abgehandelt, wobei jeder derselben mit einer Definition in Form einer contradictio in adiecto beginnt, wie z. B. dem Weisen ohne gute Werke, dem alten Manne ohne Frömmigkeit, dem ungerechten König, dem gesetzlosen Volke u. a. Diese Darstellung einer Gesellschaftsmoral, die mit bibl. (dem Text der Vulgata folgenden) Lehren verknüpft ist, setzt neben ir. Rechtsvorstellungen die Kenntnis der Regula Benedicti voraus, deren siebentes Kapitel (De duodecim gradibus humilitatis) die Anregung für den Aufbau der Schrift gegeben hat. Zunächst durch Angelsachsen (Ps. Beda, Bonifatius, Cathvulf, Alkuin) verbreitet, hat die Schrift einen bedeutenden Einfluß auf karol. Fürstenspiegel ausgeübt, blieb aber auch weiterhin wohlbekannt und wirkte lit. anregend z. B. bei →Hugo de Folieto bis hin zu Sinnsprüchen und Priameln in den Volkssprachen. E. Heyse

Ed.: S. HELLMANN, Pseudo-Cyprianus de XII abusivis saeculi, TU 34, H. 1, 1909 – *Lit.*: MANITIUS I, 107f. – BRUNHÖLZL I, 191f. – J. F. KENNEY, The sources for the early hist. of Ireland, I, 1929, 281f. – H. H. ANTON, Pseudo-Cyprian De duodecim abusivis saeculi und sein Einfluß auf den Kontinent, insbes. auf die karol. Fürstenspiegel (Die Iren und Europa im früheren MA, hg. H. LÖWE, Teilbd. 2, 1982), 568–617.

Deer, Book of → Book of Deer

Deesis (gr., 'Gebet, Bitte, Fürbitte'; russ. Deisus), nachikonoklast. Darstellung des frontal stehenden oder thronenden Christus zw. den stehend ihm zugewandten, bittend die Hände zu ihm ausstreckenden Figuren der Gottesmutter und Johannes d. Täufers. Zur mögl. Vorgeschichte und weiteren gr. Benennungen vgl. die Lit. Die angeblich älteste erhaltene D. (Rom, S. Maria Antiqua, 7. Jh.) ist als Vorstufe fragl., da Johannes auf Christus zeigt. Im 10. Jh. steht Maria zunächst zur Linken Christi (vgl. z. B. das Triptychon im Pal. Venezia, Rom, und das Triptychon Harbaville im Louvre), seit dem Ende des 10. Jh. wechseln sie die Plätze (vgl. z. B. die Apsis der Direkli Kilise in Belisirama, Kappadokien, um 1020/25). Schon im 11. Jh. tritt die Darstellung der D. durch Halbfiguren auf (z. B. Apsisschildbogen der Sv. Sofija, Ohrid, um 1050; Ikonenrahmen in Washington, Dumbarton Oaks Coll., spätes 11. Jh. u. ö.). Daß nur Christus als Büste in einem großen Medaillon, Maria und Johannes aber als Ganzfiguren erscheinen, ist äußerst selten (z. B. im Trikonchos von Tagar, Kappadokien, um 1080; dort aber auch eine ganzfigurige D. mit Michael und Gabriel zusätzlich).

Im Bildprogramm byz. Kirchen hat die D. keinen festen Platz; nur in Provinzen wie Kappadokien und Apulien (vgl. RbyzK I, 291) kommt sie als Apsisbild vor, um 1250 dann auch ausnahmsweise in Sv. Apostoli in Peć. Bald nach 1261 begegnet sie dann als Votivmosaik in der H. Sophia in Konstantinopel. Manchmal kann sie das Epistylion eines Templons schmücken (z. B. aus Sebaste im Arch. Mus. Istanbul). Hingegen ist sie in der Buchmalerei bereits im 10. Jh. nachweisbar (Lavra Cod. 92, 2. Hälfte 10. Jh.); zu weiteren Beispielen vgl. Lit.

Eine Sonderform ist die Engel-D., wo an die Stelle Mariae und Johannis die Erzengel Michael und Gabriel treten (vgl. z. B. die Staurothek von Cortona, 10. Jh.; Relief im Arch. Mus. Istanbul, undatiert).

Seit den frühesten Beispielen tritt neben die D. die »Große D.«, die Erweiterung der Dreiergruppe durch Gabriel und Michael sowie die Apostel (Staurothek von Limburg, 964/965). Sie wird zum Schmuck des Templon-Balkens (wahrscheinl. zunächst in Form von Elfenbeintafeln; gemalte Stücke im Sinai-Kl., bekanntestes Beispiel der →Čin v. Hilandar).

Im Gegensatz zur Lit. bestehen keine Zusammenhänge von D. und Weltgericht; die unterschiedl. Handhaltung Christi schließt das aus. Die Apostel sind nicht Fürbitter, sondern Mitrichter nach Mt 19,28. Die sog. D. in der →Chora-Kirche in Konstantinopel ist keine D., sondern eine Interzession Mariae bei ihrem Sohn (→Devotionsbild).

Im W sind D.-Darstellungen sehr selten (vgl. LCI I, 497f. C. 1 und 2). – Zum theol. Aspekt der D. →Ikone.

Lit.: LCI I, 494–499 – RbyzK I, 1178–1180. K. Wessel

Défaute de droit → Appellation (Abschnitt II)

Defectus → Weihehindernis

Defensio ecclesiae meint die Schutzpflicht weltlicher Potentaten für die Kirche und insbes. des röm. Ks.s für den Papst. Vorgebildet im →Cäsaropapismus des spätröm. Reiches mit der Anerkennung des Ks.s als custos fidei und mit seit 407 durch Kaisergesetze der Kirche konzedierten advocati und defensores (→defensor), vorgebildet auch im frk. Landeskirchentum seit den Zeiten des als defensor ecclesiae gefeierten Kg.s →Chlodwig I., erlangte der Begriff im 8. Jh. seine eigtl. und höchste polit. Bedeutung im Bündnis zw. Rom und den →Karolingern. Jedenfalls sprechen Papstbriefe seit 755 von der 754 durch Kg. →Pippin in seinen promissiones von →Ponthion und →Quierzy dem Papst →Stephan II. zugesagten D. e. und lassen später die Metzer Annalen schon 741 Papst →Gregor III. beim frk. Hausmeier →Karl Martell vergeblich die D. e. gegen langob. Bedrohung erbitten. Die von Papst Stephan II. Kg. Pippin 754 verliehene Würde eines →Patricius Romanorum beinhaltet laut dem Annalisten die D. e., wobei das Versagen des byz. Kaisers und seiner in Italien wirkenden Beamten, insbes. des Exarchen v. Ravenna, vorausgesetzt wird. So erklärt sich einerseits, daß →Karl d. Gr. nach seiner röm. Kaiserkrönung zu Weihnachten 800, die laut dem Liber pontificalis durch erwiesene »defensio erga sanctam Romanam ecclesiam« veranlaßt worden war, gemäß einer berühmten Formulierung der frk. Reichsannalen den Patriciustitel zugunsten des die D. e. ohnehin umfassenden Kaisertitels ablegte («ablato patricii nomine imperator et augustus est appellatus»), andererseits wird verständlich, daß in einigen Briefen vor 800 der Titel defensor ecclesiae für Karl d. Gr. begegnet.

Fränkischerseits hat man die D. e mit Muntherrschaft (→mundiburdium) identifiziert. In Rom kannte man die Institution der zumindest seit Papst →Gregor d. Gr. unter Aufsicht eines primus (oder primicerius) defensorum organisierten und v. a. in der Patrimonienverwaltung der röm. Kirche als päpstl. Beamte eingesetzten defensores ecclesiae (→Kirchenstaat). Erstmals 823 wurde der ksl.

defensor als advocatus ecclesiae angerufen und damit an die in den kirchl. Immunitätsgebieten (→Immunität) des Frankenreiches kraft kgl. Auftrages wirkenden →Vögte erinnert. Folgenschwere Meinungsverschiedenheiten über die Bedeutung der D. e. zw. Papsttum und Kirche einerseits und ihren kgl. und ksl. Schutzherren andererseits sind nicht auszuschließen. Seit der frk. Reichsteilung von 806 (→Divisio regni) wird die D. e. in mehreren Teilungsverträgen als gemeinsame Herrscheraufgabe angesprochen. Nächst dem Schutz Roms und des Papsttums zählte dazu der durch →Kapitularien neu eingeschärfte bes. →Königsschutz für Klerus und Kirchen und insbes. für kirchl. Institutionen, die ihm kommendiert und tradiert worden waren, v. a. Kl. und Stifte. In Vertretung des Kg.s wirkten die Gf.en (→Graf) und die seit 802 der Kirche zur Pflicht gemachten Vögte als defensores ecclesiae.

Zum Zeremoniell der röm. Kaiserkrönung gehörte sodann während des ganzen MA, daß dem Papst ein Sicherheitseid geleistet und der Kirchenstaat bestätigt wurde, beides unter Verwendung einer die D. e. ausdrükkenden Formel. Sowohl das älteste im Wortlaut erhaltene Kaiserprivileg für die röm. Kirche, das →Pactum Hludovicianum von 817, als auch das Juramentum →Ottos d. Gr. von 961 sind ins →Decretum Gratiani (D. 63 c. 30 und c. 33) aufgenommen worden. Weiters finden sich in den Krönungsordines seit der Ottonenzeit Formeln, die den Herrscher als defensor ecclesiae bezeichnen oder bei der Insignienübergabe zur D. e. mahnen. Die höhere Würde des Ks.s als Schutzvogt des Papsttums, als »sancta sedis apostolicae dignissimus advocatus« (so zuerst in einer Papsturkunde von 983), im Vergleich zu den die D. e. nur in ihren Landen wahrnehmenden übrigen Herrschern des christl. Abendlandes, wurde von diesen zunächst auch anerkannt.

Freilich hat sich das Reformpapsttum 1059 den Normannenherrscher →Robert Guiscard durch vasallit. Eid als defensor verpflichtet und fanden spätere Päpste in Frankreich Schutz auch vor dem Kaiser. Unter dem Eindruck der Libertasidee (→libertas) der cluniazens. Reformbewegung (→Cluny) milderte sich die laikale Kirchenherrschaft zum →Patronat, begegnete man der dynast. entarteten Erbvogtei (→Vogt, Vogtei) mit einem Entvogtungsprozeß und wollten etwa die →Zisterzienser in Ablehnung der Vogtei nur den Ks. als defensor anerkennen. Zwar forderte Papst →Innozenz III. 1202 in der Decretale Venerabilem das Bestätigungsrecht der dt. Königswahl auch wegen der Identität von Kaiserwürde und D. e., doch haben sich Glossatoren gegen eine ksl. Patronanz ausgesprochen und wurden zumindest seit dem 13. Jh. die universalen Ansprüche des Kaisertums insbes. von französischer, aber auch kanonist. Seite bekämpft (»rex est imperator in regno suo«) (→Königtum/Frankreich). Die D. e. verschwindet aus der einschlägigen Literatur. In der abschließenden Darstellung des ma. Kaisertums, im »Libellus de caesarea monarchia« des Peter v. →Andlau erscheint der Ks. als vom Papst bestellter »advocatus et protector« der Kirche. H. Zimmermann

Lit.: R. Müller, Die rechtl. Wandlungen der advocatia ecclesiae des röm. Ks.s dt. Nation, 1895 – L. Halphen, Etudes sur l'administration de Rome au MA (751–1252), 1907 [Nachdr. 1974] – E. Caspar, Pippin und die röm. Kirche, 1914 [Nachdr. 1973] – E. Eichmann, Die röm. Eide der dt. Könige, ZRGKanAbt 6, 1916, 140–205 – A. Waas, Vogtei und Bede in dt. Kaiserzeit, 2 Bde, 1919–23 – F. Martroye, Les Defensores ecclesiae aux Ve et VIe s., RHDFE 1923, 597–622 – E. E. Stengel, Die Entwicklung des Kaiserprivilegs für die Röm. Kurie 817–962, HZ 134, 1926, 216–241 [Nachdr.: Ders., Abh. und Unters. zur ma. Gesch., 1960, 218–248] – K. Voigt, Staat und Kirche von Konstantin d. Gr. bis zum Ende der Karolingerzeit, 1936 [Nachdr. 1965] – H. Löwe, Die karol. Reichsgründung und der Südosten, 1937, bes. 131–137 – Th. Mayer, Fs.en und Staat, 1950 – J. Semmler, Traditio und Königsschutz, ZRGKanAbt 76, 1959, 1–33 – R. Elze, Die Ordines für die Weihe und Krönung des Ks.s und der Ksn. (MGH Fontes 9, 1960) – J. Deér, Zum Patricius-Romanorum-Titel Karls d. Gr., AHP 3, 1965, 31–86 – H. Wolfram, Intitulatio, 1. Bd. (MIÖG Ergbd. 21), 1967, bes. 225–244 – P. Classen, Karl d. Gr., das Papsttum und Byzanz, 1968^2 – W. Ullmann, The Growth of Papal Government in the MA, 1970^3 – J. Deér, Papsttum und Normannen, 1972 – H. Löwe, Von Cassiodor zu Dante, 1973, bes. 206ff., 529ff. – W. H. Fritze, Papst und Frankenkönig, 1973 – H. Vollrath, Ksm. und Patriziat in den Anfängen des Investiturstreites, ZKG 85, 1974, 11–44 – P. Landau, Jus Patronatus, 1975 – E. Ewig, Zum christl. Königsgedanken im Früh-MA (Beih. der Francia 3/1, 1976), 3–11 – H. H. Anton, Ksl. Selbstverständnis in der Religionsgesetzgebung der Spätantike und päpstl. Herrschaftsinterpretation im 5. Jh., ZKG 88, 1977, 38–84 – H. Zimmermann, Das Papsttum im MA, 1981 – W. Goez, Imperator advocatus Romanae ecclesiae (Fschr. F. Kempf, 1983), 315–328.

Defensor v. Ligugé, Mönch im Martinskl. von Ligugé bei Poitiers, nur aus einem von ihm verfaßten moral. Florileg, dem »Liber scintillarum«, bekannt; die zeitl. Einordnung ergibt sich aus der Kenntnis →Isidors v. Sevilla einerseits und dem Einsetzen der hs. Überlieferung nach der Mitte des 8. Jh. andrerseits. D. bietet in 81 Kapiteln von De caritate und De pacientia bis De brevitate huius vitae und De lectionibus knappe Sprüche (minutae sententiae), die wie Funken (scintille) leuchten sollen. Der Umfang der Kapitel, in denen auf Bibelzitate (hauptsächl. NT, Spr, Sir) Väterworte folgen, schwankt zw. fünf und über hundert Stellen. Verwertet wurden – z. T. von älteren Florilegien vermittelt – Werke zahlreicher Autoren, darunter v. a. Isidor (mehr als ein Drittel der patrist. Zitate), Gregor d. Gr., Hieronymus, Augustin, Ps.-Basilius (Admonitio) und die Vitas patrum. Die Quelle wird, wie D. im Prolog betont, regelmäßig angegeben.

Das meist ohne den Prolog D.s anonym überlieferte oder anderen (bes. Beda) zugeschriebene Werk wurde im ganzen MA eifrig kopiert, bearbeitet und exzerpiert (mehr als 370 Hss. sind erhalten); das Interesse kam vorwiegend aus Ordenskreisen. Im 11. Jh. entstand eine ae. Interlinearversion. J. Prelog

Ed.: Defensoris Locogiacensis monachi liber scintillarum, ed. H. M. Rochais, CCL 117, 1957 – D. de L., Livre d'Etincelles, ed. H.-M. Rochais, 2 Bde, SC 77 und 86, 1961–62 – D.'s Later Scintillarum, ed. E. W. Rhodes, EETS OS 93, 1889 [ae.] – *Lit.:* Brunhölzl I, 146f., 527 – H. Rochais, Apostilles à l'édition du Liber Scintillarum de Defensor de L., RevMab 60, Fasc. 291–292, 293–294, 1983, 267–293 [Lit.].

Defensor civitatis (d. plebis), erstmals 368 unter Valentinian I. in der Diöz. Illyricum sicher greifbar (CTh 1, 29, 1), aber wohl schon seit Anfang des Jahrhunderts vorhanden, sollte er bes. die niederen Schichten der Städte gegen Rechtsverletzungen der Mächtigen schützen (z. B. C. 1, 55, 4). Zuerst vom →praefectus praetorio ernannt (1, 29, 4), später von den oberen Ständen einschließlich des Klerus gewählt (1, 29, 6), amtierte der d. c. zunächst für fünf Jahre (C. 1, 55, 4), dann für 2 (Nov. Iust. 15, 1). Herkunft aus einem angesehenen Personenkreis war Voraussetzung (z. B. Symm. epist. 1, 71: vir honestus), Dekurionen (→decurio) waren davon ausgeschlossen (C. 1, 55, 2), später auch Juden (C. 1, 9, 18). Neben der eigtl. Tätigkeit, der protokollar. Aufnahme und der Weiterleitung von Beschwerden, der Untersuchung kleinerer Streitfälle, der Überprüfung von Steueranforderungen usw. sollte der d. c. allmählich nach dem Willen des Ks.s die Aufsicht über die Beamten der Provinz (z. B. C. 1, 49, 1, 1) und eine umfassende Gerichtsgewalt übernehmen (z. B. C. 7, 40, 2, 1; 8, 51, 3, 3). Freilich war das Amt, trotz verschiedener Reformversuche, stets in Gefahr, von den potentiores abhängig zu werden, gegen die es ein Gegengewicht sein sollte (z. B. Nov. Iust. 15), sei es, daß sie auf die d. c. Druck ausübten (z. B. Nov. Maior. 3) oder selbst den Posten übernahmen (C. 1, 55,8 und 11), so daß der ursprüngliche Charakter ins Gegenteil verkehrt wurde. Daher übernimmt zunehmend der Bf. eine Schutzfunktion für die einfachen Bürger (z. B. C. 7, 40,2,1; 8, 51,3,3). —→Stadt. R. Klein

Lit.: KL. PAULY I, 1423 – RAC III, 649–656 – RE IV, 2365–2371 – F. VITTINGHOFF, Zur Entwicklung der städt. Selbstverwaltung – einige krit. Anmerkungen (HZ Beih. 7, 1982), 124ff.

Defensor senatus. Das Amt wurde 361 von Ks. Constantius II. im Zuge der Gleichstellung des →Senats v. →Konstantinopel mit dem Senat der Stadt →Rom geschaffen (CTh 1, 28,1). Die Senatoren von Konstantinopel erhielten das Recht, offizielle Beauftragte von des. Ansehen zu ernennen, welche in allen Provinzen der senator. Besitztümer gegen Übergriffe von Statthaltern und städt. Behörden bei Steuerveranlagung und Steuereintreibung schützen sollten (CTh 1, 28,2). Ohne Anwesenheit der d. es s. durfte keine Forderung erhoben werden, bei Mißbrauch war die Einschaltung des Ks.s möglich (ebd. 1, 28,3 und 4), vorübergehend waren nur Sonderbeamte der Statthalter zur Steuererhebung von solcher Kontrolle an Gütern berechtigt (ebd. 11, 7,12; 6, 13,4). Die Institution des d. s., die auf die östl. Reichshälfte beschränkt war, ist im 5. Jh. nicht mehr bezeugt (letztes Gesetz 393). R. Klein

Lit.: KL. PAULY I, 1422 – RE IV, 2373f. – C. DAGRON, Naissance d'une capitale. Constantinople et ses institutions de 330 à 451, 1974.

Defensorium inviolatae virginitatis beatae Mariae, spätma. typolog. Werk, das möglicherweise ähnlich wie die →Concordantia caritatis aus einem bestimmten Anlaß von dem Professor der Theologie an der Univ. Wien, Franz v. Retz OPraed († 1427), verfaßt worden ist. Das Anliegen des in der Urhandschrift nicht erhaltenen Werkes ist es, wunderbare Begebenheiten und Vorkommnisse in Natur und Geschichte, aber auch in Mythologie und Sage sowie im AT als Analogien für die jungfräul. Mutterschaft Mariens anzuführen. Die v. a. den Schriften des Augustinus, Isidor v. Sevilla, Bartholomaeus Anglicus bzw. des Ovid, Vitruv und Valerius Maximus entnommenen Exempla, in denen das Naturgesetz ebenfalls durchbrochen scheint (z. B. die Vestalin Tuscia trägt, um sich vom Verdacht der Unkeuschheit zu reinigen, in einem Sieb Wasser aus dem Tiber zum Tempel der Vesta) und die damit in gewisser Weise indirekte Nachweise für die außerordentl. Glaubenswahrheit darstellen, sind jeweils in zwei Verse gefaßt, welche von Illustrationen begleitet werden. Die in insgesamt 9 Hss. sowie mehreren Blockbüchern und typograph. Ausgaben des 15. und 16. Jh. in Latein und in dt. Übersetzung überkommenen Texte umfassen 60 Exempla, welche in keinem Fall alle, sondern jeweils in unterschiedl. Anzahl von den Hss. und Drucken überliefert werden. Vermutl. waren ursprgl. die belehrenden illustrierten Exempla um das zentrale Geburtsbild in Medaillons oder wahrscheinlicher in Rechtecken gruppiert, wie es der 1426 datierte Marienaltar im Zisterzienserkl. Stams in Tirol zeigt, der zugleich die erste nachweisbare Einwirkung des Werks aufzuweisen scheint und damit dessen Entstehung im 1. Viertel der 15. Jh. wahrscheinl. macht, und wie es ähnlich auch die um 1450–60 entstandene Marientafel aus Ottobeuren (Füssen, Gemäldegalerie) überliefert. In den Hss. und gedruckten Büchern sind meist 4 Beispiele mit ihren Bebilderungen auf einer Seite untergebracht, wobei neben ihrer Auswahl auch die Reihenfolge beträchtl. variiert. Über die gen. Bildträger hinaus finden sich Darstellungen auch in Wandmalereien (Brixen, Dom-Kreuzgang, 2. Hälfte des 15. Jh.) und Bauplastik (Altötting, Stiftskirche, Nordportal, um 1510–20). J. M. Plotzek

Lit.: RDK III, 1206–1218 – LCI I, 499–503 – LMK I, 1282f. – ST. BEISSEL, Die kunsthist. Ausstellung in Düsseldorf. Darstellung der jungfräul. Mutterschaft Mariens aus dem Provinzial-Mus., Bonn, ZChrK 17, 1904, 353ff. – PH. M. HAHN, Zur marian. Symbolik des späteren MA. Defensoria inviolatae virginitatis beatae Mariae, ZChrK 17, 1904, 119ff., 179ff., 207ff. – K. ATZ, Hochgot. Marienaltar in Stams, ZChrK 18, 1905, 321ff. – G. M. HÄFELE, Franz v. Retz. Ein Beitr. zur Gelehrtengesch. des Dominikanerordens und der Wiener Univ. am Ausgang des MA, 1918, 359ff. – K. PFISTER, D. immaculatae virginitatis. Faks. des Blockbuches von 1470, 1925 – E. M. VETTER, Mariolog. Tafelbilder des 15. Jh. und das D. des Franz v. Retz [unveröff. Diss. Heidelberg 1954].

Definition (ὁρισμός, definitio, 'Umgrenzung'), Angabe von Merkmalen, aus denen sich der Inhalt einer Sache oder eines Begriffs konstituiert. Jede D. besteht aus der Angabe der Gattung und der Artmerkmale: »definitio fiat per genus proximum et differentias specificas« lautet im Anschluß an Aristoteles (Arist. lat. Top. VI, 5, 143a 15) die Bestimmung der ma. Schullogik. Darüber hinaus bildeten für die D.-Lehre im MA die Schrift des →Marius Victorinus – damals fälschlicherweise Boethius zugeschrieben – sowie die »Etymologien« des →Isidor v. Sevilla die Hauptgrundlage. →Logik. U. Mörschel

Lit.: →Logik.

Defizienz → Negation

Defter ('Heft'), aus altgr. διφθέρα ('Haut', 'Pergament'), pers.-arab. *daftar,* seit vorislam. Zeit im Nahen Osten verbreitet, bedeutet in der osman. Verwaltung 'Register'; die berühmtesten Beispiele sind wohl die sog. *defter-i ḥakānī.* Diese Register, nach Provinz *(sanğaq),* Gerichtssprengel *(q aẓā)* und Dorf geordnet, suchten die Steuerzahler des Osman. Reiches in ihrer Gesamtheit zu erfassen (im Normalfall: Männer über 12–15 Jahre, in bestimmten Gegenden Rumelis auch Witwen). Daneben wurden Geld- und Naturalsteuern für jedes Dorf gesondert aufgeführt; gesonderte *(iğmāl)* Register dokumentierten die Verteilung der Militärlehen *(timār, zeʿāmet, ḫaṣ)* sowie der frommen Stiftungen *(vaqıf). Defter-i ḥakānī* sind hauptsächl. für das 15. und 16. Jh. überliefert; in späteren Zeiten wurden solche Register nur noch in bes. Fällen angelegt.

Unter den im Namen des osman. Reichsrates *(dīvān-ı humāyūn)* geführten d. durften die *mühimme defterleri* (Register wichtiger Angelegenheiten) wohl die bekanntesten sein. In ungefähr chronolog. Reihenfolge enthalten diese d. Edikte an Provinzverwalter sowie einige Schreiben an fremde Herrscher. Die Texte wurden nicht nach dem Original, sondern nach einem Entwurf kopiert, so daß die Titulatur oft verkürzt oder gar nicht wiedergegeben ist. Die *mühimme defterleri* sind von der Mitte des 16. Jh. an überliefert und inhaltl. am reichsten für die Periode bis etwa 1650.

Daneben sind die von den verschiedenen Kanzleien der Finanzverwaltung geführten d. zu nennen. Die *ğizye defterleri* sind Register, welche die Kopfsteuer der Nichtmuslime betreffen; sie stellen bedeutende Quellen für die Bevölkerungsgeschichte der Balkan-Halbinsel dar. Die *muqāṭaʿat defterleri* registrieren die Beträge, die von Steuerpächtern an die osman. Zentralverwaltung abgeführt werden mußten, und erlauben Rückschlüsse auf die wirtschaftl. Entwicklung bestimmter Regionen oder Tätigkeitszweige.

Baqāyā defterleri enthalten Angaben über säumige Steuerpächter und die von ihnen geschuldeten Beträge, während über bes. in Kriegszeiten verlangte Sondersteuern *(ʿavārıż, nüzul)* eigene d. angelegt wurden. Bestimmte d.

sind in mehr oder weniger ununterbrochenen Serien im Başbakanlık Arşivi (Archiv des Ministerpräsidenten) zu Istanbul erhalten (vgl. dazu SERTOĞLU und ÇETIN).

S. Faroqhi

Lit.: IA, s. v. – EI², s. v. – H. İNALCIK, Hicrî 835 Tarihli Sûret-i Defter-i Sancak-i Arvanid, Ankara, 1954 – M. SERTOĞLU, Muhteva Bakımından Başvekalet Arşivi, 1955 – Ö. LUTFI BARKAN, Essai sur les données statistiques des registres de recensement dans l'Empire Ottoman aux XVe et XVIe s., JESHO 1, 1958, 9–36 – H. SAHILLIOĞLU, Bir Mültezim Zimem Defterine göre XV Yüzyıl Sonunda Osmanlı Darphane Mukataası, İktFM 23, 1–2, 1962–63, 145–218 – Ö. LUTFI BARKAN, 894 (1488/89) Yılı Cizyesinin Tahsilâtına ait Muhasebe Bilânçoları, Belgeler I, 1–2, 1964, 1–118 – İNALCIK, OE – A. ÇETIN, Başbakanlık Arşivi Kılavuzu, 1979.

Defterdār, Chef der osman. Finanzverwaltung *(defterḫāne)*. Das Amt bestand spätestens seit dem frühen 15. Jh. Zusammen mit den Heeresrichtern *(qāḍī ʿasker)* von Rumeli und Anadolu sowie dem Vorsteher der Staatskanzlei *(nišānǧı)* galt der erste d. als einer der höchsten Würdenträger des osman. Reiches. Er war Mitglied des Reichsrates *(dīvān-ı humāyūn)*, besaß direkten Zugang zum Herrscher und wurde zuweilen vom Sultan als Gegengewicht gegen einen mächtigen Großwesir benutzt. Der d. wurde direkt vom Sultan ein- und abgesetzt, mußte aber an den Großwesir Bericht erstatten. Nach dem *qānūn* Sultan Meḥmed des Eroberers (1451–81) gehörte es zu den Pflichten des d.s, dem Sultan einmal im Jahr eine Übersicht über Einnahmen und Ausgaben vorzutragen. Auch besaß er das Recht, in Finanzangelegenheiten im Namen des Sultans Befehle zu erteilen.

Für den Historiker ist das defterdār-Amt interessant durch die Fülle an überlieferten Dokumenten. Übersichten über osman. Einnahmen und Ausgaben sind für das 15. Jh. nur in indirekter Form erhalten; so hat Jacobo Promontorio de Campis wohl eine solche Übersicht über die Finanzen des osman. Staates ins It. übersetzt. Für das 16. und 17. Jh. haben sich zahlreiche Finanzübersichten im osman. Original erhalten, welche zum großen Teil veröffentlicht worden sind. S. Faroqhi

Lit.: Islam Ansiklopedisi, s. v. – EI², s. v. – M. D'OHSSON, Tableau général de l'Empire ottoman VII, 1824 – HAMMER, Staatsvfg. – I. HAKKI UZUNÇARŞILI Osmanlı Devletinin Merkez ve Bahriye Teşkilâtı, 1948 – Ö. LUTFI BARKAN, Osmanlı İmparatorluğu »Bütçe« lerine Dair Notlar, İktFM 15, 1–4, 1953–54, 238–250 – DERS., H. 933–934 (M 1527–1528) Malî Yılına ait bir »Bütçe« Örneği, ebd. 15, 1–4, 1953–54, 251–329 – İNALCIK, OE – H. G. MAYER, Ein osman. Budget aus der Zeit Mehmeds des Eroberers, Islam 59, 1, 1982, 40–63.

Degen. Dieser Fachausdruck für eine schwertähnl., aber asymmetr. →Blankwaffe, hat in den übrigen europ. Sprachen kein genaues Gegenstück. Das Wort bedeutete ursprgl. wohl einen langen →Dolch für Fußvolk. In der 2. Hälfte des 15. Jh. erschien an seiner Stelle bei der Infanterie Spaniens und Italiens der D., dessen Griff sich zu einem Unter- und Obergefäß ausgebildet hatte. Das Untergefäß bestand aus den unterhalb der Parierstangen und seitl. der Klinge sitzenden Fingerbügeln, welche in Parierknebel endeten oder durch einen Parierbügel verbunden waren. Das Obergefäß umfaßte Parierstangen, Handgriff, Knauf und Faustbügel. Letzterer gab der meist zweischneidigen Waffe ihre asymmetr. Gestalt und ihre nur auf eine Aktionsseite festgelegte Verwendbarkeit. Das Aufrücken des D. zur Kavalierswaffe, die reiche Ausbildung von Ober- und Untergefäß, fallen bereits ins 16. Jh. O. Gamber

Lit.: A. V. B. NORMAN, The Rapier and Small-Sword, 1980.

Degradation. Bis zum 12. Jh. syn. mit dem Begriff der →Deposition verwendet und die Absetzung eines Klerikers – auch durch weltl. Richter – bezeichnend, wurde die D. seit ca. 1200 bis hin zum Liber Sextus (1298) neu definiert. Seitdem war sie die schwerste Strafe für einen →Kleriker, denn sie allein entzog ihm seine Privilegien. Zum Ärger weltl. Instanzen durften mit der D. gewöhnlich nur geistl. Vergehen geahndet werden: die Rückfälligkeit eines schon deponierten Klerikers (incorrigibilitas), der Widerstand gegen den eigenen Bf., die →Fälschung päpstl. Urk. und v. a. die →Häresie, außerdem – weil als härt. beurteilt – das Assassinat (heimtückischer →Mord mit religiösen Motiven), →Homosexualität sowie →Hexerei. Daher blieb die D. etwa von klerikalen Mördern oder Hochverrätern für Jahrhunderte ein Konfliktpunkt zw. weltl. und kirchl. Instanzen. Die D. betraf alle Kleriker außer den Papst; Ansätze, auch ihn zu degradieren, sind in der Kanonistik erst nach 1378 infolge des →Abendländ. Schismas zu erkennen.

Seit →Bonifatius VIII. bestand die D. aus zwei Akten: der »degradatio verbalis« und der »degradatio realis« oder »actualis«. Während des ersteren, der das Gerichtsverfahren abschloß, wurde die D.ssentenz verkündet. Daran mußten, spätantiken Synodalbeschlüssen folgend, außer dem Degradator selbst – je nach dem →Weihegrad des Delinquenten – unterschiedl. viele Bf.e teilnehmen. Doch gab es von dieser Bestimmung schon seit →Gregor IX. →Dispense zur besseren Bekämpfung von Ketzern. Der zweite Akt bewirkte die reale D. und wurde von einem Bf., wahrscheinl. in einer Kirche, liturg. vollzogen und bes. seit dem 14. Jh. in Ordines beschrieben. Ihnen zufolge wurden, der frühma. Tradition entsprechend, dem Delinquenten zuerst nacheinander alle liturg. Geräte und Gewänder, die zum jeweiligen Weihegrad gehörten, entzogen. War der Bestrafte Priester oder Bf., so entfernte ihm der Degradator gewöhnl. auch das Fleisch von den Weihefingern mit einem Messer oder einer Glasscherbe. Allen Degradierten wurde schließlich mit einer Schere, Scherbe oder Schneide die →Tonsur abgekratzt, was dem Skalpieren nahekam. Zum Abschluß empfing den Degradierten der anwesende weltl. Richter zur Aburteilung. Die dabei obligator. Bitte seitens des Degradators, den Degradierten nicht zu töten oder zu verstümmeln, bildete gewöhnl. eine bloße Formalie, denn die meisten Bestraften waren Häretiker, denen schon Gregor IX. den Feuertod bestimmt hatte. Auch, daß der Papst einen Degradierten restituieren konnte und dieser den character indelebilis behielt, blieb meist reine Theorie, denn der D. folgte gewöhnl. sofort die Hinrichtung. B. Schimmelpfennig

Lit.: DDC IV, 1071–74 – DThC IV, 451–521 – F. KOBER, Die Deposition und D. nach den Grundsätzen des kirchl. Rechts histor.-dogmatisch dargestellt, 1867 – R. GÉNESTAL, Le Privilegium Fori en France du Décret du Gratien à la fin du XIVe s., II 1: La dégradation suivie de livraison au bras séculier, 1924 – R. MEISSNER, Zur Gesch. der D., ZRGKanAbt 24, 1924, 488–512 – W. FINDLAY, Canonical Norms Governing the Deposition and Degradation of Clerics, 1941 – J. A. SHIELDS, Deprivation of Clerical Garbs, 1958 – C. DUGGAN, The Becket Dispute and the Criminous Clerks, BIHR 35, 1962, 1–28 – H. ZIMMERMANN, Papstabsetzungen im MA, 1968 – R. M. FRAHER, The Becket Dispute and two Decretist Traditions: the Bolognese Masters Revisited and some new Anglo-norman Texts, Journal of Medieval Hist. 4, 1978, 347–368 – J. L. GAZZANIGA, Les clercs criminels devant le parlement de Toulouse XVe–XVIIIe s. (Mém. de la soc. pour l'hist. du droit et des inst. des anc. pays bourg., comtois et romands 35, 1978), 51–66 – B. SCHIMMELPFENNIG, Die Absetzung von Klerikern in Recht und Ritus vornehml. des 13. und 14. Jh., MIC C6, 1980, 517–532 – M. DYKMANS, Le Rite de la dégradation des clercs d'après quelques anciens manuscrits, Gregorianum 63, 1982, 301–331 – B. SCHIMMELPFENNIG, Die D. von Klerikern im späten MA, Zs. für Religions- und Geistesgesch. 34, 1982, 305–323.

Déguerpissement ist ein frz. Rechtsinstitut, durch das ein erblich Unfreier einseitig die persönl. Freiheit erlangen konnte. Er mußte sich zunächst von allen laufenden feudalen Leistungen (Abgaben, Diensten usw.) freikaufen, sodann konnte er sich in einem feierl. Rechtsakt, dem eigtl. d., von seinem Herrn lossagen. In diesem Rechtsakt verzichtete er auf das vom Herrn empfangene Land, die Quelle seiner Abhängigkeit. Verlor er so zwar seinen Immobilienbesitz, so durfte er doch seine bewegl. Habe dorthin mitnehmen, wo er sich künftig als freier Mann niederlassen wollte. Die Unfreien in Burgund, im Nivernais und in der Champagne konnten in der Regel von diesem Institut Gebrauch machen. D. Anex-Cabanis

Lit.: P. PETOT, Le servage. Cours de Doctorat, Paris – D. ANEX-CABANIS, Le servage au pays de Vaud, IIe partie, 1973.

Deguilevilles, Guillaume de → Guillaume de Deguilevilles

Deheubarth ('der südl. Teil'), in der walis. Chronik →»Brut y Tywysogyon« angewendete Bezeichnung für denjenigen Teil von →Wales, der in frühen Notizen der lat. Annalen als Land der dextrales Brittones auftritt. Offenkundig beziehen sich diese Notizen teilweise auf das sw. Wales, nämlich auf die Territorien von →Dyfed, →Ceredigion und Ystrad Tiwi, die erstmals von →Hywel Oda († 950) geeinigt und dann von seinen Nachkommen bis hin zu →Rhys ap Tewdwr († 1093) beherrscht wurden, wenn auch nicht in ununterbrochener Folge. Offenbar wird in Quellen des 12. und 13. Jh. mit dem Begriff 'D.' nicht das gesamte südl. Wales bezeichnet, denn Morgannwg, Gwent und Brycheiniog zählten nicht zu dem so umschriebenen Gebiet. Tatsächl. diente der Begriff 'D.' seit den anglonorm. Eroberungen in Wales lediglich zur Bezeichnung des bei den walis. Fs.en verbliebenen Teils des südwestl. Wales, während nahezu die gesamte Dyfed den Anglonormannen abgetreten und von ihnen als Earldom of →Pembroke organisiert wurde. Demgegenüber wurde das unter walis. Herrschaft verbliebene D. – gemeinsam mit →Gwynedd und →Powys – eine der drei Haupteinheiten des unabhängigen Wales der postnorm. Zeit. In den engl. offiziellen Quellen tritt dieses Land als Suthwallia oder Sudwallia auf, ein Gebiet, das die beiden kgl. Gft.en Carmarthen und Cardigan (→Ceredigion) bildete. Auf dieses Gebiet beziehen sich Chroniken, Weistümer und lit. Texte des späteren MA, wenn sie den Begriff 'D.' verwenden. J. B. Smith

Q. und Lit.: J. WILLIAMS AB ITHEL, Annales Cambriae, 1862 – J. LLOYD JONES, Geirfa Barddoniaeth Gynnar Gymraeg, 1938 – T. JONES, Brut y Tywysogyon, Red Book of Hergest Version, 1955 – H. D. EMANUEL, The Latin Texts of the Welsh Laws, 1967.

Dehhānī, Dichter → Osmanische Literatur

Dei, Benedetto, florent. Reisender, Polyhistor, * 4. März 1418, † 28. Aug. 1492, Sohn des Domenico und der Taddea Salvini. Schrieb sich 1430 in die »Arte della seta« (Seidenzunft) ein und begann seine berufl. Laufbahn. Gleichzeitig – zumindest schenkt man seiner interessanten, aber auch in vielen Punkten unzuverlässigen und fabulösen Chronik Glauben – begann D. das Leben eines Reisenden und Diplomaten in zumeist halboffizieller Mission. Seit 1442 übertrug ihm jedenfalls die florent. Regierung mit Sicherheit einige öffentl. Aufgaben. 1452 war er während des Krieges gegen Alfons v. Aragón Commissario in Rencine im Val d'Elsa. (Amtl. Korrespondenz zw. D. und der Republik Florenz erhalten.) 1458 verließ D. Florenz aus nicht geklärten Gründen (evtl. Verwicklung in eine Verschwörung oder finanzielle Schwierigkeiten) und ging zu Schiff in den Orient. In Kleinasien betrieb er Alaunhandel. Er besuchte Griechenland und interessierte sich für die klass. Altertümer. In Konstantinopel stand er nach seinen Angaben zw. 1464 und 1466 im Dienst Mehmeds II. des Eroberers. Danach war er in Ägypten sowie im Maghreb und erreichte bei seinen Reisen offenbar sogar Timbuktu. 1467 nach Italien zurückgekehrt, trat er in den Dienst der Medici, des Condottiero Taddeo Manfredi, des Roberto da Sanseverino, des Hzg.s Ercole I. d'→Este v. Ferrara sowie der →Bentivoglio und erfreute sich als Kenner des Orients bis an sein Lebensende einer gewissen Berühmtheit. 1492 ließ er sich schließlich in Mailand nieder, wo er im Aug. des gleichen Jahres starb. Seine umfangreiche »Cronica« ist noch nicht ediert. (Autograph im Archivio di Stato, Florenz, Ms. 119). F. Cardini

Lit.: F. KUNSTMANN, Afrika vor den Entdeckungen der Portugiesen, 1853, 40 – M. PISANI, Un Avventuriero del Quattrocento. B. D., 1923 – R. HENNIG, Terrae Incognitae IV, 1956, 222ff.

Deich- und Dammbau

I. Römerzeitlicher und frühmittelalterlicher Deichbau – II. Hoch- und spätmittelalterlicher Deichbau an der flämischen, niederländischen und deutschen Nordseeküste – III. Deichbau in England, Frankreich und Italien – IV. Technische Aspekte des mittelalterlichen Deichbaus.

I. RÖMERZEITLICHER UND FRÜHMITTELALTERLICHER DEICHBAU: Bis vor kurzem wurde angenommen, daß Küstenschutz durch Deiche und Dämme vor der Merowingerzeit in Westeuropa unbekannt war. Angesichts neuer archäolog. Untersuchungen wird diese Auffassung nicht mehr allgemein geteilt. Im Marschengebiet Nordwestdeutschlands z. B. haben die Ausgrabungen von BANTELMANN, HAARNAGEL und BRANDT gezeigt, daß die Flachsiedlungen während des 1.–2. Jh. zu →Wurten aufgehöht wurden, was auf größere Überflutungsgefahr, maritime Sedimentation und Erosion der Dünen hinweist. STOOB ist der Meinung, daß unter diesen Gegebenheiten eine Siedlung ohne Entwässerung durch Gräben und Dämme nicht möglich war. Die Ausgrabungen von HAARNAGEL auf der Feddersen Wierde im Land Wursten (Niedersachsen) scheinen diese Auffassung zu bestätigen, da dort in der röm. Schicht ein Damm gefunden wurde nebst Spuren von Getreideanbau. In der fläm. Küstenebene fand H. THOEN in Raversijde bei Ostende einen röm. Graben mit eingerammten Pfählen und in Bredene, östl. von Ostende, röm. Besiedlung des Moors. Spuren eines röm. Drainagesystems fand er im Moorgebiet südl. von Ostende. Eine gewisse Kenntnis des Dammbaus wird aufgrund dieser Ausgrabungen wahrscheinl., zumal den Römern Kanalbauten nicht unbekannt waren (z. B. Plan Caesars zur Trockenlegung der Pontin. Sümpfe, Entwässerungsmaßnahmen der Sümpfe bei Sirmium unter Ks. Probus, 276–282, gelegentl. Erwähnungen von Kanälen sowie defensiven Fluß- und Seedeichen in der Poebene, Ägypten, dem Rheingebiet, Britannien). Für das Loiregebiet nimmt DION an, daß tiefgelegene Teile der gallo-röm. Städte Orléans und Tours von Deichen gegen Überschwemmungen geschützt wurden.

Seit der 2. Hälfte des 3. Jh. wurden in der nw.-europ. Tiefebene die Siedlungen an den Küsten, einschließl. der Wurten, wegen der Überflutungen der Dünkirchen-II-Transgression sowie infolge der Kriegsereignisse und Völkerwanderung verlassen.

Spuren von Besiedlung sind in diesen Gebieten erst wieder seit dem ausgehenden 6. Jh. feststellbar. Dies ist der Fall in Holland in den Altdünen nördl. der Maasmündung, wo merowingerzeitl. Gräberfelder entdeckt wurden (Loosduinen, Naaldwijk). Die norddt. Wurten wie u. a. die Feddersen Wierde wurden spätestens im 8. Jh. wieder besiedelt. Auch die ersten spärlichen schriftl. Belege für Flandern weisen in diese Richtung. Sie erwähnen im 8.–9. Jh. immer mehr marisci (Groden), die von den am Rande der Küstenebene begüterten großen fläm. Abteien für die Schafzucht genutzt wurden. In der Küstenebene selber wurden, sogar auf Geestrücken und auf Wurten, curtes eingerichtet (791: curtile Locwierde bei Aardenburg). Dies bedeutet aber nicht eine rein passive Haltung dem Meer gegenüber. Entwässerung der Groden durch Gräben war nicht unbekannt. In diesem Sinn kann u. E. das vernikulare Wort *wadriscaput* gedeutet werden, das in einer Quelle aus der Gegend von Aardenburg um 840 aufscheint. Später erfuhr dieses Wort eine semant. Entwicklung zu der Bedeutung 'waterschap', einer abgeleiteten Bedeutung also, die sich auf ein Territorium mit gemeinsamer Entwässerungsorganisation bezog (vgl. die ähnliche doppelte Bedeutung des Wortes 'watering'). Auch der Schutz gegen das vom Meer vordringende Wasser durch den Bau primitiver →Schleusen war nicht unbekannt (vgl. den 708 belegten Ortsnamen Soroaldsclusa an der Somme, heut. Nordfrankreich). Bei der Trockenlegung des *marais* von St-Omer (heut. Nordfrankreich) wurde nach DERVILLE 960 sogar eine →Mühle verwendet. Flußdeiche entlang der Loire wurden 821 von Ludwig d. Fr. in einem Kapitular angeordnet (»de aggeribus iuxta Ligerim faciendis«). Hieraus geht hervor, daß Wasserbauwerke als öffentl. Angelegenheit betrachtet wurden. Dieselbe Auffassung findet sich in der das mittelniederländ. Flußgebiet betreffenden Rechtsquelle »Ewa ad Amorem« aus der Zeit Karls d. Gr., in der bezügl. der Schleusen verordnet wird: »si quis sclusam dimiserit quando suis comes ei commendat facere in fredo solidos IIII componere faciat«. BLOK nimmt aufgrund eines Capitulare missorum von 802 an, daß nördl. von Boulogne ein Seedeich bestand, der von Leuten, die »circa maritima loca« wohnten, unterhalten werden mußte; doch bleibt dies unsicher. Für das norddt. Wurtengebiet wird allerdings neuerdings angenommen, daß in karol. und otton. Zeit niedrige Deiche die radial um die Wurten angelegten Blockfluren schützten. Es handelt sich dabei aber um Einzelfälle (wie den von STOOB durch Fluranalyse erkannten Ringdeich um die Wurt Dorum in Wursten), die bisher von archäolog. Seite nicht bestätigt wurden. Merkwürdig ist in diesem Zusammenhang, daß die karolingerzeitl. Lex Frisionum über Wasserbauwerke gänzlich schweigt.

Erst im 11.-12. Jh. – so wird bis jetzt allgemein angenommen –, sind in NW-Europa zum ersten Mal in großem Umfang offensive Deiche angelegt worden, in der Absicht, dadurch den Landesausbau und die Bildung größerer Entwässerungsbezirke zu ermöglichen. Diese neue Phase steht offensichtl. mit der Entwicklung des Städtewesens und dem demograph. Aufschwung dieser Jahrhunderte in Verbindung.

II. HOCH- UND SPÄTMITTELALTERLICHER DEICHBAU AN DER FLÄMISCHEN, NIEDERLÄNDISCHEN UND DEUTSCHEN NORDSEEKÜSTE: [1] *Flandern:* Die ältesten Deichnamen scheinen in diesem Gebiet im seeländ. Flandern auf: Tubinsdic (1025) und Isendic (1046). Wegen ihrer Verbindung mit einem Personennamen handelt es sich wahrscheinl. um Deiche von rein lokaler Bedeutung. Deichbauten größeren Umfangs sind wahrscheinl. erstmals um die Mitte des 11. Jh. im Gebiet der Ysermündung und nördl. von →Brügge, wo Sturmfluten 1014 und 1042 ausgedehnte Gebiete überschwemmt hatten, angelegt worden. Echte Seedeiche schützten das Gebiet um Veurne wie dasjenige nördl. von Brügge. Der sog. Alte Seedeich östl. von Veurne, der südl. von der Küstenlinie ins Binnenland läuft und ungefähr 15 km lang ist, wurde wahrscheinl. nicht in einem Zug angelegt; vielmehr entstand er wohl erst durch die Erhöhung und Einbeziehung der Abdämmungen verschiedener Priele, die sich westl. des Yserbusen erstreckten. Die ersten dorfähnl. Siedlungen erscheinen hier um 1060 (Leffinge, Snaaskerke, Pervijze). Der Küstenschutz durch defensive Deiche machte somit dank der Sedimentation Landgewinnung möglich und wurde wohl rasch von offensiven Deichen, die weiter zum eigtl. Flußbett des Yser vordrangen, fortgesetzt (wie der Name →Diksmuide 1089 zeigt). Weitere Sturmfluten im 12. Jh., bes. 1134 und 1163, erweiterten nördl. von Brügge den →Zwin gen. Meeresarm, der wohl mit dem Sincfala der Lex Frisionum gleichzusetzen ist, in Richtung auf Brügge. An allen Seiten wurde dieser erweiterte Meeresarm während des letzten Viertels des 12. Jh. von Abwehrdeichen umgeben; diese waren Ausgangspunkt für weitere, offensive Bedeichungen, die der Landgewinnung im Überschwemmungsgebiet zw. Knokke, →Sluis und Brügge dienten. Die Initiative zu diesen großzügigen Bedeichungsmaßnahmen im Zwinraum lag ursprgl. beim Gf. en v. Flandern, →Philipp v. Elsaß (1168–91), der dazu Kirchen und Stifte enteignete und vielleicht Deichwerker aus Holland heranzog. In diesen Zusammenhang gehört nördl. von Brügge die durch die Gf. en initiierte Gründung von →Damme (1180) sowie mehrerer weiterer Hafenstädte an der fläm. Küste, die alle eine wichtige Rolle bei der Entwässerung größerer Gebiete spielten: so Gravelines für den *marais* der Aa nördl. von St-Omer; →Dünkirchen für das Gebiet von St-Winoksbergen (→Bergues-St-Winnoc), Nieuwpoort, wo sich die große Schleuse für die Entwässerung des Ysergebiets befand, Biervliet nördl. von Gent. Diese großen Entwässerungsbezirke *(wateringen)* sind somit wahrscheinl. herrschaftl. Schöpfungen und nicht das Ergebnis einer Integration kleinerer genossenschaftl. Polder. Aus diesen Gründen war die öffentlich-rechtl. Gerichtsverfassung zugleich zuständig für Wasserbauwerke und Entwässerungsprobleme, Deichunterhalt usw., so daß die ordentl. →Schöffen zugleich als Deichschöffen fungierten.

Dies bedeutet aber nicht, daß der Gf. v. Flandern bei der Eindeichung dieser Poldergebiete selbst als Unternehmer auftrat. Er überließ dies den großen Grundherrn, v. a. den Abteien, die aber oft, bes. in schwierigen Gebieten, für diese spezialisierten Unternehmungen kapitalkräftige Laien heranzogen, die dann auf eigene Rechnung die Bedeichung und Einpolderung vorantrieben; dies gilt z. B. für Johann v. Leffinge und Egidius v. Bredene, zwei gfl. Beamte aus der 1. Hälfte des 13. Jh.

Das alte fläm. Deichrecht wurde nach der Auffassung von M. K. E. GOTTSCHALK am Ende des 14. Jh. eingreifend modifiziert, insbes. aufgrund der katastrophalen Überflutung, die im Norden Flanderns im Verlauf der Genter Revolte gegen den Gf. en (1379–85) durchgeführt worden war. Die vornehmsten Grundherrn wurden bei der durch sie unternommenen Wiederbedeichung der überfluteten Gebiete zu sog. *legger* ernannt, was u. a. beinhaltet, daß sie fortan selbst die Deichsteuer *(geschot)* erheben durften und Mitglieder eines neuen Deichverbandes *(cuere ende meentucht)* mit eigenen Deichschöffen wurden. Nach unserer Meinung ist es jedoch nicht unmöglich, daß sich schon während des 13. Jh. infolge der schwindenden Finanzkraft des Gf. en und der wachsenden Investitionen, die der Deichbau erforderte, derartige dezentralisierte genossenschaftl. und autonome Polderorganisationen entwickelt hatten; ihre Verfassung könnte dann bei der Wiederbedeichung älterer Entwässerungsbezirke Pate gestanden haben. Verschiedene vornehme Adlige, so die Herren von Watervliet, von Beveren in Nordflandern, hatten tatsächl. bereits im 12.-13. Jh. große Deichbauten auf eigene Rechnung vorgenommen, und auch in anderen Teilen Flanderns, so an der Küste bei Ostende (Kamerlingambacht, 's Heer/Wautermansambacht), bestanden im 13. Jh. Polderbezirke, die einen solchen privaten Ursprung hatten.

Die in Flandern mit seinen internationalen Handelszentren gelegenen Deiche waren offenbar den Zeitgenossen wohlbekannt; kennzeichnend ist die Erwähnung bei Dante, der in seiner Schilderung des Inferno fläm. und außerdem oberit. Deichbauten nennt: »... gli argini/quale i Fiamminghi tra Guizzante e Bruggia,/temendo il fiotto che ver lor s'avventa,/fanno lo schermo perché 'l mar si fuggia;/equale i Padovan lungo la Brenta,/per difender lor ville e lor castelli...« ('... wie die Flamen zw. Wissant und Brügge Deiche anlegen; in Furcht vor der Flut, die sich über sie zu ergießen droht, errichten sie sich einen Schutzschild, damit das Meer weiche; so wie es die Paduaner entlang der Brenta tun, um ihre Dörfer und Burgen zu verteidigen...') (Div. Comm., Inf. XV, 3ff.).

[2] *Niederländische Nordseeküste:* In der Holl.-Utrechtschen Tiefebene sind die frühesten Nachrichten betreffs Besiedlung etwa gleichzeitig mit denen in Flandern (11. und 12. Jh.). VAN DER LINDEN jedoch vertritt die Auffassung, daß hier – im Gegensatz zu Flandern und Norddeutschland – der Dünenwall genügend Schutz geboten habe, wodurch die Bedeichung in einer ersten Besiedlungsphase unnötig gewesen sei und das Gebiet sogar von den Überflutungen des frühen MA wie denjenigen des 11.-12. Jh. nicht betroffen gewesen sei.

Im 12. und 13. Jh. wurde das Moorgebiet zw. Leiden und Utrecht allmählich weiter besiedelt, wobei die Bewässerungsprobleme immer größer wurden und die ersten großen Seedeiche in Quellen aus dem Jahre 1163 erscheinen. Dann ließ Floris III., Gf. v. →Holland, den Altrhein bei Zwammerdam abdämmen, um Holland gegen den Wasserüberschuß aus dem Gebiet des Bm.s Utrecht zu schützen. Dies zeigt, daß auch hier die Intervention der herrschaftl. Gewalt vor der genossenschaftl. Initiative den Vorrang hatte. Auch Gf. Wilhelm I. veranlaßte zu Beginn des 13. Jh. zum Schutz der Gft. Holland umfangreiche Deichbaumaßnahmen, nämlich an der Nordgrenze der Gft. den Bau des Y-Deiches und des Spaarnedamms, an der Südgrenze die Anlage von Deichen an Lek, Maas und (holl.) Yssel. Für die seeländ. Inseln, die verfassungsmäßig immer eine Zwischenstellung zw. Holland und Flandern einnahmen, hat DEKKER wahrscheinl. gemacht, daß einige Inseln des späteren Zuid-Beveland in einem Zug mit einem einzigen Ringdeich umgeben wurden, wobei landesherrl. Initiativen – sowohl durch den Gf.en v. Flandern, Philipp v. Elsaß, als auch durch den Gf.en v. Holland, Floris III., – nicht auszuschließen sind.

In Overijssel, Friesland und Groningen wurde ebenfalls in der 2. Hälfte des 12. Jh. mit großen Bedeichungsarbeiten begonnen. Aus den XVII→Keuren und dem Westlauwerschen Schultheißenrecht geht hervor, daß im 12. Jh. ein großer Seedeich, der mittels öffentl. kontrollierter Deichpflicht unterhalten wurde, die fries. Nordseeküste schützte.

In den von Wilhelm I., Gf.en v. Holland, mit Deichen versehenen Gebieten wurden von ihm und seinen Nachfolgern große regionale Deichverbände *(waterschappen)* eingerichtet: Rijnland (1225), Grote of Zuid-Hollandse Waard (1230), Schieland (1273), Alblasserwaard (1277), Kennemerland (1288) usw. Diese überlokalen Deichverbände wurden von einem »hohen« Kollegium von Geschworenen geleitet, den sog. *hoogheemraden*, die Inspektionsbefugnisse besaßen. Anfänglich waren diese unmittelbar dem Grafen oder seinem *baljuw* (Bailli) unterstellt. Bald aber wurden Entwässerungs- und Deichangelegenheiten der Kompetenz des ordentl. Gerichts entzogen und einem bes. gfl. Beamten, dem Deichgrafen, anvertraut, im Grote Waard 1275, Lekdijk Bovendams 1277, Lekdijk Benedendams 1272. Diese Reform war aber nicht Ausdruck eines neuen Deichrechts, denn schon 1155 hatten in Lopik »conjuratos quos *heimrat* vocant« vom Bf. v. Utrecht die Erlaubnis erhalten, einen neuen Kanal *(wetteringa)* mit zugehörigen Deich- und Dammwerken zur holländ. Yssel zu graben. Hieraus hat FOCKEMA ANDREAE den Schluß gezogen, daß die Polder in der Holl.-Utrechtschen Ebene von Anfang an genossenschaftl. organisiert waren.

Auf den seeländ. Inseln war die Situation in dieser Hinsicht eine andere, bedingt durch die starke Machtstellung des lokalen Adels, der sog. *ambachtsheren*, die schon im 12. Jh. ihre eigenen Deichverbände eingerichtet hatten. Hier unterstand das Wassergericht den privaten Ambachtsgerichten *(Ambachtsvierscharen)*. Lediglich nachdem es dem Gf.en v. Holland, Floris V., gelungen war, die Ambachtsherren zu unterwerfen, wurden am Ende des 13. Jh. gfl. Deichverbände nach holl. Vorbild mit landesherrl. Deichgrafen und Geschworenenkollegien eingeführt. Der lokale Adel vermochte aber bald diese neuen Gremien mit seinen Mitgliedern zu besetzen. Aufgrund der Machtposition des Adels bildeten sich auch in Seeland in der 2. Hälfte des 15. Jh. und während der 1. Hälfte des 16. Jh., also früher als in den sonstigen Niederlanden, Gruppierungen von Deichverbänden aus, die *Staten* genannt wurden und in denen Vertreter der wichtigsten Großgrundbesitzer (sog. *gecommiteerden*) aus verschiedenen Deichverbänden zusammengeschlossen waren. Bei der Entstehung der Staaten von Walcheren, Bewesten Yerseke und Beoosten Yerseke haben die Städte →Middelburg, Goes und Reimerswale eine wichtige Rolle gespielt.

In Friesland, wo sowohl landesherrl. als auch adlige Gewalten fehlten, kamen große Deichverbände erst im 13. Jh. unter dem Einfluß der hier begüterten Zisterzienser-, Prämonstratenser- und Benediktinerabteien zustande.

[3] *Deutsche Nordseeküste:* Die frühesten Bedeichungen sind hier auf den Küsten- und Uferwällen in den Mündungsgebieten von Ems, Weser und Elbe, die von Friesen und Sachsen besiedelt waren, festzustellen. Der Chronist →Helmold v. Bosau vertritt in seiner »Chronica Slavorum« (um 1163–72) die Ansicht, daß die ursprgl. Besiedlung der östl. Gebiete an der Niederelbe durch die Sachsen noch an den alten Deichen (aggeres), die jene aufgeworfen hätten, erkennbar sei. Aufgrund des Siedlungsbildes des Wurtengebietes nimmt STOOB an, daß die Initiative zum Deichbau hier von den Einwohnern der großen Dorfwurten ausgegangen sei; diese hätten zuerst Deiche miteinander verbundene Einzelwurten in Richtung auf das Meer angelegt, wobei die breitstreifigen Parzellen dieser Einzelwurten sich von den Kernblockfluren der Dorfwurten unterschieden hätten (z. B. Dorfwurt Tofting in Eiderstedt/Nordfriesland). Dieses allmähl. Vordringen in Richtung des Meeres führte schon im 11. Jh. zu immer größeren Deichsystemen, die im frühen 12. Jh. zu einer einzigen ausgedehnten und zusammenhängenden Seedeichlinie zusammengeschlossen wurden. Von hier aus konnte das um 2 m tiefer gelegene Hinterland urbar gemacht werden, was zw. 1113 (Datum der »Holländerurkunde« Ebf. →Friedrichs v. Hamburg-Bremen) und 1120/40 (chronikal. Nachricht über Ackerbau im bedeichten Marschland der südl. →Dithmarschen) erfolgte.

Die Urbarmachung des landeinwärts gelegenen Sietlandes ist bekannt aus mehreren Kolonisationsprivilegien des 12. Jh., die vom Ebf. v. Hamburg-Bremen verliehen wurden. Im bekanntesten dieser Privilegien, demjenigen von 1113, werden als Kolonisten für die Marschen der Niederweser ›Hollandi‹ genannt. Tatsächl. haben Siedler aus den Niederlanden, vornehml. aus der Holländ.-Utrechtschen Tiefebene, einen sehr beachtl. Anteil an der Urbarmachung des Niederweserraumes gehabt. Dies ergibt sich aus Sprache und Recht der sog. Hollerkolonien, aus Orts- und Feldnamen (Holländerbruch, Holländerhof) und bes. auch aus Namen mit dem Suffix – *ko(o)p* ('Kauf') im Gebiet der Niederelbe. Auch das Siedlungsbild, mit seinen typ. systematischen, schmalen Langstreifenparzellen, die sich einer Deichreihensiedlung anschließen, mag an holl. Vorbilder erinnern. Nicht ganz klar ist indessen die auch für die Holl.-Utrechtsche Tiefebene von VAN DER LINDEN aufgeworfene Frage, ob sich die Urbarmachung im küstennahen Moorgebiet ebenfalls von Anfang an notwendigerweise der Anlage von Deichen bediente. Obzwar Deiche in den Kolonisationsurkunden des Ebm.s Hamburg-Bremen nicht erwähnt werden, ist nach FOCKEMA ANDREAE und HOFMEISTER eine Urbarmachung des niedrigen Sietlandes nur möglich gewesen mit Hilfe einer klaren Begrenzung des eigenen Entwässerungsgebietes, die durch Wehre (sog. *sietwenjen*) sowie kleine Dämme und Moordeiche erfolgte; nur so konnte das neugewonnene Land gegen die aus dem nicht kultivierten Gebiet heranströmenden Wassermassen gesichert werden. In den meisten Bremer Kolonistenprivilegien tritt als Vermittler zw. Ebf. und Kolonisten ein venditor auf, der die Urbarmachung in Absprache mit den iurati genannten Vertretern der Kolonisten leitete. Dieser venditor war zugleich ebfl. Gerichtsherr (iudex) und hatte dieses Amt zu Lehen. Solche venditores sind im 13. Jh. auch in der Holl.-Utrechtschen Ebene belegt. Schwer zu belegen ist jedoch, daß es sich bei diesen venditores tatsächl. um Unternehmer handelte, vergleichbar den →Lokatoren der Ostsiedlung oder den Deichbauunternehmern in Flandern, die eigenes Kapital investierten und am Gewinn beteiligt waren. Einziges Beispiel für einen Unternehmer dieses Typs im nordwestdt. Ausbaugebiet ist der ebfl. Ministeriale Friedrich v. Mackenstedt, der 1171 und 1180/83 als Zwischenagent zw. Ebf. und Kolonisten auftrat, in Stuhr bei Bremen den Zehnt der neuen Siedlung innehatte und in der Umgebung ein Kl. stiftete.

In den Hollerkolonien wie in den sächs. und fries. Küstengebieten Nordwestdeutschlands gab es Entwässerungs- und Deichverbände, mit zugehörigem Deichrecht, Geschworenen usw. Sie erscheinen aber erst spät in den Quellen, an der Niederelbe z. B. erst in der 2. Hälfte des 15. Jh.

III. DEICHBAU IN ENGLAND, FRANKREICH UND ITALIEN: [1] *England:* An den Küsten der Brit. Inseln gibt es viele Alluvialebenen, von denen das Fenland in East Anglia und die Somerset Levels im westl. England die bekanntesten sind. Aus dem →Domesday Book (1086) geht hervor, daß an solchen flachen Küsten die Siedlung auf den nicht überfluteten Uferböschungen der Flüsse erfolgte. Über eine mögliche Nutzung der Marschen, u. a. mit Hilfe von Deichen, ist nichts bekannt. Für das Fenland hat HALLAM gezeigt, daß die Bedeichung durch den Bau aufeinanderfolgender Deichlinien, die von den Uferböschungen landeinwärts fortschritten, zw. der Mitte des 12. und der Mitte des 13. Jh. allmähl. vorangetrieben wurde. Die Initiative dazu ging vermutl. von den Dorfgemeinden aus, während bäuerl. Genossenschaften, die mit eigener Gerichtsverfassung ausgestatteten →*sokes,* die mehrere Dörfer umfaßten, den Unterhalt der Deiche und die Nutzung der als Viehweide dienenden Fens, beaufsichtigten. Andererseits errichteten viele Abteien im 13. Jh. am Rande der Fens ihre →Grangien. In den Somerset Levels wurden Deichbau und Urbarmachung im frühen 12. Jh., v. a. für Viehzucht, offenbar durch große Abteien unternommen. Einen Sonderfall stellt die Urbarmachung von Romney Marsh an der südostengl. Kanalküste dar. Hier zogen große Grundherren wie der Ebf. und das Kathedralkl. von Canterbury zw. 1086 und 1100 möglicherweise Bedeichungsexperten vom Kontinent, bei denen es sich um – wohl flandr. oder nordniederländ. – Mönche handelte, heran; diese leiteten die Einpolderungsmaßnahmen, wie sich u. a. aus dem späteren Deichrecht und aus Ortsnamen niederländ. Ursprungs (Suffixe wie -*watering,* -*broek,* -*moer* usw.) ergibt.

[2] *Frankreich und Italien:* Einige Mündungsgebiete großer Flüsse waren in diesen Ländern Schauplatz von Bedeichungs- und Entwässerungsmaßnahmen größeren Umfangs, da sich hier oft umfangreiche alluviale Marsch- und Sumpfgebiete ausgebildet hatten. Eingehend untersucht wurde in dieser Hinsicht das Rhônedelta, bes. der Marais d'Arles (STOUFF). Schon für das 9. Jh. sind dort Entwässerungskanäle *(roubines)* belegt, und im 12. Jh. wurden defensive Deiche gebaut, woran sich v. a. die städt. Behörden von Arles und Tarascon beteiligten. Im 15. Jh. wurden die Deiche genossenschaftl. durch Verbände von sog. *levadiers* unterhalten. An der frz. Atlantikküste wurde der Marais poitevin südl. der Loiremündung zw. 1199 und 1293 von Abteien, die sich am Rande dieser Niederung etabliert hatten, vollkommen entwässert und bedeicht, während ein einheitl. Loiredeich um 1160 von Kg. Heinrich II. Plantagenêt als Gf. en v. Anjou anstelle der älteren niedrigen und nur Teilstrecken schützenden Deiche gebaut wurde. Die Entwässerung des Marais breton bei Dol und des Marais charentais nördl. von Bordeaux wurde wegen der dortigen bedeutenden Salzgärten (→Salz) nicht so systemat. durchgeführt.

In Italien wurde v. a. in den Ebenen des Po, des Arno und der Etsch (Adige) Deichbau betrieben. Die Meliorationsarbeiten der Abteien Nonantola und Pomposa im Mündungsgebiet des Po stehen im 11. Jh. noch ganz vereinzelt da. Erst in der 2. Hälfte des 12. Jh. wurde die Bedeichung, Entwässerung und Regulierung der Poebene in großem Umfang in Angriff genommen, woran sich u. a. die Kommunen von Padua und Mantua beteiligten (1160–85). Dem Bau von Kanälen und Dämmen folgte häufig die Gründung von Dörfern und kleineren Städten, deren ausgeprägter Plancharakter im heut. Siedlungsbild vielfach noch fortlebt. Ein gutes Beispiel ist Villafranca bei Verona an der Etsch mit seinem quadrat. Stadtgrundriß.

IV. TECHNISCHE ASPEKTE DES MITTELALTERLICHEN DEICHBAUS: Die techn. Aspekte des ma. Deichbaus sind bis heute kaum erforscht, da Daten über die Deichhöhen und -breiten nur äußerst sporadisch in den Quellen erscheinen. Auch im 16. und 17. Jh. sind die Angaben noch gering. Außerdem können diese Deichhöhenangaben nicht verallgemeinert werden, da sie sehr stark von der Entfernung des Meeres und von der Gezeitenströmung und weiterhin von der Erhebung der Polderfläche über dem Meeresspiegel abhingen. Forschungen für Nordostflandern (das Land von Saaftinge) z. B. haben erwiesen, daß der Seedeich entlang der Westerschelde nach schweren Sturmfluten erheblich aufgeschüttet und verbreitet wurde: von 14 Fuß (3,85 m) Höhe zu Anfang des 15. Jh. auf 18 Fuß (4,96 m) nach der Sturmflut des Jahres 1424. – Die älteste Abhandlung über Deichbau und Deichgeometrie ist der um 1575 von dem Niederländer Andries Vierling verfaßte »Tractaet van dyckagie« (ed. J. DE HULLU–A. G.

VERHOEVEN, Rijks Geschiedkundige Publicatiën, Kl. serie 20, 1920), in dem der Verfasser etwa 20 Deichtypen sowie die benutzten Materialien und Bedeichungsmethoden beschreibt. – →Sturmfluten, →Kolonisation und Landesausbau, →Ostsiedlung, →Wurt *(terp)*, →Polder, →Kanalbau, →Bewässerung, →Mühle, →Torf, →Stadt, Städtewesen.
B. Augustyn/A. Verhulst

Lit.: *zu [I]*: HOOPS² V, 220–225 [H. V. PETRIKOVITS–R. KRÄMER]–J. F. NIERMEYER, Dammen en dijken in Frankisch Nederland (Weerklank op het werk van Jan Romein. Liber Amicorum, 1953), 109–115 – DERS., De vroegste berichten omtrent bedijking in Nederland, Tijdschrift voor economische en sociale geografie 49, 1958, 226–231 – A. VERHULST, Historische geografie van de Vlaamse kustvlakte tot omstreeks 1200 (Bijdragen voor de geschiedenis der Nederlanden 14, 1959), 1–37 – DERS., Die Binnenkolonisation und die Anfänge der Landgemeinde in Seeflandern (VuF 7, 1964), 446ff. – H. THOEN, De Belgische kustvlakte in de Romeinse Tijd. Bijdrage tot de studie van de landelijke bewoningsgeschiedenis, 1978 – A. E. HOFMEISTER, Besiedlung und Verf. der Stader Elbmarschen im MA, I: Die Stader Elbmarschen vor der Kolonisation des 12. Jh., 1979 – S. JELGERSMA–E. OELE–A. J. WIGGERS, Depositional Hist. and Coastal Development in the Netherlands and the Adjacent North Sea since the Eemian (The Quaternary Hist. of the North Sea. Symposium Upsala, 1979) – A. DERVILLE, Le marais de St-Omer, Revue du Nord 62, 1980, 73–93 – W. HAARNAGEL, Die Besiedlung in nord-westdt. Küstengebiet in ihrer Abhängigkeit von Meeresspiegelschwankungen und Sturmfluten (Transgressies en occupatiegeschiedenis in de kustgebieden van Nederland en België, hg. A. VERHULST–M. K. E. GOTTSCHALK, 1980), 209–228 – D. P. HALLEWAS–J. F. VAN REGTEREN ALTENA, Bewoningsgeschiedenis en landschapsontwikkeling rond de Maasmond (ebd.), 155–207 – S. LEBECQ, De la protohistoire au haut ma. Le paysage des »terpen« le long des côtes de la Mer du Nord, spécialement dans l'ancienne Frise, Revue du Nord 62, 1980, 126–150 – A. VERHULST–D. BLOK, Landschap en bewoning tot circa 1000. Het Natuurlandschap (Algemene Geschiedenis der Nederlanden I, 1981), 116–142 – D. P. BLOK, Wie alt sind die ältesten ndl. Deiche (Probleme der Küstenforschung 15, 1984), 1–7 – *zu [II, 1]*: M. K. E. GOTTSCHALK, Hist. Geografie van westelijk Zeeuws-Vlaanderen I, 1955–58 – A. VERHULST, Middeleeuwse inpolderingen en bedijkingen van het Zwin, Tijdschrift van de Belgische Vereniging voor Aardrijkskundige Stud. 28, 1959, 21–54 – DERS., L'évolution géographique de la plaine maritime flamande au m. a., Revue de l'Univ. de Bruxelles, oct. 1962–Jan. 1963, 90–106 – DERS., Hist. du paysage rural en Flandre de l'époque romaine au XVIIIᵉ s., 1966 – DERS., Initiative comtale et développement économique en Flandre au XIIᵉ s.: le rôle de Thierry et de Philippe d'Alsace (1128–1191) (Misc. J. F. NIERMEYER, 1967), 227–240 – B. AUGUSTYN, Bijdrage tot het ontstaan en de vroegste geschiedenis von de Wase Polders. Van de oudste tijden tot ca. 1400, Annalen van de Oudheidkundige Kring van het Land van Waas 80, 1977, 5–97 – A. VERHULST, Occupatiegeschiedenis en landbouweconomie in het Zuiden circa 1000–1300 (Algemene Geschiedenis der Nederlanden II, 1982, 83–110) – M. K. E. GOTTSCHALK, De Vier Ambachten en het Land van Saaftinge in de Middeleeuwen, 1984 – *zu [II, 2]*: A. A. BEEKMAN, Het dijk-en waterschapsrecht in Nederland voor 1795, 2 Tle, 1905–07 – S. J. FOCKEMA ANDREAE, Het Hoogheemraadschap van Rijnland. Zijn recht en zijn bestuur van de vroegsten tijd tot 1857, 1934 – DERS., Stud. over waterschapsgeschiedenis VIII. Overzicht van de Nederlandse waterschapsgeschiedenis, 1952 – DERS., Willem I en de Hollandse hoogheemraadschappen, 1954 – H. VAN DER LINDEN, De Cope. Bijdrage tot de rechtsgeschiedenis van de openlegging der Hollands-Utrechtse laagvlakte, 1955 – M. K. E. GOTTSCHALK, De ontginning der Stichtse venen ten oosten van de Vecht, Tijdschrift van het koninklijk Nederlands Aardrijkskundig Genootschap 73, 1956, 207–222 – J. M. VAN WINTER, Die Entstehung der Landgemeinde in der Hollandisch-Utrechtschen Tiefebene (VuF 7, 1964), 439–445 – C. DEKKER, Zuid-Beveland. De historische geografie en de instellingen van een Zeeuws eiland in de Middeleeuwen, 1971 – C. DEKKER, De vertegenwoordiging van de geërfden in de wateringen van Zeeland bewesten Schelde in de middeleeuwen, Bijdragen en mededelingen betreffende de geschiedenis der Nederlanden 89, 1974, 345–374 – F. PETRI, Zum Problem der herrschaftl. und genossenschaftl. Züge in der ma. Marschensiedlung an der fläm. und ndl. Nordseeküste (Hist. Forsch. für W. SCHLESINGER, 1974), 226–241 – G. BORGER, De veenhoop. Een historisch-geografisch onderzoek naar het verdwijnen van het veendek in een deel van West-Friesland, 1975 – F. PETRI, Entstehung und Verbreitung der ndl. Marschenkolonisation in Europa (mit Ausnahme der Ostsiedlung) (VuF 18, 1975), 695–754 – P. HENDERICKX, De oprichting van het hoogheemraadschap de Alblasserwaard in 1277, Holland. Regionaal-historisch Tijdschrift 9, 1977, 212–222 – *zu [II, 3]*: J. GIERKE, Die Gesch. des dt. Deichrechts, 2 Tle, 1901 – J. MANGELS, Die Verfassung der Marschen am linken Ufer der Elbe im MA. Eine vergleichende Unters. ihrer Entstehung und Entwicklung, 1957 – L. DEIKE, Die Entstehung der Grundherrschaft in den Hollerkolonien an der Niederweser, 1959 – H. STOOB, Landesausbau und Gemeindebildung an der Nordseeküste im MA (VuF 7, 1964), 305–422 – H. AUBIN, The Lands East of the Elbe and German Colonisation Eastwards (The Cambridge Economic Hist. of Europe I, 1966), 449–486 – H. HOMEIER, Der Gestaltwandel der ostfries. Küste im Laufe der Jahrhunderte. Ein Jt. ostfries. Deichgesch. (Ostfriesland im Schutze des Deiches, hg. J. OHLING, II, 1969), 3–75 – D. FLIEDNER, Die Kulturlandschaft der Hamme-Wümme-Niederung. Gestalt und Entwicklung des Siedlungsraumes nördl. von Bremen, 1970 – F. PETRI, Die Holländersiedlungen am klev. Niederrhein und ihr Platz in der Gesch. der ndl.-niederrhein. Kulturbeziehungen (Fschr. M. ZENDER, II, 1972), 1117–1129 – W. EHBRECHT, Landesherrschaft und Klosterwesen im ostfries. Fivelgo (970–1290), 1974 – A. E. HOFMEISTER, Besiedlung und Verf. der Stader Elbmarschen im MA, II: Die Hollerkolonisation und die Landesgemeinden Land Kehdingen und Altes Land, 1981 – *zu [III, 1]*: R. A. DONKIN, The Marshland Holdings of the English Cistercians before c. 1350 (Cîteaux in de Nederlanden 9, 1958), 262–275 – S. J. FOCKEMA ANDREAE, A Dutchman looks at Romney Marsh, Tijdschrift van het koninklijk Nederlands Aardrijkskundig Genootschap 75, 1958, 230–238 – H. E. HALLAM, Settlement and Society: A Study of the Early Agrarian Hist. of South Lincolnshire, 1965 – M. WILLIAMS, The Draining of the Somerset Levels, 1970 – M. WILLIAMS, Marshland and Waste (The English Medieval Landscape, ed. L. CANTOR, 1982) – H. C. DARBY, The Changing Fenland, 1983 – *zu [III, 2]*: L. PAPY, La côte atlantique de la Loire à la Gironde II. L'homme et la mer, 1941 – P. WAGRET, Les polders, 1959 – R. DION, Hist. des levées de la Loire, 1961 – E. SERENI, Storia del paesaggio agrario it., 1961 – L. GAMBI, Una geografia per la storia, 1973 – H. D. CLOUT, Reclamation of Coastal Marshland (Themes in Historical Geography of France, hg. DERS., 1977), 185–213 – L. STOUFF, La lutte contre l'eau dans la région du Bas-Rhône à la fin du m. a. (XV Settimana di Studio: »Le acque interne«, Prato, 1983) [in Vorber.] – *zu [IV]*: R. E. SIEBERT, Entwicklung des Deichwesens vom MA bis zur Gegenwart (Ostfriesland im Schutze des Deiches, hg. J. OHLING, II, 1969), 79–388.

Deiniol (Daniel), hl., Patron der Kathedrale v. →Bangor in nw. Wales, gilt als Gründer dieses Bm.s. Die »Annales Cambriae« erwähnen seinen Tod für 584, doch ist nicht sicher, ob dieses Datum auf zeitgenöss. Quellen beruht. Der älteste gesicherte Quellenbeleg auf D. findet sich im ir. Martyrologium v. →Tallaght (ca. 800), in welchem D.s Heiligenfest für den 11. Sept. angegeben wird. Daraus erhellt, daß seine Verehrung in Irland bis zum 9. Jh. bekannt war und danach, in allerdings begrenztem Umfang, auch im nö. und nw. Wales verbreitet war. Über Leben, Lebensdaten und Wirken D.s ist nichts bekannt.
W. Davies

Lit.: Eingehende Darst. fehlt; Hinweise bei: M. MILLER, The Saints of Gwynedd, 1979 – W. DAVIES, Wales in the Early MA, 1982.

Deira, das früheste ags. Kgr., zw. den Flüssen Humber und Tees gelegen. Sein Name, den →Beda und die aus dem 9. Jh. stammende »Historia Brittonum« übereinstimmend überliefern, ist kelt. Ursprungs und bedeutet vielleicht 'Eichenwald'. Es gibt archäolog. Belege für Begräbnisstätten germ. Krieger (um 400) entlang der Straßen und für germ. Siedler zw. dem Humber und dem Gebiet der Yorkshire Moors (spätes 5. Jh.). Doch ist kein Stammesführer oder Kg. vor →Ælle (559/560?–588/590?) überliefert, dessen Name im zeitgenöss. Rom offenbar bekannt war. Nach Ælles Tod wurde D. vom Kg. v. →Bernicia annektiert; während dessen Herrschaft wurde angeblich ein nordbrit. Gegenangriff bei →Catterick abgewehrt. 616/617 eroberte Ælles Sohn →Edwin D. zurück, nahm in der Folgezeit auch Bernicia ein und brachte die ersten christl. Missionare ins Land. Keines seiner Kinder konnte sich die Nachfolge sichern. D. war wieder zeitweise unter der Herrschaft der Kg.e v. Bernicia (633–641), zu dem es seit 654 ständig gehörte; aber ein Teil oder das gesamte Gebiet von D. wurden gelegentlich als Unterkönigtum für den Sohn des Kg.s abgeteilt.

Seit dem 8. Jh. war D. erwiesenermaßen der reichste Teil des Kgr.es →Northumbrien, und →York war nun üblicherweise die kgl. Residenz, wo sich eine Münzstätte und seit 734 der unbestrittene nördl. Metropolitansitz befanden. Die dynast. Auseinandersetzungen im Northumbrien der späten 8. Jh. dürften teilweise die Fortdauer des Gegensatzes zw. den beiden Regionen widergespiegelt haben, der auch später noch in Erscheinung trat; doch kam der Name »D.« seit dem 10. Jh. außer Gebrauch.

D. A. Bullough

Lit.: STENTON³, ch. 3 – M. MILLER, The Dates of D. (Anglo-Saxon England 8, 1979), 35–62 – J.G.G. HIND, Elmet and D. – forest names in Yorkshire?, BBCS 28, 1980, 547–552.

Déisi, ir. Dynastie aus →Munster; vgl. im einzelnen →Dál Cais.

Dejan, Sebastokrator, † 1354, Sohn des Žarko aus Makedonien, gründete kurz vor der Mitte des 14. Jh. das halbautonome Fsm. der →Dragaš mit Zentrum in →Velbǔžd (dem antiken Pautalia und späteren Kjustendil) im heut. sw. Bulgarien, das mehr als ein halbes Jahrhundert existierte. Er heiratete →Stefan Dušans Schwester Theodora, später als Eudokia (Doja) bekannt. Von Dušan erhielt er den Titel Sebastokrator und die Verwaltung des Territoriums zw. den Flüssen Struma und Vardar mit den Städten Zletovo, Strumitza, Kumanovo, Kratovo, Štip. D. starb nach kurzer Zeit (1354), die Witwe regierte im Namen der Söhne Ivan und →Konstantin Dragaš. Auf einer Wandmalerei der Kirche in Zemen, die D. bauen ließ, ist die ganze Familie dargestellt.

I. Dujčev

Q. und Lit.: J. IVANOV, Severna Makedonija, 1906, 110–147 – B. FERJANČIĆ, Despoti u Vizantiji i južnoslovenskim zemljama, 1960, 168ff. – G. OSTROGORSKY, Serska oblast posle Dušanove smrti, 1965, 20ff. – I. DUJČEV, Traits de polémique dans la peinture de Zemen, Zbornik za likovne umetnosti 8, 1972, 119–127.

Dekalog. Die Tradition des D.s in der lat. Kirche und Theologie wurde durch Augustinus maßgebend bestimmt, und zwar 1. durch die Unterscheidung von geschriebenem und ungeschriebenem (d.h. in die Herzen der Menschen geschriebenem), natürlichem Gesetz und 2. durch die Zuordnung von Gesetz und Evangelium (D. und Doppelgebot der Liebe). Diese doppelte Zuordnung des D.s ist dessen Auslegungsprinzip in der ganzen Überlieferung, angefangen von den ags. und karol. Theologen (Beda, Hrabanus Maurus) bis zu den Schulen des späteren MA.

1. In den Traktaten »IV sunt leges«, »In praeceptis comprehenduntur« der Schule des Anselm v. Laon (ÖNB, Wien 854, f. 31–39, 1050, 71–76) wurden Naturgesetz und D. systemat. untersucht und in Beziehung gesetzt. Die Schule Abaelards (Mag. Omnebene, Roland Bandinelli, Sentenzen, ed. A. M. GIETL, 144–154) und die Viktoriner (Summa Sent. IV, 3–6 MPL 176, 120–124, Hugo v. S. Victor, De sacramentis I, 12, 5–8, ebd. 352–360) erklärten den D. in der umgreifenden heilsgeschichtl. Sicht von Verheißung, Sakrament und Gebot. Die positiven Gebote Gottes sind Hilfen für den sündeverfallenen Menschen, der das Gesetz des Herzens (im Gewissen) nicht mehr lesen kann. In dieser systemat. Sicht wies Petrus Lombardus in seinem (zum theol. Lehrbuch gewordenen) Sentenzenbuch dem Traktat über den D. den lit. Ort an am Ende des 3. Buches (Dist. 37–40, ed. Romae, 1981, 206–229), am Übergang zur Sakramententheologie. In ihrer Buchstäblichkeit reichen die 10 Gebote nicht an das Evangelium heran, wohl aber in deren geisterfüllte Auslegung, denn die Gnade ist nichts anderes als das Gebot in seiner geistl. Bedeutung und Erfüllung. Wie alle frühen Schulen weitete Petrus Lombardus die Auslegung des 7. Gebotes über die Lüge, den Meineid und das Schwören traktathaft aus (ebd. d. 38–39). Die Geschichte der Auslegung des D.s in der scholast. Theologie muß auf die Kommentare zu den Sentenzenbüchern zurückkommen.

2. In den Sentenzenglossen und -kommentaren des 13. und 14. Jh. wurde der D. befragt bezügl. der Aufteilung der Gebote (auf die beiden Tafeln des Gesetzes), ihrer Hinordnung auf die ntl. Gottes- und Nächstenliebe, ihrer Verpflichtung zur sittl. und gnadenhaften Vollkommenheit (vgl. Alexander v. Hales, Glossa, ed. Bibl. Franc. Schol. XIV, 468). Der Gedanke, daß die Gebote die Übertretungen und also die Sünde markieren, taucht auf (ebd. 473), ist aber nicht bestimmt. Die »lex Moysi« ist der »lex Evangelii« zugeordnet und darum unterwegs zur Freiheit der Gnade und der Liebe (Summa Halensis III, p. 2 ed. 590). In der Auseinandersetzung mit den Häresien mußte die paulin. Sicht des Gesetzes als »Sünden«- und »Todesgesetz« geklärt werden. Sünde und Tod (dis)qualifizieren das Gesetz, nicht umgekehrt (vgl. CHR. THOUZELLIER, Hérésie.).

In den umfangreichen selbständigen Traktaten »De legibus« (Wilhelm v. Auvergne) bzw. »De legibus et praeceptis« des Johannes v. Rupella und des Alexander v. Hales (in der Summa Halensis III p. 2, deren Authentizität nach DOUCET, Proleg. CCXXf., CCXCVIIIf., noch nicht geklärt ist) wurden Einheit und Differenz des →Naturgesetzes und positiven göttl. →Gesetzes im Ganzen der »Lex divina« ausführlich diskutiert. Das eine, einzige und einzigartige Naturgesetz (in seiner prinzipiellen Geltung) und die vielen göttl. Gebote (in ihrer positiven Verpflichtung) gehören von der Wurzel (des ewigen Gesetzes) her zusammen, unterscheiden sich aber in der Art und Weise der Verpflichtung und der Weisung, weil die Gebote objektiv und subjektiv der Erkenntnis und dem Vollzug des natürl. Sittengesetzes dienen. Nur die Moralgebote des AT haben diese Bedeutung, nicht die judizialen und zeremonialen Vorschriften.

Nach Thomas v. Aquin S. th. I^a II^{ae} q. 100 (bes. a. 1 und 8) gehören die Gebote des D.s zum Naturgesetz. Was sie (positiv) besagen, bedeutet eine formale, ont. und teleolog. Wahrheit und Güte und umgekehrt, was sie (negativ) verbieten, eine formale Schlechtigkeit. Alle Gebote sind indispensabel (ebd. a. 8). Im Unterschied zu Thomas weist Duns Scotus (Opus Oxon. III d. 37 q. un., ed. WADDING, XV, 738–858) darauf hin, daß Gott im Alten Bund von Geboten der 2. Tafel dispensiert habe, und daß darum diese sieben letzten nicht zum Naturgesetz im strengen Sinn gehören; diese »Gebote des D.s sind Naturgesetz im weiteren Sinne, und jeder Verstoß gegen irgendeines von ihnen verletzt dieses durch Gott in die Herzen geschriebene Gesetz« (E. GILSON, Johannes Duns Scotus, 645).

Diese Meinung fand später in den Schulen Beifall, auch Gabriel Biel († 1495) pflichtet ihr bei; allerdings spricht er nur mehr von einer bes. Nähe des D.s zum Naturgesetz, die es nicht erlaubt, daß von ihnen Geboten der 2. Tafel dispensiert werde (Collectorium III, ed. 1979, 626). Johannes Duns Scotus erneuerte das Bewußtsein, daß das Naturgesetz dank der Offenbarung der personale Anspruch Gottes ist, der in der Freiheit und Tiefe des Gewissens gehört werden muß.

3. In der Auseinandersetzung um das theol. Verständnis des vollkommenen christl. Lebens vertrat Thomas v. Aquin S. th. II^a II^{ae} q. 184 a. 3 die These, daß die Gottes- und Nächstenliebe und folglich die Erfüllung der Gebote das Wesen der Vollkommenheit sei; die sog. evangel. Räte (der Armut, des Gehorsams und der Jungfräulichkeit) sind Mittel und Werkzeuge, die der Jünger Christi täglich anwenden muß. Er wurde von den Franziskanertheologen (v. a. von Wilhelm v. La Mare, Correctorium, art. 69) scharf kritisiert. Sie sahen in den Räten die höhere Vollkommenheit und differenzierten diese in eine solche des Notwendigen und Hinreichenden (auf Grund der Gebote) und eine solche des Übermaßes und der Freiheit (auf Grund der Räte). Die weltgeistl. Theologen (Heinrich v. Gent, Gottfried v. Fontaines, Johannes de Polliaco) führten den Ansatz des Thomas v. Aquin fort und legten den D. (in Lehre und Predigt) als christl. Lebensform aus. Der D. im geistl. Verständnis des Evangeliums war Grundlage der christl. Tugend. Die Vorkämpfer und Vertreter der Kloster- und Kirchenreform im 13., 14. und 15. Jh. schrieben Dekalogpredigten und -auslegungen, die noch zu untersuchen sind: Bonaventura († 1274), ed. Opera Omnia V, 505–532, Heinrich Heinbuche v. Langenstein († 1397), Marquard v. Lindau OFM († 1392), Johannes Hus († 1415), ed. Opera Omnia I, 1903 (1966), Peter d'Ailly († 1420), Johannes Gerson († 1429), Nikolaus v. Dinkelsbühl († 1433), Narcissus Herz v. Berching († 1442), Johannes Herolt OP († 1468), Leonhard v. Udine († 1469), Thomas Ebendorfer v. Haselbach († 1464), Paulus Wann († 1489) u. a. Der D. in der volkssprachl. Lit. de »devotio moderna« ist kaum erforscht. Der Christenspiegel des Dietrich Kolde v. Münster (ed. Cl. Drees, 1954) bietet eine kurze und längere Auslegung des D.s. Martin Luther steht ganz in der Tradition, wenn er dem D. im Katechismus den Vorrang einräumt. Die Funktion des D.s als »Beichtspiegel« ist sekundär und kommt erst im 15. Jh. allmählich in Übung. Vom Bußpriester verlangten die Bußsummen (z. B. des Heinrich v. Langenstein, † 1397) immer auch die Kenntnisse der Zehn Gebote.

L. Hödl

Lit.: W. H. STEINMÜLLER, Die Naturrechtslehre des Johannes v. Rupella und des Alexander v. Hales [Diss. München 1959] – E. GILSON, Johannes Duns Scotus, 1959, 634–645 – R. KOTTJE, Studie zum Einfluß des AT auf Recht und Liturgie des frühen MA (6.–8. Jh.) (BHF, 1964) – R. PRENTICE OM, The contingent element governing the Natural Law on the last seven Precepts of the Decalogue, according to Duns Scotus, Antonianum 42, 1967, 259–292 – CHR. THOUZELLIER, Hérésie et hérétiques. Vaudois, Cathares, Patarins, Albigeois, Stor. Lett. 116, 1969–B. REICKE, Die Zehn Worte in Gesch. und Gegenwart. Stellung und Bedeutung der Gebote in den verschiedenen Konfessionen, Beitr. Gesch. bibl. Exegese 13, 1973 – Thomas v. Aquin, Das Gesetz. Komm. O. H. PESCH (Dt. Thomas-Ausg. 13), 1977 – F. L. HOSSFELD, Der D. Seine späten Fassungen, die originale Komposition und seine Vorstufen, 1982.

Dekan

I. Antike – II. Kirchlicher Bereich – III. Universitärer Bereich – IV. Weltlicher Bereich.

I. ANTIKE: Der Begriff, der makedon. Militär- und Verwaltungssprache entstammend, bezeichnet in den hellenist. Staaten bes. den Führer einer δεκανία, einer Gruppe von 10 Leuten, der untersten Einheit der militär. Gliederung. In Rom ist der decanus seit der hadrian. Heeresreform bekannt als Kommandant eines Manipels von 10 (lat. decem) Mann, in spätröm. Zeit heißt er caput contubernii (Veg. mil. 2, 8 und 13), aber auch der frühere Name wird beibehalten, z. B. decanus numeri scutariorum (Année épigraphique, 1951, 30). In der Hofhaltung der Spätantike sind decani subalterne Beamte von niederem Rang, Türwächter und Boten, welche bes. für die Bedienung von Frauen des ksl. Hofes eingesetzt waren (Ambr. ep. 20,4). An der Spitze einer schola decanorum standen vier primicerii, die dem magister officiorum unterstellt waren.

R. Klein

Lit.: KL. PAULY I, 1404 – RAC IV, 603–611 – RE IV, 2245f. – M. CLAUSS, Der magister officiorum in der Spätantike (4.–6. Jh.), 1980, 21f.

II. KIRCHLICHER BEREICH: An die antike Bedeutung von D. als Vorsteher einer Gruppe von 10 Leuten erinnert in christl. Zeit das Amt eines decanus zunächst in den Kl. des Ostens, in denen je zehn Mönche unter seiner Aufsicht standen. Ursprünglich war dieses Amt keineswegs Klerikern vorbehalten, denn in Frauenklöstern übte die decanissa eine analoge Leitungsfunktion aus. Das Amt eines D.s wurde durch die →Regula Benedicti auch im Westen eingeführt, indem größere Kl. in Dekanien unter D.en gegliedert wurden. Demnach waren neben Abt und Propst noch decani zur Aufsicht über je zehn Brüder vorgesehen (c. 65, 21).

Die Einführung der Vita Canonica für Weltpriester führte in Anlehnung an klösterl. Vorbilder im Laufe des 9. Jh. zur Entstehung von Dom- bzw. Kollegiatkapiteln (→Kapitel), die sich aus den Presbyterien der einzelnen Kirchen, an deren Spitze ein →Archipresbyter stand, entwickelten. In dieser Zeit ging die starre Bindung an die ursprgl. Zahl verloren, doch blieb das Grundanliegen, daß der D. einem überschaubaren Gremium vorstehen oder dieses repräsentieren solle, immer erhalten. Die Domkapitel (in den Bischofsstädten) standen zunächst unter der Leitung eines Dompropstes (praepositus; →Propst). Später ging die eigtl. Leitung an den Domdekan über. An anderen, v. a. größeren Stadtkirchen und in nichtbischöfl. Städten wurden entsprechend Stiftskapitel der Stifts- oder Chorherren gebildet, mit einem Stiftspropst und Stiftsdekan an der Spitze (FEINE, 197). Der D. konnte in den erwähnten Körperschaften der Inhaber der einzigen oder der zweiten Dignität sein.

Der D. als Leitungs- bzw. Repräsentationsorgan eines Gremiums begegnet uns im kirchl. Bereich auf verschiedenen Ebenen, so z. B. als Kardinaldekan (decanus sacri collegii). Seine Würde war schon im MA mit dem Kardinalbistum Ostia verbunden, das im Falle der Vakanz dem der Weihe nach ältesten Kardinalbischof zukommt. Als Vorstand des Hl. Kollegiums führt er in den Versammlungen der Kardinäle, falls der Papst nicht selbst präsidiert, den Vorsitz, schlägt die Beratungsgegenstände vor und leitet die Sitzungen. Zu seinen Vorrechten gehört(e) die Erteilung eventuell noch fehlender Weihen an den neugewählten Papst und die Vornahme der Krönungszeremonien. Nach dem →Liber Pontificalis hat schon Papst Marcus (336) den Bf. v. Ostia zum Konsekrator des Pp. Bf. e gemacht. In der Sacra Romana Rota (→Audientia sacri palatii) steht dem D. als dienstältestem Richter die Leitung des Kollegiums zu.

Die Entstehung des Landdekans (Dechant) ist auf die neue kirchl. Organisation zurückzuführen, die seit dem Untergang des Instituts der →Chorbischöfe notwendig wurde. Die stete Ausbreitung des Christentums hatte zur Folge, daß neben den alten Pfarrkirchen, tituli majores, zahlreiche neue Tochterkirchen, tituli minores, entstanden. Um die Seelsorgetätigkeit besser überwachen zu können, wurden die Diöz.n territorial in Archipresbyterate = Dekanate (christianitates) gegliedert. Die Pfarrer der tituli majores führten als decani rurales (X 1.23.7) die Aufsicht »über die Pfarrer der aus denselben abgezweigten Pfarreien und leiteten die schon seit dem neunten Jahrhundert vorkommenden regelmäßigen Versammlungen derselben. Der Bezirk, welcher unter die Aufsicht eines solchen Pfarrers fiel, hieß nun decania oder christianitas« (KAULEN). Der ma. Assoziationsgeist begünstigte die Entstehung von Ruralkapiteln, d. h. von Körperschaften, zu denen sich der Klerus des Dekanatsbezirkes zusammenschloß. Diese wählten aus ihrer Mitte den D. und weitere Funktionäre oder schlugen sie wenigstens dem Bf. zur Ernennung vor. In zahlreichen Diöz.n wurden mehrere Dekanate zu Archidekanaten, auch Kreis- oder Erzdekanate genannt, zusammengefaßt. Partikularrechtlich (so in Salzburg) sind außer den D.en noch sog. Generaldekane entstanden, welchen als bfl. Kommissären die Aufgabe zukam, die D.e und auch andere Pfarrer ihres Bezirkes zu visitieren. – Zum D. im universitären Bereich s. Abschnitt III. F. Pototschnig

Lit.: DDC IV, 1057 – FEINE, passim – PLÖCHL I–III, passim – WETZER-WELTE, Kirchenlex. III, 1430–1432 [PH. KAULEN, M. PERMANEDER]–P. HINSCHIUS, Das Kirchenrecht der Katholiken und Protestanten in Dtl. IV, 1888, 650–J. P. HARING, Grundzüge des kath. Kirchenrechtes, T. I, 1924.

III. UNIVERSITÄRER BEREICH: Im Sprachgebrauch der ma. Universität bezeichnete das Wort decanus einen →Doctor und zwar üblicherweise einen →Regens, der dem →Collegium doctorum einer Fakultät vorstand und über diese bestimmte Befugnisse ausübte (Einberufung und Vorsitz der Fakultätsversammlungen). Seine Autorität war jedoch beschränkt durch übergeordnete Ämter (Kanzler, Rektor), die über die Gesamtheit der Universität Leitungsbefugnisse hatten und auch in die inneren Belange der Fakultäten eingreifen konnten, manchmal sogar ohne Einschaltung des D.s. Die Einsetzung des D.s erfolgte durch Wahl, oder aber das – zeitl. befristete – Amt wurde dem ältesten Doctor vorbehalten. Der D. ist zuerst in Montpellier belegt: Bereits die Statuten der med. Univ. von 1220 weisen dem magister antiquior eine bestimmte Rolle neben dem Kanzler zu; die Statuten der Artisten-Univ. von 1242 nennen einen decanus, assistiert von einem rector, beide sollen doctores sein. In Paris dürfte sich das Amt in den Jahren nach 1250 für die höheren Fakultäten der Theologie, Dekretistik und Medizin ausgeprägt haben; das Wort selbst erscheint in den Quellen von 1264–67, etwa gleichzeitig mit den ersten eigenen Statuten der Fakultäten und dem Auftreten ihrer Siegel. Die Mehrzahl der ma. Universitäten kannte kein Dekanat. Es findet sich im wesentl. in den unmittelbar dem Pariser Vorbild folgenden Univ. und Fakultäten wie z. B. in einigen mehr oder weniger spät eingerichteten theol. Fakultäten (Bologna, Salamanca), in bestimmten im 15. Jh. gegr. frz. Artistenfakultäten (Angers, Caen) und bes. in den Univ. des Imperium, wo – korrespondierend zum Rektor als Repräsentanten der Gesamtuniversität – in jeder Fakultät ein D. amtierte. J. Verger

Lit.: RASHDALL, passim.

IV. WELTLICHER BEREICH: Die Belege für »decanus« als Inhaber von niederen, räuml. eng begrenzten Amtsfunktionen reichen bis in die Lex Baiuvariorum und in die Leges Langobardorum zurück. Vereinzelt wird decanus seit der Karolingerzeit in Privilegien für dt. und it. Empfänger unter den Amtsträgern genannt, denen ausdrückl. ein Eingriff in die Immunitätsrechte untersagt wird. Nach hochma. deutschen Quellen kann D. den (lokalen) Vertreter eines hohen Herrschaftsinhabers, aber auch – wie in Lothringen – den Beauftragten eines grundherrschaftl. Meiers bezeichnen. In Verdun ist seit 1126 bzw. 1148 ein (»maior«) »decanus civitatis« bezeugt, der – wohl gestützt auf ehemalige gfl. Rechte – eine führende Stellung im Schöffenkolleg und in der Stadt einnimmt; ihm ist ein »subdecanus« untergeordnet. Auch in Mainz ist um die Mitte des 13. Jh. decanus als Titel für einen stadtbürgerl. Amtsinhaber bekannt. Im nördl. Italien begegnet decanus seit dem 12./13. Jh. in ländl. Gemeinden öfter als zusätzl. Bezeichnung eines »consul«. Der Titel wird etwa gleichzeitig in Venedig den vom Dogen ernannten Vorständen von Handwerkerverbänden zugelegt. A. Haverkamp

Lit.: S. RIETSCHEL, Das Burggrafenamt und die hohe Gerichtsbarkeit, 1905 – E. MAYER, It. Verfassungsgesch. II, 1909 – CH.-E. PERRIN, Recherches sur la seigneurie rurale en Lorraine, 1935 – H.-J. RIECKENBERG, Arnold Walpot, der Initiator des Rhein. Bundes von 1254, DA 16, 1960, 228–237 – Belege aus Unterlagen des MlatWb, München.

Dekapolis (Zehnstädtebund), Vereinigung der zehn elsäss. Reichsstädte →Hagenau, →Weißenburg, Oberehnheim, Rosheim, →Schlettstadt, →Colmar, →Kaysersberg, Türkheim, →Münster, →Mülhausen (bis 1515), die in den Urkk. im 14. und 15. Jh. »des Riches stette gemeinlich in Elsazzen« genannt wurden; der Name »D.« erscheint erst in der NZ. Nachdem sich diese Städte 1342, 1346, 1349 wiederholt, dem Beispiel der →Landfriedensbündnisse folgend, zur Wahrung ihrer Rechte und Freiheiten als →Reichsstädte zusammengeschlossen hatten, gründete Karl IV. 1354 auf Betreiben der Städte den Bund, der aber nur für die Dauer seiner Regierungszeit gelten sollte, und unter dem Vorbehalt, ihn nach Belieben auflösen zu können. Der Bund sollte die Rechte und Freiheiten seiner Mitglieder als Reichsstädte garantieren, die gegenseitige Hilfeleistung bei inneren und äußeren Schwierigkeiten sowie die militär. Leitung des →Reichslandvogtes zum Ziel haben; die Delegierten der Städte sollten sich zu Tagungen treffen. 1378 wurde der Bund von Karl IV. aufgelöst, nach dessen Tod aber durch die Städte 1379 erneuert und der Reichslandvogt ausgeschaltet. In den folgenden Jahren konnte der Bund gefestigt werden. 1418 verpflichteten sich die Städte, sich niemals vom Reich trennen zu lassen, Ks. Siegmund versicherte, die Städte niemals zu verkaufen oder zu verpfänden. In der Folgezeit verstand sich der Bund als ständige Einrichtung und verteidigte die Rechte seiner Mitglieder.

Bei den nicht regelmäßig stattfindenden Vertretungen in Schlettstadt (später im nicht zum Bund gehörenden Straßburg) waren Mehrheitsbeschlüsse entscheidend. Vorort des Bundes war Hagenau, das die Einberufung der Tagungen veranlaßte, die Korrespondenz führte und die Deputation zum Herrscher übernahm.

Der genossenschaftl. Charakter der Zusammenkünfte zeigte sich in der Gleichberechtigung jeder Stadt. Gegenstand der Tagungen waren u. a. die Beziehungen zum Reich und zum Herrscher, die Teilnahme an den Reichs- und Städtetagen, die Beziehungen zum Reichslandvogt, das Verhältnis der Städte untereinander, die Konflikte des Bundes mit anderen Mächten. Der Bund hatte keine finanzielle und militär. Organisation. Die Unkosten wurden unter den Mitgliedern geteilt, Söldner wurden je nach Notwendigkeit angeworben.

Während der Bund das 14. und 15. Jh. ohne ernste Gefahr überdauerte, kam es in der frühen NZ zu schweren Krisen. Nachdem die D. im Dreißigjährigen Krieg stark geschwächt worden war, wurden ihre Mitglieder vom Reich im Westfäl. Frieden (1648) aufgegeben. Kg. Ludwig XIV. riß den Bund im Holländ. Krieg (1673–78) auseinander. →Elsaß, →Städtebünde. L. Sittler

Lit.: L. SITTLER, La Décapole alsacienne des origines à la fin du MA (Publ. de l'Inst. des Hautes Etudes Alsaciennes XII, 1955) – DERS., Der elsäss. Zehnstädtebund, seine geschichtl. Eigenheit und seine Organisation, Esslinger Stud. 10, 1964, 59–77.

Dekret Gratians → Decretum Gratiani

Dekretalen, eigtl. litterae bzw. epistulae decretales (»decretalis«), sind päpstl. Antwortbriefe auf kirchl. Rechts- oder Disziplinfragen, meist an Einzelpersonen. In weiterem Sinn fallen auch andere, in Dekretalensammlungen überlieferte Papstschreiben unter diesen Begriff; teilweise enthalten diese Sammlungen noch weitere Texte, werden insoweit also nur a posteriori Dekretalensammlungen genannt.

Neben Konzilskanones und Texten von Kirchenvätern bilden die D. eine Hauptmasse der →Kanones-Sammlungen bis zum →Decretum Gratiani. Angebl. vor →Siricius (384–398) ergangene D. sind gefälscht (→Pseudo-Isidor. Dekretalen); auch unter späteren D. sind Fälschungen.

Ab Mitte des 12. Jh. werden D. sehr viel häufiger. Gründe dafür sind v. a. das Aufblühen der Rechtswissenschaft und die tiefgreifenden Änderungen im →Prozeßrecht. Resultat, nicht Absicht, ist eine größere Vereinheitlichung des kanon. Rechts und der kirchl. Disziplin.

V. a. bei Konsultationen (mit den Mandaten an delegierte Richter der wichtigste D.-Typus) werden oft mehrere Fragen in dem gleichen Dekretale beantwortet, was dann zur Zergliederung der D. führte (→Dekretalensammlungen). Diese Zerstückelung hat öfter dazu geführt, daß Inskriptionen, Adressaten, Datierungen verlorengingen oder verstümmelt wurden, so daß erst die moderne Forschung in manchen Fällen den urspgl. Zusammenhang hat wiederherstellen können. Weiter ist zu beachten, daß v. a. in systematischen Sammlungen jene Teile der D., die Tatsachen darstellen, verkürzt oder ganz gestrichen worden sind (partes decisae).

Ab ca. 1175 werden die neuen, nachgratian. D. immer häufiger von den →Dekretisten zitiert. Die Art und Weise, wie die D. angeführt werden, bilden ein wichtiges Hilfsmittel für die Datierung dekretist. (und anderer) Werke.

Der jurist. Wert der D. ist verschieden. In den Sammlungen kommen auch Konstitutionen, v. a. Konzilskonstitutionen (oft mit einer Inskription vom Typus »Alexander III in concilio generali«) mit allgemeiner Geltung vor; Enzykliken richten sich ebenfalls an die Allgemeinheit, beanspruchen aber keine Gesetzeskraft. D. im engeren Sinn gelten nur für den Einzelfall. Für die ma. Kanonisten sind sie an erster Stelle Argumente, auctoritates wie die im Decretum Gratiani enthaltenen Texte. Auch eine Dekretalensammlung ist Sammlung von auctoritates; selbst wenn sie authent. ist (wie die Compilatio tertia, die Compilatio quinta und der Liber Extra), ändert das den Charakter der in ihnen enthaltenen Texte nicht. Die Authentizität besagt lediglich, daß die Texte nur in einem bestimmten Wortlaut in Prozeß und Unterricht benutzt werden können. Die Exklusivität einer Sammlung (nicht immer mit der Authentizität gegeben: die →Clementinae sind authent., aber nicht exklusiv) bedeutet, daß nur noch die in der Sammlung enthaltenen Texte als Argumente dienen können. Bei der Redaktion des →Liber Sextus sind gesetzgeber. Ambitionen für den heutigen Betrachter wohl deutlicher als für den ma. Kanonisten. H. van de Wouw

Lit.: COING, Hdb. I, 839 [K. W. NÖRR] – NCE IV, 707–709 – VAN HOVE, 138–141, 186–190 – A. M. STICKLER, Hist. font., 1950, 18–20 – K. W. NÖRR, Päpstl. D. in den ordines iudiciorum der frühen Legistik, Ius commune 3, 1970, 1–9; BMCL 1, 1971, 101 – DERS., Vier Dekretalennachweise, ebd., 63 – R. SOMERVILLE, Two Letters of Pope Innocent III., ebd., 67–70 – E. PITZ, Papstreskript und Kaiserreskript im MA (Bibl. des Hist. Inst. in Rom 36, 1971) – G. FRANSEN, Les décrétales et les collections de décrétales (Typol. des sources du MA occ. 2), 1972 [Lit.] – K. W. NÖRR, Päpstl. D. und röm.-kanon. Zivilprozeß (Stud. zur europ. Rechtsgesch., 1972), 53–65 – M. CHENEY, JL 13162 'Meminimus nos ex': One Letter or Two?, BMCL 4, 1974, 66–70 – S. KUTTNER, The decretal 'Presbiterum' (JL 13912) – a Letter of Leo IX, BMCL 5, 1975, 133–135 – O. HAGENEDER, Papstregister und Dekretalenrecht, Recht und Schrift im MA (VuF 23, 1977), 319–347 – K. PENNINGTON, 'Cum causam que': A Decretal of Pope Innocent III, BMCL 7, 1977, 100–103 – Initienverzeichnis zu Potthast, Reg. (MGH Hilfsmittel 2, 1978) – S. KUTTNER, Medieval Councils, Decretals and Collections of Canon Law, 1980 – DERS., Zur Dekretale 'Licet preter solitum', BMCL 11, 1981, 27–28 – CH. DONAHUE Jr., The Dating of Alexander the Third's Marriage Decretals, ZRGKanAbt 68, 1982, 70–124 – S. KUTTNER, Raymond of Peñafort as editor: The 'decretales' and 'constitutiones' of Gregory IX, BMCL 12, 1982, 65–80 – Decretales ineditae saeculi XII. From the papers of the late W. HOLTZMANN, ed. and rev. S. CHODOROW – C. DUGGAN, MIC B 4, 1982 [Rez. dazu: R. WEIGAND, AKKR 151, 1982, 631–634].

Dekretalensammlungen. Sammlungen von →Dekretalen wurden zuerst in den 60er Jahren des 12. Jh. von Kanonisten angelegt, die bemüht waren, Anschluß an das neue, vom päpstl. Stuhl ausgehende Recht zu finden. Viele der frühen Sammlungen sind in Hss. des →Decretum Gratiani überliefert. Die frühesten Sammlungen enthalten vollständige Abschriften der Dekretalen und sind nicht themat. geordnet. Aus diesem Grund bezeichnen sie die meisten Wissenschaftler als »primitive Sammlungen«. Noch in den 90er Jahren des 12. Jh., als längst die sog. »systemat. Sammlungen« vorherrschten, schufen Kanonisten primitive Sammlungen. Die systemat. Sammlungen haben zwei Hauptmerkmale: die Texte sind redigiert und in Titel geordnet, die wichtigsten Rechtsfälle behandeln. Auch einige spätere primitive Sammlungen sind in Titel eingeteilt, aber das Bearbeitungsverfahren und die Textgliederung erscheinen hier sehr selten.

Die D. entwickelten sich im Weiterreichen von Kanonist zu Kanonist, so daß verschiedene Gruppen von verwandten, aber unabhängigen Sammlungen entstanden. Im ersten Entwicklungsstadium wurde eine Kerngruppe von Dekretalen zusammengestellt; dieser Grundstock wurde dann durch eine Reihe von Rechtsgelehrten weiterentwickelt, welche die Sammlungen einander ausliehen.

Folgende Hauptgruppen primitiver Sammlungen sind zu nennen: die Tortosa-Gruppe mit drei, die frz. Gruppe mit vier, die it. mit fünf und die engl. Gruppe mit neun Sammlungen. Zwei spätere Gruppen, die Bridlington- (zwei Sammlungen) und die Worcester-Gruppe (sechs Sammlungen und ein Fragment), enthalten Sammlungen, in denen Texte in Titel eingeteilt sind.

Die erste systemat. Sammlung stammt aus der Zeit vor dem III. →Laterankonzil (1179). Sie ist durch eine Pariser Hs. bekannt geworden und wird »Collectio Parisiensis secunda« genannt. Es wird angenommen, daß der Bologneser Professor →Bernhard v. Pavia sie zusammengestellt hat, weil er sie in seiner Abhandlung zur kanon. Wahl benutzte, die dem Konzil voranging.

Die »Parisiensis secunda« ist als ein Übergangswerk zu bezeichnen. Der Kompilator kopierte die Briefe vollständig, teilte aber das Werk in Titel ein und fügte Verweise unter den passenden Titeln auf wichtige Dekretalen ein, so daß ein Benutzer unter einem Titel sowohl vollständige Texte als auch Verweise auf Texte, die an anderer Stelle in dem Werk kopiert waren, finden konnte.

Diese neue systemat. Methode bei der Sammlung der Dekretalen verbreitete sich bald nach dem III. Laterankonzil. Mit den am Konzil teilnehmenden Prälaten kamen Helfer und Rechtsgeschäfte nach Rom, so daß reichlich Gelegenheit bestand, während des Konzils Ideen und entsprechendes Material auszutauschen. So enthält z. B. die »Collectio Florianensis«, eine it. primitive Sammlung, zwei Dekretalengruppen, die in ihrer Form und Anordnung auf frühere engl. Sammlungen hinweisen. Die Verbreitung der systemat. D. darf als das auffallendste Ergebnis des Treffens der Kanonisten während des III. Laterankonzils bezeichnet werden.

Die Konzilsdekrete wurden zur Grundlage für neue Dekretalensammlungen. Zu den frühesten systemat. Sammlungen gehören der engl. »Appendix Concilii Lateranensis III.« und die frz. »Collectio Bambergensis«, die beide mit den Konzilsdekreten von 1179 beginnen. Es gibt zahlreiche Kopien dieser Sammlungen, was ebenso wie die Glossen in den Hss. darauf hindeutet, daß sie zum Ausgangspunkt für eine neue Lehrtätigkeit in den nördl. Schulen wurden. Während →Bologna in den 80er Jahren des 12. Jh. konservativ blieb und dort nur das Decretum Gratiani gelehrt wurde, richtete man im N einen auf dem Dekretalenrecht beruhenden Rechtsunterricht ein.

In Bologna wurde die Lehrtätigkeit über die Dekretalen um 1190 oder 1191 von Bernhard v. Pavia ins Leben gerufen. Er schuf als Textsammlung für den Schulgebrauch eine neue Dekretalensammlung, das »Breviarium Extravagantium«. Die Dekretalen wurden bearbeitet und dabei – wie es nördl. der Alpen schon allgemein üblich war – in Teile zerlegt, die unter den einschlägigen Titeln eingereiht wurden. Bernhards Einteilung wurde vorbildl. für die späteren Sammlungen der Bologneser Schule.

Die Lehrer der Dekretalen in Bologna versuchten, ihre Rechtsbücher auf dem Laufenden zu halten, indem sie zunächst das »Breviarium« überarbeiteten und dann später neue Sammlungen zu dessen Ergänzung verfaßten. Die erste Ergänzung wurde 1202 von dem Engländer →Gilbertus vollendet, die zweite von →Alanus Anglicus, ebenfalls Engländer, 1206 zusammengestellt.

Aber die Flut der päpstl. Dekretalen aus der Kurie unter →Innozenz III. (1198–1216) war so groß, daß bald eine neue Sammlung benötigt wurde. Sie wurde von →Bernhard v. Compostela d. Ä., einem Archidiakon des Hl. Stuhls, aus den Registern angefertigt. Innozenz III. approbierte diese Dekretalensammlung nicht, da er sie offenbar nicht als adäquate Wiedergabe der Arbeit seines Hofes ansah. Sie wurde von den Kanonisten in Bologna »Compilatio Romana« genannt. Der Papst beauftragte →Peter v. Benevent (Petrus Collivaccinus) mit der Zusammenstellung einer neuen Sammlung, die 1209 beendet wurde, und sandte sie nach Bologna, damit sie dort die Stelle der Sammlung Bernhards einnehmen sollte.

Die neue Sammlung ersetzte die Dekretalen Innozenz' III. in den Sammlungen von Gilbertus und Alanus; im Wettstreit mit anderen erarbeitete →Johannes Galensis (v. Wales) eine neue Fassung dieser Sammlungen, die nur die vorinnocentianischen Dekretalen enthielt. Diese neue Fassung fand allgemeine Anerkennung. Somit lagen für den Schulgebrauch nun drei Bücher vor: das »Breviarium« von Bernhard v. Pavia, die Sammlung von Johannes Galensis sowie die der Dekretalen Innozenz' III. von Peter v. Benevent.

Das IV. Laterankonzil (1215) erließ 71 Dekrete und stellte wie sein Vorgänger von 1179 eine Zäsur in der Geschichte des kanon. Rechts dar. Der Bologneser Professor →Johannes Teutonicus vereinigte 1216 diese Konzilsdekrete mit den Dekretalen aus den letzten Jahren Innozenz' III. (1209–16) zu einem vierten neuen Rechtsbuch für den Schulgebrauch. 1226 fügte →Tankred v. Bologna eine fünfte Sammlung hinzu. Sie enthielt Briefe von Innozenz' Nachfolger Honorius III. (1216–27).

Die Rechtsbücher der Schule v. Bologna waren bald die einflußreichsten D., aber auch Bücher anderer Rechtstraditionen blieben in Gebrauch. So zeigt das Buch eines Rechtsgelehrten aus Rouen, wie die Kanonisten im N auf die Autorität der Schule v. Bologna reagierten. Er berücksichtigt in seinem Werk Inhalt und Aufbau der ersten zwei Bücher v. Bologna, aber nur, um Lücken in seinen älteren Sammlungen, die aus der anglo-norm. Schule stammten, zu füllen und um Rückverweise von seinen Sammlungen auf die bolognesischen zu machen, da diese überall, bes. in Rom, benutzt wurden. Die anglo-norm. Sammlungen der St-Germain-Gruppe, die als letzte Entwicklungsstufe der D. aus nichtbolognesischer Tradition angesehen werden dürfen, enthalten Rechtsstoff (aber nicht den Aufbau) aus dem »Breviarium« und Texte aus anglo-norm. Sammlungen der Worcester-Gruppe.

Die Fülle der Sammlungen führte an den kirchl. Gerichtshöfen zu Problemen, da sich Parteien oft auf verschiedene Dekretalentraditionen beriefen. Deshalb beauftragte Papst Gregor IX. (1227–41) →Raymund v. Peñafort, Kanonist in der päpstl. Verwaltung, mit der Kompilation einer großen Sammlung, die als ein »corpus« des Dekretalenrechts alle anderen Sammlungen ersetzen sollte. Grundlage dieser 1234 promulgierten »Decretales Gregorii IX.« bildeten die fünf Sammlungen der Bologneser Schule, fortan unter der Bezeichnung »Compilationes antiquae« bekannt. →Corpus iuris canonici, Abschnitte III–VII.
St. Chodorow

Ed. und Lit.: Quinque compilationes antiquae, ed. Ae. Friedberg, 1882 [Nachdr. 1956] – Die Canones-Sammlungen zw. Gratian und Bernhard v. Pavia, ed. Ae. Friedberg, 1897 [Nachdr. 1958] – Kuttner, 272ff. – W. Holtzmann, Über eine Ausg. der päpstl. Dekretalen des 12. Jh., NAG 1945, 15–36 – S. Kuttner, Notes on a Projected Corpus of Twelfth-century Decretal Collections, Traditio 6, 1948, 345–351 – P. Landau, Die Entstehung der systemat. D. und die europ. Kanonistik des 12. Jh., ZRGKanAbt 66, 1979, 120–148 – W. Holtzmann, Stud. in the Collections of Twelfth-century Decretals, ed., überarbeitet, übers. C. R. Cheney–M. G. Cheney (MIC B 3, 1979) – St. Chodorow–C. Duggan, Decretales ineditae saeculi XII (MIC B 4, 1982) – Vgl. →Corpus iuris canonici.

Dekretalisten, Dekretalistik. Unter Dekretalisten versteht man Kanonisten, die sich in ihren Arbeiten v. a. mit →Dekretalen(sammlungen) befaßten. Im weiteren Sinn können alle ma. Kanonisten nach 1234 als Dekretalisten betrachtet werden; auch bis in die NZ gaben sich viele kanonist. Werke als Dekretalenkommentare aus oder behielten wenigstens das System der Dekretalensammlungen des →Corpus iuris canonici bei (noch F. X. Wernz, 1842–1914, nannte sein Hauptwerk »Ius Decretalium«).

Zu den ersten Dekretalisten zählen die Verfasser systemat. Dekretalensammlungen, die durch Zergliedern der Dekretalen und Zusammenfassen der rechtsrelevanten Teile in Titel ihre wissenschaftl. Tätigkeit bezeugen. Allegationen und Notabilien (→Dekretisten, Dekretistik) finden sich schon zu primitiven Sammlungen, v. a. in der Form von Dekretanhängen; ausführlicher werden systemat. Sammlungen bis nach der Compilatio prima glossiert. Diese von →Bernhard v. Pavia verfaßte Sammlung markiert den Wendepunkt: nach ihr ist – wenigstens in →Bologna – Kanonistik v. a. Dekretalistik (D.).

Die Namen der Kanonisten dieser Periode bezeugen den internationalen Charakter der Bologneser Wissenschaft (dafür sind die meisten außerbolognes. Werke anonym): →Ricardus Anglicus und →Alanus Anglicus, →Johannes Galensis, Petrus Hispanus, →Laurentius Hispanus und →Vincentius Hispanus, →Johannes Teutonicus, →Damasus Ungarus und →Paulus Ungarus.

Die Bearbeitungen der Compilationes antiquae sind von größerer Einheitlichkeit und haben öfter Apparatcharakter als die Glossierungen des →Decretum Gratiani, was wohl aus dem geringeren Umfang der Dekretalensammlungen zu erklären ist. Der als →Glossa ordinaria betrachtete Apparat stammt für die drei ersten Compilationes von

→Tancredus (1210–20), dem wir auch die wichtigsten Monographien zum →Eherecht und zum →Prozeßrecht dieser Zeit verdanken, für die Compilatio quarta von Johannes Teutonicus (1216/17) und für die Compilatio quinta von →Johannes de Albenga (nach 1226).

Da die Compilationes antiquae in Bücher und Titel eingeteilt waren, konnte – anders als in der Dekretistik – die Literaturgattung der →Summae titulorum aufblühen. Schon Bernhard v. Pavia verfaßte zw. 1191 und 1198 eine Summa zu seiner eigenen Sammlung, die unter Einbeziehung der zweiten und dritten Compilatio von Ambrosius und Damasus (beide um 1215) bearbeitet wurde.

Verhältnismäßig reich vertreten sind Schriften repertor. Charakters (→Casus, →Notabilia, →Brocarda), die öfters zusammen in einer Handschrift auftreten.

Die Promulgation des →Liber Extra 1234 bedeutet den wohl wichtigsten Einschnitt in der Geschichte der ma. Kanonistik: die ältere Literatur wurde obsolet und blieb deshalb, von wenigen Ausnahmen abgesehen, bis zum 19. Jh. ungedruckt. Dasselbe Los hatten (und haben bis jetzt) aber auch manche wichtige Werke der ersten Generation nach 1234: die Summa des →Johannes Hispanus de Petesella (1235/36), die Apparate des →Goffredus de Trano (vor seiner Summa) und Vincentius Hispanus (ab 1234, vollendet 1241/45; der Einfluß seiner Glossen ist schon bei Goffredus nachzuweisen). Auch →Raymund v. Peñafort, der Kompilator des Liber Extra, schrieb Werke (Summa iuris canonici, erste Fassung der Summa de casibus poenitentiae), die zur vorigen Periode gehören. Die Glossa ordinaria zum Liber Extra verfaßte →Bernardus de Botone (1241–63).

Aus dem 13. Jh. seien vier öfters gedruckte Werke erwähnt: die Summa des Goffredus de Trano (1241/43), in ihrer Knappheit gut gelungen und sehr verbreitet, der Kommentar von →Innozenz IV., der während seines Pontifikats als Privatgelehrter auch seine eigenen Dekretalen bearbeitete (1246/54), die Summa aurea (1253) des →Henricus de Segusio (Hostiensis), eines der wichtigsten Werke der ma. Rechtswissenschaft überhaupt, und seine Lectura (vollendet 1271). Die ungedruckte Summa des Heinrich v. Merseburg, entstanden um 1242 in Magdeburg, ist bis zum Anfang des 14. Jh. Grundlage weiterer Werke geworden; sie ist wohl als der bedeutendste dt. Beitrag zur D. zu betrachten.

Von den Kommentaren zu den Novellensammlungen zw. Liber Extra und Liber Sextus sind die zu den Novellen Innozenz' IV. von Innozenz selbst (in seinem Dekretalenkommentar) und von Hostiensis gedruckt.

Zum Liber Sextus erschienen ungefähr gleichzeitig (1301) die Apparate von →Johannes Monachus und →Johannes Andreae, dessen Arbeit als Glossa ordinaria betrachtet wurde. Etwas jünger (1306/13) ist der Apparat des →Guido de Baysio. Johannes Andreae vollendete 1322 seine Glossa ordinaria zu den →Clementinen und 1338–42 seine beiden »Novella« genannten Kommentare zum Liber Extra und zum Liber Sextus. Er gilt als der Zusammenfasser der älteren Literatur; v. a. seine Additiones zum »Speculum iudiciale« des Guilelmus →Duranti zeugen von seinen umfassenden literaturhistor. Kenntnissen.

Eine Sonderstellung nehmen die »Distinctiones in libros V Decretalium« von →Henricus Bohic ein, die in den vierziger Jahren des 14. Jh. in Paris geschrieben wurden. Sie waren sehr verbreitet und bieten auch dem heutigen Leser noch eine willkommene Abwechslung zur it. Dekretalistik.

Aus der Spätzeit sei hier nur der Kommentar des →Nicolaus de Tudeschis (Panormitanus) aus der 1. Hälfte des 14. Jh. genannt, der auch als Zugang zu den älteren Schriftstellern sehr nützlich ist.   H. van de Wouw

Lit.: COING, Hdb. I, 373–382 [K. W. NÖRR] – KUTTNER, 386–452 – NCE IV, 705–707 – SCHULTE I, 175–211; II, 75–408 – VAN HOVE, 442–453, 467–528 – A. GARCÍA Y GARCÍA, La canonística ibérica medieval posterior al Decreto de Graciano, Rep. de Hist. de las Ciencias Eclesiásticas en España I, 1967, 397–434; II, 1971, 183–214; V, 1976, 351–402 – R. WEIGAND, Glossenapparat zur Compilatio prima aus der Schule des Petrus Brito in St. Omer 107, Traditio 26, 1970, 449–457 – M. BERTRAM, Der Dekretalenapparat des Goffredus Tranensis, BMCL 1, 1971, 79–83 – A. GARCÍA Y GARCÍA, Canonistas gallegos medievales, Compostellanum 16, 1971, 101–124 – D. MAFFEI, Alberico di Metz e il suo Apparato sulle Clementine, BMCL 1, 1971, 43–56 – DERS., La bibl. di Gimignano Inghirami e la »Lectura Clementinarum« di Simone da Borsano, MIC C 4, 1971, 217–236 – J. A. MARTÍN AVEDILLO, Estado actual de la investigación sobre el canonista Ambrosius, ebd., 103–111 – P. OURLIAC–H. GILLES, La période post-classique (1378–1500), 1971 – E. VAN BALBERGHE, Le commentaire sur les Clémentines d'Etienne Troches et Pierre d'Estaing, RHE 66, 1971, 502–506 – B. SCHIMMELPFENNIG, Zur Glossierung kanonist. Texte an der Kurie in Avignon, BMCL 2, 1972, 33–43 – M. BERTRAM, Zur wiss. Bearbeitung der Konstitutionen Gregors X., QFIAB 53, 1973, 459–467 – CH. MCCURRY, Jean de Sierck and a Lost Commentary on the Liber Sextus, BMCL 3, 1973, 142–144 – F. A. ROCA TRAVER, Pedro Juan Belluga, EEMCA 9, 1973, 101–159 – M. BERTRAM, Kirchenrechtl. Vorlesungen aus Orléans (1285/87), Francia 2, 1974, 213–233 – DERS., Some Additions to the »Repertorium der Kanonistik«, BMCL 4, 1974, 9–16 – L. E. BOYLE, The Date of the Commentary of William Duranti on the Constitutions of the Second Council of Lyons, ebd., 39–47 – H. GILLES, Jean de Jean, abbé de Joncels, canoniste, HLF 40, 1974, 53–111 – DERS., Gilles Bellemère, ebd., 210–281 – G. DOLEZALEK, Another Fragment of the Apparatus »Militant siquidem patroni«, BMCL 5, 1975, 130–132 – H. J. BECKER, Simone da Borsano, ein Kanonist am Vorabend des großen Schismas, Rechtsgesch. als Kulturgesch. (Fschr. A. ERLER, 1976), 179–195 – M. BERTRAM, Aus kanonist. Hss. der Periode 1234 bis 1298, MIC C 5, 1976, 27–44 – A. GARCÍA Y GARCÍA, Estudios sobre la canonística portuguesa medieval, 1976 – A. GOURON, Canonistes et civilistes des écoles de Narbonne et Béziers, MIC C 5, 1976, 523–536 – J. KEJŘ, Hermanni de Praga Concordantia Decretalium cum Decretis, SG 20, 1976, 1–15 – DERS., Das jurist. Werk M. Friedrich Eppinges. Studie o Rukopisech 15, 1976, 3–11 – CH. LEFEBVRE, Les gloses à la »Compilatio I²« du Ms. Pal. lat. 652 de la Bibl. Vaticane, SG 20, 1976, 135–156 – O. PONTAL, Quelques remarques sur l'œuvre canonique de Pierre de Sampzon, AHC 8, 1976, 126–142 – M. BERTRAM, Johannes de Ancona: Ein Jurist des 13. Jh. in den Kreuzfahrerstaaten, BMCL 7, 1977, 49–64 – A. SCHMIDT–H. HEIMPEL, Winand von Steeg, AAM NF 81, 1977 – G. ANCIDEI, Un exemplar dell' Apparatus Novellarum Innocentii IV di Bernardo di Compostella (Palaeographica Diplomatica et Archivistica, Studi G. BATTELLI, Storia e letteratura, Racc. di StT 139, 1979), 333–341 – A. GARCÍA Y GARCÍA, En torno a la canonística portuguesa medieval, Anais Academia portuguesa da história², 26.1, 1979, 125–151 – A. GOURON, Les premiers canonistes de l'école montpelliéraine (Mél. J. DAUVILLIER, 1979), 361–368 – P. LANDAU, Die Entstehung der systemat. Dekretalensammlungen und die europ. Kanonistik des 12. Jh., ZRGKanAbt 65 (male 66), 1979, 120–148 – DERS., Stud. zum App. und den Glossen in frühen systemat. Dekretalensammlungen, BMCL 9, 1979, 1–21 – W. STELZER, Österr. Kanonisten des 13. Jh., ÖAKR 30, 1979, 57–81 – J. TARRANT, The Life and Works of Jesselin de Cassagnes, BMCL 9, 1979, 37–64 – B. ALONSO RODRÍGUEZ, En torno a los canonistas medievales salmantinos, MIC C 6, 1980, 267–296 – F. CANTELAR RODRÍGUEZ, El apparatus de Bernardo Raimundo al Libro Sexto de Bonifacio VIII, ebd., 213–258 – A. GARCÍA Y GARCÍA, Nuevos descubrimientos sobre la canonística Salmantina del siglo XV, AHDE 50, 1980, 361–374 – T. IZBICKI, New Notes on Late Medieval Jurists: III. Commentators on the Clementines According to Johannes Calderinus, BMCL 10, 1980, 62–65 – A. PÉREZ MARTIN, Canonistas medievales en el Colegio de España en Bolonia (1368–1543), MIC C 6, 1980, 297–306 – F. CANTELAR RODRÍGUEZ, Bernardo Raimundo y Gencelino de Cassanis, ZRGKanAbt 67, 1981, 248–263 – A. GARCÍA Y GARCÍA, La Canonistica Ibérica (1150–1250) en la investigación reciente, BMCL 11, 1981, 41–75 – DERS., La canonística medieval en Galicia, 1981 – Constitutiones Concilii quarti Lateranensis una cum Commentariis glossatorum, ed. A. GARCÍA Y GARCÍA, MIC A 2, 1981 – P. LANDAU, Die Glossen der Collectio Cheltenhamensis, BMCL 11, 1981, 9–27 – Johannis Teutonici Apparatus glossarum in

Compilationem tertiam I, ed. K. PENNINGTON, MIC A 3, 1981 – P. ERDÖ, Ricardus de Senis' Glossen in einer Budapester Dekretalenhandschrift, ÖAKR 33, 1982, 107–111 – O. HAGENEDER, Eine neue Ed. von Glossenapparaten der frühen D., ZRGKanAbt 68, 1982, 462–469 – P. J. KESSLER, Glossa novellistica, ebd., 186–201 – M. BERTRAM–M. DUYNSTEE, Casus legum sive Suffragia monachorum, Legist. Hilfsmittel für Kanonisten im späteren MA, TRG 51, 1983, 317–363 – S. KUTTNER, Gratian and the Schools of Law, 1983.

Dekretisten, Dekretistik. Obwohl schon die große Kirchenrechtssammlung des →Burchard v. Worms (um 1020) und eine der Sammlungen des →Ivo v. Chartres (um 1100) »Decretum« genannt wurden, gibt es den Begriff der Dekretistik (D.) erst für die wissenschaftl. Beschäftigung mit dem →Decretum Gratiani (um 1140), weil erst dieses bahnbrechende Werk durch die Gunst der Zeit Ausgangspunkt für die Entstehung der Kanonistik wurde. Angeregt durch die zeitgenöss. →Legistik und in Wechselwirkung zu ihr sowie zur →Theologie stehend, bildete sich die D. als eine eigene wissenschaftl. Disziplin zw. den genannten Fächern heraus. →Gratian selbst hat durch seine »Dicta« die von ihm gesammelten und nicht selten sich widersprechenden Quellentexte gemäß den dialektisch-scholast. Interpretationsregeln in ein harmon. System gebracht. Da die allermeisten Werke der Dekretisten noch ungedruckt sind, ist deren Erforschung und Auswertung bisher wenigen Spezialisten vorbehalten. Der erste (uns namentl. bekannte) Dekretist, der eine kurze →»Summe« als Zusammenfassung des Dekrets geschaffen hat, ist →Paucapalea. Er hat auch das Dekret selbst für die Wissenschaft besser erschlossen, indem er den ersten Teil in 101 und den dritten in fünf Distinktionen einteilte und die 36 Rechtsfälle (Causae) und deren einzelne Fragen durchzählte, so daß sie leichter zu zitieren waren. Die durch Paucapaleas System ermöglichte genaue Anführung von Parallel- und Konträrstellen (Allegationen) bilden von Anfang an einen wichtigen Bestandteil der Glossen zum Dekret; sie boten das Material und die Problemgrundlage für die meisten späteren Arbeiten am betreffenden Text. Zwei damit konkurrierende (und wohl vom röm. Recht beeinflußte) Systeme hatten nur eine vorübergehende Bedeutung: Die Markierung ähnlicher (oder gegensätzl.) Stellen durch auffallende rote Zeichen am Rand (Buchstaben und sonstige Zeichen) war nur für nicht zu weit entfernte Stellen möglich. Auch der fast gleichzeitige Versuch, das Decretum Gratiani nach dem Vorbild des röm. Rechts in Titel einzuteilen und nach diesen Titeln zu zitieren (evtl. in Verbindung mit einer Vierteilung des Dekrets) konnte sich gegenüber Paucapaleas Methode nicht durchsetzen, ist aber aufgrund der neuesten Glossenforschung in der meist interlinear überlieferten zweiten Glossenkomposition zum Dekret noch heute deutlich erkennbar. Diese Glossen bieten vielfach Worterklärungen mit einer Belegstelle.

Abkürzungen des Dekrets (u. a. von →Omnibene) scheinen (später) eher in der »Provinz« den Zugang zum Kirchenrecht erschlossen zu haben, während in den Zentren der Wissenschaft, bes. in →Bologna, das Dekret noch erweitert wurde, bes. durch manche Texte des röm. Rechts und die sog. →Paleae. Auch der gelegentl. Versuch, den Stoff anders aufzuteilen (z. B. in der »Transformatio Decreti« des Kard.s →Laborans), war angesichts der Autorität des Dekrets von vornherein zum Scheitern verurteilt.

Die verschiedenartigen→Glossen standen in enger Verbindung mit dem Rechtsunterricht und bildeten anfangs den wesentlichsten Teil der Dekretistik. Rechts(grund)-sätze, die aus dem Text abgeleitet wurden oder schon im Legaltext enthalten waren (gelegentl. fast ident. mit den Summarien), wurden meist in Dreiecksform und mit farbiger Initiale an den Rand geschrieben, manchmal durch ein »No(ta)« (daher Notabilien) oder »ar(gumentum)« bes. hervorgehoben. Diese Glossen bilden zusammen mit vielen Allegationen den Hauptteil der ersten (von Paucapalea kaum beeinflußten) Glossenkomposition.

Solutionenglossen lösen im Anschluß an Konträrstellenangaben die zutage getretenen Widersprüche auf. Sie bilden den Hauptteil der meist anonym überlieferten dritten Glossenkomposition, die von →Rufinus stammt, der diese Glossen fast alle auch in seine umfangreiche und weitverbreitete Summe aufgenommen hat. In ihr hat er gute syst.-zusammenfassende Darstellungen mit der Einzelerklärung vieler Worte und Begriffe verbunden, wie das in den meisten Dekretsummen geschah. Worterklärungen, immer umfangreicher werdende diskursive Glossen, zusammenfassende→Distinktionen und→Quaestionen dienten der weiteren Erschließung des Dekrettextes und der wissenschaftl. Problemlösung. Die Distinktionen (teilweise in tabellarisch-schemat. Form geschrieben) dienten dazu, Begriffe, Tatbestände und Rechtsbeziehungen zu klären, indem sie in Unterbegriffe zerlegt wurden und diesen die je entsprechende Rechtswirkung zugeordnet wurde, vielfach mit Angabe der entsprechenden Belegstellen. Die Quaestionen wurden bald zu eigenen Sammlungen zusammengefaßt. Ihnen entsprach im Unterricht eine spezielle Veranstaltung, die meist nachmittags stattfand: »Quaestiones mercuriales« oder »veneriales«, aus denen sich die schulmäßigen Disputationen entwickelten.

Erst ab etwa 1160 wurde begonnen, die Glossen durch eine Sigle einem bestimmten Autor zuzuschreiben: G(uibert v. Bornado) war wohl hauptsächl. Legist, da er sich meist auf das röm. Recht bezog. Ro(landus), nicht der spätere Papst Alexander III. wie bisher fälschl. angenommen wurde, ist auch Verfasser einer Summe zum Dekret. Der lange Zeit rätselhafte c(ardinalis) ist der aus Nîmes stammende und 1158 zum Kard. erhobene Raymond des Arènes. →G(andulfus) glossierte nicht nur das Dekret, sondern er verfaßte als bedeutender Theologe zugleich eine →Sentenzensammlung, wie das auch Rolandus und Omnibene getan hatten. →Johannes Faventinus, →Bernhard v. Pavia, →Simon v. Bisignano, Petrus Hispanus, Bazianus (der erste Doctor beider Rechte), →Melendus und→Huguccio sind die bekanntesten weiteren Glossatoren bis zum Jahr 1190, als sich ein Teil der kanonist. Aktivitäten auf die →Dekretalen verlagerte. Von den Genannten verfaßten außerdem Johannes Faventinus, Simon und Huguccio weitverbreitete Summen. Mit Huguccio erreichte die D. ihren Höhepunkt an Ausführlichkeit und Schärfe der Problemdurchdringung. In den achtziger Jahren erfolgte auch eine Standardisierung der Glossenüberlieferung in dem weitverbreiteten Glossenapparat »Ordinaturus magister«, in den Glossen aller früheren Kompositionen und Autoren der Schule v. Bologna integriert wurden.

Die bisher genannten Namen zählen alle zur Schule v. Bologna, die in der D. eindeutig führend war und blieb. →Stephan v. Tournai, von dem Glossen und eine oft überlieferte Summe stammen, studierte zwar in Bologna (vor 1160) und seine Werke wurden auch dort viel benützt; er darf jedoch als Gründer der frz. Schule (in →Paris) angesehen werden. Ihre Erzeugnisse (Glossen, Summen und auch Glossenapparate) sind meist anonym; sie wurden spärlicher abgeschrieben als die Erzeugnisse der Schule v. Bologna. Zu nennen sind bes. die Summen »Parisiensis«, »Monacensis«, »Antiquitate et tempore«, »Permissio quedam«, »Tractaturus magister«, »Reverentia sacrorum canonum«, »Et est sciendum«. Lediglich die Summe des →Sicard v. Cremona macht eine Ausnahme, da von ihr 26 Hss. bekannt sind, wohl weil er selbst die Beziehung nach Italien kraft seiner Herkunft pflegen konnte. Die Summen der frz. Schule sind vielfach stärker theolog. orientiert und haben strenger summierenden Charakter als die Werke der Schule v. Bologna, denen sie qualitativ in nichts nachstehen. Mit der frz. Schule eng verbunden ist ihr rhein. Ableger, deren bedeutendstes Werk die sog. »Summa Coloniensis« ist, die um 1169 entweder von →Gottfried v. Köln oder →Bertram v. Metz verfaßt wurde.

Auch die anglo-norm. Schule ist sehr eng mit der frz. Schule verbunden. Die Summa »De multiplici iuris divisione« und die »Decreta minora« des →Odo v. Dover sind ihre frühesten lit. Zeugnisse. Sie erreichte in den beiden letzten Jahrzehnten des 12. Jh. ihre Glanzzeit mit den beiden großen Summen »Omnis qui iuste iudicat« (starke Benützung der Summe des Johannes Faventinus) und der des →Honorius, von dem auch eine mehrfach überlieferte Quaestionensumme stammt, ferner durch die in mehreren engl. Hss. überlieferten Glossen des →Johannes v. Tynemouth, →Simon v. Southwell, →Johannes v. Kent, →Gregor v. London u. a.

Nach 1190 verstärken mehrere Engländer die Schule v. Bologna, in der zw. 1190 und 1220 die bedeutendsten Werke, meist Glossenapparate, von »Ausländern« geschaffen wurden: →Richardus Anglicus (neben seinen dekretalist. Werken erfahren seine Distinctiones zum Dekret weite Verbreitung); →Alanus Anglicus konnte seinen Glossenapparat in zwei Rezensionen herausgeben. →Bernhard v. Compostela d. Ältere und →Laurentius Hispanus kamen aus Spanien. Das Werk des letzteren, die sog. »Glossa Palatina«, bildete eine wichtige Grundlage für den Apparat des →Johannes Teutonicus, der sich als die »Glossa ordinaria« zum Dekret durchsetzte und in Bearbeitung des →Bartholomäus Brixiensis bis in die NZ herauf gedruckt wurde. Kurz nach 1200 bedeuteten die mehrfach überlieferten großen Apparate »Ecce vicit leo«, »Animal est substantia« und der des →Wilhelmus Vascus Höhepunkte und in etwa den Abschluß der frz. Schule.

Obwohl sich im 13. Jh. der Schwerpunkt der Kanonistik immer mehr auf das Dekretalenrecht (→Dekretalisten, Dekretalistik) verlagerte, bes. mit dem Erscheinen des »Liber Extra« 1234, verdienen die umfangreichen Dekretkommentare des →Johannes v. Phintona und des →Petrus de Salinis um die Mitte des 13. Jh. sowie das »Rosarium« des →Guido de Baysio um 1300, der bewußt die Lehrmeinungen früherer Dekretisten wiedergab, noch eine bes. Erwähnung.   R. Weigand

Lit.: COING, Hdb. I, 365–375 [K. W. NÖRR] – DDC IV, 1065–1067 – KUTTNER, 1–271 – LThK² V, 1289–1295 – SCHULTE I, 109–172 – H. SINGER, Die Summa Decretorum des Magister Rufinus, 1902 [Nachdr. 1963] – J. JUNCKER, Die Summa des Simon v. Bisignano und seine Glossen, ZRGKanAbt 15, 1926, 326–500 – F. GILLMANN, Die Dekretglosse des Cod. Stuttgart hist. f. 419, AKKR 107, 1927, 192–250 – S. KUTTNER, Bernardus Compostellanus antiquus, Traditio 1, 1943, 277–340 – DERS.–E. RATHBONE, Anglo-Norman Canonists of the Twelfth Century, Traditio 7, 1949, 279–358 – A. M. STICKLER, Decretisti bolognesi dimenticati, SG 1, 1955, 375–410 – DERS., Alanus Anglicus als Verteidiger des monarch. Papsttums, Salesianum 21, 1959, 346–406 – T. P. McLAUGHLIN, The Summa Parisiensis on the Decretum Gratiani, 1962 – A. M. STICKLER, Il decretista Laurentius Hispanus, SG 9, 1966, 461–549 – DERS., Zur Entstehungsgesch. und Verbreitung des Dekretapparates »Ordinaturus Magister Gratianus«, SG 12, 1967, 111–141 – J. KEJR, Apparat au Décret de Gratien »Ordinaturus« source de la »Summa decretorum« de Huguccio, SG 12, 1967, 143–164 – G. FRANSEN, La structure des quaestiones disputatae et leur classement, Traditio 23, 1967, 516–534 – G. FRANSEN–S. KUTTNER, Summa 'Elegantius in iure diuino' seu Coloniensis (MIC A I), 1969, 1978 – R. WEIGAND, Welcher Glossenapparat zum Dekret ist der erste?, AKKR 139, 1970, 459–481 – DERS., Bazianus- und B.-Glossen zum Dekret Gratians, SG 20, 1976, 453–495 – DERS., Gandulphusglossen zum Dekret Gratians, BMCL 7, 1977, 15–48 – DERS., Magister Rolandus und Papst Alexander III., AKKR 149, 1980, 3–44 – W. STELZER, Gelehrtes Recht in Österreich: Von den Anfängen bis zum frühen 14. Jh., 1982 – S. KUTTNER, Gratian and the Schools of Law, 1140–1234, 1983 – G. DOLEZALEK–R. WEIGAND, Das Geheimnis der roten Zeichen. Ein Beitr. zur Paläographie jurist. Hss. des zwölften Jh., ZRGKanAbt 69, 1983, 143–199 – R. WEIGAND, Romanisierungstendenzen im frühen kan. Recht, ebd., 1983, 200–249.

Dekumatland → Decumates agri

Dekurio, Dekurionat → Decurio

Del Balzo, mächtige provenzal. und it. Feudalherrenfamilie, die bei ihrer ersten Machtentfaltung ihr Zentrum in der Provence hatte, das sich zu einem glänzenden Hof entwickelte; aus der ursprgl. Namensform de Baucio entwickelte sich die frz. Form de →B(e)aux und die it. del Balzo. Lehensträger der Gf.en v. Provence, folgten die d. B. in der 2. Hälfte des 13. Jh. Karl I. v. Anjou nach Italien, wo sie für ihre Ergebenheit dem neuen Kg. v. Sizilien gegenüber reich belohnt wurden. Karl wußte sie geschickt bei der Bildung der neuen Führungsschicht des Regnum seinen Wünschen entsprechend einzusetzen. Bes. Bedeutung hat in dieser Hinsicht *Barale* d. B. *(Barral des Baux)*, der als primus magister iustitiarius zu den sechs großen Amtsträgern des Regnum gehörte; er kann deshalb als 'longa manus' von Karls effektiver Herrschaft bezeichnet werden, in einer Phase, in der die Ablösung der alten Stauferherrschaft durch das neue Anjoureime noch nicht eindeutig feststand, wie sich bei Konradins Italienzug zeigte. Nach dem Tode Barales Anfang Aug. 1268 gewann sein Sohn *Bertrando* d. B. *(Bertrand des Baux)* Bedeutung, der als Vetter des Kg.s bezeichnet wird und von diesem 1272 mit der Gft. Avellino investiert wurde (Begründung der Mitte des 15. Jh. im Mannesstamm erloschenen Linie der D. B., Gf.en v. Avellino). Damit belohnte der Kg. Bertrandos Treue bei der Führung der Campagna-Truppen gegen Konradin und seine kluge Amtsführung als kgl. Vikar in Rom 1271. Eine derart hohe Stellung behielt er bis zum Ende des 13. Jh. bei. Noch größeren Einfluß errang sein Neffe *Bertrando II.* († 1351), der sich mit einer Tochter Karls II. v. Anjou, Beatrice, vermählte, die ihm die Stadt Andria als Mitgift in die Ehe brachte. Er genoß das Vertrauen Roberts v. Anjou, der ihn 1323 zu seinem Vikar in Rom und später (nach der Schlacht v. Altopascio 1325 und der Krise des angevin. Einflusses auf die Region) zum Generalkapitän der Toskana ernannte. Als magnus magister iustitiarius mußte er sich mit den äußerst undurchsichtigen Hintergründen der Ermordung →Andreas' v. Ungarn befassen, fungierte dabei als Vertrauensmann des Papstes und setzte alles daran, zahlreicher Intrigen, die Mörder der Gerechtigkeit zu übergeben. Deshalb bei der kgl. Familie in Ungnade gefallen, wurde er anscheinend vergiftet (1351). Er ist der Stammvater eines der bedeutendsten Zweige der Familie: der D. B., Hzg.e v. Andria, der bis zum Ende des 15. Jh. bestand; das Verhältnis dieser Linie zu den Herrschern gestaltete sich schwierig, so daß es zu einem ständigen Hin und Her zw. der sicheren Zuflucht der Güter in der Provence und den Besitzungen in Süditalien kam. Unter den Hzg.en v. Andria ragt *Jacopo (Giacomo)* d. B. († 1384) hervor, der mit Agnes v. Anjou, der Tochter jenes Karl v. Anjou-Durazzo, der auf Befehl Ludwigs I. d. Gr. v. Ungarn enthauptet worden war, vermählt war und mütterlicherseits die Titel Kaiser v. Konstantinopel, Fs. v. Achaia, Herr v. Albanien und Despot v. Romania ererbt hatte. Er stand im Gegensatz zu →Johanna I., konnte jedoch einen Teil seines Vermögens durch die Versöhnung mit →Karl III. wiedergewinnen. Die Bedeutung der Familie D. B. endete nicht mit der Anjoudynastie, sondern setzte sich auch unter den Aragonesen fort, da *Francesco II*. während des Kampfes zw. Angevinen und Aragonesen für →Alfons V. Partei genommen hatte. 1464 erhielt er den Titel eines »Gran-conestabile« und zusätzl. Lehen. Sein Sohn *Pirro* wurde jedoch 1486 in die Verschwörung der →Barone verwickelt und nahm ein schlimmes Ende. Weitere Zweige der Familie traten an der Wende vom 14. zum 15. Jh. in vielen Teilen Europas hervor. Der frz. Zweig starb bereits im 16. Jh. aus, einige it. Linien endeten im 17. und 18. Jh., die beiden Linien von Caprigliano und Presenzano sind jedoch noch heute in Italien bedeutend.

R. Manselli

Lit.: G. NOBLEMAIRE, Hist. de la Maison des Beaux, 1913 – E. G. LÉONARD, Les Angevins de Naples, 1954.

Delbna. Den älteren Genealogisten zufolge, gab es in Irland in früher Zeit fünf (oder sieben) D. genannte Stämme, die man sich als von einem einzigen Urahn abstammend vorstellte. Historisch am bedeutendsten waren: *D. Mór* in →Mide (die Baronie von Delvin) unter der Herrschaft der Uí Findalláin, die später von den norm. Nugents, den Baronen v. Delvin, abgelöst wurden; die östl. des Shannon in der Gegend von →Clonmacnoise siedelnden *D. Bethra* unter der Herrschaft der Meic Cochláin, die bis in die elisabethan. Zeit unabhängige Lords waren; *D. Nuadat*, die im Süden der Gft. Roscommon zw. Suck und Shannon saßen und vermutl. im 8. und 9. Jh. von den →Uí Maine unterworfen wurden; schließlich, unter der Herrschaft der Meic Conraí, die *D. Tíre* da Locha zw. dem Corrib-See und dem Meer (vermutl. identisch mit der Baronie von Moycullen). D. Ó Corráin

Lit.: E. HOGAN, Onomasticon Goedelicum, 1910, 340f.

Del Caccia, Giovanni di Matteo OP, Ordenshistoriker, * um 1265–70 in Orvieto, † um 1348 ebd., stammte aus einer vornehmen Familie der Stadt. Nach seinem Eintritt in den Predigerorden wurde er 1288–89 zum Philosophiestudium nach Pistoia geschickt und später (1305) dem Konvent in Tivoli zugewiesen, hielt sich aber zumindest seit 1311 wieder in Orvieto auf. 1318 nahm er an der Sammlung von Aussagen über das Leben und die Wunder seines Mitbruders Ambrogio Sansedoni v. Siena teil, für den die Dominikaner vergeblich die Eröffnung eines Kanonisationsprozesses verlangten. D. C.s Ruhm gründet sich auf die »Chronica conventus Urbevetani«, ein für die Geschichte der »Provincia Romana« des Predigerordens wichtiges Werk, das auch nach D. C.s Tod fortgeführt wurde. Das hist. Material ist in drei Abschnitte gegliedert. Im ersten werden die allgemeine Geschichte des Ordens behandelt und kurze biograph. Abrisse der ersten 18 Generalmeister und der ersten 15 aus dem Orden hervorgegangenen Kardinäle gebracht. Im zweiten Teil verlagert sich der Schwerpunkt des Interesses auf die »Provincia Romana«, aus der eine Reihe von Bf.en, Magistri Theologiae, päpstl. Poenitentiaren und Magistri Provinciales mit biograph. Daten aufgeführt werden. Der dritte Teil besteht aus einem Nekrologium des Konvents in Orvieto.

G. Barone

Ed.: A. M. VIEL–P. M. GIRARDIN, Jean Mactei Caccia, Chronique du couvent des Prêcheurs d'Orviéto, 1907 – TH. KAEPPELI, Scriptores Ordinis Praedicatorum Medii Aevi II, 1975, 475.

Del Carretto, Mgf.en v. →Savona in der alten Aleramidenmark (→Aleramiden), treten mit Enrico (Henricus), einem Anhänger Friedrichs I. Barbarossa, hervor, der als Plenipotentiar des Ks.s i. J. 1183 den Frieden v. →Konstanz unterzeichnete. Henricus, mit dem Übernamen *Werth,* der zu *Guercius* latinisiert wurde, gilt als Stammvater der Familie, die unter seinen Söhnen *Ottone* und *Enrico II*. Savona – das nunmehr zu einer mächtigen Kommune geworden war –, verlor, jedoch ihre Besitzungen in Noli und Finale, nach welchen sich ihre Mitglieder Mgf.en von Finale nannten, konsolidieren konnte. Ein weiteres bedeutendes kaisertreues Mitglied der Familie war *Jacopo d. C.,* der in Genua mit der Unterstützung Friedrichs II. zusammen mit den Ghibellinen der Stadt den dortigen Guelfen Widerstand leistete, den er erst nach dem Tode des Ks.s aufgab. Während der zweiten Hälfte des 13. und dem Beginn des 14. Jh. spielten die d. C. nicht nur eine lokale Rolle, sondern erweiterten ihren Wirkungskreis durch die Stellung von Podestà und Capitani del Popolo auch auf ganz N-Italien. Mit anderen genues. Familien verschwägert, brachten sie auch mehrere kirchl. Würdenträger hervor (→*Enrico,* 1. d. C.).

Die Geschicke der Familie sind eng mit der Geschichte →Genuas verbunden: als Opfer der Expansionspolitik der Republik standen die Mgf.en beinahe immer in Antagonismus zu Genua, führten die Revolten der Feudalherren und der Städte im westl. Abschnitt der Riviera an und nahmen die genues. Verbannten (»fuorusciti«) bei sich auf. Genua versuchte, seine Herrschaft auf die Mgft. auszudehnen und erwarb am Ende des 14. Jh. die Hälfte davon, setzte jedoch wieder die d. C. dort ein. Die Auseinandersetzungen mit Genua dauerten allerdings weiter an: Berühmt ist der Kampf von *Galeotto I.* d. C. mit der Seerepublik Mitte des 15. Jh., der *Mario*→Filelfo den Stoff zu seinem »Bellum Finariense« lieferte. Um dem genues. Druck besser standhalten zu können, erlangte *Giovanni I.* von Maximilian I. für sein Gebiet den Status eines Reichslehens, wodurch die Mgft. Finale später in den span. Machtbereich eingegliedert wurde. G. Petti Balbi

Lit.: I. SCOVAZZI–F. NOBERASCO, Storia di Savona, 1926–27 – G. SALVI, Galeotto I del Carretto Marchese del Finale e la Repubblica di Genova, Atti della Società Ligure di storia patria LXVI, 1937.

1. D., Enrico, Bf. v. →Lucca, *2. Hälfte des 13. Jh., Mitglied der adligen genues. Familie. Die Eltern sind unbekannt; er war offenbar mit einem anderen genues. Kard., Luca Fieschi, verwandt. E. trat in den Franziskanerorden ein, studierte in Paris Theologie und in Bologna die Rechte und wurde am 1. Aug. 1300 von →Bonifatius VIII. zum Bf. v. Lucca ernannt. Trotz anfängl. Widerstandes des Domkapitels, das einen eigenen Kandidaten vorgeschlagen hatte, wurde E. von Niccolò Boccassini, Kardinalbf. v. Ostia und Velletri, dem späteren →Benedikt XI., geweiht. In Lucca hatte E. zahllose Schwierigkeiten in Hinblick auf die Kämpfe zw. Bianchi und Neri zu bestehen, die ihn mehrmals dazu zwangen, die Stadt zu verlassen. Offenbar in Zusammenhang mit dem Italienzug Heinrichs VII. v. Luxemburg auf seinen Amtssitz zurückgekehrt, mußte er jedoch bald darauf Lucca verlassen und sich wieder nach Avignon begeben, wo er offenbar die Gunst des Papstes infolge seiner Stellungnahme zum Armutsstreit (→Bettelorden) verlor. Während seiner Residenz in Lucca hielt er eine Diözesansynode ab, deren Canones erhalten sind; zwar greifen sie teilweise auf diejenigen seiner Vorgänger zurück, sind jedoch eine interessante Quelle für die Untersuchung der Verhältnisse in einer it. Diöz. zu Beginn des 14. Jh. Nicht von geringerer Bedeutung ist sein Gutachten (Consultatio) zu dem Fragenkatalog über die Magie, den Johannes XXII. einigen Theologen seiner Zeit, unter ihnen E., vorgelegt

hatte. Die Stellungnahme des Bf.s v. Lucca ging in die vom Papst gewünschte Richtung und zeigte nach wie vor eine deutl. Tendenz, die Hexerei unter dämonolog. Aspekt zu betrachten. E.s Meinung über das Problem der evangelischen Armut mißfiel dem Papst jedoch, da er zugunsten der Armut Stellung nahm; später war E. allerdings gezwungen, eine weniger rigorose Haltung in dieser Frage einzunehmen. Ein weiteres Werk, das die in seiner Zeit gängigen theolog. Probleme behandelt, ist noch unediert.
R. Manselli

Lit.: R. Manselli, La sinodo lucchese di E. del C., Misc. G. G. Meersseman, 1970, 196–246 – Ders., E. del C. e la consultazione sulla magia di Giovanni XXII, Misc. in on. di Msgr. M. Giusti, II, 1978, 97–129.

2. D. C., Galeotto, it. Dichter, Sohn des Teodoro, Mgf. v. Savona, * um 1455, † 1530. Lebte bis zum Tode Beatrices d'Este in Mailand, danach in Casale am Hof der →Montferrat, wo er als Hofbeamter und Literat in großem Ansehen stand. Im Mittelpunkt seines schriftsteller. Œuvres stehen Dramen, vorwiegend Tragödien. Von seinen Stücken, die er seit 1494 in einem Zeitraum von zehn Jahren verfaßte, sind die »Comedia de Timon greco«, die Tragödie »Sofonisba«, die mytholog. Fabel »Le Noze di Psiche e Cupidine« und die Prosakomödie »Li sei contenti« erhalten. Der »Timone«, der den gleichen Stoff behandelt wie der »Timone« des Matteo Maria→Boiardo, wurde 1497 verfaßt und 1498 Isabella d'Este übersandt (höchstes Interesse verdient der Briefwechsel zw. Galeotto und Isabella); das in fünf Akte gegliederte, in →ottava rima verfaßte Werk schließt sich an Lukians Dialog an, den G. d. C. in lat. Übersetzung kannte; es ist in einer einzigen Hs. (Modena, Bibl. Estense Campori App. 311) überliefert. Für die Entstehung der polymetrischen, jedoch hauptsächl. aus Ottaven bestehenden Dichtung »Noze di Psiche e Cupidine« wird allgemein das Jahr 1502 angenommen, als indirekte Quelle sind die »Metamorphosen« des Apuleius anzusehen. Das für eine Aufführung schlecht geeignete, als Komödie bezeichnete Werk ist in drei Ausg. des 16. Jh. erhalten. Die als früheste Tragödie der it. Literatur betrachtete »Sofonisba« (in Ottaven, mit polymetr. Chören) wurde 1522 an Isabella übersandt. Sie lehnt sich eng an die klass. Quellen an. »Li sei contenti« ist eine Prosakomödie moderneren Zuschnitts, die nur in einem einzigen Druck des 16. Jh. überliefert ist. Die nach 1503 nach Dantes Vorbild verfaßte Commedia »Tempio de amore« ist ein allegor. Werk in Dialogform mit 42 Personen. Außer einigen kleineren, in der Mehrzahl unedierten Werken, ist von G. d. C. auch eine »Cronica di Monferrato« erhalten, die er auf Verlangen Mgf. Bonifaz' III. verfaßte. Sie stellt in ihrer ersten Form Ereignisse vom 10. Jh. bis zum Jahr 1493 dar; nach mehreren Jahren führte G. d. C. sie bis 1530 weiter. Zu den bereits bekannten Hss. ist noch zu ergänzen: Turin, Accademia delle Scienze, 0323/1; auch eine Fassung der »Cronica« in Ottaven ist bekannt.
Lucia Fontanella

Ed.: Von den kleineren Werken gibt es keine modernen Ausg. Einige Gedichte bei Manacorda (cit.), andere bei G. Spinelli, Poesie inedite di G. d. C., Atti e memorie della Società storica Savonese 1, 1888, 457–519 – G. Avogadro, Cronaca di Monferrato, Monumenta Historiae Patriae, Scriptorum III, 1848, 1081–1300 – Briefwechsel mit Isabella d'Este, hg. G. Turba (cit.) – Timon greco, Noze di Psiche, ed. A. Tissoni-Benvenuti (Il Teatro del Quattrocento. Le Corti Padane, 1983) – Li sei contenti, Sofonisba, ed. M. Bregoli-Russo, 1982 – *Lit.:* Repfont IV, 152–153 – G. Giorcelli, Cronaca del Monferrato in ottava rima con uno studio storico sui marchesi del Carretto di Casale e sul poeta Galeotto, Riv. di Storia Arte e Archeologia della Prov. di Alessandria 7, 1898, 9–92 – G. Manacorda, G. d. C. poeta lirico e drammatico monferrino ..., Memor. dell'Accad. delle Scienze di Torino II, 49, 1898–99, 47–125 – G. Turba, G. d. C. tra Casale e Mantova, Rinascimento II, 11, 1971, 95–169 – E. Fumagalli, La Cronica di Monferrato di G. d. C., Aevum 52, 1978, 391–425.

Delegation (lat. delegatio)
I. Römisches Staatsrecht – II. Römisches und gemeines Privatrecht – III. Übertragung der kirchlichen Jurisdiktionsgewalt – IV. Delegierte königliche Gerichtsbarkeit.

I. Römisches Staatsrecht: Staatsrechtl. stellt die delegatio seit dem 4. Jh. n. Chr. eine vom Ks. eigenhändig ausgefertigte Urkunde dar, durch welche der jährl. Steuerbetrag festgesetzt und der Auftrag zu seiner Erhebung gegeben wurde (CTh 1, 28,1; 29,2; 11, 1,1). In delegationes particulares, welche die praefecti praetorio den Statthaltern zuleiteten, wurden die Besteuerungseinheiten in Naturalien, Geld, Preisen usw. und die einziehenden Behörden im einzelnen genannt. Aufgrund von delegatoriae epistulae erhielten die Truppenteile ihre Verpflegung von den Provincialen zugewiesen.
R. Klein
Lit.: Kl. Pauly, I, 1440 – RE IV, 2429–2432 – W. Endemann, Der Begriff der delegatio im klass. röm. Recht, 1959.

II. Römisches und gemeines Privatrecht: Durch delegatio 'Anweisung' ermächtigt (iubet) im röm. und im ma. gemeinen Privatrecht (vgl. D. 46,2; C. 8,41) der Anweisende oder Delegant den Angewiesenen oder Delegaten formlos, dem Anweisungsempfänger oder Delegatar einen Geldbetrag zu zahlen oder eine andere Leistung zu erbringen (delegatio solvendi 'Zahlungsanweisung') oder durch Schuldversprechen (stipulatio) zu versprechen (delegatio obligandi 'Verpflichtungsanweisung'). Befolgt der Angewiesene die Anweisung, so wird seine direkte Leistung an den Anweisungsempfänger rechtl. so betrachtet, als habe er an den Anweisenden und dieser an den Anweisungsempfänger geleistet. Eine fakt. Leistung erfüllt also zwei Zweckbestimmungen (→Causa), z. B. Erfüllung zweier Forderungen, näml. des Anweisenden gegen den Angewiesenen und des Anweisungsempfängers gegen den Anweisenden. Hat, im Falle der Verpflichtungsanweisung, das Schuldversprechen dieselbe Leistung zum Gegenstand, die der Delegant vom Delegaten fordern kann (delegatio nominis 'Forderungsanweisung', sog. Aktivdelegation), so führt es durch Novation zu einem Gläubigerwechsel (Forderungsabtretung, Zession); hat es dieselbe Leistung zum Gegenstand, die der Delegant dem Delegatar schuldet (delegatio debiti 'Schuldanweisung', sog. Passivdelegation), so führt es zu einem Schuldnerwechsel (Schuldübernahme). P. Weimar
Lit.: M. Kaser, Das röm. Privatrecht I, 1971², 650–652; II, 1975², 451.

III. Übertragung der kirchlichen Jurisdiktionsgewalt: Die D. als Form der Übertragung der kirchl. Jurisdiktionsgewalt, und zwar nicht durch Mittlerschaft eines Amtes, sondern durch einen als solchen mit ordentl. Gewalt (iurisdictio ordinaria) ausgestatteten Amtsträger oder später auch durch Gesetz bzw. Gewohnheitsrecht, ist bereits früh auf päpstl. und bfl. Ebene nachweisbar (vgl. etwa 342 Konzil v. →Sardika, c. 5 [7], das bei Appellation an den Papst einen rom. Presbyter als [delegierten] Richter vorsah; 446 [?] Leo I., der in einem Schreiben an seinen Vikar Anastasius v. Thessalonike, JK 411, bereits den Begriff »delegare« verwendete, sowie allgemein das päpstl. Legatenwesen in seiner frühen Ausprägung; 601 Gregor I., der in einem Schreiben an den defensor Siciliae Romanus, JE 1812, von deputierten Richtern des Bf.s sprach). Eine auffallend starke Vermehrung von päpstl. D. ist seit Beginn des 12. Jh. feststellbar; spätestens zur Zeit Alexanders III. war die D. als Rechtsinstitut (quellenmäßige Bezeichnungen: committere, delegare, demandare, deputare, [vice nostra] mandare, praecipere) allgemein etabliert und systemat.-theoretisch entwickelt. Praktische Ursache dafür war das Erstarken des Primats, das dazu führte, daß einerseits die Päpste immer mehr Rechtssachen an sich zogen, andererseits aber auch in verstärktem Ausmaß Rechtssachen an den Apostol. Stuhl herangetragen wurden, was wieder die Kurie arbeitsmäßig überforderte. Auf bfl. Ebene führte wohl eine verstärkte Konzentration auf weltl. Aufgaben zu einem Bemühen um Entlastung von geistl. Aufgaben. Die Kanonistik hingegen bot durch die Unterscheidung von Weihe- und Jurisdiktionsgewalt, so wie sie von den →Dekretisten ausgeprägt wurde, die theoret. Grundlage zu einer Erweiterung der personellen (Laien) und sachl. Möglichkeiten einer Ausübung von Jurisdiktionsgewalt und damit auch der D., war aber zugleich auch gezwungen, die rechtl. Probleme der D. – und die Möglichkeit einer Subdelegation – angemessen zu erörtern. Dies geschah nicht ohne Einfluß des röm. Rechts und der Legistik (vgl. etwa schon um 1100 den →Brachylogus IV, 5,6–7: »Item iurisdictio est alia propria, alia demandata... qui autem propriam iurisdictionem habet, demandare eam potest, qui vero solum demandatam habet, eam mandare alii non potest, nisi ei a principe sit demandata«). Nicht übersehen werden darf allerdings, daß auch Funktionen, die ursprgl. kraft D. übertragen waren, zu Amtsbefugnissen umgestaltet wurden.

C. G. Fürst

Lit.: DDC VI, 228ff. – Feine, passim – P. Hinschius, System des kath. Kirchenrechts I, 1869, 172ff. [Neudr. 1959] – G. Phillips, Kirchenrecht VI, 1864, 752ff. [Neudr. 1959] – Plöchl, passim – J. B. Sägmüller, Lehrbuch des kath. Kirchenrechts I, 1925⁴, 429ff.

IV. Delegierte königliche Gerichtsbarkeit: Die deutschen Kg.e konnten bei der unzulängl. Ausstattung des →Reichshofgerichts nicht jede an sie gelangende Rechtssache selbst entscheiden, vielmehr delegierten sie häufig Prozesse an einen →Hofrichter. Die Verweisung an einen iudex extraordinarius konnte auf Grund eines Mandats erfolgen, wobei der Richter lediglich als Vertreter fungierte und der Kg. sich jederzeit persönl. Eingreifen vorbehielt. Wurde dagegen die Sache delegiert, so bildete der iudex delegatus eine vom Kg. unabhängige neue Instanz, von der dann der Rechtszug an den Kg. selbst ging. Die Entwicklung des Instituts der D. erfolgte in enger Anlehnung an ähnliche Formen in der geistl. Gerichtsbarkeit.

Mit der Erblichkeit der Amtslehen und dem Schwund der →Bannleihe streiften die →Gf.en als Träger der kgl. Gerichtsbarkeit auf dem Lande ihre Abhängigkeit von der Krone ab: Aus der ihnen verliehenen →Gerichtsbarkeit wurde nun einerseits eine originäre landesherrl. Jurisdiktion, andererseits erhielten die gfl. Gerichtsherren das Recht (Delegationsrecht), den Gerichtsbann ihrerseits an eine untere Instanz zu delegieren. Auf diese Weise wurde schließlich der Gf. durch den Landrichter ersetzt.

H.-J. Becker

Lit.: HRG I, 314–315 [E. Kaufmann], 674–677 [G. Buchda]; III, 232–240 [M. Hinz] – Schröder-Künssberg, passim – O. Franklin, Das Reichshofgericht im MA II, 1869, 49ff. [Nachdr. 1967] – H. Triepel, D. und Mandat im öffentl. Recht, 1942 – H. Lieberich, Zur Feudalisierung der Gerichtsbarkeit in Baiern, ZRGGermAbt 71, 1954, 243–338 – E. Pitz, Papstreskript und Kaiserreskript im MA, 1971, 262ff. – F. Battenberg, Die Gerichtsprivilegien der dt. Kaiser und Kg.e bis zum Jahre 1451, 2 Bde, 1983 [Register s. v. delegierter Richter und Kommission].

Delft, Stadt in den Niederlanden (Provinz Südholland). D. ist das eindrucksvollste Beispiel einer holl. Grachtenstadt (→Kanal, -bau); von Nordwest und Südost durchschneiden zwei Hauptgrachten – *Oude Delft* und *Nieuwe Delft* (Koornmarkt/Voorstraat) – das Stadtgebiet, im rechten Winkel mit ihnen kreuzen sich einige schmalere Kanäle, zw. denen im Zentrum des alten Stadtkerns der Markt liegt. Dieses Kanalsystem entstand im Zuge der vorstädt. Urbarmachung und Parzellierung des Gebiets eines gleichnamigen Fronhofs der Gf.en v. →Holland. Am Anfang dieses Ausbaus stand ein gegrabener Wasserlauf, der Delf; älteste Erwähnung des 11. Jh. Das älteste Stadtviertel mit Stadtrechten aus dem Jahr 1246 liegt zw. den beiden obengen. Hauptgrachten; Stadterweiterungen erfolgten in den Jahren 1268 und 1355. Das Stadtareal mit (zum Teil noch bestehenden) Verteidigungsgräben erreichte seinen heut. Umfang (ca. 100 ha) um die Mitte des 14. Jh. Die Stadtbefestigung mit Mauern und Toren (Osttor noch erhalten) entstand Ende des 14. Jh. sowie in der 1. Hälfte des 15. Jh. 1389 erhielt D. einen eigenen Hafen an der Maas (Delfshaven, heute zur Stadt Rotterdam). Die im ältesten Stadtviertel liegende Oude Kerk wurde Anfang des 13. Jh. gegr.; die Nieuwe Kerk am Marktplatz entstand 1381. Das Rathaus am Marktplatz wurde im 2. Viertel des 15. Jh. errichtet und nach einem Brand 1618–20 wiederaufgebaut. Das Spital am Koornmarkt wird 1252 erwähnt, der Beginenhof (→Beginen) am Oude D. ist 1271 belegt.

Die städt. Verwaltung bestand 1246 aus einem Richter (Schultheiß), sieben Schöffen und zwei Geschworenen (Ratmannen); zu Beginn des 15. Jh. amtierten vier Bürgermeister, um die Mitte des 15. Jh. fungierte ein Vierzigerausschuß.

Die Wirtschaft beruhte zunächst auf dem Export von Agrarerzeugnissen. Seit dem 13. Jh. kamen Tuchgewerbe und Brauwesen auf; letzteres war in der 2. Hälfte des 14. Jh., auch im 15. Jh., der wichtigste Gewerbezweig: D. verfügte im frühen 16. Jh. über ca. 100 Brauereien.

J. C. Visser

Lit.: R. Boitet, Beschryving der Stadt D., 1729 – J. F. Niermeyer, D. en Delfland, 1944 – D. se Studiën, bundel opstellen voor E. H. ter Kuile, 1967 – J. J. Raue, De stad D.: vorming en ruimtelijke ontwikkeling in de late Middeleeuwen, 1982.

Del Garbo. 1. Del G., Dino (Aldobrandino, Dinus de Florentia), * Florenz als Sohn des Chirurgen Buono (Bruno) D., † 30. Sept. 1327 ebd. Er studierte bei seinem Onkel Taddeo →Alderotti in Bologna Medizin und wurde 1300 promoviert. Danach lehrte er bis 1306 in Bologna, anschließend war er Professor in Siena (1306–08/1319–25), Bologna (1308–13), Padua (um 1313) und Florenz (nach 1313–19/1325–27). D. galt als bedeutendster Arzt seiner Zeit. Wissenschaftl. war D. strenger Traditionalist (»secutus est Galenum sicut Evangelium«) und wurde v. a. als Kommentator des Canon Avicennae bekannt (daher sein Beiname »Expositor«). Von seinen Werken wurden u. a. gedruckt: Chirurgia cum tractatu de ponderibus et mensuris, nec non de emplastris et unguentis (Ferrara 1485); Dilucidarium Avicennae (Ferrara 1489); Recollectiones in Hippocratis librum de natura foetus (Venedig 1502); Expositio super Canones generales de virtutibus medicamentorum simplicium secundi Canonis Avicennae (Venedig 1514).

A. Bauer

Lit.: → Del Garbo, Tommaso

2. Del G., Tommaso, Sohn und Nachfolger von Dino →D., † 1370 in Bologna oder Florenz, Professor der Medizin in Perugia und Bologna. D. war Landsmann und Freund Petrarcas, der mit ihm korrespondierte und ihn als einen unter sehr wenigen Ärzten schätzte (illum alterum medicorum modo principem, si quid famae credimus, Thomam compatriotam meum). Sein Hauptwerk ist die unvollendet gebliebene, nach »Quaestiones« geordnete »Summa medicinalis« (Venedig 1506, 1521 u. ö.; Lyon 1529). Ein angebl. von ihm stammendes Pestkonsilium ist in einigen Ausgaben des Marsilius Ficinus »De pestilentia« abgedruckt. Weitere Werke sind: Expositio super capitulo de generatione embryonis tertii Canonis fen XXV Avicennae (Venedig 1502); Commentaria in libros Galeni de febrium differentiis (Lyon 1514). A. Bauer

Lit.: THORNDIKE-KIBRE, 1803 – E. GURLT, Gesch. der Chirurgie 1, 1898, 799f. – M. NEUBURGER, Gesch. der Medizin II/1, 1911, 483f. – J. CAPPELLINI, Date importanti per la biografia di Maestro T. Del G. e per gli inizi dell' insegnamento medico nello Studio Fiorentino desunte da codici del Fondo Vaticano latino, RSSMN 41, 1950, 212–218 – M. A. MANNELLI, T. Del G. ed Ugo Benzi da Siena, RSM 8, 1964, 183–190 – F. GUIDO, Cenni biografici su Dino e T. Del G., 21. Internat. Kongreß für Gesch. der Medizin, Siena 1968, Atti Rom 1969 I, 156–163 – A. OBERTI, L'insegnamento medico dei Del G. nell'autunno del medioevo, ebd. I, 40–45.

Délicieux, Bernard OFM, † nach dem 25. Febr. 1320. D. stammte aus Montpellier und trat 1284 in den Franziskanerorden ein. Guter Prediger, geriet er als Vertreter seines Ordens in Konflikte mit der →Inquisition und spielte eine bedeutende Rolle in einer Zeit, in der die Beziehungen zw. Franziskanern (s. a. →Franziskanerspiritualen) und →Dominikanern gespannt waren und die Inquisition von →Carcassonne, die den Dominikanern übertragen war, unpopulär war. D. stellte sich 1299 und 1300 an die Spitze der städt. Bewegung gegen die Inquisitoren. Danach wandte er sich an Philipp IV. den Schönen, Kg. v. Frankreich, um Unterstützung. Von ihm enttäuscht, richteten er und seine Anhänger aus dem Bürgertum von Carcassonne ihre Hoffnungen nunmehr auf das Haus Aragón. Doch mißbilligte der Kg. v. Aragón die von D. geführte Verschwörung. 1305 wurden 15 Bürger von Carcassonne gehenkt. D. wurde an Papst Clemens V. ausgeliefert, der ihn bis 1310 in Haft hielt. Danach fand D. in Béziers unter dem Schutz der dortigen Bf.e, Bérenger Frézouls (Fredolus) und seines Bruders Guillaume, Zuflucht; der Franziskaner war ein sehr angesehener Ratgeber. Doch zitierte →Johannes XXII. 1317 die Minoriten von Narbonne und Béziers, unter Mißachtung ihrer Ordensregeln, vor sein Gericht. D. begleitete sie nach Avignon (Mai 1317). Er verteidigte seine Mitbrüder so ungeschickt, daß der Papst sie einkerkern ließ. D.s Fall wurde zunächst in Avignon untersucht, dann setzte Johannes jedoch Richter ein, die den Prozeß in Carcassonne zu verhandeln hatten (Sept.–Dez. 1319). Von ihnen zu lebenslängl. Kerker verurteilt, muß D. nicht lange nach dem Urteilsspruch verstorben sein; noch am 25. Febr. 1320 ordnete der Papst eine Verschärfung seiner Haftbedingungen an. Y. Dossat

Lit.: B. HAURÉAU, B. D. et l'Inquisition albigeoise, 1877 – J.-M. VIDAL, Bullaire de l'Inquisition française au XIVe s., 1913, n°s 2, 22, 27 – Y. DOSSAT, B. D., Cah. de Fanjeaux 10, 1974, 315–354.

Delikt (lat. delictum, maleficium) ist im röm. und im ma. gemeinen Recht diejenige Verletzung eines fremden Rechtsgutes, die den Rechtsbrecher zur Zahlung einer →Buße oder Privatstrafe (poena) verpflichtet. Die wichtigsten D.e sind →Diebstahl im weitesten Sinne (furtum), →Sachbeschädigung (damnum iniuria datum) und →Beleidigung (iniuria), ferner →Raub (rapina) und gewaltsame Sachbeschädigung, arglistige Schädigung (dolus) sowie Erpressung (metus). Von den privatrechtl. D.en sind die mit öffentl. Strafen bedrohten →Verbrechen (crimina) rechtl. scharf zu unterscheiden, obwohl auch diese in den Quellen oft als delicta und maleficia bezeichnet werden. Die meisten D.e werden seit der Spätantike auch mit öffentl. Strafen bedroht und sind daher zugleich Verbrechen. P. Weimar

Lit.: M. KASER, Das röm. Privatrecht I, 1971², 609ff.; II, 1975², 425ff.

Deli Orman ('Urwald'), Name der nordostbulg. bzw. südostrumän. Landschaft im Dreieck »Ruse-Varna-Akkadınlar/Kurtbunar (S-Dobrudža)« (der ganz auf rumän. Gebiet liegende Teleorman deutet auf ein urspgl. weiteres Einzugsgebiet der türk. Bezeichnung hin). Über die Herkunft seiner turkophonen Bevölkerung bestehen unterschiedl. Auffassungen. KOWALSKI betonte den nordöstl. Ursprung, DOERFER spricht von slav. überfremdeten Osmanen. MENGES unterscheidet mit MOŠKOV auf Pečenegen, Uz u. a. vorosman. Stämme zurückgehende Gažali-Gagauzen und Osmanen. Der D. war Schauplatz von Aufständen der mit →Bedrüddīn verbundenen Revolte von 1416, und blieb ein notorisches Qïzïlbaš bzw. →Bektāšīye-Revier. K. Kreiser

Lit.: EI², s. v.

Deljan, Peter → Odeljan, Peter

Della Chiesa, Antonio OP, * um 1394–95 in S. Germano (Vercelli), † 1459 in Como, ⌐ in S. Germano, stammte aus einer vornehmen, lokalen Familie und trat mit zwanzig Jahren in den Dominikanerorden ein. Infolge seiner Eignung zum Studium sandten ihn seine Superioren zum Theologiestudium in den Konvent S. Giovanni e Paolo in Venedig, der schon seit Ende des 14. Jh. das Zentrum der von Johannes (Giovanni) →Dominici ausgegangenen Reformbewegung war. Von diesem Zeitpunkt an war D. C. bestrebt, Ideen der dominikan. »Reform« zu verbreiten, die wie alle derartigen Bewegungen eine genauere Observanz der alten Konstitutionen des Ordens und daher eine strengere Lebensform forderten. Er wurde beauftragt, den Konvent S. Giovanni Pedemonte in Como zu reformieren; später war er Prior des berühmten Konvents S. Domenico in Bologna (1439–40). 1441 finden wir ihn in Savona, von wo er die Niederlassung der reformierten Dominikaner in S. Maria di Castello in Genua betrieb, wobei er durch die feindl. Haltung des Ebf.s und eines Teils der anderen Mendikantenkonvente Genuas große Schwierigkeiten zu überwinden hatte. 1444 wirkte er in Piacenza, 1447 in Verona, von 1454–55 war er Prior von S. Marco in Florenz, das sich infolge des Wirkens von S. →Antoninus zu einem anderen großen Zentrum der Reformbewegung entwickelt hatte. Mehrere Male war er Generalvikar der reformierten Konvente in der Lombardei (1437–39, 1440–42, 1446–47, 1455–58). In diesem Amt bewies er großes diplomat. Geschick als Vermittler, da es ihm gelang, den endgültigen Bruch zw. dem Magister generalis, der Mehrheit der Dominikaner und der eine Minderheit immerhin umfassenden Reformbewegung zu vermeiden. 1459 kehrte er als Prior nach Como zurück und starb noch innerhalb seiner Amtszeit. Der spontan an seinem Grab entstandene Kult erhielt 1819 die päpstl. Bestätigung. D. C. gilt als Verfasser einer Reihe von Predigten (Turin, Bibl. Naz. Hss. H VI 8). G. Barone

Lit.: Bibl. SS. II, 1962, 194–196 – TH. KAEPPELI, Scriptores Ordinis Praedicatorum Medii Aevi I, 1970. 111.

Della Faggiola, Uguccione, it. Feldherr und Politiker, * um 1250 in Massa Trabaria, † 1. Nov. 1318 in Vicenza, stammte aus einer ghibellin. Familie, die sich wahrscheinl. von den Gf.en v. Carpegna herleitete. Eine seiner Töchter heiratete den Florentiner Corso →Donati. Er übte das Podestà-Amt aus, das von vielen Familien der Romagna in sozusagen berufsmäßiger Tradition wahrgenommen wurde (wie z. B. von den →Montefeltro, →Andalò usw.). 1292, 1294 und 1295 war er Podestà v. →Arezzo, 1297 Capitano der Ghibellinen der Romagna, 1300 Podestà von →Gubbio und Capitano v. →Cesena. 1303 wurde er als Podestà aus Arezzo vertrieben. Zw. 1308 und 1310 war er wiederum Podestà und später Signore v. Arezzo. 1312 wurde er von den Ghibellinen zum Vikar Heinrichs VII. in Genua berufen. Nach dessen Tod erwählte ihn Pisa zum Capitano del Popolo und Capitano di Guerra (20. Sept. 1313). In dieser Eigenschaft führte er sofort Feldzüge gegen Lucca. Als am 27. Febr. 1314 die Gesandten, die mit Robert v. Anjou und den Guelfen Frieden geschlossen hatten, nach Pisa zurückkehrten, ließ er U. Banduccio und Piero Buonconti, die den Friedensschluß betrieben hatten, enthaupten und gewann die Macht eines Signore. Am 14. Juni 1314 eroberte er mit Hilfe des Castruccio→Castracani →Lucca. Im folgenden Jahr stand er an der Spitze einer stärkeren ghibellin. Liga und besiegte das guelf. Heer 1315 bei Montecatini, ohne jedoch Vorteil daraus zu ziehen. Seine Macht dauerte nur noch kurz. Sein tyrann. Verhalten und die drückenden Abgaben, die er der Stadt auferlegte, machten ihn bei den Bürgern und insbes. bei den Kaufleuten und Schiffsreedern, die am Frieden interessiert waren, verhaßt. Am 10. April 1316 wurde er aus Pisa vertrieben und flüchtete nach Verona zu Cangrande I. →Della Scala, der ihn zum Kommandanten seiner Truppen und später zum Podestà v. Vicenza machte, wo er 1318 starb. Ein tüchtiger Befehlshaber, besaß er mehr Talent zum Feldherrn als zum Politiker. Man hat ihn als Vorläufer der »Capitani di ventura« bezeichnet. E. Cristiani

Lit.: P. VIGO, Uguccione D. F. Potestà di Pisa e Lucca, 1879 – E. CRISTIANI, Nobiltà e popolo nel Comune di Pisa, 1962.

Della Gherardesca, it. Adelsfamilie (vorwiegend in Pisa und Sardinien einflußreich), als deren erste hist. faßbare Persönlichkeit Gf. *Gerardus* (Gherardo; † 967), der als Lehnsherr des Gebiets von Volterra belegt ist, anzusehen ist. Im 10. Jh. werden *Rudolphus* (Rodolfo) und *Tedice* (Tedicius) Gf.en v. Volterra genannt. Im 12. und 13. Jh. begegnen die D. G. auch in den Komitaten von Lucca, Pisa, Populonia und in den Burgen von Bolgheri, Castagneto, Donoratico und Segalari. Sie wurden in Pisa stadtsässig und nahmen am Stadtregiment teil. Der erste Podestà v. Pisa war Gf. *Tedicio* (1190). Die Konsorterie der D. G. teilte sich in mehrere Zweige, welche die Namen der einzelnen Burgen führten. Im 13. Jh. sind als bedeutendster Zweig der Familie die Gf.en v. Donoratico und Settimo anzusehen, mit einer guelf. Linie, wichtigster Vertreter →*Ugolino*, und mit einer ghibellinischen (Nachkommen des *Gherardo* [† 1268], die später seit 1316 Signori von →Pisa waren). Im 13. Jh. erwarben die D. G. Einfluß und ausgedehnten Besitz in Sardinien und hatten die Signorie über ein Drittel des Gebiets von Cagliari inne. Die Zugehörigkeit eines ihrer Zweige zu den Ghibellinen geht eindeutig aus dem Umstand hervor, daß Gherardo als Gefolgsmann →Konradins zusammen mit diesem enthauptet wurde (1268). →Ugolino wurde gemeinsam mit Nino Visconti Signore von Pisa (1285). 1316 bemächtigte sich der ghibellin. Zweig der Familie wieder der Macht und stellte vier aufeinanderfolgende Signori von Pisa: *Gaddo*, Sohn des Bonifazio (Enkel des Gherardo 1316–20), der von der reichen Bürgerschaft unterstützt wurde; *Ranieri*, Sohn des Gherardo (1320–25), der eine ausgeprägt ghibellin. Politik betrieb; *Fazio*, Sohn des Gaddo (1325–40), zuerst Capitano del Popolo, dann »dominus generalis« (1335) und einem Übereinkommen mit Florenz und der guelf. Liga zugeneigt, reorganisierte das pisanische »Studio«, das seit 1343 als Universität anerkannt wurde; schließlich dessen Sohn, *Ranieri* (1340–46), der noch als Heranwachsender zum Signore proklamiert wurde und nur wenige Jahre unter der Vormundschaft des Adligen Tinuccio Della Rocca regierte. Nach ihm verblieb die Familie in Pisa und wurde weiterhin in die Parteikämpfe verwickelt, ohne jedoch fortan eine erstrangige Stellung einzunehmen. Die D. G. kehrten auch auf ihre angestammten Burgen Bolgheri, Donoratico und Castagneto zurück, die sie bis auf den heutigen Tag bewahren konnten. Als Pisa 1406 unter die Herrschaft von Florenz gefallen war, erhielten die D. G. das florent. Bürgerrecht.

E. Cristiani

Lit.: E. CRISTIANI, Nobiltà e popolo nel Comune di Pisa, 1962 – M. L. CECCARELLI LEMUT, I conti Gherardeschi, 1981.

Della G., Ugolino, Gf. v. Donoratico, Sohn des Guelfo, * Anfang des 13. Jh., † 1288. Sein Sohn Guelfo heiratete Elena, die Tochter des Kg.s v. Sardinien, →Enzo. Diese Hochzeit und Enzos Testament (1272) begünstigten U.s Ansprüche auf Sardinien, die sich mit denjenigen der Visconti von Pisa, der Judices von →Gallura, verbanden. Durch den Feldzug gegen die Burg von Santa Igia (1257) erwarb U. den Signorentitel über ein Sechstel des Judikats v. →Cagliari. Zw. 1270 und 1275 unterstützten U. und Giovanni Visconti die Übereinkommen mit Karl v. Anjou und den Guelfen. U. war Admiral der pisan. Flotte in der Seeschlacht bei →Meloria. Der Rückzug seiner Schiffe oder die Übergabe von pisan. Burgen an die Guelfen (1284) ließen das Gerücht des Verrats entstehen. Er wurde zum Podestà und Capitano del Popolo gewählt und war zusammen mit seinem Neffen, Nino Visconti, Signore v. Pisa. Durch Ninos und des Ebf.s Ruggieri Ubaldinis Verrat wurde jedoch eine Verschwörung gegen U. angezettelt und er selbst, seine Söhne und Enkel zum Hungertode verurteilt (Juli 1288). Sein Schicksal ist durch Dante berühmt geworden (Inferno XXXIII). E. Cristiani

Lit.: R. DAVIDSOHN, Gesch. v. Florenz, I–IV, 1896–1927 – E. CRISTIANI, Nobiltà e popolo nel Comune di Pisa, 1962.

Della Robbia, florent. Bildhauerfamilie, in drei Generationen ein Jahrhundert lang tätig, durch ihre glasierten Tonplastiken berühmt, welche sie monopolartig schufen. Am bedeutendsten *Luca d. R.*, * 1399/1400, † 1482, als Goldschmied ausgebildet, zuerst mit Marmorskulpturen – Cantoria im Dom v. Florenz als Gegenstück zu Donatellos Sängerempore und Reliefs am Campanile – sowie einer Bronzetür zur Sakristei im Dom hervorgetreten, dann fast ausschließl. sich der Tonplastik widmend. Techn. leitet sich diese von glasierten Tonplatten, Ziegeln und Geschirr her, formal von got. Marmorreliefs mit mosaizierten oder emaillierten Hintergründen. Nach Teilanwendung ein erstes ganzes Tympanon über der Sakristeitür im Dom mit Auferstehung Christi, 1442 »in terra cotta invetriata« in Auftrag gegeben. Stetig wachsende, Mittelitalien erobernde Produktion von reliefierten Bogenfeldern, Tondi, Friesen, Retabeln, Sakramentstabernakeln usf., Andachtsbildern von Madonnen, auch Bildnissen sowie Freiplastiken. Der Neffe und Erbe *Andrea d. R.*, * 1435, † 1525, und dessen Sohn *Giovanni*, * 1469, † 1529, setzen den Betrieb fort, mit Anregungen und Vorlagen aus der zeitgenöss. Malerei. In den ersten Jahrzehnten dominiert für das Figürliche reines Weiß – kein Inkarnat –, zu dem sich Blau, Grün und Gelb gesellen, später nimmt die Buntheit zu. Der Stil bleibt einer ruhigen Klassik verpflichtet, wie sie Luca d. R. eigen war. Die hochglänzenden, wetterbeständigen D. R.-Bildwerke unterscheiden sich wesenhaft von den gleichzeitigen durch Maler gefaßten Holz- und Tonplastiken. Sie waren bis in dörfl. Pfarrkirchen verbreitet und haben sich in vielen Hunderten von Exemplaren erhalten, ein Beispiel für stilist. und techn. hochstehende populäre Kunstproduktion, die Luca d. R. in seinem Testament 1471 selbst »artem lucrativam« nannte.

A. Reinle

Lit.: P. SCHUBRING, Luca d. R. und seine Familie, 1905 – A. MARQUAND, Luca d. R., 1914 – DERS., Giovanni d. R., 1920 – DERS., A. d. R. and his Atelier, 1922 – DERS., The Brothers of Giovanni d. R., 1928 – J. POPE-HENNESSY, Luca d. R., 1980.

Della Rocca, kors. Familie ungeklärten Ursprungs. Nach den genues. Chronisten stammt sie von den Gentili und den →de Mari ab, die sich auf der Insel niedergelassen hatten; nach Giovanni della Grossa steht sie jedoch mit den Signori v. Cinarca und v. a. Giudice v. Cinarca in Verbindung, der gegen Ende des 13. Jh. wirkte (→Korsika). In der ersten Hälfte des 14. Jh. verbündeten sich die im Oltremonti ansässigen D. R. mit Genua, um die aragones. Ansprüche auf der Insel zu bekämpfen. Unter den Persönlichkeiten der Familie ragt *Guglielmo* hervor, der zuerst Statthalter der Republik Genua war und später in das feindl. Lager überwechselte. Ein weiteres Mitglied der Familie ist der gefeiertste Held der ma. kors. Geschichte, der Sohn des Guglielmo, *Arrigo,* der als Geisel in Genua festgehalten wurde und nach seiner Rückkehr nach Korsika den Aufstand der einheim. Bevölkerung anführte, in Biguglia zum Gf. en akklamiert und 1393 von Johann I. v. Aragón zum Statthalter erhoben wurde. Nach seinem Tod i. J. 1401 übernahm sein Enkel *Vincentello* v. Istrien sein polit. und materielles Erbe, unterstützt von den anderen Mitgliedern der Familie D. R., die zu Anhängern der aragones. Kg.e und Gegner Genuas geworden waren. Vgl. →Korsika. G. Petti Balbi

Q. und Lit.: Croniche di Giovanni della Grossa e di Pier Antonio Monteggiani, Bull. de la Soc. des Sciences de la Corse, 1910, 313–324 – G. PETTI BALBI, Genova e Corsica nel Trecento, 1976.

Della Rovere, it. Familie, die mit *Francesco,* dem späteren Papst →Sixtus IV. († 1484) hist. Bedeutung gewann, (* 1414 als Sohn des aus bescheidenen Verhältnissen stammenden *Leonardo* aus Savona). Durch eine geschickte Heiratspolitik, die Vergabe von kirchl. Benefizien und die Verlehnung von Kirchengut an seine Verwandten muß Sixtus IV. als der eigtl. Begründer der Macht und des Reichtums der Familie angesehen werden, obgleich man ihr später durch Herleitung von einem Zweig der D. R. von Turin, Gf. en v. Vinovo, adlige Ursprünge zuschreiben wollte. Einer der Söhne seines Bruders *Raffaele, Leonardo,* heiratete eine natürl. Tochter des Kg.s v. Neapel und erhielt das Hzm. Sora (1472); dessen Bruder *Bartolomeo* wurde Bf. v. Ferrara; ein weiterer Sohn Raffaeles, *Giovanni* (1457–1501), erhielt die Herrschaft über Senigallia und den Vikariat Mondavio, um eine ebenbürtige Partie für *Giovanna v. Montefeltro,* Tochter des Hzg.s v. Urbino, Federico, abzugeben; später wurde er zum Präfekt v. Rom und Generalkapitän der Kirche erhoben und folgte seinem Bruder Leonardo auf den Herzogsthron von Sora; er galt als guter Herrscher.

Giovannis Sohn, *Francesco Maria* (* 1490, † 1538), wurde nach dem Tode seines Vaters von seinem Onkel Guidobaldo, Hzg. v. →Urbino, adoptiert und trat 1508 dessen Nachfolge an. Als Generalkapitän der Truppen Julius' II., seines Onkels väterlicherseits, zeichnete er sich nicht durch bes. Ruhmestaten aus: Als ihm vorgeworfen wurde, er sei vor dem aufständ. Bologna zurückgewichen, brachte er den Ankläger eigenhändig um (1511). Durch Julius II. absolviert, erhielt er von dem sterbenden Papst →Pesaro, das seine Residenz wurde. Von dem Medicipapst Leo X. seines Amtes als Capitano verlustig erklärt, verlor er 1516 sein Hzm., gewann es jedoch 1517 durch einen Handstreich wieder zurück. Von Hadrian VI. wieder investiert, wurde er Generalkapitän Venedigs und führte 1523–25 Truppen in der Lombardei. Nach der Liga v. Cognac legte er Vorsicht an den Tag und ging von der Belagerung Mailands zurück. Er verteidigte Florenz, schritt aber – vielleicht aus altem Groll gegen die Medici – nicht gegen die 1527 über Rom herfallenden Landsknechte ein. Nach einigen Kämpfen gegen die Kaiserlichen wurde er im Vertrag v. Bologna vom Ks. als Hzg. bestätigt. Zum Capitano des Landheeres gegen die Türken ernannt, starb er 1538.

Die bedeutendste Persönlichkeit unter Raffaeles Söhnen war zweifellos *Giuliano* (* Albissola 1443, † Rom 1513) OFM, der von seinem Onkel Sixtus IV. 1471 zum Kard. gewählt wurde. Nach zahlreichen polit. und diplomat. Missionen war er unter Innozenz VIII. einer der mächtigsten Kurienkardinäle. 1503 wurde er einstimmig unter dem Namen Julius II. zum Papst gewählt. Entschlossen, die Macht des Kirchenstaates wieder herzustellen, wandte er sich zuerst gegen →Cesare Borgia, dann gegen G. P. Baglioni (→ 2. B.) von Perugia und G. Bentivoglio (→ 5. B.) und besiegte sie 1507. Nach Konflikten mit Venedig erkannte er, daß die größte Gefahr von Frankreich drohte, verbündete sich mit der Seerepublik und mit Spanien und schuf 1511 die sog. »Heilige Liga« (der auch Heinrich VIII. und in lockerer Form Maximilian I. beitraten), die im Kongreß v. Mantua (1512) Italien neu ordnete und den Aufstieg der span. Macht auf der Apenninenhalbinsel markierte. Julius II. (wegen seiner tatkräftigen Natur von den Zeitgenossen »il terribile« gen.) förderte in großem Ausmaß Wissenschaften und Künste (Michelangelo, Raffael, Bramante); persönl. Religiosität ist ihm nicht abzusprechen. Er hatte jedoch mehr von einem weltl. Fürsten als einem geistl. Oberhaupt an sich.

S. Polica

Lit.: HKG, passim – P. LITTA, Le famiglie nobili It., X, 1819 – L. v. PASTOR, Gesch. der Päpste..., 1885ff., u. ö. ad indicem – R. MARCUCCI, F. M. d. R., 1903 – E. RODOCANACHI, Hist. de Rome: le pontificat de Jules II, 1928 – G. B. PICOTTI, La politica it. sotto il pontificato di Giulio II, 1949 – F. SENECA, Venezia e papa Giulio II, 1962.

Della Scala, it. Familie. In →Verona seit 1259 sehr einflußreich, hatten die D. S. von 1277 bis 1387 die Signorie über die Stadt inne. Überlieferungen, die ihnen eine niedrige Herkunft und dt. Ursprung zuschrieben, haben keine sichere Basis: 1096 erscheint ein *Guido* D. S. als Angehöriger der Schicht der »boni homines«, und aus einer Urkunde des 12. Jh. geht die »natio Romana« der Familie hervor. Die D. S. spielten bereits in den Anfängen der Kommune eine Rolle: *Balduino I.* war 1147 Konsul von Verona, sein Sohn *Isnardino* hatte vom Domkapitel und von S. Maria in Organo Ländereien in der Umgebung von Verona zu Lehen. Die Familie zählte zu den Anhängern des →Ezzelino da Romano, der allerdings nach der Aufdeckung eines Komplottes 1246 *Ongarello* und *Bonaventura* hinrichten und 1257 Federico und Bonifacio töten ließ. Von *Jacopino,* dem Sohn des *Lonardino quondam Isnardino* leitet sich der Zweig der Familie ab, der die Signorie von Verona erringen konnte. Den Grundstein dazu legten Jacopinos Söhne *Leonardino* gen. →*Mastino I.* und *Alberto.* Als Mastino I. aus unbekannten Motiven 1277 ermordet wurde, proklamierte die concio civium am 27. Okt. des gleichen Jahres *Alberto I.,* der bereits seit 1269 der Nachfolger seines Bruders im Amt des Potestas Mercatorum war, auf Lebenszeit zum »Capitano e Rettore dei Gastaldi dei Mestieri« und des ganzen Popolo. Auf diese Weise entstand die Signorie der Familie: Alberto I. verlangte Treueeide vom Podestà, den Anzianen und Gastalden und stellte eine seinem eigenen Kommando unterstehende Garde auf. Er schloß Bündnisse mit Mantua und Venedig, konzentrierte die Macht, verstärkte die »Bürokratie« und konsolidierte seine Herrschaft mittels einer geschickten Heiratspolitik.

1278-79 konnte er dem guelf. Angriff standhalten. Nach Albertos I. Tod i. J. 1301 wurde sein Sohn *Bartolomeo I.*, der bereits seit einem Jahrzehnt, vielleicht seit 1293, an der Macht teil hatte, sein Nachfolger. B. führte den gleichen Titel wie sein Vater, es gelang ihm jedoch, den Consiglio dei Gastaldi seiner letzten Beschlußfunktionen zu entkleiden und die verbliebenen kommunalen Freiheiten weiter einzuengen. Bei seinem Tode am 7. oder 8. März 1304 übernahm der zweite Sohn von Alberto, *Alboino*, die Macht; 1308 beteiligte dieser seinen Bruder *Cangrande* (→1. D. S.) an der Signorie. Nach einer von kleineren Kämpfen gegen die Guelfen geprägten Periode vergrößerten sich die polit. Chancen der D. S. infolge des Italienzugs von Heinrich VII. Von den beiden Veroneser Signori unterstützt, ernannte der Ks. - dessen Befehl, den Gf. en in Sambonifacio die Rückkehr nach Verona zu gestatten, im übrigen nicht beachtet wurde - 1311 Alboino und Cangrande zu ständigen Reichsvikaren von Verona und dessen Territorium. Nach Alboinos Tod im Okt. des gleichen Jahres konsolidierte Cangrande endgültig die Signorie über die Stadt und dehnte seine Herrschaft auf Vicenza, Padua, Feltre, Belluno und Treviso aus. Als er 1329 starb, ging die Herrschaft auf seine Neffen *Mastino II.* (→5. D. S.) und *Alberto II.*, die legitimen Söhne Alboinos, über. Die beiden natürl. Söhne Cangrandes widersetzten sich dieser Nachfolge und wurden getötet: Die erste jener düsteren Familientragödien, die später den D. S. zum Verhängnis werden sollten. Die beiden Brüder, von denen Alberto jedoch eine Nebenrolle spielte, stellten sich Johann v. Luxemburg-Böhmen entgegen und nahmen 1332 Brescia, 1335 Parma und Lucca ein. Die Besorgnis über eine derartige Expansion sowie Auseinandersetzungen mit Florenz und Venedig führten zu einer Koalition der Scaligergegner (1336-39), durch welche die nicht konsolidierte Scaligerherrschaft auf Verona und Vicenza beschränkt wurde. Nachdem sich Mastino II. schließlich mit den →Visconti gegen die →Gonzaga verbündet hatte, starb er 1351, ohne den Niedergang seines Staates aufhalten zu können. Alberto II., der bereits 1352 starb, überließ die Macht sofort den Söhnen seines Bruders, in erster Linie *Cangrande II.* (→2. D. S.). Als Gemahl der Tochter Ludwigs d. Bayern, *Elisabeth (Elisabetta)*, verbündete sich der Scaliger mit Venedig gegen die Visconti. 1354 schlug er die Revolte seines illegitimen Stiefbruders *Fregnano* nieder, wurde jedoch 1359 von seinem Bruder *Cansignorio* (→3. D. S.) getötet, der nur nominell die Herrschaft mit dem anderen Sohn Mastinos II., *Paolo Alboino*, teilte (den er 1375 beseitigte). Nach Cansignorios Tod (1375) folgten ihm seine natürl. Söhne *Bartolomeo* und *Antonio* in der Herrschaft. Nach der Ermordung Bartolomeos 1381 verlor Antonio in dem Kampf, den er zusammen mit Venedig gegen Padua und die Visconti führte, am 19. Okt. 1387 durch das Betreiben der letzteren seine Herrschaft, wozu auch die Erbitterung der Veroneser gegen ihn, seine Steuerpolitik und seine ganze Familie beitrug. Die Restauration der Scaligerherrschaft durch *Guglielmo*, Cangrandes II. natürl. Sohn, am 10. April 1404 (der jedoch bereits am 18. April starb) war nur ein Kunstgriff der →Carrara, um die Stadt in ihren Besitz zu bringen.

Nach dem Tode Guglielmos zwang die darauffolgende Eroberung der Stadt durch die Carrara und danach durch Venedig seine Nachkommen, welche die weiterbestehende Linie der Familie bildeten, eine sichere Zuflucht zu suchen. Guglielmo hatte neun Kinder: *Brunoro* wurde von den Paduanern in Monselice gefangengesetzt, bei Heranrücken der Venezianer befreit, und begab sich zum dt. Kg., um zu versuchen, seine Besitzungen wiederzuerhalten; er wurde 1422 zum kgl. Landeshauptmann des Ingolstädter Teilhzm.s bestellt, † in Wien 1434; *Antonio* flüchtete nach seiner Befreiung aus dem Gefängnis von Monselice nach Frankreich; *Nicodemo (Nikodemus)* († 1443), seit 1421 Bf. v. →Freising, war im Auftrag Martins V. wesentl. an der Durchführung der nachkonziliaren Klosterreform in Bayern beteiligt, hatte eine Zeitlang Enea Silvio Piccolomini zum Sekretär und wurde von diesem als einer der fünf Interlocutores in den »Pentalogus de rebus ecclesiae et imperii« aufgenommen; *Bartolomeo* († 1433); *Fregnano* († 1443); *Caterina* († 1424), alle in Wien begraben; *Beatrice* heiratete *Wilhelm v. Öttingen; Oria* († vielleicht in Wien); *Paolo (Paul)*, der 1418 in Konstanz anwesend war, ließ sich in Bayern nieder und heiratete *Amalia v. Frauenberg*. Seine Nachkommen blieben in angesehener Position in Bayern (Familie *von der Leiter*). 1598 starb die Familie durch den Tod des *Johann Dietrich v. d. L.* im Mannesstamm aus und ging durch die aus den beiden Ehen der *Johanna v. d. L.* hervorgegangenen Nachkommen in den Häusern der Dietrichstein und Lamberg auf. A. Menniti Ippolito

Q. und Lit.: T. Saraina, Le Historie e fatti de' Veronesi, Verona 1649 (1542) – P. Litta, Famiglie celebri it. II, 1819 – Spindler II, passim – G. Koller, Princeps in Ecclesia. Unters. zur Kirchenpolitik Hzg. Albrechts V. v. Österreich, AÖG 124, 1964, 124ff. *[zu Nikodemus D. S.]* – M. Carrara, Gli Scaligeri, 1966 – W. Hagemann, Documenti sconosciuti dell'Archivio capitolare di Verona per la storia degli Scaligeri (1259-1304) (Scritti in on. di G. Turrini, 1973), 319-397 – AA. VV., Verona e il suo territorio III, I, 1975.

1. D. S., Cangrande I., * 9. März 1291, † 22. Juli 1329, ⌑ am Portal von S. Maria Antica, Verona; Sohn des Alberto I. und der Verde da Salizzole, ∞ 1308 Johanna (Giovanna) v. Antiochia. Keine legitimen Söhne. Nach Erreichung seiner Großjährigkeit wurde C. von seinem Bruder Alboino zum Mitsignoren von Verona erhoben. In die beständigen kleinen Kriege in der Poebene verwickelt, unterzeichneten die Brüder am 25. April 1308 ein Abkommen zu gegenseitiger Hilfeleistung mit →Heinrich VII. v. Böhmen-Luxemburg, Hzg. Otto v. Kärnten und den Herren v. Castelbarco, das wegen der Einflußnahme ausländ. Mächte auf die komplizierte polit. Situation Italiens von Bedeutung war. Trotz der Weigerung der beiden Scaliger, entsprechend der kgl. Anordnung die Gf. en v. Sambonifacio in die Stadt zurückkehren zu lassen, ernannte sie Heinrich VII. am 7. März 1311 zu Reichsvikaren von Verona und dessen Territorium, nachdem sein Versuch fehlgeschlagen war, den Pisaner Vanni Zeno als Vikar einzusetzen. Im April des gleichen Jahres besetzten kgl., verones. und mantuan. Truppen →Vicenza, das bis dahin unter der Kontrolle der Paduaner gestanden hatte, die Heinrich VII. die Unterwerfung verweigerten. Im Febr. 1312 ging das Amt des Reichsvikars v. Verona auf C. über, da Alboino am 29. Nov. 1311 verstorben war. Der Aufstieg der Scaliger war der mittelbare Anlaß zum Krieg mit Padua, der C. fast bis an sein Lebensende in Atem hielt. 1314 beendete ein von den Venezianern betriebener Waffenstillstand beinahe ohne fakt. Ergebnis zwei Jahre ständiger krieger. Auseinandersetzungen. 1315 verbündeten sich die Paduaner mit Treviso, C. mit den Da →Camino von Feltre und Belluno. 1317 wurde der Angriff der Scaliger auf das guelf. Brescia durch einen Vorstoß der Paduaner gegen Vicenza blockiert. Wiederum durch die Vermittlung Venedigs wurde die Krise 1318 mit einem Friedensschluß beendet, nachdem C. mit seiner Streitmacht beinahe unter den Mauern von Padua stand. Das Abkommen garantierte den Venezianern territorialen Gewinn (→Este und →Monselice); Padua mußte zu seinem Schutz Giacomo (Jacopo) da →Carrara zum Signoren ernennen. Ende

1318 hinderte Venedig C. an der Eroberung von Treviso. Am 16. Dez. des gleichen Jahres wurde der Scaliger beim Reichstag v. Soncino an die Spitze der ghibellin. Front gestellt. Die am 31. Aug. 1320 am Bassanello durch die Paduaner erlittene Niederlage beschloß eine neue Periode krieger. Auseinandersetzungen mit dem Hauptfeind Veronas. 1322 wurden Feltre und Belluno ohne Schwierigkeiten erobert. In dem Machtkampf zw. Friedrich dem Schönen, Hzg. v. Österreich, und Ludwig dem Bayern unterstützte C. Friedrich; als dieser jedoch den Kampf aufgab, nahm er Ludwigs Schlichtungsversuch des Konflikts mit Padua an. Der Friede wurde 1325 ratifiziert. 1327 schaltete sich C. geschickt in den Machtkampf zw. Marsilio und Nicolò da Carrara in Padua ein: im Sept. 1328 kam die Stadt in den Einflußbereich der Scaliger. Am 18. Juli 1329 machte sich C. innere Unruhen in Treviso zunutze und bemächtigte sich der Stadt. Wenige Tage nach dieser neuen Eroberung starb er am 22. Juli.

C.s Expansionspläne in der ven. Terraferma stützten sich auf ein umfassendes Konsolidierungsprogramm seiner Herrschaft. 1319 ließ er die in Verona gültigen Handelsordnungen in einem Codex zusammenfassen und förderte die Revision der Statuten der Arti (Zünfte). Er gewährte nicht nur Dichtern wie →Dante und Künstlern Aufnahme und Schutz, sondern auch Kaufleuten, Rechtsgelehrten, Bankiers usw. 1328 traten neue städt. Statuten an die Stelle der Verfassung aus dem Jahr 1276. C. befestigte Verona mit einem weiten Mauerkranz und verstärkte das Heer durch die Anwerbung von Ausländern und den Rückgriff auf das Umland, v. a. war ihm an der Bildung einer schlagkräftigen Kavallerie gelegen. Bei der Öffnung seines Sarkophags i. J. 1921 – die wertvolle Textilfunde ans Licht brachte – ergab die anthropometr. Untersuchung seiner Gebeine die überraschende Größe von 1,82 m.
Lit.: →D. S., Familie. A. Menniti Ippolito

2. D. S., Cangrande II., * 7. Juni 1332, † 1359, Sohn des Mastino II. und der Taddea da Carrara, ⚭ seit Nov. 1350 in kinderloser Ehe mit Elisabeth (Elisabetta), der Tochter des verstorbenen Ludwig des Bayern, ◻ Arche Scaligere, Verona. Am 3. Juni 1351, dem Todestag von Mastino II., verzichtete dessen Bruder, Alberto II., zugunsten der legitimen Söhne des verstorbenen Signore, C. II., Cansignorio (→3. D. S.) und Paolo Alboino, auf seine Rechte auf die Signorie von Verona und Vicenza, wobei nur C. II. dem Alter nach regierungsfähig war. Im Dez. 1353 gehörte der Scaliger zu den Gründern einer gegen die →Visconti gerichteten Liga, die Verona mit Venedig, den da →Carrara und den →Este verbündete. Als in der Vorbereitungsphase des Bündnisses im Febr. 1354 C. II., um Bewaffnete zu gewinnen, nach Bozen gezogen war, streute sein illegitimer Stiefbruder Fregnano das Gerücht vom Tode des Signore aus und bemächtigte sich der Herrschaft über die Stadt. Trotz der Unterstützung durch die Gonzaga, vielleicht auch durch die Visconti, die jedenfalls die Situation benutzen wollten, um Verona in ihre Gewalt zu bekommen, dauerte die Herrschaft des Rebellen nur kurze Zeit; die Stadt wurde von C. II. zurückerobert und der Umsturz mit derart heftigen Repressionsmaßnahmen erstickt, daß sie C. II. den Beinamen »Canis rabidus« eintrugen. Nach überstandener Gefahr löste er am 25. März 1354 de facto den Consiglio Maggiore bzw. Consiglio dei 500 der Stadt auf und reformierte den Consiglio dei 12 Anziani, dessen Mitgliederzahl auf 25 erhöht wurde und der den Namen »Consilium ad utilia« erhielt. Außerdem erbaute er das Castelvecchio, gab den traditionellen Wohnsitz der Scaliger im Zentrum der Stadt auf und zog sich hinter die Mauern des Kastells zurück. 1354 erneuerte er die gegen die Visconti gerichtete Liga, 1355 jedoch schloß er mit ihnen ein Bündnis. Er versuchte, seinen unehel. Söhnen Fregnano, Tebaldo und Guglielmo durch Einziehung außerordentl. Abgaben einen reichen Fond zu schaffen und ihnen die Nachfolge in der Signorie zu sichern. Nicht zuletzt aus diesem Grunde wurde er, kurz nachdem er sein Testament diktiert hatte, am 14. Dez. 1359 von Cansignorio umgebracht. A. Menniti Ippolito
Lit.: →D. S., Familie.

3. D. S., Cansignorio, eigtl. Canfrancesco, * 5. März 1340, † 19. Okt. 1375, ◻ Arche Scaligere, Verona, ehel. Sohn Mastinos II. und der Taddea da Carrara, ⚭ in kinderloser Ehe mit Agnese di Durazzo; außerehel. Kinder: Bartolomeo, Antonio, Lucia. Seit 1351 teilte er mit seinen Brüdern Cangrande II. (→2. D. S.) und Paolo Alboino die Signorie von Verona, gelangte aber – als noch nicht Zwanzigjähriger – erst durch die Ermordung seines ältesten Bruders (14. Dez. 1359) zur Macht. Am 17. Dez. wurde er gemeinsam mit Paolo Alboino, den er bald auf den zweiten Platz verwies, zum Dominus generalis von Verona (und Vicenza) akklamiert. Er nahm an der 1362 gegen die Visconti gerichteten Liga teil, näherte sich nach deren Auflösung jedoch Bernabò →Visconti; um sich dem Einfluß Venedigs zu entziehen. Am 5. April 1368 fielen die verbündeten Truppen der Scaliger und Visconti in das Gebiet von Mantua ein. Die gegnerische Front wurde von Karl IV. und Papst Urban V. angeführt. Im Juni wehrte Verona mit großer Mühe einen Angriff ab, am 11. Febr. 1369 gebot ein umstrittener Friede den Gegnern Einhalt. Um den Preis einer weiteren Schwächung erschöpfte sich damit die letzte militär. Initiative der Scaliger. C.s Politik ermangelte der Fertigkeit und Sicherheit und war in erster Linie bestrebt, die Fortdauer seiner Herrschaft, die unter dem Druck überlegener Mächte stand, zu sichern. In Verona widmete C. bes. Sorgfalt der Errichtung öffentl. Gebäude, die der Stadt das Attribut »die aus Marmor erbaute« eintrugen. 1375 klagte er seinen Bruder Paolo Alboino des Aufstandes an und ließ ihn töten. Der wahre Hintergrund seines Vorgehens lag in dem Bestreben, seinen beiden natürl. Söhnen Bartolomeo und Antonio die Signorie zu sichern. A. Menniti Ippolito
Lit.: →D. S., Familie.

4. D. S., Mastino I., † Okt. 1277, Leonardino, gen. M., war der erste der in →Verona führenden Scaliger und der mittelbare Begründer der späteren Signorie seiner Familie, obwohl ihm selbst kein außerordentl. Titel, der seine Macht bezeichnet hätte, verliehen wurde. Als Anhänger des →Ezzelino da Romano 1258 Podestà v. Cerea, im Jan. 1259 Podestà der Kommune Verona, wurde er im Sept. des gleichen Jahres nach dem Tode Ezzelinos von den Arti (Zünften) zum »Podestà del Popolo« ernannt, um dessen gegen die Magnaten gerichtete Politik fortzuführen. Von 1261 bis 1269 war er Podestà der »Casa dei Mercanti«, einer Einrichtung, welche die gesamte städt. Produktion leitete, koordinierte und vertrieb, und 1262 »Capitano del Popolo«. Als Vertreter der wirtschaftl. aktiven Schichten, die nach Ende Ezzelinos die Rückkehr zur Normalität erstrebten, leitete er ohne genau festgelegte Befugnis den Kampf der offiziell von den »Gastaldioni dei Mestieri« (Vorsteher der Zünfte) regierten Kommune gegen die Verbannten und die Guelfen und garantierte damit die Hoffnung der Veroneser auf Stabilität und Kontinuität. →Konradin v. Hohenstaufen ernannte ihn 1267 zum Podestà v. Pavia. M. förderte Reformen im System der »Arti«. Im Okt. 1277 wurde er »per tractatum quorundam civium Verone« ermordet.
Lit.: →D. S., Familie. A. Menniti Ippolito

5. D. S., Mastino II., * 1308, † 4. Juni 1351, ⌒ Arche Scaligere, Verona, legitimer Sohn des Alboino, ⚭ 1328 Taddea da Carrara. Ohne den Titel eines Reichsvikars zu führen, trat er 1329 zusammen mit seinem Bruder Alberto II., der jedoch polit. in den Hintergrund trat, die Nachfolge Cangrandes I. (→ 1. D. S.) in der Signorie an. M. suchte die Expansionspolitik seines Onkels Cangrande weiterzuführen, wobei er sich in erster Linie Mantua und Brescia zur Zielscheibe nahm. Trotz des Versuchs Johanns v. Luxemburg, Kg. v. Böhmen, dies zu verhindern, öffnete Brescia 1332 seine Tore dem Scaliger, der mit den Visconti ein Abkommen geschlossen hatte. Nach einem fehlgeschlagenen Angriff i. J. 1334 vermochte M. im folgenden Jahr Reggio (Emilia) und Parma, kurz darauf auch Lucca, unter seine Botmäßigkeit zu bringen. Damit erreichte der Scaligerstaat seine größte territoriale Ausdehnung. Der Konflikt mit Venedig, der 1336 zu einer gegen die Scaligerterritorien gerichteten Handelsblockade der Seerepublik führte, und mit Florenz, das Lucca reklamierte, ließen im gleichen Jahr eine Koalition entstehen, durch die M. einen großen Teil seines Herrschaftsbereichs verlor. Bei dem Friedensschluß von S. Marco in Venedig (24. Jan. 1339) wurde dem Scaliger nur der Besitz von Verona und Vicenza sowie von Parma und Lucca, die jedoch isoliert blieben, anerkannt: Venedig verband damit die Absicht, die Kräfte und Hilfsmittel des gefürchteten Signore zu schwächen und zu zerstreuen. 1340 begannen die Scaliger von neuem eine Angriffspolitik. Der Vorstoß gegen Mantua und Bologna führte zu einer Koalition, durch die M. Parma einbüßte und die ihn später zwang, Lucca, das nicht verteidigt werden konnte, an Florenz zu verkaufen. 1347 versuchte M., sich die Unruhe in der Romagna zunutze zu machen, um an Stelle der unfähigen Söhne des Taddeo Pepoli die Signorie in Bologna zu übernehmen. 1350 ging die Stadt jedoch an die Visconti über. Die Erschöpfung durch die Last der ständigen krieger. Auseinandersetzungen, M.s aggressive Politik und die Instabilität seiner Bündnisse gefährdeten das von Cangrande übernommene Erbe und führten unaufhaltsam zum polit. Niedergang der Scaligerherrschaft. Seine Söhne mußten die Hoffnung auf ein Wiedererstarken ihres »Staates« endgültig begraben. A. Menniti Ippolito

Lit.: →D. S., Familie.

Della Torre, Mailänder capitaneale Familie (»illi de la Turre«) aus der Valsassina stammend, mit *Martino*, Gf. v. Valsassina, wegen seiner Statur »der Große« genannt († im Hl. Land während des zweiten Kreuzzugs), in der ersten Hälfte des 12. Jh. erstmals urkundl. belegt. Nach Fiamma (es handelt sich jedoch dabei um eine legendäre Tradition) waren die D. T. zu jener Zeit »capitanei der Porta Nuova in Mailand. Unter den zahlreichen Kindern des Martino sind *Pagano, Giustamonte, Cassone* und *Jacopo* zu erwähnen, die verschiedene weltl. und geistl. Ämter innehatten, wie es in der damaligen Zeit üblich war. Die Familie ist 1173 in Mailand belegt (Konsulat des Pagano), behielt jedoch ihre Besitzungen in der Valsassina, wie zahlreiche spätere Nachrichten bezeugen. Am Ende des 12. Jh. schloß sich der »pars populi« an, deren eifrigste Anhängerin sie wurde, wobei jedoch einige ihrer Mitglieder auf der Seite der »capitanei« und »valvassori« verblieben. Die Familie besaß zahlreiche befestigte Plätze (neben einer nicht identifizierten Gft. Venafro werden die Burgen Pessano bei Mailand, Trezzo und Vaprio an der Adda, Bregnano bei Como und Castelletto Ticino sowie viele andere Besitzungen in der Stadt und deren Umland genannt); sie ist daher ein sehr bezeichnendes Beispiel dafür, daß die »popolari« nicht streng einer bestimmten Schicht zuzurechnen sind, sondern eine echte polit. Partei bildeten, die in Opposition zur »pars militum« (konsular. Aristokratie oder »nobili«) nach der Regierungsgewalt strebte. In den ständigen Parteikämpfen, die den polit. Alltag der Mailänder Kommune und derjenigen, die ihrer Einflußsphäre angehörten, äußerst unruhig gestalteten, trat der gen. *Pagano* hervor, der am Ende des 12. Jh. auch in anderen Städten Norditaliens öffentl. Ämter bekleidete. Von einem anderen Sohn Martinos, Jacopo, stammt ein zweiter, berühmterer *Pagano* († 6. Jan. 1241), der während der Herrschaft Friedrichs II. erstmals 1227 im öffentl. Leben auftrat. Er war Podestà in Brescia und Bergamo und unterzeichnete ebenso wie viele andere vornehme guelf. Familien Mailands mit Friedrichs II. aufrührerischem Sohn Heinrich einen Bündnisvertrag, dem kein Erfolg beschieden war. Nach der Niederlage von →Cortenuova (1237) gewährte er den Mailändern und Bergamasken, die sich auf dem Rückzug befanden, in seinen Ländereien in der Valsassina Zuflucht. 1240 wurde er der Anführer der »Credenza di S. Ambrogio« (die Mailänder »popolare« Vereinigung schlechthin) und begründete damit eine Art von Kryptosignorie, welche die Macht auf dynast. Wege weitergab. Nach seinem Tod (1241) folgte ihm sein Neffe *Martino* († 1263) nach, der 1247 von den Mailändern auf Lebenszeit das Anzianat der »Credenza di S. Ambrogio« erhielt und mehrmals das Podestariat in »guelfischen« Kommunen bekleidete. 1256 Podestà der »Credenza« und Senator von Rom, verkörperte er vielleicht den Höhepunkt des Guelfentums in Mailand und in der Poebene, das jedoch rasch durch die Politik der D. T. selbst, die auf die Seite des Ghibellinen →Pelavicino getreten waren, und damit die Befürchtungen der röm. Kurie erregten, in eine Krise geriet. 1259 trotz der Opposition des päpstl. Legaten zum Signore v. Mailand proklamiert, brachte er →Ezzelino da Romano und der »pars nobilium« bei Cassano (d'Adda) eine Niederlage bei. Der rasche Aufstieg der Familie D. T. und ihre undurchsichtige Politik veranlaßten jedoch Papst Urban IV., Ottone Visconti, aus einem vom Lago Maggiore stammenden Adelsverband, statt *Raimondo* D. T. (später Patriarch von Aquileia, † 1299 nach GIULINI IV, 788), zum Ebf. v. Mailand zu ernennen. Die D. T. besetzten im Gegenzug sofort die Besitzungen des Ebm.s; die Stadt wurde mit dem Interdikt belegt, was jedoch dem Visconti, der zugleich Anführer der ghibellin. »pars nobilium« Mailands geworden war, nicht ermöglichte, seine Diözese in Besitz zu nehmen. Auf Martino folgte sein Bruder *Filippo*, der das Amt eines ständigen Podestà des »Popolo« erhielt und seine Macht durch die Signorien von Como, Novara, Lodi, Bergamo und Vercelli stärken konnte. Filippos Bündnis mit Karl v. Anjou (1265) und seine Vereinbarungen mit dem Gf.en v. San Bonifacio – der gegen die →Della Scala rebellierte – sowie mit Obizzo d'→Este und den Städten Mantua, Ferrara und Brescia brachten nicht die erhofften Vorteile, da sich inzwischen die Zeitströmung geändert hatte, und das it. Guelfentum nicht zuletzt durch Betreiben der röm. Kurie in eine Krise geriet. Unter Filippos Neffen Napoleone, gen. *Napo*, erhielt die Familie das Reichsvikariat von Rudolf v. Habsburg (1265), gleichzeitig wuchs jedoch die Unzufriedenheit der Mailänder immer stärker, da ihnen unerträgl. außerordentl. Steuerbelastungen auferlegt wurden, die zur Deckung der Ausgaben für das Heer und den Hofhalt der Signoren notwendig waren. Die im Kernland der D. T. geschlagene Schlacht v. Desio (1277) wurde von Ottone Visconti und der mailänd. »pars nobilium« gewonnen und führte die D. T. ins Exil. Das Stadtvolk erhob sich gegen sie, und ihre Häuser in Mailand wurden zerstört (heute via Caserotte). Napo wurde im Turm des Baradello in Como gefangengesetzt und starb kurz danach. Seine Unterwerfung unter den Visconti ist auf Fresken des Trecento in der Burg v. Angera dargestellt. Die überlebenden D. T. flüchteten zu Raimondo D. T. nach Friaul und gründeten dort neue Machtzentren. Nach einem Wiedererstarken der Familie entriß *Guido*, der Enkel des ersten Pagano, 1302 Matteo Visconti, dem Neffen des Ebf.s Ottone, die Herrschaft über Mailand, allerdings nur für kurze Zeit. 1311 wurde Matteo Reichsvikar und 1312 setzte der Tod Guidos der hist. Rolle der D. T. in Mailand für immer ein Ende. Vgl. →Mailand.

G. Soldi Rondinini

Q. und Lit.: DBI, s. v. [im Dr.] – G. Flammae, Manipulus Florum, MURATORI XI, Cap. CCXC, CCXCIII–CCXCIX, sowie die gesamte Chronistik und Annalistik der Poebene – G. GIULINI, Memorie della città e della campagna di Milano ne' secoli bassi, 1855 [Nachdr. 1975], IV, zu den zit. Jahren – P. LITTA, Famiglie celebri it., 1819–83 – I. GHIRON, La credenza di S. Ambrogio e la lotta dei nobili e del popolo in Milano (1198–1292), ASL IV, 1877, passim – G. ARRIGONI, Notizie storiche della Valsassina e delle terre limitrofe, 1899, 270–271 – G. GALLAVRESI, La riscossa dei guelfi in Lombardia dopo il 1260 e la politica di Filippo della Torre, ASL XXXIII, 1906, 8–30 – A. BATTISTELLA, I Lombardi in Friuli, ASL s. 4, XXXVII, 1910, 302ff. – G. SOLDI RONDININI, Appunti per una nuova storia di Milano (Saggi di storia e storiografia visconteo-sforzesche, 1983).

Dell'Iniquità (Iniquità), Oberto, 13. Jh., Angehöriger einer der guelf. Adelsfamilien von →Piacenza. Als Podestà von →Brescia hielt O. 1238 der Belagerung von →Friedrich II. stand. In den folgenden Jahren schlug er in Piacenza eine polit. Linie ein, die, obgleich dem Wesen nach den Guelfen nahestehend, den Konsens des »Popolo« erhielt, und war gezwungen, ein Einverständnis mit der ghibellin. Faktion zu suchen, um die polit. Vorherrschaft zu erreichen. Im Sommer des Jahres 1250 wurde O. auf diese Weise zum »Rettore del Popolo« gewählt, obwohl er in sozialer und polit. Hinsicht nicht dem »Popolo« angehörte. Ein kluger Vermittler zw. den Ständen und Faktionen, gewann O. im März 1251 noch ein weiteres Amt hinzu und wurde »Podestà del Comune«, nachdem sein Vorgänger in polit. Isolation gefallen war und die Stadt verlassen hatte. Als 1252 die Ghibellinen in Piacenza die Oberhand gewannen, trat O. das Amt des Podestà an Oberto →Pallavicino ab, während er zumindest bis 1257 das Amt des »Rettore del Popolo« behielt. P. M. Conti

Lit.: P. CASTIGNOLI, La »coniuratio« popolare del 1250 ed il passaggio di Piacenza dal campo guelfo a quello ghibellino, Studi in on. di G. BERTI, 1979.

Delmedigo, Elia, *1460 auf Kreta, † 1497, jüd. Philosoph, wirkte in Oberitalien, wo er auf Ersuchen christl. Freunde Werke des →Averroes ins Lat. übersetzte. Sein Hauptwerk »Bechinat ha-Dat« (Prüfung der Religion) vertritt einen gemäßigten innerjüd. Averroismus. Vernunfterkenntnis und religiöse Offenbarung sind im System der →doppelten Wahrheit einander zugeordnet; doch muß der Philosoph bestimmte religiöse Wahrheiten a priori anerkennen. H.-G. v. Mutius

Ed.: Bechinat ha-Dat, ed. I. S. REGGIO, 1833.

Delphin. [1] *Zoologie:* D., Delphinus delphis, in der Antike seit Aristoteles recht gut bekanntes Meersäugetier aus der Gruppe der Zahnwale, über das im MA nur die wichtigsten der von Plinius (hauptsächl. 9,20–33) und Solin (12,3–12) gesammelten Angaben zu Körperbau und Verhalten verbreitet waren. Darunter wird die Freundschaft und Vertrautheit mit Menschen, bes. mit Knaben, und die Rettung von kranken Artgenossen und sogar von Menschen aus Seenot (berühmtestes Beispiel seit Herodot der Sänger Arion um 620 v. Chr.) oft hervorgehoben.

Nach dem »Experimentator« (vgl. Wolfenbüttel, Hzg. Aug. Bibl., cod. Aug. 8.8, 4°, s. XIII, f. 34^r) berichtet Thomas v. Cantimpré (6,16 = Konrad v. Megenberg III.C.9 = Vinc. 17,111), daß ein ins Meer gefallener Mensch, sofern er einmal ihr Fleisch gekostet habe, von D. en gefressen, andernfalls aber ans Ufer gebracht werde. Quelle dürfte ein bei Arnold v. Sachsen (2,8 p. 64) erhaltenes Exzerpt aus dem verlorenen Tierbuch eines Jorach sein, wo jedoch (wenigstens in den besseren Mss. und bei Bartholomaeus Anglicus 13,26) ausdrückl. von einer Leiche die Rede ist (vgl. Albertus Magnus 24,28). Wie der Fleischgenuß bemerkt werde, ist für Thomas ein unbegreifl. Naturgeheimnis und somit Anlaß zum Lobpreis Gottes, für Bartholomaeus nur eine Folge des guten Geruchssinnes. Seit Theophrast (De signis tempestatum 1,19, vgl. Plinius 18,361) gilt das Verhalten des D.s als Wettervorzeichen (u. a. bei Thomas 7,29 nach Isidor 12,6,11 bzw. Jakob v. Vitry, Hist. orient.). Die mit einem Beuteanteil belohnte Zusammenarbeit der sog. »tumberelli« (= Tümmler, Tursiops truncatus?) mit it. Fischern dient Albert zur Erklärung für das von ihnen im Gegensatz zu den Nordseefischern befolgte Jagd- und Eßverbot. Das an verstümmelten D.en nachgewiesene angebl. sehr hohe Lebensalter (140 J. bei Thomas, mehr als 120 bei Vinc. 17,109, mehr als 100 bei Albert) beruht auf einem Überlieferungsfehler der Aristotel. Tierkunde (h.a. 6,12, p. 566b: 25 u. 30. J., vgl. Plin. 9,22 u. Solin 12,4: 30J.) in der arab.-lat. Version des Michael Scotus (vgl. Rom, Bibl. Apost. Vat., cod. Chigi E VIII 251, s. XIII, f. 25ra: 130 u. 120 J.). Die Beschreibung des D.s bei Albert könnte sich auf den in nördl. Meeren häufigeren Braunfisch (Phocaena phocaena L.) beziehen. Vom gemeinen D. wird der angebl. mit seiner sägeförmigen Rückenflosse sogar Krokodile tötende Nildelphin (zur Identifizierung vgl. LEITNER, 110f.) unterschieden (z. B. Thomas 6,17 = Konrad III.D.12 = Vinc. 17,110, Jorach bei Arnold 2,8, Bartholomaeus 13,26, Alexander Neckam 2,29, jeweils nach Isid. 12,6,11 u. 20 über Solin 32,26 aus Plin. 8,91).

Organotherapeut. Verwendungen stellt nur Vinzenz v. Beauvais (17,113) nach Plinius (32,83–137) zusammen.

Chr. Hünemörder

Q.: Albertus Magnus, De animalibus, ed. H. STADLER II, 1920, BGPhMA 16 – Alexander Neckam, De naturis rerum, ed. TH. WRIGHT, 1863 [Neudr. 1967] (Rer. Brit. 34) – Bartholomaeus Anglicus, De proprietatibus rerum, 1601 [Neudr. 1964]–Konrad v. Megenberg, Das Buch der Natur, ed. F. PFEIFFER, 1861 [Neudr. 1962] – Thomas Cantimpratensis, Liber de natura rerum, T. I: Text, ed. H. BOESE, 1973 – Vincentius Bellovacensis, Speculum naturale, 1624 [Neudr. 1964]–*Lit.:* R. STENUIT, Delphine meine Freunde, 1970–H. LEITNER, Zoolog. Terminologie beim älteren Plinius, 1972.

[2] *Ikonographie:* Während der D. in der griech.-röm. Lit., Mythologie und Kunst häufig erschien, standen in frühchristl. Zeit einem beträchtl. Weiterleben des beliebten Dekorationsmotivs in der Kunst (oft paarweise, gekreuzt, um einen Dreizack oder Anker gewunden, Polypen fressend oder als Reittier benutzt) nur wenige Erwähnungen in der Väterlit. gegenüber. Eine Christussymbolik (zuletzt STAUCH, WEHRHAHN-STAUCH aufgrund unsicherer Deutung einer Stelle in ep. 21 des Paulinus v. Nola an Bf. Delphinus) ist im Frühchristentum für das Bild des D.s (im Unterschied zum →Fisch) nicht nachzuweisen (vgl. DIEZ); im MA fand es wenig Verwendung. – Zum D. als Wappenbild des Dauphiné→Dauphin. J. Engemann

Lit.: Kl. Pauly I, 1448f. – LCI I, 503f. [WEHRHAHN-STAUCH] – RAC III, 667–682 [DIEZ] – RDK III, 1233–1244 [STAUCH].

Delphina, Kalokyros, seit Juni 982 als byz. Katepan v. Italien belegt. Nach dem Abzug Ottos II. reorganisierte er die byz. Herrschaft im Nordteil des Katepanats (Ascoli,

Lucera, Termoli), zuletzt ist er in einer Urkunde für den Bf. Rodostamus v. Trani im August 983 bezeugt, ein Nachfolger Romanos ist jedoch erst 985 belegt. Als Teilnehmer an der Revolte des Bardas Phokas wurde D. auf Befehl Basileios' II. 987 hingerichtet.   H. Enzensberger

Lit.: V. v. Falkenhausen, Unters. über die byz. Herrschaft in Süditalien, 1967, 54, 83f., 168–170 [= Dies., La dominazione bizantina nell'Italia meridionale, 1978, 86f., 183ff.].

Delphina v. Signe (Dauphine v. Puimichel, v. Glandevès, v. Sabran), sel., Gfn. v. Ariano, * 1284 in Puy-Michel, † 26. Nov. 1360 in Apt. Die aus adliger prov. Familie stammende D. wurde 1299 oder 1300 mit →Eleazar v. Sabran verheiratet, bewog ihren Gemahl aber dazu, die Ehe nicht zu vollziehen; beide widmeten sich bis zu seinem Tode 1323 einem Leben der Frömmigkeit. 1332 legte D. das Armutsgelübde ab und entäußerte sich ihrer Besitzungen. Bis 1345 hatte sie sich oft am Hof zu Neapel aufgehalten, doch den Rest ihres Lebens verbrachte sie abgeschieden in Apt (Provence). Berühmt schon vor ihrem Tode wurde D. nicht nur wegen ihrer zahlreichen Heilwunder, sondern auch durch ihr Armutsstreben nach dem Vorbild der Franziskanerspiritualen, demgemäß die gebildete adlige Dame sogar in den Straßen als Begine betteln ging.

P. Dinzelbacher

Q.: AASS Sept. 7, 1760, 528–594 – Les Vies occitanes de S. Auzias et S. e Dauphine, ed. J. Cambell, 1963 – Enquête pour le procès de canonisation de Dauphine de P., ed. id., 1978 – *Lit.:* Vies des Saints 9, 558–562 – Bibl. SS 4, 540f. – DBF X, 912f. – LCI VI, 39 – LThK² III, 212 – G. Duhamelet, S. Eléazar de Sabran et la bse D., 1944 – A. Vauchez, La sainteté en Occident aux derniers siècles du MA, 1981, Register, 735, s.v.

Delphinus, Bf. v. →Bordeaux 380–401/403. Als einer der Hauptvertreter der Orthodoxie im W bekämpfte D. auf den Synoden v. Zaragoza (380) und Bordeaux (385) den →Priscillianismus. Die fünf erhaltenen Briefe des →Paulinus v. Nola an ihn (10, 14, 19f., 35) bezeugen eine respektvolle Verbundenheit gegenüber D., der ihn dem christl. Glauben zugeführt hatte; außerdem ist Korrespondenz mit Ambrosius bezeugt.   J. Gruber

Lit.: DHGE XIV, 185–187 – P. Fabre, St-Paulin de Nole et l'amitié chrétienne, 1949, 252–276 – Marquise de Maillé, Recherches sur les origines chrétiennes de Bordeaux, 1959 – R. Etienne, Bordeaux antique, 1962, 268–271.

Del Poggetto → Bertrand Du Poujet

Demanium → Krondomäne

De Mari, genues. Familie, die sich von den Vizegrafen von Carmandino ableitete; unterstützte 1227 gegenüber dem Adel die Forderungen der »populares«, die unter der Führung von *Guglielmo* das konsular. Stadtregiment umzustürzen versuchten (→Genua). Die Familie teilte sich in verschiedene Linien, die sich u. a. dem Handel und der Bankierstätigkeit widmeten. Als Herren von Montoggio und anderen Ortschaften, die sie von dem Bf. v. →Tortona zum Lehen erhalten hatten, wurden die d. M. Mitbesitzer von Sanremo und Ceriana auf dem westl. Abschnitt der Riviera. Sie setzten sich auch in Korsika im Gebiet des heut. Cap Corse fest, wo sie den Zweig der sog. da Mari, Herren von San Colombano, begründeten. Der Aufstieg dieser Familiengruppe steht mit dem in der Mitte des 13. Jh. von *Ansaldo* und seinem Sohn *Andreolo*, den Admiralen Friedrichs II., erworbenen Ansehen und Ruhm in Zusammmenhang; Andreolo besiegte in der Schlacht bei der →Giglio-Insel (1241) die genues. Landsleute. Mit diesen beiden Admirälen zählen die D. M. zu den mächtigsten Vertretern der kaisertreuen bzw. ghibellin. Faktion Genuas, die zeitweise aus der Stadt verbannt war. Während des 15. Jh. hatten sie – gemeinsam mit der Familie →Doria – intensive Handelsinteressen in Nordeuropa und Spanien. I. J. 1528 wurden die d. M. in das →albergo→Usodimare aufgenommen.   G. Petti Balbi

Lit.: C. Imperiale di Sant'Angelo, Genova e le sue relazioni con Federico II, 1923 – V. Vitale, Il comune del podestà a Genova, 1951 – J. Cancellieri, Formes rurales de la colonisation génoise en Corse au XIII s.: un essai de typologie, Mel. de l'Ecole Française de Rome 23, 1981, 89–146.

Demen. Der gr. Ausdruck δῆμος und die synonyme plural. Verwendung δῆμοι bezeichnen das Stadtvolk als ganzes und gleichzeitig die (eingeschriebenen) Mitglieder der →Zirkusparteien (factiones) in →Konstantinopel. Die wissenschaftl. Diskussion um den Begriff setzte bereits 1870 mit einer Untersuchung des frz. Byzantinisten A. Rambaud ein und wurde erst durch A. Cameron einer endgültigen Klärung zugeführt. δῆμος (als Übersetzung des lat. populus) bezeichnet allgemein den Bewohner (einer Stadt) und nur im Kontext mit Zirkusspielen das Mitglied einer Zirkuspartei; in beiderlei Zusammenhang ist die Bezeichnung des einzelnen δημότης (lat. popularis). Der vorliegende Artikel behandelt in der Folge nur die zweitgenannte Bedeutung.

Die Mitglieder der Zirkusparteien in ihrer Gesamtheit nannten sich δῆμος/δῆμοι Βενέτων (der Blauen) / Πρασίνων (der Grünen), als Übersetzung des lat. populus Veneti/Prasini oder Prasinianorum, welches seinerseits wieder analog gebildet ist zur Bezeichnung der Zunftmitglieder als populus collegi. Man hat lange Zeit geglaubt, daß es sich bei den »D.« der Zirkusparteien um eine Einteilung des gesamten Staatsvolkes handle und sah teilweise sogar eine Erinnerung an die altattischen D., obwohl man wußte, daß beispielsweise Konstantinopel immer in Regionen unterteilt war. Erst die sprachl. Analyse hat die »D. der Blauen und der Grünen« als einen Mythos erwiesen; eine Trennung in »D.« und »Zirkusparteien« gibt es nicht.

Die δῆμοι waren eingeschrieben in Listen (κατάλογοι) und geleitet von einem δήμαρχος. Ihre primäre Aufgabe war die Organisation der Wettrennen im Hippodrom. Ihre Zahl war nicht bes. hoch (im Vergleich zu den Bevölkerungszahlen), wie das einzige konkrete Beispiel aus dem Jahr 602 zeigt: 1500 Grüne und 900 Blaue. Jede soziale Einordnung (Blaue = Oberschicht, Grüne = Mittel- und Unterschicht) hat sich als unhaltbar erwiesen; um ihren Aufgaben gerecht zu werden, gehörten sie alle zu den Besitzenden und waren vorwiegend jüngere Leute. Ebenso erweist es sich als falsch, sie mit religiösen Strömungen (Grüne = Monophysiten, Blaue = Orthodoxe) in Verbindung zu bringen. In Ausnahmefällen wurden zur Stadtverteidigung Waffen an die δῆμοι verteilt, aber es ist nicht zutreffend, in ihnen auch Militäreinheiten zu sehen. Umgekehrt versuchten seit dem 6. Jh. die Kaiser in zunehmendem Maße, die δῆμοι in das Hofzeremoniell einzugliedern, in welchem sie bis zum 10. Jh. in den Quellen weiter begegnen. In ihrer Hauptfunktion als Rennspielorganisatoren hatten die δῆμοι große Volksmassen als Anhänger und konnten sich damit auch zu Zielen anstacheln lassen, die weit außerhalb ihrer sportl. Funktionen lagen.

P. Schreiner

Lit.: A. Cameron, Demes and Factions, BZ 67, 1974, 74–91 – Ders., Circus Factions. Blues and Greens at Rome and Byzantium, 1976 [Q., Lit.].

Demetrios, hl.
I. Verehrung – II. Ikonographie.

I. Verehrung: D., hl., Stadtpatron v. →Thessalonike. Seine hagiograph. Gestalt läßt sich auf drei Prototypen zurückführen: a) einen griech. →Anthypatos in Thessalonike, der am 26. Okt. 306 unter Maximianus das Martyrium erlitt; b) einen Diakon aus →Sirmium, dessen dies natalis am 15. Nov. gefeiert wird; c) einen Diakon aus Pannonien slav. Herkunft.

Die Anfänge des Kultes des Märtyrers, aus dessen Grab Öl floß und der daher den Beinamen μυροβλύτης (erste Erwähnung bei Johannes Kaminiates im Jahr 904: BÖHLIG 5,66; slav. *mirotočec*) trägt, gehen auf das 5. Jh. zurück, als der Präfekt des Illyricum, Leontios, durch Anrufung des Hl. genas und die erste Kirche unter D.' Patrozinium errichten ließ. Wahrscheinl. zur Zeit der Plünderung von Sirmium durch die Hunnen um 441/442 fand eine translatio reliquiarum von Sirmium nach Thessalonike statt, worauf die zwei Festdaten (9. April und 26. Okt.) hinweisen. Mit der Verlegung des Sitzes der Präfektur des Illyricum von Sirmium nach Thessalonike 535 wurde Thessalonike zum Zentrum der Verehrung des Heiligen. Der altserb. Name der röm. Stadt Sirmium, Dimitrovce, ung. Szava Szent-Demeter bzw. civitas S. Demetrii in lat. Quellen des 13.–15. Jh., erinnert an den alten Kultort. Im 9. Jh. führten die Slavenlehrer →Konstantin und Method den Kult des D. in →Mähren und →Pannonien ein, indem Method 882–884 einen liturg. Kanon in altkirchenslav. Sprache zu seiner Ehre verfaßte, der in einer russ. (mit Neumen versehenen) Hs. aus dem Jahre 1096 erhalten ist. Die Einnahme Thessalonikes durch die Normannen 1185 verhalf zur Errichtung des 2. bulg. Reiches nach dem Aufstand der →Aseniden in Tŭrnovo im gleichen Jahr. Byz. Historiker wie Niketas →Choniates (Historia 371,15, ed. VAN DIETEN) bestätigen die messian. Vorstellung, nach welcher die Normannen Thessalonike erobern konnten, weil der himml. Beschützer der Stadt, D., Thessalonike verlassen habe und nunmehr die Bulgaren schütze. Abbildungen des Hl. schmücken Münzen und Siegel der Aseniden.

In der Rus' gehen die ersten Spuren eines Kultes des D. wahrscheinl. auf Beziehungen zu Mähren zurück: so wird allerdings der in der Nestorchronik (→Povest' vremennych let) s. a. 907 (LICHAČEV I, 24) angeführte Vergleich zw. dem Fs.en Oleg und dem hl. D. erklärt. Einen Aufschwung erfuhr der Kult unter dem Fs.en Izjaslav-Dmitrij (1024–78), der 1052 das erste russ. Kl. unter das Patrozinium seines Taufpatrons stellte (Laurentius-Chronik, PSRL I 159) und 1054 seinem Vater Jaroslav dem Weisen auf den Kiever Thron folgte. Siegel russ. Fs.en mit der Abbildung des hl. D. sind seit Svjatoslav, dem Sohn des den Taufnamen Dmitrij tragenden Vsevolod Bol'šoe Gnezdo, bezeugt. Letzterer brachte 1197 (Laurentius-Chronik, PSRL I 414) eine Ikone *(doska)* des Hl. von Thessalonike nach Kiev.

Seit dem 12. Jh. fand in Thessalonike alljährl. anläßlich des Festes des D. eine Messe von großer wirtschaftl. Bedeutung statt, die als Δημήτρια (Demetria) bekannt ist (Timarion 5: ROMANO 53, 114), sich über mehrere Tage erstreckte und nach Nikephoros Gregoras in vier συστήματα (Systemata) mit jeweiligen verschiedenen liturg. Akzenten (Ks., Metropolit, Mönche, Volk) eingeteilt war.

Auch in Konstantinopel wurde D. bes. verehrt: vgl. Konstantinos Porphyrogennetos, De cer. 30 (VOGT I 113ff). Infolge der Kreuzzüge verbreitete sich der Kult des Hl., wenn auch in bescheidenem Maße, im W. Davon zeugen der Schrein des Ebf.s v. Köln, →Anno, in der Benediktinerabtei →Siegburg (Ende des 11. Jh.) sowie u. a. ein Glasgemälde im Straßburger Münster aus dem späten 13. Jh.

Das sehr umfangreiche hagiograph. Schrifttum über D. umfaßt Passiones, Miracula und Lobreden in griech. (Bibl. hagiographica graeca, 496–547 z), kirchenslav., armen. (Bibl. hagiographica orientalis, 248–251) und georg. Sprache. Bes. die drei Bücher der Θαύματα (Thaumata), deren erster Zyklus von →Johannes, Metropoliten v. Thessalonike im 7. Jh., stammt, verdienen als hist. Quelle große Aufmerksamkeit. Um 916 widmete →Clemens v. Ochrid dem Hl. eine Lobrede in altbulg. Sprache (ed. B. ST. ANGELOV, I, 1970, 221ff.). Ks. →Leon VI. im 9. Jh., Johannes →Staurakios im 13. Jh. (ins Kirchenslav. im 15. Jh. übersetzt) schrieben fundamentale Enkomia auf Demetrios. Bes. im 14.–15. Jh. wurde er in zahlreichen Festreden von →Konstantinos Akropolites, Gregorios →Palamas, Nikolaos →Kabasilas, Demetrios →Chrysoloras, Konstantinos Armenopulos, Theodoros →Metochites, Grigorij Camblak usw. gepriesen.   Ch. Hannick

II. IKONOGRAPHIE: [1]: *Byzanz und Südosteuropa*: Die ältesten Darstellungen des D., Mosaiken in seiner Kirche in Thessalonike (5. und 7. Jh.), zeigen ihn im militär. Friedenskostüm (langes Himation und Chlamys), ein Bildtyp, der bis ins hohe MA erhalten bleibt (z. B. Reliquiar im Domschatz zu Halberstadt, Emailplatte in Berlin, 11. Jh.); im gleichen Kostüm, aber mit Märtyrerkreuz, begegnet er z. B. in S. Maria Antiqua, Rom (um 649), auf dem Triptychon Harbaville im Louvre (10. Jh.) u. ö. Als Soldat mit Panzer und Bewaffnung, häufig zusammen mit anderen hl. Kriegern, tritt er z. B. auf der Emailikone des hl. Michael im Tesoro di S. Marco, Venedig (11. Jh.), in der Chora-Kirche in Konstantinopel (um 1320) u. ö. auf, allein in einem byz. Mosaik aus dem Michaels-Kl. in Kiev (1108), einer Mosaikikone in Sassoferrato (14. Jh.), auf einer Ikone im Nat. Mus. v. Belgrad (um 1400) usw. Auf einem Thron sitzend, das Schwert halb gezogen auf dem Schoß haltend, erstmals auf einer Ikone in der Tretjakov-Galerie, Moskau (russ.? byz.? die Ikone Vsevolods, des großen Nestes?), dann auf einer Reliefikone an S. Marco (um 1200), im Kl. Xeropotamou, in Leningrad (aus Cherson) u. ö. Seltener wird D. als Reiter dargestellt, z. B. auf einer Emailikone in Berlin (12. Jh.), zusammen mit dem hl. Georg in der Euthymios-Kapelle an H. Demetrios in Thessalonike (frühes 14. Jh.) und auf einer Reliefikone in Sofia (14./15. Jh.). In S. Biagio in S. Vito dei Normanni (14. Jh.) tötet der reitende D. den bulg. Zaren Kalojan, ähnl. im bulg. Kl. Dragalevci (1476), stehend tut er das auf einer Ikone des Metamorphosis-Kl. der Meteoren (15. Jh.). Eine nur für D. bezeugte Besonderheit sind Reliquiar-Medaillons mit dem im Grabe liegenden D. (London, Brit. Mus., Washington, Dumbarton Oaks Coll., 13. Jh.). Als Einzelszene wird gelegentl. das Martyrium dargestellt (Menologion Basileios II., um 1000). Zur Rolle des D. in der Ks.-Ikonographie vgl. RBỵzK III, 752–754. Viten-Zyklen finden sich u. a. in der Metropolis von Mistras (Ende 13. Jh.), in →Dečani und in Sv. Dimitri in Peć (beide 14. Jh.).   K. Wessel

[2] *Altrußland*: Die alte Rus' übernahm Kult und Ikonographie des D. von Byzanz sowohl vom Typ des Soldaten-Hl., als auch (v. a. im Norden) des Märtyrers. Als Patron von Städten, Straßen, Kirchen und fsl. Persönlichkeiten galt er zunächst (in Kiev und Vladimir-Suzdal') als Schutzherr feudaler Herrschaft, später auch der Bauern (weniger als Georg) und des einflußreichen Bürgertums. Im Verhältnis zum schlichten Märtyrerbild mit seiner religiösen Intimität überwiegt, auch wegen des ästhet. Reizes, die Darstellung vom Typ der Soldaten-Hl. In ihr spiegeln sich die wechselnden Auffassungen von D. als byz. Feldherrn, altruss. Recken und höf. Ritter wider. Mit Georg gehört D. zu den himml. Fürbittern auf dem Deisusrang der Bilderwand. Repräsentative Beispiele sind: D. auf dem Thron (Staatl. Tretjakov-Galerie, Moskau, 12. Jh.); D.

von Solun, D. Zarensohn (Staatl. Tretjakov-Galerie [Sammlung Korin], Moskau, 16.–17. Jh.). K. Onasch

Lit.: zu [1]: SłowStarSłow 7, 1982, 294–297 – Bibl. SS 4, 1964, 556–564 – DHGE XIV, 1960, 1493–1499 – I. Dujčev, Proučvanija vŭrchu bŭlgarskoto srednovekovie (IX: Vŭstanieto na Asenevci i kultŭt na sveti Dimitrija Solunski), 1945, 44–51 – F. Barišić, Čuda Dimitrija Solunskog kao istoriski izvori, 1953 – B. St. Angelov, Iz starata bŭlgarska, ruska i srŭbska literatura, 1958, 19–35 [liturg. Kanon; vgl. dazu Možaeva, Bibliogr. Nr. 789–796] – L. Mokrý, Der Kanon zur Ehre des hl. Demetrius als Quelle für die Frühgesch. des kirchenslav. Gesanges (Anfänge der slav. Musik, 1966), 35–41 – V. L. Janin, Aktovye pečati drevnej Rusi X–XV vv. I, 1970, 106–107 – A. M. Papadopulos, Ὁ ἅγ. Δημήτριος εἰς τὴν ἑλληνικὴν καὶ βουλγαρικὴν παραδόσιν, 1971 – J. Walter, St. Demetrius. The Myroblytos of Thessalonika, Eastern Churches Review 2, 1973, 157–178 – D. Obolensky, The Cult of St. Demetrius of Thessaloniki in the Hist. of Byzantine-Slav Relations, Balkan Stud. 15, 1974, 3–20 – M. Vickers, Sirmium or Thessaloniki? A Critical Examination of the St. Demetrius Legend, BZ 67, 1974, 337–350 – Ju. K. Begunov, Grekoslavjanskaja tradicija počitanija Dimitrija Solunskogo i russkij duchovnyj stich o nem, Byzslav 36, 1975, 149–172 – P. Lemerle, Les plus anciens recueils des miracles de saint Démétrius, I–II, 1979–81 – V. Tǎpkova-Zaimova, Les textes démétriens dans les recueils de Rila et dans la collection de Macaire, Cyrillomethodianum 5, 1981, 113–119 – B. Osterwald, Das D.-Thema in der russ. und dt. Lit., 1982 – T. Tǎpkova-Zaimova, La ville de saint Démétrius dans les textes démétriens (Ἡ Θεσσαλονίκη μεταξὺ ἀνατολῆς καὶ δύσεως, 1982) 21–30 – zu [II, 1]: LCI VI, 41–46 [C. Morava] – zu [II, 2]: AA.VV, Gesch. der Russ. Kunst Iff., 1957ff., Register – K. Onasch, Ikonen, 1961, T.4, 343 – W. Felicetti-Liebenfels, Gesch. der russ. Ikonenmalerei, 1972, Register – G. K. Vagner, Problema žanrov v drevnerusskom iskusstve, 1974 – G. Podskalsky, Christentum und Theol. Lit. in der Kiever Ruś (988–1237), 1982, Register, s v Dmitrij – E. S. Smirnova, V. K. Laurina, E. S. Gordienko, Živopiś Velikogo Novgoroda XV vek, 1982, 225f. – K. Onasch, Identity Models of Old Russian Sacred Art (Medieval Russian Culture, hg. H. Birnbaum–M. S. Flier, 1984), 180ff.

Demetrios

1. D. Palaiologos, letzter Fs. v. →Morea, *um 1404, † im Herbst 1470 in Adrianopel, 5. Sohn Ks. →Manuels II. und der Helene Dragaš, ⚭ Zoe, Tochter des Megas Dux Paraspondylos. D. erhielt die hohe Würde eines →Despoten (nach 1423, aber vor 1429, wahrscheinl. zu Lebzeiten seines 1425 verstorbenen Vaters) sowie die Inseln Lemnos, Imbros und Samothrake. Er begleitete 1437/38 seinen Bruder, den Ks. →Johannes VIII. (1425–48), auf seiner Italienreise (Konzil v. →Ferrara-Florenz, Venedig). Nach der Rückkehr lehnte er die Übernahme der ihm vom Ks. als Apanage zugewiesenen Schwarzmeerbesitzungen (um →Mesembria) ab und versuchte sich mit türk. Hilfe des Kaiserthrones zu bemächtigen (1442). Nach Eintreffen seines Bruders, des Ks.s →Konstantin XI., in Konstantinopel kam es zum Tausch der Besitzungen, die Konstantin als Despot v. →Morea innehatte, gegen diejenigen von D. in der Ägäis. D. und sein Bruder, der Despot Thomas, nahmen 1449 Morea in Besitz: Thomas den nw. Teil der Peloponnes, D. den sö. mit Mistra als Hauptstadt. Von 1449 bis 1460 kämpften die Brüder in fast ununterbrochenen Fehden um Besitz und Macht in einem Land, das von außen (Osmanen, Venedig etc.) bedroht und im Innern (Feudalherren, Albaner etc.) zersplittert war. D. rief erneut die Türken zu Hilfe. Die türk. Expeditionen (1453, 1454, 1458, 1459) brachten der Bevölkerung Elend und Not, Verschleppungen und Plünderungen; sie führten auch zu neuen Belastungen: Fronarbeit an Festungen und außerordentl. Abgaben, denn der Sultan erhöhte jedesmal den ohnehin hohen jährl. Tribut (1454: 12000 Goldstükke). Ende Mai 1460 nahm Sultan→Meḥmed II. Mistra ein; es war das Ende des byz. Staates von Morea. D. blieb seiner Politik treu: Während Thomas sich in den Westen absetzte, begab sich D. mit Frau und Tochter in die Obhut des Sultans, der ihn großzügig abfand (Besitzungen mit einem Jahreseinkommen von 700000 Aspren). Die Beziehungen zum Sultan scheinen sich aber später getrübt zu haben. Wahrscheinl. verarmt, starb D. als Mönch (David) in Adrianopel. – D.' Politik ist auf dem Hintergrund der zeitgenöss. Machtverhältnisse zu sehen und zu bewerten: auf der einen Seite befanden sich die Osmanen in unaufhaltbarem Vormarsch, auf der anderen brachten die »westl.« Mächte (Venedig, Genua, Ungarn, Papsttum etc.) – hilfsbereit nur mit Worten – faktisch kaum Unterstützung, wobei sie zumeist auf kirchl. Union bestanden. Zur Bewahrung seiner Macht lavierte D. – wie so viele andere südosteurop. Machthaber seiner Zeit – zw. den Großmächten, um sich schließlich auf die Osmanen zu stützen; er sah sie als das geringere Übel an und hoffte, durch sie seine persönl. Machtstellung – vielleicht auch sein Land und die von der Union mit Rom bedrohte byz. Orthodoxie – zu retten. J. Ferluga

Lit.: D. Zakythinos, Le despotat grec de Morée I, 1923 [verb. Nachdr., hg. Ch. Maltezou, 1975], 216, 241–287 – A. T. Papadopoulos, Versuch einer Genealogie der Palaiologen, 1259–1453, 1938 [Nachdr. 1962], 64f. – F. Babinger, Mehmed der Eroberer und seine Zeit. Weltenstürmer und Zeitenwende, 1953 [verb. Ausg. 1957], 72f., 85f., 129f., 166–173, 185–190 (vgl. a.: H. Inalçık, Mehmet the Conqueror and his Time, Speculum 35, 1960, 408–427) – B. Ferjančić. Despoti u Vizantiji i u južnoslovenskim zemljama, 1960, 115–140 – Istorija Vinzantii III, 1967, 202–204, 210ff. [Lit.] – E. Werner, Sultan Mehmed der Eroberer und die Epochenwende im 15. Jh. (SB der sächs. Akad. der Wiss., Phil.-hist. Kl., 123, H. 2, 1982) – J. Ferluga, Partis et courants politiques aux cours balcaniques vers le milieu du XVᵉˢ., Byz. Forsch. 10, 1984 [im Dr.].

2. D. v. Montferrat, Kg. v. →Thessalonike, * um 1205, † 1227. Sohn von →Bonifaz v. →Montferrat und Margarethe Maria, Tochter →Bélas III., Kg. v. Ungarn, und Witwe des Ks.s →Isaak II. Angelos († 1204). Nach dem frühen Tod des Vaters (1207) wurde der noch nicht vierjährige D. in Thessalonike am 6. Jan. 1209 vom lat. Ks. v. Konstantinopel, →Heinrich v. Flandern (1206–16), zum Kg. gekrönt. Damit wurde die Oberlehnsherrschaft des lat. Ksr.es anerkannt; erst von da an kann von einem Kgr. Thessalonike gesprochen werden, denn Bonifaz war nie Lehnsmann des lat. Ks.s gewesen und hatte nur den Markgrafentitel geführt. Regenten für D. wurden Ubert v. →Biandrate bis 1211 und nachher Berthold v. →Katzenelnbogen. Einfluß behielt auch die Mutter des jungen Kg.s, die sich bemühte, das gute Verhältnis zu d. Griechen zu "erhalten. Angesichts des Vordringens →Theodors v. Epiros floh Maria nach Ungarn, während D. sich seit 1222 in Italien aufhielt, um Hilfe zu suchen. Ende 1224 mußte sich Thessalonike jedoch Theodor ergeben. Im Frühjahr 1225 landete ein Heer unter D. und seinem Halbbruder Wilhelm IV. v. Montferrat bei Halmyros und marschierte auf Thessalonike, löste sich aber schon in Thessalien nach dem plötzlichen Tod Wilhelms IV. auf. D. kehrte nach Italien zurück, wo er 1227 starb; seine Rechte an Thessalonike überließ er Ks. →Friedrich II. – Als Herrscher ist D. stets unbedeutend geblieben.

J. Ferluga

Lit.: L. Usseglio, I Marchesi di Monferrato in Italia ed in Oriente durante i secoli XII e XIII, II, 1926, 262ff. – J. Lognon, L'Empire latin de Constantinople et la principauté de Morée, 1949, 163–164 – B. Ferjančić, Počeci solunske kraljevine (1204–1209), ZRVI 8/2, 1964, 101–116 – K. M. Setton, The Papacy and the Levant (1204–1571), I, 1976, 21, 27–30, 50–53 [Lit.].

3. D. (alban. Dhimitër), alban. Fs., † um 1216, dritter Fs. v. Arbanon, folgte er seinem Bruder Gjin 1208. Als Gatte der Komnena, Tochter von Stefan Prvovenčani und

Nichte Ks. Alexios' III., trug er die hohen byz. Titel eines Megas Archôn und Panhypersebastos. Nach byz. Tradition soll er dem ven. Dux v. →Dyrrachion unterstellt gewesen sein, doch führte er tatsächl. eine Politik, die von Gegnerschaft gegenüber→Venedig und→Zeta und guten Beziehungen zum Staat →Epiros gekennzeichnet war. Darüber hinaus ließ er die Güter des Metropoliten v. Dyrrachion teilweise beschlagnahmen, schloß 1208 einen Handelsvertrag mit →Ragusa und knüpfte im gleichen Jahr Kontakte zu Papst Innozenz III. an, den er um Unterweisung im röm. Glauben bat, doch scheint er nicht konvertiert zu sein. Nachdem D. 1216 kinderlos verstorben war, heiratete seine Witwe den Archonten Gregorios Kamônas. A. Ducellier

Lit.: A. V. SOLOVJEV, Eine Urk. des Panhypersebastos D., BZ 34, 1934 – DH. S. SHUTERIQI, Një mbishkrim i Arbërit (Studime Historike III, 1967) – A. DUCELLIER, La Façade maritime de l'Albanie, 1981, 135–140.

4. D. Chomatenos (Chomatianos) → Chomatenos, Demetrios

5. D. Kydones → Kydones, Demetrios

6. D. v. Lampe, byz. Theologe des 12. Jh., stammte aus Lampe (Phrygien), † 1166. Seine religiös-geistl. Entwicklung läßt sich folgendermaßen zusammenfassen: D. reiste als Gesandter mehrmals in den Westen; dabei erfuhr er von dem Streit zw. →Gilbert de la Porrée und Gerho(c)h v. Reichersberg über die Auslegung der Worte Christi »ὁ πατήρ μου μείζων μού ἐστιν« ('Mein Vater ist größer als ich', Joh XIV, 28). Nach seiner Rückkehr von einer Deutschlandreise verfaßte er in Konstantinopel (um 1160) einen Traktat, in dem er Gilberts Anhänger als Ketzer anprangerte. Ks. Manuel I. Komnenos (1143–80) versuchte in einem privaten Disput vergeblich, D. umzustimmen; er ließ dessen Schrift vernichten, ohne jedoch dadurch die Verbreitung der Ansichten des D. eindämmen zu können. Schließlich erzwang der Ks. aufgrund des Gutachtens des als Berater am ksl. Hof fungierenden Pisaners Hugo Eteriano (»De Filii hominis minoritate ad Patrem Deum«) 1166 in einer Synode die Verurteilung der Ansichten des D., der selbst kurz vor dieser Synode an einer Vergiftung starb. In einer zweiten Synode (1170/71) wurden D.' Anhänger verurteilt, seine Ansichten jedoch wirkten bis ins 13. Jh. fort. A. A. Fourlas

Lit.: DHGE XIV, 210f. – HKG III/2, 163f. – LThK² III, 217f. – THEE IV, 1063f. – P. CLASSEN, Das Konzil v. Konstantinopel 1166 und die Lateiner, BZ 48, 1955, 339–368 – BECK, Kirche, 342f., 623 – S. N. SAKKOS, »Ὁ πατήρ μου μείζων μού ἐστιν« Βʹ Ἔριδες καὶ σύνοδοι κατὰ τὸν ιβ'αἰῶνα, 1968 – H.-G. BECK, Kirchengesch. der orth. Kirche im byz. Reich, 1980, 167f.

7. D. Pepagomenos → Medizin, byz.

Demetrius v. Tiflis → Thomas v. Tolentino

Demmin, Ort an der Peene, in Vorpommern (heut. Bezirk Neubrandenburg), zentral gelegener Platz im Siedlungsgebiet der Redarier, Tollenser, Zirzipanen und Kessiner, der wichtigsten Stämme des →Lutizenbundes. Er bzw. ein Burgwall in seiner Umgebung (Vorwerk) wird von einigen Forschern wohl zu Unrecht für die zu 789 erwähnte »civitas Dragowiti« gehalten. Vor dieser Befestigung unterwarf sich in jenem Jahr der Wilzenfürst →Dragowit dem Frankenkönig Karl d. Gr. Auch für die Lokalisierung →Rethras ist der Ort in Anspruch genommen worden. Seit dem 12. Jh. ist sein Schicksal durch wechselnde Herrschaften gekennzeichnet. Während des →Wendenkreuzzuges belagerte →Erich V. v. Dänemark 1147 das castrum D. vergeblich, 1164 erstürmte und zerstörte es jedoch Heinrich d. Löwe. →Waldemar II. v. Dänemark eroberte den Platz 1211, der bis 1227 dän. blieb. Später erhielt er lübisches Stadtrecht und wurde Mitglied der→Hanse. L. Dralle

Q.: Magistri Adam Bremensis gesta Hammaburgensis ecclesiae pontificum, ed. B. SCHMEIDLER (MGH SRG 2, 1917³), II/24 – Lit.: W. BRÜSKE, Unters. zur Gesch. des Lutizenbundes, 1955, 199f. – L. DRALLE, Slaven an Havel und Spree, 1981, 15.

Ps.-Demokrit, alchem. Schriften unter dem Namen Demokrits, 1./2. Jh., Haupths. Cod. Marcianus 299, 10./11. Jh. Die »Physika kai Mystika« (auch »Mystika kai Physika«) und andere Fragmente unter dem Namen Demokrits werden im allgemeinen als erste Zeugnisse spezifisch alchem. Literatur (→Alchemie II) im Umkreis der alexandrin.-hellenist. Kultur angesehen. D. gilt Zosimos und dem Kommentator Synesius (4. Jh.) sowie anderen griech. Alchemisten als häufig zitierte Autorität. Wie in den chem. technolog. Papyri werden Rezepte zum Färben und zur farbl. Angleichung unedler Metalle an Gold und Silber wiedergegeben. Daneben zeigt sich aber erstmals ein metaphys. Ansatz, ein in myst.-allegor. Einkleidung Initiation, Adepten-Tum und den Transmutationsgedanken – für die →Alchemie dann charakterist. – beinhaltet: Man glaubt einen Synkretismus von altgriech. Naturlehre (daher dem Demokrit von Abdera unterlegt), ägypt. chem. Technologie und pers. Esoterik feststellen zu können und somit auch einen Einfluß auf die Gestaltung des →Corpus Hermeticum. Von dem Magier Ostanes werden D. Naturgeheimnisse als »Vermächtnis« offenbart: Die Sätze »Die Natur freut sich über die Natur, die Natur siegt über die Natur, die Natur herrscht über die Natur« bilden seither festen Bestandteil alchem. Literatur. Eine Identifizierung dieses D. mit dem Neupythagoreer Bolos v. Mendes (2. Jh. v. Chr.), der über »Antipathie und Sympathie« schrieb und als Verfasser anderer Demokritpseudoepigraphien gilt, ist umstritten. G. Jüttner

Ed.: BERTHELOT, Coll. II, 41–53 [mit frz. Übers.] – Lat. Übers.: Dominicus Pizzimenti, Demokritos Abderita, De Arte Magna, 1573, [abgedr. in: H. KOPP, Beitr. zur Gesch. der Chemie, I–III, 1869–75, I, 137–143] – Lit.: E. O. V. LIPPMANN, Entstehung und Ausbreitung der Alchemie, 1919, 27–46, 327–335 – J. M. STILLMAN, The story of early chemistry, 1924 [Repr. 1960], 152ff. – R. P. MULTHAUF, The origins of chemistry, 1966, 92–101.

De Monacis, Lorenzo, * um 1351 Venedig, † 1428 Kreta, Verfasser eines zw. 1421 und 1428 entstandenen, als »Chronicon de rebus venetis« bekannten Geschichtswerks, das jedoch entsprechend den eigenen Angaben des Autors im Prooemium »De gestis, moribus et nobilitate civitatis Venetiarum« betitelt werden muß. Nov. 1388 zum cancelliere von Kreta gewählt, wurde L. d. M. am 18. Juni 1389 investiert. Im Lauf des gleichen Jahres in Kreta eingetroffen, wurde er am 3. Febr. 1390 in diplomat. Mission nach Ungarn gesandt, da er als Experte für die diesbezügl. Probleme galt. Vom 4. März 1395 bis zum 14. März 1396 hielt er sich im Auftrag der Signoria am Hof Karls VI. in Frankreich auf. Abgesehen von einigen ihm von der Seerepublik zur Regelung von Familienangelegenheiten gewährten bis zu sechs Monaten dauernden Aufenthalten in seiner Heimatstadt Venedig, verbrachte er sein ganzes Leben auf Kreta, wo er zw. März und Aug. 1428 starb. Aus einer Familie von Notaren stammend, stand er mit dem Kreis der sog. Humanisten-Notare in Verbindung (Raffaino de Caresini, später Großkanzler, Giovanni Conversini, Desiderato Lucio, sein »compater«) und kannte auch Humanisten wie →Petrarca, Francesco →Barbaro, Leonardo →Bruni, den Admiral Carlo Zeno und den Arzt Guglielmo da Ravenna. L. d. M. besaß eine Bibliothek lat. und griech. Klassiker; das kulturelle

Ambiente Kretas Ende des 14. Anfang des 15. Jh. blieb ihm jedoch im wesentl. fremd, obwohl er für Barbaro griech. Hss. besorgte.

Sein Werk, das zur Jahrtausendfeier des »Ursprungs« Venedigs verfaßt wurde, ist u. a. durch die Verwendung byz. und klass.-griech. Quellen gekennzeichnet und war →Biondo Flavio und →Sabellico bekannt. Erst kürzlich wurde aufgezeigt, daß die Stellen über den Aufstand Kretas in der Mitte des 14. Jh., die nach der Auffassung von ANTONIADIS und THIRIET ein Beweis dafür seien, daß die unedierte Chronik aus dem 15. Jh. in cod. Marc. it. VII., 2570 (ehemals Philipps 5215) von Zancaruolo stamme, nur eine Übersetzung entsprechender Abschnitte bei L. d. M. in die ven. Volkssprache darstellen. A. Carile

Ed.: Laurentii de Monacis Veneti Cretae Cancellarii Chronicon de rebus venetis ab u. c. ad annum MCCCLIV..., rec. Fl. Cornelius (Corner), Venetiis 1758–DBI., s. v. – *Lit.*: A. PERTUSI, Le fonti greche del »De gestis moribus et nobilitate civitatis Venetiarum di L. de M. cancelliere di Creta« (1388-1428), IMU 8, 1965, 161–211 – M. POPPI, Ricerche sulla vita e cultura del notaio e cronista veneziano L. de M., cancelliere cretese (ca. 1351-1428), StVen 9, 1967, 153–186 – A. PERTUSI, Laurent de Monacis chancelier de Crete (1388-1428) et les sources byz. de son ouvrage hist. (Pepragmena tu deuteru Diethnous Critologiku Synedriu, III, 1968), 207–211 – G. ZORZANELLO, La cronaca veneziana trascritta da Gasparo Zancaruolo, Arch. Veneto, s. V, 114, 1980, 37–66.

Demonstrator → Anatomie II

Demut, spezif. christl. Tugend, der die Gesinnung (des Sokrates oder Mark Aurel), sich vor den Göttern und der Wahrheit gering zu achten, nahekommt. Im bibl.-christl. Verständnis und Vollzug ist sie die Lebensform Jesu Christi, der sich selbst entäußerte, aller Menschen Knecht wurde und gerade so in seiner Herrlichkeit offenbar wurde (Phil 2, 6–1). In der Nachfolge Jesu ergreift die Jünger seine sünde- und todverfallene, kreatürl. Existenz, übergibt und überantwortet sie der noch größeren Liebe Gottes und erlangt in dieser Gottanheimgegebenheit den Frieden, das Heil. In der D., nicht in der Selbstanalyse und Selbstüberhebung findet Augustinus sein wahres Selbstsein. Die Ordensgemeinschaften der Kirche haben in den verschiedenen Regeln des Cassian, Basilius, Augustinus, Benedikt, Franziskus v. Assisi, Dominicus und auch der späteren Ordensgründer (vgl. H. U. V. BALTHASAR, Die großen Ordensregeln, 1948) die D. als Weg der Spiritualität und Mystik verstanden, dabei aber die D. unterschiedl. kontextuiert, sei es von der Idee des Gehorsams, der Armut oder Dienstbereitschaft her. Auch außerhalb der kirchl. Orden bestimmte die D. (zusammen mit Buße) religiöse Bewegungen (→Humiliaten). Praxis und Theorie der D., wie sie Bernhard v. Clairvaux (De gradibus humilitatis et superbiae, ed. Opera omnia III 13–59), Bonaventura (De perfectione evangelica q. 1, ed. Opera omnia V. 117–124), Thomas v. Aquin (S.th. II II q.161), Meister Eckhart (Traktat »Von Abegescheidenheit«, ed. E. SCHAEFER, 1956), Johannes Tauler, Thomas a Kempis, Ludolf v. Sachsen, Johannes Gerson u. a. begründeten, zentrierten in der Überzeugung, daß D. die wirksame überzeugende Dispositionsform der Gnade ist, die zu je noch größerer Gottesgemeinschaft und -einigung befähigt. In der Verbindung mit der natürl. Bescheidenheit schuf die D. einen Humanismus, der gesellschaftsbestimmend war (vgl. Johannes v. Salisbury, Metalogicon III Prolog). D. ist keine »Frauentugend«, aber sie hat das Bild der Frau mitbestimmt, v. a. im sog. Jungfrauenspiegel (vgl. M. BERNARDS, Speculum virginum. Geistigkeit und Seelenleben der Frau im HochMA, Forsch. z. Volkskunde 36/38, 1955). Zum Verständnis der D. (*diemuot*) im höf. Tugendideal, vgl. W. J. SCHRÖDER (Ritterl. Tugendsystem, hg. G. EIFLER, 1970), 341–346. J. Auer

Q. und Lit.: DSAM VII, 1136–1187–TRE VIII, 459–483– S. CARLSON, The Virtue of Humility (Doctrinal Stud. I), 1952 – O. SCHAFFNER, Christl. D. Des hl. Augustinus Lehre von der humilitas, Cassiciacum 17, 1965 – Christl. Meister, 1979ff. (Johannes Tauler Bde 2–3, Richard v. St.-Victor Bd. 4, Caterina v. Siena Bd. 5, Angelus Silesius Bd. 6, Theologia Deutsch Bd. 7, Die Wolke des Nichtwissens Bd. 8, Wilhelm v. St.-Thierry Bd. 12, Anselm v. Canterbury Bd. 15).

Denalagu → Danelaw

Denar (lat. denarius), ursprgl. um 211 v. Chr. entstandene Silbermünze im Wert von 10, seit 133/123 v. Chr. von 16 asses, bei zunehmender Verschlechterung bis in die Mitte des 3. Jh. n. Chr. geprägt. Römische D. e der Zeit bis Ks. Commodus (180–192) fanden sich im Grab des Merowingerkönigs Childerich I. (→Childerichgrab) und sind gelegentl. noch in den Schatzfunden der Wikingerzeit (9.–11. Jh.) nachgewiesen.

Im Merowingerreich begegnen am Ende des 7. Jh. Silbermünzen, die sich in ihrer Aufschrift als »DINARIVS« o. ä. bezeichnen. Aus diesen merow. D.en entwickelt sich der karol. D. unter Pippin III. Anfangs noch den merow. Münzbildern (Buchstabenmonogramme) verhaftet, entsteht bald ein eigener Stil. Unter Karl d. Gr. durchläuft der D. drei Phasen, die äußerlich am Bild (1. Herrschername »CARO-LVS«, 2. Herrschermonogramm, 3. Bildnis) und auch am Gewicht (Münzreform und Übergang zum Typ 2 um 793 von ca. 1,22 g zu ca. 1,65 g) abzulesen sind. Unter Ludwig d. Frommen wird der →Reichsdenar eingeführt. Der karol. D. wird seit dem 10. Jh. in Deutschland zum →Pfennig, in Frankreich zum →Denier weiterentwickelt. In der Urkundensprache wird die Bezeichnung »denarius« für Pfennig in lat. Texten bis zum SpätMA beibehalten. Von denarius wird auch das bis in das 20. Jh. gebräuchl. Kürzel ₰ abgeleitet. Noch 1573 begegnet der D. als allgemeine Münzbezeichnung auf einer Münze von Riga (»DENARIVS ARGENTEVS«). P. Berghaus

Lit.: HOOPS² V, 309–312 [P. BERGHAUS; Lit.] – A. LUSCHIN V. EBENGREUTH, Der D. der Lex Salica, SAW 163, 4, 1910 – F. V. SCHROETTER, Wb. der Münzkunde, 1930, 126–131 [K. REGLING–A. SUHLE] – J. LAFAURIE, Des Mérovingiens aux Carolingiens, Francia 2, 1974, 26–48.

Denarius S. Petri → Peterspfennig

Dendermonde, Stadt in Flandern östl. von Gent (Prov. Ostflandern, ehem. Bm. Cambrai), an der Mündung des Flusses Dender in die →Schelde. Gleichzeitig bezeichnet der Name D. eine Herrschaft *(heerlijkheid)*, die ihren Sitz in D. hatte, ohne daß die Stadt der Herrschaft untergeordnet war. Der Ursprung dieser Territorialherrschaft geht zurück auf die Gewalt der Vögte der Abtei St. Bavo zu →Gent, die sich in diesem Gebiet rechts der Schelde unabhängig vom Reich im 10. Jh. entwickelte, bis die Herrschaft vom Gf.en Balduin V. im 11. Jh. der Gft. →Flandern einverleibt wurde. Sie wurde wie andere Gebiete rechts der Schelde, die der Gf. vom Reich als Lehen hielt, als *kasselrij* (Kastellanei) mit bes. privatrechtl. Statut eingerichtet und den Herren v. D. überlassen. Ende des 12. Jh. wurde der Herr v. D. auch Herr von Béthune, und um die Mitte des 13. Jh. kam die Herrschaft D. durch Heirat unmittelbar an den Gf.en v. Flandern, Gui de →Dampierre.

Die Stadt D. entwickelte sich am linken Ufer des Dender im 11. Jh. (erster schriftl. Beleg: 1088) gegenüber der Burg, die vom Herrn v. D. auf einer Insel im Dender kurz zuvor erbaut worden war. Zu Anfang des 12. Jh. wurde von ihm in der städt. Liebfrauenkirche, die aus der ländl. Pfarrei Zwijveke auf dem rechten Ufer des Dender hervorgegangen war, ein Stift gegründet. Im 13. Jh. und

Anfang des 14. Jh. war die Stadt D. auf dem Gebiet der Tuchproduktion ein großer Konkurrent von Gent; D. exportierte seine Erzeugnisse bis nach Italien. Gent bekämpfte diese Konkurrenz mit Strafexpeditionen und stand auch wegen des bei D. erhobenen wichtigen Scheldezolls mehrfach in Konflikt mit D. I. J. 1338 hatte D. ca. 9000 Einwohner.   A. Verhulst

Lit.: F. L. Ganshof, Les origines de la Flandre impériale, Annales de la Société royale d'Archéol. de Bruxelles 46, 1942–43, 99–137 – A. C. F. Koch, Grenzverhältnisse an der Niederschelde vornehmlich im 10. Jh., RhVjbll 21, 1956, 182–218 – M. Bovijn, Ontstaan en ontwikkeling van D., Gedenkschriften der Oudheidkundige Kring van het Land van Dendermonde, 1976, II, 166–173 – D. M. Nicholas, The Scheldt Trade and the »Ghent War« of 1379–1385, Bull. Comm. Royale d'Hist. 144, 1978, 189–359.

Dene, Eduard de → Rederijkers

Déni de justice ('Rechtsverweigerung'), im frz. Gewohnheitsrecht (→Coutume) *défaute de droit* (lat. defectus iuris) genannt, liegt vor, wenn ein Gerichtsherr einem Vasallen oder Untertanen den erbetenen Rechtsschutz verweigert. Der betroffene Gerichtsuntertan kann mittels *appel* (→Appellation II) den in der Lehenshierarchie nächsthöheren Herrn anrufen und, bes. bei mehrmaliger Rechtsverweigerung, bis an den Kg. gelangen, dessen bei der Königsweihe geleisteter Eid ihn zum Richter aller Einwohner des Kgr.es macht. Gewinnt der Rechtsuchende den Prozeß wegen Rechtsverweigerung, so tritt er dauernd aus dem Gerichtsverband des niedrigeren in denjenigen des höheren Herrn über. Ist er adlig, so geht er hinfort auch bei dem höheren Herrn selbst zu Lehen. Scheitert er jedoch, so kann er verbannt werden. Der Lehensmann verliert sein Lehen; er gilt als Verräter, weil er seinen Herrn zu Unrecht angegriffen hat.

D. Anex-Cabanis

Lit.: R. Holtzmann, Frz. Verfassungsgesch., 1910, bes. 62f. – G. Lepointe, Hist. des institutions et des faits sociaux, 1961², 163.

Denia, Stadt in Spanien, am Golf v. Valencia (Prov. Alicante). Die Stadt ist röm. Ursprungs (Dianium). Der Westgotenherrscher →Athanagild trat sie 554 an den oström. Ks. Justinian ab, so daß sie unter die Jurisdiktion der neugeschaffenen Hispania byzantina fiel; im frühen 8. Jh. wurde sie arab. Nach der Auflösung des Kalifats v. →Córdoba (1009/1031) wurde D. zur Hauptstadt des gleichnamigen Taifareiches (→mulūk aṭ-ṭawā'if). Dies war das Werk des ʿĀmiriden Abū-l-Ǧaiš Muǧāhid (1011–44), der D. für eine gewisse Zeit zum Sitz des von ihm eingesetzten Kalifen al-Muʿaitī (ca. 1014–30) machte. Al-Muǧāhid eroberte die →Balearen und führte eine bewaffnete Expedition gegen Sardinien. Nach seiner Rückkehr setzte er dann al-Muʿaitī ab und proklamierte D. und die Balearen als unabhängiges und souveränes Kgr.

Unter der Herrschaft seines Sohnes ʿAlī ibn Muǧāhid (1044–76) wurde D. wegen der wirtschaftl. und militär. Bedeutung seiner Werften und seines Hafens, von dem Korsarenschiffe zu kühnen Unternehmungen an den it., frz. und katal. Küsten ausliefen, zu einer der berühmtesten Städte des Šarq al-Andalus. Dieser Herrscher v. D. unterhielt freundschaftl. Beziehungen zu Gf. →Raimund Berengar I. v. →Barcelona und ging sogar so weit, vom dortigen Bf. Guisbert gewisse seelsorgerl. Dienste für seine mozarab. Untertanen zu erbitten, weshalb für ihn im christl. Gottesdienst gebetet werden sollte. Diese Beziehungen gehen aus einigen Quellen hervor, z. B. dem Vertrag zw. beiden Herrschern, den die gegenwärtige historische Kritik (M. Barceló, 1983) für interpoliert hält. 1076 wurde D. durch Aḥmad al-Muqtadir dem Taifareich v. →Zaragoza eingegliedert, um unter seinem Sohn al-Munḏir die Unabhängigkeit wiederzuerlangen, die es bis zum Einfall der→Almoraviden im Frühjahr 1103 bewahren konnte. Auch unter den →Almohaden war D. ein abhängiges Gebiet, bis 1229 ein Nachfahre des ʿAzīz b. Saʿd deren Joch in D. abschüttelte, ganz wie Zayyān b. Mardanīš dies in →Valencia tat. Yaḥyā b. Aḥmad b. ʿĪsā, ein berühmter Literat und Dichter, war der letzte Taifaherrscher von D. (Nach anderen Autoren war Abū ʿAbdallāh b. Abī Sulṭān, ein Vetter Zayyāns, der letzte islam. Beherrscher v. D.)

1244 erfolgte die Eroberung der Stadt durch die Christen unter →Carroç, einem Admiral im Dienste →Jakobs I. v. →Aragón. Später verlieh Jakob II. v. Aragón D. den Rang eines →Señoríos (1323) für seinen Sohn, den Infanten Peter, und 1336 wandelte Peter IV. D. in eine Gft. um. Martin I. machte dann 1399 den Gf. en v. D. zum Hzg. v. Gandía. Die Kath. Kg. e schließlich erhoben die Stadt zum Marquesado (1487). 1510 gestattete Ferdinand d. Kath. den Bau eines Verteidigungsturmes sowie eines Leuchtturms für den Hafen und gewährte einen Fuero für die anlegenden Schiffe, um den wirtschaftl. Aufschwung der Stadt zu fördern, bis dann diesem Anfang des 17. Jh. ein Niedergang folgen sollte. Dieser ist zurückzuführen auf die Vertreibung der Moriscos (1609), welche die Masse der hochqualifizierten Handwerkerbevölkerung gebildet hatten.   J. M. del Estal

Lit.: EI² II, 111–115 [A. Huici Miranda–C. F. Seybold] – R. Chabás, Hist. de Denia, 1874 – Ders., El capitán Carroz, El Archivo II, 1887, 30–36, 77–84, 324–335 – Ders., Episcopologio Valentino I, 1909 – C. Sarnelli Cerqua, Muǧāhid al-ʿĀmirī, 1961 – K. F. Stroheker, Das span. Westgotenreich und Byzanz, BJ, 163, 1963, 252–274 – A. Ubieto, Origenes del Reino de Valencia, 1975, 39–48 – E. Oliver Sanz de Bremond, Hist. de D., 1978 – P. Guichard, Nuestra Hist. 3, 1980 – E. Molina López, El gobierno de Zayyān b. Mardanīš en Murcia, 1239–1241 (Misc. Med. Murciana 7, 1981), 157–182 – M. de Epalza, Hubo mozárabes en tierras valencianas? Proceso de islamización del Levante de la península: Sharq Al-Andalus, Rev. Inst. Est. Alicante 36, 1982, 7–31 – J. M. del Estal, Conquista y anexión de las tierras de Alicante… al Reino de Valencia por Jaime II de Aragón, 1982 – J. Ivars Pérez, La ciutat de D., 1982 – M. de Epalza, Importancia de la hist. árabe en D., Dianium I, 1983, 46–49 – M. Barceló, Acord entre Ali b. Muyahid de Danya i el bisbe Guisbert de Barcelona, Rev. Inst. Est. Alicante 39, 1983, 7–19.

Denier (lat. denarius). Aus dem karol. →Denar entstanden, wird der frz. D. wesentl. früher als der dt. →Pfennig Münzverschlechterungen unterworfen, die sich bereits im 10. Jh. ankündigen. Von wesentl. Bedeutung ist zunächst der kgl. *D. Parisis,* der um 1200 weite Teile des frz. Geldumlaufs beherrschte. Er zeigt als Münzbild auf der Vorderseite die Aufschrift »FRA/NCO« (-rum rex), auf der Rückseite ein Kreuz. Seit dem Beginn des 13. Jh. kommt der kgl. *D. Tournois* auf, der den D. Parisis bald an Bedeutung überflügelt, sein Verbreitungsgebiet bis zum Rheinland ausdehnt (in den Urkk. des 14. Jh. »nigri« oder »parvi Turonenses«) und weitgehend in den münzprägenden Kreuzfahrerstaaten des 13. Jh. in Griechenland nachgeahmt wird. Aus dem Kirchentyp karol. Denare entlehnt, zeigt der D. Tournois ein stilisiertes Kirchengebäude mit der Umschrift »TVRONVS CIVIS«, auf der anderen Seite ein Kreuz. Das Wertverhältnis des D. Parisis zum D. Tournois ist für 1226 mit 5:4 bezeugt. Seit 1262 haben beide Sorten im gesamten Kgr. Umlauf. Der D. Tournois wird zum Ausgangspunkt des 1266 geschaffenen →Turnosen *(Gros Tournois),* der zu 12 D.s Tournois gerechnet und bald zur Grundlage des frz. Münzsystems wurde. Neben den kgl. D.s ist auch eine Reihe von regional gebundenen féodalen D.s (u. a. von Anjou, Bordeaux, Chartres, Melgueil, Poitou, Le Puy) belegt. Bes. Bedeutung, auch außerhalb Frankreichs, kommt dem *D. v. Provins* (»denarius provisionalis«) mit der Darstellung eines Kamms (Wortspiel »peigne-Champagne«) zu, seit dem 12. Jh. in Rom bezeugt und dort seit 1184 vom Senat und vom Papst nachgeprägt (→Champagne, →Champagnemessen). Zuletzt auf einen geringen Kupferwert abgesunken, wurden die letzten D. s 1648/49 geprägt.

P. Berghaus

Lit.: F. v. Schroetter, Wb. der Münzkunde, 1930, 134f. [A. Suhle] – N. Klüssendorf, Stud. zur Währung und Wirtschaft am Niederrhein vom Ausgang der Periode des regionalen Pfennigs bis zum Münzvertrag von 1357, Rhein. Archiv 93, 1974, 178–182.

Denis → Dionysius, → St-Denis

Denizli, Stadt in SW-Anatolien, Nachfolgerin von →Laodikeia am Lykos, in der ma. islam. Quellen Lādiḳ neben Doṇuzlu (türk. *doṇuz* 'Schwein'; vielleicht erinnerte der »lāziq« gesprochene Name an alttürk. *laġzïn* 'Schwein'), ab dem 15. Jh. euphemistisch umgebildet zu Deṇizli (türk. *deṇiz* 'Meer'). Ab 1077 abwechselnd in Händen seldschuk. bzw. turkmen. Kräfte und von Byzanz. Schauplatz der Niederlage (1147) der dt. Fußtruppen im 2., Etappe im 3. →Kreuzzug (1190). Als lokale Fürstenfamilie unterstanden die (Y)Inančoğulları den →Germiyān, mit denen D. 1390, endgültig 1429 an die Osmanen fällt. →Ibn Baṭṭūṭa spricht von sieben Moscheen, →Aḥī-Herbergen und Luxustextilien.

K. Kreiser

Lit.: EI², s. v. – Al-ʿUmarī, Masālik al-abṣār, hg. F. Taeschner, 1929 – M. Ç. Varlık, Germiyan-oğulları Tarihi (1300–1429), 1974.

Denkmal

I. Okzident – II. Byzanz.

I. Okzident: Als D. im weitesten Sinne werden heute Zeugen der Natur- und Kulturgeschichte bezeichnet. Im 19. Jh. und im populären Sprachgebrauch reduziert sich andererseits der Denkmalbegriff auf die öffentl., meist plast. Monumente polit. und kultureller Art. Das ma. D. bildet weder inhaltl. noch formal eine geschlossene Gattung und besitzt auch keine zeitgenöss. eigene Benennung. Seine Funktion ist es, bemerkenswerte lebende oder tote Personen, Institutionen oder Fakten zu vergegenwärtigen, Zeitgenossen und kommenden Generationen in Erinnerung zu rufen. Die Gründe hierfür können legitimist., jurist., histor.-chronist., dynast., lokalpatriot. Art sein, der Pietät, aber auch Berechnung oder Haß entspringen. – Fast alle ma. D.er sind, im Unterschied zu den nz., an Architektur gebunden. Des weiteren erscheinen viele nicht als autonome, »reine« D.er, sondern in der Gestalt einer anderen Gattung, häufig des Grabmals (→Grab) und des →Portals, mit deren primärem Sinn und deren Bildertypen verschmolzen. Ein Überblick ma. D.er ordnet sie zunächst am natürlichsten nach ihren Standorten und Bildträgern, bei der Bauplastik beginnend, zur Ausstattung übergehend, dann D.er an und auf Plätzen, Straßen und in der freien Landschaft aufsuchend. Was die Erscheinungsformen der D. er betrifft, so kann es sich um Bauten oder Bauteile, Plastiken und Gemälde aller Formate und Techniken, um Inschriften und schließlich auch um Dinge der Natur, z. B. Bäume, handeln. Rein religiöse Kult-, Andachts- und Unterweisungsbilder fallen nicht unter den Begriff des D.s. Zw. Votiv-, Devotions-, Stifter-, Repräsentationsbild, Porträt, Toteneffigies und Grabbild einerseits und D. andererseits verlaufen die Grenzen fließend (vgl. →Bildnis A.I).

Architektonische D.er, wie sie die Antike v. a. in der Gestalt von Rotunden, Türmen und Triumphbogen kannte und die – z. T. als vergängl. Festarchitektur – von der Renaissance weg wieder aufgegriffen wurden, wendet das MA nicht an. Reflexe davon finden sich, in die sakrale Symbolik der Gottesstadt umgesetzt, v. a. an Portalen und Fassaden, im profanen Bereich an Torhäusern, wie dem karol. in Lorsch und den bes. in England verbreiteten Beispielen. Der denkmalhafte Charakter im herrscherl. staatspolit. Sinn tritt am imposantesten in Erscheinung am nur durch Fragmente, Abzeichnung und Kopie der Inschriften überlieferten ehemaligen Brückentor Friedrichs II. in Capua um 1240. Ihm ist der Torturm der Prager Karlsbrücke von etwa 1380 anzuschließen. – Zur Erinnerung an Schlachten, Hinrichtungen, Ermordung und tödl. Unfall meist adliger Personen wurden Kapellen, Kirchen, Klöster und Stifte errichtet, also nicht D.er persönl. oder staatl. Ruhmes, sondern Stätten des Totenkultes und der fortwährenden Fürbitte und Sühne. Der Denkmalcharakter dieser Bauten wird in der Regel durch ikonograph. und epigraph. Mitteilungen in ihrer Ausstattung sichtbar gemacht. Der Sieg Pisas von Palermo mit der Sicherung der Seemacht und der Baubeginn des Domes, beides 1064 erfolgt, wird schon in der Zeit selbst von Dichtung, Chronik und Bauinschrift an der Domfassade als Einheit gesehen. Nach dem Sieg v. Hastings 1066 gründete Wilhelm der Eroberer daselbst →Battle Abbey, in gleicher Weise stiftete auf dem Schlachtfeld, wo er 1385 die Spanier besiegt und eine neue ptg. Dynastie begründet hatte, König Johann (João) I. die Abtei S. Maria da Vitória zu →Batalha. »In der Schlacht« ist auch der Name der kleinen Kapelle, welche die über das österr. Ritterheer siegenden Eidgenossen 1386 bei →Sempach errichten. Glanzvolles Beispiel eines klösterl. D.s an der Stätte eines Mordes ist das zum Gedächtnis Kg. Albrechts v. Habsburg 1308 erbaute franziskan. Doppelkl. →Königsfelden bei Brugg im Aargau. Im Gefolge der Ermordung des Hzg.s 1419 auf der Brücke von Montereau wurde ein ganzes Programm kirchl. Heiligtümer am Ort und auswärts entworfen. Unglücksfälle können gleichfalls durch klösterl. Stiftungen im Gedächtnis behalten werden, so der Jagdtod durch Eber und Bär sagenhaft für die Söhne der Stifter von →Kremsmünster in Oberösterreich und Beromünster im Kt. Luzern. Wo die religiösen Stiftungen intakt sind, wird noch heute durch die daselbst begangene Jahrzeitmesse der geistige Kern dieser D.er sichtbar.

Portale: Die sekundäre Funktion von Portalen als Stifterdenkmäler ist zeitlich und regional sehr unterschiedl. gehandhabt worden. Die großen frz. Portalprogramme der Romanik und ihre Derivate, z. B. in Italien, kennen keine Integration solcher Figuren, hingegen sind sie in deutschsprachigen Regionen und in provinziellen Werken sehr beliebt. In Dedikationsgruppen nähern sich die Stifter dem Erlöser, Maria oder dem Kirchenpatron. Ganz vom Thema der Gründung und des Baues beherrscht ist das Portal der Abteikirche S. Clemente in →Casauria, Pescara. Seltener sind Stifterfiguren an got. Portalen, in den 1160er Jahren an der Annenpforte von Notre Dame in Paris, in der zweiten Hälfte des 14. Jh. am Singer- und am Bischofstor des Wiener Stephansdomes und in der Vorhalle der Kartause →Champmol bei Dijon. – Für das repräsentative vereinzelte Herrscherbild und Königsgalerien an und in Bauten und ihrer Ausstattung sowie für Ehrendenkmäler von bedeutenden Persönlichkeiten und Schanddenkmäler vgl. →Bildnis.

Im *Innern* werden Königsreihen in Glasgemälden wirksam, des weiteren an Lettnern wie in den Kathedralen von Canterbury und York durch Statuenzyklen oder wie im Kölner Dom in der Malerei der Chorgestühlwand. – Stifterfiguren für ganze Gebäude können ihren Ehrenplatz beim Chorbogen haben, so in St. Benedikt in Mals, Südtirol, die karol. gemalten Gestalten des Landesherrn und des geistl. Donators, vor 881, und die karol. archaisierende roman. Stuckstatue Karls d. Gr. in der nahen Klosterkirche →Müstair. Eigenwillig ist das Stifterdenkmal des Kl. auf dem St. Odilienberg im Elsaß, ein dreiseitig skulptierter Pfeiler des 12. Jh., vollends einzigartig in der Krypta des Kanonissenstifts →Andlau im Elsaß die freiplast. roman. Bärenfigur neben einem Erdloch, Darstellung des legendären Tieres, welches bei der Gründung den Bauplatz wies. Schließlich ist festzuhalten, daß die häufigste Form des Gründerdenkmals das Grabmal des Stifters ist. Das kann schon kurz nach seiner Lebzeit zu bes. reich gestalteten Grabmälern führen, wie Anfang 12. Jh. in Schaffhausen. Meist jedoch entstanden Stiftergrabmäler für früh- und hochma. Gründer Jahrhunderte später neu, in gotischer und dann nochmals reich in barocker Typensprache, nicht nur Ausdruck von Pietät gegenüber den Stiftern, sondern auch des Willens zur Behauptung seiner Institution. – Zuweilen ist mit dem Gründungsdenkmal das Bild des Werkmeisters verbunden, Pendant oder Untergeordneter des Donators. Ein Musterbeispiel bietet das Monument für die Grundsteinlegung des Ulmer Münsters von 1377, wo das Bürgermeisterpaar Krafft das Baumodell darbringt, welches der Baumeister wie ein Atlant rücklings trägt. Andererseits zeugen von Berufsstolz die Daedalus als den Ahnherrn der Bauleute evozierenden →Labyrinthe in den großen got. Kathedralen Frankreichs.

Die wichtige Denkmalform des *Reiterbildes* hat nach Gestalt und Sinn zwei Ausgangsorte: Das röm. Ehrendenkmal, das in der Spätantike in einer wahren Inflation die Plätze beherrschte, von dem aber nur drei ins MA überlebten: Der zum Konstantin d. Gr. umbenannte Marc Aurel bei San Giovanni in Laterano, der sog. Regisole in Pavia als Wahrzeichen der Pfalz fungierend, in Ravenna Theoderich d. Gr., von Karl d. Gr. 801 in seine Pfalz Aachen entführt und dort, unter Ludwig d. Frommen angefeindet, wohl schon früh verschwunden. D.er Konstantins d. Gr. in Skulptur und Malerei erscheinen v. a. an roman. Kirchen Frankreichs, zu einem Zyklus christl. Herrscher ausgeweitet in der Ausmalung des Baptisteriums von Poitiers, um 1100. In Oberitalien zeigen D.er die Verbindung von Reitergrabbild und reinem Ehrendenkmal: Als letztes wurde es 1233 für den Podestà Oldrado da Tresseno am Broletto in Mailand errichtet. Eigenwillig bekrönen sie die Grabbaldachine der Scaliger aus dem 14. Jh. in Verona. Der hier noch sichtbare sepulkrale Zusammenhang ist nicht mehr so evident bei den eigtl. auch in Kirchhöfen auf mausoleumshaften Sockeln erstellten Condottiereiterstatuen, nämlich des Gattamelata († 1443) von Donatello vor dem Santo in Padua, und des Colleoni († 1475) von Verrocchio vor SS. Giovanni e Paolo in Venedig. Im dt. Bereich sind zu nennen: Der Bamberger Reiter, Heiligenbild oder Herrscherdenkmal oder beides zusammen, um 1235. Der Magdeburger Reiter, Kaiserdenkmal auf freiem Platz, Rechtsdenkmal um 1240/50 für städt. Freiheiten. Ein letztes herrscherl. Repräsentationsdenkmal wäre die 1509 begonnene, nie vollendete Reiterfigur Maximilians I. im Chor von St. Ulrich und Afra in Augsburg geworden. – *Rechtsdenkmal-Elemente* können auch in Grabmälern enthalten sein: Die Grabfiguren der Mainzer Ebf.e Siegfried v. Eppstein († 1249) und Peter v. Aspelt († 1320), welche attributiv kleine Kg.e krönen, dokumentieren einen nicht eingelösten Rechtsanspruch auf Krönung dt. Kg.e. Im Kölner Dom erinnert die Stadtmauerform der Tumba Ebf. Philipps v. Heinsberg († 1191, Grabmal um 1368) an die von ihm 1180 genehmigte, neue erweiterte Stadtbefestigung.

Platz-, Straßen- und Flurdenkmäler: Städt. Plätze sind im MA nicht so sehr der Standort von Ehren- als von Rechtsdenkmälern. Im norddt. Bereich sind es v. a. die →Rolandsstatuen seit dem 13. Jh. als Symbole alter Privilegien, oft mit kolossaler Gestalt. Der Figurenschmuck von →Brunnen ist zuweilen mit lokal- und reichspolit. Themen gestaltet; Brunnen als Bildträger gehören somit zu den Vorläufern der nz. Denkmaltypen. Tiere als signethafte Denkmalfiguren städt. Plätze haben konkrete Bezüge, wie das von Heinrich d. Löwen 1166 als stellvertretendes Bild errichtete bronzene D. eines Löwen auf dem Markt zu Braunschweig, in Siena eine steinerne got. Replik der röm. Wölfin, Ende 13. Jh., jetzt im Dommuseum, einst wohl auf einer freistehenden Platzsäule, Zeichen antikischer Aspiration dieser Stadt ohne röm. Vergangenheit (Rückgriff auf kaiserzeitl. und spätantike Ehrensäulen). – Den Typ des D.s zur Erinnerung an eine wichtige Begegnung bietet ebenfalls in Siena, vor dem Tor Antiporto, das aus Wappentafel Deutsches Reich und Portugal auf Säule bestehende D. zur Markierung der Begegnung Ks. Friedrichs III. mit seiner Braut Eleonora v. Portugal 1452. Da ihm die Braut von Bf. Enea Silvio Piccolomini zugeführt wurde, erscheint das Ereignis samt Säule auch in Pinturicchios Wandbild in der Libreria Piccolominiana im Dom. Während Bildstöcke und Wegkreuze aller Art sowie Sühnekreuze an Mordstellen nicht zu den D.ern zu zählen sind, gibt es formal ihnen nahe verbundene Monumente der Markierung einmaliger hist. Begebenheiten. V. a. sind dies nebst den Markt- und Gerichtsbann signalisierenden Steinkreuzen und anderen Denksteinen (z. B. Inschriftstein in Ratzeburg f. Gf. Heinrich v. Bodwide, 12. Jh.) die meist turm- oder pfeilerförmigen D.er, welche nach der Translation des Leichnams oder der Reliquien einer bedeutenden Persönlichkeit dort am Wege errichtet wurden, wo man mit der Prozession rastete. So anläßlich der Übertragung der Leiche des hl. Bonifatius 754 von Mainz nach Fulda; ein Kreuz wohl dieser Serie ist im Mus. in Frankfurt a. M. erhalten. Die Stationen des Trauerzugs von Kgn. Eleanor († 1291) v. Lincolnshire bis London ließ ihr Gatte Eduard I. mit zwölf D.ern schmücken, von denen einige erhalten sind. Ebensolches ist für die Translation der Gebeine des hl. Ludwig von Paris nach St-Denis 1271 überliefert. – Zu den rechtl. Platz- und Flurdenkmälern gehören als Auszeichnung der Orte von Gerichts- und anderen polit. Versammlungen Bäume, vorzügl. Linden, oft in der sog. zerteilten Form. Deren reichstes, tief ins MA zurückreichendes Beispiel steht in Neuenstadt am Kocher bei Heilbronn.

Schließlich ist auf weitere Arten von D.ern hinzuweisen, die man hist. D.er nennen könnte. (Außen)kanzeln, die von berühmten Predigern benützt wurden, bewahrte man als deren D., so in Mailand an S. Eustorgio für Petrus Martyr, in Viterbo an S. Maria Nuova für Thomas v. Aquin, in Wien an St. Stephan für Johannes v. Capestrano. Kriegsbeute konnte denkmalhaft aufgestellt werden, wie die aus der Eroberung von Byzanz 1204 stammenden Plastiken und Bauteile am Markusdom in Venedig. Im Sinne eines hist. D.s wurde in der Kathedrale von →Bayeux alljährl. der dortige Teppich mit der Gesch. und Vorgesch. der Eroberung Englands 1066 gezeigt.

A. Reinle

Lit.: RDK III, 1257–1297 – A. REINLE, Das stellvertretende Bildnis, 1984 – Weitere Lit. unter Bildnis.

II. BYZANZ: Die Existenz von D.ern spätröm. Tradition ist für das Byz. Reich archäolog. wie lit. gesichert. Außerdem wurden seit Gründung Konstantinopels antike Kunstwerke aus vielen Reichsteilen dorthin verbracht und als D.er aufgestellt, z. B. durch Konstantin d. Gr. die Schlangensäule aus Delphi für die Spina des Hippodroms (At Meydanı, bis auf die Schlangenköpfe erhalten). Konstantin ließ auch erste christl. D.er aufstellen (sog. Symbola: den Guten Hirten und Daniel zw. den Löwen, beides Brunnenfiguren; Euseb, V. Const. 3, 49). In einem Tempel der Rhea ließ er deren Statue von Kyzikos, zur Orans umgestaltet (Zosimos II, 31), und in einem Tempel der Tyche der Stadt deren Sitzbild aufstellen, Münzbildern zufolge eine antik gekleidete Frau mit Mauerkrone und Füllhorn, einen Fuß auf einen Schiffsschnabel setzend. Arg verstümmelt steht noch die Porphyrsäule, auf der die Statue des Ks.s stand (ob als Helios, ist umstritten; sie stürzte mit einigen Trommeln 1105/06 durch einen Sturm ab); in dem kapellenartigen Raum in der Substruktion des Sockels sollen nach späterer Überlieferung das Palladium Roms und christl. Reliquien aufbewahrt gewesen sein.

Für die Hauptstadt besitzen wir ma. Quellen, die von der Fülle der D.er zeugen, v. a. die Πάτρια (Wiegenlieder), Κωνσταντινουπόλεως, eine Art Reiseführer des 10. Jh. Von den D.ern hat sich sehr wenig erhalten, von allen einst auf Säulen aufgestellt gewesenen nur die von Philadelpheion stammenden Porphyrgruppen der Tetrarchen (als Söhne Konstantins mißverstanden; heute an S. Marco, Venedig) und die vier Rosse vom Hippodrom (ebd.). Von den Ehrensäulen stehen noch die Gotensäule (für den Gotenzug Konstantins II. i. J. 332) und die Markianossäule. Die Theodosiussäule wurde i. J. 1510 abgetragen; einige Fragmente sind im Beyazit Hamamı eingemauert, zwei im Arch. Mus. Istanbul (sie folgte dem Schema der Trajanssäule in Rom, ebenso die Arkadiossäule, die im 18. Jh. beseitigt wurde, von deren Aussehen aber Zeichnungen zeugen). Zwei weitere, nicht identifizierte Säulen dieser Art sind graph. bezeugt. 1957 wurden am Ordu Caddesi Reste eines Triumphbogens vom Forum Tauri Theodosios I. freigelegt. Auch das »Goldene Tor« war als D. ausgeschmückt, verlor aber seinen Statuenschmuck schon im 1. Jt.

Auf der Spina des Hippodroms stehen noch der um 390 für Theodosius geschaffene marmorne Sockel für einen Obelisk Tutmosis III. mit bedeutenden frühbyz. Reliefs und der gemauerte Obelisk, der vielleicht in die Gründungszeit Konstantinopels zurückreicht.

Was an D.ern außerhalb der Hauptstadt erhalten ist, ist minimal (→Bildnis, B. I und II). Außerdem sind zu nennen: die Julianssäule in Ankyra, die kopflosen porphyrnen Statuen von Ks.n, beginnend mit der Sitzstatue in Kaisareia, Palästina (3./4. Jh.), Reste einer Bronzestatue in Justiniana Prima und die kopflose Sitzstatue der Scholastika in Ephesos.

In welchem Ausmaß es Statuen oder Gruppen von Ks.n und Kaiserfamilien gegeben haben muß, zeigt eine Liste mit 146 lit. oder durch Statuenbasen u. ä. bezeugte Ks.-D.ern, die R. STICHEL für die Zeit von Valentinian I. (364–375) bis Phokas (602–610) zusammengestellt hat, notwendig lückenhaft. Die Sitte der Aufstellung plast. Ks.-D.er scheint sich (entgegen STICHEL) mindestens bis in späte 13. Jh. gehalten zu haben, denn zwei Zeitgenossen Michaels VIII. (1259–82) berichten, er habe nach der Rückgewinnung Konstantinopels auf einer Säule sein Bild, vor dem Erzengel Michael kniend, aufstellen lassen.

K. Wessel

Lit.: C. GURLITT, Antike Denkmalsäulen in Konstantinopel, 1909 – G. BRUNS, Der Obelisk und seine Basis auf dem Hippodrom zu Konstantinopel (Istanbuler Forschungen 7), 1935 – M. RESTLE, Istanbul, 1976, 345-355 – R. H. W. STICHEL, Die röm. Kaiserstatue am Ausgang der Antike, Archaeologica 24, 1982 [Lit.].

Denkmalpflege umfaßt alle Maßnahmen zum Schutz, zur Erhaltung und zur Pflege von Denkmalen der Kunst und der Kulturgeschichte; sie ist zumeist Aufgabe staatl. Institutionen. Bereits röm. Baugesetze forderten, bes. seit ca. 200 n. Chr., die Erhaltung von Bauwerken, die zu Ehren hist. Ereignisse oder bestimmter Persönlichkeiten errichtet worden sind; bzw. war es nach dem Edikt von 389 unzulässig, öffentl. Gebäude durch Anbau von Privatgebäuden zu entstellen und hist. Bauwerke einer bedeutenden Stadt aus Habgier, nur um Geld zu machen, zu verunstalten (Cod. Theodos. 15,1,25). Auch der Gotenkönig Theoderich sorgte für den Schutz antiker Kunstwerke (vgl. Cassiod. Variae III, 9; VII, 13; VII, 15).

Für das MA sind entsprechende legislative Maßnahmen nicht überliefert, jedoch ist denkmalpfleger. Handeln nachweisbar. So hat Rahewin in Bf. Otto v. Freisings Chronica (IV 86) zu 1160 überliefert, daß Friedrich Barbarossa »die herrlichen, einst von Karl dem Großen errichteten Pfalzen und ... Königshöfe in Nymwegen und bei dem Hof Ingelheim aufs herrlichste wiederhergestellt und dabei seine außergewöhnliche, ihm angeborene Hochherzigkeit bewiesen« hat. In der Stiftskirche Hochelten am Niederrhein wurde um 1400 die eingestürzte südl. Langhausmauer in den gleichen Proportionen und Gliederungsformen wie die 1129 geweihte Nordmauer wiedererrichtet, jedoch mit got. Profilen und Details; ebenso wurde 1480 beim Wiederaufbau des Nordwestturms des Wormser Domes verfahren. Erst in der Renaissance näherte sich die D. der seit dem 19. Jh. gültigen Auffassung, blieb jedoch zunächst auf die Werke der Antike beschränkt. Die Päpste Pius II., Paul II. und Sixtus IV. verboten die Ausfuhr von Kunstwerken, Papst Leo X. gründete eine Behörde für Ausgrabungen und ernannte 1516 Raffael zum ersten Direktor. Papst Paul III. ordnete die Erhaltung antiker Denkmale und 1534 die Bildung einer Kommission an.

G. Binding

Lit.: W. GÖTZ, Beitr. zur Vorgesch. der D. [Diss. masch. Leipzig 1956] – R. DÖLLING u. a., D. in der Bundesrepublik Dtl., 1974 – H. SCHUBERT, Denkmalschutz und D. in Nordrhein-Westfalen, eine Literaturdokumentation, 1982 – G. KIESOW, Einf. in die D., 1982.

Denn, ae. Bezeichnung für die zur Eichelmast der →Schweine benutzten Hutungen (→Weide) innerhalb des Eichenforsts im Weald v. →Kent und →Sussex (→Andredes-Leah); der Name lebt als Suffix -den in zahlreichen Ortsnamen fort. Man nahm an, daß jede der Regionen (lathes) im frühen ags. Kent über eine bestimmte Parzelle des Weald verfügte, in der die Siedler Allmenderechte für Holzschlag und herbstl. Eichelmast besaßen. Gegen diese Auffassung spricht, daß – zumindest seit dem 8. Jh. – die d.s nach Einzelbesitzern benannt waren; zahlreiche dieser Hutungen gehörten darüber hinaus zu bestimmten Herrenhöfen im nördl. und östl. Kent, mit denen sie durch ein kompliziertes System von Weidewegen (droveways) verbunden waren.

N. P. Brooks

Lit.: K. P. WITNEY, The Jutish Forest, 1976.

Dénombrement → Aveu et dénombrement

Denominatio (lat. 'Benennung von abgeleiteter Art'; übers. von griechisch παρώνυμος 'von einem Nomen abgeleitet'). Auf das Problem der D. stößt die ma. Logik in der Kategorienschrift des Aristoteles, der die sog. Paronyme, von Boethius als »Denominativa« übersetzt, in Abgrenzung von Homonymen (aequivocatio) und Synonymen (univocatio) als Dinge definiert, »die nach etwas anderem so benannt werden, daß ihre Bezeichnung eine abweichende Beugungsform enthält« (Cat. I, 1a12–15), so

z. B. »Grammatiker«, abgeleitet von »Grammatik« (vgl. auch Cat. VIII, 10a27ff.). Das MA versteht darunter eine bes. Klasse von Wörtern, die sowohl als konkrete Nomina als auch als Adjektive verstanden werden können und das Interesse von Logik und Semantik auf die Unterscheidung zw. Bedeutung (significatio) und Benennung (→appellatio) eines Terminus lenken. So untersucht →Anselm v. Canterbury in seiner Abhandlung über die Denominativa, ob »grammaticus« eine allgemeine Form bzw. Qualität oder aber das Subjekt, dem sie innewohnt, bedeutet. Seit dem 12. Jh. (u. a. bei Petrus →Abaelard) setzt sich die Auffassung durch, daß solche Ausdrücke primär (per se) die Qualität oder Form einer Substanz, sekundär (per aliud) dagegen das Subjekt, für welches sie verwendet werden, bedeuten. Das Problem der D. beschäftigt in abgewandelter Form die Terministik des 13. und 14. Jh. (De proprietatibus terminorum). Es bildet schließlich den Hintergrund der Kontroverse zw. →Nominalismus und →Realismus (u. a. →Wilhelm v. Ockham und Walter Burleigh) über die Semantik der Allgemeinbegriffe (→Signifikation, →Supposition). P. Kunze

Lit.: D. P. HENRY, The »De Grammatico« of St. Anselm. The Theory of Paronymy, 1964 – DERS., The Logic of St. Anselm, 1967 – A. MAIERÙ, Terminologia logica della tarda scolastica, 1972 – J. PINBORG, Logik und Semantik im MA, 1972.

Denuestos del Agua y el Vino → Streitgedicht

Denunziation (denuntiatio). **1. D.** im röm. und gemeinen Recht und im kanon. Prozeßrecht → Anzeige, → Majestätsverbrechen.

2. D. im Judentum. D. (hebr. *mesira, malšînût*), die zu Lasten jüd. Individual- und bes. Gemeindeinteressen – Wirkliches oder Erdichtetes zutragende – Kollaboration mit nichtjüdischer (seltener auch jüdischer) Obrigkeit ist im Judentum mindestens seit röm. und talmud. Zeiten schlimmstens verpönt, und Denunzianten (hebr. *moserîm, malšînîm, delaṭôrîm*) werden seit damals in der 12. Benediktion des täglichen Achtzehngebets verflucht. Dennoch gab es das Problem im gesamten MA sowohl in islam. als auch in christl. Ländern, in Spanien (wo *malsin* ins Span. entlehnt wurde) wie in Mitteleuropa. Als Regelstrafe forderten die jüd. Rechtsgelehrten, als Notwehr interpretiert, die – bes. in Spanien auch des öfteren vollstreckte – Todesstrafe (sogar ohne regelrechte Gerichtsbarkeit), an deren Stelle aber meist Ersatzstrafen, z. B. der →Bann, treten mußten. J. Wachten

Lit.: EJud (engl.) VIII, 1364–1373 – EJud V, 934–937 – Jewish Encyclopedia IX, 42–44 – D. KAUFMANN, JQR (Old Ser.) 8, 1896, 217–238 – Y. (F.) BAER, Die Juden im christl. Spanien 1, 1929 [Ind.: Malsin]; 2, 1936 [Ind.: Denunzianten] – M. FRANK, Qehillôt 'aškenaz u-vattê dînêhen, 1937 [Ind.: Dînê mesira] – Y. (F.) BAER, Hist. of the Jews in Christian Spain, 2 Bde, 1961–66 [Ind.: Informers] – BARON² V, 46, 241 – B.-Z. DINUR, Jiśra'el bag-gôla, 2, 1966, 402–409 – Tôledôt 'am Jiśra'el, hg. H. H. BEN SASSON, 3, 1969 [Ind.: Malšînût] – DERS., [dt.] Gesch. des jüd. Volkes 2, 1979.

Déols, Ort, Adelsfamilie und Abtei in Mittelfrankreich (Berry; dép. Indre; heut. Stadt Châteauroux). [1] *Adelsfamilie, Fürstentum:* Der vicus D. (der das Gebiet von D. und Châteauroux einschloß) ist sehr hohen Alters und wahrscheinl. kelt. Ursprungs. Das Christentum entfaltete sich hier mindestens so frühzeitig wie in → Bourges. Zu Beginn des 10. Jh. gehörte der Ort dem Adligen Ebbo Bituricus, einem reichen Fidelis → Wilhelms des Frommen, des Hzg.s v. Aquitanien und Gf.en v. Bourges. Als die Hzg.e v. Aquitanien Bourges und das Haut-Berry um 920 an → Rudolf, Sohn → Richards v. Burgund, verloren hatten, etablierte sich Ebbo in D., als dessen erster *seigneur* (dominus) er gilt. Nach dem Vorbild Wilhelms d. Frommen, der 910 → Cluny gegr. hatte, stiftete Ebbo 917 ein Kl. in D., das er der Leitung Bernos anvertraute. Es gelang Ebbo und seinen Nachkommen, ein Fsm. zu errichten, das in mehrere Gerichtsbezirke *(vigueries)* unterteilt war und nahezu das gesamte Bas-Berry umfaßte. Das Fsm. bestand zum einen aus einer Eigendomäne, zum anderen aus mehreren an Vasallen ausgetanen → Kastellaneien. Jüngere Linien der Familie saßen als Lehnsleute in Charenton-du-Cher, La Châtre, Issoudun und Boussac. In D. entstand eine Münzstätte, deren Prägungen im 12. Jh. in der gesamten Region führend waren. Blieben die Nachkommen Ebbos nach Fulbert v. Chartres auch in der Vasallität der Gf.en v. Poitiers/Hzg.e v. →Aquitanien, so handelten sie faktisch doch als unabhängige Fs.en, die keine Einmischung in ihren Besitzungen duldeten. Sie wehrten den Versuch Kg. → Roberts des Frommen, die Abtei Massay unter seinen Schutz zu nehmen (1026), ebenso ab wie die Bestrebungen des Ebf. s v. → Bourges, Aimos v. Bourbon, der Odo v. D. durch seine Paxmiliz zur Leistung des Friedenseides zwingen wollte (Schlacht am Cher, 1038). – → Bourges, Friedenskonzilien; → Gottesfriedensbewegung.

Während die Abtei von D. in der Schwemmlandebene nördl. der Indre lag, errichteten sich die Herren v. D. auf dem hohen Südufer des Flusses eine Burg, Castrum Radulphi (→ Châteauroux). Zwei *bourgs* (burgi) entstanden, D. um die Abtei, Châteauroux um die Burg. Um die Mitte des 12. Jh. begann sich Radulf (Raoul) V. nach Châteauroux zu nennen, so daß der alte Titel der Sires v. D. nach und nach aufgegeben wurde. – Das Haus → Chauvigny, das durch die Heirat zw. André de Ch. und der Erbtochter von D., Denise (∞ 1189), anstelle der Familie D. die Herrschaft übernahm, führte stets nur den Titel der Herren v. Châteauroux.

[2] *Abtei:* Die 917 gegr. Abtei, die manchmal auch Bourg-Dieu genannt wurde, war unter Berno und Odo (917–942) auf personeller Grundlage mit → Cluny vereinigt. Stets dem Ordo cluniacensis zugewandt, erlebte sie einen bedeutenden Aufstieg, wurde zur führenden Abtei des Berry, auf Kosten der anderen Abteien der Region, so des Kl.s St-Gildas, einer Gründung von Mönchen, die vor den Normannen aus der bret. Abtei → St-Gildas-de-Rhuys geflohen waren. Als im späten 11. und frühen 12. Jh. im Zeichen des Gregorianismus zahlreiche Pfarrkirchen von ihren säkularen Eigenkirchenherren freigegeben wurden, nutzte D. diese Entwicklung und schuf sich ein Patronat über mehr als 100 Pfarreien, wodurch es in der Region nahezu eine Monopolstellung erlangte. Die Ausstrahlung der Abtei reichte bis in das Gebiet westl. von Nantes (Indret). Seit dem 13. Jh. geriet D. in Verfall.

G. Devailly

Q. und Lit.: GRILLON DES CHAPELLES, Notice sur l'abbaye de D., 1857 – FAUCONNEAU-DUFRESNE, Hist. de D. et de Châteauroux, 1873 – E. HUBERT, Recueil hist. des chartes intéressant le dép. de l'Indre (VIᵉ–XIᵉ s.), Revue du Berry, 1899 – DERS., Le Bas-Berry, Hist. et archéologie du dép. de l'Indre, T. IV: Canton de Châteauroux, 1905 – DERS., Cart. des seigneurs de Châteauroux (967–1789), 1931 – G. DEVAILLY, Le Berry du Xᵉ au milieu du XIIᵉ, 1973 – DERS., Hist. du Berry, 1980.

Deonise Hid Diuinite ('Des Dionysius verborgene, d. h. mystische, Gotteslehre'). Der kurze me. Traktat, wohl vom gleichen Verfasser wie »The → Cloud of Unknowing« (2. Hälfte des 14. Jh.), bietet, wie der Prolog erläutert, eine Paraphrase von »De mystica theologia« nach Pseudo-Dionysius (→Dionysios Areopagites). Benützt sind die lat. Versionen von → Johannes Sarracenus (Mitte des 12. Jh.) und von → Thomas v. Vercelli († 1246). Vollständig überliefert ist der Traktat (zusammen mit sechs anderen geistl. Prosastücken) in zwei Hss., auszugsweise in etwa

40 weiteren. Er handelt vom Wesen ('kynde') Gottes, das unergründl. ist, und davon, wie der Mensch zu diesem Gott in Beziehung treten kann. Im kontemplativen Gebet, das sich der Verfahrensweise der 'deniing deuinitee' ('negatyue deuinitee', theologia negativa) bedient und das im Gegensatz steht zur 'affermyng deuinitee' ('affirmatyue deuinitee', theologia positiva), d. h. in der Versenkung ins Nicht-Sehen und Nicht-Wissen ('bi nouȝt seeyng & vnknowyng'), sollen wir zur Schau Gottes und zur Vereinigung mit ihm gelangen. R. M. Bradley/R. H. Robbins
Ed.: P. HODGSON, Deonise Hid Diuinite, EETS 231, 1955 – DIES., The Cloud of Unknowing and Related Treatises, AnalCart 3, 1982 – *Lit.*: D. KNOWLES, The English Mystical Tradition, 1961, 67 [Dt. Ausg.: Engl. Mystik, 1967, 73f.] – W. RIEHLE, Stud. zur engl. Mystik des MA, 1977 [Engl. Ausg.: The ME Mystics, 1981].

Deontologie, ärztl. (gr. *deon*, das 'Seinsollende'), Pflichtenlehre. Ärztl. D.n im weiteren Sinn entwerfen Grundsätze ärztl. Verhaltens und Handelns gegenüber der Öffentlichkeit und den einzelnen anvertrauten Patienten in Alltags- wie in Grenzsituationen, vermitteln gesellschaftl. Formen im Umgang mit Berufskollegen (Etikette) und orientieren in Grundfragen ärztl. Aus- und Fortbildung. Außer auf die sittl. Gebote des Eides und anderer im Corpus Hippocraticum (z. B. in den Schriften »Über den Arzt« und »Über den Anstand«) sowie in Galens »Medicus gratiosus« festgehaltener Verhaltensregeln (→Hippokrates, →Galen), die sich in den ma. deontolog. Texten widerspiegeln, sieht sich der islam. ebenso wie der christl. Arzt, letzterer gemäß dem Gleichnis vom barmherzigen Samariter (Lk 10,30–37), zu selbstloser Hilfeleistung verpflichtet. Insbes. wissen sich christl. Ärzte des MA von dem Motiv des →»Christus Medicus« (ein bereits bei den lat. Kirchenvätern ausgebauter Topos) als der Wurzel der Barmherzigkeit geleitet. Im einzelnen gelten für den christl. Arzt des MA u. a. folgende Richtlinien: Er soll bescheiden sein, da letztl. Gott Heilung gebe oder versage. Der Arzt hat die Pflicht, den Patienten vor jeder Behandlung zum Empfang des Bußsakramentes zu ermahnen. Ferndiagnosen sind zu unterlassen, vielmehr ist unter Beachtung gebührender Sorgfalt der Patient persönlich aufzusuchen. Nur solche Arzneien sind zu verordnen, deren Nützlichkeit feststeht. Chirurg. Operationen mit unsicherem Ausgang sind zu meiden (Klerikerärzten sind seit dem 4. Laterankonzil 1215 chirurg. Eingriffe untersagt). Die Fachkenntnisse sind durch Bücherstudium zu erweitern. Die Herabsetzung von Kollegen ist verwerflich. Die christl. orientierten, von der ma. Kirche nachhaltig beeinflußten Verhaltensregeln setzen freilich ein sittl. Niveau voraus, das nicht immer erreicht wurde, wovon u. a. schon frühma. von Ärzten für Kollegen geschriebene deontolog. Texte und später ein von →Heinrich v. Mondeville verfaßter Katalog bemerkenswerter durch Akademiker- und Wundärzte praktizierter Finessen zeugen. Entsprechende auf geschicktes Taktieren und kluge Vorsichtigkeit angelegte ärztl. D.n präsentieren spätma. Werke unter dem Begriff der »Cautelae«, z. B. »De cautelis medicorum«, →Arnald v. Villanova zugeschrieben. Beachtl. Standard jüd. ärztl. D. bezeugt der in seinen ältesten Teilen spätestens aus dem 7. Jh. stammende, der Tradition nach von Asaph und Jochanan abgefaßte, stark religiös geformte Eid. – Gottesfurcht, als Voraussetzung für Heilerfolge, und Barmherzigkeit gegenüber Armen und Bedürftigen bilden u. a. auch hier Grundsätze ärztl. Verhaltens und Handelns. M. E. v. Matuschka
Lit.: I. FISCHER, Ärztl. Standespflichten und Standesregeln. Eine hist. Stud., 1912 – P. DIEPGEN, Med. aus theol. Schr. des MA, Med. Klinik 9, 1913, 80–81 – K. SUDHOFF, Eine Verbreitung der Heilkunde aus den Zeiten der »Mönchsmedizin«, SudArch 7, 1913, 223–237 – M. MORRIS, Die Schrift des Albertus de Zancariis aus Bologna »De cautelis medicorum habendis« [Diss. Leipzig 1914] – P. DIEPGEN, Ein ma. Traktat über die Gewissenspflichten des Arztes und Fragen für seine Beichte, Med. Klinik 16, 1920, 1304–1305 – DERS., Die Theologie und der ärztl. Stand, 1922 (Stud. zur Gesch. der Beziehungen zw. Theologie und Med. im MA, 1) – E. HIRSCHFELD, Deontolog. Texte des FrühMA, SudArch 20, 1928, 353–371 – R. LAUX, Ars medicinae, Kyklos 3, 1930, 417–434 – K. DEICHGRÄBER, Die ärztl. Standesethik des hippokrat. Eides, QStGNM 3, 1933, 29–49 – F. PETRARCA, Invective contra medicum, lat.-it., hg. P. G. RICCI, 1950 (Storia e letteratura, 32) – P. DIEPGEN, Zur Frage der unentgeltl. Behandlung des armen Kranken durch den ma. Arzt, HJb 72, 1952, 171–175 – M. BACHMANN, Die Nachwirkungen des hippokrat. Eides [Diss. Mainz 1952], 53–55 – L. C. MACKINNEY, Medical Ethics and Etiquette in the Early MA: The Persistence of Hippocratic Ideals, BHM 26, 1952, 1–31 – F. BRUNHÖLZL, De more medicorum. Ein parodist.-satir. Gedicht des 13. Jh., SudArch 39, 1955, 289–315 – G. RATH, Ärztl. Ethik in Pestzeiten, Münch. Med. Wochenschr. 99, 1957, 158–160 – P. DIEPGEN, Über den Einfluß der autoritativen Theologie auf die Med. des MA, AAMz 1958, Nr. 1, 3–20 – H. BUESS, Ärztl. Ethik in gesch. Sicht, Praxis 45, 1959, 1029–1032 – H. SCHADEWALDT, Arzt und Patient in antiker und frühchristl. Sicht, Med. Klinik 59, 1964, 146–152 – H. SCHIPPERGES, Zur Tradition des »Christus Medicus« im frühen Christentum und in der älteren Heilkunde, Arzt und Christ 11, 1965, 12–20 – H. SCHADEWALDT, Asklepios und Christus, Med. Welt, NF, 18, 1967, 1755–1761 – L. EDELSTEIN, Der hippokrat. Eid, 1969 – K. DEICHGRÄBER, Medicus gratiosus. Unters. zu einem griech. Arztbild, AAMz 1970, Nr. 3, bes. 13–51 – H. M. KOELBING, Ärztl. D. im Wandel der Zeit, Schweiz. Rundschau für Med. Praxis 59, 1970, 1147–1153 – R. KOCH-ZIMMER, Zur Begriffsgesch. des Dienens mit bes. Berücksichtigung der med. Dienste [Diss. Heidelberg 1975] – W. WIEDEMANN, Unters. zu dem frühma. med. Briefbuch des Cod. Bruxellensis 3701-3715 [Diss. Berlin (FU) 1976], 216–249 – R. PEITZ, Die 'Decem quaestiones de medicorum statu'. Ein spätma. Dekalog zur ärztl. Standeskunde, 1978 (= Würzb. med. hist. Forsch., 11) – B. ELKELES, Aussagen zu ärztl. Leitwerten, Pflichten und Verhaltensweisen in berufsvorbereitender Lit. der frühen Neuzeit [Diss. Hannover 1979], Anh. 1–25.

Deor. Das ae. Gedicht von 42 Versen aus dem →Exeter-Buch ist durch einen Refrain in Strophen aufgeteilt. Der fiktive Sänger D. stellt fünf Beispiele von menschl. Schicksalen aus der germ. Heldensage vor, die er zu seinem Unglück (Verlust von Landrecht und Stellung) in Beziehung setzt: »Das ging vorbei; so mag auch dieses vorübergehen.« Vor der Darstellung des eigenen Schicksals wird in der allgemein gehaltenen 6. Strophe eine Trostmöglichkeit in der Erkenntnis göttl. Herrschaft über menschl. Glück gesehen. Gewöhnl. deutet man den Text ohne zeitgeschichtl. Bezug abstrakt als Trostlied in der Boethius-Tradition. Er wird aber auch konkret als Bittgedicht eines hist. Sängers verstanden; allerdings kennt man weder Zeitpunkt noch Ort der Entstehung des Gedichtes, einen terminus ad quem setzt nur die Datierung der Hs. (2. Hälfte des 10. Jh.). Siehe auch→Elegie, ae. W. G. Busse
Bibliogr.: NCBEL I, 273f. – S. B. GREENFIELD-F. C. ROBINSON, A Bibliogr. of Publ. on OE Lit., 1980, 211–213 – Q.: ASPR III, 178f. – K. MALONE, D., rev. 1977 – *Lit.*: N. E. ELIASON, D. – A Begging Poem? (D. PEARSALL-R. A. WALDRON, Medieval Lit. and Civilization, 1969), 55–61 – J. MANDEL, Exemplum and Refrain: The Meaning of D., YSE 7, 1977, 1–9 – K. S. KIERNAN, D.: The Consolations of an Anglo-Saxon Boethius, NM 79, 1978, 333–340 – E. I. CONDREN, D.'s Artistic Triumph (J. WITTIG, Eight Anglo-Saxon Stud., 1981), 60–76.

Deorad, air. Wort, das einen Verbannten, Ausgestoßenen oder Fremden – in Gegenüberstellung zu *aurrad*, *urrad* 'Einheimischer' – bezeichnet. Das ir. Recht unterschied zwei Typen des d., zum einen den d. aus einer anderen →*túath* (gens) innerhalb Irlands, zum anderen den d. von jenseits des Meeres. Beide genossen anscheinend nur halbfreien Status, wobei der nichtir. Fremde jedoch auf niedrigerer Stufe stand als der aus Irland stammende. Diese Differenzierung mag auch die Grundlage für die Unterscheidung in →peregrinatio minor und maior bei →Jonas, »Vita S. Columbani« darstellen; denn der *deorad Dé* ('Ausgestoßener um Gottes willen'), der peregrinus, stellt einen bes. Typ des d. dar. Innerhalb Irlands besaß dieser d. Dé seit der Mitte des 7. Jh. eine herausgehobene Stellung und erhielt bes. Schutz; die weltl. Gesetze stellen ihn einem kleineren Kg. oder Bf. gleich. Somit war die Entscheidung, ein d. Dé in Irland zu werden, kein Akt des asket. Verzichts mehr, sondern hatte vielmehr Privilegierung zur Folge. Spätestens von der Mitte des 7. Jh. an bestand die echte asket. peregrinatio nur mehr in der Fahrt über das Meer (→Mission) oder im Einsiedlerleben.

T. M. Charles-Edwards

Lit.: D. A. BINCHY, Bretha Crólige, Ériu 12, T. 1, 1934, 58–59 – T. M. CHARLES-EDWARDS, The Social Background to Irish Peregrinatio, Celtica 11, 1976 – M. RICHTER, Der ir. Hintergrund der ags. Mission (Die Iren und Europa im früheren MA, hg. H. LÖWE, 1982), 128ff.

Deotisalvi, Architekt in Pisa und Lucca, 2. Drittel 12. Jh., inschriftl. für drei Kirchenbauten überliefert: vor 1150 San Cristoforo in Lucca »GAVDEAT D(e)OTISALVI MAGR. NEC COMPAREAT EI LOCVS SINISTER. NA(m) IP(s)E ME P(er)FECIT«; um 1150 San Sepolcro in Pisa »HVIVS OPERIS FABRICAT DEOTESALVE . . .«; und 1153 Baptisterium in Pisa »DEOTISALVI MAGISTER HVIVS OPERIS MCLIII MENSE AVG. FACTE FVIT HA(EC) ECL(ESI)A«. Alle drei Bauten gehören zum pisan.-roman. Stil. G. Binding

Lit.: THIEME-BECKER IX, 321 – P. SAMPOLESI, La Facciata della Cattedrale di Pisa, 1957.

De peculiis, byz. jurist. Traktat eines unbekannten Verfassers wohl des 11. Jh. Er behandelt insbes. die Testierfähigkeit von Hauskindern (→Kind) im Hinblick auf ihr durch militär. oder quasimilitär. Dienste erworbenes Vermögen (→Peculium). Nach Reflexionen über Fundierung und Methodik richterl. Entscheidungen bejaht der Jurist grundsätzl. das Erbrecht des Vaters am peculium castrense und quasicastrense seiner gewaltunterworfenen Kinder, indem er zahlreiche aus der Antezessorenliteratur gewonnene Corpus-iuris-Zitate und einschlägige Basilikenstellen interpretiert. P. E. Pieler

Ed.: Ius Graecoromanum III, edd. J. D. ZEPOS-P. J. ZEPOS, 1931 [Neudr. 1962], 345–357 – *Lit.:* A. BERGER, On the so-called Tractatus de peculiis (Scritti C. FERRINI III, 1948), 174–210 – P. E. PIELER, Byz. Rechtslit. (HUNGER, Profane Lit. II), 468.

Depositio (κατάθεσις, 'Niederlegung'). 1. Begräbnis, 2. in spätantiker und ma. Verwendung dieses Begriffes die feierliche Niederlegung als Teil der Übertragung der Überreste von »Heiligen« an einen bes. Verehrungsort. Das früheste Zeugnis einer solchen d. liegt in der östl. Kirche vor für Bf. Babylas v. Antiochien, der unter Decius (249/251) das Martyrium erlitt und nach zweimaliger Umbettung von Bf. Meletius († 381) in eine jenseits des Orontes gelegene Basilika überführt wurde, die seinen Namen erhielt (Eusebius, hist. eccl. 6, 39, 4 [GCS 9, 2, 594]; Sozomenos, hist. eccl. 5, 19, 13/19; 7, 10, 5 [GCS 50, 225f.; 313]). Die Gebeine des Symeon Stylites d. Ä. (Vita S. Danielis 58 [H. DELEHAYE, Les saints Stylites, 1923], 56f.) wurden ebenso wie Überreste Samuels v. Jerusalem (Hieronymus, c. Vigil. 5 [MPL 23, 343]) nach Konstantinopel überführt. Wichtig wurde die d. pers. Märtyrer durch Maroutha v. Maipherkat (410) in eine Basilika, die ihnen zu Ehren errichtet wurde; die Stadt erhielt daraufhin den Namen Martyropolis (AASS Prop. Decembris 565). Die Auffindung der Gebeine des Gervasius und des Protasius durch →Ambrosius und die Übertragung in die Stadtkirche von Mailand am 17. Juni 386, wo sie unter dem Altar deponiert wurden, ist das 1. Beispiel einer feierlichen d. in der westl. Kirche (Ambrosius, ep. 77,2 [22,2] [CSEL 82,2,127f.]), der ebenso wie in der östl. Kirche viele ähnliche d.nes als Reliquienübertragungen folgten, zunächst von den Friedhöfen in die Stadtkirchen (wie etwa in Rom und Konstantinopel), dann als Übertragung in martyrerlose Gegenden. Ob das Gedenken an Petrus und Paulus am 29. Juni in einer d. ihrer Gebeine in der Katakombe an der via Appia seinen Ursprung hat, bleibt umstritten. Weil der Todestag vieler Blutzeugen unbekannt war, wurde später der Tag der d. als Gedenken begangen, das dann auch in den Festkalendern verzeichnet wurde. Der früheste Kalender, der die d. martyrum und die d. episcoporum festhielt, war der röm. →Chronograph von 354; er fand im O und W Nachahmer. Im O ist das älteste erhaltene Verzeichnis das Breviarium Syriacum (410 in Edessa); im W folgte das sog. →Martyrologium Hieronymianum (5. Jh.), das Verzeichnisse aus Rom, Karthago, Nikomedien in sich aufnahm und im ma. Martyrologium Romanum seine Fortsetzung fand, dem im O die Synaxarien und Menologien vergleichbar sind.

B. Kötting

Q. und Lit.: DACL 4, 668–673; 15, 2695–2699, s. v. Translations – H. DELEHAYE, AnalBoll 19, 1900, 5–8 – DERS., AnalBoll 32, 1913, 176f. – H. LIETZMANN, Petrus und Paulus in Rom, 1927², bes. 109–126 – H. DELEHAYE, Tusco et Basso Cons.: Mél. P. THOMAS, 1930, 201f. – DERS., AnalBoll 49, 1931, 30–35 – DERS., Les origines du culte des Martyrs, 1933 – J. LASSUS, Sanctuaires chrétiens de Syrie, 1947, 123–128 – B. MARIANI, Breviarium Syriacum, 1956 – B. DE GAIFFIER, De l'usage et de la lecture du martyrologe, AnalBoll 79, 1961, 40–59 – B. KÖTTING, Der frühchristl. Reliquienkult und die Bestattung in Kirchengebäude, 1965 – M. HEINZELMANN, Translationsberichte und andere Q. des Reliquienkultes, TS 33, 1979, 46 mit Anm. 9 [Lit.].

Deposition. 1. D., Bezeichnung für die Absetzung eines Delinquenten im weltl. und kirchl. Bereich (oft syn. mit →Degradation), im 13. Jh. im Zuge der Fixierung des kirchl. Strafrechts kirchenrechtl. neu definiert. Spätestens seit dem →Liber Sextus (1298) galt die D. als härteste Strafe für Kleriker, die wegen krimineller (Raub, Mord, Entführung) oder geistl. Vergehen (Zölibatsbruch, Simonie) verurteilt wurden. Sie bestand aus dem Verlust von Amt und Pfründe und hatte die theoretisch lebenslängl. Haft – meist in einem Kl. – zur Folge. Doch verlor der Deponierte nicht seine klerikalen →Privilegien, zu geistl. Aufgaben wie Breviergebet war er weiterhin verpflichtet. Angesichts der Todesstrafe, die Laien bei Mord oder Raub zu erwarten hatten, waren geistl. Verbrecher gegenüber den Laien bevorzugt. Und wegen der oft milden Haft wurden viele Deponierte rückfällig. Daher forderten weltl. Instanzen häufig statt der D. die Degradation bei von Klerikern verübten kriminellen Delikten.

Lit.: →Degradation. B. Schimmelpfennig

2. D., Bezeichnung für die Absetzung von weltl. Herrschern, →Herrscherabsetzung

Derbfine ('gesicherte Familie'), air. Begriff für eine agnat. Sippe (patrilineare Abstammung), von vier Generationen umfassender genealog. Tiefe (größere agnat. Sippenbindungen hießen *íarfine* und *indfine*; auch beide Begriffe stellen – wie d. – Komposita mit *fine* 'Familie, Verwandter' dar). Bis ca. 700 war die d. die kleinste Abstammungseinheit mit der geringsten Tiefe, doch trat dann die *gelfine* ('weiße Familie'), eine Abstammung von nur drei Generationen, an ihre Stelle. Vergleiche mit den genealog. Strukturen in Wales und in der Bretagne legen nahe, daß die d. unmittelbar der Periode der kelt. Einheit, der Zeit vor 500 v. Chr., entstammt. Die Gesch. der genealog. Strukturen im ma. Irland wird beherrscht durch eine Spannung zw. genealog. flacheren – wie der d. – und tieferen Sippenbindungen. Insgesamt blieb die flache Abstammung vergleichsweise konstant und spielte eine wichtige Rolle bei der Vererbung des Landbesitzes, während die genealog. tieferen Abstammungen sich als weniger stabil erwiesen und größere Bedeutung für die Erringung und Erhaltung polit. Macht hatten. Wenig wahrscheinl. ist die ältere Annahme, die d. habe als Auswahlkriterium bei der Königsnachfolge gedient.   T. M. Charles-Edwards

Lit.: E. Mac Neill, Celtic Ireland, 1921 [Nachdr. 1981], chap. 8,9–D. A. Binchy, The Linguistic and Historical Value of the Irish Law Tracts, PBA, 29, 1943, 228 [abgedr. in Celtic Law Papers, hg. D. Jenkins, 1973, 102–103] – Ders., Irish Hist. and Irish law, Stud. Hibernica 16, 1976, 33–38 – T. M. Charles-Edwards, Some Celtic Kinship Terms, BBCS 24, 1970–72, 107–112.

Derby (Derbyshire). [1] *Stadt:* Derby, im mittleren England gelegen, sw. von Nottingham, Hauptstadt der Gft. Derbyshire, hieß mit seinem ursprgl. ags. Namen *Northworthige* ('Nordeinfriedung'). Die Ursprünge der Siedlung gehen offenbar auf das Vordringen der Sachsen in die nördl. Midlands im 6. Jh. zurück (→Mercia). Um die Mitte des 10. Jh., nach der dän. Eroberung dieses Teils des Kgr.es Mercia, wurde der Name in *Deoraby/Derby* ('Hof oder Gehege der Tiere') geändert, eines der wenigen bezeugten Beispiele für den Austausch eines ags. Ortsnamens durch einen skandinavischen.

Am rechten Ufer des Derwent, kurz vor seiner Einmündung in den Trent, gelegen, beherrschte D. den Landweg im Derwenttal, dem der Zugang zu einem großen Teil der Gft. bildete. 1066 war D. der einzige →borough in Derbyshire und hatte 243 ansässige burgenses. Um 1086 – nach der Verwüstung der Region durch Kg. →Wilhelm I. – war die Zahl der burgenses auf 100 gesunken mit 40 kleineren und 103 wüsten Hofstellen, für die Steuern zu entrichten waren (Domesday Book, § 280 b). Trotz dieses Bevölkerungsrückganges war die Höhe der grundherrl. Abgaben von £ 24 auf £ 30 gestiegen. Durch kgl. 1200 von der Krone gewährte Privilegien wird deutlich, daß D. sich zum wichtigsten Handelsplatz der Gft. entwickelt hatte. Eine Charta von 1204 bestätigt den Status der Stadt als borough mit Wochenmarkt, Kaufmannsgilde, Zollfreiheit, Wahl eines →*bailiff* und dem Recht, die kgl. städt. Steuer *(boroughfarm)* selbst zu erheben und sie dem →Exchequer mit eigener Rechnungslegung abzuliefern. Die Charta bestimmte auch, daß niemand außerhalb des borough D. selbst und der nahegelegenen Stadt →Nottingham im Umkreis von zehn Meilen gefärbte Tuche herstellen dürfe. 1229 erhielten die Bürger ein Jahrmarktsprivileg für den Donnerstag und Freitag in der Pfingstwoche sowie vom 17.–24. Juli und 25. Juli – 2. Aug. Ein Jahrhundert später beanspruchten sie Wochenmärkte am Sonntag, Montag und Mittwoch und einen Jahrmarkt am St. Jakobstag (25. Juli). Schließlich bewilligte Kg. Eduard III. 1337 den Bürgern auf ihre Bitte die Wahl von zwei bailiffs anstelle eines einzigen.

[2] *Grafschaft:* Die Gft. Derbyshire hatte ihren Ursprung in einem Gebiet, das von einer Abteilung der dän. Truppen besetzt war; Zentrum dieses Militärdistriktes war Derby. Nach der Rückeroberung durch die ags. Kg.e im 10. Jh. erfolgte die Umwandlung in ein reguläres ags. →*shire*. Der Name der Gft. ist erstmals nach der norm. Eroberung, im späten 11. Jh., belegt. Die ersten administrativen Unterteilungen der Gft. waren →*wapentakes*. Fünf dieser Hundertschaften erscheinen im →Domesday Book; sieben sind im 13. Jh. belegt. Die Hundertschaft von Sawley (Salle) in der Erhebung des Domesday Book zeigt, daß mindestens eines der wapentakes in kleinere Hundertschaften, deren Funktion unklar bleibt, untergliedert war.

Verwaltungsmäßig war die Gft. während des MA eng mit der angrenzenden Gft. →Nottingham verbunden. Die beiden Grafschaftsgerichte *(shire courts)* tagten gemeinsam zur Erstellung der Angaben für das Domesday Book, das eine Liste von Abgaben, die beide Gft.en gleichermaßen betrafen, aufführt. Bis zum 13. Jh. fanden in Nottingham Gerichtsverhandlungen für beide Gft.en statt, danach abwechselnd in Nottingham und D., und beide Gft.en wurden bis in die Zeit Elisabeths I. von einem einzigen →*sheriff* verwaltet.   C. H. Knowles

Q. und Lit.: VCH Derbyshire, 2 Bde, 1905–07 – A. Ballard–J. Tait, British Borough Charters 1216–1307, 1923 – B. E. Coates, The Origin and Distribution of Markets and Fairs in Medieval Derbyshire, Derbyshire Archaeological Journal 84, 1964, 92–111 – S. M. Wright, The Derbyshire Gentry in the Fifteenth Century, 1983.

Derby, Henri Grosmont → Lancaster

Der Kerken Claghe, mndl. Gedicht (überliefert in Ms. Gent, U.B., 1374), um 1290(?) ohne eigtl. Titel, Jacob van →Maerlant zugeschrieben. In 18 Strophen zu je 13 Zeilen werden die Geistlichen leidenschaftl. angegriffen: sie gingen nicht mit gutem Beispiel voran, seien habgierig, lebten im Überfluß, hätten keinen Blick für die Armen und hielten es mit den Reichen und Mächtigen; die Hölle werde ihnen dafür zuteil werden. Wenn auch der innere Zusammenhang des Gedichtes verschleiert bleibt, läßt dieses sich doch der im MA sehr verbreiteten Tradition der Kritik an der Geistlichkeit zuordnen. Das Gedicht ist u. a. verwandt mit →Rutebuefs »Complainte de Sainte Eglise«.   A. M. J. van Buuren

Bibliogr.: A. Arents, Jacob van Maerlant, proeve van bibliografie, 1943 – Ed.: Jacob van Maerlant's Strophische gedichten, hg. J. Verdam und P. Leendertz jr., 1918 – Uit de strophische gedichten van Jacob van Maerlant, hg. J. van Mierlo, 1954 – Lit.: J. van Mierlo, Jacob van Maerlant, zijn leven, zijn werken, zijn beteekenis, 1946, 118–127 – L. C. Michels, Filologische opstellen, deel 1, Stoffen uit de Middeleeuwen, 1957, 38–44 – K. Heeroma, Ntg 51, 1958, 157–158 – A. Ampe und K. Heeroma, Ntg 52, 1959, 104–107 – H. Pleij, Spektator 1, 1971/72, 187–192.

Dermot mac Murrough (Diarmait mac Murchada), seit ca. 1132 Kg. des ir. Kgr.es →Leinster und Oberherr der hiberno-norw. Städte →Dublin, →Waterford und →Wexford, † 1171. Er verfügte – im kirchl. wie im weltl. Bereich – über Kontakte mit Wales, England und dem Kontinent. Unter seinem Patronat faßten die Augustinerchorherren-Kongregation v. →Arrouaise und die →Zisterzienser vom Kontinent her Fuß in Leinster; D. selbst war der Empfänger eines Briefes des hl. →Bernhard v. Clairvaux. 1166 versuchte D. erfolglos, Rory O'Connor (Ruairi Ua Conchobuir) aus der Hochkönigswürde zu verdrängen. Nach dieser Niederlage entglitt ihm die Kontrolle über Dublin, er verlor die Herrschaft über Leinster und mußte ins Exil gehen. D. fuhr nach →Bristol, dessen Hafen stets in lebhaften Handelsbeziehungen mit Dublin gestanden hatte, und wandte sich an →Heinrich II., Kg. v. England, um militär. Hilfe; 1165 hatte die Dubliner Flotte ihrerseits dem engl. Kg. bei seinem Wales-Feldzug Unterstützung geleistet. D. erhielt von Heinrich die Erlaubnis, anglonorm. Söldner in den kgl. Herrschaftsgebieten anzuwerben; bei dieser Rekrutierungstätigkeit konzentrierte sich D. auf das südl. Wales, das seit langer Zeit polit. und Handelsverbindungen mit dem benachbarten Leinster unterhielt. Im Herbst 1167 kehrte D. nach Irland zurück, ihm folgten zw. 1167 und 1170 mehrere Kontingente anglonorm. Söldner. Mit deren Hilfe kämpfte er gegen Rory O'Connor und eroberte das Kgr. Leinster sowie Dublin zurück (1170). Der mächtigste seiner anglonorm. Bundesgenossen war Richard FitzGilbert de →Clare (gen.

Strongbow), Lord of Strigoil und früherer Earl of Pembroke. D. bot diesem die Hand seiner Tochter Eva (Aoife) und die Nachfolge als Kg. v. Leinster an. Nach D.s Tod (1171) gelang es Strongbow, seine Erbfolge durchzusetzen. Damit setzte die ständige Niederlassung und Siedlung von Anglonormannen in Irland ein und es entstanden die Voraussetzungen für Heinrichs II. persönl. Intervention in Irland (1171–72), die die ständige, wenn auch schwankende Oberherrschaft des Kg.s v. England über Irland zur Folge hatte. M. Th. Flanagan

Lit.: G. H. Orpen, Ireland under the Normans, 1169–1216, 2 Bde, 1920 – F. X. Martin, No hero in the house: Diarmait Mac Murchada and the coming of the Normans to Ireland, 1975 – M. Richter, Irland im MA, 1983, 112ff.

Dérogeance ('Verstoß, Erniedrigung'), im Kgr. Frankreich eine unwürdige Handlung, durch die ein Adliger Status und Standesprivilegien verlor oder definitiv zu verlieren drohte. Das Auftreten von diesbezügl. Wendungen in den Quellen des 15. Jh. (z. B. »desrogeant a faict de noble«, 1447; »derogeant a noblesse«, 1470; »desroguer au privilege de noblesse«, Zeit Ludwigs XI.; »derogeance«, 1485) zeigt, daß sich im wesentlichen erst seit dieser Zeit das Problem der Zugehörigkeit zum Adel mit all seinen jurist. und sozialen, wirtschaftl. und fiskal. Implikationen in ganzer Breite und Schärfe stellte. Die Vorstellung einer d. ergab sich aus der Auffassung, daß die Zugehörigkeit zum Adel v. a. die Verpflichtung zu adliger Lebensführung (»vivre noblement«) beinhaltete, was insbes. die Ausübung sozial deklassierender Tätigkeiten ausschloß; die Arbeit eines Bauern, Handwerkers, Krämers und selbst Kaufmanns galt in Frankreich allgemein als eines Adligen unwürdig. Wenn ein Einwohner einer Pfarrei, der eines dieser Gewerbe betrieb, unter Berufung auf seinen adligen Status Befreiung von den direkten und indirekten Steuern beanspruchte, so waren die anderen Steuerpflichtigen der Gemeinde in der Regel bestrebt, dieser fiskal. Privilegierung entgegenzutreten, nötigenfalls, indem sie vor Gericht darlegten, daß der Betreffende durch seine Lebensführung und Gewerbetätigkeit gegen seine adligen Pflichten verstieß. Daher ist die Vorstellung der d. fast immer mit der Frage der fiskal. Immunität verbunden.

Gleichzeitig sahen sich die Adligen grundsätzl. von der Teilnahme an allen wirtschaftl. Aktivitäten ausgeschlossen. Es blieben ihnen nur die Erträge aus ihrem Landbesitz und der Dienst am Königshof bzw. bei einer der staatl. Institutionen der Monarchie (Militärwesen, Politik, Diplomatie und Verwaltung, Justiz, Finanzverwaltung). Ludwig XI., inspiriert durch engl. und it. Vorbilder, versuchte mehrfach, dieser Situation entgegenzuwirken, indem er – auf individueller oder allgemeiner Grundlage – bestrebt war, einen Ausgleich zw. Adel und Kaufmannschaft herbeizuführen; Adlige sollten Handel treiben können, ohne ihren Rang und ihre Privilegien – einschließl. der Steuerprivilegien – zu verlieren. Zur Durchsetzung dieser Bestrebungen wären wohl weitergehende, auf eine Aufhebung der Verknüpfung von adligem Status und Steuerfreiheit abzielende Maßnahmen vonnöten gewesen. Angesichts des Widerstandes der Adligen wie der Nichtadligen konnten diese Neuerungen über die Regierung Ludwigs XI. hinaus keinerlei Wirkungen entfalten. Am Ende des 15. Jh. war die Vorstellung der d. fester verwurzelt denn je. Doch bestanden bei mehreren Tätigkeiten Zweifel über die Vereinbarkeit mit dem adligen Status: Durfte etwa ein Adliger die Agrarprodukte seiner Güter frei verkaufen, durfte er als Notar oder Schulmeister tätig sein? Ein Grundsatz zumindest war klar: »L'estat de justice ne desroge point a l'estat de noblesse«. ('Der Richterstand ist in keiner Weise mit dem adligen Stand unvereinbar'). – Im Hzm. Bretagne bildete sich, schon vor dem späten 15. Jh., die Vorstellung vom »schlafenden Adel« *(noblesse dormante)* heraus; danach konnte ein Adliger, der – etwa durch Ausübung von Handelsgeschäften – gegen seine Standespflichten verstieß, seinen Adel gleichsam ruhen lassen; kehrten er und seine Familie jedoch zur adligen Lebensführung zurück, konnten sie ohne Schwierigkeiten wieder in die Reihen des Adels eintreten.

Ph. Contamine

Lit.: G. Zeller, Louis XI et la marchandise, Annales, 1946, 333–346 – Ders., Une notion de caractère historico-social: la d., Cah. internat. de sociologie 22, 1957, 40–55 – E. Dravasa, »Vivre noblement«. Recherches sur la d. de noblesse du XIVᵉ au XVIᵉ s., 1965 – H. Touchard, Le commerce maritime breton à la fin du MA, 1967.

Derry, Kl. in Irland (heut. Nordirland, Stadt Derry). Die monast. Siedlung D. lag auf einem oval geformten Hügel auf der Westseite einer Schlinge des Flusses Foyle, auf drei Seiten vom Flußlauf und auf der vierten von Sumpfgebieten umschlossen. Die Höhenbefestigung →Ailech, der alte Königssitz der →Cenél nEógain-Dynastie der nördl. →Uí Néill, befindet sich in nur geringer nordwestl. Entfernung. Quellenzeugnisse für die Gründung des Kl. D. fehlen, nach der Gründungslegende war es →Áed mac Ainmerech, Kg. der nördl. Uí Néill, der den Daire Chalgaig ('Eichenwald von Calgach') seinem Verwandten, dem hl. →Columba (Colum Cille), übertrug. Aus Nachrichten in der »Vita Columbae« des Adamnanus aus dem 7. Jh., der ältesten Lebensbeschreibung des Hl.en, läßt sich erschließen, daß D. ein Kl. innerhalb der familia Columbas war, wohin häufig Mönche aus seinem Hauptkloster →Iona kamen, und das über einen Klosterfriedhof verfügte. Dv. dem 8. und 11. Jh. überliefern die Annalen in regulärer Abfolge Todesnotizen führender klösterl. Amtsträger von D., von denen einige wohl in genealog. Beziehungen zu den regierenden Zweigen des Familienverbandes Columbas, des →Cenél Conaill, standen.

Gegen Ende des 11. Jh. gewann D. größere Bedeutung als Stützpunkt des Domnall→Mac Lochlainn, des mächtigen Herrschers der Cenél nEógain und erfolgreichen Bewerbers um das Hochkönigtum von Irland. Folgenreich war das Zusammengehen der Abtei mit der Kirche v. →Armagh: 1137 designierte der bedeutende ir. Kirchenreformer, der hl. →Malachias, den offenbar ebenfalls aktiv an der Reform beteiligten Abt v. D., Gilla Mac Liag, zu seinem Nachfolger auf dem Erzbischofsstuhl v. Armagh. Die nächste Phase des Aufstiegs vollzog sich 1150, als der neuerwählte Abt v. D., Flaithbertach Ua Brolcháin, den Titel des →*comarba* des hl. Columba annahm, womit er für D. Anspruch auf die – seit dem 10. Jh. von →Kells wahrgenommene – Führungsstellung in der paruchia der Columba-Kl. erhob. Wir dürfen annehmen, daß D. auf diese Weise die Ausdehnung der im Kl. bereits durchgeführten monast. Reformen auf die gesamte paruchia vorantreiben wollte, wozu das verweltlichte und von den Kriegen in Meath beeinträchtigte Kells nicht in der Lage war. Doch dürfte neben der Förderung der monast. Reformideale auch die Stärkung der eigenen Machtposition eine Rolle gespielt haben. Hierzu trugen auch in der Folgezeit mächtige geistl. und weltl. Gönner bei. 1158 wurde Abt Flaithbertach Ua Brolcháin – mit Unterstützung des Ebf.s v. Armagh – eine bischöfgleiche Stellung verliehen. 1161 erhielt die Abtei die Einkünfte der Columba-Kirchen in Meath und Leinster, diese Übertragung erfolgte mit Hilfe des Cenél nEógain-Kg.s Muirchertach →Mac Lochlainn, des damals mächtigsten Herrschers Irlands. Danach unternahmen Abt und Kg. gemeinsame Anstrengungen zur Wiederherstellung ihrer Machtposition in D. Durch annalist. Nachrichten ist der präurbane Charakter der Klostersiedlung in dieser Zeit bezeugt: Ca. 80 Häuser wurden abgebrochen, um die Errichtung einer Mauer zu ermöglichen, die den geistl. und weltl. Siedlungsbereich voneinander abtrennen sollte. Neue Bauten entstanden, darunter eine Kalkhütte und eine große Kirche. Mit dem Tode Muirchertachs Mac Lochlainn († 1166) verlor D. jedoch seinen mächtigsten weltl. Förderer. Zur Zeit des Todes des Abtes Flaithbertach Ua Brolcháin († 1175) begann auch bereits der Verfall der Klostergemeinschaft von D., da die Columba-Kirchen in Mittelirland nach und nach unter die Herrschaft der anglonorm. Eroberer fielen. Trotz dieser Auflösung der großen paruchia des hl. Columba und trotz des Bedeutungsrückganges der Mac Lochlainn-Dynastie blieb D. ein wichtiges monast. Zentrum. In der 2. Hälfte des 12. Jh. dürften nachfolgend Bf.e der Cenél nEógain-Diöz. in D. gewohnt haben, sie hatten hier wohl auch ihre Grablege. Um die Mitte des 13. Jh. wurde dann der Bischofssitz dieser Diöz. mit päpstl. Zustimmung von Maghera nach D. verlegt. Die cella nigra *(dubréicles)*, die in der Legende mit der Person des hl. Columba in Verbindung gebracht wurde, blieb der Brennpunkt des monast. Lebens in D. Im 13. Jh. schloß sich die Abtei der Regularkanoniker-Kongregation v. →Arrouaise an. Von da an bestanden in D. unabhängig voneinander das Kl. und die Kathedrale mit ihrem Kapitel. Nahezu alle Bf.e der folgenden Jahrhunderte waren Iren. Schiffahrt und Seehandel auf dem Lough Foyle und Fischfang waren offenbar die wichtigsten Wirtschaftszweige der Siedlung. Seit 1600 im Besitz der Engländer und von ihnen befestigt, wurde D. 1608 bei der Unterdrückung des Aufstandes des Cahir O'Doherty von den engl. Truppen zerstört, so daß nur noch wenige Überreste der alten kirchl. Siedlung bestanden, als hier 1613 die neue engl. »Plantation«-Stadt Londonderry gegründet wurde.

M. Herbert

Q. und Lit.: W. REEVES, The Life of St. Columba, 1857 – Acts of Archbishop Colton in his Metropolitan Visitation of the Diocese of D. A. D. 1397, 1850 – A. GWYNN–R. N. HADCOCK, Medieval Religious Houses Ireland, 1970 – A. GWYNN, Raphoe and D. in the twelfth and thirteenth centuries, Donegal Annual 4, 1959, 84–100.

Derrynavlan, ehem. Kl. in Irland (Gft. Tipperary), ehem. Doire Eidnech ('der Eichenhain mit Efeu'), später auch Doire na Fland ('der Eichenhain der Familie Fland'), nach der Verbindung dieser Gründung mit Fland mac Duib Thuinne († 821) v. Dairinis und Fland mac Fairchellaig, Abt v. Lismore († 825). Nach hagiograph. Quellen des 8. Jh. lebten dort stets viri religiosissimi, und das scheint auch der ursprgl. Zweck dieser Gründung gewesen zu sein. D. lag auf einer Insel inmitten eines ausgedehnten Moorgebiets. – I. J. 1980 wurde in D. ein silberner Meßkelch mit zwei Griffen, eine silberne Patene, ein Untersatz für diese sowie ein bronzener langstieliger Schöpflöffel mit eingebautem Sieb unter einem großen bronzenen Gefäß innerhalb des Klosterbezirks gefunden. Der Kelch, 9. Jh., weist im Aufbau große Ähnlichkeit mit dem Kelch von Ardagh (→Ir. Kunst) auf; er ist mit Bernstein und 84 Filigraneinheiten auf Goldfolie geschmückt. Älteren Datums ist die Patene, ein silberner Teller von 35 cm Durchmesser, besetzt mit farbigem Glas und umgrenzt von einem edelsteinbesetzten Rand, bestehend aus 24 Filigraneinheiten. Dieses liturg. Altargerät wurde vermutlich im 9. oder 10. Jh. versteckt.

P. Ní Chatháin

Lit.: H. RICHARDSON, F. J. BYRNE, P. NÍ CHATHÁIN, Journal of the Royal Society of Antiquaries of Ireland 110, 1980, 91–127 – The Derrynaflan Hoard I, hg. M. RYAN, 1983.

Dervorgilla (Derbforgaill), * 1109, † 1193 in der Abtei OCist Mellifont, Tochter des Murchad Ua Máelshechlainn, Kg.s v. →Mide, und Gattin des →Tiernán O Rourke, Kg.s v. →Bréifne. 1152 ließ sie sich von →Dermot Mac Murrough, dem Kg. v. →Leinster und Gegenspieler O Rourkes, entführen. Symbol der Souveränität des Kgr.es Mide, führte D. mit ihrer Flucht einen Schlag gegen die ehrgeizigen Bestrebungen O Rourkes, der versuchte, die ir. Midlands und möglicherweise auch →Dublin unter seine Kontrolle zu bringen. Bei diesem polit. motivierten Frontwechsel wurde D. wohl von ihrem Bruder, der die Selbständigkeit von Mide bedroht sah, bestärkt. Sie kehrte im folgenden Jahr zu ihrem Mann zurück, doch blieb der Machtgegensatz bestehen, der schließlich in der Vertreibung Mac Murroughs aus Irland und seiner Rückkehr mit anglonorm. Hilfstruppen gipfelte. – D. wirkte in ihren späteren Lebensjahren als Kirchenstifterin, so stattete sie 1157 die neue Abtei OCist →Mellifont aus und ließ 1167 die roman. Kirche St. Mary's (Nun's Church) in →Clonmacnoise erbauen.

Ch. Doherty

Q. und Lit.: F. HENRY, Irish Art III, 1970, 40f., 185 – F. J. BYRNE, Irish Kings and High-Kings, 1973, 273 – Expugnatio Hibernica, The Conquest of Ireland by Giraldus Cambrensis, ed. A. B. SCOTT–F. X. MARTIN, 1978, 286.

Derwan wird vom sog. Fredegar (→Fredegar-Chronik) als Fürst (dux) des (nordwest-)slav. Stammes der →Sorben bezeichnet. Er ist der erste Herrscher der Nordwestslaven, über den die Quellen (zu 631/632) berichten. Mit seinen Leuten soll er dem Frankenreich seit langem untertan gewesen sein. Als der merow. Kg. →Dagobert I. jedoch in der Schlacht bei →Wogastisburg eine Niederlage gegen den Slavenherrscher →Samo erlitt, fiel D. mit den Seinen zu Samo ab. Seine Historizität ist verschiedentl. bestritten worden. Aus weiteren Nachrichten des Fredegar ist zu schließen, daß D. und sein Stamm östl. der Saale siedelten. Damit ist die Erwähnung D.s gleichzeitig auch der erste Quellenbeleg für die Anwesenheit von Slaven nördl. des Erzgebirges.

L. Dralle

Q.: Chronicarum quae dicuntur Fredegarii scholastici, ed. B. KRUSCH (MGH SRM II, 1888), 155 – Lit.: W. FRITZE, Unters. zur frühslaw. und frühfrk. Gesch. bis ins 7. Jh. [Diss. Marburg 1952], 101, 314 – W. SCHLESINGER, Die Verfassung der Sorben (Siedlung und Verfassung der Slawen zw. Elbe, Saale und Oder, hg. H. LUDAT, 1960), 77 – G. SCHLIMPERT, Slaw. Personennamen in ma. Q. zur dt. Gesch., 1978, 39 – L. DRALLE, Slaven an Havel und Spree. Stud. zur Gesch. des hevell.-wilz. Fsm.s (6. bis 10. Jh.), 1981, 97f.

Derwisch, Angehöriger eines islam. myst. Ordens. Islam. Bettelmönche verschiedener Ordenszugehörigkeit werden in griech. und lat. Werken des 15. Jh. beschrieben. Die Bezeichnung D. (über das Türk. von pers. 'Armer, Bettler') wird in Europa im 16. Jh. geläufig. Näheres s. →Orden, myst.

Desa, serb. Fs., Sohn des Großžupans →Uroš I. D. war i. J. 1155 Prätendent auf den serb. Thron, mußte sich jedoch mit dem Gebiet Dendra an der byz. Grenze zufriedengeben. Seit 1162 Großžupan, blieb D. wie seine Vorgänger mit den Gegnern des Byz. Reiches verbunden (Ungarn, Venedig, Deutschland). Schon im folgenden Jahr wurde er vor Ks. Manuel I. Komnenos wegen Treubruchs und Verrats angeklagt. Als schuldig angesehen, wurde er verhaftet und in Konstantinopel gefangengehalten. Unklar bleibt sein späteres Schicksal und sein Verhältnis zu Stefan →Nemanja, dem Begründer der neuen Dynastie von Serbien.

S. Ćirković

Lit.: Vizantijski izvori za istoriju naroda Jugoslavije III, 1966 [Komm. zu J. Kinnamos und N. Choniates von J. KALIĆ] – Istorija srpskog naroda I, 1981, 206–208.

Descatllar, dem Ritterstand zuzurechnende katal. Adelsfamilie, deren Stammsitz die Burg Catllar (Ripollès) im östl. Pyrenäenraum war und die einige herausragende Persönlichkeiten der katal. Geschichte seit Mitte des 14. Jh. hervorbrachte. Einige traten als Krieger hervor, andere waren Geistliche. Von letzteren ist bes. *Raimund* (Ramón) († 1415), Abt v. Ripoll und späterer Bf. v. Elne und Gerona, hervorzuheben, den Papst →Benedikt XIII. ernannt hatte. Unter den Kriegsleuten ist v. a. *Damià* erwähnenswert, der erfolgreich gegen die frz. Herrschaft im →Roussillon kämpfte, bis 1493 die Gft. en Roussillon und Cerdagne an Ferdinand den Kath. zurückfielen. Ein Zweig der Familie ließ sich auf Mallorca nieder, wo sie dank der Gunst Alfons' V. 'el Magnánimo' Einfluß und Vermögen erlangten. Carmen Batlle

Lit.: Gran Enc. Catalana 6, 1974, 150f.

Descensus Christi ad inferos. Die Vorstellungen von einer Höllenfahrt Christi, die sich in ntl. Schriften nur angedeutet, bei patrist. Autoren präziser formuliert finden, sind im 5./6. Jh. zu einer dramat. bewegten Darstellung verarbeitet worden, die der lat. Version der apokryphen gr. Hypomnemata Christi (»Gesta Pilati« Gregor. Turon. Hist. I c. 21, 24; »Acta Pilati«; »Evangelium Nicodemi«) wohl erst nachträgl. in zwei Fassungen angefügt wurde (cap. XVII–XXVII) und deren Ziel, die Evangelien durch Aussagen der Feinde Jesu oder fernstehender Juden und Römer bestätigen zu lassen, auch für die Lehre von der Höllenfahrt Christi zu erreichen sucht (Verlust der D.-Partie in den alten Hypomnemata vermutet VAILLANT). Danach bezeugten die vom Tod erweckten Söhne des Hohen Priesters Simeon schriftl. vor dem Rat der Juden, daß sie nach ihrem Tod mit den Altvätern in der Tiefe das kommende Licht erwartet hätten, während die Höllengeister erschreckt miteinander stritten, bis Christus erschien, die Höllenpforte zerbrach, Satan band, die Hl. Gottes (Adam und Eva, die Patriarchen und Propheten, Johannes d. T.) befreite und vom Erzengel Michael zum Paradies führen ließ. Die D.-Erzählung hat als Teil der lat. Gesta und durch deren Aufnahme in die →»Legenda aurea« des →Jacobus de Voragine (c. LIV) und in das »Speculum historiale« (VII 58–63) des →Vinzenz v. Beauvais sowie durch volkssprachl. Übersetzungen weite Verbreitung gefunden und zahlreiche bildl. Darstellungen und Texte des MA beeinflußt (→Höllenfahrt Christi, ikonographisch), ohne daß man Erwähnungen stets eindeutig auf die apokryphe Schrift selbst, abgeleitete Texte oder andere Traditionen (z. B. die apokryphen »Fragen des Bartholomäus« I, HENNECKE-SCHNEEMELCHER I, 360–364) zurückführen könnte. Die Höllenfahrt wurde meist ohne die Rahmenhandlung als Teil des Passions- und Ostergeschehens, seltener selbständig dargestellt und in den Details vielfach abgewandelt. Die Variante, daß Christus alljährlich in der Osternacht die Gefangenen der Hölle befreie, überliefert →Radulfus Glaber.

[1] In der *lateinischen Literatur* finden sich Erwähnungen des D. Christi in liturg. Texten, in Predigten zur Osterzeit (Greg. Magn. Hom. XXII 6 »In evangelia«, MPL 76, 1177, und Pseudo-Caesarius v. Arles, Hom. I, MPL 67, 1041–3, verwendet in dem pseudo-augustin. Sermo 160, MPL 39, 2059–61; nach gr. Vorlagen die sog. Eusebius-Homilie, Archiv für lat. Lexikographie und Grammatik 14, 1906, 253–268), in dogmat.-exeget. Schriften (z. B. Rufinus, »In symbolum apostolorum«, MPL 21,352ff.) oder in spätma. Meditationen über das Leben Jesu (z. B. Ludolfus de Saxonia, »Vita Christi«, ed. L. M. RIGOLLOT, T. IV, pars II 2 p. 167–171, 1878), dazu vielfach in kleineren geistl. Dichtungen: schon in der von antiken Unterweltsbeschreibungen beeinflußten 2. Hymne des →Hilarius v. Poitiers (SCHALLER Nr. 4980, vgl. auch Nr. 1498) oder eingebettet in den Frühlings- und Auferstehungsjubel bei →Venantius Fortunatus (carm. III 9, SCHALLER Nr. 16166; vgl. auch Nr. 5702); die Höllendialoge sind bereits in zwei merow. Rhythmen (SCHALLER Nr. 1335, 1352) und von →Audradus Modicus sehr eigenständig aufgenommen worden (»Liber de fonte vitae« v. 224–334); Johannes Scotus reflektierte und schilderte bes. den Schrecken und Kampf in der Hölle (SCHALLER Nr. 4387, 12269). In Ostersequenzen etwa der aquitan.-nordit. Sammlungen des 10./11. Jh. (AnalHym 7 Nr. 42–71, Nr. 53 nach dem 2. merow. Rhythmus; AnalHym 53 Nr. 37ff., bes. Nr. 38) wird das Motiv oft verwendet; große heilsgesch. Dichtungen berühren es nur beiläufig. Eine breite, selbständige poetische Bearbeitung hat der Stoff in der ungedruckten »Palaestra Christi« (WALTHER Nr. 17323) des 13./14. Jh. gefunden; dieses Werk mit mindestens 1330 Versen und überaus gesuchtem Vokabular ist v. a. der Legende des Joseph v. Arimathia und dem D. nach dem Nicodemus-Evangelium (Fassung A) gewidmet. Von den lat. geistl. Spielen weist nur das Klosterneuburger Osterspiel eine D.-Szene auf, die sich jedoch mit knappen antiphonalen Texten begnügt, wie sie ähnlich auch für Kirchweihzeremonien und zur »Elevatio s. Crucis« verwendet wurden. P. Ch. Jacobsen

[2] *Englische und irische Literatur:* In der ae. wie in der me. Literatur gibt es eine Reihe von Darstellungen der Höllenfahrt Christi sowohl in Prosa als auch in Versform. Zentrales Thema ist der D. in den ae. Dichtungen →»Descent into Hell«, wo Johannes d. T. eine bes. Rolle spielt, und →»Christ and Satan« (2. Teil, Verse 365ff.), ferner in den ae. Prosaversionen des »Evangelium Nicodemi« (ed. HULME, 1898 und 1903–04, CRAWFORD, 1927, ALLEN, 1968) sowie in der 7. →»Blickling-Homilie«, deren erster Teil weitgehend eine Übersetzung des ps.-augustin. Sermo darstellt, doch Adam und Eva zusätzl. vor Christus um Vergebung flehen läßt. Erwähnt wird der D. auch in anderen ae. Texten, z. B. →»Christ« II, 558–585 (s. ferner die Nachweise bei CAMPBELL, bes. 134ff.). Aus dem Me. sind u. a. zu nennen: eine vor 1325 (um 1250?) entstandene, dialogisch gestaltete Versfassung »The Harrowing of Hell« (ed. HULME, 1908), die freiere Schöpfung »The Develis Perlament« (ebenfalls in Versform; ed. FURNIVALL, 1867), worin eine Dämonenversammlung eingangs beschließt, Jesus durch Versuchungen zu fällen – ein Geschäft, das nach einer ir. Prosa-Version des 15. Jh. sieben Todsünden versahen –, und verschiedene spätme. Prosafassungen des »Evangelium Nicodemi«, die z. T. aus dem Frz. übersetzt sind (ein Teil der Hss. ediert durch LINDSTRÖM, 1974; DRENNAN, 1980). In den vier großen spätme. Zyklen von →Mysterienspielen (→Chester Plays; →Ludus Coventriae; →Towneley Cycle; →York Plays) hat der D. seinen festen Platz; aufgenommen wurde er z. B. auch in den →»Cursor Mundi« (17259–18638) und in Langlands →»Piers Plowman« (B-Text, Passus XVIII, 110ff.). – In irischer Sprache ist außer Prosa-Versionen im »Book of Fermoy« ein empfindungsreiches Strophenlied über die Höllenfahrt erhalten. P. Ch. Jacobsen/H. Sauer

[3] *Altfrz., altprov. und it. Literatur:* Zahlreich sind die afrz. Versionen. Nach kurzen Erwähnungen (»Passion du Christ«, 10. Jh.) entstand seit dem 12./13. Jh. eine Fülle von Prosa- und Versparaphrasen des Nicodemus-Evangeliums, auch in anglo-norm. (André de Coutances, 13. Jh.) und prov. Sprache, sowie erzählende und dramatische Bearbeitungen der Passions- und Osterhistorie mit unterschiedlich langen und selbständigen Partien über die Höl-

lenfahrt: die in verschiedenen Fassungen kursierende, einflußreiche »Passion des Jongleurs«, »Le livre de la Passion« (14. Jh.), der »Romanz de St-Fanuel« und abhängige Texte. Von den Spielen enthielt schon die »Résurrection« (Anfang 13. Jh.) eine (verlorene) D.-Szene; breitere Partien darüber, oft mit wilden »Diableries« angereichert, die zum Burlesken hin tendieren können, bieten die → Mysterienspiele: die »Passion d'Autun« (Ende 13. Jh.), die »Passion du Palatinus« (»Passion de Biard«, 14. Jh.), die Mysterienspiele von Ste-Geneviève (15. Jh.), die »Passion de Sémur« (15. Jh.) mit neuem Höllenpersonal, die aufwendige Passion des Eustache → Mercadé d'Arras († 1440), die Passionen des Arnoul → Greban (1452) und des Jean Michel (15. Jh.), dazu ein prov. (14. Jh.) und ein frz. beeinflußtes Spiel aus Revello/Piemont (Hs. von 1490). Als Teil der Passion gelangte die Geschichte auch in den Gralsroman; die in afrz., span., ptg., me. und ndl. Versionen verbreitete Historie von Merlin beginnt mit einem Teufelskonzil, als Christus die Hölle geleert hat, und nun neue Opfer gesucht werden: Johannes Sctous ließ in dieser Situation den Teufel sich auf die Juden werfen, während nach Arnoul Greban die Höllendiener Sünder aus allen Ständen als Ersatz herbeischleppten und in einer Ständesatire vorstellten.

In *Italien* wurde der D. in der spätma. Laudenpoesie und in dramat. Lauden (Orvieto, Perugia, Aquila, 14./15. Jh.) lit. gestaltet. Vgl. auch Dante, Inf. IV, 52ff.

P. Ch. Jacobsen

[4] *Literaturen der Iberischen Halbinsel:* Im Zusammenhang mit der seit → Beatus v. Liébana sich entwickelnden Apokalypsendarstellung und -kommentierung ist die Höllenfahrt Christi schon früh bekannt (vgl. z. B. die sog. Bibel von Avila, BN Madrid Vit. 15–1, f. 350ᵛ, als Zusatz nach span. Brauch). Zur weiteren Verbreitung tragen ferner so bekannte Werke bei wie das »Speculum historiale« des → Vinzenz v. Beauvais, die → »Legenda aurea« des → Jacobus de Voragine (auch in volkssprachl. Versionen) und die »Meditationes vitae Christi« des ps.-Bonaventura (Hss. und Wiegendrucke). In Katalonien findet sich das Motiv in der »Vida de Jesuchrist« (Wende zum 15. Jh.) des Bf.s Francesc → Eiximenis (auch ins Kast. übers.), bei Felipe de Malla (»Memorial del pecador remut«, um 1420, gedr. 1495), im »Llibre anomenat Vita Christi« (gedr. 1513) der Nonne Isabel de Villena († 1490). Bemerkenswert ist die späte Wirkung der »Vita Christi« des Kartäusers Ludolf v. Sachsen im letzten Viertel des 15. Jh. auch in der kast., meist franziskan. beeinflußten Vita-Christi-Dichtung. Das Betrachtungsbuch erschien 1495 in ptg., 1495–1500 in katal. Fassung (von Joan Roís de Corella), Ambrosio de Morales fertigte eine kast. Übersetzung (gedr. 1502–03).

D. Briesemeister

[5] *Deutsche Literatur:* Auch im dt. Sprachgebiet erscheint der D. zunächst in Werken mit umfassender Thematik: Für das heilsgeschichtl. → Ezzolied (von 1060) ist der D., in dem Christus die Höllenpforten zerbricht, die Seinen erlöst und den Höllenfürsten überwindet, einer der Erlösungsakte; in der → Wiener Genesis (um 1060) wirft Christus einen Ring in die Höllenrachen, der sich nun nicht mehr schließen kann und die auf Fürbitten hin begnadigten Seelen entkommen lassen muß; auch im »Leben Jesu« der Frau → Ava (Anf. 12. Jh.) wird – abweichend vom Nikodemusevangelium – beim D. v. a. betont, daß der Höllenhund die Sünder nicht mehr verschlingen kann, das → »Anegenge« (um 1180) weist schon die Teufelsberatung beim Kreuzestod Christi auf (v. 3157ff.); im 14. Jh. entstand »Die Erlösung« (Descensus in v. 5375–5586). Das Nicodemus-Evangelium als ausschließl. Gegenstand einer Dichtung wählte zuerst → Konrad v. Heimesfurt (»Urstende«, Mitte 13. Jh.), danach um 1300 Gundacher v. Judenburg (»Christi hort«) und erfolgreicher → Heinrich v. Hesler; von zwei ungleich gelungenen mnd. Fassungen des späten MA verrät eine Beziehungen zu einer aschwed. Übersetzung. Das → Osterspiel v. Muri (Anfang 13. Jh.) und die großen spätma. Passions- und Osterspiele aus Innsbruck, Wien, Redentin, die Frankfurter Dirigierrolle und viele andere überliefern durchweg D.-Szenen; bieten einzelne kaum mehr als dt. Paraphrasen der lat. Antiphonen, so wird in den meisten Stücken doch die Geschichte zunehmend breiter ausgespielt, bes. die Verzweiflung Luzifers über die entleerte Hölle, der Kampf um die letzte entweichende Seele, die Jagd auf neue Sünder mit detaillierten Ständesatiren.

P. Ch. Jacobsen

[6] *Skandinavische Literaturen:* Bereits im 12. Jh. entstand vermutl. in Norwegen unter der Bezeichnung → »Niðrstigningar saga« eine freie volkssprachl. Übersetzung des Descensus-Abschnitts im lat. Nicodemus-Evangelium (A-Text). Der Text ist in vier isländ. Hss. des 13.–15. Jh. bewahrt, wovon nur die älteste die verlorene norw. Vorlage vollständig überliefert. – Aus Dänemark liegt das Fragment einer versifizierten Übersetzung des D. vor (Anfang 14. Jh.), während eine schwed. Prosa-Übersetzung des gesamten Nicodemus-Evangeliums – überliefert in drei Legendensammlungen zw. ca. 1400 und ca. 1500 – die Kenntnis des D. auch in Schweden bezeugt. H. Ehrhardt

Vgl. auch → Apokryphen, → Bibeldichtung. Zum Thema in den slav. und byz. Lit. → Hadesfahrten.

Lit.: DACL IV, 682–693–DThC IV, 565–619–LC III, 322–331–NCE IV, 788–793 – RByzK I, 142–148 – W. Bauer, Das Leben Jesu im Zeitalter der ntl. Apokryphen, 1909 [Neudr. 1967] – J. Kroll, Gott und Hölle, 1932– R. V. Turner, Descendit ad Inferos: Medieval Views on Christ's Descent into Hell, J. of the Hist. of Ideas 27, 1966, 173–194 – Evangelium Nicodemi: C. de Tischendorf, Evangelia apocrypha, 1876 [Neudr. 1966] – A. Vaillant, L'évangile de Nicodème. Textes slave et texte lat., 1968 – H. C. Kim, The Gospel of Nicodemus, 1973 – Hennecke-Schneemelcher I, 330–358 – A. Siegmund, Die Überlieferung der gr. christl. Lit. in der lat. Kirche bis zum 12. Jh., 1949, 35f. [Hss.] – Stegmüller, I, 148–153, Nr. 179 – W. Speyer, Neue Pilatus-Apokryphen, VC 32, 1978, 53–59 – R. A. Shoaf, Raoul Glaber et la »Visio Anselli Scholastici«, CCMéd 23, 1980, 215–219 – *zu [1]:* R. E. Messenger, The Descent Theme in Medieval Lat. Hymns, Transactions and Proceedings of the American Philol. Association 67, 1936, 126–147 – »Palaestra Christi«: Ed. in Vorber. v. W. Beine, Bonn–K. Young, The Drama of the Medieval Lat. Church, 1933, I, 149ff., 421ff. – *zu [2]: Bibliogr.:* Cameron, OE Texts, 118 [Nr. 8.5.] – Manual ME 2. V, 1970, 448–450, 640–642 [Nr. 312–314] – S. B. Greenfield–C. Robinson, A Bibliogr. of Publ. on OE Lit., 1980, 328, 357f. – *Ed.:* Zu W. H. Hulme, 1898; Ders., 1903–04; S. J. Crawford, 1927; B. Lindström, 1974, s. → Apokryphen, A. II, 3 – ferner: F. J. Furnivall, Hymns to the Virgin and Christ. The Parliament of Devils, EETS 24, 1867 – W. H. Hulme, The ME Harrowing of Hell and Gospel of Nicodemus, EETS E.S. 100, 1907– T. Allen, A Critical Ed. of the OE Gospel of Nicodemus [Diss. Rice Univ., 1968] – J. F. Drennan, A Short ME Prose Translation of the 'Gospel of Nicodemus' [Diss. Univ. of Michigan, 1980] – *Lit.:* J. E. Caerwyn Williams, An Irish Harrowing of Hell, ECelt 9, 1960, 44–78 – E. M. W. Tillyard, Some Mythical Elements in English Literature, 1961, 19–44 – R. M. Trask, The 'Descent into Hell' of the Exeter Book, NM 72, 1971, 419–435 – R. Woolf, The English Mystery Plays, 1972, 269ff. – M. A. Dalbey, Patterns of Preaching in the Blickling Easter Homily, The American Benedictine Review 24, 1973, 478–492 – J. J. Campbell, »To Hell and Back«: Latin Tradition and Literary Use of the D. ad inferos in OE, Viator 13, 1982, 107–158 – *zu [3]:* W. Becker, Die Sage von der Höllenfahrt Christi in der afrz. Lit., RF 32, 1913, 897–972 – A. E. Ford, L'évangile de Nicodème. Les versions courtes en ancien français et en prose, 1973 [Bibliogr.] – D. D. R. Owen, The Vision of Hell. Infernal Journeys in Medieval French Lit., 1970 – A. Saly, Le thème de la descente aux infers dans le 'credo' épique, Travaux de linguistique et de litt. 7,2, 1969, 47–63 – J. KROLL, Aus der Gesch. einer Pathos-Formel: Das D.-Motiv im it. Schauspiel des MA, Concordia Decennalis (Fschr. der Univ. Köln..., 1941), 21–40 – *zu [5]:* Verf.-Lex.² II, 1980, 659–663 [A. SCHELB] – K. W. CHR. SCHMIDT, Die Darstellung von Christi Höllenfahrt in der dt. und den ihnen verwandten Spielen des MA [Diss. Marburg 1915] – A. MASSER, Bibel- und Legendenepik des dt. MA, 1976 – Dat Ewangelium Nicodemi van deme lidende unses heren Ihesu Christi. Zwei mnd. Fassungen, hg. v. A. MASSER, 1978 – R. STEINBACH, Die dt. Oster- und Passionsspiele des MA, 1970 – M. J. RUDWIN, Der Teufel in den dt. geistlichen Spielen des MA und der Reformationszeit, 1915 – R. M. KULLI, Die Ständesatire in der dt. geistl. Schauspielen des ausgehenden MA, 1966 – CCMéd 13, 1970, Bibliogr. Nr. 1031 – *zu [6]:* KL XII, 308ff.

Descent into Hell. Das im →Exeter-Buch (vielleicht unvollständig) überlieferte anonyme ae. Gedicht (137 alliterierende Langzeilen), früher fälschlich dem →Cynewulf zugeschrieben, ist möglicherweise um 800 entstanden. Es handelt davon, wie die beiden Marien am Ostermorgen das Grab aufsuchen (1–23a; vgl. Matthaeus 28.1–6), und wie der siegreich in die Hölle eindringende Heiland die dort Festgehaltenen erlöst (23b–137). Deren Wortführer Johannes der Täufer fungiert dabei auf weite Strecken auch als Sprecher des Textes (26–32, 59ff.). Seine Anreden an Gabriel, die Gottesmutter, Jerusalem und den Jordan, in denen er die Bedeutung der Erlösung hervorhebt, erinnern an →»Christ« I. Stoffliche Einzelheiten gehen auf das »Evangelium Nicodemi« zurück (→Apokryphen, A.I, A.II.3). Die themat. und ästhet. Einheit des Gedichts ist problematisch. – Siehe auch →Descensus Christi ad inferos. A. J. Frantzen

Bibliogr.: NCBEL I, 274f. – RENWICK-ORTON, 198f. – S. B. GREENFIELD–F. C. ROBINSON, A Bibliogr. of Publ. on OE Lit., 1980, 213f., Nr. 3476–3481 – Q.: ASPR III, 219–223 – J. CRAMER, Quelle, Verfasser und Text des ae. Gedichtes »Christi Höllenfahrt«, Anglia 19, 1897, 137–174 – *Lit.:* J. H. KIRKLAND, A Study of the Anglo-Saxon Poem »The Harrowing of Hell« [Diss. Halle 1885] – G. CROTTY, The Exeter 'Harrowing of Hell', PMLA 54, 1939, 349–358 – T. D. HILL, Cosmic Stasis and the Birth of Christ, JEGP 71, 1972, 382–389 – P. W. CONNER, The Liturgy and the OE »Descent into Hell«, JEGP 79, 1980, 179–191.

Deschamps, Eustache, gen. Morel, frz. Dichter, * um 1346 in Vertus, † vor 1407, stammte aus einer Familie des Kleinadels und war wahrscheinl. ein Neffe des →Guillaume de Machaut; Studium an der Univ. Orléans, verfaßte um 1360 seine ersten Werke (»Geta et Amphitrion«) und stand bereits zu dieser Zeit in Kontakt mit dem Hof, in dessen Dienst er 1368 trat. Als Familiar des Philipp v. Orléans in der Politik und Verwaltung tätig, blieb er auch nach dessen Tod (1375) im Hofdienst. In den folgenden Jahren trafen ihn jedoch mehrere Schicksalsschläge, die sein Leben und die Thematik seiner Dichtung grundlegend beeinflußten: 1376 fing er an, stark an Arthritis zu leiden; 1377 starb seine Frau und kurz danach Guillaume de Machaut.

Nach dem Tod Karls V. nahm er an der Auseinandersetzung über die Machtkompetenzen im Umkreis des minderjährigen Nachfolgers Karl VI. teil. Als höf. Amtsträger übte E. D. während des Hundertjährigen Krieges eine rege diplomat. Tätigkeit aus und reiste viel innerhalb Frankreichs und im Ausland, wobei er 1384–85 bis Ungarn gelangte. Zeugnisse für diese Reisen finden sich in seinen Dichtungen (v. a. in den »Balades« und »Chants royaux«). Nach den frz. Siegen in Flandern befürwortete er einen Feldzug gegen England, jedoch ohne Erfolg. In seinem Leben traten nun weitere unglückl. Wendungen ein: Vom Hof beiseitegeschoben, war E. D. gezwungen, sein Pariser Haus zu verkaufen und in engen Verhältnissen auf seinem Gut in Vertus zu leben, dazu verschlechterte sich sein Gesundheitszustand zusehends. In seiner Dichtung verlagerte sich der Schwerpunkt von der brillanten Ironie zur moralisierenden Satire. 1390 verließ er den Dienst als Huissier d'armes des Kg.s und trat in den Dienst der Valentina →Visconti, Hzgn. v. Touraine.

An der Polemik zw. den beiden gleichzeitig gewählten Päpsten Clemens VII. und Bonifatius IX. (1389) nahm E. D. aktiv Anteil, wurde jedoch auch diesmal von der unentschlossenen Haltung des Kg.s enttäuscht. Im Dienst des Hzg.s v. Orléans verteidigte er die vom Hof verbannte Hzgn. Valentina Visconti. 1398 wurde eine Polemik gegen Pedro de Luna, der 1394 Clemens VII. nachgefolgt war (→Benedikt XIII.), entfesselt, und auch E. D. stellte sich entschlossen auf die Seite von dessen Gegner. I. J. 1400 nahm er eine schwankende Haltung zw. den Hzg.en v. Orléans und Burgund ein, bis er sich schließlich an Hzg. Philipp den Kühnen v. Burgund anschloß. 1404, kurz vor seinem Tod, zog er sich aus der aktiven Politik zurück. Die Ernennung zum »trésorier sur le fait de justice« durch den Kg. blieb ohne Wirkung. E. D.' Tod ist kurz darauf anzusetzen, sicher noch vor 1407.

Die Werke von E. D. sind zum größten Teil im Ms. Paris, Bibl. nat., fr. 840 enthalten, das als Grundlage für die Edition von A. H. E. DE QUEUX DE SAINT-HILAIRE und G. RAYNAUD diente, die einzige vollständige wissenschaftl. Ausgabe. Das Ms. beinhaltet eine Sammlung, die nach dem Tod von E. D. aufgrund des offenbar in seinem Besitz befindl. Materials zusammengestellt wurde. Die dichter. Werke sind darin nach Inhalt und Versmaß geordnet: »Balades de moralité«, »Lays«, »Chansons royales«, »Balades amoureuses«, »Rondeaulx et virelays«; es folgen »Dits«, »Lettres« und anderes; die Sammlung endet mit einer Reihe von einzelnen Gedichten. Obwohl einige Gruppen nach Themen und wahrscheinl. chronolog. zusammengestellt sind, folgen die jeweiligen Teile der Sammlung keiner chronolog. Anordnung. E. D.' reiche Dichtungen (etwa 82 000 Verse) sind mit unglaubl. Leichtigkeit verfaßt und entsprechen den Theorien, die er in der »Art de dictier« (1392) dargelegt hat: die Kunst, Verse zu machen, ist nicht mit der Rhetorik, sondern mit der Musik verwandt (»musique artificielle«) und bildet eine »musique naturelle«. D. übernimmt die Kompositionstechnik des G. de Machaut und entwickelt v. a. ihren verbalen und syntakt. Gehalt weiter, wobei er den dichter. Wortschatz durch Elemente bereichert, die vorher nur der Alltags- und Umgangssprache vorbehalten waren (wichtige Erfahrungen gewann er in dieser Hinsicht durch die »Farce de Maistre Trubert et d'Antrognart«). Damit bahnte er einer später von François →Villon angewandten poetischen Technik den Weg. Der enge Zusammenhang zw. der Lebensgeschichte E. D.' und den Ereignissen der Zeitgeschichte spiegelt sich in den Themen der bedeutenderen theoret. Werke (»Dolente et piteuse complainte de l'Eglise moult desolee au jour d'ui«, 1393; »Fiction du Lyon«, ein Vergleich von Karl VI. und Karl V.; »Miroir de Mariage«, nach 1381), aber auch in den zahlreichen Gelegenheitsgedichten. Der Inhalt dieser Dichtungen kann nach zwei Gruppen gegliedert werden, den Jugendgedichten und den Werken, die der früh gealterte D. in seiner von langem Siechtum geprägten zweiten Lebenshälfte verfaßte. Die scharfe Beobachtungsgabe und der brillante Stil seiner Jugendballaden machen in seinen Alterswerken satir. Schärfe und bissiger Invektive Platz: Themen wie der allgemeine Verfall, die Schlechtigkeit der Gegenwart im Vergleich zu der Vergangenheit (häufig kehrt das Ubisunt-Motiv wieder), der Undank der Welt, das drohende Ende, kennzeichnen sein Alterswerk. Dennoch besteht zw. biograph. Faktum und Dichtung eine horazianisch anmutende lit. Distanz. Über E. D.' Quellen und Bildung fehlen neuere Untersuchungen.

A. Vitale-Brovarone

Ed.: Oeuvres complètes de E. D., A. H. E. DE QUEUX DE SAINT-HILAIRE-G. RAYNAUD, 1878-1903 (SATF) [Bd. X, XI: Glossar, Einf. in Leben und Werk] – E. HOEPFNER, E. D.' Leben und Werke, 1904 – *Lit.:* E. FEHSE, Sprichwort und Sentenz bei E. D. und Dichtern seiner Zeit, 1905 – F. FREESE, Allegor. und mytholog. Gestalten in den Dichtungen E.D.s' [Diss. Münster 1934] – A. DICKMANN, E. D. als Schilderer der Sitten seiner Zeit [Diss. Münster 1935] – J. FLINN, Le Roman de Renart dans la litt. française et dans les litt. étrangères au MA, 1963, 448-465 – D. POIRION, Le poète et le prince, 1965, 218-235 – J. C. RAULT, Les poésies grivoises d'E. D., M-A 85, 1979, 275-296 – S. U. SPLISBURY, The Imprecatory Ballad: A Fifteenth Century Poetic Genre, FrSt, 1979, 385-395 – D. INGENSCHAY, Pragmat. Form und lyr. Besetzung: zur Konstitution von Balladen und Testament bei D. und bes. Villon (Lit. in der Gesellschaft des SpätMA, hg. H. H. GUMBRECHT, 1980), 169-190 – J. KOOIJMAN, Variations sur le rondeau: rondeaux ... dans l'oeuvre d'E. D., Actes du Coll. (24-29 mars 1980) Musique, litt. et société au MA, hg. D. BUSCHINGER, 1980, 295-304 – F. WOLFZETTEL, La poésie lyrique en France comme mode d'appréhension de la réalité: remarques sur l'invention du sens visuel chez Machaut, Froissart, D. et Charles d'Orléans, Mél. ... CH. FOULON, I, 1980, 409-419 – M. ENGEL, »Le Miroir de mariage« d'E. D. Sources et tradition, Seconda misc. di studi e ricerche sul Quattrocento francese, 1981, 143-167 – J. C. RAULT, La farce de Maistre Trubert et d'Antrognart d'E. D., Revue de Langues Romanes 85, 1981, 91-99 – Beitr. in »Du mot au texte. Actes du IIIe Colloque Internat. sur le Moyen Age Français, 1980«, 1982: D. INGENSCHAY, La rhétorique et »le monde quotidien« chez E. D., 253-260; CH. STROSETZKI, Réflexion moraliste chez les Rhétoriqueurs. Les actes du langage chez E. D., 241-250 – L. KENDRICK, Rhetoric and the Rise of Public Poetry. The Career of E. D., Stud. in Philol. 80, 1983, 1-13 – DERS., La poésie pastorale d'E. D., Romanist. Zs. für Literaturgesch. 7, 1983, 28-44.

Desco da parto (it. 'Geburtsteller'), im 15. Jh. in Florenz als Erinnerungsgabe übliches Geschenk zur Geburt des Erstgeborenen. Mehrere bemalte Exemplare – das bedeutendste von →Domenico Veneziano in Berlin – zeigen die zur Wochenstube schreitende Delegation der Signoria, ein D. und Konfekt überbringend. Andere sind in den Werkstätten der Maler von →Cassoni und mit den dort üblichen Themen geschmückt worden.
Ch. Klemm

Lit.: M. WACKERNAGEL, Der Lebensraum des Künstlers in der florent. Renaissance, 1938, 173ff. – weitere Lit. →Cassone.

Descoll, Bernat (Dezcoll, Coll), katal. Chronist, *auf Mallorca, Geburtsjahr unbekannt, † 1390, Mitarbeiter bei der Abfassung der Chronik Kg. →Peters IV. v. Aragón (1335-87); s. dazu →Chronik, Abschnitt K. II. Das aus sieben Büchern bestehende Werk berichtet die Ereignisse vom Tode Jakobs II. (1327) bis 1382, unter Anfügung einiger früherer Daten, und umfaßt somit die Geschichte der Krone Aragón in dieser Zeit. Aus Urkk. der Jahre 1375, 1382 usw. geht hervor, daß der Herrscher gut bezahlte und von D. geordnete Auszüge aus den Kanzleiregistern verlangte. D. war vor seiner Tätigkeit als kgl. Chronist Schreiber des *mestre racional* (1363) und dessen Stellvertreter (1367). Andere Redaktoren der Chronik waren: Tomás Canyelles, Arnau Torrelles und Bernat Ramon Descavall.
J. Mateu

Lit.: A. RUBIO Y LLUCH, Estudi sobre la elaboració de la Crònica de Pere el Ceremoniós, An. de l'Inst. d'Est. Catalans III, 1909-10, 519-570 – Bernat Desclot, Crònica, ed. M. COLL I ALENTORN, 1949, 124 – M. DE RIQUER, Hist. de la Literatura Catal. I, 1964, 486-489.

Des conincx Summe → Somme le roy

Descort, ma. Lyrikform, von der ca. 40 frz. und prov. Beispiele erhalten sind. Auch it. und iber. Analogiefälle konnten gefunden werden, von manchen wurden übereinstimmende Vergleiche mit dem dt. »Leich« gezogen. Der Ursprung des D. bleibt jedoch ungewiß. Evident ist die grundlegende Bedeutung des musikal. Elementes. Was den Inhalt betrifft, findet man die traditionelle, höfische Liebeskasuistik wieder mit dem Thema der unerwiderten Liebe oder der Liebesklage. Dieses Thema soll den Dichter aus dem »Gleichgewicht« bringen und spiegelt sich in der Descort-Struktur (= discordia 'Zwietracht') wider: eine variable Anzahl Strophen (5 bis 11) von verschiedener Länge, die sich manchmal aus mit Enjambement verbundenen Couplets zusammensetzen. Zwietracht besteht ebenfalls zw. dem strukturellen Schema der Melodie und dem der Poesie. Damit steht der D. im Gegensatz zum »Canso«: während letzterer die Regelmäßigkeit, Harmonie und Gleichförmigkeit aller Elemente anstrebt, ist das treibende Prinzip des D. die formal konzeptuelle und musikal. Unregelmäßigkeit.
M. Vuijlsteke

Lit.: GRLMA II – R. BAUM, Le »Descort« ou l'anti-chanson (Mél. J. BOUTIÈRE, 1971), I, 75-98 – E. KÖHLER, Deliberations on a Theory of the Genre of the Old Provençal Descort (It. Lit.: Roots and Branches. Essays in Honor of TH. BERGIN, ed. G. RIMANELLI, 1976) – J. MAILLARD, »D., que me veux-tu...?«, CCMéd 25, 1982, 219-223 – D. BILLY, Le d. occitan. Réexamen critique du corpus, RLR 87, 1983, 1-28.

Descriptio → Ekphrasis

Descriptio Europae Orientalis, geograph.-polit. Beschreibung der Länder und Völker SO- und O-Europas, von einem unbekannten Dominikaner oder Franziskaner ca. 1308 in Verbindung mit dem gescheiterten Kreuzzug →Karls v. Valois verfaßt. Als Wegweiser im Dienst der Kreuzzugspolitik (→Kreuzzüge, Kreuzzugstraktate) bes. in SO-Europa bietet die D. genaue Angaben über Byzanz, Albanien, Serbien, Bulgarien, Ungarn, Polen und Ruthenien; wichtige Nachrichten werden auch über die Balkanvlachen geliefert. Grundgedanke der Schrift ist die Wiedereroberung Konstantinopels durch die Lateiner und die Unterwerfung der »Schismatiker« unter den päpstl. Stuhl. Beide Ziele sollen durch das Zusammenwirken der Kreuzfahrer in Konstantinopel mit Kg. →Karl Robert v. Ungarn erreicht werden. Anhänger der griech. Kirche, die sich der Unionspolitik widersetzen, werden vom anonymen Verfasser zu »injusti possessores« erklärt, ihre Besitzungen und Herrschaften sollen demzufolge den Rechtgläubigen zur Beute ausgesetzt werden.
S. Papacostea

Ed. und Lit.: O. GÓRKA, Anonymi Descriptio Europae Orientalis, 1916 – G. POPA-LISSEANU, Descrierea Europei orientale de geograful anonim, 1934.

Desenzano. [1] It. *Stadt* am Ufer des Gardasees (Prov. Brescia, Lombardei). Röm. Ursprungs, hatte sie im MA eine gewisse Bedeutung in den zahlreichen krieger. Auseinandersetzungen zw. Brescia und Verona.

[2] *Katharerkirche:* In der it. Religionsgeschichte ist D. als Mittelpunkt einer Katharerkirche bekannt, die eigenständige Charakteristika aufwies. Die Kirche von D. (im Sinne einer häret. Gemeinschaft von Gläubigen) war in weiten Teilen Oberitaliens verbreitet und hatte auch in Mittelitalien Anhänger. Sie wurde auch »Ecclesia Albanensis« genannt, wobei der Ursprung dieser Bezeichnung ungeklärt ist.

In ihrer Lehre hing die kathar. Häresie der Kirche von D. einem radikalen →Dualismus an, der bemerkenswerte Analogien mit Glaubensvorstellungen der →Albigenser in Frankreich aufwies: Nach ihrer Auffassung standen sich zwei Welten, die Welt der Materie und diejenige des Geistes, gegenüber; dieser Gegensatz vertiefte sich vor Feindschaft, als es Lucifer, als Engel des Lichts verkleidet, gelang, den guten Gott zu täuschen und eine große Zahl von guten Engeln zu einer Rebellion gegen Gott zu verleiten. Diese wurden danach aus dem Reich des Guten vertrieben und in die Welt des Bösen verbannt. Um diese verlorenen Engel zu retten, wurde Jesus Christus entsandt, der jedoch – ebenso wie seine Mutter Maria (die ein Engel in Frauengestalt war) – nur einen Scheinleib besaß.

Die Kirche von D. umfaßte bedeutend weniger Mitglieder als diejenige von →Concorezzo, konnte jedoch eine verhältnismäßig große Anhängerschar zählen. Der bedeutendste unter ihnen ist der Verfasser des »Liber de duobus principiis«, der von den Lehren des →Giovanni di Lugio beeinflußt ist. Die Kirche von D. scheint sich in der zweiten Hälfte des 13. Jh. aufgelöst zu haben. R. Manselli

Lit.: A. BORST, Die Katharer, 1953 – R. MANSELLI, L'eresia del male, 1980² [revid. und erweitert] – J. DUVERNOY, Les cathares, 2 Bde, 1976–79 – G. ROTTENWÖHRER, Der Katharismus, 2 Bde, 1982, passim.

Desiderium naturale ('natürliches Verlangen') ist begriffsgeschichtl. der ma. Zusammenfluß des platon.-neuplaton. Erosmotivs, der aristotel.-arab. Einbettung des Menschen in Naturfinalität und der stoischen Glücksorientierung; damit anthropolog. eine Kennzeichnung des Menschen als endlichen Geistes in Natur; theol. Ausdruck der philos. zu analysierenden Tendenz zum Heil.

Der neuplaton. Strom fließt über Proklos (ἡ κατὰ φύσιν ὄρεξις: De providentia 42. Ed. BOESE, Tria opuscula, 150), die lat. Übersetzung des Ps.-Dionysius (J. Saracenus: secundum naturam desideria mentium. Div. nom. 3 § 3. Dionysiaca I 142,1), Johannes Scotus Eriugena und die trinitar. Spekulation der Schule v. Chartres (Einheitsbewegung von der Materie bis zum Hl. Geist) in die Scholastik. Die unmittelbare Wirkungsgesch. des Aristoteles geht vom ersten Satz der Metaph. aus: »Alle Menschen sind von Natur auf das Wissen aus« (980 a 21). Ab 1200 erkennen wir bei den Lateinern die neuplaton. gefärbte, in Avicennas und Averroes' Aristotelesdeutung systematisierte, kosmolog. Einbettung des d. n. Die Theologen übernehmen die von Augustinus (Chalcidius, Gregor v. Nyssa und Boethius) vorgenommene neuplaton. orientierte Weiterführung des stoischen Glücksverlangens (Honorius Augustodunensis, Petrus Lombardus, Stephan Langton, Wilhelm v. Auxerre, Hugo v. St. Cher).

Die hochma. Reflexion ist von dem theol. Interesse bestimmt, aus dem Glücks- und Wissensverlangen Argumente für die Möglichkeit der endgültigen Gottesschau zu gewinnen. (Die anthropolog. Deutungen ergeben sich weitgehend implizit.) In der 1. Hälfte des 13. Jh. sind zwei entgegengesetzte Gefahren abzuwehren: die von manchen Theologen behauptete, aus der Tradition der 'griech.' Theophanienlehre sowie der Erkenntnislehre Avicennas stammende Ablehnung einer unmittelbaren Gottesschau und eine philos. Eschatologie, welche die Schau des göttl. Wesens als 'natürlichen' Vollzug einer spekulativ geübten Seele nach ihrer Befreiung vom Körper ansah. Wilhelm v. Auvergne sucht eine ausgewogene Lösung. Nach verschiedenen Argumentationen, in denen das d. n. z. T. auch fames genannt wird, faßt er zusammen: Das Glück der Gottesschau »ist für sie [die Seelen] von Natur erreichbar, zumindest in der Weise des Empfangens; es ist offenbar, daß es für sie nicht in der Weise des Bewirkens erreichbar ist« (De anima c. 6 p. 25. Opera II, 1674 [Neudr. 1963], 184 b). Ähnlich äußern sich Alexander v. Hales, Johannes de la Rochelle, Albertus Magnus und Bonaventura.

Bei Thomas v. Aquin verbindet sich die Deutung der theolog. Funktion des d. n. ausdrücklicher mit seinem philos.-anthropol. Aufweis. Die Phänomenbasis ist im Sentenzenkommentar und den quaest. disp. De veritate mehr das Willensphänomen des Glücksverlangens (augustin. Ansatz), in der S. contra Gentiles und der S. theol. mehr das Vernunftphänomen des Wissensverlanges (aristotel. Ansatz). Gemeinsam ist die Spannung von unendlicher Offenheit und innerweltl. begrenzter Erfüllungsmöglichkeit des endlichen Geistes (Menschenseele und Engel). Diese Spannung impliziert bereits das nur gelegentl. ausgeführte (seit Proklos sich findende) Argument, das von einer Formulierung derselben ausgeht und anfügt: ein solches der Natur (des endlichen Geistes) innewohnendes Verlangen kann nicht vergeblich sein – gelegentl. mit der aristotelischen Begründung: »denn die Natur macht nichts umsonst« (s. BONITZ, Index aristotelicus 836 b). Die Folgerung: die Erfüllung dieses d. n. (die innerweltl. unmöglich ist) ist grundsätzl. möglich. Mehr als diese Möglichkeit ist für Thomas (im Gegensatz zu manchen neuscholast. Auslegern) philosoph. nicht aufzuweisen, und auch dieses im Sinne eines Zeichens, nicht eines strikten Beweises. Die Offenbarung von der tatsächl. verheißenen und geschenkten Gottesschau wird damit als höchst sinnvoll für den Menschen, zugleich aber als nicht einforderbar gedeutet.

Dieser Zusammenhang wird für Heinrich v. Gent Gegenstand theol. Reflexion und Argumentation. Gegenüber den bloßen Philosophen, die sich nicht der Erfüllungsmöglichkeit ex dono alterius öffnen (S. quaestionum ordinariarum a. 4 q. 5 resp.: 1520 [Nachdr. 1953] I. fol. 33 v) betont der Theologe die Notwendigkeit – unter der Voraussetzung, daß Gott die Erfüllung schenken will – der Offenbarung (a. 19 q. 2 ad 2 in opp.: fol. 118 v). Noch methodenbewußter beansprucht Duns Scotus (dessen Unterscheidungen verschiedener Weisen des d. n. auch alle weiteren Auslegungen v. Thomas bestimmen) das ausschließl. Recht des Theologen, das d. n. als Argument für die Hinordnung der Seele auf die Gottesschau zu verwenden (Ordinatio prol. p. 1 nn. 23,28. Ed. BALIĆ I, 15,3–6; 17,3–14), deren Übernatürlichkeit er zu vertreten hat (n. 32: 19,8–11). Darum lehnt er jeden Beweis aus dem d. n. als actus elicitus secundum rectam rationem im Sinne eines Überganges von der natürl. Vernunft zu einem übernatürl. Faktum ab (Oxon. 4 d. 49 q. 8 schol. Ed. VIVÈS, 21,304f., u. ö.).

Diese scharf gezogenen Grenzen fallen bei Nikolaus v. Kues fort. Die Einleitungssätze der »Docta ignorantia« (I 1 [2]) fügen (in Weiterführung der neuplaton.-augustin.-arab.-chartrens. Tradition) die Bewegung des menschl. Geistes in die Bewegung der Gesamtnatur zu Gott ein. Denn der Geist (mens) ist Mittler der sich von Gott in Christus mitteilenden Liebe zur Welt und der von der Welt her aufsteigenden Sehnsucht nach der Vollendung in Gott. D. n. wird zum dialekt. Vollendungsprozeß.

P. Engelhardt

Lit.: HWPh II, 118–130 [P. ENGELHARDT] – A. R. MOTTE, Désir naturel et béatitude supernaturel, Bull. thomiste 3, 1932, 651–676 – W. R. O'CONNOR, The eternal quest. The teaching of St. Thomas Aquinas on the natural desire for God, 1947 – K. RAHNER, Natur und Gnade. Schriften zur Theol. 4, 1960 – M. SECKLER, Instinkt und Glaubenswille nach Thomas v. Aquin, 1961 – P. ENGELHARDT, Zu den anthropol. Grundlagen der Ethik des Thomas v. Aquin... (Sein und Ethos, 1963), 186–212.

Desiderius

1. D., langob. Kg. 757–774, ∞ Ansa, Sohn: Adelchis, Töchter: Anselperga, Adelperga, Liutperga, N. N. (»Desiderata«). D. stammte wie seine Gemahlin aus Brescia. Er scheint nicht der höchsten langob. Adelsschicht angehört zu haben, vielmehr war er wohl ein Vertreter des sich im 8. Jh. herausbildenden neuen kgl. Dienstadels (HARTMANN, BERTOLINI). Durch Kg. →Aistulfs (749–756) Gunst stieg er vom Marschall (comes stabuli) zum Statthalter (dux) seines Herrn in der Toskana auf. Nach dessen Tod gelang es ihm Anfang 757 mit päpstl. und frk. Hilfe, dessen Bruder →Ratchis im Kampf um das Kgtm. auszuschalten und sich selbst zum Kg. erheben zu lassen. Er nützte in den folgenden Jahren innere Spannungen in Rom und den Unwillen Kg. Pippins zu einem weiteren militär. Engagement in Italien dazu, die Stellung des 754/756 durch die beiden Niederlagen gegen die Franken erhebl. geschwächten Langobardenreiches wieder zu festigen. So konnte er 758 die wichtigen Dukate →Spoleto und →Benevent der kgl. Herrschaft unterwerfen. Den von ihm eingesetzten Hzg. →Arichis II. v. Benevent band er durch die Ehe mit seiner Tochter Adelperga an sich. Zur dynast. Absicherung seiner Herrschaft erhob er im Aug. 759 seinen Sohn →Adelchis zum Mitkönig. 763 stabilisierte er seine Stellung durch ein Abkommen mit Papst Paul I., das den Status quo in Italien trotz fortbestehender Gegensätze besiegelte. Seinen polit. Handlungsraum erweiterte er auch durch ein Bündnis mit dem karolingerfeindl. Hzg. →Tassilo III. v. Bayern, der seine Tochter Liutperga (Liutbirc) heiratete. Den Höhepunkt seiner Macht erreichte D. in den Jahren zw. 768 und 771, als er wiederholt in Rom intervenierte und zeitweise gleichsam zum neuen Schutzherrn des Papstes wurde. Eine Ursache für diese Entwicklung waren die nach dem Tod Kg. Pippins im Sept. 768 ausbrechenden Spannungen zw. seinen beiden Söhnen und Erben Karl (d. Gr.) und Karlmann, die eine wirkungsvolle frk. Politik in Italien verhinderten. Durch Vermittlung seiner Mutter Bertrada verband sich Karl 770 mit der Familie des D., als er eine seiner Töchter heiratete, deren Name unbekannt ist, die aber fälschlicherweise wegen einer mißverstandenen Quellenstelle bisweilen als »Desiderata« bezeichnet wird. Nach dem Tod seines Bruders und der Wiedervereinigung des Frankenreiches unter seiner Herrschaft gewann Karl im Dez. 771 seine Handlungsfreiheit zurück. Er verstieß 772 seine langob. Gemahlin, was einer Kriegserklärung an D. nahekam. Der Nachfolger des vom Langobardenkg. abhängigen Papstes Stephan III. († Jan. 772), Hadrian I., betrieb eine selbständigere Politik, drängte in Rom die Langobardenpartei zurück und lehnte sich wieder stärker an die Franken an. D. versuchte 772/773 vergeblich, ihn durch erhebl. Druck zu bewegen, Karlmanns Söhne zu Kg.en zu salben, um so Karls Stellung dynast. zu schwächen. Im Sommer des J.es 773 drang dieser mit einem starken Heer in Italien ein und eroberte Teile der Poebene, aber D. verschanzte sich in seiner Hauptstadt →Pavia, sein Sohn Adelchis in →Verona. Während der junge Kg. nach Byzanz entfliehen konnte, gelang es Karl erst nach langer Belagerung im Juni 774, Pavia zu nehmen. Er ließ D. und seine Gemahlin in das Frankenreich deportieren, wo sie noch einige Zeit in Klosterhaft (wohl in →Corbie) lebten. J. Jarnut

Q.: Codice dipl. Longob. III, 1. nn. 31–46 – Lit.: HARTMANN, Gesch. Italiens II, 2, 206–273 – O. BERTOLINI, Roma di fronte a Bisanzio e ai Longobardi (Storia di Roma IX, 1941), 574–698 – DERS., I Germani (Storia Universale dir. E. PONTIERI, III, 1, 1965), 277–286 – G. P. BOGNETTI, La Brescia dei Goti e dei Longobardi (Storia di Brescia I, 1963), 425–446 – P. CLASSEN, Karl d. Gr., das Papsttum und Byzanz (Karl d. Große I, 1965), 541–552 – R. SCHNEIDER, Königswahl und Königserhebung im FrühMA, 1972, 60–63 – P. DELOGU, Il regno longobardo (Storia d'Italia dir. G. CALASSO, I, 1980), 178–191 – J. JARNUT, Gesch. der Langobarden, 1982, 116–124.

2. D. (frz. Didier, Géry), hl. (Fest 27. Nov.), *Bf. v. Cahors* (630–655), * um 590, † 15. Nov. 655. Durch eine günstige Quellenlage erscheint D. als eine der am besten bezeugten Bischofsgestalten des 7. Jh. Nach seiner Biographie stammt er aus dem (nicht identifizierten) Ort Obrege im südl. Teil Aquitaniens, sein ererbter Besitz weist ihn nach Albi, von wo sein Vater Salvius herzustammen scheint (der zu 574–584 bezeugte Bf. Salvius v. Albi dürfte ein Großvater des D. gewesen sein). Zu seiner sozial und wirtschaftl. hervorragenden Familie gehören neben der Mutter Herchenfreda, die älteren Brüder Rusticus und Syagrius, die Schwestern Selina und Avita. Nach einer gründl. lit. und jurist. Ausbildung kam er noch als Jüngling an den Pariser Hof Chlothars II. (613–629), ebenso wie seine Brüder Rusticus (Vorsteher der kgl. Kapelle, Erzdiakon von Rodez, 622/623 Bf. v. Cahors) und Syagrius (618 Gf. v. Albi, Verwalter der Provence). Zum engsten Freundeskreis der Brüder am Hofe gehören die späteren Bf.e →Audoenus (v. Rouen), →Eligius (v. Noyon), →Sulpicius (v. Bourges), Paulus (v. Verdun); zu Freunden des D., der das Amt des Schatzmeisters (Thesaurarius) am Hof innehatte, der vielleicht auch für kurze Zeit (629) die Verwaltung der Provence (praefectura Massiliae) ausübte, zählen u. a. Pippin d. Ä. und dessen Sohn Grimoald, →Arnulf (später Bf. v. Metz). Auch unter Kg. Dagobert (seit 623 Unterkg. für einen Teil von Austrasien) behielt D. seine einflußreiche Position am Hofe bei. Nachdem sein Bruder Rusticus 630 von Einwohnern von Cahors erschlagen worden war, proklamierte Dagobert (seit 629 Gesamtherrscher) den D. in einem Präzept vom 8. April 630 zum Bf. v. Cahors und beauftragte den Metropoliten von Bourges, die Weihe durchzuführen. Die Tätigkeit des D. als Bf. war v. a. durch die Wahrnehmung öffentl. Funktionen im Dienste des Kgtm.s charakterisiert: Bau und Renovierung der Befestigungsanlagen von Cahors (Mauern, Türme), Bau eines Aquäduktes (mit Holzrohren), polizeil. Abschließung seiner Prov. bei Seuchengefahr, Eintreibung von Steuern, etc. Darüber hinaus gründete er eine Bischofsresidenz bei der Kathedrale, eine Peters- und eine Marienkirche, eine Basilika des hl. Julian, in dem hl. Martin geweihtes Oratorium. Für das von ihm gegr. Kl. St-Amans (später nach ihm St-Géry) bewirkte er eine Reihe bedeutender Stiftungen großer, ansässiger Familien, die er vom Kg. bestätigen ließ; er selbst hat ebenfalls bedeutende Stiftungen vorgenommen. Nach seinem Tode wurde er in der Basilika seines Kl. begraben; später kamen seine sterbl. Überreste in die Kathedrale, wo sie 1581 von den Protestanten verstreut wurden.

Von D. besitzen wir eine Briefsammlung mit 15 Briefen von ihm selbst und 21 Briefen an ihn (weitere Briefe sind in seiner Vita enthalten). Die Biographie des D. (BHL 2143, Wunderberichte BHL 2144) ist um 800 von einem Mönch v. St-Géry verfaßt worden, der eine Reihe von wichtigen Originaldokumenten wörtl. eingeflochten hat, u. a. Urkunden Dagoberts, Briefe der Mutter des D. an ihren Sohn, das Testament des D., Inschriften, die er auf Gefäßen anbringen ließ, etc. M. Heinzelmann

Ed.: Briefe: Desiderii ep. Cadurcensis Epistulae, CCL 117, 1957, 310–345 – D. NORBERG, Epistolae Sancti Desiderii Cadurcensis (630–655), 1961 (Acta Univ. Stockholmensis) – *Vita:* B. KRUSCH, MGH SRM IV, 547–602 (Wiederabdr. in CCL 117, 1957, 343–401) – *Lit.:* R. POUPARDIN, La vie de saint Didier, évêque de Cahors (Coll. de textes...), 1900–Vies des Saints XI, 476–482–Catholicisme IV, 1900f. – R. REY, Un grand bâtisseur au temps du roi Dagobert, S. Didier, évêque de Cahors, AM 65, 1953, 287–294 – M. HEINZELMANN, Bischofsherrschaft in Gallien, 1976, 112f. – J. DURLIAT, Les attributions civiles des évêques merovingiens: l'exemple de Didier, évêque de Cahors (630–655), AM 91, 1979, 237–254.

3. D., *Abt v. Montecassino,* * um 1027, wurde als →Viktor III. zum Papst gewählt (Inthronisation 9. Mai 1087, † 16. Sept. 1087).

Lit.: → Viktor III.

4. D. (frz. Didier), hl., *Bf. v. Vienne*, † 23. Mai 606/607 (Translation 11. Febr.). Aus einer bedeutenden (wohl senator.) galloröm. Familie stammend, eignete sich D. durch Studien in Autun und später in Vienne eine profunde Ausbildung im kirchl. wie weltl. Bildungsbereich an. Kurz vor 596 folgte er Bf. Verus auf dem Stuhl vo Vienne; zw. 596 und 601 erhielt er mindestens 5 Briefe Gregors d. Gr. (JAFFÉ 1438, 1684, 1747, 1749, 1824), darunter die Ablehnung seines Gesuches, das Pallium zu erhalten, sowie eine Zurechtweisung wegen seiner Neigungen zur rhetor. Bildung. Als Angehöriger eines Reformflügels der frk. Kirche war er vielleicht in Verbindung mit dem kolumban. Mönchtum; sein Eifer zog ihn die Feindschaft der Kgn. →Brunichild, der burg. Hausmeiers Protadius und des Aridius, Bf. v. Lyon, zu, die ihn durch ein Konzil in Chalon-sur-Saône (602/603) wegen angebl. Unzucht zum Exil in einem Inselkloster (nach seiner Vita IIa, c.3 Livisio) verurteilen ließen. Rückkehr nach 4 Jahren (604/605) und erneute Konflikte mit dem Hof; D. wurde festgenommen und – eventuell durch den Übereifer der Wachmannschaft – bei Priscianum in der Diöz. Lyon (heute St-Didier-sur-Chalaronne, dép. Ain) getötet. Drei Jahre später wurde sein Leichnam in die suburbane Kirche St-Pierre von Vienne zurückgeführt.

Quellen: Die erste seiner Biographien wurde bereits 616/620 vom westgot. Kg. →Sisebut verfaßt (BHL 2148; ed. J. GIL, Misc. wisigothica, 1972, 51–68); diese Vita, die der westgot. Propaganda im Rhônetal diente, war Jonas v. Bobbio schon bekannt (um 640, Vita Columbani I, 27). Von ihr hängen mehrere Überarbeitungen ab, weniger mit hist. Details zu D., dagegen mit ausführl. Eingehen auf die unheilvolle Rolle der Brunichild. Verfasser der Vita IIa (BHL 2149; um 700?) ist ein Kleriker von Vienne, der die biograph. Elemente zugunsten der thaumaturgischen opfert. Die Vita IIIa des Ado v. Vienne (BHL 2150) wurde 870 verfaßt und mit Reliquien des D.' nach St. Gallen versandt, wo der Kult des D.' bis ins 19. Jh. lebendig blieb; Sankt Gallen besaß Reliquien des D.' bereits seit 612/613. Sein Fest (23. Mai) wird in den ältesten Hss. des Martyrologium Hieronymianum aufgeführt. J.-C. Poulin

Lit.: E. GRUBER, Der Desideriuskult in St. Gallen, Zs. für schweiz. Kirchengesch. 36, 1942, 213–220 – K. F. STROHEKER, Der senator. Adel im spätantiken Gallien, 1948, Prosopographie Nr. 102 – J.-C. DIDIER, Desiderio, vescovo di Vienne, Bibl. SS 4, 1964, 585–586 – J. DUBOIS, Le dossier hist. d'un saint du haut MA. Saint D., évêque de Vienne et martyr, Bull. d'hist. et d'archéol. du diocèse de Belley 20, 1965, 33–57 – J. FONTAINE, King Sisebut's Vita Desiderii and the Political Function of Visigothic Hagiography, New Approaches to Visigothic Spain, hg. E. JAMES, 1980, 93–129.

Designation (Designatio)

I. Spätantike – II. Kirchenrecht – III. Im Rahmen der deutschen Königswahl.

Unter D. (lat. designatio 'Ernennung, Bestellung') versteht man allgem. 1. jemanden in ein Amt berufen oder zu einem Herrscheramt erheben; 2. jemanden während seiner Amtszeit als Amtsinhaber oder der Regierungszeit als Herrscher zu seinem Nachfolger bestellen.

I. SPÄTANTIKE: Während der Ernennung des consules ordinarii in der Kaiserzeit weitgehend Sache der Ks. war (seit Diokletian des älteren Augustus, im 5. Jh. parität. Teilung der Kompetenz zw. Ost- und Westkaiser), verblieb dem Senat in Rom und in Konstantinopel die Wahl der Quaestoren, Praetoren und consules suffecti. Der Wahlakt für diese magistratus minores hieß »designatio«. Das Verfahren für die Bestellung der Praetoren war seit 361 in der östl. Hauptstadt (CTh 6, 4, 12 und 13), spätestens seit 372 in Rom (CTh 6, 4, 21 und 22) auf folgende Weise geregelt: Die D. durch die Senatoren fand zehn Jahre vor der Amtsübernahme statt (in Rom jeweils in der Senatssitzung am 9. Januar; vgl. Symm. epist. 1, 44,2); nach eingehender Prüfung durch das Büro des praefectus praetorio erfolgte ein Jahr vor Amtsantritt die nominatio, d. h. die Aufteilung der drei Praeturen unter die designati, zunächst ebenfalls durch den Senat, seit 384 durch das Büro des praefectus praetorio. Durch dessen Genehmigung wurde die Wahl offiziell rechtsgültig. Die vornehml. Aufgabe der Praetoren bestand in der Bereitstellung von finanziellen Mitteln für Spiele und öffentl. Bauten. Über den genaueren Bestellungsmodus der Quaestoren und Suffektkonsuln ist nichts bekannt. Die vom Senat durch D. gewählten Beamten unterstanden in ihrer Amtsführung dem →praefectus urbi, welcher die Verbindung zum ksl. Hof herstellte. R. Klein

Lit.: A. CASTAGNOL, Observations sur le consulat suffect et la préture du Bas-Empire, RH 219, 1958, 243ff. – DERS., La préfecture urbaine à Rome sous le Bas-Empire, 1960, 74f. – G. DAGRON, Naissance d'une capitale. Constantinople et ses institutions de 330 à 451, 1974, 150ff.

II. KIRCHENRECHT: Mit D. können verschiedene Rechtshandlungen bezeichnet werden: Auswahl der Person, der ein Kirchenamt übertragen werden soll (designatio personae) als erster Akt der Verleihung eines Kirchenamtes; dann Ernennung in ein Amt und schließlich Bestellung eines Nachfolgers während der Amtszeit durch den Amtsträger oder einen Dritten. Die d. personae erfolgt durch den Verleihungsberechtigten, durch Wahl, Präsentation, Nomination oder Postulation. →Rufinus bezeichnet das Vorschlagsrecht des Patrons noch als electio. Aus der D. hatte der Designierte in der Regel nur einen persönl. Anspruch auf das Amt (ius ad rem), der gerichtl. geltend gemacht werden konnte. Die D. des Nachfolgers durch den Bf. wurde durch ein Konzil v. Antiochia (341) verurteilt, kommt aber im merow. Reich häufig vor. Ein Recht des Papstes, seinen Nachfolger zu bestimmen (→Felix III. 530; Versuch →Coelestins III. 1197), wurde durch die kirchl. Rechtstradition nicht akzeptiert. R. Puza

Lit.: FEINE, 320 – HRG I, 682ff. – LThK² III, 251 – PLÖCHL II, 200, 204 – D. CLAUDE, Die Bestellung der Bf.e im merow. Reiche, ZRGKanAbt 49, 1963, 1–75 – P. LANDAU, Ius patronatus, 1975, 145ff., 155ff. – H. MÜLLER, Der Anteil der Laien an der Bischofswahl, 1977.

III. IM RAHMEN DER DEUTSCHEN KÖNIGSWAHL: D. ist nur dort möglich, wo die Thronfolge nicht durch Erblichkeit gesichert ist und mehrere Personen für die Nachfolge in Frage kommen. Dabei unterscheidet man zw. »Fremd-Designation«, etwa bei Heinrich I. durch Konrad I., und »Haus-Designation«, bei der der Sohn oder ein naher Verwandter durch den Kg. benannt wird, etwa bei den Ottonen, Saliern und Staufern. Die Haus-Designation kann die Erblichkeit im eigenen Geschlecht anbahnen; dort, wo mehrere Erbansprüche besitzen, stärkt sie das Nachfolgerecht des einen und schließt andere aus; z. B. wurde durch die D. Ottos I. sein Halbbruder →Thankmar von der Thronfolge ausgeschlossen. Durch die D. wird die Wahlfreiheit der Großen im Reich geschwächt, zugleich die Gefahr des Thronkampfes beim Ableben des Herrschers gemindert. Die D. ist ein Wahlvorschlag des Kg.s – kein »bindender und konstitutiver Akt« (MITTEIS, CONRAD) –, der durch die Zustimmung der Großen Verbindlichkeit erhält. Schon unter den Ottonen setzte die D. Verhandlungen des Kg.s mit den Großen des Reiches, später auch mit dem Papst, voraus, um die Anerkennung des Designierten durchzusetzen; bereits sie ließen den Designierten durch →Akklamation bestätigen oder gar »wählen«. Die D. war um so wirksamer, je mehr Große dem kgl. Plan zustimmten; dort, wo keine Einigung zustande kam, gelang auch keine D. Die Anerkennung der

D. haben die Großen des Reichs spätestens seit dem →Investiturstreit nur unter prinzipieller Wahrung ihres Wahlrechts gewährt. Die Form der Sohnesnachfolge änderte sich bei Heinrich, Sohn Konrads III., 1147, bei Friedrich (V.) d. Ä., Hzg. v. Schwaben, Sohn Friedrich Barbarossas, 1167 und dann 1196 (→Erbreichsplan); die Anerkennungshandlung verfestigte sich zu einer konstitutiven, rechtsbegründenden Wahlhandlung der Großen. Auf die D. konnte schon zu Lebzeiten des Kg.s die Krönung folgen, wodurch die Nachfolge auch formal vollzogen wurde.

Bei der D. müssen zwei Formen unterschieden werden, einmal die »designatio in futuro« (d. h. die kgl. Gewalt wird erst nach dem Tod des Kg.s wirksam; der Designierte hatte keine eigenen kgl. Rechte) und zum anderen die »designatio a presenti« (d. h. die Erhebung zum Mitregenten neben dem Kg.; die Rechtsstellung des Designierten ist vom Willen des Kg.s abhängig und konnte bis zum Unterkönigtum führen). Nach dem Tod des Kg.s trat der gekrönte designierte Thronfolger ohne weiteren Rechtsakt die Herrschaft an; bisweilen begleiten feierl. Handlungen den Regierungsantritt, um die Übernahme nach außen sichtbar zu machen. Die D. erfolgte im MA in der Regel zum Kg., D.en zum Mitkaiser – Ludwig d. Fromme (813), Lothar I. (817), Otto II. (967) – wurden nicht üblich; selbst Otto II. erhielt keinen Anteil an der ksl. Macht. Motiv und rechtl. Auswirkung der Ernennung Heinrichs (VI.) zum →Caesar durch Friedrich I. Barbarossa sind umstritten. Vgl. →König,-tum, →Kaiser,-tum, →Wahl, -recht. P.-J. Schuler

Lit.: HRG I, 682–685 [G. Theuerkauf, Lit.] – F. Becker, Das Kgtm. der Thronfolger im dt. Reich des MA (Q. und Stud. zur Verfassungsgesch. des dt. Reiches in MA und NZ, Bd. V, 3, 1913) – O. Heinze, D. als Form der Thronfolgeordnung im dt. Reichen bis zum Ausgang der Staufer [Diss. Göttingen 1913] – H. Mitteis, Die dt. Königswahl. Ihre Rechtsgrundlagen bis zur Goldenen Bulle, 1944² [Neudr. 1965]– W. Berges, Gregor VII. und das dt. Designationsrecht (StGreg II, 1947) – H. Mitteis, Die Krise des dt. Königswahlrechts (SBA.PPH 8, 1950)– B. Schreyer, Zum Begriff der D. bei Widukind, ZRGGermAbt 67, 1950, 407–416 – G. Wolf, Über das Wort und die Rechtsbedeutung von »designare« im 9. und 10. Jh., ZRGGermAbt 75, 1958, 367–372 – M. Lintzel, Ausgewählte Schriften II, 1961 – Königswahl und Thronfolge in ottonisch-frühdt. Zeit, hg. E. Hlawitschka, 1971 – G. Scheibelreiter, Der Regierungsantritt der röm.-dt. Kg.e, MIÖG 81, 1973, 1–62 – W. Giese, Zu den D.en und Mitkönigserhebungen der dt. Kg.e des HochMA (936–1237), ZRGGermAbt 92, 1975, 174–183 – Königswahl und Thronfolge in frk.-karol. Zeit, hg. E. Hlawitschka, 1975 – R. Reisinger, Die röm.-dt. Kg.e und ihre Wähler (1189–1273) (Unters. zur dt. Staats- und Rechtsgesch. NF 21, 1977) – U. Reuling, Die Kur in Dtl. und Frankreich. Unters. zur Entwicklung des rechtsförml. Wahlaktes bei der Königserhebung im 11. und 12. Jh. (Veröff. des Max-Planck-Inst. für Gesch. 64, 1979).

Desislava. 1. D., Gemahlin des Sebastokrators →Kalojan, Sohn Alexanders, d. Bruders d. Zaren →Ivan II. Asen und Lokalherrscher von →Bojana und des Gebietes von Sredetz (→Sofia). D. lebte um die Mitte des 13. Jh. In einer porträtähnlichen Darstellung von 1259 an der Nordwand der Bojanakirche ist D. als Sebastokratorissa und Kirchenstifterin dargestellt. In der Haltung ihrer Hände sieht man die Nachahmung einer über Konstantinopel aus dem Westen eingedrungenen mod. Haltung. I. Dujčev

Lit.: A. Grabar, L'église de Boiana, 1978², 69ff., Taf. I-II – Ders., Un reflet du monde latin dans une peinture balkanique du XIII° s., Byzantion I, 1924, 229–243 – Zlatarski, Istorija III, 178ff.

2. D., Fsn. v. →Diokleia (Duklja) bis 1189, Gattin Michaels, des letzten Fs.en aus der einheim. Dynastie. Seit 1183 stand dieser mit seinem Fsm. zw. den verfeindeten Mächten des Byzantiners in den Küstenstädten des »ducatus Dalmatie atque Dioclie« einerseits und dem serb. Großžupan →Stefan Nemanja andererseits. Im Aug. 1189 erschien D. in Dubrovnik (Ragusa) mit einem Gefolge von einigen Adligen sowie dem Ebf. v. Bar, Gregorius. Die Fsn. übergab der Kommune zwei Schiffe und reiste weiter nach Zadar (Zara). Ihre Flucht bezeichnet das Ende der Selbständigkeit von Diokleia. S. Ćirković

Lit.: Jireček I, 266.

Desmond → FitzGerald, Familie

Despar(t)s, Jacques (Jakob Dissars, Jacobus de Partibus), Arzt und Gesandter, * um 1380 zu Tournai (Doornik), † 3. Jan. 1458, Paris, ⌐ Notre-Dame, ebd., Sohn des Ritters Rombaud, studierte – wie nach ihm auch sein jüngerer Bruder Andreas – in Paris Medizin. Er gehörte der pikard. Landsmannschaft an, erwarb den artist. Magistergrad spätestens 1403 und hatte ein halbes Jahr in Montpellier gehört, als er 1408 zum med. Bakkalaureat zugelassen wurde. 1410 Lizentiat der Medizin, von 1410–19 magister regens, 1415 und 1418 schickte ihn die Fakultät zum Konstanzer Konzil, das zweite Mal als offiziellen Vertreter. Als kgl. Gesandter in diplomat. Diensten hatte er sich bereits 1415 bewährt. 1419/20 zum Säckelmeister des Domkapitels v. Tournai gewählt, kehrte J. D. als Domherr in seine Heimatstadt zurück; 1426–36 lebte er – mit zusätzl. Domherrenpfründen ausgestattet – zu Cambrai, zog dann für 14 Jahre erneut nach Tournai, um 1450 endgültig nach Paris zu übersiedeln, wo er 1458 starb. Die med. Fakultät erhob den 4. Jan. in seinem Gedenken zum akadem. Feiertag.

J. D. stand als Arzt in hohem Ansehen. Während seiner burg. Zeit wurde er nicht nur vom fläm.-hennegauischen Adel konsultiert, sondern auch durch den Gf.en v. Charolais (den späteren Karl den Kühnen) nach Gent gerufen und war Leibarzt Philipps d. Guten. Darüber hinaus wirkte er als Konsiliararzt an Spitälern von Brügge und Oudenaarde. Wahrscheinl. hatte er auch zu Sondersiechenhäusern Verbindung: der Leproserie v. Tournai hinterließ er ein ansehnl. Vermächtnis. – Geschätzt waren darüber hinaus D.' organisator. Weitblick und diplomat. Geschick: Wie Karl VI. bemühte ihn auch Philipp der Gute als Gesandten. Karl VII. konnte er 1454 für ein neues Fakultätsgebäude interessieren. Jungen Flamen, die an einer der drei oberen Fakultäten studieren wollten, hatte er schon 1448 von Tournai aus Bursen bereitgestellt. Der Pariser med. Fakultät machte er zweckgebundene Schenkungen.

Von seinen Werken, in denen fläm. Wendungen seine Herkunft zeigen, wurde am bekanntesten sein Avicenna-Kommentar, an dem er mehr als 20 Jahre in Tournai und Cambrai gearbeitet hatte und den er als Torso in 15 Bänden bei seinem Tode der Fakultät hinterließ. Das gelehrte Werk wurde häufig abgeschrieben, setzte sich auch an anderen Hochschulen – z. B. in Leipzig – durch und kam seit 1498 mehrfach (oft in Teilausg.) in den Druck (GW 3127). Gedruckt wurde auch D.' »Summula per alphabetum super plurimis remediis ex Mesuo« (Hain 15249; Klebs 331) sowie seine Alexander-von-Tralles-Glosse (Copinger 378; GW I, Sp. 470); in Lang- und Kurzfassung ist sein »Tractatus super uno aphorismo Hippocratis« (= »Tabula«) überliefert; darüber hinaus haben sich von ihm hs. einige Rezeptsammlungen erhalten, beispielsweise unter dem →Guy de Chauliac verpflichteten Titel »Inventarium seu collectorium receptarum omnium medicaminum«.

J. D. ist die herausragende Gestalt der Pariser Medizin des 15. Jh. Der Vita pragmatica verpflichtet und auf prakt. Verwendbarkeit zielend, hat er in seinem Avicenna-Kommentar »eine grandios angelegte Summa der gesamten

Traditionsbreite vorgelegt«. An der →Materia medica interessiert, berücksichtigt er auch die Kasuistik. Obwohl er – entgegen Darembergs Vermutung – das Typhusexanthem kaum beschrieben haben dürfte, findet sich bei ihm doch die sorgfältige Darstellung einer Leptospirose (Arras 1414). G. Keil

Lit.: WICKERSHEIMER, Dict. I, 326f.; Suppl. von D. JACQUART, 1979, 134f. – K. SUDHOFF, Die med. Fak. zu Leipzig im ersten Jh. der Univ. (Stud. Gesch. Med. 8), 1909, 13, 15 – E. SEIDLER, Pariser Med. im 15. Jh. (Fachlit. des MA [Fschr. G. EIS, hg. G. KEIL u. a., 1968]), 319–332 – D. JACQUART, Un médecin parisien du XVᵉ s.: J. D. (1380–1458) (Ecole nat. des Chartes. Positions des thèses, 1971), 107–113 – DIES., L'épidémie du siège d'Arras (1414) d'après la description du médecin parisien J. D., Proc. XIVᵗʰ internat. Congr. Hist. Sci. (1974), II, 1975, 57–60 – DIES., La pratique médicale dans la région du Nord au quinzième s., Actes 101ᵉ Congr. nat. Soc. sav., 1976, sect. des sciences, III, 8, 17–19.

Despenser, engl. Adelsfamilie, die von ca. 1250 bis 1400 eine große, z. T. beherrschende Rolle in der engl. Politik spielte. Ihr Aufstieg geht wahrscheinl. auf ihren Dienst als →*stewards* (Seneschälle) in dem Hofhalt der Earls of →Chester im frühen 13. Jh. zurück. Sir Hugh le D. I. († 1238), das erste Mitglied dieses Familienzweiges, über dessen Leben wir Näheres wissen, hatte zwar ungefähr elf Grundherrschaften inne, hauptsächl. in Leicestershire, blieb aber eine Figur von nur lokaler Bedeutung. Erst sein Sohn, Sir Hugh le D. II. (ca. 1223–65), verhalf der Familie zu Ansehen. Nachdem er Kg. →Heinrich III. und seinem Bruder →Richard v. Cornwall Mitte der fünfziger Jahre gedient hatte, wurde Hugh D. 1258 einer der Führer der Reformbewegung der engl. Barone. Dreimal von der baronialen Opposition zum →Justitiar nominiert, unterstützte er Simon de →Montfort, an dessen Seite er 1265 in der Schlacht v. →Evesham fiel. Sein Einsatz für eine verlorene Sache stand dem weiteren Aufstieg der Familie nicht im Wege; Sir Hugh le D. III. (1261–1326) wurde zu einem der loyalsten Gefolgsleute Kg. →Eduards I. Als Diplomat, Befehlshaber in den walis. und schott. Kriegen und als kgl. Ratgeber stand er selbst in der Krise von 1297 stets treu zu Eduard. Vom Regierungsantritt →Eduards II. (1307) an ist seine polit. Rolle nur schwer von derjenigen seines Sohnes, Sir Hugh le D. IV. (ca. 1286–1326), bekannt als der »junge Despenser«, zu trennen. Der Sohn stellte sich mit anderen führenden Baronen gegen Piers →Gaveston, den der Kg. zu Beginn der Regierungsjahre zu seinem Favoriten erkoren hatte. Doch trat der junge D. bald als kgl. Günstling an die Stelle Gavestons, und bis zum Ende der Regierung Eduards II. standen Vater und Sohn in engsten Beziehungen zum Kg. Der junge D. vergrößerte seine Macht sowohl durch kgl. Patronage als auch durch eine einträgl. Heirat. Seine Frau Eleanor war Schwester und Miterbin von Gilbert de →Clare, Earl of →Gloucester, so daß Hugh D. d. J. nach dem Tod des Earl in der Schlacht bei →Bannockburn (1314) einen großen Anteil an Gloucesters Besitzungen erbte. Darüber hinaus war er bestrebt, seinen Besitz auf Kosten von Roger Damory und Hugh Audley, der Ehemänner der beiden anderen Schwestern des Earl of Gloucester, zu erweitern, was einen Aufstand der Barone hervorrief, der jedoch in der Schlacht v. →Boroughbridge (1322) niedergeschlagen werden konnte. Nach diesem Sieg wurde der alte D. zum Earl of →Winchester erhoben. Während der nächsten vier Jahre waren nun die beiden D. mit ihren Parteigängern die mächtigsten Großen in England. Ihr Einfluß auf den Kg. ermöglichte es ihnen, immense Reichtümer anzuhäufen und das wohl brutalste und korrupteste Regime im ma. England zu errichten. Ihre Herrschaftsmethoden riefen schließlich den Sturz Eduards II. hervor; die beiden D. wurden 1326 hingerichtet.

Diese Katastrophe bedeutet nicht den Ruin der Familie, denn Eduard III., geleitet durch seine polit. Klugheit und seinen Sinn für Ausgleich, rehabilitierte den Sohn des jungen D., *Sir Hugh le D. V.* (ca. 1308–49). Die Großmut des Kg.s zahlte sich aus: D. bewährte sich glänzend in Eduards Kriegen (→Hundertjähriger Krieg) und kämpfte bei →Crécy und →Calais. Sein Neffe, *Sir Edward le D.* (1336–75), der die Güter seines kinderlos verstorbenen Onkels erbte, durchlief eine ähnliche Karriere und wurde 1361 sogar zum Ritter des →Hosenbandordens erhoben. Sein Bruder, →*Henry D.*, wurde Bf. v. Norwich. Edwards Erbe wurde sein 3. Sohn, *Thomas le D.* (1373–1400). Als einer der stärksten Verbündeten Kg. →Richards II. in den Jahren nach 1390 unterstützte er den Kg. 1397 gegen dessen Gegner, den Hzg. v. Gloucester und die Earls of Arundel und Warwick, und erhielt als Belohnung das Earldom v. Gloucester. Die Treue zu Richard ließ ihn 1400 gegen den vordringenden Usurpator Henry Bolingbroke (→Heinrich IV.) kämpfen, was Thomas D. das Leben kostete. Sein Baronat wurde aufgehoben. Da Thomas' einziger Sohn, *Richard*, schon 1413 (oder 1414) mit 17 Jahren verstarb, fiel das Erbe an die einzige Tochter, *Isabel* (∞ 1. Richard Beauchamp, Earl of Worcester, † 1422; 2. Richard →Beauchamp, Earl of Warwick, † 1439). – Der Tod von vier der insgesamt sechs Familienoberhäupter der D. zw. 1238 und 1400 auf dem Schafott oder aber dem Schlachtfeld zeigt den zunehmend gewaltsamen Charakter der Politik im spätma. England. J. R. Maddicott

Lit.: Peerage, IV – G. A. HOLMES, The Estates of the Higher Nobility in Fourteenth-Century England, 1957 – Glamorgan County Hist. III, hg. T. B. PUGH, 1971 – K. B. MCFARLANE, The Nobility of Later Medieval England, 1973 – A. TUCK, Richard II and the English Nobility, 1973 – N. FRYDE, The Tyranny and Fall of Edward II, 1321–26, 1979.

D., Henry, Bf. v. →Norwich seit 14. Aug. 1370, * 1342, † 23. Aug. 1406; vierter Sohn von Sir Edward D. († 1342) und Anna, Tochter Wilhelms, Lord Ferrers of Groby; Bruder von Sir Edward D. d. J. (1336–75). Er studierte in Oxford (Abschluß 1369). Sein Bm. sicherte er sich angebl. noch sehr jung als eigtl. Belohnung für seine Dienste für Papst Urban V. bei dessen Vorgehen in der Lombardei. In England spielte er in der Regierung niemals eine Rolle. Allerdings erschien er als Kritiker im →Good Parliament von 1376 und bei der Verteidigung von Bf. Wilhelm v. →Wykeham im Febr. 1377. Er ging gegen den Bauernaufstand von 1381 in East-Anglia vor (→Tyler-Aufstand) und leitete kurz darauf einen umstrittenen »Kreuzzug« nach Flandern im Mai 1383, bei dem ihn Henry →Bowet begleitete. Uneinigkeit und eine massive frz. Gegenoffensive führten zu einer schmähl. Niederlage. H. D. wurde angeklagt und seine Temporalien bis Okt. 1385 eingezogen, aber er behielt viele Anhänger. Er kehrte zu seinen bfl. Amtspflichten zurück, um sie mit Kampflust und Gewissenhaftigkeit, jedoch wohl weder mit Fähigkeit noch mit Begeisterung auszuüben. Im Juli 1399 versuchte er, eine Truppe für Kg. Richard II. gegen Henry Bolingbroke (der spätere →Heinrich IV.) aufzustellen. Er wurde eingekerkert, aber bald wieder freigelassen. Jedoch war er in die Verschwörung am Dreikönigstag von 1400 (»Epiphany Plot«) verwickelt, wahrscheinl. hauptsächl. durch seinen Neffen Thomas D., Earl of Gloucester. Er wurde in Canterbury bis zu seiner Begnadigung im Febr. 1401 festgehalten. Seinen Lebensabend verbrachte er in seiner Diözese. R. G. Davies

Lit.: D. A. EDWARDS, The Fighting Bishop, ChQR, 159, 1958 – M. E. ASTON, The Impeachment of Bishop D., BIHR 38, 1965, 127–148 – N. HOUSLEY, The Bishop of Norwich's Crusade (Hist. Today 33, 1983), 15–20.

Despensero → Seneschall

Desplá, Barceloneser Familie der bürgerl. Oberschicht, ursprgl. aus Alella (Barcelona) stammend, wo sich ihr befestigtes Stadthaus erhalten hat. Von der Mitte des 14. bis zum Anfang des 16. Jh. hatten viele D. Ämter in der kgl. Verwaltung und im Stadtregiment inne. Zu erwähnen ist v. a. der Doktor der Rechte *Joan* im Dienste Kg. Johanns I., dem beim Tode des Herrschers der Prozeß gemacht wurde. Nach seiner Rehabilitierung tat er sich während der Thronvakanz als Stadtrat v. Barcelona hervor und trat beim Kompromiß v. →Caspe für die Dynastie der →Trastámara ein und diente dem ersten Kg. v. Aragón aus diesem Hause, Ferdinand I., bis zu seinem Tode i. J. 1414. Während ein Zweig der Familie dem niederen Adel angehörte, besaß der andere zwei Galeeren und trieb Seehandel. Daraus erklärt sich auch die Zugehörigkeit dieses Zweiges zur →Busca, während der Patrizierzweig der D. *(ciudadanos honrados)* sich der →Biga anschloß. Durch weibl. Erbfolge fielen die Familienbesitzungen Anfang des 16. Jh. an die Gralla. Carmen Batlle
Lit.: Gran Enc. Catalana 6, 1974, 188f.

D., Luis, * 1444, † 1524, Sohn des Francesc D., Herr des Hauses von Alella und von Vinça (Conflent), und der Elionor d'Oms. Da sein Bruder, der Ritter Guerau D., das väterl. Erbe antrat, wurde L. D. Geistlicher. Er stieg zum Rang eines Archidiakon 'mayor' des Barceloneser Hochstifts auf. Sein Stifterbildnis befindet sich auf dem von ihm bei dem kast. Maler Bartolomé →Bermejo in Auftrag gegebenen bedeutenden Altarbild der Pietà (Barcelona, Kathedrale). Seine hohe Bildung (er sammelte röm. Altertümer) und sein polit. Wirken in der Generalität von Katalonien sowie im Dienste Johanns II. und Ferdinands d. Kath. machten ihn zu einem der einflußreichsten Männer seiner Zeit. Carmen Batlle

Despot (δεσπότης), byz. →Titel, abgeleitet von dem alten ksl. Beinamen, wurde 1163 eingeführt, als Ks. Manuel I. Komnenos seine Tochter Maria mit dem ung. Prinzen Béla (III.), dem Bruder Kg. Stefans III., verheiratete. Als Schwager des Ks.s u. erster D. wurde Béla, der den Namen Alexios annahm, offiziell Erbe des Kaiserthrones. Seine Stellung änderte sich, als 1169 Manuels I. Komnenos einziger Sohn Alexios geboren wurde, denn jetzt wurde Béla von der Kaisertochter geschieden, ihm der neugeschaffene Titel D. und die Stellung des Thronfolgers genommen. Der Titel D. blieb bis zum Ende des Byz. Reiches an der Spitze der Rangliste von Titeln, er rangierte direkt unter dem Titel des Ks.s (→Basileus), war aber in den folgenden Jahrhunderten verschiedenen Bedeutungsänderungen unterworfen. Bis zur Eroberung des Reiches durch die Kreuzfahrer (1204) wurde der Despotentitel den Schwiegersöhnen des Ks.s verliehen, die beim Fehlen männl. Nachkommen Thronfolger wurden – so Alexios Palaiologos und Theodor Laskaris, den Schwiegersöhnen Ks. Alexios III. Angelos. Zur Zeit der halbhundertjährigen lat. Herrschaft in Konstantinopel (1204–61) bestand der Despotentitel im →Lat. Kaiserreich sowie in den byz. »Nachfolgestaaten« →Nikaia und →Thessalonike. Außerdem verliehen die Ks. v. Nikaia den Titel an die Herrscher v. →Epiros, Michael II. und Nikephoros I. Angelos. Bei der Erneuerung des Ksr.es nach 1261 veränderte sich gleichsam die Bedeutung des Despotentitels, denn jetzt erhielten ihn die Brüder und v. a. die jüngeren Söhne des Ks.s, die nicht das Recht auf den Kaisertitel und die Stellung des Mitherrschers hatten. Manchmal wurde er auch anderen Mitgliedern der ksl. Familie zuerkannt. Der Titel wurde auch einigen ausländ. Großen und Herrschern verliehen, die oft nicht mit der Kaiserfamilie verwandt waren. Im Byz. Reich gehörte der Titel des D.en, zusammen mit dem des →Sebastokrator und →Caesar, zu den sog. βασιλικὰ ἀξιώματα ('Kaisertiteln'). Deshalb hatten die D.en das Recht auf die Bezeichnung βασιλεία μου ('meine Kaiserherrschaft'), die auch in ihren Urkunden auftaucht.

Über die Art der Verleihung des Despotentitels sowie auch über Kleidung und Insignien (→Herrschaftszeichen) des D.en berichtet die Schrift des Ps.→Kodinos aus der Mitte des 14. Jh. Aus ihr ersieht man, daß ausschließl. der Ks. das Recht zur Verleihung des Despotentitels hatte. Im Triklinion, in dem sich auch der Kaiserthron befand, überreichte er dem neuen D.en ein mit Edelsteinen und Perlen geschmücktes Diadem (bzw. einen Kranz), während der neuernannte D. mit der Übernahme des Ranges die ksl. Oberhoheit anerkannte. In dieser Zeit hatte die Verleihung des Despotentitels einen reinen Ehrencharakter und war mit keinerlei Pflichten im Militär- oder Verwaltungsapparat des Reiches verbunden. Es gab allerdings D.en, die Verwaltungsaufgaben über einige Gebiete (Thessalonike, Morea) erhielten, das waren aber Vertrauensleute oder nahe Verwandte des Kaisers. Von der in der Sekundärlit. vielfach behaupteten Existenz eines Despotates im spätbyz. Reich kann deshalb aber keinesfalls gesprochen werden. Wegen des reinen Ehrencharakters des Despotentitels konnten ihn gleichzeitig mehrere Personen führen. Der Despotentitel tritt auch in den benachbarten südslav. Ländern (Bulgarien, Serbien) auf, aber nur dann, wenn ihre Herrscher den Kaisertitel führten.

B. Ferjančić

Lit.: G. Ostrogorsky, Urum-Despotes. Die Anfänge der Despotenwürde in Byzanz, BZ 44, 1951, 448–460 – R. Guilland, Le Despote, RevByz 17, 1959, 52–89 [= Ders., Recherches sur les institutions byzantines II, 1967, 1–24] – B. Ferjančić, Despoti u Vizantiji i južnoslovenskim zemljama, 1960 – A. Failler, Les insignes et la signature du despote, RevByz 40, 1982, 171–186.

Desprez, Josquin → Josquin Desprez

Despuig, wahrscheinl. aus dem Roussillon stammende katal. Adelsfamilie, die sich unmittelbar nach der Reconquista von →Tortosa dort niederließ (1148). Im 13. Jh. zog ein Zweig dann nach Játiva, während ein anderer nach →Mallorca ging. Ein *Galceran* D. starb bei der Eroberung Menorcas (1287), während sein Neffe *Berengar* die Erziehung des zukünftigen Jakob III., Kg.s v. Mallorca, übernahm. Alle dienten dem Königshaus, wie der Ritter *Macià* dem ersten Trastámara, oder wie *Ausiàs* († 1483), Kanzler Ferdinands d. Kath., Bf. v. Capaccio, dann Ebf. v. Zaragoza und schließlich Kardinal. Carmen Batlle
Lit.: Gran Enc. Catalana 6, 1974, 193–196 – C. Eubel, Hierarchia Catholica II, 17, 126, 132.

D., Luis, Großmeister v. →Montesa, *ca. 1410 in Játiva, † 1482 in Valencia, diente als Ritterbürtiger Kg. Alfons 'el Magnánimo' als Gesandter in Kastilien und Neapel und später, nachdem er Großmeister des Ordens v. →Montesa geworden war, seinem Nachfolger →Johann II. (ca. 1453–82); er vermittelte die Anerkennung des Ferrante v. Neapel durch den Papst, versöhnte Johann II. mit seinem Sohn →Karl v. Viana und vermittelte den Vertrag (Capitulaciones) v. Vilafranca zw. diesem Kg. und den katal. Aufständischen. Während des folgenden Bürgerkriegs (1462–72) war er einer der besten Feldherrn des Kg.s. Sein Wirken erstreckte sich v. a. auf Gerona und Tortosa. Als Lohn erhielt er die Statthalterschaft und später die Stellung eines Stellvertreters des Kg.s in Valencia. Seinem lit. Mäzenatentum ist die Drucklegung des ersten in katal. Sprache erschienenen Werkes zu verdanken: »Les obres o trobes ... de llaors de la ... Verge Maria«, Valencia 1474. Carmen Batlle
Lit.: Diccionari Biogràfic II, 1968, 33f.

Destillation, -sverfahren (lat. destillare, distillare 'herabtropfen'). D. im engeren Sinne ist die Stofftrennung meist aus Flüssigkeiten und Lösungen, indem der schneller siedende Anteil in einem Kolben (cucurbita) durch gesteuerte Erhitzung des ganzen verdampft, in einem aufgesetzten Helm (alembic) kondensiert und von dort als Destillat in einer Vorlage (receptaculum) aufgefangen wird. Die Kenntnis dieses Verfahrens ist erst für die alexandrin. →Alchemie des 2./3. Jh. n. Chr. nachzuweisen. Ein mögl. Primat gleichzeitiger chines. Alchemie ist umstritten. Frühe Hochkulturen und die Antike kannten Vorformen der D. wie das Ausschmelzen und die Stoffveränderung durch Erhitzen (z. B. Kohlenbrennen) und so die Gewinnung von Schwelprodukten (trockene Destillation) und auch die Sublimation.

Die eigtl. D. wird erst in den Schriften der Alexandriner (u. a. →Zosimos) beschrieben und ist mit Geräteabbildungen im →Codex Marcianus 299, in den Pariser Codices 2325, 2327 (14. Jh.) und im Codex Casselanus (15. Jh.) überliefert (vgl. →Alchemie, III, 1,2). Durch Sand-, Asche- und Wasserbad (balneum Mariae) steuerbare Heizquellen werden gleichfalls beschrieben, doch beschränkte sich die Kühlung des Kondensierhelms auch später im islam. Kulturkreis, als die D. auch schon zur Gewinnung aromat. Wässer für Medizin und Kosmetik (u. a. Rhazes, 9./10. Jh.) diente, auf Befeuchten mit Tüchern und Schwämmen. Der alexandrin. Destillation eigentümlich ist der Kerotakis-Prozeß: in einem geschlossenen System werden auf einer höher angebrachten durchlässigen Palette feste Substanzen, z. B. Metalle, durch die aus darunterliegender erhitzter Flüssigkeit aufsteigenden Dämpfe erhitzt und können mit diesen, die als Kondensat vom geschlossenen Deckel zurücktropfen, auch reagieren. Vorwiegend mit der salernitan. Rezeption islam. Wissenschaft begann in Europa eine Entwicklung, die im 12. Jh., möglicherweise in Italien, zur komplizierteren D. höherprozentigen →Alkohols (→Branntwein) aus Wein und anderen vergorenen Naturprodukten geführt hat. Frühe Berichte finden sich bei Magister Salernus und Taddeo →Alderotti. Die Annahme einer unabhängigen oder gar früheren Entdeckung der D. des Alkohols in China oder bei Naturvölkern, wo diese Technologie durchaus Tradition hat, ist zu bezweifeln.

Die Entwicklung weiterer Heizquellen und →Öfen sowie verbesserter Kühlsysteme, wie dem »Mohrenkopf« (dem Helm wurde ein geschlossenes, zur kontinuierl. Kühlung auch offenes, turbanähnl. Wassersystem mit Ablaufhahn aufgesetzt), hat die Entwicklung der →Chemie (u. a. in der Säureproduktion) im MA entscheidend gefördert. Nach der Lage der Destillationsgefäße zueinander ist die aufsteigende D. (per ascensum) und die weniger gebräuchl. (bei Holzdestillation u. a.) absteigende D. (per descensum) zu unterscheiden. Zudem nutzte man zu Lösungs- und Digerierzwecken Zirkulatorien (Pelikan, Amplexantes), zum ständigen Rückfluß des Destillats als Lösungsmittel in das Destilliergut. Unter dem Namen u. a. des Raimundus Lullus und des Albertus Magnus wurden verschiedene Schriften zur Destillation verbreitet. Seit dem 14. Jh. erhielt die Technologie der »gebrannten (destillierten) Wässer« eine eigene, später auch landessprachige Fachliteratur (u. a. Michael →Puff v. Schrick, 15. Jh.), in der auch die Darstellung aromat. Wässer und äther. Öle geschildert wird. Dies findet in den Destillierbüchern des Hieronymus →Brunschwig (ca. 1450-1513) eine ausführl. Zusammenfassung, auch im Hinblick auf Gerätedarstellung und die med. Indikation der Produkte.

G. Jüttner

Lit.: →Alchemie, →Alkohol, →Branntwein, →Brunschwig, →Codex Marcianus (Abb. auch in Ms. gr. 2325 und 2327, Bibl. Nat. Paris, 14. Jh.) – J. Mayerhöfer, Lex. der Gesch. der Naturwiss., 1959ff., 772–776 [G. W. Schwach] – H. Schelenz, Zur Gesch. der pharmazeut.-chem. Destilliergeräte, 1911 [Repr. 1964] – R. J. Forbes, A short hist. of the art of distillation, 1948 [Repr. 1970].

Destorrent, Barceloneser Patrizierfamilie *(ciudadanos honrados)* des SpätMA, deren Vermögen auf kaufmänn. Tätigkeiten beruhte. Einige Mitglieder der Familie betrieben auch weiterhin Handel, als andere bereits von Renten lebten und Zugang zum niederen Adel fanden, wie z. B. *Francesc D.,* der die Kastellanei Mataró kaufte und zum Ritter erhoben wurde. Sein Bruder *Pere,* der zunächst Handel trieb, entfaltete während der Kämpfe der →Busca und →Biga eine bedeutsame Tätigkeit in der städt. Politik, wobei er zusammen mit seinem gleichnamigen Sohn auf seiten der Busca kämpfte. Dieser, als *Pere junior* bezeichnet, war einer ihrer Führer und wurde am 19. Mai 1462 gemeinsam mit anderen Anhängern der Busca von der Gegenpartei hingerichtet. Sein jüngerer Bruder *Jaume* (ca. 1430-99) studierte die Rechte an der Univ. →Lérida und stieg in der kgl. Verwaltung bis zum Leiter der Kanzlei Ferdinands d. Kath. auf. Gleichzeitig und in Übereinstimmung mit der Politik des Kg.s leitete er das Barceloneser Stadtregiment in der Zeit der Reformen, die ihren Höhepunkt mit der Gewährung des Privilegs der 'Sackwahl' *(insaculación)* fanden und einen gewissen wirtschaftl. Aufschwung der Stadt herbeiführten.

Carmen Batlle

Lit.: Gran Enc. Catalana 6, 1974, 203f. – Carmen Batlle, Una familia barcelonesa: Los Deztorrent, Anuario de Estudios Medievales 1, 1964, 471–488.

Determinismus. Nach dem D. waltet im Weltgeschehen, in das auch die menschl. Handlungen eingebunden sind, eine durchgängige strenge Notwendigkeit. Schöpfungs- und Heilsgeschichte sind für den D. ein schwer zu verstehendes Problem. 1. »Die Vereinbarkeit des Vorherwissens, der Vorherbestimmung und der Gnade Gottes mit dem freien Willen« des Menschen – Titel einer Schrift des Anselm v. Canterbury (ed. Opera Omnia II, 243–288) – wurde durch die spätaugustin. →Praedestinationslehre zu einer theol. Streitfrage im frühen und späten MA (z. B. zw. Gottschalk v. Orbais, Rathramnus v. Corbie und Johannes Eriugena). Das letzte Urteil Gottes ist als nie unentschiedene Wahrheit innergeschichtlich nicht zu entscheiden. 2. In der Begegnung mit der arab. Auslegung der neuplaton.-aristotel. Naturphilosophie stießen die christl. Denker des MA bei Avicenna (gest. 1037) und Averroes (gest. 1198) auf ein Notwendigkeitsdenken (»Nezessitarismus«), das sie im hohen Maße provoziert: »Was immer von dem notwendig Seienden (Gott) ausgeht, muß notwendig existieren« (Avicenna), und zwar in hierarch. gestufter, (kosmisch) von oben nach unten verfugter, notwendiger Kausalität. In seiner Art ist darum der Mensch ebenso ohne Anfang und Ende wie der Kosmos (Weltewigkeitslehre). Diese Vorstellung, daß Gott »causa necessaria« sei und alles Weltgeschehen deterministisch bestimme, wurde von den Theologen scharf kritisiert und von Stephan Tempiers, Bf. v. Paris, am 7. März 1277 zensuriert (vgl. die »Errores« nr. 64, 83, 93f., ed. Chart. Univ. Paris, I nr. 473, 543–558). Nachweisl. haben Siger v. Brabant und seine Schüler keinen D. im Sinne der arab. Philosophie vertreten, deren Thesen aber ausführlich diskutiert. Die ausgestrengte begriffl. Analyse der unterschiedl. Seinsmodi – necessarium, possibile, impossibile –, z. B. durch Heinrich v. Gent, Quodl. VIII q.9, ed. 1518, fol. 314r–320r, schuf die Voraussetzung, das schöpferische, freie Handeln Gottes zu verstehen. In der Naturphilosophie und Theologie des 14. Jh. macht sich ein determinist. Kausaldenken breit, das die nominalist. Beteuerungen der göttl. und der menschl. Freiheit schwer verstehen läßt (z. B. bei Thomas Bradwardine oder Nikolaus v. Autrecourt). L. Hödl

Lit.: vgl. →Averroismus – LThK² VIII, 661–672 – HWP II, 150–155 – M. Dal Pra, Nicola di Autrecourt, 1951 – J. J. Duin, La doctrine de la providence dans les écrits du Siger de Brabant, Philos. médiéval 3, 1954 – M. Mc Cord Adams – N. Kretzmann, Ockham. Predestination, God's foreknowledge and future contingents, 1969 – K. Michalski (La philosophie au XIV s., hg. K. Flasch, 1969), 333–379 – R. Hissette, Enquête sur les 219 articles condamnés à Paris le 7 mars 1277, Philos. médiéval 22, 1977.

Detinue → Debt and detinue

Detmar v. Lübeck, der bedeutendste lübeck. Chronist des 14. Jh. (→Lübeck), wird 1368–80 als Lesemeister vermutl. auch schon als Ditmarus Gusterbeke barvotus 1367 – und 1383–94 als Konventuale des Franziskanerkl. St. Katharinen zu Lübeck erwähnt. 1385 beauftragten ihn die Rats- und Gerichtsherren Hermann Lange und Thomas Morkerke, die 1346 endende, dann von einem anderen Chronisten bis 1349 weitergeführte »Stades-Chronik« des Johann→Rode fortzusetzen. D. verfaßte zunächst eine Chronik der Jahre 1350–86, die er später bis 1395 fortschrieb; sie ist als Auszug in der sog. Rufus-Chronik enthalten. Die »Stades-Chronik« samt seiner Fortsetzung überarbeitete D. zu einer Weltchronik der Jahre 1105–1386, die er schließlich noch zu einer solchen der Jahre 1101–1395 umschrieb. Vermutl. bereits neben seiner ersten Chronistenarbeit hatte D. eine Darstellung des Streits zw. der Stadt Lübeck und den dortigen Mönchsklöstern mit der Weltgeistlichkeit unter dem Bf. v. Lübeck, Burkhard v. Serkem, verfaßt. H.-B. Spies

Ed.: Chr. dt. Städte 19, 1884; 26, 1899; ed. K. Koppmann [mit Einl., Komm.] – *Lit.:* NDB III, 618f. – Verf.-Lex. V, 148–152 – Verf.-Lex.² II, 68f. – Repfont IV, 180f. – K. Koppmann, Der Franziskaner-Lesemeister D., Mitth. des Vereins für Lübeck. Gesch. und Alterthumskunde 9, 1899/1900, 4–13 – F. Bruns, Reimar Kock. Der lüb. Chronist und sein Werk, Zs. des Vereins für Lübeck. Gesch. und Altertumskunde 35, 1955, 85–104 – J. B. Menke, Geschichtsschreibung und Politik in dt. Städten des SpätMA, JbKGV 33–35, 1958–60, 93–109.

Detmold, Stadt in Nordrhein-Westfalen, im Werretal zw. Teutoburger Wald und lippischem Bergland. In der Nähe vermutlich einer alten Gerichtsstätte, bei der 783 eine Feldschlacht Karls d. Gr. während der Sachsenkriege überliefert ist (»Theotmalli« u. ä.), erfolgte vor 1265, vielleicht schon vor 1240, die letzte planmäßige lippische Stadtgründung durch den Edelherrn Bernhard III. zur Lippe (1230–65), auf die sich die Bezeichnung der Örtlichkeit übertragen hat. Seit dem 9. Jh. haftet der Name »Thiadmelli« auch an einem kleinen Gebiet südl. D.s um Hornoldendorf. Die Plananlage der Stadt erfolgte nach dem erprobten Dreistraßenschema der am Stammsitz der Lipper Edelherren um 1185 gegründeten ersten lippischen Stadt →Lippstadt und der nachfolgenden Gründungen. 1305 sind Rat, oppidum und civitas überliefert. Die Stadt tritt im 14. und 15. Jh. vermutlich wegen ihrer geringen Größe gelegentl. als →Weichbild auf. Erst nachma. ist die Bedeutung als Residenzstadt. H. Walberg

Lit.: Lippische Reg. 1–2, 1860–63 – Gesch. der Stadt D., 1953 – Bau- und Kunstdenkmäler von Westfalen 48, 1968 – C. Haase, Die Entstehung der westfäl. Städte, 1976³.

Dettelbach, Stadt am Main, in Franken (Reg.-Bez. Unterfranken, Diöz. Würzburg), Marienwallfahrtsort. D., dessen Geschichte ins 8. Jh. zurückreicht, gehört zu den zahlreichen Wallfahrten, die um das Jahr 1500 entstanden. Kultgegenstand ist ein spätgot. Vesperbild; Bezeugungen von Wunderheilungen und Wallfahrten setzen 1504 und sogleich in großer Dichte ein. Im Auftrag des Rates der Stadt verfaßte Johannes →Trithemius ein Buch über die Gebetserhörungen und die Anfänge der Wallfahrten. Mit der Wallfahrtsseelsorge sind seit 1616 Franziskaner betraut. A. Wendehorst

Bibliogr.: G. Pfeiffer, Frk. Bibliogr. I, 1965, 217f., Nr. 9961–9994a – *Q. und Lit.:* J. Trithemius, De miraculis B.M.V. in ecclesia nova prope D., 1511 u. ö. – LMK I, 1299f. – DtStb V, Bayern I, 1971, 144–148 – J. Dünninger, Maria in arena, Bayer. Jb. für VK, 1951, 62–68 – Bavaria Francisc. Antiqua IV, 1958, 392–442 – H. Dünninger, Maria siegt in Franken. Die Wallfahrt nach D. als Bekenntnis, 1979 [Lit.].

Deus absconditus. »Vere tu es deus absconditus«, sagt schon Jesaia (45,15) im Hinblick auf den Menschen verborgene Pläne der göttl. Vorsehung. Die Erkennbarkeit Gottes aus der Schöpfung (Röm 1,19f.) und die Verkündung der Offenbarung Gottes in Christus hielten jedoch die Thematisierung der Verborgenheit Gottes bis ins SpätMA hintenan. Gewiß, daß der Name Gottes unaussprechlich, sein Wesen unsichtbar und inkomprehensibel (= nicht adäquat erkennbar) ist, das betonen u. a. auch die Kappadokier, Johannes Chrysostomos und Augustinus. Ps.-Dionysius Areopagites sprach De cael. hier. II,3 den Verneinungen die höhere Wahrheit zu; ähnlich Moses Maimonides. Auf Ps.-Dionysius (De myst. theol. I,2; V) stützte sich aber auch die hochscholast. Theologia eminentiae, die Gott auch über alle Verneinungen erhob. Doch gerade dies führte Meister Eckhart (In Gen. 32,29) über Thomas v. Aquin zur Benennung Gottes als Esse absconditum (Lossky, 16–26). Der Dialog des Nikolaus v. Kues »De Deo abscondito« setzt hier ein: Daß der Christ vor einem Gott, den er »nicht-kennt«, anbetend niederfällt, findet der Heide paradox. Doch der Christ argumentiert, daß Gott als der Urgrund aller Wahrheit dem Menschen unergründlich sein muß und daß ihm gerade darum Anbetung gebührt. Diese Verborgenheit versteht Cusanus indes nicht als Ende, sondern als Voraussetzung und Ansporn jenes tieferen Wahrheits- und Gott-Suchens, das im Verlangen nach (gnadenhaftem) Gott-Sehen kulminiert. Martin Luther wurde das Thema der V. Gottes schon 1512–16 durch Bibelkommentare des Cusanus-Editors Faber Stapulensis vermittelt. Luther selbst betont schärfer, daß Gott dem homo carnalis auch seine Offenbarung in Christus unter den Gegensätzen (sub contrariis) der Erniedrigung bis zum Tod am Kreuze verhüllt (Weier, 173–193). R. Haubst

Lit.: Vl. Lossky, Théologie négative et connaissance de Dieu chez maître Eckhart, EPhM 48, 1960 – R. Haubst, Nikolaus v. Kues vor dem verborgenen Gott, WuW 23, 1960, 174–186 – R. Weier, Das Thema vom verborgenen Gott von Nikolaus v. Kues zu Martin Luther, 1967 – M. Alvarez-Gómez, Die verborgene Gegenwart des Unendlichen bei Nikolaus v. Kues (Epimeleia 10), 1968 – Th. van Velthoven, Gottesschau und menschl. Kreativität. Stud. zur Erkenntnislehre des Nikolaus v. Kues, 1977.

Deusdedit

1. D. I. (später Adeodatus I.), Papst seit 19. Okt. 615, † 8. Nov. 618, ⬜Rom, Peterskirche; Römer, Sohn des Subdiakons Stephanus, vorher vierzig Jahre Presbyter. In Reaktion gegen die Bevorzugung der Mönche durch Gregor I. begünstigte D. den Weltklerus. Den zum Schutz Italiens gesandten Exarchen Eleutherius v. Ravenna empfing er ehrenvoll. G. Schwaiger

Q.: LP I, 319f. – Jaffé² I, 222; II, 698, 739 – *Lit.:* DHGE XIV, 356f. – LThK² III, 260 – E. Caspar, Gesch. des Papsttums von den Anfängen bis zur Höhe der Weltherrschaft II, 1933, 517f., 520, 523 – Seppelt II, 46.

2. D. II., Papst →Adeodatus

3. D., hl. (Fest 15. Juli), Ebf. v. *Canterbury*, geweiht am 12. März 655, † 14. Juli 664, erster Metropolitanbischof ags. Herkunft, während alle seine Vorgänger von →Gregor d. Gr. als Missionare entsandte röm. Mönche waren (→Augustinus, Laurentius, Mellitus, Justus und Honorius). D.s weltl. Name war wohl Frithona (möglicherweise von Frithuwine), und er war Westsachse. Über sein Pontifikat ist nichts bekannt außer der Tatsache, daß er schon auf dem Sterbebett lag, als die Synode v. →Whitby die nordhumbr. Kirche aus der Einflußsphäre von →Iona in diejenige von Rom und Canterbury überführte.

N. P. Brooks

Lit.: N. P. BROOKS, The Early Hist. of the Church of Canterbury, 1984, 67–69.

4. D., *Abt v. Montecassino* (Amtszeit 828–834), hl., früh als Märtyrer verehrt. Die »Chronica monasterii Casinensis« (I,22) erwähnt ihn als 15. Abt (»Deusdedit quintus decimus abbas, sedit annis VI«) und liefert noch einige wenige andere Informationen. D. war der Nachfolger des Abtes Apollinaris († 27. Nov. 828). In den ersten vier Jahren der Amtszeit von D. schenkte Siko, Hzg. v. Benevent († 832), dem Kl. Güter am Fluß Lauro beim Lesinasee (Gargano). Sein Sohn und Nachfolger Sikard nahm im Gegensatz zu seinem Vater dem Kl. gegenüber jedoch eine feindl. Haltung ein und ließ den Abt in den Kerker werfen, wo er an Entbehrungen und Leiden starb. Sein Todestag wird auch im Martyrologium Romanum unter dem 9. Okt. begangen. Petrus Diaconus nennt ihn in »De ortu et obitu iustorum Casinensium« (p. 51, n. 27, ed. R. H. RODGERS) »virum omni sanctitate conspicuum« und erwähnt, daß D. im Kl. Montecassino bestattet wurde und viele Wunder an seinem Grabe geschahen. Die älteste Quelle ist →Erchemperts »Historia Langobardorum Beneventanorum«, von der die anderen Autoren abhängen.

F. Avagliano

Q. und Lit.: Erchemperti Historia Langobardorum Beneventanorum, XIII, MGH SRL, 239 – Chronica monasterii Casinensis, ed. H. HOFFMANN, MGH SS, XXXIV, 1980, I, 22, 66, 67 – Acta SS. Octobris, IV, 1780, 1042–1044 – Petrus Diaconus, Ortus et vita iustorum cenobii Casinensis, ed. R. H. RODGERS, 1972, 51, n. 27 – Bibl. SS IV, 1964, 591 – LThK² III, 261 – H. HOFFMANN, Die älteren Abtslisten von Montecassino, QFIAB 47, 1967, 224–354.

5. D., Kard., Verfechter der gregorian. Reform, † 2. März 1098/99, stammte wahrscheinl. aus Aquitanien, wurde Benediktinermönch in Tulle und vor Ende 1078 Kardinal-Priester der Titelkirche SS. Apostolorum in Eudoxia (d. i. S. Pietro in Vincoli). Sein wichtigstes Werk ist eine »Collectio canonum«, die 1086–87 entstand und Papst Viktor III. gewidmet ist. Die vier Bücher, denen ein Prolog und eine Capitulatio vorangestellt sind, handeln von den Vorrechten der röm. Kirche, dem Klerus, dem Kirchengut und – neben anderen im vierten Buch behandelten Fragen – von der Freiheit der Kirche, des Klerus und des Kirchenguts. Neben traditionellen Quellen benutzt D. auch den →Liber diurnus, die →Ordines Romani, die päpstl. Archive und eine nach 1083 vorliegende Privilegiensammlung. Die redaktionellen Eingriffe sind v. a. kompositorischer Natur. D. steht in Systematik und Vielseitigkeit hinter →Anselm v. Lucca, seine Sammlung ist aber als die wohl am meisten röm. geprägte von Bedeutung. Ihr Einfluß war allerdings gering. Weiter schrieb D. einen »Libellus contra invasores et simoniacos« gegen die Anhänger des Gegenpapstes Clemens III. und einen »Libellus theopoeseos«, Verse über die Dreifaltigkeit. Den →Dictatus Papae hat er nicht formuliert. H. van de Wouw

Ed.: W. v. GLANVELL, Die Kanonessammlung des Kard.s D., 1905 [Neudr. 1967] – Der Libellus contra invasores: E. SACKUR, MGH L. d. L. II, 1892, 292–365 – *Lit.*: DDC IV, 1186–1191 – LThK² III, 260 – NCE IV, 823 – FOURNIER-LE BRAS II, 37–53 – VAN HOVE, 324–325 – A. M. STICKLER, Hist. iuris canonici lat. I, 1950, 172–174 – H. FUHRMANN, Einfluß und Verbreitung der pseudoisidor. Fälschungen II, 1973, 522–533.

Deutereuontes (Sg. δευτερεύων 'an 2. Stelle sein'). a) Δ. τῶν ἱερέων und δ. τῶν διακόνων erscheinen in »Περὶ τῶν ὀφφικίων τῆς Μεγάλης Ἐκκλησίας« des Ps.-→Kodinos (Mitte des 14. Jh.) als niedrigste Stufen der untersten Fünfergruppe. Sie vertreten den Protopapas bzw. Protodiakon, haben also liturg., keine administrative Funktionen. D. werden auch an andere Bischofssitze übernommen. – b) D. wird in koinob. Klöstern der Stellvertreter des Oberen genannt, dem er auch in der Verwaltung hilft.

B. Plank

Lit.: TREE IV, 1025f. – DE MEESTER, De monachico statu iuxta disciplinam byzantinam, 1942 – P. PANAGIOTAKIS, Σύστημα τοῦ ἐκκλ. δικαίου κατὰ τὴν ἐν Ἑλλάδι ἰσχυν αὐτοῦ, τ. 4: Δίκαιον τῶν μοναχῶν, 1957 – J. DARROUZÈS, Recherches sur les Offikia de l'église byz., 1970 – I. KONIDARIS, Τὸ δίκαιον τῆς μοναστηριακῆς περιουσίας ἀπὸ τοῦ 9ου μέχρι καὶ τοῦ 12ου αἰῶνος, 1979.

Deutsch Brod (Německý Brod, ursprgl. Smilův Brod; seit 1945 Havlíčkův Brod), Stadt in Ostböhmen am Fluß Sázava, ma. Bergstadt (Silberbergbau). Eigentum verschiedener adliger Herren, vielfach den kgl. Städten gleichgestellt. Kg. →Siegmund erlitt in der Schlacht bei D. B. am 8./9. Jan. 1422 (unmittelbare Folge des Sieges der Hussiten bei →Kuttenberg unter Führung →Žižkas) eine vernichtende Niederlage. D. B. wurde von Žižka erobert und völlig verwüstet, erst um 1429 neu besiedelt. F. Graus

Lit.: F. M. BARTOŠ, Husitská revoluce I, 1965, 163f.

Deutsche Literatur

I. Probleme der Literatur-Definition, Epochengliederung und Systematisierung – II. Literatur des frühen Mittelalters – III. Literatur des hohen Mittelalters – IV. Literatur des späten Mittelalters.

I. PROBLEME DER LITERATUR-DEFINITION, EPOCHENGLIEDERUNG UND SYSTEMATISIERUNG: Dt. Lit. des MA umfaßt schriftlich tradierte Texte vom 8. bis 16. Jh., die mit wenigen verstreuten Zeugnissen beginnen, nach etwa 100jähriger Unterbrechung im 11./12. Jh. allmählich zunehmen und vom 13. bis 16. Jh. zu schwer überschaubarer Fülle anwachsen (zu den sprachgeschichtl. Voraussetzungen→Dt. Sprache). Vor und neben den dt. Aufzeichnungen und Literaturprodukten bleibt während des gesamten MA im dt. Sprachraum die lat. Sprache Medium der Schriftlichkeit (→Mittellatein, →Mittellat. Literatur). Die Verfügbarkeit dieses Mediums und die Bilinguität der Bildungsträger verhindern eine umfassende und schnelle Ausbreitung des Dt. als Literatursprache. Die Literaturgeschichtsschreibung operiert angesichts der Heterogenität und Dynamik ihres Gegenstandes für die rund 750 Jahre mit einem nicht einheitlichen, zunächst extrem weiten, später engeren Literaturbegriff: Im 8./9. Jh. wird jedes dt. Schriftstück als Lit. registriert und beschrieben (die Glossierung einzelner Wörter, Gebete, Markbeschreibung, Eidformel stehen neben Heldenlied und Bibeldichtung), doch wenn vom 12. Jh. an dt. Texte in den verschiedensten Lebensbereichen zunehmen und immer mehr Dichtung entsteht, werden Ausgrenzung und Auswahl in der literaturhistor. Betrachtung notwendig. Der Literaturbegriff wird differenziert, allerdings nicht auf dichter. bzw. fiktionale Texte eingeschränkt. Eine scharfe Aussonderung von Fach- oder Sachliteratur ist wegen der Gebrauchsfunktion ma. Literatur allgemein und wegen traditioneller Symbiosen, etwa im kirchl. Raum, kaum möglich, und die Literaturhistoriker ziehen je nach Darstellungsrahmen engere oder weitere Grenzen.

Probleme bietet auch die zeitl. Gliederung der ma. dt. Lit. Sie erfolgt aufgrund unterschiedl. Kriterien, und dementsprechend differieren die Epochenbezeichnungen, sie beziehen sich etwa auf hist.-dynast. Einschnitte (karol., sal., stauf. Lit. usw.), auf sprachgeschichtl. Periodisierungen (ahd., mhd., frühnhd. Lit.), auf dominierende Träger und Kommunikationsgruppen (Kloster- oder Geistlichen-Lit., höf. Lit.). Für verschiedene Zeiten erscheinen jeweils andere Bezugnahmen als sinnvoll, so hat etwa die Zusammenfassung der karol. Lit. Berechtigung, während das für die sal., stauf. und spätere Zeit kaum oder gar nicht zutrifft. Hist.-polit., soziale, ökonom., sprachgeschichtl. und literaturimmanente Kriterien sind schwer zu relevanten Gliederungslinien für die Literaturgeschichte in Übereinstimmung zu bringen. Häufig erscheint eine große Dreigliederung der ma. dt. Lit. mit feinerer Auffächerung, während die Etiketts wechseln. Im folgenden Überblick werden drei Epochen unterschieden: 'Lit. des frühen MA', 'Lit. des hohen MA', 'Lit. des späten MA'. Die Bezeichnungen bieten einen lockeren zeitl. Rahmen für die sich wandelnden Erscheinungsformen von Lit., ihre Entstehungs- und Wirkungsräume, Gebrauchs-, Kommunikations- und Traditionsweisen.

Schwierig ist außerdem eine Systematisierung der deutschsprachigen Texte, zumal sie sich nicht auf eine Gattungsreflexion des MA als Ordnungsgrundlage stützen kann. Zusammenfassungen ergeben sich v. a. nach inhaltl. Gesichtspunkten (Bibel-, Geschichts-, Minne-, Kreuzzugsdichtung usw.) oder nach Kommunikations- und Aufführungsformen (kirchl. Gebrauchslit., Lied- und Sangspruchdichtung, Erzähllit., geistl. und weltl. Spiele usw.). Mit der Vielzahl der Texte verfeinern sich mögliche Gliederungsaspekte; so fächert sich die weltl. Erzähllit., die sich im 12. Jh. von der geistl. abhebt, in Antiken-, Artus-, Heldenroman, Karlsepik u. a. m., wobei fast alle Gruppen auch problematisierbar sind. Die im folgenden Überblick gegebenen Gruppierungen bieten pragmat., unterschiedl. abgeleitete Möglichkeiten, sie beruhen nicht auf einer zusammenhängenden Gattungssystematik.

II. LITERATUR DES FRÜHEN MITTELALTERS: Dt. Lit. wird erstmals faßbar in karol. Zeit. Der Beginn dieser schriftl. Kultur, die christl.-spätantike und ags.-insulare Bildungstraditionen aufnimmt und sich mit ihnen auseinandersetzt, erscheint als Auswirkung des großen kultur- und missionspolit. Programms Karls d. Gr. (768–814), das konzentriert in der →Admonitio generalis 789 verkündet, durch die Einrichtung von Schulen und Bibliotheken in Kl. und an Bischofssitzen institutionalisiert wurde. Der Volkssprache kam zur Vermittlung der christl. Lehre, bibl. und theol. Kenntnisse für Mönche und Laien wichtige Bedeutung zu. Letztlich gründete sich die verbale Glaubensverbreitung auf die bibl. Lehre der göttl. Offenbarung im Wort, sie eignete sich zugleich als Instrument der Herrschaftsorganisation (→Bildungsreform Karls d. Gr.). Ahd. Versionen des Vaterunser, des Glaubensbekenntnisses, Beichtformulare und Taufgelöbnisse z. B. aus St. Gallen, Freising, Weißenburg sind Niederschlag der Anweisung, daß jeder Laie die Kernstücke des Katechismus in seiner Sprache erlernen solle. Unter Karls Nachfolgern wurde die klösterl. Bildung weiter entfaltet. Die wichtigsten Zentren waren →Fulda, →St. Gallen, →Reichenau, St. Emmeram in →Regensburg, →Freising, →Tegernsee, →Weißenburg, →Murbach, →Lorsch, →Mainz, →Trier, →Würzburg. Die dort entstandenen bzw. überlieferten ahd. Texte waren wohl im wesentl. für den klösterl. Gebrauch bestimmt: eine Reihe lat.-dt. Wörterverzeichnisse (→Glossen), von denen der →»Abrogans« (ein Synonymenlexikon, entstanden ca. 750 in Freising, überliefert erst gegen Ende des Jh., benannt nach dem ersten Lemma) als ältestes Zeugnis dt. Sprach- und Literaturgeschichte gilt; eine Interlinearversion der Benediktinerregel; Übertragungen von Ambrosian. Hymnen, Bibelabschnitten, der Evangelienharmonie des →Tatian, →Isidors v. Sevilla Traktat »De fide catholica« sowie originäre →Bibeldichtung. Die Art der Übertragung und die sprachl. Gewandtheit differieren bei den einzelnen Texten erheblich, zeigen auch keine kontinuierl. Entwicklung. Der Isidorübersetzer aus der Zeit Karls verfügt in stilist. Gewandtheit über einen hochdifferenzierten abstrakten Wortschatz, dessen Voraussetzungen nicht ermittelbar sind, und er hat ein eigenes orthograph. System für seine Schrift entwickelt. Der 825/830 in Fulda tätige Tatian-Übersetzer bleibt eng an seiner lat. Vorlage, bietet eine Art Interlinearversion. Freie Paraphrasierung und Erläuterung der Bibel wurde bei der Ausführung von Karls Bildungsprogramm der genauen und umfassenden Übersetzung vorgezogen (nach Tatians Evangelienauswahl erst wieder im 14. Jh. nachweisbar). Die Bibeldichtung gipfelt im as. »Heliand« (830/850) und dem Evangelienbuch →Otfrids (863/871), beide wohl letztlich durch den Fuldaer Abt →Hrabanus Maurus, den 'primus praeceptor Germaniae', angeregt und in Vorreden mit Ludwig d. Fr. bzw. Ludwig d. Dt. in Verbindung gebracht. Der Heliand-Dichter stellt, orientiert an ags. Bibelepik und Tatians Textauswahl, in stabreimenden Langzeilen Leben und Lehre Jesu dar. Er erzählt anschaulich unter Benutzung der as. sozialen Vorstellungswelt und Begrifflichkeit; als allgemeines Darstellungsziel zeichnet sich die Verherrlichung des Erlösungswerkes ab, Autor und konkreter Bestimmungszweck sind unbekannt. Otfrid, Mönch des Kl. Weißenburg, lehnt sich an spätantike Bibeldichtung an. Er kombiniert die Nacherzählung selbst ausgewählter Bibelstellen mit Gebeten und Kommentaren. Das Epos ist in binnengereimten Langzeilen geschrieben. Otfrid hat erstmals Endreimverse verwendet und damit einen ›dt. Elementarvers‹ geschaffen, der zur verbindl. Form reimender Poesie in der Dt. wurde. Die allgemeine Absicht, Gott in frk. Sprache zu loben, die Otfrid benennt, diente wohl dem prakt. Zweck des Vortrags im Refektorium (Cantus lectionis). Neben der katechet. Prosa und den Bibelepen sind noch vereinzelte kurze, z. T. liedhafte Texte überliefert: Das bruchstückhafte →»Wessobrunner Gebet« (Anfang 9. Jh.) behandelt die Schöpfung, das →»Muspilli« (überliefert um 900) das Weltende – beide in stabreimenden Formen; das →»Georgslied« (überliefert 10. Jh.) behandelt einen Legendenstoff; das →»Ludwigslied« repräsentiert den exzeptionellen Typ eines christl. Heldenlieds, anläßlich des Sieges von Kg. Ludwig III. über die Normannen bei Saucourt 881.

Reflexe einer vorchristl. dt. Dichtung erscheinen quasi als Schreibübungen in kirchl. Hss. des 9. und 10. Jh.: Die →»Merseburger Zaubersprüche« (in ein Fuldaer Meßbuch im 10. Jh. eingetragen), rhythmisch gegliederte stabreimende Langzeilen, gehören in den rituellen religiösen Handlungsbereich germ. Stammeskultur. Offenbar gab es auch Zauberlieder, deren Gesang Karl in der Admonitio generalis verbieten ließ. Das →»Hildebrandslied« (in einen theol. Codex Anfang des 9. Jh. geschrieben) gestaltet in Stabreimversen höchst kunstvoll eine Szene aus der germ. Heldensage, die in der Geschichte der Völkerwanderungszeit zur Selbstdeutung einer aristokrat. Kriegerschicht umgeformt ist. Es gilt als Indiz für die Existenz einer nicht erhaltenen, breiter ausgebildeten, in institutionalisierten Lebensformen geübten mündl. Liedkunst. Wahrscheinl. waren es Lieder dieser Art, die Karl d. Gr. – laut Einhard – als Zeugnisse früherer Geschichte sammeln ließ.

Der Aufschwung der dt. Lit. im 9. Jh. geht im 10. Jh. nicht weiter. Normannen- und Ungarneinfälle beeinträchtigen und vernichten die Klosterkultur, herrscherl. Impulse gibt es nicht. Um 1000 tritt isoliert in St. Gallen Notker d. Dt. (→Notker Labeo) als Übersetzer hervor. Er hat im philos.-theol. Bereich eine Adaptation der dt. Sprache an die lat. für den Unterricht geschaffen, die quasi wirkungslos blieb.

III. LITERATUR DES HOHEN MITTELALTERS: [1] *Geistl. Dichtung:* Nach 1060 beginnt eine kontinuierl. Produktion dt. Lit., ein Neueinsatz ohne Beziehung zu den ahd. Texten. Aufgrund ihrer Thematik und ihrer Autoren ist die mhd. Dichtung Mitte des 11. Jh. ausschließlich geistlich, allerdings auch für ein Laienpublikum von verschiedenem Sozialstatus bestimmt. Die großen Probleme der Zeit der monast. Reformbewegungen, des Investiturstreits, der Kreuzzugspropaganda schlagen sich nicht direkt darin nieder – die Diskussion um den Vorrang geistl. und weltl. Gewalt und die Abgrenzung der Kompetenzbereiche wird ausschließlich in lat. Streitschriften geführt –, doch entsteht die dt. Lit. in deutlicher Korrespondenz zu den zeitgenöss., in lat. Schriften entwickelten Vorstellungen und Strömungen, sie ist selbst ein Ausdruck der umfassenden Veränderungen der Kirchenorganisation, der allgemeinen Intensivierung des religiösen Lebens, in das die Laien in starkem Maße einbezogen werden (z. B. Conversi). Das oft gebrauchte Schlagwort ›Weltflucht‹ trifft den Hauptenor der geistl. Ausrichtung nicht, es geht wesentlich um die Beziehung des einzelnen zu dem – freilich kirchlich vermittelten – Heil, um die geistl. Verantwortlichkeit auch des Laien für sein Leben und um die Erfahrung Gottes auf Erden. Die in der Theologie lat. entwickelten, aus der Patristik sich herauslösenden neuen Formen der Glaubensreflexion (→Scholastik) und der unmittelbaren Gotteserfahrung (→Mystik) wirken auch in die dt. Lit. hinein. Im Rahmen ihres durchaus militanten Machtstrebens prägte die Reformkirche das Bild des miles christianus, das dem weltl. Kämpfer eine geistl. Legitimation verlieh und eine Voraussetzung für die höf. Ritterideologie darstellt. Als Auftraggeber und Publikum der religiösen Dichtung des 11./12. Jh. treten neben klösterl. Gemeinschaften vereinzelt geistl. und weltl. Höfe hervor, wo allmählich →Kanzleien eingerichtet und ausgebaut werden, die die Voraussetzungen für einen neuartigen Literaturbetrieb schufen. Die Konzeption einer von Gott gefügten teleolog. Heilsgeschichte, die von der Schöpfung und dem Sündenfall über das Erlösungswerk Christi bis zum Ende der Welt führt, bildet die Grundlage aller dogmat. und moral. Belehrung, bibl. und legendarischer Erzählung sowie der Darstellung von Welt und Geschichte, die immer wieder in diesen Rahmen eingeordnet werden. Aus diesem Konzept ergibt sich ein Netz von Sinnzusammenhängen und figuralen Verweisen, die in der Dichtung vielfältig veranschaulicht und vermittelt werden. Den Ausgangspunkt dazu bildete die allegorisierende Auslegung der Heiligen Schrift, in der das AT als präfigurierende Verheißung der Heilserfüllung im NT verstanden wurde, die weiter auf die jeweils Lebenden beziehbar war und auf den Jüngsten Tag und die Ewigkeit hinwies.

Das →»Ezzolied« (um 1060 in Bamberg entstanden) faßt die zentralen Stationen der Heilsgeschichte als Hymnus. Die Bedeutungszusammenhänge werden nicht ausgeführt, sie stellen sich durch Anrufung und Auswahl auf einer symbol. Ebene her. Eine derartige asyndet. Präsentation gilt als wichtiges Stilmerkmal der frühmhd. Dichtung allgemein. Themat. verwandt sind etwa die paränetische Heilsgeschichte der →»Summa theologiae« (Anfang 12. Jh.) und das →»Anegenge« (2. Hälfte 12. Jh.). Das →»Annolied« (um 1080 oder nach 1105 entstanden) repräsentiert eine Verbindung von Geschichts- und Legendendichtung in kunstvoller zahlensymbol. Komposition. Monumental vereinfachte Abrisse der Heils- und Weltgeschichte werden auf Anno hingeordnet, und der machtbewußte Ebf. v. Köln und seine Vita erscheinen in legendar. Umgestaltung als Exempel christl. Verheißungen. Vorstellungen von Faktizität und hist. Individualität existieren noch nicht angesichts einer übergreifenden gültigen Wahrheit, die sich über Details erhebt und vor der das einzelne im Typus aufgeht und in die großen Zusammenhänge einbezogen wird. Das gilt auch für die →»Kaiserchronik«, die um 1140 in Regensburg, wohl im Auftrag des welf. Hofes (→Welfen), entstanden ist. Ohne gattungsmäßiges Vorbild wird in Versen die Geschichte des röm. Reiches von der Gründung bis zur Gegenwart erzählt, aufgereiht nach der Abfolge der Ks., als gute und böse Herrscher gewertet in Relation zur christl. Heilsordnung. Das Wunder ist integraler Bestandteil der Geschichte und bekommt in Form eingefügter →Legenden (Silvester, Veronika, Crescentia) breiteren Raum als eigener Erzähltyp. Aus einem Reservoir weltlit. Stoffe gespeist, ist in der Heiligenvita eine Dreiphasenstruktur geschaffen, die als Modell von der höf. Epik aufgenommen und variiert werden konnte. Selbständig überlieferte Legenden sind im 12. Jh. noch selten, eine umfangreiche Produktion setzt erst im 13. Jh. ein. Das Bemühen um das Seelenheil des einzelnen, das den Laien einerseits kirchlicher Disziplin zuführt, andererseits eine gewisse Mündigkeit vorbereitet und Kritik an der institutionalisierten Geistlichkeit fördert, artikuliert sich in der dt. Dichtung speziell als Bußmahnung, →Sündenklage und Beschäftigung mit dem Weltende. Dabei bleiben der genaue Entstehungs- und Wirkungskontext der Gedichte meist im dunkeln. Das »Alemannische →Memento mori« (Ende 11. Jh.) rückt in radikaler mönch. Haltung die Vergänglichkeit des Lebens und seiner Güter für alle Menschen in den Blick. Der Arme Hartmann trägt um 1150 in der »Rede vom Glauben« Weltverachtung und Sündenklage vor. →Heinrich v. Melk spitzt das tradierte Thema in »von des todes gehugde« (Datierung unsicher, vielleicht 2. Hälfte 12. Jh.) zu radikaler Kritik an Geistlichen und Laien, speziell an der Simonie und den neuen höf. Lebensformen, zu, er unterstreicht sie durch eindringlich abschreckende Bilder. →»Himmel und Hölle« entwirft um 1070/80 in rhythm. Prosa ein leuchtendes Bild des Himmels und zeigt die Hölle als Negation aller positiven Werte – ein Darstellungsprinzip, das bei der Jenseitsschilderung vielfach geübt wird. Das →»Himmlische Jerusalem« (um 1140) und das →»Himelrîche« (1180) sind andere Varianten des Themas. Die »Vision des →Tundalus« (2. Hälfte 12. Jh.) veranschaulicht die Jenseitsbilder als Mahnung zum bußfertigen Leben. Daß die gesamte geschaffene Welt auf Gott und sein Erlösungsangebot für den Menschen hinweist, wurde in einer weitreichenden Bedeutungslehre ausgefaltet, wobei man die Naturkunde in gleicher Weise zur Gottes- und Heilsverkündigung benutzte wie die Interpretation bibl. und profaner Texte. Der →»Physiologus« (Ende 11. Jh. Ältere Fassung, Anfang 12. Jh. Jüngere Fassung) stellt auf lat. Grundlage das heilsgeschichtl. Verständnis der Tierwelt dar.

Die erzählende Dichtung behandelt bis zur Mitte des 12.

Jh. nur bibl. Stoffe. Sie ist zur Erbauung von Laienbrüdern und weltl. Herren bestimmt. Die Konzeptionen sind weniger umfassend als in ahd. Zeit, sie beschränken sich auf Ausschnitte aus der bibl. Geschichte, vornehmlich des AT, das als ›Grundbuch der Weltgeschichte‹ erschlossen wird: um 1060 →»Wiener Genesis«, um 1120/30 →»Wiener Exodus«, →»Millstätter Genesis und Exodus«, →»Vorauer Bücher Moses«. Schöpfung und Sündenfall besitzen wichtigen Stellenwert im Erlösungszusammenhang. Bisweilen werden zeitgenöss. Feudalvorstellungen in die atl. Welt projiziert. Einen ntl. Stoff gestaltet die erste dtspr. Autorin, Frau →Ava, um 1120 in einem »Leben Jesu«, »Antichrist« und »Jüngsten Gericht«, die in durchdachter Komposition das Heilsgeschehen anteilnehmend vergegenwärtigen. Die apokryphe Stofftradition des »Marienlebens« breitet Priester →Wernher 1172 episch aus. Sonst findet die Marienverehrung (→Maria) im 12. Jh. lit. Ausdruck nur in kleineren Texten, die in liturg. Anrufung die mariolog. Symbolik verarbeiten, und in der Hohelied-Allegorese. Während →Williram v. Ebersberg um 1060 in seiner Paraphrase der patrist. Kommentartradition folgte, adaptiert das »St. Trudperter →Hohelied« um 1160 die Mystik Ruperts v. Deutz, Hugos v. St. Viktor und Bernhards v. Clairvaux. Die sprachschöpferische Leistung, mit der neue emotionale Dimensionen erschlossen werden, wirkt weiter in der lit. vielfältig geübten Analogie von ird. und himml. Liebe.

Neue Erzählstoffe tauchen Mitte des 12. Jh. auf: →Alexander d. Gr., spätantike Romangestalt und Repräsentant eines der Danielschen Weltreiche, wird um 1150 durch das »Alexanderlied« des Pfaffen →Lamprecht in die dt. Lit. eingeführt und in heilsgeschichtl. Rahmen gesehen. Die zunächst unvollständig erzählte Lebensgeschichte greift im »Basler-« und »Straßburger Alexander« (2. Hälfte 12. Jh.) auf der Grundlage spätantiker Quellen in sagenhafte außereurop. Bereiche aus, präsentiert eine phantast. Wunderwelt und gewinnt zugleich Züge eines →Fürstenspiegels. Kampf und Abenteuer konstituieren einen neuen weltl. Romanhelden. Bis ins SpätMA bleibt ein produktives Interesse am Alexanderroman erhalten (→Rudolf v. Ems; »Großer Alexander«; →Johannes Hartlieb). Einen Ausschnitt aus der Karlssage (→chansons de geste) behandelt das →»Rolandslied« des Pfaffen Konrad, um 1170 in Regensburg im Auftrag Heinrichs des Löwen entstanden. Als neuer Typ einer Hofdichtung ist es zugleich ein heilsgeschichtl. und ein geschichtspolit. Werk, das in der Verherrlichung Karls und seiner Märtyrerkämpfer den welf. Herrscheranspruch in Konkurrenz zu den Staufern als imperial legitimiert und sakralisiert (s. a. →Karl d. Gr., lit.). Dabei ist die frz. Vorlage deutlich umakzentuiert und stärker von der Kreuzzugsideologie überformt. Die Karlssage bleibt in den folgenden Jahrhunderten ein wiederholt bearbeiteter Erzählstoff (Strickers »Karl«, »Karlmeinet«, Willehalmepos). Weitere Stoffe bieten die sog. →Spielmannsepen »König →Rother«, →»Herzog Ernst«, →»Salman und Morolf«, →»Orendel«.

[2] *Höfische Literatur:* Die höf. Lit. hebt sich durch eine Reihe ineinandergreifender Merkmale als epochale Erscheinung aus der Literaturgeschichte heraus. Neu sind die Höfe adliger Fürsten als Entstehungs- und Resonanzraum, Laien als Mäzene, Autoren, Publikum; neu sind die Stoffe, Themen, lit. Gattungen, Vers- und Gestaltungskunst; neu ist die explizite und implizite Funktion der Lit. als Medium herrschaftl. Repräsentation, als Selbstdarstellung und -deutung der Adelsgesellschaft, als Mittel der Integration heterogener gesellschaftl. Kräfte an den Höfen, als Möglichkeit neuer Erfahrungen, als Problematisierung vorhandener Vorstellungen und Zustände, als Utopie.

Als gesellschaftl.-ästhet. Phänomen ist die höf. Lit. durch komplexe Prozesse bedingt, die sich monokausalen Erklärungen entziehen. Eine wichtige Rolle spielt die Schwächung der kgl. Zentralgewalt, das konkurrierende Machtstreben einzelner Fs.en, die Entstehung von Territorialherrschaften, der Ausbau des Schriftwesens an den Fürstenhöfen. Religiöse Unruhe, neue Frömmigkeitsformen, Kritik an institutionalisierten kirchl. Einrichtungen kamen einer autonomen ritterl. Ideologie zugute (→Rittertum). Die Lit. ist Teil einer aus Frankreich übernommenen Hofkultur als umfassender adliger Lebensform. In Deutschland erfolgte eine deutliche Anverwandlung an abweichende Gesellschafts- und Bildungsverhältnisse.

Ein neues ideales Menschenbild wird in der Lit. entworfen: der höf. Ritter. Dabei wandelt sich die gesellschaftl. eher inferiore Berufsbezeichnung zu einem Adel und →Ministerialität umgreifenden Standesbegriff mit eth. Implikationen. Der Ritter muß sich in mehrfacher Hinsicht bewähren, gesellschaftlich durch kämpfer. Leistung und soziales Verhalten, persönlich in der Liebesbeziehung zu einer Frau, religiös durch die Ausrichtung seiner Lebensleistung auf Gott, von dessen Gnade *(sælde)* die Verwirklichung idealen Rittertums abhängt. Die höf. Gesellschaft wird auf eine christl. Ethik verpflichtet und damit in die miles christianus-Tradition gestellt.

Nach 1170 tritt eine Reihe bedeutender Dichterpersönlichkeiten hervor, die sich durch ihre Werke profilieren, während sie biographisch wenig faßbar sind. Die höf. Lit. präsentiert sich wesentlich in zwei Bereichen: in Epik und Lyrik, als →höf. Roman und →Minnesang. Die Aufführung vor dem gleichen Publikum, z. T. Personalunion der Autoren und themat. Berührungen zeigen den inneren Zusammenhang. →Minne erscheint in beiden. Bereichen als dominierende Kraft, durch die sich der männl. und weibl. Part der höf. Gesellschaft profilieren und eine individualisierende Prägung erfahren. Zwar geht es in der Lyrik nicht um bestimmte Personen, sondern eher um Typen, doch wird die Unaustauschbarkeit der bes. auf den Partner hin disponierten Geliebten in der Epik mehrfach erkennbar. Minne als letztlich unerklärbare, nicht steuerbare, überwältigende Macht steigert die psych. und emotionalen Möglichkeiten des Menschen, vervollkommt seine gesellschaftl.-moral. Qualitäten, kann höchstes Glück, aber auch Zerstörung bewirken. Mit ihren religiösen Implikationen und Analogien bleibt sie auf Gott zugeordnet. Die genannten Aspekte beruhen nicht auf einer einheitlichen Minnekonzeption, sie sind lit. nebeneinander belegt und bei den einzelnen Autoren in Lyrik und Epik unterschiedl. ausgeführt.

Ein ausgeprägtes Literaturbewußtsein wird entwickelt, das bes. in Prologen und Exkursen zum Ausdruck kommt. Autoren beziehen sich lit. aufeinander und treten zueinander in Konkurrenz. Beschäftigung mit Lit. wird erstmals als ›Ersatz‹ für reales Geschehen verstanden, sie bietet die höhere Wahrheit (z. B. Abfassen und Hören einer Erzählung als Bußakt, Minnesang als Glückserfahrung, der Artusroman als Erkenntnisvermittlung, die dem zeitgenöss. Miterleben überlegen ist). Lit. wird als autonomer Bedeutungszusammenhang gewertet, dessen Sinn nicht in direkter Erklärung und Belehrung aufgeht, sondern im Erzählprozeß entsteht und über Strukturmodelle vermittelt wird. Die lit. Welt besitzt keine direkte Beziehung zur hist. Wirklichkeit, was die Bedeutungsanalyse erschwert. Die Interpretation der höf. Lit. hat ihre eigene Geschichte. Man bemüht sich heute verstärkt um

Einordnung in den hist.-gesellschaftl. Kontext und um die spezif. Aussagemöglichkeit lit. Formen. Dabei ist die Ablösung der Texte aus den primären Entstehungsbedingungen wichtig. Im wiederholten Vortrag verselbständigen sich die Geschichten, Motive, Darstellungsformen und gewinnen in verändertem sozialen Umfeld neue Bedeutungen.

Die höf. *Epik* stammt wohl überwiegend von gebildeten Ministerialen adliger Herren, die sich selbst nicht als Berufsdichter verstanden, sondern sie wurden im Rahmen umfassender Dienstverhältnisse auch lit. tätig. Bei →Heinrich v. Veldeke sahen die Zeitgenossen den Anfang einer neuen Lit. Er hat um 1170 mit der Übersetzung eines frz. Äneasromans begonnen und sie in den 80er Jahren am Hof→Hermanns I. v. Thüringen, des eifrigsten Literaturmäzens der Zeit, vollendet. Die höf. Themen von Rittertum und Minne werden in dem göttlich gelenkten Weg des Eneas zur Herrschaft gestaltet; in Verbindung mit der Äneassage bleiben sie im heilsgeschichtl. Zusammenhang verankert, entsprechend der christl. Aneignung antiker Stoffe im MA allgemein. Das Interesse an der Trojasage wird später umfangreich dokumentiert durch →Herbort v. Fritzlar (um 1200), →Konrad v. Würzburg (2. Hälfte 13. Jh.), →»Göttweiger Trojanerkrieg« (um 1300).

→Hartmann v. Aue (ca. 1160–1210), wohl am Hof der →Zähringer tätig, hat den Artusroman (→Artus) für das dt. Publikum zugänglich gemacht, zunächst durch den »Erec«, später durch den »Iwein«. Er übertrug mit bedeutsamen Umakzentuierungen frz. Vorlagen →Chrétiens de Troyes, der den kelt. Sagenstoff zu einer kunstvollen Romanform strukturiert hatte. Kg. Artus war zum Ritterideal und Zentrum eines Hofes stilisiert, in dem die höf. Gesellschaft Leitbilder und Identifikationsmuster finden konnte und dessen phantast. Abenteuerwelt sie unterhielt. Der Artushof ist in den Romanen Ausgangspunkt und Ziel des gestuften Doppelwegs eines jungen Ritters zur idealen, von Artus sanktionierten Herrschaft. Erec und Iwein gewinnen jeweils in schnellem Erfolg Frau und Land, ohne die angemessene innere Disposition zur Herrschaft zu besitzen, sie verlieren schuldhaft beides und müssen sich in einem mühsamen, auf ihre Verfehlungen bezogenen Aventiureweg (→aventiure) vervollkommnen. Einsicht, Leistung und Gottes Gnade führen zum Erfolg. Problematisiert wird die Relation von personaler Verwirklichung in der Minne und sozialer Verpflichtung. »Lanzelet« taucht in einem linear strukturierten Roman →Ulrichs v. Zatzikhofen (um 1200 wohl nach älterer frz. Vorlage) auf, wobei die für den Stoff charakterist. Liebe zu der Artuskönigin Ginover fehlt. Sie wird erst im »Prosa-Lancelot« (13. Jh.) behandelt. Der »Wigalois« des →Wirnt v. Grafenberg (1210/15) zeigt ohne die kunstvolle Doppelwegstruktur den Qualifikationsweg eines anderen Ritters aus dem Artuskreis.

→Wolfram v. Eschenbach (ca. 1170–1220) hat im »Parzival«, dem am häufigsten überlieferten Epos des MA, die Artuswelt mit der Gralswelt und dem Orient zu einem weltumfassenden, aus mehreren Handlungssträngen bestehenden Roman verbunden. Dabei wurden frz. Vorlagen erweitert und umgestaltet. Parzival erlangt das Gralskönigtum nach einem langen schmerzlichen Erfahrungsweg, der aus gesellschaftl. Abgeschiedenheit und Unwissenheit über den Artushof, ritterl. Erfolge, Schuld, Sündenerkenntnis und Hingabe an Gottes Gnade zur Selbstfindung und zum Heil führt und ihn zum Erlöser für andere werden läßt. Der Gral erscheint als geheimnisvolles religiöses Symbol, Zeichen für die Heilswirklichkeit, das nur dem Erwählten sichtbar wird. Die Artuswelt ist in dem Roman nicht in Frage gestellt – in Gawan ist sie durch einen zweiten Helden repräsentiert –, sie wird durch eine religiöse Dimension überwölbt. Die Gralswelt ist nicht konkret aufschlüsselbar, die Utopie einer christl.-endzeitl. Weltmonarchie deutet sich an. Bietet der »Parzival« einen großartigen optimist. Entwurf ritterl. Lebens, so werden in Wolframs »Willehalm«, der den Kampf des Gf.en Wilhelm v. der Provence gegen die Sarazenen erzählt, Krieg, Heidentötung und höf. Konventionen zum Problem. Darin zeichnet sich der Einfluß der Kreuzzugserfahrungen ab.

→Gottfried v. Straßburg hat die ehebrecher. Liebe von Tristan und Isolde als höf. Roman gestaltet (ca. 1205–10). In krit. Auseinandersetzung mit verschiedenen Quellen des bereits vor ihm von →Eilhart v. Oberg dt. gefaßten Stoffes folgt Gottfried →Thomas v. Britannien, der die Minne idealisiert und die Gestalten neuen Maßstäben unterstellt hat. Gottfried steigert diese Gestaltungstendenz äußerst kunstvoll. Er kommentiert die Geschichte durch Prolog und Exkurse und wirbt um Verständnis für eine Liebe, die sich über die gültige Moral und Sozialordnung erhebt und eine eigene Moral konstituiert. Die Unausweichlichkeit, die sinnliche Leidenschaft, die Antinomie von Glück und Leid werden religiös überformt, indem geistl. Kategorien und Bilder, Vorstellungen und Formulierungen der Bernhardischen Mystik in die Darstellung integriert sind, ohne daß ein Ketzerverdacht gegen Gottfried gerechtfertigt wäre. Der Minnetrank, ein Signum des Stoffs, dessen Wirkung Gottfried nicht aufhören läßt, kennzeichnet die Dialektik von Zwang und Freiheit. Das Leben der Liebenden in der Abgeschiedenheit der Minnegrotte, wo die religiösen Analogien konzentriert sind, bildet den Höhepunkt der Darstellung. Gottfried hat den Roman nicht vollendet, doch die Geschichte ist von Anfang an auf den gemeinsamen Tod der Liebenden hin angelegt, da nach der impliziten Antinomie des Romans die absolute Minne nur durch ihn Bestand haben kann.

Das um 1200 entstandene →»Nibelungenlied« repräsentiert die mhd. →Heldenepik; darin wurde eine feudale mündl. Erzählkunst verschriftlicht. Ein unbekannter Dichter hat in sangbaren Strophen den Burgundenuntergang und die Geschichte von Siegfried, Kriemhild und Brünhild erzählt, Stoffe der germ. Heldensage, in der Geschichte der Völkerwanderungszeit aufgehoben und mündl. tradiert wurde. Trotz höf. Lebensformen der Helden, trotz weit ausgeführter Minnethematik durchzieht das Geschehen von Anfang an die pessimist. Grundauffassung, daß höf. Freude keinen Bestand hat, daß Mord und Massensterben unausweichlich, vom einzelnen nicht zu beeinflussen sind. Damit steht das »Nibelungenlied« in krassem Gegensatz zum Artusroman. Die →»Kudrun« (13. Jh.) in ähnlicher Strophenform und mit vielfältigen Bezügen zum »Nibelungenlied« wirkt durch die friedenstiftenden Aktivitäten einer Frau am Schluß wie eine Gegenkonzeption.

Die höf. *Lyrik* besteht zu einem wesentl. Teil aus Minnesang, der vor der Hofgesellschaft vorgetragen wurde. Adlige Herren beteiligten sich selbst an dieser Gesellschaftskunst. (Die Lieder Ks. →Heinrichs VI. eröffnen die Gr. →Heidelberger Liederhs.) In der 2. Hälfte des 12. Jh. wird zunächst eine Gruppe von bayer.-österr. Dichtern faßbar, die mit prägnanten Bildern und Requisiten des ritterl. Lebens Liebessehnsucht und -enttäuschung rollenhaft in Frauen- und Männerstr. artikulieren: Der →Kürenberger, →Dietmar v. Aist, →Burggf. v. Regensburg, →Burggf. v. Rietenburg. Im Umkreis des Stauferhofes fand nach 1170/80 eine Rezeption frz. Lyrik statt. Der Reichsministeriale →Friedrich v. Hausen († 1190) hat als erster Form und Inhalt der roman. Kunst in seinen Liedern adaptiert: die Kanzonenstrophe (→Canzone) und die höf. Liebe, d. i. Minne als Dienst des Liebenden für eine erhabene Dame des Hofes mit dem Ziel der sexuellen Hingabe. Diese typ. Konstellation kehrt die realen Machtverhältnisse um, erhöht die Frau als Inbegriff aller Tugenden und fingiert ihre Selbstbestimmung in der Liebesbeziehung. Die Zuwendungsgesten bleiben begrenzt, und z. T. treten seelische Vervollkommnung und Steigerung des gesellschaftl. Ansehens an die Stelle der Liebesvereinigung. In dem fiktiven Rollenspiel erfuhr die höf. Gesellschaft Möglichkeiten zur Selbstverwirklichung und Selbstbestätigung. →Albrecht v. Johannsdorf, →Hartmann v. Aue, →Heinrich v. Morungen, →Reinmar der Alte, →Walther v. der Vogelweide geben dem Minnesang stilist. und konzeptionell je eigene Ausprägungen. Die Dienstminne erscheint darin nur als eine mögliche Haltung, gegen die auch opponiert wird, z. B. in Liedern Hartmanns. Walther fordert und gestaltet Gegenseitigkeit der Liebe und Liebeserfüllung in selbst geschaffenen Modellen, zugleich beherrschte und kombinierte er die eingeführten Liedtypen und hat sie zu herausragenden Einzelleistungen gesteigert. Minne besitzt in der höf. Lyrik viele Erscheinungsformen, die einander nicht ausschließen müssen, sondern von den gewählten Liedtypen und lit. Einflüssen mit bestimmt sind. So ermöglicht das →Tagelied die Schilderung der sexuellen Liebe (z. B. Heinrich v. Morungen und Wolfram). Variiert wird ein kleines Reservoir von Motiven und Begriffen wie Dienst, Lohn, Freude, Trauer, Sehnsucht, die gesund und krank machende, ja auch tötende Kraft der Minne, Abwehr von Neidern u. ä., ausgeprägt ist die Neigung zur gedanklichen Analyse. Dabei kommen starke Empfindungen zum Ausdruck, tiefe Trauer, ekstat. Freude. Zur Schilderung und Reflexion von Gefühlen wurden hochdifferenzierte Formen entwickelt und psych. Dimensionen sprachlich erfaßt. Die bedeutendsten Lyriker, Heinrich v. Morungen, Reinmar und Walther, haben im Rahmen der gesellschaftl. Konvention jeder auf andere Weise Momente existentieller Betroffenheit gestaltet, die zwar nicht Erlebnisse spiegeln, aber Erlebnismöglichkeiten lit. vorführen.

Entscheidend verändert wurde der Minnesang von →Neidhart durch neues Personal, neue Motive und Umkehr der typ. Minnekonstellation. Der fiktive Ritter von Reuental wirbt um ein Dorfmädchen, freche aufgeputzte Bauern (*dörper*) sind seine Konkurrenten und haben z. T. mehr Erfolg als er, es gibt Tanz-, Streit- und Prügelszenen. Neidhart betreibt ein artifizielles parodist. Spiel in zwei Liedtypen, Sommer- und Winterliedern, dabei sind Erfahrungen gesellschaftl. Umschichtungen lit. verarbeitet. Die Lieder setzen ein höf., mit dem Minnesang vertrautes Publikum voraus, und Neidhart ist zeitweise am Hof des Babenbergers Hzg. Friedrich II. (1230–46) aufgetreten. Der nachhaltige Erfolg seiner Lieder zeigt sich daran, daß über 200 Jahre im Stile Neidharts weitergedichtet wurde, so daß die unter seinem Namen überlieferten Strophen sich im Laufe der Zeit erheblich vermehren und Neidhart zu einer Schwankgestalt wird.

In »Kreuzzugsliedern« (→Kreuzzugsdichtung) haben eine Reihe von Minnesängern (Friedrich v. Hausen, Albrecht v. Johannsdorf, Hartmann v. Aue) einen Konflikt zw. religiöser Verpflichtung und weltl. Minnebindung erörtert und zu unterschiedl. Lösungen geführt, vielleicht in krit. Auseinandersetzung mit polit. Pervertierung des Kreuzzugsgedankens einerseits und der erstarrenden Minneidee andererseits. Eine kleine Zahl von Liedern, die losgelöst vom Minnesang religiöse Themen behandeln, stammt aus dem gleichen Autorenkreis.

Neben den Minneliedern wurden »Sprüche« (→Spruchdichtung), meist Einzelstrophen mit verschiedenem Inhalt, an den Höfen vorgesungen: religiöse und allgem. Belehrungen, Lob und Tadel, Bitte um Anerkennung und Gaben, gespeist aus mündl. Tradition. Ihre Verfasser waren umherziehende →Berufsdichter, die nicht den adligen Hofkreisen zugehörten. →Herger und →Spervogel sind die ältesten bekannten Namen (2. Hälfte 12. Jh.). Walther v. der Vogelweide war Minne- und Spruchdichter. Er hat den Sangspruch durch kunstvolle, am Minnelied orientierte Strophenform wie durch inhaltl. Erweiterung und rhetor. raffinierte, pointierte Gestaltung zu einer hohen lit. Kunstform entwickelt. Mit dem Bezug auf aktuelle Zeitereignisse und die Interessen bestimmter Auftraggeber hat er eine polit. Dichtung geschaffen. Im Dienste →Philipps v. Schwaben propagierte er dessen Krönung und Anerkennung im Sinne der stauf. Herrschaftsideologie. Andere Themen waren Kritik an Papst und Geistlichkeit, Kreuzzugspropaganda und immer wieder Bemühen um die Gunst verschiedener Fs.en und Aufnahme am Hof. Walther hat den Sangspruch als eine Gattung etabliert, die während des ganzen MA weitergeführt wurde und bis in den Meistersang hineinwirkte. →Reinmar v. Zweter und Bruder →Wernher waren seine unmittelbaren Nachfolger, sie haben noch polit. Themen behandelt, die danach seltener werden.

Moral- und Sittenlehre: Höf. Lebenslehre ist, abgesehen von den Implikationen der Epik und Lyrik, auch Gegenstand selbständiger Reimgedichte. →Thomasin v. Zerklaere, ein adliger Domherr am Hof des Patriarchen von Aquileia, faßt im »Welschen Gast« (1215/16) Lehren für die adlige Jugend und allgemeine Tugendlehre zusammen, die sich aber nicht in ein System fügen. Der →Winsbeke (1210/20) bringt in einem Gespräch zw. Vater und Sohn Anweisungen zum rechten Verhalten in der Welt und vor Gott. Dazu entstand als weibl. Pendant »Die Winsbekin«. →Freidanks »Bescheidenheit« (vor 1230) enthält eine Spruch- und Sentenzensammlung von sehr allgem. Charakter.

[3] *Literatur des 13. Jh.:* Die höf. Epoche umfaßt eigtl. nur zwei, höchstens drei Generationen, doch ist die Lit. der folgenden Zeit zu einem wesentl. Teil Wirkungsgeschichte der höf. Stoffe, Formen und der ritterl. Ideologie. Hartmann, Gottfried und Wolfram werden als Vorbilder verstanden und nachgeahmt. Die von ihnen geprägten Inhalte werden, losgelöst aus ihrem ursprgl. sozialen Funktionszusammenhang, zu einem verfügbaren stoffl. und stilist. Reservoir. Für den Adel dient Lit. weiterhin zur höf. Repräsentation, und das städt. Patriziat eignet sich diese Lebensform an. Dt. lit. Bildung nimmt stark zu, in Adelskreisen, Städten und auch in kirchl. Institutionen. Dt. Gebrauchstexte tauchen in neuen Bereichen auf (→Urkunden, →Rechtsspiegel, →Chroniken, verstärkt auch Traktate und →Predigten). Ausbreitung von Stoffmassen, Neigung zur Vervollständigung und Vollständigkeit, hist. Ausgreifen und Sammeln, moral. und soziale Belehrung kennzeichnen wachsende und neue Informationsinteressen und fördern die berufsmäßige Produktion von Lit. (Gewandte Autoren arbeiten für wechselnde Auftraggeber auf verschiedenen Gebieten.) Die lit. Vielfalt und Vielschichtigkeit läßt sich nicht mehr in abgegrenzten Kommunikationszentren fassen; einzelne Autoren, Tendenzen, neue Aussageformen und Sachbereiche deuten den literaturgeschichtl. Prozeß an.

In der *Epik* werden die eingeführten Stoffe der vorhöf. und höf. Zeit kompiliert und neu aufbereitet. Unvollendete Romane werden weitererzählt, wie »Tristan« und »Willehalm« durch →Ulrich v. Türheim und →Ulrich v. dem Türlin. Insbes. der Artusstoff wird erweitert und mit anderen Traditionen vermischt (Heinrichs v. dem Türlin »Der aventiure Crône«, Strickers »Daniel« und →Pleiers »Garel«, »Meleranz«, »Tandareis und Floridbel«). Dabei ist die symbol. Aussagestruktur des Artusromans aufgelöst und die Gattung hist. und geistl. Vorstellungen geöffnet. →Albrechts (v. Scharfenberg?) »Jüngerer →Titurel« (1260/75) bringt unter Wolframs Namen die oft von exemplarischer Morallehre überwucherte Geschichte des Grals, Schionatulanders und Sigunes sowie Parzivals in einem beliebten, oft abgeschriebenen Großepos von über 6000 Langzeilenstrophen, worin zahlreiche lat., frz. und dt. Quellen verarbeitet sind. Der »Prosa-Lancelot« (13. Jh., Datierung umstritten) bietet eine exzeptionelle stilist. Leistung (→Lancelot). Aus dem fünfteiligen frz. (Vulgata-)Lancelot-Graalzyklus, der von der Vorgeschichte des Grals und Merlins Gründung der Tafelrunde bis zu Artus' Tod reicht, wird das verschachtelte Geschehen der letzten drei Teile in anschaulicher Dichte, heilsgeschichtl. ausgerichtet erzählt. Zwei Autoren heben sich aufgrund von Zahl und Umfang ihrer Werke, durch die Bearbeitung verschiedener Stofftraditionen und Gattungen sowie durch ihre Sprachkunst von der lit. Gesamtfolie ab: →Rudolf v. Ems (um 1220–54) und →Konrad v. Würzburg (1220/30–1287). Beide haben die bewußt aufgenommene Tradition produktiv weitergeführt und sich als Schüler Gottfrieds begriffen. Rudolf hat für mehrere Auftraggeber geschrieben, zuletzt für den stauf. Kg. Konrad IV. Sein Œuvre umfaßt den höf. Roman, Legende, Geschichtserzählung und Weltchronik. Eine Hinwendung zur hist. Realität und ein neuartiges Bemühen um geschichtl. Erkenntnis werden deutlich. Konrad zeichnet sich bes. durch sprachl. Virtuosität aus. In seiner letzten Lebenszeit selbst Bürger von Basel, versorgte er verschiedene Auftraggeber am Oberrhein mit höf. Romanen, Legenden, der Trojageschichte, geistl. und weltl. Lyrik und mit der neuen attraktiven Gattung der Kurzerzählung.

Weitere, in mündl. Tradition bewahrte Stoffe der Heldensage werden literarisiert. Entsprechend den Wandlungen des arthur. Romans erscheinen die Texte im Vergleich zum »Nibelungenlied« weniger durchstrukturiert, allerdings auf andere Sagenkreise ausgedehnt und mit hist. und märchenhaften Elementen angereichert: →Dietrichepik in verschied. Versionen, Romane von →Ortnit und Wolfdietrich. Für die Heldenepik sind die Datierungsprobleme bes. groß (Distanz zw. Entstehungs- und Überliefer.zeit).

Eine neue Gattung der nachhöf. Zeit ist die kurze *Verserzählung* (›Märe‹). Sie besitzt Vorläufer in Hartmanns kleineren Epen »Gregorius« und »Armer Heinrich« und wird vom 13. Jh. an zu einer pointierten Kurzgeschichte (150–2000 Verse) ausgestaltet. Es gibt Liebesnovellen quasi als Konzentrat des höf. Romans, wie das »Herzmaere« Konrads v. Würzburg, neben einer weitaus größeren Zahl schwankhafter Erzählungen (→Schwankliteratur), die in einer anderen sozialen Sphäre spielen mit bürgerl., bäuerl. und geistl. Personal. Sie stellen seltsame Ereignisse, erotisch-sexuelle Abenteuer, menschliche Torheit in prägnanten Geschichten dar. Der →Stricker (1230/50) hat diesen Typ entscheidend geprägt. Einen Sonderfall bildet die sozialkrit. Erzählung »Meier Helmbrecht« von →Wernher dem Gärtner (um 1260). Die z. T. angehängte Moral schränkt den Unterhaltungswert der Verserzählungen nicht ein, die primär für ein adliges Publikum bestimmt waren.

Minnesang wird als gesellschaftl. Unterhaltung von zahlreichen Sängern verschiedener Stände weiter betrieben. Es sind ostdt. Fs.en, große Herren aus dem Umkreis der Staufer und Habsburger, Ministerialen und bürgerl. ›Meister‹, Liebhaber und Berufssänger. →Ulrich v. Lichtenstein (1198–1275), ein steir. Ministeriale, hat seine Lieder im »Frauendienst« in einen Erzählablauf eingefügt, der sich als eigene Lebensgeschichte ausgibt. Autobiograph. Darstellung beginnt hier im Dt. als Stilisierung in der lit. Rolle eines Minneritters. Neue Akzente hat Steinmar (um 1280) gebracht, der höf. Elemente travestiert, indem er Knecht und Magd im Tagelied auftreten läßt, den Herbst, Freß- und Sauffreuden besingt. Der Zürcher Bürger Johannes →Hadlaub (um 1300), von dem 54 Lieder überliefert sind, markiert den Übergang von der poet. Aufführungskunst zur musealen Bewahrung des Minnesangs. Er inszeniert ein spätes Minnespiel mit namentl. Beteiligten der Zürcher Gesellschaft, und er beschreibt das Bemühen in der Sammlung von Liedern. Ende 13. und Anfang 14. Jh. sind die großen Sammelcodices entstanden, auf denen wesentl. die Kenntnis des Minnesangs beruht: »Kleine Heidelberger Liederhs.« um 1275, »Weingartner Liederhs.« und »Große →Heidelberger (Maness.) Liederhs.« Anfang 14. Jh.

Spruchdichtung ist nach Walther formal, inhaltl. wie vom Stand der Sänger her kaum mehr als selbständiger Bereich abgrenzbar. Das Themenspektrum wird von Berufsliteraten verarbeitet, die auch Minnethemen behandeln. Die fahrenden Dichter, die ständisch schwer fixierbar sind, rekrutieren sich aus wandernden Klerikern, bürgerl. Laien und verarmten Adligen. Belehrung auf den verschiedensten Gebieten dominiert in den Texten gegenüber polit. Themen; persönl. und lit. Fehden werden mit selbstbewußter Geste vorgetragen. Der fiktive →»Wartburgkrieg« (Mitte 13. Jh.) literarisiert Momente dieses Berufsdichtertums mit dem Ziele fsl. Repräsentation. Aus der großen Zahl der Autoren wurde der Marner (ca. 1230–67) von Zeitgenossen bes. geschätzt. →Heinrich v. Meißen, gen. Frauenlob († 1318), hat das Metier sprachl. und gedankl. zu einer virtuosen, schwer charakterisierbaren Kunstleistung verdichtet, deren Gipfel ein Marien-, ein Minne- und ein Kreuzleich darstellen.

Das dt. *geistl. Spiel* (→Geistl. Drama) tritt mit dem →»Osterspiel v. Muri« (Mitte 13. Jh.) erstmals lit. in Erscheinung. Es ist hervorgegangen aus der lat. Osterliturgie (→Ostern), in der das Ostergeschehen zunächst durch symbol. Handlungen, dann in zunehmendem Umfang durch Dialoge vergegenwärtigt wurde. Zum anfängl. Gespräch der drei Frauen mit dem Engel am Grab Christi (→Ostertropus des 10. Jh.) kamen weitere Szenen wie der Lauf der Jünger zum Grab, Erscheinung des Auferstandenen, Salbenkauf der Marien, Bewachung des Grabes, Höllenfahrt Christi. Die Ausdehnung auf das Passionsgeschehen zeigt die Tendenz zur Vergegenwärtigung des gesamten Heilsgeschehens. Analog zum Osterspiel wurde das Weihnachtsspiel konzipiert. Die lat. Spiele erhalten dt. Einschübe, Übertragung und Ausmalung, und ihre Aufführung rückt aus der Kirche an andere Spielorte wie Kirch- und Stadtplatz. Das »Osterspiel von Muri« – von der Wächteraussendung bis zur Erscheinung Christi vor Maria Magdalena reichend – bietet eine durchgehende dt. Fassung in Reimpaarversen für ein höf. bzw. städt. Publikum. Diesem Vorbild entspricht das »St. Galler Weihnachtsspiel« (1265/80). Das »Trierer →Osterspiel« (13. Jh.) repräsentiert den zweisprachigen Typ aus lat.-liturg. Elementen und dt. Paraphrasen.

Die dt. →*Predigt* als mündl. Verkündigung gewann schriftl. Gestalt in nach dem Kirchenjahr geordneten Predigtbüchern, die als Ausführungsgrundlage bestimmt waren (lat. Vorlagen folgend, meist Schriftauslegung und Legendenerzählung), und ausnahmsweise in Nachschriften tatsächl. gehaltener Predigten. Im 13. Jh. entwickelten sich selbständige dt. Formen. Die →Franziskaner und andere Bettelorden aktivierten die Predigt. Kreuzzugspropaganda, Ketzerbekämpfung, Bußbewegungen veranlaßten Predigten außerhalb des Kirchenraums und das Auftreten von Wanderpredigern. Die Mystik inspirierte eine neue Art predigthafter Erbauung. →Berthold v. Regensburg (1210-72), von dessen Predigtweise etwa 100 dt. Predigten zeugen, entwickelte einen unverwechselbaren Stil von großer Wirkungsmächtigkeit. Als Wanderprediger durchzog er das gesamte dt. Sprachgebiet, seit 1263 in päpstl. Auftrag. Seine Predigten sind zuhörerspezifisch ausgerichtet und durch bes. Ziele (Buße, Bekehrung) bestimmt. Er wandte sich vornehml. an die städt. Mittel- und Unterschichten in ihrer zeitgenöss. Lebens- und Berufswelt, hat aber auch den Adel und die Landbevölkerung erreicht. Wiederkehrendes Thema ist ethisch-religiöse Kritik mit speziellem Zuschnitt auf einzelne Berufsstände. Erzählende Einschübe steigerten die Wirkung.

Die seit dem 13. Jh. in klösterl. Kommunikationszentren sich verstärkt ausbreitende →*Mystik*, die zu einer Individualisierung des religiösen Lebens führte und große sprachschöpferische Leistungen im Dt. hervorbrachte, hat sich bes. in Formen artikuliert, die sich zur Darstellung persönl. Erfahrungen und Selbstbeobachtung eigneten, wie (Lese-)Predigt, Brief, Autobiographie, Offenbarungs- und Trostbuch. Das »Fließende Licht der Gottheit« der →Mechthild v. Magdeburg (ca. 1210-82), nd. geschrieben, aber nur in einer obdt. Version →Heinrichs v. Nördlingen Mitte 14. Jh. überliefert, faßt persönl. Glaubenserfahrungen und Gedanken in gebetsartige, erzählende, lehrhafte, dialog. Formen, die der Überwältigung durch die Liebe Gottes Ausdruck verleihen. Meister →Eckhart (um 1260-1327/28) und Johannes →Tauler (um 1300-61) artikulieren sich intensiv in Predigten, die psycholog. Hinwendung an die Zuhörer zeigen und bei diesen ein differenziertes geistl. Verständnis voraussetzen. Daneben stehen Traktate, in denen Eckhart Anleitungen zu einem frommen Leben gibt und eine provozierende Metaphysik vorträgt, während Tauler strenger dogmatisch bleibt. Heinrich →Seuse (1295-1366) hat im 14. Jh. und darüber hinaus am stärksten gewirkt. Aus den vielgestaltigen Äußerungen seiner Frömmigkeit, einer individualisierten Christologie, heben sich das »Büchlein der ewigen Weisheit« heraus, das zu einem der verbreitetsten Erbauungsbücher des SpätMA wurde, und »Der Seuse«, eine auf die Vita spiritualis konzentrierte Autobiographie mit traktathaften, anekdot. und romanhaften Zügen, wobei die Autorschaft Seuses zu bezweifeln ist; vielleicht ein Erbauungsbuch mit dem Kern einer authent. Selbstdarstellung. Gereimte *Bibel- und Heiligenlegendendichtung* durchzieht das ganze MA. Im Sinne der höf. Lit. hat nur Hartmann in »Gregorius« einen entsprechenden Stoff adaptiert. Sonst knüpft dieser Literaturstrang eher an die frühmhd. Tradition an (»Die Erlösung«, Heinrich v. Neustadt, Heinrich v. Hesler, Tilo v. Kulm u. a.). Lit. Aktivität im →Dt. Orden galt bes. diesem Themenbereich wie auch der selbstlegitimierenden Geschichtsdichtung (→Deutschordensliteratur). Zwischen 1280 und 1300 wurden die großen lat. Legendensammlungen, vor allem die »Legenda aurea« des →Jacobus de Voragine (um 1270) im »Väterbuch« und im »Passional« rezipiert; außerdem wurden Einzellegenden ausführl. erzählt (→Ebernand v. Erfurt um 1220, →Reinbot v. Durne 1231/36, →Hugo v. Langenstein 1293).

Sittenlehre gerät im Blick auf das ritterl. Leben zur Verfallsklage und Zeitsatire im →»Seifried Helbling« (Ende 13. Jh.) und wird zur »bürgerl. Moralenzyklopädie« im »Renner« →Hugos v. Trimberg (um 1300), der sich auf die gottgewollte Ständeordnung ausrichtet ohne bes. Interesse an den höf. Werten.

IV. LITERATUR DES SPÄTEN MITTELALTERS: Die Erscheinungsformen des 13. Jh. setzen sich in der lit. Produktion und Kommunikation des SpätMA fort, ihr Ausmaß und ihre Vielschichtigkeit nehmen weiter zu und führen im 15. Jh. zu einer ›Literaturexplosion‹, doch wirkliche Innovationen gibt es kaum. Grelle Gegensätze kennzeichnen die Epoche; große Umwälzungen neben Behauptung traditioneller Formen der Gesellschaft und Lit., Anfänge einer ›Massengesellschaft‹ und Herausbildung des Individuums. Auswirkung auf die lit. Produktion hatten gesellschaftl., geistige, techn. Wandlungen und Neuerungen: der Aufschwung der Städte und die Differenzierung ihres Lebens, die Gründung von Universitäten (→Prag 1348, →Wien 1365, →Heidelberg 1386), der Verlust der Universalität von Papsttum und Kaisertum, religiöse Umbruchsbewegungen, Rezeption des it. Humanismus und der burgund. Kultur, die Verwendung von Papier als Schreibstoff (Ende 14. Jh.) und die Erfindung des →Buchdrucks (Mitte 15. Jh.). Im Rahmen der allgemeinen Ausbreitung der Schriftlichkeit in allen Lebensbereichen (dokumentiert u. a. durch die Ausprägung einer dt. Briefkultur; →Brief B. I), bes. im Vergleich zu schriftl. religiöser Erbauung und Belehrung nimmt Lit. im engeren Sinne mit ästhet. Qualitätsanspruch nur geringen Raum ein. Serienmäßige handschriftl. Vervielfältigungen (z. B. Schreibstube →Diebold Laubers in Hagenau) und Handel mit Büchern dokumentieren die wachsende Nachfrage und fördern neue Verbreitungsformen von Lit. im weiteren Sinne bereits vor dem Buchdruck. Ende des 15. Jh./ Anfang des 16. Jh. setzt dann eine massenhafte Druckproduktion ein, die Bücher und Einzelblätter zu einem bestimmenden Faktor der geistigen, religiösen und polit. Entwicklung macht.

Adel und Fs.en bleiben weiterhin Vermittler und Anreger, ihre Höfe sind Zentren lit. Tätigkeit. Die Oberschicht der Städte übernimmt in Anpassung an adlige Lebensformen entsprechende Funktionen, so daß sich die Lit. in den Städten weithin von der Lit. der Höfe nicht wesentlich unterscheidet. Speziell an den städt. Kommunikationsrahmen gebunden sind lediglich geistl. und weltl. Spiele und der Meistersang.

An den Residenzen der Habsburger in Wien, der Luxemburger in Prag, der Wittelsbacher in München und Heidelberg erhielt Lit. als Teil der Hofhaltung Bedeutung im Konkurrieren der um die polit. Führungsrolle im Reich ringenden Großdynastien. Das Interesse des Adels richtete sich stark auf die Vergangenheit, dabei wurde die Kontinuität des Rittertums behauptet, künstlich in Lebensformen und Lit. festgehalten und um 1500 zu einer Scheinrenaissance erweckt. →Püterich v. Reichertshausen, ein Münchener Stadtadliger, bot 1462 in seinem »Ehrenbrief« der Ehzgn. Mechthild v. Österreich die Bücher seiner Bibliothek zur Benutzung an und bezeugt darin u. a. Wolframs Werke, den »Iwein«, »Tristan«, »Lanzelot«, »Wigalois« und den »Jüngeren Titurel« als zentralen Bestand und somit als Adelslektüre der Zeit. Ulrich →Füetrer (* um 1420), tätig am Münchener und Innsbrucker Hof, schuf im »Buch der Abenteuer« ein stoffl. Kompendium des höf. Romans ohne ideolog. Verbindlichkeit. Ks. →Maximilian I. (1493–1519), der ›letzte Ritter‹, förderte an seinem Hof weitreichende lit. und künstler. Aktivitäten. Er veranlaßte die Sammlung höf. Epen im »Ambraser Heldenbuch« (1504–1515/16) und konzipierte auf dieser lit. Folie eine autobiograph. Selbstinterpretation, die sich im »Weißkunig« (um 1490) und v. a. im »Theuerdank« (ersch. 1517) niederschlägt und mit Hilfe von Redaktoren als romanhafter ksl. Lebenslauf bzw. Minne- und Turnierfahrt eines jungen Ritters darstellt.

Eine erste dt. *Kunstprosa* ist aus der Rezeption des frühen it. Humanismus Mitte des 14. Jh. am Hof →Karls IV. erwachsen. Dort wurde das Dt. als Sprache der Reichskanzlei (→Kanzlei) eingeführt (Ansätze dazu an anderen Orten schon früher). →Johann v. Neumarkt (um 1310–80), der Leiter der Prager Kanzlei, schuf Prosaübersetzungen, die sich am it. Humanistenlatein orientierten. Aus diesen Voraussetzungen ist der »Ackermann aus Böhmen« des →Johannes v. Tepl (um 1350–1414) hervorgegangen, ein Streitgespräch zw. einem Ackermann und dem Tod. Das autobiograph. bedingte Werk bringt leidenschaftl. bewegte Anklagen und ironisch-überlegene Repliken in einer rhetor. kunstvoll durchgestalteten Prosa. Es blieb ohne Nachfolge, und das Erneuerungsstreben ging mit den Hussitenkriegen unter. In der 2. Hälfte des 15. Jh. fand erneut eine Rezeption it. Bildung statt. Niklas v. →Wyle (um 1410–78), Heinrich →Steinhöwel (1412–82) und →Albrecht v. Eyb (1420–75) erarbeiteten einen neuen Prosastil durch »Translationen« aus dem Lat. Gegenüber der Nachbildung des lat. Stils bei Wyle übersetzten Steinhöwel und Eyb sinngemäß. Mit ihren Werken schufen sie z. T. ›Lesebücher‹ humanist. Lit. für Laien und wirkten als wichtige Vermittler des it. Trecento. – S. a. →Humanismus.

Der dt. →*Prosaroman* des 14./15. Jh. zeigt beispielhaft die Gleichzeitigkeit von retrospektiven und zukunftswirksamen Elementen. Nach verschiedenen älteren Ansätzen wird seit Mitte des 14. Jh. ein neues Erzählmedium entwickelt, das die Repräsentation der höf. Epik durch eine intimere Lektüreart ablöst und eine bestimmende Voraussetzung für den modernen Roman bildet. Es wird zunächst zur Aufbereitung tradierter ma. Stoffe, zur Prosaauflösung frz. und dt. Versvorlagen benutzt. →Elisabeth v. Nassau-Saarbrücken (1390–1456), als lothr. Herzogstochter in frz. Kultur aufgewachsen, hat vier Romanhistorien mit Stoffen der Chansons de geste geschrieben. →Eleonore v. Österreich (1433–80), Gemahlin Hzg. Siegmunds v. Tirol, übertrug »Pontus und Sidonia«, einen Liebesroman vom Typ des »Wilhelm von Orlens«. Prosafassungen wurden hergestellt von »Tristrant und Isald« nach Eilhart v. Oberg (gedr. 1484), »Wigoleis« (gedr. 1493) und »Herzog Ernst« (gedr. 1480). →Thüring v. Ringoltingens (um 1410–85) »Melusine« (gedr. 1474), nach einer frz. Vorlage, setzt sich formal und inhaltl. ausdrückl. von der Artustradition ab. Einen selbständigen Stoff mit neuer bürgerl. Thematik – kluges wirtschaftl. Verhalten – bringt dann der in Augsburg oder Nürnberg entstandene →»Fortunatus« (wohl Ende 15. Jh., gedr. 1509), er wird als ›literatursoziolog. Musterfall‹ betrachtet; das Bürgertum hat sich eine in Adelskreisen entstandene Form angeeignet.

In der *Lyrik* des späten MA besteht das Berufsdichtertum fort, daneben gibt es einige dilettierende Adlige. Sänger sind an den bedeutenden Fürstenhöfen nachweisbar: z. B. →Heinrich v. Mügeln (ca. 1346–71), ein pretentiöser Gelehrter, bei Karl IV., dem Kg. v. Ungarn und dem Hzg. v. Österreich; →Muskatplüt (ca. 1414–58) im Gefolge mehrerer Fürsten, ebenso Michel →Beheim (1416- um 1475), der offenbar als Unterhalter und hist.-polit. Publizist in jeder Lage Verse produzierte. Wenige haben künstlerisch herausragende Leistungen geschaffen. Der →Mönch v. Salzburg, ein Sammelname für einen Komplex von rund 100 geistl. und weltl. Liedern am Hof des Ebf.s →Pilgrim II. v. Salzburg (1365–96), prägte neue Liedtypen, die andere variierten. Gf. →Hugo v. Montfort-Bregenz (1357–1423) benutzte u. a. den Minnesang als Ausdrucksmittel für persönl. Erfahrungen und stellte ein eigenes Liederbuch aus 40 Gedichten zusammen. →Oswald v. Wolkenstein (um 1376–1445) hat höf. Typen und Topoi aufgenommen, ihnen eigene Erlebnismomente eingeformt und auf diese Weise Texte von sinnl. Eindringlichkeit und artifiziellem Raffinement geschaffen, zu denen von ihm komponierte Melodien existieren. →Heinrich v. Laufenberg (nachweisbar 1413–58) hat das umfangreichste Corpus geistl. Lieder hinterlassen. Seit Mitte des 15. Jh. entstanden hs. Liederbücher (über 20 erhalten), die ein neues gesellschaftl. Interesse am Lied-Singen, v. a. im städt. Bürgertum, zeigen. Sie enthalten viele anonyme Lieder, für die durch Gebrauchsfunktion und Stil die Bezeichnung →›Volkslied‹ gerechtfertigt ist: »Lochamer →Liederbuch« (nach 1450 im Auftrag eines Nürnberger Bürgers entstanden), »Augsburger Liederbuch« (Mitte 15. Jh.), →»Liederbuch der Klara Hätzlerin« (Augsburg 1471), »Königsteiner →Liederbuch« (1470–73). →»Hist. Lieder« tauchen seit der 1. Hälfte des 14. Jh. in der Schweiz auf und breiten sich danach in ganz Deutschland aus. Sie erzählen aktuelle Ereignisse, wie die Schlacht bei Laupen 1338, die Schlacht v. Näfels 1388 u. ä. Städt. und ländl. Gemeinschaften konnten durch derartige Lieder ihr Zusammengehörigkeitsgefühl bestätigen.

Der →*Meistersang* stellt einen literatursoziolog. Sonderfall der spätma. wie der dt. Lyrik überhaupt dar. Er wurde seit dem 15. Jh. von Bürgern zumeist der unteren Mittelschicht (überwiegend Handwerker) in den alten Städten des Reiches geübt, die in ihrer Freizeit religiöse und weltl. Lieder dichteten, um sie in zunftmäßig organisierten Vereinigungen vorzutragen. Sie orientierten sich an den Sangspruchdichtern der vorangehenden Zeit und glaubten ihre Kunst durch die alten Meister legitimiert, zu denen sie in wechselnder Kombination auch Walther, Wolfram und Frauenlob zählten. Die erste sicher nachweisbare Meistersängergesellschaft wurde Mitte des 15. Jh. in Augsburg gegründet, etwa gleichzeitig die in Nürnberg, wo zunächst Hans →Folz, später Hans →Sachs die führenden Köpfe waren. Ins 15. Jh. gehören noch die Schulgründungen in Worms, Speyer und Straßburg. Die Kunst der Meistersinger ist stark formalisiert, ihre Regeln sind in →Tabulaturen festgelegt. Die wichtigsten Themen: Glaubens- und Morallehre, Vermittlung von Wissen aus der Bibel, der Natur, der Historie und der Meistersang selbst. Ihre Lieder trugen sie einstimmig ohne Instrumentalbegleitung vor.

Belehrung wird auf allen Gebieten der ma. Lit. betrieben, sie erfolgt unmittelbar oder veranschaulicht und exemplifiziert. Als eigener Typ didakt. Dichtung gilt die →Reimsprecherkunst, in wenigen 100 Versen vorgetragene Glaubens-, Tugend- und Lebenslehren. →Heinrich der Teichner (Mitte 14. Jh.) hat viele seiner Reden firmiert, andere Reimsprecher waren Heinrich Kaufringer (um 1400) und Peter →Suchenwirt. Die →Minnereden bilden eine reich vertretene Sondergruppe, die die Ars amandi in vielen Spielarten lehrt, von religiöser Überhöhung bis zu obszöner Parodie. Eine allegor. Variante der Minnedidaktik bietet z. B. die →»Minneburg« (um 1340) und →Hadamars v. Laber »Jagd« (um 1340). Ständedidaxe mit Bezug auf den göttl. Ordo, Aufgabenverteilung, Lehre von Tugenden und Lastern erscheint in den →Schachbüchern (insbes. →Konrad v. Ammenhausen 1337) allegorisiert. Der auch als Chronist bedeutende Johannes →Rothe gibt im »Ritterspiegel« (um 1415) aus der Perspektive des Bürgers und Gelehrten Lehren für den Adel. Heinrich →Wittenwiler kleidet im »Ring« (um 1400) eine Laienenzyklopädie in eine Bauernsatire.

Das geistl. Spiel wurde im 15./16. Jh. zu einem multimedialen Ereignis in den Städten. Die Anreicherung der Osterspiele mit neuen Szenen führte zum heilsgeschichtl. Gesamtspiel, das von der Schöpfung bis zum Jüngsten Gericht reichte. Daneben entstanden selbständige Passionsspiele (→Geistl. Drama). Die Aufführungen gingen über mehrere Tage und waren ein allgem. Spektakel der Stadt mit vielen Beteiligten. Meist liegt die hs. Überlieferung wesentl. später als die Entstehung der Spiele, z. T. wurden nur Regiebücher (»Frankfurter« und »Göttweiger Dirigierrolle«) aufgezeichnet. Es lassen sich verflochtene Spieltraditionen und geograph. Schwerpunkte der Spielpflege erkennen, z. B. in Hessen, in der Schweiz, in Tirol. Das →*Fastnachtsspiel*, das seit 1426 greifbar ist, gehört ebenfalls in den städt. Rahmen, konzentriert auf Nürnberg. Als weltl. Kurzspiel (oft nur wenige Minuten) ist es aus Improvisationen in den Tagen vor Aschermittwoch hervorgegangen, die von lit. Gebildeten zu Spielen ausgestaltet wurden. Hans →Rosenplüt und Hans Folz sind als Verfasser im 15. Jh. bekannt. Im Typ des Reihenspiels treten Bauern, Liebhaber, Narren, Berufs- und Ständevertreter mit Einzelreden auf; im Handlungsspiel werden kurze Konflikte geknüpft. Die Sexual- und Fäkalsphäre sind vorherrschende Bereiche der Belustigung. Spielort war wohl das Wirtshaus.

Die fortgesetzte Predigttätigkeit ist schriftlich nur begrenzt faßbar und die hs. Überlieferung nur teilweise gesichtet. In den Städten wurde die *Predigt* zu einem ›Massenmedium‹, in dem auch Zeitkritik und Unterhaltung Platz fanden. →Geiler v. Kaisersberg (1445–1510) war der berühmteste Volksprediger, der durchaus auf gelehrter humanist. Bildung fußte. Er hat u. a. eine Predigtreihe über Sebastian →Brants »Narrenschiff« (1494) gehalten, das am weitesten verbreitete Beispiel einer im 14./15. Jh. beliebten satir. Darstellung des Menschen als Narr.

Religiöse Schriften wurden im SpätMA massenhafte Gebrauchsware: katechet. Texte, Traktate, Legendensammlungen, Gebets-, Andachts-, Trost, Beicht- und Sterbebücher. Zu der vielfältigen Wirkung der Mystik, auch ihrer Entstellung gehört die »Gottesfreundlit.« des 14. Jh. Einflußreich war ein myst. Traktat wohl vom Ende des 14. Jh., »Eyn deutsch Theologie« (1516/18 von Luther hg.) des sog. →Franckforter. Wenn auch ohne direkte Kontinuität, so führte der Prozeß der Laienbildung ebenso wie die fortschreitende Bibelübersetzung zur Reformation hin. Auf die Übertragung einzelner bibl. Bücher seit der 1. Hälfte des 14. Jh. folgte 1350 die erste dt. Gesamtbibel, die zw. 1466 und 1518 14 Drucke erlebte. Die Übersetzung war flankiert durch dt. Kommentare.

Weltl. →*Fachliteratur*, die im →»Lucidarius« (um 1190) einen frühen Vorläufer hatte, breitete sich auf den Gebieten der Humanmedizin, Tierheilkunde, Erdkunde, Waffenkunde, Jagd, Fechtkunst, Magie, Mantik u. a. aus, z. T. noch mit allegor. Elementen (→Konrad v. Megenberg, »Buch der Natur« um 1350). *Geschichtsschreibung,* insbes. in Form von Prosachroniken mit lokal begrenztem oder weltgeschichtl. Horizont, bezeugt das zunehmende Interesse an Selbstdarstellung und -dokumentation (→Historiographie, →Chronik).

Die Sprache der spätma. Lit. ist frühnhd. In dieser einordnenden Bezeichnung gehen Traditionsgebundenheit und Voraussetzung zu zukünftiger Entwicklung ineinander über. Insbes. die Reformation hat mit den Vorgaben des 15. Jh. gearbeitet, in der Lit. werden sie weitergeführt. Das Ende einer lit. Epoche zeichnet sich um 1500 nicht ab. – →Mittelniederdeutsche Literatur, →Niederländische Literatur. U. Schulze

Ed. und Lit. zu den einzelnen Autoren und Werken: s. jeweilige Einzelartikel sowie VERF.-LEX., VERF.-LEX.² – *Gesamtdarst. [z. T. mit Biogr.]:* A. F. C. VILMAR, Vorlesungen über die Gesch. der dt. National-Lit., 1845 – G. G. GERVINUS, Gesch. der poet. National-Lit. der Deutschen, T. 1, 1846; T. 2, 1842 – W. SCHERER, Gesch. der dt. Lit., 1883 – G. EHRISMANN, Gesch. der dt. Lit. bis zum Ausgang des MA, T. 1: Die ahd. Lit., 1918; T. 2.1: Frühmhd. Zeit, 1922; T. 2.2,1: Blütezeit, 1927; T. 2.2,2: Schlußband, 1935 [Nachdr. 1965–66] – J. SCHWIETERING, Die dt. Dichtung des MA, 1932 [Nachdr. 1957] – Annalen der dt. Lit., hg. H. O. BURGER, 1952, 1971² – H. DE BOOR, Die dt. Dichtung. Von Karl d. Gr. bis zum Beginn der höf. Dichtung 770–1170 (Gesch. der dt. Lit. von den Anfängen bis zur Gegenwart, Bd. 1, 1949, 1979⁹) – DERS., Die höf. Lit. Vorbereitung, Blüte, Ausklang 1170–1250 (Gesch. der dt. Lit., Bd. 2, 1953, 1979¹⁰) – DERS., Die dt. Lit. im späten MA, T. 1, I: 1250–1350 (Gesch. der dt. Lit., Bd. 3, 1962, 1979⁴) – H. RUPPRICH, Die dt. Lit. vom späten MA bis zum Barock, T. 1: Das ausgehende MA, Humanismus und Renaissance 1370–1520 (Gesch. der dt. Lit., Bd. 4, 1970) – P. WAPNEWSKI, Dt. Lit. des MA, 1960, 1980⁴ – K. RUH, Höf. Epik des dt. MA, T. 1, 1967, 1977²; T. 2, 1980 – K. BERTAU, Dt. Lit. im europ. MA, Bd. 1–2, 1972–73 – W. HOFFMANN, Mhd. Heldendichtung, 1974 – D. BRETT-EVANS, Von Hrotsvit bis Folz und Gengenbach. Eine Gesch. des ma. Dramas, T. 1–2, 1975 – M. WEHRLI, Gesch. der dt. Lit. vom frühen MA bis zum Ende des 16. Jh., 1980 – Neues Hb. der Literaturwiss., hg. K. V. SEE, Bd. 7: Europ. HochMA, hg. H. KRAUSS, 1981; Bd. 8: Europ. SpätMA, hg. W. ERZGRÄBER, 1978.

Deutsche Ostsiedlung → Ostsiedlung, → Kolonisation und Landesausbau

Deutsche Reichstagsakten → Reichstagsakten, Deutsche

Deutsche Sprache
I. Räumliche und zeitliche Gliederung, Gliederungskriterien, Bezeichnung »deutsch« – II. Binnengliederung des Deutschen – III. Die Sprachperioden des Hochdeutschen – IV. Die Sprachperioden des Niederdeutschen.

I. RÄUMLICHE UND ZEITLICHE GLIEDERUNG, GLIEDERUNGSKRITERIEN, BEZEICHNUNG »DEUTSCH«: Das Dt. gehört zu den germ. Sprachen, deren gemeinsame, rekonstruierbare Grundsprache, das Urgerm., mit einer Reihe lexikal. und grammat. Neuerungen (Veränderungen im Konsonantismus – »germ. Lautverschiebung« –, im Vokalismus, im Formenbau, Festlegung des Wortakzents) aus dem Indogerm. hervorgegangen ist. Zusammen mit dem →Englischen, →Friesischen und →Niederländischen bildet das Dt. die westgerm. Sprachgruppe. Es teilt sich in Hochdeutsch (Hd.) und Niederdeutsch (Nd.). Das Hd. ist im Verlauf des frühen MA aus den Stammesdialekten der nach und nach dem Frankenreich eingegliederten Völker (Stämme) der →Thüringer, Baiern (→Bayern), →Alamannen, →Langobarden (Elbgermanen) und eines Teils der Stammesverbände der →Franken (Weserrheingermanen) zu einer einheitl. Sprache erwachsen, wobei im Merowinger- und ungeteilten Karolingerreich Germanen und Romanen vereinigt waren. Demgegenüber beruht das Nd. auf der Sprache des auf dem Festland verbliebenen, unter Karl d. Gr. dem Karolingerreich integrierten Stammes der →Sachsen (Nordseegermanen). Eine Darstellung der dt. Sprache des MA hat die sprachgeograph. Binnengliederung in Hd. und Nd., die durch ein lautl.

Kriterium – die Durchführung der »hochdt. Lautverschiebung« – bedingt ist, zu berücksichtigen sowie die Sprachveränderung in verschiedenen Zeitabschnitten (Althochdeutsch = Ahd., Mittelhochdeutsch = Mhd., Frühneuhochdeutsch [Ansatz einer solchen Sprachperiode nach Wilhelm Scherer] = Frühnhd./Altsächsisch = As., Mittelniederdeutsch = Mnd.). Die sprachgeschichtl. Einsichten gründen sich auf geschriebene Quellen aus best. Kommunikationsbereichen. Nur vereinzelt wird in diesen »Schreibsprachen« die gesprochene Sprache widergespiegelt.

Die zusammenfassende Bezeichnung für die Volkssprache des dt. Sprachgebiets, das sich im Laufe des MA vergrößert hat, lautet ahd. *diutisc*. Mit Bezug auf die Sprache wird das Adjektiv zuerst von →Notker Labeo verwendet (mhd. *diutsch* für 'Land und Leute' z. B. im →Annolied um 1085). Daneben steht die im Rahmen der ›karl.‹ Kulturpolitik nach lat. vulg-aris mit dem *eo* von **theod* 'Volk' gebildete Lehnübersetzung *theod-isc(us)* (z. B. > fläm.-brabant. *dietsc*). Sie erscheint zum ersten Mal im Bericht über eine ags. Synode v. 786, deren Beschlüsse »tam latine quam theodisce«, d. h. lat. und volkssprachl., gefaßt wurden. In einer Glossierung der Annales regni Francorum v. 788 ist mit *theodisca lingua* speziell die dt. Sprache gemeint. →Otfrid v. Weißenburg begründete (Mitte 9. Jh.) die Abfassung seines Evangelienbuches in dt. Sprache: »cur scriptor hunc librum theotisce dictaverit«. Etymolog. ist das Wort von germ. **þeuđō* 'Volk' (got. *þiuda*, ahd. *thiot[a]*, as. *thiod[a]*) abgeleitet und bedeutet zunächst 'zum Volk gehörig, völkisch', und zwar allgemein germ.; dann wird der Gebrauch eingeschränkt auf die Germanen des Frankenreiches, in dem sich mit der Entstehung des karol. Ostreiches die endgültige Trennung der dt. und roman. Reichsteile vorbereitet.

II. Binnengliederung des Deutschen: Die Großgliederung in Hd. und Nd. sowie die weitere Auffächerung des Hd. (Oberdeutsch = Obdt., Mitteldeutsch = Md. usw.) beruhen im wesentl. auf den durch die zweite (hd.) Lautverschiebung (6. bis 7. Jh.) verursachten Unterschieden im Konsonantenbestand. Das Nd. und die übrigen germ. Sprachen haben keinen Anteil an den Verschiebung'serscheinungen. Sie bestehen aus zwei Akten: Die Tenues **p t k* wurden zu den Affrikaten *pf, (t)z*, obdt. *kch* im Anlaut, in der Gemination, im In- und Auslaut hinter *l, r, m, n*: *phlegan, scephen, helphan* (as. *plegan, skeppian, helpan*), *zunga, sezzen, herza* (as. *tunga, settian, herta*), obdt. *chorn, wec(c)hen, werch* (as. *korn, wekkian, werk*) und zu den Reibelauten *f(f), ʒ(ʒ), hh* hinter Vokalen: *offan, skif* (as. *opan, skip*), *wazzar, waz* (as. *watar, hwat*), *mahhōn, ih* (as. *makon, ik*). Zum anderen entwickelten sich aus den Medien **b d g* in allen Positionen stimmlose Verschlußlaute: obdt. *peran* (as. *beran*), ahd. *alt* (as. *ald*), obdt. *likkan* (as. *liggian*). Voll sind die Verschiebungen nur in den obdt. Dialekten (bair., alem., langob.) eingetreten. Im Md., das in ahd. Zeit vornehmlich aus dem Wmd., dem Rhein- und Mittelfrk. (Moselfrk., Ripuar.) besteht, ist die Verschiebung auf bestimmte Positionen und Konsonanten beschränkt. Hinsichtlich des Verschiebungsstandes stehen zw. dem Obdt. und dem Md. das Ofrk. und Südrheinfrk. Schwer zu fassen ist das Wfrk. Weil die Lautverschiebung im S am stärksten ausgeprägt ist und sich nach N zu im rhein. Raum auffächert, suchte man den Ursprung im Obdt. Dagegen steht die Auffassung von der autochthonen Entwicklung im Frk.

III. Die Sprachperioden des Hochdeutschen: [1] *Die ahd. Sprachperiode (6. Jh.–1050)*: Eine kontinuierliche schriftl. Überlieferung der dt. Sprache beginnt in der 1. Hälfte des 8. Jh. mit Glossen und Ende des Jh. mit zusammenhängenden Texten. Aus der vorhergehenden Phase (vom 6. Jh. an) existieren nur sporad. Zeugnisse (Münzlegenden, Runeninschriften, dt. Namen, Wörter in lat. Texten). Für die Verschriftlichung des Dt. benutzte man das Alphabet des Lat., der offiziellen Sprache von Kirche und Verwaltung, das während des gesamten MA neben dem Dt. gebraucht wurde. Die erhaltenen deutschsprachigen Texte sind vorwiegend Übersetzungen aus dem kirchl.-geistl. Bereich. Eine wesentl. Förderung der Volkssprache ging vom Hof Karls d. Gr. aus (s. a. →Bildungsreform Karls d. Gr.). Von Karl selbst stammt das Verzeichnis der Namen der Monate und Winde, von denen sich allerdings nur die Bezeichnung für den Febr., *Hornung*, länger gehalten hat. Da auf Veranlassung Karls ferner Übersetzungen wie die sprachl. ausgezeichnete Isidorübersetzung (→Isidor), der älteste ahd. Prosatext, entstanden sind und Karl nach dem Bericht von Einhard die germ.-frk. Umgangssprache literaturfähig machen wollte, rechnete man dt. mit einer ›karl.‹ Hofsprache. Doch blieben die Bestrebungen Karls wie auch weiterer Mitglieder des karol. Hauses ohne Nachwirkungen. Allerdings klingt die ahd. Periode mit einem bedeutenden Vertreter klösterl. Gelehrsamkeit, nämlich →Notker Labeo, aus, der für die Herausbildung einer volkssprachl. Wissenschaftssprache Vorbildliches geleistet hat. Von der Glossentradition abgesehen, sind aus der Zeit vom ausgehenden 10. bis zur 1. Hälfte des 12. Jh. sonst nur wenige deutschsprachige Quellen erhalten. Träger der überlieferten dt. Sprache waren Kl. und Bischofssitze, an denen sich Schreibschulen und Schreibtraditionen bildeten: im bair. Dialektgebiet →Freising, →Tegernsee, →Salzburg, →Mondsee, →Passau, St. Emmeram in →Regensburg; im alem. →St. Gallen, →Reichenau, →Murbach; im südrheinfrk. →Weißenburg; im rheinfrk. →Mainz, →Lorsch, →Frankfurt, →Worms; im ostfrk. →Fulda, →Würzburg, →Bamberg; im mittelfrk. →Trier, →Echternach, →Köln. Die überlieferten Texte stellen sich in verschiedenen Schriftdialekten dar. Die Bestimmung des Herkunftsortes ist wegen späterer Überformung durch Abschriften z. T. schwierig. Wechselseitige Beeinflussung zw. klösterl. Traditionen (z. B. Fulda, Reichenau, St. Gallen) ist erkennbar und hat best. Ausgleichstendenzen hervorgerufen. (Die Darstellung der ahd. Grammatik ist oft »normalisierend« an der ofrk. →Tatian-Übersetzung orientiert.)

Lautliche Eigenheiten: Zu den lautl. Charakteristika des Ahd. gehören neben der hd. Lautverschiebung der frühe Lautwandel von **þ > d* (8./9. Jh.): *nord* (as. *north*), der *i*-Umlaut des *a* (Primärumlaut), sofern keine Umlauthindernisse vorlagen: *gast* Sg. *-gesti* Pl., die Monophthongierungen von **ai > ē* vor (germ.) *h, r, w* (got. *air* : *ēr* 'früher'), **au* zu *ō* vor *d, t, ʒ, s, n, r, l*, (germ.) *h* (got. *dauþus* : *tōd*) und die Diphthongierungen von *ē > ea, ia, ie, ō > uo* (got. *her* : *hiar, hier*; got. *fotus* : *fuoʒ*). Gegenüber dem Hd. wurde im As. **ai* bzw. **au* stets zu *ē* bzw. *ō-* monophthongiert und bei den as. Graphien *ie, uo* ist unsicher, ob es sich um echte Diphthonge oder um importierte diphthongische Schreibungen handelt. – *Morphologische Eigenheiten:* Vom alten Bestand der Flexionsformen hat sich im 10. Jh. der Instrumental wie auch der Dual beim Nomen nur noch in Resten erhalten. Weiterhin wird die Endung der 1. Ind. Pl. Präs. durch die entsprechende Konjunktivform ersetzt: *nemamēs > nemen*. Eine Tendenz zum analyt. Sprachbau zeigt sich in der Herausbildung periphrast. Verbformen des *haben* (*eigan*)-, *sein*-Perfekts, des *werden*- und *sein*-Passivs und der Futurumschreibung mit *sollen, wollen, müssen*, ferner im zunehmenden Gebrauch des bestimmten und unbestimmten Artikels und des Subjektspronomens (*stuont→er stuont* 'er stand'). – *Syntaktische Eigenheiten:* Die syntakt. Ausdrucksmittel werden durch die Ausbildung kausaler, konditionaler und konzessiver Subjunktionen erweitert. Andere syntakt. Erscheinungen wie der Accusativus cum Infinitivo oder der absolute Dativ sind durch lat. Vorbilder bedingt. – *Eigenheiten des Wortschatzes:* Der Einfluß des Lat. wirkte sich bes. stark auf den Wortschatz aus und führte neben Fremd- und Lehnwörtern, die innerhalb der Germania Romana (z. B. *beckī, -in* 'Becken' < vulgärlat.-roman. *baccīnum*) oder in Verbindung mit der lat. Schrift- und Kirchensprache stehen (z. B. *ordinōn* 'einrichten, ordnen' < lat. *ordināre*), zu lexikal. Innovationen. Diese werden eingeteilt in Lehnübersetzungen (*beneficium →wolatāt*), Lehnübertragungen (*oboediēns →(gi)hōrsam*), Lehnschöpfungen (*experimentum→findunga*), Lehnbedeutungen (*bijiht* 'Aussage vor Gericht' →'Beichte' nach lat. *confessio*). Weiterhin haben verschiedene Missionsbewegungen Spuren im ahd. Wortschatz hinterlassen, z. B. *gotspel* 'Evangelium' (vgl. ae. *godspel*), *pfaffo* (vgl. got. *papa*). Der einheimische, germ.-frühahd. Wortschatz, der v. a. in der heroischen Dichtung, im Rechts- und Sakralbereich auftritt, geht z. T. unter, z. T. wird er mit christl. Inhalten gefüllt (z. B. *wīh* 'geweiht' →'heilig').

[2] *Die mhd. Sprachperiode (1050–1350):* Das Mhd. unterteilt man in Frühmhd., das Mhd. der klass. Zeit (ab 1170) und Spätmhd., wobei die Übergänge zum Spätmhd. fließend sind. Es liegen unterschiedl. Periodisierungsvorschläge vor.

In der Ottonenzeit, verstärkt dann seit der Salier- und frühen Stauferzeit, begannen nach O gerichtete Expansions- und Siedlungsbewegungen (→Ostsiedlung). Es entstanden die Dialektgebiete des Omd.: Thüringisch, Obersächsisch, Schlesisch, Hochpreußisch. Im SO wurde dt. in dem Bereich, der ungefähr dem heut. Österreich entspricht, gesprochen. Dazu kommen Sprachinseln (z. B. das sog. →Zimbrische in Norditalien), welche an Sprachentwicklungen des Mutterlandes oft nicht mehr teilhaben.

Die mhd. Sprachperiode ist dadurch gekennzeichnet, daß sich das Dt. zu einer literaturfähigen Kultursprache entwickelt hat. Davon geben v. a. die poet. Denkmäler des klass. Mhd. (ca. 1170–1250) Zeugnis. Daneben erobert sich die d. S. fortwährend neue Anwendungsbereiche, wie die Vielfalt des mhd. Prosaschrifttums zeigt. Die Zunahme der Prosa beruht auf einer veränderten Einstellung gegenüber dem Lat. und gereimten Versen (vgl. die Vorreden im →Lucidarius, 12. Jh., und →Sachsenspiegel, 13. Jh.). Das erste Reichsgesetz in dt. Sprache ist der →Mainzer Reichslandfrieden von 1235. Den Verkehr mit der Kirche ausgenommen, schreibt z. B. die ksl. Kanzlei unter Ludwig d. Bayern (1314–47) deutsch. Dt. Kanzleisprachen bildeten sich zuerst in den Kanzleien der Städte heraus. Das Aufblühen der Städte, das Zunftwesen, der Fernhandel, die neue Geldwirtschaft verlangten eine Verschriftlichung der vorher mündl. geregelten öffentl. und privaten Angelegenheiten. Sie verlangten auch feste Familiennamen. Eine Folge der berufl. Spezialisierung in den Städten ist die Entstehung von Fachsprachen. Ferner kamen die Geheimsprachen der Gauner und Bettler, das →Rotwelsche, auf. Die seit dem 13. Jh. belegten jidd. Texte (→Jiddisch) in hebr. Schrift lassen Reflexe städtischer Umgangssprachen Süd- und Mitteldeutschlands erkennen. Während in der vorhergehenden Sprachperiode Geistliche, insbes. Mönche, neben dem dominierenden Lat. die Volkssprache verwandten, nahmen in mhd. Zeit Laien aus Adel und Ministerialität (Adelshöfe und Stadt- bürgertum) mehr und mehr Einfluß auf den Gebrauch der d. S. und die lit. Produktion. Dadurch wurde das kirchl. Bildungs- und Kulturmonopol allmählich gebrochen. Lit. Zentren waren im 12. Jh. das im Einflußbereich der Welfen liegende Regensburg und ferner das niederrhein.-maasländ. Gebiet, das mit dem Hof des Lgf. en→Hermann I. v. Thüringen in kulturellen Beziehungen stand. In stauf. Zeit, Ende des 12. Jh., Anfang des 13. Jh., kam es am Oberrhein, in Bayern, Österreich und Thüringen zu Höhepunkten lit. Schaffens, wobei sich in der höf. Dichtersprache Ausgleichstendenzen auf alem. und ostfrk. Grundlage zeigten. Weiterhin wurden die verschiedenen Bewegungen der →Mystik und die im 14. Jh. einsetzende dt. →Scholastik für die Entwicklung des Dt. wichtig (s. u.).

Lautliche Eigenheiten: Die Abgrenzung von Ahd. und Mhd. geschieht hauptsächl. mit Hilfe lautlicher Kriterien. Das auffallendste lautliche Merkmal des Mhd. ist die Abschwächung der unbetonten Vokale *a i o u* zu einem Murmelvokal ə (meist *e* geschrieben): z. B. *gebírge* (ahd. *gibírgi*). Ansätze zu dieser Entwicklung finden sich bereits in frühahd. St. Galler Urkundenprotokollen, andererseits werden noch im Spätmhd. volle Endsilbenvokale geschrieben und in heutigen schweizerdt. Mundarten auch gesprochen. Im Bereich des Vokalismus führte die Abschwächung der Endsilbenvokale zur Phonemisierung der durch *i* umgelauteten Vokale. Während im Ahd. der (Primär-)Umlaut nur bei *e* (< *a* vor *ĭ, j*) graphisch zum Ausdruck kam, wurde er nun in den mhd. Hss. (allerdings nicht regelmäßig) bezeichnet (Sekundärumlaut): *a > ä*: *nähte* (ahd. *nahti*); *o > ö*: *möhte* (ahd. *mohti*); *u > ü*: *würfel* (ahd. *wurfil*); *ā > æ̂*: *mǣre* (ahd. *māri*); *ō > œ*: *schœne* (ahd. *skōni*); *ū > iu [ü]*: *hiuser* (ahd. *hūsir*), *uo > üe*: *güete* (ahd. *guoti*); *ou > öu*: *göu* (ahd. *gouwi*). Beim Konsonantismus ergab die teilweise schon früh eingetretene Auslautverhärtung ein Nebeneinander von *tac – tages; wîp – wîbes; rat – rades*. Doch sind die Hss. in der Bezeichnung der Verhärtung nicht konsequent. Von S nach N schreitet der bereits im 11. Jh. weit verbreitete Wandel von *sk > sch* fort: ahd. *skōni >* mhd. *schœne*; vor *l, m, n, w, p, t* und nach *r* wurde seit dem 13. Jh. vom SW ausgehend auch *s > sch*: *schlange, schmalz, schnabel, schwingen, kirsche* (in den Verbindungen *sp, st* wird der neue Zischlaut bis heute nicht bezeichnet: *sprechen, stechen*). – *Morphologische Eigenheiten:* Die erwähnte Abschwächung der Endsilbenvokale bewirkte eine Vereinfachung des Formenbaus (vgl. die 4 Sg.-Kasus von ahd. *geba: geba, geba, gebu, geba* mit mhd. *gebe*). Dadurch verringerte sich der ahd. Bestand an Flexionsendungen etwa auf ein Drittel. Zum anderen zeigt sich die Tendenz, den Pl. auf *-er*, dessen Entsprechung im Ahd. nur wenigen Neutra angehört, wie auch den Umlautsplural über ihre bisherigen Verwendungsbereiche auszudehnen: z. B. *diu kinder* (ahd. *thiu kind*); *schelke* (ahd. *scalca*) 'Diener'. Die Vermehrung periphrast. Verbformen belegt die Fügung *werden* + Infinitiv zum Ausdruck zukünftigen Geschehens im 13. und v. a. 14. Jh. – *Syntaktische Eigenheiten:* Im syntakt. Bereich begegnet, je nach Textarten verschieden, ein Nebeneinander von paratakt. Fügungen und (kompliziertem) hypotakt. Satzbau, das unter dem Aspekt von 'Mündlichkeit' vs. 'Schriftlichkeit' betrachtet wird. →Gegenüber dem Ahd. sind Subjunktionen, die spezielle zeitl. Verhältnisse angeben, vermehrt. Die im Nhd. beobachtbare Beseitigung der Homonymie bei hauptsatz- und nebensatzeinleitenden Wörtern wird im Mhd. bereits an der Verwendung von *doch* deutlich, das nur noch hauptsatzeinleitende Funktion hat. – *Eigenheiten des Wortschatzes:* Während das Ahd. stark von Einflüssen des Lat.

auf das geschriebene Dt. geprägt ist, zeigt sich auch am Wortschatz des Mhd. der Übergang zur produktiven Selbständigkeit einer Literatursprache. Die lit. entworfenen Ideale und Lebensformen des höf. Rittertums der Stauferzeit prägten sich im Wortschatz in einer Reihe charakterist. Bezeichnungen aus, so z. B. *mâze* 'sittl. Mäßigung, Selbstbeherrschung, Bescheidenheit', *stǣte* 'Beständigkeit, Zuverlässigkeit', *hôher muot* 'freudige Hochstimmung, Selbstbewußtsein', *hoch(ge)zît* 'hohes kirchl. oder weltl. Fest, höchste Freude'. Demgegenüber wurde der Wortschatz, der auf die germ. Heldendichtung zurückgeht, z. B. *wîgant* 'Held', gemieden. Seit der 2. Hälfte des 12. Jh. macht sich ein starker Einfluß der frz. höf. Literatur geltend. Zahlreiche Lehnwörter werden aus dem Frz. übernommen, z. B. *aventiure* < afrz. *aventure*, und sogar Wortbildungsmittel (*-ie* z. B. in *tanzerîe*; *-ieren* z. B. in *hovieren*). Eine Vermittlerrolle bei der Übernahme der ritterl. Kultur kommt dabei den Niederlanden zu, die zum nördl. Frankreich enge Beziehungen hatten. Für die Entwicklung der dt. Sprache ist der Anteil der Mystiker an der Herausbildung einer Begriffssprache wichtig, z. B. *înfluz* (implizite Ableitung), *daz niht* (Konversion); *ein aller ding vergessen* (substantivierter Infinitiv); *wesenheit*, *înbildunge* (explizite Ableitungen). Wenn auch derartige Wortbildungsmuster, die z. T. unter dem Einfluß des Lat. aktiviert wurden, mit denen der Scholastik identisch sind (z. B. *selbstendikeit* ← lat. *subsistentialitas*; *eigenunge* ← lat. *propriatio*), unterscheiden sie sich doch von ihren religiösen Inhalten her. Da die Einswerdung der Seele mit Gott, die unio mystica, in Worten kaum auszudrücken ist, kommt es in der Mystik zu zahlreichen Bildungen auf *un*-: *unbegrîfelîch*, *unsprechelîch*, *unsehelîch* u. a.

[3] *Die frühnhd. Sprachperiode (1350–1650)*: In frühnhd. Zeit wurde das Lat. unter dem Einfluß von →Humanismus (genealog. Annäherung des Dt. an die antiken Sprachen und die bibl. Genesis) und →Reformation (Legitimierung der Muttersprache als gleichberechtigte Medium für das Wort Gottes) – von der Verwendung als Wissenschaftssprache an den Universitäten abgesehen – immer weiter zurückgedrängt. Durch die Einrichtung von städt. Schulen verbreitete sich die Lese- und Schreibfähigkeit, was durch die Erfindung des Buchdrucks wesentl. gefördert wurde. Die neuen Techniken und Gewerbemöglichkeiten sowie der weitere Aufschwung der Städte mit ihren überregionalen Handelsbeziehungen schufen neue Lebensbereiche, die sich in der Quantität der verwaltungs- und geschäftssprachl. Aufzeichnungen niederschlugen. Von der umfangreichen, die unterschiedlichsten Textarten umfassenden Lit. ist bislang nur ein Bruchteil ausgewertet. Diese Lit. wird v. a. von der vielschichtigen städt. Gesellschaft getragen. Die Ende des 15. Jh. für die Druckerwerkstätten bestimmter Städte charakterist. Druckersprachen (München, Wien, Ingolstadt: bair.-österr.; Tübingen, Ulm, Augsburg: schwäb.; Straßburg, Basel: oberrhein.-alem.; Bern, Zürich: schweizer.; Köln [auch nd.], Mainz, Worms, Frankfurt: wmd.; Nürnberg, Bamberg: ofrk.; Leipzig, Wittenberg: omd.; Lübeck, Magdeburg: nd.) wurden aus geschäftl. Interessen später einander angenähert. Die herausragende Persönlichkeit im Reformationszeitalter ist der Reformator Martin Luther selbst, der insbes. mit seiner Bibelübersetzung das Dt. auf eine neue Höhe geführt hat.

Für die Frage nach der Entstehung der nhd. Schriftsprache, deren Ursprung man zu Unrecht u. a. in der Prager Kanzlei Karls IV. gesucht hat, ist wesentlich, daß in der Sprachlandschaft des Omd., der Heimat der Reformation, durch den Zustrom von Siedlern aus unterschiedl. Dialektgebieten bereits ein Sprachausgleich, wie er im Nhd. herrscht, eingetreten war. Dem Omd. trat im SO des dt. Sprachgebiets das auf obdt. Grundlage unter dem Einfluß der ksl. Kanzlei, v. a. Maximilians I. (1493–1519) und seines Kanzlers Niclas Ziegler, entstandene »Gemeine Deutsch« entgegen, das sich noch lange gegenüber dem Omd. behauptet hat.

Lautliche und graphematische Eigenheiten: Wie bei der Abgrenzung von Ahd. und Mhd. stützt man sich bei der von Mhd. und Frühnhd. auf lautliche Kriterien, und zwar auf die Diphthongierungen von $\hat{\imath} > ei$, $\hat{u} > au$, $iu > eu$ (äu) (mhd. *mîn* > *mein*; mhd. *hûs* > *Haus*; mhd. *hiute* > *heute*), die Monophthongierungen von $ie > \bar{\imath}$ (geschrieben *i*, *ie*, *ih*), $uo > \bar{u}$ (geschrieben *u*, *uh*), $\ddot{u}e > \bar{\ddot{u}}$ (geschrieben *ü*, *üh*): mhd. *liep* > *lieb* (= *lîp*), mhd. *guot* > *gut* (= *gūt*), mhd. *brueder* > *Brüder* (= *Brǖder*), die Dehnung von kurzen Vokalen in offener Tonsilbe: mhd. *sa-gen* > *sagen* (= *sāgen*), die insbes. vor Konsonantenhäufung auftretende Kürzung von Langvokalen (mhd. *brâhte* > *brachte*) und die landschaftl. begrenzte (obdt.) Apokope von auslautendem -*e*. Auch wenn diese Lautvorgänge in den einzelnen Sprachlandschaften früher oder später vollzogen sind, wird deswegen die Mitte des 14. Jh. als Beginn des Frühnhd. angenommen, weil die genannten Neuerungen zu dieser Zeit bereits in dem größeren Teil der hd. Schreiblandschaften eingetreten sind. Außersprachl. Kriterien wie z. B. die Erfindung des Buchdrucks oder Kriterien, die sich auf die polit. Geschichte beziehen, führen dagegen zu anderen Periodisierungen. Graphemat. Charakteristika des Frühnhd. sind z. B. die regelmäßigere Bezeichnung von Umlauten (ö, ü, ä) und die Großschreibung von Substantiven. – *Morphologische Eigenheiten:* Im Bereich der Morphologie werden im Obdt. durch die Apokope die alten Numerus- und Kasusoppositionen eingeebnet; statt dessen greifen analog. Umlautsbezeichnungen um sich: *Vogel/Vögel* gegenüber mhd. *vogel/vogele*. Beim Verb zeigen sich Ausgleichstendenzen zu einem einheitl. Paradigmat: Ausgleich von *ü/ie* zugunsten von *ie* (z. B. *ich biete, wir bieten* gegenüber mhd. *ich biute, wir bieten*); Ersatz von *i* durch *e* in der 1. Person Sg. (z. B. *ich gebe* statt mhd., obdt. *ich gib[e]*); Beseitigung des durch Ablaut bedingten Vokalwechsels im Präteritum und Part. prät. (*bot, boten, geboten* gegenüber mhd. *bôt, buten, geboten*); Ausgleich des grammat. Wechsels (z. B. *war, waren* gegenüber mhd. *was, wâren*); ferner geregelte Verwendung des Rückumlauts, *gesetzt* gegenüber mhd. *gesetzt/gesatzt*. Im Obdt. kommt der Präteritum-Schwund hinzu. – *Syntaktische Eigenheiten:* Die weitere Entwicklung der Syntax im Frühnhd. führt zu einem Ausbau der schon im Mhd. angelegten Möglichkeiten. Die stärkere Unterscheidung von Haupt- und Nebensatz wird zum einen durch das Festwerden der Endstellung des finiten Verbs im Nebensatz erreicht, die mit dem Übergang des Deutschen zur Lesesprache begründet werden kann; zum anderen werden die Einleitewörter von Nebensätzen in ihrer Funktion beschränkt und deutlicher als solche gekennzeichnet (z. B. *als* gegenüber mhd. *also*). Weitere in der Syntax beobachtbare Tendenzen im Frühnhd. sind die Neigung, Genetivattribute hinter ihr Bezugswort zu stellen (z. B. *des armes sterke* → *die sterck des arms*) und der häufigere Ersatz des adnominalen Genetivs durch präpositionale Fügungen (z. B. *in der Prouintz Babylones* → *ym lande zu Babel*). – *Eigenheiten des Wortschatzes:* Der lexikal. Bestand des Frühnhd. zeigt in Texten des 15. Jh. noch eine Reihe von Doubletten, z. B. *böse/quade*. Bei der Aussonderung von Konkurrenzwörtern haben oftmals die Wörter bestimmter Landschaftskombinationen (etwa Omd./Ofrk.) den Vorrang. In der

Wortbildung wird ebenso unter den verschiedenen Bildungen ausgewählt, vgl. das Nebeneinander von *erbermde, erbarmen, erbarmung, barmherzigkeit*. Die Übernahme von Fremdwörtern (it., westslav., frz.) nimmt in frühnhd. Zeit stark zu.

IV. Die Sprachperioden des Niederdeutschen: [1] *Die as. Sprachperiode (800–1100/50)*: Das As., die älteste Sprachstufe des Nd., ist seit 800 in fortlaufenden Texten überliefert. Die beiden Bibeldichtungen → »Heliand« und → »Genesis« gehören dem 9. Jh., die kleineren Denkmäler (v. a kirchl. Prosatexte, Interlinearversionen, Glossen) dem 10./11. Jh. an, wobei die Sprachbeschreibung vornehmlich vom »Heliand« ausgeht. Vor 800 sind nur vereinzelt Namen bezeugt. Die Echtheit der von der Forschung zumeist als Fälschungen beurteilten Weserrunen ist noch nicht zweifelsfrei erwiesen. Von Angelsachsen und Franken für Sachsen geschriebene Sprachquellen ausgenommen, sind Träger der as. Sprache zunächst in frk. und alem. Klöstern ausgebildete Sachsen, die beim Kopieren ahd. Vorlagen Merkmale des eigenen Dialekts einfließen lassen. Die as. Überlieferung v. a. aus Mainz und Fulda zeigt das Bemühen um die Christianisierung der Sachsen im Karolingerreich, wozu auch das in der Frühphase ags. bestimmte Werdener Scriptorium (→ Werden) und westfrk. Klöster (insbes. → Corbie mit seinem Tochterkl. → Corvey) beitrugen. Für die Ottonenzeit, in der man sich immer mehr von hd. Vorlagen löst, zeugt die weite Verbreitung as. Sprachdenkmäler von der gewachsenen polit. Bedeutung Sachsens. Anhand der neu gefundenen Straubinger Heliand-Fragmente kann die Frage nach Dichter und Entstehungsort des »Heliand« neu gestellt werden.

Die ursprgl. Stammesgliederung des As. in Ostfalen, Engern, Westfalen, Nordalbingier ist in den Texten nur mehr durch die sprachl. Zweiteilung in Westfälisch und Ostfälisch repräsentiert. Der in Namen und den Merseburger Glossen vom »normalen« As. der lit. Quellen abweichende, mehr zu den nordseegerm. Sprachen stimmende Lautstand wurde sprachsoziologisch (Sprache eines sozial tieferstehenden Personenkreises gegenüber der dem Frk. angenäherten Sprache des Adels), dialektgeographisch (längeres Festhalten an der nordseegerm. Grundlage in bestimmten Mundarten, Siedlung von Friesen) oder durch das Fehlen der hd.-frk. Orthographieeinflüsse der Literatursprache zu erklären versucht.

Lautliche und morphologische Eigenheiten: Zu den schon erwähnten sprachl. Charakteristika des Nd. (I, II, III [1]) kommen einige nordseegerm. Eigenheiten, z. B. der Schwund von Nasalen vor *f, þ, s* (*fīf*: ahd. *fimf* 'fünf'), der Nom., Akk. Pl. auf *-os, -as*, der endungslose Nom., Akk. beim Typ *bed* (ahd. *betti* 'Bett'), der Zusammenfall von Dat. und Akk. beim Personalpron. der 1., 2. P. (Sg. *mi, me, thi*, Dual *unk, ink*, Pl. *ūs, eu, iu(u), giu*), der Einheitsplural in Formen des Verbs; andere Eigenheiten teilt das As. allein mit dem Ahd. (Akk.-Endung -*a* beim Nom. Sg. des Typs *gebā*, Instrumental auf -*u*). – *Syntaktische Eigenheiten:* In der bislang nur anhand der Dichtung untersuchten Syntax finden sich die auch in der sonstigen stabreimenden Dichtung nachweisbaren Strukturen (z. B. Trennung von Bezugswort und Apposition), die Stilwert besitzen. –
Eigenheiten des Wortschatzes: Dichtersprachl. Elemente des Wortschatzes sind z. B. *radur* 'Himmel' und zahlreiche Komposita (*erd-libi-giscapu* 'Geschicke des Erdenlebens'). Daneben enthält der as. Wortschatz Lehnwörter aus dem Lat., vom Ae. oder Ahd. übernommene christl. Wörter (z. B. *hēliand* bzw. *anst* 'gratia'), Übernahmen frk. Rechtsbegriffe (*urdēli, adēlian* 'Urteil, urteilen' neben as. *dōm, dōmian*), Wörter und Wortformen nordseegerm. Herkunft (*bium*, ae. nordh. *biom* 'ich bin', *wandwerpa*, ae. *wandweorpe* 'Maulwurf', *hun-, a(n)t-*, ae. *hund-* bei Zehnerzahlen u. a.). Bei den Wochentagsbezeichnungen bringen *Mittwoch* und *Samstag*, die östl. der Weser in dieser Form (auch **sunnunaband*) erscheinen, einen alten Gegensatz zum Ausdruck (gegenüber westfäl. **wōdanesdag*, umgestaltet zu *gōdensdag*, für lat. *Mercurii dies, sāterdag* für lat. *Saturni dies*). Daß die as. Sprache einen so heterogenen Eindruck macht, beruht v. a. darauf, daß das As. genetisch nordseegerm. Herkunft ist, aber sich dem Hd. annähert (vgl. folgenden Abschnitt).

[2] *Die mnd. Sprachperiode (1250–1650)*: Die Periode des Mnd. beginnt von der Überlieferung her erst im 13. Jh.; davor wurde in Norddeutschland nur Lat. geschrieben. Im 16./17. Jh. wird die nd. Schriftsprache durch die hd. abgelöst.

Im Zuge der Ostsiedlung entstanden die Dialekte des Brandenburgischen, Mecklenburg-Vorpommerschen, Mittel-, Ostpommerschen, Niederpreußischen. Mnd. wurde auch im Baltikum, in Friesland, Mittelschleswig gesprochen. Zudem finden sich Zeugnisse des Mnd. in den skand. Ländern, den Niederlanden, England und Rußland. Ursprgl. nd. Gebiete traten in ihren südl. Teilen bereits im 14./15. Jh. zum Hd. über.

Der Übergang von der lat. zur nd. Urkundensprache (von Ausnahmen abgesehen nach 1300) im hans. Schriftverkehr erst nach 1380) wird durch den Aufstieg des niederen Adels, das Aufkommen des städt. Bürgertums und durch das Erstarken des Territorialfsm.s verursacht. Der niedere Adel verlangte auch nach volkssprachl. Rechts- und Geschichtsdarstellungen, was – neben den verschiedensten Textarten – zu einer »Gebrauchsliteratur« von lit. Bedeutung führte. Das Zentrum der mnd. Überlieferung ist im 13. Jh. das ostfäl. Dialektgebiet; davor hatte man dort in Abhängigkeit von der höf.-ritterl. Kultur Mittel- und Süddeutschlands mhd. geschrieben. Im 14. Jh. entstanden im W und N zahlreiche Rechtsquellen und – unter ndl. Einfluß – religiöse Texte. Im späteren 15. Jh. wurden der O (Braunschweig) und der NO (Lübeck) Schwerpunkte der lit. Tätigkeit, während der W weiterhin mit geistl. Literatur führte. Die Basis der mnd. Schriftsprache ist dabei eine in → Lübeck, der führenden Handelsmetropole des nördl. Europa, entstandene, bis Mitte des 14. Jh. im ganzen norddt. Gebiet verbreitete hans. Ausgleichssprache (→ Hanse) geworden, auf die ostfäl. und andere Strömungen einwirkten. Mit dem Niedergang der Hanse vom 16. Jh. an setzt der Untergang des schriftsprachl. Nd. ein.

Lautliche und morphologische Eigenheiten: In sprachl. Hinsicht gibt es neben Entwicklungen, die von denen des Mhd. abweichen (z. B. nd. Diphthongierungen von Kurzvokalen, Verallgemeinerung umgelauteter Vokale in der Verbalflexion), auch parallele Prozesse (Abschwächung der Endsilbenvokale mit der dadurch bedingten Umstrukturierung der Flexion, Auslautverhärtung). (Die Syntax des Mnd. ist noch weitgehend unerforscht). – *Eigenheiten des Wortschatzes:* Durch Eindeutschung des nd. Wortschatzes (z. B. Ersatz der Kleinwörter, *in*: as. *an* 'in', Übernahmen aus der mhd. Dichtersprache, *sik freuen* u. a.) gab das Mnd. immer mehr von seinem nordseegerm. Charakter auf. Ebenso wie das Mnd. zahlreiche Lehnwörter aus anderen Sprachen aufgenommen hat (v. a. aus dem Lat., Frz., Ndl., Russ.), gab es Lehnwörter an andere Sprachen (insbes. an die skand. Sprachen und ans Hd.) weiter.

R. Lühr

Lit.: H. Eggers, Dt. Sprachgesch., 1-3, 1963-69 – Die dt. Sprache, 1-2, 1969-70 – Kurzer Grdr. der germ. Philol. bis 1500, 1, hg. L. E. Schmidt, 1970 – A. Bach, Gesch. der dt. Sprache, 1970[9] – Niederdeutsch: Sprache und Lit., 1, hg. J. Goossens, 1973 – Deutsche Wortgesch., hg. F. Maurer–H. Rupp, 1, 1974[3] – St. Sonderegger, Ahd. Sprache und Lit., 1974 – W. Schmidt, Gesch. der dt. Sprache, 1976[2] – Th. Klein, Stud. zur Wechselbeziehung zwischen as. und ahd. Schreibweisen und ihrer sprach- und kulturgesch. Bedeutung, 1977 – P. v. Polenz, Gesch. der dt. Sprache, 1978[9] – St. Sonderegger, Grundzüge dt. Sprachgesch. 1, 1979 – W. Besch, Frühneuhochdeutsch, Lex. der Germanist. Linguistik, 1981[2], 588-597–N. R. Wolf, Ahd.-Mhd., 1981 (Gesch. der dt. Sprache 1) – Hdb. zur nd. Sprach- und Lit.-Wiss., hg. G. Cordes–D. Möhn, 1983 – F. Tschirch, Gesch. der dt. Sprache, 1, 1983[3], 2, 1975[2] – H. Penzl, Das Frühnhd. und die Periodisierung in der Gesch. der dt. Sprache, Chloe: Beih. zum Daphnis 3: Barocker Lust-Spiegel, 1984, 15-25 – J. Schildt, Abriß der Gesch. der dt. Sprache, 1984[3].

Deutschenspiegel. Der D. ist ein vermutlich um 1275 entstandenes, dem →Sachsenspiegel und dem →Schwabenspiegel eng verwandtes Rechtsbuch, das sich in seiner Reimvorrede selbst als »spiegel aller tiuscher liute« bezeichnet. Überliefert ist nur eine einzige, in bairisch-österr. Mundart geschriebene, auf Anfang des 14. Jh. zu datierende Hs., die aus Neustift bei Brixen stammt und sich heute in der Universitätsbibliothek Innsbruck befindet. Einzelne Artikel des D.s sind auch Bestandteil einiger Hss. des Schwabenspiegels.

Die inhaltl. Nähe zum Augsburger Recht läßt die Annahme zu, daß der D. in Augsburg entstanden ist. Der Verfasser selbst ist unbekannt, er ist jedoch mit großer Wahrscheinlichkeit im Augsburger Minoritenkonvent zu suchen, dem bei der Vermittlung des Sachsenspiegels nach Oberdeutschland eine zentrale Rolle zukommt.

Der D. beruht auf einer obdt. Sachsenspiegelübersetzung und einer weiteren in Augsburg entstandenen Übertragung. Außer einem vorangestellten »Buch der Könige alter Ehe« folgt der D. seinem Vorbild in der Einteilung nach Reim- und Prosavorreden, Landrecht und Lehnrecht. Nur Landrecht 1-109 (1. Teil) bildet eine selbständige Bearbeitung des Sachsenspiegels. Die Landrecht 109 (2. Teil) folgenden Artikel und das Lehnrecht sind lediglich Übernahmen der obdt. Sachsenspiegelvorlagen. Im selbständigen ersten Teil sind u. a. der →Mainzer Reichslandfriede von 1235, die röm. Institutionen, die Summa Raymundi, die Historia Scholastica des →Petrus Comestor, die Kaiserchronik aus der Mitte des 12. Jh., die Bibel sowie zwei dem →Stricker zugeschriebene Gedichte verarbeitet. Während die Stellung des D.s zum Sachsenspiegel weitgehend als geklärt gilt, ist das Verhältnis zum Schwabenspiegel nicht in der gleichen Weise gesichert. Nach überwiegender Meinung ist der D. ein Bindeglied zw. Sachsenspiegel und Schwabenspiegel, eine andere Ansicht sieht im D. eine Kompilation dieser beiden Rechtsbücher. *C. Schott*

Ed.: J. Ficker, Der Spiegel dt. Leute, 1859 – K. A. Eckhardt, D. und Augsburger Sachsenspiegel, MGH, Fontes 3, 1933 – *Lit.*: HRG I, 685f. [A. H. Benna] – Verf.-Lex.[2] I, 410-413 [C. Frhr. v. Schwerin] – J. Ficker, Über die Entstehungszeit des Sachsenspiegels und die Ableitung des Schwabenspiegels aus dem D., 1859 – E. v. Müller, Der D. in seinem sprachl. stilist. Verhältnis zum Schwabenspiegel (Deutschrechtl. Beitr. 2,1, 1908) – A. Pfalz, Die Überlieferung des D.s, SAW 191, 1919 – K. A. Eckhardt, Der D., seine Entstehungsgeschichte und sein Verhältnis zum Schwabenspiegel, 1929 – Ders., Heimat und Alter des D.s, ZRGGermAbt 45, 1925, 134-149 – Ders., Rechtsbücherstudien, H. 1, Vorarbeiten zu einer Parallelausgabe des D.s und Urschwabenspiegels, AAG 20/2, 1927 – Ders., Zur Schulausgabe des D.s, ZRGGermAbt 50, 1930, 115-170 – C. Frhr. v. Schwerin, Zum Problem des D., ZRGGermAbt 52, 1932, 260-275 – A. Hübner, Vorstudien zur Ausg. des Buches der Kg.e in der Deutschenspiegelfassung und sämtl. Schwabenspiegelfassungen, AAG, 1932 – G. Homeyer, Die Dt. Rechtsbücher des MA und ihre Hss. 1, 2, 1934, 15-16; 2, 1931, 129.

Deutscher Orden

I. Die Anfänge – II. Ämterverfassung und frühe Besitzverhältnisse – III. Erste Versuche einer Territorialbildung – IV. Der Deutsche Orden in Preußen und Livland – V. Der Orden nach der Reformation.

I. Die Anfänge: Der D. O. ist als der dritte der großen palästins. Ritterorden 1198/99 gegründet worden (→Ritterorden, geistl.). Sein unmittelbarer Vorläufer war ein 1189/90 vor →Akkon gegr. Spital. Inwieweit der D. O. mit einem vor der Mitte des 12. Jh. in Jerusalem gegründeten dt. Marien-Hospital zusammenhängt, ist umstritten.

Die Kürze der Zeit, in der aus der Spitalsbruderschaft von Akkon ein Ritterorden wurde, erklärt sich durch die Förderung der neuen Gemeinschaft seitens der →Staufer sowie auch daraus, daß die Regel von den beiden älteren Ritterorden übernommen wurde: im Hinblick auf den Heidenkampf von den →Templern, während der Orden sich im Hinblick auf die Hospitalpflege an die →Johanniter hielt. Doch liegt über den ersten Jahrzehnten des Ordens ein dichtes Dunkel – wegen des Mangels an Quellen, aber auch weil ein Teil der Überlieferung (nicht zuletzt wegen des Konkurrenzkampfes mit anderen Gemeinschaften, v. a. mit den Johannitern) verfälscht ist. Von den ersten drei Hochmeistern weiß man so gut wie nichts.

Unter dem 4. Hochmeister, dem thür. Ministerialensohn →Hermann v. Salza (1209-39), hat der Orden an Besitz und an Bedeutung rasch zugenommen. Ks. →Friedrich II. machte ihn zur Stütze seiner Politik in Palästina, aber auch in anderen Ländern, und der Orden profitierte davon, daß der Kaiser sich des Hochmeisters als eines seiner wichtigen Berater und als eines Vermittlers in seinen Auseinandersetzungen mit dem Papsttum bediente. Mit der Förderung des Ordens durch die Staufer hängt seine Bindung an die Lgf.en v. →Thüringen zusammen, die ihrerseits dazu führte, daß ihm das Erbe der hl. →Elisabeth anvertraut und deren Schwager, Lgf. Konrad, zum 5. Hochmeister des Ordens (1239-40) gewählt wurde.

Da der Orden über den Kreuzzugsablaß verfügen konnte und da eine Reihe prominenter Adliger ihn nicht nur förderte, sondern ihm beitrat, wuchs ihm auch außerhalb des Hl. Landes rasch ein zwar verstreuter, jedoch beträchtl. Besitz zu – v. a. in Deutschland. Obwohl seinen Normen zufolge nicht auf dt. Mitglieder beschränkt, war er, von Ausnahmen abgesehen, doch von Anfang an ein »deutscher« Ritterorden. Sein Name lautete in abgekürzter Form schon früh Ordo Theutonicorum oder ähnlich, während er sich in der offiziellen Form seines Namens auf das Marienspital in Jerusalem bezog: Ordo fratrum hospitalis sanctae Mariae Theutonicorum Ierosolimitanorum. Die Formulierung des Titels variiert im Detail, doch hat sich der Orden im Mittelalter niemals offiziell als Deutscher Ritterorden bezeichnet.

II. Ämterverfassung und frühe Besitzverhältnisse: [1] *Ämterverfassung*: Die Masse der Besitzungen des D. O. ist im 13. Jh. zusammengekommen, und so ist auch damals nach dem Muster der älteren Ritterorden die Verfassung des D. O. ausgebildet worden. An der Spitze stand der auf Lebenszeit gewählte Hochmeister (magister generalis), assistiert von den Inhabern der fünf zentralen Haus- (d. h. Residenz-Burg)-Ämter: Großkomtur (→Komtur), oberstem →Marschall, Tressler, Trappier und Spittler. Diese obersten Ämter sind später oft irrtümlich im Sinne von Ressortministerien verstanden worden, als habe es sich bei dem Marschall um einen Kriegs-, bei dem Tressler um einen Finanz- und bei dem Spittler um einen Gesundheitsminister gehandelt, während diese obersten »Gebietiger« tatsächl. nach der Verlegung der Hochmeisterresidenz nach Preußen teils ihre Funktion verändert, teils jedoch verloren haben und insgesamt das deutlichste Beispiel dafür darstellen, daß die geschriebene und die praktizierte Ordensverfassung alsbald auseinanderzutreten begannen.

Die großen Ordensgebiete wurden von Landmeistern geleitet, während die mittlere Organisationseinheit in den von den Landkomturen geführten Balleien (in Preußen jedoch: Komtureien) bestand, in denen jeweils mehrere →Kommenden oder Häuser, die von einem Komtur oder einem Pfleger geführt wurden, zusammengefaßt waren. Innerhalb einer Burg wurden weitere Ämter versehen. Großen Burgen waren auch auswärts amtierende einzelne Amtsträger zugeordnet. In preuß., ausnahmsweise auch in Konventen des Reiches, gab es das Amt des für den Eigenhandel des Ordens tätigen →Schäffers. Wegen ihrer zentralen Bedeutung für den Bernstein- und für den Getreidehandel führten die Inhaber dieser Ämter in Königsberg und in Marienburg den Titel Großschäffer (zur Wirtschaftstätigkeit des D. O. →Preußen, Wirtschaft; s. a. →Hanse, →Bernstein, →Getreide, -handel usw.).

Alle Ämter sollten nur zeitweise bekleidet werden, der einzelne Ordensbruder wurde also einem von der Ordensspitze gesteuerten Rotationsprinzip unterworfen, doch läßt sich schwer sagen, bis wann dieses Prinzip so, wie in den Normen des Ordens vorgesehen, praktiziert wurde. Sobald die Quellen reichlicher zu fließen beginnen, wird deutlich, daß Regionalismus und Verpfründungserscheinungen die Verwirklichung der Normen behinderten. Auf der anderen Seite dürfte jedenfalls in Preußen noch in der 1. Hälfte des 15. Jh. die Distanz zw. dem, was aus dem Reich nach Preußen versetzte Ordensritter ihrer Mentalität zufolge erwarten durften, und der Tatsache, daß sie hier z. B. als Pferdemeister oder als Waldmeister zur Wahrnehmung fest umschriebener administrativer Funktionen genötigt waren, beträchtl. gewesen sein.

[2] *Besitzstruktur:* Abgesehen von Preußen und Livland war die Struktur der Ordensbesitzungen nicht zuletzt deshalb vielgestaltig, weil diese auf ganz unterschiedl. Weise entstanden waren. Dem D. O. waren geschlossene grundherrl. Komplexe und ganze Burgen zugefallen, die er in fast unveränderter Form als Kommenden verwalten konnte. Die Masse der Deutschordensbesitzungen kam jedoch aus kleineren Schenkungen und wurde durch Kauf vermehrt und auch arrondiert, war aber notwendigerweise trotzdem so vielgestaltig wie anderer geistl. Besitz auch. In den Städten z. B. verfügte der Orden über Wohnhäuser und Gewerbebetriebe. Er hatte ferner schon bestehende Spitäler und Kirchen übernommen. Insbes. deshalb gab es Kommenden, in denen nicht nur wenige Ordensritter, sondern in der Mehrzahl oder ausschließl. Ordenspriester lebten und auch die Komtursämter bekleideten. Während hier die von der Regel gewollte weitgehende Gleichberechtigung von Ritter- und Priesterbrüdern sichtbar wurde, hatten diese im Zweifelsfalle doch eher eine untergeordnete Stellung, die der des Kaplans auf einer adligen Burg nicht unähnlich war.

Neben den Ritter- und den Priesterbrüdern hatte der Orden, wiederum analog zu anderen geistl. Gemeinschaften, minderberechtigte und ihm nur locker angeschlossene Mitglieder. Doch ist die Überlieferung für die Ordensschwestern, für die Halbbrüder und für die Familiaren außerordentlich ungünstig, so daß sich von deren tatsächl. Bedeutung für den D. O. kein sicherer Eindruck gewinnen läßt. Offensichtl. haben die verschiedenen lokalen Bedingungen auch hier zu einer unterschiedl. Entwicklung geführt. Wo der D. O. etwa ein Spital übernahm und tatsächl. auch als Spital weiterführte, lag es nahe, die weibl. Mitglieder der dort zur Pflege der Hospitaliten bestehenden geistl. Gemeinschaft als Ordensschwestern zu übernehmen, doch begegnet eine Ordensschwester beispielsweise auch als Verwalterin eines Viehbestandes auf einem der großen Eigenbetriebe des D. O. in Preußen.

In der 2. Hälfte des 13. Jh. dürfte der Besitz des D. O. am weitesten ausgedehnt gewesen sein. Damals verfügte er noch über seine weit gestreuten Besitzungen am Mittelmeer, war der Besitz im Reich im wesentl. konstituiert und hatte der Orden bereits in Preußen Fuß gefaßt, wo er vom frühen 14. Jh. bis zur Zeit der Reformation sein Zentrum und sein Schwergewicht haben sollte.

[3] *Die außerdeutschen Besitzungen:* Ursprgl. hatte der Hochmeister am Gründungsort des Ordens, in Akkon, residiert. Später war →Montfort als die größte Burg des Ordens im Hl. Lande und als Hochmeisterresidenz ausgebaut worden. Nach dessen Fall im Jahre 1271 war wiederum Akkon Hochmeisterresidenz, bis mit dieser Stadt und mit der Burg des Ordens 1291 der Ordensbesitz im Hl. Land insgesamt verlorenging. Freilich hatte die palästinens. Hauptburg des Ordens dessen Hochmeister in den letzten Jahrzehnten nur vorübergehend gesehen. Polit. hatte der Orden schon jetzt sein zentrales Gebiet in Nordosteuropa.

Im Vorderen Orient besaß er jedoch noch bis zum 14. Jh. die Ballei Armenien, der auch die Ordensgüter in Zypern untergeordnet waren. Der Besitz in Griechenland war zur Ballei Romanien zusammengefaßt, die am Ende des 15. Jh. aus den Quellen verschwindet. Am umfangreichsten war im Mittelmeergebiet der zu den Balleien Sizilien und Apulien zusammengeschlossene Besitz. Beide Balleien gingen dem Orden Ende des 15. Jh. verloren. Das gleiche gilt für die etwas jüngere Ballei Spanien. Bei dem Besitz des Ordens in Südfrankreich ist nicht klar, ob dieser zeitweise in einer Ballei organisiert war; die Ballei Frankreich wurde noch im 13. Jh. aufgelöst. Deren Besitzungen in der Champagne wurden danach von der Ballei Elsaß-Burgund aus verwaltet. Als am stabilsten erwies sich in den Mittelmeerländern die Ballei Lombardei, die über das Ende des MA hinaus Bestand hatte und zu der das Ordenshaus Venedig gehörte, das nach dem Fall von Akkon und bis zur Verlegung der Hochmeisterresidenz in die Marienburg 1309 das Haupthaus des Ordens war. Über das Ende des MA hinaus konnte der D. O. auch seinen Besitz in Rom und in dessen Umgebung halten, der v. a. den Bedürfnissen des Generalprokurators, seines ständigen Vertreters an der päpstl. Kurie, diente.

[4] *Die Balleien im Reich:* Die Besitzungen des Ordens im Reich waren in folgenden Balleien zusammengefaßt: Partes inferiores (Niederlande), Böhmen-Mähren, Österreich, Thüringen-Sachsen, Elsaß-Burgund, Lothringen, Koblenz, Marburg, Bozen und Westfalen. Diese Balleien waren dem Meister in Deutschen Landen (Deutschmeister) unterstellt. Das gleiche galt für die Ballei Franken, die jedoch nicht immer selbständig, sondern zeitweise dem Deutschmeister direkt unterstellt war. Darüber hinaus wurde eine Reihe von – wiederum v. a. in Franken sowie am Mittelrhein liegenden – Ordenshäusern dem Deutschmeister direkt untergeordnet. Direkt unter den Hochmeister kamen seit dem frühen 14. Jh. die sog. Kammerballeien: Koblenz, Böhmen, Österreich, Bozen und Elsaß-Burgund. Eine solche Aufzählung läßt jedoch nicht deutlich genug erkennen, daß der D. O. in bestimmten Regionen gar nicht oder nur schwach vertreten war. Auch wenn

zur Ballei Westfalen die Kommende Bremen gehörte, war der Orden, von der Ballei Thüringen-Sachsen abgesehen, in Norddeutschland und im nördl. Mitteldeutschland nicht oder kaum präsent, und das gleiche gilt, abgesehen von der zur Ballei Franken gehörigen Kommende Regensburg, für Bayern. Im ganzen scheint der Orden dort geringere Möglichkeiten gehabt zu haben, wo das Landesfürstentum stark war, während er seine Kerngebiete in Regionen hatte, wo ein nicht landesherrl. gebundener Reichsadel und wo die Reichsministerialität konzentriert waren – jene Sozialgruppen, welche sich als die eigtl. Träger des D. O. erweisen.

III. Erste Versuche einer Territorialbildung: Wenn der D. O. spätestens seit der Mitte des 13. Jh. sein Schwergewicht unstrittig in →Preußen hatte und wenn sich sein Ausgreifen in diese Region aus nachträglicher Sicht geradezu zwingend in den Zusammenhang der →Ostsiedlung einfügt, so muß dem doch entgegengehalten werden, daß der Weg des Ordens vom Hl. Land nach Preußen keineswegs einer historischen Logik oder gar Zwangsläufigkeit folgte. Zwangsläufig könnte allenfalls erscheinen, daß der Orden überhaupt einen großen, geschlossenen Herrschaftskomplex erwarb.

Um einen solchen Herrschaftsbereich hat sich insbes. Hermann v. Salza bemüht: im Hl. Land selbst, sodann auf Zypern, in Siebenbürgen und am Ende in Preußen. Das schließliche Schicksal dieser Bemühungen im Hl. Land ist aus der allgemeinen Geschichte der Kreuzfahrerstaaten zu erklären. Daß der Orden auf Zypern keinen dauerhaften Erfolg hatte, ist auf die Niederlage Friedrichs II. zurückzuführen. Eine Niederlage hat der Orden auch in Siebenbürgen hinnehmen müssen. Doch hatten diese Hergänge der Jahre 1211 bis 1225 im Hinblick auf Preußen geradezu den Charakter einer Generalprobe und insofern haben sie, ungeachtet ihrer Kurzfristigkeit, eine generelle Bedeutung.

Kg. Andreas II. v. Ungarn hatte dem Orden im →Burzenland Besitz übertragen, auf den gestützt die Ordensritter die Grenze gegen die heidn. →Kumanen verteidigen sollten. Der Orden bemühte sich darum, dieses Gebiet aus der Kompetenz sowohl der kgl. Amtsträger wie auch des Bf.s zu lösen, und er wurde dabei von Papst →Honorius III. unterstützt, der den Ordensbesitz 1224 in »ius et proprietas« des hl. Petrus nahm. Ähnlich wie später in Preußen konnte auch hier strittig sein, was dem Orden eigtl. verbrieft worden war, ob die Papsturkunde nur im Sinne von kirchl. Exemtion und päpstl. Schutz zu verstehen sein sollte oder ob sie päpstl. Oberhoheit meinte. Der Kg. v. Ungarn sah jedenfalls seine Herrschaft durch den Orden bedroht, vertrieb ihn i. J. 1225 mit Gewalt und verschloß sich allen Forderungen nach dessen Rückkehr.

IV. Der Deutsche Orden in Preußen und Livland: [1] *Das Ausgreifen auf Preußen:* Es ist offensichtl., daß der Orden aufgrund seiner ung. Erfahrungen der Aufforderung Hzg.s →Konrad v. Masowien vom Winter 1225/26, ihm gegen die heidn. Prussen an seiner Nordgrenze militär. beizustehen, nicht gleich nachkam, sondern sich zunächst um eine Absicherung seiner auch hier angestrebten selbständigen Herrschaft bemühte. Das Resultat waren ein Privileg Ks. Friedrichs II. von 1226 (→Goldbulle von Rimini), eines des Hzg.s v. Masowien v. 1230 (→Kruschwitzer Vertrag) und eine Urkunde Papst Gregors IX. von 1234 (Bulle v. →Rieti). Bes. die beiden ersten Urkunden werfen formale und inhaltl. Probleme auf. Ihre Echtheit bzw. der Grad ihrer Echtheit sind ebenso umstritten wie die Frage, wie sich die polit. Selbständigkeit, welche der Ks. dem Orden zubilligte, zu der Inanspruchnahme der Eroberungen des Ordens in Preußen durch den päpstl. Stuhl verhalten und in welchem Verhältnis dessen Verfügungen zu dem stehen, was der Hzg. v. Masowien dem Orden gewährte und gewähren konnte. Ferner ist die Frage diskutiert worden, in welchem Verhältnis der in der Goldbulle v. Rimini entworfene Ordensstaat zum Reich stehen sollte. Inzwischen scheint geklärt, daß der Ordensstaat kein Teil des Reiches sein sollte, daß jedoch Widersprüche zw. der ksl. und der päpstl. Urkunde bestehen. Außer jedem Zweifel steht auch, daß der Hzg. v. Masowien sich einen polit. unselbständigen Helfer gewünscht hatte und dann nicht so schwach war, sich des D. O. so zu erwehren, wie das dem Kg. v. Ungarn gelungen war. Er konnte nicht verhindern, daß der D. O. das ihm zur Verfügung gestellte →Kulmer Land und die neu eroberten heidn. Gebiete in derselben Weise selbständig beherrschte, zumal er mit der Gründung eines eigenen Ritterordens, des Ordens v. →Dobrin, i. J. 1228 keinen Erfolg hatte.

[2] *Die Eroberung Preußens:* Der D. O. konnte seine Herrschaft in Preußen nur unter großen Schwierigkeiten begründen. Die i. J. 1231 begonnene Eroberung des Landes – unter Leitung des ersten Landmeisters Hermann →Balk – mußte nicht nur dem ztw. seitens des christl. →Pommerellen unterstützten Widerstand der →Prussen abgekämpft werden, sondern sie wurde darüber hinaus begleitet vom Mißtrauen des konkurrierenden Prussen-Bf.s →Christian.

1249 vermittelte ein päpstl. Legat im →Christburger Vertrag den Frieden zw. dem D. O. und den Prussen und sicherte diesen weitreichende Freiheitsrechte zu. Doch wurden diese Bestimmungen alsbald hinfällig, weil die Prussen den Kampf wieder aufnahmen. Bis etwa 1285 war die mit Hilfe von Kreuzfahrerheeren (→Kreuzzüge) aus dem Reich erkämpfte Unterwerfung des Landes abgeschlossen.

Die Verluste der Prussen in diesen Kämpfen sind hoch gewesen, doch kann von einer Ausrottung des Volkes nicht gesprochen werden. Viele wanderten ab, diejenigen, welche sich dem Widerstand nicht anschlossen, hat der Orden belohnt, und auch ehemalige Gegner wurden privilegiert, so daß nicht wenigen Angehörigen der pruss. Oberschicht gelang, ihre soziale Position unter der Herrschaft des Ordens zu wahren oder sogar zu verbessern. In dem Maße, in welchem die Prussen zum christl. Glauben übertraten, setzen vielfältige Assimilationsprozesse ein.

Infolge der raschen militär. Erfolge des D. O. konnten sich weder Bf. Christian noch der von ihm geförderte Dobriner Orden behaupten. Dieser wurde 1235 mit dem D. O. vereinigt. Statt des von Christian gewollten einen Bm.s Preußen wurden i. J. 1243 vier Bm.er errichtet: →Kulm, →Pomesanien, →Ermland und →Samland. Jeweils ein Drittel der Diözese erhielt jedes Bm. als eigenes Territorium, das dann noch mit dem Domkapitel geteilt wurde, so daß Preußen aus insgesamt neun Territorien bestand. Doch wurden die bfl. und domkapitular. Territorien dadurch an den D. O. herangezogen, daß diesem die Domkapitel – mit Ausnahme des ermländischen – inkorporiert waren. Darüber hinaus blieben die Landesverteidigung und die sie tragenden Abgabeverhältnisse überwiegend Sache des Ordens, so daß ungeachtet der differenzierten territorialen Struktur doch eine gewisse, im 14. und frühen 15. Jh. zunehmende Einheitlichkeit des Landes gegeben war. – Zum Erwerb der Neumark aus lux. Besitz i. J. 1402 s. →Neumark.

[3] *Ländliche und städtische Siedlungen:* Ungeachtet lokaler Besonderheiten waren auch die Siedlungsstrukturen

den preuß. Territorien gemeinsam, und sie glichen in vieler Hinsicht dem, was in den dt. Ostsiedlungsgebieten insgesamt üblich war (→Ostsiedlung, →Kolonisation und Landesausbau). Das gilt insbes. für die Rechtsverhältnisse der Bauern, die nach dem vom →Magdeburger Recht abgeleiteten →Kulmer Recht (s. a. →Kulmer Handfeste) lebten, im Dorfverband siedelten und meistens nur verhältnismäßig gering belastete Höfe von 2 Hufen (ca. 33 ha) Größe bewirtschafteten. Die Höfe der pruss. Bauern umfaßten meistens 2 Haken (ca. 20 ha) und waren stärker, und zwar mit Dienstpflichten, belastet. Doch sind auch Prussen nach dem günstigeren Recht der dt. Neusiedler angesetzt worden.

Andere Prussen hatten den Status von Freien, die dem Orden v. a. zu Militärdienst verpflichtet waren und die als Inhaber von kleinen Gütern ebenfalls bäuerlich leben, aber auch als Grundherren über größeren Besitz und abhängige Bauern verfügen konnten. Insbes. unter diesen größeren Freien, die sowohl pruss. wie auch dt. Herkunft waren, haben zahlreiche Assimilationsprozesse stattgefunden. Der einheim. preuß. Adel ist im 15. Jh. v. a. aus Angehörigen dieser Sozialschicht hervorgegangen, doch sind auch die adligen Söldnerführer aus dem Reich, die der Orden nach der Mitte des 15. Jh. mit Landbesitz ausstattete, für die Genese eines neuen Landadels von großer Bedeutung gewesen.

Die Planmäßigkeit der durch den Orden in Preußen inaugurierten Siedlungsvorgänge erweist sich nicht weniger an der Gründung von Städten. Auch deren Verfassung zeigt die aus dem gesamten Ostsiedlungsgebiet bekannten Elemente. Auch in Preußen ist nun der im Westen ausgebildete Typus der Gemeinde von persönlich freien Bürgern eingeführt worden. Es scheint, daß in den Städten die Bürgerschaft zunächst ganz überwiegend aus dt. Zuwanderern und deren Nachkommen bestanden hat und daß sich einheim. Stadtbewohner v. a. in der unterbürgerl. Bewohnerschicht fanden. Doch haben v. a. seit dem späteren 14. Jh. auch in den Städten, zumal angesichts der durchlässigen Grenzen zw. Land und Stadt, zahlreiche Assimilationsprozesse stattgefunden.

[4] *Der Orden in Livland:* Nach der Konsolidierung seiner Herrschaft in Preußen hat der Orden versucht, seine Macht weiter auszudehnen. Schon früh hat er in →Livland Fuß gefaßt, wo ein eigener Kreuzzugsorden, der vom Bf. v. →Riga abhängige sog. →Schwertbrüderorden, in ähnlicher Weise wie der D. O. den Heidenkampf aufgenommen und der Mission und Siedlung den Weg bereitet hatte. Nach der vernichtenden Niederlage dieses Ordens in der Schlacht v. →Saule (1236) wurden dessen Reste 1237 mit dem D. O. vereinigt. Der D. O. verfügte nun über ein zweites großes Herrschaftsgebiet an der nordöstl. Ostsee, er hat es ähnlich wie Preußen durch ein Burgensystem beherrscht, und ebenso wie zunächst Preußen stand auch hier ein Landmeister an der Spitze des Ordenszweiges. Im Unterschied zu Preußen waren jedoch die livländ. Bm.er unabhängig vom Orden. Namentl. die erbitterten Auseinandersetzungen mit dem Ebm. →Riga sollten die Geschichte Livlands bis ins späte 15. Jh. bestimmen.

[5] *Die Litauer-Züge:* Auf der anderen Seite gelang dem Orden die weitere Expansion nicht. Der Sieg, den Fs. →Alexander Nevskij 1242 über den Orden in der Schlacht auf dem Eise des →Peipus-Sees erfocht, sollte den Weg weiter nach NO endgültig blockieren. Im Süden erwies es sich dagegen als unmöglich, Litauen und das seinen westl. Teil bildende →Schemaiten zu erobern. So blieben Preußen und Livland durch ein keilförmig zw. beide Länder gelagertes großes heidn. Gebiet getrennt, an das sich weiter das ebenfalls heidn. →Litauen anschloß. Der D. O. hatte infolgedessen bis ins späte 14. Jh. lange Grenzen mit einem heidn. Volk gemeinsam und konnte an seiner Grenze seiner zentralen Aufgabe, dem Heidenkampf, nachgehen, und das hat er auch getan. Jahr für Jahr ist er zu Kriegszügen gegen die Litauer aufgebrochen, und fast jedes Jahr kamen ihm Kreuzfahrer aus dem Reich und aus Westeuropa in so regelmäßiger Folge zu Hilfe, daß die Teilnahme am Litauer-Kreuzzug zu den klass. Bewährungen des spätma. Rittertums werden konnte (→Preußenreise). Damit nahmen diese Kreuzzüge – so blutig sie waren – teilweise den Charakter von sportl. Ereignissen an. Dauerhafte Erfolge brachten sie dem Orden nicht; die Front stagnierte vielmehr, bis sich mit der litauisch-poln. Union von 1386 die Situation grundlegend änderte.

[6] *Das Verhältnis zu Polen:* Das Verhältnis des Ordens zu →Polen war zunächst neutral und manchmal auch freundlich gewesen, bis die Okkupation →Pommerellens und →Danzigs durch den Orden i. J. 1308 eine Wende zur Folge hatte. Obwohl Pommerellen nicht im engeren Sinne als poln. Territorium gelten konnte, obwohl die rechtl. Verhältnisse im Spannungsfeld der beteiligten Mächte (außer dem Orden, Polen, Pommerellen noch die Mark Brandenburg) nicht eindeutig zu klären waren und sind, war das Verhältnis zu Polen nun doch schwer belastet. Auch der Frieden v. Kalisch 1343 (Verzicht Polens auf Pommerellen) brachte keinen dauerhaften Ausgleich.

Auf der anderen Seite war das primäre Ziel der poln.-litauischen Union keineswegs die Eroberung von Pommerellen. Es scheint, daß die Exponenten des poln. Adels, welche für die Heirat der poln. Thronfolgerin →Hedwig (Jadwiga) mit dem bisher heidn. Litauerfürsten Jagiełło (→Władysław II.) u. damit für die Union beider Länder und für die Taufe des Litauer-Fürsten und seines Vetters →Witowt verantwortlich waren, eher an einer Expansion des nun gestärkten Polens nach SO interessiert waren. Auch stand der D. O. jetzt zwar einem Nachbarn gegenüber, dessen Macht vom Moskauer Umland bis zum Schwarzen Meer reichte, doch war seine Lage keineswegs hoffnungslos. Zum einen war die poln.-litauische Union ein fragiles Gebilde, und so sollte es dem Orden wiederholt gelingen, sie zeitweise zu spalten und sich namentlich mit dem Gfs. en Witowt v. Litauen zu verbünden. Zum andern konnte der Orden auf Verbündete hoffen. Doch haben diese die neue Lage bald anerkannt. Obwohl der Orden selber nicht müde wurde, die Christianisierung Litauens für eine Täuschung zu erklären und die weitere Notwendigkeit des von ihm gegen Litauen zu führenden Heidenkrieges zu behaupten und auf seine Gönner und Verbündeten im Reich und in Westeuropa in diesem Sinne einzuwirken, haben doch der röm. Kg. und der Papst Litauen als christl. Staat akzeptiert und dem Orden die Kreuzzüge dorthin untersagt; auch der Zustrom der Kreuzfahrer sollte bald versiegen.

Am Ende kam es nach einem kurzfristigen Hin und Her, in das auch das Schicksal des nun zerfallenden russ. Tatarenreiches (→Goldene Horde) hineinwirkte, zum Krieg und zur Entscheidungsschlacht. Im Jahre 1410 unterlag der D. O. bei →Tannenberg (nach poln. Tradition Grunwald) der poln.-litauischen Union. Die unmittelbaren Folgen dieser Niederlage konnten als geringfügig erscheinen, weil der Orden im ersten Frieden von →Thorn 1411 zwar auf Schemaiten und auf eine Reihe von Randgebieten verzichten mußte, den Kern seines Territoriums und namentlich Pommerellen jedoch behaupten konnte. Auch die Geldentschädigung, welche er zahlen mußte, war zwar hoch, jedoch nicht exorbitant.

Trotzdem hat sich die finanzielle Situation des Ordensstaates und des Ordens nun grundsätzl. geändert. Während im 14. Jh. die Ordensbesitzungen im Reich manchmal von Preußen aus subventioniert worden waren, mußte der Orden jetzt auf Hilfsgelder aus dem Reich für Preußen bestehen, um die Kontribution von 1411, die hohen Kriegskosten und die Summen bezahlen zu können, welche die Außenpolitik der nächsten Jahre fordern sollte.

[7] *Ständekämpfe und Territorialverluste:* Da diese Gelder überwiegend in Preußen selbst aufgebracht und Repräsentanten des Landes abgerungen werden mußten, wuchsen die Vertreter der Städte und des einheim. Adels nun rasch zu das ganze Land Preußen repräsentierenden →Ständen zusammen und forderten Mitverantwortung um so mehr, je stärker sie seitens des Hochmeisters und der Bf.e des Landes als Repräsentanten und zur Abgabenbewilligung in Anspruch genommen wurden. Dabei wurden die Gegensätze zw. Herrschaft und Städtevertretern dadurch vermehrt, daß der Orden seinen Getreidehandel forcierte und durch Exportvorschriften gegenüber dem Handel städt. Kaufleute begünstigte. Die Repräsentanten der Landgebiete wandten sich auch deshalb gegen den Orden, weil dieser die Besitzrechte der Inhaber von Freiengütern verschlechterte und solche Güter in Bauernhöfe umwandelte, um die in einer Zeit zunehmenden Söldner-Einsatzes disfunktionalen Kriegsdienst- durch Geldzinsverpflichtungen zu ersetzen.

Auf der anderen Seite standen einer Mitwirkung von Laien bei der Regierung eines geistl. Territoriums kirchenrechtl. Hindernisse im Weg. Als sich i. J. 1440 Städte und Landadel zum sog. →Preuß. Bund zusammenschlossen, um mit Hilfe dieses Bündnisses die schon längst geforderten Mitentscheidungsrechte durchzusetzen, konnte der Hochmeister nicht mehr tun, als hinhaltenden Widerstand leisten. Ein wirkliches Entgegenkommen hätte den Zusammenhalt des Ordens gefährdet, der sich ohnehin in einer Krise befand. In Preußen gab es in den dreißiger Jahren des 15. Jh. schwere Auseinandersetzungen zw. landsmannschaftl. Gruppen unter den Ordensrittern, und wenig später versuchten Ordensritter im Reich, mit Hilfe von gefälschten Ordensstatuten, die Stellung des Deutschmeisters auf Kosten des Hochmeisters zu stärken.

Am Ende war der Konflikt zw. Orden und Ständen unausweichlich. Nachdem ein vor dem Ks. 1452/53 geführter Schiedsprozeß und ein seitens des Ordens herbeigeführtes päpstl. Urteil die Unrechtmäßigkeit des Preuß. Bundes festgestellt hatten, löste sich dieser keineswegs auf. Vielmehr kündigte er dem Orden den Gehorsam auf und unterwarf sich dem Kg. v. Polen. Die Folge war ein dreizehnjähriger, v. a. mit Söldnern geführter und, was die Gegner des Ordens angeht, v. a. von dem reichen →Danzig finanzierter Krieg, an dessen Ende der zweite →Thorner Frieden von 1466 stand.

[8] *Vom Ordensstaat zum Fürstentum:* In diesem Frieden verlor der Orden nicht nur Pommerellen, sondern auch älteste Gebiete, darunter das Kulmer Land und das Haupthaus →Marienburg, das seit 1309 die Residenz des Hochmeisters gewesen war. Weiterhin mußte der Hochmeister für den verbliebenen preuß. Besitz die Oberhoheit des Kg.s v. Polen anerkennen und die Aufnahme bis zu 50 Prozent poln. Ordensbrüder in die preuß. Konvente zusagen. Diese Bestimmung wurde nicht realisiert, die poln. Oberhoheit blieb strittig, während sich das nun erheblich verkleinerte Ordensterritorium mit →Königsberg als neuer Hochmeisterresidenz rasch zu einem Fsm. entwickelte. Schon in den Jahrzehnten zuvor hatten weltl. Räte und Amtsträger eine wachsende Bedeutung für die Amtsführung des Hochmeisters erhalten und die durch die Ordensregel vorgegebenen, gleichsam monarch. Stellung des Hochmeisters ausgleichenden Elemente korporativer Mitbestimmung zurückgedrängt.

Nicht weniger rasch veränderten sich die Konvente. Infolge des Rückganges der grundherrl. Einnahmen, im Einklang gewiß auch mit einem Mentalitätswandel, wuchs die Bedeutung, welcher der Versorgung der Ordensbrüder im Orden zukam. Damals erreichte die Charakterisierung des Ordens als des »Spitals des deutschen Adels« ihre größte Verbreitung. Infolgedessen verringerte sich die Zahl der Ritter. In Preußen wurden die Kriegsverluste nicht ausgeglichen. Vor Tannenberg dürften dort etwa 700 Ritterbrüder gelebt haben, 1437 waren es etwas über 400, 1453 gegen 300, nach 1466 ging ihre Zahl weiter zurück. In Preußen wie auch in den anderen Gebieten des Ordens war nun nicht der Konvent der Regelfall, sondern das von nur einem Ordensritter besetzte, zu seiner Versorgung dienende und manchmal auf dem Wege des Ämterkaufs an ihn gekommene Ordenshaus. In Preußen gibt es darüber hinaus Beispiele dafür, daß die Ordensritter sich im Verhältnis zum Hochmeister ähnlich verhielten wie Adlige zu einem Territorialfürsten.

[9] *Orden und Reich. Die Säkularisierung Preußens:* Wie schon im frühen 15. Jh., so erwies sich auch im dreizehnjährigen Krieg, daß der Orden in Preußen aus seinen Besitzungen im Reich nur wenig Hilfe erwarten konnte. Die dennoch durchgesetzten Subventionen verschärften die prekäre Lage vieler Ordenshäuser im Reich. Am Ende des 15. Jh. nahmen die Stimmen derer zu, welche eine Unterstützung des auf seinem reduzierten preuß. Territorium gefährdeten Ordens durch das Reich forderten. Es scheint, daß das Verständnis für die rechtl. Unabhängigkeit des Ordens vom Reich und dafür, daß ihm nicht gestattet war, seinen Besitz als Lehen zu nehmen, damals geschwunden ist. Nachdem schon Kg. →Siegmund versucht hatte, den Orden in das Reich einzufügen, schwor der Deutschmeister dem Kaiser i. J. 1494 den Lehnseid. I. J. 1524 wollte auch der Hochmeister diesen Schritt vollziehen, doch hat er sich dann für das Verlassen des Ordens, für die Umwandlung Preußens in ein Hzm. und für dem Kg. v. Polen geschworenen Lehnseid entschieden.

Dieser Staatsstreich des letzten in Königsberg residierenden Hochmeisters hatte seine unmittelbare Ursache in dessen allzu riskanter Politik. Sein tieferer Grund lag jedoch in der offensichtl. Tatsache, daß der D. O. das verbliebene preuß. Territorium ohne Unterstützung seitens des Reiches nicht behaupten und wirksame Hilfe von diesem doch nicht erhalten konnte. Daß die Umwandlung dieses Ordensterritoriums in ein weltl. Hzm. ohne größere innerpreuß. Widerstände gelang, hat die verdeckte Säkularisierung zur Voraussetzung, die jedenfalls 1466 begonnen hatte und die vollends manifest wurde, als zur besseren Absicherung des Ordens und seines preuß. Besitzes durch Verbindungen zum Reich zwei Reichsfürsten zum Hochmeister gewählt wurden, die dem Orden vorher nicht angehört hatten: →Friedrich v. Sachsen (1498–1510) und Albrecht v. Brandenburg (1511–25).

V. Der Orden nach der Reformation: Die Säkularisierungen der preuß. Besitzungen des Ordens 1525 und in Livland 1562 waren die spektakulärsten Einbußen, welche der Orden, u. a. infolge der Reformation, hinnehmen mußte. Er hatte auch im Reich Verluste, und er hat damals auch fast alle noch verbliebenen Positionen außerhalb des Reiches eingebüßt. Im Reich selbst gelang ihm jedoch eine Konsolidierung, welche zwar die Existenz evangel. und konfessionell gemischter Ordensteile einschloß, aber dem Orden doch eine Basis bis zu den gewaltsamen Umwälzungen während der napoleon. Zeit und, nach weiteren Konsolidierungen und Reformen in den Jahren 1835, 1929 und 1947, bis in die Gegenwart gab. Daß die Erinnerung an den Orden seit dem ausgehenden 18. Jh. zunächst in Preußen und später in ganz Deutschland erneuert und daß diese historischen Ideologien dienstbar gemacht wurde, ist eine Frage nicht mehr der ma. Geschichte, sondern vielmehr von deren neuzeitl. Rezeption.

Zur Literatur des D. O.s →Deutschordensliteratur; zum Burgen- und Befestigungsbau des D. O. s →Deutschordensburgen. H. Boockmann

Q.: Liv-, Est- und Kurländ. UB, 1852ff. – Scriptores rerum Prussicarum, 5 Bde, 1861-74, 6, 1961 – E. STREHLKE, Tabulae ordinis Theutonici, 1869 – Preuß. UB, 1882ff. – Die Statuten des D. O., ed. M. PERLBACH, 1890 – E. G. GF. V. PETTENEGG, Die Privilegien des Dt. Ritter-Ordens, 1895 – Reg. historico-diplomatica, hg. E. JOACHIM–W. HUBATSCH, 1948ff. – Lit.: J. VOIGT, Gesch. Preußens von den ältesten Zeiten bis zum Untergange der Herrschaft des D. O., 1829-39 – DERS., Namen-Cod. der dt. Ordens-Beamten, 1843 – DERS., Gesch. des Dt. Ritterordens in seinen zwölf Balleien in Dtl., 1857, 1859 – B. DUDIK, Des hohen Dt. Ritterordens Münz-Sammlung in Wien, 1858 – H. PRUTZ, Die geistl. Ritterorden, 1908 – CH. KROLLMANN, Polit. Geschichte des D. O. in Preußen, 1932 – M. TUMLER, Der D. O. ... bis 1400, 1955 – K. HELM–W. ZIESEMER, Die Lit. des Dt. Ritterordens, 1958 – M. HELLMANN, Bem. zur sozialgesch. Erforsch. des D. O., HJb 80, 1961 – K. FORSTREUTER, Der D. O. am Mittelmeer, 1967 – Acht Jahrhunderte D. O., hg. K. WIESER, 1967 – E. MASCHKE, Domus hospitalis Theutonicorum, 1970 – K. MILITZER, Die Entstehung der Deutschordensballeien im Dt. Reich, 1970 – K. GÓRSKI, L'Ordine teutonico, 1971 [poln. Fassung 1977] – W. KUHN, Vergleichende Unters. zur ma. Ostsiedlung, 1973 – M.-L. FAVREAU, Stud. zur Frühgesch. des D. O., o. J. [1975] – K. H. LAMPE, Bibliogr. des D. O. bis 1959, 1975 – Von Akkon nach Wien. Stud. zur Deutschordensgesch. (Fschr. M. TUMLER, hg. U. ARNOLD, 1978) – W. WIPPERMANN, Der Ordensstaat als Ideologie, 1979 – Die geistl. Ritterorden Europas, hg. J. FLECKENSTEIN–M. HELLMANN (VuF 26), 1980 [mit zahlreichen Beitr.] – M. TUMLER–U. ARNOLD, Der D. O., 1981³ – H. BOOCKMANN, Der D. O., 1982² – Der Deutschordensstaat Preußen in der poln. Geschichtsschreibung der Gegenwart, hg. U. ARNOLD–M. BISKUP, 1982 – s. a. Q. und Lit. zu →Preußen, →Livland, →Deutschordensburgen, →Deutschordensliteratur, →Marienburg usw.

Deutsches Band, auch Strom- oder Sägeschnitt gen., friesartige Zierform (→Fries), die im roman. →Backsteinbau durch Übereckliegen der Steine gebildet wurde, deren vordere Kante in der Mauerflucht liegt; nach it. Vorbild gern durch helle Färbung von den Mauerflächen abgehoben. In der Spätromanik finden sich auch abgerundete Backsteinköpfe (Mühlberg, Eldena), wie sie um 1200 in der Lombardei (Dom zu Cremona) ausgebildet wurden. Das D. B. wird in der Regel als einfache Schicht verwendet, entweder als horizontale Wandgliederung oder als Teil eines Gesimses, häufig unter der Traufe. Verdoppelung in versetzten Reihen oder mit zwischengeschobener glatter Schicht findet sich im Übergang zur Gotik, auch als Umrahmung der großen Giebelrose in der Westfront der Zisterzienserklosterkirche Chorin (Anfang 14. Jh.). Gelegentl. wird das D. B. auch an Werksteinbauten nachgebildet (Pfalz Gelnhausen um 1170). G. Binding

Lit.: RDK I, 1425-1427.

Deutsches Recht. Das D. R. sind die der deutschsprachigen Bevölkerung Mitteleuropas eigenen Rechtsvorstellungen und Rechtseinrichtungen. Sie sind das Produkt einer Einschmelzung röm., christl. und germ. Elemente, wobei neben der ethnischen die soziokulturelle Komponente auf das Rechtsverständnis Einfluß nimmt. Angesichts ungeklärter germ. Grundlagen und mehrerer Wellen der Rezeption →röm. Rechts ist nicht nur der deutschrechtl. Gehalt einzelner Einrichtungen fraglich, die Wissenschaft ist sich vielmehr gelegentl. der Erscheinung selbst unsicher geworden. Dies gilt insbes. für die älteren Versuche, ein spezifisch dt. Privatrecht zu ermitteln und dieses nach angeblich germ. Grundprinzipien (z. B. →Gewere und →Munt), öfter aber nach pandektist. Vorbild zu systematisieren. D. R. lebt nicht nur in der Ausbildung neuartiger Rechtsinstitute, sondern ebenso in der seinen Wertungen entsprechenden Fort- und Umbildung antiker Traditionen. Die Besonderheiten seiner Entstehung und Entwicklung liegen im Zusammenstoß einer archaischen Gesellschaft, deren Rechtsvorstellungen und Streitregelungsinstitutionen noch nicht durchgehend vom Herrschaftsanspruch und Willen einer polit. Zentralinstanz geprägt sind, mit der zwar vulgarisierten, doch in ihren Grundlagen noch immer hochentwickelten röm. Rechtskultur sowie mit der christl. Hochreligion. Gerade hier kann das D. R. nicht unabhängig vom frk. gedacht und dargestellt werden. Die Erkenntnisschwierigkeiten resultieren nicht zuletzt daraus, daß man das D. R. mit dem röm. auf eine (Entwicklungs-)Stufe zu stellen suchte, obwohl es doch als das Recht einer Stammesgesellschaft anderen Grundvorstellungen verpflichtet ist.

Grundgegebenheiten des D. R. s sind seine Schriftlosigkeit und seine Herrschafts- oder Staatsferne, die man positiv als genossenschaftl. und personale Gebundenheit beschreiben kann. Die Gestaltungsgesetzlichkeiten eines schriftlosen, vorstaatl. Rechts liegen jenseits unserer unmittelbaren Erfahrung und Einsichtsfähigkeit. Sowohl das wissenschaftl. eingeübte als auch das Alltagsverständnis von Recht sind heute längst wieder jenen Merkmalen verpflichtet, die das Recht der (Spät-)Antike prägten: Schriftlichkeit und Staatlichkeit. Sie bringen ein den äußeren Rechtszwang in sich tragendes Schriftrecht (= Gesetzesrecht) hervor. D. R. stellt im frühen MA trotz des zunächst fortwirkenden Einflusses röm. Kultur das maßgebl. Unterströmung dar, kommt im HochMA zur breitesten Entfaltung und wird seit dem 12. Jh. allmählich durch das (erneut) rezipierte röm. Recht zurückgedrängt. In der Kirche ist es weniger und später wirksam als im weltl. Bereich. In den mediterranen Gebieten, in Frankreich südl. der Linie, die *droit écrit* und *coutumes* scheidet, hat sich frk.-dt. Rechtsdenken nicht durchsetzen können.

Das MA kennt mehrere nach Geltungsgrund und Entstehungsform sowie nach Anwendungs- und Sanktionsweise unterschiedl. Typen des Rechtlichen. Sie können in Verbindung miteinander sowie in Übergängen zueinander auftreten. Unterschieden werden das →Recht im engeren Sinne (die Rechtsgewohnheiten), die →Einung (→Willkür, →Satzung) und das →Gebot (Gebotsrecht). Man wird sie um die rechtsgestaltende Vertragspraxis (→Vertrag) ergänzen dürfen. Den Zentralpunkt bildet das Recht im engeren Sinne. Es lebt im unstreitigen oder im gerichtlich hergestellten Konsens. Zu ihm sind die anderen Erscheinungsformen des Rechtlichen hingeordnet. Sie stehen ihm ergänzend und bessernd an der Seite. Nicht selten wachsen sie ihm gänzlich an. Allein im Städtewesen (→Stadt) bringt die von Gebotselementen gestärkte Willkür einen neuen Typ des Rechts hervor, so wie es das landesherrl. Gebot (→Landesherrschaft) in der frühen NZ leistet. Die Eigengesetzlichkeiten von Einung und Gebot sind als solche und in ihrem Zusammenspiel mit den Strukturen des Rechts noch wenig erforscht. Schriftlosigkeit und Herrschaftsferne bestimmen jedoch auch ihre Entfaltungsmöglichkeiten. So kann insbes. das Gebot des Herrschers und der Herren nicht das Recht als solches und insgesamt hervorbringen. Es gibt also kein Gesetz im modernen Sinne des Wortes.

Schriftlosigkeit ist leicht als Mündlichkeit, als Autorität des gesprochenen Wortes, als sein Vorrang gegenüber dem aufgezeichneten Buchstaben zu beschreiben.

Staats- oder Herrschaftsferne des Rechts stellt darauf ab, daß das D. R. nicht äußerlich (staatl.-herrschaftl.-autoritativ) gebotenes Recht ist. Es trägt als solches keinen von außen kommenden Zwang in sich, sondern nur die Verbindlichkeit des verpflichtenden Gewissens und des unstreitig geübten bzw. gerichtförmig herbeigeführten Konsenses der Rechtsgenossen. Die Feststellung des Rechts liegt in der Hand der Urteiler und der Gemeinschaft, nur das Gebot des zuvor konsentierten Urteils steht dem Richter und Herrn zu (Dinggenossenschaft; →Ding). Die Herrschaftsferne des D. R. ist also in der Distanz zw. dem innerlich verpflichtenden, genossenschaftl. verwalteten Recht (»Rechtsinhalt«, Urteil) und dem äußeren Rechtszwang, dem herrschaftl. Befehl des Rechts begründet. Die fortschreitende Intensivierung des Rechtszwanges führt im Zuge der Rezeption eine neue Qualität des Rechts herauf, indem deutschrechtl. Urteil (Rechtsmeinung, -zeugnis) und Gebot zum Entscheidungsbefehl (Urteil) eines Staatsorgans zusammenwachsen. Im Zuge dieses Verstaatlichungsprozesses greift der Rechtszwang schließlich über die Durchsetzung und Gestaltung des Rechts im Einzelfall hinaus: Recht wird insgesamt durch Befehl setzbar, machbar. Die Entwicklungen, die der Rechtszwang im Laufe des MA nimmt, zeigen die Grenzen der Einflußnahme des durchaus vorhandenen theokrat. Modells von Herrschaft und Recht auf.

D. R. ist Überzeugungsrecht. Es gründet im gegenwärtigen Konsens, nicht in anhaltender und widerspruchsfreier Rechtsübung. Der von der gelehrten Doktrin geprägte Begriff des →Gewohnheitsrechts ist in mehrfacher Hinsicht unangemessen und irreführend. Er setzt Schriftlichkeit des Rechts als Regel voraus und legt quantitativ wie qualitativ unbesehen die einer schriftl. fixierten Rechtsordnung eigene Normativität zugrunde. Dem MA aber fehlen die gedankl. Alternativen des Schriftrechts und seiner vor dem Rechtsbewußtsein des einzelnen und vor dem gegenwärtigen Konsens liegenden Normativität. Einzelne Akte der Aufzeichnung von Recht werden in ihrem Wesen und ihren Wirkungen zunächst und grundsätzl. durch die Vorstellung vom mündl. geübten Überzeugungsrecht bestimmt. Das Gewohnheitsrecht ist folglich ein Problem der Rezeption. Die Vorstellung einer ungeschriebenen Rechtsordnung erweist sich als erkenntnishemmend. Obwohl nun das D. R. nicht Gewohnheitsrecht und nicht »gutes altes Recht« im Sinne von F. KERN ist, stellt es sich doch grundsätzl. als traditional gebundenes Recht dar. In einer oralen, traditionalen Gesellschaft ist nämlich der (gegenwärtige) Konsens allermeist ein bereits lang andauernder. Konstitutiv ist gleichwohl nicht das Alter der Regel, sondern die Überzeugung von ihrer gegenwärtigen Richtigkeit.

D. R. entsteht zunächst aus stillschweigend konsentierter Gewohnheit. Diese ist zugleich die allgemeine Form der Rechtsgeltung. Eines staatl.-autoritativen Geltungsbefehls bedarf das als Gewohnheit verbindliche Recht nicht. Es genügt, daß die Möglichkeit des Rechtszwanges im konkreten Konfliktfalle gegeben ist. In der Konfliktsituation zeigt sich die starke Ausrichtung des D. R. auf das Gericht. Zerbricht der Konsens über das Recht, so zerbricht das Recht selbst. Hinter dem Konsens steht nämlich kein Schriftrecht, auf das man sich als objektivierte Rechtsordnung zurückziehen könnte. Hinter dem Recht steht auch keine staatl. (Gesetzgebungs-)Autorität, sondern nur die prinzipiell gleichwertige Rechtsmeinung anderer. Es gibt folglich keinen trotz des Streites fortbestehenden Normgeltungsanspruch. Soll es nicht zur →Fehde kommen, so muß der Konsens konkret und notfalls zwangsweise wiederhergestellt werden. Dies ist der Sinn des gerichtl. Verfahrens. Recht kann als etwas vom subjektiven Verständnis des einzelnen Rechtsgenossen Abgehobenes nur im gemeinsamen Verfahren als Wort konkretisiert und erfahren werden. Konkretisierung meint dabei nicht Vollzug einer Norm, sondern Herstellung von Norm und Einzelfallentscheidung in einem. Gerät das Recht aus seiner konsentierten Ruhelage, so geht der Blick des ma. dt. Menschen zum gerichtl. gesprochenen Wort der Genossen (Verfahrensaspekt des Rechts), nicht zum autoritativen Schrifttext und seiner Auslegung. Der Spruch der Urteilenden ist das Recht. Recht, Gericht und Urteil sind teilidentisch. Die prozessuale Dimension des Rechts steht im Vordergrund. Verfahrensrichtigkeit überwiegt Normgemäßheit. Allerdings erschöpft sich das Recht nicht im Verfahren. Es erschöpft sich auch nicht in subjektiven Berechtigungen, sondern bewahrt sich eine Dimension objektiver Geltung.

Die konsensgegründete Normativität des D. R. zeitigt nicht nur eine relative Geltungsschwäche gedanklich existierender Regeln. Das D. R. kennt auch kein umfassendes und wissenschaftl. exaktes System solcher Regeln. Allgemein geltende Regeln sind nur in einem Grundbestand, in bestimmten Bereichen stärker, in anderen schwächer, ausgebildet. Ein Regelsystem, das der quasi schriftl., wissenschaftl. Kategorie Gewohnheitsrecht genügen könnte, bilden sie nicht. Zum einen ist das dt. Rechtsdenken zu schlicht, um über anschauungsgebundene Verallgemeinerungen und über einfache Formen der Zuordnung hinauszukommen. Zum anderen gibt es Lebensbereiche, die allein vom konstanten Brauch rechtsgeschäftl. Regelung gesteuert werden. Es gilt dies vornehml. für solche Bereiche des materiellen Rechts, die einer vertragsförmigen Gestaltung gut zugänglich sind (z. B. das Ehegüterrecht). Hier kann das über Jahrhunderte hin gleichförmig geübte Rechtsgeschäft als Vorstufe des Rechtssatzes erscheinen. Die gedankl. Alternative des sonst geltenden Rechts wird neben solcher rechtsgestaltender Vertragspraxis nicht sichtbar. Ein Recht, das in seinem Kernbereich konkretkonsensual gestaltet ist, hat keine Schwierigkeiten, den (gesamtheitl.) gewillkürten und den (individuell) vertragl. hergestellten Konsens als vereinbarte lex inter partes anzuerkennen. Die Parteien bringen zwei- oder mehrseitig geltende Normen in Autonomie, nicht in Wahrnehmung einer staatl. Ermächtigung hervor. Andere Bereiche, wie z. B. das Deliktsrecht mit seinen Bußtatbeständen, sind stärker von allgemein geltenden Regeln geprägt. Vornehmlich aber wird das gesamte Gebiet der geltungsbegründenden (Vertrags-)Formen, der Gerichtsverfassung und des gerichtl. Verfahrens von strengen, nicht selten ausgesprochen starren Regeln beherrscht.

Die Erscheinungen des nur im Konsens geltenden Rechtssatzes und der rechtssatzvertretenden Vertragspraxis bedürfen weiterer tatsächl. und rechtstheoret. Erhellung. Die Rechtsbildung durch Einzelakt ist auch bei der Privilegienvergabe ein Problem. Seit dem ausgehenden HochMA wird man von einer Erweiterung des regelhaften Rechtsdenkens sprechen können. Die zunehmende Verschriftlichung der Kultur und der Einfluß von Grundvorstellungen des gelehrten Rechts gehen Hand in Hand. Erscheinungen wie die →Reichsweistümer, die →Rechtsspiegel, erste Versuche autoritativer Landrechtsaufzeichnungen sowie die Satzungen, Rechtsmitteilungen und Oberhofsysteme des Städtewesens sind Ausdruck regelhaften Rechtsdenkens. In den Städten seit dem 13., auf dem Lande seit dem 14. Jh., folgen dem Entwicklungen hin zu einer in der Schriftform des Rechts gründenden Normativität. Die Verbindlichkeit des Rechts wandert in den mit der Schriftlichkeit verschwisterten äußeren Rechtszwang ab. Es dauert dieser durchaus auch von Fehlschlägen begleitete Prozeß das ganze späte MA über an. In Formen des naturrechtl. Denkens überhöht, kommt er erst im 18. Jh. zum Abschluß.

Angesichts von Mündlichkeit, Laienrichtertum und zunehmender obrigkeitl. sowie ständ. Zersplitterung ist D. R. grundsätzlich das lokal geübte Recht. Es konkretisiert sich in der Spruchpraxis der jeweils zuständigen Urteilergremien. Die Urteilenden sprechen aus persönl. orts- und traditionsgebundener Rechtserfahrung, nicht nach fremden Rechten oder nach austauschbarem Schriftrecht. Zuständigkeits- und Verantwortungsstufen im Recht sowie eine Normen- und Gerichtshierarchie sind dem D. R. seit dem Niedergang frk. Zentralgewalt und Amtsverständnisse nahezu gänzlich fremd. Spruchkörper stehen grundsätzlich nicht in einem auf Rechtsanwendungskontrolle gerichteten Über- und Unterordnungsverhältnis zueinander. Vielmehr haben wir es mit alternativ ausgestalteter Erstzuständigkeit oder mit Rechtsbelehrungsverhältnissen zu tun. D. R. ist einschichtig, die Gerichtsverfassung einstufig.

D. R. enthält bis zum ausgehenden HochMA starke, magisch-sakrale Elemente. Es ist zu Religion, Moral und Sitte hin offen. Es lebt in der Öffentlichkeit und Mündlichkeit des Gerichts, in der Offenkundigkeit der Rechtsverhältnisse. Es ist anschaulich, lebensnah und konkret, hält nicht nur auf die Form, sondern liebt es auch, sich in Symbolen auszudrücken (→Rechtssymbolik). Als →Stadtrecht gewinnt es eine eigenständige Rationalität. D. R. lebt auch hinsichtl. seiner Inhalte in familiären und genossenschaftl. Bindungen, das Individuum ist noch nicht freigesetzt. Der Mensch bleibt als Rechtssubjekt weitgehend in seine Sippe und Familie eingebunden. Rechtspositionen, insbes. das die Verhältnisse prägende →Eigen an Grund und Boden, sind vielfach gemeinschafts-, herrschafts- und pflichtgebunden. Sie treten als gestufte und relative Rechte, nicht als dem Individuum zustehende Vollrechte in Erscheinung. Dem personalen Rechtsdenken entspricht das Unvermögen, spätröm. Staatsvorstellungen fortzuführen. Mit dem Übergang vom Merowinger- zum Karolingerreich und dann nochmals in dessen Niedergang treten personale Konzeptionen von Herrschaftsübung und Gemeinwesen endgültig an die Stelle antiker Vorgaben. Von bes. Bedeutung sind das →Lehnswesen und die Fülle genossenschaftl. Verbandsbildungen, die alle Lebensbereiche und Stände durchdringen. Die Unterscheidung von öffentl. und privatem Recht schwindet. Es gibt zwar höhere und niedere, doch nur gleichartige Verbände bzw. Gewalten.   J. Weitzel

Lit.: F. Kern, Recht und Verfassung im MA, HZ, 120, 1919, 1–79 [selbst. Neudr. 1958]– K. Kroeschell, Recht und Rechtsbegriff im 12. Jh., VuF XII, 1967, 309–335 – G. Köbler, Das Recht im frühen MA, 1971 – H. Schlosser, Das »wissenschaftl. Prinzip« der germanist. Privatrechtssysteme (Gedächtnisschrift H. Conrad, 1979), 491–514 – K. Kroeschell, Verfassungsgesch. und Rechtsgesch. des MA (Der Staat, Beih. 6, 1983), 47–77 [nebst Aussprache S. 78–103] –J. Weitzel, Dinggenossenschaft und Recht [Habil.-Schr. Berlin 1983, erscheint demnächst].

Deutschland

A. Begriff; geographisch-historische Problematik; Entstehung – B–E.: Allgemeine und politische Geschichte Deutschlands von 911–ca. 1520 (B. Ottonenzeit – C. Salierzeit, Kirchenreform und Investiturstreit – D. Stauferzeit und Interregnum – E. Spätmittelalter) – F–H: Siedlung, Wirtschaft und Gesellschaft (F. Klima, Landschaft und Umwelt - G. Ländliche Sozial- und Wirtschaftsgeschichte – H. Städtische Sozial- und Wirtschaftsgeschichte) – I. Geschichte der Juden in Deutschland.

A. Begriff; geographisch-historische Problematik; Entstehung

Der polit.-geograph. Begriff 'D.' bezeichnet den überwiegend von »Deutschen« bewohnten Staat, der seit dem 10. Jh. aus dem →ostfrk. Reich hervorgegangen ist. Fast zwei Jahrhunderte hist. Forschung haben bisher keinen überzeugenden, in der Öffentlichkeit Konsens stiftenden Befund zu Wesen und Entstehung von D. vorzulegen vermocht, weil trotz vorzüglicher Untersuchungen überholte, z. T. längst als irrig erkannte Konzepte und Begriffe weiter verwendet wurden. Da der Aufstieg krit. Quellenforschung mit dem der nationalen Idee zusammenfiel, eine ideen- und begriffsgesch. Differenzierung aber zunächst nicht zur Verfügung stand, konnte in naiver Gleichsetzung von (West-)Germanen (→Germanen) und Deutschen mit entsprechender Degradierung von Völkern germ. Sprache zu »dt. Stämmen« die Idee eines längst vor der Entstehung des ostfrk.-dt. Staates bestehenden »dt. Volkes« sich entwickeln, eine Vorstellung, die vom Bestreben der dt. Rechtsgesch., »dt. Recht« der Gegenwart aus germ. Vorformen abzuleiten, gestützt wurde.

Während ältere Autoren in Übersetzung des gelehrten Terminus migratio gentium noch von 'Völkerwanderung' gesprochen hatten, gewöhnte man sich seit der Wende zum 19. Jh. an, »nach dem Vorbild der Lutherbibel ('die 12 Stämme der Kinder Israel') im Stamm ein Glied oder einen Teil eines größeren Volkes zu sehen« (R. Wenskus). Dazu mußte jedoch erst einmal die bis dahin weitgehend negative Konnotation von 'Volk' (Masse, v. a. von Soldaten, so noch Schiller, oder aus den Unterschichten) einer positiven weichen. In seiner polit. Anwendung ist das Begriffspaar 'dt. Volk' zweifellos in Analogie zum »Peuple français« und zur »Nation française« der Frz. Revolution aufgestiegen. Während die viel ältere 'dt. Nation' (→Nation) sowohl das Alte Reich als auch seine von Fs.en regierten Teilstaaten mit ihren Untertanen umgriff, der Terminus in der dt. Sprache also »besetzt« war, nahm fortan die 'dt. Volk' die gleiche hist. Würde in Anspruch wie das der Franzosen oder Briten, erfuhr aber eine völkische Umdeutung. Die bisherige dynast. wie Reichsgeschichtsschreibung wurde in einem revolutionären Vorgang abgelöst durch die »Geschichte des teutschen Volkes« (so der Titel des Werkes von Heinrich Luden, 12 Bde, 1825–37, das bis 1237 führt). Indem die dt. Geschichtswiss. das 'dt. Volk' post festum zum Subjekt der dt. Geschichte, auch ihrer fernsten Vergangenheit, erhob (seine Fs.en werden in Analogie zum polit. Wunschdenken des Jahrhunderts zu ausführenden Organen seines polit. Willens), beging sie einen Anachronismus, von dem sie sich um so weniger rasch erholen konnte, als die ins außenpolitische gewendete Stoßkraft von Wilhelm Giesebrechts »Geschichte der deutschen Kaiserzeit«, mit diesem Begriff selbst, von den späteren Mediävisten unreflektiert übernommen wurde.

Die Abhebung der Begriffs- und Denkschemata des 19. Jh. ist also Voraussetzung hist. Erkenntnis der dt. Anfänge. Sie ist inzwischen erfolgreich im Gang. Begriffs- und Historiographiegesch., ideengesch. Erforschung des »Selbstverständnisses« verschiedener Zeitalter auf der Grundlage der ihnen jeweils vorliegenden Modelle (z. B. AT), ethnolog. und archäolog. Methoden wie Ergebnisse haben Elemente eines besseren Verständnisses von Wesen und Entstehung D.s bereitgestellt: Einsicht, daß die jeweils tatsächl. Bevölkerungen eines erst durch spätere Entwicklung eingegrenzten Raumes zu untersuchen sind, daß in ihnen die erheblichen Anteile kelt., slav. u. a. Elemente zu beachten sind, die zu verschiedenen Zeiten »germanisiert« wurden, daß der Raum peripher zu den Zentren älterer Kultur und Staatlichkeit mediterran-gallischer Gebiete liegt und kulturell wie politisch von dorther geprägt wurde. Es wurde eine frühere, »gentile« Phase der Nationsbildung unterschieden von der sekundären Formierung komplexer Großvölker (Franzosen, Deutsche), womit nicht nur die ältere Kontroverse überwunden wird zw. »Nation nicht vor dem 18. Jh. möglich« und »Wiedereintritt des nationalen Prinzips in die G.« nach dem Ende des Röm. Weltreichs (A. Dove), sondern auch die Anomalie verschwindet, das frk. Großreich (→Frankenreich) mit betont nationalem Charakter unter dt. Stammesgeschichte abgehandelt zu sehen.

Es war natürlich, daß sich die Nationalgesch. des 19. Jh. auf die einzigen nennenswerten Vorläufer, die hist. Werke dt. Humanisten, stützte. Gerade sie verbreiteten jedoch die Entsprechung Germania = D., aus Gründen klass. Wortwahl und aus patriot., an →Tacitus entzündeter Leidenschaft (s. a. →Germanenforschung, humanist.). Sie wußten, daß sie damit den klaren Sinn des röm. geograph. Terminus, der das Land östl. des Rheins und nördl. der Donau bezeichnete, verließen. Johannes Cochlaeus schrieb 1512 (Brevis Germaniae descriptio I,9, ed. K. Langosch, 1960, 48) zum Alter Triers, das Rom übertreffe: »Plerique tamen Treverim Gallie potius quam Germanie (Hg. übersetzt 'Frankreich und D.'!) ascribunt quamvis Germanica lingua incole utantur«. Enea Silvio Piccolomini hatte 1457/58 sein 1496 gedrucktes Werk »De ritu, situ, moribus et conditione Theutonie« noch präzise bezeichnet, da er ganz D., und nicht nur die Germania behandeln wollte. In der Tat hat das »MA« die röm. geogr. Termini →'Gallia' und →'Germania' mit großer Genauigkeit benutzt und durch den Rhein getrennt gesehen: für die Reichsannalen liegt Aachen selbstverständlich in Gallien, für Einhard wohnen in Germanien viele slav. Völker. Die Genauigkeit ging so weit, daß man die Namen der südl. der Donau gelegenen, eben nicht zur Germania gehörenden Provinzen →Noricum und →Raetia häufig für Bayern und Alemannen in Anspruch nahm, so daß Hrabanus Maurus auf den bayer. Priester Isanbert ein Epitaph dichten konnte: »Noricus ex patribus ego sum, Germanicus exsul[!]« (d. h. der in Fulda lebende Bayer war in der Germania in der Fremde, W. Haubrichs, Jb. Nd. Sprachforsch. 89, 1966, 25). Nur »Prae-Humanisten« wie →Lupus v. Ferrières und →Richer v. Reims wichen von der röm., strikt geograph. Bedeutung der Termini Gallia und Germania ab, um Verhältnisse ihrer Gegenwart in »klass.« Latein zu umschreiben. Schon die Formel »Gallia et Germania« für überregionale Katastrophen rechts und links des Rheins vom 9. zum 14. Jh. (s. F. Curschmann, Hungersnöte im MA, 1900) zeigt, wie selbstverständlich dem MA der Rhein die Grenze dieser geograph. Gebilde war. Erst die Neuzeit hat so, im Gefolge des Humanismus, aus dem Kg. der Franken und Bayern, Ludwig, wegen der literarischen, nicht urkundl. Bezeichnung rex Germaniae »Ludwig den Deutschen« gemacht. Es ist die aus humanist. Schultradition erwachsene Gleichsetzung, die noch in der 9. Auflage des »Dahlmann-Waitz« (1931) L. Schmidt die Lit. zu Goten, Wandalen, Angelsachsen etc. unter »Die Ausbreitung der Deutschen« behandeln läßt. H. Dannenbauer ist der in der seriösen Forschung längst abgelehnten Identifizierung 1935 (!) mutig entgegengetreten, aber noch in jüngster Zeit wurden »Germania«-Belege zum Nachweis »dt.« Nationalgefühls im 9. Jh. herangezogen. Dabei hatte schon die Diss. von W. Hessler (1943) einen verblüffend negativen Befund zu den gesuchten Vorstufen eines »dt.« Patriotismus für diese Zeit ergeben.

Intensive Untersuchung der Sprachbezeichnung »deutsch« ließ erkennen, daß sie generell, im Unterschied zum Latein, aber auch zu seinen Nachfolgesprachen, die nichtroman. Volksspr. meint: *diutisc* von ahd: *diot* 'Volk' (die Wurzel Teut in gleicher Bedeutung auch im Keltischen, vgl. den Götterbeinamen Teutorix 'Volksherrscher'). Zu den Völkern dieser Sprache zählt →Frechulf v. Lisieux um 830 die Franken ebenso wie die Goten, »nationes Theodiscae«, meint also – wie andere Belege zu Goten in der Septimania und zu Angelsachsen bestätigen – das, was wir heute »Germanen« nennen. Das gilt auch für das früher als Werk des Hrabanus Maurus betrachtete Schriftchen »De inventione linguarum« (ed. R. Derolez, Runica Manuscripta, Brügge 1954, vgl. K. Hauck, Gold aus Sievern, 1970, 108, Anm. 328; wohl 9. Jh.), dessen Umschreibung »a quibus originem qui Theodiscam loquuntur linguam trahunt« zugleich das Fehlen eines Sammelbegriffs zeigt. Alle Versuche, frühe Brücken von der sprachl. zu einer polit. Aussage zu schlagen, scheitern, soweit sie D. betreffen, an den Fakten: die aus der Germania ausgewanderten Sachsen in England, die Franken in Flandern, das 843 zum Westreich kam, die Langobarden in Italien sprachen germanisch, im Sinn des 9. Jh. »deutsch«, sind jedoch nie Deutsche gewesen, weil sie nie dem ostfrk. Reich angehört haben, in dessen Grenzen die polit. Bedeutung des Terminus erst später, sekundär, entstanden ist. Selbstverständlich wurden die Sprachunterschiede auf beiden Seiten stets wahrgenommen, im Dt. mit den Bezeichnungen »Wenden« für die slavisch, »Welsche« für die romanisch Sprechenden, in den roman. Sprachen mit 'thiois' (das in seiner Anwendung auf Flandern gerade nichts über »Deutschtum« aussagt) bzw. Teotisci (Tedeschi)/Teutonici. In Italien sah man sich veranlaßt, zwischen den romanisch und germanisch sprechenden Franken zu unterscheiden, wobei für die letzteren ex Francorum genere Teutonicorum begegnet (→Liutprand v. Cremona ca. 958/962). Dem entsprechen etwa gleichzeitig Belege in otton. Diplomen zur Unterscheidung slavisch bzw. dt. sprechender Bevölkerungen. Daß sie weder politisch gemeint, noch mit »deutsch« zu übersetzen sind, zeigt klar die Unterscheidung, die gerade in it. Quellen gemacht wird zw. Teutonici und Saxones, nebeneinander stehenden Begriffen bei der Bezeichnung der Bewohner der Germania. Der Unterschied in der Sprache beider war also bewußt: Ein aus Laon stammender, nach 961 entstandener Text weist auf das Ostreich mit den Worten »in Saxonie et Germanie partibus« (H. Löwe, DA 17, 1961, 25). Im übrigen behalf man sich mit der Bezeichnung 'Transrhenenses', weil ein zusammenfassender Terminus fehlte.

Die Frage ist also nicht, wie Menschen Mitteleuropas von ihrer gemeinsamen Sprache her zu einem Volk der Deutschen wurden, sondern, wann der ostfrk. Staat unter den otton.-sal. Herrschern den Namen 'D'. erhalten hat, bzw. wann die in ihm lebenden Völker, die seit z. T. mehr als einem halben Jt. bekannten →Franken, →Sachsen, →Bayern, →Alamannen zusätzlich zu ihrem bisherigen Volksnamen umfassend 'Deutsche' genannt wurden. Es handelt sich dabei sowohl um den polit. Prozeß des Herauswachsens eines Teilkönigtums aus dem frk. Gesamtreich zu eigenem Staatsbewußtsein, als auch um seine sprachl. Spiegelung in der Verwendung des Wortes 'deutsch' und seiner lat. Entsprechungen, unter denen sich rasch das antikisierende 'teutonicus' durchgesetzt hat, in polit. Bedeutung zur Bezeichnung dieses »neuen« Staates und seines Reichsvolks.

Um die Daten für den erstgenannten Prozeß ist viel gestritten worden; in der Folge der Jahrtausend-Jubiläen wurden 843 (G. WAITZ), 911, 919, 925 (Rheinland!) genannt. In der Forschung wurde von M. LINTZEL, dem W. SCHLESINGER mit neuen Argumenten folgte, 887/888 und die vermeintliche Aktion der »dt. Stämme« bei der Erhebung →Arnulfs stark betont, während G. TELLENBACH (1940ff. und abschließend 1979) einen gestreckten Prozeß bis 936 (→Otto I.) sah und gegenüber den »Stämmen« Rolle und Vorgang des Adels im Reichsdienst und in regionalen Bezügen herausstellte. In der Öffentlichkeit blieben 911 (Ende der Karolinger, Nichtanerkennung des westfrk. Karolingers) und 919 (Heinrich I., der »erste dt. Kg.«, s. W. SCHLESINGER, 1975) die Kerndaten – die Bezeichnung der Ottonen als »dt. Kg.e« erschien selbstverständlich. Nach vorhergehenden Vorträgen (1961, 1962) hat K. F. WERNER 1970, C. BRÜHL 1972 einen erheblich späteren Ansatz vorgeschlagen: die →Ottonen haben D. nicht vorgefunden, sondern schaffen helfen, die frk. Gemeinsamkeiten sind bis in die 2. Hälfte des 10. Jh. spürbar (C. BRÜHL), ein dt. Bewußtsein setzt kaum vor 1000, voll erst im 11. und 12. Jh. ein. E. MÜLLER-MERTENS gelangte nach umfassender Materialerfassung zu einem entsprechenden Ergebnis. Daran vermag auch der Versuch nichts zu ändern (R. BUCHNER, H. BEUMANN), aus einem Eintrag des 12. Jh. einen Frühbeleg zum polit. Begriff →regnum Teutonicorum (Ann. Iuv. Max. zu 920) zu machen (FAUSSNER, 1984, 23). Würde man den dem frühen 10. Jh. fremden Begriff im überlieferten Satz d. 12. Jh. ernst nehmen, ergäbe er inhaltlich Un-sinn: die Bayern konnten 919 Hzg. Arnulf nicht z. »Kg. im Dt. Reich« machen.

Der Entwicklungsgang in Richtung auf »D.« bedarf der Einsicht in die »Staatlichkeit« der frühen→gentes, die sich im Terminus »regnum« spiegelt (→regnum). Von einem seine polit. Existenz aufgebenden Volk, das in andern aufgeht, sagt →Hydatius im 5. Jh. schon (zu 418, MGH AA 11, S. 19) »abolito regni nomine«. In bestimmten Gebieten längere Zeit siedelnde, schon zuvor stark gemischte Verbände durchlaufen eine Territorialisierung, innerhalb deren dann wieder eine neue Gentil-Tradition entsteht, die alle Bewohner des Gebiets, Autochtone und Zugewanderte, in einer gemeinsamen Abstammungssage eint (R. WENSKUS). Das Frk. Reich war nicht nur Vielvölkerstaat, sondern hat den eingegliederten Völkern in bestimmten, z. T. von ihm selbst gesetzten Grenzen (Alemannien) das Fortleben in einem eigenen→regnum, wenn auch ohne rex, sondern unter einem frk. →dux, unter Beibehaltung fränkisch überprüfter eigener Rechtstraditionen ermöglicht. Aus solchen regna oder patriae bestand das Gesamtreich, aber auch die Teilreiche in West (Aquitania, Gothia, Burgundia, Francia, Neustria) und Ost (Alemannia, Baioaria, Francia, Saxonia) bei wechselnder Zugehörigkeit von Lotharingia, Italia, Provincia. Zum Reichskrieg wurde das Heer nach regna aufgeboten. Noch →Lampert v. Hersfeld benutzt im 11. Jh. bei Erwähnung des Vorkampfrechts der Schwaben für diese und die Bayern die Bezeichnung regna. Noch →Eike v. Repgow nennt im frühen 13. Jh. die »Stämme« der modernen Forschung richtig koninkrîche = regna. Die fundamentale Zusammensetzung des späteren D. aus diesen regna-Völkern tritt 895 auf der Synode v. →Tribur hervor, wo Kg. Arnulf verbieten muß, daß Ehen aufgelöst werden, weil mit Ausländern (alienigeni) geschlossen, »z. B. Sachsen mit Bayern«. Auch nur der Gedanke an Einheit eines »dt. Volkes« ist für diese Zeit damit ausgeschlossen (s. a. →regnum; →Stämme, →Stammesherzogtum; →Land).

Da aber 'regnum' für das Kleinreich dt. mit 'lant' wiedergegeben wurde (regnum Baioariae = Baiernlant), wird erst verständlich, was von E. MEYNEN noch als Kuriosum vermerkt wird: 'Deutschland' im Singular begegnet kaum vor 1500, z. B. bei Ulrich v. Hutten, während stets von »dt. Landen« gesprochen wird, die regna des rîche=Gesamtstaates. Noch Tschudi (†1572) stellt dem »Beierland, Schwabenland, land zů Francken« die »tütschen lande« gegenüber. Daß die Vielzahl der Staaten, die es umschließt, das »Reich« ausmacht, wußte man noch im Verfassungsentwurf von 1849: »Das deutsche Volk besteht aus den Angehörigen der Staaten, welche das deutsche Reich bilden«, aber nicht mehr in der Reichsverfassung von 1919: »Das Deutsche Volk, einig in seinen Stämmen...« Entstehung D.s ist also nichts anderes als die Zusammenfügung der vorher ins Frankenreich eingegliederten und an das ostfrk. Reich gekommenen Teilstaaten und ihrer Völker und ihr Zusammenwachsen; die Frage an die Quellen lautet, wann zuerst wird ein Sachse, Bayer oder Schwabe zugleich als Deutscher bezeichnet?

Um 1045 schrieb ein Mönch von St-Vannes in Verdun zu einem Bischof des 10. Jh. rückblickend: »domnus Wicfridus episcopus, de Bawariorum partibus, vir Teutonicus« ('ein Deutscher [Mann] aus Bayern'). Wohl schon im 1. Viertel des 11. Jh. bezeichnet sich der Augsburger Astronomie-Lehrer Hermanns v. Reichenau im Brief an einen westfrk. Mönch Stabilis selbst als »Ascelinus Teutonicus, civis Augustae civitatis« (K. F. WERNER, DA 17, 1961, 110f.; W. BERGMANN, Francia 8, 1981, 99f.). Generalisierend spricht ein Diplom Ottos III. 999 von »nullus Italicus nullusque Teutonicus«. Nach →Thangmars Biographie Bernwards v. Hildesheim (um 1015) soll Otto III. 1002 den Römern zugerufen haben: »Amore vestro meos Saxones et cunctos Theutonicos, sanguinem meum(!), proieci«. In die Zeit um 1000 führt auch der Sprachgebrauch des →Brun v. Querfurt, der gegen 1004 Magdeburg die »nova metropolis Theutonorum« nennt und die Wendung »Theutonum tellus« gebraucht.

Damit ist jedoch der Staats- oder Reichsbegriff 'D.' nicht ausgesprochen, beanspruchen doch die ostfrk. Herrscher, seit 962 röm. Ks., weiterhin, »in Francia«, im Frankenreich, ebenso zu herrschen wie »in Italia«. Sogar →'rex Romanorum', für den noch nicht zum Ks. erhobenen Kg., tritt früher auf als das an sich so naheliegende 'rex Teutonicorum'. Otto I. läßt in Diplomen von 936 und 938 den Gesamtstaat mit der Formel »Francia et Saxonica« umschreiben, die vom Historiographen →Widukind aufgegriffen wird, dem ebenfalls ein Sammelbegriff fehlt für ein Reich, das im Ausland oft einfach 'regnum Saxonum' genannt wird. Dabei ist der Ursprung dieses »Francia et Saxonia« das Sachsen und Ostfranken umfassende Teilreich →Ludwigs des Jüngeren, des Sohnes Ludwigs d. Dt., das mit der engeren Bindung dieser beiden Völker den Grund gelegt hat zur Wahl →Heinrichs I. eben durch Franci et Saxones, denen die Bayern und Schwaben erst nachträglich beigetreten sind.

So wird verständlich, daß Gregor VII., dem rex Romanorum Heinrichs IV. von 1073 entgegentretend, 1074 erstmals vom 'rex Teutonicorum', 1080 vom 'regnum Teutonicorum' spricht, um seinen Gegner, wie im Kontext ausdrücklich deutlich wird, auf die Ebene der anderen europ. Kg.e herabzuziehen. →Lampert v. Hersfeld hat diese Bezeichnung, wie viele andere Empfänger des Sendschreibens, übernommen, dennoch aber, in anderer Deutung des Begriffs, das Recht der Herrschaft über Italien für das regnum Teutonicorum in Anspruch genommen (E. MÜLLER-MERTENS). Lampert ist aber nachweislich Quelle für das wohl 1080 entstandene →Annolied, in dem die Völker der Schwaben, Bayern, Sachsen und Franken wie bei Lampert als konstitutive Bestandteile eines Ganzen erscheinen, für welches im Annolied die adjektiv. Umschreibungen »in diutischemi lande, wider diutsche lant, Diutische liuti, diutschi man« erscheinen. In der lat. Geschichtsschreibung erscheint die Reichsbezeichnung »per totum ... Teutonicum regnum« (zu 1038) erst in den kurz nach 1073 redigierten Niederaltaicher Annalen (→Annales Altahenses). Die geradezu zögernde Benennung von Reich, Land und Volk hat also ihre doppelte Ursache in der Herkunft des Staats aus dem frk. Gesamtreich und seinem Anspruch – der Frankenname wird schließlich doch dem Westreich allein überlassen – und in der Tatsache, daß es sich um eine sekundäre Bildung einer ältere Völker überwölbenden Groß-Nation handelt. Entsprechend vielfältig sind auch die lat. Bezeichnungen für den Gesamtstaat, nicht nur im Ausland: Germania, Francia, Saxonia, Terra Teutonica, Teutonia, Alamannia; Regnum Germanicum, Francorum, Saxonum, Teutonicorum, Alamanniae (F. VIGENER). Zusammenfassend ist zu bemerken, daß der Vorzug des Begriffs 'dt.' darin lag, daß er *neben* die weiterbestehenden Volksbezeichnungen treten konnte: Ein Bayer konnte kein Franke sein, wohl aber Deutscher. Ferner war es geeignet, an Stelle einer Unterordnung unter die Franken-Hegemonie die Gleichrangigkeit aller Teilvölker zum Ausdruck zu bringen. Gerade dieses Nebeneinander hat aber nach Zurückweisung frk., dann bayerischer, endlich sächsischer Vorherrschaft, auf die mit den Staufern fast eine schwäbische folgte, den Verzicht auf Reichszentrum und Hauptstadt bedeutet. Die hochma. Jahrhunderte stellen nicht den Zerfall der ursprüngl. Einheit des dt. Volkes und Staates dar, vielmehr ist dieses Volk im ostfrk.-dt., aus mehreren Teilstaaten bestehenden Reich in stets engerer Verflechtung seines Episkopats, seiner Aristokratien und seiner Bevölkerungen erst entstanden und hat bestimmte Wesenszüge und Elemente, so etwa »die dt. Stadt« (→Stadt, Städtewesen) vom 11. zum 13. Jh. überhaupt erst ausgebildet (H. KELLER). Äußerungen der Ablehnung gegen die Deutschen suchen wir vor dem 12. Jh. vergebens, weil es keinen Begriff für sie gab – mit diesem treten auch solche Äußerungen reichlich auf. Zu den Folgen der Fehlinterpretationen sei bemerkt, daß die Debatte um »die dt. Italienpolitik des MA« nur entstehen konnte, weil diese irrig für eine von »dt. Ottonenkönigen« begonnene Politik gehalten wurde, während sie in Wahrheit die selbstverständliche Fortführung frk. Hegemonialpolitik in Italien war (→Italien, -politik). Was das Zusammenwachsen D.s aus weit älteren Völkern (deren Nachbarn ohne »Überwölbung« weiterleben, wie die Dänen und Böhmen) angeht, so hatte man auch früher die Priorität der »Stämme« kaum leugnen können. Aber man half sich wie P. ZAUNERT, Die Stämme im neuen Reich, 1933, 34: »Die Altstämme sind älter als die Nation, aber jünger als das Volkstum. Im Buch der deutschen Geschichte ... steht also nicht geschrieben: Im Anfang war der Stamm, sondern: im Anfang war das Volk.« Im Anfang waren, wie sich gezeigt hat, die Völker und der ostfrk. Staat, mit dessen Grenzen die des späteren dt. Staates genau übereinstimmen, in dem das dt. Volk sich entfaltet hat. K. F. Werner

Lit.: G. WAITZ, Über die Gründung des dt. Reiches durch den Vertrag v. Verdun, 1843 [abgedr. in: DERS., Abh. zur dt. Verfassungs- und Rechtsgesch., 1896; Neudr. 1966, 1–24] – H. RÜCKERT, Dt. Nationalbewußtsein und Stammesgefühl im MA, Raumers Hist. Taschenbuch 4. F. 2, 1861, 337–404 – R. USINGER, Das dt. Staatsgebiet bis gegen Ende des 11. Jh., HZ 27, 1872, 374–441 – J. JASTROW, Gesch. des dt. Einheitstraumes und seiner Erfüllung, 1885, 1891[4] – K. LAMPRECHT, Entwicklung der Formen des Nationalbewußtseins (DERS., Dt. Gesch., 1891, 1906[4]), 1–55 – F. G. SCHULTHEISS, Gesch. des dt. Nationalgefühls, 1893 – A. DOVE, Der Wiedereintritt des nationalen Prinzips in die Gesch. (DERS., Ausgew. Schriftchen, 1898) – F. VIGENER, Bezeichnungen für Volk und Land der Dt. vom 10. bis zum 13. Jh., 1901 – K. ZEUMER, Hl. röm. Reich dt. Nation. Eine Stud. über den Reichstitel, 1910 – A. DOVE, Stud. zur Vorgesch. des dt. Volksnamens, SAH.PH 1916, 8 – P. JOACHIMSEN, Vom dt. Volk zum dt. Staat, 1916; 3. veränd. Aufl., hg. J. LEUSCHNER, 1956 – W. MÜLLER, Nationaler Name und nationales Bewußtsein der Dt. vom Ende der 13. bis zum Ausgang des 15. Jh. [Diss. Heidelberg 1923] – K. G. HUGELMANN, Die dt. Nation und der dt. Nationalstaat im MA, HJb 51, 1931, 1–29, 445–484 – E. MASCHKE, Das Erwachen des Nationalbewußtseins im dt.-slaw. Grenzraum, 1933 – H. DANNENBAUER, Vom Werden des dt. Volkes. Indogermanen-Germanen-Deutsche, 1935 – E. MEYNEN, D. und Dt. Reich. Sprachgebrauch und Begriffswesenheit des Wortes D., 1935 – A. BRACKMANN, Der ma. Ursprung der Nationalstaaten, SAB.PH 1936, 13 – H. GRUNDMANN, Das dt. Nationalgefühl und Frankreich, Jb. der Arbeitsgem. der Rhein. Geschichtsvereine 2, 1936 – H. ZATSCHEK, Das Volksbewußtsein. Sein Werden im Spiegel der Geschichtsschreibung, 1936 – G. TELLENBACH, Die Entstehung des Dt. Reiches, 1940, 1943[2], 1946[3] – DERS., Die Unteilbarkeit des Reiches, HZ 163, 1941 [abgedr. in: WdF 1, 1956] – M. LINTZEL, Die Anfänge des Dt. Reiches. Über den Vertrag v. Verdun und die Erhebung Arnulfs v. Kärnten, 1942 – W. HESSLER, Die Anfänge des dt. Nationalgefühls in der ostfrk. Geschichtsschreibung des 9. Jh. [Diss. Halle-Wittenberg 1943] – P. KIRN, An der Frühzeit des Nationalgefühls, 1943 – E. ZÖLLNER, Die polit. Stellung der Völker im Frankenreich, 1950 – E. SESTAN, Stato e nazione nell'alto medioevo, 1952 – K. S. BADER, Volk, Stamm, Territorium, HZ 176, 1953 – L. WEISGERBER, 'Deutsch' als Volksname. Ursprung und Bedeutung, 1953 – K. G. HUGELMANN, Stämme, Nation und Nationalstaat im MA, 1955 [Rez.: E. HLAWITSCHKA, M-A 65, 1959, 398–404] – U. TURCK, Das Bild der Deutschen und der dt. Gesch. von 843–1142 in der zeitgenöss. frz. Historiographie [Diss. masch. Bonn 1955] – Die Entstehung des Dt. Reiches (D. um 900), hg. H. KÄMPF (WdF 1, 1956) – A. BORST, Der Turmbau von Babel. Gesch. der Meinungen über Ursprung und Vielfalt der Sprachen und Völker, 4 Bde in 6 Tlen, 1957–63 – E. EWIG, Volkstum und Volksbewußtsein im Frankenreich des 7. Jh., Sett. cent. it., 1958, 587–648 [selbst. 1969; abgedr. in: DERS., Spätantikes und frk. Gallien 1, 1976] – W. SCHLESINGER, Die Grundlagen der dt. Einheit im MA (Die dt. Einheit als Problem der europ. Gesch., Beih. zu: Gesch. in Wiss. und Unterricht, 1959), 5–45 [abgedr. in: DERS., Beitr. zur Verfassungsgesch. des deutschen MA 1, 1963, 245–285] [Rezension: K. KROESCHELL, Der Staat 5, 1966] – M. LUGGE, »Gallia« und »Francia« im MA, 1960 – M. LINTZEL, Ausgew. Schriften 2, 1961 [mehrere ältere Stud.] – R. WENSKUS, Stammesbildung und Verfassung. Das Werden der frühma. gentes, 1961 – H. WEBER, Die Reichsversammlungen im ostfrk. Reich, 840–918. Eine entwicklungsgesch. Stud. vom karol. Großreich zum dt. Reich [Diss. Würzburg 1962] – R. BUCHNER, Nachtr. aus den neu gefundenen Ann. Juvavenses Maximi (in: G. WAITZ, JDG H.I., Neudr. 1963, 297–302) – R. BUCHNER, Der Titel 'rex Romanorum' in dt. Königsurkk. des 11. Jh., DA 19, 1963, 327–338 – W. CONZE, Die dt. Nation. Ergebnis der Gesch., 1963 – F. GRAUS, Dt. und slaw. Verfassungsgesch., HZ 197, 1963, 265–317 – E. EWIG, Beobachtungen zur polit.-geogr. Terminologie des frk. Großreiches und der Teilreiche des 9. Jh. (Fschr. M. BRAUBACH, 1964), 99–140 [abgedr. in: E. EWIG, Röm. und frk. Gallien 1, 1976] – P. GÖRLICH, Zur Frage des Nationalbewußtseins im MA zur Zeit des 12.–14. Jh., 1964 – W. SMIDT, Dt. Kgtm. und dt. Staat des HochMA während und unter dem Einfluß der it. Heerfahrten, 1964 – H. GOLLWITZER, Zur Auffassung der ma. Kaiserpolitik im 19. Jh. (Festg. K. v. RAUMER, 1965), 483–512 – F. GRAUS, Die Entstehung der ma. Staaten in Mitteleuropa, Historica 10, 1965, 1–65 – W. SCHLESINGER, Die Auflösung des Karlsreiches (BRAUNFELS, KdG 1, 1965), 792–857 – R. WENSKUS, Die dt. Stämme im Reiche Karls d. Gr. (ebd.), 178–219 – H.-J. BARTMUSS, Die Geburt des ersten dt. Staates, 1966 – E. SCHWARZ, Germ. Stammeskunde zw. den Wiss., 1967 – R. BUCHNER, Kulturelle und polit. Zusammengehörigkeitsgefühle im europ. FrühMA, HZ 207, 1968,

562–583 – E. Hlawitschka, Lotharingien und das Reich an der Schwelle der dt. Gesch., 1968 – H. Jakobs, Der Volksbegriff in den hist. Deutungen des Namens 'Deutsch', RhVjbll 32, 1968, 86–104 – G. Labuda, Tendances d'intégration et de désintégration dans le Royaume Teutonique du Xe au XIIIe s. (Eur., 1968), 77–91 – H. Simon, Gesch. der dt. Nation, 1968 – Der Volksname 'Deutsch', hg. H. Eggers (WdF 156, 1970) – Herrmann, Slawen, 1970 – E. Müller-Mertens, Regnum Teutonicum. Aufkommen und Verbreitung der Reichs- und Königsauffassung im frühen MA, 1970 – K. F. Werner, Les nations et le sentiment national dans l'Europe médiévale, RH 244, 1970, 285–304 [abgedr. in: Ders., Structures politiques du monde franc, 1979] – H. Sproemberg, Die Anfänge eines 'Dt. Staates' im MA (Ders., MA und demokrat. Geschichtsschreibung, 1971), 3–26 [zuerst frz. in: M–A 64, 1958] – C. Brühl, Die Anfänge der dt. Gesch., SB Wiss. Ges. der Univ. Frankfurt, 1972, 5 – G. Koch, Auf dem Wege zum Sacrum Imperium, 1972 – J. Szücs, 'Nationalität' und 'Nationalbewußtsein' im MA. Versuch einer einheitl. Begriffssprache, ActaHistHung 18, 1972, 1–37, 245–256 – W. Eggert, Das ostfrk.-dt. Reich in der Auffassung seiner Zeitgenossen, 1973 – H. Maurer, Confinium Alamannorum. Über Wesen und Bedeutung hochma. Stammesgrenzen (Hist. Forsch. für W. Schlesinger, hg. H. Beumann, 1974), 150–161 – A. Schröcker, Die Dt. Nation. Beobachtungen zur polit. Propaganda des ausgehenden 15. Jh., 1974 – W. Schlesinger, Die Königserhebung Heinrichs I., der Beginn der dt. Gesch. und die dt. Geschichtswiss., HZ 221, 1975, 529–552 – H. Thomas, Regnum Teutonicorum = Diutiskono Richi? Bem. zur Doppelwahl des Jahres 919, RhVjbll 40, 1976, 17–45 – H. Beumann, Die Einheit des ostfrk. Reiches und der Kaisergedanke bei der Königserhebung Ludwigs des Kindes, ADipl 23, 1977, 142–163 – J. Ridé, L'image du Germain dans la pensée et la litt. allemandes, de la redécouverte de Tacite à la fin du XVIe s., 2 Bde, 1977 – H. Thomas, Bem. zu Datierung, Gestalt und Gehalt des »Annoliedes«, ZDPh 96, 1977, 48–61 [abgedr. in: Die Reichsidee in der dt. Dichtung des MA, WdF 200, 1983] – H. Beumann, Die Bedeutung des Ksm.s für die Entstehung der dt. Nation im Spiegel der Bezeichnungen von Reich und Herrscher (Aspekte der Nationenbildung im MA, hg. H. Beumann–W. Schröder, 1978), 317–365 [= Nationes. Hist. und philol. Unters. zur Entstehung der europ. Nationen im MA, 1] – K. H. Rexroth, Volkssprache und werdendes Volksbewußtsein im ostfrk. Reich (ebd.), 275–315 – R. Schmidt-Wiegand, Stammesrecht und Volkssprache in karol. Zeit (ebd.), 171–203 – St. Sonderegger, Tendenzen zu einem überregional geschriebenen Ahd. (ebd.), 229–273 – G. Landwehr, 'Nation' und 'Dt. Nation'. Entstehung und Inhaltswandel zweier Rechtsbegriffe unter bes. Berücksichtigung norddt. und hans. Q. vornehmlich des MA (Fschr. W. Reimers, 1979), 1–35 – G. Tellenbach, Die geistigen und polit. Grundlagen der karol. Thronfolge, FMASt 13, 1979, 184–302 – K. F. Werner, Les duchés 'nationaux' d'Allemagne au IXe et au Xe s. (Les Principautés au MA, 1979), 29–46 [abgedr. in: K. F. Werner, Vom Frankenreich zur Entfaltung D.s und Frankreichs, 1984, 311–328] – F. Graus, Die Nationenbildung der Westslawen im MA (Nationes 3), 1980 – E. Müller-Mertens, Die Reichsstruktur im Spiegel der Herrschaftspraxis Ottos d. Gr., 1980 – K. F. Werner, L'Empire carolingien. Le Saint Empire (M. Duverger, Le Concept d'Empire, 1980), 151–198 [abgedr. in: K. F. Werner, Vom Frankenreich..., 1984, 329–376] – H. Beumann, Der dt. Kg. als 'Romanorum Rex', SB Wiss. Ges. Univ. Frankfurt, 1981, 2 – J. Jarnut, Gedanken zur Entstehung des ma. dt. Reiches, Gesch. in Wiss. und Unterricht, 1981, 99–114 – J. J. Sheehan, What is German Hist.? Reflections on the Role of the 'Nation' in German Hist. and Historiography, The Journal of Modern Hist. 53, 1981, 1–23 – H. Lutz, Die Dt. Nation zu Beginn der NZ, HZ 234, 1982, 529–559 – U. Nonn, Hl. Röm. Reich dt. Nation. Zum Nationen-Begriff im 15. Jh., ZHF 9, 1982, 129–142 – K. Zernack, Die dt. Nation zw. West und Ost. Probleme und Grundzüge (Nationalgesch. als Problem der dt. und poln. Geschichtsschreibung [Schriftenreihe Georg-Eckert-Inst. 22/VI], 1983), 67–80 – H. Ament, Der Rhein und die Ethnogenese der Germanen, PZ 59, 1984, 37–47 – U. Dierse – H. Rath, Nation, Nationalismus, Nationalität, HWP 6, 1984, 406–414 – J. Ehlers, Nation und Gesch. Anm. zu einem Versuch, ZHF 11, 1984, 205–218 – H. C. Faussner, Zum Regnum Bavariae Hzg. Arnulfs (907–938), SAW.PH 426, 1984, 1–33 – W.-D. Heim, Romanen und Germanen in Charlemagnes Reich. Unters. zur Benennung roman. und germ. Völker, Sprachen und Länder in frz. Dichtungen des MA, 1984 – K. F. Werner, Artikel »Volk, Nation, Masse (MA)« (Geschichtl. Grundbegriffe 6, hg. H. Brunner, W. Conze, R. Koselleck) [in Vorber.].

B–E. **Allgemeine und politische Geschichte Deutschlands von 911 bis ca. 1520:**
B. Ottonenzeit
I. Vom Reich der ostfränkischen Karolinger zum Reich der Ottonen. Die Regierung Konrads I. – II. Heinrich I. u. die Anfänge liudolfingischer Herrschaft – III. Das imperiale Königtum Ottos des Großen – IV. Die Krise des Reiches unter Otto II. – V. Höhepunkt imperialer Herrschaft unter Otto III. – VI. Die Konsolidierung des Reiches unter Heinrich II.

I. Vom Reich der ostfränkischen Karolinger zum Reich der Ottonen. Die Regierung Konrads I. (zu den Voraussetzungen →Frankenreich, →Ostfrk. Reich): Als mit dem Tode →Ludwigs IV. des Kindes (911) das ostfrk. Haus der →Karolinger im Mannesstamm erloschen war, erhoben →Franken, →Sachsen, →Bayern und →Schwaben in einmütiger Wahl den Frankenhzg. →Konrad in →Forchheim zum neuen Kg., während sich die Lothringer dem westfrk. Karolinger →Karl III. dem Einfältigen anschlossen (→Westfrk. Reich). Das Zusammengehörigkeitsgefühl der vier ostfrk. Stämme erwies sich gegenüber der traditionellen Bindung an das karol. Herrscherhaus als stärker. Die mangelnde geblütsrechtl. Legitimation wurde hierbei durch die im ostfrk. Reich bisher nicht übliche kirchl. →Salbung ersetzt. Zwar wurde mit der Wahl des Franken →Konrad immer noch der frk. Charakter des Reiches betont. Dennoch war mit der Abkehr vom Hause der Karolinger ein entscheidender Schritt in Richtung auf ein dt. Reich vollzogen.

[1] *Auseinandersetzung mit den Stammesgewalten:* Die Regierung →Konrads I. (911–918) war belastet von der Auseinandersetzung mit den Stammesgewalten (zum Problem des Stammesbegriffs s. a. →Stämme, →Stammesherzogtum, →regnum sowie die Ausführungen in Abschnitt A). Angesichts der Schwäche der Zentralgewalt unter Ludwig dem Kind und der von den →Ungarn ausgehenden akuten Bedrohung war die Macht im ostfrk. Reich faktisch an die vielfach miteinander rivalisierenden Adelsfamilien der einzelnen Stammesgebiete übergegangen. In diesem Ringen gelang es den →Luitpoldingern in Bayern, den →Liudolfingern in Sachsen und den →Konradinern in Franken, zu hzgl. Stellung (sog. jüngeres →Stammesherzogtum) emporzusteigen, während in →Schwaben die Ausbildung eines eigenständigen Hzm.s infolge der dominierenden Stellung des Bf.s v. →Konstanz unterblieb. Indem Konrad I. im Rückgriff auf die karol. Herrschaftspraxis den Einfluß der Stammesgewalten wieder zurückzudrängen versuchte, wandte er sich gegen eben jene Gruppe, der er selbst angehört hatte und deren Wahl er sein Kgtm. verdankte. Der für die Geschichte des ma. D. so folgenreiche Konflikt zwischen kgl. Zentralgewalt und adlig-fürstlichem Anspruch auf »Teilhabe« an der Herrschaft kündigte sich somit hier bereits an.

Bei seinem Vorgehen gegen die Stammesgewalten fand Konrad I. in der Kirche einen Verbündeten. Zu seinen engsten Beratern gehörten Ebf. →Hatto v. Mainz und der Kanzler Bf. →Salomon III. v. Konstanz, die bereits unter Ludwig dem Kind amtiert hatten. In Schwaben geriet er damit zwangsläufig in Gegensatz zu den aus pfgfl. Geschlecht stammenden Brüdern →Erchanger und Berthold, die sich in ihrem Streben nach hzgl. Stellung durch Salomon v. Konstanz behindert sahen. Zwar gelang es Konrad I. 914, Erchanger auszuschalten, doch trat darauf der →Hunfridinger →Burchard als Prätendent an dessen Stelle. Nachdem Erchanger im Jahr darauf zum Hzg. v. Schwaben ausgerufen worden war, wurde er mit seinem Bruder auf der in Anwesenheit eines päpstl. Legaten tagenden Synode zu →Hohenaltheim (20. Sept. 916) zu lebenslanger Klosterhaft verurteilt. Ausdrücklich bekannten sich die hier versammelten Geistlichen Frankens, Bayerns und Schwabens zum Schutz des Kg.s als dem »Gesalbten des Herrn« (MGH Const. 1, 623 Nr. 433 c. 21). Als Konrad I. die Brüder jedoch entgegen dem Synodalbeschluß hinrichten ließ, fand Burchard in Schwaben als Hzg. Anerkennung. Auch in Sachsen begegnete der Kg. energischem Widerstand, als er versuchte, ein Ausgreifen Hzg. Heinrichs nach Thüringen zu unterbinden. Nach einer Niederlage seines Bruders →Eberhard bei der →Eresburg (915) unternahm Konrad I. selbst einen Vorstoß nach Sachsen, der freilich keine militär. Entscheidung brachte. Durch eine Vereinbarung, die Heinrichs führende Stellung in seinem Stammesgebiet faktisch anerkannt haben dürfte, mußte sich Konrad I. seine Handlungsfreiheit im Süden erkaufen. Ebenso vermochte sich auch Bayern unter Hzg. →Arnulf, der damals eine königsgleiche Stellung erstrebte, nach längeren Auseinandersetzungen gegenüber der kgl. Gewalt zu behaupten. Konrads Herrschaft blieb damit auf sein eigenes Stammesherzogtum Franken beschränkt.

Infolge der Auseinadersetzungen mit den Stammesgewalten waren Konrads Kräfte so sehr gebunden, daß er dem Reich vor den seit 912 in immer neuen Wellen andrängenden →Ungarn keinen wirksamen Schutz zu bieten vermochte. 915 gelangten sie bis nach Bremen, 917 stießen sie über Schwaben und das Elsaß bis nach Lothringen vor. Anstatt den Eindringlingen selbst entgegenzutreten, überließ Konrad ihre Abwehr den regionalen Gewalten. Auch gegenüber dem westfrk. Reich vermochte sich Konrad I. nicht zu behaupten. Zwar gelang es ihm, den Zugriff Karls III. auf das →Elsaß abzuwehren. Seine auf drei Feldzügen 912/913 unternommenen Versuche, →Lothringen wieder zurückzugewinnen, blieben dagegen erfolglos.

[2] *Regelung der Nachfolge:* Angesichts des nach innen wie außen gefährdeten Zustands des Reiches hat Konrad I. gegen Ende seiner Regierung den mächtigsten seiner einstigen Gegner, den Sachsenherzog →Heinrich, als Nachfolger empfohlen. Er hat damit die Voraussetzung für einen bruchlosen Übergang vom ostfrk. zum dt. Reich geschaffen. Ob Heinrichs Designation freilich auf einer bereits 915 getroffenen Vereinbarung beruhte, läßt sich nicht mit Sicherheit nachweisen.

II. HEINRICH I. UND DIE ANFÄNGE LIUDOLFINGISCHER HERRSCHAFT: Nach Konrads Tod (23. Dez. 918) überbrachte dessen Bruder Eberhard, der damit auf einen eigenen Erbanspruch verzichtete, Heinrich v. Sachsen die kgl. Insignien. Mit der Wahl →Heinrichs I. (919–936) im Mai 919 zu →Fritzlar durch Franken und Sachsen gelangte der Vertreter des mächtigsten Stammes innerhalb des ostfrk. Reiches zur Herrschaft. Der Übergang der Regierungsgewalt von den Franken auf die Sachsen hatte eine Verlagerung der Machtgrundlagen des Kgtm.s aus dem Rhein-Main-Gebiet in den Nordosten zur Folge. Mit den Sachsen, bei denen sich länger als anderswo eine archaische Rechts- und Sozialstruktur erhalten hatte, trat ein Stamm in das Zentrum der Reichsgeschichte, der im Verband des frk. Reiches stets an der Peripherie gestanden hatte. Der unterschiedliche Verlauf der dt. Verfassungsentwicklung im Vergleich zum Westen des ehem. Frankenreiches mag hierin eine Wurzel haben.

[1] *Auseinandersetzung mit den Herzögen:* Zunächst hatte sich Heinrich I. freilich in Bayern und Schwaben Anerkennung zu verschaffen. Während die Schwaben der Wahl zu Fritzlar überhaupt ferngeblieben waren, hatten die Bayern ihren Hzg. →Arnulf – »in regno Teutonicorum« (Ann. Iuvav. max. zu 920, MGH SS 30, 742) – zum Kg. erhoben und damit ihrerseits den Anspruch auf die Herrschaft im ostfrk. Reich bekundet. Durch Zugeständnisse wie die Verfügungsgewalt über die Kirche der Stammesgebiete und die Zusicherung weitgehender außenpolit. Handlungsfreiheit gelang es Heinrich I., die süddt. Hzg.e lehensrechtl. an sich zu binden. Das ostfrk.-dt. Reich wurde damit in seinem Bestand bewahrt. Das Vordringen lehensrechtl. Bindungen in der Reichsverfassung drohte den Kg. freilich zunehmend in die Abhängigkeit von den ihm Treue verpflichteten Vasallen geraten zu lassen.

[2] *Verhältnis zur Kirche:* Von gefestigter Position aus ging Heinrich I. daran, auch sein Verhältnis zur Kirche neu zu bestimmen. Hatte er 919 noch die kirchl. Salbung abgelehnt, um damit zu dokumentieren, daß er die Auseinandersetzung mit den Stammesherzögen nicht auf der Basis der Beschlüsse von Hohenaltheim zu führen gedenke, so begann er nun im Rückgriff auf die karol. Tradition, die Kirche in den Dienst kgl. Politik zu stellen. Nachdem er anfangs ohne eigene Kanzlei regiert hatte, wurde mit der Einrichtung einer →Kanzlei und dem Aufbau einer →Hofkapelle, an deren Spitze 922 der Ebf. v. →Mainz, →Heriger, berufen wurde, begonnen.

[3] *Abgrenzung nach Westen:* Streitigkeiten zw. Hzg. →Giselbert und Karl III. boten Heinrich I. Gelegenheit, in Lothringen einzugreifen. Noch bevor es zu direkten Kampfhandlungen kam, erreichte Heinrich im →Bonner Vertrag (7. Nov. 921) gegen den ausdrücklichen Verzicht auf Lothringen die Anerkennung als »rex Francorum orientalium« (MGH Const, 1, 1 Nr. 1) durch den westfrk. Karolinger. Mit dieser Bestandsgarantie hat der Prozeß der Herausbildung eines deutschen Reiches formell einen Abschluß gefunden. Durch westfrk. Thronwirren begünstigt, gelang Heinrich I. 925 schließlich die Angliederung Lothringens an das Reich, wodurch dieses eine beträchtliche Machterweiterung erfuhr. Damit wurde dem jungen dt. Reich jedoch auch der Zugang zu der in der alten Kernlandschaft der Karolinger um →Aachen immer noch wachen frk.-karol. Tradition erschlossen. Zwar war Lothringen kein einheitl. Stammesgebiet, doch wurde es wie die übrigen vier Stammesherzogtümer organisiert. Auf Jahrhunderte hinaus sollte die Westgrenze des ehem. lotharischen Mittelreiches von 843 die dt.-frz. Grenze bilden (→Reichsgrenze, →Lotharingien). Wenn Heinrich I. auch in den Beziehungen zu →Italien und →Burgund den süddt. Stammesherzögen die Initiative überlassen mußte, so ist es ihm doch gelungen, den Einflußbereich des Reiches auf Burgund auszuweiten. Mit der Überreichung der hl. →Lanze dürfte Kg. →Rudolf II. v. Burgund wohl die Oberhoheit des dt. Kg.s anerkannt haben. Ein gegen Ende seiner Regierungszeit geplanter Italienzug unterblieb dagegen.

[4] *Grenzsicherung nach Norden und Osten:* Ein 926 auf neun Jahre geschlossener Waffenstillstand, der zunächst wohl nur für Sachsen, Thüringen und Franken galt, sollte dem Reich eine Atempause vor den in unverminderter Härte erfolgenden Ungarneinfällen verschaffen, die Heinrich I. für die Aufstellung eines Reiterheeres (→Heerwesen) und für die Organisation der Landesverteidigung nutzte. Die von →Widukind v. Corvey (I, 35) überlieferte →Burgenbauordnung galt wohl nur für Sachsen, wobei möglicherweise auf Anlagen aus frk. Zeit zurückgegriffen wurde. Die 928/929 mit dem Ziel tributärer Grenzsicherung unternommenen Vorstöße über die Elbe führten zur Unterwerfung der slav. Stämme der →Heveller und →Daleminzen (s. a. →Elb- und Ostseeslaven). Das eroberte Gebiet wurde durch die Errichtung der Burg

→Meißen gesichert. Mit der Unterwerfung der →Lausitzer (932), deren Burg →Liubusua (Libusa) erobert wurde, konnte die Sicherheitszone an der mittleren Elbe abgerundet werden. Auch gegenüber Böhmen vermochte Heinrich I. (929) die Oberhoheit des Reiches durchzusetzen. Nach der vorzeitigen Einstellung der Tributzahlungen 932 erschienen die Ungarn wieder in D. Mit Unterstützung der Bayern und Lothringer vermochte Heinrich I. sie bei →Riade (unbekannt, wohl an der Unstrut) am 15. März 933 zu schlagen. Obgleich das Heer der Ungarn zum größten Teil entkommen konnte, bedeutete dieser Sieg eine eindrucksvolle Demonstration kgl. Macht. Bei allen dt. Stämmen fand das Kgtm. Heinrichs I. nunmehr uneingeschränkt Anerkennung. Im Jahr darauf konnte Heinrich I. durch die Unterwerfung des in →Haithabu residierenden dän. Kleinkönigs Knuba die Gefährdung des Nordens durch norm. Angriffe bannen.

[5] *Regelung der Nachfolge:* Gegen Ende der Regierung Heinrichs I. hatte das ostfrk.-dt. Reich eine hegemoniale Stellung im Westen, Norden und Osten errungen. Mit der durch die Hausordnung von 929 vorbereiteten Regelung der Nachfolge auf dem →Erfurter Hoftag 936 war ein entscheidender Schritt zur Konsolidierung des Reiches getan. Indem Heinrich I. seinen (zweiten) Sohn Otto zum Nachfolger designierte, wurde der karol. Brauch der Reichsteilung zugunsten des Prinzips der Unteilbarkeit des Reiches aufgegeben. Damit trat das junge dt. Reich endgültig aus dem Banne des karol. Reiches heraus, selbst wenn sich die Bezeichnung »deutsch« erst nach der Jahrtausendwende allmählich durchsetzen sollte.

III. DAS IMPERIALE KÖNIGTUM OTTOS DES GROSSEN: Beim Tode Heinrichs I. (2. Juli 936) war der Bestand des ostfrk.-dt. Reiches nicht mehr ernstlich in Frage gestellt. In Wiederanknüpfung an die karol. Tradition erfolgte am 7. Aug. 936 in Aachen die Wahl →Ottos I. durch die Großen des Reiches, an die sich die kirchl. Zeremonie der Krönung und Salbung, gipfelnd in der feierlichen Thronsetzung auf den Marmorthron Karls d. Gr., anschloß. Von dem durch Widukind v. Corvey (II, 1) geschilderten Wahlvorgang ging eine normbildende Wirkung auf die künftigen Königskrönungen in D. aus, deren Zeremoniell um 960 im »Mainzer Ordo« (→Ordo) festgelegt wurde.

[1] *Auseinandersetzung mit den Stammesgewalten:* Der Beginn der Regierung Ottos I. (936–973) war überschattet von der Auseinandersetzung mit dem auf die Wahrung seines Eigenrechtes bedachten Adel und den durch die Thronfolgeordnung von der Herrschaft ausgeschlossenen Angehörigen des Königshauses. In den sich anschließenden Kämpfen kam als Strukturelement in der geschichtl. Entwicklung D.s erstmals die Ambivalenz des Adels, »Hauptfeind und einziger Helfer der Zentralgewalt zugleich zu sein« (K. F. WERNER), zum Tragen. Zu einem ersten Konflikt kam es in Bayern, wo Otto I. vergeblich versuchte, auf die Nachfolge des verstorbenen Hzg.s Arnulf Einfluß zu nehmen. Eine Niederlage Ottos I. in Bayern (938) gab das Signal für einen Aufstand, an dem neben den Sachsen →Wichmann und dem vom Kg. gemaßregelten Frankenherzog →Eberhard auch Ottos Halbbruder →Thangmar beteiligt waren. Erst mit Thangmars gewaltsamem Ende in der Eresburg brach die Empörung in sich zusammen. 939 erhob sich jedoch unter Ottos jüngerem Bruder →Heinrich erneut ein Aufstand, dem sich die Hzg.e Eberhard v. Franken und →Giselbert v. Lothringen anschlossen. Die Lage spitzte sich zu, als die Aufständischen, denen sich auch einige Bf.e angeschlossen hatten, in Verbindung zum westfrk. Karolinger →Ludwig IV. traten. Erst der Sieg eines schwäb. Heeres bei →Andernach (2. Okt. 939) brachte die Wende in einer für den König äußerst bedrohlichen Situation. Das Hzm. Franken, das damit seine polit. Eigenständigkeit verlor, behielt Otto I. – wie Sachsen – in seiner Hand. Das Königsgut am Mittelrhein und am unteren Main bildete mit dem Hausgut der Liudolfinger in Sachsen fortan die materielle Grundlage für die Herrschaft der Ottonen und Salier. Die übrigen Hzm.er versuchte Otto I. durch die Verleihung an Familienmitglieder oder durch Eheverbindungen enger an die Krone zu binden. Lothringen erhielt – nach Ottos wieder in Gnaden aufgenommenem Bruder Heinrich – der Gf. →Konrad der Rote, der mit der Königstochter →Liutgard verheiratet wurde. Schwaben kam an Ottos Sohn →Liudolf, während Bayern Ottos Bruder Heinrich verliehen wurde, der nach einem weiteren Aufstand Weihnachten 941 erneut die kgl. Verzeihung erhalten hatte. Damit wurde die Bildung einer mit dem Königshaus versippten Adelsgruppe eingeleitet, deren Angehörigen künftig die Herzogswürde vorbehalten blieb.

[2] *Der Liudolf-Aufstand:* Doch auch dem Versuch, die von der Herrschaft ausgeschlossenen Mitglieder der Königsfamilie durch Hzm.er zu entschädigen, war kein dauerhafter Erfolg beschieden. Die Frage der Nachfolge im Königshaus führte erneut zu Spannungen, die sich im Liudolf-Aufstand von 953/954 entluden. Der 946 zum Thronfolger designierte älteste Sohn Ottos I., Liudolf, der aus der ersten Ehe des Kg.s mit Edgith stammte, fühlte sich durch seinen Onkel Hzg. Heinrich v. Bayern wie durch den aus Ottos zweiter Ehe mit →Adelheid hervorgegangenen Sohn Heinrich in seiner Stellung bedroht, worauf er sich mit dem wegen seines eigenmächtigen Vorgehens in Italien gemaßregelten Hzg. Konrad dem Roten von Lothringen in offener Empörung verband. Auch Ebf. →Friedrich v. Mainz schloß sich den Verschwörern an. Ein dem Kg. in Mainz abgepreßter Vertrag, der von diesem jedoch sogleich widerrufen wurde, diente vermutlich dazu, Liudolfs Nachfolge zu sichern. Nachdem sich auch die Luitpoldinger dem Aufstand angeschlossen hatten, besaß Otto I. mit Ausnahme des von seinem Bruder, Ebf. →Brun v. Köln, verwalteten Hzm.s Lothringen nur noch in Sachsen Rückhalt. Erst mit dem Wiederaufleben der Ungarneinfälle 954 wandelte sich die Lage des Königs. Nachdem sich als letzter der Aufständischen Liudolf unterworfen hatte, kam es im Dez. 954 in Arnstadt zum Friedensschluß. Das Hzm. Schwaben erhielt in dem jüngeren Burchard ein Sproß der einheim. Herzogsfamilie, während Lothringen in der Verwaltung Bruns v. Köln belassen wurde.

[3] *Verhältnis zur Reichskirche:* Angesichts der nur unzureichend gelungenen Bindung der Hzm.er an die kgl. Zentralgewalt hatte Otto I. in verstärktem Maße auf die →Reichskirche als Stütze seiner Herrschaft zurückgegriffen. Auf der Grundlage der für das FrühMA characterist. weitgehenden Einheit von weltlicher und geistlicher Sphäre war der Kg. kraft seiner Stellung als »Stellvertreter« Gottes auf Erden – nicht nur aufgrund eines germ. Eigenkirchenrechts oder einer öffentl.-rechtl. Kirchenhoheit – zur Verfügung über die Reichskirche legitimiert. Durch großzügige Ausstattung der Bischofskirchen und Reichsklöster mit materiellen Gütern und nutzbaren Hoheitsrechten (→Regalien) in Form des otton. Immunitätsprivilegs schuf Otto I. die Voraussetzung für den »Reichsdienst« der Bf.e und Äbte, der neben der Verpflichtung zu →Hoffahrt und →Gastung wie zur Mitwirkung in der Reichsverwaltung (→Kanzlei) auch die militär. Unterstützung des Kg.s (→Heerfahrt) einschloß (s. a. →servitium regis). Infolge ihrer engen Bindung an den Herrscher

und der Verpflichtung zur Ehelosigkeit (→Zölibat) wurden Reichsbf.e und -äbte zur wesentl. Stütze der Königsgewalt in otton.-sal. Zeit (sog. »→Otton.-sal. Reichskirchensystem«). Bei der Besetzung von Bischofsstühlen griff Otto I. bevorzugt auf Angehörige der kgl. →Hofkapelle zurück, der damit eine hervorragende Bedeutung für die Heranbildung eines dem König treu ergebenen Reichsepiskopats zufiel. Als Prototyp des otton. Reichsbischofs erscheint Brun v. Köln, der in Lothringen die Funktion eines Bf.s mit derjenigen eines Hzg.s auf vorbildliche Weise verbunden hatte.

[4] *Ausgreifen nach Italien:* Die Usurpation Markgraf →Berengars II. v. Ivrea, den Otto I. gegen den übermächtigen Einfluß →Hugos von der Provence in Italien unterstützt hatte, machte das Eingreifen des dt. Kg.s erforderlich. Jener hatte nach dem Tode Hugos und seines Sohnes Lothar dessen Witwe Adelheid gefangengenommen und sich im Dez. 950 zum Kg. im regnum Italiae erhoben (→Italien). Bei seinem Erscheinen in Pavia Ende Sept. 951 empfing Otto I. die Huldigung der it. Großen als Kg. der Langobarden. In Anlehnung an den Königstitel Karls des Großen nannte er sich »rex Francorum et Langobardorum«. Die noch im selben Jahr geschlossene (zweite) Ehe mit der Königswitwe Adelheid v. Burgund verlieh seiner Herrschaft zusätzliche Legitimation. Als »consors regni« sollte Adelheid hinfort eine einflußreiche Rolle am deutschen Hofe spielen. Zum Zwecke der Kaiserkrönung aufgenommene Verhandlungen scheiterten am Widerstand des princeps Romanorum →Alberich.

[5] *Ungarnsieg:* Als die Ungarn 955 erneut ins Reichsgebiet einfielen, vermochte sie Otto I. mit einem aus allen dt. Stämmen - mit Ausnahme der Lothringer - gebildeten Heer auf dem →Lechfeld südlich Augsburg (10. Aug. 955) vernichtend zu schlagen. D. blieb hinfort von ihren Plünderungszügen verschont. Durch seinen Ungarnsieg, dem ein Sieg über die Slaven an der →Recknitz folgte, erfuhr Ottos Kgtm. eine weit über die Grenzen des Reiches hinausweisende Steigerung. Nach Widukind v. Corvey (III, 49) soll Otto noch auf dem Schlachtfeld als »imperator« ausgerufen worden sein. Selbst wenn einer derartigen →Akklamation keinerlei staatsrechtl. Bedeutung beizumessen ist, hat man in ihr doch einen Hinweis auf den auch sonst in Ottos Umgebung bezeugten Gedanken eines »imperialen Königtums« erkennen wollen.

[6] *Erneuerung des Kaisertums:* Der Anstoß zur Erneuerung des →Kaisertums ging jedoch wie zur Zeit Karls d. Gr. von Rom aus. Auf den Hilferuf des von Berengar bedrängten Papstes →Johannes XII., dem Sohn des Alberich, brach Otto I. im Aug. 961 abermals nach Italien auf, nachdem zuvor sein gleichnamiger Sohn, →Otto II., zum Kg. gewählt und gekrönt worden war. Mit der Krönung und Salbung Ottos I. - zusammen mit seiner Gemahlin Adelheid - am 2. Febr. 962 zu St. Peter in Rom erfuhr das seit 924 erloschene Ksm. eine glanzvolle Erneuerung. In Fortsetzung der karol. Tradition bestätigte der Ks. im sog. →»Privilegium Ottonianum« vom 13. Febr. 962 (MGH Const. 1, 24-27 Nr. 12) den teritorialen Besitzstand des →Kirchenstaates und seine Rechte. Nachdem Johannes XII. jedoch ungeachtet seines Treueversprechens mit Berengar konspiriert hatte, ließ ihn Otto I. absetzen und an seiner Stelle den Protoscriniar Leo zum Papst (→Leo VIII.) erheben. In Ergänzung zum Papstwahlpassus des »Ottonianum« mußten sich die Römer nunmehr eidlich verpflichten, keinen Papst ohne vorherige ksl. Zustimmung zu wählen und zu ordinieren (sog. »Römereid«). Nach der Niederwerfung eines neuerl. Aufstandes der Römer 964 war die dt. Herrschaft über Italien gesichert.

Obgleich das Ksm. mit keinem realen Machtzuwachs verbunden war, hat es den dt. Herrschern doch ein gesteigertes Ansehen (auctoritas) nicht nur nach innen, sondern auch gegenüber auswärtigen Völkern verliehen. Dies gründete sich v. a. auf die Verpflichtung des Ks.s zum Schutze der Kirche. Eine ksl. Oberhoheit über Gebiete außerhalb des Reiches wurde dagegen nicht anerkannt. Durch die Verbindung des Ksm.s mit dem dt. Kgtm. hat das ma. dt. Reich seine charakterist. Prägung erhalten. Da die Kaiserkrone in Rom - oft genug mit Waffengewalt - erworben werden mußte, sahen sich die dt. Herrscher nach Otto I. zwangsläufig genötigt, →Italienpolitik zu betreiben, was ihre oft mehrjährige Abwesenheit von D. zur Folge hatte. Niemals ist jedoch von den Zeitgenossen grundsätzl. Kritik an der Italienpolitik der dt. Kg.e und Ks. geübt worden.

[7] *Sicherung und Ausbau des Reiches nach Osten:* Im Zuge der von Otto I. durchgeführten Neuorganisation der Grenzverteidigung erhielt der zum Mgf.en erhobene →Billunger →Hermann das Gebiet an der unteren Elbe, während der gleichfalls mit markgräfl. Gewalt ausgestattete Gf. →Gero die ausgedehnten Marken an der mittleren Elbe und Saale, die sächs. →Nordmark, die →Lausitz (sächs. Ostmark) sowie die Marken um →Merseburg, →Meißen und →Zeitz zugewiesen bekam. Mit ihrer Hilfe gelang es, die Ostgrenze des Reiches planmäßig bis zur Oder zu erweitern. Der militär. Sicherung und verwaltungsmäßigen Erfassung der dem Reich neu hinzugewonnenen Gebiete diente die Einteilung der Marken in Burgbezirke, sog. →Burgwarde.

Im Unterschied zu der lediglich auf Ausweitung des dt. Einflußbereichs gerichteten Politik Heinrichs I. setzte sich Otto I. energisch für die Christianisierung der unterworfenen slav. Gebiete ein (→Mission, →Elb- und Ostseeslaven). Stützpunkt der Slavenmission wurde das 937 errichtete und reich ausgestattete Moritzkloster zu →Magdeburg. Mit der Durchführung der Mission wurde der kgl. Kaplan →Boso betraut, dessen erfolgreiche Tätigkeit Otto I. mit der Verleihung des bfl. Stuhles in dem neu gegründeten Bm. →Merseburg honorierte. Durch die Einrichtung von Bm.ern in →Brandenburg und →Havelberg an der mittleren Elbe, in →Oldenburg im abodrit. Gebiet sowie in →Schleswig, →Ripen und →Aarhus in Dänemark sollte der Mission organisatorischer Rückhalt verliehen werden. Durch die Unterwerfung Hzg. →Boleslavs I. v. Böhmen (950) gelang die Ausweitung des Missionsgebietes nach Südosten. Versuche, die Mission durch Entsendung des Trierer Mönchs →Adalbert auch auf Rußland auszudehnen, wurde durch das Vordringen byz. Missionare vereitelt (→Byz. Reich, Abschnitt E; →Kiever Rus'). Dagegen ermöglichte die Taufe des ersten poln. Hzg.s, →Mieszko, der 963 die Oberhoheit des Reiches anerkannt hatte, die Ausbreitung des Christentums in →Polen.

Gegen den Widerstand Ebf. →Wilhelms v. Mainz und Bf. Bernhards v. →Halberstadt, die eine Beeinträchtigung ihrer Kirchen befürchteten, betrieb Otto I. die Erhebung Magdeburgs zum Ebm., um demselben den gesamten Nordosten organisatorisch zu unterstellen. Nachdem dieser Plan bereits anläßlich Ottos Kaiserkrönung die Zustimmung des Papstes erhalten hatte, wurde auf einer Synode zu Ravenna (April 967) das Moritzkloster in Magdeburg zur Metropolitankirche erhoben, welche die bisher zur Mainzer Kirche gehörenden Bm.er Brandenburg und Havelberg zugeordnet bekam. Außerdem wurde die Errichtung der Bm.er →Merseburg, →Meißen und →Zeitz gebilligt. Zum ersten Bf. für Magdeburg wurde der russ. Missionsbischof Adalbert bestellt. Mit der Gründung des Ebm.s →Magdeburg fand die kirchl. Organisation der unter den beiden ersten Herrschern aus sächs. Hause dem Reich neu hinzugewonnenen Gebiete einen Abschluß. Die ebenfalls in päpstl. Einvernehmen geplante Gründung des Bm.s →Prag wurde erst nach Ottos Tod verwirklicht. Den missions- und kirchenpolit. Interessen des Reiches im Norden diente der Ausbau der Stellung des Ebm.s →Hamburg-Bremen unter Ebf. →Adaldag.

[8] *Ausbau der kaiserlichen Stellung in Italien:* Ein Hilferuf →Johannes' XIII., der nach dem Tode →Leos VIII. (965) mit ksl. Zustimmung zum Papst gewählt, kurz darauf jedoch aus Rom vertrieben worden war, gab den Anlaß für Ottos dritten Italienzug. Bereits im Dez. 966 erschien der Ks. in Rom, um den Papst wieder in sein Amt einzusetzen. Auf der Basis einer weitgehenden Tolerierung der örtl. Gewalten gelang es Otto I., die ksl. Stellung in Oberitalien weiter auszubauen. Bei dem Versuch, seinen Machtbereich auch auf Süditalien auszudehnen, mußte er jedoch zwangsläufig in Konflikt zur alten Kaisermacht Byzanz geraten (→Byz. Reich, Abschnitt F). Da Otto I. nicht bereit war, auf die langob. Fsm.er →Capua und →Benevent zu verzichten, deren Herren ihm soeben gehuldigt hatten, eröffnete der byz. Ks. →Nikephoros Phokas (969) die militär. Auseinandersetzung und sprach Otto die Berechtigung zum Führen des Kaisertitels ab. Wie zur Zeit Karls. d. Gr. stellte sich damit das →Zweikaiserproblem, dessen Zuspitzung Otto I. bislang mit Geschick vermieden hatte. Nach wechselvollen Kämpfen kam es schließlich unter dem neuen Ks. →Johannes Tzimiskes zu einem Ausgleich. Unter Verzicht auf →Apulien, aber bei Behauptung von Capua und Benevent erlangte Otto I. die Anerkennung seines Ksm.s durch den Basileus. Der Frieden wurde durch die Vermählung seines bereits 967 zum Mitkaiser gekrönten Sohnes Otto II. mit der byz. Prinzessin →Theophanu in der Peterskirche zu Rom (14. April 972) besiegelt. Durch die »Griechin« Theophanu geriet auch das otton. Reich verstärkt in den Einflußbereich des byz. Kulturkreises.

IV. DIE KRISE DES REICHES UNTER OTTO II.: Nach dem Tode Ottos d. Gr. (7. Mai 973) ging die Herrschaft bruchlos auf dessen 18jährigen Sohn →Otto II. (973–983) über. Angesichts des Wiederauflebens regionaler Sonderinteressen und einer empfindl. Machteinbuße an der Ostgrenze brachte seine kurze Regierung einen Rückschlag in der Entwicklung des otton. Reiches.

[1] *Behauptung der Reichsgewalt im Innern:* Ausgelöst durch Ottos Einschreiten gegen eine süddt. Adelsgruppierung um Herzog →Burchard II. v. Schwaben († 11. oder 12. Nov. 973), der durch seine Gemahlin Hadwig mit den bayer. Liudolfingern in Verbindung stand, verband sich der Bayernherzog →Heinrich der Zänker (974) mit →Boleslav II. v. Böhmen und Mieszko I. v. Polen in einer die ksl. Position im Süden ernstlich gefährdenden Empörung. Erst nach schweren Kämpfen konnte der Aufstand 978 endlich niedergeschlagen werden. Das Heinrich dem Zänker bereits 976 aberkannte bayer. Hzm. erhielt Otto II. gleichnamiger Neffe, dem nach dem Tode Herzog Burchards II. bereits Schwaben verliehen worden war. Im Zuge einer Reorganisation der Reichsländer im Südosten kam die bayer. Ostmark an den Mgf.en →Luitpold, den Stammvater der (jüngeren) →Babenberger. Die von Bayern abgetrennte karantan. Mark (→Karantanen, →Kärnten) wurde mit den italienischen Marken →Verona und Aquileia zu einem neuen Hzm. verbunden und dem →Luitpoldinger →Heinrich übertragen. Nachdem sich dieser jedoch gleichfalls am Aufstand Heinrichs des Zänkers beteiligt hatte, gelangte das Hzm. Kärnten an →Otto v. Worms, den Sohn Hzg. →Konrads des Roten und der Tochter Ottos des Großen, →Liutgard (→Salier). Mit der Zurückdrängung der bayer. Liudolfinger verlor auch die mit ihnen in enger Verbindung stehende Kaiserinmutter →Adelheid ihren bisherigen Einfluß. An ihre Stelle traten nunmehr Ottos Gemahlin Theophanu und der ksl. Kanzler Ebf. →Willigis v. Mainz.

[2] *Sicherung der Reichsgrenze im Norden und Westen:* Gleich zu Beginn seiner Regierung war es Otto II. (974) gelungen, den Dänenkönig →Harald Blauzahn am →Danewerk zu schlagen und ihn vorübergehend zur Tributzahlung zu zwingen. Eine zur Sicherung der Nordgrenze bei →Schleswig errichtete Burg hatte jedoch keinen dauerhaften Bestand. Durch rivalisierende Adelsfamilien verursachte Unruhen erforderten das Eingreifen Ottos II. in →Lothringen. Durch die Verleihung des seit dem Tode Bruns unbesetzt gebliebenen Hzm.s Niederlothringen an den westfrk. Karolinger →Karl (977) zog sich Otto II. freilich die Feindschaft des mit seinem Bruder im Streit liegenden Kg.s →Lothar zu. Bei einem überraschenden Einfall des frz. Kg.s in Lothringen vermochte sich Otto II. nur durch die Flucht zu retten. Frz. Krieger sollen damals den von Karl d. Gr. an der Pfalz zu Aachen angebrachten Adler zum Zeichen der Zugehörigkeit Lothringens zu Frankreich umgekehrt haben. Ein von Otto II. unternommener Vergeltungsfeldzug bis vor Paris (978) mußte zwar ergebnislos abgebrochen werden; bei einer Begegnung Ottos II. mit Lothar v. Frankreich in →Margut bei Ivois (980) wurde der Streit jedoch durch den Verzicht des Karolingers auf Lothringen formell beigelegt.

[3] *Italienpolitik:* In Italien verfolgte Otto II. eine durchaus eigenständige Politik, indem er die Zurückhaltung seines Vaters aufgab und von Anfang an auch Süditalien, in dessen Besitz sich das Byz. Reich und die von →Sizilien aus übergreifenden →Sarazenen teilten, mit einbezog. Unter dem Einfluß seiner Gemahlin Theophanu und des frz. Gelehrten →Adso v. Montier-en-Der erfuhr der Romgedanke eine Neubelebung. Diese Wendung fand in dem seit 982 gelegentl. begegnenden Titel »Romanorum Imperator augustus« programmat. Ausdruck. Nach der Rückführung des von den Römern vertriebenen Papstes →Benedikt VII. stieß Otto II. Anfang 982 erfolgreich nach Süditalien vor, wo der Tod →Pandulfs v. Benevent das Vordringen der Sarazenen begünstigt hatte. Aus D. war hierfür ein Hilfskontingent von 2000 Panzerreitern angefordert worden. Nach der vernichtenden Niederlage des ksl. Heeres am →Capo Colonne südl. Crotone (13. Juli 982) vermochte sich Otto II. nur durch eine abenteuerl. Flucht zu retten. Da sich die Sarazenen nach dem Tode ihres Emirs nach Sizilien zurückgezogen hatten, war die Position des Ks.s jedoch nicht ernstl. gefährdet. Auf einem Reichstag zu Verona (Mai 983) wußte sich Otto II. unter gewissen Zugeständnissen die weitere Unterstützung der dt. Fürsten zu sichern. So wurden die durch den Tod Hzg. Ottos vakanten Hzm.er Bayern und Schwaben wieder an Angehörige der einheim. Herzogsfamilien vergeben. Mit der Wahl des Kaisersohnes Otto (III.), der ersten Wahl eines dt. Kg.s auf it. Boden, schien auch der Bestand der otton. Dynastie gesichert zu sein.

[4] *Rückschläge im Osten:* Während Ottos II. Abwesenheit in Italien erfuhr das Reich 983 an der Elbgrenze eine schwere Einbuße. Wenn auch ein ursächl. Zusammenhang mit Ottos Niederlage bei Crotone nicht festgestellt werden kann, so ist andererseits unbestritten, daß die sächs. Abwehr infolge des ksl. Engagements in Italien geschwächt war. Ein dän. Angriff auf die Grenzbefesti-

gungen im Norden konnte noch durch Hzg. Bernhard v. Sachsen abgewehrt werden. Durch die im →Lutizenbund vereinigten Slaven wurde das otton. Grenzsystem an der mittleren Elbe jedoch überrannt: Brandenburg und Havelberg wurden zerstört (Juni/Juli 983) und selbst Magdeburg bedroht. Zwar gelang es, die Aufstandsbewegung niederzuschlagen. Das von Otto I. dem Reich und der Kirche erschlossene Gebiet zw. Elbe und Oder war jedoch – mit Ausnahme der Marken Lausitz und Meißen – verloren. Künftig bildete wieder die Elblinie die Grenze des Reiches nach Osten. Otto II. vermochte selbst die Abwehr nicht mehr zu organisieren, da er in Rom (7. Dez. 983) an den Folgen der Malaria starb.

V. Höhepunkt imperialer Herrschaft unter Otto III.: Obgleich →Otto III. (983–1002) bei seiner Krönung Weihnachten 983 in Aachen ein dreieinhalbjähriges Kind war, galt er nach ma. Anschauung doch bereits als König. Eine faktische Regentschaft war daher nur über die (privatrechtl.) Institution der →Vormundschaft möglich. Noch vor dem Eintreffen der Ksn. Theophanu bemächtigte sich der aus der Haft entkommene ehemalige Bayernherzog Heinrich der Zänker als nächster männl. Verwandter (Schwertmage) des minderjährigen Kg.s, um in dessen Namen die Reichsgeschäfte zu führen. Als sich jener jedoch Ostern 984 in →Quedlinburg förmlich zum Kg. wählen ließ, wofür er die Unterstützung der Fs.en→Boleslav II. v. Böhmen, →Mieszko v. Polen und des Abodriten →Mstivoj (Mistui) sowie Kg. →Lothars v. Frankreich erhielt, trat ihm eine Fürstengruppe unter Führung des Ebf.s→Willigis v. Mainz entgegen. Auf einem Reichstag im thür. →Rohr (29. Juli 984) mußte Heinrich der Zänker den Knaben an seine Mutter Theophanu ausliefern. Da Heinrich der Zänker jedoch sein bayer. Hzm. nicht zurückerhalten hatte, kam es erneut zu Auseinandersetzungen, in deren Verlauf der frz. Kg. in Lothringen einfiel. Erst im Juni 985 gelang in Frankfurt ein Ausgleich: Heinrich der Zänker unterwarf sich erneut und erhielt nun das Hzm. Bayern zurück. Für seinen Verzicht wurde der Luitpoldinger Heinrich wieder in Kärnten eingesetzt, während der bisherige Hzg. v. Kärnten, Otto, in Rheinfranken entschädigt wurde. Das Reich war damit von einer schweren inneren Krise befreit.

[1] *Die Zeit der Regentschaft:* Unter der energischen Regentschaft der Ksn. Theophanu, die vom Erzkanzler Willigis v. Mainz unterstützt wurde, vermochte sich die Reichsgewalt bei den östl. Nachbarn wieder zur Geltung zu bringen. Sowohl Mieszko v. Polen wie Boleslav II. v. Böhmen huldigten dem jungen Kg. (985). Die als Preis für die Anerkennung des Kgtm.s Ottos III. gewährten Zugeständnisse an den regionalen Adel begünstigten dessen Streben nach größerer Unabhängigkeit. Dies fand v. a. in der wiederauflebenden Tendenz zur Erblichkeit der Hzm.er seinen Niederschlag. Thronstreitigkeiten in Frankreich nach dem Tode von Kg. Lothar und dessen Sohn →Ludwig V. begünstigten die Bemühungen der Ksn. um eine Sicherung Lothringens. Durch Wahrung wohlwollender Neutralität konnte →Hugo Capet (987) zum Verzicht auf Lothringen bewogen werden, doch entzog sich dieser schon bald dem dt. Einfluß (→Frankreich, →Kapetinger). In Italien hatte währenddessen die Ksn. Adelheid mit Unterstützung des Mgf.en →Hugo v. Tuszien versucht, die Oberhoheit des Reiches zu wahren. 989/990 kam auch die Ksn. Theophanu nach Italien, um ihrem Sohn die Anwartschaft auf das Ksm. zu sichern. Nach byz. Vorbild übte sie hierbei selbst ksl. Hoheitsrechte aus. Nach dem Tode der Theophanu (15. Juni 991) ging die vormundschaftl. Regierung an Ottos Großmutter →Adelheid († 999) über. Zwar erwiesen sich die Bf.e als verläßliche Stützen otton. Herrschaft. Infolge des Fehlens einer starken Zentralgewalt mußte das Reich jedoch Einbußen im Westen, Osten und Süden hinnehmen. Zusätzl. wurde der Norden von den wieder einsetzenden Einfällen dän. →Wikinger heimgesucht.

[2] *Der Beginn eigenständiger Herrschaft:* Bereits bei seiner Schwertleite im Sept. 994 zu Sohlingen hatte Otto III. einen Romzug zum Erwerb der Kaiserkrone beschlossen und seinen Kaplan →Heribert zum Kanzler für Italien bestimmt. Er gab damit zu erkennen, daß ihm das dt. Kgtm. nur als Vorstufe zum Ksm. galt. Eine Gesandtschaft unter Leitung seines Erziehers, des Griechen Johannes Philagathos, sollte in Byzanz um eine Braut für den künftigen Ks. werben. Auf einen Hilferuf Papst Johannes' XV. brach Otto III. im Frühjahr 996 nach Italien auf, doch traf er den Papst nicht mehr lebend an. Zum Nachfolger bestimmte er seinen Vetter Brun (→Gregor V.), der als erster Deutscher den päpstl. Stuhl bestieg. Aus seiner Hand empfing Otto III. am 21. Mai 996 die Kaiserkrone. Mit einer gemeinsam veranstalteten Synode wurde die enge Verbindung zw. dt. Kgtm. und röm. Kirche zum Ausdruck gebracht. In D. erhob Otto III. in Anknüpfung an Karl d. Gr. Aachen zum Mittelpunkt seiner Herrschaft, wo er die Marienkapelle mit aufwendigen Schenkungen bedachte. Vermutlich ist in diesem Zusammenhang auch das →Königskanonikat begründet worden. Diese Verehrung für →Karl d. Gr. fand in der feierl. Öffnung seines Grabes i. J. 1000 ihren Höhepunkt. Die Vertreibung Gregors V. durch eine stadtröm. Verschwörung (→Crescentier) erforderte 997 das Eingreifen des Ks.s. Nach der grausamen Bestrafung des Hauptes der Verschwörer und des von ihnen zum Gegenpapst (→Johannes XVI.) erhobenen Johannes Philagathos ging Otto III. daran, mit Unterstützung des zurückgeführten Papstes Gregor V. die ksl. Stellung in Rom auszubauen.

[3] *Die Konzeption der Renovatio imperii Romanorum:* In Verbindung von altröm. und karol. Tradition und gegründet auf das einträchtige Zusammenwirken von Ks. und Papst erstrebte Otto III. die christl. Erneuerung des röm. Reiches, die in der Formel →»Renovatio imperii Romanorum« programmatisch fand. Zu den Wegbereitern des röm. Erneuerungsgedankens gehörten neben dem Kanzler →Heribert (seit 999 Ebf. v. Köln) der Italiener →Leo v. Vercelli, der seit 997 in Ottos Umgebung weilende →Gerbert v. Aurillac, der nach dem Tode Gregors V. (999) als Silvester II. den päpstl. Stuhl bestieg, sowie der aus seinem Bm. vertriebene →Adalbert v. Prag. Seit seiner Kaiserkrönung führte Otto III. – wie vereinzelt schon sein Vater – den Titel »Romanorum imperator augustus«. Indem er auf dem Palatin eine ksl. Pfalz errichten ließ, setzte er sich über die durch die →»Konstantinische Schenkung« begründete Anschauung hinweg, wonach Rom allein den Päpsten vorbehalten sein sollte. In einer Urk. von 1001 (D O. III. 389) wies er diese als Fälschung zurück und lehnte alle hieraus abgeleiteten päpstl. Ansprüche ab. Trotz seiner dem Papsttum gegenüber bekundeten Verbundenheit ließ er jedoch keinen Zweifel daran, daß dem Ksm. die führende Rolle zukomme. Im Rückgriff auf die Tradition der Antike erfuhren röm.- oder röm.-verstandene – Ämter eine Erneuerung. Nicht ohne Kritik wurde von den Zeitgenossen die Wiederbelebung des röm. Hofzeremoniells aufgenommen.

Auch in der Ostpolitik kam der Vorrang des Imperiums zum Tragen. Durch die in enger Fühlungnahme mit Papst Silvester II. erfolgte Gründung der Ebm.er →Gnesen (1000) und →Gran (1001) erhielten Polen und Ungarn eine eigene, jedoch vom Verband des Reiches losgelöste Organisation. Die Rangerhöhung Hzg. →Bolesławs I. v. →Polen und dessen engere Bindung an das Imperium wurde in D. mit Vorbehalten aufgenommen. Wie der Hzg. v. Polen übertrug auch der zum Kg. erhobene →Stephan v. →Ungarn sein Land dem hl. Petrus. Infolge der ehrgeizigen Pläne Ottos III. drohte jedoch die Verbindung zu den regna, insbes. zu D., verlorenzugehen. Als es Anfang 1001 in →Rom zu einem Aufstand kam, war der Renovatiopolitik Ottos III. die Basis genommen. Der unerwartete Tod des Ks.s (24. Jan. 1002) bereitete der dt. Herrschaft in Rom und Italien ein jähes Ende.

VI. DIE KONSOLIDIERUNG DES REICHES UNTER HEINRICH II.: Nach dem Tode Ottos III. war die Frage der Nachfolge zunächst offen, da neben Hzg. →Heinrich v. Bayern und Hzg. →Otto v. Kärnten, beides Urenkeln Heinrichs I., auch der Konradiner →Hermann v. Schwaben und Mgf. Ekkehard v. Meißen Ansprüche auf die Krone geltend machten. Angesichts der Gefahr eines Abweichens vom liudolfing. Königshaus wurde das Reich erneut vor eine Bewährungsprobe gestellt. Heinrich v. Bayern, der sich der →Reichsinsignien bemächtigt hatte, fand zunächst keineswegs einhellige Zustimmung. Bei der Beisetzung Ottos III. in Aachen (9. April 1002) sprach sich vielmehr eine Mehrheit der Fs.en für die Unterstützung Hermanns v. Schwaben aus. Nach der Ermordung Ekkehards v. Meißen vermochte Heinrich jedoch in Sachsen Anhänger zu gewinnen. Als Hüter der Kontinuität erwies sich der Reichsepiskopat, an dessen Spitze Ebf. →Willigis v. Mainz den Thronstreit zugunsten des Bayernherzogs entschied. Nach seiner Wahl durch Bayern, Franken und Oberlothringer fand am 7. Juni 1002 in Mainz die Krönung statt. Auf dem sich anschließenden →Umritt nahm der neue Kg. die Huldigung der Thüringer, Sachsen und Niederlothringer entgegen. Mit der Unterwerfung Hermanns v. Schwaben zu Bruchsal (1. Okt. 1002) war Heinrich im gesamten Reich anerkannt.

[1] *Die Renovatio regni Francorum:* Die Regierung →Heinrichs II. (1002–24) war gekennzeichnet durch das Bestreben, der kgl. Gewalt im dt. regnum wieder eine solide Grundlage zu verschaffen. In Abkehr von den Weltherrschaftsplänen Ottos III. konzentrierte er sich auf das Erreichbare, ohne dabei jedoch die Kaiser- und Italienpolitik preiszugeben. In Anspielung auf eine Bullenlegende Karls d. Gr. stellte er seine Herrschaft unter den Leitgedanken einer »Renovatio regni Francorum«. Durch Friedenseinungen in Schwaben (1004) und Sachsen (1012) versuchte er, das adlige →Fehdewesen einzudämmen. Im Verhältnis zu den hzgl. Gewalten war Heinrich II. bestrebt, den Amtscharakter des →Herzogtums wieder stärker zur Geltung zu bringen. In Schwaben, Bayern und Kärnten ist es ihm gelungen, die kgl. Verfügungsgewalt erfolgreich zu behaupten. Als zuverlässige Stütze der Reichsgewalt in Nieder- und Oberlothringen erwiesen sich die aus dem Hause der Ardennergrafen stammenden Hzg.e →Gottfried und →Dietrich I. (→Ardennengft.).

[2] *Verhältnis zur Kirche:* Planmäßig hat sich Heinrich II. die Reichskirche dienstbar gemacht, deren Besitzungen er durch umfangreiche Schenkungen vermehrte. Der Kg. stand bfl. Synoden vor, auf deren Beschlüsse er maßgebl. Einfluß nahm. Eine bedeutende Ausweitung erfuhr unter Heinrich II. das →Königskanonikat. Bei der Besetzung von Bischofsstühlen griff er, oftmals unter Mißachtung des Wahlvorschlags eines →Kapitels, auf im Hofdienst bewährte Angehörige der kgl. Kapelle (→Hofkapelle) zurück. Hierbei wurden begüterte Kandidaten bevorzugt, die mit ihrem Vermögen verarmten Kirchen zu Wohlstand verhelfen sollten. Systemat. versuchte der Kg., die wirtschaftl. Leistungsfähigkeit der Kirche für die Aufgaben des Reiches zu nutzen. Als charakterist. und beispielhafter Vertreter des Reichsepiskopates unter Heinrich II. kann der →Immedinger →Meinwerk, Bf. v. →Paderborn, gelten. Neben den Königspfalzen wurden Kl. und Bischofsstädte zu bevorzugten Aufenthaltsorten des Hofes gewählt. Heinrich II. scheute nicht vor Eingriffen in die wirtschaftl. Verhältnisse von Kirchen und Kl. zurück, was ihm bei den Zeitgenossen den Vorwurf eines »Kirchenräubers« eintrug. Von prakt. Erwägungen war auch Heinrichs Eintreten für die sich von →Lothringen ausbreitende Klosterreform bestimmt. Von einer Intensivierung des geistl. Lebens versprach er sich auch eine Stärkung der wirtschaftl. Leistungsfähigkeit der Klöster. Die bes. von →Godehard v. Niederaltaich und →Poppo v. Stablo vorangetragene Reform stieß beim traditionsbewußten Reichsmönchtum freilich auf entschiedene Ablehnung. Obgleich Heinrich II. mit →Odilo v. Cluny und →Wilhelm v. Dijon freundschaftl. verbunden war, fanden die Cluniazenser (→Cluny) keinen Eingang in D. Das unter Otto II. aufgelöste Bm. Merseburg wurde 1004 wiederhergestellt. Bes. Fürsorge brachte Heinrich II. dem 1007 von ihm gegr. Bm. →Bamberg entgegen, zu dessen erstem Bf. der kgl. Kanzler →Eberhard bestellt wurde. Durch die Unterstellung unter Rom verlieh er seiner Stiftung eine rechtl. Sonderstellung.

[3] *Beziehungen zu den Staaten im Osten und Westen:* Die Lage an der Ostgrenze des Reiches hatte seit Otto III. eine grundlegende Wandlung erfahren. Polen und Ungarn hatten sich als selbständige christl. Staaten dem Einfluß des Reiches entzogen. Die von Otto d. Gr. erfolgreich praktizierte Verbindung von Ostpolitik und Mission war daher nicht mehr möglich. Nach dem Tode des Mgf.en Ekkehard (1002) war der Hzg. v. Polen, Bolesław I. Chrobry, in die Mark Meißen eingefallen, wurde jedoch nach seiner Huldigung von Heinrich II. mit den östl. Teilen der Lausitz und der Mark Meißen (Milsener Land) belehnt. Ungeachtet der Lehnshoheit des dt. Kg.s griff er jedoch in die böhm. Thronwirren ein. Ein von Heinrich II. (1003) angesichts der von Bolesław ausgehenden Bedrohung mit den heidn. →Redariern und →Lutizen eingegangenes Bündnis wurde von den Zeitgenossen heftig kritisiert. Die militär. Vorstöße des Kg.s wurden durch die Abneigung der vielfach mit poln. Familien verbundenen sächs. Führungsschicht, gegen das christl. Polen zu kämpfen, erheblich behindert. Zwar vermochte Heinrich II., die Lausitz zurückzugewinnen und Bolesław aus Böhmen zu vertreiben. Ein 1005 geschlossener Frieden war jedoch nicht von Dauer, da bereits zwei Jahre später die Kämpfe wieder auflebten. Im Frieden zu Merseburg (1013) erhielt Bolesław I. die Lausitz und das Milsener Land als Lehen und leistete dem dt. Kg. dafür den Vasalleneid. Gegen die Zusage, Heinrichs Romzug zu unterstützen, hatte der dt. Kg. Bolesław I. milit. Unterstützung gegen die →Kiever Rus' versprochen. Bolesławs Hilfsverweigerung hatte 1015 ein erneutes Aufleben der Kämpfe zur Folge, die erst durch den von den sächs. Fs.en vermittelten Frieden v. →Bautzen (30. Jan. 1018) beendet wurden.

Im W bildete die aufstrebende Gft. →Flandern einen Unruheherd. Zur Abwehr der Übergriffe →Balduins IV. auf Reichsgebiet ging Heinrich II. (1006) mit Kg. →Robert II. v. Frankreich ein Bündnis ein. Doch erst im Sommer des folgenden Jahres kam es zur Unterwerfung Balduins. Da Heinrich II. den mächtigen Gf.en jedoch nicht bezwingen konnte, wurde Balduin IV. mit Valenciennes belehnt. Seitdem waren die Gf.en v. Flandern frz.-dt. Doppelvasallen (Kronflandern – Reichsflandern). Als Gegengewicht wurden die Marken →Antwerpen und →Ename eingerichtet und der Bf. v. →Cambrai mit der Gft. seiner Stadt betraut. Bei einer Begegnung in →Ivois (1023) erfuhr das Bündnis mit Robert v. Frankreich eine Neuauflage. Von zukunftsweisender Bedeutung waren Heinrichs Bemühungen um den Erwerb →Burgunds, auf das er als Neffe des kinderlosen Kg.s Rudolf III. († 1032) – über eine (unsicher bezeugte) dt. Lehenshoheit hinaus – einen erbrechtl. Anspruch erheben konnte. 1006 besetzte er Basel als Pfand und ließ sich 1016 und 1018 unter lehensrechtl. Auftragung von Rudolf III. die Nachfolge zusichern. Durch militär. Präsenz in Burgund bekräftigte er seinen Anspruch auch gegenüber den burg. Großen.

[4] *Italienpolitik:* In Italien hatte der Tod Ottos III. zum Zusammenbruch der dt. Herrschaft geführt. Unterstützt von it. Großen hatte sich hier der von Otto III. abgesetzte Markgraf →Arduin v. Ivrea zum Kg. erhoben. Auf ein Hilfsgesuch Bf. →Leos v. Vercelli erschien Heinrich II. im Frühjahr 1004 in Italien und empfing am 14. Mai in Pavia die langob. Königskrone. Ohne Rom betreten zu haben, kehrte er im Juni bereits wieder nach D. zurück, während er die Wahrung der Interessen des Reiches Mgf. Thedald v. Canossa und Bf. Leo v. Vercelli überließ. Streitigkeiten nach dem Tode Papst→Sergius' IV. (1012) riefen Heinrich II. 1013 erneut nach Italien, wo er zugunsten des von den →Tusculanern vom Papst erhobenen Gf.en Theophylakt (→Benedikt VIII.) eintrat. Von diesem wurde er zusammen mit seiner Gemahlin →Kunigunde am 14. Febr. 1014 zum Ks. gekrönt. Die dem Ks. hierbei überreichte, von einem Kreuz bekrönte goldene Kugel ist der erste Beleg für die Verwendung eines »Reichsapfels« (→Reichsinsignien). Ein am Tage der Kaiserkrönung entfesselter Aufstand der →Crescentier ließ Heinrich II. den Rückzug antreten. Der Verzicht Arduins v. Ivrea († 1015) bereitete dem einheimisch-italischen Kgtm. schließlich ein Ende. Ein drittes Mal zog Heinrich II. nach Italien, als ihn Papst Benedikt VIII. und der südit. Fs. →Meles v. Bari gegen die Byzantiner um Hilfe angingen. Bei seinem Erscheinen am ksl. Hof zu Bamberg April/Mai 1020 erhielt Benedikt VIII., dem Heinrich die Wahrnehmung der dt. Interessen in Reichsitalien zugedacht hatte, das »Ottonianum« in erweiterter Fassung bestätigt (DH. II. 427). Dem Ks., der Ende 1021 mit großer Heeresmacht in Italien erschienen war, gelang es, die bis unmittelbar an die Grenzen des Kirchenstaates vorgedrungenen Byzantiner zurückzuwerfen. Für kurze Zeit war damit die ksl. Oberhoheit über das alte Reichsgebiet wiederhergestellt. Wie zur Zeit Ottos d. Gr. wandte auch Heinrichs Italienpolitik auf die Befreiung des Papsttums aus stadtröm. Abhängigkeit und auf die Sicherung des Kirchenstaates durch Rückgewinnung der langob. Fsm. er beschränkt, während ein Ausgreifen nach Süditalien vermieden wurde. Planvoll hatte Heinrich II. die in den erbl. Besitz gfl. Familien übergegangenen Bm. er mit Deutschen besetzt. Wie in D. setzte er sich auch in Italien für eine Neuordnung der kirchl. Verhältnisse ein. Zur Sicherung des Kirchengutes wurde auf einer Synode zu →Pavia (1. Aug. 1022) die Ehelosigkeit der Priester und das Verbleiben der Söhne kirchenhöriger Priester im unfreien Stande bekräftigt. T. Struve

C. Salierzeit, Kirchenreform und Investiturstreit

I. Der Beginn des salischen Hauses – II. Der Höhepunkt salischer Herrschaft unter Heinrich III. – III. Heinrich IV. und die Krise des sog. Investiturstreits – IV. Heinrich V. und die Lösung des Investiturproblems.

I. DER BEGINN DES SALISCHEN HAUSES: Mit dem Tode Heinrichs II. war das Haus der Liudolfinger im Mannesstamm erloschen. Unter den Thronwärtern empfahlen sich aufgrund ihrer Abstammung die Vettern Konrad d. Ä. (* um 990) und Konrad d. J. Beide entstammten dem erst seit dem 12. Jh. so bezeichneten Geschlecht der →Salier, das seinen Ursprung auf Hzg. →Konrad den Roten und dessen Gemahlin Liutgard, eine Tochter Ottos d. Gr., zurückführte und in der Gegend um →Worms und →Speyer begütert war. Unter dem Einfluß des Ebf.s →Aribo v. Mainz wurde Konrad d. Ä. zu Kamba im Rheingau zum Kg. gewählt (4. Sept. 1024), nachdem sich der jüngere Konrad zum Verzicht bereitgefunden hatte. Am 8. Sept. 1024 fand in Mainz die Krönung →Konrads II. (1024–39) statt. Vorbehalte der sächs. und thür. Großen gegen seine Wahl konnten mit Abschluß seines Umritts Ende 1025, den er nach dem Vorbild Heinrichs II. unternahm, ausgeräumt werden. Trotz mehrerer von seinem Stiefsohn, dem jungen Hzg. →Ernst v. Schwaben, angezettelter Aufstände war die Herrschaft Konrads II. niemals ernstlich gefährdet. Bereits 1026 hatte er seinen 1017 geborenen Sohn Heinrich (III.) mit Billigung der Fs.en zu seinem Nachfolger designiert. Mit dessen Wahl und Krönung Ostern 1028 war der Bestand der neuen Dynastie gesichert. Der Übergang der Regierung auf die Salier bedeutete keinen Bruch mit dem überkommenen Herrschaftssystem. Konrad II. war vielmehr nach innen wie nach außen bestrebt, die von den Ottonen verfolgte Politik fortzusetzen.

[1] *Italien:* In Italien versuchte Konrad II., die nach dem Tode Heinrichs II. teilweise zusammengebrochene dt. Herrschaft wiederherzustellen. In Mailand empfing er von Ebf. →Aribert II. die lombard. Königskrone. Gegenüber den aufständ. Pavesen bekannte er sich ausdrücklich zur Kontinuität dt. Herrschaft in Italien. Sein von →Wipo (Gesta c. 7) überlieferter Ausspruch »Si rex periit, regnum remansit«, der deutlich zw. der überpersönl. Institution des Reiches und dem jeweiligen Träger der Herrschaft unterscheidet, ist zugleich ein Zeugnis für eine gewandelte Staatsvorstellung. Die Anwesenheit →Knuts v. Dänemark und England sowie →Rudolfs III. v. Burgund bei seiner Kaiserkrönung in Rom Ostern 1027 verlieh dem Ereignis europ. Rang. Gegenüber den norm. Fsm.ern v. →Capua, →Benevent und →Salerno vermochte Konrad II. die Autorität des Reiches zur Geltung zu bringen, verzichtete jedoch auf weitergehende Ansprüche.

[2] *Beziehungen zu den Staaten im Osten und Norden des Reiches:* Rückschläge mußten dagegen an der Ostgrenze des Reiches hingenommen werden. 1025 hatte sich →Bolesław Chrobry zum Kg. v. Polen krönen lassen. Sein Sohn →Mieszko, der noch im selben Jahr auf den Vater folgte, hatte die östl. Teile Sachsens mehrfach geplündert, so daß Konrad II. das Bm. →Zeitz nach →Naumburg zurückverlegen mußte. Erst nach mehreren Feldzügen kam 1033 ein Friedensschluß zustande, in welchem sich Mieszko zur Rückgabe der →Lausitz bereitfand und auf den Königstitel verzichtete. Innerpoln. Wirren begünstigten den Aufstieg des přemysld. Böhmen, dessen Hzg. Břetislav sich jedoch 1034 zur Huldigung bereitfand. Mit böhm. Unterstützung gelang es, die heidn. →Lutizen abzuwehren. Grenzstreitigkeiten führten zu Spannungen mit →Ungarn. Nach einem erfolglosen Feldzug des Ks.s schloß der Thronfolger Heinrich, der seit 1027 das bayer. Hzm. innehatte, gegen territoriale Zugeständnisse an die Ungarn einen Frieden. Gegen Abtretung der Mark →Schleswig an →Dänemark konnte auch die Nordgrenze des Reiches befriedet werden. Dies war zugleich der Preis für die Vermählung des jungen Heinrich mit Gunhild, der Tochter Knuts v. Dänemark.

[3] *Der Erwerb Burgunds:* Die bedeutsamste territoriale Veränderung erfuhr das Reich durch den Erwerb des Kgr.es →Burgund. Nach dem Tode Kg. Rudolfs III. (1032) wurde Konrad II., der bereits im Vertrag zu Basel 1027 als Rechtsnachfolger Heinrichs II. anerkannt worden war, am 2. Febr. 1033 in Peterlingen (→Payerne) zum Kg. v. Burgund gewählt und gekrönt. Zur gemeinsamen Abwehr der Ansprüche Gf. Odos II. v. der Champagne, eines Neffen Rudolfs III., schloß Konrad II. zu →Deville (Mai 1033) ein Bündnis mit Heinrich I. v. Frankreich. Nach zwei Feldzügen fand Konrad II. auch im Süden Burgunds Anerkennung und konnte im Petersdom zu Genf seinen Einzug halten (1. Aug. 1034). Im Herbst 1038 wurde das Kgr. Burgund dem Thronfolger Heinrich übertragen. Durch das Hinzutreten Burgunds zu den regna Deutschland und Italien hat das ma. Reich seine charakterist. Gestalt erhalten. Durch die Beherrschung der westl. →Alpenpässe war der Zugang nach Italien für die Zukunft besser gesichert. Mindestens ebenso bedeutsam war jedoch die Rolle Burgunds als Kontaktzone zw. D. und Frankreich: Von hier aus strahlten die Klosterreform (→Mönchtum), die →Gottesfriedensbewegung und die ritterlich-höf. Kultur auch auf D. aus.

[4] *Begünstigung aufstrebender sozialer Kräfte:* Da die Familie der Salier nicht sehr begütert war, war Konrad II. auf eine planvolle Vermehrung des Reichsgutes bedacht. Das reiche liudolfing. Hausgut in Sachsen und Thüringen hat er mit Erfolg für die Krone beansprucht. Als erster hat Konrad II. in größerem Maße →Ministeriale, ursprgl. unfreie Dienstleute (servientes), zur Reichsverwaltung herangezogen. Er hat damit den Aufstieg jener durch ihren Beruf (Herren- oder Königsdienst) charakterisierten sozialen Schicht gefördert, aus der später das →Rittertum hervorgehen sollte. In Italien wie auch in den übrigen Gebieten des Reiches begünstigte Konrad II. die Schicht der Untervasallen gegenüber den hochadligen Lehnsträgern. In der auf dem 2. Italienzug (1037) erlassenen →»Constitutio de feudis« (MGH Const. 1, 89–91 Nr. 45) sicherte er den kleinen Lehnsleuten (→valvassores) den uneingeschränkten Besitz u. die Erblichkeit ihrer Lehen zu.

[5] *Verhältnis zur Reichskirche:* Auch in seinem Verhältnis zur Reichskirche war Konrad II. auf Wahrung der Kontinuität bedacht. Wie Heinrich II. vermied er es, in die röm. Verhältnisse einzugreifen. Bei der Besetzung der Bm.er nahm er wie bereits sein Vorgänger finanzielle Leistungen in Anspruch, was ihm vom Standpunkt späterer Reformer den Vorwurf der →Simonie eintrug. Unbekümmert verfügte er über die Einkünfte der Reichskirchen und -klöster. Doch stand er auch den Reformbestrebungen →Poppos v. Stablo aufgeschlossen gegenüber.

II. DER HÖHEPUNKT SALISCHER HERRSCHAFT UNTER HEINRICH III.: Nach dem Tode seines Vaters (4. Juni 1039) fand →Heinrich III. (1039–56) überall im Reich Anerkennung. Unter ihm erlangte das Reich eine bis dahin nicht gekannte Machtfülle, doch verstärkten sich gegen Ende seiner Regierung die auf eine Krise des otton.-sal. Herrschaftssystems hindeutenden Tendenzen. Wenn Heinrich III. auch die imperiale Politik otton. Prägung fortsetzte, so war er andererseits aufgeschlossen gegenüber den neuen geistig-religiösen Strömungen. Von tiefem religiösen Ernst geprägt, betonte er den sakralen Charakter des Königtums. Der gelegentl. in den Urkunden seit 1040 begegnende Titel →»Rex Romanorum« (DH.III. 31) dokumentierte den Anspruch des dt. Kg.s auf die Herrschaft in Italien und Ksm. – selbst wenn er erst unter Heinrich V. zur Norm geworden ist. Eine festere organisator. Bindung Burgunds an das Reich wurde durch die Einrichtung einer eigenen burg. →Kanzlei bewirkt. Energisch betrieb Heinrich III. den Ausbau des Krongutes um →Goslar, das durch die benachbarten Silbergruben besondere wirtschaftl. Bedeutung erhielt. Zur Verwaltung des Reichsgutes zog er wie bereits sein Vater kgl. Ministeriale heran, unter denen →Otnand eine hervorragende Stellung einnahm. In den zur Sicherung der Grenze nach Böhmen und Ungarn hin errichteten Marken nahmen die Ministerialen auch militär. Funktionen wahr. Unter wirtschaftlichem wie strategischem Aspekt erfolgte die Gründung der Burg von →Nürnberg. Das bei der Lieblingsresidenz des Ks.s, der Pfalz zu Goslar, gegr. Stift St. Simon und Judas entwickelte sich zu einer Pflanzstätte für den Reichsepiskopat (→Reichskirche).

[1] *Beziehungen zu den Staaten im Osten und Norden des Reiches:* Heinrichs Bemühungen, die Oberhoheit des Reiches gegenüber Westslaven und Ungarn zu behaupten, waren von unterschiedl. Erfolg begleitet. →Břetislav v. Böhmen, der den Thronwechsel zu einem Einfall in Polen benutzt hatte, konnte 1041 bezwungen und zur Huldigung veranlaßt werden. Nach dessen Tod (1055) ließ sich sein Sohn →Spytignev mit dem Hzm. Böhmen belehnen. Der mit dt. Hilfe nach Polen zurückgeführte Hzg. →Kasimir erkannte die Lehnshoheit des dt. Kg.s an. Die Lutizen konnten 1045 nur vorübergehend zur Tributzahlung gezwungen werden. 1056 brachten sie dem sächs. Heerbann an der Havelmündung eine vernichtende Niederlage bei. In Ungarn vermochte Heinrich III. nach mehreren Feldzügen, den vertriebenen Kg. Peter wiedereinzusetzen, der 1045 zu Stuhlweißenburg unter Überreichung einer vergoldeten Lanze huldigte. Im Unterschied zu Böhmen und (ztw.) Polen entglitt jedoch Ungarn, wo Kg. Peter bereits 1046 von dem →Arpaden Andreas gestürzt worden war, dem Einfluß des Reiches.

[2] *Italien:* Als Heinrich III. im Herbst 1046 nach Italien kam, fand er ein befriedetes Land vor. Mit seinem Eingreifen in die röm. Verhältnisse stellte er sich in die Tradition otton. Kaiserpolitik. Auf den Synoden v. →Sutri (20. Dez.) und Rom (23. Dez. 1046) ließ Heinrich III. drei miteinander rivalisierende Päpste (→Benedikt IX., →Gregor VI. und →Silvester III.) absetzen. Zum neuen Papst wurde Bf. Suitger v. Bamberg (→Clemens II.) erhoben, von dem Heinrich III. mit seiner (zweiten) Gemahlin →Agnes am 25. Dez. zum Ks. gekrönt wurde. In Verschmelzung karol. und stadtröm. Traditionen wurde Heinrich die Würde eines →Patricius verliehen, die ihm eine entscheidende Einflußnahme auf die Papstwahl sicherte. Der den Reformkreisen nahestehende Gregor VI. mußte Heinrich nach D. folgen, wohin ihn der Mönch Hildebrand, der nachmalige Papst →Gregor VII., begleitete. Auf seinem Vorstoß nach Unteritalien empfing Heinrich III. in Capua die Huldigung der emporstrebenden Normannenfürsten.

Mit →Leo IX. (Bf. Bruno v. Toul) aus dem Hause der Gf.en v. →Dagsburg, der nach dem kurzen Pontifikat Damasus' II. (Bf. Poppo von Brixen) folgte, kam 1048 ein Vertreter der lothr. Reform auf den päpstl. Stuhl, der sich der uneingeschränkten Unterstützung des Ks.s erfreuen konnte. Noch enger gestaltete sich die Zusammenarbeit mit →Viktor II., seinem ehemaligen Kanzler, der auch als Papst sein Bm. Eichstätt beibehielt. Als Gegengewicht gegen die Normannen und die für das Reich bedrohliche Machtkonzentration in der Toskana nach der Verbindung Hzg. Gottfrieds v. Lothringen mit →Beatrix, der Witwe →Bonifaz' v. Tuszien-Canossa, verlieh ihm Heinrich III. das Hzm. Spoleto und die Mark Fermo. Durch großzügige Privilegierung suchte er sich, die Unterstützung der oberit. Städte zu sichern.

[3] *Verhältnis zu den Stämmen:* Die Regierung Heinrichs III. wurde überschattet von einer zunehmenden Entfremdung zw. der Reichsgewalt und den durch die Hzm.er repräsentierten Stammesinteressen. Hinter der am autokrat. Regierungsstil Heinrichs III. geübten Kritik verbarg sich eine in weiten Kreisen des Adels verbreitete Stimmung, von der Einflußnahme auf die Reichspolitik ausgeschlossen zu sein. In Lothringen, wo das Bewußtsein einer hist. Sonderstellung im Reich stets lebendig geblieben war, kam es zur offenen Empörung Hzg. →Gottfrieds des Bärtigen, der nach dem Tode seines Vaters Gozelo (1044) lediglich mit Oberlothringen belehnt worden war und sich daraufhin mit den Gf.en v. →Flandern verband. Bis zum Ende seiner Regierung ist Heinrich III. der lothr. Opposition nicht mehr Herr geworden. In Sachsen entging Heinrich, der hier die ehrgeizigen Pläne Ebf. →Adalberts v. →Hamburg-Bremen als Gegengewicht gegen die billungischen Hzg.e (→Billunger) unterstützte, gerade noch einem Anschlag auf sein Leben (1047). Nicht minder bedrohlich war eine Aufstandsbewegung süddt. Fs.en unter Führung des 1053 abgesetzten Bayernherzogs →Konrad, der sich mit Bf. →Gebhard III. v. Regensburg sogar ein Angehöriger des sal. Hauses anschloß.

[4] *Die Reichskirche:* Stützen sal. Herrschaft waren die Bf.e. Energisch beanspruchte Heinrich III. das Recht der Investitur mit Ring und Stab, doch vermied er im Unterschied zu seinem Vater jeden Anschein der Simonie. Noch wurde die Verfügung des dt. Kg.s über die →Reichskirche ohne prinzipiellen Widerspruch hingenommen. Wenn Bf. →Wazo v. Lüttich dem Kg. als reinem Laien das Recht zur Absetzung eines Bf.s bestritt oder der anonyme Verfasser des Traktats »De ordinando pontifice« (MGH Ldl 1, 8–14) Heinrichs Eingreifen in die Angelegenheiten der röm. Kirche 1046 verurteilte, dann kündigte sich hierin bereits ein gewandeltes Bewußtsein hinsichtl. des Verhältnisses von regnum und sacerdotium an.

[5] *Die Anfänge der Kirchenreform:* Die von den lothr. Reformzentren →Gorze und St. Maximin bei →Trier aus auf das Reich übergreifende monast. Erneuerungsbewegung resultierte aus dem Ungenügen an den bestehenden Verhältnissen. Noch ohne programmat. Festlegung propagierte sie die Rückbesinnung auf die alten kirchl. Ideale. Von →Cluny, das infolge des Fehlens einer dem dt. Kgtm. vergleichbaren Schutzgewalt eine engere Anlehnung an das Papsttum erstrebte, ging dagegen nur geringer Einfluß auf das Reich aus. Allen Erneuerungsbestrebungen war jedoch gemeinsam, daß sie keine prinzipielle Auflehnung gegen die Kirchenhoheit des sakral legitimierten Kgtm.s suchten. Aus den gleichen geistigen Wurzeln ging auch die innerkirchl. Reformbewegung hervor. Ansatzpunkte der Kritik waren hier die insbes. beim niederen Klerus verbreitete Nichtbefolgung des →Zölibats sowie jene bei der Besetzung von Bm.ern eingerissenen Praktiken, welche vom Standpunkt des alten Kirchenrechts aus als →Simonie erscheinen mußten. Unter Papst Leo IX. wurde auch die röm. Kirche vom Reformgedanken ergriffen. Mit ihm kam nicht nur Hildebrand nach Rom zurück; Leo berief auch lothr. Reformer wie →Humbert v. Moyenmoutier (seit 1051 Kardinalbf. von Silva Candida) und den Lütticher Archidiakon Friedrich, den nachmaligen Papst Stephan IX. Gerade die Betonung der sakralen Würde seines Herrscheramtes veranlaßte Heinrich III., die Kirchenreform tatkräftig zu unterstützen. Gemeinsam mit Leo IX. hielt er 1049 in Mainz eine Synode ab. Während seines 2. Italienzuges (1055) veranstaltete er mit Viktor II. eine große Reformsynode in Florenz. Mit Repräsentanten der Reform wie →Petrus Damiani und den Äbten →Odilo und →Hugo v. Cluny verbanden ihn freundschaftl. Beziehungen; letzteren bestimmte er zum Paten seines 1050 geborenen Sohnes und Nachfolgers Heinrich. Dem Ks. lag dabei sicher der Gedanke fern, daß sich ein reformiertes Papsttum dereinst gegen den dt. Kg. selbst wenden könnte. Die in Süd- und Mittelfrankreich als kirchl. Selbsthilfeaktion entstandene →Gottesfriedensbewegung griff Heinrich III. auf und stellte ihr seine kgl. Friedensgebote gegenüber. So predigte er 1043 in Konstanz von der Kanzel den Frieden und erließ Indulgenzen für seine Gegner. Er wiederholte dies nach seinem Ungarnsieg bei →Menfő (1044) und nach seiner Kaiserkrönung in Rom (1047).

III. HEINRICH IV. UND DIE KRISE DES SOG. INVESTITURSTREITS: [1] *Die Zeit der Regentschaft:* Nach dem unerwarteten Tode Heinrichs III. (5. Okt. 1056) ging die Herrschaft auf dessen unmündigen Sohn →Heinrich IV. (1056–1106) über, den der sterbende Ks. dem Schutz Papst Viktors II. anvertraut hatte. Heinrich IV. war bereits 1053 mit Billigung der Fs.en – wenn auch nicht ohne Vorbehalt – zum Kg. gewählt und am 17. Juli 1054 gekrönt worden. Für den noch nicht ganz sechsjährigen Kg. führte zunächst seine Mutter, die Ksn. →Agnes, die Regentschaft. Obgleich sie darauf bedacht war, die Politik Heinrichs III. fortzuführen, bewies sie dabei nicht immer eine glückliche Hand. Die von ihr eingesetzten Hzg.e, →Rudolf v. Rheinfelden in Schwaben, →Otto v. Northeim in Bayern und →Berthold I. v. Zähringen in Kärnten, vermochte sie nicht dauerhaft an das Kgtm. zu binden; alle wechselten später in das Lager der Königsgegner über. Auch die östl. Reichsgrenze schien bedroht, nachdem der ung. Kg. Andreas bei →Wieselburg (1060) trotz dt. Unterstützung eine Niederlage gegen seinen Bruder Béla erlitten hatte und dabei selbst den Tod fand. Der mit einer Schwester Heinrichs IV. verlobte ung. Thronfolger Salomon suchte daraufhin Zuflucht im Reich. Die Unzufriedenheit mit dem sich nur auf wenige Vertraute stützenden Regiment der Ksn. Agnes führte im Frühjahr 1062 zu einer Verschwörung unter Führung Ebf. →Annos v. Köln, an der auch Otto v. Northeim beteiligt war. Nach der Entführung Heinrichs IV. zu →Kaiserswerth übte Anno v. Köln durch die Verfügung über die Person des minderjährigen Kg.s und den Besitz der Reichsinsignien faktisch die Regentschaft aus, in der er jedoch nicht unangefochten war. Seit Sommer 1063 gewann Ebf. →Adalbert v. Bremen neben Anno v. Köln zunehmend Einfluß auf die Reichsregierung. Seine Position am Hofe dürfte durch den unter seiner Leitung erfolgreich durchgeführten Ungarnfeldzug (Herbst 1063), der mit der Rückführung Kg. Salomons endete, gestärkt worden sein. Nach der am 29. März 1065 in Worms vollzogenen Schwertleite und der damit verbundenen Mündigkeitserklärung begann Heinrich IV., die Reichsgeschäfte selbständig zu führen, wobei er sich des Rates Adalberts bediente. Durch seine bedenkenlose Territorialpolitik, insbes. durch seinen Griff nach den Reichsklöstern →Corvey und →Lorsch, zog sich Adalbert die Feindschaft der übrigen Fs.en zu, so daß Heinrich ihn 1066 aus ihrem Druck entlassen mußte.

[2] *Verhältnis zum Papsttum:* Während der Minderjährigkeit Heinrichs IV. trat eine verhängnisvolle Entfremdung zw. dem dt. Hof und den röm. Reformkreisen ein. Nach dem Tode Viktors II. (1057) wurde unter dem Einfluß Hzg. →Gottfrieds v. Lothringen dessen Bruder Friedrich unter Mißachtung des Vorschlagsrechts des dt. Kg.s zum Papst (→Stephan IX.) gewählt. Erst nachträg-

lich bemühte sich eine röm. Gesandtschaft um die Zustimmung des dt. Hofes. Auch bei der Papsterhebung →Nikolaus' II., der bereits 1058 auf Stephan IX. folgte, ging die Initiative nicht vom dt. Hofe aus. Die Ksn. Agnes schloß sich vielmehr einem Vorschlag der röm. Reformkreise um Hildebrand an. Im sog. Königsparagraphen des zur Legalisierung der Erhebung Nikolaus' II. erlassenen →Papstwahldekrets von 1059 (MGH Const. 1, 540 Nr. 382 § 6) wurde ein – wenn auch inhaltlich unbestimmtes – Mitwirkungsrecht des dt. Kg.s und künftigen Ks.s grundsätzlich anerkannt. Ein allgemeines Investiturverbot wurde auf der Lateransynode v. 1059 jedoch nicht erlassen. Dennoch kam es gegen Ende des Pontifikats Nikolaus' II. zu Spannungen mit dem dt. Hof, die möglicherweise im Unwillen des dt. Episkopats über disziplinar. Maßnahmen des Papstes ihre Ursache hatten. Infolge der mangelnden Präsenz des dt. Kgtm.s in Italien suchte das Reformpapsttum Anlehnung bei den Normannen. Diese Umorientierung bedeutete eine Preisgabe der traditionellen Bindung an das Ksm., zu dessen vornehmster Aufgabe der Schutz der Kirche gehört hatte. In dem nach dem Tode Nikolaus' II. ausgebrochenen Schisma bewies die Reichsregierung unter der Ksn. Agnes einen Mangel an Entschlossenheit. Erst nachdem die Reformer unter Hildebrand Bf. Anselm v. Lucca zum Papst (→Alexander II.) gewählt und unter dem Schutz der Normannen inthronisiert hatten, wurde auf einer Synode zu Basel (28. Okt. 1061) unter maßgebl. Beteiligung lombard. Bf.e und des it. Kanzlers Wibert Bf. Cadalus v. Parma als →Honorius II. zum Papst erhoben, dem es in der folgenden Zeit jedoch an der notwendigen Unterstützung des dt. Hofes mangelte. Nach dem Anschlag v. →Kaiserswerth bahnte sich unter dem der Reform nahestehenden Anno v. Köln ein Umschwung in der Haltung der Reichsregierung an. Eine Augsburger Synode, für die Petrus Damiani seine »Disceptatio synodalis« (MGH Ldl 1, 76–94) zur Rechtfertigung der Wahl Alexanders II. verfaßte, sprach sich für dessen Verbleiben auf dem päpstl. Stuhl bis zu einem abschließenden Synodalurteil aus. Auf der in Anwesenheit Annos v. Köln tagenden Synode zu Mantua (31. Mai 1064) wurde Alexander II. als rechtmäßiger Papst anerkannt. Zu einem ersten Konflikt zw. dem jungen König und der Kurie, an welcher der Archidiakon Hildebrand die führende Rolle spielte, kam es wegen der Besetzung des Ebm.s →Mailand. Als Heinrich IV. gegenüber dem von der →Pataria erhobenen und von Alexander II. unterstützten Ebf. Atto an seinem Kandidaten festhielt, wurden auf der Fastensynode 1073 fünf kgl. Räte gebannt.

[3] *Der Konflikt mit den Sachsen:* Am Beginn seiner eigenständigen Regierung sah sich Heinrich IV. vor die Aufgabe gestellt, dem Kgtm. eine sichere Machtgrundlage zu verschaffen. Ansatzpunkt war der thür.-sächs. Raum, insbes. das Gebiet um den Harz, wo Heinrich IV. seit 1070 daran ging, die dem Reich zustehenden und teilweise während der vormundschaftl. Regierung entfremdeten Rechte und Dienstleistungen wieder in Anspruch zu nehmen. In Konkurrenz zum ansässigen Adel ließ er Burgen als militär. Stützpunkte und Verwaltungszentren anlegen, auf denen Besatzungen aus landfremden (schwäb.) Ministerialen stationiert wurden. In Goslar wurde ztw. eine Reichsvogtei eingerichtet. Heinrichs Königslandpolitik rief nicht nur bei der bäuerl. Bevölkerung, sondern auch unter dem Adel erbitterten Widerstand hervor. 1073 kam es unter Führung Ottos v. Northeim zu einer offenen Empörung, die bes. das östl. Sachsen und Thüringen erfaßte. Die bedrängte Lage des Kg.s wurde durch das gespannte Verhältnis zu den süddt. Fs.en noch vergrößert. Einzig bei den Bürgern von →Worms fand er Rückhalt, deren Treue er mit einem Zollprivileg (DH.IV. 267) belohnte. Nach einem ergebnislosen Vorstoß mußte sich Heinrich IV. im Frieden v. →Gerstungen (2. Febr. 1074) zur Schleifung der Burgen verpflichten. Ausschreitungen bei der Zerstörung der →Harzburg durch sächs. Bauern führten jedoch zu einem Stimmungsumschwung im fsl. Lager. Bei →Homburg an der Unstrut vermochte Heinrich, die Sachsen mit einem Reichsheer am 9. Juni 1075 zu schlagen, die sich daraufhin bedingungslos unterwarfen. Von den Weihnachten in Goslar versammelten Fs.en erhielt Heinrich IV. die Zusage für die Wahl seines Sohnes Konrad.

[4] *Die Konfrontation mit Gregor VII.:* Infolge des Sachsenkrieges sah sich Heinrich IV. zum Einlenken in der Mailänder Frage genötigt. Auch →Gregor VII., der im April 1073 auf Alexander II. gefolgt war, nahm eine versöhnliche Haltung gegenüber dem dt. Kg. ein, hoffte er doch, Heinrich IV. für die Durchsetzung der Kirchenreform gewinnen zu können. Der Plan eines dt. Nationalkonzils scheiterte jedoch am Widerstand Ebf. →Liemars v. Hamburg-Bremen. Auf der Fastensynode 1075 ging Gregor VII. zwar gegen Liemar und andere dt. Bf.e vor; an der Investiturpraxis des dt. Kg.s wurde jedoch kein Anstoß genommen. Erst als Heinrich IV. eigenmächtig den Hofkaplan Thedald zum Ebf. v. Mailand ernannt hatte, reagierte Gregor VII. scharf und forderte den Kg. bei Androhung der Exkommunikation zu unbedingtem Gehorsam auf. In nicht ganz realistischer Einschätzung seiner Position hielt Heinrich IV. am 24. Jan. 1076 in Worms eine Versammlung ab, auf der eine Mehrheit der über Gregors herrisches Kirchenregiment aufgebrachten Bf.e dem Papst den Gehorsam aufkündigte. Unter Berufung auf sein Patriziat forderte Heinrich IV. ihn auf, vom apostol. Stuhl herabzusteigen.

[5] *Der Ausbruch des Investiturstreits:* Mit dieser Kampfansage war der →»Investiturstreit« eröffnet. Bei dieser von beiden Seiten mit großer Erbitterung geführten Auseinandersetzung, in der erstmals das Medium der polit. Propaganda (Streitschriften) eingesetzt wurde, ging es von Anfang an – über die begrenzte Problematik der Investitur hinaus – um die grundsätzlichere Frage nach dem Verhältnis von →regnum und →sacerdotium. Gregor VII. verhängte über Heinrich IV. den Bann, untersagte ihm die Regierung in D. und Italien und entband alle Untertanen vom Treueid. Der Angriff des Papstes auf den »Gesalbten des Herrn«, wie sich Heinrich kurz zuvor noch bezeichnet hatte, hat die auf der Eintracht von regnum und sacerdotium beruhende traditionelle Weltordnung aufs schwerste erschüttert. Während jedoch Gregor VII. den Kg. lediglich zur Buße bewegen wollte, betrieb die wiederauflebende Fürstenopposition in Verbindung mit den gregorian. gesinnten Bf.en unter dem Vorwand des Bannes dessen Absetzung. Um der Gefahr einer Neuwahl zu begegnen, verpflichtete sich Heinrich IV. in →Tribur (Okt. 1076), dem Papst Genugtuung zu leisten und künftig Gehorsam zu erweisen, seine gebannten Räte zu entlassen sowie die königstreu gebliebene Stadt Worms preiszugeben. In einer Sondervereinbarung waren die Fs.en jedoch übereingekommen, Heinrich nicht mehr als Kg. anerkennen zu wollen, wenn er nicht binnen Jahr und Tag vom Bann gelöst sei. Den Papst aber forderten sie auf, zum 2. Febr. des folgenden Jahres nach Augsburg zu kommen, um über den Streit mit dem Kg. zu entscheiden. Um die für das sal. Kgtm. bedrohliche Verbindung Gregors VII. mit der fsl. Opposition zu verhindern, entschloß sich Heinrich IV. trotz der winterlichen Jahreszeit, dem bereits

in Richtung Deutschland aufgebrochenen Papst auf it. Boden entgegenzutreten, um von ihm die Absolution zu erlangen. Am 28. Jan. 1077 wurde Heinrich IV. in →Canossa vom Bann gelöst, nachdem er sich eidlich verpflichtet hatte, den Konflikt mit den dt. Fs.en innerhalb einer von Gregor VII. zu bestimmenden Frist beizulegen und diesem für seine Reise nach D. freies Geleit zu gewähren. Zwar hatte Heinrich IV. damit seine polit. Handlungsfreiheit wiedergewonnen; die bisher als unantastbar geltende sakrale Würde des Kgtm.s hatte jedoch eine nicht wiedergutzumachende Einbuße erlitten.

[6] *Das Gegenkönigtum Rudolfs v. Schwaben:* Auch Heinrichs Lösung vom Bann vermochte die Gegnerschaft der dt. Fs.en nicht zu beseitigen. Am 15. März 1077 wurde von nur wenigen Fs.en in Anwesenheit zweier päpstl. Legaten →Rudolf v. Rheinfelden in Forchheim zum Gegenkg. erhoben. Der hierbei von Rudolf geleistete Verzicht auf die Sohnesfolge bedeutete einen Sieg für das Prinzip der freien Wahl (→Königswahl). Die Macht des Gegenkgtm.s war jedoch von Anfang an begrenzt, zumal Gregor VII. es bis an die Schwelle der 80er Jahre vermied, sich im dt. Thronstreit festzulegen. Heinrich IV. setzte nach seiner Rückkehr die abtrünnigen süddt. Hzg.e ab. Das Hzm. Schwaben verlieh er wenig später →Friedrich v. Büren, der mit seiner Tochter Agnes verlobt wurde. Damit trat das Geschlecht der →Staufer in die Reichspolitik ein. Rückhalt fand er bei der städt. und bäuerl. Bevölkerung Oberdeutschlands und der Rheingegend. Die von wechselndem Kriegsglück begleiteten Auseinandersetzungen mit Rudolf v. Schwaben (Schlachten bei →Mellrichstadt im Aug. 1078 und bei →Flarchheim am 27. Jan. 1080) brachten keine eindeutige Entscheidung. Ein Umschwung zugunsten Heinrichs IV. trat erst ein, als Rudolf v. Schwaben nach der – für ihn siegreichen – Schlacht an der →Elster am 15. Okt. 1080, bei der er die rechte Hand verlor, den Tod fand. Die vom Gegenkgtm. ausgehende Gefahr war damit gebannt. Der erst im folgenden Jahr als Nachfolger erhobene Gf. →Hermann v. Salm fand nur noch in Sachsen Rückhalt.

[7] *Das Gegenpapsttum Wiberts v. Ravenna:* Das Jahr 1080 führte zum offenen Bruch mit dem Reformpapsttum. Auf der Fastensynode wiederholte Gregor VII., der seine abwartende Haltung gegenüber Heinrich IV. aufgegeben hatte, in verschärfter Form das erstmals 1078 ausgesprochene Investiturverbot. Die Erneuerung der Bannung Heinrichs IV. erwies sich freilich als wirkungslos, da der größte Teil des dt. und lombard. Episkopats nunmehr auf dessen Seite stand. Auf einer Synode zu →Brixen (25. Juni 1080) wurde unter dem Vorsitz Heinrichs IV. ein kanon. Verfahren gegen Gregor VII. beschlossen und Ebf. Wibert v. Ravenna für den päpstl. Stuhl nominiert. Nach zwei ergebnislosen Vorstößen auf Rom 1081 und 1082 gelang Heinrich IV., der hierbei tatkräftig von Wibert unterstützt wurde, Anfang 1083 die Eroberung der Leostadt. Nachdem eine Abfallbewegung in Rom eingesetzt hatte, der sich auch 13 Kardinäle anschlossen, konnte Heinrich IV. zusammen mit Wibert v. Ravenna am 21. März 1084 in die Stadt einziehen, der daraufhin zum Papst (→Clemens III.) gewählt wurde. Dieser vollzog am Ostersonntag (31. März) an Heinrich und dessen Gemahlin Bertha die Kaiserkrönung. Gregor VII., der sich in der Engelsburg eingeschlossen hatte, verließ mit den zum Entsatz anrückenden Normannen Rom und starb schon ein Jahr später im südit. Exil.

[8] *Höhepunkt kaiserlicher Machtentfaltung:* Nach seiner Rückkehr nach D. im Sommer 1084 stand Heinrich IV. auf dem Höhepunkt seiner Macht. Der ksl. Papst Clemens (III.) vermochte sich nicht nur in D. (mit Ausnahme Sachsens) und Italien, sondern auch in anderen europ. Ländern Anerkennung zu verschaffen. Die nach den fehlgeschlagenen Ausgleichsverhandlungen von Gerstungen-Berka 1085 in Mainz abgehaltene Synode, auf welcher der →Gottesfrieden für das ganze Reich (MGH Const. 1, 605–608 Nr. 425) erlassen wurde, geriet zu einer eindrucksvollen Demonstration ksl. Macht. Hzg. →Vratislav II. wurde hier zum Kg. v. Böhmen erhoben. Der Tod Ottos v. Northeim (1083) ließ auch in Sachsen den Widerstand in sich zusammenbrechen. Allein Mgf. →Ekbert v. Meißen, der zeitweilig selbst nach der Krone trachtete, setzte den Aufstand bis zu seiner Ermordung (1090) fort. Dennoch gelang es Heinrich IV. nicht, Sachsen dauerhaft für die Krone zurückzugewinnen. Es war symptomat. für die Stimmung in Sachsen, daß der Widerstand sogleich wieder auflebte, als Heinrich über einige Gft.en verfügen wollte. Eine Stärkung erfuhr die Stellung des Ks.s jedoch durch die Krönung seines Sohnes Konrad 1087.

[9] *Das Vordringen der Reformbewegung:* Gefördert von Ebf. Anno v. Köln und süddt. Adelskreisen, unter denen dem späteren Gegenkg. Rudolf v. Rheinfelden eine hervorragende Stellung zukam, hatte in den 70er Jahren des 11. Jh. die (jung)cluniazensische Reform (→Cluny, Abschnitt B. III) auch in D. Eingang gefunden (→Siegburg, →St. Blasien, →Hirsau). Vom Schwarzwaldkloster Hirsau aus, das unter Abt →Wilhelm (1069–91) in Anlehnung an die Consuetudines von Cluny umgestaltet worden war, breitete sich die Reform auch in den übrigen Teilen des Reiches aus. Die weitgehende Ausschaltung des →Eigenkirchenrechts ist von Heinrich IV. 1075 (DH.IV. 280) bestätigt worden. Für den Stifteradel besaß die Hirsauer Bewegung gerade wegen der außerhalb des reichskirchl. Verbandes gewährten libertas Anziehungskraft. Infolge der Strenge ihrer Gewohnheiten und der Andersartigkeit ihrer Lebensform (Laienbrüderinstitut, Wanderpredigertum) riefen die Hirsauer freilich den erbitterten Widerstand des Reichsmönchtums hervor, als dessen Sprecher →Lampert v. Hersfeld und der anonyme Verfasser des →»Liber de unitate ecclesiae conservanda« (MGH Ldl 2, 184–284) auftraten. In der Zeit des Investiturstreites bildete Hirsau einen Rückhalt für die gregorian. gesinnten Kreise in Deutschland.

[10] *Rückschläge in Italien:* Eine von Papst →Urban II. gestiftete Eheverbindung zw. dem 17jährigen Welf (V.), dem Sohn des abgesetzten Bayernhzg.s →Welf IV., und →Mathilde v. Tuszien machte 1090 das Eingreifen Heinrichs IV. in Italien erforderlich; galt es doch, die Gefahr einer Verbindung der süddt. und it. Gegner auszuschließen. Nach anfängl. Erfolgen wurde Heinrich IV. 1093 vom Abfall seines Sohnes →Konrad und ein Jahr darauf von der Flucht seiner 2. Gemahlin Praxedis (→Adelheid) zu Mathilde v. Tuszien getroffen. Konrad, der in Mailand zum Kg. v. Italien gekrönt worden war, trat mit Urban II. in Verbindung, der ihm die Kaiserkrone in Aussicht stellte. Da sich auch der ältere Welf auf Konrads Seite geschlagen hatte, war Heinrich IV. der Rückweg nach D. abgeschnitten. Zur Untätigkeit verurteilt, war er die nächsten Jahre in Venetien eingeschlossen.

[11] *Der 1. Kreuzzug:* In der Führung der abendländ. Christenheit hatte das Papsttum unter Urban II., auf dessen Initiative 1095/96 der 1. Kreuzzug begann, dem Ksm. endgültig den Rang abgelaufen. In D. wurden nur die westl. Gebiete von der Kreuzzugsbewegung erfaßt. Beim Durchzug der Kreuzfahrer kam es jedoch in mehreren rhein. Bischofsstädten zu grausamen Ausschreitungen gegen die jüd. Bevölkerung (vgl. Abschnitt I).

[12] *Konsolidierung der Lage in Deutschland:* Trotz mehrjähriger Abwesenheit vermochte sich Heinrich IV. in D. politisch zu behaupten. Nach seiner Aussöhnung mit Welf IV., der sein bayer. Hzm. zurückerhielt, gelang ihm 1097 die Rückkehr über die Alpen. Auf einer Reichsversammlung zu Mainz (10. Mai 1098) wurde Konrad für abgesetzt erklärt – er starb 1101 in Florenz –, und der damals wohl 12jährige 2. Sohn Heinrich (V.) zum Kg. gewählt und am 6. Jan. 1099 in Aachen gekrönt. Dieser mußte sich eidlich verpflichten, niemals zu Lebzeiten seines Vaters gegen dessen Willen in die Regierungsgeschäfte einzugreifen. Heinrichs Macht war damit in D. weitgehend anerkannt. Versuche, einen Ausgleich mit der Kirche herbeizuführen, scheiterten jedoch an der unnachgiebigen Haltung →Paschalis' II., der 1099 auf Urban II. gefolgt war. Auch nach dem Tode des Gegenpapstes Clemens (III.) 1100 war er nicht zur Verständigung bereit, sondern sprach 1102 erneut den Bann über den Ks. aus. Unbeirrt setzte Heinrich IV. seine auf die Befriedung des Reiches gerichtete Politik fort. Auf einer Reichsversammlung in Mainz erließ er am 6. Jan. 1103 einen beschworenen Reichslandfrieden (MGH Const. 1, 125–126 Nr. 74) für die Dauer von vier Jahren, der jeden Verstoß ungeachtet des Standes des Täters unter Strafe stellte und ausdrücklich die Juden in den Friedensschutz einbezog. Damit war ein erster Schritt in Richtung auf die Schaffung eines einheitl. Untertanenverbandes getan, welcher auch den Adel einschloß.

[13] *Der Abfall Heinrichs V.:* Der von Heinrich IV. beschrittene Weg einer Begünstigung der unteren sozialen Schichten drohte jedoch, das Kgtm. immer mehr dem Adel zu entfremden. In der Hoffnung, der sich hier abzeichnenden Gefahr zu begegnen und zugleich einen Friedensschluß mit dem Papst erreichen zu können, fiel Heinrich V. Anfang 1105 von seinem Vater ab. Von Paschalis II. erlangte er die Lösung vom Heinrich IV. geleisteten Sicherheitseid. Der Abfall griff rasch um sich, da viele Bf.e und weltl. Große die Gelegenheit nutzten, sich von dem gebannten Ks. zu trennen. Heinrich IV. war demgegenüber entschlossen, auf dem für Weihnachten 1105 nach Mainz einberufenen Reichstag sein Recht zu fordern. Heinrich V. gelang es jedoch, den Vater unter Wortbruch gefangenzunehmen und von ihm die Herausgabe der Reichsinsignien zu erpressen. In Ingelheim (31. Dez.) leistete Heinrich IV. der Form nach freiwillig, tatsächl. aber unter erhebl. Druck auf den Thron Verzicht, weigerte sich jedoch, ein öffentl. Sündenbekenntnis abzulegen. Heinrich V. wurde daraufhin am 5. Jan. 1106 in Mainz als Kg. anerkannt. Noch verfügte Heinrich IV. aber über einen beachtl. Anhang unter den rhein. Städten wie auch in Lothringen. Beim Vorstoß auf Lüttich wurden die Truppen Heinrichs V. bei →Visé (22. März 1106) vernichtend geschlagen. Die Belagerung der kaisertreu gebliebenen Stadt Köln mußte ergebnislos abgebrochen werden. Bevor es zu einer weiteren militär. Auseinandersetzung kam, starb Heinrich IV. (7. Aug. 1106) in Lüttich.

IV. HEINRICH V. UND DIE LÖSUNG DES INVESTITURPROBLEMS: Nach dem Tode Heinrichs IV. und dem Erlöschen des Gegenpapsttums harrte nur noch der künftige Modus der Bischofseinsetzung einer Lösung: Der Konflikt zw. sal. Kgtm. und Papsttum hatte sich nunmehr auf einen »Investiturstreit« reduziert. Eine Lösung des Investiturproblems war nach der begriffl. Scheidung zw. geistl. Amt und den mit diesem verbundenen weltl. Hoheitsrechten, zw. →spiritualia und →temporalia, wie sie am konsequentesten von →Ivo v. Chartres († 1116) vorgenommen worden war, grundsätzl. möglich geworden. Hiernach betraf die vom Kg. vorgenommene →Investitur, bei welcher auf die Verwendung geistl. Symbole (Ring und Stab) verzichtet werden sollte, lediglich die Güter und materiellen Rechte (→Regalien) der Kirche. Auf dieser Basis war in Frankreich und England (1107) ein Kompromiß gefunden worden. Da →Heinrich V. (1106–25) jedoch weiterhin am kgl. Investiturrecht festhielt, scheiterten die Verhandlungen mit Paschalis II., für welche der →Sigebert v. Gembloux zugeschriebene »Tractatus de investitura episcoporum« (MGH Ldl 2, 495–504) die theoret. Grundlage bildete. Nach den Synoden v. Guastalla (1106) und Troyes (1107) wiederholte der Papst 1110 in Rom sein striktes Investiturverbot.

[1] *Auseinandersetzungen mit Paschalis II.:* Gestärkt durch die reiche Mitgift seiner Braut Mathilde brach Heinrich V. im Sommer 1110 nach Italien auf, wo es ihm gelang, der Reichsgewalt auf breiter Basis wieder Anerkennung zu verschaffen. Die in Verhandlungen mit dem Papst von Paschalis II. vorgeschlagene radikale Lösung der Investiturfrage durch den Verzicht des dt. Kg.s auf die Investitur gegen Rückerstattung aller der Kirche überlassenen Güter und Hoheitsrechte scheiterte am erbitterten Widerstand des um die Einbuße seiner Machtgrundlage besorgten Reichsepiskopats. Als der Papst daraufhin das volle Investiturrecht verweigerte, setzte ihn Heinrich V. kurzerhand gefangen. Im Vertrag v. →Ponte Mammolo (11. April 1111) mußte er dem dt. Kg. die Investitur mit Ring und Stab zugestehen. Am 13. April fand darauf die Kaiserkrönung Heinrichs V. unter dem Schutz dt. Waffen statt. Da das als »Pravileg« verurteilte Privileg v. Ponte Mammolo seitens der Gregorianer nicht anerkannt wurde, ging der Streit weiter. Paschalis II. wagte selbst zwar nicht, gegen Heinrich V. einzuschreiten; er ließ es jedoch zu, daß eine frz. Synode über den Ks. den Bann verhängte.

[2] *Das Wormser Konkordat:* Eine Annäherung der Standpunkte schien sich erst anzubahnen, als nach dem Tode Paschalis' II. und dem nur kurzen Pontifikat Gregors VIII. 1119 der pragmatisch eingestellte →Calixtus II. folgte. Nach anfänglichem Einlenken Heinrichs V. in der Frage der Spiritualieninvestitur scheiterten die für den 24. Okt. 1119 in Mouzon vereinbarten Verhandlungen jedoch am Widerstand der Kurie, die auf einem auch auf die Temporalien auszudehnenden Investiturverzicht bestand. Bezeichnend für das veränderte Kräfteverhältnis in D. war es, daß nunmehr eine Gruppe von Fs.en unbeschadet der Rechte des Reiches auf eine Beilegung des Streites mit der Kirche drängte. Auf deren Initiative trat im Herbst 1122 in Worms eine Versammlung zusammen, auf welcher in Anwesenheit des Ks.s und päpstl. Legaten ein Kompromiß auf der Grundlage der Scheidung zw. spiritualia und temporalia erzielt wurde. In dem am 23. Sept. verkündeten →Wormser Konkordat (MGH Const. 1, 159–161 Nr. 107/108) verzichtete Heinrich V. auf die Investitur mit Ring und Stab und gestand die freie kanon. Wahl zu, die für die Bf.e und Äbte des Reiches in Gegenwart des Kg.s stattfinden sollte. Während der Gewählte in D. vor der→Weihe mit den Regalien durch Überreichung eines→Szepters belehnt werden sollte, hatte die Regalienverleihung in Italien und Burgund innerhalb von sechs Wochen nach der Weihe zu erfolgen. Damit blieb die Einflußnahme des dt. Kg.s auf die Besetzung geistl. Ämter, insbes. durch die ihm eingeräumte Entscheidungsbefugnis bei zwiespältiger Wahl, erhalten. Das traditionelle »Reichskirchensystem« hörte freilich auf zu bestehen. Die Bf.e wurden schwerlich zu Vasallen des Kg.s, die den für D. charakterist. Stand »geistl. Reichsfürsten« bildeten. Im Wettlauf mit der weltl. Hocharistokratie beteiligten sie sich hinfort verstärkt am Aufbau fsl. Territorien.

[3] *Beziehungen zu Böhmen u. Polen, Italienpolitik:* Gleich zu Beginn seiner Regierung hatte Heinrich V. mehrfach in →Böhmen eingegriffen, um der Lehnshoheit des Reiches Anerkennung zu verschaffen. Polen und Ungarn hingegen vermochten ihre Unabhängigkeit gegenüber dem Reich zu behaupten. Eine beträchtl. Stärkung erfuhr die Reichsgewalt in Italien durch den Erwerb der bereits damals legendären →»Mathildischen Güter«. Ohne auf Widerstand zu stoßen, vermochte Heinrich V. nach dem Tode der Mgfn. Mathilde (1115) neben den Reichslehen auch deren Hausgut in Besitz zu nehmen, für welches sie ihn 1111 zum Erben bestimmt hatte. Die lombard. Städte, die er mit großzügigen Privilegien bedachte, konnte er für die Krone gewinnen. Heinrichs Verlobung mit →Mathilde (1110), der Tochter →Heinrichs I. v. England, bahnte ein dt.-engl. Bündnis an. Der Versuch, seinen Schwiegervater gegen Frankreich zu unterstützen, scheiterte 1124 jedoch an dem von →Suger v. St-Denis organisierten nationalen Widerstand.

[4] *Verhältnis zu den Fürsten:* Die Regierung Heinrichs V. wurde von schweren inneren Spannungen begleitet. Das Bündnis mit den Fs.en, dem er seine Herrschaft verdankte, erwies sich aufgrund zunehmender Interessengegensätze als nicht beständig. Gestützt auf Reichsministerialität und Stadtbürgertum (Privilegien für →Speyer 1111 und →Worms 1114), setzte Heinrich V. die sal. Königspolitik konsequent fort. Damit geriet er zwangsläufig in Gegensatz zu den Fs.en, die die kgl. Aktivitäten als Konkurrenz zu ihrer Territorialpolitik empfanden. An der Spitze der wiederum von Sachsen ausgehenden Aufstandsbewegung standen →Lothar v. Süpplingenburg, den Heinrich V. nach dem Aussterben der Billunger als Hzg. in Sachsen eingesetzt hatte, sowie der ehemalige kgl. Kanzler Ebf. →Adalbert I. von Mainz. Zwar gelang es Heinrich V., kurzfristige Erfolge zu erzielen. Nach der Niederlage des ksl. Feldherrn Gf. →Hoyer v. Mansfeld am →Welfesholz bei Eisleben (11. Febr. 1115) mußte er jedoch Sachsen fluchtartig verlassen. Hierauf setzte auch der Abfall unter den Bf.en ein. Wegen der Besetzung der Marken Meißen und Lausitz kam es 1124 mit Lothar v. Süpplingenburg erneut zum Konflikt, der gegen den Willen Heinrichs V. →Albrecht den Bären (→Askanier) in der Lausitz und →Konrad v. Wettin (→Wettiner) in Meißen einsetzte. Gegen Ende der Regierung Heinrichs V. war das Kgtm. in Sachsen und an der östl. Grenze des Reiches faktisch ausgeschaltet. Mit Heinrichs V. Tod (23. Mai 1125) fand nach einhundertjähriger Dauer die Herrschaft des sal. Hauses ein Ende. Trotz energischer Anstrengungen, dem Kgtm. eine solide Machtgrundlage zu geben, ist es Heinrich V. nicht gelungen, den Aufstieg des Territorialfürstentums aufzuhalten.

T. Struve

D. Stauferzeit und Interregnum

I. Lothar III. und die Begründung des staufisch-welfischen Gegensatzes – II. Konrad III. und die Anfänge der staufischen Königsherrschaft – III. Friedrich Barbarossa und die frühstaufische Machtentfaltung – IV. Heinrich VI. und der deutsche Thronstreit – V. Friedrich II. und seine Söhne – VI. Das sog. Interregnum.

I. Lothar III. und die Begründung des staufisch-welfischen Gegensatzes: Da aus der Salierdynastie nur Agnes ihren Bruder Heinrich V. überlebte, waren ihre stauf. Söhne Hzg. →Friedrich II. v. Schwaben und →Konrad (v. Rothenburg) überzeugt, zur Nachfolge berechtigt zu sein. Aus der Mainzer Königswahl (30. Aug. 1125) ging jedoch Hzg. →Lothar v. Sachsen (Lothar v. Süpplingenburg), der mächtigste dt. Fs., als Nachfolger im Königsamt hervor; dies war wohl nicht der Manipulation des Ebf.s →Adalbert I. v. Mainz, sondern der Initiative Lothars selbst sowie der wachsenden Bereitschaft, dem Wahlmoment (→Königswahl) mehr Raum zu geben, zu verdanken. Das Kgtm. Lothars III. (1125–37) erscheint heute nicht mehr als ein Zwischenspiel, das die Fortsetzung der sal. Dynastie durch die Staufer nur unterbrach, sondern als Ansatz einer echten Alternative in der Führung des Reiches. Lothar hatte als erster Hzg. ganz →Sachsen beherrscht und es vollständig gegen den Einfluß Heinrichs V. abschirmen können; während der Wahl ergänzte er seine vielfältigen Beziehungen zum bayer. Adel durch ein Bündnis mit dem welf. Bayernherzog →Heinrich dem Schwarzen. Mit dieser Machtbasis konnten die Staufer nicht konkurrieren, obwohl sie das sal. Hausgut, v. a. im Elsaß und in Rheinfranken, übernommen hatten.

[1] *Das Gegenkönigtum Konrads III.:* Friedrich II. v. Schwaben hatte formal das Kgtm. Lothars III. anerkannt, war aber nicht bereit, das mit dem sal. Hausgut verbundene Reichsgut herauszugeben, und besetzte – gleichsam ohne Rechtsanspruch – in Franken Reichsgut; seine Absicht war offenkundig, wenigstens die faktisch auf Süddeutschland beschränkte Vorherrschaft Heinrichs V. übernehmen zu können. Lothar III. seinerseits strebte nicht eine vollständige Entmachtung der Staufer an, wohl aber die Anerkennung seiner Königsherrschaft mit gesicherter Machtgrundlage. Die gegen die Staufer durchgeführte Reichsheerfahrt (aufgrund der Weihnachten 1125 in Straßburg beschlossenen Acht) verlief zunächst wenig erfolgreich; 1127 verhärteten sich die Fronten, da Lothar seine Erbtochter Gertrud dem künftigen Bayernherzog →Heinrich dem Stolzen zur Frau gab sowie dem Zähringerherzog (→Zähringer) das →Rektorat über →Burgund übertrug und sich Konrad III., der jüngere Bruder Friedrichs II. v. Schwaben, nach erfolgreicher Verteidigung des Nürnberger Reichsgutsbezirks in Rothenburg o. T. zum Gegenkönig ausrufen ließ. Einen personalpolit. Erdrutsch löste dieses Ereignis nicht aus. Im Gegenteil, Lothar schuf 1129 mit der thür. Lgft. einen gegen den Ebf. v. →Mainz gerichteten Schwerpunkt der Königsherrschaft in →Thüringen, eroberte Ende 1129 mit →Speyer den wichtigsten Vorort der stauf. Hausmachtzone sowie 1130 →Nürnberg und orientierte die westl. Anrainer des oberen Rheins durch drei neue Landgrafschaften auf den mit ihm eng verwandten Hzg. v. Oberlothringen hin. Obwohl Friedrich II. v. Schwaben mit der um Ebf. Adalbert v. Mainz gruppierten Verwandtschaft des →Saarbrücker Grafenhauses ein Bündnis einging, gerieten die Staufer zunehmend in die Defensive. Nachdem Ulm erobert worden war, unterwarfen sich Friedrich 1134 und Konrad 1135, erkannten das Kgtm. Lothars an und erlangten Verzeihung.

[2] *Das päpstliche Schisma von 1130 und das Kaisertum Lothars:* Schon länger virulente Spannungen im Kardinalskolleg führten 1130 zur Wahl zweier Päpste, →Innozenz' II. und →Anaklets II. Da Anaklet die Vereinigung der norm. Herrschaften in Süditalien zu einem Großreich und das neue Kgtm. →Rogers II. anerkannte und damit die bisherige Normannenpolitik der Päpste preisgab (→Normannen), zog das Schisma weitreichende polit. Folgen nach sich. Die Hoffnung, mit Hilfe der jüngeren Reformorden den Papat Anaklets zu überwinden, zerschlug sich; Anaklet konnte sich mit dem norm. Schutz im Rücken in Rom halten, Innozenz mußte nach Frankreich ausweichen. Nicht Lothar selbst suchte im Schisma zu entscheiden, sondern überließ dem Würzburger Synode von 1130 unter dem maßgebl. Einfluß des Ebf.s →Norbert v. Magdeburg die Anerkennung Innozenz' II. durch die Kirche D.s. Auch nachdem ihm Innozenz 1131 anläßl.

einer Begegnung in Lüttich die Kaiserkrone versprochen hatte, faßte er nicht die Beseitigung des Schismas als vorrangiges Ziel ins Auge, sondern suchte seine Stellung gegenüber der Reichskirche, die durch das Auslaufen des Wormser Konkordates mit dem Tode Heinrichs V. unsicher geworden war, wieder zu verbessern. In den Verhandlungen vor der Kaiserkrönung, die am 4. Juni 1133 in der Laterankirche stattfand, erreichte er das Zugeständnis, daß jeder Elekt vor seinem Amtsantritt die Investitur mit den Regalien erbitten müsse. Daß die Verfügungsgewalt über die Regalien praktisch in eine Lehnshoheit des Kg.s über alles Reichskirchengut ausgeweitet wurde und damit das Lehnswesen in Deutschland eine Aktivierung erfuhr, geht ohnehin auf Lothar zurück. Kompromißfähig, aber letztlich unnachgiebig erwies sich Lothar auch in der Frage der →Mathild. Güter; er erkannte das Eigentumsrecht der röm. Kirche an ihnen an und erhielt sie gegen jährlichen Zins, den Lehnseid jedoch leistete sein Schwiegersohn Heinrich der Stolze, dem die Güter weiterverliehen wurden.

Es ist bezeichnend für Lothars eigenständige Politik, daß er die zwei Jahre bis zum Merseburger Hoftag im August 1135 benutzte, um die Vormacht des Reiches im Norden und Osten wiederherzustellen. Ein kurzfristiger Einmarsch nach Jütland beendete die innerdän. Auseinandersetzungen und führte zur Erneuerung des Lehnseides. Die Mission bei den Elbslaven wurde wieder in Gang gebracht. Der Fs. v. Polen, →Bolesław III. Krzywousty, zahlte den rückständigen Tribut von 12 Jahren und erkannte die Lehnshoheit des Ks.s für →Pommern auch östlich der Oder an. In die ung. Thronwirren griff Lothar mit Erfolg zugunsten→Bélas II. ein. Erst jetzt, als Gesandte des byz. Ks.s und des Dogen v. Venedig um Beistand gegen Roger II. v. Sizilien baten, faßte Lothar eine Heerfahrt gegen die Normannen ins Auge und schickte Bf. →Anselm v. Havelberg zwecks Vorbereitung eines Bündnisses nach Byzanz. Die 1136 begonnene zweite Italienfahrt brachte auf dem südit. Festland einigen Erfolg, stellte anläßl. der polit. Neuordnung aber auch die Frage der Lehnshoheit. Ohne einen Grundsatzstreit zu entfachen, einigte sich Lothar mit Innozenz II., daß beide zusammen als Lehnsherren des neuen Hzg.s v. Apulien auftraten. Auf der Heimkehr nach Deutschland starb der Ks. am 4. Dez. 1137 in Tirol.

Noch auf dem Sterbebett übertrug er seinem Schwiegersohn Heinrich dem Stolzen das Amt des Sachsenherzogs. Natürlich wünschte er ihn zu seinem Nachfolger im Königsamt, aber das erklärt nicht allein die ungewöhnl. Maßnahme. Lothar stellte sich ebenso wie seine beiden Amtsvorgänger der Forderung, die Königsgewalt gegen einen selbstbewußt gewordenen Adel behaupten zu müssen, aber er verhielt sich pragmatischer als seine Nachfolger. Beiden Strömungen seiner Zeit trug er Rechnung, indem er der Reichskirche gegenüber die lehnrechtl. Bindungen ausbaute, aber auch landrechtl. Momenten freien Lauf ließ, wenn es seinem Adelsanhang zugute kam. Statt auf Programmatischem zu beharren, nahm er Kompromisse in Kauf, nur das Übergewicht der Königsgewalt mußte deutlich sein. Wie es für die fernere Zukunft gesichert werden sollte, blieb der jeweiligen Situation überlassen; die Königsmacht seines Schwiegersohnes schien gesichert, da der Welfe Hzg. v. Sachsen und Bayern sowie Mgf. v. Tuszien war und auf Hausgüter in einem Umfang wie kein anderer Reichsfürst blicken konnte.

II. KONRAD III. UND DIE ANFÄNGE DER STAUFISCHEN KÖNIGSHERRSCHAFT: [1] *Die schwierigen Anfänge:* Die Königswahl war auf das Pfingstfest des Jahres 1138 angesetzt, doch Konrad III. wurde schon am 7. März 1138 von seinen Anhängern in Koblenz ohne Wissen der anderen Großen des Reiches zum Kg. ausgerufen und wenige Tage später vom päpstl. Legaten→Dietwin in Aachen gekrönt. Dieser staatsstreichartige Überfall lag im Interesse des Ebf.s v. Trier, →Albero, der territorialpolit. Schwierigkeiten mit dem rhein. Pfgf.en hatte, ferner des ausgedehnten Saarbrücker Verwandtenkreises, weil dieser nur mit Hilfe des Staufers den Mainzer Erzstuhl aus eigenen Reihen wiederbesetzen konnte, und schließlich im Interesse der Staufer selbst, die das mit ihrem Hausgut verzahnte Reichsgut nur auf diese Weise für sich zu halten wußten. Da Mgf. →Albrecht der Bär das sächs. Herzogsamt als mütterliches Erbe reklamierte, waren Heinrich dem Stolzen die Hände gebunden. Konrad III. berief sich auf seine Blutsverwandtschaft mit den Saliern und lähmte so jeden möglichen Widerstand der Großen. Heinrich der Stolze verweigerte seine Huldigung allerdings, als der Kg. die Übertragung des sächs. Herzogsamtes auf den Welfen nicht anerkennen wollte. Er verfiel deshalb der Reichsacht, und beide Hzm.er wurden ihm aberkannt. Sachsen kam an Albrecht den Bären und Bayern an Mgf. →Leopold IV. von Österreich, den babenberg. Halbbruder (→Babenberger) des Kg.s.

Damit setzte sich die krieger. Auseinandersetzung zw. Staufern und Welfen fort. Obwohl Heinrich der Stolze schon 1139 starb, konnte Albrecht der Bär sich nicht in Sachsen durchsetzen. In Süddeutschland vertrat →Welf VI., der Bruder und Miterbe Heinrichs des Stolzen, die welf. Sache, vermochte die Stellung des Babenbergers aber nicht zu erschüttern. Nachdem →Heinrich II. Jasomirgott das Erbe seines Bruders Leopold IV. angetreten hatte, glaubte Konrad auf dem Boden des Status quo 1142 einen Ausgleich herbeiführen zu können. Albrecht der Bär verzichtete auf das sächs. Herzogsamt und erkannte den noch unmündigen →Heinrich den Löwen als Sachsenherzog an; dessen Mutter Gertrud heiratete Heinrich II. v. Österreich, so als ob sie damit den Babenbergern einen Teil des welf. Erbes einbringe. Die Rechnung jedoch ließ sich nicht ohne Welf VI. machen, der überdies sah, daß der Babenberger faktisch eine Vormundschaft über Heinrich den Löwen ausüben konnte. Zumal Gertrud schon 1143 starb, führte Welf den Kampf weiter.

[2] *Die Verstrickung in auswärtige Gegensätze:* Es lag nahe, daß Konrad III. die Byzanzpolitik seines Vorgängers fortsetzte. Das wiederum gab Roger II. v. Sizilien Anlaß, Welf VI. zu unterstützen. Ein Bündnis mit dem byz. Ks., um die Ansprüche des Reiches in Süditalien realisieren zu können, wurde infolgedessen geradezu notwendig. Noch komplizierter stellte sich die Lage für Konrad seit 1143 dar, als die röm. Kommune den Papst vertrieb; dieser erwartete vom zukünftigen Ks. die Wiederherstellung seiner röm. Stadtherrschaft, suchte aber ein mögliches Bündnis der stadtröm. Bewegung mit den Normannen zu verhüten. Die Bündnisverhandlungen Konrads mit Byzanz zogen sich hin, bis Ks. Manuel I. 1146 die Schwägerin Konrads, →Bertha v. Sulzbach, heiratete.

Die Teilnahme Konrads III. am 2. →Kreuzzug war angesichts dessen eine nur aus dem religiösen Affekt zu verstehende Handlung. Wie vor einer gefährl. Heerfahrt üblich, ließ Konrad seinen Sohn→Heinrich (VI.) 1147 vor der Ausfahrt zum Nachfolger wählen, gleichsam als Wahlbedingung aber klagte der mündig gewordene Heinrich der Löwe die Wiedereinsetzung in das bayer. Herzogsamt ein. Das trieb den Staufer vollends in die Arme des Byzantiners, der ein über ganz Europa gespanntes Netz von Koalitionen gegen die Normannen und ihre

Verbündeten knüpfte. Konrad traf Manuel I. auf der Hin- und Rückreise ins Hl. Land und wurde an die noch ausstehende Mitgift erinnert, die Konrad als »Brautvater« seiner Schwägerin versprochen habe; und das hieß nichts anderes, als daß Konrad mit Hilfe der Byzantiner Süditalien für das Reich durch Waffengang zurückerwerben und als Mitgift der byz. Ksn. übergeben wollte. Wie sehr die Klage Heinrichs des Löwen auf ihm lastete, ist auch daran zu erkennen, daß ebenfalls 1148 eine Heirat →Heinrichs II. Jasomirgott v. Österreich mit einer byz. Prinzessin vereinbart wurde, um den Babenberger für die bevorstehenden Auseinandersetzungen mit den Welfen im Rücken gegen die Ungarn zu entlasten.

Die gemeinsame Heerfahrt gegen die Normannen kam trotz verschiedener Anläufe nicht zustande. Papst Eugen III. vermochte den Kg. nicht von seinem Plan abzubringen; aber weil die größten Schwierigkeiten im Verkehr mit der Kurie abzusehen waren, wenn Unteritalien durch die Byzantiner zur griech. Kirche zurückgeführt werden würde, entwickelte Abt →Wibald v. Stablo und Corvey den Plan, der Königssohn Heinrich (VI.) müsse eine byz. Prinzessin heiraten, damit diese Süditalien als ihre Mitgift dem Reich wieder zurückführen könne. Da Heinrich (VI.) jedoch bereits 1150 starb, mußte sich Konrad III., seit 1146 Witwer, für eine solche Ehe zur Verfügung stellen. Gleichzeitig suchte er zwecks Kaiserkrönung in Verhandlungen das Einverständnis der Kurie zu erlangen. Doch bevor beides verwirklicht werden konnte, starb er am 15. Februar 1152 in Bamberg.

Konrad III. betrieb eine in mancher Hinsicht wenig glückliche Politik, aber ein vom päpstl. Willen abhängiger »Pfaffenkönig« war er nicht. Die jüngere Forschung schreibt ihm sogar wegweisende Züge in seiner Politik zu, an die Friedrich Barbarossa ohne wesentliche Korrekturen anknüpfen konnte. Nicht nur zur Rechtfertigung seiner Königserhebung und in den Bahnen der stauf. Haustradition fühlte er sich als Fortsetzer der Salier, sondern schlug auch in der polit. Intention eine Brücke zur Politik Heinrichs V. Während Lothar III. die Reichskanzlei (→Kanzlei) mehr oder weniger in Form eines Provisoriums fortführen konnte, erweiterte Konrad ihre Zuständigkeit in räumlicher und sachlicher Hinsicht mit Arbeitskräften neuer Herkunft, um sie zu einer Art obersten Verwaltungsbehörde umzugestalten. Dem Adel, der seit geraumer Zeit den vom Kg. kommenden Auftrag abstreifen und in eigener Vollmacht herrschen wollte, war schon Lothar III. entgegengetreten, auf Grund seines tatsächlichen Übergewichts allerdings mit einer flexiblen Gelassenheit, die für lehn- wie landrechtl. Lösungen offen blieb. Konrad dagegen neigte wohl aus dem Zwang, die konstitutive Schwäche seiner Königsherrschaft wettmachen zu müssen, zu unduldsamer Programmatik und Einseitigkeit der Mittel. Wie es die letzten Salier schon vorgeführt hatten, verfolgte er das Ziel, möglichst vielen Territorialherren selbst als Territorialherr in Nachbar zu sein, um sie so unter machtpolit. Kontrolle zu halten. Unter ihm bereits zeichnete sich in Umrissen der spätere stauf. Territorialgürtel ab, der sich von Burgund, den Rhein abwärts und den Main aufwärts bis ins obere Sachsen erstreckte. Weit stärker als unter Lothar entwickelte sich das Lehnswesen zum prägenden Herrschaftsinstrument; freilich oft genug mußte Konrad landrechtl. Vorstellungen nachgeben, aber es waren nur verdeckte Kompromisse. Typisch für ihn ist die Erhebung des Ebf.s v. →Köln zum Hzg. (1151); der Versuch, das neue Herzogsamt an das alte niederlothr. Stammesherzogtum anzubinden oder seine räumliche Zuständigkeit zu umschreiben, wurde nicht mehr unternommen, sondern die rein lehnrechtl. konzipierte neue Herzogswürde sollte den um den Ebf. gruppierten niederrhein. Adel in die vom Kg. ausgehende Autorisierung zur Herrschaftsausübung einordnen. Bemerkenswert sind weiterhin die Bemühungen, durch den Gebrauch von Sakralnomina und nur dem Ks. zustehenden Epitheta dem gewachsenen Autoritätsbedürfnis des Königs gerecht zu werden.

III. Friedrich Barbarossa und die frühstaufische Machtentfaltung: [1] *In den Spuren des Vorgängers:* Bis zur Wende von 1156 bewegte sich die Politik Friedrich Barbarossas weitgehend in Bahnen, die sein Vorgänger vorgezeichnet hatte. Dies steht im Widerspruch zur älteren Forschung, die in der Königswahl des Schwabenherzogs Friedrich III. am 4. März 1152 den Auftakt zu einer gewaltigen Anstrengung des Reiches, sein Ansehen aus der Zeit der Ottonen und Salier zurückzugewinnen, sah. Sie fühlte sich um so mehr dazu berechtigt, als Bf. →Otto v. Freising das Kgtm. seines Neffen als Kulminationspunkt der stauf. Hausgeschichte und als heilsgeschichtlich bedeutungsvolle Wiederherstellung der Weltordnung beschrieb, nachdem er noch unter Konrad III. gemeint hatte, das baldige Ende der Welt voraussagen zu müssen. Natürlich kann man nicht infrage stellen, daß sich Friedrich Barbarossa oft genug an Maßstäben der Vergangenheit orientierte, zu sehen hat man dies aber vor dem Hintergrund, daß sich darin ein Suchen nach einer theoret. Begründung der Kaiserherrschaft niederschlug, die den seit dem Investiturstreit vorgebrachten päpstl. Ansprüchen standhalten konnte. Nicht unwichtig ist in diesem Zusammenhang auch die Erkenntnis, daß Lothar III. und Konrad III. in ihrer Politik kein Intervall bildeten, da sie ebenfalls um eine Behauptung der angestammten Herrscherrechte nicht ohne Erfolg bemüht waren.

Die Königswahl von 1152 ist in ihrem Ablauf nicht eindeutig. Otto v. Freising bezeichnet die Wahl Barbarossas als einmütig, weil die Wähler von ihm einen Ausgleich zwischen den Staufern und Welfen erwarteten. Dabei sprach sich zumindest einer, Ebf. →Heinrich I. v. Mainz, für die Wahl des noch unmündigen Königssohnes, ebenfalls →Friedrich mit Namen, aus, den zu übergehen, wie Otto schreibt, Konrad III. selbst angeraten haben soll. Friedrich Barbarossa und Heinrich der Löwe trafen sich unmittelbar vor der Wahl, doch ob bei dieser Gelegenheit die Rückgabe des Bayernhzm.s als Gegenleistung für die Zustimmung zur Königserhebung ausgehandelt wurde, ist den Quellen nicht zu entnehmen. Ein Ausgleich mit den Welfen schien ein Gebot der Vernunft, da nur er größeren Handlungsspielraum gewährte. Nicht zu übersehen ist aber auch, daß Friedrich Barbarossa diesen Ausgleich – er betraf nicht nur die Rückgabe des Bayernherzogtums, sondern auch die Klage des Ebf.s v. Bremen, →Hartwig I., gegen Heinrich den Löwen wegen des Rechts der Bischofseinsetzung an der südl. Ostseeküste (→Ostsiedlung) – mit einer Wiederaufnahme der von seinem Vorgänger verfolgten Politik verknüpfte. Zuerst nämlich wünschte er eine Heerfahrt gegen Ungarn, die den Babenbergern in Österreich einen freien Rücken im Kampf gegen die Welfen verschafft hätte, wenn nicht die Großen auf dem Regensburger Reichstag von 1152 ihre Gefolgschaft verweigert hätten. Sodann unternahm er die nötigen Schritte, um die polit. Leitlinien Konrads III. wiederaufzunehmen; und erst, nachdem sie gesichert schienen, fällte er definitive Entscheidungen zugunsten Heinrichs des Löwen. Das heißt, ein Ausgleich mit den Welfen hatte in seinen Augen einen sinnvollen Platz offenbar nur, wenn die Bekämpfung d. Normannen eine Forts. finden konnte.

In einem ersten Schritt verhandelte Friedrich Barbarossa mit →Eugen III. über die Bedingungen seiner Kaiserkrönung. Der 1153 in →Konstanz abgeschlossene Vertrag setzte den weiteren Kampf des künftigen Ks.s gegen die Normannen voraus, verpflichtete ihn aber auch, Byzanz von Italien fern zu halten. Daß dabei an die Rückkehr der Mitgift gedacht war, geht mit aller Deutlichkeit aus der Annullierung der Ehe Barbarossas mit Adela v. Vohburg hervor, welche die päpstl. Legaten in Konstanz aussprachen. Barbarossa war jetzt frei, um eine byz. Prinzessin heiraten zu können, und folgerichtig wurden auch gleich Kontakte mit dem byz. Hof aufgenommen, um das durch den Tod Konrads III. erledigte Bündnis zu erneuern. 1154 schienen die vorbereitenden Abklärungen so weit gediehen zu sein, daß die von Heinrich dem Löwen selbst und gegen ihn erhobenen Klagen zu seinen Gunsten entschieden wurden und Barbarossa mit seinem Heer die Romfahrt antrat. Am 18. Juni 1155 erfolgte die Kaiserkrönung in der Peterskirche zu Rom.

Dem Papst die Herrschaft über die eigtl. Stadt zu verschaffen – eine der Verpflichtungen des Konstanzer Vertrages –, war der Kaiser nicht in der Lage. Ebenfalls nicht zur Ausführung kam auch der Plan, in das siz. Reich vorzudringen. In Ancona wiesen Gesandte des byz. Ks.s auf die günstige Gelegenheit eines sofortigen Feldzuges angesichts der Rebellionen in Apulien hin, erinnerten zugleich aber auch an die von Konrad III. versprochene Mitgift. Die gewiß strittige Frage der Mitgift muß der Grund gewesen sein, warum der Ks. gegen seinen Wunsch mit seinem Heer nach D. zurückkehrte, den Plan eines Bündnisses mit dem byz. Ks. aufgab und die Eroberung des Normannenreiches auf einen unbestimmten Zeitpunkt verschob. Schon im Jan. 1156 werden Kontakte mit →Burgund sichtbar, die in die Hochzeit des Ks.s mit der Erbin →Beatrix v. Burgund einmündeten. Seines Rückhaltes bei den Verwandten seiner Frau in Byzanz beraubt, gab →Heinrich Jasomirgott v. Österreich um diese Zeit seinen hinhaltenden Widerstand gegen die Rückgabe des Bayernhzm.s an die Welfen auf. Wie im →Privilegium minus vom 8. Sept. 1156 festgehalten, wurde die Mgft. →Österreich von Bayern abgetrennt, in ein Hzm. umgewandelt und den Babenbergern erneut aufgetragen, während Heinrich der Löwe mit dem bayer. Herzogsamt belehnt wurde.

Der Ks. mochte geglaubt haben, das bisherige Ziel seiner Politik, die Vernichtung des Normannenreiches, sei trotz der irreparablen Differenzen mit dem byz. Hof unverändert geblieben und der zum Abschluß gebrachte Ausgleich mit den Welfen behalte dadurch seinen Sinn. Da erreichte ihn die Nachricht vom Friedensvertrag, den Papst →Hadrian IV. im Juni 1156 in →Benevent mit Kg. →Wilhelm I. v. Sizilien geschlossen hatte; der Papst erkannte das norm. Großreich und kirchl. Rechte seines Kg.s an. Der rasche Sieg Wilhelms I. über die aufständ. Barone und die Byzantiner in Apulien scheint den Papst und den normannenfreundl. Teil der Kard. zu diesem radikalen Kurswechsel bewogen zu haben. Die polit. Voraussetzungen, die zum Konstanzer Vertrag von 1153 geführt hatten, waren zumindest in den Augen der röm. Kurie entfallen. Der vom Ks. verbreitete Vorwurf des Vertragsbruches war in erster Linie Ausdruck seiner Sorge über die polit. Eigenständigkeit des Papstes. Weil der Papst und seine normannenfreundl. Kard. ohne Rücksicht auf die Interessen des Ks.s handelten, konnte für sie die traditionelle Zusammenarbeit von →imperium und →sacerdotium nur noch wenig Gültigkeit haben; auf ihr aber beruhte der Vorrang des Ks.s vor anderen Monarchen und nach den Vorstellungen der Theologen in D. auch das Heil der Weltordnung.

[2] *Das Ringen um die Zuordnung von Imperium und Sacerdotium:* Schon auf der Romfahrt zur Kaiserkrönung war Friedrich Barbarossa mit verfassungspolit. Fragen Reichsitaliens (→Italien) befaßt gewesen. Von daher könnte man sagen, die nun folgende Periode bis zum Jahre 1177 entwickelte sich folgerichtig aus der vorausgegangenen, und der durch die Auseinandersetzung mit dem Papsttum bes. Akzent kam erst durch das unvorhergesehene, 1159 ausgebrochene päpstl. Schisma hinzu. Es ist richtig, daß der Ks. von Anfang an im Sinne hatte, das Wirtschaftspotential Italiens zu nutzen und, um diese Politik nicht zu gefährden, Heinrich dem Löwen in Norddeutschland weitgehend freie Hand ließ. Durch die Wende von 1156 aber erst konzentrierte sich die polit. Aktivität nicht mehr auf den it. Süden, sondern auf Reichsitalien. Daß ein Ks. dort – die Krönungsfahrt eingeschlossen – insgesamt sechsmal einen längeren Aufenthalt nehmen sollte, war der an das freie Spiel der eigenen Kräfte gewöhnten Gewaltenträgern Italiens etwas bedrohlich Neues. Das Programm lautete: Wiederherstellung der alten Rechte des Reiches; und das tangierte von vornherein auch päpstl. Rechte. Nicht zufällig suchte Hadrian IV. in jenen Jahren umstrittene Zonen des →Kirchenstaates durch Bau von Burgen zu sichern und durch Entsendung von Legaten in D. die Opposition gegen den Kaiser zu schüren. Die 1157 auf dem Reichstag zu →Besançon abgelehnte Interpretation der Kaiserkrone als ein Lehen des Papstes durch den Reichskanzler →Rainald v. Dassel zeigt, wie aktuell Fragen um die theoret. Begründung der Kaiserwürde waren (→Kaisertum). Barbarossa beharrte darauf, seine Würde sei gottunmittelbar, und rief damit unter Heinrich IV. entwickelte Grundsätze, wie die →Zweischwerterlehre oder die Übertragung der Kaiserwürde auf immer durch das röm. Volk, in Erinnerung. Bes. in der um diese Zeit gefundenen Formel →»Sacrum Imperium« kommt das Bemühen zum Ausdruck, die für die Bewertung der weltl. Herrschaft nachteiligen Folgen des Investiturstreites wieder auszugleichen, ohne letztlich von alten Leitbildern Abstand nehmen zu müssen.

Auf seiner im Sommer 1158 begonnenen 2. Italienfahrt ließ der Ks. durch den Reichstag v. →Roncaglia feststellen, daß alle Herrschaftsfunktionen in Reichsitalien letztlich von ihm stammten (deshalb →Regalien genannt) und nur in seinem Namen ausgeübt werden könnten. Der Grundsatz war nicht neu, aber in Italien noch nie in dieser unerbittlichen Konsequenz ausgesprochen worden und geeignet, autogene Herrschaftsrechte ignorieren und die Nachteile eines defekt gewordenen Lehnssystems wettmachen zu können. An eine Beseitigung der vorgefundenen Herrschaftsordnung war nicht gedacht, wohl aber an eine Dauerpräsenz des Reiches und die Kontrolle der tatsächl. Kräfteverteilung. Dieser Präsenz eine dauernde finanzielle Nutzung für die ausgegebenen Regalien an die Seite zu stellen, mußte den Italienern ebenso ungewöhnlich sein und brachte dem Kaiserhof den eigtl. Machtzuwachs. Nicht alle Städte Oberitaliens leisteten der Durchsetzung dieses Herrschaftskonzeptes Widerstand; bot es doch die Möglichkeit, sich der Beherrschung durch mächtige Nachbarn entziehen zu können, während u. a. →Mailand als überragendes Machtzentrum zähen Widerstand leistete.

Noch vor dem Tode Papst Hadrians IV. am 1. Sept. 1159 zeichnete sich bereits ab, daß der Ks. auch den päpstl. Machtbereich in Mittelitalien in das Reich einzubeziehen und notfalls den röm. Senat als alleinigen Gewaltenträger der Stadt anzuerkennen gedachte, während Hadrian mit Mailand und anderen Städten Oberitaliens insgeheim paktierte. Von daher mußte Friedrich Barbarossa ein dringendes Interesse am Ausgang der Papstwahl haben. Das Schisma selbst hatte seine Ursache in der bekannten Spaltung des Kardinalskollegs in eine sizilienfreundl. und deutschfreundl. Gruppe; die Wahl am 7. Sept. endete tumultartig. Roland Bandinelli, der als Kanzler Hadrians IV. den Vorfall von Besançon provoziert hatte, nannte sich →Alexander II., und sein Gegenspieler Oktavian, der bezeichnenderweise den Namen →Viktor IV. annahm, erklärte sich von Anfang an als ein Anhänger der Zusammenarbeit von imperium und sacerdotium. Während Alexander nach dem Vorbild des Schismas von 1130 auf das erdrückende Übergewicht seiner Obödienz setzte, welches das Schisma auf natürliche Weise erledigen würde, sorgte Friedrich I. unter Berufung auf altes Kaiserrecht für den Zusammentritt eines Konzils am 13. Jan. 1160 in →Pavia, das über die Rechtmäßigkeit der beiden Prätendenten entscheiden sollte. Dieser Lösungsversuch mußte nicht nur an der Weigerung Alexanders, zu erscheinen, scheitern, sondern auch an der mangelhaften Beteiligung des Auslands und der nicht über jeden Zweifel erhabenen Art, mit der Viktors Papat als rechtmäßig festgestellt wurde.

Weil sich Viktor IV. für die Zuordnung von Imperium und Sacerdotium aussprach und sich darin von seinem Rivalen unterschied, war die Parteinahme Barbarossas für diesen Papst von existentieller Bedeutung. Das erklärt, warum der Ks. neben der Absicht, alle Widerstandsherde in Italien zu eliminieren, ebenso energisch das Ziel verfolgte, die ganze kirchl. Richtung, aus der Alexander III. hervorgegangen war, zu überwinden. Die bedingungslose Kapitulation Mailands im März 1162 war der, so auch schon von den Zeitgenossen empfundene, militär. Höhepunkt Barbarossas. Er sollte durch ein Treffen des Ks.s mit Kg. →Ludwig VII. v. Frankreich in →St-Jean de Losne gekrönt werden, wo Barbarossa – allerdings vergeblich – den Übertritt Frankreichs zur Odödienz Viktors IV. erwartete. 1165 zeichnete sich die Möglichkeit eines dt.-engl. Bündnisses ab und damit auch ein Übertritt des engl. Kg.s Heinrich II. auf die Seite des ksl. Papstes Paschalis III. (nach Viktors IV. Tod, † 20. April 1164). Um seine Gefolgschaft im Reich zu festigen, ließ der Ks. zu Pfingsten 1165 in Würzburg alle Fs.en schwören, niemals einem Papst zu folgen, der von der alexandrin. Partei aufgestellt werde. Das Ganze wurde gleichsam eingerahmt von der Übertragung der Hl. →Drei Könige von →Mailand in das →Köln Rainalds v. Dassel i. J. 1164 und der Kanonisation →Karls d. Gr. in Aachen nach Weihnachten 1165; beiden fiel die Funktion von Reichsheiligen zu, die den Anspruch auf Gottunmittelbarkeit des Ksm.s unterbauen konnten. Im Vertrauen darauf suchte der Ks. 1166 eine ihm günstig scheinende neue Situation zu nutzen. In Sizilien, dem Rückhalt Alexanders III., war auf Kg. Wilhelm I. der noch unmündige Wilhelm II. gefolgt; mit einem einzigen Kraftakt sollte Rom erobert, Alexander festgesetzt und dann das siz. Reich unterworfen werden. Auf dem 4. Italienzug konnte Rom auch 1167 eingenommen und der stadtröm. Senat für den Ks. gewonnen werden, aber der Papst entkam und die Heerfahrt nach Sizilien mußte unterbleiben, weil eine unerwartete verheerende Seuche das ksl. Heer dezimierte. Ihr erlag auch der führende Staatsmann des Reiches, Rainald v. Dassel; eine beherrschende Position nahm nun der bereits seit 1162 stark hervortretende →Christian v. Buch ein.

Die Katastrophe von 1167 war eine Wende in der Politik Friedrich Barbarossas. Die Phase der unentwegten Offensive war zu Ende. Es bildete sich der →lombard. Städtebund, dem sich der etwas ältere →Veroneser Bund anschloß, so daß die Kommunen nicht mehr ohne weiteres gegeneinander ausgespielt werden konnten; eine Verständigung mit Alexander III. wurde langfristig ins Auge gefaßt. Der Ausfall einer Reihe von Adelsgeschlechtern war für den Ks. Anlaß, sich verstärkt der stauf. Territorialpolitik in D. zuzuwenden.

Die 5., 1174 angetretene Italienfahrt des Ks.s sollte zeigen, daß eine militär. Entscheidung gegen den Lombardenbund nicht zu erzwingen war. V. a. die Festung →Alessandria, als Symbol des lombard. Widerstandswillens errichtet, behauptete sich. Es blieb nur noch der Verhandlungsweg, den Friedrich Barbarossa 1176 mit dem Vorvertrag von Anagni einschlug. Das wichtigste Ergebnis, das am 24. Juli 1177 mit dem Frieden v. →Venedig erzielt wurde, war die Aussöhnung des Ks.s mit Alexander III.; seitdem hat es kein vom Ks. favorisiertes päpstl. Schisma mehr gegeben. Nicht unwichtig war aber auch, daß Barbarossa die Normannen und oberit. Kommunen aus dem Friedensschluß ausklammern und eine endgültige Ordnung seines Verhältnisses zu ihnen auf später verschieben konnte; ebenso offen blieb im Grunde auch der genaue Umfang des Kirchenstaates. – →Italienpolitik, dt.; →Papst, Papsttum.

[3] *Der Wandel in der Reichsverfassung:* Friedrich Barbarossa führte in D. die Politik seiner Vorgänger Konrad III. und Heinrich V. fort, doch kommen unter ihm die verfassungshist. Konturen stärker zum Vorschein. Sie bestanden in dem Bemühen um eine weit gestreute territoriale Präsenz der Königsgewalt im Reich, in der Neigung, Machtgruppen dort gegeneinander auszuspielen, wo eine nennenswerte territoriale Präsenz nicht zu erreichen war, und in einer Reaktivierung des Lehnrechts.

Der quer durch D. führende Territorialriegel, den Konrad III. angebahnt hatte und Barbarossa ausbaute, reichte von der Pfgft. →Burgund den Rhein abwärts und den Main aufwärts bis ins obere Sachsen. Hinzu kam noch der stauf. Teil des alten Schwabenherzogtums und, bes. seit der erbenlos gewordene Welf VI. – der Onkel Heinrichs des Löwen – seine Besitz dem Ks. verkauft hatte, ein von Oberschwaben bis zu den Bündnerpässen reichender Keil, der das welf. Bayern vom Zähringerherzogtum trennte. Dieses Staufergut bildete keine homogene Masse, und das nicht nur auf Grund unterschiedlicher Rechtstitel. Durch die Königswahl Barbarossas hörte die alte Zweiteilung der stauf. Hausmacht in eine kgl. und eine hzgl. Linie zu bestehen auf. Das schwäb. Herzogsamt wurde zwar stets an ein Mitglied der Stauferfamilie wieder ausgegeben, aber es konnte keine eigene Linie mehr bilden, da es infolge Kinderlosigkeit an den Ks. zurückfiel und der jeweilige Inhaber oft genug noch minderjährig war. Seit Philipp v. Schwaben wurde das Schwabenherzogtum wie ein Annex des stauf. Kgtm.s behandelt. Die rhein. Pfgft. allerdings fiel 1156 an Konrad, den Halbbruder Barbarossas, der durch seine eigenwillige Politik die alte Zweiteilung der stauf. Hausmacht in neuer Form wieder aufnahm und gegen den Willen des Ks.s alte Positionen seines Amtes im Trierer und Kölner Erzstift zurückzuerwerben und bestimmenden Einfluß auf den Mainzer Erzstuhl zu gewinnen suchte. Der Ks. befriedete seinen Halbbruder, indem er ihn am Mittelrhein ansiedelte (Wormser Hochstiftsvogtei); zuvor hatte Barbarossa die →Saarbrücker in diesem Gebiet entmachtet. Dadurch wandelte sich die Pfgft. aus einem Amt kgl. Stellvertretung in eine fsl. Hausmacht, dem übrigen Dynastenadel vergleichbar.

Der mächtigste Fs. im Reich war →Heinrich der Löwe. Das Hzm. Bayern, durch den Akt von 1156 zu einem Binnenherzogtum geworden, spielte in seiner Politik nur eine Nebenrolle, größte Energie dagegen wandte der Welfe zum Ausbau der slavisch besiedelten Länder an der südl. Ostseeküste auf (→Elb- und Ostseeslaven; →Ostsiedlung), die er seit 1158 erobert hatte; sein Plan allerdings, hier ein geschlossenes Territorium zu schaffen, schlug 1164 fehl. Nicht weniger intensiv mühte er sich aber auch um eine Verbesserung seiner Stellung im altsächs. Stammesherzogtum, die durch seinen Großvater Lothar v. Süpplingenburg zwar machtpolit. entscheidend ausgebaut, aber rechtlich nur unzureichend abgesichert war. Diese Zielsetzung, die auf eine Mediatisierung des sächs. Adels hinauslief, rief seit 1163 die Opposition dieses Adels gegen Heinrich hervor, die sich an Heftigkeit in den folgenden Jahren steigerte. Der Welfe beteiligte sich an den Unternehmungen des Ks.s in Italien nur sporadisch; und Barbarossa ließ seinem Vetter in Norddeutschland trotz der Klagen des opponierenden Adels freie Hand. Es ist bezeichnend für die Politik des Ks.s, daß er die Klagen gegen ihn erst aufgriff, als er ein Wohlverhalten des Welfen im Rücken seiner Unternehmungen nicht mehr brauchte. Der Prozeß gegen Heinrich, im Jan. 1179 in Worms eröffnet, zog sich bis zum Jan. 1180 hin. Die Annahme wäre falsch, der Ks. habe dem Recht freien Lauf gelassen; Heinrich der Löwe sollte entmachtet, aber nicht vernichtet werden, wobei das Recht wie ein polit. Instrument eingesetzt wurde, gegen das sich der Gegner nur mit ungleichen Waffen wehren konnte. Die Reichslehen des Welfen konnte oder wollte der Ks. nicht an sich ziehen, wieder ausgegeben jedenfalls wurden sie in Sachsen so, wie der Adel sie nach landrechtl. Gesichtspunkten reklamieren zu können glaubte, ohne allerdings formal von der lehnrechtl. Maxime Abstriche zu machen; das südl. Westfalen erhielt die Kölner Kirche und das übrige Sachsen der Askanier →Bernhard III. v. Aschersleben. Auch Bayern, das an den bayer. Pfgf.en Otto v. Wittelsbach fiel, wurde praktisch geteilt, da der Gf. v. →Andechs den Herzogstitel v. →Meranien erhielt und infolgedessen mit seiner Herrschaft zw. Isar und Lech aus der Verfügungsgewalt des Bayernherzogs ausschied; ferner die →Steiermark, unter den →Otakaren (Traungauern) schon längst zu einem geschlossenen Territorialgebiet zusammengewachsen, zeigt sich von nun an als Hzm. betitelt. Es sollte noch bis zum Spätjahr 1181 dauern, bevor Heinrich der Löwe durch die →Reichsexekution bezwungen werden konnte; seinen Allodialbesitz Braunschweig und Lüneburg konnte er behalten, aber er mußte zu seinem Schwiegervater Heinrich II. v. England in die Verbannung gehen.

Die Auflösung der Stammeshzm.er, die im ausgehenden 11. Jh. eingesetzt hatte, war damit abgeschlossen; an ihre Stelle waren Herrschaftsgebilde kleineren Umfanges getreten, deren Inhaber durchweg dem sog. jüngeren →Reichsfürstenstand angehörten und darin eine Garantie sahen, in der Lehnsordnung unmittelbar hinter dem Kg. zu stehen. So sehr das Lehnswesen im 12. Jh. an Intensität zunahm, es konkurrierte – weitaus stärker in Nord- als in Süddeutschland – mit dem ebenso stark wachsenden landrechtl. Denken. Das Hzm. des Ebf.s v. →Köln, der Heinrich den Löwen an fsl. Machtentfaltung ablöste, ist dafür ein anschauliches Beispiel.

Seit 1164 intensivierte die Kölner Kirche die herrschaftl. Durchdringung Südwestfalens. Angesichts dieses Machtzuwachses beabsichtigte der Ks., dem Kölner Hzm. in der westl. Nachbarschaft einen ähnlich starken Machtblock an die Seite zu stellen, um notfalls beide gegeneinander ausspielen zu können. Zunächst plante er, die →Zähringer an der unteren Mosel anzusiedeln, damit sie zusammen mit ihren Verwandten in Lüttich-Namur-Luxemburg eine ausgedehnte Machtzone aufrichten könnten. Sodann griff er auf die Absicht Gf. →Heinrichs des Blinden von Namur-Luxemburg zurück, seine Herrschaften dem Gf.en v. →Hennegau, seinem von der Lüttlicher Kirche lehnsabhängigen Neffen, zu vererben, und unterstützte diesen Plan durch wirtschaftspolit. Maßnahmen, welche die Stadt Köln schwächen sollten. Der Ebf. v. Köln, →Philipp I., suchte seinerseits diesen Erbgang durch Einflußnahme auf Heinrich den Blinden zu verhindern, ohne es dabei mit dem Ks. zu einem Zerwürfnis kommen zu lassen.

Er war es auch, der den Kölner Dukat durch Kauf der Burgen seines Lehnsadels aus einem Lehnsherzogtum in ein landrechtlich fundiertes, von der Weser bis an die Maas reichendes Gebietsherzogtum umwandelte. Die lehnrechtl. Bindungen des Adels an den Ebf. und des Hzg.s an den Kg. waren damit nicht aufgehoben, aber nunmehr ergänzt durch den Eigentumstitel der Kölner Kirche; für den Bestand des Hzm.s war der vom Herrscher kommende Lehnsauftrag nicht mehr lebensnotwendig. Das widersprach der stauf. Vorstellung von der Reichsherrschaft diametral, denn das Lehnrecht rechtfertigte den Willen Friedrich Barbarossas, auch in D. der Ausgangspunkt jeder legitimen Gewaltausübung zu sein, die durch Delegation an den Adel weitergegeben werden konnte. Das Landrecht dagegen dachte vom Besitz des Einzelnen her; der Adlige besaß im eigenen Namen das Recht zur Gewaltausübung und konnte es durch Wahl einem Herrscher übertragen. Der Umbau der köln. Herzogsgewalt stellte also die stauf. Vorstellungen vom Erbkönigtum, wie sie im letzten Lebensjahrzehnt Barbarossas eine gesteigerte Rolle spielten, grundsätzlich infrage.

Der ganze Komplex wurde zum Bestandteil einer internationalen Verwicklung. Bevor der Waffenstillstand mit dem lombard. Städtebund ablief, schloß der Ks. am 25. Juni 1183 in →Konstanz mit den Kommunen Oberitaliens Frieden; er verzichtete auf die Durchführung der ronkal. Beschlüsse und erkannte den Lombardenbund an, dafür stellte sich dieser als ein Instrument zur Verfügung, das für die Loyalität der Kommunen gegenüber dem Ks. sorgte. Offen war nun noch eine Klärung der territorialen Abgrenzung gegenüber dem Kirchenstaat, die auf einem Treffen des Ks.s im Herbst 1184 mit Papst →Lucius III. in Verona vorgenommen werden sollte. In Verona kam aber auch das Bündnis mit →Heinrich II. v. England zur Sprache, das der Ks. auf dem glanzvollen →Mainzer Hoffest zu Pfingsten 1184 ins Auge gefaßt hatte. Damit verbunden wiederum war die Rückkehr Heinrichs des Löwen aus dem Exil, die Eheabrede des schon 1169 zum röm. Kg. gewählten →Heinrich VI. mit →Konstanze, der potentiellen Erbin des siz. Reiches, sowie der Wunsch des Ks.s nach vorzeitiger Kaiserkrönung seines Sohnes. Die geplante Heirat kam einem definitiven Frieden der Staufer mit dem Normannenreich gleich und eröffnete angesichts der Kinderlosigkeit →Wilhelms II. die Möglichkeit, den Anschluß des Normannenreiches an das Imperium, jetzt auf friedliche Weise, doch noch zu erreichen. Hätte die Kurie der vorzeitigen Kaiserkrönung zugestimmt, wäre damit den um diese Zeit vom Kaiserhof propagierten Vorstellungen, es gebe in der Menschheitsgeschichte nur ein einziges Kaisergeschlecht, dessen Glieder ohne Rücksicht auf den Raum, wo sie geherrscht hätten, geheimnisvollerweise miteinander verbunden seien und dessen letztes Glied das stauf. Ksm. sei, entsprochen worden, und das

Ksm. hätte auf eine Mitherrschaft über die Stadt Rom im Interesse seiner bisherigen theoret. Selbstbegründung verzichten können. Die vorzeitige Kaiserkrönung diente in der konkreten Situation aber auch der Erwartung Heinrichs VI., das siz. Reich nicht etwa als künftiges Erbe seiner Frau erwerben zu können (was bedeutet hätte, es am Ende einer stauf. Seitenlinie überlassen zu müssen), sondern in Rechtsnachfolge der Ks. Ludwig II. und Heinrich II. als Bestandteil des Imperiums. Daran scheiterte der Wunsch Barbarossas und konsequenterweise vorerst auch die Klärung der territorialen Fragen. Um für einen unerwarteten Todesfall Wilhelms II. gewappnet zu sein, behalf sich der Ks. anläßlich der Hochzeit seines Sohnes in Mailand im Januar 1186 mit einer Ersatzkrönung Heinrichs. Sie forderte die Opposition des Papstes →Urban III. und des Kölner Ebf.s Philipp I. heraus. Der Kölner hatte erfahren müssen, daß der Ks. bereit war, das mühsam mit dem engl. Königshof eingefädelte Bündnis preiszugeben, weil sich der Hennegauer einer Heerfahrt gegen den frz. Kg. in den Weg gestellt hatte, um das Projekt eines mit dem Kölner Dukat rivalisierenden Kraftzentrums nicht zu gefährden. Und nun schickte sich der Ks. an, ohne Rücksicht auf rechtl. Zuständigkeiten ein Erbrecht seiner Familie auf die Königs- und Kaiserwürde vorauszusetzen. Die Opposition gab vor, sich für den vom Ks. abgelehnten Kandidaten der Trierer Doppelwahl von 1183 einzusetzen, in Wirklichkeit aber wollte der Kölner unter Berufung auf das Trierer Schisma den dt. Episkopat um sich scharen und im Zusammenspiel mit dem Papst den Ks. zum Verzicht auch auf die anderen Punkte seiner Politik zwingen. Während sich in Köln eine von Dänemark bis zur Champagne reichende Opposition versammelte, vertraute Barbarossa seinem Sohn Heinrich die Leitung der it. Verhältnisse an und kehrte 1186 nach D. zurück. Es gelang ihm, den Kölner auf dem Reichstag zu →Gelnhausen zu isolieren, er konnte aber nicht verhindern, daß dieser sein Bündnis mit Kg. Philipp II. v. Frankreich vom Mai 1187 wertlos machte. Die Unvorsichtigkeit Philipps v. Köln, dem Kaiser einen militär. Angriff auf seine Bischofsstadt zuzutrauen, gab Barbarossa die Handhabe, die Opposition mit Hilfe eines Prozesses gegen den Ebf. zu zerschlagen.

Äußerlich hatte der Ks. sich durchgesetzt, der Widerstand gegen das Lehnswesen mit den stauf. Zielsetzungen jedoch war nicht überwunden. Doch dies blieb überschattet vom 3. →Kreuzzug, in dessen Führung 1189 der Ks. den Höhepunkt seines Herrscherlebens sah. Sie war zugleich auch sein Ende, da Friedrich Barbarossa am 10. Juni 1190 im Saleph ertrank, bevor er das Hl. Land erreicht hatte.

IV. HEINRICH VI. UND DER DEUTSCHE THRONSTREIT: [1] *Die Regierung Heinrichs VI.:* Noch war Heinrich VI. in Kämpfe mit Heinrich dem Löwen verwickelt, der für die Zeit des Kreuzzuges erneut ins engl. Exil geschickt worden und vorzeitig zurückgekehrt war, da starb 1189 unerwartet Wilhelm II. von Sizilien, und die norm. Barone der Insel wählten →Tankred v. Lecce, einen Halbbruder Wilhelms, zum neuen Kg. Möglichst schnell führte er deshalb einen Ausgleich mit den Welfen herbei. Die Nachricht vom Tode Barbarossas erlaubte die Italienfahrt erst zum Januar 1191; der neue Papst →Coelestin III. schob seine eigene Bischofsweihe hinaus, so daß die für Heinrich VI. so notwendige Kaiserkrönung erst zum Osterfest vorgenommen werden konnte. Die Belagerung Neapels schlug wegen einer Seuche im dt. Heer fehl; der Ks. mußte nach D. zurückkehren, und der Papst glaubte durch Anerkennung Tankreds die Vereinigung Siziliens mit dem Imperium verhindert zu haben.

In D. setzte der Ks. die Eindämmung der köln. Herzogsmacht fort, jetzt allerdings nicht mehr mit Hilfe einer vom Hennegauer angeführten Machtzone, sondern durch den Ausbau einer eigenen Zone mit →Aachen im Mittelpunkt, wozu sein Eingriff in die Lütticher Doppelwahl (→Lüttich) entscheidend beitrug. Dies und erst recht die Ermordung des vom Kölner Metropoliten favorisierten Lütticher Prätendenten, →Albert v. Löwen, die dem Ks. angelastet wurde, ließ erneut die von der köln. Herzogsgewalt geführte Opposition aufflackern, die dieses Mal von Dänemark bis Savoyen reichte. Durch die Gefangennahme des engl. Kg.s →Richard Löwenherz, der noch unter dem Schutz eines jeden Kreuzfahrers stand, und von diesem erzwungenen Lehnseid konnte Heinrich VI. zwar über die engl.-frz. Auseinandersetzung eine Kontrolle ausüben und Tankred v. Sizilien isolieren, aber der Opposition gelang es auch, die rhein. Pfgft. auf ihre Seite zu ziehen. Der Ks. gab wohl deshalb seine Politik speziell gegenüber der köln. Herzogsgewalt auf und unternahm 1194 einen zweiten Anlauf zur Eroberung Siziliens.

Das gewaltsam besetzte siz. Reich beanspruchte Heinrich VI. nicht nur wegen seiner fällig gewordenen inneren Neuordnung, sondern es löste – zum Bestandteil des Imperiums geworden – nunmehr auch D. als Schwerpunkt ksl. Machtausübung ab. Die These der achtziger Jahre, daß die Kaiserwürde nicht an die Beherrschung eines bestimmten Raumes gebunden sei, begann jetzt wirksam zu werden. Gleichzeitig scheinen auch Erwartungen eschatolog. Art, welche die Befreiung des Hl. Grabes durch den Kaiser mit dem Anbruch eines letzten Friedenszeitalters vor dem Weltende in Verbindung brachten, bestimmenden Einfluß ausgeübt zu haben (→Eschatologie). Denn der Ks. sicherte den Zugang zum Vorderen Orient durch eine Oberhoheit des Imperiums über verschiedene Reiche v. a. des östl. Mittelmeerraumes sorgsam ab. Es sollte ein rein ksl. Kreuzzug sein, und offensichtl. war an eine langfristige Präsenz des Imperiums im Hl. Land gedacht, wofür auch die Gründung des →Dt. Ordens spricht.

D. wurde nur noch einmal (1195/96) von Heinrich VI. aufgesucht. Der einzige Sohn des Ks.s, →Friedrich II., sollte zum Kg. gewählt werden, aber die dt. Fs.en sträubten sich. Der Ks. machte deshalb den Vorschlag, das Kgtm. und alle Reichslehen im Besitz ihrer Familien ohne Einschränkung für erblich zu erklären. Dieser später so genannte →Erbreichsplan war nicht das Ergebnis einer Klärung der an sich widersprüchl. land- und lehnrechtl. Positionen, sondern ein aus dem aktuellen Anlaß, vor Antritt einer gefährlichen Heerfahrt die Thronfolge zu sichern, erwachsener Kompromiß, der die bisherige Praxis ausweiten und festschreiben sollte. Wären die anschließenden Verhandlungen des Ks.s mit →Coelestin III., der vermutl. die Konsequenzen dieses verfassungsrechtl. Handels besser übersah, nicht ergebnislos verlaufen, die Fs.en hätten ihre anfängliche Zustimmung wohl nicht wieder zurückgezogen. So blieb ihnen nichts anderes übrig, als doch noch den minderjährigen Friedrich II. zum Kg. zu wählen. Ein Teil des Kreuzfahrerheeres war schon aufgebrochen, als der Ks. überraschend am 28. September 1197 in Messina starb.

[2] *Der Thronstreit:* Das Papsttum, v. a. der seit Jan. 1198 regierende, seine Vorgänger weit überragende →Innozenz III., handelte sofort; der Kirchenstaat in seinem Umfang bis 1158 und das, was nach seiner Meinung noch dazu gehören sollte, wurde besetzt, und ein Abkommen Innozenz' III. mit →Konstanze, der Witwe Heinrichs VI., ignorierte das Kgtm. Friedrichs II. im Imperium und die

Zugehörigkeit des siz. Reiches zum Imperium vollständig. Nur noch Reichsministeriale suchten stauf. Positionen in Sizilien zu halten. In D. übernahm Hzg. →Philipp v. Schwaben, der jüngste Bruder Heinrichs VI., die Statthalterschaft für Friedrich II., der nicht nach D. kommen konnte. Einige Fs.en, allen voran Ebf. →Adolf v. Köln, wollten die Thronfolge eines Staufers verhindern, um das Wahlprinzip am Leben zu erhalten. Während sich die Suche nach einem Kandidaten auf Betreiben der Stadt Köln auf Otto v. Poitou, einen Sohn Heinrichs des Löwen, konzentrierte, drängte →Bernhard v. Sachsen auf eine überstürzte Wahl Philipps v. Schwaben im März 1198 zum Kg. aus Angst vor einem Wiedererstarken der welf. Hausmacht. Von Köln wurde argumentiert, es komme nicht auf die Mehrheit der Wähler, sondern auf die Mitwirkung derjenigen an, denen »principaliter« das Wahlrecht zustehe, was mißachtet worden sei. Deshalb wählte diese Partei am 9. Juni 1198 →Otto IV. zum König. Wer rechtmäßiger Kg. war, ließ sich nach damaligen Maßstäben nicht entscheiden; daß auch mit militär. oder finanziellen Mitteln – der engl.-frz. Gegensatz machte sich hier wieder bemerkbar – keine Entscheidung erzwungen werden konnte, war schon bald abzusehen. So erhielt einiges Gewicht, wen Innozenz III. als Kandidaten für die Kaiserkrone anerkennen werde.

Innozenz III. beabsichtigte nicht, ein Approbationsrecht der dt. →Königswahl grundsätzl. an sich zu ziehen, sondern wollte den konkreten Fall für eine reichsrechtl. Absicherung seiner Rekuperationen in Mittelitalien nutzen; aber seine Aktion, begleitet von rechtl. Erörterungen, war geeignet, ein Eigengewicht zu entwickeln. Nur zögernd nahm Otto IV. den Innominatvertrag an, der als Gegenleistung für die Durchsetzung seines Kgtm.s durch den Papst die reichsrechtl. Anerkennung der Rekuperationen in Aussicht stellte. 1200/01 verwarf dementsprechend der Papst das Kgtm. Philipps v. Schwaben und Friedrichs II., und wenig später leistete Otto in Neuß den vereinbarten Eid, aber das Kgtm. des Welfen ließ sich in D. nicht durchsetzen, zumal dessen engl. Unterstützung 1202 durch den Verlust des engl. Festlandbesitzes (→Angevin. Reich) ausfiel. 1204 traten der Kölner Ebf. und der rhein. Pfgf. →Heinrich v. Braunschweig, Ottos eigener Bruder, auf die stauf. Seite über, und Philipp v. Schwaben ließ sich erneut von allen Großen wählen, womit dem Kölner Bedürfnis Rechnung getragen war. Selbst der Papst trat mit Philipp in Verhandlungen, um einen Ausgleich für beide Prätendenten herbeizuführen, doch Philipp wurde am 21. Juni 1208 in Bamberg vom bayer. Pfgf.en →Otto ermordet.

So als ob es keine Abfallbewegung gegeben habe, erkannten nun alle das Kgtm. Ottos IV. an, und Otto ließ sich von den Stauferanhängern des Jahres 1198 nachwählen, womit der Kölner Standpunkt zur Wahl von 1198 sanktioniert wurde. Überdies verlobte sich Otto 1208/09 mit der ältesten Tochter Philipps v. Schwaben, Beatrix (∞ 1212), und erleichterte so den Stauferanhängern die Gefolgschaft. Im Hinblick auf seine Kaiserkrönung wiederholte er 1209 in Speyer nochmals den Neußer Eid mit dem Zusatz, auch auf die Spolien und Regalien zu verzichten, freie Bischofswahlen und Appellationen an die Kurie zuzulassen und in der Ketzerbekämpfung behilflich zu sein. Nach der Kaiserkrönung am 4. Oktober 1209 in Rom jedoch verfügte er über rekuperierte Gebiete von Reichs wegen und brach nach Sizilien auf, um es dem Imperium wieder einzuverleiben. Sofort verkündete Innozenz III. über ihn den Bann; er habe die natürlichen Grundlagen der Rechtsordnung mißachtet, indem er die päpstl. Leistung des Innominatvertrages in Anspruch nahm, ohne seine Gegenleistung wirklich erbringen zu wollen.

Auf den Rat →Philipps II. August v. Frankreich hin forderte der Papst Friedrich II. auf, an die Stelle Ottos IV. zu treten, und der Staufer durfte sich dem Ruf nicht entziehen, da er auch in Sizilien vor Otto nicht sicher sein konnte. In Rom wurde er bereits als künftiger Ks. begrüßt, im Sept. 1211 wählten ihn einige Fs.en in Nürnberg zum »Kaiser«, im Herbst 1212 betrat er dt. Boden. Der Tod der stauf. Gattin Ottos IV. erleichterte den massenhaften Übertritt zu Friedrich II. Im Dez. 1212 ließ sich dieser in Frankfurt zum Kg. wählen. Otto IV., der seinen Hauptgegner im frz. Kg. Philipp II. sah und seinem engl. Bundesgenossen Kg. →Johann ohnehin verpflichtet war, beteiligte sich 1214 an der Schlacht v. →Bouvines, und der Sieg des frz. Kg.s entschied auch den dt. Thronstreit. Otto mußte sich in die welf. Stammlande zurückziehen (dort † 1218); Friedrich wurde am 23. Juli 1215 in Aachen zum Kg. gekrönt. Schon 1213 hatte er in der Goldbulle v. →Eger dem Papst das verbrieft, was Otto IV. versprochen hatte, aber nicht einlösen wollte.

V. FRIEDRICH II. UND SEINE SÖHNE: Auf Verlangen Innozenz' III. hatte Friedrich II. seinen einjährigen Sohn →Heinrich zum Kg. v. Sizilien krönen lassen und der Regentschaft seiner Gattin →Konstanze v. Aragón übergeben, bevor er 1212 nach Norden zog. Um sicher zu sein, daß Imperium und siz. Reich getrennt blieben, ließ sich der Papst 1216 versprechen, daß Friedrich gleich nach seiner Kaiserkrönung dem Sohn das Kgr. Sizilien überlassen und bis zu dessen Mündigkeit einen dem Papst genehmen Verweser bestimmen werde. Der neue, nachgiebigere Papst →Honorius III. war bereit, für die Durchführung des vom IV. →Laterankonzil 1215 beschlossenen →Kreuzzugs große Opfer zu bringen. Im Vertrauen darauf ließ Friedrich seinen Sohn und seine Gattin nach D. kommen, übertrug Heinrich das Schwabenhzm. und das Rektorat über Burgund und ließ ihn 1220 in Frankfurt zum röm. König wählen. Dem Papst gegenüber erklärte er, die dt. Fs.en hätten von sich aus die Wahl vorgenommen, und eidlich versicherte er vor seiner Kaiserkrönung am 22. Nov. 1220, Sizilien werde nicht ein Bestandteil des Imperiums sein. Vater und Sohn hatten ihr Kgtm. lediglich ausgetauscht, da Friedrich die siz. Krone wieder übernahm, und doch hatte sich die Zuständigkeit verschoben. Nachdem Heinrich VI. den Schwerpunkt der Kaisermacht nach Süden verlagert hatte, konnte man in den Maßnahmen Friedrichs II. eine Fortsetzung dieser Entwicklung sehen, aber noch war das Imperium mit der Kaiserwürde so sehr verbunden, daß diese Tradition eine Handhabe bot, von Sizilien aus in die Interna des Imperiums einzugreifen. Als eine zweite Klammer zeichnete sich bereits das Adelshaus als eine neue Rechtseinheit ab, die dem Vater auch über das Mündigkeitsdatum des Sohnes hinaus eine Weisungsbefugnis gab.

[1] *Das Königtum Heinrichs (VII.):* Lange Zeit wurde die Auffassung vertreten, Friedrich II. habe sich nach seiner Kaiserkrönung ungeteilt Sizilien zugewandt und D. unter fsl. Regentschaft sich selbst überlassen. Die jüngere Forschung hat dieses Bild revidiert. Anläßlich der Frankfurter Königswahl von 1220 wurden Verweser des Reiches für die Zeit der Unmündigkeit Heinrichs (VII.) bestellt, deren bekanntester der Ebf. v. Köln, → Engelbert I., war. Die unmittelbare Obhut über den Unmündigen hatten Reichsministeriale inne, denen auch die Verwaltung des schwäb. Hzm.s oblag. Engelbert führte seinen köln. Dukat zu ungeahnter Machtentfaltung, dachte aber auch in den Bahnen der herkömmlichen Kölner Politik. Er leitete

gegenüber England sowie Dänemark Aktionen ein, die den Wünschen des Ks.s zuwiderliefen, aber er hütete sich, es zu einem Bruch mit Friedrich kommen zu lassen. Als er 1225 einem Komplott zum Opfer fiel, das seine harte Herzogsherrschaft hatte abschütteln wollen, trat Hzg. →Ludwig I. v. Bayern als Verweser in den Vordergrund. Doch der Wittelsbacher stellte sich auf die Seite des Papstes, als Friedrich II. 1227 erstmals im Bann war, und Heinrich, längst mündig, nahm zu Weihnachten 1228 die Regierung selbst in die Hand.

Um Territorialverluste aus der Zeit des Thronstreites und die 1213 endgültig verlorene Mitwirkung des Kg.s an der Bestellung kirchlicher Ämter wettzumachen, trieben Friedrich II. und später sein Sohn eine aggressive Territorial- und Städtepolitik bes. im dt. Südwesten. Als die Fs.en 1220 der Königswahl Heinrichs (VII.) zustimmen sollten, verlangten die geistl. Fs.en eine Zusicherung ihrer Hoheitsrechte durch den Kg., um so der stauf. Expansion Einhalt zu gebieten. Die sog. →»Confoederatio cum principibus ecclesiasticis« gewährte nichts, was die Fs.en nicht schon längst hatten, und sie stellte fest, was sie nur im Namen des Kg.s haben konnten, so daß hier indirekt erkennbar wird, wie Friedrich II. (vermutl. nach it. Vorbild) auch in D. die Königsherrschaft auf dem Regalienrecht gründete. Dessenungeachtet muß Heinrich (VII.) die expansive Politik des Vaters wiederaufgenommen und den Unmut nun auch der Laienfürsten geweckt haben. Sie hatten dem Drängen der Kurie, einen Gegenkönig aufzustellen, widerstanden und an der Aussöhnung Friedrichs II. mit Papst Gregor IX. in→S. Germano mitgewirkt und verlangten nun 1231 ein Entgegenkommen der Staufer. Auch im →»Statutum in favorem principum« ging es nicht um eine Beschneidung kgl. Rechte, sondern um den Versuch, die stauf. Politik der Städtegründungen zum Nachteil der benachbarten Territorialherren anzuhalten. Friedrich II. mußte das »Statutum« 1232 bestätigen und verpflichtete den Sohn eidlich, dem Vater zu gehorchen und nichts mehr gegen die Fs.en zu unternehmen; Gregor IX. sollte ihn exkommunizieren, wenn er seinen Eid brechen würde.

Alles das sagt schon etwas über die politische Grundlinie Heinrichs aus. Wenn man hört, daß Eheschließungen zw. den Reichsministerialen der Reichsgutsbezirke und den Patriziern der kgl. Städte in größerem Maßstab in die Wege geleitet wurden und daß der Kg. →Einungen und Bündnisse von Bürgern ohne Zustimmung ihrer Stadtherren gestattete, dann läßt sich ermessen, wie zielbewußt Heinrich eine neue Bevölkerungsschicht gegen die Territorialfürsten heranzubilden suchte. Noch mehr in Widerspruch zu seinem Vater setzte er sich mit dem Bemühen, die Auswüchse der Ketzerverfolgung (→Inquisition) im Frankfurter Landfriedensbeschluß von 1234 untersagen zu lassen. Möglicherweise trieb Heinrich auch die Vorliebe Friedrichs II. für seinen 2. Sohn →Konrad IV., der als Erbe des Kgr.es →Jerusalem aus eschatolog. Gründen offen für die künftige Kaisernachfolge propagiert wurde, zur Rebellion gegen den Vater. Im Frühjahr 1235 kam Friedrich ohne Heer, aber mit prunkvollem exot. Gefolge nach D.; ein Heer strömte ihm in Süddeutschland fast von selbst zu und zwang Heinrich zur Unterwerfung. Unerbittlich ließ der Vater ihn im Juli zu Worms durch Gerichtsspruch seiner Königswürde entkleiden und in Apulien einkerkern, wo dieser 1242, angeblich durch Selbstmord, starb.

Die Absetzung Heinrichs (VII.) stand im Rahmen grundlegender Reformmaßnahmen. Die Rebellion hatte gezeigt, wie sehr die Fürsten auf den Ks. angewiesen waren; auf dem Mainzer Reichstag vom 25. Aug. 1235 nun wurde das Verhältnis des Monarchen zu den Fs.en erneut umschrieben. Was in den »Reichsgesetzen« von 1220 und 1231/32 mehr der Absicherung fsl. Rechte hatte dienen sollen, wurde jetzt benutzt, um den Ks. als Herrn aller Regalien, die an die Fs.en nur ausgeliehen sind, herauszustellen. Gekrönt wurde diese Demonstration durch die Verkündung eines Reichslandfriedens (→Mainzer Reichslandfrieden); der Ks. war oberster Gerichtsherr. Wie um sein besseres Verhältnis zu den Reichsfürsten unter Beweis zu stellen, nahm er bei dieser Gelegenheit →Otto v. Lüneburg, den Enkel Heinrichs des Löwen, in den Reichsfürstenstand auf, obwohl dieser 1229 hatte Gegenkönig werden sollen und - nach Verweigerung des Erbganges des Reichsvikariates zw. Elbe und Weser durch Heinrich (VII.) - den Kg. v. Dänemark, →Waldemar II., bei dessen Versuchen zur Rückgewinnung der dän. Vormachtstellung im Ostseeraum unterstützte.

[2] *Der Endkampf der Staufer in Deutschland:* Hzg. →Friedrich der Streitbare v. Österreich war als Schwager Heinrichs (VII.) einer der wenigen Fs.en gewesen, die zum Kaisersohn gehalten hatten. Da er der dreimaligen Ladung an den Hof nicht folgte und mit seinen Nachbarn ohnehin verfeindet war, wurde er 1236 geächtet. Einen →Leihezwang für den König gab es noch nicht, und doch war es ungewöhnlich, daß der Ks. die Hzm. er →Österreich und →Steiermark für immer einziehen wollte und 1237 wohl deswegen den noch unmündigen Konrad IV. in Wien zum Kg. wählen ließ, ihm aber die Aachener Krönung bis zu seinem Tode vorenthielt. Der Lehensentzug des Österreichers ließ sich jedoch nicht verwirklichen, zumal der Ks. seit seiner zweiten und endgültigen Bannung am 20. März 1239 durch Gregor IX. den Herzog brauchte. Er war sogar bereit, Österreich 1244 in ein erbl. Kgr. umzuwandeln in der Hoffnung, es durch eine Ehe mit der Nichte des kinderlosen Hzg.s gewinnen zu können. Aber erst der Tod Friedrichs im Kampf gegen die Ungarn gab ihm 1246 Gelegenheit, Österreich und die Steiermark →Generalkapitänen zu unterstellen und als Reichsländer zu behandeln. Berücksichtigt man, daß Schwaben und der Zugang zu den Bündnerpässen schon vor Friedrich II. zur stauf. Hausmachtzone gehörten und der Zugang zum Gotthard nach dem 1218 angefallenen Teilerbe der Zähringer hinzukam, daß 1236 Österreich Reichsland werden sollte und daß Konrad IV. schon 1235 mit einer bayer. Herzogstochter verlobt wurde, dann zeichnet sich der Plan Friedrichs II. ab, vom siz. Kgr. aus, dem neuen Kernland des Ksm.s, zunächst Reichsitalien wieder fest in die Hand zu bekommen und den erneut aufgeflammten Widerstand des Lombardenbundes zu überwinden und schließlich das nördl. Alpenvorland in die stauf. Machtzone zu ziehen, um von dort aus auf das übrige D. eine Kontrolle auszuüben. Der Plan schien durchgeführt, als Österreich/Steiermark 1246 Reichsland wurden und Konrad IV. die bayer. Herzogstochter Elisabeth, eine Schwester der Verlobten von 1235, heiratete. Doch zu dieser Zeit war die Stellung der Staufer in D. und Italien bereits aufs äußerste bedroht.

Friedrich II. hatte 1232 die Reichsabtei →Lorsch, deren Vogt, →Otto II., rhein. Pfgf. und zugleich bayer. Hzg. war, der Mainzer Kirche geschenkt und damit gefährliche Rivalitäten zw. beiden Territorialfürsten ausgelöst. Indem er mit der Königswahl Konrads IV. den Mainzer Erzbischof →Siegfried III. v. Eppstein zum Prokurator des Reiches ernannte, nachdem Otto II. von Bayern in Aussicht gestellt war, Schwiegervater des jungen Königs zu werden, glaubte der Ks. irrtümlich, zw. beiden einen Ausgleich herbeiführen zu können. Da nach dem Tode

Friedrichs die Kaiserkrone auf den nunmehr dt. Kg. übergehen sollte, kam auch den Vorwählern der dt. Königswahl wieder mehr Gewicht zu. Gerade im Hinblick darauf war es ein Fehler des Ks.s, die letzte Entscheidung seines Kampfes mit dem Papsttum vorwiegend in Italien zu suchen. Der Kölner Ebf. →Konrad v. Hochstaden trat aus persönl. Gründen 1239 als erster auf die päpstl. Seite über. Konrad IV. suchte zwar die dt. Fs.en zu einigen, um durch Geschlossenheit den Papst zum Einlenken zu zwingen, konnte aber nicht verhindern, daß der Kölner zur Wahrung seiner hzgl. Kompetenz über den Kopf des jungen Kg.s hinweg den Landfrieden wiederherstellte und der Mainzer sich 1241 aus Verärgerung über den Pfgf.en doch gegen den Staufer wandte, so daß den Bannsentenz über Friedrich II. auch in D. verkündet und wirksam werden konnte. Ob man in den nächsten Jahren vom Staufer abfiel oder nicht, war in D. mehr eine Frage des territorialpolit. Vorteils; die beiden rhein. Ebf.e (das Erzstift →Trier war gespalten) auf der einen Seite waren die unbedingten Staufergegner und die →Wittelsbacher auf der anderen Seite zuverlässige Anhänger der Staufer, und der 1242 vom Ks. zum Prokurator des Reiches ernannte Lgf. →Heinrich Raspe v. →Thüringen trat 1244 auf die Seite des Mainzers über. Eine Aussöhnung zw. dem Ks. und dem neuen Papst →Innozenz IV. schien 1244 greifbar nahe, scheiterte aber an der Weigerung Friedrichs, auf eine vollständige Unterwerfung Reichsitaliens zu verzichten und die Unantastbarkeit des Kirchenstaates anzuerkennen. Der Papst floh nach →Lyon, in eine Stadt des Imperiums, die dem ksl. Zugriff jedoch entzogen war. Das dortige Allgemeine Konzil erklärte am 17. Juli 1245 den Ks. als abgesetzt und forderte zur Neuwahl auf. Dt. Bf.e waren an dieser Versammlung so gut wie nicht beteiligt.

Die Monarchen Europas versagten dem Ks. weiterhin nicht ihre Anerkennung. Auch in D. änderte sich zunächst nichts, 1246 wich einer von der Kurie bis in den inneren Kreis des Kaiserhofes reichendes Mordkomplott die Stauferherrschaft in Sizilien, in Reichsitalien und in D. mit einem Schlage lahmlegen, doch wurde es vorzeitig entdeckt. Die Wahl des Lgf.en Heinrich Raspe zum Gegenkönig am 22. Mai 1246 in Veitshöchheim scheint ein Teil dieses Plans gewesen zu sein. Konrad IV. war ihm militär. nicht gewachsen, doch Heinrich starb noch ungekrönt schon am 16. Febr. 1247 auf der Wartburg. Er war ein Mann des Mainzer Ebf.s gewesen, und dieser hoffte, von seinem erbenlosen Lehnsmann die Gft. →Hessen zurückzubekommen. Auf Hessen erhob aber auch Hzg. →Heinrich II. v. Brabant Ansprüche, der in der Königswahl vom 3. Okt. 1247 in Worringen bei Köln seinen Neffen, den Gf.en →Wilhelm v. Holland, durchsetzte. Mit ihm verbündet war der Kölner Ebf., so daß dieser gegenüber dem Mainzer Erzstuhl an Gewicht gewann. Konrad v. Hochstaden betrachtete sich als den eigtl. Träger der Königsgewalt, die Mainzer feierten ihn als »defensor patriae«, und doch unterstützte Innozenz IV. heimlich den jungen Kg., um dem Kölner, der seine Funktion als Kurfürst (so darf man die Vorwähler ab jetzt wohl nennen) und Wächter des Wahlprinzips offensichtl. überzog, Grenzen zu setzen.

Wilhelm v. Holland war alles andere als erfolglos. Zum Jahresende 1248 gab es am unteren Rhein keine stauf. Widerstandsinsel mehr; Boppard hielt sich noch bis in den Herbst 1251, Worms kapitulierte erst 1253. Das Ende Friedrichs II. – so bewegend es aus der Sicht der Staufergeschichte auch ist, der Glaube an seine greifbar nahe Rekonziliation, die Enttäuschung über den Abfall einiger Getreuer, seine Überzeugung, Vater des Messiaskaisers zu sein, der Tod am 13. Dez. 1250 und die Beisetzung im Dom v. Palermo – setzte in D. keine Zäsur mehr. Es ist kaum anzunehmen, daß Konrad IV. den Vormarsch der Staufergegner hätte aufhalten können, wenn er nicht 1251, ohne auch nur den Versuch einer Krönung zu unternehmen, nach Sizilien aufgebrochen wäre. Otto II. v. Bayern, den er zu seinem Stellvertreter ernannt hatte, starb bereits 1253; dessen Sohn →Ludwig II. »der Strenge« vermochte dem erst nach der Abreise Konrads IV. geborenen und in bayer. Obhut gegebenen →Konradin noch nicht einmal das Hzm. Schwaben zu erhalten, das eine Beute südwestdt. Territorialherren wurde.

VI. Das sog. Interregnum: Die heute geläufige Bezeichnung →»Interregnum« für die Zeit von 1250–73 ist zeitgenössisch, aber nur vereinzelt gebraucht von Staufanhängern, die lediglich ein von Staufern getragenes Kgtm. als legitim anerkennen zu können glaubten. Das andere Extrem verkörperte das Papsttum, das in Übereinstimmung mit dem stauf. Selbstverständnis die Salier und Staufer als eine Einheit und damit als das Geschlecht der Kirchenverfolger schlechthin betrachtete und den Kfs.en verbot, hinsichtl. der Königswahl an einen Staufer zu denken, und sich bitter bei →Jakob I. v. Aragón beklagte, weil dieser seinen Sohn mit einer Tochter Kg. Manfreds vermählte. Wilhelm v. Holland herrschte zu kurz, um dauerhafte Spuren hinterlassen zu können. Er heiratete eine Welfin, erwarb binnen kurzem die Anerkennung der staufertreuen Reichsstädte und stellte sich 1255 an die Spitze des →Rhein. Bundes, der 1254 aus einem Städtebund zur Sicherung des Landfriedens hervorgewachsen war. Es war ein hoffnungsvoller Beginn, die dt. Königsgewalt auf dem Boden der Landfriedewahrung zu einem integrierenden, auch die Territorialgewalten erfassenden Faktor erstehen zu lassen, der den Städten gegenüber die Politik Heinrichs (VII.) wiederaufnahm; diese Ansätze wurden aber durch den Tod des Kg.s im Kampf gegen die Friesen am 28. Jan. 1256 jählings erstickt.

Der Rhein. Bund nahm für die Zeit der Vakanz das Reichsgut in seinen Schutz und verpflichtete seine Mitglieder, nur einem einmütig gewählten Kg. die Tore zu öffnen. Da die Kfs.en von Köln und Trier wegen territorialpolit. Differenzen verfeindet waren, stand eine zwiespältige Wahl zu erwarten; aber daß sich am Ende Kg. →Alfons X. v. Kastilien und →Richard v. Cornwall, der Bruder des engl. Kg.s →Heinrich III., als die Gewählten herausstellten, ist auf Einflüsse von auswärts zurückzuführen. Beide waren mit den Staufern verwandt, und beiden diente die dt. Krone nur als ein Mittel, um sicherer den Weg nach Italien zu finden. Eindeutiger als die Spätstaufer, wenn auch nicht so erfolgreich wie die →Anjou, waren sie bestrebt, disparate Rechtstitel wie Bausteine zu einem Großreich zusammenzusetzen, dessen Klammer letztlich das eigene Adelshaus bildete. Alfons war über seine Mutter ein Enkel Philipps v. Schwaben, hatte 1255 schon das Schwabenhzm. als mütterliches Erbteil reklamiert und erhielt, sobald der Tod Wilhelms v. Holland bekannt wurde, von Vertretern der Stadt →Pisa (→Ghibellinen) »im Namen des Imperiums« die Kaiserkrone angeboten. Ihn interessierte am stauf. Erbe im Grunde das Kgr. Sizilien, das dem von ihm projektierten, das westl. Mittelmeerbecken umfassenden Ksr. als ein wichtiger Eckpfeiler dienen sollte. Richard war ein Vetter Ottos IV. und ein Schwager Friedrichs II. Schon zweimal hatte ihm der Papst Sizilien als päpstl. Lehen angeboten, an der Forderung zu großer Sicherheiten scheiterte das Angebot. Hinter Richard standen der Kölner Kfs. und der engl. Königshof, hinter Alfons der Trierer Kfs. und der frz. Hof. Die Parteigänger des Kastiliers hatten den Wahlort

Frankfurt besetzt, so daß die Parteigänger des Engländers am 13. Jan. 1257 Richard vor den Toren zum König wählten und dem Trierer seinerseits nur blieb, Alfons X. am 1. April mit ähnlichen Mängeln zu wählen. Obwohl mehrere Fs.en geladen waren, beteiligten sich offiziell nur die sieben Kfs.en an der Doppelwahl, Kg. →Ottokar II. v. Böhmen sogar auf beiden Seiten, womit die Einengung des Wahlrechts auf ein kleines Gremium faktisch abgeschlossen war.

Es gab keine nennenswerte militär. Auseinandersetzung um den dt. Thron. Alfons betrat dt. Boden niemals und Richard nur viermal mit insgesamt vier Jahren in anderthalb Jahrzehnten, und das auch nur links des Rheins. Die Päpste wagten keine Anerkennung auszusprechen; ihr Interesse wurde fast ganz von der siz. Frage in Anspruch genommen, seit sich →Manfred, ein Sohn Friedrichs II., 1258 in Palermo zum Kg. hatte krönen lassen. Der Rhein. Bund konnte sich nicht auf einen Prätendenten einigen und zerfiel; die meisten Städte der im Entstehen begriffenen →Hanse schlossen sich um des Englandhandels willen Richard an. Ottokar II. v. Böhmen hatte nach dem Tode Friedrichs II. Österreich und die Steiermark besetzt und, um diesen Erwerb zu legitimieren, 1252 Margarete, die Witwe Heinrichs (VII.), geheiratet; nachdem er diese 1261 verstoßen hatte, sah er sich 1262 genötigt, die beiden Länder von Richard zu Lehen zu nehmen. 1266 übertrug ihm Richard sogar den Schutz über alles rechtsrhein. Reichsgut, ernannte zugleich auch Vikare für das Elsaß und die Wetterau. Andere Fs.en, wie die Wittelsbacher, in deren Augen der Thron den Staufern gebührte, handelten so, als ob das Königsamt vakant sei; 1255 teilten die Brüder Ludwig II. und Heinrich I. ihre Reichslehen in Pfgft./ Oberbayern und Niederbayern, ähnlich auch die Gf.en v. Nassau. Hier begann das Hausrecht einer Adelsfamilie bereits mit dem Reichsrecht zu konkurrieren. Der Mainzer Ebf. →Werner v. Eppenstein dachte zusammen mit süddt. Fs.en 1262 und nochmals nach Manfreds Tod 1266 an die Wahl Konradins zum dt. Kg.; Ottokar v. Böhmen jedoch erwirkte das Verbot des Papstes, einen Staufer zu wählen. Von den →Ghibellinen gerufen, brach Konradin, überzeugt als letzter direkter Staufer im Besitz der Königswürden von Sizilien und Jerusalem zu sein, 1267 mit einem Heer nach Italien auf, verlor die Schlacht bei →Tagliacozzo und wurde 1268 auf Befehl →Karls v. Anjou, den Papst Clemens IV. 1265 mit dem siz. Reich belehnt hatte, in Neapel enthauptet. Aufgrund eines Eventualvertrages mit Hzg. Ludwig II. fiel das Staufererbe im bayer. Nordgau und im Lechrain an die →Wittelsbacher. Richard v. Cornwall starb am 2. April 1272. Während Ottokar v. Böhmen seine Kandidatur betrieb und Alfons v. Kastilien über die Kurie die Wahl eines neuen Kg.s zu verhindern suchte, drängte Papst →Gregor X. die Kfs.en zu einer freien Wahl. Nach Abschluß des II. →Lyoner Konzils – Rudolf v. Habsburg war schon zum Kg. erhoben und seine Kaiserkrönung in Aussicht genommen – veranlaßte Gregor in Beaucaire den Kastilier zum Verzicht auf das »imperium«. Die Zeit des Doppelkönigtums, die jetzt allenthalben als eine Zeit der Auflösung des Reiches verstanden wurde, war damit überwunden. O. Engels

E. Spätmittelalter

I. Von Rudolf von Habsburg bis zum Ende des politischen Systems Karls IV. (1273–1385/1400) – II. Vom Machtverfall des Königtums zum institutionalisierten Dualismus (1385/1400 – ca. 1520).

I. Von Rudolf von Habsburg bis zum Ende des politischen Systems Karls IV. (1273–1385/1400): [1] *Allgemeines*: Die polit. und Verfassungsgeschichte des dt. SpätMA läßt sich unter verschiedenen Gesichtspunkten gliedern; hier fällt der Haupteinschnitt mit dem Ende der zweiten von insgesamt drei rückblickend erkennbaren Konzeptionen des Kgtm.s und Situationen des Reiches zusammen: Die Orientierung am Vorbild der Staufer und das hegemoniale Kgtm. waren gescheitert, die Situation des institutionalisierten Dualismus setzte sich endlich durch und bestimmte fortan die dt. Geschichte. Zw. diesen drei einigermaßen einheitlichen Phasen lagen zwei Perioden des Übergangs oder der Ungewißheit, so daß sich insgesamt fünf Zeitalter unterscheiden lassen.

Den Zeitgenossen war das Bewußtsein fremd, in einem »späten« MA zu leben; es bestand vielmehr ein selbstverständlicher Zusammenhang mit der näheren und ferneren Vergangenheit. Die Schicksalsgemeinschaft der Deutschen sah man mit →Karl d. Gr. oder →Otto d. Gr. beginnen. Weiterhin war das Reich (→Imperium) Sache und Stolz der Deutschen. So war die Notwendigkeit, sich des Volksnamens zur Unterscheidung zu bedienen oder darüber nachzudenken, daß so viele Anderssprachige dazugehörten, geringer als anderswo, obwohl auch die Reichsgeschichte, wenn man so sagen darf, im 15. Jh. immer »nationaler«, d. h. »deutscher« wurde. Auch das antike Erbe des Reiches wies im SpätMA ganz konkrete Wesenszüge auf. Der wohl wichtigste war, daß die Kanonistik (→kanon. Recht), die »politische Wissenschaft« des 13. und 14. Jh., im 15. Jh. in der Breite durch das Vorwalten des →röm. Rechts abgelöst wurde, dessen sich der Herrscher immer intensiver bediente.

Auch das dt. SpätMA war entscheidend von der Instanz des Kgtm.s bestimmt; das Reich als ein sich allmählich objektivierendes und am Ende institutionalisiertes, der alten zentralen Gewalt mitbestimmend gegenübertretendes Gebilde ist ohne die Mittelstellung der Monarchie nicht vorstellbar. Ihre Einzelmerkmale erweisen sie wohl als die am vielfältigsten ausgestattete Trägerin polit. Gestaltungsmöglichkeiten des Zeitalters. Zunächst waren die Kg.e hochadlige Herren, die in erster Linie einer Gesellschaft anderer Herren adligen Ranges vorstanden und demgemäß die Welt beurteilten. Die Räson der Dynastie war wichtiger als die Räson der Erbländer oder des Gesamtreiches. Verwaltung und Außenpolitik waren dynastisch, nicht staatlich; viel bedeutender als irgendeine »Behörde« war der →Hof als Emanation kgl.-hochadligdynast. Seins. Der Kg. war »imperator futurus« oder wirklich gekrönter Ks., er konnte theoretisch nach wie vor und nach 1350 öfter auch praktisch als erster weltlicher Würdenträger des papstchristlichen Europa gelten und stand weiterhin in einem bes. Verhältnis zur Kirche. Es war komplementär, da es einen starken Papst bei entsprechender Schwäche des Kg.s in die dt. Dinge hineinrücken ließ und umgekehrt. Stark empfand man den Gegensatz von weitgespannter Kaiser-Theorie und meist sehr problematischer Wirklichkeit; jedoch mochte den Zeitgenossen bewußt sein, daß dynastisch bestimmtes Geschehen ein hohes Maß von möglichen Zukunftsüberraschungen in sich barg. Der Kg. stand dem ausgedehntesten Reich der päpstl. Christenheit gegenüber, das mit einem beispiellos kraftvollen weltl. und geistl. Fürstentum ausgestattet war. Er war in betonter Weise Wahlkönig statt Erbkönig und war stets ein überforderter Kg.; denn seine Machtmittel waren gering im Vergleich zu den ihm abgeforderten Leistungen. Konzentration, Kumulation und dauerhafte Bewahrung von finanziellen und militär. Mitteln gelangen bei weitem nicht so, wie es gegenüber dem weiten und vielgestaltigen Reich notwendig gewesen wäre. Es konnte keine Rede davon sein, daß die Königsgewalt Zustände oder Prozesse in den tieferen Schichten historischen Geschehens unmittelbar wesentlich beeinflußt hätte; nur als Folge dynastisch-»oberflächlichen« Wandels, in Gestalt z. B. neuer Grenzen und neuer Mittelpunkte, mochte sich solches auf die Dauer als Begleitumstand einstellen. Zum großen Nachteil von Monarchie und Reich wechselte bei fast jeder Wahl das polit. Zentrum (»Hauptstädte« und Zentrallandschaft) des Kgtm.s. Die Monarchie entwickelte sich daher langsamer als anderswo und erreichte weniger, v. a. dieses nicht, daß das Reich als ganzes ein Staat des Kg.s wurde. So ist dieser eher als Rechts- und Legitimierungsinstanz zu begreifen und mußte sich öfter zu beschämenden Kompromissen bereitfinden. Seiner Verwaltung traten am Ende Ansätze zu dualist. Reichszentren und zu einer Reichsverwaltung und vor allem der einigermaßen ausgeformte Reichstag gegenüber. Dies war freilich nicht nur die Folge der Schwäche der Monarchie, sondern auch Ausdruck des Wunsches, ungeachtet zahlloser Interessengegensätze die wachsenden Herausforderungen gemeinsam zu bestehen. So fand man in der Krise, in einer Art streitbaren Konsenses, von der »Offenen Verfassung« des 13. und 14. Jh. zur »Verdichtung« vor und um 1500.

Demgemäß waren die beiden fundamentalen Probleme der spätma. Reichsverfassung das Kontinuitäts- und das Kohärenzproblem. Unter den 13 Königen, die zwischen 1273 und 1519 ein Mindestmaß an Anerkennung fanden, folgte nur zweimal der Sohn auf den Vater (1378, 1493). Das Wahlinteresse war spezifisch kurfürstl.-territorialpolit., nicht auf das Reichsganze gerichtet, bis endlich das neue Verfassungselement der Großdynastie die Bewegungsfreiheit der Wähler entscheidend einengte. Es war bedeutungsvoll für den Zusammenhang der dt. Geschichte, daß der gewollten Diskontinuität kontinuitätsstiftende Faktoren anderer Herkunft gegenübertraten und immer stärker wurden. Es waren v. a. Interessen anderer polit. Kräfte, zum eigenen Vorteil mit dem Kgtm. jeglicher Dynastie zusammenzuwirken suchten, dann »Basisprozesse« aus dem sozialen, ökonom. und geistigen Bereich, aber auch Tatsachen der Kommunikation und der Technik, schließlich das Streben nach besseren Regeln des Zusammenlebens und neuartige militär.-finanzielle Herausforderungen, auf die am Ende auch ein Nationalbewußtsein antwortete.

Das Kohärenzproblem formuliert die Frage nach dem räumlichen Zusammenhalt des Reiches und seiner inneren Differenzierung. Unveränderbare Grundtatsache war, daß die sich nach eigenen Gesetzen entfaltenden regionalen Kräfte und Interessen zusammengenommen stets unvergleichlich stärker waren als jede zentrale Gewalt. Im Hinblick auf autonome regionale Kräftespiele läßt sich mehr als ein Dutzend (wohl 14) polit. Großlandschaften nennen (z. B. Franken, Brandenburg–Mecklenburg–Pommern, habsburg. Länder), die durch eine Führungsmacht oder einen Konflikt um die Hegemonie bezeichnet waren oder – seltener – als passive Gebilde gelten können. Im Hinblick auf die Durchsetzbarkeit des kgl. Willens kann man in absteigender Folge sechs Zonen unterscheiden: Kgl. Erbländer, die vier (zuletzt drei) königsnahen Landschaften (Franken, Schwaben, Mittelrhein, Saale-Mittelelbe-Raum), königsoffenen Landschaften (Oberrhein, innerer Niederrhein), die Territorien der Kfs.en, der rivalisierenden Großdynastie(n) und die königsfernen Bereiche (nördl. Drittel des Reiches und äußerer Südwesten). Es zeigt sich eine erst langsame, dann raschere Vergrößerung der Zahl der am Gesamtreich Interessierten. Vor 1300 waren es noch sehr wenige; erst von ungefähr 1470 an kann man wirklich von einer »horizontal«-ständisch anstatt einer eher »vertikal«-gefolgschaftsartig gegliederten polit. Gesellschaft sprechen. Dem entsprach ein allmählicher Zuwachs an anerkannten gewaltfreien Regeln und Abmachungen.

Während das Reich mühsam und unter großen Rückschlägen um die Mehrung staatl. Wesenszüge rang, wuchs der moderne Staat in den Territorien heran (→Landesherrschaft). Im 13. bis 16. Jh. ist hier das meiste geschehen, jedoch weder regional noch im Zeitablauf gleichmäßig. Denn die überall verschieden ausgefallene Bündelung von alten und neuen Rechten zur Landesherrschaft war bei weitem nicht nur ein jurist. Problem, sondern nicht weniger Sache aktiven oder gewalttätigen polit. und Verwaltungshandelns oder auch des Zufalls und Glücks. Viele Kleinere blieben unterwegs stecken oder unterlagen Größeren. Die Unterlegenen organisierten sich im Land mit Prälaten und Städten häufig zu Ständen, die dem Herrn gegenübertraten. So war die Binnengestaltung der Territorien ungleichmäßig, im Westen war vieles zersplitterter als im Osten. Der landesherrl. Hof war vielfach noch altertümlich-patriarchalisch. In die Zukunft wies vor allem die Lokalverwaltung, die am Ende das Territorium als aus flächenhaften Ämtern bestehend erscheinen ließ. Sie strebte zur Zusammenfassung der Abhängigen in einem nach außen abgeschirmten, relativ einheitlichen Untertanenverband, was dem Kgtm. im Gesamtreich nicht gelungen war.

Die Zusammenfassung mehrerer Territorien in der Hand der stärksten Herren schuf Territorienkomplexe. Der übermächtige Territorienkomplex hätte wohl die einzige Möglichkeit geboten, nach einem sicherlich erbitterten Konkurrenzkampf die Situation des Wahlkönigtums faktisch zu überwinden und eine mit der Zentralisierung Frankreichs vergleichbare Entwicklung einzuleiten. Dies war vermutlich in D. nicht prinzipiell unmöglich, ist jedoch durch verschiedene Einzelumstände verhindert worden. Dennoch war der Territorienkomplex sehr wesentlich. Er war die unentbehrliche Basis für die Großdynastien, die das Schicksal der Neuzeit entscheidend bestimmten.

[2] *Die »kleinen« Könige von Rudolf von Habsburg bis Heinrich VII. (1273–1313):* Die ersten Kg.e nach dem Interregnum waren positiv und negativ stark vom Erbe der Staufer geprägt. Diese boten das einzige verfügbare Vorbild und hinterließen eine ansehnliche Anhängerschaft, zugleich aber vererbten sie als Unterlegene ihren Nachfolgern eine sehr eingeengte polit. Situation. Daß die Sieger, der Papst und die geistl. Kfs.en, länger als ein Vierteljahrhundert eindeutig vorwalteten (abgeschwächt galt dies bis zur Mitte des 14. Jh.), charakterisiert als erstes das Zeitalter der »kleinen« Kg.e, der »reges Alamanniae«, wie man sonst nur in der Krise des Investiturstreits gesagt hatte. Zu deren weiteren Eigenschaften zählten ein kleiner Hof und eine schwach entwickelte Verwaltung und Schriftlichkeit, bes. im Vergleich zur zeitgenöss. Kurie und zum frz. Kgtm., und der Rückgriff auf stauf. Regierungskonzeptionen. Es war ein Grafenkönigtum aus königsnahen und königsoffenen Landschaften, das einer Sozialgruppe entstammte, die schon die Staufermacht wesentlich mitgetragen hatte. An Fs.en wandte man sich nur in Zwangslagen. Es konnte sich demgemäß noch kaum um »moderne« Kg.e mit ertragreichen Erbländern handeln. Man stützte sich vielmehr zuerst auf das bewahrte oder wiedergewonnene Krongut, das doch bald großenteils verpfändet werden mußte, um ein Mindestmaß an polit. Beweglichkeit zu gewinnen, und dessen Zerfall schon infolge der allmähl. Emanzipation der Königsstädte

zu Reichsstädten unaufhaltsam war. Auch das Interesse der Fs.en und Herren an der Festigung und Mehrung der eigenen Rechte konnte nicht beiseitegedrängt werden. Dieses alles war um 1300 ebenso im Fluß wie vielfach die Lebensregeln des neuen Wahlkönigtums insgesamt, ja die Wahl selbst war noch in Vollendung begriffen. Zw. 1278 und 1322 ersetzte das Schlachtfeld immer wieder das Verfassungshandeln. Alle Herrscher waren zu schwach oder zu wenig vom Glück begünstigt, als daß sie diese und weitere noch recht »weiche« Strukturen der »Offenen Verfassung« zu ihren Gunsten hätten formen können; häufiger trat das Gegenteil ein. Kurze Regierungszeiten ließen manches nicht zum Erfolg reifen. So war das Ringen um bloße Selbstbehauptung, nicht die Gestaltung des Ganzen der Daseinszweck des Kgtm.s in dieser fast gänzlich vorstaatlichen Periode. Kostbare Zeit ging verloren.

Ein entscheidender Faktor der Reichsverfassung war das Papsttum, das seinen monarch. Gipfel unter →Bonifatius VIII. erreichte, der in päpstl. Vollgewalt ksl. Würde und Rechte für sich geltend machte. Diese hatten ein Jahrhundert zuvor von der Prüfung und Bestätigung der Königswahl den Ausgang genommen und gipfelten im Anspruch auf Lehnsabhängigkeit und Gehorsam. Unterworfen haben sich nicht nur Rudolf, Adolf und Albrecht, sondern auch noch Karl IV. (1346). Trotz des auch beim Papsttum unvermeidlichen Auseinandertretens von Anspruch und Realität war diese eine auf dem Reich lastende Hypothek. Deren Minderung seit der Gefangennahme des Papstes in Anagni (1303) war anfangs kein Erfolg des Königtums, sondern Ergebnis der europ. Konstellation unter frz. Führung. Dieser »Zufall« begünstigte die dt. Zentralgewalt ebensosehr wie das ganze Reich der Verzicht der traditionsgefesselten Kurie auf die Abschaffung oder →Translation des Imperium zuungunsten der Deutschen, die wohl um 1300 zum einzigen Mal in der langen Geschichte des Reiches möglich gewesen wären. Aber der neue »vernünftige« Aristotelismus hatte keinen Erfolg. So lockerten sich zwar auch die Beziehungen zu den nachgeordneten Regna Italien und Burgund, nahmen aber noch wenig grundsätzl. Schaden. Ein gleiches galt endlich ungeachtet seiner Schwäche für die äußere Situation des Reiches. Feinde, die kein Erbarmen gezeigt hätten, wie zuletzt die →Mongolen (1241), erschienen nicht; ein christl. Kg., auch der mächtige Kg. v. Frankreich, konnte den christl. Nachbarn ohne rechten Anlaß nur geringfügig anfechten. Zur gleichen Zeit setzten sich im landesherrl.-dynast. Bereich Vorgänge fort oder bahnten sich neu an, die zur Ausdehnung des Reiches nach Osten führten.

Kg. →Rudolf v. Habsburg (1. Sept. 1273–15. Juli 1291), der die beschränkenden Faktoren der päpstl. Oberherrschaft und des Kfsm.s akzeptierte, hat dessenungeachtet einige ansehnliche Erfolge erzielt. Die zunächst wichtigsten waren Herstellung und Behauptung eines Konsenses zw. den Stauferfreunden und jenem neuen Status quo. So konnte man sich auf den bewährten Territorialherrn mittleren Ranges einigen, der staufernah, aber nicht kompromittiert gewesen ist. Zu wählen hatte der Papst befohlen und damit den kanon. Prozeß der Interregnumskönige Richard und Alfons de facto entschieden sowie die Siebenzahl der Kfs.en endgültig befestigt. Die Gf.en, v. a. der Bgf. →Friedrich III. v. →Nürnberg, wurden durch die soziale Nähe für Rudolf gewonnen. Die Häuser Pfalz und Sachsen und später auch Brandenburg, Görz-Tirol und Böhmen band er zeitweise oder dauernd durch Ehebündnisse der Töchter. Zukunftswirksam war die Niederwerfung des damals mächtigsten Reichsfürsten, des Přemyslidenkönigs →Ottokar II. v. Böhmen (1276, 1278). Diese Dynastie erlebte damit trotz ihrer Machtstellung und der zentralen Lage Böhmens den entscheidenden Rückschlag. Der Territorien- und Hegemonialkomplex zw. Adria und Ostsee zerfiel und gab damit Gelegenheit für den noch mehr angefochtenen Erwerb der Hzm.er →Österreich und →Steiermark zugunsten der Königssöhne (17.–21. Dez. 1278), zuletzt für Herzog Albrecht. Die Schlacht bei →Dürnkrut (26. Aug. 1278), die zum Tode Ottokars geführt hatte, erwies das überlegene taktische Handeln Rudolfs. Gescheitert ist Rudolf ungeachtet seines Verzichts auf die →Romagna beim Versuch, das Ksm. zu erlangen und damit die unmittelbare Sohnesfolge durchzusetzen. Weniger Zukunft, als er sich vorzustellen vermochte, besaß die eifrig betriebene Revindikation des Krongüts, das er in →Landvogteien zu organisieren begann, oder auch das Bestreben, in Thüringen festen Fuß zu fassen (Hoftag v. Erfurt 1289). Die Herrschaftsmittel dieses populären Kg.s, der bald als Friedensbringer historiographisch gefeiert wurde, waren vielfach noch sehr einfach. Seine Politik war regionale Politik, u. a. konzentriert auf den Oberrhein, wo er angesichts seines zersplitterten und städtearmen Hausguts auf die hauptstädt. Funktionen →Basels und v. a. →Straßburgs zurückgriff. Sein »Grabesritt« nach Speyer war ein letztes Bekenntnis zur Staufernähe.

Zum Nachfolger wählten nach längerem Zögern die Kfs.en v. a. im Kölner Interesse den standesgleichen →Adolf v. Nassau (5. Mai 1292–2. Juli 1298), den Herrn einer 1255 zweigeteilten mittelrhein. Gft. geringen Umfangs, gegen beträchtl. Zusagen aus dem Krongut. Zu Recht sieht man darin das beste Beispiel kfsl. Sonderziele und das stärkste Zurücktreten »gesamtstaatlichen« Interesses: Es ging darum, Albrecht v. Österreich zu umgehen. Adolfs Streben mußte darauf gerichtet sein, sich jener Bevormundung zu entziehen, jedoch bot die Hilfe mittelrhein. Standesgenossen oder auch der Kurpfalz, der alten Gegnerin von Kurmainz, oder die Aktivierung →Brabants gegen Kurköln bei weitem keine ausreichende Basis für das Kgtm. Noch deutlicher als unter Rudolf zeichnete sich ab, daß allerdings auch die geistl. Kfs.en zu schwach waren, um ihre Wahlposition durchzuhalten. Sie mußten die Meinung weltlicher Fürsten auch außerhalb der Wählergruppe beachten. Auf der anderen Seite gab es ungeachtet des Dynastienwechsels Konstanten der Königspolitik. Adolf gelang es gegenüber den krisengeschüttelten →Wettinern, →Thüringen (durch Kauf) und →Meißen (durch Lehnsrückfall) ans Reich zu ziehen. Dadurch freilich fühlten sich Kurmainz und Böhmen bedroht und suchten die Hilfe des ungeliebten Albrecht. Das Geld zum Erwerb der mitteldt. Position hatte Adolf großenteils als Bündnispartner Kg. →Eduards I. v. England erhalten, der mit →Philipp IV. dem Schönen v. Frankreich im Krieg lag (1294–97). Damit nahm Adolf – wie ein Zwerg zw. zwei Riesen – die niederrhein. (kurköln.) Position gegenüber der süddt. (stauf.-habsburg.) ein, die zu Frankreich neigte. Zum Eingreifen Adolfs in den Kampf kam es jedoch aufgrund verschiedener Umstände nicht; der Vorwurf, er habe sich auch von Frankreich bezahlen lassen und deshalb nicht gekämpft, ist unberechtigt. Weil die zu bewegenden polit. Massen klein waren, kam es sehr rasch zur Krise: Am 23. Juni 1298 setzten die Kfs.en (nur die Wittelsbacher waren wie üblich gespalten, und Trier hielt sich zurück), damit zu Rebellen und Eidbrechern geworden, Adolf ab und wählten Albrecht. In dieser Lage mußte die Entscheidung auf dem Schlachtfeld fallen. Bei →Göllheim (Pfalz), am 2. Juli 1298, verlor Adolf Krone und Leben.

Die Geschichte des ersten Fürstenkönigs des Spätmittelalters, →Albrechts I. (27. Juli 1298-1. Mai 1308), begann mit einer zweiten Königswahl. Die neue Ära war mit einer überaus schweren Hypothek belastet, der Papst hat Albrecht als Rebell, Thronräuber und Majestätsverbrecher bezeichnet. Kaum eine Regierungszeit des Zeitalters ist schwerer zu beurteilen, denn allzu dicht nebeneinander standen Tiefpunkt und Wende zum Besseren, und jäh abgebrochen wurden Entwicklungslinien, die das deutsche Schicksal in grundverschiedene Richtungen hätten reißen können: in ein hegemoniales Königtum frz. Zuschnitts ebensogut wie in einen endlosen »Bürgerkrieg« oder in die völlige Abhängigkeit vom Papst. Sehr rasch brachen die Gegensätze zw. den Wählern und dem neuen Kg. auf, zumal er sogleich den Kurswechsel zu Philipp dem Schönen vollzog (Begegnung von →Quatrevaux 6.-8. Dez. 1299). Bis 1302 waren alle vier rhein. Kfs.en von Albrecht besiegt oder ausmanövriert. Um sich zu rehabilitieren, war der Kg. zu jeder Konzession an den Papst bereit. Der triumphierende Bonifatius VIII. sah ihn schon als seinen eidlich verpflichteten Beamten und Lehnsmann und approbierte ihn in diesen Eigenschaften, da geschah der Überfall von Anagni (7. Sept. 1303), die Wende in der Geschichte des Papsttums, und entwertete die Unterwerfung. In umgekehrter Richtung als Ottokar wandte sich Albrecht kriegerisch gegen die böhm. Länder (1304) und sah sich außerordentl. vom Glück begünstigt, als die →Přemysliden zwei Jahre später im Mannesstamm erloschen. Zum zweiten Male sollte sich die so zukunftsreiche Verbindung beider Territorienkomplexe am Horizont. Albrechts Sohn Rudolf wurde Kg. v. Böhmen, starb aber noch im gleichen Jahr (1307). Wenige Wochen zuvor war ein kgl. Heer, das die mitteldt. Politik Rudolfs und Adolfs hatte erneuern sollen, den Wettinern bei →Lucka unterlegen. In den Vorbereitungen, die beide Rückschläge ausgleichen sollten, wurde Albrecht am 1. Mai 1308 an der Reuß von seinem Neffen →Johann ermordet, der sich in seinem Erbteil zurückgesetzt fühlte.

Als Konsequenz der Schwäche des »kleinen« Kgtm.s im Vergleich zur Macht des Kapetingers, dem jetzt auch das Papsttum gehorchte, schien nun endlich eine frz. Königswahl unvermeidlich zu sein. Aber gerade die Benachbarten wußten zu gut, daß dies das Ende kfsl. »Libertät« hätte bedeuten können. So entschied man sich für den Bruder des Ebf.s Balduin v. Trier, den Gf.en →Heinrich v. Luxemburg (27. Nov. 1308-24. Aug. 1313). Er war ein Herr von mittelmäßiger Macht und mit wenig Kontinuität zum Kgtm., der aber umso mehr auf die Traditionen des Ksm.s baute und sich in den Ansätzen seiner Verwaltung als westlich-»modern« erwies. Neben seinen Verwandten war es nach schwäb.-frk. und mittelrhein. Gefolgschaft jetzt eine dritte, linksrhein. roman. Gruppe von Gf.en und Herren, die das Kgtm. vor allem stützte. In welche Zwangslage Heinrich seine vielen Versprechungen an die rhein. Kfs.en gestürzt hätten, weiß man nicht. Denn Zeit genug, um jene zu erfüllen, war ihm nicht gegönnt. Jedoch kann man erkennen, daß der Schritt zur Kaiserpolitik ein Stück Liquidation von Königspolitik, zumal der mitteldt. Positionen der Vorgänger, mit sich brachte und insofern die Zäsur von 1314 (oder auch von 1346/47) vorwegnahm. Jedenfalls war die kurze Regierungszeit von zwei »irregulären« Ereignissen gekennzeichnet. Es war erstens die (in ihren weltgeschichtl. Folgen nicht absehbare) Bereitschaft, den kleinen Sohn →Johann einer böhm. Partei anzuvertrauen, die ihn zum Kg. machte (Belehnung mit Böhmen 31. Aug. 1310, Krönung in Prag 7. Febr. 1311). Zum zweiten zog Heinrich als erster nachstaufischer Kg. nach Italien (1310-13) und wurde ebenfalls als erster am 29. Juni 1312 in Rom zum Ks. gekrönt. Der Papst hatte hierfür Kardinäle entsandt. Heinrichs Italienpolitik hatte wenig Erfolg und führte zuletzt gegen das weit überlegene →Florenz in eine Sackgasse. Bald darauf ereilte den Kaiser unweit Siena der Fiebertod. Die letzten Manifeste, zumal gegen Kg. Robert v. Neapel, ließen in ihrer stauf. Sprache Anspruch und Wirklichkeit weit auseinandertreten; jedoch erlaubte sich der Ks., was kein Kg. gewagt hatte: er wies die Befehle des Papstes zurück.

[3] *Ludwig der Bayer und sein Verfassungskampf (1314-1347)*: Das Zeitalter →Ludwigs des Bayern und →Friedrichs (später: des Schönen) v. Österreich hat den Charakter einer Übergangszeit. Man tut Ludwig kaum Unrecht, wenn man ihn in seiner Papstpolitik und bes. angesichts seines Hofes den letzten Herrscher hochma. Stils nennt und damit in schon veralteter Weise reagieren und regieren sieht. So war der Einschnitt nach seinem Tode tief. Deutlich sind aber auch die Wesenszüge, die Ludwigs Ära vom vorausgegangenen Zeitalter unterscheiden: Erstmals traten jetzt die großen Dynastien als Rivalen auf; das Schwergewicht begann sich vom Rhein nach Osten zu verlagern; das Handeln gewann größere Dimensionen; man kann jetzt vom Fürstenkönigtum und von Hausmachtpolitik sprechen, die die Reichs(guts)politik im Sinne der Vorgänger und der Staufer als weniger gewichtig erscheinen ließen; Ludwig war ein moderner Territorialherr (Oberbayer. Landrecht 1346); →München kann neben dem →Wien Friedrichs als erste territoriale Königshauptstadt gelten; →Bayern war in einer Weise die Mitte der polit. Existenz Ludwigs, wie dies bisher von keinem Erbland seiner Vorgänger gesagt werden kann; aus dem Krongut emanzipierten sich die wirtschaftlich aufsteigenden Reichsstädte schon soweit, daß man von einer gewissen, wenn auch ungleichen Partnerschaft mit Kg. und Kfs.en sprechen kann; diese drei Kräfte konstituierten eine 2. Phase des spätma. Dualismus, den zuerst die Kfs.en gegenüber dem König allein getragen hatten; eine lange Regierungszeit ließ zuvor immer wieder Abgebrochenes, vor allem die Verfassungsfrage, der Klärung näherrücken.

Nachdem Johann v. Böhmen erfolglos geblieben war, wurde – nach einer Vakanz von mehr als einem Jahr – der Wittelsbacher Hzg. Ludwig v. Oberbayern als Kandidat der lux. Partei am 20. Sept. 1314 von fünf Kfs.en gewählt. Jedoch konnte durch diesen Wechsel eine Doppelwahl nicht abgewendet werden; denn schon tags zuvor hatten vier andere den Hzg. Friedrich v. Österreich gewählt. Weil die böhm. und die sächs. Stimme gespalten waren, kam jedesmal eine Mehrheit zustande. Korrekt im Sinne der späteren Goldenen Bulle war die Wahl Ludwigs. Die Kurie approbierte keinen der beiden, so daß kirchenrechtl. das Kgtm. vakant blieb und die Herrschaftsrechte durch →Devolution päpstl. wurden. Acht Jahre standen Ludwig und Friedrich gegeneinander, ohne daß einer von beiden ein entscheidendes Übergewicht gewann. Daß die Existenz des Reiches gleichwohl nicht auf dem Spiele stand, kennzeichnet dessen noch geringe polit. »Dichte«. Nur die geistl. Kfs.en sahen sich im »modernen« Rheinland zu einer Art Neutralitätsvertrag gedrängt (1318). Wesentlicher war jetzt und fortan die Dreierkonstellation Luxemburg-Habsburg-Wittelsbach, zu welcher gemäß der Ostverschiebung des innerdt. Kräftespiels (außer dem schon längst beteiligten frz. Kgtm.) künftig die Herrscher v. Ungarn und Polen aktiv oder passiv hinzunehmen waren. In diesem Fünfeck wurden auch die dt. Ostgrenzen des MA endgültig festgelegt, indem die přemyslid.-lux. Ansprüche auf die poln. Krone (→Polen) gegen den Lehnsbesitz →Schlesiens und eine beträchtl. Geldsumme abgetauscht wurden; das Hzm. →Breslau wurde unmittelbar luxemburgisch (Verträge v. Trentschin/Wissegrad 1335). Ludwig selbst nutzte die Königsposition wie gewohnt zum Erwerb freiwerdender Reichsländer und gewann insbes. die Mark→Brandenburg nach dem Aussterben der →Askanier (1320) für seinen gleichnamigen Sohn (1323). Er erbte Niederbayern (1340/41) und setzte sich durch seine 2. Gemahlin im Nordwesten fest (1345/46 →Holland, →Seeland, →Hennegau, →Friesland). Als Gottesurteil und als Ersatz für den fehlenden Verfassungsmechanismus entschied die Schlacht v. →Mühldorf am Inn (28. Sept. 1322) den Thronstreit zugunsten Ludwigs, Friedrich wurde gefangengenommen. Er starb 1330, nachdem er 1325 ohne viel Auswirkung zu Ludwigs Mitkönig gemacht worden war.

Dieser Teil des Verfassungskampfes betraf das Reich und seine Bewohner weitaus weniger als die wohl unvermeidliche Auseinandersetzung über den Anteil des Papsttums an der Reichsverfassung, den schwierigsten Teil des Staufererbes. Das erste »internationale« große Ereignis der spätma. Geschichte D.s entzündete sich wie manche seiner Vorläufer in Italien. Gemäß der geograph. Situation begann Ludwigs Italienpolitik praktisch erst nach Mühldorf. Er stieß dabei sogleich mit Papst Johannes XXII. zusammen, der während der »Vakanz« Italien kompromißlos für sich beansprucht hatte und beanspruchte. Am 8. Okt. 1323 wurde der kirchl. Prozeß wegen Amtsanmaßung und Begünstigung von Ketzern, d. h. der einheim. Papstfeinde in Italien, gegen Ludwig eröffnet. Eine Machtprobe weltgeschichtl. Ranges wurde Sache kirchl. Rechts, die »welt«umspannende geistliche und Geldmacht der Kurie stand gegen den »Bayern«. Ludwig appellierte verschiedentlich, u. a. an ein künftiges Konzil, und erkannte damit das Verfahren an. Es führte am 23. März 1324 zur Exkommunikation aus verfahrensrechtl. Gründen (Mißachtung des Gerichts, Ungehorsam), die Ludwig später bestritt, und am 11. Juli in der Sache zur Aberkennung der Königsrechte. Dazu traten gegenüber allen Anhängern Exkommunikation und Interdikt. Sie lähmten, sofern man ihnen gehorchte, das geistl. und öffentl. Leben. Nach Jahren leidenschaftl. Konflikte, zumal in vielen Städten, trat Abstumpfung ein. Der Bannstrahl traf sie in einer innenpolit. Situation, die keineswegs eindeutig zugunsten Ludwigs bereinigt war, ja gemäß der Reichsstruktur gar nicht so beschaffen sein konnte, und war daher eine gefährliche polit. Waffe. So fanden sich von 1322 bis 1330 Luxemburger und Habsburger gegen den Bayern zusammen – eine bedenkliche Lage, zumindest bis der aktive Hzg. →Leopold I. v. Österreich starb (1326). Ein Jahr später brach Ludwig nach Italien auf, während er vom Papst auch noch als Ketzer verurteilt wurde und durch einen Kreuzzug bekriegt werden sollte. Jenes hing auch mit dem Aufenthalt der antikurialen Theoretiker →Marsilius v. Padua und →Johannes v. Jandun am Königshof zusammen. In Rom ließ sich Ludwig 1328 zum Ks. krönen, zunächst in sehr problematischer Weise aus der Legitimation des Volkes von Rom, dann durch den Gegenpapst →Nikolaus V. Dessen Erhebung war die Absetzung →Johannes' XXII. vorausgegangen. Bald berieten Ludwig auch noch weitere Gebannte, darunter die Franziskaner→Michael v. Cesena und→Wilhelm v. Ockham. Der Gegenpapst und die Stadt Rom unterwarfen sich nach dem Abzug Ludwigs bald wieder Johannes XXII.

Auch nach der Rückkehr Ludwigs (1330) wechselten unter dem Eindruck des fortdauernden Interdikts die polit. Konstellationen mehrfach. Übermächtig war und blieb die Versuchung für die rivalisierenden Großdynastien, die Krise Ludwigs dem eigenen Interesse dienstbar zu machen; die schwierige Situation d. rhein. Ebm.er zw. Kurfürstenrang und Papstbezug erzwang eine ähnliche flexible Haltung. In beide Problemkreise mitgestaltend einbezogen war der wohl bedeutendste Staatsmann des Zeitalters, →Balduin v. Trier aus dem Hause Luxemburg, Onkel Johanns v. Böhmen und Großonkel von dessen Sohn Karl. Karl wurde in diesen Jahren in der lux. Italienpolitik eingesetzt (1331/33). Johann selbst ließ erkennen, daß er – der Kaisersohn – im Reich an führender Stelle mithandeln wolle. Ein Ausgleichsversuch von 1330, den alle drei Großdynastien mittrugen, wurde vom Papst zurückgewiesen. Auch alle späteren Bestrebungen scheiterten, selbst als Ludwig endlich einem kirchl. Absolutionsprozeß näherrat, an dessen Abschluß nur die Unterwerfung des bußfertigen Sünders stehen konnte. Aber zu diesem Abschluß kam es niemals. Zu heillos waren geistl., jurist., polit. und Verfassungselemente ineinander verwoben; manche, darunter zuerst der frz. Kg., hatten überhaupt kein Interesse an einer Lösung. Währenddessen kam es zu einer Allianz von Habsburg und Luxemburg gegenüber dem Erbe →Heinrichs v. Kärnten-Tirol; die Länder wurden aufgeteilt (1336), Ludwig ging leer aus. Am Beginn des→Hundertjährigen Krieges zwischen dem engl. und dem frz. Kg. (1337) stand der Bayer sogleich auf engl. Seite, ohne jedoch militärisch einzugreifen. Engl. Bündnisgeld floß damals ihm und ebenso nordwestl. Fs.en und Herren zu. I. J. 1338 reiste Kg. Eduard III. v. England persönlich an den Rhein.

Dieses Jahr brachte auch einen ersten Höhepunkt der Reichsverfassungsgeschichte des SpätMA mit sich. Nach dem Scheitern eines weiteren Vermittlungsversuchs von zehn Bf.en zw. Ks. und Avignon verteidigten die politisch eingezwängten Kfs.en ihre Rechte mit der Erklärung, daß ein einstimmig oder mehrheitlich gewählter Kg. der päpstl. Approbation nicht bedürfe, um rechtmäßig regieren zu können (→Rhenser Kurverein, 16. Juli 1338). Ludwig selbst erließ in Frankfurt das Kaisergesetz →»Licet iuris« (4. Aug.), in welchem er den Rhenser Text verschärfte. Der Gewählte sei und heiße auch Ks., dessen Würde unmittelbar von Gott stamme; der Papst vollziehe die Krönung und jedes Prüfungsrecht. In seinem Mandat →»Fidem catholicam« (publiziert am 6. Aug.) bezeugte Ludwig seinen rechten Glauben und die Rechtmäßigkeit seines König- und Kaisertums. Er erklärte die päpstl. Prozesse als nichtig und verbot, das Interdikt zu beachten. Damals und später (so 1344) sahen auch Kfs.en und Reichsstädte das Papsttum, wenn es Approbation, Lehnshoheit, Absetzungsrecht und Vikariat beanspruchte, als Schädiger ihrer jeweiligen Rechte an, die sie – wie der Herrscher längst die seinigen – jetzt auch als Rechte des Reiches auffaßten. Daran, daß sich alle jene je für sich herausgefordert sahen und ein Gemeinsames darin erkannten, sollte am Ende das Papsttum scheitern. Dieser zukunftsreiche Tatbestand löste indessen die akuten Probleme Ludwigs nicht. Er ging 1341 auf die frz. Seite über, um dadurch vielleicht doch noch den Ausgleich mit Avignon zu finden. Diese Wendung vermochte er aber vielen Anhängern nicht verständlich zu machen und verlor damit an Glaubwürdigkeit. Schlimmer noch verschätzte er sich ein Jahr später, als er handstreichartig →Tirol an sich riß: Durch die sehr problemat. Nichtigkeitserklärung der Ehe der Tiroler Erbin →Margarete mit dem Bruder Karls v. Luxemburg öffnete er den Weg für deren Heirat mit einem eigenen Sohn. Jetzt wurden die Luxemburger zu Todfeinden, auch Balduin v. Trier fiel ab und versöhnte sich mit dem Papst. Dieser gewann damit erstmals dauerhaft eine

Großdynastie für sich, die nun auch zielbewußt nach der Krone strebte. Die Rivalität Wittelsbach-Luxemburg kennzeichnete die letzten Jahre des Bayern. Am 11. Okt. 1347 starb Ludwig unbesiegt, aber auch ohne Hoffnung darauf, aus der Sackgasse finden zu können. Der fünfviertel Jahre zuvor gewählte Gegenkönig Karl v. Mähren eröffnete ein neues Zeitalter.

[4] *Karl IV. und die Anfänge Wenzels (1346/47–1385/1400):* Karl IV. führte unter Liquidation älterer Tatbestände eine neuartige zweite Konzeption der Königsherrschaft im spätma. Reich herauf, das hegemoniale Kgtm. Die Erfolge waren nicht gering: Erstmals gab es eine große geschlossene, noch ständig wachsende Hausmacht mitten im Reich; die Kfs.en besaß von einem übermächtigen Kgtm. vereinzelt, das zuletzt drei von sieben Wählerstimmen selbst besaß und tatsächl. erstmals seit der Stauferzeit die Sohnesnachfolge durchsetzte; die Ansätze zum »horizontalen« Ständewesen im Reich fielen fast gänzlich zugunsten »vertikaler« Gefolgschaftsstrukturen fort; die Ordnung der Reichsverfassung wurde entschieden fortgesetzt und auf einen zweiten Höhepunkt geführt; der Herrscherhof war das einzige große Zentrum polit. Lebens im Reich und machte ansehnliche organisator. Fortschritte; statt eines Konflikts bestanden ein Bündnis oder ein modus vivendi mit dem Papst (und mit dem frz. Kg.), so daß das Zeitalter der kurialen Oberherrschaft ohne viel Aufhebens zu Ende ging; der Kg.-Ks. war erstmals seit hundert Jahren wieder diesen seinen Hauptpartnern gewachsen und eine oder gar die erste Respektsperson des christl. Europa. Gleichwohl ist das hegemoniale Kgtm. gescheitert. Es scheiterte zuerst an der Krise Kg. →Wenzels als Herrscher v. →Böhmen und damit an einer von Anfang an bestehenden schweren Hypothek: Kernland des Reiches sollte ein Territorium werden, das nach seiner hergebrachten polit. (Adels-)Struktur der eigenen Zentralgewalt nach Kräften widerstrebte und ihr nur zeitweise untergeordnet werden konnte und das sich auch seiner mehrheitl. Anderssprachigkeit langsam bewußt wurde.

Das Scheitern des hegemonialen Kgtm.s wird bedauern, wer eine ungefähr dem Erfolg der frz. Monarchie parallelisierbare Entwicklung für wünschenswert und wer die Modernisierung der Staatlichkeit des Reichsganzen für richtig hält. Hierzu hätte die siegreiche Großdynastie dem lux. Territorienkomplex weitere wesentl. Teile des Reiches angliedern oder sie überherrschen müssen, um schließlich die »Libertät« der Fürsten zunichte zu machen. Ein hegemoniales Kgtm. hätte die Ansätze Karls IV. längere Zeit kontinuierlich und ungestört fortentwickeln müssen. Dies ist nicht eingetreten. Vielleicht war angesichts des Umfangs und der älteren Verfassungsgeschichte des Reiches ohnehin keine andere als eine dualistische, d. h. auf einem allgemeinen (Minimal-)Konsens statt auf zentraler Machtpolitik beruhende Lösung möglich, wie sie dann ein Jahrhundert später recht mühsam und unvollkommen verwirklicht wurde.

Die wichtigsten Wahlhelfer Karls IV. waren Papst →Clemens VI., Kfs. Balduin v. Trier und (wenigstens zeitweise) Kg. Johann v. Böhmen. So wurde Karl mit fünf Stimmen am 11. Juli 1346 in Rhens gewählt. Er hatte sich zuvor in gewohnter Weise der päpstl. Rechtsanschauung unterworfen. Jedoch war dieses im Detail für das engere dt. Regnum nicht so formuliert worden, daß Karl der Rhenser Erklärung von 1338 direkt widersprochen hätte. Allerdings ließ er sich vor der rasch erteilten päpstl. Approbation nicht krönen und vermied auch den Königstitel. So erschien er öffentl. Meinung als päpstl. Kg., der noch dazu vom Unglück verfolgt wurde. In der engl.-frz. Schlacht v. →Crécy (26. Aug. 1346) fiel Kg. Johann auf seiten des unterlegenen Philipp VI. v. Frankreich, Karl entkam. Er scheiterte im Frühjahr 1347 bei dem Versuch, Tirol zu erobern. Erst der Tod Ludwigs machte den Weg frei. Verhältnismäßig schnell gewann Karl die Anerkennung der Städte. Vergeblich erhob die Wittelsbacher Partei 1348 →Eduard III. v. England, ein Vierteljahr später zog dieser ein Bündnis mit Karl vor. Rasch erkannte der Habsburger den neuen Kg. an und ließ sich belehnen. Ein falscher askan. Mgf. →Woldemar v. Brandenburg trat in der Mark gegen den Wittelsbacher Ludwig auf und wurde von Karl belehnt. Nur noch eine Karikatur alten Glanzes war das Gegenkönigtum Gf. →Günthers v. Schwarzburg (30. Jan.-24. Mai 1349), das Karl schnell mattsetzte: Er spaltete die Wittelsbacher, indem er die einzige Tochter des Pfalzgrafen ehelichte. Es war damals die Zeit des »Schwarzen Todes« (→Pest), der viele Landschaften des Reiches heimsuchte, Böhmen jedoch zumeist verschonte. Die fiskal. Nutzung der damaligen →Judenverfolgungen in der einen oder anderen Reichsstadt (Nürnberg) wirft tiefen Schatten auf Karls Person. Seine Herrschaft war indessen so gefestigt, daß er 1350 einen Ausgleich mit den Wittelsbachern auch gegen den Willen des Papstes vornahm. Auch eine schwere Krankheit, die ihn längere Zeit an Böhmen fesselte, beeinträchtigte seine Stellung kaum mehr.

Im Zeitalter Karls spielte die kgl. Hausmacht eine größere Rolle denn je. Die aus ihrer Binnengliederung erwachsenden Probleme gewannen polit. Gewicht. Innerhalb des großen Territorienkomplexes erwies sich nicht eigentlich Böhmen, sondern die böhm. Krondomäne mit der Prager Kirche als die Mitte; das hochadlige →Böhmen verharrte passiv oder in Resistenz. Bedeutende Organisationsleistungen Karls bezogen sich auf die kgl. Prager Städte (→Prag), bes. auf die Gründung der Neustadt und der Universität als erster im Reich nördl. der Alpen (beide 1348). Eine Neuordnung Gesamtböhmens im herrscherl. Sinne, in deren Dienst eine große Rechtskodifikation (→»Maiestas Carolina«) stehen sollte, scheiterte (1355). Gleichwohl war Karl einer der größten inneren Kg.e Böhmens. Nach außen v. a. erschien die ost-luxemburg. Hausmacht als eindrucksvoller Komplex, sie bildete die erste Station des dt. Geschichte fortan prägenden neuen Dualismus zw. herrscherl. Erbländern und übrigem Reich. Karl gelangen bedeutende Neuerwerbungen. Sie begannen in westlicher Richtung im Bereich der späteren →Oberpfalz (Mitgift der Pfälzer Gemahlin) mit ihren ertragreichen Bergbau- und Hüttenbetrieben, zuletzt bis vor die Tore →Nürnbergs, und setzten sich – immer stärker vereinzelt – in Richtung auf Donau und Mittelrhein fort. Die Ausdehnung nach Norden brachte die Wettiner in Bedrängnis, zog das dortige Wittelsbacher Gut (s. u.) an sich und vollendete den Erwerb →Schlesiens (1368). Gleichzeitig vollzog sich die Liquidation der mühsamen Anstrengungen der »kleinen« Kg.e um das Krongut durch ungeheure Verpfändungen und durch die Entwertung der →Landvogteien. Es war eine neue, nichtstaufische, großdynastische Perspektive, unter welcher Karl das Reich betrachtete.

Der erste Italienzug (1354-55) erbrachte die Krönung zum Kg. v. Italien in Mailand und die Kaiserkrönung (5. April 1355). Das Unternehmen vollzog sich nach den Bedingungen des Papstes ohne viel polit.-militär. Eingreifen in den Status quo; wichtiger war die fiskal. Nutzung und am wesentlichsten der Erwerb des seit der Stauferzeit ersten unbestrittenen Ksm.s, dessen Autorität in Deutschland und Europa langfristig zur Geltung gebracht werden konnte. Bald nach der Rückkehr aus Italien ereignete sich demgemäß der zweite Höhepunkt der spätma. Verfassungsgesch., die →Goldene Bulle (Hoftage in Nürnberg und Metz, zum 10. Jan. und 25. Juli 1356). Die Bulle regelte abschließend das wichtigste Problem alteurop. Gemeinwesen, die Nachfolgefrage, im Zusammenwirken mit den Kfs.en, aber ohne Papst und ohne rivalisierende Großdynastien. Die bisherigen Zweifelsfälle bei den weltl. Kurstimmen wurden zugunsten von Sachsen-Wittenberg und Wittelsbach-Pfalz entschieden, der Wahlvorgang wurde bis ins Detail durchgeformt. Die Wähler erhielten eine Reihe von Vorrechten, deren umfangreichste sich Karl selbst als Kg. v. Böhmen zusprach. Das meiste war inhaltlich nicht neu, jedoch schufen Zusammenfassung und Abklärung wesentliches Neues und Stabilisierendes; es entstand auch ein Dokument des kommenden institutionalisierten Dualismus. Die brennenden Approbations- und Vikariatsfragen wurden nicht aus der Welt geschafft, jedoch stillschweigend zuungunsten des Papstes vorentschieden. Denn der neue Kg. wurde sogleich nach der Wahl zu Regierungshandlungen zugunsten der Kfs.en verpflichtet, und die Verweserschaft wurde Pfalz und Sachsen zugesprochen. Habsburger und Welfen fühlten sich verständlicherweise ausgeschlossen; jene antworteten mit der Fälschung des →Privilegium maius (1358/59), die ein Jahrhundert später geschichtswirksam wurde. Ein ständisches Interesse der Fs.en insgesamt am Gesamtreich war noch kaum entwickelt, nur die kleine Zahl der Kfs.en war ganz allmählich zu wachsendem Zusammenhalt fähig. Im ganzen handelte es sich um eine erfolgreiche, wenn auch wie üblich eigennützige Vorsorge, die die Funktionsfähigkeit des Reiches auch in krisenreicher Zukunft sichern half.

Die Stabilisierung der Herrschermacht wirkte sich auch gegenüber dem geschwächten frz. Kgtm. aus, durchgreifend freilich nur während der kurzen Zeit, als Karl selbst im Westen weilte (bes. Hoftag v. Metz, 1356). Später ließ er sich zum Kg. v. Burgund krönen (Arles, 4. Juni 1365). Vier Jahre zuvor hatte er die Gft.en →Savoyen und →Genf ans engere röm.-dt. Regnum gebunden, nachdem 1348 →Avignon zugunsten des Papstes aus dem Lehnsbezug entlassen worden war. Wesentlich wichtiger war die dynast. Politik, zunächst von der ost-luxemburg. Basis aus. Sie wirkte sich beiderseits der Reichsgrenze aus. I. J. 1364 kam es zu einem (1437 wirksam gewordenen) Erbvertrag mit den Habsburgern. Im gleichen Jahr wurde die Niederlausitz (→Lausitz) eingelöst und 1367 gekauft. Das Kurland →Brandenburg rückte von 1361 bis 1373 in den lux. Bereich hinein. Auch im königsfernen Ostseeraum versuchte Karl IV. – nahezu als einziger spätma. dt. Kg. –, eine polit. Präsenz des Kgtm.s zu schaffen, indem er in Verbindungen zu der aus dem Konflikt mit →Dänemark gestärkt hervorgegangenen →Hanse anknüpfte (Aufenthalt in →Lübeck 1375). Die biolog. Krise der seit 1370 Ungarn und Polen vereinigenden Monarchie schien ein altes Přemyslidenziel, den Erwerb →Polens, näherzubringen: 1373 wurde die zweitälteste Tochter des söhnelosen →Ludwig v. Ungarn-Polen, →Maria, mit dem Kaisersohn Siegmund (Sigismund) verlobt. Im Westen war Karls Halbbruder →Wenzel, seit 1354 Hzg. v. Luxemburg, die Stütze der Dynastie. I. J. 1366 wurde er zum Ksl. →Vikar erhoben. Ihm wandte Karl mancherlei Krongut zu, auch gewann Wenzel durch Heirat Regierungsrechte in Brabant-Limburg. Die Gegner, im Süden Kurpfalz und im Norden niederrhein. Fs.en, waren jedoch stärker: 1371 unterlag Wenzel bei Baesweiler dem Hzg. v. Jülich und wurde gefangengenommen, was zum fast vollständigen Zusammenbruch des Hegemoniestrebens führte. Ein Jahr später liquidierte der Ks. die Situation.

Den Städten stand Karl politisch nicht so nahe wie Ludwig, was sich v. a. in finanziellen Sonderbelastungen äußerte, besonders anläßlich des endgültigen Erwerbs Brandenburgs 1373 – dies war ein typisches Merkmal der neuen Königskonzeption zu Lasten des alten Krongutes. Nur →Nürnberg gewann Vorteile; es wurde wie schon unter dem Vorgänger zu einer reichsstädt. ksl. »Hauptstadt« und damit jetzt zu einem Gegenüber von Prag, ja mit diesem das Hauptstück einer das Reich durchquerenden herrscherlichen »Mittelachse« von Frankfurt am Main bis Breslau. Am stärksten belastet wurden die schwäb. Städte, die wohl auch als erste ein Reichsbewußtsein gegen den Herrscher zu kehren wagten und damit die ersten wirklichen →Reichsstädte waren. Am 4. Juli 1376 kam es zum →Schwäb. Städtebund unter der Führung →Ulms, das ein ksl. Heer vergebens belagerte. Das fiskal. Hauptproblem war damals der Stimmenkauf für die Königswahl Wenzels, die am 10. Juni 1376 einstimmig vollzogen wurde, zum ersten Male unter der Stauferzeit zu Lebzeiten des Vaters. Wahl und sogleich darauffolgende Krönung waren bedeutende Erfolge gegen die Lebensinteressen aller größeren Mitspieler im Reich, des Papstes, der Kfs.en und der rivalisierenden Dynastien. Der Widerstand der Kurie gegen die Verletzung des Kirchenrechts blieb trotz entgegenkommender Manipulationen Karls bestehen, so daß es nicht absehbar ist, was ohne die kommende schwere Schismakrise geschehen wäre.

Die neue Stellung des Ks.s im »Weltgeschehen«, ohne Beispiel seit den Staufern, die solche Erfolge möglich gemacht hatte, zeigte sich auch beim zweiten Italienzug (1368/69), als Urban V. vorübergehend (1367–70) nach Rom zurückgekehrt war, und auf dem Frankreichbesuch Karls 1377–78. Der schwer Leidende suchte in Paris nicht nur die Stätte seiner Jugenderziehung (1323–30) auf, sondern wollte offenbar in Geheimverhandlungen das Erbe der Dynastie bestellen. So grundverschieden »moderner« Königsstaat und alte Kaiserherrlichkeit sein mochten – auch diese war »machtpolitisch« nicht wertlos; denn Kg. Karl V. suchte sorgfältig jeden Anlaß auszuschließen, an welchem ksl. »Weltherrschaft« auf seinem Boden hätte zum Ausdruck kommen können. Wahrscheinl. sprach man über die neue Zuordnung Ungarns und Polens. Wohl angesichts dieser entschloß sich Karl zur Übertragung des ksl. Vikariats in (Rest-)Burgund an den frz. Thronfolger, Karl (VI.), auf dessen Lebenszeit († 1422).

Papst →Gregor XI., der Anfang 1377 nach Rom zurückgekehrt war, verstarb schon am 27. März 1378. Die Neuwahl zugunsten →Urbans VI. (8. April) wurde von der frz. Kardinalsmehrheit bald als ungültig erklärt. Am 20. Sept. wurde Clemens VII. erhoben, der sich in Avignon niederließ. Urban blieb in Rom. Die Kirche war gespalten. Daß beide Päpste Wenzel approbierten oder dies zusagten, war ein geringes angesichts des gewaltigen Schadens des Schismas (→Abendländ. Schisma) für Kirche und christl. Welt. »Säkularisierung« und Emanzipierung der polit. Welt in Reich und Territorien machten von nun an entscheidende Fortschritte, das 15. Jh. beurteilte das Papsttum ganz anders als die Vorgänger. In diesen entscheidungsreichen Monaten starb Karl IV. am 29. Nov. 1378. Testamentar. hatte er entgegen der hergebrachten väterlichen Sorgepflicht die Söhne aus »Staatsräson« sehr ungleich behandelt; der röm.-dt. und böhm. Kg. →Wenzel erhielt den weitaus größten Teil des Erbes, Siegmund, für den man auf Polen hoffte, nur die Mark Brandenburg.

Wenzels Regierungsbeginn stand unter schwierigen Bedingungen. Das Reich konnte zwar im wesentl. auf seiten des röm. Papstes gehalten werden, insbes. nach dem Tode des klementist. Hzg.s → Leopold III. v. Österreich in der Schlacht bei → Sempach (1386). Jedoch zwang die Situation zu einem engeren Zusammengehen mit den rhein. Kfs.en (Urbansbund 1379), als es dem Abstand dieser Kräfte zum Herrscher unter Karl IV. entsprochen hätte. Verhandlungen mit Clemens und mit Frankreich, die im Königstreffen von Reims gipfelten (1398), brachten erwartungsgemäß keinen Ertrag. Das Schisma war mit den herkömmlichen Mitteln nicht zu beseitigen. Kaum weniger Sorgen bereiteten langfristige Entwicklungen, die der alte Ks. gerade noch hintangehalten hatte: die weitere Verselbständigung der Interessen der Reichsstädte oder gar der Ritter und das diese beiden Gruppen bedrohende ausgreifende Handeln der Fürsten nach eigener, landesstaatl. Räson. Dies wirkte sich in einem immer fehdereicheren Gegeneinander aus, so daß ein zentraler Landfriede höchste Dringlichkeit gewann. Jedoch erschienen dessen Eingriffe gegenüber dem sich verdichtenden Territorialgefüge und dem Hegemoniestreben der Fs.en als immer weniger zeitgemäß. Ebensosehr scheuten die Städte vor solchen Landfrieden zurück, die sie den Fs.en auszuliefern schienen. Daher gab es zwar nicht unbedeutende Erfolge Wenzels in der Friedenspolitik, mit dem Höhepunkt des sechsjährigen allgemeinen → Landfriedens v. Eger (1389), aber diese blieben ohne viel Zukunft. Auch die Städte hatten sich immer fester organisiert. I. J. 1381 vereinigten sich der Schwäb. und der Rhein. Städtebund, drei Jahre später entstand der (Nieder)sächsische Städtebund (→ Städtebünde). Ein Alarmzeichen war der gleichzeitige Beitritt des königsnahen, »hauptstädtischen« →Nürnberg zum Schwäb. Städtebund. Der Erste → Städtekrieg (1388/89) in Süddeutschland zeigte, daß die Fs.en stärker waren als die Städte, und zwang diese, sich unter Verzicht auf ihre Bünde dem Landfrieden zu unterwerfen. Die Lage der Dynastie verschlechterte sich währenddessen im Westen, während nach dem Erbfall von 1382 sich Siegmund zwar in →Ungarn (1387), nicht jedoch in →Polen durchsetzte. Hier führte eine starke antiungarische Gruppierung des poln. Adels gegen die Ansprüche Siegmunds und seiner Gattin Maria die Krönung von deren jüngerer Schwester →Hedwig herbei (1384), die zur Vermählung mit dem Gfs. v. →Litauen, Jagiełło, veranlaßt wurde; die im Zusammenhang hiermit geschlossene Union mit Litauen veränderte das Kräfteverhältnis im östl. Mitteleuropa tiefgreifend (s. a. →Jagiellonen, →Dt. Orden). Siegmund erwies sich als unzuverlässiger Partner Wenzels. Einen Romzug konnte dieser trotz mehrfach diskutierter Pläne nicht wagen.

Dies verursachte v. a. die bes. schwierige Lage in Böhmen. Hier brach die entscheidende Krise aus, die zw. 1384/85 und 1394/97 das karolinische System zerrüttete und den König auf die Krondomäne zurückdrängte. Im Land ergriff eine Hochadelsfronde im Bündnis mit →Jobst v. Mähren, unumsichtiger Haltung Siegmunds, die Macht. Die Rebellion gipfelte in der Gefangennahme des Kg.s (8. Mai–1. Aug. 1394), sein Hof formte sich damals zugunsten niederadliger Domänenbeamter um und verlor das Integrationsvermögen gegenüber dem Reichsadel. Solche »Entfeudalisierung« war eine Scheinmodernisierung, in Wirklichkeit das Zeichen irreparablen Machtverfalls. So blieb Wenzel auch von 1388 bis 1396 dem Binnenreich fern. Jobst erwarb währenddessen Brandenburg (1388 bzw. 1397), und Siegmund wurde Wenzels Vikar im

Reich (1396), sah sich aber durch die schwere Niederlage von →Nikopolis (25. Sept. 1396) gegen die Türken gelähmt.

Die rhein. Kfs.en, die 1394 unter der Führung der Kurpfalz loyal zu Wenzel gestanden hatten, traten von 1396/97 an in eine sich rasch verschärfende Opposition ein, die bald auf ein rhein.-wittelsbach. Gegenkönigtum abzielte. Auf Königslosen Tagen gewannen sie trotz offenkundig unrechtmäßigen Handelns wachsenden Anhang im Westen des Reiches. Was man von Wenzel forderte, war großenteils unerfüllbar und sollte unerfüllbar sein. I. J. 1400 schritt man zur Tat.

II. VOM MACHTVERFALL DES KÖNIGTUMS ZUM INSTITUTIONALISIERTEN DUALISMUS (1385/1400 – CA. 1520): [1] *Allgemeines:* Der zweite Abschnitt der Geschichte des dt. SpätMA zerfällt in zwei Hauptteile entlang einer Grenzlinie mitten in der Regierungszeit Friedrichs III., ungefähr um 1470. Damals setzte das Zeitalter der »Verdichtung« ein, das in Gestalt des institutionalisierten Dualismus die Reichsverfassung für die Zukunft bestimmte. Die Zusammenarbeit des Ks.s und fortan ständisch organisierter Kräfte führte ungeachtet aller Einzelkonflikte dahin, daß sich die staatl. Wesenszüge des Reiches mehrten und sich künftigen bedrohlichen Situationen gewachsen zeigte, jedoch nicht zum Machtstaat modernisiert wurde. Das Zeitalter zuvor kann man als eine Doppelperiode zunächst großer Schwäche des Kgtm.s und dann der aufgeschobenen und unzureichenden Entscheidungen charakterisieren. Neuartigen Herausforderungen wurden zwar nach 1410/19 erste neuartige Antworten erteilt, die aber unvollständig blieben und keine Dauer aufwiesen. Zugleich mußte wohl ausgetragen werden, was sich schon vor 1400 abzeichnete: die Neuordnung des regionalen Kräftespiels durch zahllose Fehden und Kriege. Sie entschieden darüber, daß am Ende nur eine Auslese der Mächtigsten selbständige Bewegungsfreiheit bewahrte. Die Kleineren, auch die Städte, verloren beträchtl. an Bedeutung. Während die polit. Geschichte unübersichtlicher zu sein schien denn je, bereiteten sich diejenigen sozialen, geistigen, wirtschaftl. und techn. Basisprozesse vor, die nach 1470 maßgeblich zur Verdichtung mit beitrugen: z. B. die kräftige Vergrößerung der Anzahl der am polit. Geschäft im Gesamtreich beteiligten Personen, die Vermehrung und Einübung der polit. Begegnungen, das Wachstum der Kommunikation und des Bewußtseins nationaler Gemeinsamkeit.

[2] *Die Schwäche Wenzels und Ruprechts (1385/1400–1410/1419):* Am 21. Aug. 1400 wurde Pfgf. →Ruprecht III. mit den vier rhein. Stimmen zum König gewählt; anwesend war fast allein der Anhang der Kfs.en. Man versuchte, die Unrechtstat durch gelehrte Juristen zu rechtfertigen. Daß erstmals in der dt. Geschichte aus diesem Anlaß solche Dienste beansprucht wurden, anstatt auf die Waffen zu vertrauen, war charakterist. für das neue Kgtm., aber auch für das neue Jahrhundert. Ruprecht war ungeachtet der angesehenen Stellung seiner Landesherrschaft in Pfalz und Oberpfalz viel zu gering ausgestattet, um in der Art der Vorgänger im Königsamt auftreten zu können. Er war von den Wählern, zumindest von deren Wortführer, Kurmainz, abhängig wie einst ein »kleiner« König. Seine Regierung kann als unzeitgemäß gewordene »Reaktion« verstanden werden und ist dementsprechend gescheitert. So wird man urteilen, obwohl sein Jahrzehnt nicht in einer Katastrophe ausklang, wovor ihn vielleicht der Tod bewahrte.

Wenzel geriet währenddessen in Böhmen immer stärker ins »Abseits«, wiewohl er weiterhin Königsrang und

Königsrolle beanspruchte. Aber sein reichsbezogenes Substrat schmolz rasch hinweg. Nirgends zeigt sich deutlicher als bei ihm, daß kgl. Herrschaft ein Dialog mit den Beherrschten war: So schwand das Hofgericht dahin, weil nichts mehr zu richten und daher auch für das Personal nichts mehr zu verdienen war; Rat und Kanzlei reduzierten sich demgemäß auf binnenterritoriale Maßstäbe, ja solche der Krondomäne. In den Jahren 1402/03 geriet Wenzel wieder in Gefangenschaft, wurde an Österreich ausgeliefert und mußte nach seiner Flucht und Rückkehr gänzlich vor dem Hochadel kapitulieren. Weil er kinderlos blieb, richteten sich die Blicke immer wieder auf seine Verwandten Jobst v. Mähren-Brandenburg und Siegmund v. Ungarn. I. J. 1410 übergingen ihn die beiden bei ihren Thronambitionen. Religiös-politisch-soziale Auseinandersetzungen in Prag und Böhmen, nicht ohne Zusammenhang mit Gegensätzen zw. Tschechen und Deutschen, erschwerten seine Lage immer mehr. Johannes →Hus und seine Freunde traten gegen die Mißstände der Amtskirche und für ein bibl. Christentum ein. I. J. 1412 verließ der gebannte Hus Prag und begab sich in adligen Schutz. Der Rest des Respektes, der Wenzel verblieb, wird dadurch markiert, daß trotz aller wachsenden Krisenregungen der offene Ausbruch der hussit. Bewegung beinahe bis zu seinem Tode (16. Aug. 1419) hintangehalten wurde.

Zu einem Kampf der beiden Kg.e auf Leben und Tod kam es nicht, außer daß Ruprechts Heer die lux. Oberpfalz eroberte; denn eine Auseinandersetzung um das Krongut war nicht mehr zeitgemäß, die Hegemonialbereiche berührten sich kaum, und die Rechtgläubigkeit Wenzels wurde nicht bezweifelt. Im Westen, Nordwesten und Süden wurde Ruprecht zunehmend anerkannt. Er, der zunächst noch nicht einmal vom Schismapapst approbiert wurde, trat die »Flucht nach vorn« an. Mit seinem Italienzug (1401/02) bietet er ein markantes Beispiel für das im dt. MA und darüber hinaus unverkennbare Maß von Mißachtung konkreter Umstände, das so oft dem anderwärts »vernünftigen« Handeln der Herrscher beigemengt war. Denn sein Hauptfeind, der von Wenzel zum Hzg. v. →Mailand erhobene Giangaleazzo →Visconti, war ihm im eigenen Land um ein Vielfaches überlegen. Der Italienzug war überhaupt nur denkbar, weil Florentiner und Nürnberger Großfirmen ihn vorfinanzierten. Ruprecht kam kaum weiter als bis nach Brescia (Gefecht vom 21. Okt. 1401). Weitere Operationen verhinderte der Geldmangel, so daß ohne wirkliche Kraftprobe im Frühjahr der Rückzug angetreten wurde. Nach der Heimkehr sah sich Ruprecht unmittelbar dem Kernproblem seiner Regierung gegenüber, dem territorialen Gegensatz von Kurpfalz und Kurmainz. Es war eine der Konstanten der spätma. Reichspolitik, mit der jedermann rechnete, ausgenommen zunächst Ruprecht. Keine der ungefähr gleichstarken Kräfte konnte die andere zu überwinden hoffen. Aber die Mainzer Opposition drohte den Kg. zu lähmen. Denn die traditionell aggressiv-erfolgreiche Pfälzer Landesherrschaft, die auch unter der Krone weiter ausgebaut wurde, und die Notwendigkeit, den engen Anerkennungsbereich stark zu belasten, hinterließen ringsum einen Kreis potentieller Feinde. Kurmainz sammelte diese im →Marbacher Bund (1405). Dessen Zergliederung nahm Ruprecht nicht ohne Erfolg in Angriff, er verlor sich jedoch damit in jene bloße Selbstbehauptung des Königtums, die angesichts der Erwartungen und Aufgaben längst unzeitgemäß war. Die Approbation (1403) band ihn fest an den röm. Papst und machte vorsichtige Versuche, im Kontakt mit Frankreich mehr Spielraum zu gewinnen, zunichte – ganz abgesehen davon, daß sie ihn hinter die vor 1400 bereits erreichten de facto-Positionen im Gegenüber von Papst und König zurückfallen ließ. So vollzog sich der Übergang vom Papst- zum Konzilienzeitalter ohne Beteiligung von Ruprecht oder auch Wenzel. Die Kard. der beiden Päpste einigten sich – gestützt auf die sich verbreitende Konziliarismus-Debatte der Theologen und Kanonisten – auf die Einberufung eines Konzils nach →Pisa (1409). Ruprecht lehnte dieses Konzil ab, auch weil er die Kard. nicht zu Unrecht als frankreichhörig ansah; die frz. Politik bedrohte inzwischen tatsächl. den Westen des Reiches. Seine Gegner aus dem Nahbereich jedoch, voran Kurmainz, aber auch Wenzel, schlossen sich Pisa an. Sie brachten Ruprecht damit in eine fast hoffnungslose Lage, da ihm nur noch die schärfsten Gegner des Erzbischofs treu blieben. Das Konzil wählte einen neuen Papst, der sich mit Erfolg eine eigene Obödienz errang und damit die westl. Christenheit in drei Teile zerfallen ließ. Am 18. Mai 1410 starb der Pfälzer, als ein Krieg mit Kurmainz wohl gerade bevorstand.

Manche Wesenszüge im Kgtm. Ruprechts weisen im Vergleich zu den Vorgängern in eine modernere, »staatliche« Zukunft, wovon bei weitem nicht alles von den Nachfolgern aufgegriffen wurde. Organisator.-geistige Kräfte sollten beim Pfälzer wohl ersetzen, was an physischen fehlte. Sein Rat und seine Kanzlei waren die wohl bestqualifizierten im dt. SpätMA. Ruprecht forderte (natürlich vergeblich) die Kanzleiregister von Wenzel, die seinigen wurden später an Siegmund übergeben. Der körperschaftl. Charakter des Hofgerichts und die gelehrte Jurisprudenz am Hofe traten erstmals oder viel deutlicher als bisher hervor. Die Universität →Heidelberg (gegr. 1386) ist eng an den »Staat« herangezogen worden. Die Qualität der im Umkreis des Hofes verfaßten theol.-polit. Analysen hält dem Vergleich mit den Leistungen der alten Wissenschaftszentren im Westen und Süden Europas stand.

[3] *Überforderung und aufgeschobene Entscheidungen von Siegmund bis Friedrich III. (1410/1419–ca. 1470):* An den Tod Ruprechts knüpften sich Bestrebungen zur Neuwahl ungeachtet der Fortdauer des Kgtm.s Wenzels. Eine andere Dynastie als die lux. mit den Wenzelgegnern Jobst und Siegmund kam nicht in Frage. Die Vermischung dynast. und kirchenpolit. Motive führte zur letzten Doppelwahl des Mittelalters. Die Erhebung Siegmunds (20. Sept. 1410) war inkorrekt. Diejenige Jobsts (1. Okt.) erreichte die notwendige Mehrheit unter der Voraussetzung, daß man die böhm. Stimme mitzählte, obwohl sie von Wenzel herrührte; hier dürfte eine Sonderung von (angestrebtem) Ksm. und Kgtm. fingiert worden sein. Jobst starb am 18. Jan. 1411. So ersparte der Zufall ein weiteres Dreier-Schisma. Am 21. Juli 1411 kam es zu einer einmütigen (Neu-)Wahl Siegmunds. Der dynast. Ehrgeiz des Kronensammelns ließ den Kaisersohn und Herrscher v. Ungarn zum Prototyp des überforderten Kg.s werden. Er blieb bis zum Tode Wenzels ohne Hausmacht im Reich und war auch danach recht problematisch ausgestattet. So suchte er seine Basis in einer längst überholten Krongutpolitik, besonders bei den Reichsstädten, dann bei den Königsnahen zumal des Südwestens, die auch nicht stärker geworden waren, und im Bündnis mit wechselnden Fürsten (Zollern, Pfalz-Wittelsbach, Wettin, Habsburg). Herausgefordert und überfordert war er in vierfacher Hinsicht: als Herr der kontrollbedürftigen und bedrängten ung. Kgtm.er, als Kg. und Ks. im Reich gegenüber der schon eine Generation währenden Kirchenkrise, gegenüber dem »freien Kräftespiel« der Teilgewalten und gegenüber den Hussiten. So war sein Verhalten von Unste-

tigkeit und Inkonsequenz bedroht, am Ende war seine Selbstbehauptung schon ein rühmenswerter Erfolg.

Vor allem Burggf. →Friedrich VI. v. Nürnberg-Zollern, dessen Familie sich generationenlang im Königsdienst bewährt hatte, baute die Brücke von Ruprecht zu Siegmund, der bis 1414 nicht im Reich erschien. So kann man die Übertragung der heruntergekommenen Mark →Brandenburg an Friedrich (1411-1415-1417), eine wesentl. Tatsache für die neuzeitl. Zukunft, auch als Entlohnung verstehen. Zusammen mit der Vergabe der sächs. Kurwürde der erloschenen Askanier an das Haus Wettin (1423) war dies zunächst ein (auf die Dauer erfolgloses) Werben des Königs um zuverlässige Partner; fernerhin hieß dies (unbeabsichtigt) die Schaffung eines Kur-*Kollegs*, das diesen Namen wirklich verdiente, mit starken Partnern auch im Osten des Reiches. So erhielt sich ungeachtet des jetzt beginnenden Abstiegs der geistl. Kfs.en ein Verfassungsorgan, das fähig blieb, in Krisenlagen auch ohne den Kg. zu handeln und am Ende die vornehmste Reichstagskurie zu bilden. Der Kreis der Fs.en wurde dadurch zugleich geschwächt.

Die bedeutendste Leistung Siegmunds, zu dessen führendem Berater und Staatsmann allmählich der Egerer Bürger Kaspar→Schlick (seit 1415 im Dienst Siegmunds, seit 1433 Hofkanzler) heranwuchs, war die Überwindung der Kirchenspaltung durch das Konzil v. →Konstanz (1414-18). Diese bisher größte Kirchenversammlung bildete zusammen mit dem Konzil v.→Basel den Höhepunkt der internationalen Rolle des Ksm.s und D.s im späten MA. Uralte Kaiserrechte gegenüber der Kirche konnten sich unter allgemeiner Anerkennung bewähren, weil das frz. Kgtm. gerade seine schwerste Krise durchlebte. Zugleich befreite man sich endgültig vom letzten Staufererbe, den Resten der päpstl. Oberherrschaft, und tat wesentl. Schritte zur Modernisierung der »politischen Gesellschaft« im Reich. Als die Kirche gleichsam nach D. verlegt wurde, zeigte sich freilich auch, daß ihre Verfassung leichter in Bewegung zu bringen war als die Reichsverfassung. Gedanklich parallelisierte man Kirchen- und Reichsreform, in der Realität geschah auf dem Konzil mehr. Im Reich wurden Entscheidungen jetzt und noch lange Zeit aufgeschoben oder blieben ohne Dauer.

Siegmund veranlaßte den Pisaner Papst zur Eröffnung des Konzils (5. Nov.), der römische erkannte es an, der von Avignon – auf dem Rückzug nach Aragón befindlich – leistete Widerstand. So wirkten die Spanier erst von 1415 an in der Versammlung mit. Als sich die Stimmung gegen Johannes XXIII. wandte, entfloh er aus Konstanz, so daß sich die Väter durch das Dekret »Haec sancta« (30. Febr. und 6. April 1415) als ein jedermann übergeordnetes Generalkonzil konstituierten. Johannes wurde abgesetzt, Gregor XII. trat zurück (beide 1415), Benedikt XIII. wurde als abgesetzt erklärt (1417). Noch bevor die causa reformationis ausreichend diskutiert war, wählte man Martin V. (11. Nov. 1417). Das Dekret »Frequens« sollte wenigstens die Einberufung weiterer Kirchenversammlungen sichern.

Im Zusammenhang mit der causa fidei kam es zum Häresie-Prozeß gegen Johannes Hus, der verurteilt und am 6. Juli 1415 hingerichtet wurde. Dies gab der religiös-nationalen Bewegung in Böhmen eine Mitte; ihr Symbol war der Kelch, der auch den Laien gereicht wurde. Als die Ketzerei nach dem Tode Wenzels den größten Teil des Landes erfaßte, scheiterte der Versuch Siegmunds, die Erbschaft anzutreten. Seine Königswahl (1420) blieb vorerst nur in den Nebenländern wirksam, in Böhmen selbst unterlag sein Heer 1420/21. Obwohl das Hussitentum zwischen gelehrten Erwägungen, Bürger- und Adelsinteressen, Massenbewegungen und »sozialrevolutionärem« Chiliasmus uneinheitlich war und blieb, brachte es den anrückenden Kreuzheeren weiterhin schwere Niederlagen bei (1426, 1427, 1431) und griff seit 1426 gewaltsam über Böhmen hinaus. Die Hoffnung auf eine militär. Lösung der Hussitenfrage wurde etwa zur gleichen Zeit aufgegeben, als sich in Böhmen Zeichen der Erschöpfung kundtaten und die Gemäßigten endgültig von den Radikalen abrückten. Zwischen jenen und dem Konzil v. Basel kam eine Übereinkunft zustande, die den Laienkelch zusagte, darüber hinaus aber den altkirchl. Standpunkt im wesentl. aufrechterhielt (→Basler Kompaktakten, 30. Nov. 1433); der Papst hat sie nie anerkannt und später aufgehoben. Bei →Lipany siegten die Gemäßigten über die Radikalen (30. Mai 1434). Siegmund konnte 1436 in sein Erbland einziehen, wo sich die Adelsmacht als wahrer Sieger durchgesetzt hatte. Die Rolle Böhmens als Zentrallandschaft des Reiches, wie sie unter Karl IV. bestanden hatte, war ausgespielt.

Der Kampf gegen die Feinde des Glaubens war die erste große Herausforderung des deutschen SpätMA, die solidar. Handeln in dualist. Form auf den Weg brachte. Päpstl. Legat und Kfs.en – die gleichen, die früher und jetzt das Kgtm. zu beschränken suchten – beriefen Königslose Tage und organisierten Selbstverpflichtungen allein aufgrund der Tatsache der Reichszugehörigkeit, die bisher für viele ein praktisch pflichtenloses Dasein dargestellt hatte. I. J. 1422 wurden in Nürnberg in einer ersten, noch recht unvollkommenen →Reichsmatrikel die militär. Leistungen der Reichsglieder festgelegt. Spätere Matrikeln, zuletzt jene von →Worms von 1521, wiesen in vervollkommneter Form die Reichsunmittelbarkeit und zuletzt die Reichszugehörigkeit nach. Als der Kg. von 1426 bis 1430 abwesend war, legten sich die dualist. Kräfte auf einem Tag in Frankfurt (2. Dez. 1427) eine Geldsteuer auf. Es war die erste allgemeine Steuer für alle Deutschen (über 15 Jahre). Für die Eintreibung der Abgabe war in bisher unerhörter Weise eine vierstufige, territorienübergreifende Verwaltung in Gestalt von zahlreichen Kommissionen vorgesehen, von welcher Teile ins Leben getreten sind. In Köln, Nürnberg, Erfurt, Salzburg und Breslau sollten die einlaufenden Gelder gesammelt werden. In Nürnberg, das demnach die erste dualist. Reichshauptstadt war, sollte eine neunköpfige Kommission mit dem Obersten Kriegshauptmann mehrheitlich über den Verwendungszweck entscheiden. Von ihr war noch 1429 die Rede. Sechs kfsl. und drei reichsstädt. Stimmen bildeten den nun erreichten Stand des Dualismus ab, der vom Königswahlrecht und der alten Krongutzugehörigkeit hergeleitet war. Die Fs.en standen abseits. Der Anlauf von 1427 blieb ohne Dauer, wie alle späteren Anläufe und Projekte bis 1495. Gleichwohl ist rückblickend Bemerkenswertes erkennbar: es gab – selbst ohne den Kg. – konsensfähige Tatbestände, die der Reichsverfassung Neues zuführen und damit ein Mehr an Staat schaffen konnten.

Die innere Politik Siegmunds war vom Versuch geprägt, Bündnispartner zu gewinnen und ihnen als Entgelt und Gegengewicht die Würde des Kgtm.s und der Dynastie oder gar den Einsatz der eigenen Person gegenüberzustellen. Im SW handelte es sich um Gf.en und Herren, Reichsstädte und Ritter, darüber hinaus v. a. um einige Fs.en. Die ung. Erfahrungen waren auf diese am schwersten zu übertragen, hier war auch gemäß kräftig hervortretender Interessenunterschiede die Stetigkeit am geringsten. So konnten weder die Pfalz durch den Eintritt Siegmunds in die Kontinuität Ruprechts noch Wettiner oder

Zollern durch die Übertragung der Kurwürde dauerhaft gebunden werden. Daß die Selbstbehauptung Siegmunds trotz solcher problemat. Voraussetzungen relativ gut gelang, ermöglichten ihm auch einige weitere, diesmal von ihm kaum beeinflußbare Umstände. Der kaum je überbrückte Gegensatz von Kurpfalz und Kurmainz gestattete einheitl. Aktionen der Kfs.en nur für ganz kurze Zeit, womöglich nur für einige Monate, so daß auch der alle Königswähler verbindende →Binger Kurverein (1424) den Kg. nicht ernstlich gefährdete. Die rivalisierenden Dynastien waren verhältnismäßig loyal oder wenig aktiv, die Hussitensorge solidarisierte. So konnten Akte Siegmunds zur Geltung kommen, die sonst auf der Waage der Macht nicht mehr viel vermocht hätten: die Privilegien zugunsten der Ritterschaft von 1422 und 1431 oder die Förderung von Rittereinungen, die u. a. 1430 den schwäb. St. Jörgen-Schild mit der Ritterschaft zu Franken und dem bayer. Bund zum Einhorn zusammenführten (→Ritterbünde). Auch die Haltung der Städte zeigte noch einmal, beinahe schon zum letzten Male, (überwiegend) zugunsten des Königs Wirkung.

Siegmunds Italienzug (1431–33) führte zur Krönung zum Kg. v. Italien und zur Kaiserkrönung (31. Mai 1433). Währenddessen hatte das Konzil v. →Basel begonnen (23. Juli 1431). Es führte wieder zu einer schiedsrichterl. Stellung des Ks.s, diesmal zw. den Vätern und dem Papst, da die Interessen beider Instanzen inzwischen weit auseinandergetreten waren. Abermals sind Einsatz und Leistung Siegmunds hoch zu veranschlagen. Das Todesjahr († 9. Dez. 1437) war überschattet von der sich neu anbahnenden Kirchenspaltung. Der Papst verlegte die Versammlung nach →Ferrara, was viele Teilnehmer nicht hinnahmen. Sie blieben in Basel beisammen.

Schwiegersohn und Erbe Siegmunds war Hzg. →Albrecht V. v. (Nieder- und Ober-)Österreich. Er wurde zum Herrscher von Ungarn und Böhmen erhoben und am 18. März 1438 zum röm.-dt. Kg. gewählt. Seine Lasten waren kaum geringer als die des Vorgängers: Die Opposition in Böhmen war stark, die Kfs.en erstrebten die Mitregierung. Die Balkanhalbinsel war erneut von türk. Expansion bedroht (→Osman. Reich). In den zwanzig Monaten seines Wirkens kam Albrecht nicht dazu, die Erbländer zu verlassen († 27. Okt. 1439). Ein Höhepunkt kfsl. Aktivität war währenddessen die Neutralitätserklärung zw. Papst und Konzil (17. März 1438). Es war ein konsensschaffendes Dokument, das auch Gesamtverantwortung erkennen ließ. Die Sympathien lagen noch auf seiten des Konzils, wie u. a. die »Akzeptation« (Mainz 1439) einer Reihe von Dekreten der Versammlung durch die Königswähler anzeigte.

Auch der Nachfolger →Friedrich III., Hzg. v. Steiermark, Kärnten und Krain, wurde einhellig gewählt (2. Febr. 1440). Angesichts seiner geringen und exzentrisch gelegenen Hausmacht war die Vormundschaft über die minderjährigen Erben der übrigen habsburg. Erbländer (Tirol-Vorlande, Donauländer) umso wichtiger; an die letztgenannten waren im Zusammenhang mit dem postum geborenen Albrecht-Sohn →Ladislaus († 1457) auch die ung. und die böhm. Krone gebunden. Die Verknüpfung von Herrscher und Binnenreich lockerte sich infolge der gewachsenen Entfernung und der dichter gewordenen erbländ. Territorialität. Der Hof erlitt einen Rangverlust und schrumpfte; wie schon in der kurzen Ära Albrechts gab es seit 1442 statt einer einheitl. Kanzlei zwei Hofkanzleien, die Österreichische für die Erbländer und die Reichs-Hofkanzlei für das übrige Reich. Man wollte oder konnte für die Vereinigung beider Verwaltungs- und Personaltraditionen erforderliche Energie, die zuvor selbstverständlich aufgebracht worden war, nicht mehr einsetzen.

Auf der Krönungsreise erließ Friedrich einen allgemeinen Landfrieden (sog. Reformatio Friderici, 14. Aug. 1442). Er war mehr Programmpaket und Orientierungspunkt als Ausdruck konkreten Handlungswillens, bekundete jedoch die Entschlossenheit des Königs, jedes nur denkbare Herrscherrecht zu beanspruchen und kompromißlos festzuhalten. Dabei blieb es auch in der Zukunft ungeachtet der Tatsache, daß Friedrich die ganz anders beschaffenen Realitäten vielfach stillschweigend hinnehmen mußte. Gleichzeitig vollzog sich für das Binnenreich eine Umwandlung oder Umakzentuierung der Königsgüter zu Königsrechten, z. B. in Gestalt der Fiskalisierung des Hofes, so daß die kommende Verdichtung und Verrechtlichung des Reiches dem Herrscher weniger schadete als nützte. Solches bereitete ebenso die Phase des institutionalisierten Dualismus vor wie die vermehrte Zusammenarbeit und Verantwortung der Kurfürsten.

Unter den leidvollen militär. Konflikten, die fast die ganze Regierungszeit Friedrichs begleiteten, waren zunächst am langwierigsten die Auseinandersetzung von →Armagnaken und →Eidgenossen (1443–45), der →Markgrafenkrieg (1448–53) zw. dem Hohenzollern und der Stadt Nürnberg und die letzten Hegemonialkämpfe Kurkölns (→Soester Fehde 1444–49, →Münstersche Stiftsfehde 1450–56). Währenddessen fiel die Entscheidung Friedrichs (und bald der meisten anderen Fürsten) zugunsten des antikonziliaren Papstes (1445), was zu Italienzug und Kaiserkrönung (19. März 1452) führte und zuvor schon das →Wiener Konkordat (17. Febr. 1448) ermöglicht hatte. Dieser unter maßgebl. Beteiligung des wichtigen kirchenpolit. Beraters des Kg.s, Enea Silvio Piccolomini (späterer Papst →Pius II.), zustandegekommene Vertrag regelte fortan (bis 1806) das Verhältnis zur Kurie. Es war ein bedeutender polit. Erfolg des Kg.s, fiel für das Reich insgesamt jedoch weniger entgegenkommend aus als vergleichbare Abkommen für Nachbarstaaten; dies spiegelte die Gesamtsituation wider. I. J. 1449 löste sich das alleingebliebene Konzil auf, sein Papst trat zurück.

Zwischen 1444 und 1471 kam Friedrich III. nicht ins Binnenreich. Hierfür regierte er »reagierend« aus der Ferne, so daß der Hof »provinziell« blieb, das auf laufenden Kontakt angewiesene Hofgericht 1451 für immer erlosch und Reichs-Hofkanzlei und Kammergericht vor allem fiskalisch betrachtet und daher verpachtet wurden. Währenddessen trieb der Ks. dynast. Politik im Hinblick auf die österr. Erbländer und auf Ungarn und Böhmen. Hier brach eine Phase »nationaler« Kg.e mit unsicherer Legitimität an, die deshalb zu bes. Aktivität veranlaßt waren und den Ks. zeitweise in die Enge drängten (→Matthias Corvinus Kg. 1458–90; →Georg v. Podiebrad Verweser 1452, Kg. 1458–71). Die österr. Donauländer durchlebten von 1452 bis 1463 (Tod Hzg. Albrechts, des Kaiserbruders) eine Periode besonderer Unruhe, die Friedrich in starke Bedrängnis brachte. Am Ende behauptete er sich jedoch in jedem Fall unmittelbar oder sicherte mindestens das Erbrecht für sein Haus (1526 in Ungarn und Böhmen realisiert).

Das »Randkönigtum« Friedrichs korrespondierte mit jener entscheidenden Phase der Reichspolitik, in welcher in dem sich selbst überlassenen, von außen kaum gestörten Binnenreich die überlieferte polit. Vielgestaltigkeit endgültig drastisch reduziert wurde: Künftig konnten sich nur noch wenige hegemoniale Mächte frei bewegen. Sie wurden dazu angeregt, großräumige Interessen zu bilden. Dieses sowie das Schwinden eines selbständigen regionalen Städtewesens oder das Zurücktreten der geistl. Kfs.en gehörten zu den Voraussetzungen der kommenden ständischen Durchorganisation des Reiches. Das Verfassungserbe des 13. Jh. mit dem Vorwalten der Königswähler und der Krongutstädte, und damit des Rheinlands und des Südwestens, wurde zugunsten eines gleichmäßigeren, geograph. weitergedehnten, den machtpolit. Realitäten näherstehenden Gefüges überwunden. Wer von den Kleinen sich wenigstens in den alten königsnahen Landschaften regen wollte, sah sich wieder auf den Herrscher verwiesen, selbst wenn er ferngerückt schien. Die aktivsten Reichsfs.en neben Kg. Georg waren →Friedrich d. Siegreiche von der Pfalz (1451-76), der gefährlichste Kaisergegner, und →Albrecht Achilles v. Brandenburg (1440-86), der Verbündete Friedrichs III. Was aber auch immer geschah: Das »realistischere« Reichsgefüge gewann keine selbständige Legitimation, ja es zeichnete sich geradezu eine Legitimationsminderung ab. So blieb der Kg.-Ks. auch dann die einzige unbezweifelbare, unentbehrliche, durch die Ausbreitung des röm. Rechts (→Röm. Recht/Rezeption) nur weiter gestärkte Quelle der Legitimation und des Rechts, als die Spannung zw. Theorie und Praxis fast unerträgl. gesteigert schien.

[4] *Verdichtung des Reiches und institutionalisierter Dualismus unter Friedrich III. und Maximilian I. (ca. 1470–ca. 1520):* Um und nach 1470 verschlechterte sich die außen- und innenpolit. Situation von Ks. und Reich. Die Türken fielen seit 1471 in die Steiermark ein. Matthias Corvinus suchte in Böhmen einzugreifen und besetzte schließlich Mähren, Schlesien und die Lausitzen. Friedrich III. kam persönlich zu den Tagen von Regensburg und Augsburg (1471-73), ohne viel Hilfe zu finden. Zur gleichen Zeit strebte das (neu-)burg. Herzogtum dem Höhepunkt zu (→Burgund, Hzm.). Schon →Philipp der Gute (1419-67) hatte auf der Basis seiner ererbten und neugewonnenen Territorien (im Reich: Freigft. →Burgund, →Brabant, →Limburg, →Holland, →Seeland, →Hennegau, Vogtei über die Hochstifte →Lüttich, →Utrecht, →Cambrai) eine große Rolle in der Reichspolitik gespielt. Sein Sohn →Karl der Kühne (1467-77) beschleunigte noch die Ausdehnung (1472/73 →Geldern, →Zutphen). Ihm hatte auch →Siegmund (Sigismund) v. Tirol vorländ. Besitz bes. im Elsaß verpfändet (1469), um Hilfe gegen die Eidgenossen zu finden. Im Nov. 1473 kam es in →Trier zu einem aufsehenerregenden Treffen des Ks.s mit Karl, der offenbar eine regionale Königswürde im Reich (ähnlich wie Böhmen) gegen ein Ehebündnis zw. dem Kaisersohn Maximilian und der burg. Erbtochter →Maria einzutauschen suchte. Beides scheiterte. Karl mischte sich daraufhin in den Kölner Bistumsstreit ein und belagerte dabei →Neuß (1474). Dieses Vorrücken zum Rhein forderte nicht nur den üblichen Widerstand der Nachbarn gegen hegemoniales Streben heraus; es fühlten sich davon mehr Handelnde in D. betroffen als je zuvor bei einer vergleichbaren Fehde. Der erstmals an ein dt. Nationalbewußtsein appellierende Ks. fand ungeahnten Widerhall. Vor dem Reichsheer zog sich Karl kampflos zurück (1475) und bestätigte den Trierer Heiratsplan auch ohne Königskrone. Schon zuvor hatte ein habsburg.-eidgenöss. Ausgleich (→Ewige Richtung v. Konstanz, 30. März 1474) zur antiburg. Koalition am Oberrhein geführt (Sturz des burg. Landvogts →Peter v. Hagenbach im Mai 1474). Die Überwältigung des Hzg.s v. →Lothringen war der letzte Erfolg Karls des Kühnen (1475). Bei →Grandson und →Murten wurde er von den Eidgenossen geschlagen (1476) und fiel am 5. Jan.

1477 gegen diese, Elsässer und Lothringer bei →Nancy. Trotz der Bemühungen des frz. Kg.s, das unermeßl. reiche Erbe an sich zu ziehen, wurde die Hochzeit Maximilians am 21. April/19. Aug. 1477 realisiert, die zweite der weltgeschichtl. Heiraten der Habsburger nach der Ehe Albrechts II. Der Vater beeilte sich, den Sohn umfassend zu beteiligen; als Vormund der Gemahlin herrschte er auch im (frz.) Flandern und verteidigte dieses bei →Guinegate (7. Aug. 1479) gegen den Lehnsherrn (Verzicht auf die frz. Lehnshoheit dann 1526). Damit waren die reichsten Länder des nordalpinen Europa, die fläm.-niederländ. Territorien, habsburgisch geworden, wenn auch in der zeitüblichen Form einer schwachen Oberherrschaft über starke Stände. Nur das (frz.) Hzm. →Burgund ging dem Habsburger verloren. Die Ungarnnot überschattete allerdings diese Erfolge. Militär. Auseinandersetzungen Friedrichs III. mit Matthias Corvinus (seit 1477 und 1481) endeten mit schweren Niederlagen, 1485/87 mußten →Wien und Wiener Neustadt aufgegeben werden. Der Ks. sah sich ins Binnenreich gedrängt. Wenigstens wurde sein Sohn →Maximilian einhellig zum Kg. gewählt (16. Febr. 1486), erstmals seit mehr als hundert Jahren wieder zu Lebzeiten des Vaters. Gleichzeitig verkündete der Ks. einen zehnjährigen allgemeinen Landfrieden mit vollem Fehdeverbot, den letzten zeitlich begrenzten. Die Lage in Schwaben suchte er durch Zusammenfassung der Städte, Herren und Ritter zu stabilisieren. Der »Kaiserliche Bund in Schwaben« (1488) mit Tirol und Württemberg drängte die Wittelsbacher zurück und erreichte das Höchstmaß an Organisation und Wirksamkeit im Dienste von Interessenausgleich und Friedensschutz, das man von solchen Bünden erwarten mochte. Als die Bürger des flandr. →Brügge, von Frankreich ermutigt, Maximilian gefangennahmen und ihn nur zu sehr demütigenden Bedingungen freiließen (Vertrag v. Brügge, 16. Mai 1488), rückte der alte Ks. abermals mit einem Reichsheer heran und erklärte das Abkommen als nichtig. Erst der Friede v. →Senlis (23. Mai 1493) sicherte das burg. Erbe endgültig. Mitten in den Niederländer Sorgen übernahm Maximilian von Hzg. Siegmund († 1493) Tirol mit den Vorlanden (1490) samt dem Bündnis mit dem Hause →Fugger und gewann damit in zentraler Lage eine zweite Hausmacht (Mittelpunkte jetzt →Brüssel und →Innsbruck, ferner die Geldstadt →Augsburg). Nach dem Tode von Matthias Corvinus (1491) stürzte dessen Reich in sich zusammen. Maximilian gewann Österreich zurück und rückte in Ungarn ein. Der Friede v. →Preßburg (1491) sah zwei oder drei Kg.e v. Ungarn, jedoch blieb das habsburg. Erbrecht (1526 realisiert) bestehen und wurden Randgebiete als Pfand besetzt. Als Friedrich III. starb (19. Aug. 1493), vereinigte das Haus »Österreich-Burgund« nach diesen wenigen Jahren extremer polit.-dynast. Dynamik in der Hand des Sohnes einen größeren und wertvolleren Territorienkomplex als jemals irgendein anderes ma. Geschlecht im Reich. Als dann Maximilian starb, stellte sich gar – wie sonst wohl nur unter Friedrich II. – die »deutsche Frage« nur noch als eine Teilfrage dynast. Existenz des Nachfolgers dar.

Demnach waren die Probleme des Zeitalters Maximilians vielgestaltiger als je zuvor im dt. SpätMA. Die Verfassungsfrage, die unter Friedrich III. hinausgezögert worden war, erwies sich in einem sich verdichtenden Reich als unaufschiebbar. Diese »Verdichtung«, die das Zeitalter der »Offenen Verfassung« ablöste, war einerseits Ergebnis langfristiger Basisprozesse im geistigen, sozialen, wirtschaftl. und techn. Bereich, die hier nicht zu erörtern sind (von der Bevölkerungszunahme und der neueinsetzenden territorialen Dynamik über die wirtschaftl. vorandrängende gesteigerte Kapitalakkumulation bis zu den Neuerungen des Bergbaus, Buchdrucks und Postwesens). Die »Verdichtung« war aber auch Folge polit. Zusammenrückens. Als ein Beispiel dafür seien die seit 1471 stattfindenden allgemeinen Städtetage genannt. Sie vereinigten die Freien und Reichsstädte ohne Rücksicht auf Bundeszusammenhänge, um einheitl. Stellungnahmen etwa gegenüber Geldforderungen zu ermöglichen. Anlaß für dergleichen war zuletzt das jetzt konfliktreicher gewordene und überall dynamisierend wirkende dynast. Gegenüber in der Christenheit, also abermals eine Verdichtung. Sie führte am Ende zum neuzeitl. Mächteeuropa, u. a. zum weltgeschichtl. Gegensatz Habsburg-Valois.

Der meist mit dem Stichwort →»Reichsreform« bezeichnete Verfassungswandel kam seit etwa 1485/86 in Gang und riß nun nicht mehr ab. Er führte zum Durchbruch des institutionalisierten Dualismus als der bes. Form der künftigen dt. Gesamtstaatlichkeit. Vieles geschah dabei in Parallele zu gleichzeitigen auswärtigen Entwicklungen. Dafür kann beispielsweise die »Säkularisierung« des Ksm.s genannt werden, die den alten, einst so schwerwiegenden Verfassungs-Dualismus Papst-Kg./Ks. jetzt fast als gegenstandslos erscheinen ließ. So nahm Maximilian am 6. Febr. 1508 im Einverständnis mit dem Papst in Trient ohne Krönung den Titel eines Erwählten römischen Kaisers an. Ein Hauptunterschied zum Ausland bestand darin, daß die Fortentwicklung in D. im Konsens, d. h. auch mühsam und unvollständig, vor sich ging. Weil keine der beiden Seiten die andere zu besiegen vermochte, vollzog sich nicht – wie anderswo – die machtpolit. Überwältigung der Kleineren durch eine zentrale Erbdynastie. Es war obendrein ein Konsens von einer räuml. Ausdehnung und sachl. Komplexität ohnegleichen in Europa und war schließlich ein Konsens in einer Adelswelt, die sich an Langfristiges und Weitausgreifendes, an verbindliche schriftl. Fixierung und an zweckmäßigen Umgang mit dem Geld nur zögernd gewöhnte. Die notwendigen Kompromisse wurden vielfach gewohnheitsrechtlich eingeübt. Papiere enthielten oft unrealist. Extrempositionen. Das zentrale Forum dieses sehr bemerkenswerten Vorgangs war der →Reichstag, wie man ihn nun mit Recht nennen kann. In dem sich jetzt verändernden Verfahren der Tage kam zum Ausdruck, daß man sich ständisch-»horizontal« zusammengehörig fühlte und für sich abschloß (wohl zuerst in den ausgehenden achtziger Jahren). Die zu jeweils gemeinsamer Stellungnahme angeregten Kfs.en, Fs.en/Gf.en/Herren/Prälaten und Städte fühlten sich dann allmählich als ein dreigegliedertes Ganzes. Dies alles vollzog sich nicht abstrakt repräsentarisch oder gar parlamentarisch, sondern zuerst im Hinblick auf den Herrscher, der als Allzuneher ausgeschlossen oder als Abwesender ersetzt werden mußte; seine Erbländer waren zunächst nicht im Reichstag vertreten. Die Entwicklung ging langsam vor sich, Wesentliches geschah erst im 16. Jh. Am Anfang spielte der Mainzer Ebf. →Berthold v. Henneberg (1484–1504) die wichtigste Rolle. Sehr zu beachten ist endlich der Tatbestand, daß solches nicht der einzige Modernisierungsvorgang war. Gleichzeitig entwickelten sich, immer wieder von →Burgund angeregt, Hof, Militär, Verwaltung und Nachrichtenwesen des Königs im erbländ. Bereich eher noch rascher. Die bedeutenden Leistungen, die die Erbländer für die Türkenabwehr (→Türkenkrieg) erbrachten, wollten organisiert sein. Dem kgl. Vorbild folgten früher oder später die großen Territorien.

Der Türkenkrieg und der Einfall des frz. Kg.s in Italien zwangen Maximilian auf dem Reichstag v. →Worms (1495) zu einem breiter angelegten Übereinkommen mit Kfs.en und Fs.en. Militär. Konkurrenzfähigkeit unter den neuen Bedingungen der Landsknechtsheere (→Heerwesen) war unverhältnismäßig teuer. Es kam ein punktueller Kompromiß zustande, den beide Seiten in ihrem Sinne weiterzuentwickeln hofften; der Kg. sah sich dabei einer Mehrzahl unterschiedlich interessierter Kräfte gegenüber. Modern-staatl. Absichten bestanden nicht. Vielmehr ging es um die Umgliederung eines Teiles der Königsrechte zugunsten der stärksten Stände. Dabei zeigte sich bald, daß wesentl. unbeabsichtigte Nebenwirkungen eintraten und daß die Majestät des Kg.s-Ks.s durch Mauern aus Papier nur schwer einzugrenzen war. Später erst entschied sich, daß man im Hin und Her des Kräftespiels auf 1495 wie auf ein Normaljahr oder einen Herrschaftsvertrag blickte. Das Hauptergebnis dieses Jahres wurde nicht ausdrücklich formuliert: es war die de facto-Legitimierung des heranwachsenden Reichstags als Organ des institutionalisierten Dualismus und (neben dem neuausgebauten Kaiserhof) als zweites Haupt-Forum der polit. Existenz im Reich, als künftig größte und erste Ständeversammlung Europas. Gleichwohl wurde der Reichstag auch jetzt kein Parlament und gewann keine unabhängige Legitimierung. Seine Beschlüsse waren Selbstverpflichtungen und Verpflichtungsversuche gleichrangiger Abwesender oder waren der Ausdruck von Rat und Hilfe, zu denen man gegenüber dem Herrscher von alters her verpflichtet war. Die Mitbestimmung im Reich vollzog sich durch die Verfügung über die selbstaufgebrachten Mittel und durch das Hinwirken auf Gegenleistungen des Königs, zum Teil in vertraglicher Form. Auf der anderen Seite behauptete sich der Herrscher. Die Königslosen Tage hörten auf; den Verhandlungsgegenstand zu bestimmen und das Ergebnis rechtsgültig zu verkünden, oblag ihm allein. Seine Reichstagspolitik – mit den zergliedernden Mitteln der alten Hoftagspraxis – war bei weitem nicht erfolglos.

Die Hauptergebnisse von Worms waren die folgenden: 1. Erlassen wurde ein Ewiger →Landfriede, der sich nach etwa einer Generation wirklich durchsetzte und fortan die Rechtsgemeinschaft des Reiches konstituierte oder befestigte. 2. Das Ksl. →Kammergericht wurde umorganisiert. Es erhielt einen festen Sitz und eine festgelegte Zahl von Beisitzern (16) mit herrschaftsständisch-regionaler Rekrutierung nach Proporz. Ungeschmälert blieb die kgl. Gerichtsbarkeit an sich, die im ausgebauten Kgl. Hofrat (in der NZ: Ksl. Reichs-Hofrat) mit dem Kammergericht konkurrierte. 3. Auf vier Jahre wurde die Steuer des »Gemeinen Pfennigs« ausgeschrieben, mit welcher die dem Kg. gewährte »Eilende Hilfe« zurückgezahlt und subsidiär das Kammergericht unterhalten sollte. Dafür waren zweistufige Steuerkommissionen im Reich vorgesehen, an deren Spitze eine Behörde von sieben (de facto sechs) Reichsschatzmeistern in Frankfurt am Main erstand. Der geringe Erfolg dieses »Pfennigs« und einiger späterer führte im 16. Jh. zur Umstellung der Steuerorganisation des Reiches auf Matrikularbeiträge der Stände, wie dies bis ins Bismarckreich üblich blieb. Bewilligungsgröße wurde der »Römermonat«, die fiktive Einheit eines Monatssolds für 4000 Reiter und 20000 Fußsoldaten (1521), aufgrund der einzig unbestreitbaren uralten Romzugspflicht der Lehnsträger im Reich. 4. Die »Handhabung [des] Friedens und [des] Rechts« kann als Grundvertrag des institutionalisierten Dualismus gelten. Sie sagte die (nicht realisierte) jährl. Einberufung des Reichstags zu und gewährte diesem angesichts der Umstände von 1495 praktisch ein Mitherrschaftsrecht. Schon vor 1500 kam es im gegenseitigen Einvernehmen zur Ausdehnung der Reichstagsthematik zunächst auf »Polizei«sachen im älteren Sinn. Das naheliegende Bemühen der Stände, möglichst viel mitbestimmen und möglichst wenig leisten zu wollen, sondern dieses dem Kg. zu überlassen, erwies sich dabei aufgrund selbst mitgesetzter Rahmenbedingungen als Fehlschlag. Auf die Dauer wurde die mitwirkende Mitgliedschaft im Reich immer teurer.

Man sollte allerdings das Denken in Institutionen und die Bereitschaft, zugunsten langfristiger Ziele auf kurzzeitigen Vorteil zu verzichten, und damit überhaupt das »konstitutionelle« Element am Ende des MA nicht überschätzen. Dies zeigt das klägliche Schicksal des →Reichsregiments von 1500 (bis 1502), das als Behörde von zwanzig ständischen Mitgliedern unter einem kgl. Statthalter die polit. Seite der Reichsregierung nach Mehrheitsbeschlüssen in die Hand nehmen sollte. Es war Ergebnis einer akuten Krise Maximilians. Niemand, am wenigsten der Kg., nahm diesen Anlauf wirklich ernst, so daß die Bewegungsfreiheit der Dynastie erhalten blieb. Zukunftsreicher war die Realisierung der seit mehr als hundert Jahren diskutierten Einteilung des Reiches in Kreise (→Reichskreise). Dies geschah zunächst für die nichterbländ. und nicht-kfsl. Gebiete in sechs (1500), dann für alle Territorien in zehn Einheiten (1512). Zuerst waren es nur Herkunftsbezirke der Mitglieder des Regiments und des Kammergerichts, dann übernahmen die Kreise auch Aufgaben der Verteidigung und des Friedensschutzes. Diejenigen Kreise, die viele kleinere Kräfte zusammenfaßten (in Schwaben, Franken, am Rhein), haben sich organisator. bewährt. Außerhalb der Kreise blieb dasjenige Reichsgebiet, das in der Situation von 1500 »unverdichtet« bleiben wollte: die böhm. Länder, die dann 1526 wieder den habsburg. Erbländern zugeschlagen wurden, und auf Dauer die →Eidgenossen, →Preußen und →Livland. Je mehr das Binnenreich zusammenrückte, umso problematischer wurde die Situation dieser Randzonen.

Der Reichstag v. Worms war auch ein Schauplatz des dynast. »Welttheaters«, an welchem Maximilian an vorderster Stelle handelnd-leidend mitwirkte. Der Einfall →Karls VIII. v. Frankreich in Italien (1494), eine Konsequenz der Fortentwicklung der Monarchie und ihres Hineinwachsens in den Mittelmeerraum, beschleunigte ebenso die Reichsreform wie das dynast. Handeln des Kg.s und gab zuletzt den Ausschlag für die weltgeschichtl. span. Option der Habsburger. Es war wohl ein erster Kampf um die polit. Hegemonie in Europa. I. J. 1497 heiratete Maximilians Sohn →Philipp (der Schöne) († 1506) →Johanna v. Aragón und Kastilien. Die it. Kämpfe zogen sich wechselvoll und endlos hin, Mailand wurde französisch. Am gefährlichsten waren die Anstrengungen Franz' I. (1515-47), mit denen sich Karl V. auseinanderzusetzen hatte. Innerhalb des Reiches demütigte Maximilian den gefährl. Rivalen seines Vaters, den pfälz. Wittelsbacher, als Folge des →Landshuter Erbfolgekriegs (1504/05) und vergrößerte sein Erbland. Anderswo aber standen Mittel und ungeheuer gesteigerte Aufgaben und Ausgaben in einem sehr ungünstigen Verhältnis, so daß Kursänderungen, Schwankungen und Niederlagen nicht ausblieben. Die schwerste von diesen brachte der →Schwabenkrieg mit sich, als ein weiterer Versuch, zusammen mit dem Schwäb. Bund die Eidgenossen zu disziplinieren, kläglich scheiterte (Friede v. Basel 22. Sept. 1499).

Der Wahlkampf nach dem Tode des Ks.s (12. Jan. 1519) und sein Ergebnis lassen sich wohl als ein Höhepunkt und eine Wende der ma. Geschichte deuten. Die Wahl des Enkels, Karls V. (28. Juni 1519 in Frankfurt am Main), zum Kg. und künftigen Ks. wurde als nationales Ereignis bejubelt. Sie wurde dadurch gänzlich mißverstanden. Sie führte den Herrn der Burgunderlande (seit 1506) und Kg. beider Spanien (seit 1516) gegen den in der Öffentlichkeit stürmisch abgelehnten Franz I. v. Frankreich an die Spitze eines Weltreichs in Europa und Übersee, der wohl größten Ländermasse der bisherigen Geschichte. Es war aber auch ein Ereignis, das die Konturen der deutschen Geschichte, wie sie das späte MA eingeprägt hatte, hätte verwischen können. Die Frage, wo eigtl. dt. Geschichte stattfinde, schien auf diesem Höhepunkt dynast. Verfügbarkeit von Christenheit und Welt neue Antworten finden zu können. Das Ksm. als »dominium mundi« wurde in Gestalt einer neuartigen »Translatio imperii« in den Dienst der dynast. Zusammenfassung unerhörter Macht gestellt und vom dt. Schicksal abgerückt. Dies war umso gewichtiger, als man die rivalisierenden Kräfte, die dynast. »Staatlichkeit« des Habsburgers und die monarch. Staatlichkeit Frankreichs, einander nicht einfach wie Alt und Neu gegenüberstellen darf; vielmehr fanden sich auf beiden Seiten altertüml. und moderne Wesenszüge. Modern waren auch die dt. Fürstenterritorien, die wie die benachbarten Königsmonarchien erblich weitergegeben wurden, unterschiedlich kombinierbar waren, aber auch – wie sich vielfältig erwiesen hatte – je für sich und ohne Angewiesensein auf den Nachbarn lebenskräftige Verfassungsformen ausgebildet hatten. Zwischen Welt-Imperium und Territorialstaat eingezwängt stand das deutsche Wahlreich als nicht allein und nicht mehr primär dynastisches, auch auf Konsens beruhendes Gemeinwesen auf der Probe.

Während das Imperium Karls V. blühte und als es trotz übermenschlicher Anstrengung scheiterte, blieb die dt. Geschichte im hergebrachten Sinn bestehen. Auch dies war zum Teil ein Ergebnis dynast. Zufalls, der dem Kaiserbruder Ferdinand I. ein erfolgreiches Wirken in den Erbländern und weit darüber hinaus ermöglichte. Zuerst aber stellte sich jene Tatsache dem Funktionieren der überkommenen ma. Verfassungselemente, dem gerade neu vereinbarten institutionalisierten Dualismus, dem ihnen zugrundeliegenden Konsens und der Wirksamkeit von Verdichtungsvorgängen an der »Basis« ein bemerkenswertes Zeugnis aus. Weder die Polarisierungen des Reformationszeitalters noch die weiterwirkenden großen Dualismen »Kaisertum-Fürstentum« und »Erbländer-übriges Reichsgebiet« haben daran etwas geändert. Auch das Ksm. konnte »rückverwandelt« werden und bildete wieder einen unentbehrlichen, konstitutiven Teil der fortdauernden dt. Existenz. P. Moraw

Bibliogr., Quellenkunde, Quellen [allg.]: DW – MGH – AusgQ – Boehmer, Fontes – Chr. dt. Städte – GdV – Jaffé, BRG – RI, II: Sächs. Haus, 1: bearb. E. v. Ottenthal, 1893; 2: H. L. Mikoletzky, 1950; 3: M. Uhlirz (1., 2. Lfg.); 4: Th. Graff, 1971; 5 (Papsturkk.): H. Zimmermann, 1969; III: Sal. Haus, 1: H. Appelt, 1951; 2: T. Struve, 1984ff.; IV: Ält. Staufer, 2: F. Opll, 1980ff.; 3: G. Baaken, 1972; XII: Albrecht II., G. Hödl, 1975 – RTA – Stumpf-Brentano – Jacob-Wattenbach – Wattenbach-Holtzmann – Wattenbach-Schmale – O. Lorenz, D.s Geschichtsquellen im MA seit der Mitte des 13. Jh., 1886f.³ – K. Zeumer, Quellenslg. zur Gesch. der dt. Reichsverfassung in MA und NZ, 1926⁴ – *Nachschlagewerke, Handbücher, Gesamtdarst., allg. orientierende Lit:* ADB – NDB – Rössler-Franz – BWbDG – LDG – Repfont – Verf.-Lex. – Verf.-Lex.² – Hist. Stätten Dtl. – Hist. Stätten Österr. – Gesch. der dt. Länder (»Territorien-Ploetz«), hg. G. W. Sante, I, 1964 – DtStb – Hoops² – JDG – Gebhardt I, hg. H. Grundmann – Hb. der dt. Gesch. I, hg. L. Just, 1957², Abschn. 3 [K. Jordan]; 4 [E. Maschke]; 5 [H. Heimpel] – HEG I, 665-730 [K. Reindel], 1034-1967 [Th. Schieffer]; III, 449-496 [E. W. Zeeden] – Propyläen-Weltgesch. 6, 1963 – W. v. Giesebrecht, Gesch. der dt. Kaiserzeit II, 1885⁵; III, 1890⁵; IV-VI, 1877-95 – G. Barraclough, Die ma. Grundlagen des modernen D., 1955² - Dt. Gesch., hg. J. BARTMUSS, I, 1967 - P. RASSOW-TH. SCHIEFFER, Dt. Gesch. im Überblick, 1973³ - Dt. Gesch., hg. J. LEUSCHNER, I, 1974; II, 1978; III, 1975 - Die dt. Ostsiedlung des MA als Problem der europ. Gesch., hg. W. SCHLESINGER (VuF 18, 1975) - H. ZIMMERMANN, Das MA, 2 Bde, 1975–79 - P. BLICKLE, Dt. Untertanen. Ein Widerspruch, 1981 - Dt. Verwaltungsgesch. I, 1983 [P. MORAW, D. WILLOWEIT, C. LINK] - PLOETZ, Dt. Gesch., hg. W. CONZE-V. HENTSCHEL, 1983¹ - Kaisergestalten des MA, hg. H. BEUMANN, 1984 - *zur Rechts- und Verfassungsgesch.*: HRG - SCHRÖDER-KÜNSSBERG - COING, Hdb. I - WAITZ-O. v. GIERKE, Das dt. Genossenschaftsrecht, 4 Bde, 1866–1913 [Neudr. 1954] - H. MITTEIS, Dt. Rechtsgesch. 1981¹⁶ - K. KROESCHELL, Dt. Rechtsgesch., 1972–73, 1982⁵ - *zur Kirchengesch. und -verfassung*: LThK, LThK² - TRE - GS - Helvetia Sacra, 1972ff. - FEINE - HAUCK - HALLER - HKG III, 1, 2, hg. H. JEDIN.

Lit. zu B, C, D: Hochmittelalter [allg.]: s. a. die Lit. zu Abschnitt A - FICKER, Italien - A. HOFMEISTER, D. und Burgund im früheren MA, 1914 [Neudr. 1963] - F. KERN, Gottesgnadentum und Widerstandsrecht im früheren MA, 1914, 1980⁷ - B. HEUSINGER, Servitium regis in der dt. Kaiserzeit, AU 8, 1923 - F. SCHNEIDER, Rom und Romgedanke im MA, 1926 - P. E. SCHRAMM, Ks., Rom und Renovatio, 1929 [Neudr. 1962] - A. CARTELLIERI, Die Weltstellung des dt. Reiches 911–1047, 1932 [Nachdr. 1973] - H. MITTEIS, Lehnrecht und Staatsgewalt, 1933 [Nachdr. 1958] - A. BRACKMANN, Reichspolitik und Ostpolitik im frühen MA, SAB 32, 1935 [abgedr. in: DERS., Ges. Aufsätze, 1967²] - C. ERDMANN, Die Entstehung des Kreuzzugsgedankens, 1935 [Neudr. 1955] - G. TELLENBACH, Libertas, Kirche und Weltordnung im Zeitalter des Investiturstreites (Forsch. zur Kirchen- und Geistesgesch. 7, 1936) - O. BRUNNER, Land und Herrschaft, 1939, 1965⁵ [Neudr. 1973] - H.-W. KLEWITZ, Kgtm., Hofkapelle und Domkapitel im 10. und 11. Jh., AU 16, 1939 [Neudr. 1960] - G. TELLENBACH, Kgtm. und Stämme in der Werdezeit des dt. Reiches, 1939 - H. MITTEIS, Der Staat des hohen MA, 1940, 1980¹⁰ - H. J. RIECKENBERG, Königsstraße und Königsgut in liudolfing. und frühsal. Zeit, AU 17, 1940 - G. TELLENBACH, Die Entstehung des dt. Reiches, 1940, 1943², 1947³ - F. BAETHGEN, Das Kgr. Burgund in der dt. Kaiserzeit, Jb. der Stadt Freiburg i. Br. 5, 1942 [abgedr. in: DERS., Mediaevalia 1 (= MGH Schr. 17/1, 1960)] - TH. MAYER, Das Ksm. und der Osten im MA (Dt. Ostforschung) (= D. und der Osten 20, 1942), 291–309 - G. TELLENBACH, Vom karol. Reichsadel zum dt. Reichsfürstenstand (Adel und Bauern im dt. Staat des MA, 1943) [abgedr. in: WdF 2, 1956, 191–243] - Ksm. und Herzogsgewalt im Zeitalter Friedrichs I., hg. TH. MAYER, 1944 - H. MITTEIS, Die dt. Königswahl, 1944² [Nachdr. 1969] - W. OHNSORGE, Das Zweikaiserproblem im früheren MA, 1947 - I. SCHEIDING-WÜLKOPF, Lehnsherrl. Beziehungen der frk.-dt. Kg.e zu anderen Staaten bis zum Ende des 12. Jh., 1948 - K. HAMPE - F. BAETHGEN, Dt. Kaisergesch. in der Zeit der Salier und Staufer, 1949¹⁰ [Nachdr. 1963] - BOSL, Reichsministerialität - G. BARRACLOUGH, The Mediaeval Empire. Idea and Reality, Hist. Association Publication, General Series G 17, 1950 - TH. MAYER, Fs.en und Staat. Stud. zur Verfassungsgesch. des dt. MA, 1950 - W. OHNSORGE, Das Mitkaisertum in der abendländ. Gesch. des früheren MA, ZRGGermAbt 67, 1950, 309–325 [abgedr. in: DERS., Abendland und Byzanz, 1958, 261–287] - A. GERNHUBER, Die Landfriedensbewegung in D. bis zum Mainzer Reichslandfrieden von 1235 (Bonner rechtswiss. Abh. 44, 1952) - H.-D. KAHL, Zum Geist des dt. Slawenmission des HochMA, ZOF 2, 1953 - L. SANTIFALLER, Zur Gesch. des otton.-sal. Reichskirchensystems, SAW 229/1, 1954 [Sonderausg. 1964²] - Die Entstehung des dt. Reiches (D. um 900), hg. H. KÄMPF (WdF 1, 1956) - F. KEMPF, Das ma. Ksm. Ein Deutungsversuch (VuF 3, 1956) - W. GOEZ, Translatio Imperii, 1958 - G. TELLENBACH, Ksm., Papsttum und Europa im hohen MA (Historia Mundi 6, 1958), 9–103 - TH. MAYER, Papsttum und Ksm. im hohen MA, HZ 187, 1959 - J. FLECKENSTEIN, Die Hofkapelle der dt. Kg.e, 2 Bde, 1959–66 - W. WEGENER, Böhmen/Mähren und das Reich im HochMA, 1959 - W. ULLMANN, Some Reflections on the Opposition of Frederick II to the Papacy, Archivio storico Pugliese 13, 1960 - R. SCHMIDT, Königsumritt und Huldigung in otton.-sal. Zeit (VuF 6, 1961) - Heidenmission und Kreuzzugsgedanke in der dt. Ostpolitik des MA, hg. H. BEUMANN (WdF 7, 1963) - A. GIEYSZTOR, Christiana Respublica et la politique orientale de l'Empire (Renovatio Imperii, 1963) - H. LÖWE, Ksm. und Abendland in otton. und frühsal. Zeit, HZ 196, 1963 [abgedr. in DERS., Von Cassiodor zu Dante, 1973, 231–259] - Dt. Königspfalzen, 3 Bde (Veröff. des Max-Planck-Inst. für Gesch. 11, 1963–79) - J. FLECKENSTEIN, Rex canonicus. Über Entstehung und Bedeutung des ma. Königskanonikates (Fschr. P. E. SCHRAMM 1, 1964) - H. KRAUSE, Kgtm. und Rechtsordnung in der Zeit der sächs. Herrscher, ZRGGermAbt 82, 1965, 1–98 - E. E. STENGEL, Der Heerkaiser (Den Ks. macht das Heer). Stud. zur Gesch. eines polit. Gedankens (DERS., Abh. und Unters. zur Gesch. des Kaisergedankens im MA, 1965) - K. F. WERNER, Das hochma. Imperium im polit. Bewußtsein Frankreichs (10.–12. Jh.), HZ 200, 1965 - H. FUHRMANN, Konstantin. Schenkung und abendländ. Ksm., DA 22, 1966 - BRÜHL, Fodrum - O. KÖHLER, Die Otton. Reichskirche (Fschr. G. TELLENBACH, 1968) - Probleme des 12. Jh. (VuF 12, 1968) - P. E. SCHRAMM, Ks., Kg.e und Päpste, I–IV, 2, 1968–71 - G. DROEGE, Landrecht und Lehnrecht im hohen MA, 1969 - H. HOFFMANN, Böhmen und das dt. Reich im hohen MA, JGMODtl 18, 1969 - K. JORDAN, Sachsen und das dt. Kgtm. im hohen MA, HZ 210, 1970 - E. MÜLLER-MERTENS, Regnum Teutonicum, 1970 - Königswahl und Thronfolge in otton.-frühdt. Zeit, hg. E. HLAWITSCHKA (WdF 178, 1971) - W. METZ, Tafelgut, Königsstraße und Servitium regis in D. vornehml. im 10. und 11. Jh., HJb 91, 1971 - F. PRINZ, Klerus und Krieg im früheren MA, 1971 - H. SPROEMBERG, Die Alleinherrschaft in ma. Imperium 919–1024 (DERS., MA und demokrat. Geschichtsschreibung, 1971 - K. JORDAN, Das Zeitalter des Investiturstreites als polit. und geistige Wende des abendländ. HochMA, Gesch. in Wiss. und Unterricht 23, 1972 [auch in: DERS., Ausgew. Aufsätze zur Gesch. des MA, 1980, 11–20] - G. KOCH, Auf dem Wege zum Sacrum Imperium, 1972 - W. STÖRMER, Früher Adel. Stud. zur polit. Führungsschicht im frk.-dt. Reich vom 8. bis 11. Jh., 1973 - W. ULLMANN, Von Canossa nach Pavia. Zum Strukturwandel der Herrschaftsgrundlagen im sal. und stauf. Zeitalter, HJb 93, 1973 - J. FLECKENSTEIN, Zum Begriff der otton.-sal. Reichskirche (Fschr. C. BAUER, 1974), 61–71 - DERS., Grundlagen und Beginn der dt. Gesch., 1974, 1980², 212–223 - W. KIENAST, D. und Frankreich in der Kaiserzeit (900–1270), I (Monogr. zur Gesch. des MA 9/1, 1974), 149–196 - K. HAMPE, Das HochMA, 1977⁶ - H. FUHRMANN, Dt. Gesch. im hohen MA (Dt. Gesch. 2, 1978²) - W. GIESE, Der Stamm der Sachsen und das Reich in otton. und sal. Zeit, 1979 - H. KELLER, Reichsstruktur und Herrschaftsauffassung in otton.-frühsal. Zeit, FMASt 16, 1982, 74–128 - G. TELLENBACH, Ks., Rom und Renovatio. Ein Beitrag zu einem großen Thema (Fschr. K. HAUCK, 1982) - O. ENGELS, Mission und Friede an der Reichsgrenze im HochMA (Fschr. F. KEMPF, 1983) - H. KELLER, Schwäb. Hzg.e als Thronbewerber, ZGO 131, 1983 - A. ANGENENDT, Kaiserherrschaft und Königstaufe. Ks., Kg.e und Päpste als geistl. Patrone in der abendländ. Missionsgesch., FMASt 15, 1984, 274–310 - A. HAVERKAMP, Aufbruch und Gestaltung D.s 1056–1273 (Neue Dt. Gesch. 2, 1984) - H. JAKOBS, Kirchenreform und HochMA 1046–1215 (Grdr. der Gesch. 7, 1984) - H. ZIELINSKI, Der Reichsepiskopat in spätotton. und sal. Zeit (1002–1125), 1984 - F. PRINZ, Grundlagen und Anfänge D.s bis 1056 (Neue Dt. Gesch. 1) [erscheint 1985] - Reich und Kirche vor dem Investiturstreit, hg. K. SCHMID [erscheint 1985].

[Ottonenzeit]: E. E. STENGEL, Die Entwicklung des Kaiserprivilegs für die röm. Kirche 817–962, HZ 134, 1926 - J. KIRCHBERG, Kaiseridee und Mission unter den Sachsenkaisern und den ersten Saliern von Otto I. bis Heinrich III. (Hist. Stud. 259, 1934) - M. UHLIRZ, Die it. Kirchenpolitik der Ottonen, MIÖG 48, 1934 - P. E. SCHRAMM, Die Krönung in D. bis zum Beginn des sal. Hauses (1028), ZRGKanAbt 55, 1935, 184–332 [in erw. Fassung in: DERS., Ks., Kg.e und Päpste, II, 1968; III, 1969] - P. E. HÜBINGER, Kg. Heinrich I. und der dt. Westen, AHVN 131, 1937 - C. ERDMANN, Der ungesalbte Kg., DA 2, 1938 [abgedr. in: DERS., Otton. Stud., 1968, 1–30] - R. HOLTZMANN, Gesch. der sächs. Kaiserzeit (900–1024), 1941 [Neudr. 1961⁴] - H. SPROEMBERG, Die lothr. Politik Ottos d. Gr., RhVjbll 11, 1941 [abgedr. in: DERS., Beitr. zur belg.-ndl. Gesch. (Forsch. zur dt. Gesch. 3, 1959)] - DERS., Das otton. Reich als Imperium Romanum, DA 6, 1943 - H. L. MIKOLETZKY, Ks. Heinrich II. und die Kirche (VIÖG 8, 1946) - Z. WOJCIECHOWSKI, La »Renovatio Imperii« sous Otton III et la Pologne, RH 201, 1949 - H. BEUMANN, Das imperiale Kgtm. im 10. Jh., WaG 1950 [abgedr. in: DERS., Wiss. vom MA, 1972] - TH. SCHIEFFER, Heinrich II. und Konrad II., DA 8, 1951 [Sonderausg. 1969] - H. J. DIEFENBACH, Die »Renovatio regni Francorum« durch Ks. Heinrich II. [Diss. masch. Köln 1952] - M. UHLIRZ, Zur Kaiserkrönung Ottos III. (Fschr. E. E. STENGEL, 1952), 263–271 - K. REINDEL, Hzg. Arnulf und das Regnum Bavariae, ZBLG 17, 1953/54 [abgedr. in: WdF 1, 1956] - C. BRÜHL, Die Kaiserpfalz bei St. Peter und die Pfalz Ottos III. am Palatin, QFIAB 34, 1954 - H. BEUMANN-W. SCHLESINGER, Urkundenstud. zur dt. Ostpolitik unter Otto III., ADipl 1, 1955 [abgedr. in: W. SCHLESINGER, Mitteldt. Beitr. zur dt. Verfassungsgesch. des MA, 1961, 306–407] - H. M. DECKER-HAUFF, Die Ottonen und Schwaben, Zs. für württ. Landesgesch. 14, 1955 - M. UHLIRZ, Das Werden des

Gedankens der »Renovatio Imperii Romanorum« bei Otto III., Sett. cent. it. 2, 1955 – H. BÜTTNER, Zur Burgenordnung Heinrichs I., BDLG 92, 1956 – DERS., Ungarn, das Reich und Europa bis zur Lechfeldschlacht des Jahres 955, ZBLG 19, 1956 – M. HELLMANN, Die Ostpolitik Ks. Ottos III. (Fschr. H. AUBIN, 1956) – F. DÖLGER, Die Ottonenkaiser und Byzanz (Forsch. zur Kunstgesch. und christl. Archäologie 3, 1957) – H. FUHRMANN, Die pseudoisidor. Fälschungen und die Synode v. Hohenaltheim (916), ZBLG 20, 1957 – W. MOHR, Die lothr. Frage unter Otto II. und Lothar, RBPH 35, 1957 – L. KOCZY, L'impero e la Polonia (963–1002), Antemurale 4, 1958 – M. HELLMANN, Der dt. Südwesten in der Reichspolitik der Ottonen, Zs. für württ. Landesgesch. 18, 1959 – M. LINTZEL, Ausgew. Schr. 2, 1961 – W. OHNSORGE, Die Anerkennung des Ksm.s Ottos I. durch Byzanz, BZ 54, 1961 – A. NITSCHKE, Die Einstimmigkeit der Wahlen im Reiche Ottos d. Gr., MIÖG 70, 1962 – MIÖG Ergbd. 20/1, 1962 [mit Beitr. zu Otto I. von: E. DUPRÉ-THESEIDER, W. OHNSORGE, L. SANTIFALLER, H. F. SCHMID, H. ZIMMERMANN u.a.] – H. BEUMANN–H. BÜTTNER, Das Ksm. Ottos d. Gr. (VuF Sonderbd. 1, 1963) – H. LUDAT, Reichspolitik und Piastenstaat um die Jahrtausendwende, Saeculum 14, 1963 – H. BÜTTNER, Heinrichs I. Südwest- und Westpolitik (VuF Sonderbd. 2, 1964) – R. HIESTAND, Byzanz und das Regnum Italicum im 10. Jh., 1964 – K. SCHMID, Die Thronfolge Ottos d. Gr., ZRGGermAbt 81, 1964 [abgedr. in: WdF 178, 1971] – K. LEYSER, The Battle at the Lech, 955, History 50, 1965 – K. HAUCK, Die Ottonen und Aachen (BRAUNFELS, KdG 4, 1967) – H. BÜTTNER, Die christl. Kirche ostwärts der Elbe bis zum Tode Ottos I. (Fschr. F. v. ZAHN I, Mitteldt. Forsch. 50/1, 1968) – C. ERDMANN, Otton. Stud., hg. H. BEUMANN, 1968 – E. HLAWITSCHKA, Lotharingien und das Reich an der Schwelle der dt. Gesch. (MGH Schr. 21, 1968), 185ff. – K. LEYSER, Henry I and the Beginnings of the Saxon Empire, EHR 83, 1968, 1–32 – W. EGGERT, 919–Geburts-oder Krisenjahr des ma. dt. Reiches?, ZGW 18, 1970 – H. LUDAT, An Elbe und Oder um das Jahr 1000, 1971 – H. ZIMMERMANN, Das dunkle Jh., 1971 – L. AUER, Der Kriegsdienst des Klerus unter den sächs. Ks.n, MIÖG 79, 1971; 80, 1972 – H. ANTON, Bonifaz v. Canossa, Mgf. v. Tuszien und die Italienpolitik der frühen Salier, HZ 214, 1972 – D. CLAUDE, Gesch. des Ebm.s Magdeburg I (Mitteldt. Forsch. 67/1, 1972) – P. HILSCH, Der Bf. v. Prag und das Reich in sächs. Zeit, DA 28, 1972 – W. SCHLESINGER, Erbfolge und Wahl bei der Königserhebung Heinrichs II. 1002 (Fschr. H. HEIMPEL 3 [Veröff. des Max-Planck-Inst. für Gesch. 36/3, 1972]) – R. SCHNEIDER, Die Königserhebung Heinrichs II. i. J. 1002, DA 28, 1972 – H. ZIELINSKI, Zur Aachener Königserhebung von 936, DA 28, 1972 – K. LEYSER, The Tenth Century in Byzantine-Western Relationship (Relations between East and West in the MA, 1973) – W. SCHLESINGER, Die sog. Nachwahl Heinrichs II. in Merseburg (Fschr. K. BOSL, 1974) – O. ENGELS, Die Gründung der Kirchenprovinz Magdeburg und die Ravennater »Synode« von 968, AHC 7, 1975 – Otto d. Gr. hg. H. ZIMMERMANN (WdF 450, 1976) – K. LEYSER, Rule and Conflict in an Early Medieval Society. Ottonian Saxony, 1979 – E. MÜLLER-MERTENS, Die Reichsstruktur im Spiegel der Herrschaftspraxis Ottos d. Gr., 1980 – K. LEYSER, Ottonian Government, EHR 96, 1981, 721–753 – G. ALTHOFF, Zur Frage der Organisation sächs. coniurationes in der Ottonenzeit, FMASt 16, 1982, 129–142 – H. BEUMANN, Imperator Romanorum, rex gentium. Zu Widukind III 76 (Fschr. K. HAUCK, 1982).

[*Salierzeit, Kirchenreform und Investiturstreit*]: JDG: H. BRESSLAU, K. II., 2 Bde, 1879–84 [Neudr. 1967]; H. STEINDORFF, H. III., 2 Bde, 1874–81 [Neudr. 1963]; G. MEYER v. KNONAU, H. IV. und H. V., 7 Bde, 1890–1909 [Neudr. 1964–66] – C. MIRBT, Die Publizistik im Zeitalter Gregors VII., 1894 [Nachdr. 1965] – A. HOFMEISTER, D. und Burgund im früheren MA, 1914 [Nachdr. 1963] – M. STIMMING, Das dt. Königsgut im 11. und 12. Jh. (Hist. Stud. 149, 1922) [Nachdr. 1965] – A. FLICHE, La réforme grégorienne, 3 Bde, 1924–37 [Nachdr. 1978] – B. SCHMEIDLER, Heinrich IV. und seine Helfer im Investiturstreit, 1927 – C. ERDMANN, Die Entstehung des Kreuzzugsgedankens (Forsch. zur Kirchen- und Geistesgesch. 6, 1935) [Nachdr. 1955] – A. FAUSER, Die Publizisten des Investiturstreites [Diss. München 1935] – G. LADNER, Theologie und Politik vor dem Investiturstreit (Veröff. des österr. Inst. für Geschichtsforsch. 2, 1936) [Nachdr. 1968] – R. HOLTZMANN, Heinrich III. und Heinrich IV. (Gestalter dt. Vergangenheit, hg. P. R. ROHDEN, 1939), 111–128 – H.-W. KLEWITZ, Kgtm., Hofkapelle und Domkapitel im 10. und 11. Jh., AU 16, 1939 [auch Sonderausg. 1960] – K. BOSL, Die Markengründungen Ks. Heinrichs III. auf bayer.-österr. Boden, ZBLG 14, 1943/44 – H. ZATSCHEK, Beitr. zur Beurteilung Heinrichs V., DA 7, 1944 – A. FLICHE, La querelle des investitures, 1946 – W. BERGES, Gregor VII. und das dt. Designationsrecht, StGreg 2, 1947 – H. KRABUSCH, Unters. zur Gesch. des Königsgutes unter den Saliern [Diss. masch. Heidelberg 1949] – TH. SCHIEFFER, Heinrich II. und Konrad II., DA 8, 1951 – M. LINTZEL, Zur Wahl Konrads II. (Fschr. E. E. STENGEL, 1952), 289–300 [abgedr. in: DERS., Ausgew. Schr. II, 1961, 421–430] – TH. SCHIEFFER, Nochmals die Verhandlungen v. Mouzon (Fschr. STENGEL), 324–341 – E. WERNER, Die gesellschaftl. Grundlagen der Klosterreform im 11. Jh., 1953 – H. GERICKE, Die Wahl Heinrichs IV., ZfG 3, 1955 – F. HAUSMANN, Reichskanzlei und Hofkapelle unter Heinrich V. und Konrad III. (MGH Schr. 14, 1956), 3–89 – W. v. D. STEINEN, Canossa, Heinrich IV. und die Kirche, 1957 [Sonderausg. Darmstadt 1969] – K. LEYSER, England and the Empire in the Early Twelfth Century, TRHS 5th ser. 10, 1960, 61–83 – H. JAKOBS, Die Hirsauer (Kölner hist. Abh. 4, 1961) – TH. SCHIEFFER, Cluny et la querelle des investitures, RH 225, 1961 [dt. Übers. in: Cluny, WdF 241, 1975, 226–253] – O.-K. KOST, Das östl. Niedersachsen im Investiturstreit (Stud. zur KG Niedersachsens 13, 1962) – J.-Y. MARIOTTE, Le royaume de Bourgogne et les souverains allemands du haut MA 888–1032 (Mém. soc. pour l'hist. du droit et des institutions des anciens pays bourguignons, comtois et romands 23, 1962), 162–183 – K. SCHNITH, Recht und Friede. Zum Königsgedanken im Umkreis Heinrichs III., HJb 81, 1962 – C. VIOLANTE, Aspetti della politica italiana di Enrico III prima della sua discesa in Italia (1039–1046), RSI 64, 1962 [abgedr. in: DERS., Studi sulla cristianità medioevale, 1972, 249–290] – H. HOFFMANN, Von Cluny zum Investiturstreit, AKG 45, 1963 [abgedr. in: Cluny, WdF 241, 1975, 319–370] – Canossa als Wende, hg. H. KÄMPF, (WdF 12, 1963) [mit Beitr. von A. BRACKMANN, C. ERDMANN, J. HALLER u.a.] – H. HOFFMANN, Gottesfriede und Treuga Dei (MGH Schr. 20, 1964) – O. CAPITANI, Immunità vescovili ed ecclesiologia in età »pregregoriana« e »gregoriana«, 1966 [Nachdr. 1973] – A. WAAS, Heinrich V. Gestalt und Verhängnis des letzten sal. Ks.s, 1967 – R. L. BENSON, The Bishop-Elect, 1968, bes. 203–250 – J. FLECKENSTEIN, Heinrich IV. und der dt. Episkopat in den Anfängen des Investiturstreites (Fschr. G. TELLENBACH, 1968), 221–236 – A. NITSCHKE, Die Ziele Heinrichs IV. (Fschr. W. TREUE, 1969), 38–63 – H. H. ANTON, Bonifaz v. Canossa, Mgf. v. Tuszien, und die Italienpolitik der frühen Salier, HZ 214, 1972 – CH. SCHNEIDER, Prophet. Sacerdotium und heilsgesch. Regnum im Dialog 1073–1077. Zur Gesch. Gregors VII. und Heinrichs IV. (MMS 9, 1972) – Investiturstreit und Reichsverfassung (VuF 17, 1973) [mit Beitr. von H. BEUMANN, J. FLECKENSTEIN, W. SCHLESINGER, P. CLASSEN] – E. HLAWITSCHKA, Zw. Tribur und Canossa, HJb 94, 1974 – H. VOLLRATH, Ksm. und Patriziat in den Anfängen des Investiturstreits, ZKG 85, 1974 – E. WERNER, Zw. Canossa und Worms. Staat und Kirche 1077–1122, 1975² – H. ZIMMERMANN, Der Canossagang von 1077 (AAMz 5, 1975) [erw. Fassung in it. Übers. von G. BEDA, 1977] – K. J. BENZ, Ks. Konrad II. und die Kirche ZKG 88, 1977 – L. FENSKE, Adelsopposition und kirchl. Reformbewegung im östl. Sachsen (Veröff. des Max-Planck-Inst. für Gesch. 47, 1977) – B. SCHWINEKÖPER, Kgtm. und Städte bis zum Ende des Investiturstreits (VuF Sonderbd. 11, 1977) – E. BOSHOF, Lothringen, Frankreich und das Reich in der Regierungszeit Heinrichs III., RhVjbll 42, 1978 – DERS., Das Reich in der Krise. Überlegungen zum Regierungsausgang Heinrichs III., HZ 228, 1979 – R. SCHIEFFER, Die Entstehung des päpstl. Investiturverbots für den dt. Kg. (MGH Schr. 28, 1981) – U.-R. BLUMENTHAL, Der Investiturstreit, 1982 – H. FUHRMANN, Pseudoisidor, Otto v. Ostia (Urban II.) und der Zitatenkampf von Gerstungen (1085), ZRGKanAbt 99, 1982 – T. STRUVE, Die Interventionen Heinrichs IV. in den Diplomen seines Vaters. Instrument der Herrschaftssicherung des sal. Hauses, ADipl 28, 1982 – B. TÖPFER, Tendenzen zur Entsakralisierung der Herrscherwürde in der Zeit des Investiturstreites, Jb. für Gesch. des Feudalismus 6, 1982 – J. VOGEL, Zur Kirchenpolitik Heinrichs IV. nach seiner Kaiserkrönung und zur Wirksamkeit der Legaten Gregors VII. und Clemens' (III.) im dt. Reich 1084/85, FMASt 16, 1982 – J. ZIESE, Wibert v. Ravenna, Der Gegenpapst Clemens III. (1084–1100) (Päpste und Papsttum 20, 1982) – H. KELLER, Schwäb. Hzg. e als Thronbewerber: Hermann II. (1002), Rudolf v, Rheinfelden (1077), Friedrich v. Staufen (1125), ZGO 131, 1983 – J. VOGEL, Gregor VII. und Heinrich IV. nach Canossa (Arbeiten zur Frühmittelalterforsch. 9, 1983) – T. STRUVE, Zwei Briefe der Ksn. Agnes, HJb 104, 1984 – DERS., Die Romreise der Ksn. Agnes, HJb 105, 1985 [im Dr.].

[*Stauferzeit und Interregnum*]: JDG: W. BERNHARDI, L. v. S., 1879 [Neudr. 1975]; DERS., K. III., 1883 [Neudr. 1975]; H. SIMONSFELD, F. I., Bd I: 1152–58, 1871 [Neudr. 1967] – A. CARTELLIERI, Kg. Manfred, 1910 – E. KANTOROWICZ, Ks. Friedrich II., 2 Bde, 1927–31 – R. HILDEBRAND, Der sächs. 'Staat' Heinrichs des Löwen, 1937 – H.

HEUERMANN, Die Hausmachtpolitik der Staufer von Hzg. Friedrich I. bis Kg. Konrad III. (1079-1152), 1939 - H. HARTMANN, Urkk. Konrads IV. Beitr. zur Gesch. der Reichsverwaltung in spätstauf. Zeit, AU 18, 1944 - E. E. STENGEL, Land- und lehnrechtl. Grundlagen des Reichsfürstenstandes, ZRGGermAbt 66, 1948 - G. KIRCHNER, Die Steuerliste von 1251. Ein Beitr. des stauf. Königsterritoriums, ZRGGermAbt 70, 1953 - H. KÄMPF, Papsttum und Ksm. bei Innocenz III. Die geistigen und rechtl. Grundlagen seiner Thronstreitpolitik, 1954 - F. GELDNER, Zur neueren Beurteilung Konrads III. (Fschr. B. KRAFT, 1955) - E. KLINGELHÖFER, Die Reichsgesetze von 1220, 1231/32 und 1235, 1955 [Rez.: E. SCHRADER, in: Stupor mundi, WdF 101, s. u.] - P. LAMMA, Comneni e Staufer, 2 Bde, 1955-57 - R. M. KLOOS, Ks. Friedrich II., Traditio 12, 1956 [Lit. Ber.] - G. BARRACLOUGH, Friedrich Barbarossa und das 12. Jh. (DERS., Gesch. in einer sich wandelnden Welt, 1957) - K. E. DEMANDT, Der Endkampf des stauf. Kaiserhauses im Rhein-Main-Gebiet, HJL 7, 1957 - H. M. SCHALLER, Zur Verurteilung Konradins (QFIAB 37), 1957 - A. NITSCHKE, Konradin und Clemens IV. (ebd. 38), 1958 - K. JORDAN, Friedrich Barbarossa, 1959 - H. J. KIRFEL, Weltherrschaftsidee und Bündnispolitik. Unters. zur auswärtigen Politik der Staufer, 1959 - M. MACCARONE, Papato e impero dalla elezione di Federico I alla morte di Adriano IV (1152-1159), 1959 - H. W. VOGT, Das Hzm. Lothars v. Süpplingenburg (1106-1125), 1959 - R. GOES, Die Hausmacht der Welfen in Süddeutschland [Diss. masch. Tübingen 1960] - B. HOFFMANN, Das dt. Kgtm. Konrads IV., 1960 - P. RASSOW, Honor Imperii. Die neue Politik Friedrich Barbarossas 1152-1159, 1961² - E. WISPLINGHOFF, Engelbert I. v. Berg, Ebf. v. Köln (etwa 1182-1225) (Rhein. Lebensbilder 1, 1961) - R. M. HERKENRATH, Reinald v. Dassel, Reichskanzler und Ebf. v. Köln [Diss. masch. Graz 1962] - H. WERLE, Stauf. Hausmachtpolitik am Rhein im 12. Jh., ZGO NF 71, 1962 - A. BALLESTEROS-BERETTA, Alfonso X el Sabio, 1963 - H. BÜTTNER, Stauf. Territorialpolitik im 12. Jh., Württemberg.-Franken 47, 1963 - J. Y. MARIOTTE, Le comté de Bourgogne sous les Hohenstaufen 1156-1208, 1963 - H. M. SCHALLER, Ks. Friedrich II., 1964 - H. STOOB, Formen und Wandel stauf. Verhaltens zum Städtewesen (Fschr. H. AUBIN, II, 1965) - Stupor mundi. Zur Gesch. Friedrichs II. v. Hohenstaufen, hg. G. WOLF (WdF 101, 1966, 1982²) - H. C. FAUSSNER, Hzg. und Reichsgut im baier.-österr. Rechtsgebiet im 12. Jh., ZRGGermAbt 85, 1968 - K. SCHMID, Welf. Selbstverständnis (Fschr. G. TELLENBACH, 1968) - W. SEEGRÜN, Kirche Papst und Ks. nach den Anschauungen Ks. Friedrichs II., HZ 207, 1968 - E. WADLE, Reichsgut und Königsherrschaft unter Lothar III. (1125-1137), 1968 - R. M. HERKENRATH, Regnum und Imperium. Das 'Reich' in der frühstauf. Kanzlei (1138-1155), SAW 264,5, 1969 - M. PACAUT, Friedrich Barbarossa, 1969 - F. GELDNER, Konradin, das Opfer eines großen Traumes, 1970 - A. HAVERKAMP, Herrschaftsformen der Frühstaufer in Reichsitalien, 2 Bde, 1970/71 - G. BAAKEN, Die Verhandlungen zw. Ks. Heinrich VI. und Papst Coelestin III. in den Jahren 1195-1197, DA 27, 1971 - O. ENGELS, Beitr. zur Gesch. der Staufer im 12. Jh. [I], DA 27, 1971 - E. LEYING, Niederrhein und Reich und die Königspolitik Konrads v. Hochstaden bis 1256, Vestische Zs. 73/75, 1971 - G. BAAKEN, Unio regni ad imperium. Die Verhandlungen von Verona 1184 und die Ehcabredung zw. Kg. Heinrich VI. und Konstanze v. Sizilien (QFIAB 52), 1972 - TH. V. VAN CLEVE, The Emperor Frederick II of Hohenstaufen, 1972 - J. DEÉR, Papsttum und Normannen, 1972 - O. ENGELS, Die Staufer, 1972, 1984³ - J. FLECKENSTEIN, Friedrich Barbarossa und das Rittertum. Zur Bedeutung der großen Mainzer Hoftage von 1184 und 1188 (Fschr. H. HEIMPEL, II, 1972) - H. M. SCHALLER, Endzeit-Erwartung und Antichrist-Vorstellung in der Politik des 13. Jh. (ebd.) - F. STEPHAN-KÜHN, Wibald als Abt v. Stablo und Corvey und im Dienste Konrads III. [Diss. Köln 1973] - H. STEHKÄMPER, Der Kölner Ebf. Adolf v. Altena und die dt. Königswahl (1195-1205), HZ, Beih. 2, 1973 - B. BRINCKEN, Die Politik Konrads v. Staufen in der Tradition der Rhein. Pfgft., 1974 - Probleme um Friedrich II., hg. J. FLECKENSTEIN (VuF 16, 1974) - K. JORDAN, Staufer und Kapetinger im 12. Jh., Francia 2, 1974 - O. ENGELS, Grundlinien der rhein. Verfassungsgesch. im 12. Jh., RhVjbll 39, 1975 - FRIEDRICH BARBAROSSA, hg. G. WOLF (WdF 390, 1975) - H. APPELT, Das Privilegium Minus, 1976² - K. LECHNER, Die Babenberger, 1976 - Atti del convegno di studi su Federico II, 1976 - Staufer, Kat. - F. GELDNER, Ksn. Mathilde, die dt. Königswahl von 1125 und das Gegenkönigtum Konrads III., ZBLG 40, 1977 - A. NITSCHKE, Die Mitarbeiter des jungen Friedrich Barbarossa (Fschr. O. HERDING, 1977) - H. VOLLRATH, Konrad III. und Byzanz, AK 59, 1977 - O. ENGELS, Der Ebf. v. Trier, der rhein. Pfgf. und die gescheiterte Verbandsbildung von Springiersbach im 12. Jh.

(Fschr. N. BACKMUND, 1978) - W. GIESE, Das Gegenkönigtum des Staufers Konrad 1127-1135, ZRGGermAbt 95, 1978 - W. GREBE, Rainald v. Dassel als Reichskanzler Friedrich Barbarossas, JbKGV 49, 1978 - D. HÄGERMANN, Das Urkundenwesen Wilhelms v. Holland, ADipl, Beih. 2, 1978 - H. MAURER, Der Hzg. v. Schwaben, 1978 - F. OPLL, Das Itinerar Ks. Friedrich Barbarossas (1152-90), 1978 - F. J. JAKOBI, Wjbald v. Stablo und Corvey (1098-1158), benediktin. Abt in der frühen Stauferzeit, 1979 - J. PETERSOHN, Der südl. Ostseeraum im kirchl.-polit. Kräftespiel des Reichs, Polens und Dänemarks vom 10.-13. Jh., 1979 - Die geistl. Ritterorden, hg. J. FLECKENSTEIN - M. HELLMANN (VuF 26, 1980) - K. JORDAN, Heinrich d. Löwe, 1980² - Heinrich d. Löwe, hg. W. D. MOHRMANN, 1980 - F. OPLL, Amator ecclesiarum. Stud. zur religiösen Haltung Friedrich Barbarossas, MIÖG 88, 1980 - H. BOOCKMANN, Der Dt. Orden, 1981 - P. CSENDES, Die Kanzlei Ks. Heinrichs VI., 1981 - Der Reichstag v. Gelnhausen, ein Markstein in der dt. Gesch. 1180/1980, hg. H. PATZE, 1981 - H. SCHWARZMAIER, Die Zeit der Staufer. Ein Lit. Ber. zum »Stauferjahr« 1977 in Baden-Württemberg, BDLG 117, 1981 - O. ENGELS, Zur Entmachtung Heinrichs des Löwen (Fschr. A. KRAUS, 1982) - Federico Barbarossa nel dibattito storiografico in Italia e Germania, hg. R. MANSELLI - J. RIEDMANN, 1982 - O. ENGELS, Der Niederrhein und das Reich im 12. Jh. (Kgtm. und Reichsgewalt am Niederrhein, hg. K. FINK - W. JANSSEN, 1983) - L. SPEER, Ks. Lothar III. und Ebf. Adalbert I. v. Mainz 1983.

Lit. zu E: Spätmittelalter [allg.]: F. HARTUNG, Dt. Verfassungsgesch. vom 15. Jh. bis zur Gegenwart, 1914, 1964⁸ - H. HEIMPEL, Das Wesen des dt. SpätMA, AK 35, 1953, 29-51 [Neudr. in: DERS., Der Mensch in seiner Gegenwart, 1957²] - F. TRAUTZ, Die Kg. e v. England und das Reich 1272-1377, 1961 - DERS., Die Reichsgewalt in Italien im Spät-MA, Heidelberger Jbb. 7, 1963 - H. ANGERMEIER, Kgtm. und Landfriede im dt. SpätMA, 1966 - K. COLBERG, Reichsreform und Reichsgut im spät. MA [Diss. masch. Göttingen 1966] - B. MOELLER, SpätMA (Die Kirche in ihrer Gesch. Bd. 2, Lfg. H, 1966) - G. LANDWEHR, Die Verpfändung der dt. Reichsstädte im MA, 1967 - Der dt. Territorialstaat im 14. Jh., 2 Bde, hg. H. PATZE (VuF 13-14), 1970/71 - P. MORAW, Gedanken zur polit. Kontinuität im dt. SpätMA (Fschr. H. HEIMPEL, II, 1972) - W. BECKER, Der Kurfürstenrat, 1973 - J. LEUSCHNER, D. im späten MA, 1975 - DOLLINGER, Hanse² - B. TÖPFER - E. ENGEL, Vom stauf. Imperium zum Hausmachtkönigtum, 1976 - P. MORAW, Fragen der dt. Verfassungsgesch. im späten MA, ZHF 4, 1977 - E. SCHUBERT, Kgtm. und Königswahl im spätma. deutschen Reich, ebd. - K.-F. KRIEGER, Die Lehnshoheit der dt. Kg. e im SpätMA (ca. 1200-1437), 1979 - P. MORAW, Reichsstadt, Reich und Kgtm. im späten MA, ZHF 6, 1979, 385-424 - E. SCHUBERT, Kg. und Reich, Stud. zur spätma. dt. Verfassungsgesch., 1979 - E. MEUTHEN, Das 15. Jh. (Grdr. der Gesch. 9, 1980) - H. BOOCKMANN, Der Dt. Orden, 1981 - H. THOMAS, Dt. Gesch. des SpätMA 1250-1500, 1983 - J. SCHILDHAUER, Die Hanse, 1984 - P. MORAW, Offene Verfassung und Verdichtung. Das Reich im späten MA, 1250-1490 (Propyläen Gesch. D.s III) [ersch. 1985] - DERS., Wahlreich und Territorien. Deutschland 1273-1500 (Neue Dt. Gesch. 3) [ersch. 1985].

[Einzelne Perioden und Fragestellungen]: TH. LINDNER, Gesch. des dt. Reiches unter Kg. Wenzel, 2 Bde, 1875/80 - A. BACHMANN, Dt. Reichsgesch. im Zeitalter Friedrichs III. und Max' I., 2 Bde, 1884-94 - O. REDLICH, Rudolf v. Habsburg, 1903 - R. SMEND, Das Reichskammergericht 1, 1911 - F. SCHNEIDER, Ks. Heinrich VII., 1924/28 - E. BOCK, Der Schwäb. Bund und seine Verfassungen 1488-1534, 1927 - E. E. STENGEL, Avignon und Rhens, 1930 - JDG: A. HESSEL, Albrecht I., 1931 - H. ANGERMEIER, Begriff und Inhalt der Reichsreform, ZRGGermAbt 75, 1958 - H. LIEBERICH, Ks. Ludwig d. Baier als Gesetzgeber, ZRGGermAbt 76, 1959 - A. GERLICH, Habsburg-Luxemburg-Wittelsbach im Kampf um die dt. Königskrone, 1960 - H. ANGERMEIER, Das Reich und der Konziliarismus, HZ 192, 1961 - H. OBENAUS, Recht und Verfassung der Gesellschaften mit St. Jörgenschild in Schwaben, 1961 - B. GUILLEMAIN, La cour pontificale d'Avignon 1309-1376, 1962 - TH. M. MARTIN, Die Städtepolitik Rudolfs v. Habsburg, 1963 - H. PATZE, Ebf. Gerhard II. v. Mainz und Kg. Adolf v. Nassau, HJL 13, 1963 - Das Konzil v. Konstanz, hg. A. FRANZEN - W. MÜLLER, 1964 - Die Welt zur Zeit des Konstanzer Konzils, 1965 - F. TRAUTZ, Stud. zu Gesch. und Würdigung Kg. Adolfs v. Nassau, Gesch. LK 2, 1965, 1-45 - L. SCHMUGGE, Johannes v. Jandun, 1966 - J. GILL, Konstanz und Basel-Florenz, 1967 - H. KAMINSKY, A Hist. of the Hussite Revolution, 1967 - A. LHOTSKY, Gesch. Österreichs seit der Mitte des 13. Jh. (1281-1358), 1967 - P. MORAW, Beamtentum und Rat Kg. Ruprechts, ZGO 116, 1968 - H. O. SCHWÖBEL, Der diplomat.

Kampf zw. Ludwig d. Bayern und der Röm. Kurie im Rahmen des kanon. Absolutionsprozesses 1330-1346, 1968 – P. Moraw, Kanzlei und Kanzleipersonal Kg. Ruprechts, A Dipl 15, 1969 – H. Angermeier, Die Reichsregimenter und ihre Staatsidee, HZ 211, 1970 – H.-J. Becker, Das Mandat »Fidem catholicam« Ludwigs d. Bayern v. 1338, DA 26, 1970 – H. Hesslinger, Die Anfänge des Schwäb. Bundes, 1970 – I. Hlaváček, Das Urkunden- und Kanzleiwesen des böhm. und röm. Kg.s Wenzel (IV.) 1376-1419, 1970 – A. Schröcker, Unio atque concordia, 1970 – W. v. Stromer, Oberdt. Hochfinanz 1350-1450, 1970 – R. Vaughan, Philip the Good, 1970 – A. Laufs, Der Schwäb. Kreis, 1971 – H. Wiesflecker, Ks. Maximilian I., 4 Bde, 1971-81 – A. Gerlich, Kg. Johann v. Böhmen, Gesch. Lk 9, 1973, 131-146 – H. Thomas, Zw. Regnum und Imperium, 1973 – D. Unverhau, Approbatio-Reprobatio, 1973 – R. Vaughan, Charles the Bold, 1973 – K. Nehring, Matthias Corvinus, Ks. Friedrich III. und das Reich, 1975 – Die Entwicklung des Konziliarismus, hg. R. Bäumer, 1976 – P. Blickle, Gemeiner Pfennig und Obrigkeit, VSWG 63, 1976 – Das Konstanzer Konzil, hg. R. Bäumer, 1977 – B. Schimmelpfennig, Benedikt XII. und Ludwig d. Bayer, AK 59, 1977 – G. Hödl, Albrecht II., 1978 – C. Mathies, Kurfürstenbund und Kgtm. in der Zeit der Hussitenkriege, 1978 – P. Moraw, Ks. Karl IV. im dt. SpätMA, HZ 229, 1978 – Ks. Karl IV. 1316-1378, hg. H. Patze, 1978 [= BDLG 114, 1978] – F. Seibt, Karl IV. Ein Ks. in Europa 1346-1378, 1978² – Karl IV. Staatsmann und Mäzen, hg. F. Seibt, 1978 – J. W. Stieber, Pope Eugenius IV, the Council of Basel and the Secular and Ecclesiastical Authorities of the Empire, 1978 – A. Black, Council and Commune, 1979 – H. Boockmann, Zu den Wirkungen der »Reform Ks. Siegmunds«, DA 35, 1979 – E. Meuthen, Nikolaus v. Cues 1401-1464, 1979⁴ – Ottokar-Stud., hg. M. Weltin – A. Kusternig, 1979 [= Jb. für LK von Niederösterreich NF 44/45, 1978/79] – G. Benker, Ludwig d. Bayer, 1980 – Die Zeit der frühen Hzg.e, hg. H. Glaser, 1-2 (Wittelsbach und Bayern I, 1 und 2, 1980) – E. Isenmann, Reichsfinanzen und Reichssteuern im 15. Jh., ZHF 7, 1980 – W. Krämer, Konsens und Rezeption, 1980 – P. Moraw, Versuch über die Entstehung des Reichstags (Polit. Ordnungen und soziale Kräfte im Alten Reich, hg. H. Weber, 1980), 1-36 – B. Resmini, Das Arelat im Kräftefeld der frz., engl. und angiovin. Politik nach 1250 und das Einwirken Rudolfs v. Habsburg, 1980 – F. Battenberg, Beitr. zur höchsten Gerichtsbarkeit im Reich im 15. Jh., 1981 – J. Miethke, Die Konzilien als Forum der öffentl. Meinung im 15. Jh., DA 37, 1981 – F. Seibt, Zum Reichsvikariat für den Dauphin 1378, ZHF 8, 1981 – Karl IV. Politik und Ideologie im 14. Jh., 1982 – G. Benecke, Maximilian I. (1459-1519), 1982 – H. Heimpel, Die Vener von Gmünd und Straßburg 1162-1447, 3 Bde, 1982 – K.-U. Jäschke, Zu universalen und regionalen Reichskonzeptionen beim Tode Ks. Heinrichs VII. (Fschr. B. Schwineköper, 1982), 415-435 – Das röm.-dt. Reich im polit. System Karls V., hg. H. Lutz, 1982 – H. Lutz, Die dt. Nation zu Beginn der NZ, HZ 234, 1982 – P. Moraw, Ks. Karl IV. 1378-1978. Ertrag und Konsequenzen eines Gedenkjahres (Gießener Festg. für F. Graus, 1982), 224-318 – J. Spěváček, Král, diplomat, 1982 – C. D. Dietmar, Die Beziehungen des Hauses Luxemburg zu Frankreich in den Jahren 1247-1346, 1983 – F. B. Fahlbusch, Städte und Kgtm. im frühen 15. Jh., 1983 – P.-J. Heinig, Reichsstädte, Freie Städte und Kgtm. 1389-1450, 1983 – H. Lutz, Das Ringen um dt. Einheit und kirchl. Erneuerung (Propyläen Gesch. D.s IV), 1983 – J. Miethke, Ks. und Papst im SpätMA, ZHF 10, 1983 – E. Mályusz, Zsigmond Király uralma Magyarországon 1387-1437, 1984.

F-H. Siedlung, Wirtschaft und Gesellschaft:

F. Klima, Landschaft und Umwelt

I. Zur naturräumlichen Gliederung – II. Das Klima – III. Die Landoberfläche und ihre Veränderungen – IV. Die Böden und ihre Nutzung.

I. Zur naturräumlichen Gliederung: Das Gebiet des (spätma.) D. nebst Böhmen, Mähren und dem Territorium des Dt. Ordens in Preußen hat sechs naturgeograph. Großräume eingenommen: Küstenland, nördl. Tiefland, paläozoisches und mesozoisches Mittelgebirge, südd. Stufenland, Alpenvorland und Alpen. Jeder dieser Großräume und die vielen in ihnen enthaltenen naturräuml. Einheiten minderer Größe haben durch das bes. Zusammenwirken von Klima, Landformen, Gewässern, Böden und Vegetation bes. Bedingungen für den Menschen mit seiner Besiedlung und Wirtschaft und dem Verkehr geboten. (Das Hdb. der naturräuml. Gliederung Deutschlands [1953ff.] und die Geograph. Landesaufnahme 1:200000 geben eine detaillierte Darstellung.) Wie die Naturräume im MA beschaffen waren, läßt sich nur teilweise durch aktualist. Rückschlüsse aus den heut. Verhältnissen erkennen. Denn die meisten der gegenwärtigen Naturbereiche und die in ihnen wirkenden Elemente und Prozesse sind nicht die gleichen wie im MA. So besitzen Klima, Gewässer sowie Boden und damit auch die Pflanzen- und Tierwelt ganz unabhängig vom Menschen eine hist. Wandlungsfähigkeit. Zur Reaktion auf eine allein im Naturbereich begründete Veränderung der Bedingungen tritt die bereits seit dem Neolithikum andauernde und sich im Mittelalter verstärkende Einwirkung des Menschen auf seine natürliche Umwelt. Diese hat sich während des MA so erheblich verändert, daß der siedelnde und wirtschaftende Mensch in großem Umfang davon betroffen worden ist. Je weiter wir in die Vergangenheit zurücktasten, desto stärker unterscheiden sich die natürl. Bedingungen von den heutigen. Jede Epoche des MA hat ihre eigenen natürl. und naturnahen Umwelten gehabt (→ Altlandschaftsforschung). Zur zeitl. Wandlungsfähigkeit ihrer Elemente als Folge natürlicher und anthropogener Einwirkungen kommt die in der Zeit wechselnde Beurteilung durch den Menschen im Zusammenhang mit einer Veränderung seiner Rahmenbedingungen, namentl. in den Bereichen Technik und Wirtschaft, in der gesellschaftl. Organisation und durch weitere Parameter.

II. Das Klima: Das Klima D.s ist geprägt durch seine Lage in der Westwindzone, in der Tiefs mit kräftigen Niederschlägen und in ständiger Umbildung von West nach Ost ziehen, seltener in nördl. oder südl. Richtung. Hochdrucklagen mit östl. Winden, Trockenheit, sommerlicher Hitze und winterlicher Kälte treten bevorzugt im Jan., März, Mai und Sept. auf. Die Mitteltemperaturen des Jan. (kältester Monat) liegen im nw. Tiefland, im Rhein- und Moseltal über 0°C, sonst im Tief- und Senkenland um 0 bis $-1,5$°C. Am kältesten sind neben den Alpen die höheren Mittelgebirge, wo in Höhen ab 800 bis 1000 m eine winterl. Schneedecke (mindestens 10 cm) regelmäßig mehrere Monate liegt, während sie im Oberrheingraben, im Rhein-Main-Gebiet u. am Niederrhein nur an 4-8 Tagen beobachtet wird. Während der Frühling um den 14. April am Kaiserstuhl einzieht, gelangt er erst um den 28. Mai nach Flensburg und Königsberg. Die Weinbaugebiete mit Juliwerten über 18°C markieren die sommerwärmsten Naturräume, während die mittleren Juliwerte im küstennahen Tiefland, in Schleswig-Holstein und in den niederen Mittelgebirgen zw. 16° und 17°C, in den höheren Mittelgebirgen (Feldberg 10,8°C) und in den Alpen (Zugspitze 2,5°C) erheblich darunter absinken.

Viele Bereiche von Umwelt, Siedlung, Wirtschaft und Verkehr werden durch das Klima beeinflußt. Da es im MA nicht konstant gewesen ist und sich manche ma. Klimawerte von heutigen unterscheiden, sollte die ma. Kulturgeschichte auch Fragestellungen und Ergebnisse der hist. Klimakunde beachten (vgl. die grundlegenden Beitr. u. a. von Flohn-Fantechi, Le Roy Ladurie, Lamb). Ihre Schwierigkeiten bestehen v. a. darin, daß kontinuierl. instrumentale Beobachtungsreihen erst in der NZ einsetzen (z. B. Klemm). Die Verfeinerung der Arbeitsweisen und die Zunahme der gesammelten Daten lassen dennoch den Verlauf des ma. Klimas immer schärfer heraustreten. Wie heute unterscheiden sich Witterungs- und Klimaverlauf des maritimen bis submaritimen westl. und mittleren Europas vom subkontinentalen östl. Europa. Im mittleren und westl. Europa treten nach einem milden 1. Jh. für die Zeit des 2./3. Jh. überdurchschnittlich kalte Winter heraus, ebenso in der Periode von ca. 800 bis 1000 n. Chr. mit feuchten Sommern. Die Phase mit warmen Sommern der Perioden um 300 bis 500, 700 bis 800 und um 950 waren begleitet von allgemeiner Trockenheit und kalten Wintern (LAMB, 1977, 428). Ins späte 10. Jh. fallen sehr trockene und warme Sommer; v. a. die Epoche von etwa 1000 bis 1300 ist im größten Teil Europas beiderseits 50°N geprägt von überdurchschnittl. trockenen und warmen Sommern, jedoch verbunden mit milden, feuchten Wintern (LAMB, 1977, fig. 17,2). Jene Phase mit Klimax um 1150–1300 wird deshalb von der hist. Klimaforschung, insbes. von LAMB, als Kleines Optimum (»Little Optimum«) bezeichnet. Man darf damit jedoch keine Vorstellung über eine allzu große Änderung der Temperatur verbinden. Aus Befunden von FIRBAS über das Riesengebirge (1952, 132) und von LAMB über England (1977, 279) ist mit einer Zunahme der Temperatur des Sommerhalbjahres während des ma. Optimums von nur etwa 1°C gegenüber der unseres Jahrhunderts zu rechnen. Ähnlich hat man, z. B. nach LE ROY LADURIE, für die kalten Phasen des hist. Klimas an eine Erniedrigung von etwa 1°C gegenüber heute zu denken. In allen durchs Klima begünstigten Räumen haben sich Temperaturschwankungen dieser Größenordnung nur geringfügig, allenfalls auf Sonderkulturen wie →Wein auswirken können, während die Folgen für die Landwirtschaft an der damaligen Höhengrenze des Anbaus erheblich gewesen sein müssen. Manche Befunde über Standorte bestimmter Natur- und Kulturpflanzen jenseits ihrer späteren Verbreitungsareale sind mit den Daten über das Kleine Klimaoptimum des MA gut vereinbar, jedoch öfter für sich allein nicht beweiskräftig. Denn die andersartigen Wirtschafts-, Verkehrs- und Lebensverhältnisse des MA hatten damals auch manche Landstriche, die heute kaum intensivere Kulturen tragen, in Wert gesetzt. Außerdem unterscheiden sich ma. Kulturpflanzen ihren Standortansprüchen nach von heutigen, selbst dann, wenn sich der Name nicht geändert hat. Z. B. weichen ma. Weizen und heut. Zuchtweizen erheblich voneinander ab (→Getreide). Die weite Verbreitung des Weinbaus bis ins 15. Jh., u. a. bis Ostpreußen und Brandenburg, ist nicht allein aus dem damals wärmeren Sommerhalbjahr zu erklären, sondern u. a. aus den geringeren Geschmacksansprüchen, dem Würzen des Weins und an damaligen schwierigen Verkehrsverhältnissen bei gleichzeitigem ubiquitärem Bedarf an Abendmahlswein. Aus Mitteleuropa sind manche Reste früherer Beakerung in höheren Lagen des Berglandes bekannt, aber bezüglich der Veränderungen des Klimas noch nicht näher untersucht worden. Die Arbeit von RICHTER (1952) über Klimaschwankungen und Wüstungsvorgänge im MA deduziert zu stark, um heute noch als beweiskräftig gelten zu können.

Daß das Klima einen Anteil an ma. Verschiebungen des Anbaus auch in Mitteleuropa hat, ist auch auf Grund von Befunden der Vegetationsgeschichte zu erwarten. So hat z. B. FIRBAS (1952, 132) nachgewiesen, daß im Riesengebirge die Waldgrenze spätestens seit dem 17. Jh. durch eine Veränderung des Klimas um 100 bis 200 m herabgedrückt worden ist. Das vegetationsgeschichtl. Optimum des MA dauerte auch hier bis ins 14. Jh. Die Phase vom 14. Jh. bis in die 2. Hälfte des 16. Jh. ist für den ostmittel- und westeurop. Raum durch eine Zunahme der Winterkälte und einen Wechsel von sehr feuchten mit trockenen Sommern gekennzeichnet (FLOHN-FANTECHI, 39). Ab 1550 bis etwa 1870 (»Little Ice Age«) überwiegen kältere Winter und kühlere, feuchte Sommer. Während des Kleinen Optimums, das in den Alpen bis gegen 1200/1300 dauerte und mit einem Rückgang der Gletscher verbunden war, ließen sich die →Alpenpässe leichter überwinden. Die ma. Klimaschwankungen haben auch die Verbreitung von Krankheiten und dadurch auch die Bevölkerung und Siedlungen beeinflußt. Wenn die →Malaria in D. und in anderen europ. Ländern nördl. der Alpen im 12. Jh. einen Höhepunkt erreichte, hat man zur Erklärung die damalige warme Periode in Rechnung zu stellen. Im ohnehin wärmeren Italien war dagegen die Ausbreitung der Malaria mit kühlen und feuchteren Klimaphasen verbunden, weil dann die Versumpfung zugenommen hatte. Wie bei vielen anderen Vorgängen ist auch bei der Ausbreitung der Malaria die Klimaänderung nur eine mitwirkende, nicht jedoch die alleinige Ursache gewesen. Die starke Variabilität des Klimas ab 1300 mit Serien von extremen Jahreszeiten ist beim Versuch in Rechnung zu stellen, die →Hungersnöte und Seuchen (→Epidemien) bei Vieh und Mensch (Pest; St. Antoniusfeuer durch Ergotismus, begünstigt durch feuchtes Getreide), die sich im späten MA häufen, zu erklären (u. a. FLOHN-FANTECHI).

III. DIE LANDOBERFLÄCHE UND IHRE VERÄNDERUNGEN: [1] *Meeresspiegel und Küstenverlauf:* Von den Großformen der Landoberfläche hat sich der Küstenverlauf, insbes. der Nordsee, am stärksten verändert. Die wichtigste und allgemein wirksame Ursache ist der sich seit Ende des Eiszeitalters in Zyklen vollziehende und bis zur Gegenwart andauernde glazialeustat. Anstieg des Meeresspiegels. Er beträgt an der Nordsee seit 300 n. Chr. ca. 0,9 m (bis 1800 um 5 cm im Jahrhundert). Wesentlich darüber hinaus geht der nach Pegelmessungen festgestellte Anstieg der Wasserstände der letzten 100 Jahre (25 cm). Für die Ostsee sind für das MA ähnliche Werte wie für die Nordsee anzusetzen, jedoch mit regionalen Abweichungen nach oben und unten, bedingt durch Krustenbewegungen. Die jüngeren Transgressions- oder Ingressionsschübe der Nordsee werden international als Dünkirchener (D-)Zyklus bezeichnet: D II um 250 n. Chr.; D III/IV um 800 und 1100. Durch die D III Transgression mußten in der Marsch die Flachsiedlungen aufgegeben und durch Siedlungen auf →Wurten ersetzt werden (u. a. KOSSACK, BEHRE, SCHMID). Die Wurtenzeit dauerte bis zur Jahrtausendwende, als die noch heute andauernde Periode des kontinuierl. Deichbaus (→Deich- und Dammbau) einsetzte. Die im Verlaufe von fast 1000 Jahren immer weiter verbesserten Bollwerke gegen die See stabilisierten die bis dahin labilen naturräuml. Verhältnisse und ermöglichten anstelle der älteren Wurtensiedlungen das Anlegen von Dörfern und Einzelhöfen zu ebener Erde bei gleichzeitigem Ausgreifen der landwirtschaftl. Nutzung als Folge der nun dank dem Deichbau durchführbaren Entwässerungsmaßnahmen (Schleusen seit dem 12./13. Jh.). Ein weiteres epochales Geschehen waren die mit dem 12. Jh. einsetzenden →Sturmfluten, die nicht nur mit dem Anstieg des Meeresspiegels zusammenhängen, sondern auch mit gehäuft auftretenden Orkanen aus Norden und Nordwesten sowie einer Erhöhung der Sturmfluten infolge ihres Staus vor den Deichen, da das Wasser nicht mehr binnenwärts auslaufen konnte. Deutlich zeigt sich hier die enge Verknüpfung von anthropogenen Eingriffen und dynam. Naturprozessen mit weitreichenden Folgen. Denn durch die Flutkatastrophe sind etwa 100 Dörfer zerstört u. weite Landstriche auf lange Zeit überflutet worden, wobei aus kleinen Anfängen, wie Rinnen und Trichtern, die großen Meeresbuchten Zuider Zee (heute nach Abdämmung Ijsselmeer), Dollart und Jadebusen gebildet worden sind. Da im 16. Jh. die bis zur Gegenwart andauernde Rückgewinnung verlorenen Landes durch Eindeichung einsetzte, nehmen die heutigen Buchten nur noch Teile der großen, im späten MA vorhanden gewesenen Wasserflächen ein. Erheblich verändert haben sich während und seit dem MA auch die vorgelagerten Inseln nach Anzahl, Lage und Größe. Zur Bildung von Halligen durch Zerstörung des Marschenlandes hat der Abbau des Salztorfes (→Torf) durch den Menschen erheblich beigetragen. Schließlich bewirkte der Anstieg des Meeresspiegels bereits in Urgeschichte und MA durch die sich verschlechternde Vorflut eine Zunahme der Vermoorung bis weit ins Hinterland hinein.

An der Ostseeküste, wo Marschen fehlen, Sturmfluten weniger dramatisch verlaufen und weithin steile Kliffs verbreitet sind, wirkte sich der Meeresanstieg viel geringer als an der Nordseeküste aus. Als Aufschüttungen von Küstenströmungen sind während des MA und danach manche Haken mit Strandwällen gebildet worden, andere bis zu Nehrungen und darüber hinaus weiter gewachsen, so daß heute einzelne ma. Buchten, die für die damalige Seefahrt bedeutend waren, trocken liegen. Auch haben sich bereits im MA manche Tiefs oder Balgen (Schiffspassagen durch Nehrungen) verlagert, wie z. B. die Quellen des Dt. Ordens zeigen.

[2] *Veränderungen der Oberfläche des Binnenlandes:* Die Oberfläche des festen Binnenlandes hat sich in ihren Großformen seit Ende des Eiszeitalters wenig verändert. Zu den labilen Gebilden gehören im Schichtstufenland jene Stufen, deren bes. Gesteinsverhältnisse zu Abbrüchen neigen. Die Veränderungen des Kleinreliefs erregen zwar weniger Aufmerksamkeit, sind jedoch in ihren Auswirkungen auf den wirtschaftenden Menschen, auf Siedlungen und Verkehr viel bedeutender, weil sie fast überall wirksam sind. Am stärksten verbreitet ist die flächenhafte Bodenerosion. Sie wird durch Maßnahmen des Menschen ausgelöst. Vielfach sind während des MA und seitdem Profile von 1–2 m Mächtigkeit erodiert, und die Erdmasse ist an den Unterhängen als Kolluvium aufgeschüttet worden. Durch derartige Erosion und Akkumulation sind weithin in D. die prähist. und ma., mitunter sogar nz. Böden ganz oder in ihren oberen Horizonten vernichtet oder zugedeckt worden. Neuere Untersuchungen haben z. B. auf ehemaligem ma. Ackerland unter heut. Wald großflächige ma. Bodenerosion nachweisen können. Bekannt sind viele Beispiele der Verschüttung ma. Siedlungshorizonte, insbes. von Wüstungen durch Akkumulation. Zu den überzeugendsten Beispielen für diese Vorgänge gehört die aus der Zeit um 1180/1210 stammende Achatiuskapelle in Grünsfeldhausen (Lkr. Tauberbischofsheim), die bei ihrer Freilegung 1903/05 von einem fast 4 m hohen Auelehmpaket umgeben war (zur Auelehmbildung s.: W. Menschnig, abgedr. in: G. Richter, WdF 430, 1976). Ma. Bodenprofile sind mit Sicherheit nur noch dort weitgehend erhalten, wo sie unter Wald liegen, dieser auf ebenem oder schwach geböschtem Gelände stockt und wo weder ma. oder nz. Ackerbau noch in gleicher Zeit intensivere Waldweide ausgeübt worden ist.

Als verbreitete Kleinformen der Erdoberfläche sind Dünen teilweise im MA entstanden oder umgelagert worden. Im niedersächs. Tiefland sind z. B. 12% seiner Fläche von Dünen und durch die ihnen verwandten Deck- oder Flugsandebenen eingenommen, und beide bedecken entlang des Mains, im Steigerwaldvorland, in der Regnitz-Furche, im Rhein-Main-Gebiet, im Oberrhein-Tiefland, in den ostdt. Urstromtälern, entlang der Küsten und auf den Nehrungen große Flächen. Überall sind sie schon früh von Menschen als Standorte für Siedlungen und Kulturflächen genutzt worden. Wo Dünen außerhalb der Küsten auftreten – und selbst dort –, kann überall mit anthropogenen Einwirkungen (Waldvernichtung, Überweidung, Ackernutzung) auf die Bildung und Veränderung von Dünen gerechnet werden und zwar seit prähist. Zeit. Zu den bekanntesten Beispielen gehören die seit dem späten MA infolge von Waldverwüstung ins Wandern geratenen Dünen der Kur. Nehrung, die bekanntlich mehrere Dörfer verschüttet haben. An den Küsten sind während des MA durch Dünen einige Flußmündungen abgeriegelt und Häfen versandet und blockiert worden.

[3] *Binnengewässer und Moore:* Binnenseen gehören zu den vergänglichsten Gebilden unter den Gewässern, so daß sich während und seit dem MA viele nach Größe und Tiefe verändert haben. Tausende von kleineren und manche größere Seen sind durch natürliche oder anthropogene Verlandung verschwunden. Der ma. Zustand und seine Veränderungen lassen sich am besten bestimmen, wenn es gelingt, mit Hilfe neuerer und älterer Kartenwerke, von Akten und sonstigen Archivalien alle nz. Veränderungen auszuschließen. Auch Geologie, Limnologie und Paläobotanik liefern wichtige Erkenntnisse. Mitunter führen Seen im MA einen anderen Namen als in der NZ. Von erhebl. Umfang und mit beträchtl. Auswirkungen auf Siedlung und Wirtschaft waren in vielen Seen Schwankungen des Wasserstandes. Er konnte im MA durch Mühlenstau (→Mühle) oder Ableitung des Wassers um mehrere Meter schwanken, wie u. a. neuere Untersuchungen des Plöner Sees in Ostholstein und Forschungen im Gebiet des Dt. Ordens zeigen. Mit derartigen Niveauveränderungen verbunden waren Ausdehnung oder Schrumpfen der Wasserfläche und Austrocknungs- oder Vernässungsvorgänge im Bereich von Seeufersiedlungen. Im Alpenvorland sind manche der noch im MA vorhanden gewesenen Seen durch Vorschieben von Schutt- und Schwemmfächern stark geschrumpft. Der noch im MA mit dem offenen Meer in Verbindung gewesene Drausensee südl. von Elbing ist durch nachmittelalterl. Deich- und Entwässerungsanlagen großenteils mit Reihendörfern, Acker- und Grünland aufgesiedelt und kultiviert worden und seitdem ein Binnensee. Entlang der Ostseeküste sind durch Vorschieben von Nehrungen Meeresbuchten abgeriegelt worden und durch sich anschließende Verlandungsvorgänge Binnenseen entstanden, aus manchen Mooren heutiges Grünland.

In D. gibt es keine völlig natürlichen Flußläufe mehr und außerhalb des Hochgebirges und der Wälder nur noch wenige Bäche ohne erhebl. anthropogene Veränderungen. Da die meisten hist. Karten, auch die Grundkarten der großen hist. Länderatlanten, die Gewässer nach ihrem heut. Zustand wiedergeben, können für das MA falsche Vorstellungen suggeriert werden. Die Unterschiede zwischen heut. und ma. Flußstrecken kann man sich für alle Gewässerabschnitte im Tiefland, wozu auch die breiten Talungen der Mittelgebirgsregion rechnen (z. B. Leinetalung), nicht groß genug vorstellen. Wo ein größerer Fluß durch eine breite Talung oder Ebene floß, bestand er gewöhnlich aus einem System von mehr oder weniger parallelen bis bogenförmigen, noch durchflossenen oder schon toten Wasserläufen, wobei ztw. dieser, dann ein benachbarter Arm Hauptstrom war. Dazwischen lagen Sande, Kiesbänke und Inseln mit Wald oder Grünland. Da auch die großen Ströme im Tiefland aus einer Anzahl kleinerer Wasserbetten bestanden, waren sie im Sommer leichter zu überschreiten. So konnte z. B. im Sommer/ Herbst 1035 Ks. Konrad II. mit einem Heer die Elbe bei Werben auf einer Furt überqueren, wo heute ein Großschiffahrtsweg besteht. In trockenen Sommern war die

Elbe bis 40 km oberhalb von Hamburg öfter nur etwa 50/60 cm tief. Da Flußläufe im MA als Grenzen kirchl. wie weltl. Verwaltungsgebiete dienten, hat man bei Grenzbeschreibungen Flußverlegungen in Rechnung zu stellen. Sie treten v. a. im Tiefland auf und können so erheblich sein, daß manche ma. Flußufersiedlungen heute weitab vom Strom liegen, wie das z. B. vom Niederrhein, vom Oberrheintiefland und von der Elbe bekannt ist. Flußverlagerungen haben auch manche Wüstungen herbeigeführt. Viele der ältesten Deiche an der Weser- und Elbemündung sind ebenfalls durch Stromverlagerungen zerstört worden. In den Flußniederungen des Binnenlandes sind Deiche schon vor dem Deichbau an der Küste verwendet worden (vgl. HELMOLD I, 89). Schiffahrtshindernisse durch Felsen mit Untiefen und Strudeln wie der berüchtigte Greiner Strudel an der Donau sind seit dem ausgehenden 18. Jh. durch wiederholte Flußregulierungen beseitigt und schließlich in vielen Fällen durch die moderne Stauhaltung nicht mehr in Andeutung erkennbar. In Flußtälern des Tieflandes konnte ebenfalls der Mühlenstau zu erheblicher Vernässung und Versumpfung führen, wie für den Spree-Havel-Winkel nachgewiesen wurde. Eustat. Meeresspiegelanstieg und Landsenkungen infolge tekton. Bewegungen können in Tieflandsflüssen bei landwärtigen Winden zu einer bis ca. 100 km landeinwärts reichenden Stauwirkung führen, so daß dort tiefgelegenes Land in Flußnähe vernäßt.

Für ma. Siedlungen waren Quellen wichtig. Allgemein ist festzustellen, daß sich die Schüttung vieler Quellen regional und lokal durch Rodungen, Entwässerung, seltener durch Vernässung, namentlich jedoch seit Ende des 19. Jh. im Zusammenhang mit der Einführung der zentralen Wasserversorgung erheblich geändert hat und vielfach zum Erliegen gekommen ist.

Hochmoore (→Moor) sind im MA in D. nur randlich und regional in landwirtschaftl. Nutzung, darunter auch Ackerbau, genommen worden; auch war ma. Torfabbau (→Torf) verbreitet. Weithin sind jedoch die großen Moore erst in der NZ besiedelt und kultiviert worden, wie bereits ein Blick in die Landesaufnahmen des 18. Jh. zeigt.

IV. DIE BÖDEN UND IHRE NUTZUNG: Will man sich mit dem Boden in seiner Bedeutung für die Besiedlung und Wirtschaft des Mittelalters befassen, dann sind die Böden zunächst regional nach Bodenart und genetischem Bodentyp, nach hist. Wandlungsfähigkeit und Veränderung sowie ökolog. Standortgüte zu gruppieren. Daraus ergeben sich Erkenntnisse der Standorteigenschaften, der Bodenfruchtbarkeit und der Bodenbewertung. Wichtigste Hilfsmittel sind die Bodenkarten der Maßstäbe 1:1 000 000 bis 1:25 000 (nicht flächendeckend vorhanden), die für die Bundesrepublik und ihre Länder sowie für die DDR vorliegen.

Die Fruchtbarkeit der Marschböden und ihre damit verbundene frühe Besiedlung beruht auf schluffigen, lehmigen und kalkreichen Sedimenten. Die älteren Seemarschen und die Brackmarsch sind heute weitgehend kalkfrei und verdichtet und damit für den Ackerbau kaum geeignet. Eine ma., ackerwürdige Marsch kann sich deshalb bis heute zu einer nur noch für Grünland geeigneten Marsch verändert haben. Die Jungmoränen um die Ostsee sind noch kalkreich und damit fruchtbar, während die flacheren Altmoränen, die große Teile des nordwestl. Tieflandes (z. B. in der Lüneburger Heide) einnehmen, meist tiefgründig entkalkt und damit weniger ertragreich sind. Noch stärker gilt das für die großen Sander- und Talsandgebiete südl. und westl. der jüngeren und älteren Moränengürtel. Jedoch ist die Bearbeitbarkeit solcher leichten Böden für die Landwirtschaft des vortechn. Zeitalters günstig gewesen. Die aus Löß hervorgegangenen Böden sind überwiegend für den Ackerbau gut bis bestens geeignet. Anthropogene Auftragsböden sind die nordwestdt. Plaggenesche (→Esch), deren Düngung mit Plaggen nach BEHRE im 10. Jh. begonnen hat. Zw. der nördl. Lößgrenze (Linie: Brüssel-Hannover-Breslau) und der Donau sind etwa 50% der Fläche geschlossen und tief mit Löß bedeckt (Vorland der Mittelgebirge) oder besitzen flache Lößdecken von wenigen cm oder Lößeinmischungen wie viele Mittelgebirgsböden der unteren Bereiche. Verbreitet ist der Löß auch in der Hess. Senke und im südst. Gäuland. Auf den zumeist durch warme Sommer und geringere Niederschläge begünstigten Lößlehmflächen haben sich weithin schon im Verlaufe des MA größere und volkreiche Dörfer entwickelt. In den Mittelgebirgen sind flach entwickelte, steinreiche Böden aus Massen- und Sedimentgesteinen verbreitet. Nährstoffreichere Braunlehme bilden dort seit dem MA bevorzugte Ackerböden, während staunasse Böden für →Wiesen oder Waldnutzung (→Wald) geeignet sind. Im Stufenland herrschen lehmige, tonige oder sandige Böden vor, die regional flachgründig und steinreich sind. Im Alpenvorland sind bes. weit verbreitet lehmige Sande bis Lehme mit schwerem Unterboden, teilweise unter Wassereinfluß. In den Alpen sind flachgründige, steinreiche Böden noch stärker als im Mittelgebirge vertreten. In den Flußtälern ist, verstärkt durch die ma. Rodung mit nachfolgendem Ackerbau (→Kolonisation und Landesausbau), mit wechselnder Horizontfolge aus fluviatilen Sedimenten Auelehm (Sand bis Ton) abgelagert worden. Die seit Beginn des MA sedimentierten Folgen erreichen oft mehrere Meter Mächtigkeit.

Die seit dem Neolithikum übliche Wald- und Freilandweide, Rodungen und Holzeinschlag hatten bereits im MA nur wenig von den rein naturbedingten Pflanzengesellschaften übrig gelassen. Diese bestanden, soweit noch in Resten vorhanden, an der Schwelle des MA v. a. aus Wald. Westl. der Elbe, südl. der Nordseeküste und bis zu den Alpen wurden alle Tief- und niederen Gebirgslagen (bis ca. 800 m Harz; 1200 m Alpennordkette) von Rotbuchenmischwäldern, in den wärmeren und trockensten Gebieten (z. B. Thür. Becken) auch von Eichenmischwäldern, eingenommen. Auf südst. Tieflandsanden kamen auch Kiefern vor. In den höheren Lagen der Mittelgebirge ging der Anteil der Rotbuche zurück, und Fichten sowie Tannen wurden zahlreicher. Rotbuchen herrschten auch im Moränengürtel um die Ostsee bis Hinterpommern. Sonst waren im östl. D. Kiefern-Eichenmischwälder herrschend; in Ostpreußen mit viel Hainbuchen (ELLENBERG, 1982).

H. Jäger

Atlanten und Kartenwerke: M. DLOCZIK, A. SCHÜTTLER, H. STERNAGEL, Der Fischer Informationsatlas Bundesrepublik Deutschland, 1984 – Atlas der Republik Österreich, 1961–80 – Atlas der Schweiz, 1981ff. – TH. KRAUS, E. MEYNEN, H. MORTENSEN, H. SCHLENGER, Atlas östl. Mitteleuropa, 1959 – H. W. WALTHER, A. ZITZMANN (Red.), Geolog. Karte der Bundesrepublik Deutschland 1:1 000 000, zuletzt 1981 – W. HOLLSTEIN, Bodenkarte der Bundesrepublik Deutschland 1:1 000 000, 1963 – Landesämter der Bundesländer für Bodenforsch., geolog.; Institut für Bodenkartierung (DDR), Bodenkundl. Übersichtskarten 1:200 000 bis 1:500 000, 1951ff. – Dt. Wetterdienst, Klima-Atlanten der Bundesländer, 1952ff. – Meteorolog. und Hydrolog. Dienst der DDR, Klima-Atlanten für das Gebiet der Deutschen Demokratischen Republik, 1953 – s. a. naturräuml. und siedlungsgesch. Karten der verschiedenen Geschichtsatlanten dt. Länder, Regionen und ehem. Provinzen – *Lit.:* HOOPS[2], s. v. Altlandschaftsforsch. [H. JÄGER], Boden [F. SCHEFFER], Bodenkunde und Siedlungsforsch. [B. MEYER], Dünen [H. JÄGER – H. JANKUHN] u. a. – Probleme der Küstenforsch. im südl. Nordseegebiet, ersch. seit 1940 (wichtige Zs.); Beitr. u. a. von: K.-E. BEHRE, 1984; D.

P. Blok, 1984; K. Brandt, 1979; A. E. Hofmeister, 1984; R. Krämer, 1984; G. Linke, 1982; W. Reinhardt, 1984; H. T. Waterbolk, 1979 – F. Firbas, Waldgesch. Mitteleuropas, 2 Bde, 1949, 1952 – E. Meynen, J. Schmithüsen u. a., Hb. der naturräuml. Gliederung, 1953–62 – H. Jäger, Zur Erforschung der ma. Landesnatur, StM, 3ª Ser., IV, 1, 1963, 1–51 – E. Le Roy Ladurie, Hist. du climat depuis l'an mil, 1967 – R. Ganssen, Bodengeographie, 1972 – A. Semmel, Geomorphologie der Bundesrepublik Deutschland, 1972 – Bodenerosion in Mitteleuropa, hg. G. Richter (WdF 430, 1976) – F. Klemm, Die Entwicklung der meteorolog. Beobachtungen in Nord- und Mitteldeutschland bis 1700, Annalen der Meteorologie 10, 1976 – H. H. Lamb, Climate: Present, Past and Future, 2: Climatic Hist. and the Future, 1977 – H. Jäger, Der Beitr. der Hist. Geographie zur ma. Archäologie, ZAMA, 1978, 7–32 – D. Henningsen, Einf. in die Geologie der Bundesrepublik Deutschland, 1981² – H. Ellenberg, Vegetation Mitteleuropas mit den Alpen in kausaler, dynam. und hist. Sicht, 1982³ – H. H. Lamb, Climate, Hist. and the Modern World, 1982 – K. Rocznik, Wetter und Klima in D., 1982 – J. Kramer, Sturmfluten, 1983 – Archäolog. und naturwiss. Unters. an ländl. und frühstädt. Siedlungen im dt. Küstengebiet vom 5. Jh. v. Chr. bis zum 11. Jh. n. Chr., I: G. Kossack, K.-E. Behre, P. Schmid, Ländl. Siedlungen; II: H. Jankuhn, K. Schietzel, H. Reichstein, Handelsplätze des frühen und hohen MA (Acta humaniora, 1984) – H. Flohn – R. Fantechi, The Climate of Europe: Past, Present and Future, 1984 – vgl. auch Lit. zu →Altlandschaftsforschung.

G. Ländliche Sozial- und Wirtschaftsgeschichte

I. Das 10. und 11. Jahrhundert – II. Der Wandel im 12. und 13. Jahrhundert – III. Das 14. und 15. Jahrhundert.

I. Das 10. und 11. Jahrhundert: Das Reich der Ottonen und Salier baute im 10. und 11. Jh. auf den wirtschaftl., sozialen und verfassungsmäßigen Strukturen auf, die im frk. Großreich der Karolinger gelegt worden waren (→Frankenreich). Nach einer Zeit der Stagnation im Bevölkerungswachstum, im Landesausbau und in der Wirtschaftsentwicklung begann mit der erfolgreichen Abwehr der Wikinger- und Ungarneinfälle und der Einigung der ostfrk. Stämme unter der Führung der otton. Kg.e eine neue Epoche der dt. Geschichte.

[1] *Bevölkerung und Siedlung:* Vorsichtige Schätzungen zur demograph. Entwicklung lassen erkennen, daß sich um 900 im altdt. Siedlungsraum etwa 3 Mill. Menschen befanden. Die Ausdehnung der Kulturfläche, die im 10. Jh. langsam wieder begann und neuen Raum für eine anwachsende →Bevölkerung erschloß, setzte dort wieder an, wo der Siedlungsausbau der Karolingerzeit ins Stokken geraten war. Rodung und Besiedlung drangen im 10. und 11. Jh. in die Marsch- und Moorgebiete der norddt. Tiefebene, in die Wälder der Mittelgebirgslandschaften und in die Täler der Hochgebirge weiter vor. Der Innenausbau der bereits bestehenden Siedlungen ging dabei in der Regel der Anlage von Neugründungen voraus. Mit den Ottonen begann auch eine neue Periode in der Durchdringung der östl. Grenzgebiete. Während im südostdt. Raum im 10. Jh. die bayer. Kolonisation voranschritt, errichteten die otton. Herrscher im Gebiet östl. von Elbe und Saale eine Reihe von Mgft.en und Bm.ern, die das Land der dort lebenden westslav. Stämme sichern sollten. Die meisten Orte im altdt. Siedlungsraum sind zu Beginn des HochMA durch eine auffallende Kleinheit gekennzeichnet; Höfegruppen, Weiler und Kleindörfer sind die vorherrschenden Siedlungstypen dieser Zeit. In der Siedlungsstruktur gibt es noch stärkere Fluktuationen, da manche Dörfer und Höfe des 10. Jh. ihre Lage nicht beibehalten haben.

[2] *Bodennutzung, Agrartechnik und bäuerliche Wirtschaft:* Das Überwiegen der Viehwirtschaft ist zweifellos ein Hauptkennzeichen der dt. →Landwirtschaft zu Beginn des 10. Jh. Die →Viehhaltung diente dabei in erster Linie der Versorgung der Bevölkerung mit Fleischnahrung und Milchprodukten. Das Vieh war aber auch ein wichtiger Lieferant von Rohstoffen: Wolle, Felle und Knochen waren Grundmaterialien bei der Herstellung von Kleidung und Geräten; gleichzeitig stellte das Vieh Dung für die Felder zur Verfügung. →Rinder und →Pferde dienten der Landwirtschaft schließlich als unentbehrl. Arbeitstiere bei der Feldbestellung und beim Lastentransport. Für die umfangreiche Viehhaltung gab es im 10. Jh. offenbar noch genügend Weideflächen (→Weide), so daß die Futterbasis der zahlreichen Rinder-, Schweine-, Ziegen- und Schafherden ausreichend gesichert war. Parallel zur Ausdehnung des Ackerbaus und zur Verminderung der Wald- und Weideflächen verlor dann jedoch die Viehwirtschaft an Umfang und Bedeutung; pflanzl. Nahrungsmittel, v. a. →Getreideprodukte (→Getreide) hatten mehr und mehr die Ernährung der Bevölkerung sicherzustellen und ersetzten die Fleischnahrung. Die Getreideerträge lagen mit einem durchschnittl. nur dreifachen Wert der Saatmenge erschreckend niedrig; diese geringe Ertragsquote resultierte aus der minderwertigen Pflanzenqualität, der unzulängl. Bodenbearbeitung und der mangelhaften →Düngung der Äcker. Bei Mißernten kam es zu schweren →Hungersnöten, zumal die Vorratshaltung vernachlässigt wurde und der wenig entwickelte Getreidehandel für keinen überregionalen Ausgleich der Ernten sorgte. Neben dem Getreide erlangte der Anbau von →Gemüse, →Obst und Faserpflanzen (→Flachs, →Hanf) allmähl. eine wachsende Bedeutung.

Die Agrartechnik befand sich im allgemeinen auf einem niedrigen Niveau, die Ausstattung der Betriebe mit Geräten war unzulänglich. Zum Auflockern der Ackerkrume wurde noch oft der Hakenpflug verwandt, der den Boden zwar aufriß, aber nicht wendete. Erst seit dem 11. Jh. erlangte der schollenwendende Beetpflug größere Verbreitung (→Ackergeräte). Die günstigere Versorgung mit →Eisen, die im frühen HochMA einsetzte, führte auch in den bäuerl. Betrieben zum vermehrten Gebrauch von Eisengeräten (Pflüge, Sicheln, Sensen, Äxte). Die Verbesserung der Anspannvorrichtungen wirkte sich am nachhaltigsten beim Pferd aus: Das auf den Schultern ruhende →Kummet verschaffte dem Pferd eine verstärkte Zugkraft. Das Pferd war dem Ochsen durch seine größere Kraft und Schnelligkeit überlegen, was v. a. beim Lastentransport über größere Entfernungen zum Tragen kam.

Ungeachtet des starken Gewichts der grundherrl. Gutswirtschaft und der großen Herrenhöfe dominierten auch in otton.-salischer Zeit insgesamt die bäuerl. Betriebe. Die Grundeinheit der Landwirtschaft bildete der bäuerl. Familienbetrieb, der sich um die Kernfamilie – sie wurde häufig durch einige Verwandte und Gesindekräfte erweitert – konzentrierte. Die Normalausstattung einer bäuerl. Hofstelle mit Land und dazugehörigen Nutzungsrechten an der →Allmende wurde in vielen Gegenden als →Hufe (mansus) bezeichnet. Entsprechend den unterschiedlichen geograph. und grundherrschaftl. Bedingungen war die Hufe von Landschaft zu Landschaft verschieden; ihre durchschnittl. Größe betrug im frühen HochMA etwa 10–16 ha. Neben der Ausdehnung des Ackerbaus zeigten sich im 10. und 11. Jh. auch einige bemerkenswerte Änderungen in der Bodennutzung. Die schon in der Karolingerzeit bekannte →Fruchtwechselwirtschaft breitete sich weiter aus und drängte ältere Formen der Bodennutzung wie die ungeregelte →Feldgraswirtschaft oder die →Brandwirtschaft weiter zurück. An die Stelle der Zweifelderwirtschaft mit jeweils halber Brachfläche trat vielerorts bereits die →Dreifelderwirtschaft; sie steigerte den Bodenertrag und verteilte die bäuerl. Pflug- und Erntearbeiten gleichmäßiger über das Jahr. Die eigtl. Ausbreitungsphase der Dreifelderwirtschaft – verbunden mit einer Neuordnung der Dorfflur (Verzelgung, Gewannbildung) – liegt allerdings in den meisten dt. Landschaften in der nachfolgenden Epoche des hohen und späten MA.

[3] *Das Fronhofsystem:* Parallel zur Ausdehnung des →Lehnswesens breitete sich in der sächsisch-sal. Kaiserzeit die →Grundherrschaft weiter aus und konsolidierte sich. Während dieser Epoche kamen bes. in den Gebieten östl. des Rheins viele Ansätze und Formen der grundherrschaftl. Ordnung erst zur Entfaltung, die in der Karolingerzeit gelegt worden waren. Die Grundherrschaftskomplexe des Adels und der mächtigen Reichskirchen vergrößerten sich durch Schenkungen des Kg.s, durch Selbstübergabe freier Bauern, durch gewaltsame Unterdrückung und nicht zuletzt durch grundherrschaftl. Landesausbau (→Kolonisation und Landesausbau). Mit dieser Ausdehnung der Grundherrschaft breitete sich auch das →Villikations- oder Fronhofsystem, die sog. »klassische« Grundherrschaft, in den Gebieten östl. des Rheins weiter aus. Diese Grundherrschaftsform, die sich im Karolingerreich zuerst im kernfrk. Raum zw. Rhein und Loire voll entfaltet hatte, war dadurch gekennzeichnet, daß in ihrem Mittelpunkt der eigenbebaute Herrenhof (→Fronhof, →curtis, →curia) mit dem dazugehörigen →Salland (terra salica) stand; die Fronhöfe wurden mit Hilfe des unfreien Hofgesindes und der Frondienste abhängiger Hufenbauern bewirtschaftet. Zum Fronhofsverband gehörte also sowohl das herrschaftl. Salland als auch das von selbständig wirtschaftenden Bauern besetzte Hufenland. Die Hufen unterschieden sich nach Größe und Rechtsqualität, wie z. B. bei der Abtei→Prüm, wo wir auf die drei Hauptformen der mansi ingenuiles, mansi lediles und mansi serviles stoßen. Im 10./11. Jh. vollzog sich innerhalb der Hufen ein Prozeß der rechtl. Angleichung, auch deckte sich die Rechtsqualität des Hufenlandes häufig nicht mehr mit dem Rechtsstand der Hufeninhaber. Die Fronhofswirtschaft war im Prinzip auf Autarkie, auf Selbstversorgung ausgerichtet; je nach Größe der Villikation kannte sie im Innern eine ausgeprägte Arbeitsteilung und schränkte die Außenbeziehungen soweit wie möglich ein.

Die Villikationen der größeren Grundherrschaften waren in der Regel so organisiert, daß einem Oberhof Haupt- und Nebenhöfe unterstanden, die ihrerseits wieder Mittelpunkte von Fronhofsbezirken bildeten. Das größenmäßige Verhältnis von Salland und Hufenland, das für die Frondienstleistung der Hufenbauern eine zentrale Bedeutung hatte, war in den einzelnen Grundherrschaften sehr verschieden. Im Fronhofsverband des Kl. →Werden im linksrhein. Friemersheim betrug die Relation von Salland und Hufenland um 900 etwa 1 : 3, in der Grundherrschaft des sächs. Kl. →Corvey um 1000 aber 1 : 5. Anders als im kernfrk. Raum war das herrschaftl. Salland in den rechtsrhein. Gebieten offenbar geringer, die Fronhofswirtschaft also weniger ausgeprägt. Bei vielen rechtsrhein. Grundherrschaften bildete sich die Fronhofsverfassung zudem erst im Laufe des 10. Jh. verstärkt aus.

[4] *Grundherrschaftstypen:* Neben den abgestuften Fronhofsverbänden mit ausgeprägter Sallandwirtschaft gab es auch zahlreiche Grundherrschaftskomplexe, bei denen die Herrenhöfe allein als Hebestellen für die bäuerl. Abgaben fungierten. Außer dem Fronhofssystem finden sich demnach im otton.-salischen Reich auch andere Grundherrschaftstypen, wie v. a. die sog. Renten- oder Abgabengrundherrschaft ohne nennenswerten grundherrl. Eigenbetrieb. Ferner stößt man auf Sonderformen, wie Herrenhöfe, die fast ausschließl. mit hofeigenem Gesinde ohne Mitwirkung frondienstpflichtiger Bauern bewirtschaftet werden. Auch innerhalb derselben Grundherrschaft treten Misch- und Übergangsformen auf: Das Kl. Werden organisierte z. B. nur seine größeren Landkomplexe als Villikationen, während es die abgelegenen Streubesitzungen rentenmäßig nutzte; die Herrenhöfe waren dort vorwiegend als Sammelstellen für bäuerl. Natural- und Geldrenten eingerichtet. Im Hinblick auf die Herrschaftsträger kann man v. a. drei Arten von Grundherrschaften unterscheiden: die kgl., die adlige und die geistl. Grundherrschaft. Die Grundherrschaft der otton. Kg.e stützte sich auf den umfangreichen Hausbesitz der →Liudolfinger sowie auf das karol. →Reichsgut, soweit es nicht von den mächtigen Adelsgeschlechtern usurpiert worden war.

Die kgl. Grundherrschaft verteilte sich nicht gleichmäßig über das Reich, sondern konzentrierte sich in einigen Kernlandschaften wie dem nördl. Harzraum oder dem Rhein-Main-Gebiet. Über Entstehung und Organisation der Grundherrschaften der Bischofskirchen, Reichsabteien und kleineren geistl. Institutionen sind wir durch→Urbare, →Traditionsbücher und →Urkunden am besten unterrichtet. Durch Schenkungen, Tausch und Kauf konnten sie ihren Einflußbereich planmäßig ausdehnen und einen Güterbesitz aufbauen, der sich bei Kl. wie →Lorsch und →Fulda über weite Gebiete des Reichs erstreckte. Aufgrund der schlechten Überlieferung sind unsere Kenntnisse über die Grundherrschaftsverhältnisse des →Adels äußerst lückenhaft. Beim adligen Grundherrschaftstyp spielen neben den Grundbesitzungen der großen Adelsgeschlechter die zahlreichen Kleingrundherrschaften unbedeutender Adelsfamilien eine große Rolle.

[5] *Entstehung grundherrlicher Bannbezirke:* Im 10. und 11. Jh. vollzog sich in der rechtl. Struktur der Grundherrschaften ein entscheidender Wandel: Es entwickelten sich grundherrl. Bannbezirke (→Bann), die den Zusammenhalt der Grundherrschaften stärkten und zugleich ihre herrschaftl. Einnahmen vergrößerten. Mit Hilfe der den Immunitätsherren zustehenden Gewalt (Gebot und Verbot) erwarben die Grundherren Rechte über alle im Bannbezirk ansässigen Personen, wozu auch die freien Bauern und die Hörigen fremder Grundherren zählten. Ein Teil der Bauernrechte diente dem Zweck, den Ertrag grundherrl. Monopolbetriebe wie Mühlen, Backöfen, Kelter und Schenken zu steigern; die Bewohner der Bannbezirke wurden dadurch gezwungen, das Getreide nur in der jeweiligen herrschaftl. Mühle mahlen oder ihren Wein nur in der herrschaftl. Kelter pressen zu lassen (Mühlenbann, Kelterbann). Bei der Bannbezirksbildung war v. a. der Gerichtsbann von entscheidender Bedeutung, da er die hörigen Bauern zwang, in allen Streitfällen ausschließlich das Gericht der zuständigen Herrschaft anzurufen. Den Gerichtsbann konnten bes. diejenigen Grundherren wirksam verwenden, die über eine volle →Immunität verfügten.

[6] *Ländliches Handwerk:* Außer der Agrarwirtschaft war auch das →Handwerk in den Wirtschaftskreis der älteren Grundherrschaft einbezogen; die einzelnen Fronhofsverbände besaßen mehr oder weniger ausgeprägte und differenzierte gewerbl. Produktionsformen. In den Villikationen der großen Grundherrschaften fanden sich viele spezialisierte Handwerkergruppen: neben den Nahrungshandwerkern (Bäcker, Fleischer, Müller), Kleidungsverarbeitern (Weber, Schneider, Kürschner), Bauhandwerkern (Zimmerleute, Maurer) und Geräteherstellern (Stellmacher, Wagner, Schmied) auch Waffenspezialisten und Hersteller von Luxusgegenständen. Unfreie Handwerker waren bes. an den Haupthöfen von Groß-

grundherrschaften konzentriert, wo sich von den Bauern gelieferte Rohstoffe und Nahrungsmittel sammelten; sie lebten entweder im Haushalt ihres Herrn, der sie verköstigte (»mancipia intra curtem«), oder auf eigenen Hofstätten, wo sie mit Lebensmitteln versorgt wurden. Auf vielen Fronhöfen gab es auch →Gynäceen, in denen unfreie Mägde und die Frauen von Hufenbauern Garne, Gewebe und Kleidungsstücke herstellten. Auf den Fronhöfen kleiner Villikationen wurden viele handwerkl. Tätigkeiten nicht von spezialisierten Personengruppen, sondern von Bauern im Nebenberuf ausgeübt. Für einfache Haushaltsgeräte und landwirtschaftl. Arbeitsinstrumente griff man auch auf die Produkte von Dorfhandwerkern zurück, was insbes. bei den Schmiedearbeiten der Fall war. Die Herstellung von Garn und Geweben und die Holzverarbeitung blieben im übrigen noch lange Nebenbeschäftigungen im bäuerl. Haushalt.

[7] *Ländliche Bevölkerungsgruppen:* Unterhalb der schmalen adligen Oberschicht befand sich die Masse der bäuerl. Bevölkerung in der Abhängigkeit von Feudalherren unterschiedl. Art. Im Zuge der Ausbreitung der Grundherrschaft und der fortschreitenden Feudalisierung von Staat und Gesellschaft waren bis zum 10. Jh. immer mehr freie →Bauern in die Abhängigkeit von weltl. und geistl. Grundherren gelangt. Die Angehörigen einer Grundherrschaft bildeten eine dem →Hofrecht unterworfene →Genossenschaft, die in den Quellen als →familia in Erscheinung tritt. Die familia war eine »Grundstruktur der mittelalterlichen Gesellschaft« (K. BOSL), aus der alle wichtigen sozialen Aufstiegsbewegungen des frühen HochMA resultierten. Aus den unterschiedl. Schichten der familiae lösten sich die zum Niederadel aufstrebenden →Ministerialen, wesentl. Gruppen des städt. Bürgertums (→Bürger, Bürgertum) und v. a. die große Mehrheit der hörigen Bauernschaft des HochMA. Die familiae waren keine homogenen Personenverbände, vielmehr in sich reich differenzierte, mit vielfältigen Möglichkeiten zum sozialen Aufstieg. Die im 10. und 11. Jh. zunehmende Intensivierung von Wirtschaft und Herrschaft machte es offenbar nötig, die Rechtsverhältnisse innerhalb der Hörigenverbände in sog. »Hofrechten« schriftl. festzuhalten, von denen das Hofrecht des Bf.s →Burchard v. Worms und das des sal. Hausklosters →Limburg im 11. Jh. die bekanntesten sind.

Innerhalb der Hofgenossenschaft muß man v. a. zwei Hauptgruppen unterscheiden: einerseits die auf Hufen angesetzten Unfreien (servi casati, manentes) und andererseits die unbehausten Unfreien (servi non casati, servi cottidiani). Die hörigen Hufenbauern (mansuarii, coloni) bewirtschafteten ihre Hofstellen, die Hufen (mansi, hubae), selbständig, leisteten →Frondienste am Herrenhof und entrichteten Natural- und Geldabgaben vielfältiger Art; die Frondienste beanspruchten entweder bis zu drei Tage pro Woche oder waren bei bessergestellten Bauern auf wenige Tage im Jahr begrenzt. Die breite Gruppe der unfreien Knechte und Mägde, die im Herrenhaus arbeiteten (servi in domo manentes, mancipia intra domum) und von dort ihren Unterhalt bezogen (prebendarii) oder als Fronhofsarbeiter auf kleinen Hausstellen nahe dem Herrenhaus lebten, waren zu unbegrenzter Dienstleistung (in perpetuo servitio) bei landwirtschaftl. Arbeiten, in Handwerksbetrieben oder zu speziellen Aufgaben verpflichtet. Sie waren eng am Fronhofsbezirk gebunden und wohnten in der Regel im Nahbereich von Herrenhöfen, in Klosterzentren oder auf Bischofs- und Königspfalzen; als unfreies Hofgesinde unterstanden sie am stärksten der ausschließl. Haus- und Gerichtsherrschaft ihrer Herren. Soweit die Traditionsbücher und Urkunden des 10. Jh. es erkennen lassen, waren die unbehausten Unfreien bes. in den Gebieten östl. des Rheins zahlreich vertreten. Im Zuge des voranschreitenden Landesausbaus wurde ein großer Teil dieser Leibeigenen auf Neusiedlerstellen angesetzt und so allmähl. der hörigen Bauernschaft eingegliedert.

Innerhalb der geistl. Grundherrschaften begegnet man einer herausgehobenen Schicht abhängiger Personen, den sog. →Zensualen (censuales); durch die Entrichtung eines →Kopfzinses (census de capite) von einigen Denaren oder von Wachszins (→Wachszinsige) waren sie von körperl. Dienstleistung (opus servile) befreit und gegenüber den →Vögten besser abgesichert. Die Grundherren gestatteten den Zensualen, sich gegen eine Abgabe auch auf fremdem Grund und Boden oder in den Städten niederzulassen. Der Schutz vor Bedrückung war auch für viele Freie ein wichtiges Motiv, sich in die Zensualität einer kirchl. Grundherrschaft zu begeben.

II. DER WANDEL IM 12. UND 13. JAHRHUNDERT: [1] *Bevölkerungszunahme, Landesausbau und Ostsiedlung:* Vom 10. bis zum ausgehenden 13. Jh. wuchs die Bevölkerung im Gebiet des späteren Dt. Reiches (in den Grenzen von 1937) von etwa 3–4 Mill. auf geschätzte 12–14 Mill. Diese enorm angestiegene Bevölkerungszahl fand ihren Lebensraum sowohl in den neuerschlossenen Siedlungszonen des Altreiches als auch in den weiträumigen Ostsiedlungsgebieten. Der Landesausbau schritt während des 12. und 13. Jh. im altdt. Siedlungsraum auf den Bahnen weiter voran, auf denen er in otton.-salischer Zeit begonnen hatte, stieß aber bald an seine natürl. Grenzen. Wo im Altreich noch ausbaufähige Landschaften zur Verfügung standen, wurde die Landerschließung sowohl durch bäuerl. Siedlung als auch durch herrschaftl. gelenkte →Rodung vorangetrieben.

Angesichts der sich verengenden Lage im altdt. Siedlungsraum stellte die Auswanderung in die Ostgebiete eine willkommene Ausweichmöglichkeit dar (→Ostsiedlung). Für landsuchende Neusiedler boten sich im 12. und 13. Jh. hervorragende Ansiedlungsbedingungen in den nur dünnbesiedelten westslav. Gebieten östl. der Elbe-Saale-Grenze (→Elb- und Ostseeslaven). Im Laufe des HochMA wurde der östl. Markengürtel daher weitgehend von dt. Bauern besiedelt. Die dt. Besiedlung erfaßte aber auch die angrenzenden westslav. Länder wie →Mecklenburg, →Pommern und →Schlesien, wo einheim. Fürsten dt. Bauern und Handwerker herbeiriefen und zahlreiche →Dörfer nach »deutschem Recht« errichten ließen.

[2] *Vordringen der Geldwirtschaft:* In ursächl. Zusammenhang mit dem Bevölkerungswachstum und den zahlreichen Rodungsvorgängen kam es im HochMA zur Intensivierung der Agrarwirtschaft, zu einer Ausweitung von →Handel und →Gewerbe, zur Vermehrung des Geldumlaufs (→Geld) und zur Entstehung vieler →Städte und →Märkte. Die Bevölkerungszunahme, der Agrarfortschritt und die Neubelebung des Handels schufen dabei die Grundlagen für das Aufblühen der Städte, die auf das sie umschließende Land als Abnehmer von gewerbl. Waren und als Verkäufer von Agrarprodukten angewiesen waren; zw. Stadt und Land bildete sich so allmählich eine Arbeitsteilung heraus. Die Entstehung der Städte und der schrittweise Übergang von der →Natural- zur →Geldwirtschaft lösten auch im ländl. Bereich eine Reihe grundlegender Wandlungsvorgänge aus. Die Bauernbetriebe und Grundherrschaften der otton. Zeit waren noch relativ autarke Wirtschaftskörper gewesen: Eigene Erzeugnisse deckten damals ganz überwiegend den Konsum der bäuerl. Familien; Naturalabgaben und Frondienste abhängi-

ger Bauern und Handwerker genügten noch weitgehend dem Güter- und Arbeitsbedarf grundherrl. Fronhofsverbände. Preise und Löhne spielten jedenfalls nur eine geringe Rolle im Zeitalter der relativ autarken Hauswirtschaft. Seit dem 11./12. Jh. wandelten sich aber mit dem Vordringen der Geld- und Marktwirtschaft die Formen und Inhalte der grundherrl. und bäuerl. Wirtschaft: Das alte Feudalsystem lockerte sich und machte neuen grundherrl.-bäuerl. Verhältnissen Platz, die eine enge Verflechtung von ländl. und städt. Wirtschaft ermöglichten; Grundherrschaften und Bauernbetriebe wurden daher seit dem 12./13. Jh. allmähl. auf Marktabsatz und Überschußerzeugung ausgerichtet.

[3] *Agrarwirtschaftlicher Fortschritt und Agrarkonjunktur:* Wichtigste Voraussetzung der hochma. Bevölkerungs- und Wirtschaftsentwicklung war der Fortschritt im Agrarbereich. Zu den agrartechn. Neuerungen des HochMA, die G. Duby als »Agrarrevolution« charakterisiert hat, gehören Veränderungen in den Bodennutzungsformen, bei den Arbeitsgeräten und im landwirtschaftl. Betriebssystem. Bei den techn. Fortschritten handelt es sich nicht so sehr um die Erfindung neuer Geräte, sondern um die rasche Ausbreitung schon länger bekannter Techniken und Arbeitsverfahren. Hierzu zählen z. B. der vermehrte Gebrauch des schweren Beetpfluges, die verbesserte Anspannung bei Pferd und Rind, die Verwendung des zweiteiligen Dreschflegels und der Bau zahlreicher Getreidemühlen. Die Leistungskraft der Pferde kam bes. beim Gebrauch der →Egge zur Geltung, da die Egge erst bei schneller Bewegung ihre Fähigkeit zur Auflockerung des Bodens voll entfalten konnte. Obwohl das Pferd eine größere Zugkraft als der Ochse entwickelte, blieb der Ochse als Zugtier vor dem Pflug vielerorts in Gebrauch; Ochsen waren kostengünstiger im Unterhalt und außerdem nützliche Schlachttiere. Die Wassermühlen breiteten sich gerade im HochMA in vielen Gegenden aus, so daß im ausgehenden 13. Jh. in fast jedem Dorf, wo die Wasserverhältnisse dafür geeignet waren, eine →Mühle stand.

Bei der Nahrungsversorgung der anwachsenden Land- und Stadtbevölkerung kam der Getreidewirtschaft im HochMA eine gesteigerte Bedeutung zu. Der Getreidebau dehnte sich auf Kosten der Viehhaltung weiter aus (»Vergetreidung«), da die Kornpreise schneller anstiegen als die Fleischpreise und Getreidefelder mehr Nahrung bereitstellen konnten als gleichgroße Viehweiden. Die Ausbreitung der →Dreifelderwirtschaft schritt bes. im 12. und 13. Jh. voran und drängte die älteren Bodennutzungsformen weiter zurück. Im ausgehenden HochMA war schließlich die Dreifelderwirtschaft in den meisten Gebieten des Reiches zur vorherrschenden Form der Ackerlandnutzung geworden. In Nordwestdeutschland hatte sich jedoch die Einfeldwirtschaft, der »ewige Roggenbau«, auf den Eschböden weiter ausgedehnt; die →Düngung der Äcker mit Stallmist und Plaggen erlaubte dort einen kontinuierl. Getreideanbau. Neben dem Getreide gewannen auch andere Pflanzen eine steigende Bedeutung; dazu gehörten Gemüsepflanzen wie Bohnen, Erbsen und Linsen (→Hülsenfrüchte), Gespinstpflanzen wie→Flachs und →Hanf, verschiedene Obst- und Beerensorten und nicht zuletzt die Weinrebe (→Wein, -bau). Der Weinbau dehnte sich bes. im 13. Jh. aus und eroberte sich in den Flußgebieten von Rhein, Mosel und Main umfangreiche Anbauflächen in Tal- und Hanglagen.

In einigen Gebieten bildeten sich auch Zonen mit spezialisierter Viehwirtschaft heraus; dazu zählten in erster Linie die →Marschen entlang der Nordsee und die Hochgebirgslandschaften in Süddeutschland. Im Nordseeküstenbereich entwickelte sich z. B. →Ostfriesland zu einem auf Viehhaltung ausgerichteten Land, das Rinder, Butter und Käse in großen Mengen exportierte und dafür Getreide einführte. In süddt. Bergregionen entstanden gerade im 12. und 13. Jh. zahlreiche Viehhöfe (Schwaigen, vaccariae) in den Vogesen, im Schwarzwald und in den Alpen. Die Zeit des 12. und 13. Jh. bildet insgesamt eine bemerkenswerte Aufschwungsepoche der dt. Landwirtschaft, in der die Anbauflächen großräumig ausgedehnt, die Agrarökonomie intensiviert und beachtl. Fortschritte in der Produktionstechnik erzielt wurden. Die günstige Agrarkonjunktur fand ihren Ausdruck in den hohen Preisen für Getreide und im Anstieg der →Grundrenten; dies kam sowohl den Grundherren als auch den Bauern zugute.

[4] *Auflösung des Fronhofssystems:* Die grundlegenden Veränderungen in Wirtschaft und Gesellschaft des HochMA wirkten sich nicht zuletzt auf die Grundherrschaftsverhältnisse aus. Der räuml. Umfang vieler Grundherrschaften verringerte sich, ihre innere Struktur nahm andere Formen an und das kompakte Herrschaftsgebilde der älteren Grundherrschaft spaltete sich in grund-, leib- und gerichtsherrl. Einzelrechte auf. Der Wandel der Grundherrschaftsverhältnisse zeigte sich bes. bei der weitgehenden Auflösung der Villikationen: Seit dem 12. Jh. lockerte sich das alte Fronhofsystem auf und war gegen Ende des 13. Jh. in den meisten Gebieten des Reiches in seinen Grundelementen zerfallen.

Unter den Gründen, die diesen Zerfallprozeß und die damit verbundene wesentl. Reduzierung der grundherrl. Eigenbetriebe herbeiführten, sind in erster Linie drei zu nennen: 1. Das Anpassen der Grundherrschaftsformen an die gesamtwirtschaftl. Entwicklung im Zuge der aufkommenden Geldwirtschaft: Durch die rasche Ausbreitung des Warenhandels besaßen die Naturalabgaben und persönl. Dienstleistungen der abhängigen Bauern immer weniger Bedeutung für die wirtschaftl. Absicherung der grundherrl. Haushalte. Infolge der aufblühenden Stadtwirtschaft und der von dort reichl. angebotenen gewerbl. Produkte konnten die Grundherren jetzt mit Geld vorteilhafter auf den Märkten erstehen, was bislang im Fronhofsbereich hergestellt worden war. 2. Die Schwierigkeiten bei der Verwaltung der Villikationen: Die Organisation des Villikationssystems war relativ kompliziert und erforderte ein hohes Maß an Überwachung und Kontrolle. Die Verwalter der →Fronhöfe (Meier, Keller, villici) entwickelten mit der Zeit ein hohes Selbstbewußtsein, suchten ihre soziale Position rechtl. abzusichern und zu erblich garantierten Stellen zu gelangen. 3. Das wachsende Selbstbewußtsein der Bauern und ihre Abneigung gegen Fronarbeit: Im Zuge der Verbesserung der bäuerl. Standes- und Besitzrechte waren die Hörigen im 12. und 13. Jh. immer weniger bereit, ihren Frondienstpflichten in angemessener Form nachzukommen. Frondienste wurden nachlässig und mangelhaft ausgeführt; die Verpflichtung zu grundherrl. Gegenleistungen in Gestalt von →Präbenden (Fronkost) schmälerte zudem ihren Wert.

Die Auflösung der Villikationen erfolgte in den einzelnen Räumen nach unterschiedl. Mustern und in ungleichen Zeitabläufen. Es lassen sich dabei zwei Hauptformen beobachten: Zum einen ein Vorgang, bei dem die grundherrl. Eigenwirtschaft völlig aufgelöst wurde; aus dem Salland wurden dann entweder mehrere Vollbauernhöfe gebildet oder das Land wurde planmäßig aufgeteilt, teils zur Vergrößerung schon vorhandener Bauernwirtschaften, teils zur Schaffung von bäuerl. Kleinstellen. Zum anderen ein Prozeß, bei dem nicht das gesamte Salland an Bauern ausgegeben, sondern ein Teil des Herrenlandes, der Kern der alten Fronhofswirtschaft, einbehalten und als Hof an einen Bauern verpachtet wurde. Viele dieser ehemaligen Fronhöfe dienten den Grundherren aber weiterhin als Sammelstellen für die bäuerl. Natural- und Geldrenten und außerdem als Sitz des grundherrl. →Hof- und Niedergerichts, das für den alten Hörigenverband zuständig war. In manchen Gegenden, wie v. a. in Nordwestdeutschland, kam es im 12. Jh. auch zu Zwischenstufen, wie z. B. der Verpachtung ganzer Villikationen, teils gegen feste Ertragsanteile (→Teilbau), teils gegen vereinbarte Leistungen in Naturalien und Geld.

Der Prozeß der Auflösung des Villikationssystems setzte offenbar zuerst in den westl. Reichsteilen ein und schritt von hier in unterschiedl. Zeitphasen nach Osten voran. Im Umkreis großer Städte und in verkehrsnahen Landschaften scheint dieser Prozeß früher und intensiver gewirkt zu haben als in verkehrsabgewandten Regionen mit geringen Marktbeziehungen. Die Auflösung des Fronhofsystems wirkte sich insgesamt so aus, daß die grundherrl. Eigenwirtschaft wesentl. reduziert und dadurch die wirtschaftl. Verflechtung zw. grundherrl. Haushalten und bäuerl. Betrieben radikal verringert wurde. Die Bauern erlangten eine größere Freizügigkeit, eine bessere personenrechtl. Stellung und vorteilhaftere Rechte am Leihegut. Die weitgehende Ablösung der Frondienste durch Geldrenten verstärkte die einzelbäuerl. Wirtschaft, machte sie selbständiger und führte in vielen Gegenden zu einer beachtl. Verbesserung der bäuerl. Lebensverhältnisse.

[5] *Neue Grundherrschaftsformen:* Neben der Veränderung der inneren Struktur der älteren Grundherrschaft sind noch einige andere Wandlungsvorgänge in der hochma. Agrarverfassung zu konstatieren. Im Zusammenhang mit dem Aufstieg der →Ministerialität und der Ausbreitung des →Rittertums kam es zur Bildung zahlreicher Kleingrundherrschaften. Der König, die Reichskirche und der Hochadel benötigten für ihre umfangreichen Dienst- und Lehnsmannschaften eine grundherrl. Ausstattung und verwandten dafür Villikationen und kleinere Grundherrschaftskomplexe. Dadurch wurden die Großgrundherrschaften stark beschnitten und abgetrennte Grundherrschaftsgüter als →Lehen an Kleinvasallen ausgegeben. Im südwestdt. Raum bildeten v. a. die →Staufer viele Kleingrundherrschaften und statteten damit zahlreiche Ministerialen und Ritter aus. Im Unterschied zu den alten Benediktinerklöstern mit ihrer grundherrschaftl. Besitzbasis schufen die Reformorden der →Zisterzienser und →Prämonstratenser in der Stauferzeit Gutshöfe (grangiae [→Grangien], curiae), die sie mit Laienbrüdern (Konversen) und Lohnarbeitern in eigener Regie bewirtschafteten.

[6] *Wandel des Dorfes:* Die Umgestaltung der Grundherrschaftsverhältnisse und die Auflösung des Fronhofssystems hatten im HochMA tiefgreifende Auswirkungen auf Dorfwirtschaft und Dorfverfassung. Mit dem Zerfall der Villikationen, der Aufteilung des herrschaftl. Sallandes und dem weitgehenden Wegfall der Frondienste verlagerte sich der Schwerpunkt der Agrarverfassung vom Fronhof zum →Dorf. Wo einst der →Fronhof im Mittelpunkt des bäuerl. Lebens gestanden hatte, war es im ausgehenden HochMA der dörfl. Wirtschafts- und Sozialverband, in dem die zu größerer Selbständigkeit gelangten Bauernbetriebe ihren zentralen Bezugspunkt fanden. Parallel zum Wandel der Grundherrschaftsverhältnisse hatten sich auch Siedlungsstruktur und Wirtschaftsweise des Dorfes grundlegend verändert. In siedlungsmäßiger Hinsicht verdichteten sich im hochma. D. viele Kleinorte zu Dörfern und lösten so die mehr oder weniger dichte Siedlungsweise des FrühMA ab. Mit dem Vorgang der »Verdorfung« verband sich in wirtschaftl. Hinsicht ein bedeutsamer Wandel in der dörfl. Wirtschaftsstruktur: Das Haufendorf mit verzelgter Gewannflur bildete sich heraus. Im Zusammenhang mit der Vergetreidung und der Ausbreitung der Dreifelderwirtschaft kam es zur Bildung von verzelgten Dorffluren mit Flurzwang. »Verzelgung« bezeichnet dabei den Vorgang, durch den die Akkerflur des Dorfes in drei Großfelder (Zelgen, Schläge) eingeteilt wird, die entsprechend der Dreifelderwirtschaft im jährl. Wechsel von Winterfrucht, Sommerfrucht und Brache bebaut wurden. Diese Anbauordnung war für alle Bauernbetriebe verpflichtend (→Flurzwang), individuelle Fruchtfolgen damit ausgeschlossen. Die Herausbildung von Gewanndörfern mit Flurgemeinschaft zog sich über einen längeren Zeitraum hin und war von Landschaft zu Landschaft verschieden.

Der wirtschaftl. Wandel und die Verdichtung der sozialen Beziehungen im Dorf brachten einen Zuwachs an rechtl. und polit. Problemen mit sich. Neue Vorschriften für das gemeinsame Leben und Wirtschaften im Dorfverband mußten erlassen, neue Organe für die Einhaltung dieser Normen geschaffen werden. Es entwickelten sich Dorfgemeinden mit unterschiedl. rechtlichen Kompetenzen und neuen administrativen Organen, die die ihnen gestellten sozialen, wirtschaftl. und polit. Aufgaben zu erfüllen hatten. So entstand im hohen und späten MA eine dörfl. Selbstverwaltung, die v. a. in der Wahl von Amtsträgern und in der Beteiligung am Ortsgericht zur Geltung kam. Als Vorsteher der Dorfgemeinde begegnet, verschieden nach Landschaft und Herrschaftszugehörigkeit, der →Schultheiß (Schulze), →Bauermeister, Heimbürge oder →Ammann. Er entstammte zwar der Gemeinde, mußte aber im Zusammenwirken von Gemeinde und Ortsobrigkeit eingesetzt werden.

[7] *Ländliche Sozialstruktur:* Einer nach Zahl und Umfang vermehrten Feudalherrenschicht stand im ausgehenden HochMA eine abhängige Bauernschaft gegenüber, deren gesellschaftl. Position sich durch den Aufschwung der Agrarwirtschaft und dank der vielfältigen sozialen Aufbruchstendenzen erhebl. verstärkt hatte. Die Bauern nahmen teil an der günstigen Agrarkonjunktur, an der Intensivierung des Wirtschaftslebens und dem allgemeinen Anstieg des Wohlstandes. Die Einbeziehung der bäuerl. Wirtschaft in die Marktproduktion trieb gleichzeitig den Prozeß der sozialen Differenzierung voran und führte zu einer ausgeprägten Gliederung der dörfl. Gesellschaft in Ober-, Mittel- und Unterschichten. Innerhalb der Bauernschaft gab es schon seit längerem beträchtl. Unterschiede in der Besitzausstattung; die Palette der von den Bauern bewirtschafteten Betriebe reichte dabei von den Großhöfen (Fron-, Ding-, Sattel- und Meierhöfe) über die mittelgroßen Höfe der normalen Hufenbauern zu den Klein- und Kleinststellen der →Kötter, →Seldner, Gärtner und Häusler. Die Anbindung an den Markt gab Bauern mit hoher Marktproduktion seit dem HochMA die Möglichkeit, Einkommen und Besitz bedeutend zu vergrößern. In vielen fruchtbaren Getreide- und Weinbaulandschaften, wo sich intensive Marktbeziehungen entwickelt hatten, kam es daher zu einer ausgeprägten Besitzdifferenzierung innerhalb der ländl. Bevölkerung. In räuml. Hinsicht konzentrierten sich die kleinbäuerl. Betriebe bereits in bestimmten Regionen wie am Oberrhein, im Mittelrheingebiet oder in Unterfranken, also namentl. dort, wo die Erbsitte der →Realteilung, ein ausgeprägter Weinbau oder agrar. Intensivkulturen diese Entwicklungstendenzen förderten. Mittlere und größere Bauernhöfe fanden

sich bes. in Gebieten wie Westfalen, Niedersachsen und Bayern, aber auch in den ostelb. Gebieten, wo die Neusiedlerhöfe von Anfang an mit umfangreicheren Landflächen ausgestattet worden waren. Die Angehörigen der bäuerl. Oberschicht, über deren Handeln uns die Quellen relativ gut unterrichten, waren in der Regel Inhaber der größeren Höfe; neben umfangreichem Grundbesitz gehörten zu diesen Betrieben ansehnl. Wohn- und Wirtschaftsgebäude. Die Großbauern wurden von den Grundherren in der Regel auch mit der Wahrnehmung wichtiger Aufgaben in der Grundherrschaftsverwaltung beauftragt, sei es als Einnehmer grundherrl. Abgaben, sei es als →Vögte und →Richter. Aus dieser gehobenen Schicht rekrutierten sich daher vielerorts die Dorfschultheißen und Mitglieder des örtl. Niedergerichts. Unterhalb der schmalen Oberschicht stößt man auf eine mittlere Schicht von Bauern mit durchschnittl. Besitzausstattung. Die breite Masse der Landbevölkerung stellten aber in vielen dichtbevölkerten Regionen bereits die Kleinbauern und Kleinstellenbesitzer, deren Zahl sich durch fortgesetzte Güterteilung stark vermehrte. Der geringe Grundbesitz dieser Angehörigen der bäuerl. Unterschicht reichte zum Lebensunterhalt oft nicht aus, so daß sie auf landwirtschaftl. Lohnarbeit und auf handwerkl. Nebentätigkeit angewiesen waren.

[8] *Freibauern:* Neben der überwiegenden Zahl feudalabhängiger Bauern gab es im hochma. D. auch freie Bauerngruppen, deren Stellung größtenteils auf jüngeren Freiheitsrechten beruhte (→Bauernfreiheit). Bauern mit neu erworbenen Freiheitsprivilegien fanden sich v. a. in den durch Rodung erschlossenen Landschaften der Mittelgebirge und der Ostsiedlungsgebiete, während Freibauern älterer Herkunft sich vornehml. in den Küstenzonen der Nordsee und in den Alpenländern konzentrierten. Die Freibauern in den Rodungsgebieten empfingen ihr Land in der Regel zu freier →Erbleihe, genossen eine weitgehende Freizügigkeit und besaßen umfangreiche Selbstverwaltungsrechte in den Gemeinde- und Gerichtsangelegenheiten. Die Wehrfähigkeit freier Bauerngemeinden zeigte sich im HochMA am deutlichsten bei den →Stedingern an der Unterweser, die in den Jahren um 1230 mehrere Ritterheere vernichtend schlugen.

III. Das 14. und 15. Jahrhundert: [1] *Die Situation in der ersten Hälfte des 14. Jahrhunderts:* Zu Beginn des 14. Jh. zeigten sich eine Reihe ernster Krisenmomente im ländl. Sozial- und Wirtschaftsgefüge. Im Zuge der starken Bevölkerungszunahme hatte sich die allgemeine Ernährungslage bedrohlich verschlechtert. Zunehmende Bodenzersplitterung, Kleingüterbildung, Erschöpfung der Bodenreserven und stagnierende Flächenerträge sind als Symptome dafür zu werten, daß der Nahrungsspielraum sich bereits einer krit. Grenze näherte und Anzeichen von Überbevölkerung sichtbar wurden. Neue Siedlungen und Rodungen waren teilweise auf so geringwertigen Böden angelegt worden, daß sie ihre Bewohner nicht dauerhaft ernähren konnten. In der ersten Hälfte des 14. Jh. traten nun zunehmend Mißernten und Viehseuchen auf, die für die Bevölkerung schwere Not- und Hungerperioden mit sich brachten. In der Zeit von 1315–17 verursachten z. B. drei Mißerntejahre eine große Hungerkrise, die in vielen Teilen Mitteleuropas katastrophale Ausmaße annahm (→Hungersnöte).

[2] *Die Agrarkrise:* Im Gefolge des schweren Pesteinbruchs von 1347/51 und mehrerer nachfolgender Pestepidemien (→Pest) verminderte sich die Bevölkerung in D. in der zweiten Hälfte des 14. Jh. um mehr als ein Drittel: von etwa 12 Mill. auf weniger als 8 Mill. Auch in den sich anschließenden Jahrzehnten bis zur Mitte des 15. Jh. stagnierte die Bevölkerung noch weiterhin. Die dadurch bedingte geringere Nachfrage nach Nahrungsmitteln führte insgesamt zu sinkenden Agrarpreisen, zu verminderten Agrareinkommen und zu einer langandauernden →Agrarkrise (W. Abel). Von der Mitte des 14. bis zum Ende des 15. Jh. nahmen die Getreidepreise langfristig ab; dagegen stiegen die Preise für gewerbl. Produkte und auch die Löhne. Gemessen am Preisgefüge von 1350 lagen die Löhne und die Preise für gewerbl. Erzeugnisse für eine lange Zeit erhebl. über den Getreidepreisen (»Lohn-Preis-Schere«). Natürliche Folgen dieser Entwicklung waren die sich steigernde Attraktivität gewerbl. Tätigkeit und die vermehrten Lohneinkommen v. a. in der städt. Wirtschaft. Dagegen spürten sowohl die Grundherren als auch die Bauern die Nachteile im veränderten Preisgefüge: Die sinkenden Verkaufserlöse für Getreide schmälerten die Einnahmen vieler Bauern und verschlechterten ihren Lebensstandard zumal dort, wo die Feudalherren versuchten, ihre Einnahmeverluste durch eine stärkere Belastung der Bauern auszugleichen. Die Einkommen der Feudalherren aber verminderten sich durch unbesetzte Bauernstellen, Zinsnachlässe, geringere Erlöse für Marktgetreide und anhaltenden Wertverlust nominal fixierter Geldrenten so nachhaltig, daß viele Grundherren in eine schwere Bedrängnis gerieten.

Zweifellos wurden nicht alle Städte und Landschaften in gleichem Maße von den Pestepidemien, Bevölkerungseinbrüchen und konjunkturellen Schwankungen der spätma. Wirtschaft betroffen; man muß daher mit erhebl. regionalen Unterschieden in Verlauf, Intensität und Folgewirkung der demograph. und agrarwirtschaftl. Entwicklung rechnen. Insgesamt aber hatte die spätma. Agrarkrise, die in erster Linie eine Krise der Getreidewirtschaft war, einen weitreichenden Einfluß auf die siedlungsmäßigen, sozialen und polit. Verhältnisse im ländl. Raum.

[3] *Die Wüstungen:* Die Wüstungsbildung (→Wüstung), der während des 14. und 15. Jh. in D. zahlreiche Dörfer, Höfe und Ackerfluren zum Opfer fielen, muß sowohl im Zusammenhang mit dem allgemeinen Bevölkerungsrückgang als auch mit den bes. Auswirkungen der Agrarkrise gesehen werden. Nach Berechnungen von W. Abel kann man davon ausgehen, daß die Zahl der Siedlungen vor 1350 in D. etwa 170 000 betrug, am Ende des 15. Jh. davon aber nur noch 130 000 vorhanden waren; die Zahl der Siedlungen ging also im spätma. D. um etwa ein Fünftel zurück. Die Bevölkerungsverminderung führte zunächst überall dazu, daß viele →Siedlungen und →Fluren verödeten. Die ungünstige Entwicklung im Produktions- und Einkommensbereich der Landwirtschaft veranlaßte dann große Teile der ländl. Bevölkerung zur Abwanderung in die →Städte.

[4] *Wandlungen der Bodennutzung:* Es ergaben sich demnach im SpätMA bedeutsame Wandlungen in der Bodennutzung: Die Viehweiden breiteten sich auf Kosten der Getreidefelder aus, und marginale Böden, die im Zuge der hochma. Rodungsbewegung kultiviert worden waren, wurden teilweise wieder aufgegeben. Die Verringerung der Getreideflächen ermöglichte den verstärkten Anbau anderer Feldfrüchte, wie v. a. von Handels- und Industriepflanzen, wozu wichtige Anstöße aus dem sich ausbreitenden ländl. Textilgewerbe (Leinenindustrie) kamen (→Textilien). Die Farbpflanze →Krapp wurde z. B. in vielen Dörfern im Umkreis von Speyer angebaut, während der Waidanbau (Waid) in der Gegend um Erfurt das Gesicht zahlreicher Ackerfluren prägte. Auch Wein, Obst

und Hopfen wurden im SpätMA verstärkt angebaut. Viele abseits gelegene Felder wurden jedoch gänzlich aufgegeben; sie bewuchsen nach und nach mit Busch- und Sträucherwerk und vermehrten so den Waldbestand. Die veränderte Bodennutzung bildete insgesamt die Grundlage für die bemerkenswerte Ausdehnung der Viehwirtschaft im spätma. Deutschland.

[5] *Krise des Feudalsystems:* Die krisenhafte Entwicklung der Einkommen vieler Feudalherren hatte schon seit dem Ausgang des 13. Jh. mit dem Ende des Landesausbaus eingesetzt und wurde jetzt durch die Auswirkungen der Agrarkrise weiter verschärft. Die Einnahmen vieler Adelsfamilien stagnierten bzw. gingen beträchtl. zurück. Durch übertriebene Luxusentfaltung und kostspielige Ausgaben bei Kriegs- und Fehdeunternehmungen waren zudem die Besitzgrundlagen zahlreicher Feudalherren erschüttert worden. Mit den Pestjahren traten dann noch schlimmere Einbußen in den grundherrl. Einnahmens- und Vermögensverhältnissen ein. Ein herausragendes Beispiel für die wirtschaftl. Malaise spätma. Grundherren stellt der →Dt. Orden dar, dessen zwölf Balleien damals durch Einkommensverfall und Vermögensschwund in eine schwere Krise gerieten. Von 1350–1450 erlitten die Deutschordenshäuser so hohe Einnahmeverluste, daß viele Kommenden am Rande des finanziellen Ruins standen. Die Zunahme der →Fehden und das Phänomen des spätma. Raubrittertums (→Raubritter) sind ebenfalls in den Zusammenhang von Agrardepression und Krise der adligen Grundherrschaft zu sehen. Der Rückgang der Feudalrenten und die Furcht vor dem sozialen Abstieg veranlaßten viele Ritter zu Raubunternehmungen gegen reiche Kaufleute oder zu Fehdehandlungen gegen benachbarte Standesgenossen.

Die Reaktion der weltl. und geistl. Grundherren auf die Folgen der Agrarkrise war nach Landschaft, Herrschaftsstruktur und Machtstellung verschieden. Ein Teil der Grundherren versuchte, die eingetretenen Einnahmeverluste durch gesteigerte Anforderungen an die hörige Bauernschaft auszugleichen. Bei zahlreichen Grundherrschaften stößt man jedenfalls auf Versuche der Grundherren, die Bauern mit höheren Abgaben und Diensten zu belasten. Die Aktionen zur Erhöhung der Feudallasten fanden jedoch bald ihre Grenzen in der Leistungsbereitschaft der Bauern; gegen die verschärften Anforderungen bildete sich vielerorts durch Abgabenverweigerung oder Abwanderung ein erfolgreicher Widerstand. Viele Grundherren waren überdies nicht in der Lage, Zwangsmaßnahmen wirksam durchzusetzen; sie wurden daher zu Zinsermäßigungen und Diensterleichterungen gedrängt, um die Bauern vor der Abwanderung abzuhalten. Wüstgewordenes Land ließ sich häufig nur dann wieder besetzen, wenn es zu günstigeren Konditionen verliehen wurde. Im südwestdt. Raum führten die Auswirkungen der Agrarkrise dazu, daß zahlreiche Grundherren ihre leibherrl. Rechte über die Bauern verstärkten, um so einerseits die bäuerl. Abwanderung einzudämmen und andererseits feudale Einnahmeverluste durch erhöhte Abgaben auszugleichen. Die Schwarzwaldabtei St. Blasien intensivierte z. B. die personale Abhängigkeit ihrer Bauern und erhöhte zugleich leibherrl. Belastungen wie den Todfall (→Mortuarium). Andere Grundherren forderten von ihren Leibeigenen förmliche Treueversprechen, um so die bäuerl. Abwanderung zu verhindern.

[6] *Entstehung der ostdeutschen Gutsherrschaft:* In den ostelb. Gebieten kam es im Gefolge der spätma. Agrarkrise zu einem folgenreichen Wandel der Agrarverfassung: Die ostdt. →Gutsherrschaft begann sich herauszubilden. Dadurch entstand allmähl. ein Dualismus in der Agrarverfassung zw. Ost- und Westdeutschland, der jahrhundertelang die Agrarstruktur D.s prägen sollte. In den ostdt. Gebieten wurden demnach die Grundlagen der Gutsherrschaft gerade in der Krisenepoche des 14. und 15. Jh. gelegt, als viele Bauernhufen wüst geworden waren, der Ritteradel die Schwäche der Landesherren zu seinen Gunsten ausnutzte und weitreichende gerichtsherrl. Befugnisse erwarb; mit ihrer Hilfe konnte er die bäuerl. Freizügigkeit einschränken, die Dienstverpflichtung der Bauern bei Bedarf ausweiten und zur Bewirtschaftung seiner vergrößerten Gutswirtschaften einsetzen. Seit dem ausgehenden 14. Jh. veränderte sich so die ostdt. Agrarverfassung grundlegend zu Lasten der Bauern und beendete die rechtl. und soziale Vorzugsstellung, die sich die ostdt. Bauern im Zeitalter der hochma. Kolonisation erworben hatten. In Brandenburg wurde die bäuerl. Abhängigkeit bes. im 15. Jh. intensiviert, die bäuerl. Freizügigkeit mehr und mehr beschnitten und ungemessene Dienste in Anspruch genommen. In der ersten Hälfte des 16. Jh. gelang es dann den brandenburg. Rittern, als Grund-, Leib- und Gerichtsherren die Bauern unter ihre Gutsuntertänigkeit zu zwingen.

[7] *Grundherrschaftsentwicklung im westdeutschen Raum:* Im Unterschied zu Ostdeutschland kam es während des SpätMA in den westdt. Gebieten zu andersartigen Formen der Agrarverfassung. Diese Entwicklung hat die Lage der westdt. Bauern insgesamt nicht verschlechtert, sondern letztl. zu einer allmähl. Verbesserung der bäuerl. Rechtsstellung geführt. Die Versuche vieler Grundherren, die bäuerl. Wirtschaft stärker zu belasten und die rechtl. Position der Bauern zu schmälern, hatten in den westdt. Gebieten keinen dauerhaften Erfolg. Die bäuerl. Besitzrechte verbesserten sich in zahlreichen Gegenden von zeitl. begrenzten Leiheformen zu Erblehensverhältnissen oder zu Formen fakt. Besitzkontinuität. In Anlehnung an die ältere dt. Agrargeschichtslehre wird die Analyse der spätma. und frühnz. Agrarverfassung oft an einer regionalen Klassifikation der Grundherrschaftstypen ausgerichtet. F. LÜTGE unterscheidet z. B. fünf Haupttypen, nämlich die südwestdt., die westdt., die nordwestdt., die mitteldt. und die südostdt. Grundherrschaft; diese sollen sich im Zuge der Auflösung des alten Villikationssystems unter den verschiedenartigen regionalen Einflüssen herausgebildet haben. Es stellt sich allerdings die Frage, ob uneinheitl. Großräume einen angemessenen Rahmen für signifikante Grundformen der Agrarverfassung abgeben können. Es scheint vielmehr sinnvoller zu sein, die Ausprägung bestimmter Grundherrschaftstypen im Umfeld von Kleinräumen und im Kontext spezif. Herrschaftsträger zu sehen. Für die spätma. Grundherrschaftsentwicklung verdienen daher vier Hauptformen, die landesherrl., die adlige, die geistl. und die bürgerl.-städtische Grundherrschaft, bes. Beachtung.

Alles in allem verstärkt sich in der westdt. Agrarverfassung des 14. und 15. Jh. der schon vorher wirksame Trend zur Reduzierung der grundherrl. Eigenwirtschaft und zur Ausrichtung auf ein Zins- und Rentensystem mit fixierten bäuerl. Abgaben. Die selbständig arbeitende und mit dem Markt verbundene Bauernwirtschaft steht überall im Mittelpunkt. Im altbayer. Raum breiteten sich ähnlich wie in vielen Nachbarregionen trotz Gegenwehr der Grundherren die bäuerl. Erbrechte weiter aus; die →Landesherrschaft unterstützte dabei mit Wohlwollen den Trend zum besseren bäuerl. Besitzrecht. In Franken stieß die Ausbreitung der Erbzinsleihe (→Erbzins) auf wenig Widerstand und wurde bald zur überwiegenden Landleiheform. Im

Unterschied zur günstigen Rechtsstellung war die wirtschaftl. Belastung der frk. Bauern jedoch relativ hoch, zumal zu den grundherrl. Abgaben mehr und mehr die landesherrl. →Steuern traten. Beeinflußt durch die Agrarverhältnisse im benachbarten ndl. Raum, entwickelte sich im nördl. Rheinland das bäuerl. Nutzungsrecht am Boden zu ausgeprägten Pachtverhältnissen. In den welfisch-niedersächs. Territorien bildete sich das sog. →Meierrecht zur vorherrschenden bäuerl. Besitzform aus; die Bauernschutzpolitik des Landesherrn förderte nicht unwesentl. die Verbreitung dieses relativ günstigen Besitzrechts.

[8] *Bauernaufstände:* Während des 14. und 15. Jh. kam es sowohl in Europa allgemein als auch im Reich zu einer wachsenden Zahl von Agrarkonflikten und Bauernaufständen. Die Ursachen dieser Bauernerhebungen sind äußerst verschiedenartig und widerstreben einer monokausalen Klassifizierung. Die Bauernrevolten sind jedenfalls auf eine Vielzahl von wirtschaftl., sozialen, religiösen und polit. Faktoren zurückzuführen, die im SpätMA auf das Leben der Bauern einwirkten. Die Agrarkrise, steigender Druck der Feudalherren und Tendenzen zur Verschlechterung der bäuerl. Lebensverhältnisse trugen demnach nicht allein die Verantwortung für die Zunahme bäuerl. Protestbewegungen. Neben der bäuerl. Abwehrhaltung gegen die Steigerung grundherrl. Abgaben und steuerl. Belastungen spielte der Kampf gegen herrschaftl. Eingriffe in die dörfl. Allmenderecht und in den Selbstverwaltungsbefugnissen der Dorfgemeinde eine wichtige Rolle. In zeitl. Hinsicht zeigt sich ein kontinuierl. Anstieg der dt. Bauernrevolten von der Mitte des 14. bis zum ausgehenden 15. Jh. Ferner ist zu Beginn des 16. Jh. eine deutl. Steigerung in der Stärke der Aufstände festzustellen: mit der Bundschuhbewegung (→Bundschuh) am Oberrhein von 1493–1517, mit dem »Armen Konrad« von 1514 und schließlich mit dem großen Bauernkrieg von 1525 intensivierten sich die Bauernerhebungen von Aufstand zu Aufstand. In den spätma. Bauernaufständen trat insgesamt die Gemeinde als entscheidender Träger bäuerl. Forderungen und als Rückhalt des Widerstandes hervor. Die →Revolten erfaßten das spätma. D. aber keinesfalls gleichmäßig; sie konzentrierten sich auf Süd- und Mitteldeutschland und fehlten fast ganz in Niedersachsen und Bayern.   W. Rösener

Q. *[allg.]:* H. Wopfner, Urkk. zur dt. Agrargesch., 1928 – Urkk. und erzählende Q. zur dt. Ostsiedlung im MA, 2 Tle, hg. H. Helbig–L. Weinrich (AusgQ XXVI, 1967–70) – Q. zur Gesch. des dt. Bauernstandes im MA, hg. G. Franz (AusgQ XXXI, 1974²) – Dt. ländl. Rechtsquellen, hg. P. Blickle, 1977 – Q. zur dt. Verfassungs-, Wirtschafts- und Sozialgesch. bis 1250, hg. L. Weinrich (AusgQ XXXII, 1977) – Lit. *[allg.]:* HRG I, 1824ff. [H. K. Schulze, s. v. Grundherrschaft] – K. Lamprecht, Dt. Wirtschaftsleben im MA, 3 Bde, 1885/86 – R. Kötzschke, Allg. Wirtschaftsgesch. des MA, 1924 – B. Huppertz, Räume und Schichten bäuerl. Kulturformen in D., 1939 – K. S. Bader, Stud. zur Rechtsgesch. des ma. Dorfes, 3 Bde, 1957–73 – Die Anfänge der Landgemeinde und ihr Wesen, 2 Bde (VuF 7/8, 1964) – O. Brunner, Land und Herrschaft, 1965⁵ [Neudr. 1973] – Dt. Agrargesch., hg. G. Franz, Bd. I–IV; I: H. Jankuhn, Vor- und Frühgesch., 1969; II: W. Abel, Gesch. der dt. Landwirtschaft, 1978³; III: F. Lütge, Gesch. der dt. Agrarverfassung, 1967²; IV: G. Franz, Gesch. des dt. Bauernstandes, 1976² – H. Mottek, Wirtschaftsgesch. D.s I, 1968⁵ – Aubin-Zorn I, 1971 – K. Kroeschell, Dt. Rechtsgesch., 2 Bde, 1972–73, 1982⁵ – Dt. Bauerntum im MA, hg. G. Franz, 1976 – W. Abel, Agrarkrisen und Agrarkonjunktur, 1978³ – E. Ennen–W. Janssen, Dt. Agrargesch., 1979 – F.-W. Henning, Landwirtschaft und ländl. Gesellschaft in D. I, 1979 – E. Pitz, Wirtschafts- und Sozialgesch. D.s im MA, 1979 – G. Richter, Lagerbücher- oder Urbarlehre, 1979 – K. S. Bader, Ausgew. Schr. zur Rechts- und Landesgesch., 3 Bde, 1983/84 – *zu [I]:* R. Kötzschke, Stud. zur Verwaltungsgesch. der Großgrundherrschaft Werden an der Ruhr, 1901 – Ch. E. Perrin, Recherches sur la seigneurie rurale en Lorraine, 1935 – R. Kötzschke, Salhof und Siedelhof im älteren dt. Agrarwesen, 1953 – K. Blaschke, Bevölkerungsgesch. von Sachsen, 1967 – L. White jun., Die ma. Technik und der Wandel der Gesellschaft, 1968 – H. H. Kaminsky, Stud. zur Reichsabtei Corvey in der Salierzeit, 1972 – M. Born, Die Entwicklung der dt. Agrarlandschaft, 1974 – K. Bosl, Die »familia« als Grundstruktur der ma. Gesellschaft, ZBLG 38, 1975, 403ff. – Wort und Begriff »Bauer«, hg. R. Wenskus, H. Jankuhn, K. Grinda, AAG 89, 1975 – Das Dorf der Eisenzeit und des frühen MA, hg. H. Jankuhn, R. Schützeichel, F. Schwind, AAG 101, 1977 – L. Kuchenbuch, Bäuerl. Gesellschaft und Klosterherrschaft im 9. Jh., 1978 – J. C. Russel, Die Bevölkerung Europas 500–1500 (C. Cipolla–K. Borchardt, Europ. Wirtschaftsgesch. I, 1978), 13ff. – Unters. zur eisenzeitl. und frühma. Flur in Mitteleuropa und ihrer Nutzung, hg. H. Beck, D. Denecke, H. Jankuhn, 2 Tle, AAG 115/116, 1979/80 – U. Bentzien, Bauernarbeit im Feudalismus, 1980 – J. Fleckenstein, Grundlagen und Beginn der dt. Gesch., 1980² – W. Rösener, Strukturformen der älteren Agrarverfassung im sächs. Raum, NdsJb 52, 1980, 107ff. – Ph. Dollinger, Der bayer. Bauernstand vom 9. bis zum 13. Jh., 1982 – Villa-curtis-grangia. Landwirtschaft zw. Loire und Rhein von der Römerzeit zum HochMA, hg. W. Janssen–D. Lohrmann (Beih. der Francia 11, 1983) – *zu [II]:* E. O. Schulze, Die Kolonisierung und Germanisierung der Gebiete zw. Saale und Elbe, 1896 – W. Wittich, Die Grundherrschaft in Nordwestdeutschland, 1896 – J. Kühn, Das Bauerngut der alten Grundherrschaft, 1912 – A. Dopsch, Herrschaft und Bauer in der dt. Kaiserzeit, 1939 – K. S. Bader, Bauernrecht und Bauernfreiheit im späteren MA, HJb 61, 1941, 51ff. – Das Problem der Freiheit in der dt. und schweiz. Gesch. (VuF 2, 1953, 1981⁴) – L. Deike, Die Entstehung der Grundherrschaft in den Hollerkolonien an der Niederweser, 1959 – S. Epperlein, Bauernbedrückung und Bauernwiderstand im hohen MA, 1960 – A. K. Hömberg, Münsterländer Bauerntum im HochMA, WF 15, 1962, 29ff. – G. Droege, Landrecht und Lehnrecht im hohen MA, 1969 – H. Jänichen, Beitr. zur Wirtschaftsgesch. des schwäb. Dorfes, 1970 – H. Schmidt, Adel und Bauern im fries. MA, NdsJb 45, 1973, 45ff. – H. K. Schulze, Rodungsfreiheit und Königsfreiheit, HZ 219, 1974, 529ff. – Die dt. Ostsiedlung des MA als Problem der europ. Gesch. hg. W. Schlesinger (VuF 18, 1975) – J. Asch, Grundherrschaft und Freiheit, NdsJb 50, 1978, 107ff. – W. Metz, Das Servitium regis, 1978 – E. Ennen, Die europ. Stadt des MA, 1979³ – Herrschaft und Stand, hg. J. Fleckenstein, 1979² – E. Münch, Bauernschaft und bäuerl. Schichten im vollentfalteten Feudalismus, Jb. für Wirtschaftsgesch. 1980, III, 75ff. – W. Rösener, Zur Wirtschaftstätigkeit der Zisterzienser im HochMA, ZAA 30, 1982, 117ff. – W. Rösener, Bauer und Ritter im HochMA (Fschr. J. Fleckenstein, 1984), 665ff. – R. Sablonier, Das Dorf im Übergang vom Hoch- zum SpätMA (ebd.), 727ff. – *zu [III]:* Th. Knapp, Gesammelte Beitr. zur Rechts- und Wirtschaftsgesch. des dt. Bauernstandes, 1902 – Ders., Neue Beitr., 1919 – G. Kirchner, Probleme der spätma. Klostergrundherrschaft in Bayern, ZBLG 19, 1956, 1ff. – H. Weiss, Die Zisterzienserabtei Ebrach, 1962 – F. Lütge, Das 14./15. Jh. in der Sozial- und Wirtschaftsgesch. (Ders., Stud. zur Sozial- und Wirtschaftsgesch., 1963), 281ff. – I. Bog, Dorfgemeinde, Freiheit und Unfreiheit in Franken, 1964 – H. Rubner, Die Landwirtschaft der Münchener Ebene und ihre Notlage im 14. Jh., VSWG 51, 1964, 433ff. – K. Blaschke, Grundzüge und Probleme einer sächs. Agrarverfassungsgesch., ZRGGermAbt 82, 1965, 223ff. – E. Pitz, Die Wirtschaftskrise des SpätMA, VSWG 52, 1965, 347ff. – Wüstungen in D. Ein Sammelber., hg. W. Abel, 1967 – E. Engel–B. Zientara, Feudalstruktur, Lehnbürgertum und Fernhandel im spätma. Brandenburg, 1967 – F. Steinbach, Die rhein. Agrarverhältnisse (Collectanea F. Steinbach), 1967 – W. Störmer, Probleme der spätma. Grundherrschaft und Agrarstruktur in Franken, ZBLG 30, 1967, 118ff. – H. Ott, Stud. zur spätma. Agrarverfassung im Oberrheingebiet, 1970 – D. W. Sabean, Landbesitz und Ges. am Vorabend des Bauernkriegs, 1972 – H. Helbig, Ges. und Wirtschaft der Mark Brandenburg im MA, 1973 – P. Blickle, Agrarkrise und Leibeigenschaft im spätma. D. Südwesten (H. Kellenbenz, Agrar. Nebengewerbe und Formen der Reagrarisierung im SpätMA und 19./20. Jh., 1975), 39ff. – Revolte und Revolution in Europa, hg. P. Blickle, HZ Beih. 4, 1975 – H. Grees, Ländl. Unterschichten und ländl. Siedlungen in Ostschwaben, 1975 – Der Bauernkrieg 1524–26, hg. R. Wohlfeil, 1975 – H. Wunder, Zur Mentalität aufständ. Bauern (H.-U. Wehler, Der dt. Bauernkrieg, 1975), 9ff. – W. Abel, Die Wüstungen des ausgehenden MA, 1976³ – K. Militzer, Auswirkungen der ma. Agrardepression auf den Deutschordensballeien (Fschr. M. Tumler, 1978), 62ff. – P. Blickle, Bäuerl. Erhebungen im spätma. dt. Reich, ZAA 27, 1979, 209ff. – W.

RÖSENER, Die spätma. Grundherrschaft im südwestdt. Raum als Problem der Sozialgesch., ZGO 127, 1979, 17ff. – C. ULBRICH, Leibherrschaft am Oberrhein im SpätMA, 1979 – W. ABEL, Strukturen und Krisen der spätma. Wirtschaft, 1980 – K. ARNOLD, Niklashausen 1476, 1980 – H.-M. MAURER, Masseneide gegen Abwanderung im 14. Jh., Zs. für württ. Landesgesch. 39, 1980, 30ff. – E. MEUTHEN, Das 15. Jh. (Grundriß der Gesch. 9, 1980) – P. BLICKLE, Die Revolution von 1525, 1981² – P. KRIEDTE, Spätma. Agrarkrise oder Krise des Feudalismus? (Gesch. und Ges. 7, 1981), 42ff. – W. RÖSENER, Zur Problematik des spätma. Raubrittertums (Fschr. B. SCHWINEKÖPER, 1982), 469ff. – R. SABLONIER, Zur wirtschaftl. Situation des Adels im SpätMA (Adelige Sachkultur des SpätMA, 1982), 9ff. – W. ACHILLES, Überlegungen zum Einkommen der Bauern im späten MA, ZAA 31, 1983, 5ff. – Die Grundherrschaft im späten MA, hg. H. PATZE, 2 Bde (VuF 27, 1983).

H. Städtische Sozial- und Wirtschaftsgeschichte
I. Hochmittelalter – II. Spätmittelalter.

I. HOCHMITTELALTER: [1] *Voraussetzungen und Anfänge des Urbanisierungsprozesses:* Entstehung und Entfaltung des ma. Städtewesens (vgl. auch →Stadt) im deutschsprachigen Raum beruhen wie in anderen Teilen Europas zunächst auf zwei entscheidenden Veränderungen im Bereich der Bevölkerungsentwicklung und der Agrarwirtschaft: Seit dem 7. Jh. ist – abgesehen von einer kurzen Stagnationsphase im 10. Jh. – eine langsame, aber bis zu Beginn des 14. Jh. stetige Bevölkerungszunahme zu beobachten, die ausreicht, um nicht nur für Landesausbau und Ostbewegung, sondern auch für →Handel und →Handwerk in den werdenden und wachsenden Städten das notwendige Arbeitskräftepotential bereitzustellen. Die Einführung, Durchsetzung und allgemeine Verbreitung von Verbesserungen der Agrartechnik (Intensivierung, Getreide- und Gartenbau) und der landwirtschaftl. Organisationsformen (Verdorfungsprozeß, Gewannverfassung) erweitern die Ernährungsbasis erheblich; die »Vergetreidung« Europas begleitet den Urbanisierungsprozeß bis in die erste Hälfte des 14. Jh. – Die ma. Städte absorbieren einen Großteil des ländl. Bevölkerungsüberschusses; sie bleiben wegen der über der Geburtenrate liegenden Sterblichkeitsrate immer auf Zuzug vom Lande angewiesen. Die schrittweise Entfaltung der städt. Wirtschaft und der Arbeitsteilung zw. Stadt und Land verändert auch die rechtl., soz. und wirtschaftl. Strukturen auf dem Lande.

Der Urbanisierungsprozeß setzt im Früh- und Hoch-MA nicht gleichzeitig und gleichmäßig ein. Er erfaßt zuerst jene Räume, in denen – wiederum in regional abgestufter Form – die urbane Tradition der Spätantike noch lebendig ist oder zumindest topograph. Ansatzpunkte bietet. In der Karolingerzeit bilden die ehemaligen Römerorte »Inseln in einer rustikalen Umwelt« (E. ENNEN), die stark an Eigenbedeutung gewonnen hat und in Kl., Burgen und grundherrl. Höfen beachtl. kulturelle, polit. und wirtschaftl. Zentren besitzt. Der allmähl. Übergang der germ. und slav. Völker zur urbanen Lebensform gewinnt der städt. Hochkultur im MA neue Räume westl. des Rheins und nördl. der Donau. Vor- und Frühformen städt. Lebens entwickeln sich in den Kaufmannsniederlassungen (→Wiken) und →Märkten einerseits, den germ. und slav. Burgplätzen (→Burg, C. VI) andererseits. Die Kaufmannsniederlassungen (emporion, vicus, portus in den Quellen), z. B. der »vicus« bei →Domburg auf der Insel Walcheren, →Dorestad an der Gabelung von Altem Rhein und Lek, →Haithabu am Südufer der Schlei, →Alt-Lübeck und weitere Plätze im Nord- und Ostseegebiet, weisen trotz fest ansässiger Bevölkerung und gewisser Zentralfunktionen im kirchl. und polit. Bereich (→Wikgraf) einen relativ unsteten Charakter auf; sie existieren meist nur etwa zwei Jahrhunderte lang und werden dann von neuen Handelsplätzen oder Städten abgelöst.

Lebensfähig zeigen sich v. a. offene Kaufmannssiedlungen bei den Bischofssitzen, bei Königspfalzen, Kl. und Burgen. Zukunftsweisend ist die Entwicklung in Flandern, im Maasgebiet und in den Rheinlanden: Der topograph. Dualismus von kirchl.-herrschaftl. Zentrum und Kaufleute- bzw. gewerbl. Siedlung kennzeichnet die frühstädt. Zentren. Klassische Ausprägungen dieses Strukturtyps sind in der engen Verbindung herrschaftl., kultisch-kultureller und wirtschaftl. Zentralfunktionen die rhein. →Bischofsstädte und die residenzartigen flandr. Grafenburgen (→Burg, C. II) mit Kollegiatstift, Gewerbezentrum und Kaufleutesiedlung (portus). Burgen und Märkte – die Zahl der privilegierten und nichtprivilegierten Märkte nimmt bis ca. 1200 rasch auf ca. 500 im Gebiet des Reiches zu – erweisen sich als die wichtigsten Ansatzpunkte und Frühformen städt. Siedlung östl. des Rheins. Zu den Burgen mit →Suburbium treten bald Bischofssitze und Stifter mit Kaufmannsniederlassungen, die häufig mit einer Nikolai-Kirche versehen sind. Auch östl. der Elbe bilden v. a. die Burgmarktorte Keimzellen der ma. Stadtentwicklung.

Von den frühen Typen des Marktes, Jahrmarkt (Köln hat im 11./12. Jh. vier Messen), Wochenmarkt und tägl. Markt, entfalten die beiden letzteren wegen ihrer Siedlungsgebundenheit eine bes. starke stadtbildende und stadterhaltende Kraft. Als Plätze mit einem vorbildl. →Marktrecht, das anderen Städten und Märkten verliehen wird, gelten Mainz, Köln, Trier, Metz, Worms, Speyer, Straßburg, Basel, Konstanz, Zürich, Dortmund, Goslar, Magdeburg (rhein.-sächsische Marktrechtsfamilie), Regensburg, Augsburg, Nürnberg, Bamberg, Würzburg (bayer. Marktrechtsfamilie). Im ostfrk. Bereich, wo der Bedarf an neuen Märkten bes. groß ist und deren Einrichtung eine deutliche herrscherl. Förderung benötigt, entsteht in der 2. Hälfte des 9. Jh. das kgl. Marktregal; die »klassische Dreiheit von Markt, Zoll und Münze« (E. ENNEN) begegnet schon in den Privilegien für →Prüm (861, für Rommersheim), →Münstereifel (898) und →Corvey (900, für Horohusun/Niedermarsberg). Der kgl. Schutz garantiert den Marktfrieden.

[2] *Stadtentwicklung im hohen Mittelalter:* Um 1100 beginnt eine neue Phase städt. Entwicklung. Das zunächst noch sehr lose Netz der frühen Städte und Frühformen verdichtet sich; die raumbildende Kraft der nichtagrar. Zentren verstärkt sich; es entsteht eine Hierarchie der Städte als →Zentralorte, die das frühere Nebeneinander von Städten, Wiken, Marktorten usw. ablöst. Allmählich werden, zuerst westl. des Rheins, Großräume übergreifende Strukturen deutlich. In den gewachsenen älteren Zentren kommt der Stadtwerdungsprozeß zum Abschluß, äußerlich sichtbar in der Aufhebung des topograph. Dualismus durch die Vereinigung von herrschaftl.-kultischem und kommerziell-gewerbl. Kern in Form der Umwallung oder Ummauerung. Die Ausbildung eines hierarch. geordneten und raumbildenden Städtesystems wird beschleunigt durch regelrechte →Städtegründungen, beginnend im 11. Jh. in Flandern unter →Balduin V. und →Robert I. d. Friesen), verstärkt seit dem 12. Jh. Quellenmäßig gut zu fassen sind die Gründungen von →Geraardsbergen/Grammont 1067/70, →Mont-Saint-Guibert in Brabant 1116, →Freiburg i. Br. 1120 durch die →Zähringer und →Lübeck 1143 bzw. 1158/59 durch Adolf II. v. →Schauenburg bzw. →Heinrich d. Löwen. Obwohl der Gründungsprozeß in der Regel ein zeitl. gestreckter Vorgang war (B. SCHWINEKÖPER), überwiegen die Elemente von Planung, Gestaltung und systemat. Ausstattung mit bes. Rechten, Freiheiten und Zentral-

funktionen. Fast alle Gründungen stehen in funktionalem Zusammenhang der herrschaftl. Raumerfassung; politisch-militär. Interessen überwiegen zunächst die wirtschaftsorganisator. Tendenzen, wenngleich keine Gründung ohne bedeutsame wirtschaftl. Zentralfunktionen überleben kann. – Dem Beispiel der Gf. en v. Flandern, der →Staufer, Zähringer, →Welfen, →Wettiner folgen kleinere Dynasten wie etwa die Gf. en zur →Lippe, die Städtegründung ebenfalls früh als Mittel zu Ausbau und Festigung der Territorialherrschaft einsetzen. Das gilt auch für die große Welle der spätma. Städtegründungen (s. u.).

[3] *Gemeindebildung und Stadtrecht im hohen Mittelalter:* Im Gründungs- und Siedlungsakt bzw. in der Phase des Abschlusses der Stadtwerdung bei den gewachsenen alten Zentren werden zwei entscheidende Elemente der ma. Stadt bes. deutlich: →Stadtrecht und Gemeindebildung (→Gemeinde). Die Entstehung der Stadtgemeinde ist ein sehr komplexer Vorgang, der sich nicht unilinear beschreiben oder gar an einem einzigen Kriterium festmachen läßt. Grundlagen können sein: Gerichtsgemeinde, Pfarrgemeinde, Nachbarschaft, Schwureinung der Stadtbewohner (→Coniuratio) oder andere Einungsformen, die im mediterranen Kulturkreis (Italien, Südfrankreich) entwickelt und nach Norden transferiert worden sind. Der Einfluß der Kaufmannsgilde oder anderer Kaufmannsvereinigungen (frühe →Hansen), die seit dem 11./12. Jh. etwa in →Tiel, →Köln, →Schleswig (vielleicht schon in →Haithabu) und mehreren flandr. Städten faßbar sind, auf die Gemeindebildung ist in der älteren Forschung stark überschätzt worden; es handelt sich zwar um lokal verfestigte, nicht aber bezirksgebundene Verbände mit Zwangsgewalt gegenüber Nichtmitgliedern. Auch die Zahl der eindeutig nachweisbaren frühen Schwureinungen ist vergleichsweise gering. Die berühmte Kölner Coniuratio »pro libertate«, früher zu 1112 datiert, wird inzwischen mit einiger Sicherheit auf eine Verschwörung von Stadt, Ebf. und einer niederrheinisch-ndl. Adelsgruppe gegen Ks. Heinrich V. im Jahre 1114 bezogen.

Der Prozeß der Gemeindebildung muß eingeordnet werden in die großen geistigen und sozialen Strömungen der Zeit, →Gottesfriedensbewegung, Freiheitsbewegung, Durchsetzung der Genossenschaftsidee in zahllosen Formen. Ziel der kommunalen Bewegung, die fast immer eine deutl. Spitze gegen den Stadtherrn aufweist und gerade in den älteren städt. Zentren zu gewaltsamen Auseinandersetzungen (→Worms 1073, →Köln 1074 und 1106, →Cambrai 1077) oder zur Regelung in Form teuer erkaufter Freiheitsprivilegien (→Huy 1066) führt, ist ein mehr oder weniger stark ausgeprägtes Maß städt. Selbstverwaltung durch die Stadtgemeinde und ihre Organe, →Schöffenkollegium, →Geschworene (iurati), seit der Wende vom 12. zum 13. Jh. v. a. den →Rat (zuerst in →Lübeck, →Utrecht, →Speyer und →Straßburg) und die →Bürgermeister. Um 1250 haben etwa 150 dt. Städte Ratsverfassung. Die Stadtgemeinde organisiert teils in Verbindung mit dem Stadtherrn, teils gegen ihn Gemeinschaftsaufgaben wie etwa den Mauerbau und verteilt gemeinsam zu tragende Lasten (→Steuern, →Akzisen). In der Frühphase der ma. Stadt überwiegt die herrschaftl., in der Hochphase die genossenschaftl. Komponente.

Die wichtigsten Elemente des Stadtrechts, d. h. der Summe der Rechtsnormen, die das Zusammenleben der Stadtbewohner und die Beziehungen zw. Stadt und Stadtherr regeln, erwachsen aus dem →Kaufmannsrecht, das im Prinzip nicht bezirksbezogen ist, dem Marktrecht (Ortsrecht), dem Gewohnheitsrecht und aus stadtherrl. Privilegierung; im späteren MA treten Satzungen der städt. Obrigkeiten hinzu: →Willküren, Rats- und Schöffensprüche, →Einungen, Ordnungen des Handels und Gewerbes (Zunftsatzungen) etc. Das Kaufmannsrecht, faßbar in frühen Gildestatuten (→Gilde), Handelsverträgen zw. Städten und anderen Quellen, bringt entscheidende Verbesserungen gegenüber dem →Landrecht: Befreiung von gerichtl. →Zweikampf und →Gottesurteil, vom Prozeßformalismus (vare), vom →Strandrecht; Besserung des →Fremdenrechtes, v. a. bei der Nachlaßsicherung; Lösung von Schuldforderungen durch persönl. Eidesleistung (Eineid; →Eid). Eine der wichtigsten Regelungen des Stadtrechts, das – trotz der Ausbildung von großen →Stadtrechtsfamilien (→Soest, →Magdeburg, →Lübeck, →Kulm u. a. m.) – von Stadt zu Stadt individuell ausgeformt ist, betrifft den Zuzug Unfreier; seit dem 12. Jh. findet man vielerorts der Sache nach den berühmten, in dieser Form aber von der Forschung geprägten Rechtssatz →»Stadtluft macht frei«, meist mit der Befristung von →»Jahr und (nächstfolgendem Gerichts-) Tag« für die Rückforderung seitens des Grund- oder Leibherrn. Er unterstreicht, daß die Stadt in die agrarisch-herrenständ. Ordnung des frühen und hohen MA ein neues, gerade für das Verhältnis von Freiheit und Unfreiheit revolutionäres Element einbringt, das die weitere gesellschaftl. Entwicklung entscheidend prägt. Sie wird, obwohl Stadtluft bis ins 12. Jh. hinein vielfach »eigen« macht, zum Zielpunkt für die unfreie und die faktisch persönl. freie ländl. Bevölkerung, die bessere Arbeits- und Lebenschancen sucht, wirtschaftl. und sozialen Aufstieg anstrebt und schließlich freiere Lebensformen verwirklichen will in der Sicherheit, die Stadtrecht und Stadtfreiheit mit dem wichtigen Element der bürgerl. Rechtsgleichheit bieten. Die entwickelte ma. Stadt kennt zwar außerordentl. scharfe Formen wirtschaftl., sozialer und polit. Ungleichheit, aber im Prinzip kein ständ. gestuftes Recht mehr. – Zum Stadtrecht gehört auch die freie →Erbleihe als besonderes städt. Bodennutzungsrecht, das v. a. in den Gründungsstädten in Mittel- und Ostdeutschland zu den großen Attraktionen zählt und eine wesentl. Voraussetzung für bürgerl. Freiheit und städt. Wirtschaften darstellt.

[4] *Die gesellschaftliche Gliederung der hochmittelalterlichen Stadt:* Aufbau und Gliederung der ma. Stadtbevölkerung lassen sich angesichts der absoluten Individualität jeder Stadt und der Vielfalt der Stadttypen kaum generalisierend darstellen. Trotz der o. a. Tendenz zur bürgerl. Rechtsgleichheit verschmelzen die verschiedenen Rechtskreise, die wir in der Entstehungs- und Frühphase der Stadt fassen können, nur langsam; die Mehrzahl der Stadtbewohner im 9. bis 12. Jh. ist, nicht zuletzt wegen der häufigen Identität von Stadt- und Grundherrn bzw. bevorzugten Lage der Zentralen geistl. Grundherrschaften in Städten, zunächst als unfrei anzusehen; v. a. →Wachszinsige spielen z. B. in den rhein. und bayer. Städten eine bedeutende Rolle beim Aufbau der Stadtbevölkerung. Grundlegend wird in der entwickelten ma. Stadt hinsichtl. der polit. Rechte und Chancen die Unterscheidung von Vollbürgern, Eingesessenen (Inwohnern) und unterbürgerl. Schichten. Außerhalb der bürgerl. Gesellschaft bleiben die →Juden, häufig auch der →Klerus und Sondergruppen wie etwa die →Lombarden.

Obwohl man von Anfang an mit einer erhebl. auch wirtschaftl. begründeten sozialen Differenzierung rechnen muß, wird die Ausbildung von Schichten erst seit dem 11./12. Jh. deutlich. Eine mehr oder weniger genau bestimmbare Oberschicht erkennt man in den →meliores, sapientiores, →divites/divitiores, →boni homines, →viri hereditarii (Erbbesessenen, Erbmännern) oder →Geschlechtern, d. h. Gruppen von Familien aus der Fernhandel treibenden freien Kaufmannschaft oder der stadtherrl., stift. bzw. klösterl. →Ministerialität (Wechsler, →Münzerhausgenossen, Zöllner, →Kaufleute, milites/→Ritter), für die sich der Sammelbegriff Meliorat eingebürgert hat. Sobald sich diese mehr wirtschaftl. herausgehobene Führungsschicht polit. und sozial verfestigt, z. B. Schöffenkollegium oder Rat und Bürgermeisteramt beherrscht und sich gegen neu aufsteigende Familien durch Beschränkung des Konnubiums abschließt, spricht man von →Patriziat. Die herausgehobene Stellung der führenden Geschlechter unterstreicht die Orientierung am adligen Lebensstil: Selbstbezeichnung als nobiles in Nürnberg, Köln schon im 13. Jh.; Bau von →Geschlechtertürmen, u. a. in Köln, Trier, Metz, Regensburg, Nürnberg, Zürich, Osnabrück; Konnubium mit dem niederen Adel auf dem Lande; Teilnahme an Turnieren und Kriegszügen; Erwerb von →Lehen und der Aufbau von bis in die unteren Sozialschichten reichenden →Klientelverbänden (bes. ausgeprägt in Köln Mitte 13. Jh.). Die aktive Handelstätigkeit tritt dabei in den Hintergrund. Ähnlich wie in Oberitalien erschüttern die meist aus der Konkurrenz zw. altem Patriziat und im Handel neu aufsteigenden Familien um die polit. Macht resultierenden Geschlechterkämpfe seit dem 13. Jh. v. a. in Flandern und im Rheinland (→Köln: Konflikt zw. »Weisen« und »Overstolzen«) den inneren Frieden und das Sozialgefüge der Städte. Die Auseinandersetzungen zw. rivalisierenden Oberschichtengruppen setzen sich im SpätMA fort (s. u.).

Zur städt. Mittelschicht rechnet man gewöhnlich die weniger bedeutenden Kaufleute und Krämer sowie die Masse der selbständigen Handwerker und Gewerbetreibenden. Zur Unterschicht zählen neben den ärmeren Handwerkern Gesellen und Lehrlinge, Knechte und Mägde, Handels- und Transportarbeiter, ein Großteil der alleinstehenden Frauen und Angehörige der verfemten oder verachteten Gewerbe, die z. T. auch zum Kreis der Randgruppen- und Außenseiterbevölkerung zählen (Bettler [→Bettlerwesen], Dirnen [→Prostitution], →Spielleute, →Fahrende).

[5] *Wirtschaftsstruktur und -funktionen der hochmittelalterlichen Stadt:* Der Grad der berufl. Differenzierung nimmt im HochMA sehr rasch zu, v. a. durch den Auf- und Ausbau der gewerbl. Produktion für den Markt (Austausch mit dem Umland) und den →Fernhandel. Dieser Vorgang findet seinen Ausdruck in der im ausgehenden 11. Jh. einsetzenden Zunftbildung, wenngleich die absolute Zahl der →Zünfte erst seit etwa 1250 rapide zunimmt. Zünfte sind bezirksbezogene, von der Stadtobrigkeit sanktionierte, häufig auch geschaffene Verbände mit gewissem Zwangscharakter (Zunftzwang) gegenüber Mitgliedern und anderen, dasselbe Gewerbe betreibenden Personen, mit eigenen Organen, manchmal auch eigener Gerichtsbarkeit. Die Grundlagen des Zusammenschlusses liegen nicht nur in der Gemeinsamkeit der berufl. Tätigkeit und der wirtschaftl. Funktionen, sondern auch in den religiösgesellschaftl. und karitativen Aufgaben. Produktions- und Marktkontrolle, Kartellfunktionen, militär. und polit. Aufgaben kommen dazu, meist erst im SpätMA. Die Bezeichnungen für die Handwerkerkorporationen variieren; im dt. Sprachbereich findet man neben »Zunft« v. a. die Termini: Amt/Ambacht, Werk/Handwerk, Innung, Zeche, Bruderschaft, Gilde usw. mit ihren lat. Entsprechungen (meist: officium, ars, fraternitas).

Wachsende Differenzierung und Spezialisierung des ma. Handwerks, in dem – abgesehen vom Textilgewerbe – der Produktionsprozeß nicht horizontal, sondern vertikal zerlegt und damit die Einheit des Herstellungsprozesses in bezug auf das Produkt gewahrt ist, begründen zusammen mit der zunftinternen bzw. obrigkeitl. Kontrolle und der steuernden Funktion des Kaufmanns einen durchwegs hohen Qualitätsstandard in den einzelnen Gewerben. Trotz der kleinbetriebl. Arbeitsweise schaffen seit dem 13. Jh. Handelskapital und Verlagssystem (→Verlag), d. h. Kreditvergabe in Form von Rohstoffen, Handwerksgerät oder Kapital, die Voraussetzungen für eine standardisierte, auf den Fernabsatz orientierte Massenproduktion. Wie in der NZ der industrielle, so setzt der gewerbl. »Take off« des MA in der →Textilherstellung ein. Begünstigt durch die techn. Verbesserung des Webgerätes im Trittwebstuhl, der männl. Arbeitskraft erfordert (→Webstuhl), verdrängt das städt. Handwerk spätestens bis 1200 die bereits exportorientierte, auf Frauenarbeit (→Frauen) beruhende Tuchproduktion in den grundherrschaftl. Manufakturen (→Gynäceen). Die berühmten »pallia fresonica« (fries. Tuche), die noch Karl d. Gr. Hārūn-ar-Rašīd zum Geschenk macht, erhalten schon um 1000 Konkurrenz durch die Produkte des nordwesteurop. Tuchreviers, das von England über Nordfrankreich, die südl. und nördl. Niederlande bis ins Niederrheingebiet reicht. Spätestens im 12. Jh. erreicht der Absatz maasländ. und rhein. Wolltuche (→Wolle) sowie des hochwertigen →Leinens aus dem Bodenseeraum Italien, Österreich und Ungarn. Ähnlich weite Verbreitung finden um diese Zeit auch die Erzeugnisse oberdt. und rhein. Waffenschmiede (→Waffen); noch früher, nach Ausweis der Koblenzer Zollrolle schon um die Mitte des 11. Jh., werden die Produkte maasländ. Messingschläger (→Dinanderien), die sich in Köln mit Kupfer aus dem Harz eindecken, bis nach Oberdeutschland verhandelt.

Der hochma. Fernhandel beruht bis ins 13. Jh. überwiegend auf der persönl. Reisetätigkeit des →Kaufmanns, der seine Waren begleitet. Der aus dem FrühMA überkommene Charakter des Fernhandels, die starke Prägung durch Luxusgüter, tritt immer mehr in den Hintergrund; das Handelsvolumen nimmt sehr rasch zu, v. a. im Schiffstransport von Gütern auf Flüssen und Meeren. Die alten genossenschaftl. Organisationsformen der Fernhändler, die Kaufmannsgilden und die Fahrtgenossenschaften (→Hansen), gebildet zum gegenseitigen Schutz und zur Risikoverteilung, verpflichtet zur berufl., gesellschaftl. und wirtschaftl. Förderung ihrer Mitglieder, v. a. zur Hilfeleistung bei Schiffbruch, Raub, Brand, Gerichtsverfahren, leben fort; sie werden in der Folge aber z. T. umgebildet (Monopolgesellschaften wie z. B. Gewandschneidergilden oder Münzerhausgenossen; Trinkstubengesellschaften, jüngere Fahrergenossenschaften nach bestimmten Handelszielen), z. T. wesentlich erweitert; das gilt v. a. für die Hansen. Bis ins 13. Jh. sind die Fahrtgenossenschaften der Kaufleute nicht selten nur auf eine Stadt oder eine kleine Gruppe von benachbarten Städten beschränkt; das gilt für die meisten flandr. Hansen oder etwa auch für die früh in London privilegierte niederrhein. Hanse der Kölner, Tieler und ihrer Genossen. Die zukunftsweisenden Bildungen umfassen mehrere Städte, z. B. die flandr. Hanse in London oder die »Hanse der 17 Städte«, die von Kaufleuten aus mehr als 17 Städten Flanderns, Nordfrankreichs, der Champagne und Niederlothringens zum Zweck des sicheren Besuchs der →Champagnemessen gegründet wird. Die berühmteste und dauerhafteste Schöpfung dieses Typs, die Dt. Hanse, geht auf die Genossenschaft der dt. →Gotlandfahrer unter Führung Lübecks zurück. Sie wird als Kaufmannshanse zuerst in den wichtigsten Zielorten des hans. Handels, den Kontoren von →London, →Brügge, →Novgorod und →Bergen verwirklicht. Der langwierige Prozeß der Formierung der Genossenschaft zeigt sich bes. auffällig in dem erst 1281/82 erfolgten Zusammenschluß der Kölner, Hamburger und Lübecker bzw. gotländ. Genossenschaft, die jeweils eigene Handelsprivilegien erworben hatten, im Londoner Stalhof.

Als weiterer umfassender Ordnungsfaktor im ma. Handels- und Wirtschaftsleben gewinnen die →Messen und großen →Jahrmärkte an Bedeutung. Die frühen, mit einem weiten Einzugsbereich (Oberdeutschland) versehenen →Kölner Messen und die einiger flandr. Städte stehen im Schatten des überragenden Messenetzes der Champagne (zeitweise ergänzt durch die Lendit-Messe bei Paris und die Messen v. →Chalon-sur-Saône), dem bis zum Beginn des 14. Jh. wichtigsten Treffpunkt, Abrechnungs- und Zahlungsplatz für die Kaufleute aus Italien, Südfrankreich, Nordwest- und Osteuropa. Auch die rhein. Kaufleute von Köln bis Konstanz sind regelmäßig auf diesen Messen vertreten und nehmen sie u. a. für den Geldtransfer an die →Kurie in Anspruch. Bedeutsame Zielorte für den dt. Handel werden neben den frühen engl. und flandr. Messen auch die Jahrmärkte etwa von →Linz/Donau oder →Bozen, nicht zuletzt im Ostseeraum die →Schonischen Messen in Verbindung mit dem Heringsfang (vgl. auch unten bei II.4). Die Risiken, v. a. des Seehandels, werden durch die Bildung von →Handelsgesellschaften auf Zeit oder in Form der →Partenreederei auf mehrere Partner verteilt. Die Hauptlinien des Handelsverkehrs folgen den großen schiffbaren Flüssen (Donau, Rhein, Weser, Elbe und Weichsel mit ihren Nebenflüssen), den meist küstennahen Schiffahrtsrouten im Nord- und Ostseeraum und dem sich allmählich erweiternden Straßennetz, das die Flußschiffahrtsrouten teils begleitet, teils schneidet, v. a. in West-Ost-Richtung (→Hellweg, →Hohe Straße u. a.); erhebl. Bedeutung gewinnen die über die Alpen führenden Handelswege zw. Italien und Oberdeutschland. Der Austausch von Luxus- und Massengütern, Produkten der Textil-, Metall-, leder- und pelzverarbeitenden Gewerbe, Bau- und Rohstoffen, Nahrungs- und Genußmitteln erfolgt in Ost-West-Richtung, v. a. der Lebensachse, dem »Rückgrat« des Hansehandels, entlang der Linie Novgorod-Gotland-Lübeck/Hamburg-Brügge-London und in Nord-Süd-Richtung entl. der Linie Brügge/Antwerpen-Köln-Frankfurt-Nürnberg/Augsburg-Alpenpässe-Oberitalien.

Mit der Ausweitung des lokalen, regionalen und Fernhandels gewinnen die Städte zunehmend Einfluß auf die Regelung und Ordnung des Geld- und Münzwesens (→Geld, →Münzen); grundlegend ist in zahlreichen Städten die enge Verbindung zw. dem Inhaber des Münzregals und den Münzer- oder Wechslergenossenschaften, denen sich mit dem Aufkommen schwerer Silbermünzen (Groschentyp seit 1266 in Tours), der Wiederaufnahme der Goldmünzenprägung seit 1252 in Oberitalien (Florenz, Genua, Venedig) und der raschen Durchsetzung dieser neuen Handelsmünzen auch im dt. Wirtschaftsraum weitere Aufgabenfelder erschließen. In Italien und auf den Champagnemessen lernen dt. Kaufleute moderne Formen der Geldschöpfung (Giralgeld, →Buchgeld) und des Geldtransfers (→Wechselbrief) kennen, die sich aber erst im SpätMA im Westen des Reiches durchsetzen. Für das wachsende Kreditbedürfnis des Fernhandels (→Kredit) entwickeln sich eine Reihe von wirksamen Instrumenten; neben dem →Schuldbrief, der →Verpfändung von Wertgegenständen aus Edelmetall und anderen auch später

geläufigen Formen dient als wichtigste Form der Kreditsicherung die Eintragung verpfändeter Immobilien in →Schreinsbücher, →Rotuli oder →Stadtbücher (Köln, Andernach, Metz, Lübeck u. a. Städte). Der Übergang zur sog. Jüngeren Satzung, die den Schuldner im Besitz und in der Nutznießung des Grundpfandes beläßt und den Gläubiger auf die Geldrente beschränkt, erfolgt in Köln schon im 12. Jh.; sie setzt sich bald in allen bedeutsamen Handelsstädten durch. Die Gewährung von Kleinkrediten gegen Sachpfand liegt vornehml. in den Händen von →Juden, die im HochMA fast völlig aus Warenhandel und Handwerk verdrängt werden.

II. SPÄTMITTELALTER: [1] *Der Urbanisierungsprozeß im Spätmittelalter:* Im 14. u. 15. Jh. verdichtet sich das Städtenetz weiter, weniger durch Neugründungen – Ausnahmen sind v. a. die Bergbauregionen – als durch Privilegierung und Ausbau bereits bestehender Burgflecken, Marktorte oder größerer Dörfer. Das Stadtrecht wird häufig in Form von Sammelprivilegien verliehen; maßgeblich dabei sind auch bei den hochma. Städtegründungen primär territorialpolit. Interessen, oft aber verbunden mit fiskal. Zielsetzungen, um die Finanzkraft städt. Gemeinwesen für die wachsenden Geldbedürfnisse der entstehenden Territorialstaaten nutzbar zu machen. Nur ein Teil der im SpätMA privilegierten Siedlungen erreicht volle Stadtqualität im äußeren Erscheinungsbild, in der Infrastruktur und in den umlandbezogenen Zentralfunktionen. Die meisten bleiben als Stadtrechtsorte (Freiheit, Wikbold, Tal, Flecken, Markt u. a. Bezeichnungen) in einer Mittelposition zw. Stadt und Dorf oder erreichen allenfalls den Status einer Kleinstadt. Trotzdem darf man weder ihre wirtschaftl. Bedeutung noch ganz allgemein ihre Funktion in der durch wenige Großstädte (bis 1500 erreichen nur 25 Städte eine Einwohnerzahl von über 10 000), höchstens 400 Mittelstädte (2000 bis unter 10 000) und ca. 3000 Kleinstädte und Stadtrechtsorte geprägten Städtehierarchie unterschätzen; sie tragen wegen ihrer Masse und regional recht hohen Dichte wesentlich dazu bei, daß der Urbanisierungsprozeß im Reichsgebiet um 1500 mit einem Anteil von 20–25 % stadtsässiger Bevölkerung an der Gesamtpopulation im europäischen Vergleich relativ hoch liegt (vgl. hierzu →Bevölkerung, Abschnitt B. II). Demographische Einbrüche durch →Hungersnöte (bes. 1317, 1368, 1437) und →Seuchen (Große →Pest von 1348/52 und nachfolgende Pestzüge) können durch verstärkten Zuzug vom Lande meist relativ rasch ausgeglichen werden.

Die großen →Städtelandschaften, die gleichzeitig Wirtschaftsräume kennzeichnen, treten im SpätMA klar hervor: Mittel- und Niederrheinlande, Südwestdeutschland mit Elsaß und Ostschweiz, Oberdeutschland, Mitteldeutschland und der hans. Küstenraum. Als erfolgreichster →Stadttyp erweist sich die Exportgewerbe- und Fernhandelsstadt, vertreten durch →Köln, →Nürnberg, →Augsburg, →Braunschweig, →Straßburg, →Breslau – mit Abstand sind →Aachen, →Frankfurt, →Dortmund, →Regensburg, →Ulm, →Basel, →Erfurt und die Salzstädte →Lüneburg und →Halle zu nennen –, dann die seeorientierte Handels- und Hafenstadt (→Lübeck, →Hamburg, →Danzig, →Bremen), in der das meist auf wenige Zweige spezialisierte Exportgewerbe nur eine untergeordnete Rolle spielt. In der spätma. Stadt dominieren eindeutig die wirtschaftl. Zentralfunktionen; ohne sie ist keine Stadt auf Dauer lebensfähig, während sich das Fehlen oder die Reduzierung anderer Zentralfunktionen (polit.-herrschaftl.-militärische, kultisch-kulturelle) nicht notwendig negativ auswirken muß.

[2] *Stadtgesellschaft im Spätmittelalter:* Die wachsende Dynamik der gesellschaftl. Entwicklung, z. T. eine mittelbare Folge der demograph. Krisen des 14. Jh. (Land-Stadt-Bewegung, unterschiedl. Entwicklung von Agrarpreisen und Handwerkerlöhnen), läßt die politisch-rechtl., wirtschaftl. und soziale Differenzierung in den Städten noch stärker hervortreten. Die hohe vertikale Mobilität wird v. a. durch wirtschaftl. Faktoren bestimmt. Aufgrund des Anspruchs neuer wirtschaftl. Führungsschichten aus der Kaufmannschaft und den handelsorientierten Gewerben (→Weber, →Schmiede, →Fleischer, →Kürschner u. a.) auf Mitwirkung im Stadtregiment und Kontrolle der Finanzverwaltung kommt es v. a. zwischen 1348 und 1525 in zahlreichen Städten zu teilweise sehr gewalttätigen Auseinandersetzungen (»Zunftkämpfe«, besser: →Bürger- oder Verfassungskämpfe) und anschließenden Verfassungsänderungen, die das alte, zur geburtsständ. Abschließung tendierende Patriziat teils verdrängen, teils in seiner Macht beschränken und meistens auch Handwerkern und Gewerbetreibenden in abgestufter Form Zugang zu den kommunalen Leitungs- und Verwaltungsämtern eröffnen. Die Begriffe »Zunftkämpfe« und »Zunftverfassung« sind insofern etwas irreführend, als es sich in der Regel nicht um Auseinandersetzungen zw. Kaufmannschaft und Handwerkern handelt und die in den Stadtverfassungsmodellen geschaffenen »Zünfte« (in Köln: →Gaffeln) nicht primär Handwerkerkorporationen, sondern Einheiten zur verfassungspolit. Gliederung der gesamten Stadtbevölkerung darstellen, die einer oder mehreren Handwerkerzünften auch Kaufleutegruppen oder Patrizier (»Ritterzunft«) umfassen können. Die treibenden Kräfte kommen, bedingt durch die Blütezeit des Handwerks und den leichten Übergang vom Handwerk zum Handel, aus der oberen Mittelschicht. Obwohl untere Mittelschicht und Unterschicht an den Auseinandersetzungen immer beteiligt sind, kann man nur bedingt von Sozialrevolten (→Revolten) sprechen; erst zu Beginn des 16. Jh. (1512/13, 1524/25) kommen sozio-ökonom. Antagonismen in den Forderungen der im 15. Jh. stark angewachsenen Unterschicht (Gewaltpotential) stärker zur Geltung.

Auch die Zahl der Randgruppenbevölkerung nimmt gegen Ende des MA rasch zu; die Versuche der städt. Obrigkeiten zur Regelung der Armen- und Bettlerproblematik (Kommunalisierung von Spitälern und anderen Einrichtungen der Armenfürsorge, Bettlerordnungen, Abschiebung u. a. restriktive Maßnahmen) greifen nur wenig (→Armut und Armenfürsorge; →Bettlerwesen). Bes. ausgeprägt erscheinen die sozialen Gegensätze in den führenden Gewerbestädten (→Augsburg, →Nürnberg, →Köln, →Braunschweig), weniger in den Seehandelszentren. Betroffen von innerstädt. Auseinandersetzungen ist zunehmend auch der in sich stark differenzierte →Klerus (»Pfaffenkriege«). Anlässe boten die wirtschaftl. Aktivitäten der Klöster und Stifter sowie die Immunitätsrechte der →Toten Hand (→Amortisationsgesetze). Zur Stellung der Juden vgl. Abschnitt I.

[3] *Gewerbliche Produktion im späten Mittelalter:* Der überwiegende Teil der Stadtbevölkerung (bis zu 80%) und ein steigender Anteil der Landbevölkerung arbeiten im SpätMA im produzierenden, verarbeitenden und im Dienstleistungsgewerbe. Hauptlinien der Entwicklung der gewerbl. Produktion sind: wachsende Arbeitsteilung, zunehmende Differenzierung der Berufsfelder und der Produktpalette, Dominanz des Handelskapitals im Exportgewerbe, →Bergbau und →Hüttenwesen, Ausbreitung des Verlagswesens, verstärkter Einsatz von techn. Neuerungen. Insgesamt ergibt sich eine stark expansive Tendenz, die es rechtfertigt, das SpätMA als Blütezeit oder »goldenes Zeitalter« des Handwerks zu bezeichnen. Die günstige Entwicklung der →Löhne bzw. der →Preise für gewerbl. Produkte und Dienstleistungen bis ca. 1470/90 und die wachsende Nachfrage nach Luxus- und Massengütern – Einbrüche erfolgen nur im Osten und Südosten durch das Vordringen →Moskaus und der →Türken – stützen die gute Konjunktur. Der wirtschaftl. Bedeutung des Handwerks, dessen führende Kräfte zu Verlegern und Kaufleuten aufsteigen, entspricht die massive Forderung der Zünfte nach Teilhabe am Stadtregiment, aber auch die Errichtung von Zunft-, Tanz- und Hochzeitshäusern in zahlreichen Städten und die Bereitschaft, andere bürgerl. Repräsentations- und Funktionsbauten (Rathaus, Tuchhalle, Kornhaus, Zeughaus, Waage, städt. Kaufhaus, Stapelhaus), v. a. aber den Ausbau der Stadtbefestigung finanziell mitzutragen.

Handelsorientiert sind neben einigen Lebensmittelgewerben v. a. Textil-, Metall-, Leder- und Kürschnergewerbe, bei denen auch die stärkste Markt- und Konjunkturabhängigkeit festzustellen ist. Steigende Tendenz zeigen mehrere Sparten des Dienstleistungssektors, v. a. in den Hafen- und Seehandelszentren sowie in den Residenzstädten, während die Zahl der in Lebensmittelgewerben Beschäftigten in der Regel mit der jeweiligen Bevölkerungszahl korreliert. Nach Beschäftigtenzahl und Produktionswert bleiben die Textilgewerbe dominant, gefolgt von den Metallgewerben. Als Wachstumsbranchen erweisen sich die Waffenfabrikation (→Waffen), die Barchentherstellung (→Barchent), Papierherstellung (seit der Gründung der ersten Papiermühle um 1390 bei Nürnberg erfolgt eine rasche Ausbreitung bis 1500; →Papier), der →Buchdruck (um 1500 in mehr als 60 dt. Städten), der Schiffsbau (→Schiff) in den hans. Seestädten (Danzig, Lübeck u. a.), die Bierbrauerei (Hamburg, Bremen, Stralsund, Einbeck, Köln u. a.; →Bier und Brauwesen) und v. a. auch das →Baugewerbe durch Befestigungs-, Repräsentations- und Kirchenbauten sowie das Vordringen der Verwendung von Stein und Ziegel beim Hausbau.

Der Anteil der →Frauen an der gewerbl. Produktion erreicht im 15. Jh. den Höhepunkt; in →Köln kommt es sogar zur Bildung von →Frauenzünften der Seidenmacherinnen, Goldwirkerinnen und Garnmacherinnen. Nach 1500 werden sie zugunsten männl. Arbeitskräfte wieder zurückgedrängt, wie sich überhaupt gegen Ende des MA die Krisenzeichen mehren: Rückgang der wirtschaftl. unabhängigen Betriebe, Schließung von Zünften, Gesellenproblem, Zunahme der Stücklohnarbeit, Öffnung der Preis-Lohn-Schere zum Nachteil der Löhne in der um 1490 einsetzenden Preisrevolution des 16. Jh., Konkurrenzdruck durch ländl. und zunftfreies Gewerbe.

Aus techn., organisator., sozialen und wirtschaftspolit. Gründen halten Zünfte und Stadtobrigkeiten an der kleinbetriebl. Produktionsweise bis weit über die MA-Grenze hinaus fest, was das Vordringen des Verlagssystems begünstigt. Frühe Manufakturen (z. B. Messingschmelze mit abhängigen Heimarbeitern um 1460 in Köln) bleiben Ausnahmen oder auf den zunftfreien Raum beschränkt (Verhüttungsanlagen in den Bergbauregionen). Die zünft. Produktionsform ist abgesichert durch zunächst einschließenden, dann auch ausschließenden Zunftzwang – häufig ein Zeichen von Überbesetzung eines Gewerbezweiges oder von Absatzkrisen –, Verbot des spekulativen Vorkaufs und Regelung des Einstandsrechtes, Arbeitszeitnormen, Fixierung der Gesellen- und Lehrlingszahl, interne und obrigkeitl. Qualitätskontrolle.

Die enge Verbindung von Handwerk und Handel verstärkt die Abhängigkeit des ersteren und fördert die Durchsetzung des →Verlags auf breiter Front: Dem Tuchverlag folgen Barchent- und Seidenverlag; der Verlag steuert die Produktion in fast allen Zweigen des Metallgewerbes; er setzt sich im Leder- und Kürschnergewerbe, in der Bernstein- und Korallendreherei, Spielzeugherstellung, Töpferei, Drechslerei und im Buchdruck durch; in manchen Städten ist die Position des Verlegers (Eisen- und Lederwirt in Köln) sogar ein halböffentl. Amt. Durch diese neuen Organisationsformen des Gewerbes verändert sich auch das Verhältnis von Stadt, Umland und Hinterland: Die wirtschaftl. Zentralfunktionen verstärken sich, die Produktivkraft des Umlandes, das ländl., kleinstädt. und über den Lokalverlag sogar das mittelstädt. Gewerbe, wird zunehmend in die Produktionsstruktur der Zentralorte höherer Stufe einbezogen; Umland und Hinterland erhalten wesentl. Impulse zur Rohstoff- und Halbfabrikaterzeugung, nicht zuletzt im Bergbau- und Hüttenwesen, in denen städt. Kapitalinvestitionen und komplexe Verlagsformen eine außerordentl. große Rolle spielen. Es entstehen neue Formen der Arbeitsteilung: z. B. städt. Weberei, Färberei und Appretur, ländl. Garnspinnerei, Halbzeugfabrikation (Draht, Blech, Rohformen für die Waffen- und Pfannenproduktion) auf dem Land, Weiterverarbeitung und Veredelung in der Stadt. Die großen Gewerbezentren bauen regelrechte »Wirtschaftseinheiten« (H. AMMANN) auf, Nürnberg z. B. im Ausgriff auf Oberpfalz, Fichtelgebirge, Thüringer Wald und die Bergbaureviere Mitteldeutschlands, Köln in der Erfassung des gewerbereichen links- und rechtsrhein. Raumes. Der starke Einfluß Kölns fördert z. B. die auffällige Spezialisierung der kleineren Gewerbezentren des Umlandes auf bestimmte Produkte: Stahl in Breckerfeld, Radevormwald und Siegen, Draht in Altena, Iserlohn und Lüdenscheid, Klingen und Messer in Solingen, Scheren in Ratingen, Pfannen in Olpe, Drolshagen u. a. Orten, Nägel und Schellen in Düren, Sensen in Cronenberg und Lennep, Büchsen in Bergneustadt und Wipperfürth.

Die großräumige Entwicklung wird deutlich im Niedergang und Aufstieg ma. Gewerbelandschaften; es erfolgen z. T. gravierende Umschichtungen, meist begleitet von Handwerkerwanderungen. Das nordfrz.-fländr. Tuchrevier verliert seine Führungsposition schon im 14. Jh. an Brabant; fläm. Weber wandern nach England und Aragón ab; nur die hans. Ostseestädte halten im 15. Jh. noch am Tuch Westflanderns fest. Neben der engl. steigt im 15.Jh. die holländ. Tuchproduktion auf; die rhein. geht zurück. Köln, Straßburg und Frankfurt gleichen den Rückgang im Wolltuchgewerbe nach 1420/30 durch den raschen Aufbau der Seiden- bzw. Barchentweberei aus. Gent schafft zu Beginn des 16. Jh. den Übergang zur »nouvelle draperie« mit leichteren Tuchen und Mischgeweben. Eine späte Blüte erlebt nach 1500 das mosellländisch-lothr. Tuch von Trier und St. Nicolas-de-Port. – Von Oberdeutschland ausgehend, z. T. auf dem alten Leinenrevier um den Bodensee und in Oberschwaben aufbauend, entsteht in zwei Gründungswellen (1363/68 –83, 1411-35) ein großes mitteleurop. Barchentrevier, dessen Produktion im 15. Jh. den europ., im 16. Jh. auch den Überseemarkt beherrscht; Hauptzentren sind →Augsburg (→Fugger) und →Ulm. Die Barchentproduktion wird bis 1500 in über 60 Städten heimisch; bei der Ausbreitung spielen erstmals auch frühmerkantile Elemente staatl. Gewerbeförderung (W. v. STROMER) eine Rolle. – Im oberschwäbisch-ostschweizer. Leinenrevier halten sich als Leinwandstädte durch Konzentration auf hochwertige Produkte nur →St. Gallen und →Zürich. Neue große Leinenreviere entstehen im 15. Jh. in Westfalen und nach 1500 in Schlesien/Lausitz und in den südl. Niederlanden. – Als Schwerpunkträume der Metallverarbeitung heben sich heraus: →Nürnberg (mit der Oberpfalz und dem Fichtelgebirge), das zw. 1350 und 1580 den höchsten Grad der Diversifikation erreicht; →Köln mit den zahlreichen eisen- und stahlverarbeitenden Gewerbestädten am Nordrand der Eifel und rechtsrhein. im Bergischen Land, Sauer- und Siegerland; der seit dem FrühMA auf Buntmetallverarbeitung spezialisierte Maasraum mit →Lüttich und →Aachen (Galmeivorkommen des Altenberges); der md. Raum (Braunschweig mit Harz; Mansfeld; Thüringen), Steiermark und Oberösterreich. – Regionale, insgesamt aber eher kleinräumige Verdichtungen erfolgen auch im Töpfergewerbe, in der Glas- und Papierherstellung. – Charakterist. für fast alle Gewerbelandschaften ist die Dominanz eines oder mehrerer städt. Zentren vom Typ der Exportgewerbe- und Fernhandelsstadt.

Technische Neuerungen, die im Metallgewerbe, bes. in der Waffenherstellung, früher und stärker zur Produktionserweiterung führen als im Textilgewerbe und anderen Handwerkszweigen, setzen sich wegen der kleinbetriebl. Struktur oft nur mit Verzögerung durch; der verstärkte Einsatz der →Mühlen- und →Hammertechnik (Walkmühlen, Zwirnmühlen, Schleif- und Poliermühlen, Sägemühlen, mechan. Drahtzug, Tieftreibhämmer, Walzwerke) setzt zunehmend Arbeitskräfte frei, stößt aber auch schon auf energiebedingte Grenzen. Die entscheidenden Anstöße geben fast immer kaufmänn. Kapitalinvestitionen im Um- und Hinterland; sie dokumentieren ähnlich wie die Investitionen in Bergbau und Hüttenwesen frühe Formen von Unternehmerkapitalismus (→Kapitalismus).

[4] *Handel und Verkehrswesen im Spätmittelalter:* Die Ausweitung des Handelsverkehrs im SpätMA erfolgt auf dem Wasserweg (Binnen- und Seeschiffahrt; →Schiffahrt) wesentl. rascher als auf dem Landweg. Verbesserungen der →Verkehrswege und →Transportmittel basieren auf Investitionen im Kanalbau, Brückenbau (Straßburger Rheinbrücke 1388), Hafen- und Schiffsbau, sowie einer besseren Organisation des Transportwesens. 1390-98 wird der Stecknitzkanal (→Kanal) zw. Lübeck und Lauenburg mit leistungsfähigen Schleusen ausgebaut; damit können die Salztransporte von Lüneburg nach Lübeck (→Salz) wesentl. gesteigert werden. Der Aufstieg Danzigs beruht nicht zuletzt auf der Schaffung einer Kanalverbindung zw. Pregel und Kurischem Haff. Der Handelsschiffstyp Holk verdrängt im 14./15. Jh. allmähl. die Kogge; nach 1462 wird auch in Danzig mit dem Bau von Kraweelschiffen (Karavelle) begonnen, die an Stelle der Klinkerbauweise einen glatten Schiffsrumpf aufweisen und hervorragende Segeleigenschaften besitzen (→Schiff, -stypen). – Im Flußverkehr werden auf Rhein, Main, Mosel, Donau u. a. die Marktschiffahrtslinien ausgebaut; für den Landverkehr, v. a. im transalpinen und im Messeverkehr (Frankfurt-Antwerpen), entstehen spezialisierte Fuhrdienste, oft auf genossenschaftl. oder lokaler Basis wie etwa bei den Schweizer Säumergenossenschaften für den Paßtransport oder den Fuhrleuten aus Frammersbach (Spessart), Schmalkalden oder Lothringen auf den großen Überlandrouten.

Die für den Handel (Spekulation) außerordentl. wichtige Nachrichtenübermittlung beruht zunächst vornehml. auf den Botendiensten der Städte, Messezentren und einiger großer Handelsfirmen (→Botenwesen, →Nachrichtenwesen); erst am Ende des 15. Jh. kommt es zur Einführung staatl. oder nationaler Postdienste (→Post), 1486 mit der Errichtung einer kurfürstl. Botenanstalt in Brandenburg, seit 1490 mit der Reorganisation des Postwesens im Reich durch Kg. Maximilian I., der den aus Bergamo stammenden Franz v. →Taxis zum obersten Postmeister bestellt. Der Gebrauch von Straßen- und Reisekarten nimmt zu (→Kartographie).

Seit dem 14. Jh. erfolgt in wachsendem Maß der Transfer der in Italien entwickelten moderneren Handels- und Finanztechniken nach D., v. a. nach Oberdeutschland und in den rhein. Raum. Der Wechselbrief ist um 1400 auch schon im hans. Handel gebräuchlich. Nach der Vorstufe der Alla-Veneziana-Buchführung wird in Nürnberg spätestens 1472/74 durch Hans Praun und 1484 durch Langhans Tucher die Doppelte Buchführung eingeführt; in der Augsburger Fuggerfirma erfolgt der Übergang unter dem Hauptbuchhalter Matthäus Schwarz erst 1518. In den Rheinlanden und im Hanseraum bleiben einfache Buchführungsformen bis in die NZ gebräuchlich (→Buchhaltung).

Das schon im HochMA differenzierte System der Handelsgesellschaften wird weiter ausgebaut, ebenso die Partenreederei. Wie in Italien und bei den nördl. der Alpen v. a. als Bankiers und Finanzverwaltungsleute tätigen Lombarden überwiegen in Oberdeutschland und in der Schweiz relativ langlebige Familiengesellschaften mit auswärtigen Faktoren. Neben den Nürnberger (→Kamerer-Seiler, →Stromer, →Mendel, →Schürstab u. v. a.) und Augsburger Firmen (→Fugger, →Welser, →Meuting, →Hochstätter u. a. m.) sind die von 1380–1530 bestehende Große→Ravensburger Handelsgesellschaft und die Bern-St.Galler →Diesbach-Watt-Gesellschaft (ca. 1420– nach 1458) zu nennen. Im rhein. Bereich und v. a. im Hanseraum dominieren kleine Gesellschaften mit relativ kurzen Vertragszeiten. Als Ausnahmen dürfen neben einigen Kölner Firmen (→Stralen-Kalthof, →Rinck) die über Brügge/Antwerpen/Köln bis nach Venedig ausgreifenden →Veckinchusen-Gesellschaften (ca. 1390–1420/26) und die ca. 1420–37 v. a. in Ostmitteleuropa tätige Handels- und Montangesellschaft →Falbrecht-Morser-Rosenfeld-Stroßberg (Danzig, Thorn, Breslau, Posen) gelten.

Die wichtigste großräumige Organisation der Kaufleute, die Dt. Hanse, entwickelt sich in den Auseinandersetzungen mit Flandern, Dänemark, England und Novgorod seit 1356/58 zur Städtehanse weiter; sie erreicht im späten 14. und in den ersten Jahrzehnten des 15. Jh. den Höhepunkt ihrer polit. und wirtschaftl. Macht mit ca. 70 aktiv und fast 100 mit nur mittelbar am Hansehandel beteiligten Städten. Im späteren 15. Jh. geht aufgrund der Konkurrenz der Oberdeutschen, Holländer, Engländer (→Merchants Adventurers) und des poln. Adels ihr wirtschaftl. Gewicht bereits spürbar zurück, wenngleich Einbußen im Osten durch die Ausweitung des regelmäßigen Handels bis nach Portugal (Salz von Setubal) ausgeglichen werden können. – V. a. in den großen Hansestädten (→Lübeck, →Hamburg, →Danzig, →Köln) hält sich als lokale, ebenfalls aus dem HochMA überkommene Organisationsform der Zusammenschluß von Kaufleuten nach bestimmten Handelsrichtungen: Novgorod-, Schonen-, Bergen-, London-, Portugal-, Venedigfahrer.

Beim Ausbau des mitteleurop. Fernhandelssystems im SpätMA spielen die Messen als Spitze in der Hierarchie der Märkte eine entscheidende Rolle; die Ströme und die Verlagerungen des Messehandels indizieren auch Veränderungen in der wirtschaftl. Position von Staaten, Territorien und Städten. Nach dem Rückgang der Champagnemessen, der zuerst die flandr. Märkte (→Brügge, →Ypern) begünstigt, wird seit der zweiten Hälfte des 14. Jh. die Achse von den oberit. Handelsstädten über Oberdeutschland, →Frankfurt (zwei Messen jährlich seit 1330) und Köln zu den Brabanter Messen (→Brabant) von →Antwerpen und →Bergen-op-Zoom zu einer Dominanten des europ. Handels, an die sich zahlreiche Regionalmesseplätze angliedern: im Süden→Bozen und→Linz, dann →Nürnberg (Heiltumsmesse seit 1433), →Nördlingen, →Zurzach und →Genf in der Schweiz, →Friedberg (bis 1395) in der Wetterau, Köln (Messeprivileg 1360) und schließlich →Deventer mit vier, später fünf großen Jahrmärkten. Antwerpen verdrängt spätestens in der ersten Hälfte des 15. Jh. auch Brügge als Messestadt. Im Ostseeraum verlieren die Schonischen Messen von Falsterbo nach 1400 an Bedeutung; im östl. Mitteleuropa, mit weiter Ausstrahlung nach Osten, steigt gegen 1500→Leipzig zu bleibender Bedeutung als Messestadt auf. In allen großen Messeplätzen bleiben bis zum Ende des MA die Funktionen von Waren- und Zahlmesse (Abrechnung, Verrechnung, Wechselclearing) ungeschieden. Das Bedürfnis nach saison- und messeterminunabhängigem Handel großen Stils führt zur Entstehung von →Börsen (Vorläufer: Brügge 1409, Antwerpen 1460; der moderne Typ der Produkten- und Effektenbörse setzt sich aber erst in den 1530er Jahren durch).

Trotz der im SpätMA spürbar wachsenden Belastung des Handelsverkehrs durch Außen- und Passierzölle, Fracht- und Handelswertbesteuerung, der steigenden Reglementierung durch staatl., landesherrl. und städt. Obrigkeiten (→Stapel- und Niederlagsrechte) entwickelt der Handel nach 1350 eine außerordentl. Dynamik. Die quantitative, qualitative und geograph. Ausweitung des Handels ist mit Konzentrationsprozessen verbunden, einmal in der extremen Ballung von Handels- und Unternehmerkapital in den Händen eines relativ kleinen Personenkreises (→Hochfinanz), vornehml. in den führenden Wirtschaftsregionen, zum anderen in der Einschränkung der Möglichkeiten zur Aufnahme von großen Krediten auf eine überschaubare Zahl bedeutender Handels- und Messeplätze, die den überregionalen und internationalen Zahlungsverkehr steuern.

In der Hierarchie der mitteleurop. Wirtschaftsräume treten seit dem 14. Jh. drei Regionen klar hervor: Oberdeutschland, der hansisch-nd. Raum und als Vermittlerregion zw. diesen beiden die Rheinachse mit Schwergewicht auf dem niederrhein. Bereich. Die Handelsaktivität →Regensburgs, der im HochMA führenden Stadt Oberdeutschlands, erlahmt im 14. Jh. trotz der bedeutsamen Runtingerfirma. Nürnberg und dann Augsburg steigen auf. Aus den engen Beziehungen Nürnbergs zu Ks. Karl IV. entwickelt sich in Nürnberg jenes System der »politischen Hochfinanz« (W. v. STROMER), das im späten 15. und im 16. Jh. in der Verbindung der Augsburger Fugger und Welser mit dem Haus Habsburg seinen absoluten Höhepunkt findet. Nürnberg stellt – zusammen mit Köln – den klass. Typ der Exportgewerbe- und Fernhandelsstadt dar; die Aktivität seiner Kaufleute schafft nicht nur den Aufbau eines ganz Europa umfassenden Handelsnetzes, nicht zuletzt für den Absatz der Produkte seiner hochstehenden Gewerbe, sondern begründet auch, in engstem Kontakt mit dem fortschrittl. Italien, den Aufstieg zum führenden Nachrichten-, Geld-, Kredit- und Bankzentrum Mitteleuropas. Die Dynamik der Entwicklung beruht auf der nahtlosen Verbindung von Handel, Bergbau- und Verlagsinteressen, der Einführung neuer

Buchführungsmethoden und Rechentechnik, der raschen Umsetzung naturwissenschaftl., geogr. und techn. Erkenntnisse und Erfindungen. – Die Blütezeit Augsburgs, eng mit dem Aufstieg der großen Handels- und Bankhäuser verbunden, beginnt in der 2. Hälfte des 15. Jh. Die strukturellen Merkmale sind vergleichbar, auch wenn Augsburgs Handel und Gewerbe die universale Ausrichtung Nürnbergs fehlt. Nürnberg und Augsburg beherrschen um 1500 nicht nur die Wirtschaft ihres Um- und Hinterlandes, sondern v. a. Bergbau und Verhüttung im md., oberung. und im Alpenraum sowie, nicht zuletzt durch die starke Position der obdt. Niederlassungen in Antwerpen, einen großen Teil des europ. Kapitalmarktes.

Die bleibende Leistung der Städtehanse liegt in der Schaffung eines relativ geschlossenen Wirtschaftsraumes um Ost- und Nordsee, der Anbindung der skand. Wirtschaft, v. a. aber in der Vermittlung von wichtigen Massengütern (Getreide, Fisch, Rohstoffe) aus dem Osten und Norden in die gewerbereichen Regionen Mittel-, West- und z. T. auch Südeuropas. Einige Hansestädte (Hamburg, Bremen, Lübeck, Danzig) gewinnen nach 1500 den Anschluß an den Atlantik- und Überseehandel. Der rhein. Raum behält v. a. aufgrund der Bedeutung der Frankfurter Messen und der Sonderstellung Kölns zumindest bis ins 16. Jh. hinein sein Eigengewicht.

Im →Geld-, →Kredit- und →Bankwesen vollziehen sich im SpätMA tiefgreifende Veränderungen: Durchsetzung nichtmonetärer Geldformen und Transferpraktiken, Zunahme der Durchdringung der Wirtschaft vom Kreditprinzip, Einführung von Goldmünzen und schweren Silbernominalen (Bimetallismus) auch in Mitteleuropa. In zeitl. und regionaler Staffelung gelingt bis 1400 der Aufbau eines abgestuften, funktionalen Geld- und Währungssystems in Form von Gold-Silber/Kupfer-Parallelwährungen, mit Goldmünzen für den internationalen Handels- und Messeverkehr, polit. Hochfinanzgeschäfte, Geldrentenverkauf und Thesaurierung, mittelschweren Silbermünzen (Groschentyp/Landmünzen) für den überregionalen Handel und lokalen Markt, Zoll-, Steuer-, Akzise- und z. T. auch Lohnzahlungen, und schließlich Kleinsilber-, Billon- und Kupfermünzen (Scheidemünzen) für den lokalen, tägl. Markt, Lohnzahlungen und sonstige kleinere Transaktionen. Seit 1484, verstärkt aber erst im 16. Jh., treten wert- und funktionsgleiche Silbermünzen (Guldiner, Taler) neben und an die Stelle der Goldmünzen. Die aus kurzfristigen Schwankungen und langfristigen Veränderungen der Gold-Silber-Relation sowie aus dem unterschiedl. Inflationstempo der drei Währungstypen resultierenden Schwierigkeiten erfordern zur Sicherstellung der Geldfunktionen die zunehmende Vereinheitlichung und Zentralisierung der Münzproduktion und eine steigende obrigkeitl. bzw. landesherrl. Kontrolle. Im Reichsgebiet leisten dies seit dem ausgehenden 14. Jh. v. a. die regionalen →Münzvereine von Städten und Territorien.

Im Bank- und Kreditwesen sowie der Wirtschaftsverwaltung (→Zölle, →Münzen) werden die bis 1400 im Westen und Südwesten des Reiches aktiven Lombarden, Kawertschen und Juden weitgehend durch einheim. Kräfte aus den Kaufmannskreisen verdrängt. Als wichtigste Bankzentren fungieren Nürnberg, Augsburg, Basel, Köln, Breslau, zeitweise auch Lübeck; für den Geldtransfer aus D. nach Italien behält auch Brügge noch im 15. Jh. seine Bedeutung.

Vor dem Hintergrund der Größenverhältnisse, der Verkehrs- und Transportbedingungen, des technischwissenschaftl. Entwicklungsstandes, der Rückschläge durch demograph. und polit. Krisen (Pestzüge, Hungersnöte, Kriege, innere Wirren usw.) ist die zivilisator. Leistung der ma. Stadt und ihrer Bürger als Grundlegung für die frühnz. und nz. Entwicklung sehr hoch einzuschätzen. Die Formierung der großen Städtelandschaften, die Entwicklung einer leistungsfähigen Verkehrs- und Marktwirtschaft mit einem umfassenden Austausch von Luxus- und Massengütern, die Konzentration von Handel und Gewerbe, die Anwendung planmäßiger Wirtschaftspolitik bei der Organisation des Um- und Hinterlandes, die Erschließung neuer Rohstoffquellen und Absatzmärkte, der Aufbau transkontinentaler Versorgungssysteme (Getreide, Schlachtvieh) im europ. Rahmen für die Sicherung der Ernährungsbasis – all dies sind stabilisierende Elemente und entscheidende Voraussetzungen für die frühnz. Expansion nach Übersee und die erst in diesem Jahrhundert erschütterte wirtschaftl. und polit. Führungsrolle Europas. F. Irsigler

Q. [allg.]: F. Keutgen, Urkk. zur städt. Verfassungsgesch., 1899 [Nachdr. 1965] – Elenchus fontium historiae urbanae, quem edendum curaverunt C. van de Kieft et J. F. Niermeyer, 1967 – Q. zur dt. Verfassungs-, Wirtschafts- und Sozialgesch. bis 1250, hg. L. Weinrich (AusgQ XXXII, 1977) – Lit.: W. Stein, Handels- und Verkehrsgesch. der dt. Kaiserzeit, 1922, 1977² – A. Schulte, Gesch. der Großen Ravensburger Handelsgesellschaft 1380-1530, 3 Bde, 1923 [Nachdr. 1964] – H. Ammann, Die Diesbach-Watt-Gesellschaft, Mitt. zur vaterländ. Gesch. 37, 1928 – DtStb, 10 Bde, 1939-74 – O. Gönnenwein, Das Stapel- und Niederlagsrecht, 1939 – H. Ammann, Die Anfänge der Leinenindustrie des Bodenseeraumes und der Ostschweiz, Alem. Jb. 1, 1953, 251ff. – La foire, RecJeanBodin V, 1953 – Städtewesen und Bürgertum als geschichtl. Kräfte (Gedächtnisschr. F. Rörig, 1953) – H. Ammann, D. und die Tuchindustrie Nordwesteuropas im MA, HGBll 72, 1954, 1ff. – La ville, 3 Bde, RecJeanBodin VI-VIII, 1954-57 – H. Planitz, Die dt. Stadt im MA, 1954, 1973³ – H. Borchers, Unters. zur Gesch. des Marktwesens im Bodenseeraum (bis zum Ende des 12. Jh.), ZGO 104, 1956, 315ff. – B. Kuske, Köln, der Rhein und das Reich, 1956 – H. Reincke, Über Städtegründung. Betrachtungen und Phantasien, HGBll 75, 1957, 4ff. – K. Czok, Zunftkämpfe, Zunftrevolutionen oder Bürgerkämpfe, Wiss. Zs. der Karl-Marx-Univ. Leipzig 8, 1958/59, 129ff. – Stud. zu den Anfängen des europ. Städtewesens (VuF 4, 1958) – F. Rörig, Wirtschaftskräfte im MA. Abh. zur Stadt und Hansegesch., 1959 – F. Bruns – H. Weczerka, Hans. Handelsstraßen, 3 Bde, 1962-68 – H. Ammann, Vom Lebensraum der ma. Stadt. Eine Unters. an schwäb. Beispielen, Ber. zur dt. LK 31, 1963, 283ff. – W. Danckert, Unehrliche Leute, 1963 – W. Schlesinger, Beitr. zur dt. Verfassungsgesch. des MA, 2 Bde, 1963 – H. van der Wee, The Growth of the Antwerp Market and the European Economy (14th-16th centuries), 3 Bde, 1963 – Beitr. zur Wirtschafts- und Stadtgesch. (Fschr. H. Ammann, 1965) – Unters. zur gesellschaftl. Struktur der ma. Städte in Europa (VuF 11, 1966, 1974²) – Beitr. zur Wirtschaftsgesch. Nürnbergs, 2 Bde (Beitr. zur Gesch. und Kultur der Stadt Nürnberg 11, 1967) – K. Fritze, Am Wendepunkt der Hanse, 1967 – Gesellschaftl. Unterschichten in den südwestdt. Städten, hg. E. Maschke – J. Sydow (Veröff. der Kom. für Geschichtl. LK in Baden-Württemberg B/41, 1967) – K. Blaschke, Qualität, Quantität und Raumfunktion der Stadt vom MA bis zur Gegenwart, Jb. für Regionalgesch. 3, 1968, 34ff. – R. Sprandel, Das Eisengewerbe im MA, 1968 – H. van Werveke, Misc. medievalia, 1968 – K. Czok, Die Stadt. Ihre Stellung in der dt. Gesch., 1969 – Die Stadt des Ma, hg. C. Haase, 3 Bde (WdF 243-245, 1969-73, 1976-78²) – E. Keyser, Bibliogr. zur Stadtgesch. D.s, 1969 – H. Ammann, Die wirtschaftl. Stellung der Reichsstadt Nürnberg im SpätMA, 1970 – M. Mollat – Ph. Wolff, Ongles Bleus, Jacques et Ciompi, 1970 – H. Stoob, Forsch. zum Städtewesen in Europa I, 1970 – W. v. Stromer, Obdt. Hochfinanz 1350-1450, 1970 – Köln, das Reich und Europa (Mitt. aus dem Stadtarchiv von Köln 60, 1971) – Die Stadt in der europ. Gesch. (Fschr. E. Ennen, 1972) – Städt. Mittelschichten, hg. E. Maschke – J. Sydow (Veröff. der Kom. für Geschichtl. LK in Baden-Württemberg B/69, 1972) – Stadt und Stadtherr im 14. Jh., hg. W. Rausch (Beitr. zur Gesch. der Städte Mitteleuropas 2, 1972) – Zentralitätsforsch., hg. P. Schöller (WdF 301, 1972) – Vor- und Frühformen der europ. Stadt im MA, 2 Bde, hg. H. Jankuhn u. a. (AAG, phil.-hist. Kl. 3/83, 84, 1973-74) – Stadt und Ministerialität, hg. E. Maschke–

J. Sydow (Veröff. der Kom. für Geschichtl. LK in Baden-Württemberg B/76, 1973) – Stadt und Umland, hg. E. Maschke-J. Sydow (Veröff. der Kom. für Geschichtl. LK in Baden-Württemberg B/82, 1974) – Die Stadt am Ausgang des MA, hg. W. Rausch (Beitr. zur Gesch. der Städte Mitteleuropas 3, 1974) – Zwei Jahrtausende Kölner Wirtschaft, hg. H. Kellenbenz, Bd. I, 1975 – Bürgertum, Handelskapital, Städtebünde (Hans. Stud. III, 1975) – Beitr. zur Wirtschafts- und Sozialgesch. des MA (Fschr. H. Helbig, 1976) – Bischofs- und Kathedralstädte des MA und der frühen NZ, hg. F. Petri (Städteforsch. A/1, 1976) – Ph. Dollinger, Pages d'Hist. France et Allemagne médiévales, Alsace, 1977 – E. Ennen, Gesammelte Abh. zum europ. Städtewesen und zur rhein. Gesch., 1977 – Wirtschaftskräfte und Wirtschaftswege (Fschr. H. Kellenbenz, 5 Bde, 1978, 1981) – W. v. Stromer, Die Gründung der dt. Baumwollindustrie im SpätMA, 1978 – Lübeck, Hanse, Nordeuropa (Gedächtnisschr. A. v. Brandt, 1979) – E. Ennen, Die europ. Stadt des MA, 1979³ – F. Irsigler, Die wirtschaftl. Stellung der Stadt Köln im 14. und 15. Jh., 1979 – Zentralität als Problem der ma. Stadtgeschichtsforsch., hg. E. Meynen (Städteforsch. A/8, 1979) – Internationaler Ochsenhandel (1350–1750), hg. E. Westermann (Beitr. zur Wirtschaftsgesch. 9, 1979) – Hb. der europ. Wirtschafts- und Sozialgesch., hg. H. Kellenbenz, II, 1980 – E. Maschke, Städte und Menschen, Beitr. zur Gesch. der Stadt, der Wirtschaft und Gesellschaft 1959-77, 1980 – Südwestdt. Städte im Zeitalter der Staufer, hg. E. Maschke-J. Sydow (Stadt in der Gesch. 6, 1980) – M. Mitterauer, Markt und Stadt im MA, 1980 – M. Wensky, Die Stellung der Frau in der stadtköln. Wirtschaft im SpätMA, 1980 – Zins, Profit. Ursprgl. Akkumulation (Hans. Stud. V, 1981) – Dollinger, Hanse³ – E. Ennen, Frühgesch. der europ. Stadt, 1981³ – Zur Gesch. der Juden im D. des späten MA und der frühen NZ, hg. A. Haverkamp (Monogr. zur Gesch. des MA 24, 1981) – Beitr. zum hochma. Städtewesen, hg. B. Diestelkamp (Städteforsch. A/11, 1982) – Wirtschaftsentwicklung und Umweltbeeinflussung (14.–20. Jh.), hg. H. Kellenbenz (Beitr. zur Wirtschafts- und Sozialgesch. 20, 1982) – H. C. Peyer, Kg.e, Stadt und Kapital. Aufsätze zur Wirtschafts- und Sozialgesch. des MA, 1982 – Bevölkerung, Wirtschaft und Gesellschaft. Stadt-Land-Beziehungen in D. und Frankreich, 14.–19. Jh., hg. N. Bulst, J. Hoock, F. Irsigler, 1983 – Seehandelszentren des nördl. Europa, hg. G. P. Fehring (Lübecker Schr. zur Archäologie und Kulturgesch. 7, 1983) – Zünfte und Gilden im MA, hg. B. Schwineköper (VuF 29, 1984) – E. Ennen, Frauen im MA, 1984 – J. Schildhauer, Die Hanse, 1984.

I. Geschichte der Juden in Deutschland

I. Äußere Lebensbedingungen im Rahmen der christlichen Umwelt – II. Inneres Leben.

I. Äussere Lebensbedingungen im Rahmen der christlichen Umwelt: [1] *Allgemeines:* Die Geschichte der Juden in D. ist nur zu verstehen aus den bes. verfassungsmäßigen, rechtl. und wirtschaftl. Gegebenheiten Deutschlands. V. a. die tiefgreifenden Veränderungen im Verhältnis der kgl. Zentralgewalt zu den nach Teilhabe an der Ausübung öffentlicher Gewalt drängenden Kräften der unteren Ebenen (Fs.en, Städte) haben in eigentümlicher Weise die Geschicke der Juden in diesem Lande geprägt. Freilich muß man sich dessen bewußt sein, daß nicht nur die Juden D.s, sondern auch Frankreichs, Englands, Oberitaliens und (seit dem Ende des MA) Osteuropas länderübergreifend in bes. Weise zusammengehörig fühlten: sie nannten sich Aschkenasim, wobei die hebräische Bezeichnung für D., Aschkenaz, den Begriff für den gemeinsamen Namen hergab.

[2] *Allgemeingeschichtliche Entwicklung:* Die Geschichte der Juden D.s beginnt in spätkarol. Zeit. Zwar ist für Köln schon in der Spätantike eine jüd. Gemeinde bezeugt (321 und 331 n. Chr.), doch dürfte sie ebensowenig wie eventuell vorhanden gewesene Gemeinden in Trier, Regensburg und Augsburg die Zeit der Völkerwanderung überdauert haben. Sichere schriftl. Nachrichten begegnen erst wieder im 10./11. Jh., um dann nicht mehr abzureißen. Wir finden zu diesem frühen Zeitpunkt jüd. Siedlungsstätten in Metz, Mainz, Magdeburg, Merseburg, Regensburg, Xanten, Köln, Bonn, Trier, Worms, Speyer, Bamberg, Prag, also an den damaligen polit. und Handelszentren entlang den Verkehrsachsen Rhein, Mosel, Main, Donau, Elbe; d. h. an den Verkehrsknotenpunkten der west-östl. und nord-südl. Handelswege (vgl. Karte in GJ I). Herkunftsgebiet der dort ansässig gewordenen Juden dürfte überwiegend Frankreich, zum geringeren Teil Italien gewesen sein. Bis an die Wende vom 13. zum 14. Jh. expandierte die jüd. Siedlung; zunächst im Umkreis der älteren Siedlungsstätten (z. B. Mittelrhein mit Frankfurt; Elsaß mit Straßburg; Franken mit Würzburg und Nürnberg; Schwaben mit Augsburg, Heilbronn, Esslingen, Ulm; Bayern mit München, Passau, Landshut, Straubing; Österreich mit Wien, Wiener Neustadt, Tulln; Thüringen mit Erfurt), v. a. im Zusammenhang mit der Städtegründungswelle der Stauferzeit, dann aber auch außerhalb der alten Grenzen im Zuge der dt. Ostsiedlung in Schlesien (z. B. Breslau, Schweidnitz). Auffallend spärlich und spät (erst seit der Mitte des 13. Jh.) begegnen jüd. Siedlungen im norddt. Raum; die bedeutendste Handelsstadt des Nordens, Lübeck, duldete während des ganzen MA keine Juden in ihren Mauern. Kristallisationspunkte der jüd. Siedlungen waren zunächst ausschließlich Städte. Seit dem 13. Jh. besitzen wir auch Zeugnisse für die Niederlassung einzelner jüd. Familien in Dörfern: ein sich im 14. und 15. Jh. verstärkender Trend, bedingt durch den zunehmend schwieriger werdenden Aufenthalt von Juden in Städten (s. u.).

Das Verhältnis zur christl. Umwelt war lange Zeit gut, in D. sogar länger als in den westeurop. Nachbarländern. Auf die Dauer kam es aber auch hier zu dem generell zu beobachtenden Umschwung in der Einstellung der Christenheit zu den Juden von einer überwiegend freundlich-indifferenten Haltung in der Karolingerzeit zu Haßgefühlen und Pogromstimmung im späteren MA (→Judenfeindschaft). Die Ursachen für diese Entwicklung sind vielschichtig und im einzelnen nicht klar zu erkennen; man kann zur Zeit nur soviel sagen, daß innerchristl. religiöse Wandlungen ebenso wie wirtschaftl. Prozesse und Veränderungen auf dem sozialen und rechtl. Gebiet das Erscheinungsbild des Juden und die Vorstellungen der christl. Umwelt von ihm in zunehmend negativem Maße bestimmten. Pogrome sind erstmals 1012 für Mainz bezeugt, scheinen aber damals noch ohne nachhaltige Wirkung geblieben zu sein. Eine Zäsur jedoch bildeten die Pogrome im Zusammenhang mit dem 1. →Kreuzzug 1096, bei der sämtliche rhein. Gemeinden in Mitleidenschaft gezogen wurden, wenn sie nicht vollständig zugrundegingen; obwohl es in D. im Zusammenhang mit Kreuzzügen nie mehr zu einer derartigen Katastrophe gekommen ist, blieb die Unsicherheit über die Reaktion fanatisierter Christen bestehen, und es verging auch späterhin keine Kreuzzugsvorbereitung, bei der es nicht zu antijüd. Ausschreitungen gekommen wäre. Dessen ungeachtet scheinen die nachbarschaftl. Beziehungen zw. Juden und Christen bis in die 1. Hälfte des 13. Jh. hinein relativ gut gewesen zu sein, denn der Pogrom i. J. 1096 war primär das Werk nordfrz. und flandr. Heerhaufen und ist noch kein Beleg für ein tiefgreifend gestörtes Verhältnis zw. den dt. Juden und der sie umgebenden christl. Umwelt. Es gibt sogar Zeugnisse einer jüd. Teilhabe an der deutschsprachigen lit. Kultur (Minnesang: →Süßkind v. Trimberg [?], →Dukus Horant; →Jiddisch); inwieweit hieraus auf eine gesellschaftl. Integration zu schließen ist, bedarf aber noch näherer Untersuchung. Eine gründliche Änderung im Verhalten der Christen gegenüber den Juden wird jedenfalls erst mit dem 13. Jh. spürbar, als 1234/35 in den benachbarten Gemeinden Lauda und Tauberbischofsheim (Franken) erstmals auch in D. Pogrome im

Zusammenhang mit →Ritualmordbeschuldigungen begegnen (England schon 1144 in Norwich, Frankreich 1171 in Blois), um dann während des ganzen MA nicht mehr abzureißen, variiert (und gelegentl. verbunden) seit 1298 mit dem Vorwurf der →Hostienschändung und seit 1348 mit dem der →Brunnenvergiftung. Die Zahl der Opfer nahm sprunghaft zu. In Lauda und Tauberbischofsheim wurden acht Personen getötet; bei den berüchtigten →Rindfleisch- (1298) und →Armleder-Verfolgungen (ab 1336) waren dann schon ganze Landstriche (Franken, Schwaben, Mittel- und Oberrhein) betroffen, mit Tausenden von Toten, und bei den Pestpogromen 1348–50 wurden fast alle jüd. Gemeinden berührt und weitgehend ausgelöscht. Schon zur Zeit Rudolfs v. Habsburg hatte Ende des 13. Jh. die Abwanderung der Juden aus D. begonnen, z. T. nach Palästina, überwiegend aber nach Oberitalien und seit dem 14./15. Jh. v. a. nach Polen-Litauen. Die Pestpogrome bedeuteten aber noch nicht das Ende jüd. Siedlung in Deutschland. Wenn auch zahlenmäßig stark verringert und in der Regel nur noch mit befristeter Aufenthaltserlaubnis versehen, ließen sich doch schon wenig später jüd. Familien in den meisten jener Städte wieder nieder, in denen sie selbst und ihre Glaubensgenossen kurz zuvor verfolgt worden waren. Aber in einem langdauernden, sich über rund anderthalb Jahrhunderte hinziehenden Prozeß wurden die Juden aus ganzen Territorien (Hzm. Österreich 1420, Sachsen 1432, Bayern 1450) und nahezu allen Städten vertrieben. Nach der Vertreibung aus Regensburg (1519) waren Juden neben Prag nur noch in zwei dt. Städten vertreten: in Frankfurt und in Worms. Doch selbst dieser Exodus führte nicht zum Erlöschen der jüd. Siedlung in D., vielmehr begann eine neue Phase des Lebens auf dem Lande, in Dörfern jenseits der Bannmeile jener Städte, aus denen sie ausgewiesen worden waren, unter dem nunmehr ausschließl. Schutz der Landesherren.

[3] *Wirtschaftliche Betätigung:* Im Gegensatz zu anderen Zonen Europas (Spanien, Südfrankreich, Süditalien) lag die wirtschaftl. Betätigung der Juden D.s von vornherein und ausschließlich auf dem Gebiet des Handels. Das war in der Frühzeit bis ins 12./13. Jh. hinein vornehmlich der Länder und Kulturzonen übergreifende →Fernhandel mit Luxusgütern sowie bis zum 11./12. Jh. der →Sklavenhandel. Auf beiden Sektoren besaßen die Juden seit dem FrühMA eine nahezu monopolartige Stellung, insbes. als Vermittler des Warenaustauschs zw. islam. Orient und christl. Okzident. Mit der Verlagerung der Handelsströme zw. West und Ost von den mitteleurop. Kontinentalrouten auf die Seewege des Mittelmeers, verbunden mit dem Aufkommen der it. See- und Handelsmächte, verloren die Juden ihre herausragende Stellung als Fernhändler; und seit handwerklich orientierte Wirtschaftszentren in Oberitalien und NW-Europa entstanden, verlor der Fernhandel mit Luxusgütern selbst an Bedeutung, trat zurück hinter den Warenverkehr mit Massengütern, der auf die Bedürfnisse der neuen, dicht besiedelten und stürmisch expandierenden städt. Wirtschaftsmetropolen ausgerichtet war. Die großen Verlierer dieser allgemeinwirtschaftl. Umschichtung waren die Juden, die in den it. Seestädten nicht nur übermächtige Konkurrenten auf dem Sklavenmarkt und im Levantehandel erhielten, sondern die sich infolge der zunehmend zünftisch organisierten Marktordnung in einem vom 11. bis 14. Jh. anhaltenden Prozeß allmählich aus dem Warenhandel überhaupt hinausgedrängt sahen. Ihr Rückzugsgebiet wurde das Geldgeschäft, das in D. spätestens seit dem 13. Jh. als die typische und bald dann als die alleinige jüd. Tätigkeit gelten kann.

Auch hier erlangten sie zunächst eine monopolgleiche Stellung, da das stets mit Zinsnahme verbundene Geldgeschäft infolge kirchenrechtl. Barrieren (→Zins, -verbot) für Christen lange Zeit nur schwer zu betreiben war. Doch als in Nachahmung vornehmlich it. Usancen auch in D. kirchenrechtl. vertretbare Formen des Geldhandels praktiziert wurden, konzentrierte sich schon seit der 2. Hälfte des 14. Jh. das Kapitalgeschäft in christlicher Hand, und der Bedarf an speziell jüd. Wirtschaftskraft wurde immer geringer. Die allmähl. Vertreibungen aus den dt. Städten im selben Zeitraum spiegeln diese Entwicklung.

[4] *Rechtsstatus:* In Übernahme und Weiterbildung karol. Privilegien stellten die dt. Kg.e und Ks. die Juden ihres Herrschaftsbereichs als Kaufleute unter ihren Schutz. Sie waren dadurch lange Zeit ungehindert in ihrem Besitz und in ihrer wirtschaftl. Betätigung, gleichberechtigt in Rechtskonflikten mit der christl. Bevölkerung, frei in der Ausübung ihrer Religion und in der Einrichtung ihres Lebens gemäß deren Vorschriften. Wir kennen Privilegien dieses Inhalts seit der Zeit Heinrichs IV., zunächst für jüd. Gemeinden einzelner Städte (Worms, Speyer) und in diesem Geltungsrahmen bestätigt von späteren Ks.n wie etwa Friedrich Barbarossa, bis dann 1236 Ks. Friedrich II. diesen lokalen Privilegienschutz auf die Judenheit ganz D.s ausdehnte. Doch auch noch danach haben Herrscher inhaltl. gleichbedeutende Schutzurkunden für einzelne jüd. Gemeinden ausgestellt (z. B. Ludwig d. Bayer). Doch so wenig sich diese Privilegien im Laufe der Jahrhunderte inhaltl. unterschieden, so stark veränderte sich ihre konkrete Bedeutung. Hatte zur Zeit eines Heinrich IV. der Königsschutz als Ausfluß kgl. Gnade und zugleich Honorierung geleisteter Dienste den Charakter der Freiwilligkeit für den Gebenden wie den Nehmenden, so gehört schon für Friedrich Barbarossa der Judenschutz zu den →Regalien, d. h. er ist ein aktiv vom Kg. wahrgenommenes Herrschaftsrecht, und die von ihm gewährten Privilegienbestätigungen begründen für die nunmehr der kgl. Kammer zugeordneten Juden ein Zwangsverhältnis. Den formalrechtl. Schlußpunkt dieser Entwicklung bildet das Privileg Friedrichs II., wo die Juden erstmals im Herrschaftsbereich des dt. Kg.s als seine →Kammerknechte bezeichnet werden (servi camerae nostrae). Die Konsequenzen aus diesem Zustand der Unfreiheit (dessen Anfänge unklar sind) hat die Folgezeit gezogen: Rudolf v. Habsburg begründete damit 1286 (analog zu den Verhältnissen in Frankreich) das Verbot, daß Juden ohne seine Erlaubnis das Land verließen. Ludwig d. Bayer erließ 1343 dem Burggf.en v. Nürnberg rechtsgültige Schuldverpflichtungen, da dessen jüd. Gläubiger, wie er sich ausdrückte, ihm und dem Reich gehörten und er damit schaffen, tun und handeln könne, was er wolle und wie es ihm gutdünke. Aufgrund dieser Rechtsauffassung sind die Juden D.s von ihren kgl. Schutzherren im späteren MA nach Belieben besteuert, verkauft, vertauscht, verpfändet, sind ihre Güter nach Willkür konfisziert, ihre Schuldansprüche annulliert worden. Die Schutzverpflichtung des Herrschers erwies sich hingegen zunehmend als ineffektiv. Dieser Prozeß steht im Zusammenhang mit der generellen Entwicklung des Verhältnisses von Königsmacht und partikularen Gewalten. Schon im 11. Jh. stand neben der kgl. Privilegierung die der örtl. Gewalthaber (z. B. 1084 das Privileg Bf. Huzmans v. Speyer), die sich dann spätestens seit dem 13. Jh. in offener Konkurrenz zueinander befanden, als etwa in den Jahren 1237/1244/1247 Ks. Friedrich II. und der Hzg. v. Österreich, Friedrich der Streitbare, sich ihre Privilegien für die Juden Wiens bzw. ganz Österreichs gegenseitig annullierten.

Mit der Einführung einer generellen Abgabe für alle Juden D.s, dem sog. »Goldenen Pfennig«, versuchte Ludwig d. Bayer 1342 noch einmal so etwas wie ein Obereigentum des Kg.s über die Juden des Reiches zur Geltung zu bringen, doch schon die →Goldene Bulle von 1356 sah zumindest für die Kfs. en originäre Rechte der Partikulargewalten an den Juden rechtsförmlich vor. Bei den späteren Judenvertreibungen haben nur noch die Freien und die Reichsstädte den Ks. um Erlaubnis gefragt; die Territorialfürsten konnten darauf verzichten. Insgesamt hing die Existenz der Juden D.s während des ganzen MA von jenen Sonderrechten in Privilegienform ab, die vom Kg. oder vom Territorialherrn gewährt und deren Einhaltung von ihnen (je nach Vermögen und Willen) garantiert wurde. Zur Einbettung jüd. Rechtsbelange in ein gruppenübergreifendes Rechtssystem kam es nur ansatzweise, als Heinrich IV. nach den Erfahrungen der Pogrome des 1. Kreuzzugs bei seinem Reichslandfrieden von 1103 die Juden mit in den Kreis der schutzbedürftigen Personen aufnahm. Doch obwohl Judenschutzbestimmungen entgegen der herrschenden Ansicht auch noch nach dem →Mainzer Reichslandfrieden von 1235 in Landfriedensgesetzen zu finden sind (Rhein. Bund 1254, Mainzer Landfrieden 1265), ist deren normative Wirkung nur darin erkennbar geworden, daß Juden entsprechend der Definition unter Friedensschutz stehender Personen im Laufe des 12./13. Jh. die Waffenfähigkeit einbüßten; das hatte im Endeffekt kaum eine Mehrung ihrer Sicherheit, in einer der Waffenehre huldigenden Zeit aber eine Minderung ihres Ansehens zur Folge. A. Patschovsky

II. Inneres Leben: Bis ins 12. Jh. bleibt das dt. mit dem nordfrz. Judentum engstens verbunden, bildet mit ihm die kulturelle Einheit von »Aschkenaz«. Auf diesem gemeinsamen Grund hatte sich die nach außen hin autonome Gemeinde mit ihren Institutionen (Vorsteher, Gericht) und Rechtsformen (→Bann, Aufnahmerecht von Fremden, Steuerumlage, Regelung des wirtschaftl. Wettbewerbs, Unterbrechung des Gebets als Mittel gegen Rechtsverweigerung) herausgebildet wie auch die sozial und geistig beherrschende Stellung einer Aristokratie von reichen Gelehrten/Geschäftsleuten. Seit dem späten 12. Jh. sind dann spezifisch dt. Entwicklungen festzustellen. In der Gemeindeverfassung war dies eine, dem großen Expansionsprozeß der jüd. Siedlung entsprechende Verbreiterung der sozialen Basis der Gemeindevertretung, sodann der später nicht mehr fortgesetzte Versuch zur Schaffung einer überregionalen Führung in den um 1220 belegten Zusammenkünften von Gelehrten und von Vertretern der großen rhein. Gemeinden: den Synoden von »SchUM« (= →Speyer, →Worms, →Mainz) mit ihren allgemein verpflichtenden Beschlüssen. Mit den sozialen Konflikten dieser Periode, vielleicht auch mit der gleichzeitigen christl. religiösen Bewegung, steht die wohl originellste geistige Schöpfung dieses Judentums in innerer Verbindung: die Bewegung der »Frommen von Aschkenaz«. Ihre bedeutendsten Vertreter waren R. Schmuel hä-Ḥasid, sein Sohn R. Jehuda hä-Ḥasid und R. →Eleasar ben Jehuda, deren kollektives Hauptwerk der Sefär Ḥasidim ('Buch der Frommen') ist. Aus dem Umfeld der aristokrat. Gelehrtenfamilien erwachsen, übten sie scharfe Kritik an der Vorherrschaft ihrer eigenen sozialen Schicht und predigten einem wohl nie sehr großen Kreis von Anhängern strengste und verinnerlichte Erfüllung der Gebote (s. a. →Ḥasidismus). Mit der Betonung von Buchstabenmystik (→Buchstabensymbolik II) und ekstat. Praktiken reihen sie sich in die Traditionskette der jüd. →Mystik ein. Die eigentlichen Träger des geistigen Lebens wurden im späteren MA die →Rabbiner, die mit dem Niedergang der alten Gelehrtenschicht viele von deren Funktionen übernahmen und gleichsam einen Berufsstand bildeten. Infolge ihrer Führungsstellung im Gericht schoben sie sich in der Gemeindeverfassung neben die laikalen Vorsteher. Verkörpert wird dieser Übergang in der Person →R. Meirs ben Baruch aus Rothenburg (ca. 1215–93), des letzten Gelehrten mit übergreifender Autorität. Begründet war sie, wie die seiner weniger bedeutenden und nur noch lokal oder regional wirkenden Nachfolger, auf der persönl. Ausstrahlung, der →Responsentätigkeit und bes. auf den von den Rabbinern geleiteten Talmud-Akademien: den Jeschivot (→Erziehungs- und Bildungswesen, →Talmud). Deren aus allen Schichten stammende Studenten trugen die an den Jeschivot übliche kollektive Frömmigkeit, aber auch Methoden und Inhalte der Talmudauslegung als des dominierenden Ausdrucks des religiösen Schaffens, ins Volk zurück. In einer Zeit des verschärften Konflikts mit der umgebenden Gesellschaft kehrte sich auch das Geistesleben nach innen. M. Toch

Lit.: Eine befriedigende Gesamtdarstellung fehlt. – allg. Lit.: GJ, 2 Bde, 1934–1968; Bd. 3 in Vorber. [grundlegendes Nachschlagewerk] – J. Aronius, Reg. zur Gesch. der Juden im frk. und dt. Reiche bis zum Jahre 1273, 1902 – O. Stobbe, Die Juden in D. während des MA in polit., sozialer und rechtl. Beziehung, 1866 – G. Kisch, Forsch. zur Rechts- und Sozialgesch. der Juden in D. während des MA nebst Bibliogr., 1978 [grundlegend zur Rechtsgesch.] [dazu: Ders., The Jews in Medieval Germany. A Study of Their Legal and Social Status, 1970²] – K. Geissler, Die Juden in D. und Bayern bis zur Mitte des 14. Jh., 1976 [vgl. dazu G. Kisch, HZ 225, 1977, 425ff.] – M. Wenninger, Man bedarf keiner Juden mehr. Ursachen und Hintergründe ihrer Vertreibung aus den dt. Reichsstädten im 15. Jh., 1981 [vgl. dazu A. Patschovsky, DA 36, 1983, 685f.] – P. Herde, Gestaltung und Krisis. Juden und Nichtjuden in D. vom MA bis zur NZ (Neunhundert Jahre Gesch. der Juden in Hessen, 1983), 1–40 – zur Rechtsgesch.: G. Langmuir, »Iudei nostri« and the Beginning of Capetian Legislation, Traditio 16, 1960, 203–269 – F. Battenberg, Zur Rechtsstellung der Juden am Mittelrhein in SpätMA und früher Neuzeit, ZHF 6, 1979, 129–183 [dazu einschränkend: DA 36, 1980, 644ff.] – F. Lotter, Die Entwicklung des Judenrechts im christl. Abendland bis zu den Kreuzzügen (Judentum und Antisemitismus von der Antike bis zur Gegenwart, hg. T. Klein u. a., 1984), 41–63 – zur Wirtschaftsgesch.: G. Caro, Sozial- und Wirtschaftsgesch. der Juden im MA und in der NZ, 2 Bde, 1908–20 [grundlegend] – M. Hoffmann, Der Geldhandel der dt. Juden während des MA bis zum Jahre 1350, 1910 – M. Toch, Der jüd. Geldhandel in der Wirtschaft des dt. SpätMA: Nürnberg 1350–1499, BDLG 117, 1981, 283–310 – Ders., Geld und Kredit in einer spätma. Landschaft. Zu einem unbeachteten hebr. Schuldenregister aus Niederbayern (1329–1332), DA 38, 1982, 499–550 – zu Judenverfolgungen: Hebr. Ber. über die Judenverfolgungen während der Kreuzzüge, hg. A. Neubauer, M. Stern, S. Baer, 1892 – Das Martyrologium des Nürnberger Memorbuches, hg. S. Salfeld, 1898 – F. Graus, Judenpogrome im 14. Jh.: Der Schwarze Tod (Die Juden als Minderheit in der Gesch., hg. B. Martin–E. Schulin, 1981), 68–84 – A. Haverkamp, Die Judenverfolgungen zur Zeit des Schwarzen Todes im Gesellschaftsgefüge dt. Städte (Zur Gesch. der Juden in D. des späten MA und der frühen NZ, hg. A. Haverkamp, 1981), 27–93 – M. Toch, Judenfeindschaft im dt. SpätMA (Judentum und Antisemitismus..., hg. T. Klein u. a., 1984) – zu [II]: Baron, III–XIII, 1957–69 – M. Güdemann, Gesch. des Erziehungswesens und der Cultur der abendländ. Juden während des MA und der neueren Zeit I, 1880 – L. Finkelstein, Jewish Self-Government in the MA, 1924 – I. G. Marcus, Piety and Society. The Jewish Pietists of Medieval Germany, 1981 – s. a. Lit. zu →Juden, -tum.

Deutschordensburg. Der →Dt. Orden (D. O.) verfügte über verschiedene Wehranlagen: Befestigungen im Orient (→Montfort), die den dortigen Verhältnissen angepaßt waren, feste Bauten in den west- und südeurop. Besitzungen und verschiedenartige Holzeburgen in Preußen und im Baltikum, die bis ins 15. Jh. hinein benutzt und manchmal auch gebaut wurden (→Ragnit I). Unter der Bezeichnung 'D.' versteht man aber meistens eine

Sonderform der Burg, die sich insbes. im geschlossenen preuß.-livländ. Herrschaftsgebiet des D. O. im Zuge eines längeren Anpassungsprozesses an die dortigen fortifikator. Bedürfnisse entwickelt hat, wobei aber auch die vom D. O. errichteten oder umgebauten Burgen in den Ordensballeien des Westens charakterist. Züge tragen. Die genet. Beziehung der D. zu den oben genannten, teilweise parallel auftretenden Anlagen sowie auch zum westeurop. Burgenbau sind noch ungenügend geklärt.

Die frühen, um 1250 gebauten D.en haben noch unregelmäßige Grundrisse, da sie meistens auf älteren Wehranlagen und in enger Anlehnung an das Gelände gebaut wurden (→Thorn, nach 1255). Doch bald machte sich eine Neigung zu übersichtlich geordneter Vierecklage bemerkbar, die im Bau der Brandenburg (1272 Baubeginn) die erste Vollendung findet. Diese Erscheinung steht wohl mit der Tendenz zur Geometrisierung des Grundrisses, die sich um 1300 im westl. Burgenbau bemerkbar macht, in Verbindung. Doch andererseits lassen sich entsprechende Ansätze auch schon vor dem Auftreten des D. O. in den Lagerburgen des 12. Jh. im Baltikum beobachten (Kirchholm). Nur ein Teil der D.en war mit einem vollen Ritterkonvent (12 Brüder) unter einem Komtur besetzt (Konventsburgen), die übrigen dienten als Sitze von Ordensleuten, die mit Ausübung bestimmter Ämter betraut waren (Vogt, Pfleger, Waldmeister usw.). Im 13. Jh. (in den östl. Kampfgebieten auch später) spielten die D.en v. a. als Stützpunkte für die Unterwerfung und Sicherung des Landes eine Rolle. Dann aber rückte ihre Funktion als Verwaltungszentrum, Ausgangspunkt für Besiedlung, als Wirtschaftshof und Instrument des Territorialausbaues in den Vordergrund. Bei Konventsburgen gewann auch ihre Funktion als Mittelpunkt des Gemeinschaftslebens an Bedeutung. Offenbar sind systematisch Burgensysteme gebildet worden. Um 1400 gab es ca. 260 D.en. Im 14. Jh., in der Reifezeit der D., wird ihre typ. Anlage durch eine Hauptburg und eine – oder auch mehrere – Vorburgen gebildet, die schützend vorgelagert waren. Die im Grundriß meist regulären, doch unregelmäßig entlang der Umfassungsmauern bebauten Vorburgen wurden als Wirtschaftshöfe des zu jeder Burg gehörenden Landbesitzes sowie als Behausung des Gesindes, der Besatzung und dienender Brüder (Graumäntler) genutzt. Hier fanden auch Lager für Kriegsvorräte und Speicher zur Aufnahme der bäuerl. Abgaben ihren Platz. Manchmal wurden hier auch Werkstätten für die Herstellung von Waffen und Kriegsausrüstung untergebracht. In Kriegszeiten dienten sie auch als Zufluchtsorte für die Landbevölkerung. Die Grundlage der Hauptburg bildeten vier mit Giebeldächern bedeckte, einen Binnenhof rechteckig umschließende, meist dreigeschossige Flügel. Doch wurde manchmal – v. a. in der Frühzeit – sogar bei Konventsburgen (Marienburg) auf den vollen Ausbau aller Flügel verzichtet. Diese Einschränkung erfolgte fast immer bei Anlagen mit kleinerer Besatzung, was dann auch stets zu einer Reduzierung des im folgenden dargestellten Nutzungsprogramms führte. Den Zugang zu den Innenräumen ermöglichte ein gewöhnlich doppelgeschossiger, mit einem Pultdach gedeckter Laubengang, welcher den Innenfassaden der Flügel vorgesetzt war und auch den Charakter des Hofes stark prägte. Da aus wehrtechn. Gründen im unteren Teil der Außenmauer Fensteröffnungen vermieden wurden, waren die wichtigsten Räume nicht wie im Kl. im Erdgeschoß, sondern im Obergeschoß untergebracht. Dort befand sich die Kapelle, welche v. a. für die Abhaltung der vorgeschriebenen Stundengebete der Konventsmitglieder bestimmt war. Daneben lag gewöhnlich der Beratungen und interner Rechtsprechung dienende Kapitelsaal, dann der Remter, der als Speisesaal und Tagesaufenthaltsraum fungierte. In weiteren Räumen befanden sich der für alle Brüder gemeinsame Schlafsaal, die Firmarie für kranke und sieche Brüder und einige Zimmer für die Oberen des Hauses. Im Keller waren Depoträume untergebracht, die sich teilweise auf das Erdgeschoß erstreckten. Außerdem befanden sich hier Küchen, Backstuben usw. Die Räumlichkeiten oberhalb des Obergeschosses dienten als Speicher und Rüstkammer.

Ihre wehrtechn. Kraft verdankte die D. zum großen Teil einer gut gewählten Geländelage, deren Wirkung man durch Burggräben unterstützte, die manchmal trocken belassen, manchmal durch Kanalbauten bewässert wurden. Zum Burggraben hin lag der Zwinger (Parcham). Die zahlreich angebrachten Schießscharten wurden in ihrer Wirkung durch den Wehrgang gesteigert, der eine freistehende Mauer bekrönte, in Gebäuden aber knapp unterhalb der Dachtraufe, in Form einer dichten Reihe von Schießluken, verlief. Die größte Bedeutung hatte aber der bergfriedartige Einzelturm, der aber nur bis zur Mitte des 14. Jh. gebaut wurde. Er nahm gewöhnlich eine Eckstellung innerhalb des Gebietes der Hauptburg ein, mit oder ohne feste Verbindung mit den benachbarten Flügeln (Marienburg, Mewe, Rehden, Straßburg). Eine Sonderform eines manchmal nach außen vorgeschobenen Einzelturms (Gollub) bildet der Dansker (→Abtritt), über einen pfeilergestützten Gang von der Burg zugänglich. Seine Abortanlagen befinden sich über dem Burggraben (Marienburg) oder über einem Flußlauf (Thorn). Flankierende Ecktürme dagegen, die beim Bau der um 1300 errichteten Burgen Anwendung fanden (Mewe, Rheden, Straßburg), hatten keine größere wehrtechn. Bedeutung –, außer in einigen Ausnahmefällen (Bütow, Schwetz). Einige Burgen nahmen wegen bes. Nutzungsart einen eigenen Entwicklungsgang – z. B. →Marienburg (Sitz des Hochmeisters), →Königsberg (Ausgangspunkt für die großen Kriegsunternehmungen im Osten). Eine Sonderform entwickelten auch die Bischofsburgen (→Heilsberg, Fischhausen) sowie Burgen der Domkapitel (→Marienwerder, Allenstein), die zwar nach dem Vorbild der D., doch mit mancher Abwandlung gebaut wurden. Als Organisatoren des Burgenbaues treten Komture unter zentraler Oberleitung des Hochmeisters auf, wobei in der Frühzeit auch die weltl. Anführer der Kreuzzüge diesbezügl. eine gewisse Rolle spielen. Bautechn. Leiter sind in der Frühzeit in den Reihen der Kreuzheere zu suchen; später sind in dieser Eigenschaft ausschließlich städt. Handwerker bezeugt. Das gleiche gilt für die Arbeitskräfte. Nur für die einfachsten Arbeiten wurden die Landbewohner, anfangs zwangsweise, später im Rahmen gut organisierter Burgbaudienste, herangezogen.

Nicht nur als Zweckform, sondern auch als repräsentatives Statussymbol einer Rittergemeinschaft gedacht, die sich vorwiegend aus niederem Adel rekrutierte, waren die D.en qualitätsvoll architektonisch gegliedert und ausgestattet. Ihre Zierformen (Tonplattenfriese, buntglasierte Formsteine und Inschriftbänder) und Bauelemente (Giebel, Portale) bilden wichtige Beispiele der Entwicklung des →Backsteinbaus. Die schon um 1300 in den großen Burgsälen zur vielseitigen Entwicklung gekommenen Sterngewölbe (→Gewölbe) mit Mittelstütze werden zu den größten Errungenschaften got. Architektur gezählt. Bemerkenswert ist auch die gute techn. Ausstattung der D.en (Hypokaustenheizung, Wasserbauten).

Die gegen Ende des 18. Jh. einsetzenden Bestrebungen zur Restaurierung der Marienburg und anderer D.en sind äußerst aufschlußreich für Geschichtsverständnis und Mittelalterrezeption des 19. Jh. in Preußen und im Dt. Reich. - →Burg. M. Arszyński

Bibliogr.: E. WERMKE, Bibliogr. der Gesch. von Ost- und Westpreußen, 1933 [Neudr. 1962] [mit Nachträgen] – H. BARANOWSKI, Bibliogr. historii Pomorza Wschodniego i Zachodniego [ersch. laufend in: ZapHist] – *Inventare:* C. STEINBRECHT, Die Baukunst des Dt. Ritterordens in Preußen, 4 Bde, 1885–1920 – B. SCHMID, Die Burgen des D. O. in Preußen, 1938 [Ergh. 1940] – G. DEHIO, E. GALL, Deutschordensland Preußen (Hb. der Dt. Kunstdenkmäler, 1952) – E. GALL, Danzig und das Land an der Weichsel, 1953 – C. WÜNSCH, Ostpreußen, 1960 – H. CROME, Verz. der Wehranlagen Ostpreußens, Prussia, 1938, 1939, 1940 [zu den frühen Holzeranlagen] – *Lit.*: RDK III, 1304–1312 – M. TÖPPEN, Zur Baugesch. der Ordens- und Bischofsschlösser in Preußen, Zs. des Westpreuß. Geschichtsvereins 1, 1880; 4, 1881; 7, 1882 – H. BONK, Die Städte und Burgen in Preußen in ihrer Beziehung zur Bodengestaltung, Altpreuß. Monatsschrift 31–32, 1894–95 – C. DEWISCHEIT, Der D. O. in Preußen als Bauherr, ebd. 36, 1899 – G. DEHIO, Die Kunst Unteritaliens in der Zeit Ks. Friedrichs II. (Kunsthist. Aufsätze 1914) – F. BECKER, Die Profanbaukunst des Dt. Ritterordens in Preußen [Diss. Greifswald 1914] – B. SCHMID, Die Burgen des Dt. Ritterordens in Kurland, Zs. für Bauwesen 71, 1921, 199 – K. H. CLASEN, Entwicklung, Ursprung und Wesen der D. (Hb. für Kunstwiss. 3, 1926), 1–37 – DERS., Die ma. Kunst im Gebiet des Deutschordenslandes Preußen 1, 1927 [Lit.] – W. HEYM, Ma. Burgen aus Lehm und Holz an der Weichsel, Altpreuß. Forsch. 10, 1933, 216–230 – A. WINNIG, Der Dt. Ritterorden und seine Burgen, o. J. – J. LINDEMANN, Das Problem des Deutschordensburgtypus [Diss. Berlin 1936] – B. SCHMID, Die Baumeister im Deutschordensland Preußen (Schr. der Königsberger Gelehrten Gesellschaft, Geisteswiss. Kl., 15./16. Jahr, H. 1., 1939) – K. H. CLASEN, Die ma. Bildhauerkunst im Deutschordensland Preußen, 1939 – A. TUULSE, Die Burgen in Estland und Lettland, 1942 – B. SCHMID, Die Burgen des D. O. in Preußen, Dt. Archiv für Landes- und Volksforsch. 6, 1942, 74–96 – DERS., Burgen in Litauen, Burgwart 43, 1942, 1–12 – W. HORWATH, Die D. des Burzenlandes, Dt. Archiv für Landes- und Volksforsch. 7, 1943, 446–452 – E. LINDEMANN, Zur Frage der Herkunft des rechtwinkligen Planschemas bei den Burgen des Dt. Ritterordens, Bull. des relations artistiques France-Allemagne, 1951 – G. CHMARZYŃSKI, Historia Sztuki (Warmia i Mazury, 1953) – J. A. SCHMOLL GEN. EISENWERTH, Das Deutschordenshaus Komotau in Böhmen, Annales Universitatis Saraviensis, Philosophie-Lettres 4, 1955, 148–165 – T. BYCZKO, Z Badań nad geneza rozplanowania przestrzennego zamku krzyżackiego, Rocznik Olsztyński 4, 1961/65, 1964, 135–165 – H. DOMAŃSKA, Fortyfikacje późnogotyckie zamków krzyżackich, Komunikaty na sesje naukowa poświecona 500-leciu Pokoju Toruńskiego, 1966, 59–62 – W. HUBATSCH, Montfort und die Bildung des Deutschordensstaates im Hl. Lande, NAG, Phil.-Hist. Kl., 5, 1966 [Lit.] – DERS., Zur Typologie von Kreuzfahrerburgen im Orient unter bes. Berücksichtigung des D. O. (Acht Jahrhunderte D. O., Q. und Stud. zur Gesch. des D. O., 1, 1967) – Budownictwo obronne Polski Północnej, Biuletyn Informacyjny PKZ, Bd. 8, 1968 [Sammelbd.] – M. ARSZYŃSKI, Technika i organizacja budownictwa ceglanego w Prusach w końcu XIV i pierwszej połowie XV. wieku (Studia z dziejów rzemiosła i przemysłu 9, 1970), 7–139 – N. v. HOLST, D.en aus stauf. Zeit in Spanien, ZDVKW 32, 1972, 12–29 – D. MENCLOVA, České hrady, 1972 – B. GUERQUIN, Zamki w Polsce, 1974 – F. BENNINGHOVEN, Die Burgen als Grundpfeiler des spätma. Wehrwesens im preuß.-livländ. Ordensstaat (VuF 19, T. 1, 1976), 565–601 – J. FRYCZ, Architektura zamków krzyżackich (Sztuka pobrzeza Baltyku, 1978) – DERS., Budownictwo zamkowe na Pomorzu wschodnim w drugiej połowie XIV i w pierwszej połowie XV w. (Sprawozdania – Poznańskie Towarzystwo Przyjaciół Nauk, Wydział Nauk o Sztuce, Nr. 95, 1978) – N. v. HOLST, Zum frühen Burgenbau des Dt. Ritterordens in Spanien und in Preußen (Burgen und Schlösser, 1980), 15–17 – DERS., D.en zw. Jerusalem und Cordoba, zw. Thorn und Narva, 1981 – H. BOOCKMANN, Die Marienburg im 19. Jh., 1982 – s. a. Lit. zu Einzelbegriffen wie →Burg, →Backsteinbau sowie zu einzelnen im Text gen. Deutschordensburgen.

Deutschordensliteratur. Der →Dt. Orden hat eine reiche lit. Produktion hervorgebracht, die allerdings in Themen und Formen eng gefaßt ist. Dem Charakter der Gemeinschaft als ritterlichem Laienorden, der straff geführt und mit erheblichem polit.-hist. Selbstbewußtsein ausgestattet war, entspricht eine hauptsächl. volkssprachl. Literatur, auf ein lateinunkundiges ritterliches Publikum zugeschnitten und vor allem für die prakt. Erfordernisse des konventualen Lebens oder die Selbstrepräsentation bestimmt. So ist die lit. Aktivität des Ordens zwangsläufig, wenn auch nicht ausschließlich, mit dem preuß. Ordensstaat verbunden, und der dt. Nordosten bestimmt sprachlich das Bild der D. Hier entstanden nicht nur die wichtigsten Werke, sie wurden hier auch für die Balleien vervielfältigt. Die lit. Tätigkeit des Ordens beginnt mit seiner polit. Selbständigkeit im 13. Jh., findet ihren künstler. Höhepunkt um 1300 und endet mit dem Niedergang der Gemeinschaft im Zeitalter der Reformation. Die themat. Schwerpunkte der lit. Zeugnisse verweisen auf eine strenge geistige Führung, die Literatur funktionsbezogen einzusetzen weiß. So ist in den »Statuten«, den schon im 13. Jh. in dt. Sprache vorliegenden Ordensvorschriften, die Teilnahme der Brüder am lit. Leben geregelt, und diese Regelung wiederum bestimmt den Charakter der Literatur. Die »Statuten« selbst sind als Lektüre vorgeschrieben, und den in ihnen angeordneten Tischlesungen, die analog zu den Lesungen lat. geistl. Literatur der Mönchsorden eingeführt werden, dient ein wichtiger Teil der Ordensliteratur: die deutschsprachige Bibel- und Legendendichtung.

Einen anderen lit. Schwerpunkt bilden die Ordenschroniken; mit den Rechtsbüchern und der Artesliteratur treten Schriften hinzu, die ein Bild des prakt. Tätigkeitsbereiches des Ordens vermitteln. Lyrik und höf. Literatur finden sich im Dt. Orden nicht, und auch die Bibliotheken weisen dergleichen nicht auf. Das Schrifttum der Gemeinschaft ist zweckbestimmt zur ideolog. Konsolidierung und Stärkung des Ordens.

Die bedeutendsten Dichtungen sind im Bereich der Legenden- und Bibelerzählungen zu finden. Das hervorragendste Werk, sowohl hinsichtl. seines Umfangs, seiner Verbreitung als auch seines Einflusses auf andere lit. Dokumente ist das →»Passional« (ca. 110 000 Verse), eine Reimdichtung eines unbekannten Verfassers vom Ende des 13. Jh., das mit einer ausführl. Darstellung des Lebens Mariens (der Ordenspatronin) und zahlreichen Heiligenviten bes. Interessen des Ordens vertritt; die deutliche Hinwendung zu martyrolog. Themen steht wohl im Zusammenhang mit den Erfahrungen der permanenten »Kreuzzugssituation« des Ordens. Ebenfalls in den Bereich der Legendendichtung gehören das →»Väterbuch« und einzelne Heiligendarstellungen, die spezielle Anliegen des Ordens dokumentieren, wie die von →Nikolaus v. Jeroschin verfaßte Vita des Preußenmissionars →Adalbert v. Prag oder eine nicht erhaltene Barbara-Legende, die ein Hochmeister des Ordens, Luder v. Braunschweig, in der 1. Hälfte des 14. Jh. verfaßte. Einen weiteren wichtigen Bestandteil der D. bildet die →Bibeldichtung mit einem deutlichen Übergewicht der alttestamentl. Themen, die v. a. der Belehrung der Brüder selbst diente. An ihrer Spitze steht die wohl früheste Ordensdichtung, eine Nachdichtung d. »Judith« (noch 13. Jh.). Sie besitzt ihr Komplementärstück in einer »Esther«-Erzählung des 14. Jh. Beide Dichtungen wurden im 15. Jh. in Prosa bearbeitet. Ihnen folgen Nacherzählungen der Makkabäer-Bücher, des Hiob, der Bücher Esra und Nehemia, des Buchs Daniel, wobei v. a. die kriegerischen »Makkabäer« vom Selbstverständnis des Ordens lit. Zeugnis ablegen. Die nicht gleichermaßen bedeutenden NT-Darstellungen sind hauptsächlich mit dem Namen →Heinrichs v. Hesler verbunden. Wesentl. für das hist. Selbstverständnis des Ordens sind die großen chronist. Darstellungen, die – ähnlich den Bibel- und Legendenwerken – zunächst Reimdichtungen sind und später in Prosadarstellungen übergehen. Frühe chronist. Zeugnisse wie der Bericht des Hochmeisters →Hermann v. Salza über die ersten Preußenkämpfe sind nur in Prosabearbeitungen des 16. Jh. erhalten. Wichtige Denkmäler der Historiographie und Geschichtsdichtung sind die lat. Chronik des →Peter v. Dusburg aus der 1. Hälfte des 14. Jh. und v. a. die »Kronike von Pruzinlant« des →Nikolaus v. Jeroschin, die repäsentativ für den Typus der Geschichtsdarstellung des Ordens stehen darf. Neben einem Überblick über die Geschichte des Ordens stellt sie pointiert den krassen Gegensatz von Heiden und Christen mit deutlichem Bezug auf die Kämpfe des Ordens kreuzzugspropagandistisch heraus. Die chronist. Literatur ist wie die Bibel- und Legendendichtung meist unmittelbar angeregt durch die verschiedenen Hochmeister und bezogen auf die Aufgabenstellung des Ordens.

In diesen Bereich gehören auch diejenigen Schriften, die im weitesten Sinne den administrativen Aufgaben des Ordens dienen: die Fachliteratur. Neben den schon erwähnten Rechtsbüchern stehen Geschäftsbücher, veterinär- und humanmed. Werke, die Gebiete repräsentieren, die in den genauen Regelungen des alltäglichen Lebens (Ausgaben, Ernährung, Pferdewirtschaft, Almosen etc.) der »Statuten« berücksichtigt sind.   I. Erfen-Hänsch

Ed.: s. unter den entsprechenden Stichwörtern – Lit.: Verf.-Lex.² II, 71–74 [Deutschordensregeln und -statuten, U. ARNOLD; Ed. und Lit.] – Reallex. der dt. Lit.gesch. I, 1958², 244–251 [G. EIS; Lit.] – K. HELM–W. ZIESEMER, Die Lit. des Dt. Ritterordens, 1951 – DE BOOR-NEWALD III, 1, 204–210, 486ff. – G. EIS, Die Lit. im Dt. Ritterorden und in seinen Einflußgebieten, Ostdt. Wiss. 9, 1962, 56–101 – O. ENGELS, Zur Historiographie des Dt. Ordens, AK 48, 1966 – H.-G. RICHERT, Die Lit. des dt. Ritterordens (Europ. SpätMA, hg. W. ERZGRÄBER, 1978) (Neues Hb. der Lit.wiss. 8, 275–286) – H. BOOCKMANN, Geschichtsschreibung des Dt. Ordens im MA (Lit. und Laienbildung im SpätMA und in der Reformationszeit, hg. L. GRENZMANN–K. STACKMANN, 1984).

Deutz

I. Römisches Kastell – II. Kloster und Stadt.

I. RÖMISCHES KASTELL: Castellum Divitia, auf der rechten Uferterrasse des Rheins gegenüber der Colonia Claudia Ara Agrippinensium (CCAA) (→Köln) Anfang des 4. Jh. unter Konstantin von der 22. Legion als Militärlager errichtet. Die quadrat., mit 14 Rundtürmen und zwei von Rundtürmen flankierten Torbauten gesicherte Festung war 1,81 ha groß. Feldseitig war ihr ein Doppelgrabensystem vorgelagert. Beidseitig der ost-west gerichteten 5 m breiten Via Praetoria lagen im Innern 16 ca. 57,40 m lange und 11,50 m breite Kasernen. Vier Kasernen im Zentrum waren durch eine Porticus zur Via Praetoria hervorgehoben. Nach Größe und Anzahl der Kasernen könnte das Kastell etwa 900 Mann aufgenommen haben. Divitia war mit der CCAA durch eine Brücke verbunden; es wurde Anfang des 5. Jh. vermutlich kampflos geräumt. G. Precht

Lit.: J. KLINKENBERG, Das röm. Köln, Die Kunstdenkmäler der Stadt Köln I, 2, 1906, 341ff. – F. FREMERSDORF, Unters. im spätröm. Kastell D. (A. MARSCHALL, K. J. NARR, R. v. USLAR, Die vor- und frühgesch. Besiedlung des Berg. Landes, 1954), 159ff. – H. v. PETRIKOVITS, Das röm. Rheinland, 1960, 77ff. – G. ALFÖLDY, Die Hilfstruppen der röm. Provinz Germania Inferior, 1968, 79 – G. PRECHT, Die Ausgrabungen im Bereich des Castellum Divitia, Kölner Jb. 13, 1972/73, 120–128 – DERS., Castellum Divitia (Führer zu vor- und frühgesch. Denkmälern, hg. Röm.-Germ. Zentralmus. Mainz, 39), 1980, 184–189.

II. KLOSTER UND STADT: Seit dem 5. Jh. frk. Königsbesitz (Gregor v. Tours: Divitia civitas), wurde das Kastell D. bis 778 mehrfach von Sachsen geplündert und diente 870 als Ausweichstätte für den Karl d. Kahlen für Ludwig d. Dt. genehme Kölner Bischofserhebung. Wahrscheinl. gelangte es unter Ebf. →Brun in den Besitz der Kölner Kirche (→Köln, Ebm.). 1002/03 gründete Ebf. →Heribert nach dem Tod seines ksl. Freundes→Otto III. in Erfüllung eines gemeinsamen Gelübdes dort ein Kl., dessen Kirche im Geist der »Renovatio« nach den Vorbildern der Zentralbauten Italiens und Aachens errichtet und 1021 Grabstätte des schon bald als Hl. verehrten Gründers wurde. Heribert stattete das für 40 Mönche eingerichtete ebfl. Eigenkl. reich aus, in D. selbst mit dem (gesamten?) Kastell sowie der Pfarrkirche St. Urban mitsamt deren Zehnten im Ort und in den benachbarten Dörfern Kalk, Vingst, Rolshoven, Poll und Westhoven. Von seinem in →Gorze erzogenen Gründer der lothr. Reform unterstellt, empfing das Kl. neue Impulse durch den »Ordo Sigebergensis« (→Siegburg) zu Beginn des 12. Jh., den den Höhepunkt seiner Gesch. markiert: 1121–29 stand ihm der Theologe →Rupert vor, dessen Werk »De incendio« mit der Ausdeutung des Brands von 1128 einen ortsgeschichtl. Bezug enthält; die Äbte Gerlach und Hartpern (1146–69) betrieben eine erfolgreiche Restitutionspolitik (Anlage des »Codex Theoderici«) und Neubelebung des Heribertkults (Elevation, Bruderschaft, Patrozinium, Schrein, Fälschung einer Kanonisationsbulle und Verfälschung von Gründungsurkk.).

Die Siedlung D., eine der wenigen rechtsrhein. Besitzungen des Kölner Erzstifts, erhielt im frühen 13. Jh. Stadtrecht; sie führte ein »Sigillum libere civitatis Tuiciensis« mit dem Zusatz »que est archiepiscopi Coloniensis« (1230; EWALD, Rhein. Siegel III, 20,1). Eine Wollweberzunft, Schiffereiwesen sowie die Residenz von Juden und Lombarden bezeugen gewissen Wohlstand; der Ebf. hatte hier seit dem 14. Jh. eine Münzstätte. Auf Dauer aber litten Ort und Abtei unter ihrer Lage gegenüber →Köln, die vielleicht schon Heribert durch die geistl. Gründung zu entschärfen gehofft hatte, D. jedoch nach einer ersten Belagerung des gegen Köln anrückenden Ks.s Heinrich V. (1114) im späteren MA zum umstrittenen Kampfplatz der Ebf.e, der Stadt Köln und der Gf.en v. →Berg werden ließ, die wahrscheinl. seit dem 11. Jh. die Klostervogtei innehatten. Vertragl. Regelungen (so der Schied des Albertus Magnus 1260) blieben erfolglos; nach mehreren Be- und Entfestigungen im 13./14. Jh. wurde D. von den Kölnern 1376 und 1392 fast völlig zerstört; 1415 suchten es berg. und 1445 klev. Truppen heim. Der Ort sank zur »Freiheit« (1386) ab, die vom Ebf. zw. 1449 und 1541 an Nesselrode verpfändet wurde. Auch das Kl. erlangte nie mehr seine frühere Bedeutung trotz des von Abt Wilhelm Laner v. Breitbach 1491 gegen den Widerstand der neun Profeßmönche betriebenen Anschlusses an die →Bursfelder Kongregation. Heribert Müller

Lit.: J. MILZ, Stud. zur ma. Wirtschafts- und Verfassungsgesch. der Abtei D., 1970 – H. MÜLLER, Heribert, Kanzler Ottos III. und Ebf. v. Köln, 1977, 277–362 – J. MILZ, D. (Germania Benedictina 8, 1980), 293–313 [Q. und Lit.].

De vanitate mundi, gewöhnl. Titel: »C(h)artula (nostra)« (= Initium). Anonyme Dichtung des 12. Jh. in gereimten Hexametern. Mahnung zum (monast.)→Contemptus mundi (Abschnitt B. I) in einfacher, klarer Sprache; bis übers Ende des MA als Schullektüre ungemein verbreitet. G. Bernt

Ed.: E. SCHRÖDER, NGG philol.-hist. Kl., 1910, 346–354 – MPL 184, 1302–1314 – Lit.: WALTHER, 2521 – R. BULTOT, StM 8, 1967, 787–835 – M. W. BLOOMFIELD–B.-G. GUYOT u. a., Incipits of Latin Works on the Virtues and Vices, 1100–1500 A.D., 1979, 693.

Deventer

I. Stadtgeschichte – II. Messen.

I. STADTGESCHICHTE: D., Stadt in den nö. Niederlanden, am rechten Ufer der Ijssel (im 9. Jh. Daventre, Davantre).

Im Rahmen der Sachsenmission errichtete Liafwin (→Lebuin) in D. vor 776 eine erste Kirche, die nach der Zerstörung von →Liudger wiederaufgebaut wurde. Ein cenobium canonicorum ist Mitte des 9. Jh. bezeugt. Weder die Kirche (ŏ hl. Stephan) noch das Stift konnten bisher archäolog. lokalisiert werden. Unter dem Druck der Normannengefahr verlegte Bf. →Radbod v. Utrecht seinen Sitz zeitweilig nach D. (dort ⊐ 917). Die karol., ca. 600 m lange Handelssiedlung am Flußufer, 877 portus genannt, ist archäolog. bezeugt, u. a. durch rhein. Keramik. Die Kl. →Prüm und →Sithiu hatten in D. Besitz. Der heutige Stadtplan zeigt Spuren einer zentral gelegenen, kleinen (ca. 3 ha, annähernd quadratischen), wohl karol. Umwehrung. 952 schenkte Kg. Otto I. seine von den Karolingern ererbten Güter in der civitas oder urbs D. dem Mauritiuskloster in →Magdeburg. – Ab Ende des 10. Jh. erlebte D. einen beachtlichen wirtschaftl. Aufschwung. Von einem intensiven Geldumlauf zeugt der beträchtl. Anteil von kgl. Münzen aus D. in den archäolog. Funden in N- und NO-Europa. In Koblenz zahlten die Schiffer aus D. ihren Zoll in Hering oder Aal (2. Hälfte des 11. Jh.). 1046 übertrug Kg. Heinrich III. dem Bf. →Bernold v. Utrecht Münzregal und Gft. in D. Aus dieser Zeit stammt die groß angelegte Lebuinskirche (81 m Außenlänge), eine frühsal. Kreuzbasilika aus Tuff, einer der bedeutendsten Kirchenbauten im NW des Reichs um die Mitte des 11. Jh. An die mächtige Westpartie schloß sich nördl. ein ca. 50 m langer bfl. Saalbau an. Bei dieser Kirche stiftete Bernold eine Chorherrengemeinschaft. – 1123 erließ der Ks. den Einwohnern D.s die Abgabe von Hauszinsen an das Lebuinsstift; die villa D. war damals mit vallum und propugnacula befestigt. Das Areal umfaßte ca. 500 m (am Flußufer) × 375 m und umschloß im N die Kollegiatkirche und im S den Brink, den späteren Standort der Jahrmärkte (s. Abschnitt II). Der Stadtkern wurde im S erweitert (Nikolauskirche, ŏ 1206, versorgt vom westfäl. Kl. →Varlar) und im 13. Jh. auch im N.

Im 13.–14. Jh. wurde ein doppelter Mauerring aus Backstein errichtet. Er umschloß eine Fläche von 44 ha, die bis ins 19. Jh. für die Bevölkerung ausreichte. – Ab 1230 war D. Hauptort einer Stadtrechtsfamilie. Der älteste erhaltene Rathausbau stammt aus dem 2. Viertel des 13. Jh. Der Stadtrat von D. hatte 12 Schöffen und 12 Räte. An der Spitze des städt. Gewerbes standen anfangs die Tuchhändler (Zunftrolle, 1249–1387, erhalten). Seit dem Ende des 15. Jh. erfolgte eine Wiederbelebung des Aktivhandels (u. a. Bergenfahrergesellschaft). – Zu den Höhepunkten im geistig-kulturellen Bereich im SpätMA gehörten: die Gründung der →Brüder und Schwestern vom gemeinsamen Leben durch Geert →Grote aus D. und Florens →Radewijns, der auch das erste Haus der Fratres vitae communis in D. leitete (vgl. auch →Devotio moderna), die Blüte der Lateinschule unter dem Rektorat von Alexander Hegius und der Aufstieg D.s seit 1477 zum größten Buchdruckzentrum in den Ndl. (Drucker: Richard Pa(f)faraet aus Köln und Jacob von Breda). A. C. F. Koch

Lit.: DHGE XIV, 360–366 – A. C. F. Koch, Die Anfänge der Stadt D., WF 10, 1957, 167–173 – E. H. Ter Kuile, Zuid-Salland, 1964, 3–85 – De stadsrekeningen van D., 1, hg. G. M. De Meyer, 1968, XI–LVIII – P. F. J. Obbema, Een D. bibliotheekcatalogus van het einde der 15de eeuw, 2 Bde, 1973 [Lit.] – C. A. Van Kalveen, Uit de gesch. van D. gemeente, Verslagen en Meded. v. d. Vereeniging tot Beoefening v. Overijsselsch Regt en Gesch. 92, 1977, 29–59; 94, 1979, 30–70 – A. C. F. Koch, Zwarte kunst in de Bisschopstraat; boek en druk te D. in de 15de eeuw, 1977 – H. R. Van Ommeren, De koopmansgilderol van D., 1978 [Lit.] – In en om het D. stadhuis, hg. A. C. F. Koch, 1982, 25–51 – G. M. De Meyer – E. W. F. Van den Elzen, De verstening van D., 1982.

II. Messen: Die älteste Erwähnung der Messen von D., deren Entstehungszeit unbekannt ist, stammt aus dem Jahr 1340. Damals gab es vier Messen: zu Johannis (24. Juni), zu Jacobi (25. Juli), zu Egidii (1. Sept.) und zu Martini (11. Nov.); 1386 fügte Kg. Wenzel zu Mittfasten eine fünfte Messe hinzu. Die Johannismesse begann zwei Wochen vor und endete eine Woche nach dem Heiligenfest, die anderen Messen dauerten jeweils eine Woche vor und eine nach dem Heiligenfest, insgesamt waren es also 11 Wochen. Das Wachstum des holländ. Seehandels erweiterte das Warenangebot aus dem Westen, das sich anfänglich auf Molkereiprodukte, Heringe und Tuche aus Holland beschränkte, zu einem großen Sortiment von in →Brügge oder an anderen Orten eingekauften Gütern, was zu einer Blütezeit der Messen im 15. Jh. führte. Allerdings bedeutete diese Entwicklung einen Rückgang des Deventer Aktivhandels. Im Binnenland erstreckte sich das Marktgebiet D.s über die Maas bis →Roermond, über den Rhein bis →Köln sowie über Niedersachsen und Westfalen bis hin zum Harz, nach Hessen und Thüringen. Holz, Roggen, Wein, Schinken und Eisenwaren aus diesen Regionen wurden auf den Messen vertrieben. Gelegentl. führten Klagen über Zölle bzw. Maßnahmen von D. gegen Warentäuschung zu Streitigkeiten und zeitweiligen Handelssperren. Allmählich erschwerte seit dem Ende des 15. Jh. die eingeschränkte Befahrbarkeit der Ijssel die Warenzufuhr nach D. Außerdem orientierte sich der Westen Deutschlands immer mehr an dem Markt von →Bremen. Auch im Verkehr zw. Holland, bes. Amsterdam, und dem Rheinland wurden die D.er Messen als Zwischenmarkt ausgeschaltet. Die ndl. Unruhen führten ab 1580 zur Auflösung der schon seit dem Anfang des 16. Jh. verfallenden Messen. J. A. van Houtte

Lit.: Z. W. Sneller, D., die Stadt der Jahrmärkte, PfingstbllHansGV 25, 1936.

Devetum (interdictum), Vorform des →Boykotts und der →Blockade. Urspgl. war das d. ein Verkaufsverbot bes. von Nahrungsmitteln, um den Konsumbedarf einer Stadt, einer Provinz oder eines Landes zu sichern. Infolge des Aufschwungs des Handels und der Verschärfung der wirtschaftl. Gegensätze im Zeitalter der Kreuzzüge wurde das d. zum wichtigen Mittel der Handelspolitik und der Kriegführung der hoch- und spätma. Städte bzw. Staaten. Im Rahmen des d. wurden zweierlei Maßnahmen getroffen: das von einer Stadt bzw. einem Staat über die eigenen Bürger verhängte Verbot, Handelsbeziehungen zu unterhalten (z. B. das d., das 1205 den Genuesen alle Handelstätigkeit im →Lat. Ksr. verbot); eine allgemeine Handelssperre, die mit allen Mitteln, einschließl. der Küstenblokkade, durchgeführt wurde (z. B. das 1374/75 von Genua gegen das Herrschaftsgebiet des Fs.en →Dobrotica verhängte d.) und damit Methoden der modernen Kriegführung ankündigte. In den Kreuzzugsprojekten (→Kreuzzüge, Kreuzzugstraktate) des 13.–14. Jh. gegen Ägypten wird dem d. eine wichtige Rolle beigemessen.

Ș. Papacostea

Lit.: A. Schaube, Handelsgesch. der roman. Völker des Mittelmeergebietes bis zum Ende der Kreuzzüge, 1906 – M. Balard, La Romanie génoise, I–II, 1978.

De Vigne (Devigna, de Vinea, de Wijngaerde), **Antoine**, fläm. Komponist, † 1498/99 in Antwerpen. Ein Antoine de Wijngaerde wird 1483 Kaplan an der Frauenkirche in Antwerpen und nennt sich fortan de Vinea. Vielleicht ist er identisch mit dem aus der Diöz. Cambrai stammenden gleichnamigen Studenten der Univ. Löwen; nach H. Glarean war der Komponist de Vinea allerdings in Utrecht geboren. Erhalten sind eine vierstimmige Motette Ego dormio und eine fünfstimmige doppeltextige Chanson Franch cor quastu / Fortuna. Über die Motette äußert sich Glarean lobend, die Chanson gilt als eine der musikal. und konstruktiv besten Kompositionen in der Reihe der Fortuna-Vertonungen. H. Leuchtmann

Ed.: Monuments of Renaissance Music II, 1967 – Lit.: EITNER, s. v. Vigne – NEW GROVE, s. v. – H. Glarean, Dodecachordon, 1547 – L. DE BURBURE, La musique à Anvers aux XIVe, XVe et XVIes., Annales de l'acad. Royale d'Archéologie de Belgique LVIII, 1906, 252ff. – E. LOWINSKY, The Goddess Fortuna in Music, The Musical Quarterly XXIX, 1943, 45–77.

Deville, Fürstentreffen v. (1033). Die auf Ende Mai 1033 anzusetzende Begegnung Ks. →Konrads II. mit Heinrich I. v. Frankreich wird allein in einer undatierten Aufzeichnung über ein zu D. an der Maas zw. den Kl. St. Martin zu Metz und Stablo vollzogenes und von Konrad II. (D K. II. 189) bestätigtes Tauschgeschäft erwähnt. Das wohl durch Vermittlung Bf. Bruns v. Toul und Abt →Poppos v. Stablo zustande gekommene Treffen, bei welchem der dt. Herrscher dem Kapetinger einen gewaltigen Löwen schenkte, diente dem Abschluß eines gegen Gf. →Odo II. v. Blois-Champagne (→Champagne) gerichteten Schutz- und Freundschaftsvertrages – »pactum securitatis et amicitiae« (Rod. Glab., hist. IV, 8). Vermutl. wurde bei dieser Gelegenheit der Anspruch des Reiches auf das ebenfalls von Odo II. beanspruchte Kgr. →Burgund anerkannt. Das Bündnis wurde durch die Verlobung des frz. Kg.s mit der noch im Kindesalter stehenden Kaisertochter Mathilde (Wipo c. 32) bekräftigt. Wahrscheinl. wurden in D. auch die gemeinsamen militär. Aktionen des Sommers 1033 gegen Odo vereinbart.
T. Struve

Q. und Lit.: RI III, 1 Nr. 194 b – DW, Abschnitt 201/170 – H. BRESSLAU, JDG K. II. Bd. 2, 1884 [Nachdr. 1967], 77f., Exkurs III, 483f. – C. WAMPACH, Urkunden- und Quellenbuch zur Gesch. der altlux. Territorien I, 1935, 340f. Nr. 244 – GEBHARDT I, 302 [M. L. BULST-THIELE] – HEG I, 721, 761 [K. F. WERNER] – H. BRESSLAU, Über die Zusammenkunft d. Kg. zw. Konrad II. und Heinrich I. v. Frankreich, Jb. der Ges. für lothr. Gesch. und Altertumskunde 18, 1906, 456–462 – R. POUPARDIN, Le royaume de Bourgogne (888–1038) (BEHE 163, 1907), 162f. – W. KIENAST, Dtl. und Frankreich in der Kaiserzeit² (900–1270), Bd. I (Monogr. zur Gesch. des MA 9, 1974), 155f.

Devil's Dyke, ein über 12 km langer, relativ gerader Langwall in East-Anglia, der vermutl. die Grenze eines ags. Teilreiches bildete (→Befestigung, Abschnitt A. I). Der Wall sperrt auf einem offenen Streifen beiderseits des Fernweges »Icknield Way«, ostwestl. von Cambridge, zw. dem Wald und dem Wash mit Front gegen SW die Landenge. Er ist der größte Wall eines ganzen Systems, in dem nicht alle ags. sind. Bei der Anlage wurde zunächst als Richtschnur ein Erdwall errichtet, dann aus dem oberen Grabenaushub ein Gegenwall und aus dem Kalkfels des Grabens der Dyke. Für die Entstehung gilt als Terminus ante non eine röm. Münze aus der Zeit um 350, das Datum des Abschlusses ist ungesichert. H. Hinz

Lit.: C. FOX, The Archaeology of the Cambridge Region, 1923 – B. HOPE-TAYLOR – D. HILL, Proceedings Cambridge Antiq. Soc. 46, 1976, 1923ff.

Devín (Theben), Höhensiedlung und befestigter Burgwall an der Mündung der March in die Donau (heute Stadtteil von Bratislava/Preßburg). Archäologische Ausgrabungen seit 1912. Aus dem Neolithikum stammt ein Grab im Burgareal. In der älteren Bronzezeit war der Burgberg mit Graben und Palisaden befestigt. In der mittlere Bronzezeit gehört ein Hügelgräberfeld. Für die Hallstattzeit läßt sich auf dem D. eine Höhensiedlung nachweisen. In der Spätlatènezeit war die Besiedlung bes. intensiv (u. a. Werkstätten); die Siedlung ist mit dem kelt. Oppidum von Bratislava zeitgleich (1. Jh. v. Chr.). Die Funde (u. a. Münzen, Terra sigillata, rotbemalte Keramik, sog. Krausengefäße, zweihenklige Amphore, Fibeln) sprechen für Handelsbeziehungen mit dem röm. Reich bis in das frühe 1. Jh. n. Chr. Vereinzelt fand sich dakische Keramik.

Während der Regierungszeit Trajans entsteht im östl. Teil des D. (sog. Akropolis) die erste röm. Militärstation (Ziegel mit Stempeln der XIV. Legion) und eine unter der Anhöhe gelegene, durch Graben und Palisaden geschützte Marketendersiedlung. Im 2. Drittel des 3. Jh. wird der Burgberg von germ. Stämmen besetzt und während der Regierungszeit Valentinians I. (367–375) von den Römern zurückerobert. Eine neue, durch einen mächtigen Erdwall befestigte Militärstation wird errichtet. Vereinzelt fand sich völkerwanderungszeitl. Keramik.

Während der Slavenzeit hat D. eine strateg. wichtige Position an den Grenzen des →Großmähr. Reiches inne. In den Annalen des Fuldaer Kl. wird D. (Dowina) unter dem Jahr 864 erstmals erwähnt (Bericht des Meginhard). Im 8.–9. Jh. wird der röm. Wall mit Holzpalisaden befestigt, im Burgareal stellte man eine starke Siedlungsschicht fest (u. a. Blockhäuser mit Lehm- oder Steinofen, O–W ausgerichteter Sakralbau. Mehrere Gräberfelder (z. B. Flur »Mladošovičov vinohrad«, »Staré vinohrady« mit Kriegergräbern, an der Kirche des hl. Kreuzes mit mehr als 100 Bestattungen, über 50% ohne Beigaben) und die Befunde auf dem D. legen nahe, daß außer dem Verteidigungskomplex eine zivile Siedlung bestand. Mit dem Niedergang des Großmähr. Reiches verliert D. seine Bedeutung. Eine erneute Besiedlung findet frühestens im letzten Drittel des 10. Jh. statt; Befunde und Funde (u. a. Wohngebäude mit Steinsockel, Keramik, Münzen) sprechen für eine Schwerpunkt im 11. und 12. Jh. Zu dieser Siedlung gehört ein Reihengräberfriedhof auf der südl. Anhöhe des D., auf dem vom 10. Jh. bis in die 1. Hälfte des 12. Jh. bestattet wurde.

In den folgenden Jahrhunderten wechselt die Burg D. mehrmals ihre Besitzer (u. a. Österreich u. Ungarn) und wird erweitert; i. J. 1809 sprengen napoleon. Soldaten die Burg. H. v. Schmettow

Lit.: HOOPS² V, 344ff. [B. CHROPOVSKÝ] – J. ZAVADIL, Veleradý D. a Nitra, 1912 – I. L. ČERVINKA, D., Velehrad říše Velkomoravské, 1914 – E. ŠIMEK, D., Památky Arch. 32, 1920, 1–53 – J. EISNER, Výzkum na D. v letech 1933–1937, Hist. Slovaca 1/2, 1940/41, 108–137 – J. DEKAN, Výskum na D. r. 1950, Arch. Rozhledy 3, 1951, 164–168, 175f. – L. KRASKOVSKÁ, Slovanské pohřebisko v D. (Staré vinohrady), Slovanská Arch. 11, 1963, 391–405 – V. PLACHÁ, D. Ein nat. Kulturdenkmal (Kongr. Bratislava), 1975.

Devínska Nová Ves (Theben-Neudorf), Gräberfeld in der heutigen Gemeinde Bratislava, auf einer Sanddüne nördl. der Mündung des Baches Stupávka in die March gelegen; 1925 von J. ZAVADIL entdeckt, 1926–33 unter der Leitung von J. EISNER ausgegraben, für die Chronologie frühgeschichtl. Altsachen von Bedeutung. Außer avarisch-slav. und slav. Gräbern kamen Bestattungen aus der älteren und jüngeren Bronzezeit und der Hallstattzeit zutage. Es wurden fast 900 Gräber freigelegt, etwa 50 % lassen sich keinem Geschlecht zuweisen, relativ hoch ist der Anteil der Kindergräber (fast ⅓ der Bestattungen). Es überwiegen Körperbestattungen (wenige Urnenbeisetzungen vorhanden), die fast ausschließlich SO–NW und SSO–NNW ausgerichtet sind. Etwa ¼ der Gräber war beigabenlos, etwa ⅓ ärmlich ausgestattet, etwa 10 % stellen Reitergräber dar. Es wurden verschiedene Varianten von Holzsargkonstruktionen sowie Feuerstellen über den Körpergräbern beobachtet. Besonderheiten der Bestattung (einzeln niedergelegte Schädel, zerstörte Körper usw.) ließen sich ebenso wie Doppelgräber und Nachbestattungen nachweisen. Häufig sind Tierbeigaben (Schaf/Ziege, Hirsch, Schwein) und kleine Holzeimer mit Eisen- oder Bronzebeschlägen. Weiterhin fanden sich Keramik (Prager-, Theiss-, donauländ. Typ), Schwerter, Säbel, Saxe, Speer- und Pfeilspitzen, Äxte, eiserne Werkzeuge (z. B. Sicheln), getriebene und gegossene Gürtelgarnituren, tauschierte Phaleren, Steigbügel, Sporen, Gebißquerstangen, Zaumzeugbeschläge, Ohrringe, Schläfenringe, Glasperlen. Als Datierung gilt Anfang/Mitte 7. Jh. – Ende 8./Beginn 9. Jh.

Im Umkreis wurde in der Flur »Murnice« ein Körpergräberfeld des 7. Jh. (Keramik, eiserne Messer) entdeckt. In der Flur »Ďalšie Topoliny« wies man eine Siedlung nach (halbeingetiefte Grubenhäuser, Pfostenbauten, Feuerstellen, ein Ofen, Abfallgruben, Keramik, Tonwirtel, Webgewichte, Bronzebeschläge, eiserne Gegenstände, Knochen). In der Flur »Laptite« fand man ein Körpergräberfeld des 9. Jh. In der Flur »Nad lomom« lag in der Nähe des March-Ufers ein slav. Burgwall (Befestigung mit kreisförmigem Grundriß, »Erdwall – Holzrostkonstruktion – Steinmauer«; es fanden sich Wohnbauten, Lehmofen, Feuerstelle, Keramik, Mahlsteine, Webgewichte, Eisengegenstände). In der Flur »Na pieskach« befand sich ein zweiter slav. Burgwall mit ähnlicher Wallkonstruktion wie oben und mit einem Graben an der Außenseite.

H. von Schmettow

Lit.: Hoops² V, 347f. [B. Chropovský] – J. Eisner, D. N. V. slovanské pohřebiště, 1952 – L'. Kraskovská, Slovanské hradisko pri Devínskej Novej Vsi, Slovenská Arch. 10, 1962, 241–252 – E. Keller – V. Bierbrauer, Beitr. zum awarenzeitl. Gräberfeld von D. N. V., ebd. 13, 1965, 377–397 – L'. Kraskovská, Slovanské hradisko v Devínskej Novej Vsi, Nad Lomom, ebd. 14, 1966, 147–165 – I. Erdélyi, Az avarság és kelet a régészeti források tükrében, 1982.

Devise. [1] *Wortdevise* (Wahlspruch, Sinnspruch, Denkspruch, Motto): Die D. erscheint zuerst am Ende des 14. Jh., wird im 15. Jh. häufiger und bleibt, oft in Verbindung zum →Wappen, bis in die Gegenwart als Wahlspruch einer Person, einer Familie oder einer Personengruppe, z. B. bei Orden, erhalten. Zu den bekannteren D.n des SpätMA gehört die D. des Hzg.s →Philipp d. Guten v. Burgund »aultre n'auray«, die auch zur D. des Ordens vom →Goldenen Vlies wurde, und d. →AEIOU Kaiser Friedrichs III. mit einer Vielzahl von Auflösungen. – [2] Die *Bilddevise* (it. *impresa*, engl. *badge*) ist ein bildl. Kennzeichen, das neben dem Wappen als persönl. Zeichen geführt wurde und wird. Zu ihnen gehören die engl. →Badges, wie die rot-weiße Rose von England (→Rosenkriege), die schott. Distel sowie die Harfe und das Kleeblatt von Irland. – [3] *Wort- und Bilddevise* werden gern miteinander verbunden und aufeinander bezogen. Typ. Beispiele sind die Säulen des Herkules als D. Ks. Karls V. mit der Wortdevise »Plus ultra« ('Noch weiter'), die auf die Eroberung der Neuen Welt anspielen, das Stachelschwein Kg. Ludwigs XII. v. Frankreich mit der D. »Cominus et eminus« ('Aus der Nähe und aus der Ferne' –, ergänze: »bin ich gefährlich«) und der Salamander Kg. Franz' I. v. Frankreich mit der D. »Nutrisco et extinguo« ('Ich nähre und vertilge'), die auf die ma. Anschauung anspielt, der Salamander könne im Feuer leben und es auslöschen, was dann moralisierend auf die Förderung des Guten und die Vernichtung des Bösen ausgelegt wurde. Die drei Straußenfedern des →Prince of Wales mit der D. »Ich dien« werden seit Kg. Heinrich VIII. vom engl. Thronfolger geführt; der Legende nach hat sie →Eduard, der »Schwarze Prinz«, in der Schlacht v. →Crécy 1346 vom Kg. v. Böhmen erhalten. In der NZ werden häufig auch Namensinitialen (mit oder ohne Ordnungszahl) als Bilddevise verwendet. H.-E. Korn

In der *spätma. höfischen Gesellschaftsstruktur* spielen D.n eine große Rolle. D. im Sinn von Sinnspruch, Motto ist im Frz. lit. bereits um 1160 belegt, im Span. um 1400. Noch Rabelais spottet im »Gargantua« (I,9) auf die »großmäuligen Höflinge und Wortverdreher«, die zu ihren Wahlsprüchen mehr oder weniger geistreich-gekünstelte Bildanspielungen setzen, z. B. »espoir« zu »sphère«, »peine« zu »pennes« (d'oiseaux«, Vogelfedern), »mélancholie« zu »ancholie« (Akelei). Dadurch bekommen die D.n nicht selten den Charakter eines Bildrätsels und hochverschlüsselten Erkennungszeichens. Beliebt waren D.n auch in den Beziehungen zur Frau (etwa als Ringinschrift, »Vostre plaisir«, »Souvienne vous«). Der Ritter- und Abenteuerroman spiegelt ebenfalls die modische Beliebtheit der D.n und Impresen (Turnierschilderungen, Schildbeschreibungen, allegor. Darstellungen). D. Briesemeister

Lit.: RDK III, 1345–1354 [E. Schenk zu Schweinsberg] – J. Dielitz, Wahl- und Denksprüche, Feldgeschreie, Losungen, Schlacht- und Volksrufe, 1884 – J. Gelli, Divise, motti, imprese di famiglie e personaggi it., 1928² – Ph. du Bois de Ryckholt, Dict. des cris et devises de la noblesse belge, Le Parchemin XXIV (Nr. spécial), 1976.

Devol → Deabolis

Devolutionsrecht ist der vom Recht festgesetzte Übergang des Rechtes zur Verleihung eines Kirchenamtes von dem ursprgl. Berechtigten an den nächst höheren Kirchenoberen für den speziellen Fall (echte Devolution) sowie das Freiwerden des Verleihers von der Bindung an ein Vorschlagsrecht (unechte Devolution). Das Phänomen des D.s gibt es schon früh (im byz. Kirchenrecht, im frk. Staatskirchenrecht), seine rechtl. und systemat. Durchdringung findet es aber erst ab dem 12. Jh. (III. und IV. Laterankonzil, unter den Pontifikaten von Alexander III., Innozenz III., Bonifatius VIII., Clemens V.). Die Gründe dafür sind: erstens das Erstarken der päpstl. Zentralgewalt (Gregor VII., →Fastensynode v. 1080), zweitens der durch die frk. und →gregorian. Reform vollzogene Wandel im Verhältnis von Kirche und Staat, der das D. aus dem Verhältnis »Staat – Kirche« in den Bereich des Innerkirchlichen verlagern ließ (→Hinkmar v. Reims). Das D. tritt bei Fristversäumnis, Verleihung an eine ungeeignete Person und bei wesentl. Formfehler ein, z. B. bei Bischofswahlen (Devolution an Metropoliten, später an Papst), Kanonikaten (an Bf. oder Metropoliten), niederen Benefizien (an den Metropoliten). Bei Patronatsbenefizien konnte der Bf. frei besetzen. R. Puza

Lit.: DThC IV, 674ff. – HRG I, 726f. – LThK² III, 312f. – G. J. Ebers, D., 1906 [Nachdr. 1965] – K. Ganzer, Papsttum und Bistumsbesetzungen in der Zeit von Gregor IX. bis Bonifaz VIII., 1968 [mit Beispielen aus den Q. des 13. Jh.].

Devon (Devonshire), drittgrößte Gft. in England, gehört zu den drei engl. Gft.en, die eine Nord- und eine Südküste besitzen. Die isolierte Lage der Gft. im Südwesten des Landes und ihre große Entfernung vom Regierungszentrum (von →Exeter, dem Zentrum der Gft., sind es 170 Meilen bis Westminster) bestimmten ihre Entwicklung im MA und waren der Grund für ein durch starken Regionalismus gekennzeichnetes polit. Leben.

Der Name »D.« leitet sich ab von den →Dumnonii ('Volk des Landes'), einem kelt. Volksstamm. In der ags. →Chronik werden 823 die Einwohner von D. »Defnas« genannt, und 851 ist erstmals der Name des →*shire*, Defenascir, belegt. Eine der am wenigsten erhellten Phasen der altengl. Geschichte ist die ags. Landnahme im östl. Teil des kelt. Kgr.es v. Dumnonia, das die Gft. v. D. werden sollte. Die Westsachsen (→Wessex) scheinen den O des Gebietes 614–658 besiedelt zu haben; 661 waren sie bis in den W von Exeter vorgedrungen, als sie sich nach der Schlacht v. Posentesbyrig (Posburg) überall im »roten« Land von D. niederließen. 682 scheint die Eroberung ihren Abschluß gefunden zu haben. Unter Kg. →Ine (688–726) wurde die abschließende Unterwerfung des nördl. D. durchgeführt und Kg. →Æthelstan (925–939) markierte den Fluß Tamar als westl. Grenze der Gft. Die früheste bekannte Handlung einer engl. Oberherrschaft innerhalb der Grenzen der Gft. ist eine Verleihungsurkunde Kg. Æthelheards aus dem Jahre 729. Im 3. Viertel des 8. Jh. wurde D. in die polit. Organisation von Wessex eingegliedert, und 1086 bestanden 32 →*hundreds* in der Gft.

D. wurde zw. 851 (in diesem Jahre wird erstmals ein →*earl* erwähnt) und 1016 von den Dänen angegriffen, jedoch siedelten diese nicht auf Dauer. Nach der norm. Eroberung (1066) leistete die Stadt Exeter noch Widerstand, der von Wilhelm d. Eroberer jedoch rasch unterdrückt werden konnte. Er errichtete eine Burg in der Stadt und setzte zu ihrer Aufsicht Balduin de Meules als ersten norm. →*sheriff* von D. ein. Sein Enkel Balduin de Redvers war der Führer eines Aufstandes gegen Kg. →Stephan v. Blois (1136) in der Gft. und wurde von Ksn. →Mathilde 1141 zum earl v. D. ernannt.

In der Zeit von 1150–1350 erfolgte ein ausgedehnter Landesausbau in D.; in dieser Periode wurden die meisten der 70 →*boroughs*, die im MA in der Gft. entstanden, gegründet. Es war auch die Zeit des Aufstiegs bedeutender Adelsfamilien, die im SpätMA das polit. Leben in D. bestimmen sollten. Die bemerkenswerteste und reichste war die Familie Courtenay (→Courtenay, Abschnitt B), eine Seitenlinie des großen frz. Adelsgeschlechts, das sich 1161 in Sutton (Berkshire) niederließ. Die Blütezeit der Familie fiel in das 13. bis 15. Jh. 1335 erhielt Hugh de Courtenay den Titel 'earl of Devon'. Der Höhepunkt der Familie war mit earl Edward (1377–1419) erreicht, der die bedeutendste Machtstellung in der Gft. innehatte. Er und seine Verwandten hatten fast völlig das Amt des sheriffs, die Friedens- und Geschworenenkommissionen und die Vertretung der Gft. im *Parliament* in ihre Hand gebracht. D. hatte im Verhältnis zu seiner Größe wenige im Parliament vertretene boroughs (nur Exeter, Barnstaple, Plympton und Totnes konnten seit 1295 auf eine kontinuierliche parlamentar. Tradition zurückblicken), aber D. hatte auch weniger als andere Gft.en Vertreter im Parliament, die nicht aus der Gft. selbst stammten. Im 15. Jh. war nur eins von acht Parlamentsmitgliedern nicht landsässig.

Die Beherrschung der lokalen polit. Führungsschicht durch die earls aus dem Hause Courtenay wurde am Beginn des 15. Jh. durch eine Reihe von Krisenfällen in der Adelsfamilie erschüttert, und der Versuch, die Kontrolle in den vierziger und fünfziger Jahren des 15. Jh. wiederzuerlangen, führte zu einem erbitterten Kampf zw. den Häusern Courtenay und Bonville, der die Gft. in ständige Unruhen stürzte, die im Bürgerkrieg von 1455 kulminierten, in dessen Verlauf die Ermordung des Nicholas Radford of Upcott, »das bekannteste Privatverbrechen des 15. Jh.« in England, stattfand. Die Ereignisse in Devonshire beeinflußten für kurze Zeit die polit. Situation des gesamten England. Es gelang den earls jedoch nicht, ihre lokale Vorherrschaft zurückzugewinnen, und die Verhältnisse in der Gft. waren im weiteren 15. Jh. vergleichsweise friedlich. – Zu den bedeutenden Zinnvorkommen in D. vgl. die Ausführungen im Artikel →Cornwall (Abschnitt II).

A. J. Kettle

Lit.: VCH Devonshire, I, 1906 – H. P. R. Finberg, The Early Charters of D. and Cornwall (Dept. of Engl. Local Hist., Leicester, Occasional Papers 2, 1953), 3–21 – R. L. Storey, The End of the House of Lancaster, 1966 – W. G. Hoskins, The Westward Expansion of Wessex (Dept. of Engl. Local Hist., Leicester, Occasional Papers 13, 1970), 3–22 – Ders., D., 1972² – M. Cherry, The Courtenay Earls of D.: the Formation and Disintegration of a Late-Medieval Aristocratic Affinity (Southern Hist. I, 1979), 71–97 – Ders., The Struggle for Power in Mid-Fifteenth-Century Devonshire (Patronage, The Crown and The Provinces in Later Medieval England, hg. R. A. Griffiths, 1981), 123–144 – Vgl. Lit. zu →Cornwall, Abschnitt II, →Courtenay.

Devotio. 1. D. ('Hingabe', 'Andacht') →Frömmigkeit

2. D., viri devoti. Hergeleitet aus sehr alten und heterogenen Formen vollkommener Hingabe an die Götter oder einen Führer, bezeichnet d. in der späteren röm. Kaiserzeit zuerst die Opferung des eigenen Lebens zur Rettung des Ks.s und später die bedingungslose Treue ihm gegenüber, die die »milites« seiner Garde kennzeichnet, sowie in analoger Weise und in übertragenem Sinn die Amtsträger der Zivilverwaltung. D. bedeutet auch die genaueste Beobachtung der militär. und öffentl. Pflichten im allgemeinen, eingeschlossen die Abgabepflichten.

Der Beiname und später offizielle Amts- und Hoftitel »vir devotus/devotissimus« wurde demnach den »Protectores« und »Comitatenses« beigelegt, ebenso den Funktionären und Amtsträgern einer geringeren Rangstufe. Die Begriffe d. und v. d. finden sich im byz. Reichsgebiet und in einigen germ. Kgr.en. Im Ostgot. Reich ist d. und der damit zusammenhängende Titel im wesentl. unverändert erhalten, wird jedoch auch auf die »saiones« (→Saionen) ausgedehnt. Spuren der d. finden sich auch im Burgunder- und Westgotenreich; der Stand der Dokumentation gibt jedoch keinen eindeutigen Beleg für die Verwendung des Titels »vir devotus«. Dieser wurde von den Langobarden als Titel der kgl. »exercitales« und anderer mittlerer Amtsträger verwendet; der Begriff d. ist dort allerdings nicht bezeugt.

Der Gebrauch des Titels verschwand in der frühen Karolingerzeit; danach haben d. und devotus wieder nur mehr religiöse Bedeutung.

P. M. Conti

Lit.: Kl. Pauly I, 1501 – RE V, 277–280 – P. M. Conti, »D. « e »v. d. « in Italia da Diocleziano ai Carolingi, 1971.

Devotio moderna, geistl. Erneuerungsbewegung, die am Ende des 14. Jh. von den Niederlanden ihren Ausgang nahm und im Laufe des 15. Jh. auf das übrige Europa, v. a. auf Deutschland übergriff. Die Bezeichnung findet sich schon bei ihren Mitgliedern der ersten Stunde: bei →Thomas a Kempis (1380–1471), dessen Verfasserschaft des weitverbreiteten Andachtsbuchs »→Imitatio Christi« umstritten ist, und Johannes →Busch (1399–1479). »Modern« ist diese Frömmigkeit in der Hinwendung zur Erfahrung, in der Aktivierung der affektiven Kräfte und in der Anleitung zur Selbstkontrolle. Sie »will lieber Reue empfinden als ihren Begriff kennen« (Imitatio Christi I, 1,9). Im Überdruß an der verstiegenen und lebensfremden Spekulation der spätscholast. Theologie suchte sie den einfachen Weg zu Gott mittels der im Alltag bewährten Tugend. Man wollte ein gottverbundenes Leben außerhalb der traditionellen Orden führen.

Der Vater dieser neuen Frömmigkeit ist Gerhard (Geert) →Gro(o)te (1340–84). Er überließ 1374 sein Stadthaus in →Deventer frommen, gottsuchenden Frauen, die unter einer Meisterin ein klosterähnl. Leben führten, sich aber dabei mit eigener Hände Arbeit ernähren wollten. Dieser Gemeinschaft gab G. Gro(o)te 1379 eine geistl. Ordnung. Ebenfalls in Deventer fand sich eine ähnliche Gemeinschaft von Brüdern in der Vikarie des Florens →Radewijns (1350–1400) zusammen. Die D. m. entfaltete sich in zwei Zweigen: Den Gemeinschaften der →Brüder und Schwestern vom gemeinsamen Leben und der klösterl. Reformbewegung der →Windesheimer Kongregation auf der Basis der Augustinerregel. Im Geiste ihres Meisters G. Gro(o)te, der den Bettel ablehnte und die Handarbeit als Hilfe zur Tugend schätzte, verdienten die Brüder und Schwestern nach dem Beispiel des hl. Paulus ihren gemeinsamen Lebensunterhalt mit der eigenen Hände Arbeit, vorzügl. mit dem Abschreiben und Binden von Büchern. Damit hatten sie gleichzeitig Gelegenheit zu geistl. Lektüre und wirkten zwar »nicht durch das Wort, aber durch die Schrift« mit an der Verbreitung christl. Glaubens- und Bildungsgutes. Die Nachfolge des demütigen Christus ist der zentrale Gedanke ihrer Frömmigkeit (→Nachfolge Christi). Als Vorbild galt nach Thomas a Kempis die Brüdergemeinde der Urkirche. Von einem christl. Humanismus ist in dieser Spiritualität, wenigstens der ersten Zeit, wenig zu spüren, so sehr sie durch das Studium und die Verbreitung der Hl. Schrift und der Kirchenväter das neue Bildungsbemühen förderten. Die neue Lebensweise zw. Welt und Kl. stieß auf mancherlei Unverständnis und Widerstand.

Die D. m. hat keine großen Theologen hervorgebracht. Spekulationen hat sie nicht geschätzt, und auch der →Mystik gegenüber verhielt man sich im allgemeinen reserviert. Ihre Bedeutung lag in der Praxis des geistl. Lebens. Diesem wollte der Schrifttum dienen. Dem Beispiel der »Beschlüsse und Vorsätze« ihres Meisters folgend, stellten viele Brüder sich eine persönl. Lebensregel auf und schrieben geistl. Tagebücher mit Lesefrüchten aus ihrer erbaul. Lektüre (Rapiarien). Ein Großteil der devoten Literatur sind solche zunächst für die eigene Erbauung verfaßten bzw. zusammengetragenen Schriften, weiter →Briefe, die andere zum geistl. Leben anregen sollten. Dazu kommen idealisierende Biographien der Männer der Gründergeneration, denen man in der Nachfolge Christi nacheifern wollte. Als Quellen ihrer Spiritualität bevorzugten die Devoten die Hl. Schrift, die Kirchenväter, bes. →Augustinus, →Gregor d. Gr., →(Pseudo)-Dionysios Areopagites und →Johannes Cassianus (Collationes), →Johannes Klimakos und die Schriften →Bernhards v. Clairvaux († 1153), der Franziskaner →Bonaventura († 1274; »De triplici via«) und →David v. Augsburg († 1272; »Profectus religiosorum«; »Speculum monachorum«), →Heinrich Seuses und das »Leben Christi« des →Ludolf v. Sachsen († 1378). Mitte und Wurzel der »modernen Frömmigkeit« ist der hist. Christus: »Unser höchstes Studium soll es sein, uns in das Leben Jesu zu versenken« (Imitatio Christi I 1, 3). »Das Leben unseres Herrn Jesus Christus, das er uns vorgelebt hat, ist die Quelle aller Tugenden und das Vorbild der gesamten Heiligkeit«, heißt es in der dem Johannes Vos van Heusden zugeschriebenen »Epistola«. Die Pflege systemat. Betrachtung und die Entwicklung ihrer Methode ist kennzeichnend für die D. m. Dabei wird keine hinreißende →Ekstase, nicht so sehr die mystische Einigung gesucht, sondern die schlichte Beschreibung und der liebend betrachtende Nachvollzug des Lebens Christi und der Leiden und Freuden seiner Mutter. Gerard Zerbolt van Zutphen († 1398), der fruchtbarste Schriftsteller unter den Brüdern vom gemeinsamen Leben, leitet in »De spiritualibus ascensionibus« dazu an, das Gehörte und Gelesene zu überdenken und auf das eigene Leben in der Übung von Liebe und Demut anzuwenden.

Zu einer Verbindung von Mystik, Humanismus und D. m. kommt es gegen Ende des Jahrhunderts bei dem Münsteraner Fraterherrn Johannes Veghe († 1504). Über die Gemeinschaften der Brüder und Schwestern vom gemeinsamen Leben und die Kl. der Windesheimer Kongregation reichte die Spiritualität der D. m. hinaus. Weit verbreitete sich etwa der Brauch, tägl. eine bestimmte Zeit der Betrachtung zu widmen, dabei die Lebens- und Leidensgeschichte zu überdenken und zu »rumieren« (wiederkäuen). Johannes →Mauburnus (Jan Mombaer) gab dazu method. Anleitungen. Wie →Johann Wessel Gansfort († 1489) und im Anschluß an ihn wollte er Wege weisen zur Innerlichkeit, bes. zur Andacht beim Stundengebet, bei der hl. Kommunion und bei der Betrachtung, d. h. den wichtigsten geistl. Übungen des Devoten. Sein »Rosetum exercitiorum spiritualium et sacrarum meditationum« (Zwolle? 1494; Basel 1504; Paris 1510) ist eine Summe der geistl. Lehren und Praktiken der D. m. Sozusagen als ein großes Rapiarium bietet es eine Fülle von geistl. Erfahrungen des Schreibers und seines Kreises und die Früchte einer ungemeinen Belesenheit im religiösen Schrifttum. Zur besseren Einprägung werden die Regeln der Betrachtung und ihr Inhalt in Versen gegeben. Diese sind wieder geordnet in Gruppen zu sieben für die Wochentage bzw. die sieben Tageszeiten oder in »Rosenkränzen« von 150 Punkten. Um den Kanonikern zum andächtigen Psalmengebet beim Offizium zu helfen, gibt er ihnen in der »Psalmodischen Hand« (Chiropsalterium) ein weiteres mnemotechn. Hilfsmittel. Durch das »Rosetum« des Jan Mombaer hat die D. m. größeren Einfluß auf Frankreich und darüber hinaus auf Spanien, zum Beispiel auf den Abt v. Montserrat, García Jiménez de →Cisneros († 1510), genommen. Dessen Traktate, die eine Hilfe für den inneren Vollzug des Chorgebets und für die Betrachtung geben wollen, lehnen sich stark an das »Rosetum« an. Ob Ignatius v. Loyola über diesen Benediktinerabt oder direkt von Jan Mombaer Anregung für seine Methodik der Betrachtung bekommen hat, läßt sich nicht sicher ausmachen. Jedenfalls hat er in Manresa die »Imitatio Christi« in die Hand bekommen und soll seitdem kein anderes Andachtsbuch mehr geschätzt haben als sie. Damit ist die direkte Verbindung der D. m. zur kath. Reform des 16. Jh. gegeben.

E. Iserloh

Bibliogr.: J. M. E. Dols, Bibliogr. der Moderna Devotie, 1941 – E. Persoons, Recente publicaties over de moderna devotie, 1959–72 (Inst. voor Middeleeuwse Stud., 1972) – Q. *und Lit.*: HKG III,2, 516–538 [Lit.] – TRE VIII, 605–609 – R. Post, De Moderne Devotie, 1950²– St. Axters, Geschiedenis van de vroomheid in de Niederlanden, III: De Moderne Devotie 1380–1550, 1956 – W. Kohl, Die Schwesternhäuser nach der Augustinerregel (GS NF 3: Die Bm.er der Kirchenprovinz Köln. Das Bm. Münster 1, 1968) – R. Post, The Modern Devotion. Confrontation with Reformation and Humanism, 1968 – Thomas v. Kempen. Beitr. zum 500. Todesjahr 1471–1971, 1971 – Gemeente Zwolle, Bijdragen over Thomas a Kempis en de Moderne Devotie (Archives et bibl. de Belgique No Spéc. 4), 1971 – W. Kohl, Die Kl. der Augustiner-Chorherren (ebd. NF 5: Das Bm. Münster 2, 1971) – R. Stupperich, Das Herforder Fraterhaus und die D. m. (Hist. Komm. für Westfalen, H. 10, 1975) – Monasticon Windeshemense, edd. W. Kohl, E. Persoons, A. G. Weiler, I: Belgien, 1976; II: Dt. Sprachgebiet, 1977; III: Niederlande, 1980 – Monasticon fratrum vitae communis, edd. W. Leesch, E. Persoons, A. G. Weiler, I: Belgien und Nordfrankreich, 1977; II: Dtl., 1979 – Geert Groote, Thomas v. Kempen und die D. m., hg. H. N. Janowski, 1978 – W. Kohl, Die d. m. in Westfalen: Monast. Westfalen, 1982, 203–207 – →Brüder und Schwestern vom gemeinsamen Leben, →Windesheimer Kongregation.

Devotionalien, -handel. D. (der Begriff selbst entstand erst am Anfang unseres Jh.) sind Gebrauchsgegenstände der privaten Religiosität. Grundsätzl. kann jedes Objekt dazu werden, entscheidend ist der Glaube an seine bes. Verehrungswürdigkeit und eine ihm innewohnende Segenskraft. In der Regel gehören sie jedoch dem Bereich der Kleinkunst an: z. B. →Andachtsbilder und -bücher, Statuetten, Skapuliere, Kreuze, Gnadenpfennige, Bruderschaftsmedaillen, →Rosenkränze und →Amulette. Eine große Gruppe bilden die →Pilgerandenken, wozu man Reliquienpartikel, Kontakt-(Berührungs-)reliquien, Eulogien sowie Pilgerzeichen und Wallfahrtsmedaillen rechnet (nicht dagegen Votivgaben, die am Kultort verbleiben).

Die Bilderfeindlichkeit des frühen Christentums verwies die Gläubigen in ihrem Verlangen nach schutzgewährenden und andachtfördernden Objekten auf die →Reliquien, mit denen bereits im 5. Jh. ein reger Handel betrieben wurde. Trotz des kirchl. Verbots florierte der Reliquienhandel während des gesamten MA und damit verbunden eine reiche Produktion von Reliquiaren. Seit dem 12. Jh. ist der Verkauf von Pilgerzeichen bezeugt. Im SpätMA bot man sie an allen bekannteren Kultorten als billige Massenartikel an. Zu den Höhepunkten der großen Wallfahrten wurden oft Hunderttausende innerhalb weniger Wochen an einem Ort verkauft (z. B. 1466 in →Einsiedeln 130 000 in 14 Tagen). Herstellung und Vertrieb waren wegen der großen Verdienstmöglichkeiten vielerorts (z. B. Santiago de →Compostela, →Rocamadour, →Le Puy) ein Streitobjekt zw. den ortsansässigen Zünften und der betreffenden Wallfahrtskirche, die bestrebt war, den Handel zu monopolisieren. Neben den Pilgerzeichen wurden an den Wallfahrtsorten häufig andere D. angeboten: kleine Heiligenfiguren aus Ton oder Papiermaché, Spiegel, Glöckchen, Pfeifchen, Ringe, Medaillen etc. Anfang des 15. Jh. kamen Einblattholzschnitte (→Einblattdruck) auf, die sehr große Verbreitung fanden. Neben diesen lokalen Produktions- und Verkaufsstätten gab es im SpätMA einen weitreichenden Kunst- und D.-handel, der jedoch quellenmäßig schwer faßbar ist. C. Rendtel

Lit.: LMK I, 1380–1383 [W. BRÜCKNER – H. DÜNNINGER] – LThK² III, 314f.; IX, 45–48 – RAC III, 862–871 – RDK III, 1354–1367; IV, 971–978 – RGG³ II, 158 – TRE II, 661–668; VI, 540–546 – A. SPAMER, Das kleine Andachtsbild vom XIV. bis zum XX. Jh., 1930 – R. BRUN, Notes sur le commerce des objets d'art en France et principalement à Avignon à la fin du XIVᵉ s., BEC 95, 1934, 327–346 – J. LESTOCQUOY, Le commerce des œuvres d'art au MA, Mél. d'hist. sociale 3, 1943, 19–26 – B. KÖTTING, Peregrinatio religiosa. Wallfahrt und Pilgerwesen in Antike und alter Kirche (Forsch. zur VK, H. 33/34/35, 1950) [Repr. 1980] – H. SILVESTRE, Commerce et vols de reliques au MA, RBPH 30, 1952, 721–739 – H. APPUHN – CHR. v. HEUSINGER, Der Fund kleiner Andachtsbilder des 13. bis 17. Jh. im Kl. Wienhausen (Nd. Beitr. zur Kunstgesch. 4, 1965), 157–238 – U. HAGEN, Die Wallfahrtsmedaillen des Rheinlandes in Gesch. und Volksleben, 1973 [Diss. Bonn 1969] (= Werken und Wohnen 9) – S. RINGBOM, Devotional Images and Imaginative Devotions, Gazette des beaux-arts 11, 1969, 159–170 – G. CORTI, Sul commercio dei quadri a Firenze verso la fine del secolo XIV (Commentare 22, 1971), 84–91 – L. KRISS-RETTENBECK, Bilder und Zeichen religiösen Volksglaubens, 1963, 1971² [Lit.] – K. KÖSTER, Ma. Pilgerzeichen und Wallfahrtsd. (Rhein und Maas, Kat. Köln, 1972), 146–160 – E. COHEN, In haec signa: Pilgrimbadge Trade in Southern France, Journal of Medieval Hist. 2, 1976, 193–214 – H. TH. MUSPER, Der Einblattholz-Schnitt und die Blockbücher des 15. Jh., 1976 – A. ESCH – D. ESCH, Die Grabplatte Martins V. und andere Import-Stücke in den röm. Zollregistern der Frührenaissance, Röm. Jb. für Kunstgesch. 17, 1978, 211–217, dort 214f. – L. J. A. LÖWENTHAL, Amulets in Medieval Sculpture: I. General Outline, Folklore 89, 1978, 3–12 – R. GOUNOT, Les enseignes de pèlerinage de la Vierge du Puy de XIIIᵉ et XIVᵉ s., Cahiers de Fanjeaux 15, 1980, 93–95 – Vroomheid per dozijn (zur Ausstellung in Utrecht, 1982) – Zs. »Devotionalien«, 1982ff. – L. KRISS-RETTENBECK, Zur Bedeutungsgeschichte der D. (Umgang mit Sachen, hg. K. KÖSTLIN, 1983), 213–239 – K. KÖSTER, Ma. Pilgerzeichen (Wallfahrt kennt keine Grenzen, Kat. 1984), 203–223.

Devotionsbild. [1] *Lateinischer Westen:* Dieser Bildtypus ist häufig mit dem →Dedikationsbild verbunden, doch impliziert er über eine Überreichung meist eines Buches an Christus, Maria oder einen Heiligen hinaus die auch in der Gestik oder Haltung des Verehrenden artikulierte Wiedergabe persönl. religiöser Gefühle. Neben einer Dedicatio wird somit die Devotio bildbestimmend, wenn der dargestellte Autor, Schreiber, Künstler oder Stifter kniefällig oder gar liegend vor dem Thron des Verehrten zu finden ist. Vorstufen gab es bereits in frühchristl. Zeit, z. B. huldigen auf einigen w. Sarkophagen des 4. Jh. Verstorbene (die Grabinhaber?) tiefgebeugt und z. T. mit verhüllten Händen dem thronenden Christus; in der Malerei einer Kapelle des späten 4. Jh. unter SS. Giovanni e Paolo in Rom wird ein Heiliger (Märtyrer) kniefällig verehrt. Eine stärkere Entwicklung des D.s setzt in karol. Zeit ein und entfaltet bis zum Ausgang der Romanik im frühen 13. Jh. mehrere Darstellungsformen. In »De laudibus sanctae crucis« des →Hrabanus Maurus kniet der Autor betend unter dem Kreuz (z. B. Cod. Vind. 652 der ÖNB, Wien, 831–840; K. HOLTER, Faks.-Ausg., 1972); in dem für Karl d. Kahlen gegen 850 entstandenen Gebetbuch der Residenzschatzkammer in München erscheint fol. 38v–39r der Herrscher auf einer eigenen Bildseite, durch sein Gebet mit dem Gekreuzigten auf der gegenüberliegenden Seite in Beziehung gebracht. Anstelle des Gekreuzigten kann Christus thronend oder stehend Ziel der Verehrung sein, wie z. B. die wiederum doppelseitige Darstellung fol. 26v–27r im Gebetbuch Ottos III., Cod. 2940, Gfl. Schönbornsche Bibl., Pommersfelden, Anfang des 11. Jh., überliefert. Demselben, der byz. Kunst entnommenen Bildschema folgt die zweiseitige Komposition fol. 3v–4r im Lektionar des Ebf.s Everger v. Köln (984–999), Col. Metr. 143, Dombibl. Köln, wenn dort die beiden Apostelfürsten Petrus und Paulus die Verehrung des in Proskynese niedergefallenen Geistlichen in »reagierender« Gestik entgegennehmen. Seit der Jahrtausendwende und während der Gotik im bes. wird Maria Ziel der Verehrung im D.; nicht nur im Bild der mit und ohne Jesusknaben Thronenden und Stehenden, sondern auch in umfangreicheren, mehrfigurigen Szenen (z. B. Marienkrönung) wird der Verehrende oder auch eine Gruppe von Betern, oftmals im verkleinerten, der ma. Bedeutungshierarchie unterworfenen Maßstab, eingefügt. J. M. Plotzek

Lit.: RDK III, 1367–1373 – Weitere Lit. →Dedikationsbild.

[2] *Christlicher Osten:* Das reine D. im altchristl. Sinne ist im christl. O selten. Es beschränkt sich auf Miniaturen wie fol. 3ʳ der Bibel des Patrikios Leon (Vat. Reg. gr. 1, 10. Jh.), auf der ein Beamter und ein Mönch vor dem hl. Nikolaos knien, oder →Stifterbilder wie im Psalter Ms. gr. 61 des Sinai-Kl. (1274). Ähnliches kommt seit dem 13. Jh. auf Ikonen vor, angeregt wohl von der Kreuzfahrerkunst, vgl. eine Ikone des hl. Georg im Sinai-Kl. mit einer kath. Nonne als anbetende Stifterin (13. Jh.).

Das Bild des vor Christus oder einem Hl. knienden Stifters ist erstmals erhalten an der W- und der S-Fassade der Džvari-Kirche von Mcʿḫetʿa (Georgien, 586–604/5), wo der Stifter Stefan I. vor Christus, auf gesonderten Reliefs seine Mitstifter Demetre, Adrierse und Stefan II. ebenso, von Engeln geleitet, und der Stratege Kobul vor Petrus knien. In der byz. Buchmalerei begegnet der vor Maria kniende Stifter, dessen Gabe von ihr durch ihre Gestik an Christus weitergeleitet wird, so z. B. auf fol. 1ᵛ der Bibel des Patrikios Leon (s. o.), wo er Maria seinen Codex kniend überreicht, oder im Ms. Panagia 1, fol. 1ᵛ (Jerusalem), wo der Stifter vor der fürbittenden Maria in Proskynese liegt (vgl. auch →Deesis). Es gibt auch die kniefällige Verehrung einer Ikone durch Stifter, so z. B. auf fol. 39ᵛ des Berliner Hamilton-Psalters (Ende 13. oder gegen Mitte 14. Jh.). – Vgl. auch →Dedikationsbild und →Stifterbild. K. Wessel

Devotionsformel → Intitulatio

Devozione → Lauda drammatica

Devširme → Knabenlese, -tribut

Dewar *(diore),* schott.-gäl. *deoradh* ('Verbannter, Ausgestoßener, Fremder, Pilger'), entsprechend dem air. →*deorad,* bezeichnet im spätma. Schottland das Amt eines Aufsehers über die Heiligenreliquien, das in der Regel innerhalb einer ansässigen Familie vererbt wurde. Die Aufseher der vermutl. Kopfreliquie (11. Jh., jetzt im Nat. Mus. of Antiquities, Edinburgh) des hl. Fillan v. Glendochart, Perthshire (8. Jh.?, Festtag: 9. Jan.) erhielten auf diese Weise den nachmittelalterl. Familiennamen »Dewar«. D. A. Bullough

Lit.: Proc. Soc. Ant. Scotland, 23, 1888/89, 110–118; 44, 1909/10, 277–281 – BHL, 2977.

Deza, Diego de, Ebf. v. Sevilla 1504–23, * 1443 in Toro, † 9. Juni 1523 in Sevilla, trat in seiner Heimatstadt in den Dominikanerorden ein, studierte im Kl. S. Estéban in Salamanca, erwarb an der dortigen Univ. den Doktorgrad und lehrte dort seit 1480 Theologie. Er schrieb Kommentare zu Aristoteles und Petrus Lombardus sowie zahlreiche marian. und geistl. Traktate.

In engen Beziehungen zu den →Kath. Kg.en stehend (seit 1486 Erzieher und→*Confesor* des Erbprinzen Johann), war D. nacheinander Bf. v. Zamora (1494), Salamanca (1497), Jaén (1498) und Palencia (1500). Auf Vorschlag der Kath. Kg.e wurde er 1499 durch eine Bulle Alexanders VI. zum Großinquisitor v. Kastilien ernannt und ein Jahr später, als Nachfolger →Torquemadas, zum Großinquisitor v. Aragón. Seine kirchl. Laufbahn erreichte 1504 mit der Erhebung zum Ebf. v. Sevilla ihren Höhepunkt. Er genoß das Vertrauen der Kgn. →Isabella I., als deren Testamentsvollstrecker er fungierte. 1506, nach den durch das maßlose Vorgehen des Inquisitors Diego Rodríguez Lucero hervorgerufenen Konflikten in→Córdoba sah sich D. genötigt, vom Amt des Großinquisitors zurückzutreten.

Danach widmete er sich ganz den seelsorgerl. Aufgaben seines Ebm.s. 1507 intervenierte er zur Wiederherstellung des Friedens in der von Kämpfen rivalisierender Adelsfaktionen erschütterten Stadt. Er entfaltete eine unermüdliche Tätigkeit, um die Auswirkungen der Hungersnot von 1508 zu bekämpfen und setzte sich tatkräftig für die Vollendung der Kathedrale ein. Zur Reform des Kathedralkapitels und der Geistlichkeit seiner Erzdiöz. erließ er zahlreiche Statuten und berief zudem 1512 ein Provinzialkonzil ein, auf dem einige, seither mehrfach veröffentlichte Konstitutionen erlassen wurden. Als er 1522, nach dem Tode des Kard. Guillermo (Wilhelm) de Croy, zum Ebf. v. Toledo gewählt wurde, verzichtete er darauf, den Primatialsitz zu besteigen. – D. ist Stifter des Colegio de Santo Tomás in Sevilla, das sich zu einem bedeutenden Zentrum der span. Spätscholastik entwickeln sollte.

M. González Jiménez

Lit.: DHEE II, 746–748 (F. Marcos Rodríguez) – Diego I. de Góngora, Hist. del Colegio Mayor de Santo Tomás de Sevilla, 1890 – J. A. Lorente, Hist. de la Inquisición en España [Nachdr. 1980].

Deževo, Siedlung und serb. Herrschersitz, heute Dorf unweit von Novi Pazar in Serbien. Im MA gehörte D. zur →Župa v. Ras. Sie lag in unmittelbarer Nähe des ältesten kirchl. Mittelpunktes von Binnenserbien, des Bischofssitzes Ras (Peter-und-Paul-Kirche). D. gehörte im 12. und 13. Jh. zu den Krongütern der →Nemanjiden und wurde dann als Schenkung dem von Kg. →Stefan Milutin gestifteten Stephanskloster in Banjska übertragen. – Im Vertrag von D. trat →Stefan Dragutin seinem Bruder →Stefan Milutin 1282 die Königsherrschaft über →Serbien ab. Die Kirche in D., die reich mit Fresken geschmückt war, wurde von den Türken in den letzten Jahrzehnten des 14. Jh. niedergebrannt. J. Kalić

Q. und Lit.: Životi kraljeva i arhiepiskopa srpskih, ed. Dj. Daničić, 1866, 25–27 – Svetostefanska hrisovulja, ed. Lj. Kovačević, Srpska Kraljevska akademija. Spomenik 4, 1890, 3 – J. Kalić, D. u srednjem veku, ZRVI 20, 1981, 75–83 – Dies.–M. Popović, Istraživanja u Deževu, Novopazarski zbornik 6, 1982, 5–17.

Dezimalbrüche, -system → Rechnen, Rechenkunst

Dezime *(décima).* Span. Strophenform, die aus zehn achtsilbigen *(versos octosílabos)* mit vier- oder fünfreimigen Schemata besteht. D.n wurden später als *espinelas* bekannt, da irrtüml. angenommen wurde, daß Vicente Espinel (1551–1624) diese Strophenform mit unveränderl. Reimschema a b b a a c c d d c in seinen »Diversas rimas... con el Arte Poética, y algunas Odas de Oracio. traduzidas en verso Castellano« (1591) erfunden hatte. W. Kroll

Lit.: R. Baehr, Span. Verslehre auf hist. Grundlage, 1962, 212–221.

Dhuoda, frk. Adlige, ∞ mit Gf. Bernhard v. Septimanien (→Bernhard 5). Ihr »Liber manualis«, verfaßt 841/843 als Geleitbuch für den fernen Sohn Wilhelm, ist eine Anleitung zu christl. Lebensführung (→Fürstenspiegel). D.s eindringl. Mahnungen, ihre z. T. eigenwillige Lehre und ihr Rat sind sehr persönlich und durchdrungen von der Sorge und Seelennot einer Mutter, die ihrem Sohn nicht selbst zur Seite stehen kann. Das unbeholfene Latein ist bibl., z. T. vulgär gefärbt. Die Bibel ist reichl. benützt, ferner mehrere patrist. und zeitgenöss. Autoren. Zum Text gehören fünf Gedichte in eigenartigen Rhythmen, z. T. mit Akrosticha; darunter das eigene Epitaph.

G. Bernt

Bibliogr.: Medioevo Latino 1–4 – Repfont 4, 186f. – *Ed.*: AASSOSB 4,1, 1677, 750–57 – MPL 106, 109–118 – MGH PP 4, 705–713 [Gedichte] – D., Manuel pour mon fils, ed. P. Riché, 1975 (SC 225) [lat.-frz.] – M. E. Bowers [Diss. Washington 1977] [lat.-engl.] – *Lit.*: W. Meyer, Ges. Abh. zur mlat. Rhythmik 3, 72–85, 242–260 – Manitius I, 442–444 – J. Wollasch, AK 39, 1957, 150–188 – Brunhölzl 407–409, 565 – B. Löfstedt, Arctos 15, 1981, 67–83 – P. Dronke, Woman Writers of the MA, 1984, 36–54.

Diadem → Herrschaftszeichen

Diadochus v. Photike, Bf., geistl. Schriftsteller, *um 400, † um 460; 451 Bf. v. Photike in Epirus. Er schrieb neben einer Predigt über die Himmelfahrt und der sog. »Vision« (Ὅασις, einem Gespräch zw. Diadochus und Johannes dem Täufer) die »100 Kapitel über die geistliche Vollkommenheit« (Κεφάλαια πρακτικὰ γνώσεως καὶ διακρίσεως πνευματικῆς). Leitgedanken seiner Vollkommenheitslehre sind das »Ähnlichwerden mit Gott, soweit das nur möglich ist«, die »Unterscheidung der Geister«, die »Anrufung des Namens Jesu«, die »Erfahrung/das Erspüren der Wirklichkeit Gottes durch die Gnade«. Die »100 Kapitel« sind als unmittelbare Reaktion auf die Lehre der →Messalianer, einer enthusiast. Asketenbewegung des 4. Jh., zu verstehen. D., nicht unbeeinflußt von ihrem Ernst (bes. Makarios-Symeon), wird in seiner Entgegnung zum »Reformmessalianer«. – Nachhaltiger Einfluß auf die byz. Spiritualität; seit dem 16. Jh. durch eine lat. Übersetzung auch auf das westl. Christentum. K. S. Frank

Ed.: SC 5, 1966 [E. des Places] – K. S. Frank, D. v. Ph. Gespür für Gott, 1982 (dt. Übers. der »100 Kapitel«) – *Lit.*: Altaner-Stuiber, 334–335 – F. Dörr, D. v. Ph. und die Messalianer, 1937 – H. Dörries, D. und Symeon, Wort und Stunde, 1965 – Ders., Die Theologie des Makarius-Symeon, 1976.

Diaeta Theodori. Diätet. Traktat des frühen MA auf antiker Quellenbasis (u. a. Corpus Hippocraticum). Die Autorschaft des Theodorus Priscianus (um 400 n. Chr.) ist nicht erwiesen. Sprachl. imponiert die Rezeption zahlreicher griech. Lehnwörter, die teilweise das frühe MA nicht überlebt haben. Bei der Wortbildung fällt die Bevorzugung der Adjektivsuffixe »-orius« und »-osus« auf, die zusammen mit einigen weiteren Kennzeichen den mehr fachsprachl. als vulgärlat. Charakter des Textes andeutet. Diese frühma. Fachsprache führte jedoch zu keiner eigenständigen Weiterentwicklung und blieb daher ohne Resonanz. Inhaltl. bietet die in 20 Kapitel gegliederte Schrift eine Abhandlung über den Bereich »cibus et potus« der »sex res nonnaturales« als Leitfaden für eine gesunde Lebensführung, deren Basis die klass. Qualitätenlehre liefert. Erstmals wurde die D. 1533 in Straßburg bei Johannes Schott im Anhang an die »Physica Sanctae Hildegardis« gedruckt. G. E. Schreiner edierte einen kaum veränderten Text 1632 in Halle. A. Bauer

Q. und Lit.: K. Sudhoff, Diaeta Theodori, SudArch 8, 1915, 377–403 [auf der Grundlage dreier Hss. des 11. und 12. Jh.] – H. E. Sigerist, Early mediaeval medical texts in manuscripts of Vendôme, BHM 14, 1943, 68–113 (104) – A. Beccaria, I codici di medicina del periodo presalernitano, 1956, 488 – G. Baader, Die Entwicklung der med. Fachsprache in der Antike und im frühen MA (Medizin im ma. Abendland, hg. G. Baader–G. Keil, 1982), 417–442 (437–440).

Diagnostik

I. Allgemeines – II. Diagnostische Verfahren – III. Instrumentar – IV. Ikonographie – V. Schrifttum.

I. Allgemeines: Ma. Krankheitserkennung ist selten nur gegenwartsbezogene Krankheitsfindung (Diagnose) und greift meist zukunftsbezogen die →Prognose mit ein. Auf der herrschenden Krankheitstheorie (→Humoralpathologie) fußend, nimmt sie die Lehre von den vier Leibessäften und deren patholog. Abarten zum Anlaß, anhand der Körperausscheidungen Rückschlüsse auf die drei Verdauungen und das durch diese bedingte Säftegemisch zu gewinnen. Gegenüber der Antike ergibt sich eine Verschiebung in der Methodik: Die pneumat. begründete Vorherrschaft des Pulsgreifens (Sphygmologie) wird im FrühMA durch die Harnschau (Uroskopie) gebrochen.

II. Diagnostische Verfahren: [1] Auf humoralpathologischer Grundlage verfügte die ma. D. über sechs teils standardisierte Verfahren, die der Krankheitserkennung dienten und jeweils die Erscheinungsformen einer bestimmten Körperausscheidung als Basis für die Krankheitsfindung nahmen. Flankierende Krankheitszeichen wurden dabei diagnost. mit einbezogen: [a] Im FrühMA systematisiert (Theophilos Protospatharios) und im HochMA weiter ausgebaut (→Maurus, →Aegidius Corboliensis; vgl. auch →Johannes Actuarius), wertete die Harnschau (Uroskopie, Urognostik, »judicium urinae«) keineswegs allein die Harnfarben, sondern beurteilte zusätzlich Oberfläche (Ring, »circulus«), gelöste (wolke, »eneōrēma«, »nubes«) und ungelöste Inhaltsstoffe (»contenta«) sowie den Bodensatz (»hypostasis«). Der im »seich-hafen« (»matula«) während einer Nacht gesammelte Urin wurde ins Harnglas (»urinale«) gefüllt, im Harnglaskorb transportiert und vom Arzt bei durchscheinendem (Gegen-)Licht diagnost. begutachtet. – Die von Maurus eingeführte, vielleicht der →Panspermie verpflichtete Harnregionenlehre ging von einer Organrepräsentanz des Urins im Harnglas aus und schloß vom »circulus« auf den Kopf, vom oberen Urinale auf den Oberkörper sowie vom Boden(satz) auf den Unterleib. – In der Veterinärmedizin wurde die Uroskopie nur beschränkt angewandt; dagegen war sie für den spätma. Arzt so gebräuchlich, daß sie sein Attribut – das Harnglas – bestimmte. [b] Von der Harnschau angeregt und aus byz.-westfrk. Ansätzen erwachsen, verdankt die Blutschau (Hämatoskopie) nicht anders als die Urognostik wesentl. Ausbau der Schule von →Salerno: Das durch Maurus (»De phlebotomia«) entwickelte hämatoskop. Verfahren wurde durch →Bernhard v. Gordon (Phlebotomia, 8–13) übernommen, verfeinert und mit Material aus der zweiten arabist. Rezeptionswelle (Avicenna, Canon I, IV, 20) erweitert. Über →Heinrich v. Mondeville (Chir. III, I, 3) und →Guy de Chauliac (Chir. magn. VII, I, 1) führen Entwicklungslinien zu Paracelsus (I, IV, 379–402), Jean Fernel und jüngeren Autoren des 17. Jh. – Seit etwa 1300 setzten sich in der Praxis »Blutschau-Kataloge« durch, die mit dem erweiterten »Dreierschema« – einer Blutbeobachtung vorsalernitan. Herkunft – konkurrierten.

Die Hämatoskopie ging in der Regel vom →Aderlaß-Blut (ganz selten von den Katamenien) aus. Beobachtet wurde das fließende, das gerinnende sowie das geronnene →Blut, wobei Farbe, Geruch, Viskosität, der Anteil des Serums, die Schichtung des Blutkuchens und andere Erscheinungen zur Wertung kamen. Als wichtig für die Lepra-Schau (→Aussatz [VI]) erwies sich die Waschprobe. Über das fraktionierte Trennen der Blutbestandteile führte der Weg zur Destillation von Menschenblut, die unter alchemist.-humoralpatholog. Zielsetzung eine Elementtrennung männlichen Aderlaßblutes versuchte. – Seit dem HochMA behauptete sich die Hämatoskopie erfolgreich als drittes diagnost. Verfahren nach Harnschau und Sphygmologie. [c] Antik vorgebildet (Hippokrates, Aph. VII, 6.23.29.30; Prog. II, [13–17, 19–24], 11) und durch →Constantinus Africanus sowie den »Canon« (I, II, III, 13) Avicennas vermittelt, beurteilte die Stuhlschau (Koproskopie) den Kot (»diachōrēmata«, »egestiones«) nach Färbung, Konsistenz, Menge und Ausscheidungshäufigkeit (»assellationes«), wobei Flatulenz, Beimischungen (Blut) sowie Darmschmarotzer mit berücksichtigt wurden. In der Praxis scheint das Verfahren eine untergeordnete Rolle gespielt zu haben; seine Anwendung setzte sich im W wohl erst seit dem SpätMA durch, während der Egestionen-Traktat des Theophilos für Byzanz früheres Interesse an koproskop. Krankheitsfindung bekundet. [d] Nur selten systemat. ausgebaut und nur vereinzelt als eigenständiges diagnost. Verfahren überliefert (»Boec van medicinen in Dietsche«, 9–10), zielte die Schweißschau auf die Beurteilung der (Dritten) Verdauung und wertete Temperatur, Viskosität, Topographie und Auftreten der Schweiße im Krankheitsablauf. Flankierende Symptome wurden dabei in die Krankheitsfindung mit einbezogen. [e] Ebenfalls selten bezeugt ist die Auswurfschau (»Boec van medicinen in Dietsche«, 8), die das Sputum nach Menge, Viskosität, Blut- bzw. Eiter-Anteilen und der Schmerzhaftigkeit des Hustens deutete, um daraus auf die Verdauungsleistung des Magens [!] zu schließen. [f] Nicht von natürl. Körperausscheidungen, sondern von Pusteln oder Ekzemen ging die Apostasen-Schau aus, die – in der →»Capsula eburnea« systematisiert – unter Einbezug zusätzl. Symptome eine Todesprognostik versuchte. Das byz. Verfahren erfreute sich schon in der vorsalernitan. Medizin ausgeprägter Beliebtheit und wurde bis in die NZ hinein angewandt. [2] Auf pneumatischer Grundlage verfügte die ma. Diagnostik über das Verfahren des [a] Pulsgreifens (Sphygmologie), das vom Radialis-Puls des linken Unterarms ausging, antik vorgegebene Pulsqualitäten (unterschieden nach Stärke, Geschwindigkeit und Frequenz [Rhythmus]) zugrunde legte und aus dem mit vier Fingern ertasteten Befund auf die Kraft des Herzens (eingepflanzte Wärme) sowie die →Spiritus schloß (Aegidius, De pulsibus, prooem. 92 f.). – Diagnost. Einschlag wies auch die ma. [b] Fieberlehre (Pyretologie) auf, die in ihrer pneumatisch-*dogmatischen* Dreiteilung (»febres continuae«, »f. interpolatae«, »f. hecticae«) dem Arzt die Möglichkeit gab, auf Grund des Fieberverlaufs Lage und Art unnatürl. Leibessäfte zu bestimmen. [3] *Sonderverfahren* hatte die ma. D. in der Seuchenlehre sowie in der Schädelchirurgie ausgebildet: Bei der [a] →*Pest* wertete sie das Auftreten der Bubonen-Pakete nach den drei Prädilektionsstellen (Hals, Achsel, Leiste als jeweiliges »emunctorium« der »membra principalia« Hirn, Herz, Leber) und hielt für die Lungen-Infektion zur Früherkennung die Räusperprobe bereit; beim [b] →*Aussatz* hatte sie das rechtl. vorgeschriebene Verfahren der *Lepraschau* entwickelt, das neurol. Befunde einbegriff und eine Hierarchisierung nach der Wertigkeit der Symptome vornahm; zur Feststellung von okkulten [c] *Schädelbrüchen* arbeitete sie mit dem Glockenton-Zeichen und der Friktion eines zw. den Zähnen gehaltenen Zwirns (Lanfrank v. Mailand, Chir. parv. VII, 3 f.). – Zahlreiche Symptom-Erhebungen der Schädelchirurgie zielten auf das Feststellen der Überlebenserwartung des Patienten und gehören wie die häufig überlieferten *Todeszeichen* in den Bereich der →Prognostik. Entsprechend einzuordnen sind auch die Versuche, an Brust, Harn bzw. Verhalten der *Schwangeren* das Geschlecht des noch ungebornen Kindes abzulesen. – Der Symptomenkatalog der →Komplexionen-Lehre näherte sich mit seinem Ziel, anhand der vier Temperamente eine Typologie zu entwerfen, der Physiognomik.

III. INSTRUMENTAR: Die ma. D. ist im wesentl. auf sinnl. Wahrnehmung abgestellt; sie lehrt den Arzt inspizieren, auskultieren, palpieren und beschnuppern. Entsprechend karg erscheint ihr techn. Gerät: Sie bediente sich des *Schlagstocks* und des *Zwirnsfadens* bei der Schädelbruch-Beurteilung, nahm *Kloben* und *Nadel* bei der Lepraschau zu Hilfe, füllte das Blut in *Becken* und *Becher*, zertrennte den Blutkuchen mit einer *Rute* und betrachtete den Urin im bauchigen (bzw. für Byzanz: im hohen geraden) *Harnglas*. Die *Destillation* kam nur bei der Blutschau zum Einsatz, und aufwendige Proben physikal.-chem. oder das →Tierexperiment einbeziehender Versuchsanordnung begegnen ledigl. in der Geschlechts- sowie in der Todesprognostik.

IV. IKONOGRAPHIE: Bei der Bildtradition aus dem Gebiet ma. D. sind zwei Motiv-Bereiche zu unterscheiden: einerseits handelt es sich um Abbildungen, die den Vorgang der Untersuchung festhalten, und andererseits finden sich Darstellungen, die dem Diagnostiker Befunde aufzeigten und als graph. Leitfaden für die Krankheitsfindung oder den Unterricht dienten. [1] Was den *Untersuchungsgang* betrifft, so begegnet am häufigsten der [a] *harnglasschauende* Arzt, der – allein, vom Katheder aus oder in Gegenwart des (Botens seines) Patienten – sich als Urognost betätigt und den Stand des Akademikerarztes schlechthin verkörpert. Die Bildtradition setzt im späten 13. Jh. ein, greift im 15. Jh. auf die Emblematik über (die »Ars medicinalis« als harnglasschauende Frau), bricht an der Schwelle zur NZ in religiöse sowie pharmazeut. Bereiche ein (Christus mit dem Harnglas; uroskopierender Apotheker) und fängt schon 1316 dazu an, die Mediziner verächtl. zu machen (Harnglas in der Hand des Affen). – [b] Ähnlich vielgestaltig ist die Ikonographie der *Blutschau*, deren Motivik vom Auffangen des Laßblutes bis zur Waschprobe und zum Drei-Becken-Verfahren reicht. Auch hier diente der Laßbecher als Attribut des Physicus, und auch hier verunglimpfen blutschauende Affen den Ärztestand. Die Bildüberlieferung ist jedoch jünger und setzt erst im 15. Jh. ein. – [c] Ebenso spät wird die Bildtradition zum *Pulsfühlen*

greifbar, die im 16. Jh. gleichfalls standeskrit. Ausrichtung zeigt (pulstastender »Baderaffe«). [2] Als *graphische Diagnosehilfen* wurden v. a. [a] *Harnglasreihen* benutzt, die – im 15. Jh. zum Kreis geschlossen – Harnglasscheiben des Stammbaum-, Schöpf- oder Speichenradtyps bilden und die Farbabstufungen der »colores urinarum« vorführen. – [b] Das *Pestlaßmännlein* ist von seiner Herkunft den Brennstellenbildern (→Kauterisation) verpflichtet und korreliert (seit etwa 1400) den Aderlaß mit der Topographie diagnostizierter Bubonenpakete. – [c] Ihm verwandt sind die Schemata von *Wundenmann*, *Krankheitsmann* und *Krankheitsfrau*, die – zur →Dreibilderserie zusammengeschlossen – diagnostizierte Befunde und therapeut. Maßnahmen aufeinander beziehen. – [d] Der pfeildurchbohrte *Todeszeichenmann* erleichterte im 15. Jh. dem Wundarzt die Entscheidung, ob eine Verletzung heilbar sei, und zeigte ihm, unter welchen topograph. Voraussetzungen er die Verantwortung für einen Eingriff ablehnen mußte.

V. SCHRIFTTUM: [1] Fiktionale Texte der *Dichtung* bieten zwar häufig med. Symptomatik (→Wolfram v. Eschenbach, »Parzival«), verdichten die Zeichen indes nur ausnahmsweise zu einem diagnost. System. Bekannte Beispiele liefern →Konrad v. Würzburg (»Engelhard«) und Robert →Henryson (»Testament of Cresseid«), die beide das Diagnoseschema der Lepraschau episch verarbeiten (→Aussatz [VII, 1]). – Entsprechende Abschnitte begegnen auch im *historischen* Schrifttum, etwa in Hans Hierszmanns Bericht über den Tod Hzg. Albrechts VI. v. Österreich, der das Zeichensystem einer Intoxikation ausbreitet, um Anhänger Ks. Friedrichs III. eines Giftmords zu zeihen. [2] Was die *medizinische Literatur* betrifft, so findet sich diagnost. Einschlag in sämtl. klinisch-therapeut. Werken. [a] Das gilt bereits für die Materia medica, deren kleinste lit. Einheit, das *Rezept*, mit der Krankheitsfindung einsetzt und die Symptomatik oder D. im sog. »hypothetischen Rezepteingang« mitteilt. [b] Chirurgische *Lehrbücher* seit →Roger Frugardi und med. Leitfäden seit der salernitan. Kompendien stellen Ätiologie und D. den einzelnen Kapiteln voran. →Ortolf v. Baierland, der auf salernitan. Quellen zurückgreift, hat diese Kapiteleingänge *differentialdiagnostisch* ausgebaut (Arzneibuch, 74–143 u. ö.). [3] Gattungen diagnost. *Spezialliteratur* hatte bereits die Antike ausgebildet, doch blieb die Rezeption auf wenige Texte beschränkt, die sich überdies – wie beispielsweise der Leitfaden für Krankenbesuche, »De adventu medici ad aegrotum« – oft einschneidende Umarbeitungen gefallen lassen mußten. [a] Die vorsalernitan. Uroskopie wird von zwei *Harntraktaten* – der pseudogalen. »Harnlehre« und dem »Harnregelnkatalog« – beherrscht, denen sich die beiden Übersetzungen der Puls- und Urinschrift des Alexandros anschließen. Die Einbindung in diagnost.-prognost. Corpora läßt erkennen, daß alle drei Texte im frühma. Unterricht verwendet wurden. Die frühsalernitan. Übertragung des Harntraktats von Theophilus Protospatharius machte das Abendland mit der systemat. Urognostik byz. Prägung bekannt, auf der Maurus und Urso von Salerno weiterbauten. Praxisgerechte Leitfäden wie der von Maurus abhängige »Kurze Harntraktat« erzielten langanhaltende und auch in Landessprachen hineinreichende Wirkung. Walther Agilon hat seine med. »Summa« auf die D. knapper Harnregeln abgestellt. Die mnemotechn. ausgerichteten Harnverse von Aegidius Corboliensis fanden zeitweise Eingang in das med. Studienprogramm. Regional für NW-Deutschland beherrschend wurde im 14. Jh. die »Vlaamsche leringe van orinen«, die über den →Gart der Gesundheit weite Verbreitung erfuhr. [b] Im Gegensatz zur Uroskopie sind die *hämatoskop.* Richtlinien meist unselbständig vorgetragen worden. Wir finden sie in der pseudohippokrat. »Phlebotomie« ebenso wie in den Aderlaßschriften des Maurus oder Bernhard v. Gordon. Eine Ausnahme macht im FrühMA die westfrk. »Epistula de sanguine cognoscendo«, die eine bescheidene Rolle am Rand vorsalernitan. Unterrichtscorpora spielt, und im SpätMA setzten sich in der Praxis kurze Schemata durch, unter denen die *Blutschau*-Kataloge A und B weitreichende Verbreitung erzielten. [c] Koproskop. Sonderschriften lassen sich im W erst seit dem 14. Jh. greifen. Die bisher belegten *Stuhlschautraktate* stehen entweder in der Tradition von Avicenna oder sind aus den Hippokrat. Texten exzerpiert. Die gleichfalls auf Hippokrates fußende Koproskopie des Theophilus Protospatharius blieb dem westl. Abendland unbekannt. Umfangreichste Spezialschrift ist die »Stuhlschau« Michele→Savonarolas, die durch ihre Kot-Anatomie sowie einen Stuhlfarben-Katalog überrascht und deutlich werden läßt, wie stark die Uroskopie mit ihrer Organrepräsentanz und ihren »colores« auf das Verfahren der Kot-Diagnostik abfärbte. [d] Die vorsalernitan. *Pulstraktate* wurden im 11. Jh. durch eine der Pulsschriften Philarets ersetzt, die – aus byz. Vorlage übertragen – in die →Articella Eingang fand, von Ps.-Alfan einem »Liber de pulsibus« zugrunde gelegt wurde und auch das »Carmen de pulsibus« des Aegidius Corboliensis beeinflußt hat. Einen Kommentar zu den Pulsversen lieferte im 14. Jh. →Gentile da Foligno. [e] Seit dem 14. Jh. läßt sich die Gattung der *Aderlaßbüchlein* belegen, die in kleinfeldriger Versatzstückfügung jenen Textbestand zusammenflickte, der für eine Krankheits- und Therapiefindung geeignet schien.   G. Keil

Lit.: *zu [I]:* G. BAADER–G. KEIL, Ma. D. (Med. D. in Gesch. und Gegenwart. Fschr. H. GOERKE, 1978), 121–144 – *zu [II, 1 a]:* G. KEIL, Die urognost. Praxis in vor- und frühsalernitan. Zeit [Habil.schr. Freiburg i. B. 1970] – M. STOFFREGEN, Eine frühma. lat. Übers. des byz. Puls- und Urintraktats des Alexandros [Diss. Berlin 1977] – *zu [II, 1 b]:* D. BLANKE, Die pseudohippokrat. ›Epistula de sanguine cognoscendo‹ [Diss. Bonn 1974] – F. LENHARDT, Blutschau. Unters. zur Entwicklung der Hämatoskopie (Würzburger med.hist. Forsch. 22), 1984 – *zu [II, 1 c]:* F. KNOEDLER, De egestionibus. Texte und Untersuchungen zur spätma. Koproskopie (Würzburger med.hist. Forsch. 18), 1978 – *zu [II, 1 f]:* K. SUDHOFF, Die pseudohippokrat. Krankheitsprognostik nach dem Auftreten von Hautausschlägen, ›Secreta Hippocratis‹ oder ›Capsula eburnea‹ benannt, SudArch 9, 1916, 79–116 – *zu [II, 2 a]:* J. A. PITHIS, Die Schriften Περὶ σφυγμῶν des Philaretos (Abh. zur Gesch. der Med. 46), 1983 – *zu [II, 2 b]:* W. ANSCHÜTZ, Zwei Fieberschriften des Breslauer Codex Salernitanus [Diss. Leipzig 1919] – G. KLAMROTH, Lanfranks ›Kleine Chirurgie‹ in moderner dt. Übertragung [Diss. Würzburg 1978, 12–19 (Kap. 10)] – *zu [II, 3 a]:* H. BERGMANN, »also das ein mensch zeichen gewun«. Der Pesttraktat Jakob Engelins von Ulm [Diss. Bonn 1972] – V. GRÄTER, Der ›Sinn der höchsten Meister von Paris‹ (Unters. zur ma. Pestliteratur III, 1), [Diss. Bonn 1974] – *zu [II, 3 c]:* G. EIS, Die Todeszeichen im Nibelungenlied, Euphorion 51, 1957, 295–301 – J. TELLE, Funde zur empir.-mant. Prognostik in der med. Fachprosa des späten MA, SudArch 52, 1968, 130–141 – *zu [IV, 1]:* F. LENHARDT, Zur Ikonographie der Blutschau, Med.hist. J. 17, 1982, 63–77 – *zu [IV, 2]:* K. SUDHOFF, Beitr. zur Gesch. der Chirurgie im MA I (Stud. zur Gesch. der Med. 10), 1914 – L. C. MACKINNEY, Medical illustrations in ma. mss., 1965 – R. HERRLINGER, Gesch. der med. Abbildung. Von der Antike bis um 1600, 1967 – H. BERGMANN-G. KEIL, Das Münchner Pest-Laßmännchen (Fachprosa-Stud., hg. G. KEIL, 1982), 318–330 – *zu [V, 2]:* B. D. HAAGE, Zum hypothet. Rezepteingang im Arzneibuch des Erhart Hesel (Fachprosa-Stud., hg. G. KEIL, 1982), 363–370 – *zu [V, 3]:* G. KEIL, Acht Parallelen zu den Blutschau-Texten des Bremer Arzneibuchs, Niederdeutsche Mitteilungen 25, 1969, 117–135; 26, 1970, 125–128 – G. KEIL, Der ›Kurze Harntraktat‹ des Breslauer ›Codex Salernitanus‹ und seine Sippe [Diss. Bonn 1969] – G. BAUER, Das ›Haager Aderlaßbüchlein‹. Studien zum ärztlichen Vademecum des Spätmittelalters (Würzburger med. hist. Forsch. 14), 1978.

Diakon, Diakonat
I. Patristische Zeit und Byzantinischer Osten – II. Lateinischer Westen.

I. PATRISTISCHE ZEIT UND BYZANTINISCHER OSTEN: Praxis und Theologie des Diakonats sind in patrist. Zeit durch zwei aus dem NT hergeleitete Ansätze bestimmt: Der mancherorts nach Apg 6,1–7 als verpflichtender Norm gewerteten Konzeption eines Siebener-Kollegiums zur Erfüllung karitativer und administrativer Aufgaben in einer Ortskirche (ep. des Cornelius v. Rom [251–253] an Fabian v. Antiochien, nach: →Eusebius, Hist. Eccl. VI, 43,11; c. 15 von Neokaisareia [314/325]: MANSI II, 543) konkurriert die Auffassung vom D. als für alle Tätigkeitsbereiche zuständigen Helfer und eventuellem Nachfolger des→Bf.s gemäß Phil 1,1 sowie 1 Tim 3,8–13. Für das byz. MA erlangt die Ansicht des →Johannes Chrysostomos († 404), die D. e stünden nicht in Kontinuität zu den Sieben der Jerusalemer Urgemeinde (Hom XIV zu Apg: MPG 60,116), welche übrigens den Erkenntnissen heutiger moderner Exegese entspricht, theol. (z. B. →Theophylaktos v. Achrida († 1108): MPG 125, 600, 901), v. a. aber kanonisch-prakt. Geltung (c. 16 des Trullanum: MANSI XI, 949; vgl. die Scholien des→Balsamon, →Zonaras und →Aristenos aus dem 12. Jh. hierzu: MPG 137, 565–572). Von da her ist die Zahl der D.e einer Ortskirche nicht (mehr) grundsätzl. limitiert: An der Hagia Sophia in Konstantinopel sollen es nach dem Willen Ks. Justinians I. (Nov. III, 1 von 535) 100, auf Anordnung des Ks. s Herakleios (612) 150 sein; für die Zeit um 1170 sind ihrer 60 bezeugt. Aus demselben Grund wird auch das Betätigungsfeld der D.e nicht speziell in der Armenfürsorge und Krankenpflege gesehen, die vielmehr dem Bf. als »Vater der Armen« samt allen seinen Mitarbeitern (vgl. etwa den hl. Presbyter Samson, als »der Xenodochos« im Konstantinopel des 6. Jh. weithin berühmt und verehrt) gleicherweise oblegen und später – entsprechend der Auffassung →Basilius' d. Gr. (330–379) vom monast. Leben – in zunehmendem Maße von den Kl. wahrgenommen werden.

Im Gegensatz zum lat. Westen, welcher mit→Hippolytus v. Rom (Trad. Ap. 8) ein diakon. ministerium (episcopi), nicht aber sacerdotium kennt, rechnet der griech. Osten mit dem Nordafrikaner →Optatus v. Mileve (Contr. Parmenianum 1,13: CSEL 26,15) die D.e theol. meist zur Priesterschaft (ἱερωσύνη). Die in den ersten Jahrhunderten vorherrschende typolog. Entsprechung des D.s zu Christus, wobei der Bf. als Abbild Gottes des Vaters gilt, weicht allerdings in byz. Zeit ganz derjenigen zu den Engeln, während Christus nur mehr im Bf. selbst gesehen wird. Ebenso wie den Presbytern gestattet das →Trullanum den D.en die Fortsetzung einer vor der Ordination eingegangenen Ehe (c. 13: MANSI XI, 948). Wie für Bf. und Presbyterium besteht ihre vornehmste Aufgabe in der Mitwirkung am Gottesdienst: Sie sorgen als Zeremoniare für den rechten Ablauf und überwachen die Disziplin des Volkes, assistieren den Bf.en und Presbytern, verkünden das Evangelium bei der eucharist. Liturgie (nicht aber beim Morgengottesdienst!), überbringen die eucharist. Gaben feierlich dem Vorsteher am Altar, tragen die Fürbittreihen (→Synaptien, →Ektenien) vor. Auch bereiten sie die Gaben (→Proskomidie), spenden den Kelch und vollziehen bei der Liturgie der Vorgeheiligten Gaben den vesperalen Luzernarritus, bis diese Aufgabe in spätbyz. Zeit von den Presbytern übernommen werden.

Das bibl. Siebener-Kollegium lebt indes, vom Weihegrad weithin unabhängig, mehr oder weniger deutlich in den Trägern der ἀρχοντίκια bzw. ὀφφίκια der Patriarchats-

und Bischofs-Administrationen weiter, wobei D.e häufig in sehr einflußreichen Stellungen anzutreffen sind (vgl. die kanon. Antworten des →Johannes v. Kitros [13./14. Jh.]: MPG 119, 968–973), ohne daß dies sich auch notwendig im liturg. Leben widerspiegelte. Nur der »zweite« (δευτερεύων) D. nimmt neben einer herausragenden Stellung im Gottesdienst auch regelmäßig einen festen Platz unter den →Archonten ein, während das Amt des →Archidiakons ein rein liturg. ist. P. Plank

Q. und Lit.: Symeon v. Thessalonike, De sacris ordinationibus, Cap 165–176 (MPG 155, 369–385) – K. M. Rhalles, Περὶ τοῦ δευτερεύοντος τῶν διακόνων (Πρακτικὰ τῆς 'Ακαδημίας 'Αθηνῶν 11, 1936), 12–14 – S. Salaville – G. Nowack, Le rôle du diacre dans la liturgie orientale. Etude d'hist. et de liturgie (Archives de l'Orient Chrétien 3, 1962) – P. Wirth, Zur Gesch. des Diakonats an der Hagia Sophia zu Konstantinopel (Byz. Forsch. 2, 1967), 380–382 – J. Darrouzès, Recherches sur les ΟΦΦΙΚΙΑ de L'Église Byz. (Archives de l'Orient Chrétien 11, 1970).

II. Lateinischer Westen: [1] *Historische Bedeutung und kirchenrechtl. Entwicklung:* Der D. hatte in den ersten Jahrhunderten eine bedeutende und einflußreiche Stellung. Seit dem 4. Jh. wurden die zur Ausweitung neigenden Kompetenzen des D.s eingeschränkt. Die frühen Konzilien betonen den Primat des Presbyters bei der Eucharistiefeier. Scharfe Kritik an der röm. D.en üben →Ambrosiaster und →Hieronymus. Im 4./5. Jh. spielen die D.e in der Krankenpflege und Verwaltung keine herausragende Rolle mehr: Die Aufsicht über die →Xenodochien lag in Händen von Laien, und die →Diakonien wurden nur gelegentl. durch D.e verwaltet. Die Vermögensverwaltung wurde »Ökonomen« (meist im Rang von Priestern oder Subdiakonen) übertragen. Trotz dieser »Krise« des Diakonats im 4. Jh. (W. Croce) bezeichnen die→Apostol. Konstitutionen (4. Jh.) den D. als »Auge, Ohr, Hand, Herz und Seele des Bischofs« (Ap. Const. II, c. 44). Auch die Tätigkeit als Sänger – insbes. von den röm. D.en gepflegt – wurde aufgehoben und den Minoristen (→Weihegrade) übertragen (595). Die Briefe Gregors d. Gr. zeigen jedoch, daß viele D.e als Ratgeber, Boten bzw. →Apokrisiare neue wichtige Aufgaben übernommen hatten. Durch den Aufstieg zum →Archidiakon erhielten diese vielfach Schlüsselpositionen in ihrer Gemeinde sowie Aussicht auf Nachfolge im Bischofsamt. Die anonyme Schrift »De septem ordinibus ecclesiae« (6./7. Jh.) und das→Trullanum II (692) definieren den D. als »Diener der Mysterien (bzw. des Altares)« und kennzeichnen das Amt als primär liturgisches.

Eine Sonderstellung nahmen die röm. D.e ein, die das wichtigste Kollegium nächst dem Bf. bildeten und denen das aktive und passive Wahlrecht zustand (das passive mußten sie laut →Papstwahldekret von 769 mit den Priestern teilen). Sie werden seit dem 6. Jh. »diaconi regionarii« bzw. »diaconi cardinales« genannt und als Leiter der sieben christl. Regionen bezeugt. Im →Ordo Romanus I (750) wird ihre herausragende Bedeutung beim päpstl. Gottesdienst beschrieben. Seit der Mitte des 10. Jh. ist eine jüngere Institution von nunmehr 12 Regionardiakonen nachzuweisen, deren Rolle in der »Descriptio ecclesiae Lateranensis« aufgezeigt wird. Aus ihnen gehen die →Kardinaldiakone hervor, die durch Urban II. (1088–99) die 18 Kirchen der röm. Diakonien erhalten.

Die Aufgaben des früh- und hochma. D.s umfassen insbes.: Dienst beim Opfer, Zwischenansprachen und -gesänge, Austeilung des Kelches und der Krankenkommunion, Katechumenenunterricht, pastorale Hilfstätigkeiten in ausgedehnten Gemeinden, Exorzismus, Taufe und Rekonziliation in Notfällen (s. u.). Eine hohe Wertschätzung zeigen die →Pseudo-Isidorischen Dekretalen (insbes. Pseudo-Evaristus) (vgl. →Benedictus Levita): Sie weisen dem »oculus episcopi« den Schutz seines Bf.s auch vor dessen eigenen Leuten (!) zu. Das Pontifikale →Egberts v. York (10. Jh.) zählt ferner das Waschen der Füße von Pilgern sowie die Bestattung von Toten zu den Aufgaben des D.s. Ein vielfach zitiertes und abgewandeltes Wort aus dem Pontifikale Guilelmus' →Duranti d. Ä. (Ansprache »Provehendi filii«, 13. Jh.) reduziert die Tätigkeit des D.s auf: Dienst am Altar, Taufe (bei Notfällen) und Lektorentätigkeit: »Diaconum oportet ministrare ad altare, baptizare et praedicare«.

Vom 8.–12. Jh. spielten die D.e eine wichtige Rolle bei der →Buße. Bei der öffentl. Kirchenbuße oblag den D.en die feierliche Postulation des Poenitenten. Seit dem 8. Jh. (→Bußbücher) weitete sich auch die private D.-Beichte im Abendland aus: Den D.en wurde gestattet, in Notfällen (Todesgefahr, Abwesenheit, Gebrechen oder Weigerung des Priesters) das Sündenbekenntnis entgegenzunehmen, die Bußauflage zu erteilen, die Rekonziliation durchzuführen und die Kommunion auszuteilen. Die verstärkte Betonung der priesterl. Schlüsselgewalt und der eucharist. Realpräsenz führte schon gegen Ende des 12. Jh. zu zahlreichen Verboten und Einschränkungen dieser Praxis, die allerdings noch im 14. Jh. bezeugt ist: Benedikt XII. suspendierte zahlreiche Priester, die zuvor als D.e ihren Priestern die Beichte abgenommen hatten. Erst die Bestimmungen der Konzilien v. →Ferrara-Florenz (1439) und Trient (1551) schlossen den D. endgültig von der Mitwirkung bei der Buße aus. Davon unbeeinträchtigt blieb die liturg. Rolle der D.e bei öffentl. feierlichen Kirchenbußen (paenitentia publica solemnis).

Diese inhaltl. Aushöhlung des Amtes hatte zur Folge, daß der Diakonat im späten MA fast ausschließlich als →Weihegrad bzw. als notwendige Vorstufe zum Priesteramt (→Ordo) angesehen wurde. Clemens V. setzte dementsprechend 1311 das Weihealter von 25 Jahren auf 20 Jahre herab (Clem. 3, 1.6.3). Eine spezifische Bedeutung gewann der Diakonat für die spätma. Kanoniker an Dom- und Stiftskapiteln sowie für erwählte Bf.e (→Administrator, →Elekt): Als unterste der höheren Weihen brachte dies Amt die Verpflichtung zum klerikalen Leben (→Zölibat, →Brevier) und zur baldigen Priesterweihe mit sich; andererseits war die →Dispens zur Rückversetzung in den Laienstand leichter zu erreichen als nach erfolgter Priesterweihe. Nicht selten lebten daher zahlreiche Hochkleriker – sofern sie nicht den Status von Minoristen vorzogen – mit Hilfe von Dispensen mehrere Jahre als D. und verliehen diesem Amt ungewollt die Funktion eines Wartepostens bzw. einer Zwischenstellung. Das Bewußtsein von der bleibenden Selbständigkeit des D.s wurde auch durch reformer. Persönlichkeiten (→Franziskus v. Assisi, Geert →Gro[o]te) wachgehalten, die bewußt als D.e lebten und die Priesterweihe zurückweisen. Die Diskussionen des Konzils v. Trient über die Aufgaben und Erneuerung des D.s wurden nicht in die Praxis umgesetzt, sondern mit dem Lehrsatz beschlossen, daß die D.e in der Hl. Schrift hinreichend bezeugt seien und daß dort über die Form ihrer Weihe das Nötige ausgeführt sei (Sess. XXIII, cap. 2). B.-U. Hergemöller

Lit.: LThK² III, 323f. [K. Rahner] – J. N. Seidl, Der Diakonat in der kath. Kirche, 1884 – G. Gromer, Zur Gesch. der Diakonenbeichte im MA (Festg. A. Knöpfler zur Vollendung des 70. Lebensjahres, hg. H. M. Gietl – G. Pfeilschifter, 1917), 159–176 – J. A. Jungmann, Die lat. Bußriten in ihrer gesch. Entwicklung, 1932 – B. Fischer, Der niedere Klerus bei Gregor d. Gr., ZKTH 52, 1938, 37–75 – M. Andrieu, Le Pontifical romain au MA II, 1940 – P. Anciaux, La Théologie du Sacrement de Pénitence au XII°s., 1949 – Diaconia in Christo. Über die Erneuerung des Diakonates, hg. K. Rahner – H. Vorgrimler (Quaestiones Disputatae 15/16, 1962) [darin bes.: W. CROCE, Aus der Gesch. des Diakonates, 92–128] – R. HÜLS, Kard.e, Klerus und Kirchen Roms 1049–1130, 1977 – Der D., Wiederentdeckung und Erneuerung seines Dienstes, hg. J. G. PLÖGER–H. J. WEBER, 1980.

[2] *In der scholastischen Theologie:* Isidor v. Sevilla (Etym. VII. 12), der mit den Statuta ecclesiae antiqua (Ende 5. Jh. aus der Kirchenprov. Arles) neun Ordines zählt, ordnete die D.e als die Leviten des Neuen Bundes den Presbytern und Episkopen zu. Diese Zuordnung von Priestertum und Levitendienst der D.e gewann in der ganzen scholast. Theologie dogmat. Bedeutung (vgl. →Hrabanus Maurus, De clericorum institutione I c. 7, MPL 107, 302). Damit wurde zugleich auch die Zölibatsverpflichtung der D.e begründet. →Ivo v. Chartres zählte sieben Ordines und erblickte darin eine Entsprechung zu den Sieben Gaben des →Hl. Geistes. In seinem Synodalsermo (MPL 162, 513–542), den die frühscholast. Schulen (des →Anselm v. Laon, →Hugo v. St. Viktor, →Petrus Lombardus) im Traktat über die Ordines lasen, werden alle Weihestufen auf Christus zurückgeführt. Den Dienst der D.e hat er im Abendmahl (bei der Austeilung der eucharist. Gaben) und bei der Gebetsaufforderung in Gethsemani wahrgenommen (Petrus Lombardus Sent. IV, d. 24, c. 10, n. 5, 1981, 402f.). Als kirchl. Ordo wurde der Diakonat durch die Apostel (Apg 6, 3.6) gestiftet. Gebet und Handauflegung, die sakramentalen Zeichen des Ordo, wurden bereits im 10. Jh. durch die Übergabe des den liturg. Dienst des D.s symbolisierenden Evangelienbuches angereichert (vgl. Petrus Lombardus l.c., n. 4, 402). Das übergebene Werkzeug und die dabei gesprochenen Deuteworte bezeichnen viele Theologen des MA als Materie und Form des Sakramentes. Nur wenige erklären die Handauflegung als sakramentales Zeichen (z. B. →Alexander v. Hales, →Albertus Magnus in dem Frühwerk »De sacramentis«, →Petrus v. Tarantaise, →Hugo v. Straßburg). Nach →Bonaventura expliziert die Übergabe des Instrumentes die allgemeine Bedeutung der Handauflegung, durch die der D. Vollmacht und sakramentalen →Charakter erhält. Das Unionskonzil v. Florenz-Ferrara (1439) erklärte im Decretum pro Armenis (DENZINGER-SCHÖNMETZER, 1326) im Anschluß an Thomas v. Aquin die Übergabe des Evangelienbuches und das begleitende Wort der Bevollmächtigung als konstitutive Elemente der Diakonweihe.

L. Ott/L. Hödl

Lit.: DSAM III, 799–817 [J. LÉCUYER] – DThC IV, 703–731 – A. M. STICKLER, La continenza dei diaconi specialmente nel primo millenio della Chiesa, Salesianum 26, 1964, 275–302 – L. OTT, Das Weihesakrament (HDG IV, 3, 1969) – DERS., Die Lehre des Durandus de S. Porciano O.P. vom Weihesakrament (Veröff. des Grabmann-Institutes 17, 1972) – DERS., Die Auseinandersetzung des Durandus de S. Porciano mit Thomas v. Aquin in der Lehre vom Weihesakrament (Thomas v. Aquino, Interpretation und Rezeption, hg. W. P. ECKERT OP, 1974), 519–558.

Diakonie (διακονία, ministerium) meint im NT Dienst im Auftrag Gottes, bes. Predigtdienst (διακονία τοῦ λόγου, Apg 6,4) und Armenpflege (διακονία καθημερινή, Apg 6,1; vgl. →Diakon). In Ägypten bezeichnet der Begriff schon im 4. Jh. das Almosenwesen eines Klosters. Hier entwickelt sich die D.n bis zum 6. Jh. in jedem Kl. und in jeder Diözese zu eigenen Rechtskörperschaften. Diese Institution verbreitete sich v. a. im Osten. Sie ist im Westen nur für Pesaro, Neapel und Rom sicher belegt (unsichere Hinweise zu Lucca, Ravenna, Cremona und Reims). In Rom sind D.n seit Gregor I. nachzuweisen, doch deuten archäolog. Befunde auf vielfache Kontinuitäten zu den spätantiken Getreidespeichern hin (annona). Die röm. D.n stellen Baulichkeiten nebst Kirchen und Pertinenzen »pro sustentatione et alimoniis fratrum nostrorum Christi pauperum« (→Liber diurnus) dar. Sie werden geleitet durch einen »pater diaconae« (bzw. dispensator, praepositus, rector, procurator, yconomus etc.), der aus den Laien, Diakonen und seit dem 11. Jh. auch aus den Priestern genommen werden kann. Ihm sind verschiedene Hilfspersonen (diaconitae) und Priester beigegeben. Die Entstehung des Kollegiums der →Kardinaldiakone vollzieht sich unabhängig von den D.n; erst Urban II. stellt eine feste Verbindung her, indem er die damaligen 18 D.-Kirchen den Kardinaldiakonen zuweist.

B.-U. Hergemöller

Lit.: LThK² III, 324 [A. P. FRUTAZ] – J. LESTOCQUOY, Administration de Rome et diaconies du VIIe au IXe s., RivAC 7, 1930, 261–295 – R. HÜLS, Kard.e, Klerus und Kirchen Roms 1049–1130, 1977.

Dialektik. Die Theorie der D. im MA geht auf eine doppelte Tradition zurück, die ihren Ausgang von Cicero (Top. XII 53; Or. XXXII 113) nahm, der wiederum unter stoischem Einfluß (B. DARRELL JACKSON, Augustine, De Dial., 1975, 121, not. 2) stand: Wirkungsgeschichtl. grundlegend waren einerseits die auf Aristoteles und Porphyrius basierenden log. Werke des →Boethius, war zum anderen die »D.« Augustins. Wenngleich zunächst sowohl Augustin als auch Boethius D. generell als »bene disputandi scientia« (Aug., De dial. I; 83, 1), als wiss. Fertigkeit zu treffl. Disputation (Boeth., In Cic. Top. I; MPL 64, 1043 B; De top. diff. IV; MPL 64, 1206 CD, bes. C 3–4) begriffen, legte Augustin dann aber eine inhaltl. Analyse von D. vor, die, auf dem Fundament log. Semantik (einer Wörter-, Satz-, Zeichen- und Bedeutungstheorie) aufbauend, den Schein sophist. Disputierens mit einem Instrumentarium der Ambiguität und Äquivozität aufzudecken suchte, während Boethius hingegen D. auf heurist. Technik (ratio inveniendi; De top. diff. I; MPL 64, 1173 C) und top. Fertigkeit (In Cic. Top. I; MPL 64, 1044 C–1048 A) eingrenzte.

Die Theorien der Semantik und der Disputation in engerem, topischem Sinne treten bei →Abaelard zu einer Einheit zusammen, so daß D. mit Logik schlechthin koinzidiert (Petrus Abaelardus, D., ed. L. M. DE RIJK, 1956). Aufgrund der Kenntnis des gesamten aristotel. Organon und in Anlehnung an Augustin (De ord. II 13, n. 38, ed. W. M. GREEN; CC, ser. Lat. XXIX, 1977, 128, 5–11) gewinnt im 12. Jh. D., in weitem Verstande mit Logik überhaupt identisch, eine neue Prädominanz gegenüber den einzelnen Wissenschaften, und zwar unter methodolog. Perspektive: »Dialectica est ars artium, scientia scientiarum, quae sola scit scire et nescientem manifestare« ('D. ist die Fertigkeit aller Fertigkeiten, die Wissenschaft aller Wissenschaften, die allein sogar noch das Wissen weiß und den Nichtwissenden entlarvt'; Logica cum sit nostra I; Logica modernorum II/2, ed. L. M. DE RIJK, 1967, 417, 24–25), wobei sie in engerem Sinne zugleich als Teil der Logik, nämlich als Fertigkeit, aufgrund von bloß Probablem zu schließen (Logica cum... I; 417, 31–32), gefaßt wird. Dieser differenzierte Gehalt von D. findet sich auch im 13. Jh. bei →Petrus Hispanus (Tract., ed. L. M. DE RIJK, 1972, 1, 4–5 et not. ad locum). Für →Albertus Magnus stellt die D. keinen wesentl. Teil der Philosophie dar; mag sie auch mit der Metaphysik, der Göttin der Wissenschaften, häufig die Gegenstände gemein haben, so eignet ihr doch nur eine inquisitive Funktion, wobei sie nicht nach der Wesensstruktur der Wirklichkeit fragt, sondern nur aufgrund von Probablem prozediert, so daß es ihr schließlich nur noch zukommt, die Weise des Philosophierens zu lehren, ohne selbst Philosophie zu sein (Alb., Metaph. lib. 3 tract. 3 cap. 6; Ed. Colon. XVI/1, 144, 33–145, 52. Vgl. ähnl. Thomas v. Aquin; dazu: L. OEING-HANHOFF, D.;

HWP 2, 175–184, bes. 181). Eine derartige D. ohne jegl. Philosophie ist für →Boethius v. Dacien ein Ungedanke, da sich dialekt.-log. Strukturen ursprgl. bereits in der Wirklichkeit vorfinden, um als solche dann auch allein log. Untersuchung zugänglich zu sein (Boeth. Dac., Top. I quaest. 4, ed. N. G. Green-Pedersen – J. Pinborg, 1976, 17, 15–19, 64). Alberts limitativ gefaßter Begriff von D. ist es jedoch, der bis zu →Nikolaus v. Kues und dessen massiver Kritik an einem log. konzipierten D.-Begriff valent bleibt (Nicolaus Cusanus, Apol.; Heidelb. Akad.-Ausg. 2, 21).

In Absetzung von der an der Logik orientierten Theorie der D. findet sich eine ausgeführte Real-D. im 9. Jh. bei →Johannes Eriugena, die im 12. Jh. von →Honorius Augustodunensis rezipiert wird: Die sich in Gattungen und Arten entfaltende absolute Substanz nimmt eben diese Strukturen der Realität in der Rückkehr zu sich selbst wieder in sich auf – ein dialekt. Vollzug, dem der Dialektiker als solcher nachgeht (J. Eriugena, De div. nat. IV; MPL 122, 749 A; V; MPL 122, 868 D–869 A. Honorius Augustodunensis, Clav. phys. n. 231, n. 302, ed. P. Lucentini, 1974, 183, 1–6, 254, 11–19).

Wenn aber unter D. intellektuale Prozessualität verstanden wird, dann läßt sich dieses Theorem der Intellekttheorie →Dietrichs v. Freiberg entnehmen; denn tätige Vernunft wird von ihm als autonome Substanz begriffen, die mit ihrer Tätigkeit und deren Gegenstand identisch ist (Dietrich v. Freiberg, De vis. beat. 1.1.3., 4, ed. B. Mojsisch; Opera omnia I, 1977, 26, 31–27, 33), wobei von der Vernunft nicht nur ihr Wesen und die Gesamtheit des Seienden, sondern selbst ihr Ursprung als Gegenstand der einen intellektualen Tätigkeit erkannt wird, und zwar sogar auf die Weise dieses Ursprungs selbst (Dietrich v. Freiberg, De int. II 38–40, ed. B. Mojsisch; Opera omnia I, 176, 30–177, 77).

Wird unter D. Ich-Prozessualität verstanden, dann ist es Meister →Eckhart, der im Rahmen univok-korrelationaler Transzendentalkausalität das Ich als ein solches denkt, das als Identität von Sein und Erkennen Prinzip und als solches zugleich Grund für sich als Prinzipiat ist, darüber hinaus zu seinem Prinzip, zu sich als Prinzip, erkennend und wollend zurückkehrt, um sich stets neu als Prinzipiat zu begründen, dies alles im Ausgang von sich selbst, sofern es Ich als Ich, Ich als Identität von absolutem Grund und unerschaffbarem Seelengrund, ist (B. Mojsisch, Die Theorie des Ich in seiner Selbst- und Weltbegründung bei Meister Eckhart; Actes du VIIe Congr. internat. de Philos. médiévale, Louvain-la-Neuve et Leuven 1982, 1985).

Wird unter D. Mentalprozessualität verstanden, dann ist es Nikolaus v. Kues, der die eine, allumfassende mens (Geist) als in vier mentale Einheiten (absolute Einheit, Vernunft, Verstand und Wahrnehmung) differenziert und die mentale absolute Einheit aufgrund ihrer Gegensatzlosigkeit als in alle Einheiten vermittelt denkt, wobei ihre Bestimmtheit gerade diese ihre Prozessualität ist (Nicolaus Cusanus, De coni. I 4–9). A. de Libera/B. Mojsisch

Lit.: M. de Gandillac, La »Dialectique« de Maître Eckhart; La Mystique Rhénane, 1963, 59–94 – E. Garin, La Dialettica dal secolo XII al principio dell'Età Moderna, Studi sulla dialettica, 1969, 112–137 – J. Pinborg, Topik und Syllogistik im MA (Festg. Kleineidam, 1969), 157–178 – I. Angelelli, The Techniques of Disputation in the Hist. of Logic, Journal of Philos. 67, 1970, 800–815 – K. Flasch, Die Metaphysik des Einen bei Nikolaus v. Kues. Problemgesch. Stellung und systemat. Bedeutung, 1973 – B. Mojsisch, Die Theorie des Intellekts bei Dietrich v. Freiberg, Beih. 1, 1977 – E. Stump, Topics: their Development and Absorption into Consequences; The Cambridge Hist. of Later Medieval Philos., 1982, 273–299 – A. De Libera, Textualité logique et forme summuliste (L'Archéologie du signe, ed.

E. Vance – L. Brin d'Amour, Papers in Mediaeval Stud. 3, 1983, 213–234 – B. Mojsisch, Meister Eckhart. Analogie, Univozität und Einheit, 1983.

Dialog

I. Allgemeines – II. Spätantike – III. Byzanz – IV. Lateinisches Mittelalter – V. Humanismus – VI. Romanische Literaturen – VII. Deutsche Literatur – VIII. Mittelniederländische Literatur – IX. Englische Literatur – X. Skandinavische Literaturen – XI. Slavische Literaturen – XII. Arabische Literatur.

I. Allgemeines: D. (gr. διάλογος, rein lat. z. B. altercatio, conlatio, sermo, weitere Sonderformen kommen vor), Gespräch zw. zwei oder mehreren Personen (Isid. etym. 6, 8. 2). Während in nahezu allen Literaturgattungen dialog. Elemente erscheinen, bezeichnet D. im engeren Sinne eine lit. Form, in der ein oder mehrere Themen im prosaischen oder poet. (Dialogdichtung) Wechselgespräch erörtert werden. Als Wiedergabe tatsächl. geführter Gespräche oder in der Regel als reine Fiktion können D. e in eine mehr oder weniger ausgestaltete Szenerie eingebettet sein; sie sind ein konstitutives Element aller dramat. Literatur (→Drama). Spätantike und ma. Theorie sehen im D. zusammen mit Tragödie und Komödie das dramaticum genus: Diomedes GLK I, 483 = Beda, de arte metr. 25, CCL 123 A, 139f. (Beispiel Verg. ecl. 9); Johannes de Janua (Balbi), Catholicon s. v. dragma (genus ... dragmaticum fit inter interrogantem et respondentem et proprie inter personas introductas in Terentio). Als Gesprächspartner können neben dem Autor individuell charakterisierte hist. oder fiktive Personen, Tiere (→Fabel), Gegenstände oder Personifikationen auftreten.

Antike Voraussetzungen: Die Eigenart sokrat. Philosophierens, bei der das Gespräch mit dem Ziel der Wahrheitsfindung geführt wurde, regte die Sokratesschüler zur Darstellung solcher Gespräche im philos. D. an, wobei Platons D. e für die Folgezeit zum klass. Vorbild wurden. Gleichzeitig bedienten sich die Sophisten des erist. Gesprächs, um in Frage und Antwort ihre Ansichten zu vertreten. Aristoteles rechnete als Mimesis des Handelns den sokrat. D. der Dichtung zu (poet. 1, 1447 b 11) und wies Platons D. en eine Mittelstellung zw. Prosa und Poesie an (Diog. Laert. 3, 27, 25 = frg. 73 Rose). Im peripatet. D. werden die Gespräche durch Proömien erweitert und die Wechselrede durch ausführl. Darstellung der gegensätzl. Positionen zurückgedrängt; der Autor nimmt häufig selbst als D.-Partner am Gespräch teil. In dieser Form wird der D. durch Cicero in die lat. Lit. eingeführt. Dabei kann ein Gesprächsteilnehmer als überlegene Autorität dominieren (z. B. Cic. Tusc.); dieser Typus überwiegt im MA. In den sog. D. en Senecas finden sich dagegen nur wenige dialog. Elemente. Als Sonderformen entstanden die D. e der →Symposienliteratur sowie die durch Lukian begründeten satir. Prosadialoge.

Neben dem D. im engeren Sinne erscheinen die →Erotapokriseis oder Quaestiones (→Quaestionenliteratur), in denen ein Gegenstand in Frage und Antwort behandelt wird; ihr Ziel ist Wissensvermittlung durch den Lehrer (→Donat, →Grammatik).   J. Gruber

II. Spätantike: [1] *Griechische Literatur:* In der frühchr. →Apologetik wird der D. seit dem 2. Jh. häufig zur lit. Form der Auseinandersetzung zunächst mit dem Judentum (Ariston v. Pella, Iustinus Martyr), dann zu der zw. Orthodoxen und Häretikern, faßbar zuerst bei Origenes (Über die Auferstehung, Disputation mit Herakleides). Der philos. D. des 2./3. Jh. ist vertreten durch das »Buch der Gesetze der Länder« des Gnostikers Bardesanes (syr.) und die syr. Übersetzung des Gesprächs über die Leidensunfähigkeit und Leidensfähigkeit Gottes des Gregorios

Thaumaturgos. Von den D.en des Methodios v. Olympos ist vollständig nur das nach dem platon. Symposion (→Symposienliteratur) gestaltete »Gastmahl der 10 Jungfrauen« erhalten. Nach 325 entsteht das griech. Original des anonymen D.s De recta in Deum fide, der durch die lat. Übersetzung des →Rufinus in die Zeit des Origenes zurückversetzt wurde. Um die gleiche Zeit verfaßt →Hegemonius die antimanichäischen Acta Archelai. Das 4. und 5. Jh. bringen zahlreiche antihäret. D.e hervor, die z. T. nur in lat. Übersetzung erhalten sind. Bes. erwähnenswert sind die 7 antiarian. D.e des →Kyrillos v. Alexandria sowie dessen antinestorian. D. Quod unus sit Christus. Unter den Kappadokiern nahm →Gregor v. Nyssa sich formal den platon. Phaidon zum Vorbild, als er seinen D. *Tὰ Mακρίνα* (Über Seele und Auferstehung) schrieb. Gesprächspartner sind der Autor und seine Schwester Makrina, die unmittelbar vor deren Tod über die »letzten Dinge« des Menschen gesprochen hatten (→Byzantin. Literatur, Col. 1186). In einem anderen D. verteidigte er die menschl. Willensfreiheit. In den Bereich der D.-Dichtung gehört die Σύγκρισις βίων des →Gregor v. Nazianz, in der das personifizierte weltl. und geistl. Leben vor einem Richter miteinander streiten. Um 386 schrieb →Johannes Chrysostomos einen D. in 6 Büchern über die Bedeutung des Bischofsamtes; unmittelbar nach seinem Tod (um 408) verfaßt →Palladios v. Helenopolis nach platon. Vorbild in apologet. Absicht die Vita dieses Bf.s. Von →Nestorius' Verteidigung seiner Lehre in D.-Form hat sich eine syr. Übersetzung erhalten. Im 5. und 6. Jh. sind als philos. D.e der »Theophrastos« des →Aineias v. Gaza und der unter dem Eindruck dieses D.s geschriebene »Ammonios« des →Zacharias v. Gaza zu nennen. Letzterer behandelt die unter den damaligen Aristoteleskommentatoren aktuelle Frage nach der Ewigkeit der Welt im christl. Sinn. Der Rahmen des D.s, der nach dem Neuplatoniker Ammonios benannt ist, erinnert an den platon. Phaidros.

J. Gruber/H. Hunger

[2] *Lateinische Literatur:* Ciceros philos. und mehr noch die rhetor. D.e waren im MA verhältnismäßig selten (→Cicero), während die Spätantike sich wiederholt von ihnen anregen ließ. So entstand im Anschluß v. a. an »De natura deorum« um 220 als apologet. Schrift der Octavius des Minucius Felix, der nur im Parisinus lat. 1661 (saec. IX in.) als 8. Buch von Arnobius, »Adversus nationes«, überliefert wurde und daher im MA kaum bekannt war. Zahlreich wie in der griech. Lit. sind im 4. und 5. Jh. die »Kontroversdialoge« (SCHMIDT) mit Häretikern, beginnend 366 mit dem Protokoll der antiarian. »Altercatio Heracliani laici cum Germinio episcopo Sirmiensi«. →Hieronymus schrieb um 375/380 gegen die Luciferianer (→Lucifer), 415 gegen die →Pelagianer; beide D.e waren im MA verbreitet. →Augustinus setzte sich mit verschiedenen Häresien vielfach auseinander, so mit den ebenfalls in D.-Form verfaßten Capitula des →Faustus v. Mileve (387) in den 33 Büchern Contra Faustum Manichaeum (um 400); Disputationsaufzeichnungen sind »Contra Fortunatum Manichaeum« (392) und »Contra Felicem Manichaeum« (398), ebenso die »Collatio cum Maximo Arianorum episcopo« (427/428). Gegen die Pelagianer sind die 6 Bücher »Contra Iulianum opus imperfectum« (428/430) gerichtet, gegen die →Donatisten »Contra litteras Petiliani« (401, D. nur Buch 2) und die »Gesta cum Emerito« (418). Weitere anonyme Kontroversdialoge sind in die Schriften Augustins eingedrungen, so die »Altercationes contra Iudaeos« und »Altercationes Christianae philosophiae« (beide aus dem 6. Jh.), die antiarian. D.e »Collatio cum Pascentio Ariano«, »Contra Felicianum Arianum«, »De unitate sanctae Trinitatis dialogus« sowie »Adversus Fulgentium Donatistam« (um 430). Die philos.-didakt. D.e Augustins sind inhaltl. wie formal durch Cicero bestimmt. Das gilt v. a. für die vier Cassiciacum-D.e (386). In den 3 Büchern »Contra Academicos« bekämpft Augustinus den Skeptizismus der Neueren Akademie, »De vita beata« führt die Gedanken weiter und sieht das Glück in der Erkenntnis Gottes, »De ordine« ist dem Problem der Theodizee gewidmet, das u. a. in »De libero arbitrio« (388/395) wieder aufgegriffen wird. Weite Verbreitung fanden im MA die »Soliloquia« (Titel ist Wortschöpfung Augustins), ein D. mit der eigenen Ratio, bes. über die Unsterblichkeit der Seele. Ihre Immaterialität wird in dem 388 verfaßten D. »De quantitate animae« bewiesen. »De magistro« (um 389) gibt ein Gespräch über Lehren und Lernen mit seinem Sohn Adeodatus wieder. Die 6 Bücher »De musica« (387/389) sind Teil einer geplanten Enzyklopädie der Septem →artes liberales. Unter den Kontroversdialogen des 5. und 6. Jh. sind noch zu nennen die gegen die Heiden gerichteten »Consultationes Zacchaei Christiani et Apollonii philosophi« (um 412), die 440/450 verfaßte »Altercatio legis inter Simonem Iudaeum et Theophilum Christianum« des →Evagrius, die dem →Eusebius v. Vercellae zugeschriebenen 7 antiarian. Bücher »De Trinitate« und der ebenfalls antiarian. »Libellus contra Maximianum« des Cerealis v. Castellum Ripense. Gegen Arianer, →Sabellianer und →Photianer ist der D. des →Vigilius v. Thapsus gerichtet, gegen die →Monophysiten der »Conflictus cum Serapione« des →Arnobius des Jüngeren und die »Contra Acephalos disputatio« des →Rusticus Diaconus sowie der »Dialogus contra Nestorianos« des →Johannes Maxentius.

Die um 400 entstandene Übersetzung und Erklärung des »Timaios« durch →Calcidius bot allein dem MA die Kenntnis eines platon. D.s; die am Anfang des 5. Jh. verfaßten Saturnalia (→Symposienliteratur) des →Macrobius wurden für die ma. →Kosmologien von Bedeutung. Paränet. Absicht haben die im MA viel gelesenen »Collationes« des Johannes →Cassianus, die »Instructiones ad Salonium« des →Eucherius v. Lyon (Buch I ein D. über schwierige Bibelstellen) und die »Instituta regularia divinae legis« des →Iunilius Africanus (um 532; vgl. unten IV. [3] b)). Der hagiograph. D. wird um 404 durch die die Martinsvita ergänzenden D.e des →Sulpicius Severus begründet, die sich stark an Cicero anlehnen und auf das MA ebenso nachhaltig einwirken wie die in der Zeit des Übergangs zum frühen MA entstandenen D.e →Gregors d. Gr. Nicht überschätzt werden kann die Nachwirkung der Consolatio Philosophiae des →Boethius, in der die D.-Form um das prosimetr. Element erweitert wird und in deren Nachfolge zahlreiche D.-Dichtungen entstehen. Wohl in Anlehnung an Augustinus verfaßte →Isidor v. Sevilla um 610/615 »Synonyma«, einen D. zw. dem Menschen und der Ratio.

J. Gruber

Lit.: Kl. PAULY II, 1575–1577–RAC III, 928–955–P. L. SCHMIDT, Zur Typologie und Literarisierung des frühchr. lat. D.s., Fondation Hardt, Entretiens 23, 1977, 101–180.

III. BYZANZ: [1] *Prosadialoge:* In der Geschichte der griech. Lit. gilt in der Regel Platon als Schöpfer des lit. geformten D.s. Die psycholog. Ausgangssituation der platon. D.e ist durch die Persönlichkeit des Sokrates, seine Absolutsetzung des Ethischen und seine induktive Methode im Frag-Antwort-Spiel gegeben. Im platon. D. liegen bereits die Wurzeln der verschiedenen Formen, in denen Dialogisches in der byz. Lit. auftritt. In der philos. Tradition – über Aristoteles und Plutarch (Moralia) – verlieren die D.e oft den Charakter des Wechselgesprächs und nähern sich nicht selten Vorträgen oder Monologen, die nur dann und wann von unwesentl. Einwürfen des Partners unterbrochen werden. Frage und Antwort, u. U. mit anschließender Diskussion, bildeten einen wesentl. Bestandteil des höheren Unterrichts in der spätantiken (= frühbyz.) Schule. Im Christentum konnte der D. Wurzeln fassen (vgl. Abschnitt II, 1). Hier ist allgemein auf die Bedeutung der Katechese und auf die Stilisierung der Apostelbriefe hinzuweisen, die einen D. mit den Adressaten voraussetzen. Nach spätantik.-byz. Auffassung war der Brief überhaupt ein D. mit einem abwesenden Partner.

Ein günstiger Nährboden für die in der byz. Lit. beliebten Erotapokriseis war das Milieu der asket. »Wüstenväter« der frühbyz. Jahrhunderte. Ihre für die mönch. Weltanschauung grundlegenden »Sprüche« (→Apophthegmata Patrum) sind z. T. dialogartig formuliert. Die diffusen Sammlungen, die zumeist unter dem Titel »Fragen und Antworten« überliefert sind, lassen sich bei der großen Zahl der Hss. und bei oft willkürl. Zuweisungen an berühmte Autoren nur schwer fassen. Auf festerem Boden stehen wir bei den »Quaestiones et dubia« und den »Quaestiones ad Thalassium« des →Maximos Homologetes (7. Jh.) und bei den sog. Amphilochia, ca. 300 theol. Erotapokriseis des Patriarchen →Photios (9. Jh.). Kanonist. Erotapokriseis kennen wir von →Niketas v. Herakleia (10. Jh.), eine gewaltige Sammlung dogmat. und liturg. Inhalts aus der Feder des Metropoliten →Symeon v. Thessalonike, der unmittelbar vor der Übergabe der Stadt an die Türken starb (1429).

Wiederholt erscheint die D.-Form in der byz. Kontroverstheologie. →Theodoret v. Kyrrhos schrieb Ἐρανιστὴς ἤτοι πολύμορφος (etwa: Einsammler oder Pluralist), einen D. zw. einem Orthodoxen und einem Monophysiten; dieser entpuppt sich als erbärml. Kompilator verschiedener Häresien. Im frühen 9. Jh. gab der Patriarch →Nikephoros seinen »Antirrhetika«, einer Widerlegung der ikonoklast. Bildertheorie, ebenfalls die Form des D.s. Die theol. Auseinandersetzungen mit Gregorios →Palamas und dessen Anhängern nahm Nikephoros→Gregoras als zwei ausgedehnte Diskussionen, die auf Veranlassung Johannes V. Palaiologos bzw. des Exkaisers Johannes Kantakuzenos zustandegekommen waren, in sein Geschichtswerk auf. Seinen weltanschaul. Gegner →Barlaam, den er in einer öffentl. Diskussion (1331) besiegt hatte, machte Gregoras in zwei verschlüsselten »platon.« D.en lächerlich (Φιλομαθὴς ἢ περὶ ὑβριστῶν [Philomathes oder über Maulhelden] – mit einer an den Phaidros erinnernden Naturszene – und Φλωρέντιος ἢ περὶ σοφίας [Florentios oder über die Weisheit]).

Aber auch die durch die Jahrhunderte währende Polemik der Byzantiner gegen den Islam nahm zumeist die Form des D.s an. Sie fand ihren Höhepunkt in dem »D. mit einem 'Perser' [= türk. Professor]« des hochgebildeten Ks.s Manuel II. Palaiologos, der im Winter 1391 am Hof des Sultans geweilt hatte. Es gehört zur Routine solcher dialogartigen Polemiken, daß der Andersgläubige weitaus weniger zu Wort kommt als der Orthodoxe, dessen Überlegenheit zuletzt von dem Partner immer anerkannt wird.

Schulrhetorik und Gerichtsatmosphäre spiegeln sich in einigen kleineren Stücken agonalen Charakters. →Theophylaktos Simokattes (7. Jh.) und der Patriarch Germanos I. v. Konstantinopel (7./8. Jh.) verfaßten derartige D.e zum Thema der Vorbestimmung der Grenzen des menschl. Lebens. Michael →Choniates (12. Jh.) komponierte ein Streitgespräch zw. den Personifikationen der Seele und des Körpers, das von Asketen als Schiedsrichter entschieden wird. Das etwas ältere anonyme Streitgespräch zw. Meer und Erde, das mit einem Schiedsspruch Christi endet, riecht stark nach der Schulstube.

Eine Verbindungslinie läuft von den platon. D.en über die dialogisierten Gespräche Lukians zu einigen Stücken der mittel- und spätbyz. Satire. Während der »Charidemos oder über die Schönheit« nur eine schwache Nachahmung eines sokrat. D.s in Form einer Übungsrede bildet, führt der »Philopatris« unter dem Deckmantel antiker Namen und Zitate Stimmungsbilder zur polit. Lage im Byzanz des 10. Jh. (unter Ks. Nikephoros II. Phokas) vor Augen, ohne auf groteske Züge zu verzichten. Eine echte Lukianimitation ist der D. »Timarion«, eine vielleicht von Nikolaos Kallikles (12. Jh.) stammende Hadesfahrt. Der Besuch in der Unterwelt bietet Gelegenheit, Verstorbene, hist. Personen und ganze Berufsgruppen ironisch und respektlos zu behandeln; der Autor scheut vor einer diskreten Verspottung des Christentums nicht zurück. Ein aufgrund des Themas verwandter D. aus der Palaiologenzeit (frühes 15. Jh.) ist der sog. »Mazaris«.

Je ein D. der früh- und der spätbyz. Zeit behandelt aktuelle polit. Probleme. Die Schrift Περὶ πολιτικῆς ἐπιστήμης (Über die »Politikwissenschaft«) aus der 1. Hälfte des 6. Jh. ist trotz ihres fragmentar. Zustandes und der Unsicherheit in der Verfasserfrage von bes. Interesse. – Der »D. zwischen Reichen und Armen« des Alexios →Makrembolites (14. Jh.) sucht naive Lösungen einer sozialen Frage, ist aber zweifellos vor dem Hintergrund ernster sozioökonom. Probleme der Zeit zu sehen.

[2] *Dialogdichtung*: In der Dichtung war der D. natürlich auf der antiken Bühne zuhause. Mit dem Absterben des Theaters schon während der frühen kaiserzeitl. Jahrhunderte beschränkten sich die D.e in Versform fortan auf Lesedramen und dialogisierte Gedichte. Ignatios Diakonos (9. Jh.) schrieb ein Gedicht auf den Sündenfall, in dem Gott, Adam, Eva und die Schlange regelmäßig abwechselnd je 3 Verse sprechen. Von Philippos Monotropos (11./12. Jh.) ist ein langes Gedicht unter dem Titel »Dioptra« (etwa »Tugendspiegel«) erhalten, das ein Streitgespräch zw. Seele und Leib wiedergibt. – Von Theodoros →Prodromos (12. Jh.) stammt ein nettes kleines Lesedrama, die »Katomyomachia« (Katz-Mäuse-Krieg), eine Parodie auf die antike klass. Tragödie, versetzt mit aktuellen satir. Elementen, bietet; die Personen haben sprechende Namen, die von Nestroy sein könnten. In der »Freundschaft in der Fremde« des Th. Prodromos sprechen nur der Fremde und die personifizierte Freundschaft; schulmäßiges Moralisieren nimmt den Versen die Lebendigkeit. – Ins 12. Jh. ist wohl auch der Χριστὸς πάσχων ('Passion Christi') zu setzen; die hs. Zuweisung an Gregor v. Nazianz ist aufzugeben. Eine Aufführung dieses »Passionsspiels« läßt sich schon aus techn. Gründen schwer vorstellen. Ein Drittel der 2610 Verse ist antiken Vorbildern, v. a. Euripides, entlehnt, so daß das Werk unter die →Centonen ('Flickgedichte') zu rechnen ist und mit seiner raffinierten Vermengung von Heidnischem und Christlichem als ein charakterist. Beispiel byz. Literatenarbeit gelten kann. – Blaß wirkt das kleine »Dramation« des Michael Haplucheir (12./13. Jh.), das thematisch von der wenig beneidenswerten materiellen Lage des byz. Intellektuellen zehrt. – Der D., der sich nicht mehr auf der Bühne entfalten konnte, trat zum Teil in der in Byzanz beliebten Gattung des Epigramms auf. Die in ihrem Grundstock auf die Antike zurückgehende →Anthologia Palatina bietet zahlreiche Beispiele dialogisierter heidn. und christl. →Epigramme. Eine bes. Tradition entwickelte sich in der Grabepigrammatik; dieser ebenfalls bereits antike D. zw.

Verstorbenen und Hinterbliebenen spielt in den Gedichten der mittel- und spätbyz. Zeit eine gewisse Rolle.

Der größte liturg. Dichter der Byzantiner, →Romanos Melodos (6. Jh.), wußte den D. zur Belebung der pastoralen Tendenz in seine Kontakia einzubauen.

Schließlich hatte der D. auch in der byz. Volksliteratur seinen Platz. Von den teils langatmigen D.en im →Digenes Akrites abgesehen, ist die über 1000 Verse umfassende 'Geschichte von den Vierfüßlern' (14. Jh.) durch lebhafte Dispute der verschiedenen Teilnehmer an der Tierversammlung ausgezeichnet. – Unter den poetischen Klagen auf den Fall von Konstantinopel 1453 findet sich ein Gespräch der Patriarchen von Konstantinopel, Jerusalem, Alexandreia und Antiocheia sowie ein D. zw. den personifizierten Städten Venedig u. Konstantinopel.   H. Hunger

Lit.: HUNGER, Profane Lit. – BECK, Volksliteratur.

IV. LATEINISCHES MITTELALTER: [1] *Fortleben der antiken und patristischen Vorbilder:* Der Prolog zur »Clavis physice« des →Honorius Augustodunensis zitiert als Autoritäten für das Genus des D.s Sokrates, Plato, Cicero, Augustinus, Boethius. Von Platons D.n war allerdings bis zum 12. Jh. nur der Timaeus zugänglich, später Phaedon und Menon. Ciceros philosoph. und noch mehr die rhetor. D.e waren verhältnismäßig selten (→Cicero), Macrobius (Saturnalien) wenig verbreitet. →Minucius Felix war unbekannt, Augustins D.e hatten vor dem 15. Jh. keine sehr große, die »Soliloquia« weite Verbreitung, ebenso die Häretiker-D.e des →Hieronymus (CPL 608, 615). Zu den ausgesprochen vielgelesenen Werken gehörten die D.e des →Sulpicius Severus, →Cassians »Conlationes«, →Boethius' Kommentar zu Porphyrius und seine »Consolatio Philosophiae«. Größte Wirkung übte ferner →Donats »Ars minor« aus, deren Fragen und Antworten freilich einem »magister« und einem »discipulus« ausdrücklich zugewiesen sind. – Mit Ausnahme allenfalls des Sulpicius Severus gehörten gerade die verbreiteten D.e des Altertums zu den Werken, die nicht wie der »platon.« D. die gemeinsame Wahrheitsfindung (oder auch Betrachtung eines Gegenstandes) im Gespräch mehrerer Teilnehmer darstellen, sondern Darlegungen eines Teilnehmers von überlegener Autorität, die von Fragen und Stellungnahmen anderen meist nur kurz unterbrochen sind. Diese Art des D.s überwiegt auch im MA, sie wird aber keineswegs ausschließlich gepflegt.

[2] *Chronologischer Überblick – Prosadialoge:* D.e sind im lat. MA in kaum übersehbarer Menge und Vielfalt entstanden. Nur wenige Beispiele können genannt werden. Am Ende des 8. Jh. gibt →Alkuin, der führende Geist der 'karolingischen Renaissance', seinen z. T. geradezu programmat. Grundschriften zur höheren Bildung die Gestalt von Lehrdialogen; sie erneuern die alte Beziehung des D.s zur Philosophie und zur Lenkung des Gemeinwesens auf einem dieser Phase der Wiedergewinnung angemessenen Niveau. Auch das bedeutendste philos. Werk des frühen MA, des →Johannes Scottus »Periphyseon«, ist ein D.; der Schüler stellt darin nicht nur kurze Fragen, sondern er leitet mitunter Probleme aus Väterstellen her. Ebenfalls im 9. Jh. verfaßt →Paschasius Radpertus sein eigenartiges »Epitaphium Arsenii«, einen biograph. D., der von Cicero und Sulpicius Severus beeinflußt ist.

Wenn in den folgenden Jahrhunderten der D. als eine Form gebraucht wird, die auf prakt. jeden Gegenstand angewendet werden kann (z. B. auch auf hist.-kirchenrechtl., exeget. Stoffe), so hatte er doch eine bes. Tradition auf dem Gebiet der Vermittlung von Lehrstoffen jeder Art, der moral.-asket. Betrachtung, der Darstellung des Lebens bedeutender, meist hl. Männer und Frauen, der Gegenüberstellung polit., kirchenpolit., religiöser Auffassungen (Kaiser-Papst, Schisma, Judendialoge); diese nimmt sehr oft den Charakter eines →Streitgesprächs an, kennt aber auch die ruhig-sachl. Argumentation (z. B. →Petrus Alfonsi).

Seit dem 11. Jh. ist der parodist. Wortwechsel zw. →Salomon und Marcolf bezeugt, der eine entfernte Ähnlichkeit mit den alten →Ioca monachorum zeigt. Ebenfalls im 11. Jh. setzt die große Zahl der kirchenpolit. D.e ein.

Die hohe lit. Kultur des 12. Jh. zeigt dann auch den D. auf einer neuen Höhe, die sich schon in den ausgewogenen philos.-theol. Lehrgesprächen des →Anselm v. Canterbury ankündigt; diese lassen auch den Lernenden durch Zweifel, Einwände, eigene Überlegungen an der Entwicklung des Gedankens teilhaben. Im sehr verbreiteten »Dragmaticon philosophiae« hat →Wilhelm v. Conches eine dialog. Bearbeitung seiner »Philosophia mundi« gegeben. Auch in einigen der Lehrdialoge z. B. des →Honorius Augustodunensis gehen die Wechselreden bedeutend über das einfache Frage-Antwort-Schema hinaus. Der »Liber de spirituali amicitia« des →Ælred v. Rieveaulx nennt in der Vorrede Cicero. →Rahewins D. »De pontificatu Romanae ecclesiae« versucht einen kirchenpolit. Gegenstand, der die Gemüter erregte, objektiv darzustellen.

Schließlich haben die folgenden und anscheinend bes. die letzten Jahrhunderte des MA auf fast allen Gebieten zahllose D.e hervorgebracht. Neben vielen anonymen stehen die Werke namhafter Autoren bis hin zu →Johannes Gerson, zum überaus verbreiteten »Formicarius« des →Johannes Nider, den vielen D.n des →Felix Hemmerlin, →Dionysius des Kartäusers, des →Thomas a Kempis, →Nikolaus v. Kues, zu →Johannes Rabenstein. Der überaus lebhafte D. des →Geri v. Arezzo († vor 1339) mit Amor ist vom Stil der Komödie geprägt.

Mit den einfachen Formen des D.s berühren sich die →Quaestionen, deren Fragen und Antworten gelegentl. bestimmten Personen in den Mund gelegt werden (z. B. CPL 373°, MPL 40, 733ff.). Aus der Schuldisputation, die z. B. bei Hrotsvith (Paphnutius I, 1ff.) dargestellt ist, und der Gelehrtendisputation (Hrotsvith, Sapientia III, 8–22; Richer, Histor. III, 57ff.) sowie der log. Erörterung gehen, sicher nicht ohne den Einfluß des D.s, die →Disputationen und Quaestiones disputatae hervor.

Eine Art für sich stellen die Gesprächsbüchlein dar, die weniger den Stoff als den Ausdruck (z. T. in fremden Idiomen – ein ältestes Beispiel bietet bereits das 9. Jh. mit den »Ahd. Gesprächen«, B. BISCHOFF, Ma. Stud. 2, 237) lehren wollen, oft zugleich auch Lebensart (→Niavis, Latinum ydioma, Manuale studentium, MJb 10, 232–269). Sie finden ihre vollendete Gestaltung bei →Erasmus, der die Lehre des Ausdrucks, der Sprache, der Lebensart mit buntestem Inhalt vereint.

In der Liturgie ist das dialog. Element bereits durch die antiphon. Grundordnung angelegt, es wird nicht nur im responsorialen Vortrag, sondern auch in den vielen regelrechten Wechselreden (z. B. »Sursum corda« – »Habemus ad dominum«) deutlich (vgl. Dialogdichtung, →Geistl. Schauspiel).

D.e (und wörtl. Rede überhaupt) in erzählenden Formen wie →Epos, Historie, →Exemplum, →Fabel, sowohl ein Vorgehen des naiven Erzählens als auch bewußte Kunstform (das »genus mixtum« der Theorie) zur Belebung und Hervorhebung finden sich allenthalben.

Zur Verwendung der Dialogform im Fachschrifttum →Fachliteratur.

[3] *Chronologischer Überblick – Dialogdichtung:* Sie entspricht zu einem Teil dem Dialog, insofern als sie häufig

dieselben Gegenstände auf entsprechende Weise in Versen darstellt: Die im SpätMA zunehmende Neigung, Stoffe aller Art, insbes. didaktische, zu versifizieren, läßt oft die Versform als eher äußerl. Zutat erscheinen. Hauptsächl. ist die D. jedoch aus eigenen Ursprüngen hervorgegangen, als deren wichtigster die →Ekloge anzusehen ist. Unter den anderen Arten der D. kommt dem verwandten, überaus verbreiteten →Streitgedicht, -gespräch bes. Bedeutung zu; die →Fabel ist vielfach auf einen D. hin angelegt.

Bereits das 9. Jh. hat eigenwillige D.e von z. T. hohem poet. Anspruch hervorgebracht, z. B. →Walahfrid Strabos poet. Zwiegespräch mit seiner »Scintilla« (carm. 23, »De imagine Tetrici«), den Wechselgesang des →Hibernicus exul mit seiner Muse über die Würde der Dichtkunst (Poetae I, 396ff.), des →Ermoldus Nigellus Gespräch zw. dem Dichter, Thalia, dem König, Wasacus und Rhenus, und das poet. Meisterwerk des echten Wechselgesanges zweier Dichter, die Vita S. Galli des →Notker Balbulus und →Hartmanns v. St. Gallen. Teils Trostliteratur, teils biograph.-hagiograph. Nachrufdichtung sind die Gespräche des Agius v. Korvey. Im 11. Jh. läßt Wipo in seinem panegyr.-protrept. »Tetralogus« den »Poeta« (sich selbst), die Musen, Lex und Gratia auftreten; Belehrung nach dem Vorbild Salomos wollen →Arnulfs »Deliciae cleri« bieten. In den hist.-biograph. »Gesta Witigowonis« spricht →Burchard v. d. Reichenau mit der Personifikation der »Augia«.

Gnom. oder epigrammat. Kleinformen wie das Nachtigallengedicht des →Eugenius v. Toledo (carm. 32), die Mantelepigramme des →Hugo Primas (carm. 2), CB 2, oder, mit bes. raschem Wechsel der Rede, AL 896 und eine Reihe von zweizeiligen Dialogen zw. Maria und dem Gekreuzigten (B. BISCHOFF, Ma. Stud. 3, 271–276), oder in ähnlicher Form Johannes' Gerson carm. 119 (P. GLORIEUX) zeigen mitunter poet. Dichte oder Virtuosität.

Zahlreiche D.n entstanden in der Nachfolge der »Consolatio philosophiae« des →Boethius; das Hld hat allegor. D.n angeregt (→Epithalamium), Liturg. Dichtungen können Wechselreden enthalten (Notkers Rachelklage, Wipos Ostersequenz); der dialog. Ostertropus »Quem quaeritis« wurde zum Keim des →Geistl. Schauspiels. Einen natürl. Platz hat die Wechselrede in der Liebesdichtung, eines der ältesten Liebesgedichte ist ein Dialog: »Iam dulcis amica venito« (Carmina Cantabrig., Nr. 27).

[4] *Einzelnes in Beispielen:* a) *Teilnehmer: Lebende Personen.* Häufig der Autor selbst mit Namen (→Wilhelm v. Hirsau, »Franciscus« →Petrarca); »ego« (→Sulpicius Severus, →Henricus Arnold), magister, poeta (→Wipo) collecticius (→Arnold v. St. Emmeram), Peregrinus (→Konrad v. Hirsau); als Partner treten u. a. auf: ein Schüler, Freund (→Rainer v. Lüttich), Sohn oder anderer Verwandter, die Verkörperung eines anderen Ichs: Scintilla (Walahfr.), ein Oberer oder eine der folgenden Arten von Partnern:

Zeitgenossen: Karl d. Gr. (Alkuin), Albertus dux Bavariae (→Nikolaus v. Kues), Ruppertus, Kfs. v. Bayern (→Michael der Kartäuser), Rex Heinricus II – Abbas Bonaevall. (→Petrus v. Blois), Thiemo und Sefrid (→Herbord v. Michelsberg), Octavian und Alexander (→Matthaeus v. Vendôme?), Capitulum ecclesiae Pragensis (→Hilarius Litomericensis), Kreis des Coluccio (→Bruni). – *Hist. Personen:* Adrian-Epictetus, Kirchenväter (Dialogus de ratione animae, CPL 633 Nr. 37; De quaestione porcorum, B. BISCHOFF, Ma. Stud. 1, 256f.; Dialogus quaestionum LXV, MPL 40, 733), Matthaeus v. Krakau – Johannes, Ebf. v. Gnesen (→Vincentius Cracoviensis). –

Bibl. Personen: Maria (→Henricus Arnold; De Maria et Synagoga, BLUMENKRANZ Nr. 240), Rachel-Jacob (Gerson). – *Fingierte Personen* (sowohl Personifikationen als auch einzelne als Repräsentanten einer Gruppe): *Glaubensgemeinschaften, Völker:* Iudaeus-Christianus (passim). *Andere Gemeinschaften, Stände; Seelenhaltungen:* Peccator (→Innozenz III.), clericus, miles (oft, z. B. Repfont 4, 210, Iohannes de Legnano), monachus, novitius (→Thomas a Kempis, →Caesarius v. Heisterbach), Cluniacensis-Cisterciensis (→Idung), laicus (Repfont 4, 188), dives-pauper, senex-iuvenis (→Martin v. Leibitz), philosophus (→Abaelard), orator, idiota (beide Nikolaus v. Kues). – *Nach der Funktion im D.:* ammonicius (→Arnold v. St. Emmeram), quaerens-solvens (→Giraldus Cambrensis), narrator-auditor (→Thomas v. Papia), magister-discipulus (passim), nutritor-alumnus (→Johannes Scottus). Das Verhältnis von Fragendem und Antwortendem erfährt hier eine Umkehrung: im alten Schul-D. fragt der Lehrer den Schüler den Stoff ab, so ist auch noch Donat zu verstehen – während z. B. Augustinus »De magistro« sokratisch fragt, um zur Erkenntnis zu führen. Später bittet der Schüler um Auskunft. Die Umkehrung in der Bedeutung der Siglen D – M (didascalos-mathetes zu discipulus-magister, oft noch mit griech. Buchstaben) wird auf den theol. Lehrdialog des Junilius (ca. 532) zurückgeführt, in dem (wie in Ciceros Partitiones oratoriae) der Lernende die Fragen stellt. So ist es von da an die Regel (z. B. bei →Julian v. Toledo, →Adhelms Epistola ad Acircium, →Clemens Scottus). – *Nach der polit. Einstellung:* Clementista-Urbanista (→Johannes v. Wesel). – *Nach der seel.-geistigen Haltung:* anxiatus (→Hemmerlin), penitens (→Warnerius v. Basel), philochristus (→Rainer v. Lüttich) – *Überird. Partner:* Gott (→Innozenz III., Gerson, Nikolaus v. Kues u.), Erzengel (Nikolaus v. Kues); Musae (Wipo), Thalia (Ermoldus), Merkur (Balde). *Personifikationen:* Gratia (→Warnerius), Natura, Fortuna (Albertino →Mussato), Anima, Spiritus (→Hugo v. St. Viktor; →Johannes de Janua), Caro (→Hildebert v. Lavardin, MPL 171, 989), Mors (MANITIUS 3, 645, 953f.), Terra (Niavis), Concupiscentia (→Andreas v. Regensburg, →Engelbert v. Admont?), Timor-Securitas (→Wilhelm v. Conches), Theologia (→Johannes Dambacensis), Grammatica (→Osbern v. Gloucester), Ecclesia-Synagoga (BLUMENKRANZ Nr. 23, 173, 188), Roma (WALTHER, Streitgedicht, 178f.).

b) *Zahl der Teilnehmer:* Weit überwiegend zwei, häufig auch drei (Abaelard, Ælred, Rainer); vier: Wipo; fünf und mehr: De quaestione porcorum, Ambrosius Autpertus, Paschasius Radpertus, 20 bei Nikolaus v. Kues, »D.us de pace« (Archangelus, Verbum caro factum, Grecus, Italus, Arabs, Indus, Chaldeus usw.).

c) *Rahmen:* Ein bestimmter szen. Rahmen, Hinweise auf den Zeitablauf, auf bestimmte Umstände, z. B. Ruhe (otium) und Abgeschiedenheit sowie eine Vorstellung der Personen werden nur in einem Teil der ma. D.e angedeutet (z. B. bei Hildebert, Honorius Augustodunensis »De vita apostolica«, →Idung, Ælred, →Richard v. Ely, Nikolaus v. Kues (Idiota, »De ludo globi«; Der D.us de pace spielt im Himmel). – Manchmal gibt der D. ein wirklich geführtes Gespräch wieder (→Gislebertus Crispinus, →Anselm v. Havelberg, Wilhelm v. Hirsau, →Otloh). Gelegentl. wird der Rahmen eines Prozesses oder einer Synode gewählt (→Iacobus de Theramo; Liebeskonzil von Remiremont, →Anselm v. Besate, →Petrus Diaconus).

d) *Begründung der Form:* Der D. galt als abwechslungsreicher, kurzweiliger als die Abhandlung (Sulpicius Severus, Wilhelm v. Conches, Praef., Thomas v. Papia), er macht den Hörer aufmerksam (Martin v. Leibitz), ist bes. zum Unterricht für Kinder geeignet (Ps.-Beda, MPL 90, 614), macht den Gegenstand leichter faßbar (Anselm v. Canterbury, Cur Deus homo c. 1), prägt ihn besser dem Gedächtnis ein (→Nicolaus de Argentina, De recto fine studiorum, praef.), erleichtert das Urteil über das Für und Wider (→Gerhoh v. Reichersberg, Rahewin, auch Honorius Augustodunensis [MPL 170, 614]).

e) *Dialogisierung:* Die Wertschätzung des D.s bewirkt, daß immer wieder bereits vorliegende Texte dialogisiert werden. Der D. de Junilius ist nach dem Lehrvortrag des Paulus v. Basra geschrieben, (Ps.-)Beda »De ratione computi« (MPL 90, 579ff.) u. a. nach Beda »De temporum ratione«; ein eigenes Werk dialogisierte Wilhelm v. Conches; Honorius Augustodunensis verfaßt u. a. die »Cognitio vita« nach dem »Monologion« Anselms v. Canterbury. G. Bernt

Lit.: *zu [1]:* RAC III, 928–955 – H. WALTHER, Das Streitgedicht in der lat. Lit. des MA (Q. und Unters. zur lat. Philol. des MA 5,2), 1920 [Nachdr. 1984 mit wichtigen Nachtr. von P. G. SCHMIDT; auch über D. allg.] – A. AUER, Johannes v. Dambach und die Trostbücher vom 11. bis zum 16. Jh. (BGPhMA, Texte und Unters. 27, 1/2), 1928 – G. STRECKENBACH, Stiltheorie und Rhetorik der Römer im Spiegel der humanist. Schülergespräche [Diss. Berlin 1931], 1979 – DERS., MJb 10, 1975, 232–269 – B. BLUMENKRANZ, Les auteurs chrétiens du MA sur les juifs et le judaisme, 1963 [Judendialoge] – M. PLEZIA, L'hist. dialog., 1961 – P. v. MOOS, Consolatio, 1971f. (MMS 3, 1–4), Bd. 3, 15, 118 (»Dialog«) – H. KÄSTNER, Ma. Lehrgespräche, 1978 (Philos. Stud. und Q. 94) [mit textlinguist. Methoden, z. T. auch lat. Texte betreffend] – M. W. BLOOMFIELD, B.-G. GUYOT u. a., Incipits of Lat. Works on the Virtues and Vices, 1100–1500 A. D., 1979 (The MA Acad. of America, Publ. Nr. 88), Indices p. 698, 736 (Altercatio), 705f., 742 (Dialogus, Disputatio) – L. HOLTZ, Donat et la tradition de l'enseignement grammatical, 1981, 99–102 [zur Frage magister – discipulus] – *zu [2] ferner:* Indices zu WALTHER – SZÖVERFFY, Annalen – DERS., Weltl. Dichtungen, s. v. – G. JÜTTNER, Der Dialog in Pharmazie, Chemie und Botanik, Ber. zur Wissenschaftsgesch. 3, 1980, 23–34.

V. HUMANISMUS: Die dialog. Struktur des Humanismus, der in der →Antikenrezeption Menschen als Zeugen und Gestalter geschichtl.-polit. Situationen begriff und sie in den →Studia humanitatis lit. auch im →Brief dialogisch vergegenwärtigte, gab dem D. als Literaturform eine neue Bedeutung. →Petrarca wollte in seinem von →Augustin und →Boethius beeinflußten, als Beichtgespräch zw. Augustin und ihm angelegten »Secretum« (»De secreto conflictu mearum curarum libri tres«) das ciceron. Ideal freien Gesprächs wiederbeleben. Doch übernahmen erst L. →Brunis »Dialogi ad Petrum Histrum« das Muster der D.e →Ciceros, in denen philos. Fragen von gleichrangigen Zeitgenossen in situationsbezogenen Wechselreden diskutiert wurden. Der »neo-ciceronische D.« (MARSH) verbreitete sich – vielleicht nicht zufälligerweise – zuerst durch Autoren, welche an der päpstl. Kurie nach 1430 ein lebendiges humanist. Gesprächsklima erfahren hatten. Während im Gefolge von Ciceros »De oratore« nach Bruni L. B. →Alberti Probleme der Florentiner Bürgerkultur behandelte, bezogen sich die D.e →Poggios und →Vallas direkter auf Erfahrungen der Kurie, indem sie offen die ma. Lehrmeinungen und Institutionen der Kirche in Frage stellten. In der 2. Hälfte des 15. Jh. wurde der neo-ciceron. D. zur beliebten Literaturform bei der Behandlung der verschiedensten gelehrten Themata, z. B. bei Georgius→Agricola, →Beroaldus, Felix→Hemmerli, →Landino, →Platina, →Pontano, Traversagni, im 16. Jh. auch im volgare z. B. bei Bembo, Castiglione, Leone Ebreo, Machiavelli, Speroni, Sigonio und Tasso, die beide auch die Theorie des D.s behandelten. Neben Cicero beeinflußte die Symposientradition Platos, Xenophons, Plutarchs, des Aulus Gellius, Athenaeus und Macrobius die Dialogliteratur des Humanismus, z. B. bei A. →Decembrio, →Filelfo. Eine 3. Tradition, die sich z. T. mit den andern verband, z. B. bei Alberti, →Vegio, →Collenuccio, Galateo und →Pontano und v. a. bei →Erasmus und Ulrich v. Hutten ihren Höhepunkt fand, geht auf die komödiant.-satir. D.e Lukians zurück. Insgesamt schlug das Grundmuster der D.e Ciceros durch, in denen v. a. polit. oder ethische Fragen in einem geschichtl. situierten Rahmen urbaner Muße von gebildeten Persönlichkeiten des öffentl. Lebens in utramque partem erörtert wurden und so an die Stelle log. Klärung autoritativer Lehren die Überzeugungskraft persönl. Argumentation im rhetor. geformten Wechselgespräch trat. W. Rüegg

Lit.: R. HIRZEL, Der D., 1895 – G. WYSS MORIGI, Contributo allo studio del dialogo all'epoca dell' Umanesimo e del Rinascimento [Diss. Bern 1950] – D. MARSH, The Quattrocento Dialogue, Classical Tradition and Humanist Innovation, 1980.

VI. ROMANISCHE LITERATUREN: [1] *Prosadialog:* Die Dialogtechnik in den roman. Literaturen folgt ohne wesentl. Veränderungen den typolog. Vorbildern der antiken und mlat. Literatur. Dabei lassen sich zwei Hauptstränge der Tradition feststellen: zum einen der didaktische D. (s. a. →Lehrhafte Literatur, →Fachliteratur), in dem sich einer der Gesprächspartner darauf beschränkt, Fragen zu stellen, wodurch die behandelte Materie in eine Reihe kleiner Gedankenschritte zerlegt wird (zum Unterschied zu der nach koordinierten und subordinierten log. Strukturen gegliederten Darstellung in den anderen Formen der Traktatliteratur); zum anderen der D. mit ethisch-spiritueller-philos. Thematik, in dem ein Gespräch realer oder fiktiver Personen mit dem Autor, Leser oder einer diesen repräsentierenden Person geschildert wird. Bei dem letztgenannten Dialogtypus wird dem Gesprächspartner eine eigenständigere Rolle eingeräumt. Dieser Typus ist der Ausgangspunkt für stärker lit. geprägte Dialogformen in Dichtung und Drama.

Bei der Entwicklung und Verbreitung der Dialogtechnik sind Übersetzungen aus dem Latein und Originalwerke zu unterscheiden, wobei die Originalschöpfungen nicht von vornherein höher zu bewerten sind.

1) Als einflußreichste lat. Werke mit didakt. Zielsetzung, die weite Verbreitung fanden und mehrfach in die ma. Kultursprachen übersetzt wurden, können →Donats »Ars minor«, die Lehrschriften →Bedas oder Ps. Bedas, die »Disciplina clericalis« des →Petrus Alfonsi, das »Elucidarium« des →Honorius Augustodunensis und die davon abhängigen »Lucidari« sowie das Buch Sirach angesehen werden.

Die in der Volkssprache abgefaßten Werke umfassen zumeist einzelne Themenkreise: z. B. Liebe und Minne: Teile bei→Andreas Capellanus, aufgegriffen von Drouart la Vache (13. Jh.); Jagd: »Livre du Roy Modus et de la Reine Racio« des Henri de Ferrières (14. Jh.); Rittertum: »Roman des Eles« des →Raoul de Houdenc (13. Jh.).

2a): D.e mit philosoph. Thematik: In diese Kategorie fallen auch D.e, die häufig den Charakter der »visio« annehmen, wenn die Personifizierung eines abstrakten Begriffs als Kunstmittel eingeführt wird. Der grundlegende Text, dessen Bedeutung für das MA v. a. seit dem 9. Jh. zusehends wuchs, ist die »Consolatio philosophiae« des →Boethius (frz. Übersetzung: Simund de Freine, »Roman de Philosophie«, anglonorm. 12. Jh.; Pierre de Paris; →Jean de Meun; →Renaut de Louhans [vgl. HLF 37, 419–470]; it. Übersetzung: Alberto della Piagentina und verschiedene andere bis zu Benedetto Varchi; prov. Paraphrase: »Boeci« (11. Jh.); span. Übersetzung: Pero→Lopez de Ayala). Nach boethian. Schema entstanden lat. Werke in Dialogform, die ihrerseits in die Volkssprache übersetzt wurden, wie der »Liber Consolationis et Consilii« des →Albertanus v. Brescia (frz. Übersetzung von Renaut de Louhans, die als Quelle für Geoffrey →Chaucers »The Tale of Melibeus« diente [HLF 37, 488–506]). Sowohl die lat. Texte wie die Übersetzungen sind in zahlreichen Hss. verbreitet. Nach dem gleichen Muster wurden viele Werke gestaltet, z. B. der »Petit plet« des Chardri (anglonorm. 13. Jh.), der seinen Stoff aus »De remediis fortuitorum« des Ps. Seneca bezieht.

b) In analoger Weise wird die D.-Form dazu verwendet, den Gesprächspartner sozusagen als Spiegel des Autors einzusetzen. Kennzeichnend für die Werke spiritueller Tradition, findet diese Technik eines ihrer themat. und intellektuellen Vorbilder in →Augustinus und gelangt bis ins 14. Jh. (→Petrarca, »Secretum« und »De vita solitaria«), wo sie sich weiterentwickelt und zu einer klass. Form der Selbstanalyse wird, vgl. z. B. →Katharina v. Siena, »Dialogo della Divina Provvidenza (Libro della Divina Dottrina) 14. Jh., Marguerite →Porete, »Mirouer des simples ames«.

c) Zahlreicher sind die Belege für die volkssprachl. Tradition des →Streitgesprächs bzw. Streitgedichts (lat. disputatio, altercatio, it. contrasto, frz. débat, span. disputa) zw. fiktiven Personen. Am häufigsten finden sich Streitgespräche zw. Seele und Leib (z. B. Desputoison del cors et de l'ame, anglonorm. 12. Jh.), →Bonvesin da la Riva, De anima cum corpore (lombard., 13. Jh.); →Jacopone da Todi in vielen Lauden; weitere sehr häufige Themen: Streitgespräch zw. Kirche und Synagoge, Liebendem und Geliebter (z. B. →Cielo d'Alcamo und die gesamte→Pastorellenliteratur, Wasser und Wein, Winter und Sommer (noch im Volkslied lebendig), Ritter und Kleriker.

d) Viele dieser Streitgespräche scheinen in Zusammenhang mit dem Ursprung der dramat. Monologe und D.e zu stehen:→Farce; Moralité, Moralität; → Sottie. Dialogische Struktur weisen auch die→Sermons joyeux auf sowie Formen, die in enger Verbindung mit monolog. Genera stehen.

[2] *Dialogdichtung:* Die roman. D. bildet keine eigene lit. Gattung, sondern begegnet regelmäßig in einer Reihe von lit. Einzelformen (→Streitgespräch); dialog. →Lauda, Pastorelle (→Pastorellenliteratur), →Serranilla; →Chanson de toile) sowie gelegentl. in lit. Genera, bei denen im Rahmen eines erzählenden Textes eine D.-Situation auftreten kann und für die der Dialog akzidentalen Charakter besitzt. Das »Streitgespräch« wurde in der Farce, Sottie und Moralité wiederaufgenommen; die dialogisierte Lauda wird als eines der für das geistl. Drama konstitutive Elemente angesehen und wurde wahrscheinl. von Anfang an von zwei Stimmen rezitiert oder aufgeführt (in der Liturgie gebräuchl. Formen wie Responsorien und Tropen konnten dabei als Vorbild gedient haben); die Pastorelle wurde – als vereinzelter interessanter Vorgang – in dem Singspiel »Jeu de Robin et Marion« des→Adam de la Halle dramatisiert. Alle diese gen. Formen weisen eine niedere Stilhöhe auf. Abgesehen von ihrer für einige lit. Genera grundlegenden Rolle findet die D.-Form auch in anders konzipierte Texte Eingang, z. B. sieht der→»Roman de la Rose« (insbes. der von→Jean de Meun verfaßte Teil) lange Dialogpartien vor, die von den Schreibern der Hss. mit Rubriken für die »Personen« versehen wurden und dadurch auch optisch D.-Charakter erhielten.

Mit dem Dialog verwandt ist die →Tenso (Tenzone), eine Art Wechselgesang, bei dem ein oder mehrere Dichter sich mit einem anderen über ein bestimmtes Thema auseinandersetzen. Es handelt sich dabei um eine Art Dialog auf Distanz, dessen Einheit auch in der Handschriftenüberlieferung gewahrt bleibt. Der streitbare Charakter dieser für die frühe Lyrik typ. Form mildert sich in der Folgezeit, wobei der Typus des poetischen Zwiegesprächs beibehalten wird oder aber in die Form des Dichterwettstreits über ein bestimmtes Thema übergeht (z. B. der sog. »Concours de Blois« im Kreis von →Charles d'Orléans über das Thema »Je meurs de soif auprès de la fontaine« oder der 1441 in Florenz über das Thema »vera amicizia« gehaltene →Certame coronario).

Die prov. »coblas tensonadas« (cf. Leys d'Amor. ed. J. ANGLADE, II, 166) stellen kein eigenes lit. Genus dar und können als genuine dialogisierte Form angesehen werden, bei der die Interlokutoren Gruppen von Versen, Einzelverse oder sogar Halbverse untereinander aufteilen, in dieser Tradition stehen die dialogisierten Sonette der it. Lyrik (z. B. Jacopo da Leona, Rustico →Filippi, häufig Cecco →Angiolieri, Fino d'Arezzo) und die dialogisierte frz. Ballade (sehr häufig bei →Deschamps und im gesamten 15. Jh.). Die »coblas tensonadas« finden sich in Texten im niederen Stil, meist satir.-komischen Inhalts.

In vielen Fällen begegnet der Versdialog in lit. Genera, für die eine dichter. Ausformung nicht typisch ist; im allgemeinen überwiegt in der Tradition die versifizierte Form über die Prosa (z. B. im Lehrdialog). Die vielleicht klassische Ausprägung der Dialogdichtung, die →Bukolik, hatte in der volkssprachl. Dichtung keine große Verbreitung. Die ersten Beispiele in den roman. Literaturen finden sich im it. Raum mit Werken von Leon Battista →Alberti, Luigi und Bernardo →Pulci und Matteo Maria →Boiardo. A. Vitale-Brovarone

Lit.: Außer den in Abschnitt IV gen. Werken: GRLMA VI, 2, s. v. débat, denuestos, disputa – R. BENITEZ CLAROS, El diálogo en la poesia medieval, Cuadernos de Literatura 5, 1949, 172–187 – J. C. AUBAILLY, Le monologue, le dialogue et la sottie, 1976 (Bibl. du XVe s., XLI) – F. SUITNER, Sul sonetto dialogato nella poesia it. delle origini, Misc. . . . V. BRANCA, I, 1983, 99–109 – O. JODOGNE, La ballade dialoguée (Mél. . . . R. GUIETTE, 1961), 71–85.

VII. DEUTSCHE LITERATUR: Der in der Antike so mächtige Literaturtyp 'Dialog' lebt in der deutschsprachigen Lit. des MA fort, allerdings nur in Übersetzungen, an deren Beginn – zeitlich und nicht traditionsstiftend für die im SpätMA einsetzende Übersetzertätigkeit – die letztlich folgenlos gebliebene Boethius-Translation (→Boethius, Abschnitt II) →Notker Labeos steht. D.e im Sinne eines Werktyps in der poetolog. Tradition der antiken Gattung 'Dialog' erscheinen in der deutschsprachigen Lit. des MA dagegen nicht. Wohl aber existieren von Beginn der volkssprachl. Lit. an bis ins späte MA Texte, deren Form dialogisch im weitesten Sinn ist (angefangen bei der einfachen Aneinanderreihung von Frage und Antwort [»Lucidarius«] bis zum »Streitgespräch«, das die Form 'Dialog' schon weitgehend destruiert) und die sich mehreren Themenbereichen zuordnen lassen.

Naheliegend und gewissermaßen themenspezif. vorgegeben ist die Verwendung der Dialogform in der didakt. Dichtung (→Lehrhafte Lit.), v. a. dort, wo diese sich am Vorbild mündl. Unterweisung orientiert und diesen Gestus beibehält. So in der unter dem Autornamen »der →Winsbeke« überlieferten »Erziehungslehre« (13. Jh.), einem 56strophigen Gedicht, das die Dialogstruktur als Verständnismuster voraussetzt, sie aber nicht aktualisiert, indem nur ein Gesprächspartner, der die Unterweisung erteilende Vater, in Erscheinung tritt, während der Sohn nur als Angeredeter präsent ist. Eine Entsprechung zu diesem »einseitigen« Dialog als Gespräch zw. Mutter und Tochter stellt die→»Winsbekin« (13. Jh.) dar, die wohl in der Tradition des Lavinia-Gesprächs (»Aeneis«-Tradition) zu sehen ist und die im Gegensatz zum »Winsbeken« tatsächl. ausgeprägte dialog. Partien enthält. – Der im Auftrag→Heinrichs des Löwen 1190–95 entstandene und in Form eines Lehrer-Schüler-Gesprächs abgefaßte »Lucidarius« gehört inhaltl. in den Bereich der Kompendienliteratur. Als »Kleinen Lucidarius« versteht der Dichter des →»Seyfried Helbling« (Ende 13. Jh.) acht der insgesamt 15 Gedichte seines Werkes, in denen dialogisch polit.-soziale Themen behandelt werden.

Eine andere Funktion als in der didakt. Lit. hatte der D. in der→Mystik, wo er als »dialogisierter Monolog« dazu dient, den an sich unbeschreibbaren Akt der Begegnung mit dem Göttlichen, gipfelnd in der »unio mystica«, darzustellen und in Annäherung zu verbalisieren. Selten allerdings wirkt der D. – so häufig auch dialogische Elemente (z. B. im Werk →Mechthilds v. Magdeburg) erscheinen – strukturbildend, etwa in dem in mehreren Fassungen überlieferten Gedicht »Christus und die minnende Seele«, das auf ikonograph. Traditionen zurückgreifend Bildfolgen dialogisch gestaltet, sowie in Rulmann →Merswins »Neunfelsenbuch« und v. a. in Heinrich→Seuses »Büchlein der Wahrheit« und »Büchlein der ewigen Weisheit«. Finden sich in den beiden erstgenannten Werken v. a. Elemente des »Streitgedichts« (in Form der Auflehnung des Menschen gegen Gott), so motiviert Seuse in der Vorrede zum »Büchlein der Wahrheit« die Wahl des D.s (Lehrgespräch zw. Diener und Wahrheit) als didaktisch bestimmt.

Die Reihe der »Streitgespräche«, die noch unter dem Terminus 'Dialog' zu fassen sind, eröffnet →Hartmanns »Klage« (Ende 12. Jh.), die inhaltl. jedoch in die didakt. Lit. einzuordnen ist. Die lat. Tradition des Leib-Seele-Disputs wird bei Hartmann in ein Gespräch zw. *herze* und *lîp* gewendet und die theol. Thematik dementsprechend abgelöst durch die Frage nach richtigem Minneverhalten. Der bei Hartmann ausgeführte Typus des »Widerstreits« findet sich oft in allegor. Gesprächen, so z. B. in dem häufig thematisierten »Tugend-Laster-Streit« (auch in Form der Auseinandersetzung zw. »Wahrheit«-»Lüge«, »Treue«-»Untreue«, »Zucht«-»Unzucht« überliefert). Strukturstiftend für einen weiteren in seinen Ausformungen variationsreichen Typus des »Streitgesprächs« ist der dialogisierte Wettstreit zwischen exemplar. Rollen (Ständevertretern) bzw. Personifikationen (so z. B. in Heinzeleins v. Konstanz »Von dem Ritter und von dem Pfaffen« oder in »Minner und Trinker«). Streitgespräche sind häufig im Bereich der →Minnereden angesiedelt und thematisch verbunden mit der Minnekasuistik, dem Werbungsgespräch etc. Ein weiterer häufig behandelter Themenkomplex ist die Auseinandersetzung zw. →Ecclesia und Synagoge (z. B. bei→Regenbogen, parodiert von→Folz).

Dialogisch geprägt sind auch die späten→Totentänze. Besitzt schon die frühe memento-mori-Literatur (z. B. →»Von des todes gehugde«) teilweise dialog. Gestus, so werden diese Ansätze in der weiteren Entwicklung in den Totentänzen zu regelrechten Streitgesprächen ausgebildet. Letzter Ausläufer dieser Tradition und gleichzeitig beeinflußt vom neuen Interesse des Humanismus an den lit. Möglichkeiten der Diskursform 'Dialog' ist der »Akkermann aus Böhmen«. Dieser um 1400 entstandene Prosadialog des →Johannes v. Tepl formalisiert das Streitgespräch zu einem Gerichtsvorgang, dessen Akteure, Witwer und Tod, als Kläger und Angeklagter um den Tod der Ehefrau miteinander rechten. In der vielschichtigen Auseinandersetzung zw. den Prozeßgegnern, die sich zu einer grundsätzl. Diskussion über Leben und Tod verdichtet, entfaltet sich zum ersten Mal in der deutschsprachigen Lit. der D. zu seinem ursprgl. Diskurstyp, indem hier die lit. Form konstitutiv für die Entwicklung des Argumentationsgangs wird. P. Schmitt

Lit.: Reallex. der dt. Lit. I, 1958², s. v. D. [R. WILDBOLZ]; IV, 1984², s. v. Streitgedicht/Streitgespräch [G. BEBERMEYER] – R. HIRZEL, Der D., 1895 – H. JANTZEN, Gesch. des dt. Streitgesprächs im MA, 1896 (Germ. Abh. 13) – G. NIEMANN, Die Dialoglit. der Reformationszeit, 1905 – H. GUMBEL, Die Verweltlichung des dt. geistl. D.s im 14. Jh., DVjs 8, 1930, 481–496 – H. WALTHER, Das Streitgedicht in der lat. Lit. des MA, 1914 (Q. und Unters. zur lat. Philol. des MA 5,2) – I. GLIER, Artes amandi, 1971 (MTU 34).

VIII. MITTELNIEDERLÄNDISCHE LITERATUR: Die didakt. Dialogform, in der einer der beiden Gesprächspartner sich auf Fragen beschränkt, die der andere ausführlich beantwortet, war auch in der mnl. Lit. sehr beliebt. Als Beispiele seien hier die »Dietsce Lucidarius«, eine Versbearbeitung des »Elucidarium« des →Honorius Augustodunensis, sowie kürzere gereimte D.e wie die »Tweesprake tusscen den Jonghelinc ende Scriftuere« und »Dit sijn Seneka leren« (nach dem »Liber de remediis fortuitorum«) genannt. Einen anderen Dialogtypus bilden die von der ma. »disputatio« inspirierten Dialoggedichte, in denen zwei Personen in strophenweisem Wechsel über eine Frage oder einen Komplex von Fragen debattieren. Anreger und Hauptvertreter dieser Gattung ist Jakob van →Maerlant, der in seinen drei »Martijn«-Gedichten Jacob mit einem Martijn gen. Freund diskutieren läßt. »Die eerste Martijn«, in 13zeiligen Strophen (clausulen), handelt von Fortuna, Gottes Gerechtigkeit, der Liebe und von sozialen Fragen, »Die ander Martijn« von Liebesfragen, das dritte Gedicht, »Van der drievoudecheide«, von der Dreifaltigkeit. Aus der Schule Maerlants stammen Dialoggedichte wie der »Vierde Martijn«, von einem unbekannten Dichter, »Jans Teesteye« von Jan van →Boendale und die »Disputacie von Rogiere ende Janne (Wapene Rogier)« von Jan de →Weert. Als bes. Art dieser →Streitgedichte sind die meist anonym überlieferten D.e anzubetrachten, in denen die Personen zwei Menschentypen vertreten: Kleriker und Dame in »Vander feesten«, Spielmann und Kleriker in »Van Scalc ende Clerc«, fahrender Spielmann und seßhafter Minstrel in »Deen gheselle calengiert den anderen die wandelinge«. W. P. Gerritsen

Ed.: Dietsce Lucidarius: PH. BLOMMAERT, Oudvlaemsche gedichten III, 1851 – Maerlant: VERDAM-LEENDERTZ, Maerlants Strof. ged., 1918; für die übrigen Texte s. TE WINKEL, Ontwikkelingsgang Nederl. letterk. II [unveränd. Nachdr. 1973].

IX. ENGLISCHE LITERATUR: [1] *Allgemeines:* Wie die ma. Dialogliteratur insgesamt, so lassen sich auch die ae. und me. D.e nach verschiedenen, sich überschneidenden Kriterien einteilen, u. a. nach a) Form: Dichtung oder Prosa; b) Zahl der Gesprächspartner: meist zwei, manchmal auch mehr; c) Funktion der Sprecher: in Texten wie z. B. den →Streitgedichten sind sie gleichberechtigte Partner, in vielen lehrhaften D.en dagegen ist der Fragende (oft = der Schüler) ledigl. der Stichwortlieferant für die Ausführungen des Antwortenden (oft = der Lehrer); d) Status und Verhältnis der Partner: vertikale Gespräche, z. B. zw. Gott und Mensch; horizontale Gespräche, z. B. zw. Menschen; e) Thematik: z. B. Religion, Philosophie, Liebe und Frauen, Sozialkritik usw.; f) Quellen: Viele der engl. D.e beruhen auf lat., in me. Zeit auch auf frz. Vorlagen.

[2] *Altenglische Zeit:* Kg. →Alfred d. Gr. (848–899) übertrug im Rahmen seines Bildungsprogramms zwei philosoph. Zwiegespräche ins Ae., nämlich die »Consola-

tio Philosophiae« des →Boethius (Partner: Boethius und die Philosophie) und die »Soliloquien« des hl. →Augustinus. Im Auftrag Kg. Alfreds übersetzte Bf. →Waerferth v. Worcester die »Dialoge« Papst →Gregors d. Gr., eine Sammlung von Heiligenleben und Berichten über die Wundertaten der Heiligen. Abt →Ælfric (ca. 955–ca. 1025) schuf eine ae. Version von →Alkuins »Interrogationes Sigewulfi in Genesim«; für den Lateinunterricht schrieb er sein »Colloquy«, eine Art Rollenspiel zw. Lehrer und Schülern, in dem die Schüler auf Lat. verschiedene Berufe beschreiben, und das später mit einer ae. Interlinearglosse versehen wurde. Die ae. Prosadialoge zw. →»Salomon and Saturn« und →»Adrian and Ritheus« stehen in der Tradition der →»Ioca monachorum«; beide sind lehrhafte Frage- und Antwortspiele über bibl. (einschließl. apokryphem) und naturkundl. Wissen nach dem Schema »Sage mir, wer/was/wo ... « – »Ich sage dir ... «. Nicht mit dem ae. Prosa-»Salomon and Saturn« zu verwechseln sind die beiden ae. poetischen D.e zw. →»Salomon and Saturn«, in denen Saturn die heidn., Salomon dagegen die christl. Weisheit verkörpert.

[3] *Altenglische und mittelenglische Zeit:* Einige der ins Ae. rezipierten D.e blieben auch während der me. Zeit populär. Boethius' »Consolatio Philosophiae« wurde im 14. Jh. von Geoffrey →Chaucer (ca. 1343–1400) in me. Prosa übersetzt und 1410 von John →Walton in Verse übertragen. In der gleichen Tradition wie der ae. Prosa-»Salomon and Saturn« steht »The Maister of Oxford's Catechism« (in den Hss. unter dem Titel »Questiones betwene the Maister of Oxenford and his Clerke/Scolar«) aus dem 15. Jh., wobei der ae. und der me. Text inhaltl. weitgehend übereinstimmen. Zur »Soul and Body«-Thematik s. u. (4 a. β); dialog. Elemente enthalten auch die ae. und me. Versionen des »Harrowing of Hell«-Themas (→»Descensus Christi ad inferos«, 2; →»Descent into Hell«).

[4] *Mittelenglische Zeit:* F. L. UTLEY teilt die me. Dialogliteratur in seinem umfassenden Überblick zunächst nach ihrer Thematik ein, innerhalb der Themen dann nach dem Status der Sprecher. Er unterscheidet folgende Gruppen:

a) *Religiöse und didaktische Dialoge:* α) Göttl. und teufl. Gestalten. Hierher gehören u. a. Gespräche zw. Maria und Christus (Nr. 1; Maria als Jesuskind; Maria unter dem Kreuz), die überwiegend dem Bereich der me. →Lyrik entstammen (darunter sind mehrere →Carols); ferner D.e zw. Christus und den Menschen (Nr. 2), z. B. William Lichfields »Complaint of God or Christ« (Nr. 3), Streitgespräche zw. Jesus und den Juden (Nr. 5), Maria und dem Kreuz (Nr. 6), der Dialog zw. Maria und Gabriel bei der Verkündigung (Nr. 7) sowie »A Disputison bitwene a God Man and the Deuel« (Nr. 16). β) Abstraktionen: Weit verbreitet waren die Streitreden zw. →Seele und Leib (»Soul and Body«, Nr. 18); es gibt sowohl ae. als auch me. Versionen in Vers und in Prosa. Sie treten in zwei Hauptvarianten auf: in der einen richtet die Seele eine Rede an ihren Körper, in der anderen entwickelt sich ein Streitgespräch zw. Seele und Leib. Ferner gehören hierher die D.e zw. Tod und Leben (→»Death and Liffe«); zw. Tod und Mensch, die bes. im 15. Jh. verbreitet waren (Nr. 21); der um 1200 enstandene Prosadialog »Vices and Virtues« (Nr. 26), in dem zunächst die Seele ihre Sünden an Reason beichtet und Reason anschließend eine große Anzahl von Tugenden vorstellt; D.e zw. Herz und Auge (»Heart and Eye«, Nr. 28); das sozialkrit. Stück →»Winner and Waster« sowie Thomas →Usks »Testament of Love« ein allegor. Prosadialog zw. Usk und der himml. Liebe. γ) Menschen unter sich, z. B. Christ und Jude (Nr. 35), Laie und Mönch (Nr. 38), →»Dives and Pauper« (Nr. 36; ein langer Prosadialog über die zehn Gebote), ferner die spätme. Übersetzungen von Ciceros »De senectute« und »De amicitia« (Nr. 44; →Cicero, A. IX).

b) *Streitgedichte über die Frauen und die Liebe:* α) Eine relativ geschlossene Gruppe bilden die Streitgedichte zw. Vögeln, bei denen ein Partner immer die Nachtigall ist. Das vermutl. älteste (um 1200?) und gleichzeitig auch berühmteste, weil lebhafteste, komplexeste und unterhaltsamste, ist »The→Owl and the Nightingale« (Nr. 45); später enstanden u. a. »Thrush and Nightingale« (Nr. 46) und »Cuckoo and Nightingale« (Nr. 47). β) Zu den Streitgesprächen zw. Abstraktionen gehören die zw. Stechpalme und Efeu (»Holly and Ivy«, Nr. 51), wobei *Holly* das männl., *Ivy* das weibl. Prinzip verkörpert; auch hier finden sich mehrere Lieder und Carols. γ) Beispiele für D.e zw. Menschen (meist dem Liebhaber und seiner Geliebten) sind die →Pastourelle »De clerico et puella« (Nr. 54) und »The Nut-brown Maid« (Nr. 61).

c) *Katechismen über biblische und naturwissenschaftliche Fragen:* Dies sind lehrhafte Texte nach dem Schema »Frage – Antwort«, denen das debattenhafte Element fehlt. Dazu gehören der unter [3] erwähnte »Maister of Oxford's Catechism« (Nr. 69, vgl. 68 u. 70), ferner »Ypotis« (Nr. 71), wo Ks. Hadrian die Fragen stellt und das weise Kind Ypotis (Epictetus) die Antworten gibt; dieser Text steht in der Tradition der lat. D.e »Altercatio Hadriani Augusti et Epicteti Philosophi« und »Adrianus et Epictetus«. Von enzyklopäd. Länge ist der in Versen abgefaßte »Sydrac and Boctus« (Nr. 75).

d) Bei F. L. UTLEY nur am Rande erwähnt werden eine Reihe weiterer Texte und Textgruppen, die D.e enthalten, aber nicht zur Dialogliteratur im engeren Sinn gehören, nämlich: Stücke mit mehreren Sprechern, insbes. die me. Dramen (→Drama; →Mysterienspiele) und die »Parlamente«, wie →Chaucers »Parliament of Fowls« und »The→Parliament of the Three Ages« (Jugend, Mannesalter und Alter); die →Balladen (wie »Judas«, »Edward«), bei denen das dialog. Element der narrativen Absicht untergeordnet ist; Erzählungssammlungen, bei denen ein Gespräch den Rahmen bildet, im Fall von Chaucers »Canterbury Tales« die Gespräche und Streitreden zw. den Pilgern auf dem Weg nach Canterbury, im Fall von John →Gowers »Confessio Amantis« das »Beichtgespräch« zw. Amans und Genius; schließlich die D.e beim →»Pearl«-Dichter, in Langlands →»Piers Plowman« und verwandten Texten sowie in rein religiösen Katechismen.

H. Sauer

Bibliogr.: F. L. UTLEY, Dialogues, Debates, and Catechisms (Manual ME 3, VII, 1972), 669–745; 829–902 [ausführl. zu den me. D.en] – NCBEL I, bes. 509–513 [knapp] – S. B. GREENFIELD–F. C. ROBINSON, A Bibliogr. of Publications on OE Lit., 1980 – *Ed.* [nur soweit bei UTLEY, NCBEL I u. GREENFIELD-ROBINSON nicht gen.] – a) *ae. Texte:* T. A. SHIPPEY, Poems of Wisdom and Learning in OE, 1976 – J. E. CROSS–T. D. HILL, The ›Prose Solomon and Saturn‹ and ›Adrian and Ritheus‹, 1982 – b) *me. Texte:* M. Y. OFFORD, The Parlement of the Three Ages, EETS 246, 1959 – C. und K. SISAM, The Oxford Book of Medieval English Verse, 1970 – K. REICHL, Religiöse Dichtung im engl. HochMA, 1973, bes. 163ff., 339ff., 375ff., 415ff. – M. S. BLAYNEY, Fifteenth Century Translations of Alain Chartier's Le Traite de l'Esperance and Le Quadrilogue Invectif, EETS 270, 1974; 281, 1980 – P. H. BARNUM, Dives and Pauper, EETS 275, 1976; 280, 1980–M. M. MALVERN, An Earnest Monyscyon ... A Disputacion betwyx the Body and Wormes..., Viator 13, 1982, 415–450 – H. SAUER, The Owl and the Nightingale/Die Eule und die Nachtigall (Me./Dt.), 1983 – *Lit.:* E. MERRILL, The Dialogue in English Lit., YSE 42, 1911 – S. B. GREENFIELD, A Critical Hist. of OE Lit., 1965 – F. L. UTLEY, 1972 [s. o. unter Bibliogr.] – H. KÄSTNER, Ma. Lehrgespräche, 1978.

X. SKANDINAVISCHE LITERATUREN: Der D. ist in der frühen skand. Literatur, in Poesie und Prosa, allgemein verbreitet. Einige im Versmaß *ljóðaháttr* gedichtete Eddalieder (→Edda) bestehen – bis auf einige erklärende Prosaeinschübe – ausschließl. aus D.en. Dabei ist der Erzählrahmen dieser Lieder durchaus unterschiedlich: fortlaufende Handlung (»Skírnismál«), didakt. angelegter Wettstreit in mytholog. Wissen (»Vafþrúðnismál«) oder polem. Wortwechsel (*senna* 'Scheltrede'), bei dem sich die Parteien in gegenseitigen Beschimpfungen und Beleidigungen ergehen, so z. B. in der »Lokasenna« (Loki gegen die übrigen Götter), im »Hárbarðsljóð« (Thor gegen Odin) und in Teilen der Helgilieder. Häufig werden in den Scheltreden unsittl. Handlungen *(níð)* unterstellt und es scheint, daß die senna überhaupt als eine Art formalisierte Schmäh- und Spottrede verwendet wurde. Auch in Prosawerken finden sich Streitgespräche in Versform, z. B. in der »Bandamanna saga« (Ǫlkofra þáttr), in der »Þorgils saga ok Hafliða« und in der →»Gísla saga Súrssonar«. In 15 epischen Eddaliedern im Versmaß *fornyrðislag* wird – ähnlich wie in den Sagas – der D. als Bindeglied im Erzählablauf eingesetzt, so z. B. in der »Atlakviða« (45 % direkte Rede), »Þrymskviða« (48%), »Guðrúnarhvǫt (80 %). Auch die sog. Vorzeitsagas (→Fornaldarsǫgur) enthalten Dialogverse, wie etwa die »Ǫrvar-Odds saga« (senna-Typ), die »Hervarar saga« oder die lat. Nachdichtung der →»Bjarkamál« in den →»Gesta Danorum« des →Saxo Grammaticus. Nur drei Skaldengedichte (→Skaldendichtung), →»Haraldskvæði«, →»Eiríksmál« und →»Hákonarmál«, alle aus dem 10. Jh. und in edd. Versmaß gedichtet, haben D.e. In den Sagas sind die in den Prosatext eingefügten Einzelstr. (*lausavísur* 'lose Strophen') bisw. so zusammengestellt, daß ein D. entsteht (z. B. »Bjarnar saga Hítdœlakappa«).

Nach dem Vorbild mytholog. Lieder in Dialogform und der übersetzten kontinentalen Dialogliteratur ist der mytholog. Abschnitt »Gylfaginning« in der (Prosa-)Edda des →Snorri Sturluson aufgebaut. Der D. besteht aus den Fragen Kg. Gylfis und den Antworten dreier Götter. Ein weiteres Stück didakt. Prosa in Dialogform ist der norw. Königsspiegel (entstanden zw. 1240 und 1263) (→Konungs skuggsjá, →Fürstenspiegelliteratur), ein Zwiegespräch zw. Vater und Sohn über richtige Lebensführung. Zu den Anfängen ma. Schriftkultur in Skandinavien gehört die Rezeption der – häufig von D.en geprägten – kontinentalen geistl. und didakt. Literatur: Bereits Anfang des 12. Jh. wurden die »Dialoge« Gregors d. Gr. und das →Elucidarium ins Island. bzw. Norw. übersetzt (→Lucidarius). Dän. und schwed. Lucidarius-Hss. sind aus dem 15. Jh. bewahrt. Auch die »Disputatio inter animam et corpus« wurde um 1200 zunächst ins Norw., im 14. Jh. dann ins Dän. und Schwed. übertragen (»Siælens og Kroppens Trætte«, »Kroppens och själens träta«).

Insbes. in den Isländersagas (→Saga) mit ihren überwiegend szen. Darstellungsweisen ist der D. ein wichtiges Stilelement. Die direkte Rede macht durchschnittl. 30% der Saga-Texte aus, dabei hat der D. in der »Reykdœla saga« mit 8% den niedrigsten, in der »Bandamanna saga« mit 56% den höchsten Anteil am Gesamttext. In den D.en werden Haltungen und Wertungen ausgedrückt, für die im Rahmen des objektiven Erzählstils der Saga sonst kein Platz ist. Die D.e sind wohl kaum typ. Merkmale einer mündl. Tradition, sondern eher Zeichen einer lit. Bearbeitung des Sagastoffes durch Verfasser oder Redaktoren.

In der skand. Rechtsliteratur sind D.e insgesamt nur spärlich belegt und finden sich v. a. in den schwed. Aufzeichnungen (13./14. Jh.), zumeist als lit. geprägtes Mittel kasuist. Fallbeschreibungen.

Auf der Grenze zw. Dialogdichtung und Drama liegen drei aus dem Dt. in dän. Knittelverse übersetzte Satiren vom Ausgang des MA: »Peder Smed og Adser Bonde« (aus: »Ein Gespräch zwischen vier Personen von der Wal(l)fahrt im Grimmental«), »Dialogus« (Nicolaus Manuel) und der »Totentanz«. Auch die zumeist spätma. Balladen (→Folkeviser) bestehen in weiten Teilen aus Dialogen.   P. Meulengracht Sørensen

Lit.: A. HEUSLER, Der D. in der altgerm. erzählenden Dichtung, ZfdA 46, 1902, 189–284 – W. LUDWIG, Unters. über Entwicklungsgang und die Funktion des D.es in der isländ. Saga, 1934 – H. LIE, Studier i Heimskringlas stil, 1937 – O. FRIIS, Den danske Litteraturs Historie I, 1945, 266–275 – J. HELGASON, Norges og Islands digtning, Nordisk Kultur VIII, B, 1953, 3–179 – P. HALLBERG, Stilsignalement och författerskap i norrøn sagalitteratur, 1968, 82f., 214f. – J. HARRIS, The Senna: From Description to Literary Theory, Michigan Germanic Stud. 5.1, 1979, 65–74.

XI. SLAVISCHE LITERATUREN: Als lit. Gattung erfüllt der D. bei den Slaven im MA – abgesehen vom Volkslied – vorwiegend religiös-moralische, didakt. oder satir. Zwecke. Während die im bibl. Hld bezeugte dichterische, durch fiktive Personen ausgeführte Form des D.s bei den Slaven nicht weiter verfolgt wurde, üben die mit Dialog-Elementen verflochtenen Passiones und Heiligenviten (z. B. die Passio der hl. Febronia im altruss. »Uspenskij sbornik« des 12.–13. Jh.) einen Einfluß auf die Komposition der altserb. Biographien des Ebf.s Danilo im 14. Jh. aus.

Als markantester Vertreter der lit. Gattung der D.e soll zunächst der »Rimskij paterik« genannt werden, jene Übertragung der »Dialogi« Gregors d. Gr. (Vitae patrum italicorum), die bei den Slaven vielleicht in der kyrillomethodian. Zeit aus dem Griech. übersetzt wurde. Aus dem Bereich der ntl. Apokryphen ist hier der »Kampf des Herrn mit dem Teufel« zu nennen. Aus der patrist. und byz. Literatur übernahmen die Slaven ab dem 11. Jh. die Gattung der Fragen-Antworten (ἐρωταπόκρισις), die vorwiegend dogmat. und kanon. Probleme (wie z. B. im Falle der Fragen des Kirik an den Novgoroder Bf. Nifont aus dem 12. Jh.) behandeln. Aus dem Griech. übersetzt, entstand in Rußland im 15. Jh. eine Satire in Dialogform gegen die Unionsbestrebungen, »Prenie Panagiota s Azimitom«. Im Kreis um den Novgoroder Ebf. Gennadij 1494 wurde aus dem Ndt. in Anlehnung an die Fastnachtsspiele ein Dialog »Kampf des Lebens mit dem Tode« (»Prenie života i smerti«) übersetzt, der große Beliebtheit in den russ. Kl. der Richtung von Iosif Volockij im 16. Jh. erlangte. An der Wende zur Neuzeit, um die Mitte des 16. Jh., wird der D. in der eleg. Dichtung bei dem dalmatin. Dichter Petar Hektorović aus Hvar in seiner Fischeridylle »Ribanje i ribarsko prigovaranje« angewendet.
  Ch. Hannick

Lit.: A. POPOV, Istoriko-literaturnyj obzor drevnerusskich polemičeskich sočinenij protiv latinjan (XI–XV v.), 1875 (Prenie Panag. s Azim.) – Russkaja istoričeskaja biblioteka, izd. Archeograf. kom VI, 1880, 21–62 (Voprosy Kirika) – R. P. DMITRIEVA, Povesti o spore žizni i smerti, 1964 – G. BIRKFELLNER, Das röm. Paterikon, I–II, 1979 – A. A. ALEKSEEV, »Pesn' pesnej« v drevnej slavjano-russkoj pis'mennosti, I–II, 1980.

XII. ARABISCHE LITERATUR: Eine typisch islam. Form des D.s ist die Theologie, auch »Wissenschaft von der Rede« (ʿilm al-kalām) genannt. Wie διάλεξις will sie v. a. darüber informieren, wie man den Gegner widerlegen muß. Daher hat die →Disputation *(munāẓara)* bereits im frühen Islam die äußere Form theol. Werke geprägt. Sie sind häufig nach dem Schema von Frage und Antwort, von Bedingungssatz und irrealem Nachsatz aufgebaut. Diese Struktur hat Parallelen in der christl.-hellenist. und byz. Frag-Antwort-Literatur und ist zum Standardschema arab. wissenschaftl. Literatur überhaupt geworden (vgl. DAIBER). – Nur in wenigen Fällen sind von den Streitgesprächen Protokolle erhalten; sie berichten von Diskussionen auch mit Nichtmoslems, v. a. Christen und Juden (s. VAN ESS). – Bereits früh hat man in muʿtazilitischen Kreisen (Ḍirār Ibn ʿAmr; Ibn ar-Rēwandī) Disputationsregeln aufgestellt. Ihnen ist Ibn al-Muqaffaʿ (gest. 757) vorausgegangen, welcher späterer Überlieferung zufolge die Regeln der »Gelehrten« festgehalten hat (VAN ESS, 59). Einen Höhepunkt erreicht die scholast. Methodenlehre des Islam unter Ibn ʿAqīl (gest. 1119); man hat in diesem Fall auf Ähnlichkeiten zur sic-et-non-Methode des Petrus Abaelardus hingewiesen (MAKDISI, 253ff.). Der span. Jurist und Theologe Ibn Ḥazm (gest. 1064) hat auf Aristoteles' Organon (v. a. Topica VIII) zurückgegriffen (CHEJNE, 68f.). So sind der islam. D. und seine Methode eine Symbiose islam. Theologisierens, christl.-hellen. Disputationskunst und griech.-philos. Dialektik. – Von der geschilderten Form des D.s zu unterscheiden ist der rein lit. Dialog. Er basiert häufig auf nichtislam. Quellen. Ein Beispiel ist Kalīla wa-Dimna (s. EI²), ein von Ibn al-Muqaffaʿ aus dem Pehlevi übersetzter ind. Fürstenspiegel, welcher die Form eines D.s zw. Tieren hat. Unter seinen arab. Imitationen (vgl. jetzt auch al-Asad wa-l-ġawwāṣ von einem Anonymus aus dem 12. Jh., ed. R. AS-SAIYID, 1978) ist als älteste Sahl Ibn Hārūn (8./9. Jh.), an-Namir waṯ-ṯaʿlab (ed. M. AL-KAʿBĪ, 1980), zu nennen. Beabsichtigt ist hier die Vermittlung moral.-polit. Weisheiten und die Kritik an zeitgenöss. polit. Verhältnissen. – Menschl. Weisheiten bieten auch die fingierten Gespräche in Versamlungen griech. Philosophen, welche Ḥunain Ibn Isḥāq (gest. 873) in seinen Nawādir al-falāsifa nach verlorenen hellenist. gnomolog. Quellen referiert (LOEWENTHAL, 5ff.; vgl. GUTAS). Sie formten vermutl. das lit. Vorbild für ein angebl. von Yaḥyā Ibn Ḥālid al-Barmakī (gest. 805) organisiertes Gespräch von Theologen über die Definition der Liebe (Stellennachweis bei VAN ESS, 31, Anm. 4) oder für das »Ärztebankett« des Ibn Buṭlān (gest. 1066), welcher überdies angibt, dem Stile von Kalīla wa-Dimna gefolgt zu sein (KLEIN-FRANKE, 42–44). – Im weiteren Sinne ist der D. eine Art Gedankenaustausch praktisch auf allen Wissensgebieten gewesen, nämlich zw. Schüler und Lehrer, Gelehrten und Herrschern und zw. Kontrahenten (s. Beispiele b. DAIBER).

H. Daiber

Lit.: EI² V [i. Dr.], s. v. Masāʾil wa-adjwiba [H. DAIBER] – A. LOEWENTHAL, Honein Ibn Ishāk, Sinnsprüche der Philosophen, 1896 – D. GUTAS, Greek Wisdom Lit. in Arabic Translation, 1975 – J. VAN ESS, Disputationspraxis in der islam. Theologie, REI 44, 1976, 23–60 – A. G. CHEJNE, Ibn Ḥazm of Cordova on Logic, J. of the Am. Orient. Soc. 104, 1984, 57–72 – F. KLEIN-FRANKE [Übers.], Ibn Buṭlān – Das Ärztebankett, 1984.

Dialogbild. Darstellungen von im Gespräch einander zugewandten Personen finden sich zuerst in Dichter- und Philosophenbildern hellenist.-röm. Zeit sowie, davon abhängig, in der frühchristl. Kunst. Neben den beiden, vielfach auf Goldgläsern dargestellten Apostelfürsten, die des öfteren das Christusmonogramm flankieren, entwickelt sich der Bildtyp in der paarweisen Wiedergabe aller Apostel auf frühchristl. Sarkophagen sowie später auf roman. Goldschmiedewerken (sog. Reliquienkasten Ottos d. Gr., 10 und 12. Jh., in Quedlinburg) und Chorschranken (Basel, Münster, um 1060). In der Gegenüberstellung mit in entsprechender Weise gruppierten Propheten erweitert sich das Bildthema zur typolog. Konkordanz des AT und NT (z. B. Schranken des Georgenchors im Bamberger Dom, um 1220–30, Heribertschrein in St. Heribert, Köln-Deutz, um 1170). V. a. in der Buchmalerei, dann auch an den Portalgewänden got. Kathedralen finden sich darüber hinaus Darstellungen der →Disputatio, des wissenschaftl. Streitgesprächs zw. zwei Gelehrten oder zw. Lehrer und Schüler. Die Kompositionsform der in Fülle überlieferten Darstellungen von Streitgesprächen zeigt die beiden in mehr oder weniger heftigen Gebärden aufeinander einwirkenden Gesprächspartner in nur geringfügig abweichenden Schemata (z. B. Isidor v. Sevilla im Gespräch mit Braulio, Bf. v. Zaragoza, in zahlreichen Hss. mit den Etymologiae Isidors, u. a. Clm 13031 der Bayer. Staatsbibl. München, Mitte 9. Jh.). Allein Spruchbänder, Attribute oder der nachfolgende Text informieren unmittelbar über Anlaß und Inhalt des Gesprächs. Verschiedentl. ist der Kreis der Disputierenden zu einem Gruppengespräch erweitert, wie es in der Dioskurides-Hs. Cod. med. gr. 1 von 512 in der Österr. Nationalbibliothek in Wien überliefert ist und seit dem 14. Jh. häufiger auftritt (z. B. Losbuch Ms. 6 des Kunsthistor. Museums, Wien 2. Hälfte 14. Jh.). J. M. Plotzek

Lit.: RDK III, 1400–1408 – LCI I, 506–507 – F. SAXL, Frühes Christentum und spätes Heidentum in ihren künstler. Ausdrucksformen, WJKu 2, 1923, 64ff. – W. ARTELT, Die Q. der ma. Dialogdarstellung, Kunstgesch. Stud. 3, 1934 – P. LUTZE, Darstellung der Rede in der dt. bildenden Kunst des MA, gezeigt an Propheten und Aposteln, 1935 – E. VERHEYEN, Die Chorschrankenreliefs des Bamberger Domes, 1961, 20ff. – P. BLOCH, Eine Dialogdarstellung des frühen 12. Jh. (Fschr. E. TRAUTSCHOLDT, 1965), 54ff.

Dialogus de Scaccario ('Dialog über das Schatzamt', von lat. scaccarium 'Rechentisch'). Der Dialog über den engl. Rechnungshof (→Exchequer), eine höchst bedeutende Quelle für die kgl. Finanzverwaltung im England des 12. Jh., wurde 1177–79 von →Richard v. Ely (ca. 1130–98), dem Schatzmeister Heinrichs II. und Bf. v. London, verfaßt und in dem darauffolgenden Jahrzehnt überarbeitet. Wenn es Richard auch an eleganterm lat. Stil und philosoph. Feinheit mangelte, wird dies durch seine Kenntnis von Finanz- und Rechtsangelegenheiten seiner Zeit, die er als Schatzmeister in seinem D. offenbart, wettgemacht. Der Hauptteil des D. hat die Form eines Gesprächs zw. Lehrer und Schüler. Der Dialog gliedert sich in ein Vorwort (Sinn und Widmung), ein erstes Buch (Aufbau der Institution) und ein zweites Buch (die Institution bei ihrer Arbeit). Im Vorwort zeigt sich der Verfasser als treuer Diener seines Herrn und rechtfertigt den Dienst des Geistlichen zur Unterstützung der Arbeit weltl. Fs. en. Im ersten Buch werden die diversen Ämter des Exchequers mit ihren Funktionen und ihrem Ursprung abgehandelt. Auch der Rechentisch, von dem das Schatzamt seinen Namen hat und der wie ein schwerfälliger →Abakus gebraucht wurde, wird beschrieben. Das Buch liefert eine Darstellung der zeitgenöss. Entwicklung bestimmter Steuern und Steuerbefreiungen, z. B. aber auch die Beschreibung der Silberprobe zur Bestimmung des Feingehaltes von Silbermünzen.

Das zweite Buch beschäftigt sich mit der Herkunft, der Sammlung und der Rechnungsprüfung von verschiedenen kgl. Einkünften. Es werden u. a. Gerichtsgefälle, Pfändungsrecht und Heimfälle beschrieben. Im Mittelpunkt stehen die jährl. Schlußabrechnungen, die von den →*sheriffs* der Gft. en vorgelegt wurden, und der Exchequer selbst verzeichnet seine Tätigkeit für jede Gft. Diese Schlußabrechnungen, die →*Pipe Rolls*, bestehen seit der Zeit des D. Beide Quellen sollten gemeinsam herangezogen werden, da keine ohne die andere verständlich ist. Überliefert ist der D. in Hss. des 13. Jh., das Original ist verloren.

J. Critchley

Ed., Übers. und Lit.: The Dialogue of the Exchequer (EHD II: 1042–1189, ed. D. C. Douglas–G. W. Greenaway, 1953), 490–569 – Dialog über das Schatzamt – Dialogus de Scaccario, übers. M. Siegrist (BAW, hg. W. Rüegg), 1963 [m. Einleitung, Kommentar; Q. und Lit.] – Dialogus de Scaccario and Constitutio Domus Regis, ed. C. Johnson, neu ed. F. E. L. Carter–D. E. Greenway, 1983 – Publ. of the Pipe Roll Society [in Vorber.].

Diamant (gr./lat. adamas; mlat./mhd. *adamas, adamant;* daneben von mlat. diamantes zu mhd. *diemant,* nhd. *demant, diamant*). Fundstellen: Bis 1725 Vorderindien, danach u. a. Brasilien und Afrika. Adamas war zunächst die Bezeichnung harter Materialien, u. a. des Stahls (Hesiod), aber auch harter Minerale. Seit dem 1. Jh. v. Chr. näher beschrieben, ist der D. unter den von Plinius behandelten »sechs Arten« des *adamas* als selten und wertvoll identifizierbar. Der von ihm (37, 55–59) berichtete Widerstand des D. en gegen Schlageinwirkung (Hammer u. Amboß) und gegen Feuer ist im MA bis zur beginnenden Neuzeit tradiert und führte, als Probe angewendet, oft zur Spaltung oder gar Vernichtung von Edelsteinen. Die gleichfalls seit Plinius überlieferte Fabel, durch Bocksblut – in arab. ma. Quellen wird auch Blei hinzugefügt – sei der D. »bezwingbar« (bearbeitbar), führt in der Tier- und Steinsymbolik des →Physiologus, der den D. in zwei Kapiteln (32, 42) behandelt, neben der Christus-Diamant-Gleichsetzung auch zu einer Blutopfer-Analogie des Martyriums. In den →Lapidarien u. a. des →Marbod (12. Jh.), des →Arnoldus v. Sachsen (13. Jh.; →24. A.) und →Volmars Steinbuch (13. Jh.) und in den ma. Enzyklopädien werden die Plinius-Stellen überliefert. Zu den zwölf »biblischen« →Edelsteinen im Gewand des Hohepriesters Aaron gehört der D. nicht, doch wird im Kommentar des Epiphanios (4. Jh. n. Chr.) berichtet, daß der D. dreimal im Jahr, beim Betreten des Allerheiligsten, dem Gewand hinzugefügt worden sei. Doch folgt das MA nicht immer der früheren ind. und spätantiken Wertschätzung des D. en als Allheilmittel und in der Abwehr von Unheil. Der von vorchristl. Magie belastete Stein wird mitunter in den ma. →Lapidarien erst an 17. Stelle behandelt. Andererseits werden seine Talisman-Wirkungen in der Abwehr von moral. Schäden, Geistesverwirrung und Teufelseinwirkung, da »unbezwingbar«, gerühmt (→Hildegard v. Bingen, »Physica«) und in der Lithotherapie ist der Glaube an eine – durch Kontakt – harnsteinsprengende Kraft (u. a. Pseudo-Aristoteles, »De Lapidibus«, aus arab. Quellen) verbreitet.

Technisch wird seit dem 6. Jh. Diamantpulver als Schleif- und Poliermittel erwähnt; neben dem schon dazu noch in der Antike genutzten Schmirgel (gr. σμύρις, Gemenge von Korund und anderen Mineralien, »Stein von Naxos«). Die in der Antike schon bekannte Bohr- und Schneidewirkung des D. en wird im MA verstärkt für das Glasschneiden genutzt, während das Schleifen und Polieren des D. en selbst in größerem Maßstab (für die Antike wird die Kenntnis dieser Behandlung auch vermutet) seit 1330 in Venedig einsetzt und sich dann nach Flandern, Paris und Amsterdam ausbreitet. Das Schneiden und Spalten des D. en wird seit dem 16. Jh. gewerblich ausgeübt.

Eine bei Plinius gleichfalls behauptete Verminderung der magnet. Eigenschaften des Magnetsteines durch den D. en hat in der ma. Tradierung irrtüml. auch zur Gleichsetzung von D. und Magnet geführt, so daß frz. *aimant* (aus *adamant*) noch heute den Magneten bezeichnet.   G. Jüttner

Q. und Lit.: Kl. Pauly II, 196 – RE V, 1, 322–324 – H. Fühner, Lithotherapie, o. J. (ca. 1915) [Lit.] – H. Lüschen, Die Namen der Steine, 1979² [Lit. und Q.] – Hildegard v. Bingen, Das Buch von den Steinen, hg. P. Riethe, 1979, 64f.

Diamantierung → Fries

Dia-Mittel (gr. διά 'mit, durch'), nach Goltz, 30 »geradezu zum Kennzeichen der ma. Pharmazie geworden[e]« Arzneimittel, die nach ihrem Hauptinhaltsstoff benannt sind. Von den 142 Präparaten des →Antidotarium Nicolai (12. Jh.) sind alleine 30 D. →Galen bezeichnete viele seiner →Composita, indem er dem Ausdruck τό (φάρμακον) διά ('das [Mittel] mit') den Namen einer Einzeldroge (→Droge, Simplicia) hinzusetzte, z. B. τό διὰ κωδιῶν ('das mit den Mohnköpfen'). Bei der frühma. Rezeption der Vorschriften fiel der Artikel weg; Präposition und Substantiv verschmolzen (»Diacodion«). Frühma. Rezeptarien zählen die D. neben anderen berühmten Mitteln mit Namen und langer Tradition anders als die »medicamenta ad ...«, denen die Indikation beigefügt wurde, zu den →Antidota. Es handelt sich bei den D. meist um Latwergen, unter denen sie auch →Arnald v. Villanova († 1311) einordnet. Manche Antidotarien setzen noch die Bezeichnung der Arzneiform hinzu, z. B. »Electuarium diacodion«. Auch lat. Drogenbezeichnungen wurden mit »dia« verbunden (»Diacodion« neben »Diapapaver« [nicht mit Mohnköpfen, sondern -samen]). Heute noch offizinell in Deutschland (DAC-1979) ist als einziges D. »Unguentum diachylon« (»Bleipflastersalbe«, διὰ χυλῶν 'mit Säften', früher mit Malvensaft gekocht).   F.-J. Kuhlen

Lit.: D. Goltz, Ma. Pharmazie und Med., VIGGPh NF 44, 1979.

Diaphonia (gr. διαφωνία, von δια- 'auseinander' und φωνή 'Stimme', lat. Äquivalente: dissensio, dissidentia, discordia, discrepantia) bezeichnet im Gegensatz zu →symphonia seit der Antike bis zur NZ zunächst im lit. (Platon, Leges III 689 a), später auch im mus. Sinne (Aristoxenos, Elementa harmonica 25, 7–15) 'Nichtübereinstimmung'. Die Begriffe, obschon gegensätzlich, durchdringen einander wechselweise. Als musiktheoret. Terminus umfaßt D. Intervalle, die nicht konsonierend gebildet sind. Boethius (De institutione musica 195, 6), Isidor v. Sevilla (Etymologiae III, 20, 3) und andere lat. Autoren gebrauchen dafür den Ausdruck dissonantia. Theoretiker früher Mehrstimmigkeit bewahren den Begriff D. (verbunden mit cantilena) und setzen ihn mit →organum gleich (Musica et Scolica enchiriadis 37, 7; 37, 7⁹; ed. H. Schmid, 1981). Während organum v. a. Assoziationen des Zusammenklingens hervorruft, betont D. bis in das 11. Jh. das 'Auseinanderklingen' der einzelnen Stimmen. Um dabei negative Vorstellungen vermeintl. Dissonanz zu kompensieren, verbinden Theoretiker bis in das späte MA D. mit positiv wertenden Ausdrücken (Coussemaker I 235 a; II 387 a/b; Waeltner 45, 5–7; 46, 1–4; u. a.). Nach 1100 dominiert in dem Begriff D. die Gesamtheit der Stimmen. Seit dem späten 12. Jh. verdrängen organum und discantus nach und nach den Terminus D. Im 13. Jh. ist D. Synonym für discantus und contrapunctus, obschon Johannes de Muris (Gerbert III, 1784, 239 b) D. für organum gebraucht, v. a. D. basilica für organum duplum. →Dissonanz.   D. v. Huebner

Lit.: ThGL 2, 1833f. – Du Cange, 3, 1884, 99, 213 – E. A. Sophocles, Greek Lexicon of the Roman and Byz. periode, 1887, 375 – New Oxford Hist. of Music 2, 1969, 270–286 – H. H. Eggebrecht, Hwb. der mus. Terminologie, 1971ff. – Dict. de la Musique, 1979, 311ff. – New Grove 5, 1980, 422 – C. Stumpf, Gesch. des Consonanzbegriffs I, 1897 – J. Handschin, Zur Gesch. der Lehre vom Organum, ZfMw 8, 1924/25 – E. L. Waeltner, Das Organum bis zur Mitte des 11. Jh. [Diss. Heidelberg 1955] – H. H. Eggebrecht, Diaphonia vulgariter organum, Kongr.-Ber. Köln 1958, 1959, 93–97 – F. Zaminer, organum faciendum, Neue Stud. zur Musikwissenschaft 3, 1970 – F. Reckow, Organum-Begriff und frühe Mehrstimmigkeit, Forum Musicologicum 1, 1972 – E. L. Waeltner, Organicum melos, BAW Veröff. der Musikhist. Kommission 1, 1977, 1ff.

Diarmait (s. a. →Dermot). **1. D. mac Cerbaill,** air. Kg., † 565, Sohn von Fergus Cerrbél ('Schiefmund'), wurde von den beiden Hauptzweigen der südl. →Uí Néill, Síl nÁedo Sláine und →Clann Cholmáin Máir, als ihr Stammvater reklamiert. Berühmt in der ir. Sage, sind über D.s Herkunft und Regierung jedoch nur wenige verläßliche Quellenzeugnisse überliefert. Die Annalen berichten, daß D. 560 das Fest zu →Tara *(feis Temro)* als letztes der dort stattfindenden heidn. Kultfeste abgehalten habe. Andererseits bezeichnet ihn →Adamnanus in seiner »Vita Columbae« als den durch Gottes Ratschluß eingesetzten Herrscher von ganz Irland (»totius Scotiae regnator deo auctoritate ordinatus«). D.s Urteil in einem angebl. Streit zw. →Columba und →Finnian v. Clonard soll zur Schlacht von Cúl Dreimne (561) geführt haben, die D. verlor. Das Kl. →Clonmacnoise hielt D. in bestem Andenken als Gönner seines Gründers →Ciarán.

D. Ó Cróinín

Lit.: F. J. Byrne, Irish Kings and High-Kings, 1973, 87ff.

2. D. mac Máel na mBó, † 1072, Kg. v. →Leinster aus dem Sippenverband der Uí Chennselaig, Begründer einer Dynastie, deren Macht erst mit dem Tod seines Urenkels →Dermot (Diarmait) mac Murchada († 1171) ihr Ende fand. Von seinem Sitz in Ferns (Gft. Wexford) aus kämpfte D. zw. 1040 und 1072 um das Hochkönigtum v. Irland. Er verbündete sich mit Niall mac Eochada, Kg. der →Ulaid, und überfiel die Herrschaftsgebiete der →Uí Néill in Mide und Brega. Seinen Sohn Murchad († 1070) setzte er als Kg. v. →Dublin ein, und es gelang ihm, im Bunde mit den →Osraige, seine mächtigen Konkurrenten in Leinster, die Uí Dúnlainge, zurückzudrängen. Ein kombinierter Feldzug gegen →Munster – im Bunde mit den Truppen aus →Connacht – führte zum Vorstoß D.s weit nach Westen, bis Limerick; so vermochte er die Opposition der →Dál Cais zu brechen (1054). Nach diesem Erfolg behauptete er für zehn Jahre die führende Position im südl. Irland. Nach der Schlacht v. →Hastings (1066) flohen zu ihm die Söhne Kg. →Haralds, die das Banner des »Königs der Sachsen« (das wohl aus dem Besitz →Eduards des Bekenners stammte) mit sich führten. In den Annalen wird D. bei seinem Tod als »Kg. v. Wales und der Inseln und von Dublin und der südl. Hälfte« bezeichnet; ein Eintrag aus dem 12. Jh. im →»Book of Leinster« nennt ihn »rí hÉrend co fressabra« ('Kg. v. Irland mit Opposition').

D. Ó Cróinín

Lit.: D. Ó Corráin, Ireland before the Normans, 1972, 133–137–F. J. Byrne, Irish Kings and High-Kings, 1973, 271–272.

Dias

1. D. (de Novães), Bartolomeu, bahnbrechender ptg. Seefahrer und Entdecker, aus dem Ritterstand, * um 1450, † (ertrunken) Ende Mai 1500. Einer berühmten Seefahrerfamilie angehörend, befuhr er schon als Kapitän unter Diogo d'Azambuja die Guineaküsten (1481/82), als dort mit La Mina an der Goldküste ein Stützpunkt für weitere Vorstöße nach dem S angelegt wurde. Er stand somit von Anfang an in dem Planungskonzept der henrizian.-alfonsin. Ära: eine Umfahrungsmöglichkeit Afrikas zu suchen und so unter Umgehung der vom Islam beherrschten Zonen in eine Direktverbindung mit Indien zu kommen. Aufbauend auf den Resultaten der beiden großen Entdeckungsreisen D. →Cãos nach dem fernen S, galt das Programm seiner Ende Juli/Anfang Aug. 1487 (ungefähr gleichzeitig mit Covilhâ's Orientreise) angetretenen Expedition – im Sinne jener von Kg. Johann II. großangelegten Zangenoperation – der weiteren Erkundung des seit Erreichung des Äquators (1473/74) auf die Südhalbkugel ausgreifenden, die Küsten Afrikas entlanggehenden Seeweges aus dem Atlant. in den Ind. Ozean und weiter zu den Hafenstädten Ostafrikas und Vorderindiens – komplementär zu Covilhâ's Programm, von der anderen Erdseite her. Anknüpfend an die letzten, noch unter Cão erreichten südwestafrikan. Punkte im Bereiche des Südl. Wendekreises, gelangte D. von der Walfisch-Bay entlang den Küstengebirgen des Nama-Landes (Serra dos Reis, Jan. 1488) bereits nahe an das Kapland heran. Durch Stürme aufs offene Meer hinausgerissen, wurde sein Geschwader zwei Wochen lang bis auf Breiten bei 45° umhergewirbelt und ging beinahe unter. Nach Wetterberuhigung setzte D. seinen Kurs zunächst nach O (um die gewohnterweise nord-südwärts verlaufende Küste wieder zu treffen) und, als er sie nicht mehr fand, schnellschaltend nach N, wo er Anfang Febr. 1488 (bereits jenseits des von ihm unbemerkt umfahrenen Südendes Afrikas in der Angra dos Vaqueiros (Fish-Bay) und der Angra de São Braz (Mossel-Bay) landete und Eingeborene antraf. Zum ersten Mal war Europäern die Einfahrt in die Gewässer des Ind. Ozeans gelungen, in denen man nun bis zur Algoa-Bay und danach bis zu dem nach einem der Kapitäne benannten Rio Infante (Great Fish-River) vorstieß. Die Stimmung der Mannschaften nötigte D. jedoch, an jener »Schwelle zum gelobten Land« umzukehren. Hierin liegt die Tragik seines Entdeckertums, dessen Früchte er ein Jahrzehnt später als sachkundiger Berater seinem Vollender Vasco da →Gama zur Verfügung stellte. Die eigtl. Südspitze Afrikas, das Nadelkap (Cabo Agulhas), das unter ihm zunächst als Kap der Stürme (Cabo Tormentoso) bezeichnete, nachmals vom Kg. umbenannte Kap der Guten Hoffnung sah D. erst auf seiner Rückfahrt, die von der Benguelaströmung begünstigt wurde. Seine topograph. Vermessungsergebnisse erwiesen sich als ziemlich genau. Ein berühmter Zeuge seiner im Dez. 1488 erfolgten Heimkehr nach Lissabon war Christoph Kolumbus, dessen Notizen ebenso wie die von anderen Kapitänen und Steuermännern jener Zeit (Duarte Pacheco Pereira, Giovanni d'Empoli, Pero d'Alemquer, João de Lisboa) unsere chronikal. Berichte (J. de Barros, A. Galvão, R. de Pina, G. de Resende, F. L. de Castanheda, D. de Goës) ergänzen. Die von D. errichteten, in zwei Exemplaren erhaltenen steinernen Wappenpfeiler *(padrões)* und die zeitgenöss. kartograph. Denkmäler (Henricus Martellus Germanus, Behaim-Globus, La Cosa-, Cantino-, Canerio-, Hamy-Karte) dokumentieren zusätzl. die Topographie jener weltgeschichtl. Reise mit der bis dahin längsten Ausdehnung zur See. Als Ratgeber für die bestmögl. Ausnützung von Winden und Meeresströmungen im Atlantik begleitete D. seinen Nachfolger Gama im Sommer 1497 noch bis zu den Kap Verde'schen Inseln; er wurde so indirekt zum Mitschöpfer des berühmt gewordenen Atlantikbogens Gamas. Im Verlauf der Brasilien berührenden und hernach den südl. Atlantik überquerenden Ostindienfahrt →Cabrals im Frühjahr 1500 fand D. als Kapitän eines von vier im Orkan untergehenden Schiffen in den kapländ. Gewässern den Tod in den Wellen.

G. Hamann

Lit.: Hist. da Expansão Portuguesa no Mundo I, 1937–40–R. Hennig, Terrae incognitae IV, 1956 – D. Peres, Hist. dos descobrimentos portugueses, 1960, 287ff. [ausführl. Erörterung der Spezialliit.; insbes. E. Axelson]–Viriato Campos, Viagens de D. Cão e de B. Dias, 1966– G. Hamann, Der Eintritt der südl. Hemisphäre in die europ. Gesch., SAW.PH 260, 1968 [Q. und Spezialliit.] – Ders., Kartograph. und wirkl. Weltbild in der Renaissancezeit. Zum wechselseitigen Verhältnis von Theorie und Praxis im Zeitalter der großen Entdeckungsfahrten, Humanismus und Naturwiss. Beitr. zur Humanismusforsch. VI, 1970 – Ders., Geograph. und naut. Planung und Methodik zu Beginn des Entdeckungszeitalters, Rete 1/2, 1972 – D. Henze, Enzykl. der Entdecker und Erforscher der Erde I, 1977.

2. D., Dinis, ptg. Seefahrer des 15. Jh., dessen Fahrten der frühen, durch die Initiative→Heinrichs des Seefahrers geprägten Periode der ptg. Entdeckungsreisen angehören. D. entdeckte 1442 das Cabo Branco und 1444 das Cap Verde, von wo aus die Küste nach O abschwenkt, so daß die Portugiesen eine Zeitlang glaubten, kurz vor der Umschiffung →Afrikas zu stehen; auf der gleichen Reise entdeckte er die Insel Palme (heute Goré). Mit seiner Fahrt begann der ptg. Handel mit schwarzafrikan. Sklaven größere Bedeutung zu erlangen. H. Pietschmann

Lit.: W. Diffie-G. D. Winins, Foundations of the Portuguese Empire 1415-1580, 1977.

3. D., Diogo-Pero (beide Namen belegt), ptg. Seefahrer und Entdecker, Bruder des Bartolomeu (→1. D.). Vielleicht schon auf der SW-Afrika-Fahrt des Diogo →Cão bewährt (sein Name ist in der dortigen Topographie erhalten), nahm er in leitenden Funktionen 1487/88 an dem ersten Vorstoß seines Bruders um das Kap der Guten Hoffnung , 1497/99 an Vasco da →Gamas erster großer Ostindien-Expedition und 1500 als Kapitän an Pedro Álvares →Cabrals Atlantik-Ostindienfahrt teil, in deren Verlauf die NO-Küste Brasiliens entdeckt wurde. Die Brüder D., denen der S Afrikas ja bereits bekannt war, sollten bes. die arab. Handelszone von Sofala an nordwärts untersuchen und Kontaktmöglichkeiten erkunden. Durch einen Orkan in den Kapgewässern (vgl. →1. D.) vom Rest der Cabral-Flotte getrennt, geriet sein Schiff auf einen nö. verlaufenden Sonderkurs. Am St. Lorenztag (10. Aug.) traf D. Madagaskar (Ilha de São Lourenço), fuhr dessen Küste entlang und erkannte an der Nordspitze, daß er nicht an den Moçambique-Küsten war, sondern eine große neue Insel gefunden hatte. Nach einem Vorstoß ins Innere erreichte er bei Melinde die Küste Ostafrikas, die er weiter nordostwärts über Mogadischu, entlang dem Somaliland, um das Kap Guardafui herum, in den Golf v. Aden, bis nach Berbera und zum Eingang ins Rote Meer hin erforschte. Nach schweren Verlusten durch Überfälle, Abbruch weiterer Vorhaben und erzwungener Umkehr traf D. mit seiner Sonderexpedition – reich an neuen Erkenntnissen über die Geographie und Natur des Nordosthorns Afrikas und des somal.-äthiop. Raumes – nahe dem Kap Verde wieder mit dem aus Indien heimkehrenden Rest der Flotte Cabrals (die Ende Juli 1501 Lissabon erreichte) zusammen. Neben den Chronisten (J. de Barros, A. Galvão, R. de Pina, G. de Resende, F. L. de Castanheda, D. de Goës, G. de Correia, Pacheco Pereira) liefern abermals die kartograph. Aussagen wertvolle Aufschlüsse (bes. Cantino-, Canerio, Hamy (King)-Karte, die Kunstmann-Karten). G. Hamann

Lit.: J. Cortesão, A expedição de Cabral (Hist. da Colonização Port. do Brazil II, 1923) – A. Kammerer, La découverte de Madagascar par les Portugais, Boletim da Soc. de Geogr. de Lisboa, 1949 – D. Peres, Hist. dos descobrimentos portugueses, 1960 (430ff. ausführl. Erörterungen der einschlägigen Quellenprobleme und Lit.: J. J. Fonseca, Fontoura da Costa, Antonio Baião, da Silva, etc.) – G. Hamann, Der Eintritt der südl. Hemisphäre in die europ. Gesch., SAW.Ph 260, 1968, 153, 273ff., 246f. – D. Henze, Enzykl. der Entdecker und Erforscher der Erde I, 1977 [mit einschläg. Fachlit.: Gradidier, Greenlee, Axelson].

Diasper, in ma. Quellen häufig verwendete Bezeichnung für ein Gewebe, das im kirchl. und profanen Bereich Verwendung fand. Früheste Erwähnung findet sich im Schatzverzeichnis von St-Denis (»cappam ex diaspro cum aviculis auro paratum«). Ab dem 12. Jh. mehren sich die Nennungen, D.-Stoffe werden u. a. auch in epischen Dichtungen angeführt (Roman de Perceval; Erec et Enide; Chanson d' Antioche). Das Vatikan. Inventar von 1295 bringt neben Belegen für D. mit der Herkunftsbezeichnung »de Antiochia« auch einen ersten Beleg für die Herstellung solcher Stoffe in Italien, das im 14. Jh. zum Zentrum ihrer Produktion wird (»unum diasprum lucanum«).

Aufgrund der Beschreibungen und erhaltenen Originale läßt sich für die Diasperproduktion kein einheitl. Bild, was Webtechnik, Musterung und Färbung betrifft, gewinnen; daher wird die Verwendung des Begriffes D. von der Textilforschung abgelehnt. D. ist nicht als webtechn. Ausdruck aufzufassen, sondern als im MA gebräuchl. Bezeichnung für eine bestimmte Art von Seidenstoffen; in den meisten Fällen dürfte es sich dabei um ein zweischüssiges Gewebe gehandelt haben, bestehend aus einer Musterund Bindekette sowie einem Grund- und Figurenschuß. →Brokat, →Lampas. E. Vavra

Lit.: RDK III, 1441–1444 – V. Gay, Glossaire archéol. I, 1887, 550–551 – A. Santangelo, Tessuti d'arte it. dal XII° al XVIII° s., 1958 – B. Klesse, Seidenstoffe in der it. Malerei des 14. Jh., 1967 – B. Markowsky, Europ. Seidengewebe des 13.–18. Jh., Kunstgewerbemus. der Stadt Köln, 1976.

Diatessaron → Bibelübersetzungen

Diätetik. Die Wurzeln frühma. D. reichen bis in die Antike; sie bedienen sich therapeut. Lehren des Pythagoras wie auch der der Systeme bei Asklepiades oder Herodikos. Ihre Auswirkungen erstrecken sich über die →Regimina sanitatis bis in die Hausväterliteratur und die makrobiot. Traktate der Aufklärung. Unterschieden werden muß der Begriff D. im engeren Sinne, der die Ernährung der Gesunden und Kranken beinhaltet, und D. im weiteren Sinne, worunter die Kunst vernünftiger Lebensführung zu verstehen ist. – Frühe diätet. Schriften laufen unter Titeln wie »Epistula Hippocratis ad Maecenatem« oder »Epistula Hippocratis ad Antiochum regem«, letztere als lat. Fassung der ps. dioklet. Briefes an Antigonos. Eine vielbenutzte Monatsdiätetik läuft unter dem Titel »Diaeta Hippocratis per singulos menses anni observanda«. Als ein erster eigenständiger Beitrag zu dieser Literaturgattung kann die →»Diaeta Theodori« angesehen werden. Einen wesentl. weiteren Charakter nimmt die D. in der Klostermedizin ein, wo sie unter die Leitlinien »ordo« und »regula« gestellt wird. Damit sind die Schlüsselbegriffe der scholast. D. vorgezeichnet, die als »regula vitae«, als »ordo vitalis«, schließlich als »ars vivendi« Gültigkeit erhielt, zumal die einzelnen Merkmale des Topos von den »sex res nonnaturales« differenzierter herausgearbeitet wurden, so bei →Hildegard v. Bingen, die in einer »Explanatio Regulae S. Benedicti« (MPL 197, 1053 B–1066 B) die benediktin. Lebensführung mit der klass. D. in Verbindung bringt. Unter den »sex res nonnaturales« (aer, cibus et potus, motus et quies, somnus et vigilia, excreta et secreta, affectus animi) wird in der Folge die D. von Speise und Trank immer stärker betont und dem Begriff »Diät« im engeren Sinne vorgearbeitet. So legt Petrus Musandinus nach dem Vorbild der hippokrat. D. ein Lehrbuch der Krankendiät vor. Zur diätet. Literaturgattung zählen zahlreiche Gesundheitsregeln für gekrönte Häupter, sog. »Fürstenspiegel«, im Vordergrund der Aristotelische Brief an Alexander d. Gr., der um die Mitte des 12. Jh. aus dem Arab. übersetzt wurde. Die D. des →Petrus Hispanus richtet sich demgegenüber als »ordo rationalis« auf zwei Bereiche, die »praeservatio« und die »custodia«. Als ein Sammelbecken diätet. Literatur ist das →Regimen Sanitatis Salernitanum, das in der Redaktion des →Arnald v. Villanova 364 Verse enthielt, mehrfach überliefert; erhalten sind über 80 Hss., etwa 240 Druckausgaben sowie zahlreiche Übers. ins Dt., Frz., Engl., It. Im ausgehenden MA finden wir eine differenzierte D. vor, bereichert durch

Erfahrungen der arab. Medizin, so eine Vier-Jahreszeiten-D. mit Zwölf-Monats-Regeln, ferner Regimina für Reisende zu Wasser und zu Land, für verschiedene Berufe, für Krankheiten und Seuchen, für Gebärende, Ammen und Säuglinge, für Jugendliche und Greise. Je nach Zielsetzung diente die D. der Gesunderhaltung (regimen conservativum), der Krankheitsprophylaxe (regimen praeservativum) oder der Therapie (regimen curativum).

H. Schipperges

Q. und Lit.: Diaeta Theodori, ed. K. SUDHOFF, SudArch 8, 1915, 377–403 – Maimonides, Regimen Sanitatis, ed. S. MUNTNER, 1966 – CH. HAGENMEYER, Die »Ordnung der Gesundheit« für Rudolf v. Hohenberg, 1972 – R. SCHOTT, Die Kunst sich gesund zu erhalten (Nachdichtung des »Regimen sanitatis Salernitanum«), 1954 – W. SCHMITT, Theorie der Gesundheit und »Regimen sanitatis« im MA [Habil.-Schrift, 1973] – G. ZIMMERMANN, Ordensleben und Lebensstandard. Die Cura corporis in den Ordensvorschriften des abendländ. HochMA, 1973 – H. SCHIPPERGES, Diätet. Lebensführung nach der »Regula Benedicti« bei Hildegard v. Bingen, Arzt und Christ 26, 1980, 87–97.

Diatonik (von gr. διάτονος bzw. διὰ τόνους [βαίνων] 'durch Ganztöne [fortschreitend]'), Sammelbezeichnung für Tonleitern und auf ihnen basierender Musik aus Ganz- und Halbtönen. In der antiken griech. Theorie (einstimmiger) Musik hieß jene der drei musikal. Gattungen (diatonisch, chromatisch, enharmonisch) diatonisch, deren Tonleitern im Rahmen der →Tetrachorde Abfolgen von zwei Ganztönen und einem Halbton aufwiesen (wobei die Größenverhältnisse der einzelnen Intervalle verschieden berechnet werden konnten). Dieses, nach Aristoteles älteste Tongeschlecht, das die Grundlage der antiken griech. Tonschrift bildete, wurde im MA in neuer Deutung Vorbild und in der Mehrstimmigkeit, bes. durch →Guido v. Arezzo, alleinige Norm, gegenüber welcher chromat. Einzeltöne nur Färbungen ausmachten (→Chroma). D. als Tonsystem bedeutet in der Folgezeit bis heute die Teilung der Oktave in fünf Ganz- und zwei Halbtöne, sie liegt den ma. modalen Tonarten (Kirchentonarten) wie den modernen Tongeschlechtern Dur und Moll zugrunde. Diatonisch heißen folglich alle in diesen Skalen leitereigenen reinen (Quarte, Quinte, Oktave) und großen bzw. kleinen Intervalle (Sekunde, Terz, Sexte, Septime), mit Ausnahme des aus drei Ganztönen bestehenden »Tritonus« (z. B. f–h, h–f), der, an sich diatonisch, traditionell als übermäßige Quarte bzw. verminderte Quinte, d. h. als chromat. Intervall gilt. Der gregorian. Choral kannte vor der Guidon. Liniennotation nicht-diaton. Töne (ohne deswegen »chromatisch« zu sein), die entweder durch Versetzung verschleiert wurden oder der neuen Notation zum Opfer fielen. Das Übereinanderstellen verschiedener Hexachorde oder Tonarten in der Mehrstimmigkeit stellt die D. nicht in Frage.

H. Leuchtmann

Lit.: MGG, s. v. – RIEMANN, Sachteil, s. v. – NEW GROVE, s. v. – H. RIEMANN, Gesch. der Musiktheorie im X. bis XIX. Jh., 1898 – DERS., Hb. der Musikgesch., I: Altertum und MA, 1923³ – O. GOMBOSI, Tonarten und Stimmungen der antiken Musik, 1939 [Nachdr. 1950].

Diatyposis Leons VI., unter Ks. Leon VI. (886–912) neu erstellte Rangliste (διατύπωσις oder ὑποτύπωσις) der Bm.er und autokephalen Ebm.er des Patriarchats v. →Konstantinopel, entstand v. a. durch Mitarbeit des ökumen. Patriarchen →Nikolaos I. Mystikos (901–907), der z. Zt. der Abfassung der D. noch im Einvernehmen mit dem Ks. stand. Diese unter dem Namen Leons VI. überlieferten Notitiae episcopatuum geben Zeugnis von der großen gesetzgeber. Tätigkeit dieses Ks.s auch auf kirchl. Sektor und bilden für die folgenden Jahrhunderte die Richtschnur kirchl. Verwaltung. In dieser neuen Metropoliten- und Autokephalenliste wird den westl. Prälaten ein endgültiger Rang neben ihren Kollegen in der Ostkirche eingeräumt. Das eigtl. Corpus der D. umfaßt nur die Neuregelung der Metropolien und Ebm.er des Patriarchats v. Konstantinopel. Später wurde sie durch die Aufnahme der Suffragan-Rangliste erweitert und vervollständigt. Mit dieser D. wurden die inzwischen aufgetretenen Rangstreitigkeiten bei Synodalversammlungen beseitigt. Diese erweiterte Form der D. erfuhr in späteren Zeiten verschiedene Neubearbeitungen und Zusätze, wie z. B. die Notiz »Nea Taktika« zu Anfang des 10. Jh. und die weiteren Fortsetzungen unter Ks. Johannes Tzimiskes (969–976); vor der Regierungszeit des Ks.s Alexios I. Komnenos (1081–1118); unter Ks. Manuel I. Komnenos (1143–80), angefertigt von Neilos Doxopatros am Hofe des Kg.s Roger II. in Sizilien; eine zweite Notiz aus derselben Zeit, die in den athen. Codices 1371, 1379 und 1374 überliefert ist.

E. Konstantinou

Ed. und Lit.: H. GELZER, Zur Zeitbestimmung der Notitiae episcopatuum, Jb. für Prot. Theol. 12, 1886, 337–372, 529–575 – DERS., Ungedr. und ungenügend veröffentlichte Texte der Notitiae episcopatuum, AAM, philos.-philol. Cl. 21, 1901, 529–641 – GRUMEL-LAURENT, Nr. 598 – BECK, Kirche, 151.

Díaz

1. D. de Haro, Lope, * 1095 (?), † 1170, Sohn des Diego López de Haro, Statthalter von Nájera während der Regierungszeit der Kgn. Urraca, hatte dasselbe Amt unter Ks. Alfons VII. und den Kg.en Sancho III. und Alfons VIII. v. Kastilien inne und nahm schließlich sogar den Grafentitel an. Das von alters her in der Landschaft Rioja im Gebiet des oberen Ebro verwurzelte Geschlecht der →Haro leitete seinen Namen von dem gleichnamigen Lehensgut ab. Durch seine Heirat mit Aldonza Ruiz de Castro war L. D. mit dem mächtigen kast.-leones. Geschlecht der →Castro verschwägert. Da er Alfons VIII. während der schwierigen Jahre seiner Minderjährigkeit die Treue hielt, gelang es ihm, die polit. Bedeutung seiner Familie wie auch seine Besitzungen auszubauen. Alfons VIII. ernannte ihn zu seinem →Alférez und übertrug ihm die Statthalterschaft von Nájera, La Rioja, Altkastilien und Trasmiera, das bis Vizcaya einschließlich reichte. Eine seiner Töchter, Urraca, sollte durch die Heirat mit Ferdinand II. v. León Kgn. werden. Auf seine Initiative hin wurden die Zisterzienser in die Rioja gerufen.

M. González Jiménez

Lit.: J. GONZÁLEZ, El Reino de Castilla en la época de Alfonso VIII., 3 Bde, 1960 – L. SALAZAR Y CASTRO, Hist. Genealógica de la Casa de Haro, 1966 – S. DE MOXÓ, De la Nobleza Vieja a la Nobleza Nueva, Cuadernos de Hist. 3, 1969, 46–54 [Stammtaf.] – F. SESMERO PÉREZ, Genealogía de los Señores de Vizcaya y la incorporación del Título de »Señor de Vizcaya« a Castilla (La Sociedad Vasca Rural y Urbana en el marco de la crisis de los Siglos XIV y XV, 1975), 161–222, bes. 169–170 [Stammtaf.], 188.

2. D. Palomeque, Gonzalo, † 2. Nov. 1310, Ebf. v. Toledo, war mozarab. Abstammung und zuerst Bf. v. Cuenca (1289–99). Als leiblicher Neffe seines Vorgängers Gonzalo Pérez, auch Gonzalo García Gudiel gen., folgte er diesem auf dem Erzstuhl von Toledo. Letzterer hatte nämlich, von Bonifatius VIII. zum Kard. ernannt, auf den Toledaner Stuhl verzichten müssen und beim Papst die Einsetzung seines Neffen als Nachfolger erreicht.

Das bedeutendste Ereignis des Toledaner Pontifikats des D. P. war die Abhaltung des Provinzialkonzils v. Peñafiel i. J. 1302, auf dem viele Reformbeschlüsse gefaßt wurden. Zusammen mit den Bf.en v. Palencia und Lissabon war er als päpstl. Legat maßgeblich bei der Auflösung des →Templerordens in Kastilien und León beteiligt.

R. Gonzálvez

Lit.: DHEE II, 753 – C. EUBEL, Hierarchia Catholica I, 1898, 200, 487–

J. F. Rivera Recio, Los arzobispos de Toledo en la Baja Edad Media, 1969, 71.

3. D., Rodrigo → Cid

Dichter →Barden, →Éces, →Fili, →Jongleurs, →Meistersang, →Minnesang, →Minstrels, →Rederijkers, →Rhetoriqueurs, →Skalde(ndichtung), →Spielmann(sdichtung), →Troubadour(dichtung), →Trouvères, →»Vagantendichtung«; vgl. →Berufsdichter, →Dichterkrönung, →Hofdichter; →Mäzenatentum

Dichterkrönung. In der antiken Literatur wird der Brauch, Dichter zu krönen, oft erwähnt, doch üblicherweise nur in metaphor. Sinne. Konkret wurde ein zeremonieller Kranz für die Verfasserschaft und den Vortrag dichter. Werke nur bei Wettkämpfen zw. mehreren Dichtern/Rezitatoren verliehen. Ein Dichterwettstreit war Bestandteil der pyth. Spiele zu Delphi; hier war der Preis ein Kranz aus Zweigen des dem Gott der Dichtkunst, Apollon, geweihten→Lorbeers, den ein Knabe im Tempetal zu pflücken hatte (der das Tempetal durchfließende Peneus, der myth. Vater der Geliebten Apollons, Daphne, stand in enger Verbindung mit dem Apollonmythos und -kult).

Nach Sueton erzwang Nero bei den olymp. Spielen die Einführung eines Dichterwettstreites, bei dem er selbst dann als Sieger brillieren konnte. Bei den capitolin. Spielen, die Domitian 86 in Rom stiftete, war der Preis ein Kranz aus Eichenlaub aus dem hl. Hain des Jupiter Capitolinus. Die Dichterwettkämpfe der →Jeux floraux von Toulouse, die der Überlieferung nach ihren Ursprung auf 1323–24 zurückführen und Preise für dichter. Leistungen verliehen, könnten unter Bezug auf diese antiken Vorläufer eingerichtet worden sein.

Die Krönung von Dichtern in MA und Renaissance wurde jedoch in der Regel nicht als Siegerpreis, sondern als Ehrung für einen einzigen Dichter vorgenommen, dem damit die individuelle Wertschätzung ausgedrückt werden sollte. Trotz zahlreicher Belege für die privilegierte Stellung, die Dichter an den Höfen von Kg.en und Großen im Früh- und HochMA einnahmen, hat sich aus der Zeit vor dem 13. Jh. kein Hinweis auf eine D. erhalten. Erst am Hofe Friedrichs II. sollen zwei Dichter durch den Ks. gekrönt worden sein. Einer von ihnen war ein sonst unbekannter 'Frater Pacificus, rex vessuum'. Sein Titel mag als ferner Widerhall eines klass. Vorbildes erscheinen, bei dem die enge Verbindung zw. den Dichtern und den von ihnen gefeierten großen Männern betont ist: Das MA sah nämlich in einer Stelle in der »Achilleis« des Statius (I, 15–16: »cui geminae florent vatumque ducumque/certatim laurus«) einen Hinweis auf die Krönung des Statius als Dichter auf dem Kapitol. →Dante paraphrasiert diese Verse im 1. Gesang des »Paradiso« (Par. I, 25–30; vgl. Ottimo commento, in dem von Ks. Augustus irrtümlich gesagt wird, er habe Dichter gekrönt; vgl. auch die poet. Korrespondenz Dantes mit Giovanni del Virgilio). →Boccaccio berichtet, Dantes Leichnam sei bei seinem Begräbnis 1321 mit »ornamenti poetici« geschmückt worden; Antonio →Pucci fügt hinzu, das Haupt des toten Dichters sei mit einem Lorbeerkranz umwunden gewesen. Dante-Porträts – wie auch Bildnisse →Petrarcas – zeigen seit dem 14. Jh. den verehrten Dichter häufig mit Lorbeer bekränzt.

Ma. Vorstellungen von einer Krönung mit Lorbeer gehen folglich offenbar stärker auf Deutungen von Aussagen röm. Dichter und ihrer antiken Kommentatoren zurück (bes. Vergil, Ecl. II. 54, VII. 25, VIII. 12–13; Horaz, Carm. I. 1. 29–30; Martial, Epigr. VIII. 82; Statius, loc. cit.), als daß sie Kenntnis von der Tradition der capitolin. Spiele oder anderer mus. Wettkämpfe der Antike verraten. Die Zeremonie, mit der Albertino →Mussato am 3. Dez. 1315 zu Padua als Dichter gekrönt wurde, war in ihrer Gestaltung eine Mischung aus universitärer Gradverleihung und antikem röm. Triumph. Mussato empfing die Krönung sowohl für seine Verdienste um die Stadt als auch für seine poet. Leistungen im Wetteifer mit den antiken Dichtern. Sein Ehrenkranz bestand aus Myrte und Efeu ebenso wie aus Lorbeer. Diese drei Pflanzen finden sich mit lit. und triumphalen Anklängen in Vergils Eklogen.

Die berühmteste D. des MA war diejenige Petrarcas; sie fand am 8. April 1341 auf dem röm. Kapitol statt und wurde für ganz Europa vorbildhaft. Petrarca hatte wohl von bereits durchgeführten provenzal. D.en Kenntnis; zweifellos waren ihm die obengen. Stellen aus antiken Dichtern bekannt und sicher auch die Details der D. Albertino Mussatos. Wie er berichtet, erreichten ihn am 1. Sept. 1340 in der Vaucluse Einladungen der Univ. Paris und der Stadt Rom, sich zum Dichter krönen zu lassen. Er lehnte die Pariser Einladung zugunsten der röm. ab und reiste im folgenden Jahr nach Neapel, um sich von Kg. Robert v. Sizilien über Vergils »Aeneis« examinieren zu lassen. Nachdem er aufgrund seiner eindrucksvollen Prüfungsleistung und seiner – eher kargen – lat. Dichtung der Ehre der D. für würdig befunden worden war, begab er sich nach Rom, um die Krönung zu empfangen. Er bestand auf dem Lorbeer, da er glaubte, die röm. Dichter seien von den Ks.n auf dem Kapitol damit gekrönt worden und da er die enge Verbindung zw. Dichtern und Männern der Tat wie auch die Assoziation von »lauro« (Lorbeer) und →Laura zu betonen wünschte. Wie Mussato zog er im Triumph zu seiner Krönung. Mehrere seiner lat. Verse wurden rezitiert, und er hielt eine später oft imitierte Rede über Natur und Würde der Dichtkunst. Sie war die erste bedeutende Formulierung des in der Renaissance dann immer stärker betonten Gedankens, die Berufung des Dichters liege in der Bewahrung des Nachruhms und im Künden der Unsterblichkeit: Der Dichter, der Philosoph und der Geschichtsschreiber streben alle dem gleichen Ziel zu. Neben seiner »laurea« erhielt Petrarca einen Talar sowie ein Diplom und wurde zum röm. Bürger und Magister ernannt. Später stiftete Petrarca seinen Lorbeerkranz dem Hochaltar von St. Peter. Petrarca wurde zum Inbegriff des poeta laureatus schlechthin (s. Geoffrey Chaucer, »Canterbury Tales«, Prologue to Clerk's Tale, E, Z. 31): Sein Diplom wie auch seine Rede wurden häufig abgeschrieben und nachgeahmt.

Als der Brauch der D. im 15. Jh. auch die Gebiete nördl. der Alpen erreichte, verliehen die Ks. die »laurea« entweder selbst oder delegierten das Recht zur Verleihung an die Universitäten oder auch an einzelne Laureaten (letzteres war ein Recht, das bereits Petrarca zuerkannt worden war). Ks. →Friedrich III. nahm erstmals auf dt. Boden eine D. vor, nämlich am 22. Juli 1442 zu Frankfurt a. M. an Enea Silvio Piccolomini (→Pius II.); Friedrich krönte auch erstmals einen Dichter dt. Herkunft, Conrad →Celtis, am 18. April 1487 zu Nürnberg. Aus Frankreich, England und Spanien fehlen Nachrichten über D.en, obwohl engl. (John →Skelton) und frz. (Bernard André) Dichter ebenfalls diese Würde beanspruchten. In Frankreich hatten sich andere Traditionen der Dichterehrung ausgebildet, so in den nordfrz. →Puys oder in der →Cour amoureuse in Paris. Die erste durch einen Ks. vollzogene D. in Italien hatte am 24. Mai 1355 in Pisa stattgefunden, als Zanobi da Strada von →Karl IV. gekrönt wurde. Petrarca und Boccaccio bekundeten ihren Mißfallen über diesen Vorgang, die erste D. nach derjenigen Petrarcas und die letzte des 14.

Jh. darstellt. In Italien folgten vom 15.-18. Jh. zahlreiche weitere D.en, in Deutschland wurde der Brauch bis 1805, d. h. bis zum Ende des Hl. Röm. Reiches Deutscher Nation, ausgeübt. J. B. Trapp

Lit.: K. SCHOTTENLOHER, Ksl. D.en im Hl. Röm. Reich Dt. Nation (Papsttum und Kaisertum) (Fschr. P. KEHR, 1926), 645–673 – E. H. WILKINS, The Coronation of Petrarch (DERS., The Making of the Canzoniere, 1951), 9–70 – J. B. TRAPP, The Owl's Ivy and the Poet's Bays, JWarburg 21, 1958, 227–255 – DERS., The Poet Laureate, Rome, renovatio and translatio imperii (Rome in the Renaissance, The City and the Myth, hg. P. A. RAMSEY, 1982), 93–127.

Dichtmünzen. Gelehrtenbezeichnung des 18. Jh. für zweiseitig erhaben geprägte dt. →Pfennige des 12./13. Jh. (regionaler Pfennig) im Gegensatz zu den wesentl. leichteren einseitig (hohl) geprägten Brakteaten (→Hohlpfennig) der gleichen Zeit. P. Berghaus

Lit.: Wb. der Münzkunde, hg. F. v. SCHROETTER, 1930, 138 [A. SUHLE].

Dicken, erstmals 1482 in Bern eingeführte größere Silbermünze, vergleichbar dem zur gleichen Zeit eingeführten Tiroler →Pfundner. Vorbild des Berner D. von 1482 war die Mailänder →Lira (→Testone). Der D. wurde als ⅓ Guldiner, später zu 8 Batzen oder 32 Kreuzer gerechnet. Er fand bald Nachahmungen in der Schweiz und in Oberdeutschland, wobei das Gewicht der verschiedenen D. zw. 9 und 9,7 g schwankt: Stadt Bern 1482, Stadt Freiburg/Schweiz um 1494, Stadt Basel um 1499, Bm. Sitten um 1500, Stadt Solothurn um 1500, Stadt Konstanz um 1500, Stadt Zürich 1504, Stadt St. Gallen 1505, später Genf, Luzern und Zug. Die D.-Prägung läuft im 17. Jh. aus. P. Berghaus

Lit.: Wb. der Münzkunde, hg. F. V. SCHROETTER, 1930, 138 [F. v. SCHROETTER] – L. CORAGGIONI, Münzgesch. der Schweiz, 1896 – H.-U. GEIGER, Der Beginn der Gold- und Dickmünzenprägung in Bern, 1968.

Dicta Catonis → Disticha Catonis

Dictamen → Urkunde, -nwesen; → ars dictaminis

Dicta philosophorum, sententiae (flores, proverbia, auctoritates) sapientium (Graecorum) u. ä. lauten in Hss. und Handschriftenkatalogen Bezeichnungen, unter denen man verschiedene Spruchsammlungen findet, gelegentl. auch ohne ihren usprgl. Titel abgeschriebene Werke über Lehren und Lebensführung der Weisen oder Exzerpte aus solchen; außerdem häufig als bes. Gruppe alchimist. Traktate.

[1] *Mittellatein:* Sammlungen von philos. Aussprüchen scheinen schon früh von Iren aus antiken Schriften kopiert und kompiliert worden zu sein; großenteils wohl aus ir. Quellen geschöpfte Zusammenstellungen begegnen im 9. Jh. in den Kollektaneen des →Sedulius Scottus und des →Heiric v. Auxerre (Proverbia Grecorum, Ps. →Caecilius Balbus, Sentenzen des →Publilius Syrus). Heiric überliefert auch Worte angebl. Teilnehmer an einem philos. Gastmahl (Scipio, Laelius, Crassus u. a.), eine in röm. Milieu übertragene Fassung der – in einer anderen Bearbeitung u. a. im Codex Salmasianus erhaltenen – lat. Version der Sprüche der Sieben Weisen. Der Klosterbibliothekar →Hadoardus v. Corbie, ein Zeitgenosse Heirics, nahm in sein Kollektaneum »Sententiae philosophorum« (des Publilius Syrus) aus der Exzerptensammlung eines Censorinus auf. D. erscheinen öfters als Bestandteil allgemeinerer →Florilegien. Im SpätMA meinte man mit D. gelegentl. die lat. Übersetzung der →Bocados de Oro. Drucke des 15. und 16. Jh. bieten auctoritates (dicta) antiker und ma. Philosophen mit bes. Berücksichtigung des Aristoteles und des in scholast. Kontroversen wichtigen Zitatenmaterials. Vgl. auch →Moralium dogma philosophorum. J. Prelog

Lit.: THORNDIKE-KIBRE, 1784 [D. im Ind.] – C. PRANTL, Über die Lit. der Auctoritates in der Philosophie, SBA. PPH 1867/II, 173–198 – B. MUNK OLSEN, Les classiques lat. dans les florilèges médiévaux antérieurs au XIIIe s., Rev. d'hist. des textes 9, 1979, 47–121; 10, 1980, 115–164 [Lit.] – U. WINTER, Bona priscorum proverbia philosophorum ... (Überlieferungsgesch. Unters., hg. F. PASCHKE, TU 125, 1981), 609–624.

[2] *Romanische Literaturen:* Im Rahmen der überreichen ma. Sentenzenliteratur ragt das Wilhelm v. Conches zugeschriebene Moralium dogma philosophorum hervor, das um 1150 in Frankreich entstand. Die Kompilation umfaßt Weisheitslehren und Bildungswissen. Die frz. Fassung »Moralités des Philosophes« entstand Anfang des 13. Jh. Brunetto→Latini greift darauf im Trésor, manchmal auch korrigierend, zurück. Eine metrische Aufarbeitung der Moralités nahm Alard de Cambrai vor zw. 1260/68 (6730 achtsilbige Verse in unterschiedl. langer Zusammenstellung, vgl. GRLM 6,2, Nr. 2908). Die moral. Verhaltensregeln werden für ein adliges Publikum in die feudale Welt umgesetzt und stellen den prudhomme die sittl. Lebensordnung vor. Die Sentenzen werden z. T. willkürlich antiken Gewährsleuten zugeschrieben. Sie sind verflochten mit einer unübersehbaren Überlieferung von Spruchweisheit im MA. Alards Bearbeitung wird in kleineren Florilegien ausgeschrieben und wirkt weiter etwa im »Renart le contrefait« (2. Zweig), »Cassiodorus« sowie im »Dit des sept vertus« von →Watriquet de Couvin. Zwei Inkunabeldrucke (GW 8319 und 8320 – Paris 1486) überliefern die »Dicts moraulx des philosophes« von →Guillaume de Tignonville, die mit den →Bocados de oro zusammenhängen dürften. Vgl. →Florilegien.

D. Briesemeister

Lit.: R.-A. GAUTHIER, Pour l'attribution à Gauthier de Châtillon du »Moralium dogma philosophorum«, RMA 7, 1951, 19–64 – PH. DELHAYE, Gauthier de Châtillon est-il l'auteur du »Moralium dogma philosophorum«, 1953 – J.-C. PAYEN, Le Livre de philosophie et de moralité d'Alard de Cambrai, Romania 87, 1966, 145–177.

[3] *Englische Literatur:* In der ma. engl. Sentenzenliteratur gibt es eine Reihe von Texten, die Spruchweisheiten (→Spruchdichtung) überliefern, die verschiedenen ›Philosophen‹ des Altertums, z. T. auch des MA, zugeschrieben werden. So nennt z. B. eine lat.-frz.-engl. Spruchsammlung in der Vernon-Hs. (14. Jh.; Index 3501) u. a. David, Salomon, Ipocras (d. i. Hippokrates), Seneca und Augustinus als Autoren von Aussprüchen, die sich auch sonst in anonymen Proverbiensammlungen (→Sprichwörter) finden. Daneben sind unter dem Titel »Dicts and Sayings of the Philosophers« eine Reihe von me. Werken erhalten, die fast sämtlich auf die Schrift »Dicts moraulx des philosophes« von Guillaume de→Tignonville († 1414) zurückgehen. Von der Popularität dieses Werks im spätma. England zeugen die zahlreichen Übersetzungen aus dem 15. Jh.: die Übertragung von Earl Rivers, die 1477 von →Caxton gedruckt wurde, die Übersetzung von Stephen→Scrope (ca. 1396–1472), eine weitere Prosaversion und eine metrische Übertragung der ›Dicta‹ von George →Ashby († 1475; Index 738). K. Reichl

Bibliogr.: C. BROWN–R. H. ROBBINS, The Index of Me. Verse, 1943 – Ed.: M. BATESON, George Ashby's Poems, EETS ES 76, 1899, 42–100 – F. J. FURNIVALL, The Minor Poems of the Vernon MS., Part II, EETS 117, 1901, 522–553 – R. EDER, »Tignonvillana inedita«, RF 33, 1915, 851–1022 – C. F. BÜHLER, The Dicts and Sayings of the Philosophers, EETS 211, 1941.

Dictatus papae ('Diktat des Papstes'), u. a. fünfim 1. und 2. Buch des Briefregisters Papst→Gregors VII. mit dieser Überschrift versehene Stücke, im engeren Sinn jene 27

undatierten »päpstl. Leitsätze« (E. CASPAR), die zw. zwei Briefen vom 3. und 4. März 1075 ins Register eingetragen sind (II, 55a). Ungeachtet der noch offenen Kontroverse um den Originalcharakter des Reg. Vat. 2 ist die Autorschaft Gregors VII. am D.p. heute unbestritten. Die lemmataartig kurzen, anaphorischen Sätze (»Quod...«) betonen ohne erkennbare Ordnung ausschließl. Vorrang und Vorrechte der röm. Kirche und des Papstes (oft hervorgehoben durch »solus«), z. B.: »Die röm. Kirche ist eine ausschließl. göttl. Stiftung (1), sie hat niemals geirrt und wird auch niemals irren (Infallibilität [→ Unfehlbarkeit]; 22), nur wer mit ihr übereinstimmt, kann für kath. gelten (26). Bedeutende Kirchenangelegenheiten obliegen der Entscheidung des Apostol. Stuhles (21), wer an ihn appelliert, soll von niemandem verurteilt werden (20). Nur der röm. Bf. darf sich ökumenisch (universalis) nennen (2), von seinem Urteil hängt es ab, ob sich eine Synode als allgemeine (generalis) konstituiert (16), sein Name ist einzig auf der Welt (11), er allein darf in den Kirchen rezitiert werden (10). Nur der Papst kann Bf.e ihres Amtes entheben und wieder einsetzen (3) – selbst ohne synodale Mitwirkung (25), auch sein Legat, der auf Synoden den Vorsitz führt, hat das Absetzungsrecht gegenüber Bf.en (4), der Papst darf (sogar) Abwesende absetzen (5), ihn selbst darf niemand richten (19), sein Richterspruch ist endgültig, während er das Urteil anderer neu verhandeln kann (18), auf seinen Befehl und mit seiner Genehmigung haben (auch) Untergebene das Anklagerecht (24), ihm allein ist es erlaubt, wenn erforderl., neue Gesetze zu erlassen (7), er bestimmt über die kanon. Geltung eines Kapitels, eines Buches (17), ihm steht das unbeschränkte Recht der Klerikerweihe zu (14). Seine Füße allein haben alle Fs.en zu küssen (9), nur er darf sich der ksl. Insignien bedienen (8), ihm ist es gestattet, Ks. abzusetzen (12) und Untertanen vom Treueid gegenüber iniqui zu entbinden (27). Der kanon. gewählte röm. Bf. ist kraft der Verdienste des hl. Petrus unzweifelhaft heilig (Amtsheiligkeit, 23).« – Der D.p. stellt also neben einer theol. Begründung den päpstl. → Primat innerhalb der Kirche auf dem Gebiete der Rechtsprechung, Gesetzgebung, Verwaltung, Weihe und Liturgie gegenüber Bf.en, Klerus und Synoden ebenso kompromißlos heraus wie die päpstl. Ehren- und Herrschaftsrechte gegenüber der weltl. Gewalt. Die meisten Ansprüche sind aus der Tradition abgeleitet (→ Pseudo-Isidor u. a.), doch erfahren manche Sätze in ihrer knappen Einseitigkeit eine typisch gregorian. Zuspitzung (etwa 5, 8–10, 23), ohne daß das Werk damit – skizzenhaft unvollkommen, wie es sich darstellt – zu einem »revolutionären« Reformprogramm des Papstes (J. HALLER) avancierte. Überhaupt werden Gattungscharakter und Zweck des D.p. derart unterschiedl. beurteilt, daß er als »Sphinx in der Geschichte des kanon. Rechts« (K. HOFMANN) erscheinen konnte. Hist.-polit. Erklärungsversuche sehen in ihm, meist in Verbindung mit der röm. → Fastensynode vom Febr. 1075, eine Reaktion Gregors VII. auf Auseinandersetzungen mit dem dt. Kg. und Episkopat (R. KOEBNER und – zum Jahre 1076 – R. MORGHEN), weisen ihm also eine Schlüsselstellung zu im Kampf des Papstes für Reform und Freiheit der Kirche, J. GAUSS dagegen erklärte ihn zum Konzept der päpstl. Bedingungen für die Unionsverhandlungen mit der griech. Kirche; kanonist. ist der D.p. zwanglos als Index einer Kirchenrechtssammlung zu verstehen (E. SACKUR), ob nun einer verlorenen (G. B. BORINO) oder einer geplanten (K. HOFMANN) – schließlich kennen wir Gregors lebhaftes Verlangen nach einem Kompendium der päpstl. Privilegien. Wahrscheinlich dürfte beides bedeutsam sein, das polit. wie das formale Moment: der D.p. als Ausdruck der von tiefer Religiosität und Rechtsempfinden getragenen Überzeugung Gregors VII. vom heilsnotwendigen Wirken und der Führungsrolle der röm. Kirche, gefaßt in die beschwörende Form verallgemeinernder Rechtssätze – freilich fast ohne hist. Belege. Dieser reine capitulatio-Charakter des D.p. ist es, der ihn deutlich abhebt von allen damals kursierenden Rechtssammlungen mit Ausnahme der – wie sie sich selbst nennen – »Proprie auctoritates apostolice sedis« (P.a.a.s.; weniger glückl. auch nach dem heutigen Aufbewahrungsort einer der Hss. als »Dictatus v. Avranches« bezeichnet), 37 ähnlich knapper, die Macht der röm. Kirche einfordernder Sentenzen, die, wenn sie sich nicht von einem röm. Reformkanonisten herleiten, durchaus Gregors eigene modifizierte Sicht der Jahre nach → Canossa widerspiegeln könnten (»zweiter D.p.«) mit Präzisierungen, Verschärfungen, Zusätzen und Auslassungen gegenüber dem (ersten) D.p. Die schillernde Figur Gregors VII. würde in einem neuen Licht erscheinen – mit ein Grund für die dringend erwünschte eingehende Analyse der P.a.a.s., auch mit Blick auf die verwandten Rechtssammlungen der Zeit. Parallelen des D.p. zur 74-Titel-Sammlung (W. M. PEITZ, A. MICHEL, J. GILCHRIST) und zur Collectio II librorum (J. BERNHARD) bezeugen keine direkte Abhängigkeit, näher stehen ihm schon Rubriken der jüngeren Werke → Anselms II. v. Lucca und v. a. → Deusdedits. In der Gesch. des kirchl. Rechts haben Gregors Sätze, die in ihrer improvisierten Form kaum zur Veröffentlichung bestimmt waren, freilich nur eine ganz untergeordnete Rolle gespielt: Verbreitung und Wirkung blieben gering. Um so mehr Beachtung fand der D.p. in der Historik der NZ als ein geradezu klass. Dokument ma. päpstl. Herrschaftsanspruches in, ja über Kirche und Welt. Vgl. auch → Papst, -tum, → Investiturstreit. H. Mordek

Krit. Ed. des D.p.: E. CASPAR, Das Register Gregors VII. (MGH Epp. sel. II, 1, 1920), 201–203 [lat.-dt. Ausg.: Q. zum Investiturstreit I, übers. F.-J. SCHMALE (AusgQ XIIa, 1978), 148–151] – *Krit. Ed. der P.a.a.s.:* H. MORDEK, Proprie auctoritates apostolice sedis. Ein zweiter D.p. Gregors VII.?, DA 28, 1972, 126–132 – *Lit.: [allg. zum D.p.]:* Bibl. SS VII, 337f. – HKG III, 1, 424ff. – LThK² III, 368f. – NCE IV, 858f. – F. ROCQUAIN, Quelques mots sur les »D.p.«, BEC 33, 1872, 378–385 – S. LÖWENFELD, Der D.P. Gregors VII. und eine Ueberarbeitung desselben im XII. Jh., NA 16, 1891, 193–202 – E. SACKUR, Der D.p. und die Canonssammlung des Deusdedit, NA 18, 1893, 135–153 [Verf. des D.p.: Deusdedit] – W. MARTENS, Gregor VII. 2, 1894, 314ff. – O. BLAUL, Stud. zum Register Gregors VII. [Diss. Straßburg, Teildr. 1911], 29ff. [AU 4, 1912, 158ff.] – W. M. PEITZ, Das Originalregister Gregors VII. (SAW. PH 165, 5, 1911), bes. 265ff. – E. CASPAR, Gregor VII. in seinen Briefen, HZ 130, 1924, 1–30 – A. FLICHE, La Réforme grégorienne 2 (Spicilegium sacrum Lovaniense. Etudes et documents 9, 1926), 189ff. – W. WÜHR, Stud. zu Gregor VII. – Kirchenreform und Weltpolitik (Hist. Forsch. und Q. 10, 1930), 114ff. – K. HOFMANN, Der »D.P.« Gregors VII. (Görres-Ges. Veröff. der Sektion für Rechts- und Staatswiss. 63, 1933) – R. KOEBNER, Der D.P. (Krit. Beitr. zur Gesch. des MA, Fschr. R. HOLTZMANN [= Hist. Stud. 238], 1933), 64–92 – H.-X. ARQUILLIÈRE, St Grégoire VII (L'Eglise et l'Etat au MA 4, 1934), 130ff. – J. GAUSS, Die Dictatus-Thesen Gregors VII. als Unionsforderungen, ZRGKanAbt 29, 1940, 1–115 – A. MICHEL, Die Sentenzen des Kard.s Humbert, das erste Rechtsbuch der päpstl. Reform (Schr. des Reichsinstituts für ältere dt. Geschichtskunde 7, 1943), 135f. – G. B. BORINO, Un'ipotesi sul »D.P.« di Gregorio VII (Archivio della R. Deputazione romana di Storia patria 67), 1944 [= Misc. ... P. FEDELE, 237–252] – K. HOFMANN, Der »D.P.« Gregors VII. als Index einer Kanonessammlung?, StGreg 1, 1947, 531–537 – A. FLICHE, La Réforme grégorienne et la Reconquête chr. (A. FLICHE – V. MARTIN, Hist. de l'Eglise 8, 1950), 79ff. – P. E. SCHRAMM, Das Zeitalter Gregors VII., GGA 207, 1953, 130ff. – R. MORGHEN, Ricerche sulla formazione del registro di Gregorio VII, ASD 3–4, 1959–60, 35–65 [in endgültiger Fassung: BISI 73, 1961, 1–40; wiederabgedr. in: DERS., Gregorio VII... (s. u.), 191–212, 229–233] – M. Rfos FERNÁNDEZ, La »Collectio canonum« del Cardenal Deusdedit y el »D.P.« (Compostellanum.

Sección de Ciencias Ecl. 5, 1960), 409–440 – Y. M.-J. CONGAR, Der Platz des Papsttums in der Kirchenfrömmigkeit der Reformer des 11. Jh. (Sentire ecclesiam 1961), 196–217 – J. BERNHARD, La collection en deux livres (Cod. Vat. lat. 3832), RDC 12, 1962, 586ff. – J. GILCHRIST, Canon Law Aspects of the Eleventh Century Gregorian Reform Programme, JEcH 13, 1962, 21–38 – HALLER II, 276f., 432 – L. F. J. MEULENBERG, Der Primat der röm. Kirche im Denken und Handeln Gregors VII. (Mededelingen van het Nederlands Hist. Instituut 33, 2, 1965), passim – J. GAUSS, Ost und West in der Kirchen- und Papstgesch. des 11. Jh. 1967, 56ff. – K. GANZER, Das Kirchenverständnis Gregors VII., TThZ 78, 1969, 95–109 – CH. SCHNEIDER, Prophet. Sacerdotium und heilsgesch. Regnum im Dialog 1073–1077 (MMS 9, 1972), 110ff. – J. GILCHRIST, The Reception of Pope Gregory VII into the Canon Law (1073–1141), ZRGKanAbt 59, 1973, 35–82; 66, 1980, 192–229 – R. MORGHEN, Gregorio VII e la riforma della chiesa nel secolo XI, 1974², 97ff., 191ff. – H. HOFFMANN, Zum Register und zu den Briefen Papst Gregors VII., DA 32, 1976, 86–130 – W. ULLMANN, Kurze Gesch. des Papsttums im MA, 1978, 141ff. – K. A. FINK, Papsttum und Kirche im abendländ. MA, 1981, 33ff., 146f. – [zu einzelnen Sätzen des D.p.]: ST. KUTTNER, Liber canonicus. A note on »D.p.« c. 17, StGreg 2, 1947 (= DERS., The Hist. of Ideas and Doctrines of Canon Law in the MA, 1980, II, mit Retractationes 2f.), 387–401 – P. E. SCHRAMM, Sacerdotium und Regnum im Austausch ihrer Vorrechte, StGreg 2, 1947, 403–457 [umgearbeiteter Wiederabdr. in: Ks., Kg.e und Päpste. Ges. Aufsätze... (= Beitr. zur allg. Gesch. IV, 1), 1970, 57–106] [zu D.p. 8] – W. ULLMANN, Romanus Pontifex indubitanter efficitur sanctus: D.P. 23 in retrospect and prospect, StGreg 6, 1959–61 (= DERS., The Church and the Law in the Earlier MA, 1975, XI), 229–264 [dazu O. CAPITANI, Gregoriana, RSCI 18, 1964, 478–491] – K.-A. WIRTH, Imperator pedes papae deosculatur (Fschr. HARALD KELLER, 1963), 175–221 [zu D.p. 9: 175f., 208f.] – H. FUHRMANN, »Quod catholicus non habeatur, qui non concordat Romanae ecclesiae«. Randnotizen zum D.P. (Fschr. H. BEUMANN, 1977), 263–287 [v. a. zu D.p. 26] – DERS., Über die Heiligkeit des Papstes, Jb. der Akad. der Wiss. in Göttingen 1980, 28–43 [zu D.p. 23] – L. MEULENBERG, Une question toujours ouverte: Grégoire VII et l'infaillibilité du pape (Aus Kirche und Reich. Fschr. F. KEMPF, 1983), 159–171 [zu D.p. 22] – [zu den P.a.a.s. (D. v. Avranches)]: S. LÖWENFELD, a.a.O., 1891, 198ff. – E. SACKUR, a.a.O., 1893, 150ff. – K. HOFMANN, a.a.O., 1933, 211ff. – W. ULLMANN, Cardinal Humbert and the Ecclesia Romana, StGreg 4, 1952 (= DERS., The Papacy and Political Ideas in the MA 1976, I), 126 – B. JACQUELINE, A propos des D.p.: les Auctoritates apostolice sedis d'Avranches, RHDFE, 4ᵉ sér., 34, 1956, 569–574 – R. MORGHEN, Ricerche..., a.a.O., 1959–60, 52ff. bzw. 26ff. (203ff., 232) – H. MORDEK, a.a.O., 1972, 105–132 [überarbeitete it. Version ohne Ed., aber mit Hss.abb.: D.p. e Proprie auctoritates apostolice sedis, RSCI 28, 1974, 1–22] – F. KEMPF, Ein zweiter D.P.? Ein Beitr. zum Depositionsanspruch Gregors VII., AHP 13, 1975, 119–139 – O. CAPITANI, L'interpretazione »pubblicistica« dei canoni come momento della definizione di istituti ecclesiastici (Secc. XI–XII) (Atti del Congresso Internazionale tenuto in occasione del 90° anniversario della fondazione dell'Istituto Storico Italiano... 1973, I, 1976), 259f., 278 – M. C. DE MATTEIS, La riconciliazione di Canossa: tra »D.p.« e »Auctoritates Apostolice Sedis«, StM, 3ª ser. 19, 1978, 681–699 [auch in: Studi matildici. Atti e memorie del III Convegno di studi matildici, 1978, 217–233; dazu aber: DA 35, 1979, 638] – K. A. FINK, a.a.O., 1981, 33f., 146f.

Dictinius, Bf. v. Astorga, Ende des 4. und Anfang des 5. Jh.; Sohn des Bf.s Symphosius. D. war Priscillianist, kehrte jedoch auf dem Concilium Toletanum (400), wo er auch seine Schriften verwarf, zum kath. Glauben zurück. Von seinen Werken, die er als Priscillianist schrieb, ist nur der (nicht erhaltene) Traktat »Libra« durch die Widerlegung Augustins (contra mendacium 5ff.) indirekt bekannt. D. war ein sehr wichtiger priscillianist. Schriftsteller mit großer Wirkung, v. a. in Galicien. Er wird in der Diöz. Astorga als Hl. verehrt.   J. M. Alonso-Núñez

Lit.: REV, 390 – BARDENHEWER III, 413 – DHGE XIV, 394f. – DHE II, 756 – F. LEZIUS, Die Libra des Priscillianisten D. v. Astorga: Abh. ALEXANDER V. OETTINGEN zum siebenzigsten Geburtstag, 1898, 113–124 – R. GARCÍA VILLOSLADA, Hist. de la Iglesia en España I, 1979, 245–251, 264f., 270.

Dictys Cretensis, angebl. Verfasser eines griech. Trojaromans, von dem eine etwa ins 4. Jh. zu datierende lat. Version mit dem Titel »Ephemeris belli Troiani« in sechs Büchern erhalten ist. In einer dem Werk vorangestellten 'epistula' gibt sich ein gewisser Lucius Septimius als der Übersetzer der griech. Originalfassung aus. Diese wirkte in der byz. Literatur nach, ist jedoch nur durch ein Papyrusfrgm. aus dem frühen 3. Jh. faßbar. Im Westen dagegen hat die lat. Fassung unter dem Namen des Lucius Septimius als Darstellung der Ereignisse vor Troja aus griech. Sicht neben →Dares Geltung gewonnen, ohne jedoch dessen starken Einfluß zu erreichen. – Die hs. Überlieferung beginnt im 9. Jh. und setzt sich eher spärlich als häufig fort, bis sie im 14. und v. a. dann im 15. Jh. kräftig anschwillt; die frühen it. Humanisten scheinen sich mehr als die voraufgegangene Zeit für D. interessiert zu haben; gleichwohl wurde der Text durch →Poggio als Werk des Lucius Septimius als neu entdeckt. – Noch Goethe hat den D. bei seinen Arbeiten für eine 'Achilleis' verwendet.
E. Heyse

Ed.: W. EISENHUT, 1973² – Lit.: KL. PAULY II, 29f. – SCHANZ-HOSIUS IV 1, 85–90 – R. SABBADINI, Le scoperte dei codici latini e greci ne'secoli XIV e XV, 1914, 219 – W. EISENHUT, Spätantike Trojaerzählungen – mit einem Ausblick auf die ma. Troja-Lit., MJb 18, 1983, 1–28.

Dicuil (Name mehrerer ir. Hl. er). **1. D.** (Deicola), hl., Gefährte des hl. →Columban und Gründer des Kl. →Lure.

2. D., irischer Gelehrter am Hof Karls d. Gr. und Ludwigs d. Fr., ca. 814–ca. 825 tätig. Von ihm sind sechs Werke bekannt: »Liber de astronomia« (ein Computus in Versen; →Komputistik), »Epistula censuum« (Verse über →Maße und Gewichte), »De prima syllaba« (ein prosod. Traktat); eine metr. Zusammenfassung von →Priscians »Partitiones XII versuum Aeneidos principalium« (bekannt als »De arte grammatica«), eine (verlorene) »Epistula de questionibus decem artis grammaticae« und schließlich – als sein bekanntestes Werk – der »Liber de mensura orbis terrae«, ein bedeutendes Werk zur →Kosmographie. D.s Schriften zeichnen sich durch ihre Originalität und lebendige Darstellung aus. In seinem Computus weicht D. ausdrücklich von der ags. Praxis bei der Einschaltung der saltus lunae (→Kalender) ab, eine Kontroverse, auf die →Alkuin in mehreren seiner Briefe Bezug nimmt. Die Quellen, die D. in seinem »Liber de astronomia« verwertet, sind für die Zeit ebenso ungewöhnlich wie das verwendete Versmaß. Der »Liber de mensura orbis terrae« basiert vorwiegend auf der sog. Cosmographia Iulii Caesaris (d. h. zweite Redaktion des Iulius Honorius), der »Mensuratio orbis« des Theodosius, auf Solinus, Plinius, Priscian (»Periegesis«) und Isidor v. Sevilla, doch fügt D. zahlreiche eigene Beobachtungen hinzu. So nennt er mehrere nördlich von Irland und Britannien gelegene Inseln, von denen er einige aus eigener Anschauung kannte, während er für andere Inseln auf die Berichte irischer Mönche, die in die arkt. Gewässer gereist waren, zurückgriff. Auch verwertet er die Schilderung der Reise eines Landsmanns nach Ägypten und Palästina.   D. Ó Cróinín

Ed.: MGH PP 2–4 – Liber de astronomia: M. ESPOSITO, An Unpublished Astronomical Treatise ... D., PRIA 26 C, 1907 – Epistula censuum: A. VAN DE VYVER [s. u.] – De prima syllaba: M. MANITIUS, Micons v. St-Riquier »de primis syllabis«, MMus 1, 1912 [mit Zuschreibung des Werks an Micon v. St-Riquier; vgl. dazu: K. STRECKER, NA 43, 1920] – Liber de mensura orbis terrae: D.i Liber ..., ed. J. J. TIERNEY mit Beitr. v. L. BIELER (Scriptores latini Hiberniae 6, 1967) [mit Einl. und engl. Übers.] – Lit.: A. VAN DE VYVER, D. et Micon, RBPH 14, 1935, 25–47 – BRUNHÖLZL I, 306–309, 552 [weitere Lit.].

Didacus → Diego

Didaktische Literatur, d. h. Werke, die Wissensinhalte und Lebensregeln zum Gegenstand haben und mit deren Darstellung auch – oder in erster Linie – eine ästhetisch-literarische Absicht verfolgen, ist vom reinen Fachschrifttum am ehesten zu unterscheiden, wenn sich diese Absicht aus äußeren Merkmalen der Gestaltung wie Reim, Vers, Dialog (soweit sie allerdings nicht als rein mnemotechnische oder didakt. Hilfen gedacht sind) ablesen läßt. Von gleicher Bedeutung können aber auch z. B. bewußt gepflegter Stil (wie etwa in den Schriften des Johannes v. Salisbury) oder kunstvolle Struktur (wie in manchen scholast. Quästionen und Summen) sein.

Nach ma. Verständnis werden jedoch in den Bereich der d. L. auch Werke gezogen, deren an sich rein narrativer oder fiktiver Inhalt beispielhaft – sei es vorbildlich oder abschreckend – aufgefaßt werden kann: außer ausgesprochenen →Exempla alle Formen erzählender Dichtung und sogar lyr. Werke wie die Oden des Horaz.

Hinzu kommt, daß nach bereits antiker Tradition (z. B. Servius und Fulgentius zu Vergil) viele nicht unmittelbar didakt. Werke als Träger verborgener Weisheit und Lehre zu verstehen waren, deren Enthüllung sich die reiche Literatur der Kommentare, Integumenta und Moralisationes widmete (→Allegorie). Schließlich wurden röm. und ma. Werke als Vorbilder zur Erlernung sprachl. und lit. Techniken angesehen. →Fachliteratur, →Lehrhafte Literatur (Dichtung). G. Bernt

Lit.: →Fachliteratur, →Lehrhafte Literatur (Dichtung).

Didymos der Blinde (313–398), erwarb sich trotz Erblindung in früher Kindheit ein umfassendes profanes und theol. Wissen, so daß der krit. →Athanasios, der ihn offensichtl. für rechtgläubig hielt, ihn als Leiter der alexandrin. Katechetenschule einsetzte. Seine Schüler Hieronymus und →Rufinus überliefern die ehrende Benennung »der Sehende«. Der Beiname »der Blinde« ist erst bezeugt, nachdem 543 die Synode und 553 das Konzil v. Konstantinopel seine Lehre als Origenismus und 649 eine Lateransynode ihn selbst als Ketzer verurteilten. Infolgedessen ist sein lit. Werk zum großen Teil vernichtet worden. Entsprechend begrenzt ist seitdem seine Nachwirkung.

Von seinen zahlreichen exeget. Arbeiten, in denen er nach alexandrin. Methode bes. den allegor. Schriftsinn darlegt, sind durch den Papyrusfund in Tura 1941 größere Teile seiner Komm. zu Gen, Iob, Ps, Sach und Koh bekannt. Eine vertiefte Katenenforschung könnte noch weitere Fragmente aufdecken.

Von seinen dogmat. Schriften sind – neben Fragmenten verschiedener Abhandlungen aus Katenen und aus einem lat. Lektionar – das »Buch gegen die Manichäer« nur unvollständig und »Über den Heiligen Geist« nur in der lat. Übersetzung des Hieronymus erhalten. Aus der inzwischen gewonnenen Kenntnis des Stils und der Argumentationsweise des D. entstehen Zweifel an der Echtheit anderer ihm zugeschriebener Werke, bes. an der antiarian. Streitschrift »Über die Trinität«, die längere Zeit als sein Hauptwerk galt.

Soweit die bruchstückhafte Textüberlieferung erkennen läßt, steht D. in der trinitätstheol. und christolog. Auseinandersetzung seiner Zeit in der orthodoxen Tradition. Im Anschluß an Origenes lehrt D. auch die Präexistenz der Seelen, die Verbannung der sündigen Seele in den Leib und die →Apokatastasis.

Es ist kulturgeschichtl. Interesse, daß D. bereits eine Art Blindenschrift benutzt haben soll. W. Cramer

Ed. und Lit.: CPG 2 Nr. 2544–2573 – TRE 8, 745 f. – ALTANER-STUIBER, Patrologie, 1978⁸, 280 f., 604 f.

Didymoteichon (Demotiko, neugr. Didimotichon, türk. Dimetoḳa), Stadt in Thrakien (nö. Griechenland, nahe der türk. Grenze), ca. 50 km s. von →Adrianopel (Edirne), am Erythros, Nebenfluß des Hebros (Marica), liegt auf einem die Umgebung beherrschenden Hügel mit Resten alter Befestigungen; Name der Stadt von der doppelten Mauer (δίδυμον τεῖχος), die 1878 im russ.-türk. Krieg von den Russen zerstört wurde.

[1] *Byzantinische Periode:* Im 9. Jh. trat D. an die Stelle von Plotinopolis (Lokalisierung umstritten) als Bm., Suffragan v. Trajanupolis; Ebm. seit dem ausgehenden 12. Jh., von Ks. →Michael VIII. Palaiologos (1259–82) zur Metropole erhoben; diese Stellung behielt D. auch unter osman. Herrschaft.

D. war eine der wichtigsten Festungen in Thrakien; auf der Akropolis erhob sich eine gewaltige, mit einer doppelten Mauer befestigte Zitadelle, während die untere Stadt unbefestigt blieb. Die Festung wurde oft von →Bulgaren, →Kumanen und aufständ. byz. Generälen vergeblich belagert. Von D. aus wurden das Hebros-Tal und wichtige Straßen des nördl. Thrakien unter Kontrolle gehalten. Als Befestigung spielte D. neben Adrianopel in der Zeit der ersten →Kreuzzüge, bes. während des dritten (1190), eine gewichtige Rolle. Im 13. Jh. erscheint D. immer öfter in den Quellen: Nach 1204 zog sich der Patriarch →Johannes X. Kamateros dorthin zurück; kurz nach 1224 kam D. unter die Herrschaft von →Theodoros I., Ks. v. →Thessalonike, fiel aber nach der Schlacht bei →Klokotnica (1230) in bulg. Hände, bis es von byz. Truppen aus →Nikaia eingenommen wurde. Im 14. Jh., in der Zeit der Bürgerkriege zw. →Andronikos II. und Andronikos III., sowie zw. →Johannes VI. Kantakuzenos und →Johannes V. Palaiologos, war D. das Hauptquartier des Johannes Kantakuzenos, fast eine Hauptstadt, mit eigener Verwaltung; hier ließ er sich 1341 zum Kaiser ausrufen. Etwas später erhielt →Matthaios Kantakuzenos, Johannes' ältester Sohn, D. und Adrianopel mit Umgebung als Apanage.

J. Ferluga

[2] *Osmanische Periode:* D. wurde 1359 oder 1361 von osman. Truppen eingenommen (türk. Name Dimetoḳa). Wie in byz. Zeit spielte es eine gewisse Rolle als Nebenresidenz (auch für Jagdausflüge) und Verbannungsort. Einige frühosman. Bauten (ḥammām von 1398, Moschee von 1420) können nicht über den Rückgang als strateg. Ort hinwegtäuschen. D. ist der Geburtsort von →Bāyezīd II.

K. Kreiser

Lit.: zu [1]: DHGE XIV, 427–429 – A. TH. SAMOTHRAKES, Λεξικὸν γεωγραφικὸν καὶ ἱστορικὸν τῆς Θρᾴκης, 1963, 152 f. – OSTROGORSKY, Geschichte³, 421 ff. – D. M. NICOL, The Byz. Family of Kantakouzenos, 1968, 35 ff., 108 ff. – PH. A. GIANNOPOULOS, D. Gesch. einer byz. Festung [Phil. Diss. Köln 1975] – C. ASDRACHA, La région des Rhodopes aux XIIIᵉ et XIVᵉ s., 1976, 130–137 – G. CH. SOULIS, The Serbs and Byzantium during the Reign of Tsar Stephan Dušan (1331–1355) and his Successors, 1984 – *zu [2]:* EI², s. v. Dimetoḳa – M. KIEL, Two little known Monuments of Early and Classical Ottoman Architecture, Balkan Stud. 22, H.1, 1981, 127–146.

Didymus → Thomas, Apostel; →Didymos

Die, Bm. (Suffraganbm. von Vienne), Stadt und Gft. im Bereich des →Dauphiné (dép. Drôme). – [1] *Bistum:* In galloröm. Zeit war D. (Dea Augusta Vocontiorum) eine kleinere Civitas (ca. 2000 Einw.) innerhalb des Pagus der Voconci. Seit dem 4. Jh. zählte D. zu den Bm.ern im südöstl. Gallien; 325 ist Nicasius, Bf. v. D., als Teilnehmer des Konzils v. Nikaia belegt. Das Diözesangebiet, wenig homogen, umfaßte das Vercors, das Trièves, das obere Drômetal und einen Teil der →Baronnies. Lange war die Metropolitanzugehörigkeit von D. zw. →Arles und

→Vienne umstritten; schließlich legte Papst Calixt II. durch eine Bulle vom 15. Febr. 1120 die Unterstellung unter Vienne fest. Nachdem D. im 11. Jh. zumeist in den Händen von simonist. Bf. en gewesen war, trat – im Zuge der gregorian. Reform – mit dem Episkopat des →Hugo v. Die (1074-82), des Legaten Gregors VII., eine Wendung zum Besseren ein. Seit 1176 hatten zumeist Kartäuser das Bm. inne. Durch die Bulle Papst Alexanders III. (28. März 1165) wie durch die Goldbulle Friedrich Barbarossas (30. Juli 1178) wurden der Bestand des Bm.s und sein hervorragender Rang innerhalb des Kgr.es →Arelat bestätigt. Dennoch wurde die Stellung des Bf.s im 13. Jh. durch ständige Konflikte mit den Gf.en v. →Poitiers, die Herren des Valentinois und Diois waren, geschwächt. Am 25. Sept. 1275 wurde die Vereinigung der beiden Bm.er →Valence und D., unter der Leitung eines einzigen, in Valence residierenden Bf.s, von Papst Gregor X. verkündet. In D. vertrat ein Generalvikar den Bf. Da diese Vereinigung als Personalunion galt, behielt jedoch jede der beiden Diöz. ihre eigene Verwaltung. Um die Mitte des 15. Jh. wurde die weltl. Herrschaft der Bf.e v. Valence und D. durch den Dauphin Ludwig II. (späteren Kg. →Ludwig XI.) empfindlich geschmälert (sog. Vertrag v. D., 10. Sept. 1450).

[2] *Grafschaft:* Trotz der relativ schlechten Quellenlage treten in Schenkungsurkunden an Kirchen im Bm. D. mehrere Personennamen, die mit dem Titel eines Gf.en v. D. belegt werden, auf. Die erste bekannte Heiratsverbindung ist diejenige der Aleyris, Gfn. v. D., mit Wilhelm II., Gf.en v. →Forcalquier (vor 1027). 1073 unterstützte Gf. Wilhelm v. D., Vasall Kg. Heinrichs IV., den simonist. Bf. v. D., Lancelin, gegen den Legaten Gregors VII. Im späten 11. Jh. wurde Isoard, früherer Vizegf. v. →Gap und →Embrun, vom Gf.en v. Toulouse, →Raimund v. St-Gilles, mit der Gft. D. belehnt; Isoard veräußerte, als er unter Raimund zum 1. Kreuzzug aufbrach, einen Großteil seiner Güter an den Bf. Ismidon v. Sassenage. Die Gf.en v. D. verschwinden zu Ende des 12. Jh.; ein Großteil ihrer Güter kam an die Familie der Artaud de Montauban.

V. Chomel

Lit.: DHGE XIV, 429–435 – Abbayes et prieurés de l'ancienne France IX, Province ecclésiastique de Vienne, hg. J. M. BESSE, 1932, 129–146 – J. ROMAN, Les derniers comtes de D. et la famille Artaud de Montauban, Bull. de la soc. d'archéologie et de statistique de la Drôme 20, 1886, 367–373, 426–433 – J. CHEVALIER, Essai hist. sur l'église et la ville de D., I, 1889, 176, 232–237 – J. CALMETTE–E. CLOUZOT, Pouillés des provinces de Besançon, de Tarentaise et de Vienne, I, 1940, CVII–CXV, 415–435 – B. BLIGNY, L'Eglise et les ordres religieux dans le royaume de Bourgogne aux XIe et XIIe s., 1960, passim.

Diebessegen, Gruppe von →Beschwörungen, die auf antiker, so noch durch den Londoner Zauberpapyrus Anastasy XLVI, 70–95 (4. Jh.) repräsentierter Tradition beruhen, durch welche Diebe gebannt, festgehalten, erkannt oder gezwungen werden sollen, gestohlenes Gut zurückzubringen. In den vorwiegend hs. überlieferten D. vermengen sich divinator. und kryptognost. Praktiken, operative Magie, hier v. a. der Zauber mit Bildern und symbol. bindenden Gegenständen (z. B. Nägeln) mit zerbildeten Gebetsformeln, christl. Gottes-, Engels- und Heiligennamen und legendar. Einleitungen. →Gregor v. Tours (538–594) erwähnt gewerbsmäßige Wahrsagerinnen zur Identifizierung Verdächtiger (Hist. Franc. VII, 44); den für die Diebserkennung bedeutsamen Fußstapfenzauber behandelt eine Beichtfrage des Decretum Burchardi (zw. 1008 u. 1012; Ed. pr. Köln 1548) →Burchards v. Worms (ca. 965–1025). Ma. D. wie die Beschwörungen »Fur dy diepstal« (16. Jh.; Heidelberg Hs. Cod. germ. pal. 229, fol. 58^v) oder »Maria in der Kindbett lag« (Hs. des Benediktinerstifts St. Paul/Lavanttal, 1347) beziehen sich auf die Macht Christi, Marias und häufig auch Petrus', wobei sich die ursprgl. Struktur kirchl. sanktionierter Gebets- und Bannsprüche durch die Verwendung krypt. Namen zum Zauber reduzieren kann; ein Dieb wird etwa durch Käse, auf den »Eloy + tetragramathon + messias + othres + yskiros +« geschrieben ist, erkannt (Hs. Thott 710, fol. 74, 15. Jh.). In Abschriften, seit dem 18. Jh. auch in gedruckten populären Zauber-, Rezept- und Hausbüchern wie dem »Romanusbüchlein« wurden solche D. bis ins frühe 20. Jh. hinein überliefert. Dennoch darf aus dem verhältnismäßig umfangreichen Material zumindest für das MA nicht ohne weiteres darauf geschlossen werden, daß es sich um Kulturgut breiter Bevölkerungsschichten handelte.

Ch. Daxelmüller

Lit.: HWDA II, 197–240 – HOOPS^2 V, 405–407, s.v. Diebstahl – J. GRIMM, Dt. Mythologie, 1875–1877^4, III, 497 – F. OHRT, Danmarks Trylleformler, 1917, 398–438 – K. PREISENDANZ, Zwei Diebszauber, Hess. Bll. für VK 12, 1913, 139–143 – A. TAYLOR, Ein Diebszauber, Hess. Bll. für VK 22, 1924, 59–63 – A. SPAMER (ed. J. NICKEL), Romanusbüchlein, 1958, 167–276.

Diebold Lauber (diebolt louber, auch: Diepold Lauber), Schreiber und Handschriftenhändler in Hagenau (Elsaß). Urkdl. 1449, 1451, 1454, 1455 belegt (HANAUER). Die Kenntnisse über L. beruhen auf Verkaufsanzeigen in vier Hss. und auf einem eigenhändigen Geschäftsbrief. L. bietet darin dt. und lat. Hss. an, die »grosz oder clein geistlich oder weltlich hübsch gemolt« sind (insgesamt 46 verschiedene deutschsprachige Titel). KAUTZSCH verband mit L. 38 ill. Hss., die untereinander durch 16 gemeinsam oder einzeln auftretende Zeichner verbunden sind. Ihnen stehen nur fünf Schreiber zur Seite (namentlich: Diebold de Dachstein, Johannes Port, Hans Schilling [auch Zeichner]). Verschiedene äußere Merkmale und der niederalem. Schriftdialekt sind allen Hss. gemeinsam. Die Tätigkeitszeit L.s von 1427–67 kann nur als Orientierungsrahmen dienen, da die Zuweisung der beiden dat. Hss. umstritten ist. Bis heute werden mindestens 69 Hss. L. oder seinem Umkreis zugeschrieben (63 ill.; 3 mit Raum für Ill.; 3 nicht ill.; darunter 2 Pergamenthss. und eine dt.-lat. Mischhandschrift). Thematisch umfassen die Hss. und die Anzeigen höf. und spätzhöf. Epik (überliefert u. a.: 3 mal →Wolframs »Parzival«; →Gottfrieds »Tristan«; →Strickers »Karl d. Gr.«), hist., jurist., naturkundl., astronom. und med. Schrifttum, viel Erbauungslit. (u. a. 17 Historienbibeln) und wenig zeitgenöss. Lit. Die Illustrationen sind von durchschnittl. Qualität und handwerkl. Zuschnitt (Vorläufer »Elsäss. Werkstatt von 1418«). Die Hss. lassen sich weit über den elsäss. Raum hinaus im Adel und in der städt. Oberschicht nachweisen (FECHTER). L.s Tätigkeit gilt als Höhepunkt des Handschriftenhandels und der manufakturmäßigen Handschriftenherstellung im deutschsprachigen Raum. Eine neue krit. Sichtung des disparaten Materials steht aus.

H.-J. Schiewer

Lit.: A. HANAUER, D. L. et les calligraphes de Haguenau, Revue catholique d'Alsace, NS 14, 1895, 411–427, 481–493, 563–576 – R. KAUTZSCH, D. L. und seine Werkstatt in Hagenau, Zentralbl. für Bibl.wesen 12, 1895, 1–32, 57–113 – DERS., Eine Nachlese, Archiv für Buchgewerbe und Gebrauchsgraphik 63, 1926, 42–45 – W. FECHTER, Der Kundenkreis des D. L., Zentralbl. für Bibl.wesen 55, 1938, 121–146, 650–653 – P. J. BECKER, Hss. und Frühdr. mhd. Epen, 1977 – H.-J. KOPPITZ, Stud. zur Tradierung der weltl. mhd. Epik, 1980, 34–50 [Lit.] – Konrad v. Ammenhausen, Schachzabelbuch, Die Illustrationen, hg. C. BOSCH-SCHAIRER, 1981 – L. E. STAMM, Buchmalerei in Serie, ZAK 40, 1983, 128–135 – N. H. OTT, Überlieferung, Ikonographie (Literatur u. Laienbildung, 1984), 356–391.

Diebstahl

A. Römisches und gemeines Recht – B. Kanonisches Recht – C. Rechte einzelner Länder – D. Islamisches Recht

A. Römisches und gemeines Recht

Der moderne Tatbestand des D.s fällt nach röm. und gemeinem Recht unter den umfassenden Begriff der Sachentziehung (lat. furtum, von ferre '(weg)tragen'; vgl. D. 47,2; C. 6,2). Ein furtum begeht, wer eine Sache oder einen Sklaven, die einem andern gehören, vorsätzl. und heiml. an sich bringt. Als furtum gilt jedes rechtswidrige Sichvergreifen (contrectare) durch Wegnahme (eigtl. D.), auch der eigenen Sache an fremdem Ersitzungs- oder Pfandbesitz (→Besitz) (furtum possessionis), Vorenthaltung oder unbefugte Ingebrauchnahme einer Sache, die der Täter in Gewahrsam hat (Unterschlagung, Veruntreuung bzw. usus furtum 'Gebrauchsanmaßung'), betrüger. Ausnutzung fremden Irrtums, z. B. bei Annahme einer dem Empfänger vermeintl. geschuldeten Leistung, sowie durch Verbergen des Täters oder seiner Beute (Begünstigung und Hehlerei).

D. ist primär privatrechtl. →Delikt. Der Dieb schuldet dem Geschädigten auf Grund der actio furti →Buße in Höhe des doppelten oder, wenn er auf frischer Tat ergriffen wird (furtum manifestum), des vierfachen Wertes der Sache sowie auf Grund der condictio furtiva deren Rückgabe oder Wertersatz. Die gestohlene Sache (res furtiva) kann von niemandem ersessen werden (→Ersitzung). Die Bußklage ist ausgeschlossen, soweit die Hausgewalt reicht, auch gegenüber Freigelassenen, Klienten und freien Lohnarbeitern, sowie zw. Ehegatten. Anstelle der condictio furtiva kommt zw. Ehegatten die actio rerum amotarum zur Anwendung. Sieht man von gewaltsamer Wegnahme (vi auferre, →Raub) und von bewaffnetem Umhergehen in Diebstahlsabsicht (furti faciendi causa cum telo ambulare) ab, so ist nur Entführung eines Sklaven öffentl. →Verbrechen, näml. als Menschenraub (plagium). Seit dem Prinzipat wird D. aber als crimen extraordinarium verfolgt, d. h. im Rahmen der extraordinaria cognitio des Stadtpräfekten und der Provinzstatthalter. Als →Strafe wird v. a. körperl. Züchtigung (castigatio), als Höchststrafe bei Standespersonen Verbannung (relegatio) und bei Geringeren Zwangsarbeit verhängt. Ks. Justinian verbietet i. J. 556 Todesstrafe und Verstümmelung ausdrücklich (Nov. 134,13,1). Der Bestohlene muß zw. Anklage (accusatio) und privater Deliktsklage wählen; dabei verliert letztere zunehmend an prakt. Bedeutung.

Das langob. Recht sieht vor, daß der Dieb für den ersten D. ein Auge verlieren solle, für den zweiten die Nase und für den dritten D. gehängt werde (Lomb. 1,25,75). Kg. Friedrich I. ordnet im Reichslandfrieden v. 1152 an, den Dieb zu hängen, wenn die Beute einen Wert von 5 Solidi oder mehr hat, andernfalls solle er geschunden und geschoren werden (LF 2,27,18). →Accursius erörtert die Diebstahlsstrafen auf Grund dieser einander widersprechenden gemeinrechtl. Quellen eingehend, ohne zu einer eigenen abschließenden Stellungnahme zu kommen (Accursius LF 2,53,2 'Legitime puniatur'; C. 6,2, auth. Sed novo iure, 'Castigabitur'). Später versteht man die Glosse meist so, als habe sie die Todesstrafe nur gegen den gewohnheitsmäßigen Dieb erlaubt. →Baldus de Ubaldis läßt unter Berufung auf gemeines Gewohnheitsrecht die Todesstrafe ausnahmsweise, wegen der Schwere des Verbrechens, schon nach der ersten Tat, sonst nach dem dritten D. zu (Baldus C. 6,1, auth. Sed novo iure, 'Tertio nota de pena').

P. Weimar

Lit: RE VII, 1, 384ff. [Hitzig] – Th. Mommsen, Röm. Strafrecht, 1899, 733ff. – M. Kaser, Das röm. Privatrecht I, 1971², 614ff.; II, 1975², 433ff. – G. Dahm, s. u. C. I.

B. Kanonisches Recht

Auf Grund der Quellenlage (→Bußbücher, →Corpus Iuris Canonici) und deren literar. Aufarbeitung kann von einem spezifisch kanonist. D.-Begriff nicht gesprochen werden. Das Decretum Gratiani beinhaltet wenige eigtl. Strafbestimmungen und von den späteren Teilen des CorpIC weisen nur der Liber Extra (5.18.1–5) und die Extravagantes communes (5.5. un.) besondere, aber nur kurze Titel auf. Den dort angeführten Stellen liegt zunächst wohl der jeweilige D.-Begriff ihrer Herkunft zugrunde (römischrechtl. oder auch deutschrechtl. soweit z. B. Bußbücher zitiert werden). Die Kanonistik hat seit dem 12. Jh. den röm. D.-Begriff (Inst. 4.1.1 = D. 47.2.1.3) in das kanon. Recht hineingetragen. Tatbestandsmerkmale sind: Die Wegnahme einer beweglichen, körperl. Sache im Eigentum eines anderen, die nicht nur vorsätzl. und im Bewußtsein der Rechtswidrigkeit, sondern auch in der Absicht erfolgen muß, sich die Sache anzueignen und sich dadurch zu bereichern. Daneben wird aber auch der thomanische D.-Begriff verwendet (später als der »theologische« bezeichnet), der das Tatbestandsmerkmal der Heimlichkeit hervorhebt (Summa theol., II–II, q. 66, Art. 3: »...occulta acceptio rei alienae«). Hatte schon in frk. Zeit das Bußstrafrecht durch den Einfluß der Kirche Eingang in die Rechtsprechung gefunden und war damit der Unterscheidung der Straftat nach gewissen Kriterien (z. B. kleiner und großer D.) bes. Bedeutung beigemessen worden, so wurden unter dem Einfluß der Theologie von der Kanonistik →Verbrechen und →Sünde zwar scharf geschieden, zugleich aber die zum inneren Bereich gehörenden Schuldformen beim Verbrechen im Zusammenhang mit der Zurechenbarkeit herausgearbeitet. Das gilt auch für den D. (s. C. 14 q. 6 c. 4).

Unter den verschiedenen Arten sind der Notdiebstahl und der Kirchendiebstahl hervorzuheben. Die →Dekretisten behandelten den Notdiebstahl aus Hunger als Sonderfall des Notstandes. Der Widerspruch der Quellen (De cons.; D. 5 c. 26 ; C.12 q.2 c.11; X. 5.18.3) – dort innocentia, hier Bußmilderung – führte dabei zu Meinungsverschiedenheiten: Die Not habe keineswegs die Schuld auf, entschuldige nicht a peccato, sondern nur a poena graviori. Andere behaupteten Schuldlosigkeit, wenn der D. aus echter Not (necessitas urgens) geschehen war. Nach Naturrecht seien in der Not alle Güter gemeinsam. Der Kirchendiebstahl (D. einer res sacra; D. einer res profana aus einem locus sacer) war →Sakrileg und unterlag bes. Bestrafung.

Unter den →Strafen wurde als erstes die Restitutionspflicht hervorgehoben (VI° Reg. iur. 4). Ferner sind zu nennen: Zwangsbuße (C. 17 q. 4 c. 17), →Infamie (C. 3 q. 5 c. 9), Irregularität und für Geistliche außerdem die →Deposition (D.81 c.12; X.2.1.10). Geistliche werden überhaupt zum Teil strenger bestraft als Laien (C. 17 q.4 c.17). Das Strafausmaß richtet sich auch nach dem Wert der gestohlenen Sache oder auch nach der Notorietät der Tat. Infamie tritt auch zur Verurteilung im weltl. Bereich hinzu.

R. Puza

Q. und Lit.: DDC VII, 1631f. – HRG I, 730–735 – LThK² III, 374f. – P. Hinschius, System des kath. Kirchenrechts mit bes. Rücksicht auf Dtl. V, 1895, 185f., 760, 826ff. – St. Kuttner, Kanonist. Schuldlehre von Gratian bis auf die Dekretalen Gregors IX, StT 64, 1973², insbes. 210, 294f. – Thomas v. Aquin, Summa theologica (Ausg. der Albertus-Magnus-Akademie, Bd. 18, 1953).

C. Rechte einzelner Länder

I. Italienisches Recht – II. Französisches Recht – III. Deutsches Recht – IV. Skandinavische Rechte – V. Englisches Recht – VI. Irisches und walisisches Recht – VII. Altrussisch-ostslavischer Bereich.

I. ITALIENISCHES RECHT: Auf der Basis des röm. Rechts gewinnt in den Quellen die Unterscheidung zw. schwerer bestraftem offenkundigem D. (wenn der Täter auf frischer Tat ergriffen wird) und nicht offenkundigem D. im gegenteiligen Fall Bedeutung. Was das Strafmaß für dieses Delikt betrifft, so sieht im FrühMA das →Edictum Rothari als Strafe den neunfachen Wert der gestohlenen Sache vor, im Gegensatz zu dem vierfachen oder doppelten Wert, der vom röm. Recht der klass. Zeit vorgeschrieben wurde, während die karol. →Kapitularien Verstümmelung und Todesstrafe vorsehen (s. oben A.). Die noch strengere Vorschrift des Reichslandfriedens von 1152 (s. oben A.) wurde nach dem Zeugnis der Quellen gewöhnlich nicht befolgt. Die Sonderrechte, die neben den röm. auch germ. Einflüsse aufweisen, drohen dem Dieb neben der Geldbuße, die in der folgenden Entwicklung an Bedeutung verliert, auch eine Körperstrafe an, deren Ausmaß von Ort zu Ort variiert. Der Übeltäter konnte auf diese Weise durch den Verlust eines Gliedes, durch Blendung, →Brandmarkung auf die Stirne, Auspeitschung oder Verbannung bestraft werden. Die Hinrichtung durch den Galgen wird im allgemeinen für schweren D. angedroht, insbes. für den dritten Diebstahl. Es gibt aber auch Statuten, welche die Todesstrafe für die zweite, vierte oder fünfte Tat vorsehen. Zur gleichen Strafe wurde bisweilen der Viehdieb, der Hausdieb, Strandräuber, Wegelagerer, Kirchendieb, Brandstifter (→Brandstiftung) und auch derjenige, der nur einen einzigen D. begangen hatte, wenn das gestohlene Gut von bes. hohem Wert war, verurteilt. M. G. di Renzo Villata

Lit.: A. PERTILE, Storia del diritto it., V: Storia del diritto penale, 1892, 637–653 – C. CALISSE, Storia del diritto penale it. dal secolo VI al XIX, 1895, 156–164 – I. KÖHLER, Das Strafrecht der It. Statuten vom 12.–16. Jh., 1897, 420–445 – V. MANZINI, Le varie specie di furto nella storia e nella sociologia, 1912 – G. DAHM, Das Strafrecht Italiens im ausgehenden MA, 1931, 459–477 – G. ALESSI PALAZZOLO, Furto e pena: aspetti del dibattito nel tardo diritto comune, Quaderni fiorentini 2, 1973, 535–605 – G. ZORDAN, Il diritto e la procedura criminale nel Tractatus de maleficiis di Angelo Gambiglioni, 1976, 283–292.

II. FRANZÖSISCHES RECHT: Schon im MA als vorsätzl. und heimliches Sichvergreifen an einer fremden Sache definiert, ist D. (frz. *vol*) im alten frz. Recht ein komplexer Begriff. Er wird streng geahndet, doch scheint die in den Quellen des Gewohnheitsrechts (Beaumanoir, § 832, →Philippe de Rémi, →Etablissement de St-Louis, I.42) vorgesehene Todesstrafe in vielen Fällen nicht angewandt worden zu sein. Auch wenn die Tat nach dem Ermessen des Richters, wie es ihm in den seit dem 16. Jh. offiziell aufgezeichneten →Coutumes eingeräumt ist, keine erschwerenden Elemente enthält, ist der Begriff des D.s doch vielfältig, und jede Unterart hat ihre bes. Merkmale. Mangels einer klaren Terminologie sind die Kriterien der Differenzierung aber schwer zu ermitteln: Der Wert der gestohlenen Sache kann eine Rolle spielen, denn im Falle des Mundraubs sind die Strafen gering, jedenfalls nach einigen gewohnheitsrechtl. Quellen, wie der Charte v. Cordes von 1222 und der Très ancienne Coutume der →Bretagne von 1316/25 (Art. 98). Es scheint v. a. die Sorge um wichtige soziale Normen und der Kampf gegen die Gewerbsmäßigkeit des Verbrechens gewesen zu sein, die zur Entwicklung einer klareren Lehre vom D. führen. So bekämpft man streng den D. in Kirchen (Beaumanoir, §§ 325, 332); das darin enthaltene →Sakrileg ist ein erschwerender Umstand und wird mit der Todesstrafe bedroht. Ähnliches gilt, wenn ein D. in einem Gerichtshof oder in einem kgl. Gebäude begangen wird; hier begründet die Beleidigung der kgl. Majestät die höhere Strafdrohung. In beiden Fällen ist es der Angriff auf die Grundlagen der bestehenden Ordnung, der die scharfe Strafe nach sich zieht. Als erschwerend wird auch die Enttäuschung des Vertrauens des Bestohlenen angesehen, wie sie im Hausdiebstahl *(vol domestique)* gegeben ist, einerlei, ob die Tat von einer Kurtisane, die das Leben eines großen Herrn teilt, oder von einem Diener begangen wird oder von einem Lehrling, der von seinem Meister beherbergt wird. Auch in diesen Fällen zögert man nicht, sogar die Todesstrafe zu verhängen (Urteil des Parlement v. Paris vom 11. Febr. 1339). Mit der gleichen Härte begegnet die Rechtsprechung dem D., der an Orten verübt wird, wo Wirtschaft und Handel getrieben werden, wie z. B. auf Markt- und Messeplätzen. Die Mehrzahl der Coutumes sieht die Strafe des Erhängens für den Dieb vor, der den Markt- oder Messefrieden bricht. Als bes. schwerwiegend wird es ferner angesehen, wenn Güter angetastet werden, die von Natur aus ohne Schutz sind, wie geschlagenes Holz im Wald oder die Ernte auf dem Halm. Die ma. Gesellschaft hat auch den gewerbsmäßigen D. scharf bekämpft. So haben alle Formen der Gewaltanwendung (wie Aufbrechen eines Schlosses und Einbrechen) die Todesstrafe zur Folge (Beaumanoir, § 941). Das gleiche gilt für D. auf offener Straße aus dem Hinterhalt und Bandendiebstahl. Dieser ist in der Tat die Geißel des MA: Stadt und Land werden geradezu terrorisiert durch Banden von Rechtsbrechern, die sich oft auf bestimmte Arten des D.s spezialisieren und ganz systemat. mit Hehlern zusammenarbeiten (vgl. die Kriminalregister des Parlement v. Paris, 1319–50). D. Anex-Cabanis

Lit.: A. LAINGUI–A. LEBIGRE, Hist. du droit pénal, o. J. – Y. BONGERT, Hist. du droit pénal, 2 Bde, 1969–79 – B. SCHNAPPER, Le droit pénal français de la seconde moitié du XIII^{e}s. à l'ordonnance de 1493 (Les Cours de Droit, 1973) – A. FARGE, Le vol d'aliments à Paris, 1974 – B. SCHNAPPER, Les peines arbitraires du XIIe au XVIIIe s., 1974.

III. DEUTSCHES RECHT: In den südgerm. Volksrechten (→Leges Barbarorum) nimmt der D. (furtum, ahd. *thiuba, diupstâl*) eine wichtige Stellung ein. Er erscheint in seinem Kern als ein verhältnismäßig deutlich umrissener Tatbestand, der sich als die bewußte, heimliche Wegnahme und Aneignung einer fremden beweg. Sache charakterisieren läßt. Dieser vermutl. Kerntatbestand ist freilich in manchen Leges wie in späteren Quellen erweitert und ausgeufert durch Angliederung oder Einbeziehung ihm nahestehender Vergehen; so findet sich insbes. eine Gruppe von Missetaten, die man als Unterschlagung oder diebliches Behalten zusammenzufassen pflegt, als furtum behandelt. In den →Kapitularien andererseits sind D. und →Raub (latrocinium, rapina) in weitem Maße miteinander verschmolzen; im Vordergrund steht da nicht die heimliche, sondern die offene, vielfach mit Gewalt verübte Tat. Eine Nachwirkung davon dürfte die Aufnahme des D.s in die primär gegen gewaltsame Fehdehandlungen sich wendenden →Gottes- und →Landfrieden sein. Doch ist der D. in den Rechtsquellen des hohen und späten MA vom Raub nach Tatbestand und Strafe grundsätzl. geschieden.

Die meisten dt. Rechte kennen verschiedene Diebstahlsarten: Großen und kleinen, handhaften (»offenen«, »offenbaren«, furtum manifestum) und übernächtigen (»heimlichen«, furtum occultum), bei Tag oder bei Nacht begangenen Diebstahl. Ausgezeichnete Fälle stellen etwa der Einbruchsdiebstahl und der D. in Kirche, Mühle und Schmiede dar. Andererseits gelten mancherorts Entwendungen von Geflügel, Feld- und Gartenfrüchten nicht als D., sondern als Vergehen minderer Strafbarkeit.

D. – wenigstens handhafter, großer oder qualifizierter – erschien im Prinzip als todeswürdig. Die Volksrechte sahen zwar in weitem Umfang Bußzahlungen vor; literar. Zeugnisse der frk. Zeit lassen aber an der effektiven Geltung dieser Bestimmungen Zweifel aufkommen. Typische Diebesstrafe war der Galgen; da er seit alters Männerstrafe war, wurden Diebinnen statt dessen etwa ertränkt oder lebendig begraben. Vermutl. hatte die Diebesstrafe des Erhängens vorchristl. Wurzeln im kult. Bündewesen und im sakralen Stehlrecht der Initianden. Der grundsätzl. Strenge, mit der die germ.-dt. Rechtstradition auf den D. reagierte, stand eine mildere Beurteilung dieses Delikts durch die Kirche gegenüber. Der Zwiespalt spiegelt sich in einer wenig einheitl. gehandhabten Strafpraxis.

H.-R. Hagemann

Lit.: Dt. Rechtswb II, 797–833 – HRG I, 730–735 – H. Brunner, DRG II, 825ff. – R. His, Das Strafrecht des dt. MA, T. 2, 1935, 174ff. [Neudr. 1964] – H. Fischer, Der D. in den Volksrechten, 1942 – H.-R. Hagemann, Vom D. im altdt. Recht (Fschr. H. Krause, 1975), 1–20.

IV. Skandinavische Rechte: Gemäß germ. Rechtsvorstellungen galt auch in Skandinavien der D. als eine heimlich vollzogene, widerrechtl. Aneignung fremden bewegl. → Eigentums (dän. *thiufnæth, styld;* schwed. *þiufnaþer, þyfti;* norw. *þjófnaðr, stuldr;* isländ. *þjófskapr*) – im Gegensatz zum öffentl. begangenen und meist gewaltsamen → Raub *(rán).*

In den ma. Landschafts- und Stadtrechten des 12.–14. Jh. nehmen die Diebstahlsbestimmungen – jeweils in einem eigenen »Abschnitt« *(bálkr, balker)* zusammengefaßt – einen vergleichsweise breiten Raum ein und bezeugen u. a. den Anspruch der zunehmend unter kgl. Einfluß geratenen Dinggerichte (→ Ding) auf eine ordnungsgemäße, institutionell-öffentl. Verfolgung von Diebstahlssachen und somit ein Zurückdrängen des alten Selbsthilfeprinzips bei handhafter Tat (Ergreifen des Diebs mit dem Diebsgut in der Hand). Noch im 13. Jh. bestand, vornehml. in Dänemark und Schweden, das Recht, einen in flagranti ertappten Dieb an Ort und Stelle zu töten, aber nur, wenn es keine andere Möglichkeit gab, den Dieb zu halten. Grundsätzl. sollte der Dieb auch bei handhafter Tat vor das Ding geführt werden. Überstieg der Wert des Diebsgutes einen bestimmten Betrag (Dänemark/Schweden: ½ Mark, Norwegen: 1 Örtug), so handelte es sich um einen »vollen« D., auf den die Todesstrafe (meist Erhängen oder zu Tode steinigen) stand. Häufig erhielt der Kg. (so in Dänemark) einen Teil der Fahrhabe des Diebes (»Kopfteil«) als Diebsbuße. Wenn sich das Diebsgut nicht in den Händen des Beschuldigten befand, hatte dieser das Recht, sich mit einem Leugnungseid zu wehren. Ein anderer, in den norw. und schwed. Rechtsquellen z. T. detailliert beschriebener Weg, eine Person des D.s zu überführen, war die unter Zeugen vorgenommene Verfolgung des Diebes und die anschließende → Haussuchung (norw. *rannsókn,* schwed. *rannsak*), die nach festgelegten Regeln zu erfolgen hatte. Fand sich das Diebsgut im verschlossenen Haus und konnte der Hauseigentümer nicht beweisen, daß er das Gut rechtmäßig erworben hatte, wurde nach dem Beweisverfahren vor dem Dinggericht die Todesstrafe verhängt. War das Haus unverschlossen, bestand Recht auf Leugnungseid.

D. von Vieh und bereits abgeernteter Ackerfrucht war immer voller D., ebenso, wenn mit dem D. ein bestimmter → Friede (in Schweden: Dingfriede, Kirchenfriede) gebrochen wurde. Als D. galt auch das Versetzen von Grenzsteinen (Schweden: *rabrut,* Norwegen: *landnám*).

Bei leichtem D. richteten sich die Strafen (Körperstrafen und/oder Bußen) meist nach dem Wert des Gestohlenen sowie nach Stand und Geschlecht des Diebes.

Möglicherweise gab es für Frauen, da sie nach älteren Verhältnissen nur bedingt rechtsfähig waren (T. Wennström), zunächst keine Todesstrafe. Wohl erst unter Einfluß des kanon. Rechts wurden weibl. Diebe dann, bes. bei wiederholtem D., durch Steinigung getötet werden, oder, wie in einigen späteren schwed. Gesetzen, durch Vergraben bei lebendigem Leibe. Bei kleineren Diebstahlsdelikten wurden Körperstrafen oder Bußen verhängt.

Als ein dem D. verwandtes → Delikt erscheint in norw. und schwed. Quellen – neben Raub und der Aneignung fremden immobilen Besitzes – die widerrechtl. (meist nur vorübergehende) Nutzung fremden Eigentums (norw./schwed. *fornæmi*).

Im norw. Reichsrecht (1274/76) wurde erst der mehrmals rückfällige Dieb, ungeachtet seiner sozialen Stellung, mit dem Tode bestraft, ansonsten mit einer Kombination von Körperstrafe und Buße. Im Zusammenhang mit diesem neueren Rechtsdenken steht wohl auch die → Brandmarkung bei wiederholtem leichten Diebstahl.

H. Ehrhardt

Q.: Sweriges gamla Lagar, 1–13, hg. D. H. S. Collin–D. C. J. Schlyter, 1827–77 – Norges gamle Love, 1–5, hg. R. Keyser, u. a., 1846–95 – Danmarks gamle landskabslove, 1–6, hg. J. Brøndum-Nielsen–P. J. Jørgensen, 1933–58 – Lit.: KL XIX, 165ff. – K. v. Amira, das altnorw. Vollstreckungsverfahren, 1874 – Ders., Die germ. Todesstrafen, 1922 – T. Wennström, Tjuvnad och fornæmi, 1936 – P. J. Jørgensen, Begrebet Tyveri og Ran i de danske landskabslove (Fschr. Vinding Kruse, 1940) – L. Ingvarsson, Refsingar á Íslandi á þjóðveldistímanum, 1970.

V. Englisches Recht: [1] *Angelsächsische Zeit:* Im ags. England wurde – wie bei anderen germ. Völkern – unter D. (engl. *theft*) die heimliche oder unbemerkte Wegnahme einer Sache verstanden; der D. wurde von gewaltsamer Plünderung, → Raub und Einbruch unterschieden. In einer Bestimmung in den Gesetzen des Kg.s → Ine v. Wessex (7. Jh.) wurde versucht, die Heimlichkeit des Tatvorganges objektiv so zu definieren, daß die Tat als heimlich betrachtet wurde, wenn die Diebesbande nicht mehr als sechs Leute umfaßte; bei einer höheren Zahl von Tätern galt die Tat nicht als heimlich. Die Gesetzgebung der ags. Kg.e zeigt ein starkes Vorgehen gegen den D. und war insbes. bestrebt, das Aufspüren gestohlenen Viehs zu ermöglichen. Unterschieden wurde zw. dem auf handhafter Tat ertappten Dieb und demjenigen, dem ein D. erst bewiesen werden mußte. Ersterer durfte sogleich getötet werden, ohne daß dies eine → Blutrache seiner Familie auslöste; letzterer hatte sich vom Vorwurf des D.s durch → Eid oder → Gottesurteil zu reinigen. War er überführt, so mußte er Schadensersatz *(bot)* an den Kläger leisten sowie eine Geldbuße *(wite)* an den Kg. entrichten; war er jedoch bereits übel beleumdet, so konnten auch Vermögensverlust, Verstümmelung oder Todesstrafe verhängt werden. Zahlreiche D.e traten im Gefolge der → Fehde auf und wurden privatrechtl. durch Vergeltungsmaßnahmen verfolgt oder auf dem Wege gütlicher Einigung beigelegt. Es gibt Hinweise in den Quellen, daß – entgegen dem kgl. Interesse – Zahlungsverpflichtungen wegen D.s – wie die Bußen für andere → Delikte – übertragbar waren. Durch die Gesetze war es auch unter Bußandrohung verboten, bereits gefangene Diebe zu verschonen oder ihnen zur Flucht zu verhelfen. Während in Ines Zeit noch ein 10jähriger Knabe als Mittäter bestraft werden konnte, verbot Kg. → Æthelstan (925–939) die Tötung von Dieben unter 15

Jahren, außer in Fällen von Fluchtversuch oder Gegenwehr.

[2] *Anglonormannische Zeit:* In der Zeit nach 1066 wurde D. (anglofrz. *larceny*) wie die schwereren Eigentumsdelikte Raub und Einbruch als →Felonie betrachtet und daher der öffentl. Strafverfolgung unterworfen (→*plea of the crown*). Es wurde die schon aus ags. Zeit bekannte Unterscheidung zw. großem und kleinem D. getroffen. Der Dieb, der Güter im Wert von über 12 Pence gestohlen hatte, wurde gehängt, der »kleine« Dieb dagegen mit Schlägen, Geldbuße oder Gefängnis bestraft. D. wurde verfolgt entweder durch eine öffentl. Anklage – in diesem Fall verfiel das Vermögen des Diebs dem Kg. – oder durch einen →*appeal*, den *appeal of larceny*, bei dem die geschädigte Partei selbst die Klage führte und sich wieder in den Besitz des gestohlenen Gutes setzte. Zahlreiche andere Diebstahlsvergehen wurden zivilrechtl. mittels Besitzstörungsklage (→*trespass*) verfolgt. Neue Untersuchungen haben ergeben, daß die Geschworenengerichte, die nach 1215 an die Stelle der alten Gottesurteile getreten waren, nur zögernd Verurteilungen wegen D.s aussprachen; mehr als drei Viertel der wegen D.s Angeklagten wurden freigesprochen. Es sind auch Geschworenengerichte bezeugt, die den Dieb vor der Todesstrafe bewahrten, indem sie die Diebesbeute niedriger als 12 Pence bewerteten.

W. I. Miller

Q. *und Lit.*: LIEBERMANN, Gesetze 2, 1912, 349–352 – F. POLLOCK–F. W. MAITLAND, Hist. of English Law, 1968², 2, 156–169, 492–500 – D. WHITELOCK, The Beginnings of English Society, 1974, 139–149 – B. HANAWALT, Crime and Conflict in English Communities, 1979, 64–90 – T. A. GREEN, Verdict Against Conscience, 1985, 59–64.

VI. IRISCHES UND WALISISCHES RECHT: Während wir über die Behandlung des D.s im walis. Recht gut unterrichtet sind, ist unsere Kenntnis über den D. im ir. Recht sehr lückenhaft, da nur ein Fragment des entsprechenden Traktats erhalten ist. Darüber hinaus datieren die jeweiligen Quellen aus ganz verschiedenen Perioden: Die ir. entstammen dem 7. und 8. Jh., die walis. dem 13.

[1] *Walisisches Recht:* Die Bestimmungen des walis. Rechts über D. ähneln im wesentl. denjenigen anderer europ. Länder. Als D. (walis. *lladrad*, von *lleidr* 'Dieb', dies ein Lehnwort aus dem Lat., von *latro*) galt die heimliche Wegnahme, im Gegensatz zum öffentl., gewaltsamen Raub (*trais* 'Gewalttat'). Die heimliche Entwendung wurde als schwerwiegender als die offene betrachtet, so wie die heimliche Tötung schwerer wog als die offen zugegebene. Das vollentwickelte Recht von →Gwynedd (13. Jh.) kannte folgende Arten von D.: a) geleugneter D. (*lladrad*); b) Entwendung ohne Erlaubnis (*anghyfarch*), was namentl. in Abwesenheit der rechtmäßigen Eigentümer weggenommene Sachen betraf, wobei allerdings der Dieb seine Tat nicht leugnete; c) Raub (*trais*), namentl. die Wegnahme einer Sache »in Gegenwart des anderen, zu seiner Schädigung und Beleidigung«. – Die Strafen für diese Delikte spiegeln die Auffassung von ihnen wider: Da *trais* als ein öffentl. Vergehen betrachtet wurde, stellte er eine Beleidigung der geschädigten Partei dar; diese hatte folglich ein Recht auf einfachen Schadenersatz und auf ihre →*sarhaed*, die Genugtuung für öffentl. Schädigung und Beleidigung. Obwohl ein D. keine Beleidigung darstellte, galt er als das schwerwiegendere Delikt. Ursprünglich mag dies in der Zahlung doppelten Schadenersatzes zum Ausdruck gekommen sein, doch seit dem 13. Jh. unterlag der D. der Bestrafung durch die öffentl. Autoritäten, das Opfer erhielt nur einen einfachen Schadenersatz. Die Haltung der territorialen Gewalt ging dabei von zwei Kriterien aus: ob der Dieb im Besitz seiner Beute gefaßt worden war und welchen Wert letztere besaß. Hatte er eine Sache im Wert von mehr als 4 d. gestohlen, wurde ein auf handhafter Tat ertappter Dieb hingerichtet; lag der Wert darunter, wurde er verbannt (außer bei geringwertiger Beute). Diebe, die bei ihrer Entdeckung nicht im Besitz des Diebesgutes waren, konnten sich durch Lösegeldzahlung befreien (7 £); bei *trais* hatte der Gerichtsherr nur Anspruch auf eine Standardbuße von 3 £ entsprechend dem Wert von 12 Kühen. *Trais* wurde also primär als Verstoß gegen den Geschädigten genannt, während *lladrad* in erster Linie als Vergehen gegen den Fs.en und die durch ihn repräsentierte Gemeinschaft angesehen wurde.

[2] *Irisches Recht:* Im ir. Recht wurde D. vielfach ähnlich behandelt wie im walis., der entscheidende Unterschied liegt in der Frage, wer die vom Dieb als Strafe oder als Entschädigungsleistung zu entrichtende Buße empfing. Das ir. Recht trennte zw. heimlichem D. und offenem Raub, doch bleibt angesichts der lückenhaften Quellenlage unklar, welche Auswirkungen diese Unterscheidung in der Praxis hatte. Das Hauptbestreben war, eine Unterscheidung zw. dem Ort, an dem eine Sache entwendet worden war, und dem Eigentümer der gestohlenen Sache zu treffen. Wenn z. B. Kühe eines Mannes gestohlen wurden, während sie auf dem Land eines anderen weideten, hatten sowohl der Eigentümer des Viehs als auch der Eigentümer des Weidelandes Anrecht auf Empfang von Bußzahlungen. Der Dieb hatte dem Eigentümer des Viehs mehrfachen Schadenersatz zu leisten (der Multiplikator richtete sich nach der Art der gestohlenen Sache); er hatte ebenso den Ehrenpreis (→*enech*) des Weideeigentümers zu zahlen (in voller Höhe, wenn das Vieh aus dem Gehöft selbst gestohlen wurde, andernfalls teilweise). Der Eigentümer des Viehs hatte jedoch ebenfalls Anrecht auf einen Anteil am Ehrenpreis des Weideeigentümers sowie auf die Mehrfachentschädigung, auf die er unmittelbar Anspruch hatte. Es gibt keinen Hinweis, daß der Kg. oder ein anderer Träger öffentl. Herrschaft bei einem solchen D. irgendeinen Anspruch auf Bußzahlungen hatte, es sei denn, er hatte die Leistung einer Buße erzwungen, in diesem Fall konnte er wohl auf das übliche »Drittel des Zwangsvollzugs« rechnen.

Vergleicht man das ir. und das walis. Recht in bezug auf ihre Bestimmungen über D., so steht das walis. Recht in der Mitte zw. der ir. Position, in der die öffentl. Gewalt nur eine untergeordnete Rolle spielt, und derjenigen des engl. Rechts (und anderer west- und mitteleurop. Rechte), in der die kgl. Gewalt die gesamte Bußleistung an sich zieht und der geschädigten Partei nur die gesetzl. vorgeschriebene Entschädigung zugesteht. Möglicherweise bezeichnet die Behandlung von *trais* im walis. Recht ähnliche Rechtspositionen wie im ir. Recht, während die Behandlung des *lladrad* eine sehr weit gediehene Entwicklung zur staatl. Kontrolle hin darstellt.

T. M. Charles-Edwards

Ed. und Lit.: D. JENKINS, Cyfraith Hywel, 1970, 62–69 – Bechbretha, ed. T. CHARLES-EDWARDS–F. KELLY, 1983, 161–165.

VII. ALTRUSSISCH-OSTSLAVISCHER BEREICH (*tat'ba* 'Diebstahl', *tat'* 'Dieb'): Wie in anderen Volksrechten suchte auch im älteren slav. Recht der Bestohlene den Schadenersatz auf dem Wege der Selbsthilfe, die mit wachsenden Einschränkungen das ganze MA hindurch zugelassen war, wobei bis ins 14. Jh. nach dem russ. Recht (→Pravda Russkaja) jedoch ein Kompositionssystem (→Buße) bestand, während im 15. Jh. mehr und mehr das Strafrecht auf den D. Anwendung fand.

Nach dem russ.-byz. Vertrag v. 911 darf der Widerstand leistende Dieb getötet werden, der Bestohlene nimmt sich selbst das gestohlene Gut und zahlt kein →Wergeld *(vira)* für Totschlag. Wenn aber der Dieb keinen Widerstand leistet und gefangengenommen wird, muß er dem Geschädigten dreifachen Ersatz entrichten. Zweifacher Ersatz kommt noch im russ.-litauischen Recht des 15.–16. Jh. vor. Im Vertrag von 944 werden neben den zu entrichtenden Schadenersatzleistungen auch Strafbestimmungen »gemäß dem griech. und russ. Recht« bis hin zur Todesstrafe (bei den Ostslaven durch den Galgen) erwähnt (→Strafvollzug). In der Pravda Russkaja wird außer dem Schadenersatz *(urok)* eine Bußleistung an die fsl. Gewalt *(prodaža)* üblich, oft der Höhe der Ersatzleistung entsprechend. Bei den verschiedenen Eigentumsvergehen werden Vorsatz und Böswilligkeit mit in Betracht gezogen: Bei Vernichtung von Eigentum (z. B. Abschlachten von Vieh, Verbrennen eines Bienenstocks) werden Ersatz und Strafe vervierfacht. Der widerrechtl. Gebrauch einer Sache wird wie D. bestraft. Nach der Pravda, deren Bestimmungen in den verschiedenen Fassungen variieren, ist das Töten eines nächtl. Diebes erlaubt, wenn er sich nicht ergibt, nicht aber, wenn er flieht. Der Dieb soll vor das Gericht des Fs.en gebracht werden. Beim widerrechtl. Totschlag des Diebes, welcher nicht als Mord, sondern als Körperverletzung betrachtet wird, ist eine Geldbuße *(prodaža)*, aber kein Wergeld fällig. Für die Verfolgung des flüchtigen Diebes wird diejenige Landgemeinde verantwortlich gemacht, zu der die Spur führt. Ist die betreffende Gemeinde nicht imstande, den Dieb zu fassen, seine weitere Spur zu weisen oder sich sonstwie zu rechtfertigen, wird sie mit der Zahlung des Schadenersatzes und der Buße belastet. Bei gemeinschaftl. D. wird jeder einzelne Mittäter so bestraft, als ob er der alleinige Täter wäre. Beteiligung, Beihilfe und Hehlerei werden wie D. selbst bestraft. Begeht ein Sklave einen D., so ist sein Herr verantwortlich; er muß ihn auslösen oder dem Bestohlenen ausliefern; der Fs. erhält in diesem Fall keine Bußleistung. Die Schwere des D.s richtet sich in der Pravda nach dem Wert des Gestohlenen: Der D. eines Sklaven oder eines Bibers wird mit hohen Bußen belegt; mittlere Bußen zahlt man beim D. von Rindern, Bienenstöcken, Jagdhunden, Habichten, Falken; kleine Buße dagegen bei geringwertigeren Sachen (z. B. einem Schaf od. Geflügel). Der D. einer bewachten Sache wird schwerer bestraft, z. B. D. von Haustieren aus einem Stall mit einer dreimal so hohen Geldbuße wie D. auf freiem Feld. Mit einer höheren Geldbuße wird ein D. der mit Brandzeichen versehenen fsl. Pferde geahndet, und ein rückfälliger Pferdedieb wird mit Aberkennung der Personen- und Güterrechte bestraft, was praktisch Konfiskation seines Vermögens und Verkauf als Sklave ins Ausland bedeutet *(potok)*. Die Gerichtsurkunden des 14.–15. Jh. (z. B. aus Pskov) kennen drakonischere Strafen: Pferdedieben sowie zum dritten Mal rückfälligen Dieben droht die Todesstrafe. Auch ist die Tendenz ersichtlich, die gütliche Regelung zu beschränken oder sogar zu verbieten und D. nur als gerichtl. Straftat zu behandeln. Eine Gerichtsurkunde aus Dvinsk verbietet 1397 die Einigung mit einem Dieb als strafbares »eigenmächtiges Verfahren«. In den Gesetzbüchern der Moskauer Zeit tritt die Geldbuße für D. zugunsten von Kriminalstrafen zurück; schon beim ersten Rückfall ist die Todesstrafe vorgesehen. Das Gesetzbuch von 1497 kommt den Interessen des Bestohlenen insofern entgegen, als es erlaubt, den zahlungsunfähigen Dieb bei seinem ersten D. dem Kläger »mit Kopf« (d. h. bis zum Loskauf bzw. zur Abarbeitung der Schuld) zu übergeben; beim Rückfall verfällt der Dieb allerdings der Todesstrafe. Die gerichtl. Verfolgung wird nun allmählich auch auf Sklaven ausgedehnt; ein Herr wird bestraft, wenn er nicht dafür sorgt, daß seine des D.s angeklagten Sklaven oder sonstigen Untergebenen vor Gericht erscheinen. Bei zahlungsunfähigen Dieben treten Verstümmelung und Körperstrafen (Auspeitschung) zunehmend an die Stelle von Buße und Schadenersatz; seit dem 14. Jh. ist Brandmarkung von Dieben belegt. Haft wird seit dem 14. Jh. nicht als Strafe, sondern anstelle von Bürgschaft, üblich. Ein Verdächtiger kann sich durch eine freiwillige Eidesleistung in einer Kirche vom Vorwurf des D.s reinigen. Im 14.–15. Jh. kann ein Beklagter zum gerichtl. Eid verpflichtet werden; Verweigerung des Eides kommt einem Geständnis gleich. Als schwerer, todeswürdiger D. wird der sog. Kopf-D. betrachtet, d. h. Sklaven-D. und Kirchendiebstahl, der als Entwendung sakrosankter Dinge (→Sakrileg) ähnlich wie →Gotteslästerung behandelt wird und daher wohl schon seit dem 12./13. Jh. vor das Kirchengericht gehört; entsprechend fällt auch der Grab-D., wohl seit dem 14./15. Jh., unter die geistl. Jurisdiktion. Seit dem 13. Jh. erringt die Kirche bei der Bestrafung von D.en auf ihren Ländereien zunehmend →Immunität. Mit dieser Entwicklung hängen wohl auch z. T. die andauernden Streitigkeiten um den Gerichtsstand bei D.sprozessen zusammen, wobei es u. a. um die Frage geht, ob ein Dieb in dem Gerichtsbezirk, in dem er die Tat begangen hat, oder in demjenigen, in dem er festgenommen worden ist, vor Gericht zu stellen ist. A. Poppe

Q.: SREZNEVSKIJ, Mat. III, 926–928 – *Lit.:* L. S. BELOGRIČ-KOTLAREVSKIJ, O vorovstve-kraže po russkomu pravu. Istoriko-dogmatieškoe issledovanie I, 1880 – N. A. MAKSIMEJKO, Istočniki ugolovnych zakonov Litovskogo Statuta, 1894 – M. F. VLADIMIRSKIJ-BUDANOV, Obzor istorii russkogo prava, 1907⁵, 319ff., 329ff., 342ff. – L. K. GÖTZ, Das Russ. Recht, I–IV, 1910–13 [Register] – M. LEVASEV, Ugolovnoe pravo Russkoj Pravdy sravnitel'no s Saličeskoj Pravdoj, 1911 – G. WIRSCHUBSKI, Das Strafrecht des Litauischen Statuts, T. I–II, Monatsschrift für Kriminalpsychologie 25, 26, 1935, 1–17, 205–223 – S. V. JUŠKOV, Obščestvenno-političeskij stroj i pravo Kievskogo gosudarstva, 1949, 120ff., 485–492, 504f., 508 – Pravda Russkaja t. 2, Kommentarii, 1947 – L. V. MILOV, K istorii drevnerusskogo prava 13–14 vv., Archeografičeskij Ežegodnik za 1962, 1963, 55–59 – S. ROMAN, Kradziez (SSS II, 1965), 500f. – I. V. SMIRNOV, Ustavlenie tat'by (Fschr. S. N. VALK, Leningrad 1964, 488–499) – D. H. KAISER, The Growth of the Law in Medieval Russia, 1980, 82–93, s. a. Register – JU. G. ALEKSEEV, Pskovskaja Sudnaja Gramota i eja vremja (XIV–XV vv.), 1980, 42ff., 63, 66–72 – s. a. Lit. zu →Recht, →Gericht, →Kirchenrecht, →Strafvollzug.

D. Islamisches Recht

Der D. *(sariqa)* stellt im islam. Recht die Verletzung eines Rechts Gottes *(ḥaqq Allāh)* dar. Die für einen D. im Koran festgesetzte Strafe *(ḥadd)* besteht im Abschlagen *(qaṭ')* der (rechten) Hand (Koran Sure 5, Vers 38). Im Wiederholungsfall soll nach der Tradition der linke Fuß abgeschlagen werden. Die Strafe ist jedoch nur verwirkt, wenn sich der entwendete Gegenstand in angemessener Verwahrung *(ḥirz)* befunden hat, so daß der D. heimlich geschehen mußte, was bei Übertölpelung *(iḫtilās)* wie z. B. einem Taschendiebstahl nicht der Fall ist. Der gestohlene Gegenstand muß einen gewissen Mindestwert *(niṣāb)* gehabt haben. Außerdem liegt kein D. im Sinn des islam. Rechts vor, wenn der Täter auf die entwendete Sache irgendein Anrecht hat, sei es der Gegenstand eines schuldrechtl. Anspruches, sei es ein Stück der Kriegsbeute, von der er einen gewissen Anteil bekommen muß, oder ein Gegenstand, der – wie Gerätschaften in der Moschee – zum gemeinsamen Nutzen für alle Muslime bestimmt ist. Die Wegnahme von Dingen, an denen Eigentum ausgeschlossen ist, weil sie verpönt sind (Wein, Musikinstrumente), oder von Sachen, die herrenlos sind, bedeutet ebenfalls keinen D. im Sinn des islam. Rechts. Der Familiendiebstahl findet unter Verwandten in gerader Linie keine Bestrafung.

Die Verhängung der →Strafe ist – wie stets im islam. Strafrecht – von jeher durch das Prozeßrecht ganz wesentl. eingeschränkt worden: Ein D. muß durch zwei geeignete Zeugen (männl. Muslime) bewiesen werden. Sonst ist eine Verurteilung nur aufgrund eines Geständnisses *(iqrār)* zulässig. Ein Widerruf *(ruğū')* des Geständnisses ist jederzeit möglich und soll dem Angeklagten vom Richter nahegelegt werden, da Gott barmherzig ist und die Sünden zudeckt, wenn der Sünder selbst sie verborgen hält. Darüber hinaus gilt es als verdienstl., nach Möglichkeit die Strafe von dem Schuldigen abzuwenden. Persönliches Wissen darf der religiöse Richter *(qāḍī)* im Fall eines D.s nicht verwerten, da ein Recht Gottes verletzt worden ist. Aus dem gleichen Grund darf auf die Strafe (anders als etwa beim Totschlag) nicht verzichtet werden. Doch befreit tätige Reue *(tauba)* von der Strafe. Die Verfolgungsverjährung beträgt wie übl. einen Monat. K. Dilger

Lit.: K. Dilger, Das islam. Strafrecht in der modernen Welt – Ein Beitr. zur Rechtskonzeption im Islam, Zs. für die gesamte Strafrechtswiss. 93, 1981, 1311–1332 [sowie in: ARSP, Suppl. 1, T. 2, 1982, 57–79].

Zur sozialgesch. Problematik des D.s →Kriminalität; zur Beschwörungspraxis bei D.en →Diebessegen.

Diechlinge (von mhd. *diech* 'Schenkel'), Panzerung der Oberschenkel. Diese beim Reiten sehr exponierte Körperpartie wurde schon in der 1. Hälfte des 13. Jh. durch gepolsterte Kniehosen (mhd. *senftenier*) geschützt, in der 2. Hälfe des Jahrhunderts kamen aufgenähte Scheiben über dem Knie hinzu, denen zu Beginn des 14. Jh. große Kniebuckel folgten. Die echten D. als Teil des Plattenharnisches (→Harnisch) erschienen um 1350/60 zunächst in Gestalt lederner Halbröhren mit innen eingenieteten Schienen und anschließenden Kniebuckeln. Um 1370 setzten sich eiserne D. durch, die an der Außenseite eine Schiene und an den Kniebuckeln sog. Muscheln angefügt hatten. Zu Ende des 14. und Beginn des 15. Jh. gab es in Verbindung mit dem Hohenzeugsattel, der keinen Schenkelschluß mit dem Pferd ermöglichte, auch rundumgehende röhrenförmige D., welche sich mit Hilfe eines Längsscharniers öffnen ließen. Sie hielten sich in Deutschland bis zur Mitte des 15. Jh.

In Italien entstanden zw. 1400 und 1420 D. mit bewegl. angesetztem Oberdiechling über Brechrand und zwei an Scharnieren hängenden Schienen zur Deckung der Schenkelaußenseite. Um 1470 erhielt der Oberdiechling noch eine bewegl. Lamelle (Folge), um 1490 wurden die seitl. Schienen auf je 1 Stück reduziert. Zusammen mit Beinschienen oder Beinröhren bildeten die D. das →Beinzeug.

O. Gamber

Lit.: O. Gamber, Stilgesch. des Plattenharnisches, Jb. der Kunsthist. Slg. 50/51, 1953, 1955 – G. L. Boccia – E. T. Coelho, L'Arte dell'Armatura in Italia, 1967.

Dieci, Consiglio dei → Consiglio dei Dieci

Die clausule van der Bible → Maerlant, Jacob van

Diedenhofen (Thionville), Stadt mit bedeutender frk. Königspfalz in Lothringen, im alten Hzm. →Luxemburg (heute dép. Moselle), am linken Moselufer gelegen, 20 km nördl. von Metz. D. bewahrt zahlreiche Spuren als galloröm. Zeit, jedoch geringere als Yutz (Judicium) auf der gegenüberliegenden Flußseite. 751 hielt sich Pippin III. in D. (Theodonis villa) auf; von nun an tritt D. häufig in den Quellen als Pfalzort mit Königsaufenthalten, Synoden und Placita auf. Karl d. Gr. ist hier mit sieben Aufenthalten belegt: 6 davon in den Jahren 772–783, der letzte i. J. 806, um über eine Reichsteilung zu entscheiden (s. a. →Diedenhofener Kapitular, →Divisio regnorum). Ludwig d. Fr. weilte neunmal in D. und hielt hier vier Reichsversammlungen ab. Der Winter war die bevorzugte Jahreszeit für Aufenthalte der Karolinger in dieser Pfalz. Weitere Herrscherbesuche sind bis zum frühen 11. Jh. belegt, unter den Ottonen mit abnehmender Häufigkeit. Nach 848 fanden auch kaum noch Placita oder Versammlungen statt (lediglich zwei: 900 und 1003).

In der Pfalz ließ Ludwig d. Fr. eine Kapelle nach dem Vorbild und in den Dimensionen der Aachener Pfalzkapelle (→Aachen) errichten; Reste dieser Anlage sind in den Fundamenten eines Stadtturms, der Tour aux Puces, erhalten. Der kgl. →Fiscus von D. dehnte sich weiträumig am linken Moselufer aus und übertraf an Größe den Fiscus v. Yutz. 930 wurde die Kirche von D. mit zwei Hufen an St. Maximin zu →Trier übertragen. 997 befand sich die Gft., zu der D. gehörte, im Besitz von Siegfried v. →Luxemburg, der auch die Vogtei von St. Maximin innehatte. Seit dieser Zeit gelangte der von den Kg.en preisgegebene Fiskalbezirk in den Feudalbesitz der Luxemburger, und sein ursprgl. Charakter als Königsgut geriet in Vergessenheit. 1239 verlieh Heinrich V., Gf. v. Luxemburg, dem noch stark ländlich geprägten Ort D., der ein wichtiger Etappenort für den Land- wie Flußverkehr war, ein Privileg. Nachdem das dt. Kgtm. an die Luxemburger gefallen war, kam D. zur Reichskammer. Im 14. Jh. erhielt D. Stadtmauern und ein Kaufhaus; es entwickelte sich ein städt. Bürgertum. In den Jahren 1388–1461 wurde die Stadt stark von den Kämpfen um den Besitz des Hzm.s Luxemburg in Mitleidenschaft gezogen. 1441 kam D. an das Hzm. →Burgund; Hzg. Philipp der Gute war bestrebt, diesen reichen Umschlagplatz in seinem Besitz zu halten. 1461 erfolgte die definitive Besetzung durch die Burgunder; 1477 ging die Stadt an den burg. Erben, Kg. Maximilian, über. Vom Baubestand des 15. Jh. sind nur wenige Spuren erhalten (Augustinerkirche). M. Parisse

Lit.: C. Joset, Les villes au pays de Luxembourg, 1940, 120–123 – G. Stiller–G. Ancel, Thionville et sa rivière: la Moselle, 1964 – J.-M. Yante, La prévôté de Th. au bas MA. Essai d'hist. économique, Ann. Inst. arch. Luxembourgeoise 106–107, 1975–1976, 137–162 – Ph. Lamair, Recherches sur le palais carolingien de Th. (VIIIe–début du XIe s.), Publ. section hist. Inst. Grand-Duché de Luxembourg 96, 1982, 1–92 – J.-M. Yante, Commerce et marchands thionvillois aux XVe et XVIe s., Les cahiers lorrains 1983, 1, 11–27.

Diedenhofener Kapitular, eines des letzten »großen« Kapitularien →Karls d. Gr., das Ende 805 während des Aufenthaltes des Ks.s in seiner Pfalz Diedenhofen (Thionville) verkündet wurde. Das D.K. hat die Form eines capitulare missorum (→Kapitularien), d. h. es besteht zumeist aus Anweisungen an die →missi. Unter den einzelnen Bestimmungen sind die Anordnungen über den Handel mit den Slaven (Verbot des Waffenexports in die slav. Gebiete und Anweisung, den Handel mit den Slaven an bestimmten, namentlich aufgeführten Grenzhandelsplätzen unter Aufsicht frk. Gf.en abzuwickeln) von hohem Quellenwert für die frk.-slav. Beziehungen.

Trotz seiner äußeren Gestalt ist das D.K. dem Inhalt nach als Reformkapitular zu betrachten, in dem der Ks. sich mit der Wirksamkeit sowohl weltl. als geistl. Institutionen befaßt. Tatsächlich war es veranlaßt durch schwere Mängel am Funktionsweise der geistl. Institutionen. Das D. K. ist aber auch auf dem Hintergrund der Sorge des Ks.s und seiner Umgebung um die ungewisse Thronfolge zu sehen. Karl d. Gr. und seine Ratgeber wollten mit dem

D. K. verschiedenen Mißständen ein Ende setzen und – mit Gottes Hilfe – eine Regelung für das Problem der Thronfolge und die daraus erwachsenden Konsequenzen finden, ein Bemühen, das mit der →Divisio regnorum von 806 seinen Abschluß fand. A. Verhulst

Ed.: MGH Cap. I, nr. 43, 44 – *Lit.:* Hoops² V, 407–408 [K. Brunner] – F. L. Ganshof, Was waren die Kapitularien?, 1961, 114–116 – Ders., The Impact of Charlemagne on the Institutions of the Frankish Realm, Speculum 40, 1965 [abgedr. in: Ders., The Carolingians and the Frankish Monarchy, 1971, 145].

Diego

1. D. Rodríguez (Porcelos), *Gf. in* →*Kastilien* seit ca. 873 (nach 5. Okt.), † 31. Jan. 885 »in Cornuta« (Crónica Najerense), Sohn des Gf.en Rodrigo († 5. Okt. 873), an dessen Herrschaftsausübung er unter Führung des comes-Titels vielleicht schon seit 869 beteiligt war. 873 fielen ihm nicht alle früheren Herrschaftsbereiche seines Vaters zu, da in Alava Gf. Vela Jiménez die Grafengewalt ausübte und auch die westl. Grenzgebiete des kast. commissum einschließlich Amaya an den Magnaten Munio Núñez übergingen. Gegen die von J. Pérez de Urbel vertretene These einer Erblichkeit der Gft. bereits zu dieser Zeit nahm Sánchez-Albornoz eine Herrschaftsausübung unter oberster »iussio regis« →Alfons III. v. Asturien an, wie sie in anderen commissa oder mandationes durch comites oder potestates erfolgte (→Gf., Gft., Iber. Halbinsel). D. sicherte das Flußgebiet des Ebro durch eine befestigte Verteidigungslinie, dehnte die gfl. Herrschaftszone nach der Bureba und Pancorbo aus und zeigte augenscheinl. eine bes. Affinität zum Kl. San Félix de Oca (→Oca, Bm.). 884 besiedelte er Ubierna am gleichnamigen Flußlauf und sodann weiter im S eine alte Befestigung, die den Kern des späteren städt. Zentrums →Burgos bilden sollte. Die Grenzen der Gft. konnte er unter Wiederbesiedlung der Täler am rechten Ufer bis zum Arlanzón vorschieben, schließlich unter dem Schutz einer neuen Burgenkette bis zum Arlanza. Umstritten ist bisher, ob D. 885 im Kampf gegen den zur Familie der Banū Qasī gehörigen Muḥammad ibn Lubb fiel (C. Sánchez-Albornoz) oder infolge einer Rebellion im astur. Reich hingerichtet wurde (J. Pérez de Urbel). Auf jeden Fall trat nach seinem Tod eine polit. Zersplitterung der Gft. ein. →Kastilien, Gft.

L. Vones

Lit.: DHE I, 1140f. – J. Pérez de Urbel, El condado de Castilla, I, 1969, 191–240 – G. Martínez Díez, Alava Medieval I, 1974, 39–44 – C. Sánchez-Albornoz, Orígenes de la nación española. El reino de Asturias III, 1975, 894–898 – J. Rodríguez Marquina, Las salinas de Castilla en el siglo X, y la genealogía de las familias condales (Homenaje a Fray Justo Pérez de Urbel I, 1976), 143–151.

2. D. v. Azevedo (de Acebes), *Bf. v. Osma* OCist., sel., †30. Dez. 1207; in den 90er Jahren des 12. Jh. Prior des Domkapitels v. Osma, war D. seit seiner Wahl zum Bf. (1201) um Klerusreform und Intensivierung der Seelsorge bemüht. Mit dem Subprior →Dominikus reiste er im Auftrag Alfons' VIII. v. Kastilien wahrscheinlich 1204/05 wegen eines Heiratsbündnisses nach Dänemark (»Marchiae«), wobei er mit Problemen der Häresie konfrontiert wurde. In Südfrankreich entwickelte D. (seit Juni 1206) eine neue Konzeption der Ketzerbekämpfung durch gebildete, rechtgläubige Wanderprediger und führte 1206–07 Disputationen mit Katharern und Waldensern in der Languedoc. Diese Ideen wurden nach der Rückkehr D.s nach Spanien (1207) und seinem Tode von Dominikus weiterentwickelt und bildeten eine der theoret. Grundlagen des späteren →Dominikanerordens. D. Berg

Q. und Lit.: Iordanus de Saxonia, Libellus de initiis Ord. Praed. Monumenta Ordinis Fratrum Praedicatorum historica XVI, 1–88 – DHEE I, 6 – DHGE V, 1343; XIV, 594–598 – BHL I, 2158 – H. C. Scheeben, Der hl. Dominikus, 1927 [Register] – A. Walz, Comp. hist. Ord. Praed., 1948², 3ff. – M.-H. Vicaire, Hist. de S. Dominique, 1982² [Register] – W. A. Hinnebusch, Hist. of the Dominican Order I, 1966, 20ff. – D. Berg, Armut und Wiss., 1977, 19ff. – J. Gallén, Les voyages de S. Dominique au Danemark (Fschr. Th. Kaeppeli I, 1978), 75–84.

3. D. II. Gelmírez, seit 1098/1101 *Bf. v.* →*Santiago de Compostela,* seit 1120/21 Ebf. ebd., * um 1068/70 in Torres de Oeste oder Santiago, † 6. April 1140 ebd., Sohn des miles Gelmirio, der noch vier weitere Söhne hatte (Nuño, Pedro, Gundesindo, Juan) und Lehnsmann des Bf.s v. Compostela, Diego I. Peláez, war. D. wurde in der Kathedralschule v. Santiago, am Hof Kg. →Alfons' VI. v. Kastilien-León und im Hofhalt (curia) Bf. Diegos I. erzogen, Kanoniker der Jacobuskirche sowie publicus notarius, scriptor, cancellarius et secretarius und confessor des Gf.en →Raimund v. Galicien, zw. Anfang 1090 und Mitte 1094, wieder seit 1096 bei Sedisvakanzen als Kompromißkandidat zw. Klerus, Adel und Kgtm. Verwalter der Diözese. Zw. Anfang 1098 und am 21. April 1101 wurde er zum Bf. v. Compostela gewählt und geweiht, wobei Einzelheiten, v. a. die Möglichkeit einer vom Papsttum betriebenen Wiederholung des Wahlaktes unter Beachtung kanon. Vorschriften am 1. Juli 1100 und einer daraus resultierenden erneuten Konsekration, in der Forschung umstritten sind. Als Bf. galten D.s größte Sorgen der libertas und Erhöhung seines Sitzes, als deren selbstverständliche Grundlage er die Apostolizität der Jacobuskirche (→Jacobus d. Ä., hl.) ansah. Seine diesbezügl. Aktivitäten, die in fast einmaliger Weise durch die in seinem Auftrag als Gesta ('Registrum') konzipierte →Historia Compostellana dokumentiert und gleichzeitig rechtsverbindl. abgesichert wurden, erstreckten sich auf die verschiedensten Problembereiche: Gegenüber dem wiedererrichteten galic. Metropolitansitz →Braga behauptete er die 1095 erreichte Exemtion seines Bischofsstuhls und zeigte durch einen aufsehenerregenden Reliquienraub 1102 eindrucksvoll die weitgehenden Besitzansprüche der Jacobuskirche auf. Gegenüber den umliegenden Diöz., bes. →Mondoñedo, setzte er parallel zur Arrondierung und herrschaftl. Durchdringung des honor der Jacobuskirche und der Reorganisation des Kathedralkapitels die Ausweitung und Bereinigung der inneren administrativen Struktur durch. Immer wieder trug D. den durch den Erwerb des →Palliums 1105 manifestierten Anspruch auf ebfl. Rang durch Gesandtschaften bei den einzelnen Päpsten vor, zu denen er, unterstützt durch die Äbte v. Cluny, beste Beziehungen unterhielt (v. a. →Gelasius II., →Calixt II.); mit der Verleihung der zeitlich begrenzten Metropolitanwürde, die aus den Rechten des noch nicht wiedereroberten →Mérida hergeleitet wurde, erreichte er 1120 sein Ziel. Die gleichzeitige Übertragung der päpstl. Legatengewalt für die galic. und lusitan. Kirchenprovinz sicherte diese Würde gegen die Gegenmaßnahmen des Ebf.s v. Braga und des in seinen Rechten beschnittenen Primas der span. Kirche, Ebf. →Bernhards v. Toledo. Durch geschickte Verhandlungen mit Calixt II., eine außergewöhnl. kluge kirchenpolit. Verhaltensweise, ungewöhnliche Transaktionen mit der päpstl. Kanzlei und nicht zuletzt durch Fälschung und Verunechtung des rechtserheblichen Urkundenmaterials konnte D. 1124 die permanente Übertragung der Metropolitanwürde Méridas auf die Jacobuskirche und durch pragmat. Maßnahmen die Angliederung wichtiger galic. Suffragane an seine Kirche erreichen (→Braga, →Santiago de Compostela, →Toledo, →Mérida).

Auf polit. Ebene unterhielt D. meist ausgezeichnete, manchmal wechselhafte, aber immer von Machtbewußtsein geprägte Beziehungen zum kast.-leones. Kgtm. Unter der Regierung der Kgn. →Urraca (1109–26), v. a. im Verlauf ihrer Auseinandersetzungen mit Kg. Alfons I. v. Aragón, vertrat er als einer der Führer einer galic. Adelsopposition kontinuierlich die Rechte ihres Sohnes →Alfons (VII.), dessen Vormund er gemeinsam mit Ebf. Guido v. Vienne (Calixt II.) seit 1107 war und den er am 17. Sept. 1111 zum Kg. v. Galicien salbte und krönte. Trotz verschiedener, mit Härte geführter Auseinandersetzungen mit einer innerstädt. Opposition in Santiago verlor D. nicht seinen Einfluß auf die Reichspolitik. Alfons VII. ernannte ihn 1127 zum Leiter der kgl. Kanzlei und mußte ihm beträchtl. Mitspracherecht bei polit. Entscheidungen sowie die libertas der Jacobuskirche garantieren. Erst seit Mitte der 30er Jahre scheint D. an Einfluß bei Hofe verloren zu haben, wobei der Kg. der starken Stellung des Ebf.s zunehmend mißtraute und ztw. mit dessen Gegnern zusammenging. Andererseits wäre der Erfolg des von D. betriebenen Ausbaus der Jacobuskirche ohne seine polit. Verbindungen nicht möglich gewesen. Auf der Grundlage der Apostolizität des Sitzes ging der in der (von tendenziösen Verfälschungen durchsetzten) →Historia Compostellana und auch im →Liber Sancti Jacobi bezeugte Anspruch schließlich dahin, eine Gleichstellung mit den Patriarchaten, den Primat in Spanien und in letzter, nur angedeuteter Konsequenz eine Überordnung über den röm. Primat anzustreben. Doch zuvor war das diplomat. Geschick D.s an seine Grenzen gestoßen. – Zusammen mit Ebf. Bernhard v. Toledo muß D., dem der Kardinalpriester Gregor v. San Crisogono seine Kanonessammlung Polycarpus widmete, als der bedeutendste Kirchenmann der 1. Hälfte des 12. Jh. in Kastilien-León gelten. L. Vones

Q.: Hist. Compostellana, sive de rebus gestis D. Didaci Gelmirez, primi Compostellani Archiepiscopi, gedr. E. FLÓREZ, España Sagrada XX, 1765, 1–598 [Nachdr. 1965], auch in: MPL 170, 879–1236 – krit. Ed. auf der Grundlage aller bekannten Hss. wurde erstellt von: E. FALQUE, 1983 [Druck in Vorber.] – kast. Übers.: M. SUÁREZ – J. CAMPELO, 1950 – Lit.: A. LÓPEZ FERREIRO, Hist. de la Santa A.M. Iglesia de Santiago de Compostela, II–IV, 1898–1911 – A. G. BIGGS, D.G. First Archbishop of Compostela, 1949 – B. F. REILLY, The Nature of Church Reform at Santiago de Compostela During the Episcopate of Don D.G., 1100–1140 A.D. [Diss. masch. 1966] – DERS., Santiago and St-Denis: The French Presence in Eleventh-Century Spain, CathHR 54, 1968, 467–483 – R. PASTOR DE TOGNERI, Conflictos sociales y estancamiento económico en la España medieval, 1973 – L. VONES, Die »Historia Compostellana« und die Kirchenpolitik des nordwestspan. Raumes 1070–1130, 1980 – B. F. REILLY, The Kingdom of León-Castilla under Queen Urraca 1109–1126, 1982 – R. A. FLETCHER, Saint James's à Catapult. The Life and Times of D.G. of Santiago de Compostela, 1984 – K. HERBERS, Der Jakobuskult des 12. Jh. und der »Liber Sancti Jacobi«, 1984.

4. D. (Didacus) v. Alcalá, hl., OFM Laienbruder, * um 1400 in S. Nicolás del Puerto (Andalusien), † 12. Nov. 1463 in Alcalá de Henares bei Madrid, stammte aus armer Familie. Bereits in jungen Jahren führte er ein Eremitenleben b. der Kirche S. Nicolás in seinem Heimatort. Neben dem Gebet widmete er sich bescheidener handwerkl. Tätigkeit, für die er keine Entlohnung in Geld annehmen wollte. Um sich noch ausschließlicher Gott widmen zu können und vielleicht auch um sich des wachsenden Ruhms, der er im Volk genoß, zu entziehen, trat er als Laienbruder in den Konvent der Minderbrüder in Arizafe in der Nähe von Córdoba ein. Später kam er in andere Konvente und wurde schließlich 1441 auf die Kanar. Inseln entsandt, um den Eingeborenen das Evangelium zu verkünden. Obwohl er nicht Priester war, wurde er 1446 Superior des Konvents auf Fuerteventura. Er verteidigte die Eingeborenen gegenüber der grausamen Raffgier der Conquistadores und mußte dabei mit beträchtl. Schwierigkeiten kämpfen. 1449 kehrte er in seine Heimat zurück. Im folgenden Jahr begab er sich anläßl. des Jubeljahres und der Kanonisation des hl. →Bernardinus v. Siena nach Rom, wo er aufopferungsvoll Epidemiekranke pflegte.

Auf Betreiben Kg. Philipps II. v. Spanien wurde er von Papst Sixtus V. am 2. Juli 1588 heiliggesprochen.

D. Ciccarelli

Lit.: Bibl. SS IV, 605–609 – L. WADDING, Annales Minorum XI, 158–164; XII, 75; XIII, 324 – L. M. NUÑEZ, Archivo Ibero Americano 2, 1914, 424–446; 3, 1915, 373–387; 5, 1916, 107–126; 6, 1917, 421–431; 23, 1925, 410–413 – A. FIOL BORRÁS, Vida de S. Diego de Alcalá, 1958.

5. D. de San Pedro, * ca. 1437, † ca. 1498, spanischer Dichter, möglicherweise jüd. Abstammung, im Dienst von Pedro Girón, Großmeister des Calatrava-Ordens, und seines Sohnes in Peñafiel. Seine Gedichte erschienen im Cancionero general von Hernando de Castillo (Valencia 1511 u. ö.). Weite Verbreitung fand »La Pasión trobada« (Salamanca 1496?, Faks. in Revista de Literatura 1, 1952, 147–183), eine dramat.-dialog. Komposition über das Leiden Christi in 248 Strophen. Im »Desprecio de la Fortuna« widerruft der Dichter seine Liebespoesie. Große Bedeutung hat D. de S.P. für die Entwicklung des höf. Liebesromans, der *novela sentimental*. Der »Tractado de amores de Arnalte e Lucenda«, zw. 1477/91 entstanden (gedr. Burgos 1491, Faks. 1952, frz., dt., it. und 4 engl. Übers.), stellt in umständl. latinisierender Sprache die Geschichte zweier unglücklicher Liebender dar. Formal anspruchsvoller ist »La Cárcel de amor« (Sevilla 1492, Faks. 1967). Das allegor. 'Liebesgefängnis', dem ein »Sermón de amores« vorangestellt ist, gehört zusammen mit dem »Amadís« und der »Celestina« zu den drei erfolgreichsten span. Werken des 15. Jh. mit nachhaltiger europ. Wirkung im 16. und 17. Jh. (Übers. ins It., Engl., Frz., Dt., Katal. und Flämische). Als Liebeskatechismus blieb es in höf. Kreisen und unter adligen Damen bis in die Barockzeit beliebt. Nicolás Núñez schrieb im 16. Jh. eine Fortsetzung. Der stilist. verfeinerte Roman verarbeitet eine Fülle bekannter Motive aus der höf. Liebesliteratur, über die sich christl. Vorstellungen lagern, neuartig ist die Verwendung von rhetor. ausgeformten Briefen mit subtilen Analysen des Liebesgefühls, die der Autor zw. den Liebenden vermittelt. Damit wird der Erzähler als handelnde Gestalt in den Roman integriert. D. Briesemeister

Ed. und Lit.: Obras completas, ed. K. WHINNOM–D. S. SEVERIN, 3 Bde, 1971–79 – Obras, ed. S. GILI GAYA, 1950 (1 CC 133) – Tractado de amores de Arnalte y Lucenda, ed. I. A. CORFIS, 1985 – B. W. WARDROPPER, El mundo sentimental de la C. de a., RFE 37, 1953, 168–193 – K. WHINNOM, D. de S.P's stylistic reform, Bull. of Hispanic Stud. 37, 1960, 1–15 – DERS., The religious poems of D. de S.P., Hispanic Review 28, 1960, 1–15 – D. SHERMAN VIVIAN, La Passion trobada de D. de S.P. y sus relaciones con el drama medieval de la Pasión, Anuario de Estudios Medievales 1, 1964, 451–470 – R. LANGBEHN-ROHLAND, Zur Interpretation der Romane des D. de S.P., 1970 – K. WHINNOM, N. Núñez's continuation of the C. de a., Stud. in Spanish Lit., pres. to E. M. WILSON, 1973, 357–366 – DERS., D. de S.P., 1974 – B. DAMIANI, The didactic intention of the C. de A., Hispanófila nr. 56, 1976, 29–44 – F. MÁRQUEZ VILLANUEVA, Relecciones de literatura medieval, 1977, 75–94 – A. GARGANO, Stato attuale degli studi sulla novela sentimental, Studi ispanici 1980, 48–69 – K. WHINNOM, The Spanish Sentimental Romance 1440–1550. A crit. bibliogr., 1983 – I. A. CORFIS, La dispositio de la Cárcel de Amor de D. de S. P., Iberoromania Nr. 21, 1985.

6. D. de Valera, * 1412, † 1488(?), span. Historiker, polit. Ratgeber und Dichter, Sohn des Konvertiten und Arztes Alfonso García Chirino und der Violante López aus

Cuenca, stand als Page im Dienst Kg. Johanns II. v. Kastilien. Nach dem Ritterschlag durch seinen Patron, den Marqués de →Santillana (Iñigo López de Mendoza), i. J. 1435 nahm er an den Hussitenkriegen teil, erhielt das Adelsprädikat Mosén und nannte sich D. de V. Diplomat. Missionen führten ihn nach Frankreich, Burgund, England und Deutschland. Er war einer der Hauptwidersacher des Condestabels Alvaro de →Luna († 1453). Unter Kg. Heinrich IV. trat er polit. kaum hervor. Später war er Vertrauter der Kath. Kg.e und hatte öffentl. Ämter inne (nach 1482 war er →Corregidor v. Puerto de Santa María). Trotz seines bewegten Lebens verfaßte er zahlreiche Werke. Die »Crónica de España« (1481 vollendet, gedr. Sevilla 1482, mit einem Lob auf die Erfindung des Buchdrucks, zahlreiche Inkunabelausgaben) schreibt hauptsächl. die →»Crónica General« aus und reicht bis zum Tod Johanns († 1454). Der Schlußteil hat als Bericht eines Augenzeugen und am Geschehen Beteiligten Quellenwert. Der »Memorial de diversas hazañas«, zw. 1482–88 verfaßt, ist eine Chronik Heinrichs IV., die teilweise auf eigenen Dokumenten und Urteilen beruht. Die sog. »Crónica de los Reyes Católicos« stellt die Zeit zw. 1474–88 dar. Neben den historiograph. Arbeiten stehen Abhandlungen zur Genealogie und zum Ritterwesen (»Tratado de las armas«). Die Übersetzung des »Arbre des batailles« von Honoré →Bouvet wird ihm zugeschrieben (BN Madrid ms. 6605). Unter den 7 moralphilos. und polit.-didakt. Werken sind der »Tractado de providencia contra fortuna« und »Doctrinal de principes« (1475/76 verfaßt) bemerkenswert; darin spielt, wie auch in der »Exortación de la pas« und dem »Espejo de verdadera nobleza«, das Gedankengut Senecas eine wichtige Rolle. In die Diskussion um die Frau greift D. de V. ein mit einer »Defensa de virtuosas mugeres«. Die 22 erhaltenen Sendschreiben an Herrscher und hochgestellte Persönlichkeiten sind bedeutende Zeugnisse für die kast. Zeitgeschichte und Briefliteratur. Die Gelegenheitsgedichte sind dagegen literarisch belanglos. D. Briesemeister

Ed.: Cartas, ed. J. A. DE BALENCHANA, 1878 (enthält auch andere Traktate) – Crónica de España abreviada, ed. J. DE MATA CARRIAZO, 1927 – Crónica de los Reyes Católicos, ed. J. DE MATA CARRIAZO, 1927 – Memorial de diversas hazañas. Crónica de Enrique IV, ed. J. DE MATA CARRIAZO, 1941 – Epistolas, Bibl. de autores españoles, 116, ed. M. PENNA, 1959, 3–51, u. a. – Tratado en defensa de las virtuosas mujeres, ed. M. ANGELES SUZ RUIZ, 1983 [Bibliogr.] – *Lit.*: L. DE TORRE Y FRANCO-ROMERO, Mosén D. de V., 1914 – I. PUYOL ALONSO, Los cronistas de Enrique IV, BRAH 79, 1921, 119–126 – J. DE MATA CARRIAZO, Lecciones al Rey Católico. El Doctrinal de principes de Mosén D. de V., Anales de la Univ. Hispalense 16, 1955, 73–132 – C. REAL DE LA RIVA, Un mentor del siglo XV, D. de V. y sus epístolas, Revista de Literatura nr. 39/40, 1961, 279–305 – W.-D. LANGE, El Fraile Trobador. Zeit, Leben und Werk des Diego de Valencia de León, 1971, 46–50 – H. NADER, The Mendoza Family in the Spanish Renaissance 1350–1550, 1979.

Diele (ahd. *dilo* 'Bretterwand'), auch Ern, Esen, Aern, der aus Brettern gefügte Zimmerboden bzw. Hausflur. Im niedersächs. →Bauernhaus ist die D. der große Mittelraum mit der Herdstelle. Auf das →Bürgerhaus übertragen, entwickelte sie sich zur Kaufmannsdiele und Wohndiele; allgemein bezeichnet D. den erweiterten Flur- oder Treppenraum. G. Binding
Lit.: →Bauernhaus, →Bürgerhaus.

Dienst. 1. D. Vgl. zum rechts-, verfassungs- und sozialgeschichtl. Dienstbegriff →Dienstrecht, →Frondienst, →Lehen, -swesen (Dienstlehen), →Heerbann, →Hoffahrt, →Amt, →Hofämter, →Grundherrschaft, →Abgaben, →Ministerialität, →Reichsministerialität, →Ritter, -tum, →servitium regis, →Herbergsrecht, →Aufgebot, →Heer, -wesen, →Kriegführung; zum kirchl. Dienstbegriff →ministerium, →Liturgie; zum Dienstbegriff in der höf. Literatur →Minne

2. D., schlanke Pfeiler- oder Wandvorlage, aus roman. halbrunden Säulenvorlagen entwickelt, die die Gurtbogen und Rippen aufnehmen und immer schlanker und höher werden, so daß sich ihre Proportion von der Säule entfernt und sie durch zwei oder mehr Geschosse hindurch aufragen; der D. bringt als plast. Glied vor der Wand die vertikale Homogenität der Wand zum Ausdruck. Die Bezeichnung wurde von G. G. KALLENBACH (Chronologie der dt.-ma. Baukunst, 1843–45) eingeführt und von K. KUGLER (1859), C. SCHNAASE (1843–63) und G. UNGEWITTER (1859–64) aufgenommen. In den Wochenrechnungen des Prager Dombaus findet sich der Ausdruck *dinst* (J. NEUWIRTH, Die Wochenrechnungen und der Betrieb des Prager Dombaus in den Jahren 1372–78, 1890, 47ff.).

Der D. kann zur Aufnahme von Gurten, Diagonalrippen und Schildrippen zu Dienstbündeln vervielfacht werden und, um Pfeiler gestellt, diese zu Bündelpfeilern umbilden (St-Denis, Langhaus ab 1231). Die D.e sind je nach ihrer Funktion unterschiedl. dick, so daß man von alten und jungen D.en spricht. Die D.e haben Basen und Kapitelle, die in der Entwicklung des got. Stils immer kleiner werden und schließlich seit dem 15. Jh. ganz wegfallen (Kath. v. Moulins, Kath. v. Nantes), wie auch der halbrunde Querschnitt des D.es zugunsten von →Birnstabprofilen o. ä. aufgegeben wird (Vendôme, Kath. v. Albi, St-Michel in Bordeaux, Kath. v. Nantes). Die D.e können durch Wirtel oder verkröpfte Gesimse unterteilt und mit der Wandgliederung verbunden sein (Kath. v. Laon um 1190, Liebfrauenkirche in Trier 1235–65), sie steigen gewöhnl. vom Boden oder von einem Sockel auf, können aber auch erst über den Arkadenkapitellen aufwachsen (Kath. von Paris um 1180). Der D. ist in der got. Baukunst das wichtigste senkrechte Wandgliederungselement. G. Binding

Lit.: RDK III, 1467–1479 – G. BINDING, Architekton. Formenlehre, 1980 – H. SEDLMAYR, Europ. Romanik im Lichte ihrer krit. Formen (DERS., Epochen und Werke 3, 1982), 46–69.

Dienstboten → Gesinde

Dienstgrade, militär. →Heer, -wesen, → Kriegführung

Dienstleute (in Ostmitteleuropa) →Abgaben, Abschnitt III, → Dienstsiedlungen

Dienstmann. Der Begriff selbst enthält in zweifacher Hinsicht eine Aussage über die gemeinte Sache, nämlich funktional im Sinne der Ausübung eines Dienstes sowie ständ. und rechtl. mit dem Hinweis auf die (ursprgl.) Abhängigkeit und Unfreiheit. In seiner volkssprachl. Form seit dem 12. Jh. gebräuchlich, entsprechen ihm im 11. Jh. die lat. Termini 'serviens/servitor', 'cliens', 'famulus' und 'minister', seit der Wende vom 11. zum 12. Jh. mehr und mehr der Begriff des 'ministerialis' und dann auch der des 'miles' *(riter/ritter)*. Bei den D.en (Dienstleuten) oder Ministerialen handelt es sich also um Gruppen abhängiger Leute (→Dienstrecht), die in dieser Gestalt seit der Wende vom 10. zum 11. Jh. in Erscheinung treten, wichtige Amtsfunktionen (Verwaltung, Wirtschaft, Gerichtsbarkeit, Militärwesen) und die herausgehobenen →Hofämter (Truchseß, Kämmerer, Schenk und Marschall) wahrnehmen, im Zuge von →Investiturstreit, Territorialpolitik und Reichspolitik in →Italien an Selbstbewußtsein, Ansehen und polit. Einfluß stark gewinnen und seit dem 13. Jh. z. T. in den sich formierenden niederen

Adel, z. T. in die städt. Führungsschicht über- und aufzugehen beginnen. →Ministerialität.   K. Schulz

Lit.: SCHRÖDER-KÜNSSBERG, 472–481 – BOSL, Reichsministerialität – J. BUMKE, Stud. zum Ritterbegriff im 12. und 13. Jh., 1977³.

Dienstrecht. Der →Sachsenspiegel und →Schwabenspiegel betonen zwar im 13. Jh. die Aussichtslosigkeit, die verschiedenartige Gestalt der D.e erfassen und auf einen Nenner bringen zu wollen: »das diß buch also lutzel seit von der dienstmanne rechte das ist da uon das ir recht so manigualtig ist« (Schwsp. L. 158), dennoch lassen sich einige allgemeinere Entwicklungslinien erfassen. Als quellenmäßig erkennbar seit der Wende vom 10. zum 11. Jh. der dt. Kg. und eher noch die geistl. Reichsfürsten damit begannen, einen von ihnen abhängigen, unfreien Personenkreis zur Wahrnehmung qualifizierter Funktionen in Verwaltung und Kriegsdienst heranzuziehen, da kam es auch bald in Verbindung mit der Gruppenbildung zur Fixierung bes. Rechte. Eines der frühesten und zugleich interessantesten Zeugnisse stellt in dieser Hinsicht das Wormser Hofrecht (1023/25) dar (→Burchard I., Bf. v. Worms, II, 2), in dem die sich ausformende →Ministerialität zwar noch als Bestandteil der bfl. →familia, zugleich aber bereits in mindestens drei wesentl. Punkten von dieser abgehoben erscheint, und zwar durch die gesonderte Gerichtsbarkeit nur vor Standesgenossen unter Vorsitz des Bf.s (C. 30 Ende), die ständ. Abgrenzung dieser überwiegend aus dem Kreis der Fiskalinen hervorgegangenen Gruppe (C. 22) und ihre Heranziehung ausschließl. zu den herausgehobenen →Hofämtern des Kämmerers, Schenken, Truchseß', Stallmeisters/Marschalls sowie des »ministerialis« (hier noch im Sinn von villicus/ Meier der Grundherrschaft – C. 29). Den nächsten markanten Einschnitt verzeichnet das Bamberger D. (1057–64), indem hier v. a. eine klare Abhängigkeit von Dienstfunktion (Hofämter und Militärdienst als Panzerreiter) und der Erteilung eines (Dienst-) Lehens, und zwar in erbl. Form, hergestellt wird. Das von Ks. Konrad II. 1035 erteilte Recht der Limburger Klosterleute hatte hingegen die Ausstattung mit einem Dienstlehen noch auf die Zeit der Ausübung eines Hofamtes befristet und von der guten Amtsführung abhängig gemacht.

War es in Bamberg bereits 1063 zu Auseinandersetzungen über das Ausmaß der Heerespflichten zw. Bf. und Ministerialen gekommen, so gewann diese Frage in den entsprechenden Rechten des 12. Jh. zunehmende Bedeutung. Bemerkenswert ist in diesem Zusammenhang, daß es sich bei den D.en aus dieser Zeit, wie dem des Königshofs Weißenburg (Franken, Anfang 12. Jh.), des Kl. St. Maximin (Trier, 1135), des Kl. Ebersheim (Elsaß, um 1155), der Reichsabtei Erstein (Elsaß, um 1190) und v. a. der Constitutio de expeditione Romana (Reichenau/Bodensee, um 1160), um Fälschungen handelt, die das wachsende Spannungsverhältnis der aufstrebenden Ministerialität zu ihren Dienstherren in dieser Zeit widerspiegeln. Eine Konsequenz dieser Entwicklung verzeichnen sehr schön sowohl die Constitutio als auch das längere Kölner D. (um 1165), die Art und Umfang der Dienstleistung, bes. anläßl. der Romfahrt und der Heeresfolge nach Italien, aus der Größe des Lehens geradezu berechnen und fixieren. Die ständ. Differenz zw. →Freien/Edelfreien und Ministerialen findet hier zwar durchaus noch Beachtung, zugleich beginnt aber mit dem Vordringen des Lehnrechts sowie durch den gleichartigen Ritterdienst (→Ritter, -tum) der Abstand zu schrumpfen. Allerdings begegnen gerade im Übergang vom 12. zum 13. Jh. verschiedentl. Hinweise auf verbleibende Reste der →Unfreiheit, und zwar v. a. in drei Bereichen: 1. In dem begrenzten Verfügungsrecht der Ministerialen sowohl über sein Lehns- als auch Eigengut (Inwärtseigen, Obereigentum des Herrn), 2. den Ehebeschränkungen und 3. der Möglichkeit zur Veräußerung des Ministerialen durch den Herrn (vgl. das Ersteiner D.). Während etwa 1209 die Sprüche der Reichsfürsten und Kg. Ottos IV. in dieser Frage ganz im Sinne des Antragstellers, des Bf.s v. Trient, ausfielen, enthält das von Ks. Friedrich II. 1237 den steierischen Ministerialen gewährte Recht eine weitgehende Beseitigung dieser Beschränkungen. Die Entwicklung blieb in dieser Frage jedoch schwankend.

In der Stadt als Lebens- und Wirkungsbereich der Ministerialität führt uns neben dem Straßburger Bischofsrecht (um 1150) und dem ältesten Trierer Stadtrecht (um 1190) v. a. das Bischofs- und Dienstmannenrecht von Basel (1260/62), während etwa die D.e der Gf.en v. Ahr (Niederrhein, 1154 und 1202) und das Ministerialenrecht der Gf.en v. Tecklenburg (Osnabrück, 13. Jh./1325/26) stärker die Territorialpolitik und die immer zentraler werdende Frage des Lehn- und Erbrechts (vgl. das Hildesheimer und Magdeburger D. vom Ende des 13. Jh.) hervortreten lassen.

Bemerkenswert ist hinsichtl. der Entstehungszeit der D.e das zeitl. Gefälle zw. geistl. und weltl. Fürsten und Herrn, mit Ausnahme des Kg.s, sowie dem obdt. und nd. Raum, mit Ausnahme Kölns und des Niederrheins. Bes. wichtig ist es, die großen Unterschiede zu beachten, die innerhalb der Ministerialität bestehen, und zwar sowohl innerhalb ein und derselben, wie v. a. zwischen den verschiedenartigen Dienstmannschaften. Die Hierarchie reicht von der Reichs- und Reichskirchenministerialität bis zu gehobenem Dienstpersonal kleiner Kl., Stifter und Edelherren sowie Nenn-Ministerialen, die nur rechtl. Vorteile oder Ansprüche wegen so bezeichnet werden.

K. Schulz

Q.: W. ALTMANN–E. BERNHEIM, Ausgew. Urkk. zur Erläuterung der Verfassungsgesch. Dtl. im MA, 1920⁵ – Q. zur dt. Verfassungs-, Wirtschafts- und Sozialgesch. bis 1250, hg. L. WEINRICH (AusgQ XXXII, 1977) – Q. zur Verfassungsgesch. des Röm.-Dt. Reiches im SpätMA (1250–1500), hg. L. WEINRICH (AusgQ XXXIII, 1983) – *Lit.*: F. KEUTGEN, Die Entstehung der dt. Ministerialität, VSWG 8, 1910, 1–16, 169–195, 481–547 – U. SEGNER, Die Anfänge der Reichsministerialität bis zu Konrad III., 1938 – K. BOSL, Das ius ministerialium, D. und Lehnrecht im dt. MA (VuF 5, 1960), 51–94 – K. KROESCHELL, Dt. Rechtsgesch. I (bis 1250), 1972, 198–208.

Dienstsiedlungen (in Ostmitteleuropa). Ortsnamen, die Berufsbezeichnungen beinhalten, d. h. sog. Dienstnamen vom Typ »Kuchary/Köche«, »Łaźniki/Bader«, »Kowale/Schmiede«, »Tokarzy/Drechsler« usw., und die sich z. T. bis heute erhalten haben, sowie die Erwähnung spezialisierter Handwerker und Dienstleute (ministeriales, wie z. B. piscatores, venatores, opiliones, figuli usw.) in Urkk. des 11. bis 14./15. Jh. auf ostmitteleurop. Gebiet waren zwar schon seit den 1860er Jahren böhm. und poln. Historikern aufgefallen; aber erst die Studien R. GRODECKIS über den Trebnitzer Güterkomplex (1912–15) führten auf die richtige Spur: Derartige D. und Dienstleute sind typisch für den fsl. Großgrundbesitz und haben – selbst im Eigentum der Kirche oder des Adels – als Zeugnisse für die Existenz einer an Burgen und Meierhöfe gebundenen Dienstorganisation im frühpremyslid. und frühpiast. Staat (→Přemysliden, →Piasten) zu gelten, ohne daß diese Institution in den Quellen selbst Erwähnung findet (→Abgaben, Abschnitt III [B. ZIENTARA, H. GÖKKENJAN; mit *Lit.*]). Ihre Bestätigung fand diese These zu Beginn der 1950er Jahre, als im Rahmen der wissenschaftl.

Vorbereitungen des poln. Millenniums (A. GIEYSZTOR) die systemat. Erforschung der Anfänge des Piastenstaates, seiner Herrschaftsstrukturen und seiner sozialen und wirtschaftl. Grundlagen programmiert wurde. In Anknüpfung an R. GRODECKI gelang damals K. BUCZEK mit seiner bahnbrechenden Aufarbeitung der urkundl. Überlieferung der überzeugende Nachweis einer echten Organisation fsl. Dienstleute im Polen des 10.–12. Jh., die er in sechs Gruppen und Rechtskreise (Hofdienste, Jagddienste, Hirtendienste, Handwerkerdienste und Winzer-, Fischer-, Beutnerdienste) gliederte, und die dem böhm. Modell entlehnt war. Die Diskussion zeigte, daß die Mehrzahl der Quellenzeugnisse bereits die Zeit des Zerfalls dieser Dienstorganisationen im 13. und 14. Jh. spiegeln, und daß daher für die genaue Kenntnis der eigtl. Blütezeit dem toponomast. Material ganz bes. Bedeutung zukommt, ein Desiderat, das für die Periode der ersten Piastenherrscher erst die Monographie K. MODZELEWSKIS (1975) erfüllte. Inzwischen aber war – dank des Aufschwungs der tschech. Toponomastik (A. PROFOUS, V. ŠMILAUER) die umfassende Auswertung des vollständigen Namenmaterials sowie der urkundl. Überlieferung durch die Studien von B. KRZEMIEŃSKA und D. TŘEŠTÍK in vorbildhafter Weise erfolgt, und gleichzeitig war überdies bekannt, daß auch der frühe Arpadenstaat (→Arpaden) über ein gleichartiges Dienstsiedlungssystem verfügt hat (M. KUČERA, G. HEKKENAST, GY. GYÖRFFY).

Zuletzt hat B. SASSE die Vermutung geäußert, daß auch die →Slavnikiden, die Konkurrenten der Přemysliden, über eine solche Dienstorganisation verfügt haben könnten. Ob diese Institution auf eine gemeinsame ältere Vorstufe – z. B. im →Großmähr. Reich – zurückgeht, wird zwar gelegentl. diskutiert, bleibt aber bislang unbewiesen. Nahe liegt auch die Vorstellung, daß wirtschaftl. Organisationsformen im frk. und bayer. Bereich beim Aufbau des böhm. und ung. Dienstsiedlungssystems als Muster gedient haben könnten.

Überdies wurde deutlich, weshalb die Dienstorganisation überall nur auf die Wirtschaft des Fs.en beschränkt war, weil nur dieser über ausreichenden Landbesitz verfügte, der nur durch eine ausgeklügelte Spezialisierung der Dienste und die völlige Ausnutzung des Bodens den Unterhalt der relativ großen Gruppen von Dienstleuten sichern konnte.

Unbestritten ist darum auch die These, daß die Dienstorganisation untrennbar mit der Entstehung des frühen Fürstenstaates verknüpft ist. Ob allerdings aus der Tatsache, daß die Přemysliden, Piasten und Arpaden zur selben Zeit jeweils gleichartige Dienstorganisationen eingerichtet haben, sich eine Sonderform, ein eigener »Staatstyp«, in Ostmitteleuropa erkennen läßt, ist angesichts ihrer unterschiedl. Entwicklung doch sehr fragwürdig (F. GRAUS). – Zur Verbreitung: Unter poln. Einfluß scheint sich eine bes. Ausprägung als »Bauern-Diener« in Litauen und Weißrußland bis in das 17./18. Jh. hinein erhalten zu haben, während bei den →Pomoranen und den elbslav. Stämmen (→ Elb- und Ostseeslaven) keine bzw. nur spärliche Zeugnisse in den Ortsnamen nachzuweisen sind (vgl. auch→»Kietz«). Schließlich finden wir auch im serb. Staat der →Nemanjiden Dienstleute und D. sowohl in Ortsnamen als auch in der ursprgl. Überlieferung.

H. Ludat

Lit.: SłowStarSłow V, 1975, 309–312 [A. GĄSIOROWSKI] – R. GRODECKI, Książęca włość trzebnicka na tle organizacji majątków książęcych w Polsce XII w., KH 26, 1912; 27, 1913 – K. KOLAŃCZYK, Osady służebne w Polsce piastowskiej, SprPAU 51, 1946, nr. 6 – A. GIEYSZTOR, Geneza państwa polskiego w świetle nowszych badań, KH 61, 1954 – D. L. POCHILEVIČ, Krestjane – slugi v Litve i zapadnoj Bolorusii v XVI–XVII vekach, Naukovi zapiski Lvivskogo Univ. 36, ser. istorična 6, 1955 – S. M. ZAJĄCZKOWSKI, O tzw. osadach służebnych na dawnych ziemiach łęczyckiej i sieradzkiej, Zeszyty Nauk. Univ. Łódzkiego, ser. 1/5, 1956 – K. BUCZEK, Książęca ludność służebna w Polsce wczesnofeudalnej, 1958 – V. ŠMILAUER, Osídlení Čech ve světle místních jmen., 1960 – D. L. POCHILEVIČ, Krestjane – slugi v Velikom Knjažestva Litovskom v XVII–XVIII vekach, Srednie veka 21, 1962 – B. KRZEMIEŃSKA–D. TŘEŠTÍK, Služebná organizace v raněstředověkých Čechách, Československý časopis historický 12, 1964 – M. KUČERA, K problému včasnostředovekej služobníckej organizácie na Slovensku, Historický časopis 12, 1964 – D. TŘEŠTÍK–B. KRZEMIEŃSKA, Zur Problematik der Dienstleute im frühma. Böhmen (GRAUS–LUDAT), 70–103 [Lit.] – G. HECKNAST, Fjedelmij (királyi) szolgátónépek a karai Árpád korban, 1970 – M. KUČERA, Anm. zur Dienstorganisation im frühma. Ungarn, Zbornik filozofickej Univerzity Komenského Historica 21, 1970, 113–127 – P. SMOCZYŃSKI, Problematyka polskich nazw służebnych w oświetleniu historyków i językoznawców, Annales Univ. Marie Curie-Skłodowska, S.F. 27, 1972, 161–207 – K. MODZELEWSKI, Organizacja gospodarcza państwa piastowskiego X–XIII wiek, 1975 – B. SASSE, Die Sozialstruktur Böhmens in der Frühzeit, 1982, 252–263 [Lit.] – F. GRAUS, Böhmen im 9. bis 11.Jh., Sett. cent. it. XXX, 1983, bes. 187–196 – G. GYÖRFFY, Wirtschaft und Gesellschaft der Ungarn um die Jahrtausendwende, 1983, 60–75 [Lit.].

Diepholz, Herrschaft, Burg und Stadt im westl. Niedersachsen. Die Herrschaft der *Edelherren von D.* konzentrierte sich im Zusammenhang mit dem Landesausbau im Umkreis der namengebenden Burg (erwähnt 1160) an der oberen Hunte, in einem ausgedehnten Bruch- und Moorgebiet (Divbrok, Dimusi); im gleichen Raum ist die Familie seit dem späten 11. Jh. nachweisbar. Wichtige Herrschaftstitel, darunter auch Forstrechte (Divbrok), gingen um 1300 von den →Welfen bzw. den →Askaniern (Erben der →Billunger) zu Lehen, ferner von den Gf.en v. →Ravensberg. Unklar ist die Herkunft von Rechten im fries. Küstenraum, östl. der Wesermündung (Midlum u. a.). Das Territorium D. blieb bescheiden; um 1500 gliederte es sich in lediglich drei Ämter. Gegen die weit mächtigeren Nachbarn suchten die Edelherren Schutz beim Ks. (Auftragung der Herrschaft als Reichslehen, 1512), bei den Hzg.en v. Braunschweig (Anwartschaft 1531) und den Lgf.en v. Hessen (1521). Nach dem Aussterben der Edelherren, die seit etwa 1530 den Grafentitel annahmen, fiel das Territorium zum überwiegenden Teil vertragsgemäß an die Hzg. e v. Braunschweig (-Celle), das Amt Auburg an den Lgf.en v. Hessen. Der Ort D., entstanden in Anlehnung an die Burg, erhielt zwar Stadtrecht (1380), erscheint in der Folgezeit allerdings lediglich als Flecken (*wigbold*/→Weichbild).

M. Last

Lit.: H. GADE, Hist.-geogr.-statist. Beschreibung der Gft.en Hoya und D., I–II, 1901 – W. MOORMEYER, Die Gft. D., Stud. und Vorarb. zum Hist. Atlas Niedersachsens, 17. H., 1938.

Diepold. 1. D. v. Schweinspeunt, † nach 1221, entstammt einer Ministerialenfamilie im Dienst der Gf.en v. Lechsgemünd (Krs. Donauwörth, Bayern), in deren Gefolge (Zeugen: RI IV,3, 144) er 1191 z. Romzug Heinrichs VI. aufgebrochen sein könnte. 1191 ernannte ihn der Ks. während des mißglückten Angriffs auf das Kgr. Sizilien zum Burgherrn von Rocca d'Arce (Prov. Frosinone), einer wichtigen Grenzfeste. Auch nach dem erzwungenen Rückzug des Ks.s konnte D. im Verein mit anderen kaisertreuen Kräften den dt. Brückenkopf in der Terra di Lavoro halten. Nach der Rückkehr Heinrichs VI. begegnet er am 30. März 1195 als Justitiar der Terra di Lavoro (RI IV,3, 413) u. im Jan. 1197 als Nachfolger des Gf.en v. Acerra, des Schwagers Tankreds, den er selbst gefangengenommen hatte. Diese campan. Machtbasis suchte er auch in den Wirren während der Minderjährigkeit Friedrichs II. gegen die päpstl. Kräfte zu verteidigen, als deren wichtigster Gegenspieler D. in diesen Jahren anzusehen ist

(D.s Bruder Siegfried heiratete 1199 die Tochter des Gf.en v. Fondi, seine Tochter den Gf.en v. Caserta, sein Sohn 1209 die Tochter des Gf.en Peter v. Celano). Trotz zahlreicher Rückschläge gelang ihm 1205 mit der Gefangennahme Walters v. Brienne, des Führers der Päpstlichen, der entscheidende Durchbruch; um diese Zeit begegnet er auch als Herr v. Alife; jedoch wurde er durch ein Komplott Innozenz' III. und des Kanzlers Walter hintergangen, der ihn in Sizilien nach der Übergabe Friedrichs II. gefangensetzte (1206). Nach der Flucht in seine festländ. Stammlande und anfänglich guten Beziehungen zu Friedrich II. (1209 nennt er sich »dei et regia gratia« Gf. v. Acerra, Kapitän und Großjustitiar v. Apulien und der Terra di Lavoro, sein Bruder Siegfried »eadem gratia« Gf. v. Alife) wandte er sich an der Spitze apul. Großer Otto IV. zu und bewog ihn zum Einmarsch ins Kgr. Im Febr. 1210 ernannte ihn der Ks. unter Beibehaltung seiner bisherigen Ämter zum Hzg. v. Spoleto. Obwohl seine Befugnisse in Mittelitalien 1211 noch erweitert wurden, konnte er sich nicht auf Dauer halten. In seinen campan. Wirkungskreis zurückgekehrt, wurde D. 1218 von seinem Schwiegersohn Jakob v. San Severino gefangengenommen und an Friedrich II. ausgeliefert, der ihn erst 1221 wieder freiließ, nachdem D.s Bruder Siegfried dem Ks. die letzten Bastionen der Familie ausgeliefert hatte. D. soll dann in den Dt. Orden eingetreten sein und nach Alberich v. Troisfontaines (MGH SS XXIII, 879) noch lange gelebt haben. Als Sohn oder Neffe D.s gilt Diepold de Dragone, der seit 1240 als Generalvikar im Hzm. Spoleto begegnet.

Th. Kölzer

Lit.: NDB III, 653 [H. M. SCHALLER] – R. RIEZLER, Über die Herkunft Dipolds v. Acerra, FDG 16, 1876, 373–374 – E. WINKELMANN, Über die Herkunft Dipolds, des Gf.en v. Acerra und Hzg.s v. Spoleto, ebd., 159–163 – FICKER, Italien II, 415 – E. WINKELMANN, Philipp v. Schwaben und Otto IV. v. Braunschweig, II, 1878 – F. BAETHGEN, Die Regentschaft Papst Innozenz III. im Kgr. Sizilien, 1914 – N. KAMP, Kirche und Monarchie im stauf. Kgr. Sizilien I/1, 1973, 217, 334, 467 u. ö. – B. U. HUCKER, Die neue Politik Ks. Ottos IV. – Stud. zu Politik und Machtbasis der Welfenkaiser [Habil.schr. Bamberg 1983] – R. NEUMANN, Parteibildungen im Kgr. Sizilien während der Unmündigkeit Friedrichs II. (1198–1208) [Diss. Frankfurt 1983].

2. D. Lauber → Diebold Lauber

Diepoldinger, Gf.en im schwäb. Augst- und Duriagau sowie Mgf.en auf dem bayer. →Nordgau. Ältestes bekanntes Mitglied dieser mit zahlreichen Hochadelsfamilien des südostdt. Raumes verwandten Familie ist wohl der 955 in der Schlacht auf dem →Lechfeld gefallene *Diepold*, Gf. im Augstgau, der auch um Dillingen und Giengen begütert war. Seine Enkelin heiratete den Traungaugrafen Rapoto und begründete damit die untrennbar engen Verbindungen zu den *Rapotonen*. Nach der weitgehenden Beschneidung der Macht der D. im Augstgau durch die Forstbannschenkung Ks. Heinrichs IV. an die Bf.e v. Augsburg 1059 sind sie ab 1073 als Mgf.en in der um die Jahrhundertmitte von Ks. Heinrich III. eingerichteten Mgft. →Cham und ab 1077 in der Mark →Nabburg bezeugt. *Rapoto V.* erscheint zudem 1082–99 als Pfgf. in Bayern. Im Investiturstreit standen die Rapotonen auf ksl. Seite. *Diepold II.* fiel 1078 bei →Mellrichstadt, *Rapoto III.* 1080 an der Grune. Während der Auseinandersetzungen zw. Ks. Heinrich IV. und Heinrich V. traten sie aber auf die Seite des Sohnes. *Diepold III.* (1099–1146) war maßgeblich am Aufstand des Nordgauadels gegen Heinrich IV. 1105 beteiligt und spielt in der Reichspolitik Heinrichs V. eine bemerkenswerte Rolle. Durch dessen Förderung erlebte das Geschlecht seinen Höhepunkt. Diepold III. erwarb Gebiete um Vohburg und dehnte seine Herrschaft durch Landesausbau vor allem im →Egerland aus. Er gründete 1118 die Abtei OSB →Reichenbach und 1133 die Abtei OCist →Waldsassen. Auf ihn geht die entscheidende Stufe in der Entwicklungsgeschichte der Stadt Cham zurück. Seine Tochter *Adela* war erste Gattin →Friedrich Barbarossas. Mit dem Tode Diepolds III. setzte der Niedergang ein. Noch 1146 wurde das Egerland von der Mark Nabburg abgetrennt. Das Geschlecht teilte sich in zwei Linien. Die ältere starb mit Mgf. *Berthold II.* 1204 aus, der die Gebiete um Cham und Vohburg an seinen Schwager Hzg. →Ludwig I. v. Bayern vererbte. Die jüngere erlosch um 1257 in der Gefolgschaft der Staufer in Italien und brachte Reste der Mark Nabburg in der mittleren und nördl. Oberpfalz an die →Wittelsbacher. Der Versuch der Territorienbildung auf dem Nordgau durch die D. ist in den Anfängen steckengeblieben. Schwerpunkt ihrer Herrschaft blieb immer die Mgft. Cham. Die Hauptleistungen des Geschlechts sind die kolonisator. Erschließung großer Teile des bayer. Nordwaldes (des heut. Oberpfälzer Waldes) bis ins Egerland und die Sicherung des Grenzraumes gegen das sich bildende Hzm. und Kgr. →Böhmen durch v. a. um die Reichsburg Cham angesiedelte →Ministerialen.

A. Schmid

Lit.: NDB III, 653f. [M. PIENDL] – M. DOEBERL, Reg. und Urkk. zur Gesch. der Dipoldinger Mgf.en auf dem Nordgau, 1893 – DERS., Die Mgft. und die Mgf.en auf dem bair. Nordgau, 1894 – S. v. RIEZLER, Gesch. Baierns I, 2, 1927², 584–586 – Genealog. Hdb. zur bair.-österr. Gesch., hg. O. DUNGERN, 1931 Taf. 4 [K. TROTTER] – K. BOSL, Die Markengründungen Ks. Heinrichs III. auf bair.-österr. Boden, ZBLG 14, 1943/44, 177–247 – L. THRONER, Die D. und ihre Ministerialen [Diss. masch. München 1944] – K. TYROLLER, Genealogie des altbayer. Adels im HochMA, 1962, 180–191.

Dieppe, Stadt in NW-Frankreich, Normandie (dép. Seine-Maritime). Der Name ist skand. Urspungs (substantiviertes Adj. 'die Tiefe') und bezeichnete urspgl. den Fluß, die heut. Béthune. Seit 1030 ist der Name für die Siedlung, an der Flußmündung belegt; dieser zunächst unbedeutende Ort, der zur hzgl. Domäne gehörte, stand im Schatten der hzgl. Burg Arques. Erst nach der norm. Eroberung Englands (1066) entwickelte sich D. rasch als Hafen für den Personen- und Warenverkehr mit England, wobei D. in Konkurrenz zu Barfleur auf dem →Cotentin stand, sowie als Zentrum der Salzgewinnung (mit Salzgärten im Dorf Bouteilles) und der Heringsfischerei. 1197 kam D. durch einen Besitztausch zw. dem Hzg. und dem Ebf. v. Rouen gegen Les Andelys an den Ebf.

Die Stadt, gelegen auf der Landzunge, die zur Hälfte die Mündung der Béthune abriegelte, verfügte über mehrere Kirchen und einen Burgus (ab 1079 belegt). Im Hafen befand sich eine bedeutende Zollstelle. Auf dem Hügel im Westen der Stadt wurde, wohl unter Heinrich II. Plantagenêt, eine Festung errichtet, während die Stadt selbst erst um 1360/90 mit Stadtmauern umwehrt wurde. Während des →Hundertjährigen Krieges war D. 1419–35 von den Engländern besetzt.

Die Seehandelstätigkeit der Stadt war im 15. Jh. bedeutend; D. war ein Zentrum des Handels mit Heringen, Textilien und Getreide und unterhielt Beziehungen mit den Niederlanden, England, der Bretagne und – in geringem Umfang – auch mit Spanien und Portugal. Dieser rege Seeverkehr erklärt, daß Adlige aus der Region an der Entdeckung der Kanar. Inseln (→Atlant. Inseln) zu Beginn des 15. Jh. beteiligt waren. Berühmte Seefahrer des 16. Jh. stammten ebenfalls aus D. (J. Parmentier, J. Ango). Die ma. Bauten der Stadt gingen mit Ausnahme der Kirchen b. der Beschießung v. 1694 zugrunde.

L. Musset

Q. und Lit.: F. DESHOULIÈRES, D., 1929 – M. MOLLAT, La pêche à D. au XVᵉ s., 1939 – DERS., Comptabilité du port de D. au XVᵉ s., 1951.

Diesbach, Familie v.; Diesbach-Watt-Gesellschaft.
Die Familie v. D. gehörte seit dem 15. Jh. zur polit. Führungsschicht der bern. Stadtstaates. Im Gegensatz zu den älteren mächtigen Familien entstammte sie nicht dem Adel der umliegenden Gegend, sondern stieg aus dem Kaufmannsstand zu polit. Würden und gesellschaftl. Ansehen empor.

In der ersten Hälfte des 15. Jh. betrieb sie gemeinsam mit der Familie v. Watt aus St. Gallen eine florierende Handelsgesellschaft. Die nach den beiden Familien benannte »Diesbach-Watt-Gesellschaft« ist für die Jahre 1428–58 sicher belegt; ein genaues Gründungs- und Auflösungsdatum ist nicht bekannt. Ihr Hauptgeschäftsbereich lag entlang der großen Handelsstraße zw. Osteuropa und Spanien. Niederlassungen in Krakau, Breslau, Posen einerseits, in Avignon und Barcelona andererseits unterstreichen diese Ausrichtung. Im Zentrum des Verkehrsnetzes standen die Kontore in Bern, St. Gallen, Genf, Basel und Nürnberg, auch Italien (Venedig) wurde in den Handel einbezogen. Wichtigste Handelsgüter waren Leinwand und Barchent aus dem Bodenseeraum sowie Metallwaren aus Nürnberg. Im Gegengeschäft gelangten Pelze, Edelmetalle und Spezereien aus der Peripherie des Geschäftsnetzes in den obdt. Raum. Das Handelsvolumen der Gesellschaft wurde um die Mitte des Jh. im obdt. Raum wohl nur von der Großen→Ravensburger Handelsgesellschaft übertroffen.

Nach der Jahrhundertmitte zog sich die Familie v. D. aus dem Handel zurück und widmete sich vornehml. der Verwaltung ihrer Landgüter und der Magistratenlaufbahn. Wie in anderen bern. Familien brachte der soziale Aufstieg den Bruch mit der kaufmänn. Herkunft und zog den Drang mit sich, ritterl. Idealen nachzuleben. Der Erwerb von Herrschaften, der Ritterschlag und ein adliger Lebensstil sowie standesgemäße Eheverbindungen mit den alten Familien der Stadt und der Umgebung prägten nun die Familiengeschichte. Im Twingherrenstreit (1470; →Bern), der grundsätzl. Auseinandersetzung zw. den Ansprüchen des modernen Staates einerseits und den feudalen Überlieferungen andererseits, waren die von D. bereits als Vertreter des Adels führend beteiligt. Im 16. Jh., nach der Einführung der Reformation in Bern, ließ sich ein Teil der Familie in Freiburg im Uechtland nieder, das kath. geblieben war. In beiden Städten, Bern und Freiburg, gehörten die von D. bis ans Ende des Ancien Régime (1798) zur polit. Führungsschicht.

Hervorragende Vertreter der Familie von D. im 15. Jh. waren: *Niklaus* (Clewi, gen. der Goldschmied, †1436) gilt als der Begründer der Berner Familie. (Ein genealog. Zusammenhang mit Familien gleichen Namens im 14. Jh. läßt sich nicht herstellen.) Sein Enkel, *Niklaus* (1430–75), gelangte zu den höchsten städt. Würden (Schultheiß 1465/66 und 1474/75). Er war ein führender Anhänger der frankreichfreundl. Politik Berns und dadurch maßgebend an der Vorgeschichte des Burgunderkrieges (→Burgund) beteiligt. Sein Vetter, *Wilhelm* (1442–1517), führte die bern. Politik im gleichen Sinne weiter. Er war Schultheiß von 1481–92, 1498–1501, 1504–07, 1510–12 und 1515–17. Er war auch der militär. Führer in den bern. Kriegszügen 1468 (Waldshuter Krieg), 1475/76 (Burgunderkrieg) und 1499 (Schwabenkrieg bzw. Schweizerkrieg). Unter Niklaus und Wilhelm v. D. hatte die Familie den Höhepunkt ihrer polit. Macht erreicht. Der sich langsam durchsetzende moderne Staat erlaubte schon im 16. Jh. keine derartige persönl. Machtentfaltung mehr. Der Bruder Wilhelms, *Ludwig* (1452–1527), ist durch seine →Autobiographie bekannt geworden, die uns die Symbiose von Bürgertum und Ritterideal vor Augen führt. Ludwig v. D. ist der Stammvater der beiden Geschlechter in Bern und Freiburg.
F. de Capitani

Q. und Lit.: ADB V, s. v. – Repfont IV, 197 – Ludwig v. D., Chronik und Selbstbiogr. (Der Schweizer. Geschichtsforscher 8, 1830/32), 161ff. [Neued. in Vorber.] – CH. DE GHELLINCK D'ELSEGHEM, Le Chartier de la maison de D., 1889 [Urkk. aus allen Jh.; unkritisch] – A. DE GHELLINCK-VAERNEWYCK, La généalogie de la maison de D., 1921 [unkritisch] – K. STETTLER, Ritter Niklaus v. D., Schultheiß von Bern 1430–1475, 1924 – H. AMMANN, Die D.-Watt-Gesellschaft, 1928 – K. A. MOSER, Ritter Wilhelm v. D., Schultheiß v. Bern 1442–1517, 1930 – H. v. GREYERZ, Stud. zur Kulturgesch. der Stadt Bern am Ende des MA, Archiv des Hist. Vereins des Kantons Bern 35, 1940, 177–491 – F. DE CAPITANI, Adel, Bürger und Zünfte im Bern des 15. Jh., 1982 [Lit.].

Dies irae, eine der berühmtesten und großartigsten Sequenzen, die bei der Neuordnung des Missale (1570) noch in den Missae Defunctorum verblieb, neuerdings jedoch nicht mehr obligatorisch verwendet wird. In der überlieferten Form aus siebzehn Strophen zu je drei durch jeweils gleichen Reim gebundenen Achtsilblern mit trochäischem Tonfall bestehend, denen drei zweizeilige Schlußstrophen folgen, stellt die Sequenz das Geschehen des Jüngsten Tages vor Augen (1–6), spricht Furcht und Bangen vor dem Gericht aus (7), zeigt, wie Verzweiflung sich in Trost wandelt, und geht in das Gebet um Gnade über (8–17), bis es in den Schlußstrophen mit Entschiedenheit zur Fürbitte für Verstorbene wird. Insgesamt ist das D. i. von festen bibl. Vorstellungen und mehrfachen Anklängen an eschatolog. Literatur geprägt. Daß →Thomas v. Celano († um 1260) der Dichter war, ist immer noch umstritten, zumal auch über Zeit und Geschichte der Entstehung des D. i., das seit der ersten Hälfte des 13. Jh. von Italien aus Verbreitung fand, keine Klarheit besteht. So ist versucht worden, es aus einer Tropierung des Libera-me-domine – Responsoriums herzuleiten, dessen Melodie mit der des D. i. in seinem ersten Versikel verwandt ist. Da das D. i. nicht am Strophenbau, sondern nur durch seine Melodie und seine liturg. Stellung als Sequenz erkennbar ist, so muß damit gerechnet werden, daß es ursprgl. ein Reimgebet war, das als Werk eines großen Dichters die Kette ma. Dichtungen von den Letzten Dingen aufnahm und vollendete; in diesem Falle wären die letzten Strophen, durch welche erst die Verwendbarkeit als Sequenz der Totenmesse möglich wird, nachträglich (vielleicht sogar von demselben Dichter) hinzugefügt worden. Diese heben sich nicht nur der Form und ihrer inneren Haltung nach, sondern auch musikal. vom Vorausgehenden ab, indem die für Sequenzen typ. Verwendung der gleichen Melodie für je zwei aufeinanderfolgende Strophen nicht mehr weitergeführt ist. – Unbestritten ist seit je der hohe Rang dieses von tiefem Ernst und inniger Frömmigkeit zeugenden Werkes, dessen nachhaltige Wirkung nicht nur in der großen Zahl der Übersetzungen sichtbar wird (die ersten stammen aus dem 15. Jh.), sondern v. a. auch dort, wo es (bis zur Gegenwart) in der schönen Lit. und in der Musik – hier meist mit den Anfangstönen seiner choralen Melodie – zitiert wird, und weiterhin in den vielfältigen musikal. Vertonungen seit dem Ende des MA (zumeist im Rahmen von Requiem-Kompositionen).
E. Heyse

Ed.: AnalHym 54, 269ff. – *Lit.:* LThK² III, 380f. – MGG 11, 297ff., s. v. Requiem – Das Große Lex. der Musik, hg. M. HONEGGER–G. MASSENKEIL, 1979, 2, 316f. – K. STRECKER, D. i., ZDA 51, 1909, 227–255 – C. BLUME, D. i. Tropus zum 'Libera', dann Sequenz, Cäcilienvereins-Organ 49, 1914, 55–64 – F. ERMINI, Il »Dies irae«, 1928 – BRUNHÖLZL I [zu den Vorstufen des D. i.] – K. VELLEKOP, Dies ire dies illa. Stud. zur Frühgesch. einer Sequenz, 1978.

Diesis. In »De vulgari eloquentia« übernimmt Dante den Begriff D. aus Isidor. Er bezeichnet damit nicht die Erhöhung um einen halben Ton, sondern den Übergang von einem Glied einer Melodie zu einem andern in der aprov. und it. Kanzone: deductio de una oda in aliam. M.-R. Jung

Lit.: EDant - R. Dragonetti, Techn. poét. des trouvères, 1960, 381f.

Dießen, Ort und Augustinerchorherrenstift im westl. Oberbayern (Krs. Landsberg am Lech), nahe dem SW-Ufer des Ammersees, zum ersten Mal urkundl. um die Mitte des 11. Jh. (Diezun) erwähnt, als sich nach dem Ort die Gf. en Otto und Arnold nennen, Angehörige des nach D. und später nach →Andechs sich nennenden großen Grafengeschlechts, dessen Ahnherrn man in einem Gf. en Rasso (Rathard) erblickt, der in der 1. Hälfte des 10. Jh. nördl. des Ammersees das Klösterchen Grafrath (Krs. Fürstenfeldbruck) begründete, wo sich seine Grabstätte befindet. Vor 1132 ließen die Gf. en Otto und Berchtold v. D., die sich nun an nach ihren neuen Hauptburgen auch nach Andechs und Wolfratshausen nannten, den bis dahin an der Kirche zu St. Georgen bestehenden Mönchskonvent auf ihren gfl. Fronhof D. übersiedeln. Zunächst wurde die alte Fronhofskirche St. Stephan noch gemeinsam mit dem Frauenkonvent benutzt, doch veranlaßten die gfl. Stifter den Bau einer neuen Klosterkirche St. Maria samt Konventsgebäude, für welche sie 1132 päpstl. Schutz erlangten. 1158 übereignete Gf. Heinrich aus der Wolfratshauser Linie dem Augustinerchorherrenkonvent seinen Haupthof zu Dießen (principalis curia). Neben dem Kl. entwickelte sich auch ein Markt, dem 1231 die seit 1180 zu Hzg. en v. Meranien, Dalmatien und Kroatien aufgestiegenen Gf. en v. Andechs sogar Stadtrechte verliehen, um ihn als ihren Herrschaftsmittelpunkt in diesem Raum zu fördern. Doch der Abstieg und schließlich das Aussterben der in ganz Europa begüterten Andechser (1248) zog auch den Niedergang für den Ort D. nach sich. Doch konnte er unter den →Wittelsbachern, den Besitznachfolgern der Andechser, seine Marktrechte behaupten und unter Ks. Ludwig dem Bayern sogar zu einem gefreiten Bannmarkt aufsteigen, dem das Seerichteramt über den Ammersee zukam. Auch das Augustinerchorherrenstift konnte unter den neuen wittelsbach. Herren fortbestehen und sich wirtschaftl. und geistig bald zu hoher Blüte entwickeln sowie einen eigenen Gerichtsbezirk (→Hofmark) ausbilden. P. Fried

Lit.: A. Hugo, Chronik v. D., 1904 - J. Dorn, Von den Anfängen Grafraths (Lech-Isar-Land 3, 1927), 132ff. - Genealog. Hb. zur bair. österr. Gesch., hg. O. v. Dungern, 1931, 10-28 [K. Trotter] - N. Backmund, Die Chorherrenorden und ihre Stifte in Bayern, 1966, 71ff. [Q. und Lit.] - W. Schlögl, Die Traditionen und Urkk. des Stiftes D. 1111-1362, 1967 - Ders., Die älteste Besitzliste und das Urbar des Stiftes D. von 1362/63, 1970 - P. Fried - S. Hiereth (HAB, T. Altbayern H, 22/23, 1971), 94, 104 - E. Frhr. v. Oefele, Gesch. der Gf. en v. Andechs, 1977 - Landsberger Kreisheimatbuch, 1982², 394ff. [P. Fried]:

Dietger (Theoger), Abt v. →St. Georgen (Schwarzwald) seit 1088, Bf. v. →Metz 1117-19, † 29. April 1120 in Cluny. Höchstwahrscheinl. unfreier Abstammung (aus Ministerialenfamilie?), war D. Mönch in →Hirsau, geformt durch den großen Reformabt→Wilhelm. Nachdem er Prior v. Reichenbach gewesen war, wurde D. 1088 der 3. Abt v. St. Georgen. Unter seiner Leitung erlebte die Abtei eine Periode des Reichtums und starker Ausstrahlungskraft; ihr unterstanden 18 andere Kl., und D. erlangte für sie bei Papst Urban II. eine allgemeine Bestätigungsbulle (1095). 1117 wurde er durch Wahl des Metzer Domkapitels (die vielleicht in Lixheim, einem von St. Georgen abhängigen Priorat, stattfand) zum Bf. v. Metz erhoben; Spiritus rector dieser Wahl war der päpstl. Legat→Kuno. D. zögerte zunächst anzunehmen, da er Vergeltungsmaßnahmen der Kaiserlichen gegen seine Abtei fürchtete. Am 7. Juli 1118 in der papsttreuen Abtei→Corvey von Kuno zum Bf. geweiht, begab sich D. in sein Bm., konnte aber nicht in seine Bischofsstadt einziehen. Er kehrte nach St. Georgen zurück, reiste aber 1119 zur Feier des Osterfestes erneut in die Umgebung von Metz, wo er sich - wieder vergeblich - bemühte, Einlaß in die Stadt zu finden. Trotz der Bestätigung seines Bischofsamtes durch →Calixt II. (Okt. 1119) leistete D. auf dieses Verzicht und zog sich als Mönch nach Cluny zurück, wo er starb. - Seine Vita wurde von einem Mönch aus Prüfening bei Regensburg verfaßt, auf Anregung und nach den Berichten des Abtes Erbo, der ein Vertrauter D. s war. M. Parisse

Q.: Vita Theogeri abbatis s. Georgii et episcopi Mettensis, ed. Ph. Jaffé, MGH SS 12, 449-479 - Lit.: NDB III, 674 [Lit.] - P. Brennecke, Leben und Wirken des hl. Theoger [Diss. Halle 1873] - H.-J. Wollasch, Die Anfänge des Kl. St. Georgen im Schwarzwald, 1964, 110-124.

Diethelm v. Krenkingen, Abt der →Reichenau, Bf. v. →Konstanz, † 12. April 1206. Als Angehöriger einer bedeutenden Edelfreien-Familie des südöstl. Schwarzwaldes war D. zunächst Mönch des Kl. Reichenau geworden, zu dessen Abt ihn 1169 Ks. Friedrich I. erhob. Die Abtwürde behielt er auch bei, als er 1189 zum Bf. v. Konstanz gewählt wurde. Die Jahre bis 1197 waren zunächst durch eine intensive Tätigkeit in seiner Diöz. gekennzeichnet. Seine bes. Fürsorge wandte er der Abtei OCist→Salem zu. Hatte D. für seine Bischofskirche i. J. 1191 eine Seelgerät-Schenkung→Heinrichs VI. und seiner Brüder entgegennehmen dürfen, so mußte er sich andererseits i. J. 1192 der vom gleichen Herrscher in Lüttich getroffenen Entscheidung beugen, daß die Bürger seiner Bischofsstadt gegenüber ihm und dem Vogt nicht steuerpflichtig seien. War D. schon als Abt der Reichenau in die Reichspolitik einbezogen gewesen, so stellte er sich von 1197 bis zu seinem Tode als engster Berater→Philipps v. Schwaben vermehrt in den Dienst des Reiches. Philipp betraute ihn i. J. 1197 vorübergehend mit der Verwaltung des Hzm. s→Schwaben, und mit Rat und Unterstützung D. s ließ sich Philipp i. J. 1198 zum Kg. wählen. Als Parteigänger Philipps wurde D. 1201 von Papst Innozenz III. gebannt und erst 1204 wieder vom Bann gelöst. Anfang 1206 legte er sein Bischofsamt nieder. Er starb als Mönch in Salem. H. Maurer

Lit.: NDB III, 674 [P. Kläni] - U.-R. Weiss, Die Konstanzer Bf. e im 12. Jh., 1975, 145-176 - A. Borst, Mönche am Bodensee 610-1525, 1978, 172-188 - Genealog. Hdb. zur Schweizer Gesch. IV, 1980, 127 [H. Maurer].

Diet(h)er. 1. D. II. v. Isenburg, Ebf. v. →Mainz, * etwa 1412, † 6. Mai 1482, ▭ Mainz, Dom. Sohn des Gf. en Diether v. →Isenburg-Büdingen und der Gfn. Elisabeth v. →Solms-Braunfels, wurde er früh in allen rhein. Domstiften bepfründet, 1434 Rektor der Univ. Erfurt, 1453 Domkustos in Mainz. Ambitionen auf das Ebm. Trier scheiterten 1456. Eine Mainzer Kapitelsfraktion wählte ihn am 18. Juni 1459 gegen Gf. →Adolf II. v. Nassau zum Ebf. Schließlich konnte er sich mit Hilfe des Pfgf. en behaupten, geriet aber bald als Erzkanzler und Anführer der die Reformen in Reich und Kirche betreibenden Kfs. en und Fs. en in Gegensatz zu Ks. und Papst, zumal er konziliare Tendenzen begünstigte. Am 21. April 1461 wurde er daher durch den Papst abgesetzt. Trotz vorübergehender Erfolge unterlag er 1462 in der→Mainzer Stiftsfehde; sein Gegner Adolf v. Nassau fand ihn im Zeilsheimer Ausgleich vom 5. Okt. 1463 mit der Nutzung der Einkünfte der Ämter Dieburg, Steinheim und Höchst ab. Nach Adolfs Tod, der D. als Nachfolger empfohlen hatte, wurde er am 9. Nov. 1475 vom Domkapitel erneut gewählt. Zwar anerkannte ihn der Papst, hingegen erteilte ihm Ks. →Friedrich III. nicht die Lehen. Die territorialen Verluste des Kurstaates während der Stiftsfehde mußte D. hinnehmen, dem Domkapitel erhebliche Rechte zugestehen. – Während der zweiten Regierungszeit widmete sich D., jetzt mehr geistl. als territorialen Fragen zugewandt, der Kirchenzucht und der monast. Erneuerung. Er betrieb das schon von Adolf v. Nassau erwogene Projekt der Universitätsgründung in →Mainz 1477 mit Erfolg. Von Einfluß auf die Gestaltung der mit der Theologie bes. die Jurisprudenz pflegenden neuen Hochschule war mit der Familie →Pirckheimer versippte Georg Pfintzing aus Nürnberg. Hier wie in anderen Angelegenheiten war →Berthold v. Henneberg sein Widersacher. Die Stadt Mainz, die 1462 ihre Freiheit im Kampf mit Adolf verloren und wo D. seinerseits im Juli 1476 einen Aufstand niedergeschlagen hatte, wurde unter D. zur Hauptstadt des Kurstaates und durch die Univ. zum geistigen Zentrum des Mittelrheinraumes, blieb jedoch in der wirtschaftl. Bedeutung auch weiterhin Frankfurt unterlegen. Gegen die henneberg. Partei setzte D. 1480 als Coadjutor cum iure succedendi→Albert III. v. Sachsen durch. A. Gerlich

Lit.: NDB III, 668 – W. Ziehen, Mittelrhein und Reich im Zeitalter der Reichsreform I, 1934, 198–208 – W. Menn, Der erste Rektor der Univ. Mainz, Jakob Welder v. Siegen, 1950 – C. Walbrach, Dieter v. Isenburg-Büdingen. Ein Ebf. und Kfs. vor der Reformation, Büdinger Geschichtsbll. 1, 1957, 7–50 – A. Erler, Die Mainzer Stiftsfehde 1459–63 im Spiegel ma. Rechtsgutachten, SB der Wiss. Ges. an der Univ. Frankfurt I, 1962, Nr. 5, 1963 – H. Diener, Die Gründung der Univ. Mainz, AAMz Nr. 15, 1974.

2. D. v. Nassau OP, Ebf. v. Trier seit 1300, * um 1250, † 23. Nov. 1307 (eventuell 22. bzw. 24. Nov.), ⬜ Trier, Dominikanerkirche; Sohn Gf. Walrams II. v. →Nassau u. Adelheids v. →Katzenelnbogen; Bruder Kg. →Adolfs v. Nassau. Die Erhebung D.s durch →Bonifatius VIII. am 18. Jan. 1300 gegen die Wahl des Domkapitels (→Heinrich v. Virneburg) richtete sich insbes. gegen Kg. →Albrecht I. Trotz kostspieliger Rüstungen mußte sich D. im Nov. 1302 dem Kg. unterwerfen. Erst 1303 kam eine Einigung mit dem Trierer Domkapitel zustande, nachdem D. die im Gefolge innerstädt. Auseinandersetzungen in →Trier entstandene Ratsverfassung legalisiert hatte. Sein Feldzug gegen Koblenz (1304), obgleich erfolgreich, vergrößerte die drückende Schuldenlast des Ebm.s. D.s Reformen gegen den Pfründenmißbrauch scheiterten am Widerstand der von Konfiskationen betroffenen Geistlichkeit, die 1306 mit Erfolg an den Papst appellierte. Im päpstl. Untersuchungsverfahren wurde D. exkommuniziert und schließlich suspendiert. Sein Tod verhinderte, daß er sich vor der Kurie hätte rechtfertigen können.

Die Gesta Treverorum erwähnen D. nur beiläufig – er steht dort ganz im Schatten seines Nachfolgers →Balduin v. Luxemburg. Sein Pontifikat wird konträr beurteilt; eine monograph. Darstellung fehlt. F. Burgard

Q.: Gesta Baldewini (Gesta Treverorum II, hg. J. H. Wyttenbach-M. F. J. Müller, 1838, 179, 184–186; Die Taten der Trierer V, hg. E. Zenz, 1961 [Übers.]) – *Lit.*: ADB V, 170f. – NDB III, 668f. – A. Dominicus, Das Erzstift Trier unter Boemund v. Warnesberg (1289–1299) und D. v. Nassau (1300–1307), 1853, 28–40 – H. V. Sauerland, Der Trierer Ebf. D. v. Nassau in seinen Beziehungen zur päpstl. Kurie, AHVN 68, 1899, 1–53 – Ders., Anm. zu meinem Aufsatz über den Trierer Ebf. Dieter v. Nassau, AHVN 69, 1900, 184f. – F. Pauly, Aus der Gesch. des Bm.s Trier II, 1969, 107–109 – R. Holbach, Stiftsgeistlichkeit im Spannungsfeld von Kirche und Welt (Trierer Hist. Forsch. 2, 1982).

Dietmar v. Aist, mhd. Lyriker aus den 70/80er Jahren des 12. Jh., der als wichtiger Exponent der Frühphase des →Minnesangs gilt. Biograph. Daten und Tätigkeitsraum lassen sich nicht genau fixieren. Freiherren v. Aist sind in Österreich (Aist: unterhalb von Linz einmündender Nebenfluß der Donau) faßbar, zw. 1134 und 1171 taucht Ditmarus de Agasta in Urkunden auf, doch ist die Identität mit dem Minnesänger problematisch. Für die etwas spätere Datierung der unter dem Namen D. überlieferten Strophen spricht deren Einordnung in die relative Entwicklung des Minnesangs (eventuell Aufnahme roman. Einflüsse). Die Zahl der in den Liederhandschriften D. zugeordneten Strophen weicht stark voneinander ab (42 Strophen in der Großen Heidelberger Hs. C, 16 in der Weingartner Hs. B, 0 in der Kleinen Heidelberger Hs. A; ein Teil der Strophen von C erscheint in A und B unter anderen Verfassernamen), so daß wohl nicht das ganze Corpus von D. selbst stammt, doch erscheint eine Trennung von echten und Pseudo-Dietmar-Strophen kaum möglich. Die Strophengestaltung weist heterogene Merkmale auf (kurze Reimpaarverse, z. T. mit Assonanzen, Langzeilen, z. T. mit Kurzzeilen kombiniert, stolliger Strophenbau), die einerseits für den frühen Minnesang charakterist. sind, anderseits in die Nähe von →Reinmar und →Walther von der Vogelweide gehören und auch den Einfluß des Hausenkreises (→Friedrich v. Hausen) nicht ausschließen. Sie können durch langjährige Tätigkeit des Autors erklärt werden, der damit lit. Übergänge markieren würde, oder als Indizien für eine von verschiedenen Autoren stammende Textsammlung. Der strophisch aufeinanderfolgende Monolog von Mann und Frau (→Wechsel), die Verknüpfung zum Zwiegespräch durch epische Kurzkommentare, Verbindung mit Botenvermittlung, Entfaltung von Natureingängen mit korrespondierendem oder kontrastierendem Bezug auf die Liebesempfindungen sind wiederkehrende Gestaltungscharakteristika der Dietmar-Strophen, die strukturell oft ein dreigliedriges Schema (programmat. Einleitung, Durchführung, summierendes Schlußwort aus dem Vorangehenden) aufweisen. Liebe erscheint als Sehnsucht nach erotisch-sexueller Vereinigung, über Begehren und Gewähren wird offen gesprochen, konstitutiv für die ausgesprochenen Emotionen wirkt der Widerspruch von *vröude* und *leit*, die in den verschiedenen Texten unterschiedlich bedingt sind. Im *dienen* als Ausdruck für unbedingte, werbende Huldigung und in *stæte* als Überbrückung der *vröude-leit*-Spannung werden Vorstellungsmuster sozialer Beziehungen des Adels benutzt. Die Gesellschaft ist durch Konkurrenz und Eifersucht *(huote)* als Gegner der Minnebeziehung in den lit. Kontext einbezogen. Das älteste deutsche →Tagelied ist D. zugeordnet und paßt sich gut in die Liebesauffassung und Strophenverbindungen der Sammlung ein. Offenbar wurde D.s Name im 13. Jh. zu einem Markenzeichen für bestimmte Formtypen des Minnesangs (Wechsel und Zwiegespräch). U. Schulze

Ed.: Des Minnesangs Frühling, I: Texte, ed. H. Moser–H. Tervooren, 1977, Nr. VIII, 56–69 – *Lit.*: Verf.-Lex.²II, 95–98 [H. Tervooren] – R. Grimminger, Poetik des frühen Minnesangs, 1969 [MTU 27] – A. Kircher, Dichter und Konvention. Zum gesellschaftl. Realitätsproblem der dt. Lyrik um 1200, 1973 – P. Wapnewski, Zwei altdt. Frauenlieder (Ders., Waz ist minne. Stud. zur mhd. Lyrik, 1975), 9–22 – M. Wehrli, Gesch. der dt. Lit. I, 1980, 338–340.

Dietrich v. Bern (Dietrichsepik)

I. Sagenüberlieferung – II. Deutsche Dietrichsepik – III. Ikonographie – IV. Dietrich v. Bern in Skandinavien.

I. Sagenüberlieferung: D., der Herrscher von Bern (Verona), ist die im MA beliebteste Gestalt der germ.-dt. Heldensage. In ihm lebt die Erinnerung an den Ostgotenkg. →Theoderich d. Gr. († 526) fort. Drei Überlieferungskomplexe sind zu unterscheiden: die Überlieferung von D. und Ermenrich, die Überlieferung von D.s Abenteuern und die Überlieferung von D.s Ende.

Die Überlieferung von D. und Ermenrich erzählt, wie D. von seinem Onkel Ermenrich aus seinem oberit. Erbreich vertrieben wird, ins Exil zum Hunnenkg. →Etzel (→Attila) zieht und mehrere vergebliche Rückeroberungsversuche unternimmt, bis ihm nach 30 bzw. 32 Jahren die Heimkehr gelingt. Die Überlieferung läßt sich im groben auf hist. Gestalten, Konstellationen und Ereignisse der Völkerwanderungszeit zurückführen. Der Fabelkern scheint Reflex der Eroberung Italiens durch Theoderich zu sein, der 493 den dort herrschenden germ. Heerkönig →Odovaker (Odoaker) beseitigte. Die Überlieferung hätte demnach in Umkehrung der hist. Konstellation aus dem Eroberer einen Vertriebenen gemacht, und sie hätte (sehr wahrscheinl. auf einer späteren Entwicklungsstufe) den Gegner Theoderichs durch eine Gestalt ersetzt, deren hist. Vorbild mehr als ein Jahrhundert älter ist: hinter Ermenrich verbirgt sich der Ostgotenkg. Ermanarich (→Ostgoten), ein Vorfahr Theoderichs, der um 375 beim Einfall der Hunnen in sein Reich den Tod gefunden hatte. Geschichtswidrig ist auch die Verbindung D.s bzw. Ermenrichs mit Etzel, dem hist. Hunnenherrscher Attila, der, um 453 gest., nach Ermanarichs und vor Theoderichs Zeit gewirkt hat. (Solche Anachronismen sind charakterist. für die Umformung von Historie in heroische Überlieferung: sie ergeben sich aus dem Bestreben, ursprgl. getrennte Stoffkreise zu einer geschlossenen Heldenwelt zu integrieren.)

Die Überlieferung von D.s Abenteuern berichtet von gefährlichen Kämpfen, die der Held – allein oder in Begleitung seiner Gesellen – gegen die verschiedensten, meist übernatürl. Gegner (Zwerge, Riesen, Drachen) zu bestehen hat. Obwohl sich keine der bekannten Fabeln sicher vor dem 13. Jh. nachweisen läßt, muß man annehmen, daß die Tradition älter ist: darauf deutet v. a. eine Notiz in den gewöhnlich ins 9. Jh. datierten ags. →»Waldere«-Bruchstücken, die auf eine Begegnung D.s mit Riesen anzuspielen scheint. Da die meisten der Abenteuer D.s, von denen die mhd. Epen des 13. Jh. erzählen, im Waldgebirge Südtirols stattfinden, hat man versucht, das Personal und die Fabeln aus dort beheimatetem Volkserzählgut herzuleiten. Ein solcher Zusammenhang scheint plausibel im Falle des →»Laurin« und immerhin möglich im Falle des →»Ekkenliedes« und der →»Virginal«; im übrigen ist damit zu rechnen, daß die Dichter die wild wuchernde Abenteuerwelt dieser Epik in freier Variation und Kombination lit. Motive zusammengesponnen haben, wie sie der Artusroman (→Artus) seit dem Ende des 12. Jh. in der sich entfaltenden →höf. Literatur populär gemacht hatte.

Wird der Held in der Überlieferung von D. und Ermenrich und in der Überlieferung von D.s Abenteuern trotz gewisser negativer Züge im einzelnen als positive Gestalt gesehen – als volkstüml. Herrscher von tragischer Größe, als Bezwinger menschenfeindl. Ungeheuer und Helfer unschuldig Verfolgter –, so liegt der Überlieferung von D.s bzw. Theoderichs Ende ein negatives Bild zugrunde. Aus einer großen Zahl von Zeugnissen (Berichte, Hinweise und Anspielungen in Texten aller Art; Reliefs am Westportal von S. Zeno Maggiore in Verona) zeichnen sich zwei hauptsächl. Versionen ab: D./Theoderich wird (von den Geistern des →Symmachus, den Theoderich hatte hinrichten lassen, und des Papstes →Johannes I., dessen Tod man ihm anlastete) in einen Vulkan gestürzt; oder er wird von einem (Teufels-)Roß (in die Hölle) entführt (diesem Ende betreffende Berichte, die ihn als Teufelssproß hinstellen – dämon. Züge eignen ihm auch sonst: die Dichter wissen zu berichten, daß D. in höchster Kampfeswut Feuer speien konnte, und es gibt eine Überlieferung, in der er der Führer der Wilden Jagd [→Wildes Heer] ist). Man nimmt an, daß die Überlieferung, die das Ende des Helden solchermaßen als Gottesstrafe hinstellt, von der Kirche in Umlauf gebracht wurde, um den Gotenkg. in Mißkredit zu bringen, der Arianer (→Arius, Arianismus) war und damit der röm. Kirche als Ketzer galt. Die volkstüml. Überlieferung hat diese Verdammung D.s indessen nie akzeptiert; in einigen mhd. Texten und in der anord. »Thidreks saga« (vielleicht auch in einem Fresko an der Außenwand der Kapelle von Burg Hocheppan bei Bozen) scheint man sie demonstrativ umgebogen zu haben.

II. Deutsche Dietrichsepik: Sieht man vom ahd. →»Hildebrandslied« ab, das stofflich in den Zusammenhang von D.s Heimkehr gehört, wird der D.stoff in Deutschland zuerst im →»Nibelungenlied« und in der →»Nibelungenklage« literarisch, in denen D., im Exil an Etzels Hof, eine wichtige Rolle spielt. Im bzw. seit dem 13. Jh. entstehen dann mhd. Epen, deren Held D. ist. Der bis heute gesicherte Bestand dieser Dietrichsepik umfaßt elf teils in Reimpaaren, teils in Strophen verschiedener Bauart verfaßte Werke. Sie lassen sich zwei thematisch und überlieferungsmäßig klar geschiedenen Gruppen zuordnen: der hist. Dietrichsepik, die die Auseinandersetzung zw. D. und Ermenrich behandelt, und der aventiurehaften Dietrichsepik, die von D.s Abenteuern erzählt (eine in vergleichbarer Weise selbständige epische Tradition von D.s Ende gibt es nicht). Zur hist. Dietrichsepik zählt neben →»Dietrichs Flucht« und der →»Rabenschlacht« das Epos von »Alpharts Tod«, das von der feigen Tötung des jungen Dietrichhelden Alphart durch die Verräter Heime und Witege berichtet. Aventiurehafte Dietrichsepen sind der →»Laurin«, der →»Rosengarten«, der →»Wunderer« sowie vier Texte, die durch Verwendung der kunstvollen dreizehnzeiligen Strophe des sog. →Bernertons enger zusammengehören: das →»Eckenlied«, →Albrechts v. Kemenaten »Goldemar«, der →»Sigenot« und die »Virginal«. Typische Elemente der hist. und der aventiurehaften Dietrichsepik erscheinen kombiniert im Fragment von »Dietrich und Wenezlan«, das D. im Kampf mit dem Polenfürsten Wenezlan zeigt. In den Umkreis der mhd. Dietrichsepik stellen sich der Heldenroman von →»Biterolf und Dietleib« sowie zwei spätma. Balladen, das »Jüngere Hildebrandslied« und das Lied von »Ermenrikes dot« ('Ermenrichs Tod'). – Die Dietrichsepik – insbes. die aventiurehafte – gehört zu den erfolgreichsten Gattungen der mhd. Lit.: eine breite und vielgestaltige Überlieferung in Hss. und Drucken, die vom frühen 13. bis tief ins 17. (!) Jh. reicht, dramat. Bearbeitungen, außerdeutsche Fassungen, bildl. Darstellungen und eine unübersehbare Fülle indirekter Zeugnisse dokumentieren eindrucksvoll das Interesse, das man ihr über Jahrhunderte entgegengebracht hat. J. Heinzle

Ed.: s. unter den im Text gen. Einzelstichwörtern, dort auch Hinweise auf Spezialit. – *Lit.*: EM III, 657–666 [J. Heinzle] – Hoops² V, 424–442 [H. Rosenfeld] – Verf.-Lex.², s. v. [unter Einzelstichwörtern] – W. Haug, Die hist. Dietrichsage. Zum Problem der Literarisierung gesch. Fakten, ZDA 100, 1971, 43–62 – H. Schneider, Germ. Heldensage I/1 (GgermPhil 10/1, 1962²) – W. See, Germ. Heldensage. Eine Einf., 1971 – H. Uecker, Germ. Heldensage, 1972 – W. Hoffmann, Mhd. Heldendichtung (Grundlagen der Germanistik 14, 1974) – J. Heinzle, Mhd. Dietrichepik, 1978 – Ep. Stoffe des MA, hg. V. Mertens–U. Müller, 1984, 141–155 [J. Heinzle].

III. Ikonographie: Außer in (erweiterten) Neun-Helden-Reihen (→Neun gute Helden) erscheint D. auf Kapitellen und Fassaden kirchl. Gebäude. Als ältestes (jedoch fragliches) Zeugnis gilt der Relieffries von St. Peter und Paul in Andlau, Elsaß (Westfassade, um 1130), wo die Höllenjagd und die Befreiung Sintrams aus dem Drachenmaul einem Programm von Jagden, Kämpfen und allegor. Szenen integriert sind. Die Sintram-Befreiung scheint auch in Straubing (St. Peter, Westportal-Tympanon, Ende 12. Jh.) und in Basel (Münster, Chorpfeiler-Kapitell, Mitte 12. Jh.), dort in der Nachbarschaft eines »Alexander elevatus«, dargestellt zu sein. Mit der die superbia symbolisierenden Himmelfahrt →Alexanders (Remagen, Pfarrhoftor, um 1200) oder mit →Roland als gerechtem Bezwinger des Heiden Ferragut (Verona, San Zeno Maggiore, Portalfassade, um 1140; Pavia, Museo Civico, Fassadenreliefs von San Giovanni in Borgo, 2. Viertel 12. Jh.) programmatisch verbunden, ist D.s Höllenjagd in der kirchl. Ikonographie propagandist. Darstellung des verdienten Endes des arian. Ketzers Theoderich. Auch die gemalte Jagdszene an der Außenwand von Hocheppan, Südtirol (um 1150–80), erlaubt diese Deutung.

Als positives Vorbild erscheint D. auf den Freskenzyklen höf. Innenräume (Brandis in Marienfeld, Graubünden, um 1320; Lichtenberg, Südtirol, heute Ferdinandeum Innsbruck, um 1390), wo die Dietrichszenen (Kämpfe mit Ecke und Laurin) in katalogartige Reihen ritterl. Kampfübungen eingefügt sind. N. H. Ott

Lit.: W. STAMMLER, Theoderich der Große (D. v. Bern) und die Kunst (DERS., Wort und Bild, 1962), 45–70 – Ep. Stoffe des MA, hg. V. MERTENS–U. MÜLLER, 1984, 449–474 [N. H. OTT].

IV. DIETRICH V. BERN IN SKANDINAVIEN: [1] *Frühmittelalterliche Überlieferungen im ags. England und in Skandinavien:* D., zumal im Osten des hoch- und niederdt. Bereichs volkstümlichste Gestalt der germ.-dt. Heldensage, ist in den ältesten nord. Überlieferungen nur seltsam undeutlich zu fassen, während das alte England sich genau besehen zum germ. Süden stellt. Zwar nennt der ae. →»Widsith«, in dem viel Sagenkenntnis verarbeitet ist, den Ostgotenkönig nicht; doch wird man kaum einfach Unkenntnis annehmen dürfen, wie das Vorkommen der kgl. Brüder þeodric und þeodhere, die die Namen der Brüder Dietrich und Diether der deutschen Sage tragen, im Stammbaum der nordengl. Kg. e.v. Bernicia (vgl. 'Bern'!) schon im 6. Jh. wahrscheinlich macht. Die ae. Gedichte »Deors Klage« (→Deor) und →»Waldere« setzen denn auch D. tradition voraus, und anderes (→»Wulf und Eadwacer«) spiegelt wohl den Odoaker-Theoderich-Konflikt etwa des Hildebrandslieds.

In Skandinavien würde die *fornyrdislag*-Strophe des götländ. Runensteins v. →Rök (8./9. Jh.) ein – noch lange vereinzeltes – Denkmal der D.-Rezeption darstellen, wenn ganz sicher wäre, daß der 'þiaurikR' genannte 'skati marika' ('Held der Märinge') des Gesätzes zu verbinden ist mit dem 'Deodric' aus »Deors Klage«, der 30 Jahre lang die 'Mæringa burg' innehatte und den man vor allem wegen der Jahreszahl mit dem über 30 Jahre lang exilierten Berner der dt. Überlieferung zusammenstellt. Unklar bleibt jedenfalls die Funktion der dichter. Zitation in der langen Runeninschrift, aber man darf die an. Strophe (wie die ae. Überlieferung, mit der wohl nicht zufällig idiomat. Gemeinsamkeit besteht) als Reflex frühen 'gotischen' Sagenexports in die nördl. Germania ansehen bzw. als Niederschlag bes. Interesses an der Sagengestalt (und an dem in Aachen vor der Pfalz Karls d. Gr. aufgestellten Standbild →Theoderichs) in der ostskand. 'Gotenheimat«; nach dem Ende der welthist. Rolle der Ostgoten mag diese frühe skand. Anteilnahme an Theoderich/Dietrich allmählich wieder durch die älteren, »fränkischen« Stoffe des Nibelungenkreises zurückgedrängt worden sein.

[2] *Hoch- und spätmittelalterliche Überlieferungen:* Letztlich auf einen späteren, erst seit der Christianisierung im 10./11. Jh. wahrscheinl. Lied- und Sagenimport aus dem niederdt. Raum dürften die wenigen Spuren von D.-Kenntnis in der →»Edda« zurückgehen, die 'þiodrec' wie die dt. Sage als seiner Leute verlustigen König am Attila-Hof weilen läßt ('Drittes Gudrunlied', 'Dráp Niflunga'). Durch spätere Zudichtung ganz verunklärt erscheint der Hildebrandslied-Stoff in der spätma. »Ásmundar saga kappabana«, wo eine Strophe von »Hildebrands Sterbelied« noch die Kenntnis der Sohnestötung durch Hildebrand voraussetzt. Sowohl D. als auch Hildebrand ist seit dem sog. →Kölbigker Tanzlied bezeugt vor 1020 für den Raum 'Bernburg' (!) an der Saale, als Gestalt niederdt. balladischer Dichtung (→Ballade, B. II, 1) überliefert, und so erscheint D. dann auch nicht zufällig als Held v. a. dänischer Balladendichtung des MA (z. B. »Kong Didrik og hans kaemper«). Communis opinio ist allerdings, daß die erhaltene, frühestens im SpätMA niedergeschriebene skand. Heldenballadik auf Einflüsse späterer Zeit aus dem westskand. Raum, der spätestens im ausgehenden 13. Jh. mit den Stoffen vertraut wurde, zurückgeht. Seit dem HochMA, mit dem Eindringen einer niederdt. geprägten Adels- und Kaufmannskultur in den Norden, vergrößert sich das skandinavische Interesse an 'Thidrek' jedenfalls entschieden, zunächst in Dänemark, Schweden und Norwegen. Das eindrucksvollste Ergebnis dieser neuerlichen Zuwendung ist die norw. »Thidrekssaga« des 13. Jh. und ihre Wirkungsgeschichte (s. u.), aber auch noch am Ende des SpätMA dringt deutsche D.-Dichtung, in der zeittyp. märchenhaften Form, nach Norden (dän. »Lavrin«; davon abgeleitet eine →Färöische Ballade). Wie stark das positive niederdt. D.-Bild auch die höf. Sphäre im Norden attrahiert, deutet der Prolog der ersten skand. Reimchronik, der schwed. →Erikskrönikan (ca. 1322–32) an, wo der einleitende Preis von 'swerighe' darin gipfelt, daß es dort genug 'ridderskap' und 'häladha godha' gibt, die 'Didrik fan berner' (= Dietrich von Bern) wohl bestehen könnten.

E. E. Metzner

Lit.: HOOPS¹ I, 464–468 [A. HEUSLER]; HOOPS² V, 425–442 [H. ROSENFELD] – Kl III, s.v. Dvaergekongen Laurin, 378–380 [H. TOLDBERG] – L. SILCHER, Die dän. Balladen aus dem Kreis der Dietrickssage, 1929 – O. HÖFLER, Der Runenstein v. Rök und die germ. Individualweihe, 1952 [dazu: H. KUHN, ADA 67, 1954, 51ff.] – J. DE VRIES, Altnord. Literaturgesch., I–II, 1964–67² – K. V. SEE, Germ. Heldensage. Stoffe, Probleme, Methoden, 1971 – H. UECKER, Germ. Heldensage, 1972 – E. E. METZNER, Zur frühesten Gesch. der europ. Balladendichtung: Der Tanz in Kölbigk, 1972 – T. DALBERG, Zum dän. Laurin und niederdt. Lorin (Lund Universitets Årskrifter 1, 1949, 1. avd. nr. 5).

[3] *Skandinavische Dietrichsliteratur. Die Thidrekssaga:* Die stoffgeschichtl. hochinteressante norw. Sagenkompilation der »Thidrekssaga« (Th.), der Geschichte des Thidrek, stellt, wenn man von dem späten dän. »Lavrin« (s. o.) um 1500 absieht, den einzigen längeren Text skand. Dietrichslit. dar, die ansonsten nur durch die Volksballadik vor allem dänischer »Kaempeviser« (Heldenlieder) repräsentiert wird (s. o.). Die Saga v. Thidrek versteht sich als Darstellung der ganzen Vita des Helden, gegen dessen Verteufelung durch die Kirche sie wie andere volkssprachige D.-Tradition eine apologet. Tendenz setzt. Sie bezieht dabei, z. T. infolge nachträglicher Einarbeitung, die Vorfahren des Protagonisten, aber auch eine große Anzahl von anderwärts manchmal ganz verlorenen Sagen und Dichtungen über Helden des germ. 'heroic age' sowie manchen spielmänn. und romanhaften Stoff mehr oder minder locker verknüpft ein. In aller Regel verweist die verwendete Überlieferung auf niederdt. Herkunft, wie ja auch die Saga von Anfang an mehrfach niederdt. Ge-

währsleute, zuweilen ausdrücklich städtischer Provenienz, benennt; des öfteren wird deutlich niederdeutsche Ortssage gespiegelt. So ist der Sitz des Hunnenkönigs Atli/Attila (→ Etzel) in das mit Lokalkenntnis geschilderte westfäl. →Soest verlegt, wo auch der Untergang der Nibelungen vor sich geht. Aufgrund des stoffgeschichtl. Hintergrunds ist so die Th. eher ein Gegenstand der dt. Literaturwissenschaft (und immer erneuten lokalpatriot. niederdt. Engagements) als Objekt ästhetischer Würdigung durch Skandinavisten. Unabhängig von der jeweiligen Interpretation der komplizierten Überlieferungsgeschichte, die mit der sog. Stockholmer Membran sicher bis in den Ausgang des 13. Jh. zurückzuverfolgen ist, setzt man die Entstehung des Archetyps in die Zeit des norw. Kg.s →Håkon des Alten (1217–63), der sich entschieden um die Angleichung seines Landes an den westeuropäischen kulturellen Standard bemüht und die Übertragung einer ganzen Reihe französischsprachiger höf. Reimwerke in nord. Prosa (Tristrams saga, Ivens sage usw.) angeregt hat. Die Th. stimmt aber mit ihrer nachdrücklichen Rezeption (nieder)dt. Sage und Dichtung, doch auch wegen ihrer wenig höfischen, eher bürgerlich-derben, unheroischen Haltung und ihrer schmucklosen Darbietungsform nur sehr bedingt zu der aristokrat. Südwestorientierung Kg. Håkons, so daß man sich kaum gezwungen sieht, das Werk auf seine Anregung hin entstanden zu denken. Der Antrieb dürfte vielmehr von einem breiter verwurzelten norw. und bald auch isländ. Stoffhunger angesichts der als verwandt erkannten Erzähl- und Lied-Kultur der hans. Kaufleute im Lande, v. a. in →Bergen, ausgegangen sein; ein populäres sagenhist. Interesse an einer derartigen kompendienhaften Kompilation (in einer Zeit, in der auch die isländ. Eddasammlung entstand) würde noch verständlicher, wenn speziell niederdt. Heldendichtung, vermittelt oder unvermittelt, schon vor der Sage, etwa in ballad. Form, auch in Norwegen Verbreitung gefunden hätte.

Als Vorlage der norw. Saga, wenn man denn schon einen derartigen Text annehmen will, kann man eine verlorene lat. »Dietrichschronik« aus Westfalen (Raum Soest/Kl. Wedinghausen bei Arnsberg) ansetzen, die ihrerseits weitgehend auf mnd. Heldendichtung basierte; ebenso denkbar erscheint im 13. Jh. auch schon eine umfängliche niederdt. D.prosa als Vorlage aus dem gleichen Raum. Jedenfalls hat die Th. vor allem in Island, woher textgeschichtl. wichtige Papierhandschriften des 17. Jh. stammen, große Resonanz gefunden und bes. Wirkung ausgeübt. Die schwed., stark kürzende, glättende, zuweilen auch aus eigener Sagenkenntnis ergänzende Überarbeitung zur »Didrikskrönikan« (Dietrichschronik) von kurz vor 1450 hat eine ähnlich lange Wirkungsgeschichte. E. E. Metzner

Ed.: þidriks saga af Bern, ed. H. Bertelsen, 2 Bde, 1905–11 – *Übers.*: Die Gesch. Thidreks v. Bern, hg. und übers. F. Erichsen, 1924 [Neuausg. mit Nachwort von H. Voigt, 1967] – *Lit.*: D. v. Kralik, Die Überlieferung und Entstehung der Th., 1931 – W. J. Paff, The Geographical and Ethnic Names in the þidriks saga, 1959 – R. Wisniewski, Die Darst. des Niflungenuntergangs in der Th., 1961 – J. de Vries, Altnord. Literaturgesch. 2, 1967², 514–520 – B. Henning, Didrikskrönikan. Handskriftsrelationer, översättningsteknik och stildrag, 1970 [mit dt. Zusammenfassung] – Kindler Lit. Lex. (dtv) 21, 1974, 9343f.

Dietrich (s. a. →Diet[h]er, →Diezmann, →Dirc, →Tetricus, →Theoderich, →Theodericus [Theodoricus], →Thierry)

1. D. v. Elsaß, *Gf. v.* →*Flandern*, † 17. Jan. 1168, ☐ Watten, Abteikirche, Sohn Dietrichs II., Hzg.s v. Lothringen, und seiner 2. Gemahlin Gertrude v. Flandern, der Tochter v. Robert I. dem Friesen; ∞ 1. vor 1127: Swanehilde († 4. Sept. 1133), 2. 1134: Sibylle v. Anjou († 1165), Tochter von Fulco V., Kg. v. Jerusalem. – D. konkurrierte nach der Ermordung des Gf.en →Karl des Guten († 2. März 1127) mit Wilhelm Clito, Sohn v. Robert Courteheuse, Hzg. v. →Normandie, um die Grafenwürde von Flandern. Nach einem Bürgerkrieg mit den Anhängern von Wilhelm Clito und dessen Tod konnte D. im Juli 1128 die Macht in der Gft. übernehmen. Es gelang ihm, Frieden und Wohlstand wiederherzustellen, und er knüpfte gute Beziehungen mit den Städten wie mit den Prälaten und dem Adel seiner Gft. an. Verschiedentl. ergriff er die Initiative zur verstärkten Erschließung der wirtschaftl. Ressourcen in Flandern (v. a. durch Landesausbau und durch die Gründung von Dörfern). Seine Außenpolitik war durch die Festigung der vasallit. Bindung an Ludwig VI., Kg. v. Frankreich, gekennzeichnet; gleichzeitig lehnte er sich aber auch an den Kg. v. England an und unterhielt darüber hinaus gute Beziehungen mit seinem anderen Lehnsherren, dem dt. Kg. Konrad III. und dessen Nachfolger Friedrich Barbarossa. D.s erbittertster Gegner war →Balduin IV., Gf. v. →Hennegau, wobei es v. a. um den Einfluß in →Ostrevant und im Cambrésis (→Cambrai) ging. In beiden Fällen setzte sich D. gegen seinen Konkurrenten durch. Zeitüblich war D.s Engagement für Kreuz- und Pilgerfahrt: Er fuhr nicht weniger als viermal ins Hl. Land – auf privaten Pilgerfahrten wie als Teilnehmer des 2. Kreuzzuges (1147–49), doch erfüllten sich seine Hoffnungen auf Eroberungen in Palästina nicht. Während der Abwesenheit D.s wurde die Regierung der Gft. jeweils von Regentschaften ausgeübt, so ztw. durch die Gfn. allein (1138–39), ztw. durch die Gfn. und D.s ältesten Sohn Balduin († 1150), ztw. auch durch Philipp, den 2. Sohn und (nach 1150) Erben der Gf.en (1157–59, 1164–66). D.s Heiratspolitik war auf Ausdehnung seiner Territorien im Süden, insbes. auf das →Vermandois, gerichtet. Doch war diese dynast. Politik – wegen fehlender männl. Nachkommenschaft bei D.s Söhnen – zum posthumen Scheitern verurteilt, so daß die Gft. Flandern 1191 schließlich an den Gf.en v. Hennegau, →Balduin VIII., fiel. Th. de Hemptinne

Lit.: BNB 24, 871–883 [H. Pirenne] – Algemene Geschiedenis der Nederlanden II, 1949, 118–133 [J. Dhondt] – A. Verhulst, Initiative comtale et développement économique en Flandre au XIIᵉ s. Le rôle de Thierry et de Philippe d'Alsace (1128–1191) (Misc. Mediaevalia . . . J. F. Niermeyer, 1967), 227–240 – H. Van Werveke, Filips van de Elzas en Willem van Tyrus, Mededelingen van de Koninklijke Vlaamse Academie van België, 33, 2, 1971 (app. 2) – A. Verhulst, Note sur une charte de Thierry d'Alsace, comte de Flandre, pour l'abbaye de Fontevrault (Mél. E. R. Labande, 1974), 711–719 – A. Verhulst-Th. de Hemptinne, Le chancelier de Flandre sous les comtes de la Maison d'Alsace (1128–1191), Bull. Commission royale d'Hist. 141, 1975, 267–311 – Nieuwe Algemene Geschiedenis der Nederlanden II, 1982, 379–386 [Th. de Hemptinne].

2. D. II., *Gf. im späteren* →*Holland*; † nach 988. Ob er Sohn oder Enkel von Dietrich I. war, ist umstritten. ∞ Hildegard, Tochter von Arnulf I. v. Flandern. Nach dessen Tod vermochte D. eine Zeitlang eine Gft. um →Gent innezuhaben (965–988); in dieser Periode erteilte Ks. Otto II. den Abteien St. Bavo und St. Peter (Blandinium) in Gent wichtige Privilegien. Es hat den Anschein, als ob D. in Einverständnis mit Otto II. diesen Teil von Flandern aus dem Westreich herauszulösen versuchte. Die gute Beziehung D.s zum Ks. wird anhand der Erhebung von D.s Sohn →Egbert zum Ebf. v. →Trier deutlich. D.s Position in Gent ging 988 verloren. D. P. Blok

Lit.: Algemene Geschiedenis der Nederlanden I, 1981 – J. M. van Winter, Ansfried en Dirk, Naamkunde 13, 1981, 39–74.

3. D. III., *Gf. v.* →Holland 993, † 27. Mai 1039, ⚭ Othelhild, eine Sächsin. Während der Minderjährigkeit D.s führte seine Mutter Liutgard aus dem Hause →Luxemburg die Regentschaft; sie rief 1005 ihren Schwager, Kg. →Heinrich II., gegen ihre fries. Untertanen zu Hilfe. Nach dem Beginn seiner eigenständigen Regierung rückte D. jedoch von dieser polit. Haltung ab, indem er sich gegen die wachsende Macht der Bf.e v. →Utrecht und damit auch gegen den Kg. wandte. Daraus erfolgte 1018 ein Konflikt, den D. durch die Errichtung einer Burg in Vlaardingen ausgelöst hatte. Hier, im Mündungsgebiet von Maas und Waal, siedelte der Gf. fries. Kolonisten an und erhob Zoll von den passierenden Handelsschiffen. Dagegen erbaten die Kaufleute von →Tiel und der Bf. →Adalbold v. Utrecht Hilfe von Heinrich II. Ein Reichsheer unter Hzg. →Gottfried v. Niederlothringen rückte heran, wurde aber bei Vlaardingen vernichtet. Um die Küstenverteidigung nicht zu schwächen, verzichtete das Reich in der Folgezeit auf weiteres Vorgehen. – Wahrscheinl. unternahm D. eine Wallfahrt nach Palästina und erhielt daher den Beinamen 'Hierosolymita'. D. P. Blok

Lit.: J. A. JOUSTRA, Oudheid van Vlaardingen, 1947 – Algemene Geschiedenis der Nederlanden I, 1981.

4. D. IV., *Gf. v.* →Holland seit 1039, † 13. Jan. 1049. Sohn Dietrichs III., setzte er die Politik des Vaters fort, indem er die gfl. Macht in Südholland ausweitete. Dort hatten nicht nur der Bf. v. →Utrecht, sondern auch die Bf.e v. →Lüttich und →Metz Herrschaftsinteressen. Hierdurch vergrößerte sich der Gegensatz zw. den Gf.en v. Holland auf der einen, den Reichsbischöfen und dem Reich auf der anderen Seite. Schon 1046 führte Kg. →Heinrich III. persönlich einen Kriegszug gegen D. 1047 schloß D. sich gemeinsam mit →Balduin V. v. Flandern dem großen Aufstand Gottfrieds des Bärtigen an. Heinrich III. unternahm einen zweiten Angriff auf Holland, wobei er zwar Vlaardingen und Rijnsburg an den Mündungen von Maas und Rhein erobern konnte, sich dann jedoch unter großen Verlusten zurückziehen mußte. 1049 hatte ein Angriff der Bf.e v. Utrecht, Lüttich und Metz mehr Erfolg; D. wurde in der Nähe von Dordrecht überfallen und getötet. Da D. unverheiratet war, folgte ihm sein Bruder →Floris (I.) als Gf. v. Holland nach. D. P. Blok

Lit.: Algemene Geschiedenis der Nederlanden I, 1981 – I. H. GOSSES, Verspreide Geschriften, 1946, 332–335.

5. D., *Mgf. v.* →Landsberg aus dem Hause →Wettin, † 9. Febr. 1185 im Kl. Petersberg bei Halle; Sohn des Mgf.en Konrad v. Meißen, ⚭ 1. Dobergana, Tochter Bołesławs III., Kg.s v. Polen, 2. Kunigunde, Witwe des Gf.en Bernhard v. Plötzkau. D. tritt 1142 bereits als herangewachsener Mann in der Überlieferung auf. Bei der Teilung des väterl. Besitzes 1156 fielen ihm die Ostmark (Nieder- →Lausitz) und Eilenburg zu. Er erbaute die bedeutende Burg Landsberg und stiftete 1165 das Zisterzienserkl. →Doberlug. Als Anhänger Ks. Friedrich Barbarossas hielt er sich mehrfach in dessen Gefolge auf. Auf dem Reichstag zu →Mainz 1184 erkrankt, starb er im wettin. Hauskl. Petersberg 1185. Nach seinem erbenlosen Tode fiel die Mgft. Landsberg an seinen Bruder Dedo (→Groitzsch. K. Blaschke

Lit.: ADB V, 186 – O. POSSE, Die Wettiner, 1897 – H. HELBIG, Der wettin. Ständestaat, 1980².

6. D. der Bedrängte, *Mgf. v.* →Meißen aus dem Hause →Wettin, † 17. Febr. 1221, Sohn Mgf. →Ottos des Reichen und der Hedwig, Tochter →Albrechts des Bären, ⚭ seit 1195 oder 1197 mit Jutta, Tochter des Lgf.en →Hermann v. Thüringen. Nach dem Tode des Vaters 1190 erhielt er Eigengüter um Weißenfels. Nach dem frühen Tode seines mit ihm zerstrittenen Bruders →Albrecht verwehrte ihm Ks. Heinrich VI. die Erbfolge in der Mgft. Meißen, indem er diese als erledigtes Reichslehen einzog. Als der Ks. starb, kehrte D. 1198 sofort vom Kreuzzug in Palästina zurück, setzte sich in den Besitz der Mgft. und wurde 1199 mit ihr von Kg. Philipp belehnt, dessen Wahl er zugestimmt hatte. Nach dem Tode des Staufers schloß er sich Otto IV. an. 1210 erhielt er die Belehnung mit der Ostmark (Nieder- →Lausitz), der Mark →Landsberg, Eilenburg und →Groitzsch. 1212 trat er auf die Seite Friedrichs II., der seinen Besitzstand voll anerkannte. Seitdem widmete er sich v. a. dem Ausbau seiner Besitzungen, förderte das Aufblühen der Städte und straffte die Landesverwaltung durch Einsetzung von Vögten. Die Reichsstadt →Zwickau brachte er an sich, in einer Fehde mit der Stadt →Leipzig brach er den Widerstand der zur Reichsfreiheit strebenden Bürgerschaft, seine eigenen Ministerialen lehnten sich gegen ihn auf. Aus der Gefahr völliger Auflösung führte er den Besitz des Hauses Wettin wieder zusammen und legte den Grund für den künftigen Aufstieg des meißn.-sächs. Territorialstaates. Seine Ziele verfolgte er rücksichtslos und zielstrebig, polit. Fähigkeiten und persönl. Größe müssen ihm zugebilligt werden. Bei seinem unerwarteten Tod war sein Sohn →Heinrich (der Erlauchte) erst drei Jahre alt. K. Blaschke

Lit.: ADB V, 186 – NDB III, 680 – LDG 263 – O. POSSE, Die Wettiner, 1897 – R. KÖTSCHKE, Mgf. D. v. Meißen als Förderer des Städtebaues, NASG 45, 1924, 7–46 – H. HELBIG, Der wettin. Ständestaat, 1980² – W. R. LUTZ, Heinrich der Erlauchte, Erlanger Stud. 17, 1977, 1–38.

7. D. I., *Hzg. v.* →Oberlothringen 978–1027/1032, * 965/970, † 11. April zw. 1027 und 1032, jüngster Sohn →Friedrichs I., Hzg.s v. Oberlothringen, und der Beatrix (→ 6. Beatrix), der Schwester von →Hugo Capet, Bruder von →Adalbero II., Bf. v. Metz; ⚭ Richilde, Tochter des Gf. v. Folmar, 3 Kinder: Friedrich (späterer Hzg.), Adalbero, Adelaide. – D. ist 972 belegt; damals stand er unter der bis 985 dauernden Vormundschaft seiner Mutter. Mit den lothr. Gf.en nahm er an der zweiten Belagerung des durch den westfrk. Kg. →Lothar besetzten →Verdun (Frühjahr 985) teil und geriet mit anderen Großen in westfrk. Gefangenschaft (bis Sommer 985). Ohne eine klar erkennbare polit. Aktivität zu verfolgen, widmete sich D. seiner Abtei St-Mihiel und seiner Burg →Bar. Er wurde des Giftmordes an seiner Mutter, von deren Bevormundung er sich befreien wollte, verdächtigt. In guten Beziehungen zu den Ks.n, fiel er im Verlauf der Lützelburg. Fehde 1011, während der er Heinrich II. diente, in der Nähe von Odernheim in einen Hinterhalt von Anhängern des Hauses →Luxemburg; 1018 wurde er erneut gefangengenommen, diesmal von einem Stephan v. Burgund. Sein militär. Vorgehen in der Champagne, gegen den Gf.en →Odo II., der →Toul angegriffen hatte, war erfolgreicher. M. Parisse

Lit.: R. PARISOT, Les origines de la Haute-Lorraine et sa première maison ducale (959–1033), 1909, 322–430 [dazu: A. HOFMEISTER, MIÖG, 1927, 496–508] – G. POULL, La maison ducale de Bar, 1977, 23–27.

8. D., *Mgf. der sächs. Nordmark*, † 985. Mit ihm wird die später nach ihrem Stammsitz benannte Familie v. Haldensleben greifbar, die im Nordthüringgau (westl. von Magdeburg) und im Derlingau (östl. von Braunschweig) begütert war. 953 erweist sich D. als treuer Heerführer Ottos I. im liudolfing. Aufstand. Später trat er als Anführer im Kampf gegen die Slaven und als Gf. des Nordthüringgaus in Erscheinung. In der Neuordnung der Herrschaftsbereiche nach dem Tode Mgf. →Geros (965) erhielt D. die sächs. Nordmark. Zusammen mit Ebf. →Adalbert

v. Magdeburg betrieb er 979 die Enthauptung des Gf. en →Gero v. Alsleben, wohl eines Konkurrenten. Seiner Aufgabe, die unter Otto I. gewonnenen Gebiete der slav. Lutizen und →Heveller weiter zu befrieden, wurde D. nach dem Urteil →Thietmars v. Merseburg und späterer sächs. Geschichtsschreiber nicht gerecht. Sie sehen in dem für die sächs. Herrschaft und die kirchl. Mission so katastrophalen Lutizenaufstand von 983 eine Reaktion auf seinen Hochmut und seine Nachlässigkeit. Daß dies zu seiner Absetzung geführt habe, wie →Adam v. Bremen und der Annalista→Saxo berichten, ist unwahrscheinlich. Als Heerführer ist er an dem sächs. Sieg an der Tanger beteiligt, im Thronfolgestreit von 984 gehört er zu den Gegnern →Heinrichs d. Zänkers. Die Quedlinburger Annalen melden den Tod des marchio zu 985. Sein Sohn Bernhard wurde 1009 Mgf. der Nordmark, zwei seiner Töchter heirateten Slaven (Oda [»comitissa regia stirpe orta« a. 1121 in der Halberstädter Überlieferung] den Piastenfürsten→Mieszko I., Mathilda den Heveller→Pribislav], eine weitere den Wettiner Dedi. Wahrscheinl. ist D. den →Billungern zuzurechnen: D. BORAWSKA hält ihn mit guten Gründen für den ältesten Sohn Wichmanns und der Friderun, der Schwester der Kgn. Mathilde. E. Karpf

Lit.: R. SCHÖLKOPF, Die sächs. Gf.en (919–1024) (Stud. und Vorarbeiten zum Hist. Atlas Niedersachsens 22, 1957), 93–98 – H. LUDAT, An Elbe und Oder um das Jahr 1000, 1971, 44–56 – D. CLAUDE, Gesch. des Ebm.s Magdeburg bis in das 12. Jh., T. 1 (Mitteldt. Forsch. 67/I, 1972), 125, 153 ff. – D. BORAWSKA, Mieszko I i Oda w gronie consanguineorum Ludolfingów (Społeczeństwo Polski średniowiecznej, 1981), 11–34.

9. D. II. v. Wettin, *sächs. Gf.*, † 19. Nov. 1034, Enkel des ältesten nachweisbaren Wettiners gleichen Namens (→Wettin, Haus); D.s II. Vater Dedi I. starb 1009 als Gf. im nördl. Hassegau, seine Mutter Thietburg war die Tochter des Mgf.en →Dietrich von der Nordmark. 1009 wurde er mit der Gft. seines Vaters belehnt, er erhielt den →Burgward Zörbig, die Gft. Brehna, vermutl. auch 1015 die Gft. im südl. Schwabengau und 1017 nach dem Tode seines Onkels Friedrich Familienbesitz um Eilenburg. Er vereinigte den Gesamtbesitz des Hauses Wettin, spätestens 1034 wurde ihm auch die Ostmark (Nieder-→Lausitz) übertragen. Am 19. Nov. 1034 wurde er von Leuten seines Schwagers →Ekkehard II. v. Meißen ermordet, mit dessen Schwester Mathilde er verheiratet war. Sein Besitz wurde unter die Söhne Dedi, Thimo und Gero verteilt, sein Sohn Friedrich wurde 1063 zum Bf. v. Münster erwählt. K. Blaschke

Lit.: ADB V, 186 – O. POSSE, Die Wettiner, 1897.

10. D. III., *Lgf. v. Thüringen* →Diezmann

11. D. II. v. d. Schulenburg, *Bf. v. →Brandenburg*, * um 1330, † 26. April 1393. Aus altmärk. Adel (Beetzendorf b. Salzwedel, »weiße Linie«), als jüngster Sohn für die geistl. Laufbahn bestimmt. Kanoniker des Prämonstratenser-Domkapitels Brandenburg, 1363 Dompropst. 1365 nach kassierter Wahl desselben vom Papst zum Bf. providiert. D. diente mit mehreren Familiengliedern der auslaufenden wittelsbach. Landesherrschaft in der Mark →Brandenburg und trat nach der lux. Erwerbung der Mark zu →Karl IV. über (wohl dessen Rat 1374). Im schwankenden Verhältnis zu den Erben →Siegmund (1383 *vorstender* der Mark) und →Jobst. Seine Tätigkeit rückte die Landsässigkeit des Bm.s näher. Seine Synodalstatuten (Synode v. Brandenburg 1380) sind beachtenswert. P. Moraw

Lit.: ADB V, 175f. – L. KÖHLER, D.v.d.Sch., Bf. v. Brandenburg [Diss. Halle-Wittenberg 1911] – F. BÜNGER – G. WENTZ, Das Bm. Brandenburg, 1–2 (GS I,3,1 und 2), 1929/41.

12. D., *Hochmeister des Dt. Ordens*, aus der Familie der Burggf.en v. Altenburg (Thüringen), * um 1290, † 6. Okt. 1341 in Thorn, ☐ Marienburg, St. Annen-Kap. Seit 1307 gehörte D. in Ragnit dem Dt. Orden an. Dort wurde er 1320 Komtur. Er nahm mehrfach an den Expeditionen gegen das heidn. →Litauen des Fs.en →Gedimin teil, so 1316 und 1324. Seit 1328 förderte er als Komtur v. Balga den Landesausbau (Burg Leunenburg, Stadt Bartenstein bei gleichnamiger Burg). Vom Hochmeister →Luther v. Braunschweig wurde D. 1331 zum Obersten Marschall und Komtur v. →Königsberg berufen. Die krieger. Auseinandersetzungen des Dt. Ordens mit dem Kg. →Władisław I. Łokietek v. →Polen, die D. wie die Polen im wesentl. um den polnischerseits bestrittenen Besitz von →Pommerellen in wechselseitigen Verwüstungsfeldzügen führte, konnte D. trotz der kurzzeitigen Krise nach der Schlacht bei Płowce (1331) durch die Besetzung von →Kujawien mit einem Waffenstillstand 1332 abschließen. 1335 wurde D. zum Hochmeister gewählt. Während seiner Amtszeit liefen die Verhandlungen mit dem weniger streitbaren Kg. →Kasimir III. d. Gr. weiter (Schiedsspruch 1335, Prozeß seit 1339). Als Hochmeister hat D. die jährl. →Kreuzzüge nach Litauen, mit dem Ks. Ludwig der Bayer D. 1337 belehnte, favorisiert, 1336 und 1337 unter bes. Beteiligung von Fs.en aus dem Reich, 1337 u. a. Kg. Johann v. Böhmen mit seinem Sohn, dem Mgf.en v. Mähren, dem späteren Kaiser Karl IV. (s. a. →Preußenreise). D. legte an der Memel Burgen an (Marienburg, Baiersburg), wahrscheinl. auch Straßen durch die Wildnis im östl. Preußen. Das Verhältnis des Dt. Ordens zur Kirche im Ordensland hat D. rechtlich weiter abzuklären gesucht. Den Landesausbau förderte D. insbes. in Pommerellen (Burgen in Danzig, Schwetz, Neugründung der Stadt Schwetz, Burg und Stadt Lauenburg, bed. Dorfsiedlungen). Die Hochmeister-Residenz→Marienburg erfuhr unter D. eine Erweiterung des Ausbaus durch die erste tor- und türmebewehrte Nogatbrücke, die Vergrößerung der Marienkirche und wohl den Beginn des Marienmosaiks an deren Chorscheitel. Die geistig-kulturelle Blüte des Dt. Ordens fand Ausdruck in der von D. an →Nikolaus v. Jeroschin in Auftrag (zur Fortsetzung) gegebenen Reimchronik der Gesch. des Dt. Ordens und in der anonymen Paraphrase des Buches Hiob, die D. überschwengl. Lob zollt (→Deutschordensliteratur). C. A. Lückerath

Q.: Reg. historico-diplomatica, hg. E. JOACHIM – W. HUBATSCH, I 1,1; II, 1948 – Scriptores Rerum Prussicarum I, 1861, 646ff. – Altenburger UB, ed. H. PATZE, 1955 – *Lit.*: ADB I, 361f. – NDB III, 684 – J. VOIGT, Gesch. Preußens 3–6, 1827–39 – DERS., Namen-Cod. der dt. Ordens-Beamten, 1843 – I. ZIEKURSCH, Der Prozeß zw. Kg. Kasimir v. Polen und dem Dt. Orden i. J. 1339, 1934 – K. KASISKE, Das dt. Siedelwerk des MA in Pommerellen, 1938 – M. HEIN, Das Urkundenwesen des Dt. Ordensstaates unter Hochmeister D. v. A., Altpreuß. Forsch. 18, 1941, 1–20 – DERS., Die Verleihung Litauens an den Dt. Orden durch Ks. Ludwig den Bayern i. J. 1337, ebd. 19, 1942, 36–54 – W. WOJCIECHOWSKI, Bitwa pod Płowcami 27 września 1331, 1961 – K. FORSTREUTER, Dtl. und Litauen im MA, 1962 – M. BISKUP, Analiza bitwy pod Płowcami, Ziemia Kujawska I, 1963, 73–104 – H. CHLOPOCKA, Procesy Polski z zakonem krzyżackim w XIV wieku, 1967 – E. CHRISTIANSEN, The Northern Crusades, 1980, 132–170 – H. BOOCKMANN, Der Dt. Orden, 1981, 115–169.

13. D. (Theoderich) **v. Hengebach** (Heimbach), *Ebf. v. →Köln*, *ca. 1150 als Sohn des Edelherrn Walter v. Hengebach, Todesjahr und -ort nicht gesichert; 1166 als Propst v. St. Aposteln in Köln bezeugt, Gegenkandidat →Engelberts v. Berg in der Wahl zum Kölner Dompropst (1199), die erst 1203 zu seinen Ungunsten endgültig entschieden wurde. Am 22. Dez. 1208 wurde er zum Ebf. gewählt, am 24. Mai 1209 Priester- und Bischofsweihe;

wie sein Vorgänger→Bruno IV. v. Sayn hatte auch er sich gegen →Adolf v. Altena zu behaupten, der 1204 als Überläufer zur stauf. Partei als Ebf. abgesetzt worden war und, seit er 1207 vom Bann gelöst, in Rom seine Restitution betrieb. Schon seiner Herkunft nach ein Gegner des starken Adelshauses→Berg, das seinen Pontifikat nicht anerkannte, vermochte er das Amt des Kölner Hzg.s nicht ganz auszufüllen und war einseitig auf die welf. Partei festgelegt. Ebf. →Siegfried II. v. Mainz setzte ihn, den Anhänger Ks. Ottos IV., 1212 im Auftrage des Papstes ab und erkannte Adolf v. Altena an, weswegen D. einen kostspieligen Prozeß in Rom anstrengte, an dessen Kosten die Kölner Kirche noch 1238 zu zahlen hatte. 1215/16 erklärte das päpstl. Gericht D. und Adolf endgültig als abgesetzt und forderte das Kölner Priorenkolleg zur Neuwahl auf, die im Febr. 1216 stattfand. D. lebte fortan mit einer Jahresrente an St. Aposteln. O. Engels

Q.: R. Knipping, Die Reg. der Ebf. e v. Köln im MA III, 1909 – *Lit.*: H. Stehkämper, Der Kölner Ebf. Adolf v. Altena und die dt. Königswahl (1195-1205), HZ Beih. 2, 1973, 5-83 – M. Groten, Priorenkolleg und Domkapitel von Köln im Hohen MA, 1977 – O. Engels, Die Stauferzeit (Rhein. Gesch. I 3, hg. F. Petri-G. Droege, 1983³), 242-244.

14. D. II. v. Moers, Ebf. und Kfs. v. →Köln, Bf. v. Paderborn, * unbekannt, † 14. Febr. 1463 in Zons, ⬜ Köln, Chorumgang des Domes; 2. Sohn des Gf.en Friedrich v. →Moers und der Walpurga, Gfn. v. Saarwerden. Gefördert durch seinen Onkel, den Kölner Ebf. →Friedrich v. Saarwerden, wurde D. früh Propst des Cassiusstiftes zu Bonn (1397) und Domherr zu Köln (ca. 1411); Studium in Heidelberg (1401) und Bologna (1408), Vertretung seines Onkels auf dem Konzil zu →Pisa 1409.

Von Friedrich zum Nachfolger bestimmt, wählte ihn nach dessen Tode die Mehrheit des Domkapitels am 24. April 1414 in Bonn. Er mußte sich jedoch gegen den von einer Minderheit in Köln gewählten Wilhelm v. Berg durchsetzen. Nach seiner Bestätigung durch Papst Johannes XXIII. am 30. Aug. krönte D. am 8. Nov. 1414 während der Feier seiner ersten Messe Kg. Siegmund in Aachen, der ihm am gleichen Tage die Regalien übertrug. Noch 1414 gelang es D., sich vom Paderborner Domkapitel zum Administrator wählen zu lassen. Eine völlige Inkorporation des Stifts →Paderborn scheiterte jedoch trotz der Zustimmung des Konzils v. →Basel am Widerstand des Domkapitels und Papst Eugens IV.

Die wegen der Doppelwahl entstandene Fehde mit dem Hause Berg legte ein Schiedsspruch Siegmunds 1417 bei, nachdem Wilhelm schon 1415 gegen eine Abfindung auf alle Ansprüche verzichtet hatte. D.s Bemühen, seine Machtposition im Stift auszubauen, führte zu Fehden mit der Stadt →Köln, v. a. um die Ober- und Gerichtshoheit sowie verschiedene Einnahmen (u. a. Judenschutzgeld), die durch Schiedssprüche beigelegt wurden. Auch gegen andere Städte des Erzstifts (z. B. →Neuß 1436) ging D. militärisch vor.

Die weitausgreifende Territorialpolitik D.s war ganz auf die Vorherrschaft Kurkölns (und des Hauses Moers) im nordwestdt. Raum ausgerichtet, sie war geprägt von zahlreichen Fehden in wechselnder Koalition v. a. gegen das Haus →Kleve. 1424 gelang der Erwerb der Zollstelle →Kaiserswerth und anderer Reichspfandschaften für das Erzstift. Einen schweren Verlust bedeutete, daß Soest sich 1444 vom Erzstift lossagte und Kleve huldigte (→Soester Fehde). Trotz böhm. und frz. Hilfe gelang es D. nicht, sich gegen das von Burgund unterstützte Kleve durchzusetzen, so daß Soest und Xanten bei Kleve verblieben. Ein Erbvertrag mit dem Hzg. v. →Jülich 1450, der bei dessen Tod den Übergang v. a. von Berg, Ravensberg und Blankenberg an Kurköln vorsah, kam nicht zum Tragen, da Hzg. Gerhard v. Jülich noch einen Sohn erhielt.

1424 gelang es D., seinen Bruder Heinrich zum Bf. v. →Münster wählen zu lassen, der 1442 auch Administrator v. →Osnabrück wurde. Der Erwerb des Stiftes →Utrecht für seinen Bruder Walram 1436 konnte nur mit Einschränkungen durchgesetzt werden, die Wahl Walrams zum Bf. v. Münster nach dem Tode Heinrichs 1450 führte zur sog. →Münsterschen Stiftsfehde.

Auf Reichsebene trat D. weniger hervor, wenn man von den von ihm persönl. geführten Feldzügen gegen die →Hussiten 1421 und 1431 absieht, die jeweils mit Niederlagen endeten. Sein Verhältnis zu Sigmund und →Friedrich III. gestaltete sich trotz seiner Teilnahme am Kurverein v. →Bingen 1424 und gelegentl. Differenzen positiv. In kgl. Auftrag befaßte sich D. mit einer Reform der Feme (1437) und war häufig als Vermittler im nordwestdt. und burg. Raum tätig. Er war Pensionär v. England und stark an den Beziehungen des Reichs zu England beteiligt.

Was sein Verhältnis zu Papst und Konzil betrifft, so gehörte er dem kfsl. Neutralitätsbund an, tendierte aber zum Baseler Konzil, das ihm bei seiner Territorial- und Kirchenpolitik (Utrecht, Paderborn) entgegenkam, während sich Eugen IV. zeitweise gegen ihn stellte (Exemtion Kleves von der geistl. Gerichtsbarkeit Kölns 1445). Die Absetzung D.s (24. Jan. 1446) blieb ohne Folgen (Wiedereinsetzung 5. Febr. 1447).

Mit wenig Erfolg bemühte sich D. um eine Verbesserung der Kirchenzucht (Provinzialsynode 1423, päpstl. Auftrag zur Klosterreform 1425) und der Verwaltung (Offizialatsstatut 1435, Gutachten der Räte ca. 1440). Durch seine zahlreichen Fehden und seine aufwendige Lebensführung waren die Stifter am Ende seiner Amtszeit völlig überschuldet und fast alle Einkünfte verpfändet, so daß die von ihm zurückgedrängten Stände nach seinem Tode eine verschärfte Wahlkapitulation durchsetzen konnten. C. v. Looz-Corswarem

Lit.: Eine umfassende Biogr. fehlt – NDB III, s. v. [E. Wisplinghoff] – J. Hansen, Zur Vorgesch. der Soester Fehde, Westdt. Zs., Ergh. 3, 1886 – Ders., Westfalen und Rheinland im 15. Jh. (Publ. aus den Preuß. Staatsarchiven 34, 42, 1888, 1890) – M. Birck, Der Kölner Ebf. D. Gf. v. Moers und Papst Eugen IV., 1889 – F. Ritter, Ebf. D. v. Moers und die Stadt Köln in den Jahren 1415 bis 1424, AHVN 56, 1893 – F. Stentrup, Ebf. D. II. v. Köln und sein Versuch der Incorporation Paderborns, 1904 – H. Aubin, Ein Gutachten über die Verbesserung der kurköln. Zentralverwaltung von etwa 1440 (Festg. F. v. Bezold, 1921) – G. Droege, Verfassung und Wirtschaft in Kurköln unter D. v. Moers (1414-1463), Rhein. Archiv 50, 1957 – Ders., D. v. Moers. Ebf. und Kfs. v. Köln (etwa 1385-1463) (Rhein. Lebensbilder I, 1961) – W. Paravicini, Moers, Croy, Burgund. Eine Stud. über den Niedergang des Hauses Moers in der zweiten Hälfte des 15. Jh., AHVN 179, 1977 – H.-D. Heimann, Zw. Böhmen und Burgund. Zum Ost-Westverhältnis innerhalb des Territorialsystems des Dt. Reiches im 15. Jh., 1982.

15. D. v. Bülow, Bf. v. →Lebus seit 1490, * 1460, † 1. Okt. 1523 in Lebus, ⬜ Fürstenwalde, Domkirche. Als letztes Kind des im südwestl. Mecklenburg sowie im Lauenburgischen begüterten Ritters Friedrich v. Bülow und der Sophie v. Quitzow geboren, studierte D. 1472-77 an der Univ. Rostock, ging als Bakkalaureus 1478 nach Erfurt, um sich sodann 1479-84/85 in Bologna dem Studium des röm. Rechtes bis zum Erwerb der Doktorwürde zu widmen. Nach anschließendem Aufenthalt in Rom wurde er 1488 einer der Räte des brandenburg. Kurfürsten. Von dem in seiner Wahlfreiheit eingeschränkten Lebuser Domkapitel auf Betreiben des Mgf.en 1490 zum Bf. erkoren, blieb er, ohne im strengen Sinne als landsässig gelten zu können, einer der wichtigsten Helfer der weltl. Landesherren und bewährte sich in polit. Verhandlungen,

u. a. mit Pommern, Sachsen und Polen, bei der Regelung städt. Probleme und zeitweilig sogar als Statthalter der Kurmark (1521). Als Bf. löste er seine Diözese aus den Verflechtungen mit Groß- und Kleinpolen und erwarb stattdessen mit Beeskow und Storkow neue Gebiete im Westen. Er reorganisierte und zentralisierte die Verwaltung, ordnete und reformierte Liturgie, Predigt und geistl. Gerichtsbarkeit. Zeitgenossen und Nachfahren schätzten den Humanisten und Juristen v. a. als den Mitbegründer, Betreuer und ersten Kanzler der 1506 eröffneten Univ. in Frankfurt/O., der Viadrina. D. gelang es, gleichgesinnte und befreundete Gelehrte, v. a. auch Rechtskundige Bologneser Prägung an die Oder zu ziehen. Schatten auf seine Regierungszeit werfen die Judenverfolgung und die mangelnde Fähigkeit, der Wittenberger Herausforderung adäquat zu begegnen. D. Kurze

Lit.: ADB V, 182f. – DHGE X, 1213 – LThK III, 384 – NDB II, 733 [Lit.] – S. W. Wohlbrück, Gesch. des ehemaligen Bisthums Lebus und des Landes dieses Nahmens II, 1829, 248–268 – H. Grimm, D. v. Bülow, Bf. v. Lebus, in seinem Leben und Wirken (Wichmann Jb. 11/12, 1957/58), 5–98 [grundlegend] – G. Heinrich, Frankfurt und Wittenberg. Zwei Universitätsgründungen im Vorfeld der Reformation (Beitr. zu Problemen dt. Universitätsgründungen der frühen NZ [Wolfenbütteler Forsch. 4], 1978), 111–130.

16. D. v. Portitz SOCist, gen. Kagelwit, *Ebf. v.* →Magdeburg, Berater →Karls IV., * um 1300, † 17./18. Dez. 1367, aus begüterter Stendaler, mit den fernhandelnden Bismarck verwandter Gewandschneiderfamilie, Zisterzienser in →Lehnin, 1329 im Verwaltungsdienst des Bf.s →Ludwig v. Brandenburg, 1346 in Avignon Titularbf. v. Sarepta, Weihbf. in Olmütz, 1351 Bf. v. Schleswig, 1353 v. Minden. Karls IV. Gesandter, secretarius und Rat (seit 1352/54), der größte der »polit. Zisterzienser« des dt. 14. Jh. Einer der fünf ersten Diener des Ks.s, bes. in Finanzfragen; die dafür kaum entbehrliche Geldbasis ist noch ungeklärt (niederdt. Kapital im Gegensatz zum sonst am Hofe üblichen oberdt.?). D. besaß 1357/62 einmalige Vollmacht zur finanziellen Sanierung Böhmens (d. h. wohl der Krondomäne) und Finanzrechte »in deutschen Landen«, hatte vertrauteste Kanzlei in Prag mit eigenem Kanzler und weitere unterstellte Kräfte im Reich und bedeutende Klientel. 1360 Propst v. →Vyšehrad und Titularkanzler Böhmens, ein seltener Kraftakt Karls gegen den böhm. Hochadel. 1361 durch Karls Eintreten Ebf. v. Magdeburg, fortan Einwirken auf das wittelsbach. →Brandenburg zugunsten Karls, jedoch auch allmähliche Interessendivergenz. Magdeburger Domweihe 22. Okt. 1363. P. Moraw

Lit.: ADB V, 183–185 – NDB III, 678f. – G. Sello, Ebf. D. Kagelwit v. M., Jahresber. des Altmärk. Vereins für vaterländ. Gesch. und Industrie, Abt. für Gesch. 23, 1890, 1–90 – P. Moraw, Zur Mittelpunktsfunktion Prags im Zeitalter Karls IV. (Fschr. H. Ludat, 1980), 445–489 – E. Engel, Brandenburg. Bezüge im Leben und Wirken des Magdeburger Ebf.s D. v. P. (Karl IV. Politik und Ideologie im 14. Jh., hg. E. Engel, 1982), 197–213.

17. D. v. Erbach, *Ebf. v.* →Mainz, * um 1390, † 4. Mai 1459, ⌂ Aschaffenbg., Stiftskirche; Sohn des Eberhard X. v. →Erbach und der Maria v. Bickenbach. Seit 1413 im Mainzer Domstift als Capitular und ab 1429 als Cantor. Am 6. Juli 1434 wurde er in Bingen zum Ebf. gewählt. Seine Politik als Landesherr wurde bestimmt von der aus der Tradition seines Hauses überkommenen Grundlinie gutnachbarschaftl. Beziehungen zur Pfgft. (→Pfalz), der Kooperation mit den Ebf.en v. Köln und Trier und dem 1443 erreichten Frieden mit dem Lgf.en v. Hessen. Merkwürdigerweise überließ er dem Ebf. v. Trier, →Jakob v. Sierck († 1456), die Leitung der Reichskanzlei (→Kanzlei). Trotz allseits auf Ausgleich bedachter Politik an Mittel- und Niederrhein blieb das Verhältnis zur Stadt →Mainz seit der Fehde von 1441 bis 1449 gespannt.

Als Dekan des Kurkollegs (→Kurfürsten) wirkte er 1438 und 1440 bestimmend auf die Königswahlen Albrechts II. und Friedrichs III., dadurch die Rückkehr des Hauses →Habsburg auf den Thron begründend. Im Streit zw. Papst und Baseler Konzil verfolgte er maßgebend für die dt. Kirche von 1439 an (Mainzer Akzeptation) die Neutralitätspolitik. Die Entscheidungen mehrerer Provinzial- und Diözesansynoden wurden beeinflußt von den Konzilsdekreten. D. v. E. geriet dadurch in Gegensatz nicht nur zum Papst, sondern auch zum Ks., der 1448 das →Wiener Konkordat abschloß. Auf der Aschaffenburger Provinzialsynode 1455 und den Kurfürstentagen der beiden Folgejahre wurden die →Gravamina Nationis Germanicae (diese fußend auf dem Mainzer Libell von 1451 als erster offizieller Dokumentation der Beschwerden gegen die röm. Kurie) formuliert. Ihnen kam weit fortwirkende Bedeutung zu.

Persönlich bescheiden lebend, kehrte D. die kfsl. Stellung des Mainzer Ebf.s wirkungsvoll heraus; humanistischen Anliegen wie den Fragen der Kirchenreform stand er stets aufgeschlossen gegenüber. A. Gerlich

Q.: RTA 11–19 – Lit.: E. Ziehen, Mittelrhein und Reich im Zeitalter der Reichsreform I, 1934, 80ff. – H. Hürten, Die Mainzer Akzeptation von 1439, Archiv für mittelrhein. KG 11, 1959, 42–75 – I. H. Ringel, Stud. zum Personal der Kanzlei des Mainzer Ebf.s D. v. E., 1980.

18. D. I., *Bf. v.* →Metz (965–984) und ksl. Berater, † 7. Sept. 984, ⌂ St-Vincent; Sohn Eberhards, Gf.en v. →Hamaland, und der Amalrada, Neffe Roberts, Ebf.s v. Trier, und der Kgn. →Mathilde, Vetter von Ks. →Otto I. – D. wurde in Halberstadt erzogen, war vielleicht Kanoniker in Hildesheim und hielt sich in Köln bei seinem Vetter, Ebf. →Brun v. Köln, auf, der von Otto I. mit der Verwaltung des Hzm.s Lothringen betraut worden war. Otto I. und Brun ließen ihn (Anfang 965) zum Bf. v. Metz erheben; am 5. März 965 erfolgte die Weihe. Nach Bruns Tod im Herbst desselben Jahres stand D. in engen Beziehungen zu den otton. Herrschern und tritt daher häufig in Königsurkunden auf. Er begleitete Otto I. 967–971 auf den Italienzug und empfing →Theophanu; 980–983 war er Ratgeber Ottos II. D. spielte eine bedeutende Rolle in der Reichspolitik gegenüber Lothringen (→Oberlothringen) und nahm aktiven Anteil an der monast. Reform. Er gründete ca. 965/967 die Abtei St-Vincent, die er reich mit Landbesitz ausstattete und mit in Italien erworbenen Handschriften beschenkte, legte um 975 die Grundlagen für Burg und Abtei→Epinal und begann mit dem Neubau seiner Kathedrale. Aus Italien brachte er einen großen Reliquienschatz nach Metz. M. Parisse

Q.: Vita Deoderici episcopi Mettensis, auctore Sigeberto Gemblacensi (MGH SS IV, 461–483) – Alpertus van Metz, Gebeurtnissen van deze tijd. Een fragment over bisschop Diederik I van Metz, ed. H. van Rij–A. S. Abulafia, 1980 – Lit.: LThK² X, 36 – R. Reuss, Das Leben Bf. Theoderichs I. v. Metz, 1882 – R. Schetter, Die Intervienzer der weltl. und geistl. Fürsten in den dt. Königsurkk. von 911–1056, 1935, 35, 56 – M. Parisse, Thierry Ier, évêque de Metz, Les Cahiers Lorrains, NS 17, 1965, 110–118 – E. Boshof, Das Erzstift Trier und seine Stellung zu Kgtm. und Papsttum im ausgehenden 10. Jh., 1972, 8f., 23f.

19. D. II. v. Luxemburg, *Bf. v.* →Metz 1006–47, † 30. April 1047, ⌂ Metz, Kathedrale; Sohn des Siegfried, Gf.en v. →Luxemburg, und der Hadwide, war er Bruder von: →Heinrich, Gf.en v. Luxemburg und Hzg. v. Bayern, Adalbero, Ebf. v. Trier, →Kunigunde, der Gattin Ks. →Heinrichs II. Nach einer Überlieferung soll er anstelle des Sohnes des lothr. Hzg.s Dietrich, Adalbero, das nach dem Tod Adalberos II. († 30. Dez. 1005) vakante Bm. Metz usurpiert haben. Wahrscheinlicher ist, daß er das Bm. mit Hilfe seines Schwagers Heinrich II. zu Anfang 1006 erhielt; seine Bischofsweihe erfolgte sicher vor dem 14. Mai 1006. D. und Hzg. Heinrich v. Bayern unterstützten gemeinsam ihren Bruder Adalbero, Electus v. Trier, was zum offenen Konflikt mit Heinrich II. führte, der Metz 1009 und 1012 belagerte (Lützelburg. Fehde). Am 11. Nov. 1012 ließ Heinrich zu Koblenz D. die Ausübung seines Bischofsamtes untersagen. 1013 erfolgte die Aussöhnung. Nach dieser Auseinandersetzung teilte D. seine Tätigkeit zw. seinen bfl. Aufgaben und seinem Zusammenwirken mit den Großen des Reiches und der Kirche: Er nahm an der Weihe Poppos zum Ebf. v. Trier teil (1017) und administrierte 1022 dessen Bm.; 1026 weihte er Bruno (den späteren Papst →Leo IX.) zum Bf. v. Toul. D. ließ Reliquien transferieren (Reliquien der hl. Serena in die Abtei St. Maria zu Metz, Arm des hl. Stephanus in die Kathedrale v. Metz, Arm der hl. Lucia nach Limburg a. d. Haardt). Er nahm an Synoden teil (Mainz 1007, Trier 1038). D. weihte die neue Abtei St-Vincent (1030) und vollendete den Kathedralneubau, den er am 27. Juni 1040 konsekrierte. Von 1014 an stand er in gutem Einvernehmen mit Heinrich II., unterstützte Konrad II. 1024 und nahm auch am Königstreffen von →Deville (Mai 1033) teil. Auch mit Heinrich III. verbanden ihn gute Beziehungen (Speyer 1046).

D. hinterließ wenig Schriftzeugnisse (nur eine Urkunde). Mehrere Quellen deuten auf eine machtbewußte autoritäre Persönlichkeit hin. →Ademar v. Chabannes hat ihm wohl die ehrende Bezeichnung eines Grammatikers beigelegt. Nicht lange vor seinem Tod (1047) machte D. 1046 eine Stiftung für die Abtei →St. Truiden (St-Trond).

M. Parisse

Q.: MGH PP 5-7, 493 – Lit.: Biographie Nat. du Pays Lux., 1956, 3-20 – J. François-N. Tabouillot, Hist. de Metz II, 1775, 113-136 – R. Parisot, Origines de la Haute-Lorraine, 1909, 370-396 – F. Heber-Suffrin, Dossier sur la cathédrale de Metz aux Xe et XIe s. (Eglises de Metz dans le Haut MA, Cahier IV de l'Univ. de Paris-Nanterre, 1982), 15-70.

20. D. I., Bf. v. →Naumburg. Der vielleicht aus dem Hause →Wettin stammende D. kam 1111 in sein Amt. Der Tradition seines Bm.s folgend hielt er sich zunächst zur kgl., seit etwa 1115 jedoch zur gregorian. Partei. Er widmete sich bes. den Aufgaben der Verkündigung in dem noch weithin unerschlossenen Südteil seiner Diöz., regte die Gründung der Gaupfarrkirche Plauen/Vogtland 1122 und wohl auch jene der →Zwickauer Gaukirche 1118 an. Bei Zeitz gründete er 1121 das Kl. Bosau, im Naumburger Bistumsland an der mittleren Elbe 1119 das Kl. Riesa, das Nonnenkl. St. Moritz in →Naumburg wandelte er in ein Augustinerchorherrenstift um. Seine Anwesenheit auf Synoden in Fritzlar 1118 und Reims 1119 zeigt ihn als einen Mann der Kirchenpolitik. Er wurde am 27. Sept. 1123 im Kl. Bosau aus privaten Gründen ermordet.

K. Blaschke

Lit.: NDB III, 682 – J. P. Lepsius, Gesch. der Bf.e des Hochstifts Naumburg I, 1846, 33-36 – W. Schlesinger, Kirchengesch. Sachsens im MA I, 1962, 135.

21. D. I., Ebf. v. →Trier seit 965, † 5. Juni 977, ☐ Mainz, St. Gangolf-Stift (oder: Trier, Friedhof St. Eucharius?). Seine Herkunft ist quellenmäßig unbezeugt. Die Continuatio Reginonis nennt ihn als Diakon der Trierer Kirche. Otto I., der ihn 961 urkundlich als familiaris und Dompropst zu Mainz anspricht, überträgt ihm 966 Güter im Nahegau, die D. alsbald dem von ihm um 960 gegründeten Stift St. Gangolf in →Mainz zuwenden läßt. Die Erhebung D.s zum Ebf. v. Trier begünstigte Ebf. →Wilhelm v. Mainz gegen Wolfgang, den Kandidaten Ebf. →Bruns v. Köln. Von Otto I. erwarb D. 966 im Tausch das territorialpolit. wichtige Trierer Kl. Oeren, das Otto II. 973 wieder an sich zog. Die Verleihung des Forstbanns im Bidgau und die Immunitätsbestätigung durch Otto II. 973 festigten D.s herrschaftl. Stellung. Die im gleichen Jahr übertragenen Münzrechte in Ivois und Longuyon förderten seine Interessen im Westen. Sein Einfluß auf die Reichspolitik war begrenzt. Von Papst Johannes XIII. erstrebte und erlangte D. v. a. die Verbriefung des Primats in Gallien und Germanien, den Benedikt VI. und Benedikt VII. bestätigten. Die Urkunde über die Schenkung der röm. Titelkirche SS. Quattuor Coronati an ihn scheint gefälscht. D.s Klosterpolitik wird in den erzählenden Quellen widersprüchl. beurteilt. Urkundlich erscheint er als im lothr. Reformgeist (Gorze/St. Maximin) tätiger Erneuerer bzw. Neubegründer klösterl. Lebens, insbes. für die Trierer Kl. St. Martin und St. Marien. Die Königsklöster, voran St. Maximin, blieben ihm herrschaftlich entzogen. Die in der Forschung behauptete Abschaffung der vita communis des Trierer Domkapitels unter seinem Pontifikat verfehlt den komplexen Sachverhalt. Konkretere Bezüge D.s zur stadttrier. Geschichte (St. Gangolf; Dietrichstr.) finden in den Quellen keine Stütze. – D. ist Autor einer versifizierten Vita Liutrudis.

A. Heit

Lit.: ADB LIV, 685 – NDB III, 685 – F. Pauly, Aus der Gesch. des Bm.s Trier II, 1969, 55-57 – E. Boshof, Das Erzstift Trier und seine Stellung zu Kgtm. und Papsttum im ausgehenden 10. Jh. Der Pontifikat des Theoderich (Stud. und Vorarb. zur GP 4), 1972 [Q. und Lit.] – F.-J. Heyen, Das Stift St. Paulin (Das Ebm. Trier I, GS NS 6), 1972, 19, 26, 39, 92, 537.

22. D. II., Ebf. v. →Trier seit 1212, † 27. oder 28. März 1242 in Koblenz, ☐ Trier, Dom; Sohn v. Gf. Dietrich v. →Wied; Propst in Rees und St. Kunibert in Köln, Domherr und Großarchidiakon, Propst in St. Paulin in Trier. Im Reich stand D. als Ebf. bis zum Tod auf stauf. Seite, bei vielen Angelegenheiten – z. T. maßgebl. – beteiligt. Territorialpolit. aktiv bes. im Osten des Erzstifts (Bau von Montabaur um 1227), suchte er seine Stellung auch im Westen zu sichern (u. a. Bau von Kyllburg 1239). Der Plan, ein von Trier abhängiges Suffraganbm. →Prüm zu schaffen, scheiterte (1236). Sein kirchl. Wirken umfaßte Reformversuche beim Klerus, Synoden, Förderung geistl. Institutionen (u. a. Bettelorden), Bautätigkeit (Liebfrauen), gemäßigtes Vorgehen gegen Ketzer. Kennzeichnend ist ferner seine Familienpolitik (→Arnold II., Ebf. v. Trier).

R. Holbach

Q.: MGH SS 24, 398-404 – UB zur Gesch. der mittelrhein. Territorien III, bearb. L. Eltester – A. Goerz, 1874 – Lit.: ADB LIV, 686f. – NDB III, 685f. – K. Pellens, Der Trierer Ebf. D. II. v. Wied, 1960 – P. B. Pixton, D. of Wied, Archbishop of Trier [Diss. Iowa 1972] – Ders., Archiv für mittelrhein. KG 26, 1974, 49-73 – Ders., Kurtrier. Jb 17, 1977, 12-23.

23. D. v. Apolda OP, Hagiograph, * 1220/30, † nach 1302/03 in Erfurt. D. entstammte sehr wahrscheinlich dem einflußreichen thür. Ministerialengeschlecht der Herren v. Apolda. Seit 1247 gehörte er dem Dominikanerkonvent in →Erfurt an, in dem er zeitlebens wirkte. D., der zu den geistl. Betreuern der Mystikerin →Gertrud d. Gr. v. Helfta zählte, ist v. a. als Verfasser zweier umfangreicher Lebensbeschreibungen der hl. →Elisabeth v. Thüringen und des hl. →Dominikus bekannt. Inwieweit er darüber hinaus literarisch tätig war, ist nicht mehr anzugeben. Seine beiden Viten galten zwei der bedeutendsten Hl.en seines Jahrhunderts und bildeten lange Zeit die maßgebl. Darstellungen. War die 1297 abgeschlossene Dominikus-Vita ein ordensoffiziöses Auftragswerk, das sich von den älteren Viten v. a. durch die Fülle des Materials abhob, so bedeutete die 1289/90 von D. wohl aus eigenem Antrieb verfaßte Elisabeth-Vita einen merklichen Neubeginn gegenüber der bisherigen hagiograph. Tradition dieser über ganz Mitteleuropa verehrten Hl. en. D. vereinte in ihr die hagiograph. Angaben der älteren Elisabeth-Texte mit Nachrichten der thür. Historiographie und fügte zahlreiche romanhafte Episoden und Elemente der sich um Elisabeth und ihren Gemahl Lgf. →Ludwig IV. v. Thüringen rankenden volkstüml. Tradition ein. Sein Werk, das deutliche Ansätze eines an einer populären Heiligengestalt anknüpfenden territorialen Landesbewußtseins enthält, erfreute sich rasch großer Beliebtheit. In zahlreichen Überarbeitungen und volkssprachl. Versionen verbreitet, fand es Eingang auch in hagiograph. Kompendien, Geschichtswerke und Predigten und bildete weit über das MA hinaus die wichtigste Grundlage der Elisabeth-Tradition. M. Werner

Ed.: Vita S. Dominici, AASS Aug. 1, 558–628 – Vita S. Elisabeth, H. Canisius, Antiquae lectiones V, Ingolstadt 1604, 143–217; Neuaufl.: J. Basnage, Thesaurus monumentorum ecclesiasticorum et historicorum IV, Amsterdam 1725, 116–152 – *Lit.*: Verf.-Lex.² II, 103–110 [H. Lomnitzer] – P. Braun, Der Biograph der hl. Elisabeth und des hl. Dominikus D. v. Apolda OFP, Zs. des Vereins für Kirchengesch. in der Prov. Sachsen 9, 1912, 121–133 – B. Altaner, Der hl. Dominikus (Breslauer Stud. zur hist. Theologie 2), 1922, 170–189 – M. Werner, D. v. Apolda und seine Vita s. Elisabeth (Unters. und Materialien zur Verfassungs- und Landesgesch. 9, erscheint 1986).

24. D. v. Freiberg OP (Theodoricus de Vriberch, Theodoricus Teutonicus; Philosoph, Theologe und Naturwissenschaftler).

I. Leben – II. Methodologie – III. Autoritäten – IV. Schriften.

I. Leben: *um 1240, † um 1318/20. D. studierte wahrscheinl. zw. 1260–70 Philosophie und Theologie an dt. Dominikaner-Studia, war 1271 Lektor des Konvents zu Freiberg; nach Studien in Paris (zw. 1272–74) war er 1280/81 Lektor am Dominikanerkonvent zu Trier. Zw. 1281/82–93 hielt er sich (als Bakkalar) wahrscheinl. nochmals in Paris auf und war 1293–96 Provinzial der dt. Ordensprovinz (Termin der Wahl D.s in Strasburg: 7. Sept. 1293) und Generalvikar (1294–96). Im akadem. Jahr 1296/97 erwarb er an der Pariser Univ. den Titel »Magister der Theologie« (wie im 13. Jh. als Deutscher nur Albertus Magnus) und dürfte danach in Paris als »Magister actu regens« gelehrt haben. Schließlich ist er in Urkk. nur noch bezeugt als Teilnehmer am Provinzialkapitel v. Koblenz (1303; Wahl zum Provinzialdefinitor), am Generalkapitel v. Toulouse (1304) und am Generalkapitel v. Piacenza (1310; Wahl zum Provinzialvikar der dt. Ordensprovinz Teutonia).

II. Methodologie: D. beteuerte stets, sein Denken verdanke sich der Tradition der Philosophie, verfahre nur auf die Weise forschenden Suchens (De orig., prooem. 2; De trib. diff. quaest., prol. general. 1), ja einer Nachlese von Vergessenem (De sub. spir., prooem. 1) und beruhe auf der Anerkennung der Konsonanz von Vernunft und Autorität (De anim. 30, 1; De sub. spir. 28, 7) – Bekundungen einer Bescheidenheit, die in merkwürdigem Kontrast stehen zu krassen Invektiven gegen träumer. Theorien (franziskan. Provenienz; De orig. 3, 35) oder Allgemeinplätze der communiter loquentes (De trib. diff. quaest., prol. general. 1; De acc. 1, 2), die aufgrund zahlenmäßiger Überlegenheit, aber nicht argumentativer Stringenz den Sieg davontrügen (D. denkt bes. an Thomas v. Aquin). Im Kontrast auch zu eigenen Denkresultaten: Es war stets D.s Intention, in einem systemat. präzis abgegrenzten Rahmen ein seiner Meinung nach bedeutendes Problem überhaupt wie schwierige Fragen seiner Zeit einer neuen – um nicht zu sagen: revolutionären – Lösung entgegenzuführen, dies – wenn nötig – wider Autorität und wider eine sich selbst vergessende Vernunft. »Vernunft« bedeutete für D. einerseits »Rationalitätsstandard« (ratio; De anim. 2, 1) und ggf. seine Überwindung durch konsequenteres rationales Argumentieren, zum anderen – als theoret. analysierter Gegenstand – »Intellekt« (intellectus), wobei Instanzen wie »Gott« und »Natur«, zunächst (De orig.) als Simultanursachen neben dem Intellekt gedacht, in einem fortgeschrittenen Denkstadium (De vis. beat.) allein aus einer Betrachtung dessen, was »Vernunft« wesentl. ist und wie sie sich aus sich selbst überhaupt erst entwickelt, als wißbar begriffen wurden. Philos., theol. oder naturwissenschaftl. Theorien unterlagen somit zwar stets einer für noch gültig angesehenen oder neu gewonnenen Rationalität, ohne daß der Intellekt als solcher jedoch ständig thematisiert worden wäre – eine Methode, die Anerkennung verdient, weil D. so eine freilich immer rationalen Beurteilungskriterien gemäße autonome Naturwissenschaft, Naturphilosophie, Metaphysik, Theologie und Intellekttheorie freisetzte, Kritik, weil allein in der Intellekttheorie ein Begriff von Vernunft entwickelt wurde, der es der Vernunft erlaubte, Ausweis für sich selbst wie für ihre Gegenstände und ihre Tätigkeit zu sein, sonst jedoch Rationalitätskriterien der philos., theol. und naturwissenschaftl. Tradition entlehnt wurden und zur Beurteilung von Inhalten aus eben dieser Tradition dienten, wobei eben diesen Inhalten aufgrund rational konsequenten Argumentierens dann aber neue Perspektiven abgewonnen wurden.

III. Autoritäten: D.s Autoritäten – als solche anerkannt oder ggf. kritisiert – waren vornehml. Aristoteles und Augustin, Proklos und der »Liber de causis«, Averroes und Ṭābit ibn Qurra wie überhaupt die arab. Naturwissenschaftler und Astronomen, gelegentl. Boethius, Ps.-Dionysius Areopagita, Anselm v. Canterbury, Avicenna und Albertus Magnus, auch Thomas v. Aquin, dem jedoch allein in D.s frühesten Werken (De orig., Quaest. utrum sub. spir.) – wenngleich sparsam – Anerkennung widerfuhr, seit der »Trilogie« aber nur noch rohes (De vis. beat. 1.1.2.2., 1), fiktives (De acc. 6, 1) Denken bescheinigt wurde.

IV. Schriften: Von D.s Schriften seien hervorgehoben: 1. »De origine rerum praedicamentalium« (Rezeption und Erweiterung der aristotel. Kategorientafel, Aufweis des Gedankens nicht-prädikamentaler Relationalität, Begründung der Simultankausalität von »Gott«, »Intellekt« und »Natur« bei Akzentuierung der konstitutiven Funktion des Intellekts gegenüber dem Naturding, sofern es ein Was ist und eine Washeit besitzt (konstituiert wird vom Intellekt das eine Naturding als ganzes, als durch seine Washeit bestimmtes Was, als durch ihre Washeit bestimmte res extra intellectum, nicht jedoch das Naturding, sofern es durch die Naturprinzipien »Materie« und »Individualform« als solche bestimmt wird; K. Flasch, Kennt die . . .; B. Mojsisch, Die Theorie . . ., 77–83; K. Flasch, Einl. zu: D. v. F., Opera omnia III, LX–LXXXIII).

2. Die Trilogie »De tribus difficilibus quaestionibus« mit den Schriften »De animatione caeli« (Beseelung des Himmels durch eine nicht mit der kosm. Intelligenz identische, von ihr jedoch abhängige Wesensursache, die – gegen Thomas herausgestellte – per se wirkende Himmelsseele; vgl. auch D.s Spätschriften »De intellig.« und »De cog. ent.«; L. Sturlese, Il »De animatione caeli« . . .; H. Steffan, D. v. F.s Traktat »De cog. . . .« . . ., 12–106; K. Flasch, Einl. zu: D. v. F., Opera omnia III, XV–XXXVIII), »De visione beatifica« (Aufweis der

Identität des aristotel. gedachten tätigen Intellekts mit dem Versteck des Geistes Augustins, des aristotel. gedachten möglichen Intellekts und des augustin. konzipierten Denkens, Explikation des Erkenntnisprozesses bei Akzentuierung der wesentl. Selbsterkenntnis des tätigen Intellekts, der zugleich sein Prinzip, Gott, seit je erkennt, in seiner Tätigkeit Ursprung für das Seiende als solches wie den möglichen Intellekt ist und – antithomistisch – die Instanz ist, die dem möglichen Intellekt die Erkenntnis des absoluten Prinzips, Gottes, erlaubt; B. MOJSISCH, Die Theorie..., 46–92), »De accidentibus« (revolutionäres – antithomistisches – Werk zur Eucharistielehre; K. FLASCH, Einl. zu: D. v. F., Opera omnia III, XXXIX–L).

3. »De ente et essentia« (Nachweis der Identität von Sein und Wesen unter Berücksichtigung der sprachphilos. für D. relevanten Theorie der Modisten; R. IMBACH, Gravis iactura...).

4. »De intellectu et intelligibili« (die erkennenden Tätigkeiten des tätigen und möglichen Intellekts und ihr Zusammenspiel, bes. die Erkenntnis des tätigen Intellekts auf die Weise seines Prinzips, Gottes, wie D.s Wissenschaftstheorie; B. MOJSISCH, Einl. zu: D. v. F., Abhandlung..., XV–XXIX).

5. »De natura et proprietate continuorum« (konstitutive Funktion der Seele gegenüber der Zeit; R. REHN, Quomodo...).

6. »De natura contrariorum« – beachtenswert ist D.s Neufassung der Transzendentalientheorie: Das Eine als Privation der Privation besitzt eher die Weise einer Privation als die einer Position (De nat. contr. 16, 5; B. MOJSISCH, Meister Eckhart, 82–84).

7. »De substantiis spiritualibus et corporibus futurae resurrectionis« – bemerkenswert der Konnex von Philosophie und Theologie (K. FLASCH, Einl. zu: D. v. F., Opera omnia II, XV–XVI).

8. »De iride« – D.s längster Traktat; Entfaltung einer noch heute im wesentl. anerkannten Theorie des Regenbogens mit Mitteln der Naturwissenschaft (L. STURLESE, Einl. zu: D. v. F., Opera omnia IV). D.s starkes naturwissenschaftl. Interesse zeigt sich ferner in seinen Traktaten und Opuscula wie »De coloribus«, »De elementis corporum naturalium«, »De luce et eius origine«, »De miscibilibus in mixto« u. a.

Zur Wirkungsgeschichte der Werke D.s vgl. L. STURLESE, Alle origini...; B. MOJSISCH, Einl. zu: D. v. F., Abhandlung..., XVII, XXI–XXII.   B. Mojsisch

Ed.: D. v. F., Opera omnia, mit Einl. v. K. FLASCH, hg. B. MOJSISCH (Tom. I), 1977; R. IMBACH, M. R. PAGNONI-STURLESE, H. STEFFAN, L. STURLESE (Tom. II), 1980; J.-D. CAVIGIOLI, R. IMBACH, B. MOJSISCH, M. R. PAGNONI-STURLESE, R. REHN, L. STURLESE (Tom. III), 1983; mit einer Einl. v. K. FLASCH, hg. M. R. PAGNONI-STURLESE, R. REHN, L. STURLESE, W. A. WALLACE (Tom. IV), 1985 – Übers.: Traktat über die Erkenntnis der getrennten Seienden und bes. der getrennten Seelen v. Meister D. aus dem Predigerorden, übers. H. STEFFAN, vgl. Lit., 321–477 – D. v. F., Abh. über den Intellekt und den Erkenntnisinhalt, übers. und mit einer Einl. hg. B. MOJSISCH, 1980 – D. v. F., Der tätige Intellekt und die beseligende Schau, übers. B. MOJSISCH (Gesch. der Philos. in Text und Darstellung, hg. R. BUBNER, 2: MA, hg. K. FLASCH, 1982, 414–431 – Lit.: E. KREBS, Meister D. Sein Leben, seine Werke, seine Wiss., BGPhMA V/5-6, 1906 – W. A. WALLACE, The Scientific Methodology of Theodoric of F..., 1959 – K. FLASCH, Kennt die ma. Philos. die konstitutive Funktion des menschl. Denkens? Eine Unters. zu D. v. F., Kant-Stud. 63, 1972, 182–206 – B. MOJSISCH, Die Theorie des Intellekts bei D. v. F., Beih. 1, 1977 – H. STEFFAN, D. v. F.s Traktat »De cognitione entium separatorum«. Stud. u. Text [Diss. masch. Bochum 1977] – L. STURLESE, Alle origini della mistica speculativa tedesca. Antichi testi su Teodorico di F., Medioevo 3, 1977, 21–87 [grundlegend für die Wirkungsgesch.] – K. FLASCH, Zum Ursprung der nz. Philos. im späten MA. Neue Texte und Perspektiven, PhJb 85, 1978, 1–18 – R. IMBACH, Le (néo-)platonisme médiéval. Proclus latin et l'école dominicaine allemande, RevThéolPhilos 110, 1978, 427–448 – M. R. PAGNONI-STURLESE, La »Quaestio utrum in Deo sit aliqua vis cognitiva inferior intellectu« di Teodorico di F. [Xenia medii aevi historiam illustrantia oblata TH. KAEPPELI OP, 1978], 101–139 – L. STURLESE, Il »De animatione caeli« di Teodorico di F. [ebd.], 175–247 – R. IMBACH, Gravis iactura verae doctrinae. Prolegomena zu einer Interpretation der Schrift »De ente et essentia« D.s v. F. OP, FZPhTh 26, 1979, 369–425 – B. MOJSISCH, La psychologie philosophique d'Albert le Grand et la théorie de l'intellect de D. de F. Essai de comparaison, Archives de Philos. 43, 1980, 675–693 – M. R. PAGNONI-STURLESE, Per una datazione del »De origine« di Teodorico di F., Annali della Scuola Normale Superiore di Pisa, ser. III, vol. 11, 1981, 431–445 – L. STURLESE, Albert der Gr. und die dt. philos. Kultur des MA, FZPhTh 28, 1981, 133–147 [zu Fragen des Kulturbereichs] – L. HÖDL, Das »intelligibile« in der scholast. Erkenntnislehre des 13. Jh., FZPhTh 30, 1983, 345–372 – B. MOJSISCH, Meister Eckhart. Analogie, Univozität und Einheit, 1983 – A. DE LIBERA, Introduction à la Mystique Rhénane (d'Albert le Grand à Maître Eckhart), 1984 – L. STURLESE, Dokumente und Forsch. zu Leben und Werk D.s v. F., Corpus Philosophorum Teutonicorum Medii Aevi (CPTMA) [Zur Vita und zum Kulturbereich], Beih. 3, 1984 – Von Meister D. zu Meister Eckhart, hg. K. FLASCH, CPTMA, Beih. 2, 1984 (zu D. vgl.: R. REHN, Quomodo tempus sit? Zur Frage nach dem Sein der Zeit bei Aristoteles und D. v. F., 1–11; L. STURLESE, Proclo ed Ermete in Germania da Alberto Magno a Bertoldo di Moosburg, 22–33 [zu Fragen des Kulturbereichs], K. FLASCH, Bem. zu D. v. F., »De origine rerum praedicamentalium«, 34–45; T. KOBUSCH, Die Modi des Seienden nach D. v. F., 46–67; A. DE LIBERA, La problematique des »intentiones primae et secundae« chez D. de F., 68–94; B. MOJSISCH, Sein als Bewußt-Sein. Die Bedeutung des ens conceptionale bei D. v. F., 95–105; DERS., »Causa essentialis« bei D. v. F. und Meister Eckhart, 106–114; M. R. PAGNONI-STURLESE, Filosofia della natura e filosofia dell' intelletto in Teodorico di F. e Bertoldo di Moosburg, 115–127) – zu D.s naturwiss. Stud.: DSB IV, 92–95 [W. A. WALLACE].

25. D. Holzschuh (Übers. von »Tile Kolup«), † 7. Juli 1285, erregte 1284/85 als angeblicher Ks. Friedrich II. großes Aufsehen. In demselben Jahre 1284, in dem sich im Elsaß der Eremitenbruder Heinrich als Ks. Friedrich II. ausgab – beim Anrücken Kg. →Rudolfs jedoch wieder verschwand –, erhob D. (»quidam rusticus«) in Köln zunächst insgeheim, dann öffentlich den Anspruch, er sei »rex Fridericus«. Er wurde bald eingekerkert, schließlich auf dem Markt verhöhnt und als Wahnsinniger aus der Stadt verjagt. Dennoch fand er in Neuß, das dem Kölner Ebf. unterstand, Aufnahme und starke Unterstützung. Sogar manche »nobiles et barones terre« sollen ihn als »cesarem« anerkannt haben. Unter dem nachgeahmten Siegel des Staufers schickte er Briefe an verschiedene Herren und Fs.en – darunter auch an Gegner des Kölner Ebf.s →Siegfried v. Westerburg – und stellte Urkunden aus. Selbst Städte und Herren aus Oberitalien zogen Erkundigungen über ihn ein. Wohl nach Absprache mit Kg. Rudolf belagerte Ebf. Siegfried – wahrscheinl. im Mai 1285 – Neuß und forderte, vergeblich, die Auslieferung D.s. Dieser begab sich in die Königsstadt Wetzlar. Dort wie auch in anderen Städten der Wetterau und des Elsaß kam ihm zunächst die Opposition gegen die Steuerforderungen Kg. Rudolfs zugute. Rudolf zeigte sich jedoch kompromißbereit und gewann bald wenigstens einen Teil der Wetzlarer Führungsgruppe für sich. Als er Ende Juni/ Anfang Juli mit militär. Unterstützung des Kölner Ebf.s vor Wetzlar erschien, wurde ihm D. ausgeliefert. Er ließ ihn verurteilen und am 7. Juli im Kaisergrund bei Wetzlar als Ketzer und Zauberer verbrennen. Dennoch soll sich im Volk der Glaube an D. als den immer noch lebenden Ks. Friedrich weitererhalten haben. Die Wirksamkeit des angeblichen Ks.s beruhte v. a. auf weit verbreiteten eschatolog., teils pseudojoachitisch beeinflußten Vorstellungen (→Eschatologie, →Joachim v. Fiore) über das Erscheinen des →Friedenskaisers, die sich mit der Person Friedrichs II. verbanden.   A. Haverkamp

Lit.: ADB XV, 1882, 792f.; XVI, 1882, 497 – O. REDLICH, Rudolf v. Habsburg, 1903 – TH. MARTIN, Die Städtepolitik Rudolfs v. Habsburg (Veröffentl. des Max-Planck-Inst. für Gesch. 44, 1976) – K. SCHREINER, Die Staufer in Sage, Legende und Prophetie (Staufer III, 1977), 249–262 – T. STRUVE, Utopie und gesellschaftl. Wirksamkeit. Zur Bedeutung des Friedenskaisers im SpätMA, HZ 225, 1977, 65–95 – F. R. ERKENS, Siegfried v. Westerburg (Rhein. Arch. 114), 1982.

26. D. Kolde (Dirk, Thierry Coelde), * ca. 1453 in Münster (Westfalen), † wahrscheinl. 11. Dez. 1515 in Löwen. Aus angesehener Bürgerfamilie Münsters stammend, trat D. bei den Augustiner-Eremiten ein, wirkte nach theol. Studium als Prediger und Ordenslektor in Köln und wurde zw. 1483 und 1486 Franziskanerobservant. Nach selbstlosem Einsatz für Pestkranke in Brüssel (1488–90) nahm D. seine Predigttätigkeit im rhein.-westfäl. Raum wieder auf und hatte seit 1497 verschiedene Ordensämter in der Rhein. Provinz inne. Berühmtheit erlangte D. als Volksprediger und Autor pastoraler Schriften, in denen er in einfacher Sprache Betrachtungen über die Leiden Christi, die Verehrung Mariens und die rechte christl. Lebensweise (bes. im 'Christenspiegel') vornahm.
D. Berg

Lit.: F. DOELLE, D.C., Westfäl. Lebensbilder 2/3, 1931, 379–395 – A. GROETEKEN, D. K. v. Münster, 1935 – K. ZUHORN, Neue Beitr. zur Lebensgesch. D. K.s, FSt 28, 1941, 107–116, 163–194 – Der Christenspiegel des D. K. v. Münster, hg. C. DREES, 1954, 2*–14* – A. GROETEKEN, Der älteste gedruckte dt. Katechismus, FSt 37, 1955, 53–74, 189–217, 388–410 – B. DE TROEYER, Dirk van Munster, Franciscana 26, 1971, 109–173 [dt.: FSt 65, 1983, 156–204] – D. BERG, Franziskaner in Westfalen, Monast. Westf., 1982, 156ff. – Weitere Lit.: B. DE TROEYER, Bio-Bibliograph. franc. neerl., 1969–74: Ante saec. XVI, 1, 196–248; 2–3, 1–21 – saec. XVI, 2, 281–307.

27. D. v. Nieheim (Niem, Nyem), * um 1340 in Brakel, † Ende März 1418 in Maastricht, aus begüterter, ratsfähiger westfäl. Familie. Clericus, baccalarius in artibus und notarius publicus, wurde er etwa 1370 Notar eines Richters der →Audientia sacri palatii (Rota) in Avignon, wohl nebenbei schon – wie nach dem Umzug der Kurie (1376/77) in Rom – am kurialen Generalstudium die Rechte studierend (in Erfurt ließ er sich 1401 ehrenhalber immatrikulieren). 1378 machte ihn der ihm nahestehende Urban VI. zum Skriptor und Abbreviator der →Kanzlei. In diesen Ämtern diente er, hochgeachtet, bis 1409 den röm., bis 1415 den Pisaner Päpsten, oft in deren Nähe, aber nur im Vorfeld polit. Entscheidungen. Er erlangte einträgliche dt. Pfründen, doch sich 1395–99 als von Bonifaz IX. providierten Bf. v. Verden durchzusetzen, gelang ihm nicht. Mit einem Teil seines Vermögens, das er noch als Prokurator für Bittsteller an der Kurie vermehrte, förderte er 1406 als dessen Rektor den Bau des dt. Hospiz in Rom, S. Maria dell'Anima, wie er überhaupt ein starkes Heimatgefühl behielt. Während er dem Konzil v. →Pisa fernblieb, nahm er, inzwischen überzeugter Konziliarist und in der Deutschen Nation gehört, bis 1417 am →Konstanzer Konzil teil. Seine letzten Monate verbrachte er als Kanoniker in St. Servatius in Maastricht.

Nur die ersten seiner vielen Schriften und Sammlungen haben amtlichen Charakter: das Handbuch für Rotaprozesse »Stilus palacii abbreviatus« (ca. 1379) und die Neuauflage der kurialen Kanzleibücher im »Liber cancellarie« (1380). Aber er nutzte den Zugang zu den zeitgeschichtl. interessanten Akten: im »Nemus unionis« (1408) verwertete er sie publizistisch; in »De scismate« (1409/10) und dessen Fortsetzung (1415) verarbeitete er sie mit seinen Erinnerungen zu einem Bild der miterlebten Papstgeschichte. Ständig sammelte er Quellen zur Reichsgeschichte (bes. von Karl d. Gr. bis zu den Staufern), die er in den hist.-polit. Schriften »Gesta Karoli Magni imperatoris« (1398/99), »Viridarium imperatorum et regum Romanorum« (1411), »Cronica« (1413/14) und »Historie de gestis Romanorum principum« (1415) den Herrschenden seiner Zeit zur Nachahmung vorhielt. Auf diese Tradition, auf →Wilhelm v. Ockham und →Marsilius v. Padua stützte er sich 1410 im »Dialogus« und 1413/14 im Berufungstraktat, um dem Ks. die Einberufung und Leitung eines Konzils zur Union und Reform der Kirche zuzuweisen. Seine konservativen Reformvorstellungen faßte er 1414/15 für das Konstanzer Konzil in den »Avisamenta« zur Kirchen- und Reichsreform zusammen. Mit zahlreichen Gutachten zu Einzelfragen begleitete er die Konzilsarbeit. Wie die Überlieferung zeigt, wirkten seine Schriften über sein Leben hinaus (s. a. →Konzil). K. Colberg

Ed.: Übers. der ält. Ed. bei: H. HEIMPEL, D. v. N., 287–303 (34 Nr.) – seitdem: Dialog über Union und Reform der Kirche 1410, ed. H. HEIMPEL, 1933 [Neudr. 1969] (Q. zur Geistesgesch. des MA und der Renaissance, 3) – K. PIVEC – H. HEIMPEL, Neue Forsch. zu D. v. Niem, NAG Phil.-hist. Kl. 1951/54 – K. COLBERG, Eine Briefslg. aus der Zeit Kg. Ruprechts (Fschr. H. HEIMPEL, Bd. 2, in Veröff. des Max-Planck-Inst. für Gesch. 36, 1972), 540–590 – Hist.-polit. Schr. des D. v. N., ed. A. LHOTSKY – K. PIVEC bzw. K. COLBERG – J. LEUSCHNER, 1956 bzw. 1980 (MGH Staatsschr. 5, 1–2) [Lit. s. S. VII] – *Lit.:* NDB III, 691f. [H. HEIMPEL] – Verf.-Lex.² II, 140–144 [J. LEUSCHNER; Lit.] – Rep. Germanicum II, bes. 1091–1093 – G. ERLER, D. v. N., 1887 [Neudr. 1977] – H. HEIMPEL, D. v. Niem, 1932 (Westfäl. Biogr. 2) – E. F. JACOB, D. of Niem, Essays in the Conciliar Epoch, 1963³, 24–43, 241–244.

Dietrichsepik → Dietrich v. Bern

Dietrichs Flucht (auch Buch von Bern), mhd. Heldendichtung aus dem Kreis der hist. Dietrichsepik (→Dietrich v. Bern), über 10000 Reimpaarverse, vermutl. auf älterer Grundlage wohl in der 2. Hälfte des 13. Jh. in Österreich von einem unbekannten Dichter verfaßt (ein »Heinrich der Vogelære«, der v. 7999ff. genannt wird, gilt allenfalls als Bearbeiter), überliefert in vier vollständigen Hss. (stets zusammen mit der →»Rabenschlacht«) und einem Fragment. Berichtet wird, wie Dietrich v. Bern von seinem Onkel Ermenrich aus seinem oberit. Erbreich vertrieben wird, ins Exil zum Hunnenkönig →Etzel flieht und zwei Rückeroberungsversuche unternimmt, die scheitern, weil er (wie schon in der ersten Schlacht gegen Ermenrich) seinen militär. Sieg nicht ausnützen kann. Es spricht manches dafür, daß das Werk in Kreisen der österr. Landherren (→Österreich) entstanden ist, die sich offenbar bemüht haben, den populären Erzählstoff zur Legitimierung ihrer Opposition gegen die habsburg. Fremdherrschaft zu nutzen.
J. Heinzle

Ed.: E. MARTIN, Dt. Heldenbuch II, 1866 [Neudr. 1967] – *Lit.:* Verf.-Lex.² II, s. v. [Lit.] – W. HAUG, Hyperbolik und Zeremonialität (Dt. Heldenepik in Tirol, hg. E. KÜHEBACHER, 1979), 116–134 – V. SCHUPP, Heldenepik als Problem der Literaturgeschichtsschreibung, ebd., 68–96 – J.-D. MÜLLER, Heroische Vorwelt, feudaladeliges Krisenbewußtsein und das Ende der Heldenepik (Adelsherrschaft und Lit., hg. H. WENZEL, 1980, 209–257).

Dietwin. 1. D., Bf. v. →Lüttich seit 1048, † 23. Juni 1075, ▭Huy, Notre-Dame; stammte aus Bayern und war wahrscheinl. mit den →Saliern verwandt. Er erhielt am 27. Juli 1048 von Heinrich III. das Bm. Lüttich in einer für die Reichspolitik in →Lothringen äußerst bedrohl. Situation: Hzg. →Gottfried der Bärtige hatte sich mit seinen Verbündeten, Gf. →Balduin V. v. Flandern und Gf. Dietrich IV. v. Friesland, offen gegen das Reich erhoben. 1049 führte D. gemeinsam mit den Bf.en v. →Utrecht und →Metz einen Feldzug gegen Friesland durch, in dessen Verlauf Gf. Dietrich fiel und das Gebiet wieder der ksl. Hoheit unterstellt wurde. Wohl 1061 besiegte der Bf. den Gf.en v. Namur, Albert II., in einem militär. Konflikt, bei dem es vermutl. in erster Linie um die Kontrolle über die Maasufer (→Maas) ging. D. trat v. a. als Förderer der 1053 von den Gf.en v. Flandern und Hennegau zerstörten Stadt Huy hervor. Hier ließ er die Liebfrauenkirche (Notre-Dame) wiederaufbauen, in der er auch seine Grabstätte fand. Am 26. Aug. 1066 verlieh D. den burgenses von →Huy das berühmte Privileg (→Stadt, Städtewesen). Noch unter D.s Episkopat, 1071, wurde die Gft. →Hennegau zum Lehen der Lütticher Kirche. Am 23. März 1075 richtete Papst→Gregor VII. einen Brief an D., in welchem er dem Bf. nachdrückl. →Simonie vorwarf. J.-L. Kupper

Lit.: BNB 24, 757–759 – JDG H. III., H. IV. und V. passim – [Quellenübers.: JDG H. IV. und V., Bd. II, 514, Anm. 82] – A. Joris, La ville de Huy au MA, 1959, 107–127, 479–484 – Ders., Note sur la date du début de l'épiscopat de Théoduin, évêque de Liège, RBPH 38, 1960, 1066–1072 – Ders., Huy et sa charte de franchise. 1066. Antécédents. Signification. Problèmes, 1966 – J.-L. Kupper, Une »conventio« inédite entre l'évêque de Liège Théoduin et le comte Albert II de Namur (1056–64), Bull. de la Commission royale d'hist. 145, 1979, 1–24 – Ders., Liège et l'Eglise impériale. XIᵉ–XIIᵉ s., 1981, 133–135, 498 – Gams Ser. V, Tom. 1, 1982, 72f.

2. D. (Theoduinus), Abt v. →Gorze, Kard. v. S. Rufina, päpstl. Legat, † 18. Nov. 1151 (Todestag aufgrund der Metzer Nekrologe; nach anderer, weniger glaubwürdiger Datierung † 7. März). – D. war seit 1117 Prior v. →Marmoutier; um 1124/25 wurde er Abt v. Gorze, 1130 traf er in Würzburg mit Papst →Innozenz II. zusammen, der ihn zum Bf. v. Porto und Kard. v. S. Rufina erhob, wohl 1134 (erste Nennung als Kard. am 7. Jan. 1135). 1135 und 1136 entfaltete D. in Lothringen, Italien und Deutschland eine aktive kirchenpolit. Tätigkeit. Er befand sich in der Begleitung des Innozenz anhängenden Ks.s →Lothar v. Süpplingenburg; nach dessen Tod nahm er an der Wahl Kg. →Konrads teil und krönte ihn 1138 in Aachen. Nach dem Tode →Adalberts I., Ebf.s v. Mainz, († 1137), wurde D., der nach Sprache und Sitten als Deutscher gelten kann, zum päpstl. Legaten für Deutschland erhoben. 1139–40 finden wir ihn in Italien, 1141–43 wieder in Deutschland. Nach erneutem langen Italienaufenthalt kehrte er 1147 nach Deutschland zurück und begleitete Kg. Konrad als päpstl. Legat auf den 2. Kreuzzug. Im Juni 1148 aus dem Orient zurückgekehrt, starb er 1151. M. Parisse

Lit.: J. Bachmann, Die päpstl. Legaten in Dtl. und Skandinavien (1125–59), 1913, passim – B. Zenker, Die Mitglieder des Kardinalskollegiums 1130 bis 1159 [Diss. Würzburg 1964], 26ff. – M. Parisse, Le nécrologe de Gorze, 1971 – W. Maleczek, Das Kardinalskollegium unter Innozenz II. und Anaklet II., AHP 19, 1981, 53–73 – T. Reuter, Zur Anerkennung Innozenz' II., DA 39, 1983, 395–416.

Diez, Gf.en v., Gft. Die Gft. D. (im heut. Hessen und Rheinland-Pfalz) entstand in der Nachfolge der seit dem beginnenden 9. Jh. erkennbaren und bis 966 von den →Konradinern verwalteten Gft. im Niederlahngau. Von ihrer Basis im Lahntal von unterhalb Weilburg bis unterhalb D. aus griff die Gft. D. weit nach Norden in den Westerwald aus und erfaßte nach Süden die Landschaft des Goldenen Grundes. Ihre ursprgl. räumliche Erstreckung deckte sich etwa mit den Trierer Dekanaten Dietkirchen und Kirberg. Ausgespart blieb nur Limburg der natürliche Mittelpunkt der Gft., da hier durch die konradin. Stiftsgründung i.J. 910 ein Immunitätsbezirk geschaffen wurde, der die Grundlage der Herrschaft und der Stadt→Limburg bildete. So wurde die etwas lahnabwärts gelegene Burg D. mit der zugehörigen Siedlung, seit 1329 Stadt, zum namengebenden Vorort der Gft.

Die Gf.en v. D., die erstmals 1073 als solche genannt werden, stammten offensichtl. aus dem Naheraum und wurden wohl von den →Saliern mit der Gft. betraut. Es handelte sich also zunächst um eine Amtsgrafschaft, die jedoch schon bald allodialisiert wurde.

Den Höhepunkt ihrer polit. Geltung erreichten die Gf.en v. D. während der Stauferzeit. Gf. *Heinrich II.* (1145–89) war ein treuer Anhänger und Helfer Friedrich Barbarossas. Er war mehrfach mit dem Ks. in Italien, hat dort wichtige polit. Funktionen ausgeübt und schwierige diplomat. Missionen übernommen. In seine Zeit fällt die Ausweitung der Gft. D. in die westl. →Wetterau durch den Erwerb von Besitz- und Herrschaftsrechten im Usinger Becken aus der Hand oder mit Unterstützung Friedrich Barbarossas. Damit wurde die Gft. D. in den Kranz der Herrschaften von Gf.en und freien Herren eingefügt, die das stauf. Reichsland Wetterau schützend umgaben. Auch die Söhne Gf. Heinrichs II. waren den stauf. Herrschern treu ergeben. So diente *Heinrich III.* dem Ks. Friedrich II. jahrelang in Italien, während *Gerhard II.* in Deutschland zum Regentschaftsrat und zu den Erziehern des unmündigen Kg.s Heinrich (VII.) gehörte.

Während also der Aufstieg der Gf.en v. D. durch ihren Reichsdienst und die Gunst der Staufer gefördert wurde, leiteten sie selbst die Schwächung ihrer Position ein, indem sie sich seit dem Beginn des 13. Jh. in zwei Linien, D. und Weilnau, aufspalteten. Diese Spaltung, eine schlechte Verwaltung und fortgesetzte Mißwirtschaft führten schließlich in der 1. Hälfte des 14. Jh. zur Trennung in zwei selbständige Herrschaften. Die Weilnauer verlegten ihren Herrschaftssitz nach Birstein in das südl. Vogelsberggebiet, wo sie durch Heirat Rechte erworben hatten, und gaben ihre Positionen im Westen der Wetterau weitgehend auf. Die D.er Linie wurde von ihren mächtigen Nachbarn, dem Erzstift →Trier und den Nassauer Gft.en, hart bedrängt und mußte, v. a. durch Verpfändungen, immer wieder territoriale Verluste und Beeinträchtigungen ihrer Herrschaftsrechte hinnehmen.

I.J. 1386, nach dem söhnelosen Tod des letzten D.er Gf.en *Gerhard VII.*, ging das, was noch von der einstmals reichen Gft. D. geblieben war, an dessen Schwiegersohn, Gf. Adolf v. Nassau-Dillenburg, über, wurde also zu einem Bestandteil der Gft. Nassau-Dillenburg (→Nassau). F. Schwind

Lit.: K. E. Demandt, Gesch. des Landes Hessen, 1980³, 405–410 – R. Laut, Territorialgesch. der Gft. D. samt den Herrschaften Limburg, Schaumburg, Holzappel [Diss. masch. Marburg 1943] – H. Heck, Die goldene Gft. Bilder aus der Gesch. der Gft. und der Stadt D., 1956 – H. Gensicke, Landesgesch. des Westerwaldes, 1958 – J. Kloft, Territorialgesch. des Krs.es Usingen, 1971.

Díez de Gámes, Gutierre, * 1378 (?), † nach 1448, schrieb in »El Victorial« Leben und Taten seines Herren Pero Niño, Gf. v. Buelna, nieder (begonnen um 1435, abgeschlossen 1448, zuerst veröffentlicht 1782). In die »Biographie«, die in ansprechender Weise von Kampf- und Liebesabenteuern berichtet, die der Held auf Reisen zu Lande und zu Wasser besteht, sind hist. und legendäre Episoden sowie Sprüche, poetische Texte und eine Rede über den Topos Waffen und Wissenschaften eingestreut. Idealvorstellungen der Ritterbücher und Wirklichkeit des höf., galanten, zeitgenöss. Lebens fließen ineinander über.

D. Briesemeister

Ed. und Lit.: El Victorial. Crónica de don Pero Niño, conde de Buelna, ed. J. de Mata Carriazo, 1940 – M. R. Lida de Malkiel, La idea de la fama en la Edad Media castellana, 1952, 232–240 – J. Marichal, Voluntad de estilo, 1957, 53–76 – M. Pardo, Un épisode du V., biographie et élaboration romanesque, Romania 85, 1964, 259–292 – M. T. Ferrer I Mallol, Els corsaris castellans i la campanya de P. N. al Mediterrani (1404). Documents sobre »El Victorial«, Anuario de Estudios Medievales 5, 1968, 265–338 – M. Pardo, Les rapports noblesse – monarchie dans les chroniques particulières castillanes du XVᵉ s. Les cultures ibériques en devenir (Essais M. Bataillon, 1979), 155–170 – M. de Riquer, Las armas en el V., Serta Philologica F. Lázaro Carreter, I, 1983, 159–208.

Diez Mandamientos, span. lehrhafte Abhandlung über die zehn Gebote, die zu den frühesten Beispielen kast. Prosa (erste Hälfte 13. Jh.) zu zählen ist. Die Gebote werden in wörtl. Wiedergabe des Vulgatatextes einzeln aufgeführt und knapp besprochen. Weiterhin gibt der anonyme Verfasser einige Regeln an, die vom Beichtvater bei der Auslegung der Gebote zu beachten sind. U. a. hat der Priester an den Büßer einige Fragen zu richten; die Antworten erlauben es dem Priester festzustellen, ob der Inhalt der Gebote und die darin aufgeführten Sünden auch verstanden wurden. W. Kroll

Ed. und Lit.: A. MOREL-FATIO, Romania 16, 1887, 379–382 – Obras de San Pedro Pascual, ed. P. ARMENGOL VALENZUELA, 3, 1908, 1–18 – GRLM 9, 2, 7, n° 6007 – ptg. Fassung in: Collecção de inéditos portuguezes dos séculos XIV e XV. Ed. Fr. FORTUNATO DE SÃO BOAVENTURA, 1, 1829, 154–166 [Dazu M. MARTINS, Estudos de literatura medieval, 1956, 74–80].

Diezmann (Dietrich III., d. J.), Lgf. v. →Thüringen, Mgf. der→Lausitz und des→Osterlandes, aus dem Hause →Wettin, †10. Dez. 1307 im Dominikanerkl. Leipzig, ⚭ 1295 Jutta v. Henneberg, keine Kinder. Der 1260 geborene D. war Enkel des Mgf.en →Heinrich des Erlauchten v. Meißen und Ks. Friedrichs II. über seine Mutter Margarete. Seit 1282 trat er als Herr des →Pleißenlandes auf, das seine Mutter als Mitgift eingebracht hatte, das aber 1289 von Kg. Rudolf wieder eingelöst wurde. 1288 übernahm er die Niederlausitz und 1291 zusammen mit dem Bruder →Friedrich dem Freidigen das Osterland. Gegen die Neigung des verschwenderisch lebenden Vaters Lgf. →Albrecht v. Thüringen, größere Gebiete an Kg. Adolf abzutreten, setzten die Brüder kraftvollen Widerstand ein. Obwohl D. im Vertrag v. Triptis 1293 die Zusicherung der Nachfolge in Thüringen erhalten hatte, mußte er sich 1294–96 vor der Übermacht des Kg.s in der Niederlausitz zurückziehen, die er jedoch 1303/04 an Brandenburg zu veräußern sich genötigt sah. Nach 1298 trat Kg. Albrecht in die Rechte seines Vorgängers ein, was D. am unangefochtenen Besitz des Osterlandes hinderte, doch gelang ihm nach 1305 die Rückgewinnung der an Brandenburg verpfändeten Mark Meißen. Im Frühjahr 1307 waren seine Ansprüche auf Thüringen geklärt, im Mai schlug er gemeinsam mit dem Bruder bei →Lucka das kgl. Heer, womit der Bestand der wettin. Lande nach Jahrzehnten ernsthafter Gefährdung gesichert war. D. starb nach ungewisser Überlieferung an den Folgen eines Mordanschlags. K. Blaschke

Lit.: ADB V, 220–222 – NDB III, 714–715 – LDG 264 – KÖTZSCHKE, Sächs. Gesch., 1935, 133–137 – PATZE-SCHLESINGER, II, 1. T., 1974, 55–67.

Differentia (lat. 'Unterschied, Verschiedenheit'; übers. von griech. διαφορά, diaphora). Die Scholastik übernimmt aus der sog. »Einführung« (Eisagoge) des →Porphyrius in die aristotel. Kategorienschrift die Unterteilung in fünf Prädikabilien (»allgemein Aussagbare«): Genus, Spezies, Differenz, Proprium und Akzidens, im MA auch bekannt als die »fünf Wörter« (quinque voces). D. wird dabei in erster Linie verstanden als dasjenige, was von mehrerem und der Art nach Verschiedenem zur Bestimmung seiner Qualität ausgesagt wird (vgl. Petrus Hispanus, Tractatus, ed. L. M. DE RIJK, 1972, 21: praedicatur de pluribus differentibus specie in eo quod quale). Dabei unterscheidet das MA zw. *d. numerica* oder *accidentalis*, d. h. dem Merkmalunterschied, durch den sich Individuen einer Art – z. B. der tätige und der ruhende Mensch – unterscheiden, und D. im eigentlichsten Sinne, der *d. specifica* als artspezif. Merkmalunterschied (z. B. »Vernunftbegabtheit« als spezif. D. von Mensch und Pferd). Letzterer kommt bes. Bedeutung im Zusammenhang der Begriffsdefinition zu, welche stets mittels des nächsthöheren Gattungsbegriffs (→Genus) und der spezif. Differenz zu erfolgen hat; so wird etwa der Mensch als »vernunftbegabtes Lebewesen« definiert. Die ungeklärte Frage (vgl. Porphyrius, Isag., I, 10–20), ob es sich bei den Prädikabilien bzw. →Universalien um Dinge oder nur um Wörter handelt, beschäftigt die ma. Aristotelesinterpretation und gibt mit den Anlaß zum späteren →Universalienstreit. So stellt →Wilhelm v. Ockham der tradierten Auffassung, daß D. als artbildendes Merkmal in den Dingen subsistiere, seine Theorie gegenüber, wonach es sich bei dem von mehreren Aussagbaren nicht um das Wesen des Dinges (aliquid reale in specie) handele, sondern allein um eine →Intention der Seele; d. h. D. gilt für ihn als mentaler Ausdruck, der von den Individuen einer Art ausgesagt werden kann. P. Kunze

Q. und Lit.: Porphyrius, Isagoge, in: Arist. lat. I, 6–7, ed. L. MINIOPALUELLO, 1966 – Wilhelm v. Shyreswood, Introd. in logicam, ed. CH. LOHR, P. KUNZE, B. MUSSLER, Traditio 39, 1983, 219–299 – Wilhelm v. Ockham, Summa logicae, ed. PH. BOEHNER, G. GÁL, ST. BROWN, 1974 – W. und M. KNEALE, The Development of Logic, 1962.

Differentienliteratur. Als D. bezeichnet man jurist. Werke, in denen Unterschiede und Widersprüche (differentiae, diversitates, contrarietates) zw. dem gemeinen Zivilrecht (röm. Recht) und einer anderen Rechtsordnung dargestellt sind. Einzelne Hinweise auf solche Divergenzen gab es in vielen jurist. Schriften; selbständig bearbeitet wurden sie seit der 2. Hälfte des 13. Jh. Die wichtigste Gruppe der D. bilden die zivilrechtl.-kanonist. Traktate. Hierzu gehört v. a. der »Liber contrarietatum et diversitatum inter ius canonicum et civile« von Jacobus de Albertino aus Bologna (1270/76; 3 Hss.). Er bringt, nach einer Einleitung, 163 Unterschiede zw. beiden Rechten, geordnet nach dem Schema Zivilprozeß, Privatrecht und Kirchenverfassung, Strafprozeß und Strafrecht, sowie theoret. Ausführungen über die Lösung solcher Widersprüche. Das zweite Werk dieser Art schrieb Guido de Belvisio (um 1300; einzige bekannte Hs. z. Z. verschollen). Weniger gehaltvoll sind die wohl zu Unrecht dem→Bartolus de Saxoferrato zugeschriebenen »Differentiae inter ius canonicum et civile« (nach 1314). In diesem Traktat sind 185 Unterschiede dargestellt, in vier Abschnitten über: Zivilprozeß bis zum Urteil, Urteil und materielles Privatrecht, Vollstreckung, Appellation. Dieses Schema liegt auch den späteren Arbeiten von Galvanus de Bettino aus Bologna (2. Hälfte des 14. Jh.; 98 Divergenzen), Prosdocimus de Comitibus (1. Hälfte des 15. Jh.; 167 Divergenzen), Johannes Baptista de Sancto Blasio aus Padua (2. Hälfte des 15. Jh.; 200 Divergenzen) und Hieronymus de Zanettinis (1489; 356 Divergenzen) zugrunde.

Nach 1250, aber vielleicht noch vor Jacobus de Albertino, schrieb →Andreas Bonellus de Barulo die ersten »Differentiae inter leges Romanorum et leges Longobardorum«. Auch sie wurden vereinzelt dem Bartolus zugeschrieben. Viel umfangreicher ist das entsprechende Werk des →Blasius de Morcono (1. Hälfte des 14. Jh.). Beide folgen im Aufbau der→Lombarda. – Erst im 16. Jahrhundert entstanden in Deutschland mehrere Schriften über die Unterschiede zwischen dem sächsischen und dem gemeinen Recht.

Die D. ist das Ergebnis früher Rechtsvergleichung. Dem gleichen Interesse verdanken die Rechtskonkordanzen ihre Entstehung, deren wichtigste die »Concordia utriusque iuris« des Legisten Pascipoverus aus Bologna (um 1250, nach dem Corpus iuris civilis geordnet) und die alphabet. »Tabula utriusque iuris« des Franziskaners Johann v. Erfurt (1285; 2. Fassung vor 1312) sind. Sie sind jedoch breiter angelegt und insbes. nicht auf die Unterschiede zw. den Rechten beschränkt. Differentienwerke und Rechtskonkordanzen förderten die Rechtskenntnis, dürften bei der Rechtsanwendung jedoch nicht die ihnen zugedachte Bedeutung erlangt haben, zumal die meisten Werke nur eine geringe Verbreitung erreichten.

P. Weimar

Ed.: Bartolus (?), Differentiae inter ius canonicum et civile (Tractatus varii Bartoli, 1472), fol. 113r [einzige Ausg.] – Galvanus de Bettino, Differentiae legum et canonum (Tractatus universi iuris, Venedig 1584), Tom. I, fol. 189ra–190rb [mehrere Ausg.] – Prosdocimus de Comitibus, De differentiis legum et canonum, ebd. I, 190rb–197vb – Johannes Baptista de Sancto Blasio, Contradictiones iuris civilis cum canonico, ebd. I, 185ra–189ra – Hieronymus de Zanettinis, Contrarietates seu diversitates inter ius civile et canonicum, ebd. I, 197vb–208va – s. a. die Ed. zu →Andreas Bonellus de Barulo und →Blasius de Morcono – *Lit.*: HRG I, 741f. [G. DOLEZALEK] – R. STINTZING, Gesch. der populären Dt. des röm.-kanon. Rechts in Dtl. 1867 [Neudr. 1957], 69–71 – SCHULTE II – J. PORTEMER, Recherches sur les »Differentiae iuris civilis et canonici« au temps du droit classique de l'Eglise, 1946 [grundlegend]; hieraus unv.: DERS., Bartole et les différences entre le droit romain et le droit canonique (Bartolo da Sassoferrato. Studi e documenti per il VI centenario, 1962), II, 399–412 – F. CALASSO, Medio Evo del diritto, 1954, 552f. – A. ERA, Due trattati attribuiti a Bartolo (Bartolo da Sassoferrato. Studi ... [wie oben]), II, 217–225 – G. LE BRAS, Accurse et le droit canon (Atti del Convegno internaz. di studî accursiani, Bologna 21–26 ottobre 1963, 1968), I, 217–231 – H. COING, Röm. Recht in Dtl. (IRMAE V. 6), 165f. – Hist. du Droit et des Institutions de l'Eglise en Occident, ed. G. LE BRAS, VII: L'âge classique, 1965, 335f. [CH. LEFEBVRE] – N. HORN, Die legist. Lit. der Kommentatorenzeit (COING, Hdb. I), 345f. – A. BERNAL PALACIOS, La »Concordia utriusque iuris« de Pascipoverus, 1980, bes. 39–53 [mit Ausg. des Anfangs des Werkes, Prooemium und C. 1,1–1,12, S. 191–327].

Differenzen (Differentiae, diffinitiones, divisiones, varietates oder terminationes) – verschiedene Klauseln der Finalis (punctum) antiphonaler Psalmodie – verbinden den Psalm (-vers) mit zugehöriger Antiphon. Sie offenbaren seltsame subtile Mobilität und Variabilität, die aber den Gesetzen musikal. Logik und Ästhetik folgen. D. stehen außerhalb des gregorian. Oktoechos und stammen womöglich aus einer Zeit, in der empir. Praxis weit mehr galt als theoret. Gelehrsamkeit. Im allgemeinen bildet die lat. Kirche Schlußkadenzen antiphonaler Psalmodie über den letzten sechs Silben eines jeden Psalmverses. Seit dem 9. Jh., dem Beginn abendländ. Melodieschrift, stellen Amanuenses in Tonaren und Antiphonaren sowie Theoretiker in ihren Traktaten D. der Kürze halber über den Vokalen (e u o u a e) der letzten sechs Silben »saeculorum, amen« der kleinen Doxologie dar.

D. v. Huebner

Lit.: GERBERT I, 53ff. – COUSSEMAKER II, 318 – Z. FALVY, Zur Frage von D. der Psalmodie, Stud zur Musikwiss., Beih. der Denkmäler der Tonkunst in Österreich 25, 1962, 160–173 – H. BERGER, Unters. zu den Psalmdifferenzen, Kölner Beitr. zur Musikforsch. 37, 1966, 170 – H. SCHMID, Musica Enchiriadus, 1981 – D. v. HUEBNER, Frühe Zeugnisse Choraltradition, I, III, 1985.

Digby Plays. In der Papierhs. Oxford, Bodleian Library, Digby 133 sind drei →Mysterienspiele und ein Fragment einer →Moralität mit Schriften naturwissenschaftl. (u. a. von Galilei, datiert 1616) und mag. Inhalts zusammengebunden. Die Spieltexte, ca. 1510–20 niedergeschrieben, stammen aus Norfolk oder Suffolk. Sie wurden möglicherweise durch wandernde Darsteller (Bettelmönche?) zu den entsprechenden Kirchenfesten in kleineren Städten aufgeführt.

1. Die drei Abschnitte (staciones) von »The Conversion of St. Paul« (662 Verse, *rhyme royal*) sind verschiedenen Spielorten zugeteilt, zu denen die Zuschauer dem Bühnenwagen nachzogen. Der Auftritt der Teufel Belyall und Mercury ist spätere Zutat der Tudorzeit. 2. Das Heiligenspiel (*miracle play*, →Mirakelspiele) »Mary Magdalen« (2143 Verse, verschiedene Strophenformen), dessen Figuren teilweise den allegor. Gestalten der Moralitäten ähneln, umfaßt 51 Szenen und bildet gewissermaßen einen Fronleichnams-Zyklus im Kleinen. Es erfordert viele Spieler, einen aufwendig ausgestatteten Bühnenwagen und eine Anzahl zusätzl. Schauplätze. 3. »The Killing of the Children« (566 Verse, vorwiegend 8-zeilige Strophen) verbindet den bethlehemit. Kindermord mit Mariä Reinigung und der Darbringung Jesu im Tempel. Das Spiel gehörte zu einem nicht erhaltenen Zyklus; wie Prolog und Epilog anzeigen, ging ihm ein Hirten- und Dreikönigs-Spiel voraus, und eines von Jesus unter den Schriftgelehrten folgte ihm (ähnlich wie im →»Ludus Coventriae«). 4. Die Moralität »Wisdom« ist vollständig in den →»Macro Plays« überliefert. 5. FURNIVALLS Auffassung, derzufolge die beiden Osterspiele der Oxforder Hs. e Museo 160 (Grablegung und Auferstehung Christi) ebenfalls zur Digby-Hs. gehört hätten, ist nicht haltbar.

W. E. Coleman/R. H. Robbins

Bibliogr.: C. J. STRATMAN, Bibliogr. of Medieval Drama, 2 Bde, 2nd ed. 1972 – NCBEL I, 738–739 – EETS OS 283, ci–cviii – *Ed.*: F. J. FURNIVALL, The D. P., EETS ES 70, 1896 – D. C. BAKER, J. L. MURPHY, L. B. HALL, The Late Medieval Religious Plays of Bodleian MSS Digby 133 e Museo 160, EETS OS 283, 1982 – *Lit.*: G. WICKHAM, »The Staging of Saint Plays in England« (The Medieval Drama, ed. S. STICCA, 1972), 99–119.

Digenes Akrites (auch: Digenis Akritas), byz. Epos. [1] *Inhalt:* Ein arab. Emir aus Syrien fällt ins byz. Kappadokien ein und raubt die Tochter des Generals Dukas. Darauf sendet die Mutter ihre fünf Söhne aus, sie zurückzuholen. Von Konstantin, dem jüngsten von ihnen, besiegt, führt sie der Emir zu dem Mädchen und erklärt seinen Wunsch, sie zu heiraten. Er zieht mit ihnen, wird Christ, und die Hochzeit findet statt. Bald darauf wird Basileios Digenes Akrites geboren (Digenes 'der von zwei Nationen Abstammende'; Akrites 'Grenzkämpfer'). Es gelingt dem Emir, seine Mutter zum Christentum zu bekehren und zu sich zu holen. Danach werden die Jugendtaten des D. erzählt: Erlegen wilder Tiere, zum Teil mit bloßen Händen; erste Begegnung (nur in der Version E) mit den Apelaten ('Banditen, illegale Grenzkämpfer'). Daraufentführt D. die Tochter eines Generals, die er nach der Versöhnung mit der Familie heiratet. Die zwei nächsten Episoden fehlen in E: In den Grenzgebieten sucht ihn Ks. Basileios (bzw. Romanos) auf; in der Wüste begegnet er der Tochter des Haplorabdes, er rettet und verführt sie. Lange Kämpfe mit den Apelaten (Anführer: Philopappos, Kinnamos und Joannakes) sowie mit der Amazone Maximo folgen, die ihn nach ihrer Niederlage verführt. Im Schlußteil wird erzählt, wie sich D. einen Palast mit Garten errichtet, wie seine Eltern und schließlich er selbst zugleich mit seiner Frau sterben.

[2] *Überlieferung:* Das Werk ist in verschiedenen Bearbeitungen auf uns gekommen: Grottaferrata-Version (= G, 14. Jh.), Eskorial-Version (= E, 15. Jh.), kompilierte Version Z (15. Jh.?) von meist nur sekundärem Wert. Was die Bedeutung von G und E betrifft, so kann man G heute fast nur noch in quantitativer Hinsicht (E ist unvollständig) den Vorrang einräumen. Einige in G und E fast gleichlautende Verse weisen auf die Existenz eines Archetypus, der vielleicht im 10. Jh., mit Sicherheit im 12. Jh. vorhanden war. G ist vom klass. Liebesroman beeinflußt (Achilles Tatios) und weist auch Bezüge zur Hagiographie auf, während E der Volksliteratur (Achilleis, Libistros und Rhodamne) näher steht. G ist mehr der Hochsprache, E

mehr der Volkssprache verpflichtet; die Urfassung stand wohl in der Mitte. Inwieweit davor, daneben und danach →mündliche Literaturtradition bei der Gestaltung des Epos mitgewirkt hat, ist umstritten, prinzipiell ist ihr Vorhandensein jedoch aus neuzeitl. Liedern zu erschließen, die Namen oder Motive bewahrt haben (sog. »Akritenzyklus«).

[3] *Altrussische Fassung:* Das D.-Epos ist, vermutl. im 12./13. Jh., ins Altruss. übertragen worden. Erhalten sind aber nur zwei späte Redaktionen des »Devgenievo dějanie«, die folgende Abschnitte umfassen: Taten des Emirs, Jagdabenteuer des jungen D. (Devgenij), seine Auseinandersetzung mit Philopappos und Maximo, seine Heirat mit der Tochter des Generals (Stratigovna), sein Sieg über den Ks. Basileios (Vasilij). Die russ. Bearbeitung unterscheidet sich in mehrfacher Hinsicht von den griech.: Abfassung in Prosa, Palastbau und Tod des Helden fehlen, märchenhafte Züge, Vermengung und Transponierung von Episoden. Der auffallendste Unterschied, der Kampf mit dem Ks., kann heute nicht mehr als echter alter Kern (GRÉGOIRES Theorie einer kaiserfeindl., paulikian. Redaktion), sondern nur als innerruss. Umformung betrachtet werden.

[4] *Historischer Hintergrund* (vgl. dazu allgemein →Byz. Reich, Abschnitt H. V; →Akriten): Der hist. Hintergrund des Epos ist die Zeit nach dem Tod der Führer der →Paulikianer Karbeas (fällt 863 zusammen mit Omar, dem Emir v. Melitene) und Chrysocheir († 872), also Ende 9./Anfang 10. Jh., als die Araber keine Bedrohung des Reiches mehr darstellten. Die Hauptpersonen des Epos (Emir und D.) lassen sich freilich nicht mit hist. Personen gleichsetzen, sondern sind als Symbolgestalten zu werten, die in die Zeit nach den großen krieger. Auseinandersetzungen und der teilweise friedlichen Symbiose der arab. und byz. Welt in O-Kleinasien gehören. Entsprechend seinen im Epos geschilderten, nur persönlich motivierten Taten ist D. eigtl. gar kein nationaler, sondern nur ein privater Held. Im übrigen sind – neben Bezügen zur arab. Literatur – offensichtl. auch uralte Lokaltraditionen der Kommagene (Philopappos; Denkmal in Trosis bei Samosata als Grabmal des D. umgedeutet) in die Legendenbildung miteingeflossen. Die erhaltenen Fassungen haben zwar keine besonderen lit. Qualitäten, doch stellt der D. A. eine herausragenden epischen Sagenstoff der byz. Zeit dar.

E. Trapp

Ed.: E. TRAPP, D. A., 1971 – V. KUZ'MINA, Devgenievo dějanie, 1962 – *Übers.:* G. WARTENBERG, Texte und Forsch. zur byz.-neugr. Philologie 19, 1936 – D. B. HALL, 1972 [G-Version] – *Lit.:* Tusculum-Lex.³, 1982 – BECK, Volksliteratur, 63–97 – S. ALEXIU, Akritika, 1979 – R. BEATON, Was D. A. an Oral Poem?, Byz. and Modern Greek Stud. 7, 1981, 7–27.

Digesta, Digestum novum, Digestum vetus → Corpus iuris civilis

Digne, Stadt und Bm. in der Haute-Provence, Suffraganbm. von →Embrun. Die alte Diöz. von D. geht auf das Territorium der Civitas der gallo-röm. Dinienses, der früheren Bodicontii, zurück. Unter röm. Herrschaft gehörte sie zunächst zur Provincia der Seealpen (14 v. Chr.), sodann zur →Gallia Narbonensis (68/69 n. Chr.). Der Vorort der Civitas D. (lat. Dinia), nicht weit von der Vereinigung der beiden Voralpentäler des Bès und der Bléone in einem wenig ertragreichen Gebiet gelegen, ist in der röm. Kaiserzeit als Colonia belegt und wurde im 4. Jh. vom hl. Vincentius (Vincent) christianisiert. Der erste Bf. ist 374 bezeugt. D. wurde zur Diöz., als Embrun zur weltl. und kirchl. Metropole der Seealpenregion erhoben wurde. Im FrühMA gehörte die Diöz. nachfolgend zu den Reichen der Ostgoten, der Burgunder und der Franken.

Durch den Vertrag v. →Verdun (843) dem Reichsteil Lothars (→Lotharingien) zugeschlagen, gehörte D. im HochMA zu den Kgr.en Provence u. →Burgund/Provence, wodurch es schließl. an die Gft. →Provence fiel.

Für das 6. Jh. ist eine kontinuierl. Folge von Bf.en überliefert; belegt ist die Teilnahme von Bf.en v. D. an mehreren Synoden. Schwierigkeiten setzten 650 mit der Absetzung der beiden rivalisierenden »Bf.e« v. D., Agapius und Bobbio, ein. Das Gebiet wurde in der Folgezeit durch Einfälle frk. Scharen verwüstet, insbes. aber durch Razzien der Sarazenen (→Araber), die zu einer Unterbrechung des kirchl. Lebens führten. Daher sind im 8. und 9. Jh. starke Lücken in der Bischofsliste bemerkbar; erst seit dem 11. Jh. ist wieder eine kontinuierl. Folge der Episkopate belegt. Mit der Etablierung feudaler Herrschaftsverhältnisse in der Haute-Provence kam das Bm. eine Zeitlang in die Hände der Familie der Vizegf.en v. →Gap; die Bf.e wurden Stadtherren von D. Doch schränkte →Karl v. Anjou, Gf. v. Provence, ihre senioralen Rechte ein (1257). Unter Ausnutzung der Konkurrenz zw. gfl. und bfl. Gewalt vermochte sich im 13. Jh. ein eigenes kommunales Regiment, das *cominalat,* zu etablieren. Bis zum 16. Jh. befanden sich Kathedrale und bfl. Residenz im Burgus *(Bourg),* der außerhalb der mauerumwehrten Civitas *(Cité)* lag. Die Diöz. umfaßte ca. 40 Pfarreien, doch nur wenige Kl. und Stifte: In D. selbst hatten Trinitarier und Minoriten ihre Häuser; außerhalb der Bischofsstadt unterhielt die Abtei St-Victor de →Marseille einige »cellae«, und es bestand die 1150 als Zisterzienserkl. gegr. Abtei Faillefeu, die 1285 →Boscodon angeschlossen wurde, um schließl. →Cluny als Priorat unterstellt zu werden. Das Bm. D. erhielt 1267 erste Diözesanstatuten, von denen bis 1493 nicht weniger als 17 aufeinanderfolgende Versionen erlassen wurden.

L. Stouff

Q. und Lit.: RE III, 593; V, 653 – GChr III, 1109–1113 – DUCHESNE, FE I – Catholicisme III, 795–799 – DHGE XIV, 459–466 – P. Gassendius (Gassendi), Noticia ecclesiae Diniensis, Paris 1654 [Übers.: F. GUICHARD, Notice sur l'Eglise de D., 1845] – J. Columbi, De rebus gestis episcoporum Diniensium, 1674 – F. GUICHARD, Essai hist. sur le cominalat de la ville de D., 1846 – J.-F. CRUVELLIER – A. ANDRIEU, Hist. religieuse et hagiologique du dioc. de D., 1893 – F. SAUVE, Etude sur l'évêque de D. Elzéar de Villeneuve, son itinéraire de visite pastorale en 1330–31 et actes relatifs à son épiscopat, Annales de Provence, 1905, 194–198 – E. ISNARD, Le cart. du Chapitre de D. (1320–56), Annales des Basses-Alpes, 1909, 1–8 – DERS., Essai hist. sur le Chapitre cathédral de D., et sur Pierre Gassendi, chanoine et prévôt. 1177–1790, ebd., 1913, 57–92 – E. CLOUZOT, Pouillés des provinces d'Aix, d'Arles et d'Embrun, 1923, 255–259 – J.-R. PALANQUE, Les évêchés provençaux à l'époque romaine, Provence Hist., 1951, 105–143 – J. DE FONTREAULX, Les évêchés suffragants d'Embrun, ebd., 1956, 199–201 – J.-M. ROUX, Les évêchés provençaux de la fin de l'époque romaine à l'avènement des Carolingiens 476–751, ebd., 1971, 374–420.

Dignitas → Würde

Díguin ('Verletzung'), ir. Rechtsbegriff, bezeichnet in frühen ir. Rechtstexten die Verletzung des Schutzes eines Mannes (vgl. in den germ. Rechten z. B. das ae. *mundbryce).* Ein Mann konnte solchen Schutz in Form des →Geleits (ir. *snádud)* geben; doch wurde 'd.' zumeist im Hinblick auf Schutz im und um das Haus gebraucht. Der räuml. Bereich, in dem dieser Schutz gewährt wurde, hieß ebenfalls d., oft auch *maigen dígona* ('Ort des Schutzes').

T. M. Charles-Edwards

Lit.: D. A. BINCHY, Críth Gablach, 1941, 82f.

Dihqān (arab. aus pers. *dehkān* 'Dorfoberhaupt'), Angehöriger der unter den →Sāsāniden (226–651) staatstragenden Schicht der iran. Landbesitzer. In islam. Zeit behielten die d.e zunächst ihre Ländereien und übten weiter ihre Funktionen in der Verwaltung aus. Erst als seit dem 10. Jh.

das Militärlehen (→*iqṭāʿ*) aufkam, büßten die d.e ihren Rang ein, so daß im modernen Pers. 'd.' nur noch 'Bauer' bedeutet. T. Nagel

Lit.: A. S. LAMBTON, Landlord and Peasant in Persia, 1953 – EI², s. v. Dihḳān – R. W. BULLIET, The Patricians of Nishapur, 1972.

Dijon, Stadt in Ostfrankreich, Zentrum des Hzm.s →Burgund, heute Verwaltungssitz des dép. Côte d'Or.

I. Stadtgeschichte und Wirtschaft – II. Kirchen und Klöster.

I. STADTGESCHICHTE UND WIRTSCHAFT: Der Ortsname D. (ma. *Divio*, *Digun*) leitet sich wohl von einem latinisierten kelt. Wort ab. Er bezeichnete eine Stadt, die seit dem 1. Jh. n. Chr. bestand. Im 3. oder eher im 4. Jh. wurde hier mit skulptierten Baumaterialien, die von Grabmälern oder Tempeln stammten, ein mächtiges Castrum errichtet (1200 m Mauerumfang, ummauerte Fläche nahezu 11 ha, Höhe der Mauern ca. 10 m, beschrieben bei Greg. Tur. Hist. Franc. 3, 19). Der Fluß Suzon, ein Nebenfluß der Ouche, versorgte diese röm. Befestigung mit Wasser. Sie war Zufluchtsort für die Bf.e v. →Langres, da diese Stadt seit der Mitte des 5. Jh. verfallen war.

Von den →Burgundern besetzt, sodann von den Franken (→Frankenreich), war D. offenbar der Vorort des *pagus Attoariorum* (→Atuyer), später des *pagus Divionensis*; Gf.en sind erst seit der Karolingerzeit belegt. Während der Normanneneinfälle wurden zahlreiche Reliquien nach D. geflüchtet, namentl. diejenigen des hl. →Medardus; →Richard Justitiarius, Hzg. v. Burgund († 921), errichtete hier seine Residenz. Richards Nachfolgern wurde die Stadt von den Gf.en →Boso (935) und →Rudolf (958) streitig gemacht. Der westfrk. Kg. Lothar bemächtigte sich D.s und setzte hier 958 einen Gf.en ein; später gliederte er das Territorium seiner Domäne ein, seine Witwe Emma besaß es als Wittum. →Bruno v. Roucy, Bf. v. Langres, beanspruchte D. und konnte Kg. Robert II. hier bis 1016 verdrängen. Brunos Nachfolger Lambert trat D. jedoch an den Kg. ab, und es war seitdem im Besitz der jeweiligen Inhaber des Hzm.s →Burgund.

Seit dem 11. Jh. umgab sich das Castrum mit Suburbien: dem *Bourg* (burgus) im W und der *Ville* (villa) im O. Nach einem großen Stadtbrand i. J. 1137 ließ Hzg. Hugo II., wohl um 1150, eine neue Befestigung errichten, die den größten Teil dieser vorstädt. Siedlungen sowie weite unbebaute Flächen umschloß; das Castrum diente weiterhin als Festung. D. zog Bevölkerung aus den stadtnahen Dörfern an und wurde rasch zu einem Marktort mit lebhaftem Verkehr. Die Bürger erlangten 1183 von Hzg. Hugo III. die Verleihung einer *commune* (→Kommune), welche Kg. Philipp II. August 1185 bestätigte; das von 1187 datierende Privileg ist an dasjenige von →Soissons angelehnt. Der Hzg. trat seine Rechte an die Bürger ab, indem er ihnen gegen jährl. Zins von 500 Mark Silber die Wahl eines Bürgermeisters (maior, *maire*) und 20 Geschworener (iurati, *jurés*), die dem Gericht vorstanden, erlaubte. Die Hzg.e Hugo IV. und Robert II. bemühten sich, die Erhebung dieser Abgabe zu ihrem Vorteil zu verändern; Robert, der 1276 die Rechte des Vicomte v. Dijon gekauft hatte, trat diese an die Stadt ab, die sich als Gegenleistung verpflichten mußte, statt der bisherigen Kollektivabgabe eine Verhältnissteuer auf die Vermögen zu entrichten (1284). Der Hzg. behielt trotz seines weitgehenden Rückzugs aus D. seinen Stadtpalast (*hôtel*) bei, und sein *prévôt* kontrollierte auch weiterhin die Amtsführung des Bürgermeisters; eine Münzstätte prägte bis zu ihrer Verlegung nach →Auxonne (1324) auf Rechnung des Hzg.s Denare (*deniers digenois*). Außerhalb der Stadt erstreckte sich eine Bannmeile (Feldmark) von 5,847 km Durchmesser; damit verfügte D. über Felder, Wiesen und insbes. über ertragreiche Weinberge. Doch hatte bereits 1209 Hzg. Odo III. eine neue Burg, Talant, bauen lassen, die ein auf Kosten der städt. Bannmeile errichtetes Territorium erhielt und von der aus der Hzg. die Stadt überwachen konnte. D. beherbergte in seinen Mauern aktive Handwerksbetriebe sowie jüd. und lombard. Bankiers; die Mailänder Textilkaufleute tätigten hier durch ihre Faktoren die Einkäufe in burg. →Wolle. Die Ritter (*chevaliers*) von D. treten als Finanzleute auf – ebenso wie die Wechsler und Tuchhändler, mit denen sie gemeinsam eine Art Patriziat bildeten. Die Stadt besaß keine Zunftorganisation, außer einigen zunfttähnl. →Bruderschaften; erst am Ende des 14. Jh. begann das Stadtregiment mit der Statutenverleihung an geschworene Handwerkskorporationen.

Die Kommune geriet in der Folgezeit in Konflikte mit den Hzg.en v. Burgund, die von den Stadtbewohnern Heeresdienst und Bede forderten und die städt. Justizausübung kontrollierten. Der Kg. v. Frankreich sah sich häufig zum Eingreifen in diese Streitigkeiten veranlaßt, in der Regel dann, wenn die hzgl. Beamten den Bürgermeister abgesetzt und selbst das Gericht übernommen hatten. Diese Konflikte wurden meist durch Kompromisse beigelegt, insgesamt erfolgte unter den Valois-Hzg.en eine zunehmende Einschränkung der städt. Selbstverwaltung. Der Kompromiß von 1444, der teilweise den Hzg. begünstigte, setzte einen Schlußpunkt unter diese Auseinandersetzungen. Als Ausgleich für die geschwundene Autonomie hatte Hzg. Philipp d. Kühne der Stadt das Vorrecht zugestanden, das hzgl. Emblem im Stadtwappen zu führen; durch Philipp d. Guten erhielt der Bürgermeister von D. Sitz im Ausschuß der erwählten Repräsentanten des Hzm.s, designiert durch die →Etats de Bourgogne.

Bereits seit der Regierung Odos IV. (1315–49) hatten die Hzg.e zunehmend wieder Fuß in ihrer Stadt gefaßt, während sie diese vorher meist zugunsten ihrer Residenzen Talant, Rouvres und Lantenay gemieden hatten. Odo IV. kaufte ein großes Grundstück zur Installierung seiner *Chambre des Comptes* (Rechnungshof) und anderer Behörden. Philipp d. Kühne ließ den hzgl. Palast wiederherstellen, der schließlich von Philipp d. Guten vor 1455 zu großen Teilen neuerrichtet wurde. Das hzgl. Archiv wurde von Talant nach Dijon verlegt. D. war auch der Schauplatz der Zeremonie der feierl. Übergabe des hzgl. Ringes durch den Abt v. St-Bénigne an den neuen Hzg., die beim Regierungsantritt eines jeden Hzg.s stattfand.

Die Stadt erfuhr eine Reihe topograph. Veränderungen. Die unbebauten Flächen wurden zunehmend besiedelt, insbes. nach dem Abbruch eines großen Teils der Siedlungen extra muros; diese fielen der Verstärkung der Mauern, die angesichts der Bedrohung durch Engländer und *Grandes Compagnies* 1358 vorgenommen wurde, zum Opfer. Bei diesem Ausbau wurde die Führung des Mauerzuges streckenweise begradigt; das alte Castrum verlor seine Bedeutung, und seine Gräben wurden zugeschüttet. Unter Philipp d. Kühnen begann die Pflasterung der Straßen, und 1443 wurde der erste städt. Brunnen in Betrieb genommen; die (Verkaufs-)Hallen entstanden i. J. 1426. Die hzgl. Beamten und Dienstleute fingen an, den eingesessenen Kaufleuten den ersten Rang streitig zu machen; die Schulen von Dijon boten nun ein →Studium generale, dessen Statuten von 1445 überliefert sind und das auch Studenten, die außerhalb des Hzm.s beheimatet waren, anzog. D. nahm nach und nach das Gepräge einer Hauptstadt an; mit der Installierung des →Parlement (1480) erlangte die Stadt diesen Rang auch offiziell. Doch erhielt der Bürgermeister erst 1500 ein Rathaus, als Stadtturm (Belfried) diente der Turm der Pfarrkirche Notre-Dame; hier wurde auch die 1385 in Kortrijk erbeutete Uhr eingebaut.

1477, sogleich nach Bekanntwerden der Nachricht vom Tode →Karls d. Kühnen, marschierten die Truppen Kg. Ludwigs XI. auf D.; hier entschied sich das polit. Schicksal des Hzm.s. Der Bürgermeister der Stadt berief im Einverständnis mit den Mitgliedern des hzgl. Rates eine Versammlung der *Etats de Bourgogne* ein; von den kgl. Truppen praktisch eingeschlossen, blieb den Ständen nichts anderes übrig, als über die Kapitulation zu verhandeln. Dies erregte Unzufriedenheit in der Bevölkerung, und ein Aufstand brach aus, die sog. *mutemaque* (26.–28. Juni 1477), die aber vom Stadtregiment selbst rasch unterdrückt wurde. Ludwig XI. entschädigte die Stadt für die durch die Annexion Burgunds erlittenen Einbußen, insbes. indem er das bis dahin in der Nachbarstadt →Beaune tagende *Parlement* 1480 nach D. verlegte. Der Bürgermeister erhielt Privilegien (Nobilitierung) und begann, unter Bezugnahme auf die Abtretung der Vicomté von 1284, den Titel des *vicomte-mayeur* zu führen. Dennoch hielt Ludwig XI. es für angebracht, eine Festung zu errichten, die über der äußeren Stadtmauer erbaut wurde und deren Geschütze die Stadt in Schach hielten. Polit. gesehen wurde die Loyalität der Stadt durch die Einflußnahme des Gouverneurs v. Burgund auf die Bürgermeisterwahl gesichert.

II. KIRCHEN UND KLÖSTER: [1] *Kathedrale und Pfarrwesen:* Die Kirchengeschichte von D. wurde durch die Bf.e v. →Langres, die im 5. Jh. aus ihrer Bischofsstadt in das Castrum übersiedelten, geprägt. Sie errichteten in D. eine Kathedrale (ŏ Stephanus), die durch eine Marienkirche sowie ein Baptisterium ergänzt wurde, während sich außerhalb der Stadt als bfl. Grablege eine Johannesbasilika befand. In der Karolingerzeit siedelte Bf. Geilo erneut nach Langres über (888?), doch blieb St-Etienne auch weiterhin neben Langres Kathedrale und hatte ihr eigenes Domkapitel. Diese Kirche wurde unter dem Propst Garnier v. Mailly in der 1. Hälfte des 11. Jh. durch eine neue, am Platz der früheren Kirche Ste-Marie stehende Kathedralkirche ersetzt, auf die das Stephanspatrozinium übertragen wurde; die alte Kathedrale erhielt dagegen das Medarduspatrozinium und wurde zur Pfarrkirche. 1113 führte Propst Arnoul die →Augustinusregel in seinem Kapitel ein, das 1125 zum Regularkanonikerstift wurde.

Die innerhalb des Castrum gelegene Kirche St-Médard und die außerhalb gelegene Kirche St-Jean hatten beide den Status von Pfarrkirchen, doch gehörte ein großer Teil des Territoriums der entstehenden Stadt zu ländl. Pfarrsprengeln. Im 11. und 12. Jh. wurde D. jedoch in sieben städt. Pfarreien aufgegliedert: fünf von diesen Pfarrkirchen unterstanden St-Etienne (Notre-Dame, St-Médard, St-Michel, St-Pierre, St-Nicolas), zwei St-Bénigne (St-Jean, St-Philibert).

[2] *Abtei St-Bénigne:* Die Abtei St-Bénigne (St-B.) verdankt ihre Entstehung der Verehrung eines Grabes inmitten des weiträumigen Gräberfeldes, das sich westl. des Castrum erstreckt (eine zweite Nekropole lag im Osten) und in dem mehrere Basiliken liegen. Das Grab wurde als dasjenige des hl. →Benignus, der unter Ks. Aurelianus (270–275) das Martyrium erlitten haben soll, angesehen. Nach anfängl. Zurückhaltung erkannte Bf. →Gregor v. Langres (506/507–528/539) diese Verehrung offiziell an. Ein Kl. entstand zur Pflege des Kultes (→Basilikakloster); Kg. →Guntram († 592) verband St-B. mit →St-Maurice d'Agaune und →St-Marcel-lès-Chalon, um hier die laus perennis (→laudes) verrichten zu lassen. Trotz seines reichen Stiftungsbesitzes neigte St-B. im ausgehenden 8. und im 9. Jh. kanonikalen Lebensformen zu; die Verwaltung des Stifts übertrug der Bf. einem →Chorbischof. Doch führte Bf. Isaac, gestützt auf den Chorbischof Bertilo, i. J. 869 wieder monast. Gewohnheiten ein und stellte das Patrimonium wieder her. Allerdings blieb St-B. unter bfl. Autorität. Erst 989 berief Bf. →Bruno v. Roucy den Kirchenreformer→Wilhelm v. Volpiano und eine Gruppe von Mönchen aus →Cluny, die hier cluniazens. Gewohnheiten einführten.

Wilhelm veranlaßte den Neubau der Abteikirche, wobei insbes. die berühmte Rotunde zur Aufnahme der um 994 wieder aufgefundenen Reliquien des Hl. entstand. Zur Durchführung der Reform wurden Wilhelm mehrere burg. Abteien wie auch diejenigen im Hzm. Normandie, die den Ordo von St-B. übernahmen, außerdem einige lothr. Abteien übertragen. Nach Wilhelms Tod (1031) wurde Halinardus Abt v. St-B.; dieser wurde 1046 zum Ebf. v. Lyon gewählt. Später erhielt Jarento (1077–1113) die Abtswürde. Beide spielten eine große Rolle in der Kirche ihrer Zeit.

In D. war die Abtei bestrebt, das Begräbniswesen zu kontrollieren und die in der Villa abgehaltenen Märkte in den Burgus zu ziehen. Diese Bestrebungen führten zu Auseinandersetzungen mit St-Etienne und zur Herstellung einer Reihe von in der Forschung berühmter Fälschungen. Die Abtei brannte 1137 ab und mußte neuerrichtet werden; der Einsturz des Kirchengewölbes veranlaßte Abt Hugues d'Arc zu dessen Neuerrichtung (1281–1339).

[3] *Weitere kirchliche Einrichtungen:* Unter den sonstigen kirchl. Institutionen sind zu nennen: u. a. mehrere Hospitäler (von St-B.; Notre-Dame; Dominique le Riche; St-Esprit, 1204, später dann St-Fiacre, 1340; St-Jacques, 1390), ein Leprosorium sowie Komtureien der Templer und Hospitaliter. Die Zisterzienserabteien, deren Äbte ihr Generalkapitel eine Tagesreise von D. entfernt abhielten, begründeten hier Höfe, die als Herberge für Ordensmitglieder und als Stützpunkte in der Stadt dienten (bes. Clairvaux, Pontigny, Morimond). Franziskaner (1237), Dominikaner (1248) und Karmeliter (1351) errichteten ihre Niederlassungen; die beiden ersteren Bettelorden übernahmen die geistl. Leitung der Beginen, die in D. während des Pontifikates Johannes' XXII. (1316–34) belegt sind. Außerdem entstanden zwei Kanonikergemeinschaften: die eine, die weniger bedeutende Chapelle-aux-Riches, war eine Stiftung eines Le Riche, bei der anderen handelte es sich um die hzgl. Kapelle (Chapelle-le-Duc).

[4] *Die herzoglichen Stiftungen:* Die hzgl. →Hofkapelle (Chapelle-le-Duc) wurde 1172 von Hzg. Hugo III. gegründet. Diese mit 30 Klerikern besetzte Kapelle, in der die Gottesdienste für den Hzg. und seine Familie stattfanden, nahm bald einen bedeutenden Platz im Leben der Stadt und des Hzm.s ein: Ihr Dekan spielte im 13. Jh. eine wichtige Rolle bei der Ausübung der freiwilligen Gerichtsbarkeit. 1431 etablierte Hzg. →Philipp d. Gute in der Kapelle den Sitz des Ordens vom →Goldenen Vlies und schloß die Ritter des Ordens mit den Kanonikern in einer geistl. Bruderschaft zusammen. Die Übermittlung der hl. Hostie durch Papst →Eugen IV. (1431–47) brachte der Kapelle den Ehrentitel →Sainte-Chapelle ein.

Die andere hzgl. Stiftung, die Kartause Champmol, verdankt ihre Entstehung dem Willen Hzg. →Philipp des Kühnen, seine →Grablege und diejenige seines Hauses in einem Kartäuserkl. vor den Toren von D. einzurichten. Die Stiftung erfolgte 1377, die Religiosen trafen 1385 ein. Der Hzg. ließ das Kl., in dem 24 Kartäuser leben sollten, in ungewöhnlich weiträumigen Dimensionen anlegen.

Nach dem Wunsch des Fs.en sollte Champmol von den bedeutendsten Künstlern erbaut und ausgeschmückt werden; die Gestaltung des Grabmals für Philipp den Kühnen und seinen Nachfolger Johann Ohnefurcht ließ in D. eine Bildhauerwerkstatt entstehen, in der Claus →Sluter, Claus de →Werve, Juan de la →Huerta und Antoine le →Moiturier arbeiteten; damit wurde D. zu einem der großen Zentren got. Plastik. Die Kartause Champmol, heute zu großen Teilen abgebrochen, war lange ein strahlendes Zeugnis für den Glanz eines Hofes, der in Wirklichkeit nur selten in D. residiert hatte. J. Richard

Q.: Chronique de St. Bénigne, ed. E. BOUGAUD-J. GARNIER, 1875 – Chartes et doc. de St-Bénigne, ed. G. CHEVRIER-M. CHAUME, II, 1943 – *Lit.:* DHGE XIV, 466–480 – LThK² III, 389f. – C. MONGET, La Chartreuse de D., 1898–1905 – L. CHOMTON, Hist. de l'abbaye St-Bénigne de D., 1900 – M. OURSEL-QUARRÉ, Origines de la commune de D., 1944 – A. LEGUAI, D. et Louis XI, 1947 – P. GRAS, Le séjour à D. des évêques de Langres (Recueil C. BRUNEL, 1955) – W. R. TYLER, D. and the Valois Dukes of Burgundy, 1971 – N. BULST, Unters. zu den Klosterreformen Wilhelms v. Dijon, 1973 – J. MARILIER, Contribution à l'étude topographique de D. médiéval (Mél. E. R. LABANDE, 1974) – W. SCHLINK, St-Bénigne in D., 1978 – Hist. de D., hg. P. GRAS, 1981.

Dikaios, gebildet von δικαίῳ ('mit der Befugnis [eines zuständigen Oberen]'), bezeichnet im östl. →Mönchtum einen Mönch, der die Rechte eines Oberen ausübt. – Wahlberechtigt sind die Ältesten der einzelnen Mönchssiedlungen (Kalyben). In den koinobit. Sketen legt die Klosterordnung das Verfahren fest; in den idiorrhythm. werden Verlauf und Ergebnis der Wahl dem Oberen des Hauptkl. zur Überprüfung, Bestätigung und Verkündigung vorgelegt. Der D. führt die Beschlüsse der Ältestenversammlung aus und wacht über die innere Ordnung der Skete. Ihm zur Seite stehen zwei Räte. Seine Amtszeit ist ein bzw. zwei Jahre. B. Plank

Lit.: THEE IV, 1214–1215 – P. DE MEESTER, De monachico statu iuxta disciplinam byzantinam, 1942 – P. PANAGIOTAKIS, Σύστημα τοῦ ἐκκλ. δικαίου κατὰ τὴν ἐν Ἑλλάδι ἰσχυν αὐτοῦ, τ. 4: Δίκαιον τῶν μοναχῶν, 1957.

Diksmuide, Stadt in →Flandern (heut. Belgien, Prov. Westflandern), entstand im 10. Jh., zunächst als dörfl. Siedlung auf einem vom Meer nach der Transgression Dünkirchen II freigegebenen Gelände. D. entwickelte sich in der 2. Hälfte des 11. Jh. (erste schriftl. Erwähnung 1089) zum städtischen Zentrum und erhielt vor 1163 städt. Rechte. 1270 ist erstmals eine Stadtbefestigung belegt. Die Stadt spielte im internationalen Handel ztw. als Produktions- und Ausfuhrstätte für fläm. Tuche eine wichtige Rolle und war Mitglied der →Hanse v. London. Doch gingen ihre Handelsfunktionen seit dem Ende des 12. Jh. teilweise an →Nieuwpoort über. Mit dem Niedergang der aktiven fläm. Handelstätigkeit verschwand auch D. ein Jahrhundert später von der Bühne des internationalen Handels. Damit sank die Stadt zum Regionalmarkt (bes. für Vieh und Milchprodukte) ab, blieb aber bis zum 15. Jh. ein Zentrum der Textilverarbeitung. Kirchl. hing D. zunächst von der benachbarten Pfarrei Esen ab, wurde aber um die Mitte des 12. Jh. (1144?) zur eigenen Pfarrei (Pfarrkirche St. Nikolaus). D. war Zentrum einer →Kastellanei; im 12.–13. Jh. waren die Herren v. D. auch Herren v. Beveren-Waas. M. Ryckaert

Diktat. Das 'Verfassen, Konzipieren' von Urkk. bezeichnet man im MA mit dem spätlat. Ausdruck 'dictare'; der Verfasser heißt Diktator, sein Stil ist das D., und das Verfaßte, die Urk. oder der Brief, wird 'dictamen' genannt. – Das D. einer Urk. ist so gehalten, daß a) der Aussteller selbst berichtet, d. h. er wird in der 1. Person (Singular oder Plural) selbst redend eingeführt (die Tempora können Präsens und Futur sein; die Fassung der Urk. nennt man dann »subjektiv«), oder b) daß ein anderer, Dritter, von der Handlung berichtet, d. h. der Aussteller tritt in der 3. Person auf (das Tempus kann nur das der Vergangenheit sein; die Fassung der Urk. ist dann »objektiv«). Die Nennung des Diktators ist in den Urkk. äußerst selten. – Zum Abfassen der Urkk. bedienten sich die Kanzleibeamten seit der merow. Zeit sog. Diktathilfen, der →Formelsammlungen. Seit Anfang des 12. Jh. dient der kunstgerechten Abfassung von Urkk. und Briefen die aus der →Rhetorik hervorgegangene lit. Gattung der →ars dictaminis oder ars dictandi. Je mehr eine Urk. nach dem Vorbild derartiger Anleitungen abgefaßt wurde, um so schwerer wird es, den einzelnen Diktator anhand seines Stils festzustellen. Anderseits müssen für die krit. Beurteilung der formalen, wie auch der sachl. Seite des Urkundentextes die Einwirkungen und Nachwirkungen der Formulare beachtet werden. P.-J. Schuler

Lit.: BRESSLAU – H. ZATSCHEK, Stud. zur ma. Urkundenlehre. Konzept, Register und Briefsammlung (Schr. der philos. Fakultät der dt. Univ. Prag, H. 4, 1929) – vgl. Lit. zu →ars dictaminis, →Formelsammlungen.

Dilectus → Heer, -wesen

Díles, air. Rechtsbegriff, der eine wichtige Vorstellung des alten ir. Rechts umschreibt; da der verwandte walis. Begriff *dilys* in ganz ähnlicher Weise gebraucht wird, ist sogar naheliegend, daß das Wort schon in der gemeinkeltischen vormittelalterl. Periode im techn. Sinn Anwendung fand. Wörtl. übersetzt, bedeutet d. wohl 'ausgeschlossen von Prozeß und Rechtsmittel' (*dí-les*), doch hat das Wort in den Rechtstexten eine doppelte Bedeutung: einerseits steht es für Buße, anderseits für Immunität. Effektiv wird mit ›d.‹ ausgesagt, daß eine Person nicht der Gegenstand konkurrierender rechtl. Forderungen ist. Ist die in Frage stehende Person durch diese Situation begünstigt, so bezeichnet ›d.‹ die Freiheit (Immunität) von einer Forderung; wird die Person geschädigt, bedeutet ›d.‹ Buße. Der Begriff ›d.‹ dürfte dann auf Personen oder Sachen, die einer Buße verfielen bzw. Bußleistungen darstellten, ausgedehnt worden sein. T. M. Charles-Edwards

Lit.: D. A. BINCHY, Críth Gablach, 1941, 83f. – The Welsh Law of Women, ed. D. JENKINS–M. OWEN, 1980, 209f.

Dilgen, am Sattel hängender eiserner Schenkelschutz des Ritters. Um 1480 kamen neben blattförmigen, einfachen Schenkelschilden (Streiftartschen) auch die D. auf, welche nach der Form von Oberschenkel und Knie getrieben waren. Sie erwiesen sich für den Feldgebrauch als zu unprakt. und wurden bald nurmehr beim →Rennen benützt, einem gefährl. Reiterzweikampf mit scharfen Spießen. O. Gamber

Lit.: Q. v.LEITNER, Freydal des Ks.s Maximilian I., 1880–82.

Dill (Anethum graveolens L./Umbelliferae). Der u. a. im Mittelmeergebiet verbreitete, ahd. *tilli* genannte D. (Namensherkunft unsicher) gehört zu den ältesten angebauten Küchengewürz- und Heilpflanzen. Bereits im →»Capitulare de villis« (70) und im →St. Galler Klosterplan (um 820) erwähnt, war *anetum* seit dem 10. Jh. auch in England bekannt. Med. fanden neben dem Kraut die Früchte und das daraus gewonnene Öl v. a. gegen Leibschmerzen, Blähungen, Erbrechen und Schlaflosigkeit sowie als harntreibendes Mittel und in der Frauenheilkunde bes. als milchförderndes Mittel Verwendung; bei zu langem Gebrauch sollte der D. jedoch das Sehvermögen schwächen (Albertus Magnus, De veget. 6, 282; Konrad v. Megenberg V, 2; Gart, Kap. 14). Im Volksaberglauben schrieb man der stark riechenden Pflanze u. a. hexenabwehrende Kräfte zu. P. Dilg

Lit.: HOOPS V, 442f. – HWDA II, 295–297 – MARZELL, Wb. I, 305–307 – DERS., Heilpflanzen, 167–170 – J. STANNARD, The Multiple Uses of Dill

(Anethum graveolens L.) in Medieval Medicine (Fschr. W. F. Daems, hg. G. Keil [Würzburger med. hist. Forsch. 24], 1982), 411–424.

Dillingen, Stadt an der Donau (Bayern, Reg.-Bez. Schwaben), Grafenfamilie.

I. Stadt – II. Die Grafen von Dillingen.

I. Stadt: Der Ort D. wird erstmals in der Vita s. Udalrici, niedergeschrieben zw. 982 und 992, als Dilinga erwähnt, in dem sich eine Burg (castellum) befand, nach der sich seit dem frühen 12. Jh. die von den Hupaldingern abstammenden Gf.en v. D. nannten; diese hatten ursprgl. ihren Sitz im benachbarten Wittislingen gehabt. Diesem Geschlecht gehörte auch Bf. →Udalrich v. Augsburg an, von dem bezeugt ist, daß er zu Ostern 973 in der Burg Dilinga weilte. Das auf die alam. Landzeitnahme (→Alamannen) zurückgehende Dorf Dilinga wurde später als Oberdillingen bezeichnet, bis es zur Gemarkung der Stadt D. gezogen wurde. Die Stadt entwickelte sich wohl in der 1. Hälfte des 13. Jh. bei der Burg, doch ist sie vor 1264 nicht eindeutig belegt. Der letzte männl. Sproß des Dillinger Grafengeschlechts, Hartmann (V.), seit 1248 Bf. v. Augsburg, übergab am 29. Dez. 1258 Burg und Stadt samt dem Großteil seines Besitzes an die bfl. Kirche zu →Augsburg. Damit wurde D. eine fürstbfl. augsburg. Stadt, die in den folgenden Jahrhunderten allmählich zur zweiten Residenz des Hochstifts Augsburg wurde, nachdem die Reichsstadt Augsburg die Augsburger Bischofsresidenz, den Fronhof, seit dem 14. Jh. in ihre Mauern eingeschlossen hatte, wobei allerdings dem Bf. noch ein eigener Ausgang erhalten blieb. Seit dem ausgehenden 15. Jh. und dann in den Wirren der Reformation wurde D. endgültig zum Sitz der Fürstbf.e v. Augsburg. Diese gründeten hier seit 1549 eine hohe Schule, die wenige Jahre später Universitätsrechte erhielt und unter jesuit. Leitung als Hort der Gegenreformation bis 1803 bestand, als Burg und Stadt D. bayer. wurde. Das stattliche, in seinem Kern ma. Schloß und die Universitätsgebäude mit der Studienkirche sind heute noch eindrucksvolle Zeugen der großen Dillinger Vergangenheit. P. Fried

II. Die Grafen von Dillingen: Gf. *Hartmann (I.)* nannte sich 1111 erstmals nach D. Wegen seines Erbbesitzes im D.er Raum wird er zu Recht als Nachkomme der Hupaldinger, der Familie Bf. →Udalrichs v. Augsburg, angesehen. Seinen großen Besitzungen im Donauraum konnte Hartmann durch Ehe mit *Adelheid v. Winterthur* ein reiches Erbe in der Nordschweiz hinzufügen. Im Investiturstreit erbitterter Gegner Heinrichs IV., errichtete er zum Schutz seiner Besitzungen Höhenburgen (Kyburg, Hohengerhausen). Hartmann und seine Gemahlin stifteten das Kl. →Neresheim. Seine Söhne *Hartmann (II.)* († 1134, kinderlos) und *Adalbert (I.)* († 1151) wandten sich – wohl wegen des Machtzuwachses der →Staufer im nördl. Schwaben – stärker ihren Herrschaften in der Schweiz zu; ein dritter Sohn, *Ulrich,* war 1111–27 Bf. v. Konstanz. Nachdem Adalbert (I.) nochmals die gesamte Erbschaft vereinigt hatte, teilten seine Söhne erneut, wobei *Adalbert (II.)* († 1170, kinderlos) die schwäb., *Hartmann (III.)* († 1180) die Schweizer Gebiete erhielt; 1170–80 vereinigte letzterer nochmals den gesamten Besitz. Seit der 2. Hälfte des 12. Jh. waren die Gf.en v. D. – mit reichem Gewinn – enge Verbündete der Staufer. Die Söhne Hartmanns (III.) teilten 1180 endgültig in den Schweizer Teil (*Ulrich,* † 1227; Stammvater der Gf.en v. →Kyburg) und den schwäb. Teil (*Adalbert [III.]*, † 1214). Adalbert und seine Kinder wandten sich trotz ihrer Anlehnung an die Staufer in ihrer Heiratspolitik stärker dem bayer. als dem schwäb. Raum zu. Erst nach dem Wegfall der stauf. Macht in Schwaben traten die Gf.en v. D. wieder stärker im schwäb. Raum hervor: Heiratsverbindungen der vier Töchter Adalberts mit den →Zollern, →Helfenstein, Helenstein, Pfgf.en v. →Tübingen; Adalberts Sohn *Hartmann (IV.)* († 1258) begann aus seinem Besitz eine Herrschaft zu bilden (Zollerhebung, Abhaltung von Märkten, Münzprägung, Besetzung der Hofämter des Schenken und Truchseß), wozu ein verstärkter Burgenbau seiner Ministerialen trat. Er hatte auch die Vogtei über →Ulm inne. Als Klosterstifter tat er sich ebenfalls hervor. Da seine Söhne *Ludwig* († 1251) und *Adalbert (IV.)* († 1256/57) vor ihm starben – nur Hartmann (IV.) (1248–86 Bf. v. Augsburg, † 1286) und zwei Töchter überlebten –, fielen die Lehen der Gf. en v. D. an das Reich und das Hzm. zurück; der Allodialbesitz wurde aufgeteilt, wobei offenbar einige Besitzungen an Hartmanns (IV.) Schwiegersöhne, den Gf.en v. Helfenstein und den Pfgf.en v. Tübingen, kamen. Bf. Hartmann schenkte seinen Erbteil, die Gft. D., 1258 an das Bm. Augsburg. Das Ausscheiden der Gf.en v. D. aus dem bayer.-schwäb. Grenzraum ließ ein gewisses Machtvakuum entstehen, das bald darauf die →Wittelsbacher und →Württemberger bei ihrem Aufstieg begünstigte. I. Eberl

Lit.: zu [I]: DtStb V, 2, 146–151 – Der Landkreis D. a. d. Donau ehedem und heute, Red. P. Rummel, 1982, 410ff. [F. Zoepfl] – A. Layer, D. a. d. D. Von Antlitz, Kultur und Vergangenheit einer Stadt, 1982³ – *zu [II]*: R. Dertsch, Die Sippe des hl. Ulrich von 10. bis zum 20. Jh., Jb. des Vereins für Augsburger Bistumsgesch., 1970, 5ff. – Die Gf.en v. Kyburg, 1981 [Beitr. von H. Bühler und A. Layer; weitere Lit.] – I. Eberl, Die Edelfreien v. Ruck und die Gf.en v. Tübingen, Zs. für württ. Landesgesch. 38, 1979, 5ff.

Dîme → Zehnt

Dimensuratio provinciarum (demensuratio, auch: demonstratio provinciarum, Cod. Laur. 89, 68), Titel eines kurzen Verzeichnisses der Länder und größeren Inseln im Imperium Romanum (→Röm. Reich) und der angrenzenden Gebiete mit (geogr.) Begrenzungs- und (in milia passuum [→Meile] berechneten) Längen- und Breitenangaben. Die D. entstand wohl vor der um 435 abgefaßten, ihr nahe verwandten Divisio orbis terrarum; beide gehen – wie auch der geogr. Abschnitt bei Oros. 1,2,1ff – über Mittelquellen auf die (verlorenen) Commentarii bzw. die darauf fußende Weltkarte des Agrippa (64/63 – 12 v. Chr.) zurück. J. Hahn

Ed.: P. Schnabel, Philologus 90, 1935, 425–431 – *Lit.:* Kl. Pauly II, 33f. – RE V/1, 647 – A. Klotz, Klio 24, 1931, 38–59, 386–468 – K. G. Sallmann, Die Geographie des älteren Plinius in ihrem Verhältnis zu Varro, 1971, 91–107.

Dimetoka → Didymoteichon

Dimitrij → Dmitrij

Dinan, Stadt in der →Bretagne (dép. Côtes-du-Nord), auf einem Plateau über der Rance gelegen. D. tritt bereits seit dem 11. Jh. als Burgsiedlung auf. Über seine frühe Geschichte ist wenig bekannt. 1040 erscheint ein Josselin als Herr v. Dinan als Zeuge in einer Schenkungsurkunde der Hzgn. Bertha für das Frauenkl. St-Georges de Rennes. Seine Nachkommen, die Vicomtes (Vicecomites) v. D., treten mit Stiftungen an kirchl. Einrichtungen, als Kriegsleute (1066 Beteiligung an der Eroberung Englands) und in der Politik des Hzm.s Bretagne hervor. Die älteste Burg ist auf dem Bildteppich v. →Bayeux dargestellt. Am Fuß der Burg entwickelte sich eine kleine städt. Siedlung. Unter Hzg. Johann I. (1237–87) ging D. in die hzgl. Domäne über. Während des bret. Erbfolgekrieges stand die Stadt auf seiten des Thronprätendenten →Karl v. Blois und war daher wiederholt von engl. Angriffen ausgesetzt (1342; 1344; 1359 Belagerung, bei der sich →Du Guesclin auszeichnete). →Johann IV. v. Montfort eroberte D. nach seinem Sieg im Bürgerkrieg, machte die Stadt zu einem seiner Herrschaftsschwerpunkte (Zentrum der Domanialverwaltung und Abgabenerhebung, militär. Stützpunkt) und sicherte D. durch einen Mauergürtel und eine Festung. An ma. Bauten sind ferner die Pfarrkirche St-Sauveur, Bürgerhäuser der Textil- und Lederhändler (überkragende Fachwerkbauten) sowie ein Belfried erhalten. Seit 1488 unterstand D. dem Kg. v. Frankreich

J.-P. Leguay

Lit.: M. E. Monier, D. Mille Ans d'Hist., 1968 – J. P. Leguay, Un réseau urbain au MA, Les villes du duché de Bretagne aux XIVe et XVe s., 1981.

Dinanderie, ursprgl. Erzeugnisse von Messing aus → Dinant (»oeuvre de Dinan« zuerst 1407 bezeugt). Das seit dem 12. Jh. bestehende Monopol dieser Stadt bekam im 13.–14. Jh. Konkurrenz durch mehrere Orte im Maasland (Bouvignes, Tournai u. a.) und ging mit der Zerstörung von Dinant 1466 verloren.

Reiche Zinkerzlager (→ Galmei) im Maastal waren materielle Voraussetzung für die Fabrikation von Messing (Kupferlegierung mit ca. 50 % Zink). Bereits in röm. Zeit nachweisbar, konnte sie bes. an die frühroman. Goldschmiedekunst im Lande anknüpfen. Die Produktion umfaßte vom 12. Jh. bis in spätgot. Zeit viele Gattungen kirchl. Geräte, u. a. Leuchter, Thuribula, Aquamanilien, Adlerpulte, Taufbecken, darunter monumentale Werke. Auch für profane Zwecke wurden mannigfache Objekte hergestellt, Schalen, Kannen u. a. m., teils getrieben *(batterie)*, teils mit Gravierung. Qualitätvolle Stücke sind seit dem 14. Jh. gestempelt (zuerst Mecheln). Im Bereich des heut. Belgien und England sehr beliebt sog. »lamina«, teilweise lebensgroße gravierte Grabplatten.

Im frz. Sprachraum werden ma. Messingarbeiten noch allgemein als D.n bezeichnet, in Deutschland spricht man seit längerem von → Maaskunst. V. H. Elbern

Lit.: RDK IV, 1ff. – J. Squilbeck, La D. en Belgique, 1943 – S. Collon-Gevaert, Hist. des arts du métal en Belgique, 1951 – Rhein und Maas. Kunst und Kultur 800–1400, Kat. Köln 1973, (1) 67 u. passim.

Dinant (Dionant), Stadt an der Maas, im heutigen Belgien (Prov. Namur). [1] *Geschichte und Topographie:* Das Stadtgebiet von D. war bereits in prähist. Zeit besiedelt. Im 6. Jh. wird D. als Münzstätte genannt. 1070 wurde die Herrschaft über D., die vorher zw. dem Bf. v. → Lüttich und dem Gf.en v. → Namur geteilt gewesen war, von Ks. Heinrich IV. ersterem völlig zugewiesen. D. wird 1152 als im Besitz von Stadtrecht erwähnt. Im Kampf mit dem Fürstbf. v. Lüttich errang es bis 1348 eine nahezu vollständige Autonomie. Damals schloß die endgültige Stadtverfassung die bfl. → Schöffen von der Verwaltung aus und verteilte die Sitze der 30 → Geschworenen, der zuerst 1196 genannten Vertreter der Bürgerschaft, über die drei Glieder der Stadtgemeinde: das patriz. Bürgertum, die Kupferschläger (1255 als Zunft anerkannt) und die kleinen Zünfte, deren Gewerbe der örtl. Versorgung dienten. Gemeinsam wählten alle jährlich die beiden Bürgermeister. D., eingezwängt zw. dem rechten Maasufer und einer 120 m hohen Felswand, blieb eine kleinere, sich am Fluß entlang erstreckende Stadt. Bevölkerungszahlen liegen nicht vor, dürften aber aufgrund der Besiedlung kaum 5000 Einw. überschritten haben. D. bildete eine einzige Pfarrei, die Liebfrauenkollegiatskirche. Allmählich entwickelte sich auf dem linken Ufer, mit dem D. 1080 durch eine steinerne Brücke verbunden wurde, die bescheidene Vorstadt St-Médard. Wie die Stadt selbst wurde sie ummauert. Die Befestigung D.s, seit dem 13. Jh. bezeugt, wurde wegen der Grenzlage zu Namur bis ins 15. Jh. stark ausgebaut.

[2] *Wirtschaft:* D. war im ma. Europa berühmt durch sein Messinggewerbe; in mehreren europ. Sprachen ist 'Dinanderie' bis heute die Bezeichnung für Messingarbeiten geblieben (→ Messing). Das Gewerbe hatte seit der Römerzeit seinen Aufschwung genommen, bedingt durch das Vorkommen von → Galmei im Maasbecken sowie von zur Anfertigung von Gußformen geeigneter Tonerden. Kupfererz (→ Kupfer) dagegen fehlte und wurde aus dem Harz bezogen, über Land bis Köln und weiter rheinabwärts und maasaufwärts. Vom 13. Jh. an wurde es über → Brügge importiert, im 15. Jh. mehr über → Antwerpen. Offenbar war England das wichtigste Absatzgebiet für die D.er Erzeugnisse (s. zu diesem im einzelnen → Dinanderie, → Maaskunst). Die Rückfracht bestand zunächst aus engl. → Wolle und → Leder, im 15. Jh. aus → Zinn, das der Messinglegierung beigegeben wurde. In England schlossen die D.er sich zwecks besseren Rechtsschutzes den dt. Kaufleuten im Londoner → Stalhof an, wo D. eine eigene Halle besaß. Deswegen wurde D. als einzige Stadt im heut. Belgien als Mitglied der dt. → Hanse betrachtet. Die D.er Englandfahrer besuchten freilich auch die engl. Messen außerhalb von London. In ihrer Heimatstadt beherrschten sie als Unternehmer die Produktion. Seit dem 13. Jh. war D. der Konkurrenz des benachbarten Bouvignes, das auf Namurer Gebiet lag, ausgesetzt. Dies führte wiederholt zu Feindseligkeiten zw. den beiden Orten. 1466 wurde D., gleichsam als Nachspiel des Krieges → Karls des Kühnen gegen die Städte des Fürstbm.s → Lüttich, vom Frieden ausgenommen und von den Burgundern den Flammen preisgegeben. Die meisten Kupferschläger wanderten aus, das Gewerbe hat sich nie mehr von dieser Verwüstung erholt.

J. A. van Houtte

Lit.: H. Pirenne, Hist. de la constitution de la ville de D., 1889 [abgedr. in: Ders., Les villes et les institutions urbaines II, 1939, 1–94] – Ders., D. dans la Hanse teutonique, Compte rendu du Congrès hist. et archéologique de D., 1902 [abgedr. in: Ders., Hist. économique de l'Occident médiéval, 1951, 501–522] – Ders., Les marchands-batteurs de D. au XIVe et au XVe s., VSWG 3, 1904 [abgedr. in: Ders., Hist. économique..., 523–531] – E. Gerard, Hist. de la ville de D., 1936 – J. Gaier-Lhoest, L'évolution topographique de la ville de D. au MA, 1964 – G. Despy, Note sur le »portus« de D. aux IXe et Xe s. (Misc. mediaevalia ... J. F. Niermeyer, 1967) – G. Despy–C. Billen, Les marchands mosans aux foires de Cologne pendant le XIIe s., Acta hist. Bruxellensia, 3, 1974.

Dinant, Henri de (Heinrich von Dinant), Führer einer städt. Oppositionsbewegung in → Lüttich. H. de D. ist erstmals im Okt. 1248 belegt, † vor 10. Febr. 1269. Er gehörte dem Lütticher Patriziat an und wurde 1253 zum Magister civitatis (Bürgermeister) gewählt. 1253–56 war er Führer der Opposition gegen den Electus Heinrich v. Geldern, ebenso aber gegen die amtierenden Lütticher → Schöffen; das Schöffenamt lag in den Händen der ältesten Patrizierfamilien, deren Kreis H. de D. nicht angehörte. War die Opposition zunächst polit. Natur, so nahm sie einen sozialen Charakter an, nachdem der Volkstribun von den Patriziern fallengelassen worden war. Es gelang H. de D., ein Bündnis der bedeutendsten Städte des Landes zustandezubringen. Doch scheiterte die von ihm geführte städt. Revolte an der Koalition des Fürstbf.s mit Adel und Patriziat. H. de D. emigrierte daraufhin zunächst nach Namur, dann an den Hof der Gfn. Margarete v. Flandern-Hennegau in Valenciennes. J.-L. Kupper

Lit.: G. Kurth, Recherches sur H. de D., ABelgBull 1907, 465–513, 730–736 – Ders., H. de D. et la démocratie liégeoise, ebd., 1908, 384–410 – H. Pirenne, Sur la condition sociale de H. de D., ebd., 60–64 – F. Vercauteren, Luttes sociales à Liège (XIIIe et XIVe s.), 1946^2, 45–59 – J. Lejeune, La »Chronique liégeoise de 1402« et H. de D. (1253–56) (Mél. F. Rousseau, 1958), 413–432.

Dīnār, arab. Bezeichnung für Goldmünze. Im Kalifat wurde der D. zunächst als Nachahmung des byz. →Solidus, seit 696/697 als bildlose mit religiösen Aufschriften versehene Münze im Gewicht von 1 Miṯqāl = 4,25 g geprägt. Ursprgl. anonym, trägt der D. seit dem 9. Jh. den Herrschernamen. Die Gewichtsnormierung entfiel im islam. Osten bei vielen D.-Arten vom Ende des 9. Jh. bis in das 13. Jh. Die Verbreitung des D.s war ursprgl. auf das ehemals byz. Territorium beschränkt, um die Mitte des 9. Jh. wurde der D. auch im Osten des Kalifats eingeführt. Funde früher D.e sind in kleiner Zahl aus dem karol. Reichsgebiet bekannt, in England wurden sie im Kgr. →Mercien unter →Offa nachgeahmt. Seit dem 11. Jh. spielten insbes. nordafrikan. und span. D.-Arten in Europa eine Vorläuferrolle vor der Einführung eigener Goldmünzen nach der Mitte des 13. Jh. In lat. Urkk. werden sie je nach D.-Art als *Mancus, Marabotino, Massamutino* oder *Oboli de Musce* bezeichnet. Während des SpätMA geriet der D. im Nahen Osten zunehmend unter den konkurrierenden Druck europ. Goldmünzimporte, bes. venezian. →Dukaten. Der D. zu 1 Miṯqāl wurde schließlich durch den seit 1426 in Kairo geprägten *Ašrafī*, der am Dukatengewicht orientiert war, ersetzt. L. Ilisch

Lit.: EI² II, 305f. [G. C. MILES] – Wb. der Münzkunde, hg. F. v. SCHROETTER, 1930, 139–142 [R. VASMER].

Dinard (früher: Dinart), Herrschaft und ländl. Gemeinde in der →Bretagne (heute Stadt, dép. Ille-et-Villaine). Die Herrschaft D., gruppiert um die Burg und Siedlung D., wechselte durch Heirat und Kauf mehrfach den Besitzer; so gehörte sie den Vicomtes v. →Dinan, den →Montfort (ab 1232), Pierre →Du Guesclin (ab 1346), kurzzeitig Hzg. →Johann V. v. Bretagne (1417–20), danach Robert de Dinan, Baron v. Châteaubriant. Die Siedlung D. am linken Ufer der Rancemündung, zur Pfarrei St-Enogat gehörig, wird 1180 erstmals erwähnt, seit dem SpätMA Aufschwung als kleiner Hafenort gegenüber von →St-Malo. 1324 entstand in D. das Priorat St-Jacques et St-Philippe (Hôpital-Béchet) als Stiftung von Olivier und Geoffroi de Montfort, zwei aus sarazen. Gefangenschaft freigekommenen Adligen, die dieses Spital dem auf den Loskauf von Gefangenen spezialisierten →Trinitarierorden schenkten. J.-P. Leguay

Lit.: ABBÉ GUILLOTIN DE CORSON, Pouillé Hist. de l'Archevêché de Rennes III, 1882, 169–171 – DERS., Les Grandes Seigneuries de Haute Bretagne I, 1897, 408–412.

Dinefwr, Burg in →Wales, auf einem Fels am rechten Ufer des Tywi gelegen, Herrschaftszentrum des Fsm.s →Deheubarth, galt gemeinsam mit →Aberffraw in →Gwynedd und Mathrafal in →Powys als Sitz eines der drei großen Herrschaftszentren des ma. Wales. Die Ursprünge der Burg sind nicht näher bekannt; ein klarer Beleg für eine Bedeutung des Ortes vor dem 12. Jh. fehlt. Nach der Teilung von Deheubarth, die nach dem Tode des Fs.en →Rhys ap Gruffudd († 1197) erfolgte, wurde D. Zentrum von Ystrad Tywi, des Territoriums von Rhys Gryg († 1236), eines Sohnes des vorgenannten. Die erhaltenen Bauten, die einen Donjon und zwei Wachttürme umfassen, stammen vermutl. aus der Zeit des Rhys Gryg oder aus noch jüngeren Bauperioden, doch dürften im Mauerwerk auch Teile des 12. Jh. enthalten sein. D. wurde 1277 dem Kg. v. England, Eduard I., abgetreten und verblieb bei der engl. Krone. Weitere Baumaßnahmen an der Burg sind nicht belegt, doch wurde eine kleinere städt. Siedlung, die New Town of D., in einiger Entfernung gegr.; hier entstand im SpätMA auch ein Herrenhaus.

J. B. Smith

Lit.: J. E. LLOYD, Hist. of Wales, 1911, passim – Inventory of the Ancient Monuments in Carmarthenshire (Royal Commission on Ancient Monuments in Wales, 1917), Nr. 317 – J. B. SMITH, The Cronica de Wallia and the Dynasty of D., BBCS 20, 1962–64, 251–282 – R. A. BROWN – H. M. COLWIN – A. J. TAYLOR, The Hist. of the King's Works, II: The MA, 1963, 643f.

Ding → res

Ding (Thing)
I. Fränkisch-deutscher Bereich – II. Skandinavien – III. England.

I. FRÄNKISCH-DEUTSCHER BEREICH: Das germ. Thing (ahd. *thing* 'Zeitpunkt der Volksversammlung', langob. *thing* 'Volksversammlung'; zu an. *þing* s. Abschnitt II) war wohl immer auch Streitschlichtungsinstitution. In frk. Zeit umfaßt eine der jüngeren Teilvorstellungen das aus der obrigkeitl. erzwungenen Sühne hervorgehende Volksgericht, seine Versammlung, die Verhandlung und die Gerichtsstätte. Die Masse der Belege für D. liegt im SpätMA. In der frühen NZ geht der Gebrauch stark zurück, doch bezeichnen noch bäuerl. Quellen des 18. Jh. das Gericht als Ding. In frk. Zeit steht D. neben dem älteren ahd. *mahal, mal*, lat. →mallum, u. lat. →placitum. Die Möglichkeit des Bezeichnungswechsels zu mahal kennzeichnet den D. als Ort und Zeitpunkt des Gesprächs. Seit dem 12. Jh. konkurriert D. mit mhd. *gericht*. In dem neuen Begriff, der D. schon im 13. Jh. überrundet, kommt der Autoritätszuwachs der Institution zum Ausdruck (→Gericht).

Das D. ist eine Versammlung von Rechtsgenossen unter dem Vorsitz eines Richters. Es repräsentiert das Zusammenspiel von herrschaftl. Rechtszwang und genossenschaftl. Feststellung des Rechts. Der Vorsitzende ist Träger des Gebotes, die versammelten Rechtsgenossen geben das Urteil. Der Zustand der organisator. Trennung von Rechtsfindung und Rechtszwang unter maßgebl. Beteiligung der Genossen der Parteien an der Rechtsfindung (Dinggenossenschaft) kennzeichnet das Rechtsverständnis des MA (→Deutsches Recht).

Im D. wird geurteilt, wobei das Urteil zunächst eine die Selbstentscheidung der Parteien erzwingende rechtl. Meinungskundgabe ist. Späterhin gewinnen Urteile im Zusammenspiel mit dem Gebot des Richters den Charakter einer Drittentscheidung. Das Ersturteil kommt den →Rachinburgen, den →Schöffen oder anderen bes. angesehenen und rechtskundigen Personen zu. Die übrigen Genossen im D. (das Volk, der Umstand) geben konsensstärkende Folgeurteile ab. Einen Umstand im rechtstechnischen Sinne, der einen »Urteilsvorschlag« der Ersturteiler durch seine Zustimmung zum verbindl. Urteil zu erheben hätte, gibt es entgegen der älteren Lehre nicht. Die Parteien stehen als Rechtsgenossen inmitten ihresgleichen, nicht etwa stehen sie einem Spruchkörper gegenüber. Parteien, Urteiler, sonstige Genossen und in geringerem Umfang auch der Richter, der bis zum Beginn des 9. Jh. miturteilt, wirken als Rechtsgemeinschaft bei der Lösung des Konfliktes zusammen.

Man unterschied das echte, ungebotene D., das zu feststehenden Terminen, seit der Gerichtsreform Karls d. Gr. nur noch dreimal jährlich, stattfand, vom gebotenen D., der je nach Bedarf einberufenen Gerichtsversammlung. Zum echten D. bestand Dingpflicht aller Freien. Zum gebotenen D. waren nur die Schöffen zu erscheinen verpflichtet. Echtes und ungebotenes D. unterscheiden sich auch im Vorsitz und in der Zuständigkeit. J. Weitzel

Lit.: DtRechtswb II, 933ff. – Hoops² V, 443–455 [R. WENSKUS] – HRG I, 742–744 [E. KAUFMANN]; III, 150–152, 216–218 [R. SCHMIDT-WIEGAND, s. v. Mahal, Mahlstatt – Mallobergus – Mallus, mallum] – E. KARG-GASTERSTÄDT, Ahd. thing – nhd. ding, Verh. Sächs. Akad., Bd. 104, H. 2, 1958 – J. WEITZEL, Dinggenossenschaft und Recht [Habil.-Schr. FU Berlin 1983, ersch. demnächst].

II. SKANDINAVIEN: In allen skand. Sprachen erscheint *þing*, lat. *placitum*, 'Versammlung', 'Zusammenkunft', auf der rechtl. und administrative Angelegenheiten von gemeinsamem Interesse verhandelt werden, auch 'Gericht'.

Über Alter und Ursprung der skand. D. e läßt sich nichts Sicheres sagen. Ortsnamen und Runeninschriften lassen erkennen, daß es D. e – auch für größere Gebiete – bereits während der Wikingerzeit (8.–11. Jh.) gab. Insbes. die Nachbarschaft von alten Dingplätzen und Kultplätzen hat u. a. dazu geführt, dem D. – wie dem germ. Recht und der Rechtspraxis überhaupt – eine enge Anbindung an den kult.-sakralen Bereich zuzusprechen. Es lassen sich aber weder spezielle Ding- oder Rechtsgottheiten nachweisen (zu Mars Thingsus, Týr, Forseti etc. vgl. K. v. SEE, 1964, 117ff.), noch bieten die skand. Rechtsquellen ausreichende Belege für einen spezif. Kontakt zw. Recht und heidn. Kultus. Einzelne Hinweise, wie die im Recht des norw. Gulaðings erwähnten »Weihebänder« (*vébönd*) als Einhegung des Dinggerichts zeigen wohl eher, daß die Versammlung ganz allgemein unter dem Schutz der Götter stand, nicht aber, daß das D. selbst sakralen Charakter hatte. In christl. Zeit wird dann auch die Hegung des D.s von einem weltl. Amtsträger vorgenommen. Þing in der Bedeutung »Dingversammlung« scheint zudem – auf den gesamtgerm. Bereich bezogen – eine vergleichsweise junge semant. Entwicklung zu sein. Älter und außerhalb des Nordens weiter verbreitet sind Wörter wie got. *maþl*, frk. *mallus*, ags. *mæðel* ('Volksversammlung', 'Gericht'; vgl. auch Ortsnamen wie Malberg, Malching etc.; zur Etymologie von þing vgl. K. v. SEE, 1964, 117ff. und DERS., 1972, 14ff., 52).

Alle skand. Rechtsaufzeichnungen des 12.–14. Jh. bezeugen ein voll ausgebildetes, regional unterschiedl. organisiertes System von Dingversammlungen in Anknüpfung an die verschiedenen Einheiten (teilweise älterer) territorialer Einteilungen, von eng begrenzten Nachbarschaftsbezirken (in Norwegen z. B. *bygð*) über mittelgroße Bezirke, wie →Fylke, →Härad, Hundare, »Drittel« (*þriðiungr*), »Viertel« (*fjórðungr*) etc. (samt ihren Untergliederungen) bis zu größeren Bezirkszusammenschlüssen, aus denen sich die in polit. und rechtl. Hinsicht anfangs autonomen »Länder« (*land*; in der wissenschaftl. Lit. oft auch mit »Landschaft« übersetzt) mit ihren übergreifenden Landsdingen (dän. *landz thing*) zusammensetzten, wie z. B. die dän. Rechtskreise Jütland, Seeland, Schonen; West- und Ostgötaland, Uppland, Södermanland etc. in Schweden; die Rechtsbereiche des Gulaðings, Frostaðings, Eiðsivaðings, Borgarðings in Norwegen. Die skand. Dingversammlungen waren zunächst ihrer Struktur nach sog. Alldinge (von isländ./norw. *alþing[i]*), d. h., daß alle freien und volljährigen Männer berechtigt und verpflichtet waren, am D. teilzunehmen. Ausnahmen galten nur für den allein wirtschaftenden Bauern (norw. *einvirki*), Alte, Kranke u. ä. Allerdings war es durchaus möglich, sich auf dem D. vertreten zu lassen, wenn man die Mittel hatte, diesen Vertreter mit einer festgesetzten Leistung für die Dingfahrt auszustatten. Offensichtl. wurde diese Möglichkeit nicht selten genutzt, so daß sich zumindest bei den größeren Alldingen auch Elemente der Repräsentation finden (so auf dem isländ. →Allthing). Auf Island mußte der rechtsfähige Bauer außerdem über ein bestimmtes Mindestvermögen verfügen, um dingberechtigt zu sein.

Die ursprgl. und wohl wichtigste Aufgabe des D.s war die öffentl. Behandlung von Rechtsstreitigkeiten, die Urteilsfindung und die Verkündung des Urteils (*dóm*), nicht aber dessen Exekution. Es ist wahrscheinl., daß das D. erst angerufen wurde, wenn sich die Parteien untereinander nach den jeweils geltenden Prinzipien des Vergleichs nicht einigen konnten. In den einzelnen Rechtskreisen entwickelten sich bestimmte Formen des »Rechtsganges« (→Prozeß), wobei Klagen zunächst wohl an unterschiedl., konkurrierenden Dinggerichten anhängig gemacht werden konnten (in Schweden z. B. am Häradsding oder dem Landsding). Im Laufe des HochMA, spätestens nach Annahme der Reichsgesetze (Ende 13., Mitte 14. Jh.), bildete sich jedoch eine Art Instanzenzug heraus mit dem Landsding als höchstem Entscheidungsgremium. Gleichzeitig verstärkte sich die Tendenz, (private) Rechtssachen von Anfang an vor dem D. zu behandeln. Zumindest auf den kleineren und mittleren Dingversammlungen waren die Dinggenossen gleichzeitig auch Urteiler, obwohl anzunehmen ist, daß die großbäuerl. Häuptlingsschicht, der auch meist der Vorsteher und Sprecher des D.s (norw. *logmaðr*, schwed. *laghman*, →Rechtssprecher) angehörte, jeweils den größten Einfluß ausübte. Später traten als wichtige Entscheidungsträger die örtl. Vertreter des Kgtm.s und z. T. der Kirche hinzu. Die auf dem D. gefällten Sprüche hatten, wenn sie von den Dinggenossen gutgeheißen wurden, den Charakter einer Rechtssetzung, so daß sich die Rechtspflege des D.s auf judizielle wie auf legislative Bereiche erstreckte.

Die administrative Kompetenz der D.e umfaßte alle öffentl. Angelegenheiten innerhalb des jeweiligen Dingbezirks, wie etwa die Organisation der Heerfolge und der Landesverteidigung (→Leding), Leistungen an Kg. und Kirche, Unterhalt von Priestern und Kirchen etc. Auf diesem Wege entwickelte sich das D. zum wichtigsten Forum für die seit der Wikingerzeit immer enger werdenden rechtl. und polit. Beziehungen zw. Volk, Kg. und Kirche.

Neben den D.en der Bezirke und des Landes gab es im HochMA gesonderte Königs- und Bischofsgerichte (*räfst, refsingaþing*), die je nach Bedarf, jährl. oder alle drei Jahre zusammentraten.

Die Versammlungen fanden zu festgesetzten Zeiten und an festgesetzten Dingplätzen statt. Die lokalen D.e konnten, bes. in Schweden, in bestimmten Perioden des Jahres wöchentl. zusammentreten (z. B. Uppland); die D.e auf der Ebene des Fylke oder Härad tagten in der Regel im Frühjahr und im Herbst, während die Landsdinge in Norwegen (auf Island das Alþingi) einmal im Jahr, in Schweden bis zu viermal im Jahr stattfanden. Allerdings konnte veranlaßt werden, daß das D. auch außerhalb der jeweiligen Dingtermine, nach einem gesetzl. festgelegten Einberufungsverfahren, abgehalten wurde. Von dieser Möglichkeit wird in zunehmendem Maße auch das Kgtm. Gebrauch gemacht haben, das sich auf seinen Reisen durchs Land nicht an die Termine der Bezirksdinge halten konnte.

Es scheint, daß gerade die von den kleineren Bezirksdingen unabhängigen Landsdinge mit ausgedehnteren Geltungsbereichen (schwed. *laghsaga*) Ergebnisse jüngerer administrativer Umgestaltungen innerhalb eines größeren Siedlungs- und Wirtschaftsraums waren, etwa durch Zusammenlegung von Dingbezirken, und somit Züge einer selbständigen »Staatenbildung« trugen. Gleichzeitig begann sich eine Art Hierarchie innerhalb der verschiedenen D.e herauszubilden, wobei das Landsding immer mehr die Rolle einer obersten jurisdiktionellen und legislativen Instanz spielte. Ohne Zweifel fand das nach reichsumfassender Herrschaft strebende ma. Kgtm. in den großen D.en die bedeutendsten Ansatzpunkte für seine Ambitionen, denn nur in diesem Rahmen konnten gesetzgeb., polit. und wirtschaftl. Initiativen des Kgtm.s (teilweise auch der Kirche) wirksam werden. In allen skand. Reichen ist – in unterschiedl. Ausmaß und mit zeitl. Verschiebungen – die allmähliche Einflußnahme des Kgtm.s auf Zusammensetzung und Arbeit der D.e zu beobachten, mit dem Ziel, die bäuerl. dezentralen Selbstverwaltungsorgane in ein auf das Kgtm. ausgerichtetes Verwaltungs- und Rechtssystem umzuwandeln.

Während die Landsdinge in Dänemark, Schweden und Island (das bis 1274/76 eine oligarch. Republik war) bis ins 13. bzw. 14. Jh. Alldinge blieben, wurden sie in Norwegen – wohl unter Mitwirkung des Kgtm.s – zu reinen Repräsentantenversammlungen umgewandelt. Über Zeitpunkt und nähere Umstände dieser Umorganisation läßt sich nichts Genaues sagen, lediglich im Recht des westnorw. Guladings (→Guladingslög; Kap. 3) findet sich die Auskunft, daß Kg. Hákon der Gute um 950 das Gulading (als Repräsentantenversammlung) eingerichtet habe. Das ostnorw. Eidsivading (→Eidsivadingslög) soll von →Olav d. Hl. 1021/22 'gegründet' worden sein, während das für Südostnorwegen zuständige Borgarding (→Borgardingslög) 1224 zum ersten Mal erwähnt wird. Vom Frostading (→Frostadingslög), dem D. für das Tröndelag und Nordnorwegen, ist keine 'Gründungszeit' bekannt, es scheint aber nicht älter als das Gulading gewesen zu sein. Diese vier Dingkreise hatten bis zur Annahme des Reichsrechts 1274 einen rechtsautonomen Status. Jeder Unterbezirk (Fylke oder Herad mit eigenen Dingversammlungen) entsandte eine festgesetzte Anzahl von *nefndarmenn* (»ernannte Leute«), deren Auswahl vom jeweiligen kgl. Amtsträger vorgenommen wurde. Die nefndarmenn bekamen für ihre Dingfahrt eine Aufwandsentschädigung (*farareyrir, þingfararfé*) und mußten Bußen zahlen, wenn sie nicht erschienen. Das D. tagte einmal im Jahr. Die Tagungsdauer richtete sich nach der Anzahl der zu treffenden Entscheidungen. So bestand das Gulading zunächst aus 400 Delegierten, deren Zahl nach der Gesetzesrevision unter Kg. →Magnús Erlingsson (1162–84) auf 246 gesenkt wurde. Das Reichsrecht nennt dann nur noch 148 Delegierte. Das Frostading bestand, nach Auskunft des Reichsrechts, aus ca. 240 Delegierten.

Diese neuere Form des D.s trug die Bezeichnung *lǫgþing* (Neunorw. *lagting*). Das Wort kann mehrere Bedeutungen haben: D., das feststellt, was geltendes Recht sein soll; D., das durch Gesetz eingerichtet wurde; D. für einen bestimmten Jurisdiktionsbezirk. Der Leiter des D.s war der *lǫgmaðr*. Aus der Mitte der Delegierten wurde ein Richtergremium gebildet (*lǫgrétta*), das unter Vorsitz des lǫgmaðr als oberster Gerichtshof und damit auch als oberste rechtsetzende Instanz (zusammen mit den übrigen Delegierten) innerhalb des jeweiligen Lagdingbereichs fungierte. Die schrittweise Verminderung der nefndarmenn deutet auf eine Rationalisierung der Administration und der Rechtspflege hin, bedeutet aber möglicherweise auch eine Schwächung der bäuerl. Repräsentanz. Die auf den Lagdingen in Norwegen, resp. den Landsdingen in Dänemark und Schweden angenommenen Entscheidungen machten der Substanz der v. a. im 12. und 13. Jh. (vereinzelt noch Anfang des 14. Jh.) entstandenen Niederschriften der sog. Landschaftsrechte aus.

Die Dingstätten der norw. Lagdinge waren Gulen am Südufer des äußeren Sognfjords (Gulading), die Halbinsel Frosta im Drontheimfjord (Frostading), das ostnorw. Eidsvoll (Eidsivading) und das östl. des Oslofjords gelegene Borg (heute Sarpsborg, Borgarding). Die dän. Landsdinge tagten in Viborg (Nordjütland), Urnehoved (Südjütland), Odense (Fünen), Ringsted (Seeland) und Lund (Schonen). Wichtige schwed. Dingstätten lagen in der Umgebung von Uppsala, Enköping, Sigtuna (Svealand), Skara und Linköping (Götaland). Das isländ. →Allthing tagte auf þingvellir, östl. des heutigen Reykjavík.

Die Städte (→Stadt, →rechte) hatten eigene Dingversammlungen (*mot, mót* 'Zusammenkunft', in schwed./dän. *byamot*, norw. *bœjarmót*) mit eigenen Richterkollegien. Diese von Landschaft und Bezirken gesonderten Dingbereiche trugen die (noch ungeklärte) Bezeichnung *birk*, die sich in Norwegen und Schweden v. a. auf die städt. Rechtsbereiche (norw. *bjarkeyjarréttr*) bezog, in Dänemark auch andere gesonderte Gerichtsbezirke (z. B. geistl. oder adlige Grundherrschaften) bezeichnete.

Die polit. Bedeutung der D.e schwindet nach Einführung reichsumfassender Gesetzgebungswerke (Norwegen: →Magnús Hákonarsons Landslög, 1274; Schweden: →Magnus Erikssons Landslagh, 1347; Dänemark: Christians V. Danske Lov, 1683), meist blieb nur die Funktion als Gerichtshof unter Vorsitz eines kgl. Amtsträgers oder als Sanktionierungsforum bei der Königswahl, die polit. und gesetzgeber. Entscheidungen wurden statt dessen von Kg., Reichsrat, Ständeversammlungen u. a. wahrgenommen. Vereinzelt konnten die D.e, unter den veränderten polit. Voraussetzungen im SpätMA, ihre Bedeutung als regionales Organ bäuerlicher Repräsentation bewahren.
H. Ehrhardt

Q.: Samling af Sweriges Gamla Lagar, 1–13, ed. D. H. S. COLLIN–D. C. J. SCHLYTER, 1827–77 – Norges gamle Love indtil 1387, 1–5, ed. R. KEYSER u. a., 1846–95 – Grágás. Islændernes lovbog i fristatens tid, ed. V. FINSEN, 1852 – Danmarks gamle Landskabslove med Kirkelovene, I–VIII, ed. J. BRØNDUM-NIELSEN u. a., 1932–61 – *Lit.:* HOOPS[2] V, 455–465 [P. SVEAAS ANDERSEN, H. SCHLEDERMANN, M. STEFÁNSSON, G. DAHLBÄCK]–KLXVIII, 334–368, 373–387– K. MAURER, Vorlesungen über an. Rechtsgesch. I, 1907 – A. BUGGE, Tingsteder, gilder og andre mittpunkter i de norske bygder, Norsk hist. Tidsskr. 5. rk. IV, 1920 – A. TARANGER, Alting og lagting, Norsk hist. Tidsskr. 5 rk. V, 1924; 5. rk. VIII, 1930–33 – F. WILDTE, Tingplatserna i Sverige under förhistorisk tid och medeltid, Fornvännen 1926 – Å. HOLMBÄCK–E. WESSÉN, Svenska landskapslagar, 1–5, 1933–46 – J. A. SEIP, Lagmann og lagting i senmiddelalderen og det 16. årh., 1934 – A. TARANGER, Utsikt over den norske retts historie I, 1935– J. E. ALMQUIST, Lagsagor och domsagor i Sverige I, 1954 – Å. HOLMBÄCK–E. WESSÉN, Magnus Erikssons landslag, 1962 – K. v. SEE, An. Rechtswörter, 1964 – P. J. JØRGENSEN, Dansk Retshistorie, 1965[3] – O. FENGER, Fejde og mandebod, 1971 – K. v. SEE, Kontinuitätstheorie und Sakraltheorie in der Germanenforsch., 1972– K. HELLE, Norge blir en stat, 1974, 179ff. – I. SKOVGAARD-PETERSEN u. a., Danmarks historie I, 1977, 102ff. – P. SVEAAS ANDERSEN, Samlingen av Norge og kristningen av landet, 1977, 247ff.

III. ENGLAND: Das engl. »thing« bezeichnet allgemein wie das lat. »res« eine Sache, eine Angelegenheit oder ein Ereignis; eine der frühesten Bedeutungen ist 'öffentl. oder rechtl. Angelegenheit'. Die ags. Gesetze sprechen davon, daß jemand durch den Dienst in irdischen D.en an himmlische D.e heranreiche (I Æthelstan 4, 1), vom Bezahlen von Schulden aus weltlichen D.en (V Æthelred 20) und von den drei D.en, die der Lehnsmann kraft Gesetzes schuldet, nämlich Waffendienst, Burgenbau und die Unterhaltung von Brücken (Rectitudines singularum personarum 1). Seit 975/978 schließt der Eid des Kg.s das Versprechen ein, allem Unrecht (»all unrightous things«) zu wehren. Rechtlich bedeutet das D. eine Klage, Anklage, Beschwerde oder einen Sachvortrag, später wird es die Bezeichnung für die Gerichtsverhandlung und schließlich für die Versammlung, in der Gerichtsverhandlungen stattfinden. Das D. als Gerichtsverhandlung wird schon in den kentischen Rechten des 7. Jh. mit einer öffentl. Versammlung, *medle,* in Verbindung gebracht (Hlothaere und Edric 8), aber erst die skand. Besiedlung im 9. Jh. führt zu einer klareren Vorstellung, wonach das D. ein Gerichtshof an einem bestimmten Ort ist. Die Ortsnamen »Dingwall« in Schottland und »Thingwall« in norw. kolonisierten Gegenden NW-Englands bezeichnen solche Versammlungsplätze (Thingstätten).

Diese Volksgerichte sind eine wichtige Etappe in der Entwicklung des gerichtl. Verfahrens. Es ist jedoch schwierig zu beurteilen, welche Bedeutung sie für die Entstehung der Grafschaften und der Hundertschaftsgerichte hatten, die von den engl. Kg.en im 10. Jh. errichtet wurden und die bis heute den Rahmen für die Landesverwaltung in England bilden. Das Beispiel der achteinhalb Hundertschaften, die ihre Beschwerden nach Thingoe in Suffolk brachten, ein Gebiet mit dän. Siedlungen, das Kg. Eduard d. Bekenner als Ganzes dem Kl. von →Bury St. Edmunds geschenkt hatte, ist eindrucksvoll, bleibt aber ein Einzelfall. Unabhängig davon, ob das D. einen territorialen Zusammenhalt vorbereitete, muß es den Anstoß dafür gegeben haben, daß wichtige Streitigkeiten über Grund und Boden im 11. und 12. Jh. den Grafschaftsgerichten unterbreitet wurden. Das D. förderte dadurch die Entwicklung des →Common law. In London wurde der gedeckte Hof, das Hausding (→husthing), das anscheinend seit dem 10. Jh. bestand und sich mit Streitigkeiten in Wirtschaftsangelegenheiten befaßte, das ordentl. Gericht des Bürgermeisters, des →sheriffs und der →ealdormen.

A. Harding

Q. und Lit.: LIEBERMANN, Gesetze I, 1903; II, 1906, 449f. – F. E. HARMER, Anglo-Saxon Writs, 1952, 145, 154f., 437 – E. EKWALL, Oxford Dict. of English Placenames, 1960[4].

Dinghof → Fronhof, → Hofgericht

Dingolfing, Stadt in →Bayern (Niederbayern), wird erstmals 769/770 als agilolfing. Zentralort (→Agilolfinger) faßbar. In diesem Herzogshof hielt →Tassilo III. die erste bekannte Synode des bayer. Klerus ab; eine zweite Synode ist für 932 bezeugt (→D., Synoden v.). Nach Tassilos III. Absetzung (788) wurde der Ort karol. Königsgut, das an die Bf.e v. Regensburg, die Pfalzkapelle zu Ötting (→Altötting) und die Bf.e v. Bamberg weitergegeben wurde. Der Umfang des Herzogshofes deckte sich wohl mit der D.er Altstadt. In deren unmittelbarer Nähe setzten sich in der 1. Hälfte des 13. Jh. die →Wittelsbacher fest. Hzg. →Otto II. v. Bayern errichtete 1251 einen befestigten Verwaltungsstützpunkt (castrum et oppidum), der vornehmlich gegen die Bf.e v. →Regensburg gerichtet war und den unteren Isarraum herrschaftlich erfassen sollte. Er wurde Sitz eines bayer. Landgerichtes und erhielt 1274 Stadtrecht. D. gehört damit zu den ältesten wittelsbach. Stadtgründungen und läßt die zwei Phasen dieses Vorganges in der Ober- und Unterstadt bes. deutlich erkennen. Nach der Verdrängung der Bf.e v. Regensburg wurden beide Teile zusammengefaßt. Bei den bayer. Landesteilungen nach 1255 kam die Stadt an Niederbayern. Ihre Funktion als Verwaltungsstützpunkt, der seinen Höhepunkt im 15. Jh. erlebte, ist im heut. Baubestand nicht gut zu erkennen.

A. Schmid

Lit.: DtStb V/2, 152–155 – Hist. Stätten VII, 141f. – F. MARKMILLER, D. Das alte Gesicht einer kleinen Stadt, 1971.

Dingolfing, Synoden v. 1. D., Synode v. 769/770 (nicht genau datierbar), bietet aufschlußreiche Einblicke in die gesellschaftl.-polit. Verfassung des bayer. FrühMA (→Bayern). Das Protokoll der S. zeigt Hzg. →Tassilo III. an der Spitze der bayer. »Landes«-Kirche; seine Mitwirkung wird aus einer Reihe von Bestimmungen klar erkennbar. Die Liste der anwesenden Bf.e (von Neuburg, Brixen, Salzburg, Passau, Regensburg, Freising) zeigt bereits die deutlichen Umrisse der in den folgenden Jahrhunderten gültigen bayer. Kirchenprovinz. Außerdem werden 13 Äbte genannt; von anwesenden Gf.en ist nicht die Rede, obgleich die betreffenden Bestimmungen für die Laien kaum ohne die Gf.en erlassen worden sein können. – Folgende vielfältige Bestimmungen wurden festgesetzt: 1. primär die Kirche betreffend: nachdrückliches Gebot der Sonntagsheiligung, Präzisierung des Schenkungsvorganges an Kirchen, Forderung der kanon. Lebensweise der Bf.e, der Ordensregel der Äbte, Verbot der Verehelichung von Nonnen; 2. Laien betreffend: Sanktionierung der Stellung der nobiles, liberi und servi, Schenkungsfreiheit des Adels an die Kirche, Garantie älterer Zugeständnisse an den bayer. Adel, des Wergeldes für hzgl. *Adalschalken*, des Erbes, Schutz der mulier nobilis, wenn sie einen Unfreien geheiratet hat; Vereinfachung des Verfahrens bei Rechtsstreitigkeiten. – Auf der S. v. D. wurde ferner ein Gebetsverbrüderungsvertrag (→Gebetsverbrüderung) der bayer. Bf.e und Äbte abgeschlossen; auf ihn scheint das Salzburger Verbrüderungsbuch zurückzugehen.

2. D., Synode v. 16. Juli 932, beschäftigt sich mit der Frage der Seelenmessen und des Fastens. Auch diese Synode, über deren Beschlüsse wir nur wenig wissen, hatte einen Rahmen, der weit über die Kirche hinausging. Das Protokoll spricht davon, daß »alle Bayern« zusammengekommen seien, insgesamt 117 Personen: Bf.e, Gf.en und andere Leute aus ganz Bayern. Der Hzg. war mit Sicherheit ebenfalls dabei.

W. Störmer

Lit.: A. WINTER, Die drey großen Synoden der Agilofing. Periode zu Aschheim, D. und Neuching, 1806 – HEFELE III, 1877[2], 607–612; IV, 1879[2], 591f. – H. BARION, Die Verfassung der bayer. Synoden des 8. Jh., RQ 38, 1930, 90–94 – F. FREIBERGER, Die vier altbayer. Synoden des 8. Jh. (Rhaeten-Herold 228), 1956, 12–16 – HRG I, 665f., s. v. Decreta Tassilonis [H. SCHLOSSER] – R. BAUERREISS, KG Bayerns I, 1958[2], 139f. – K. SCHMID–O. G. OEXLE, Voraussetzungen und Wirkungen des Gebetsbundes v. Attigny, Francia 2, 1974, 71–122.

Dinis (Dionysius). **1. D.**, Kg. v. Portugal, Sohn →Alfons' III. v. Portugal und dessen 2. Frau →Beatrix v. Kastilien; * 9. Okt. 1261, also nach dem Tod der 1. Frau seines Vaters, Mathilde v. Boulogne (1258); Kg. geworden nach dem Tod des Vaters 1279, dessen 2. Ehe Urban IV. im Juni 1263 für gültig erklärt hatte; † 7. Jan. 1325 in Santarém, ⊐ Zisterzienserinnenkloster Odivelas bei Lissabon; ⚭ 1288 →Isabella, Tochter Peters III. v. Aragón und seiner Gemahlin Konstanze, hl.; zwei legitime (Alfons IV. und Konstanze) sowie sieben illegitime Kinder.

[1] *Politische Tätigkeit:* Seit seinem Herrschaftsantritt sah sich D. von seinem machthungrigen jüngeren Bruder Alfons (* 8. Febr. 1263) und der von ihm angeführten Fronde herausgefordert (Schlachten von 1280, 1287, 1299). Weil Alfons in Fortsetzung seines ptg. Bruderges auch in den kast. Familienkrieg um die Nachfolge →Alfons' X. auf dessen Seite eingriff, wurden D. und →Sancho (IV.) Verbündete. 1291 schlossen sie einen Frieden, den die Ehe ihrer beiden Kinder bekräftigen sollte, der aber nicht hielt: Sancho fiel in Portugal ein; nach seinem Tod fiel D. in Kastilien ein. Am 12. Sept. 1297 schlossen D. und Sanchos Erbe →Ferdinand IV. den Vertrag v. Alcanices (Ferdinand und seine Schwester heirateten D'. Tochter bzw. D'. Sohn →Alfons [IV.].) und legten den im wesentl. bis heute gültigen Verlauf der Grenze zw. ihren Reichen fest (s. a. →Badajoz, Übereinkunft v.). Auch mit der Kirche ist D. der Frieden gelungen: 1289 haben das Papsttum, der ptg. Klerus und das Königshaus die Kompromißformel gefunden, die es Nikolaus IV. erlaubt hat, das seit 1277 auf dem Land lastende Interdikt aufzuheben; 1290 hat er den portug. Santiago-Rittern (→Santiago, Orden v.) das ganz bes. Vorrecht verliehen,

sich – auf Kosten des kast. Ordensmeisters – einen eigenen Provinzialmeister zu wählen, wovon bis 1297 und dann seit 1315 ununterbrochen Gebrauch gemacht worden ist; und 1319 hat Johannes XXII. D. sogar erlaubt, aus dem ptg. Teil des 1312 aufgelösten Tempel-Ordens einen eigenen nationalen, den →Christus-Orden zu gründen. Zu D'. innenpolit. Verdiensten zählen die Gründung des ersten ptg. Studium Generale (1290 in →Lissabon), die Förderung der Landessprache, die Internationalisierung des Handels, die Modernisierung des Schiffsbaus, der Aufbau einer Kriegsflotte (v. a. seit dem am 1. Febr. 1317 mit dem genues. Admiral Manuel →Pessagno abgeschlossenen Vertrag), die Kultivierung von Pinienwäldern, die Errichtung von Burgen und Siedlungen und v. a. die Entwicklung der Landwirtschaft, daher sein Beiname 'lavrador' ('der Ackerbauer'). Seinen Tod wollte sein Erbe Alfons (IV.) nicht abwarten – aus Ungeduld oder aus Sorge um sein Nachfolgerecht angesichts der Vorliebe des Vaters für seine illegitimen Söhne. Schon 1319 forderte er D. zum Thronverzicht auf und führte fortan Krieg gegen ihn.

P. Feige

[2] *Literarische Tätigkeit:* In der Renaissance feierte der Lissaboner Dichter António Ferreira in einem lit. Epitaph den Kg. D. als denjenigen, der die »Musen geehrt« habe; seither genießt Kg. D. den Ruf des Begründers der Dichtkunst in Portugal. Doch erst im 19. Jh. werden die vom Kg. verfaßten lit. Werke erneut bekannt, soweit sie in zwei →cancioneiros (Liederhandschriften) enthalten waren, die im 16. Jh. im Auftrag des röm. Humanisten Angelo Colocci abgeschrieben wurden und auf eine einzige, wohl der Mitte des 14. Jh. entstammende Kompilation zurückgehen. D.' erhaltenes Werk umfaßt 137 lyr. Gedichte (die Melodien sind verloren) und stellt damit ein Œuvre von beachtl. Umfang dar (mehr als 9 % der gesamten überlieferten poet. Werke im Galego-Portugiesischen). Es handelt sich hauptsächl. um Liebesgedichte, und zwar der beiden Gattungen der cantigas d'amor und cantigas d'amigo (→cantiga); die satir. Dichtung (»cantigas d'escarnho e de maldizer«) ist dagegen nur wenig vertreten (zehn Gedichte). Einige Liebeslieder werden häufig als Beleg angeführt für die Abhängigkeit des kgl. Dichters von prov. Troubadours als Inspirationsquelle. Doch zeigt eine genauere Analyse, daß zwar eine allgemeine Beeinflussung durch die Troubadoure und ihre rhetor. Techniken, kaum aber eine unmittelbare und konkret im Text faßbare Abhängigkeit feststellbar ist; dies läßt sich durch den großen Zeitabstand D.' zur prov. und frz. Troubadourdichtung erklären. Die Vermittlung der klass. prov. Dichtkunst erfolgte vermutl. über den Hof seines Großvaters, →Alfons X. v. Kastilien, an dem sich D. als Kind aufhielt. Darüber hinaus gehen auf D.' Anordnungen die Übersetzungen der →Siete Partidas →Alfons' X. v. Kastilien und der »Crónica del moro Rasis« zurück. Letztere wurde 1344 von seinem illegitimen Sohn Pedro, Gf. en v. Barcelos, in die »Crónica Geral de Espanha de 1344« integriert (→Chronik K. III).

J. M. d'Heur

Q.: Rui de Pina, Crónica de D. Dinis segundo o códice inédito n.° 891 da Bibl. Municipal do Porto, 1945 – Ders., Edição do texto inédito do Cód. Cadaval 965, 1947 – Itinerários Régios: D. Dinis, 1962 – *Lit.: zu [1]:* Dicionário de Hist. de Portugal I, 813–815 – Aufsätze von F. Félix Lopes in: Itinerarium 9, 1963, 193–219; 10, 1964, 190–220; in: Estudos Teológicos. Actas da III Semana portuguesa de Teologia, 1964, 251–262 – Ders., RevPort 13, 1971, 61–72 – M. J. Pimenta Ferro, Para o estudo da numária de D. Dinis, Do Tempo e da História 4, 1971, 201–228 – J. Veríssimo Serrão, Hist. de Portugal I, 1979³, passim – M.-M. Costa, Los reyes de Portugal en la frontera castellano-aragonesa (1304), Medievalia 2, 1981, 27–50 – D. W. Lomax, El Rey Don Diniz de Portugal y la Orden de Santiago, Hidalguía 30, 1982, 477–487 – J. Mattoso, A guerra civil de 1319–24 (Estudos de Hist. de Portugal, I: Homenagem a A. H. de Oliveira Marques, 1982), 161–176 – *zu [2]: Ed.:* Das Liederbuch des Kg.s Denis v. Portugal, ed. H. R. Lang, 1894 [Repr. 1972, Gesamtwerk] – Cantigas d'escarnho e de maldizer, ed. M. R. Lapa, 1965, 1970² – *Lit.:* Sh. Rogers Ackerlind, The Relationship of Alfonso X of Castile to Diniz of Portugal [Diss. Yale Univ. 1972] (DAI 33A, 1972, 2358) – J. M. d'Heur, Troubadours d'oc et troubadours galiciens-portugais, 1973 – Ders., Recherches internes sur la lyrique amoureuse des troubadours galiciens-portugais, 1975 – S. Pellegrini – G. Marroni, Nuovo repertorio bibliogr. della prima lirica galego-portoghese (1814–1977), 1981 – A. D. Deyermond, The Love poetry of King D. (Florilegium Hispanicum. Medieval and Golden Age Stud. D. C. Clarke, 1983), 119–130.

2. D., Infant, Sohn →Peters I. v. Portugal und seiner Geliebten bzw. 2. Frau Inês de →Castro, * 1351/53, † 1398/1403, ◻ Hieronymitenkl. Guadalupe. Als →Heinrich II. v. Kastilien 1373 in Portugal einfiel, in dem seit Peters Tod dessen Sohn →Ferdinand regierte, schloß sich D. dem Angreifer an, zog mit dessen marodierenden Truppen durch seine Heimat und folgte ihm dann bis an seinen Hof in Kastilien. Nachdem Ferdinand im Okt. 1383 ohne eigenen männlichen Erben gestorben war, beanspruchte Heinrichs Sohn →Johann I., der eben erst im Mai 1383 Ferdinands Tochter →Beatrix geheiratet hatte, Portugals Thron für sich und seine junge Frau. Entsprechend sah er in D. nicht mehr den Gast, sondern den Rivalen und hielt ihn gefangen, während aus Portugal eintreffende Delegationen vergeblich die Freilassung ihres natürlichen Herrn erbaten. Die →Cortes v. Coimbra aber haben sich 1385 weder für Beatrix noch für D. entschieden (Johann das →Regras hatte sie eindringlich daran erinnert, daß D. einst mit den Kastiliern gegen die Portugiesen gekämpft hatte), sondern sie haben den Großmeister des →Avis-Ordens →Johann, einen eindeutig illegitimen Sohn Peters I., zum Kg. gewählt. Daraufhin erlaubte Johann v. Kastilien dem Infanten, nach Portugal zurückzukehren, wo schon 1386 eine ernsthafte Verschwörung mit dem Ziel, ihn zum Kg. zu erheben, unterdrückt worden war. Sein Halbbruder Johann I. v. Portugal nahm ihn dennoch zunächst durchaus freundlich auf (Ende 1387), bat ihn aber bald darauf (wohl Juni 1388), nach England zu seinem Verbündeten Richard II. zu gehen und über die Ratifizierung des Vertrags v. →Windsor sowie über einen Ausgleich zw. Portugal und Kastilien zu verhandeln, da er zum Zentrum der Opposition zu werden drohte. In England fürchtete D. jedoch nach einer vorübergehenden Verhaftung, auf Dauer festgehalten, wenn nicht gar ermordet zu werden. Er floh, wurde aber von fläm. Piraten gefangengenommen (Okt. 1388). Verhandlungen über seine Freilassung wurden 1391 mangels Lösegeld ergebnislos abgebrochen. Aber schließlich tauchte D. dann doch wieder in Kastilien auf. 1394 ehrte ihn der von Kastilien anerkannte avignones. Papst Clemens VII. sogar mit der →Goldenen Rose (während Johann v. Portugal damals zum röm. Papst hielt). Inzwischen nannte sich auch Kg., weil die inzwischen verwitwete Beatrix zu seinen Gunsten auf ihr Anrecht auf die Königswürde verzichtet hatte. Im Mai 1398 marschierte D. sogar an der Spitze eines kleinen Heeres von Kastiliern und Exilportugiesen in Portugal ein, ließ sich aber noch rechtzeitig von der Aussichtslosigkeit seines Unterfangens überzeugen und kehrte ohne Schlacht nach Kastilien zurück, wo er das Haus Vilar gründete.

P. Feige

Lit.: Dicionário de Hist. de Portugal I, 815f. – L. Mirot, Les mésaventures d'un prince portugais au XIVᵉ s., Revue des questions hist. 77, 1911 – Conde do Tovar, A embaixada do Infante D. Denis a corte de Inglaterra em 1388, O Instituto 83, 1932, 206–229 – S. Dias Arnaut, Froissart e João Fernandes Pacheco, RevPort 3, 1947, 129–159 – P. E. Russell, The English Intervention in Spain and Portugal in the Time of

Edward III and Richard II, 1955 – CONDE DE TOVAR, A Odisseia do Infante D. Dinis (1388–1391), Anais II, 9, 1959, 81–99 – S. DIAS ARNAUT, A Crise Nacional dos Fins do Século XIV, 1960 [auch in: Biblos 35, 1959, 9–597].

Dinkel → Getreide, -anbau, -handel

Dinkelsbühl, Stadt in Mittelfranken am Westufer der Wörnitz. In günstiger Furtlage im Schnittpunkt des Fernwegs »Augsburg–Würzburg« mit der »Nibelungenstraße« und der Verbindung »Ulm–Nürnberg« gelegen, ist D. 1188 erstmals als zum stauf. Allod gehörender burgus urkdl. belegt. Im Zuge der stauf. Reichslandpolitik im Bereich zw. Donauwörth und Rothenburg o. T. sind städt. Anfänge in der Zeit Friedrichs I. um 1170/80 anzusetzen. Erst um 1220/30 erlangte die 1251 civitas genannte Stadt mit dem Bau der Bartholomäuskirche (roman. Vorgänger), die in der 2. Hälfte des 15. Jh. durch eine got. Georgskirche ersetzt wurde, eigene Pfarrechte. Der wohl gleichzeitig begonnene Steinbering umfaßte Ende des 13. Jh. ca. 11 ha. Mit der Verleihung Ulmer Rechte 1305, dem seit 1282 belegten Spital, dem um 1290 begründeten Karmeliterkloster, dem 1291 bezeugten Bürgermeister und den 1306 vorhandenen consules, deren Kollegium aus dem stauferzeitl. Schöffenkreis erwachsen war, vollendete sich die erste Phase der Stadtentwicklung. Ab ca. 1370 erfolgte ein planmäßiger Einbezug der an den Ausfallstraßen entstandenen Vorstädte in einen zweiten, um 1430 vollendeten Mauerring, der ca. 33 ha überbaute Fläche einschloß. Eine Vorfeldbefestigung im NO und die nur schwach geschützte Wörnitzvorstadt im O sowie die um 1500 errichteten Zwingeranlagen vergrößerten die Fläche auf ca. 48 ha, wobei um 1400 von ca. 4000 Einw. auszugehen ist. Nach mehreren Verpfändungen, aus denen sich D. 1351 selbst löste, war die Zugehörigkeit zum Reich nicht mehr gefährdet; D. stand aber immer in Auseinandersetzungen mit den Gf. en v. →Oettingen und den Bgf. en v. →Nürnberg sowie in Konkurrenz zu dem benachbarten Feuchtwangen und Wassertrüdingen. Ab dem 15. Jh. stagnierte die Entwicklung, nicht zuletzt durch den Niedergang der ab ca. 1425 betriebenen Barchentherstellung. Trotz der Verkehrslage blieb der Fernhandel eine Ausnahme, und die wirtschaftl. Ausstrahlung der Stadt (Weberei und Tuchproduktion, seit dem 15. Jh. auch Sensen- und Sichelproduktion) war auf das eigene Umland gerichtet. Ein kgl. Messeprivileg von 1360, drei Jahrmärkte und ein reger Besuch der obdt. Handelszentren konnten daran nichts ändern. F. B. Fahlbusch

Q. und Lit.: Die Urkk. der Stadt D. (1282–1500), 2 Bde, bearb. von L. SCHNURRER, 1960, 1962 [Bay. Archivinventare, H. 15,16] – A. STEICHELE, Das Bm. Augsburg hist. und stat. beschrieben, 3, 1872, 228–318 – L. BECK, Übersicht über die Gesch. der ehemaligen freien Reichsstadt D., Adressbuch 1886, 1–158 – P. GLUTH, D. Eine Stadtgeographie auf wirtschaftsgeograph. Grundlage, 1958 – W. SCHULTHEISS, D. Eine Stadtgründung Barbarossas..., Jbb. des Hist. Vereins Mittelfranken 78, 1959, 159–161 – DtStb V, 1, 1971, 148–160 [Lit.] – W. BOGENBERGER, Die D.er Steuerliste von 1437, Jbb. des Hist. Vereins Alt-Dinkelsbühl, 1975/76, 28–168 – s. künftig: R. SCHUH, D. –Feuchtwangen (HAB, Reihe Mittelfranken).

Dinnshenchas ('die Kunde [senchas] von den Plätzen') bezeichnet die traditionellen Erklärungen, der – meist fiktiven – Ursprünge ir. Ortsnamen. Als mittelir. Text sowohl in einer Prosaversion als auch in einer prosymetr. Fassung überliefert, ist der D. eine der wichtigsten Quellen der frühen ir. Literatur und pseudohist. Überlieferung, gemeinsam mit dem Banshenchas und dem →Lebor Gabála. Die systemat. Sammlung wurde in der uns überlieferten Textgestalt wahrschl. im 11./12. Jh. kompiliert, jedoch aus weit älterem Material. Zahlreiche der hier überlieferten Erzählungen sind Bruchstücke verlorener Sagentexte; andere zeigen, daß in der neueren ir. Überlieferung auftretende Sagenkreise (so derjenige um Finn mac Cumail) wohl bereits in der Entstehungszeit der D.-Kompilation bekannt waren. Die meisten Ortsnamen werden entweder volksetymolog. oder mit Hilfe von Stammessagen erklärt und treten so auch in der ir. Vers- und Prosadichtung und im genealog. Erzählgut auf. Manchmal werden im selben Text alternative, ja sogar einander widersprechende Namenserklärungen geliefert. Der Name des Kompilators ist nicht bekannt; neuere Studien haben eine wesentl. Neubewertung der dem Kompilator vorliegenden Überlieferung ergeben. D. Ó Cróinín

Ed.: E. J. GWYNN, The Metrical D., 1–4, 1903 – Lit.: T. Ó. CONCHEANNAINN, Journal of Celtic Stud. 3, 1981–82, 85–131.

Dinogetia (Bisericuţa-Garyan), röm.-byz. Festung (4.–6. Jh.) im heut. Rumänien, in der nw. Dobrogea (→Dobrudža), im Donauknie, auf einer Felsinsel zw. Nebenarmen des Stromes, seit 1939 archäol. erforscht. Zu Beginn des 7. Jh. verlassen, wurde D. im 10.–12. Jh. erneut besiedelt. Wiederherstellungen des Eingangstores und einiger Mauerteile erfolgten gegen Ende 10. Jh. Die ma. Siedlung, welche sowohl die ganze Innenfläche (ca. 170 × 100 m) als auch Gebiete extra muros umfaßte, bestand aus bescheidenen, nicht unterkellerten Wohnhäusern, sowie auch aus halbvertieften Grubenhäusern und besaß eine Kirche aus Mauerwerk, die einen Zentralbau darstellte. Zahlreiche Funde (Goldschätze, Münzen und Schmuck, ein Bischofskreuz, Siegel, Werkstätten, Werkzeuge, Waffen usw.) bestätigen die rege wirtschaftl. Tätigkeit einer ethnisch gemischten Bevölkerung, die im Verband des Byz. Reiches lebte. Mehrere Zerstörungen durch Brände wurden von umherschweifenden Völkerschaften (Pečenegen, Kumanen) verursacht; die letzte führte zum endgültigen Wüstwerden der Festung am Ende des 12. Jh. oder in der 1. Hälfte des 13. Jh. R. Popa

Lit.: GH. STEFAN, u. a., D. I, 1967 – I. BARNEA, D., 1969.

Dinsdale (Ditneshale, Didynsdale), **Johannes de** → Johannes de Dinsdale

Dinus de Rossonis Mugellanus, it. Rechtslehrer, * im Mugellotal nördl. Florenz, † nach 1298 in Bologna. D. studierte Zivilrecht in Bologna bis 1278 und lehrte in Pistoia (1279–84) sowie in Bologna (1284–96). Dort wurde ihm seit 1289 als erstem Zivilrechtslehrer von der Stadt ein Gehalt gezahlt. Bei ihm studierten →Cino da Pistoia und →Oldradus de Ponte. I. J. 1296 scheint D. Kleriker geworden zu sein. Seine Gattin trat in Bologna in ein Kl. ein, er selbst begab sich an die päpstl. Kurie. Unbekannt ist, ob er an der Ausarbeitung des Liber Sextus (→Corpus iuris canonici) mitwirkte. Er las aber an der päpstl. Hochschule über das Digestum vetus. 1298 kehrte D. nach Bologna zurück. Im Sept. dieses Jahres wird er urkundl. zum letzten Mal erwähnt.

D. hinterließ Vorlesungen (Lecturae) und Repetitiones zu den Digesten sowie Quaestiones Infortiati. Außerdem finden sich in Handschriften aller Teile des Corpus iuris civilis und in selbständiger hs. Überlieferung Zusätze (Additiones) zur Glossa ordinaria von →Accursius mit seiner Sigle. Aus der Glossa ordinaria zu Digesten und Codex stellte er mehrere Reihen einander widersprechender Aussagen (Glossae contrariae) zusammen. Nur teilweise selbst redigiert hat D. seine Vorlesung über den Institutionentitel De actionibus (Inst. 4,6). Er kommentierte die Arbor actionum von →Johannes Bassianus und den Titel De regulis iuris des Liber Sextus, schrieb in Versen über den Zivilprozeß (Ordo iudiciorum) und verfaßte Monographien und Consilia. P. Weimar

Ed.: Super infortiato et digesto novo, Lyon 1513 [Neudr. OIR XVII, 1971] [Additiones] – De actionibus und Lectura super Iohannis Bassiani arbore actionum (De actionibus, Lyon 1596) – De regulis iuris, Venedig 1518 – Der Ordo judiciorum des D. (WAHRMUND, II. 1 Anh.) – Dini opusculum (De »Modis arguendi« scripta rariora, ed. S. CAPRIOLI, Studi senesi 75, 1963), 30–56 – De glossis contrariis (Tractatus universi iuris, Venedig 1584), XVIII, fol. 187ra-va – De interesse, ebd. V, fol. 6vb–7va – De successionibus ab intestato, ebd. VIII. 1, fol. 318ra–319ra – De praescriptionibus, ebd. XVII, fol. 50rb–52ra – Consilia seu mavis responsa, Venedig 1574 – *Lit.:* DDC IV, 1250–57 [L. FALLETTI] – SAVIGNY V, 447–464 – R. BARGIONI, Dino da Mugello, giureconsulto del sec. XIII, 1920 – M. BELLOMO, Glossae contrariae di Cino da Pistoia, TRG 38, 1970, 433f. – D. MAFFEI, Giuristi medievali e falsificazioni editoriali del primo Cinquecento (Ius commune, Sonderh. 10), 1979, 31f.

Dioclea (Diokleia), Namensvariante der antiken Stadt →Doclea, nahe dem heut. Titograd (Montenegro). Der Name 'Doclea' erscheint in ma. byz. und serb. Quellen und bezeichnet sowohl die zerstörte antike Stadt als auch das in diesem Gebiet als eine der ältesten slav. Herrschaften entstandene Fsm. D. (Duklja); zu seiner Gesch. s. →Zeta.
V. Korać

Diodoros, Bf. v. Tarsos, † vor 394, wirkt nach sehr weitgespannten profanen und theol. Studien in Athen und Antiochia als Leiter eines Asketerions und als theol. Lehrer in Antiochia. Zu seinen Schülern zählen →Johannes Chrysostomos, →Theodoros v. Mopsuestia und →Theodoretos. Als Gegner des Heidentums erregt er den Zorn Ks. Julians (ep. 90 B). 361 von Meletios zum Presbyter geweiht, muß er unter Ks. Valens wegen seines Einsatzes für das nikän. Bekenntnis Antiochia verlassen. In der Verbannung begegnet er um 372 →Basilius v. Caesarea. 378 wird er Bf. v. Tarsos und nimmt als solcher 381 am Konzil v. Konstantinopel teil. Zu Lebzeiten gilt D. als Garant der Orthodoxie, doch macht →Kyrillos v. Alexandria ihn seit 438 für die Entstehung des →Nestorianismus verantwortlich. Seine Lehre wird 499 von einer Synode in Konstantinopel verurteilt. Sein umfangreiches lit. Werk ist daher nur äußerst fragmentarisch, z. T. in syr. Übersetzung, erhalten.

Als Exeget vertritt D. die hist.-grammat. Methode der antiochen. Schule, wobei er geschickt das philos.-rhetor. Instrumentarium seiner Zeit anwendet und an die Dichterinterpretation damaliger Literaturwissenschaft anknüpft. Seine Dogmatik muß ganz im Kontext der nachnikän. christolog. Auseinandersetzungen und der antiochen. Schismen gewertet werden. Mit der grundsätzl. Intention, die Einheit ohne Vermischung von Gottheit und Menschheit in Jesus Christus zu wahren, scheint er zur Abwehr einer Minderung der Gottheit des einen Jesus Christus das Logos-Sarx-Schema anzuwenden, nicht also das Schema Logos-Mensch, wie bisherige Diodorforschung annahm.
W. Cramer
Lit.: CPG 2 Nr. 3815–3822 – TRE 8, 766f. – ALTANER-STUIBER, 1978[8], 318f., 615.

Diogenes Laertios hat im Altertum mit seinem biograph.-doxograph. Werk über Leben und Lehren der Philosophen kaum Beachtung gefunden. Ins MA scheint nur eine einzige Hs. gerettet worden zu sein; der verlorene Archetypus unserer gesamten, im 12. Jh. einsetzenden Überlieferung ist durch eine auf Verlust von Blättern zurückzuführende Lücke im siebten Buch (Wegfall der späteren Stoiker) charakterisiert. Dennoch ließ die Schrift in der byz. Lit. der Makedonen- und der Komnenenzeit Spuren zurück. Material aus ihr bereicherte im späten 9. Jh. die →Anthologie des Konstantinos Kephalas, im 10. Jh. die →Suda; im 11./12. Jh. benutzte sie Pseudo-Hesychios v. Milet.

Im lat. Westen tauchen die Philosophenleben des D. erst im Zeitalter der Übersetzungsbewegung auf. Der siz. Archidiakon →Henricus Aristippus erwähnte 1154/60 im Prolog seiner Menonübersetzung seine Absicht, sie ins Lat. zu übertragen. Die Frucht seiner Bemühungen ist verloren; vielleicht blieb das Unternehmen ein Torso, doch es erschloß anscheinend – zumindest teilweise – den von D. zusammengestellten Stoff. Der Paduaner Richter →Geremia (Hieremias) da Montagnone († 1320/21) zitierte in seinem »Compendium moralium notabilium« von D. überlieferte Philosophensprüche aus einer »Cronica de nugis philosophorum«. →Walter Burley nennt den antiken Doxographen in seinem sicher vor 1326 abgeschlossenen »Liber de vita et moribus philosophorum« öfters als Gewährsmann.

Großer Erfolg war allerdings erst der Neuübersetzung von →Ambrosius Traversari beschieden, die 1433 dem Auftraggeber →Cosimo de' Medici überreicht wurde. Auf die erste lat. Inkunabel (Rom um 1472) folgten sechs weitere, alle in Italien; der griech. Text hingegen wurde erst 1533 in Basel gedruckt.
J. Prelog
Lit.: A. BIEDL, Zur Textgesch. des L. D. Das große Exzerpt Φ, 1955 – CH. L. STINGER, Humanism and the Church Fathers, 1977 – A. SOTTILI, Il Laerzio latino e greco ed altri autografi di Ambrogio Traversari (Vestigia. Studi in on. di G. BILLANOVICH II, 1984), 699–745.

Diogo, 4. Hzg. v. →Viseu, * um 1452, † 28. Aug. 1484 in Setúbal (Rui de Pina, s. u., S. 58: »nas casas que foram de Nuno da Cunha«), 2. Sohn aus der Ehe des Infanten →Ferdinand (Bruder Kg. Alfons' V. v. Portugal und in Nachfolge des Infanten →Heinrich v. Portugal 2. Hzg. v. Viseu sowie erster Hzg. v. Beja) mit der Infantin Beatriz. Nach dem Tod seines älteren Bruders Johann 1472 Hzg. v. Viseu und Haupterbe seines Vaters, stieg er zum mächtigsten Adligen Portugals nächst dem Hzg. v. →Bragança auf und bekleidete unter seinem Onkel die Ämter des *Condestável do Reino* und des Großmeisters des →Christusordens, wobei sein Einfluß durch die Eheschließung (1471) seiner Schwester Leonor mit dem Thronerben Johann (II.) eine sichere Grundlage hatte. Nach der Thronbesteigung →Johanns II. nahm er an der Verschwörung des Hzg.s →Ferdinand v. Bragança teil (1483), wurde jedoch begnadigt. Als er 1484 wiederum als Haupt einer adligen Verschwörung entdeckt wurde, mit deren Hilfe er nach der Ermordung Johanns II. und des Infanten Alfons selbst den Thron zu besteigen hoffte, wurde er vom Kg. in eine Falle gelockt und getötet. Die Tat des Kg.s wurde durch ein improvisiertes Gerichtsverfahren nachträgl. legitimiert, die engsten Mitverschworenen D.s hingerichtet. L. Vones
Q.: Rui de Pina, Croniqua d'el Rey Dom Joham II. Nova ed. de A. MARTINS DE CARVALHO, 1950, 53–63 (Kap. XVII–XVIII), das Zitat S. 58 – GARCIA DE RESENDE, Crónica de D. João II e Miscelânea, ed. J. VERÍSSIMO SERRÃO, 1973 – *Lit.:* DHP I, 823 – A. BRAAMCAMP FREIRE, As conspirações no reinado de D. João II, Archivo Hist. Português, 1–2, 1903–04 – A. RIBEIRO, A conspiração dos nobres (D. PERES – E. CERDEIRA, Hist. de Portugal. Ed. monumental, III, 1931), 181–190 – A. CAETANO DE SOUSA, Hist. Genealógica da Casa Real Portuguesa, II, III, V, 1736–1738; ed. 1946, II, 289f. – H. BAQUERO MORENO, A conspiração contra D. João II, Arquivos do Centro Cultural Português 2, 1970, 47–103 – J. VERÍSSIMO SERRÃO, Itinerários de El-Rei D. João II, Vol. I (1481–1488), 1975, 146 – DERS., Hist. de Portugal, II, 1980[3], 104–107, 353–357 [Genealogie].

Diois → Die

Diokleia → Doclea, →Zeta

Diokletian. C. Aurelius Valerius Diocletianus (Diocles), röm. Ks. 284–305, geb. um 244 in Salonae (?) in Illyrien (Split), gest. 3. Dez. 311 (?) ebd., □ ebd. Von einfacher Herkunft, stieg er in der Armee zum Befehlshaber der *protectores domestici* auf und wurde am 20. Nov. (?) 284, nach dem Tode des Ks.s Numerianus, bei Nikomedeia in Bithynien von der Armee zum Ks. ausgerufen; im Frühling 285 kämpfte er in Moesien mit Ks. Carinus, der nach der Schlacht ermordet wurde. Am 21. Juli 285 ernannte er seinen Kameraden Maximinianus zum Caesar, am 1. April 286 zum Augustus, und nachdem sich gezeigt hatte, daß eine weitere Aufgabenverteilung nötig war, wurden am 1. März 293 Galerius zum Caesar D.s im Osten und →Constantius I. Chlorus zum Caesar Maximinians im Westen ernannt; gleichzeitig wurden sie von ihren Augusti adoptiert, deren Töchter sie schon vorher geheiratet hatten. In dieser Tetrarchie blieb D. senior Augustus, und diese Vorrangstellung drückte sich auch darin aus, daß er das Haupt der künstlich geschaffenen Dynastie der Iovier gegenüber der der Herkulier Maximinians wurde. Nach der Niederwerfung zweier Usurpationen in Ägypten und nach Siegen über die →Sāsāniden stabilisierte D. das Verhältnis zu Persien zugunsten Roms. Am 1. Mai 305 trat er zurück und lebte fortan in seinem Palast in Split, allein für nur noch einmal zur Schlichtung von Thronstreitigkeiten 308 nach Carnuntum kam, und wo er am 3. Dez. 311 (?) starb; die Christen behaupteten durch Selbstmord. – D. war der große Stabilisator und Neuorganisator des Reiches nach den Wirren des 3. Jh. Weit dauerhafter als die Tetrarchie war die Verwaltungsreform, insbes. durch Verkleinerung der Provinzen und damit deren Vermehrung auf etwa 100; möglicherweise wurde schon von ihm die Mittelinstanz der →Diözese unter einem vicarius geschaffen. Diese Straffung der Verwaltung diente vornehmlich der geregelten Finanzverwaltung und Geldbeschaffung für die gestiegenen Staatsausgaben für Heer (Stärkung der Mobilarmee, Vermehrung auf 60 Legionen), Beamtenschaft und Bautätigkeit (bis hin nach Luxor in Ägypten; Paläste in Nikomedeia, Split; Thermen in Rom). D. richtete die gleichmäßige und in fünfjährigem Turnus stattfindende Besteuerung nach Personen und Grund und Boden (capitatio iugatio) ein, deren Einzelheiten immer noch umstritten sind (→Steuerwesen); er führte zwei Münzreformen (293 und 301) durch (→Währung), mit denen der Erlaß eines (nur im Osten publizierten) Höchstpreisedikts (301) eng zusammenhing, das aber keine dauerhafte Wirkung zeigte. Als romanisierter Illyrer sah D. in der Stabilisierung und Romanisierung des Reiches auch einen Selbstzweck. Dem diente die endgültige Überhöhung des Ksm.s durch strenges Zeremoniell (→Hofzeremoniell), der Versuch, das röm. Recht sowie das Lateinische als Amtssprache überall durchzusetzen und die Bevorzugung des Iupiterkultes. Hier war aber auch der Punkt seines größten Scheiterns: Nach kleineren Maßnahmen und der Verfolgung der →Manichäer (302) versuchte D. 303 und 304 durch vier aufeinander folgende Edikte, die bis zum Opferzwang und zur Todesstrafe führten, allerdings v. a. im Westen nicht überall befolgt wurden, das Christentum auszurotten. – Sein Porträt (?) befindet sich im Archäolog. Mus. Istanbul. W. Schuller

Lit.: Kl. Pauly III, 36–39 – PLRE, 253f. – RE VII A, 2419–2495 – O. Seeck, Gesch. des Untergangs der antiken Welt I⁴, 1921, 1–41 – A. Déléage, La capitation du Bas-Empire, 1945 – W. Seston, Dioclétien et la Tétrarchie, 1946 – D. van Berchem, L'armée de Dioclétien et la réforme constantinienne, 1952 – G. E. M. de Ste. Croix, Aspects of the »Great« persecution, Harvard Theol. Review 47, 1954, 75–113 – W. F. Volbach–M. Hirmer, Frühchr. Kunst, 1958, Taf. 1 – Stein, Bas-Empire I², 65–82 – Jones, LRE I, 37–76 – J. Marasović–T. Marasović, Der Palast des D., 1969 – D. Hoffmann, Das spätröm. Bewegungsheer und die Notitia Dignitatum, 1969 – S. Lauffer, D.s Preisedikt, 1971 – M. Giacchero, Edictum Diocletiani et Collegarum de pretiis rerum venalium, 1974 – A. H. M. Jones, The Roman Economy, 1974, 228–256, 280–290 – I. Kalavrezou-Maxeiner, The Imperial Chamber at Luxor, DOP 29, 1975, 225–251 – T. D. Barnes, Sossianus Hierocles and the Antecedents of the »Great Persecution«, Harvard Stud. in Classical Philol. 80, 1976, 239–252 – E. Ruschenbusch, D.s Währungsreform vom 1.9.301, Zs. für Papyrologie und Epigraphik 26, 1977, 193–210 – J. G. Deckers, Die Wandmalerei im Kaiserkultraum von Luxor, Jb. des Dt. Archäolog. Inst. 94, 1979, 600–652 – Sh. McNally, Der Diokletianspalast in Split, Antike Welt 10, H. 2, 1979, 35–46 – T. D. Barnes, Constantine and Eusebius, 1981, 4–32 – T. D. Barnes, The New Empire of Diocletian and Constantine, 1982 – K. L. Noethlichs, Zur Entstehung der Diöz. als Mittelinstanz des spätröm. Verwaltungssystems, Historia 31, 1982, 70–81.

Diomedes → Grammatik

Diomedische Vögel (Diomedicae aves), angebl. die verwandelten Gefährten des homer. Helden Diomedes, von Plinius (10,126–127) unter Bezug auf C. Iulius Iuba († 23/24 n. Chr.) als Wächter von dessen Grab auf den Diomedischen Inseln (= Tremiti) vor der Küste Apuliens lokalisiert. Die ätiolog. Sage scheint den Besuch auf einer Vogelinsel zu reflektieren. Trotz fabulöser Züge des Berichts (helle Färbung, bezahnter Schnabel, klagende, den Tod eines Königs anzeigende Rufe, geselliger Flug, Angriff auf Nichtgriechen, Nisten in überdachten Nestern mit 2 Eingängen, Übertreibung der Größe seit Solinus 2,45–50 u. a. bei Isidor 12,7,28–29, Vinzenz v. Beauvais 16,68, Jakob v. Vitry, Hist. orientalis, cap. 90, Thomas v. Cantimpré 5,41 = Konrad v. Megenberg III. B. 26: Küningsvogel = Albertus Magnus 23,42) könnte der mediterrane Gelbschnabelsturmtaucher (Puffinus kuhlii) gemeint sein (vgl. Leitner, 74 und Kádár, 83).

Ch. Hünemörder

Q.: Albertus Magnus, De animalibus, ed. H. Stadler, II, 1920, BGPhMA 16 – Isidorus Hispalensis, Etymologiae, ed. W. M. Lindsay, 2, 1911 – Jacobus de Vitriaco, Historia orientalis et occidentalis, ed. F. Moschus, 1597 – Konrad v. Megenberg, Das Buch der Natur, ed. F. Pfeiffer, 1861 [Neudr. 1962] – Solinus, Collectanea rerum memorabilium, ed. Th. Mommsen, 1895² [Neudr. 1958] – Thomas Cantimpratensis, Liber de natura rerum, T. 1: Text, ed. H. Boese, 1973 – Vincentius Bellovacensis, Speculum naturale, 1624 [Neudr. 1964] – Lit.: H. Leitner, Zoolog. Terminologie beim Älteren Plinius, 1972 – Z. Kádár, Survivals of Greek zoological illuminations in Byz. Mss., 1978.

Dionisij

1. D., Bf. von →Suzdal', † 15. Okt. 1385, einer der bedeutendsten russ. Kirchenfürsten in der 2. Hälfte des 14. Jh. Nach (unsicherer) Tradition des 16. Jh. war Dionisij Mönch des →Kiever Höhlenklosters und vor 1335 Gründer und erster Abt des Höhlenklosters in →Nižnij Novgorod. Sein angeblicher weltl. Name David könnte eher ein auf dem Sterbebett in Kiev in Zusammenhang mit dem Gr. Schima (→Mönchtum) angenommener Name sein. Fest steht, daß D. in der Zeit des Metropoliten Aleksej (1354–78) als Igumen und Archimandrit des Christi-Himmelfahrt-Höhlenklosters bei →Nižnij Novgorod wirkte, dieses Kl. in eine koinobit. Gemeinschaft umwandelte und zu dessen bedeutender Stellung im russ. Nordosten entscheidend beigetragen hat. D.s gute Griechischkenntnisse und seine Tätigkeit im Sinne des →Hesychasmus weisen auf eine monast. geprägte Bildung hin.

Infolge der Entscheidung des russ. Fürstentages vom Jan. 1374 über die Wiederbesetzung des seit 1365 vakanten Bm.s Suzdal' – unter Einschluß von Nižnij Novgorod und Gorodec – wurde D. am 19. Febr. 1374 zum Bf. v. Suzdal' (mit Residenz in der Hauptstadt des Fsm.s, Nižnij Novgorod) geweiht. Der Chronist preist D. als weisen Ausleger der Hl. Schrift und als vorbildl. Gestalter des Klosterlebens. Auch Patriarch Neilos (1380–88) schenkte D. sein Vertrauen und schätzte ihn als gelehrten, kanonesnkundigen Mann, der sich aktiv an der Patriarchatssynode beteiligte. D.s Beziehungen zu den Fs.en v. Suzdal'-Nižnij

Novgorod ist die Entstehung der →Laurentiuschronik (1377) zu verdanken.

Als nach dem Tode des Metropoliten Aleksej († 12. Febr. 1378) eine Teilung der Metropolie der ganzen Rus' (→Kyprian v. Kiev) drohte und Michael-Mitjaj Metropolit der »großen Rus'« zu werden versuchte, setzte sich D. für die kirchl. Einheit Rußlands und die Entscheidungsrechte des Patriarchen ein. Zu den Ursachen dieses Streites gehörte auch Michaels Anspruch, aus der Diöz. v. Suzdal' die Gebiete von Nižnij Novgorod und Gorodec herauszulösen, die als eigene Vikariate des Moskauer Metropoliten zu gelten hatten, die nur temporär unter der Verwaltung des Suzdaler Bf.s standen.

Um sich dem Druck des Moskauer Gfs.en →Dmitrij zu entziehen, begab sich D. im Sommer 1379 auf Umwegen nach Konstantinopel, wo er aber erst 1381 und bis Sommer 1382 nachweisbar ist. So muß seine Beteiligung oder schweigende Zustimmung zur im Juni 1380 in Konstantinopel durchgeführten Weihe von →Pimen zum Metropoliten der »großen Rus'« als schwach begründete Hypothese gelten. Jedenfalls muß es schon 1381 zur Versöhnung D.s mit dem Gfs.en Dmitrij, der sich gegen Pimens Ordination stellte, gekommen sein. 1381 traf D.s Gesandter, Malachias der Philosoph, in der Rus' ein; er brachte auch zwei →Marienikonen, Kopien des Hodigitria-Bildes, für die Kathedralen in Suzdal' und Nižnij Novgorod mit. D. nutzte seinen Aufenthalt in Konstantinopel zur Stärkung seiner Stellung in der russ. Kirche. 1381 (oder spätestens in der 1. Jahreshälfte von 1382) erhielt D. vom Patriarchen Neilos mit der Würde eines Titular-Ebf.s v. Suzdal' den zweithöchsten Rang unter den russ. Bf.en (nach dem Ebf. v. Novgorod). Auch erreichte D. die Bestätigung der Einheit der Diöz. v. Suzdal', Nižnij Novgorod und Gorodec mit der Androhung des Patriarchen, gegen jeden, der die Rechte und territoriale Einheit des Bm.s Suzdal' antaste, die sanctio spiritualis zu verhängen. Im Herbst 1382 war D. als Beauftragter des Patriarchen wieder in Rußland; Suzdal' erreichte er aber erst Anfang Jan. 1383. In Novgorod und Pskov war er mit Umgestaltungen im Klosterleben und mit der Bekämpfung der härct. Lehren der Strigol'niki (→Häresie) beschäftigt. Im Streit um die Anerkennung Pimens vertrat D. gegenüber dem Gfs.en Dmitrij strikt die Position des Patriarchen: Vorbedingung für die gerichtl. Verfolgung und ggf. Absetzung Pimens sei seine Wiedereinsetzung. Gfs. Dmitrij neigte einer solchen Lösung zu, und schon Ende Juni 1383 reiste eine Botschaft unter D.s Leitung nach Konstantinopel. Angesichts des gegen Pimen vorgelegten Belastungsmaterials beschloß die Synode mit Zustimmung von Patriarch und Ks. eine Kommission zur abschließenden Untersuchung nach Moskau zu entsenden, die die Vollmacht erhielt, diesen abzusetzen, falls sich die Vorwürfe gegen Pimen erhärteten, und D. zum Metropoliten zu erheben. Als D. im Herbst 1384 Kiev erreichte, wurde er jedoch vom Kiever Fs.en Vladimir, einem Sohn des Gfs.en →Olgerd v. Litauen, in Haft genommen, seine Berufung wegen Mißachtung der Rechte des rechtmäßigen Metropoliten Kyprian als nichtig erklärt. Kyprian, der damals in Kiev war, dürfte bei D.s Verhaftung die Hand im Spiel gehabt haben. Am 15. Okt. 1385 starb D. als Gefangener und wurde im Kiever Höhlenkloster beigesetzt. Aus Quellen des 15. bis frühen 17. Jh. geht hervor, daß D. in gewissem Umfang als Hl. verehrt wurde, doch gerieten diese Ansätze bereits im 17. Jh. in Vergessenheit.

A. Poppe

Q.: Miklosich-Müller II, 33f., 122ff., 137, 192, 196 – RIB VI, 22–24, Anh. 24, 31, 34 – PSRL XI, 20f., 33, 37f., 42, 44, 70f., 83, 85f., 90, 184, 230; XV–1, 105f., 142, 147f. – *Lit.*: PLP III, 5483 – E. E. Golubinskij, Istorija russkoj cerkvi, II–1, 1900, 205f., 240ff., 251ff., 319ff. – Ders., Istorija kanonizacji russkich svjatych v russkoj cerkvi, 1903, 422, 426 – Pl. Sokolov, Russkij archierej iz Vizantii, 1913, 482–530 – G. M. Prochorov, Povest' o Mitjae. Ruś i Vizantija v epochu Kulikovskoj bitvy, 1978, 66–82 [Register] – J. Meyendorff, Byzantium and the Rise of Russia, 1981 [Register].

2. D., nach →Feofan Grek (Theophanes d. Gr.) und Andrej →Rublev bedeutendster Maler Rußlands in der 2. Hälfte des 15./Anfang des 16. Jh., der v. a. den Stil des letzteren weiterentwickelte und dadurch seinen Gestalten den Charakter einer, oft bis an die Grenzen eines gewissen Manierismus gehenden Verinnerlichung gab. Neben Ikonen, die ihm zugeschrieben werden, hat er in den Fresken der Mariä-Geburts-Kirche im nordruss. Ferapontkloster ein unvergängl. Meisterwerk geschaffen, in dem seine z. T. eigenwillige, aber in die Zukunft weisende Auffassung von der Einheit gedankl. Vorstellung und ihrer bildl. Darstellung programmatisch zum Ausdruck kommt.

K. Onasch

Lit.: V. Lasarev, Dionisij i ego škola, Istorija Russkogo iskusstva, 1955, 482ff. (dt.: Ders., Gesch. der russ. Kunst III, 1959, 338ff.) – I.-J. Danisilowa, Freski Ferapontova Monastyrja, 1969 [russ.-engl.] – Dies., D., 1970 – Dionisij i iskusstvo Moskvy XV–XVI stoletij. Kat. vystavky, hg. T. B. Velenbachov–V. K. Laurina, 1981.

3. D. Glušickij, hl. (mit weltl. Namen Dmitrij), bedeutender Vertreter des russ. →Mönchtums, *1363 in der Nähe von Vologda, † 1. Juni 1437, kanonisiert am 14. Febr. 1547. D. entstammte einer Kaufmannsfamilie. Neun Jahre lebte er in einem Kl. in der Nähe der Stadt, bis er sich mit seinem Mitbruder Pachomij in die Einsamkeit zurückzog, wo er 1393 eine Nikolauskirche erneuerte und um 1396 zum Mönchspriester geweiht wurde. Später gründete er am Fluß Glušica (daher der Beiname) ein Koinobion (→Koinobiten) und errichtete 1403 eine Kirche zu Ehren von Mariä Schutz, die er 1412 vergrößerte. Als die Mönchsgemeinschaft wuchs, zog er sich wieder in die Einöde zurück und schuf 1420 das Kl. Sosnovec. Er gilt auch als vielseitig begabter Künstler, betätigte sich als Architekt und Ikonenmaler, kopierte Handschriften, schuf kirchl. Gerät und liturg. Gewänder.

H.-J. Härtel

Lit.: Slovar' istoričeskij o svjatych, proslavlennych v rossijskoj cerkvi, 1836, 95–97 – Pravoslavnaja bogoslovskaja enciklopedija IV, 1903, 1094–1096 [A. Kremlevskij] – I. Smolitsch, Russ. Mönchtum, 1953, 82, 98.

Dionysiana → Dionysius Exiguus

Dionysio-Hadriana, Collectio, auch kurz »Hadriana« genannt, überarbeitete und erweiterte Kirchenrechtssammlung d. → Dionysius Exiguus, die Papst →Hadrian I. Ostern 774 in Rom Karl d. Gr. dedizierte (daher der Doppelname »Dionysio-Hadriana«): so jedenfalls verkünden es das 45zeilige Widmungsakrostichon und ein zeitgenöss. Authentizitätsvermerk. Mit der Übergabe verband der Papst den Zweck, der Dionysiana »eine größere Verbreitung und ein erhöhtes Ansehen im Frankenreiche zu verschaffen« (Maassen). Als Hauptunterschiede zu den Libri canonum ac decretorum, d. h. den beiden miteinander verbundenen Sammlungen des Dionysius Exiguus, seien hervorgehoben: Im Konzilienteil von →Nikaia bis →Serdika erscheinen oft die Namen der unterschreibenden Bf.e; die sonst von 1–138 fortlaufend gezählten afrikan. Kanones sind in zwei Gruppen mit den Nr. 1–33 und 1–105 aufgespalten; den Dekretalenteil ab Papst Siricius ergeben weitere Schreiben der Päpste Zosimos und→Leo I.; angefügt sind weitere Erlasse Hilarius', Simplicius', Felix' I., Symmachus' und →Hormisdas' sowie die röm. Synode vom 5. April 721 unter →Gregor II. (Einzelheiten zu den großenteils schon vor der D.-H. faßbaren

Veränderungen der Dionysiana bei MAASSEN, 444ff.). Die - von den →Canones apostolorum abgesehen - nur mit zweifelsfreien Autoritäten ausgestattete, klar und einfach gegliederte D.-H. stieg trotz ihrer begrenzten Stoffauswahl nach einer gewissen Anlaufzeit zum meistbenutzten hist. geordneten Codex canonum der Karolingerzeit auf (insgesamt über 100 erhaltene Hss.), dessen alten Texten man gern authent. Charakter zusprach, ohne daß er freilich vom Staat (Karl d. Gr. 802) oder von der Kirche (Nikolaus I. 865) offiziell anerkannt worden oder gar in der Praxis zu ausschließlicher Geltung gelangt wäre (selbst die Dionysiana konnte sich weiterhin behaupten). Wichtige karol. Kapitularien wie die →Admonitio generalis von 789 arbeiteten ebenso mit der D.-H. wie Konzile und - noch bis ins HochMA hinein - Kanonisten, die Kopien und Redaktionen erstellten (Collectio Hadriano-Hispanica, Epitome Hadriani u. a. m.) und Material der D.-H. für ihre neuen Sammlungen verwerteten (z. B. Collectio →Dacheriana, →Pseudo-Isidor, →Hinkmar v. Reims, Collectio Anselmo dedicata, →Regino v. Prüm, →Burchard v. Worms, →Anselm II. v. Lucca, →Deusdedit, →Bernold v. Konstanz, →Alger v. Lüttich): ein für die frk. Kirchenreform außerordentl. bedeutsames Werk, das auch den Niedergang des Karolingerreiches überlebte, sich im →Investiturstreit wieder größerer Beliebtheit erfreute und erst mit Beginn der klass. Kanonistik im 12. Jh. aus der Mode kam. H. Mordek

Ed.: J. COCHLAEUS, Canones apostolorum, veterum conciliorum constitutiones ... 1525 – F. PITHOU, Cod. canonum vetus Ecclesiae Romanae 1609, 1687² – [Konzilsteil]: J. F. SCHANNAT-J. HARTZHEIM, Concilia Germaniae I, 1759, 131-235 – MPL 67, 135 B-137 A und 315 A- 346 B [Widmungsakrostichon und Dekretalen] – *krit. Teiled.:* [Canones apostolorum, griech. Konzile bei]: C. H. TURNER, Ecclesiae occ. monumenta iuris antiquissima, 2 Bde (z. T. opus post., ed. E. SCHWARTZ), 1899-1939; E. SCHWARTZ, ACO II, 2, 2, 1936, 49ff. [Konzil v. Chalkedon] – [afrikan. Kanones bei]: CH. MUNIER, Concilia Africae, CCL 149, 1974 – *Lit.*: NCE VI, 887 – F. MAASSEN, Gesch. der Q. und der Lit. des canon. Rechts im Abendlande, 1870, 441-471, 965-967 – FOURNIER-LE BRAS I, 94ff. – H. WURM, Stud. und Texte zur Dekretalenslg. des Dionysius Exiguus (Kanonist. Stud. und Texte 16, 1939), 33ff. – VAN HOVE², 268, 291ff. – E. SECKEL, Die erste Zeile Pseudoisidors, die Hadriana-Rezension In nomine domini incipit praefatio libri huius und die Gesch. der Invokationen in den Rechtsquellen. Aus dem Nachlaß mit Erg., hg. H. FUHRMANN, SAB. PH 1959, 24ff. – R. KOTTJE, Einheit und Vielfalt des kirchl. Lebens in der Karolingerzeit, ZKG 76, 1965, 336ff. – H. FUHRMANN, Einfluß und Verbreitung der pseudoisidor. Fälschungen (MGH Schr. XXIV, 1-3), 1972-74), Reg. 1084f. – H. MORDEK, Kirchenrecht und Reform im Frankenreich (Beitr. zur Gesch. und Q.kunde des MA I, 1975), bes. 151-162, 241-249 – R. MCKITTERICK, The Frankish Church and the Carolingian Reforms, 789-895, 1977, 1ff. – H. MORDEK, Kirchenrechtl. Autoritäten im FrühMA (VuF 23, 1977), 238ff. – R. KOTTJE, Die Bußbücher Halitgars v. Cambrai und des Hrabanus Maurus (Beitr. zur Gesch. und Q.kunde des MA 8, 1980), bes. 192ff. – H. FUHRMANN, Das Papsttum und das kirchl. Leben im Frankenreich (Sett. cent. it. XXVII, 1981), 432ff. – s. a. →Dionysius Exiguus, Abschnitt II.

Dionysios (s. a. →Dionysius, →Dionisij)

1. D. v. Antiocheia, christl. Rhetor und Epistolograph des 5./6. Jh. Erhalten ist eine Slg. von 85 pointiert stilisierten, aber inhaltsleeren Briefen an seine Freunde sowie ein Empfehlungsschreiben des →Aineias v. Gaza (Nr. 17) an ihn. Während die Stücke ohne Adressatenangabe nur im cod. Parisinus gr. 2010 überliefert sind, haben die adressierten Briefe Eingang in zahlreiche byz. und humanist. Briefsammlungen gefunden (Ed. pr. Venedig 1499).
J. Gruber

Ed.: R. HERCHER, Epistolographi Graeci, 1873, 260-274 – *Lit.*: KL. PAULY II, 71 – RE V, 975f. – M. MINNITI COLONNA, Vichiana 4, 1975, 60-80.

2. D. Are(i)opagites →Dionysius, hl.

3. D. (Ya'qob) bar Ṣalībī, syr. theolog. Autor, † 2. Nov. 1171, zuletzt Metropolit v. Amid (Diyarbakır). Er stammte aus Melitene, wurde 1154 Bf. v. Mar'aš, 1155 von Mabbug und war ein bedeutender, produktiver und vielseitiger Autor der sog. »Syr. Renaissance«. Als Exeget behandelte er das AT in einem »pragmat.« und einem »pneumat.« Kommentar (→Pneumatologie), erklärte die Evangelien und andere Teile des NT, ferner die Centurien des →Euagrios Pontikos. Neben dogmat. Schriften verfaßte er Polemiken gegen Islam, Juden, Nestorianer, Melchiten, Armenier und Götzendiener, aber auch liturg. Schriften wie z. B. über die →Eucharistie und die →Myronweihe (→Liturgien), stellte Synodal- und Bußkanones zusammen, berichtete über die Eroberung von Edessa und Mar'aš (1156) und hinterließ auch philosoph. Schriften und Briefe. J. Aßfalg

Ed. und Übers.: Corpus Scriptorum Christianorum Orientalium, 1903-40, Bd. 13, 14, 15, 16, 53, 60, 77, 85, 95, 98, 113, 114 [mehrere Werke] – *Lit.*: A. BAUMSTARK, Gesch. der syr. Lit., 1922, 295-298 – G. GRAF, Gesch. der christl. arab. Lit. II, 1947, 263-265 – I. ORTIZ DE URBINA, Patrologia Syriaca, 1965², 220 – SAMIR KHALIL, Le commentaire d'Isaie de D.b.S., Oriens Christianus 62, (1978), 158-165 – S. P. BROCK, Syriac Stud. 1971-80, Parole de l'Orient 10 (Kaslik/Liban 1981-82), 291-412, hier 318f.

4. D. v. Tellmahrē, syr. Geschichtsschreiber, † 22. Aug. 845, seit 1. Aug. 818 jakobit. Patriarch (→Jakobiten), zuvor Mönch in Qenneshrin, nützte bei den innerkirchl. Streitigkeiten seine guten Beziehungen zu den Kalifen al-Ma'mūn und al-Mu'taṣim zugunsten der jakobit. Kirche. Er verfaßte ein vorzügl. Geschichtswerk in zwei Teilen zu je acht Büchern über die Zeit von der Thronbesteigung des Ks.s Maurikios (582/583) bis zum Tod des Kalifen al-Mu'taṣim (842/843). In direkter Überlieferung ist nur mehr ein kurzes Stück aus den ersten Büchern erhalten (ed. in Ausz.: J. S. Assemani, Bibl. Orientalis II, Rom 1721, 72-77). Das Geschichtswerk des D. v. T. wurde von Patriarch Michael I. († 1199) ausgiebig benutzt, ebenso von einer anonymen, bis zum Jahre 1234 reichenden Chronik. Das sog. »Chronicon Ps.-Dionysianum« stammt von einem unbek. Verfasser. →Chronik. J. Aßfalg

Lit.: J. KARAYANNOPULOS-G. WEISS, Quellenkunde zur Gesch. von Byzanz (324-1453), 1982, 322, 441, 470f. – I. ORTIZ DE URBINA, Patrologia Syriaca, 1965², 211, 220 – A. BAUMSTARK, Gesch. der syr. Lit., 1922, 275f. – R. ABRAMOWSKI, D. v. T., 1940.

Dionysius, hl. (Fest: 9. Okt.)
A. Einleitung – B. Dionysius v. Paris – C. Dionysios Are(i)opagites

A. Einleitung

Die Gestalt des ma. Hl. D. ist – wie wir heute wissen – aus der Identifizierung dreier verschiedener Personen entstanden. Das waren 1. der Paulus-Schüler und erste Bf. v. Athen Dionysios Areopagites (lat. Dionysius Areopagita); 2. der Märtyrer des 3. Jh. Dionysius, der als der erste Bf. v. Paris und Apostel Galliens verehrt wurde; 3. der bis heute unbekannte Verfasser mehrerer unter dem Namen des D. Areopagit. veröffentlichter →Pseudoepigraphe aus dem 6. Jh. Daß es sich um drei verschiedene Personen handelt, ist eine Erkenntnis der hist.-kritischen Forschung der Neuzeit; für den weitaus überwiegenden Teil des MA (seit der 2. Hälfte des 8. Jh.) ist die Identität faktisch unbestritten. Erst die dem 2. Vatikan. Konzil folgende Liturgie-Reform beschränkt das Fest des 9. Okt. auf den Pariser Märtyrer D. und seine beiden Gefährten, folgt damit wieder dem Martyrologium Hieronymianum in seiner gall. Fassung (6./7. Jh.). Die abschnittsweise getrennte Behandlung entspricht dem heutigen Wissensstand; daß es sich für das MA aber um eine einzige Person handelte, darf dabei nicht übersehen werden. H. Meinhardt

B. Dionysius v. Paris
I. Hagiographie und geschichtliche Bedeutung – II. Weitere Kultverbreitung – III. Ikonographie.

I. HAGIOGRAPHIE UND GESCHICHTLICHE BEDEUTUNG: D. v. Paris, hl., Bf. und Märtyrer (Fest 9. Okt.). Nach Gregor von Tours (Hist. Franc. I 30) kam D. zur Zeit des Ks.s Decius (249–251) als einer von sieben Missionsbischöfen nach Gallien, wo er in Paris wirkte und dort durch das Schwert das Martyrium erlitt. Zwei Leidensgefährten, Rusticus und Eleutherius, erscheinen in der gall. Fassung des →Martyrologium Hieronymianum (um 600) und urkundl. ab 654 (MGH DD Merov. 19). Schon die älteste Passio (BHL 2171), deren Datierung umstritten ist (um 520 oder 8. Jh.; die hs. Überlieferung setzt im 9. Jh. ein), läßt D. von dem Petrus-Schüler (Papst) Clemens geweiht, außerhalb von Paris hingerichtet und einige Meilen entfernt von dieser Stätte begraben sein. Es könnte sich dabei um den Text handeln, der bereits der wohl ältesten Vita Genovefae (BHL 3335) bekannt gewesen ist, als deren (bislang gleichfalls umstrittenes) Entstehungsdatum heute der Zeitraum um 520 gilt (HEINZELMANN/POULIN). Aus dieser Vita erfahren wir, daß auf →Genovefas Initiative hin (wohl um 460) über dem Grab des D. eine ihm geweihte Basilika errichtet worden ist: die spätere Abtei →St-Denis. Eine wohl zur Zeit der ersten Blütephase der Abtei unter Abt →Fulrad (750–784) hergestellte zweite Passio (BHL 2178) schmückt die Tradition weiter aus: Der Pariser Bf. D. wird mit dem Paulus-Schüler Dionysios Areopagites gleichgesetzt, und hier taucht auch erstmals das für die Ikonographie so wichtige Kephalophorenmotiv auf, d. h. die Legende, D. habe sein abgeschlagenes Haupt eigenhändig von der Hinrichtungsstätte weggetragen. Den krönenden Abschluß erfuhr die D.-Legende schließlich mit der von Abt →Hilduin v. St-Denis besorgten dritten Vita (BHL 2175), in der die Hinrichtung auf den Montmartre verlegt, der Paulus-Schüler Dionysios Areopagites im Anschluß an →Eusebius (Hist. eccl. IV 23) als Bf. v. Athen bezeichnet und mit dem Verfasser der pseudodionysian. Schriften identifiziert wurde. Dieses von der Hilduin-Vita entworfene Bild hat in der Folgezeit nahezu kanon. Ansehen erlangt, obwohl es daneben konkurrierende Traditionen gab (→Beda, →Ado v. Vienne, →Usuard) und schon im MA gewisse Zweifel laut wurden (Abaelard; s. dazu Abschnitt C. V), aber erst Lorenzo →Valla hat die Legende von der Identität des Pariser Märtyrerbischofs mit dem Paulusschüler zerstört (die dessen ungeachtet noch bis ins vorige Jh. hinein Anhänger fand), und erst im 19. Jh. ist die Trennung des D. Ar. vom Verf. der pseudodyonisian. Schriften gelungen.

Hilduin ist auch der erste Versuch zu danken, die angebl. Werke des Patrons seines Kl. in einer lat. Übersetzung dem Abendland zugänglich zu machen. Wenig später, in den 860er Jahren, hat dann →Johannes Scotus Eriugena die wirkungsmächtigste lat. Übers. des ps.-dionysian. Werkes angefertigt, das sich bes. seit dem 13. Jh. außerordentlicher Beliebtheit erfreute.

Zu diesem Zeitpunkt war D. bereits zum unbestrittenen »Nationalheiligen« Frankreichs geworden. Die Spuren dieser Entwicklung reichen ins 6. Jh. zurück, als St-Denis Gräber von Merowingern aufnahm, um dann spätestens seit dem 7. Jh. Königsgrablege zu werden. War das noch selten unter den →Merowingern der Fall, so geschah es öfters dann unter den →Karolingern und wurde zur beständigen Tradition unter den Kg.en aus dem Hause der →Kapetinger. Bis etwa 1100 jedoch blieb D. nur einer von mehreren mit dem frk., später dann frz. Kgtm. enger verbundenen Hl.en (daneben →Martin, →Remigius, →Mauritius), und bis zu diesem Zeitpunkt fand sein Kult als frk. Reichsheiliger Verbreitung auch außerhalb Frankreichs, namentl. in Deutschland (→Schäftlarn, →Schlehdorf in Bayern; Westfalen/Niedersachsen); in →Regensburg konnte Mitte des 11. Jh. sogar der Anspruch erhoben werden, nicht in St-Denis, sondern in St. Emmeram lägen die wahren Gebeine des Heiligen. Der Durchbruch zur zentralen Gestalt der frz. Königs- und Staatsidee und zur lange Zeit maßgebenden Identifikationsfigur der frz. Nation bahnte sich erst zur Zeit Kg. →Ludwigs VI. und Abt →Sugers v. St-Denis i. J. 1124 an, als bei einem drohenden Kriegseinfall Ks. Heinrichs V. der frz. Kg. in einem Staatsakt die Fahne des hl. D. aus St-Denis holte und im Schutze dieses Banners, wie es schien, den dt. Ks. zum Rückzug veranlaßte. Seither begleitete die Fahne des hl. D. den Kg. v. Frankreich bei seinen Feldzügen, nicht zuletzt freilich auch deshalb, weil man sie mit der legendären Fahne Karls d. Gr., der →Oriflamme, gleichsetzte; ihr Ansehen büßte sie erst ein, nachdem sie 1415 in der Schlacht von Azincourt in die Hände des Kg.s v. England gefallen war. Den Höhepunkt seiner Geltung als Nationalheiliger schlechthin erreichte D., als die (schon von Abt Suger artikulierte) Vorstellung Raum gewann, der Kg. v. Frankreich halte sein Reich von D. zu Lehen, weshalb er ihm jährlich den *chevage,* den Kopfzins, in Gestalt von vier Goldbyzantinern darzubringen habe (Quellen: Ps.-→Turpin und DD Karl d. Gr. Nr. † 286). Seit →Philipp II. August läßt sich nachweisen, daß dieser Forderung seitens des Kg.s stattgegeben wurde (wiewohl sie sich auf Dauer nicht hat durchsetzen können), und für →Ludwig IX. d. Hl. kennen wir sogar die zeremonielle Form der Übergabe des Kopfzinses; während seiner Regierungszeit wurde St-Denis auch Aufbewahrungsort der Reichsinsignien; die Abtei entwickelte sich im 13. Jh. darüber hinaus zur Pflegestätte der historiograph. Traditionen der kapet. Monarchie (→Chronik, E. 2; →Chroniques de France). Damit war D. zum populärsten Heiligen Frankreichs geworden, gefeiert mehr noch in der Chanson-Literatur als in der Hagiographie; im 14./15. Jh. erlangte er weitere Popularität auch außerhalb der Grenzen Frankreichs durch Aufnahme unter die Vierzehn →Nothelfer. Auch wenn die frz. Staatsideologie nicht ausschließlich auf D. ausgerichtet war, er namentl. durch die Königsheiligen →Karl d. Gr. und (seit Ende des 14. Jh.) Chlodwig Konkurrenz bekam, blieb er doch bis zum Ende des ancien régime die maßgebliche Symbolfigur Frankreichs und des frz. Königtums.

A. Patschovsky

Lit.: zu [BI–III]: AASS Oct IV, 696–987 – Bibl. SS IV, 650–661 – Vies des Saints 10, 1952, 270–288 – L. LEVILLAIN, Etudes sur l'abbaye de St-Denis à l'époque mérovingienne, BEC 82, 1921, 5–116, bes. 6–58 – H. MORETUS PLANTIN, Les Passions de saint Denys (Mél. F. CAVALLERA, 1948), 215–230 – R. J. LOENERTZ, La légende parisienne de S. Denys l'Aréopagite, AnalBoll 69, 1951, 217–237 – H. MORETUS PLANTIN, Les Passions de saint Lucien et leurs dérivés céphalophoriques, 1953, bes. 20–28 – M. ZENDER, Die Verehrung des Hl. D. v. Paris in Kirche und Volk (Fschr. F. PETRI, 1970), 528–551 – A. KRAUS, Die Translatio S. Dionysii Areopagitae von St. Emmeram in Regensburg (SBA. PPH, 1972, 4) – K. H. KRÜGER, D. und Vitus als frühotton. Königsheilige, FMASt 8, 1974, 131–154 – F. GRAUS, Lebendige Vergangenheit, 1975, 148–158 – G. M. SPIEGEL, The Cult of Saint Denis and Capetian Kingship, J. of Medieval Hist. 1, 1975, 43–69 – C. BEAUNE, Saint Clovis: hist., religion royale et sentiment nat. en France à la fin du MA (Le métier d'historien au MA, hg. B. GUENÉE, 1977), 139–156 – A. PATSCHOVSKY, Der hl. D., die Univ. Paris und der frz. Staat, Innsbrucker Hist. Stud. 1, 1978, 9–31 – J. EHLERS, Kontinuität und Tradition als Grundlage ma. Nationsbildung in Frankreich (Beitr. zur Bildung der frz. Nation im Früh- und HochMA, hg. H. BEUMANN, 1983), 15–47 – C. BEAUNE, La naissance de la nation 'France', 1985 – M. HEINZELMANN-J.-C. POULIN, Les Vies anciennes de sainte Geneviève de Paris, 1985.

II. Weitere Kultverbreitung: Älteste D.kirchen gehen auf St-Denis oder das Herrscherhaus zurück (Mettlach, Esslingen, Leberau, Schäftlarn, Schlehdorf, Corvey u. a.). Im 11. Jh. behauptet St. Emmeram-Regensburg, den Leib des Hl. zu besitzen (BHL 2194–2197), wohl um jüngeren Kaiserstädten wie Bamberg und Goslar im Rang gleichzubleiben. Von Regensburg breitet sich der Kult spät, zum Teil in Verbindung mit den Vierzehn→Nothelfern, im dt. SO und nach Böhmen, Ungarn und Polen aus. In Frankreich wird D. zum Nationalheiligen.

Im übrigen erstarrte der Kult im 12. Jh. Die rund 1200 Patrozinien erfüllen Frankreich, außer Bretagne und Pyrenäen, reichen in Deutschland bis zum Alpenkamm und zur Elbe, finden sich in Dänemark (9), England (50) und selten in Spanien wie in Nord- und Mittelitalien. Angerufen wurde D. b. Kopfleiden u. Syphilis. Das Kephalophorenmotiv wurde in der Folge auf mehr als 100 andere Hl. und Orte übertragen (u. a. Mainz, Reims, Zürich). M. Zender

III. Ikonographie: Darstellungen des hl. D. finden sich seit dem 11. Jh. (St-Omer Ms 342 bis fol. 63^v um 1000; Par. lat. 11751 aus 11. Jh.; St. Emmeram in Regensburg, Portal um 1052); bes. häufig nachdem D. in die Reihe der Vierzehn Nothelfer aufgenommen war. Dargestellt wurde er als Bf. in der Kasel, seit dem 15. Jh. im Pluviale, häufig enthauptet oder ohne Schädeldecke; immer ist sein Attribut sein eigener abgeschlagener Kopf in den Händen (Bamberger Dom um 1235, Südrose v. Notre Dame, Paris um 1265, Reliquienschrein St. Emmeram in Regensburg um 1440) oder die Schädeldecke mit der Mitra auf einem Buch (Wandmalerei in St. Kunibert zu Köln um 1250, Chorgestühl in Gadebusch/Mecklenburg 15. Jh.). Bes. in Frankreich sind neben Standbildern auch zykl. Darstellungen anzutreffen (St-Denis, Tympanon des s. und n. Westportals um 1135, Glasfenster der 1. Hälfte 13. Jh. in der Kathedrale zu Bourges, Tours und St-Denis-de-Jouhet, und in Hss.). G. Binding

Lit.: s. nach Abschnitt B I, Sp. 1078.

C. Dionysios Are(i)opagites

I. Autorenproblem – II. Inhalt der Schriften – III. Nachwirkung in der Ostkirche – IV. Lateinische Übersetzungen im Mittelalter – V. Wirkungsgeschichte im lateinischen Mittelalter.

I. Autorenproblem: Unter dem Namen des von Paulus bekehrten D. A. (Apg 17, 34), der nach Dionysios v. Korinth (bei Eusebius, hist. eccl. III, 4, 10; IV 23, 3) 1. Bf. v. Athen war, ist seit dem 2. Jahrzehnt des 6. Jh. ein Schriftencorpus bekannt, dessen Verfasser sich zwar selbst nur als »D. der Ältere« (bzw. »der Presbyter«) bezeichnet; durch Einfügung von (aufs ganze gesehen geringfügigem) »zeitgeschichtl.« Detail aber erweckt er den Eindruck – und das ist wohl auch seine Absicht –, als sei er ein Zeitgenosse der Apostel, daher die Identifizierung mit dem »bekannten« D. A. Erstaunl. schnell jedenfalls setzte sich diese durch und blieb bis zur Renaissance (Lorenzo →Valla, →Erasmus) im wesentl. unangefochten, in Geltung. Sie verschaffte dem »areopagitischen« Schrifttum ein quasiapostol. Ansehen, bes. im Abendland und im christl. Orient.

Das Corpus Dionysiacum kann keinesfalls älter sein als etwa Mitte des 5. Jh. Denn es setzt offensichtl. die Kenntnis des späteren Neuplatonismus der Athener Schule, Syrians v. a. und seines Schülers →Proklos, voraus. Dies wie die Zugehörigkeit zur syr. Geisteswelt und zu einem gemäßigt monophysit. Milieu (→Christologie) ist auch fast schon das einzige, was sich mit Bestimmtheit sagen läßt. Alle Versuche, den Verfasser mit einem bekannten Theologen des ausgehenden 5. Jh. zu identifizieren, haben bisher zu keinem allgemein überzeugenden Resultat geführt – und dürften auch weit weniger belangvoll sein als sorgsame Analysen des Werkes selbst. Gemäß einer nahezu geschlossenen Textüberlieferung rechnen dazu folgende Einzelschriften: »Über die himmlische Hierarchie« (in 15 Kapiteln), »Über die kirchl. Hierarchie« (in 7 Kapiteln), »Über die göttl. Namen« (in 13 Kapiteln), »Über mystische Theologie« (in 5 Kapiteln) u. 10 Briefe. Man wird fragen können, ob die darin zum Ausdruck kommende Synthese von Platonismus und Christentum, ontolog. Seinsdeutung und »Heilsgeschichte«, kosmischer Emanations- bzw. Retroversionslehre und christl. Gottesbegriff als gelungen und stimmig zu bezeichnen ist. Aber daß es der unbekannte Verfasser vorzügl. eben darauf abgesehen hat, scheint gewiß.   A. M. Ritter

Q.: MPG 3 (Krit. Ed. in Vorber., s. a. Q. zu Abschn. C III) – Lit.: RAC, s. v. – TRE VIII, 772–780 – S. Lilla, Introd. allo studio dello Ps. Dionigi l'Areopagita, Augustinianum 22, 1982, 533–577 [jew. mit reichhaltiger Lit.; daraus v. a.: R. Roques, L'univers dionysien, 1954 (Theol [P] 29) – E. Corsini, Il trattato De Divinis Nominibus dello Ps.-Dionigi e i commenti neoplatonici al Parmenide, Pubblicazioni della Facoltà di lett. e filosofia dell' Univ. di Torino 13/4, 1962 – B. Brons, Gott und die Seienden, Forsch. zur Kirchen- und Dogmengesch. 28, 1976 – S. Gersh, From Iamblichus to Eriugena, Stud. zur Problemgesch. der antiken und ma. Philosophie 8, 1978.

II. Inhalt der Schriften: 1. Περὶ θείων ὀνομάτων (De divinis nominibus) handelt im wesentl. von den durch menschl. Überlegungen und in der Schrift überlieferten Namen Gottes. – Es gibt für D. zwei Wege der Gotteserkenntnis: den der positiven Aussage (via positiva) von Gott und den der Negation (via negationis), der aus dem Bewußtsein entsteht, daß alle positiven Aussagen von Gott sein Wesen nie ganz erfassen können, da sie dem Bereich des vielheitlich Seienden entstammen, Gott aber jenseits aller Seienden ist. Beide Aussageweisen koinzidieren letztlich: wenn vom Bereich des Endlichen her alle Namen auf ihn bezogen werden können, ohne daß er selbst damit aber wesensmäßig voll begreifbar wird, ist nur in einem Überschreiten alles positiv Denk- und Sagbaren eine Annäherung ihn zu erkennen möglich. Daher »preisen ihn die Theologen als den Namenlosen, und zugleich verherrlichen sie ihn mit allen Namen«. Vermittelt wird die Erkenntnis Gottes durch die Liebe, mit der sich das göttl. Licht dem Menschen als Erleuchtung mitteilt und in der der Mensch selbst sich den Strahlen dieses höchsten Lichtes öffnet.

2. Περὶ μυστικῆς θεολογίας (De theologia mystica) beschreibt in knapper, höchst eindringl. Form die absolute Transzendenz Gottes, der sich im »überlichthaften Dunkel« jedem sinnl.-intellektuellen Zugriff entzieht. Nur in einem über jedem Schauen und Erkennen stehenden »Nicht-sehen und Nicht-erkennen«, indem er »sein inneres Auge aller erkennenden Auffassung verschließt«, vermag sich der Mensch mit dem »wahren mystischen Dunkel des Unerkennens« zu verbinden.

3. Περὶ τῆς οὐρανίας ἱεραρχίας (De caelesti hierarchia) behandelt die Welt der reinen Geistwesen und deren Wirken als höchst reale geistige Mächte. D. ordnet – wenn auch nicht als erster – die in der Hl. Schrift verstreut aufgeführten Ordnungen und Klassen der Engel zu einer systemat. Darstellung, wobei deutlich Einflüsse neuplaton. Denkens erkennbar sind. – Drei Hierarchien (Triaden), mit jeweils drei Unterteilungen bilden in absteigender Folge die neun Engelchöre. 1. Seraphim, Cherubim, Throne; 2. Κυριότητες (Dominationes, Herrschaften), Δυνάμεις (Virtutes, Mächte), Ἐξουσίαι (Potestates, Gewalten); 3. Ἀρχαί (Principatus, Fürstentümer), Ἀρχάγγελοι

(Erzengel), Ἄγγελοι (Engel). Jedes Glied der Hierarchie ist vollendet in dem ihm zugewiesenen Rang, wo es die Aufgabe eines »Mitwirkenden mit Gott« hat. »Durch Vermittlung der Glieder der höheren Ordnung erhalten die der ihr folgenden ihren Teil an der urgöttlichen Erleuchtung«, so ist jede Stufe in absteigender Folge durch das Verhältnis von Empfangen und Weitergeben bestimmt.

4. Περὶ τῆς ἐκκλησιαστικῆς ἱεραρχίας (De ecclesiastica hierarchia). Diese Schrift knüpft an jene vorangehende an und überträgt die dort dargestellten Strukturen auf den Bereich einer sichtbaren hierarch. Ordnung, die sich »in breiter Fülle von durchweg mit den Sinnen wahrnehmbaren Symbolen vor uns ausbreitet, so wie dies unserer Natur entspricht«, wir werden so »durch sinnfällige Bilder zum göttlichen Schauen erhoben«. Auch den Aufbau der kirchl. Hierarchie stellt D. in einer triad. Stufung vor: 1. Φώτισμα (Taufe), Σύναξις (Eucharistie), Μύρον (Weihe); 2. Ἱεραρχάι (Bischöfe), Ἱερεῖς (Priester), Λειτουργοί (Liturgen); 3. Μοναχοί (Mönche), Ἱερὸς λαός (Gemeinde), Καθαιρόμεναι τάξεις (Stände der Reinigung = Katechumenen und Büßer).

Briefe: Die in den Schriften zentralen Themen werden in den zehn uns erhaltenen Briefen aufgegriffen und in knapper, mehr persönlicher – dem Briefcharakter entsprechender – Form vorgestellt. H. Meinhardt

Lit.: D. Areopagita: Von den Namen zum Unnennbaren. Ausw. und Einl. v. E. v. IVÁNKA, Einsiedeln, o. J. – D. Areopagita. Übers., Einl. und Komm. v. W. TRITSCH, 2 Bde, 1955/56.

III. NACHWIRKUNG IN DER OSTKIRCHE: Als die Schriften, die unter dem Namen des D. A. überliefert sind, zuerst bekannt wurden, hatten →Euagrios für die Mystik und die Kappadoker für die Theologie das Feld im Osten schon bestellt. Dennoch ist der Einfluß des Areiopagiten auf die späteren Jahrhunderte nicht gering anzuschlagen. Er fand einen ersten Scholiasten noch im gleichen 6. Jh. in →Johannes v. Skythopolis (zw. 536f. und 550), einen zweiten im 7. Jh. in →Maximos Homologetes († 662). Die Scholien beider wurden später (12. Jh.?) zusammengeworfen unter dem Namen des letzteren; eine Scheidung des jeweiligen Anteils ist aufgrund einer frühen syr. Übersetzung des Johannes im wesentl. möglich. Im 13. Jh. schuf →Pachymeres († 1310) eine Paraphrase des D. Allerdings wurde die Echtheit des Corpus gleich bei der ersten Begegnung schon angefochten durch →Hypatios v. Ephesos anläßl. der Collatio cum Severianis (532) in Konstantinopel, die er als führender Theologe der chalkedontreuen Partei (→Chalkedon, Konzil v.) bestritt. Zweifel wurden gelegentl. auch nachher noch laut. Da aber rund 100 Jahre später Maximos Homologetes den Schriften des D. A. sozusagen eine orth. Interpretation gab und daraus für seine eigene Theologie ausgiebig schöpfte, stieg deren Ansehen beträchtlich. Ausgesprochene Zitate finden sich bei ihm freilich relativ selten. MPG 91, 1045-1060 allein stellt einen geregelten Kommentar zu Ep 5 des D. A. dar, neben dem erwähnten Scholienwerk, wobei ihm wahrscheinl. der geringere Teil zugehört (H. U. v. BALTHASAR). →Johannes v. Damaskenos († 749?) kannte offenbar das ganze Corpus und benutzte es reichlich, bes. in der Gotteslehre und Angelologie, mit Ausnahme der »Myst. Theologie« und der übrigen der Mystik zuzuordnenden Texte des D. A. Fortan begegnet man dem areopag. Schrifttum in allen Jahrhunderten, doch gelangte es nie zu überragender oder auf irgendeinem Gebiet gar entscheidender Bedeutung. In der Auseinandersetzung um die palamit. Theologie im 14. Jh. benützten beide Seiten die Schriften gleicherweise. Gregorios →Palamas scheint sie durchweg gekannt zu haben, doch zitiert er nicht ausdrücklich daraus. Aufschlußreich kann vielleicht der Handschriftenbefund sein. S. LILLA zählt 129 griech. Hss. auf, von denen aber nur 18 vor das Jahr 1000 zu datieren sind. 8 Mss. bieten nur Einzelteile oder gar nur Exzerpte. Etwa die Hälfte gehören dem 14. oder späteren Jh. an. In den Bibliotheken der Athosklöster finden sich heute 14 vollständige Sammlungen, die beiden ältesten gehen ins 11. Jh. zurück, die jüngste aus dem 16. Jh. enthält nur DivNom, eine andere aus dem 14. Jh. nur Ep 7 und EcclHier. Der Schluß liegt fast zwingend nahe: D. A. gehörte offenbar nicht zum bevorzugten Lesestoff der Athosmönche. Auf der anderen Seite ist aber auch das Interesse an den Schriften nie erloschen. Übersetzungen sind aus dem Syr., wohl davon abhängig aus dem Arab., und Armen. auf uns gekommen. H. M. Biedermann

Q.: MPG 3 – krit. Ausg. bisher nur: EcclHier, SC ²58 bis, 1970; Scholien des »Maximos« MPG 4; Periphr. des Pachymeres MPG 3 und 4 – Lit.: DSAM III, 244-429 [Lit.] – DTCIV/1, 429-436 – RAC III, 1075-1121 – I. HAUSHERR, Doutes au sujet du »Divin Denys«, OrChrP2, 1936, 484-490 – R. ROQUES, L'Univers Dionysien. Structure hiérarchique du monde selon le Pseudo-Denys, 1954 – E. V. IVÁNKA, Plato Christianus, 1964 – P. SCAZZOSO – E. BELLINI, Dionigi Areopagita. Tutte le opere, 1981 [Lit.] – S. LILLA, Introduzione allo studio dello Ps. Dionigi l'Areopagita, Augustinianum 22, 1982, 533-577 [Lit.].

IV. LATEINISCHE ÜBERSETZUNGEN IM MITTELALTER: In der abendländ. Lit. finden sich bereits einzelne lat. Zitate aus dem C. D., bevor durchgehende Übers. entstanden. So bei →Gregor d. Gr. (Hom. 34 in Ev. MPL 76, 1254), bei →Beda (In Ev. Marci. MPL 92, 197), in den Akten der Lateransynode v. 649 (MANSI X, 967, 978ff., 1099). Die erste zusammenhängende lat. Übersetzung von Abt →Hilduin v. St-Denis (um 832) war durch die Übersendung eines Prachtcodex (vermutl. identisch mit dem heutigen Cod. gr. 437, Bibl. Nat. Paris) durch den byz. Ks. Michael II. an Ludwig d. Fr. i. J. 827 veranlaßt. Die etwa drei Jahrzehnte später durch →Johannes Scotus Eriugena für Karl d. K. angefertigte Übers. wirkt bis ins 13. Jh. nach: noch Thomas v. Aquin ist sie als vetus translatio bekannt.

In der 2. Hälfte des 12. Jh. entsteht die dritte Übers. durch →Johannes Sarracenus; sein Latein ist leichter verständlich als das sich eng an die griech. Vorlage anlehnende Übersetzungswerk Eriugenas.

Um 1235 übersetzt →Robert Grosseteste De div. nom., De theol. myst. und die beiden »Hierarchien«, die erstgn. Schriften ganz neu, die »Hierarchien« in Anlehnung an ältere lat. Fassungen. Etwa 1238 entsteht die kommentierende Textparaphrase des →Thomas Gallus v. Vercelli (→Viktorinerschule); sie ist in auffällig vielen Hss. erhalten, spielt eine große Rolle bis hin zu den dt. Mystikerkreisen des 15. Jh. (etwa →Bernhard v. Waging, →Vinzent v. Aggsbach).

1436 entstand die D.-Übers. des →Ambrosius Traversari, der bereits den nun sich konstituierenden Florentiner Humanisten-Kreis nahesteht. Nikolaus v. Kues hat viel zur Verbreitung dieser Übers. beigetragen. Die Reihe von D.-Übers. reißt in der folgenden frühen NZ nicht ab, trotz der beginnenden Zweifel an der Autorschaft (Nikolaus v. Kues, L. →Valla): 1492 →Marsilius Ficinus, 1536 Joachim Périon, 1562 Druck des griech. Textes durch G. Morel, bis 1634 vier weitere Neuübersetzungen.

V. WIRKUNGSGESCHICHTE IM LATEINISCHEN MITTELALTER: Das Corpus Dionysiacum (C. D.) gehört zur spätantiken Gattung der »Pseudepigraphe«, einer Literaturform, die als »Fälschung« zu bezeichnen ein modernes Mißverständnis ist. Freilich hat man offenbar schon bald nach

Erscheinen der Schriften die fiktive Autorschaft wörtlich genommen. Für den byz. Ks. Michael II. jedenfalls steht sie fest, zugleich aber auch schon die Identifizierung des Autors mit D. v. Paris. Was v. a. durch Abt Hilduins »Passio sanctissimi Dionysii« (MPL 106, 23–50) verbreitet wurde, die dreifache Identität des Paulus-Schülers D., des Verfassers der Schriften und des in St-Denis begrabenen Märtyrers, muß schon vorher akzeptiert worden sein, die feierliche, einem Staatsakt gleiche Überreichung der Dionysiaca durch Gesandte Michaels II. an Ks. Ludwig d. Fr. i. J. 827 wäre sonst ohne Sinn. Dieser polit. Aspekt und die – fast – kanon. Autorität eines Apostelschülers sind Mitgrund für den Einfluß des C. D. auf das MA, sie erklären ihn allein aber keineswegs. Das in die Form ostkirchl. Spiritualität gegossene Denken des neuplaton. »Scholastikers« Proklos wurde in seiner Andersheit empfunden. Das führte aber nicht zur Ablehnung, sondern zu zahllosen Kommentierungen (vgl. J. Pieper, 61ff.).

Der erste entscheidende Eintritt in das w. MA vollzieht sich im Werk des →*Johannes Scotus Eriugena*. Neben seiner Übers. des C. D., die auch dessen griech. Kommentator des 7. Jh. Maximos Homologetes (M. Confessor) umfaßt, hat er vermutl. Komm. zu allen 4 Hauptschriften des D. geschrieben, ist aber v. a. in seinem systemat. Hauptwerk »De div. nat.« D. verpflichtet. Der dionysian. Neuplatonismus liefert ihm Hilfen, patrist.-chr. Trinitätstheologie, den chr. Schöpfungsbegriff einer willentl. creatio ex nihilo (→Schöpfung) und die eschat. Vollendungserwartung in ein spekulatives System zu bringen.

Ein klares, »rationalistisches« Denken, wie etwa bei →*Anselm v. Canterbury*, entsprach dem Vernunftoptimismus der Frühscholastik. Anselm gewinnt es freilich durch Ausklammerung des dionysian. Korrektivs: D. wird nur einmal erwähnt, und das in der inzw. als Pseudepigraph angesehenen 4. Homilie (MPL 158, 608f.). Eine ähnl. innere Distanziertheit dürfte sich auch bei →*Abaelard* aufweisen lassen; sein mitunter zitierter Zweifel (Hist. cal., MPL 178, 154f.) bezieht sich freilich nur auf eine Einzelheit der D.-Vita (Bf. v. Athen oder Korinth, im Anschluß an Beda, MPL 92, 981), nicht auf die Autorschaft des Paulus-Schülers. Die a.a.O. geschilderte erregte Reaktion der Mönche von St-Denis beweist jedoch die große polit. Bedeutung der Identifizierung auch im 12. Jh. – Kein Philosoph im eigtl. Sinne, dennoch ein hervorragender Zeuge für die lebendige Wirksamkeit des C. D. ist *Suger* (1081–1151) von St-Denis. Zwar liegt es nahe, daß ihm als Vorsteher und Verwalter einer Abtei, die durch ihre Geschichte in so bes. Weise mit dem Namen des D. verknüpft war, auch dessen Schriften (in der Übers. des Eriugena) bekannt waren, neu und durchaus originär allerdings ist es, wie er diese Schriften zur Grundlage seiner Rechtfertigung bei der architekton. Neugestaltung der Abteikirche macht. Auf diesem Hintergrund erscheint das gesamte Bauwerk als sinnl. sichtbares Zeichen der neuplaton.-dionysian. Gedankenwelt und wird von Suger selbst auch in, die einzelnen Bauabschnitte kommentierenden Texten so gedeutet. – In der *Schule von* →*Chartres* darf man die betonte Einheitsmetaphysik in der Gotteslehre als areopagit. Neuplatonismus verstehen: Die Einheit ist für Thierry v. Chartres das Primäre, sie ist identisch mit Gottheit, »unitas igitur ipsa divinitas«, alle anderen Attribute Gottes, voran das Sein, sind erst durch die Einheit gefordert; die Einheit ist Grund für das Sein (forma essendi) der vielheitl. Dinge (vgl. Theodericus Carnotensis: Tractatus De septem diebus..., hg. N. Häring, AHDL 30, 1955, n. 31. Ferner nn. 34–36). Zwei Briefe des →*Johannes Sarracenus* von 1167 an Johannes v. Salisbury (MPL 199, 143C–144B, 259D–260A) zeigen das ausgeprägte Interesse dieses späteren Bf.s v. Chartres an der Sarracenischen D.-Übers. Im 13. Jh. benutzten Albertus Magnus und Thomas v. Aquin die Übersetzung des Sarracenus; man kann annehmen, daß sie auch dessen Kommentar zur Himml. Hier. kannten. Die D.-Rezeption der *Schule v.* →*St. Victor* dagegen ist textlich gut belegbar: Die hs. mehrfach überlieferte, aus Eriugena und Maximos Homologetes exzerpierte Erklärung der Myst. Theol. (vgl. G. Théry, AHDL 10/11, 1935–36, 195) mag →*Hugo v. St-Victor* († 1141) fälschlich zugeschrieben worden sein, eindeutig von ihm stammt aber ein eigenst. Kommentar zur Himml. Hier. (MPL 175), der später u. a. von Thomas v. Aquin mehrfach herangezogen worden ist. Daß Hugos Schüler →*Richard v. St-Victor* († 1173) in bes. Weise D. verpflichtet ist, und zwar »in contemplatione«, in seiner Theorie der Mystik, hält ein Jh. später Bonaventura für erwähnenswert (Bonaventura, Op. omnia, ed. Quaracchi V, 321). – Zur späten Viktoriner-Schule zählt → *Thomas Gallus v. Vercelli* († 1246), dessen Textparaphrasen zum C. D. schon bei den Übers. erwähnt wurden. Er verfaßte ferner »Glossen« zur Himml. Hier. und zur Myst. Theol. sowie »Explanationes« zu allen vier Schriften. Hörer des Thomas Gallus, und damit gewiß auch Leser seiner D. betreffenden Schriften, waren Antonius v. Padua und Adam v. Marsh.

Zw. 1235 und 1245 ist das Übersetzungs- und Kommentarwerk des →*Robert Grosseteste* entstanden. Robert hat neben dem D.-Text auch Randglossen übersetzt, die er in griech. D.-Hss. vorfand, ohne ihren Autor zu kennen. Es handelt sich um Scholien des →*Maximos Homologetes* (und des Joh. v. Scythopolis); sie werden nicht nur zur D.-Kommentierung herangezogen, sondern sind mit dem dionysian. Gedankengut zusammen als konstitutive Bestandteil von Roberts eigener Philosophie und Theologie anzusehen; dionysian. beeinflußt dürfte v. a. Roberts ausgebaute Lichtmetaphysik und -theorie sein. Im Rahmen ma. Kommentarpraxis fallen die Grosseteste-Kommentare zu den D.-Texten durch ihre enge Textbezogenheit auf. Roberts D.-Kommentare scheinen v. a. in England eine Wirkungstradition begründet zu haben, in der etwa John Wiclif († 1384) steht, der sie mehrfach zitiert (L. Baur, D. philos. Werke des R. Gr., BGPhMA 9, 1912, 32*–36*).

→*Albertus Magnus* hat das gesamte C. D., einschließl. der Briefe, sorgfältig durchkommentiert, nicht nur erweiternd paraphrasiert, wie bei den meisten seiner Aristoteleserklärungen. Der Kommentierung der beiden »Hierarchien« hat Albertus die Eriugena-Übersetzung zugrunde gelegt, bei De div. nom., Theol. myst. und den Briefen zieht er die Sarracenus-Übers. vor, »quia melior est« (Alb. M., Op. omn. cura Inst... Col. XXXVII, 1972–78, Sup. Dion. De div. nom., 3, 47f. Vgl. §5 und §12 der Prolegomena). Albertus dürfte in Paris vor 1248 und in Köln zw. 1248 und 1252 kommentierende Vorlesungen über das C. D. gehalten haben, zu seinen Hörern zählte damals der junge → *Thomas v. Aquin*. Im Cod. I.B. 54 der Bibl. Naz., Neapel, haben wir ein Exemplar der Albertuskommentare aus dem Besitz des Thomas, wahrscheinl. hat er sie eigenhändig als junger Student abgeschrieben (vgl. a.a.O. Prolegomena §2). Rund 15 Jahre später schreibt Thomas seinen eigenen Kommentar zu De div. nom. Er hat beachtet. Schwierigkeiten mit dem »dunklen Stil« des Areopagiten, führt ihn aber zu Recht auf dessen 'platonisches' Ideenkonzept und den daraus resultierenden Symbolismus zurück. (In De div. nom., Prooemium II., ed. Marietti, 1950, 1f.). Daß der große Systematiker D.

öfters im eigenen Sinne umdeutet, ist verständlich, wichtiger ist, daß ihm von D. Themen vorgelegt werden, die sonst von ihm vielleicht nicht in der Intensität aufgenommen worden wären: etwa die Negationen in der Gotteslehre, die 'platonische' Begründungskategorie der Partizipation, die Sakramentenlehre als Theologie des Zeichens, schließlich das grundlegende exitus-reditus-Schema (→Neuplatonismus), das sich im Aufbau seiner »Summa theologiae« spiegelt, nicht als äußeres Dispositionskriterium, sondern als »Ordnung des Wissens, die das Offenbarungsgut von innen her verstehen läßt« (M.-D. CHENU, Das Werk des hl. →Th. v. A., 1960, 347ff. Weit. s. Lit.).

Daß der Zugang des im Denk- und Frömmigkeitstypus so anders gearteten →Bonaventura zu D. sehr viel unmittelbarer sein mußte, ist einleuchtend. In Augustinus und D. findet er entscheidende Konstituentien seines Denkens. Themat. nahe Schwerpunkte Bonaventuras zu dionysian. Denken sind die Lichtmetaphysik, das Verständnis der Welt als einer metaphys. gestuften productio von und reductio zu Gott, die Liebe als Grundkraft dieser 'Bewegung' und die mit dieser Stufung zusammenhängende Lehre von den Hierarchien. Die jeweils dreifachen Hierarchien sind für Bonaventura Grundkategorien zum Verständnis der Totalität Gott-Welt: die trinitar. hierarchia divina, die hierarchia coelestis der Engel und Heiligen und die hierarchia subcoelestis oder ecclesiastica der Erlösten auf Erden (vgl. R. GUARDINI, Systembildende Elemente in der Theologie Bonaventuras, 1964, v. a. 81f., 117ff., 146ff.).

In *Witelos* um 1270 entstandener Schrift »Perspectiva« erinnert themat. an D. v. a. die ausgeprägte Lichtmetaphysik, mag die philolog. greifbare neuplaton. Quelle auch in erster Linie Proklos (→Liber de causis und vielleicht auch schon die Übers. der Institutio theologica durch →Wilhelm v. Moerbeke) sein. Der Hauptteil der »Perspectiva« behandelt math., physikal., v. a. opt. Probleme, ist aber eingebettet in eine ausgebreitete neuplaton. Metaphysik. Beachtenswert ist, daß diese Witelo nicht hindert, sondern vielmehr anregt, sich 'naturwissenschaftlichen' Problemen zuzuwenden. Das gilt in ähnlicher Weise für die Schule v. Chartres, für Albertus Magnus und Robert Grosseteste: Der Neuplatonismus des 'Mystikers' D. findet sich an wichtigen Stationen der wissenschaftsgeschichtl. Entwicklung in Richtung auf die modernen Naturwissenschaften!

Beachtenswert ist ferner, daß für das zentrale hochscholast. 13. Jh. offenbar nicht nur die Aristoteles-Rezeption charakterist. ist, sondern auch die auffällig stark anwachsende Beschäftigung mit D. A.

→*Meister Eckhart* zitiert D. sehr häufig, sowohl in den dt. als auch in den lat. Schriften; dionysian. gefärbte Aussagen finden sich in der spekulativen Mystik des Seelsorgers und in der Metaphysik und Theologie des Universitätsmagisters.

Das grundlegende Gott-Welt-Verhältnis läßt sich im Eckhartschen Sinne auf drei Thesen konzentrieren: Gott ist reines Denken (LW V, S. 37ff.); das Sein ist Gott – Esse est deus (LW I, S. 156ff.); Gott ist das schlechthin Eine. Die dritte Aussage wird behandelt in Sermo XXIX (LW IV, S. 263-270), die ganze Predigt macht aber deutlich, daß alle drei Thesen (auch die zweite zunächst betont 'seinsmetaphysisch' klingende) sich einheitl. im Sinne der »→Einheitsmetaphysik im Geiste des dionysian. Neuplatonismus« (J. KOCH, 339ff.) deuten lassen. – An dionysian. Lichtmetaphysik erinnert die Rede vom »ûzlûhten – Ausleuchten«, das von Gott ausstrahlende Licht als Grund und Sinn der Vielheit (Predigt 1. DW I, 15, 10ff.), das innere göttl. Licht, der Strahl (J. QUINT/Hg., Meister Eckehart. Dt. Predigten und Traktate, 1955, 392, 12), als Seelengrund des Menschen, von dem die Rückkehr der Kreatur zu Gott ausgeht. Das entscheidend christl. Moment im dionysian. Neuplatonismus aber ist bei Meister Eckhart bes. deutlich: exitus und reditus der Welt sind kein notwendiger Prozeß, keine 'systematische Konstruktion' der Welt aus dem Absoluten, sondern begründet in der personalen Kategorie der Liebe, der Liebe Gottes und der Gottesliebe der Geschöpfe (vgl. etwa Predigt 63. DW III, 74ff.).

Über Meister Eckhart, aber auch direkt, ist D. dann präsent bei den Mystikern und in den Mystik-Diskussionen des SpätMA, so bei Johannes →Tauler, Heinrich →Seuse, Jan→van Ruysbroek, →Dionysius d. Kartäuser, ferner →Johannes Gerson mit seiner auf den Nominalismus reagierenden →'mystischen Theologie', schließlich bei dem Cusanus-Gegner →Vinzenz v. Aggsbach.

Wie sehr dionysian. Gedankengut im SpätMA, auch unerkannt oder wenigstens unreflektiert, wirksam war, läßt sich am Beispiel des →*Nikolaus von Kues* verdeutlichen. In seiner philos.-theol. Erstlingsschrift »De docta ignorantia« (1440) geht es zentral darum, »das Unbegreifliche unbegreifenderweise in belehrtem Nichtwissen – incomprehensibilia incomprehensibiliter... in docta ignorantia« zu erfassen (De docta ign. h 163,9ff.), eine Formulierung, die nicht mit D. in Verbindung zu bringen, schwer fällt. Dennoch schreibt Nikolaus neun Jahre später (1449) in der »Apologia doctae ignorantiae« (h 12, 19f.), daß er sich zur Zeit der Konzeption von »De docta ign.« »weder mit Dionysius noch einem anderen der wahren Theologen schon befaßt hätte«, dann aber bei eifrigem Studium seine Gedanken vielfach vorgebildet gefunden habe. Natürlich kannte Nikolaus auch schon vor 1449 D., er zitiert ihn ganz eindeutig, aber offenbar sekundär. In der »Apologia« dient der Hinweis auf D. der Verteidigung gegen →*Johannes Wenck v. Herrenberg,* einen Vertreter einer (nach Nikolaus) »in den Formen der Tradition« (Apol. h 2, 25) und in »leerer Wortgelehrsamkeit« (4, 17) erstarrten Universitätswissenschaft, beweist damit die hohe autoritative Geltung des C. D. im spätscholast. Schulbetrieb (also nicht nur bei den 'Mystikern'. Von J. Wenck selbst ist aus dem Jahr 1455 ein aus Vorlesungen erwachsener Kommentar zur Himml. Hier. erhalten, in seinem Besitz befand sich auch ein Exemplar der Traversari-Übersetzung des C.D. (vgl. R. HAUBST, Stud. zu N. v. K. und Joh. W., BGPhMA 38,1, 1955, 33ff.). Die Früchte des »eifrigen Studiums« des C. D. durch Nikolaus v. Kues sind durch das ganze kusan. Werk hindurch sichtbar. Philolog. greifbares Zeugnis der Wirkung des D. auf Nikolaus v. Kues sind einmal die Zitationen im Opus des Kardinals, die quantitativ ihren Höhepunkt in den Spätschriften »De non aliud« (1462) und »De venatione sapientiae« (1463) erreichen (vgl., auch zum Folgenden, L. BAUR, Nic. Cus. und Ps. Dionys. im Lichte der Zitate und Randbem. des Cus. SAH. PH, 1940/41, 4.), aber auch die D.-Hss. und -Kommentare aus dem Besitz des Kard.s in der Bibl. des St. Nikolaus-Hospitals in Kues mit eigenhändigen Randbemerkungen. Auffällig viele Marginalien des Nikolaus v. Kues finden sich im Cod. Cus. 96 der Hospital-Bibl., der die Kommentare des Albertus Magnus zum C. D. enthält (Publikation der Marginalien durch L. BAUR, a.a.O., 93ff.). Thematische dionysian. Schwerpunkte bei Nikolaus v. Kues sind das Grundkonzept der →»doctaignorantia«, der Begriff der →»coincidentia oppositorum«, Gott als →complicatio, Gott als Selbigkeit, Gott als das »Nicht-Andere« (→Anderssein, Andersheit) – dann die negative → Theologie, die symbolische → Theologie, der myst. Weg zu Gott in alle Stufen des Intelligiblen übersteigender Liebe. In einer Randbemerkung zu Cod. Cus. 44, fol. 1ᵛ (er enthält D.-Übers. und -Komm. des Rob. Grosseteste) gibt Nikolaus v. Kues seiner Verwunderung (»tunc mirum«) darüber Ausdruck, daß weder Ambrosius, noch Augustinus oder Hieronymus D. zur Kenntnis genommen hätten; bei Joh. Damascenus dagegen und Gregor d. Gr. fänden sich Zitate. Mit diesem Hauch eines Zweifels grenzt Nikolaus scharfsichtig die wirkl. Entstehungszeit des C. D. ein, ohne daraus schon Konsequenzen zu ziehen. Wirklich ausgesprochen wird der Zweifel an der Autorschaft des Paulusschülers dann bei dem zeitgenössischen, aber doch schon ganz nz.-humanist. denkenden L. → Valla († 1457). Damit beginnt die Auseinandersetzung um die »Echtheit« der Schriften, die schließlich im späten 19. Jh. auch von kath. Forschern verneint wird (J. Stiglmayr, HJb, 1895; H. Koch, TQ, 1895). Für die Wirkungsgeschichte der Inhalte ist diese nz. Echtheitsfrage ohne Belang: sie waren längst in jenen breiten Strom neuplaton. Gedankengutes eingegangen, der, nach dem Neuplatonismus-Verdikt der Aufklärungszeit, im Deutschen Idealismus wieder wirksam und sichtbar wird. H. Meinhardt

Lit.: zu [IV]: Grabmann, Geistesleben I, 449–468 – Dionysiaca. Recueil donnant l'ensemble des traductions latins..., 2 Bde, 1937/1950 – D. P. Caramello, De fortuna operum Dionysii... (S. Thomae Aquinatis... In De divinis nominibus, ed. C. Pera, 1950), XI–XXIV – zu [V]: DSAM III, 358–360 – P. Lehmann, Zur Kenntnis der Schriften des D. Areopagita im MA, RevBén 35, 1923, 81–97 – G. Théry, Contribution a l'hist. de l'areopagitisme au IXe s., M–A 34, 1923, 111–153 – Ders., Scot Erigène traducteur de Denys, ALMA 6, 1931, 185–278 – M. Grabmann, Die Autogr. v. Werken d. Hl. Th. v. A., HJb 60, 1940, 514–537 – E. Panofsky, Abbot Suger on the abbey church of St-Denis and its art treasure, ed. transl. and annot., 1946 – E. von Ivánka, 'Teilhaben', 'Hervorgang' und 'Hierarchie' bei Pseudo-D. und bei Proklos (Actes du XIe congrès internat. de philosophie Bruxelles, 20–26 Août 1953, Bd. 12 Amsterdam/Löwen 1953), 153–158 – R. J. Henle, Saint Thomas and Platonism, 1954 [Repr. 1970] – J. Koch, Augustin. und Dionys. Neuplatonismus und das MA (Kant-Stud. 48/2, 1956/57, 117–133 – J. Pieper, Scholastik, 1960 – M. Schiavone, Neoplatonismo e Cristianesimo nello Pseudo Dionigi, 1963 – G. v. Bredow, Platonismus im MA, 1972 – M. Schmaus, Neuplaton. Elemente in den Trinitätsdenken des Itinerariums Bonaventuras (S. Bonaventura 1274–1974), 1973 – W. M. Neidl, Thearchia, 1976 – O. H. Pesch, Um den Plan der Summa Theologiae des hl. Thomas v. Aquin (Thomas v. Aquin, hg. K. Bernath, 1978), I, 411–437.

Dionysius (s. a. → Dionysios, → Dionisij, → Dinis)

1. Dionysius v. Mailand, hl. (Fest 25. Mai), vor 355, etwa seit 351 Bf. v. Mailand. Während der Mailänder Synode in 355 widerstand er mit → Eusebius v. Vercelli und → Lucifer v. Cagliari den Pressionen des Ks.s Constantius II., die meist westl. Bf.e drängte, sich durch die Verurteilung des → Athanasios v. Alexandria seiner arianerfreundl. Haltung anzupassen. D. wurde, wie zuvor angedroht, aus Mailand verbannt; der Arianer → Auxentius, dem dann → Ambrosius folgte, wurde als neuer Bf. eingesetzt. Ambrosius geht in der nach Vercelli gerichteten Ep. 63 des Jahres 396 ausführl. auf das Exil seines Vorgängers ein, ohne jedoch einen genauen Ort und das Todesdatum anzugeben (MPL 16, 1207f.). Von einer Translation der Reliquien nach Mailand ist bei ihm nie die Rede. Das mahnt zur Vorsicht gegenüber dem zweiten Teil der Ep. 197 des → Basilius, der sich in nur einer Hs. findet (MPG 32, 712f.; 2, 151f. Y. Courtonne, vgl. M. Geerard, CPG 2, 1974, 162) und in dem von einem Exil in Armenien und einer Translation im Zusammenwirken von Ambrosius und Basilius gesprochen wird.

Th. Baumeister

Q. und Lit.: AASS Maii 6, 39–49 – BHL 2168–2170 – H. Delehaye, Commentarius perpetuus in Martyrologium Hieronymianum, AASS Nov. 2, 2, 1931, 81.271 – Martyrologium Romanum, Propylaeum AASS Dec., 1940, 207 – Hefele-Leclercq, I, 872–877 – Bibl. SS 4, 1964, 642 – LThK² III, 407 – A. Cavallin, Die Legendenbildung um den Mailänder Bf. D. = Eranos. Acta Philologica Suecana 43, 1945, 136–149 – A. Paredi, L'esilio in oriente del vescovo milanese Dionisio e il problematico ritorno del suo corpo a Milano, La Lombardia e l'Oriente. Atti del Conv. dell'Ist. Lombardo Accad. di Scienze e Lett. 11–15 giugno 1962, 1963, 229–244 – E. Cattaneo, Cataloghi e biografie dei vescovi di Milano dalle origini al secolo XVI, Arch. Ambrosiano 44, 1982, 83 [Lit.].

2. D. (de Robertis) **v. Borgo San Sepolcro** (Toscana), deshalb auch Tuscus gen., Frühhumanist und Augustinertheologe, *um 1280, † 1342 zu Neapel als Bf. v. Monopoli (seit 1340). 1316/17 hielt er in Paris seine Sentenzenlesung. Als Magister der Theologie ist er zuerst 1328 bezeugt; für die Jahre 1325 und 1335 erscheint er in Urkunden als Provinzial der Augustinerordensprovinz »Vallis Spoleto«. Eng befreundet mit → Petrarca, dem er eine Hs. mit Augustins Confessiones schenkte; auch väterl. Freund → Boccaccios. Als erster Gelehrter interpretierte er seit 1338 an der Univ. Neapel klass. Autoren. Von seinen diesbezügl. Werken ist der von Zeitgenossen und Nachwelt sehr geschätzte Kommentar zu den »Facta et dicta memorabilia« des Valerius Maximus erhalten geblieben (rund 30 Mss., gedruckt Straßburg um 1470 – Hain 4103). – In seinem Sentenzenkommentar (Ms. Erfurt Amplon. Fol. 131) vertritt D. eine Theologie im Sinne der → Augustinerschule und schließt sich eng an → Aegidius Romanus und → Thomas v. Aquin an. A. Zumkeller

Lit.: LThK² III, 405f. – D. Trapp, Augustiniana 6, 1956, 156–160 – Ders., The Quaestiones of Dionysius de Burgo O.S.A., Augustinianum 3, 1963, 63–78 – G. di Stefano, D. da Burgo S.S., Atti della Accad. di scienze di Torino 96, 1961–62, 272–314 – A. Zumkeller, Augustinerschule, 207 – Ders., Manuskripte, 108–110, 576 – R. Arbesmann, Der Augustiner-Eremitenorden und der Beginn der humanist. Bewegung, 1965, 16–36 – Gindele, 189f. – Teeuwen, 166 und passim – J. E. Wrigley, Petrarch, saint Augustine and the Augustinians, Augustinian Stud. 8, 1977, 71–89 – E. Kessler, Petrarca und die Gesch., 1978, passim.

3. D. Exiguus, skyth. Mönch, als gelehrter Kanonist, Komputist und Übersetzer bedeutender Vermittler griech. Kultur im lat. Westen (sein selbstgewähltes Epitheton »der Geringe« nichts als schlichte Demutsformel), † vor 556 (letztes sicheres Lebenszeichen 526).

I. Leben – II. D. E. als Kanonist – III. D. E. als Chronologe – IV. D. E. als Übersetzer theologisch-literarischer Werke.

I. Leben: Über D. E.' Leben sind wir nur vage informiert durch seinen Freund → Cassiodor (inst. I, 23) und durch seine eigenen Briefe und Vorreden zu seinen Werken. In der auch von Goten besiedelten zweisprachigen Scythia Minor (Teil der röm. Provinz Moesia Inferior, heute rumän. → Dobrudža am westl. Schwarzen Meer) aufgewachsen, von einem Bf. Petrus unterrichtet, aber kaum – entgegen einer kühnen Kombination E. Schwartz' – als Findelkind von Mönchen erzogen, kam er nach dem Tode Papst → Gelasius' I. († 21. Nov. 496) nach Rom, wo der in Sprachen, Theologie und Dialektik Bewanderte wohl längere Zeit als Magister wirkte – ein vorheriger Aufenthalt in Konstantinopel ist wahrscheinl., bleibt aber unbewiesen. Noch unsicherer ist, ob er in Rom die Stellung eines presbyter (E. Schwartz) oder gar abbas (Felix Gillitanus, → Beda Venerabilis, → Paulus Diaconus) innehatte und ob er die letzten Jahre seines Lebens in Cassiodors Neugründung Vivarium verbrachte. Wir erfahren auch nichts von einem polit. Agieren des D. E. im Konflikt zw. Konstantinopel und Rom und im symmachian.-laurentianischen Schisma. Eher neigte er zu einem zurückgezogenen Leben in mönch. Askese und Kontemplation. Seine Domäne war das literar. Feld. Hier stand er – wie sein Enkomion auf Gelasius I. und die Zusammenarbeit mit Papst →Hormisdas beweisen – eindeutig auf seiten des orthodoxen Papsttums, nicht als spitzer Streiter mit der Feder, vielmehr als helfender literar. Mediator zw. den Fronten, was ihn als exzeptionellen, Griech. wie Lat. gleichermaßen beherrschenden Geist freilich nicht vor Anfeindungen schützte. Cassiodor jedenfalls hielt ihn »für einen ganz vortrefflichen Mann« (F. MAASSEN) von hoher Bildung und Charakterstärke, bekannt mit zahlreichen Persönlichkeiten seiner Zeit, dankbar gegen Gönner und Freunde, wie die ungewöhnl. hohe Zahl der Widmungen an Bf. e, Presbyter, Äbte und Mönche, ja sogar an eine hochgestellte Domina veneranda (Tochter des Symmachus?) in Form kunstvoll stilisierter Vorreden zu seinen Übersetzungen und Sammelwerken eindrucksvoll demonstriert. Der Zweck seiner Arbeit, die D. E. schon zu Lebzeiten zu einer anerkannten literar. Autorität werden und seinen Ruhm durch die Jahrhunderte fortdauern ließ, lag »immer auf derselben Linie: Verbindung der griech. und röm. Bildungswerte, Schaffung von klar geordneten, zuverlässigen Übersetzungen wichtiger Dokumente, damit auf dieser Grundlage die Auseinandersetzung und Verständigung zw. der Ost- und Westkirche desto leichter und rascher zu Wahrheit und Einheit führe« (H. WURM).

II. D. E. ALS KANONIST: Sein Bestes leistete D. E. fraglos als Kanonist. Das fühlte er wohl selbst; denn er ist einer der wenigen vorgratian. Sammler und überhaupt der erste im Westen, der sich als Autor namentl. zu seinem kirchenrechtl. Werk bekennt. Es gliedert sich in einen Liber canonum und – wiederum ein Novum in der Kirchenrechtsgeschichte – einen reinen Liber decretorum mit relativ wenigen, kaum dem päpstl. Archiv entnommenen Schreiben von →Siricius († 399) bis →Anastasius II. († 498), beides Auftragsarbeiten. Von den griech. Kanones existierten wenigstens zwei lat. Übersetzungen des D. E. in drei Redaktionen: die Dionysiana I, ein erster nur in zwei vollständigen karol. Hss. erhaltener Versuch, wurde wohl schon um 500 abgelöst durch die Bf. Stephan v. Salona gewidmete, bald breiter rezipierte Dionysiana II, eine Collectio mit 50 →Canones apostolorum und den Konzilen v. Nikaia, Ankyra, Neocäsarea, Gangra, Antiochien, Laodikea, Konstantinopel I, Chalkedon, Serdika und Afrika, während die von Papst Hormisdas erbetene modifizierte zweisprachige Ausgabe (Dionysiana III), die auf jene Stücke verzichtete, »quos non admisit universitas« (Canones apostolorum, Serdicenses, Africani), bis auf die Widmungsvorrede verloren ist. Daß D. E. wertvolles altes Quellenmaterial zusammentrug, Konzilstexte und →Dekretalen, unterschied ihn noch keineswegs von der damals in Rom lebhaft tätigen kanonist. Konkurrenz (gelasian. Renaissance); an Materialfülle war er ihr sogar unterlegen, und auch sein Werk wurde, obwohl von der röm. Kirche rasch aufgenommen und hochgeschätzt (erster Beleg einer Rezeption durch Papst Johannes II. 534), nie zum offiziellen kirchl. Rechtsbuch erhoben. Unübertroffen blieb allein die Qualität seiner Arbeit. Mit seiner geschulten Bilinguität wollte er es besser machen als die anderen, und das hieß: korrekte Syntax, guter Stil, durch ständiges Feilen möglichst wortgetreue lat. Wiedergabe des griech. Originals. Als noch wirkkräftiger erwies sich hinfort sein vielleicht vom röm. Recht beeinflußtes Prinzip der klaren, benutzerfreundl. Ordnung des Materials: strikte Trennung zw. Konzilen und Papstbriefen, chronolog. Reihung der Dekretalen und – analog zu den Kanones – deren Gliederung in einzelne, für jeden Papst neu durchgezählte Kapitel. Vornweg schon informierte er den Leser rasch und zuverlässig mit einem Rubrikenverzeichnis über den Gesamtinhalt seines Werkes. Nicht nur, daß seine Sammlungen, vielfach modifiziert, in Hunderten von Hss. im MA fortlebten (u. a. in der vermehrten Dionysiana, der Bobbienser Dionysiana, v. a. aber in der →Karl d. Gr. von Papst →Hadrian I. 774 überreichten →Dionysio-Hadriana, dem großen Codex canonum ac decretalium der Karolingerzeit, der »die Brücke vom antiken zum ma. Kirchenrecht [hat] schlagen helfen« [H. E. FEINE]). Mit seinem quellenkrit. und -ordnenden kanonist. Schaffen brach D. E. einem ganz neuen Verständnis der kirchl. Rechtsquellen Bahn. Sämtliche großen systemat. Sammlungen der folgenden Jahrhunderte sind mit Hilfe der Dionysiana entstanden: in Afrika die Concordia canonum des →Cresconius, in Gallien die →Vetus Gallica, in Spanien (über die hist. geordnete) die systemat. →Hispana und vielleicht sogar in Irland die →Hibernensis, im Karolingerreich die immer wieder kopierte →Dacheriana usw.: D. E.' systembewußte Konzeption ist eng verknüpft mit der im einzelnen noch zu erhellenden Entstehung des systemat. Kirchenrechts im Abendland. Eine grundsätzl. Wende in der Kanonistik bahnte sich mit D. E. an, man könnte daher seine Ära, die Zeit um 500, als »Dionysianische Wende« bezeichnen, eine Achsenzeit in der Gesch. des westl. kanon. Rechts. Daß aber – wie W. M. PEITZ will – das im päpstl. Archiv in Rom verwahrte Original-»Arbeitsexemplar des D. E. als des einzigen Übersetzers und Redaktors die gemeinsame Quelle der gesamten kanonist. Überlieferung der ersten Jahrhunderte« gewesen ist, daß spätere Textabweichungen in anderen Sammlungen im wesentl. nichts anderes sind als »Ursprungskontamination«, zurückzuführen auf Korrekturen des D. E. selbst in der einen »Ur-Dionysiana«, diese revolutionäre, sämtl. Forschungsergebnisse auf den Kopf stellende These erhebt D. E. denn doch zu einer irrealen Größe; die schlüssig nie bewiesenen Behauptungen von PEITZ können schon aus rein praktischen, arbeitstechn. Gründen in ihrer Einseitigkeit der antik-ma. Wirklichkeit nicht entsprochen haben.

III. D. E. ALS CHRONOLOGE: D. E.' wissenschaftl. Ansehen prädestinierte ihn offenbar auch zur Lösung eines alten kirchl. O-W-Konflikts: des →Osterfeierstreits. Anders als der Aquitaner →Victorius, der um 457 die differierenden röm. und alexandrin. Systeme noch erfolglos miteinander zu verbinden suchte, entschied sich D. E. 525 in seiner →Osterfestberechnung im mehrteiligen Liber de paschate (Libellus de cyclo magno paschae mit Vorwort an Bf. Petronius, Argumenta paschalia und dem nur in dieser lat. Übersetzung erhaltenen Brief des Patriarchen Proterius v. Alexandrien an →Leo I.) eindeutig für den 19jährigen Zyklus der Ostkirche, den er um 5×19 Jahre (für 532–626) fortsetzte. Eine amtl. Anfrage des päpstl. Hofes beantwortete er 526 in gleichem Sinne (Epistola ad Bonifatium primicerium et Bonum secundicerium de ratione paschae), sich wiederum auf die angebl. Autorität des Konzils v. Nikaia berufend. Damit war der entscheidende Grund gelegt für die sich allmählich durchsetzende Vereinheitlichung des Ostertags in der Christenheit. Nicht also der Nachweis des 532jährigen Osterzyklus als des Produkts von Sonnen- und Mondzyklus (28×19) wird D. E. verdankt. Neu war vielmehr, daß er die Jahre in seiner Ostertafel nicht mehr – wie seit →Eusebius' Kirchengeschichte üblich – mit dem röm. Ks. Diokletian beginnen ließ, dem »ruchlosen Christenverfolger«, sondern mit Christi Geburt, die er mit 754 ab urbe condita freilich um einige Jahre zu spät ansetzte. Mit Recht sieht man in D. E.

den Begründer der christl. Zeitrechnung (→Chronologie, C. I), auch wenn die Jahreszählung »ab incarnatione Domini« erst Jahrhunderte später allgemein in Geltung kam, v. a. dank der Aufnahme in →Bedas weitverbreiteter »Historia ecclesiastica gentis Anglorum« (731).

IV. D. E. ALS ÜBERSETZER THEOLOGISCH-LITERARISCHER WERKE: Stärker noch als dienender Philologe zeigte sich D. E. im eifrigen Übersetzen theol.-literarischer Werke. Neben hagiograph. Arbeiten wie der »Gesch. der Auffindung des Hauptes des hl. Johannes d. Täufers«, der »Buße der hl. Thais« und einer Vita des ägypt. Abtes →Pachomios berücksichtigte der »totus catholicus D. E.« (Cassiodor) auch aktuelle dogmat. Themen: Gleich zu Beginn seiner röm. Tätigkeit nahm er sich des »Libellus de fide« an, den die alexandrin. →Apokrisiare 497 der päpstl. Legation in Konstantinopel übergeben hatten (Kolophon: »D. E. Romae de Graeco converti«), die Übertragung des Tomus ad Armenios und der Oratio prima de Deipara des Patriarchen →Proklos v. Konstantinopel sowie dreier Briefe des →Kyrillos v. Alexandrien sollte Argumente gegen die →Nestorianer im Westen bekanntmachen und die Position seiner skyth. Landsleute im Theopaschitenstreit (→Theopaschismus) stärken (Einfluß auf →Boethius. - Die lat. Version von Kyrillos' Ep. synodica an Nestorios mit den 12 Anathematismen [Ep. 17] ist übrigens - wie SCHWARTZ gegen MAASSEN u. a. ein für allemal nachgewiesen hat - kein Plagiat aus →Marius Mercator, sondern dionysian. Eigenleistung. Dagegen hat er wohl das Florileg »Exempla sanctorum patrum« in der Collectio Novariensis des Cod. Novara XXX nicht selbst zusammengestellt). D. E. blieb aber auch im Streit der Meinungen distanzierter Gelehrter - es ist bemerkenswert, daß er fast durchweg auf Bestellung arbeitete (→Eugippius u. a.) -, ja, er übersetzte sogar →Gregor v. Nyssas Schrift Περὶ κατασκευῆς ἀνθρώπου (De conditione hominis [De opificio hominis]), obwohl er deren inhaltl. Aussagen nicht teilte – D. E., der Skythe vom Balkan, »sed moribus omnino Romanus« (Cassiodor), der vielfach »die Brücke zw. Orient und Occident schlug« (L. M. HARTMANN): im Übergang von der Antike zum MA vielleicht einer der letzten großen Kosmopoliten in der sich unaufhaltsam auseinanderlebenden röm.-griech. Welt. H. Mordek

Ed.: MPL 67, 9–520; 73, 223–282, 661–664; Suppl. IV, 17–22 [umfassend, aber unkrit.] – krit. Teilausg.: F. GLORIE, Dionisii Exigui praefationes (Scriptores 'Illyrici' minores, CCL 85, 1972), 27–81 – zu [II]: C. H. TURNER, Ecclesiae occ. monumenta iuris antiquissima, 2 Bde (z. T. opus post., ed. E. SCHWARTZ), 1899-1939 [Canones apostolorum, Konzile des 4. Jh.] – A. STREWE, Die Canonessammlung des D. E. in der ersten Redaktion (Arbeiten zur Kirchengesch. 16, 1931) – E. SCHWARTZ, ACO II, 2, 2, 1936, 49ff. [Konzil v. Chalkedon] – H. WURM, Decretales selectae..., Apollinaris 12, 1939, 40–93 – R. CABIÉ, La lettre du pape Innocent Ier à Décentius de Gubbio (Bibl. de la RHE 58, 1973) – CH. MUNIER, Concilia Africae, CCL 149, 1974, 79ff. – zu [III]: B. KRUSCH, Stud. zur chr.-ma. Chronologie, 1880, 266ff. – DERS., AAB, philos.-hist. Klasse, Jg. 1937, Nr. 8, 1938, 59ff. – zu [IV]: O. GÜNTHER, Collectio Avellana, CSEL 35, 1, 1895, ep. 102, 468ff [Libellus de fide] – E. SCHWARTZ, ACO I, 5, 2, 1924–26, 233ff. [Ep. Cyrilli]; IV, 2, 1914, 196ff. [Procli tomus ad Armenios] – H. VAN CRANENBURGH, La Vie lat. de saint Pachôme (Subsidia hagiographica 46, 1969) – Lit.: zu [I] und allgemein: DDC IV, 1131–1152 – NCE IV, 877f. – TRE IX, 1–4 – ALTANER-STUIBER, 1980⁰, 251, 480, 653 – BARDENHEWER V, 224ff. – BRUNHÖLZL I, 44f., 512f. – F. MAASSEN (wie unten II), 1870, 422ff. – HARTMANN, Gesch. Italiens I, 1923², 195f., 203 – E. CASPAR, Gesch. des Papsttums II, 1933, 79ff., 307ff. – E. SCHWARTZ, ACO I, 5, 2, 1924–26, IVf.; IV, 2, 1914, XI, XVIIf. – H. WURM (wie unten II), 1939, 10ff. – W. M. PEITZ (wie unten II), 1945, 2ff.; 1960, 15ff. [mit stark abweichender Vita ohne Belege] – P. COURCELLE, Les lettres grecques en Occident (Bibl. des Ecoles françaises d'Athènes et de Rome 159, 1948²), 313ff. – A. SIEGMUND, Die Überlieferung der griech. chr. Lit. (Abh. der Bay. Benediktiner-Akad. V, 1949), 288 [Register] – H. STEINACKER (wie unten II), 1954, 51ff. – A. L. TĂUTU, Dionisie Românul, 1967 – M. MÄHLER (wie unten IV), 1969, 29ff. – I. COMAN, Les »scythes« Jean Cassien et Denys le Petit et leurs relations avec le monde méditerranéen, Kleronomia 7, 1975, 27–46 – DERS., Teologi şi teologie în Scythia Minor, in sec. IV-VI, Biserica Ortodoxă Română 96, 1978, 784–796 – F. DE MARINI AVONZO, Secular and Clerical Culture in D. E.'s Rome, Annali della Fac. di Giurispr. di Genova 17, 1978–79, 358–362 – I. COMAN, Scriitori Bisericeşti din epoca străromână (Bibl. Teologică 1, 1979), 268ff. – zu [II]: NCE IV, 876 – F. MAASSEN, Gesch. der Q. und der Lit. des canon. Rechts im Abendlande, 1870, 422ff. – J.-M. VERSANNE, Denys le Petit et le droit canonique au VIe s., 1913 [nicht gesehen] – L. DUCHESNE, L'Eglise au VIe s., 1925, 134ff. – K. CHRIST, Eine unbekannte Hs. der ersten Fassung der Dionysiana und der Capitula e canonibus excerpta a. 813 (Fschr. G. LEIDINGER, 1930), 25–36, T. VI – E. SCHWARTZ, Die Kanonessammlungen der alten Reichskirche, ZRGKanAbt 25, 1936, 1–114 [= DERS., Ges. Schr. 4, 1960, 159–275] – H. WURM, Stud. und Texte zur Dekretalensammlung des D. E. (Kanonist. Stud. und Texte 16, 1939) – W. M. PEITZ, D. E. als Kanonist, 1945 [span. Übers. mit Einl. von P. GALINDO ROMEO in: Revista española de derecho canónico 2, 1947, 9–32] – VAN HOVE², 154ff. – A. M. STICKLER, Hist. iuris canonici latini 1, 1950, 42ff. – W. M. PEITZ, Gratian und D. E., SG 1, 1953, 51–81 – PLÖCHL 1, 279f. – H. STEINACKER, Die röm. Kirche und die griech. Sprachkenntnisse des FrühMA, MIÖG 62, 1954, 28–66, bes. 51ff. – W. M. PEITZ, D. E.-Stud., bearb. und hg. H. FOERSTER (Arbeiten zur Kirchengesch. 33, 1960) [dazu krit. Rez., gen. in AHP 1, 1963, 518; 2, 1964, 413] – H. MÜLLEJANS, Publicus und privatus im röm. Recht und im älteren kanon. Recht (MthSt, III. KanAbt, 14, 1961), 67ff. – D. CHAVASSE, Les lettres de saint Léon le Grand dans le supplément de la Dionysiana et de l'Hadriana ..., Revue des Sciences religieuses 38, 1964, 154–176 – FEINE, 92ff. – H. MORDEK, Kirchenrecht und Reform im Frankenreich (Beitr. zur Gesch. und Quellenkunde des MA 1, 1975), 241ff. – DERS., Il diritto canonico fra Tardo Antico e Alto Medioevo (La cultura in Italia fra Tardo Antico e Alto Medioevo: Atti del Convegno... Roma 1979, I, 1981), 149–164 – zu [III]: DACL XIII, 1555ff., 1571ff. – DThC XI, 1962ff. – B. KRUSCH, Die Einf. des griech. Paschalritus im Abendlande, NA 9, 1884, 99–169 – E. SCHWARTZ, Chr. und jüd. Ostertafeln (Abh. Göttingen NF VIII, 6, 1905), bes. 22f. – J. SCHMID, Die Osterfestberechnung in der abendländ. Kirche vom I. allg. Konzil zu Nicäa bis zum Ende des VIII. Jh. (Straßburger Theol. Stud. IX, 1, 1907), 35ff., 51ff. – GINZEL III, 247ff. – B. KRUSCH, Ein Bericht der päpstl. Kanzlei an Papst Johannes I. von 526 und die Oxforder Hs. Digby 63 von 814 (Papsttum und Kaisertum, 1926), 48–58 – CH. W. JONES, The Victorian and Dionysiac Paschal Tables in the West, Speculum 9, 1934, 408–421 – B. KRUSCH, Stud., o. a., 1938, 59ff. – CH. W. JONES, Bedae Opera de Temporibus, 1943, 68ff. – V. LOZITO, Gli inordinati circuli nella polemica De Paschate di Dionigi il Piccolo, Vetera Christianorum 9, 1972, 233–244 – A. STROBEL, Ursprung und Gesch. des frühchr. Osterkalenders, TU 121, 1977, 138f., 454ff. – zu [IV]: V. SCHURR, Die Trinitätslehre des Boethius im Lichte der »skyth. Kontroversen« (FCLDG 18, 1, 1935), 168ff., 235f. – B. ALTANER, Zum Schrifttum der »skyth.« (got.) Mönche, HJb 72, 1953, 568–581 [= DERS., Kleine patrist. Schr., TU 83, 1967, 489–506] – S. LUNDSTRÖM, Übersetzungstechn. Unters. auf dem Gebiete der christl. Latinität (Lunds Univ. Årsskrift NF I, 51, 3, 1955), 145f. – PH. LEVINE, Two Early Lat. Versions of St. Gregory of Nyssa's περὶ κατασκευῆς ἀνθρώπου, Harvard Stud. in Class. Philol. 63, 1958, 473–492 – M. MÄHLER, Denys le Petit, traducteur de la Vie de saint Pachôme (H. VAN CRANENBURGH, o. a., 1969), 28–48 – J. MONCHO PASCUAL, Note sur l'édition du »De conditione hominis« de Grégoire de Nysse selon la version latine de Denys le Petit, Bull. de philos. médiévale 15, 1973, 138f.

4. D. der Kartäuser (van Rijkel, van Leeuwen), bedeutender theol. Schriftsteller, * 1402/03 in Rijkel bei St. Truiden (St-Trond, heut. Belgien, Prov. Limburg), † 12. März 1471 in Roermond (heut. Niederlande, Prov. Limburg), studierte ca. 1415–20 an der Stadtschule in →Zwolle, die durch ihren Rektor Jan Cele († 1417) berühmt war. Nach vergebl. Versuchen, in den Kartäuserorden einzutreten – D. hatte noch nicht das kanon. Alter von 20 Jahren erreicht –, studierte er an der Univ. Köln (1421–24/25), erwarb dort den Magister artium und trat in die Kartause von Roermond ein. Sept. 1451–März 1452 begleitete er

→Nikolaus v. Kues auf seiner Visitationsreise durch die Niederlande und war 1466-69 Prior der neuen Kartause in 's-Hertogenbosch.

Sein sehr produktives umfassendes literar. Schaffen umfaßt 200 Werke (darunter Kommentare zu allen Büchern der Bibel, Visionsberichte, Predigten, liturg. Schriften, Dichtungen, Briefe, Beiträge zur Mönchs- und Theologiegeschichte, über die theol. Ästhetik [»De venustate mundi et pulchritudine Dei«, Opera XXXIV], das Familienleben, Ratschläge an weltl. und kirchl. Autoritäten, über die Kirchenreform, die scholast. Theologie und Philosophie, die [myst.] Spiritualität). Er trägt den Beinamen »Doctor ecstaticus« in der Geschichte. Eine eiserne Gesundheit, wie er schreibt (Opera I, p. XXVI), ermöglichte ihm ein rastloses Schaffen. Zahlreiche Schriften, wie die Erklärung der Paulusbriefe (»Monopanton« in Opera XIV) oder die Schriften zur myst. Theologie (»De fonte lucis ac semitis vitae« in Opera XLI), sind Kompilationen aus den Werken des →Petrus Lombardus und des →Thomas v. Aquin. – Der D. zugeschriebene Dialog »De perfectione caritatis« (Opera XLI), dessen Lehrunterschiede zu den echten Schriften des D. bei den Gelehrten oft Verwirrung gestiftet haben, ist tatsächl. ein Werk des Basler Kartäuserpriors Heinrich Arnoldi.

D. suchte in der myst. Theologie, wie sie v. a. in »De contemplatione« (Opera XLI) zum Ausdruck kommt, in scholast. Methode allen philosoph. und theol. Fragen der myst. Spiritualität Rechnung zu tragen, die während der Jahrhunderte aufgetreten waren. Dabei möchte er die thomasische Idee von der Weisheit als Gabe des Hl. Geistes mit der negativen →Theologie seines Namensvetters, des Ps.-→Dionysius, verbinden und in den höchsten Stufen der Ekstase ein kognitives, positives Element bewahren. Zu den Hauptquellen Thomas v. Aquin und Ps.-Dionysius kommen noch die üblichen ma. Autoritäten (→Augustinus, →Bernhard v. Clairvaux, →Wilhelm v. St. Thierry, →Bonaventura, die →Viktoriner), →Johannes v. Ruysbroeck und die von den Kartäusern bes. geschätzten frühen Mönchsväter (→Basilius, →Hieronymus, →Cassianus, →Johannes Klimakos). Der Einfluß der Kartäusermystik (des →Hugo v. Balma, →Guigo de Ponte und →Heinrich v. Kalkar) auf D., in deren Tradition er stand, ist noch nicht entsprechend erforscht.

D. bemühte sich auch um eine Erneuerung der christl. Lebensstände (Opera XXXVII-XXXVIII), der Fürsten und Herrscher, der Verheirateten, Verwitweten und Unverheirateten, der Bischöfe, Prälaten, Archidiakone, Kanoniker und Pfarrseelsorger, der Studenten, Ritter und Kaufleute. Er zog gegen die Sünde, die läßliche und die schwere, zu Felde, damit die westl. Christenheit nicht das Schicksal v. →Konstantinopel 1453 erleiden müsse. Häufig wurde er von kirchl. und weltl. Würdenträgern um Rat angegangen. Großen Einfluß hatte er auch innerhalb seines Ordens, v. a. in Köln, wo seine gesammelten Werke veröffentlicht wurden. Diese beeinflußten im 16. Jh. die span. und im 17. Jh. die frz. und dt. Spiritualität. Im 19. Jh. fand er in konservativen und neuthomistischen Kreisen (bei Kard. Manning und den Päpsten Pius IX. und Leo XIII.) hohe Anerkennung. →Kartäuser. D. D. Martin

Ed.: 28 Bde, ed. D. Loher, Köln 1530-40 [Nachdr. mit Erg.: 1896-1913, 44 Bde, unkritisch] – Übers.: J. Schröder, Von den letzten Dingen, 1895[2] [Auszüge] – A. Keiser, Bibl. der kath. Pädagogik XV, 1904 [Auszüge] – Lit.: DSAM III, 430-449 [A. Stoelen] – Verf.-Lex.[2] II, 166-178 [M. A. Schmitt; Lit.] – P. Teeuwen, D. de Kartuizer en de phil.-theol. Stroomingen aan de Keulsche Univ., 1938 – H. Pohlen, Die Erkenntnislehre D.' des Kartäusers, 1941 – M. Beer, D.' Lehre vom desiderium naturale des Menschen nach der Gottesschau (MThSt II, 28), 1963 – M. Maginot, Der actus humanus moralis unter dem Einfluß des Hl. Geistes nach D. Carthusianus (MThSt II, 35), 1968 – K. Emery, Dionysii Cartusiensis Bibliotheca et Manuscripta: Prologue and Queries (Kartäusermystik und -mystiker, 4 [AnalCart 55]), 1982, 119-155 – Ders., Denys of Ryckel and Traditions of Meditation: contra detestabilem cordis inordinationem (AnalCart 35), 1984, 69-89 – R. Macken, Denis the Carthusian. Commentator on Boethius' 'De Consolatione Philosophiae' (AnalCart 118), 1984, 1-70.

5. D. (de Restanis) **v. Modena** (de Mutina; im Chart. Univ. Par. III, 223ff fälschlich »de Montina«), Augustinertheologe, *um 1335 zu Modena, † 1400 als Bf. seiner Vaterstadt (seit 1383) im Ruf der Heiligkeit. D. trat um 1350 in den Augustinerorden ein. 1375 ist er als Magister der Theologie in Paris, 1377 als Provinzial der Augustinerordensprovinz Romandiola bezeugt. Seine Pariser Sentenzenlesung von 1371/72, in der er sich weithin dem Zisterzienser →Konrad v. Ebrach anschloß, wurde nachträgl. mit dessen Sentenzenkommentar vermengt (Ms. Pamplona theol. 26) und 1511 in Paris als Werk des angebl. Dionysius Cisterciensis gedruckt. In den Prinzipienlesungen und anderen Quaestionen, wo D. selbständige Wege geht, ist er Vertreter der →Augustinerschule im Sinn der gemäßigten »via moderna« →Gregors v. Rimini und →Hugolins v. Orvieto. A. Zumkeller

Lit.: E. P. Vicini, Del B. Dionigi de Rostani, Boll. Stor. Agostiniano 7, 1930, 128-137 – A. Zumkeller, D. de Montina, 1948 – Ders., Ein Ms. der Sentenzenlesung des . . . D. von Montina, Misc. M. Grabmann, 1959, 73-87 – Ders., Augustinerschule, 235f. – Ders., ZKG 99, 1979, 126 – Teeuwen, 181 – Gindele, 188f. – W. Eckermann, Wort und Wirklichkeit, 1978, 270-272.

6. D. de Montina →Dionysius (de Restanis) v. Modena

7. D. Philocalus (Filocalus), **Furius,** berühmter Kalligraph aus der Mitte des 4. Jh., dessen Name auf dem titulus der Widmung des Staatskalenders erscheint, der im →Chronographen vom Jahre 354 enthalten ist; die tituli dieses röm. Chronographen vom Jahre 354 stammen sehr wahrscheinl. von seiner Hand – vielleicht auch das ganze Handbuch. Er bezeichnete seine Tätigkeit mit titulavit. Er ist auch der Kalligraph, der die von Papst →Damasus (366-384) verfaßten Epigramme zu Ehren der in den röm. Katakomben beigesetzten Märtyrer ausführte; diese Schriftart ist als damasianische bekannt. Seine Kalligraphie läßt vermuten, daß D. F. aus dem hellenisierten Orient kam. J. M. Alonso-Núñez

Lit.: DACL V, 1594-1600; IX, 527-530 – LThK[2] III, 408 – RE II, 109; III, 2477-2481 – Altaner-Stuiber, 230, 355 – Bardenhewer, III, 559, 563 – C. M. Kaufmann, Hb. der alt-christl. Epigraphik, 1917, 27 – Schanz-Hosius IV 1, 62-65 – C. Nordenfalk, Der Kalender vom Jahre 354 und sein Bild. Buchmalerei des IV. Jh., 1936 – A. W. Byvanck, Antike Buchmalerei, III: Der Kalender vom Jahre 354 und die Notitia Dignitatum Mnemosyne, III/8, 1939-40, 177-198 – A. Ferrua, Epigrammata Damasiana, 1942, 21-45 – H. Stern, Le calendrier de 354, 1953 – E. Meyer, Einf. in die lat. Epigraphik, 1973, 41.

Diósgyőr, Burg und kgl. Pfalz in Ungarn, im Bükk-Gebirge bei Miskolc; im 12. Jh. Burgwall des Komitats Borsod und seit Ende des 13. Jh. Kurie der Magnatenfamilie Ákos. Hier errichtete der Palatin Stephan seine Burg und gründete vor 1304 ein Kl. für die →Pauliner-Eremiten. Die Burg wurde 1317 durch Kg. Karl I. Robert v. Anjou konfisziert; sein Sohn →Ludwig I. (d. Gr.) hat das – als Ruine bis heute erhaltene – viertürmige Jagdschloß ausgebaut, das von nun an ein beliebter Aufenthaltsort des Hofes wurde; Kg. →Siegmund übertrug es 1431 seiner Gemahlin →Barbara v. Cilli. D. blieb bis 1526 meist im Besitz der Königinnen. G. Györffy

Lit.: G. Györffy, Geogr. Hist. Hungariae tempore stirpis Arpadianae I, 1966, 774 – I. Czeglédy, A diosgyőri vár, 1971.

Dioskoros I., Patriarch v. Alexandria, † 454. D., seit 444 Nachfolger des →Kyrillos, verehrte in diesem den letzten, die Offenbarungswahrheit vollständig aussprechenden Kirchenvater und bekämpfte alle Gegner der kyrill. Theologie. Gegen Kyrills Verwandte, die von diesem größere Summen geerbt hatten, ging er so hart vor, daß ihre Beschwerden in Chalkedon 451 für seine Absetzung mitentscheidend waren. Bei dem Konzil v. Ephesus (449), das den Abt Eutyches, der 448 verurteilt worden war, rehabilitieren sollte, wurde D. von Theodosius II. zum Vorsitzenden bestellt. D. erzwang mit Militärgewalt die Absetzung des Patriarchen Flavianus v. Konstantinopel und sprach jeweils als erster das Absetzungsurteil über einige andere Bf.e aus, hauptsächl. weil sie die 12 Anathematismen des Kyrill bekämpft hatten, die nun zum Konzilsbeschluß erhoben wurden. Papst →Leo I., dessen Lehrschreiben an Flavian D. in Ephesus nicht hatte verlesen lassen, protestierte vergeblich. Der neue Ks. Markian berief 451 ein Konzil nach Chalkedon, das den D. wegen Machtmißbrauchs absetzte, nicht aber als Irrlehrer verurteilte. In Ephesus 449 hatte er sich zu der Formel bekannt: »Zwei Naturen (in Christus) vor der Vereinigung, danach aber nur eine« und wollte auch in Chalkedon höchstens die Formulierung: »aus zwei Naturen« (nicht: »in zwei Naturen«) annehmen; seine Ablehnung von zwei Eigenarten oder zwei Tätigkeiten im Heiland dient dem Bekenntnis, daß sich in Christus die Gottheit nie von der Menschheit getrennt hat. H.-J. Vogt

Lit.: ACO II – Akten der ephes. Synode 449 syr. mit dt. Übers., hg. J. FLEMMING, AGG NF XV, 1917, 1–188 – Ephèse et Chalcédoine. Actes des Conciles, 1982, trad. A. J. FESTUGIÈRE, 1982, 669–895 – Hist. de Dioscore par Théopiste, ed. M. F. NAU, Journal Asiatique, 10. Sér., 1, 4–108, 241–310 [syr. und frz. Übers.] – F. HAASE, Patriarch Dioskur I. v. Alexandria, Kirchengesch. Abhandl. 6, 1908, 145–233 – J. LEBON, Autour du cas de Dioscore d'Alexandrie, Le Muséon 59, 1946, 515–528 – K. N. KHELLA, A theological approach to the Mia-Physis-Christology in the 5. cent., Greek Orthodox Theological Rev. 10, 1964/65, 137–145 – W. H. C. FREND, The Rise of the Monophysite Movement, 1979², 25–49.

Dioskurides im Mittelalter

I. Überlieferung – II. Ikonographie.

I. ÜBERLIEFERUNG: Pedanios Dioskurides (lat. Dioscorides) aus Anazarba (Kilikien), Arzt in Rom, verfaßte etwa zw. 60 und 78 n. Chr. als wohl einziges Werk »περὶ ὕλης ἰατρικῆς« (lat. »De materia medica«), das für mehr als 1500 Jahre die maßgebende Richtschnur auf dem Gebiet der →Pharmazie, der →Pflanzen- und Drogenkunde darstellte und uneingeschränkte autoritative Geltung besaß. Das aus fünf Büchern bestehende, später vielfach übersetzte, bearbeitete und kommentierte Werk beschreibt rund 1000 Arzneimittel (813 pflanzl., 101 tier. und 102 mineral.) sowie 4740 med. Anwendungsbereiche einschließl. 360 verschiedener Arten von Arzneiwirkungen. D.' Methode der Pflanzenbeschreibung, die zum Vorbild für die Kräuterbücher des MA und der Renaissance wurde, folgt in etwa dem Schema: Bild der Pflanze; Name und Synonyme; allgemeiner Standort; botan., die jeweilige Abbildung ergänzende Beschreibung; med. Eigenschaften und Wirkungen; Zubereitung und Anwendung; gelegentl. Hinweise auf schädl. Nebenwirkungen; Dosierung; Vorschriften für das Sammeln, Verarbeiten und Lagern; Fälschungsmethoden und Verfahren zu ihrer Aufdeckung; ggf. tierärztl., magische und nichtmed. Anwendungsmöglichkeiten; manchmal auch Angaben zur spezif. geograph. Verbreitung. Auffallend ist, daß Ausführungen über Wachstumsvorgänge ebenso fehlen wie Hinweise auf die Samenentwicklung und die Blütezeit, desgleichen die Unterscheidung zw. perennierenden und einjährigen Pflanzen; dies erklärt sich jedoch aus D.' Beobachtung, wonach die Klimabedingungen zu stark variieren, um Generalisierungen zu ermöglichen.

Zw. dem 3. und 5. Jh. wurde der griech. Text alphabet. angeordnet, wodurch D.' ureigenster Beitrag: die Reihung der einzelnen Arzneimittel nach ihrer qualitativen Verwandtschaft aufgehoben wurde. Die um 512/513 entstandene, berühmteste D.-Hs.: der sog. »Wiener D.« (Wien, ÖNB, Cod. med. gr. 1) ist ein Beispiel für diese alphabet. Version. Die Texte dieser Hss.-Gruppe enthalten keine Angaben über nichtpflanzl. Arzneimittel. Doch existiert eine weitere Gruppe von Hss. einer überarbeiteten alphabet. Version, die den vollständigen Text umfaßt. Die älteste erhaltene Hs. mit der ursprgl. Anordnung sowie mit vielen Abb., die keine Beziehung zur Tradition des »Wiener D.« aufweisen, stammt aus dem 9. Jh. (Paris, BN, Cod. gr. 2179) und vermittelt – wenngleich unvollständig – wohl am besten Text und Stil von D.' Werk. Insgesamt gibt es also drei verschiedene Hss.-Gruppen des griech. Textes: zwei in alphabet. Anordnung (eine davon allein mit den Angaben über die pflanzl. Arzneimittel), die dritte in D.' originaler Anordnung; nur wenige dieser Hss. sind illustriert.

Zw. 847 und 861 übersetzten →Ḥunain ibn Isḥāq und Stephanos, Sohn des Basilios (Iṣṭafān ibn Bāsīl), »De materia medica« vom Griech. ins Syr. bzw. ins Arab.; anschließend stellten sie gemeinsam eine überarbeitete Fassung her, wobei sie ps.-dioskurid. Texte über Gifte als Buch 6 und 7 anfügten. Im 10. Jh. wurde das Werk durch an-Nātilī wiederum bearbeitet (neue Übersetzungen ins Arab. durch Sālim al-Malaṭī und Mihrān folgten erst um die Mitte des 12. Jh.) und von →Ibn Ǧulǧul in zwei kommentierenden Schriften erläutert und ergänzt.

Wohl schon im 6. Jh. war »De materia medica« wahrscheinl. in Italien von einem Anonymus unter Beibehaltung der ursprgl. Anordnung, aber mit einigen Auslassungen ins Lat. übersetzt worden. Lediglich eine einzige, aus dem 10. Jh. stammende Hs. dieser Gruppe des sog. »Dioscorides longobardus« (München, Bayer. Staatsbibl., Clm 337) ist – in einem von den Hss. der griech. Tradition ikonograph. abweichenden, rohen Stil – illustriert. Im 11. Jh. diente diese alte lat. Übersetzung als Grundlage für ein überarbeitetes, alphabet. angeordnetes, nichtillustriertes Arzneidrogenbuch, das auch neue Angaben einschließl. neuer Arzneimittel aus verschiedenen antiken und arab. Quellen enthält und wahrscheinl. von →Constantinus Africanus († 1087) zusammengestellt wurde. Diese lat. alphabet. Fassung fand weite Verbreitung, verdrängte die alte lat. Übersetzung aus dem 6. Jh. und erschien schließlich mit dem Kommentar des →Petrus v. Abano († um 1316) zu Colle/Italien 1478 im Druck (Ed. pr. des griech. Textes Venedig 1499).

In den drei großen Sprach- und Kulturbereichen des MA: dem griech.-byz., dem arab.-islam. und dem lat.-christl. diente D. als Vorbild und als Fundgrube für andere einschlägige Werke, so etwa für das Lehrgedicht des sog. →Macer Floridus und das →Circa instans, bzw. für die pharmazeut. Teile größerer med. Kompendien, z. B. eines →Avicenna oder →Nikolaos Myrepsos, schließlich auch für Enzyklopädien wie diejenigen des →Bartholomaeus Anglicus und →Vinzenz v. Beauvais. Ferner zehrten zahlreiche ps.-dioskurid. Schriften, u. a. über Arzneimittelsubstitution, von D.' Ruhm und Ansehen. Eine davon: die Abhandlung »Ex herbis femininis« (ca. 5. Jh.) fand im frühen MA sogar größere Verbreitung als »De materia medica« und wurde im oder schon vor dem 9. Jh. teilweise auch ins Engl. übersetzt. Darin werden 71 Kräuter kurz beschrieben, wobei ausgiebige Anleihen aus dem

Werk des D., andererseits aber auch neue, bei D. nicht enthaltene Angaben zu finden sind. Die Illustrationen in den Hss. von »Ex herbis femininis« ähneln stilist. denjenigen in den Hss. des →Ps.-Apuleius-Herbarius, und oft begegnet man beiden Werken vereint in demselben Codex. Zwei weitere Abhandlungen: »De venenis« und »De venenatis animalibus« wurden in griech. und arab. Hss. oft »De materia medica« als zusätzl. Bücher beigefügt, in lat. Fassung jedoch – ebenso wie die Schrift »Euporista« (über Hausarzneimittel) – erst nach 1500 im Westen bekannt. J. M. Riddle

Ed. und Lit.: RE V. 1, 1131–1142 – DSB IV, 119–123 – M. Wellmann, Pedanii Dioscuridis Anazarbei de materia medica libri quinque, 3 Bde, 1906–14 [Ndr. 1958] [griech. Text] – J. Berendes, Des Pedanios Dioskurides aus Anazarbos Arzneimittellehre in fünf Büchern, 1902 [Ndr. 1970] [dt. Übers. mit dem Versuch einer Pflanzenidentifizierung] – C. E. Dubler (und E. Terés), La 'Materia Medica' de Dioscórides. Transmisión medieval y renacentista, 6 Bde, 1952–59 [span. und arab. Übers., Komm.] – Ullmann, Medizin, 257–263 – J. M. Riddle, Dioscorides, in: Catalogus Translationum et Commentariorum IV, 1981, 1–143 [Textüberl., Bibliogr.] – M. M. Sadek, The Arabic Materia Medica of Dioscorides, 1983 – J. M. Riddle, Dioscorides on Pharmacy and Medicine, I, 1985.

II. Ikonographie: Die wichtigste und wohl den antiken Originalen nächststehende Hs. ist der Cod. med. gr. 1 der ÖNB, entstanden in Konstantinopel um 512/513 als Dankesgabe für die ksl. Prinzessin Juliana Anicia, die auf fol. 6^v streng frontal thront, in eine goldene Trabea gekleidet, in der linken Hand den Codicillus, der sie als Patrikia ausweist, mit der Rechten Goldstücke auf einen Codex streuend, den ein Putto ihr darbietet. Gerahmt wird sie von den Personifikationen der Vernunft und der Großmut, ihr zu Füßen liegt die Personifikation der Dankbarkeit der Künste. Nur aus diesem Bilde läßt sich die frühbyz. Entstehung der Hs. erkennen. Alle anderen Miniaturen (zwei mit je sieben disputierenden Ärzten, ein Verfasserbild, auf dem die Heuresis D. die Mandragora hinhält, und ein Werkstattbild, auf dem ein Maler in Gegenwart des D. die Mandragora abmalt, sowie 383 von ursprgl. 434 Pflanzenbildern) gehen auf röm.-kaiserzeitl. Vorbilder zurück, die nicht durchweg aus der gleichen Vorlage stammen. Bes. bei den Pflanzenbildern sind eine naturalist. und eine abstraktere Gruppe deutlich zu unterscheiden. Zu den übrigen Illustrationen der Wiener Hs., die eine Reihe weiterer Texte (u. a. des Euteknios Paraphrase zu Nikandros und eine anonyme Paraphrase zu den »Ornithiaka« des Dionysios v. Philadelphia) enthält, vgl. RbyzK.

Ein Jh. später entstand die Hs. in der Bibl. Naz. in Neapel (früher Wien) mit 403 Pflanzenbildern schwächerer künstler. Qualität und geringerer Naturnähe. Zur weiteren kunstgeschichtl. Entwicklung der D.-Illustration vgl.: K. Weitzmann, Das klass. Erbe in der Kunst Konstantinopels, Alte und Neue Kunst 3, 1954, 41–59, und Dens., Die byz. Buchmalerei des 9. und 10. Jh., 1939, passim. K. Wessel

Lit.: RbyzK I, 1191–1196 – H. Gerstinger, Komm. zur Faks.-Ausg. Vindobonensis med. gr. 1, 1970 – K. Weitzmann, Spätantike und frühchr. Buchmalerei, 1977, 60–71.

Diözesansynode → Synode

Diözese

I. Spätantike – II. Byzantinisches Reich.

I. Spätantike: Von den Griechen als Bezeichnung der Finanzverwaltung und später von Gerichtssprengeln benutzt, wird das Wort διοίκησις von den Römern im Sinne von 'Verwaltungsbezirk' übernommen (dioecesis; im Mlat. dann häufig: diocesis). Im einzelnen erscheint D. als Stadtgebiet und als Teilbezirk von Provinzen, die meist unter der Leitung eines Legaten stehen. Seit der diokletian.-konstantin. Reichsreform begegnet die D. umgekehrt als Zusammenfassung einer Anzahl von damals stark verkleinerten Provinzen (ca. 100). An der Spitze der insgesamt 12 verschieden großen D.n steht gewöhnlich ein → vicarius als Stellvertreter des →praefectus praetorio, des höchsten zivilen Beamten. Nach dem →Laterculus Veronensis gab es folgende D.n: Oriens, Pontica, Asiana, Thracia, Illyricum (oder Moesia), Pannoniae, Italia, Africa, Hispania, Britanniae, Galliae, Viennensis. Ausgenommen von dieser Mittelinstanz der territorialen Verwaltung zw. Provinz und Reichspräfektur waren vornehmlich Rom und später Konstantinopel. Unter späteren Ks.n erfolgten gewisse Änderungen: Abspaltung von Ägypten von der D. Oriens, Zerlegung von Illyricum in Dacia und Macedonia, Aufteilung Italiens in Italia annonaria (Italien nördlich von Rom) und Italia suburbicaria (Italien südl. von Rom mit den Inseln). Seit dem Konzil v. Konstantinopel (381) sind im Osten D.n und Provinzen (Eparchien) auch zum kirchl. Gliederungsprinzip geworden (→ Bistum, →Eparchie); die staatl. Hauptstädte sind zugleich Hauptstädte der kirchl. D.n (außer Konstantinopel, dessen Bf. den Ehrenvorrang nach dem Bf. von Rom besitzt). An ihrer Spitze steht ein →Exarch, später →Patriarch, der die Metropolitanrechte über sämtl. Bf.e seiner D. ausübte. Im Ostreich wird 'D.' niemals für Bischofssprengel benützt. Im Westen ist der Begriff zunächst mehrdeutig. Er wird gebraucht für die Einzelgemeinde (gewöhnlich aber parochia oder paroecia), für den Landbezirk und vereinzelt für den gesamten Sprengel eines Bf.s. Seit Augustinus wird damit auch die gesamte Landgemeinde eines Bf.s zusammengefaßt. Die allmähl. Herausbildung der Bedeutung 'Bischofssprengel' ist durch die nur langsam erfolgende Verdichtung der Bischofssitze begründet, die allein größeren und volkreiche Städte sein konnten. Dort deckte sich die bfl. Jurisdiktion mit dem städt. Verwaltungsbezirk. Der Abschluß dieser Entwicklung erfolgte erst im frühen MA. →Bistum, →Bischof. R. Klein

Lit.: Kl. Pauly II, 50f. – RAC V, 1053–1062 – RE V, 716–734, 786–790 – Jones, LRE 373ff., 874ff. – K. L. Noethlichs, Zur Entstehung der D.n als Mittelinstanz des spätröm. Verwaltungssystems, Historia 31, 1982, 70–81.

II. Byzantinisches Reich: Die διοίκησις war in Byzanz ein Steuerbezirk, dessen Chef ein Dioiketes (διοικητής) war, der für die Einziehung der direkten Steuern verantwortlich war. Die D. konnte zwar dem Sprengel eines →Themas entsprechen (z. B. der Anatolikoi, Thrakien, Sizilien, Hellas, Peloponnes, Zypern, Thessalonike etc.), scheint aber oft ein Teilbezirk gewesen zu sein (z. B. Andros, Athen, Attaleia, Euböa, Bithynien, Ephesos, Laodikeia, Rhedestos, Stratonikeia, Kykladen etc.). Die Dioiketen, meistens mit dem Titel 'hypatos' ausgezeichnet, waren in der mittelbyz. Zeit von der zentralen Finanzverwaltung (λογοθέτης τοῦ γενικοῦ) abhängig. Dioiketen konnten neben der erwähnten Funktion auch die der Kommerkiarioi ausüben, die die Zollgebühren (→Zoll, -wesen) einzogen und den gleichen Logotheten untergeordnet waren (z. B. Samos und Chios, Peloponnes, Hellas); Dioiketen διοικηταὶ τῶν μητάτων wie auch Protonotare waren als Vorsteher der ksl. Gestüte (→Pferd, -zucht) der Zentralverwaltung, nämlich dem Logotheten der Herden (λογοθέτης τῶν ἀγελῶν) unterstellt. Somit war die D. ein Bezirk für mehrere staatl., zivile und militär. Verwaltungsfunktionen. Bis zum 12. Jh. blieben die Bezeichnungen 'Dioiketes' für den Steuerbeamten und D. für den Steuerbezirk in Gebrauch; beide Begriffe wurden aber in der späteren Zeit, bes. im 14. Jh., entweder anachronistisch oder gewannen eine ganz allgemeine Bedeutung

(Finanzbeamter, Verwalter, Statthalter eines kleineren Bezirkes oder nur Verwaltung). In der Kirchenverwaltung wurde der Terminus D. durch denjenigen der →Eparchie ersetzt, während 'dioiketes' hier sehr selten ist; dieser ist Verwalter bfl. Stiftungen und dem Oikonomos unterstellt. Im 14. Jh. war der Großdioiketes (μέγας διοικητής) ein bloßer Titel, was auch bei vielen anderen früheren Funktionen der Fall war. J. Ferluga

Lit.: Dölger, Beiträge, 70f. – G. Ostrogorsky, Die ländl. Steuergemeinde des byz. Reiches im 10. Jh., VSWG 20, 1927 [Nachdr. mit Nachtr. 1969], 88–89, 95, 102–103 – Beck, Kirche, 100 – H. Glykatzy-Ahrweiler, Recherches sur l'administration de l'empire byz. aux IXe–XIe s., BCH 84, 1960, 78 Anm. 5 – Lj. Maksimović, Viz. provincijska uprava u doba Paleologa, 1972, 31, 52, 94, 100, 130f. – N. Oikonomidès, Les listes de préséance byz. des IXe et Xe s., 1972, 313, 318 – G. Zacos–G. Vaglery, Byz. Lead Seals, Bd. 1, T. I–III, 1972 – J. Ferluga, Byzantium on the Balkans. Stud. on the Byz. Administration and the Southern Slavs from the VIIth to the XIIth Centuries, 1976, 32.

Diözesen, katharische. Die Katharergemeinden waren in Diöz. zusammengefaßt, an deren Spitze ein Bf. und zwei Helfer standen (»filius maior« und »filius minor«). Innerhalb der Diözese erfüllten die »perfecti« eine den Aufgaben des Klerus und der Prediger vergleichbare Funktion. Die Diözesen hatten anfänglich bisweilen eine beträchtl. territoriale Ausdehnung; später bestanden sie jedoch nur aus dem Bf. und einer Gruppe von »credentes« und »perfecti«.

[1] *In Frankreich:* In Nordfrankreich bestand eine Katharerkirche bereits vor 1167 (Ecclesia Franciae, ecclesia Francigenarum, wahrscheinlicher Sitz in Mont-Aimé), deren Mitglieder in jenem Jahr von der gemäßigten zur radikalen Richtung des Katharertums übergingen. Eine ähnliche Veränderung finden wir in Südfrankreich auch in Albi bzw. in Lombers südl. von Albi (ecclesia Albigensis, ecclesia Albigensium). Wahrscheinl. auch in Toulouse, mit Sicherheit aber in Carcassonne und in Val d'Aran (ecclesia Tolosana, ecclesia Carcassonensis, ecclesia Aranensis) wurde 1167 eine D. errichtet, die sofort der radikalen Richtung anhing. Erst im 13. Jh. entstanden die Kirchen von Rasèz (ecclesia Radensis) und von Agen (ecclesia Agennensis): Die eccl. Radensis wurde 1225 von der Gemeinde in Toulouse aus begründet; nach einem ersten fehlgeschlagenen Gründungsversuch von Carcassonne aus entstand die eccl. Agennensis ebenfalls mit Hilfe der Kirche von Toulouse um 1229; jedoch bereits 1250 wird sie als »fere distructa« bezeichnet. Beide D. gehören zur radikalen Richtung.

[2] *In Italien:* Im Gegensatz zu den Verhältnissen in Südfrankreich – wo man von einer ausgeprägten territorialen Strukturierung der Katharerkirchen sprechen kann – versteht man in Italien unter der Bezeichnung Katharerkirchen Gruppierungen von Gläubigen ohne starre territoriale Begrenzungen. Im 13. Jh. begegnen sechs derartige »Diözesen«: Die Kirche von →Concorezzo in der Lombardei (gen. »Garatenses«), die sich aus gemäßigten Katharern zusammensetzte, diejenige von →Desenzano (auch Albanesi gen.), die aus radikalen Katharergruppen bestand, die Kirche von Mantua (später Bagnolo, in der Folge Sirmione), die keine einheitl. Doktrin aufwies, die Kirche von Vicenza, die sich nicht eindeutig einer bestimmten Richtung zuordnen läßt, die Kirche von Florenz (deren Einzugsgebiet sich von Pisa bis Grosseto erstreckte), die anfänglich der gemäßigten, später der radikalen Richtung anhing, sowie die in Orvieto, Viterbo und dem römischen Tuszien aktive Kirche der Valle Spoletana, von der sich nicht mit Bestimmtheit sagen läßt, zu welcher der beiden Richtungen sie gehörte. E. Pásztor

Lit.: A. Borst, Die Katharer, 1953 – R. Manselli, L'eresia del male, 1980², 219–249.

Diplom → Königsurkunde

Diplomatie und Gesandtschaftswesen → Gesandte

Diplovatatius, Thomas, it. Jurist, * 25. Mai 1468 in Korfu, † 29. (oder 25.) Mai 1541 in Pesaro, gilt durch sein Hauptwerk »De claris iuris consultis« als Begründer der jurist. Literaturgeschichte. Sein Vater Georg D., aus adliger byz. Familie stammend, die sich vom Ks. Johannes III. Vatatzes herleitete, war Lehensherr auf Lemnos gewesen, mußte aber nach dem Fall von Konstantinopel nach Korfu, dann nach Neapel flüchten. Der Sohn erhielt dort eine sorgfältige it. Erziehung. Er studierte röm. und kanon. Recht in Salerno, Neapel, Padua (wo er →Jason de Mayno hörte), Perugia und Ferrara; dort erwarb er, nach der Promotion zum Doctor decretalium, i. J. 1490 den Grad eines Doctor legum.

Von 1490 bis 1517 und von 1531 bis zu seinem Tod lebte er in Pesaro und hatte unter wechselnden Stadtherren verschiedene öffentl. Ämter inne: Fiscal, Staatsrat und, 1538, Gonfaloniere. Zw. 1517 und 1530 war er in Venedig als Anwalt und Gutachter am bfl. Gericht und als wiss. Herausgeber jurist. Werke tätig. Eine Berufung an die Univ. Padua lehnte er ab. Sein Hauptwerk »De claris iuris consultis« enthält Viten von Juristen der Antike und des MA. Es ist die Rohfassung des 9. (und einzigen erhaltenen) Teils eines angeblich auf 12 Teile konzipierten Werkes »De praestantia doctorum« und verdankt seine Entstehung wahrscheinl. einem 1493 aktuellen Rangstreit zw. Rittern und Doktoren am Hof von Pesaro. 1748 wurde das einzige erhaltene handschriftl. Exemplar des Werks durch Zufall entdeckt. Ausgearbeitet und veröff. hatte D. nur einzelne Juristenviten, u. a. über →Alexander de Tartagnis, →Bartolus de Saxoferrato und Papst →Innozenz IV. Ebenfalls nur hs. erhalten haben sich das »Chronicon Pisauri«, eine unvollendete Geschichte der Stadt Pesaro, und ein zweiteiliges Werk über Freiheit, Stellung und Rechtsansprüche der Republik Venedig. D. hat als Herausgeber und Quellenforscher die zu seiner Zeit aufkommende philolog. Methode der Humanisten auf die Schriften der ma. Juristen angewandt und die hist. Quellen umfassend ausgewertet. Darin liegt seine Bedeutung. R. Oertli

Ed.: De claris iuris consultis, Pars prior, ed. H. Kantorowicz–F. Schulz, 1919 (Romanist. Beitr. zur Rechtsgesch. III) – Liber de claris iuris consultis, Pars posterior, ed. F. Schulz, H. Kantorowicz, G. Rabotti (SG X, 1968) – Lit.: H. Kantorowicz, Praestantia doctorum (Fschr. M. Pappenheim, 1931), 55–73 (auch in: Ders., Rechtshist. Schr., 1970, 377–396) – R. Feenstra, La 'Vita Thomae Diplovatatii' de Baptiste Egnatius (1520) (Studi E. Volterra IV, 1971), 775–785 – M. Ascheri, Saggi sul Diplovatazio, Studi Senesi 82, 1970, 340–462 (auch: Quaderni di Studi Senesi, XXV, 1971).

Dipoldinger → Diepoldinger

Diptam (Dictamnus albus L./Rutaceae). Mit den dt. und lat. Namen *diptam, dicdam, dittamme* (Steinmeyer-Sievers III, 540, 554, 580) bzw. *diptamnus, diptannum* (Alphita, ed. Mowat, 50b, 51a) oder *dictam(p)nus* (Hildegard v. Bingen, Phys. I, 115) wurden im MA zwei verschiedene Pflanzen bezeichnet: der schon von Dioskurides (III, 34) als diktamnos erwähnte, auf Kreta wild wachsende Diptamdosten (Origanum dictamnus L./Labiatae) sowie der u. a. in Süd- und Mitteldeutschland verbreitete weiße D., dessen ahd. Name *vvisevvurz, wizwûrz* (Steinmeyer-Sievers III, 479, 514, 578, 589, 601) zur Verwechslung mit anderen, ebenso bezeichneten Pflanzen, bes. mit dem Salomonssiegel (im Gart. Kap. 146, als *dyptan* abgebildet), geführt hat. Wie dem diktamnos der Antike wurde auch dem bereits im →»Capitulare de villis« (70, 38) erwähnten D. eine wunderbare Heilkraft bei Pfeilwunden und bei Bissen giftiger Tiere nachgesagt (Isidor, Etym. XVII, 29; Albertus Magnus, De veget. 6, 327; Konrad v. Megenberg V, 34; Ps.-Apuleius, Herbarius, ed. HOWALD und SIGERIST, 116f.). Die Wurzel galt daher als wirksames Antidot und gehörte zu den Hauptbestandteilen des →Theriak (Antidotarium Nicolai; SIGERIST 54, 106, 113); überdies war sie als menstruations- und geburtsförderndes sowie als harntreibendes Mittel hoch geschätzt (Circa instans, ed. WÖLFEL, 46). Irmgard Müller

Lit.: MARZELL II, 122–126 – H. E. SIGERIST, Stud. und Texte zur frühma. Rezeptlit., StGM 13, 1923.

Diptychon, durch Faltung (auch durch Scharniere, Kordeln, Ringe etc.) in zwei Teile zerlegte und zusammenklappbare Schreibunterlage aus verschiedenen Materialien (Holz, Metall, Elfenbein u. ä.). Der Ursprung des Namens D. ist griech. (δις 'zweimal', πτύσσειν 'falten'), zunächst adjektiv., dann substantiv. gebraucht, im Lat. Lehnwort (neben pugillar, codices, codicilli, tabulae duplices, calculi eburnei u. a.). Diese Doppeltäfelchen waren anfangs meist schlicht und schmucklos, hatten auf den Innenseiten oft rahmende Randleisten, um so entweder das zw. ihnen eingegossene Wachs (in das mit einem Griffel, stilus, aus Metall oder Bein die Buchstaben eingeritzt wurden), eine beschreibbare weiße Gipsschicht (λεύκωμα) oder auch eingelegte Blätter (Pergament, Papyrus) vor Verreibung zu schützen. Nur gelegentl. wurde die Zweizahl der Tafeln überschritten (Tri-, Penta-, Polyptychon). Die Größe der D. schwankte, überschritt aber im tägl. Gebrauch nicht die Praktikabilität (Schüler trugen die D. z. B. am Gürtel). Die D. der Spätantike waren meist hochformatig: Die Höhe betrug maximal meist ca. 40 cm, die Breite richtete sich nach dem Höchstdurchmesser des Elfenbeinzahnes; doch gibt es auch breitere, aus mehreren Platten zusammengefügte (Kaiser- und Codicillar-) D. – D. sind vermutl. (nach dem Prinzip der Aufbewahrung von gefalteten Blättern zw. festen Deckeln) auch Ausgangspunkt des Buch-Codex (statt des gerollten Rotulus). Sie eigneten sich für Notizen, Schreibübungen der Schüler, tabellar. Aufzeichnungen u. ä., dann kostbarer gestaltet zu offizieller Verwendung. J. H. Emminghaus

[1] *Verwendung im staatlichen und liturgisch-kirchlichen Bereich:* Kostbare Elfenbein-D. (→Elfenbeinschnitzkunst) wurden in der *Spätantike* von Kaisern, Konsuln, Beamten und Priestern z. B. beim Amtsantritt oder Jahreswechsel verschenkt und tragen auf den Außenseiten Reliefs mit dem jeweiligen Anlaß angepaßten Darstellungen und Inschriften. Die Einschränkung der Elfenbeinverwendung auf Konsular-D. (Cod. Theod. 15, 9, i. J. 384) scheint nicht strikt beachtet worden zu sein. Bei einigen bes. aufwendigen, der Codex-Form angenäherten Kaiser-D. war jede Einzeltafel aus fünf Platten zusammengesetzt. Einige Beispiele dieser »Fünfteiligen D.« mit rein religiösen Reliefdarstellungen dürften von vornherein als Buchdeckel (z. B. für Evangeliare) hergestellt worden sein. Erhaltene Beispiele von Elfenbein-D. reichen vom späten 4. bis ins 6. Jh. und wurden im MA z. T. weiterverwendet und nachgeahmt. Über die Herstellungsorte der einzelnen D. besteht meist keine einheitl. Forschungsmeinung (→Elfenbeinschnitzkunst). Die Unterscheidung von Ober- und Unterseite aufgrund der Inschriften ergibt, daß bei w. D. die (in aufgeklapptem Zustand) rechte, bei ö. die linke Tafel als Hauptseite anzusehen ist (DELBRÜCK); doch ist diese Regel nicht allgemeingültig (SHELTON). J. Engemann

Die Kirche übernahm schon früh D. für ihre *Liturgie:* Verzeichnisse von Katechumenen, Täuflingen, Klerikern etc. und der nomina offerentium bei der Gabenprozession der Messe; Listen der Verstorbenen (erst später auch der Lebenden), deren in der Messe bes. gedacht werden sollte; die Aufzählung der Namen des Ortsbf.s, des Patriarchen, der Bf.e der Provinz, des Papstes, Ks.s o. a. im Kanon der Eucharistiefeier etc. (im O seit dem 5., im W seit dem 6. Jh. lit. belegt). – Das Vorhandensein und die Aufzählung der Namen in solchen D. erfuhr – bes. im O – eine dauernde Steigerung und Wertung: Mit allen, deren Name genannt wurde, teilte man die kirchl. Gemeinschaft und den rechten Glauben; eine Tilgung des Namens (erasio nominis) bedeutete die Aufsage der kirchl. Communio und die Verurteilung des Betreffenden als Schismatiker (vgl. das Große Schisma von 1053) oder Häretiker. So wurde diese Namenstilgung in den D. in der Spätantike und im MA eine häufig benutzte Waffe bei innerkirchl. Auseinandersetzungen. J. H. Emminghaus

[2] *Künstlerische Gestaltung:* Der in spätantiker →Elfenbeinschnitzkunst verbreitete Typus des D.s wird im Früh-MA weitergeführt, bedingt v. a. durch liturg. Verwendung in O und W für das Gedächtnis der Lebenden und Toten. Nicht selten sind dazu antike D. übernommen (Berlin, Probianus-D.; Halberstadt, Constantius-D.) bzw. adaptiert worden (z. B. Monza, David-Gregor-D.). Schriftreste von Listen (Berlin, Christus-Maria-D.; Liverpool, D. des Clementinus) und zugefügter Bildschmuck (Brescia, Boethius-D.) zeugen dafür. Aus karol. Zeit sind originäre Neuschöpfungen von D. erhalten, vorwiegend als Buchzierate. Im Format begegnet neben dem gängigen Schmalrechteck (Aachen, Dom) auch der repräsentative Typ des fünfteiligen D.s (Brüssel, D. aus Genoels Elderen; Vatikan/London, Lorscher Deckel). Das D.-Format lebt in otton. und roman. Zeit fort, doch nur vereinzelt als selbständiges Tafelpaar (Vatikan, Rambona-D.).

Als solches spielt das D. erst in der Gotik wieder eine Rolle. Seit dem späten 13. Jh. v. a. in Paris neu entwickelt, wird es fast ein frz. Monopol bis ins 15. Jh., mit Nachahmungen in dt., it. und engl. Ateliers. Der Typ reicht von großfigurigen Einzelreliefs zu zwei- bis vierzonigen Darstellungen, ihre Ordnung folgt (KOECHLIN) dem unterschiedl. Dekor: glatt gerahmtes Rechteck, architekton. Gliederung innen und (oder) außen, gliedernde Rosettenbänder, eingestellte Säulchen, rahmende Medaillons. Ikonograph. herrschen Passionsszenen oder -zyklen und Gegenüberstellungen christolog. und mariolog. Themen vor, entsprechend der Zweckbestimmung als Haus- und Reisealtärchen. Der angenommene entwicklungsgesch. Zusammenhang mit kirchl. Großplastik und Buchmalerei ist zu ergänzen um Metallkunst (selten D. in limousiner Email). Neuerdings (CH. T. LITTLE) ist die Neublüte des D.s in Beziehung gesetzt zum byz. Andachtsbild (Kreuzfahrer). Im O begegnen seit dem 7. Jh. auch gemalte D. (Sinai). Elfenbein-D. werden bis in mittelbyz. Zeit weitergefertigt, mit Einzelfiguren oder Kreuzmotiven, oft rundbogig geschlossen (Utrecht, Halberstadt, Washington u. a. m.). Spätbyz. →Dodekaortia als D., gemalt oder in Mosaik (Sinai, Florenz), ferner Bildpaare Christus-Maria, Einzelheilige oder -szenen sind bekannt.

Gemalte D. treten im Abendland fast zusammen mit den Elfenbein-D. auf, zuerst wohl in Italien, seit Anfang 14. Jh. in Deutschland (Köln), in Frankreich im späteren 14. und frühen 15. Jh., vorwiegend mit Christus-Maria-Thematik. In das D. als Devotionsobjekt dringt bald die Stifterdarstellung ein. Bes. beliebt ist dieser Typus des D.s in den Niederlanden, wo er bis Anfang 16. Jh. als Exportartikel gepflegt wird. Zunehmend begegnet nun die maler. Verschmelzung der D.-Tafeln zum einheitl. Bildraum, vielleicht unter Einfluß der Buchmalerei.

Im späten 15. Jh. Entwicklung zum Bildnis-D. (René v. Anjou/Jeanne de Laval 1475), bestärkt durch humanist. Repräsentationsbedürfnis. In Deutschland (Dürer, Cranach) auch Doppelbildnisse zu Verlöbnis und Hochzeit üblich. Gegen 1500 löst sich das Bildnis-D. zu korrespondierenden Einzelbildern auf. V. H. Elbern

Lit.: DACL IV, 1, 1045–1170 – LThK² III, 415f. – RAC III, 1138–1149 [Lit.] – RDK IV, 50–60 – HLG I, 399–402 u. ö. [Register] – EISENHOFER II, 51, 176f. – R. KOECHLIN, Les ivoires Gothiques Français, 1924, I, 147ff., 284ff.; II, 100ff. – R. DELBRÜCK, Die Consulard. und verwandte Denkmäler, 1926 – J. A. JUNGMANN, Missarum Sollemnia, 1962⁵ [Register, s. v.] – W. KERNER, Stud. zum D. in der sakralen Malerei von den Anfängen bis zur Mitte des 16. Jh. [Diss. Tübingen 1966] – W. F. VOLBACH, Elfenbeinarbeiten der Spätantike und des frühen MA, 1976³ – D. GABORIT-CHOPIN, Ivoires du MA, 1978 – CH. T. LITTLE, Rev. de l'Art 46/1979, 58ff. – Kat. Christus und Maria, Berlin 1980, Nr. 1–6 – K. J. SHELTON, The diptych of the young officeholder, JbAntChrist 25, 1982, 132–171.

Diputaciones del General. Auf den Generalständen von Monzón 1363–64 beschlossen die →Cortes v. →Aragón, →Katalonien und →Valencia, verschiedene Sonderkommissionen, die mit der Einziehung der Gelder zur Zahlung der dem Kg. zustehenden Sonderabgaben betraut waren wie auch mit der Kontrolle über ihre Verwendung, zu einer dauerhaften Einrichtung zu machen. Damit hatten die Bestrebungen, den Einfluß der Cortes zu stärken, in gewisser Weise ihren Höhepunkt erreicht. Zur gleichen Zeit wurde auch in allen Ländern der Krone Aragón der Außenhandel mit Steuern belegt, den sog. *generalidades* oder Steuern zugunsten des *general*, d. h. der Allgemeinheit des Reiches, deren Einziehung nur von der eben gegründeten D. überwacht wurde. Diese zeichneten damit von Anfang an allein für eine sich ausbildende *hacienda del reino*, eine →Finanzverwaltung der einzelnen Reiche, verantwortl., die gänzlich unabhängig von der kgl. *hacienda* war. Die D. nahmen ihre Tätigkeit zw. zwei Sitzungsperioden der Cortes auf. Ihre personelle Zusammensetzung variierte. Außer ihnen gab es auch noch weitere Sonderausschüsse der Stände. Aber nach der Übernahme des Throns durch die Dynastie der →Trastámara wurde beschlossen (1413 in Katalonien, 1418 in Valencia und 1436 in Aragón), daß jeder *Diputado* auf drei Jahre sein Amt ausüben und sich diese Kommission aus je zwei Vertretern der einzelnen Stände zusammensetzen solle. Da die Cortes nicht alle drei Jahre zusammentraten, zeichnete sich schon bald eine immer stärker auseinanderlaufende Entwicklung beider Institutionen ab. Die Diputados ernannten ihre Nachfolger ohne Mitwirkung der Cortes entweder direkt oder indem sie aus einer Anzahl von Personen, die vorher in Hinblick auf ihre Eignung für dieses Amt ausgesondert worden waren, eine zufällige Auswahl trafen. Die Zugehörigkeit zu den einzelnen Ständen war auch nicht länger Voraussetzung für eine Tätigkeit bei den D. Häufig wohnten die Angehörigen der D. weder den Sitzungen der Cortes bei noch legten sie dort Rechenschaft über ihre Amtsführung ab. So kontrollierte in jedem Land eine kleine oligarch. Oberschicht die D. völlig. Dies zwang Ferdinand d. Katholischen zur Durchsetzung von Reformen, damit wenigstens die Ernennungen künftig unabhängig von diesem Klüngel durchgeführt werden konnten. – Die D. hatten schon sehr früh eine größere Anzahl eigener Amtsträger. Während ihre Kompetenzen ursprgl. rein den fiskal.-wirtschaftl. Sektor betrafen – einen Bereich, den sie bald unumschränkt beherrschen sollten –, begannen sie bald auch in der Politik eine Rolle zu spielen, da sie die Interessen der jeweiligen Länder wesentlich wirksamer vertraten als die Cortes selbst. Theoret. stand es ihnen zumindest zu, die Befolgung der überkommenen Gesetze und der Beschlüsse der Cortes zu überwachen, die Privilegien und Freiheiten der einzelnen Länder zu verteidigen, die öffentl. Ordnung aufrechtzuerhalten und die Namen jener Personen zu benennen, die für bestimmte Ämter geeignet schienen, letzteres immer nach streng ständ. Gesichtspunkten. Der Kg. legte einen Eid auf die D. ab. Die Beschlüsse der D. wurden mehrheitlich gefaßt, jedoch mußte mindestens ein Vertreter jedes Standes zustimmen. In Katalonien und Aragón v. a. gelang es den D., zu einem bedeutenden polit. Faktor zu werden. So wurde der Aufstand gegen Johann II. (1462–72) von den katal. D. aus gelenkt. L. González Antón

Q.: Dietari de la Deputació del General de Cathalunya, ed. F. UDINA MARTORELL, u. a., T. I (1411–58), 1974; T. II (1458–1512), 1978 (CODOIN XLVI, XLIX) – Lit.: A. DE LA TORRE, Orígenes de la 'Deputació del General de Catalunya', 1923 – J. MARTÍNEZ ALOY, La Diputación de la Generalidad del Reino de Valencia, 1930 – I. RUBIÓ Y CAMBRONERO, La Diputació del General de Cathalunya en los siglos XV y XVI, Bd. 1, 1950 – J. CAMARENA MAHIQUES, Función y economía del General del Regne de Valencia en el siglo XV, AHDE 25, 1955, 529–542 – S. SALORD COMELLA, La casa de la Diputación de la Generalidad de Aragón, EEMCA 6, 1956, 247–265 – A. MA. UDINA ABELLÓ, Los organismos representativos catalanes en el siglo XIV. Las Cortes y la D. d. G., Cuadernos de Historia 8, 1977, 171–187 – L. GONZÁLEZ ANTÓN, Las Cortes de Aragón, 1978 – A. SESMA MUÑOZ, La Diputación del reino de Aragón en la época de Fernando II, 1978.

Dir → Askol'd und Dir

Dirc van Delf OPraed, mndl. Theologe und Autor, Delft, um 1365 – nach 1404?, lehrte als Magister Theologiae in Erfurt (1396) und Köln (1403). Hzg. →Albrecht v. Bayern trat als sein Mäzen auf u. ernannte ihn 1399 zum Hofkaplan im Haag. Nach dem Tode seines Gönners 1404 war er, wie es scheint, nicht länger als solcher beschäftigt. Jedenfalls taucht sein Name seitdem nicht mehr in den gfl. Rechnungen auf.

Für Albrecht und dessen Hofkreis bringt D. v. D. seine »Tafel van den Kersten Ghelove« zu Buch, eine Summa Theologiae in der Volkssprache, den Bedürfnissen der »weltlichen Leute« angepaßt. In diesem Handbuch werden sowohl die Sitten- wie die Glaubenslehre behandelt. Jedoch auch aus kulturhist. Sicht ist das Werk von großer Bedeutung, sowohl als Spiegel seiner Zeit, als auch, weil es die Scholastik auf selbständige Weise in das Mndl. eingeführt hat. Und schließlich ist es von Interesse als ein Werk, dem deutlich der Einfluß des weltl. Gönners und seiner Umgebung anzumerken ist.

Die Hauptquelle ist das »Compendium theologicae veritatis« des Dominikaners Hugo Ripelin v. Straßburg. Daneben stehen u. a. die →»Legenda aurea«, die »Vita Jesu Christi« von →Ludolf v. Sachsen und die »Summa theologica« des →Thomas v. Aquin. Aber D. v. D. geht sehr selbständig mit seinen Quellen um. Die erhaltenen Hss. zeigen, daß sein Werk sehr beliebt gewesen ist. Auch in Deutschland hat man es gekannt: es gibt zwei mnd. Bearbeitungen. A. M. J. van Buuren

Hss.: J. DESCHAMPS, Catalogus Middelnederlandse handschriften uit Europese en Amerikaanse bibliotheken, 1972², Nr. 85 – Ed.: Meester D. van D., Tafel van den Kersten Ghelove, hg. L. M. FR. DANIËLS, 1937–39 [3 Tle in 4 Bd.] – Lit.: F. A. M. DANIËLS, Meester D. van D., zijn persoon en zijn werk [Diss. Utrecht 1932].

Díre (verwandt mit walis. *dirwy*), ir. Rechtsbegriff, der eine zentrale Vorstellung des ir. Rechts ausdrückt, Nomen zu dem air. Verb *di-ren*, später *do-ren* ('zahlt aus, rechnet ab'). Die primäre Bedeutung ist also diejenige der Auszahlung. In den Rechtstexten hatte d. jedoch zwei engere, technische Bedeutungen: a. Buße; b. Ehrenpreis (→*enech*);

d. h. die Zahlung an eine Person, die beleidigt oder verletzt worden war, oder an die Hinterbliebenen eines Erschlagenen, in etwa vergleichbar dem kontinentalen →Wergeld. In der weiteren Bedeutung entsprach der Begriff dem *lóg n-enech* ('Wert der Gesichter'). T. M. Charles-Edwards

Lit.: R. Thurneysen, Ir. Recht, AAB, 1931, I: Díre – D. A. Binchy, Críth Gablach, 1941, 84.

Dirham, arab. Silbermünze in Nachfolge der sasanid. Drachme. Seit der Münzreform des Omayyadenkalifen 'Abdalmalik 697/698 mit einem Gewicht von 2,97 g geprägt, zeigte der D. außer Münzstätte und Prägejahr rein religiöse Legenden im kufischen Duktus der arab. Schrift. Seit etwa 770 traten zusätzl. Gouverneursnamen hinzu, welche im zweiten Viertel des 9. Jh. der Nennung des Herrschernamens wichen. In der östl. D.-Prägung entfiel seit dem Ende des 9. Jh. die Gewichtsnormierung. Bis zum 10. Jh. lag der Feingehalt aller D.-Arten oberhalb von 0.900. Das Wertverhältnis zum goldenen →Dīnār schwankte zw. 10:1 und 30:1. Im frühen 11. Jh. ging man in der gesamten islam. Welt zur Prägung des sog. »schwarzen D.« *(D. aswad)* über, dessen Feingehalt um 0.300 betrug. Erst durch eine Münzreform →Saladins 1175 wurde der guthaltige, gewichtsnormierte D. wiederbelebt. Die D.-Prägung wurde im islam. Westen seit dem 11. Jh. durch den *Qīrāṭ* (Halbdirham) und im islam. Osten im 14. und 15. Jh. durch den *Aqča* (Doppeldirham) abgelöst.

Der D. lief nicht nur im gesamten Kalifat um, sein Eindringen bewirkte in Byzanz im zweiten Viertel des 8. Jh. die Einführung des →Miliaresions. Auch in karol. Münzfunden ist der D. in geringer Zahl anzutreffen. Wichtiger war die tragende Bedeutung des D.s im Handel zw. dem islam. Osten, Osteuropa und der wiking. Welt seit dem Ende des 8. Jh., dessen Verlauf sich in Schatzfunden aus dem Wolgagebiet, allen Küstenländern der Ostsee und daran anschließenden Gegenden niederschlägt. Auf der Insel Gotland, dem fundreichsten Gebiet, wurden bislang ca. 75 000 D. bekannt. Dieser Handel hörte nach einem langsamen Rückgang gegen Anfang des 11. Jh. auf.
L. Ilisch

Lit.: EI² II, 328f. [G. C. Miles] – Wb. der Münzkunde, hg. F. v. Schrötter, 1930, 145–148 [R. Vasmer].

Dirschau (1252 Dersowe, poln. Tczew), Stadt an der unteren Weichsel, einst Vorort des pommerell. Teilfürstentums Liebschau-D. (→Pommerellen). Zur besseren Überwachung des Weichselverkehrs verlegte Hzg. Sambor II. seine Residenz nach D., wo er 1252 eine Burg baute. Daneben entstand eine Kaufmannssiedlung, für die seit 1256 Johannes v. Wittenborg als Schulze erwähnt wird, 1258 Alardus v. Lübeck und Heinrich Scilder als Ratmannen. 1260 erhielt D. →lübisches Recht. 1289 ließen sich hier die Dominikaner nieder. 1308 eroberte der →Dt. Orden die Stadt, entzog ihr neben alten Vorrechten das lübische Recht und erteilte ihr erst 1364 →kulmisches Recht. Aus der Mitte des 14. Jh. stammt die erhaltene Dominikanerkirche, aus derselben Zeit auch die Pfarrkirche zum Hl. Kreuz. 1433 ließen →Hussiten D. in Flammen aufgehen. Bei Ausbruch des 13jährigen Ständekrieges stand D. auf Seiten des →Preuß. Bundes, brach (vermutlich auf Betreiben→Danzigs) seine Ordensburg ab, wechselte danach mehrmals den Besitzer und kam 1466 mit Pommerellen unter die Oberhoheit der Kg. e v. Polen.
E. Bahr

Lit.: E. Wermke, Bibliogr. der Gesch. v. Ost- und Westpreußen bis 1929 (1933ff.), 1930–38 (1964), 1939–70 (1974), 1971–74 (1978).

Dís, pl. *dísir* (anord.; asächs. *idis*, aengl. *ides*), in anord. Kult und Mythologie meist Kollektivbezeichnung für weibl. Götterwesen. Disenkult auf skand. Boden ist durch Ortsnamen in Norwegen und Schweden bezeugt. In der altisländ. mytholog. Literatur, bes. der →Edda, der →Snorra Edda, in Teilen der →Skaldendichtung, den →Fornaldarsögur ('Vorzeitsagas'), aber auch in Isländer- und Königssagas (→Saga) werden D. häufig erwähnt.

Im westnord. Bereich (Norwegen und Island) scheint der Disenkult eng mit der Familie und dem Hof verknüpft gewesen zu sein; das Opferfest *(dísablót)* wurde im Herbst gefeiert. In Schweden fanden die Kulthandlungen im Winter statt. Sie sind wohl identisch mit denen von →Adam v. Bremen bezeugten Reichskult im Tempel v. →Alt-Uppsala. Der Ausdruck *dísarsalr* 'Tempel der D.' (sg.) bei →Snorri Sturluson (Heimskringla I, 29) deutet auf Verehrung der Muttergöttin →Freyja, die an anderer Stelle *vanadís* ('Wanen-D.', →Wanen) genannt wird. Dies sowie die wahrscheinl. Verwandtschaft der D. mit den aind. weibl.-göttl. *dhísanas* läßt auf einen uralten Fruchtbarkeitskult schließen.

Als Geburtshelferinnen weisen die D. gemeinsame Züge mit den →Nornen *(nornir)* auf, und als *spádísir*, die den Tod verkünden, mit den →Walküren *(valkyrjur):* beides weibl.-göttl. Kollektive, die als hypostasierte Aspekte der ursprünglichen Disenvorstellungen aufgefaßt werden können. →Polytheist. Religionen. J. P. Ægidius

Lit.: KL III, 101–103 – F. Ström, Diser, norner, valkyrjor, 1954 – J. de Vries, Altgerm. Religionsgesch., I–II, 1956–57² – F. Ström, Nordisk hedendom, 1967² – P. A. Munch, Norrøne gude- og heltesagn, 1970⁵.

Disciplina

I. In der scholastischen und monastischen Tradition – II. Kirchliche Rechtsordnung – III. Im mittelalterlichen Lehrbetrieb.

I. In der scholastischen und monastischen Tradition: [1] *Das Erbe der Patristik:* D. im Sprachgebrauch a) der Väter und b) altkirchl. (jurid. und liturg.) Texte.

1a) Die *Patristik* gebrauchte D. in einer auffallenden Bedeutungsvielfalt, da die Väter hier auf bibl. und klass. (griech.-röm.) Traditionen zurückgreifen. Dabei ist bes. der Gedanke der παιδεία (Erziehung) in platon.-stoischer Ausprägung in der Erlösungsvorstellung der (östl.) Vätertheologie fruchtbar geworden. Hier wird Christus vornehmlich als der gesehen, der durch neue Lehre, Beispiel und Weisung Erlösung bringt, als Erzieher zur Erkenntnis führt und so den Menschen ein Zusichselberkommen und Teilhabe am Leben Gottes ermöglicht. All dies wird im Wort D. bewahrt: Die Christen sind Schüler des Lehrers Christus. So drückt D. auch eine Lebenshaltung aus, die der 'doctrina' (auch D. christiana oder catholica genannt: Tert. apol. 21,7 u. ö.) entspricht, also der umfassenden Lehre Christi als Gegenstand und Inhalt der Glaubens- und Sittenlehre. Überdies kann D. (moralisch) als Inbegriff aller Tugenden verstanden werden (z. B. Tert., carn. res. 44). – D. ordnet zugleich der Kirche zu: »disciplinae domus est ecclesia Christi« (Aug. disc. christ. 1,1, MPL 40, 669). Deshalb umschließt D. auch die Kirchenzucht (in der Weise der Mahnung und Strafe, bes. Exkommunikation, und – im Bereich mönch. Lebens – der Züchtigung und Geißelung [ab 6. Jh.]). 1b). Die *juridischen* Texte greifen insbes. das Strafmoment auf, wenn sie von D. sprechen. Dabei reflektieren sie auch auf die (kirchenamtl.) Autoritäten, welche die Kirchenzucht ausüben. So kommt die 'd. canonica' bzw. 'd. ecclesiastica' zur Geltung (s.: 'disciplinae' als Gebote). – Die *liturgischen* Texte kennen neben einem pluralen Gebrauch von D. (im Sinn liturg. Erziehung) auch die D. (Sing.), welche das Gesamt der liturg. relevanten kirchl. Disziplin einschließt (s.: u. a. Gregor der Gr., Sermo 43,3 [MPL 54, 283]). Überdies zielt D. auch unmittelbar auf den Gläubigen: dieser wird durch die D. von Gott oder seinen Repräsentanten, denen das 'regimen disciplinae' gegeben ist, belehrt und erzogen. Denn er bedarf der D., weil sein Leben geprägt ist vom Kampf gegen den Satan. 'Robore disciplinae' kann der Gläubige siegreich bleiben. So hat D. auch die Bedeutung von 'exercitia' auf dem Kampffeld; um hier siegreich zu sein, ist D. von bes. Bedeutung. Sie umschließt nämlich geistl. Tugenden bzw. (vom Hl. Geist gelehrte) Übungen, mit denen der sakramentalen Ordnung, dem gültigen Ritus, entsprochen wird, inbes. (während der Fastenzeit) Fasten und Buße (s.: Leo d. Gr., Sermo 78,1).

[2] *Die frühe ma. Tradition:* a) *in der monastischen Spiritualität:* Für die *Benediktiner* ist mit D. v. a. die Beachtung aller göttl. Gebote bezeichnet. Aber sie wird auch – hier sogar von der Regula abweichend – als Ausdruck von Zuchtstrafen verstanden: D. kann dann Schläge bedeuten, Fasten oder Exkommunikation. – Daneben gewinnt D. eine streng monast. Bedeutung, u. zw. im allgemeinen Sinne als Bildung nach monast. Leben oder auch im unmittelbaren Bezug auf das konkrete Klosterleben. Dabei wird die D. des Zusammenlebens der Mönchsgemeinschaft mit dem Hinweis auf Christus und seine Gebote wie auch das Vorbild der Apostel begründet. – Diese monast. Grunddeutung wird der D. auch seitens der *Zisterzienser* gegeben, wobei allerdings ein verschärftes Verständnis von D. im Hinblick auf innere Formung und äußeres Betragen des Mönches unverkennbar ist. Da geht es weniger um das Bewahren des benediktin. Lebens; es geht vielmehr um die Lehre Christi, deren Befolgung grundlegend den Verzicht auf Eigenliebe verlangt; deswegen werden auch die Vorschriften, die dazu Hilfestellung leisten, als D. bezeichnet. So ist D. die Ordensdisziplin der Zisterzienser. In dieser hat dann auch – in einem verengten Sinn von D. – die Klosterzucht (mit Schlägen, Geißelungen u. ä.) ihren Platz. In den Klosterschulen findet sich auch jene die Frühscholastik kennzeichnende Zuordnung von D. und Philosophie. Sie erlaubt es sogar, die Klöster selbst als 'Schulen der christl. Philosophie' zu bezeichnen. – b) *in der Einheit von monast. und scholast. Bildung:* D. ist insofern ein Schlüsselbegriff zum Verständnis der Frühscholastik, als hier in 'geistl. Perspektive' das Bildungsideal dieser Epoche zum Vorschein kommt. Die Viktoriner-Schule in Paris bietet dazu das hervorragendste Beispiel, da sie die wesentl. Inhalte, welche die Patristik mit D. verbindet, gerade im Bereich theol. Bildung und Ausbildung – also der 'praktischen Wissenschaft' – zur Geltung bringt. →Hugo v. St-Victor rechnet D. zu den Aktivitäten des menschl. Geistes, näherhin zur Philosophie, mit der er D. als 'philosophica disciplina' identifiziert, da alle 'disciplinae', also die Wissenschaftsdisziplinen (→artes liberales) »... ad unum terminum philosophiae tendant« (erud. didasc. II, c. 18, MPL 176, 758). Indem sie den Geist ausrichtet auf die prakt. Philosophie, weist die D. den Lehrenden wie Lernenden die Maximen des Lebens. V. a. für den Christen ist D. die Philosophie, verstanden als 'meditatio mortis' (752); Christen nämlich leben »conversatione disciplinali« (ebd.) auf ihre zukünftige Heimat hin. – Wichtig ist, daß D. (als sittlicher Ernst) und die Demut als »principium disciplinae« (773) dort nicht gering geschätzt werden, wo sich die 'scientia' entfalten soll. Das wird noch verdeutlicht, wo Hugo v. St-Victor in seinem Lehrbuch für die Novizen die Bedeutung von innerer und äußerer Formung aufzeigt: der 'usus disciplinae' (De inst. nov., MPL 176, 925) führt den (menschl.) Geist zur Tugend, weist den Dreischrittweg zu Gott: von der 'scientia' hin zur D., weiter zur 'bonitas' und von dieser zur 'beatitudo'. Für die Schüler ist die 'morum disciplina' ebenso gefordert wie die Übernahme der Schuldisziplin; und für die Novizen gilt überdies, daß auch ihr äußeres Verhalten von D. geprägt sein muß: »In habitu, in gestu, in locutione, in mensa« (935ff.). So verschafft sich in der Viktorinerschule in dem weiten Bedeutungsspektrum von D. ein christl. Erziehungsideal Geltung, das die patrist. Erlösungsvorstellung im Kontext der παιδεία ἐν Χριστῷ konsequent auf die innere wie äußere (religiös-asket.) Formung der Lehrenden wie Lernenden hin auslegt.

[3] *In der späteren Tradition:* Die religiös-asket. Ausformung des Wortes D. war gebunden an die Spiritualität der Patristik, und indem diese abgelöst wird von der eher jurid. geprägten Rationalität (westl.) Denkens, wird auch die D. von ihrem ursprgl. Wurzelgrund gelöst. Das Wort D. findet dementsprechend seit Beginn des 13. Jh. seinen Platz nurmehr im Vokabular philos.-wissenschaftl. Arbeitens. Im monast.-spirituellen Bereich bewahrt die D. ihren Platz lediglich als unspezif. Bezeichnung guter Lebenshaltung, von Tugendstreben und religiösen Aktivitäten verschiedenster Art sowie im engen Sinn als Klosterzucht, während in der →devotio moderna D. wieder stark als innere Formung verstanden wird. W. Knoch

II. KIRCHLICHE RECHTSORDNUNG: In der Kanonistik bedeutet D. zunächst ganz allgemein die kirchl. Rechtsordnung; als Ausfluß der Leitungsgewalt kirchl. Oberer dient der Begriff »disziplinäre Bestimmungen« dann überwiegend zur Unterscheidung gegenüber dogmat., die Glaubenslehre betreffenden Sätzen. In diesem Sinn ist »disciplina canonica« oder »ecclesiastica« grundsätzl. durch den zuständigen Jurisdiktionsträger änderungsfähig (z. B. X 5.39.28). Soweit kirchenrechtl. Normen als Rechtsordnungen bes. Art verstanden wurden, sich etwa speziell auf Geistliche erstreckten oder freiwillige Unterwerfung unter eigene Regeln für Ordensleute einbezogen, fanden sich Sonderformen kirchl. D. in der »disciplina clericalis« oder der »disciplina regularis« bzw. »religiosa« (→Mönchtum, →Kleriker).

Auch das kanon. Recht sah sich im Laufe seiner Entwicklung bei wachsenden Verletzungen kirchl. Normen gezwungen, die Kirchenglieder durch verschiedenste Maßnahmen zur Aufrechterhaltung bzw. Wiederherstellung der jeweiligen (äußeren) Rechtsordnungen anzuhalten. Dazu dienten »brüderliche Zurechtweisung«, Bußformen, Aufsichtsrechte, →Visitationen und v. a. Kirchenstrafen. Im engen kanonist. Sinn ist daher unter D. das kirchl. →Strafrecht zu verstehen, das mit seiner Vielfalt von Straftatbeständen, Zwangsmaßnahmen und Strafarten – oft unter Zuhilfenahme des →brachium saeculare – in der Kanonistik des MA größte Bedeutung erlangte. H. Zapp

III. IM MITTELALTERLICHEN LEHRBETRIEB: [1] D. bezeichnet im klass. Latein u. a. die Gesamtheit oder einen Teil des durch die Schule vermittelten Wissens; in eingegrenzter Bedeutung wird der Begriff synonym zu 'ars' gebraucht (vgl. Varro »Disciplinarum libri novem«). Dieser – nicht häufig auftretende – Gebrauch von d. lebt im Mlat. fort, wo d. im Singular zur Bezeichnung der Gesamtheit des schulmäßig vermittelten Wissens, zumindest des profanen Wissens (so bei Hugo v. St-Victor, der d. beinahe synonym mi 'philosophia' gebraucht), dient, im Plural (liberales oder philosophicae disciplinae) wird das Wort auf die →artes liberales, die in der gleichnamigen Fakultät wieder zu Ehren gebracht worden waren, angewandt. Z. B. treten diese beiden Bedeutungen (d. = doctrina, d.e = artes) in dem um 1230–40 im Pariser Universitätsmilieu entstandenen pädagog. Traktat »De disciplina scolarium«

auf; er enthält die unter 2 gen. weitere Bedeutung (D. = Zucht, Disziplin).

[2] D. bezeichnet neben dem Inhalt auch die Form des Unterrichts selbst, die Regel, insbes. die prakt. Verhaltensregeln, die dem Schüler – unter Strafandrohung – von seiten des Lehrers auferlegt werden. Diese Bedeutung findet sich im Mlat. für die in den Kl. (Klosterzucht) wie in den Schulen geltende D. In der Antike beruhte – zumindest bis zum Grammatikunterricht – die Einhaltung der D. auf dem Recht der körperl. Züchtigung. Diese Praxis hielt sich das ganze MA hindurch (und weit darüber hinaus), die Rute war stets das ikonograph. Attribut der Grammatik. Demgegenüber propagierten verschiedene Autoren des FrühMA (u. a. Paulus Diaconus, Rather v. Verona etc.), die v. a. den Unterricht in den Klosterschulen im Auge hatten, eine D., die auf Liebe und Respekt gegenüber dem Zögling beruhen sollte, der seinerseits die Haltung der Sohnesliebe und des willigen Gehorsams, wie sie für die hierarch. Lebensformen der klösterl. Gemeinschaft kennzeichnend war, entfalten sollte. Ganz andere Bedingungen bestanden jedoch im städt. Schulwesen, das sich seit dem 12. Jh. ausbildete: Hier fand sich eine heterogenere, der Unstetigkeit und Hektik des städt. Lebens ausgesetzte Schülerschaft konfrontiert mit einer Pädagogik, die durch die erfolgreichen scholast. Methoden der →Quaestio und →Disputatio non. Geist der Schüler schärfte und sie gegenüber den Lehren ihrer Schulmeister weniger folgsam sein ließ. Daher stellte sich das Problem der Aufrechterhaltung der Disziplin mit größtem Nachdruck. Sie nimmt einen wichtigen Platz in den ältesten erhaltenen Universitätsstatuten ein (u. a. Paris 1215, 1231; Cambridge, um 1250). Offensichtl. genossen die ma. Studenten, einschließl. der jungen Zöglinge der Artistenschulen, ein hohes Maß an Freiheit, zumal sie nicht dem weltl. Gericht unterworfen waren. Jeder Lehrer war innerhalb seiner Klasse für das würdige Betragen seiner Schüler verantwortlich; Sanktionen wurden vom Lehrer selbst oder aber von den Institutionen der Universität bzw. von den geistl. Aufsichtsbehörden ergriffen. Ziel von Disziplinarmaßnahmen war, die Studenten zu einem gewissen Arbeitseifer und geregeltem Fortgang der Studien sowie zu angemessenem Verhalten, zumindest in der Öffentlichkeit, zu veranlassen (angemessene Kleidung, Gebrauch der lat. Sprache usw.). Außerhalb der Vorlesungen und der Universitätszeremonien lebten die Studenten allerdings in kaum beschränkter Freiheit. Dies gilt insbes. für die »Studentenuniversitäten« des Bologneser Typs (→Bologna). Auch blieben die verhängten Strafen zumeist milde und bestanden in der Regel in leichten Geldbußen; Haft, Konfiskation und Relegation bzw. Verbannung (auf Zeit oder dauernd) wurden nur in den schwersten Fällen ausgesprochen. Daher ist es nicht verwunderlich, daß die Studenten des MA bei den Bürgern den Ruf unsteter und bohèmehafter Existenzen hatten.

Am Ende des MA erfolgte jedoch eine Verschärfung der Disziplin. Dies gilt zunächst für die Kollegien (→collegium), in denen die Studenten in festen sozialen Bindungen lebten und sich wechselseitig kontrollierten, was die Durchsetzung kontinuierl. Arbeit und allgemein beachteter Regeln des Gemeinschaftslebens erleichterte. Zumindest für die jüngsten Schüler wurde seit dem 15. Jh. in den Statuten die körperl. Züchtigung festgelegt. In gleicher Zeit wurden – im Zuge allgemeiner Reformen (Paris 1452) oder bei der Gründung neuer Univ. (insbes. in Deutschland) – allen Studenten verschärfte Disziplinarregelungen auferlegt (was sich gleichzeitig mit einer Ausschaltung der Studenten aus den Leitungsgremien der Univ. vollzog).

Universitäre Beamte hatten die Disziplin der Studenten zu überwachen, und man versuchte, die Studenten – zumindest die »Artisten« – allgemein zum Internatsleben (in Halls, Pädagogien etc.) zu zwingen. Diese Verschärfung der Schuldisziplin am Vorabend der Renaissance hatte polit. (Kampf der staatl. Autoritäten gegen die Autonomie der Univ.) wie psycho-pädagog. Gründe (Wahrnehmung der Besonderheit der intellektuellen und moral. Bedürfnisse bei Kindern und Jugendlichen, so bei →Johannes Gerson). →Erziehungs- und Bildungswesen.

J. Verger

Lit.: *zu [I]*: RAC III, 1213–1229 – LThK² III, 426–428 – DSAM III, 1291–1302 – W. Dürig, D. Eine Studie zum Bedeutungsumfang des Wortes in der Sprache der Liturgie und der Väter, Sacris Erudiri 4, 1950, 245–279 – Dom P. Bruylants, Les oraisons du Missel Romain, 1–2, 1952 – W. Jaeger, Das frühe Christentum und die griech. Bildung, 1963 – G. Greshake, Der Wandel der Erlösungsvorstellungen in der Theologiegesch., Quaestiones disputatae 61, 1973, 69–101 – *zu [II]*: DDC IV, 1274–1277 – P. Hinschius, System des kath. Kirchenrechts, IV–V, 1888–93 [1959] – *zu [III, 1]: Q. und Lit.*: DSAM III, 1291–1302 – Ps.-Boethius, De Disciplina scolarium, ed. O. Weijers, 1976 – M.-D. Chenu, Notes de lexicographie philosophique médiévale, Disciplina, RSPhTh 25, 1936, 686–692 – *zu [III, 2]*: Rashdall III, 353–376 und passim – A. B. Cobban, The Medieval Univ., 1975, passim – J. Verger, Les univ. françaises au XVᵉ s.: crise et tentatives de réforme, Cah. d'Hist. 21, 1976, 43–66 – P. Riché, Ecoles et enseignement dans le Haut MA, 1979, 189–220 – J. Leclercq, Lo sviluppo dell'atteggiamento critico degli allievi verso i maestri dal X al XIII s. (Università e Società nei secoli XII–XVI, 1982), 401–428.

Disc-thegn, kgl. Hofamt in England, erscheint unter dieser Bezeichnung im 10. Jh. (später *dapifer* oder →*steward* [Seneschall]): Wulfhelm, *discifer regis*, ist 926 Zeuge in einer Urkunde Kg. →Æthelstans; Kg. →Edmund soll 946 bei einem Bankett verletzt worden sein, als er einen steward schützte, und Kg. →Eadred (†955) vermachte »jedem rechtmäßig ernannten d.« die gleiche Summe Gold wie jedem *butler* und →*chamberlain*. Der steward erscheint aber als das höchste Amt im Hofhalt nicht vor der norm. Eroberung, und der *distain* des walis. Königshofes dürfte auch aus dieser späteren Zeit stammen. A. Harding

Lit.: L. M. Larson, The King's Household in England before the Norman Conquest, 1902 – H. D. Emanuel, The Latin Texts of the Welsh Laws, 1967.

Disentis, Abtei in →Churrätien im Vorderrheintal (Schweiz, Graubünden), am Weg zum Lukmanier-Paß. Die Hochgebirgslandschaft am Vorderrhein, nach dem Russeiner Felsen, hieß Disertinas (Verbrüderungsbuch v. Reichenau, Anfang 9. Jh.). Hier ließ sich der Franke Sigisbert nieder, der die Unterstützung des Placidus, eines Räters, erfuhr. Dieser wurde indessen vom Praeses Victor v. Chur (gesichert für 719) ermordet (Fest der Klosterheiligen Sigisbert und Placidus: 11. Juli). Die neuesten Ausgrabungen (H. R. Sennhauser) brachten aus dieser Zeit eine Rechteckkirche, St. Maria I, zutage, die Opfer eines Brandes wurde. Dazu kam die Kirche St. Martin I, deren Apsis stark eingezogene Schenkel hatte. Auf den Grundmauern der Apsis kam die noch erhaltene Krypta hinzu. Die erste große Schenkung der Victoriden von 720/730 ermöglichte die Errichtung einer dreischiffigen Pfeilerkirche St. Maria II, deren Größe eine Gemeinschaft voraussetzt. Aus ihr machte Abtbischof Ursicinus einen eigtl. Mönchskonvent. Er steht an der Spitze des D. er Eintrages im Liber Confraternitatum v. Reichenau. Den zahlreichen Mönchen entsprachen die karol. Großbauten: St. Maria III und St. Martin II, beides Saalkirchen mit Dreiapsidenabschluß (ca. 800).

Der Einfall der Sarazenen um 940 machte dem Kl. und seiner kulturellen Tätigkeit ein Ende. Die Mönche flohen mit ihren Kostbarkeiten rechtzeitig nach →Zürich (Großmünster). Zur Wiederherstellung der Abtei schenkte Otto I. 960 die Kirche von Pfäffikon (Zürich) und den Klosterhof zu Ems (Graubünden). Er besuchte bei seinem Lukmanierübergang 965 das Kl. und überließ ihm noch im gleichen Jahre seinen Eigenhof in Pfäffikon samt Zubehör. Otto II. und Otto III. bestätigten diese Schenkungen. An die Ottonenzeit erinnern die heute noch erhaltenen drei Apsiden von St. Maria IV. – Um das Jahr 1000 waren zwei Einsiedler als Reformäbte in D. tätig, Adalgott und Otker. Der bedeutendere war Adalgott, dessen Grab im MA bis zur Öffnung 1671 stets verehrt wurde (feierl. Erhebung 1672).

Nachdem die Ottonen D. faktisch als Reichsabtei oder kgl. Kammergut betrachtet hatten, übergab Heinrich II. 1020 die Abtei dem Bf. v. →Brixen für dessen Kirche. Für Heinrich II. war Brixen als Hüter des Brenners (→Alpenpässe) wichtiger als D. mit seiner Wacht am Lukmanier. Heinrich III. widerrief dies 1048, nachdem ihn Abt Odalricus auf die zugefügten Schäden hingewiesen hatte. Das Kl. blieb aber in der Folgezeit wieder Spielball der großen Politik, bis die Brixener Oberherrschaft unter Ks. Lothar v. Süpplingenburg ein Ende fand (ca. 1136).

1154 bestätigte Friedrich I. bei Pavia die früheren Besitzungen an der Lukmanierroute und fügte noch neue hinzu, die meist um den Lago di Varese lagen. Der Staufer ließ während seines 5. Italienzuges 1176 über den Lukmanier ein Ritterheer zu Hilfe kommen.

Die Klosterherrschaft, Casa Dei bzw. Cadi gen., erstreckte sich im 12. Jh. von der Schöllenenschlucht bis zum Petersbach bei Obersaxen. Der Abt hatte die hohe Gerichtsbarkeit und beanspruchte als Fs. Jagd und Fischfang, das Metallvorkommen und das Recht auf Zölle beim vielbesuchten Markt am Fest des Klosterheiligen (11. Juli). In den letzten Jahrzehnten des 12. Jh. drangen die →Walser über die Furka nach Ursern, wo der Abt ihnen gegen einen Erblehenszins (Abtzins) Boden zur Verfügung stellte. Zur Verselbständigung des Urserntales trug die Dauerbrücke über die Reussklamm bei. Walser zogen weiter über die Oberalp ins Klostergebiet und erneuerten den Konvent selbst (Walseräbte Burchard 1213, Gualfred 1225). Die Klostervogtei, vielleicht zuerst in Händen der Lenzburger, erscheint 1213 im Besitz derer v. Sax-Misox und gelangte Mitte des 13. Jh. an die Gf.en v. →Werdenberg. 1251 erschien auch erstmals urkundlich das Volk der Klosterherrschaft als Rechtsperson (communitas).

Sehr verdient um Liturgie und Scriptorium, Schule und Finanzen war Abt Thüring v. Attinghausen (1327–53), früher Mönch in →Einsiedeln. Die Pest von 1348/49 raffte drei von den fünf Mönchen hinweg. Thürings Nachfolger Jakob v. Buchhorn († 19. Mai 1367 durch Mord) wirtschaftete schlecht und verpachtete die Bergwerke im Medelsertal an Innerschweizer. Abt Johann v. Ilanz (1367–1401), der erste Abt mit dem Recht auf die Pontifikalien, förderte die Entfaltung der Landsgemeinde der Cadi. Er gründete 1395 mit Brun u. Räzüns und Albrecht v. Sax-Misox den Ilanzer Bund, auch Oberer oder Grauer Bund genannt, durch den Landesherren und Gemeinden gemeinsam für den Frieden sorgen wollten (→Graubünden). Abt Johann gelang auch der Auskauf der Vogtei 1401. Nachfolger war Abt Petrus v. Pontaningen (1402–38), der 1424 in Truns den Ilanzer Bund erweiterte und dessen Bundesgericht wesentlich stärkte.

Abt Johann IV. Schnagg (1464–97), der die Reihe der Schwabenäbte eröffnete, förderte den Zusammenschluß des Grauen Bundes mit dem Zehngerichtenbund 1471. Er konnte auch von den Gf.en v. Zollern 1472 die Herrschaft Jörgenberg kaufen. Indes mußte er den staatskirchl. Tendenzen der Cadi nachgeben (1472, 1477). Unter ihm und seinem Nachfolger Johann V. Brugger (1497–1512) lassen sich keine Beziehungen zu einem Mittelpunkt der damaligen Klosterreform nachweisen. Die Unterstützung des →Gotteshausbundes im →Schwabenkrieg von 1499 und die bisherige Politik für Frieden und Zusammenschluß machten das Kl. so verdient, daß die Bestimmungen des zweiten Ilanzer Artikelbriefes vom 25. Juni 1526 (Abschaffung der weltl. Macht des Abtes, Verbot der Novizenaufnahme usw.) auf D. nicht angewendet wurden und so den Weiterbestand des Kl. ermöglichten. Es erlebte in der Barockzeit eine neue Blüte. Iso Müller

Q.: Bündner UB, I–III – *Lit.*: DHGE XIV, 516–519 – E. POESCHEL, Die Kunstdenkmäler des Kantons Graubünden 5, 1942 – I. MÜLLER, Gesch. der Abtei D., 1971 – Zu dem in Maria II gefundenen Taufbecken: Fschr. O. P. CLAVADETSCHER, 1984, 28-35.

Disibodenberg, Kl. Nach der Vita des ir. Wandermönches Disibod der hl. →Hildegard v. Bingen ließ sich dieser zu Beginn des 7. Jh. auf dem dann nach ihm benannten Berg am Zusammenfluß von Nahe und Glan (Rheinland-Pfalz, Donnersbergkreis) nieder und schuf an einer Taufkirche eine Klerikergemeinschaft. Nach Zurückdrängung von Trierer Einflüssen geriet sie in Besitz des Ebm.s →Mainz. Nach wechselvollem Geschick gründete Ebf. Willigis um 1000 ein Stift, das geistl. Zentrum des mittleren Naheraums wurde, eine erhebliche Rolle im Landesausbau spielte und über einen kleinen Ministerialenverband verfügte. Ebf. Ruthard ersetzte 1108 die Stiftsherren durch Benediktiner cluniazens. Observanz aus St. Jakob (Mainz) und machte D. zum Eigenkloster und für fast vier Jahrhunderte zum auch militär. Stützpunkt des Erzstiftes. Angeschlossen war 1112 ein Frauenkonvent, der unter Hildegard auf den →Rupertsberg bei Bingen verlegt wurde. Eine Basilika aus der 1. Hälfte des 12. Jh. enthielt Disibods Hochgrab (Jahrtag: 8. Sept.). Aus dieser Zeit stammen die D.er Annalen. Infolge des Niederganges durch die wirtschaftl. Inanspruchnahme seitens der Ebf.e in der Stauferzeit geriet das Kl. in große Schwierigkeit und wurde 1259 Zisterziensern aus Otterberg überlassen. Die Mainzer Herrschaftsrechte blieben zunächst erhalten, wurden aber durch die Mainzer Stiftsfehde von 1461/63 so geschmälert, daß sich eine pfgfl. Vogtei entwickelte. Ihr fiel das Kl. zum Opfer, es wurde 1559 durch Hzg. Wolfgang v. Pfalz-Zweibrücken aufgehoben. A. Gerlich

Q.: Vita Disibodi, AASS Jul 2, 1721, 581–599 – Annales S. Disibodi, MGH SS 17, 6–30 – Mainzer UB, hg. M. STIMMING – P. ACHT, 2 Bde, 1934–71 – *Lit.*: H. BÜTTNER, Stud. zur Gesch. von D., SMGB 52, 1934, 1–46 – W. SEIBRICH, Die Pfarrorganisation im linksrhein. Ebm. Mainz, 1977, 135ff. – DERS., Gesch. des Kl. D. (Hildegard v. Bingen, hg. A. PH. BRÜCK, 1179–1979, 1979), 55–75 – E. SALDEN-LUNKENHEIMER, Die Besitzungen des Ebm.s Mainz im Naheraum, 1981², 7ff., 23ff., 36ff., 65ff., 85ff.

Disinherited, the ('die Enterbten'), Bezeichnung für die Anhänger von Simon de →Montfort, deren Güter nach der Entscheidungsschlacht v. →Evesham im Sept. 1265 von Kg. Heinrich III. konfisziert und an seine Anhänger neu verteilt wurden. Die rebell. Anhänger Simons de Montfort nahmen nun Zuflucht zu einer Art »Guerilla«-Kriegführung und machten →Axholme und →Kenilworth zu Hauptzentren ihres Widerstandes. Mit der Friedensakte, die als »Dictum of Kenilworth« bekannt ist, erlaubte Heinrich III. ihnen schließlich, wieder ihre Güter von den Günstlingen des Kg.s zu übernehmen, gegen die Zahlung von Geldbußen, deren Höhe sich nach dem Grad ihrer Beteiligung an der Rebellion richtete. Nach langwierigen Rechtsverhandlungen erhielt der größte Teil der D. seine Besitzungen zurück, jedoch nicht ohne große Opfer.

Die Anhänger des Kg.s errichteten nur wenige neue Herrschaften oder erweiterten ihre bestehenden Besitzungen durch Erwerb von Gütern, die die in finanzielle Schwierigkeiten geratenen früheren Rebellen nicht mehr zu halten vermochten. C. H. Knowles

Lit.: F. M. POWICKE, Henry III and the Lord Edward, 1947 – C. H. KNOWLES, The Resettlement of England after the Barons' War, 1264–67, TRHS 5th ser. 32, 1982, 25–41.

Dispens. Bereits die frühe Kirche kannte neben der strengen Anwendung der Normen des NT und des kirchl. Rechts eine milde Anwendung, die unter dem Einfluß der Idee der göttl. Heilsökonomie, aber wohl auch unter dem Einfluß von platon. und stoischer Philosophie in die οἰκονομία bzw. dispensatio bezeichnet und auch auf bibl. Grundlagen gestellt wurde. D. bedeutete ganz allgemein die nur durch göttl. Recht und die guten Sitten beschränkte Änderung einer Norm, insbes. eben das Gestatten einer Abweichung von dem, was an sich geboten oder verboten war, um des Erbarmens, der Notwendigkeit oder des Wohles der Kirche willen. Die D. wurde von einer legitimen Autorität (den Bf.en, Konzilien, dann in steigendem Maße von den Päpsten) gewährt, und zwar sowohl ante factum (vgl. etwa im Falle der Bischofsweihe des hl. →Ambrosius) als auch post factum (vgl. etwa c. 30 des Konzils v. →Epaône, 517, durch den die Fortführung bestimmter, an sich verbotener Ehen gestattet wurde). In dieser weiten und später unter bestimmten Voraussetzungen auch auf das private Wohl einzelner ausgedehnten Weise bildete die D. ein Gemeingut der kirchl. Praxis und Literatur, ohne jedoch im strengen Sinn definiert oder auf den rechtl. Bereich eingeschränkt zu werden (vgl. etwa die »klassische« Stelle bei →Kyrillos v. Alexandria [ep. 56, MPG 77, 319], die u. a. auch von →Ivo v. Chartres [vgl. den Prolog zum Dekret, MPL 161, 54, und epp. 144, 171 und 217, MPL 162, 151, 174, 218] sowie von →Gratian [C.1 q.7 c.16] übernommen wurde). Erst mit →Rufinus beginnt die rechtstheoret. Erfassung und gleichzeitige Einschränkung der D. auf den heute in der kath. Kirche geltenden D.-Begriff der nur subjektives Recht gewährenden Befreiung von einem Gesetz im Einzelfall. Ausgehend von einem Dictum Gratians (ad C.1 q.7 c.6) definierte Rufinus die D. als »iusta causa faciente ab eo, cuius interest, canonici rigoris casualis facta derogatio« und unterschied klar zw. einer D. in factis und in faciendis (Summa decretorum, ed. SINGER, 234ff.). Damit war der Ansatzpunkt gegeben zu einer Abgrenzung der D. von Abrogation, Derogation und Obrogation, von Interpretation und →Absolution von Sünden und Strafen, von →Aequitas und Epikie, von Erlaubnis, Tolerierung und Dissimulation, von Konvalidation und sanatio in radice, die durch die nachfolgenden →Dekretisten und →Dekretalisten erfolgte. Eine volle rechtstheoret. Abgrenzung der D. vom →Privileg gelang allerdings erst den Kanonisten des 17./18. Jh. (Reiffenstuel, Schmalzgrueber). Mit Rufinus begannen auch die wissenschaftl. Erörterungen über den Träger der Dispensgewalt (wobei sich im 13. Jh. zwei Schulen gegenüberstanden, deren eine den Grundsatz vertrat, daß nur der Papst vom gemeinen Recht dispensieren könne, während die andere diese Vollmacht auch den Bf.en zugestand, sofern sie ihnen nicht ausdrückl. untersagt war), über den Rechtsgrund der D., deren Umfang und Endigung. – In der kirchl. Praxis wurden D. u. a. gewährt für Festtags- und Fastengebote (→Fasten; vgl. z. B. →Butterbriefe), Eheimpedimente und Eheschließungsform (→Ehe), Weihehindernisse (→Weihe) und zur Rückversetzung in den Laienstand (→Kleriker, →Mönchtum). C. G. Fürst

Lit.: DDC III, 1284–1296 – FEINE, passim – PLÖCHL, passim – M. A. STIEGLER, Dispenswesen und Dispensrecht im Kirchenrecht, 1901 – J. BRYS, De dispensatione in iure canonico praesertim apud decretistas et decretalistas, 1925 – A. VAN HOVE, De privilegiis et dispensationibus, 1939

Dispensatores, seit Cicero bekannt als Kassenbeamte und Rechnungsprüfer in städt. und ländl. Familien, ihrem Stand nach meist →Sklaven, verantwortl. für Einnahmen und Ausgaben im Haushalt (z. B. Petron. 30,2), bereits v. der Zeit des Augustus an auch für die Verwaltung des ksl. Privatvermögens zuständig (Suet. Aug. 67,1). In dieser wichtigen Stellung konnten die d. als Vertrauensleute ihrer Herren im Hauswesen Ansehen und Vermögen erreichen und sogar spätere →Freilassung (z. B. CIL VI 9327). In der Kaiserzeit finden wir d. als untergeordnete Chargen auch in der Armee (CIL V 2155 und 2157) (→Heer, -wesen), als niedere Beamte in der städt. Vermögensverwaltung (CIL V 83) und schließlich treten ksl. Sklaven in den meisten Verwaltungszweigen als Beauftragte für das Kassenwesen auf (→Finanzwesen, -verwaltung). Im christl. Bereich erscheinen sie als Verwalter für das Kirchenvermögen (Cod. Iust. 1,3,32,4). R. Klein

Lit.: KL. PAULY II, 105 – RE V, 1, 1189–1198 – O. HIRSCHFELD, Die ksl. Verwaltungsbeamten bis auf Diokletian, 1905, 461.

Dispositio. Die D. nimmt inhaltl. wie formal die zentrale Stellung im Urkundenformular ein. In ihr wird der Rechtsakt beschrieben, der in der Beweisurkunde festgehalten, in der dispositiven Urk. vollzogen wird (→Urkunde) und darum das bes. Interesse v. a. der rechts-, verfassungs-, sozial- und besitzgeschichtl. Forschung findet. Als Bestandteil des →Kontextes folgt die D. auf die →Arenga und hängt eng mit →Publicatio, →Narratio und →Petitio zusammen, die bisweilen in die D. aufgenommen sind. Auf Grund der möglichen unterschiedl. Verfügungen des Urkundenausstellers – Schenkungen mit Angabe der Pertinenzien, Besitzbestätigungen mit teilweise sehr umfangreichen Güteraufzählungen in Form der Enumeratio bonorum, Verleihung der →Immunität oder des freien Wahlrechts, Exemtion, Vertragsformeln, Belehnungen, Privilegien (v. a. die spätma. Gerichtsstandsprivilegien), auch Bitten an geistl. Empfänger, für den Aussteller zu beten, u. a. – entzieht sich die D. einer klaren Systematisierung und wird sowohl formal wie quantitativ dem jeweiligen Rechtsvorgang individuell angepaßt. Dabei können Verfügungen unterschiedl. Rechtscharakters summiert sowie verschiedenartige →Vorurkunden mit abweichenden Bestimmungen bestätigt werden. Seit der zweiten Hälfte des 11. Jh. macht die D. in Königskanzlei Bestimmungen aus Vorlagen in der D. als Inserate kenntlich, jedoch werden erst seit dem 13. Jh., wohl unter dem Einfluß der siz. Kanzlei, wörtl. Übernahmen mit ausdrückl. Hinweisen üblich. Da die D. den Willensakt des Ausstellers in präziser Form enthält, wird sie zusammen mit Angaben zu Urkundenaussteller und Datierung häufig allein in die kopiale Überlieferung aufgenommen. B. Schneidmüller

Lit.: BRESSLAU I, 48 u. ö. – W. ERBEN, Die Kaiser- und Königsurkk. des MA in Dtl., Frankreich und Italien, 1907, 352–357 – O. REDLICH, Die Privaturkk. des MA, 1911, 23f. – P. CLASSEN, Kaiserreskript und Königsurk. Diplomat. Stud. zum Problem der Kontinuität zw. Altertum und MA, 1977², 157ff. [zuerst: ADipl 1, 1955; 2, 1956] – G. TESSIER, Diplomatique royale française, 1962, 35 u. ö. – F. DÖLGER-J. KARAYANNOPOULOS, Byz. Urkundenlehre I, 1968, 49 u. ö. – D. LOHRMANN, Formen der Enumeratio bonorum in Bischofs-, Papst- und Herrscherurkk. (9.–12. Jh.), ADipl 26, 1980, 281–311.

Dispositio Achillea, Verfügung des Kfs.en →Albrecht Achilles (→Hohenzollern), in der er am 24. Febr. 1473 seinen ältesten Sohn →Johann und dessen Söhne zu Nachfolgern in der Mark →Brandenburg bestimmte, während seinen Söhnen →Friedrich und →Sigmund und deren Erben die frk. Fsm.er zufielen, wobei über den Besitz der beiden Teilbereiche (»Land zu Franken« und »Land auf dem Gebirge und im Vogtland«) das Los zu entscheiden hatte. Weitere Söhne Albrechts sollten Geistliche werden und wurden am Landbesitz nicht beteiligt. Töchter erhielten ihre Aussteuer nur in Geld, nicht mehrmals 10000 rhein. Gulden. Albrecht Achilles belehnte seine drei erstgeborenen Söhne zur gesamten Hand, nur der Kurfürsten- und Erzkämmerertitel sowie das Kurzepter blieben dem Mgf.en Johann und dessen Nachfolgern vorbehalten. Strittig ist die Frage, ob es sich um ein für alle Zukunft gültiges Erbgesetz handelt oder nur um eine familiäre Erbteilung, die weder den Grundsatz des Erstgeburtsrechts noch die Unteilbarkeit des Kfsm.s Brandenburg gemäß den Bestimmungen der →Goldenen Bulle ausdrücklich enthält. Mit der Drittelung seines Herrschaftsbereichs hat Mgf. Albrecht Achilles eine weitere Teilung des Besitzes und damit der Einkünfte verhindern wollen. Praktisch hat die D.A. eine endgültige Lösung der Mark Brandenburg von den frk. Fsm.ern der Hohenzollern bewirkt. W. Ribbe

Ed.: H. v. CAEMMERER, Die Testamente der Kfs.en v. Brandenburg und der beiden ersten Kg.e v. Preußen, 1915, 27–43 – Die polit. Testamente der Hohenzollern, hg. R. DIETRICH (= Veröff. aus den Archiven Preuß. Kulturbesitz 20), 1984 – *Lit.:* E. BERNER, Die Hausverfassung der Hohenzollern, HZ 52, 1884, 78–121 [vgl. dazu: H. SCHULZE, Die Hausgesetze der regierenden dt. Fürstenhäuser III, 1883, 539–794] – W. KLANK, Die Entwicklung des Grundsatzes der Unteilbarkeit und Primogenitur im Kfsm. Brandenburg [Diss. Erlangen 1908] – O. HINTZE, Die Hohenzollern und ihr Werk. Fünfhundert Jahre vaterländ. Gesch., 1915[5], 101f. – K. DAVID, In welchem Umfange kann von einer Einführung der Primogenitur in der Mark Brandenburg durch die D.A. gesprochen werden? [Diss. masch. Frankfurt a.M. 1924] – H. HALLMANN, Letztwillige Verfügung im Haus Brandenburg 1415 bis 1740, FBPrG 37, 1925, 1–30 [überarb. Fassung einer Phil. Diss. masch. Bonn 1923] – J. SCHULTZE, Die Mark Brandenburg 3, 1963, 121–123.

Disputà, in der christl. Kunst eine bildl. Darstellung des Gesprächs um theol. Dogmen, bei der der Gesprächsgegenstand inmitten oder oberhalb der Disputierenden erscheint. Die im SpätMA aufkommende D. soll seit der Reformationszeit die kath. Glaubenslehre verherrlichen und damit verteidigen; frühes bedeutendes Beispiel von Raffael 1509 in der Stanza della Segnatura des Vatikans; etwas früher Tafelbild von H. Wertinger in der Bayer. Staatsgemäldeslg. München. G. Binding

Lit.: LCI I, 508f. [Lit.].

Disputa del Alma y del Cuerpo → Streitgedicht

Disputacie van Onser Vrouwen ende van den Heilighen Cruce, mndl. Gedicht (überliefert in Ms. Stuttgart, Württemberg. Landesbibl., Cod. poet. et philol. fol. 22, und in Ms. Groningen, U. B., 405), Jacob van→Maerlant zugeschrieben. Das Gedicht ist eine kontaminierende Bearbeitung von vier lat. Gedichten. Die 46 dreizehnzeiligen Strophen lassen sich in drei Abschnitte gliedern, denen jeweils eine einleitende Strophe vorangeht. Strophe 2–25 enthält eine an das Kreuz gerichtete Klage Marias und die Antwort, die das Kreuz ihr gibt, Strophe 17–32 eine Klage Jesu über die Menschheit; im Schlußteil wird die Frage aufgeworfen, welches der wahre Baum des Lebens sei, Maria oder das Kreuz. Das Grundthema des Gedichtes ist das Problem der Erlösungswerkes. A.M.J. van Buuren

Bibliogr.: A. ARENTS, Jacob van Maerlant, proeve van bibliogr., 1943 – *Ed.:* Jacob van Maerlant's Strophische gedichten, hg. J. VERDAM – P. LEENDERTZ Jr., 1918 – Uit de strophische gedichten van Jacob van Maerlant, hg. J. VAN MIERLO, 1954 – *Lit.:* W. FRIEDRICH, Der lat. Hintergrund zu Maerlants »Disputacie« [Diss. Leiden 1934] – J. VAN MIERLO, Jacob van Maerlant, zijn leven, zijn werken, zijn beteekenis, 1946, 99–108.

Disputatio(n). [1] *Philosophie u. Theologie:* a) Die D. ist im Schulverständnis die schlußfolgernde Erörterung einer These in der wiss. Auseinandersetzung; sie gliedert sich in These, Einwand (Problem- und In-Frage-Stellung) und Antwort (mit Entscheidung, Einrede und Auflösung des Einwandes). Die Kenntnis der aristotel. Lehre von den Fehlschlüssen, die einerseits durch die Kommentatoren, andererseits seit ca. 1130 durch die lat. Übersetzungen der Sophistici Elenchi dem MA vermittelt wurde, hat wesentl. zur Ausbildung der D. beigetragen. Sie schärfte den Blick für die D. demonstrativa, die aus den je eigenen Prinzipien der Wissenschaft argumentiert, die D. dialectica, die in der Auseinandersetzung den Gegensatz mit Wahrscheinlichkeitsgründen beweist, die D. temptativa, die den Gegner auf die Probe stellt, indem sie sich auf das stützt, was der Antwortende billigen muß, und die D. sophistica, die Scheingründe geltend macht (Aristoteles, De sophisticis elenchis c. 2, 165b 7–8 und die frühen Glossen des Alberich v. Paris, Jakob v. Venedig und der Pariser Summa Sophisticorum Elencorum, ed. L. M. DE RIJK, I, 257–458). Die techn. Anweisungen zur D. las die Schule im 8. Buch der aristotel. Topik (c. 11, 161a).

Thierry (Theoderich) v. Chartres († vor 1155), Gilbert v. Poitiers († 1154) und Clarenbald v. Arras († ca. 1150) argumentierten bei der Auslegung der Opuscula sacra des →Boethius über die Trinität auf der Grundlage der Elenchik. Petrus Abaelard analysierte in seiner Logik (»Ingredientibus«) und in seiner Dialektik die von Aristoteles, De interpret. c. 11, 17a 34–37 gen. Trugschlüsse; argumentativ brachte er in seiner »Theologia« die trinitar. Gotteslehre auf die reine, sprachlog. krit. Aussage. Nicht die Auslegung gegensätzl. Vätersentenzen in der Lectio vermittelt echtes Wissen, sondern die D. im Pro und Contra der Auseinandersetzung.

b) Die D. wurde im 12. Jh. neben der Lectio zur Lehr- und Literaturform in der Philosophie und Theologie. Petrus Lombardus († 1160) legte dem theol. Unterricht an der Pariser Domschule seine Sentenzensammlung zugrunde; er erklärte diese aber 'disserendo'. Aus den frühen Sentenzenglossen seiner Schüler (z. B. des Petrus Comestor) wissen wir um diese D. Odo v. Soisson († ca. 1171) disputierte in der Domschule neu die Lehraussagen des Lombarden und hinterließ ein umfangreiches Quästionenwerk (in Schülernachschriften) (ed. J. B. PITRA, Spicileg. Solesm. II, Paris). Robert v. Melun war nach Johannes v. Salisbury (Metalogicon III c. 10) ebenso scharfsinnig in der Fragestellung wie in der Argumentation. Stephan Langton bezeichnet in seiner (um 1220 verfaßten) Sentenzenglosse (ed. A. M. LANDGRAF, BGPhMA 37.1, 1952, 129) die 23. Distinktion des 3. Buches der Sentenzen (über den Glauben) als »tractatus et difficilis et disputationibus plenus«. Die Quaestiones disputatae des Simon v. Tournai und des Petrus Cantor zeigen, daß in den Schulen übungshalber auch außerhalb der Lectio disputiert wurde (zunächst wohl noch nicht in der späteren Rollenverteilung von Magister, Opponens und Respondens). Die Sententiae des Petrus v. Poitiers sind ebenso wie die Quästionensummen des 12. und 13. Jh. (des Simon v. Tournai, Alanus ab Insulis, Petrus Cantor, Robert Courson u. a.) lit. Frucht der Schul-Disputation. Petrus Cantor hat auch die gegensätzl. Schriftaussagen der Bibel (in: »De tropis loquendi«) nach den elench. Regeln geklärt (vgl. RBMA IV n. 6452).

c) Mit der Organisation der Univ. Paris zu Beginn des

13. Jh. erfuhr die D. ihre bekannte akadem. Form. Die »licentia legendi, disputandi et determinandi Parisius et ubique locorum« (Chart. Univ. Paris. II n. 639 p. 105) gehörte das ganze MA zu den unbestrittenen und sorgsam gehüteten Vorrechten der Magister. Die Bakkalare mußten in der theol. Fakultät nach der Sentenzenerklärung 2 Jahre argumentando und respondendo an den D.nen teilnehmen und wenigstens fünfmal an den feierl. D.nen der Fakultät teilnehmen. Zu den akadem. D.nen zählen:

α) die Quaestiones disputatae, die regelmäßig in allen vier Fakultäten der Univ. an den dies disputabiles stattfanden. Alexander v. Hales disputierte vor seinem Eintritt in den Franziskanerorden (1236) als weltgeistl. Magister der Theologie regelmäßig und gliederte die einzelnen Quästionen sorgfältig (ed. Bibl. Franc. Schol. XIX–XXI). Thomas v. Aquin disputierte in seiner 1. Pariser Lehrtätigkeit (1256–59) die 29 Quästionen »De veritate«, die er jeweils in Artikel untergliederte. Bei der Publikation wurden die D.nen überarbeitet und in die bekannte lit. Form der Quaestio gebracht: Fragestellung, die beiden Reihen der Argumente pro et contra, Lehrurteil des Magisters, Antworten auf die Argumente contra. Die Magister der Artistenfakultät haben die ars disputandi in den Lehrbüchern der Dialektik methodisch gelehrt, in den sog. →›Sophismata‹ (insolibilia, impossibilia) geübt und in den D.nen angewandt. In »Parens scientiarum« vom 13. April 1231 wurden die Theologen von Gregor IX. ermahnt, in ihren Schulen nur solche Fragen zu disputieren, die von den Lehrbüchern und Väterschriften stammen (Chart. Univ. Paris. I n. 78, p. 138). In den Wirren um 1280 mußten sich die Artisten eidlich verpflichten, keine rein theol. Fragen zu disputieren (ebd. n. 501, p. 587).

β) die D. de quolibet (später verkürzend Quodlibet genannt), die zweimal im Jahr vor Ostern in der Quadragesima und vor Weihnachten im Advent gehalten wurde. Sie war fakultätsöffentlich; Magister, Bakkalare und Studenten nahmen teil. Die Fragen über beliebige Probleme (de quolibet!) wurden teils vom Magister, teils von den Bakkalaren aufgeworfen. Diese D. konnte sich auch über mehrere Tage erstrecken. Sie wurde mit verteilten Rollen durchgeführt; die 'Determinatio' mußte der leitende Magister geben. Die akadem. und lit. Entwicklung der D. de quolibet im 13. und 14. Jh. (von Alexander v. Hales bis Jan Hus) ist noch nicht vollends geklärt. Die lit. Form erhielten die D.nes bei der Veröffentlichung durch die Magister. Die quodlibetale Literatur des MA ist ein wichtiges Zeugnis der Geistesgeschichte (vgl. P. GLORIEUX, V, 9–95; XXI, 9–50).

γ) die D. bei der Magisterpromotion in vesperis in aula, bei welcher der Lizentiat in einer abendl. D. (vesperiae) mit Kollegen über die 2. der 3 von ihm vorgelegten Quaestiones (letztmals als respondens) disputierte und darauf in der bfl. Aula die D. der 3. Frage als Magister leitete. Zu den Vesperien des Durandus de S. Porciano vgl. J. KOCH, 160–168.

δ) die »öffentlichen Streitgespräche«, die dem MA aus der Väterzeit bekannt waren (vgl. PHILIPP V. HARVENGT, Vita b. Augustini c. 20 MPL 203, 1220), z. B. die D. des Lanfranc gegen Berengar (vgl. GUITMUND, De corporis et sanguinis Christi veritate I, MPL 149, 1428), des Johannes Pecham gegen Thomas v. Aquin (vgl. ASS, 7. März), des Heinrich v. Gent gegen die Mendikantenorden über die Pastoralprivilegien (Quodl. XII q. 31) und viele andere (bis zu den Schaudisputationen in der Renaissance und Reformation).

d) Auf niederer akadem. Ebene wurden D.nen übungshalber (ohne Universitätsöffentlichkeit) in den Studienkollegs gehalten, z. B. die Sorbonica, eine D. der socii der Sorbonne, die am Samstagabend (später darum 'Sabbatina' genannt) unter einem magister studentium über Fragen des theol. Lehrbuchs (der Sentenzen des Lombarden) pflichtgemäß gehalten wurde (vgl. Chart. Univ. Paris. II n. 1096 p. 554–557). Als offene D. von Nicht-Anwesenden könnte man die quaestiones principii bezeichnen, die feierl. Einleitungsvorträge der Sentenciarii zu den 4 Büchern des Sentenzenbuches, in denen sie sich mit den sententiarii anderer Lehrstühle auseinandersetzen mußten (vgl. F. EHRLE). L. Hödl

Lit.: P. GLORIEUX, La Littérature Quodlibétique I–II, Bibl. Thom. V, 1925; XXI, 1935 – F. EHRLE, FSt., Beih. 9, 1925, 39–56 – J. KOCH, BGPhMA XXVI, 1927, 160–168 – F. PELSTER, Schol 5, 1930, 46 – A. M. LANDGRAF, Zur Technik und Überlieferung der D., CF 20, 1950, 173–188 – L. M. DE RIJK, Logica modernorum, I–II, 1962–67 – P. MANDONNET, St. Thomas, créateur de la dispute quodlibétique, RSPhTh 15, 1926, 477–506; 16, 1927, 5–38 – U. GERBER, D. als Sprache des Glaubens. Eine Einf. in das theol. Verständnis der Sprache an Hand einer entwicklungsgesch. Unters. der d. und ihres Sprachvollzugs (Basler Stud. hist. systemat. Theol. 15), 1970, 323f. [Lit.] – Les Genres littéraires dans les Sources théol. et philos. méd., 1982 [Beitr. von B. C. BAZAN und J. F. WIPPEL].

[2] *Juristische Disputationen:* An den Rechtsschulen wurden d.nes ('Abhandlungen, Untersuchungen') als bes. Unterrichtsform neben den Vorlesungen (→Lectura) veranstaltet, in →Bologna schon vor der Mitte des 12. Jh. Erörtert wird ein Rechtsfall (casus) oder Sachverhalt, der im Corpus iuris nicht geregelt ist und deshalb zur Ursache eines Rechtsstreits (causa) werden kann und eine Untersuchung der Rechtslage (quaestio iuris) erheischt. Es wird z. B. untersucht, wer Eigentümer der betreffenden Sache ist oder ob das Legat oder die Ehe gültig ist, v. a. aber, ob aus dem Sachverhalt eine Klage (→Actio) abgeleitet werden kann. Da die »Rechtsfrage« aus dem Sachverhalt hervorgeht, »auftaucht«, handelt es sich um eine quaestio iuris de facto emergens (vgl. C. 6,42,32). Andere Rechtsfragen, wie sie durch Auslegungsschwierigkeiten und v. a. durch Widersprüche in den Rechtsquellen veranlaßt werden (→Quaestiones legitimae, Decreti und decretales, Quare; →Solutio Contrariorum), sind grundsätzl. nicht Thema der D., genausowenig wie die Frage nach der Wahrheit eines Ereignisses (quaestio facti).

Für die D.nen wurden Rechtsfälle aus dem Leben bevorzugt, die der Professor durch seine Gutachter-, Anwalts- oder Richterpraxis kennen mochte. Bes. geeignete Fälle wurden weitertradiert und so zu »Schulfällen«. Wenn der Rechtslehrer den Sachverhalt bekanntgemacht und die Frage formuliert hatte, trugen die Teilnehmer →Argumente zusammen, zuerst für eine bejahende und danach für eine verneinende Antwort. Zum Schluß gab der Professor seine Entscheidung bekannt, begründete sie und entkräftete die Gegenargumente. Daß die D.nen als Streitgespräche zw. zweien od. mehreren Studenten organisiert worden wären, ist nicht anzunehmen. Durch die D.nen sollten die Studenten in der Kunst der rechtl. Beweisführung geübt werden und auf die Rechtspraxis vorbereitet werden. D.nen fanden meist abends, an einem bestimmten Wochentag statt. Sie waren für die eigenen Studenten des Professors bestimmt, doch war statutar. angeordnet, in Bologna vermutl. seit der Mitte des 13. Jh., daß jeder Professor einmal im Jahr auch eine öffentl. D. durchzuführen habe.

D.nen wurden aufgezeichnet, oft von einem damit eigens beauftragten Studenten, dem reportator, und von ihm mehr oder weniger gründl. ausgearbeitet (quaestiones reportatae). Einige Rechtslehrer, z. B. →Pilius, →Hugolinus, →Roffredus de Epiphanio, haben selbst ausgearbeitete Sammlungen ihrer D.nen herausgegeben (quaestiones redactae). Die Professoren waren verpflichtet, ihre öffentl. D.nen dem Pedell der Universität zur Archivierung schriftl. einzureichen; Abschriften solcher archivierter D.nen von verschiedenen Autoren wurden ebenfalls gesammelt. Alle diese Aufzeichnungen bilden die wichtige Literaturgattung der legist. und kanonist. »disputierten Fragen« (→Quaestiones disputatae). P. Weimar

Lit.: DDC VII, 407–418 [LEFEBVRE/FRANSEN] – KUTTNER, 243f. – H. KANTOROWICZ, The quaestiones disputatae of the Glossators, TRG 16, 1939, 1–67 [auch in: DERS., Rechtshist. Schr., 1970, 137ff.] – G. OTTE, Dialektik und Jurisprudenz, 1971, 156ff., 219ff. – COING, Hdb. I, 144f., 242 [P. WEIMAR; weitere Lit.: S. 242 Anm. 1] – M. BELLOMO, Legere repetere, disputare (Aspetti dell'insegnamento giuridico nelle università medievali. Le 'quaestiones disputatae' I, 1974), 13–81 – M. BELLOMO, Saggio sull'università nell'età del diritto comune, 1979.

[3] *Disputatio in der pädagogischen Praxis*: Die D. war wesentl. Bestandteil des Unterrichts und – in weiterem Sinne – der intellektuellen Kultur des HochMA. Der aristotel. Dialektik entlehnte die d. ihr wichtigstes method. Instrument, den →Syllogismus, und ihre pädagog. Zielsetzung, nämlich der Wahrheit durch die method. Gegenüberstellung gegensätzl. Meinungen zum Siege zu verhelfen. In breitem Umfang an den Pariser Schulen (→Paris) des 12. Jh. praktiziert, wird die d. auch in den frühesten Quellen der Universität (1208–09, 1215) als Ergänzung der Unterrichtsform der →lectio (Vorlesung) erwähnt und fand Anwendung bei Artisten wie bei Theologen. In der Folgezeit wurde sie in allen Fakultäten und an allen Universitäten eingeführt. Für den Lehrer war die d. in erster Linie eine günstige Form der Darlegung, die es ihm erlaubte, sich vom Kommentieren der »Autoritäten« (→auctores, →auctoritas) freizumachen, um eine bestimmte Fragestellung zu vertiefen. Aber die d. war auch eine spezif. Schulübung: Der Magister stellte eine Frage (quaestio); ausgehend von dieser formulierte ein vom Magister ausgewählter Baccalarius, der respondens, eine These, die er gegen die Argumente der anderen zur d. aufgerufenen Baccalarii zu verteidigen hatte; zum Abschluß der d. fällte der Magister die Entscheidung (determinare), d. h. er faßte die Diskussion zusammen und trug seine eigene Lösung des Problems vor. Diese Résumés wurden zuweilen aufgezeichnet (unter der Bezeichnung »quaestiones disputatae«); derartige Schultexte sind uns zu tausenden überliefert. Diese schulmäßigen d.nes wurden regelmäßig abgehalten; sie stellten ein wesentl. Element der universitären Didaktik dar, da sie zum einen dem Magister die Gelegenheit boten, seine persönl. Auffassung zum Tragen zu bringen, zum anderen den Baccalarii ermöglichten, ihre in den Vorlesungen erworbenen Kenntnisse und ihre Beherrschung der Diskussionstechniken zur Schau zu stellen. Die Examina des Baccalaureats und des Lizentiats bestanden daher in erster Linie aus Disputationen, die der Kandidat erfolgreich zu bestehen hatte.

Im 14.–15. Jh. nahm die Bedeutung der d. ab, ohne völlig zu schwinden. Mystiker und Humanisten betrachteten sie als Musterbeispiel für die Mißbräuche der späten Scholastik, insbes. des →Nominalismus, und warfen dem Disputationswesen eitle Geschwätzigkeit und leeren Intellektualismus vor. Stattdessen forderten sie die Rückkehr zu den Regeln antiker Poetik und Rhetorik, des in ihren Augen einzig wahren Ausdrucks humanist. Werte.

Zu Disputationen zw. (lat.) Christen und anderen Religionsgemeinschaften→Religionsgespräch. J. Verger

Lit.: außer den zu [1] angegebenen Werken: A. G. LITTLE–F. PELSTER, Oxford Theology and Theologians, 1934 – P. GLORIEUX, L'enseignement au MA. Techniques et méthodes en usage à la Faculté de Théologie de Paris, au XIIIe s., AHDL 35, 1968, 65–186 – J. J. MURPHY, Rhetoric in the MA, 1974.

[4] *Islamische Welt*: In der islam. Welt war die Disputation bis zum 9. Jh. eng mit der Theologie verbunden. Ihr hauptsächl. Anwendungsgebiet war während der frühen Zeit des Islams wohl die Kontroverse zw. Muslimen u. →*ahl al-kitāb* (→Religionsgespräch). Bis zum Ende d. 9. Jh. hatte das »Kitāb Adab al-ğadal« des Ibn ar-Rāwandi als Handbuch der d. große Berühmtheit erlangt. Dieses Buch ist nur in Fragmenten überkommen, doch können wir aus Werken islam. Theologen des 10.–11. Jh., die wahrschein. in der Nachfolge Ibn ar-Rāwandis standen, ein Bild der d. im Islam gewinnen: Die d. ist stets ein Gespräch zw. zwei Diskussionsgegnern, einem Fragenden und einem Antwortenden, die beide die→Wahrheit suchen. Der Antwortende muß vier Arten von Fragen beantworten: 1. was seine These sei; 2. welchen Beweis er für sie erbringe; 3. in welcher Weise sich der Beweis zur These verhalte; 4. Einwände des Fragenden. Weiterhin empfehlen die Handbücher Höflichkeitsregeln, die der Fragende und der Antwortende bei der Diskussion beachten sollen. Die Werke weisen Parallelen zu Aristoteles' »Topik« (VIII) auf, einige zeigen auch Anleihen bei »De Interpretatione« (20 b 26–7). Der aristotel. Einfluß beruht jedoch anscheinend hauptsächl. auf der Diskussion naturwissenschaftl. Fragen in der »Analytica Posteriora« (I). Diese Auffassung von der d. als einer Wissenschaft mit streng auf der Grundlage aristotel. →Dialektik beruhender Methode brachte die Theologen mit den arab. Philosophen in Konflikt, die auf die Dialektik (*ğadal*) herabblickten, da sie sie als eine der demonstratio *(burhān)* unterlegene Fertigkeit betrachteten. So soll →al-Fārābī das Werk ar-Rāwandis abgelehnt haben. Bis zum Ende des 11. Jh. war die d. dennoch ein integraler Bestandteil der jurist. Ausbildung geworden, wobei sie insbes. für die quaestiones disputatae der verschiedenen Rechtsschulen (*iḫtilāf al-fuqahā'*) wichtig war. Im Zuge dieser Entwicklung wurde die theol. d. den Bedürfnissen des islam. →Rechts angepaßt. Das Ziel der d. war nicht mehr, absolute Gewißheit, sondern die größte Wahrscheinlichkeit zu erlangen. Die Teilnehmer an einer d. wurden nun als Fragender und als proponens (der eine Lösung Vorschlagende) bezeichnet. Die aristotel. Kritik an einem Argument (Soph. El. 161a 26ff.) wurde von al-Ǧuwainī, dem Lehrer von →al-Gazzālī, angewandt. Im 13. Jh. zeigten sich die Lehrbücher der d. in zunehmendem Maß durch→Logik geprägt, was sich u. a. in langen Kapiteln über die Verwendung von Implikationsschlüssen nach dem Schema P–Q in der Jurisprudenz äußerte. Gegen Ende des 13. Jh. wurde von Šams ad-dīn al-Samarqandī eine generelle Theorie der d., *adab al-baḥṯ*, formuliert, um die Methoden der d. auf alle Fragen der Theologie, Philosophie und Jurisprudenz anwenden zu können. L. Miller

Lit.: J. VAN ESS, Disputationspraxis in der islam. Theologie, REI 44, 1976, 23–60 – G. MAKDISI, The Rise of Colleges, 1981 – L. MILLER, Islamic Disputation Theory [Diss. Princeton 1984].

Dissensiones (oder Diversitates) **dominorum** ('Meinungsverschiedenheiten der Herren') waren Kontroversen unter den Bologneser →Glossatoren über Rechtsfragen, d. h. über die Auslegung einzelner Stellen des Corpus iuris civilis, sowie schriftl. Sammlungen solcher Kontroversen. In Glossenapparaten und Summen gibt es zahlreiche Hinweise auf Meinungsverschiedenheiten der Vier Doktoren, v. a. zw. →Bulgarus, dem Befürworter einer strengen Auslegung der Rechtsquellen, und →Martinus Gosia, dem »Anwalt der Billigkeit (aequitas)«. Diese Kontroversen und andere wurden von den zwei Sekten der Rechtsschule v. →Bologna, den Nostri doctores und den Gosiani, gepflegt und noch in den Glossenapparaten von →Accursius erörtert. In der 2. Hälfte des 12. Jh. und am Anfang des 13. Jh. wurden D. in bes. Schriften gesammelt. Die wichtigsten sind: (1) eine anonyme Sammlung von Kontroversen zw. Bulgarus and Martinus (sog. Vetus Collectio, §§ 1–30 und 73–89 = sog. Coll. Rogerii, §§ 51–92; um 1160); (2) eine Sammlung von →Rogerius – so die Ed.pr. v. 1530 – oder von →Placentinus – so die Hs. Admont 88 (sog. Vetus Coll., §§ 31–72 = sog. Coll. Rogerii, §§ 1–50; kaum später); zwei Sammlungen aus der Schule des →Johannes Bassianus, beide um 1190, nämlich (3) die sog. Coll. Chisiana 218, §§ 1–140 (nennt Martinus Gosia »cornutus summus Arrianus«, 'gehörnter oberster Arianer', d. h. teufl. Erzketzer) und (4) die sog. Coll. Chisiana 211 (etwa 280 Kontroversen); (5) D. nach →Pilius (sog. Coll. Chisiana 218, §§ 141–171) sowie (6) die →Hugolinus zugeschriebenen D. aus der Schule des →Azo (470 Kontroversen zu Codex, Digesten und Institutionen in Legalordnung; 1216/1220). D. vermitteln einen vorzügl. Einblick in das Denken und Argumentieren der Glossatoren. P. Weimar

Ed.: Dissensiones dominorum, ed. G. Hänel, 1834 [Neudr. 1964] – V. Scialoja, Di una nuova collezione delle D. con l'ed. della collezione stessa, Studi e documenti di storia e diritto 9, 1888, 247–297; 11, 1890, 417–428; 12, 1891, 241–270 [auch in Ders., Studi giuridici II, 1934, 327–413; Ausg. der ersten 200 Stücke der sog. Coll. Chisiana 211] – *Lit.*: Savigny V, 245–258 – H. Kantorowicz, Stud. in the Glossators of the Roman Law, 1938 [Neudr. 1969], 87f. – Coing, Hdb. I, 241–245 [P. Weimar] [bei der auf S. 245 erwähnten Madrider Sammlung handelt es sich um die sog. Coll. Hugolini] – L. Mayali, De usu disputationis au MA, Rechtshist. Journal 1, 1982, 91–103.

Dissonanz-Konsonanz (lat. *dissonantia* als Übersetzung von griech. διαφωνία 'Auseinandertönen'; auch allgemeiner *discordantia* 'Nichtübereinstimmung') und ihr Gegensatz K. (lat. *consonantia* als Übersetzung von griech. συμφωνία 'Zusammentönen'; auch *concordia* 'Übereinstimmung') bezeichnen in Antike und MA die vorrangig math. begründbare, geschichtl. wechselnde, in sich abgestufte (»perfectae, mediae, imperfectae«) Einteilung der musikal. Intervalle nach Art ihrer konstitutiven Selbständigkeit (K.) oder Abhängigkeit (D.). Sukzessive und simultane Intervalle, also Melodieschritte und Zusammenklänge, unterliegen verschiedenen Auffassungen. Nach Pythagoras galten wegen ihrer math. einfachen Zahlenverhältnisse die sukzessiven Intervalle Oktave, Quinte, Quarte als konsonant. →Guido v. Arezzo bezeichnet zwar alle sukzessiven →diaton. Intervalle als Konsonanzen, doch sind in der frühen Mehrstimmigkeit auch nur Oktave, Quinte, Quarte als Zusammenklänge konsonant. Seit dem 14. Jh. wird die Quarte zu den dissonanten, seit dem 15. Jh. werden Terzen und Sexten zu den konsonanten Zusammenklängen gerechnet. Dissonante Zusammenklänge sind im modalen (wie tonalen) Satz Übergänge zw. K.en und bedürfen bes., satztechn. geregelter Vorbereitung und Auflösung. H. Leuchtmann

Lit.: MGG, s. v. D.-K. – Riemann, Sachteil s. v. Diaphonia, Discordantia, K. – New Grove, s. v. Consonance – LexMA, s. v. Diaphonia – R. Crocker, Pythagorean Mathematics and Music, Journal of Aesthetics and Art Criticism XII, 1963–64, 189ff., 325ff. – S. Gut, La notion de consonance chez les théoriciens du MA, Acta Musicologica XLVIII, 1976, 20ff.

Distelgewächse. Unter diese Sammelbezeichnung fallen zahlreiche, z. T. auch nur distelähnl. Pflanzen mit stachligen Stengel- bzw. Blattorganen ('Distel' leitet sich von idg. *(s)teig- 'stechen' ab), die nach der heut. Nomenklatur v. a. den Gattungen Carduus, Carlina, Cirsium, Cnicus, Dipsacus, Eryngium, Onopordum und Silybum angehören. Die im MA meist unter den Namen *cardu(u)s* oder *cardo* geführten, manchmal schwer zu trennenden D. betreffen im wesentlichen:

Eberwurz oder *Silberdistel* (Carlina acaulis [oder vulgaris] L./Compositae), u. a. *cardopat(h)ia*, *c(h)am(a)eleon(ta)* und altit. *carlina nera* (im Unterschied zu *carlina bianca* [wohl Onopordum acanthium L./Compositae]) genannt, deren ahd. Bezeichnung *ebirwurz* auf die veterinärmed. Anwendung gegen Schweineseuchen hindeutet. Nach dem Volksglauben sollte die E. ferner kräfteentziehend bzw. -übertragend bei Mensch und Tier wirken. Das durch Kontraktion aus 'cardelina' (vgl. frz. 'chardonnette') gebildete it. 'carlina' gab zu der (auch auf den hl. →Ladislaus v. Ungarn bezogenen und ikonograph. ausgeformten) Karlsdistel-Sage Anlaß, lt. der Karl (d. Gr.?) ein Engel im Traum die Wirksamkeit der E. gegen →Pest offenbart haben soll. – *(Kardo-)Benediktenkraut)* oder *Bitterdistel* (Cnicus benedictus L./Compositae), wobei die Bezeichnung *benedicta* einerseits auch für die Nelkenwurz (Geum urbanum L./Rosaceae) galt, andererseits zur Verwechslung mit der gleichnamigen Abführlatwerge des →»Antidotarium Nicolai« verleitete. – *Weberkarde* (Dipsacus sativus [L.] Honck./Dipsacaceae), deren mlat. Name *Cardo fullonum* (fullo 'Tuchmacher') die Verwendung der harten Blütenköpfe zum Krämpeln (Rauhen) der Wolle anzeigt. – *Mariendistel* (Silybum marianum [L.] Gaertn./Compositae), die nach der →Signaturenlehre (Stacheln gegen Stechen) gedeutet und daher volksmed. bei Herz- und Seitenstechen empfohlen wurde (Hildegard v. Bingen, Phys. I, 206; Gart. Kap. 101) sowie traumatolog. in der Wundarznei zum Einsatz kam. Unter dem zuerst ahd. belegten Namen *vêchdistil* ('mehrfarbige Distel', Steinmeyer-Sievers III, 488.11; 504.13; 594.8; 599.4; IV, 414.11) oder *vehedistel*, seit dem HochMA überwiegend für die M. gebraucht, hat man jedes auch andere D., etwa die Weberkarde oder den Feld-Mannstreu (Eryngium campestre L./Umbelliferae), verstanden.

Allgemein schrieb man den D.n im Volksglauben antidämon. und blitzabwehrende, bisweilen auch aphrodisierende Kräfte zu. Die Flugsamen (»gögelîn«) wurden zum Füttern gefangener Singvögel verwendet und spielen in der Benennungsmotivation des Stieglitzes (ahd. 'distilfinko') eine Rolle. In der Chirurgie (vgl. →Peter von Ulm, cap. 59, 64, 123, 265, 269) dienten sie wie die Blätter, Wurzeln, Blüten sowie von den Blüten abgelesene Insekten (»würmelîn«) als Mittel zur Wundbehandlung. Für die internmed. Praxis hingegen waren die D., insgesamt betrachtet, nur von untergeordneter Bedeutung. Gleichwohl finden sie sich schon seit dem 9. Jh. in Kräuterbüchern abgebildet (Hunger, s. v. 'cardus sylvaticus'), wobei die Mariendistel-Zeichnung in einer engl. Hs. des →Ps.-Apuleius von ca. 1100 (vgl. Gunther 38^v) durch ihre naturgetreue Darstellung überrascht. G. Keil

Lit.: Marzell I, 840–851, 1062–1065; II, 141–145, 307–316; IV, 330–333 – Ders., Heilpflanzen, 297–299 – Ders., Zur Gesch. der Mariendistel (Silybum Marianum Gärtn.) als Heilmittel, SudArch 32, 1939, 94–103 – HWDA II, 301f., 529–533; IV, 984f.; V, 1576–1578, 1690 – R. T. Gunther, The Herbal of Apulejus Barbarus (Ms Bodley 130), 1925 – The Herbal of Ps.-Apuleius from the Ninth-Century Manuscript in the Abbey of Montecassino, hg. F. W. T. Hunger, 1935 – H. Peters, Aus der Gesch. der Pflanzenwelt in Wort und Bild, 1928, 96–99 [Eberwurz] – G. Schmid, Carlina (Karlsdistel) und die Karlslegende (Krit. Beitr. zur Gesch. der MA, Fschr. R. Holtzmann, 1933), 221–251 – G. Eis, Zu dem Carlina-Bild des Münchner Cod. icon. 26, SudArch 50, 1966, 423–425 – H. J. Vermeer, 'Cardo benedicta das edlist krautt' (Fachlit. des MA, Fschr. G. Eis, 1968), 421–432 – H. Schadewaldt, Der Weg zum Silymarin, Med. Welt, NF 20, 1969, 902–914 – I. Rohland, Das 'Buch von alten Schäden', II: Komm. und Wörterverz. (Würzburger med. Forsch. 23), 1981, 61, 387, 420, 559, 593.

Disticha Catonis

I. Mittellateinische Literatur – II. Romanische Literaturen – III. Deutsche Literatur – IV. Mittelniederländische Literatur – V. Altnordische Literatur – VI. Englische Literatur – VII. Slavische Literaturen – VIII. Byzantinische Literatur.

I. MITTELLATEINISCHE LITERATUR: Im MA bildeten die vermutl. im 3. Jh. n. Chr. entstandenen D.C., in vier Büchern zusammengefaßte Spruchweisheiten und Lebensregeln, meist zusammen mit den Fabeln des Avian, die Anfangslektüre im Grammatikunterricht (→ Artes liberales, Auctores), so daß man die Hss. elementare Schultexte gelegentl. geradezu »Liber Catonianus« genannt hat. Der Inhalt der D.C. ermöglichte es, mit ihrer Lektüre moral. Unterweisung zu verbinden (»Ethica Catonis«; die Zuordnung der Bücher zu den vier Kardinaltugenden ist ma.); so finden sie sich auch in frühma. Zusammenstellungen von Schultexten, die sonst christl. Autoren vorziehen (vgl. GLAUCHE, 30).

Als Schulbuch sind die D.C. überaus häufig abgeschrieben, auch glossiert, kommentiert und in die Volkssprachen übersetzt worden. Zahllose Zitate, Anklänge, Anspielungen zeigen, in welchem Maße das Werk Autoren und Lesern gegenwärtig war. Schon für das 8. Jh. sind sie als Schulbuch durch eine Federprobe in einer span. Hs. bezeugt (überhaupt ging die Überlieferung ins MA wahrscheinl. über Spanien, vgl. B. BISCHOFF, SMGB 92, 1981, 170f.), und am Ende des MA war ihre Stellung immer noch unangefochten: In der Zeit des frühen Buchdrucks werden sie, u. a. mit den entfernten Abkömmlingen »Facetus« und »Floretus«, in die Sammlung der »Auctores octo morales« aufgenommen. Versuche ma. Autoren, die D.C. durch neue Werke als Anfangslektüre zu ersetzen, hatten keinen (→ Egbert v. Lüttich) oder nur beschränkten Erfolg (z. B. → Otloh v. St. Emmeram, »proverbia«).

Als Verfasser der D.C. hat man gelegentl. den C. Censorius (234–149 v. Chr.) angesehen: die Überschrift der ältesten Hs., des Veronensis CLXIII (8. Jh.) scheint dies anzudeuten, und der »Accessus Catonis« (→ Accessus) stellt es als eine Möglichkeit hin. Andererseits wußte man, daß der Censorius wegen der Erwähnungen Vergils und Lukans als Autor nicht in Frage kam. Das lehrt bereits der Kommentar des → Remigius v. Auxerre (ed. MANITIUS 109), ebenso wie z. B. → Konrad v. Hirsau (338ff.) und → Hugo v. Trimberg (Vs. 570) in ihren Literaturgeschichten.→Cato. G. Bernt

Ed. und Lit.: →Cato, Abschnitt I.

II. ROMANISCHE LITERATUREN: Die frühesten roman. Versionen der D.C. kommen aus dem französischsprachigen Raum. Everard le Moine (GRLMA 6,2, n° 2944) bot im 12. Jh. eine ziemlich getreue anglonorm. Fassung mit Kommentar, auf die sich der Benediktiner Elie de Winchester (GRLMA 6,2, n° 2940) in seiner ebenfalls anglo-norm. verkürzten Bearbeitung stützt. Aus dem 12. Jh. ist noch eine dritte anonyme anglonorm. Fassung bekannt (GRLMA 6,2, n° 2932). Um 1260 übertrugen Adam de Suel und Jehan de Chastelet die D.C. Eine Auswahl der Sprüche enthält die »Chronique dite de →Baudoin d'Avesnes« (1278/81). Die im frühen 14. Jh. von Jean Lefèvres angefertigte Übersetzung erschien erneut in der Inkunabelzeit (GW 6362–63): Eine weitere anonyme Paraphrase mit Kommentar liegt in 7 Wiegendrucken vor (GW 6363–70).

Die älteste kast. Übersetzung (13. Jh.) in →cuaderna vía ist nur über volkstüml. Drucke des 16. Jh. zu erschließen (z. B. »Castigos y exemplos de Caton«, Medina del Campo 1543; Faks. in »Los pliegos poéticos de la col. del Marqués de Morbecq«, 1962). Eine freie Fassung in →redondillas fertigte Martín García Payazuelo (Mitte 15. Jh.): »La traslation del muy excelente doctor chaton« (GW 6384, Faks. 1954). Gonzalo García de Santa María dichtete die Sprüche in →arte mayor nach (GW 6383, Faks. 1964). Lat. Drucken der D.C. ist in Spanien mehrfach der ps.-bernhard. Contemptus mundi beigegeben. Die Wirkung der Sentenzensammlung in der ma. span. Lit. mit reicher gnomischer Überlieferung schlägt sich in zahllosen Anspielungen, Zitaten und Kompilationen nieder (z. B. »Confectio Catoniana«, BN Madrid, ms. 9208, f. 27^r–78^r). Aus dem katal. und prov. Sprachraum ist je eine Übersetzung bekannt. →Cerverí de Girona greift in seinen »Proverbis« u. a. auf die D.C. zurück.

In Italien entstanden Versübersetzungen und Kommentare seit dem späten 13. Jh., z. B. die »Expositiones Catonis« des →Bonvesin da la Riva (GRLMA 6,2, n° 2924) in mailänd. Dialekt (Le opere volgari di B. de la R., ed. G. CONTINI, 1941) und der »Liber Catonis« von Catenaccio Catenacci d'Anagni (A. ALTAMURA, Testi napoletani del sec. XIII e XIV, 1949; Inkunabeldrucke GW 6371 und 6372). Girardo Patecchio aus Cremona gestaltete im 13. Jh. die D.C. in freier Übersetzung um. Eine anonyme Versfassung erschien in Padua nach 1475 (GW 6373). Costantino d'Andrea gab die D.C. in ottave rime 1493/94 in Venedig zum Druck (GW 6374). Neben einer glossierenden Ausg. (GW 6380) erlebte eine anonyme Prosaparaphrase (zuerst Bologna 1478) mehrere Auflagen (GW 6375–6379). D. Briesemeister

Ed. und Lit.: BOSSUAT n° 2646–2650 – Lo libre de Cato (1462) in Documentos literarios en antigua lengua catalana, 1857 – L'aifetement Catun translaté par Elye de Wincestre nebst den Überarbeitungen Everarts und eines Anonymus, ed. E. STENGEL, 1886 – s. a. G. LLABRÉSY QUINTANA, Jahuda Bonsenyor, 1889, 93–119 – R. TOBLER, Die altprov. Version der D.C., 1897 – J. ULRICH, Die Übers. der D. des Ps. Cato, RF 15, 1904 – M. BOAS, De Cato van Adam de Suel, 1935 – R. HAZELTON, The christianization of C. The D.C. in the light of late medieval commentaries, Medieval Stud. 19, 1957, 157–173 – E. RUHE, Unters. zu den afrz. Übers. der D.C., 1968 – R. E. SURTZ, Fragmento de un Catón glosado en cuaderna vía, Journ. of Hispanic Philology 6, 1982, 103–112.

III. DEUTSCHE LITERATUR: Schon →Notker Labeo († 1022) plante eine Übersetzung der D.C. ins Deutsche; diese ist nicht nachweisbar. Eine versifizierte Übertragung des gesamten Textes entstand in der Mitte des 13. Jh. im bair.-österr. Sprachraum. Die sehr reiche Überlieferung gliedert sich in drei Gruppen, von denen die jüngeren viele Änderungen und Umstellungen aufweisen. Ende des 13. Jh. entstand, ebenfalls im bair.-österr. Gebiet, eine zweite dt. Fassung der D. C., die sog. »Rumpfbearbeitung«. Sie ist zwar von der Gesamtübersetzung nicht unabhängig, gewinnt aber durch erhebliche Straffung (2/3 des Umfangs) und viele Zusätze aus deutschsprachiger didakt. Literatur ein eigenes Gesicht. Die große Anzahl weiterer selbständiger Übertragungen der D. C. (z. T. mit Kommentaren) in obdt., mfrk., nd. und mndl. Fassungen (s. Abschnitt IV) vom 13.–15. Jh. beweisen ihre Beliebtheit. Auch eine stark gekürzte Neuübersetzung in Prosa ist im 15. Jh. nachzuweisen (St. Galler Weltchronik). Nicht nur Sebastian →Brant und Martin Opitz haben die D. C. verdeutscht, sondern auch die Übertragungen gehen bis in das 19. Jh. – Die große Bedeutung des Werks für das dt. MA wird erkennbar durch die vielen Anspielungen und Zitate, die es in der didakt. Literatur (z. B. →Winsbeke, →Thomasin v. Zerklaere, →Freidank, Konrad v. Haslau und verschiedene→Tischzuchten etc.) hinterlassen hat.

P. Kesting

Lit.: Verf.-Lex.^{2} I, 1192–1196, s. v. Cato [P. KESTING].

IV. MITTELNIEDERLÄNDISCHE LITERATUR: Eine mndl. Bearbeitung der D.C. in paarweise reimenden Vierzeilern, am frühesten hs. belegt in dem Eenaamer Codex von ca. 1290, stammt wahrscheinl. aus dem Anfang des 13. Jh. Die Überlieferung reicht mit sechs Hss., jede mit eigener Auswahl und Anordnung der Strophen, einem Antwerpener Druck von Henrick Eckert (um 1500) und zwei späteren Ausgaben, bis ins 17. Jh. Die Einteilung in vier von kurzen Prologen eingeleitete Bücher ist in diesem »Dietscen Catoen« beibehalten; die Übersetzung ist sehr frei; in den insgesamt 143 mndl. Strophen lassen sich rund 120 der 144 Disticha des »Cato maior« wiederfinden. Der erste Prolog macht deutlich, daß es sich um ein Schulbuch handelt, »dattie clercken lesen, Alsi eerst ter scolen gaen«. Zitate aus dem »Dietscen Catoen«, z. B. im »Lekenspiegel« des Jan van→Boendale, im mndl. →Rosenroman und in der Reimchronik des Melis→Stoke bezeugen, daß diese Kondensierung stoisch-christl. Erbguts in Form einer Spruchsammlung auch bei Erwachsenen beliebt war. Unter dem Titel »Den grooten Cathoen« erschien 1535 in Antwerpen eine ndl. Übersetzung von Premierfaits frz. Prosabearbeitung der D.C. W. P. Gerritsen

Ed.: M. GYSSELING, Corpus van Mndl. Teksten, 2. R. 1. T., 1980, 475-484 - A. BEETS, De D.C. in het Mndl., 1884 - *Lit.:* M. BOAS, Het Lat. origineel der Mndl. Catobewerking, TNTL 29, 1910, 182-206.

V. ALTNORDISCHE LITERATUR: Ein Zitat der D. C. I, 10 in der ersten der sog. »Grammatischen Abhandlungen« bezeugt, daß die D. C. in der 2. Hälfte des 12. Jh. auf Island bekannt waren. Wohl im 13. Jh. entstand - nach einer verlorenen Vorlage - eine altisländ. Übersetzung der nahezu gesamten D. C., die »Hugsvinnsmál« ('Reden des Gescheiten', *hugsvinnr* übersetzt Cato/*catus* 'der Gescheite'). Ihre 148 Strophen sind gedichtet im →*ljóðaháttr,* dem Versmaß der →Spruchdichtung, schließen sich inhaltlich zwar ziemlich eng ans Original, zeigen sich in Diktion und Verstechnik aber durchaus selbständig, schalten die rein antiken Elemente aus und ersetzen rhetor. Mittel wie Wortspiele und Antithesen durch konkrete Anschaulichkeit. Einflüsse der D. C. sind auch in den eddischen →»Hávamál« zu erkennen, zumal sich bei manchen Übereinstimmungen zw. Hugsv. und Hávm. herausstellt, daß die Hávm.-Sentenz dem D. C.-Text genauer entspricht als die Hugsv. Deshalb ist es - entgegen herkömmlicher Ansicht - möglich, daß die Hugsv. den wohl ebenfalls erst im 13. Jh. zusammengestellten Hávm. zeitlich vorausgehen und daß die dem Distichon ähnliche, zweigeteilte ljóðaháttr-Strophe überhaupt erst unter dem Einfluß der D. C. aus der mytholog. Wissensdichtung in die Spruchdichtung überführt wurde. Ohne konkrete Beweise bleibt der weitergehende Versuch, die »Mittelalterlichkeit« der Hávm. dadurch zu erweisen, daß man sie weniger an die D. C. als an die dt. Spruchdichtung des HochMA bindet.
K. v. See

Ed.: (Hugsv.): F. JÓNSSON, Den norsk-islandske Skjaldedigtning, A II, 1915 [Nachdr. 1967], 167-197 - H. GERING, Hugsvinnsmál, 1907 - *Lit.:* G. ALEXANDER, Stud. über die Hugsvinnsmál, ZDA 68, 1931, 97-127 - K. VON SEE, Edda. Saga. Skaldendichtung, 1981, 27-72 - R. KÖHNE, Zur Mittelalterlichkeit der eddischen Spruchdichtung, PBB (Tübingen) 105, 1983, 380-417.

VI. ENGLISCHE LITERATUR: Die unter dem Titel 'D.C.' überlieferte Spruchsammlung ist sowohl ins Ae. als auch ins Me. übersetzt worden. Der ae. Text umfaßt 89 Sprüche und ist in drei Hss. überliefert (Cambridge, Trinity Coll. R.9.17; British Libr., Cotton Julius A. II; British Libr., Cotton Vespasian D. XIV). Während der ae. Text in Prosa abgefaßt ist, sind die me. Übertragungen der D.C. in Versform gehalten. Zahlreiche Versionen sind überliefert: aus dem 14. Jh. eine Übersetzung in einem nördlichen me. Dialekt (Ind. 3957) und eine in der Vernon- und Simeon-Hs. erhaltene Versübertragung, die neben dem lat. Text auch die anglonorm. Version der D.C. von Everard le Moine enthält (Ind. 247, 820); aus der Zeit um 1400 zwei Übertragungen in sechzeiligen Strophen (Ind. 169); aus der Mitte des 15. Jh. eine Paraphrase des 'Parvus Cato' und des 'Cato Major' in *rhyme royal*-Strophen von Benedict →Burgh (Ind. 854, 3955); dazu kommt noch eine weitere me. Version der D.C. aus dem 15. Jh. (Ind./Suppl. 1539, Hs. 2; Hs. 1 enthält eine allgemeine Spruchsammlung). Die Tatsache, daß die D.C. Teil der Schullektüre im lat. Elementarunterricht waren, erklärt nicht nur die zahlreichen Übertragungen ins Me., sondern auch die Häufigkeit, mit der die eine oder andere Spruch in der me. Literatur zitiert wird. Hier ist insbes. der nuancierte Gebrauch der D.C. durch Geoffrey →Chaucer hervorzuheben, der den Sprüchen nicht immer uneingeschränkte Autorität beimißt, sondern sie auch häufig zu parodist. Zwecken einsetzt. K. Reichl

Bibliogr.: C. BROWN - R. H. ROBBINS, The Ind. of ME Verse, 1943 - R. H. ROBBINS - J. L. CUTLER, Suppl. to the Ind. of ME Verse, 1965 - CAMERON, OE Texts, 115 [Nr. 7.1] - S. B. GREENFIELD - F. C. ROBINSON, A Bibliogr. of Publ. on OE Lit., 1980, 353 [Nr. 6117-6121] - *Ed.:* R. MORRIS, Cursor Mundi, Part V, EETS 68, 1878, 1668-1674 [= Ind. 169, Hs. 1] - F. J. FURNIVALL, The Minor Poems of the Vernon MS., Part II, EETS 117, 1901, 553-609 [= Ind. 247, 820] - M. FÖRSTER, »Die Burghsche Cato-Paraphrase«, ASNSL 115, 1905, 298-323; 116, 1906, 25-40 [= Ind. 854, 3955] - DERS., »Eine nordingische Cato-Version«, EStn 36, 1906, 1-55 [= Ind. 3957] - R. S. COX, »The OE Dicts of Cato«, Anglia 90, 1972, 1-42 - S. M. HORRALL, »Christian Cato: A ME Translation of the D.C.«, Florilegium 3, 1981, 158-197 [= Ind. 169, Hs. 2] - DIES., »An Unknown ME Translation of the Distichs of Cato«, Anglia 99, 1981, 25-37 [= Ind./Suppl. 1539, Hs. 2] - DIES., »Latin and ME Proverbs in a Manuscript at St. George's Chapel, Windsor Castle«, MSt 45, 1983, 343-384 [= Ind./Suppl. 1539, Hs. 1] - *Lit.:* R. HAZELTON, »Chaucer and Cato«, Speculum 35, 1960, 357-380.

VII. SLAVISCHE LITERATUREN: Cato zugeschriebene Sprüche begegnen im Slav. in den verschiedenen Redaktionen der Pčela (»Biene«, Μέλισσα), einem zw. dem 7. und dem 10. Jh. entstandenen Florilegium, das im 12.-13. Jh. ins Slav. übersetzt wurde. Die dort Cato zugeschriebenen Sentenzen gehören eher der Sammlung des Ps.-Plutarch an, sind größtenteils entnommen aus den Loci communes des Ps.-Maximos Homologetes (CPG 7718; nicht vor dem 8.-9. Jh. entstanden) und gehen auf frühere Florilegien wie die Anthologie des Johannes Stobaios (5. Jh.) zurück.

Aus dem Lat. wurden die D. C. ins Alttschechische (in 8silbigen Versen) zuerst im 14. Jh. übersetzt. Im 16. und 17. Jh. erfolgten 3 weitere Übersetzungen ins Alttschechische, darunter eine von Jan Amos Komenský.
Ch. Hannick

Ed.: Melissa. Ein byz. Florilegium. Griech. und altruss. Nachdr. der Ausg. von V. SEMENOV, hg. D. TSCHIŽEWSKIJ (Slav. Propyläen 7), 1968 - Serb. und bulg. Florilegien (Pčele) aus dem 13. bis 15. Jh. Nachdr. der Ausg. v. M. SPERANSKIJ, hg. D. TSCHIŽEWSKIJ (Slav. Propyläen 28), 1970 - A. PATERA, Svatovítsky rukopis (Památky staré literatury české 9), 1886 - *Lit.:* B. HAVRÁNEK - J. HRABÁK, Výbor z české literatury od počátků po dobu Husovu, 1957, 472-480.

VIII. BYZANTINISCHE LITERATUR: Während Cato maior als moral. Vorbild bei mehreren byz. Schriftstellern (z. B. Michael →Psellos) genannt wird, begegnen die dem Cato Censorius zugeschriebenen D. C. in griech. Sprache erst in einer Übersetzung des Maximos →Planudes (ca. 1255-1305), die die metr. Form des Hexameter beibehält. Von dort aus wurden die D. C. in spätbyz. Sammlungen ausgewählter griech. Dichtung aufgenommen und waren u. a. dem Verfasser des Gedichtes Τὸ θανατικὸν τῆς Ῥόδου,

Emmanuel Georgillas (2. Hälfte des 15. Jh.), bekannt. Die Beliebtheit der D. C. in der nachbyz. Zeit äußert sich in vulgärgriech. Paraphrasen und Glossen. Erstdruck der planudeischen Übersetzung 1495 in Venedig (Aldus Manutius). Ch. Hannick

Ed.: L. L. LUISIDES, Versio Planudea dictorum Catonis, quam ex codicibus monast. Montis Athoni ed. 1947–D. C., rec. M. BOAS, 1952 – *Lit.:* SP. LAMPROS, Ἡ ὑπὸ τοῦ Μαξίμου Πλανούδη μετάφρασις τῶν λεγομένων διστίχων τοῦ Κάτωνος καὶ τὰ σχόλια αὐτῆς ἐν τῷ κώδικι τοῦ Ἀρχιμανδρείου Ἰωαννίνων, Νέος Ἑλληνομνήμων 15, 1921, 223–228 – M. BOAS, Planudes' Metaphrasis der sog. D. C., BZ 31, 1931, 241–257–L. L. LUISIDES, Αἱ ἑλληνικαὶ μεταφράσεις τῶν Παραινετικῶν Γνωμῶν Κάτωνος τοῦ Ῥωμαίου καὶ ἡ τοῦ κώδικος τῆς ἐν τῷ Ἁγίῳ Ὄρει Μονῆς τοῦ Διονυσίου, Πλάτων 8, 1956, 206–221 – W. P. SCHMITT, Cato in Byzanz, Klio 48, 1967, 325–334.

Distinktion (distinctio)
I. Scholastische Theologie und Philosophie – II. Zivilrecht.

I. SCHOLASTISCHE THEOLOGIE UND PHILOSOPHIE: Der Ausgleich gegensätzl. Autoritäten und Lehrmeinungen auf Grund der →scholast. Methode des »sic et non« geschah durch Auslegung und Unterscheidung. Diese Methode erfuhr durch die aristotel. →Dialektik ihre Ausgestaltung in der Schule. Die D. ist Lehrform und lit. Gattung (1) und Denkform (2).

[1] a) Die *biblischen* D.en sind ein alphabet. geordnetes Wörterbuch, das zu den Stichworten der Hl. Schrift (z. B. 'Abel', 'Angelus') die vielfältigen unterschiedl. Bedeutungen zusammenstellt und (ggf. nach dem vierfachen Schriftsinn) ordnet; sie dienten der Predigtvorbereitung und der in ihr vorherrschenden typolog. Schriftauslegung. Nach spätpatrist. Vorbildern (Eucherius v. Lyon, †Mitte des 5. Jh., Formulae spiritalis intelligentiae, ed. CSEL 31 und Ps.-Melito v. Sardes, Clavis Scripturae, ed. PITRA Spicileg. Solesm. II–III) schrieben vor und nach der Wende des 12. zum 13. Jh. D.en: Alanus ab Insulis († 1203), »Distinctiones dictionum theologicalium«, ed. MPL 210, 685–1012, Petrus Cantor († 1197), D.es 'Abel', ed. PITRA, Spicileg. Solesm. III. 1–308, Anal.s. II, 6–154, Petrus Capuanus d. Ä. († 1214) »Alphabetum in artem sermocinandi« mit 1133 (bzw. 1158) Stichworten (nach W. MALECZEK in 26 Hss. überliefert), Liebhard v. Prüfening, Horreum formicae, der die Summe des Petrus Cantor ausschrieb, Garnerius v. Rochefort († nach 1216), Distinctiones 'Angelus', ed. MPL 112, 849–1088 (Autorschaft nicht zweifelsfrei gesichert). Petrus v.Poitiers († 1205) und Präpositinus schrieben D.es super psalterium (RBMA IV 6783, 6986f.), die als Texterklärung und Nachschlagewerk verwendet wurden. Im 13. Jh. wurden die D.es des Mauritius Hibernicus v. Beauvais OM (RBMA III 5566f.), des Nikolaus Byard (ebd. IV 5693), des Nikolaus v. Gorzan (ebd. IV 5740), des Robert v. Sorbon (ebd. V 7486) und des Petrus v. Limoges (ebd. IV 6624) auch mit anderem Wort- und Bildmaterial angereichert. In den Distinctiones monasticae et morales des anonymen engl. Zisterziensertheologen stehen auch Verse profaner und christl. Dichter.

b) Die *kanonistischen* D.es sind Lehr- und Literaturform im ersten Teil der »Concordia discordantium canonum« des Magisters Gratianus. Die D.en zum Decretum Gratiani sind distinguierende Solutiones zu Textstellen und -abschnitten desselben. Die D.en der Dekretisten legten das Textbuch mit Hilfe der 'solutio contrariorum', der gegensätzl. Lehrmeinungen aus. Unverkennbar ist auch hier der Einfluß der aristotel. Elenchik. Die tabellar. D.en des Richardus Anglicus stellten die einzelnen D.en in der Ordnung des Dekrets zusammen. Diese dienten auch der Repetition.

[2] Die *scholastische Metaphysik der Erkenntnis* entwickelte die Theorie von der zwei- bzw. dreigliedrigen D. a) Die *zweigliedrige* D. von realer und rationaler Unterscheidung resultiert als metaphys. D. aus der Seinsdifferenz von 'esse' und 'essentia' bzw. 'actus' und 'potentia'. Die Realdistinktion bedeutet darum nicht nur den (selbstverständl.) Unterschied von zwei verschiedenen Dingen, auch nicht den von Möglich- und Wirklich-Seiendem, sondern den prinzipiellen Unterschied von realen Wesensgründen, die das Wirkliche metaphys. als 'compositum' konstituieren. Ebenso bedeutet die rationale D. nicht nur die rein gedankliche, die später als »distinctio rationis ratiocinantis« bezeichnet wurde, sondern auch die intentionale, die zwar im Denken ihren Grund hat, in der Wirklichkeit aber ihre Entsprechung bzw. Erfüllung findet.

Für die *Theologie* ist diese doppelte D. wichtig geworden: 1. in der Trinitätslehre. Die Ursprungsbeziehungen in Gott lassen sich nur rational vom absoluten Wesen Gottes unterscheiden; die relationalen und personalen Seinsweisen unterscheiden sich aber real (vgl. Thomas v. Aquin, S. th. I q.28 a.2–3); 2. in der Schöpfungslehre (vgl. ebd. q.3 a.1 und q.8 a.1) und v. a.3. in der philos. Gotteslehre, in der Frage nämlich, wo die göttl. Namen und Attribute ihren Sitz haben (vgl. ebd. q.13 a.4; Quaest. de potentia q.7 a.6). Die philos.-theol. Diskussion über die D. weist zurück auf die grundsätzl. ontolog. Frage nach der Differenz von Sein und Wesen.

b) Die *dreigliedrige* D., in der die 'differentia media' dazwischen kam, resultiert aus einer unterschiedl. Acht (Intentio) auf das Wesenhafte, wie Avicenna, Logica p. I, ed. Venet. 1508 fol. 2rb lehrt, hinsichtl. seiner Verwirklichung in den Dingen, hinsichtl. seines Gedächtseins und in Acht dessen, was es an sich ist ('secundum quod ipsa est essentia'). Diese formale D. wurde in der avicennischaugustin. Philosophie der Franziskanerschule des 13. Jh. (durch Bonaventura, Matthaeus v. Aquasparta u. a.) entwickelt und kam in der angestrengten Diskussion der Schulen über die philos. Gotteslehre des Thomas v. Aquin zur definitiven Entscheidung. Alle Versuche, die beiden Unterscheidungslehren zu harmonisieren und die Bedeutung der vielfältigen unterschiedl. göttl. Attribute durch eine mittlere D., die als intentionale oder virtuale D. bezeichnet wurde, zu begründen, wiesen die strengen Thomisten scharf zurück. Heinrich v. Gent und Johannes Duns Scotus begründeten die Formaldistinktion damit, daß ein und dasselbe reale Wesen von unterschiedl. Formalgründen bestimmt wird, die immer schon unserem Denken vorgegeben sind. Das göttl. Wesen ist die Fülle aller formaler Vollkommenheiten. Nach Duns Scotus (Ord. I d.8 p.1 q.3 n.136, ed. Vatic. IV, 221) weist die Formaldistinktion auf unterschiedl. Seinsmodi hin.

L. Hödl/F. Hoffmann

Lit.: zu [1a]: B. SMALLEY, The Study of the Bible in the MA, Notre Dame 1964, 246f. – R. H. ROUSE–M. ROUSE, Biblical Distinctions in the Thirteenth C., AHDL 49, 1974, 27–37 – W. MALECZEK, Petrus Capuanus, Kardinal, Legat in 4. Kreuzzug und Theologe [im Dr.] –J.-L. BATAILLON, Intermédiaires entre les traités de morale pratique et les sermons... (Les genres lit. dans les sources..., 1982), 213–226 – *zu [1b]:* KUTTNER, 208–227– VAN HOVE, 439f., 489f. – *zu [2b]:* G. SUÁREZ, El pensamiento de Egidio en torno a la distinción de essencia y existencia, Ciencia tomista 75, 1938, 66–99, 230–272 – E. GILSON, L'être et l'essence, 1948–F. A. CUNNINGHAM, Some presuppositions in Henry of Genth, Pensamiento 25, 1969, 103–143–L. HÖDL, Die philos. Gotteslehre des Thomas v. Aquin O.P. in der Diskussion der Schulen um die Wende des 13. zum 14. Jh., RFN Neo-scolast. 70, 1978, 113–134.

II. ZIVILRECHT: Die Divisio ('Einteilung') oder d. ('Unterscheidung'), die Einteilung einer Gattung in ihre Arten

(→Logik), wurde schon im Altertum in allen wissenschaftl. Disziplinen angewandt und entfaltete sich in der Scholastik, auch in der scholast. Rechtswissenschaft, zur höchsten Blüte: Oberbegriffe werden mit Hilfe kontradiktor. oder konträrer Unterbegriffe distinguiert, im letzteren Falle auch dreifach. Durch die Kombination artbildender Unterschiede entstehen mehr*gliedrige*, durch subdivisio ('Unterteilung') mehr*stufige* D.en; vereinzelt bilden die Glossatoren fünf- und sogar sechsstufige »Begriffspyramiden«. Die gelehrten Juristen erklären die verwendeten, den Rechtsquellen entnommenen Begriffe und geben jeweils die betreffenden Rechtssätze an. Die Rechtssätze werden auf diese Weise miteinander verknüpft, so daß partielle, wenn auch noch recht bescheidene Rechtssysteme entstehen. Darin liegt die Hauptbedeutung der D.en für die ma. Rechtswissenschaft. Außerdem dienen sie zur Harmonisierung widersprüchl. Quellenstellen (→Solutio contrariorum) und Generalia (→Brocarda).

Schriftl. aufgezeichnet finden sich unzählige D.en in den Glossenapparaten, lecturae, commenta und Summen der gelehrten Juristen. D.englossen wurden manchmal graph. hervorgehoben oder in Tabellenform geschrieben. Die Glossatoren legten auch bes. D.ensammlungen an. Die wichtigsten sind die Sammlung von →Hugo de Porta Ravennate († 1166/71), die vor 1185 von →Albericus de Porta Ravennate überarbeitet wurde, sowie jene von →Pilius (1193/95), von →Azo (vor 1209) und von →Hugolinus (vor 1222). Zur übersichtl. und einprägsamen Darstellung einzelner Rechtsgebiete wurden D.en als selbständige Schriften verfaßt. Eine der merkwürdigsten, umfang- und einflußreichsten davon ist die Arbor actionum von →Johannes Bassianus. – Zur d. im kanon. Recht →Abschnitt I, 1b.
P. Weimar

Lit.: E. Seckel, Distinctiones glossatorum (Fschr. F. v. Martitz, 1911), 277–436 [Separat-Neudr. 1956] – E. Genzmer, Die iustinian. Kodifikation und die Glossatoren (Atti del Congresso Internaz. di Diritto Romano, Bologna e Roma 1933, Bologna I, 1934), 397–403 – Kuttner, 208–227 – G. Otte, Dialektik und Jurisprudenz, 1971, bes. 76ff., 95ff. [fundamental] – Coing, Hdb. I, 142f., 227–237 [P. Weimar].

Distraint of Knighthood ('zwangsweise Verleihung der Ritterwürde'). Die Praxis, Männer zum Empfang der Ritterwürde (→Ritter, -tum, →Schwertleite) zu nötigen, wurde in England erstmals 1224 angewandt: alle, die mindestens ein Ritterlehen hielten, sollten sich zu Rittern schlagen lassen. Da im 13. Jh. viele Lehen zum Unterhalt eines Ritters jedoch nicht ausreichten, wurde 1243 die alternative Bestimmung getroffen, daß Landbesitz mit jährl. Einkünften von wenigstens £ 20 zur Ritterwürde verpflichte. Seit 1253 konnte eine Geldbuße an die Stelle des Empfangs der Ritterwürde treten. Die Festlegung des Mindestvermögens variierte mehrfach (1285 £ 100, 1316 £ 50), betrug aber ab 1292 in der Regel £ 40. – Der d. of K. sollte in der Praxis die Zahl der Ritter und damit die militär. Stärke erhöhen; die Anwendung stand auch normalerweise mit Feldzugsvorbereitungen in Verbindung. Im 15. Jh. war jedoch die Zahl der Ritter in England stark gesunken, und der d. war nur mehr eine fiskal. Einnahmequelle. Sein Wiederaufleben im frühen 17. Jh. war äußerst unpopulär; die Rechtsbestimmung wurde 1641 endgültig abgeschafft.
M. C. Prestwich

Lit.: M. Powicke, Military Obligation in Medieval England, 1962 – F. M. Nichols, On Feudal and Obligatory Knighthood, Archaeologia 39, 1963, 189–244.

Distributor, Distributio. Der D. weist den →Skriptoren der päpstl. Kanzlei die Konzepte zur Reinschrift zu und legt die Höhe der →Taxe fest; das Amt wird nur einem Skriptor übertragen und wechselt halbjährlich. Der D. wird durch einen →computator unterstützt und überwacht; für die litterae rescribendae steht ihm der →Reskribendar für eine Seite. Die Reformmaßnahmen →Johannes' XXII. beschränken ihn auf die Justizsachen, während seine Funktion bei den Gnadensachen der Reskribendar übernimmt. Mit der Gründung des Skriptorenkollegs 1445 verschwindet das Amt. Da die Taxe dem jeweiligen Skriptor zusteht, ist die gleichmäßige Verteilung (aequalis distributio) von Einnahmen und Arbeitslast schwierig, denn die Höhe der Taxe hängt vom Inhalt der Urk. ab und nicht von ihrer Länge.

Ein D. war auch für das Abbreviatorenkolleg von 1463/64 (→Abbreviator) vorgesehen.
Th. Frenz

Lit.: P. Herde, Beitr. zum päpstl. Kanzlei- und Urkundenwesen im 13. Jh., 1967², 133ff. – B. Schwarz, Die Organisation kurialer Schreiberkollegien von ihrer Entstehung bis zur Mitte des 15. Jh., 1972, passim.

Disziplin→Disciplina; Erziehungs- und Bildungswesen; →Krieg, -führung

Dit, afrz., heißt im 13. Jh. eine nicht gesungene Spielmannsdichtung der Städte. Ihre Thematik ist vielfältig: Berufslob (Händler, Wechsler, Bäcker, Schuster, Metzger, Seiler, Maler, Schmied, Weber), Anpreisung der Ware (Dit des crieries de Paris, →Rutebeuf, Dit de l'erberie), Lob der Straßen oder der Kirchen und Kl. von Paris, Frauenschelte, Bauernsatire, allegor.-religiöse Parabeln. Namentlich bekannte D.-Dichter sind Hue l'Archevesque, Jacques de Baisieux, →Rutebeuf (dessen D. im Zusammenhang mit den Konflikten zw. der Univ. Paris und den Bettelorden stehen). In der ersten Hälfte des 14. Jh. wird der satir. und didakt.-moralisierende D. vom Hennegauer Spielmann Jean de Condé und →Watriquet de Couvin weiter gepflegt. Eine bes. Art des satir. und paränet. D. hat sich im 13. Jh. in →Arras in der Spielmannsgilde und im →Puy herausgebildet. – Diese D.s verwenden vornehml. den paarweis gereimten Achtsilbler (Ausnahme: Arras). Daneben erscheint der D. vom 13. bis ins 15. Jh. bei erbaul. Themen (Legenden, Mirakel) in vierzeiligen Alexandrinerstrophen. Bekanntester Autor ist hier →Jean de Saint-Quentin. – Im 14. Jh. erfährt der D., diesmal mit lyr. Einlagen, bei →Guillaume de Machaut, Jean →Froissart und →Christine de Pisan eine höf. Nobilitierung. Der höf. D. gibt sich meistens eine autobiograph. Einkleidung, in welcher, neben der Liebesthematik, theol., philosoph., moral. und hist. Probleme erörtert werden.
M.-R. Jung

Lit.: GRLMA VI– W. Kleist, Die erzählende frz. D.–Lit. in »quatrains alexandrins monorimes«, 1973 – D.s en quatrains d'alexandrins monorimes de Jehan de Saint-Quentin, ed. B. Munk Olsen, 1978 – D. Poirion, Traditions et fonctions du »d. poétique« au XIV° et au XV° s., Lit. in der Ges. des SpätMA, hg. H. U. Gumbrecht (GRLMA, Begleitreihe, I), 1980, 147–150 – J. Cerquiglini, Le clerc et l'écriture: le »voir dit« de Guillaume de Machaut et la définition du »dit«, ebd. 151–168 – R. Berger, Litt. et société arrageoises au XIII° s. Les chançons et d.s artésiens, 1981.

Ditericus → Ziazo, Gf., patricius Romanorum

Dithmarschen, Landschaft in Schleswig-Holstein. Das von der Elbe- bis zur Eidermündung entlang der Nordseeküste sich erstreckende Land D. (terra Thitmarsie), das zur Zeit Karls d. Gr. eines der drei nordelb. sächs. Stammesgebiete war (Tedmarsgoi), im Zuge der Unterwerfung Nordelbiens (→Sachsen) ins frk. Reich eingegliedert wurde und 1227 nach der Schlacht v. →Bornhöved endgültig unter die Lehnsoheit des Ebf.s v. →Hamburg–Bremen kam, ist eines der wenigen Beispiele für ein genossenschaftl. organisiertes Gemeinwesen im ländl. Bereich. Ausgangspunkt für die verfassungsmäßige Sonderentwicklung D.s war die um 1000 einsetzende Eindeichung und Besiedlung der Marsch. Da der kostspielige Bau von →Deichen, Entwässerungsgräben, Sielen u. Schleusen sowie auch deren Instandhaltung und notwendige Erneuerungen von den Siedlern geleistet werden mußten, konnten genossenschaftl. Organisationsformen dem herrschaftl. Vogt gegenüber an Gewicht gewinnen. Dabei ist bis zur Reformation ein Nebeneinander von personal und territorial strukturierten Genossenschaften zu beobachten. Die wohl aus Siedlungsgenossenschaften hervorgegangenen Geschlechterverbände, die u. a. für Rechtsschutz und Erbschaftsfragen zuständig waren und Fehderecht hatten, konkurrierten mit den flächenhaft organisierten Kirchspielen, die im Laufe des 12. und 13. Jh. außer Deich-, Siel- und Wegeangelegenheiten zunehmend auch gerichtl. und polit. (später sogar militär.) Funktionen übernahmen und die repräsentiert wurden durch vier (jährlich gewählte) Schließer (clavigeri, *slutere*) und 20 Geschworene (iurati, *sworen*), die gewöhnl. in ihrem Pfarrbezirk die wirtschaftlich erfolgreichsten Bauern und Angehörige der einflußreichsten dort wohnhaften Geschlechter waren. Diese Kollegien, die ein Siegel führten, sind den damals in Hansestädten üblichen Ratskollegien (→Rat) vergleichbar. Daß die Kirchspiele seit 1281 (gemeinsam und einzeln) Friedens- und Schutzverträge insbes. mit der Stadt →Hamburg abgeschlossen haben, um den Absatz der v. a. auf den großen Marschhöfen im Überschuß erzeugten Agrarprodukte zu fördern, zeigt, daß Großbauern als Kirchspielsvertreter ebenso wie Kaufleute als Ratsherren bei der Ausübung ihres Amtes auch private wirtschaftl. Interessen zu berücksichtigen verstanden. Sofern der eingesessene oder im Dienste des ebfl. Landesherrn eingewanderte Adel das Land nicht (wie z. B. die Reventlows) bis zum ausgehenden 13. Jh. verlassen hatte, schloß er sich unter Verzicht auf seine adligen Vorrechte zum Geschlecht der *Vogdemannen* zusammen, aus dem die fünf Vögte kamen, die nun anstelle des vom ebfl. Landesherrn eingesetzten Vogtes in ihren jeweiligen Amtsbezirken *(Döfften)* den Blutbann ausübten. Auch hatten sie den Vorsitz in der in Meldorf, dem ältesten Kirchort, abgehaltenen Landesversammlung (der Versammlung von Kirchspielsvertretern). Diese Führungsrolle büßten sie erst Mitte des 15. Jh. ein, als die Landesversammlung unter dem Einfluß von Großbauern aus der nördl. Marsch von Meldorf nach Heide verlegt und der Vorsitz einem Kollegium von 48 Richtern und Ratgebern übertragen wurde, das im 1447 aufgezeichneten ältesten Landrecht erstmals als den Kirchspielen übergeordnete Appellationsinstanz erwähnt ist und in dem v. a. Angehörige eines kleinen Kreises führender Bauernfamilien (jeweils auf Lebenszeit) vertreten waren. Diesem Kollegium gelang die Ausbildung einer zentralen Landesregierung mit Institutionen, die in dem Maße bürokrat. waren, wie es dem in benachbarten Territorien erreichten Entwicklungsstand entsprach. Den Versuch militär. Eroberung von seiten →Dänemarks und →Holsteins konnte das Bauernheer 1500 in der Schlacht v. Hemmingstedt abwehren; beim nächsten Eroberungsversuch, 1559, ist es jedoch unterlegen. I.-M. Wülfing

Q.: Dithmarscher UB, ed. L. J. MICHELSEN, 1834 – Slg. altdithmarscher Rechtsq., ed. DERS., 1842 – Neocorus, Chronik des Landes D., 2 Bde, ed. F. C. DAHLMANN, 1904 – *Bibliogr.*: H. STAACK, Bibliogr. zur Dithmarscher Gesch. und Landeskunde, Dithmarschen, NF 4, 1964 – *Lit.*: H. STOOB, Die dithmars. Geschlechterverbände, 1951 – K.-H. GAASCH, Die ma. Pfarrorganisation in D., Holstein und Stormarn,

ZSHG 76–78, 1952–54 – H. STOOB, D.s Kirchspiele im MA, ZSHG 77, 1953 – DERS., Gesch. D.s im Regentenzeitalter, 1959.

Dives (Plural divites), im klass. und Mittellatein die Bezeichnung für die Eigenschaft von Personen ('reich, wohlhabend'; Gegensatz zu pauper, egenus, mendicus etc.; z. T. in Verbindungen wie »dives Latina lingua«, »pacis dives«) oder Sachen ('viel enthaltend', 'wohl ausgestattet', 'im Überfluß vorhanden', 'herrlich', 'kostbar' usw.). Zu den ma. volkssprachl. Entsprechungen vgl. →*reich/rîche (rîch, rich, riche,* ricus etc.). Sozial- und wirtschaftsgesch. bedeutsam werden d. in substantiv. Form als Personenname (Bürgername) und die Mehrzahlform divites (häufig auch im Komparativ 'divitiores/ditiores' oder im Superlativ 'divitissimi/ditissimi') als Bezeichnungen für Angehörige des →Meliorats als Vorstufe des →Patriziats ma. Städte, syn. gebraucht zu meliores civitatis, primores civitatis, optimi civium, nominatissimi civium, potentissimi; honestiores, maiores etc. Beispiele: Köln 1106: »Amelricus filius Segefridi, coloniensis civis, qui agnominatus est dives«, weitere drei Personen, darunter Vives judaeus, im 12. Jh. mit Beiname d.; Salzburg ca. 1120: Walchun, Raban, jeweils d. genannt; Goslar 1176: Odelricus Dives; Familien Dives (Reich) von 1193–1358 in Erfurt, von 1183–1400 in Regensburg bezeugt. Eine Sonderstellung unter den Organisationen des Meliorats nimmt die Kölner →Richerzeche ein. – In den früh- und hochma. Quellen wird d. gelegentl. syn. mit potens oder nobilis gebraucht. Das Gegensatzpaar »divites et pauperes« bzw. »dives et pauper« ist seit der Antike und Spätantike gebräuchl., die vorherrschende Formel zur Beschreibung sozialer Gegensätze und zur Umschreibung der Gesamtgesellschaft wird in der früh- und hochma. Gesellschaft aber das Begriffspaar »potens-pauper«; erst im städt. Bereich setzen sich »divites et pauperes« bzw. »arme unde rîche« als Bezeichnungen für »alle« endgültig durch. Vgl. auch →pauperes, →Armut und Armenfürsorge, →Bettlerwesen, →Bürger, Bürgertum, →Deutschland, Abschnitt H, →Sozialstruktur. F. Irsigler

Q. und Lit.: DU CANGE VI, 186; II, 148 – F. KEUTGEN, Urkk. zur dt. Verfassungsgesch., 1901, 1965² – H. PLANITZ, Zur Gesch. des städt. Meliorats, ZRGGermAbt 67, 1950, 141–175 – F. IRSIGLER, Divites und pauperes in der Vita Meinwerci, VSWG 57, 1970, 449–499 – M. GROTEN, Die Kölner Richerzeche im 12. Jh., RhVjbll 48, 1984, 34–85.

Dives et Pauper (um 1405) ist ein langer me. Prosatraktat in Dialogform (→Dialog, Abschnitt IX): Pauper, ein gelehrter Bettelmönch und Prediger (Franziskaner?), unterrichtet Dives, einen reichen und gleichwohl frommen Laien, über die Zehn Gebote. Eine Art Prolog (»Holy Poverty«) betont den Wert der Armut. Obgleich der Traktat die Verbreitung der Bibel in der Volkssprache befürwortet, bleibt er im allgemeinen orthodox. In einem lebendigen anekdotenhaften Stil geißelt er die Laster der Zeitgenossen, bes. die der Geistlichkeit; von Fragen der Theologie ausgehend, gelangt er zu Fragen der Gesellschaft. Das Werk ist in 12 Hss. und drei Drucken (1493, 1496, 1536) überliefert. R. H. Robbins

Bibliogr.: Manual ME 3. VII, 1972, 711f., 871f. [Nr. 36] – *Ed.*: P. H. BARNUM, Dives and Pauper, vol. 1. 1–2, EETS OS 275, 280, 1976–80 – *Lit.*: G. R. OWST, Lit. and Pulpit in Medieval England, 1933, 543–545 – H. G. PFANDER, »Dives et Pauper«, The Library, 4th Ser., 14, 1933, 299–312 – H. G. RICHARDSON, »Dives et Pauper«, ebd. 15, 1934, 31–37.

Dives, Schlacht an der (1058) → Normandie, →Wilhelm der Eroberer

Divina-Commedia-Illustrationen. Dantes Hauptwerk hat nicht nur auf Denken und Literatur, sondern auch auf die bildende Kunst eingewirkt; es prägte Vorstellungen mit, die sich in Signorellis und Michelangelos

Weltgerichtsfresken und in Raffaels Disputà finden. Ausführl. Illustrationen durch zarte, phantasievolle und teilweise figurenreiche Silberstiftzeichnungen mit Feder nachgezogen auf Pergament 32 × 42 cm sind von → Botticelli erhalten (8 in der Vatikan. Bibliothek aus dem Besitz der Kgn. Christine v. Schweden, 27 in Staatl. Mus. Preuß. Kulturbes., Kupferstichkabinett Berlin, 57 in Staatl. Mus. zu Berlin, DDR, Kupferstichkabinett, 1882 aus der Slg. William Beckford ersteigert), bestimmt für Lorenzo di Francesco de'Medici, einen Mäzen Botticellis in Florenz, vor 1480 begonnen, dienten 19 als Vorlage für die 1481 von Nicolaus Alemannus veröffentlichte und von Cristoforo Landino kommentierte Commedia-Ausgabe, weitere Zeichnungen erst 1492/97. Frühere Illustrationen finden sich in Mss. um 1335 in Florenz (Laur. Strozzi 152), Musée Condé in Chantilly (MS 597) aus Pisa M. 14. Jh., Brit. Mus. (Add. 19587) aus Neapel M. 14. Jh., Vatikan 4776 Ende 14. Jh., Bibliothek von San Marco in Venedig Anfang 15. Jh., Vatikan. Bibliothek (Cod. Urbin. lat. 365) Anfang 15. Jh., Brit. Mus. London aus Siena um 1440 u. a. von Giovanni di Paolo und einem unbekannten Sieneser Maler; letzteres Werk war anscheinend Botticelli bekannt.

G. Binding

Lit.: L. VOLKMANN, Bildl. Darstellungen zu Dantes Div. Comm. bis zum Ausgang der Renaissance, 1892 – DERS., Iconografia Dantesca, 1897 – F. LIPPMANN, Zeichnungen von S. Botticelli zu Dantes Göttl. Komödie, 1887 [Nachdr. 1921] – E. SCHAEFFER, S. Botticelli, die Zeichnungen zu D. Alighieris Göttl. Komödie, 1921 – M. v. BOEHN, Dante-Porträt und D.-Illustration, 1938 – J. POPE-HENNESSY, A Sienese Codex of the Divine Comedy, 1947 – W. TIMM, Botticelli, Handzeichnungen zu Dantes Göttl. Komödie, 1961 – PL. MICHELINI TOCCI, M. SALMI, G. PETROCCHI, Il Dante Urbinate (Cod. Urbinate Lat. 365), Faks., 1965 – P. BRIEGER, M. MEISS, C. SINGLETON, Illustrated Mss. of the Divine Comedy, 1969 [Lit.] – K. CLARK, Sandro Botticellis Zeichnungen zu Dantes Göttl. Komödie, 1977.

Divisio → Distinktion; →Reichsteilungen

Divisio orbis terrarum → Dimensuratio provinciarum

Divisio regnorum v. 806, Reichsteilungsgesetz und zugleich Nachfolgeordnung v. Karls d. Gr., von diesem am 6. Febr. 806 auf dem Reichstag in →Diedenhofen (RI² 415 a) nach Vorberatung mit den frk. Großen als vorsorgl. Regelung für die Zeit nach seinem Tod zu dem erklärten Zweck erlassen, durch die Dreiteilung des Gesamtreiches (totum regni corpus) unter seine drei Söhne →Karl, →Pippin und →Ludwig, die er als seine künftigen Erben einsetzt, Streit und Zwietracht unter ihnen auszuschließen und sie zu Frieden und brüderl. Liebe anzuhalten. Diesem Zweck entsprechend gliedert sich das Gesetz, das in der üblichen Form der →Kapitularien abgefaßt ist, in zwei Hauptteile: Teil 1 (bestehend aus cap. 1–5) regelt die Teilung und umschreibt ihre Abgrenzungen; Teil 2 (cap. 6–20) trifft Bestimmungen zur Sicherung des Friedens. Zur Teilung selbst wird verfügt, daß Ludwig (d. Fromme), der bereits seit 781 Unterkg. v. →Aquitanien war, Aquitanien behält, aber erweitert um Wasconien und eine Reihe genannter Gebiete, die praktisch Südfrankreich umfassen. Pippin, der →Italien als Unterkg. verwaltet, soll dementsprechend zu Italien Bayern und Alemannien südl. der Donau erhalten; Karl, dem ältesten, ist das gesamte übrige Reichsgebiet zw. Loire und Elbe und damit das alte frk. Kerngebiet zugedacht. Falls einer der Brüder stirbt, soll sein Anteil entweder unter die beiden anderen aufgeteilt oder aber, wenn er einen Sohn hinterläßt, den das Volk zu seinem Nachfolger wählt, soll diesem der Anteil seines Vaters überlassen werden. Die Einhaltung dieser Teilung und ihrer Grenzbestimmungen wird den Brüdern nachdrücklich ans Herz gelegt.

Alle weiteren Bestimmungen sollen dem Frieden und der Eintracht unter ihnen dienen. Es sind teils Anweisungen, teils Verbote, die sich auf die Vasallen der Kaisersöhne, die röm. Kirche, die Töchter des Ks.s und auf seine Enkel beziehen. In bezug auf die Vasallen ist aufschlußreich, daß die Verleihung von →Benefizien in einem Reichsteil an Lehnsträger eines anderen Reichsteils verboten wird; ebenso wird der Übergang Freier von einem Reichsteil zum anderen ohne Konsens des Lehnsherrn untersagt: Es sind offensichtlich Vorkehrungen, um Konflikte zw. den Reichsteilen zu vermeiden. Andererseits dient die Schutzpflicht der röm. Kirche als einigendes Band: sie wird den Brüdern gemeinsam auferlegt. Die Bestimmungen über die Töchter und Enkel des Ks.s dienen deren persönl. Schutz.

Das Gesetz, das in den zeitgenöss. Quellen stark beachtet worden ist, wurde von den frk. Großen beschworen und durch →Einhard Papst →Leo III. zur Unterschrift vorgelegt. Es ist in seiner Substanz nicht zu bezweifeln. Der Versuch MOHRS, einzelne Kapitel (4–6 und 17–21) als nachträgl. Fälschungen zu erweisen, wurde von der Forschung (GANSHOF, SCHLESINGER, SPRIGADE u. a.) mit überzeugenden Gründen zurückgewiesen. Obwohl die D.r. wegen des frühen Todes der beiden älteren Kaisersöhne nicht zur Ausführung kam, stellt sie ein wichtiges Zeugnis für die Gültigkeit des frk. Erbrechts dar, das die Teilung des Reiches unter alle Königssöhne vorsah, die allerdings im corpus fratrum verbunden blieben. Auffallend ist, daß das seiner Natur nach unteilbare →Imperium bei der Regelung von 806 unberücksichtigt blieb. Die Problematik von Einheit und Teilung, die hier anklingt, wird die weitere Entwicklung des frk. Reiches bestimmen.

J. Fleckenstein

Ed.: MGH Capit. 1 nr. 45 – *Lit.*: ABEL-SIMSON, JDG. Jbb. Frk. Reich, K. d. Gr. 2, 1883, 344ff. – W. MOHR, Bemerkungen zur D.r. v. 806, ALMA 24, 1954, 121–157 – DERS., Nochmals die D.r. v. 806, ebd. 29, 1959, 91–109 – F. L. GANSHOF, Recherches sur les Capitulaires, RHDFE 35, 1957, 75 Anm. 166 – W. SCHLESINGER, Ksm. und Reichsteilung. Zur D.r v. 806 (Festg. F. HARTUNG, 1958), 9–52 [abgedr. in: DERS., Beitr. zur dt. Verfassungsgesch. des MA 1, 1963, 193–232] – K. SPRIGADE, Zur Frage der Verfälschung v. Karls d. Gr. D.r., ZRG-GermAbt 81, 1964, 305–317 – P. CLASSEN, Karl d. Gr., das Papsttum und Byzanz [Nachdr. 1968].

Divisio Teodemiri (Parochiale Suevum), in der 2. Hälfte des 11. Jh. gefälschte Liste der in der sueb.-galic. Kirche existierenden, den einzelnen Diöz. (Braga, Porto, Lamego, Coimbra, Viseu, Dumio, Idanha, Lugo, Orense, Astorga, Iria, Túy, Britonia) zugeordneten Jurisdiktionsbezirke, die auf die Akten eines vermeintlich am 1. Jan. 569 in Lugo unter dem Vorsitz des Suebenkg.s Teodemir (565–570) abgehaltenen Konzils über die Neuverteilung der Metropolitan- und Diözesangebiete der sueb. Landeskirche zurückgehen sollte. In enger Verbindung mit der →Divisio Wambae stehend, gehört die D. zu den auf der Iber. Halbinsel weitverbreiteten →Fälschungen des endenden 11. und beginnenden 12. Jh. Alle Versuche, einen echten Kern der D. herauszuschälen und auf diese Weise den möglichen Ausbau eines Parochialsystems im 6. Jh. zu postulieren (DAVID, zuletzt noch C. TORRES RODRÍGUEZ), können die berechtigten Zweifel, die an ihrem Wert für die Rekonstruktion kirchenpolit. Verhältnisse in sueb. Zeit bestehen, nicht ausräumen. Da zudem in der Überlieferung einzelner Kirchen (Braga, Lugo, Santiago de Compostela) weitere Interpolationen in die D. selbst festzustellen sind, kann sie eher als Zeugnis für die kirchenpolit. Gegensätze und die verschiedenen Interessenlagen innerhalb mancher Diözesen während des 12. Jh. herangezogen werden.

L. Vones

Ed.: P. DAVID, Etudes hist. sur la Galice et le Portugal du VIe au XIIe s., 1947, 30–44 – Itineraria et alia geographica (CCL 175, 1965), 411–420 – Risco, España Sagrada XL, 341–342, Nr. V – A. DE JESÚS DA COSTA, Liber Fidei Sanctae Bracarensis Ecclesiae I, 1965, 16–24, Nr. 10–11 – *Lit.:* FLÓREZ, España Sagrada IV, 130–176 – P. DAVID, Etudes... (s.o.), 1–82 – G. MARTÍNEZ DÍEZ, El património eclesiástico en la España visigoda, 1959, 65–69 – T. DE SOUSA SOARES, Reflexões sobre a origem e a formação de Portugal, RevPort 7, 1957, 315ff. – K. SCHÄFERDIEK, Die Kirche in den Reichen der Westgoten und Suewen, 1967, 128f. – C. TORRES RODRÍGUEZ, Galicia Sueva, 1977, 277–281 – L. VONES, Die »Hist. Compostellana« und die Kirchenpolitik des nwspan. Raumes 1070–1130, 1980, bes. 185–205.

Divisio Wambae (Hitación de Wamba), angeblicher Beschluß einer Synode v. Toledo, die auf Geheiß des Westgotenkg.s Wamba (672–680) die Diözesaneinteilung der Kirche des Westgotenreiches zur Beilegung von Streitigkeiten präzisiert habe. Der in zahlreichen Versionen erhaltene Text mit einer groben Kennzeichnung des jeweiligen Grenzverlaufs wurde nicht vor dem beginnenden 12. Jh. verfaßt. Alle Versuche, einen echten Kern der Gotenzeit zuzuschreiben, sind nicht überzeugend; lediglich Listen der Bischofssitze (ohne Angaben der Grenze) aus dem 8. Jh. und späterer Zeit haben für die Anordnung der Bischofssitze offenkundig das Vorbild abgegeben. Die Fälschungsintention erklärt sich aus der kirchl. Reorganisation im Zuge der Reconquista, bes. nach der Eroberung v. Toledo (1085), und aus der Forderung des Reformpapsttums, die formal nie untergegangenen kirchl. Rechte so zu reaktivieren, wie sie zur Westgotenzeit bestanden hatten. 1107/08 wurde das Schriftstück erstmals in Schreiben Paschalis' II. als in seiner Authentizität unglaubwürdig erwähnt, 1123 jedoch in einer (unkorrekt mundierten) Bestätigung Calixts II. wie selbstverständlich verwertet. →Fälschungen. O. Engels

Q. und Lit.: L. VÁZQUEZ DE PARÍGA, La División de Wamba, 1943 – C. SÁNCHEZ ALBORNOZ, Investigaciones documentos sobre las instituciónes hispanas, 1970, 108–113 – O. ENGELS, Papsttum, Reconquista und span. Landeskonzil im HochMA, AHC I, 1969, 42–49, 241–266 – DERS., Reconquista und Reform. Zur Wiedererrichtung des Bischofssitzes v. Segovia (Fschr. E. ISERLOH, 1980), 89–103.

Dīwān
A. Etymologie – B. Dīwān als Verwaltungsbegriff – C. Dīwān als literarischer Begriff

A. Etymologie

Das Wort *dīwān* (pl. *dawāwīn*) ist seit der Zeit des Kalifen →ʿOmar (634–644) im Arab. belegt und wurde zuerst für die Soldlisten des Heeres verwendet. Seine Herkunft aus dem Pehlewi war lange umstritten, gilt heute jedoch als gesichert (von *dēwān d(p)yw^ʾn* 'Archiv', 'Schriftensammlung'). Nach den ma. arab. Lexikographen ist die Grundbedeutung 'Sammlung von Schriftstücken', 'Register'. Daraus ist sowohl die administrative wie auch die lit. Verwendung des Wortes abzuleiten. Als Terminus der Verwaltungssprache lebt das Wort in roman. Sprachen (span./ptg. *aduana*, frz. *douane*, it. *dogana*) fort, heute begrenzt auf die Bedeutung 'Zoll, -amt'. R. Jacobi

B. Dīwān als Verwaltungsbegriff
I. Arabischer Bereich – II. Osmanisches Reich.

I. ARABISCHER BEREICH: Schon bald nach den ersten großen Eroberungen richtete Kalif ʿOmar (634–644) ein Militärregister *(dīwān al-ǧund)* ein. Es diente der Erfassung der muslim. Araber zum Zweck der Besoldung. Entsprechende Einrichtungen wurden in den neu gegründeten »Lagerstädten« Kufa, Basra und al-Fusṭāṭ (Ägypten) geschaffen. Unter den Omayyaden entwickelte sich die Verwaltung weiter; neben dem nun schon »klassischen« *dīwān al-ǧund* entstanden zahlreiche weitere Ämter, die zwei große Bereiche, Finanzen und Schriftverkehr, umfaßten: *dīwān al-ḫarāǧ* (für die Einziehung der Grundsteuer), *d. aṣ-ṣadaqa* (für die Almosensteuer, *zakāt* und ʿ*ušr*), *d. an-nafaqāt* (für die Staatsausgaben), *d. ar-rasāʾil* (für die Diplome und Staatsschreiben), *d. al-ḫātam* ('Siegelamt', diente auch als Staatsarchiv) und *d. al-barīd* (Post; s.a. →Botenwesen). Für die hochspezialisierte staatl. Textilmanufaktur war der *d. aṭ-ṭirāz* zuständig. Unter dem Kalifen ʿAbdalmalik b. Marwān (685–705) wurde an Stelle der Volkssprachen (Griech., Kopt. usw.) das Arab. als Amtssprache verbindlich eingeführt.

In der Abbasidenzeit (750–1258) erfolgte eine weitere Spezialisierung, wobei manche neue Ämter nur kurzlebig waren. Die in den Quellen weit verstreuten Angaben lassen sich kaum zu einem Gesamtbild vereinigen. An der Spitze der Verwaltung stand der →Wesir bzw. Großwesir, an der Spitze eines d. der *ṣāḥib-dīwān*. Neben den Schreibern (*kātib*, pl. *kuttāb*) gab es spezielle Beamte für das Rechnungswesen mit der Bezeichnung *mustaufī* (s.a. →Finanzwesen, -verwaltung). Als Beamte, bis in die höchsten Ränge, wurden häufig auch Juden oder Christen zugelassen. Der Zentralverwaltung in Bagdad entsprach auf lokaler Ebene die Verwaltung in den Provinzen. Als das Kalifenreich zerfiel, entwickelte sich die Verwaltung in den Teilreichen, so im Ägypten der Ayyūbiden und Mamlūken, kontinuierlich weiter. Mit der Entstehung von Nationalstaaten im arab. Bereich wurden manche, nach westl. Vorbild gestaltete Verwaltungsinstitutionen errichtet. – Zum d. im norm. Kgr. Sizilien →duana de secretis. H. Busse

Lit.: EI², s. v. Dīwān – H. BUSSE, Chalif und Großkönig, 1969, 227–327 – C. E. BOSWORTH, Abū ʿAbdallāh al-Khwārizmī on the Technical Terms of the Secretary's Art, JESHO 12, 1969, 113–164.

II. OSMANISCHES REICH: Das Wort d. bezeichnet im osman.-türk. Bereich stärker die Versammlung oder das Ratsgremium, während es im arab.-pers. Sprachgebrauch eher die staatl. Verwaltungsbehörde bzw. das Büro umfaßt. Bei den Osmanen wurden viele Staatsangelegenheiten in derartigen Räten beschlossen. Der wichtigste unter den verschiedenen d.en war der *Dīwān-ı Hümayun* (ksl. Großrat). Im Zuge einer Entwicklung von ca. 150 Jahren wurde der D.H. zum höchsten Organ des Reiches nächst dem Sultan. Diese Stellung behauptete der D.H. bis zum Ende des 17. Jh. Der D.H. versammelte sich an bestimmten Tagen der Woche, üblicherweise 4–5mal wöchentlich. Die Versammlung mußte dort gehalten werden, wo der Herrscher gerade residierte. Der Vorsitzende des D.H. war der direkte Vertreter des Sultans, der Großwesir (→Wesir). Mitglieder des D.H. waren die wichtigsten Würdenträger des Reiches. Die Sitzungen wurden nach genauen Vorschriften abgehalten. Auf der Tagesordnung standen zuerst außenpolit., dann innenpolit. Fragen. Nach ihrer Regelung fungierte der D.H. als höchster Gerichtshof des Reiches. Alle, die eine Beschwerde vorzubringen hatten, konnten vor dem D.H. erscheinen und völlig frei ihre Klagen vortragen. Urteile des D.H. wurden nach Möglichkeit sofort vollstreckt. Alle Beschlüsse des D.H. wurden durch ein gut organisiertes Büro denjenigen Personen und Institutionen, die Gegenstand des Beschlusses waren, zugestellt. Fragen von geringerer Bedeutung wurden im zweiten d., nämlich dem des Großwesirs, besprochen, der sich im Amtssitz des Großwesirs am Nachmittag versammelte. Seit dem Ende des 17. Jh. gingen die Kompetenzen des D.H. an diesen zweiten d. über, da die Großwesire hier über eine größere Freiheit und Ungebundenheit verfügten. Bes. die ersten zwei d.e waren bedeutende Organe des stark zentralisierten osman. Staates; neben ihnen gab es in der Zentralverwaltung weitere kleinere d. e. Als Vertreter der Zentralgewalt hielten die Provinzgouverneure ihre eigenen d. e ab. Im Verfallsprozeß des Reiches ging auch die Dīwāntradition zugrunde. Im Zuge der Reformen in der 1. Hälfte des 19. Jh. schuf Sultan Maḥmud II. moderne Regierungsorgane und ein Kabinettsystem. Die Titel der Mitglieder des D.H. lebten aber als Ehrentitel bis zum Ende des Reiches fort. A. Mumcu

Lit.: A. MUMCU, Hukuksal ve Siyasal Karar Organı Olarak Divan-ı Hümayun, 1976, XIII–XXIII.

C. Dīwān als literarischer Begriff
I. Arabische Literatur – II. Osmanische Literatur.

I. ARABISCHE LITERATUR: [1] *Bedeutungsentwicklung:* Die spezielle Bedeutung 'Gedichtsammlung' erhält d. erst im arab. SpätMA. Die seit Ende des 8. Jh. entstehenden Verssammlungen trugen zunächst den Titel 'Buch' *(kitāb)*, »Dichtung«, »Gedichte« *(šiʿr*, pl. *ašʿār)* oder »Nachrichten« *(ḫabar*, pl. *aḫbār)*, da die Verse oft mit biograph. Daten überliefert wurden. Im allgemeineren Sinne bedeutete das Wort um diese Zeit 'Sammlung' (alles Wissenswerten), wie aus dem vielzitierten Ausspruch »Die Dichtung ist der Dīwān der Araber« (aš-šiʿr dīwān al-ʿarab) hervorgeht. Seit dem 9. Jh. wird d., z. T. als Synonym zu kitāb, für Sammlungen verschiedener lit. Zeugnisse verwendet, so u. a. in der Verbindung: d. der »Episteln« *(rasāʾil)*, »Reden« *(ḫuṭab)*, »Sentenzen« *(ḥikam)*, »Motive« *(maʿānī)*, das heißt Versgruppen, an denen die vorbildl. Behandlung eines Motivs gezeigt werden soll. Im *Fihrist* (Verzeichnis), einem Bibliothekskatalog des 10. Jh., ist vereinzelt auch der Titel »d. der Dichtung« *(dīwān šiʿr)* belegt. In den folgenden Jahrhunderten wird d. zunehmend auf poet. Werke angewandt und bezeichnet schließlich im prägnanten Sinne die »Sammlung der Gedichte« (eines Dichters/Stammes). In dieser Bedeutung ist es von anderen Islamsprachen übernommen worden und hat auch in die europ. Literatur Eingang gefunden.

[2] *Form:* Die frühen d. e sind alphabet. geordnet, d. h. nach dem Reimkonsonanten, der in klass. arab. Gedichten unverändert bleibt. Erst mit der themat. Vielfalt der Abbasidenpoesie (→Arab. Lit.) kommt als weiteres Ordnungsprinzip die Einteilung nach Gattungen oder Themen hinzu, doch wird die alphabet. Gliederung nicht ganz verdrängt. Seit dem Aufkommen der Strophendichtung findet sich auch die Einteilung nach klass. Versformen und Strophengedichten. Die ma. Dīwānrezensionen enthalten vielfach biogr. Angaben und anekdot. Material zur Entstehung und Wirkung der Verse. Sie sind oft mit ausführl. Kommentaren überliefert, in denen Sach- und Worterklärung, grammat. Erläuterung, Interpretation und Kritik geboten werden. R. Jacobi

Lit.: BROCKELMANN–SEZGIN, II – R. BLACHÈRE, Hist. de la litt. arabe, 3 Bde, 1952–66 – G. SCHOELER, Die Einteilung der Dichtung bei den Arabern, ZDMG 123, 1973, 9–55.

II. OSMANISCHE LITERATUR: In der osman. Lit. bezeichnet d. eine Sammlung der mehreren Gattungen angehörenden Gedichte eines Dichters. Den Schwerpunkt eines d. bilden die *ġazele* (4–15 Verse umfassende lyr. Gedichte zum Lob der Liebe mystischer oder profaner Art), als deren Reim jeweils einer der 28 Buchstaben des arab. Alphabets benutzt wurde. Die ġazele werden nach dem Endbuchstaben ihres Reimes in alphabet. Ordnung angeführt. In einem d. sind zumeist folgende Gattungen (in folgender Reihenfolge) enthalten: Gedichte in *qaṣīde*-Form (Oden mit mindestens 15 und meist nicht mehr als 100 Versen) über die Einheit Gottes *(tevḥīd)*, als Anflehung von Gott *(münāǧāt)*, zum Lob des Propheten Mohammed *(naʿt)*, zum Lob der religiösen und weltl. Großen *(med-*

ḥīye); Chronogramme *(tārīḫ*; erst ab Mitte des 15. Jh.) können auch später gereiht sein; strophenförmige Gedichte *(musammaṭ*, in erster Linie *murabbaʿ*, *muḫammes*, *terkīb-i bend* und *terǧīʿ-i bend)*; *ġazele*; *qiṭʿas* (kurze Gedichte von zwei oder mehr Versen, äußerlich dem ġazel ähnlich, thematisch frei); einzelne Vierzeiler *(rubāʿī* und *tuyuġ)*; isolierte Verse *(müfred)* und Halbverse *(miṣrāʿ)*. Die wichtigsten erhaltenen altanatol. bzw. der altosman. Lit. zuzurechnenden d. e sind die von Sulṭān Veled (gest. 1312), Qāḍī Burhāneddīn (gest. 1398), →Nesīmī (gest. 1404); →Aḥmedī (gest. 1412), Aḥmed-i Dāʿī (gest. 1417 oder n. 1421) und →Šeyḫī (gest. nach 1430); die schon der klass. osman. Lit. (ab ca. 1453) angehörenden d. e bis Ende des 15. Jh. diejenigen von →Aḥmed Paša (gest. 1497), →Neǧātī (gest. 1509) und →Mesīḥī (gest. 1512). Die Frauen werden durch Zeyneb Ḫatun (gest. 1474) und →Mihrī Ḫatun (gest. 1506) repräsentiert, und auch Sultane und Prinzen hinterließen d. e, so z. B. Sultan→Meḥmed II. mit dem Dichternamen ʿAvnī (gest. 1481) und Prinz →Ǧem (gest. 1495).

Unter dīwān-Dichtung versteht man die osman. Kunstpoesie, die sich – bes. anfänglich – nach pers. Vorbild und von der (ihrerseits mit der arab. Dichtung eng verbundenen) pers. Poesie inspiriert entwickelte. Ihre Dichter gehörten zur in →Medresen gebildeten Elite, dichteten für eben diese Elite in quantitierender Metrik *(ʿarūż)*, sammelten ihre lyr. Gedichte in d. en und gelangten zu höherer Anerkennung als Dichter erst, nachdem sie einen eigenen d. hervorgebracht hatten. E. Ambros

Lit.: İstanbul Kütüphaneleri Türkçe Yazma Divanlar Kataloğu, Bd. I: XII–XVI. Asır (s. a.) – A. BOMBACI, The Turkic Literatures. Introductory Notes on the Hist. and Style, PTF II, 1964.

Djed, Oberhaupt der (von der Kurie als häret. betrachteten) bosn. Kirche (Bosanska crkva; →Bosnien), offizielle Bezeichnung: »episkup crkve bosanske« ('Bf. der bosn. Kirche'). Trotz dieses offiziellen Ranges wurde das Oberhaupt der bosn. Kirche in der Alltagssprache als D. bezeichnet, und diese Bezeichnung wurde sogar in den offiziellen Dokumenten benutzt. So wurde zu Beginn des 15. Jh. ein Testament »u dane jepiskupstva i nastavnika i svršitelja crkve bosanske, gospodina djeda Radomira« ('am Tage des Bischofsamtes des Lehrers und Vollenders der bosn. Kirche, des Herren Djed Radomir') ausgefertigt. Während der offizielle Bischofsrang des Oberhauptes der bosn. Kirche auf der dualist. Tradition (→Dualismus) und der Tradition der »ecclesiae Bosnensis« beruht, stammt die Bezeichnung 'D.' aus bogomilischem Milieu (→Bogomilen). In den Beschlüssen der unter dem bulg. Zaren Boril i. J. 1211 in Tŭrnovo abgehaltenen Synode wird ein »djed sredečki« ('D. v. Sredec/Sofia') erwähnt.

R. Mihaljčić

Q. und Lit.: F. RAČKI, Bogomili i patareni, 1931 – D. OBOLENSKY, The Bogomils, 1948 – D. MANDIĆ, Bogomilska crkva bosanskih krstjana, 1962 – S. ĆIRKOVIĆ, Die bosn. Kirche, Atti del Convegno internazionale sul tema: L'oriente cristiano nella storia della civiltà, 1964 – J. ŠIDAK, Studije o »crkvi bosanskoj« i bogumilstvu, 1975.

Djurdjevi Stupovi, Klosterkomplex mit einer Kirche des hl. Georg (sv. Djordje), oberhalb von Novi Pazar (Serbien), Stiftung des Großžupans →Stefan Nemanja (gleichnamig die Kirche in Budimlje beim heut. Ivangrad, Montenegro, errichtet von Nemanjas Neffen Fs. Prvoslav zu Beginn des 13. Jh.). Nemanjas Sohn und Biograph, Kg. →Stefan der Erstgekrönte, bestätigt, daß das Kl. zu Ehren des hl. Georg, der Nemanja aus der Gefangenschaft gerettet hatte, errichtet wurde. Der Bau erfolgte nach Nemanjas Sieg über die Byzantiner bei Pantino (1168). Eine Inschrift über dem Portal von 1170/71 nennt Nemanja als

Stifter. Die Kirche ist einschiffig mit einem dreiteiligen Altarraum, innen mit einer ellipsenförmigen Kuppel mit Arkaden, außen aber achteckig; sie hat an den Seitenflanken sog. Vestibüle und an der Westseite zwei Glockentürme (nur in Überresten erhalten). Im Unterschied zur ersten Kirchenstiftung Nemanjas, Sv. Nikola bei Kuršumlija, die noch rein byz. ist, weist Dj. St., von westl. Baumeistern errichtet, roman. Stilelemente auf, wenn auch der Plan im wesentl. byz. Tradition folgt. Aufgrund dieser ungewöhnl. Verbindung wird Dj. St. als frühestes Denkmal der sog. Schule v. →Raška in der serb. →Baukunst angesprochen.

Aus den 70er Jahren des 12. Jh. sind auch Überreste bedeutender Fresken erhalten (teils an den Kirchenmauern, teils im Nat. mus. Belgrad), die dem Stil nach der Kunst der Komnenenzeit angehören.

Aus der frühesten Zeit stammen die Mauern, die den Komplex in ovaler Form umfassen, ebenso der viereckige Torturm, die (zerstörten) Mauern des rechtwinkligen Speisesaales südlich der Kirche, der beiden Zisternen und der Mönchszellen nördlich der Kirche.

Kg. →Stefan Dragutin ließ Ende des 13. Jh. den Torturm umbauen und gestaltete dessen Erdgeschoß in eine Kapelle zum Gedächtnis an jenen Landtag um, auf dem er 1282 im nahen →Deževo den Thron seinem Bruder →Stefan Milutin übergab. Die Fresken im Gewölbe zeigen die vier Wahllandtage der ersten serb. Herrscher Stefan des Erstgekrönten, Kg. →Stefan Uroš I., Kg. Dragutin und Kg. Milutin. Im unteren Teil, neben dem Sanktuarium, befinden sich →Bildnisse der wichtigsten Mitglieder der Herrscherfamilie. Die Fresken gehören zum plast. Monumentalstil der 80er Jahre des 13. Jh. Aus der Zeit Kg. Dragutins stammen auch die Fresken im Vorraum der Hauptkirche (Zyklus des hl. Georg) und die Gebäude des neuen Speisesaales und der Küche. Dragutin ist in Dj. St. begraben. – Nach mehrfachen Kriegszerstörungen (1689, 1912, 1941) wurde Dj. St. in den letzten Jahren archäolog. untersucht und restauriert. V. J. Djurić

Lit.: V. R. PETKOVIĆ, Pregled crkvenih spomenika kroz povesniu srpskog naroda, 1950, 113–116 – G. MILLET, La peinture du MA en Yougoslavie I, 1955, pl. 22–30, 89–90 – S. RADOJČIĆ, Staro srpsko slikarstvo, 1966, 28–30 – V. J. DJURIĆ, Istorijske kompozicije u srpskom slikarstvu srednjega veka i njihove književne paralele II, ZRVI 10, 1967, 131–137 – R. HAMANN-MAC LEAN, Grundlegung zu einer Gesch. der ma. Monumentalmalerei in Serbien und Makedonien, 1976, 307–309, passim – DJ. BOŠKOVIĆ, Arhitektura srednjeg veka, 1976, 282–285 – O. KANDIĆ, Kule zvonici u srpske crkve XII–XIV veka, Zbornik za likovne umetnosti 14, 1978, 11–15, 60f., passim – V. J. DJURIĆ, Die byz. Fresken in Jugoslawien, o. J., 35f., 246 – DERS., La peinture murale byz., XIIe et XIIIe s. (Actes du XVe Congr. Internat. d'Études Byz. I, 1979), 172–175, passim – D. MILOŠEVIĆ-J. NEŠKOVIĆ, Dj. St., 1983 – J. NEŠKOVIĆ, Dj. St. u starom Rasu, 1984.

Długosz, Jan, * 1415, † 19. Mai 1480, poln. Chronist und Universalhistoriker, aus adliger Familie mit dem Wappen: Wieniawa. D. studierte an der Univ. →Krakau die artes liberales seit 1428. Vor Beendigung seiner Studien trat er 1431 in die Dienste des Bf.s v. Krakau, Zbigniew →Oleśnicki, erhielt die Priesterweihe 1440; mit vielen Präbenden bepfründet, war er Sekretär und Vertrauter des Bf.s und Kardinals. Im Auftrag seines Protektors übte er verschiedene diplomat. Missionen aus. Nach dem Tod des Bf. si. J. 1455 trat er nach einiger Zeit in die Dienste des Königshofes über und wurde zum Prinzerzieher ernannt. Auch jetzt wurde er mit diplomat. Missionen betraut; er nahm maßgeblichen Anteil an den Verhandlungen mit dem →Dt. Orden während des 13jährigen Krieges zw. →Polen und dem Orden. 1480 wurde D. zum Ebf. v. →Lemberg ernannt, starb aber vor seiner Ordination.

Sein Interesse an der Geschichtsschreibung wurde durch Bf. Oleśnicki geweckt, der D. mit der Zusammenstellung von sämtl. Gütern, Rechten und Privilegien des Bm.s Krakau beauftragte; in Erfüllung dieser Aufgabe verfaßte D. nach fast 40jährigen Vorarbeiten den »Liber Beneficiorum« der Diöz. Krakau, die wichtigste Quelle für die sozio-ökonom. Struktur Polens im 15. Jh. Im Auftrag des Bf.s kommentierte er auch mit hist. Angaben die Prachthandschrift »Banderia Prutenorum«, in der die vom poln.-litauischen Heer auf den Schlachtfeld von →Tannenberg/Grunwald 1410 erbeuteten Banner des Dt. Ordens abgebildet worden waren. Durch diese ersten Arbeiten ermutigt, schrieb D. sein historiograph. Hauptwerk, die »Annales Regni Poloniae«, die 12 Bücher umfassen und von den ältesten Zeiten bis zum Jahr 1480 reichen. Er erstellte die erste Redaktion in den Jahren 1458–61, arbeitete aber anschließend weiter an diesem Werk, das er durch Korrekturen und Nachträge ergänzte; gleichzeitig setzte er seine Annalen fast bis zu seinen letzten Lebenstagen fort. In seinem Werk bietet D. nicht nur die frei gestaltete Bearbeitung aller älteren, heute teilweise verlorenen poln. Chroniken, Annalen und Urkunden, sondern bezieht auch viele ausländ., lat. und russ., Geschichtsquellen ein. Dadurch schuf D. eine Universalchronik, die die ganze Geschichte von Mittel- und Osteuropa im ausgehenden MA behandelt; sie ist auch eine der wichtigsten Quellen für die Beziehungen des poln.-litauischen Staates zum Dt. Orden vom Großen Krieg (1409–41) bis zum 13jährigen Krieg (1454–66) und wurde zur Grundlage späterer maßgebl. Geschichtskonzeptionen. D. ist darüber hinaus Verfasser einiger kleinerer Werke, so von Bischofskatalogen der verschiedenen poln. Diöz., Heiligenviten, jurist.-hist. Gutachten usw.

G. Labuda

Ed.: Joannis Dlugossii, Opera omnia, ed. A. PRZEŹDZIECKI, I–XIV, 1863–87 – Ioannis Dlugossii, Annales seu Cronicae incliti Regni Polonia, ed. J. DĄBROWSKI u. a., 1ff., 1964ff. – Jana Długosza, Banderia Prutenorum, ed. K. GÓRSKI, 1958 – Lit.: J. DĄBROWSKI, Dawne dziejopisarstwo polskie, do r. 1480, 1964, s. 189–240 [weitere Lit.] – S. EKDAHL, Die »Banderia Prutenorum« des J. D. – eine Q. zur Schlacht bei Tannenberg 1410, AAG Ph.-hist. Kl. 3. F., 104, 1976 – DERS., Die Schlacht bei Tannenberg 1410, Quellenkrit. Unters., I: Einf. und Quellenlage, 1982.

Dmitar Zvonimir, Kg. v. Kroatien 1075–89, wahrscheinlich aus dem Geschlecht Svetoslavić. Zur Zeit →Krešimirs IV. als Ban v. →Slawonien erwähnt, wurde er dessen Nachfolger, unter Umgehung von Krešimirs Neffen Stefan (Stjepan) II. (1089–91), des letzten kroat. Kg.s aus dem Geschlecht der →Trpimirovići. Ohne Unterstützung im Lande, bediente sich D. Z. ausländ. Hilfe, v. a. derjenigen des gregorian. Papsttums und Ungarns. Noch während er als Ban Slawonien verwaltete, gewann er mit ung. Hilfe einen Teil von →Dalmatien. Die »Baščanska ploča« ('Tafel von Baška'), in der D. Z. als kroat. Kg. erwähnt wird, belegt, daß er auch Krk beherrschte. Von Papst Gregor VII. erhielt er 1075 die Zeichen der Königswürde und wurde dessen Vasall. Späteren Legenden zufolge wurde er auf dem Kosovo polje bei Knin ermordet.

R. Mihaljčić

Lit.: F. ŠIŠIĆ, Povijest Hrvata u vrijeme narodnih vladara, 1925 – N. KLAIĆ, Povijest Hrvata u ranom srednjem vijeku, 1975².

Dmitrij (s. a. Demetrios)

1. D. Šemjaka, Fs. v. →Galič, →Uglič, kurzfristig Gfs. v. →Moskau, * vor 1420, † 18. Juli 1453, Sohn von Jurij, Fs. v. Galič und Zvenigorod, ztw. Gfs. v. Moskau († 1434), Enkel v. →Dmitrij Donskoj (3. D.). Nach der Blendung seines älteren Bruders Vasilij Kosoj am 21. Mai 1436, die auf Befehl seines Vetters Gfs. →Vasilij II. erfolgte, griff D. 1441 den von seinem Vater geltend gemachten Thronanspruch auf Moskau auf und verfocht ihn mit kurzen Pausen bis zu seinem Tode. Im gnadenlosen, blutigen Ringen mit Vasilij II. wurde D. vom Gfs.en v. Tveŕ, →Boris Aleksandrovič (bis 1446), sowie von Novgorod und durch wechselnde Koalitionen mit anderen Fs.en unterstützt. Am 12. Febr. 1446 gelang es D., den Thron in Moskau zu besteigen, nachdem Vasilij II. festgenommen, geblendet und verbannt worden war. Schon im Dez. 1446 mußte D. wegen eines Wandels der Haltung der Moskauer Bojaren und Dienstadligen Moskau jedoch wieder räumen. In der Schlacht bei Galič (1450) besiegt, gefährdete D. mit eigenen und tatar. Streifzügen weiterhin den Herrschaftsbereich Vasilijs II. Bis zu seinem plötzlichen Tode durch Gift fand D. stets in Novgorod Zuflucht; dies hatte schon 1456 schlimme Folgen für die Handelsrepublik seitens des Moskauer Gfsm.s (Vertrag v. Jažełbicy). D.s Sohn Ivan (* 1437, † nach 1471) mußte Asyl in Litauen suchen (1454), wo er als Lehen die Fsm. er Rilsk und Novgorod Severskij erhielt. D.s Tochter Maria heiratete 1452 den Statthalter v. Novgorod, Fs. Alexander v. Čartoryjsk. – In der Geschichtsschreibung wird D. oft als Gegner der Gründung eines Einheitsstaates dargestellt, doch findet dies keine Bestätigung in den Quellen. Wie Vasilij II. strebte auch D. nach der gfsl. Würde und der alleinigen Macht. Beide handelten unter dem Druck der Umstände und mußten mit allen Mitteln Verbündete unter Fs.en und Bojaren gewinnen. Die Haltung der Kirche schwankte, neigte aber nicht selten D. zu. In dieser Auseinandersetzung gehörten Verrat, Meineid, Vertragsbruch, Appellation an die Chane und Anstiftung von Tatareneinfällen auf beiden Seiten zu den üblichen Praktiken. Verheerende Kriegszüge, zunehmend häufigere tatar. Plünderungen, Brandstiftungen, Verschleppungen der Bevölkerung und wiederholte Pestwellen brachten die Moskauer Rus' an den Rand der polit. und wirtschaftl. Katastrophe. Erst später wurde der besiegte D. zur Symbolfigur dieser Zeit. A. Poppe

Q.: PSRL 12, 20, 23, 25 – LPL – DDG – *Lit.*: SOLOVIEV, IR II-4, 1860, 389–426 – L. ČEREPNIN, Obrazovanie russkogo centralizovannogo gosudarstva v 14–15 vv., 1960, 734–812 – P. NITSCHE, Gfs. und Thronfolger, 1972, 43–82 – V. D. NAZAROV, Feodalnaja vojna v Rossii vo vtoroj četverti 15 v, SIĖ 15, 1974, 43–46 – G. ALEF, The Battle of Suzdal' in 1445, FOG 25, 1978, 11–20 – HGesch Rußland I, 620–634 [P. NITSCHE].

2. D. Donskoj, Fs. v. →Moskau, Gfs. v. Vladimir, * 12. Okt. 1350, † 19. Mai 1389, Sohn von →Ivan II., Enkel von →Ivan I. Kalità, erbte 1359 den Großteil und 1362 das ganze Fsm. Moskau; das Gfsm. Vladimir hatte er seit 1362 mit Unterbrechungen, seit 1375 ständig inne. Er fand Unterstützung bei den Moskauer Bojaren mit dem Metropoliten Aleksej an der Spitze, die schon während D.s Minderjährigkeit für den weiteren Aufstieg Moskaus gesorgt hatten. Ihre geschickte Politik gegenüber und innerhalb der →Goldenen Horde trug zur Durchsetzung der Moskauer Ansprüche im mehrjährigen Kampf mit anderen Bewerbern um das Gfsm. Vladimir bei D.s Ehe (∞ 1367) mit Evdokija, der Tochter von →Dmitrij Konstantinovič, Fs.en v. Suzdal' und Nižnij Novgorod, der schon 1364 D.s Rechte auf das Großfürstentum anerkannt hatte, sicherte D. ein ständiges Bündnis in den Auseinandersetzungen mit Tataren und Wolgabulgaren sowie bei innerruss. Problemen. In andauernden wechselvollen Kämpfen um die polit. Vormachtstellung zwischen D. und dem Fs.en v. →Tveŕ, Michail Alexandrovič, der vom Gfs.en →Olgerd v. Litauen unterstützt wurde, gelang es D. 1375 seine Tveŕer Konkurrenten zum Verzicht auf das Gfsm. Vladimir und zur Vasallität zu zwingen. Versuche Litauens und des Fs.en v. Tveŕ, D.s Macht durch Unterstützung der Moskauer Opposition zu schwächen, endeten mit der Abschaffung des →Tysjackij-Amtes in Moskau (1374) und der öffentl. Hinrichtung des erst 1379 gefaßten Amtsinhabers, des Adligen Ivan Veljaminov. D. verstand es, nach Olgerds Tod (1377) innerlitauische Kämpfe zu eigenen Territorialgewinnen zu nutzen (u. a. 1379 Trubčevsk, Starodub). Der Streit unter den Fs.en v. →Rjazań bot D. Gelegenheit, ihnen seine Oberhoheit aufzuzwingen (bereits 1371). Versuche des Fs.en Oleg v. Rjazań, sich von dieser zu lösen, scheiterten auf lange Sicht (1387 vertragl. Bestätigung der Vasallität). →Novgorod mußte die Oberhoheit D.s schon 1367 anerkennen; 1386 wurde wegen wiederholter Unbotsamkeit eine Strafexpedition gegen die Stadt durchgeführt und ihr eine hohe Kontribution auferlegt. D. verstand es auch, innere Streitigkeiten in der Goldenen Horde auszunutzen, wobei er neben Geschenken und Bestechungsgeldern auch den offenen militärischen Konflikt nicht scheute (1373, 1376, 1377, 1378). 1380 versuchte D., die tatar. Oberhoheit gänzlich abzuschütteln. Er kam der drohenden Vereinigung der gegen ihn anrückenden tatar. Streitmacht mit ihren litauischen Verbündeten zuvor und schlug die von Khan Mamāi geführten Tataren in der verlustreichen Schlacht am →Kulikovo am Don vernichtend (8. Sept. 1380). Allerdings versagte D. zwei Jahre später gegenüber dem tatar. Vergeltungsfeldzug, in dessen Verlauf Khan Toḫtamyš Moskau zu zerstören vermochte (1382). Trotz dieses Rückschlags konnte D. seine führende Stellung unter den russ. Fs.en behaupten und schon 1383 bei der Goldenen Horde seine gfsl. Würde gegen den Fs.en von Tveŕ verteidigen. – In seiner polit. Tätigkeit wußte D. sich mit geeigneten Helfern zu umgeben. Als ständige Berater wirkten mehrere hohe Geistliche, u. a. der einflußreiche →Sergej v. Radonež sowie – trotz des Streites um den Metropolitenstuhl – die Metropoliten →Mitiai, →Dionisij, →Pimen und →Kiprian; die Zusammenarbeit mit der Kirche entsprach dem gemeinsamen Interesse an den Vereinigungsplänen aller ostslav.-orthodoxen Gebiete. D.s Vetter, →Vladimir Andreevič, Fs. v. Serpuchov, und sein Schwager, Fs. Dmitrij Bobrok aus Wolhynien, standen ihm als fähige Heerführer zur Seite; sie trugen 1380 maßgeblich zum Sieg am Don bei. D.s Feldherrntalente wurden erst von der Nachwelt im Zusammenhang mit dem wachsenden Verständnis für die hist. Tragweite der Schlacht am Don gewürdigt (ehrender Beiname 'Donskoj'). Das idealisierte Bild D.s setzte sich in der Geschichtsschreibung des 19. und 20. Jh. fort. Die zeitgenöss. Chronikberichte schildern D.s Regierung dagegen als eine Periode andauernder Fürstenfehden und schwerer Verwüstungen der russ. Länder durch litauische, tatar. und eigene Truppen.

Mit List, Heimtücke und Gewalt hat D. zentrifugale Kräfte bekämpft und die Teilfürsten geschwächt. Die Vereinigung des Gfsm.s Vladimir mit dem Fsm. Moskau zu einem einheitl. Machtbereich und die testamentar. Übergabe beider Länder als »Vatererbe« ohne Zustimmung der Goldenen Horde an D.s älteren Sohn →Vasilij I. schufen gemeinsam mit dem überlieferten Bewußtsein des ersten bedeutenden Sieges über die Tataren die Grundlagen für die stufenweise Befreiung Rußlands von der Tatarenherrschaft. A. Poppe

Q.: PSRL 8, 11, 25, 26 – NPL – DDG – *Lit.*: RBS, 1905, 403–409 [S. SEREDONIN] – SOLOVIEV, IR II-3, 1860, 267–311 – N. KOSTOMAROV, Russkaja istorija v žizneopisanijach jeja glavnejšich dejatelej, I-1, 1873,

205–234 – A. Ekzempljarskij, Velikie i udelnyje knjazja severnoj Rusi v tatarskij period, Bd. I, 1889, 93–124 – L. V. Čerepnin, Dogovornye i duchovnye gramoty Dmitrija Donskogo kak istočnik dla izučenija političeskoj istorii velikogo knjažestva moskovskogo, IstZap 24, 1947, 225–266 – Ders., Obrazovanie russkogo centralizovannogo gosudarstva v 14–15 vekach, 1960, 545–626 – P. Nitsche, Gfs. und Thronfolger, 1972, 11–26 – M. A. Salmina, Slovo o žitii i predstavlenii velikogo knjazja Dimitrija Ivanoviča, carja rus'skago, TODRL 25, 1977, 80–104 – HGesch Rußlands I, 601–614 [P. Nitsche] – s. a. Lit. zu →Kulikovo, →Moskau, →Goldene Horde.

3. D., *russ. Gfs. (→Moskau)*, * 10. Okt. 1483, † 14. Febr. 1509, Sohn Ivans d. J. († 1490) und der Helene, Tochter des Woëwoden →Stefans d. Gr. v. d. →Moldau. D. wurde von seinem Großvater →Ivan III. am 4. Febr. 1498 in einem Akt von bislang unerhörter Feierlichkeit zum Gfs.en und Thronfolger von Vladimir, Moskau und der ganzen Rus' erhoben. Nachdem am Moskauer Hof eine die Thronfolge→Vasilijs, des Sohnes von Ivan III. und der →Sophia Palaiologa, begünstigende Partei die Oberhand gewonnen hatte, fiel D. samt seiner Mutter, die zu den →Judaisierenden gehörte, in Ungnade; beide wurden im April 1502 inhaftiert. Ivan III. dürfte sich auch durch das 1499 geschlossene Bündnis Stefans v. d. Moldau und →Alexanders v. Polen und Litauen angegriffen gefühlt haben. D.s Mutter wurde im Jan. 1505 erdrosselt. D. selbst muß noch weitere Anhänger gehabt haben, wie der Aufstand der von Ivan III. in →Kazań eingesetzten Chans, Amīn Meḥmed, zeigt (Sommer 1505). Der eingekerkerte D. wurde von Vasilij III. nach dessen Thronbesteigung als gefährlicher Konkurrent angesehen und starb im Gefängnis, wahrscheinlich keines natürlichen Todes. A. Poppe

Lit.: P. Nitsche, Gfs. und Thronfolger, 1972, 83–182 [ält. Lit.] – A. Choroškevič, Russkoe gosudarstvo v sisteme meždunarodnych otnošenij konca XV načala XVI vv., 1980 [Reg.] – HGeschRußlands I, 664–668 [P. Nitsche, Lit.] – A. A. Zimin, Rossija na rubeže XV–XVI stoletij, 1982 [Register].

4. D., *Gfs. v. →Nižnij Novgorod und →Suzdal'*, * 1323, † 5. Juli 1383. Sohn des ersten Fs.en v. Nižnij Novgorod und Suzdal', Konstantin († 21. November 1355), Schwager (ab 1354) des Gfs.en v. Tver', →Michail Alexandrovič. D. erhielt Suzdal' 1355 als Teilfsm. und nach dem Tode des Gfs.en →Ivan II. († 13. Nov. 1359) in Anknüpfung an den Thronanspruch seines Vaters (1354) auf Vladimir und mit Unterstützung seines älteren Bruders, des Fs.en v. Nižnij Novgorod, Andrej (1355–1356), einen →*jarlyk* auf das Gfsm. Vladimir. Von vielen aruss. Fs.en und von Novgorod als Gfs. anerkannt, am 22. Juni 1360 inthronisiert, wurde D. im Herbst 1362 von Moskauer Kräften aus Vladimir verdrängt. Nach dem Scheitern eines Versuchs, die Macht wiederzuerlangen (1363), änderte D. seine Politik (1364). Angesichts der Rivalität zu seinem jüngeren Bruder Boris, Fs.en v. Gorodec, der von seinem Schwiegervater, Gfs. →Olgerd, unterstützt wurde, um die Nachfolge seines todkranken Bruders Andrej († 2. Juni 1365), verzichtete D. auf das Gfsm. Vladimir zugunsten von →Dmitrij Donskoj (3. D.). Mit Hilfe dieser polit. Allianz, die durch die Verlobung Dmitrijs Donskoj mit D.s Tochter gefestigt wurde (Eheschließung im Jan. 1367), und der Unterstützung des Metropoliten Alexej und des →Sergej v. Radonež sowie von Moskauer Hilfstruppen konnte sich D. im Herbst 1365 in Nižnij Novgorod durchsetzen. Als Gfs. v. Suzdal' und Nižnij Novgorod hat D. zur kulturellen Entwicklung des Landes beigetragen. Eine eigene Chronistik bildete sich u. a. mit der in D.s Auftrag verfaßten →Laurentiuschronik (1377) aus. D.s innerruss. und äußeres polit. Handeln blieb im Einklang mit der Moskauer Politik; er führte mit wechselndem Erfolg Krieg gegen Tataren, Wolgabulgaren und Mordvinen. Erst seit 1380, im Zusammenhang mit der Schlacht v. →Kulikovo, scheint D. eine zurückhaltendere Position bezogen zu haben. Als 1382 Chan Toḥtamyš einen Vergeltungsfeldzug gegen Moskau unternahm, verhielt sich D. loyal gegenüber den Tataren, um sein Fsm. zu schonen. Seine Söhne, die am Feldzug teilnahmen, trugen zur Übergabe und Zerstörung von →Moskau bei. Auf dem Thron von Nižnij Novgorod folgte auf D. sein Bruder Boris, bis zur Besetzung des Fsm.s durch Moskau (1392). D.s Söhne Vasilij († 1403) und Semen († 1402) waren in ihrem wenig erfolgreichen Kampf, den sie um das Vatererbe mit Gfs. Vasilij I. führten, ganz auf tatar. Unterstützung angewiesen. A. Poppe

Q.: PSRL I, IV, V, VIII, X, XI, 15, 18, 25, 27 – NPL – *Lit.*: P. Nitsche, Gfs. und Thronfolger, 1972, 11 f. [auch: Register] – L. Murav'eva, Letopisanie severo-vostočnoj Rusi XIII–XIV veka, 1983, 167–200 – s. a. Lit. zu: →Nižnij Novgorod, →Suzdal', →Dmitrij Donskoj, →Dionisij, →Laurentiuschronik.

5. D., *Fs. v. →Peresjaslavl' Zaleskij*, Gfs. v. →Vladimir, * um 1248, † 1294. Sohn von →Alexander Nevskij, von dem er 1259–63 als Statthalter in Novgorod eingesetzt wurde. Trotz vieler Spannungen mit den Novgoroder Behörden blieb D. als Fs. v. Peresjaslavl' in regen Beziehungen mit Novgorod und wurde einige Male auf den dortigen Fürstenthron eingeladen. Nachdem D. bereits 1262 an der Einnahme von →Dorpat teilgenommen hatte, erwies er sich in der Schlacht bei Wesenberg (18. Febr. 1268) gegen den Dt. Orden in →Livland als geschickter Heerführer. Seine Hoheitsrechte als Gfs. wurden in Novgorod anerkannt (1276–81, 1283–93). D. folgte seinem verstorbenen Bruder Vasilij als Gfs. v. Vladimir, wurde aber von seinem jüngeren Bruder Andrej († 1304) in einen ständigen Kampf um die gfsl. Würde verwickelt. Die Doppelherrschaft in der →Goldenen Horde begünstigte diese Rivalität. 1281 erhielt Andrej erneut den →*jarlyk* von Chan Teleboga und fiel mit den Tataren ins Land ein. D. floh nach Novgorod und »über See« und dann in die Schwarzmeersteppe, wo er wirksame Unterstützung vom Emir →Nogaj erhielt und auf dem Fürstentag von 1283 auch von Andrej als Gfs. anerkannt wurde. Als Andrej – wieder mit Hilfe tatarischer Truppen – 1285 versuchte, D. zu beseitigen, wurden diese geschlagen. Verbündete D.s waren sein Schwiegersohn →Dovmont, Fs. v. Pskov, sein jüngster Bruder →Daniil, Fs. v. Moskau, und sein Vetter →Michail, Fs. v. Tver'. Erst 1293 wurde D. durch von Chan Tohtu entsandte Truppen, die die Länder D.s und seiner Verbündeten verwüsteten, gezwungen, Andrej als Gfs.en anzuerkennen und sich mit Peresjaslavl' zufriedenzugeben, doch starb er kurz danach auf dem Wege in seine Residenzstadt. A. Poppe

Q.: NPL – PSRL I, IV, VII, X, XV, XXV – *Lit.*: A. Ekzempljarskij, Velikie i udelnyje knjazja severnoj Rusi v tatarskij period. Bd. 1, 1889, 44–53 – A. Nasonov, Mongoly i Ruś, 1940 [Register] – J. Fennell, The Crisis of Medieval Russia 1200–1304, 1983 [Register].

6. D., *Fs. v. →Tver'*, Gfs. v. Vladimir, * 15. Sept. 1298, † 1326, ⚭ 1320 Maria, Tochter des →Gedimin, Gfs.en v. →Litauen. Nach der Hinrichtung des Vaters, Gfs.en →Michail († 22. Nov. 1318), versöhnte sich D. als Fs. v. Tver' mit dem Erzfeind seines Vaters, Fs. Jurij v. Moskau. D. verpflichtete sich, die gfsl. Würde nicht anzustreben; sein jüngerer Bruder Konstantin (seit 1327 Gfs. v. Tver') heiratete Jurijs Tochter Sophia. Wegen großer Schulden gegenüber der →Goldenen Horde mußte D. 1321 Steuereintreibungen der von tatar. Truppen begleiteten jüd. Steuerpächter zulassen. Bald klagte D. seinen Gegner Jurij v. Moskau bei der Goldenen Horde wegen Tributunterschlagung an und erhielt im Herbst 1322 den Jurij entzogenen Thron von Vladimir. Infolge von Jurijs Gegenklage wurden beide vor Chan Uzbeks Gericht geladen. Der jähzornige D. (Beiname »Groznye Oči«, 'der zornige Blick') erschlug am 21. Nov. 1325 Jurij willkürlich und mußte einige Monate danach mit der eigenen Hinrichtung büßen. (Verschiedene genauere Angaben zur Datierung seines Todes sind erst späterer Herkunft.) Als sein Nachfolger in Tveŕ erhielt sein Bruder Alexander (1300–39) den →jarlyk auf das Gfsm. Vladimir; erst nach einem Aufstand in Tveŕ (Aug. 1327) gelang es →Ivan Kalitá als Führer einer tatar. Strafexpedition, im Winter 1327/28 die Tveŕer Konkurrenten aus dem Felde zu schlagen und den Großfürstenthron an sich zu bringen. A. Poppe

Q.: PSRL I, IV, VII, X, XV, XXV – GVNP nr. 14 – *Lit.*: V. BORZAKOVSKIJ, Istorija Tverskogo knjažestva, 1876, 117–132 – A. I. NASONOV, Mongoly i Ruś, 1940, 88ff. – L. ČEREPNIN, Obrazovanie russkogo centralizovannogo gosudarstva 1960, 468–475 – J. FENNELL, The Emergence of Moscow 1304–59, 1968, 90–105 [auch: Register] – s. a. Lit. zu → Tveŕ.

7. D. Priluckij, hl., bedeutender Vertreter des russ. →Mönchtums, *1. Hälfte des 14. Jh., † 11. Febr. 1391, im 16. Jh. kanonisiert. D. entstammte einer Kaufmannsfamilie aus Perejaslavl' – Zaleskij, wo er in das Gorickij-Kloster eintrat. Er gründete am See von Preslavl' ein Kl. und wurde dessen Igumen (→Higumenos). Oft wandte er sich um geistl. Rat an den hl. →Sergej v. Radonež. Gfs. →Dmitrij Ivanovič Donskoj schätzte ihn sehr und erwählte ihn zum Paten für seine Kinder. D. zog sich jedoch in die Einsamkeit zurück und errichtete eine Kirche zu Ehren von Christi Himmelfahrt. 1371 gründete er in der Nähe von Vologda an einer Flußbiegung (daher der Name priluckij) ein Kl. Sein Kl. wurde 1613 von den Litauern zerstört, wobei die ältesten Archivalien zugrundegingen. Eine Vita und die Gottesdienstordnung stammen von einem Mönchspriester Longin. H.-J. Härtel

Lit.: Slovar' istoričeskij o svjatych, proslavlennych v rossijskij cerkvi, 1836, 87f. – Pravoslavnaja bogoslovskaja enciklopedija IV, 1903, 1032–1034 [A. KREMLEVSKIJ] – I. SMOLITSCH, Russ. Mönchtum, 1953, 82, 94, 136, 198.

Dmitrov, aruss. Burgstadt, Land und Fsm. im Raum von →Moskau.

[1] *Stadt und Festung*: D., im sumpfigen Tiefland an der Jachroma gelegen, war befestigt mit einem Erdwall von ca. 975 m Umfang, 350 × 200 m Fläche, 14–24 m Höhe, 30 m Breite am Sockel, mit 30 m breitem Graben. D. gehörte zu den Befestigungsanlagen des →Suzdaler Landes, die – wie →Perejaslavl' Zaleskij, Jur'ev Pol'ski, Kidekša – um die Mitte des 12. Jh. von →Jurij Dolgorukij erbaut wurden. Die Benennung erfolgte nach dem hl. →Demetrios v. Thessalonike, dem Schutzpatron seines Sohnes →Vsevolod, »das Große Nest« (* 1154). Von der Burgkirche des hl. Demetrios ist nur die berühmte Ikone des Hl.en, datiert Anfang des 13. Jh., erhalten (heute in der Tretjakov-Galerie, Moskau). Die gegenwärtige Burgkirche (ō Mariä Himmelfahrt) wurde kurz nach 1509 auf einem älteren Kellergeschoß des 14. oder sogar des beginnenden 13. Jh. unter Verwendung von Fragmenten der Ausstattung des 15. Jh. errichtet. D.s Bedeutung als Festung ist schon 1181 und 1214 bezeugt. Die 1214 in Brand gesteckten Vorburgen und die der vormongol. Zeit angehörende Marktkirche der hl. Paraskeva-Pjatnica weisen auf die wirtschaftl. Rolle der Stadt hin. Das günstig am Wasserweg des oberen Wolgabeckens liegende D. entwickelte sich im 14.–15. Jh. auch durch die Erhebung von Zöllen zur »civitas cum castro« (so im Reisebericht Herbersteins, 1517). Als Massengüter sind hier Salz, Fisch und Getreide bezeugt; auch Kupfer, Zinn, Blei, Honig und Kaviar wurden hier umgeschlagen. Mit etwas über 30 Kirchen, darunter auch Kl.n (das Kl. der hl. Boris und Gleb gehörte wohl zu den vormongol. Gründungen) und über 300 Gehöften, darunter einem Fürstenhof und Adelshöfen, zählte D. im 15. Jh. etwa 5000 Einwohner.

[2] *Land und Fürstentum*: Kern des bis zu 3000 km² großen D.er Landes bildete das Stromgebiet der Jachroma. Auf die späte Kolonisation des waldreichen Gebietes weist das Überwiegen slav. gegenüber finn. Ortsnamen hin. Die Besiedlung verdichtete sich im 14. und bes. im 15. Jh.; dabei entwickelte sich neben dem Fs.en das →Troice-Sergiev-Kl. zum größten Grundbesitzer des 15. Jh. Im 13. Jh. gehörte D. zum Fsm. →Perejaslavl' Zaleskij, im 14. Jh. nahm es →Ivan Kalitá v. Moskau in Besitz; eine Zeitlang war D. mit dem Fsm. →Galič verbunden und gelangte auch in den Besitz des Fs.en v. →Serpuchov, →Vladimir Andrejevič. Wegen der Nachbarschaft zu Moskaus Rivalen →Tveŕ war es seit den 1380er Jahren mit dem Moskauer Fürstenhaus eng verbunden. D. wurde von →Dmitrij Donskoj (3. D.) seinem jüngeren Sohn Peter (1385–1428) als Teilfsm. vermacht. In der Zeit der blutigen Fehden zwischen →Vasilij II. v. Moskau und seinem Bruder Jurij bzw. dessen Sohn→Dmitrij Šemjaka (2. D.) ging das Fsm. D. oft von Hand zu Hand. Seit 1455 wurde D. zum Lehen von Jurij (1441–72), dem Sohn Vasilijs II. Kurz nach 1462 wurde D. von dessen Nachfolger →Ivan III. in den direkten Herrschaftsbereich Moskaus übernommen und erst um 1500 als Lehen seinem jüngeren Bruder Jurij (1480–1536) übergeben. Der territoriale Umfang des Teilfsm.s D. änderte sich im 14.–15. Jh. unter dem Einfluß der polit. Ereignisse ständig. A. Poppe

Lit.: M. N. TICHOMIROV, Drevnerusskie goroda, 1956, 410–412 – A. V. RYNDINA, Istoriko-chudožestvennoe značenie izrazcov Uspenskogo sobora g. Dmitrova, Drevnerusskoje Iskusstvo, 1970, 461–472 – A. V. NIKITIN, K charakteristike raskopok v Dmitrovie (1933–34), Drevnosti Moskovskogo Kremla, 1971, 268–291 – G. V. POPOV, Iz istorii drevnejšego pamjatnika goroda Dmitrova, Drevnerusskoe iskusstvo, 1972, 198–216 – M. N. TICHOMIROV, Rossijskoe gosudarstvo XV–XVII vekov, 1973, 155–258 [mit Abdr. ält. Aufs.] – A. A. ZIMIN, Dmitrovskij udel i udelnyi dvor vo vtoroj polovine XV – pervoj treti XVI v., Vspomagatelnye istoričeskie discipliny 5, 1973, 182–195 – G. V. POPOV, Chudožestvennaja zizň Dmitrova v 15–16 vv., 1973 – V. P. NAZAROV, Dmitrovskij udel v konce XIV – seredine XV v., Istoričeskaja geografija Rossii XII–XIX vv., 1975, 46–62.

Dnepr, mit 2285 km der zweitlängste Strom und die wichtigste Verkehrsader Osteuropas mit 503 000 km² Einzugsgebiet – dem Hauptsiedlungsgebiet der →Ostslaven im MA. Im Oberlauf (Waldzone), dem ehem. balt. Siedlungsgebiet, saßen im Norden →Kriviečen, westl. des D. nahe des Pripet' die →Dregoviečen, östl. des D. die →Radimičen und die →Severjanen. Das mittlere Becken (Laubwald- und Waldsteppenzone) bis zu den Nebenflüssen Roś, Sula und Psiol im Süden war wegen seiner Fruchtbarkeit am dichtesten besiedelt, v. a. von den →Poljanen, es bildete den Kern der →Kiever Rus'. Am mittleren und oberen D. drängten sich die Fsm.er v. →Kiev, →Černigov, →Perejaslavl', →Turov, →Smolensk, →Polock. Der Unterlauf (Steppenzone) wurde von Nomadenvölkern beherrscht: seit dem Ende des 9. Jh. von den →Pečenegen, seit der Mitte des 11. Jh. von den →Polovcen (s. a. →Kumanen), seit der Mitte des 13. Jh. von den →Tataren (s. a. →Mongolen). Im 14. und 15. Jh. gehörte fast das gesamte Einzugsgebiet des D. zum Gfsm. →Litauen: in der 2. Hälfte des 14. Jh. und unter dem Gfs.en →Witowt dehnte sich der litauische Herrschaftsbereich westl. des D. bis zu seiner Mündung, östl. des D. auf den ganzen Lauf seiner Nebenflüsse Sula, Vorskla, Orel, Samara bis zum Donez aus. Der Unterlauf des D. entsprach im 15. Jh. der litauischen Grenze gegen das Tatarenchanat der →Krim. D. stellte zusammen mit dem Volchov die Hauptachse des Rus'-Reiches mit Zentren in→Novgorod und→Kiev dar. In der altnord. schriftl. Überlieferung erscheint der D. (*Dunaper, Nepr*) im Zusammenhang mit wikingerzeitl. Kriegs-, Handels- und Pilgerfahrten des 9.–11. Jh. in die Rus', nach Byzanz und ins Hl. Land (→Runen, Runeninschriften/Osteuropa; →Gnezdovo). Mit dem Wasserweg »von den Warägern zu den Griechen« befaßten sich die Nestorchronik (→Povest' vremennych let) und →Konstantin Porphyrogennetos, der uns auch die slav. und skand. Namen der sieben D.-Stromschnellen überliefert hat. Diese bestanden aus 9 Katarakten (*porogy*) mit mehreren aufeinanderfolgenden Wasserfällen, dazu 91 Steinbarrieren und zahlreichen im Fluß aufragenden Felsen; auf 62 km Länge mit 33 m Höhenunterschied bildeten die Stromschnellen ein gefährliches Hindernis, sie konnten nur bei Hochwasser (April–Juni) auf flachgebauten Schiffen (Kriegsschiffe mit 40–60 Mann Besatzung) mit erfahrenen Lotsen durchfahren werden. Sonst mußten die Schiffe an den gefährlichsten Stellen entladen und über Land geschleppt werden. Die größte Schleppstelle (*volok*) war etwa 9 km lang. Viele archäolog. Funde aus dem Flußbett (westl. Schwerter aus dem 10. Jh., byz. Bronzeglocken aus dem 11. Jh.) bezeugen die Gefahren dieser Handelsroute. An bestimmten Stromschnellen boten sich günstige Angriffsmöglichkeiten für Feinde (Tod des Fs.en v. Kiev, →Svjatoslav, 972). Für die Überwindung dieser Strecke brauchte man 5–7 Tage. Der D. war nur von Mitte April bis Mitte Nov. befahrbar, im Jan. und Febr. wurde sogar die Mündung von Eisschollen blockiert. Im Winter nutzte man den D. als Schlittenweg. Stromabwärts fuhr man 30–70 km pro Tag, stromaufwärts 15–18, jedenfalls nicht mehr als 25 km täglich. Die Reise von Kiev nach Konstantinopel (etwa 1800 km, davon 900 auf dem D.) dauerte 23–40 Tage, davon über das Schwarze Meer höchstens 6 Tage. Unterbrechungen der Reise, die zum Ausruhen und zur Durchführung von Reparaturen erforderlich waren (Rastplätze: Insel Chortica südl. der Stromschnellen, Insel Berezań vor der Schwarzmeerküste), nahmen ebenfalls 6–7 Tage in Anspruch. A. Poppe

Lit.: Hoops² V, 502–544 [Lit.] – Encyklopedičeskij Slovaŕ, Bd. 20, 1893, 790–808 [P. v. Beljavskij] – D. N. Evarnickij, Volnosti zaporozskich kazakov, 1890 – V. Timonoff, Les cataractes du Dnepr, 1894 – L. Bagrov, Maps of the Dnieper Cataracts, Imago Mundi 10, 1954, 7–97 – G. I. Švec, Charakteristika vodnosti r. Dnepra za tysjačiletnij period, Voprosy gidrografii, 1957, 93–99 – D. Obolenski, Komm. zum Bericht des Konstantin Porphyrogenitos, in: De Administrando Imperio, Bd. II, 1962, 16–61 – B. A. Rybakov, Put' iz Bulgara v Kiev, Materialy i Issledovania po Archeologii SSSR 169, 1969, 189–196 – A. Poppe, La dernière expédition russe contre Constantinople, Byzslav 32, 1971, 239–245 – G. S. Lebedev, Put' iz Varjag v Greki, VLGU, 1975, 20, 37–43 [vgl. auch: ebd. 14, 166–170] – G. N. Karaev, O maršrute vodnogo puti »iz Varjag v Greki«, na učastke oz. Ilmen r. Zap. Dvina, Izvestija Vsesojuznogo Geografičeskogo Obščestva, 1975, vyp. 2, 154–159 – V. A. Bulkin, I. V. Dubov, G. S. Lebedev, Archeologičeskie pamjatniki drevnej Rusi IX–XI vekov, 1978, 18–60.

Dnestr → Verkehrswege (Altrußland)

Döben, ehem. Bgft., Dorf in NW-Sachsen (Bez. Leipzig, Krs. Grimma). Die 1117 als urbs gen. Burg wurde wohl schon im späteren 10. Jh. hoch über dem östl. Ufer der Mulde errichtet. Im Ringen mehrerer herrschaftl. Gewalten um die Beherrschung der Muldenlinie wurde hier 1181/85 ein Reichsburggraf eingesetzt, als welcher seit 1198 ein Angehöriger des frk. edelfreien Geschlechts der Erkenbertinger, auch von Tegkwitz gen., auftritt. Die D.er Linie des Geschlechts starb nach wenigen Generationen aus, die Bgft. fiel wohl schon 1286 an die Mgf.en v. →Meißen und ging in deren Territorium auf. Zu Anfang des 14. Jh. befand sich das wenig umfangreiche Herrschaftsgebiet als mgfl. Lehen in den Händen der Bfg.en v. Leisnig, seit der Mitte des 14. Jh. war es nur noch Ritterlehen im Bereich der markmeißn. Vogtei Grimma. Das vor der Burg gelegene Dorf erhielt gegen Ende des MA Marktrechte, blieb aber im Range eines Fleckens stehen.

K. Blaschke

Lit.: Hist. Stätten Dtl. VIII, 62f. – H. Helbig, Der wettin. Ständestaat, 1980², 221f.

Doberan (Doberanum), Abtei OCist in→Mecklenburg, bei Rostock, gegr. 1171 auf Anregung Bf. →Bernos v. Schwerin (ehem. Zisterzienser aus dem nds. Amelungsborn, Filiation Morimond) durch den Fs.en der→Abodriten, →Pribislav v. Rostock, in einer Waldgegend bei dem slav. Dorf D. an vermutl. alter heidn. Kultstätte. Nach Pribislavs Tod wurde D. 1178 im Slavenaufstand zerstört, dann im Dorf D. wieder aufgebaut; 1186 zog erneut ein Konvent aus Amelungsborn ein. D. erwarb sich große Verdienste um Missionierung und Landesausbau im Küstengebiet zw. Trave und Peene und errichtete eine bedeutende Grundherrschaft mit Eigenbau (→Grangien) und Pachtwesen: Ackerbau, Viehzucht, Konzentration auf Mühlen, Salinenbesitz in Bad Sülze bei Rostock und in →Lüneburg, Fischfang auf der Ostsee (v. a. Heringe) und Handel auf eigenen Schiffen bis Skandinavien. Die Abtei besaß wichtige Stadthöfe in den Hafenstädten Rostock (vor 1263) und Wismar (seit 1312). Sie war Mutterkloster von →Dargun (1172 bzw. erneut 1209 gestiftet) und Pelplin (1258 bzw. 1267 Einzug des Konvents). Schon die erste steinerne Klosterkirche von 1232 war Grablege Pribislavs (1219 überführt) und verschiedener Fs.en v. Mecklenburg, Werle und Rostock. Der heut. Backsteinbau wurde 1294 begonnen, 1368 geweiht. Die Aufhebung des Kl. erfolgte 1552 durch die Hzg.e v. Mecklenburg.

R. Schneider

Lit.: F. Compart, Gesch. des Kl. D. bis 1300, 1872 – L. Dolberg, Stud. und Mitt. 12, 1891 – G. Gloede, Das D.er Münster, 1963 – B. Lindenthal, Die Stadthöfe der Kl. D. und Dargun in Mecklenburg, Cistercienser-Chronik 86, 1979.

Doberlug, Stadt in der Niederlausitz (heute Doberlug-Kirchhain, Bez. Cottbus). Dem Bericht →Thietmars v. Merseburg zufolge vereinigte sich 1005 das Heer Kg. →Heinrichs II. mit den Hilfstruppen des bayer. und des böhm. Hzg.s auf dem Zuge gegen→Polen bei D. (Dobraluh), das an der Fernstraße von Torgau nach Glogau lag. Am 1. Mai 1165 stiftete Mgf. →Dietrich v. Landsberg ein Zisterzienserkl., in das die Mönche aus Volkenroda (Thüringen) jedoch erst viele Jahre später einzogen. Inmitten eines umfangreichen Rodungsgebietes (→Ostsiedlung, dt.) gelang dem Kl. der Aufbau eines reichen Grundbesitzes, der 1234 18 Dörfer umfaßte und bis 1370 auf rund 40 Dörfer und 5 Klosterhöfe anstieg. Namentlich die in der Niederlausitz begüterten Herren v. Eilenburg machten ihm Zuwendungen. Um 1200/20 wurde in spätroman. Formen die dreischiffige Pfeilerbasilika als Backsteinbau errichtet. In der Reformationszeit löste sich das Kl. auf, 1541 wurde es durch den sächs. Kfs.en säkularisiert, sein Landbesitz blieb als Herrschaft bzw. Amt erhalten. Das neben dem Kl. gelegene Dorf Kirchhain erhielt um 1230 Marktrechte und entwickelte sich zum wirtschaftl. Mittelpunkt der Klosterherrschaft. K. Blaschke

Q.: UB des Kl. D. ..., ed. R. Lehmann, 1941–42 – Lit.: Hist. Stätten Dtl. X, 161f., 236f. – R. Lehmann, Die ältere Gesch. des Cistercienserkl. D. in der Lausitz, Niederlausitzer Mitt. 13, 1916, 181–326.

Doblen (lett. Dobele), Burg der Semgaller (→Semgallen) am rechten Ufer der Berse (lett. Bērze), fiel bei der Teilung

Kurlands und des westl. Semgallen zw. dem →Dt. Orden und dem neu errichteten Bm. →Kurland 1254 in das Ordensgebiet, konnte aber erst nach langen Kämpfen 1289 erobert werden. Der livländ. Ordensmeister Eberhard v. Monheim ließ 1335 neben der Semgallerburg ein Ordensschloß errichten, das 1347 erweitert und befestigt wurde. 1335–1562 Sitz eines Komturs des Dt. Ordens, seit 1476 Kirchspielsmittelpunkt, 1566 vom letzten Ordensmeister und ersten Hzg. v. Kurland, Gotthard Kettler, zum Witwengut der Hzgn. bestimmt. Am anderen Ufer der Berse entstand seit Mitte des 14. Jh. eine kleine Siedlung von Kaufleuten und Handwerkern.   M. Hellmann

Lit.: K. v. Löwis of Menar, Die Komturei D., SBKur, 1895, 36–40 – Ders., Burgenlex. für Alt-Livland, 1922, 50.

Doboka (Dobîca), Burg und Komitat im siebenbürg. Teil Ungarns, seit 1920 Dorf in Rumänien. Im 10. Jh. Erdwall des Zsombor, der zur Familie der ung. Fs.en →Gyula gehörte. Nach der Niederlage der Gyulas i.J. 1003 konfiszierte Kg. →Stephan I. die Burg und zwei Drittel des dazugehörigen Umlandes von der Familie Zsombor und setzte als comes Doboka, den Vater von →Csanád, ein; Burg und Komitat wurden nach ihm D. genannt. 1241 verwüsteten die Mongolen D., 1270 schenkte Kg. →Stephan V. die Appertinenzen der Burg der Familie Kökényes-Rénold. Neuere Ausgrabungen haben die Grundmauern des Erdwalles und der Kirchen sowie einen Friedhof mit Grabbeigaben, die ins 10.–11. Jh. datiert werden können, freigelegt; mit der letzten Ausgrabung wurden unbegründete Theorien verknüpft, wonach die Burg im 9. Jh. dem walach. dux Gelou gehört haben könnte, dessen histor. Existenz aber zweifelhaft ist.
G. Györffy

Lit.: G. Györffy, Századok, 92, 1958, 43ff. – St. Pascu–M. Rusu, Acta Musei Napocensis 5, 1968, 153–404 – S. Bóna–G. Györffy, Archivum Eurasiae Medii Aevi I, 1975, 122ff. – G. Györffy, Geogr. Hist. Hungariae tempore stirpis Arpadianae, T. II [im Dr.].

Dobrawa (Dobrava, Dąbrówka, Dúbravka), Fsn. v. Polen, * Anfang des zweiten Drittels des 10. Jh. als Tochter →Boleslavs I., Fs. v. Böhmen, †977, ∞ →Mieszko I., Fs. v. Polen, 965. Kinder: →Bolesław I. Chrobry, Kg. v. Polen (* 965/967, † 1025), Sigrid Storråda (poln. Czcirada?, Świętosława?; † nach 2. Febr. 1014, ∞ 1. →Erich, Kg. v. Schweden um 984, 2. →Sven Gabelbart, Kg. v. Dänemark). Die Ehe zw. Mieszko und D., Ergebnis des 963/964 von Mgf. →Gero herbeigeführten Interessenausgleichs zw. dem Reich, Polen und Böhmen, besiegelte das Bündnis zw. Polen und Böhmen und die Bindung der Piasten an das Reich. D. spielte eine wichtige Rolle bei der Vorbereitung der Taufe Mieszkos und der Christianisierung→Polens, die im Einvernehmen mit dem Ks. durchgeführt wurde. Nach spätma. Gnesener Tradition soll D. bei den ersten geistl. Stiftungen entscheidend mitgewirkt haben. Infolge der seit der Mitte der achtziger Jahre zunehmenden böhm.-poln. Gegensätze wurde D. von der böhm. Geschichtsschreibung abschätzig beurteilt, während sie die poln. Tradition als »Christianissima« rühmte.
St. Trawkowski

Q.: Thietmar v. Merseburg, ed. R. Holtzmann, MGH SRG NS IX, 1935 – Kronika Thietmara, ed. M. Z. Jedlicki, 1953 – Kosmas, ed. B. Bretholz, MGH SRG NS II, 1923 – Galli Anonimi Chronicae, ed. K. Maleczyński, MPH NS II, 1952 – Annales Cracovienses priores, ed. Z. Kozłowska-Budkowa, MPH NS V, 1978 – Lit.: PSB V, 240–242 [K. Buczek]–SłowStarSłow I, 333 [S. Urbańczyk–H. Modrzewska] – J. Dowiat, Metryka chrztu Mieszka I, 1962 – Z. Sułowski, in: Kościół w Polsce, I, Średniowiecze, hg. J. Kłoczowski, 1966 – H. Ludat, An Elbe und Oder um das Jahr 1000, 1971, 34ff. – H. Łowmiański, Początki Polski V, 1973, 520, 531, 578f. – Ders., Religia Słowian i jej upadek, 1979 – Zum Namen der D.: D. Borawska, O imię Dąbrówki (Polska w świecie, hg. J. Dowiat u. a., 1972).

Dobrin, Ritterorden v. In der Zeit nach der Aufforderung, den Heidenkampf in Preußen zu führen, den der poln. Hzg. Konrad v. Masowien im Winter 1225/26 an den →Dt. Orden gerichtet hatte, und vor dem Beginn der durch diesen Orden gegen die →Prussen geführten Kreuzzüge 1231 hat Hzg. Konrad 1228 zusammen mit dem Bf. Günther v. Płock nach dem Vorbild des →Schwertbrüder-Ordens einen →Ritterorden gegr., dessen Mitglieder »milites Christi de Prussia« oder »fratres de Dobrin« genannt wurden. Es scheint sicher, daß der eigtl. Gründer des Ordens Bf. →Christian v. Preußen (7. Chr.) war und daß dieser wie der Bf. v. Riga versuchte, sich eine abhängige Kampftruppe zu schaffen. Der Orden wurde von Hzg. Konrad mit Grundbesitz an der Weichsel, darunter der namengebenden Burg Dobrzyń (Dobrin) ausgestattet, er begann auch, die Siedlung zu fördern und scheint die Siedlung Dobrin in eine Stadt nach dt. Recht umgewandelt zu haben, doch gelang es ihm in der kurzen Zeit bis zur Gefangennahme Bf. Christians (1233) und bis zu den ersten militär. Erfolgen des Dt. Ordens im →Kulmer Land nicht, zu einer Größe und Position zu gelangen, welche es ihm gestattet hätten, mit dem Dt. Orden zu konkurrieren. 15 Ordensritter sind namentlich bekannt. Sie stammten aus Norddeutschland (Mecklenburg, Region von Stade, Umkreis der Zisterzienserabtei →Dargun in Pommern). Die tatsächl. Stärke des Ordens dürfte nur wenig größer gewesen sein. I. J. 1235 wurde er mit päpstl. Genehmigung dem Dt. Orden inkorporiert. Einige der Ordensbrüder und der Meister wollten sich dem nicht fügen und wurden 1237 von Hzg. Konrad an der Grenze zw. Masowien und Galič-Vladimir gegen die heidn. →Jadwinger angesetzt und dort seitens des Hzg.s so vorsichtig privilegiert, daß eine Wiederholung des beim Dt. Orden nun abzuführenden Weges zur polit. Selbständigkeit ausgeschlossen werden konnte. Nach einer militär. Niederlage i. J. 1238 kehrten die Ritter jedoch nach Deutschland zurück. Die letzte Nachricht über sie stammt von 1240 und bezeugt den Verkauf ihres Hofes Sellin bei Wismar an die Zisterzienser.
H. Boockmann

Lit.: Z. Nowak, Milites Christi de Prussia. Der Orden v. D. und seine Stellung in der preuß. Mission (VuF XXVI, 1980), 339–352 – Ders., Der Anteil der Ritterorden an der preuß. Mission (Die Rolle der Ritterorden in der Christianisierung und Kolonisierung des Ostseegebietes, Ordines militares I, 1983), 79–91.

Dobromir, Vater der →Emnilda (Emnildis, †1017), der 3. Gemahlin →Bolesławs I. Chrobry. In dem 1013 niedergeschriebenen Nachtrag, der mit Notizen zur Piastenfamilie beginnt, die Thietmar gerade damals beim Abschluß des →Merseburger Friedens auch persönlich kennengelernt hatte, findet sich der einzige Hinweis auf D. Thietmar bezeichnet ihn als »venerabilis senior Dobremirus« (Thietmar IV, 58). Woher D. stammte, ist strittig. Die Palette der Deutungen reicht vom »Milsenerfürsten« (S. Zakrzewski), Angehörigen der Hevellerdynastie (J. Widajewicz), Mitglied einer sächs. Grafenfamilie (A. F. Grabski) bis zum Herrn aus dem Krakauer Land (H. Łowmiański). Die Lösung des Rätsels bleibt an folgende Voraussetzungen geknüpft: 1. Der Name Emnilda und der ihrer Tochter →Regelindis, die 1002 Mgf. →Hermann, den ältesten Sohn →Ekkehards v. Meißen, geheiratet hat, lassen mit Sicherheit den Schluß zu, daß D. zw. 965 und 975 mit einer sächs. Grafentochter (aus der Familie Rikdags, →Geros oder der →Querfurter) vermählt war. 2. Der Name D. selbst deutet auf Verbindungen zur Hevellerdynastie (→Tugumir, Drahomir) hin. 3. Bolesławs Heirat mit Emnilda (987) darf nicht aus dem Kontext piastischer Bündnispolitik und der Ereignisse von 1002, die zum Ausbruch der Kriege Heinrichs II. mit Bolesław führten, herausgelöst werden. – Wahrscheinl. war D. ein Fürst der →Lausitz und des Milsenerlandes. H. Ludat

Q.: Thietmar v. Merseburg, ed. R. HOLTZMANN, MGH SRG NS IX, IV, 58, 1935 – unentbehrlich: Kronika Thietmara, ed. M. Z. JEDLICKI, 1953, 225f., n. 313–318 – *Lit.*: SłowStarSłow I, 352 [D. BORAWSKA] – S. ZAKRZEWSKI, Bolesław Chrobry Wielki, 1925, 374 n. 41 – J. WIDAJEWICZ, Skąd pochodziła Emnilda, małżonka Bolesława Chrobrego, Życie i Myśl, H. 3/4, 1951, 475ff. – H. ŁOWMIAŃSKI, Pod stawy gospodarcze i społeczne powstania państwa polskiego, KH 67, 1960, 961f. – J. WIDAJEWICZ, Slavia occ. 20/1, 1960, 68ff. – A. F. GRABSKI, Bolesław Chrobry, 1966[2], 62 – H. LUDAT, An Elbe und Oder um das Jahr 1000, 1971, bes. 21ff., 34ff. – H. ŁOWMIAŃSKI, Początki Polski 5, 1973, 569–571.

Dobrotica, Lokalfs. bulg.-kuman. Abstammung, † um 1385, Bruder des Heerführers Balik, der vor der Mitte des 14. Jh. in den nordöstl. Gebieten Bulgariens eine Herrschaft gebildet hatte, mit Karvuna (Ruine bei Kavarna am Schwarzen Meer) als Hauptstadt. Baliks Macht wuchs so rasch, daß er 1346 auf Bitte der byz. Ksn. →Anna v. Savoyen eine Hilfstruppe von 1000 Mann unter dem Befehl der Brüder Theodoros und D. nach Konstantinopel entsenden konnte. Nach Baliks Tod übernahm D. die Herrschaft, übersiedelte nach Kaliakra und um 1369 nach Varna, erweiterte sein Territorium südl. bis zur byz. Grenze und nördl. bis zur Donaumündung. Seine Gegner. Haltung gegenüber dem Fsm. →Tŭrnovo äußerte sich u. a. darin, daß er sich von dem Patriarchat v. Tŭrnovo löste und sich und sein Fsm. dem Patriarchat v. Konstantinopel unterstellte. Er führte den Titel eines Despoten, prägte eigene Münzen und baute eine eigene Flotte. D. geriet in Konflikt mit →Genua; die Beziehungen zur it. Seerepublik besserten sich erst nach D.s Tode unter seinem Sohn →Ivanko 1387. – Während der türk. Herrschaft wurde das nordöstl. Territorium nach Dobrotica als →Dobrudža bezeichnet. I. Dujčev

Lit.: K. JIREČEK, Istorija Bolgar, 1878, 400ff., 418ff., 436ff. – P. MUTAFČIEV, Dobrotić-Dobrotica et la Dobroudja, Revue des études slaves 7, 1927, 27–41 – DERS., Encore de D., Annuaire de l'Univ. Sofia, fac. hist.-philol. 27, 1931, 1–11 – B. FERJANČIĆ, Despoti u Vizantiji i južnoslovenskim zemljama, 1960, 150ff. – Istorija na Bŭlgarija 3, 1982, 235, 345ff.

Dobrudža (bulg.; rumän. Dobrogea; türk. Dobruca; im Dt. auch: Dobrudscha), Landschaft in SO-Europa zw. Unterlauf der Donau und Schwarzem Meer (nördl. Teil zu Rumänien, südl. Teil zu Bulgarien). Als die röm. Regierung unter dem Druck der einfallenden »Barbaren« in der 2. Hälfte des 3. Jh. die nördl. der Donau gelegenen Reichsgebiete aufzugeben begann, wurde – seit Ks. Aurelianus, 272 – das Gebiet der späteren D. als eigene Provinz Scythia Minor mit Zentrum Tomis, dem späteren →Constanța, organisiert (zur Gesch. der Region in der Spätantike s. allgemein a. →Moesia). Da die Donau hier leicht zu überschreiten war, wurde die Scythia Minor in der Völkerwanderungszeit ein bevorzugtes Angriffsziel aus dem Norden und Nordosten vordringenden Völker (Goten, Hunnen, Slaven, Avaren), was zu schweren Verwüstungen und zur Dezimierung der ansässigen Bevölkerung aus Goten und Thrakern führte. Die röm. Befestigungen in diesem Gebiet (Tomis, Troesmis, Tropaeum Trajani etc.) werden seit dem frühen 7. Jh. nicht mehr erwähnt. Bereits seit Anfang des 6. Jh. waren, insbes. unter Ks. Justinian, →Slaven in die Region eingedrungen, und schon während der 2. Hälfte dieses Jahrhunderts treten dort die ersten slav. Siedlungen auf. Nach dem Sieg der von Khan →Asparuch geführten Protobulgaren (aus der Völkerfamilie der →Türken) über das byz. Heer (Frühling 681) überschritten die Sieger die Donau, eroberten die Scythia Minor und gründeten ihren eigenen Staat (→Bulgarien). Dieses neuentstandene Staatswesen erstreckte sich sogar südl. und südwestl. vom Territorium der Scythia Minor aus und erfaßte die Wohnsitze der benachbarten slav. Stämme, denen sich die Bulgaren in der Folgezeit assimilierten. Nach einer altbulg. Quelle aus dem 10.–11. Jh. (Visio Isaiae Proph., Kap. 3), verfaßt aufgrund von älteren und authent. Primärquellen, baute (d. h. renovierte) Khan Asparuch die Festung →Durostorum (Drustŭr) an der Donau sowie einen »großen Graben« (vallum, slav. *prezid*), der sich von der Donau bei Cernavodă (→Axiopolis) bis zur Schwarzmeerküste (bei Constanța) erstreckte. Nach Theophanes umfaßte der junge Staat das Gebiet bis Odessos (→Varna), südlich grenzte er an das Haemus-Gebirge und westl. an den Fluß Oescus (Iskŭr), d. h. er umfaßte einen größeren Teil der röm.-byz. Provinzen Scythia Minor und Moesia Inferior. Als Zentrum des Staates wurde die slav. Siedlung →Pliska (heute Ruinen bei Šumen, NO-Bulgarien) gewählt und befestigt. Die ältere Bevölkerung wurde z. T. vertrieben oder ausgerottet, die röm.-byz. Festungen erobert und zerstört, die dort stationierten Garnisonen vernichtet oder verjagt. Nach der Eroberung Bulgariens durch Ks. →Basileios II. i. J. 1018 wurde hier das Thema →Paristrion (Podunavie) organisiert, das von den →Pečenegen, →Uzen und →Kumanen mehrmals überfallen und geplündert wurde; die Bewohner dieses Themas wurden in den byz. Quellen als »mixobarbaroi« charakterisiert. Nach der Mitte des 13. Jh. litt das Gebiet durch die Invasion der Tataren (→Mongolen). Seit dem späten 14. Jh. wird das Gebiet als Territorium des →Dobrotica erwähnt, im Dialekt der Bevölkerung als D. I. Dujčev

Q. und Lit.: RE II A 1, 946 – M. WEISS, Die D. im Altertum, 1911 – ZLATARSKI, Istorija I/1, 151ff. – La Dobroudja, Géographie, hist., ethnographie etc., 1918 – Silistra i Dobrudža, 1927 [mit Beitr. von J. TODOROV und P. MUTAFČIEV] – P. MUTAFČIEV, Bulgares et Roumains dans l'hist. des pays danubiens, 1932 – R. VULPE, Hist. ancienne de la Dobroudja (La Dobroudja). Connaissance de la terre et de la pensée roumaine IV, 1938), 35–353.

Dobrynja, aruss. Dienstadliger, * 945, † um 1000, Sohn des Malk aus →Ljubeč und Bruder der Maluša, die als Haushälterin der Fsn. →Ol'ga, der Mutter von →Vladimir I. d. Hl. en, fungierte. D. war seit ca. 970 Erzieher des minderjährigen Vladimir in Novgorod. Als Vladimir ca. 980 →Kiev in Besitz nahm, wurde D. sein Statthalter (→*posadnik*) in →Novgorod, wo er in den 990er Jahren auf Befehl des Fs.en das Christentum gewaltsam einführte. Als Heerführer nahm D. mit Vladimir um 985 am Feldzug gegen die →Wolgabulgaren und gegen den Fs. v. →Polock, →Rogvolod, teil. In der Legende über die Gründung der Polozker Fürstenlinie (→Izjaslav) tritt D. als Brautwerber auf. Sein Sohn Kosnjatin (Konstantin) ist 1018 als Statthalter in Novgorod nachweisbar, wurde aber nach 1020 von →Jaroslav dem Weisen verbannt. Ob der Novgoroder Statthalter →Ostromir D.s Enkel war, ist fraglich. Als ganz unbegründet haben sich Hypothesen erwiesen, D.s Vater Malk mit dem Drevljanen-Fs.en Mal gleichzusetzen und dazu D. als Enkel von →Sveneld zu betrachten. A. Poppe

Q.: PSRL I, 69, 79, 84, 143, 299f. – NPL 121, 128, 132, 161, 164, 470f., 528, 530 – *Lit.*: SłowStarSłow I, 1961, 355 [W. KOVALENKO]; III, 1967, 159, 323f., 549f. [A. POPPE] – A. V. SOLOVIEV, Byl li Vladimir Svjatoj pravnukom Svenelda?, Zapiski Russkogo naučnogo instituta v Belgrade, vyp. 16–17, 1941, 37–64 – A. POPPE, Rodoslovnaja Mstiši Sveneldiča, Letopisi i Chroniki 1973 [1974], 64–91.

Doce Sabios, Libro de los → Sieben Weise

Doclea (Dioclea), antike Stadt, deren Überreste sich bei der Einmündung der Zeta in die Morača, nahe Titograd

(Montenegro, Jugoslavien) befinden. Erbaut im Gebiet der illyr. Docleatae, haben der Name der Stadt und der des Stammes eine gemeinsame Wurzel. Wann D. gegr. wurde, ist unbekannt; ab 168 v. Chr. stand es unter röm. Herrschaft und wurde im späten 1. Jh. n. Chr., unter einem der flav. Kaiser, municipium. Unter Diokletian wurde D. Hauptstadt der von →Dalmatien abgetrennten Prov. Praevalitana. D. galt schon in der Spätantike vielfach, wohl zu Unrecht, als Geburtsort Diokletians. Die Stadt war Bischofssitz. D. wird 602 letztmals erwähnt, seitdem ist es wüst. Nach der slav. Form des Stadtnamens, Duklja, wird die erste serb. Staatsgründung bezeichnet, die in diesem Gebiet entstand (zu ihrer Gesch. s. →Zeta). Der Name findet sich auch in der Benennung des Bm.s, das in der Stadt → Bar seinen Sitz hatte (Dukljansko-barska episkopija 'Bm. von Duklja und Bar'). – Archäolog. Untersuchungen wurden in zwei Perioden, 1890–92 und 1954–62, vorgenommen; die Überreste sind teilweise freigelegt: Aquädukt, Stadtmauer, ein Tor, Hauptstraße, zwei Tempel, Thermen, Wohnbauten, Forum, christl. Kultgebäude, röm. Marktbasilika, die eines der besten Werke der spätröm. Baukunst darstellt. Die große christl. Basilika war wahrscheinl. Kathedrale. In ihrer Nähe befinden sich die Überreste einer kreuzförmigen Kirche; außerdem wurden die Grundmauern von zwei älteren Kultgebäuden entdeckt. Aus frühbyz. Zeit stammen die Dreikonchen-Kirche und die Basilika in Zlatica, 3 km nordöstl. In zwei Nekropolen wurden u. a. Gefäße aus Glas und Keramik gefunden. V. Korać

Lit.: KL. PAULY II, 110f. – RE V, 1251–1253; XXII, 1673–1680 – P. BOVINSKI, Raskopi drevnei Doklei, Žurnal ministerstva narodnogo prosveščenija, 1890–91 – P. STICOTTI, Die röm. Stadt D. in Montenegro (Schr. der Balkankommission, ant. Abteilung VI), 1913 – D. VUČKOVIĆ-TODOROVIĆ, DJ. STRIČEVIĆ, Duklja kod Titograda, Starinar N.S. VII–VIII, 1956–57, 409f. – I. NIKOLAJEVIĆ, Rapport préliminaire sur la recherche des monuments chrétiens a D., Actes du Ve Congrès internat. d'archéologie chrétienne, 1957, 567–572.

Docta ignorantia (belehrtes Nichtwissen) wird als Terminus meist im Zusammenhang mit →Nikolaus v. Kues gesehen, dessen erstes philos.-theol. Hauptwerk diesen Titel trägt. – Ideengeschichtl. steht der Begriff in unmittelbarem Kontext zu dem platon. Gedanken der Teilhabe (→Partizipation) und dem sich daraus entwickelnden 'sokratischen' Wissen des Nichtwissens, das, entgegen häufiger Interpretation, gerade in scharfem Gegensatz zu einer skept. oder gar agnostizist. Haltung steht. Erst die Gewißheit von der Eigentlichkeit eines absoluten Seins, d. h. zugleich auch eines absoluten Wissens, führt zu der Erkenntnis, daß im Bereich des Endlichen, der Vielheit, dem als real existierendes Wesen auch der Mensch zugehört, sich Wissen immer nur als ein am Urbild partizipierendes verstehen kann; von daher ist »Nichtwissen« in keiner Weise Erkenntnisverzicht, sondern der Sache nach d. i.-belehrtes Nichtwissen.

In christl. Deutung findet sich der Gedanke einer d. i. als Terminus zum ersten Mal wohl bei Augustinus: »Est ergo in nobis quaedam, ut ita dicam, docta ignorantia, sed docta spiritu Dei, qui adiuvat infirmitatem nostram – es gibt, um mich so auszudrücken, in uns ein belehrtes Nichtwissen, belehrt durch den Geist Gottes, welcher unserer Schwachheit beisteht« (MPL 33, Ep. 130, 15, 28, Sp. 505). Entscheidende Bedeutung kommt diesem »Nichtwissen« in Bezug auf die Gotteserkenntnis zu. Wenn wir von Gott sprechen, so begreifen wir das Gesagte nicht eigentlich; würden wir es tun, dann wäre es keine Aussage über Gott, den voll zu begreifen unmöglich ist. Die höchste dem Menschen erreichbare Wahrheit ist ein durch göttl. Gnade belehrtes Nichtwissen. Daher ist hinsichtl. der Gotteserkenntnis ein demütiges Eingeständnis des Nichtwissens mehr als ein unbesonnenes Berufen auf Wissen »– sit pia confessio ignorantiae magis, quam temeraria professio scientiae« (MPL 38, Serm. 117, 3, 5, Sp. 663).

Seinen Schwerpunkt und seine eigtl. zentrale Bedeutung hat dieses Denken in der negativen Theologie des Dionysios Areopagites (→Dionysius, hl.). Als ein wesentl. Moment durchzieht seine Schriften das Problem der Unzulänglichkeit unserer Gotteserkenntnis: nur durch ein fortwährendes Transzendieren des sinnlich und geistig Wahrnehmbaren, des Denkens von allem Seienden, indem sich der Mensch ohne Wissen erhebt (»$\dot{\alpha}\gamma\nu\dot{\omega}\sigma\tau\omega\varsigma$ $\dot{\alpha}\nu\alpha\tau\dot{\alpha}\theta\eta\tau\iota$« – MPL 3, 997, B 10), kann er, soweit dies überhaupt möglich ist, zu einem intuitiven Erfahren des über allem Sein und Wesen Erhabenen, von Gott, kommen. – Als Terminus erscheint dann d. i. auch bei →Bonaventura mit ausdrückl. Bezug auf Dionysios: der Mensch könne, den Blick unmittelbar auf Gott gerichtet, das göttliche Licht nicht in seiner Klarheit schauen, sondern erhebe sich in Dunkel und Finsternis. Dazu gelange er durch Verneinung aller Vorstellungen, und dieses Erkennen nenne Dionysios in dem Buch über die myst. Theol. 'd. i.' – »... sicut Dionysius dicit in libro de Mystica Theologia, et vocat istam cognitionem doctam ignorantiam« (In Sent. lib. II. dist. 23 art. 2, quaest. 3).

Zu einer Synthese vorchristl.-platon. und des durch den Neuplatonismus christl. Prägung vermittelten Gedankens einer d. i. kommt es dann in umfassender Weise bei Nikolaus v. Kues. Die zentrale These seiner ersten zur Veröffentlichung bestimmten Schrift »De docta ignorantia« (1440) besagt: alles menschl. Erkennen ist d. i.-belehrtes Nichtwissen und zwar in der Form, »... ut incomprehensibilia incomprehensibiliter amplecter ... per transcensum veritatum incorruptibilium humaniter scibilium – daß ich das Unbegreifliche unbegreifenderweise umfasse ... durch ein Überschreiten der unzerstörbaren Wahrheiten menschl. Wissens« (D. i. III, h 163,9ff.). Diese zunächst theol. verstandene Methode einer d. i. läßt dionysian. Gedankengut präsent werden (einer späteren Äußerung zufolge weiß Cusanus selbst um diesen Traditionsstrom in seinem Denken), Gott ist 'unbegreiflich' in der Form positiver endlicher Bestimmungen, dennoch ist er dem Menschen, der sich ihm in einem 'unbegreifenderweise' liebenden Umfassen nähert, erkenntnismäßig doch irgendwie erfahrbar. Diesen Weg beschreibt Nikolaus mit Hilfe math. Symbole als einen doppelten Transcensus: die in dem Bereich endlicher geometr. Formen gewonnenen Einsichten werden in einem ersten Transcensus auf den Bereich des math. Unendlichen übertragen, dieser wiederum liefert das Symbol, welches in einem zweiten Transcensus auf das absolut Unendliche, nämlich Gott zu denken ist (→coincidentia oppositorum). Das so gewonnene erkennende Verhältnis zu Gott ist Nicht-Wissen im Sinne präziser Erkenntnis, ein Nichtwissen aber, das dennoch weiß, belehrt ist. In »De d. i.« bezieht sich Nikolaus jedoch nicht nur auf den Bereich der Gotteserkenntnis, sondern ebenso auf den einer Erkenntnis der geschaffenen Welt (vgl. etwa De d. i., II prol. h 15 n 90). Da alles Geschöpfliche sein eigtl. komplikatives Sein in seinem absoluten Urbild, in Gott, hat, könnte nur »eine volle Gotteserkenntnis ... eine volle Welterkenntnis ermöglichen« (MEINHARDT, 107). Dennoch begreift Cusanus diese grundsätzl. Unzulänglichkeit menschl. Erkenntnisvermögens nicht als einen stat. Zustand, nicht als Privation, vielmehr liegt in seinem Verständnis von d. i. als einem prozeßhaften Vorgang einer unendlichen Annäherung gerade die Möglichkeit zur Steigerung der Erkenntniskräfte: »Quidditas ergo rerum, quae est entium veritas, in sua puritate inattingibilis est et per omnes philosophos investigata, sed per neminem, uti est, reperta; et quanto in hac ignorantia profundius docti fuerimus, tanto magis ipsam accedimus veritatem – die Washeit also der Dinge, die Wahrheit der Seienden, unerreichbar in ihrer Reinheit, ist von allen Philosophen gesucht, aber von keinem so wie sie ist, gefunden worden; und je tiefer wir in dieser Unwissenheit belehrt sein werden, desto mehr werden wir uns der Wahrheit selbst nähern« (De d. i. I, 3, h 9, 24ff.).

U. Mörschel

Lit.: HWP II, 273f. [G. v. BREDOW] – J. UEBINGER, Der Begriff der D. i. in seiner gesch. Entwicklung, AGPh 8, 1895, 1–32, 206–240 – M. FEIGL, Vom incomprehensibiliter inquirere Gottes im 1. Buch v. De d. i. des N. v. K., Divus Thomas 22, 1944, 221–238 – J. STALLMACH, Der Mensch zw. Wissen und Nichtwissen, MFCG 13, 1978, 147–159 – H. MEINHARDT, Exaktheit und Mutmaßungscharakter der Erkenntnis (N. v. K. Einf. in sein philos. Denken, hg. K. JACOBI, 1979), 101–120.

Doctor, doctoratus. Das dem klass. Latein entstammende Wort kann entsprechend seiner Etymologie (doceo 'ich lehre') alle Arten des Lehrers bezeichnen. Im Latein der Bibelübersetzungen und der Kirchenväter bezeichnet 'd.' zum einen die d.es (Lehrer) des jüd. Gesetzes, zum anderen alle diejenigen, die in der Urkirche das →Charisma oder das 'Lehramt' hatten (Apostel, Bf.e, Katecheten). Daneben tritt hier auch die Bedeutung d. im Sinne einer außergewöhnl. Autorität auf, die dem »d. ecclesiae«, dem →Kirchenlehrer, beigelegt wird.

Im FrühMA bleibt das Wort d. in Gebrauch, wobei aber die vom Adjektiv doctus ('gelehrt') hergeleitete Vorstellung von Kompetenz und Gelehrsamkeit gegenüber der Vorstellung des ausübenden Lehrers stärker in den Vordergrund tritt. Aus dem 8.–12. Jh. sind zahlreiche Erwähnungen, insbes. aus Italien, des Begriffs 'd. legis' überliefert, der einen Richter oder anderen Rechtskundigen bezeichnet. Vom 12. Jh. an bezeichnet der Begriff 'd.', wenn auch weniger verbreitet als → 'magister' oder → 'professor', erneut zunehmend den Lehrenden, nämlich die Lehrer der verschiedenen Fächer an den städt. Schulen. In →Bologna wird der Titel 'd.' im 12. Jh. oft Rechtsprofessoren zuerkannt (z. B. die berühmten quattuor doctores, Berater Ks. Friedrich Barbarossas). Mit der Entstehung der Universitäten dient 'd.' – neben 'magister' – bald zur Bezeichnung der Lehrer, der Professoren nach heut. Sprachgebrauch. Um 1208–09 richtet Innozenz III. einen Brief »universis doctoribus sacre pagine, decretorum et liberalium artium Parisius commorantibus«. 1228 setzen die Konstitutionen des Dominikanerordens fest: »Nullus fiat publicus doctor nisi. . . .«. Mehr und mehr wird der Begriff 'd.' somit auf diese universitäre Bedeutung eingegrenzt und bezeichnet v. a. die Rechtslehrer, während bei Artisten und Medizinern 'magister' die übliche Bezeichnung bleibt und bei den Theologen beide Bezeichnungen erscheinen. Das Auftreten der Bezeichnung 'd. utriusque iuris' am Ende des 13. Jh. (Italien, Orléans) bestätigt diese Tendenz (auch wenn es sich wohl um ein doppeltes Doktorat, nicht aber um ein Doktorat neuen Typs handelt). Die Bedeutung des Wortes 'd.' präzisiert sich noch mit dem Auftreten eines spezif., sich zunehmend vom Lizentiat abhebenden Universitätsgrades, des Doktorats (doctoratus, das Wort ist seit dem späten 13. Jh. belegt) oder Magisterium. Dieser Grad folgte auf das Lizentiat, manchmal unmittelbar, oft erst nach langen Jahren; in manchen Fakultäten, insbes. bei den Juristen, begnügten sich viele Studenten mit dem Erwerb des Lizentiats, das ein ernsthaftes Examen und einen echten Studienabschluß darstellte. Das Doktorat setzte keine zusätzl. Studien voraus, sondern bestand in einer überaus kostspieligen protokollar. Zeremonie mit Rede, Verleihung der Insignien des d., nämlich des Hutes (»Doktorhut«), des Buches und der Handschuhe, sowie einer oder mehrerer feierl. →Disputationen, die eher als erster Akt der Lehrtätigkeit (inceptio) denn als Examen betrachtet werden müssen. Der d. war damit ein rein korporativer Grad, Ausdruck der Autonomie und des sich immer mehr durchsetzenden Monopols der Mitglieder der →studia generalia; der →Kanzler tritt bezeichnenderweise bei der Verleihung des Doktorgrades nicht in Erscheinung. Das Doktorat erlaubte seinem Träger den Eintritt in das sog. →»collegium doctorum« und ggf. die Ausübung der Lehre; in diesem Punkt wurde zw. d.es regentes und non regentes unterschieden. Die d.es regentes nahmen die angesehensten und lukrativsten Bereiche des Lehrbetriebs wahr, so die »ordentl.« Vorlesungen, den Vorsitz bei Disputationen und Prüfungsausschüssen etc. Am Ende des MA waren jedoch neben diesen »ordentl.« Doktoren »außerordentl.« Doktoren tätig, die nicht im Besitz eines Lehrstuhls waren und nur »außerordentl.« Lehrveranstaltungen abhalten durften. Über die Eigenschaften eines Grades und einer Funktion im Lehrbetrieb hinaus verlieh das Doktorat seinem Träger eminente soziale Anerkennung. Aufgrund der jurist. Traktate und der Universitätsstatuten läßt sich ein Idealbild des d. zeichnen. Der d. hatte sich einer bestimmten Deontologie zu unterwerfen, bei der sich eine Reihe von spezif. »Tugenden« (Hingabe an Universität und Studenten, gute Sitten, Bescheidenheit usw.) mit der Ablehnung von Fehlverhalten und »Lastern«, die zur Degradation führen konnten (Korruption, Unwissenheit, eitler »Vorwitz« oder »Wißbegierde«, Demagogie usw.), verbanden. Der d. genoß für sich und seine Familie verschiedene fiskal., militär. und gerichtl. Privilegien, wie sie der Adel oder der Klerus besaßen. Insignien und bes. Standestracht machten seine Würde nach außen deutlich. Das Ideal des d. waren offensichtl. soziale Stellung und Lebensformen des Adels. Anscheinend gelang zahlreichen d.es, insbes. Juristen, der Aufstieg in den Adel oder in das städt. Patriziat.

Neben seiner sozial herausgehobenen Stellung genoß der d. das Ansehen einer echten moral. und intellektuellen Autorität (»Aureole des Doktors«). Dies gilt für alle Disziplinen: Der d. überwachte die Ausübung der ärztl. Kunst; seine Rechtsgutachten waren anerkannte Quellen des Rechts; er war – z. B. bei den Konzilien – berufen, die Großen der Kirche selbst mit seiner Wissenschaft zu erleuchten; die Dekretalen vergleichen den d. mit den »Fixsternen am Firmament«.

In der Praxis allerdings gerieten die Doktoren seit dem 14.–15. Jh. mehr und mehr in das Schußfeld der Kritik; es wurde ihnen Überheblichkeit und Arroganz vorgeworfen und der Wert ihres Wissens von Humanisten und Mystikern zunehmend in Frage gestellt. Die starke Zunahme der Universitäten und Fakultäten im SpätMA und die damit verbundene Inflation an Graden und Graduierten dürfte zu dieser Diskreditierung beigetragen haben.   J. Verger

Lit.: RASHDALL, passim – SAVIGNY, passim – DDC IV, 1325–1336 – J. LECLERCQ, L'idéal du théologien au MA. Textes inédits, Rev. des Sciences relig. 21, 1947, 121–148 – G. LE BRAS, Velut splendor firmamenti: le docteur dans le droit de l'Eglise médiévale (Mél. E. GILSON, 1959), 373–388 – A. L. GABRIEL, The Ideal Master of the Mediaeval Univ., CathHR 60, 1974, 1–40 – A. E. BERNSTEIN, Magisterium and Licence: Corporate Autonomy against Papal Authority in the Medieval Univ. of Paris, Viator 9, 1978, 291–307.

Doctrina Addai, bes. im Orient verbreitete syr. Legende, deren erhaltene Fassung um 400 wohl in Edessa entstand, verlegt mit antihäret. Tendenz die Anfänge der Christianisierung Edessas in die Zeit des Kg.s Abgar Ukāmā (4 v.–7 und 13–50 n. Chr.). In modifizierter Form greift sie den legendären Briefwechsel zw. →Abgar und Jesus auf, den bereits Eusebius (hist. eccl. I, 13,10) aus edessen. Archivalien übersetzt haben will und den Ätheria (itin. 17,1; 19,8f.) schon in erweiterter Form kennt. Sie erzählt u. a. von einem Segensspruch Jesu über Edessa, von der Missionstätigkeit eines Apostels Addai sowie von Kirchenbau, Gottesdienstordnung und Errichtung einer Hierarchie in Edessa. Die Notizen über ein Christusbild aus der Zeit Jesu und eine Kreuzesauffindung durch die Gattin des Ks.s Claudius Protonike können spätere Ergänzungen sein. W. Cramer

Ed. und Übers.: G. PHILLIPS, The Doctrine of Addai, 1876 – H. HOWARD, The Teaching of Addai, 1981 – *Lit.*: Bibl. hagiographica orientalis VII, 1910, Nr. 24 – RAC IV, 588–593 – TRE IX, 278–281, 287f. – I. ORTIZ DE URBINA, Patrologia Syriaca, 1965², 44 – R. J. GALVIN, Addai and Mari Revisited. The State of the Question, Dunwoodie Rev. 10, 1970, 3–31 – R. PEPPERMÜLLER, Griech. Papyrusfragmente der D. A., Vigiliae Christianae 25, 1971, 289–301.

Doctrina patrum, anonymes, vor 726 entstandenes dogmat. Florilegium, enthält neben 143 Bibelzitaten 751 z. T. sonst nicht überlieferte Zitate aus 93 verschiedenen Werken orthodoxer wie häret. Autoren, Synodalakten und anderen kirchl. Dokumenten. Angelegt als Quellensammlung für den bes. gegen Monophysitismus und Monotheletismus gerichteten Traditionsbeweis, ist es wichtig für die Kenntnis älterer patrist. Arbeits- und Argumentationsmethoden. Seine Zuweisung an den Aprokrisiar Anastasios († 666) oder den Abt Anastasios Sinaites († nach 700) überzeugt nicht. W. Cramer

Ed.: F. DIEKAMP, Doctrina Patrum de Incarnatione Verbi, 1907 – *Lit.*: Altaner-Stuiber, 1978⁸, 524 – BECK, Kirche, 1959, 446.

Doctrinal ('Lehrbuch'), ein zur Unterweisung in Moral (v. a. weltl., aber auch christl.) und Anstand bestimmter frz., prov., kast. oder it. Traktat in Vers oder Prosa aus dem 12. und 13. Jh. Keine genaue Abgrenzung zum →*ensenhamen, enseignement*, →*dit*. Adressaten: Leute adliger Herkunft oder adliger Gesinnung, also auch Bürger, jedoch keine Bauern (vgl. »Vilain-n'en-gouste«). Ausgangspunkt ist oft die ständ. Gliederung der Gesellschaft. Frühestes d.: »Insegnamento a Guglielmo« (it., vielleicht Ende 12. Jh.), weitere: »Enanchet« (franco-it., 1. Hälfte 13. Jh.) und die meist pikard. oder anglonorm.: »Enseignements Trebor« des Robert de Ho, »Des droiz« des Clerc de Vaudoi, »Doctrinal Sauvage«, »Urbain le Courtois« (alle 2. Hälfte 13. Jh.), dazu einige →Dits von Baudouin de Condé und Huel'Archevesque. U. Ebel

Lit.: C. SEGRE, GRLMA VI, 1968, 87–90.

Dodekaortion (Dodekaorteon, Dodekaorton, Dodekaeorton 'Zwölffeste'), von G. MILLET rekonstruiertes Idealprogramm eines orth. Bild-Festkalenders mit diesen Szenen: Verkündigung an Maria (Evangelismos), Geburt Christi, Darstellung Christi im Tempel (Hypapante), Taufe Christi, Verklärung Christi (Metamorphosis), Erweckung des Lazarus, Einzug Christi in Jerusalem (Baiophoros), Kreuzigung, Hadesfahrt Christi (Anastasis), Himmelfahrt Christi (Analepsis), Pfingsten (Pentekoste) und Marientod (Koimesis). Von O. DEMUS wurde das D. zum, meist erweiterten, Kernstück des →Bildprogramms der byz. Kirchendekoration erklärt. M. RESTLE hat gezeigt, daß die lit. Tradition ebenso schwankend ist wie die Themenwahl in Mosaik und Wandmalerei und daß das D. in der Buchmalerei nicht belegt ist. Nur in der →Ikonenmalerei und auf Steatitreliefs kommt das D. in der o. a. Szenenauswahl vor, wenn auch nicht sehr häufig, z. B. auf einer spätkomnen. Ikone des Sinai-Kl. (unter der Großen →Deesis) und einem etwa gleichzeitigen Tetraptychon ebd., auf der Mitteltafel eines palaiolog. Triptychons und einem ebenfalls palaiolog. Hexaptychon ebd. sowie auf zwei Steatitreliefs in der Walters Art Gall., Baltimore (beide wohl spätbyz.). Das bekannteste und schönste Beispiel ist das Mosaikikonen-Diptychon des frühen 14. Jh. in der Opera del Duomo zu Florenz. Nach 1453 wandelt sich das D. in seiner Szenenauswahl rasch und völlig. K. Wessel

Lit.: RbyzK I, 1207–1214 [M. RESTLE] – G. MILLET, Recherches sur l'iconographie de l'Evangile, 1916, 16ff. – O. DEMUS, Byz. Mosaic Decoration, 1953², 22ff.

Döffingen, Schlacht bei (23. Aug. 1388). Die Ursachen für die letzte große militär. Auseinandersetzung zw. den im 14. Jh. mächtig gewordenen schwäb. →Reichsstädten (→Schwäbischer Städtebund) und dem Gf.en →Eberhard II. v. →Württemberg sind in dem Kampf um die Vorherrschaft im zentralschwäb. Raum zw. Donau und Neckar zu suchen. Württemberg hatte im 14. Jh. durch seine Expansionspolitik die polit. Räume der Reichsstädte immer mehr eingeengt; zugleich hatten die Gf.en versucht, über den Besitz der →Landvogtei Niederschwaben, die in einigen Reichsstädten Rechte hatte, seine Landesherrschaft auszubauen. Kg. Wenzel, der den Städten zuneigte, hatte 1378 Gf. Eberhard II. v. Württemberg und 1385 den Hzg.en v. →Österreich die ksl. Landvogtei in Ober- und Niederschwaben entzogen, wodurch die Stellung der Städte weiter gestärkt wurde und sich zugleich die Gegensätze zw. Städten und Herren verschärften. Die Versuche Kg. Wenzels, durch die →Heidelberger Stallung (26. Juli 1384) und die →Mergentheimer Stallung (5. Nov. 1387) die Spannungen abzubauen, scheiterten. Nur wenige Wochen nach Verkündigung des Landfriedens nahmen die Hzg.e v. →Bayern den Ebf. →Pilgrim II. v. →Salzburg, eines der 40 Mitglieder des Städtebundes, und mehrere Städtebürger gefangen. Die Städte, zu dieser Zeit auf dem Höhepunkt ihrer Macht, lehnten jedes Sühneangebot ab und beschlossen auf einer Strafexpedition gegen die bayer. Landfriedensbrecher und deren Verbündete. Im Juni 1388 beschlossen sie eine zwölftägige Strafexpedition gegen ihren Hauptwidersacher, den Gf.en v. Württemberg, und verwüsteten dessen Land. Auf dem Rückmarsch wurde das städt. Aufgebot durch die Truppen des Gf.en Eberhard und anderer Herren bei dem württemberg. Ort D. (sö. v. Weil der Stadt) vernichtet. Der Ausgang der Schlacht beendete die Vormachtstellung der schwäb. Städtebundes und leitete den allgemeinen Niedergang der Reichsstädte ein. Auf dem Reichstag zu →Eger (1389) mußten sie ihren Bund auflösen (2. Mai) und dem Landfrieden (5. Mai) beitreten. P.-J. Schuler

Lit.: C. WUTKE, Beitr. zur Gesch. des großen Städtebundkrieges für die Jahre 1387–1388, Mitt. der Ges. für Salzburger Lk 28, 1888, 1–64 – H. NIETHAMMER, Die Schlacht bei D. (Monatsschr. Württemberg, 1932) – A. DREHER, Das Ende des großen Städtekrieges und der Vertrag zu Weingarten vom 15. Aug. 1389, Ulm und Oberschwaben 36, 1962, 46–56.

Doğanğï (türk. 'Falkner'). Wie im Abendland war die Falkenjagd (→Beizjagd) auch im islam. Kulturkreis Statussymbol und Leidenschaft der herrschenden Oberschicht. Die osman. Herrscher hielten einen Stab von Leibfalknern (im 15. Jh. neun, später mehr), die sie bei Jagdpartien begleiteten und die Vögel trugen und warfen. Um diese einem *doğanğïbašï* unterstellte hochangesehene Gruppe scharte sich ein Kreis von Bediensteten, denen die Wartung der Vögel oblag. Eine über das ganze Land verteilte, durch Steuererlaß entschädigte noch zahlreichere Zuliefererorganisation sorgte für die Auffindung, Nestentnahme und Pflege der jungen Raubvögel.

Lit.: EI² II, 604f. [H. INALCIK].   A. Tietze

Dogaressa, Gemahlin des →Dogen. In den ersten Jahrhunderten der ven. Geschichte stellte die Wahl der Gemahlin (coniunx oder ducissa) einen wichtigen Faktor in der Politik des Dux (Dogen) dar: z. B. sanktionierte die Heirat mit Waldrada v. Tuszien, einer Nichte der Ksn. Adelheid, die philo-otton. Wendung in der Politik Petrus IV. →Candiano (959–976); bezeichnend für eine Phase enger Beziehungen zw. Venedig und Byzanz ist die byz. Herkunft der Gemahlin des Dogen Domenico Silvo (1070–84), T(h)eodora. Die D.e dieser Zeit kamen häufig von auswärts und stammten aus Fürstenhäusern – oder sogar der ksl. Familie.

Als der dux allmähl. an Macht einbüßte, kam es immer seltener zu Heiraten mit einer auswärtigen Hochadligen. Stattdessen traten einheim. D.e hervor, aus deren Namen sich die Bündnisse zw. den bedeutendsten, nach dem Dogat strebenden Familien erschließen lassen: Dies ist z. B. bei der Vermählung von Adelasa Michiel und Pietro Polani (1130–48) der Fall.

Nach dem Aufstieg der Kommune brachte die Entmachtung des dux auch Vorsichtsmaßnahmen gegen die ducissa mit sich: In der von Giacomo Tiepolo zu leistenden Promissio (1229) wurde der Gemahlin des Dogen untersagt, Geschenke anzunehmen. Die Ehrenbezeugungen, die der ausländ. Frau des Lorenzo Tiepolo 1268 von den Arti erwiesen wurden, führten dazu, daß in Hinkunft dem Dogen die Heirat mit Nicht-Venezianerinnen (»donne foreste«) untersagt bzw. von der Zustimmung des Maggior Consiglio abhängig gemacht wurde.

Im wesentl. folgt die ducissa dem Beispiel des Dogen. Auch sie wird zu einer Symbolfigur, zu einer verehrenswürdigen Persönlichkeit (im allgemeinen ist sie schon in vorgerückten Jahren), die mit allen Tugenden ausgestattet ist. Auch ihr werden öffentl. Ehrungen zuteil (wie die prunkvolle Einsetzungszeremonie und das Staatsbegräbnis im Falle ihres Ablebens vor ihrem Gatten). Dabei läßt sich eine Zunahme der offiziellen Ehrungen feststellen, je bedeutungsloser ihre polit. Rolle wird.   G. Cracco

Lit.: G. SCARABELLO, Le dogaresse (I dogi, a. c. di G. BENZONI, 1982) 163–182.

Doge

I. Venedig – II. Genua.

I. VENEDIG: D. (lat. dux), höchster staatl. Würdenträger. Nach Johannes Diaconus (um 1000) hielten es die Venezianer zur Zeit des byz. Ks.s Anastasios II. (713–715) »für ehrenvoller« von einem Dux statt von einem Tribun regiert zu werden. Dieser Bericht, der →Venedig von altersher libertas zuschreiben will, entbehrt jeder hist. Grundlage: Der →Dux, der damals die Provincia Venetiarum regierte, war kein direkt von einheim. Machtgruppen gewähltes Oberhaupt, sondern ein byz. Amtsträger. Es bedurfte beinahe zweier Jahrhunderte, in denen Ereignisse von großer Tragweite eintraten – Zusammenbruch der byz. Herrschaft in Italien, Aufstieg der Karolinger, und im lokalen Bereich, der schwierige Verschmelzungsprozeß der verschiedenen Populi unter der Führung der Civitas des Rivus Altus (Rialto) –, bevor dem Dux »neuen Typs« Gestalt verliehen war. Erst im 10./11. Jh. begegnen Duces (v. a. Mitglieder der Familien →Candiano und →Orseolo), die trotz der von beiden Imperien mittels Handelsverträgen (Pacta), Familienbindungen und sogar offizieller Titelverleihungen (Domenico Silvo wurde von Byzanz zum Protoproedros und Protosebastos ernannt) ausgeüb-ten Einflußnahme allmählich beinahe »königliches« Ansehen genießen. Ein Zeichen dafür sind ihre Insignien: Schwert, Sella und v. a. Baculus.

Der Dux war jedoch nie ein absoluter Alleinherrscher: Zum einen beruhte sein Amt auf Wahl und war nicht erblich. Bei seiner Wahl war der ganze Populus beteiligt, d. h., die einflußreichsten Geschlechter mit ihrer jeweiligen Klientel sowie der Klerus; der Wahlvorgang erscheint bereits 1071 (wie Domenico Tino bezeugt) vollkommen ausgebildet. Alle Versuche, das Dogenamt in den Besitz einer Familie zu bringen, etwa durch Übertragung der Mitregentschaft an einen der Dogensöhne, scheiterten. Zum anderen mußte der Dux ständig auf die ihn umgebenden Richter und Kleriker Rücksicht nehmen, die kein übertrieben herrscherl. Gebaren an ihm duldeten und ihm die Schuld an jedem polit. Rückschlag gaben (in den ersten Jahrhunderten gelang es nur wenigen Duces, bis zu ihrem Tode im Amt zu bleiben). Der Dux versuchte, seine Machtstellung auszubauen, indem er die inneren sozialen Gegensätze und Gruppierungen ausnützte. Aber mit dem Aufstieg der Schicht der Divites war er zu ersten Zugeständnissen gezwungen: Um die Mitte des 12. Jh. wurde dem Dux ein Consilium Sapientium vorgesetzt, und er wurde gezwungen – wie die Urkunden sagen – »zusammen mit den Richtern und den Sapientes und mit der Zustimmung und nach dem Willen des Populus« zu regieren. Kurz darauf wurde festgelegt, daß kein Dux nach freiem Gutdünken und ohne Berücksichtigung des Willens der Consigli regieren durfte. In der Tat wurde ihm bald darauf ein enger Rat (Consilium Minus) und später auch ein weiter Rat (Consilium Maius oder →Consiglio Maggiore) zur Seite gestellt. Seit 1192 mußte jeder Dux bei Amtsantritt eine Promissio (Wahlkapitulation) beschwören, d. h. eine Reihe von Verpflichtungen, die ihm die Kommune auferlegte. Seit Anfang des 13. Jh. wurden auch die staatl. Einkünfte und diejenigen des D.n getrennt, seit 1229 treten fünf Correctores in Erscheinung, die die Amtsführung des D.n überwachen sollen.

Die Entmachtung des D.n vollzog sich in Anpassung an den komplizierten Entwicklungsprozeß, der ven. Geschichte. Trotz der schwierigen Wahlmechanismen, die eine beherrschende Rolle der D.n ausschalten sollten, erwiesen sich im Laufe des 13. Jh. die D.n der Familien →Tiepolo und →Dandolo als ausgesprochene Führerpersönlichkeiten, welche die beiden gegensätzl. »Seelen« der Politik der Lagunenstadt verkörperten. Nach der Serrata del Maggior →Consiglio (1297) gedenkt der Traktatverfasser Bertaldus voll Sehnsucht der Zeit, in der D. noch ein Princeps mit entsprechender »Potentia« und einem gewaltigen »Thron« war; im Bewußtsein, daß jene Zeit nie mehr wiederkehrt, tritt er dafür ein, daß es dem Dux wenigstens gestattet sei, den Vorsitz über die verschiedenen staatl. Gewalten zu führen und sie zu koordinieren: über die Curia consiliatoria und judiciaria, aber v. a. über die C. executoria, die direkt in seine Kompetenz fällt. Andrea →Dandolo, Doge und Chronist, wollte der Verengung des patriz. Regimes zu einer Oligarchie Einhalt gebieten, scheiterte aber darin. Eine Folge war der Staatsstreich des D.n Marino →Falier, der 1355 wegen Hochverrats hingerichtet wurde. Im 15. Jh. gelang es der Tatkraft von Francesco →Foscari, die Ausbreitung der Seerepublik auf der Terraferma weiter zu fördern und daraus polit. Nutzen zu ziehen.

Nicht immer war der D. also völlig ohne Einfluß oder reine Repräsentationsfigur, der höchste »Bürokrat« des Staates, ein Herrscher ohne Regierungsgewalt: hinter ihm standen bisweilen polit. Richtungen, Machtgruppen, auch »Parteien«, die zwar nicht die Struktur der ven. Regierung verändern, jedoch ihrer Politik eine neue Wendung geben konnten.

Den Repräsentationspflichten des D.n (berühmt ist seine, seit dem 13. Jh. bezeugte alljährl. symbol. Vermählung mit dem Meer) entsprach die bei öffentl. Auftritten getragene kostbare Amtskleidung: roter, häufig goldbestickter Mantel mit Hermelinbesatz, Stirnreif, seit Anfang des 14. Jh. Dogenmütze (»corno ducale«). G. Cracco

Lit.: I dogi, a c. di G. BENZONI, 1982 – G. CRACCO, Venezia nel Medioevo: un altro mondo (Storia d'Italia, hg. G. GALASSO, 1985).

II. GENUA: Der Dogat war in →Genua eine Einrichtung späten Ursprungs, deren Erscheinungsbild lange Zeit stärker durch Faktionskämpfe geprägt wurde als durch eine allmählich im organ. Gesamtbild der Stadtverfassung entwickelte Rechtsordnung. Der erste D., Simone→Boccanegra, wurde in einer Erhebung der Popolaren am 22. Sept. 1339 akklamiert und am folgenden Tag vom →Parlamento auf Lebenszeit eingesetzt. Seine Ernennung entsprach wohl dem Muster der Einrichtung einer persönl. Herrschaft vom Typ einer auf die Popolaren gestützten Signorie. Durch diese Verfassungsänderung von großer Tragweite installierte sich in Genua eine Regierung, welche die bis dahin traditionell polit. weniger einflußreichen sozialen Schichten vertrat und mit der sich das Prinzip einer Alleinherrschaft durchsetzte; ihr wurde jedoch der Rat der Anzianen an die Seite gestellt, um eine Entartung zur Tyrannis zu verhindern. Die auf Lebenszeit festgelegte Amtsdauer des D.n führte zu Intoleranz, förderte die Tendenz der einzelnen Gruppen im Staat, Forderungen zu stellen und begünstigte Staatsstreiche: daraus erklärt sich die extrem kurze Amtsdauer einiger D.n. Die meisten dankten ab oder wurden abgesetzt, nur ganz wenige übten ihr Amt bis zum Tode aus. Nach der Verfassung des popolaren demokrat. Regimes sollte der D. vom Parlamento, aus dem er hervorging, und das er repräsentierte, gewählt werden: in Wirklichkeit wurde seine Wahl von einer Versammlung von Notabeln, die den wichtigsten Organen des Staates angehörten, durchgeführt. Der Wahlgang entsprach häufig nicht den festgesetzten Normen, sondern variierte je nach den Umständen. In den Perioden des polit. Gleichgewichts zw. den Parteien suchte man die Wahlprozedur festzulegen und genau einzuhalten und Bestimmungen für die Amtsführung des höchsten Amtsträgers festzusetzen; in den häufigen Phasen, in denen eine Faktion die Vorherrschaft hatte, erzwang diese die Wahl eines ihr gemäßen D.n und präsentierte ihren Kandidaten dem Parlamento zur Akklamation, ohne die gesetzl. Formalitäten einzuhalten.

Das genues. Gesetzescorpus des Jahres 1363 griff im wesentl. auf die Organisationsformen des Jahres 1339 zurück, bestätigte das Prinzip des Dogats auf Lebenszeit und sah theoret. einen komplizierten Wahlvorgang vor. Die Macht des D.n wurde wesentl. beschränkt: er durfte keine bedeutende Aktion ohne die Teilnahme des Consiglio degli Anziani vollführen, auf dessen Beschlüsse er keinen Einfluß hatte, wobei sogar seine Abwesenheit im Rat kein Hindernis für gültige Beschlußfassungen darstellte.

Die Verfassung des Jahres 1413 am Ende der langen Franzosenherrschaft in Genua nahm im wesentl. die Lösungen des Jahres 1363 wieder auf: der Doge hatte gemeinsam mit den zwölf Anzianen (sechs Adlige und sechs Popolaren) das Stadtregiment inne. Das aus den beiden Magistraturen (dem Dogat und dem Consiglio) gebildete Kollegium übte sowohl die exekutive wie die legislative Gewalt aus; er konnte in jedem Bereich – mit Ausnahme von Verfassungsreformen – und innerhalb präziser Grenzen auf dem Sektor der Rechtsprechung Gesetze erlassen. Die Supremi Sindacatori (ernannt vom Consiglio dei Quaranta) hatten durch die Möglichkeit der Zensur die Kontrolle über die Tätigkeit dieses Kollegiums.

Nach 1339 war der Dogat in Genua für etwa zwei Jahrhunderte keine ständige Einrichtung in einem regulären und homogenen Staatssystem, sondern wechselte mit bes. Magistraturen und auswärtigen Gouverneuren ab. Jedenfalls erfüllte der an der Spitze des Staates stehende Amtsträger im wesentl. die Funktionen des D.n und hatte dessen Vorrechte inne. Diese Regierung, die aus einem repräsentativen Element und einem Kollegium bestand, sowie das System der mit ihr verbundenen öffentl. Ämter blieben bis zur Reform des Jahres 1528 im Grunde unverändert. Diese wandelte den demokrat. auf die Popolaren gestützten Dogat in ein oligarch. Regime um, ersetzte die Amtsdauer auf Lebenszeit durch eine zweijährige Amtsperiode und übertrug die Wahl einem Wahlausschuß, der mittelbar durch den Gran Consiglio und den Consiglio Minore bestimmt wurde. Der Doge und acht Governatori bildeten das wichtigste Regierungsorgan; sie hatten die Möglichkeit, in jedem Bereich Gesetze zu erlassen mit Ausnahme von Bestimmungen zur Vermehrung ihrer eigenen Vorrechte. G. Pistarino

Lit.: P. L. M. LEVATI, I dogi di Genova e la vita genovese. Feste e costumi genovesi del secolo XVIII, 4 Bde, 1910–14 – DERS., I dogi perpetui di Genova. Studio biografico, 1928 – DERS., I dogi biennali di Genova dal 1528 al 1699, 2 Bde, 1930 – E. CONFORTI-T. FATTOROSI, Istituzioni e magistrature finanziarie e di controllo della Repubblica di Genova dalle origini al 1797, 1952 – G. FORCHERI, D., Governatori, Procuratori, Consigli e Magistrature della Repubblica di Genova, 1968 – DERS., La »Societas Populi« nelle costituzioni genovesi del 1363 e del 1413, Archivi e Cultura VII, 1973, und in: Ricerche d'archivio e studi storici in on. di G. COSTAMAGNA, 1974 – A. PETRACCHI, Norme e prassi costituzionale nella Serenissima Repubblica di Genova. La riforma del 1528, NRS, LXIV, 1980 – V. PIERGIOVANNI, Gli statuti civili e criminali di Genova nel medioevo. La tradizione manoscritta e le edizioni, 1980 – A. AGOSTO, Nobili e popolari. L'origine del dogato (La storia dei Genovesi I, 1981) – G. FORCHERI, Dalla Compagna al Popolo (ebd. IV, 1984).

Dogge. [1] *Zoologie:* Diese Rassengruppe kräftiger Wach- und →Jagdhunde wurde offenbar von den Kelten aus kleinasiat. Vorfahren auf den brit. Inseln gezüchtet (C. KELLER, 70–79) und von den Germanen importiert (dt. Name aus as. *docga* = engl. *dog*). Noch Konrad v. Heresbach (1496–1576) nennt die D.n »canes britannici bzw. anglici« (§ 39). Die antiken Hütehunde »molossi« (nach den Züchtern in Epirus, vgl. O. KELLER, 103–114) sind bei aller Skepsis gegenüber den lit. und bildl. Quellen (vgl. F. E. ZEUNER, 69–98) wohl doggenähnl. Formen. Aus einem Rätsel (1,12) des →Aldhelm übernimmt Thomas v. Cantimpré (4,70 = Albertus Magnus 22, 119) das (allgemein für Hunde geltende) scheinbare Paradoxon der Wildheit des »molosus« gegen Erwachsene und der Zahmheit gegen unschuldige Kinder. Diese Macht der Unschuld (vgl. Vinzenz v. Beauvais 19,91) entspricht nach dem gläubigen Thomas dem Sinn der Schöpfung. Konrad v. Megenberg (III.A.49) fügt zur Quelle (= Thomas III) hinzu, der »rüde« sei in der Lombardei häufig. Auch habe er das erwähnte Verhalten selber beobachtet (»ze Megenperg und anderswâ«). Ch. Hünemörder

[2] *Jagdwesen:* Die zur Jagd auf starkes Wild geeignete Hunderasse, die in der Lex Alamannorum (Tit. 83, 3., canis porcaricius vel ursaticus) und in der Lex Bajuwariorum (Tit. 20,7) erscheint, wurde auf Wildschweine, Bären und Auerochsen, d. h. auf Wildarten, die man gemeinhin als *swarzwild* bezeichnete, verwendet. Sie ist gekennzeich-

net durch den gedrungenen, fast plumpen Körperbau, den dicken, schweren Kopf mit verkürztem Schnauzenteil und hatte vermutlich schon in germ. Zeit kurze Stehohren. Die in Britannien zu jagdl. Zwecken gezüchteten Hunde, die allem Anschein nach echte D.n und zugleich die Vorfahren des Mastiff waren, bildeten einen wichtigen Handelsartikel der Insel beim Export nach Gallien. Die Römer verwendeten seit der Eroberung Britanniens D.n in Italien, u. a. als Wachhunde und zu Kampfspielen in der Arena. Für die Hetzjagd auf die großen Wildarten behielten D.n im mitteleurop. Raum bis ins 18. Jh. Bedeutung. Im spätma. frz. Fachschrifttum erscheinen sie als Alants. Häufig vorgenommene Einkreuzungen von D.n mit Windhund- oder Molosserblut führten zu schnelläufigeren oder leichteren Schlägen. S. Schwenk

Q.: Albertus Magnus, De animalibus, ed. H. STADLER II (BGPhMA 16, 1920) – Aldhelmi opera, ed. R. EHWALD, MGH AA 15, 1919 – Konrad v. Heresbach, Handbüchlein der Thereutik, ed. J. BLUSCH, 1977 – Konrad v. Megenberg, Das Buch der Natur, ed. F. PFEIFFER, 1861 [Neudr. 1962] – Thomas Cantimpratensis, Liber de natura rerum, T. 1: Text, ed. H. BOESE, 1973 – Vincentius Bellovacensis, Speculum naturale, 1624 [Neudr. 1964] – *Lit.:* C. KELLER, Die Abstammung der ältesten Haustiere, 1902 – O. KELLER, Die antike Tierwelt I, 1909 [Neudr. 1963] – K. LINDNER, Die Jagd im frühen MA, 1940, 276–283 – F. E. ZEUNER, Gesch. der Haustiere, 1967.

Dogheden, Van den twalef, ndl. asket.-myst. Traktat aus dem Anfang des 15. Jh., der in seinem ersten Teil von 5 (und nicht 12) Tugenden (Demut, Gehorsam, Ergebenheit, Duldsamkeit und Abgeschiedenheit) handelt, später aber in 7 unverbundene Kapitel (zusammen 12) über Versuchung, Wille, Sünde, Reue und Buße usw. übergeht. Der Text ist eine manchmal fast buchstäbl. Nachahmung von Jan van Ruusbroecs »Brulocht« und v. a. von Eckharts Rede der Unterscheidung; eine Liste der entsprechenden Textstücke gibt QUINT in: Meister Eckhart... Die deutschen Werke V, 149. Viele Hss. (s. die Liste bei LÜCKER, 166) nennen Ruusbroec als Verfasser, wohl aufgrund der Zitate aus der »Brulocht«. Doch kann aus internen Gründen das Werk nicht Ruusbroec zugeschrieben werden, wie J. VAN MIERLO überzeugend dargelegt hat. Dieser plädiert auch für die Autorschaft des Gottfried Wevel († 1396), eines Regularkanonikers und Prokurators in Groenendaal, der in einer einzigen dt. Hs. als Verfasser genannt wird; diese These wird ziemlich allgemein angenommen, auch trotz der Bedenken von R. LIEVENS, der der Meinung ist, die XII Dogheden seien sowohl dem Inhalt als dem Stil nach als ein Produkt der →Devotio moderna anzusehen und könnten unmöglich unter den Augen von Ruusbroec entstanden sein.

Das Werk wurde auch ins Dt. umgeschrieben (s. AXTERS, Verslagen en Mededelingen van de Vlaamse Academie voor taal- en letterkunde, 1965, 280–281) und zweimal ins Lat. übersetzt: die erste Übersetzung wird durch AMPE wahrscheinl. fälschlich Geert →Gro(o)te zugeschrieben, die zweite ist von der Hand des L. Surius (Köln 1552). R. Lievens

Ed.: Jan van Ruusbroec, ed. J. DAVID, III, 1860, 1–116 – Ders., ed. J. VAN MIERLO, IV, 1932, 225–308 (nicht in die Ausg. 1944–48 aufgenommen) – *Lit.:* M. A. LÜCKER, Meister Eckhart und die Devotio Moderna (Stud. und Texte zur Geistesgesch. des MA, I, hg. J. KOCH, 1950), 59–78 – ST. AXTERS, Geschiedenis van de vroomheid in de Nederlanden II, 1953, 329–339 (status quaestionis), 530–532 [Lit.] – R. LIEVENS, Wie schreef de XII dogheden? Verslagen en Mededelingen van de Vlaamse Academie voor taal-en letterkunde 1960, 233–236 – A. AMPE, Geert Grote als vertaler van de »Twaelf dogheden« gehandhaafd, Handelingen van de Zuidndl. Maatschappij voor taal-en letterkunde en Geschiedenis 21, 1967, 5–16 – R. A. UBBINK, De receptie van Meister Eckhart in de Nederlanden gedurende de Middeleeuwen (Amsterdamer Publ. zur Sprache und Lit., hg. C. MINIS, 34. Bd.), 1978, 182–192 – s. a. Lit. zu →Eckhart.

Dogma.

I. Frühe Kirche; scholastische Theologie – II. Judentum.

I. FRÜHE KIRCHE; SCHOLASTISCHE THEOLOGIE: [1] In der hellenist.-röm. Geisteswelt sprachen Philosophen, Theologen, Mediziner von D. als einem verbindl. Lehrsatz. Der philos. Lehrsatz stammt von den großen Schulen und Autoren, z. B. das Pythagoricum D., daß Gleiches nur durch Gleiches erkannt werden kann (Chalcidius, Coment. in Platon. Timaeum 51, ed. WROBEL, 119). Das D. philosophorum, physicorum ist die objektivierte Stimme der Schultradition, die sich immer wieder Gehör verschafft. Nach des Eustathius lat. Übersetzung des Hexaëmeron von Basilius heben sich die widersprüchl. D.en der »scriptores cosmographiae« über die Weltentstehung auf und bringen so die Frage voran. Im Glaubensverständnis der Theologen waren die philos. D.en oft genug Irrtümer, verkehrte, perverse D.en. Von diesen wird auch in der innerkirchl. Auseinandersetzung mit den Häresien gesprochen. Augustin hat in den zahlreichen Kontroversen mit den Irrlehrern den sektiererisch, elitären, exklusiven Charakter derselben angeprangert und ihnen das »dogmatizare« vorgeworfen (vgl. in Joh. Tract. 47 n. 9, CL 36,409). Der christl. Glaube ist für die Väter dogmat. Glaube, weil er weisungsgebunden ist; Augustin unterzog aber seine eigenen theol. Aussagen immer einer krit. Revision. Die griech. und die lat. Väter rezipierten den Ausdruck D. auch für die christl. Lehren und Schriftwahrheiten. Lit. Bedeutung erlangte er im Liber ecclesiasticorum dogmatum des Gennadius v. Marseille (5. Jh.), der auch als ps.-augustin. Schrift im MA gelesen wurde (Bonaventura Sent. II d. 4 a. 1 q. 1; d. 8 p. 2 q. 6 ad 6; Thomas v. Aquin, S. th. III q. 68 q. 2 arg. 2); systemat. Bedeutung gewann der Dogmenbegriff im »Commonitorium« des Vinzenz v. Lérins († ca. 450), das im MA aber nicht bekannt war. Unbefangen sprechen vom kirchl. D. auch Cassiodorus, Rufinus, Fulgentius v. Ruspe u. a.

[2] Die Schule v. Chartres rezipierte den titelhaften Gebrauch von D. Das weitverbreitete und vielfach übersetzte →»Moralium dogma philosophorum« (ed. J. HOLMBERG, 1929), das →Wilhelm v. Conches zugeschrieben wird, ist eine Sammlung von Sätzen der antiken Moralphilosophie. In der hs. Überlieferung konnte der Titel auch mit »Liber philosophiae« wiedergegeben werden. In dieser Bedeutung einer Zusammenstellung kosmolog. Lehrsätze ist von dogmata in einer Cosmographia dieser Schule in Clm 331 die Rede (M. GRABMANN, SBA. PPH 1935, H. 10, 1979, 1014). Auch Johannes v. Salisbury spricht im Metalogicon II n. 20 (ed. WEBB, 110f.) vom Platonicum dogma. Gilbert v. Poitiers bezeugt den häresiolog. Sprachgebrauch und polemisiert in Boethium De Trinitate I prol. I und 2, II c. 1 (ed. N. M. HÄRING, 53, 61, 168) gegen die verkehrten D.en der alten und neuen Irrlehrer. Dieser Sprachgebrauch findet sich im ganzen MA. Johannes Eriugena, De divina praedestinatione Praef. c. 1 n. 3, c. 11 n. 3 Epil. (ed. CChr cont. med. 50, 5.7.68.122) z. B. spricht vom verkehrten, teufl. giftigen und todbringenden D. der Häretiker. Im Kontrapunkt zum häret. D. konnte aber Thomas v. Aquin mitunter auch von den D.en des Glaubens (S. th. II II q. 11 a. 2 sed contra) sprechen und den Ausdruck für das göttl. D. verwenden (ebd. q. 86 a. 2, vgl. auch das »Lauda Sion«: »Dogma datur christianis...«). In der hochscholast. Theologie haben die theol. Lehrsätze nie dogmat. Charakter. Als in der spätscholast. Wissenschaft nach der dogmat. Gewißheit der theol. Folgesätze gefragt wurde, wurde sachlich und sprachlich das Problem der dogmat. Lehrsät-

ze spruchreif. Melchior Cano (1509–60) gilt als der große Systematiker des dogmat. Beweises. L. Hödl

Lit.: HDG I. 5, 1971 [G. Söll, D. und Dogmenentwicklung] – J. M. Parent, La notion de dogme au XIII᷎ s., Etud. hist. litt. doctr. XIII᷎ s., 1932, 141–163.

II. Judentum: Bei aller jeweiligen Bedeutungsbreite treffen sich der griech. Begriff 'dogma' sowie der hebr. bzw. arab. ʿiqqār/aṣl im gemeinsamen Charakter des unbedingt Grundlegenden. Zwar kennen der Sache, nicht dem Begriff nach schon das bibl. und talmud. Judentum Grundlehren und Prinzipien (z. B. Ex 34,6f.; Dtn 6,4; Sanh 10,1; Abot 3,18ff.); aber erst mit Ausprägung der ma. Religionsphilosophie entwickeln sich in der Auseinandersetzung nach innen (→Karäer) und außen (Islam, Christentum) Begrifflichkeit und Systematisierung, die zu dogmat. Abhandlungen und zur Erstellung von Glaubensartikeln (ʿiqqārê had-dāt/uṣūl ad-dīn) führen, bei den Karäern von Jehuda Hadassis Werk »'Aškol hak-kofär« um 1150 bis Elija Başyaçis Werk »'Addärät 'Elijjāhû« um 1490, die je zehn Grundlehren aufstellen. Die rabbin. Reihe verläuft von →Saadja (»Kitāb al-amānāt waʾl-iʿtiqādāt«, 923) bis Isaak →Abravanel (»Roʾš ʾᵃmānāh«, 1502). Am ehesten noch auf dem Aristoteliker →Abraham b. David (»Hā-'ᵃmûnāh hā-rāmāh«, 1161) fußend, ragt daraus →Maimonides (1135–1204) hervor, dessen 13 'Iqqārîm (»Sirağ«, Kommentar zur →Mischna, Einleitung zu Sanh 10; »Sefär ham-maddaʿ« der »Mišneh tôräh«; 'Führer der Verwirrten', »Dalālat al-ḥāʾirîn«) maßgebend für die Nachfolger werden: Existenz, Einheit, Geistigkeit, Ewigkeit, Verehrung Gottes, Prophetie, Prophetie des Mose, Tora, ihre Unveränderlichkeit, Allwissenheit Gottes, Lohn und Strafe, Messias, Auferstehung. Rationale Grundlagen und histor. Voraussetzungen bilden hier das Erkenntnisminimum für die Teilhabe an der kommenden Welt. Die Frage nach den Auswahlprinzipien der 'Iqqārîm führt Ḥasdaj →Crescas (»'Ôr 'ᵃdônāj«, 1410), Šimʿon b. Ṣemaḥ Duran, 1361–1444 (»'Ohev mišpāṭ« und »Māgen 'āvôt«), Josef Albo (»Sefär hā-ʿiqqārîm«, 1425) und Elija →Delmedigo (»Bᵉḥînat had-dāt«, 1496) zu je drei, hauptsächlich auf inneren Kriterien basierenden urspgl. (Existenz Gottes, Offenbarung, Vergeltung) und davon abgeleiteten Prinzipien. Das Streben nach Vervollkommnung des Intellekts soll zugunsten des Prinzips der Tora-Erfüllung eingeschränkt, der Begriff der Rechtgläubigkeit fixiert und die Grenze philosophischer Rationalisierung aufgezeigt werden. Bei Erörterung der 'Iqqārîm durch Isaak ʿArama, 1420–94 (»ʿAqedat Jiṣḥāq«), Josef Jaʿbeṣ, †1507 (»Maʾᵃmār hā-ʾahdût« und »Jᵉʿ sôd hā-'ᵃmûnāh«) und Isaak Abravanel (»Roʾš 'ᵃmānāh«, 1502) wird statt Erkenntnisstreben des Intellekts der Offenbarungscharakter des Glaubens betont. – Nicht Institutionen, sondern der einzelne Gelehrte verleihen den jeweiligen Grundlehren Autorität. Das Fehlen eines festgelegten Wortlautes läßt Freiheit in Auffassung und Entwicklung des Glaubensinhaltes zu. Grundsätzlich aber ist der Glaube an den göttl. Ursprung der →Tora autoritätssetzendes Formalprinzip. H. Dittmann

Q. und Lit.: EJud (engl.) 3, 654–660 – J. Abelson, Maimonides on the Jewish Creed, JQR 19, 1907, 24–58 [engl. Übers. des Maimonidestextes] – J. Guttmann, Die Normierung des Glaubensinhaltes im Judentum, MGWJ 71, 1927, 241–255 – Ders., Die Philosophie des Judentums, 1933 – J. Albo, Sefer ha-Ikkarim, ed. und ins Engl. übers. I. Husik, 1946 – J. Maier, Gesch. der jüd. Religion, 1972.

Dogmatik → Theologie

Dohle, ein seit der Antike nach der durch Isidor (12, 7, 35) verbreiteten Etymologie wegen seiner sprichwörtl. Vorliebe für glänzende Geldstücke (daher bei Konrad v. Megenberg Sinnbild des Wucherers), aber auch durch Verwechslung mit der Alpendohle graculus genannter Rabenvogel (vgl. Leitner). Eine Beschreibung (schwarzes Gefieder, zierl. Gestalt, Imitierung der menschl. Stimme nach Abrichtung als Jungvogel) bietet zuerst Thomas v. Cantimpré (5, 89 = Vinzenz v. Beauvais 16, 109; Konrad v. Megenberg III. B. 50). Albertus Magnus (23,129) fügt den grauen Scheitel und die schwarzen Füße hinzu. Wegen ihres Kopfjuckens liebe die D., dort gekrault zu werden, wie in einem MS (Wolfenbüttel, Herz. Aug. Bibl., cod. Aug. 8.8, 4°, s. XIII, f. 31ᵛ) im Rahmen eines Eigenschaftenkatalogs (u. a. Gesellligkeit, Nisten in Türmen, Geschwätzigkeit, Verzehr von Würmern und Kot) behauptet wird. Thomas läßt unter Berufung auf den »Experimentator« das Jucken sogar durch Verzehr des Fleisches auf den Menschen übergehen (= Vinzenz und Albertus Magnus). Ch. Hünemörder

Q.: Albertus Magnus, De animalibus, ed. H. Stadler, II, 1920, BGPhMA 16 – Isidorus Hispalensis, Etymologiae, ed. W. M. Lindsay, 2, 1911 – Konrad v. Megenberg, Das Buch der Natur, ed. F. Pfeiffer, 1861 [Neudr. 1962] – Thomas Cantimpratensis, Liber de natura rerum, T. 1: Text, ed. H. Boese, 1973 – Vincentius Bellovacensis, Speculum naturale, 1624 [Neudr. 1964] – Lit.: H. Leitner, Zoolog. Terminologie beim Älteren Plinius, 1972, 131.

Dohna, ehem. Bgft. und Stadt in →Sachsen (Bez. Dresden, Krs. Pirna). An der Straße aus dem Dresdener Elbtal nach Böhmen wurde wohl schon im 10. Jh. auf slav. Grundlagen die 1040 beim Annalista Saxo gen. dt. Burg Donin in Spornlage errichtet. Am Rande des Gaues Nisan gelegen, gelangte sie mit diesem 1086 unter böhm. Hoheit an Gf. →Wiprecht v. Groitzsch, befand sich um 1113 vorübergehend unter kgl. Herrschaft in den Händen eines Bgf.en Erkenbert, fiel 1135 als erledigtes Lehen an Böhmen und 1152 an das Reich. Bald darauf wurde der 1143 zuerst gen. Edelfreie Heinrich v. Röda (b. Altenburg, nicht Rötha!) als Bgf. eingesetzt, dessen Geschlecht sich fortan nach D. nannte. Als Hauptburg des Gaues Nisan ist D. sehr wahrscheinl. mit der Nennung dieses Namens im →Tafelgüterverzeichnis des dt. Kg.s gemeint (→Dresden). Im Zuge der Kolonisation gelang den Bgf.en ein Ansatz zur Territorialbildung, wobei sie die Spannungen zw. Böhmen und den Mgf.en und den Bf.en v. Meißen zur Aufrechterhaltung ihrer Reichsunmittelbarkeit nutzten. 1402 vertrieben die Mgf.en in einer Privatfehde die Bgf.en und verleibten deren Besitz der Mgft. ein. Vor der Burg wuchs im späten MA die 1445 erstmals gen. kleine Stadt im Anschluß an die Burgwardkirche heran. Ein 1390 bezeugter Schöppenstuhl war bis ins 16. Jh. als Lehngericht mit adligen Beisitzern weit über Sachsen hinaus tätig. Die Hauptlinie der Familie von D. erlosch 1415; Seitenlinien wurden in Schlesien und – aufgrund bedeutender Tätigkeit im Dt. Orden – in Ostpreußen ansässig.
K. Blaschke

Lit.: ADB V, 299–310 – NDB IV, 43 – Hist. Stätten Dtl. VIII, 63–65 – S. Gf. zu Dohna, Die Donins, 1876 – G. Schlauch, Der Schöppenstuhl zu D., NASG 26, 1905, 209–239 – A. Meiche, Hist.-topograph. Beschreibung der Amtshauptmannschaft Pirna, 1927, 38–56 – H. Helbig, Der wettin. Ständestaat, 1980², 185, 207, 219.

Dojčin, Petar (eigtl. Peter Dóczy, aus Nagy-Lucsei), ung. Adliger. Unter Kg. →Matthias Corvinus war er Kommandant der Donau-Flotille in Peterwardein (1476–79). Er nahm 1476 an der Einnahme von Šabac teil und verhandelte 1479 im Auftrag von Matthias erfolgreich mit →Mehmed II. über einen Friedensschluß. 1480 wurde er →Ban v. →Jajce u. besiegte erneut die Türken, er konnte sogar Vrhbosna, das heut. →Sarajevo, erobern und niederbrennen. Sein Nachruhm hielt beim ung. Adel auch nach dem Tode von Matthias an. D.s Gestalt fand auch

Eingang in serb. Volkslieder, in denen er mit Peter Váradia (gen. Dühös 'der Böse'), dem Ebf. v. Kalocsa († 1500/01), identifiziert wird. Er ist nicht identisch mit dem sog. »bolan Dojčin« (leidenden D.) aus Thessaloniki in der serb. Epik. I. Djurić

Lit.: I. OKRUGIĆ SRIJEMAC, D. P., 1907, 3 - R. PAULOVIĆ, Borba za Petrovaradinsku tvrdjavu krajem XV veka, Naučni Zbornik Matice Srpske, 1954 - K. NEHRING, Q. zur ung. Außenpolitik in der 2. Hälfte des 15. Jh., Levéltári Közlemények 47, 1976, 87-120.

Dokeianos. 1. D., Michael, Protospatharios und Katepan, ✕ 1050, hist. faßbar in der Periode, in der die byz. Herrschaftsgebiete des Katepanats von Italia, d. h. der aus der Verbindung der Themen Langobardia, Kalabria und Lukania (10.–11. Jh.) entstandenen Verwaltungseinheit, einerseits von der norm. Eroberung, andererseits von den Einfällen der Sizilien beherrschenden Sarazenen bedroht wurden.

In dem Bestreben, diesem gefährl. Vorstoß der Feinde Einhalt zu gebieten, entsandte Byzanz unter Ks. Michael IV. (dem Paphlagonier, 1034–1041) den Strategen Georgios →Maniakes nach Italien (1038–40), um Sizilien zurückzuerobern. Nach dem Zeugnis der Quellen nahm M. D. an diesem Feldzug teil und kehrte dann im Nov. 1040 nach →Bari zurück. Im apul. Gebiet nahm er 1041 an drei Schlachten gegen die Normannen teil (beim Fluß Olivento, bei Montemaggiore und Montepeloso), trug jedoch Niederlagen davon. In der Folge wurde er durch den neuen Katepan →Boioannes abgelöst und kehrte auf Befehl des Ks.s nach Sizilien zurück. Aus griech. Quellen geht hervor, daß er (mit dem Titel πατρίκιος oder βεστάρχης) 1050 im Kampf gegen die →Petschenegen fiel, die 1048 in das damals von Byzanz besetzte →Bulgarien eingefallen waren. A. M. Dell'Omo

Lit.: V. v. FALKENHAUSEN, Unters. über die byz. Herrschaft in Süditalien vom 9. bis ins 11. Jh., 1967, 89 - J. GAY, L'Italie méridionale et l'empire byz. depuis l'avènement de Basile Ier jusqu'à la prise de Bari par les Normands (867–1071), 1904 - A. PERTUSI, Contributi alla storia dei temi bizantini dell'Italia meridionale, Atti del III congresso internaz. di studi sull'alto medioevo, 1959, 495-517 – A. GUILLOU, L'Italie byz. du IXe au XIe s. État des questions (E. BERTAUX-A. PRANDI, L'Art dans l'Italie méridionale, IV, 1978, 3-47) [abgedr. AA. VV., Il Mezzogiorno dai Bizantini a Federico II, Storia d'Italia, hg. G. GALASSO, III, 1983, 3–120] – V. V. FALKENHAUSEN, I Bizantini in Italia (AA. VV., I Bizantini in Italia, 1982), 3-127 – P. BURGARELLA, Bisanzio in Sicilia e nell'Italia Meridionale: i riflessi politici (AA. VV., Il Mezzogiorno dai Bizantini a Federico II, Storia d'Italia, hg. G. GALASSO, III, 1983), 129-230.

2. D., Nikephoros, byz. Katepan, über den nur wenig bekannt ist. Die Quellen bezeichnen ihn übereinstimmend als »Catepanus«, berichten weiter, daß er sich im Febr. 1039 nach Bari begab und am 9. Jan. 1040 während einer Revolte der apul. Milizen in Ascoli Satriano starb.

A. M. Dell'Omo

Lit.: V. v. FALKENHAUSEN, Unters. über die byz. Herrschaft in Süditalien vom 9. bis ins 11. Jh., 1967, 89 - ferner →D., Michael.

Doketismus (griech. δοκεῖν 'scheinen'), bereits in den ersten frühchristl. Jahrhunderten aufgetretene Irrlehre von der nur scheinbaren Menschwerdung und Passion Christi.

[1] *Häresien:* Im MA ist der D. ebenso wie bei Bogumil (→Bogumilen), v. a. in der Christologie der →Katharer sowohl der gemäßigten wie der radikalen Richtung präsent. Keine der beiden Richtungen sieht in Christus den Sohn Gottes; vielmehr betrachten sie ihn nur als einen der Engel, die nach der Rebellion Lucibels (gemäßigte kathar. Häresie) oder nach dem Einbruch des Bösen in die Welt des Himmels, der zum Aufruhr und Engelssturz führte (radikale katharische Häresie), bei Gott geblieben waren. Im Erlösungswerk nehme er nur scheinbar Menschenleib an, auch seine Leiden bei der Kreuzigung und sein Tod seien nur Schein.

Bereits vor dem Auftreten des Katharertums im Okzident (schon 1144 berichtet →Ekbert v. Schönau vom D. der Katharer im Rheinland) zeigen die Quellen zur Synode v. →Orléans (1022), daß eine der Thesen der (später zum Tod auf dem Scheiterhaufen verurteilten) Kanoniker auch die Menschheit Christi in Zweifel zog: Christus sei weder von einer Jungfrau geboren worden, noch habe er gelitten, sei gestorben und auferstanden. In diesem Fall besteht der D. aus ehem. Rationalismus, den die Kanoniker selbst präzisieren: »Nos neque interfuimus, neque haec [d. h. die Inkarnation] vera esse credere possumus«. Bei den Katharern hingegen ist der D. eine Konsequenz ihrer Anschauung, der menschl. Körper sei Satans Werk. E. Pásztor

[2] *Scholastische Argumentation gegen D.:* Mit Berufung auf den in der Patristik kirchl. und theol. vielfach verurteilten →Manichäismus falsifizierten die scholast. Theologen unterschiedl. doketist. Christologien (→Christologie, D.): →Praepositinus v. Cremona (zugeschrieben), Summa contra Haereticos (ed. J. N. GARVIN, J. A. CORBETT, Public. Med. Stud. XV, 1958, 46–50), →Durandus v. Huesca, Liber contra Manichaeos c. 7 (ed. CH. THOUZELLIER, SSL 32, 1964, 160-164) und →Moneta v. Cremona O. P., Summa contra Catharos et Waldenses Lib. III c. 3 § 2 (ed. Rom 1743, 247) bekämpften die manichäist. Lehre der →Katharer, nach der Christus dem gemeinen Volk äußerlich, sinnenhaft und nur den Gläubigen in seinem wahren Aussehen erschienen sei (und erscheine); er sei darum nicht wirklich Fleisch geworden und in diese Welt gekommen. Diese Häresie widerlegten auch die Theologen bei der Erklärung des Sentenzenbuches des →Petrus Lombardus (z. B. Bonaventura, Sent. III d.2 a.2 q.1, Thomas v. Aquin, S. th. III q.5 a.1; Summa c.gentes IV c.29). Die theol. Kritik (des Thomas v. Aquin) trifft aber auch die pantheist. religiösen Bewegungen (z. B. der →Amalrikaner), welche die geschichtl. Menschwerdung des Ewigen Wortes in eine universale kosmische Epiphanie auflösten. Vgl. →Garnerius v. Rochefort (zugeschrieben), Contra Amaurianos c. 10 (ed. CL. BAEUMKER, BGPhMA XXIV 5-6, 1926, 30–39). L. Hödl

Lit.: zu [1]: R. MANSELLI, L'eresia del male, 1980² - B. STOCK, The Implications of Literacy, 1983, 106–120 – zu [2]: J. C. DAVIES, The Origin of Docetisme, Stud. patristica VI (TU 81), 1962, 13-35 – G. SCHMITZ-VALCKENBERG, Grundlehren kathar. Sekten des 13. Jh. (München. Univ.-Schr. Veröff. Grabmann-Inst. N.F. 11), 1971, 144-151.

Dol, Bm. und Stadt in der →Bretagne (dép. Ille-et-Vilaine), verdankt seine Entstehung dem hl. →Samson, einem walis. Mönch, der um 548 ein Kl. gründete, das rasch zu einem Bm. wurde. Seit dem FrühMA bildete sich eine frühstädt. Siedlung um die bfl. Kirche aus, die zum Zentrum der kleinsten, aber reichsten Diöz. der Bretagne wurde. Die Selbständigkeitsbestrebungen des bret. Fs.s →Nominoë († 851) und seiner Nachfolger ließen den Plan entstehen, D. zur Metropole einer von →Tours abgetrennten bret. Kirchenprovinz zu machen. Dieses durch den führenden Vertreter der bret. Kirche, →Conwoion, mehrfach beim Papst vorgetragene Begehren stieß auf den Widerstand des Ebf.s v. Tours sowie weiterer westfrk. Bf.e (unter ihnen →Hinkmar v. Reims) und fand in Rom keine Anerkennung; dennoch vermochte D. für längere Zeit als fakt. selbständige Metropole zu existieren. Durch seine Lage nahe der Grenze zur →Normandie und unweit vom Meer war D. häufig Kriegswirren ausgesetzt. Im 9. und 10. Jh. wurde es von Wikingern geplündert; 1085 versuchte →Wilhelm der Eroberer erfolglos, sich der Stadt zu bemächtigen. (Eine stilisierte Darstellung von D. befindet sich auf dem norm. Bildteppich v. →Bayeux, nach 1066.) Unter Bf. →Balderich v. Bourgueil (1107–30) war D. ein wichtiges geistiges und lit. Zentrum. Der Versuch, D. – im Rückgriff auf die Bestrebungen des 9. Jh. – zu einem eigenen Ebm. zu machen, lebte im 12. Jh. wieder auf, begünstigt durch Kg. →Heinrichs II. v. England polit. Interessen im westfrz. Raum (→Angevin. Reich); der daraus entstandene Streit mit dem Ebm. →Tours wurde 1199 von Papst Innozenz III. zugunsten von Tours entschieden. 1203 erfolgte der verheerende Durchzug der Truppen des engl. Kg.s →Johann. Im SpätMA war die Bischofsstadt ein großes Wallfahrtszentrum. Etappe auf dem Pilgerweg zum nahegelegenen →Mont St. Michel. 1801 wurde das Bm. D. der Diöz. v. Rennes eingegliedert. – Die Stadt (mit ca. 3000 Einw.) war ein bedeutender Agrarmarkt und besaß lebhafte handwerkl. Tätigkeit. Die Kathedrale wurde im 13. Jh. in aufwendiger Weise neuerrichtet; von der Befestigung sind Reste erhalten; an der Hauptdurchgangsstraße haben sich die ältesten Häuser der Bretagne (11.–12. Jh.) erhalten. J.-P. Leguay

Lit.: Catholicisme III, 966ff. – DHGE XIV, 567–574 – DUCHESNE, FE II, 257–278, 385–390 – GChr XIV, 1038ff. – F. DUINE, Hist. civile et politique de D. jusqu'en 1789, 1911 – J.-P. LETORT-TREGARO, D. de Bretagne, 1977 – J.-P. LEGUAY, Une réseau urbain au MA. Les villes du duché de Bretagne aux XIVe et XVe s., 1981.

Dolce stil novo. Versteht man unter Avantgarde eine Gruppe von Intellektuellen – in diesem Fall von Dichtern –, die von gemeinsamen Voraussetzungen ausgehend sich das Ziel setzen, dem kulturellen Leben ihrer Zeit eine neue Richtung zu geben, so können die Stilnovisten (letzte Jahrzehnte des 13. Jh. – erste Jahrzehnte des 14. Jh.) als älteste Avantgarde der it. Literatur betrachtet werden. Die erste Definition der im D.s.n. ausgeprägten poet. Haltung findet sich in einigen Versen des Purgatorio, in denen →Dante zu →Bonagiunta Orbicciani von Lucca die berühmten Worte spricht: 'I'mi son un che, quando/Amor mi spira, noto, e a quel modo/ch'e' ditta dentro vo significando« (Purg. XXIV 52–54), ('Ich bin einer, der aufmerkt, wenn mich Amors Hauch berührt, und was er innen vorsagt, schreib ich nieder', Übers. K. WITTE–B. WIESE). Dante vergleicht die Liebe (Amor) mit einem dictator (diese nicht seltene Metapher gehört in den Bereich der sensu proprio verstandenen →Ars dictaminis); er erklärt, seine Inspiration gehe auf Amor zurück. Diese Haltung entspricht einer intellektualist. Konzeption der Dichtung, welche die Stilnovisten von den Dichtern unterscheidet, die außerhalb dieser Gruppe stehen. Auch die Liebesauffassung der neuen Dichter unterscheidet sich von der Tradition. In diesem Zusammenhang ist die Antwort des Bonagiunta aufschlußreich: »O frate, issa vegg'io', diss' elli, il nodo/che'l Notaro e Guittone e me ritenne/ di qua dal dolce stil novo ch'i'odo! Io veggio ben come le vostre penne/ di retro al dittator sen vann strette,/ che de le nostre certo non avvenne...« (Purg. XXIV 55–60), ('Drauf er: »Den Knoten, Bruder, seh ich nun,/der den Notar, Guittone und mich selber/ diesseits des schönen neuen Stils zurückhielt./Ich sehe wohl, wie eure Federn sorglich/nur das, was Amor einflößt, wiedergeben;/ das war mit unsern sicher nicht der Fall!«'; Übers. K. WITTE–B. WIESE). →Giacomo da Lentini, ein Dichter der Siz. Schule, →Guittone d'Arezzo und →Bonagiunta selbst stehen also außerhalb des D.s.n.; nach Auffassung der heut. Forschung gehören indessen folgende dazu: Guido →Guinizelli, Guido →Cavalcanti, →Lapo Gianni, Gianni →Alfani, Dino →Frescobaldi, →Cino da Pistoia und →Dante selbst mit einigen Jugendgedichten und der »Vita nuova«.

Der Bruch mit der traditionellen Art zu dichten, wurde bereits zur Zeit Guinizellis als solcher erkannt, als Bonagiunta Orbicciani (im Sonett »Voi ch'avete mutata la mainera«) Guinizelli vorwarf, die neue Poesie sei dunkel und unzugänglich, was auf ihre streng intellektuelle Anlage und die themat. Erlesenheit zurückzuführen sei. Beides wirkt sich auf Stil und Wortwahl aus, wie die oben angeführte Purgatorio-Episode belegt. Als der florent. und toskan. Dichterkreis die vom Bolognesen Guinizelli angelegten Themen weiter entwickelt, entstehen ähnl. Polemiken zw. Guido →Orlandi und Guido Cavalcanti sowie zw. →Onesto da Bologna und Cino da Pistoia (vgl. »Per troppa sottigilanza il fil si rompe« und »Di vil matera mi conven parlare«; »'Mente' ed 'umile' e più di mille sporte« und »Amor che vien per le più dolci porte«). Die ma. Interpretation des →Ovid, der Traktat »De amore« des →Andreas Capellanus, und die traditionelle Liebespsychologie werden in Canzonen wie Guinizellis »Al cor gentil«, Cavalcantis »Donna me prega«, Dantes »Donne ch'avete« überwunden. Es sind Gedichte, die sich um eine neue Definition der Liebe bemühen und erhabenere Töne anschlagen, im Zeichen der »dolcezza«. »Süße« ist ein Terminus technicus, dessen Gegensatz die »rime aspre« (Verse im »rauhen« Stil) sind, die Dante in den sog. »rime petrose« ('Steingedichte') und in einigen Gesängen des Inferno verwendet. Der Polemik gegen die der Gruppe fernstehenden Autoren entspricht ein Gefühl der Zusammengehörigkeit, das die Dichter des D.s.n. verbindet. In der »Vita nuova« findet die freundschaftl. Verbundenheit zw. Dante und Cavalcanti ihren Ausdruck, in »De vulgari eloquentia« ist einer der von Dante bevorzugten Gesprächspartner Cino da Pistoia; auch der schmale Canzoniere Gianni Alfanis folgt dem Vorbild Guido Cavalcantis.

Andererseits sind starke Gegensätze zw. den bedeutendsten Stilnovisten nicht zu leugnen: Guinizelli, Cavalcanti und Dante, alle drei der neuen philos. Bildung gegenüber aufgeschlossen, die von den Universitäten ausstrahlt, gelangen zu unterschiedl. Theorien über die Liebe: bereits in der »Vita nuova« drückt sich eine von der Vorstellung Cavalcantis grundlegend verschiedene Liebesauffassung aus. In einem Sonett an Cino (»Io mi credea del tutto esser partito«), mit dem der Höhepunkt und die Phase der intensivsten Erneuerungskraft der Gruppe endet, wendet Dante sich vom fruchtbaren Experiment des Stilnovismus ab. Mit ihrem mengenmäßig schmalen Oeuvre gaben die Autoren des D.s.n. den bestimmenden Anstoß zur Entwicklung der späteren it. Literatursprache: Dank der strengen sprachl. Auslese, der sie die überlieferten Ausdrucksweisen unterwarfen, verschwand ein nicht unbeträchtl. Teil des Sprachbestandes der Sizilianer und Sikulo-Toskaner aus dem lit. Wortschatz; Stil und Wortwahl der Stilnovisten beeinflußten zahlreiche Dichter auch außerhalb der Toskana und wurden im Canzoniere →Petrarcas wieder aufgenommen und ausgefeilt. F. Bruni

Ed.: Poeti del Duecento, ed. G. CONTINI, II, 1960, 443–690 – Poeti del D. s.n., ed. M. MARTI, 1969 – Dante Alighieri, Rime, ed. G. CONTINI, 1965 – Dante Alighieri, Vita Nuova, ed. D. DE ROBERTIS, 1980 – Lit.: E. BIGI, Genesi di un concetto storiografico: »D.s.n.«, GSLI, 132, 1955, 333–371 – G. CONTINI, Varianti e altra linguistica, 1970 – M. MARTI, Storia dello Stil nuovo, 2 Bde, 1973 – G. FAVATI, Inchiesta sul D.s.n., 1975 – V. RUSSO, Il »nodo« del D.s.n., MR 3, 1976, 236–264 – F. BRUNI, Semantica della sottigliezza, SM, III. Ser., 19, 1978, 1–36 – V. MOLETA, Guinizzelli in Dante, 1980 – A. SOLIMENA, Rep. metrico dello Stil novo, 1980 – G. GORNI, Il nodo della lingua e il verbo d'amore, 1981 – M. CORTI, La felicità mentale. Nuove prospettive per Cavalcanti e Dante, 1983.

Dolch, zweischneidige, axial symmetr. →Blankwaffe von weniger als 60 cm Gesamtlänge. Varianten sind der oriental. Krummdolch mit gebogener zweischneidiger Klinge und das in Europa häufig vertretene, einschneidige Dolchmesser.

In mlat. Texten kommt die Bezeichnung »dagua, dagerius« vor, womit auch ein Dolchmesser gemeint sein kann, im Dt. läßt sich für das SpätMA das Wort »Degen« für den D. nachweisen. Einen D. mit kantiger, panzerbrechender Klinge für den Gnadenstoß nannte man Misericordia oder *Gnadgott*.

Der D. ist die älteste Stichwaffe überhaupt. Seine Anfänge reichen in die Steinzeit zurück. Altorientalische D.e mit Metallklingen gibt es mindestens seit dem 3. Jt. v. Chr. Der D. wurde fester Bestandteil der röm. Militärausrüstung, verschwand dort aber seit dem 3. Jh. n. Chr. Bei den germ. Völkern wurde er durch messerartige Blankwaffen abgelöst, erhielt sich jedoch in roman. Ländern als Teil der volkstüml. Bewaffnung. Zur ritterl. Ausrüstung kam der D. erst im 13. Jh. hinzu. Er erschien zunächst in einer westeurop. Variante, die ihn (bzw. das Dolchmesser) nach Art eines verkleinerten Schwertes gestaltete, oder in einer wohl südwestdt. Form mit Doppelbalkengriff, aus welcher der bekannte »Schweizerdolch« des 16. Jh. hervorging. In oft beträchtl. Länge wurde der D. mit Doppelbalkengriff und aufgenieteten Griffschalen im 14. Jh. zur Wehr des Bürgers *(Basilard).* Im 14. Jh. entstand der Scheibendolch mit rundem Stichblatt, welcher in der Bewaffnung des Adels seither dominierte. Etwa gleichzeitig erschien der Nierendolch, benannt nach zwei nierenförmigen Knäufchen anstelle der Parierstange. Aus dem maurischen Spanien kam im 15. Jh. der Ohrendolch mit dem Ohrenknauf des oriental. Yatagan.

Von extrem langen D.en des Fußvolkes im späten 15. Jh. ging im Dt. der Name →Degen auf die schwertartige Stichwaffe des 16. Jh. über.   O. Gamber

Lit.: H. Schneider, Unters. an ma. D.en aus dem Gebiete der Schweiz, ZAK 20, 1960, 91ff. – H. Seitz, Blankwaffen I, 1968 – H. Peterson, Daggers and Fighting Knives of the Western World, 1970.

Dolchmesser, Bastardform des →Messers mit axial symmetr. Dolchgriff und einschneidiger Messerklinge.
O. Gamber

Dolcino, Fra, v. Novara, Häretiker, * wahrscheinl. im Gebiet von Novara (Piemont, Italien), genaues Geburtsjahr unbekannt, † 1307, trat gegen 1290 der von Gerardo →Segarelli gegr. Sekte der →Apostoliker bei. Abgesehen von einigen mehr oder weniger legendären Nachrichten über seine ersten Lebensjahre, rücken die Quellen in erster Linie eine relativ kurze Zeitspanne seines Lebens in den Mittelpunkt, und zwar die Jahre von 1300 bis 1307. Im Aug. 1300, nach dem Tode Segarellis, ernannte sich D. im ersten der drei ihm zugeschriebenen Briefe selbst zum Oberhaupt der Bewegung; dieser Brief stellt ein richtiges Manifest dar, in dem zum erstenmal in organ. und eigenständiger Weise und vielleicht sogar mit einigen Neuerungen die Ideologie der Apostoliker festgelegt wird. Nach einem kurzen Aufenthalt im Gebiet von Bologna ist D. von 1300 bis 1304 in der Nähe des Gardasees in der Diöz. Trient (Trento) bezeugt. Aus dieser Periode stammt der zweite Brief (1303), in dem D. den prophet.-eschatolog. Aspekt der ersten Schreibens weiter vertieft. I. J. 1304 zieht er durch die Lombardei nach Piemont. D. und seinen Anhängern wurden von den lokalen Autoritäten, in erster Linie von Raniero, Bf. v. Vercelli, große Hindernisse in den Weg gelegt. D. verteidigte sich mit Waffengewalt und leistete zuerst im Valsesia und später auf dem Monte Rubello bei Biella Widerstand. Nach wechselndem Kriegsglück, überwältigt von Hunger und Kälte, wurde D. am Gründonnerstag des Jahres 1307 von den Kreuzfahrern, die Papst Clemens V. gegen ihn aufgeboten hatte, gefangengenommen. Danach wurde er gefoltert und in Vercelli zusammen mit seinen getreuesten Anhängern, unter ihnen seine Gefährtin Margherita v. Trient, auf dem Scheiterhaufen verbrannt. Von seinem dritten Brief ist weder Inhalt noch Abfassungsdatum bekannt. Man nimmt an, daß er bei D.s Abreise nach Piemont (1304–05) geschrieben wurde oder im Winter 1306–07 als Verteidigungsschrift und Bitte um Hilfe gegen die Streitkräfte der Kath. Kirche.

Dante weist auf D.s Geschick im 28. Gesang des Inferno hin.   R. Orioli

Q.: Muratori² IX, app. V, hg. A. Segarizzi–Acta S. Officii Bononie, Fonti 106/II, hg. R. Orioli – *Lit.:* R. Orioli, Jacques de Thérines: una fonte trascurata su Fra D., BISI 89, 1980/81, 489–507 – Ders., Fra D. Nascita, vita e morte di un' cresia medievale, 1984.

Dole, Stadt in O-Frankreich, Freigft. Burgund (dép. Jura), entstand um eine Burg der Gf.en v. Burgund (→Burgund, Freigft.) auf einer Höhe über dem rechten Ufer des Doubs, 1092 erstmals genannt. Gf. Rainald III. residierte hier; nach der Heirat seiner Tochter →Beatrix mit →Friedrich Barbarossa ließ der Ks. die Burg wiederaufbauen, hielt hier Hof (1162) und installierte hier seinen Reichslegaten. In der Folgezeit residierten in D. die Pfgf.en v. Burgund: die Burg wurde 1357–60 ausgebaut unter Beibehaltung des unter Barbarossa errichteten →Donjons. Das →Parlement der Freigft. Burgund tagte üblicherweise in D.; Hzg. Karl der Kühne ließ hier eine der beiden jährl. Sitzungen des Parlement der beiden Burgund abhalten (1474). D. war der Sitz eines →Bailli und eines gfl. Schatzmeisters *(trésorier).*

Die Stadt, im 12. Jh. ein bescheidener befestigter →Burgus, vergrößerte ihre Ummauerung im 13. Jh. sowie 1360. Die Pfarrechte lagen urspngl. bei der Pfarrei des Dorfes Azans; 1120 dem Prior von St-Georges, einem Priorat der Abtei Baume, zuerkannt, wurden sie 1413 dem Kollegiatkapitel, das 1304 in der neuen, 1286 fertiggestellten Kirche Notre-Dame installiert worden war, übertragen. An geistl. Institutionen bestanden außerdem: eine Komturei der →Templer, ein Haus der Abtei →Cîteaux und ein Konvent der →Franziskaner (gegr. 1372), der unter Pierre v. Dole zum Zentrum der durch die hl. →Coletta reformierten Observanz wurde.

Die Bürger von D. erhielten Statuten, die in einer Charta von 1278 schriftl. fixiert wurden; sie wählten vier Schöffen und entrichteten dem Gf.en eine jährl. Rente von 300 *livres.* 1417 errichteten sie ein Rathaus und ließen 1419 eine städt. Uhr anbringen. Als Zollstelle und Sitz von jüd. und lombard. Bankiers war D. ein aktiver Marktort mit Gerbereigewerbe; es entstanden ein Kaufhaus und Fleischhallen. 1422 gründete Hzg. Philipp der Gute in D. eine Universität mit drei Fakultäten, zu denen 1437 eine theol. Fakultät hinzutrat; 1426 stiftete er ein Kolleg für zwölf Studenten.

In der Krise des burg. Staates nach dem Tod Karls des Kühnen öffnete D. am 18. Febr. 1477 seine Tore den Truppen Kg. Ludwigs XI. v. Frankreich; einige Tage später wurden sie von den Einwohnern wieder vertrieben. Die Stadt hielt siegreich einer ersten frz. Belagerung stand (Sept. 1477) und wurde von Maximilian in Anerkennung ihrer Treue mit dem Recht der Bürger auf Bürgermeisterwahl belohnt. Doch fiel die Stadt bei einer erneuten frz. Belagerung durch Verrat (14. Mai 1479). Ludwig XI. befahl, D. dem Erdboden gleichzumachen und seine Bewohner zu vertreiben. Erst im März 1480 erhielten einige

Bürger die Erlaubnis, sich wieder in den Kellern ihrer zerstörten Häuser anzusiedeln. Von 800–900 Haushalten war D. auf 50 abgesunken.

Die Stadt erholte sich jedoch rasch; sie wählte seit 1481 wieder einen städt. Rat, und Kg. Karl VIII. bestätigte 1491 die Institution des Bürgermeisters. Das Kaufhaus wurde neuerrichtet und die städt Uhr in einem unzerstört gebliebenen Turm installiert; der Wiederaufbau der Kollegiatkirche begann 1490. 1484 erfolgte die Wiederherstellung der Universität; ein neues Kolleg wurde 1496 gegr. Seit 1484 tagten die Etats erneut in D., und auch das Parlement kehrte 1490 hierher zurück. Nach der Rückkehr der Freigft. in habsburg. Besitz (1493) ließ Maximilian hier den Rechnungshof einrichten und bekräftigte damit die Stellung der Stadt als Hauptstadt der habsburg. Freigrafschaft.   J. Richard

Lit.: J. Y. MARIOTTE, Le comté de Bourgogne sous les Hohenstaufen, 1156–1208, 1963 – R. FIÉTIER, P. GRESSER, R. LOCATELLI, L. MONAT, Recherches sur les droits paroissiaux en Franche-Comté, 1976 – Hist. de D., hg. J. THEUROT, 1982 – J. THEUROT, D. des origines au XIVe s. [Thèse masch. Dijon 1982].

Dolfin

1. D., Pietro, ven. Amtsträger und Chronist, Sohn des Giorgio (→3. D. Zorzi) und der Barbarella Contarini di Ruggero, aus der Contrada S. Canciano, nicht zu verwechseln mit seinem gleichnamigen Vetter (→2. D. Pietro). * 1427, vor dem Sept. (am 2. Sept. 1445 wurde er nämlich nach vollendetem 18. Lebensjahr als legitimer Sohn in das Goldene Buch des Patriziats eingetragen). 1505 gab er selbst sein Alter mit 78 Jahren an (British. Mus. Cod. King's 149), † vor Ende Januar 1506, ⌐auf Betreiben seines Sohnes Giacomo in S. Francesco della Vigna vor dem Altar, für den G. Bellinis 1507 fertiggestelltes Gemälde »Madonna mit Kind, Heilige und Stifter« bestimmt war. P. ∞ 1455–58 Margherita Contarini, von der er zwei Kinder hatte: Cecilia (∞ 1480 Nicolò Lipomanno) und Giacomo, der am 7. Febr. 1506 sein Testament machte (A.S.V. Testamenti, b. 1228, n. 205, Notar Cristoforo Rizzo). P. bekleidete wichtige öffentl. Ämter (1471–73 Consigliere in Kreta) und wirkte im militär.-merkantilen Bereich (1488 Capitano delle galee del traffico 'Kapitän der Handelsflotte'; 1493 Compatrone delle galee di Fiandra 'Teilpächter der für den Handelsverkehr mit Flandern bestimmten Flotte'). Er wurde zwar angefeindet, blieb jedoch weiterhin eines der vierzehn bedeutendsten Mitglieder des Patriziats und erhielt seine rege Korrespondenz mit seinen Freunden in der Levante aufrecht. Unter anderem verfaßte er eine Chronik Venedigs »Annali Veneti«, von der zwei Teile vollständig und als Autograph erhalten sind (Brit. Mus., cod. King's 149; Brescia, Bibl. Queriniana, cod. F II 2). Das von Zeno und degli Agostini eingesehene Original bestand aus vier Teilen. Die zahlreichen Hss. enthalten jedoch nur Teile des von den Autographen überlieferten Textes. Die von den Anfängen Venedigs bis in die Zeit des Autors reichende Chronik ist mit Ausnahme des 4. Teils noch unediert.   A. Carile

Q. und Lit.: Diarii veneziani del secolo decimosesto, I, 1, Petri Delfini Annalium Venetorum pars quarta, Venezia 1943, hg. R. CESSI, P. SAMBIN – M. ZANNONI, Le fonti della cronaca veneziana di Giorgio Dolfin, Atti dell'Ist. Veneto di Scienze Lett. e Arti, CI, 538–546 – DIES., Giorgio Dolfin, cronista veneziano del sec. XV, 1942.

2. D. (Delfino), **Pietro** OSBCam, Sohn des Vittore, des Bruders von Giorgio (Zorzi), * 1444 Venedig, † 15. Jan. 1525 ebd. Trat mit 18 Jahren in das Kl. OSBCam S. Michele auf Murano ein. 1481 zum Ordensgeneral gewählt, begab er sich mehrmals nach Florenz, da sich das Stammkloster →Camaldoli im florentin. Herrschaftsbereich befand. In Florenz mußte D. wiederholt die Unabhängigkeit des Ordens und v. a. seines Stadtklosters S. Maria degli Angeli gegenüber Einmischungsversuchen von Laienseite, in erster Linie der Medici, verteidigen.

Andererseits war er jedoch bemüht, Bestrebungen einer spirituellen Erneuerung des Camaldulenserordens, die unter dominikan. Einfluß, v. a. Girolamo →Savonarolas, standen, entgegenzutreten. Allmählich entwickelte sich P.D. sogar zu einem der, dem Anschein nach zwar gemäßigten, in Wahrheit jedoch schärfsten Gegner des Dominikanerpredigers. Im März 1498 – zu einer Zeit als die »Diktatur« Savonarolas in Florenz bereits ins Wanken geriet – verfaßte D. einen Dialog in drei Büchern »In Hieronymum Ferrariensem«, in dem er das polit. Engagement und den Ungehorsam des Dominikaners angriff.

Neben Schriften über die Cicero-Briefe ist von ihm auch eine »Collectio apophthegmatum ex sanctis patribus« erhalten. Seine Verfasserschaft von »Chronicon rerum venetarum« ist nicht gesichert. D.s Briefe sind eine wertvolle Quelle für die Geschichte des Camaldulenserordens und für zeitgenöss. Ereignisse. In der zweiten Lebenshälfte hielt D. engen Kontakt mit der päpstl. Kurie, v. a. unter Leo X. Im Jahr 1514 dankte er als Camaldulensergeneral ab und starb einige Jahre später.   F. Cardini

Q. und Lit.: DHGE XIV, 179f. – I. B. MITTARELLI-A. COSTADONI, Annales camaldulenses ordinis sancti Benedicti, VII, 1762–64 – J. SCHNITZER, Peter Dolfin General des Camaldulenserordens (1444–1525), 1926 – G. SORANZO, P.D., generale dei Camaldolesi e il suo epistolario, RSCI 13, 1959, 1–31, 157–195.

3. D., Zorzi (Giorgio), Vater des Pietro, ven. Chronist, * 1396 in der Contrada S. Canciano, Sohn des ser Francesco fu Giovanni und der donna Orsa, † nach 12. März 1468 (Testamentsabfassung; A.S., Misc. Gregolin B. 26), am 4. Dez. 1414 (Balla d'oro c. 48) bei dem Akt der Inskription in das Goldene Buch war er 18 Jahre alt. Er verfaßte eine umfangreiche Chronik Venedigs von den Anfängen bis 1478, die für die Zeit vor dem 15. Jh. wenig wertvoll ist, jedoch für die Periode von 1420–1478 reiches Material liefert. Teiledition der Chronik von THOMAS.
   A. Carile

Ed.: G. M. THOMAS, SBA. PPH II, 1, 1868.

Dolmetscher → Übersetzer, Übersetzungen

Dolopathos. Der Zisterzienser Johannes de Alta Silva (Jean de Hauteseille oder Hauteselve) verfaßte um die Wende zum 12. Jh. eine mlat. Prosafassung von Erzählstoffen aus dem weit verzweigten →Sindbād-Zyklus unter dem Titel »Dolopathos, sive historia de rege et septem sapientibus«. Er beruft sich dabei zwar auf mündliche Überlieferungen, doch verrät das dem Metzer Bf. Bertrand († 1212) gewidmete Werk auch genaue Kenntnisse lit. Stilmittel und klass. Bildungselemente. Das Geschehen wird nach Palermo an den Hof von Kg. D. verlegt, der zur Zeit von Ks. Augustus über Sizilien herrschte. D. verurteilt den Sohn auf die Anschuldigung, dieser habe seiner Stiefmutter Gewalt angetan, zum Tode. Sieben Weise verteidigen den Prinzen, indem sie satir.-humorist. Geschichten von der Verschlagenheit der Frauen erzählen. Die Schlußerzählung trägt der weise Lehrer Vergil vor. Der Prinz wird freigesprochen, die Stiefmutter erleidet den Tod auf dem Scheiterhaufen. Die mit den übrigen Versionen aus dem Sindbād nur teilweise übereinstimmenden neun Erzählungen der Rahmengeschichte bilden die Grundlage für ein afrz. Versepos (frühes 13. Jh.) des Dichters Herbert in fast 13 000 Achtsilbern, das im Umkreis des Hofes von Kg. Philipp II. August (1180–1223) entstand. Beide Werke gehören in den großen ma. Überlieferungszusammenhang der Historia septem sapientium mit zahlreichen volkssprachl. Bearbeitungen (→ Sieben Weise). D. Briesemeister

Ed.: H. Österley, 1873 – A. Hilka, Historia septem sapientium 2, 1913 – Li romans de D. [Versepos], ed. A. de Montaiglon–Ch. Brunet, 1856 – *Lit.*: B. B. Gilleland, The D. of J. de A. S. (Stud. on the Seven Sages of Rome ... dedicated to ... J. Misrahi, ed. H. Niedzielski u. a. 1978), 32–42.

Dom → Kathedrale

Domagoj, ca. 864–876 Herrscher im dalmat. → Kroatien. D. kam nach Trpimir an die Macht, stammte aber allem Anschein nach nicht aus dessen Familie. Bereits zu Beginn seiner Herrschaft kämpfte er gegen Venedig, mußte aber 865 Frieden schließen und Geiseln stellen. Als Vasall Ks. Ludwigs II. nahm er 871 am Feldzug von Heer und Flotte der Franken gegen → Bari teil. 874 unterdrückte er einen Aufstand in Kroatien. Die Schiffe D.s betrieben häufig Seeraub in der Adria, was Gegenaktionen der Venezianer und der byz. Flotte unter ihrem Befehlshaber Niketas Ooryphas hervorrief. Nach D.s Tod übernahmen kurzfristig (bis 878) seine namentl. nicht bekannten Söhne die Macht. B. Ferjančić

Lit.: N. Klaić, Povijest Hrvata u ranom srednjem vijeku, 1971.

Domäne, Bezeichnung für die einem Herrn (dominus) unterstehenden Güter. – Zur rechtl. Begrifflichkeit und zu den verfassungs- und sozialgesch. Fragen → dominium, → Herrschaft, → Feudalismus. – Zur ksl./herrscherl. D. in der Spätantike, im Byz. Reich, in den Ländern Südost- und Osteuropas sowie im arab. und osman. Herrschaftsbereich s. die Ausführungen über den ksl. bzw. herrscherl. Grundbesitz innerhalb des Artikels → Großgrundbesitz. – Zur Ausprägung der herrscherl. D. im früh- und hochma. West- und Mitteleuropa, insbes. im Frankenreich, s. → Königsgut, → Reichsgut, → fiscus, → Regalien; zur weiteren Entwicklung in den okzidentalen Monarchien → Krondomäne (dort auch Ausführungen zur Begriffsgeschichte und zur D. in den Fürstentümern Westeuropas); zur D. in der dt. Landesherrschaft s. → Landesherrschaft sowie → Amt, Abschnitt IV. – Zur Bedeutung der D. für die Ausbildung der hoch- und spätma. Finanzverwaltung s. → Finanzwesen, -verwaltung. – Zur D. im (eingegrenzten) Sinne eines großen grundherrl. Agrarbetriebes → Fronhof (villa), → Grundherrschaft, → Gutsherrschaft.

Dombes, die (sg. oder pl.), geograph. Landschaft und hist. Herrschaft in SO-Frankreich. Der pagus dumbensis wird in der karol. »Vita sancti Triverii« zitiert. Es handelt sich um einen Teil des Lyonnais (→ Lyon) zw. Rhône und Saône. Die Nord- und Ostgrenze ist schwieriger zu definieren. Ursprgl. umfaßte die D. auch die → Bresse. Das Toponym blieb als Name eines Archipresbyterates sowie als geograph. Bezeichnung der durch zahlreiche Teiche geprägten Landschaft zw. Lyon und Bourg-en-Bresse erhalten. Im späten MA und in der frühen NZ wurde die Bezeichnung für den auf Reichsgebiet liegenden Hausbesitz der → Bourbon (bzw. Beaujeu) wieder belebt (le pays de Beaujolais à la part de l'empire, 1494; parlementum Dumbarum, 1525).

Abgesehen vom kirchl. Territorium des Franc Lyonnais direkt an der Saône, teilte sich die Landschaft D. in drei Herrschaften: Die eine stand im Besitz des einheim. Hauses → Villars; die beiden anderen gehörten großen auswärtigen Adelsgeschlechtern: den Herren v. → Bâgé, die in der D. Châtillon-sur-Chalaronne besaßen, das mit ihrem anderen Hausbesitz 1272 an die Gf. en v. → Savoyen überging; den Herren v. Beaujeu (→ Beaujolais), die um 1050 St-Trivier, 1212 Chalamont, 1233 Thoissey erwarben. Nach dem Erlöschen dieses Geschlechts fielen seine Besitzungen an Hzg. Ludwig II. v. → Bourbon, der sich auch mit den Savoyern 1402 die Herrschaft Villars teilte. Die künftige »Hauptstadt« Trévoux wurde vom Hzg. v. Bourbon annektiert, während Villars (das heut. V.-les-Dombes) savoyisch blieb. Zw. dem Lyonnais und der savoyischen Bresse gelegen, war die kleine Herrschaft D. in mehrere Teile zersplittert und in zwölf winzige Kastellaneien aufgegliedert; sie verfügte bis 1760 (mit Unterbrechung 1525–60) über relative Unabhängigkeit.

J.-Y. Mariotte

Lit.: S. Guichenon, Hist. de la Souveraineté de D., 1874 – Valentin-Smith – M. C. Guigue, Bibliotheca dumbensis, 1854–86 – E. Philipon, Dict. topographique du dép. de l'Ain, 1906 – J. Y. Mariotte – A. Perret, Atlas hist. français... Savoie, 1979.

Dombibliothek → Bibliothek

Domburg

I. Archäologie – II. Geschichte.

I. Archäologie: D. (Niederlande, Prov. Zeeland), Fundplatz an der NW-Küste der in der Scheldemündung gelegenen Halbinsel Walcheren (früher Insel) mit reichem karol. Fundmaterial. Obwohl D. in den zeitgenöss. Schriften nicht erwähnt wird und keine systemat. archäolog. Ausgrabungen stattfanden, läßt sich aufgrund der Funde die Bedeutung von D. während des 8. und 9. Jh. erschließen, die durchaus mit der von → Dorestad vergleichbar ist. Im Laufe des 9. Jh. verlor D. seine Stellung innerhalb des nach Westen gerichteten Handels an andere, landeinwärts gelegene Siedlungen.

Etwa 1000 m sw. des frühma. Fundplatzes befand sich eine röm. Niederlassung, zu der ein Nehalennia-Heiligtum (nach Inschriften Schutzherrin der Kaufleute und Schiffer) gehörte. Ein weiteres Nehalennia-Kultzentrum (u. a. mehr als 200 Altäre) kam ca. 25 km ö. von D. zutage. Zwischen der röm. Niederlassung und dem frühma. D. besteht eine Fundlücke vom 3. bis 6. Jh.

Die Fundbergungen und -beobachtungen gehen bis in das Jahr 1647 zurück, bis Anfang des 20. Jh. wurden immer wieder Funde freigespült. Der Bestand setzt sich überwiegend aus Einzel-/Lesefunden zusammen, Angaben zu Fundsituationen und -kombinationen gibt es kaum.

Die merowinger- und karolingerzeitl. Ansiedlung erstreckte sich parallel zum Ufer. Auf einer Länge von mehr als 1000 m lagen Häuser beiderseits einer Straße, eine systemat. Ordnung war jedoch nicht zu erkennen. Es handelt sich um z. T. fast quadrat. Holzgebäude mit Längen von 3–4 m und größere Gebäude mit Längen von mehr als 14 m. Außerdem wurden Dunghaufen, Abfallgruben (mit Muschelschalen, Tierknochen usw.) sowie Gerbergruben beobachtet. Zu der Siedlung gehörten drei Friedhöfe: ein von einer hölzernen Palisade eingefaßter lag unter der Siedlung, zwei weitere westl. davon. Die Gräber waren mehr oder weniger in Reihen angeordnet; die Toten hatte man, mit Beigaben versehen, in Eichensärgen bestattet.

Der überlieferte Fundbestand setzt sich v. a. aus Münzen und metallenen Gegenständen (mehr als 500 Objekte) zusammen. Die Münzen sind frk.-karol. Prägungen aus dem linksrhein. Gebiet und ags. sowie fries. → Sceattas der 2. Hälfte des 8. Jh., hinzu kommen Münzen des 11. Jh. Von den Metallobjekten stammen die ältesten Stücke aus dem 6. Jh., die jüngsten aus dem hohen MA, der überwiegende Teil gehört in die 2. Hälfte des 8. und die 1. Hälfte des 9. Jh. Relativ hoch ist der Anteil der Fibeln (gleicharmige und Scheibenfibeln als Bestandteil der Tracht; kreuzförmige Fibeln/Anhänger, drei runde Emailscheibenfibeln als christl. Hinterlassenschaften) und des Blei- und Zinnschmucks (Entsprechungen in England). Hinzu kommen einige Gegenstände aus Glas, Horn/Knochen und wenig Keramik. H. v. Schmettow

II. GESCHICHTE: Einige Historiker vertreten die Hypothese, daß die frühma. Handelsniederlassung von D. den Namen 'Walcheren' (Walacria) getragen hat, obwohl dafür in den schriftl. Quellen wenig Unterstützung zu finden ist. Sehr wahrscheinl. ist es hingegen, daß der hl. →Willibrord bei seiner Missionsaktivität auf der Insel Walcheren in D. gewesen ist. Die Abtei→Echternach besaß noch im 12. Jh. Einkünfte aus D. →Alkuin, der Ende des 8. Jh. eine »Vita Willibrordi« verfaßte, als der Handelsplatz sicher noch bestand, hat das Auftreten Willibrords in »villa Walichrum« lokalisiert, womit aber nicht notwendig die Handelsniederlassung bei D. gemeint ist, sondern vielmehr ein größeres Gebiet, das viell. mit der Insel Walcheren übereinstimmt. Dessenungeachtet kommt kein anderer Ort auf den zeeländ. Inseln so sehr als kirchl. Zentrum für dieses Gebiet in Betracht wie D., wo sich möglicherweise die Mutterkirche der schon um die Mitte des 11. Jh. erwähnten Kirchen von Ost- und Westkapelle befand; die Namen dieser beiden ursprgl. abhängigen Kirchen lassen sich gut durch die geograph. Lage zu ihrer damaligen Mutterkirche erklären. Andererseits wirft der Name D. die Frage auf, ob nicht auch hier eine der vielen kreisförmigen Fluchtburgen gelegen hat, die Ende des 9. Jh. an der fläm. Küste auf Walcheren und Schouwen gebaut worden sind. Mangels archäolog. und topograph. Spuren einer solchen Burg beim heutigen D. sei auf die Namen zweier solcher Fluchtburgen auf Walcheren hingewiesen, die archäologisch und topographisch erfaßt sind, nämlich Souburg ('südl. Burg') und Middelburg ('Burg in der Mitte'). Da es keinen Namen 'Nordburg' gibt, kann die Hypothese aufgestellt werden, daß zuerst eine Burg im Norden Walcherens, eben bei D., bestand und von hier aus eine südl. und schließlich eine mittlere Burg angelegt worden sind. A. Verhulst

Lit.: HOOPS² V, 566–568 [B. H. STOLTE–T. CAPELLE] – J. HUIZINGA, Burg en Kerspel op Walcheren, Med. Kon. Acad. v. Wetensch., afd. Lett. 80, 2, 1935, 27–62 [abgedruckt in: DERS., Verzameldc Werken I, 1948, 526–553] – H. JANKUHN, Frühma. Seehandelsplätze, VuF 4, 1958, 464–472 – H. VAN WERVEKE, De oudste burchten aan de Vlaamse en de Zeeuwse kust, 1965 – C. DEKKER, Zuid-Beveland, 1971 – Deae Nehalenniae (Ausstellungskat. Middelburg, 1971) – P. BERGHAUS, Monnaies du XIᵉ s. trouvées à D., Cercle d'Etudes Numismatiques, 1974 – T. CAPELLE, Die frühgesch. Metallfunde von D. auf Walcheren 1 und 2, 1976 [Lit.].

Domen. Das häufig in altfries. Rechtsquellen begegnende Wort *dōm* ist etymologisch verwandt mit ags., as. *dōm*, ahd. *tuom*, an. *dómr*, got. *dōms* und hat die allgemeine Bedeutung 'Urteil', 'Urteilsspruch', 'richterl. Entscheidung'. Wiederholt findet sich z. B. die formelhafte Wendung »bi āsega dōme and bi liōda londriuchte« 'durch Urteil des Asega und nach dem Landrecht des Volkes'. Aus dem ersten Emsiger Kodex sei hier angeführt: »Alsa thi āsega nimith vnriuchte meyda, sa ne āch hi nēnne doem mā te dēlane« (III, 3) 'Wenn der Asega unrechte Geschenke annimmt, so darf er kein Urteil mehr fällen'.

Daneben kommt dem Rechtsausdruck *dōm* die bes. Bedeutung von 'Weistum', 'Rechtsweisung', 'Rechtfindung', 'Beliebung', 'Satzung' zu, wie sich ergibt aus einem möglicherweise dem 12. Jh. entstammenden westerlauwersschen Stück, das sich als »Die acht Domen« bezeichnet. Der Inhalt besteht aus allgemeinen Bestimmungen über Eheschließung, Minderjährigkeit, Pacht und Intestaterbrecht. Während es keine Anhaltspunkte für die Entstehung dieses Statuts gibt, ist das bei den Emsiger D. wohl der Fall. Letztere sind in den Hss. E_2 und E_3 in fries. Sprache, in E_2 außerdem in lat. überliefert, und weiter liegt noch eine Anzahl nd. Fassungen vor. Am Anfang wird gesagt, daß i. J. 1312 die gemeinen Richter und Häuptlinge alle Totschläge, Tötungen und Lähmungen, Erbfälle und alle Sachen, die im Emsiger Land nützlich und nötig sind, in schriftl. Recht festgesetzt haben. Daß dieses im Einvernehmen mit der Gerichtsgemeinde geschehen ist, geht hervor aus der Hinzufügung im lat. Text: »universis presentia visuris et audituris«. So wurden Rechtsweisungen über geltendes Gewohnheitsrecht zum Landschaftsrecht erhoben.

Bemerkungswert ist, daß die Bestimmungen des Emsiger Pfennigschuldbuchs sich selbst auch als *dōmar* charakterisieren: »Hīr biginnath tha dōmar, thēr alla tha Amesga bī rekeniath anda bī riuchtath. « ('Hier beginnen die Rechtfindungen, die alle Emsiger beobachten und nach denen sie Recht sprechen'.) Ihr hauptsächlich privatrechtl. Inhalt muß ebenfalls auf Weistümer zurückgehen. W. J. Buma

Ed. und Lit.: Die neueste Ausg. der erwähnten Texte (mit dt. Übers.): W. J. BUMA–W. EBEL, Das Emsiger Recht (Altfries. Rechtsg. III, 1967) – W. J. BUMA, W. EBEL, M. TRAGTER-SCHUBERT, Westerlauwerssches Recht I. Jus Municipale Frisonum, 2 Bde, 1977.

Domènec, Jaume OPraed, Geschichtsschreiber und Magister der Theologie, * im Roussillon, † 1386, Ordensmeister der prov. Ordensprovinz (1357), Inquisitor des Kgr.es Mallorca und der Gft. en Roussillon und Cerdagne (1357), Provinzialmeister des Kgr.es Aragón (1363–67), Erzieher des Infanten und späteren Kg.s Johann. Er verfaßte im Auftrag Peters IV. el Ceremonioso (1360) ein »Compendi historial«, das ein erstes Beispiel katal., noch stark vom Lat. geprägter Prosa bietet, und übersetzte Werke lat. Geschichtsschreiber. F. Udina

Lit.: B. SÁNCHEZ ALONSO, Fuentes de la Hist. de España, 1927 – DERS., Hist. de la Historiografía Española I, 1947, 249f. – M. COLL ALENTORN, Les cròniques universals catalanes, Boletín de la Real Academia de Buenas Letras 34, 1971–72.

Domenica v. Paradiso, ehrw., Mystikerin, * 8. Sept. 1473 in Paradiso b. Florenz, † 5. Aug. 1553 in Florenz. Das seit dem dritten Lebensjahr visionär begabte Mädchen verbrachte ihre Jugend als Büßerin in der Art der Augustinerinnen, dann Birgittinerinnen, schließlich Dominikanerinnen. Diesem Orden, namentl. →Savonarola, gehörte ihre bes. Verehrung. 1511/13 gründete D. in Florenz das Kl. Crocetta, zu dessen Vikarin sie gegen ihren Willen von den kirchl. Autoritäten (mit denen es auch sonst zahlreiche Spannungen gab) bestimmt wurde; das Ordensgelübde legte sie jedoch erst siebzigjährig ab. D. empfing viele myst. Charismata, u. a. die Stigmatisation, Visionen, Erscheinungen und die Weissagungsgabe. P. Dinzelbacher

Lit.: DSAM III, 1513–1516 – DHGE XIV, 614f. – Bibl. SS 4, 678–680 – I. DEL NENTE, Vita e costumi et intelligenze spirituali della... D. da P., 1806³ – B. BORGHIGIANI, Intera narrazione della vita... D. da P., 1851³ – I. v. GÖRRES, Die christl. Mystik I, 1879², 338–342 – H. THURSTON, Surprising Mystics, 1955, 100–110.

Domenico (s. a. Dominicus). **1. D. da Piacenza** (Domenichino, Domenegino), it. Tanzmeister, Tanztheoretiker, Tänzer und Komponist, * Piacenza, † um 1470 in Ferrara(?). 1455 entwarf er die Tänze für die Hochzeit von Tristano Sforza mit Beatrice d'Este in Mailand und tanzte selbst mit. Ab 1456 taucht er in den Besoldungslisten des estens. Hofes auf, dem er mit kurzen Unterbrechungen wohl bis zu seinem Tode diente. Zusammen mit seinem Schüler Guglielmo Ebreo entwarf er auch Tänze für eine Hochzeitsfeierlichkeit in Forlì. Sein anderer bedeutender Schüler war Antonio→Cornazzano.

Bedeutsam ist sein um 1420 entstandener Traktat »De arte saltandi e choreas ducendi«, der für spätere Tanzunterweisungen vorbildlich wurde. Bezugnehmend auf Aristoteles gibt D. als erster darin eine Tanzästhetik. Nach einer allgemeineren theoret. Abhandlung über die Tanzkunst beschäftigt er sich mit der Praxis der *balli* und *bassedanze, saltarelli, quadernarie* und *pive*. Im Gegensatz zu späteren Tanzbüchern, die ihre Anweisungen mit Hilfe von graph. Darstellungen der Tanzschritte und Figuren geben (sog. Tanzschriften), beschreibt D. mit Worten systemat. die einzelnen Schritte, Bewegungen und Tempi, wobei er Tänze für 2 bis 12 Personen behandelt; darunter die ersten beiden wirklichen Ballette (»La mercanzia« und »La sobria«), echte kleine Handlungsballette unter Einsatz aller damals möglichen Schritte, Gesten und Bewegungen.

H. Leuchtmann

Ed.: N. FALCOCI-PUGLIGNANI, Otto bassedanze di M. Guglielmo da Pesaro e di M.D.d.F., 1887 – V. MALETIC, Anello, Ballo composed by D. of Ferrara, 1965 – *Lit.:* NEW GROVE, s.v. – D. BIANCHI, Tre maestri di danza alla corte di Francesco Sforza, ASL 9, s. II, 1962–64, 290f. – DERS., Un trattato inedito di D.d.P., La bibliofilia LXV, 1963, 109–149 – I. BRAINARD, Bassedanze, Bassadanza and Ballo in the 15th C., Dance Hist. Research: Perspectives from Related Arts and Disciplines 1970, 64ff.

2. D. Veneziano, florent. Maler, * Venedig um 1410, † Florenz 1461. Seine Ausbildung scheint D. bei → Gentile da Fabriano und dessen Schüler und Nachfolger → Pisanello in Florenz und ab 1426 in Rom erhalten zu haben: der Tondo mit der »Anbetung der Könige« in Berlin zeigt ihn noch im Bann von deren dem internationalen höf. Stil und der nordit. Naturbeobachtung verpflichteten Kunst. Dieses um 1440 für Piero de'Medici gemalte Werk vermittelt wohl zugleich einen Eindruck der verlorenen Fresken im Palast der Baglioni in Perugia (1437/38) und im Chor von S. Egidio in Florenz (1439–45). Neben mehreren Madonnen (London, Bukarest, Settignano, Washington) hat sich als einziges Hauptwerk der Hochaltar aus Santa Lucia de'Magnoli erhalten (um 1445; Florenz, Uffizien; Predellentafeln in Washington »Stigmatisation des Franziskus« und »Berufung des Johannes«, Cambridge »Verkündigung« und »Wunder des Zenobius«, Berlin »Martyrium der Lucia«). Die lichte Klarheit der Farben, die Sicherheit und Weite der räuml. Disposition, der ausdrucksvolle Detailrealismus und die Harmonie der dekorativen Gesamtwirkung vereinen sich zu einem der vollendetsten Kunstwerke der Epoche; D. tritt mit ihm ebenbürtig neben Fra → Angelico und Filippo → Lippi; bedeutend ist seine Ausstrahlung, insbes. auf → Piero della Francesca und Baldovinetti. Die kurz nach der Jahrhundertmitte entstandenen Fresken in S. Croce, Florenz – erhalten ist nur »Johannes der Täufer und Franziskus« – deuten in ihren expressiver bewegten Linien wie die Spätwerke → Donatellos auf die bei → Botticelli kulminierende got. Tendenz des späteren Quattrocento voraus. Ch. Klemm

Lit.: H. WOHL, The Paintings of D.V. A Study in Florentine Art of the Early Renaissance, 1980.

Domentijan (Domentianos), serb. hagiograph. Autor, tätig um die Mitte des 13. Jh. auf dem Athos, zuerst in der vom hl. Sava gegr. Zelle in Karyäs, später (1263–64) in einer anderen ebenso zum Chilandar (→ Hilandar) gehörigen Zelle (Spasova Vodica). Im Auftrag des Kg.s → Uroš I. (1243–76) verfaßte D. 1242/43 oder 1253/54 eine umfangreiche Vita des hl. → Sava. 1263/64 folgte sein zweites Werk, die Vita des hl. Symeon (→ Stefan Nemanja), gleichfalls Uroš I. gewidmet. Als Geschichtsquelle ist die Sava-Biographie weitaus bedeutender. Die zweite Biographie ist fast völlig von der ersten sowie von der Symeon-Vita → Stefans des Erstgekrönten abhängig. D.s Viten folgen der hagiograph. Tradition und zeichnen sich durch hochgestochene Rhetorik aus. Die Sava-Vita wurde später, um die Jahrhundertwende, vom Mönch → Teodosije durchgreifend gekürzt und umgearbeitet. S. Ćirković

Ed. und Lit.: Život svetoga Simeuna i svetoga Save, napisao D., ed. Đ. DANIČIĆ, 1865 [serbokroat. Übers.: L. MIRKOVIĆ, 1938] – P. POPOVIĆ, Prilozi za književnost, jezik, istoriju i folklor 25, 1959, 209–225 – M. DINIĆ, D. i Teodosije, ebd., 5–12 – A. SCHMAUS, Die literarhist. Problematik von D.s Sava-Vita (Slawist. Stud. zum V. Internat. Slawistenkongr. in Sofia 1963, 1963), 121–142 – D. BOGDANOVIĆ, Istorija stare srpske književnosti, 1980, 156–159.

Domesday Book, i. J. 1086 angelegtes Verzeichnis, das den größten Teil des zu diesem Zeitpunkt von → Wilhelm I. dem Eroberer beherrschten → England beschreibt (heute zwei ungleiche Bände im Public Record Office, London). Die Ags. Chronik (→ Chronik, Angelsächsische) nennt s. a. 1085 zwei Hauptgründe für die Erstellung des DB: Es sollten zum einen die dem Kg. geschuldeten Leistungen, zum anderen Umfang und Wert der Güter, die die Lehensträger der Krone innehatten, erfaßt werden. Zu den kgl. Einnahmen zählten die Steuern und Abgaben; als Besteuerungsgrundlagen sind *hides* (→ Hufen) oder → *carucatae* (Pfluggländereien) aufgezeichnet; die Angaben wurden in mehreren Fällen abgeändert. Jede Gft. ist gesondert dargestellt. Der erste Band (»Big« oder »Great Domesday«), bestehend aus 382 Pergamentblättern in großem Format, behandelt 31 Gft. en; der zweite mit 451 Blättern in kleinerem Format (»Little Domesday«) behandelt in detaillierter Weise Essex, Norfolk und Suffolk. Die meisten Grafschaftsverzeichnisse beginnen mit einer Beschreibung der kgl. → *boroughs* und der kgl. Einnahmequellen zur Zeit der norm. Eroberung (1066), doch wurde der für diese Eintragungen vorgesehene Raum nicht in allen Fällen ausgefüllt; so fehlen die Angaben über London und Winchester. Dann folgt eine Liste der Lehensleute in der betreffenden Gft. mit Nummern, die in der Regel, aber nicht in allen Fällen, den im nachfolgenden Text verwendeten Nummern entsprechen. Zuerst wird der terra regis behandelt, anschließend folgen der Reihe nach die Lehen. Jeder Fronhof wird mit seinem Zubehör beschrieben. Die detaillierten Angaben differieren stark zw. der jeweiligen Gft. und den Lehen. Doch sind in nahezu allen Fällen der Ortsname, die Besteuerungsgrundlage des Besitzes und sein Wert für 1066 und 1086 angegeben. Manchmal werden zusätzl. auch Wertangaben für dazwischenliegende Jahre gemacht. Die Wertangaben sind in Geld ausgedrückt und beruhen offenbar manchmal auf geschätzten Jahreseinkünften, in vielen Fällen aber auf tatsächl. Einnahmen. Die meisten Einträge geben die Zahl der Pfluggländereien an, die in einigen Gft. en offenbar als Alternative zur bestehenden Besteuerungseinheit dienen sollte. Die Zahl der Pfluggespanne, jedes wie üblich mit acht Ochsen (*oxgangs, bovata*) angesetzt, ist für das Domänenland, soweit es vorhanden war, wie für das Pachtland angegeben, und auch die Zahl der Inhaber von Leihegütern ist vermerkt. Die Haupteinteilung der ländl. Bevölkerung ist: liberi homines, sochemanni (→ *soke*), → villani, → bordarii, cotarii und → servi. Auch andere Vermögenswerte sind verzeichnet, v. a. Waldbesitz, Weiden, Wiesen, Mühlen und Fischereibetriebe. Oft ist der Name des Inhabers vor der norm. Eroberung vermerkt. Fallweise sind auch zusätzl. Eintragungen beigefügt, bes. im Falle umstrittener Besitzrechte. Bei einigen wenigen Gft. en sind eigene Rubriken für Klagen vorgesehen.

Die Methoden, mit denen die Erhebungen für das DB vorgenommen wurden, sind bisher noch nicht vollständig geklärt. Unsere Kenntnis beruht zum einen auf dem Text des DB selbst, zum anderen auf sog. »Domesday Satellites«, d. h. Quellen, die frühe Stadien der dem DB vorausgegangenen Erhebungen dokumentieren. Eine dieser Quellen, die »Inquisitio Eliensis«, die die Besitztümer der Abtei→Ely verzeichnet, enthält eine Liste von Fragen, die wohl die Grundlage der Erhebung bildeten. Danach waren Auskünfte zu erfragen: »per sacramentum vicecomitis scirae et omnium baronum et eorum Francigenarum et totius centuriatus, presbiteri, praepositi, villanorum unius cuiusque villae«. Die Auskünfte wurden für drei Zeitpunkte gefordert, nämlich: »tempore regis Æduardi, et quando rex Willemus dedit et quomodo sit modo«; schließlich war Aufschluß zu geben, »si potest plus haberi quam habeatur«. Sicherlich wurden auch Gerichtsversammlungen aus den einzelnen →Hundertschaften oder (für Teile der Denalagu; →Danelaw) den *wapentakes* befragt, und möglicherweise wurden in einem bestimmten Stadium der Untersuchung, belegt durch die »Inquisitio Comitatus Cantabrigiensis« (ed. N. E. S. A. HAMILTON, 1876), die Daten nach Hundertschaften zusammengefaßt; aber weitaus mehr Informationen wurden sicher von Landbesitzern oder ihren Verwaltern geliefert, so daß bald eine Anordnung der Auskünfte nach feudalen Besitz- und Herrschaftsverhältnissen erfolgte. In diesem Stadium kam es zu einer Zusammenfass. der Gft.en zu Kreisen, die von kgl. Legaten, die keine lokalen Interessen hatten, visitiert wurden. DB Band I, das von einer Hand geschrieben wurde, stellt eine stark zusammengefaßte Version dieser auf feudale Besitzverhältnisse und auf die Kreise ausgerichteten Erhebungsberichte dar, die soweit als möglich in standardisierter Form informierten. Unterschiede zw. den Berichten aus den Kreisen sind in der Endfassung klar erkennbar. Zwei solcher Berichte haben unmittelbar überdauert. Bei dem einen handelt es sich um DB Bd. 2, das niemals in die standardisierte Form von Bd. 1 gebracht wurde, bei dem anderen um das »Exeter Domesday«, das DB Bd. 2 in Format, Anordnung, Terminologie und der Vielzahl von Händen sehr nahesteht. Es war die Quelle der Verzeichnisse der Gft.en Cornwall, Devon, Dorset, Somerset und Wiltshire in DB Bd. 1.

Die Erhebung ergab, daß zahlreiche Untervasallen sehr große Besitztümer innehatten. Möglicherweise als direkte Reaktion auf diese Erhebung forderte Wilhelm daher den Lehnseid von allen *landsittende men* überall in England, ganz gleich, wessen Lehnsmann sie waren (Salisbury, 1. Aug. 1086). Im 12. Jh. war das DB eine wichtige Informationsquelle für Landbesitzrechte, Besitzeinteilung, Besteuerungsgrundlagen und vielleicht auch für den Wert von Besitzungen. Zahlreiche geistl. Grundherren besaßen in ihren Archiven Abschriften der für sie relevanten Teile des Werks; auch wurden, offenbar von kgl. Beamten, Kurzfassungen, die nur Angaben über Ortsnamen, Landbesitzer und Besteuerungsgrundlagen enthielten, erstellt.

Das DB ist eine überaus reiche Fundgrube, doch führte offenbar seine rasche Erstellung zu zahlreichen Fehlern und Widersprüchen, die bei der Auswertung durch die Forschung viele Probleme aufwerfen. Am meisten befriedigt das Werk als Quelle für diejenigen Fragen, die es beantworten sollte. Es ist die Grundlage für die Geschichte des engl. Lehnswesens, und seine Angaben über Besteuerungsgrundlagen und Werte von Besitztümern sind von nicht zu überschätzender Bedeutung. Für die meisten anderen Bereiche ist das DB dagegen ein wenig zuverlässiger Führer, dieses gilt z. B. für die Siedlungs- und Bevölkerungsgeschichte. Es nennt zwar mehr als 13 000 Ortsnamen, doch fehlen zahlreiche Siedlungen, weil sie zu größeren Grundherrschaften, die als Einheit aufgenommen wurden, gehörten. Dies zeigt sich bes. drastisch in Kent, wo zeitgenöss. Listen von Kirchen 160 Orte nennen, die das DB nicht kennt; viele davon liegen im Gebiet des Weald, der im DB als weithin unbesiedelt erscheint. Das DB ist auch im Hinblick auf die Nennung von Kirchen sehr unausgewogen, und Märkte werden nur gelegentlich erwähnt. Noch schwerwiegender ist, daß das DB – wie sich bei einem Vergleich mit den Urbaren der Burton Abbey aus dem 12. Jh. herausstellt – die censarii für diese Güter nicht erwähnt, die aber etwa die Hälfte der Bevölkerung ausmachten. Wenn ähnliche Lücken öfter auftreten sollten, wäre der Wert des DB als demograph. Quelle ernsthaft in Frage gestellt.

Das DB wurde stets als kgl. Dokument betrachtet und befindet sich heute im Public Record Office. Im 12. Jh. lag es im kgl. Schatz *(treasury)*. Im →»Dialogus de Scaccario« (ed. C. JOHNSON, 62–64) wird berichtet, daß es gemeinsam mit dem Großen Siegel aufbewahrt werde und daß es bei den Engländern »Domesdei« heiße, weil seine Festsetzungen so unwandelbar seien wie die Urteile des Jüngsten Gerichts.

P. H. Sawyer

Ed.: DB seu Liber Censualis Willelmi Primi Regis Angliae . . ., 2 Bde, ed. A. FARLEY, London 1783; Bde 3 und 4, ed. H. ELLIS, London 1816 – DB, ed. J. MORRIS, mindestens 34 Bde, seit 1975 – *Lit.:* HOOPS² V, 568–589 [K. U. JÄSCHKE] – V. H. GALBRAITH, The Making of DB, 1961 – R. WELLDON FINN, An Introduction to DB, 1963 – J. F. R. WALMSLEY, The 'censarii' of Burton Abbey and the Domesday Population, North Staffordshire Journal of Field Stud. 8, 1968 – V. H. GALBRAITH, DB, its Place in Administrative Hist., 1974 – S. P. J. HARVEY, DB and Anglo-Norman Governance, TRHS, 1975 – H. C. DARBY, Domesday England, 1977 – P. H. SAWYER, From Roman Britain to Norman England, 1978².

Domesticus (domestikos)
I. Spätantike und Byzanz – II. Frühmittelalter.

I. SPÄTANTIKE UND BYZANZ: D. (griech. δομέστικος), militär. und ziviles Amt. Die Bezeichnung 'd.' ist erstmals 355 für einen Gehilfen des →Silvanus, des magister peditum und Usurpators, belegt (Amm. Marc. 15,6,1); sie weist ähnlich wie die des →comes zuerst auf private Beziehung zum Vorgesetzten hin. Noch im 4. Jh. nimmt der Titel amtl. Charakter an, steht aber weiterhin neben dem cancellarius außerhalb der regulären Ämterlaufbahnen als der persönl. Adjutant eines Behördenchefs, so z. B. des →praefectus praetorio, des →magister militum, der Provinzgouverneure, des →comes und des →dux. Wie wichtig ihre Stellung in der Provinz eingeschätzt wird, zeigt die Verfügung, daß domestici sich dort während ihrer Amtszeit nicht verheiraten und Handel treiben dürfen. Beim Übergang zur mittelbyz. Beamtenhierarchie verliert das Amt überwiegend den Charakter eines persönl. Stellvertreters militärischer oder ziviler Behördenchefs. Ausnahmen für diese Beobachtung: ein domestikos der Tafelbediensteten (τῆς ὑπουργίας) unter dem ksl. Tafelmeister (ἐπὶ τῆς τραπέζης) und. d. des Palastvorstehers von Daphne, die d. verschiedener Kirchenämter, z. B. der d. der Anagnosten (Lektoren). In den meisten Fällen hat der d. in mittel- und spätbyz. Zeit eine militär. Funktion inne. Dies gilt v. a. für den d. schlechthin, auch d. der Scholen, d. h. der Palastgarden (→Garde), genannt, ein Amt, das erst ab 1261 in der Palaiologenzeit seine Funktion verliert und zum reinen Titel wird. Die Ähnlichkeit der Organisation der Truppeneinheit der »Optimaten«, die sich aus Bithynien rekrutieren, zu den in Konstantinopel rekrutierten »Tagmata« kommt dadurch zum Ausdruck, daß ihr Führer 'd.', nicht 'strategos' genannt wird. Unter dem d. der Scholen stehen Offiziere, die ebenfalls teilweise 'd.' genannt werden. Aus der Schlüsselposition des Führers der

Palastgarde entwickelt sich im 11. Jh. der Großdomestikos (μέγας δομέστικος), der Generalissimus, der bis zum Ende des Reiches greifbar ist, teilweise mit Kollegen (Großdomestikos des Westens und des Ostens), oft mit der Kaiserfamilie verwandt. Führer von Heeresteilen (→Tagmata) der Hauptstadt sind d.: der Domestikos der Exkubiten, der Athanatoi und der Hikanatoi. Der Aufseher über die Mauern der Hauptstadt heißt sowohl 'komes' wie 'd.' (δομέστικος τῶν τείχεων). G. Weiß

Lit.: KL. PAULY II, 119f. [A. LIPPOLD]–REV, 1296–1299 [O. SEECK]– B. BURY, The Imperial Administrative System in the 9th Century, 1911, 47f. – JONES, LRE – BECK, Kirche, 113 - R. GUILLAND, Recherches sur les institutions byz. I, 1967, 405f., 426f. – J. DARROUZÈS, Recherches sur les OΦΦIKIA de l'église byz., 1970 – N. OIKONOMIDÈS, Les listes de préséance byz. des IXe et Xe s., 1972 – J. F. HALDON, Byz. Praetorians, 1984.

II. FRÜHMITTELALTER: Domesticus, kgl. Amtsträger in den Reichen der Ostgoten, Burgunder und Franken. Die ostgot. d. waren ebenso wie ihre spätröm. Vorgänger leitende Verwaltungsbeauftragte von Amtsträgern unterschiedlicher Stellung. Daneben erscheinen d. als Angehörige der Palastgarde, doch könnte es sich um einen funktionslosen Ehrentitel gehandelt haben. Die Aufgaben des in der →Lex Burgundionum einmal erwähnten d. sind unbekannt.

In den linksrhein. Gebieten des Merowingerreiches erscheint der d. als ein mit der Verwaltung einer Gruppe von Königshöfen betrauter Amtsträger, der unmittelbar dem Kg. unterstand. Er führte das Rangprädikat 'illustris' (→Titel). Der Umfang seines als actio (Marculf I, 39) oder provincia (Vita Arnulfi c. 4) bezeichneten Amtsbezirkes ist unbekannt, dürfte jedoch in der Regel weder mit dem Comitat (→comes, Comitatus) noch mit dem Dukat (→Dux, Ducatus) identisch gewesen sein. Im Ardennengebiet amtierten 648 mindestens 4 domestici. Der d. leitete Geld- und vielleicht Naturalabgaben an den Kg. weiter. Daneben ist die Wahrnehmung polizeil. und richterl. Aufgaben bezeugt. D., die sich ztw. am Hof aufhielten, wirkten als Beisitzer im Königsgericht. Die d., über die wir Näheres erfahren, waren mächtige und einflußreiche Personen, die der Aristokratie zuzurechnen sind. Im 6. Jh. standen sie im Rang über den comites (→comes); weshalb sie in Aufzählungen von Amtsträgern in Diplomen des 7. Jh. nach den comites erscheinen, ist unklar. Im 7. Jh. waren die Ämter des d. und des comes mehrfach in einer Hand vereinigt. Ein d. ist erstmals um 545 bezeugt. Da es in der spätröm. Reichs- und Kaisergutverwaltung keinen d. gab, dürfte es sich bei diesem Amt um eine frk. Neuschöpfung handeln. Ein d. wird namentlich letztmals 723 genannt. Erwähnungen von d. in inscriptiones karol. Diplome beruhen auf älteren Vorlagen und beweisen nicht, daß die Amtsbezeichnung fortbestand. Vermutl. verschwand sie um die Mitte des 8. Jh. D. Claude

Lit.: WAITZ II, 2, 45–49 – TH. MOMMSEN, Ostgoth. Stud. II, NA 14, 1889, 465f., 504–508 – W. SICKEL, Beitr. zur dt. Verfassungsgesch. des MA, MIÖG Ergbd. 3, 1890/91, 572–585 – A. CARLOT, Etude sur le d. franc, Bibl. de la Faculté de Philosophie et Lettres de l'Univ. de Liège 13, 1903 – H. EBLING, Prosopographie der Amtsträger des Merowingerreiches, 1974, 25f. – M. WERNER, Der Lütticher Raum in frühkarol. Zeit, 1980, 122f. – M. WEIDEMANN, Kulturgesch. der Merowingerzeit nach den Werken Gregors v. Tours 1, 1982, 97–102.

Domfreiheit → Immunität

Domherr → Kapitel

Domikalgewölbe (frz. *voûte domicale*), Rippengewölbe mit überhöhtem Scheitel von kuppelartiger Wirkung. Außer den Diagonalrippen erscheinen in der Regel auch Scheitelrippen. Die D. des Anjou (Angers) sind hochscheitelige Kreuzgewölbe, meist über quadrat. Joch in sorgfältiger Quaderbearbeitung. Durch Spitzbogen entstehen in den Scheiteln der Kappen Kehlungen, häufig mit eingelegten Rippen. Das D. entstand gegen Mitte des 12. Jh. in SW-Frankreich (Poitou, Anjou und Aquitanien) als Mischform zw. heim. →Kuppelgewölben und aus den von N eindringenden Rippengewölben. Es bleibt dort bis in das beginnende 13. Jh. üblich und wirkt in der Frühzeit des 13. Jh. auf Westfalen, wird aber dort der heim. Bauweise entsprechend umgeformt (Dom zu Münster 1240–1264, St. Johannes in Billerbeck um 1234, Dom zu Minden nach 1250 bis 1290) als achtrippige spitzbogige Hängekuppel mit Kreuz- oder Scheitelkehlen; vier Kreissegmente fügen sich an den Diagonalkehlen zu einem Rund zusammen; hier liegen die Kreuzrippen in den flachen Kehlen, während die Scheitelrippen unter der Kugelfläche hängen. Von Westfalen verbreitet sich das D. weiter nach Niedersachsen, Mecklenburg und Gotland. Um 1300 wird das D. ungebräuchlich. G. Binding

Lit.: W. RAVE, Das D. (Dt. Kunst- und Denkmalpflege 1955), 33–43 – H. REUTHER, Gotländ. Sonderformen des D., Niederdt. Beitr. z. Kunstgesch. 23, 1984, 43–62.

Dominat. Von TH. MOMMSEN begründete Bezeichnung für die Staatsform der Spätantike, abgehoben von der des Prinzipats für die frühe und hohe Kaiserzeit, deren sachl. und terminolog. Voraussetzungen zunehmend in Frage gestellt werden. Mit ihr soll ausgedrückt werden, daß der Ks. der Spätantike mit unumschränkter Macht (wie ein dominus, d. h. absoluter Herr) regiert habe, während der Ks. früher nur als princeps, d. h. als Erster unter Gleichen aufgefaßt worden sei; gleichzeitig wird mit diesem Terminus auf eine z. T. in religiöse Formen gefaßte Überhöhung des spätantiken Ks.s angespielt sowie auf die Charakterisierung des spätantiken Staates als eines Zwangsstaates. Demgegenüber ist einmal festzustellen, daß die Anrede →'dominus' für den Ks. schon seit dem 1. Jh. als durchaus neutraler Ausdruck belegt ist, insbes. später bei Plinius d. J. in seinem Briefwechsel mit Trajan; zum anderen ist die ksl. Gesetzgebungsgewalt kein Charakteristikum ausschließlich der Spätantike; weiter sind sakrale Elemente in der Stellung des Ks.s sowie ein ständig zunehmendes Zeremoniell auch schon seit der frühen Kaiserzeit festzustellen; und schließlich gerät auch die Vorstellung vom spätantiken Zwangsstaat immer mehr ins Wanken, etwa durch die Erkenntnis, daß die soziale Mobilität der Spätantike beträchtlich war (s. auch →collegium, Abschnitt I). – Gleichwohl haben das Kaisertum und die Gesamtverfassung des Reiches seit und mit →Diokletian und Konstantin einen deutlich anderen Charakter als in der vorhergehenden Epoche; die Bezeichnung D. ist jedoch zur Beschreibung ungeeignet. W. Schuller

Lit.: TH. MOMMSEN, Röm. Staatsrecht 2, 1887^3, 760–763 – A. ALFÖLDI, Die monarch. Repräsentation im röm. Kaiserreiche, 1970 – J. BLEIKKEN, Prinzipat und D. Gedanken zur Periodisierung der röm. Kaiserzeit, 1978 [Lit.].

Domingo (s. a. →Dominicus, →Dominikus). **1. D. de la Calzada**, hl., span. Eremit, * um 1019 in Viloria (Rioja), † wahrscheinl. am 12. Mai 1109 (Fest 12. Mai); Lebensdaten stehen nicht genau fest. D. war Hirte und fand in den Kl. Valvanera und →S. Millán de la Cogolla keine Aufnahme. Er zog sich daraufhin in das Wäldchen von Ayuela am Flusse Oja zurück und erbaute dort eine Brücke. Da dieser Ort größerer Sicherheit bot, benutzten auch bald die Pilger nach →Santiago de Compostela diesen Umweg auf der Straße von Nájera nach Belorado. Kg. Alfons VI. v. Kastilien-León nahm ihn in seinen Schutz, so daß D. dort ein Hospiz und eine Kirche errichten konnte, die zum

Mittelpunkt eines rasch größer werdenden Ortes wurden, der den Namen des Heiligen erhielt (→Calzada). Schon 1139 wurden dort seine Reliquien verehrt.

In der Ikonographie sind ein Hahn und eine Henne seine Attribute, in Erinnerung an ein Wunder des hl. →Jacobus an diesem Ort. D. ist der Patron aller öffentl. Gebäude Spaniens. A. Linage Conde

Lit.: DHEE II, s.v. – DHGE XIV, 609f. – Bibl. SS, s.v. – AASS Maii III, 166–179 – J. González de Tejada, Hist. de S. D., Abraham de la Rioja, Madrid 1702 – A. Ubieto Arteta, Apuntes para la biografía de S. D., Berceo 82, 1972, 25–36.

2. D. de Silos, hl., OSB, * ca. 1000 in Cañas (Logroño), † 20. Dez. 1073 im Kl. Silos (Burgos), Fest 20. Dez., eine der hervorragenden Gestalten der span. Geschichte im MA. Mit 26 Jahren zum Priester geweiht, führte er zwei Jahre lang ein eremit. Leben und trat dann 1028 in das Kloster →S. Millán de la Cogolla (Logroño) ein. Als Prior von S. Millán (1038–40) entzweite er sich mit Kg. →García I. v. Navarra und floh nach Kastilien, wo ihn Kg. Ferdinand I. als Abt des Kl. →Silos einsetzte (1040–73). Von dort aus förderte er die Kirchenreform in Spanien (Konzil v. →Coyanza 1055) und erneuerte das religiöse Leben in seinem Kl., wovon die Bibliothek, das Scriptorium und die roman. Klosterbauten Zeugnis ablegen. Qu. Aldea

Q.: La vida de S. D. de Gonzalo de Berceo, ed. A. Ruffinatto, 1978 – S. de Vergara, Vida y milagros de... S. D., Madrid 1736 – Hist. Silense, ed. J. Pérez de Urbel–A. González Ruiz-Zorrilla, 1959 –
Lit.: DHEE II, 764f. [Lit.] – DHGE XIV, 623–627 – LThK ²II, 482 – Bibl. SS IV, 736f. – M. Férotin, Hist. de l'abbaye de Silos, 1897.

Domingues, Vasco, † nach 1391, Cantor (Precentor) des Domkapitels v. →Braga, machte als bedeutende Gestalt der polit. und kirchl. Geschichte Portugals im 14. Jh. seinen Einfluß unter den Kg.en Peter I., Ferdinand I. und Johann I. sowohl bei der Besetzung des Bracarenser Erzstuhls als auch bei polit. Verhandlungen geltend. Von Gregor XI. gemeinsam mit Bf. Pedro Tenório v. Coimbra zum Visitator für die Kirche v. Braga ernannt (Aug. 1377), betrieb er die Suspension des amtierenden Ebf.s Lourenço Vicente, der erst im Verlauf des Großen →Abendländ. Schismas seine Wiedereinsetzung durch Urban VI. erreichte. In der folgenden Machtprobe des clementist. Kapitels mit dem Ebf. mußte D. offenbar weichen, denn er nahm ein Rechtsstudium an der Univ. Salamanca auf, wo er 1381 als Baccalaureus geführt wurde. Erst 1391 ist er wieder in Braga nachweisbar. Auf polit. Ebene ist sein Name mit den ptg.-engl. Verhandlungen nach dem Vertrag v. Tagilde (10. Juli 1372) verknüpft, als er gemeinsam mit Juan Fernández de Andeiro, Gf. v. Ourem, nach London entsandt wurde, um die Vertragsratifizierung und ein Bündnis mit Kg. Eduard III. zu betreiben. Obwohl die Gesandtschaft von der polit. Entwicklung überrollt wurde (Invasion kast.-frz. Truppen in Portugal und Vertrag von →Santarém März 1373), wurden die Londoner Verhandlungen dank der Energie D.' aufgrund der alten Bevollmächtigung weitergeführt und die Ratifizierung der Vereinbarungen von Tagilde (Vertrag v. Savoy-Palast) sowie der zukunftsweisende Bündnisvertrag in St. Paul's Cathedral (16. Juni 1373) erreicht. – D. scheint einen Sohn, Afonso Vasques, hinterlassen zu haben. L. Vones

Lit.: DHP I, 846f. – P. E. Russell, The English Intervention in Spain and Portugal in the Time of Edward III and Richard II, 1955, 196–200 – S. Silva Pinto, V.D., o Primeiro Negociador da Aliança Anglo-Portuguesa, 1956 – J. Veríssimo Serrão, Portugueses no Estudo de Salamanca I (1250–1550), 1962, 36–48.

Dominici, Giovanni, OP, it. Kleriker, * 1355/56 in Florenz, † 10. Juni 1419 in Buda. Ein wichtiges Jugenderlebnis für D. war die Persönlichkeit der →Katharina v. Siena. Als Siebzehnjähriger trat er bei den Dominikanern von S. Maria Novella, Florenz, ein, dort wurde er 1381 Subprior, 1385–87 Prior. 1388–99 reformierte D. im Auftrag des Generals Raimund v. Capua und mit Rückendekkung des Papstes der röm. Obödienz, →Bonifatius IX. (→Abendländ. Schisma), seinen Orden v. a. in Venedig. Danach wirkte er – wieder in seiner Heimatstadt – bes. als vielgehörter Prediger (prominentester Schüler: Antonio Pierozzi [→Antonius]). Schon 1404 als Vermittler zw. →Florenz und Carlo →Malatesta tätig, war D. 1406 Mitglied der florent. Gesandtschaft zum Konklave nach dem Tode von Bonifatius' Nachfolger, →Innozenz VII. Im Anschluß an die Wahl →Gregors XII. hielt er sich an dessen Kurie auf: 1407 als Ebf. v. Ragusa, 1408 als Kard. (S. Sixti). Nach einer Legation zu Kg. →Siegmund in Ungarn nahm D. 1409 nicht am Konzil v. →Pisa, sondern an dem v. Cividale teil, begleitete Gregor XII. nach Gaeta und nach dem Übergang Kg. →Ladislaus' v. Neapel zum Papst der pisaner Obödienz, →Alexander V., nach Rimini. Als Legat des röm. Papstes reiste er Ende 1414 zum vom Nachfolger Alexanders, →Johannes XXIII., einberufenen Konzil v. →Konstanz und verlas dort die Einberufungsbulle Gregors XII. →Martin V. betraute ihn 1418 mit der Legation gegen die →Hussiten, während der D. verstarb.

D. wird in der Kath. Kirche als Seliger verehrt (Kult 1832 durch Gregor XVI. bestätigt); sein Bild ist u. a. durch Fra Angelico im Kapitel von S. Maria Novella festgehalten. W. Decker

Werke: Von seinen vielen Predigten und kleineren Schriften sind nur wenige ediert. Sie zeigen – ebenso wie seine Briefe – eine von myst. Religiosität und asket. Rigorismus erfüllte, begeisterungsfähige Persönlichkeit. Diese Haltung prägt auch seine scholast. argumentierenden Hauptwerke: Der »Libro d'amor di carità« (1377) zieht in Form eines Kommentars der bekannten Stelle im Korintherbrief eine idealisierende Bilanz seiner Reformbemühungen in Venedig, in denen er »als Vorläufer Savonarolas« (Novati) nicht nur seinen Orden, sondern auch Laien zur asket. Lebensführung aufrief. Die »Regola del governo di cura familiare« (1401/03) und die »Lucula noctis« (1405), die dem Florentiner Staatskanzler →Salutati gewidmet ist, bekämpfen die von Salutati geförderten, christl. Laienreligion mit antiker Sprachpflege verbindenden →Studia humanitatis. D. nimmt die Tradition der zelotischen Ablehnung der →Antikenrezeption auf und verwirft die Lektüre antiker Autoren – in der Regola für den Schulunterricht, in der Lucula generell. W. Rüegg

Ed.: Libro d'amor di carità, ed. A. Cerutti, 1889 – Regola del governo di cura familiare, ed. P. Bargellini, 1927 – Lucula noctis, ed. E. Hunt, 1940 – Trattato delle dieci questioni, ed. Levasti, 1957 – Lettere spirituali, edd. M. P. Casella–G. Pozzi, 1969 [dazu: Dies., Giunta al Dominici, IMU 14, 1971, 131–191] – Lit.: DBI V, 657–664, s. v. Banchini, Giovanni di Domenico – A. Rösler, Cardinal Johannes Dominici O. Pr. (1357–1419), Ein Reformatorenbild aus der Zeit des großen Schismas, 1893 – S. Orlandi, Necrologio di S. Maria Novella II, 1955, 77–108 [Bibliogr.].

Dominicus (s. a. →Domenico, →Domingo, →Dominikus)

1. D., hl., Gründer des Prediger- oder Dominikanerordens →Dominikus; →Dominikaner, -innen.

2. D. de Clavasio, * wohl in Chivasso (Piemont), † wohl um 1360. Er gehörte 1349/50 in Paris der Artistenfakultät und 1356/57 der med. Fak. an. Später war er Hofastrologe. Sein Hauptwerk, die weit verbreitete »Practica geometriae« (1346), behandelt in drei Büchern Abstands-, Flächen- und Volumenberechnungen. Für die Längen-

und Höhenbestimmungen benutzt D. u. a. →Astrolabium und →Quadrant und zeigt trigonometr. Kenntnisse. Die zwei Bücher über Flächen- und Rauminhalte sind wenig originell. Weitere Arbeiten: »Questiones super perspectivam«, »Lectiones de sphera« und ein Kommentar zu »De coelo et mundo«.   M. Folkerts

Lit.: G. SARTON, Introduction to the Hist. of Science, 3.1, 1947, 641–643 – G. F. VESCOVINI, Les questions de 'perspective' de D. de Clivaxo, Centaurus 10, 1964, 14–28 [Teiled. der »Questiones super perspectivam«] – H. L. L. BUSARD, The Practica Geometriae of D. de C., Archive for Hist. of Exact Sciences 2, 1965, 520–575 [Ed. der »Practica geometriae«] – M. CLAGETT, Archimedes in the MA 3, 1978, 223–228.

3. D. Dominici v. Viseu,

ptg. Kanonist, studierte 1265–69 in Bologna und verfaßte in den achtziger Jahren des 13. Jh. eine aus 112 Formularen bestehende Summa dictaminis für Notare bfl. und ebfl. Kanzleien sowie ein nur bruchstückhaft erhaltenes Lehrbuch des Prozeßrechts. Als seinen Lehrer »in arte dictatoria« nennt er einen Johannes Severii (oder Severini), Archidiakon v. Calahorra und Thesaurar v. Viseu.   H. M. Schaller

Q.: L. ROCKINGER, Briefsteller und formelbücher des eilften bis vierzehnten jahrhunderts, Q. und Erörterungen zur bayr. und dt. Gesch. 9, 2, 1864, 517–592 – L. DELISLE, Notices et extraits des manuscrits de la Bibl. Nationale 36, 1, 1899, 171–174 – *Lit.:* A. GARCÍA Y GARCÍA, Estudios sobre la canonistica portuguesa medieval, 1976, 120–122.

4. D. de Dominicis

(Domenico Domenichi), venezian. Humanist und Theologe, * 15. Juli 1416, † 17. Februar 1478; studierte in Padua, 1436 artium doctor; die darauffolgenden Theologiestudien sind nicht dokumentiert. 1446 kam er im Auftrag der ven. Signoria nach Rom zu Eugen IV. Papst Nikolaus V. ernannte ihn am 20. Febr. 1448 zum Bf. v. Torcello und apostol. Protonotar. Unter Calixtus III. war er Referendar und gewann in der Kurie den Ruf einer unanfechtbaren theol. Autorität. Als Theologe scholast. Prägung, ohne jedoch dem direkten Einfluß einer Schule zu unterliegen, nahm D. an den ekklesiolog. Auseinandersetzungen teil, wobei er eine Richtung vertrat, die wesentl. von der zeitgenöss. Kanonistik abwich. Er verfaßte anläßl. der Papstwahl Pius' II. die offizielle Rede »Pro eligendo pontifice«. 1460 und 1463 war er Mitglied diplomat. Gesandtschaften in Deutschland und hielt sich längere Zeit am Hof Friedrichs III. auf. Paul II. ernannte ihn nach seiner Papstwahl (1464) am 16. Sept. des gleichen Jahres zum Generalvikar von Rom und versetzte ihn in der Folge am 14. Nov. in die Diöz. Brescia. Unter Sixtus IV. war er nochmals Vikar von Rom, sein Einfluß an der Kurie nahm jedoch sichtlich ab. Unter seinen Werken sind neben zahlreichen Predigten bes. folgende Traktate hervorzuheben: »De potestate papae et termino eius« (1456), »De creatione cardinalium« (1456), »De reformationibus Romanae curiae« (1458) und »De episcopali dignitate« (1461). Er stand in enger Verbindung mit den röm. und ven. Humanistenkreisen; ihm ist die Ausgabe der »Italia illustrata« des Flavio→Biondo gewidmet.

D. Quaglioni

Q.: Acta graduum academicorum Gymnasii Patavini, nn. 1022, 1062, 1068, 1085 (I, 1, p. 326; I, 2, pp. 12, 14, 18) – V. da Bisticci, Le vite, ed. A. GRECO, I, 271–272 – *Ed.:* De creatione cardinalium, in M.A. De Dominis, De republica ecclesiastica I, 1617, 767–773 – De sanguine Christi, Venetiis 1557 – De dignitate episcopali, Romae 1757 – De reformationibus Romanae curiae, Brixiae 1495 (GW 8638), ed. F. GAETA, Annali dell'Univ. d. st. dell'Aquila I, 1970, 9–36 – Rudimenta sive institutio rerum quae necessariae sunt clericis, s.l. et a. (Brixiae, 1475/80: GW 8639) – *Lit.:* DHGE XIV, 584–588 – COSENZA II, 1243; V, n. 627 – Repfont IV, 23of. – E. UGHELLI, Italia sacra, Romae 1643–62, IV, 558–560 – G. DEGLI AGOSTINI, Notizie istorico critiche intorno la vita e le opere degli scrittori viniziani, 1752, I, 386–439 – G. G. GRADENIGO, Pontificum Brixianorum series, 1755, 352–357 – L. PASTOR, Gesch. der Päpste II, 185–188 – C. EUBEL, Hierarchia Catholica medii [et recentioris] aevi, 1898–1910, II, 111, 253 – H. HURTER, Nomenclator literarius theologiae catholicae, 1903–13³, 1006 – J. KATTERBACH, Referendarii utriusque signaturae, 1931, 28 – H. JEDIN, Stud. über Domenico de' Domenichi, 1957 – C. VILLA, Brixiensia, IMU XX, 1977, 243–275.

5. D. de Flandria

(Beaudouin Lottin) OP, thomist. Philosoph, * ca. 1425 Mervis, † 16. Juli 1479 Florenz. Studierte Philosophie (unter Johannes Versor) an der Univ. Paris; vor 1452 magister artium, ebd. Nachdem er 1461 in Bologna Dominikaner wurde, dozierte er am Ordensstudium in Bologna (1462–70), an der Univ. Florenz (1470–72) und Pisa (1473–74) und schließlich an den Studia des Ordens in Pisa (1474), Bologna (1475–76) und Florenz (1476–79, S. Maria Novella). D. vertrat in seinen Werken die thomist. Idee eines christl. Aristotelismus. Diese Idee wollte sowohl die Autonomie der philos. Disziplinen als auch die Notwendigkeit einer Glaubenswissenschaft verteidigen. In Italien aber begegnete diese Idee einer säkularisierten Form des Aristotelismus, die die thomist. Theorie des Seins verwarf. D.' Hartnäckigkeit kostete ihn seinen Lehrstuhl in Pisa.   C. H. Lohr

Werke: Quaestiones super commentaria S. Thomae in libros Posteriorum (ed. Venedig 1507 u. ö.) – Quaestiones in opusculum S. Thomae de fallaciis (ed. Venedig 1507 u. ö.) – Quaestiones in commentaria S. Thomae super Metaphysicis Aristotelis = Summa divinae philosophiae (ed. Venedig 1499) – Recollectio super libros De anima (ed. Venedig 1507) – *Lit.:* M. MARKOWSKI, Definicje substancji w komentarzy do Metafisyki Dominika z Flandrii, Studia mediewistyczne 6, 1964, 19–54 – C. H. LOHR, Medieval Latin Aristotle Commentaries, Traditio 23, 1967, 398–400 [Lit.] – S. G. AXTERS, Bibl. Dominicana neerlandica manuscripta 1224–1500, 1970, 46–50 – TH. KAEPPELI, Scriptores Ordinis Praedicatorum medii aevi I, 1970, 315–318 – A. F. VERDE, Domenico di Fiandra, intransigente tomista non gradito nello Studio Fiorentino, Memorie domenicane NS 7, 1976, 304–322.

6. D. Gundissalinus

(Gundisalvi), Archidiakon v. Segovia und Cuéllar, * ca. 1110, † nach 1181 (1190), gehörte zur Übersetzerschule von →Toledo und ist bedeutend als Übersetzer und Kompilator arab. und jüd. Philosophen (z. B. al-Ġazzalī, Avicenna: Liber sextus naturalium, Gabirol: Fons vitae). Seine in philos.-theol. Hinsicht wichtigsten Schriften sind die beiden Abhandlungen von der Seele (De anima, De immortalitate animae) und die Anleitung zum Studium der Philosophie (De divisione philosophiae). Die Wissenschaftseinteilung in »De divisione philosophiae« steht in der aristotel.-arab. Tradition: Das artes-Wissen des Trivium und Quadrivium wird aufgehoben in die Disziplinen der theoret. (Physik, Mathematik, Theologie) und prakt. (Politik, Ökonomie, Ethik) Philosophie. Die vielfachen späteren Versuche einer »divisio scientiarum« sind davon abhängig (→Thierry v. Chartres, →Michael Scotus, Robert →Kilwardby). In »De anima« betont D. die Notwendigkeit einer philos. Psychologie angesichts der Vielen, die behaupten, die Seele gehe mit dem Körper zugrunde, und es gebe auch keine Auferstehung des Körpers (vgl. De an. 8, ed. MUCKLE, 61, 1–4). Dagegen stellt er in »De immortalitate animae« nahezu das gesamte bis dahin bekannte Spektrum der Unsterblichkeitsbeweise dar. Die Wirkung dieser beiden Schriften reicht über →Wilhelm v. Auvergne, →Johannes v. Rupella, →Bonaventura, →Albertus Magnus (ENDRES, 385ff.) bis hin zu →Thomas v. Aquin (MUNDHENK, 121). O. Pluta

Als erster Repräsentant des neuplaton. orientierten Aristotelismus hat G. mit seiner Übersetzergruppe (cooperatores, interpretes, adiutores translationis) der *Medizin* erstmals wissenschaftstheoret. Grundlagen und damit eine bevorzugte Stellung in der Assimilationsbewegung um den »neuen Aristoteles« vermittelt. Aus griech.-arab.

Überlieferung übernimmt G. somit ein Schema, das in der scholast. Tradition vielfach modifiziert und erst durch das »Novum Organum« des Francis Bacon aufgelöst wurde. Die Medizin rangiert an der Spitze der Realwissenschaften und wird als »ars naturalis« mit ihren einzelnen Aufgabenbereichen vorgestellt (vgl. De div. phil.; ed. BAUR 83, 8: »prima autem species scientie naturalis est scientia medicine«). Der Theorie nach ist sie sowohl Gesundheits- als auch Krankheitslehre. In der Praxis unterteilt sie sich in Diätetik (regula sive legis et vite observatio), Pharmazeutik (medicamentum) und Chirurgie (manus operatio). Die Heilkunde erhält damit eine doppelte Aufgabe: Gesundheitsschutz und Krankenversorgung. Träger dieser Heilkunst ist der Arzt, der Lehre wie Praxis zu beherrschen hat. Vgl. ferner→Artes mechanicae. H. Schipperges

Ed.: De anima, ed. J. T. MUCKLE, MSt 2, 1940, 23–103 (vgl. dazu E.-B. ABELOOS, BSIEPh 14, 1972, 72–85) – De divisione philosophiae, ed. L. BAUR, BGPhMA IV, 2–3, 1903 (vgl. dazu S. H. THOMSON, Schol 8, 1933, 240–242) – De immortalitate animae, ed. G. BÜLOW, BGPhMA II, 3, 1897 – De processione mundi, ed. G. BÜLOW, BGPhMA XXIV, 3, 1925 – De unitate, ed. P. CORRENS, BGPhMA I, 1, 1891 – *Lit.:* J. A. ENDRES, Die Nachwirkung von G. De immortalitate animae, PhJb 12, 1899, 382–392 – CL. BAEUMKER, D. B. als philos. Schriftsteller, BGPhMA XXV, 1–2, 1927, 255–275 – M.-TH. D'ALVERNY, Avicenna latinus, AHDL XXXVI, 1961, 281–316 – N. M. HARING, Thierry of Chartres and D. G., MSt 26, 1964, 271–286 – J. F. RIVERA, Nuevos datos sobre los traductores G. y Juan Hispano, Al Andalus 31, 1966, 267–280 – J. MUNDHENK, Die Seele im System des Th. v. Aquin, 1980 – *zur Medizin:* H. SCHIPPERGES, Das griech.-arab. Erbe Toledos und sein Auftrag für die abendländ. Heilkunde, SudhArch 41, 1957, 113–142.

7. D. Loricatus OSB, hl., † 14. Okt. 1060. Einzige Quelle für D.' Leben ist die von →Petrus Damiani etwa ein Jahr nach dem Tode des Hl.', d. h. im Okt. 1061 verfaßte »Vita«, bei der er Stellen aus einigen seiner anderen Werke benutzte, in denen er noch zu D.' Lebzeiten von dessen außergewöhnl. Bußpraxis berichtet hatte. Nach den Angaben des Petrus Damiani wurde D. in einem unbekannten Ort (Cantiano bei Pesaro?) Anfang des 11. Jh. geboren. Bei seiner Priesterweihe war →Simonie im Spiel, da seine Eltern dem Bf. ein Ziegenfell gaben. Um diese unfreiwillig begangene Schuld zu sühnen, wurde D. Einsiedlermönch in Luceoli (heute Pontericcioli), wo Johannes v. Montefeltro Prior war. D. trat danach in →Fonte Avellana ein, das unter der Leitung von Petrus Damiani stand, der ihn 1059 zum Prior des Eremus v. Suavicino (heute S. Vicino, bei Frontale) ernannte, wo er am 14. Okt. 1060 starb. Der Beiname Loricatus ('der Gepanzerte') stammt von seiner Gewohnheit, zur Askese ein schweres eisernes Kettenhemd (lorica) auf dem Leib zu tragen. G. Spinelli

Q.: MPL 144, 1009–1024 (Vita s. Rodulphi episcopi Eugubini et s. Dominici Loricati); 145, 347, 747f., 756–759 (Petri Damiani Opuscula) – *Lit.:* AASS Oct., VI, 1856, 621–628 – Bibl. SS IV, 1964, 687f. – G. LUCCHESI, La Vita S. Rodulphi et S. Dominici Loricati di S. Pier Damiani, RSCI 19, 1965, 166–177 – A. CALAMONERI, San Pier Damiani agiografo (San Pier Damiano nel IX Centenario della morte [1072–1972], IV, 1978), 147–210.

8. D. Maria de Novara, it. Astronom, *1454 in Ferrara, † 15. Aug. 1504 in Bologna; entstammte einer mit dem Vorfahren Bartolino Ploti aus Novara zugewanderten Familie. D. studierte in Ferrara, wo der durch die ältere Wiener Schule beeinflußte Giovanni →Bianchini ein Studienklima für Astronomie geschaffen hatte. Als Dr. art. und med. lehrte D. in Ferrara, Perugia und Rom. 1483 wurde er nach dem Zeugnis der Rotuli als Nachfolger von Girolamo Manfredi nach Bologna berufen, das damals ein Zentrum des Buridanismus (→Johannes Buridanus) war. Als besoldeter Lehrstuhlinhaber für Astronomie lehrte er hier bis zu seinem Tode; zu seinen Aufgaben gehörte auch die Erstellung von *iudicia* und *tachuinia*, d. h. astrolog. Kalendern, bes. für Ärzte (→Astrolog. Medizin) und Landwirte.

Nur einige der Vorhersagen des D. sind uns im Druck bekannt: das »Prognosticon anni 1489« (bei Bazalerius De Bazaleriis, Bologna) sowie diejenigen von 1501, 1503 und 1504 (gedr. ebenfalls in Bologna bei Benedictus Hector); ein Prognosticon von 1496 ist hs. überliefert (Cod. Neap. V. C. 39). Einige Werke, die als Manuskripte von ihm noch im 17. Jh. existierten, kennen wir nur noch dem Titel nach (»Mundus sub stellis partitus ac gentium genia a stellis infuta«; »Opuscula diversa astrologica«; »De lanis naturalibus«; »Orationes«). In einem seiner verlorenen Prognostica, demjenigen auf das Jahr 1498, befand sich eine Abhandlung von D., in der er die Ansicht äußerte, daß die Erdachse seit Ptolemaeus ihre Lage geändert und sich dem Zenit genähert habe (s. u.). Giovanni Magini, dem dieses Prognosticon noch zur Verfügung stand, hat diese kurze Abhandlung 1585 in seinen »Tabulae secundorum mobilium coelestium« abgedruckt.

D. galt als führender Platoniker seiner Zeit und begnadeter akadem. Lehrer. Magini bezeichnete ihn als »vir divino ingenio praeditus«, und ein anderer Nachfolger auf seinem akadem. Lehrstuhl, der Galilei-Schüler Cavalieri, zählt ihn unter die berühmtesten seiner Vorgänger. Seit 1496 war Nikolaus →Kopernikus Schüler des D. Mit ihm zusammen beobachtete D. am 7. März 1497 eine Bedeckung des Aldebarans, »des glänzenden Sternes in den Hyaden«, durch den Mond, eine Beobachtung, die Kopernikus später als Beleg für die Richtigkeit seiner Theorie der Mondparallaxe benutzte. Andererseits wissen wir, daß D. selbst im Rahmen seiner Theorie der Bewegung der Himmelskörper eine eigene Mondtheorie entwickelt hatte, für die sich noch mehr als 100 Jahre später Kepler interessierte. Weitere Forschungen des D. bezogen sich auf die Frage nach der Veränderlichkeit der Ekliptikschiefe. In Abweichung vom Wert des Ptolemaeus (23° 51' 20'') bestimmte er diese zu seiner Zeit mit 23° 29'. Aus dem Unterschied der Angaben für die Länge und Breite einiger span. Städte bei Ptolemaeus zu seinen eigenen Messungen der Polhöhen dieser Städte zog er im Vertrauen auf die unübertreffbare Genauigkeit der antiken Beobachtungen den Schluß, daß die Erdachse ihre Richtung seit der Zeit des Ptolemaeus geändert und der Pol sich dem Zenit genähert hatte; dies bestärkte Kopernikus in seinem Zweifel an der Richtigkeit des ptolemaeischen Weltsystems, obwohl D.' Schlußfolgerung auf der falschen Voraussetzung der absoluten Gültigkeit der ptolemaeischen Beobachtungen beruht hatte. →Weltbild. H. Nobis

Lit.: J. F. WEIDLER, Hist. astronomiae seu de hortu astronomiae, Viterbo 1741 – FANTUZZI, Notizie degli scrittori bolognesi etc., VIII vol. 1781–90, Bd. II – J. J. LALANDE, Bibliogr. astronomique avec l'Hist. de l'astronomie depuis 1781 jusqu'à 1802, 1803 – G. TIRABOSCHI, Storia della Letteratura It., 1 Bde, 1805 – M. CURTZE, Altpreuß. Monatsschrift 7, 1870, 515ff., 726ff. – C. MALAGOLA, Della vita di D. M. N., 1878 – BOQUET, Hist. de l'astronomie, 1925 – P. MELCHIOR, Sur une observation faite par Copernic et Dominique Maria, Bull. acad. Belg. Sciences V. ser., 1954, 416–470 – BORSELLI, Historia Gymnasii Ferrariensis, II, 80 – SNELLIUS, Reathostenes Batavius, Lib. I c. 8, p. 41 – RICCIOLI, Astronomia instaurata, 33.

9. D. v. Pescia OP (Domenico Buonvicini), * um 1450 in Pescia (Toskana), † 23. Mai 1498 in Florenz. Trat um 1470 in den Dominikanerorden ein und legte in Bologna die Ordensgelübde ab, wo er wahrscheinl. →Savonarola begegnete, dem er in der Folge stets verbunden blieb. 1491 hielt er in Pisa die Fastenpredigten, zwei Jahre später finden wir ihn im Konvent S. Marco in Florenz, dem Zentrum der Reformbestrebungen und der Bußpredigten

Savonarolas. Als überzeugter Anhänger von dessen Ideen wurde D. 1493 nach Rom gesandt, um von Alexander VI. die Loslösung des Konvents S. Marco von der Dominikanerkongregation Lombardia zu erbitten, was die freiere Durchführung strengerer Reformmaßnahmen ermöglichen sollte. Dieser Bitte wurde zuerst stattgegeben, und es kam zum Anschluß der Konvente von S. Caterina in Pisa und S. Domenico in Fiesole, dessen Prior D. 1496 bis 1498 war, an S. Marco. Aber bereits 1495 machte der Papst seine Erlaubnis rückgängig. Hierin liegt die Ursache für den »Ungehorsam« Savonarolas und seiner engsten Anhänger, unter ihnen D. Als Girolamo Savonarola das Predigen untersagt wurde, vertrat ihn D. mehrmals auf der Kanzel, und als er von einigen franziskan. Predigern angegriffen wurde, bot D. sich an, seine Ideen zu verteidigen und für ihn die Feuerprobe auf sich zu nehmen, der jedoch seine Gegner auswichen. Obwohl ihn alle als schlicht und harmlos beurteilten, wurde D. wegen seiner Treue zu Savonarola zusammen mit seinem Meister und Fra' Silvestro gehängt und danach verbrannt. Bis vor wenigen Jahren war von seiner schriftsteller. Tätigkeit nichts bekannt, da die bibl. Postillen und die Predigtentwürfe, die von ihm erhalten sind, von der Forschung irrtüml. Savonarola zugeschrieben wurden. G. Barone

Lit.: DBI XV, 285–288 – Th. Kaeppeli, Scriptores Ordinis Praedicatorum Medii Aevi I, 1970, 301–303 – R. Ridolfi, Vita di Girolamo Savonarola, 1974⁵, ad indicem.

10. D. a S. Geminiano, Kanonist, * in S. Gimignano, † 1424 in Bologna; Schüler des Antonius de Butrio, 1407 Generalvikar in Modena, lehrte später in Bologna, zuletzt auditor Camerae apostolicae.

Sein wichtigstes Werk ist der Kommentar zum Liber Sextus, in dem er die nach der Glossa ordinaria entstandene Literatur verarbeitete. Weiter schrieb er einen Kommentar zum Liber Extra, eine Lectura über Gratians Dekret sowie die Consilia seu responsa und die Summulae et Divisiones Decretalium seu synopsis. H. van de Wouw

Lit.: Coing, Hdb. I, 381 [K. W. Nörr] – DDC IV, 1410 – LThK² III, 482 – NCE IV, 993 – Schulte II, 252, 294–296 – Van Hove, 651 [Ind.] – D. Maffei, La donazione di Costantino nei giuristi medievali, 1964, 277, n. 1 [zum Todesjahr].

11. D. (Domenico) v. Sora, hl., Abt, * um die Mitte des 10. Jh. in Foligno (Umbrien), † 22. Jan. 1031 in Sora (Latium). Zuerst Oblate des Kl. S. Silvestro in Foligno, wo er seine Studien begann, legte D. im umbr. Kl. S. Maria di Pietrademone die Ordensgelübde ab und erhielt die Priesterweihe. Seiner starken monast. Berufung folgend, lebte er in wechselnder Folge als Einsiedler und im Rahmen einer Kommunität und gründete eine Reihe von Kl., die er nach kürzerem oder längerem Aufenthalt wieder verließ. So begab er sich von dem Kl. S. Pietro del Lago (L'Aquila) nach S. Pietro di Avellana im Sangro, zog dann in noch unberührtere Gegenden und gründete nach dreijährigem Einsiedlerleben in Trisulti das Kl. S. Bartolomeo, das bald zum Mittelpunkt starker lokaler Frömmigkeit wurde und zw. 1004 und 1009 die bes. Förderung Papst Johannes' XVIII. genoß. D.' bedeutendste Gründung, S. Maria in Sora, entwickelte sich zu einem Zentrum umfassender Seelsorge, der sich der Hl. sowohl in eigener Person als auch mittelbar durch die Gründung von Kirchen und Oratorien v. a. auf dem flachen Land widmete. Mit Legenden durchsetzte Traditionen lassen sogar an missionar. Tätigkeit denken. Damit in Zusammenhang scheint die Überlieferung zu stehen, er habe einen Drachen getötet, was ihm den Ruf des Schützers gegen bedrohliche Tiere (v. a. Schlangen) eintrug.

Noch heute wird D. in den Gegenden seines Wirkens (Umbrien, südl. Latium, Kampanien, Abruzzen) hochverehrt. In Cocullo (Abruzzen) steht er im Mittelpunkt uralter Volksfrömmigkeit, deren Ursprünge anscheinend in die heidn. Zeit zurückreichen und ihre Wurzeln wohl in einem Kult einer Schlangengöttin haben. Während der ihm zu Ehren abgehaltenen Prozession hält man noch heute als eine Art Opfer zu seiner Statue Schlangen empor, die das ganze Jahr über eigens zu diesem Zweck gesammelt und gefüttert werden. R. Manselli

Q. und Lit.: Bibl. SS IV, 737–738 [Bibl.] – Enc. Catt. IV, 1835 – G. Penco, Storia del Monachesimo in Italia, 1961–68 – A. M. di Nola, Gli aspetti magico-religiosi di una cultura subalterna it., 1976.

Dominikaner, Dominikanerinnen

A. Allgemeine Struktur des Ordens und seine Geschichte in Frankreich und Italien – B. Verbreitung in den übrigen Ländern Europas

A. Allgemeine Struktur des Ordens und seine Geschichte in Frankreich und Italien

I. Entstehung – II. Verfassung – III. Ordensleben – IV. Dominikanerliturgie – V. Ausbreitung des Ordens in Frankreich und Italien.

I. Entstehung: Die Bezeichnungen 'Dominikaner' (offizielle Bezeichnung: Ordo fratrum Praedicatorum) und 'Dominikanerinnen' erscheinen erst im 15. Jh. Die Dominikaner (D.) wurden als apostolischer Orden, der zu den Mendikantenorden (→Bettelorden) gezählt wird, vom hl. →Dominikus gegründet. Zwei Daten markieren die Entstehung des Ordens. 1215 begründete Dominikus in →Toulouse eine religiöse Gemeinschaft von Predigern zwar klassischen Typs, aber mit der spezif. Zweckbestimmung, »als Religiosen das Evangelium der Wahrheit in evangelischer Armut zu predigen«. Diese Gemeinschaft widmete sich der religiösen Rückgewinnung der Diözese Toulouse und ihrer Umgebung für die Orthodoxie (→Albigenser). 1217 – das zweite wichtige Datum – wandelte Dominikus diese Gemeinschaft in einen allgemeinen und zentralisierten Orden um, der aber weiterhin den gleichen Auftrag wahrnahm. Drei päpstl. Bullen bestätigten diesen Auftrag: 1216 die kanoniale Form, 1217 den Namen und das Predigtamt, 1219 die Predigt in Bettelarmut. Nach dem Tod des Dominikus (1221) breitete sich der Orden rasch weiter in Europa aus und faßte bereits die →Mission in Asien ins Auge. Die Zahl der Konvente stieg von ca. 25 i. J. 1221 auf 404 i. J. 1277, 554 i. J. 1303 und 631 i. J. 1357. 1228 gab es 12 Provinzen, 1303 18 und am Ende des 15. Jh. 23. Man zählte 1256 um 9000 Brüder, 1337 12000. Am Ende des 13. Jh. hatte der Predigerorden, neben Konventen von Klerikern und Konversen, Nonnenklöster und Penitentenbruderschaften, unter der Oberhoheit des Generalmeisters und der Provinziale.

II. Verfassung: [1] Satzung: Die Satzung der D. entstand in Schüben. Das Werk des Dominikus und seiner Brüder von 1216 und 1220–21 findet sich entsprechend in den beiden Distinktionen der »Constitutiones antiquae« wieder, die von den Generalkapiteln vor 1238 überarbeitet wurden. 1239–41 ordnete →Raymond v. Peñafort, der dritte Ordensgeneral, diese Texte neu. Im Erstdruck der Konstitutionen (1505) sind zw. den Paragraphen die Anordnungen oder Deklarationen von Ordenskapiteln eingerückt.

[2] Charakter des Ordens: Die Verfassung des Dominikanerordens ist als »Kathedrale des konstitutionellen Rechts« bezeichnet worden (L. Moulin). Dieses Bild verdeutlicht zugleich die Kraft der Synthese, den Reichtum und das Gleichgewicht der verschiedenen Teile und die Stärke der Inspiration, die diese Ordensverfassung prägen. Der Orden hat sich niemals aufgespalten. Der

Dualismus von zwei Generalmeistern, der während des →Abendländischen Schismas als Folge der Spaltung der Christenheit in Obödienzen auftrat, verschwand nach der Beendigung des Schismas. Die unmittelbare Profeß aller Brüder beim Generalmeister sicherte die Einheit aller und die Mobilität jedes einzelnen. Dem demokrat. Element, das sich in häufiger Wahl und Mehrheitsbeschlüssen manifestierte, stand auf der anderen Seite das Bestätigungsrecht durch den jeweiligen Oberen gegenüber. Das Generalkapitel hatte die oberste legislatorische Gewalt im Orden, doch wurde durch den abwechselnden Turnus der jährlichen Kapitel - einem Kapitel der Oberen folgten zwei von den einfachen Ordensbrüdern gewählte Kapitel - und die Forderung, daß erst nach drei aufeinanderfolgenden Kapiteln eine Konstitution erlassen werden konnte (1228), für den Orden ein außergewöhnliches »Mehrkammersystem« geschaffen. Diese legislatorische Prozedur sicherte dem Orden die Anpassungsfähigkeit und vermied Anarchie. Den Kapiteln kamen Lenkungs- und Kontrollfunktionen zu. Zw. den Versammlungen hatten die Meister und die Prioren die Exekutivgewalt ungeteilt inne. Ihr allgemeines Dispensrecht (1220) hatte weniger die Rücksichtnahme auf die Schwäche als die Förderung des Endziels - nämlich das Seelenheil durch die Predigt - im Auge.

[3] *Einzelne Institutionen:* Die Regierung des Ordens liegt auf den drei Ebenen des Einzelkonvents, der Provinz und des Gesamtordens in den Händen jeweils eines Priors und eines Kapitels. Beide Organe sind geprägt von den damals gültigen Regeln des kanonischen, religiösen und korporativen Rechts. Das Generalkapitel ist demokratischer organisiert als bei den →Zisterziensern durch die Tatsache, daß sich die Kapitel der Oberen und die gewählten Kapitel abwechseln. Zunächst tagte es jährlich, seit 1370 alle zwei Jahre, um schließlich seit Anfang 1455 alle drei Jahre stattzufinden. Das Provinzialkapitel, ausgegangen vom c. XII des →IV. Laterankonzils, ist ein Moment der Dezentralisation, das seinen Funktionen als Initiativorgan bei der Arbeit des Ordens und bei der Kontrolle der Regelobservanz gerecht wurde. 1275 untergliederte man die Provinzen in Vikarien oder Nationen. Um 1300 bildeten die Congregatio Fratrum Peregrinantium und seit 1380 die Reformkongregationen andere Typen von regionalen Gruppierungen aus. Der gewählte Generalmeister bedurfte keiner Bestätigung; ihm stand ein socius zur Seite; an der Kurie fungierte ein Ordensprokurator (1257). Der Kardinalprotektor erscheint erst 1378. Die Kapitel beschlossen jeweils das Ende des Mandates der Oberen, das vorher nicht festgelegt war. Die Prioren waren die Initiatoren des Ordenslebens und die Förderer des Studiums und der Predigt.

[4] *Observanz und Evangelium; Armut und Reform:* Die Ordenssatzung ist eine strikte Form des einmütigen und kontemplativen Gemeinschaftslebens, das seit dem 4. Jh. als »Vita apostolica« (Act. IV. 32) bezeichnet wird. Den monast. Fastengeboten fügte der Orden noch die ständige Enthaltung vom Fleischgenuß hinzu. Dominikus' Willen entsprach es - und der Orden hat es 1236 bestätigt -, daß diese Observanz nicht »ad culpam«, sondern »ad poenam« verpflichtete. Diese Entscheidung, der man auch in den Laienbruderschaften Italiens begegnet, führte, um die Ordensdisziplin aufrechtzuerhalten, bei den tägl. Kapiteln zu einer Vervollkommnung des Systems der Ahndung von Verstößen gegen die Ordensregel; ein außergewöhnl. detaillierter Katalog, der für die verschiedenen Verfehlungen abgestufte Bußen vorsah, diente als Grundlage. Andererseits legte der Papst in seiner Bestätigung von 1219 die »Leiden und Gefahren«, die den D.n aus der Befolgung

ihrer Regel - der Predigt in bettelhafter Armut oder »Regel der Apostel« (nach Mt 10, 5-10) - erwachsen, als heilsame Buße (»in remissionem peccatorum«) fest. Die Synthese von »Regel« und »Leben« der Apostel in der Heiligung und dem Dienst der Brüder erklärt die Dynamik ihrer Gründung und unterstreicht ihre Inspiration durch das Evangelium. Die Fundierung in der evangel. Armut wurde 1220 noch verstärkt, als der Orden sich für die Bettelarmut auch der Konvente entschied, die ein Kennzeichen für die Spiritualität der Prediger ist. Als 1337 Benedikt XII. feststellte, daß der Bettel den Konventen keine Lebensgrundlage mehr zu verschaffen mochte, und daher das Recht der D. auf Gemeinschaftsbesitz vorschlug, lehnte der Orden dies ab und beschränkte sich darauf, Dispense zu erteilen. Er akzeptierte gleichwohl dieses Recht von Sixtus IV. (1478) und vom Konzil von Trient. Dagegen erforderte das Aufkommen des »Privatlebens«, das zwangsläufig die persönl. Armut der Brüder untergrub, eine Reform. Im 14. Jh. eingeleitet, nahm sie durch →Raimund v. Capua (1380-99) Gestalt an, zunächst in einzelnen Konventen, dann in Reformkongregationen der Lombardei, Hollands, Deutschlands, Spaniens etc.; sie erreichte ihren Höhepunkt, als die Ordensgenerale Bandello († 1506) und Cajetan († 1534) die Reformkongregationen als Provinzen einrichteten und die nichtreformierten Provinzen dagegen in einfache Vikariate umwandelten.

III. ORDENSLEBEN: [1] *Predigt:* Die Predigt für das Seelenheil, die das eigtl. Ziel des Ordens ist, hatte seit 1215 den ganzen Umfang der bfl. Predigt angenommen: dogmatisch und moralisch, positiv und defensiv. Die Bullen von Honorius III. und Gregor IX. bezeichneten die Brüder als »aufgrund ihrer Profeß gänzlich zur Predigt entsandt« und, sofern sie Priester waren, auch zur Beichte. Dieses allgemeine Mandat mußte rasch zum Konflikt mit dem Weltklerus führen (vgl. Abschnitt V, 2). Der Orden bereitete seine Brüder auf die Predigttätigkeit durch Studien und prakt. Ausbildung sorgfältig vor. Das Predigtrecht, das zunächst das allgemeine Generalkapitel erteilte, wurde schließlich durch den Prior des betreffenden Konvents, dem ein Rat zur Seite stand, verliehen. Da die Kenntnis der Hl. Schriften und der Theologie für den Prediger unentbehrl. ist, konnte von vornherein nur der Kleriker Prediger sein; er ist darüber hinaus üblicherweise auch Priester, denn die Absolution im Bußsakrament vollendet das Predigtwerk (→Humbert v. Romans). Jedoch ist allein die »Sendung« durch den Oberen zwingend vorgeschrieben; die Konstitutionen legen neben der religiösen und prakt. Kompetenz für den Prediger lediglich eine wenigstens einjährige theol. Ausbildung sowie für einen außerhalb des Konvents wirkenden Bruder ein Mindestalter von 25 Jahren fest. Jeder Konvent hat seinen eigenen Predigt- und Kollektenbezirk, den er in weitere Unterbezirke (termini) aufteilen kann, für die jeweils ein Prediger zuständig ist (praedicator terminarius). Nur der Generalprediger (praedicator generalis) dehnt seine Predigttätigkeit auf alle Teile seiner Ordensprovinz aus. Einige dieser Generalprediger, so bes. Vincenz →Ferrer († 1419), hatten weitergehende Befugnisse, sie setzten die Tradition der Wanderpredigt des hl. Dominikus und der Eremitenprediger des 12. Jh. fort. Die Dominikanerpredigt erfuhr im Laufe des MA starke typologische, gattungsmäßige, methodische und strukturelle Wandlungen. Sie erreichte wohl im 15. Jh. ihren Höhepunkt. Zu diesem Zeitpunkt hatte die Gesamtheit der Dominikanerkonvente und derjenigen ihrer Nacheiferer über das reguläre Pfarrnetz gleichsam ein zweites Seelsorgenetz gelegt, gegründet auf die Predigt; diese Entwicklung mußte auch bei der Predigttätigkeit des Weltklerus Ansätze der Erneuerung hervorrufen.

[2] *Studium:* Der Orden hat im Laufe seines ersten Jahrhunderts absolut eigenständige und neuartige theol. Studien- und Unterrichtseinrichtungen geschaffen, für die Dominikus durch seine Entscheidungen von 1217 und 1220 die Grundlage geschaffen hatte und die von den Generalkapiteln, bes. von 1259, 1305, 1405, weiterentwickelt wurden. Es handelte sich um eine zentralisierte Organisation, deren Basis die Gesamtheit der Ordenskonvente bildete, an denen ein Lehrer (lector) alle seine Brüder und bestimmte Weltkleriker in Theologie unterrichtete, unterstützt von einem Studienleiter (magister studentium). Das geistige Zentrum war St. Jakob in Paris, das über zwei Lehrstühle der Pariser theol. Fakultät verfügte und ausschließlich die Magister, die das »jus ubique docendi« innehatten, ausbildete. Diesem Zentrum untergeordnet, besaß jede Provinz ein oder zwei »studia solemnia«, die die Konventslektoren ausbildeten. Die bedeutendsten dieser studia trugen den Titel »studia generalia« (→studium generale), weil sie mit Paris die Verpflichtung teilten, aus jeder Provinz zwei oder drei fortgeschrittene Studenten zur weiteren Ausbildung anzunehmen; diese waren aus den spezialisierten Schulen des Ordens hervorgegangen, deren Vielfalt im Laufe des ersten Jahrhunderts der Ordensgeschichte unaufhörlich wuchs. Als die Zahl dieser großen Schulen in der Kirche zunahm, führte der Orden eine dringend erforderliche Dezentralisierung des Theologieunterrichts durch, der sich in bedrohlicher Weise auf dem Kontinent in Paris konzentriert hatte. Als das Papsttum in der 2. Hälfte des 14. Jh. die Zahl der theol. Fakultäten erhöhen wollte, genügte es, bes. in Südeuropa, die »studia« der Mendikantenorden umzugruppieren, die sich nach dem Vorbild des Predigerordens an den Universitäten etabliert hatten.

[3] *Die Stadt, Schwestern und Büßer:* Seit den Anfängen des Ordens waren alle Ordenskonvente in den Städten gegr. worden, d. h. in Ballungsgebieten und Zentren von Aktivitäten, die wiederum auf die ländl. Gebiete ausstrahlten, an denen der Orden durchaus nicht uninteressiert war. Die Prediger errichteten wenige Konvente, jedoch zahlenmäßig starke und mit Vorliebe in den größten und wichtigsten Städten. Zunächst vor den Toren gelegen, drangen sie gegen 1240 schon in den Stadtkern vor. Die Dominikanerkapelle war der Mittelpunkt ihrer Tätigkeit, was rasch zu Erweiterungsbauten führte (→Bettelordenskirchen). Jede bedeutende Stadt war bestrebt, in ihren Mauern Prediger- oder Minoritenkonvente zu haben. Schon vor der Gründung suchte der Orden, Zustimmung bei allen Bevölkerungsschichten zu finden, denn die Brüder mußten »mit allen Gemeinschaft haben«. Die Laien, die durch die Predigt, die geistl. Leitung, die ihnen zuteil wurde, und das Gebet der D. angezogen wurden, waren bestrebt, ihre Verbindungen zu den Ordenskonventen zu institutionalisieren. Die dt. Provinzen gründeten nach dem Vorbild von Dominikus und →Jordan v. Sachsen für die Frauen zahlreiche Klöster, in denen die Dominikanermystik (→Mystik) eifrige Pflege erfuhr. Andere Ordensprovinzen lehnten es lange Zeit ab, Frauenklöster anzuerkennen, da man fürchtete, daß die Sorge um diese den Orden der ureigensten Aufgabe und Lebensform, nämlich Predigt und Armut, entfremden könne (1227-59). Dank des Einsatzes der Päpste und des Ordensgenerals Humbert v. Romans erhielten die Dominikanerinnen 1259 ihre Regel, fußend auf der Verfassung des Kl. S. Sisto (Rom), und wurden 1267 endgültig dem Orden inkorporiert. Die Kl. vermehrten sich langsam: 58 i. J. 1277, 144 i. J. 1306, 157 i. J. 1357. Sie sind nur in der Provinz Teutonia zahlreich: 40 i. J. 1277. Die Provinzen reagierten unterschiedl. auf die weibl. Aspirationen. Im nordwestl. Europa traten die Brüder u. a. in Verbindung mit den →Beg(h)inen, die außerhalb des Ordens blieben. Im südl. Europa, bes. in Norditalien, traten ihre Laienanhänger zahlreich in die Bruderschaften des Büßerordens (Ordo de Penitentia) ein, der sich entweder an den D.n oder den Franziskanern orientierte: 1285 gab ihnen der Ordensmeister Munio v. Zamora zu Florenz eine Regel, die die Bruderschaften auf die Unterstützung der dominikan. Glaubensverkündigung hin ausrichtete. Seitdem war der »Orden der Brüder und Schwestern von der Buße des hl. Dominikus« dem Dominikanerorden inkorporiert und unterstand dem Ordensmeister sowie den Provinzialen. Er erfährt im 14. Jh. in Italien den Erfolg der Mantellaten, den u. a. die hl. →Katharina v. Siena veranschaulicht. Im 15. Jh. breitete er sich im gesamten Orden aus in den Gründungen des »III. Ordens« von Brüdern oder Schwestern, wobei es sich um Laien und Regulierte handelte. Das ist der Ursprung der »apostolischen Dominikanerinnen«, die nach drei Jahrhunderten des Niedergangs im 19. Jh. an Zahl und Bedeutung wuchsen, wobei sie sich nun unmittelbarer am Unterrichtsamt und der Organisation des Dominikanerordens beteiligten.

[4] *Kirchenämter, Häresie, Mission:* Die Präsenz der D. in der Welt, ihre Kompetenz, ihre sittliche Integrität, ihre Geistigkeit und ihre Verfügbarkeit machten die Brüder geeignet für viele Arten von Ämtern und Tätigkeiten in der Kirche wie in den christl. Staaten Europas. Das Bischofsamt, das von Dominikus als unvereinbar mit der Predigt in Demut abgelehnt worden war, traten dennoch Ordensmitglieder – unter dem Druck der Päpste – an; einzelne D. wurden Prälaten, Kardinäle und sogar – in zwei Fällen – Päpste: →Innozenz V. († 1276) und →Benedikt XI. († 1304). Nach 1231 übertrug →Gregor IX. den D.n das Inquisitorenamt (→Inquisition) in Deutschland, Frankreich (1232), Languedoc (1233) etc. Die gegen die →Häresie gerichtete Aktivität, die in der Predigt des Dominikus in der Provinz von Narbonne und in der Lombardei sowie in der ersten Ausrichtung des Ordens (1215-17) ihren Ausdruck fand, prägte indes den Orden nicht; das Wort 'Häresie' erscheint niemals in den Konstitutionen, und die Inquisition ist in »De officiis« des Humbert v. Romans nicht erwähnt. Ohne den Orden zu verlassen, lebte der Inquisitor abgesondert vom Ordensleben. Die Inquisition wurde übrigens 1236 auch den Franziskanern übertragen: Während die D. im Languedoc und Norditalien als Inquisitoren fungierten, nahmen die Franziskaner diese Aufgabe in der Provence und in Süditalien wahr. Die Inquisitoren übten ihr Amt gewissenhaft aus. Aufgrund ihrer Erfahrung vermochten sie die aus dem kanon. Recht erwachsenen und aufgrund von Konzilsbeschlüssen eingeführten Prozeduren genauer zu fixieren und zu systematisieren, was sich in Inquisitorenhandbüchern (z. B. »Practica officii inquisitionis« des →Bernardus Guidonis, 1314/16) niederschlug. Allerdings waren die Hauptwaffen des Ordens gegen die Häresie seine ehrliche Überzeugung, seine theol. Bildung und seine umfassende Glaubenspredigt.

Die →Mission unter den Nichtchristen verwirklichte die tiefste Berufung des hl. Dominikus. Eingeleitet 1221 durch die Entsendung der Brüder nach Mitteleuropa, fand die dominikan. Missionsarbeit ihre Stützpunkte in Spanien, Skandinavien, im byz. Griechenland, im Hl. Land und erfaßte von dort aus Marokko, Preußen und das Baltikum sowie bestimmte Gebiete in Rußland, Persien und Zentralasien bis nach →China. Das Auftreten der D. (und Franziskaner) in Zentralasien wurde dabei durch das Reich der →Mongolen, die wirtschaftl. wie religiöse Kontakte in gewissem Umfang tolerierten, erleichtert. Die Missionstätigkeit mündete ein in die Gründung der Kirchenprovinz von Sultanieh durch Johannes XXII., in die Errichtung einer »Wanderprovinz« um 1300, der »Congregatio Fratrum Peregrinantium« und schließlich – zur Vorbereitung der Union mit Armenien – in den »Ordo Praedicatorum Unitorum dictorum« (1356). Unter den Missionseinrichtungen sind die »studia linguarum« bemerkenswert, für die das »studium arabicum« von Barcelona (1259) das Musterbeispiel darstellt. M.-H. Vicaire

IV. DOMINIKANERLITURGIE: [1] *Allgemein:* Ihre endgültige Gestalt erhielt die Dominikanerliturgie durch den fünften Magister des Ordens, →Humbert v. Romans, der im Auftrag der Generalkapitel der Jahre 1254, 1255, 1256 die Dominikanerliturgie ordnete und damit die vierzigjährige Periode ihrer allmähl. Entwicklung abschloß. Die letzte Fassung der von ihm gestalteten Liturgie ist in einer 14 Bücher umfassenden Hs. (500 fol.), gen. Prototypus der D., niedergelegt (Cod. XIV L 1, Generalarchiv des Ordens in Rom). Im Stundengebet folgt die Dominikanerliturgie dem cursus romanus mit der Ausnahme, daß es in der ganzen Osterzeit in der Matutin (Mat.) nur 3 Ps und 3 Lesungen gibt. Die Hl. Schrift wurde in der Mat. nur im Officium de Tempore gelesen. Auffallend ist, im Vergleich zu anderen Ordensliturgien, die Kürze des Officiums, d. h. die Vermeidung der meisten Zusätze: das dominikan. Officium kannte keine Suffragia, d. h. fast täglich zu betende Gedächtnisse (de Cruce, de Apostolis, pro pace), sondern nur ein fast tägl. Gedächtnis des hl. Dominikus, desgleichen keine langen Ferialpreces mit De profundis oder Miserere in Laudes und Vesper, sondern nur kurze Ferialpreces in Prim und Komplet (2 oder 3 Versikel mit Pater noster und Credo). In der Advents- und Fastenzeit wurden keine Gradual- und Bußpsalmen mit Litanei zugefügt, nur wenn am Samstag das Off. B. M. V. gefeiert wurde, kannte die Dominikanerliturgie statt des täglichen Off. B. M. V. die Gradualpsalmen. Das Totenoffizium (Officium defunctorum: O.D.) wurde nur einmal in der Woche (mit Ausnahmen) gebetet (Humbert: »wir beten das O.D. seltener als viele andere«). In der Mat. gab es keine Absolutionen, und nach der letzten Lesung folgte immer ein Responsorium, auch wenn das Te Deum gesungen wurde. An größeren Festen wurden in der 1. Vesper 5 Laudate-Ps und ein längeres Responsorium gebetet. Besonderheiten im Jahre waren z. B. die Genealogien am Ende der Mat. von Weihnachten und Epiphanie, die längeren Responsorien in den kleinen Horen in der Septuagesimazeit, der Wechsel einzelner Teile der Komplet nach dem Kirchenjahr und an den Festen der hl. Jungfrau. Am 2. Nov. war das O.D. das Tagesoffizium. Auch die Messe war durch Einfachheit gekennzeichnet: am Anfang wurde nur ein kurzes Confiteor gebetet, mit vorangehendem Versikel »Confitemini Domino quoniam bonus« (was in diesem Kontext eine Aufforderung zum Sündenbekenntnis bedeutet); beim Offertorium wurden Brot und Wein zusammen mit der kurzen Formel »Suscipe sancta Trinitas« Gott dargeboten; vor der Kommunion sprach der Priester nur das theol. reiche Gebet »Domine Iesu Christe, Fili Dei vivi qui ex voluntate Patris« und, unmittelbar bevor er die hll. Species genoß, »Corpus et Sanguis Domini nostri Iesu Christi custodiant me in vitam aeternam«. Im Hochamt wurde der Kelch nach dem Gesang der Epistel bereitet, in der Privatmesse am Anfang, vor dem Staffelgebet. A. Dirks

[2] *Musikalisch:* Ursprgl. ignorieren die D. liturg.-musikal. Gleichförmigkeit. Das Generalkapitel unterstützt 1228 diese Haltung und beschließt, die Brüder sollen auf Reisen ihr Officium nach den Gewohnheiten der Kirche persolvieren, wo sie gerade sich aufhalten. Der Musterkodex (1255) Humberts v. Romans will indes weniger reformieren als normieren; er fixiert für den ganzen Orden – bis zum II. Vaticanum – verbindlich liturg. Gesänge der Pariser Kathedrale. Alle Niederlassungen der D. erhalten davon Kopien. An Stelle des asteriscus markiert die linea duplex hinter den Initia den Einsatz des Chores. Reich neumierte Gradualien übernimmt der Orden beinahe zuverlässig; Allelujagesänge aber ändert er gravierend: Er kürzt zum einen das Melisma auf der letzten Silbe des Versus und beseitigt zum andern Gruppen- und Periodenwiederholungen in den Melismen. Dabei erinnert die Dominikanerfassung zuweilen an die Lesart der →Zisterzienser: Die Kürzung zerstört die Identität des Melisma am Ende des Versus mit dem Jubilus vor dem Versus. Die Tonwiederholungen der Melismen verlieren dabei ihre ursprgl. Aufgabe, den melod. Linien Übersicht und ästhetisch notwendige Logik der Entwicklung zu vermitteln. In Lektions- und Orationsformeln der D. – im Gegensatz zu röm. und anderer Praxis – fällt die subsemitonale Tuba auf. Der Musterkodex bezeichnet die Positurae mit Flexa, Mediatio, Interrogatio und Finis. Liturg. Weisen einen Diskantus hinzuzufügen verbietet 1242 das Generalkapitel von Bologna; 1250 dekretiert das Generalkapitel von London, Gesänge in der vom Cantor intonierten Tonhöhe bis zum Ende auszuführen, ohne dabei Oktavenintervalle einzuschieben. Die Verbote sind zugleich eine bedeutsame Quelle frz. Choralpraxis des 13. Jh. D. v. Huebner

Q.: zu [I]: Zahlreiche ed. Q. in: Monumenta Ordinis Fratrum Praedicatorum historica I–XXV, 1896–1966 – Bullarium Ordinis FF Praedicatorum, 8 Bde, Rom 1729–40 – Analecta Sacri Ordinis Fratrum Praedicatorum, 1893ff. – APraed, 1931ff. [1981: allg. Register] – Listen der Kapitel, Ordensmeister, Heiligen usw. des Ordens: I. TAURISANO, Analecta Sacri Ordinis Fratrum Praedicatorum XII, 1916; XIII, 1917 – zu [II, 1]: Constitutiones antiquae: A. H. THOMAS, De oudste Constituties de D. Voorgeschiedenis, tekste, bronnen, ontstaan en ontwikkeling (1215–1237), 1965 – Ed. v. 1239: APraed XVIII, 1948, 29–68 – zu [II, 3]: V. FONTANA, Constitutiones, declarationes et ordinationes capitulorum generalium..., 1872[2] – Humbertus de Romanis, De officiis ord. (Opera de vita regulari II, 1888), 179–371 – Acta capitulorum generalium, ed. B. M. REICHERT (Monumenta Ordinis Fratrum Praedicatorum historica III–IV, VII–XIV), 1898–1904 – zu [III, 1]: Humbertus de Romanis, De eruditione praedicatorum (Opera de vita regulari II, 1888), 31–41, 373–484 – DSAM V, 1425–1427 – zu [III, 3]: Constitutiones sororum Ord. Fr. Praed. (1259): Analecta Sacri Ordinis Fratrum Praedicatorum III, 1897, 337–348 – Institutiones sororum S. Sixti (1232): S. SIMON, L'Ordre des Pénitentes de Ste-Marie-Madeleine en Allemagne au XIIIe s., 1918, 142–153 – M.-H. VICAIRE, Hist. de St-Dominique II, 1957, 386–396 [App. VIII] – zu der Regula fratrum et sororum Ord. de Penitentia B. Dominici: G. G. MEERSSEMAN, Dossier de l'Ordre de la Penitence au XIIIe s., 1982[2], 144–156 – *Lit.:* zu [I]: DHGE XVIII, 1370–1410 [M.-H. VICAIRE, Lit.] – DIP IV, 923–970 [Q. und Lit.] – TRE IX, 127–136 [Q. und Lit.] – A. MORTIER, Hist. des Maîtres généraux de l'Ordre des Fr. Prêcheurs, 8 Bde, 1903–20 – A. WALZ, Compendium hist. Ord. Praed., 1948[2] – W. A. HINNEBUSCH, The Hist. of the Dominican Order, I: Origins and Growth to 1500, 1966 – TH. KAEPPELI, Scriptores Ord. Praed., Medii Aevi, 3 Bde, 1970–80 – M.-H. VICAIRE, Dominique et ses Prêcheurs, 1977 – DERS., Hist. de St-Dominique, 1982[2] [Lit.] – DERS., L'Ordre de St-Dominique en 1215, APraed LIV, 1984, 5–38 – zu [II, 1]: G. R. GALBRAITH, The Constitutions of the Dominican Order, 1925 – APraed VI, 1936, 334–350 [Textgesch.] – APraed XXXIV–XXXVI, 1964–66 [Kommentare der Regel] – A. GAUTHIER, Le pouvoir législatif dans l'Ordre des Prêcheurs, 1970 – zu [II, 2]: E. BARKER, The Dominican Order and Convocation, 1913 – L. MOULIN, L'organisation du gouvernement local et provincial dans les constitutions dominicaines, Revue internat. des sciences administratives, 1955, 5–26 – Y. CONGAR, »Quod omnes tangit ab omnibus tractari et approbari debet«, Revue de Droit français et étranger 36, 1958, 210-259 – L. MOULIN, Le monde vivant des religieux, 1964, 114-132 – A. DUVAL-J. GAUDEMET, Les élections dans l'Eglise latine, 1979, 309-416 [die Mendikantenorden] – zu [II, 3]: P. MULHERN, The early Dominican Laybrother, 1944 – V. RUF, De relatione inter capitulum generale et magistrum generalem in OPraed 1218-1501, 1958 – L. S. FORTE, Cardinals Protectors of the Dominican Order, 1959 – zu [II, 4]: DSAM III, 1519-1532 [Lit.] – H. C. LAMBERMOND, Der Armutsgedanke des hl. Dominikus und seines Ordens, 1926 – G. LÖHR, Die Mendikantenarmut im Dominikanerorden im 14. Jh., DT 17, 1940, 385-427 – W. A. HINNEBUSCH, Poverty in the Order of Preachers, CathHR 41, 1959-60, 436-453 – M.-H. VICAIRE, L'imitation des Apôtres. Moines, Chanoines et Mendiants (IVe-XIIIe s.), 1963 – R. CREYTENS, Le testament de St-Dominique dans la littérature dominicaine ancienne et moderne, APraed XLIII, 1973, 29-72 – M.-H. VICAIRE, Les origines de la pauvreté mendiante des Prêcheurs. La pauvreté évangélique dans la conversion pénitentielle des Prêcheurs (Dominique et ses Prêcheurs, 1977), 222-279 – G. G. MEERSSEMAN, Le leges puramente penali nelle confraternite medievali (Ordo fraternitatis III, 1982), 1290-1314 – zu [III, 1]: Y. CONGAR, Aspect ecclésiologique de la querelle entre Mendiants et séculiers dans la 2e moitié du XIIIe et le début du XIVe s., AHDL 28, 1961, 35-161 – H. C. SCHEEBEN, APraed 31, 1961, 112-141 [Prediger und Generalprediger] – M. PEUCHMAURD, Mission canonique et prédication. Le prêtre ministre de la parole, RTh 29, 1962, 52-76; 30, 1963, 122-144, 251-276 – C. CAROZZI, Le ministère de la confession chez les Prêcheurs de la province de Provence, Cahiers de Fanjeaux 8, 1973, 321-354 – J. P. RENARD, La formation et la désignation des prédicateurs au début de l'Ordre des Prêcheurs, 1977 – M.-H. VICAIRE, Sacerdoce et prédications aux origines de l'Ordre des Prêcheurs, RSPhTh 64, 1980, 241-254 – A. VAUCHEZ – A. FORNI, Faire croire, 1981, 7-16, 19-37 – zu [III, 2]: C. M. DOUAIS, Essai sur l'organisation des études dans l'Ordre des Frères Prêcheurs aux XIIIe et XIVe s. (1216-1343), 1884 – A. WALZ, Vom Buchwesen im Predigerorden bis zum Jahr 1280 (Aus der Geisteswelt des MA I, 1935), 111-127 – R. CREYTENS, Le »Studium Curiae« et le Maître du Sacré-Palais, APraed XII, 1942, 5-83 – A. DUVAL, L'étude dans la législation religieuse de St-Dominique, Mélanges Chenu, 1967, 221-247 – I. W. FRANK, Die Spannung zw. Ordensleben und wissenschaftl. Arbeit im frühen Dominikanerorden, AK 49, 1967, 164-207 – DERS., Hausstudium und Universitätsstudium der Wiener D. bis 1500, AÖG 127, 1968 – W. A. HINNEBUSCH, The Hist. of the Dominican Order, II: Intellectual Life to 1500, 1973 – A. P. AMARGIER, Le livre des Prêcheurs de la province de Provence au XIIIe s. Actes du 95e Congrès des Sociétés Savantes (Sect. de Philosophie et d'Hist., 1975), 405-417 – J. VERGER, Studia et univers. (Le Scuole degli Ordini mendicanti. Convegni di Todi 17, 1978), 173-203 – G. BARONE, La legislazione sugli Studia dei predicatori e dei Minori (ebd.), 207-247 – M.-H. VICAIRE, Positions scolaires ... de Bernard Gui, Cahiers de Fanjeaux 16, 1981, 55-83 – zu [III, 3]: DHGE XVIII, 1410-1428 [A. DUVAL, Lit.] – O. DECKER, Die Stellung des Predigerordens zu den Dominikanerinnen (1206-1267) (Q. und Forsch. zur Gesch. des Dominikanerordens in Dtl. 31), 1935 – D. CREYTENS, APraed XIX, 1949, 5-48 [Laienbrüder der D.] – J. W. KOUDELKA, APraed XXXI, 1961, 5-81 [Gründung von S. Sisto] – M.-H. VICAIRE, Recherches sur le 1er s. des O. Mendiants, RSPhTh 57, 1973, 675-691 – DERS., Dominique et ses Prêcheurs, 1977, 307-369, 392-409 [Verbindungen zu den Städten] – Les Ordres Mendiants et la ville en Italie centrale, MEFRM 89, 1977, 555-773 – E. T. BRETT, Humbert of Romans and the Dominicans Second Order (Memorie Domenicane, NS 12, 1981), 1-25 – Stellung und Wirksamkeit der Bettelorden in der städt. Gesellschaft, hg. K. ELM (Berliner hist. Stud. 3, 1981) – DERS., Die Frau in Ordenswesen, Semireligiosentum und Häresie des 12. und 13. Jh., Communio 11, 1982, 360-379 – zu [III, 4]: NCE VII, 534-541 [Y. DOSSAT] – B. ALTANER, Die Dominikanermissionen des 13. Jh., 1924 – R. LOENERTZ, La Société des Frères Pérégrinants I, 1937 – A. DONDAINE, APraed XVII, 1947, 85-194 [Das Lehrbuch der Inquisition] – Hist. universelle des Missions catholiques, I, hg. S. DELACROIX, 1956, 173-206 – M. A. VON DEN OUDENRIJN, Uniteurs et D. d'Arménie, Oriens Christianus 42-46, 1958-62 – Y. DOSSAT, Les crises de l'Inquisition toulousaine au 13e s. 1233-1273, 1959 – A. CORTABARRIA, L'étude des langues au MA chez les D. Espagne, Orient, Raymond Martin, Mélanges de l'Institut D. d'études orientales 10, 1970, 189-248 – Islam et chrétiens du Midi (12e-14e s.), Cahiers de Fanjeaux 18, 1983 – zu [IV, 1]: L. ROUSSEAU, De ecclesiastico Officio Fratrum Praedicatorum secundum ordinationem Humberti de Romanis, 1927 – W. R. BONNIWELL, A Hist. of the Dominican Liturgy 1215-1945, 1945 – G. SÖLCH, Die Eigenliturgie der D., 1957 – PH. GLEESON, Dominican liturgical mss. from before 1254, AFP XLII, 1972, 81-135 – A. DIRKS, De tribus libris manuscriptis primaevae liturgiae dominicanae, ebd. XLIX, 1979, 5-37 – DERS., De liturgiae dominicanae evolutione, ebd. L, 1980, 5-21; LII, 1982, 5-76; LIII, 1983, 53-145; LIV, 1984, 39-82; LV [im Dr.] – zu [IV, 2]: DHGE XVIII, 1369-1410 – MGG III, 644-652 – NEW GROVE V, 1980, 534f. – F. A. GONZALES, La vida liturgica en la orden de Predicadores, Estudio en su legislación 1216-1980, 1981.

V. AUSBREITUNG DES ORDENS IN FRANKREICH UND ITALIEN: 1221 richtete der Orden gleichzeitig fünf Provinzen ein: Spanien, Provence, Frankreich, Lombardei und die röm. Provinz. Drei weitere Provinzen befanden sich zu diesem Zeitpunkt mitten im Prozeß der Ausbildung: Ungarn, Deutschland, England. Vor 1228 erfolgte die Einrichtung der Provinzen Jerusalem, Grecia, Polonia, Dacia. 1294 wurde die Provinz des Regnum (Sizilien) von der röm. Provinz abgetrennt; 1301 erfolgte die Herauslösung der Provinz Aragón aus dem Verband der span. Ordensprovinz, während die böhm. von der poln. abgetrennt wurde; 1303 nahm der Orden die Verteilung seiner provenzal. Niederlassungen auf eine westl. (Provinz Toulouse) und eine östl. (Provinz Provence) Provinz vor und löste Sachsen von der dt. Provinz ab.

[1] *Provinz Provence:* Der Konvent St-Romain in →Toulouse bildete das ursprgl. Mutterhaus des Dominikanerordens. Durch die Aussendung von 1217 auf eingesessene Brüder beschränkt, blieb der Konvent dennoch äußerst dynamisch. In den Jahren 1218 bis 1221 gründete und bevölkerte er fünf neue Konvente: Montpellier, Lyon, Narbonne, Le Puy, Bayonne. Der Austausch von Limoges gegen Lyon, dessen Konvent an die Provinz Frankreich überging, verstärkte die sprachl.-kulturelle Einheit der okzitan. Ordensprovinz. Da das Tolosaner Kl. St-Romain an seinem ursprgl. Standort keine weiteren Ausdehnungsmöglichkeiten hatte, wurde es verlegt (Bau der berühmten Dominikanerkirche »Les Jacobins«). Von nun an expandierte der Dominikanerorden in Südfrankreich ungemein rasch (im Durchschnitt zwei neue Konvente in drei Jahren); 1295 umfaßte die Provinz 49 Konvente. Indem Bonifatius VIII. (»Cum ex eo«, 29. Juli 1296) für jede dominikan. Neugründung eine päpstl. Bestätigung mittels Bulle vorschrieb, unterbrach er für zehn Jahre diese Gründungswelle. Die D. errichteten ihre Konvente zuerst in den großen Städten; nach 1250 drang der Orden dann in die mittleren Städte vor, um nach 1280 auch die – im Land der →*bastides* sehr zahlreichen – kleineren Städte und Flecken zu erfassen, in denen die D. der einzige Bettelorden blieben.

Die Gründung der Universität →Toulouse (1229-33) und des dominikan. Studiums, an das der Orden nacheinander seine beiden ersten →Pariser Magister der Theologie entsandte, machten Toulouse zu einem Brennpunkt theol. Studien, dem freilich erst 1295 aufs neue theol. Magister zuströmten. Rasch entwickelte sich das Studium in →Montpellier. 1248 wurde es zu einem der vier *studia generalia* des Ordens erhoben und erhielt seit 1273 Magister aus Paris. Zw. 1260 und 1340 erlebten die dominikan. Studien in der Provinz Provence einen raschen Aufschwung. Die Brüder dieser Provinz, die von Magistern am »Lehrstuhl der Fremden« von St-Jacques, dem Lehrstuhl des hl. →Thomas v. Aquin, unterrichtet wurden, zählten zu den treuesten Schülern des großen Lehrers, dessen Reliquien Urban V. 1368 den »Jakobinern« zu Toulouse anvertraute. Nach 1300 stiegen Toulouse zum studium generale, Bordeaux zum studium solemne auf, während Montpellier mit seinem Studium an die Provinz der (östl.) Provence überging.

Als etliche D. seit 1234 das Inquisitorenamt (→Inquisition) in Toulouse und Carcassonne ausüben sollten, erhob sich Widerstand gegen sie. Schon 1234 wurden sie für mehrere Monate aus Toulouse vertrieben. Der dominikan. Inquisitor Guillaume Arnault wurde 1242 in Avignonet erschlagen. 1249-55 legten die Inquisitoren ihr Amt nieder. Zu Konflikten zw. Inquisitoren und Stadtbürgern kam es gegen Ende des 13. Jh., insbes. in →Albi und →Carcassonne, wo auch →Franziskaner (insbes. Bernard →Délicieux) die dominikan. Inquisitoren bekämpften. Allerdings war in diese Auseinandersetzungen nur ein kleiner Teil der südfrz. Dominikanerkonvente verwickelt. Überall konnten dagegen die D. durch Predigt und Unterricht, denen sie das positive und ausgewogene Lehrgebäude der großen Summen der Zeit zugrundelegten, auf ganz andere, durchaus effektive Weise für Ausbreitung und Verteidigung des rechten Glaubens sorgen. Gab es bei dem Zuzug von D.n in eine Stadt gelegentl. Reibereien mit den bestehenden geistl. Instituten, so machte sich doch in der Provinz insgesamt kein tiefgreifender Gegensatz zw. Predigerbrüdern und Weltklerus bemerkbar. Die Übereinstimmung, die zw. Dominikus einerseits und den Synoden und Prälaten Südfrankreichs andererseits z. Z. der Gründung des Predigerordens herrschte, setzte sich in der Folge um so mehr fort, als die Studia des Ordens Weltgeistlichen offenstanden und nicht selten einen Magister den Kathedral- und Klosterschulen zur Verfügung stellten. Die Wissensvermittlung an den Dominikanerschulen geschah vorwiegend mündlich; von der Geschichtsschreibung abgesehen, brachten sie im 13. Jh. kaum wissenschaftl. Publikationen hervor.

Die Nähe zu den Missionsaufgaben und zu den »studia linguarum« der Nachbarprovinz Aragón beeinflußte das Studium in Montpellier (Hebräischunterricht des Raymond Martin) und ließ südfrz. D. die Missionsreise in den Orient antreten: So missionierte →Jordanus v. Séverac in Persien und wurde Missionsbischof des indischen Quilon (1229); seine Beschreibung Asiens ist ein einzigartiges Zeugnis für die Ausweitung des Horizonts bei diesen der →Mission zugewandten D.n. Andererseits wurden die D. durch die Übersiedlung der →Kurie nach →Avignon verstärkt in die Aufgaben der großen päpstl. Politik eingebunden; das avignones. Papsttum zog als seine Helfer, als Bf.e und Kard.e zunehmend D. aus den Provinzen Provence und Toulouse heran. Die Folgen der Großen Pest (1348), die Verwüstung Südfrankreichs durch den →Hundertjährigen Krieg und die Anfänge der monast.-religiösen Reform veränderten in der 2. Hälfte des 14. Jh. tiefgreifend die beiden südfrz. Ordensprovinzen.

[2] *Provinz Frankreich:* Die Geschichte der frz. Ordensprovinz bestimmte weitgehend der Konvent zu →Paris, dessen Gründung Dominikus frühzeitig vorangetrieben hatte. Auf Ersuchen des Papstes wies die Universität den Predigerbrüdern eine Unterkunft an (1218), die ihnen 1221 vertragl. zugesichert wurde, und verlieh ihnen einen theol. Lehrstuhl. Während der universitären Krise von 1229 wurde der Dominikanerbruder Roland v. Cremona vom Bf. v. Paris zum Magister regens promoviert; 1231 trat Magister Johannes v. St-Gilles unter Mitnahme seines Lehrstuhls aus dem Weltklerus in den Dominikanerorden über. So konstituierten sich in Paris die beiden dominikan. Lehrstühle zu St-Jacques, der »Lehrstuhl der Franzosen« und der »Lehrstuhl der Fremden«, welch letzterer bald durch →Albertus Magnus (1243-44) und →Thomas v. Aquin hohen Ruhm erlangen sollte. Jede Ordensprovinz hatte das Recht, ihm drei beste Schüler nach St-Jacques zu entsenden. Ein unerschöpfl. Reservoir an Studenten, die

der Dominikanerorden unwiderstehl. anzog, sicherte eine rasche Entfaltung des Pariser Konvents (1217: 7 Brüder, 1219: 30, 1223: 120, 1289: etwa 300). Die Predigerbrüder »gefallen sich und stärken sich in riesigen Konventen«, schreibt der Franziskaner →Salimbene. Dies erklärt auch das rasche Anwachsen der Provinz. Während die Provinz Provence während des gesamten 13. Jh. sich kontinuierlich erweiterte, gründete die Provinz Frankreich 38 ihrer Konvente (also die Mehrzahl ihrer gesamten Niederlassungen vor 1500!) in den ersten dreißig Jahren ihres Bestehens, zwölf weitere Konvente folgten in den nächsten drei Jahrzehnten; nach der durch Bonifatius VIII. erzwungenen Unterbrechung von neun Jahren wurden im 14. aber nur neun, im 15. Jh. nur sieben Konvente errichtet. Verlieh die Machtstellung des frz. Kgtm.s dem Territorium der Provinz eine gewisse polit. Einheit, so verfügte es kulturell jedoch über eine große Vielfalt. Nach 1275 bildeten sich innerhalb der Dominikanerprovinz Frankreich – wie an den Schulen und Universitäten → Nationes (Landsmannschaften) aus: Frankreich, Champagne, Burgund, Poitou, Bretagne, Normandie, Picardie-Flandern; für eine jede war ein vom Provinzialkapitel eingesetzter Nationsvikar zuständig.

Die Ereignisse, Diskussionen und Streitigkeiten im Universitätsbereich fanden in der Provinz und im gesamten Orden ihren Widerhall. Der Kampf der Weltgeistlichen gegen die Bettelorden stellte auf seinem 1254 erreichten Höhepunkt Privilegien sowie Stellung und Aufgaben in der Kirche, ja selbst die Existenz der Bettelorden in Frage. Vom Papst 1256 zugunsten der Orden entschieden, flammte dieser Streit nochmals 1265-71 sowie auf dem II. Konzil v. →Lyon und schließlich 1281 auf. Durch die Bulle →»Super cathedram« (1300) zunächst entschärft, brachen ähnliche Konflikte jedoch im 14. und 15. Jh. immer wieder auf.

Die Dominikanerprovinz Frankreich erhielt ihr Gepräge im wesentl. durch die sich stetig ausbreitende theol.-wiss. und literar. Aktivität des Ordens. Die Predigerbrüder betätigten sich in allen Bereichen und Literaturgattungen mit größter Intensität: Predigtsammlungen und -anleitungen, Korrektorien, Bibelkonkordanzen, Bibel- und Sentenzenkommentare, theol. Summen, Quaestiones disputatae, moraltheol. Traktate, Leitfäden für Buße und Beichte, katechet., hist., pädagog., enzyklopäd. Werke usw. Der →Aristotelismus und die beiden theol. Strömungen des Albertismus und des Thomismus bildeten sich vornehml. in der frz. Ordensprovinz aus, jedoch entstanden auch Gegenströmungen. Gerne bedienten sich die frz. Kg.e der D. als polit. und administrativer Fachleute, dabei verstärkte sich der Druck und der Einfluß des frz. Monarchen auf die Dominikanerkonvente seines Landes. 1303 unterzeichneten viele D. in mindestens 25 Konventen den Aufruf Kg. →Philipps IV. des Schönen gegen Papst →Bonifatius VIII., darunter allein 133 aus St. Jacques zu Paris. Es war ein Pariser D., →Johannes Quidort, der mit einer wohlfundierten Stellungnahme in den Konflikt zw. Kg. und Papst eingriff und gewichtige Argumente zur naturrechtl. begründeten Gewalt des weltl. Herrschers lieferte.

So wie Prouille (1207) für die Provence ist das Kl. v. Montargis (1244) der Ausgangspunkt der Dominikanerinnenklöster in Frankreich, und die Regel dieses Kl. (1250), hervorgegangen aus den Statuten von S. Sisto, stellt die Basis dar für die Regel der Dominikanerinnen (1259).

[3] *Provinz Lombardei:* Kristallisationspunkt der 1221 eingerichteten Ordensprovinz Lombardei (Lombardia)

war →Bologna mit der neben Paris bedeutendsten Universität des Abendlandes, die von Anfang an in Dominikus' Blickfeld lag. Er schickte 1218 zunächst mehrere Brüder dorthin; bald entsandte er jedoch einen seiner besten Jünger, →Reginald v. Orléans, als Vikar nach Bologna. Hier hielt Dominikus die ersten beiden Ordenskapitel ab, und hier fand er sein Grab. Das Reservoir an gelehrten Klerikern in Bologna, Vercelli und Padua sorgte für einen raschen Aufschwung von Konvent und Provinz. Von Anfang an verfügte die Lombardei über sechs Konvente: Bologna, Bergamo, Mailand, Verona, Piacenza, Brescia; bald folgten Faenza und Parma. Die Provinz Lombardei erreichte die Zahl von 30 Konventen – d. h. die Hälfte ihrer Gesamtzahl – in 30 Jahren, entwickelte sich dann weiter in einem raschen Rhythmus mit einer Neugründung alle zwei Jahre. Nach der zwangsweisen Unterbrechung durch Bonifatius VIII. sah das 14. Jh. eine langsamere Erweiterungsphase. 1303 wurden die nun 55 lombard. Konvente, die über das nördl. Italien von Meer zu Meer und zw. Alpen und Apenninen sich verteilten, in die beiden Provinzen Lombardia superior (Genua, Mailand) und inferior (Bologna, Venedig) aufgegliedert. Das Ordensleben in der lombard. Provinz wurde polit.-kirchenpolit. beeinflußt von der Machtstellung der großen Seerepubliken Genua und Venedig, von der Dynamik der großen Städte der Poebene und ihrer Situation zw. Papst und Ks., geistig-kulturell von der Ausstrahlung der Hohen Schulen Oberitaliens. Die Probleme der Treue zum Geist des Evangeliums, der Orthodoxie, der kirchl. Freiheit und des Friedens prägten die weitgespannten Aktivitäten der D. in dieser Zentrallandschaft Europas. Die lombard. D. waren bekannt für die Ausstrahlungskraft ihrer Predigt und ihren religiösen Eifer; die zahlreichen erhaltenen großen Dominikanerkirchen in den oberit. Städten sind Zeugen ihres Wirkens. 1393 entstand die lombard. Kongregation als wichtigstes Instrument zur Durchsetzung der Ordensreform. Geistl. und weltl. Belange waren in der dynam. Welt der oberit. Christenheit untrennbar miteinander verbunden. 1233 mündete die Predigttätigkeit der Franziskaner und D. in eine volkstüml. religiöse Bewegung ein, die sog. →Halleluia-Bewegung; von dieser Strömung emporgetragen, gelang es einer Reihe von populären Predigern, unter ihnen D., als paciarii (Friedensstifter) zu betätigen und vielfach Versöhnungen zw. den verfeindeten Gruppen in den in guelf. und ghibellin. Faktionen gespaltenen Städten zu bewirken, ja darüber hinaus auch Reformen städt. Statute in einem von der Kirche gewünschten Sinn durchzusetzen – diese Aktivitäten, sofern sie mit der Übertragung polit. Machtbefugnisse verbunden waren, wurden allerdings vom Orden nicht gebilligt und stießen z. T. auch bei den Zeitgenossen (so bei Dante) auf Kritik. Die religiösen Volksbewegungen Oberitaliens fanden in der →Geißlerbewegung von 1260 und 1334 ihre ekstat. Fortsetzung. Die dominikan. Inquisitoren, die in Oberitalien häufig des Rückhalts der ksl. Gewalt beraubt waren, strebten danach, die Unterstützung der örtl. Autoritäten oder der städt. Volksmassen zu gewinnen. So gründete →Petrus Martyr (1205-52, ermordet) zu Verona mehrere Bruderschaften, die sich der Bewahrung des rechten Glaubens gegen die ketzer. Kräfte und der Marienverehrung widmeten. Trotz dieser Initiativen erreichte die Inquisition in Italien nur im letzten Drittel des 13. Jh. größere Durchschlagkraft. Andererseits bildeten sich im Rahmen der religiösen Strömungen dieser Zeit unter dominikan. Einfluß zahlreiche Bruderschaften, die für Heiligung, Hebung der Moral und Erfüllung kirchl. Dienstaufgaben eintraten; auch der »Orden der Büßer vom hl. Dominikus« tritt nun auf.

Die Aktivitäten in Unterricht, der moral. Erziehung und der spirituellen Vertiefung durch die Predigt fanden ihre Ergänzung und Fundierung durch die theol. Studien in den Ordensschulen, die auf das D.-Studium zu Bologna zentriert waren, wobei sich dieses wiederum auf das D.-Studium von Paris stützte. 1248 wurde Bologna als studium generale konstituiert, und das dortige Ausbildungssystem differenzierte sich zunehmend. Die D. der Provinz Lombardei veröffentlichten im Gegensatz zu ihren Brüdern in der südfrz. Ordensprovinz eine Fülle theol., kanonist. und historiograph. Werke, nicht zuletzt bes. eine Reihe von Traktaten, die Kenntnisse über die Häresien vermitteln, so die »Summa contra Catharos et Waldenses« des →Moneta v. Cremona und die Schriften von Anselm v. Alexandrien und Rainero →Sacconi. Auf dem Gebiet des kanon. Rechts ist insbes. die 1234 in Bologna veröffentlichte →Dekretalensammlung des →Raimund v. Peñafort zu erwähnen.

[4] *Römische (toskanische) Provinz:* Diese Ordensprovinz erstreckte sich von der Toskana bis Sizilien, unter Einschluß von Rom und Neapel. Der Orden war seit 1219 in Florenz ansässig, zunächst in einem Hospital, sodann in S. Paolo, schließlich im Konvent S. Maria Novella, dessen Kirche und Kreuzgänge die hohe Bedeutung der D. im Florenz des SpätMA und der Frührenaissance bezeugen. In Rom entstand Anfang 1220 in S. Sisto ein Dominikanerkonvent, der 1221 nach S. Sabina verlegt wurde. Die Gründung des Konvents von Siena erfolgte 1221 im Jahr der Errichtung der Provinz. Diese breitete sich zunächst in der Toskana und im Kirchenstaat in langsamerem, aber kontinuierlicherem Rhythmus als die lombard. Nachbarprovinz aus, wobei während zweier Phasen der Stagnation – eine in den letzten Jahren der Stauferherrschaft, die andere 1285-1310 – die Gründungstätigkeit ruhte. Zu Beginn des 14. Jh. bestanden 52 Konvente: 25 in der Toskana und im Kirchenstaat (davon 1 auf Sardinien), 9 in den Abruzzen, 7 in Apulien, 6 in Sizilien. Die Niederlassungen in den vier Territorien des Kgr.es Sizilien (Regno), die als Dominikanernation seit 1250 unter eigenem Vikar zusammengefaßt waren, wurden 1294 als Provincia Regni von der röm. Provinz abgetrennt und in vier nationes aufgegliedert. Diese Maßnahme führte Coelestin V. auf Betreiben Karls II. v. Anjou durch. Nach 1294 wurde die auf Kirchenstaat und Toskana beschränkte röm. Provinz ihrerseits in die beiden Nationen, röm. und toskan., jede mit eigenem Vikar, unterteilt. 1378 wurde auf der Insel Sizilien eine eigene Provinz konstituiert.

Die vergleichsweise späte Entfaltung der Studientätigkeit manifestierte sich seit 1269 in der röm. Provinz durch spezielle Dominikanerschulen und eines »studium particulare«, das von Konvent zu Konvent wanderte. S. Maria sopra Minerva in Rom sowie Siena waren dagegen ortsfeste Bildungsstätten. Thomas v. Aquin, der seit 1260 am »studium Curiae« zu Orvieto und danach in S. Sabina und in Viterbo lehrte, wurde 1272 mit der Begründung eines »studium generale« in Neapel betraut, das 1290 erneuert wurde. 1294 wurde es nach Florenz verlegt. 1303 erfolgte die Wiederbegründung des Studiums in Neapel. Das »studium Curiae«, als dessen Leiter (Mag. S. Palatii) üblicherweise ein D. fungierte, war gleichfalls »stud. gen.«.

Die Kl. von S. Sisto in Rom (1221) und von S. Agnese in Bologna (1223), die durch die D. begründet wurden, stehen am Anfang der Dominikanerinnenklöster in diesen Provinzen. Zu den Ursprüngen des III. Ordens in der Toskana vgl. Abschnitt III, 3.   M.-H. Vicaire

Q.: Notitia provinciarum et domorum (1303): Scriptores Ordinis Praedicatorum I, S. I–XV – Idem (1338): APraed XIV, 1944, 31–32 – Acta capitulorum provincialium OP: 1. Provence: ed. C. Douais, 1894, 1–481; 2. Lombardei: ed. TH. Kaeppeli, APraed XI, 1941, 140–172; 3. Römische Provinz: ed. TH. Kaeppeli, Monumenta Ordinis Fratrum Praedicatorum historica XX, 1941 – *Lit.*: Dominicianus orbis descriptus [Lit.]: Analecta Sacri Ordinis Fratrum Praedicatorum I, II, 1893–96 – A. Walz, Compendium hist. Ord. Praed., 1948[2], 121–127, 130–145 – *Provinzen Provence, Toulouse:* Bernard Gui, De fundatione et prioribus conventuum prov. Tolosanae et Provinciae OP, Monumenta Ordinis Fratrum Praedicatorum historica XXIV, 1961 – M.-H. Vicaire, Dominique et ses Prêcheurs (Développement de la province Provence), 1977, 340–369 – B. Montagnes, Architecture dominicaine en Provence, 1979 – *Provinz Frankreich:* M. D. Chapotin, Hist. des Dominicains de la province de France, 1898 – A. Mortier, Hist. abrégée de l'Ordre de S. Dominique en France, 1920 – Laurentii Pignon catalogi et chronica, ed. G. G. Meersseman, Monumenta Ordinis Fratrum Praedicatorum historica XVIII, 1936 – Ders., Catalogue des provinciaux de France, ebd., 1936, 79–82 – Ders., Les »Nations« dans l'ancienne province de France, APraed VIII, 1938, 231–252 – R. Creytens, Les constitutions primitives des Soeurs Dominicaines de Montargis (1258), APraed XXII, 1942, 41–84 – A. Dondaine, Documents pour servir à l'hist. de la province France, APraed XXII, 1952, 381–439 – H. Martin, Les Ordres mendiants en Bretagne, 1975 – *Provinz Lombardei:* G. Odetto, Fragments de chronique du 14e s., APraed X, 1940, 297–373 – M. G. Cambio, Il monastero domenicano di S. Agnese in Bologna, 1973 – *Römische (toskanische) Provinz:* H. C. Scheeben, Accessiones ad hist. Romanae Prov. saeculi 13, APraed IV, 1934, 99–144 – St. Orlandi, APraed XVIII, 1948, 327–336 – P. Th. Masetti, Mon. et antiquitates... praesertim in Romana Prov. I, 1964 – I. P. Grossi, Sta. Maria Novella. La communità dom., 1981.

B. Verbreitung in den übrigen Ländern Europas

I. Deutscher Bereich, Flandern, Niederlande – II. Iberische Halbinsel – III. England und Wales – IV. Schottland und Irland – V. Skandinavien – VI. Polen – VII. Böhmen – VIII. Ungarn – IX. Südosteuropa und asiatische Missionsgebiete – X. Östlicher Mittelmeerraum (Hl. Land, Syrien, Zypern).

I. Deutscher Bereich, Flandern, Niederlande: [1] *Provincia Teutoniae:* Sie entstand bald nach der Einrichtung der ersten Provinzen in den roman. Kerngebieten des Ordens (1221) und erstreckte sich von den Alpen bis zur Nordsee und von der Schelde bis zur Oder. 1228 wurden die skand. Länder von der Prov. Teutoniae getrennt und in der Prov. Daciae vereint (s. Abschnitt V), während Böhmen mit Mähren und Polen in der Prov. Poloniae aufging (s. Abschnitt VI). Eine Durchdringung der dt. Provinz durch Konventsgründungen erfolgte bis ca. 1300, wobei sich Fundationshäufungen 1220–40 und 1270–1300 im Rheinland, in Schwaben, Bayern, Sachsen und in den östl. Missionsgebieten feststellen lassen. Alle Niederlassungen in den Niederlanden und in Nordflandern gehörten zur Prov. Teutoniae, die südfläm. zur Prov. Franciae; 1259/60 wurden die nordflandr. Konvente, außer Antwerpen, der frz. Provinz einverleibt. – Die Ansiedlung erfolgte mit Hilfe des Papsttums sowie der kommunalen Geistlichkeit und Bürgerschaft, wobei sich seit ca. 1240 die Kämpfe zw. Papsttum und Kaisertum, in die D. involviert waren, und die Auseinandersetzungen mit dem Weltklerus um Pfarrrechte negativ auswirkten. Dennoch war der Einfluß der dt. D. im Gesamtorden bis ca. 1250 groß, da →Jordan v. Sachsen und Johannes v. Wildeshausen als Generäle maßgebl. die konstitutionelle Entwicklung des Ordens beeinflußten. Zur Verbesserung der Verwaltung wurde, trotz der Existenz von nationes seit ca. 1275, eine Teilung der Provinz (ca. 1300: 96 Konvente) 1303 beschlossen.

[2] Die *(neue) Prov. Teutoniae* wurde in vier nationes mit 47 Konventen aufgeteilt, wobei die Alsatia Elsaß, Baden, Schweiz, die Svevia Württemberg, Schwaben, Franken, die Bavaria Bayern, Österreich, die Brabantia Brabant und das Rheinland umfaßten. Der Konventbestand blieb im 14. Jh. bewahrt (zwei Neugründungen), während im 15. Jh. 12 Konvente neu entstanden. – Die Stagnation der Provinzentwicklung im 14. Jh. resultierte aus den Bedrükkungen während der Konflikte zw. →Ludwig d. Bayern und →Johannes XXII. sowie aus Auswirkungen der →Pest und des →Abendländ. Schismas, in dem sich die Prov. Teutoniae für die röm. Obödienz entschied. Hinzu kam eine krisenhafte Entwicklung im Gesamtorden und wachsende Kritik an der Lebensweise und der Armutspraxis der Dominikaner. Neuansätze zu einer Intensivierung des religiösen Lebens gaben die großen Mystiker, Johannes →Tauler und Heinrich →Seuse, sowie Reformbemühungen von seiten →Raimunds v. Capua und →Konrads v. Preußen. Ausgehend von Colmar, Basel, Wien und Nürnberg, erhielt die Observanzbewegung im 15. Jh. einen solchen Zulauf, daß 1475 die Prov. Teutoniae nach der Wahl Jakobs v. Stubach zum Provinzial sich für die Observanz entschied und die Konventualen in die Minderheit gerieten. Dank der Tätigkeit von Johannes Nider, Franz v. Retz u. a. erhielt das Reformwerk Bestand, wenn auch reiche Konvente wie Straßburg, Freiburg oder Zürich konventual blieben.

[3] Die *Prov. Saxoniae,* die Meißen, Thüringen, Hessen, Sachsen, die Mark Brandenburg, das Slavenland, Friesland, Seeland und Holland umfaßte, wurde in die nationes Sachsen, Thüringen, Meißen, Westfalen, Slavia, Mark Brandenburg, Holland, Friesland, Livland mit 51 Konventen geteilt; nur fünf Konvente wurden im 15. Jh. neu gegründet. Verblieben die fläm. Niederlassungen der Prov. Franciae, so wurden die niederländ. Konvente zw. der Prov. Teutoniae und der Prov. Saxoniae aufgeteilt. – Trotz der Vielzahl an Niederlassungen verlor die Prov. Saxoniae infolge der Teilung den Zugang zu den wichtigen geistigen Zentren und blieb sich selbst überlassen; keine der theol. Lehranstalten erlangte den Ruhm der Schulen der Prov. Teutoniae. Auch fand die theol. Lehre des 1. sächs. Provinzials, Meister →Eckharts, in der Prov. Saxoniae geringere Resonanz als in der Prov. Teutoniae. Dennoch gewannen die D. durch ihre Predigttätigkeit großes Ansehen und stellten viele Bf.e und Weihbischöfe. Erfolgreich wurde auch die historiograph. Tradition des Raumes, die im 13. Jh. Elger v. Hohenstein, Heinrich v. Osthoven, Heinrich v. Magdeburg u. a. konstituiert hatten, im Werk von →Heinrich v. Herford, →Konrad v. Halberstadt, →Hermann Korner, →Johann v. Nederhoff, →Jakob v. Soest u. a. fortgesetzt. – Gegenüber der Observanzbewegung verhielt sich die Mehrzahl der D. der Prov. Saxoniae ablehnend, so daß die Reformer im 15. Jh. nur im Westen der Provinz Fuß fassen konnten. Nach heftigem Widerstand der Konventualen wurden die Observantenklöster von der Jurisdiktion des Provinzials befreit und innerhalb der Prov. Saxoniae zu einer eigenen Kongregation zusammengeschlossen; 1464 entstand eine congregatio Hollandiae, der später frz. Observantenklöster angegliedert wurden. Auch in der östl. Saxonia breitete sich, z. T. mit Hilfe von Observanten der Prov. Teutoniae, die Reformbewegung aus. Da konventuale Provinziale einen Anschluß an die holl. Observanzbewegung verhinderten, kam es zu Beginn des 16. Jh. zur Auflösung der holl. Kongregation und der Abtrennung der frz. Observantenklöster, die 1514 in einer eigenen Kongregation vereinigt wurden. Nach Schaffung einer Prov. Germaniae Inferioris konnten sich die übrigen Konvente der luther. Reformation nicht erwehren, so daß die Prov. Saxoniae unterging und die wenigen erhaltenen Konvente 1608 der Prov. Teutoniae zugewiesen wurden.

[4] *Studiensystem:* Besaß jeder Konvent im 13. Jh. ein Hausstudium, so konnten die dt. D. erst seit 1248 ihre

Lektoren an einem eigenen Generalstudium (→studium generale) in Köln ausbilden. Nach der Studienreform 1259 wird auch in der Prov. Teutoniae eine Differenzierung des Studiensystems erfolgt sein mit der Einrichtung eines »studium solemne« als theol. Partikularstudium und eines »studium artium«, an dem jüngere Ordensmitglieder Unterweisung in Grammatik und Dialektik sowie eine Einführung in aristotel. Philosophie erhalten sollten. Später erfolgte eine weitere Spezialisierung der artist. Lehranstalten in studium artium und studium naturarum, während Sprachschulen fehlen. – Nach der Teilung 1303 verfügten die Prov. Saxoniae und die Prov. Teutoniae über General- und Provinzialstudien sowie in jeder natio über eine oder mehrere artist. Lehranstalten. Als mobile Personalverbände wurden sie den Konventen jährl. vom Provinzialkapitel assigniert, so daß deren Standort ständig wechselte. Mit ihren berühmten Schulen besaß die Prov. Teutoniae ein deutliches Übergewicht gegenüber der Prov. Saxoniae, zumal Gelehrte wie →Berthold v. Moosburg, →Johannes Lichtenberg, →Johannes und →Gerhard v. Sterngassen, →Nikolaus v. Straßburg sowie die großen Mystiker →Tauler und →Seuse in der Prov. Teutoniae wirkten. Demgegenüber erwarben sich Angehörige der Prov. Saxoniae als Prediger, Rechtsgelehrte und Historiographen großes Ansehen.

[5] *Dominikanerinnen:* Im Zusammenhang mit der religiösen Frauenbewegung des 13. Jh. erhielten auch die Dominikanerinnen in Deutschland großen Zulauf, obwohl die Prediger lange Zeit eine Inkorporation des Frauenordens ablehnten und erst 1267 eine abschließende rechtl. Klärung der Beziehungen beider Orden zueinander vornahmen. Regional den Verwaltungseinheiten des I. Ordens zugewiesen, erfolgte 1303 auch eine Aufteilung der Frauenklöster, wobei der Prov. Saxoniae 9, der Prov. Teutoniae 65 Konvente zugewiesen wurden. Durch die Wirksamkeit von Ordensfrauen wie Benedikta v. Mühlhausen, Mechthilde Tuschelin u. a. kam es zu einer Blüte der Konvente im Südwesten der Prov. Teutoniae. Im gleichen geogr. Raum befanden sich zudem die Zentren der →Mystik, zu deren bedeutendsten Vertreterinnen Margareta und Christina→Ebner, Katharina→Gebweiler und Adelheid→Langmann zählten. Auch bei der Durchsetzung der strengeren Observanz waren die Konvente der Prov. Teutoniae führend, so daß – ausgehend von Kl. Schönensteinbach – zahlreiche Konvente im 15. Jh. in Süddeutschland reformiert werden konnten. Dennoch erlitt der Orden schwere Verluste durch die Reformation.

D. Berg

II. IBERISCHE HALBINSEL: [1] *Kastilien-León, Navarra:* Die Problematik der dominikan. Ausbreitung in diesen beiden Reichen unterscheidet sich nicht von der anderer europ. Staaten, ausgenommen einzig in den Gebieten von Murcia und Andalusien, wo sich der Orden missionar. Aufgaben gegenübersah, in Murcia wegen der vielen dort ansässigen Mauren, in Andalusien wegen der Nähe zum maur. Afrika.

Soeiro Gomes und Pedro de Madrid, zwei der vier Brüder, die der hl. Dominikus 1217 nach Spanien entsandte, gründeten in Madrid den ersten Konvent der Halbinsel. 1218 kam Dominikus selbst nach Spanien. Gemeinsam mit Domingo de Segovia wandelte er diesen Konvent – später S. Domingo el Real genannt – in ein Frauenkloster um und übertrug ihn seinem Bruder Mamés. Dann gründete er einen Konvent in →Segovia (wo schon 1251 eine neue Kirche erbaut wurde) und traf Ferdinand III. in Burgos. Eine spätere, wohl mit Recht angezweifelte Tradition will wissen, daß sich der Heilige in die »santa cueva« (Heilige Höhle) in Segovia zurückzog und dort die Schmerzen der Passion Christi durchlitt.

Die Konvente von Palencia, Burgos, Zamora, Santiago und Pamplona erheben ebenfalls Anspruch darauf, von Dominikus selbst gegründet worden zu sein, aber Jordan v. Sachsen berichtet nichts darüber. Es folgten in chronolog. nicht immer einwandfrei feststehender Folge Gründungen in Salamanca (um 1238), Toledo, León, Santander und Tuy (vor 1250), Valladolid (1272), La Coruña (1300), Lugo (1318), Peñafiel (1320), Tordesillas (durch Johann II. 1432), Ávila (durch die Kath. Könige).

In Navarra wurden Konvente in Pamplona (1242; als Gregor IX. hier die Inquisition einführte, beauftragte er damit den Dominikaner Pedro de Leudegaria), Estella (1260 durch Theobald II.) und Sangüesa (erheblich später) gegründet. Als 1299 die Ordensprovinz Aragón gebildet wurde, gehörte Navarra ihr an (1448 gründeten die Fs.en v. Viana in Pamplona die Konfraternität des hl. Petrus Martyr). Von 1418–24 gab es eine unabhängige Ordensprovinz Galicien.

In Andalusien und im Südosten der Halbinsel folgten die Gründungen der fortschreitenden →Reconquista: Córdoba (1233), Sevilla (um 1248), Ecija (1253), Murcia (1265), Jerez (1266) und Jaén (1382). Mitte des 13. Jh. wurde in →Murcia die berühmteste Schule für oriental. Sprachen gegründet, in die später die Schule von →Tunis aufgehen sollte. Der Dominikanerfrater Domingo war der erste auf den Titel 'Baeza in partibus' geweihte Missionsbischof v. Marokko. Aber nach der Rückeroberung Baezas residierte er dort, und als Missionsbischof in Fez folgte ihm ein Franziskaner nach. In größeren zeitl. Abständen entstanden »studia generalia«, so in S. Esteban de Salamanca, das in enger Beziehung zur dortigen Universität stand (das »studium generale« war erst im 14. Jh. möglich, in Santiago 1344, in Burgos 1456, in San Gregorio de Valladolid gegen Ende des Jahrhunderts). In Pamplona gab es seit 1275 ein Studium der Theologie.

Alvaro de →Córdoba († um 1430) war einer der Reformatoren des Ordens im 15. Jh. (Escaleceli, Córdoba und Portaceli, Sevilla). Sein Reformkonzept hielt sich im Gegensatz zum it. Ordenszweig von eremit. Tendenzen frei.

Als einer der bedeutendsten Ordensbrüder wird auch Pedro González (1180?–1246) erwähnt (auch San Telmo gen.), der als Beichtvater Ferdinands III. an der Belagerung Córdobas und Sevillas teilnahm, für die Verbreitung des Ordens im Nordwesten der Halbinsel Sorge trug und als Patron der Seeleute verehrt wird (→Elmsfeuer).

Die Gründung von *Dominikanerinnenklöstern* setzte nur langsam ein: Zamora 1238, Caleruega (durch Alfons X.) 1266, S. Esteban de Gormaz, das der hl. →Raimund v. Peñafort dem Provinzial unterstellte (1262), und Madrid, das v. a. in der Gunst der Kg.e stand (Konstanze, die Nichte Peters I., war dort 50 Jahre lang Priorin).

A. Linage Conde

[2] *Krone Aragón:* Die Anwesenheit des hl. Dominikus in Barcelona und Zaragoza (1218/19) gab 1219 den Anstoß zur Gründung beider Konvente. Die ersten Brüder kamen aus Bologna und Paris. Von da an standen die Länder der Krone Aragón dem Einfluß des Ordens offen. Jakob I. nahm ihn in seinen Schutz, förderte die D. und wählte sie zu seinen Beichtvätern und Beratern. Die D. widmeten sich vor allen Dingen folgenden Aufgabenbereichen: den Studien (Ferrer Catalán und jener Zweig des Ordens, der sich an Augustinus, Albertus Magnus und Thomas v. Aquin ausrichtete), der Erneuerung der Kirche und Aktivierung des kirchl. Lebens in den Diözesen (Berengar v. Castellbisbal in Gerona, Guillén de Barberà in Lérida,

Andrés de Abalat in Valencia, Pere de →Centelles in Barcelona, Bernat Mur in Vich u. a.), dem Predigtapostolat, zunächst gegen häret. Tendenzen (Pedro Cendra, Pedro de Cadirata, Ponce de Planella, Bernardo de Travesseres), bes. aber dem Dialog mit Juden und Mauren (Einrichtung von Sprachstudien [»studia linguarum«] in Tunis, Murcia, Barcelona, Valencia, Játiva, bes. getragen durch Pablo Cristia, Raimundo Martí, Juan de Puigventós). Miguel de Fabra und →Raimund v. Peñafort waren im 13. Jh. richtungweisend für den Orden. Ordenshäuser entstanden in geograph. bes. günstigen Enklaven: Lérida 1229, Mallorca 1229–30, Valencia 1238, Perpignan 1242, Játiva 1248 und 1291, Tarragona 1250, Gerona 1252, Seo de Urgel 1266, Calatayud 1253, Huesca 1254, Puigcerdá 1288, Collioure 1290; Dominikanerinnenkonvente entstanden 1287 in Valencia (Sta. Magdalena) und 1293 in Zaragoza (Santa Inés).

1301 konstituierte das Generalkapitel v. Köln die Ordensprovinz Aragón: sie setzte sich aus 14 Klöstern (darunter 13 Studienzentren) und mehr als 220 Brüdern zusammen, die über Aragón, Katalonien, Valencia, die Balearen und die Kgr.e Navarra und Murcia verteilt waren. Wenig später wurden noch die Konvente in der Cerdagne, im Roussillon und Sardinien angeschlossen, da sie auch der Herrschaft der Kg.e v. Aragón unterstanden.

Obgleich die Geißel der Schwarzen →Pest und das Große →Abendländ. Schisma zu spüren waren, folgten die D. auch im 14. und 15. Jh. den gleichen Richtlinien wie im 13. Jh. Das Studium oriental. Sprachen wurde fortgesetzt (Errichtung einer Vikarie in Afrika, Entsendung von Missionen in den Orient), und die D. widmeten sich dem Unterricht und der Predigttätigkeit, wobei sie bis zu einem gewissen Grad die neuen geistigen Strömungen annahmen und sich auch der Volkssprache bedienten. Gleichzeitig verstärkten sich die Aktivitäten des Ordens auf dem Gebiet der →Inquisition, die man 1231 in den Ländern der Krone Aragón aufgenommen hatte (60 Inquisitoren während des MA, u. a. auch Nicolas →Eymerich, Antagonist zu →Arnald v. Villanova, dem →Lullismus [→Raimundus Lullus] und anderen geistigen Strömungen). Hervorzuheben sind außerdem der Selige Dalmacio Moner und die apostol. Tätigkeit des Vinzenz →Ferrer, der mit seinem Weg einer christl. und religiösen Erneuerung in Europa auch die Reformation beeinflußte.

1440 entstand auf Veranlassung des Jaime Gil nach dem Vorbild der lombard. Observanten die Observantenbewegung (Congregación de Observancia), die von Vinzenz Ferrer beeinflußt worden war. Sie wurde 1531 wieder aufgelöst. Die Observantenkongregation und eremit. Tendenzen prägten auch die Gründung neuer Konvente im 15. Jh.: Castellón de Ampurias 1317, Manresa und Cervera 1318, Balaguer 1323, Tortosa 1362, Alcañíz 1383, S. Mateo 1359, Benavarre 1413, Luchente (Universität) 1422–35, Orihuela (Universität) 1473, San Jaime de Pallars 1490, Onteniente 1515.

Auch neue *Dominikanerinnenklöster* wurden gegründet: Montesión (Barcelona) 1351, Santa Catalina de Valencia 1491, Nuestra Señora de los Angeles in Barcelona 1497 und La Esperanza in Zaragoza 1500.

Von den bedeutenden Ordensleuten sind v. a. zu nennen: Nicolas →Rosell, Juan de →Casanova, Raimundo Despont, Juan Monzón, Antonio Ginebreda, Pedro und Antonio Canals, Sancho Porta. A. Robles Sierra

[3] *Portugal:* Im Gegensatz zu Spanien, wo die Brüder auf den Widerstand der Bf.e gestoßen waren, wurden die Portugiese Soeiro Gomes und sein Gefährte vom Episkopat gut aufgenommen. Pedro Soares, Bf. v. Coimbra (1211–33) und Teilnehmer am IV. Laterankonzil (1215), gewährte weitgehende Rechte. Nachdem sich eine erste Gründung in der Serra de Montejunto nicht hatte halten können, faßte der Orden 1218 in Santarém Fuß, worauf Konvente in Coimbra (1228), Porto (1238), Lissabon (1241), Elvas (1266), Guimarães (1270) und Évora (1286) beschickt werden konnten. Die Brüder predigten nicht nur, sondern organisierten auch das Leben der christl. Gemeinden neu, und zwar offensichtl. auf so wirksame Art und Weise (eine Vielzahl von Konversionen konnte verbucht werden), daß sie die Aufmerksamkeit Kg. Alfons' II. auf sich zogen, der zur Unterdrückung dieser Tendenzen eine Verordnung erließ, die sich gegen jeden richtete, »der es wagte, jene von Laien, d. h. Soeiro Gomes, dem Prior des Predigerordens, und den Brüdern dieses Ordens, erstellten Vorschriften zu befolgen«. Nach Beilegung dieses Streitpunkts war Soeiro Gomes dann Schiedsrichter zw. dem Kg. und dem Ebf. v. Braga. Santarém wurde Sitz der span. Ordensprovinz und blieb es bis 1245. Seine Ausstrahlung reichte bis Coimbra, wohin der Orden 1228 Bruder Paio, von dem 406 Predigten überliefert sind, entsandte. Bis 1498 zählten die D. mehr als 14 Männer- und 6 Frauenklöster. Außer den bereits genannten gehörten zu den bedeutendsten Kl. →Batalha, Aveiro (1423), Azeitão (1435), Abrantes (1472) und Pedrógão (1476). Der Orden brachte hervorragende Gelehrte hervor. A. do Rosário

III. ENGLAND UND WALES: Bei der Auflösung der Mendikantenklöster durch Heinrich VIII. 1538 und 1539 besaß die engl. Dominikanerprovinz, die 1221 durch das Generalkapitel des Ordens geschaffen worden war, 52 Dominikanerkonvente in England und Wales. Nur fünf davon sind nach 1288 gegründet worden, so 1346 der einzige engl. Dominikanerinnenkonvent in Dartford (Kent). Dieser Konvent war vom Kg. gegründet worden, ebenso auch das bes. große Kl. in King's Langley, Hertfordshire, das einst von →Eduard II. 1314 für 100 Mönche bestimmt worden war, die Seelenmessen für den kgl. Vertrauten Piers →Gaveston abhalten sollten. Die anderen Dominikanerklöster befanden sich in städt. Zentren.

Der erste engl. Prior, Gilbert de Fresney, und zwölf Mönche kamen 1221 nach England. Obwohl sie freundlich am Erzbischofssitz Canterbury empfangen wurden, ließen sie sich in →Oxford nieder, wo sie Mitglieder der Universität heranziehen und ausbilden konnten. Ein zweites Kl. entstand bald in London, weitere folgten in den nächstgrößeren Städten: Norwich (1226), York (1227), Bristol (1230) und Exeter (1232). Wichtige Kl. an Englands Grenzen wurden in Shrewsbury (1232), Carlisle (1233) und Chester (1236) errichtet. An der kleineren Universität von →Cambridge waren die D. seit 1238 vertreten.

Obwohl es für die D. in England keine Häresien zu bekämpfen gab, wurden sie von →Grosseteste v. Lincoln und anderen Bf.en begrüßt, da man von ihnen ein aktives Eintreten für die Kirchenreform, die vom IV. Laterankonzil (1215) beschlossen worden war, erhoffte. Als Wanderprediger hatten die Mönche bessere Einflußmöglichkeiten als der schlecht ausgebildete Pfarrklerus. Die Popularität ihrer Predigten und ihre persönl. Genügsamkeit verschafften ihnen viele Spenden und Schenkungen. Dem Beispiel Kg. →Heinrichs III. (1216–72) als Förderer der Mendikanten folgten alle seine ma. Nachfolger im Königsamt. Sein Berater Hubert de →Burgh stiftete den D.n ihre erste Londoner Niederlassung in Holborn, deren Bauten aber nicht ausreichten, so daß die Mönche 1275 nach Ludgate übersiedelten. Ein anderer der ersten Ratgeber und Richter des Kg.s, Walter →Mauclerc, trat 1246 als Bf. v. Carlisle zurück, um D. zu werden.

Der Tod i. J. 1248 der hervorragenden Dominikanertheologen →Robert Bacon und →Richard Fishacre dürfte erklären, warum die Oxforder D. es versäumten, die Erlaubnis eines Generalkapitels von 1247 zur Einrichtung eines →»studium generale« zu realisieren. Das geschah wahrscheinl. erst nach einem anderen Generalkapitel (1261), auf dem Simon of Hinton durch Robert →Kilwardby als Provinzial v. England ersetzt worden war; Kilwardby war damals Regens in Oxford. Als Ebf. v. Canterbury visitierte Kilwardby Oxford, um den Einfluß des →Thomismus bei den jungen Dominikanertheologen zurückzudrängen. Bald darauf wurde er 1278 als Kard. nach Rom berufen, was dem Thomismus eine Blütezeit im Oxforder Konvent ermöglichte; aus ihm gingen bedeutende Vertreter des Thomismus hervor, wie →William of Macclesfield († 1303), →Thomas Sutton († nach 1315) und →Nicholas Trivet († 1330). Der letztere ist vor allen Dingen bemerkenswert, da er der einzige engl. D. ist, der als Verfasser einer Chronik bekannt ist.

Dieser Mangel einer eigenen histor. Überlieferung und das Fehlen überkommener Archive erschwert jede Darstellung der Ordensgeschichte der D. in England. Viele einzelne D. konnten als Theologiestudenten in Oxford und Cambridge nachgewiesen werden, darunter die beiden Kontroverstheologen Thomas Waleys († 1349) und William Jordan († nach 1358) sowie der berühmte Prediger John Bromyard († nach 1393; →Robert v. Basevorn). Fünf D. hatten im 14. Jh. engl. Bm.er inne, was die Vorliebe der Kg.e, D. als Beichtväter einzusetzen, dokumentiert; diese endete mit →Richard II. Die verarmten walis. Bischofssitze von Bangor, Llandaff und St. Asaph hatten im 14. und 15. Jh. häufig Mendikanten als Bf.e, wobei die D. mit 14 Bf.en zahlreicher vertreten waren als andere Orden. Englische Bf.e setzten oft Mönche als Suffragane ein, nachdem sie ihre Weihe für Sitze in Irland oder »in partibus infidelium« veranlaßt hatten; so z. B. Geoffrey Hereford OP, der 1447 für Kildare vorgesehen war, aber Suffragan in Hereford bis 1466 blieb.

Wenn auch die geistige Vorrangstellung unter den universitären Angehörigen der Bettelorden von den engl. D.n auf die Franziskaner überging, so blieben doch die D. der zahlenmäßig stärkere Orden. Aufgrund von recht groben Schätzungen wird angenommen, daß die D. bis 1350 den größten Orden bildeten, mit einem möglichen Maximum von 1739 Brüdern. Diese Zahl hatte sich 1500 auf die Hälfte verringert, als die Franziskaner mit einem bedeutenden Vorsprung führten. Kritik an den Bettelmönchen wegen ihrer Aufdringlichkeit und ihres ausschweifenden Luxus findet sich allgemein in der spätma. Literatur, aber Legate in Testamenten – oft gleich groß – zugunsten aller vier Orden zeigen die ungebrochene Wertschätzung ihrer Dienste als Prediger und Beichtväter. Reste von Klostergebäuden und Kirchen (z. B. Gloucester und Norwich) und der Straßenname »Blackfriars« erinnern noch an die dreihundertjährige Geschichte des Ordens im ma. England. R. L. Storey

IV. SCHOTTLAND UND IRLAND: [1] *Schottland:* Von England aus kamen die ersten D. 1230 nach Schottland; sie standen unter der Leitung eines Magisters der Oxforder Universität und eines gebürtigen Schotten, des Dominikanerbruders Clement. Dank kgl. Förderung gewannen die D. rasch an Mitgliederzahl und konnten bis 1258 neun Priorate einrichten; vor der Reformation waren es dann 16. Diese Häuser bildeten bis 1349 eine »Visitations«- bzw. administrative Einheit innerhalb der engl. Provinz.

Danach wurden sie zu einem Vikariat zusammengefaßt, das direkt dem Generalmeister unterstellt war. Mit kgl. Unterstützung wurde es schließlich 1481 in eine unabhängige Provinz umgewandelt. Der lange Kampf der schott. D. gegen eine engl. Kontrolle förderte ihre Neigung, sich dem Papsttum in Avignon und Frankreich anzuschließen, auch während des →Abendländischen Schismas, als die engl. und ir. D. der röm. Obödienz anhingen. Abgesehen von ihrer gewöhnl. Predigertätigkeit unternahmen die schott. D. diplomat. Missionen für verschiedene Kg.e. Einige wurden auch Bf.e, bes. von Argyll. Ihr Studienzentrum war das Priorat von →Perth, dessen beste Studenten nach Oxford und Paris entsandt wurden. Die D. waren eng mit der Gründung der Universität→Glasgow (1451), die auf ihrem eigenen Grundbesitz errichtet wurde, verbunden und noch enger mit der Universität →Aberdeen (1495). 1510, mit einiger Verspätung, gelangte die Ordenserneuerung nach Schottland, im Gefolge einer Visitation durch die reformierte »Kongregation von Holland« und gefördert durch die Ernennung von John Adamson zum Provinzial. Adamson setzte mit Unterstützung des Kg.s, des Papstes und des Generalmeisters ein Erneuerungsprogramm durch, wobei Gebet, Buße und Studium im Mittelpunkt standen. Er gründete ein neues Studienhaus in →St. Andrews, dem religiösen Zentrum von Schottland, und eine Dominikanerinnengemeinschaft in Edinburgh, wo die Nonnen für die lebenden und verstorbenen Dominikanerbrüder beteten. Alle schott. Priorate bestanden bis zur religiösen Umwälzung von 1559–60, in deren Verlauf sie aufgelöst wurden.

[2] *Irland:* Die D. gelangten 1224 von England aus nach Irland und gründeten hier sogleich zwei Häuser in Dublin und Drogheda. Sie kamen in ein Land, das 50 Jahre vorher den Beginn der engl. Invasion erlebt hatte. Anglonormannen waren daher ihre ersten Schutzherren, sogar in der westl. Provinz →Connacht. Später fanden sie auch ir. Förderer und errichteten aus eigener Initiative weitere Niederlassungen. Vor der Auflösung der Kl. 1540 hatten die D. über 38 Häuser in Irland, die mit über 750 Brüdern (seit 1300) besetzt waren. Da das Land keine Universität hatte, wurden die besten Studenten der →studia generalia aus Athenry und Dublin nach →Oxford und →Paris gesandt. Mit Ausnahme von Geoffrey of Waterford († ca. 1300) und Philipp of Slane († ca. 1321), die sich als Übersetzer und Kompilatoren betätigten, gingen aus dem Dominikanerorden in Irland jedoch keine bedeutenden Gelehrten hervor. Etwa 55 D.er wurden zu Bf.en von ir. Diözesen ernannt, aber die Hälfte von ihnen waren Engländer, und viele hielten sich in ihren Bm.ern gar nicht ständig auf.

Die ir. Priorate gehörten zur engl. Provinz und bildeten ein Vikariat, dessen Status und Rechte 1314 in London von einem Generalkapitel festgelegt wurden. Der engl. Einfluß verhinderte 1372 und 1378 die Errichtung einer ir. Provinz, trotz der Bemühungen eines Generalmeisters und eines Generalkapitels. Kgl. Eingreifen und das Abendländ. Schisma waren starke Hindernisse auf dem Weg zur Unabhängigkeit. 1484, drei Jahre später als in Schottland, entstand eine ir. Provinz, die allerdings 1491 unter dem erneuten Druck Englands wieder einem Vikariatsstatus weichen mußte. Das Reformwerk, bis 1510 in Schottland verzögert, begann in Irland über ein Jahrhundert früher, wo es zuerst im westl., »gäl.« Irland Einzug hielt und wo eine Reihe von neuen Gründungen während des 15. Jh. gab. Es hat den Anschein, daß die Reformbewegung ein starkes nationales Element aufwies und dadurch den Befreiungsbestrebungen von der engl. Kontrolle einen wichtigen Impuls gab. Ebenso wie Schottland kam Irland in Berührung mit der Reformkongregation aus Holland, wohl noch vor 1501. Dann wurde die Situation der D. in Irland so unübersichtlich, daß dem Generalmeister 1509 nur bekannt war, daß drei Ordensvikare im Lande amtierten: einer für die »drei« reformierten Konvente, ein zweiter für das ganze Land (1503) und ein dritter, der beanspruchte, Vikar des engl. Provinzials zu sein. Die ir. Provinz wurde schließlich 1536 eingerichtet, gerade vier Jahre bevor Kg. Heinrich VIII. alle Dominikanerklöster auflösen ließ. H. Fenning

V. SKANDINAVIEN: [1] *Provincia Daciae:* Bei seinen Reisen »ad Marchiam (Dacie)« war der hl. Dominikus auf das Ausmaß des Missionsfeldes im Baltikum aufmerksam geworden und plante bereits 1219 eigene Missionsaktivitäten in Preußen und anderen nord. Ländern.

Die ersten skand. D. waren Studenten, die während ihrer Studien an it. und frz. Universitäten um 1220 dem Orden beitraten und vom Ordensstifter nach Skandinavien gesandt wurden. Der erste Konvent wurde 1221 (nicht 1223) in Lund gegründet, es folgten Ribe und Visby (Gotland) 1228. Im selben Jahr wurde die Provincia Daciae errichtet, die alle skand. Länder umfaßte. Vor 1234 traten Nidaros (→Drontheim) und Roskilde hinzu. Von Anfang an ließ man sich in den Bischofsstädten nieder. Der Ebf. v. Lund, Andreas Sunesen (→Andreas filius Sunonis), förderte den Orden, während die Hierarchie in Schweden eine zögernde Haltung einnahm: Die ersten Konvente wurden dort 1237 in Sigtuna und Skänninge gegründet und nicht in den nahegelegenen Bischofsstädten Uppsala und Linköping. Der endgültige Durchbruch kam 1239 mit Konventen in den Bischofssitzen Skara, Viborg (Dänemark), Aarhus, Odense, Schleswig und Oslo. Weitere Neugründungen folgten rasch, u. a. in den Bischofsstädten Västeräs (1244), Bergen (1244/47) und Reval (1248; zu dieser Zeit unter dän. Herrschaft). Das Missionsland →Finnland bekam seinen Konvent 1249 in Åbo (finn. Turku). Die Ausbreitung des Ordens ließ gegen Ende des Jahrhunderts nach. 1291 bestand die Provinz Dacia aus 26 Konventen: 14 in Dänemark (mit Estland), 9 in Schweden (mit Finnland) und 3 in Norwegen. Im 14. Jh. kamen nur noch drei weitere Konvente hinzu, darunter Stockholm 1344 und Viborg (Karelien) 1392, 1426 schließlich noch Helsingør. Der Konvent in der ostnorw. Bischofsstadt Hamar wird zuerst 1512 erwähnt; das Gründungsjahr ist unbekannt. I. J. 1512 gab es somit 16 dän., 11 schwed. und 4 norw. Konvente. Reval, Schleswig und Hadersleben wurden 1517 der Ordensprovinz Saxonia inkorporiert.

Die Liste der Provinzialprioren weist für das 14. Jh. Lücken auf, kann aber vom 15. Jh. an bis zur Auflösung rekonstruiert werden. In dieser Zeit wurde als Prior abwechselnd jeweils ein Däne oder ein Schwede gewählt. Während der →Kalmarer Union hatte Schweden häufig einen eigenen Generalvikar. Von den Verhandlungen auf den ursprgl. jährlich stattfindenden Provinzialkapiteln ist nur wenig überliefert: lediglich für die Jahre 1252–54 und 1291 sind die Akten - fragmentarisch – bewahrt. Nach diesen Quellen war die Provinz in Visitationsdistrikte eingeteilt, von denen die »conventus maritimi« (Visby, Reval, Finnland) noch 1418 erwähnt werden.

[2] *Studiensystem:* Die Provincia Daciae hatte bis 1505 kein eigenes Generalstudienhaus. Die Lektoren wurden zunächst in Paris, nach 1248 auch an anderen Generalstudien, die skand. Studenten offenstanden, ausgebildet. Der Verlauf von Studienreisen kann im Briefwechsel des →Petrus de Dacia 1266–82 verfolgt werden, weiterhin in den Akten des Provinzialkapitels von 1291 und in dem Registrum des Generalmeisters von 1475 bis 1525. Das Generalstudienhaus in Västerås wurde 1505 gegründet. Im 15. Jh. entwickelte sich außerdem der Stockholmer Konvent zu einem Zentrum für gelehrte Studien. Die literar. Aktivitäten der D. waren ausgedehnt, aber vieles ist verlorengegangen. Der aus Dänemark stammende und in Paris lehrende averroistische Philosoph→Boetius de Dacia hatte sich wohl erst spät den D.n angeschlossen. Der Provinzialprior Augustinus (Acho, Åge, † 1285) hinterließ ein theol. Handbuch (»Rotulus pugillaris«). Ein schwed. Verfasser eines Handbuchs, der Kanoniker Laurentius Olavi de Vaxala († 1330), trat 1326 dem Orden bei. Die exeget. Werke des Provinzialpriors Olavus († 1308) und des Lektors Tullius in Lund (vor 1300) sind verlorengegangen. Lydeke van Haven, späterer Provinzialprior († nach 1474), verteidigte 1442 in Köln die päpstl. Schlüsselgewalt und erregte auf dem →Baseler Konzil Aufsehen; von seinen Schriften ist jedoch nichts bewahrt. Das gleiche gilt für die gelehrten, büchersammelnden Theologiemagister in Stockholm. Der bedeutendste unter den skand. theol. Autoren ist Petrus de Dacia († 1284), dessen asketischmyst. Schriften erhalten sind. Israel Erlandi (späterer Bf. von Västerås, † 1327) redigierte die St. Eriks-Mirakel, Lektor Gregorius sammelte ca. 1420 die Berichte über die »miracula S. Crucis«, die sich bei einem Gnadenbild in Stockholm ereignet hatten. Im 13. Jh. hatte der Orden einen bedeutenden Einfluß auf die Liturgie in Uppsala; so ist das St. Eriks-Officium dominikan. geprägt. Das Bm. Åbo nahm ca. 1330 den Meßritus des Ordens an. Der Theologiemagister Nicolaus Johannis von Lund schrieb 1456 eine astronom. Abhandlung. Die D. hatten im 13. Jh. großen Anteil an der schwed. Annalistik (→ Chronik, Abschnitt J). Der norw. D. →Jón Halldórsson (zuletzt Bf. v. Skálholt auf Island, † 1339) ist wegen seiner auf altnorw. geschriebenen legendar. Berichte (→Klari saga) bekannt.

[3] *Einfluß und Wirksamkeit in der Gesellschaft:* Bes. stark war der Einfluß der D. in Schweden, dessen vergleichsweise junge kirchlich-geistige Kultur in vielen Bereichen dominikan. gefärbt war. Sie trugen zur Einführung des kanon. Rechts, Organisation von Domkapiteln und Kathedralschulen, Förderung des Heiligenkults und einer religiös-theol. Literatur bei. Hinzu traten enge Beziehungen zur schwed. Aristokratie. Auch in Finnland hatte der Orden eine starke Stellung, da er maßgebl. an der Christianisierung des Landes beteiligt war. Geringer gestaltete sich dagegen der dominikan. Einfluß in Norwegen, das schon über eine etablierte (z. T. volkssprachl. ausgerichtete) religiöse Kultur verfügte und wo die D. in Konkurrenz zu den älteren Orden standen. Die skand. D. waren darüber hinaus im Baltikum engagiert, bes. auf dem Gebiet der Kreuzzugspredigt. Einige Ordensbrüder wirkten als Pönitentiare am Papsthof in Avignon, manche hatten skand. Bischofssitze inne, Johannes († 1291) und Petrus Philippi († 1341) waren Ebf.e in Uppsala.

Obwohl die Städte in Skandinavien eine geringere Rolle spielten als auf dem Kontinent, waren sie doch die wichtigsten Stützpunkte der D. Typisch für Skandinavien ist ihre Wirksamkeit auch auf ländl. Märkten, in dünnbesiedelten Randgebieten und unter den mobilen Teilen der Bevölkerung. Sie finden sich an den Fischereiplätzen der Ostsee ebenso wie auf den Lofoten und den nordskand. Waldsiedlungen.

Die Blütezeit der Provinz Dacia fiel in das 13. Jh. und in den Beginn des 14. Jh. Die hl. →Birgitta beklagte das Wohlleben und die aufwendige Architektur des Ordens. Ein Niedergang erfolgte nach den Pestepidemien und den zahlreichen Unionskriegen. Um 1470 wurde der Norden von einer Observanzbewegung erfaßt, die zunächst eine Anlehnung der reformierten Konvente an die holländ. Reformkongregation bewirkte. Später wurde vermutl. die gesamte Ordensprovinz als observant betrachtet.

[4] *Dominikanerinnen:* Die dominikan. Frauenklöster erreichten im 13. Jh. unter Mitwirkung des Kgtm.s und der Aristokratie den Norden: St. Agnes in Roskilde 1263, St. Martin in Skänninge 1281 und der Konvent in Kalmar 1299. Die Unionskönigin →Margareta gründete 1403 ein Nonnenkloster auf Gavnö (Seeland). Die Stifterin des Kl. in Skänninge, Ingrid († 1282), kam in den Ruf der Heiligkeit. Ihre Translation fand 1507 statt.

[5] *Niedergang:* Der Untergang der Ordensprovinz Dacia begann in Schweden unter dem Druck kgl. Gewalt. Nachdem es ab 1528 an vielen Stellen zu gewaltsamen Klosterauflösungen gekommen war, bestand der Orden dennoch bis 1537 weiter und wurde dann zusammen mit den anderen Bettelorden von Kg. Christian III. in Dänemark und Norwegen endgültig verboten. Die Schwesternkonvente wurden in Schweden 1531, in Dänemark nach 1552 aufgehoben. J. Gallén

VI. POLEN: Die ersten poln. D. scharten sich um den Bf. Iwo v. Krakau (1218–29), der in seiner Jugend in Paris zusammen mit dem Kard. Ugolino, dem späteren Papst Gregor IX., studiert hatte. Aus demselben Geschlecht der →Odrowąż stammten auch die eifrigsten der Brüder, wie der hl. →Hyazinth (poln.: Jacek), der selige Czesław (Teslaus), der Prior v. Breslau, Martin v. Sandomir, und Vincenz v. Kielcza. Die ersten poln. D. erhielten in Krakau vom Bf. die St. Trinitätskirche zum Sitz. Von dort aus entwickelten die Brüder eine rege Gründungstätigkeit, nicht nur in Polen, sondern auch in den Nachbarländern, wie Böhmen, Rußland und dem Deutschordensland Preußen. Bis zum Ende des 13. Jh. gründeten die D. 25 Kl., außerdem in Pommern 4 (außer Kammin noch Stolp, Pasewalk und Greifswald) und im Gebiet des Dt. Ordens 3 (Kulm, nach 1233; Elbing 1237; Thorn, um 1260). Im russ.-ostslav. Bereich entstanden zwei Häuser, in Galić (zw. 1228–38) und Kiev (um 1228), von wo die D. aber bald vertrieben wurden. Die Dominikanermission unter den preuß. →Jadwingern und in Litauen scheiterte; der 1253 für diese Gebiete zum Bf. konsekrierte Bruder Wit kehrte bald nach Krakau zurück. Besser entwickelte sich die Mission unter den heidn. Prussen; nach Einführung der regulären Diözesen in Preußen in den Jahren 1243–46 wurde auch diese Tätigkeit des Dominikanerordens unterbunden.

Am Anfang waren sämtliche poln. Dominikanerklöster der Provinz Ungarn unterstellt, aber schon 1226 wurde Bruder Gerhard von Breslau (Vratislaviensis) zum Provinzial mit Sitz in Krakau ernannt und 1228 durch das Generalkapitel in Paris in dieser Funktion bestätigt. Mit der Vermehrung der Häuser wurde diese Provincia Polonia unterteilt (Kleinpolen, Schlesien, Masowien, Großpolen, Preußen und sog. kaschub. Pommern; in der Übergangszeit auch Oberschlesien [Oppeln] und Kujawien).

Im Gegensatz zu den Männerklöstern gab es nur 3 *Dominikanerinnenklöster,* die Ende des 13. und Anfang des 14. Jh. gestiftet wurden (Posen, Breslau, Ratibor). Im SpätMA verlangsamte sich die weitere Stiftungstätigkeit etwas, aber immerhin entstanden in dieser Periode noch 32 Kl., von diesen mindestens 20 in den neu von Polen erworbenen russ. Gebieten (19 in Galić) und 1 in Wilna (Litauen); 1378 wurden die russ. Kl. von der Provinz Polen abgetrennt und zu einer bes. Provinz mit Sitz in den genuesischen Schwarzmeerkolonien (Societas Fratrum Peregrinantium) zusammengefaßt. Nach der Einnahme von Konstantinopel durch die Türken wurden sie wieder 1456 der Provinz Polen angegliedert.

Von den bedeutenden poln. D.n sind zu nennen: →Martin Polonus, der hl. Hyazinth und Vincenz v. Kielcza, der Verfasser der Vita des hl. Stanislaus. G. Labuda

VII. BÖHMEN: In den böhm. Ländern wurden fast alle Dominikanerkl. im Laufe des 13. Jh. gegründet. Dem Konvent in Prag (zuerst bei St. Clemens am Poříčí errichtet, bald darauf nach St. Clemens an der Judithbrücke verlegt) folgten zahlreiche Niederlassungen; die ältesten befanden sich in Olmütz/Olomouc (1227/30), Königgrätz/Hradec Králove (vor 1238), Brünn/Brno (vor 1238). Die böhm. Kl. gehörten zuerst zur poln. Provinz, 1301 wurde eine eigene böhm. Provinz errichtet. Mehrere böhm. D. waren bedeutende Schriftsteller: So schuf Domaslav eine Reihe von Sequenzen; 1312 beendete der Prager Lektor Kolda v. Koldice, der in enger Verbindung zu Kunigunde († 1321), der Tochter Přemysl Ottokars II. und Äbtissin des Prager St. Georgsklosters, stand, das myst. Werk »De strenuo milite«. Angehörige des D. ordens beteiligten sich auch an der tschech. →Bibelübersetzung (Abschnitt XVI). →Johannes v. Dambach unterstützte Ks. Karl IV. bei der Gründung der Prager Univ., und 1383 wurde das Prager Generalstudium der D. in den Universitätsverband formell eingegliedert. Zdislava, die erste Dominikanertertiarin († um 1252), wurde früh als Selige verehrt. – In der hussit. Revolution (→Hussiten) wurden 14 Kl. in Böhmen vernichtet, nur der Konvent in Böhm. Budweis (České Budějovice) blieb verschont, in Mähren erlitten von sieben Kl. nur zwei Schäden (Ung.-Brod/Uherský Brod und Mähr. Schönberg/Šumperk), das Zentrum der Provinz wurde nach Mähren verlegt. Infolge der ständigen Unruhen verfielen auch die Konvente Mährens.

Das älteste *Dominikanerinnenkloster* in den böhm. Ländern wurde 1240 in Brünn gegründet (Herburger Kl.). Weitere Konvente folgten. Die Kl. in Luditz (Žlutice, vor 1300) und Kralupy (bei Chomutov, nach 1310) sind bald nach der Gründung untergegangen, die Kl. auf der Kleinseite zu Prag (1330) in Dux/Duchcov (um 1320) und Königgrätz (vor 1277) wurden in der hussit. Revolution vernichtet, die Nonnen in der Prager Altstadt (seit 1294/96) ließen sich zur Annahme der Kommunion unter beiderlei Gestalt zwingen, das Herburger Kl. existierte bis 1578, die Kl. zu Brünn (St. Anna) und Olmütz wurden 1782 aufgehoben. J. Kadlec

VIII. UNGARN: Nach dem 1221 in Bologna abgehaltenen Generalkapitel gingen Pál Magyar und seine Gefährten in das für die ung. Provinz vorgesehene Gebiet. Sie predigten zuerst in Raab (Győr), gründeten das erste Kl. 1221 in Stuhlweißenburg (Székesfehérvár). Bis zum Tatareneinfall von 1241 wurden mehr als 10 Kl. gegründet. Nach dem Tatarensturm wurde kaum ein Generalkapitel abgehalten, das sich nicht mit neuen Gründungen befaßte. Nach den Protokollen des Generalkapitels von 1277 gab es in der ung. Provinz 30 Männer- und 3 Frauenklöster, 1303 dann 37 Männer- und 3 Frauenklöster, obwohl zu diesem Zeitpunkt sich die tschech. und poln. Provinzen bereits abgetrennt hatten; 1308 löste sich dann auch die dalmat. Provinz. Seit 1380 bildete Ungarn mit Transsilvanien, Kroatien und Slowenien eine einzige, die ung. Provinz. In Ungarn wurde dreimal ein Generalkapitel abgehalten, 1254, 1273 und 1382. 1456 unterstanden Moldau und Oláhország (Rumänien) mit 5 Konventen der Congregatio Fratrum Peregrinantium der Jurisdiktion des ung. Provinzials. Die ung. Provinz soll Ende des 15. Jh. und am Anfang des 16. Jh. 49 Konvente gezählt haben. Die Türkenkriege und die Reformation bewirkten einen Niedergang, das Generalkapitel von 1561 konnte kaum noch von tätigen Konventen sprechen. Der letzte noch intakte Konvent von Nagyszombat (Tirnau/Trnava) wurde 1569 der österr. Provinz angeschlossen, die ung. Provinz aufgehoben. Erst im 17. Jh. begann eine Neubelebung.

In Ungarn gab es relativ wenige *Dominikanerinnenklöster*. Das älteste Kl. war in Veszprém. Es wurde 1240 von Bf. Bertalan zu Ehren der hl. Katharina gegründet, die Nonnen mußten aber bereits 1241 vor den Tataren nach Nona und Zagreb fliehen, wo sie jeweils ein Kl. errichteten. Das bedeutendste Dominikanerinnenkl. befand sich auf der Margareteninsel (ehemals: Nyulak-szigete = 'Haseninsel'), das 1252 →Béla IV. für seine Tochter Margit (Margarete) hat bauen lassen, die hier lebte und 1271 starb. Bald wurde sie wie eine Heilige verehrt, aber erst 1944 heiliggesprochen. Weitere Frauenklöster waren in Székesfehérvár und Pécs (Fünfkirchen). J. Borovi

IX. SÜDOSTEUROPA UND ASIATISCHE MISSIONSGEBIETE: Das Generalkapitel des Jahres 1220 entsandte eine Mission zu den →Kumanen, die unter der Leitung des Ungarn Paulus stand. Gregor IX. forderte 1228 den Dominikanerprior von Ungarn auf, andere Brüder zu den Kumanen zu schicken, und erinnerte daran, daß er den D. Theodoricus dort zum Bf. eingesetzt hatte. Nach einer ersten Evangelisierungsphase, für die Bekehrungen zum Christentum bezeugt sind, gingen diese ersten Missionszentren infolge der Mongoleninvasion unter. 1228 berichten die Quellen von der Gründung der Provinz Graecia, in deren Gebiet jedoch der Franziskanerorden weitaus aktiver war. Bereits in den Jahren 1245–48 war eine Mission von Dominikanerbrüdern von Innozenz IV. zu den Mongolen entsandt worden, und mit Recht nimmt man an, daß 1253 die Missionstätigkeit des Ordens (ähnlich wie die der →Franziskaner) die Gebiete »Saracenorum, Graecorum, Bulgarorum, Cumanorum, Aethiopum, Syrorum, Yberorum, Zicorum, Alamannorum, Gazarorum, Gothorum, Ruthenorum, Jacobitarum, Nubienorum, Georgianorum, Armenorum« erreichte oder im Begriff war zu erreichen (Acta Innocentii papae IV, ed. T. HALUŠČYNSKYJ et M. WOJNAR, 1962, p. 36 sqq., Nr. 19). Obwohl die Gründungsdaten der einzelnen Sitze nicht immer vorliegen, steht doch fest, daß die D. am Ende des 13. Jh. in Pera bei Konstantinopel eine Niederlassung hatten; 1327 bestimmte das Generalkapitel von Perpignan, daß jener Konvent zur Provinz Graecia gehören sollte. Ein Verzeichnis des Jahres 1303 führt sechs Konvente auf: in Clarentia (Peloponnes), Theben, Negroponte (Euböa), Modone (h. Methoni), Candia und Canea (beide Kreta). Andere Sitze des Ordens sind im Katharinenkl. in Pera, auf Chios, Mytilene sowie in Phokäa und Smyrna bezeugt. Diese Aufzählung muß für die spätere Zeit noch ergänzt werden, wobei zu berücksichtigen ist, daß die Fratres eine bes. Rolle in den Auseinandersetzungen zw. kath. und orthodoxer Lehre spielten, v. a. durch die Konversion einer Anzahl byz. Gelehrter (→Demetrios Kydones, Manuel Kalekas, →Maximos Homologetes, Theodoros und Andreas →Chrysoberges, Manuel →Chrysoloras). Vor 1318 sind Niederlassungen im Norden (Caffa, Tana) und Osten (Täbris, Maraga und Diakorogon) des von Mongolen beherrschten Gebietes bezeugt. Infolge des Verlustes des Hl. Landes und der Präsenz der Lateiner in den Gebieten des byz. Reichs verstärkte sich die Missionstätigkeit des Ordens in Asien. Nachdem Johannes XXII. in Asien den Franziskanern ein riesiges Gebiet für ihre Missionstätigkeit angewiesen hatte, schuf er 1318 eine neue Kirchenprovinz, welche die gegründeten oder im Entstehen begriffenen lat. Kirchen in Persien, im Tschagatai und in Indien umfaßte – mit einem Bischofssitz in Sultanieh –, und unterstellte sie den Dominikanern. Die Missionstätigkeit des Ordens verstärkte sich auf diese Weise in solchem Maße, daß bereits das Kapitel v. Toulouse (1304) die Gründung einer »Societas Fratrum Peregrinantium« vorgesehen hatte, deren Mitglieder aus allen Provinzen stammten. Die »Societas« entwickelte sich zusehends, so daß die D. auch in Armenien bedeutende Niederlassungen errichteten: Im dortigen Konvent Qrna entstand die Kongregation der »fratres Unitores« von Armenien, welche die Dominikus-Regel annahmen. Zur »Societas« gehörten in mehr oder weniger engem Verband die Konvente von Pera, Caffa, Trapezunt und Chios mit Missionsstationen in Persien und Armenien. Die Eroberung von Konstantinopel (1453) führte trotz der Garantie der Türken, den Besitz der Kirchen unangetastet zu lassen, zu schweren Konsequenzen für die dominikan. Kommunitäten. Aus Sorge über das Anwachsen der türk. Macht beschloß Papst Pius II. (1464) die Wiederherstellung der aufgehobenen »Societas«, wahrscheinl. bewogen durch die Brüder des Konvents S. Domenico von Caffa.

Nach der Eroberung Caffas durch die Türken (1475) wurde die »Societas« auf die Konvente v. Chios und Pera beschränkt, so daß sie in der Geschichte eine immer geringere Rolle spielte, wenn auch die Präsenz des Ordens in den gen. Gebieten weiterhin bezeugt ist. G. Fedalto

X. ÖSTLICHER MITTELMEERRAUM (HL. LAND, SYRIEN, ZYPERN): Der erste Beleg für die Präsenz von D.n im Hl. Land, wohin ihnen bereits die Franziskaner vorangegangen waren, scheint jene Episode vom 8. April 1229 zu sein, als Brüder der beiden Orden, die gemeinsam in →Akkon predigten, durch Beauftragte Friedrichs II. als Vergeltungsmaßnahme für die von Papst Honorius III. über den Ks. verhängte Exkommunikation ausgepeitscht und gefangengesetzt wurden. Bereits für das Vorjahr (1228) wird von der Gründung eines Konvents auf der Insel Zypern in Nikosia berichtet, der große Bedeutung für die folgenden Missionen haben sollte; zu einem noch früheren Datum verpflichtete sich der Orden, »aliquos fratres mittere ad provinciam Terrae Sanctae«. Jedenfalls ist das Jahr 1228 als Gründungsdatum einer Provinz Terra Sancta bezeugt, wo die D. 1277 drei Konvente besaßen, und zwar in Akkon, Nikosia und Tripolis. Das ganze 13. Jh. hindurch sind Nachrichten über den Konvent von Akkon erhalten; sie reichen bis zum Fall der Stadt 1291, mit einer Aufzählung der dabei getöteten Fratres. 1241 und 1282 wird im Konvent von Tripolis ein Prior erwähnt, die Spuren der Kommunität verlieren sich jedoch nach der Einnahme der Stadt 1289. Die D. waren auch in Jerusalem präsent, der genaue Zeitpunkt ihres ersten Auftretens ist jedoch unbekannt: →Ricoldo da Montecroce OP, der gegen 1294 die hl. Stätten besuchte, merkt an, daß er beim Abstieg vom Berg Sion »locum fratrum Predicatorum, ubi adhuc manet hortus. Est autem locus inter templum Salomonis et templum Domini« vorgefunden habe. In einem Brief des Jahres 1237 an Gregor IX. berichtet der Prior der Terra Sancta, Philippus, daß der jakobit. Patriarch mit einem großen Gefolge geistl. Würdenträger nach Jerusalem gekommen sei und nach Anhörung der kath. Glaubensgrundsätze versprochen habe, der röm. Kirche Obödienz zu leisten. Auch andere Belege für die Anwesenheit der D. im östl. Mittelmeerraum fehlen nicht, so zum Beispiel für einen Konvent in →Antiochia, wo während der Einnahme der Stadt durch Sultan →Baibars (1268) vier Fratres starben. Nach dem Fall von Akkon und dem Ende der Kreuzfahrerstaaten begann die Ausbreitung der D. in Zypern:

1300 wurden neue Konvente in Famagusta und Limassol eröffnet; das Hl. Land war für Pilgerfahrten zugänglich. 1320 konnte der Dominikaner Franciscus Pipinus die hl. Stätten besuchen und dort auf mit allen Einzelheiten beschriebenen Altären die Messe feiern. Wenige Jahre zuvor riet ein anderer D., Guglielmus Adam, die Pilgerfahrten nach Jerusalem einzustellen, da die Abgaben, welche von den zahllosen, aus verschiedenen Weltrichtungen nach Jerusalem strömenden Pilgern erhoben wurden, den »Sultan von Babylon« enorm bereicherten. Obwohl weniger zahlreich als diejenigen der Franziskaner, sind Pilgerfahrten von D.n für die Jahre 1284, 1294, 1320, 1324 belegt. Während der muslim. Epoche kam es 1333 zu neuen Niederlassungen von Angehörigen der Bettelorden, jedoch auf Initiative der Minderbrüder, die von da an in ununterbrochener Folge im Hl. Land vertreten waren. Auf Zypern gab es jedoch weiterhin dominikan. Niederlassungen in Nikosia, Famagusta, Limassol und Vavla. Der Konvent von Nikosia, der auf das Jahr 1226 zurückgeht, war sehr bekannt und hatte als Grablege verschiedener Kg.e, Fs.en und adliger Herren zahlreiche Schenkungen erhalten. Bei der Invasion der Insel durch die Mamluken (1426) verloren die Brüder einen Großteil ihrer Besitzungen, verblieben jedoch auch während der ven. Herrschaft an ihrem Sitz in Nikosia. G. Fedalto

Lit.: *zu [I]:* Q.: Jordan v. Sachsen, Lib. init. OP, Monumenta Ord. Fr. Praedicatorum historica XVI, 1935, 1–88 – Q. und Forsch. zur Gesch. des D.ordens in Dtl., 1–40, 1907–52 – APraed IX, 1939, 235f.; XXII, 1952, 186–195; XXIII, 1953, 327–334; XXVI, 1956, 314–319; XLVIII, 1978, 71–75 – ZKG 34, 1913, 477ff.; 35, 1914, 502–528; 48, 1929, 1ff. – RQ 11, 1897, 297ff. – Congr. Holl., ed. A. de Meyer, 1946 – Bouwst. Gesch. Dom. Ned., 6–13, 1968–74 – *Lit.:* Analecta Sacri Ordinis Fratrum Praedicatorum I, II, IV, XVIII, passim – H. Finke, Zur Gesch. der dt. D., RQ 8, 1894, 367–380 – L. Sutter, D. klöster auf dem Gebiet der heut. dt. Schweiz, 1894 – P. v. Loë, Statistik über die Ordensprovinz Teutonia (Q. und Forsch. zur Gesch. des D.ordens in Dtl. 1, 1907) – Ders., Statistik über die Ordensprovinz Saxonia (ebd. 4, 1910) – D. Schomburg, D. im Ebm. Bremen, 1910 – F. Bünger, Studienordnung der D.provinz Saxonia, ZKG 35, 1914, 40–63 – H. Wilms, Gesch. der dt. Dominikanerinnen, 1920 – A. Kühl, D. im dt. Rheingebiet, 1922 – G. Löhr, Teutonia im 15. Jh. (Q. und Forsch. zur Gesch. der D.ordens in Dtl. 19, 1924) – H. Wilms, Das älteste Verz. der dt. D.klöster (ebd. 24, 1928) – G. Löhr, D. an den dt. Univ. am Ende des MA (Mél. Mandonnet II, 1930), 403–435 – A. Barthelmé, Réforme dominicaine au XVe s. en Alsace, 1931 – G. Löhr, Gewohnheiten eines mittelelsäss. D.klosters, APraed I, 1931, 87–105 – O. Decker, Die Stellung des Predigerordens zu den D.innen, 1935 – E. Ritzinger u. a., Beitr. zur Gesch. der Teutonia, Archiv der dt. D. 3, 1941, 11–95 – G. Löhr, Die Kölner D.schule (14.–16. Jh.), 1946 – A. Walz, Compendium..., 1948², 151–154 – G. Löhr, D. an der Univ. Heidelberg, APraed XXI, 1951, 272–293 – L. Siemer, Verzeichnis der Provinzialprioren der Teutonia, Archiv der dt. D. 4, 1951, 77–96 – G. Löhr, D. an den Univ. Erfurt und Mainz, APraed XXIII, 1953, 236–274 – A. Walz, Wahrheitskünder, 1960, 7–53 – I. W. Frank, Zur Studienorganisation der D. provinz Teutonia (Fschr. H. Seuse, 1966), 39–69 – W. A. Hinnebusch, The Hist. ... I, 1966, 377–399, 429 [Register] – A. Walz, D. und Dominikanerinnen in Süddtl., 1967 – I. W. Frank, Hausstudium und Universitätsstudium der Wiener D. bis 1500, AÖG 127, 1968 – H. Zotter, Gesch. der D. in Innerösterreich, 1969 – S. G. Axters, Bibl. dom. neerl. manus., Bibl RHE 49, 1970 – S. P. Wolfs, Stud. over noordned. D. in de middeleeuw, V. Gorcum's Hist. Bibl. 91, 1973 – V. Sack, Bruchstücke von Regel und Konstitutionen südwestdt. Dominikanerinnen, ZGO 123, 1975, 115–167 – D. Berg, Armut und Wissenschaft, Gesch. und Gesellschaft 15, 1977 – J. B. Freed, Friars and German Society in the 13th c., Med. Acad. Amer. Publ. 86, 1977 – W. P. Eckert, Gesch. und Wirken des D.ordens in Westfalen, Monast. Westf., 1982, 113–133 – S. P. Wolfs, Middeleeuwse D.kloosters in Nederland, 1984 – *zu [II, 1]:* DHEE II, 766–768 – M. Medrano, Hist. de la provincia de España de la Orden de predicadores, Madrid 1725 – R. Castaño, S. Alvaro de Córdoba y su convento de Escaleceli, 1906 – V. Beltran de Heredia, Hist. de la reforma de la provincia de España, 1450–1550, 1939 – C. Gil Atrio, España, cuna del viacrucis?, Archivo iberoamericano 11, 1951, 63–92 – F. de la Granja, Una polémica religiosa en Murcia en tiempos de Alfonso el Sabio, Al-Andalus 31, 1961, 47–72 – F. de Peñalosa, S. Domingo en Segovia, 1968 – P. J. Salvador y Conde, Hist. de S. Domingo de Pamplona, Príncipe de Viana 38, 1977, 51–69 – Actas do II encontro sobre hist. dominicana (Arquivo Hist. Dominicano Portugués III/1, 1984) – *zu [II, 2]:* F. Diago, Hist. de la Provincia de Aragón de la Orden de Predicadores, desde su origen, hasta el año de mil y seyscientos, Barcelona 1598 – C. Fuentes, Escritores dominicos del Reino de Valencia, 1930 – Ders., Escritores dominicos del Reino de Aragón, 1931 – B. Sorio, De viris illustribus Provinciae Aragoniae Ordinis Praedicatorum, ed. J. M. de Garganta, 1950 – J. M. de Garganta, Los dominicos de la Provincia de Aragón en la hist. de la espiritualidad, Teología Espiritual 1, 1957, 89–112 – V. Beltrán de Heredia, Documentos pontificios inéditos acerca de la reforma dominicana en la provincia de Aragón, Analecta Sacri Ordinis Fratrum Praedicatorum 28, 1958, 263–297 – A. Collell, Escritores dominicos del Principado de Cataluña, 1965 – Ders., Ayer de la Provincia dominicana de Aragón, AST 49, 1968, 217–255 – R. M. Blasco, Contribución a la hist. del convento de Predicadores de Zaragoza a través de los apuntes del Maestro Tomás Domingo 1219–1516, Zurita 23–24, 1970–71, 7–122 – L. Robles, Escritores dominicos de la Corona de Aragón Siglos XIII–XV, 1972 – J. Gallego, Santo Tomás y los dominicos en la tradición teologica de Valencia durante los siglos XIII, XIV y XV, Escritos del Vedat 4, 1974, 479–569 – Ambientación de las escuelas de Lenguas Orientales, Escritos del Vedat 7, 1977 – V. J. Antist, De viris illustribus, ed. L. Robles, 1980 – L. Galmes, Catálogo hagiográfico de la Provincia de Aragón de la Orden de Predicadores, Escritos del Vedat 10, 1980, 183–214 – A. Robles, La Reforma entre los dominicos de Valencia en el siglo XVI, Corrientes espirituales en la Valencia del siglo XVI, 1983, 183–210 – *zu [II, 3]:* Dicionário de Hist. de Portugal I, 848f. – A. do Rosário, Primórdios Dominicanos em Portugal, 1965 – L. de Sousa, Hist. de S. Domíngos, neu hg. M. Lopes de Almeido, 2 Bde, 1977 – A. do Rosário, Letrados Dominicanos em Portugal (Repertório de Hist. de las Ciéncias Eclesiásticas, 1979) – Actas do I Encontro sobre Hist. Dominicana, 1979 – *zu [III]:* BRUC – BRUO – D. Knowles, The Religious Orders in England, 3 Bde, 1948–59 – W. A. Hinnebusch, The Early English Friars Preachers, 1951 – A. B. Emden, A Survey of Dominicans in England, 1967 – D. Knowles–R. N. Hadcock, Medieval Religious Houses: England and Wales, 1971 – *zu [IV]:* D. Easson, Medieval Religious Houses: Scotland, 1957 – D. Mould, The Irish Dominicans, 1957 – A. Gwynn–R. N. Hadcock, Medieval Religious Houses: Ireland, 1970 – A. Ross, Dogs of the Lord: the D. Order in Scotland, 1981 – *zu [V]: Bibliogr.:* J. Gallén, Bibliogr. dominicaine de Scandinavie, APraed V, 1935 – *Lit.:* KL III, 174–185 – Baronne de Wedel-Jarlsberg, Une page de l'hist. des Frères-Prêcheurs, la province de Dacie, 1899 – B. Altaner, Dominikanermissionen des 13. Jh., BSHT III, 1924 – J. Gallén, La province de Dacie de l'Ordre des Frères-Prêcheurs I, Institutum Historicum FF. Praedicatorum. Dissertationes XII, 1946 – Sigtuna Mariakyrka 1247–1947, 1947 – J. Gallén, De religiösa ordnarnas särskilt dominikanerordens studier i Skandinavien under medeltiden, Stud. hist. Jyväskyläensia 27, 1983 – *zu [VI]:* W. Abraham, Powstanie organizacyi Kościoła łacińskiego na Rusi, 1904 – J. Kłoczowski, Dominikanie polscy na Śląsku w XIII–XIV wieku, 1956 – Studia nad historią dominikanów w Polsce, hg. J. Kłoczowski, Bd. I–II, 1222–1972; 1975 – *zu [VII]:* V. J. Koudelka, Zur Gesch. der böhm. Dominikanerprovinz im MA, I–III, APraed XXV, 1955, 75–99; XXVI, 1956, 127–160; XXVII, 1957, 39–119 – I. Hlaváček, Neznámý český klášter dolny lucemburské, Sborník archivních prací 22, 1972, 163–182 – *zu [VIII]:* N. Pfeiffer, Die ung. Dominikanerordensprovinz, 1913 – A. András, A domonkosrend Magyarországon a reformáció el elött, 1938 – *zu [IX]:* R. Loenertz, Documents pour servir à l'hist. de la province dominicaine de Grèce (1474–1669), APraed XIV, 1944, 72–115 – Ders., La Société des Frères Pérégrinants de 1374 à 1475. Etude sur l'Orient Dominicain II, APraed XLV, 1975, 107–145 – J. Richard, La papauté et les missions d'Orient au MA (XIIIe–XVe s.), 1977 – G. Fedalto, La chiesa latina in Oriente I, 1981², 465–469, 491ff. [Lit.] – *zu [X]:* U. Monneret de Villard, Il libro delle peregrinazioni nelle parti d'Oriente di Frate Ricoldo da Montecroce, 1948 – G. Hill, A Hist. of Cyprus, II–III, 1972 – G. Fedalto, La chiesa ..., 1981², 199–201 [Lit.].

Dominikaner-Kirche → Bettelordenskirchen

Dominikaner-Tertiaren → Tertiaren

Dominikus, hl. (Festtag: 8. Aug.), Gründer des Prediger- oder Dominikanerordens (→Dominikaner, Dominikanerinnen), * um 1170 in Caleruega (Altkastilien), † 6. Aug. 1221 in Bologna, ⇌ ebd., kanonisiert 1234.

[1] *Leben und Wirken:* D. entstammt vermutl. der adligen Familie →Guzmán, er studierte in Palencia und war um 1195 Regularkanoniker an der Kathedrale von →Osma, wo er 1201 Subprior wurde. 1203 und 1205 begleitete er →Diego de Acébès, Bf. v. Osma (1201–07), nach Skandinavien. Nach einer Reise zum Papst, der seinen Plan, die heidn. →Kumanen zu missionieren, verwarf, wurde D. 1206 beauftragt, mit der päpstl. Mission der Zisterzienser gegen die Häretiker im Languedoc zusammenzuwirken (→Albigenser). Diego kehrte bereits 1207 nach Osma zurück, wo er starb. D. war weiterhin als Wanderprediger »nach dem Vorbild der Apostel« tätig, eine Form, die er sich während der Mission im Languedoc angeeignet hatte. Er ließ sich in Fanjeaux (Aude) nieder, wo er Ende 1206 das Kl. →Prouille für bekehrte Frauen gründete. Während des Albigenserkreuzzugs setzte er fast als einziger diese Wanderpredigt fort: 1210–11 predigte er in Toulouse gemeinsam mit dem Bf. gegen die Häretiker, in der Fastenzeit des Jahres 1213 dann in →Carcassonne als Vertreter des Bf.s. 1214 übernimmt D. die Seelsorge in Fanjeaux. Aber seine Predigergemeinschaft gründete er 1215 in →Toulouse, als das Konzil v. →Montpellier und das →IV. Laterankonzil die Kirche in Südfrankreich neu ordneten. Von Bf. Fulko v. Toulouse erhielt er den Auftrag zur Predigt, aber auch Einkünfte und die Approbation für seine geistl. Aufgabe »zu Fuß als Ordensmann in evangelischer Armut das Wort der Wahrheit des Evangeliums zu predigen«. D. begleitete Bf. Fulko nach Rom, um dort die Bestätigung seiner Mission und seiner Lebensweise zu erbitten.

Nachdem er für seine Gründung den Ordo canonicus übernommen, d.h. die →Augustinerregel für sich und seine Mitbrüder als Lebensform erwählt und eine konventuale Satzung auf der Grundlage der Observanz von →Prémontré, die ihrer Predigertätigkeit angepaßt war, entworfen hatte, erhielt D. von Papst Honorius III. die volle Bestätigung seines Vorhabens durch das Privileg vom 22. Dez. 1216 und die Bullen vom 21. Jan. 1217 und 12. Dez. 1219. Im Sommer 1217 weitete D. durch die unwiderrufl. Entscheidung seine Gründung zu einem allgemeinen Orden aus: Ohne Toulouse aufzugeben, entsandte er die Mehrzahl der Brüder zu Studium und Klostergründung nach →Paris; andere Brüder gingen nach Spanien; D. selbst begab sich mit einer weiteren Gruppe nach Italien. Mit Unterstützung des Papstes konstituierte D. einen zentralisierten Predigerorden, der geprägt wurde durch die Konvente von Paris und →Bologna und deren Verbindung zu den Universitäten dieser Städte. Ende 1219 wurde D. vom Papst beauftragt, Nonnen aus verschiedenen Häusern in Rom im Konvent von S. Sisto zusammenzufassen, den er 1221 als Kl. errichtete und dem er eine Regel gab. Am Ende einer Reise zu seinen Predigergemeinschaften in Italien, Languedoc, Spanien und Frankreich berief D. am 17. Mai 1220 das 1. Generalkapitel (→Kapitel) nach Bologna ein. Mit seinen Brüdern verfaßte er Konstitutionen für das Generalkapitel, die Studien und die Predigt. Die Versammlung beschloß vollkommene Armut, auch der Kommunitäten. Der gemeinsame und persönl. Bettel sowie die Predigttätigkeit bilden den vom Evangelium her geformten Schlußstein der Verfassung des »Predigerordens«. Das Kapitel von 1221 entwarf die Gesetzgebung für die Provinzen, die der Orden nun errichtete. Die Entsendung von Brüdern nach England, Skandinavien, Polen, Ungarn und in den Nahen Osten vollendete die Ausbreitung und Konsolidierung des Ordens. Von 1220 an bereiste D. in päpstl. Auftrag Oberitalien, um – ähnlich wie schon im Languedoc – durch seine Predigt die polit.-religiöse Aktivität des Kardinallegaten →Hugolinus zu unterstützen. Diese Aufgabe zehrte seine Kräfte auf; er starb am 6. Aug. 1221 in Bologna, sechs Jahre nach der Gründung des Ordens, den er in ausgefeilter organisator. Form und in voller dynam. Entwicklung hinterließ.

Die Voraussetzung für diese effiziente Ausstrahlung bildete D.' profunde Spiritualität. Das kontemplative Gebet, das er in Osma gepflegt hatte, erlitt durch seinen seelsorgerl. Dienst keine Einbuße. Sein Lebensgrundsatz: »Der Tag den Nächsten, die Nacht Gott« steht der Weisung nahe, die er seinen Mitbrüdern erteilte: »[Überall] mit Gott oder über Gott sprechen!« Seine Aufgeschlossenheit, sein Mut und sein freudiger Enthusiasmus wirkten mitreißend. Die Ausgewogenheit und die abgeklärte Reife seines Anliegens, die Bedingungslosigkeit der Berufung auf das Evangelium erweckten Zustimmung und gewannen ihm Anhänger. Er bewog Kleriker aller Altersstufen zum Eintritt in den Orden und wandte sich an Frauen ebenso wie an Männer.

D. war einer der großen Gesetzgeber des religiösen Lebens, zum einen durch die Dominikanerkonstitutionen, die die ganze Mendikantenbewegung beeinflußten, zum anderen durch die Regel für S. Sisto, die der Hl. Stuhl mehreren reformierten Frauenklöstern verlieh. Die klare Definition der Ziele, die Hierarchie und das Gleichgewicht der spirituellen Werte charakterisieren sein Genie. Durch die von ihm geschaffene Organisation hat D., der so gut wie keine Schriftzeugnisse hinterließ und dessen Wirken die nur eintönigen hagiograph. Texte kaum zu vermitteln vermögen, seinen Jüngern ihre Geistigkeit, den Eifer für den Predigt- und Seelsorgedienst und die Methoden ihrer Wirkmächtigkeit geschenkt.

Ein anderes Element des erfolgreichen Wirkens des hl. D. stellte sein ausgeprägter Sinn für die Bedürfnisse und Möglichkeiten seiner Zeit dar, den er in engem Kontakt mit Laien, Klerikern und insbes. der röm. Kurie verfeinerte. Diesem Gespür des hl. D. ist die evangel. Begründung seines Ordens zu verdanken, ebenso auch die Festigkeit und kirchenrechtl. Modernität seiner Organisation und schließlich die Dynamik, die die Dominikaner Fuß fassen ließ in der Bevölkerung der Stadt, dem ausschließl. Ort dominikan. Konventsgründungen.

D. hatte klar das Ziel vor Augen, den Predigerorden als ein neues, unmittelbar vom Papst beauftragtes Organ der Mission und der Seelsorge sich entfalten zu lassen. Obwohl die hervorragende Tätigkeit seiner Ordensbrüder an den ma. →Universitäten und die fruchtbare theol. Dezentralisation, die der Orden bewirkte, nicht in seiner Absicht lagen, hat D. doch für diese Entwicklungen wesentl. Voraussetzungen geschaffen, indem er seine Mitbrüder an die Univ. Paris entsandte und jeden seiner Ordenskonvente zur Begründung einer theol. Schule verpflichtete. D. ist erst spät (1218) mit dem hl. →Franziskus zusammengetroffen. Die Quellen seines Werkes stammen allerdings aus Südfrankreich und aus geistl. Milieu. Dante feiert D. in einem eigenen Gesang (12. Gesang des Paradieses).

M.-H. Vicaire

Q.: Ed. der Hauptquellen in: Monumenta Ord. Fr. Praedicatorum historica I, XVI, XXII, XXIV, XXV, 1896-1966 – *Quellenkritisch:* B. Altaner, Der heilige D. Unters. und Texte, 1922 – *Lit.:* DHGE XIV, 592-608 [Lit.] – DIP III, 946-961 – DSAM III, 1519-1532 [Lit.] – TRE IX, 125ff. – H. Ch. Scheeben, Der hl. D., 1927 – M.-H. Vicaire, L'imitation des Apôtres. Moines, Chanoines et Mendiants (IVe-XIIIe s.), 1963 – Ders., D. et ses Prêcheurs, 1977, 36-57, 143-148 [D. und die

Inquisitoren] – A. HERTZ, D. und die Dominikaner, 1981 – M.-H. VICAIRE, Hist. de St-D., 2 Bde, 1982² [Lit.; Dt. Übers. der ersten Ausg.: 1962–63] – G. BEDOUELLE, D. ou la grâce de la parole, 1983 – V. J, KOUDELKA, D., 1983 – M.-H. Vicaire, L'Ordre de St-D. en 1215, APraed 54, 1984, 5–38 – M. LOHRUM, D. Beter und Prediger, 1984.

[2] *Ikonographie*: D. wird seit dem 13. Jh. in Dominikanerkleidung (Habit mit weißem Skapulier, dunkler Ledergürtel, schwarzer offener Mantel mit Kapuze) dargestellt; seine Attribute sind Buch, Kreuz (Stuttgart, Mus., Chorgestühl aus der Dominikanerkirche zu Konstanz, Ende 15. Jh.), Lilienstengel (Pisa, Mus. Civico, Retabel von Francesco Traini 1345), entsprechend der legendären Traumvision seiner Mutter ein schwarzweißgefleckter Hund, auch mit brennender Fackel in der Schnauze (Wimpfen, Dominikanerkirche, Altarfigur um 1480; Holzschnitte), oder ein roter Stern (Basel, Hist. Mus., Wandteppich um 1475). Marmorsarkophag von Nicola Pisano und Fra Giuglielmo da Pisa um 1265/67 in S. Domenico zu Bologna mit Traum des Papstes, in dem er D. die Mauern der einstürzenden Kirche S. Giovanni in Laterano stützen sieht, die Aufforderung zur Predigt durch die Apostel Petrus und Paulus, die Bekehrung der Albigenser durch die bestandene Feuerprobe von seinen Schriften, Erwekkung des tödlich verunglückten Napoleone Orsini. Die zahlreichen Legendenszenen fanden erst im 15. Jh. weite Verbreitung, z. B. Dominikanerkonvent San Marco in Florenz mit den Fresken des Fra Angelico um 1440; Pisa, Mus. Civico, Retabel mit 8 Szenen; Paris, Louvre, Marienkrönung von Fra Angelico. G. Binding

Lit.: LCI VI, 72–79 – M. C. NIEUWBARN, Verherrlichung des hl. D. in der Kirche, 1906 – J. BRAUN, Tracht und Attribute der Hl. in der dt. Kunst, 1943, 189–191.

Dominium. Das Wort kommt schon in frk. Zeit, bes. häufig seit dem 8. Jh. vor und bezeichnet bis zum 12. Jh. so gut wie ausschließl. die Herrschaft eines dominus, mag es sich um einen Kg., Bf. oder Vater handeln (→Herr, Herrschaft). Als Herrschaft in diesem allgemeinen Sinne, noch nicht als Eigentumsrecht, ist d. daher auch in den zeitgenöss. Traditionsformeln zu verstehen, welche in zahllosen Belegen die Wendungen »in ius et dominio tradere« sowie »sub dominio tradere« überliefert haben. Vereinzelt im 12., sehr häufig im 13. Jh. findet das Wort d. in einem rechtstechn. Sinne Verwendung. So etwa, wenn feudum d. und d. gegenübergestellt werden oder von einem d. plenum, quasi d., d. directum und d. utile – alles Begriffe der jurist. Literatur – die Rede ist (→Lehen, -swesen). In der Stauferzeit wird zunehmend auch vom d. der adligen Herren gesprochen. In den Urkk. Ks. Friedrichs I. verleiht der Herrscher iurisdictio, districtus, bannum, regalia. Zu schützen sind die Empfänger dieser Rechte vor dem d. fremder Herren. Eine Urk. Heinrichs d. Löwen von 1171 bezeichnet dessen Herrschaftsrecht an ödem Land als d. (MGH DD H. d. L., Nr. 88). Seit dem frühen 13. Jh. läßt sich beobachten, daß dieser Begriff in zunehmendem Maße die Herrschaft über Land und Liegenschaften meint und dabei auch auf die zugehörigen Personen und Rechte bezogen wird. In diesen Sprachgebrauch fügen sich die gelegentl. schon früher, an hervorragender Stelle im Fürstenprivileg von 1232 so genannten domini terrae (MGH Const. II, Nr. 171) nahtlos ein (→Landesherrschaft). Im Wortsinn von d. tritt in dieser Zeit eine dingliche Komponente unübersehbar hervor. Sie dürfte angesichts der Tatsache, daß zugleich jurist. Formeln der Rechtsliteratur in die Urkundenpraxis Aufnahme finden, durch die allmähliche Rezeption des röm. Eigentumsgedankens zu erklären sein. Über den Begriff »d. « in der ma. Rechtslehre s. →Eigentum, röm. und gemeines Recht. D. Willoweit

Lit.: HRG I, 754f., 755ff.; III, 2035f. – K. LAUTZ, Entwicklungsgesch. des d. utile [Diss. Göttingen 1916] – H. COING, Zur Eigentumslehre des Bartolus, ZRGRomAbt 70, 1953, 348–371 – D. WILLOWEIT, D. und Proprietas, HJb 94, 1974, 131–156 [mit Nachweisen zur Lit. des gemeinen Rechts] – K. SEELMANN, Die Lehre des Fernando Vazquez de Menchaca vom d., 1979, 51ff.

Dominus. Mit seiner Kernbedeutung als unumschränkter Herr, Eigentümer (jurist. Abgrenzung von Besitzer/possessor) umfaßt der antike Begriff des d. ein Spektrum von Akzenten (in hist. Entwicklung teils alternierend, meist aber gleichzeitig auch polit. wirksam). Der ursprüngl. wertneutrale Terminus (u. a. für die Stellung des Hausherrn zur gesamten familia) wird in den Kämpfen der ausgehenden Republik, gedanklich reduziert auf die Relation Herr–Sklave, negativ emotional aufgeladen, weshalb die ersten Kaiser die Anrede selbst im Familienkreis verbieten (Suet. Aug. 53,1). Im Sinn von »Despot« figuriert d. die ganze Kaiserzeit (einschl. der Spätantike, des sog. →»Dominats«) hindurch v. a. in Senatskreisen als propagandist. Schlagwort in Antithese zum princeps (Plin. paneg. 45,3). Daß d. daneben positive Bezeichnung des Herrschers und Teil der Kaiseranrede (d. noster, 1. Beleg Hadrian, ab 3. Jh. allgemein) werden kann, bewirken im Zusammenspiel mehrere Faktoren, v. a. 1. die von röm. Ressentiments unbelastete Tradition der hellenist. Königsanrede (κύριος ἡμῶν, für Nero erstmalig; später wird δεσπότης griech. Äquivalent), 2. die Übertragung der Weltherrschaftsideologie vom populus Romanus auf den Kaiser (d. orbis) und 3. die Entschärfung des Worts durch den immer verbreiteteren Gebrauch als allgemeine Höflichkeitsfloskel. Während die Christen in der Verfolgungszeit programmatisch nur Gott/Christus zu ihrem d. erklären (Tert. apol. 34,1), wird nach der Duldung dies eine Anwendungsvariante neben den anderen. – Zur Gesch. des d.-Begriffs im MA →Herr, -schaft; →Dominium; →Don, Dom; →Universität. A. Pabst

Lit.: RE XXII, 2127–2135, s.v. princeps – E. DE RUGGIERO, Diz. epigrafico di antichità Romane, 2,2 (1910/ND 1961), 1941–57.

Domkapitel. Es umfaßte d. an der Kathedrale des Bf.s tätigen Geistlichen, gewann im HochMA großen Einfluß und wurde zu einem integrierenden Bestandteil der Bistumsverfassung. →Kapitel, →Bischof, -samt.

Domnall

1. **D. mac Áedo**, †642, Kg. der →Cenél Conaill, Sohn des →Áed mac Ainmerech († 598), Kg.s der nördl. →Uí Néill. D. selbst trat seit seinem Angriff auf →Leinster 628 als Bewerber um die Würde des ir. →Hochkönigs *(highkingship)* auf. Während seiner Regierung erfolgte im Norden Irlands eine entscheidende Wendung zugunsten der Machtstellung der Uí Néill: Die Hoffnungen der →Dál nAraide auf Wiederherstellung ihrer in früheren Kämpfen mit der Uí Néill verlorenengegangenen Position zerschlugen sich, als D. 629 ihren Kg. Congal Cláen in der Schlacht v. Dún Cethirnn (Duncairn, Gft. Derry) besiegte. 637 schlug D. in der entscheidenden Schlacht v. Mag Roth (Moira, Gft. Down) den Oberkönig aus dem Geschlecht der →Ulaid und seine Verbündeten (Dál nAraide, →Dál Riada unter →Domnall Brecc, innere Gegner aus der Sippe der Cenél Eógain). In seinem Todesvermerk in den Annalen heißt D. 'rex Hiberniae'; das älteste datierbare hibernolat. Gedicht »Versus de annis a principio« (645) nennt ihn 'rex Scottorum'. Hierbei handelt es sich um die ältesten zeitgenöss. Zeugnisse für die Hochkönigswürde.

D. Ó Cróinín

Q. und Lit.: K. STRECKER, Zu den komputist. Rhythmen, NA 36, 1911, 317–342, 336–342 [mit irrtüml. Gleichsetzung D.s mit →Domnall Brecc] – DERS., MGH. Poetae latini Aevi Carolini 4/2–3, 1923, 695–697 – F. J. BYRNE, Irish Kings and High-Kings, 1973, 112–114, 256f.

2. D. Brecc, Kg. des ir.-schott. Reiches der →Dál Riada, ✕ 642/643 (?). Der verlorene »Liber de uirtutibus S. Colombae«, den →Adamnanus teilweise in seine »Vita Columbae« eingearbeitet hat, erwähnt D. als den Verantwortlichen für den Bruch des langjährigen, wohl auf den hl. →Columba zurückgehenden Bündnisses zw. Dál Riada und nördl. →Uí Néill (→ Druim Cett). Mit D.s Niederlage gegen →Domnall mac Áedo in der Schlacht v. Mag Roth (Moira, Gft. Down) endete der polit. Einfluß der Dál Riada in ihrem alten ir. Kerngebiet; von nun an hatten sich D. und seine Nachfolger auf ihre schott. Herrschaftsgebiete zu beschränken. Die Annalen berichten von mehreren (nicht erfolgreichen) Kämpfen D.s mit den →Pikten (636, 638; unter seinen Nachfolgern erneut 649 und 654). D. unterlag schließlich den Briten v. →Strathclyde in der Schlacht v. Srath Caruin (Strathcarron, Gft. Stirlingshire), in der er den Tod fand. – Diese Niederlage von 'Dyfnwal Vrych' wird in dem altwalis. Heldengedicht »Canu Aneirin« besungen. D. Ó Cróinín

Q.: A. O. Anderson–M. O. Anderson, Adomnan's Life of Columba, 1961, 474–476 – *Lit.:* J. Bannerman, Stud. in the Hist. of Dalriada, 1974, 99–103.

3. D. Midi, † 763, Sohn von Murchad Midi, Kg. v. Uisnech (→Mide). D. war das erste Mitglied des →Clann Cholmáin (südl. →Uí Néill), der die ir. Hochkönigswürde *(high-kingship)* beanspruchte. Er trat wohl 715 die Nachfolge seines Vaters an; die Sicherung seiner Position dürfte allerdings erst 718 – nach dem Tod des Hauptkonkurrenten seines Vaters – erfolgt sein. Bis 733 hatte sich seine Machtstellung so gefestigt, daß er einen Angriff des Kg.s v. →Munster, Cathal mac Finguine, zurückschlagen konnte. 743 besiegte er bei Seredmag (nahe Kells, Gft. Meath) den Hochkönig aus der Sippe der nördl. →Uí Néill, Áed Allán, der in der Schlacht den Tod fand. Dies ebnete D. den Weg zur Königswürde von →Tara. Seine 20jährige Regierung gilt nach der Tradition als Friedenszeit. Bei D.s zweimaligem Eintritt ins Kl. (740, 744) dürften aber neben religiösen auch polit. Motive mitgespielt haben. Es ist die Auffassung vertreten worden, daß D. die Abtei →Clonard besessen habe, was aber unbewiesen bleibt. D. leistete zeitlebens Widerstand gegen den machtpolit. Aufstieg des Kg.s Niall Frossach aus dem Geschlecht der →Cenél Eógain, der erst nach D.s Tod sich der Hochkönigswürde bemächtigen konnte.

D. Ó Cróinín

Lit.: G. Mac Niocaill, Ireland before the Vikings, 1972, 120, 126–F. J. Byrne, Irish Kings and High-Kings, 1973, 156–157.

4. D. ua Néill, ir. →Hochkönig *(high-king)* 956–980, aus dem Geschlecht der →Cenél Eógain (nördl. →Uí Néill), von den Annalisten mit dem Beinamen 'ardrí Érenn' ('Hochkönig der Iren') belegt – die erste Verwendung dieses Titels in zeitgenöss. ir. Quellen. Während der dynast. Konflikte, in denen sich die Uí Néill seit 945 untereinander schwächten, unternahm D. die größten Anstrengungen, seine konkurrierenden Vettern aus dem Geschlecht der →Cenél Conaill von der nördl. Königswürde fernzuhalten. Als Machtfaktor im Lande trat er erstmals durch einen Angriff auf das südl. Uí Néill-Kgr. →Brega (954) in Erscheinung. Sein Feldzug gegen →Connacht diente gleichfalls der Ausschaltung des Einflusses, den der König v. Brega, →Congalach, dort ausübte. Dessen Tod i. J. 956 begünstigte D.s machtpolit. Bestrebungen; er verbrachte die nächsten 25 Jahre seiner Regierung vorwiegend mit der Niederhaltung seiner Konkurrenten (insbes. aus den einzelnen Zweigen der Uí Néill). Die ungeschriebenen Gesetze eines turnusmäßigen Wechsels in der Hochkönigswürde v. →Tara, die die Beziehungen zw. nördl. und südl. Uí Néill bis zur Mitte des 10. Jh. geregelt hatten, verloren nun ihre Geltung. 962 brach ein Konflikt mit Munster aus, in dessen Verlauf D. dieses Provinzialkgr. ztw. zu besetzen vermochte. Im selben Jahr bekriegte D. jedoch auch seine südl. Vettern aus dem →Clann Cholmáin. Die wachsende Macht der →Dál Cais veranlaßte D. zu einer Offensive gegen Connacht, in deren Verlauf er sich von dem bedeutendsten König in Connacht, Ua Ruarc Bréifne, Geiseln stellen ließ. 968 und erneut 970 führte D. einen Krieg gegen die →Laigin, was seine Macht jedoch so sehr schwächte, daß seine nördl. Konkurrenten, die Cenél Conaill, ihn aus der Königswürde v. Tara verdrängen konnten. D.s rücksichtsloses Vorgehen gegen seine Konkurrenten zeigt jedoch sein Bestreben, eine stärkere Königsmacht auf territorialer Herrschaftsgrundlage zu etablieren – in weitaus größerem Maße, als dies seine Vorgänger versucht hatten.

D. Ó Cróinín

Lit.: D. Ó Corráin, Ireland before the Normans, 1972, 119f. – F. J. Byrne, Irish Kings and High-Kings, 1973, 257, 267f.

Domninos v. Larissa, Philosoph und Mathematiker. D. war ein Schüler des →Syrianos und Jugendgenosse des →Proklos, lebte also im 5. Jh. Wie aus einer kurzen Notiz bei Proklos (Tim. I, 110, 1ff.) zu ersehen ist, hat D. sich mit physikal. Fragen beschäftigt. Erhalten sind nur zwei arithmetische Schriften: 1. Ἐγχειρίδιον ἀριθμητικῆς εἰσαγωγῆς (Handbuch zur Einleitung in die Arithmetik, Ed. pr. J. F. Boissonade, Anecdota graeca IV, 1832, 413–429), eine auf das kürzeste zusammengedrängte Übersicht über die Elemente der Zahlenlehre. Sie ist in fünf Teile gliedert; außer Euklid, Nikomachos und Theon v. Smyrna wird noch eine heute verschollene Quelle erwähnt, die auch von Iamblichos benutzt wurde. 2. Πῶς ἔστι λόγον ἐκ λόγου ἀφελεῖν (Wie nimmt man ein Verhältnis von einem Verhältnis?, Ed. pr. C. E. Ruelle, Rev. de philologie 7, 1883, 82–92). H. L. L. Busard

Lit.: DSB IV, 159f. – Kl. Pauly II, 135f. – RE V, 1521–1525 – Sarton I, 408.

Domnonée → Dumnonia, →Bretagne

Dömös, kgl. Pfalz und Kollegiatkapitel in Ungarn, südöstl. von Esztergom (Gran), am rechten Donauufer (ehem. Komitat Pilis, heute zum Komitat Komárom). Die um 1000 gegr. Pfalz war Aufenthaltsort der Kg.e Béla I. (1063) und Ladislaus I. d. Hl. (1079). Kg. Koloman übertrug sie um 1100 seinem Bruder Álmos, dem ehem. Kg. v. Kroatien, der nach seiner Pilgerfahrt nach Jerusalem (1107) in der Pfalz ein Kollegiatstift der hl. Margarete v. Antiochia gründete. Prinz Álmos, der viermal gegen den Kg. revoltiert hatte, wurde hier mit seinem Sohn →Béla II. geblendet. Béla II. ließ 1138 die Domäne von D. mit 1300 Dienstleuten, die zerstreut in 70 Dörfern wohnten, konskribieren. Die Propstei wurde 1321 zerstört, aber 1322 wieder aufgebaut; Kg. Siegmund übertrug sie 1433 den →Olivetanern, Papst Eugen IV. 1446 den →Paulinereremiten und Alexander VI. 1501 dem Bm. Neutra (Nitra). Unlängst ist die Unterkirche des im 16. Jh. von den Türken zerstörten Stifts ausgegraben worden.

G. Györffy

Lit.: Komárom megye régészeti topográfiája, Esztergomi és dorogi járás, Red. I. Torma, 1979, 67f. [Lit.]

Domschulen, zur Ausbildung des Diözesanklerus an der Bischofskirche eingerichtete Schulen; bereits in der christl. Spätantike vorhanden (→Augustinus), standen sie an wissenschaftl. Bedeutung bis ins 10. Jh. hinter den →Klosterschulen zurück. Erhebliche Impulse erhielt der Studienbetrieb an den D.n durch die Kirchenreform, deren scharfe Auseinandersetzungen die Intellektualisierung vorantrieben; überdies entwickelten sich die →Bischofsstädte häufig zu neuen Großzentren, während die Kl. zunehmend an die Peripherie gerieten und außer der eigenen Konventsbibliothek kaum mehr Anregungen boten. Nach einer Blütezeit während des 11. und 12. Jh. mußten die D. seit dem 13. Jh. die Führung an →Universitäten, Bettelordensstudien (→Bettelorden) und Stadtschulen (→Schulwesen) abgeben.

[1] *Frühmittelalterliche Anfänge:* Die besten Zeugnisse für die Frühzeit stammen aus dem Westgotenreich, weil die Konzilien v. →Toledo sich seit 527 immer wieder mit der Klerikerausbildung am Bischofssitz befaßten. Wichtigster Gewährsmann ist →Isidor v. Sevilla (»De ecclesiasticis officiis«; »Versus in bibliotheca legebantur« = Autorenkatalog, erlaubt Rückschluß auf Bücherbestände und Bildungsinhalte, Zuschreibung nicht gesichert), der 633 selbst das Toletanum leitete. Die Berufung des Westgoten →Theodulf durch Karl d. Gr. in den Aachener Hofkreis muß in diesem Zusammenhang gesehen werden. Ob im Merowingerreich überall D.n existiert haben, ist unbekannt. Das Vorbild der Benediktregel bestimmte die Reform des Metzer Kathedralklerus durch Bf. →Chrodegang († 766): Bildung in der vita communis als Voraussetzung für Erneuerung von Gebet und Liturgie; das Domstift wurde alleinige Ausbildungsstätte des Klerikernachwuchses, die Schule nahm bereits Kinder auf. Karl d. Gr. förderte →Metz als Musterschule (Zentralort für die Ausbildung im cantus [= kirchl. Sangesweise, Liturgik]). Anregung kam auch aus England: Die Kathedrale v. →York besaß eine alle übrigen D.n Europas überragende Bildungsstätte, deren Leiter →Alkuin 781 ins Frankenreich berufen wurde. Die Aachener Synode von 789 forderte von jedem Bf. Errichtung einer Schule für Elementarunterricht; diese Vorschrift wurde Bestandteil der →Admonitio generalis und strebte erstmals reichseinheitl. Klerikerausbildung an. Lehrinhalte: Lesen, Singen (Psalter), Grammatik, Komputistik. Die normierende Tendenz der Eingriffe Karls und das Vorbild der →Hofschule regten die D.n mächtig an; Sprach- und Literaturstudien führten zu bisher nicht erreichter Beherrschung des Lateins, Bildung wurde ein Auswahlkriterium bei der Besetzung von Bistümern. Noch aber führten die Klosterschulen (→Tours, →Fulda). Die Kanonikerinstitutionen von Aachen (816) verlangten, daß die Schüler (canonici scholares) im Stift wohnten; die räuml.-personelle Konzentration trug wohl nicht wenig zur Entfaltung der D.n im 9. Jh. bei, soweit sie über hervorragende Lehrer verfügten und von Invasionen verschont blieben (z. B. →Reims, →Laon, →Lüttich). Das seit Otto d. Gr. starke dt. Kgtm. zog Bf.e und Domkirchen in seinen Dienst, die →Hofkapelle als Verwaltungsmittelpunkt und Ausleseinstrument regte die D.n an, Teile der Führungsschicht des Reiches wurden für die Bildung gewonnen, so daß im 10. Jh. ein erster Höhepunkt erreicht wurde (→Hildesheim, →Köln, Lüttich, →Magdeburg).

[2] *Organisation:* Grundsätzl. dienten die Klosterschulen als Vorbild (aus →St. Gallen kamen die Schulgründer und -leiter Bf. →Salomo III. v. Konstanz († 919], Bf. →Udalrich v. Augsburg († 973], Bf. Balderich v. Speyer († 986], →Kunibert in Salzburg [940/50], →Viktor in Straßburg [Ende 10. Jh.], →Ekkehart IV. in Mainz [1022-ca. 1032]), d. h. Erziehung und Unterricht waren für die canonici scholares an der internen Schule zusammengefaßt, für die Unterweisung von Laien konnte daneben eine externe Schule bestehen (Reims unter Bf. →Fulco, † 900, Hildesheim unter Bf. →Godehard, † 1038). Die D.n unterstanden der Jurisdiktion des Bf.s, die Schüler galten als Kleriker. Papst Gregor VII. hatte jeder Domkirche eine Schule vorgeschrieben, die entsprechende karol. Bestimmung war also nicht mehr beachtet worden. Nicht Wissenschaftsförderung, sondern Ausbildung des Diözesanklerus, die die D.n vom 9. Jh. an infolge der Beschränkung der Schülerschaft auf den Nachwuchs des Stiftskapitels vernachlässigen mußten, hatte auch die Anordnung des III. →Laterankonzils (1179) im Sinn, wonach jedes Domkapitel bei Bedarf einen Lehrer zum kostenfreien Unterricht armer Schüler unterhalten sollte. Die Leitung einer D. lag beim magister scholarum (→scholasticus), meist Mitglied des Domkapitels, zuweilen aber auch von außerhalb berufen und am Ort nicht bepfründet. Seine Befugnisse waren Einstellung und Entlassung von Lehrern, Aufnahme oder Ablehnung der Schüler, Aufstellung des Lehrplans, Disziplinargewalt. Das im Laufe der Zeit steigende Ansehen der Schulleiter zeigt die wachsende Bedeutung von Bildung und Wissenschaft: War der scholasticus urspgl. unter den Kanonikern nicht bes. ausgezeichnet, so ist er seit dem 12. Jh. meist Dignitar: Archidiakon (Reims, Angers), Kanzler (Chartres), Kantor (Sens). Die Lehrbefugnis (→licentia, facultas docendi) setzte einen bes., von Bf., Dekan oder Kapitel erteilten Auftrag voraus und umfaßte das Lehrmonopol für die ganze Diöz. (Chartres), die Bischofsstadt (Senlis) oder bestimmte Teile von beiden (Sens). Daraus ergaben sich seit dem 12. Jh. Konflikte mit frei unterrichtenden →Magistern, dann auch mit den Stadträten um das Schulpatronat. Über die wissenschaftl. Anforderungen bei der licentia ist wenig bekannt; bis zum 12. Jh. lagen sie wohl im Ermessen des bfl. Kanzlers. Päpste förderten die Erteilung der licentia, die scholastici traten aus Konkurrenzneid für Restriktionen ein. Päpstl. Unterstützung verbesserte die Stellung der Lehrer gegenüber Bf. und Kapitel; es entwickelte sich ein Gruppenbewußtsein als Vorstufe zur Korporation. Schwächung der Bf.e und Synoden, wie sie die Lehrzuchtverfahren des 12. Jh. zeigen, begünstigte die freien Magister; aus deren korporativem Zusammenschluß mit den bedeutenderen Lehrern der D.n entstand die →Universität (→Paris ab 1200).

[3] *Bildungsinhalte:* Seit der Karolingerzeit dominierten im Dienst der Schriftexegese die →Artes liberales, deren wichtigste Lehrtexte →Thierry v. Chartres († nach 1149) im Heptateuchon zusammenstellte. Autoren im Lektürekanon waren →Vergil, →Martianus Capella, →Horaz, →Persius, →Juvenal, →Statius, →Terenz, →Lukian, →Boethius (Speyer und Reims im 10., Paderborn Anfang des 11. Jh.). Vom 10. Jh. an wurden verstärkt Rechtsstudien betrieben, die Kenntnis der Konzilsbeschlüsse forderte das Dekret Bf. →Burchards v. Worms († 1025). Hier liegt die Wurzel für die im 12. Jh. große Bereitschaft zur Rezeption des gelehrten Rechts. Die in Laon begonnene Glossierung der gesamten Bibel (→Glossa ordinaria) verlangte method. Unterscheidung richtiger und falscher Aussagen, so daß die Logik als herrschende Disziplin das ältere artes-System sprengte. Mit Einführung von →quaestio und →disputatio entwickelte sich die scholast. Problemanalyse, durch die seit der zweiten Hälfte des 11. Jh. die frz. D.n überragende Bedeutung erhielten (dt., engl., it., ung. Studenten in Laon, Paris, Reims; Studien in Frankreich wurden zum Karrieremerkmal dt. Bf.e: →Adalbero v. Würzburg, →Adalbert II. v. Mainz, Albert v. Magdeburg, →Bruno II. v. Köln, →Eberhard I. v. Salzburg, →Friedrich I. v. Köln, Hezilo und →Konrad I. v. Hildesheim, →Konrad I. v. Mainz, →Konrad v. Passau, →Ludolf v. Magdeburg, →Otto v. Freising, →Philipp

und →Rainald v. Köln, →Vicelinus v. Oldenburg). Damit einhergehende Erweiterung der Studien verlängerte deren Dauer, am Ende stand eine zweistufige Ausbildung: Elementarunterricht und artes-Studium, anschließend Spezialisierung auf Theologie oder Recht. Vom 13. Jh. an boten die D. n häufig nur noch die erste Stufe für die Grundausbildung des Priesternachwuchses und verloren die höheren Studien an die Universitäten. Schon vorher war der Ruf einer D. von der Qualität der Lehrer abhängig gewesen und nur bei kontinuierl. hohen Qualitätsmaßstäben beständig: →Chartres begann seinen Aufstieg durch Bf. →Fulbert (1006-28) und verfiel nach 1155 (Weggang →Gilberts v. Poitiers, Tod Thierrys), →Reims blühte unter →Alberich (1118-36), →Laon unter →Anselm († 1117) und Radulfus († 1134/36). Nicht jeder an einem Bischofssitz lehrende Magister darf ohne genauen Nachweis für die entsprechende D. in Anspruch genommen werden, ebenso ist zw. thematischen und organisator. Zusammenhängen zu unterscheiden (Schule »von« Chartres muß nicht ident. sein mit der Schule »in« Chartres). Die seit der Mitte des 12. Jh. starke Mobilität der Scholaren formte zunehmend das Gesicht der D., war für ihren Rang mit entscheidend und sorgte für die Verbreitung von Themen und Methoden. Vgl. auch →Erziehung und Bildungswesen. J. Ehlers

Lit.: F. A. Specht, Gesch. des Unterrichtswesens in Dtl. von den ältesten Zeiten bis zur Mitte des 13. Jh., 1885 – J. A. Clerval, Les écoles de Chartres au MA, 1895 – L. Maitre, Les écoles épiscopales et monastiques en Occident avant les univ., 1924² – G. Paré, A. Brunet, P. Tremblay, La renaissance du XIIᵉ s., 1933 – C. Erdmann, Die Bamberger D. im Investiturstreit, ZBLG 9, 1936, 1–46 – E. Lesne, Les écoles de la fin du VIIIᵉ s. à la fin du XIIᵉ, 1940 – Ph. Delhaye, L'Organisation scolaire au XIIᵉ s., Traditio 5, 1947, 211–268 – J. Fleckenstein, Die Bildungsreform Karls d. Gr. als Verwirklichung der norma rectitudinis, 1953 – J. Autenrieth, Die D. v. Konstanz z. Z. des Investiturstreits, 1956 – J. Fleckenstein, Königshof und Bischofsschule unter Otto d. Gr., AK 38, 1956, 38–62 – E. Jeauneau, Note sur l'École de Chartres, StM 5, 1964, 821–865 – J. R. Williams, The Cathedral School of Reims in the Time of Master Alberic, Traditio 20, 1964, 93–114 – P. Classen, Die hohen Schulen und die Gesellschaft im 12. Jh., AK 48, 1966, 155–180 – La scuola nell'Occidente latino dell'alto medioevo (Sett. cent. it. 19, 1972) – N. Orme, English Schools in the MA, 1973 – J. Miethke, Theologenprozesse in der ersten Phase ihrer institutionellen Ausprägung, Viator 6, 1975, 87–116 – U. Lindgren, Gerbert v. Aurillac und das Quadrivium, 1976 – J. J. Contreni, The Cathedral School of Laon from 850 to 930, 1978 – P. Riché, Les écoles et l'enseignement dans l'Occident chrétien de la fin du Vᶜ s. au milieu du XIᵉ s., 1979 – J. Ehlers, Die hohen Schulen (Zürcher Hochschulforum 2, 1981), 57–85 – R. W. Southern, The Schools of Paris and the Schools of Chartres (Renaiss. and Renewal in the 12ᵗʰ Century, 1982), 113–137 – J. Ehlers, Dt. Scholaren in Frankreich (Schulen und Studium im sozialen Wandel des hohen und späten MA, hg. J. Fried, VuF 30, 1985).

Don → Verkehrswege (Altrußland)

Don, Dom. *Don* (kast., katal., prov., it.), *Dom* (ptg.) 'Herr, Senior'; weibl. Formen: *Doña* (kast.), *Dona* (katal.), *Doma* (ptg.), *Donna* (it.), →*Dame* (frz., anglofrz.); Etymologie: lat. →dominus, -a > vulg. lat. domnus, -a (schon in röm. Inschriften) und donnus, -a > kast. *dueño, -a* und ptg.-gal. *dono, -a*; davon Kurzformen *don, dom*, zu den Ableitungen gehören u. a. altkast. *dongo, -a* (→Covadonga); im Prov. und Katal. als Abkürzungsform vor Eigennamen *En* bzw. (vor Vokalen) *N'* (*dom-en* für *dom-in*) und *Na* (*dom-na*). Ein früher Beleg für die Form *donno* in der Bedeutung von 'Herr' mit Titelqualität findet sich 1062/63 in der Überlieferung von Huesca, für die Form *donna* entsprechend 1063 in der Form v. S. Juan de la Peña (»illa duenna donna Urracka«). Im Katal., wo die Bezeichnung *don* ebenfalls schon um 1066 (allerdings erst im →Liber Feudorum Maior überliefert) nachweisbar ist, wird *dona* seit dem 12. Jh. im Sinne von Herrin angewandt (bei den Troubadouren ist die Form *domna* vorherrschend), wie auch *don* als Titel und Bezeichnung für Territorialherren allgemein gebräuchlich wird, um sich schließlich ebenso wie *dona* zu einer ehrenvollen Anrede (»senyor don abat«) und unter aragon. Einfluß zu einem Zusatz zu Eigennamen zu wandeln. Seit Ende 13./Anfang 14. Jh. ist in zunehmendem Maße die Anwendung von katal. *Dona* als allgemeine Bezeichnung für die (ehrbare verheiratete) Frau und für Nonnen (»monestir de dones«) zu beobachten. Im geistl. Bereich blieb der Titel *Don* (Italien, Spanien) bzw. *Dom* (Frankreich, Portugal) in Einklang mit den Bestimmungen der Regula Benedicti (cap. LXIII), v. a. bei den Benediktinern und Zisterziensern strenger Observanz, dem Abt vorbehalten. — →Herr, -schaft, -Senior. L. Vones

Lit.: F. Diez, Etymolog. Wb. der roman. Sprachen, 1887⁵, 122f. – V. R. B. Oelschläger, A Medieval Spanish Word-List, 1940 – Mn. A. Mª. Alcover, F. de B. Moll, M. Sanchis Guarner, Diccionari català-valencià-balear IV, 1951, 549–554 – E. Rodón Binué, Ellenguaje technico del feudalismo, 1957, 88f., s.v. dominus – W. Meyer-Lübke, Roman. etymolog. Wb., 1972⁵, 246, Nr. 2737, 2741 – DIP III, 779 – J. Corominas–J. A. Pascual, Diccionario crítico etimológico castellano e hispánico II, 1980, 529–531, s.v. dueño – J. Corominas, J. Gulsoy, M. Cahner, Diccionari etimològic i complementari de la llengua catalana III, 1982, 174–180, s.v. dona.

Dona annualia. Als d. a., d. annua oder d. regia werden die »Jahresgeschenke« bezeichnet, die dem Kg. im Früh-MA bei den allgemeinen Heeres- und Volksversammlungen dargebracht wurden. In merow. Zeit übergaben die freien Franken bei der alljährl. Heeresversammlung auf dem →»Märzfeld« nach altem Brauch dem Kg. Geschenke, die nur hinsichtl. des Gegenstandes freiwillig, ansonsten aber obligatorisch waren. In karol. Zeit wurden dem Kg. auf den großen Reichsversammlungen regelmäßig d. a. entrichtet. Den Charakter der Freiwilligkeit hatten sie damals längst verloren und waren zu festen Jahresabgaben geworden; dies bezeugt →Hinkmar v. Reims, der sie geradezu als Steuer (vectigalia) der Reichskirche zur Bewahrung ihres Schutzes bezeichnet (MPL 125, 1050f.). Sie werden daher bes. bei Kirchen und Kl. erwähnt. Unter Ludwig d. Fr. wurde ein Verzeichnis der Kl. aufgestellt, die teils Jahresabgaben neben dem Kriegsdienst, teils nur Kriegsdienst oder keines von beiden zu leisten hatten. Die Privilegien einiger Kl. und Bischofskirchen unterrichten uns genauer über den Inhalt der Leistungen: neben der Übergabe von Waffen (Schilde, Lanzen usw.) v. a. die Stellung von Pferden; aus Frauenklöstern wurden dem Kg. Gewänder überreicht. Bei den Jahresabgaben der weltl. Großen ist außer von Pferden und Gewändern noch von Gold, Silber und Edelsteinen die Rede. W. Rösener

Lit.: Du Cange III, 181 – Waitz II, 2, 248f.; IV, 107ff. – A. Dopsch, Die Wirtschaftsentwicklung der Karolingerzeit II, 1962³, 272f., 277, 346 – W. Metz, Das Servitium regis, 1978, 5f.

Donado da Lezze → Angiolello, Giovanni Maria

Donald

1. D. McAlpin, Kg. v. →Schottland 858–862, ⇒→Iona; er folgte seinem Bruder →Kenneth McAlpin, der das Kgr. →Dál Riada mit dem älteren und größeren Kgr. der →Pikten vereinigt hatte. Eine frühe Chronik berichtet, D. habe die Gesetze eines Kg. s v. Dál Riada aus dem 8. Jh. im vereinigten scoto-pikt. Kgr. eingeführt. Dies hätte die Aufgabe der pikt. Gesetze bedeutet, obwohl D. in seinem Todesvermerk in den Annalen v. Ulster ausdrücklich Kg. der Pikten heißt, D. regierte von Zentralschottland aus, seine Grabstätte fand er aber auf Iona. G. W. S. Barrow

Q. und Lit.: A. O. Anderson, Early Sources of Scottish Hist., 1922 – Ders., Kings and Kingship in Early Scotland, 1973 [verb. Ausg. 1980].

2. D., *Kg. v.* →*Schottland* 889–900, † 900 in Forres, ⊐ →Iona; Enkel von Kg. →Kenneth McAlpin. D. ist der erste Kg., dem die Annalen v. Ulster den Titel »ri Alban« ('Kg. v. Alban', d. i. Schottland) nach der von seinem Großvater vollzogenen Vereinigung der Schotten und →Pikten geben. Wohl unter seiner Herrschaft führten die Norweger der →Orkney-Inseln und von →Dublin aus eine großangelegte Invasion gegen Schottland durch. Sie konnten das Land nicht erobern, sollen aber die Vorgebirgsbefestigung von Dunnottar (südl. Aberdeen) zerstört haben. G. W. S. Barrow

Q. und Lit.: →Donald McAlpin.

3. D. Bane (gäl. Domnall Bán 'schöner D.', in Shakespeares Tragödie »Macbeth«: Donalbain), *Kg. v.* →*Schottland* 1093–97, ⊐ →Iona (als letzter dort bestatteter Kg.). D. war jüngerer Bruder von →Malcolm III. Canmore, bei dessen Tod D. von einer fremdenfeindl. Gruppierung des Adels gegen →Duncan II. zum Kg. erhoben wurde. Die Wahl D.s zeigt das konservative Bestreben, die alten Regeln der Königseinsetzung wieder zur Geltung zu bringen unter Ablehnung des in der Normandie und in England bevorzugten Prinzips der direkten männl. Erbfolge. Obwohl D.s Anhänger Duncan II. töteten, wurden sie von Duncans Halbbruder →Edgar besiegt. D. wurde geblendet und starb bald darauf. G. W. S. Barrow

Q. und Lit.: A. O. ANDERSON, Early Sources of Scottish Hist., 1922 – A. A. M. DUNCAN, Scotland: The Making of the Kingdom, 1975.

4. D., Lord of the Isles →Hebriden

Dona militaria, Sammelbegriff für Orden und Ehrenzeichen, mit welchen im Heer tapferer und erfolgreicher Einsatz belohnt wurde. Sie wurden in der republikan. Zeit vom Oberbefehlshaber vor versammelter Truppe in feierl. Rahmen verliehen, in der Kaiserzeit vergab der Ks. die Auszeichnungen. Augustus schied streng zw. niederen d. m., wozu armillae (Armspangen), phalerae (Pferdeschmuckplatten) und torques (Halsketten) gehörten (die bis zu den Centurionen verliehen wurden), und höheren d. m., zu denen hastae purae (Lanzen aus Edelmetall), vexilla (Fahnen) und verschiedene coronae (Kränze) gerechnet wurden; bekannt sind corona aurea, c. civica, c. muralis, c. obsidionalis und c. vallaris. Ordensverleihungen waren häufig Ursache zu Beförderung und Solderhöhung. Bei feierl. Anlässen durften diese Zeichen sichtbar getragen werden, sie finden sich häufig auf Grabsteinen abgebildet. Ordenszeichen wurden auch noch in der Spätantike verwendet, wie aus bildl. Darstellungen und epigraph. Zeugnissen hervorgeht. Julian überreichte z. B. nach einem siegreichen Gefecht gegen die Perser einzelnen Soldaten Schiffs-, Bürger-, Lager- und Belagerungskronen (Amm. 24, 4, 24 und 24, 6, 15). R. Klein

Lit.: KL. PAULY II, 136f. – RE V, 1528–1531; VIII A, 2452f. – A. v. DOMASZEWSKI, Die Rangordnung des röm. Heeres, BJ 117, 1908, 1–278 [1967², hg. B. DOBSON (BJ Beih. 14, ND 1981)] – A. BÜTTNER, Unters. über Auszeichnungen im röm. Heer, BJ 157, 1957, 129ff.

Donar, germ., jedenfalls nord- und westgerm. »Gewittergott« mit dem sprechenden Namen (ahd.) *þonar*/*Donar* 'Donner(er)', von germ. * *Thunraz* (vgl. as. *Thunaer*, ae. *þunor*, nord. und ae. *þunian*, lat. *tonare* 'donnern', zur idg. Wurzel **ten-*. Unklar sind bis heute Herkunft, Alter und urspgl. Funktion des Gottes. Die spärlichen und knappen außernord. Erwähnungen repräsentieren zwar die älteste Überlieferungsschicht, ergeben aber kein eindeutiges Bild. In den viel reicheren (und jüngeren) nord. Quellen (→Thor) erscheint D. in erster Linie nicht als »Gewittergott«, sondern vielmehr als der oberste Gott einer breiten bäuerl. Bevölkerung, und es bleibt die Frage, ob von den nord. Zeugnissen auf ältere west- bzw. gemeingerm. Vorstellungen zurückgeschlossen werden darf. Auf eine frühe Vorzugsstellung auch im Westgerm. weist das überhaupt älteste eindeutige Zeugnis einer Donar-Verehrung: der west- und nordgerm. Name des »Donarstags« (ahd. *donarestac*, nhd. *Donnerstag*, ae. *thunresdaeg*, ne. *Thursday* usw.), der möglicherweise schon im 2./3. Jh. n. Chr. als Übersetzung des lat. »dies Jovis« entstand und eine Gleichsetzung von Jupiter und Donar bezeugt. Danach begegnet der Name auf der vermutl. alam. Runenfibel von Nordendorf bei Augsburg (Anfang 7. Jh.), wo »wigiþonar« (= Weihe-Donar?) – vielleicht mit Achtergewicht – nach »wodan« genannt wird. Für bes. Geltung D.s im hess. Bereich spricht die demonstrative Fällung einer »Donareiche« (robur Jovis) durch →Bonifatius (ca. 723). In Sachsen hingegen ist zur Bekehrungszeit D. wohl nicht als der oberste Gott betrachtet worden, denn im Sächsischen Taufgelöbnis (Anfang 9. Jh.) erscheint »Thunaer« lediglich in einer Trias vor »Uuoden« und dem Stammesgott »Saxnot«. – Tacitus bestätigt indessen die Gleichung Jupiter = Donar nicht. Bei ihm erscheint aber der Gott Hercules in so hervorgehobener Rolle neben dem angeblich obersten Gott aller Germanen »Mercurius« (= Wodan), daß damit eine andere interpretatio D.s bezeugt sein dürfte: sie verweist auf die im Norden wohlbekannte ungeheure »Asenkraft« (an. *ásmegin*) und auf die myth. Kämpfe des Gottes gegen Dämonen und Ungeheuer, ebenso wie auf seine Schlagwaffe. Die scheinbar widersprüchl. Auffassung D.s in röm. Zeit dürfte durch die damaligen kultgeograph. Verschiedenheiten bedingt gewesen sein. So war wohl die Gleichsetzung Donar – Jupiter im Mittel- und Oberrheingebiet beheimatet, während die Verbindung Donar – Hercules im Niederrhein- und Nordseeküstengebiet vorherrschte. Wichtige, wenn auch meist nur wenig detaillierte Erkenntnisse über das westgerm. bzw. das deutsche Donar-Bild ergeben sich weiterhin v. a. aus Ortsnamen sowie aus Sage, Brauch, Volksglauben, Redensart, wo der 'Donner' und andere Bezüge auf D. bis heute unerkannt weiterleben. So ist gerade im Süden, z. T. zum Mißfallen der Kirche, der 'Donarstag' bis weit in die Neuzeit in charakterist. Weise hervorgehoben worden. Daraus läßt sich eine – dem Norden ähnliche – auffällige einstige Popularität und eine bes. Bedeutung D.s für die Wahrung der menschl. Rechtsordnung und als Bringer ehelicher Fruchtbarkeit ableiten. Als Waffe des damit zugleich Fruchtbarkeit erzeugenden Donnergottes ist schließlich auch im Süden der Hammer (»Thorshammer« im Norden) bekannt gewesen; darauf weisen noch Texte des dt. MA bis ins 15. Jh., etwa Frauenlobs Marienleich (11.1) mit den Worten Marias: »Der smit von oberlanden/warf sînen hamer in mîne schôz/ und worhte siben heiligkeit«. →Thor; →Polytheist. Religionen.

Lit.: R. SIMEK, Lex. der germ. Mythologie, 1984, 72f. – J. GRIMM, Dt. Mythologie, 3 Bde, 1875⁴ [Nachdr. 1975] – K. HELM, Altgerm. Religionsgesch. I, 1913; II, 1937/53 – H. LJUNGBERG, Tor. Undersökningar i indoeuropeisk och nordisk religionshist., 1947 – J. DE VRIES, Altgerm. Religionsgesch., 2 Bde, 1956/57³, 1970³ – R. L. M. DEROLEZ, Götter und Mythen der Germanen, 1963 – G. TURVILLE-PETRE, Myth and Religion of the North, 1964 – J. WERNER, Herkuleskeule und D.-Amulett, Jb. des Röm.-Germ. Zentralmus. 11, 1964 – H. BIRKHAN, Germanen und Kelten bis zum Ausgang der Römerzeit, 1970 – H. KLINGENBERG, Die Drei-Götter-Fibel von Nordendorf bei Augsburg. Zum Typus der mytholog., exemplarisch-aktuellen Runeninschrift, ZDA 105, 1976 – HOOPS² VI, 1–7 [H. BECK].

Donatello, eigtl. Donato di Niccolò di Betti Bardi, * 1386 in Florenz, † 1466 daselbst, der bedeutendste it. Plastiker des 15. Jh. arbeitete 1404–07 bei L. →Ghiberti, war mit F. →Brunelleschi befreundet, mit dem er 1432–34 in Rom antike Kunstwerke studierte. Zentrum seines umfangreich erhaltenen Lebenswerkes ist Florenz, unterbrochen von einem zehnjährigen Aufenthalt 1443–53 in Padua, sporad. Tätigkeit v. a. in Siena und Prato. Nach Aufgaben und Techniken ist er aus der got. Sakralplastik herausgewachsen, nämlich der steinernen Fassadenskulptur am Dom, der Bronzegußtradition der Baptisteriumstüren und der hölzernen Kirchenausstattung.

In der Tradition steinerner Bauskulptur stehen eine Prophetenstatue von 1406 an der Porta della Mandorla und der ursprgl. für die Ostpartie des florent. Domes bestimmte David von 1408/09, der sitzende Johannes Ev. 1412/15 von der Evangelistenreihe der Domfassade, die Statuen St. Markus und St. Georg von 1411–17 sowie die bronzene des hl. Ludwig v. Toulouse 1423, an den Fassaden von Or San Michele, schließlich die Puttenreihen der Außenkanzel zur Reliquienzeigung am Dom in Prato, unter Zusammenarbeit mit Michelozzo 1428/33, und an der Sängertribüne von 1433/38 im Dom zu Florenz, die Stuckreliefs und Bronzetüren 1434/43 in der Alten Sakristei und die Kanzelreliefs von S. Lorenzo mit Datum 1465. Von Werken der Kirchenausstattung ist einzigartig das Ensemble von bronzenen Statuen und Reliefs des 1895 neu zusammengesetzten Hochaltars um 1446/50 in S. Antonio in Padua, vereint mit einem zuvor von D. gelieferten Bronzekruzifixus. Hingegen folgt das steinerne Relief Mariä Verkündigung in S. Croce in Florenz 1435 dem Schema des Reliefretabels. Am Taufbrunnen des Dombaptisteriums in Siena ist D. mit einem Relief von 1427 und Statuetten beteiligt. Zu nennen ist seine Zusammenarbeit mit Michelozzo an den Grabmälern des Gegenpapstes Johannes XXIII. im Baptisterium in Florenz 1424/27 und des Kard. Brancaccio 1427/28 in S. Angelo a Nilo in Neapel. Schließlich sind hervorragende Einzelwerke aufzuführen: der hölzerne Kruzifixus um 1420 in S. Croce in Florenz, der bronzene David um 1430, für den Hof des Medici-Palastes geschaffen, die Holzstatue der hl. Magdalena um 1455 aus dem Baptisterium, die Bronzegruppe Judith und Holofernes um 1455/60 für den Medici-Palast, später vor dem Palazzo Vecchio aufgestellt, schließlich das bronzene Reiterdenkmal, das älteste erhaltene der Renaissance, des Condottiere →Erasmo da Narni, gen. Gattamelata, von 1443–53 in Padua. Aus der Gattung der Bildnisbüsten ist einzig das Idealporträt eines Jünglings um 1435 im Bargello gesichert.

D. ist in seinen stilist. Ausdrucksformen und im Typenschatz außerordentl. vielseitig und persönlich. Der marmorne David gehört in seiner höf. Eleganz noch der internationalen Gotik an, die Sitzfigur des Johannes Ev. vom Dom und die Statuen an Or San Michele sind ohne got. Vorläufer nicht denkbar, sogar der antikische, heroisch nackte Bronzedavid, als »erste Freiplastik der Renaissance« gerühmt, zeigt in Seiten- und Rückansichten eckig got. Elemente. Wenngleich ein edel gemessenes Relief wie die Verkündigung Mariä in S. Croce D.s Auseinandersetzung mit der Antike greifbar macht, beruht doch die meisten Typen – wie auch das Reiterstandbild Gattamelatas – und Darstellungsmittel auf persönl. Naturbeobachtung. Sie wird oft zu expressiver und dynam. Darstellungsweise gesteigert, wie schon im hölzernen Kruzifixus, den Brunelleschi als »bäurisch« getadelt hatte, bis zur erschütternden Gestalt der ausgemergelten Greisin St. Magdalena im Spätwerk. Hochpersönlich sind auch die Gestaltungsmittel der Reliefs, vom malerisch impressionist. Stil der Paduaner Bronzen bis zum ekstat., im Detail nur noch summarisch andeutenden des letzten Werks, an den Kanzeln v. S. Lorenzo/Florenz. A. Reinle

Lit.: H. W. Janson, The Sculpture of D., 2 Bde, 1957 [grundlegend] – D. e il suo tempo, Atti VIII Conv. Internaz. Studi Rinascimento, 1968 – M. Wundram, D. und Nanni di Banco, 1969 – V. Herzner, Die Kanzeln D.s in San Lorenzo, Münchner Jb. der bildenden Kunst, 1972, 101ff. – Ders., D. pala o ver ancona für den Hochaltar des Santo in Padua, Zs. für Kunstgesch., 1970, 89ff. – R. W. Lightbown, D. and Michelozzo, 2 Bde, 1980.

Donati, florent. Familie. Eine bereits im 13. Jh. lebendige, lange kritiklos übernommene Überlieferung schreibt ihr feudaladligen Ursprung zu. In Wahrheit mochte sie im 13. Jh. ein Vergleich mit den →Cerchi, ihren Gegnern, deren Herkunft noch niedriger war, bereits als Familie von »altem Adel« erscheinen lassen. Alles, was man von den Anfängen der D. mit Sicherheit sagen kann, ist, daß bereits im 11. Jh. ihr Stammvater *Fiorenzo* beträchtl. Grundbesitz besaß. Die Landgüter der Familie lagen v. a. im Osten von Florenz. Sie hatte außerdem auch viele Immobilien in der Stadt.

Durch die →Ordinamenti di giustizia des Jahres 1293 zu Magnaten erklärt, wurden die D. von der Teilnahme am Stadtregiment ausgeschlossen. Sie spielten jedoch weiterhin eine bedeutende Rolle in Politik und Geschäftsleben von Florenz. Mit Corso di Simone wurden sie die Häupter der »schwarzen Guelfen« (»Neri«) genannten Faktion, die wegen einer radikal papstfreundl. Ausrichtung der Politik in Opposition zu den »weißen Guelfen« (»Bianchi«) stand.

Corso D. († 1308) führte eine energ. und sich über alle Hemmungen hinwegsetzende Politik, mit der er schließlich die Rivalenfamilie Cerchi besiegen konnte. Später wurde er jedoch selbst ein Opfer der Machtkämpfe innerhalb seiner 'Partei', in der zuletzt eine andere Gruppe, die von der Familie Brunelleschi angeführt wurde, die Oberhand gewann.

Andere bekannte Mitglieder der Familie D. sind Corsos Geschwister *Forese* (→D., Forese) und *Piccarda*, denen →Dante in seiner »Divina Commedia« längere Abschnitte widmet (Purg. XXIII; XXIV; Par. III), sowie Corsos Kusine *Gemma*, mit der sich Dante vermählte.

Obwohl der Dichter der Faktion der Bianchi angehörte, war er also mit der Familie der Häupter der Neri verschwägert. Vgl. →Florenz. F. Cardini

Lit.: S. Raveggi, M. Tarassi, D. Medici, P. Parenti, Ghibellini, guelfi e popolo grasso, 1978, ad indicem.

D., Forese, florent. Dichter, † 1296, Sohn des Simone. Wechselte zw. 1293 und 1296 mit →Dante eine drei Sonette umfassende Tenzone voll heftiger persönl. Angriffe, sein einziges erhaltenes Werk von guter, aber nicht hervorragender dichter. Qualität. Dante widmet F. im Purgatorio (XXIII–XXIV) lange Passagen, die eine tiefe Freundschaft widerspiegeln. Der heftige Ton der vorausgehenden Tenzone entspricht daher wahrscheinl. nur dem Charakter des burlesken Stils. Die Tenzone fällt vermutl. in die Zeit nach Beatrices Tod: eine Phase, in der sich Dante stilist. und linguist. Experimenten zuwendet; die Aufnahme F.s ins Purgatorio ist bezeichnend, da hier viele zeitgenöss. Dichter erscheinen. A. Vitale-Brovarone

Ed.: G. Contini, Dante Alighieri, Rime, 1939 – M. Barbi, La tenzone di Dante con Forese, Studi Danteschi 9, 1924, 5–149 (Ders., Problemi di critica dantesca, 2. ser., 1941), 87–188 [= Opere di Dante, II, Rime della »Vita Nuova« e della giovinezza, hg. Ders. und F. Maggini, 1956] – *Lit.*: Enc. Dantesca, s.v. Donati (Forese) – P. Cudini, La tenzone tra Dante e Forese e la »Commedia« (Inf. XXX; Purg. XXIII–XXIV), Giornale Storico della Letteratura It. 99, 1982, 1–25.

Donatio → Gabe, →Morgengabe, →Schenkung, →Seelgerät, →Testament, →Wittum; →Opfergabe

Donatio Pippini → Pippinische Schenkung

Donatisten, Donatismus

I. Frühchristentum – II. Mittelalter.

I. FRÜHCHRISTENTUM: D., schismat. Bewegung seit dem 4. Jh. Der D. war und blieb beschränkt auf das röm. Nordafrika (heute Tunesien, Algerien und z. T. Marokko) und hatte seine Wurzeln u. a. in der Spannung zw. der anpassungswilligeren und der entschieden martyriumsfreudigen Tendenz, die seit dem frühen 3. Jh. in Afrika feststellbar ist. Auslösend wirkte die letzte Christenverfolgung unter Diokletian (in Afrika von 303–305), und zwar gerade ihre mildere Phase, nämlich der Befehl, die Hl. Schriften auszuliefern. An der Frage, was als Bücher-Auslieferung im Sinne des Abfalls von Christus zu gelten habe, schieden sich die Auffassungen, und der Hauptvorwurf der D. sollte über hundert Jahre lang lauten, die »katholische« Kirche sei die Kirche der traditores (Auslieferer von Büchern, aber auch: Verräter). Dieser Vorwurf war nur möglich, weil die Donatisten die ebenfalls altafrikan. Auffassung vertraten, ein Sakrament sei nur innerhalb der wahren, sichtbaren Kirche möglich, so daß Priester- und Bischofsweihen sowie Taufen durch (wegen traditio) Abgefallene nichtig, ja unheilstiftend seien. Daher war für sie die kath. Großkirche durch den »vergifteten« Ursprung ihrer Sakramente ewiger Verdammnis verfallen.

Auf der kath. Gegenseite wurde v. a. von →Optatus v. Mileve und →Augustinus die Gültigkeit der Sakramentsspendung auch durch Todsünder behauptet und damit der Trennungsgrund der D. prinzipiell bestritten. Ihre Weihen und Sakramente wurden deshalb anerkannt, die Rückkehr also leicht gemacht, aber ihre Sezession als Todsünde verurteilt. Diese Beurteilung gab (bei Augustin) auch das religiöse Motiv zur Rechtfertigung der staatl. Donatistenverfolgung ab: lieber Gewalt anwenden, als sie den ewigen Höllenstrafen überlassen. Außerhalb Afrikas fällte bereits die Synode v. Arles (314) eine im Westen allgemein, in Afrika erst nach dem Sieg über den D. anerkannten Entscheid: Häretiker, die zur wahren Kirche zurückkehren und trinitarisch getauft sind, bedürfen keiner (zweiten) Taufe, und Ordinationen durch »Traditoren« bleiben gültig, auch wenn die traditio nachgewiesen wird (can. 8 und 13).

Der Streit bricht nach dem Tod des karthag. Bf.s (zugleich Primas Nordafrikas) Mensurius aus (311/312) und führt zu einer Doppelwahl: Caecilian – von Traditoren geweiht (?) – auf der später siegreichen kath. Seite, Maiorinus, kurz darauf Donatus, auf der anderen. Konstantin, eben erst Herrscher des ganzen Westens geworden, steht zwar von Anfang an auf der caecilian. Seite, bemüht sich aber während seiner ganzen Regierungszeit (bis 337) um Ausgleich, so daß sich beide Kirchen behaupten und wie zwei (allerdings feindliche) Konfessionen im modernen Sinn ausbreiten können, wobei zeitweise der D. die Mehrheit der Christen Nordafrikas umfaßt haben dürfte.

Unter den Konstantin-Söhnen wird der Druck auf die Schismatiker stärker, es kommt zu richtigen Verfolgungen mit Märtyrern, so daß unter Julians toleranter Herrschaft (361–363) ein Umschlag ins Gegenteil erfolgt. Gewalttätigkeit gegen Katholiken ist aber schon zuvor bezeugt, vor allem seitens der umherziehenden Gruppen der →Circumcellionen. Daß soziale Spannungen und wirtschaftl., geringfügig auch ethn. Gegebenheiten in den Konflikt hineinspielten, ist deutlich, wie weit, wird wohl umstritten bleiben.

Erst gegen Ende des 4. Jh. erweist sich die ksl. Einheitspolitik gegenüber den Donatisten als erfolgreicher, und die große Disputation beider Parteien in Karthago (411) wird zum Anlaß für das auf die Dauer »erfolgreiche« Einheitsedikt von 412. Trotz seiner Dezimierung in den nächsten Jahrzehnten überlebt der D. die Vandalenzeit (429–534) und ist um 600 noch – wohl nur in kleinen Gruppen – aktiv.
A. Schindler

Lit.: RAC IV, 128–147 [W. H. C. FREND] – TRE I, 640–700, bes. 654–668 [A. SCHINDLER; weitere Lit.] – W. H. C. FREND, The Donatist Church. A Movement of Protest in Roman North Africa, 1952, 1971² – J.-P.-BRISSON, Autonomisme et Christianisme dans l'Afrique Romaine de Septime Sévère à l'invasion vandale, 1958 – E. TENGSTRÖM, Donatisten und Katholiken. Soziale, wirtschaftl. und polit. Aspekte einer nordafrikan. Kirchenspaltung (Studia Graeca et Latina Gothoburgensia 18), 1964 – Regelmäßige Literaturber. im Bull. augustinien der RevAug.

II. MITTELALTER: a) *Donatistische Tendenzen:* Einer der Hauptpunkte der ma. ekklesiologischen Diskussion ist die Frage, ob ein unwürdiger Priester sakramentale Kraft behält, d. h. ob die von ihm gespendeten Sakramente Gültigkeit besitzen. Im 11. Jh., im Zeitalter der sog. »gregorianischen Reform«, erscheint dieses Problem mit bes. Heftigkeit und manifestiert sich in der →Pataria-Bewegung, ist aber auch in den religiösen Unruhen des 12. Jh. und häret. Strömungen, wie z. B. den →Henricianern präsent. Wie die »Manifestatio heresis« des →Bonaccursus v. Mailand zeigt, finden sich Spuren dieser Diskussion auch bei den →Katharern, ferner wird das Problem bei den →Arnoldisten relevant, also vorwiegend im it. Bereich. In strengem Sinn donatist. Vorstellungen haben sich offenbar bei den →Waldensern erhalten. Bei den südfrz. Waldensern erhob sich nicht nur die Forderung nach einer Wiedertaufe, falls die Taufe von einem unwürdigen Priester vorgenommen worden war, sondern es entwickelte sich auf dieser Grundlage allgemein die Auffassung, die in Sünde lebenden Priester könnten bei der Spendung der Sakramente durch vorbildlich lebende Laien ersetzt werden. Hauptzeuge dieser Einflüsse des D. auf die Häresie der Waldenser ist →Alanus ab Insulis. In der neueren Waldenserforschung (SELGE) besteht allerdings die Tendenz, diesen Einfluß zu relativieren, da die Zeugnisse dafür in erster Linie der kath. Kritik und Polemik entstammten.
E. Pásztor

Lit.: K.-V. SELGE, Die ersten Waldenser I, 1967, 166–172 – R. MANSELLI, L'eresia del male, 1980² – G. ROTTENWÖHRER, Der Katharismus, v. a. Bd. II, 2: Die Kritik an Kult und Sakramenten der kath. Kirche, 1982 – R. MANSELLI, Il secolo XII: Religione popolare ed eresia, 1983.

b) *Scholastische Theologie:* Die scholast. Theologie las die anti-donatist. Schriften Augustins zur Frage der Häretikersakramente, d. h. der wahren-gültigen und gnadenwirksamen Spendung der Sakramente durch häret. und schismat., bzw. durch unwürdige, sündige Priester. In angestrengter begrifflicher Unterscheidung zw. subjektiver, persönlicher und ekklesialer, sakramentaler Heiligkeit des Spenders der Sakramente, durch die Differenzierung des Schichtenbaus der sakramentalen Wirklichkeit (Zeichen, Zeichen-Wirklichkeit [Charakter] und Gnade) und schließlich durch eine krit. Theorie der Wirksamkeit der Sakramente bewältigte die scholast. Theologie das Problem des D. im MA. Hinsichtl. der Konsekrationsgewalt eines häret. Presbyters kam erst die kanonist. und scholast. Theologie des endenden 12. und beginnenden 13. Jh. zu einem endgültigen Urteil. – Vgl. →Sakramente, Spender.
L. Hödl

Donatus → Oblatus

Donatus

1. D. v. Arezzo, hl., nach der aus dem 11. Jh. stammenden, Vertrauen verdienenden Liste der Bf.e v. →Arezzo zweiter Bf. dieser Stadt, etwa Mitte des 4. Jh. Im Mart. Hieron. wird er zum 7. Aug. episcopus et confessor genannt, ebenso im Sacr. Gelas., das nur die zwei Titel in umgekehrter Reihenfolge bringt: sanctus confessor et episcopus Donatus (L. EIZENHÖFER, P. SIFFRIN, L. C. MOHLBERG, Liber sacramentorum romanae aeclesiae ordinis anni circuli, 1960, 150f., nr. 964–967). Die vielleicht schon Gregor d. Gr. (Dial. 7,1) bekannte Passio BHL 2289–2294 sieht in ihm entsprechend einem röm. Legendenzyklus einen Märtyrer aus der Zeit des Julianus Apostata. Wahrscheinl. jedoch gehört D. zum Kreis der großen bfl. Gründergestalten des 4. Jh., deren Gedächtnis seit Ende jenes Jh. kultisch begangen wurde. Zu unterscheiden ist er von dem röm. Donatus, dessen Verehrung seit dem 17. Jh. vom Jesuitenkolleg in Münstereifel, das seine Gebeine erhalten hatte, propagiert wurde (dazu A. SCHÜLLER, Donatus als rhein. Gewitter- und Feuerpatron, Pastor bonus 39, 1928, 435–446). Dargestellt wird D. als Bf. in Pontifikalkleidung, mit Bischofsstab und bisweilen Buch. Th. Baumeister

Q. und Lit.: Act. SS. Aug. 2, 188–190 – BHL 2289–2296 – Bibl. SS 4, 1964, 774–785 [Lit.] – LCI VI, 86f. [Lit.] – H. DELEHAYE, Commentarius perpetuus in Martyrologium Hieronymianum (Act. SS. Nov. 2,2, 1931), 422 – Martyrologium Romanum (Propylaeum ad Act. SS. Dec., 1940), 327 – FR. LANZONI, Le diocesi d'Italia dalle origini al principio del s. VII (an. 604), StT 35, 1927, 569f. – B. DE GAIFFIER, »Sub Iuliano Apostata« dans le martyrologe romain, AnalBoll 74, 1956, 5–49, bes. 28f.

2. D., hl. (Fest 7. Aug.), Bf. v. →Besançon ca. 625/626– ca. 660, * 590/597, ⊐St-Paul (Besançon). D. war der ältere Sohn des Waldelenus, Hzg.s im Juragebiet (wohl eher pagus Ultrajuranus als Cisjuranus) und von dessen Gattin Flavia, die nach dem Tode ihres Mannes, gemeinsam mit ihrem Sohn D., um 636 das Kl. Jussa-Moutier (*Jussanum monasterium*, Marienpatrozinium), in Besançon gründete, in dem eine ihrer beiden Töchter, Sirudis, Äbtissin wurde. Der Bruder des D., Chramnelenus, von Fredegar (IV, 78) ausdrücklich als 'romanus' bezeichnet, war Nachfolger seines Vaters als Hzg.; er ist (Neu-)Gründer von →Romainmôtier (um 639/642). D. selbst wurde schon in frühester Jugend seinem Taufpaten, dem Abt →Columban v. Luxeuil übergeben, in welchem Kl. D. später Mönch wurde. Seit etwa 625/626 war er Metropolit v. Besançon, in welcher Eigenschaft er an den Konzilien v. Clichy (27. Sept. 626/27), Chalon-sur-Saône (647/653) sowie Reims (Datum ungewiß; unter Bf. Sonnatius v. Reims) teilnahm. 625/630 gründete er mit Eigengut auf röm. Ruinen in Besançon das Kl. 'Palatium', später St-Paul, das nach der Columban-Regel lebte und wo sein Vater sowie er selbst (und einige seiner Nachfolger) die letzte Ruhestätte fanden. Für das von seiner Mutter und ihm selbst gegr. Frauenkloster Jussa-Moutier komponierte D. eine »Regula ad virgines«, deren 77 Abschnitte bes. aus der →Regula Benedicti, aus den Regeln des →Cäsarius v. Arles und des Columban sowie aus eigenen Zusätzen gestaltet sind. 658 wird D. in einer Urkunde seiner Verwandten Adalsinda genannt, die das von ihren Eltern (Hzg. Amalgarius vom burgund. Attuariergau, →Atuyer; Aquilina) gestiftete Kl. 'Dornaticum' ihrem Bruder Waldelenus, Abt v. Bèze, übergibt. D. erhielt schon früh einen v. a. lokal bedeutenden Kult, dem im 11. Jh. von seinem ebenfalls in St-Paul begrabenen Nachfolger Hugo v. Salins zusätzliche Impulse gegeben wurden. – Unter Hugo wurde eine Lebensbeschreibung des Hl.en verfaßt, die v. a. auf den Angaben des Columbanlebens des →Jonas v. Bobbio fußt.

M. Heinzelmann

Q.: Vita: B. DE VRÉGILLE, Hugues de Salins archevêque de Besançon 1031–66 [Thèse Besançon, 1978], Bd. 3, 199*–204* [vgl. auch 193*; Vita hat keine Nummer in BHL] – Regula ad virgines (Regula Donati), ed. A. DE VOGÜÉ, Benedictina (Roma) 25, 1978, 219–314 [Kritik von G.

MOYSE, Les origines du monachisme, 397–410; ebd. 402–404 Ed. des Widmungsbriefes des D. an Äbtissin Gauthstrude und Nonnengemeinschaft von Jussanum] – Lit.: Catholicisme III, 1952, 1015–1017 [R. AIGRAIN] – F. PRINZ, Frühes Mönchtum im Frankenreich, 1965 [Register] – G. MOYSE, Les origines du monachisme dans le dioc. de Besançon (V^e–Xe s.), BEC 131, 1973, 21–104, 369–485 – DERS., La Bourgogne Septentrionale et particulièrement le Dioc. Besançon de la fin du monde antique au seuil de l'âge carolingien (V^e–VIIIe s.), VuF 25, 1979, 482–487.

3. D., Bf. v. Karthago →Donatisten, Donatismus

4. D. Acciaiolus, Mitglied der florent. Familie →Acciaiuoli, Aristoteleskommentator, Staatsmann und Orator, * 15. Sept. 1428 Florenz, † 28. Aug. 1478 Mailand. Nach Studien in Grammatik und Rhetorik (unter →Poggio Bracciolini und Giannozzo Manetti) und Philosophie (unter →Johannes Argyropulos) wurde er Mitglied der Accademia Fiorentina. In der Zeit der Medici hatte er verschiedene polit. Ämter inne und wurde oft mit diplomat. Missionen (1461 nach Frankreich zu Ludwig XI., 1467 nach Mailand zu Sforza, 1470 und 1471 zu den Päpsten Paul II. und Sixtus IV., 1476 nach Pisa, 1477 nach Rom, 1478 nach Frankreich) betraut. 1473–74 war er Leiter des Florentiner Studiums, 1474 Gonfaloniere, 1476 Accoppiatore in Florenz. Wissenschaftl. war er in erster Linie als Übersetzer tätig, aber in seinen Kommentaren zu Aristoteles (Ethik, Politik) suchte er den eigtl. Aristoteles von arab. und scholast. Deutungen zu befreien und ihn mit dem neu entdeckten Platon zu harmonisieren. C. H. Lohr

Werke: *Vita Caroli Magni* (1461 Ludwig XI. überreicht; Hss.: Cambridge Fitzwilliam 180, Florenz BLaur. LXVII.20, C.S. 544, BRiccard. 926, Genua BCong.Miss.Urb. 79, Mailand BAmbr. T.76.sup., Palermo BNaz. I.B.6, Paris BN lat. 5831, Vat.Regin.lat. 768; Vita di Carlo Magno, ital.: Florenz BNaz. II.1.62, Magl. XXIV.146, XXIV.157, C.S. G.2.1501, BRiccard. 767, Genua BUniv. Gaslini 47, Napoli BNaz. X.F. 16 [A.D. 1465], Vat.Chis. M.VII.157; ed. Rom 1470); *Plutarchi Vitae* (lat. Übers. v. *Demetrius et Alcibiades*; Hss.: Florenz BLaur. LXV. 34, Ashb 1019, BNaz.C.S. G.1.2666, Soc. Colombaria 246, Genua BCongr. Miss. Urb. 79, BUniv. E.VII.24, Mailand BAmbr. T.169.sup., Modena Est.lat. 429, Paris BN lat. 5827, 5830-2, Volterra BC 6201; ed. in Plutarchi Vitae, Rom 1470 u.ö.); *Vitae Hannibalis et Scipionis* (Hss.: Florenz BLaur. LXV.34, LXVII.20, BNaz. Magl. XXIII.26, XXIII.86 [Scip.ital.], XXIII.154, BRiccard. 926, Modena Est.lat. 429, 597, Napoli BNaz. V.C.39 (Hann.), XIII. A.A.19 [A.D. 1468], Paris BN lat. 5827, Vat.Regin.lat. 768; ed. Zwolle 1502); *Oratio* (1471, anläßlich der Wahl Sixtus' VI.; Hss.: Florenz BLaur. Ashb. 690, 1703, acq. e doni 82, BMoreniana Trullani 25, BNaz.Magl. XXVII.15, XXXII.39, BRiccard. 574, 875, Lucca 541, Perugia J.100. Rom BCorsin. 583, Venedig BMarc.lat. XI.108); *Storia fiorentina* (1473, it. Übers. von L. Brunis Historia florentina; Hss.: Florenz BLaur. Ashb. 517, BMarucelliana C.IX, BNaz. Rari 53, BRiccard. 1820, 1865, Soc. Colombaria 243, Genua BDurazzo A.VII.4, Rom BCorsin. 1308, Vat.Chis.M. VIII.161 [A.D. 1473]; ed. Venedig 1476, Florenz 1492, Florenz 1861); *Grabrede Cosimo de' Medici* (Hs.: Florenz BLaur. LXXXX.sup.37); *Expositio librorum Ethicorum Aristotelis* (vgl. LOHR); *Expositio librorum Politicorum Aristotelis* (vgl. LOHR) – Lit.: DBI I, 80–82 – EFil^2 I, 39f. – A. DELLA TORRE, Storia dell' Accad. Platonica di Firenze, 1902, 332–425 – E. GARIN, La giovinezza di Donato Acciaiuoli, Rinascimento 1, 1950, 43–70 – C. H. LOHR, Medieval Latin Aristotle Commentaries, Traditio 23, 1967, 400–401 – C. VASOLI, Giovanni Nesi tra Donato Acciaiuoli e Girolamo Savonarola, Memorie Domenicane NS 4, 1973, 103–180 – G. M. ANSELMI, Umanisti, storici e traduttori, 1981, passim – M. A. GANZ, Donato Acciaiuoli and the Medici, Rinascimento 2. Ser. 22, 1982, 33–73.

5. D., Aelius, ca. 310–380, Zeitgenosse des →Marius Victorinus, lehrte nach dem Zeugnis seines berühmten Schülers →Hieronymus als grammaticus urbis Romae ca. 354–363 in Rom. Ob sein Cognomen auf afrikan. Herkunft deutet, ist nicht eindeutig zu klären. Sonst ist nichts Näheres über sein Leben bekannt.

Werke: a) *Ars grammatica in 4 Büchern*: 1) Elementargrammatik in Frage und Antwort über die Lehre von den 8 Redeteilen (= *Ars minor*); 2) *De voce, de littera, de* syllaba, de pedibus, de tonis, de posituris (= Ars maior I); 3)De partibus orationis (Editio secunda = Ars maior II); 4) De barbarismo, de soloecismo, de ceteris vitiis, de metaplasmo, de schematibus, de tropis (= Ars maior III). Schon seit →Servius, dessen Kommentar sich an D. anschloß, wird die Ars Donati zum »Lehrbuch« der lat. Grammatik schlechthin und D. selbst ihr Symbol. In dieser weitgestreuten, ununterbrochenen Überlieferung erfuhren die einzelnen Bücher verschiedene Schicksale. 62 Hss. vom Ende des 7. Jh. bis 1100 sind erhalten. Das frühe MA hat das ganze Corpus abgeschrieben und kommentiert. Als die Lehre von den Redeteilen unter insularem Einfluß im 8. Jh. vorherrschend wurde, schrieb man die Ars maior II an zweiter Stelle nach der Ars minor ab. So entstehen auch die Bezeichnungen Donatus minor, Donatus maior; irische Kommentare wie→Anonymus ad Cuimnanum und Ars Ambrosiana enthalten nur Ars maior II. Fast alle grammat. Traktate dieser Zeit haben D. als Grundlage benutzt, wie z. B. Asper minor, Julianus Toletanus, Bonifatius, Tatuinus, Paulus Diaconus, Petrus Pisanus usw. Echte Kommentare: Anonymus ad Cuimnanum, Ars Ambrosiana, Smaragdus (nur über Ars maior II), Murethach, Ars Laureshamensis, Sedulius Scottus, Commentarium Brugense, Erckambertus, Remigius Autissiodorensis, Israel). Anonyme Kommentare zur Ars minor: Titulus quare (ed. S. C. JEUDY in Vorbereitung, s. Lettres latines..., Bruxelles, 1978) und Ars est ab artu dicta... (S. C. JEUDY in De ortu grammaticae, dedicated to the memory of J. PINBORG).

Im 11. Jh., als die »Institutiones Grammaticae« des Priscianus höher geschätzt werden als das Werk des D., zerfällt das Corpus in selbständige Bücher: die Ars minor wird bis über die Erfindung des Buchdruckes hinaus, aber mit starken Umarbeitungen überliefert und kommentiert, der Eigenname Donatus wird zum Gattungsbegriff, s. →Janua. Ars maior I und II verschwinden; Ars maior III wird als Barbarismus Prisciani mit dem Priscianus minor (Inst. gramm., lib. XVII–XVIII) und mit De accentibus abgeschrieben und von Radulphus Belvacensis, Nicolaus Parisiensis, Robertus Kilwardby kommentiert. Die Humanisten haben das ganze Corpus wiederentdeckt, doch bleibt die Trennung zw. Ars minor (Donatus vulgaris) und Ars maior erhalten.

b) *Kommentar zu Vergil:* Erhalten sind nur der Widmungsbrief an Munatius, das Vorwort, die auf Suetonius beruhende Vita Vergilii und die Einleitung zu den Bucolica. Spätere Vergilkommentare wie Servius und Servius Danielis, aber auch ma. Werke wie Isidorus Junior, Liber Glossarum können zur Wiederherstellung dieses im MA sehr einflußreichen Kommentars nützlich sein. Die Vita Vergilii wurde die Grundlage fast aller ma. Vitae Vergilianae.

c) *Kommentar zu Terenz:* Wohl nach dem Vergilkommentar verfaßt, weil er häufig auf Vergil hinweist. Was wir aber unter dem Namen des D. erhalten haben, betrifft nur 5 Komödien: Andria, Eunuchus, Adelphoe, Hecyra, Phormio, und ist nicht das ursprgl. Werk. Außer zwei älteren, aber fragmentar. Hss.: Paris lat. 7920 (s. XI, Tal der Loire) und Vatican, Reg. lat. 1595 (s. XIII), ist der Terenzkommentar nur durch mehr als 40 it. Hss., sämtlich dem 15. Jh. angehörend, überliefert. Diese Version ist wohl eine Vereinigung zweier Scholienexzerpte aus demselben Werk, wie die Scholien in zwei Parallelreihen in den Hss. für Phormio II 3 zeigen. Die Unterscheidung der Reste des ursprgl. Kommentars von den späteren Zusätzen bleibt, trotz des Versuchs von KARSTEN, eine offene Frage. Nach WESSNERS Edition, die schon von O. ZWIER-LEIN nach der Entdeckung der Hs. Vatican Chigi H. VII. 240 verbessert wurde, wäre eine neue Ausgabe wünschenswert. Im frühen MA wurde der Terenzkommentar erwähnt und benutzt: so von Lupus v. Ferrières, von Gottschalk v. Orbais, von Glossatoren in Terenzhandschriften, von Hugo v. Orléans, von einem Lexikographen in Orléans im XIII. Jh.; s. auch →Vita Ambrosiana des Terenz. Auch von den Humanisten wurde er sehr geschätzt. Fast alle Hss. des XV. Jh. stammen von den von →Aurispa in Mainz i. J. 1433 und aus der von Jean Jouffroy in Chartres ca. 1440 aufgefundenen Hss. her. In der Überlieferung des Kommentars haben auch andere Humanisten wie Nikolaus v. Clamanges, Fr. Pizolpasso und Pier Candido Decembrio eine Rolle gespielt. Über das mögliche Stemma der vorhandenen Hss., s. REEVE, Aelius Donatus.

C. Jeudy

Ed.: 1. Ars grammatica. Ed.: H. KEIL, Grammatici Latini, 4, 1864 [Nachdr. 1961], 355–402 – L. HOLTZ, Donat et la tradition de l'enseignement grammatical (Documents, études et rép. publ. l'IRHT), 1981, 571–674 – engl. Übers. der Ars minor: W. J. CHASE, The Ars Minor of D., Univ. of Wisconsin (Stud. in the social Sciences and History 11), 1926 [Text nach KEIL] – A. M. NEGRI, Aelii Donati ars grammatica (Maior), 1960 [Text nach KEIL, it. Komm.] – Einige irische Komm. in CChrCM 40–40C – *Lit.:* RE V, 1545-1546 [P. WESSNER] – SCHANZ-HOSIUS, 41, 161–165 – L. HOLTZ, Donat et la tradition de l'enseignement grammatical...; dazu: G. L. BURSILL-HALL, Medieval D. commentaries (Historiographia Linguistica, 8, 1981, 69–97) – 2. *Kommentar zu Vergil:* E. J. J. ENDER, Aelii Donati Commenti Vergiliani Reliquiae praeter Vitam, Praefationem, Proemium [Diss. Greifswald, 1910]; dazu P. WESSNER, in Bursian's Jahresber. 188, 1921, 201–203 – *Lit.:* E. K. RAND, Is D. Commentary lost? Classical Quarterly 10, 1916, 158–164 – G. B. WALDROP, D., the interpreter of Vergil and Terence, Harvard Stud. in classical Philology 38, 1927, 77–79 – J. J. SAVAGE, Was the Commentary on Virgil by Aelius D. extant in the ninth century?, Classical Philol. 26, 1931, 405–411 – N. MARINONE, Elio Donato, Macrobio e Servio, commentatori di Virgilio, 1947 – A. H. TRAVIS, Addendum to »Donatus and the Scholia Danielis«, Classical Philol. 45, 1950, 38–39 – K. BAYER, Der Suetonische Kern und die späteren Zusätze der Vergilvita [Diss. masch. München, 1952] – R. B. LLOYD, Republican Authors in Servius and The Scholia Danielis, Harvard Stud. in classical Philology 65, 1961, 291–341 – U. SCHINDEL, Die lat. Figurenlehren des 5. bis 7. Jh. und Donats Vergilkommentar (AAG), 1975–3. *Kommentar zu Terenz: Ed.:* P. WESSNER, Aeli Donati quod fertur commentum Terenti. Accedunt Eugraphi commentum et scholia Bembina, 1902–05 – *Lit.:* R. SABBADINI, versch. Artikel gesammelt in Storia e critica di testi latini, 1914, 1971² (Medioevo e umanesimo, 11), 153–245 – H. T. KARSTEN, Commenti Donatiani ad Terenti fabulas scholia genuina et spuria separare conatus est, 1912–13 – C. H. BEESON, The text tradition of Donatus' Commentary on Terence, Classical Philol. 17, 1922, 283–305 – W. M. LINDSAY, D.' extracts in ms D. of Terence, Classical Quarterly 21, 1927, 188–194 – O. ZWIERLEIN, Der Terenzkommentar des Donat im Codex chigianus H. VII 240, 1970 – M. D. REEVE, The textual Tradition of Donatus's Commentary of Terence, Hermes 106, 1978, 608–618 – M. D. REEVE – R. H. ROUSE, New Light on the Transmission of D.' Commentum Terentii, Viator 9, 1978, 235–249 – M. D. REEVE, Aelius D., Commentary on Terence (Texts and Transmission. A Survey of the Latin classics, ed. L. A. REYNOLDS, 1983), 153–156.

6. D. (Donato, Donà), **Hieronymus** (Girolamo), Politiker und Humanist, * ca. 1454/57 in Venedig, † Okt. 1511 in Rom. Nach humanist. Vorbildung und Studien in Philosophie (Doktorat in Padua 1478), Theologie und Jura war er, aus ven. Patriziat stammend, beständig mit Gesandschaften und Regierungsgeschäften für die Republik Venedig befaßt, u. a. 1483, 1501 in Frankreich, 1485 in Portugal, 1488 bei Ks. Maximilian, 1489 in Mailand, 1491, 1497, 1504, 1505, 1510 beim Papst, 1506–1508 auf Kreta, ferner in Venedig, Ravenna, Brescia, Lucca, Ferrara, Cremona, Padua. – Von seinen Schriften sind hervorzuheben: die lat. Übersetzung von »De anima« des Alexander v. Aphrodisias (ca. 1489/90) als Beitrag zum Paduaner Aristotelismus; seine auf Kreta begonnene Auseinandersetzung mit der Ostkirche, Reden, Carmina (unveröffentlicht) und sein Briefwechsel mit Ermolao→Barbaro, Angelo→Poliziano, Giovanni→Pico u. a. P. R. Blum

Q.: Alexandri Aphrodisei enarratio de anima interprete Hieronymo Donato, Brescia 1495 (GW 1, 425, Nr. 859) u. ö. – »Praefatio« in: F. E. CRANZ, The Prefaces to the Greek Ed. and Latin Translations of Alexander of Aphrodisias, 1450 to 1575, Proceedings of the American Philosophical Society 102, 1958, 510–546 – Ad Caesarem pro re Christiana oratio, Venedig 1501 – Ad Gallorum Regem Oratio, Venedig 1501 (RENOUARD, Annales de l'Imprimerie des Alde, 1834, 32) – Apologeticus ad Graecos de principatu Romanae sedis, Rom 1525 [Nachdr. in MANSI (s.nr. Introductio), 1903, 605–616] – Apologia in guistification della Signoria, in: D. Malipiero, Annali Veneti 2, ed. F. LONGO, ASI 7/1, 443–463 – Briefe: P. RIGO, Per il carteggio di Girolamo Donato, Atti dell'Accad. naz. dei Lincei, Rendiconti della classe di scienze morali, storiche e filologiche 29, 1974, 531–555 – *Lit.*: Repfont IV, 241 – STEGMÜLLER, Repertorium biblicum m.ae. III, Nr. 4374 – COSENZA I, 1253–1255; V, fol. 632 – Catal. translationum 1, 85–86; 2, 412–414, 416–418 – G. DEGLI AGOSTINI, Notizie istoricocritiche intorno La Vita, e le Opere degli Scrittori Viniziani, 2, Venedig 1754, 201–239 [mit hs. Quellen] – Ermolao Barbaro, Epistolae, Orationes et Carmina, ed. V. BRANCA, 2, 1943, 145 – M. MIGLIO, L'umanista Pietro Edo e la polemica sulla Donazione di Costantino, BISI 79, 1968, 167–232, 229–231 – P. SAMBIN, Il dottorato in arti (1478) di Girolamo Donato, Quaderni per la storia dell'Univ. di Padova 6, 1973, 215–216 – F. LUCCHETTA, Girolamo Ramusio, ebd. 15, 1982, 1–60, 19.

7. D. Ortigraphus, anonyme lat. grammat. Katene, nach dem Incipit so bezeichnet. Nach L. HOLTZ ir. Herkunft und in der 2. Hälfte des 8. Jh. entstanden, nach I. CHITTENDEN ca. 815 und in Frankreich kompiliert. Eine genaue Untersuchung der Quellen, bes. Priscianus und Charisius, könnte zur Datierung und Herkunftsbestimmung hilfreich sein. Die Grammatik besteht aus zwei Teilen: 1. De littera et syllaba et accentu et possituris; 2. De octo partibus orationis (nach Donatus' Ordnung); in katechet. Form (Dialog zw. Magister und Discipulus, bezeichnet mit den Buchstaben Δ und M). Im 1. Teil Exzerpte bes. aus →Isidor, →Sergius und →Pompeius, im 2. Teil aus →Priscianus, →Vergilius grammaticus und Charisius.

Durch sieben kontinentale, bes. frz. Hss. überliefert: Valenciennes, B.M. 393, IX. s.[1], Loire-Gegend; Paris, B.N., lat. 13026, IX. s. med. Pariser Gegend; Bern, Burgerbibliothek 123, IX. s.[2], frz.; Leiden, Rijksuniv., BPL 135, IX. s.[1], Saint-Amand; Leiden Voss. lat. 4° 33, IX. s.[2], frz.; Madrid, B.N. 19, XII. s., Monte Cassino oder Ripoll; München Clm. 6415, IX. s. med. Dazu Exzerpte unter dem Namen Bedas in einem grammat. Florilegium (Hs. Erfurt, Amplon, 8°8, ed. C. JEUDY). C. JEUDY

Ed.: J. CHITTENDEN, CChrCM 40D. – *Lit.*: B. LÖFSTEDT, Der hibernolat. Grammatiker Malsachanus (Acta Univ. Upsal. Studia Lat. 3), 1965, 22, 65, 166ff. – L. HOLTZ, Donat et la tradition de l'enseignement grammatical (Documents, études et répertoires publiés par l'IRHT), 1981, 436 – C. JEUDY, Le Florilège grammatical inédit du ms. 8° 8 de la bibl. d'Erfurt (ALMA 44, 1985).

8. D., Tiberius Claudius. Die Interpretationes Vergilianae des jurist. gebildeten nichtchristl. Autors erklären Vergils Aeneis in 12 Büchern (angekündigt, aber nicht ausgeführt ist ein 13. Buch mit Personen- und Sacherklärung) in der für die spätantike Schule charakterist. Form paraphrasierender und selbst auf sorgfältige Stilisierung bedachter ästhet. Interpretation. Das Ende des 4., Anfang des 5. Jh. entstandene Werk übte nur geringe Wirkung auf das MA aus. J. Gruber

Ed.: H. GEORGII, 2 Bde, 1905 – *Lit.*: RE V, 1547; VIII A, 1474 – H. GEORGII, Die antike Aeneiskritik im Komm. des T. Cl. D., 1893.

Donau (griech. ὁ Ἴστρος, Ister [Hister]; kelt.-lat. Danuvius, Danubius; slowak. Dunaj; ung. Duna; serbokroat. und bulg. Dunav; rumän. Dunărea).

[1] *Flußlauf:* Die D. ist mit einer Gesamtlänge von 2850 km, von denen 2588 km (ab Ulm) schiffbar sind, und einem Einzugsgebiet von 773 000 km² der zweitgrößte Fluß Europas. Die Porta Hungarica zw. den Hainburger Bergen und den Kleinen Karpaten trennt die obere von der mittleren D., der 117 km lange Durchbruch durch das Banater Gebirge (östl. von Belgrad) mit dem Kasan-Paß und dem Eisernen Tor scheidet die mittlere von der unteren Donau. Während der Strudengau bei Grein (Schwall und Wirbel) trotz zahlreicher Unfälle schon seit prähist. Zeit befahren wurde, verhinderten die Stromschnellen am Eisernen Tor eine durchgehende Donauschiffahrt. Im 4300 km² großen Delta teilt sich die D. in drei Arme, von denen der nördl. (Kilia-Arm) der wasserreichste ist, während der mittlere (Sulina-Arm) heute die Schiffahrtsrinne bildet. Die durchschnittl. Wasserführung beträgt bei Passau 730 m³/sek., bei Wien 1600 m³/sek., im Eisernen Tor 5840 m³/sek. und bei Tulcea (Rumänien) 7230 m³/sek.

[2] *Bedeutung in der Spätantike:* Die obere und mittlere D. wurde bereits in prähist. Zeit mit Einbäumen befahren und erhielt den kelt. Namen Danuvius. Die Griechen befuhren seit dem 7. Jh. v. Chr. den Unterlauf der D. und bezeichneten ihn nach der südl. des D.-Deltas angelegten Handelsstadt Istros (Histria) als Ister (Hister). Die Identität der beiden Flußläufe blieb lange unbekannt. Der seit Ks. Augustus angelegte →Limes, der vom Rhein über den Main nach Rätien verlief, erreichte bei Abusina (Eining) die Donau. Die drei D.-Provinzen Noricum, Pannonien und Mösien wurden durch den ständig verstärkten D.-Limes mit Legionslagern, Kastellen, Wachttürmen und Wällen sowie einer Kriegsflotte auf der unteren D. (classis Histrica) geschützt. Tiberius stieß 16 v. Chr. bis zu den Quellen des Danuvius vor. Da die D. zw. Carnuntum und Sigidunum (→Belgrad) bes. im Winter, wenn sie zufror, kaum Schutz bot und zur Einfallspforte ins Röm. Reich wurde, eroberte Ks. Trajan 101/102 und 105→Dakien und richtete es als röm. Provinz nördl. der D. ein. Gleichzeitig ließ er eine Straße durch das Eiserne Tor und den Kasan-Paß (Inschrift der Trajanstafel) errichten und verband das Schwarze Meer mit der Nordsee durch einen Straßenzug an D. und Rhein. Bei Drobeta (→Severin) errichtete der Architekt Apollodor aus Damaskus (Trajanssäule) eine steinerne Brücke, und die Donauflotten (classis Moesica und classis Pannonica) wurden wesentl. verstärkt. Durch die ständige Bedrohung wurden die D.-Provinzen zum militär. Zentrum des Reiches und stellten seit dem 3. Jh. die meisten der röm. Soldatenkaiser. Die Ks. Julian (361) und Gratian (378) fuhren mit Truppen die D. bis→Bononia, dem Hafen von Sirmium unterhalb der Draumündung, hinab. Nachdem Dakien schon 271 geräumt worden war, erfolgten die großen Einfälle der Völkerwanderung im 4. und 5. Jh. fast durchwegs über die Donau. Neben einem räuml. begrenzten Handel mit Massengütern (Eisen, Terra Sigillata, Baumaterial) erfolgte der Fernhandel mehr auf der Limesstraße als auf dem Fluß. In der Endzeit röm. Herrschaft war die D. für die Nahrungsmittelversorgung von Noricum und Pannonien wichtig (Vita Severini).

[3] *Bedeutung im Frühmittelalter:* Wie die Reise des frk. Missionars Rupert von Regensbg. nach Lorch auf der D. (vor 700) zeigt, hat die Donauschiffahrt nie ganz aufgehört, wurde aber durch die→Avaren stark beeinträchtigt. Der Feldzug Karls d. Gr. gegen die Avaren 791 wurde von einer D.-Flotte unterstützt. Um die Schiffe der D. in den Main und Rhein übersetzen zu können, versuchte Karl im Herbst 793 vergeblich, Altmühl und Rezat durch einen ca. 1800 m langen Kanal zu verbinden, dessen Reste sich

beim Dorf Graben erhalten haben (→Fossa Carolina). Nach der endgültigen Unterwerfung der Avaren (Kriegszug Kg. Pippins 796 entlang der D. mit Flottenunterstützung) entwickelte sich wieder ein überregionaler Handel auf der Donau. Kg. →Arnulf verhängte 892 ein Salzhandelsembargo über Mähren und schickte auf der D. Gesandte zu den Bulgaren. Die 903/905 aufgezeichnete Zollordnung v. →Raffelstetten (bei Enns) nennt als wichtigste Handelsgüter das Salz (aus Reichenhall), das auf genormten Schiffen transportiert und auch nach Mähren ausgeführt wurde, Sklavinnen und Pferde, daneben noch Rinder, Wachs und Honig. Als Fernhändler erscheinen Juden und privilegierte Kaufleute, als Zollstätten Rosdorf, Linz, Eparesburg (Ybbs?) und Mautern. Ein Gegenzug bestand wohl schon seit röm. Zeit. Der Vorstoß des bayer. Heerbannes entlang der D. nach Pannonien führte mit der vernichtenden Niederlage bei →Preßburg (907) und der ung. Landnahme zu einer langfristigen Unterbrechung des D.-Handels. An der unteren D. wurde der Limes unter Ks. Justinian wiederhergestellt und nach langen Kämpfen gegen die Bulgaren bis 1180/85 nochmals zur Reichsgrenze (→Bulgarien). Ein bedeutender Handel war durch die ständigen Grenzkriege unmöglich.

[4] *Militärische Funktion:* Nachdem schon Kg. Konrad II. 1028 durch den Strudengau gefahren war, benutzte Kg. Heinrich III., der 1042 und 1045 auf der D. nach →Wien reiste, den Fluß auch für seine Feldzüge gegen →Ungarn. Die Ritterheere des 2. und 3. →Kreuzzugs zogen ebenso wie →Heinrich d. Löwe, der 1172 Schiffbruch erlitt, nur bis Brandiez (Braničevo, östl. von Belgrad) entlang oder auf der D. nach Osten. Von dort wurde die Straße über Niš (Naissos) und Sofia nach Konstantinopel bevorzugt. Mit dem Niedergang der byz. Vorherrschaft auf der Balkan-Halbinsel wurde die D. für die Reiche der Bulgaren und Serben, später für die →Osmanen zur Grenze im Norden. Bereits Sultan →Selīm I. suchte sie zu sichern, indem er die Valachei zinspflichtig machte. Trotzdem konnte Kg. Siegmund mit einem Kreuzheer entlang und auf der D. 1396 bis Nikopolis vordringen und sich nach der Niederlage zu Schiff ins Schwarze Meer retten. Auch Kg. →Władisław v. Ungarn transportierte auf dem Kriegszug 1444 (Niederlage v. Varna) Kriegsgerät und Troß auf der Donau. Sultan →Meḥmed II. setzte bei der vergebl. Belagerung →Belgrads (1456) auch Schiffe ein, sein Sohn Bāyezīd II. beförderte erstmals schweres Geschütz auf der Donau. Mit der Eroberung von Kilia und →Aqkerman kam auch das D.-Delta endgültig unter osman. Herrschaft. Selim I. und →Süleymān I. suchten die Donaulinie durch eine Reihe von Satellitenstaaten zu sichern. Nach der Einnahme von Šabac, Semlin und Belgrad (1521) wurde das Ung. Reich 1526 in der Schlacht bei Mohács an der D. vernichtet. Bei der Belagerung von Wien (1529) war den serb. »Nassadisten« der türk. D.-Flotille ein wesentl. Anteil zugedacht. Nach der Teilung Ungarns bildete die D. durch fast drei Jahrhunderte die Grenze zw. Morgen- und Abendland, wobei auf habsburg. Seite Schiffleute (Tschaikisten) auch auf den Nebenflüssen zum Schutz der Grenze beitrugen.

[5] *Schiffahrt und Handel:* Wie der Tod des Bf.s Dracholf v. Freising im Strudengau (926) zeigt, wurde die obere D. stets als Verkehrsweg benutzt, die mittlere D. diente dem Fernhandel nur bis →Belgrad (Landweg nach →Konstantinopel). Bereits im FrühMA entstand auf der oberen D. ein reger Handel der Bm.er und Kl., die ihren Bedarf (→Wein, -handel) und Salzdeputate (→Salz, -handel) zu Schiff transportierten. Die Fahrzeuge wurden zunächst von Eigenleuten geführt, die z. T. mit Schefflehen ausgestattet waren, später von berufsmäßigen Schiffern. Unter den Kaufleuten, die nur anfangs selbst zu Schiff fuhren, dominierten die Regensburger (Privilegien für den Wiener Markt 1192, Schiffahrtsordnungen 1311 und 1329). Mit dem →Stapelrecht erhielten die Wiener Kaufleute 1221 das Monopol für den weiteren Handel nach Ungarn. Als Umschlagplätze spielten →Passau und Deggendorf eine wichtige Rolle. Stark beeinträchtigt wurde die Schiffahrt durch das Recht der →Grundruhr, das die Güter gestrandeter Schiffe den Grundherrn zusprach (dagegen 1277 Privileg für Wiener Kaufleute). Unter den Handelsgütern stand lange das Salz aus Reichenhall, seit dem 13. Jh. aus Hallein, an erster Stelle, das auf der D. bis Regensburg und Wien geführt wurde. Von →Regensburg gingen v. a. Tuche, von →Steyr Eisenwaren (Messer) nach Ungarn; auch Venezianerware, die über die Tauernpässe kam, wurde auf der D. weiterbefördert. Als Gegenfracht ging v. a. Wein aus der Wachau (Osterwein) die D. aufwärts. Der Gegenzug wurde bis ins 14. Jh. mit Menschenkraft, erst dann mit Pferden durchgeführt. Die Schiffsleute waren z. T. in Zechen zusammengeschlossen (Passau, Wien). Auch auf den Nebenflüssen gab es eigene Schiffahrtsorganisationen (Salzach, Traun), bes. für die Salzschiffahrt. Neben kleineren Schiffen (Zillen) und Plätten verwendete man für den Salztransport die Hallaschen (mit 10 Mann) und als größten Schiffstyp die Kelheimer. Außerdem gab es auf der D. und den meisten Nebenflüssen eine intensive Flößerei (→Binnenschiffahrt, →Schiff, -bau, -stypen). Die untere D. hatte weniger als Handelsroute denn als völkerverbindendes Element Bedeutung, auf dem bes. in byz., aber auch in osman. Zeit ein reger Kulturaustausch erfolgte.
H. Dopsch

Lit.: *zu [1]:* A. PENCK, Die D., 1891 – E. C. LESSNER, The Danube, 1961 – *zu [2]:* KL. PAULY II, 1477 [W. SPOERRI] – RE IV, 2103–2132 [BRANDIS] – G. CHILDE, The Danube in Prehistory, 1929 – A. MÓCSY, Pannonia and Upper Moesia, 1974 – Aufstieg und Niedergang der röm. Welt II/6, hg. H. TEMPORINI, 1977 – *zu [3]:* F. BASTIAN, Die Legende vom Donauhandel im FrühMA, VSWG 22, 1929, 289–332 – M. MITTERAUER, Wirtschaft und Verfassung in der Zollordnung von Raffelstetten, Mitt. des oberösterr. Landesarchivs 8, 1964, 344–372 – H. H. HOFMANN, Ks. Karls Kanalbau, 1969 – *zu [4]:* Die D. in ihrer gesch., wirtschaftl. und kulturellen Bedeutung, Südosteuropa Jb. 5, 1961 – *zu [5]:* A. v. LOEHR, Beitr. zur Gesch. des ma. Donauhandels, Oberbayer. Archiv 60, 1916, 155–249 – E. NEWEKLOWSKY, Die Schiffahrt und Flößerei im Raume der oberen D., 3 Bde, 1952–64 – F. KOLLER, Die Salzachschiffahrt bis zum 16. Jh., Mitt. der Ges. für Salzburger LK 123, 1983, 1–126 [Lit.] – Plovidba na Dunavu i njegovim pritokama kroz vekove, 1983 – HOOPS² VI, 7–54.

Donaustauf (früher: Tumbstauf), Ort an der Donau (Bayern, Oberpfalz), gelegen innerhalb des kgl. Forstes Sulzbach (östl. von D.), den Konrad I. 914 dem Hochstift →Regensburg schenkte. Unter Bf. Tuto (894–930) wird der Name des Ortes und des »castellum Stufo« erstmals erwähnt. Der Burg kam seit dem 10. Jh. eine wichtige Stellung zu. In der Fehde zw. Hzg. →Heinrich dem Stolzen und dem Bf. wurde sie 1133 eingenommen, 1146 begann ein neues Ringen. 1156 hielt sich Ks. →Friedrich I. hier auf. Als Bf. v. Regensburg (1260–62) soll →Albertus Magnus hier den »Tractatus in Evangelium St. Lucae« geschrieben haben. 1285 Verleihung der Grafschaftsrechte durch den Kg. an den Bf. Seit 1355 folgen häufige Verpfändungen der Herrschaft: Ks. →Karl IV., Reichsstadt →Regensburg, Hzm. →Bayern; 1715 Rücklösung durch den Bf., 1803 Fsm. Dalberg, 1810 Vereinigung mit Bayern.
M. Piendl

Lit.: Hist. Stätten Dtl. VII – Kunstdenkmäler Bayerns II/20, 1914 – F. JANNER, Gesch. der Bf.e v. Regensburg, ins 1883–86 – D. SCHMID, Regensburg I (HAB, 1976).

Donauwörth, Stadt in Bayern (Schwaben), an der Einmündung der Wörnitz in die Donau, Sitz einer bedeutenden Adelsfamilie (Mangolde). Urkundlich tritt der Ort D. (Uueride, Werd; von ahd. *warid, werid* = Insel) zum ersten Mal im sog. »privilegium Conradi« vom 17. Jan. 1030 auf. Ks. Konrad II. bestätigt hier dem Edlen *Mangold I.* die dessen Vater *Aribo* von Ks. Otto III. gewährten Wochenmarktsrechte und verleiht ihm dazu das Privileg eines dreitägigen Jahrmarkts, Münz- und Zollrecht. Die Existenz der ma. Ansiedlung mit Sitz eines Edlengeschlechts ist somit sicher bis ins 10. Jh. nachzuweisen. 1030 wird der Ort als zum Ries-Gau unter der Herrschaft eines Gf.en Friedrich gehörig bezeichnet. In der Zeit Mangolds I. fällt (spätestens) der Bau eines befestigten Adelssitzes (Burg Mangoldstein, im N der Stadt, 1301 abgebrochen) und die Gründung des Kl. Hl. Kreuz in D. (Weiheurkunde Papst Leos IX., 1049). Mit dem Tod *Mangolds IV.* (genaue Lebens-, Regierungsdaten seiner Vorgänger *Mangold I., II., III.* unsicher), der in die Zeit zw. 1147 und 1156 fällt, stirbt das Haus der Mangolde in männl. Linie aus. Die Herrschaft Werd wird als heimgefallenes Reichslehen eingezogen und Sitz einer stauf. Pfalz. Spätestens unter Ks. Friedrich II. erfolgt die Verleihung von Stadtrechten. Mit dem Ende der Staufer 1268 und dem Inkrafttreten der »Konradin. Schenkung« (→Konradin) beginnt für die Stadt ein besitzrechtl. Hin und Her zw. dem Reich und den bayer. Teilherzogtümern, da beide Seiten Besitzansprüche geltend machen. 1434 kann Schwäbisch-Werd die Reichsfreiheit dauerhaft (bis 1607) erlangen. Im großen Privilegienbrief von 1465 wird von Ks. Friedrich III. der Status der Reichsstadt bestätigt und das erweiterte Stadtrecht festgelegt. Die 'Reichspflege Wörth' wird von ksl. Vögten, kurzzeitig auch vom Magistrat der Stadt selbst ausgeübt. – Die Stadtsiedlung (burgus), für die 1081 eine Befestigung (munitio) belegt ist (1218 Mauerring), wurde im frühen 14. (Einbeziehung von Hl. Kreuz) und 15. Jh. (obere Vorstadt, Insel) erweitert. Das Rathaus entstammt im Kern dem 13. und 14. Jh. (1236, 1308), Baubeginn der (bestehenden) Pfarrkirche 1444 (ó St. Ulrich und Afra). – Auf Burg Mangoldstein ließ Hzg. →Ludwig II. v. Bayern 1256 seine Gemahlin Maria v. Brabant hinrichten.

A. Schromm

Lit.: DtStb V, 2, 1974, 155-162 – Hist. Stätten Dtl. VII, 147-149 – C. KÖNIGSDORFER, Gesch. des Kl. zum Hl. Kreutz in D., 3 Bde, 1819 – A. STEICHELE, Das Bisthum Augsburg, hist. und statist. beschriebene 3, 1872 – L. GROHSMANN-M. ZELZER, Gesch. der Stadt D., 2 Bde, 1958-78.

Doncel. *Doncel* (kast.), *Donzel* (ptg.), *Donzell* (katal.), *Donsel* (prov., davon möglicherweise abgeleitet it. *donzello*) 'Junker' (junger Adliger, der noch nicht die →Schwertleite erhalten hat) bzw. 'Schildträger' (→*écuyer, escudero*), 'Edelknabe'; Etymologie: vulg. lat. *dominicellus* (als Diminutiv von *dominus*) bzw. **domnicillus* > *donzell* > *doncel, donzel, donsel*; altfrz. *damoisel* (*danzel*; neufrz. →*damoiseau*) > it. *damigello*; entsprechende Ausbildung weibl. Formen in der Bedeutung 'junge Adlige, junges Mädchen' (→*Fräulein*). Nachdem der Begriff z. Zt. →Gonzalos de Berceo (1. Hälfte 13. Jh.) als Lehnwort Eingang in die kast. Sprache gefunden hatte, erfuhr er seit dem 13. Jh. allgemeine Verbreitung und kann als Standesbezeichnung nachgewiesen werden (z. B. bei →Raimundus Llullus, →Desclot). – Junker, →donzello.   L. Vones

Lit.: →Don, Dom.

Dondi, bedeutende aus Padua stammende Gelehrtenfamilie.

1. D., Giovanni de, Sohn von 2. * 1318 in Chioggia, † 1389 in Padua, ⌐ Padua, Dom, Baptisterium, nahe dem Grabe seines Vaters. Der Laufbahn seines Vaters folgend, studierte D. Medizin und wurde Arzt. 1349 siedelte er mit seiner Familie nach Padua über und übernahm an der dortigen Univ. einige Jahre später die Professur für Medizin. 1359 wurde er an die Fakultäten für Astrologie, Logik und Philosophie berufen. Als Gelehrter von beachtl. Wissen las er von 1368 bis 1370 Medizin an der Univ. Florenz. Er stand in freundschaftl. Beziehungen zu Francesco →Petrarca. Zweimal verheiratet, war D. Vater von neun Kindern.

1371 veranlaßte sein Mäzen Francesco da →Carrara, Signore v. Padua, D.s Ernennung zum Gesandten Paduas bei der Republik Venedig; im folgenden Jahr war D. an der Festlegung der Grenzen zw. Padua und Venedig beteiligt. Später mit Hzg. Gian Galeazzo →Visconti befreundet, trat D. der Fakultät der Univ. Pavia bei und lebte eine Zeitlang im Palast der Visconti. 1387 verlegte er seinen offiziellen Wohnsitz nach Pavia. Bleibenden Ruhm (Beiname: 'D. dall'Orologio') erwarb sich D. als Erfinder und Konstrukteur eines durch ein Uhrwerk (→Uhr) angetriebenen Planetariums, das er selbst zunächst als 'planetarium' bezeichnete und später →'astrarium' nannte. Zu diesem Werk inspirierte ihn die »Theorica planetarum« des →Campanus v. Novara; D. beschäftigte sich mehr als 16 Jahre mit der Durchführung des Projekts. Den Mechanismus, den er – nach zeitgenöss. Aussagen – eigenhändig anfertigte, dürfte er bald nach 1364 vollendet haben. Das Astrarium wurde vom Hzg. Visconti erworben und fand seinen Platz in der Bibliothek des Visconti-Palastes zu Pavia, wo es u. a. von Francesco Petrarca, Donato Bramante, Leonardo da Vinci und Regiomontanus besucht und z. T. auch beschrieben wurde. Später wurde das Meisterwerk von Hzg. Ludovico Sforza erworben; es war bis zum Ende des 1. Viertel des 16. Jh. funktionsfähig und geriet danach, wohl durch Vernachlässigung, in Verfall. Mehrere Handschriften D.s, in denen er die einzelnen Bauteile und Funktionsweisen seines Astrariums beschreibt und durch Zeichnungen erläutert, sind erhalten, desgleichen spätere Versionen seiner Handschriften. Aufgrund dieser Beschreibungen sind für Sammler und Museen mehrere moderne Rekonstruktionen angefertigt worden. Das Astrarium, das als eines der bedeutendsten mechan. Werke der Geschichte angesehen werden kann, war ein funktionierendes Modell des Universums, das den Lauf der fünf damals bekannten Planeten sowie von Sonne und Mond im Sinne des ptolemaeischen →Weltbildes darstellte; Stunden und Kalender wurden auf eigenen, untergeordneten Zifferblättern angezeigt. Es ist das früheste eindeutig bezeugte Uhrwerk.   S. A. Bedini

2. D., Jacopo, Sohn des Arztes Isaaco D., * ca. 1290, † 1359 in Padua. Nachdem D. in Padua Medizin studiert hatte, wurde er als Stadtarzt nach Chioggia berufen. Er genoß so hohes Ansehen, daß ihm 1333 das venezian. Bürgerrecht verliehen wurde. D. führte Experimente mit den Mineralsalzen aus dem Fluß Abano durch, deren häusl. und med. Anwendung er erprobte; hierüber berichtet er in seinem Traktat »Aggregator Iacobi Dondi Patavini exc. Philosophi et Medici liber...«. Weitere dieser frühen balneolog. Studien sind in seinem späteren Werk »De Balneis« (gedr. 1553) enthalten. V. a. aber gewann D. Ruhm durch die nach seinem Plan gebaute bedeutende astronom. →Uhr am Turm des Palazzo Capitanato in Padua, die im Auftrag des Fs.en Ubertino da →Carrara angefertigt wurde. Diese Uhr wurde 1390 zerstört und 1434 mit einem anderen Uhrwerk wiedererrichtet, wobei das alte, von D. geschaffene Zifferblatt vermutlich erhalten blieb.   S. A. Bedini

Ed. und Lit.: Repfont IV, 242–244 [mit Hinw. auf weitere Werke] – THORNDIKE, Bd. 3, 386–397 – G. D. dall'Orologio, Tractatus astrarii... Biblioteca Capitolare di Padova, Cod. D. 39, ed. A. BARZON, E. MORPURGO, A. PETRUCCI, G. FRANCESCATO (Codices ex ecclesiasticis Italiae bibliothecis selecti, phototypice expressi... vol. IX, Bibl. Apost. Vat., 1960) – A. GLORIA, L'Orologio di J. D., 1885 – U. BELLEMO, J. e G. de D. dall'Orologio, Note critiche, 1894 – E. MORPURGO, Dizionario degli orologiai italiani, 1950 – H. A. LLOYD, Some Outstanding Clocks Over Seven Hundred Years 1250–1950, 1958 – S. A. BEDINI–F. R. MADDISON, Mechanical Universe. The Astrarium of G. de' D., Transactions of the American Philosophical Society, N.S., Vol. 56, part 5, 1966 – The Planetarium of G. de D.... A ms. of 1397..., transl. G. H. BAILLIE, ed. F. A. B. WARD (Antiquarian Horological Soc., monogr. 9, 1974) – N. W. GILBERT, A Letter of G. D. to Fra Guglielmo Centueri: A 14th Cent. Episode in the Quarrel of the Ancients and Moderns, Viator 8, 1977, 299–346.

Donegal (Dún na nGall), Stadt im nördl. Irland, im SW der Gft. Donegal, erst 1474 erstmals erwähnt, anläßlich der Stiftung eines Hauses der Franziskanerobservanten durch Aodh Ruadh Ó Domhnaill, Kg. v. Tír Conaill, und seine Gattin. Die »Annals of the Four Masters« erwähnen zum Tode von Aodh Ruadh († 1505), daß er als erster hier ein festes Haus *(tower house)* erbaut habe. Dies lag wahrscheinlich am Platz des 1564 errichteten neuen Turms *(Tor nua)*; eine alte Burg *(senchaislén)* ist gleichfalls belegt. Der Ort wird in dieser Zeit als *baile* genannt; zweifellos war D. damals eine kleine Stadt mit einem Hafen, ein bedeutender Handelsplatz und das Zentrum der Herrschaft *(lordship)* der →O'Donnell. Für 1506 ist der Tod des bekannten Kaufmanns Dommhnall Ua Craidheain aus Sligo belegt. Die Stadt besaß strateg. Bedeutung für denjenigen Zweig des Hauses →O'Donnell, der die Lordship beanspruchte. Nach dem Eindringen der Engländer in dieses Gebiet im späten 16. Jh. war die Stadt zw. den O'Donnell und den engl. Truppen heftig umkämpft. Seit 1601 unterlag sie ständiger engl. Herrschaft. Ch. Doherty

Q.: Annála rioghachta Eirean: Annals of the Kingdom of Ireland by the Four Masters from the Earliest period to 1616, ed. J. O'DONOVAN, 7 Bde, 1851 [Neudr. 1966] – Annála Uladh: Annals of Ulster, ed. W. M. HENNESSY–B. MACCARTHY, 4 Bde, 1887–1901 – *Lit.:* B. JENNINGS, Michael O Clérigh and his Associates, 1936 – A. ROWAN, The Buildings of Ireland: NW Ulster, 1979, 228–244 – Archaeological Survey of County D., ed. B. LACY, 1983, 330–332, 361–365.

Donizo v. Canossa OSB, *um 1070–72, † nach 1136, trat um 1087–90 in die Abtei OSB S. Apollonio in Canossa ein, wo er etwa fünfzig Jahre verbrachte und auch die Abtwürde bekleidete. Sein Nachruhm knüpft sich an die »Vita Mathildis (seu de principibus Canusinis)«, die zw. 1111 und Ende 1114 entstanden ist. Das Werk umfaßt zwei Bücher mit je rund 1400 Hexametern, denen eine Prosaeinleitung vorangeht. Das illustrierte Dedikationsexemplar für →Mathilde v. Tuszien (Cod. Vat. lat. 4922) war noch nicht fertiggestellt, als diese im Sommer 1115 verstarb. D. fügte daher eine 149 Verse lange Totenklage an. Von dem Werk wurden in späterer Zeit mehrere Auszüge gemacht, und es wurde reichlich benutzt. Es handelt sich dabei weniger um die eigtl. Biographie Mathildes, sondern um ein Preislied auf die Herren v. Canossa, bei dem chronolog. Irrtümer, Verwechslungen und absichtl. Verschweigen bestimmter Ereignisse (z. B. des gewaltsamen Todes des Mgf.en Bonifaz oder der beiden Ehen Mathildes) nicht selten sind. Der Panegyricus, der mit der zeitgenöss. europ. genealog. Literatur in Zusammenhang gebracht werden kann, behandelt im ersten Buch den Aufstieg der Herren v. Canossa und den Ausbau ihrer Macht, angefangen von →Atto, der →Adelheid v. Burgund, der späteren Gemahlin Ottos I. d. Gr., Schutz bot, bis zum Tode von Bonifaz und →Beatrix, Mathildes Eltern. Das zweite Buch ist völlig der Mgfn. v. Tuszien gewidmet: v. a. wird ihr cultus Dei, ihre Treue zum Reformpapsttum Gregors VII. sowie ihre Vermittlung zw. Heinrich IV. und Papst Gregor 1077 hervorgehoben (→Canossa). D. verdankt man den einzigen Beleg für ein entschiedenes Eintreten Mathildes zugunsten des Kaisers. Der Autor erweist sich als ziemlich gebildet, auch wenn seine Verse häufig holpern und die verwendeten Gräzismen rein rhetorisch sind. Neben der Bibel scheint er direkte Kenntnis der Aeneis und der Eklogen Vergils sowie der Vergilvita des →Donatus zu besitzen und zitiert auch einige Horazverse. Ferner kennt er offenbar →Paulus Diaconus; von den ihm zeitlich näher stehenden Werken sind ihm anscheinend das »Epitaphium Adalheidae« des →Odilo v. Cluny, die »Vita« des Anselm v. Lucca des →Rangerius und vielleicht auch der »Liber ad amicum« des →Bonizo und einige Werke des →Petrus Damiani, des →Deusdedit und →Anselms v. Lucca nicht unbekannt. D. verfaßte auch eine Bibeldichtung »Enarratio Genesis«, in der er auf Isidor v. Sevilla und Gregor d. Gr. zurückgreift. G. Barone

Ed. und Lit.: MGH SS 12, 351–409 – WATTENBACH-SCHMALE III, 926–928 – Repfont IV, 244 – G. P. ROPA, L'»Enarratio Genesis« di Donizone di Canossa. Introd., ed., comm. e studio d'ambiente (sec. IX–XII), 1977 – L. SIMEONI, La vita Mathildis di Donizone e il suo valore storico, Atti e Mem. della R. Deputazione di Storia Patria per le Province Modenesi, Ser. VII, 4, 1927, 18–64 – G. FASOLI, Rileggendo la 'Vita Mathildis' di Donizone, Studi Matildici. Atti e Mem. del II Congr. di Studi Matildici, Deputazione di Storia Patria per le antiche province modenesi, Biblioteca, NS. 16, 1971, 15–39 – M. NOBILI, L'ideologia politica in Donizone, Studi Matildici. Atti e Mem. del III Congr. di Studi Matildici, ebd. 44, 1978, 263–279 – Zu den Illustrationen des Codex Vat. lat. 4922 vgl. Ornamenta Ecclesiae, Kat. Köln, 1985, I, 56f.

Donjon (oder *Keep*), ein befestigter Wohnturm, der Wehr-, Wohn-, Repräsentations- und Wirtschaftsfunktionen vereint und bes. in der Frühzeit die dauernd bewohnte Residenz des Burgherrn war. Dieser bewohnbare, mächtige D. entwickelte sich wohl eher aus der einfachen Turmburg (→Burg) als aus der Turmhügelburg norm. Prägung (→Motte), in Frankreich (Langeais und Montbazon wohl noch 11. Jh., Montrichard 1109–30, Loches um 1100, Arques bei Dieppe und Beaugency) und nach der Invasion →Wilhelms d. Eroberer 1066 auch in England (London 1070, Colchester 1078, Canterbury 1080, Essex 1090). Auch im Normannenreich Süditaliens findet sich der D. (Aderno/Sizilien um 1080, Paterno/Sizilien um 1100, La Zisa und La Cuba in Palermo 3. Viertel 12. Jh., Lucera, Termoli, Bari, Cephaludi), aber auch auf zahlreichen dt. →Pfalzen und →Burgen (Xanten, Siegburg 10./11. Jh.), unter frz. Einfluß häufiger seit dem späteren 12. Jh. In Spanien spielen die D.s als Lehnstürme bei der Auseinandersetzung der christl. Königreiche eine wichtige Rolle, ähnlich im ostmitteleurop. Raum (Rabý bei Schottenhofen/ČSSR um 1300, Přimda/Böhmen, ČSSR 12. Jh.). In seiner Verteidigungsfunktion entspricht der D. dem →Bergfried, wegen der Wohnnutzung ist er aber größer im Grundriß und teilweise mehrräumig.

Seit dem 11. Jh. sind es meist mächtige rechteckige Türme mit dicken Mauern, in die Wehrnischen, Wehrgänge und Treppensysteme sowie Wandräume, Kammern und Fallschächte eingefügt sind (Gravensteen in Gent um 1180, Hedingham/Essex, England 1. Hälfte 12. Jh., Provins/Seine-et-Marne, Frankreich, Arques bei Dieppe, Rochester Castle 1126/39, Richmond/Yorkshire 2. Hälfte 12. Jh., Dover Castle 2. Hälfte 12. Jh., Largoet-en-Elven/Bretagne 14. Jh.). Dann wird ein Treppenturm (Hedingham/Essex, England 1. Hälfte 12. Jh., Eltville/Rhein 14. Jh.) oder ein kleinerer Raum angebaut (Rochester Castle/England 1126/39, Loches/Indre-et-Loire um

1010, Schlössel bei Klingenmünster/Pfalz Ende 11. Jh.). Die Außenmauern werden durch Lisenen oder halbrunde Vorlagen gegliedert (Loches/Indre-et-Loire um 1100, Houdan bei Yvelines Anfang 12. Jh., Montbazon/Indre-et-Loire Mitte 12. Jh., Richmond/Yorkshire 2. Hälfte 12. Jh., Beaugency/Loire 13. Jh.). Schließlich werden die Ecken und die Mittelachsen risalitartig betont (Rochester Castle/England 1126/39, Hedingham/Essex 1. Hälfte 12. Jh., Montrichard/Anjou um 1130, Kenilworth/Warwickshire 12. Jh., Dover Castle/England 2. Hälfte 12. Jh., Bamburgh/Northumberland 13. Jh.). Im Innern wird der Bau durch eine Längsmauer zweigeteilt (Dover Castle 2. Hälfte 12. Jh., Rochester Castle 1126–39, Tower in London um 1080, Aderno/Sizilien um 1080, Arques bei Dieppe, Nideggen/Eifel 2. Hälfte 12. Jh., Paterno/Sizilien um 1100, Bamburgh/Northumberland 13. Jh.) und durch Zu- oder Einbau einer Kapelle (→Burgkapelle) bereichert (White Tower in London um 1080, Nideggen/Eifel 2. Hälfte 12. Jh., Dover Castle 2. Hälfte 12. Jh.). Im Untergeschoß, das nur vom ersten Obergeschoß zugängl. ist, befinden sich Lagerräume. Über dem hochgelegenen Eingang erreicht man durch einen Wachraum, häufig im Anbau, das erste Obergeschoß mit dem großen beheizten Saal. Im zweiten Obergeschoß liegen ebenfalls Säle und die Kapelle, im dritten Obergeschoß sind Schlafräume, darüber die Wehrplatte. Seit der Mitte des 11. Jh. entstehen runde D.s (Sachsenstein b. Bad Sachsa/Südharz 1073, Lohra/Sachsen vor 1116, Falkenburg im Kyffhäuser um 1100, Hamburg 11. Jh., Steinenschloß bei Pirmasens/Pfalz 1. Hälfte 12. Jh., Neuenburg a. d. Unstrut vor 1150, Anhalt im Selketal/Harz vor 1140, Lillebonne/Seine-Maritime 1205–11, Coucy-le-Château/Aisne um 1230, Tour de Constance in Aigues-Mortes Ende 13. Jh.), daneben auch Sonderformen wie sechseckige (Raglan Castle/Wales 1430/45), achteckige (Provins/Champagne Mitte 12. Jh., Odiham Castle 13. Jh., Largoet-en-Elven/Bretagne 14. Jh.), zwölfeckige (Oxford 1170); D.s, als Vierpaß (D'Etampes/Seine-et-Oise Ende 12. Jh., Clifford's Tower/York, Pontetract Castle) oder rund mit Spitze (Roche-Guyon/Vexin-Seine Mitte 12. Jh., Château-Gaillard/Normandie 1197/98). Auch werden rechteckige Bauten errichtet mit zwei halbrunden Anbauten, in mehreren Geschossen (mit Kaminen), die über eine Wendeltreppe zugänglich sind (Kasselburg bei Gerolstein/Eifel 14. Jh.), oder viereckige Bauten mit runden Ecktürmen (Ravensteyn bei Heenvliet 13. Jh., Vincennes bei Paris um 1360, Anjony/Auvergne 1434/39, Nunney Castle/Dorset). Der Umfang beträgt durchschnittl. 15 × 15 m bis 15 × 25 m bei 30 m Höhe, der Durchmesser der Rundtürme beträgt zumeist etwa 13–20 m. Vom →Bergfried und D. ist der →Geschlechterturm in den Städten beeinflußt. G. Binding

Lit.: VIOLLET-LE-DUC, V, 34–96 – S. TOY, The Castles of Great Britain, 1963³ – J. VALLERY-RADOT, Le donjon de Lillebonne (Seine-Maritime) (Mél. offerts à R. CROZET, 1966), 1105–1113 – W. BLEYL, Der D. Eine bautechn. Typologie der verteidigungsfähigen Wohntürmes, 1973 [*Lit.*]. – H.-K. PEHLA, Wohnturm und Bergfried im MA [Diss. Aachen 1974] – C. MECKSEPER, Ausstrahlungen des frz. Burgenbaus nach Mitteleuropa im 13. Jh. (Beitr. zur Kunst des MA [Fschr. H. WENTZEL, 1975]), 135–144 – H. HINZ, Motte und D., 1981 [*Lit.*].

Donnchad

1. D. Midi, Sohn des →Domnall Midi, † 797, ir. Hochkönig *(high-king)* aus dem Geschlecht des →Clann Cholmáin, eines Zweiges der südl. →Uí Néill. Er erlangte 770 die Hochkönigswürde und versuchte 771, die Oberherrschaft über →Leinster zu gewinnen. 775 verschaffte er sich Kontrolle über das Kl. →Clonard; 776 führte er die Truppen des Kl. →Durrow während eines Feldzugs gegen →Munster mit. 780 zog er erneut gegen Leinster, doch wurde bald darauf durch die Initiative der →Céli Dé ein Friedensschluß herbeigeführt. Ein Versuch, Frieden mit den →Ulaid zu schließen, blieb dagegen erfolglos (784, Inis na Ríg im Hinterland der Küste von Brega). Der Frieden mit Leinster wurde durch die Heirat von D.s Tochter Eithne mit dem Kg. v. Leinster, Brann Ardchenn mac Muiredaig, gestärkt. Wohl als Ergebnis dieses Ehebündnisses unterstützte D. 794 die Leinstermen gegen Munster. Ch. Doherty

Lit.: F. J. BYRNE, Irish Kings and High-Kings, 1973, 124, 157f., 215f.

2. D. Donn, ir. Hochkönig *(high-king)* 919–944, gehörte als Sohn von Flann Sinna († 916) dem →Clann Cholmáin, einem Zweig der südl. →Uí Néill, an. D. war kein energ. Herrscher; zwischen ihm und dem Kg. der nördl. Uí Néill, Muirchertach mac Néill, dem führenden Kriegsmann im damaligen Irland, bestand ein sehr unsicherer Frieden: 927, 929 und 938 wurde der Krieg zw. beiden nur knapp vermieden. Nach der Annahme von A. P. SMYTH (II, 33f.) ist D.s geringer Einsatz bei der Bekämpfung der →Wikinger auf die Tatsache zurückzuführen, daß er – anders als Muirchertach – in keine Blutrache mit ihnen verwickelt war und dies auch nicht wünschte. 936 plünderten Wikinger unter →Olaf, dem Sohn Gutfriths v. Dublin, das Kl. →Clonmacnoise. Als Vergeltung für die Entweihung dieses von seiner Dynastie so reich beschenkten Heiligtums brannte D. →Dublin nieder. Die Schlacht von →Brunanburh (937) schwächte die Machtposition der norw. Dynastie von Dublin erheblich. Dies gab D. und Muirchertach willkommenen Anlaß, trotz ihrer Rivalitäten gemeinsam Dublin und sein Territorium anzugreifen (938). Im folgenden Jahr unternahmen sie gemeinsam einen Feldzug gegen →Munster. D. hatte hierbei die dominierende Position inne; dies wird anhand der Auslieferung des von Muirchertach gefangengenommenen Kg.s v. Munster an D. deutlich. 939 ließ D. für das →Book of Armagh einen Schrein anfertigen. 939 und 940 überfiel er →Brega, um dynast. Konkurrenten in Schach zu halten. Durch Heiraten war er ztw. mit den Uí Briúin Bréifne, den →Cenél Conaill, der Dynastie von Brega und den →Dál Cais verbunden. 941 ließ er seine letzte Gemahlin, Órlaith aus dem Geschlecht der Dál Cais, wegen Ehebruchs mit seinem Sohn Óengus hinrichten. Ch. Doherty

Lit.: D. Ó CORRÁIN, Ireland before the Normans, 1972, 102–104, 112, 117 – F. J. BYRNE, Irish Kings and High Kings, 1973 – A. P. SMYTH, Scandinavian York and Dublin, I, 1975, 70, 95; II, 1979, 33f., 89, 115, 117f., 125, 129, 132–134, 144, 150, 180.

3. D. mac Briain, Kg. v. →Munster 1014–64, aus der Dynastie der →Dál Cais, Sohn des Kg.s →Brian Bóruma, nach dessen Tod in der Schlacht v. →Clontarf D. die Herrschaft antrat. Angesichts des geschwächten Heeres sah sich D. in Munster mit der verschärften Opposition der →Eóganachta, die erst kürzlich aus dem Kgtm. verdrängt worden waren, konfrontiert; ebenso stellte sich ihm sein Halbbruder Tadc entgegen. 1019 verlor D. bei einem Mordanschlag die rechte Hand. In den 1020er Jahren bemühte er sich, seine Oberhoheit über →Connacht, →Mide und →Leinster auszudehnen. Zunächst erfolgreich, wurde seine Machtstellung in den 1030er Jahren jedoch von Mac Gilla Padraig, dem Kg. der →Osraige, angefochten; dieser gewann 1033 das Kgr. Leinster. Gemeinsam mit den verbündeten Osraige bildeten die Eóganachta in den 40er Jahren eine ständige Bedrohung für D.s Macht. Seine wiederholten Bemühungen, die Herrschaft über Mide, Connacht und Leinster wiederzuerlangen und zu festigen, wurden erschwert, als →Diarmait mac Máel na mBó das Kgr. Leinster gewann (1042).

Auch in Munster stieß er auf Schwierigkeiten, da →Toirrdelbach, der Sohn seines Halbbruders Tadc, sich seinen Gegnern anschloß. In den 50er Jahren war D. zunehmend in die Defensive gedrängt. 1063 brannten Diarmait mac Máel na mBó und Toirrdelbach Limerick nieder, und der Adel von Munster fiel von D. ab, so daß er sich schließlich zur Aufgabe des Kgtm.s genötigt sah. 1064 pilgerte er nach Rom und starb dort »nach dem Sieg der Bußfertigkeit« im Kl. S. Stefano. D. war ein kraftvoller, aber glückloser Herrscher, dessen Bemühungen der Schaffung eines starken territorialen Staates galten; 1040 und 1050 erließ er Gesetze, mit denen er ein strenges Regiment einführen und eine soziale Konsolidierung erreichen wollte.

Ch. Doherty

Lit.: L. RYAN, The O'Briens in Munster after Clontarf, North Munster Antiquarian Journal 2, 1941, 141–146 – D. Ó CORRÁIN, Ireland before the Normans, 1972 – F. J. BYRNE, Irish Kings and High-kings, 1973.

Donnerbücher (Brontologien). Zugehörig dem Bereich des Wetterorakels (→Wetter, -orakel), lassen sich D. im engeren Sinne ausgliedern aus dem weitgespannten Feld des Donnerglaubens, indem sie, entweder ausgehend von einem bestimmten Zeitpunkt des ersten Donners im Jahr Vorhersagen allgemeiner Art bezüglich des Jahreslaufes bieten, oder abhängig von einem beliebigen Wochentag oder einer bestimmten Stunde wichtige Ereignisse des öffentl. Lebens weissagen. Solche Prognosemotive, die nur selten eigentl. Wetterregeln beinhalten, können sein: Ernteertrag, Seuchen, Geburt oder Tod bedeutender Personen (Fs.en, Kg.e, Bf.e), polit. Umstände, Kriegswirren, Friedensschlüsse. Je nach ihrem Aufbau sind D. nach dem Monat oder dem Wochentag des ersten Jahresdonners bzw. nach der Stunde, der Gebetszeit oder der Himmelsrichtung des Donners zu unterscheiden. Die Herkunft dieser Gattung von Kurztexten läßt sich über antike Vorstufen direkt auf den mesopotam. Donnerglauben zurückführen; entsprechend archaisch ist noch im MA die Diktion. D. finden sich in hoher Frequenz im gesamten ma. Europa, wobei der ags. Bereich einen Schwerpunkt darstellt. – Vgl. a. →Bauernpraktik.

Ch. Weißer

Lit.: HWDA II, s.v. Donner; IX, s.v. Wetterkunde [V. STEGEMANN] – G. HELLMANN, Die Bauern-Praktik, 1896 – DERS., Über den chaldäischen Ursprung des modernen Gewitterglaubens, Meteorolog. Zs. 13, 1896, 236–238 – M. FÖRSTER, Die Kleinlit. des Aberglaubens im Altengl., Archiv für neuere Sprache und Lit. 110, 1903, 346–358 – DERS., Beitr. zur ma. Volkskunde, ebd. 120–134, 1908–16.

Donnerbüchse, alte Bezeichnung für Belagerungsgeschütz (→Steinbüchse), das ja neben der zerstörenden Wirkung seiner Geschosse auch durch seinen Knall, den Geschützdonner, die Kampfmoral des Gegners erschüttern sollte.

E. Gabriel

Lit.: R. FORRER, Neues Studienmaterial zur ma. Bewaffnung, ZHW 5, 1909–11, 161f. – B. RATHGEN, Das Geschütz im MA, 1928.

Donnolo, Sabbataj (ben Abraham), geb. 903 in Oria (Apulien), gest. ca. 982, jüd. Arzt und eklektizist. religiöser Denker mit den Schwerpunkten Kosmologie/Astrologie und Mikrokosmos-Makrokosmos-Vorstellung. Von seinen Werken ist die theol. Schrift »Ḥakmônî« (oder »Taḥkᶜmônî«) am bekanntesten geworden; sie enthält im ersten Teil Ausdeutungen von Gen 1,26f. und im zweiten Teil einen Kommentar zum Buch →Jeṣira. Sein »Sefār ham-mirqāḥôt wᶜham-mašqā'ôt« ('Buch der [med.] Mixturen und [Heil-]Tränke'), auch »Sefār hay-yāqār« ('Das kostbare Buch') genannt, ist die älteste erhaltene med. Schrift Europas in hebr. Sprache (→Medizin). Von einem dritten Werk, dem »Sefār ham-mazzālôt« ('Buch der Gestirne'), sind nur wenige Fragmente erhalten geblieben. In der Judenheit der christl. Welt bekannt und wiederholt zitiert, war sein Name unter den Nichtjuden im MA vergessen.

J. Maier

Ed. und Lit.: Il Commento di Sabbatai D. sul Libro della creazione, ed. D. CASTELLI, 1880 – S. MUNTNER, R. Šabbᶜtay Dônnôlô, 1950 – G. NEBBIA, D., 1963 – A. SHARF, The Universe of Shabbetai D., 1976 [mit ält. Lit.].

Donoratico → Della Gherardesca, →Pisa

Donum Dei, Prosa/Bild-Traktat aus der Frühzeit illustrierter Werke alchem. Inhalts.

Das »D.« entstand spätestens in der 1. Hälfte des 15. Jh. Entgegen traditioneller Feststellungen ist sein Urheber unbekannt. Zuschreibungen an einen ansonst unbekannten »Franciscus alchimista« bzw. »Franciscus Epimetheus« sind gänzlich ungesichert; die Zuschreibung an →Elias v. Assisi OFM († 1253) beruht auf Legendenbildung; der gelegentl. für den Urheber genommene Jurist →Johannes Andreae (1272/1348) war nur Verfasser eines in manchen »Donum«-Fassungen auftretenden Zitats, und der um 1470/75 in Straßburg wirkende Alchemist Georg Aurach kann lediglich als ein »Donum«-Kopist gelten.

Der Textkern besteht aus einer Sammlung von Exzerpten, die der im 14. Jh. aktuellen Alchemielit. entstammen und nach Konkordanzprinzip collagiert worden sind. Autoritäten sind u. a. →Hermes (»Tractatus aureus«), →Geber latinus und →Arnaldus v. Villanova. Zur Darstellung gelangen theoret. Aspekte einer auf Sol, Luna und Mercurius gegründeten Alchemie und ein etappenreiches Prozeßgeschehen, das vom »grünen Löwen« (Quecksilber) seinen Ausgang nimmt, eine Coniunctio von »Mann« und »Weib« und eine Putrefactio-Phase (die Reductio des Goldes in Materia prima) einbegreift, und im Gewinn einer Tinctura ad album und Tinctura ad rubeum (Universalmedizin) mündet.

Die in Phiolen placierten Res pictae entstanden in enger Anlehnung an den Text. Sie visualisieren Decknamen (Drache) und während der alchem. Wandlungsgeschehnisse auftretende Erscheinungen (Würmer, Nebel, Blumen). Unter ikonograph. Einfluß des Bildgedichtes »Sol und Luna« im →»Rosarium philosophorum« personifizieren Königin und König zwei Prinzipien bzw. Arkanstoffe (Sol/Mann, Luna/Weib), Kaiserin und Kaiser das 'unvollkommene' Metalle in Silber und Gold wandelnde weiße und rote Elixier.

Das »D.« zählt zu den wirkmächtigsten Denkmälern der spätma. Alchemieliteratur. Eine reiche hs. Überlieferung, die sich bis weit in die NZ verfolgen läßt, frühnz. Abdrucke und Übersetzungen in mehrere Landessprachen bekunden, daß es bis ins 18. Jh. zum lit. Rüstzeug europ. Alchemisten gehörte. Bilder aus dem »D.« zieren zahlreiche illustrierte Alchemiegeschichten, doch ist der Überlieferungsbestand unzureichend erfaßt und stehen eingehende Untersuchungen aus; eine krit. Ausgabe fehlt.

J. Telle

Ältere Ed.: Pandora, Das ist/Die Edleste Gab Gottes/ oder der Werde vnnd Heilsamme Stein der Weisen, hg. H. Reusner, Basel 1582, 1–59 (auch: Basel 1588, 1598, Frankfurt/Leipzig 1706 [»Compendium Alchymist. Novum«, hg. J. M. Faust], Hamburg 1727 [»Compendium-Titelausg.: »Francisci Epimethei Pandora«]) – Aurei velleris Oder Der Guldin Schatz: vnd Kunstkammer Tractatus Quintus, Basel 1605, 244–278 (auch: Basel 1614 [»Vellus«-Titelausg.: Cl. Dariotus, Der gulden Arch/Schatz: vnd Kunstkammer. T. III], Hamburg 1708, Hamburg 1718 [Titelausg. der »Vellus«-Ed. von 1708: »Eröffnete Geheimnisse Des Steins der Weisen«]) – Tractatus varii, de vera praeparatione, et usu medicamentorum chymicorum, hg. B. G. Penot, Basel 1616, 211–236 – J. D. Mylius, Anatomia auri, sive Tyrocinium medico-chymicum, Frankfurt 1628, V, 1–25 – Ein altes (...) Tractätlein von dem Gebenedeyeten Stein/der uhralten Weisen, hg. J. Schütze, Hamburg 1682, 5–35 – Artefius, Liber secretus. Nec non Saturni Trismegisti, sive Fratris Heliae de Assisio Libellus, Frankfurt 1685, 60–101 – *Lit.:* THORNDIKE IV, 635 – H. BUNTZ, Dt. alchimist. Traktate des 15. und 16. Jh. [Diss. München 1968], 36 – DERS., Die europ. Alchimie vom 13. bis zum 18. Jh. (E. E. PLOSS u. a., Alchimia. Ideologie und Technologie, 1970), 119–209, hier 146 – J. TELLE, Sol und Luna. Literar- und alchemiegesch. Stud. zu einem adt. Bildgedicht (Schr. zur Wissenschaftsgesch. II), 1980, s.v. – J. VAN LENNEP, Alchimie. Contribution à l'hist. de l'art alchimique, 1984, s.v.

Donus, Papst seit 2. Nov. 676, † 11. April 678, Römer, behob ein zeitweiliges Schisma mit Ravenna und förderte den Kirchenbau in Rom. In seinen Pontifikat fällt die Wende im Monotheletenstreit (→Monotheletismus), da der byz. Ks. Konstantin IV. in einem Schreiben, das erst nach D.' Tod in Rom eintraf, das theol. Einlenken des Ostens ankündigte. R. Schieffer

Q.: LP I, 348f. – JAFFÉ[2] I, 238 – P. CONTE, Chiesa e primato nelle lettere dei papi del secolo VII, 1971, 466–468 [Reg.] – *Lit.:* DHGE XIV, 671f. – E. CASPAR, Gesch. des Papsttums von den Anfängen bis zur Höhe der Weltherrschaft, II: Das Papsttum unter byz. Herrschaft, 1933, 587f. – A. SIMONINI, Autocefalia ed esarcato in Italia, 1969, 103f. – L. MAGI, La sede romana nella corrispondenza degli imperatori e patriarchi bizantini (VI–VII sec.), 1972, 227ff. – G. KREUZER, Die Honoriusfrage im MA und in der NZ, 1975.

Donzello. Die semant. Entwicklung des it. Wortes D. nimmt einen analogen Verlauf wie das frz. →damoiseau und das kast. →doncel; diese Begriffe gehen auf das lat. domi[ni]cellus zurück, die Verkleinerungsform von dominus (→Herr). Der it. Begriff D. hängt jedoch ohne die für andere Begriffe des Lehenswesens und der höfischen Sprache geltende Vermittlung des Französischen wohl unmittelbar vom Lat. ab.

Seit dem 13. Jh. begegnet das Wort D. in zwei verschiedenen Bedeutungen: zum einen bezeichnet es den Sohn eines dominus, das heißt einen Angehörigen des Herrenoder Ritterstands, der wegen seiner Jugend oder infolge irgendwelcher Bindungen an seinen Vater noch nicht in den vollen Genuß der Vorrechte, die ihm seine Geburt verlieh, gelangt war; zum anderen bezeichnet das Wort D. einen Diener höf. Ranges, der auch aus guter Fanilie stammen konnte, und in Umgangsformen und Aussehen raffinierte Eleganz bewies.

In dem Sonett »Ora si fa un donzello cavalieri« des Dichters →Folgòre da S. Gimignano (13. Jh.) werden beide Bedeutungen des Wortes sichtbar. Es wird der junge Adlige geschildert, der durch die Zeremonie des →adoubement zum →Ritter geschlagen wird; gleichzeitig wird jedoch erwähnt, daß für eine feierliche Zeremonie »donzelli e servidori« notwendig sind, womit zwei Rangstufen von Dienern unterschieden werden, die dem jungen Ritter zur Verfügung stehen (vgl. auch →Page).

Im Sinn von 'ausgesuchter Diener', 'Familiar' hat sich das Wort D. mit dem fast synonymen 'valletto' im heutigen It. als Bezeichnung für die Amtsdiener in Rathäusern und Gemeindeämtern (v. a. in der Toskana) erhalten.

F. Cardini

Lit.: Poeti giocosi del tempo di Dante, a.c.d. M. MARTI, 1956, 382.

Donzy, Ort in Mittelfrankreich, Nivernais (dép. Nièvre), bedeutende Adelsfamilie. Die Herren v. D. stammen von *Gottfried (Geoffroy) I.*, Herrn (Sire) v. Semur-en-Brionnais, ab, dem seine Gemahlin Mathilde, Schwester des Bf.s Hugo v. →Auxerre, die südl. →Puisaye in die Ehe gebracht haben soll. Darüber hinaus belehnte ihn →Odo II. v. →Blois-Champagne mit der Burg St-Aignan (dép. Loir-et-Cher), die errichtet worden war, um das →Berry dem Zugriff der konkurrierenden Gf.en v. Anjou (→Angers/Anjou) zu entziehen; ein Sohn Gottfrieds, *Gottfried d. J.*, starb 1037 als Gefangener des Angeviner. Ein anderer Sohn Gottfrieds war *Hervé (Heriveus) I.*, dessen Sohn *Gottfried II.* 1078 die Hälfte der Gft. →Chalon erbte; vor seinem Aufbruch zum 1. Kreuzzug verkaufte er sie an seinen Onkel *Savary (Savaricus)* (1100); Savary, der ein Bruder (oder Schwager) Hervés I. und durch Heirat Herr v. →Vergy war, teilte sich den Besitz der Burg und Herrschaft Châtel-Censoir (dép. Yonne) mit Gottfrieds II. Sohn *Hervé II.* Dieser heiratete die Tochter des Herren v. Ferté-Milon; aus der Ehe gingen zwei Söhne hervor, der jüngere war der legendäre Fs. v. Antiochia, →*Rainald v. Châtillon* († 1187), der seinen Beinamen nicht – wie Du Chesne in seiner Gesch. des Hauses →Châtillon (1621) annahm – nach Châtillon-sur-Marne, sondern nach Châtillon-sur-Loing (Châtillon-Coligny, dép. Loiret) erhielt.

Der ältere Sohn, *Gottfried III.*, Sire de Gien (ca. 1120–64), Schwiegersohn von Hugues le Manseau, scheint Cosne vom Gf. en v. →Nevers zu Lehen erhalten zu haben, der aber gleichwohl 1157 Châtel-Censoir zerstören ließ. Gottfried III. versprach seine Tochter *Alix* zunächst Anseau de Traînel, vermählte sie dann jedoch mit dem Gf. en v. →Sancerre, Etienne, dem er als Mitgift St-Aignan überließ, zum Schaden seines Sohnes *Hervé III.* Der frz. Kg. Ludwig VII. intervenierte daraufhin und belagerte St-Aignan; Gottfried III. wurde dadurch genötigt, seinem Sohn St-Aignan abzutreten, den Anseau mit der von mütterl. Seite ererbten Herrschaft Neuilly-St-Front (dép. Aisne) abzufinden und dem Gf. en Etienne Châtillon-sur-Loing zu übertragen (um 1156). Hervé III., der die Erbtochter von Le Perche-Gouet geheiratet hatte, trug St-Aignan und Montmirail (dép. Sarthe) dem Kg. v. England zu Lehen auf, doch zwang ihn Kg. Ludwig VII. in seine Botmäßigkeit zurück, indem er die Burg D. zerstören ließ (1170). Hervé und sein älterer Sohn *Wilhelm (Guillaume)* starben auf dem 3. Kreuzzug (1187–91); Gien fiel an den 2. Sohn *Philipp (Philippe)* († 1197/98) und nach dessen Tod an den 3. Sohn, →*Hervé IV.*, der gleichfalls Herr v. St-Aignan war und nach dem Tod des 4. Sohnes, *Rainald (Renaud)* († 1219), Montmirail erbte; der 5. Sohn, *Gottfried*, war 1209–12 Prior des großen Priorates der Region, La →Charité-sur-Loire. Doch hatte Hervé, den eine wichtige Rolle während der Regierung Kg. →Philipps II. August spielte, dem Kg. 1199 Gien abzutreten, um die Erlaubnis zur Heirat mit der Tochter Peters II. v. Courtenay (→Courtenay II) zu erhalten, durch welche Hervé die Gft. →Nevers erhielt. Die Herrschaft (*terre*) v. D., die ein eigenes Land bildete, teilte von nun an das polit. Schicksal der Gft. Nevers. J. Richard

Lit.: R. DE LESPINASSE, Le Nivernais et les comtes de Nevers, 3 Bde, 1909–11 – M. NOZET, D. et le Donziais, 1928 – J. RICHARD, Les Chalon, les Vergy et la Puisaye, Annales de Bourgogne 18, 1946, 112–119 – G. DEVAILLY, Le Berry du X[e] au milieu du XIII[e] s., 1973 – Y. SASSIER, Recherches sur le pouvoir comtal en Auxerrois, 1980.

Doon de Mayence, rund 11 500 Verse umfassende afrz. →Chanson de geste aus dem 13. Jh., in der die Taten des Stammvaters des Hauses de Mayence (Maganza, 'Mainz') berichtet werden, das erst in den Nachfolgedichtungen das Odium einer Verräterfamilie erhält. Im wahrscheinl. später entstandenen ersten Teil der Dichtung wird die Jugend (»enfances«) des Helden geschildert, der durch die Ränke des Verräter. Seneschalls Herchembaut vom Stammsitz seiner Familie vertrieben wird. Zuletzt gelingt es ihm jedoch, den Verräter zu besiegen und auf diese Weise Mayence wieder in Besitz zu nehmen. Der zweite Teil, der vielleicht den ursprgl. Kern des überlieferten Heldenepos bildet, stellt die Rebellion D.s gegen Karl d. Gr. dar, die schließlich in einen Zweikampf mündet: Im letzten Moment gebietet ein von Gott gesandter Engel dem Kampf von Kaiser und Vasall, die entschlossen sind, den Gegner zu töten, Einhalt und befiehlt Karl, die Sachsenstadt Valclere zu erobern und an D. zu vergeben. An diese Kernepisode der Dichtung schließen sich die Beschreibungen der Kämpfe um die Stadt Valclere. Die Chanson de geste »D. de M.« repräsentiert im wesentl. den Typus der Chansons über rebell. Vasallen. Eine Neuedition wäre wünschenswert. C. Cremonesi

Lit.: D. de M., chanson de geste publiée d'après les mss. de Montpellier et de Paris par A. PEY, 1859 (An. Poètes de France 2) – J. MAUCLÈRE, La geste de D. de M., Correspondant VI, 30, 1937, 63ff. – A. ADLER, Epische Spekulanten, 1975 – P. AEBISCHER, Des annales carolingiennes à D. de M., 1975.

Doon de Nanteuil, afrz. Chanson de geste, von der nur knapp über 200 Verse erhalten sind, gehört zur »Geste de Nanteuil«, einem der Bestandteile des großen Epenzyklus um→Doon de Mayence. Die »Geste de Nanteuil« konstituierte sich offenbar nach der Entstehung des Epos »D. de N.« und umfaßt folgende Chansons: »Aye d'Avignon«, »Gui de Nanteuil«, »Parise la Duchesse«, »Tristan de Nanteuil«. Die Zitate aus »D. de N.« sind von Claude Fauchet (1530–1601) überliefert, Anspielungen auf das Heldenepos finden sich jedoch auch in anderen Texten wie »La mort Beuve d'Aigremont«, »Aye d'Avignon«, »Gaufrei«, »Renaut de Montauban«. Es wird angenommen, daß die Chanson in der 1. Hälfte des 13. Jh. von Huon de Villeneuve, der im MA als Verfasser zahlreicher – nicht erhaltener – Werke galt, unter Benutzung eines älteren, vermutl. in die 2. Hälfte des 12. Jh. anzusetzenden Werks, gedichtet wurde. Wie aus den von Fauchet überlieferten Fragmenten hervorgeht, bildeten die Taten des D. de N. im Kampf gegen Charlemagne das Thema des in gereimten Alexandrinern verfaßten Heldenepos. Vom Kg. in der Stadt Nanteuil belagert und von den Heiden, die er als seine Verbündete betrachtet hatte, verraten, flieht D. nach Apulien, von wo er erst nach langer Zeit zurückkehrt.

C. Marinoni

Ed. und Lit.: G. PARIS, Hist. poétique de Charlemagne, 1865, 298–300 – P. MEYER, La chanson de D. de N., Romania XIII, 1884, 1–28 [Ed. der Frgm.] – V. BENARY, Die germ. Ermanarichsage und die frz. Heldendichtung, 1912, 5–7, 28–30 – L. MICHEL, Les légendes épiques carolingiennes dans l'oeuvre de Jean d'Outremeuse, 1935, 186f.

Doppeladler → Adler

Doppelbecher → Becher

Doppelchoranlagen mit Ost- und Westchor finden sich bei Kloster- und Bischofskirchen im MA vornehmlich im dt. Sprachgebiet, aber auch in Burgund, Lothringen, Lombardei und Toskana von karol. Zeit bis in die Romanik, aber auch noch in der Gotik (St. Sebald in Nürnberg 1230/40–1274, St. Katharina in Oppenheim am Rhein 1416/39, St. Peter in Echternach/Luxemburg Ende 15. Jh.); frühchristl. Denkmäler in Ägypten, Syrien, Nordafrika und Spanien.

Die Verschmelzung zweier Patrozinien (z. B. karol. Kölner Dom St. Maria und St. Peter oder St. Galler Klosterplan Petrus und Paulus) und die Notwendigkeit, nicht nur für weitere Altäre, sondern auch für einen zweiten Mönchschor Raum zu schaffen, führten zu einem Gegenchor, der auch anderen örtl. verschiedenen Zwecken dienen konnte, vornehmlich als Stiftermemorie, für die missa pro defunctis, mit dem Grab des Stifters oder Wohltäters: St. Michael in Hildesheim 1010–1022/33 für Bf. Bernward, St. Apostelm in Köln um 1030 für Ebf. Pilgrim, Dom zu Mainz 1036 geweiht für Ebf. Aribo, Maria Laach 1156 geweiht für Pfgf. Heinrich III., St. Margaretha in Asmild b. Viborg/Dänemark um 1100 für Stiftergrab. A. SCHMIDT und A. MANN haben W. PINDER und F. UNTERKIRCHER widersprochen, daß in der D. eine Darstellung der in Kaiser und Papst verkörperten doppelten Gewalt zu sehen sei.

D. finden sich als früheste Beispiele auf frk. Boden außer auf dem St. Galler Klosterplan um 816/819 bei der Abteikirche St-Maurice um 800, Abteikirche St. Willibrod in Echternach 1. Hälfte 9. Jh., St-Jean in Besançon Bau II 814 geweiht und später, Kölner Dom Bau VI und VII, Klosterkirche Fulda 802–817/19, Paderborner Dom Bau IIb 836, Remigiuskirche in Reims 816–852, Bischofskirche von Le Mans um 833/835, St. Georg in Reichenau-Oberzell 896–913. Bei otton. und sal. Kirchengründungen ein beliebter Bautyp für große Anlagen, werden D. bei deren Neubauten in stauf. Zeit beibehalten (u. a. Bamberg, Naumburg, Worms, Mainz, St. Aposteln in Köln, Magdeburg).

G. Binding

Lit.: A. SCHMIDT, Westwerke und Doppelchöre, Westfäl. Zs. 106, 1956, 345–438 – A. MANN, Doppelchor und Stiftermemorie, Westfäl. Zs. 111, 1961, 149–262 – T. ULBERT, Frühchristl. Basiliken mit Doppelapsiden auf der iber. Halbinsel, 1978 [Lit.].

Doppelhaken, seit dem Ende des 15. Jh. die Bezeichnung für schwere Handfeuerwaffen (→Hakenbüchsen).

Lit.: →Hakenbüchsen.

E. Gabriel

Doppelkapelle, zwei übereinandergelegene Kapellen in ma. Pfalzen und Burgen, zumeist durch eine zentrale achteckige oder quadrat. Öffnung miteinander verbunden, jeweils mit eigenem Altar und Eingang, die Oberkapelle für die Herrschaft (capella privata), vereinzelt mit Empore (Schwarzrheindorf, Nürnberg), Unterkapelle für die »familia« (capella publica) oder als Grablege (Goslar, Schwarzrheindorf); zu unterscheiden von der Doppelkirche, zwei nebeneinander- oder axial hintereinanderliegende Kirchen, →Kirchenfamilie. Die häufigste Form der D. ist die Vierstützen-D. mit geöffnetem Mitteljoch: Ursprungsbau wohl die um 1035 errichtete Liebfrauenkirche in der Goslarer Pfalz, ferner bfl. Pfalzkapelle St. Johann Ev. am Kölner Dom Mitte 11. Jh., Speyer 1080/1100, Herford/England um 1079/95, ebfl. Gotthartkapelle am Mainzer Dom 1137 geweiht, Bischofskapelle St. Stephan in Trier Mitte 12. Jh., die Burgen und Pfalzen Dankwarderode in Braunschweig um 1160/70, Nürnberg 1165/75, Landsberg/Saale um 1170, Eger um 1180/90, Lohra/Krs. Hohenstein Ende 12. Jh.

Eine andere Gruppe bilden die ein- oder mehrräumigen Rechteckbauten mit mittlerer Öffnung: frühestes Beispiel wohl ebenfalls in der Pfalz Goslar, die Ulrichskapelle um 1120/30, ferner die vom Kanzler und späteren Kölner Ebf. Arnold v. Wied erbaute und 1151 geweihte D. von Schwarzrheindorf bei Bonn, Burg Steinfurt um 1200, Burg Neuenburg über Freyburg/Unstrut um 1220; und kompliziertere Anlagen wie die D. der Burg Vianden in Luxemburg 2. Viertel 13. Jh. und Schloß Rheda in Westfalen um 1220/30. Auch die übereinander angeordneten Kapellen ohne Raumverbindung gehören zu den D.n; Pfalz Hagenau/Elsaß um 1170/80, Laon 1155/74 und als wichtigstes Beispiel die Sainte-Chapelle in Paris 1242/47 sowie die Kapelle auf der Marienburg 1344 vollendet. Seit dem 14. Jh. werden D.n selten.

G. Binding

D., stets ohne verbindende Öffnung, gibt es im balkanischen Raum seit dem Oratorium des hl. Anastasius in Marusinać (Nekropole von Salona, frühes 4. Jh.), bei dem der untere Raum als Grablege neben dem Grab des Hl. diente; verwandte Bauten gab es im MA noch im südl. Dalmatien, z. B. in Ratać und Škaljari. Neben diesen dem röm.-kath. Kultus dienenden Bauten gab es Verwandtes auch im Raum der Orthodoxie, z. T. über das Maß der Kapellen hinausgehend. Monumentales Beispiel ist das

Katholikon des Kl. Hosios Lukas (Stiris, frühes 11. Jh.): die Unterkirche (H. Barbara) diente ursprgl. als Grabraum für den Klostergründer und später auch für Äbte des Kl.; ein eigener Eingang an der Mitte der S-Seite betont die Eigenständigkeit der Unterkirche. Diesem Typus folgen, wesentl. kleiner, die Kirche des hl. Nikolaos sta kampi bei Skripu (Böotien) und das Metochion sto gialo (bei Antikyra) von Hosios Lukas, beide etwas jünger als ihr Vorbild. In Bulgarien sind drei wichtige D.n zu nennen, alle als Grabkirchen im Untergeschoß geplant und benützt: das »Beinhaus« des Kl. Bačkovo (vor 1086, von einem byz. General für georg. Mönche gestiftet), die Kirche der Gottesmutter von Petrič in der Festung Ivan Asens II. bei Stenimachos (Asenovgrad, 1231) und der doppelgeschossige Vorbau vor die ältere Kirche von Bojana (Sv. Panteleimon i Nikola, 1259; das Untergeschoß war als Grablege des Stifterpaares vorgesehen). K. Wessel

Lit.: RDK IV, 196–215 [Lit.] – O. Schürer, Roman. D.n, Marburger Jb. 5, 1929, 99–192 [Bespr.: R. Kautzsch, Jb. für Kunstwiss. 1929, 201–204] – J. Hacker-Sück, Die Pariser Sainte-Chapelle und die frz. Palastkapellen. Zur Gesch. der D. und der »Sacra-Capella«, Cah. archéol. 13, 1962, 217–257 – U. Stevens, Burgkapellen im dt. Sprachraum, 1978 [Lit.] – F. Mühlen. Die D. des Schlosses Steinfurt, Westfalen 56, 1978, 102–110 – W. Hotz, Pfalzen und Burgen der Stauferzeit, 1981 – RByzK III, 297–299, 311–314 – E. Bakalova, Bačkovskata Kostnica, 1977.

Doppelkloster. Der Begriff des D.s ist ein Gegenstand unablässiger Diskussionen; er kann in engerem wie weiterem Sinne verstanden werden. Das D. umfaßt eine Gemeinschaft von Männern und eine von Frauen, die am selben Ort leben, dieselbe Regel befolgen und derselben Autorität unterstehen; daraus folgt nahezu automatisch, daß die beiden Gemeinschaften auch ein und dasselbe Patrimonium innehaben. Die Institution des D.s, häufig im östl. Mönchtum anzutreffen, hat sich im Westen kaum durchgesetzt; viele Beispiele für angebliche D. im Westen sind unzutreffend. Im Osten wurde die Gründung von D.n in der Frühzeit (4.–5. Jh.) gefördert durch die Notwendigkeit einer Kooperation von Männern und Frauen im wirtschaftl. (Handarbeit, Verwaltung) und religiösen (geistl. Leitung, Gottesdienst) Leben. Dies führte zur Entstehung von D.n, in denen Mönche und Nonnen unter der Autorität eines einzigen Abtes sowie von Prioren des einen bzw. des anderen Geschlechts zusammengefaßt waren; die Gemeinschaften lebten jeweils klar voneinander getrennt, doch in räuml. Nähe. Dies brachte nach Auffassung der Zeitgenossen Gefahren mit sich, und zahlreiche Konzilien rieten daher von der Aufrechterhaltung derartiger D. ab.

Im Westen führte die monast. Bewegung des hl. →Columban einen Aufstieg der D. herbei; ein Beispiel ist →Whitby in Yorkshire unter der Äbtissin Hilda. Auch in Gallien wurden D. gegründet. Allgemein verbindliche Regeln lassen sich nicht erkennen, die einzelnen Gründungen weisen unterschiedl. Züge auf. Dennoch ist als Gemeinsamkeit festzustellen, daß es sich in den meisten Fällen in erster Linie um ein Frauenkl. handelte, dem eine Äbtissin vorstand, und daß die diesem zugeordnete Gruppe von Mönchen sich rasch verminderte, um Kanonikern oder Weltpriestern, denen die geistl.-seelsorgerl. Betreuung oblag, Platz zu machen. Aufgrund dieser Entwicklung sind im FrühMA im gall.-frz. Bereich kaum echte, den östl. Kl. vergleichbare D. zu finden, mit Ausnahme vielleicht von →Remiremont (Habendum), das – zumindest für kurze Zeit – wohl als D. bestand, doch selbst hier spricht die Vita des Gründers, des hl. Romarich, durchweg von einem Frauenkl. Dagegen finden wir D. im südl.

Spanien. Häufig haben sich weibl. Religiosen in der Nähe von Männerkl. niedergelassen, doch handelte es sich nicht um Gemeinschaften von gleichrangiger Bedeutung. In Frauenkl. waren stets auch Kleriker und männl. Konversen tätig. Es kann in beiden Fällen jedoch nicht von D. gesprochen werden.

Ein Neubeginn vollzog sich im 12. Jh. In den Regularkanonikergemeinschaften nach der Prämonstratenserregel (→Prämonstratenser) lebten – während eines sehr kurzen Zeitraums – weibl. Konversen (sie sind nur in Ermangelung einer zutreffenderen Benennung als solche zu bezeichnen!); ihr Aufenthaltsort war das sog. Parthenon, in nur geringer Entfernung von den Kanonikern. Der Prämonstratenserorden hob diese Regelung bereits vor 1140 auf. Zahlreiche Kanonissengemeinschaften gehen auf Gruppen von Schwestern zurück, die sich in der Nähe einer Kanonikergemeinschaft installiert hatten; selbst nach der Konstituierung einer solchen weibl. Gemeinschaft als Monasterium mit eigenem Besitz fungierte auch weiterhin als einziger Abt als Oberhaupt, der einen Prior als seinen Vertreter zu der mit der Leitung der Schwestern betrauten Priorin abordnete (→Klosterrath-Marienthal, →Marbach-Schwarzenthann); auch hier kann nicht von eigtl. D., sondern eher von assoziierten Kl. gesprochen werden. Selbst das Kl. →Fontevrault zeigt den relativen Mißerfolg der Verfassungsform des D.s im Westen, denn es bestand hier kein echtes Gleichgewicht; die Äbtissin, die die Gesamtleitung innehatte, lenkte mit großer Autorität auch die Brüder, deren Rekrutierung, Profeß und Arbeit sie überwachte; daher wird Fontevrault gewöhnlich als D. betrachtet, doch ist zu bemerken, daß die Frauen der Benediktinusregel, die Männer der Augustinusregel folgten. In England begründete Gilbert v. Sempringham einen Orden, der eine starke Bevorzugung des D.s vorsah (→Sempringham). Im Gegensatz zu Fontevrault traten hier schließlich die Männer ganz in den Vordergrund. Auch Gaucherius v. Aureil († 1140) beabsichtigte, Männer und Frauen unter einheitl. Leitung zusammenzufassen. In allen Fällen erwies sich die Durchführung als schwierig (so in Watton).

Im 12. und 13. Jh. vereinigten mehrere Kl. in Deutschland, darunter →Admont und →Zwiefalten, in einer Kirche große Gemeinschaften von Mönchen und Nonnen unter der Leitung eines Abtes. In Zwiefalten lebten 1188 62 Männer und 70 Frauen, in →Engelberg am Ende des 12. Jh. 40 Mönche und 80 Schwestern. Im engl. Watton durchtrennte eine Mauer die Kirche, um Männer und Frauen voneinander zu separieren. Im 14. Jh. bildeten die →Birgittiner, die sich an der Augustinusregel orientierten, eine Gruppe, in der Männer und Frauen jeweils über eine eigene Klausur verfügten. Hier kann eher von D. gesprochen werden als in bezug auf den Orden v. Fontevrault und die Gilbertiner (→Sempringham), die von ihrer originären Zielsetzung her wohl doch als Frauenorden betrachtet werden müssen. Allgemein sollte der Begriff des D.s nur mit größter Vorsicht angewandt werden. Insbes. muß in diesem Zusammenhang festgestellt werden, daß ursprgl. D. sich rasch zu einfachen Kl. entwickelten, manche D. tatsächlich nur Frauenkl. waren, denen mehr oder weniger bedeutende Männergemeinschaften (Mönche, Kleriker, Konversen) angeschlossen waren; daß – mit Ausnahme des Ordens v. Fontevrault und der Birgittiner – die D. unter Leitung eines Abtes standen, ganz im Gegensatz zur frühma. Situation. M. Parisse

Lit.: Ph. Schmitz, Hist. de l'ordre de saint Benoit VII, 1956, 47–53 – DIP, s. v. (Doppio) – monastero [St. Hilpisch] – M. Bateson, Origin and Early Hist. of Double Monasteries (TRHS NS, t. XIII, 1899),

137–198 – G. Rose, St. Gilbert of Sempringham and the Gilbertines, 1901 – U. Berlière, Les monastères doubles aux XIIe et XIIIe s., 1923 – St. Hilpisch, Die D., 1928 – L. Bühler, Forsch. über Benediktiner-Doppelkl. im heut. Bayern, ZBKG, 1928–30 – M. De Maillé, Les cryptes de Jouarre, 1971 – G. Constable, Aelred of Rievaulx and the Nun of Watton, an Episode in the Early Hist. of the Gilbertine Order (Medieval Women, hg. D. Baker, 1978), 205–226.

Doppelküriß. Als solcher wurde bes. in der Innsbrucker Plattnerei ein Reiterharnisch bezeichnet, der mit Hilfe mitgelieferter →Doppelstücke zur Spezialausrüstung für verschiedene Turnierarten umgebaut werden konnte.

Der Anstoß zur Erfindung dieses sehr wandlungsfähigen Baukastenprinzips ging offenbar von dem jungen →Maximilian I. aus. Seine Vorstellungen setzte der erfindungsreiche Hofplattner Lorenz Helmschmid v. Augsburg in die Tat um. Den Höhepunkt erreichte dieses Prinzip allerdings erst mit der Harnischgarnitur des 16. Jh.

O. Gamber

Lit.: O. Gamber, Der Turnierharnisch zur Zeit Kg. Maximilians I., JKS 53, 1957, 33ff.

Doppelschilling. Als Doppelwert des →Schillings zu 12 Pfennigen führten die Städte Lübeck und Hamburg 1468 den D. im Wert zu 24 Pfennigen ein, eine Silbermünze im Gewicht von 3.39 g (→Feingehalt 2.543 g). Diese D.e zeigen auf der Hauptseite das Stadtwappen auf einem Blumenkreuz, auf der Rückseite den hl. Johannes (Lübeck) bzw. die Muttergottes (Hamburg). 12 dieser D.e wurden auf einen rhein. →Goldgulden gerechnet. Dieses Rechnungsverhältnis (1 meißn. Gulden = 24 Schillinge) blieb bis in das 17. Jh. hinein bestehen. Dem Münzvertrag von 1492, der wieder die Prägung von D.en (Rückseite: 3 Wappen um ein Dreieck gestellt) vorsah, schlossen sich als weitere Mitglieder des →Wend. Münzvereins die Städte Lüneburg und Wismar an. In dieser Zeit wurde der D. von den Hzg.en v. Mecklenburg und den Bf.en v. Minden nachgeahmt. Im 3. Jahrzehnt des 16. Jh. erreichte die Prägung von D.en mengenmäßig ihren Höhepunkt (Lübeck 1522, Wismar 1523, Hamburg 1524, Lüneburg 1530), wobei die Jahreszahl für die nächsten drei Jahrzehnte nicht verändert wurde. Die Reichsmünzordnungen von 1566 und 1572 brachten den D. in ein Wertverhältnis zum →Taler (1 Taler = 16 D.). In diesem Wertverhältnis hielt sich der D. bis zur Kipperzeit (um 1618–23). P. Berghaus

Lit.: W. Jesse, Der Wend. Münzverein, 1967², 116–170 – B. Dorfmann, D.e und Dütchen, HBNum 1, 1947, 53–73 – H.-D. Kahl, Die Münzreformen des Wend. Münzvereins von 1500–1506 als Symptom geldgeschichtlicher Grundprobleme ihrer Zeit (Actes du 9ème Congrès Internat. de Numismatique, Berne, 1979, hg. T. Hackens-R. Weiller, 1982), 925–937.

Doppelschlag (frz. *tréflage*). Bei der Hammerprägung von Münzen mit Ober- und Unterstempel (→Münztechnik), wie sie vor Einführung der maschinellen Münzprägung üblich war, häufig auftretende Verprägung. Der Münzarbeiter muß in der Regel bei großflächigen oder im Relief erhabenen Münzen mehrmals auf den Oberstempel schlagen; dabei kann sich der Oberstempel oder der →Schrötling verdrehen, so daß auf der Münze die Konturen von Bild und Schrift ganz oder teilweise verdoppelt erscheinen. P. Berghaus

Lit.: Fr. Frhr. v. Schroetter, Wb. der Münzkunde, 1932, 156 [K. Regling].

Doppelstadt, Begriff in der deutschsprachigen Stadtgeschichtsforschung zur Kennzeichnung einer ma. zweigliedrigen Stadtsiedlung, deren beide Teile zwar topograph., sozial und wirtschaftl. eng miteinander verflochten sein konnten, zw. denen aber verfassungsrechtl. und oft auch kirchenrechtl. erhebliche Unterschiede bestanden, so daß sie als selbständige Gemeinwesen gelten müssen: »Das Wesen der Doppelsiedlung gipfelt auf der einen Seite in einer solchen Zusammenfassung der Glieder, daß sie in mancher Hinsicht als einheitliches Gebilde erscheint, auf der anderen Seite aber in einer gewissen Selbständigkeit, die den einzelnen Teilen erhalten blieb oder gewonnen wurde« (H. Fischer). Die Entstehung der D. fällt fast ausschließl. in die Hochzeit der topograph. Entwicklung des Städtewesens (→Stadt) zw. 1150 und 1350, bes. in das 13. Jh.: einem ersten Takt baulich-planer. Maßnahmen folgte häufig schon bald ein zweiter, das Grundrißbild oft verdoppelnder Schub, da die wirtschaftl. Voraussetzungen der Stadtentwicklung fortbestanden. Gelang es nicht oder war nicht gewollt, Differenzen zw. den Siedlungskernen zugunsten eines genossenschaftl. Bürgerverbandes einzuebnen, wollten Ortsherrschaft und/oder →Altstadt-Bürgertum die Kontrolle über eine solche →Neustadt behalten, kam es zur verfassungsrechtl. Sonderung. Die D. ist in diesem Sinne sowohl von der Zusammenfassung einer mehrkernigen Anlage zu einem Gemeinwesen während der Städtebildung als auch von der damals ebenso üblichen →Stadterweiterung zu unterscheiden, die keinen grundlegenden Wandel im Verfassungsaufbau bewirkte. Sie ist vielmehr eine eigene Form der Gruppenstadt, in der wie in →Braunschweig, →Danzig oder →Prag mehr als zwei selbständige Verfassungskörper nebeneinander entstanden (K. Frölich). Die Bildung einer D. lag nahe bei einer Siedlungsverlegung, die auch am ursprgl. Ort eine Städtebildung nicht ausschloß, bei einer räuml. Trennung durch einen Fluß oder unterschiedl. Höhenlage. Nicht selten stand gerade die Herrschaftskonkurrenz (Gegengründung) am Anfang. Die verfassungsrechtl. Trennung konnte soweit gehen, daß zw. den Ortsteilen Mauern bestehen blieben, in deren Bereich erst lange nach Abschluß der Städtebildung ein gemeinsames Rathaus (Korbach nach 1568, Warburg nach 1377) errichtet wurde (H. Stoob). Im Einzelfall ist zu prüfen, welcher Ortsteil ein besseres Recht besaß, inwieweit Unterschiede in der Sozialgliederung bestanden, die D. einen Wirtschaftskörper bildete. Bei einer Verwendung des Begriffs für das Städtewesen außerhalb Mitteleuropas müssen die abweichenden Formen des Stadtrechts beachtet werden.

W. Ehbrecht

Lit.: H. Fischer, D. und Stadtverlegung, ZRGGermAbt 46, 1948, 236ff. – K. Frölich, Das verfassungstopograph. Bild der ma. Stadt im Lichte der neueren Forschung (Gedächtnisschr. F. Rörig, 1953), 61ff. – H. Stoob, D.e, Gründungsfamilien und Stadtwüstungen im engrischen Westfalen (H. Stoob, Forsch. zum Städtewesen in Europa I, 1970), 138ff.

Doppelstücke, Sammelname für verschiedene Verstärkungs- und Wechselstücke, mit deren Hilfe man den Plattenharnisch (→Harnisch) seit Ende des 15. Jh. für Feld- und Turniergebrauch verstärken oder umbauen konnte. Die – im 16. Jh. nur mehr zum Turnier gebrauchten – Verstärkungsstücke stammten allesamt vom it. Quattrocento-Harnisch ab. Es waren Gupfe (Scheitelschutz), Bart (Kinnschutz), Überbrust, Schiftungen (Verstärkungen) für Schultern, Muscheln der Armzeuge und linken Handschuh. Wechselstücke gab es zum Austausch der Helmart, des Schulter- und Armschutzes sowie des Unterleibs- und Beinschutzes. Im 16. Jh. hatten aufwendige Harnischgarnituren, bes. jene dt. Meister, bis zu 40 oder 50 D., darunter auch neue Teile zum Plankengestech. O. Gamber

Lit.: O. Gamber, Der Turnierharnisch zur Zeit Kg. Maximilians I., JKS 53, 1957, 33ff. – Ch. Becher, O. Gamber, W. Irtenkauf, Das Stuttgarter Harnisch-Musterbuch, JKS 76, 1980, 9ff.

Doppelte Wahrheit, schlagwortartiger Begriff der philosoph. Geschichtsschreibung, der die Kontroversen des

13.–16. Jh. zw. den aristotelisierenden Philosophen und den Theologen über das Verhältnis von natürlicher Vernunft und christl. Glauben bezeichnet. Keiner der ma. Philosophen hat je eine zweifache Wahrheit von 'ratio' und 'fides' behauptet; vielmehr waren es Kritiker und Gegner, welche die d.W. als unausweichl. Konsequenz bestimmter Lehren der Aristoteliker hinstellten, und zwar in der Absicht, die Streitfragen über die Ewigkeit und Notwendigkeit der Welt(-Schöpfung), die Einheit des Intellekts für alle Menschen, die sterbl. Natur der Geist-Seele usw. zu falsifizieren. Das bekannte Verurteilungsdekret des Bf.s Stephan Tempier v. Paris vom 7. März 1277 (→ Aristotelesverbote) schreibt, daß »sie (einige Philosophen) sagen, etwas sei wahr nach der Philosophie, aber nicht nach dem kath. Glauben, als gäbe es gleichsam zwei konträre Wahrheiten« (»Dicunt enim ea esse vera secundum philosophiam, sed non secundum fidem catholicam, quasi sint duae veritates«, Chart. Univ. Paris. I 543 n. 473). Die These von der d.W. legt der Text nicht richtig aus. Dieses Mißverständnis wurde durch einige geistesgeschichtl. Fakten begünstigt: Aristotelisierende und averroisierende Philosophen des MA und der Renaissance qualifizieren als Beweiswissen, nicht einfach als Wahrheit, bestimmte unwiderlegbare philosoph. Lehrsätze, die erklärtermaßen im Gegensatz zur Offenbarung stehen, die als solche nicht in Zweifel gezogen wird. Dazu kommt, daß die Gleichsetzung von aristotel. Buchstaben und philosoph. 'ratio' gang und gäbe war. Ferner waren die augustin. Theologen von der Unzulänglichkeit der Vernunft des Menschen in der infralapsarischen Ordnung überzeugt. E. H. Wéber

Die Theorie von der doppelten (nicht: zweifachen) Wahrheit trägt dem Unterschied von Beweiswissen und Glaubenserkenntnis im MA kritisch Rechnung. L. Hödl

Lit.: E. Gilson, Etudes de philosophie médiévale, 1921, 51–69 – A. Meier, Metaphys. Hintergründe der spätscholast. Naturphilosophie, 1955, 3–44 – B. Nardi, Saggi sull'aristotelismo padovano dal secolo XIV al XVI, 1958, passim – F. Van Steenberghen, Introd. à l'étude de la philosophie médiévale, 1974, 555–570.

Doppelturmfassade, flankiert mit ihren beiden Türmen den in das Mittelschiff führenden Haupteingang; der Giebel des Mittelschiffs kann sichtbar in die Vorderflucht der Türme vorgezogen oder durch einen horizontal schließenden Vorbau verdeckt sein. D.n haben sich in der 1. Hälfte des 11. Jh. aus den →Westwerken und den Westbauten als Querriegel entwickelt, sind in Oberitalien und Frankreich (Burgund, Normandie) verbreitet, in Deutschland nur in Süddeutschland (Straßburger Münster 1015 begonnen, Limburg a. d. Haardt 1025/45, Tegernsee im Bm. Freising 1003/12(?), Schönenwerd/ Schweiz 2. Viertel 11. Jh., Würzburger Dom Mitte 11. Jh., St. Aurelius in Hirsau 3. Viertel 11. Jh., Säckingen am Rhein, St. Blasien, Seligenstadt 2. Hälfte 11. Jh.; eine Ausnahme bildet Ilbenstadt in der Wetterau 2. Viertel 12. Jh.), im Norden stattdessen die →Dreiturmgruppe. Bereits in der 2. Hälfte des 11. Jh. ist in der Normandie die D. vollständig ausgebildet (St-Etienne in Caen um 1065/81) und wird im 12. Jh. von den frz. Kathedralen übernommen (St-Denis 1137/40, Chartres 1134/50) und in der Hochgotik weitergeführt zu einem charakterist. Bestandteil der got. Kathedrale (Laon, Reims, Amiens, Elisabethkirche in Marburg, Straßburg, Köln, Lübeck). G. Binding

Lit.: H. Kunze, Das Fassadenproblem der frz. Früh- und Hochgotik [Diss. Straßburg 1909 (1912)] – H. Reinhardt, Das erste Münster zu Schaffhausen und die Frage der D. am Oberrhein, ASAK 37, 1935, 241–257 – H. Schaefer, The Origin of the Two-Tower Facade in romanesque Architecture, ArtBull 27, 1945, 85–108 – G. Loertscher, Die roman. Stiftskirche von Schönenwerd, 1952 – F. Oswald, Würzburger Kirchenbauten des 11. und 12. Jh., 1966, 224–229.

Doppelvasallität → Lehen, -swesen, → Vasall, Vasallität

Dorchester on Thames, Ort in England, nahe Oxford, im 7.–11. Jh. wiederholt Bischofssitz. 635 wurde dem hl. →Birinus, dem Missionar v. →Wessex, die Civitas D. (Dorcic) als Bischofssitz zugleich von Kg. Cynegisl v. Wessex und Kg. →Oswald v. Northumbria übertragen. Im späten 7. Jh. wurde das Bm. für Wessex jedoch bereits nach →Winchester transferiert, doch wurde in D. ein – kurzlebiges – Bm. für →Mercia begründet (675–685). Als das östl. Mercia 877 von den Dänen besetzt wurde, trat D. für knapp 200 Jahre als Bischofssitz der östl. Midlands an die Stelle von →Leicester. Der letzte ags. Bf. wurde 1067 in der Kathedrale beigesetzt; sein Nachfolger Remigius verlegte den Bischofssitz 1072/75 von D., das er als »sedes incompetenter ac satis obscure« bezeichnete, nach →Lincoln. Die Kirche von D., der Remigius einige ihrer alten Privilegien beließ, war weiterhin Sitz von Säkularkanonikern, an deren Stelle um 1140 Augustinerchorherren traten. Die Abtei D. wurde nach 1225 zum Pilgerziel, da dort die angebl. Gebeine des hl. Gründers Birinus aufgefunden worden waren. 1536, unter Heinrich VIII., erfolgte die Aufhebung. A. J. Kettle

Lit.: VCH Oxon. 2, 1907, 1–4, 87–90; 7, 1962, 52–55 – Stenton[2], 1947, s. v.

Dordrecht, Stadt an der Merwede, in den heut. Niederlanden (Prov. Zuid-Holland). [1] *Geschichte:* Die Anfänge D.s, ca. 1138 genannt als Thuredrith, gehen wahrscheinl. zurück auf einen Hof der Gf.en v. →Holland, die im 11. oder frühen 12. Jh. das Mündungsgebiet von Maas und Rhein in Besitz genommen hatten. Dank der günstigen Lage entwickelte sich D. als erste und bis ins 13. Jh. als einzige holl. Stadt. D. erhielt 1220 Stadtrecht und wurde vom 13. Jh. an bis in die Neuzeit in mehreren Phasen ummauert. Die städt. Grundbesitzer stellten die ab 1296 jährlich erneuerten →Schöffen und Räte. Sie mußten 1367 den – 1351 erstmals genannten – Zünften Mitbestimmungsrecht einräumen. D. war die einzige holl. Stadt, in der die Zünfte polit. Einfluß erlangten und diesen im 14. und 15. Jh. in wiederholtem Kampf gegen das Patriziat behaupteten. 1421 wurde D. infolge der St.-Elisabethensturmflut vom Festland geschieden ('Insel von D.'). Die Stadt soll 1514 etwa 11 000 Einw. gezählt haben.

Die Liebfrauenkirche (die heut. Grote Kerk), möglicherweise bereits 1064 und spätestens 1168 erwähnt, erhielt 1366 ein Domherrenkapitel; der Rest der Stadt gehörte zum Nikolaikirchspiel. D. hatte Kl. von Minoriten, Dominikanern, Augustinern, Karmeliten und Alexianern; neben verschiedenen Frauenkl. gab es zwei Beginenhöfe. Die Reformation wurde 1572 eingeführt.

[2] *Wirtschaft:* Trotz der Zahl von 32 Zünften blieb die gewerbl. Entwicklung D.s, mit dem Schwerpunkt auf der Tuchherstellung, mäßig; die Wirtschaft D.s beruhte wesentl. auf dem Handel. Hier kreuzten sich die Wasserwege, die einerseits über die holl.-seeländ. Binnengewässer das Gebiet der dt. →Hanse mit Flandern, andererseits das Hinterland von Rhein und Maas mit dem Meer verbanden. Die D.er selbst nahmen seit dem 12. Jh. am Frachtwesen, gelegentl. auch am Handel zw. dem Rheinland und England, einen – allerdings bescheidenen – Anteil. Eine Handelsgilde bestand schon 1201. Zwar wurde der engl. Wollstapel, der 1294 in D. errichtet wurde, wegen des mühsamen Absatzes der Ware bereits 1295 wieder verlegt. Entscheidend wurde dagegen die Gewährung des →Stapelrechts durch Johann II., Gf. en v. Holland (1299); es galt

für Holz, Hafer und Wein, die stromabwärts, und Salz, das stromaufwärts nach D. transportiert wurden. Der Gf. verband damit die Absicht, seine Zölle, die, bes. seit der Belehnung mit dem Reichszoll zu Geervliet 1179, rings um D. errichtet worden waren, zweckmäßiger zu erheben. Der Stapel gab dem Passivhandel D.s einen gewaltigen Auftrieb: 1380–85 wurden durchschnittlich 3,3 Mio l Rheinwein jährlich umgeschlagen. Die Privilegien D.s wurden noch erweitert. 1344 wurden alle Güter, die von See her über die Maas eingeführt wurden, dem Stapel unterworfen, außer wenn mit voller Fracht nach Flandern weitergefahren wurde; 1351 galt der Stapel auch für alle Waren, die über die Holl. IJssel die Maas erreichten. Der Stapel regte den Handel D.s stark an. Als die dt. Hanse 1358–60 und 1389–92 Handelssperren gegen →Flandern verhängte, wurde auch ihr Brügger Kontor nach D. verlegt, das mit etwa 10 000 Einw. 1354 noch die größte holl. Stadt war. Die Privilegierung D.s erregte jedoch starke Gegnerschaft bei den übrigen holl. Städten wie auch bei den oberhalb von D. am Rhein gelegenen Städten. Erstere wurden 1394 von der Stapelpflicht befreit, 1404 ihr aber wieder unterstellt. Erst 1541 wurde der Stapel in bezug auf die Holl. IJssel formell aufgehoben, in bezug auf Maas und Rhein vom Verkaufszwang in eine Geldabgabe umgewandelt. Der Rückgang des Stapels hatte allerdings schon seit dem Anfang des 15. Jh. begonnen, während die Handels- Flandernfahrt sich noch früher von der Binnenschiffahrt zur Seeschiffahrt hin entwickelt hatte. Seit 1404 konnte die Westerschelde, durch Sturmfluten ausgetieft, für den Schiffsverkehr mit →Antwerpen benutzt werden, was zur Folge hatte, daß die Route über die Maasmündung und D. ihre Bedeutung verlor. Die Überflutung von 1421 höhlte den Stapel aus, indem sie die Kontrolle der Schiffahrt im Überschwemmungsgebiet erschwerte. Schließlich überflügelte →Amsterdam, dank seinem wachsenden Aktivhandel zur See, D. als holl. Hauptmarkt. Doch behaupteten die D.er eine erhebliche Vermittlungsfunktion im Verkehr zw. dem Meer und den Becken von Maas und Rhein. J. A. van Houtte

Q.: J. L. VAN DALEN, Oorkonden en regesten betreffende de stad D. en haar naaste omgeving tijdens het grafelijke huis van Holl., 1006–1299, Bijdragen en Mededelingen van het Hist. Genootschap 33, 1912, 115–278 – J. F. NIERMEYER, Bronnen voor de economische geschiedenis van het Beneden-Maasgebied, I: 1104–1399, 1968 – Lit.: B. van Rijswijk, Geschiedenis van het Dordtsche stapelrecht, 1900 – J. L. VAN DALEN, Geschiedenis van D., 2 Bde, 1931–32 – Z. W. SNELLER, Handel en verkeer in het Beneden-Maasgebied tot het eind der zestiende eeuw, Nederlandsche Historiebladen 2, 1939, 341–372 – J. F. NIERMEYER, D. als handelsstad in de tweede helft van de veertiende eeuw, BVG, 8. R. 3, 1942, 1–36, 177–222; 4, 1943, 86–113, 145–168 – DERS., Een vijftiende-eeuwse handelsoorlog: D. contra de Bovenlandse steden, 1442–1445, Bijdragen en Mededelingen van het Hist. Genootschap 66, 1948, 1–39.

Dordt, Augustijnken van, mndl. Dichter, der zw. 1358 und 1368 in den Rechnungen des Gf.en v. Holland und in denen des Johann v. Blois als Vortragskünstler erwähnt wird. Im »Chronicon Tielense« von 1370 wird er als »rhetor eloquentissimus« bezeichnet. Neben einigen Gedichten, bei denen seine Autorschaft umstritten ist, sind 7 Gedichte unter seinem Namen überliefert. Die 3 wichtigsten sind: »De Borch van Vroudenrijc«, »Een rikelijc scip dat Augustijnken maecte« (aus diesem Gedicht wurde zu Unrecht abgeleitet, daß er »Van Dordt« = »von Dordrecht« geheißen habe) und v. a. »Dit es Sinte Jans Ewangelium alsoet Augustijnken gheexponeert heeft«, ein tiefsinniger Kommentar in Versform zu Joh I, 1–14, der in 1000 Versen praktisch die gesamte Heilsgeschichte behandelt. A.s Werk ist, von einigen Ansätzen abgesehen, noch kaum untersucht. A. M. J. van Buuren

Hss.: J. DESCHAMPS, Catalogus Middelnederlandse hss. uit Europese en Amerikaanse bibliotheken, 1972², nr. 42, 43, 68, 88 – Ed.: PH. BLOMMAERT, Oudvlaemsche gedichten der XIIe, XIIIe en XIVe eeuwen, 3. T., 1858 – G. F. KOSSMANN, Die Haager Liederhandschrift, 1940 – Lit.: R. Lievens, VNAW, 1964, 223–227 – A. VAN DUINKERKEN, Festoenen voor een kerkportaal, 1966, 21–37 – C. F. P. STUTTERHEIM, TNTL, 1967, 81–107; 1969, 194–211 – K. HEEROMA, TNTL, 1968, 1–52 – DERS., De andere Reinaert, 1970, 186–188.

Dorestad (Dorestat, Dorestate, Duristate), wüstgewordener karol. Handelsplatz in den Niederlanden, südl. von Utrecht, an der Gabelung von Rhein (Kromme Rijn) und Lek, nahe dem heut. Wijk-bij-Duurstede.
I. Geschichte, Topographie und Wirtschaft – II. Archäologie.

I. GESCHICHTE, TOPOGRAPHIE UND WIRTSCHAFT: Ein castrum Duristate, vielleicht Relikt einer röm. Befestigung am →Limes, ist um 690 zum ersten Mal schriftl. belegt (Sieg der Franken über den Kg. der →Friesen, Radbod). Der Ort war unter Kg. →Dagobert I. erstmals von den Franken besetzt, von den Friesen aber ca. 650 zurückerobert worden. Unter der frk. Oberhoheit wurden im Castrum von Rimoaldus und Madelinus, zwei vorher in Maastricht tätigen monetarii, um 630/650 Münzen geprägt und es wurde vielleicht auch vor 650 eine erste Kirche gebaut, die aber nach der fries. Eroberung zerstört wurde. Kurz nach 700 wurde diese wahrscheinl. wiederaufgebaut, als Tochterkirche der Utrechter Bischofskirche, und auch die Münzprägung wurde wiederaufgenommen. Während einer neuen kurzfristigen Eroberung durch die Friesen (714–719) wurde die Kirche erneut vernichtet, wie wir durch →Bonifatius wissen, der 716 von London aus zu Schiff nach D. gereist war und die Kirche dort in Trümmern fand. Zur Unterstützung der Missionsarbeit schenkte →Pippin II. († 714) den zehnten Teil aller Domäneneinkünfte aus D. der Kirche v. →Utrecht. D. soll damals das Zentrum eines →fiscus gewesen sein, dem zu Anfang des 9. Jh. ein procurator vorstand.

Im Laufe des 8. Jh. erweiterte sich D. von seinem merow. Kern beim Castrum an der Gabelung von Rhein und Lek aus nach Norden, entlang dem linken Rheinufer. Neben der merow. Kirche im Castrum, die 777 zum ersten Mal explizit als *Upkirika* (obere Kirche) genannt wird, als sie zusammen mit dem ripaticum am nördl. Ufer des Lek von Karl d. Gr. der Utrechter Kirche geschenkt wurde, entstand – wohl im Rahmen dieser Erweiterung – ein zweiter Kirchenbau, den man vielleicht als untere Kirche ansprechen kann, die zu einer Niederlassung von Händlern am Rheinufer gehörte, deren ripaticum sich der Kg. vorbehalten hatte. Wie die Händler am Lek unter bes. Schutz der Utrechter Kirche, so standen die Händler am wichtigeren und größeren Rheinufer unter bes. Schutz des Kg.s (→Fernhandel). Anscheinend verdankt D. seine Blüte als Handelsplatz, bes. von ca. 750 an und bis zum Ende des 1. Drittels des 9. Jh., in erster Linie diesem kgl. Schutz. Nach wiederholten norm. Verwüstungen im 9. Jh. (erstmals 834, zuletzt 863) zerfiel jedoch dieses Schutzverhältnis, womit auch die Rolle von D. als internationaler Handelsplatz ihr Ende fand.

D.s Bedeutung geht aus archäolog. und numismat. Funden hervor sowie aus der Tatsache, daß hier einer der wichtigsten Grenzzölle des Karolingerreiches erhoben wurde (779 belegt). Der Aufstieg des Ortes wurde insbes. begünstigt durch seine Verkehrslage an Rhein und Lek, d. h. an einem sehr wichtigen Kreuzungspunkt von Wasserwegen: über den Lek nach England, den Rhein stromaufwärts in das Gebiet von Mittelrhein, Oberrhein (Elsaß) und Mosel, den Rhein stromabwärts und weiter über die Vecht, die Almere und das Wattenmeer nach Skandinavien, die Maas stromaufwärts bis nach →Verdun. Der von

D. aus bzw. über D. abgewickelte Handel in diesen Bereichen sowie die gehandelten Waren sind fast ausschließlich durch archäolog. Funde bekannt. Der D.er Handel ist im wesentl. gleichzusetzen mit dem sog. →Friesenhandel der Karolingerzeit, dessen Zentrum D. war. In Skandinavien, namentlich in →Haithabu und →Birka, war D. nicht nur als Handelsplatz bekannt, sondern es spielte auch als kirchl.-missionar. Zentrum eine wichtige Rolle, wie sich aus →Rimberts »Vita Anskarii« (→Ansgar) ergibt. Die Erwähnung eines Bf.s v. D. am Ende der berühmten Wiener Livinushandschrift (um 800) deutet wohl darauf hin, daß der Bf. v. Utrecht, das damals weniger bedeutend war als D., zeitweilig oder permanent in D. residierte.

Durch die Zerstörungen der Normannen, aber vielleicht auch durch die Veränderungen des Flußbettes von Rhein und Lek, die eine Folge der ständigen Erweiterungen des Lek waren, wurde D. als Niederlassung in der 2. Hälfte des 9. Jh. aufgegeben. Nachfolger war seit dem 11. Jh. die Villa Wijk, die schon 948 als solche genannt wird, Anfang des 11. Jh. in den Besitz der Abtei →Deutz übergegangen und sich später zu einer kleinen Stadt entwickelte. Die Kontinuität zw. D. und Wijk ist jedoch problematisch und konnte archäologisch bislang nicht geklärt werden.

A. Verhulst

II. ARCHÄOLOGIE: Auf Grabungen HOLWERDAS geht die Vorstellung von einem D., das aus Kastal, Curtis und Curticula und Hafenvicus bestand, zurück und fand als Leitbild Eingang in die hist. Forschung. Krit. Analysen ergaben indes, daß bis auf den Vicus die Deutung HOLWERDAS die Fehlinterpretation einer unvollkommenen Grabung war. Neue Untersuchungen haben dies bestätigt. – Das von HOLWERDA und dem Vorgänger JANSSEN erkannte Gräberfeld besteht aus Gräbergruppen, die sich um eine kleine Saalkirche aus Holz sammeln. Wenige Beigaben datieren sie als karol. Das übrige Gelände war locker von in groben Reihen geordneten großen Pfostenbauten besetzt, die jeweils in Hofarealen standen und zum Fluß ausgerichtet waren. Die Häuser sind vom Typ →'Warendorf' mit leicht gebauchten oder geraden Außenwänden ohne Innenpfosten. Sie sind in einen kleineren Wohnteil und den größeren Wirtschaftsteil getrennt. Speicher und Brunnen gehören dazu. Vermutl. waren sie für eine bäuerl. Wirtschaft eingerichtet. Nur an einer Stelle nähert sich, sonst durch moderne Bebauung nicht erfaßbar, die Besiedlung dem alten Flußufer. Dort sind kleinere Häuser entdeckt, die sich vielfach überdeckend, dichter stehen und eine »Hafenfront« bilden.

Neben der Landwirtschaft sind verschiedene Handwerke nachgewiesen: Knochen-, Bernstein- und Lederverarbeitung, Eisen- und Buntmetallgewerbe, vermutl. auch Holzverarbeitung vom Brunnen- bis zum Schiffbau. Auch die D.er Münze hat Spuren hinterlassen.

Im Hafenbereich (→Hafen) sind einige Sektoren untersucht. Es haben sich als Bündel von Pfostenreihen die alten Seestege gezeigt, die vermutl. als Erddämme angelegt und durch Holzverschalung und Pfosten befestigt waren. Die ältesten beginnen auf dem festen Boden und sie schieben sich, indem sie dem nach Osten ausweichenden Krommen Rijn folgen, immer weiter vor. Wahrscheinlich, wenn auch nicht nachgewiesen, da nicht erhalten, mit Bohlen als Holzstege gebaut. In diesem Bereich konnte die archäolog. Datierung durch naturwiss. Methoden (Dendrochronologie und C14 Analysen) ergänzt werden. Insgesamt wurde die Dauer der Hafenanlagen an dieser Stelle auf 675 bis 875 festgelegt. Danach war der Fluß verlandet.

Neben der Eigenerzeugung, bei der viele Spinnwirtel auch auf die Herstellung von Tuchen hinweisen, spielte der Import eine große Rolle. V. a. die →Keramik, als große Fundgattung, wurde zum überwiegenden Teil importiert. Es konnten aus dem Mittelrheingebiet →Badorfer und Mayener→Keramik, Tatinger Kannen und Reliefbandamphoren bestimmt werden. Auch Hölzer gehören zu den Importen. Damit ist die Rolle D.s als wichtiger Umschlagplatz gesichert.

Spuren eines älteren, merowingerzeitl. D. sind bisher spärlich. Der dafür in Anspruch genommene Ort Wijk-bij-Duurstede konnte nicht eingehend untersucht werden. Es sind indes im Weichbild des karol. D. eine Reihe von Siedlungsstellen entdeckt worden, die schon zur Römerzeit beginnen und auch noch spätere Funde enthalten. D. ist offenbar der Zentralort einer kleineren Agglomeration gewesen. Man hat versucht, seine Ausdehnung durch Phosphatanalysen schon vor der Grabung zu bestimmen. Dies ist jedoch nur ein Anhalt, da die Grabungen gezeigt haben, daß die Siedlung auch über die Phosphatmaxima hinausging.

H. Hinz

Lit.: zu [I]: Spiegel Historiael 13, 4, 1978 [mit mehreren Beitr.]–D. P. BLOK, De Franken in Nederland, 1979³ – C. DEKKER, Het Kromme Rijngebied in de Middeleeuwen, 1983 – S. LEBECQ, Marchands et navigateurs frisons du haut m.a., 1983 – zu [II]: L. J. F. JANSSEN, Oudheidkd. Verhandelingen en Mededel. 3, 1859, 28ff. – J. H. HOLWERDA, Oudheidkd. Mededel. uit Rijksmus. te Leiden 11, 1930, 183ff. – H. HINZ, Germania 45, 1967, 130ff. – W. A. VAN ES, ROB-Amersfoort 19, 1969, 183ff. – Vor- und Frühformen der europ. Stadt, 1973, 202ff. [W. A. VAN ES] – W. A. VAN ES–W.J. H. VERWERS, Excavations at D., The Harbour, 1980 – HOOPS² VI, 59–82.

Dorf
A. Allgemein; Mittel-, Westeuropa und Italien – B. England und Irland – C. Skandinavien – D. Iberische Halbinsel – E. Ostmitteleuropa und Ungarn – F. Baltische Länder, Großfürstentum Litauen – G. Byzantinisches Reich und Südosteuropa – H. Arabischer und osmanischer Bereich

A. Allgemein; Mittel-, Westeuropa und Italien
I. Zum Begriff – II. Archäologie und Siedlungsgeschichte – III. Rechts-, Wirtschafts- und Sozialgeschichte.

I. ZUM BEGRIFF: Der in der alltägl. wie in der wissenschaftl. Sprache oft verwandte Ausdruck D. verursacht ähnliche Begriffsschwierigkeiten wie d. Terminus →Stadt, sofern eine allgemeingültige Definition gegeben werden soll. Die Begriffsbestimmung von D. erfolgt häufig in der Gegenüberstellung zum Einzelhof und zu kleinen ländl. Siedlungsformen wie Weiler oder Drubbel; dabei treten neben den quantitativen Merkmalen insbes. funktionale Kennzeichen hervor. Mit der modernen Unterscheidung von Hof, Weiler und D. stimmt jedoch die alte Wortbedeutung nicht überein. Das Wort D. (as. *tharp,* ahd. *thorp,* mhd. *dorf,* mnd. *dorp*) besitzt nämlich eine bemerkenswerte Bedeutungsbreite, die vom Einzelhof über eine lockere Höfegruppe bis zum großen Haufendorf reicht. D.er konnten in lat. Urkunden »praedia«, »villae« oder »vici« heißen, bezeichneten also sowohl Einzelhöfe als auch größere Gruppensiedlungen. Die Verengung zum heutigen Dorfbegriff trat allmählich ein, und der terminolog. Gegensatz von D. und Stadt bildete sich erst seit dem ausgehenden MA heraus.

Das alte Bild vom ma. D. ist seit einigen Jahrzehnten ins Wanken geraten und hat inzwischen neuen Einsichten Platz machen müssen, die bes. von der Siedlungs-, Wirtschafts- und Sozialgeschichte, ferner von archäolog. Ausgrabungen erbracht worden sind. Nach der lange Zeit gültigen Lehre der Rechtsgeschichte des 19. Jh. reichte das ma. D. bis in die Anfänge der germ. Landnahme zurück und besaß schon im FrühMA eine maßgebl. Bedeutung. Wandernde Gruppen, insbes. →Sippen und zusammengehörige Verbände gleichberechtigter Personen, hätten sich damals dauerhaft niedergelassen; das frühma. D. mit Feldgemeinschaft habe dann eine Entwicklung vom Gemeineigentum zum Sondereigentum erlebt, bis schließlich im SpätMA die ursprgl. →Markgenossenschaft nur noch in der →Allmende sichtbar sei. Diese festverwurzelten Vorstellungen vom Wesen und Werdegang des ma. D.s wurden dann bes. von der Siedlungskunde erschüttert, die durch ihre detaillierten Flur- und Siedlungsanalysen erkannte, daß das Gewanndorf mit Flurzwang erst seit dem HochMA in Erscheinung tritt. Die Wirtschaftsgeschichte wies v. a. auf die allmähliche Ausbreitung der →Dreifelderwirtschaft und die sekundäre Entstehung von Markverbänden im späteren MA hin. Die Archäologie des MA leistete schließlich durch zahlreiche Ausgrabungen entscheidende Beiträge zur neuen Dorfforschung und lenkte die Aufmerksamkeit namentl. auf die Vielzahl von frühma. Kleinsiedlungen. Diesen neuen Erkenntnissen konnte sich auch die Rechts- und Verfassungsgeschichte nicht länger verschließen und erarbeitete neue Vorstellungen von der Entwicklung des ma. D.s. In der jetzigen Dorfgeschichtsforschung herrscht insgesamt die Überzeugung vor, daß das ma. D. erst allmählich entstanden ist und die Zeit des Hoch- und SpätMA als die entscheidende Epoche anzusehen ist, in der sich das ma. D. verfestigt und die Grundstruktur der Dorfgemeinde herausgebildet hat. Das hoch- und spätma. D. entsteht – verschieden nach Raum und Zeit – in Wechselbeziehung zu grundlegenden Wandlungen in der Siedlungsstruktur, in den Wirtschaftsverhältnissen, in den Sozialformen und in der Rechts- und Verfassungsordnung.

Die neueren Bemühungen um eine Kennzeichnung des ma. D.s als ländl. Siedlungsform stimmen darin überein, das D. als eine in ihrem Gefüge veränderl. Dauersiedlung zu definieren, die vorwiegend von der landwirtschaftl. Produktion lebt. Das D. besteht in seinem Kern aus einer Gruppe von benachbarten Bauernhöfen, zu denen auch einzelne Handwerksbetriebe treten können. Zum Wirtschaftsraum des D.s gehört eine unterschiedl. ausgestattete Gemarkung mit Äckern, Wiesen, Gewässern, Weide- und Waldflächen. Ein bloßes Nebeneinander mehrerer Gehöfte ergibt aber noch kein D., vielmehr sind über die Einzelhöfe hinausreichende funktionale Zusammenhänge nötig: Gemeinsame Anlagen wie Versammlungsplätze, Wege, →Brunnen, Kultstätten und →Kirchen sind ebenso konstitutive Elemente des D.s wie gemeinsame Regelungen in wirtschaftl. und rechtl. Dingen, die über die Einzelbetriebe hinausgehen. W. Rösener

Lit.: HRG I, 764ff. [K. Kroeschell] – G. L. v. Maurer, Gesch. der Dorfverfassung in Dtl., 2 Bde, 1865/66 – K. S. Bader, Stud. zur Rechtsgesch. des ma. D.s, 3 Bde, 1957/62/73 – Das D. der Eisenzeit und des frühen MA, hg. H. Jankuhn u. a. (AAG 101, 1977) – R. Sablonier, Das D. im Übergang vom Hoch- zum SpätMA (Fschr. J. Fleckenstein, 1984), 727ff. – Hoops² VI, 82ff.

II. Archäologie und Siedlungsgeschichte: [1] *Mitteleuropa:* Die Archäologie des MA erforscht bestehende oder wüste D.er (→Wüstung) mit Hilfe von Ausgrabungen, bei denen naturwissenschaftl. Disziplinen, v. a. Paläo-Ethno-Botanik, Paläo-Zoologie und Anthropologie mitwirken. Der archäolog. Methode sind weite Bereiche der dörfl. Sachkultur, soweit sie nicht vergangen ist, hingegen nur Teile des geistigen und religiösen Lebens der Bewohner von D.ern zugänglich.

a) *Frühe dörfliche Siedlung:* Ausgrabungen haben ergeben, daß vor der ma. D.siedlung in Mitteleuropa dörfl. Siedlungen bereits in kelt., germ. und röm. Zeit existierten. In West- und Süddeutschland sind D.er der mittleren und späten Latènezeit bekannt, die als eigenständige Siedelform neben die kelt. →Oppida treten. Landwirtschaft und gewerbl. Produktion, bes. die Eisenverarbeitung, bildeten die wirtschaftl. Grundlage dieser kelt. Dörfer. Für röm. nichtstädtische, geschlossene Siedlungen war eine hochentwickelte landwirtschaftl. Produktion typisch. Auch hier fehlten vielfältige Handwerke nicht. Germanische D.er der ersten fünf Jahrhunderte n. Chr. sind durch zahlreiche Grabungen in verschiedenen europ. Ländern bekanntgeworden (z. B. Bärhorst b. Nauen, Wijster, Hodde, →Vorbasse). Das Bild germ. D.er wird maßgebl. durch die gut erforschten →Wurten der Röm. Kaiserzeit (RKZ) im Nordseeküstengebiet vom Typ »Feddersen Wierde« bestimmt. Dort wurden die Reste von acht übereinanderliegenden D.ern von verschiedener Größe, Form und wirtschaftl. sowie sozialer Struktur ausgegraben, die den starken Wandel germ. D.er zw. dem 1. Jh. v. Chr. und dem 5. Jh. n. Chr. dokumentieren. In der Völkerwanderungszeit (VWZ) brechen die ländl. Siedlungen bis auf ganz wenige Ausnahmen sowohl im freien Germanien als auch auf röm. Reichsboden ab. Die landnehmenden Germanen schaffen in Mitteleuropa ein völlig neues Siedlungsbild, in dem von Anfang an Einzelhof und D. als nebeneinander existierende Siedelformen begegnen. Stark variierende Siedlungsgrößen werden für die Merowingerzeit (MWZ) u. a. aus dem Umfang der frühma. Reihengräberfelder erschlossen, bei denen man kleine, sog. Hofgräberfelder von großen, nur bei einem D. denkbaren Gräberfeldern unterscheidet. Von der Reihengräberforschung stammt auch die idealtyp. Vorstellung, der Einzelhof sei die ursprgl. Siedelform der VWZ und MWZ gewesen; D.er seien aus kleinen Hofgruppen (Weilern) durch Siedlungsausbau entstanden. Soweit diese Vorstellung auf die Zuordnung von Gräberfeldern zu rückgeschriebenen Großhöfen in bestehenden D.ern zurückgeht, bleibt sie hypothet.; doch ist die Existenz von Hofgräberfeldern, die z. T. Adelshöfen zuzuweisen sind (z. B. Niederstotzingen), ebenso unbestritten wie die von Dorfgräberfeldern (z. B. Hailfingen, Pleidelsheim, Sasbach). Es fehlt bisher jeder direkte Nachweis eines Einzelhofes der MWZ, der zum Ausgangspunkt für eine Dorfbildung geworden wäre. Wohl aber wurden etliche D.er der MWZ ausgegraben (z. B. Gladbach bei Neuwied, →Warendorf in Westfalen, →Kirchheim bei München).

b) *Lage und Größe:* Die Lage der D.er hängt v. a. von den wirtschaftl. Bedürfnissen ab. Die naturräuml. stark differenzierten Landschaften Europas boten nahezu jeder wirtschaftl. Betätigung Anreize. So finden sich D.er sowohl in den der Viehhaltung günstigen küstennahen Flachländern als auch in den getreide- und hackfruchtintensiven Börden des Binnenlandes, in den Mittelgebirgen sowie in siedlungsgünstigen Alpentälern. Die topograph. Kleingliederung des Geländes brachte bestimmte Lagetypen von D.ern hervor, z. B. Quellmuldenlage (Hohenrode am Harz), Lage im Bachtal (Königshagen am Harz), Hochflächenlage (Burgheim a. d. Donau), Lage auf einem Geestrücken (Flögeln), →Kootwijk, Veluwe), auf Wurten, in Berglage (Saint-Jean-le Froid im Aveyron), auf Bergspornen (→Rougiers). Auch Sicherheitsbedürfnisse bestimmten die Platzwahl von D.ern, etwa wenn sie auf Bergen oder in Überschwemmungsgebieten angelegt wurden. Umwehrungen (Bärhorst bei Nauen, RKZ; →Eketorp auf Öland, kreisförmig umwehrtes D. der VWZ; →Königshagen, kreisförmiges Rodungsdorf 12. Jh.) sind bei D.ern ebenso belegt wie die Sicherung des D.s durch befestigte Sitze (z. B. Mstěnice, Mähren).

Die Größe von D.ern ist nicht konstant. Sie verändert sich im Laufe der Zeit und läßt sich, v. a. mit archäolog.

Methoden, jeweils für bestimmte Entwicklungsphasen des D.s bestimmen. Das frühma. D. Gladbach bei Neuwied bestand aus 4–5 Gehöften, die eher als Weiler, denn als großes D. zu bezeichnen sind. Das westfäl. Warendorf des 7./8. Jh. stellt ein aus 4–5 Gehöften bestehendes D. dar, wobei jeder Hof aus einem großen Haupthaus und 14–15 Nebengebäuden bestand. In Süddeutschland repräsentiert Kirchheim bei München ein großes D. der ausgehenden MWZ; 30 ebenerdige große Pfostenbauten und 40 in den Boden eingetiefte Grubenhäuser lassen sich zu etwa 12 Höfen zusammenschließen; etwa ebensoviele Höfe wurden nicht ausgegraben. Die ständige Bewohnerschaft des D.s dürfte um 250 Personen betragen haben. Zum SpätMA hin nimmt häufig infolge des partiellen Wüstungsvorganges die Höfezahl innerhalb des D.s ab. Archäologisch lassen sich auch verschieden alte Teile eines D.s unterscheiden.

c) *Form und innere Gliederung*: Die Mehrzahl der D.er zeigt eine locker gestreute oder verdichtete, mehr zufällige Gruppierung von Gehöften ohne erkennbare Ordnung (z. B. Vallhager, D. der RKZ und VWZ auf Gotland; Warendorf; Gladbach; Hohenrode; Berslingen, Schweiz; Tornow, DDR). Daneben stehen ausgesprochene Planformen, die auf bewußten Gestaltungswillen der Dorfgründer hinweisen. Auf der Insel Öland liegt eine Gruppe befestigter kreisförmiger D.er; die bekannteste dieser Anlagen ist →Eketorp mit drei aufeinanderfolgenden Siedlungsperioden v. 300 und 1300 n. Chr. Ein kreisförmiges D. stand auch am Anfang von Königshagen am Harz (12. Jh.). Radiale Anordnungen mit festliegender Zahl von Häusern und Gehöften finden sich bereits auf den Wurten wie Ezinge oder Feddersen Wierde. Die zeitlose Kreisform lebt in →Rundlingen und →Kirchenburgen des MA weiter. Halbkreisförmige Dorfgrundrisse sind aus Mstěnice und der Siedlung am Krummen Fenn in Berlin belegt. Gereihte Höfe entlang einer Straße oder eines Baches zeigen →Wharram Percy (England) und →Pfaffenschlag. In Kirchheim bei München hebt sich der jüngere Ausbauteil des D.s mit seinen beiderseits eines Weges gereihten Höfen deutlich vom älteren Haufendorf ab. Elemente der inneren Raumgliederung des D.s sind Wege und Zäune, der Dorfplatz, der Kirchenbezirk (s. a. Abschn. g).

d) *Zum Problem der Siedlungskontinuität*: Archäolog. Grabungen in D.ern zeigen, daß kaum je ein D. ununterbrochen über längere Zeit hinweg bestanden hat. Es stellt sich das Problem der Siedlungskontinuität (→Kontinuität, -sproblem), das sich in die Teilaspekte Platzkonstanz, Bevölkerungskonstanz und Benutzungskontinuität auffächert. Unterbrechungen der Kontinuität von D.ern ergeben sich oft, aber nicht nur beim Wechsel der Bevölkerung, etwa von germ. Bevölkerung der RKZ zur slav. und bei Beginn der dt. →Ostsiedlung. Diese Prozesse beleuchten beispielhaft die verschiedenen Siedlungen von Tornow und →Bosau (Ostholstein), wo innerhalb eines begrenzten Raumes die Siedlungen dieser drei Phasen »wandern«. Ein weiteres Beispiel für solche »wandernden« D.er ist →Vorbasse (Dänemark; vgl. Abschnitt C. I). Die räuml. Verlagerung von D.ern innerhalb eines begrenzten Gebietes tritt als Ergebnis archäolog. Forschungen immer deutlicher hervor; die Gründe dafür sind noch unklar. Kontinuitätsprobleme stellen sich auch bei vielen ausgegrabenen ags. D.ern, z. B. in Wharram Percy: die in 12 Phasen kontinuierl. ablaufende Baugeschichte der dortigen Kirche deutet auf Kontinuität zw. ags. und hochma. D.ern hin. In Pfaffenschlag geht dem D. des HochMA ein slav. Weiler voraus, jedoch ohne Kontinuität. Beginn und Ende von Siedlungen werden nach archäolog. ermittelten Bauphasen und Funden bestimmt. Zu Dorfgründungen kam es demnach in allen Abschnitten des MA und der NZ. Ebenso ist die Bildung von Dorfwüstungen im gesamten MA ein siedlungsbegleitender Faktor, der im 14./15. Jh. kulminiert. Unterbrechungen der Besiedlung und räuml. Verlagerungen von D.ern sind nur selten mit hist.-geogr. Methoden, besser aber mit archäolog. Mitteln nachzuweisen. Die kritiklose Rückschreibung neuzeitl. Dorfgrundrisse ins MA ist deshalb problematisch.

e) *Wirtschaftliche Funktionen; soziale Gliederung*: Ackerbau und Viehzucht bildeten die Grundlage des Dorfs. In den D.ern des FrühMA sind sie u. a. in Form von landwirtschaftl. Spezialbauten, z. B. als Getreidespeicher in Warendorf, als Viehboxen im dreischiffigen Hallenhaus der Wurt Elisenhof oder als Scheunen, Remisen u. ä. nachgewiesen. Den Nutzpflanzenanbau beleuchten botan. Großreste, z. B. Getreidekörner, sowie Pollenniederschläge in den Dörfern. Er variiert je nach Klima- und Bodenverhältnissen, doch löst im MA der Roggen die davor herrschende Gerste weithin ab. Viehhaltung und Fleischkonsum spiegeln die Tierknochenfunde aus Dörfern. Im Brebières (Nordfrankreich, Douai) d. MWZ dominiert z. B. das Schwein; D.er mit anderer naturräuml. Ausstattung sind von Rinder- oder Schafhaltung bestimmt. In kaum einer frühma. Siedlung fehlen verschiedene Handwerke: Schmiede, Weberei, Töpferei, Holzhandwerke, Lederverarbeitung u. a. Es gibt darüber hinaus regelrechte Bergbau- und Hüttendörfer, z. B. Altenberg im Siegerland. In vorstädt. Zeit bilden differenzierte →Handwerke einen integralen Bestandteil der Wirtschaft des Dorfs.

Seit der RKZ zeigen D.er ausgeprägte soziale Unterschiede, die sich in stark variierenden Hof- und Hausgrößen spiegeln (→Bauernhaus, →Haus, -formen). Auch in Menge und Qualität der archäolog. Kleinfunde schlagen sich soziale Unterschiede nieder, etwa im Vorhandensein von Waffen, Edelmetallen, Glas oder importierten Gütern. Baulich und im Fundmaterial heben sich die herrschaftl. Sitze deutlich von der Masse der übrigen Dorfbewohner ab, wie das Beispiel Unterregenbach lehrt.

W. Janssen

f) *Zur Zentralität*: Durch das Fehlen oder Zurücktreten von zentralen Funktionen unterscheiden sich D.er von Städten. Die stärkste →Zentralität hatten im frühen MA D.er als Mittelpunkt eines Krongutbezirks mit Königshof, Kirche, kgl. Gerichtsstätte und Hebestelle für den Grundzins; im mittleren Deutschland konnten D.er wie z. B. 968 Althaldensleben Hauptort' eines →Burgwardes sein. Eine gewisse Zentralität besaßen auch D.er mit Adelsburgen oder Klöstern, die über Streubesitz verfügten.

g) *Die wichtigsten Grundformen; Entstehungszeit und Entwicklung des D.s*: Der Grundriß des D.s wird durch die Anordnungsform der Wohn- und Wirtschaftsgebäude, von gemeindl. Anlagen wie Kirche und durch Wege und Straßen sowie sonstige Freiflächen bestimmt. Er kann das Ergebnis eines einmaligen Aktes sein oder sich im Verlaufe eines längeren Wachstumsprozesses herausgebildet haben; auch unterschiedl. Formen der Rückbildung bis zum Einzelhof sind möglich (→Wüstung). Weitere Elemente, welche den Grundriß beeinflussen, können Burgen, Klöster u. sonstige Bauwerke sein oder Begrenzungen des D.s nach außen durch Holzzäune, Wälle, Gräben, Mauern.

Alle bekannten Grundrißtypen europ. Dorfformen sind aus älteren Katasterkarten des 17.–19. Jh. abgeleitet worden. Das gilt auch für die Karte der ländl. Ortsformen in Mitteleuropa gegen Ende des MA von SCHRÖDER im Gr. Hist. Weltatlas (38/39a). Problemat. ist jedoch, inwieweit die den ältesten Katasterkarten entnommenen Formen in das ausgehende MA oder weiter rückdatiert werden können. Z. B. waren in Teilen von Litauen im MA Kleingruppensiedlungen (Weiler und ähnliche Hofgruppen) verbreitet, die ab dem 16. Jh. durch ein landesherrliches Reformwerk zu regelmäßigen und größeren Straßendörfern umgelegt wurden (vgl. Abschnitt F). Diese sind im 19. Jh. im Zusammenhang mit der Bauernbefreiung in Einzelhöfe aufgelöst worden, welche im Rahmen der gegenwärtigen Kolchoswirtschaft zu großen D.ern zusammengeführt werden. Eine hohe Konstanz der Altformen mit Rückschlußmöglichkeiten aus älteren Karten auf die Siedlungsgrundrisse des 13. und 14. Jh. besitzen jedoch große Teile der Gebiete des hochma., insbes. auch ostmitteleurop. Landesausbaus (→Kolonisation und Landesausbau), weil dort weithin die Zunahme der Bevölkerung nur gering war und lineare Regelformen durch Verdichtung oder zusätzl. Aufreihung von Höfen in der schon vorhandenen Längsachse der Siedlung in ihrem Grundriß nicht wesentl. verändert wurden. Mittels der kartograph.-komparativen Methode, die u. a. Namen und Formen von Siedlungen und Fluren sowie archäolog. Befunde berücksichtigt, läßt sich bekräftigen, daß östl. der Elbe und Saale gebietsweise Kleingruppensiedlungen (Weiler) sowie kleine Gassen-, Sackgassen- und Zeilendörfer bis in die slav. Stammeszeit zurückreichen.

Im europ. Schrifttum sind ca. 50 *Dorfformen*, die im MA entstanden sind, beschrieben worden; hier können nur die wichtigsten Grundformen aufgelistet werden. In vielen altbesiedelten Landschaften des westl. Mitteleuropa beginnt schon in der Karolingerzeit durch Vergrößerung eine Veränderung der Formen. Später sind dort durch Teilung von Höfen und den bereits seit dem SpätMA erfolgten Ausbau mit zahlreichen Kleinstellen die frühma. Formen bis zur Unkenntlichkeit umgestaltet worden. Mit erhebl. Veränderungen im Grundrißgefüge ist dort auch im Zusammenhang mit spätma. Wüstungsvorgängen durch partielle Hofabgänge zu rechnen.

Nach den oben genannten Hauptelementen werden folgende Grundrißformen, von denen es die verschiedensten Varianten gibt, unterschieden: lineare D.er mit mehr oder weniger geradlinig-reihenförmiger Anordnung der Höfe (z. B. Straßendorf, Reihendorf, Zeilendorf); Platzdörfer, deren Höfe in Reihung um eine zentrale, größere Freifläche (z. B. Straßenanger, Rechteckanger, Rundanger) angeordnet sind; flächige Grundrisse (z. B. Haufendörfer), bei denen das D. eine mehr oder weniger unregelmäßig bis regelmäßig begrenzte Fläche ausfüllt. Andere Klassifikationsschemata gehen von der Gestalt der Wege und Freiräume aus, so daß etwa das Angerdorf als Grundform mit den Varianten Straßenangerdorf, linsenförmiges Angerdorf, Rundangerdorf, Sackangerdorf u. ä. unterschieden werden. Namentlich bei den hochma. Plansiedlungen entsprechen einander die Grundformen der Dorfanlagen und der Flurgliederung, so daß die Ausdrücke Wald-, Marsch- und Hagenhufendorf beide umfassen. Manche Autoren vereinen im Begriff der Siedlungsform generell die gleichzeitige und kombinierte Betrachtung von Orts- und Flurform. Insbes. neuere Untersuchungen haben jedoch gezeigt, daß mit Ausnahme der hochma. Plandörfer eine regelhafte Parallelisierung von Orts- und Flurformen kaum möglich ist. So gibt es z. B. große und kleine Haufendörfer mit Gewann-, Block- oder Blockstreifenflur. Viele Dorfformen wie Weiler, kleines und großes Haufendorf sind als mögliche Formenglieder einer sich über längere Zeit erstreckenden Formenreihe erkannt worden. Auch unterschiedl. Flurformen können im genet. Zusammenhang einer Entwicklungsreihe stehen; einzelne ihrer formalen Stadien sind zwar häufig, aber nicht regelmäßig mit formalen Stadien der Siedlungsentwicklung verknüpft.

Neueren Erkenntnissen nach sind viele D.er größer gewesen, als es die ältere Siedlungsforschung vermutet hatte. So lassen sich z. B. aus Urkunden der Karolingerzeit für das Altsiedelland des westl. Mitteleuropa D.er bis zu ca. 40 Hofstätten nachweisen. In den gleichen natürl. begünstigten Räumen hat es gegen Ende der ma. Ausbauzeit (13./14. Jh.) D.er bis zu ca. 115 Bauernstellen unterschiedl. Größe und Rechtsqualität mit ca. 500–600 Einw. gegeben. Da im Gebiet der ma. dt. Ostsiedlung große Plandörfer mit 64 Hufen, in geringer Zahl auch mit 80 und mehr Hufen verbreitet waren, müssen auch diese Orte mehrere 100 Einw. besessen haben. Dörfer bis über ca. 700 Einw. gab es gegen Ende des MA in poln. Landschaften mit Besitzzersplitterung (z. B. nach Lebuser Stiftsregister). Daneben kamen in vielen europ. Landschaften nördl. der Alpen auch Kleindörfer (Weiler) in allen ma. Perioden vor. Für die Masse der heute noch bestehenden D.er lassen sich durch Kombination von Ortsnamen, ältester Erwähnung, archäolog. Befunden, urkundl. Nachweisen, Besitzverhältnissen, Patrozinien, Orts- und Flurformen sowie naturräuml. Lage Schlüsse auf die Gründungszeit ziehen. Dörfer sind jedoch nach Grundriß, dem Gefüge der bäuerl. Betriebe und sonstigen Einrichtungen wandelbar. Bei ihrer raum-zeitl. Entwicklung kann es zu Erweiterungen, Verdichtungen, zum Schrumpfen, zur Auflockerung sowie zur grundlegenden Veränderung der Urformen kommen. Eine Bildung aus Einzelhöfen und ein Zusammenwachsen aus mehreren benachbarten Kleindörfern sind ebenso möglich wie eine annähernde Erhaltung des ursprgl. Grundrisses. Viele unterschiedl. Dorfformen lassen sich als zeitbedingte Zustandsstufen von formalen Entwicklungsreihen erkennen. Sie werden beeinflußt durch das Zusammenwirken von naturräuml., wirtschaftl., techn., gesellschaftl. und rechtl. Faktoren.   H. Jäger

Lit.: Hoops[2] VI, 82–89, 94–114 [H. Jäger – H. Jankuhn] – R. Kötzschke, Ländl. Siedlung und Agrarwesen in Sachsen, 1953 – K. Böhner, Die frk. Altertümer des Trierer Landes I, 1958, 258ff. – H. J. Keuning, Siedlungsform und Siedlungsvorgang, ZAA 9, 1961, 153–168 – F. Engel, Karte der hist. Dorfformen von Mecklenburg, 1962 – Ders., Karte der hist. Dorfformen von Pommern, 1963 – W. Meibeyer, Die Rundlingsdörfer im östl. Niedersachsen, 1964 – H. Jankuhn, Vor- und Frühgesch. vom Neolithikum bis zur Völkerwanderungszeit (Dt. Agrargesch. I, 1969) – Die Siedlungen des ländl. Raumes, hg. H. Uhlig – C. Lienau, 1972 [Lit.] – A. Klaar, Siedlungs- und Flurformen in Österreich (Siedlungs- und Bevölkerungsgesch. Österreichs, 1974, 47–55) – Hist.-genet. Siedlungsforsch., hg. H.-J. Nitz, 1974 – Das D. der Eisenzeit und des frühen MA, hg. H. Jankuhn u. a., 1977 – W. Janssen, D. und Dorfformen des 7. bis 12. Jh. im Lichte neuer Ausgrabungen in Mittel- und Nordeuropa (ebd., 1977) – U. Willerding, Über Klima-Entwicklung und Vegetationsverhältnisse im Zeitraum Eisenzeit bis MA (ebd., 1977) – R. Christlein, Die Alamannen, 1978 – K. H. Schröder – G. Schwarz, Die ländl. Siedlungsformen in Mitteleuropa, 1978 – E. Ennen – W. Janssen, Dt. Agrargesch., 1979 – W. Haarnagel, Die Grabung Feddersen Wierde, 2 Bde, 1979 – H. Jäger, Wüstungsforsch. in geogr. und hist. Sicht (VuF 22, 1979), 193–240 – M. Born, Siedlungsgenese und Kulturlandschaftsentwicklung in Mitteleuropa, 1980 – J. Chapelot – R. Fossier, Le village et la maison au MA, 1980 – P. Donat, Haus, Hof und D. in Mitteleuropa vom 9.–12. Jh., 1980 – Ländl. Siedlungswesen in vor- und frühgeschichtl. Zeit. Beitr. zahlreicher Verf. in: Offa 39, 1982 – E. Gringmuth-Dallmer, Die Entwicklung der frühgesch. Kulturlandschaft auf dem Territorium der DDR, 1983 – Die ländl. Siedlung als Forschungsgegenstand der Geographie, hg. G. Henkel, 1983 – W. Janssen, Gewerbl. Produktion des MA als Wirtschaftsfaktor im ländl. Raum (Das Handwerk in vor- und frühgesch. Zeit, hg. H. Jankuhn u.

a., II, 1983) – A. KRENZLIN, Beitr. zur Kulturlandschaftsgenese in Mitteleuropa, 1983 – DIES., Die Siedlungsformen der Prov. Brandenburg, 1983 – Algemene Geschiedenis der Nederlanden I, 1981, 153–164 [D. P. BLOK–A. VERHULST].

[2] *Westeuropa und Italien:* a) *Allgemein:* In Frankreich hat sich auch eine Schule der hist. Geographie und Siedlungsforschung (A. DELEAGE, CH. HIGOUNET) herausgebildet, die sich dem ma. D. widmete und insbes. das Phänomen des Landesausbaus und der Neusiedlungen (→*villeneuves*, →*bastides*) erforscht hat. Die Frühmittelalterforschung hat sich ebenfalls mit dem D. befaßt (G. FOURNIER). In Italien, wo das Siedlungsbild ebenso vielfältige Typen wie in Frankreich aufweist, hat sich die ältere Forschung bemüht, den Einfluß des antiken Erbes, der Völkerwanderung und der Feudalität auf Struktur und Gestalt der Dorfsiedlungen festzustellen. Zwei Problemstellungen haben jedoch seit ca. 20 Jahren die Forschung stark beeinflußt und z. T. zu neuen Sehweisen geführt: Zum einen hat die intensive Erforschung der →Wüstungen, die sich zunächst auf die →Agrarkrise des 14.–15. Jh. konzentrierte, den Wüstungsvorgang schließl. als grundsätzl. Phänomen der Bevölkerungs- und Siedlungsgeschichte, vom Ende der Antike bis in die NZ hinein, erfaßt, wobei für die frz. und it. Forschung die starke Einbeziehung der Demographie charakterist. ist. Zum anderen hat die Arbeit von P. TOUBERT, Les structures du Latium médiéval (1973), den Begriff des →*incastellamento* in die Forschung eingeführt und damit neue Fragen über das D. und seine Ursprünge angeregt. Diese neuartigen Problemstellungen trafen zusammen mit einem Aufschwung bzw. Neuanfang der Mittelalterarchäologie, die sich – in Abkehr von den älteren kunstgeschichtl. orientierten Traditionen des Fachgebietes – in den Dienst sozial- und wirtschaftsgesch. Forschung stellte und sich insbes. der Erforschung der materiellen Kultur zuwandte. So hat die archäolog. Untersuchung ländl. Siedlungsformen, angeregt durch die Wüstungsforschung, sich zunehmend mit Problemen der Bauformen, Wohnverhältnisse, Ausstattung von Häusern und Landwirtschaftsbetrieben sowie der Ernährung beschäftigt (wichtige Grabungen u. a. in →Rougiers, →Dracy, →Brucato). Weiterhin sind neuere Ausgrabungen frühma. D.er (Brebières, 6.–7. Jh.) zu nennen, wobei die Forschung in Frankreich und Italien später einsetzte als in Deutschland, den Niederlanden und England. In Italien standen engl. Initiativen am Beginn der archäolog. Erforschung der ländl. Siedlung. Inzwischen steht die Erforschung von ganzen hist. Landschaftsräumen im Mittelpunkt.

b) *Entstehung und Entwicklung:* Die Ansicht, daß das D. möglicherweise eine Neuschöpfung der Kultur und Zivilisation des ma. Okzidents sei, steht im Widerspruch zu einer über lange Zeit in der frz. und it. Historiographie geltenden Auffassung, die einseitig die Kontinuität der Besiedlung von Wohnplätzen betonte und das D. des MA als unmittelbares Erbe der antiken villa ansah. Heute wird die Herausbildung der ma. D.er dagegen stärker als Ergebnis einer Umschichtung, die sich in der Spätantike einsetzte, betrachtet, wobei die genaue zeitl. Zuordnung dieses Prozesses und die ausschlaggebenden Faktoren umstritten sind.

Tatsächlich ergibt sich aufgrund unseres derzeitigen Kenntnisstandes ein widersprüchl. Bild: Die äußerst begrenzten schriftl. Quellen geben in der Regel über die dörfl. Siedlungen keine Auskünfte, sondern haben die Schenkungen von Besitztümern des Kg.s und der Großen an kirchl. Institutionen zum Gegenstand. Die Luftbildarchäologie zeigte einerseits, daß die alte, auf der Centuriatio (→Vermessung, röm.) beruhende Landaufteilung sich mancherorts erhielt und sich im Wegenetz sowie in den Grenzen zw. den Land- und Pfarrgemeinden niedergeschlagen hat. Andererseits zeigte die Luftbildauswertung (insbes. anhand von Forschungen in der Picardie), daß das Netz der antiken villae nicht mit demjenigen der ma. D.er übereinstimmt, da nur ein Teil der ma. D.er auf die Zentren antiker Domänen zurückgeht, wie durch die Ortsnamenforschung sowie z. T. durch archäolog. Befunde (antike Überreste im Kernbereich einiger ma. D.er) gezeigt werden konnte. Es ist also von einer Wandlung bzw. Neugruppierung der Siedlungsstrukturen und -schwerpunkte auszugehen, verbunden mit einem Wüstwerden von Siedlungen, das in einigen Fällen durch archäologische Funde nachgewiesen und näher untersucht werden konnte. Die archäolog. Erforschung der frühma. Dorfsiedlung ist dabei weniger fortgeschritten als die Erforschung der →Friedhöfe. Seit der Grabung in Brebières, die lange Zeit als ein Unikat galt, d. h. zumindest als einzige publiziert war, sind zahlreiche Dorfsiedlungen des FrühMA archäolog. untersucht worden, u. a. im Elsaß, Cambrésis und nördl. Burgund. Die ergrabenen Siedelplätze liegen stets außerhalb oder in Randlage der rezenten Siedlungen; diese Erkenntnis darf jedoch nicht zu Trugschlüssen verleiten, da in der Regel nur Siedlungen, die nicht modern überbaut waren, eingehend untersucht werden konnten. Größere Aussagekraft besitzen die Ausgrabungen im Hinblick auf die Binnenstruktur der Siedlungen sowie auf Grundriß und Gestalt der Wohnstätten (→Haus, -formen). Es läßt sich insgesamt feststellen, daß sich zw. dem FrühMA einerseits, dem Hoch- und SpätMA andererseits im bäuerl. Hausbau eine spürbare Entwicklung vollzog, die offenbar in Wechselwirkung mit der Entwicklung des D.s stand: Das →Bauernhaus des späten MA ist nur auf dem Hintergrund eines D.s, das an einen festen und dauerhaften Standort gebunden war, denkbar.

Für Italien wurden die Probleme der Siedlungskonzentration erforscht, seitdem P. TOUBERT für Latium und die Sabina die vergleichsweise späten Gründungen hochgelegener Dorfsiedlungen (10. Jh.) untersucht hat, die im Zuge des →incastellamento entstanden. Diese Bezeichnung unterstreicht die Beziehung, die zw. der Bildung der planmäßigen dörfl. Siedlung und der Errichtung von →Burgen bestand (→Burg, Abschn. C. III). Wie schon P. TOUBERT festgestellt hat, kann der Schutzgedanke nicht das beherrschende Motiv für das incastellamento gebildet haben, da die großen Invasionen zu diesem Zeitpunkt bereits zu Ende gegangen waren. Die Schaffung von castra entsprang vielmehr dem Bestreben der Herren, die ländl. Bevölkerung in feste herrschaftl. Beziehungen einzubinden und eine intensivere Nutzung des Landes innerhalb der Herrschaftsbezirke zu ermöglichen. Dasselbe Phänomen ist auch in Landschaften, die aus topograph. Gründen keine Anlage hochgelegener D.er erlauben, festgestellt worden. Andererseits dürfte die ländl. Bevölkerung – zumindest in einer frühen Phase der Dorfbildung – die Nähe der Burg, die die Umgebung beherrschte, gemieden haben. Die Kirche gilt demgegenüber als Hauptelement der Vereinigung in geschlossenen Dorfsiedlungen; tatsächl. sind ja Gemeinde- und Pfarrgemeindegrenzen im MA nahezu immer identisch. Mit der Kirche ist auch der →Friedhof verbunden, dem manchmal die Rolle eines Kristallisationspunktes für die Gruppierung und topograph. Fixierung der Siedlungen zugesprochen worden ist, da die Begräbnisplätze den einzigen unwandelbaren Fixpunkt für Bewohner frühma. Siedlungen, die ständigen Ortswechseln unterlagen, bildeten (R. Fossier).

Schließlich gibt es Anzeichen für die Annahme, daß der Boden vor dem 10. Jh. noch nicht vollständig genutzt wurde; selbst inmitten der kultivierten Nutzfläche lagen verstreutes Ödland und extensiv genutztes Gelände. Daher ist in der Forschung betont worden, daß ein Phänomen wie das incastellamento u. a. auch die Funktion hatte, die landwirtschaftl. Nutzfläche zu reorganisieren (bzw. zu organisieren). Der Aufstieg des D.s, wie er erst spät, am Ausgang der Karolingerzeit, einsetzte, kann im übrigen nicht getrennt werden von den allgemeinen großen Wandlungen im sozial-wirtschaftl. Bereich (demograph. Aufschwung, Landesausbau und Kolonisation, Innovationen der Agrartechnik, Intensivierung der Wirtschaft), die sich im ma. Westeuropa in dieser Periode vollzogen.

c) *Ländliche Siedlungen außerhalb des Dorfs und Dorfwüstungen:* Im 12. und 13. Jh. ist das D. als feste Größe präsent und bildet nun den Rahmen für das Leben der Mehrzahl der Landbewohner. Doch waren längst nicht alle Bauern im Dorfverband ansässig; es ist mit einer – in den einzelnen Regionen sich unterschiedl. ausprägenden – Streu- und Einzelhofsiedlung zu rechnen; zw. den größeren D.ern lagen Einzelhöfe oder kleine Weiler (vgl. auch →Siedlung, ländl.). In der Poebene z. B. läßt sich nach A. Settia keine dem incastellamento vergleichbare Siedlungskonzentration feststellen. In einigen frz. Regionen, z. B. in Aquitanien und in bestimmten Gebieten von Burgund, leisteten Bewohner der Zusammenfassung in D.ern erfolgreich Widerstand, und auch in Gegenden, in denen sich das D. als hauptsächl. Siedelform durchsetzte, blieben einige Elemente der alten Streusiedlung erhalten.

Daneben bildeten sich im MA neue Formen der Streusiedlung aus. Hinsichtl. der Ursachen der Entstehung hat G. Duby gezeigt, daß derartige Einzel- und Kleinsiedlungen u. a. in Gebieten mit bes. Boden- und Klimaverhältnissen, etwa im Zuge intensivierter →Weidewirtschaft (z. B. Almen, Viehhöfe), entstanden, daß ihre Entstehung mit späterschlossenen Agrarräumen zusammenhängen kann oder daß es sich um außerhalb der bäuerl. Gesellschaft stehende Gründungen handelt. Letzteres gilt insbes. für die →Grangien. Doch auch bäuerl. Gruppen schufen Streu- und Einzelsiedlungen; so wurden nach 1225, als die Errichtung der letzten Neusiedlungen *(villeneuves)* bereits abgeschlossen war, in einer letzten Rodungswelle die noch verbliebenen Reste von Ödland besiedelt (G. Duby).

Die Wüstungskarte, die sich derzeit zeichnen läßt, bietet ein sehr differenziertes Bild: In den meisten frz. Landschaften scheinen die echten D.er, insbes. die Pfarrdörfer, wenig von den Wüstungsprozessen betroffen worden zu sein, wohingegen zahlreiche Weiler und sonstige abgelegene Streusiedlungen wüstfielen; eine große Zahl von Dorfwüstungen findet sich dagegen im Elsaß, in der Provence, in Unteritalien sowie auf den it. Inseln. Unter den zahlreichen möglichen Faktoren dieser Wüstungsprozesse ist an erster Stelle die Konzentration von Ländereien und das sich ausbreitende Latifundienwesen zu nennen; diese Entwicklung kam auf dem Hintergrund des demograph. Rückgangs zu voller Wirkung.

Neuerdings sind auch Wüstungsprozesse, die andere Ursachen hatten, untersucht worden. In Sizilien scheint die Wüstungsbildung einen beachtl. Umfang erreicht zu haben; sie ließ die Mehrzahl der offenen Dorfsiedlungen *(casali)* wüstfallen (→Brucato). Dieser Prozeß wurde bereits vor der demograph. Krise des SpätMA mit Maßnahmen in Gang gesetzt, die von Friedrich II. ausgingen und die zur Flucht der muslim. Landbevölkerung führten.

J.-M. Pesez

Lit.: F. Dussart, Geogr. der ländl. Siedlungsformen in Belgien und Luxemburg, Geogr. Rundschau 9, 1957, 12–18 – G. Duby, L'économie rurale et la vie des campagnes dans l'Occident médiéval, 1962 – G. Fournier, Le peuplement rural en Basse-Auvergne durant le haut MA, 1962 – E. Sereni, Storia del paesaggio agrario italiano, 1962, 1976 – Villages désertés et hist. économique, 1965 – Archéologie du village déserté, 1970 – P. Demolon, Le village mérovingien de Brebières, 1972 – Archeologia e geografia del popolamento, Quaderni Storici 24, 1973 – P. Toubert, Les structures du Latium médiéval, 1973 – Ch. Higounet, Paysages et villages neufs du MA, 1975 – E. Le Roy Ladurie, Montaillou, village Occitan de 1294 à 1324, 1975 – Atti del Colloquio internazionale di archeologia medievale, 1976 – R. Agache, La Somme pré-romaine et romaine, 1978 – J. Chapelot – R. Fossier, Le village et la maison au MA, 1980 – Châteaux et peuplements en Europe occidentale du Xe au XIIIe s. (Flaran I, 1980) – G. Demians d'Archimbaud, Les fouilles de Rougiers, 1980 – Géographie hist. du village et de la maison rurale, hg. Ch. Higounet, 1980 – Per una storia delle dimore rurali (Archeologia Medievale VII, 1980) – B. K. Roberts, Village plans, 1982 – C. Wickham, Studi sulla società dei Apennini nell'Alto Medioevo, Contadini, signori e insediamento nel territorio di Valva, 1982 – Habitats fortifiés et organisation de l'espace en Méditerranée médiévale, 1983 – Caputaquis Medievale II, 1984 – Castelli, storia e archeologia, hg. R. Comba – A. Settia, 1984 – R. Comba, Metamorfosi di un paesaggio rurale. Uomini e luoghi del Piemonte sud-occidentale fra X e XVI secolo, 1984 – R. Fossier, Paysans d'Occident, XIe–XIVe s., 1984 – Brucato, hist. et archéologie d'un habitat médiéval en Sicile, hg. J. M. Pesez, 1984 – A. Settia, Castelli e villaggi nell'Italia padana. Popolamento, potere e sicurezza fra IX e XIII secolo, 1984.

III. Rechts-, Wirtschafts- und Sozialgeschichte: [1] *Mitteleuropa: a) Rechts- und Verfassungsstruktur:* Unter Einbeziehung dessen, was wir von Tacitus und anderen antiken Schriftstellern für eine noch urkundenlose Frühzeit wissen, läßt sich schließen, daß wenigstens im nordalpinen mitteleurop. Raum bis zum HochMA kleine ländl. Siedlungseinheiten vorherrschen. Ob es sich dabei um mehr als Einzelgehöfte anzusehende Hofanlagen oder um dörfl. Kleinformen wie Weiler oder (südd.) »Zinken« handelt, muß vom Einzelfall her entschieden werden. Im landschaftl. Verbund zeigt es sich, daß die Formen bald mehr der Hof-, bald der eigtl. Dorfsiedlung zuneigen. Im allgemeinen wird man sagen können, daß dort, wo es aus den verschiedensten Gründen nicht beim Einzelhof geblieben oder man wegen Wüstungsvorgängen und dergleichen wieder zu ihm zurückgekehrt ist, eine allmähliche Siedlungskonzentration, ländlich-bäuerl. Synoikismus, stattgefunden hat. Dafür gibt es vielerlei Gründe und Ursachen, wobei wohl nicht zuletzt das Friedensbedürfnis eine Rolle spielte. Noch befinden wir uns ja in einer Epoche, in der friedl. Zusammenleben nicht durch Burg oder Stadt gesichert ist. Ein mehr oder minder dichter →Zaun – Etter, Hag, Friedzaun – dient dabei nicht nur dem Schutz gegen böse Nachbarn oder wilde Tiere, sondern hat auch als Abwehrmittel gegen Dämonen Zauberwirkung.

[α] *Nachbarschaft, Mark und Allmende:* Die rechtl. Grundfigur ist, was das Personenverhältnis betrifft, die vicinitas, wie sie uns in den Leges und im frühen Urkundenbestand vielfach begegnet. Diese →»Nachbarschaft« hat noch mehr familien- als eigtl. verbandsrechtl. Charakter. Sie bedeutet nachbarl. Begrenzung, v. a. in nutzungsrechtl. Hinsicht, zugleich aber auch Nachbarschaftshilfe. Gemeinschaftlich genutzter Boden ist in dieser Entwicklungsstufe noch eher die Ausnahme. Gemeinschaftsnutzung tritt erst stärker hervor, wenn nicht primär erschlossenes (oder erschließbares) Land in Wald, Busch oder Moor in die regelmäßige Nutzung, zunächst hauptsächl. als Weide, einbezogen wird. Die →Allmende (gimeinda u. ä.) ist ergänzende Nutzfläche, nicht, wie ehedem v. a. von rechtshistor. Seite angenommen, Ausgangspunkt von Siedlung und Nutzung. Die →Mark, die zur Siedlung gehört, wird ursprgl. nicht streng räumlich abgegrenzt und von der Nachbarsiedlung mitgenutzt. Ein festgeordneter Verband der →Markgenossenschaft erscheint erst im Laufe des HochMA. Der Begriff der 'marca' selbst ist äußerst vielgestaltig, geht von einer Grenzvorstellung aus: marca als Einheit irgendwelcher Art bedeutet durchaus nicht immer Siedlungs- oder Nutzungseinheit. Die sog. »Lehre von der altfreien Markgenossenschaft« läßt sich nicht auf Frühzeugnisse stützen. Für die Dorfbildung ist sie weder ursächlich noch verantwortlich. Die hauptsächlich spätma. Markgenossenschaft ist eine Verbindung von bereits bestehenden Höfen oder Dörfern. Eine von den bäuerl. Sondernutzungsflächen getrennte (»innerdörfliche«) Allmende setzt die gewiß nicht ursprgl. Felder- und Zelgenwirtschaft voraus. Die Tendenzen zu ihrer Vermehrung oder Verminderung (schließlich Aufhebung) hängen mit Fort- oder Rückschritten der gesamten Agrarwirtschaft zusammen.

[β] *Dorfgenossenschaft, Dorfgemeinde und Dorforgane:* Von der vicinitas-*burscap* (→Burschaft) geht der Weg der Entwicklung zur Dorfgenossenschaft, bei der noch einmütiger Gesamtwille aller Beteiligten überwiegt, sodann zur Dorfgemeinde, die in wachsendem Umfang feste Organisationsformen aufweist. Unter den dörfl. Organen sind zunächst jene zu erwähnen, die leitende Funktionen ausüben. Die Bezeichnungen wechseln, die Aufgaben aber sind überraschend einheitlich: je nach landschaftl. Sprachgebrauch steht ein dörfl. Ammann (→Amtmann), Meister (→Bauermeister), →Schultheiß oder →Vogt an der Spitze einer bescheidenen Hierarchie, die ergänzt werden kann durch Kollektivorgane wie die bis in das frz. Sprachgebiet reichenden Heimburgen (*embourgs* o. ä.); in der Regel sind sie Markaufsichtsbeamte und Rechnungsführer. Die niederen Dienste weisen eine ungewöhnl. Vielgestaltigkeit auf. Es mag genügen, daran zu erinnern, welch große Bedeutung dem →Hirten und dem Förster (→Forst) zukommt. Noch im SpätMA reichen die Befugnisse der Dorfgemeinde und ihrer Organe kaum über den Dorfbereich und über dörfl. Nutzungsangelegenheiten hinaus. Es ist jedoch vielfach, durchaus allerdings nicht überall, eine Verdichtung der Gemeindeaufgaben zu beobachten, bes. wenn es manchen D.ern gelingt, gewisse Herrschaftsbefugnisse – etwa →Zwing und Bann, Niedergericht und Abgabenwesen – unter eigene Kontrolle zu bringen. Immerhin bleibt es Ausnahme, wenn bäuerl. Gemeinden, z. B. in →Tirol, in die →Landstände aufgenommen werden.

Unter dem Einfluß der Hausväter-Literatur (→Agronomie), die letztl. auf Vorstellungen antiker Schriftsteller zurückgeht, und danach des Naturrechts tritt eine gewisse Rückbildung im Gemeindewesen zutage. In Lexiken des 17. und 18. Jh. erscheint das D. als eine bloße Ansammlung von Bauernfamilien (mit patriarchal. Hausvaterfigur), die Landwirtschaft, Ackerbau und Viehzucht betreiben. In der Zeit des aufgeklärten Absolutismus werden dörfl. Gemeinden als störende Zwischenglieder empfunden. Das kann aber nicht darüber hinwegtäuschen, daß – allerdings von Territorium zu Territorium in unterschiedl. Maße – wenigstens Reste kommunaler Selbstverwaltung bestehen bleiben.
K. S. Bader

b) *Sozial- und Wirtschaftsverhältnisse:* α) *Wandel des Dorfs im Hochmittelalter:* Die Entstehung von D.ern mit Gewannflur und Flurzwang war ein grundlegender Vorgang in der ma. Dorfentwicklung; dieser Prozeß verlief zwar nach Zeit und Raum verschieden, führte aber bereits im späten HochMA vielerorts zu Siedlungsformen mit ausgeprägtem Dorfcharakter. Die Dorfbildung – sie vollzog sich im Spannungsfeld vielfältiger Faktoren und Einflüsse – muß v. a. auf dem Hintergrund der tiefgreifenden Wandlungen des HochMA in Siedlungsstruktur, Wirtschaft, Herrschaft und Gesellschaft gesehen werden. Ein starkes Bevölkerungswachstum trieb damals die Ausweitung der Anbauflächen und die Intensivierung der Agrarwirtschaft voran; dies bewirkte insbes. in den Altsiedelräumen eine sichtbare Vergrößerung der Siedlungen und eine »Vergetreidung« des Agrarlandes auf Kosten der Viehwirtschaft. In intensiv bebauten Getreideregionen Mitteleuropas setzte sich seit dem 11. und 12. Jh. zunehmend die →Dreifelderwirtschaft durch und drängte ältere Formen der Bodennutzung wie die →Feldgraswirtschaft und die →Zweifelderwirtschaft zurück. Während das Siedlungsbild der frühma. Kulturlandschaft von stark fluktuierenden Kleinsiedlungen (Einzelhöfe, Gehöftgruppen) geprägt gewesen war, traten seit dem HochMA in vielen Landschaften Haufendörfer mit Gewannflur in den Vordergrund.

Der Prozeß der »Verdorfung« steht insbes. in enger Wechselwirkung zum hochma. Grundherrschaftswandel, bei dem die ältere Fronhofsverfassung allmählich aufgegeben und die engen Bindungen der →Bauern an ihre Grundherren gelockert wurden. Während beim frühma. →Grundherrschaftssystem der Fronhof mit grundherrl. Eigenbetrieb und bäuerl. Frondiensten im Zentrum des ländl. Alltagslebens gestanden hatte, rückte jetzt das D. in seiner veränderten Gestalt in den Mittelpunkt. Das dörfl. Wirtschaftsleben mit Dreifelderwirtschaft und →Flurzwang beanspruchte immer mehr die Aufmerksamkeit des Bauern; zugleich überlagerten die sozialen Beziehungen innerhalb der Dorfgemeinschaft die älteren Bindungen an die Hofgenossenschaft. Der Zerfall des Fronhofsystems, der sich im mitteleurop. Raum seit dem 12. Jh. beschleunigte, veränderte die Lage der hörigen Bauernschaft v. a. dadurch grundlegend, daß die Eigenwirtschaft der Grundherren wesentl. reduziert wurde und so die bäuerl. Frondienste ihren früheren Wert verloren. Der Übergang zu Grundherrschaftsformen mit vorherrschender Abgabenleistung stärkte die Selbständigkeit der einzelnen Bauernbetriebe und machte sie freier für die vermehrten Aufgaben im Rahmen von Dorfwirtschaft und Dorfgemeinde. Die Fronhöfe behielten dabei einen Teil ihrer früheren Aufgaben: Sie waren in vielen D.ern weiterhin Sammelstellen für die Zins- und Zehntzahlungen, fungierten als Dingstätten für die Hofgerichte und besaßen auch gewisse Vorrechte wie den Vorschnitt bei der Ernte. So erwuchsen dem D. in der hochma. Umbruchsepoche eine Fülle von Aufgaben und Ordnungsfunktionen, die von den sich entwickelnden Organen und Amtsträgern der Dorfgemeinden bewältigt werden mußten.

β) *Strukturelemente des Dorfs im späteren Mittelalter:* Das Bild des Haufendorfs mit Gewannflur und Allmende – dieser Dorftyp ist in Mitteleuropa weit verbreitet – stellt sich im späten HochMA so dar, daß man bei ihm deutlich drei Bereiche unterscheiden kann. Im ersten Bereich, dem Wohnbereich im inneren Kern des D.s, liegen die Hofstätten mit ihren Wohn- und Wirtschaftsgebäuden. Nahe den Hofstätten befinden sich die umzäunten Gartenländereien der Dorfbewohner; sie sind ebenso wie die Häuser und Hofstätten Individualbesitz der Hofstätteninhaber und werden von ihnen einzeln bewirtschaftet.

Rings um den Siedlungskern erstreckt sich jenseits des Dorfzauns (Etter, Hag) der zweite Bereich des D.s, die Ackerflur; sie ist, sofern eine Bodennutzung in Form der Dreifelderwirtschaft vorliegt, in drei Großfelder (Zelgen,

Schläge) eingeteilt, die in einem jährl. Wechsel von Winterfrucht, Sommerfrucht und Brache stehen. Die Zelgen der Ackerflur sind jeweils in große Feldblöcke, →Gewanne genannt, eingeteilt; diese wiederum sind in Streifen untergliedert, so daß jeder Bauer in der Regel in jedem Gewann ein Landstück besitzt. Die Ackerflur der Dorfgemarkung wird sowohl individuell als auch kollektiv bewirtschaftet und unterliegt einer strengen Flurordnung (Flurzwang). Für die Saat- und Erntemonate gelten allgemein verbindl. Bestimmungen; die Getreidefelder werden dabei nach der Einsaat durch Zäune geschützt, während das Brachfeld nach der Ernte der gemeinsamen Beweidung durch das Dorfvieh zur Verfügung steht. Die Parzellierung und Gemengelage der Felder machen es dem einzelnen Bauern unmöglich, aus der allgemeinen Flurordnung auszuscheren, da er seine Grundstücke nur über die Felder seiner Nachbarn erreichen kann und somit an die festgesetzten Termine von Einsaat und Ernte gebunden ist. Das Wiesenland des D.s erstreckt sich zumeist auf niedrig gelegenen Geländestücken zw. den Zelgen oder auf Flächen nahe der Allmende und wird bis zur Heuernte von den einzelnen Bauern individuell bearbeitet.

Den dritten Bereich der Dorfgemarkung bildet die Allmende oder Mark; sie setzt sich aus Weide- und Waldflächen zusammen und wird von allen dazu berechtigten Hofstätteninhabern des D.s kollektiv genutzt. Das Weideland der Allmende dient den Viehbesitzern des D.s für den gemeinsamen Viehauftrieb unter der Obhut des Dorfhirten. Der Allmendewald – er ist teils Hochwald, teils mit Lichtungen durchsetzter Buschwald – steht den Dorfbewohnern für vielfältige Bedürfnisse zur Verfügung: die Eichen und Buchenwälder als Mastplätze für die Schweine, die Holzbestände zur Versorgung der Hofstätten mit Bau- und Brennholz und der Markwald allgemein als Fundstelle von Laub, Wildpflanzen, Beeren und Honig. Neben der Allmende gehören Anger, →Brunnen, →Kirche, Kirchhof und Wegenetz zum Gemeinschaftsbesitz des Dorfes. Gerade die kollektiv genutzten Anlagen und Baulichkeiten bilden zusammen mit den für alle Dorfbewohner in gleicher Weise geltenden Rechts- und Wirtschaftsvorschriften Wesenselemente des vollentwickelten ma. D.s; erst miteinander in enger Verbindung stehende, durch gemeinsame Anlagen und Regelungen aufeinander bezogene Hofstätten ergeben ein D., das sich als Lebens- und Wirtschaftsgemeinschaft darstellt.

γ) *Soziale Schichtung der Dorfbevölkerung:* Die ma. Dorfgesellschaft war keine homogene Gemeinschaft gleichgestellter Bauern; sie war vielmehr in sich gegliedert und nach Schichten abgestuft. Im Zuge der demograph., wirtschaftl. und grundherrschaftl. Veränderungen des Hoch-MA und der zunehmenden Beteiligung der Bauern an der Marktproduktion vergrößerten sich die Unterschiede zw. den einzelnen Haushalten nach Besitz und Einkommen und verstärkten den Prozeß der sozialen Differenzierung. Im späten HochMA stoßen wir daher bereits in vielen D.ern auf eine schmale Oberschicht, die innerhalb des D.s eine Führungsstellung einnimmt. Als meliores und honestiores villani stehen sie häufig an der Spitze der Dorfgemeinde, üben administrative Aufgaben im Dienste der Grund- und Gerichtsherren aus und sind zugleich Inhaber der größten Höfe. Die Zugehörigkeit zur dörfl. Oberschicht basiert demnach v. a. auf Besitz, Sozialprestige und Ausübung wichtiger Funktionen. Viele Großbauern und Meierfamilien haben es offenbar auch verstanden, durch geschickte Erbfolgeregelungen die Geschlossenheit ihrer Besitzkomplexe zu wahren und so die soziale Vorrangstellung ihrer Geschlechter über mehrere Generationen hinweg zu sichern. Unterhalb der dünnen dörfl. Oberschicht trifft man auf eine mittlere Schicht, die über eine bescheidene, aber ausreichende Besitz- und Einkommensgrundlage verfügt. In Anerbengebieten (→Anerbenrecht) wie Westfalen, Ostsachsen und Brandenburg prägt diese relativ homogene Schicht von mittleren und größeren Bauern (Erben, Meier, Hufner) das Bild der Dorfgesellschaft. Die breite Masse der dörfl. Unterschicht, die im SpätMA bes. in Realteilungsgebieten wie am Oberrhein oder in Franken stark angewachsen ist, setzt sich aus Kleinstelleninhabern, Tagelöhnern, Dorfhandwerkern und Dienstboten zusammen. Die bescheidenen Ackerparzellen dieser landarmen Unterschicht (Kötter, Seldner, Gärtner etc.) reichen zum Lebensunterhalt allein selten aus, so daß sie auf zusätzl. Einkünfte aus Lohnarbeit und handwerkl. Betätigung (→Handwerk, ländl.) angewiesen sind.

W. Rösener

Lit.: DtRechtswb II, 1033ff. – HRG I, 764ff. [K. KROESCHELL] – K. S. BADER, Stud. zur Rechtsgesch. des ma. D.s, 3 Bde, 1957–73 – DERS., D. und Dorfgemeinde in der Sicht des Rechtshistorikers, ZAA 12, 1964, 10ff. – Die Anfänge der Landgemeinde und ihr Wesen, hg. TH. MAYER, 2 Bde (VuF 7/8, 1964) – H. JÄNICHEN, Beitr. zur Wirtschaftsgesch. des schwäb. D.s, 1970 – M. MITTERAUER, Pfarre und ländl. Gemeinde in den österr. Ländern, BDLG 109, 1973, 1ff. – M. NIKOLAY-PANTER, Entstehung und Entwicklung der Landgemeinde im Trierer Raum, 1976 – Das D. der Eisenzeit und des frühen MA, hg. H. JANKUHN u. a., AAG 101, 1977 – W. ABEL, Gesch. der dt. Landwirtschaft, 1978[3] – W. RÖSENER, Die spätma. Grundherrschaft im südwestdt. Raum als Problem der Sozialgesch., ZGO 127, 1979, 17ff. – Die Grundherrschaft im späten MA, hg. H. PATZE, 2 Bde (VuF 27, 1983) – P. BLICKLE, Les communautés villageoises en Allemagne (Les communautés villageoises en Europe occidentale, 1984), 129ff. – R. SABLONIER, Das D. im Übergang vom Hoch- zum SpätMA (Fschr. J. FLECKENSTEIN, 1984), 727ff. – W. RÖSENER, Bauern im MA, 1985.

[2] *Westeuropa:* a) *Zur Frage der Gemeinschaftsbildung:* Bereits oben (vgl. Abschnitt I) wurde die Vielschichtigkeit des ›D.‹-Begriffs und seine schwierige Anwendbarkeit auf ma. Verhältnisse dargelegt. Angemessener wäre wohl der Begriff der ›ländl. Gemeinschaft‹ (*communauté rurale*), d. h. es ist der Hauptakzent auf einen Verband von Landbewohnern zu legen, die gemeinschaftl. Merkmale haben und sich ihrer Gemeinsamkeiten bewußt sind. Das Wesen, das jeweilige Gewicht und die zeitl. Abfolge beim Auftreten dieser gemeinsamen Merkmale sind Gegenstand der Diskussion; zur Klärung dieser Probleme bedarf es noch weiterer, method. exakter angelegter Spezialforschungen. Der Verband konnte auf bestimmten geogr. Voraussetzungen aufbauen, wie v. a. auf der Nähe der Siedelplätze, die wiederum häufig auf Verwandtschaftsbeziehungen zurückzuführen ist.

Die Gemeinschaft basierte auch auf religiösen, polit.-rechtl. und wirtschaftl. Fundamenten, wobei Pfarrgemeinde, örtl. Herrschaftsverband und Wirtschaftsform die Grundlagen bildeten. Die Frage bleibt, welcher dieser Faktoren bei einer Gemeinschaftsbildung Priorität besaß und den Prozeß der raschen Einbindung der ländl. Bevölkerung in stabile und dauerhafte Strukturen ausgelöst hat. Mag die Antwort auf diese Frage auch sehr unterschiedl. ausfallen, so bleibt doch festzuhalten, daß alle drei Faktoren – der kirchl., der herrschaftl. und der wirtschaftl. – nahezu gleichzeitig, d. h. vom Ende des 10. Jh. an, verstärkt zum Tragen gekommen sind und miteinander stets in Wechselwirkung gestanden haben. Der räuml. Wirkungsbereich dieser genannten Faktoren besaß häufig eine weitgehende Übereinstimmung; so übte ein und dieselbe Person verschiedene Funktionen aus: die →Schöffen waren üblicherweise auch »Kirchenpfleger« und traten zudem bei der Steuer- und Abgabenerhebung oder bei militär. Angelegenheiten als Repräsentanten der Gesamtheit in Erscheinung. Die Glocke, die die Mitglieder der dörfl. Gemeinschaft zur Messe rief, bot sie auch zur Frondienstleistung und zur Gerichtsversammlung auf.

b) *Kirchliche Faktoren:* Zunächst waren die Bauern in die →Pfarrei eingebunden; dies geschah bereits seit dem 8. Jh., als die in den ländl. Siedlungen (vici, villae) entstandenen Landkirchen zunehmend mit Pfarrrechten ausgestattet wurden. Zentren des Lebens derartiger ländl. Gemeinschaften bildeten Kirchen, die die Reliquien von Heiligen-Schutzpatrone von Mensch und Vieh – beherbergten; die Kirchtürme boten Sicherheit bei Gefahr, und in der Kirche traf man sich zur Messe und zu allgemeinen Versammlungen, so daß sich hier wesentl. Ereignisse des bäuerl. Lebens abspielten. Bedeutung hatte auch der →Friedhof, seitdem sich im FrühMA der Brauch, die Toten ad sanctos zu bestatten, durchgesetzt hatte und damit der Kirchhof zum Ort wurde, an dem die Lebenden den Toten begegneten. Einmal konstituiert, erweiterte und intensivierte die Pfarreiorganisation ihr Netz und verstärkte ihre seelsorger. Tätigkeit. Sie paßte sich den Veränderungen in der Siedlungsstruktur an, um in engeren Kontakt zu den Pfarrkindern zu treten; die Filialkirchen häuften sich, bes. nachdem Papst Alexander III. (1159–81) bestimmt hatte, daß der Gottesdienstort leicht erreichbar sein müsse. Entsprechend der Entscheidung desselben Papstes unter dem Bevölkerungsdruck des HochMA, der zu Konflikten um die Novalzehnten (→Zehnt) geführt hatte, wurden genaue Pfarreigrenzen festgelegt, die damit zu Territorialeinheiten wurden. Simultan hierzu banden kanon. Vorschriften jeden Gläubigen an eine bestimmte Pfarrkirche; nach dem Text kirchl. Rechtsquellen gehörte (»spectat«) der Laie dieser an. Die Diözesanstatuten erinnerten die Gläubigen mit Nachdruck an die Verpflichtung, die sonntägl. Messe in ihrer Pfarrkirche zu hören, dort die hohen Feiertage zu begehen, dort auch die Eheschließung und das Begräbnis abhalten zu lassen, die »oblationes« zu entrichten und vor dem Sendgericht über die eigenen »culpae et excessus« Rede und Antwort zu stehen. Das →IV. Laterankonzil (1215) ordnete an, daß jeder Christ einmal jährl. bei seinem »proprius sacerdos« zu beichten und von ihm zu Ostern die Kommunion zu empfangen habe. Kurz vorher bereits hatte Papst Innozenz III. (1198–1216) den Pfarrern des Bm.s Chartres eingeschärft, sie hätten sich vor dem sonntägl. Gottesdienst zu vergewissern, daß kein fremdes Pfarrkind bei ihnen die Messe höre (»alterius parochianus qui, proprio contempto presbitero, ibi missam velit audire«), ggf. sei ein solches der Kirche zu verweisen.

Das Pfarrwesen bildete den Ausgangspunkt für eine Reihe weiterer Institutionen, die sich im HochMA neu bildeten oder eine Wiederbelebung erfuhren. Seit dem 12. Jh. erscheint die Kirchenfabrik (→fabrica ecclesiae) als für die Verwaltung der Güter der Pfarrei, insbes. für die Instandhaltung des Kirchenbaus, zuständige Institution; die Leistungen hierfür stellten in vielen Gemeinden die drückendsten Lasten dar. In der 1. Hälfte des 13. Jh. erscheint erstmals die Institution des Armenbretts (tabula pauperum, tabula Sancti Spiritus), die als später Nachfahre der alten Pfarrmatrikel der Armenhilfe in der Gemeinde diente; in der 2. Hälfte des 13. Jh. verbreitete sich diese Einrichtung allgemein, und die frommen Stiftungen zugunsten dieser pfarrgemeindl. Versorgungseinrichtungen wuchsen beträchtl. an. Nach einem ersten Höhepunkt in der ausgehenden Karolingerzeit nahmen die →Bruderschaften bes. seit dem 11. Jh. einen neuen Aufschwung; im 13. Jh. gab es dann wohl in nahezu der Hälfte der Pfarrgemeinden Bruderschaften; sie vermehrten sich in einem Maße, daß sich nun mehrfach Synoden genötigt sahen, die Bf.e um eine Reglementierung dieser Gründungen zu ersuchen. Bezeichnenderweise waren diese Bruderschaften in den meisten ländl. Gemeinden die einzigen korporativen Verbände.

c) *Politisch-rechtliche Faktoren:* Neben der Pfarrorganisation entwickelte sich die weltl. Herrschaft zu einem Grundpfeiler ländl. Gemeinschaftsbildung: in zahlreichen Fällen wurde die →Burg – oder die ihren Kern bildende →Motte – zu einem Zeitpunkt errichtet, da auch die Gemeindebildung der Landbewohner sich verstärkte. Die Rechte der Herren über die Personen, die Frondienste und die Natural-, später Geldleistungen der Landbevölkerung (bes. die →Bede) prägten sich in Mittelfrankreich in der 2. Hälfte des 10. Jh. aus, in Nordfrankreich nach 1000 oder 1050. Diesen Rechten waren alle Landbewohner in gleicher Weise unterworfen; die rechtl. und soziale Stellung der Bauern erfuhr dadurch eine Vereinheitlichung. Die Landbewohner unterstanden von nun an einem gemeinsamen Weistumsrecht (→coutume) und der Verwaltung durch ein gemeinsames →Schöffenkolleg *(échevinage),* das sich schließlich zum Schutz der Gemeinde und ihrer Rechte auswirken sollte. Als dann die consuetudines im 12. Jh. eine Gegenbewegung auslösten, einte die Zugehörigkeit zu einer Herrschaft alle Einwohner; man genoß insbes. einen einheitl. Rechtsstatus mit bestimmten Freiheitsprivilegien (→*chartes de franchises).*

Im Zuge dieser Herrschaftsentwicklung und dank des wirtschaftl. Aufschwungs konstituierte sich die communitas. Sie sorgte für die Verteidigung des eigenen D.s; zunächst durch Verschanzung hinter Kirchenmauern, schließlich durch Errichtung einer Befestigung mit Graben und Palisadenzaun; in Nordfrankreich mußten seit ca. 1035 die Bewohner eine »pax rusticorum« schwören; bald darauf wurden »Geschworene« (jurati) eingesetzt, die interne Konflikte zu regeln und Angriffe auf die Rechte der Gemeinschaft abzuwehren hatten; schließlich erreichte die ländl. Gemeinde im 13. Jh. – und mehr noch in der Zeit danach – die Umwandlung des Schöffenamtes von einer herrschaftl. Institution in ein Organ, das »Herren wie Dorfbewohnern ihr Recht zu weisen hatte (»dominis necnon mansionariis iura sua indicare tenetur«).

d) *Wirtschaftlich-soziale Faktoren:* Es waren v. a. die landwirtschaftl. Produktivitätssteigerungen, die die in der ländl. Gemeinschaft schlummernden Kräfte weckten und ihren Zusammenhalt begründeten. Die Rodungstätigkeit (→Kolonisation und Landesausbau), die im 11. Jh., in manchen Gegenden auch schon früher, einsetzte und bis ins 13. Jh. andauerte, sowie die →Einfriedungen *(enclosures),* die – zunächst nur sporad. – seit dem 13. Jh. auftauchten, machten einen Kampf der ländl. Gemeinden für die Erhaltung ihrer Gewohnheitsrechte bei der Nutzung von Allmendeflächen erforderl.; diese wurden von der Ausdehnung der Felder, sodann vom Vordringen der Viehzucht, insbes. der Schafzucht, bedroht; ebenso galt es, sich gegen benachbarte Gemeinden beim Kampf um Wald- und Heidegebiete durchzusetzen. Die Ausbreitung der →Dreifelderwirtschaft machte kollektive Regelungen erforderlich. Die Beschlüsse der Gerichtsversammlungen, die dreimal jährl. abgehalten wurden, nahmen an Bedeutung zu; so wurden Bestimmungen erlassen über die prakt. Durchführung der Nutzungsrechte, die *usages,* die Einsetzung von bestimmten Gemeindebeamten *(herdiers, messiers),* die Verteilung der gemeinsamen Lasten, die Instandhaltung der Wege etc.

Von ca. 1000 an wuchs mit dem Anstieg der Bevölkerung kontinuierl. die Einbindung der Landbevölkerung in die dörfl. Gemeindeorganisation. Dennoch erfaßte diese nicht alle Teile der Landbevölkerung in gleichem Maße. Die Binnenkolonisation führte zumeist zur Entstehung von abseits der Hauptsiedlungen gelegenen Weilern oder Einzelhöfen, welche die von den größeren Gemeinden erlassenen Vorschriften, zumindest teilweise, ignorierten. Auch vermochten sich die Adligen und – in geringerem Maße – auch die reichen Bauern dem Einfluß der Gemeindeorgane zu entziehen. Die Adelsfamilien hatten ihren Ehrenplatz in der Kirche, besaßen das Privileg, ihre Toten im Kirchenschiff und durch den Dekan bestatten zu lassen oder errichteten sich eine Familiengrablege oder Privatkapelle, die sie durch einen eigenen Kaplan versehen ließen. Die reicheren Pfarrmitglieder dominierten in den Bruderschaften. Der Adel war von Anfang an von der örtl. Banngewalt ausgenommen, und auch die sich formierende ritterl.-niederadlige Schicht konnte sich, mehr oder weniger rasch, davon freimachen; auch zahlreiche wohlhabende Bauern befreiten sich von den Bannrechten und ebenso von der örtl. Gemeindegewalt, indem sie als *bourgeois forains* (→Ausbürger, →Königsbürger) das Bürgerrecht einer benachbarten Stadt erwarben. Adlige, Kleriker und reiche Bauern *(laboureurs, censiers)* zeigten auch nur geringe Bereitschaft, ihr Vieh der Gemeindeherde zu übergeben oder ihre Ländereien dem im Rahmen der Dreifelderwirtschaft regelmäßig stattfindenden Fruchtwechsel zu unterwerfen. Diese waren mancherorts auf die Gruppe der *masuirs* begrenzt. Ins D. wanderten Fremde ein; diese Zuwanderung erfolgte insgesamt in relativ geringer Zahl, wobei – abgesehen von größeren Binnenwanderungen – der Zuzug gewöhnlich aus der näheren Umgebung erfolgte. Mit dem wirtschaftl. Aufschwung wandten sich einzelne Dorfbewohner dem →Handwerk zu; die Handwerkerfamilien blieben zahlenmäßig jedoch gering und gaben ihre landwirtschaftl. Tätigkeit nur in seltenen Fällen völlig auf. Das D. des ausgehenden MA war ein entwickeltes Gemeinwesen, in dem jedoch die Vereinheitlichung noch nicht die Vielfalt aufgesogen hatte. Die Geschichte des D.s in Frankreich und im Gebiet des heut. Belgien unterscheidet sich zwar im zeitl. Ablauf, sonst jedoch kaum von der hist. Entwicklung des D.s im mitteleurop. Bereich. L. Genicot

Lit.: A. Verhulst, Hist. du paysage rural en Flandre, 1966–Hist. de la France rurale, I–II, hg. G. Duby–A. Wallon, 1975 – L. Genicot, L'économie rurale namuroise au bas MA, III: Les hommes. Le commun, 1982; IV: La communauté rurale [in Vorber.].

[3] *Italien:* a) *Bis zum 11. Jh.:* In den von den Langobarden besetzten Gebieten Italiens scheinen die Siedlungen in großem Umfang aus ländl. Dauersiedlungen bestanden zu haben, die von zugehörigen abgegrenzten Wirtschaftsräumen umgeben waren. Diese Siedlungen und ihre Gemarkungen werden in den Quellen häufig mit dem Begriff »vicus« bezeichnet, seit dem 8. und 9. Jh. mit »locus et fundus«. Von Freien bewohnt, bildete das D. in langob. und in karol. Zeit das Zentrum, in dem die Wohnstätten der Bevölkerung lagen, den Wirtschaftsraum, der sich in konzentr. Anordnung um den Siedlungskern gruppierte, bewirtschaftete, sowie eine Gemeinschaft, die in Bereichen wie Nutzung der gemeinsamen Einrichtungen und Güter, Regelung des dörfl. Alltags, Einrichtung von Flurwachen usw. eine relative Autonomie besaß. Nur selten ist anzunehmen, daß die Dorfgemeinschaft in jener Zeit – im Rahmen ihrer vergleichsweise bescheidenen Kompetenzen – von der Grundherrschaft unterdrückt wurde (d. h., in den wenigen Fällen, in denen →curtis und dörfl. Siedlung zusammenfielen). In der »Romania«, den Gebieten, die unter byz. Herrschaft verblieben waren, scheint die Entwicklung dörfl. Siedlungen mit anerkannter administrativer Eigenständigkeit langsamer vor sich gegangen zu sein, da der Typus der Streusiedlung auf den fundi und der Einzelgehöfte mit riesigem Latifundienbesitz länger erhalten blieb.

Die Krise des Karolingerreichs und die damit zusammenhängende Schwäche seiner Regierungsstrukturen führte in den D.ern zu einer Zunahme des Einflusses der Großgrundbesitzer auf ihre homines, v. a. als sie öffentl.-rechtl. Herrschaftsfunktionen wahrnahmen und sich ihre Autorität auf relativ geschlossene und ausgedehnte Gebiete erstreckte (über ihren eigtl. Grundbesitz hinausgehend und unabhängig von ihren mit dem Grundbesitz verbundenen Rechten, d. h. in der Form des dominatus loci). Die Folge war eine fortschreitende Verminderung der Autonomie und der Vorrechte der Dorfgemeinschaft, da die Herren nunmehr das Recht beanspruchten (und an ihre Repräsentanten delegierten), Ordnungen zu erlassen, vor Gericht zu laden, Strafen zu verhängen und die Verteidigung der Ortschaften durch den Bau und die Erhaltung von Befestigungsanlagen zu organisieren. In der Tat ist die Machtkonsolidierung der Herren vielfach auf die Errichtung von →Burgen (→Abschnitt C. III) zurückzuführen. So errichteten auch in der Folgezeit (vom 11. bis zum 13. Jh.) die Herren häufig befestigte Orte, um einerseits die Verteidigung ihrer Untergebenen zu gewährleisten, andererseits aber die Nutzung der Anbauflächen zu rationalisieren und zu verbessern und Siedlungen zu reorganisieren.

Allerdings ging diese Entwicklung nicht allein auf die Initiative der Herren zurück. Im Rahmen der allgemeinen Zunahme und der Konzentration von Siedlungen, die sich nach dem Ende des 10. Jh. im Gefolge des demograph. Aufschwungs und des starken Ausbaus der Landwirtschaft fast überall verzeichnen lassen, entstanden Neusiedlungen, auch solche des castrum-Typs, die nicht von einem Herren abhängig waren, vielerorts durch die Initiative der freien ländl. Bevölkerung selbst. Auch dadurch wurde jener umfassende Prozeß des →*incastellamento* gefördert, der sich vom 10. bis 13. Jh. allmählich vollzog, die verschiedenen Regionen der Apenninenhalbinsel in unterschiedl. Weise betraf und tiefgreifende Veränderungen der urspgrl. Siedlungsstruktur mit sich brachte: Alte Siedlungen fielen wüst, andere wurden von neuen Zentren absorbiert, viele neue Siedlungskerne entstanden, bei denen häufig in charakterist. Weise kirchl. und öffentl.-rechtl. Strukturen zusammenfielen. Die castra erlangten aufgrund ihrer Rolle bei der Verteidigung und als Zentren der Rechtsprechung und Verwaltung eine Sonderstellung im Vergleich zu den einfachen Dörfern.

b) *11.-15. Jh.:* Die günstige wirtschaftl. Situation, in der sich die rustici im 11. und 12. Jh. befanden, ermöglichte vielen dörfl. Gemeinschaften, die in Herrschaften einbezogen waren, den Herren gegenüber größere Autonomie zu beanspruchen; im 11. und 12. Jh. gibt es zahlreiche Quellenbelege für Auseinandersetzungen zw. domini und rustici (oder vicini). Letztere erhielten in immer häufigeren Fällen im D. die Entscheidungsbefugnis über das Gemeinwohl betreffende Angelegenheiten (auch bei Abwesenheit eines Vertreters des dominus) sowie das Recht, die Vorstände der Dorfgemeinden zu ernennen, für die Bewachung der Fluren und den Schutz der öffentl. Ruhe und Ordnung zu sorgen, Geldbußen aufzuerlegen und einzuziehen und über die Nutzung der gemeinsamen Einrichtungen und Güter zu bestimmen. Am Ende des 12. und zu Beginn des 13. Jh. entstanden in Nord- und Mittelitalien verstärkt →Landgemeinden (nicht zuletzt durch die

Nachahmung des städt. Vorbilds [→Kommune] bedingt). Dieser Prozeß erfaßte den Großteil der ländl. Bevölkerung, auch in den kleinsten Zentren, wobei nicht selten die städt. Kommunen den allgemeinen Widerstand gegen die Grundherren unterstützten. Damit begann die Krise der grundherrl. Machtstellung, die in der Folge allmählich die Grundherrschaft aus dem Spektrum der ländl. Verwaltungs- und Herrschaftsformen Nord- und Mittelitaliens verschwinden ließ.

Allerdings verloren im 13. und 14. Jh. die Landgemeinden infolge der Konsolidierung der Herrschaft der Städte über ihr Umland (→Contado) zunehmend an Stärke und Selbständigkeit, und die überwiegende Mehrzahl der D.er (ohne wesentl. Unterschied zw. vollentwickelten Landgemeinden und einfachen dörfl. Siedlungen) wurden allmählich in die territoriale Organisation eingebunden, die sich der Stadtstaat gab. Vorwiegend seit dem Ende des 13. Jh. sehen die städt. Statuten in zunehmendem Maße vor, daß auch die kleinsten ländl. Gemeinschaften des Contado (ab 10 oder sogar 5 Herdstellen) als Zellen der lokalen Verwaltung organisiert werden, um als Außenstellen des Verwaltungsapparats mit der Stadt als Zentrum zu fungieren; dies gilt für den fiskal. und rechtl. Bereich ebenso wie – als Begleiterscheinung der Ausdehnung des städt. Grundbesitzes im Contado – für die Flurwachen (Verantwortlichkeit der Konsuln oder solidar. Verantwortlichkeit der Bewohner, etc.). Einer derartigen Unterordnung unter die Städte vermochten sich in gewissem Maße nur einige wenige privilegierte Gemeinden zu entziehen (v. a. die Grenzorte), wie die →*borghi franchi* und die *terre nuove*. In der Folgezeit erfuhr diese Situation keine wesentl. Veränderungen: Konnte die Krise der Stadtstaaten und das Aufkommen von Territorialstaaten auch die starre polit. Bipolarität »Stadt-Contado« aufbrechen und gewisse größere Freiräume und mehr Autonomie gewähren, so zogen doch in erster Linie die größeren Zentren daraus ihren Nutzen. Aber im ganzen betrachtet blieb die starke Kontrolle der Stadtgemeinde über den Contado bestehen.

G. Chittolini

Lit.: L. Mengozzi, Il comune rurale del territorio lombardo-veneto, Studi senesi 31, 1915 – P. Vaccari, La territorialità come base dell'ordinamento giuridico del contado nell'Italia medioevale, 1963 [Slg. von Aufsätzen der Jahre 1921-24] – G. Tabacco, I liberi del re nell'Italia carolingia e postcarolingia, 1966 – G. Rossetti, Società e istituzioni nel contado lombardo durante il Medioevo, Cologno monzese, I, secoli VIII-X, 1968 – P. Cammarosano, Le campagne nell'età comunale (metà sec. XI – metà sec. XIV), 1974 – V. Fumagalli, Terra e società nell'Italia padana, 1976 – C. Violante, Pievi e parrocchie dalla fine del X all'inizio del XIII secolo (Le istituzioni della »Societas christiana« dei secoli XI-XII: diocesi, pievi e parrocchie, 1977) – G. P. Bognetti, Studi sulle origini del comune rurale, 1978 [Slg. der wesentl. Arbeiten des Verf. 1926/27-62] – G. Chittolini, La formazione dello stato regionale e le istituzioni del contado. Secoli XIV-XV, 1979 – A. Castagnetti, L'organizzazione del territorio rurale nel Medioevo, 1982² – weitere Lit. →Abschnitt A.II,2.

B. England und Irland

I. England – II. Irland.

I. England: [1] *Zum Begriff*: Im ma. England wurden ländl. Siedlungen volkssprachl. als *towns* bezeichnet, lat. geschriebene Quellen sprechen von 'villa' oder 'villata', in späterer Zeit wurde die frz. Form *village* übernommen. Im terminolog. Kontext des agrar. Siedlungsraumes steht 'village' für eine große Gruppensiedlung im Unterschied zu Kleinformen wie dem Weiler (*hamlet*) oder zum Einzelhof (*farmstead*). 'Village' oder *vill* bezeichnen aber auch die Organisation entweder in Form einer sich selbst verwaltenden bäuerl. Gemeinschaft (→Landgemeinde) oder einer örtl. Verwaltungsbehörde, die insbes. die Erhebung von Steuern und Abgaben vornimmt bzw. überwacht. Wurde der Begriff im letzteren Sinne angewandt, konnte die vill auch in einer Anzahl von verstreut liegenden Weilern oder Einzelgehöften bestehen.

[2] *Siedlungsgeschichte*: Herrschten im England des 5.–9. Jh. kleine und verstreut liegende ländl. Siedlungstypen vor, so bildeten sich im 9.–12. Jh. in bestimmten Gebieten offenbar größere Dorfsiedlungen aus. Der Höhepunkt dieser Entwicklung lag im 13. Jh.; damals nahm die Siedelform des D.s eine breite Zone von Northumberland im NO über die Midlands bis in die Kreideebenen des mittleren Südengland ein. Demgegenüber blieben im SO, in East Anglia und im W die hamlets und andere Arten der Streusiedlung verbreitet. Auch inmitten der Regionen mit überwiegend dörfl. Siedlung erhielten sich in den Waldregionen Bereiche mit Streusiedlung. Größere D.er waren häufig mit sehr ausgedehnten und regelmäßigen Flursystemen verbunden, was implizierte, daß die Entstehung dieser Siedlungen und ihrer Flursysteme durch bestimmte Umweltfaktoren begünstigt wurde und mit dem Bevölkerungswachstum und der daraus resultierenden Binnenkolonisation (→Kolonisation und Landesausbau) zusammenhing. – Zur archäolog. Erforschung der dörfl. Siedlung s. →England, Abschnitt Archäologie.

Die Beziehung zw. den D.ern und den Grundherren (*landlords*) wird kontrovers beurteilt. Die meisten D.er waren im Besitz mehrerer Grundherren, was zur Folge hatte, daß ihre Einheit auf dem Funktionieren der bäuerl. Gemeinde beruhte. Zwar ist die Auffassung vertreten worden, daß die regelmäßige Anlage einiger D.er, insbes. in den nördl. Gft.en, auf der bewußten Gründungstätigkeit von adligen Grundherren beruht, jedoch kann die Planung zahlreicher D.er und Fluren auch auf die bäuerl. Gemeindeordnungen mit ihren strengen Vorschriften für Anbau, Ernte und Weide zurückgehen. Die Rolle der Grundherren für das Leben und die Organisation der D.er wird ohne weiteres anhand der Urkk. und Akten der grundherrl. Gerichte deutlich, in denen die Grundherren allerdings auf die Mithilfe der führenden Dorfbewohner, die als Geschworene und Amtleute fungierten, angewiesen waren.

[3] *Rechts-, Wirtschafts- und Sozialgeschichte*: Als Verwaltungseinheit verfügte das D. über eine Reihe von Funktionen. Entscheidende Bedeutung hatte die Kontrolle der gemeinschaftl. genutzten Flächen (→Allmende), die mancherorts durch das grundherrl. Gericht wahrgenommen wurde. Die örtl. Gewohnheitsrechte und Statuten (*byelaws*), meist aus dem 14. und 15. Jh., zeigen die Bestrebungen der Dorfbewohner, ihre Gemeinschaftsrechte und -interessen zu verteidigen, insbes. hinsichtl. der Durchführung der Getreideernte sowie der Festlegung der Weiderechte. In D.ern mit geteilter Herrschaft wurden die Statuten auf Dorfversammlungen beschlossen. Derartige Versammlungen, manchmal als »Volksabstimmungen« bezeichnet, fanden auch in D.ern statt, die zu großen Grundherrschaften mit zahlreichen Einzelsiedlungen gehörten, so in Wakefield (Yorkshire). Die D.er waren auch für die Aufrechterhaltung von Recht und Gesetz verantwortl. und verfügten daher über Büttel (→*constable*) und Wächter; auch wurde die Dorfbevölkerung bei Verbrechen und Überfällen zur Gerichts- und Landfolge aufgerufen. Die D.er bildeten fiskal. Einheiten, insbes. im 13. Jh. die weltl. Bede (*lay subsidies*) eingeführt worden war. Nach 1334 wurden sie verpflichtet, einen festen Steuersatz festzulegen und diesen unter den Dorfbewohnern aufzuteilen. Die D.er dienten als Grundlage für die Aushebung der kgl. Truppen und hatten Straßen und

Brücken instandzuhalten. Da die D.er oft mit den Pfarrgemeinden (→Pfarrei) übereinstimmten, wurden die Selbstverwaltungsorgane der D.er auch benutzt, um die Gelder für Kirchenbau und -reparatur bereitzustellen. Die Dorfbewohner konnten ihre Fähigkeit, Gemeinschaftsfonds zu bilden und sich selbst zu verwalten, jedoch auch gegen die Obrigkeit richten, wie die zahlreichen Prozesse des 13. und 14. Jh. zeigen, in denen Bauern und ländl. Gemeinden bestrebt waren, ihre Freiheit zu beweisen. Ebenso war das D. im großen engl. Bauernaufstand von 1381 (→Tyler, Wat) eine wichtige Organisationseinheit.

Der Zusammenhalt der dörfl. Gemeinschaft scheint im Laufe des MA Wandlungen erfahren zu haben. Bis ca. 1300 trug die wachsende Intensität bei der Ausnutzung der wirtschaftl. Grundlagen zu einer Stärkung der bäuerl. Solidarität bei, insbes. weil kostbares Land (v. a. die schwindenden Weideflächen) gegen den Egoismus einzelner Dorfbewohner und die Übergriffe von Außenstehenden verteidigt werden mußte. Im 12. und 13. Jh. wurde in bestimmten D.ern eine völlige Reorganisation der Flur durchgeführt, was die Fähigkeit zu kollektiven Entscheidungen in bemerkenswerter Weise vor Augen führte. Die Sozialstruktur der meisten D.er, deren Bevölkerung sich aus Kleinstelleninhabern und größeren Bauern zusammensetzte, führte zu verschiedenen gegenseitigen Abhängigkeiten innerhalb des D.s (Arbeitsverhältnisse, Leihe von Land und Geld). Reiche und arme Dorfbewohner unterschieden sich zwar nach Lebensstandard und Sozialverhalten, doch gibt es keine Hinweise auf tiefgreifende Gegensätze. Tatsächlich waren die wirtschaftl.-sozialen Ungleichheiten nicht allzu groß; der Landbesitz selbst der Oberschicht der »reicheren« Bauern, die auch Ämter innehatten, betrug oft nicht mehr als 20-30 acres. Häufig wird die Auffassung vertreten, daß nach dem demograph. Einbruch des 14. Jh. die herkömml. Dorfgemeinschaft durch Wanderbewegungen und wachsende soziale Ungleichheit vernichtet wurde. Dies gilt jedoch nicht für alle D.er; mancherorts blieben viele Familien mit ihren als Pachtland ausgetanen Besitzungen verbunden, wodurch die gegenseitigen Abhängigkeitsverhältnisse aufrechterhalten wurden. Die zahlreichen örtl. Statuten und der Wiederaufbau von Kirchen um 1400 zeigen die Vitalität vieler Dorfgemeinschaften; dies gilt auch für die Zeit nach 1400. Erst aus dieser Zeit haben wir auch Belege für eine lebendige Tradition ländl. →Brauchtums, bei dem durch eine Reihe von Festen die Dorfbevölkerung sich in Solidarität verband. Doch traten nun auch zunehmende Spannungen auf, die z. T. in Verbindung standen mit dem Aufstieg der Schicht der →yeomen, die Acker- und v. a. Weidewirtschaft in großem Stil betrieben und dadurch die Existenz der traditionell wirtschaftenden Bauern bedrohten (s. a. →Bauernlegen, →Einfriedung, →enclosure). Der kleinere Teil der engl. D.er fiel völlig wüst (→Wüstung); in der Periode von 1380-1480 gingen 3000 D.er ab oder wurden doch ernsthaft geschwächt – ein Prozeß, bei dem Agrarkrise und Wanderungsbewegung zusammenwirkten. Ch. Dyer

Lit.: H. M. Cam, The Community of the Vill (Medieval Stud. ... R. Graham, 1950) – W. O. Ault, Open-Field Farming in Medieval England, 1972 – R. H. Hilton, The English Peasantry in the Later MA, 1975 – C. Phythian Adams, Local Hist. and Folklore, 1975 – E. Mason, The Role of the English Parishioner, JEcH 7, 1976, 17–29 – E. Britton, The Community of the Vill, 1977 – B. K. Roberts, Rural Settlements in Britain, 1977 – Z. Razi, Family, Land and the Village Community in Later Medieval England, PP 93, 1981, 3–36 – T. Rowley, The Origins of Open Field Agriculture, 1981 – C. C. Taylor, Village and Farmstead, 1983 – H. Clarke, The Archaeology of Medieval England, 1984.

II. Irland: Erst nach dem Beginn der anglonorm. Invasion (ab 1169) treten in Irland auf einen Herrenhof (*manor*) zentrierte D.er auf, wie sie im engl. Tiefland verbreitet waren. In der vornorm. Periode herrschten im ir. Binnenland dagegen Einzelhofsiedlungen in Ringwällen (*ringforts*) vor. Hierbei handelte es sich um verstreute, von Wall und Graben umgebene Höfe, die aus der Zeit vor 1000 stammen; sie wurden bewohnt von einer einzigen Familie, die eine freie Rechtsstellung genoß. Die einzigen bekannten größeren Siedlungszentren, die es außer den Ringwällen gab, waren die Klostersiedlungen des frühen ir. Mönchstums und die hiberno-skand. »Wikisiedlungen« an der ir. Ostküste. Es ist auch die Hypothese aufgestellt worden, daß Vorläufer des (nachma.) *clachan*, einer – in der Regel planlosen – Ansammlung von Bauernhäusern mit dazugehörigen Anbauten, als Wohnstätten der unfreien kelt. Landbevölkerung ins frühere MA zurückreichen.

Um engl. und nordwesteuropäische Siedler für die Gebiete der anglonormannisch beherrschten Gebiete Irlands zu gewinnen, verliehen die großen Feudalherren zahlreichen Siedlungen die Rechte von →*boroughs*, obwohl sie ihren dörfl.-agrar. Charakter behielten. Diesen ländl. boroughs wurden oft städt. Privilegien nach dem Vorbild von Breteuil, einer kleinen nordfrz. Stadt, gewährt, darunter auch das *burgage* (→*bourgage*), das Besitzrecht an einem Grundstück innerhalb des Areals der borough, für das ein Jahreszins von einem Schilling entrichtet werden mußte (an einigen Orten, so in Kinsalebeg, Gft. Cork, nur Sixpence pro Jahr). Andere Rechte, die den »Bürgern« in diesen Privilegien eingeräumt wurden, betrafen den freien, nicht durch Feudalabgaben belasteten Kauf und Verkauf der burgage-Anteile und die Einrichtung eines borough-Gerichtshofes, vor dem die Siedlergemeinschaft ihre eigenen Angelegenheiten, ohne Behinderung durch den Ortsherrn, regeln konnte.

Wenn auch diese Siedlungen in erster Linie auf die Initiative anglonorm. Adliger zurückgingen, so gibt es auch einige Beispiele von ländl. boroughs, die von Iren begründet wurden. In Kilmaclenine (Gft. Cork) etwa verlieh Bf. Daniel v. Cloyne 1251 den dortigen Gerbern eine Carta nach dem Vorbild von Breteuil, doch mit der Einschränkung: »Quiquidem burgenses sunt *betagii*, quare non possunt ire ex villa nisi facere pasturam super terras dominicas domini.« Da die →*betaghs* in den Quellen üblicherweise als unfreie Pächter auftreten, ist es bemerkenswert, daß sie hier als Inhaber des Bürgerrechts betrachtet werden. Anscheinend beschränkte sich der Aufschwung der dörfl. Siedlungen in Irland auf das 13. Jh., die Agrarkrise führte dagegen seit dem frühen 14. Jh. zum Wüstwerden zahlreicher Siedlungen (→Wüstung). Im Herzen des anglonorm. Herrschaftsraumes, insbes. in der Region um Dublin, haben sich die Nachfahren der ma. Dorfsiedlungen im Landschaftsbild erhalten, wobei Kirche und Burg bzw. Schloß die einzigen sichtbaren Zeugen ihrer großen ma. Vergangenheit sind. Weiter im Westen verfügten – wie neuere Untersuchungen in der Gft. Westmeath ergeben haben – die meisten der in anglonorm. Zeit entstandenen D.er jedoch offenbar nicht über einen solchen regelmäßigen Grundriß, wie er im engl. Tiefland üblich war. T. B. Barry

Lit.: T. B. Barry, The Archaeology of Medieval Ireland [im Dr.].

C. Skandinavien

I. Dänemark – II. Schweden und Finnland.

I. Dänemark: [1] *Archäologie und Siedlungsgeschichte:* Um 1500 wurde das Siedlungsbild Dänemarks von dörfl. Siedlungen geprägt. Die Einzelhofsiedlung fand sich lediglich in den Heidelandschaften W-Jütlands und einigen hügeligen

Landstrichen in anderen Landesteilen. Außerhalb dieser Regionen lagen über 90% der Höfe in D.ern, d. h. in Ansiedlungen mit mindestens drei Höfen in Flurgemeinschaft.

Zahlreiche archäolog. Untersuchungen dokumentieren, daß das D. bereits in der älteren Eisenzeit (500 v. Chr. bis 400 n. Chr) die vorherrschende Siedlungsform war. In letzter Zeit wurde – v. a. bei Grabungen in Schonen, auf Fünen und Seeland (Halbinsel Stevn) – bes. Augenmerk auf den Übergang von frühgeschichtl. Siedlungsformen zu den (meist noch heute bestehenden) ma. D.ern gelegt. Das übereinstimmende Resultat ist, daß die Ortsfestigkeit der ma. D.er etwa im 10./11.Jh. aufkommt. Vor dieser Zeit »wanderten« die D.er: Das eisenzeitl. D. blieb in der Regel 100 bis 200 Jahre auf derselben Stelle, verschob sich dann um einige 100 m, bewegte sich aber nie über die Grenze der Dorfmark hinaus. Die Dorfmark war meist von Flußläufen, Mooren oder anderen natürl. Hindernissen begrenzt. Ein Beispiel für ein »wanderndes« D. ist →Vorbasse (Jütland), wo sich die »Wanderung« in acht Phasen – vom letzten vorchristl. Jh. bis ins 11. Jh. (Grundlegung des heutigen D.s und der Kirche) – beobachten ließ. Das Aufkommen ortsfester D.er im 10./11. Jh. hängt nach bisherigen Erkenntnissen mit der Einführung des Zelgensystems (→Dreifelderwirtschaft) und des Räderpflugs mit Streichbrett sowie mit der Verfestigung des ma. Staates mit seinem Steuerwesen und der Ausbreitung der Kirchenorganisation zusammen.

Die Zunahme der Bevölkerung und die Intensivierung der Landwirtschaft führten zu einer Ausbauphase, d. h. zur Anlage zahlreicher Filialdörfer (*torp*) im Zuge von Neukolonisation oder Neuparzellierung bereits bestehender Dorfmarken mit Eigentümergenossenschaften. Im Laufe des 13. Jh. ließ diese Ausbauphase nach und wurde von einer gegenläufigen Bewegung abgelöst, die insbes. die torp-D.er erfaßte. So verschwand etwa auf Fünen bis 1500 infolge von Wüstlegung oder Siedlungskonzentration jedes vierte torp-Dorf.

[2] *Dorfformen, Flureinteilung und Wirtschaftsform:* Die Haustierhaltung (einschl. der Schafzucht) scheint in der eisenzeitl. Periode eine äußerst wichtige Rolle gespielt zu haben, denn in der Regel lagen die D.er am Rande größerer Weidegebiete. Dagegen ist ein großer Teil der ma. D.er mitten in die Dorfmark plaziert und von den Äckern umgeben. Die Intensivierung des Ackerbaus im Zusammenhang mit der Einführung des Räderpflugs mit Streichbrett, die Ausbreitung des Ackerlandes und des Zelgensystems führten im HochMA zu einem Rückgang der Viehhaltung.

Während der gesamten Eisenzeit traten in den D.ern neben den ungefähr gleichgroßen Höfen auch Großhöfe auf, und seit der Wikingerzeit lassen sich in den D.ern regelrechte Großwirtschaften nachweisen, mit Ställen für bis zu 100 Kühen. Daneben gab es aber auch D.er mit gleichgroßen Hofanlagen (»Familienwirtschaften«). Seit dem 13. Jh. ist in den Quellen ein System von Großgütern belegt, bei deren Bewirtschaftung die Grundbesitzer große Meierhöfe mit angegliederten frondienstpflichtigen Kleinbauernstellen (*garthsæthæ*, inquilini) in den umliegenden D.ern einsetzten. Auch in dieser Zeit gab es weiterhin D.er mit gleichgroßen Wirtschaften, ein System, das wegen der Umwälzungen während der spätma. Agrarkrise (→Wüstung) noch bis ins 15. Jh. hinein vorherrschend blieb (→Dänemark, F).

Die Anlage der ma. D.er war vom Gelände, von d. Flurformen u. von den Besitzverhältnissen geprägt. die meisten dän. D.er waren geländeabhängige Siedlungen, bei denen die Höfe längs eines Weges lagen, der sich unter Vermeidung von Höhenzügen und Niederungen in Windungen durch die Landschaft zog. Diese »gewundenen« Straßendörfer waren das Ergebnis einer Anpassung an die örtlichen Gegebenheiten. In vielen Fällen hatten die D.er jedoch eine geschlossenere Form: die Höfe waren dabei um die *forta* (neudän. *forte*), einen großen, offenen Platz in der Dorfmitte, gruppiert. Die forta war Gemeinschaftsbesitz des D.s und wurde u. a. als Sammelplatz für Vieh genutzt. Dörfer mit forta sind als Siedlungstyp bereits seit der älteren Eisenzeit bekannt.

Eine Reihe von D.ern haben einen streng regulierten, meist rechteckigen Zuschnitt; die Höfe verteilen sich regelmäßig zu beiden Seiten eines Weges oder eines rechteckigen Dorfplatzes. Als Siedlungstyp sind solche regulierten Dorfgrundstücke schon aus dem 4./5. Jh. bekannt. Regulierte ma. D.er sind bes. auf Falster allgemein verbreitet, finden sich aber auch vereinzelt in den meisten anderen Landesteilen. Die Regulierungen auf Falster wurden wohl um 1200 vorgenommen und stehen in Verbindung mit einer Verlegung des Dorfgrundstücks und der Einführung einer regulierten Flureinteilung, der »Sonnenteilung« (adän. *solskift*). Die im →Jütschen Recht von 1241 erwähnte Sonnenteilung (→*solskifte*) bedeutet, daß Lage (»zur Sonne«, d. h. in welcher Himmelsrichtung) und Breite eines Hofgrundstücks (*toft*) im D. maßgebend waren für die Reihenfolge der Ackeranteile eines Hofes am jeweiligen Flurstück, respektive für die Breite der jeweiligen Parzellen. Das Dorfgrundstück spiegelte somit die Besitzverteilung in der gesamten Dorfmark wider, so daß die Hofgrundstücke als Grundlage für Steuerveranlagungen verwendet werden konnten.

Es zeigt sich, daß Sonnenteilung und regulierte Dorfanlagen insbes. dort eingeführt wurden, wo sich ein ganzes D. in der Hand eines einzigen Grundbesitzers – häufig der Krone – befand. Aus dem SpätMA (1350–1500) und der frühen NZ (1500–1800) sind ebenfalls zahlreiche regulierende Maßnahmen von seiten der Grundbesitzer bekannt, häufig in Form von Egalisierungen. Dabei wurden sämtl. Höfe eines D.s in ihren Anteilen an Acker- und Weideland sowie an Abgabenleistungen gleichgestellt. Bei solchen Egalisierungen wurde die Sonnenteilung häufig in der Dorfmark eingeführt, während das Dorfgrundstück in der Regel unangetastet blieb. Auf Fyn (Fünen) wurde gut die Hälfte aller D.er einer solchen Egalisierung unterzogen und damit die ma. Landverteilung radikal verändert. Der regulierende Eingriff der Grundbesitzer in die überkommene Struktur des D.s scheint in erster Linie einer Rationalisierung der Verwaltung gedient zu haben, außerdem sollte eine gleichmäßige Verteilung von Steuern und Abgaben im Verhältnis zur Wirtschaftskraft des einzelnen Hofes gesichert werden. E. Porsmose

Lit.: F. Hastrup, Danske landsbytyper. En geografisk analyse, 1964 – A. Steensberg–J. L. Østergaard Christensen, Store Valby, I–II, 1974 – Viking-Age Settlements in Western and Central Jutland, ed. C. J. Becker, Acta Archaeologica 50, 1979, 89–208 – Fra Jernalder til Middelalder. Skrifter fra Hist. Inst., ed. H. Thrane (Odense Univ. 27, 1979) – S. Gissel u. a., Desertion and Land Colonization in the Nordic Countries c. 1300–1600, 1981 – T. G. Jeppesen, Middelalderlandsbyens Opståen, 1981 – E. Porsmose, Den regulerede Landsby, I–II, 1981 – A. Steensberg, Borup AD 700–1400, 1983.

II. Schweden und Finnland: [1] *Zum Begriff:* Der Begriff *by* ist im Schwed. nicht eindeutig umrissen; am ehesten entspricht by dem dt. 'Weiler' und meint eine Siedlungsform von 2–10 Höfen, selten mehr. Auch gibt es keine einheitliche wissenschaftl. Definition des Begriffs 'by' – in den meisten Fällen wird er jedoch als Gegensatz zum Einzelhof verwendet. Dieses »D.« besteht somit aus mindestens zwei Höfen mit einem abgegrenzten Flurbezirk, der die getrennt oder gemeinschaftl. bewirtschafteten Besitzanteile aller Dorfgenossen umfaßt. Das D. besitzt in der Regel eine Flurgemengelage mit gemeinsamer Allmende und gemeinsamen Fischereigewässern.

[2] *Archäologie und Siedlungsgeschichte:* Die Kenntnisse über dörfl. Besiedlung vor 1050 – das skand. MA umfaßt den Zeitraum von 1050–1500 – sind gering. Aufgrund archäolog. und geogr. Felduntersuchungen liegen aber inzwischen eine ganze Reihe von Ergebnissen gerade über frühgeschichtl. D.er vor. Schriftl. Quellenmaterial fehlt für diese frühe Periode gänzlich. Aufbau und Entwicklung des D.s im HochMA lassen sich dagegen mit größerer Sicherheit studieren. Für regionale Vergleiche können in erster Linie Katasterkarten des 17. Jh. herangezogen werden.

Vorgeschichtliche dorfähnl. Siedlungen sind aus S-Schweden und von den größeren Ostseeinseln (Öland) bekannt. Die ma. D.er entstanden erst um das Jahr 1000; entsprechende Vorläufersiedlungen befanden sich im gleichen lokalen Einzugsbereich wie die ma. Dörfer. Meist bestanden sie aus einer geringeren Anzahl von Höfen (2–3), die in etwa gleichen Zeiträumen ihre Lage durch »Wanderung« um 200–300 m innerhalb desselben Reviers veränderten. In Östergötland gab es bereits in der älteren Eisenzeit (vor 600 n. Chr.) Areale mit gemeinsamer Nutzung durch mehrere Höfe. Später wurde das gemeinsam genutzte Areal in mehrere selbständige Wirtschaften aufgeteilt. In Östergötland erscheinen jedoch D.er mit Plangewannflur mit Sicherheit erst im frühen MA. Ähnliche Verhältnisse lassen sich auch auf Gotland (Vallhagar) feststellen, wo mehrere lose gruppierte Höfe ein gemeinsames Besitzareal bildeten, das dann schon in der jüngeren Eisenzeit (vor 1000 n. Chr.) in die charakterist. gotländ. Einzelhoftypen aufgesplittert wurde. Die bekannteste gesicherte frühgeschichtl. Dorfsiedlung ist →Eketorp auf Öland, deren z. T. kreisförmige Anlage deutlich auf einen bewußten Siedlungsplan hinweist.

[3] *Dorfformen, Flureinteilung und Wirtschaftsform nach einzelnen Regionen:* Die Dorftypen (von mindestens 2 Höfen) im ma. Schweden und Finnland bestimmten in den einzelnen Gebieten das Siedlungsbild unterschiedl., bes. gegenüber dem Einzelhof.

In Schonen, Blekinge und Halland zeigte die Besiedlung weitgehende Geländeanpassung und befand sich meist in der Nähe von Wasserläufen. Seit dem Beginn des skand. MA nahm sie in den zentralen landwirtschaftl. genutzten Gebieten die Form eines Platzdorfs mit Plangewannflur an, daneben existierten andere Anbausysteme. Die D.er waren mit bis zu 25 Hufen (schwed. *bol*) für schwed. Verhältnisse relativ groß; die Äcker wurden vornehml. nach dem Bandparzellentyp angelegt. Die Verteilung der Ackerflur konnte beträchtl. Unregelmäßigkeiten aufweisen, wurde aber systemat. nach der Hufenanzahl vorgenommen (*bolskifte*). Eine sekundäre Aufteilung der Hufen konnte nachträgl. stattfinden. In bestimmten Gebieten wurde die sog. »Sonnenteilung« (→*solskifte*, vgl. Abschnitt I) angewendet, bei der größere Höfe größere (breitere) Äcker als diejenigen der geringer gestellten Höfe hatten. Bei der bol-Teilung hatten dagegen die Parzellen die gleiche Breite mit einer internen Aufteilung zw. den nach Hufen veranlagten Höfen. In den Randgebieten der Region waren die D.er kleiner und die Dorfformen weniger ausgebildet (Halland). Auch hier gab es Platzdörfer, jedoch mit einfacheren Flurformen (Langstreifen); vorherrschend war die Einfeldwirtschaft. In waldreichen Landstrichen waren Einzelhöfe verbreitet. Die Entwicklung in der gesamten Region hat starke Ähnlichkeit mit den Verhältnissen in Dänemark und Norddeutschland.

Das Siedlungsbild des südschwed. Hochlands (Småland) wurde an den meisten Stellen von Einzelhöfen bestimmt; es konnten sich aber auch in günstigeren Lagen, meist durch Hofteilungen, kleinere Hofgruppen herausbilden. Diese einfachen Dorfformen waren meistenteils vormittelalterl., aber auch ma. Formen lassen sich feststellen. Diese Siedlungen lagen über der höchsten Küstenlinie mit verhältnismäßig guten Ackerbaubedingungen und günstigem Klima. Vorherrschend war die Einfeldwirtschaft.

Das westschwed. Flachland war heterogen strukturiert, mit einer frühen Mischung von Ein-, Zwei- und Dreifelderwirtschaft. Das Platzdorf war der am meisten verbreitete Siedlungstyp und unter den D.ern mit Dreifelderwirtschaft am besten entwickelt. In den östl. Gebieten lagen die Siedlungen in den Niederungen der Wasserläufe, in den übrigen Gebieten in höheren Lagen. Die D.er mit Dreifelderwirtschaft hatten innerhalb der Zelgen sowohl unregelmäßige Blockfluren als auch unregelmäß. Fluren mit Bandparzellierung. In den D.ern mit Einfeldwirtschaft dominierte dagegen die Bandparzellierung. Im Laufe der Zeit vollzog sich die Entwicklung vom Blockgemenge zur Gewannflur. In den zentralen Landschaften (Västergötland) konnte es recht große D.er mit 20–25 Höfen geben, die oft an die größeren D.er in Schonen erinnern.

Das ostschwed. »solskifte«-Gebiet zeigt ein eigenes siedlungshistor. Gepräge und eine starke Anpassung an die Bedingungen der sog. Bruchtallandschaft. Die D.er waren meist klein, hatten selten mehr als 5 Hufen und lagen erhöht auf Moränenzügen; es dominierten Zweifelderwirtschaft und Sonnenteilung. Bisweilen wurde die Besiedlungsstruktur nachhaltig durch die Einführung der sog. *laga läge* beeinflußt, d. h., daß das D. auf einer nach bestimmten Regeln zugeschnittenen Fläche angelegt wurde (*tomt*). Die Absicht war u. a., genauen Aufschluß über die Besitzverteilung unter den Nachbarn zu gewinnen. Die Größe des Hofgrundstücks wurde somit nach dem Gesamtbesitz des Hofes bemessen. Gleichzeitig war das Hofgrundstück die Maßeinheit bei der Aufteilung von Acker- und Wiesenland und Kriterium für die Reihenfolge der einzelnen Besitzanteile. In den meisten Fällen erfolgte wohl nur eine strikte Verteilung der Ackerflur (solskifte), die Dorfanlagen blieben unangetastet. Eher konnten sich spontane und dem Gelände angepaßte Formen herausbilden; nur auf der Insel Öland wurden meistens neben den Äckern auch die D.er reguliert. Diese Insel wird noch heute von diesen großen regulierten D.ern geprägt, die im MA häufig über 10 Höfe hatten und kontinentalen Straßendörfern vergleichbar sind.

In Dalarna gab es oft große, unregelmäßige, bisweilen lose strukturierte D.er, die bereits im MA häufig bis zu 10 Höfe hatten, was u. a. darauf zurückzuführen ist, daß dort Realteilung angewendet wurde. Das Ackerareal spielte nur eine geringe Rolle, und es wurde Einfeldwirtschaft betrieben. Stattdessen lag das Hauptgewicht auf Weide- und Almwirtschaft.

In dem Gebiet um den Storsjö in Jämtland gab es frühe Siedlungen, aus denen schon im MA dörfl. Siedlungsformen hervorgingen. Die Einfeldwirtschaft dominierte, und unter den Höfen herrschte, ähnlich wie bei den Waldhufendörfern, in Ansätzen Gemengelage mit langen, breiten Parzellen quer über die Ackerflur. Unregelmäßig angelegte, aus Hofgruppen bestehende D.er mit geringer Gemengelage gab es ebenfalls. Die Siedlungen lagen oft in linearer Anordnung längs eines Weges, Wasserlaufs o. ä.

In den heute zu Schweden und Finnland gehörigen Küstenstrichen um den Bottn. und Finn. Meerbusen mit größeren Flußtälern war die Besiedlung zum Wasser hin orientiert, der Anbau erfolgte meist auf Flußsedimenten. Die Ackerfluren nahmen im Laufe des MA Blockform an, die Gemengelage war schwach entwickelt, und die Siedlungen zogen sich auch hier linear an Wegen und Wasserläufen entlang (wie Waldhufen- und Marschhufendörfer); stellenweise traten aber auch Haufendörfer auf. Einfeldwirtschaft dominierte, in späterer Zeit wurden allerdings durchgängig Brachfelder in das Anbausystem einbezogen. Auch führte eine spätere Besiedlungsausweitung zu Gemengelage, die somit keineswegs urspgl. war; die Flurformen folgten einfachen Teilungsprinzipien.

Im südöstl. Finnland machten sich auch östl. Einflüsse im Siedlungsbild geltend, meist in Form größerer Hofgruppen oder D.er mit einem System blockförmiger, voneinander abgesonderter Besitzareale. Zweifelderwirtschaft wurde stellenweise ebenfalls betrieben, genauso wie →Brandwirtschaft, die gerade in weiten Teilen Finnlands gebräuchl. war.

Das südwestl. Finnland erinnert in bezug auf Geländeanpassung der Siedlungen und Ackerformen an die »solskifte«-Gegenden in Ostschweden. Im MA waren hier die Äcker, später auch die Weiden, nach dem Sonnenteilungsprinzip aufgeteilt. Die Häuser waren dagegen oft auf einem unregulierten Dorfgrundriß in der Art eines Haufendorfs zusammengefaßt, das selten mehr als 5 Höfe zählte. Die Zweifelderwirtschaft dominierte.

In den übrigen Regionen Schwedens und Finnlands herrschte die Einzelhofsiedlung vor. Manchmal konnten Hofteilungen zur Bildung kleinerer Hofgruppen führen. In Gebirgsgegenden waren Streusiedlungen mit Almwirtschaft verbreitet. Auch in Norwegen war die Einzelhofsiedlung die übliche ländl. Siedelform.

Im 18. und 19. Jh. wurden die D.er in Schweden und Finnland im Zuge verschiedener Agrarreformen aufgelöst. In vielen Gegenden prägt daher erneut der Einzelhof die Landschaft. Trotz der Auflösung alter Dorfformen gibt es dennoch an vielen Stellen D.er in alter Lage.

U. Sporrong

Lit.: KL X, 218ff. – B. Nikander, Kulturformer och bebyggelscformer i Finland, Folkliv 1950–51, 103ff. – S. Göranson, Field and Village on the Island of Öland, Geografiska Annaler, 1958 – S. Erixon, D.er und Flurstrukturen, Schwed. VK (Fschr. S. Svensson, 1961), 131–152 – S. Helmfrid, Östergötland Västanstäng. Stud. über die ältere Agrarlandschaft und ihre Genese, 1963 – J. Granlund, D.- und Flurformen Schwedens (VuF 8, Bd. II, 1964), 307–324.

D. Iberische Halbinsel
I. Archäologie und Siedlungsgeschichte – II. Rechts-, Wirtschafts- und Sozialgeschichte.

I. Archäologie und Siedlungsgeschichte: Die ländl. Siedlungen auf der Iber. Halbinsel sind unterschiedl. gut erforscht, es gibt nur wenige größere Studien über das span. D. des MA. In einigen Fällen konnte eine Kontinuität von den spätröm. pagi oder vici, ja sogar bedeutender civitates, die einen starken Bevölkerungsschwund erfahren hatten, zum D. des MA nachgewiesen werden. Die Strukturen des D.s unterscheiden sich in den einzelnen span. Regionen. Im N mit seiner sehr verstreut lebenden Bevölkerung bestanden die Siedlungen aus Einzelhöfen oder aus kleineren dörfl. Siedlungen, die zwanzig Herdstellen nicht überschritten. Je weiter man nach S ins christl. oder arab. Spanien vordringt, desto größer werden die Siedlungen. Sie umfaßten bis zu 200, auch räuml. weit enger zusammenliegende Herdstellen. Ausgrabungen im Flußbecken des Irati (Navarra) förderten einen Dorftyp zu Tage, für das Ascoz (11.–14. Jh.) das beste Beispiel darstellt. Die Häuser, aus grob behauenen Steinen und mit ein oder zwei Wohnräumen im Rechteck angelegt, bildeten Straßendörfer oder Angerdörfer. Die Kirche, deren wesentl. dickere Mauern weit sorgfältiger ausgeführt waren, lag etwas abseits, in einigen D.ern gab es einen befestigten Turm. Der gefundene Hausrat bestand aus gewöhnl., auf der Drehscheibe gefertigter Keramik, nur in vereinzelten Fällen wurden Gebrauchsgegenstände aus Metall gefunden. In Galicien schlossen sich die D.er um die Kirche zu einer größeren Einheit, dem Kirchspiel (*parroquia*), zusammen. Das galicische Haus hatte zwei oder drei Räume, von denen einer dem Vieh vorbehalten blieb. Genauere Kenntnisse haben wir von den D.ern im SO der Halbinsel. Ihre Klassifizierung durch A. Bazzana für die trockenen Zonen Spaniens besitzt sowohl für die christl. als auch die arab. besiedelten Gebiete Gültigkeit: Es handelt sich erstens um Fluchtdörfer, die auf einer Anhöhe errichtet wurden und im allgemeinen von Mauern umgeben waren, zweitens um Ansiedlungen, die um eine Burg entstanden, und drittens um Siedlungen, die in der Ebene angelegt wurden. Die Wände der Häuser sind hier, einer Tradition folgend, die bis zu den iber. Siedlungen zurückreicht, aus Stein oder gemäß einer Bautechnik, die man den Arabern zuschreibt (obgleich sie weit älter sein kann), aus Lehm (Pisébau) errichtet (vgl. →Haus, -formen). Zu jedem D. gehörte ein Friedhof, der der jeweiligen Religion entsprechend, unter Christentum, Islam oder Christentum, angelegt war. Die Christen griffen auf das Vorbild der spätröm. und westgot. Nekropolen zurück. Auch die Keramik ist regional verschieden. Meist überwiegt jedoch die ockerfarbige oder graue, schlecht gebrannte Gebrauchskeramik, die aus einer undefinierbaren Masse angefertigt wurde: Wasserkrüge, Töpfe, Weinkannen, Eimerwerke für Schöpfräder (im S) usw. Die hochwertige arab. Keramik findet sich weniger im ländl. Lebensbereich.

F. J. Presedo Velo

Für die *Siedlungsgeschichte* des D.s auf der Iber. Halbinsel war die arab. Eroberung großer Teile des Landes von entscheidender Bedeutung. Die dichtbesiedelte Zone des Duerobeckens, in der sich Besiedlungskontinuität – teilweise über die westgot. und röm. Periode hinaus – belegen läßt, erlebte im Verlauf des FrühMA eine zunehmende Entvölkerung. Nach den siegreichen Feldzügen →Alfons I. v. Asturien (739–757) und seines Bruders →Fruela (757–768) suchte die Bevölkerung aus einem starken Sicherheitsbedürfnis heraus Zuflucht u. a. in den Gebirgstälern. Diese Bevölkerung, die in verstreuten Weilern (*caseríos*) in kleineren Gruppen von Familien zusammenlebte, versuchte, eine genau umschriebene polit.-administrative Stellung zu erlangen: Konstituierung von Kirchspielen und Talschaften (*valles*), Einrichtung von Anteiglesias (Versammlungen der Freien einer Talschaft im Vorraum der Kirche), →Merindades (Gerichtsbezirke, in denen sich die Anteiglesias verschiedener Talschaften zusammenschlossen) und Juntas (Versammlungen aller Anteiglesias einer Merindad). Es kam zur Ausbildung dieser Institutionen in allen Gebieten von Galicien bis Guipúzcoa.

In einer späteren Phase fand eine Wiederbesiedlung (→*repoblación*) der entvölkerten Hochebene (Meseta) des Duero statt, wobei die Initiative vom Kgtm., von Gf.en oder von einer einzelnen Sippe ausgehen konnte. Dabei wurde ein in den Grundlinien einheitl., jedoch den jeweiligen topograph. Gegebenheiten angepaßtes System angewandt. Im Umkreis einer befestigten Anlage, eines Wehrturms oder einer Burg, die in strateg. günstiger Lage errichtet wurde, entstanden zahlreiche kleinere Siedlungszentren, in denen nie mehr als zwanzig Familien zusammenlebten. Diese im Schutz einer befestigten Anlage verstreut liegenden D.er bildeten eine Verwaltungseinheit, die man als Alfoz bezeichnete. Jedes D. war von seiner →Gemarkung *(terminus)* umgeben und besaß eine rudimentäre Gemeindeverfassung mit einem Gemeinderat, der sich im Vorraum der Kirche versammelte und dessen Kompetenzen die Regelung des Gemeinbesitzes (Gemeindewald, Weide und sonstige Allmende) umfaßten.

In →al-Andalus, dem arab. beherrschten Bereich von der Sierra Central bis zum Mittelmeer, standen die ländl. Siedlungen zunehmend im Schatten der Städte, da die Araber das Leben in der Stadt bevorzugten, ohne jedoch die ländl. Siedlung ganz zu vernachlässigen. Die in bescheidenen, kleinen dörfl. Siedlungen *(rustāq)* lebende Landbevölkerung war wirtschaftl. auf die Stadt orientiert. Das Schicksal dieser hispanoarab. ländl. Siedlungen war unterschiedlich. Einige hielten an ihren ländl. Strukturen in Abhängigkeit vom Kg., von einzelnen Grundherren oder Städten fest, andere konnten, z. B. durch vermehrte handwerkl. oder kaufmänn. Aktivitäten, den rechtl. Status einer villa erreichen und damit volle jurist. Unabhängigkeit erlangen. G. Martínez Díez

II. RECHTS-, WIRTSCHAFTS- UND SOZIALGESCHICHTE: [1] *Verfassungsstruktur:* Betrachtet man die im vorhergehenden gemachten Aussagen zum D. als Siedlungseinheit im Bezug zu den wirtschaftl., sozialen und rechtl. Faktoren, so lassen sich auf der Iber. Halbinsel im wesentl. drei Dorfverbandstypen feststellen: Der erste stellt einen Verband von kleineren Siedlungszentren dar (Weiler, *barríos* [Gruppe von Häusern oder Gehöften, die außerhalb eines Ortes liegen, aber von diesem abhängig sind], *barriadas* [Teile eines barrío], *alquerías* [Meierhöfe, die einzeln oder in Gruppen abseits von einer Ortschaft liegen]). Bedingt können auch abseits gelegene Siedlungseinheiten dazu gezählt werden *(caseríos* [Herrenhöfe mit abhängigen Pächtern], *casales* [Einzelhöfe ohne Dependenzen]). Für diese Siedlungsformen ist aber das Bewußtsein entscheidend, zu einer größeren wirtschaftl. und v. a. sozialen und verwaltungstechn. Einheit zu gehören, dem oben bereits erwähnten *valle* (der im Kantabr. Gebirge und in den Pyrenäen verbreiteten Talschaft) oder der *aljama* (in den maur. Gebieten Niederaragóns und des Kgr.s Valencia). In beiden Fällen läßt sich besser von ländl. als von dörfl. Gemeinschaften sprechen. Ihre Ausprägung geht anscheinend auf Sippenverbände, die sich einen starken inneren Zusammenhalt bewahrt hatten und sich gemeinsam in einem bestimmten Raum ansiedelten, zurück. Da sie insbes. Viehzucht betrieben, war die Möglichkeit einer wirtschaftl. und polit. Territorialisierung erklärlicherweise nie unbegrenzt gegeben. Die Führungsrolle und die Autorität innerhalb solcher Gruppen hatten offenbar einige sozial herausgehobene Männer inne, zweifellos die Oberhäupter der verschiedenen Geschlechter, in die sich die Sippenverbände aufgegliedert hatten. Als nach der →Reconquista des 13. Jh. dieser Dorftyp in den Gebieten des Kgr.s Valencia aufgegeben werden mußte, beschränkte sich seine Verbreitung auf das Bergland im nördl. Spanien, wo er v. a. in der Vizcaya (→Bask. Provinzen) deutlich hervortritt.

Für den zweiten Typ des Dorfverbands ist die Existenz eines Siedlungskerns charakterist., der aus einer Anzahl verstreut liegender Häuser besteht, die von einem kleinen Hof *(cortina)* oder einem individuell angelegten Garten umgeben waren. Bei diesem Typ halten sich Ackerbau und Viehzucht im wesentl. die Waage. Dies entspricht einer Agrarlandschaft, bei der bewaldete Gebiete immer wieder mit Weizenfeldern und Weinkulturen abwechseln. Beide Landschaftselemente wurden je nach *comarca* unterschiedl. genutzt. Am häufigsten war ein Getreide- und Weinanbau in individuellen Parzellen, während das Waldgebiet von allen Gemeindemitgliedern kollektiv genutzt wurde. Dies war v. a. in den Übergangszonen zw. dem Kantabr. Gebirge oder der Sierra de la Demanda und der Meseta des Duero im N der Fall. Für diese Wirtschaftsform gibt es in den Urkunden seit dem 9. und 10. Jh. Belege, und sie ist teilweise noch heute üblich.

Charakteristisch für den dritten Dorftyp ist die Existenz von Siedlungskernen, die nicht nur eine Gruppierung von Häusern darstellen, sondern auch eine geschlossene Einheit bilden. Wie beim 2. Typ stellt die auf einem Gehöft lebende Familie im Kern eine Produktionseinheit dar und unterliegt der Steuerpflicht. Die Gemarkung (terminus) des D.s besteht einerseits aus Waldflächen, andererseits aus Parzellen für den Getreide- und Weinanbau sowie aus Gartenland. Es überwiegt aber deutlich der Getreideanbau. Aus diesem Grund und auch zum Schutz der immer weiter zurückgedrängten dörfl. Viehwirtschaft wurde die Dorfflur nach einem bes. Anbausystem aufgeteilt. In der Rioja finden sich Anzeichen für eine solche Organisationsform seit dem 11. Jh., in der Tierra de Campos seit dem 13. Jh. und in Kastilien allgemein seit dem 15. Jh. Sie erfuhr ihren Höhepunkt im 15. und zu Beginn des 16. Jh., als man zur →Zweifelderwirtschaft überging. Im eigtl. Sinne bietet dieser 3. Typ das vollständigste und tragfähigste Modell eines D.s als Sitz einer Dorfgemeinschaft, die sich nicht nur auf rein geistl. (mit der Dorfkirche als Mittelpunkt) oder sozialer (um den Dorfherrn) Ebene verbunden fühlt, sondern auch im wirtschaftl. Bereich eine Einheit bildet. Einzig dieses System ermöglichte das Abweiden der Stoppelfelder nach der Ernte und damit eine Düngung der Felder. Mehr als bei den beiden anderen Dorftypen mußte der Gemeinderat hier die genaue Einhaltung der Verpflichtungen aller Mitglieder der Dorfgemeinschaft überwachen.

[2] *Dorfgemeinde und Dorforgane:* Die dörfl. Siedlungen, wie sie seit dem 8. Jh. auf der Iber. Halbinsel anzutreffen waren, hatten verschiedene Ursprünge: erstens die spätröm. oder westgot. villa, deren Herr eine individuell unterschiedl. Zahl seiner →Freigelassenen dort angesiedelt hatte, zweitens die suburbane dörfl. Siedlung, die weder eine soziale Einheit bildete noch zunächst eine eigene Rechtsstellung besaß, diese aber mit der fortschreitenden Krise der Stadt im 3.–6. Jh. in immer größerem Maße erlangte, und drittens die Neugründungen in den während der Kämpfe zw. Christen und Arabern wüst gewordenen Gebieten. Hier konnte die individuelle, durch eine Familie getätigte Inbesitznahme von Ländereien einhergehen mit einer Unterstellung unter ein Kollektiv, obgleich dies nicht der Normalfall gewesen zu sein scheint. Letzteres traf v. a. für die Zonen zw. dem Bergland und der Hochebene (Meseta) des Duero und für die hochgelegenen Pyrenäentäler zu. In allen drei Fällen führte die fortschreitende Anpassung an die christl.-spätantike Kultur zur Lösung der innerhalb der Gemeinschaft bestehenden Bindungen und ermöglichte auf dem Umweg über Schenkungen den Zuzug fremder Mitglieder. So ist seit dem 9. und v. a. dem 10. Jh. ein ständiges Anwachsen der Besitzungen der Klosterherrschaften festzustellen.

Die Entwicklung der Dorfgemeinschaft vom 8. bis zum 15. Jh. wurde bis jetzt nicht eingehend untersucht, sondern, von einzelnen Beispielen ausgehend, überblicksartig erfaßt. Nach dem bisherigen Kenntnisstand zerfällt sie, schemat. gesehen, in folgende Abschnitte:

Im 9. Jh. traten in Katalonien, Kastilien, Teilen von León und in geringerem Maße auch in Galicien Dorfgemeinschaften auf, die von Trägern öffentl. Macht (Gf. oder Kg.) abhängig waren. Ihre Sozialstruktur war aber nur wenig ausgeformt und beinhaltete wohl eine gewisse Nivellierung der einzelnen Gruppen.

Im 10. Jh. kam es v. a. durch das Eindringen der klösterl. →Grundherrschaften zu einer zunehmenden Verschlechterung der wirtschaftl. Lage dieser Dorfgemeinschaften, was zu wachsenden sozialen Unterschieden innerhalb der Gemeinschaften führte. Bis zum Ende des Jahrhunderts zeigten sich die ersten Anzeichen für eine bis dahin ungewöhnl. Spannung in den D.ern Kataloniens, Kastiliens und Leóns. In allen drei Regionen ging die durch eine gewisse Spontaneität und soziale Integration gekennzeichnete Periode der dörfl. Bevölkerung ihrem Ende zu. Die D.er kristallisierten sich zu Siedlungseinheiten heraus, deren Herrschaftsstruktur sehr unterschiedl. ausgebildet war.

Im 11. Jh. machten sich die Folgen der Feldzüge →al-Mansūrs bemerkbar: Einerseits kam es zunächst in Katalonien und später in Kastilien und León zur Ausprägung einer lehnsrechtl.-vasallit. Pyramide, die die Bindungen zw. den Trägern der polit. Macht und den örtl. Mächtigen regelte, für die es jetzt erforderl. wurde, sich ihre Gerichtsgewalt über die D.er anerkennen zu lassen. An die Stelle des vor 1000 zumeist allodialen Besitzes trat nun überwiegend die Form der →Emphyteusis, die die reicheren Bewohner des D.s begünstigte. Andererseits erschienen bei Dorfbewohner Leute, die gegen die Araber gekämpft hatten und die ein Pferd unterhalten konnten. Diese, die übrigen Bewohner überragende Gruppe, die *caballeros villanos*, stellten in allen D.ern die Führungsschicht.

Im 12. Jh. wirkten sich die Kämpfe gegen die Araber auf die D.er aus. Auch Anfänge handwerkl. und kaufmänn. Tätigkeit sind nun festzustellen. In einigen D.ern verstärkten sich die Lasten, in anderen kam es zur Gewährung weitreichender Freiheiten. Überall war ein Reorganisationsprozeß zu beobachten, der auf die gezielte Anwendung des Prinzips der »Comunidades de Villa y Tierra« (→*comunidades*) zurückzuführen ist. Die dauerhafte Ausbildung einiger weniger Siedlungskerne zu Zentren war schließlich die Folge; ihnen blieb eine breitgefächerte Zahl von D.ern auf polit., administrative und rechtl. Ebene untergeordnet. Dieses Modell setzte sich v. a. in dem Gebiet zw. den Flüssen Duero und Tajo wie auch in Niederaragón durch, wo die Grenze zum Islam verlief. Es entstanden dort mächtige Gemeinden mit der bereits oben erwähnten Verwaltungseinheit des Alfoz.

Im 13., 14. und 15. Jh. sind für das D. zwei Entwicklungsprozesse von Bedeutung: erstens die endgültige Ausformung des Prinzips der »Comunidades de Villa y Tierra«, was zur Verfestigung zweier Ausprägungsformen hierarch. Strukturen führte, der Hegemonie der »villa« über die auf ihrem Gebiet liegenden D.er und der Vorherrschaft bestimmter Dorfbewohner im D. (*labradores acomodados* = Bauern, die ihre Höfe selbst besaßen), die in Kontakt mit angesehenen Bürgern der Stadt standen und manchmal sozial und wirtschaftl. von diesen abhängig waren. Zweitens wurde entscheidend, daß sich die »Comunidades de Villa y Tierra« im Gefolge der christl. Reconquista verbreiteten, im S nach Andalusien und ins Kgr. Valencia, im N nach Kantabrien und im Pyrenäenraum. Während sich das Modell im S ohne Schwierigkeiten durchsetzte, war die Aufnahme im N unterschiedl.: in Asturien und Guipúzcoa stieß es auf völlige Zustimmung, in Galicien, Kantabrien und der Vizcaya auf Widerstand; im Gebiet zw. dem kantabr. Bergland und dem Duero konnte es sich nur ansatzweise durchsetzen. In all jenen Gebieten, die sich einer Einführung des Prinzips der »Comunidades de Villa y Tierra« widersetzten, wurden die D.er in sozialer Hinsicht vom Adel beherrscht. Nur sehr selten blieben D.er auf administrativer Ebene untergeordnete Einheiten einer Stadt. Gelang es einer Stadt, die Vorherrschaft über D.er zu gewinnen, dann mit rein wirtschaftl. Mitteln, so bestimmte das Marktrecht den Handel, das →Verlagssystem, das v. a. auf die Herstellung von Textilien angewandt wurde, die handwerkl. Aktivitäten.   J. A. García de Cortázar

Lit.: *zu [I]*: C. SANCHEZ ALBORNOZ, Despoblación y repoblación del valle del Duero, 1966 – M. R. GARCÍA ALVAREZ, Antecedentes altomedievales del casal galaico-portugués, Revista de Etnografía 9, 1967, 105–131 – C. DEL CARMEN CARLE, Del concejo medieval castellano-leonés, 1968 – J. VALLVE BERMEJO, La división territorial en la España musulmana, Al-Andalus 37, 1972, 145–189 – A. BAZZANA, Les villages désertés de l'Espagne médiévale, ArchMed 8, 1978, 165–223 – J. GAUTIER DALCHE, Hist. urbana de León y Castilla en la Edad Media (siglos IX–XIII), 1979 – S. DE MOXÓ, Repoblación y Sociedad en la España cristiana medieval, 1979 – J. I. RUIZ DE LA PEÑA, Las polas asturianas en la Edad Media Estudio y diplomatário, 1981 – G. MARTÍNEZ DÍEZ, Las Comunidades de Villa y Tierra de la Extremadura castellana, 1983 – J. SIMONENA, Asentamientos altomedievales en la cuenca de Lumbier-Aoiz, Arq. Espacial 5, 1984, 147–156 – *zu [II]*: J. A. GARCÍA DE CORTÁZAR, La Hist. Rural Medieval: Un esquema de análisis estructural de sus contenidos a través del ejemplo hispanocristiano, 1982² – J. C. MARTÍN CEA, El campesinado castellano en la cuenca del Duero, 1983 – Les communautés villageoises en Europe occidentale du MA aux Temps Modernes (Flaran 4, 1984) [J. A. GARCÍA DE CORTÁZAR, P. BONNASSIE, P. GUICHARD, D. MARIÑO, J. P. MOLENAT; Lit.].

E. Ostmitteleuropa und Ungarn
I. Ostmitteleuropa – II. Ungarn.

I. OSTMITTELEUROPA: [1] *Bis zum 13. Jh.*: Siedlungen dörfl. Typs waren die vorherrschende Siedlungsform westslav. bäuerl. Gemeinschaften seit ihrer Einwanderung ins östl. Mitteleuropa. In dem breiten Raum zw. Ostsee und Donau sowie zw. Elbe, Bug und Theiß werden diese Siedlungen von der Wende vom 5. zum 6. Jh. an datiert. Durch archäolog. Forschungen konnte man die Lage von Siedlungen, ihre Größe, ihren Grundriß und die Art der Bebauung feststellen, sogar auf die Flureinteilung schließen.

Die ältesten westslav. offenen Siedlungen des 5./6. bis 8. Jh. überschritten in der Regel nicht eine Höhenlinie von 300 m über NN; sie lagen entlang oder in der Nähe von Wasserläufen, in den fruchtbarsten Gebieten mit verhältnismäßig langer Vegetationszeit und günstigen klimat. Verhältnissen. Mit Ausnahme der Ostseeslaven (→Lutizen, →Elb- und Ostseeslaven), bei denen bis ins 9. Jh. hinein dicht bevölkerte ländl. Siedlungen mit Hallenhäusern nord. Typs ermittelt werden konnten, findet man in den übrigen Gebieten des slav. Ostmitteleuropa im 6. und 7. Jh. durchweg zu losen Verbänden zusammengeschlossene Kleinfamilienhäuser (Grubenhäuser, Blockhäuser), in der Form von D.ern und auch Einzelhöfen mit gemeinsamen Wirtschaftsgebäuden und Speichern. Man nimmt an, daß es sich überwiegend um kurzfristig bewohnte Sippen- oder Großfamiliensiedlungen handelte. Die Größe des der Sippe gehörenden Gemeindegutes (Felder, Weiden, Wälder und Gewässer) schätzt man für ca. 3–8 Wirtschaftseinheiten auf 10 ha Fläche. In Großpolen und Kujawien konnte der Typ eines langfristig besiedelten D.s festgestellt werden, das aus einer zentralen Siedlung bestand, die im Umkreis von 2 km von individuellen Wirtschaftseinheiten umgeben war. Nach einer nicht überall gleichzeitig erfolgten Zunahme der Siedlungszahlen in den alten Siedlungsräumen kam es – als Folge der Erhöhung der landwirtschaftl. Produktivität – im 8.–9. Jh. einerseits zur regionalen Stabilisierung der ursprgl. Siedlungen (→Feldgraswirtschaft, →Driesch), andererseits – durch die Erweiterung der Siedlungskammern durch Migration – auch zu Siedlungen in höheren Lagen (→Brandwirtschaft). Eine Begleiterscheinung dieser Entwicklung war die Veränderung der sozialen Bindungen innerhalb des D.s, wo die Gemeinschaft selbständiger Kleinfamilien die Bande der »Sippen«- oder »Großfamilie« ersetzte. Diese Familien waren miteinander durch die Form der nachbarschaftl. Gemeinde verbunden, als einer vorübergehenden sozialen Organisation territorialer Gemeinden und Verbände (opole, osada, vicinatus). In den entwickelten Gebieten an der Donau (→Großmähren) wanderte im 9. Jh. die handwerkl. tätige Bevölkerung aus dem Umkreis der D.er ab, entweder in die Burgwälle (→Mikulčice, →Staré Město, →Nitra) oder in diesen benachbarte Siedlungen (→Dienstsiedlungen).

Für die Zeit des Übergangs vom 9. zum 10. Jh. bis zur 2. Hälfte des 12. Jh. kann man in ganz Ostmitteleuropa eine bes. Dynamik in der Entwicklung des dörfl. Siedlungstyps feststellen. Das Ergebnis war der fortschreitende Verfall älterer Elemente der Sozialverfassung und eine zunehmende Siedlungsverdichtung und -konzentration. Die häufig belegten Dorfformen des Platzdorfs (Rundling) und des Reihendorfs, die auch in anderen Gebieten Europas vorkommen, beweisen, daß man von einem bes. slav. Dorftyp nicht sprechen kann. Das Eindringen ung. Nomaden ins Donaugebiet an der Wende vom 9. zum 10. Jh. hatte hier und in den angrenzenden Gebieten eine retardierende Wirkung (vgl. Abschnitt II).

[2] *13.–15. Jh.:* Die langfristige Stabilisierung der wirtschaftl., gesellschaftl. und rechtl. Struktur des ma. D.s in Ostmitteleuropa wurde durch die Entwicklung der Agrartechnik und die Innovation des landwirtschaftl. Gerätes im 12. und 13. Jh. (Agrarrevolution) ausgelöst. Gleichzeitig begann in Ostmitteleuropa ebenso wie in anderen Teilen Europas ein Landesausbau, der auch von fremdsprachigen Kolonisten getragen wurde und fremde Gewohnheiten und Errungenschaften mitbrachte (→Ostsiedlung). Eine große Rolle spielte das allgemeine, ethnisch nicht begrenzte Kolonistenrecht. Die Folgen der vielfältigen Änderungen zeigten sich in der neuen Flureinteilung, in der Einführung des Systems der Mehrfelderwirtsch. (→Brache), in d. größeren Bedeutung der Hülsenfrüchte als Anbaugut. Als Ergebnis der Erweiterung und Vermessung der Ackerflur, die durch das Gemeingut (→občina) der Weiden, Wälder und Gewässer ergänzt wurde, entstanden dauerhafte ländl. Siedlungen, Dorfgemeinden im eigtl. und rechtl. Sinne. Grundeinheiten waren individuelle Familienbetriebe (Wohnhaus, Scheune und Ställe), die um einen Hof in der Mitte nach zwei bis vier Seiten angeordnet waren. Als Siedlungstypen waren vom 12.–13. Jh. an entweder das Haufendorf mit einem Straßennetz oder das Platzdorf üblich, bei dem die Giebel der Häuser dem Platz zugewandt waren. Die Felder umgaben es strahlenförmig in drei oder mehr Großfeldern. Die hochma. Kolonisation, die sich im östl. Mitteleuropa regional sehr unterschiedl. auswirkte, brachte als vorherrschenden Siedlungstyp das längl. oder erweiterte Reihendorf mit der vermessenen Hufenflur. In höheren Lagen erschien, durch das Gelände bedingt, das sog. Waldhufendorf, aber auch der Typ des Einzelgehöftes. Das emphyteutische Recht (Erbzinsrecht; →ius teutonicum; →Emphyteusis) der Kolonisationsdörfer galt gleichzeitig mit dem autochthonen System des Gewohnheitsrechtes (→ius slavicum, bohemicum, polonicum), das Relikte des alten, mit der kollektiven Flurnutzung zusammenhängenden Rechts bewahrt hatte. Fortschreitend beeinflußte das neue Recht die lokalen Systeme und vereinheitlichte im ganzen östl. Mitteleuropa die Beziehungen der abhängigen Bauern zum Boden als eines erblichen und teilbaren Gutes, dessen oberstes Eigentumsrecht aber dem Grundherrn zustand.

Die Eingliederung der vorkolonialen D.er in das System des Großgrundbesitzes reduzierte von der 2. Hälfte des 12. Jh. an die Selbstverwaltung (kmet, senior villae, withesius) zugunsten der obrigkeitl., gerichtl. und administrativen Gewalt, die durch den Richter (iudex, scultetus, advocatus-*fojt*) verkörpert wurde. Die Selbstverwaltung der dörfl. Gemeinde beschränkte sich weiterhin ausschließlich auf wirtschaftl. Angelegenheiten, ggf. auf die Verfügung über den Gemeindebesitz im dörfl. Bereich.

R. Nový

II. UNGARN: [1] *Bis 1200:* Nach dem heut. Forschungsstand waren die landnehmenden Ungarn kein reines Nomadenvolk, sondern setzten sich aus Ackerbauern und einer nomad. Führungsschicht zusammen, die den Winter in gemeinsamen Wohnsitzen verbrachten. Abgesehen von bereits bestehenden slav. D.ern, waren Wintersitze die ersten Vorläufer von dörfl. Siedlungen; sie lagen meist in Flußtälern auf erhöhtem Gelände oder am Rand von Überschwemmungsgebieten, oft an einem Straßenübergang oder über einem alten Siedelplatz. Archäologisch konnten in der ung. Tiefebene dörfl. Siedlungen aus dem 10.–12. Jh. nachgewiesen werden, die in lockerer Bauweise (35 Häuser mit einer Größe von 800 × 400 m) in einer Entfernung von 1,5–4 km voneinander angelegt waren, und die den in westl. Quellen überlieferten Brauch der Ungarn, im Sommer ihre Häuser zu verlassen, bestätigen. Die Entwicklung zu eigtl. D.ern erfolgte durch die Verbreitung des Ackerbaus, die Festlegung des Wintersitzortes und seiner Grenzen. Besondere Siedlungen wurden vom Kgtm. für die kgl. Dienstleute und Handwerker errichtet. Auch entstand ein Großgrundbesitz, der über Landgüter verfügte (predium). Die D.er waren klein (180–220 Einw.) und besaßen enge Grubenhäuser, oft eine Kirche; der Friedhof lag weit entfernt.

Die D.er waren zunächst Siedlungen des Sippenverbandes. Mit der Gründung des Kgtm.s vollzog sich ein Wandel; bereits die Gesetze vom Anfang des 11. Jh. kennen Dorfvorstände (villici) und seniors. Die Bewohner kgl. D.er wurden in Zehnt- und Hundertschaften eingeteilt und mit Abgaben und Steuern belastet. Auf den predia arbeiteten fast ausschließl. →Sklaven und deren freigelassene Nachkommen, die dem Herrn im Personalverband unterstanden. Recht wurde überall vom kgl. Richter gesprochen. →Hospites nahmen eine Sonderstellung ein (ius hospitum), so bei der Richter- und Pfarrerwahl, und hatten niedere Gerichtsbarkeit.

[2] *Späteres MA:* Die Zunahme der Bevölkerung und die Einwanderung aus dem Westen begünstigten im 13.–14. Jh. einen Landesausbau. Im N gab es Dorfneugründungen mit Hilfe von Erbrichtern (scultetus, richtar), wobei der Grundherr über die Form sowie die rechtl.-verfassungsmäßige Stellung der Siedlung entschied. Bereits vorhandene D.er und predia wurden umgestaltet, predia teils nur noch für die Viehzucht verwendet. Veränderungen des Klimas und der ökolog. Verhältnisse im Bereich der Tiefebene im 13. Jh. führten zur Entvölkerung vieler alter D.er. Die neuen Dorfanlagen waren nicht größer, aber regelmäßiger, mit größeren Häusern, die entlang den Straßen in gleichmäßiger Entfernung standen. Die Kirche, von einem ummauerten Friedhof umgeben, und der Herrensitz bildeten den Dorfkern (intravillanum). Die Haufen- und Straßendörfer beherrschten das Landschaftsbild und erwiesen sich als dauerhafte Siedel-

plätze. Mitte des 15. Jh. nahm die Einwohnerzahl der D.er zugunsten der Marktflecken (→Markt) ab.

Für den neuen Dorftyp bildete die →Emphyteusis die Grundlage; diese durch eine Verdinglichung des Verhältnisses zw. dem Grundherrn und den Hörigen gekennzeichnete Besitzform garantierte den Bauern Freizügigkeit. Vorherrschend wurde der Ackerbau (Getreide- und Weinanbau), doch blieben in einigen Regionen Fischerei und Viehzucht die ausschließl. Wirtschaftszweige. Jeder Bauer besaß außer der Hofstätte ein 32–43 ha umfassendes Ackerland (zusammen sessio gen.) und einen Anteil an der →Allmende, sofern er Geldzins- (census, terragium) und Naturalabgaben (munera) sowie die wenig umfangreichen →Frondienste geleistet hatte. Der Dorfgemeinde stand der vom Grundherrn ernannte Richter (iudex) vor mit 3–12 Geschworenen, die zusammen das Dorfgericht bildeten, das im Bereich der Strafjustiz die unterste Ebene darstellte und lokale Verwaltungsaufgaben wahrnahm.

E. Fügedi

Lit.: zu [I]: HERRMANN, Slawen – J. ŠANDA, Česká vesnice, 1947 – F. GRAUS, Dějiny venkovského lidu v Čechách v době předhusitské, 2 Bde, 1953–57 – Die Anfänge der Landgemeinde und ihr Wesen II (VuF 8, 1964) – J. BRANKAČK, Stud. zur Wirtschaft und Sozialstruktur der Westslawen im. Elbe-Saale und Oder aus der Zeit vom 9. bis zum 12. Jh., 1964 – Zaniklé středověké vesnice v ČSSR ve světle archeologických výzkumů, 2 Bde, 1971 – Hist. kultury materialnej Polski, 2 Bde, 1978 – M. BERANOVÁ, Zemědelství starých slovanů, 1980 – B. SASSE, Die Sozialstruktur Böhmens in der Frühzeit, 1982 – W. SPERLING, Formen, Typen und Genese des Platzdorfes in den böhm. Ländern, 1982 – →Ostsiedlung – zu [II]: I. SZABÓ, The predium, Agrárt. Sz. 5, 1964 [Suppl.] – DERS., A falurendszer kialakulása Magyarországon, 1966 – DERS., A középkori magyar falu, 1969 – I. HOLL, Mittelalterarchäologie in Ungarn (1946–64), Acta Archaeologica Acad. Sc. Hung. 22, 1970 – F. MAKSAY, A magyar falu középkori településrendje, 1971.

F. Baltische Länder, Großfürstentum Litauen

Alle Völker und Stämme in den Gebieten an der östl. Ostsee, sie mochten der ostseefinn. (→Esten, →Liven) oder balt. (→Letten, →Semgaller, →Selen, →Kuren, →Litauer) Sprachgruppe angehören, waren zu Beginn des MA bereits seßhafte Viehzüchter und Ackerbauern, auch wenn Jagd, Fischerei, Sammelwirtschaft (z. B. Waldbienenzucht [→Bienen]) eine bedeutende Rolle im Wirtschaftsleben spielten. Gleichwohl besaßen sie keine D.er im eigtl. Sinne, auch wenn die Forschung lange zw. den Esten mit Dorfsiedlung (P. JOHANSEN) und den lett. Stämmen mit Einzelhofsiedlung unterscheiden zu müssen glaubte. Dennoch waren die Siedlungsformen regional verschieden und beeinflußten sich in Grenzgebieten wohl auch gegenseitig. Da erst seit dem Beginn des 13. Jh. schriftl. Zeugnisse und Landesbeschreibungen vorliegen und die archäolog. Siedlungsforschung sich erst allmählich entwickelt, bestanden lange Unklarheiten. Insgesamt kann festgehalten werden, daß in allen Gebieten an der östl. Ostsee die ursprgl. Siedlungsformen Gruppenweiler (bei P. JOHANSEN: »Kerndörfer«) und Reihenweiler entsprechend den natürl. Verhältnissen am Rande von Flußläufen, Seen, Mooren waren, die bei den Esten, vielleicht auch bei den Liven durch An- und Ausbau größer waren als in den lett. Gebieten; über die ursprgl. litauischen Siedlungsformen sind wir schlecht unterrichtet; sie dürften den estn. nahegekommen sein.

Als die Deutschen an der unteren Düna und später in Estland erschienen, fanden sie größere agrar. Verbände vor, zu denen eine Anzahl von Einzelsiedlungen (Einzelhofgruppen oder Weilern) gehörten; diese »Dorfmarken« (estn. *aru, arwe*, so auch in dt. Urkk., auch *sammende marke, samtheit, gemeinheit*) umfaßten auch das gemeinsam genutzte unbebaute Land (Wald, Weide, Buschland). Wuchs die Bevölkerung solcher Siedlungen, so ergab sich eine Gemengelage der dem einzelnen Bauernhof (in Alt-Livland »Gesinde« genannt) gehörenden Blockfluren, ohne daß von einem Flurzwang etwas bekannt ist. – Als die Deutschen ihre Herrschaft in den nördl. baltischen Gebieten befestigten, beschränkten sie sich auf die Erhebung von Zehnten und Abgaben (→Livland). Trotz früher Verlehnungen von Land und Leuten währte es noch lange, bis die ritterl. Vasallen der bfl. Landesherren von den ausnahmslos diesen gehörenden Burgen auf ihre Besitzungen hinauszogen und dort Vasallenburgen oder Herrenhöfe errichteten. – Auch in Litauen überdauerten die urtümlichen agrar. Verhältnisse bis in das 16. Jh.; erst im späten 15. Jh. und zu Beginn des 16. Jh. erfolgten seitens der grundbesitzenden Adelsschicht und der Gfs. en auf ihren Domänen Eingriffe in die bisherige Struktur, d. h. die Ausdehnung der →Gutsherrschaft und die Anlage regelmäßiger Straßendörfer unter Ausmessung der Ackerflächen nach Hufen, d. h. die Übertragung des mit der dt. →Ostsiedlung nach Polen gekommenen Hufendorfs auch auf Litauen (zuerst 1529 versucht, 1549 durch die Kgn./ Gfsn. Bona auf ihren Gütern durchgeführt und 1557 von Sigismund II. August durch das große Hufengesetz für das ganze Gfsm. vorgeschrieben und vom größten Teil des Adels nachgeahmt). Da in Alt-Livland keine dt. bäuerliche Einwanderung ausblieb, wie sie im Ordenslande →Preußen die agrar. Verhältnisse umgestaltete, und der Getreidehandel im späten MA keine so entscheidende Rolle spielte, kam es auch nicht zur Dorfbildung, sondern vollzog sich im Gegenteil die Auflösung der Weiler in Einzelhofsiedlungen, soweit nicht – wie im östl. lettisch besiedelten Ordensland – die agrar. Verhältnisse nur wenig beeinflußt wurden. Der Einzelhof am Rande oder inmitten seiner Felder, daneben das allmählich wachsende Gut mit Herrenhaus des Gutsbesitzers und Eigenwirtschaft, in den Ordensgebieten der Ordenshof in eigener Bewirtschaftung, prägen das Bild der Landwirtschaft bis 1561. Die Herrschaft über die sozial allmählich in die Hörigkeit und Leibeigenschaft absinkenden Bauern wird durch von den Herren kontrollierte Verbände (Pagast, Wacke) ausgeübt.

M. Hellmann

Q. und Lit.: Liv-, Esth- und Curländ. UB, ed. F. G. v. BUNGE, Bd. Iff., 1853ff. – Livländ. Güterurkk., ed. H. v. BRUININGK–N. BUSCH, Bd. I, II, 1907, 1923 – Polska XVI wieku pod względem geograficznostatystycznym, ed. J. JAKUBOWSKI, t. XIII. Inflanty, 1915 – L. ARBUSOW, Die altivländ. Bauernrechte, MittLiv 23, 1924–26, 1–144 – P. JOHANSEN, Siedlung und Agrarwesen der Esten im MA, 1925 [Lit.] – H. ŁOWMIAŃSKI, Studja nad początkami społeczeństwa i państwa litewskiego, 2 Bde, 1931 [Lit.] – Z. IVINSKIS, Gesch. des Bauernstandes in Litauen, 1933 [Lit.] – W. CONZE, Agrarverfassung und Bevölkerung in Litauen und Weißrußland, 1. T.: Die Hufenverfassung im ehem. Gfsm. Litauen, 1939 [Lit.] – H. LAAKMANN, Estland und Livland in frühester. Zeit (Balt. Lande I, 1939), 204–262 [Lit.] – Vidzemes 1638 g. arklu revizija, hg. E. DUNSDORFS, 1941 – Vidzemes zemnieku tiesību vēstures avoti 1336-1551, hg. A. ŠVĀBE, 1941 – M. HELLMANN, Das Lettenland im MA, 1954 [Lit.] – Heinrici Chronicon Livoniae, ed. L. ARBUSOW–A. BAUER, 1955 – E. DUNSDORFS, Vidzemes mājvārdu vecums (Archīvs III, 1972), 43–72 [Lit.].

Zum D. in Altrußland →Siedlung, Siedelformen, ländl.; →Bauer, Bauerntum, Abschnitt D. XI.

G. Byzantinisches Reich und Südosteuropa

I. Byzantinisches Reich – II. Südosteuropa.

I. BYZANTINISCHES REICH: [1] *Bis zum 10. Jh.:* Das Schicksal der D.er und dorfähnl. Siedlungen im Ostteil des röm. Reichs während des Übergangs zur byz. Epoche ist weitgehend ungeklärt, und wegen des spärl. Quellenmaterials ist vollständige Klarheit auch nicht zu erwarten. Da in der letzten Zeit die Vorstellung einer fundamentalen Krise der antiken Stadt zw. dem 6. und 8. Jh. von der Mehrheit der Wissenschaftler akzeptiert worden ist (s. zuletzt CH. BOURAS in JÖB 31/2, 1981, 615), darf man hypothet. annehmen, daß das D., von der städt. Kontrolle befreit, während dieser Periode einen Aufschwung erlebte. Die Archäologie scheint diese Hypothese zu bestätigen, wenn auch die zugängl. Materialien ledigl. der byz. Peripherie angehören. TCHALENKOS Funde in Bamuqqa und anderen nordsyr. D.ern (Villages antiques de la Syrie du Nord I, 1953, 385f.) zeigen, daß seit dem 4. Jh. größere ökonom. Einheiten in dieser Gegend durch Dorfgemeinschaften ersetzt wurden und das zuvor vom Großgrundbesitz geprägte Territorium in Dutzende kleinerer Anwesen zersplittert wurde. JAKOBSON stellte fest, daß dieselbe Entwicklung für das frühbyz. Taurosgebiet charakterist. ist: Seit dem 7. Jh. standen die Dorfsiedlungen hier in Blüte, während →Cherson, die bedeutendste Stadt auf der →Krim, sich im Verfall befand (Rannesrednevekovye sel'skie poselenija Jugo-Zapadnoj Tavriki, 1970, 181). Die Geltung dieser Beobachtungen auch für das Hauptterritorium des Reiches kann man nur vermuten.

Das Bauerngesetz (→Nomos Georgikos), das im 7. oder in der ersten Hälfte des 8. Jh. entstanden ist, beschreibt das D. auf zieml. entsprechende Weise: Die Bauern waren meistens freie Eigentümer, die ihre eigenen Äcker bebauten; die Viehzucht auf ausgedehnten Weidegebieten spielte sogar eine größere Rolle als der Ackerbau; neben dem eigenen Ackerland gab es eine nicht aufgeteilte Flur, und jeder Bauer hatte das Recht, diese zu kultivieren. Es bleibt allerdings unklar, ob das Bauerngesetz eine allgemeinere Gesetzgebung oder nur eine Kodifizierung lokal begrenzter Traditionen darstellt. Die Vita Philarets des Barmherzigen (um 822 geschrieben) zeigt uns anschaulich das Leben in dem D. Amnia in Paphlagonien (vgl. hierzu →Bauer, Bauerntum, Abschnitt D. XII).

[2] *Seit dem 10. Jh.*: Erst mit dem Traktat über die Steuererhebung aus dem 10. Jh. liegen gesicherte Angaben über bäuerl. Siedlungen vor. Der Traktat unterscheidet drei Hauptformen der bäuerl. Siedlung: das D. (χωρίον), den Weiler (ἀγρίδιον) und das Landgut (προάστειον). Die Terminologie ist nicht klassisch: χωρίον bedeutete ursprgl. 'Raum' oder 'Ort', doch schon in den Nomoi Georgikoi tritt die ma. Bedeutung des Wortes auf, während das klass. Wort κώμη nur vereinzelt in erzählenden Quellen zu finden ist. Ἀγρίδιον, ein Diminutiv für Acker, verlor in byz. Zeit seine ursprgl. Bedeutung und wurde durch χωράφιον ersetzt; im Traktat wurde ἀγρίδιον als eine bes. Abspaltung von einem großen D. definiert, die über spezielle Mittel der Landkultivierung (Gartenanlagen, Brunnen, Mühle) verfügte. Der Begriff προάστειον, der noch im 6. Jh. das 'Vorwerk' bezeichnete, wurde später zur Bezeichnung für das Landgut und damit zum wichtigsten Terminus der Gutswirtschaft. Der Verfasser des Traktats über die Steuererhebung unterstrich jedoch die bescheidene Entwicklung der byz. Gutsherrschaft – er verstand προάστειον als eine Siedlung, wo der Herr selber nicht lebte und nur seine Sklaven und Tagelöhner hielt. Die Vita Basileios' d. J. (10. Jh.) verdeutlicht diese Feststellung: Der Hagiograph Gregorios besaß ein προάστειον in der Nähe von Rhaidestos, wo ein Tagelöhner lebte; Gregorios selber erschien dort nur zur Zeit der Ernte, um bei der Arbeit zu helfen.

Ein typ. Merkmal des byz. D.s ist das Recht des Bauern am Gut seines Nachbarn: Die Bauern durften auf dem Land der Nachbarn Holz fällen, Kastanien sammeln und ihr Vieh weiden lassen. Sie besaßen auch das Vorkaufsrecht (προτίμησις) wenn das Nachbarland verkauft wurde. Der Staat war theoret. der oberste Eigentümer des Landes. Er erhob Steuern, kontrollierte die Übertragung des Eigentums und konnte das Land konfiszieren. Neben dem privaten Besitz existierten auch ksl. Domänen unter der Oberaufsicht der Zentralverwaltung (κουρατωρία); die Struktur dieser Domänen ist noch nicht geklärt (→Großgrundbesitz/ksl. Domäne).

Seit dem 11. Jh. und bes. für die 1. Hälfte des 14. Jh. haben wir bessere Zeugnisse, überwiegend Urkunden. Es scheint, daß die kleinasiat. D.er größer waren als die auf der Balkanhalbinsel (vgl. Abschnitt II), obgleich sich auch hier größere Siedlungen befanden. Aus der Angabe des Johannes →Skylitzes (ed. THURN, p. 404.56–58), daß um 1039 byz. D.er das Aerikon in Summen von 4 bis 20 Nomismata zahlten, können wir errechnen, daß der Gesetzgeber von einem durchschnittlichen D. von 50–150 Anwesen ausging. Andererseits hatten 32 makedon. D.er, mit denen sich A. LAIOU-THOMADAKIS (s. u., 39–42) beschäftigt hat, insgesamt 1059 Anwesen, was durchschnittl. 33 Anwesen pro D. bedeutet. Einige D.er, die nur aus kleinen Hütten bestanden, waren sog. »wandernde Dörfer«: das Typikon des Kosmosoteira-Kl. bei Ainos um 1152 stellt fest, daß D.er von einem Ort an den anderen versetzt werden konnten, unter der Bedingung, daß dieser Vorgang der Ernte nicht störe (PETIT, in: Izvěstija Russkago Archeologičeskago Instituta v Konstantinopolě 13, 1908, 52). Die Wirtschaftsformen der D.er waren vielfältig: Anbau von Getreide (Weizen häufiger in Kleinasien, während die Gerste auf der Balkanhalbinsel dominierte), Wein, Oliven, Obst und Gemüse. Die Felder waren klein und von Zäunen sowie Gräben eingefaßt. Es gab kein System der Feldergemeinschaft, allerdings weidete das Vieh nach der Ernte die Stoppelfelder ab. Das Anwesen (στάσις) bestand aus dem zentralen Hof (ἐσώθυρα) und einer großen Zahl von Feldparzellen: im D. Aphetos, das im 14. Jh. dem Kl. →Hilandar gehörte (Actes de Chilandar, No. 40), besaßen die Bauern je 5 bis 33 Parzellen, eine ähnl. Struktur wie in der Vita des Philaret.

Seit dem 10. Jh. wuchs der Landbesitz der »Mächtigen« (→Großgrundbesitz). Es ist leider unmögl., diesen Prozeß quantitativ darzustellen. Die D.er, die wir aus den Urkk. kennen, gehören meistens zu den Klostergütern. Von spätbyz. freien D.ern hören wir selten und vorwiegend aus erzählenden Quellen. Die D.er auf klösterl. Grundbesitz formten keine Besitzeinheiten; jedes D. war unter mehrere Eigentümer verteilt, und normalerweise gehörte jedem Kl. nur ein Teil des Dorfs. Die kleineren klösterl. Anlagen (μετόχιον) entwickelten sich zu Gütern, auf denen sich eine Kirche befand und außer ein paar Mönchen auch mehrere Bauern lebten. Die D.er der späten Zeit waren selten mit Mauern befestigt, hatten aber bes. Türme (πύργοι) zur Verteidigung der Bewohner. A. Kazhdan

Lit.: G. TCHALENKO, La Syrie du Nord. Etude économique (Actes du VIe Congr. Internat. d'études byz. 1, 1950), 389–396 – F. DÖLGER, Beitr. zur Gesch. der byz. Finanzverwaltung, 1960² – A. KAZHDAN, Derevnja i gorod v Vizantii IX–X vv., 1960 – X. CHVOSTOVA, Osobennosti agrarnopravovych otnošenij v pozdnej Vizantii, 1968 – H. GEREMEK, Karanis, communauté rurale de l'Egypte romaine au IIe–IIIe s. de n. è., 1969 – J. W. NESBITT, The Life of S. Philaretos (702–792) and its Significance for Byz. Agriculture, Greek Orth. Theol. Review 14, 1969, 159–180 – G. OSTROGORSKY, Die ländl. Steuergemeinde des byz. Reiches im X. Jh. [Nachdr. 1969] – A. LAIOU-THOMADAKIS, Peasant Society in the Late Byz. Empire, 1977 – H. KÖPSTEIN, Zu den Agrarverhältnissen (Byzanz im 7. Jh., 1978), 1–72 [= Berl. Byz. Arb. 48] – J. LEFORT, En Macédoine Orientale au Xe s.: habitat rural, communes et domaines, Occident et Orient au Xe s., 1979, 251–272 – P. LEMERLE, The Agrarian Hist. of Byzantium from the Origins to the Twelfth

Century, 1979 – M. KAPLAN, Quelques remarques sur les paysages agraires byz., Revue du Nord 62, 1980, 155–176 – CH. BOURAS, City and Village: Urban Design and Architecture, JÖB 31, 2, 1981, 611–653.

II. SÜDOSTEUROPA: [1] *Zum Begriff:* Für die dörfl. Siedlungen auf der Balkanhalbinsel erscheinen in den Quellen die verschiedensten Bezeichnungen mit unterschiedl. Bedeutungsinhalten. Der mehrdeutige slav. Begriff *selo* bezeichnet eine Siedlung mit einer kleineren oder größeren Zahl von Häusern, aber auch nur einen Einzelhof mit Wirtschaftsgebäude und unmittelbar angrenzendem Ackerland sowie ein Gut oder aber den Landbesitz als solchen. Für das Küstengebiet erscheinen *sella, villa* und *casale*, die nur einen Hof bezeichnen. In den glagolit. Urkk. aus Istrien und im Statut v. →Poljica (älteste Redaktion 1440/JAGIĆ) wird der Grundbesitz eines Siedlers als D. beschrieben. Eine curtis in der Nähe von Zadar wird mit der latinisierten Bezeichnung sella erwähnt. In der Umgebung von Klis bezeichnet selo den Landbesitz eines 'Walachen' (Bauern), der von einem 'Walachen' ohne selo unterschieden wird. In Kroatien stehen *vas, ves, vesnica* für ein Landgut mit einer größeren Häuserzahl. In serb. Quellen wird manchmal nur ein Haus mit Grundbesitz als dörfl. Siedlung bezeichnet. In der Zeit des entwickelten Feudalismus ist in Serbien allerdings ein D. immer eine größere ländl. Siedlung bzw. Gemeinde.

Auch *selište*, der Siedlungsplatz, hat mehrere Bedeutungen: ein Haus mit Wirtschaftsgebäude, ein Landgut, ein Weiler, manchmal auch mit selo gleichgesetzt (so bei Siedlungen mit Weinbergen, Obstgärten, Wassermühlen, Äckern, Wiesen, Bergweiden und einmal sogar bei einem Weiler). Meistens bezeichnet selište allerdings ein aufgegebenes Dorf. Zahlreiche selišta bezeugen deshalb wüstgewordene Siedlungen, aber nicht selten auch deren Wiederbesiedlung.

Die Dorfgemarkung wurde *atar* genannt, jedoch kam diese Bezeichnung erst später in Gebrauch. In den älteren serb. Quellen wird die Gemarkungsgrenze mit dem griech. Wort *sinor* bezeichnet. R. Mihaljčić

[2] *Archäologie und Siedlungsgeschichte:* Archäologisch sind die ma. ländl. Siedlungsverhältnisse auf dem Balkan im 7.–15. Jh. noch nicht ausreichend erforscht; deshalb lassen sich über die Bevölkerungsstruktur auch keine genauen Angaben machen. Aussagen über das Aussehen dieser Siedlungen und die materielle Kultur ihrer Bevölkerung lassen sich nur für die besser erforschten Gebiete im mittleren und östl. Teil der Balkanhalbinsel treffen; die Erforschung vieler Siedlungen steckt allerdings noch in den Anfängen.

Die ma. Agrarsiedlungen bildeten sich in der Nähe von Flußläufen, an den Hochufern der Flüsse, an der Mündung von Bächen und in den Übergangszonen von Ebenen und Gebirgen. Da die Siedlungen meist unbefestigt waren, wurden für die Anlage oft natürl. geschützte Plätze gewählt. Die frühma. Siedlungen des 'Gradina'-Typs sind verhältnismäßig selten und für die Balkanhalbinsel auch nicht charakteristisch. Häufiger, v. a. im 9.–11. Jh., wird der Innenraum von erhaltenen antiken und frühbyz. Befestigungen für die Siedlungsanlage benutzt.

Die Siedlungen waren klein, mit ca. einem Dutzend Häuser, die in relativ geringem Abstand voneinander standen. Die Häuser bestanden meistens aus einem Raum und hatten eine durchschnittl. Größe von 16 m². In den älteren Siedlungen erscheinen Grubenhäuser, die sich hauptsächl. in den nördl. Tieflandzonen erhielten; in der Zeit vom 13. zum 15. Jh. überwiegen dann ebenerdige Häuser (→Haus, -formen). Der gefundene Hausrat unterrichtet uns über die Wirtschaftsformen der Bevölkerung: Viehzucht, Ackerbau, Fischfang, Jagd, Heimarbeit für den eigenen Bedarf. In den dörfl. Siedlungen des 7. Jh. wurden am häufigsten handgearbeitetes Keramikgeschirr und Gegenstände aus Knochen und Metall für den tägl. Bedarf gefunden, in den Siedlungen vom 8.–12. Jh. auf der Töpferscheibe gefertigte Keramik sowie häufig landwirtschaftl. Geräte und Werkzeuge zur Bearbeitung von Holz, Knochen, Stein und Metall, aber auch Schmuckgegenstände aus Metall und Glaspaste. Die zunehmende Bedeutung des Handwerks führte zu einer größeren Produktion von Gebrauchsgegenständen mit stärker ausgeprägten lokalen Besonderheiten, was sich bei Keramik und Schmuck zeigt. Die Marktbeziehungen, die von den polit. Ereignissen stark abhängig waren, werden durch bes. Formen der Keramik, durch Kultgegenstände und durch Münzfunde belegt (Münzfunde meist byz. Provenienz in den östl. Teilen der Balkanhalbinsel, ung. oder westl. Provenienz in den westl. Teilen).

Die Funde in den dörfl. Siedlungen des 13.–15. Jh. spiegeln eine volle Wirtschaftsentfaltung und einen relativ hohen Stand der materiellen Kultur wider, entsprechend der Blütezeit der städt. Wirtschaft (neben unglasierter Töpferware auch reich verzierte, glasierte Luxuskeramik sowie landwirtschaftl. Geräte und Werkzeuge, Schmuck in neuen Formen). Der Handel war auf die in der Umgebung liegenden Städte als Handels- und Produktionszentren ausgerichtet. Bei den Münzfunden überwiegen die auf dem jeweiligen einheim. Territorium geprägten Münzen. D. Minić

Die Größe der D. er des Hoch- und SpätMA war unterschiedlich. Während sich die größeren D. er in den Pfarrbezirken, bes. in den Ebenen, herausbildeten, entstanden im Gebirge kleinere Siedlungen, deren Häuser oft weit voneinander entfernt lagen. Nach den Chrysobullen v. Dečani (1330, 1343–45) gab es in der Metohija D. er mit mehr als 20 Häusern und Weiler mit einer kleineren Häuserzahl. In Gusinje und Plav wurden bereits Siedlungen (in ca. 800 m Höhe) mit 10 Häusern als D. er angesehen. Die dörfl. Siedlungen wurden durch die Türken kaum verändert.

[3] *Rechts-, Wirtschafts- und Sozialgeschichte:* Mit der Ausprägung des Feudalismus wurden die D.er in den feudalen Grundbesitz einbezogen. Sie erscheinen in der Regel mit ihren Rechten in den Lehensregistern; diese beziehen sich a. Äcker, Obstgärten, Weinberge, Gartenland, Rodungsflächen, Wiesen, Weiden, die Heumahd, Bergweiden, Gewässer und Mühlen. Bei einer primitiven, extensiven Bodennutzung mußte der bäuerl. Landbesitz weitläufig sein. Die Grenze der Dorfgemarkung (*atar*) wurde mit natürl. Objekten oder mit Grenzmarken, meistens aus behauenem Stein, angezeigt. Bei den rumän. Dorfsiedlungen wird ersichtl., daß die Grenzen der Gemarkung so angelegt waren, daß jedes D. einen entsprechenden Anteil an Ackerland und der Allmende hatte. In der Nähe des D.s konnte eine kleinere Siedlung mit einigen Häusern liegen, *zaselak* oder *zaselje* ('Weiler') genannt, die oft einen eigenen Ortsnamen trug. Lagen mehrere solcher Siedlungen bei einem D., so schlossen sich diese manchmal mit dem D. zusammen oder gründeten ein neues D., um das sich bald wieder zaselak-Siedlungen gruppierten (z. B. die Weiler Seroš und das D. Seroš mit den Weilern in den Urkk. von Dečani).

Über die Bevölkerung der D.er sind wir entsprechend dem Forschungsstand in den einzelnen Regionen unterschiedl. gut unterrichtet (vgl. hierzu →Bauer, Bauerntum, Absch. D. XIII). Manche D.er hatten sich auf ein bestimmtes Handwerk spezialisiert, was aus ihrem Ortsnamen ersichtlich ist: Strelari (Pfeilmacher), Kopljari (Lanzenschmiede), Štitari (Schildmacher), Sedlari (Sattler). Die Burgbesatzungen nahmen sicher die Dienste solcher D.er in Anspruch. Ein bes. Siedlungstyp war die *pridvorica*, in etwa vergleichbar mit der von den Westslaven her bekannten →Dienstsiedlung, die beim Herrenhof lag und deren Bewohner, die *pridvorci*, für diesen Hof Dienste ausüßen und bes. Privilegien besaßen.

Obwohl die D.er im SpätMA in dem feudalen Herrschaftssystem des Adels eingegliedert waren, wurde ein Teil der dörfl. Gemarkung gemeinschaftl. genutzt, was die Dorfbevölkerung zu kooperativem Zusammenwirken nötigte (S. Ćirković). Die Dorfgemeinschaft war zu einer gewissen kollektiven Verantwortlichkeit verpflichtet, wie sie in den Herrscherukk. und im »Zakonik« des Zaren →Stefan Dušan (1331–55) gefordert wurde. Die Gemeinschaft hatte für Schadensfälle, →Diebstähle und Raubdelikte im Bereich des D.s einzustehen. Auch mußte sie die Bewachung des Ödlandes, das nicht zur Dorfgemarkung gehörte, organisieren. Der »Zakonik« sah die Zerstörung des D.s bei Verbergen von Dieben, Räubern und Geldfälschern vor sowie bei der Mißachtung des Gerichts. Über die innere Organisation der D.er ist wenig bekannt. Es ist anzunehmen, daß eine Dorfversammlung (*zbor*) bestand, unter Vorsitz der Ältesten des D.s, die gewählt oder vom Feudalherrn ernannt wurden; diese Vorsteher hießen im walach. Katun *primić ur*, in den Ackerbauerndörfern *vladalac*, in der Zeit vor der türk. Eroberung auch *knez*; in den Küstendörfern *glavari* (*cavi*, *capita*) oder *kapetani* und in Rumänien *knezovi* oder *judeci*. In Rumänien bestimmten mehrere D.er einen Rat, an dessen Spitze ein *voevoda* stand. R. Mihaljčić

Lit.: zu [1 und 3]: Vuk St. Karadžić, Srpski rječnik istumačen njemačkijem i latinskijem riječima, 1852 – V. Jagić, Das »Dorf« im altserb. Staate, AslPhilol 15, 1893, 108–117 – D. Roller, Agrarno proizvodni odnosi na području Dubrovačke Republike od XIII do XV stoljeća, 1955 – Rječnik JAZU 62, 1955 – I. Božić, Selo Bogdašići u srednjem veku, Istorijski časopis 7, 1957, 83–121 – I. Božić, Proniarii et capita, ZRVI 8–1, 1963, 61–70 – P. P. Panaitescu, Obștea țărănească în Țara Romînească și Moldova orînduirea feudală, 1964 – St. Novaković, Selo, 1965³ – M. Blagojević, Planine i pašnjaci u srednjovekovnoj Srbiji, IstGlas 2–3, 1966, 3–95 – R. Mihaljčić, Selišta, Zbornik Filozofskog fakulteta u Beogradu IX–1, 1967, 173–224 – M. Blagojević, Zemljoradnja u srednjovekovnoj Srbiji, 1973 – H. H. Stahl, La comunità di villagio, 1976 – S. Ćirković, Seoska opština kod Srba u srednjem veku (Simpozijum seoski dani Sretana Vukosavljevića V, 1978), 81–88 – K. Jireček, Istorija Srba, I–II, 1980⁴ – zu [2]: M. Comșa, La civilisation balkano-danubienne (IX–XI s.) sur le territoire de la R. P. Roumaine, Dacia VII, 1963, 413–438 – Gh. Stefan, J. Barnea, M. Comșa, E. Comșa, Dinogetia I, 1967 – E. Zaharia, Săpăturile de la Dridu, 1967 – I. Čremošnik, Istraživanja u Mušićima i Žabljaku i prvi nalaz najstarijih slovenskih naselja kod nas, Glasnik Zemaljskog muzeja XXV, 1970, 45–111 – N. Constantinescu, Coconi, 1972 – I. Čremošnik, Ranoslovensko naselje Jazbine u Batkovićima kod Bijeljine, Godišnjak Centra za balkanološka ispitivanja 13, 1977, 227–308 – M. Comșa, Cultura materială veche romanească, 1978 – A. Dymaczewski, U. Dymaczewska, Z. Kurnatorwska, Styrmen nad Jantra, 1980 – M. Janković, Srednjovekovno naselje na Velikom Gradcu u X–XI veku, 1981.

H. Arabischer und osmanischer Bereich

I. Siedlungsgeschichte, Dorforganisation und Wirtschaftsform – II. Wirtschafts- und Sozialgeschichte.

I. Siedlungsgeschichte, Dorforganisation und Wirtschaftsform: Das D. ist im ma. und nz. Nahen/Mittleren Osten die Grundform der Siedlung. Größenunterschiede definieren keinen Sonderstatus, der Begriff des Weilers fehlt. Streusiedlung kommt nicht vor, außer in Waldgebirgen am Schwarzen und Kasp. Meer. Mit Urbaren vergleichbare schriftl. Quellen setzen im 15./16. Jh. ein (Barkan, 1970).

Die D.er sind durchweg ungeregelte, mehr oder weniger geschlossene Siedlungen. Plangrundrisse treten vor dem 19. Jh. nicht auf. Das Baumaterial ist abhängig von lokalen Ressourcen (vgl. →Haus, -formen); Flachdächer dominieren, in bes. holzarmen Ländern treten echtes und falsches Gewölbe an ihre Stelle. Noch im 19. Jh. waren Dachöffnungen als Fenster üblich (Koşay, 1951), wie bei neolith. Lehmbauten (Mellaart, 1975). In großen Teilen des Orients sind und waren D.er nicht befestigt. Lediglich in nomadengefährdeten Gebieten Irans und Afghanistans kommt der »Qalʿa«-Typus vor, mit Ecktürmen versehene Mauer-Rechtecke, an deren Innenseiten sich die Häuser aufreihen.

Innerhalb der Agrarproduktion dominiert der Weizen, gefolgt von der Gerste. Dattelpalmen sind auf Oasen der Trockengebiete SO-Irans und der arab. Länder (ohne Syrien und nördl. Mesopotamien) beschränkt. Die Ölbaumkultur hat sich seit der Antike in Syrien und Palästina gehalten, in Anatolien ging sie stark zurück. Der Anbau von Getreide erfolgt im Zweifeldersystem. Wichtigste Arbeitsgeräte sind Hakenpflug, Sichel und Dresch-Schlitten. In den Trockengebieten ist die Gewinnung und Zuführung des Wassers entscheidend (→Bewässerung). In alten Bewässerungsgebieten gibt es gewohnheitsrechtl. Verteilungssysteme, meist herrscht jedoch das Recht des Oberliegers. In Iran wurde im 1. Jt. v. Chr. der Bau von langen Grundwasserstollen (iran. *kariz*, arab. *qānāt*) entwickelt und kontinuierl. ausgeweitet, er hat sich in den arab. Ländern und bis in das chin. Turkestan ausgebreitet und wurde nach Spanien und Mexiko übertragen (Troll, 1963). Häufig sind zusätzl. periodische Wohnplätze, teils Sommerweideplätze, teils auch peripher zum D. liegende Anbauflächen (*mazraʿa*). Letztere liegen oft bei →Wüstungen (arab. *ḫirba/ḫarāba/ḫariba*, türk. *harabe*); sie wurden im 15./16. Jh. und wieder seit dem 19. Jh. zu Ansatzpunkten der Rekolonisation.

Die ma. Organisation des D.s ist nur aus späteren Zuständen (15./16. Jh.) und aus allgemeinen Quellen erschließbar. Das persönl. freie Bauerntum scheint die Regel gewesen zu sein (→Bauer, Bauerntum D. XIV). Das Land galt als Eigentum des jeweiligen Herrschers, der die Bauern in »Erbpacht« beließ. Die Abgaben wurden dorf- und distriktweise an Einzugsberechtigte (Militärs, Beamte) als Pfründe vergeben (*iqṭāʿ*, *tīmār*; vgl. Abschnitt II). Teile wurden auch als Krongut (*ḫāṣṣ*) klassifiziert oder gehörten frommen Stiftungen (*waqf*). Waqf-Ländereien sind die einzigen mit langfristiger Stabilität. Bäuerliche Betriebe unterlagen der islam. Realteilung (Töchter mit halben Erbteilen). Spätestens seit dem 15. Jh. sind »Bauernklassen« belegt wie *ǧift*, *ǧoft* (Vollhof, wörtl. 'Joch', Gespann), *nīm ǧift* (Halbhof), *bennāk* ('Kätner'), wobei der Vollhof je nach Landqualität mit 6–12 ha auf d. Arbeitsleistung einer bäuerl. Familie zugeschnitten war. Für Großbetriebe gibt es keine Belege vor dem 17. Jh. Ertragsabgaben wurden dorfweise erhoben, weisen also auf Kollektivhaftung hin, der jedoch – außer Iran (Ehlers, 1980) – keine kollektive Bearbeitung gegenüberstand. Der Grad der Einbindung in dieses System schwankte, entlegene Gebirgsdörfer (»Kabyleien« nach Bobek, 1950) waren fakt. unabhängig mit dörferübergreifender tribaler Organisation. Die stärkerer staatl. Kontrolle war der Status der Regenfeldbauern (Anbau ohne künstl. Bewässerung; u. a. in Anatolien, Syrien, NW-Iran), die über größere Mobilität verfügten, günstiger als der von Bewässerungsbauern. In bewässerten Gebieten, v. a. Irans, setzte sich die Fünf-Teilung der

Produktionsfaktoren (Land, Wasser, Saatgut, Arbeitstiere, menschl. Arbeitskraft) durch. Da der Inhaber der Abgaben-Titel auch die Wassergewinnung und oft Saatgut und Spannvieh finanzierte, entwickelten sich hier Formen des →Großgrundbesitzes, die bis in d. dörfl. Arbeitsteilung eingriffen (Umteilungsgemeinden, vgl. LAMBTON, 1953, EHLERS, 1980). Dennoch unterscheiden sich die Besitz- und Herrschaftsverhältnisse vom eigtl. »Feudalismus«; oriental. D.er haben keine Burgen oder Schlösser eines ansässigen Adels. Man hat dieses System »Rentenkapitalismus« genannt (BOBEK, 1962).

Während die topograph. Lage der D.er infolge der Bindung an Wasserstellen relativ konstant ist, schwanken Dichte und Ausdehnung von Siedlungsräumen stark. Die arab. (7.–10. Jh.) und stärker noch die türk.-mongol. (11.–14. Jh.) Eroberung haben zu nachhaltigen Umwälzungen geführt. Entscheidend für das Überleben der D.er wurde die Sicherheit vor Armeen und Nomaden. Im MA (und bis zum 19. Jh.) herrschte ein Siedlungsmuster vor, das Schutzlage im Gebirge bevorzugte und Ebenen, Becken und Täler mied. Die flachen Regenfeldbaugebiete Anatoliens, Syriens, Obermesopotamiens, NW-Irans und des Maghrib wurden fast frei von Dörfern. Auch Bewässerungsgebiete des Irak und Turkestans verfielen. Im arab. Raum konnte sich altes Gebirgsbauerntum halten (SW-Arabien, Atlas, Rif, Palästina), Gebirge wurden sogar Rückzugsgebiete christl. oder islam.-heterodoxer Gruppen (Libanon, Anṣārīye-Geb., Sinǧār). Im Bereich türk. Bergnomaden gelang das weniger, diese Gebirge wurden »nomadisiert« (DE PLANHOL, 1975), alte bäuerl. Tradition riß ab (VRYONIS, 1971).

Erst ab 15./16. Jh. entwickelt sich über halbnomad. Zwischenformen ein neues Bauerntum. Die ma. und nz. Siedlungsentwicklung des Orients ist mit dieser Tendenz, agrar. marginale Gebiete aus Schutzgründen zu bevorzugen, derjenigen Europas genau entgegengesetzt.

W.-D. Hütteroth

II. WIRTSCHAFTS- UND SOZIALGESCHICHTE: Für die Omayyadenzeit in Syrien haben archäolog. Forschungen das Fortleben und die Weiterentwicklung der röm.-byz. Villenwirtschaft herausgestellt. Viele der bis vor kurzem als »Wüstenschlösser« bezeichneten Landgutanlagen befanden sich im 6. und 7. Jh. keineswegs in der Wüste, sondern in landwirtschaftl. genutzter Steppe. Erst mit der Verlagerung des polit. Schwerpunktes des Kalifenreiches nach dem Iraq wurden diese Villensiedlungen aufgegeben. Während der frühen Abbasidenzeit (→Abbasiden) bildete die Bewässerungskultur des Euphrat- und Tigrisgebietes eine Haupteinnahmequelle der Zentralregierung, bis die Versalzung der Prosperität dieser Gegend ein Ende bereitete. Aufgabe von altem Kulturland und Urbarmachung neuer Ackerflächen in verschiedenen Regionen der islam. Welt scheinen sich zumindest während des frühen MA weitgehend die Waage gehalten zu haben. In diesem Zusammenhang ist es heftig umstritten, ob und wie weit man von einer globalen Ausdehnung des Nomadentums (→Nomaden) während dieser Periode sprechen kann. Sicher ist allerdings, daß die persönl. freie Bauernbevölkerung des ma. Nahen Ostens sehr mobil war, selbst Übergänge von der →Landwirtschaft zum Nomadentum kamen gelegentl. vor.

Das Einkommen und der Sozialstatus der besitzenden Klassen, die letztl. von landwirtschaftl. Steuern abhingen, war unter diesen Umständen meist wenig gesichert. Steuereinsammlung geschah oft mittels des →iqṭāʿ, einer Anweisung von hoheitl. Besteuerungsrechten an eine mit Militär- oder Verwaltungsaufgaben betraute Person. Während der frühen Abbasidenperiode variierten die Bedingungen, unter denen ein solches iqṭāʿ vergeben wurde, oft stark. Aber das iqṭāʿ wurde nur in bes. Fällen, wie etwa während der Verfallsperiode des Großseldschukenstaates (→Seldschuken), erblich und konnte meistens nach Bedarf von der Zentralregierung zurückgenommen werden. Im Ägypten der →Mamlūkenperiode wurde die Verleihung von iqṭāʿs zunehmend bürokratisiert.

Bauern bewirtschafteten ihre Höfe häufig als Teilpächter. Gesonderte Ernteanteile waren für Boden, Wasserrechte, Wirtschaftskapital und Arbeit vorgesehen. Bauern brachten meist nur ihre Arbeit ein; die übrigen Voraussetzungen landwirtschaftl. Produktion befanden sich meist in den Händen von Militärs oder Notabeln, welche auf diese Weise eine Rente bezogen. Unter diesen Umständen blieb für den Bauern in aller Regel nur ein geringer Anteil übrig.

Im mamlūk. →Ägypten (13.–15. Jh.) waren die Besitzverhältnisse durch einen Kataster festgelegt, dessen Grundzüge sich aus den im 16. Jh. angelegten osman. Steuerregistern z. T. rekonstruieren lassen. Jedem Bauern war ein Grundstück zugewiesen, welches er bewirtschaftete; u. U. konnte er auch dazu verpflichtet werden, Arbeit auf anderen Grundstücken als dem seinigen zu leisten. Während der osman. Eroberung Ägyptens (1517) waren viele Bauern entflohen und viel bebautes Land in die Hände arab. Stämme geraten. Die osman. Provinzverwalter bemühten sich, die entflohenen Bauern wieder in ihre D.er zurückzuholen, und teils durch gewaltsame Ansiedlung, teils durch Vergünstigungen gelang es, die bebaute Fläche wieder erheblich auszudehnen. Erst mit den polit. Schwierigkeiten der 2. Hälfte des 17. Jh. wurde diese Bewegung wieder rückläufig.

In den rumel. und anatol. Gebieten des Osman. Reiches unterschieden sich die Agrarverhältnisse erheblich von dem, was über das ma. Syrien, Ägypten oder den Iraq bekannt ist. Das läßt sich aus dem starken Einfluß erklären, den türk.-mongol. Ansichten über das Wesen des Staates auf das osman. Rechtsverständnis ausgeübt haben. So wurde dem Staat das oberste Eigentumsrecht über allen als Feld und Weide genutzten Boden zugesprochen, während der Bauer den Hof, welchen er bewirtschaftete, ledigl. in Erbpacht besaß. Zur Veräußerung brauchte er die Zustimmung des zuständigen Regierungsbeauftragten. Nur Haus, Garten und Weinberg galten als persönl. Eigentum.

Unter diesen Umständen wurde der klass. islam. Zehnt (arab. ʿušr, türk. öšür) uminterpretiert: dieser galt fortan als Bodenmiete und seine Höhe konnte zw. einem Zehntel und der Hälfte des Ertrages schwanken. Für die Höhe des »Zehnten«, der sich meist von Provinz zu Provinz, aber zuweilen auch von D. zu D. änderte, waren oftmals vorosman. Gepflogenheiten bestimmend: diese Steuer war z. B. auf dem Balkan und in Westanatolien meist geringer als auf Zypern oder in Syrien.

Osmanische Steuerregister des 15. und 16. Jh. (→defter) führen für jedes D. gesondert die alljährl. eingeforderten Steuern auf; über die Umlage auf die einzelnen Familien ist nur selten etwas zu erschließen. Dies weist auf eine Kollektivhaftung des D.s vor dem Steuerbeamten hin; in schwierigen Jahren, wenn zahlreiche Bauern ihre Höfe verlassen hatten, konnte diese Regelung zur Folge haben, daß auch die noch übriggebliebenen aus dem D. entflohen.

Im Osmanischen Reich des 15. und 16. Jh. wurden bäuerl. Steuern oft als →tīmār vergeben. Der tīmār-Inhaber, der meist in der Kavallerie, aber gelegentl. auch in osman. Verwaltung Dienst tat, bekam ein D. ganz oder teilweise zugewiesen, aus dem er einen bestimmten

Steuerbetrag einziehen sollte. Durch die regelmäßige Registrierung der Steuerzahler und der zu erwartenden Steuerbeträge wurde versucht, die amtlich registrierte Höhe der tīmāre möglichst an die wirklichen Einkünfte anzupassen. Weite Ländereien galten als Krongut (*has*). Einkünfte von has oder Stiftungsländereien (*vakıf*), deren Bebauung ebenfalls in der Hand von Einzelbauern lag, wurden häufig von Steuerpächtern eingezogen. Vom Ende des 16. Jh. an tendierte die osman. Finanzverwaltung dazu, die Steuerpacht (*iltizam*) zu Ungunsten des tīmār auszudehnen. In dieser Weise wurden zwar die Bargeldeinnahmen gesteigert, aber der Druck auf die D. er nahm zu.

Zumindest im Anatolien des 15. und 16. Jh. herrschte der Kleinbesitz vor; Landbesitz in den Händen von Städtern scheint weitgehend auf Gärten und Weinberge beschränkt gewesen zu sein. Größere Landgüter (*çiftlik*) lassen sich von der 2. Hälfte des 16. Jh. an in der Umgebung Istanbuls nachweisen. Es ist noch nicht klar, wieweit solche Güter für den städt. Markt produzierten, obgleich ihre zunehmende Ausdehnung seit dem 17. Jh., auch in bestimmten Regionen des Balkans, auf eine gewisse Marktorientierung hindeutet. In solchen Fällen wurde der Zugang der Dorfbewohner zu Wasser und Weide oft empfindl. erschwert. Allerdings hat die Ausdehnung der çiftliks, zumindest in West- und Zentralanatolien, das Vorherrschen des Kleinbauerntums niemals ernstlich in Frage gestellt.

Neben den D. bewohnern gab es in den meisten Gegenden Anatoliens und in bestimmten Teilen der Balkanhalbinsel auch Nomaden und Halbnomaden in beträchtl. Anzahl. Dabei handelte es sich um die Nachfahren der türk. Stämme, welche seit Ende des 11. Jh. nach Anatolien eingewandert waren. Ein guter Teil der auf der Balkanhalbinsel befindl. Nomaden waren mit der osman. Eroberung seit dem 14. Jh. ins Land gekommen, obgleich es eine solche Einwanderung bereits zu byz. Zeit gegeben hatte. Es wird angenommen, daß in der vorosman. Periode weite Teile Anatoliens hauptsächl. von Nomaden bewohnt waren. Aber in diesem Gebiet, in dem Ackerbau ohne Bewässerung überall möglich ist, erfolgte mit zunehmender Bevölkerungsdichte eine spontane Ansiedlung, welche sich in den Steuerregistern des 16. Jh. leicht nachweisen läßt. Die Nomaden, die im 19. oder 20. Jh. nachweisbar sind, sind deshalb meist Nachfahren von Zuwanderern, die im 17. Jh. von Ostanatolien westwärts gewandert sind.

S. Faroqhi

Lit.: EI², s.v. Iqṭāʿ [C. CAHEN] – IA, s. v. Öşür [Ö. L. BARKAN] – P. SCHWARZ, Iran im MA nach den arab. Geographen, 9 Bde, 1896-1935 – Ö. L. BARKAN, Osmanlı Imparatorluğunda Zirai Ekonominin Hukukî ve Malî Esasları, Bd. 1: Kanunlar (Istanbul Üniversitesi Yayınları), 1943 – J. WEULERSSE, Paysans de Syrie et du Proche-Orient, 1946 – H. BOBEK, Soziale Raumbildungen am Beispiel des Vorderen Orients (27. Dt. Geographentag München 1948, 1950), 193-207 – H. Z. KOŞAY, Das D. Alaca Hüyük, Materialien zur Ethnographie und VK von Anatolien (Türk Tarih Kurumu Yay, VII/21), 1951 – A. K. S. LAMBTON, Landlord and Peasant in Persia, 1953 – X. DE PLANHOL, De la plaine pamphylienne aux lacs pisidiens: Nomadisme et vie paysanne, 1958 – H. BOBEK, Iran. Problem eines unterentwickelten Landes alter Kultur, 1962 – ST. J. SHAW, The Financial and Administrative Organization and Development of Ottoman Egypt 1517-1798, 1962 – M. AKDAĞ, Celâlî Isyanlari (1550-1603) (Ankara Üniversitesi Dil ve Tarih-Coğrafya Fakültesi Yayınları 144, 1963) – C. TROLL, Qanat-Bewässerung in der Alten und Neuen Welt, Mitt. Österr. Geogr. 105, 1963, 313-330 – C. CAHEN, Pre-Ottoman Turkey, 1968 – W.-D. HÜTTEROTH, Ländl. Siedlungen im südl. Inneranatolien in den letzten vierhundert Jahren (Göttinger Geogr. Abh. 46), 1968 – X. DE PLANHOL, Les fondements géographiques de l'hist. de l'Islam, 1968⁴ [dt.: Kulturgeogr. Grundlagen der islam. Gesch., 1975²] – Ö. L. BARKAN, Research on the Ottoman Fiscal Surveys (Stud. in the Economic Hist. of the Middle East, hg. M. A. COOK), 1970 – S. VRYONIS, jr., The Decline of Medieval Hellenism in Asia Minor and the Process of Islamization from the Eleventh through the Fifteenth Century (Univ. of California Press, 1971) – H. INALCIK, The Ottoman Decline and its Effects upon the Reaya (Aspects of the Balkans, Internat. Balkan Conf., held at UCLA, 1969, hg. H. BIRNBAUM–SP. VRYONIS, 1972), 338-354 – M. G. S. HODGSON, The Venture of Islam, II: The Expansion of Islam in the Middle Periods, 1974, 162-225 – J. MELLAART, The Neolithic of the Near East, 1975 – W.-D. HÜTTEROTH, Kamal Abdulfattah, Historical Geogr. of Palestine, Transjordan and Southern Syria in the Late Sixteenth Century (Erlanger Geogr. Arbeiten, SB 5), 1977 – H. ISLAMOĞLU–S. FAROQHI, Crop Patterns and Agricultural Production Trends in Sixteenth Cent. Anatolia, Review, II, 3, 1979, 401-436 – Ö. L. BARKAN, Türkiyede Toprak Meselesi (Toplu Eserler I, 1980) – B. BELDICEANU, Le timar dans l'état ottoman, 1980 – E. EHLERS, Iran - Grundzüge einer geogr. LK (Wiss. LK 18), 1980 – F. SÜMER, Oğuzlar (Türkmenler), Tarihleri-Boy teşkilatı-Destanları, 1980 – A. M. WATSON, Agricultural Innovation in the Early Islamic World: The Diffusion of Crops and Farming Techniques 700-1100, 1983 – S. FAROQHI, The Peasants of Saideli in the Later Sixteenth Century (Archivum Ottomanicum VIII, 1983), 215-250.

Dorfhandwerk → Handwerk, ländl.

Doria, eine der bedeutendsten Familien→Genuas, bildete zusammen mit den →Spinola, →Grimaldi und →Fieschi eine der vier »Gentes«, welche die Geschicke der Stadt bis ins 14. Jh. lenkten. Ursprgl. eine Kaufmannsfamilie, nach einigen auch fremder Herkunft, werden die D. zu Beginn des 12. Jh. in Genua hist. faßbar. Zu Ansehen gelangten sie bereits mit *Martino,* der 1125 die Kirche S. Matteo, die spätere Hauskirche der Familie, gründete, um deren gleichnamigen Platz die Wohnhäuser der D. strategisch angeordnet wurden. Aus der Familie gingen Konsuln, Flottenkommandanten und Heerführer, Reeder und Diplomaten hervor. In →Sardinien erwarben die D. ausgedehnte Besitzungen, nicht zuletzt infolge einer geschickten Heiratspolitik, mit der sie sich die Familien der einheimischen Judices verbanden, und setzten sich im Oltregiogo und an der westl. ligur. Riviera fest (Herrschaften Sassello, Sanremo, Dolceacqua und Oneglia). Zusammen mit den →Spinola führten sie während des 13. Jh. die kaiserfreundl. bzw. ghibellin. »Partei« in Genua an und brachten mit der Unterstützung des »Populares« 1270 →*Oberto* D. und Oberto →Spinola an die Macht. Unter diesen beiden »Capitani del Popolo« erlebte Genua die glänzendste Phase seiner Geschichte: 1284 wurde in der Seeschlacht bei →Meloria, an der mehr als 250 Mitglieder der Familie D. teilnahmen, durch die geschickte Strategie Oberto Dorias→Pisa besiegt, ein gleiches Schicksal erfuhr Venedig 1298 bei →Curzola durch Lamba D., Obertos Bruder. Zu Beginn des 14. Jh. führten die zw. den beiden mächtigen ghibellin. Familien sowie innerhalb des Clans der D. selbst entstandenen Feindseligkeiten zu blutigen Parteikämpfen, die das Aufkommen fremder Signorien begünstigten. 1311 nahmen die D. anläßlich der Übertragung der Macht über Genua an →Heinrich VII. von Luxemburg als Wappen für die gesamte Familie den ksl. Adler auf weißem Grund an, ein Zeichen für ihre Treue zum Imperium. Von den guelf. Rivalen, die von →Robert v. Anjou unterstützt wurden, zum Exil gezwungen, näherten sie sich wieder den Spinola und der ghibellin. lombard. Liga der Lombardei und machten mit häufigen Einfällen von der westl. Riviera her, wohin sie sich geflüchtet hatten, dem guelf. Regime zu schaffen. 1331 kehrten sie nach dem Friedensschluß zw. den Faktionen in die Stadt zurück und brachten *Raffaele* D., den früheren Admiral des Kgr.s Sizilien, und Galeotto Spinola di Luccoli als »Capitani del Popolo« an die Macht. Sie wurden jedoch durch das Aufkommen des popularen Dogats

(→Doge, Genua) 1339 vom öffentl. polit. Leben ausgeschlossen. Während des Krieges um Tenedos (→Chioggiakrieg) wurden 1378 *Luciano* D. und 1379 *Pietro* D. im Gedenken an die früheren Triumphe der D. über die Venezianer zu Galeerenkommandanten ernannt; 1412 wurde *Antonio* D. zum Admiral gegen die Katalanen gewählt und für die über die Feinde errungenen Siege mit der Befreiung von allen Steuern belohnt. In den Kämpfen um das Dogat während des 15. Jh. blieben die D. neutral, waren jedoch auf ihren Lehnsgütern und in den Kolonien polit. und wirtschaftl. aktiv. Zu Beginn des folgenden Jh. nahmen sie durch den Aufstieg →*Andrea* D.s zur Macht wieder eine hervorragende Stellung im städt. Leben ein.

Die Familie zerfiel seit dem Beginn des 14. Jh. in viele Linien, von denen einige bis in die Jetztzeit bestehen.

G. Petti Balbi

Q.: Georgii Stellae Annales Genuenses, ed. G. PETTI BALBI, R.I.S.², XVII/2, 1975 – *Lit.*: I. DORIA, La chiesa di San Matteo, 1860 – A. FERRETTO, Branca D. e la sua famiglia, Introduzione al Codice diplomatico delle relazioni tra la Liguria, la Toscana e la Lunigiana ai tempi di Dante, Atti della Soc. Ligure di st. patr. XXXI, 1903 – C. IMPERIALE DI SANT'ANGELO, Iacopo D. e i suoi annali. Storia di un'aristocrazia it. nel Duecento, 1930 – A. GORIA, Le lotte intestine in Genova tra il 1305 e il 1309, Misc. di storia ligure in on. di G. FALCO, 1962 – C. FUSERO, I D., 1974.

1. D., Andrea, genues. Staatsmann, * 1466 in Oneglia, † 1560 in Genua, diente zuerst verschiedenen Machthabern und erwarb im Dienste Frankreichs, des Hl. Stuhls und Spaniens großen Ruhm als Admiral im Kampf gegen die barbaresk. Piraten. Im Juli–August 1528 band er sich vertragl. an Karl V., der ihn zum Generalkapitän der Mittelmeerflotte ernannte, befreite →Genua von der frz. Oberherrschaft und wurde zum Dank dafür »Befreier und Vater des Vaterlandes« genannt. Er erreichte den Konsens der adligen Familien und ihre Vereinigung in nur 28 Alberghi (→Albergo dei nobili), begründete durch die Unterwerfung von →Savona die Einheit der Territorialherrschaft Genuas neu und errichtete »de facto« eine persönl. Signorie über die Stadt, wobei ihm auch sein internationales Ansehen zustatten kam. Unter den vielen gegen ihn gerichteten Verschwörungen ist diejenige des Gian Luigi Fieschi berühmt (1547), welche den Untergang seines designierten Erben, seines Neffen Giannettino, bedeutete. Ein Jahr vor A.s Tod war auch →Korsika unter die genues. Herrschaft zurückgekehrt.   G. Petti Balbi

Lit.: C. COSTANTINI, La Repubblica di Genova nell'età moderna, 1978 – E. GRENDI, A. D. uomo del Rinascimento, Atti della Soc. Ligure di st. patr. XIX, 1979 – A. ORESTE, Genova e A. D. nel quadro politico europeo, La storia del genovesi, 1983.

2. D., Jacopo, genues. Geschichtsschreiber, * wahrscheinl. 1234, † nach 1293, zeichnete sich nicht durch polit. oder militär. Begabung aus wie seine Brüder →Oberto, der berühmte Capitano del Popolo, Lamba und Nicolò. J. hielt sich vom öffentl. Leben fern, widmete sich den Studien und hist. Forschungen und wurde Archivar und Annalist der Kommune Genua. Von 1270 bis 1279 beteiligte er sich an dem Redaktionskollegium der städt. Annales. Später setzte er ohne öffentl. Auftrag die Chronik der Stadt bis 1293 fort. Zu diesem Zeitpunkt erhielt seine Arbeit die öffentl. Anerkennung des Stadtregiments und wurde in den authent. Codex der Annalen aufgenommen. J. schickt der Darstellung der zeitgenöss. Ereignisse einen Exkurs über die antike Geschichte Genuas voraus und erweist sich als scharfsinniger und objektiver Historiker, der über die engere Stadtgeschichte hinausgeht und die Tradition der Annales Januenses, die von →Caffaro im Jahre 1099 begonnen worden waren, auf meisterhafte Weise zum Abschluß bringt.   G. Petti Balbi

Ed. und Lit.: Iacopo Doria, Annali genovesi di Caffaro e de'suoi continuatori dal MCCLXXX al MCCLXXXXIII, hg. C. IMPERIALE DI SANT'ANGELO, FISI, 1929 – G. PETTI BALBI, Caffaro e la cronachistica genovese, 1982.

3. D., Oberto, † 1304. D. wurde am 28. Sept. 1270 zusammen mit Oberto →Spinola zum »Capitano del comune e del popolo« gewählt, um den guelfisch-angevin. Ansprüchen auf Genua entgegenzutreten und das Regiment des Popolo wiederherzustellen. Durch seine kluge Regierung vermochte er den inneren Frieden zu sichern. In seiner Außenpolitik bewies er in den Beziehungen zu Karl v. Anjou, Michael Palaiologos und Venedig große Umsicht. Unter der Doppelherrschaft der beiden Capitani erlebte Genua daher einen der glänzendsten Momente seiner Geschichte. Unter D.s Leitung besiegte die genues. Flotte am 6. Aug. 1284 die Pisaner, welche Genua die Herrschaft über →Korsika streitig machten, in der berühmten Schlacht bei →Meloria. Dabei wurden etwa 30 Galeeren aufgebracht und fast 10000 Pisaner gefangen, die später gegen hohes Lösegeld freigelassen wurden. Trotz dieser Erfolge dankte O.D. im Sept. 1285 freiwillig ab, vielleicht weil er die von seinem Amtskollegen vertretene Bündnispolitik mit den guelf. Kommunen der Toskana nicht mittragen wollte. Er zog sich nach Rapallo zurück und ließ das Amt des Capitano seinem Sohn Corrado. 1295 wurde er noch einmal zum Großadmiral der Kommune ernannt und forderte – allerdings vergeblich – mit einer Flotte von 165 Galeeren die Venezianer in den Gewässern von Sizilien zur Schlacht heraus.   G. Petti Balbi

Q.: Iacobi Aurie Annales Ianuenses, ed. C. IMPERIALE DI SANT'ANGELO, FISI V, 1928 – *Lit.*: G. CARO, Genua und die Mächte am Mittelmeer 1257-1311, 1895 – C. IMPERIALE DI SANT'ANGELO, Iacopo Doria e i suoi annali, 1930 – T. O. DE NEGRI, Storia di Genova, 1968.

4. D., Perceval (Percivalle), genues. Staatsmann und Dichter in prov. und it. Sprache, † 1264 (ertrank im Kampf gegen die Feinde →Manfreds im Nera-Fluß). P. bekleidete wichtige Ämter inner- und außerhalb Italiens: 1228 Podestariat in Asti, 1244 Podestariat in Parma, 1231 in Arles, 1233 und 1237 in Avignon. Sein Aufenthalt in der Provence trug zweifellos zu einer Vertiefung seiner Kenntnis der prov. Dichtung bei, einer Lyrik, die er auch in Genua in einem Kreis von Dichtern in prov. Sprache pflegte. Als Anhänger der ksl. Politik trat er in den Dienst →Friedrichs II. und dessen Sohn Manfred. Von D.s dichter. Schaffen ist nur wenig erhalten: Zwei it. Dichtungen (von denen ihm eine jedoch nicht mit letzter Sicherheit zugewiesen werden kann) und zwei in prov. Sprache, die größere Bedeutung besitzen: ein Coplenwechsel mit einem sonst nicht näher bekannten Philippe de Valence sowie ein Sirventese, der an →Bertran de Born erinnert, in dem der Krieg, der die Feiglinge ausplündert und die Tapferen reich macht, verherrlicht wird. Der Kampf wird als buntes Schlachtengemälde dargestellt: flatternde Banner, Trompeten und Trommeln, vor dem Ansturm der Ritter flüchtende Feiglinge. Es fehlen auch nicht Anspielungen auf die Bestrebungen der Engländer und Spanier, sich des Imperiums zu bemächtigen, das von dem edlen und großmütigen Manfred verteidigt wird. D.s Stil zeigt die Freude an Wortspielen und Reimakrobatik. Seine vom lit. Standpunkt bedeutende Dichtung gehört zu den zahlreichen von prov. und it. Dichtern geschaffenen Werken in prov. Sprache, in denen die Anteilnahme ihrer Verfasser an der it. Zeitgeschichte des 13. Jh. zum Ausdruck kommt.

C. Cremonesi

Ed. und Lit.: G. BERTONI, I trovatori d'Italia, 1915, 89–93, 307–315 – L. CREMA, Percivalle alla corte di Manfredi III di Saluzzo e Percivalle D. poeta provenzale, AR XII, 1928, 329–332 – A. PILLET–H. CARSTENS, Bibliogr. der Troubadours, 1933, 334.

Doriole, Pierre, sire de Loiré (Aunis), Kanzler v. Frankreich (→*chancelier*) unter →Ludwig XI., * 1413 in La Rochelle, † 14. Sept. 1485 in Paris, ∞ 1. Colette Lureau, ∞ 2. 1470 Charlotte de Bar, Witwe des *général des finances* Guillaume de Varye; zwei Töchter und vielleicht ein Sohn, Jean D., Bf. v. Montauban. – Sohn einer angesehenen Bürgerfamilie, Rechtsstudium, 1430 Erwerb des Grades eines Lizentiaten im röm. Recht, 1451 l. Wahl zum Bürgermeister von La Rochelle, ein Amt, das schon sein Vater Jean mehrmals innegehabt hatte. Ab 1452 (bis 1461) Mitglied des Rats (→*Conseil*) von Kg. →Karl VII. und im selben Jahr Ernennung zum *général des finances* (im Languedoïl), dann 1459 *maître des comptes* (→*chambre des comptes*) in Paris. Von Karl VII. mit mehreren Aufgaben betraut, unter anderem auch im Konflikt Karls VII. mit dem Dauphin Ludwig (XI.) und im Prozeß gegen Jacques →Coeur, verlor er zu Beginn der Regierung Ludwigs XI. 1461 seine Ämter, ohne jedoch völlig in Ungnade zu fallen. Nach einem kurzen Frontwechsel 1466 auf die Seite von Ludwigs Bruder Karl (→Charles de France), der ihn zu seinem *général des finances* machte, kehrte er zu Ludwig zurück und ist ab 1467 im kgl. Rat nachgewiesen. 1468 erneut als *général des finances* im Languedoïl eingesetzt, nahm er an den →*Etats généraux* in Tours 1468 teil und wurde Mitglied der dort eingesetzten Reformkommission. 1471 wurde er *premier maître des comptes* und schließlich am 26. Juni 1472 erhielt er von Ludwig das Amt des Kanzlers mit der sehr hohen Gage von 4000 l.t. und zuzüglich 1650 l.t. als Pension. 1469 war er mit der Vorbereitung des Prozesses gegen den Kard. →Balue befaßt und in den folgenden Jahren mit der Durchführung der Prozesse gegen den Connétable v. →St-Pol (1475), den Hzg. v. →Nemours (1477), René d'Alençon u. a. beauftragt, wobei er durchaus nicht immer im Sinne des Kg.s, der eine härtere Behandlung seiner Gegner wünschte, verfuhr. In zahlreichen diplomat. Missionen verhandelte er mit Hzg. →Karl dem Kühnen v. Burgund, Hzg. →Franz II. v. Bretagne sowie Kg. →René v. der Provence. Die Ursachen für seine Amtsenthebung als Kanzler am 12. Mai 1483 sind nicht bekannt; doch gewährte ihm Ludwig seine Gage als Pension weiter. Kurz nach Ludwigs Tod, am 22. Sept. 1483, wurde er zum Präsidenten der *Chambre des comptes* ernannt und später zum Mitglied des Rats der Regentschaft für den noch unmündigen Kg. Karl VIII. In seinen Ämtern, die ihm zu nicht unbeträchtl. Reichtum verhalfen, erwies er sich als fähiger Mann, der seinen verschiedenen polit., jurist. und administrativen Aufgaben gerecht zu werden verstand. Von seinen lit. Neigungen zeugt ein Entwurf für ein Buch über die »nobles hommes malheureux«. N. Bulst

Lit.: L. CALISTI, Un chancelier de France sous le règne de Louis XI. P. D. [Thèse masch. Ec. des Chartes, Paris 1956] [Zusammenfassung in: Positions de thèses, Ec. des Chartes 1956, 29–34] – P.-R. GAUSSIN, Louis XI, 1976 – s. a. Lit. zu →Ludwig XI.

Dormans

1. D., Guillaume de, Kanzler v. Frankreich (→*chancelier*) (1372), † 11. Juli 1373. Sohn von Jean de D., →*chambellan* Kg. Philipps VI.; Bruder von 2. Wie sein Bruder wurde G. de D. in Soissons ausgebildet, sodann absolvierte er ein Rechtsstudium in →Orléans. →*Avocat* (advocatus) am Pariser→*Parlement* (1345), finden wir ihn 1350 im Königsdienst. Im März 1351 geadelt, war er Rat (*conseiller*) und Avocat (1357) des Dauphin. Am 21. Febr. 1360 wurde er zum allgemeinen Avocat des Parlement ernannt. Als sein Bruder Jean zum Kanzler v. Frankreich erhoben wurde, trat G. de D. als Kanzler der Normandie an dessen Stelle (1. Okt. 1361). Seit dem 30. April 1364 war er Kanzler des Dauphiné, Rat des Kg.s im Großen Rat (*Grand→Conseil*) und hatte als erster Meister (*maître*) weltl. Standes an der →*Chambre des comptes* eine leitende Position bei dieser zentralen Finanzinstitution inne. Er war 1368 als Gesandter in London, um über Verletzungen des Vertrags v. →Brétigny zu verhandeln. Schließlich wurde er am 21. Febr. 1372 zum Kanzler von Frankreich erhoben, als Nachfolger seines Bruders Jean, der auf eigenen Wunsch aus dem Amt schied. E. Lalou

Lit.: DBF XI 594f. – O. MOREL, La grande chancellerie royale et l'expédition des lettres royaux de Philippe de Valois à la fin du XIVe s. (1328–1400), 1900.

2. D., Jean de, Kanzler v. Frankreich (→*chancelier*) 1361–73, Bf. v. Beauvais 1359, Kard. 1368, † 7. Nov. 1373, ⌐ Kartause Vauvert. Wie sein Bruder (1. D.) wurde J. de D. in Soissons ausgebildet und absolvierte ein Rechtsstudium in Orléans, nach dem er als →*Avocat* (advocatus) am Pariser→*Parlement* tätig war. Er war Kleriker und hatte die niederen Weihen empfangen; seit 1355 war er Kanoniker v. Châlons, Meaux, Soissons und St-Paul-du-Neubourg (Bm. Evreux); Archidiakon v. Provins (Juli 1355). Für das Bm. Lisieux vorgesehen (19. Nov. 1358), war er noch nicht geweiht, als er bereits nach Beauvais versetzt wurde (12. Juli 1359), doch wurde er erst nach Mai 1360 zum Priester geweiht und zum Bf. konsekriert; am 17. Juli 1360 zog er schließlich in Beauvais ein. Am 22. Sept. 1368 zum Kard. v. Santi Quattro Coronati erhoben, empfing er am 2. Febr. 1369 von Guillaume de Melun, Ebf. v. Sens, den Kardinalshut. Obwohl er sein Bm. Beauvais bald wieder abgab, wird er manchmal als 'Kard. v. Beauvais' bezeichnet.

J. de D. war der führende Ratgeber Kg. Karls V.: Bereits als dieser noch Dauphin und Hzg. der Normandie war, diente ihm J. de D. als Kanzler der Normandie. Während des Pariser Aufstands (Jan. 1358) stand er loyal zu seinem Herrn; am 11. Jan. bewog er Karl, in den Hallen zum Volk zu sprechen; am 12. Jan. hielt J. de D. selbst hier eine Ansprache. Als der Dauphin den Titel eines Regenten annahm, wurde J. de D. Kanzler der Regentschaft (18. März 1358). Nach Paris zurückgekehrt, wurde J. de D. für sein loyales Verhalten vom Kg. belohnt: Er empfing das Lehen Ferrières-en-Brie und das Bm. Lisieux. Er verhandelte in Chartres mit den Engländern (27. April 1360) und schloß den Vertrag v. →Brétigny (8. Mai 1360). Als Kanzler v. Frankreich (seit dem 28. Sept. 1361), Bf. v. Beauvais und →Pair v. Frankreich nahm J. de D. an der Königsweihe Karls V. (19. Mai 1364) teil; er war auch bei der Leistung des lig. Lehnseides durch Johann IV. v. Montfort, Hzg. v. →Bretagne, anwesend (Dez. 1366). Er taufte den Dauphin Karl (3. Dez. 1368). Am 10. Dez. 1368 hielt er die Rede zur Eröffnung der →*Etats généraux*, wobei er die Notwendigkeit der kgl. Forderungen angesichts des Krieges mit England hervorhob. Zum Legaten für die Aushandlung des frz.-engl. Friedens ernannt (Febr. 1371), traf er sich mit dem aus England stammenden Legaten, Simon v. Langham, in Melun und Calais (1372). Auf eigenen Wunsch aus seinem Kanzleramt geschieden (21. Febr. 1372), nahm er jedoch die Siegelführung nach dem Tod seines Bruders Guillaume bis zum eigenen Tod wieder auf (11. Juli–7. Nov. 1373). – 1370 gründete er in Paris (Rue du Clos-Brunel) ein Kolleg für zwölf aus Dormans stammende Studenten (Collège de Dormans, später: Collège de Beauvais). E. Lalou

Lit.: DBF XI, 594 – DHGE XIV, 683 – M.-D. CHAPOTIN, Une page de l'hist. de Paris: Le Collège de Dormans-Beauvais..., Paris 1870, 625 p. [cf. M. CLEMENT, L'ancien collège de D.-B., in: Montagne Ste-Geneviève VII, 5, lg 38, 261–269] – A. POQUET, Le card. J. de D. et sa famille, 1886 – L. CAROLUS-BARRÉ, Le card. de D., chancelier de France, principal conseiller de Charles V, MAH 52, 1935, 314–365.

3. D., Milon de, Kanzler v. Frankreich (→*chancelier*) 1380–83, Bf. v. Beauvais 1375, † 17. Juli 1387, ⌑ Paris, Kapelle des Collège de Beauvais; Sohn von 1; nach Rechtsstudium in →Orléans Kanoniker in Beauvais (1361), Bacc. leg. und Lektor an der Univ. Orléans (Nov. 1362), danach Archidiakon v. Meaux (April 1363). Dr. utr. iur., wurde er am 3. März 1371 zum Bf. v. Angers erhoben, wo er aber nicht Residenz nahm; vielmehr lebte er am Königshof. M. de D. wurde Präsident der →*Chambre des comptes* (29. Nov. 1371), auf den Bischofssitz von Bayeux (16. Juni 1374), sodann auf denjenigen von Beauvais (21. Jan. 1375) versetzt, den er am 6. April 1375 in Besitz nahm. Vom Regenten Ludwig, Hzg. v. Anjou, am 1. Okt. 1380 zum Kanzler ernannt, nahm er an der Königsweihe Karls VI. teil. In der Krise des Herbstes 1380 präsidierte M. de D. der Sitzung mit den bürgerl. Vertretern der Etats, in der die bisherigen Steuern aufgehoben wurden. Gesandter in England, sodann in Flandern (1382), trat er danach vom Kanzleramt zurück, um Enguerran VII. v. →Coucy nach Italien zu begleiten. Zur Hochzeit des Kg. s zurückgekehrt (17. Juli 1385), starb er während seiner Vorbereitungen des Englandzuges Karls VI. E. Lalou

Lit.: DBF XI, 594 – P. DURRIEU, La prise d'Arezzo par Enguerrand de Coucy en 1384, BEC 41, 1880, 161–194 – O. MOREL, La grande chancellerie royale et l'expédition des lettres royaux de Philippe de Valois à la fin du XIVe s. (1328–1400), 1900.

Dormitorium (Dorment), gemeinsamer Schlafsaal in ma. Klöstern und Stiften, zumeist im Ostflügel des →Klosters über Kapitelsaal und Auditorium/Refektorium, unmittelbar über eine Treppe mit dem Querschiff der Kirche und dem Kreuzgang verbunden. Der Name D. scheint – obwohl schon früher bekannt (Chrodegang v. Metz für Regularkanoniker) – erst durch Benedikt v. Aniane (→St. Galler Klosterplan) gebräuchlich gemacht zu sein. Die Gewohnheit, daß die Mitglieder einer klösterl. Gemeinschaft in einem gemeinsamen Schlafsaal ruhten, ist älter als die ersten schriftl. Ordensregeln, die das D. fordern. Die Norm für das ma. D. ist im 22. Kap. »quomodo dormiant monachi« der Regel des hl. Benedikt festgelegt: »Singuli per singula lecta dormiant... Si potest fieri, omnes in uno loco dormiant.« Die Reformorden von Cluny und Gorze hielten ebenso daran fest wie die des hohen MA (Zisterzienser, Augustiner) und die Nonnenklöster; nur die Kranken und der Abt erhielten Einzelzellen. Seit dem 12. Jh. sind hölzerne Trennwände zw. den Betten nachzuweisen, so entstanden offene Kabinen, die gegen den Mittelgang durch Vorhänge abgeschlossen waren, durch Papst Benedikt XII. im 2. Viertel des 14. Jh. offiziell anerkannt. Später folgten Türen mit Guckloch, 1439 durch Papst Eugen IV. für Valladolid gebilligt; gut erhaltene Beispiele Alpirsbach 4. Viertel des 15. Jh., Bebenhausen 1513/16 und Zisterzienserinnenkloster Wienhausen bei Celle 1549.

Die D.ien waren ein-, zwei- oder dreischiffige Anlagen von außerordentl. Länge (40–50 m × 10–15 m). Einschiffige D.ien waren selten, in Frankreich mit Spitztonne überwölbt. Die zwei- und dreischiffigen D.ien waren überdeckt mit Kreuz- oder Rippengewölben über quadrat. Grundriß zw. Gurten, die auf Mittelstützen und Wandkonsolen aufliegen; oder mit offenem Dachstuhl oder Flachdecke (Alpirsbach 4. Viertel des 15. Jh., Zwettl um 1490, Bebenhausen 1513/16). Die in regelmäßigem Abstand angeordneten Fenster, auch zwei Reihen übereinander und in Gruppen (Altenberg bei Köln um 1235, Arnsburg in der Wetterau Mitte 13. Jh.), sind zunächst klein und ungegliedert mit einfacher Schräglaibung. Die Säulenkapitelle und Konsolen können reich verziert sein.

G. Binding

Lit.: RDK IV, 1958, 275–289 – G. BINDING–M. UNTERMANN, Kleine Kunstgesch. der ma. Ordensbaukunst in Dtl., 1985 – s. a. →Kloster.

Dornbusch, brennender → Moses

Dornbuschkloster → Sinai

Dorneck (Dornach), **Schlacht v.**, 1499 (Dornach, Ort in der Schweiz, südl. von Basel, Kanton Solothurn). Diese Schlacht bildete den Abschluß der krieger. Handlungen im →Schwaben- oder Schweizerkrieg des Jahres 1499. – Das seit 1485 solothurn. Schloß D. (Dornegg) an der nordwestl. Flanke der →Eidgenossenschaft über der Birs bildete den Angriffspunkt für ein Heer unter der Führung des ksl. Feldhauptmanns Heinrich v. Fürstenberg. Am 22. Juli vermochte ein eidgenössisches Aufgebot, in der Mehrzahl Solothurner und Berner, die Aufgabe der Belagerung zu erzwingen und den Gegner in einer Schlacht zw. den Ortschaften Arlesheim und D. entscheidend zu schlagen. Nach dieser Schlacht gelang es – v. a. durch die Vermittlung →Mailands –, die Feindseligkeiten im Frieden von →Basel (22. Sept. 1499) beizulegen. F. de Capitani

Lit.: Hb. der Schweizer Gesch. I, 1972, 342–345.

Dornenkrönung Christi → Passionsbilder

Dornse → Kemenate

Dorothea, hist. nicht nachgewiesene hl. Jungfrau und Märtyrerin (Fest 6. März).

[1] *Vita und Legende:* Ihr Martertod wird i. J. 287 oder öfter um 304, in der Zeit der Verfolgung durch Diocletian, angesetzt. Nach der legendären Überlieferung wurde D. von vornehmen Eltern, die vor der Christenverfolgung aus Rom geflohen waren, in Cäsarea (Kappadokien) geboren. Zur schönen Jungfrau herangewachsen, weist sie die Werbung des Statthalters der Provinz zurück und bekennt sich als Braut Christi. Sie wird mannigfachen Martern unterworfen, unter denen sie auf wunderbare Weise am Leben erhalten bleibt, doch schließlich enthauptet. Ein himml. Knabe bringt nach D.s Tod dem Schreiber Theophilus, der sie auf ihrem Weg zur Hinrichtungsstätte zum Spott darum gebeten hatte, Rosen und Äpfel aus dem himml. Paradies. Der im Anhang der Legenda aurea aufgenommene Bericht geht auf eine in Hss. des 11. Jh. überlieferte Passio zurück. Zum ersten Mal genannt wird D. (zusammen mit Theophilus) im Martyrologium Hieronymianum. Seit dem 14. Jh. wird die Passio – außer in Legendaren – in zahlreichen dt. Vers- und Prosafassungen separat oder als 'Passienbüchlein' der Vier oder Zehn Hl. Jungfrauen überliefert. Engl. Dorothealegenden sind aus dem 15. Jh. bekannt.

[2] *Verehrung:* Der Kult scheint seine höchste Blüte vom 14.–16. Jh. in Italien sowie in Deutschland und den östl. zunächst angrenzenden Ländern gehabt zu haben. Reliquien werden in Rom und Bologna verehrt. Gelegentl. wurde D. auch den 14 Nothelfern beigezählt. Verbreitet waren im MA bes. im ostmitteldt. Raum, wie aus Aufführungszeugnissen hervorgeht, Dorotheaspiele: Bautzen (1413), Dresden (1498 und 1523), Zwickau (vor 1535), Kulm (15. Jh.) und Eger (ab 1500). In Eger ist seit 1455 auch bezeugt, daß am Dorotheatag Schulkinder Dorothealieder in der Stadt sangen und beschenkt wurden. D. wurde angerufen bes. bei Armut und falscher Anschuldigung, in Todesnöten. D. gilt als Patronin der Bräute und Neuvermählten, der Wöchnerinnen, der Blumengärtner, auch der Bergleute. E. Wimmer

Q. und Lit.: AASS Febr. I, 773–776 – LThK² III, 523 – LCI VI, 89–92 – Verf.-Lex.² II, 211–216 – EM III, 780–782 – Legenda aurea, ed. TH.

GRAESSE, 1890, 910–912 – H. SCHACHNER, Das Dorotheaspiel, ZfdPh 35, 1903, 157–196 – Der Heiligen Leben, übers. S. RÜTTGERS, 2. Bd., 1913, 362–367 – L. BUSSE, Die Legende der hl. D. im dt. MA, 1930 – E. UKENA, Die dt. Mirakelspiele des MA, 1975, I, 42–46; II, 315–357.

[3] *Ikonographie*: D. wurde bes. in Deutschland häufig dargestellt, einmal in der Reihe der Vierzehn →Nothelfer (Ried/Osttirol, Altar von P. Peisch 1517), zum anderen m. →Barbara, →Margaretha und →Katharina v. Alexandrien in der Reihe der »Quattuor Virgines Capitales« (Sorunda, Tafelbild von H. Rode, 2. Hälfte 15. Jh.) sowie einzeln als Helferin in Kindesnöten. Die zahlreichen Darstellungen des SpätMA zeigen sie in Zeittracht mit einer Krone (Oberwesel, Altar um 1331) oder einem Rosenkranz (Ortenberger Altar, Darmstadt, Hess. Landesmus.) auf dem Kopf und als Attribut ein Körbchen mit Rosen und Früchten (Eton College, Fresko um 1480), das ihr vielfach von einem Knaben gereicht wird (Holzschnitt Sringinklee im *Salus animae*), der manchmal durch Kreuznimbus als Jesuskind gekennzeichnet ist (Malta/Österr., Pfarrkirche, Fresko Ende 13. Jh.), auch mit Rosenzweig (Dom zu Erfurt, Glasfenster um 1403), Lilie (Klosterneuburg, Albrechtspsalter um 1440), Palme (Stadtpfarrkirche zu Themar, Altar Ende 15. Jh.) oder Erdbeerstaude (Landesmus. Münster, Tafelbild aus Soest). Ihr Martyrium ist ausführl. geschildert auf dem D.-Altar im Danziger Museum. Hans Baldung Grien zeigt um 1520/30 die Enthauptung im Beisein von Theophilus (Nat. Gal. in Prag), ferner ein Altarflügel vom Anfang des 15. Jh. in der Klosterkirche Doberan.   G. Binding

Lit.: LCI VI, 89–92 – J. BRAUN, Tracht und Attribute der Hl. in der dt. Kunst, 1943, 195–198.

Dorothea. 1. D., Kgn. v. →Dänemark, →Schweden und →Norwegen, Hzgn. v. →Schleswig und →Holstein, * ca. 1430, † 10. Nov. 1495 in Kalundborg, ▭ Roskilde, Dom; Tochter des Mgf.en →Johann v. Brandenburg († 1464) und der Barbara v. Sachsen († 1465), ∞ 1. am 12. Sept. 1445 mit dem dän. Kg. →Christoph III. v. Bayern, ∞ 2. am 26. Okt. 1449 in Kopenhagen mit dessen Nachfolger Kg. →Christian I. (über ihre fünf Kinder aus der 2. Ehe s. →Christian I.). Als D. 1448 ca. 18jährig verwitwete, verfügte sie über umfangreiche Einkünfte in Dänemark, Schweden und Norwegen, die ihr bei ihrer Hochzeit von Christoph III. als Leibgeding überschrieben worden waren. Falls sie das Land verlassen wollte, mußten ihr für den Verzicht auf diese Einkünfte 45000 Rhein. Gulden als Abfindung gezahlt werden. Um diese Möglichkeit auszuschließen, hat der →Reichsrat bei der Wahl Christians I. auch dessen Verlobung mit der Witwe seines Vorgängers vereinbart. Für D. sind polit. und finanzielle Aktivitäten vielfach belegt, v. a. ihre Mitwirkung bei der Abtragung der Schulden Christians I. bei schleswig-holstein. Adligen sowie ihr Versuch, nach dem Tode ihres Vaters Erbansprüche durchzusetzen.   I.-M. Wülfing

Q.: Diplomatarium Christierni Primi, ed. H. KNUDSEN – C. F. WEGENER, 1856 – CDB III, 3 – Lüb. UB VIII–XI – *Lit.*: DBL IV [MOLLERUP] – DBL³ IV [TH. JEXLEV] – E. ARUP, Den finansielle side af erhvervelsen af hertugdømmerne, Dansk Hist. Tidsskrift 7. R., 4, 1903.

2. D. v. Montau, hl., Mystikerin, * 6. Febr. 1347 in Montau b. Danzig, † 25. Juni 1394 in Marienwerder. Obwohl die Bauerntochter sich seit ihrer Kindheit einem intensiven Frömmigkeitsstreben (u. a. mit härtester Selbstgeißelung) widmete, wurde sie 1363 mit einem Danziger Schwertfeger verheiratet, dem sie neun Kinder gebar. Ungeachtet aller Anfeindungen, Pflichten und Krankheiten gelangte sie zu einem myst. Leben wachsender Begnadungen (Verzückungen, Visionen, Prophezeiungen, Liebeswunden, Herzensschau etc.), für das die *Imitatio* der →Birgitta v. Schweden sowie Pilgerreisen nach Aachen, Finsterwald und Rom wichtig wurden. Ihr Seelenführer und Biograph Johann (v.) Marienwerder schildert den geistl. Aufstieg in ihrem Leben und ihrer Lehre vom Sünder zum »capax Dei« und »homo novus«. 1393 ließ sich D. am Dom zu Marienwerder als Reklusin einmauern, wo sie sich ganz ihren Schauungen, dem tägl. Kommunionempfang und der Tröstung Ratsuchender hingeben konnte.   P. Dinzelbacher

Q.: AASS Oct. 12, 1883, 472–584 – Johann Marienwerder, Dt. Leben, SS rer. Pruss. 2, 179–350 – Ders., Vita latina, ed. H. WESTPFAHL, Forsch. und Q. zur Kirchen- und Kulturgesch. Ost-Dtl.s 1, 1964 – Septililium, ed. F. HIPLER, 1885 – Akten d. Kanonisationsprozeß D. s v. M., ed. R. STACHNIK u. a., 1978 – *Lit.*: Vie des Saints 10, 998f. – DSAM 3, 1664–1668 – Bibl. SS IV, 816–820 – BAUTZ, Biogr.-Bibliogr. Lex. 1, 1362–1364 – Verf.Lex. I, 453–457; II, 612f. – Verf.Lex.² s. v. Marienwerder – LCI 6, 92f. – *Zs.*: Der Dorotheenbote, 1951ff. – S. RÜHLE, D. v. M., Altpreuß. Forsch. 2, 1925, 59–101 – H. FIRTEL, D. v. M., 1968 – E. BENZ, Die Vision, 1969 – R. STACHNIK – A. TRILLER, D. v. M., 1976 – A. VAUCHEZ, La sainteté en Occident aux derniers siècles du MA, 1981, Register s. v.

Dorotheos
1. D., Metropolit v. Mytilene (→Lesbos) (vor 1422), † vor Juli 1444. Zunächst Gegner einer Wiedervereinigung der Kirchen, wurde er auf dem Konzil v. →Ferrara-Florenz, dessen griech. Eröffnungsdekret er am 9. April 1438 verlas, zum eifrigsten Verfechter und Verteidiger der Unionsbestrebungen, wobei sein z. T. erfolgreicher Einsatz v. a. der Aufhebung einer frk. Hierarchie im Orient bzw. der Verdoppelung der dortigen Bischofssitze galt. Ein Zusammenhang zw. einer von Papst →Eugen IV. (1439) für ihn ausgesetzten Jahrespension von 300 Gulden und einer ohnehin ungeklärten Autorschaft einer romfreundl. Konzilsgeschichte (MANSI XXXI, 463–1036) ist nicht erwiesen (trotz anderslautender Behauptung des griech. Chronisten Silbestros →Syropulos). Sicher ist ihm nur ein stark an Photioshomilien angelehnter Aufruf an die Bewohner des belagerten Konstantinopel (1422) zuzuschreiben (ed. CH. LOPAREV, VV 12, 1906, 166–171).
G. Podskalsky

Lit.: Catholicisme III, 1040 – DHGE XIV, 689f. [V. LAURENT] – LThK² III, 525 – ThEE V, 270f. – J. C. BERTHRAM, Über D. v. M., einen ungen. Geschichtsschreiber, 1759 – L. MOHLER, Kard. Bessarion als Theologe, Humanist und Staatsmann I, 1923, 59–69 – V. LAURENT, A propos de D., métr. de Mitylène, RevByz 9, 1951, 163–169 – J. GILL, Quae supersunt Actorum graecorum Concilii Florentini, 1953, LIII–LXIX (Conc. Flor., Docum. et Script., ser. B, V, 1).

2. D., Ebf. v. Thessalonike und apostol. Vikar v. Ost-Illyricum, sicherlich zu Beginn des 6. Jh. erhoben, Nachfolger des Andreas, † 527/535 (?). Der einflußreiche D. trat während des →Akakian. Schismas als Gegner des Papstes →Hormisdas auf. Er unterdrückte wiederholt, zw. 515 und 517, mit Hilfe der ksl. Gewalt die vom Vikariat abgefallenen Bf.e der Prov. Epirus Vetus und versuchte seine – vom Papst suspendierten – Vikariatsrechte zur Geltung zu bringen. Auch nach Beilegung des Akakian. Schismas weigerte sich D., die »formula Horsmidae« zu unterzeichnen. Als 519 ein päpstl. Legat eigens zu ihrer Durchsetzung in Thessalonike erschien, organisierten D. und der Presbyter Aristides den gewaltsamen Widerstand breiter Bevölkerungsschichten. Die päpstl. Forderung, D. zwecks »Belehrung« nach Rom zu überstellen, wurde von Ks. →Justin I. zurückgewiesen. Nach kurzem Gewahrsam in Herakleia konnte D. Anfang 520 wieder sein Amt ausüben. Noch in diesem Jahr forderte der Papst ihn auf, endlich die »formula« zu unterzeichnen. →Theodoros Anagnostes zufolge (s. Theophanes 162) führte er auch den Titel des Patriarchen. D. ist bis zu seinem Tode im

Amt geblieben. Nachfolger wurde sein Vertrauter Aristides. A. A. Katsanakis

Q.: JAFFÉ I, 101ff. – Collectio Avellana, ed. O. GÜNTHER, Nr. 100, 105, 106, 117–124, 127, 133–136, 167, 185–186, 208–209, 225–227 – Theophanis Chronographia, ed. C. DE BOOR, 162 – Leben des hl. David v. Thessalonike, ed. V. ROSE, 1887, 7–9 – *Lit.*: DHGE XIV, 691 – A Dict. of Chr. Biogr. I, 1967, 901 – EO IV, 144 – LThK² III, 525 – E. CASPAR, Gesch. des Papsttums II, 1933, 130f., 138f., 142f., 146, 155, 165–169 – E. SCHWARTZ, Publizist. Slg.en zum ebd. Schisma, AAM, NF 10, 1934, 169f., 223f., 250f., 253ff., 302 – A. A. VASILIEV, Justin the First, 1950, 175, 185–188 – Das Konzil v. Chalkedon, hg. A. GRILLMEIER–P. BACHT, II, 1953, 73–94.

3. D. der Jüngere, * nach 950 in Trapezunt, † um 1045. Aus vornehmem Geschlecht stammend und fein gebildet, entzog er sich den Heiratsplänen seiner Familie und trat in frühester Jugend in das Kl. »von der (des Herrn) Geburt« in Amisos ein. Zum Priester geweiht, baute er eine zerfallene Kirche zur Hlst. Dreifaltigkeit wieder auf und gründete das Kl. Chiliokomon, das freilich wie viele derartige Gründungen den Tod des Stifters nicht lange überlebt zu haben scheint. Sein Schüler und Biograph →Johannes Mauropus rühmt seinen Eifer und seine Ehrfurcht gegenüber der hl. Eucharistie, seine Demut und Zurückgezogenheit, sein Gebet und seine Tränen, die ihn der Schau göttlicher Geheimnisse würdig machten. Die griech. Kirche verehrt ihn als Heiligen (Fest 5. Jan./Todestag).

H. M. Biedermann

Q.: ActaSS Juni I, 1867³, 596–604 – MPG 120, 1051–1074 – *Lit.*: DHGE XIV, 688 – LThK² III, 524 – J. M. HUSSEY, Church and Learning in the Byz. Empire 867–1185, 1937, 189–194.

4. D., Jurist, →Antecessor an der Rechtsschule v. Berytos (→Beirut, Rechtsschule v.) z. Z. Ks. →Justinians (527–565), war an der Herstellung der Digesten beteiligt. D. war einer der beiden Professoren, welche die Institutionen Justinians verfaßten, und gehörte der Revisionskommission an, welche die 2. Auflage des Codex Iustinianus besorgte (→Corpus iuris civilis). Ob er nach seiner Mitarbeit an der justinian. Kodifikation nach Beirut zurückkehrte oder in Konstantinopel verblieb, ist unbekannt. Es sind Reste einer Institutionen- und einer Codexvorlesung sowie umfangreiche Fragmente eines Digestenkommentars erhalten. P. E. Pieler

Ed.: Basilicorum libri LX, ed. G. E. HEIMBACH, tom. VI: Prolegomena et manuale Basilicorum continens, 1870, 31f. [Inst.], 36ff. [Dig.] – Frammenti di una »summa« del Digesto, ed. V. ARANGIO-RUIZ, Pubbl. della Soc. it. per la ricerca dei papiri greci e latini in Egitto, Papiri greci e latini 13, 1953, Nr. 1350, S. 85f. [Cod.] – *Lit.*: RE V, 1572f. [Nr. 22] – A. BERGER, Encyclopedic Dict. of Roman Law, 1953, 444.

5. D. v. Gaza, Abt, geistl. Schriftsteller, * um 500 in Antiochien, † 560/580. Nach guter Schulbildung wurde D. Mönch. Um 540 gründete er ein Kl. zw. Gaza und Majuma. Von hervorragenden Lehrern ausgebildet und durch gründl. Studium der monast. Tradition wurde er zum klass. Vertreter der »südpalästinensischen Schule«. Über das Zönobitentum und dessen Grundlagen schrieb er Lehrvorträge (Instructiones), Briefe, ein Leben des hl. Dositheos und eine Spruchsammlung. Er zählt zu den großen Autoritäten des byz. Mönchtums. Lat. Übersetzungen (seit dem MA) sicherten ihm eine eigene Wirkungsgeschichte in der abendländ. Spiritualität (u.a. Gesellschaft Jesu und Karmeliten). K. S. Frank

Ed.: L. REGNAULT-J. DE PRÉCILLE, SC 92, 163 – Dt. Übers.: B. H. KELLER, 1928 – *Lit.*: DIP III, 967f. – DSAM 3, 1656–1664.

6. D. von Sidon, Astrologe, lebte wahrscheinlich im 1. Jh. n. Chr. D. ist Verfasser eines astrolog. Lehrgedichtes in fünf Büchern, das nicht erhalten ist. Seine Theorien formen aber die Grundlage der astrolog. Werke des →Firmicus Maternus (1. Hälfte 4. Jh.) und des →Hephaistion v. Theben (2. Hälfte 4. Jh.). Recht früh wurde D.' Werk im Orient bekannt und übersetzt, im 3. Jh. schon in Pahlavi. Nach letzterer Vorlage fertigte um 800 ʿUmar b. al-Farruḫān aṭ-Ṭabarī eine arab. Version an. Durch das Werk des Firmicus und durch arab. Übersetzungen hat D. die →Astrologie des späten MA und der Renaissance stark beeinflußt. H. L. L. Busard

Ed.: Dorothei Sidonii Carmen astrologicum... ed. D. PINGREE, 1976 – *Lit.*: KL. PAULY II, 148 – DSB XV, 125 – RE V, 1572 – V. STEGEMANN, Beitr. zur Gesch. der Astrologie, I. Der griech. Astrologe D.v.S. und der arab. Astrologe Abu'l-Ḥasan ʿAli ibn abi'r Riǧil, gen. Albohazen, 1935 – DERS., D.v.S. und das sog. »Introductorium« des Sahl ibn Bišr, 1942 – DERS., Die Fragmente des D. v. S., 1939–43.

Dorpat (estn. Tartu, russ. Juŕev), Stadt und ehem. Bischofssitz in →Livland (Estland), am rechten Ufer des Embach ca. 30 km oberhalb von dessen Mündung in den Peipussee an der Nordgrenze der estn. Landschaft Ugaunien, als Burg der →Esten schon um die Mitte des 1. Jt. n. Chr. nachgewiesen, 1030 von Gfs. →Jaroslav d. Weisen v. Kiev erobert, der hier eine Zwingfeste errichtete. 1061 von den aufständ. Esten erobert und verbrannt, wurde sie aber wieder aufgebaut, 1138 abermals von den Esten erobert, nochmals als starke Zwingfeste errichtet, war ztw. verlassen, dann wiederbesetzt und wurde 1224 von den Dt. erobert.

[1] *Bistum:* Infolge des Verlustes fast aller Archivmaterialien in den häufigen Kämpfen um D. ist die Gesch. des Bm.s (und der Stadt) nur lückenhaft rekonstruierbar. Als Bf. →Albert I. v. Livland (Riga) 1211 den Abt →Theoderich v. Dünamünde zum Bf. v. Estland erhob, war zunächst die Estenburg Leal in der Landschaft Sontagana (*Maritima*, später *Wiek*) im westl. Estland als Bischofssitz vorgesehen, obwohl sie noch nicht erobert war. Nach Theoderichs Tod (1219) berief Bf. Albert seinen Bruder Hermann, Abt des Augustinerchorherrenstifts St. Paul in Bremen zum Nachfolger, ließ ihn vom Ebf. Albrecht II. v. Magdeburg weihen und von Papst Honorius III. bestätigen. Schon 1224 bestimmte Hermann statt der Burg Odenpäh die Burg D. zum Bischofssitz, setzte seinen Bruder Rothmar, Augustinerchorherr in Segeberg (Holstein), zum Propst ein († 1234), befahl den Bau von Bischofsschloß und Kathedralkirche St. Peter und Paul auf dem Domberg und nahm erste Landvergaben an Vasallen vor, führte aber Leal in seinem Titel weiter; erst 1235 erfolgte die Umbenennung in »episcopatus Tarbatensis«. Zunächst exemt, wurde das Bm. D. 1245 dem neuen Ebm. →Riga eingegliedert, innerhalb dessen es eine bes. Bedeutung gewann. Schon 1224 begründete Bf. Hermann ein aus Augustinerchorherren bestehendes Domkapitel (Propst, Dekan, Scholasticus, Thesaurarius, Kantor, Kustos, auch ein Prior nachgewiesen), dem anfänglich neben adligen Vasallensöhnen auch Rigaer und Revaler Bürgersöhne angehörten; doch wurde seine Zusammensetzung durch das päpstl. Reservationsrecht seit dem 14. Jh. verändert, das auch das dem Bf. zustehende Wahlrecht einschränkte bzw. aufhob und das durch die Regel vorgeschriebene gemeinsame Leben der Domherren abschaffte; doch wohnten sie in ihren Häusern auf dem Domberg, sofern sie nicht, was oft vorkam, außer Landes weilten. Für den geistl. Dienst wurden daher Vikare (vicarii perpetui bzw. benificiati, seit 1319 bezeugt) eingestellt, ohne dem Domkapitel anzugehören. Dieses hatte schon 1224 vierundzwanzig Dörfer bzw. deren Abgaben erhalten; daraus wurden die mit einem Kanonikat verbundenen Präbenden und die Vikarspräbenden (praebendae pueriles) geschaffen.

Am 6. Nov. 1225 belehnte Kg. Heinrich (VII.) Bf. Hermann mit dem Bm. D. und erhob dieses am 1. Dez. 1225 zur Mark des (röm. Ks.-)Reiches (zur Problematik dieser – einzigen – Belehnung s. →Livland). Im Juli 1224 hatte Bf. Hermann die westl. Hälfte seiner Diöz. dem →Schwertbrüderorden verliehen, behielt aber die geistl. Jurisdiktion sowie das Investitions- und Visitationsrecht der Pfarrer in der gesamten Diöz.; Huldigung, Treu- und Lehnseid des den Schwertbrüdern nachfolgenden →Dt. Ordens werden schon seit 1237 nicht mehr erwähnt.

Das nur lückenhaft bezeugte Kirchspielnetz hat sich sehr langsam verdichtet; von den bis ins 16. Jh. genannten Pfarreien des bfl. Gebietes lagen 20 auf dem flachen Lande, 4 in der Stadt D., 1 in →Fellin, 2 in Odenpäh, 17 im Ordensgebiet. 1228/1233 wurde am Embach flußaufwärts von D. das Zisterzienserkl. →Valkena (Falkenau) mit Mönchen aus dem Kl. →Pforta a. d. Saale begründet, dessen Abt dem Bf. den Obödienzeid leistete; im übrigen war das Kl. mit seinen recht umfangreichen Besitzungen exemt; auch ein Zisterzienserinnenkl. St. Katharinen wurde begründet. 1300 wurde in D. ein Dominikanerinnenkl. errichtet, 1345 ein Franziskanerinnenkl. dort erstmals erwähnt; vielleicht ist gleichzeitig auch das erst spät genannte Franziskanerkl. entstanden.

Das Schicksal des Bm.s D. wurde durch die unmittelbare Nachbarschaft zu →Novgorod und →Pskov (Pleskau) bestimmt. Ein Kontingent aus D. nahm schon an der Schlacht auf dem Eise des →Peipussees (5. April 1242) gegen →Alexander Nevskij teil; 1262 eroberten die Russen vorübergehend D. (→Dmitrij, Gfs. v. Vladimir). 1268 fiel Bf. Alexander gegen die Russen in der Schlacht von Maholm (b. →Wesenberg); 1270 nahm sein Nachfolger Friedrich a. d. Schlacht gegen die Litauer auf dem Eise der Wiek, 1281 an einem Zuge gegen die →Semgaller teil. Das 1243 vereinbarte Schutzbündnis der livl. Landesherren wurde am 25. Febr. 1304 in D. erneuert. In den Auseinandersetzungen des Erzstifts Riga mit dem Dt. Orden in Livland stand der Bf. v. D. meist auf seiten des Ebf.s, so zu Zeiten des Bf.s Dietrich →Damerow. Von den 28 Bf.en v. D. (bis 1563) wurden zwei Ebf.e v. Riga (Engelbert v. Dolen 1341, Johannes v. Blankenfeld 1524). Der letzte Bf. v. D., Hermann II. Weiland (aus Wesel), wurde von den Truppen des Moskauer Gfs.en Ivan IV. 1558 zusammen mit der Bevölkerung der Stadt nach Moskau verschleppt (dort † 24. Juni 1563). Mit ihm erlosch das Bm. D.

Verhältnismäßig früh gewann die Vasallenschaft von D. polit. Einfluß; schon am Vertrag von 1304 beteiligt, trat sie seit Ende des 14. Jh. als Korporation auf (»gemeine riddere u. knechte«), hielt eigene Versammlungen ab (sicher seit 1430) und nahm Einfluß auf die Wahl des Bf.s, erstmals 1400, als sie einen der Ihren, Heinrich v. Wrangel, erheben ließ. Seit Ende des 14. Jh. konnte sie ihre Rechte, insbes. das Erbrecht und die Rechte gegenüber ihren bäuerl. Hintersassen, erweitern, zumal sie z. T. den gleichen Familien angehörte wie die erzstift. Vasallen bzw. die Ritterschaften von →Harrien und →Wierland. Um die Mitte d. 15. Jh. war die Vasallenschaft als Landstand auch vom Bf. voll anerkannt (Privileg des Bf.s Bartholomäus Sawijerwe v. 1457) und band den Bf. an Wahlkapitulationen.

[2] *Stadt*: Nach der Eroberung der russ.-estn. Burg auf dem späteren Domberg im Aug. 1224 befahl Bf. Hermann den Bau einer Burg und Kathedralkirche auf diesem Platz. Da Kg. Heinrich (VII.) ihm das Recht zur Gründung von Städten verliehen hatte, ließ er zw. Domberg und rechtem Ufer des Embach eine Stadt erbauen, doch ist das Gründungsdatum unbekannt; um 1250 werden Stadt-

vogt, Rat und Gemeinde (advocatus, consules, universitas) der Stadt (civitas) genannt. Seit 1262 wurde sie durch eine ca. 2 km lange Mauer mit mindestens 16 Türmen und z. T. einen Stadtgraben gesichert, die auch den Domberg mit Dom, Domherrenhäusern und Bischofsschloß einbezog, so daß sich dadurch eine enge Symbiose zw. Bürgerschaft und Stadtherr ergab. Jenseits des Embach lagen nur die Gärten der Stadtbewohner. Der Dom St. Peter und Paul, die größte Kirche Livlands, eine doppeltürmige Anlage nach dem Vorbild der Marienkirche in →Lübeck, wurde nach mehrfachen Zerstörungen in seiner endgültigen Gestalt im 14. Jh. (wohl unter dem aus Lübeck stammenden Bf. Johann Vifhusen, 1346–73) begonnen, der »neue Chor« (letztes Drittel des 14. Jh.) unter Mitwirkung von Angehörigen der →Parler-Schule beendet (seit 1624 Ruine). Das auf dem gleichen Hügelzug gelegene Bischofsschloß, an das sich die Domherrenhäuser anlehnten, war von der Stadt nicht einmal durch eine Wall getrennt. Von den vier Stadtkirchen war die größte, St. Marien, seit Anfang des 18. Jh. (Nord. Krieg) Ruine (an ihrer Stelle wurde 1802 die Univ. erbaut); nahe, aber abseits vom »alten Markt« (Breitstraße) lag St. Johannis mit einem Figurenfries aus gebrannten Ziegeln; an der St. Jakobspforte lag die dritte, die St. Jakobskirche; an der Stadtmauer zwischen der »russ. Pforte« und der »Mönchspforte« lagen Hospital und Kirche zum Hl. Geist, die Kl., darunter das Franziskanerkl. mit Kirche, während das Zisterzienserinnenkl. St. Katharinen am Domabhang lag. Der »neue Markt« mit Rathaus zu Füßen des Bischofsschlosses zeigt die planmäßige Anlage dt. Kolonialstädte. Die Einwohnerzahl des ma. D., der kleinsten unter den drei wichtigsten Städten Livlands, wird man auf kaum mehr als 5000 schätzen dürfen.

Der Bf. als Stadtherr ließ seine Gerichtsbarkeit durch Stadtvögte (1248 wird ein Heinrich als erster genannt) und einen Drost (dapifer, 1347 erstmals erwähnt) wahrnehmen; die Vögte wurden vielleicht später vom Rat gewählt. Das Vogteigericht urteilte über zivile und Kriminalsachen nach Rigischem Recht (→Riga); die Gefälle wurden zw. Bf. und Rat geteilt. Der Rat übte Verwaltungs- und Polizeirecht im →Weichbild der Stadt und die Aufsicht über Handel und Gewerbe aus, war aber in seinen Urteilen durch die Beschlüsse der →Hanse, der D. sich als letzte livländ. Stadt anschloß (erstmals auf dem Hansetag in Lübeck, Juni 1363, nachgewiesen) und der livländ. Städtetage beschränkt; Appellationen gingen an den Rigaer Rat. D. führte seit Mitte des 13. Jh. ein Siegel (gezinnte Mauer mit Haupt- und 2 Nebentoren, sowie 2 Türmen, zwischen denen die Schlüssel Petri und das Schwert des Paulus schwebend angebracht sind, später verändert). D.s Landbesitz war nicht unbeträchtlich. Als Handelsstadt blieb es stets hinter Riga und Reval zurück, war aber infolge seiner Lage an Handelsstraßen v. a. nach dem Osten für die Russen wichtig, die hier ein eigenes Stadtviertel mit zwei vom Rat zu unterhaltenden orthodoxen Kirchen besaßen. Die Stadtgemeinde, der alle freien Einwohner, anfänglich sicher neben den in Handel und Gewerbe dominierenden Deutschen auch Esten, angehörten, die die Mehrheit in den dienenden Berufen und bestimmten Zünften stellten, war in Gilden (eine erste Gilde 1327 nachgewiesen), Zünften und anderen Zusammenschlüssen (Kompanien) gegliedert, die nur wenig bekannt ist. In seiner Bewegungsfreiheit beeinträchtigt durch das enge Zusammenleben mit Bf. und Domkapitel, sowie mit den Vasallen, die Stadthöfe besaßen, ebenso wie der Abt von Valkena (Falkenau), seit dem 15. Jh. von ständigen Grenzkriegen mit dem benachbarten Pskov hart betroffen, seit der Unterwerfung Novgorods unter Gfs. →Ivan III. v. Moskau (1478) und dem wachsenden Einfluß →Moskaus auch in Pskov, in seiner Existenz bedroht, war D. stets gefährdet. Der livländ. Ordensmeister →Wolter v. Plettenberg konnte zwar 1502 Livland und damit auch D. für ein halbes Jahrhundert retten; aber die gerade von D. geforderten, den Russen indes nicht entrichteten Tribut- und Zinszahlungen bildeten einen der Vorwände für den Livlandkrieg Ivans IV., dem D. am 18. Juli 1558 zum Opfer fiel: Bf. und Bürgerschaft wurden nach Moskau verschleppt, die Stadt nahezu völlig zerstört und erst nach Jahren wieder aufgebaut. M. Hellmann

Q.: Keine gesonderte Ed. der Q. zur Gesch. von Bm. und Stadt D. vorhanden, vgl. →Livland [Quellensammlungen] – Lit.: K. H. v. Busse, Die Burg Odenpäh und ihre frühere Bedeutung, Mitt. aus dem Gebiet der Gesch. Liv-, Est- und Kurlands 6, 1852, 323ff. – F. Bienemann, Über Hermann Bf. zu Leal-Dorpat, ebd. 11, 358ff. – A. v. Gernet, Forsch. zur Gesch. des balt. Adels, 1–2, 1893–95 – Ders., Verfassungsgesch. des Bm.s D. bis zur Ausbildung der Landstände, 1896 (Verh. der gelehrten Estn. Gesellschaft zu D., 17 [noch immer grundlegend]) – P. v. D. Osten-Sacken, Der erste Kampf des Dt. Ordens gegen die Russen, Mitt. aus dem Gebiet der Gesch. Liv-, Est- und Kurlands 20, 1907, 87ff. – K. v. Löwis of Menar, Burgenlex. für Alt-Livland, 1922, 51–53 [Plan; Lit.] – C. v. Stern, Livlands Ostgrenze im MA vom Peipus bis zur Düna, MittLiv 23, 1924/26, 195ff. [Lit.] – H. Laakmann, Estland und Livland in frühgesch. Zeit (BL I, 1939), 204ff. [Lit.] – J. Leighly, The Towns of Medieval Livonia (Univ. of California, Publications in Geography 6, nr. 7, 1939), 268–270 [mit Plan] – C. v. Stern, Der Kampf um Livlands Ostgrenze im MA, JbGO 5, 1940, 366ff. [Lit.] – F. Koch, Livland und das Reich bis 1225, 1943 (Q. und Forsch. zur balt. Gesch. 4) – C. v. Stern, D.-Pleskauer Kämpfe um die Peipusfischerei 1224–1371 (Q. und Forsch. zur balt. Gesch. 5, 1944), 73ff. [Lit.] – V. Niitemaa, Die undt. Frage in der Politik der livländ. Städte im MA, 1949 (AASF 64 [Lit.]) – Ders., Der Binnenhandel in der Politik der livländ. Städte im MA, 1952 – M. Hellmann, Das Lettenland im MA, 1954 [Lit.] – Ders., Die Verfassungsgrundlagen Livlands und Preußens im MA (Ostdt. Wiss., III–IV, 1958), 76ff. – G. v. Rauch, Stadt und Bm. D. zum Ende der Ordenszeit, ZOF 24, 1975, 577ff. [Lit.].

Dorsale. 1. D. (lat. dorsum), die Rückwand des →Chorgestühls, die architekton. gegliedert und oft mit →Baldachinen versehen ist, denen ein reiches Gesprenge mit →Fialen, →Wimpergen oder →Tabernakeln mit Figuren vorgeblendet ist. Im späteren MA allgemein aus Holz, anfangs bes. in Frankreich (Albi, Narbonne, Chartres), auch aus Stein mit der Chorrückmauer oder Chorschranke verbunden; frühestes Beispiel ist im Dom von Trier um 1200 mit Blendarkaden, die vermutl. bereits auf die einzelnen Sitze bezogen waren. Das großartigste Beispiel eines architekton. D. mit raumschaffender Wirkung und reicher Gliederung ist im Naumburger Westchor (um 1250) erhalten, einfacher im Meißener Dom (letztes Drittel 13. Jh.). G. Binding

2. D. (Rücklaken, Banklaken), textiler Behang des Chorgestühls; zudem an den Wänden in Kirchen und Häusern aufgehängt. Vor allem in lat. Texten so genannt (auch bancalia). Im Gegensatz zu den Teppichen (tapetia) wohl selten mehr als 100 cm hoch, doch häufig sehr lang. Ein D. konnte gewirkt, gestickt, möglicherweise sogar auf Leinen gemalt sein (dorsalia lintheamina depicta, 1442 in Halberstadt). Spätestens seit um 1000 in vielen Schatzverzeichnissen aufgeführt. L. v. Wilckens

Lit.: →Chorgestühl

Dorset, Marquess (Mgf.) und **Earl of,** engl. Adelstitel, erstmals 1397 verliehen und Mitgliedern des Königshauses vorbehalten (1397–1554). Im Zuge der dynast. Kämpfe im 15. Jh. (→Rosenkriege) führten zwei verschiedene Familien nacheinander diesen Titel: 1397–1464 die →Beaufort als Verwandte des Hauses →Lancaster, 1475–1554 die →Grey als Verwandte des Hauses →York. Beide Familien verdankten ihren Reichtum und ihre Macht mehr der Förderung durch ihre kgl. Verwandten als ihren ererbten Gütern. R. A. Griffiths

Lit.: DNB II, XXIII – Peerage IV, V, XII – →Beaufort, →Grey.

Dorsualkonzept → Konzept

Dortmund, Stadt in Westfalen. Die erste Erwähnung findet sich zw. 881 und 884 als Throtmanni (1152 Tremonia, 1222 Dortmund[e]) im Urbar des Kl. →Werden. Bodenfunde westl. der ma. Stadt weisen auf eine Besiedlung in Spät-Latène- bis röm. Kaiserzeit; möglicherweise bestand auch eine prähist. Siedlung östl. derselben, worauf ein dort befindlicher Langflurenbezirk und spätma. Überlieferung deuten. Das im späten 9. Jh. genannte Throtmanni bezieht sich offenbar auf einen Königshof in der westl. Altstadt (späterer Grafenhof), welcher auf die frk. Kolonisation seit 772 zurückgeht. Die topograph. Entwicklung der ma. Stadt ist von einer karol. Befestigung ausgegangen, die am Straßenkreuz von →Hellweg und einer von Köln nach Norddeutschland führenden N-S-Verbindung lag. An dieser Stelle, an der sich im Spät-MA noch ein Hof des Ebf.s v. →Köln befand, ist seit dem 10. Jh. die Pfalz anzunehmen. Unmittelbar westl. davon entstand die befestigte Stadt (urbs praesidiis munita, 939), deren Schwerpunkt sich in der Folge kontinuierlich südwärts verlagerte. Mit ihrer dritten Erweiterung und Ummauerung hatte sie um 1200 ihre größte ma. Ausdehnung erreicht (81 ha).

Als älteste Kirche D.s gilt nach spätma. Überlieferung St. Martin beim Grafenhof (wahrscheinlich aus merow.-frk. Zeit, 1240 plebanus s. Martini, 1287 capellarius b. M.; 1662 abgebrochen). Zur Hauptpfarrkirche wird St. Reinoldi, in oder neben der ottom. Pfalz errichtet (ältester ergrabener Bau 10. Jh., erste urkundl. Erwähnung 1269). Wahrscheinl. von Ebf. Anno (1056–75) wurde St. Reinoldi dem von ihm gegr. Mariengradenstift in Köln übertragen, ebenso das Dekanat Dortmund, das sich von der rhein. Grenze bis zum Werler Salzbach erstreckte. Seit 1269 ist der D. er Dekan als Archidiakon bezeugt. Nach der Erweiterung der Stadt wurden 1232 die Marienkirche (erbaut 1170–1200) sowie die Nikolaikirche abgepfarrt (letztere nach den Chroniken 1198 geweiht; abgerissen 1812). 1316 erteilte Ebf. Heinrich v. Köln die Erlaubnis zum Bau der vierten Pfarrkirche St. Petri (Baubeginn 1319, Chor 1353, Turm 1523). Bereits 1193 wird das Katharinenkl. (Prämonstratenserinnen) von Ks. Heinrich VI. auf dem Königskamp im N der Stadt gegründet (1215 eingeweiht); 1250 erfolgte nach den Chroniken die Einweihung des Franziskanerkl. Nach wiederholter Vertreibung gelang den Dominikanern 1330 die Gründung eines Kl. auf einem gestifteten Grundstück im W der Stadt (Chor der Kirche 1354 geweiht, Langhaus 1458); nach der Reformation Pfarrei der in der Stadt verbliebenen kath. Gemeinde (heute Propsteikirche). – Als Mittelpunkt eines ausgedehnten Reichsbesitzes, zu dem noch drei weitere Königshöfe (Brackel, Elmenhorst, Westhofen) gehörten, war die Pfalz D. bis in stauf. Zeit bevorzugter Aufenthaltsort der Kg.e in Westfalen. Aus dem kgl. Pfalzgericht erwuchs D.s Funktion als Oberhof für fast alle westfäl. Städte auf Reichskirchengebiet; von daher dürfte auch D.s Stellung in der Frei- bzw. Femegerichtsbarkeit (→Feme) des 14. und 15. Jh. zu erklären sein. Als der heiligen Reiches Kammer in Westfalen, 1433). Die erste urkundl. Bezeichnung als →Reichsstadt findet sich in einem Privileg Friedrichs II. von 1226, das sich auf ein bereits von Konrad III. ausgestelltes Diplom bezieht. – Die stadtherrl. Funktionen übte in D. zunächst der kgl. Vogt bzw. Gf. aus, der erstmals 1189 (comes Tremoniensis) Erwähnung findet. Ein Rat erscheint um 1240 (consules bzw. consules scabini), der offensichtl. aus den Schöffen des Grafengerichts hervorgegangen ist. 1241 wird erstmals ein Richter (judex) als Vertreter des Gf. en im Gericht genannt, und seit 1267 bringen die Bürger das Richteramt, das sich über das Reichsgut (Gft.) wie die darauf entstandene Stadt erstreckte, schrittweise in ihre Hände. Schließlich erwirbt die Stadt 1320/43 die Grafschaft mit allen damit verbundenen Rechten zur Hälfte, 1504 zur Gänze. Durch die Belehnung seitens Maximilians I. wird der Rat der Stadt D. zugleich Landesherr in der Grafschaft.

Offenbar ist der Kreis der schöffenbaren und seit 1240 damit ident. ratsfähigen Sippen aus der →familia des D. er Königshofes hervorgegangen. Daneben gewannen die in der ebenfalls zuerst im 13. Jh. genannten Reinoldigilde zusammengeschlossenen Weinhändler und Wandschneider (Fernkaufleute) zunehmend an Einfluß sowie Zugang zu den Ratsämtern; aus Reichsleuten und Reinoldibrüdern bildete sich ein städt. Patriziat, dessen Vorrechte seit der 2. Hälfte des 13. Jh. durch andere Aufsteigergruppen eingeschränkt wurden, zunächst durch die in den Sechsgilden zusammengefaßte Handwerkerschaft, die seit 1400 ein Drittel des Rates besetzte, sodann die im Erbsassenstand vertretenen jüngeren Kaufmannsfamilien (Honoratioren), die seit dem ausgehenden MA das (Junkern-)Patriziat weitgehend verdrängten.

Die Bedeutung des Fernhändlertums in D. beruhte nicht zuletzt auf seiner Lage am Hellweg, der bis zum SpätMA wichtigsten Fernstraße zw. den rhein. Metropolen und den Küsten von Nord- und Ostsee. Der im 13. Jh. festzustellende beachtl. Einfluß der D. er auf den nordosteurop. Märkten wurde mit der Wende um 14. Jh. durch →Lübeck sowie die balt. Städte zurückgedrängt, worauf die D. er den Schwerpunkt ihrer Unternehmungen auf den England-Flandern-Handel verlagerten (→Hanse). Hier ist zeitweilig, v. a. im 2. Viertel des 14. Jh., hans. Politik weitgehend durch die D. er bestimmt worden. Das 15. Jh. zeigt jedoch die Stellung D.s gegenüber →Köln wie den großen Seestädten bereits deutlich im Sinken, was i. w. auf die Entwicklung der Seeschiffahrt zw. Nord- und Ostsee und die damit verbundene Verlagerung des Fernhandels und der Warenströme aus dem westfäl. Raum zurückzuführen ist. Von gewissem Gewicht blieb D. als Umschlagplatz für die sauerländ. Eisenindustrie (→Eisen, -gewerbe).

Die polit. Selbständigkeit konnte sich D. bis zum Ende des alten Reiches erhalten. Die Versuche des Ebf.s v. Köln und der Gf. en v. d. →Mark, die Stadt gewaltsam zu unterwerfen, schlugen in der Großen Fehde 1388/89 fehl. Während Köln sich weder in noch um D. behauptete, vermochten die Märker der Stadt den größeren Teil des ehem. Reichsguts zu entreißen. Den Reichshof D. selbst konnte D. zwar 1376 den märk. Gf.en abkaufen, jedoch sind letztere seit Beginn des 14. Jh. tatsächl. Herren des ehem. Reichshofes Westhofen und der Hälfte von Elmenhorst; 1567 brachte Kleve-Mark endgültig den Reichshof Brakkel an sich. Damit war die Stadt mit der Gft. D. auf ein Gebiet von 6002 ha beschränkt (heut. Stadtgebiet 28 017 ha).

Die D. er Verhältnisse des SpätMA werden bes. beleuchtet in den Chroniken des Johann Nederhoff (ed. E. ROESE, 1880) und der Kerkhoerdes (Chr. dt. Städte, 20) sowie durch einige wichtige Abgabenverzeichnisse (K. RÜBEL, D. er Finanz- und Steuerwesen I, 1892).

G. Luntowski

Lit.: DtStb, III/2, 1954, 108–117 – Hist. Stätten Dtl. III, 166–171 – L. v. WINTERFELD, Gesch. der freien Reichs- und Hansestadt D., 1981² – D. – 1100 Jahre Stadtgesch., hg. G. LUNTOWSKI–N. REIMANN, 1982 – N. REIMANN, »In burgo Tremonia«. Pfalz und Reichsstadt D. in der Stauferzeit, BDLG 120, 1984, 79–104.

Dorylaion, Stadt und Bm. in Kleinasien (Phrygien) auf dem Şarhüyük im N des heut. Eskişehir; bekannt für seine Thermalquellen, die heute noch in Gebrauch sind; phryg. Gründung, hellenist.-röm. Stadt in günstiger Verkehrslage, auch in byz. Zeit Verkehrsknotenpunkt sowie wichtigster Truppensammelpunkt (ἄπληκτον, Aplekton) von W-Kleinasien für Feldzüge in den O; zuletzt sammelte Ks. Romanos IV. Diogenes 1071 vor der Schlacht v. →Mantzikert seine Truppen in D. 1097 gewannen die Teilnehmer des 1. →Kreuzzuges unter →Gottfried v. Bouillon eine Schlacht gegen →Kılıç Arslan und Danişmend bei D. und erzwangen sich damit die Passage durch Kleinasien ins Hl. Land; ein ähnlicher Versuch Konrads III. i. J. 1147 (→Kreuzzug, 2.) schlug jedoch fehl. D., das schon in früherer byz. Zeit Eckpfeiler des Themas →Opsikion war, gewann als byz. Bollwerk gegen die →Seldschuken an Bedeutung. 1074 erstmals erobert, wurde die Festung D. von Ks. Manuel I. 1175 wiederaufgebaut und fiel nach der Schlacht v. →Myriokephalon (1176) endgültig in die Hände der Seldschuken. Diese erbauten eine neue Siedlung bei den Thermalquellen 3 km weiter südlich, das heutige →Eskişehir ('alte Stadt'). Seit dem ausgehenden 13. Jh. gehörte das Gebiet von D. zum neu entstehenden →Osman. Reich.

F. Hild

Lit.: DHGE XIV, 697f. – KL. PAULY II, 149 – RE V, 1577f. – EI² (frz.) II, 733f. – G. HUXLEY, A List of ἄπληκτα, Greek Roman and Byz. Stud. 16, 1975, 87–93 – TOMASCHEK, 83, 90 – RUNCIMAN I, 173–177; II, 258 – P. WIRTH, Ks. Manuel I. Komnenos und die Ostgrenze. Rückeroberung und Wiederaufbau der Festung D., BZ 55, 1962, 21–29.

Dositheus → Grammatik

Dost (Origanum vulgare L./Labiatae). Der bes. in S- und O-Deutschland heimische, im MA unter den dt. und lat. Namen *dosto, t(h)osto, c(h)oste* (STEINMEYER-SIEVERS III, 482, 562, 587, 593, 602) bzw. *origanum* und (metathet. aus dem gr. Synonym *konile*) *golena, colena/conela* (Isidor, Etym. XVII, 9, 76; Alphita, ed. MOWAT, 130ᵇ) bekannte gemeine D. ist den in der Antike als *origanos* bzw. *agrioriganos* bezeichneten Arten (Diosk. III, 29, 31) nahe verwandt, aber nicht identisch. Die aromat. duftende Pflanze war im MA Bestandteil vieler Rezepte (JÖRIMANN, 37, 46, 53, 75; SIGERIST 34, 53, 101, 143, 154; Antidotarium Nicolai) und bes. als hustenstillendes, harntreibendes, verdauungs- und menstruationsförderndes Mittel sowie als Antidot beliebt (Ps.-Apuleius, Herbarius, ed. HOWALD und SIGERIST, 209; Macer, ed. CHOULANT, 1285–1324; Circa instans, ed. WÖLFEL, 88; Gart, Kap. 285). In Anlehnung an Dioskurides empfiehlt Konrad v. Megenberg (III F, 13) die bei ihm *ôrkraut* gen. Pflanze gegen Ohrenleiden, ferner zur Ameisenvertilgung; Albertus Magnus (De veget. 6, 398) rühmt ihre Wirkung bei Zahnschmerzen, Hildegard v. Bingen (Phys. I, 112) bei Hautkrankheiten. Wegen seines starken Geruchs galt der D. im Volksaberglauben als zauber- und hexenabwehrend. Irmgard Müller

Lit.: MARZELL III, 448–456 – DERS., Heilpflanzen, 206–208 – DERS., Dosten und Dorant. Ein Beitr. zur Sagenforsch., SchAV 23, 1921, 157–180 – HWDA II, 361–363 – J. JÖRIMANN, Frühma. Rezeptarien, BGM I, 1925 – H. E. SIGERIST, Stud. und Texte zur frühma. Rezeptlit., StGM 13, 1923.

Dotalicium (Synonym *dotarium; douaire*), im frz. *droit coutumier* (→coutume) Bezeichnung für die aus der Verschmelzung der alten frk. Institute *dos* und *tertia* hervorgegangene Witwenversorgung, die der Mann am Hochzeitstag seiner Braut übereignete. Sie bestand aus einem

Drittel der Immobilien oder – nach Übereinkunft – der mobilen Güter (Très ancien coutumier de Normandie LXXXIX, 10; vgl. →Fahrnis), die der Mann zum Zeitpunkt der Hochzeit besaß (ibid. LXXIX, 1: »Mulier, mortuo marito suo, petit dotalicium suum... Nec potest petere nisi terciam partem tenementi de quo maritus erat saisitus, quando contraxit cum ea in facie ecclesiae.«).

In Italien erscheint das d. (unter der Bezeichnung dotarium) in den von den Normannen beherrschten Gebieten des Südens und stellt eine direkte Übernahme norm. Rechtsgewohnheiten dar. Im Liber Constitutionum Regni Siciliae (II, 8; III, 13, 15, 16) wird es als ausschließlich auf die Schicht der Feudalherren anzuwendende Einrichtung definiert und von den südit. Juristen bis zum Ende des 16. Jh. in allen Einzelheiten ausgearbeitet (Glos. ad Constit. III, 13ff.; Andreas de Isernia, Comm. in Constit., ibid.; M. De Afflictis, In Constit., ibid.; Pandi, Tractatus, c. 460f.). Die Eheverträge der Gebiete, in denen sich die Normannen niedergelassen hatten, bezeugen jedoch, daß der Gebrauch des d. allmählich in alle gesellschaftl. Schichten eindrang, dabei allerdings Veränderungen, entsprechend den Gewohnheiten der einheim. Bevölkerung, erfuhr. Das d. war, allerdings eher in theoret. als in prakt. Hinsicht, auch der nordit. Jurisprudenz bekannt, die jedoch dazu neigte, es gemeinsam mit den anderen vom Mann der Frau gegebenen Teile des Vermögens der aus dem röm. Recht stammenden donatio propter nuptias anzugleichen (vgl. z. B. Liber Extra, II, 2, 2, 15, gl. dotalitii; Odofredus, Lectura super C. 5, 3, 20; Albericus de Rosate, Dictionarium iuris s. v. Dotalium). – Vgl. →Wittum.
A. Cavanna

Q.: G. B. Pandi, Tractatus de dotario, Tractatus universi iuris IX, Venetiis 1584 – Le très ancien Coutumier de Normandie, Texte latin, ed. E. J. TARDIF, 1881 – Die Konstitutionen Friedrichs II., ed. H. CONRAD, TH. VON DER LIECK-BUYKEN, W. WAGNER, 1973 – *Lit.*: DU CANGE III, 188 – F. BRANDILEONE, Studi preliminari sullo svolgimento storico dei rapporti patrimoniali fra coniugi in Italia, 1901, 55ff. – M. BELLOMO, Ricerche sui rapporti patrimoniali fra coniugi, 1961, 29 – F. P. DE STEFANO, Romani, longobardi e normanno-franchi della Puglia nei secoli XVI-XVII, 1979, 265ff.

Dotation. D. ist ein vielschichtiger, in verschiedener Bedeutung verwendeter Begriff: 1. D. ist Ausstattung einer Kirche, Pfründe (→beneficium) oder →Stiftung mit Vermögenswerten, die der baul. Erhaltung, dem Unterhalt des Geistlichen und der Beschaffung und Erhaltung der Paramente dient. 2. D. bezeichnet auch die Vermögensgegenstände (das Dotalgut) selbst (dos [ecclesiae], Widem). Dazu gehören nicht nur die ursprgl. »dos«, sondern auch die Früchte und späteren Erwerbungen (Schenkungen, Vermächtnisse). 3. Als Erwerbsgrund für das Patronat wird die Ausstattung unter der Bezeichnung »ditatio« (von ditare 'bereichern') von 'aedificatio' und 'fundus' abgehoben. 4. Später werden mit D. auch staatl. Leistungen, z. B. aus Konkordat oder Staatsgesetz (Verpflichtungen aus der Säkularisation) bezeichnet (z. B. Bistumsdotation). 5. D. erscheint auch für 'dos' ('Mitgift') in bestimmten Frauenklöstern. 6. Im Privatrecht ist D. ein Synonym für Ausstattung und Aussteuer.

War die D. zunächst Grundlage des Eigenkirchenrechtes (→Eigenkirchenwesen) mit relativ weitgehenden Rechten des Eigenkirchenherrn, so verlangte schon das große Aachener Kirchenkapitulare von 818/819 als Sicherung des Bestandes der Eigenkirchen gegenüber deren Herren ausreichende D. und verbot Realteilung und Entziehung der Ausstattung. Die Umbildung der Eigenkirche vom eigenkirchl. Sondervermögen zum Patronat (ab der Mitte des 12. Jh., Gratian, Alexander III.) und die Ausdifferenzierung verschiedener Vermögensmassen in der Pfarre (→fabrica ecclesiae, beneficium, Stiftungen) führten zu einer rechtl. Verselbständigung des Dotalgutes, das fortan dem direkten Zugriff des Dotierenden entzogen war. – Vgl. a. →dotalicium.
R. Puza

Lit.: DDC V, 861–871 – FEINE, 16off. – HRG I, 78off. [Lit.] – LThK²III, 529f. – U. STUTZ, Gesch. des Benefizialwesens, 1961², bes. 95ff. – P. LANDAU, Ius patronatus, 1975, 21ff., 31, 34f.

Douai (lat. Duacum, fläm. Dowaai), Stadt in Frankreich (dép. Nord), an der Scarpe, einem Nebenfluß der Schelde.

[1] *Geschichte:* Die Gegend von D. wurde in der allgemeinen Verwirrung nach dem Normannensturm von 879–885 vom Gf. en v. Flandern, Balduin II., in Besitz genommen. D. wurde offenbar sogleich mit einer Feste ausgerüstet; in dieser wurde die gfl. Verwaltung (seit dem 11. Jh. der Kastellan) etabliert. Gegen 1100 errichtete die Bürgerschaft eine eigene städt. Befestigung, die im 12.–14. Jh. erweitert wurde. D. hatte schon ca. 1115 ein eigenes Schöffengericht. Philipp v. Elsaß, Gf. v. Flandern, verlieh der Stadt zw. 1168 und 1177 das Stadtrecht v. Arras, das die →Schöffen mit der Verwaltung betraute. Seit dem Anfang des 13. Jh. bildeten die Schöffen von D., gemeinsam mit denjenigen von Brügge, Gent, Lille und Ypern das Gremium der scabini Flandriae, der späteren *Leden* von Flandern (→Flandern), die seitdem in der Politik des Landes ein ständ. Gegengewicht zum Gf. en darstellten. Seit etwa 1245 erhob sich das Volk gegen die herrschenden Patrizier. Es errang nach der Schlacht bei →Kortrijk 1302 die Anerkennung der Zünfte und ihr Übergewicht im Stadtregiment. Seit dem 13. Jh. war D. ein Ziel der kapet. Expansion. 1213–42 war es von den Franzosen besetzt, 1305 zur Sicherung des Vertrags von →Athis-sur-Orge an Kg. Philipp den Schönen verpfändet, 1312 wurde es mit seiner *châtellenie* an die frz. Krondomäne abgetreten, jedoch 1369 anläßlich der Heirat →Philipps d. Kühnen mit →Margarete v. Male an Flandern zurückerstattet (bis 1672). Allerdings nahm D. seinen Platz unter den Leden nicht mehr ein.

Die Kirche St-Amé hatte seit dem 9. Jh., die Petrikirche seit 1309 ein Domherrenkapitel; ersteres übte eine exemte Gerichtsbarkeit aus. Wegen des Bevölkerungswachstums wurden neue Pfarreien (1225 Jakobi-, 1228 Nikolai- und 1257 Liebfrauenkirchspiel) errichtet. D. hatte eine Niederlassung der Templer (1155–1309), außerdem Kl. der Minoriten (ca. 1230), der Trinitarier (1252), der Dominikaner (1267) und der Zisterzienserinnen (1218). Der Beginenhof, 1415 begründet, wurde 1479 in ein Kl. der Franziskaner-Tertiarinnen umgewandelt.

[2] *Wirtschaft:* D. gewann im 10. Jh. an wirtschaftl. Bedeutung, nachdem das Flußbett der Scarpe, teils aus natürlichen Gründen, teils künstlich, dahin verlegt wurde. Es trat seitdem als Zoll- und Münzstätte an die Stelle von Lambres. Der Verkehr förderte die Stadtentwicklung; seit dem 11. Jh. wurde hier eine der flandr. Messen abgehalten. Im 12. Jh. wurde D. eine der namhaftesten Produktionsstätten des flandr. Tuchs (→Textilproduktion, -handel) und trieb damit einen regen Aktivhandel, v. a. auf den →Champagnemessen und bis nach Italien sowie nach England. Die Tuchhändler von D. waren deshalb an der →Hanse der XVII Städte wie an der Flandr. →Hanse v. London beteiligt. Sie beherrschten als Unternehmer die frühkapitalist. Produktion, für die Jehan →Boinebroke († 1285/86) als eine exemplar. Figur gilt. Seit ca. 1300 erlitt D. wie die anderen großen fläm. Städte den Verfall seiner traditionellen Tuchindustrie. Im SpätMA war der Getreidehandel über die Scarpe und Schelde von Artois nach Flandern ein wichtiger Erwerbszweig.

J. A. van Houtte

Lit.: G. Espinas, La vie urbaine de D. au MA, 4 Bde, 1913 – V. Bufquin, Hist. de la ville de D., 1950 – A. Derville, Les draperies flamandes et artésiennes vers 1250-1350, Revue du Nord 54, 1972, 353-370 – P. Demolon-J. Barbieux, Les origines médiévales de la ville de D.: rapport provisoire des fouilles de la »Fonderie de canons«, ebd. 71, 1979, 301-329 – D. Lohrmann, Entre Arras et D.: les moulins de la Scarpe au XIe s., Revue du Nord 66, 1984, 1023-1049.

Doublet, ein gefüttertes Gewand, das hauptsächl. von Männern, aber gelegentl. auch von Frauen auf dem Oberkörper getragen wurde, und das vom 14. bis zum Ende des 16. Jh. in Mode war. Das D. war, wenn es von Angehörigen der Oberschicht getragen wurde, oft auf der Außenseite mit Seide besetzt und mit Metallborten und Seidenbändern geschmückt. Zur Anfertigung eines D. wurden Mengen von Seide, Tuch, Leinen und Baumwolle benötigt, wie kgl. Inventare aus Frankreich und England des 14. und 15. Jh. zeigen. Hinweise auf das Kleidungsstück finden sich noch in den Werken Shakespeares.
S. M. Newton

Lit.: L.-Cl. Douët d'Arcq, Comptes de l'Argenterie, 1851 – S. M. Newton, Fashion in the Age of the Black Prince, 1980.

Douce (Dulcia, Dolça), * um 1095, † 28. Nov. 1127, Gfn. v. der →Provence, Vizegfn. v. Millau, →Gévaudan und eines Teils des Carlat, Tochter des Vizegf.en Gilbert v. Millau († nach Juni 1110) und der Gerberga, Gfn. v. der Provence († Ende 1112), durch ihre Heirat mit →Raimund Berengar III. (∞ 3. Febr. 1112, nach dem Tode seiner beiden ersten Gemahlinnen Maria Rodrigo und Almodis) Gfn. v. →Barcelona. D. trat all ihre Herrschaften an ihren Gatten ab. Sie war die Mutter →Raimund Berengars IV., Gf.en v. Barcelona, und Berengar Raimunds, der die Herrschaften seiner Mutter erbte. Eine ihrer Töchter, →Berengaria (Berenguela), heiratete den Kg. v. Kastilien, →Alfons VII., eine weitere, Etiennette, den Gf.en Centulle III. v. →Bigorre (Jan. 1128).
F. Udina

Lit.: P. de Bofarull y Mascaro, Los condes de Barcelona vindicados..., 2 Bde, 1836 – S. de Vajay, Etiennette dite Douce, comtesse de Provence, PH 12, 1962, 189-213.

Douceline, hl., * 1214/15 in Digne (Provence), † 1. Sept. 1274 in Marseille. Die aus vornehmer Kaufmannsfamilie stammende D. gründete nach einer Erscheinung und einem Aufenthalt bei it. Klarissinnen um 1240 in Hyères b. Toulon eine Beginengemeinschaft, die »Dames de Roubaud«, und eine weitere um 1255 in Marseille. Unterstützung fand sie dabei bes. bei den Minoriten, denen ihr Bruder und Seelenführer →Hugo v. Digne angehörte. D., in der sich Zärtlichkeit und größte Strenge ihren geistl. Töchtern gegenüber vereinigten, erlebte zahlreiche Ekstasen und Visionen, die ihre Christus-, Marien- und Franziskusverehrung zum Ausdruck brachten, und hatte die Gaben der Prophetie und Levitation. D.s altprov. Vita (um 1300) wird ihrer Vertrauten Philippine v. Porcellet († um 1316) zugeschrieben.
P. Dinzelbacher

Q.: La Vie de S.D., ed. R. Gout, 1927 – MGH SS 32, 553f. – *Lit.*: Bibl. SS 4, 674f. – Catholicisme III, 1049-1051 – DBF XI, 649f. – DIP III, 777-779 – DHGE 14, 740f. – DSAM III, 1672-1674 – R. Manselli, Spirituali e beghine in Provenza, 1959 – A. Sisto, Figure del primo francescanesimo in Provenza, 1971 – C. Carozzi, Une béguine joachimite: D., Cahiers de Fanjeaux 10, 1975, 169-201 – Ders., D. et les autres, ebd. 11, 1976, 251-267.

Doudleber → Westslaven

Doué-la-Fontaine (Ort sw. von Saumur, dép. Maine-et-Loire), lag zu karol. Zeit im pagus Andegavensis und hatte ein palatium als Residenz, von dem nichts erhalten blieb. Die südl. des Ortes bei Chapelle-sous-Doué gelegene →Motte ist die dritte Phase baulicher Aktivitäten. Bei Grabungen wurde in der Motte ein Rechteckgebäude, eine aula, von ca 23 × 17 m Größe und über 6 m Höhe freigelegt, mit dicken Mauern im Fischgrätenverband oder Kleinmauerwerk. Zwei ebenerdige Türen, zwei sichere Fenster sind nachgewiesen, im Grundriß ein quadrat. Saal und ein schmaler Raum, dazu ein Vorbau an der Südseite. Vor diesem Bau gab es spärl. Holzbauten. Die Entstehung des Baus wird um 900 datiert, er verbrannte schon 930-940. Danach wurden das Erdgeschoß geschlossen und die Mauer erhöht, der Eingang ins I. Geschoß verlegt. Von diesem rechteckigen Steindonjon sind keine nennenswerten Bauteile erhalten. In einer späteren Phase wurde der →Donjon durch einen Erdkegel eingemottet, wohl Anfang des 11. Jh. Die Burg lag ab 10. Jh. im Grenzgebiet der Gf.en v. Anjou (→Angers/Anjou) und →Blois. Die Zerstörungen sind wohl, wie die Verstärkungen, auf Fehden beider Gf.en zurückzuführen.
H. Hinz

Lit.: M. de Boüard, ArchM 3-4, 1973-74, 5ff.

Douglas, schott. Adelsfamilie (→Schottland), die zuerst in den 70er Jahren des 12. Jh. in Schottland als Einwanderer aus Flandern in Erscheinung trat; sie war im Zuge der großen Einwanderungswelle von anglo-frz. und fläm. Siedlern gekommen, die von den schott. Kg.en im 12. Jh. nach Schottland gerufen worden waren. Zunächst waren die D. eine der vielen kleineren Familien, die etwas Landbesitz erhielten und sich in die schott. Gesellschaft integrierten. Im ersten Jahrhundert ihrer Ansiedlung in Schottland gab es noch keinen Hinweis darauf, daß diese Familie einmal zum mächtigsten Adelsgeschlecht in Schottland aufsteigen sollte, bis sie dann in den 50er Jahren des 15. Jh. durch Kg. →Jakob II. ihre herausragende Stellung verlor. Wie bei einigen anderen bedeutenden Adelsfamilien im schott. SpätMA, vor allen Dingen bei den Gordon, Earls of Huntly, und den Campbell, Earls of Argyll, begann ihr Aufstieg mit der Unterstützung von →Robert Bruce. *James* D. (für die Schotten »the Good Sir James«, für die Engländer »the Black Douglas«) unterstützte Kg. Robert loyal gegen die engl. Kg.e →Eduard I. und →Eduard II. seit den ersten hoffnungslosen Tagen, als sich Robert mit wenig Aussicht auf Erfolg selbst zum Kg. einsetzte und begann, die Engländer aus seinem Kgr. zu vertreiben. James D. war ein Führer in der Schlacht v. →Bannockburn (1314), und er war es, der 1329 mit dem Herzen des toten Kg.s zum Kreuzzug aufbrach und in Spanien 1330 selbst den Tod fand. Er war Sohn und Erbe des ersten Lord of D. gewesen; sein Neffe und Erbe *William* wurde der erste Earl of D. i.J. 1358. Die Erreichung dieser Stufe der Erfolgsleiter führte auch zur Anhäufung von Lehensbesitz, bes., weil die D. sich wiederholt als unfähig erwiesen, für legitime männl. Leibeserben zu sorgen: 2. Earl wurde Williams Sohn, 3. Earl aber der illegitime Sohn von Good Sir James, und der zweite, illegitime Sohn von Earl William selbst wurde Earl of Angus i.J. 1397. Von dem älteren und dem jüngeren Familienzweig (»Black D.« und »Red. D.«), beide im Earl-Rang, wurde gesagt, daß der weniger bedeutende auf den bedeutenderen Zweig mit einem neidischen, aber zu diesem Zeitpunkt ohnmächtigen Auge schaue.

Archibald »the Grim« ('der Schreckliche'), der 3. Earl of D., verband eine herkömml. Frömmigkeit bei seinen religiösen Gründungen mit skrupellosem Besitzstreben: Bei seinem Tod i.J. 1400 gehörte der ganze SW Schottlands den Douglas. Sein Sohn *Archibald*, der 4. Earl, erhielt den Beinamen »the Tyneman«, weil er in den Schlachten von Homildon (1402) und →Shrewsbury (1403) eine klägliche Figur abgegeben hatte; weder bei seinen militär. Handlungen noch bei polit. Verhandlungen mit England zeigte er viel Geschick, doch noch blieb seine Macht in Schottland unanfechtbar, und im Dienst des frz. Kg.s

→Karl VII. wurde er →*lieutenant général* der frz. Armee und Hzg. v. Touraine, bis er 1424 bei →Verneuil seine letzte Schlacht und sein Leben verlor. Der 5. Earl war Generalleutnant v. Schottland während der Minderjährigkeit von →Kg. Jakob II. Sein Tod (1439) führte zu einer einschneidenden Veränderung. Sein Sohn wurde bei einem Aufstand hingerichtet, an seine Stelle trat der Bruder von Archibald »the Grim«. Die Familie hatte nun den Zenit ihrer Macht erreicht.

In den 40er Jahren des 15. Jh. erhielten drei Brüder der D.-Familie die Würde eines Earls, Earl of D. im S und Earl of Moray und Earl of →Ormond im N. Das erschien dem mündig gewordenen Jakob II. als eine zu große Machtkonzentration. Sein Versuch, sich den Landbesitz der D. anzueignen, während *William*, der 8. Earl, eine »grand tour« nach Rom (1450–51) unternahm, war der Beginn einer Reihe von Ereignissen, die zu der aufsehenerregenden Ermordung des Earl 1452 und der endgültigen Vernichtung der Familie 1455 führten. Nach 1455 trat nun die Linie der »Red D.« aus ihrem Schattendasein hervor und agierte im 16. Jh. mit größerer Willkür, als die »Black D.« es je getan hatten.
J. Wormald

Lit.: The Scots Peerage, III, hg. J. BALFOUR PAUL, 1906 – G. W. S. BARROW, Robert Bruce, 1965 – R. G. NICHOLSON, Scotland: The Later MA, 1974 – Scottish Society in the Fifteenth Century, hg. J. M. BROWN, 1977.

D., Gavin, schott. Dichter, * 1474/75, † 1522 in London an der Pest; dritter Sohn des Archibald Douglas, des 5. Earl of Angus; Magister der Univ. St. Andrews (1494), verfaßte u. a. »The Palice of Honour« (1501), eine Traumallegorie in der Tradition des »House of Fame« (→Chaucer, →Chaucernachfolger), und »The XIII Bukes of Eneados« (1513), die erste engl. Versübertragung der »Aeneis« (→Vergil im MA), der man noch heute einen hohen Rang einräumt. Als 13. Buch ist die Vergilfortsetzung des Mapheus →Vegius einbezogen. Die den einzelnen Büchern vorangestellten Prologe (insgesamt ca. 2500 Zeilen in 9 verschiedenen Vers- und Strophenformen), in denen eine Vielfalt von Themen behandelt wird, lassen sich als eigenständiger Gedichtzyklus lesen. »King Hart« ('König Herz'), eine Allegorie über die Sterblichkeit, wird D. heute abgesprochen. Nach wechselhaften Schicksalen am schott. Hof wurde D., der seit 1513 nichts mehr schrieb, i. J. 1516 Bf. v. →Dunkeld. Er starb in London im Exil.
W. Scheps

Bibliogr.: Manual ME 4, 988–1005, 1180–1204 – NCBEL I, 662–664 – RENWICK-ORTON, 458–460 – *Ed.:* D. F. C. COLDWELL, Virgil's Aeneid Translated into Scottish Verse by G. D. (STS 3rd ser., 25, 27, 29, 30, 1957–64) – D. F. C. COLDWELL, Selections from G. D., 1964 – P. BAWCUTT, The Shorter Poems of G. D. (STS 4th ser., 3, 1967) – *Lit.:* L. M. WATT, D.'s Aeneid, 1920 – P. BAWCUTT, G. D.: A Critical Study, 1976 [Rez.: F. H. RIDLEY, Review 1, 1979, 255–263].

Dovara, Buoso da, Signore v. Soncino (Lombardei), † nach 1282, spielte eine bedeutende Rolle in der Geschichte der Lombardei, in der Zeit als →Ezzelino da Romano auf dem Höhepunkt seiner Macht stand und →Karl von Anjou seinen Italienzug unternahm, um das Kgr. →Sizilien zu erobern.

1247 begegnet er als Podestà v. Reggio (Emilia), 1254 als Signore v. →Cremona, seine stetig wachsende polit. Bedeutung zeigte sich jedoch v. a. 1258, als er zusammen mit Oberto →Pelavicino und Ezzelino da Romano →Brescia einnahm. Da Ezzelino die im polit. Wechselspiel der Kräfte Norditaliens äußerst wichtige Stadt für sich behalten wollte, geriet er in offenen Konflikt mit Oberto und B., die sich gegen ihn verbündeten und ihn beschuldigten, die zw. ihnen geschlossenen Vereinbarungen nicht eingehalten zu haben. Der Konflikt verwandelte sich sehr rasch in offene Gegnerschaft: beredtes Zeugnis dafür ist der Übergang von Pelavicino und B. zur Partei →Manfreds, Ezzelinos Feinden. Als Ezzelino jedoch in Blancanuga tödlich verwundet und gefangen wurde, nahm sich B., wie der Chronist Rolandino da Padova berichtet, seiner an u. gewährte ihm zuerst in seinem Zelt und dann in der Burg v. Soncino Aufnahme, wo Ezzelino 1259 starb. B. blieb in Cremona solange die Stadt unter der Signorie des Oberto Pelavicino stand; er sollte den Zug des frz. Heeres, das sich gegen Manfred versammelt hatte, um Karl von Anjou bei seiner Eroberung des Kgr.s Sizilien zu unterstützen, aufhalten, brach jedoch das Bündnis mit dem Staufer, der ihm vertraut hatte. Es gibt zwei Hypothesen, die seine Handlungsweise erklären sollen: er habe die ihm von Manfred zur Verfügung gestellten Gelder ausgegeben, ohne in hinreichendem Maße Truppen anzuwerben, die sich den Franzosen entgegenstellen sollten, oder er sei sogar von den Franzosen dafür bezahlt worden, daß er ihnen keinen Widerstand leiste. Der letzteren Meinung ist Dante, der B. im Inferno unter den Verrätern erwähnt (Inf. XXXII, 115–117).

1267 mußte B. Cremona verlassen, da d. Signorie des Oberto Pelavicino nach der Schlacht v. →Benevent ihr Ende fand, und zog sich zur Burg Rocchetta zurück, wo sich 1268 Konradin aufhielt. 1269 zerstörten die Cremonesen die Rocchetta; B. zog sich in die Burg v. Soncino zurück. Sein Versuch, wieder in Cremona einzuziehen, wurde von den Einwohnern dieser Stadt und denjenigen von Parma vereitelt. Die letzten Nachrichten von ihm (nach 1282) berichten, er sei von den Guelfen in Cremona gefangengesetzt worden.
E. Pasztor

Q.: Rolandini Patavini Cronica in factis et circa facta Marchie Trivixane, a.c. di A. BONARDI, RIS², VIII, 1905, passim – Salimbene de Adam, Cronica, a.c. di G. SCALIA, I–II, 1966, passim – *Lit.:* R. MANSELLI, Ezzelino da Romano nella politica it. del sec. XIII, Studi Ezzeliniani, 1963, Studi Storici 45–47, 68–71 – R. MORGHEN, Gli Svevi in Italia, 1974, 172, 177, 199.

Dover, Stadt in Südengland (Kent), an der Mündung des Dour in den Kanal. D.s Bedeutung beruht auf seinem Hafen, der die kürzeste Überfahrt zum Kontinent ermöglicht. Die benachbarten Klippen waren schon in der Eisenzeit befestigt, die Römer fügten Hafenmauern, Befestigungen (2. und spätes 3. Jh.) sowie zwei Leuchttürme (phari) auf den Kreideklippen hinzu und legten die Straße nach Canterbury und London (→»Watling Street«) an. Der ae. Name *Dofras* ist eine Entlehnung von der brit. Namensform **Dubra(s)* ('Gewässer'), die zu einer Zeit erfolgte, als dort noch Zweisprachigkeit herrschte. Eine dem hl. Martin geweihte Kirche (*minster*) wurde innerhalb der röm. Mauern der »Saxon Shore«-Befestigung von Kg. →Wihtred v. Kent (691–725) gegründet und mit Säularkanonikern mit allgemeiner Dotation besetzt. Nach der norm. Eroberung wurde diese Gemeinschaft zunächst von →Odo v. Bayeux zu einem Kanonikerstift umgestaltet, dann 1131 von →Wilhelm v. Corbeil, Ebf. v. Canterbury, zu einem Augustinerchorherrenstift und schließlich 1138–39 von Ebf. →Theobald nach Auseinandersetzungen zu einem Benediktinerpriorat, das mit Mönchen besetzt wurde, der der Kathedrale in →Canterbury unterstanden. Zu dieser Zeit waren die Holzbauten aus der Zeit vor der norm. Eroberung bereits durch Gebäude aus Caen-Stein ersetzt worden.

D. war seit der Regierung Kg. →Æthelstans (924–939) eine bedeutende Münzstätte, und es ist die erste engl. Stadt, deren Bürger ein Privileg für →»sake and soke« sowie Zollbefreiung für ganz England erhielten (durch

Kg. Eduard d. Bekenner). Diese Privilegien, die durch Urkk. Heinrichs II. und späterer Kg.e bestätigt wurden, waren als Gegenleistung für die Bereitstellung von 20 Schiffen an die Krone gewährt worden. D.s Mitgliedschaft in der Konföderation der →Cinque Ports wurde im 12. und 13. Jh. festgelegt. Auch später profitierte D. von der Förderung durch die engl. Kg.e, die auf den Hafen von D. zur Versorgung des engl. Brückenkopfes auf dem frz. Festland, →Calais, angewiesen waren; im 15. Jh. erfuhr D. jedoch einen Niedergang.

Die Lage der Kirche »St. Mary-in-Castro«, erbaut im 10./11. Jh., zeigt, daß die städt. Siedlung während der Wikingerinvasionen ztw. in das Areal der auf der Klippe gelegenen eisenzeitl. Hügelbefestigung (hill-fort) verlegt worden sein muß. Die Kontrolle dieser Befestigung war eine Streitfrage in den Auseinandersetzungen um den Besitz Englands von 1051-66; nach der Eroberung wurde hier eine starke norm. →Burg errichtet. Umfangreiche Umbauten durch Heinrich II., Johann Ohneland und Heinrich III. machten D. zur größten Burg in England und zum ersten Beispiel einer konzentr. angelegten Burg in Westeuropa. N. P. Brooks

Lit.: J. Tait, The Medieval English Borough, 1936 – D. Knowles-R. N. Hadcock, Medieval Religious Houses: England and Wales, 1971² – R. A. Brown, English Castles, 1976³ – S. Johnson, The Roman Forts of the Saxon Shore, 1976.

Dovmont (litauisch: Daumantas), Fs. v. →Pskov (Pleskau) 1266-99, † 20. Mai 1299, bis 1265 Fs. v. Nalsen im litauischen →Aukštaiten, wurde 1263 eines Mordanschlags gegen seinen Schwager →Mindowe, Gfs.en v. Litauen, beschuldigt und von dessen Sohn Vojšelk vertrieben. D. floh mit Familie und Gefolge nach Pskov, wo er nach der Taufe (Taufname Timofej) 1266 als Fs. aufgenommen wurde und bis zu seinem Tode im Amt blieb. In 2. Ehe heiratete D. um 1280 Maria, Tochter des Gfs.en →Dmitrij und Enkelin von →Alexander Nevskij. Mit polit. Geschick vermochte D. die Grundlagen für die Verselbständigung von Pskov gegenüber Novgorod zu schaffen; als Heerführer bewährte er sich in Feldzügen gegen Litauer und livländ. Orden, u. a. in der siegreichen Schlacht bei Wesenberg (1268) und in der erfolgreichen Verteidigung von Pskov (1269, 1272, März 1299). Seine polit. und militär. Leistungen wie sein frommes Leben formten schon bei den Zeitgenossen das Bild eines idealen Herrschers. Um die Mitte des 14. Jh. wurde D.s Vita unter Einbeziehung biographischer und hagiographischer Erzählmomente verfaßt; sie trug zur Entwicklung der Pskover Chronistik bei und ist in mehreren Fassungen des 14.-17. Jh. überliefert. D.s (erhaltenes) Schwert wurde im 14.-15. Jh. als Attribut bei der Zeremonie der Thronbesteigung der Pskover Fs.en verwendet. D. wurde 1549 in die Reihen der Hll. der russ. Kirche aufgenommen. A. Poppe

Q.: Pskovskie letopisi, I–II, 1941-55 [Register] – NPL [Register] – *Lit.:* A. V. Ekzempljarskij, Velikie i udelnye knjazja severnoj Rusi v tatarskij period s 1238 po 1505, I, 1889 [Register] – N. Serebrjanskij, Drevnerusskie knjažeskie žitija, 1915, č I, 266-275 – F. A. Kalikin, Portretnoe izobraženie pskovskogo knjazja D., TODRL 18, 1962, 272-276 – H. J. Grabmüller, Die Pskover Chroniken, 1975 [Register] – V. I. Ochotnikova, Povest' o D. i pskovskie letopisi. K voprosu o datirovke povesti (Russkaja i gruzinskaja srednevekovye literatury, 1979), 182-192 – Dies., in: TODRL 33, 1979, 261-278; 34, 1979, 116-127; Sammelband: Istočnikovedenie literatury drevnej Rusi, 1980, 115-142 – s. a. Lit. zu: →Pskov, →Mindowe.

Downpatrick, Stadt und ehem. Kl. in nö. Irland, namengebend für das Bm. und die Gft. Down. Seit dem 5. Jh. war D. der Vorort der →Ulaid und stand unter der Herrschaft der →Dál Fiatach. In Quellen des 7. Jh. wird behauptet, es sei der Begräbnisort des hl. →Patricius (Patrick). D. Flanagan hat das komplizierte Problem der Geschichte des Ortsnamens erhellt. Die urspgl. Siedlungsstätte war die prähist. Befestigung Dún Lethglaise, die auch den Namen Ráth Celtchair – mit mytholog. Assoziationen – trug. Innerhalb dieser Befestigung lag in christl. Zeit die dem hl. Patrick geweihte Kirche. Im frühen 9. Jh. verlegten die Dál Fiatach ihr Herrschaftszentrum von D. nach Duneight; um D. davor zu bewahren, in die Hände von Konkurrenten zu fallen, gründeten sie hier kurz vor der Verlegung ein Kl. Die zum Verband der Dál Fiatach zählende Familie des Cairell († 819) stellte während der folgenden Jahrhunderte die Laienäbte. Die andere Befestigung an diesem Ort war Dún da Lethglas, wobei anzunehmen ist, daß der weltl. Zweig der Dynastie hier einen Sitz behielt. Dieser Name setzte sich während der 1. Hälfte des 11. Jh. durch. Wahrscheinlich ließ der Normanne John de Courcy, nachdem er 1177 den Ort erobert hatte, an dieser Stelle seine Burg (caistél) errichten. Als sich die ma. Stadt entwickelte, wurde der gesamte besiedelte Bereich als Dún, seit dem 17. Jh. als Dún Pádraig bezeichnet. Ch. Doherty

Lit.: D. Flanagan, D., Dinnseanchas, IV, 1971, 89-112 – F. J. Byrne, Irish Kings and High-kings, 1973, 119-124.

Doxologie
I. Biblischer Gebrauch, Frühchristentum – II. Historischer Hintergrund (Frühe Kirche) – III. Westkirche – IV. Ostkirche.

I. Biblischer Gebrauch, Frühchristentum: 1. Im NT sind kurze hymnenartige Verherrlichungsformeln als Schluß eines Gottesbekenntnisses oder Gebetes selten; sie haben ihre Vorbilder im AT (vgl. Röm 11,32-36, wo dies durch den Zusammenhang und das Schluß-Amen deutlich wird). D.n im Sinne von Segenssprüchen (vgl. Ps 41,14; 68,36) waren ein Grundelement bei der synagogalen und häusl. Kultgemeinschaft, die sich v. a. beim gemeinsamen Mahl konstituierte (vgl. 1 Kor 14,16f). Hymn. Sprache und rhythm. Gleichklang erleichterten die Verbindung mit ntl. Bekenntnisformeln und liturg. Gebetspraxis, die sich wechselseitig beeinflußt haben.

Die ntl. D. (oft eingeleitet mit »eulogētos«) ist ausschließl. ein göttl. Hoheitsprädikat (Röm 1,25; 2 Kor 1,3 u. ö.). Auch die Akklamation: »Ihm die Herrlichkeit (»doxa«) in die Äonen, Amen« ist ein nur zur Ehre Gottes gesprochener Lobpreis (Röm 11,36; Gal 1,5 u. ö.). Da die D. häufig »im Namen Jesu«, »durch Jesus Christus« oder »in Jesus Christus« geschah (z. B. Röm 1,8; 1 Kor 1,2 u. ö.), bahnte sich die Entwicklung an, D.n auch an Jesus Christus zu richten; v. a. in den Spätgemeinden ist diese Tendenz, wenn auch nur zögernd, zu erkennen (2 Tim 4,18; Apk 1,6; 5,13; 7,10).

In diese Grundform der urchristl. D.n wird schon früh der Hl. Geist einbezogen: »... durch Christus und den Hl. Geist« bzw. »... durch Christus im Hl. Geist« (Clemens Alex. QuisDivSalv 42,2). Hippolytus v. Rom bietet eine weitere Variante, wenn er an Stelle von »im Hl. Geist« als gleichbedeutendes, verdeutlichendes Element »in der Kirche« einbringt, dabei aber immer die Aufzählung der drei göttl. Personen verlangt: »per quem tibi gloria et honor Patri et Filio cum Sancto Spiritu in sancta ecclesia tua...« (vgl. Trad. apost. 6,4 mit 4,13). Die Liturgie hat den Sprachgebrauch der bibl. Schriften weiterentwickelt. A. Sand

II. Historischer Hintergrund (Frühe Kirche): Ihre endgültige Form erhielt die D. im Arianischen Streit (→Arius). In Antiochia war es während einer jahrelangen erzwungenen Abwesenheit ihres Bf.s den nizänisch-orthodoxen Presbytern Diodor und Flavian gelungen, die Widerstandskraft der unter scharfem gegnerischem

Druck stehenden Großstadtgemeinde nicht zuletzt durch die Belebung des Gemeindegesanges zu stärken, indem sie den antiphonalen Psalmengesang einführten. Bald wurde es hier auch üblich, als regelmäßigen Abschluß eines jeden Psalms das »Gloria patri« anzustimmen. Gebrauchten die Arianer als Kampfruf die (an sich einwandfreie, jedoch mißdeutbare) Formel: »Ehre sei dem Vater *durch* den Sohn *im* Hl. Geist«, weil sie darin die von ihnen verfochtene Unterordnung des Sohnes (und des Geistes) unter Gott-Vater ausgedrückt fanden, so stellten dem die »Orthodoxen« eine andere (wohl ebenfalls schon ältere) Formel entgegen, die im Anschluß an Matth. 28,19 der Wesens- und Ranggleichheit der drei göttl. »Personen« unzweideutigeren Ausdruck verlieh.

An der Frage der rechten D. entzündete sich annähernd gleichzeitig in Kleinasien der Streit um Wesen und Würde des Hl. Geistes. Darin verfocht namentlich →Basilius v. Caesarea gegen Eustathius v. Sebaste die »feste Abfolge« (ἀκολουθία) von Taufe – Glaube – D., was meint: der trinitarische Taufbefehl muß der Grund sein, auf dem alles weitere aufbaut, Lehre wie Leben, Denken wie Erfahrung, die ihrerseits, so sie recht geschehen, einmünden in den Lobpreis, die Doxologie.

Auch der Nachsatz des Gloria patri (»wie sie [sc. die Glorie des dreieinigen Gottes] war im Anfang, so [gebührt sie ihm] heute, immerdar und in alle Ewigkeit«), welcher, abendländ. Herkunft ist und zuerst im 6. Jh. begegnet, ist urprgl. ein antiarian. Bekenntnis. Und zwar ist er gegen die häret. Leugnung der »Ewigkeit« des Sohnes gerichtet. Freilich hat auch hier das Bekenntnis die Form des Lobpreises angenommen, in der dem dreieinigen Gott jene δόξα zugesprochen wird, die ihm von allem Anfang an eigen war und immer eigen sein wird. A. M. Ritter

Lit.: J. A. JUNGMANN, Die Stellung Christi im liturg. Gebet, 1925, 1960² – H. DOERRIES, De spiritu sancto. Der Beitrag des Basilius zum Abschluß der trinitar. Dogmas, 1956.

III. WESTKIRCHE: [1] *Liturgie:* Die liturg. geprägte D. (Lobpreisung der Herrlichkeit Gottes) ist ein Sonderfall des allgemeinen doxolog. Charakters von Gebet und Gottesdienst, die immer Anerkenntnis der Macht und Größe (des dreifaltigen) Gottes einschließen. Ausdrücklich doxolog. sind Gebetsanfänge mit Nennung des Gottesnamens und relativisch angeschlossener Prädikation sowie (meist trinitarische) Gebetsschlüsse (qui tecum vivit oder: qui vivis et regnas). In ma. Hymnen entspricht diesen der Anfangs- und die in der Regel trinitar. Schlußstrophe. Als selbständige Form wurzelt die D. im jüd. Gebetsbrauch (Kurzberaka und Berakot-Reihen wie das sog. Achtzehngebet). Für die christl. Liturgie hat sich die Unterscheidung herausgebildet: 1. Kleine D., d. h. das Gloria Patri, v. a. am Schluß der Ps (und mancher Responsorien), und die Schlußdoxologie des Meßkanons (Per quem haec omnia... und) Per ipsum..., die seit dem MA von allegorisch gedeuteten Kreuzzeichen begleitet wird (Meßallegorese). 2. Große D. nennt man den im MA vielfach durch Tropen erweiterten Gloria-Hymnus (manchmal Te decet laus und Te deum) (s. Abschnitt III, 2). In der Westkirche des MA ist der doxolog. Grundzug der Liturgie im Unterschied zur Ostkirche aufgrund einer stärker individuellen und subjektiven Frömmigkeitshaltung stark zurückgetreten.

H. B. Meyer

Lit.: DACL IV, 1525–1536 – RAC IV, 221–223 – LThK² III, 534–536 – Liturgisch Woordenboek I, 615–617 – TRE XI, 264, 266f. – J. A. JUNGMANN, Missarum Sollemnia, 1948, 1962⁵; I, 423f. (Gloria Patri); I, 446–461 (Gloria-Hymnus); II, 322–340 (Schluß–D. des Kanons) – C. VAGAGGINI, Theologie der Liturgie, 1959, 155–159 – K. ONASCH, Liturgie und Kunst der Ostkirche in Stichworten, 1981, 86f.

[2] *Musik:* D. ist terminus technicus liturgie- und musikhist. Forschung neuerer Zeit und will als Eulogie und als latreutische Formel verstanden sein. Ihre Grundform ist seit alters Lobpreis Gottes durch Christus; sie addiziert in apostolischer Zeit v. a. nachapostol. Zeit formell auch dem Heiligen Geist Doxa und vollendet die trinitar. Form, die im Kampf gegen Häresie – bes. der Arianer – triumphiert (s. Abschnitt II). Die große D. der Messe 'Gloria in excelsis' intoniert seit 530 stets der Bf. (LP I 56, 129, 263) und seit dem Ende des 11. Jh. auch der Priester (M. ANDRIEU, Le Pontifical Romain au Moyen-Âge III, StT 88); sie war aber von Anfang an ein Gesang der Gemeinde. Als älteste D. maiores notiert die Editio Vaticana 6 Gesänge des 10. Jh. (Gloria I, IV, VI, XI, XIV und XV); sie sind fester Bestandteil des Ordinarium missae. Die D. minor beschließt – sprachl. und musikal. unterschiedlich formuliert – folgende Texte: Eucharist. Anaphora, Litaneien, Orationen, Benediktionen, Hymnen, Homilien, Epistel- und Evangelienperikopen, Pater noster, Taufe, Ordination und andere Sakramente sowie v. a. Psalmen. Überwiegend im euchlog. Bereich prägen und wandeln seit dem 5. und 6. Jh. Kämpfe gegen Häresie die äußere Form der D. minor; sie setzen aber auch im psalmod. Bereich Akzente. In der responsorialen Psalmodie des officium chori lautet die Formel: 'Gloria patri et filio et spiritui sancto'; das officium missae läßt sie in seinen Responsorien auch heute beiseite. In antiphonaler Psalmodie des officia chori und missae fügt die Synode von Vaison 529 (MANSI VIII, 727) der Formel 'Gloria patri et filio et spiritui sancto' die Akklamation 'sicut erat in principio et nunc et semper et in secula seculorum. amen.' hinzu. Die Vokale (euouae) der letzten sechs Silben dieser Akklamation dienen seit dem 9. Jh. bis heute als Träger psalmod. →Differenzen. Im MA und auch heute hat die trinitar. Form der hymnod. D. zuweilen marianisches Kolorit (Weihnachten, Commune Virginum, In honorem B. M. V. u. a.); melodisch steht sie abseits von Antiphonie und Responsorium. Für die übrigen Texte entwickelt die Kirche im MA verschiedene musikal.-stereotype Formeln der D. D. v. Huebner

IV. OSTKIRCHE: Der christl. Osten hat sich von Anfang an als Kirche der D. verstanden und dies auch in geradezu vollkommener Weise in seiner Liturgie, seiner kirchl. Dichtung, seiner Verkündigung und Mystik bezeugt. So beginnt die eucharist. Feier als Mitte des Gottesdienstes mit einer jubelnden D., und jede Ektenie schließt ebenso mit einem Lobpreis. Im Grunde ist die »Göttliche Liturgie« als solche eine einzige D. →Romanos Melodos verwendet für seine Kontakien häufig doxolog. Schlußverse; die Kanones, die später die Kontakien weithin ablösen, enden regelmäßig mit einem doxolog. Tropar. Die großen Prediger des 4. Jh. wie noch die des 14. – →Gregorios v. Nazianz oder →Johannes Chrysostomos und Gregorios →Palamas z. B. – beschließen ihre Homilien in der Regel mit einer D.-Formel. Dasselbe tut der größte byz. Mystiker, →Symeon der Neue Theologe, in seinen wunderbaren Hymnen auf die göttl. Liebe. – Inhalt und Ziel der D. ist die »Heilige Trias«, der Dreifaltige und Dreieinige Gott, oder Jesus Christus in der Einheit mit dem Vater und dem Hl. Geist. Basileios war es, der die trinitar. D. mit Nachdruck rechtfertigte und sie geradezu als trinitar. Glaubensbekenntnis auswies (de Sp. S. 29). Gewissermaßen systemat. hat →Symeon v. Thessalonike zu Beginn des 15. Jh. den doxolog. Charakter in der Feier und Spendung aller Mysterien, ausgedrückt im Wort wie in Zeichen, dargestellt. Aus dem Geist der D. lebt schließlich die →Ikone: nicht Porträt des ird. Menschen oder Darstellung des hist. Ereignisses will sie sein, sondern des verklärten Heiligen und des göttl. Inhalts des Geschehens, der Anwesenheit des Hl. Geistes im vollendeten Menschen und im heilvollen Geschehen. H. M. Biedermann

Lit.: RAC IV, 221-223 - L. Ouspensky-W. Lossky, Der Sinn der Ikonen, 1952 - weitere Lit. s. Abschnitte I, II und IV.

Dózsa, György (Georg), herkömml. Name des in zeitgenöss. Quellen meist Georg Székely gen. Führers des Bauernaufstandes 1514 in Ungarn. Er dürfte mit einem 1507 urkundl. erwähnten freien →Székler (G. Dosa de Makfalwa) identisch gewesen sein. Als an der Südgrenze gedienter Soldat, vermutl. im Febr. 1514 wegen einer Heldentat geadelt, wurde D. zum Befehlshaber der gegen die Türken ziehenden bäuerl. Kreuzfahrer bestellt. Nachdem Ende Mai 1514 sein Heer aufrührerisch und der Kreuzzug abgestellt wurde, führte D. einen wohlorganisierten, blutigen Feldzug gegen die Herren Südost-Ungarns, bis er, nach der Zerstreuung seiner Anhänger, gefangengenommen und um den 20. Juli 1514 hingerichtet - lebendig verbrannt und von seinen Leibwächtern kannibalisiert - wurde. Als Bauernheld wird D. seit dem Vormärz geehrt; das Jahr 1973 bzw. 1974 wurde in Rumänien bzw. Ungarn zu seinem 500. Geburtsjahr erklärt.

J. M. Bak

Lit.: A. Fekete Nagy, V. Kenéz, L. Somogyi, G. Érszegi, Mon. rusticorum in Hungaria rebellium anno MDXIV, 1979 [Bibliogr. 19-21].

Drach, Peter (der Mittlere), Druckherr, Verleger und Großbuchhändler, * um 1450 in Speyer, † April/Mai 1504. Er leitete seit 1479/80 die wohl von seinem Vater Peter D. d. Ä. in Speyer nicht nach 1475 gegründete Druckkerei mit großem Erfolg, druckte v. a. die gängige theol., jurist. und kanonist. Literatur, Wörterbücher, auch den berüchtigten »Malleus maleficarum« (→Hexenhammer), Breviere (für Speyer, Konstanz, die Johanniter u. a.) und Meßbücher (für Speyer, Mainz, Lübeck u. a.), bedeutende Holzschnittwerke: »Spiegel menschlicher Behaltnis«, die »Ruralia commoda« des →Petrus de Crescentiis und die »Peregrinationes in Terram Sanctam« des →Bernhard v. Breidenbach (eine Ausg. mit Originalholzstöcken). Für seinen Buchhandel, der auch Mitteldeutschland, Böhmen und Mähren einbezog, besaß er zahlreiche Bücherlager, und er hatte etwa fünfzig »Buchführer« in seinem Dienst. Sein zum Teil erhaltenes Geschäftsbuch (AGB V, 1-196) ist eine einzigartige Quelle für den Buchhandel des 15. Jh.

F. Geldner

Lit.: ADB V - NDB IV - Geldner I, 188-192 - F. W. E. Roth, Gesch. und Bibl. der Buchdruckereien zu Speyer im XV. und XVI. Jh., Mitt. des Hist. Vereins Pfalz 18-20, 1894-96 [Neudr. 1966] - F. Geldner, Probleme um ... P. D., Gutenberg-Jb. 1962, 150-157 - H. Harthausen, P. D. d. M., Pfälzer Lebensbilder 3, 1977.

Drache
A. Allgemein - B. Spätantike und mittelalterliche (gelehrte lateinische) Tradition - C. Bibel - D. Germanische Mythologie, Kultur und Sagenüberlieferung - E. Kulturgeschichte und Volkskunde des späteren Mittelalters - F. Kunstgeschichte

A. Allgemein

Als D.n bezeichnete schlangenartige Mischwesen wurden in den frühen Kulturen des Mittelmeerraums als real existierend angesehen und galten meist als Verkörperung negativer Prinzipien und gottfeindl. Kräfte. Noch in der griech. und röm. Lit. erfolgte keine klare Unterscheidung von der →Schlange; ihre phantasievollen Beschreibungen lebten bei ma. und frühneuzeitl. Autoren fort (s. Abschnitt B). Im AT und NT ist der D. Widersacher Gottes (s. Abschnitt C). Seit Konstantin I. (vgl. Euseb., Vita Const. 2, 46; 3,2) wurde der D. in imperialer Symbolik Bild für den besiegten Feind und das Heidentum. Bevorzugter Aufenthaltsort des D.n in Mythos und Sage ist die →Höhle. Drachenkämpfe wurden ein beliebtes Motiv der Heldendichtung und Heiligenlegende.

J. Engemann/G. Binding

B. Spätantike und mittelalterliche (gelehrte lateinische) Tradition

D. (griech. drákōn, lat. draco) bezeichnet in der antiken Literatur und in der Bibel zum einen Fabelwesen der Mythologie, die möglicherweise auf Saurier der Vorzeit zurückweisen, zum anderen konkrete Schlangen. Albertus Magnus nennt so (25,25) unter Berufung auf »Semeryon philosophus« und Avicenna (Canon medicinae 4,6,1ff.) eine Schlangengattung mit vielen Arten, von denen er einige unter ihrem arab.-lat. Eigennamen behandelt und wie die eigtl. D.en zur dritten Gruppe (vgl. 25,9ff.) rechnet, deren Biß nicht töte, sondern nur Geschwüre und Schwellungen hervorrufe. Während die antiken Erzählungen von Begegnungen zw. D.en und Menschen im MA wenig bekannt oder durch zeitgenöss. Historien (u. a. bei Thomas v. Cantimpré 8,16) ersetzt wurden, haben Einzelangaben über Riesenschlangen (vgl. Leitner), wie über den angebl. Kampf mit ind. Elefanten (Plinius 8,32-34) durch Vermittlung von Solin (25,10-14) und Isidor (Etym. 12,4,5 ohne die Pointe des beiderseitigen Todes) auf das ma. Drachenbild eingewirkt. So stammt der Kamm der »dracones cristati« bei Isidor (12,4,4) aus dem Bericht des Iuba von Mauretanien bei Plinius (8,35) über die 20 Ellen langen äthiop., also innerafrikan. Schlangen. Die bei Solin (30,15) aus unbekannter Quelle erwähnten weiteren Motive (kleiner Kopf, enges Maul zum Luftholen und Herausstrecken der Zunge) sowie die Verlagerung der Gefährlichkeit von den Zähnen auf den Schwanz, der nach Isidor zum Umschlingen und Ersticken des Gegners dienen sollte, treten hinzu. Der Menschen erschreckende Blick und der feurige Pesthauch (z. B. bei Jakob v. Vitry) stammen aus der Mythologie. Thomas von Cantimpré (8,16) glaubt an die bei Jeremia 51,37 erwähnten riesigen D.en in den Ruinen des alten Babylon, deren Geheul Menschen verscheuche, ebenso wie an das von Augustinus im Kommentar zu Ps 148,7 behauptete Aufsteigen aus den Schlupfwinkeln in die Luft. Dieser Flug soll nach Bartholomaeus Anglicus (18,37) beim Stillung des unerträgl. Durstes durch den Wind dienen. Der krit. Albertus Magnus bezweifelt (25,27) aus aerodynamischen Gründen die Tragfähigkeit der von Thomas als gewaltig und fledermausartig beschriebenen Flügel, das Vorhandensein von Füßen und hält (25,28) die fliegenden feuerspeienden D.en in Wirklichkeit für Kometen. Die von Thomas aus dem »Experimentator« übernommene Behauptung, durch Verzehr von Skorpionen werde der Drachenbiß sehr gefährlich, stammt aus der arab.-lat. Version der aristotel. Tierkunde des Michael Scotus, wo Viper (echis, Arist., Hist. an. 8,29 p. 607 a 27-29) mit »draco« übersetzt wurde. Die antike Behauptung, die Äthiopier verzehrten das kühlende Drachenfleisch, ist bei Alexander Neckam (2,147) zu einer phantast. Geschichte ausgeschmückt: Kaufleute seien mit Hilfe von Zaubersprüchen auf einem gezähmten D.en nach Äthiopien geritten und hätten ihn dort mit hohem Gewinn verkauft. Der Fang eines D.en geschieht nach Thomas unter Ausnutzung von dessen extremer Angst vor dem Donner oder mit Hilfe eines mit Ätzkalk (calx viva) gefüllten Kalbes. Nach dem Genuß des Köders geht er in Flammen auf. Von den vielen u. a. bei Plinius angeführten magischorganotherapeut. Verwendungen von Teilen des Drachenkörpers werden nur wenige im MA erwähnt (vgl. Thomas und Vinzenz v. Beauvais 20,32). Das offizinelle

Drachenblut hält Vinzenz persönl. für ein Baumgummi. Die Gewinnung des kostbaren Drachensteins (dracontias, draguntia) nach dem Dekapitieren des betäubten Tieres wird in allen einschlägigen Quellen (z. B. Steinbüchern) seit Plinius (37,158) beschrieben. Aus den vielfältigen Verhaltensweisen des D. en ergibt sich bei Hrabanus Maurus (8,3) und Hugo de Folieto (2,24) u. a. die symbol. Deutung als Sinnbild des Teufels und seiner Anhänger und als Dämon. Ch. Hünemörder

Q.: Albertus Magnus, De animalibus, ed. H. STADLER, II, 1920 (BGPhMA 16) – Alexander Neckam, De naturis rerum, ed. TH. WRIGHT, 1863 (Rer. Brit. 34 [Neudr. 1967]) – Bartholomaeus Anglicus, De proprietatibus rerum, 1601 [Neudr. 1964] – Hrabanus Maurus, De universo (= De naturis rerum), MPL 111 – Hugo de Folieto, De bestiis et aliis rebus, MPL 177 – Isidorus Hispalensis, Etymologiae, ed. W. M. LINDSAY, 2, 1911 – Jacobus de Vitriaco, Hist. orientalis et occidentalis, ed. FR. MOSCHUS, 1597 – Solinus, Collectanea rerum memorabilium, ed. TH. MOMMSEN, 1895² [Neudr. 1964] – Thomas v. Cantimpré, Liber de natura rerum, T. 1: Text, ed. H. BOESE, 1973 – Vincentius Bellovacensis, Speculum naturale, 1624 [Neudr. 1964] – Lit.: H. LEITNER, Zoolog. Terminologie beim Älteren Plinius, 1972.

C. Bibel

Das Wort »drakōn« findet sich im NT nur in der Offb; damit wird seine Herkunft aus der jüd. Apokalyptik deutlich, in der sich die Hoffnung auf die Überwindung und Vernichtung der sich im D. n verkörperten Unheilsmächte ausdrückt. Schon im AT klingen solche Vorstellungen an, v. a. in schöpfungstheol. Aussagen: Ps 74,13 f.; Ijob 7,12 u. ö.

In Offb 12, 1–6 wird der D. mit Hilfe hyperbol. Attribute als gewaltiges Ungeheuer geschildert, das der Geburt des Erlöser-Kindes auflauert, um es zu verschlingen. Gott aber rafft das Kind hinweg und bewahrt es so vor dem Zugriff des Drachens. 12,7–12 schildert den Kampf Michaels, des Schutzengels des Gottesvolkes (vgl. Dan 12,1) mit dem D. n, der mit dem Teufel, dem Ankläger Israels vor Gott, und mit der Urschlange (vgl. Gen 3) identifiziert wird. Der D. wird besiegt, aber noch nicht endgültig. Die dritte Szene berichtet, wie der D. auf der Erde noch seine Macht ausüben kann; sein ursprgl. Zorn gegen das Erlöser-Kind wendet sich jetzt gegen die »Mutter«, d. h. gegen das Gottesvolk, das dem allen gehören, welche die Gebote Gottes und das Bekenntnis zu Jesus achten (12,17). Ein »Tier aus dem Meer«, der Repräsentant des D.ns und sein Vollzugsorgan (vgl. Dan 7), bewirkt Verfolgung der Glaubenden und großen Abfall von Gott (13, 1–10. 11–18; vgl. 16,13 f.). Aber in 20,1–10 wird der »Drache, die alte Schlange, die der Teufel ist und der Satanas« endgültig überwunden, so daß er den Gläubigen keinen Schaden mehr zufügen kann. Trotz seiner leibhaften Grausamkeit ist somit der D. (bzw. das Tier aus dem Meer) zuletzt doch der ohnmächtige Gegenspieler Gottes. A. Sand

D. Germanische Mythologie, Kultur und Sagenüberlieferung

D. (anord. *dreki*, ahd. *traccho*, altengl. *draca*). Die Vorstellung von D.n ist im germ. Bereich vom 8. Jh. bis in die Neuzeit weit verbreitet. Im altengl. Heldenepos →Beowulf ist *draca* einige Male belegt, im Dt. findet sich das Wort bereits in Glossen des 9. und 10. Jh.; anord. *dreki* ist in der Skaldendichtung zwar relativ selten, aber doch schon früh, im 10. und 11. Jh., bezeugt (Thórbjörn hornklofi, Haraldskvæði 6; Sigvatr Thórðarson, Knútsdrápa 8; Thjóðolfr Arnórsson, Sexstefja 12, Lv 1; Einar Skúlason, Geisli 41), und diese Kenntnis wird durch die in der Wikingerzeit sehr verbreitete Schiffstypenbezeichnung 'dreki' für ein großes, mit Drachenhäuptern auf den Steven versehenes Kriegsschiff (→ Schiff, -stypen) bestätigt. Ob die einzige Erwähnung eines D.n in der eddischen mythol. Dichtung (→ Edda), des D.n Níðhöggr in der → Völuspá, noch älter ist, ist ungewiß; Níðhöggr ist aber wohl kein Element altgerm. Mythologie, sondern stammt eher aus der christl. ma. Visionsdichtung. Die Weltschlange der nord. Mythologie, Miðgarðsormr, ist kaum als D. im eigtl. Sinn zu bezeichnen, dennoch weisen Thors Kämpfe mit ihr (in der → Hymiskviða und zu den → Ragnarök) Ähnlichkeiten mit Drachenkämpfen der Heldendichtung auf; spätma. Darstellungen der Midgardschlange in Manuskripten zeigt sie nie mit Flügeln, sondern allenfalls mit Flossen versehen, sie wurde also im Gegensatz zu den fliegenden oder kriechenden D.n der anord. Literatur als Wasserschlange aufgefaßt.

Vom Aussehen der D.n wird uns für diese frühe Zeit wenig berichtet, lediglich im Beowulf (3042) wird seine Größe mit 50 Fuß angegeben. In der eddischen Heldendichtung erscheint der D. → Fáfnir als Kriechtier (Fáfnismál Pr 1), ähnlich einer der D.n im Beowulf. In der anord. Völuspá (66) dagegen fliegt der D., was die zahlreichen Erwähnungen von Flugdrachen in der hoch- und spätma. isländ. Sagaliteratur (Gull-Thóris Saga, Hálfdanar saga Eysteinssonar, Egils saga einhenda) schon vorwegnimmt; vgl. anord. *flugdreki* ('Flugdrache'); aber auch dem Beowulf (2830) und anderen altengl. Quellen sind fliegende D.n nicht fremd (Finnsburghfragment 3); ein Übergangsstadium von den Vorstellungen von kriechenden zu fliegenden D.n markiert wohl der große D. in der Thidreks saga (189f.) (→ Dietrich v. Bern), der so knapp über dem Boden fliegt, daß Ritter mit ihren Schwertern auf ihn einschlagen können. Die mhd. Literatur kennt kriechende ebenso wie fliegende D.n, wobei die Flugdrachen ebenfalls erst jüngere Vorstellungen reflektieren dürften (LECOUTEUX, 1979).

Daß dem Blut der D.n wunderbare Eigenschaften anhaften, ist ein üblicher Zug germanischer Heldendichtung: Im → Nibelungenlied (Str. 100) macht das Bad im Drachenblut → Siegfried unverwundbar, in den eddischen → Fáfnismál (Pr 32) verleiht das Herzblut Fáfnirs die Kenntnis der Vogelsprache; im Beowulf allerdings fehlt dieser Zug. Wunderbare Eigenschaften des Drachenbluts finden sich aber auch in der gelehrten spätantiken und ma. Literatur und könnten von dort her in die germ. Heldensage eingeflossen sein.

In der germ. Heldensage, sowohl in der altengl. (Beowulf 887, 2293, 3133) als auch in der dt. und altskand., ist der D. Hüter von Schätzen, wie auch zahlreiche → Kenningar beweisen, und im Volksglauben und in den Sagen der Neuzeit hat sich bes. dieser Zug bewahrt. Daneben überwiegt in den Volkserzählungen v. a. das Bild des feindlichen und räuberischen D.n, während der altskand. Quellen den D.n v. a. als Schützer vor feindlichen Geistern zeigen: dafür spricht die Vorschrift im altisländ. Úlfljóts-Gesetz (Landnámabók H 268), die Drachenhäupter von den Schiffen bei der Annäherung an Island abzunehmen, um die freundlichen Schutzgeister nicht zu verschrecken, ebenso wie Drachenhäupter als Zier der Giebelenden der Stabkirchen.

Daß die Germanen für den D.n das lat. Fremdwort übernahmen und nicht die einheimischen Wörter (anord. *linnr*, mhd. *lintwurm* zu *lindi* < *linþja* 'biegsam', anord. *ormr* 'Wurm'), wirkt überraschend, aber wie O. HÖFLER gezeigt hat, ist mit der Vorstellung von D.n, welche die Germanen durch die röm. Drachenfeldzeichen kennenlernten, auch das lat. Wort übernommen worden. Auch das Wappentier der Waliser, der rote D., geht höchstwahrscheinl. auf das röm. Feldzeichen zurück (LOFMARK).

In der ma. Kunst des nördl. Europa begegnen D.n v. a. in der ornamentalen Bildkunst der Wikingerzeit, wo der

D. v. a. stilisiertes Ornamentelement ist; deutlichere Drachendarstellungen finden sich v. a. in den Drachenkampfdarstellungen nord. Schnitzarbeiten, etwa Siegfrieds Drachenkampf auf der Kirchentür von Hyllestad in Norwegen (und möglicherweise auch auf dem Portal in Guldrupe auf Gotland) und der Löwen-Reiter-Drachenkampf auf der Kirchentür von Valþjófsstaðir in Island. Zweifüßige, geflügelte D.n wie in diesen Abbildungen enthält auch der Teppich v. →Bayeux (auf dem auch Drachenfeldzeichen zu sehen sind); noch der Drachenkampf des Hl. Georg am Tympanon der roman. Kirche von Southwell Minster in Nottinghamshire zeigt diesen skand. Drachentypus. Stark stilisiert sind die D.n auf metallenen Standern von Schiffen, und die Drachenhäupter auf den Giebelenden norw. →Stabkirchen (Lom, Hopperstad, Borgund), mit denen die Drachenköpfe auf den wikingerzeitl. Langschiffen sicherlich große Ähnlichkeiten aufwiesen. R. Simek

Lit.: Hoops² VI, 131–137 [Homann] – P. E. Schramm, Herrschaftszeichen und Staatssymbolik, 1955 – O. Höfler, Siegfried, Arminius und die Symbolik, 1961 – F. Wild, D.n im Beowulf und andere D.n (SAW 238/5, 1962) – P. Paulsen, D.nkämpfer, Löwenritter und die Heinrichsage, 1966 – E. Ploss, Siegfried-Sigurd, der D.nkämpfer, 1966 – C. Lofmark, Der rote D. der Waliser (Festg. O. Höfler, 1976) – C. Lecouteux, Der D., ZDA 108, 1979 – Ders., Les Monstres dans la Littérature Allemande du MA, 2 Bde, 1982.

E. Kulturgeschichte und Volkskunde des späteren Mittelalters
Das monströse Fabelwesen D. hat im Abendland seit dem MA als myth. Erzählgestalt eine einheitliche Vorstellung erfahren aus der Mischung älterer Erinnerungen an Würmer, Echsen und Raubvögel. Der D. besitzt in seiner Vollgestalt umfassende Eigenschaften, sich mit und in allen vier Elementen zu bewegen. Er vermag zu gehen und zu kriechen, zu schwimmen wie zu fliegen und Feuer zu speien. Die D.-Motive der sog. mündl. Volksüberlieferung, die erst seit dem vorigen Jh. notiert worden sind, setzen die lit. und bildl. Traditionen von Mythos, Religionen, Kunst und Dichtung voraus. Direkte Rückschlüsse, wie sie etwa die Brüder Grimm für möglich hielten und ihre Epigonen bis zur Parodie diskriminiert haben, sind methodisch unzulässig. Die Stoff- und Motivgeschichte der volkskundl. Erzählforschung scheidet heute nach hist. Gebrauchszusammenhängen in wechselnden Textgattungen. Darüber hinaus haben sich die in myth. Kontinuitäten gestellten Drachenkampfspiele als erst spät säkularisierte Legendenrelikte erwiesen: so der Further Drachenstich (Bayer. Wald) als Rest einer in der Aufklärung untergegangenen St. Georgsszene der Fronleichnamsprozession, nicht anders als in der Neuzeit verselbständigte prov. D. (Tarasca), ein gleichfalls berühmtes Brauchrequisit in →Tarascon. Voran die ma. Legende hat das Bild des D.ns und seiner Aufenthaltsorte in Wald und Höhle oder Quellen geprägt. Er ist Symbol des Bösen, verlangt darum nach Menschenopfern, so daß die Jungfrauenbefreiung beherrschendes Thema in geistl. wie profanen Drachengeschichten darstellt. Der im Märchen auftauchende mehr- und siebenköpfige D. verweist auf Herakles' Kampf mit der Hydra, der schatz-hütende D. auf die Phädrusfabel vom Fuchs und D.n. Der siegreiche Kampf mit dem D.n ist darum Mut- und Bewährungsprobe, dient der Erringung einer Braut, eines Schatzes, bes. Waffen, der Rettung eines Landes usw. Drachentötermärchen gehören zu den beliebtesten Erzählungen dieser Gattung phantastischer Abenteurergeschichten einer ritterl. Adelsgesellschaft und ihrer literar. Nachwehen in späteren Zeiten. Hier bestehen unmittelbare Beziehungen zw. der heroischen Epik des MA und der jüngeren Volkserzählung. Viele Einzelmotive korrespondieren auffällig miteinander. Anthropologie, Tiefenpsychologie und Symbolforschung haben aus Alter und Allgegenwart der Thematik Schlüsse gezogen, die in M. Lüthis Zusammenfassung eingegangen sind: »Der Kampf mit dem Drachen, ein Lieblingsmotiv des europäischen Märchens, erinnert zunächst an den Kampf des Menschen mit wirklichen Untieren, ein Geschehen, das die Phantasie früherer Zeiten mit großer Gewalt beschäftigt haben muß. Gerade deshalb wird der Kampf mit dem Untier zum Symbol für den Kampf mit der feindlichen Umwelt, mit dem Bösen außer uns und in uns, des Willens mit den Trieben, der Form mit dem Chaos, des Menschen mit dem Jenseitigen oder dem Schicksal. Der Drache ist ein Bild für die ungestalte und gefährliche Natur wie für das eigene Unbewußte«. W. Brückner

Lit.: EM III, 784–820 [L. Röhrich] – H. Günter, Legendenstudien, 1906, 45–58 – L. Dumont, La Tarasque, 1951 – M. Lüthi, Europ. Volksmärchen, 1951, 564 – H. Wolf, Der Drachenstich in Furth, Schönere Heimat 70, 1981, 114–130.

F. Kunstgeschichte
I. Frühchristentum und westliches Mittelalter – II. Byzanz – III. Altrußland.

I. Frühchristentum und westliches Mittelalter: In frühchristl. Kunst gab es keine klare Abgrenzung zur Schlange; z. B. besiegt der Kaiser auf Münzen den Feind im Bild der Schlange; auch der von →Daniel vergiftete babylon. D. oder der D. aus Ps 90,13 zu Füßen Christi wurde (z. B. auf Sarkophagen) meist als Schlange dargestellt.

Die Ausbildung eines eigenständigen Bildtyps erfolgte mit zunehmender Häufigkeit der Darstellungen seit karoling. Zeit; jetzt unterschieded sich der D. von der Schlange meist durch (oft fledermausartige) Flügel, geschuppten Körper, Raubtierkopf mit feuerspeiendem Rachen und zwei oder vier Raubtierfüße. D.n als Versinnbildlichung des Satans und allen Bösen erscheinen in bibl. Szenen des AT und NT; hervorgehoben sei der D., der unter dem Kreuz Christi oder von dessen Stamm durchbohrt dargestellt ist. Wie hier D. und Schlange abwechselnd gebraucht wurden, konnten auch die Schlange im Paradies und die Eherne Schlange als D. dargestellt werden (Bronzetür im Hildesheimer Dom 1015, Sündenfall D. und Schlange, auch am Nordportal der Kathedrale v. Reims). Die zahlreichen Darstellungen von D.n in der Bauplastik (Höllendarstellungen an roman. Tympana bes. in Frankreich, Kapitellornamentik) und in der Buchmalerei (bes. als Initialen oder Randschmuck) sind dem oben gen. Sinne als Verkörperung des Bösen zu deuten, häufig, v. a. im 12./13. Jh., jedoch auch rein ornamental aufgefaßt. Meist handelt es sich um Darstellung des Kampfes zw. D. und Menschen (Mainzer Dom, Ilbenstadt). Besiegt wird der D. nur durch göttl. oder hl. Personen (Albani-Psalter in St. Godehard zu Hildesheim 1. Hälfte 12. Jh. mit mehreren Szenen, in denen Christus den D. besiegt. – Bronzeportal der Sophienkathedrale in Novgorod 1152/54, ein Engel tritt auf einen D. – Holztür von St. Maria im Kapitol zu Köln um 1050. – Madonna im Magdeburger Dom um 1230) oder durch das Kreuz (Einband des Perikopenbuchs Heinrichs II. in der Staatsbibl. München, karol.); die Darstellungen sind Ausdruck des Sieges über die Erbsünde. Das Bildmotiv stammt aus der spätantiken Herrscherikonographie. Die gleiche Bedeutung haben zumindest ein Teil der Darstellungen des durch Tiere, die Christus symbolisieren, überwundenen D.n (Löwe: Kapitell in der Stiftskirche Hamersleben 12. Jh.).

Als *Attribut bei Heiligen* bedeutet der D. Teufel, Heidentum oder Ketzerei, die überwunden wurden; bei Adelphus, →Amandus, →Barlaam, Cassius, →Cyriacus, Eleutherius, Eucharius, →Georg, →Gereon, Godehard, Hilarion, Honoratus, Johanna von Reims, Papst Leo I., Longinus, Lupus v. Sens, Magnus v. Füssen, Marcellus, Margareta, Martha, →Michael (im Kampf mit dem siebenköpfigen D.), Narzissus, Olaf, Philippus, Romanus, Servatius, Silvester, Theodor v. Heraclea (Säule der Piazetta in Venedig 14./15. Jh.).

Der schreckenerregende Anblick führte zur Verwendung des D. als →Feldzeichen: die schlauchförmigen, vom Wind aufgeblähten dracones, die röm. Truppen von Parthern oder Dakern übernommen hatten (FIEBIGER), lebten im MA weiter (Teppich v. Bayeux: S. BERTRAND, La tapisserie de Bayeux, o. J. [1966], Abb. 139).

J. Engemann/G. Binding

Zum D.n in der germ. Kunst des FrühMA →Abschnitt D.

Lit.: HWDA II, 364–404 – LCI II, 516–524 [mit Lit. bis 1966] – RAC IV, 226–250 [MERKELBACH] – RDK IV, 342–366 [STRAUCH], 366–369 – RE V, 2, 1633f. [FIEBIGER] – O. v. FALKE, Roman. D.-Leuchter, ZBK 60, 1926/27, 3–8 – H. KÖHN, Roman. D.-Ornament in Bronze- und Architekturplastik, 1930 – E. KÜHNEL, Drachenportale, ZKW 4, 1950, 1–18 – S. GIET, La Bête et le Dragon de l'Apokalypse d'après des Images anciennes, RMA 21, 1969 – F. VAN DER MEER, Apokalypse, Die Visionen des Johannes in der europ. Kunst, 1978.

II. BYZANZ: Außer dem beliebten Motiv des D.-Töters →Georg und dessen seltenerem Kampfgenossen Theodoros (Tiron oder Stratelates? Vgl. z. B. Triptychonflügel im Sinai-Kl. und Wandmalerei im Antonios-Kl. nahe dem Toten Meer, beides 9. Jh., Kap. 28 in Göreme, um 1070) kommt der D. v. a. als Bild des Höllenrachens vor, oft nur der Kopf mit weit aufgerissenem Maul, so v. a. in Hss. der »Himmelsleiter« des →Johannes Klimakos, wo er von der Leiter abstürzende Mönche zu verschlingen sich anschickt, und in Hss. des Romans »Barlaam und Joasaph« in der Darstellung des vom Einhorn gejagten und auf einen Baum geflüchteten Mannes, auf dessen Sturz er wartet (die Szene ist einmal auch in einen Psalter übernommen worden: Barberini-Psalter der Bibl. Vat., fol. 231^v, um 1100). Gelegentl. kommt im Bild der →Taufe Christi eine große Schlange vor, die den von ihm im Jordan getöteten D.n, Taufpredigten zufolge, symbolisiert (z. B. im Chludov-Psalter fol. 72^v, Moskau, Hist. Mus., 9. Jh., später oft nur sein Hinterleib dargestellt, der Kopf verschwindet unter dem steinernen Strand). Als D.-Töter kommt ganz selten seit dem 15. Jh. auf Kreta der nur dort und auf Rhodos verehrte obskure hl. Phanourios vor.

Ganz ohne Parallele und wohl westl. Bestiarien entnommen ist der →Hiob bedrängende D. im Vat. gr. 749, fol. 25^r, einer gr. Hs. des 9. Jh., deren Entstehung in Rom vermutet wird: Schlangenleib mit Wolfskopf und Schlangenkopf am Schwanz, aus der unteren Leibeshälfte wächst ein bärartiges Untier.
K. Wessel

III. ALTRUSSLAND: Als Prototyp des Drachenbekämpfers in der altruss. Kunst besitzt der hl. →Georg als »Siegträger« (»Georgij Pobedonosec«) neben einem hagiograph. Kontext einen komplizierten folklorist. Subtext. Die durch das Christentum dämonisierte, in der altslav. Religion verehrte Schlange (zmeja) wurde in einem situationsmilitanten Umfeld zum D.n (drakon), zum Symbol des Bösen und der Bedrohung der Kultur im weitesten Sinne. In diesem Zusammenhang wurde der »Siegträger« nicht nur zum Patron feudaler Herrschaft (s. →Demetrios), sondern auch, v. a. in Nordrußland, zum »Prosvetitel'« (der durch die christl. Taufe »Aufklärung« bringt) schlechthin, zum Schutzherr bäuerl. Wirtschaft. Der Drachenkampf wurde nach Rußland verlegt, das als Symbol-

figur der jungfräul. Rus' verstanden wurde. Der langlebige altruss. Synkretismus (dvoeverie) konservierte diese Vorstellungen und verband sie mit den hagiograph. Texten. Diese Doppelbödigkeit sollte bei den zahlreichen Darstellungen des »Siegträgers« nicht übersehen werden.
K. Onasch

Lit.: O. LOORITS, Der Hl. Georg in der russ. Volksüberlieferung Estlands, 1955 – M. V. ALPATOV, Obraz Georgija. Vojna v iskusstve Vizantii i drevnej Rusi, Trudy Otdel. Drevnerusskoj Literatury XII, 1956, 292–310 – V. J. PROPP, Zmeeborstvo Georgija v svete fol'klora, Fol'klor i etnografija russkogo severa, 1973 – B. A. RYBAKOV, Jazyčestvo Drevnych Slavjan, 1981.

Zu dem drachenähnlichen heraldischen Tier →Greif

Drachenfisch (lat. draco maris bzw. marinus), eine nicht leicht identifizierbare (vgl. LEITNER) Art der an den europ. Sandküsten lebenden, zu den barschartigen Fischen gehörenden Petermännchen (Trachinidae), benannt nach den Giftstacheln auf vorderer Rückenflosse und Kiemendeckel. Die Hinweise auf die dadurch bewirkte Gefährlichkeit, selbst für Menschen, bei Plinius (n. h. 9,82; 32,148, vgl. Isidor, etym. 12,6,42) werden von Thomas v. Cantimpré 6,15 (= Albertus Magnus 24,26; Vinzenz v. Beauvais 17,114) zur Unterstreichung der Parallelität zum →Drachen maßlos übertrieben. Mit dem nach dem »Liber rerum« von Thomas dagegen 6,58 treffend beschriebenen Seedrachen (zydrach) ist jedoch das harmlose Seepferdchen (Hippocampus) gemeint.
Ch. Hünemörder

Q.: Albertus Magnus, De animalibus, ed. H. STADLER, II, 1920, BGPhMA 16 – Isidorus Hispalensis, Etymologiae, ed. W. M. LINDSAY, 2, 1911 – Thomas v. Cantimpré, Liber de natura rerum, T. 1: Text, ed. H. BOESE, 1973 – Vincentius Bellovacensis, Speculum naturale, 1624 [Neudr. 1964] – Lit.: H. LEITNER, Zoolog. Terminologie beim Älteren Plinius, 1972.

Drachenorden, eigtl. die Gesellschaft vom Drachen (societas draconis, draconica), wurde am 13. Dez. 1408 von →Siegmund v. Luxemburg als Kg. v. Ungarn, seiner 2. Frau →Barbara v. Cilli und 22 ausgewählten Baronen zur Bekämpfung »der Heiden und Schismatiker« als Schutz- und Trutzbündnis gegründet. Das Abzeichen stellte den vom Kreuz überwundenen →Drachen mit kreisförmig geringeltem Leib dar, am Balken des Kreuzes mit der Devise: »O quam misericors est deus justus et pius« (auch »clemens« oder »pacificus«). Die Zahl der Mitglieder niedrigeren Ranges (Ritter) blieb unbestimmt. Ab 1409 wurden auch ausländ. Fs.en aufgenommen, die ihre eigene Gesellschaft vom Drachen gründen durften. Faktisch war der D. ein Instrument der weltl. Politik Siegmunds, zuerst zur Sicherung der ung. Thronfolge seiner Tochter gegen habsbg. Ansprüche, später hauptsächl. in Reichsangelegenheiten. Die Bestimmungen von 1408, von Siegmund ohnehin kaum beachtet, verloren mit der Zeit ihre Aktualität, doch wurden anläßlich der Kaiserkrönung i. J. 1433 auf Wunsch des Ks.s vom Papst nur religiöse Vorschriften geändert. Nach Siegmunds Tod wurde der D. von →Albrecht II., Ks. →Friedrich III. und zuletzt, wohl nur mehr als Ehrenzeichen, von →Matthias Corvinus, Kg. v. Ungarn, verliehen.
Th. v. Bogyay

Lit.: B. BARANYAI, Zsigmond király ú. n. Sárkány-rendje, Századok LIX–LX, 1925–1926, 561–591, 681–719 – Europ. Kunst um 1400, 1962, 450–451, 482 – J. BALOGH, A művészet Mátyás király udvarában I. Adattár, 1966, 376–377 – E. MÁLYUSZ, Zsigmond király uralma Magyarországon, 1984, 59–66.

Drachma →Apotheke, Apotheker, V

Dracholf, Bf. v. →Freising, † 926 in der Donau, aus der ostfrk. Adelssippe der Mattonen, Abt des matton. »Haus-«Kl. Schwarzach (→Münsterschwarzach). – D. wurde 907, kurz nach der vernichtenden Niederlage der →Bayern durch die →Ungarn, zum Bf. v. Freising erho-

ben, er gehörte wohl (wie der ehem. bayer. Mgf. →Luitpold) zum Beraterkreis Kg. →Ludwigs des Kindes. D. wurde später von Kg. →Konrad I. umworben und begünstigt, scheint aber nicht gegen den Hzg. v. Bayern, →Arnulf, Partei ergriffen zu haben. V. a. die Frühzeit seines Episkopats stand im Zeichen der Ungarnnot. In diesem Zusammenhang nahm er offenbar »Kirchensäkularisationen« vor. – Über sein Verhältnis zu Hzg. Arnulf erfahren wir kaum etwas; lediglich spätere Quellen, die ihn als »Kirchenschänder« deklarieren, setzen ihn indirekt auf eine Stufe mit Hzg. Arnulf »dem Bösen«. D. hat bes. sein »Haus-«Kl., aber auch sein Bm. Freising gefördert.
W. Störmer

Lit.: K. REINDEL, Die bayer. Luitpoldinger 893–989, 1953 – DERS., Ein Franke auf dem Stuhl des hl. Korbinian, Frigisinga 41/3, 1958 – A. WENDEHORST, Die Anfänge des Kl. Münsterschwarzach, ZBLG 24, 1961, 163–173 – J. A. FISCHER, Die Freisinger Bf.e von 906 bis 957 (Stud. zur altbayer. Kirchengesch. 6, 1980), 25–58.

Draco, -narius → Drache, F. I; →Feldzeichen

Dracontius, Blossius (A)Emilius, spätantiker röm. Dichter, der im ausgehenden 5. Jh. in Karthago als Jurist wirkte und dessen Ruhm v. a. auf seinen christl. Gedichten beruht. Beim Vandalenkönig Gunthamund (484–496) in Ungnade gefallen, verbüßte D. eine langjährige Kerkerstrafe, während der er seine beiden Hauptwerke christl. Inhalts schrieb: die »Satisfactio«, ein Reuegedicht in eleg. Distichen, und »De laudibus Dei«, ein Trostgedicht in 2327 Hexametern, gegliedert in drei Bücher; beide Werke wurden im 7. Jh. von →Eugenius II. v. Toledo für Kg. Chindasvinth überarbeitet, die »Satisfactio« dabei geringfügig verkürzt. Benutzung ist im frühen MA nur vereinzelt sicher: bei Isidor, Columbanus und Beda. Vom 10. Jh. ab ist nur noch die Bearbeitung des Eugenius bekannt; der echte D. blieb bis zur Entdeckung durch F. Arevalo 1791 (MPL 60, 1862) verschollen. Wir kennen ferner die »Romulea«, eine Slg. kleinerer Gedichte, das anonym überlieferte Epos »Orestis tragoedia« sowie die zwei im Humanismus entdeckten Gedichte »De mensibus« und »De origine rosarum«.
R. Kurz

Ed.: MGH AA 14, 1905 [neu 1961, F. VOLLMER] – »Satisf.«: F. SPERANZA, Bibl. di Helikon Testi e Studi 9, 1978 – Lit.: SCHANZ-HOSIUS IV, 2, 58–68 – KL. PAULY II, 157 – LAW, 774 – RAC IV, 250–269 – RE V, 2, 1635–1644 – K. REINWALD, Die Ausgabe des ersten Buches der Laudes Dei und der Satisfactio des D. durch Eugenius v. Toledo, Progr. Speyer, 1913 – D. KUIJPER, Varia Dracontiana [Diss. Amsterdam 1958] – E. CLERICI, Due poeti, Emilio Blossio D. e Venanzio Fortunato, Rendiconti dell'Istituto Lombardo 107, 1973, 108–150 – J. M. DÍAZ DE BUSTAMANTE, D. y sus Carmina profana, 1978 – R. M. AGUDO CUBAS, Dos epilios de D. De raptu Helenae e Hylas, Cuadernos de Filología clásica 14, 1978, 263–328.

Dracula, altruss. Erzählung. Als Autor der altruss. Povest' o Drakule voevode, die der Geschichte des als überaus grausam geltenden Herrschers der →Valachei, →Vlad (1456–62, 1476), mit dem Beinamen Ţepeş (Pfähler), gewidmet ist, gilt ein Hofbeamter *(d'jak)* Zar Ivans III. (1462–1505), Fedor Kuricyn, der unter dem Vorwurf der Häresie der Judaisierenden 1504 verurteilt wurde. Als Mitglied einer Gesandtschaft nach Ungarn und Valachei erhielt Kuricyn Nachricht von den grausamen Taten des Vlad aus damals hs. und im Druck (Hans Sporer) verbreiteten deutschsprachigen Erzählungen und verfaßte darüber eine Art Gesandtschaftsbericht. Die Bedeutung der oft in Hinblick auf Zar Ivan IV. den Schrecklichen (1531–84) falsch interpretierten Povest' des Diplomaten und Theologen liegt in dem traurigen Eingeständnis, daß in der Welt der Gesetzlosigkeit zuweilen ein solcher Bösewicht (»Zlomudryj«) wie Dracula erforderlich sei, um das allgegenwärtige Böse zu besiegen. Am Beispiel des valach. Herrschers prangerte der Autor der Povest' die Ungerechtigkeit der ihn umgebenden feudalen Welt an, in der mächtige und reiche Leute ungestraft Gesetze übertreten konnten. Zur modernen Rezeption des Dracula-Stoffes vgl. die angegebene Literatur.
Ch. Hannick

Ed.: Povest' o Drakule. Issledovanie i podgotov. tekstov JA. S. LUR'E, 1964 – Ed. und Komm. v. JA. S. LUR'E, russ. Übers. v. O. B. TVOROGOV (Pamjatniki literatury drevnej Rusi. Vtoraja polovina XV veka, 1982, 554–565 sowie Izbornik [Sbornik proizvedenij literatury drevnej Rusi], 1969, 432–445) – Lit.: J. STRIEDTER, Die Erzählung vom walach. Vojevoden Drakula in der russ. und dt. Überlieferung, ZslPh 29, 1961, 398–427 – JA. S. LUR'E, Ešče raz o Drakule i makiavellizme, Russkaja literatura 1968/1, 142–146 – M. CAZACU, A propos de récit russe »Skazanie o Drakule voevode«, Cah. du monde russe et soviétique 15, 1974, 279–296 – JA. S. LUR'E (J. LURIA), Probleme der gegenwärtigen »Draculiana« (Fschr. G. STÖKL, 1977), 316–327.

Dracy, kleines wüstgewordenes Dorf (→Wüstung) im Weinbaugebiet von Burgund (dép. Côte-d'Or, cant. Nolay, comm. Baubigny) ist geradezu typisch für eine spät in unwirtlichem Gebiet gegründete Siedlung, die bald, in der Zeit der Agrarkrise, wieder verlassen wurde: erstmals 1285 erwähnt, wurde D. gegen 1360 durch Brand zerstört; bald nahm die Bevölkerung zugunsten der benachbarten Siedlungen ab. Vor 1420 fiel Dracy vollständig wüst. Die archäolog. Funde haben 25 Wohnplätze zu Tage gebracht, die in der Regel aus einem Raum zum Leben und einem mit ihm zusammenhängenden Keller bestanden, über dem sich ein Speicher befand. Die Häuser, die aus Kalkbruchsteinen gebaut und mit Stein gedeckt waren, hatten ohne Zweifel dunkle und rauchige Innenräume (kleine Fenster, spärl. Beleuchtung); die Herdstellen sind auf Bodenniveau in die Erde gestampft, und nur ein einziges Haus besaß einen Kamin. Das archäolog. Fundmaterial, das in einem der durch Brand zerstörten Häuser bes. zahlreich war, zeigt eine v. a. breiförmige, gekochte Ernährung, einen hohen Verbrauch von Weizen, eine Polykultur, die durch den Weinbau beherrscht war. Im häusl. Bereich wurden Textilarbeiten angefertigt (Funde von Scheren, Fingerhüten, Hanfkämmen). Insgesamt zeigt sich für den Beginn des 14. Jh. kein bes. niedriges Lebensniveau.
J. M. Pesez

Lit.: Le village bourguignon de D. Archéologie du village deserté, 1970, 54–93 – J. M. PESEZ–F. PIPONNIER, Une maison villageoise au XIVe s., Rotterdam Papers II, 1975, 139–170.

Dragaš, serb. Adelsfamilie, bedeutend in der 2. Hälfte des 14. Jh. Ihr erster namhafter Vertreter war →*Dejan,* der mit *Teodora* (später als Nonne Evdokia), einer Schwester des Zaren →Stefan Dušan, verheiratet war und die Titel eines →Sebastokrator und →Despotes trug. Nach ihm werden die D. in der Historiographie auch *Dejanovići* genannt. Zur Regierungszeit Dušans war Dejan Fs. über das Gebiet östl. von Kumanovo (sein Vatererbe umfaßte die Župen Žegligovo und Preševo), dazu gehörten auch die Landschaften am Oberlauf der Strumica und um Melnik. Er starb, möglicherweise als Mönch, während der Regierungszeit des Zaren Uroš (nach 1355). Zusammen mit seiner Gattin war Dejan Stifter des Kl. »Arhiljevica und (wahrscheinlich als nur einer unter mehreren Stiftern) des Kl. Belovo bei Zemen. Die Despotenwürde wurde vom Zaren Stefan Uroš auch Dejans ältestem Sohn *Johannes* verliehen, während dem jüngeren Sohn *Konstantin* (→D., Konstantin) trotz allen Ansehens jener Titel zeitlebens versagt blieb. Ztw. verdrängt durch den Sebastokrator Vlatko, bildeten die D. nach der Schlacht an der →Marica (1371), hauptsächl. auf dem einst von den Mrnjavčevići beherrschten Territorium, eine ausgedehnte Herrschaft. Sie wurden bald, nach anfängl. Widerstand, türk. Vasallen, was ihnen ausgedehnte Herrschaftsrechte eintrug (so bestätigten sie den Athosklöstern ihre Besitzungen, obwohl diese nicht zu ihrem Herrschaftsbereich gehörten, sie prägten eigene Münzen, kontrollierten den Außenhandel von →Thessalonike, betrieben Getreidehandel mit Venedig und besaßen Bergwerke in Kratovo, Zletovo usw.). Johannes und Konstantin bezeichneten sich als legitime Nachfolger der →Nemanjiden (ihre Mutter bestätigte selbst in offiziellen Verlautbarungen ihre Abstammung vom serb. Kaiserhaus). Es gibt keine Hinweise dafür, daß Teodora nach 1381 noch am Leben war, bereits etwas früher (ca. 1378) bleiben auch die Zeugnisse über Johannes aus (möglicherweise wurde er unter dem Namen Dorotheos Mönch), so daß Konstantin allein den größten Teil von Ostmakedonien beherrschte, vom Ufer der Ägäis bis zum Gebiet nördl. von Vranje (Štip, Strumica, Ovče polje, Petrič, Melnik, Rila), einschließl. des Hinterlandes von Thessalonike sowie Teilen von Bulgarien. Als Vasall des Sultans kämpfte er 1389 auf dem →Kosovo polje und fiel 1395 in der Schlacht bei →Rovine. Obwohl ohne Titel, benutzte Konstantin ksl. Epitheta, er nannte sich 'Beherrscher Serbiens'. *Helene,* seine Tochter aus erster Ehe, heiratete 1392 den byz. Ks. Manuel II. Palaiologos (von daher auch der Beiname des letzten byz. Herrschers Konstantin XI.). In 2. Ehe heiratete Konstantin (der Name seiner ersten Gemahlin ist nicht bekannt) Eudokia, die Tochter des Ks.s v. Trapezunt, Alexios III. Komnenos (I. DJURIĆ). Von ihr hatte er keine Nachkommen. Durch die Heiratspolitik Konstantins traten die D. in verwandtschaftl. Beziehungen zu drei Kaisergeschlechtern (den Nemanjiden, →Palaiologen und →Komnenen), während seine Tochter Helene die einzige serb. Prinzessin auf dem byz. Thron war. Die Schwester von Johannes und Konstantin, *Teodora* (als Nonne Ksenija, † nach Okt. 1402), heiratete zuerst Žarko (ihr Sohn Mrkša wurde Herr v. Valona und Kanina, 1396–ca. 1414), ihr 2. Mann war Djuradj I. Balšić (→Balša); ihr Sohn ist *Konstantin,* 'Kg. v. Albanien' (ermordet 1402). Über die Schwester übte Konstantin einen starken Einfluß auf die Zeta, Albanien und auch auf Epiros aus (in letzterem durch seine Nichte Evdokija Balšić, die Witwe des Herrschers v. Janina, des Despoten Esau dei →Buondelmonti). Konstantin galt in den 90er Jahren des 14. Jh. als der bedeutendste christl. Herrscher unter den Vasallen des Sultans und möglicherweise auf der ganzen Balkanhalbinsel. In den serb. Chroniken wird er als 'Kostadin Žegligovac' und in der Volksepik als 'beg Kostadin' erwähnt.

I. Djurić

Lit.: J. HADŽI-VASILJEVIĆ, D. i Konstantin Dejanovići, 1902 – D. ANASTASIJEVIĆ, Jedina vizantiska carica Srpkinja, Brastvo 30, 1939, 1–23 – M. PURKOVIĆ, Byzantinoserbica, BZ 45, 1952, 43–47 – M. RAJIČIĆ, Osnovo jezgro države Dejanovića, Istorijski časopis 4, 1952–53, 227–243 – DERS., Sevastokrator Dejan, Istorijski glasnik 3–4, 1953, 17–28 – R.-J. LOENERTZ, Une erreur singulière de Laonic Chalcocandyle: le prétendu second mariage de Jean V Paléologue, RevByz 15, 1957, 179–180 – B. FERJANČIĆ, Despoti u Vizantiji i južnoslovenskim zemljama, 1960, 168f. – G. SCHIRÒ, Evdokia Balsić, vassilissa di Gianina, ZRVI 8–2, 1964, 383–391 – I. BOŽIĆ, Dominus rex Constantinus, Zbornik Filozofskog fakulteta u Beogradu XII–1, 1974, 433–441 – I. DJURIĆ, 'Ektesis nea' – vizantijski priručnik o 'pitakia' o srpskom patrijarhu i nekim feudalcima krajem XIV veka, ebd., 430f. – R. MIHALJČIĆ, Kraj Srpskog carstva, 1975, 67f. – DERS. (Ist. srpskog naroda II, 1982), 21f. – I. DJURIĆ, Evdokija Komnina i njen muž Konstantin D., ZRVI 22, 1983, 259–272 – s.a. Lit. zu →D., Konstantin.

D., Konstantin, Fs. aus der Familie →Dragaš, Sohn des Sebastokrators →Dejan, * in der 1. Hälfte des 14. Jh., ⚔ 17. Mai 1395 bei →Rovine. Nach dem Tode seines Vaters Dejan führte zunächst dessen Witwe, Evdokia (Teodora), die Schwester →Stefan Dušans, die Regentschaft für K. und seinen Bruder Johannes († 1378/79). Nachdem Stefan Dušan am 20. Dez. 1355 verstorben war, suchte K. ver- mutlich Annäherung an das Fsm. →Tŭrnovo, während die Meinungen über seine Ehe mit der Tochter des Fs. en →Ivan Alexander, Kera-Tamar (dargestellt auf einer Miniatur des Londoner Evangeliars von 1355/56), in der Byzantinistik geteilt sind. K. nahm nicht am antitürk. Feldzug und an der Schlacht an der →Marica (26. Sept. 1371) teil, wodurch er sich das Wohlwollen des Sultans sicherte. 1392 heiratete K.s Tochter Helene den byz. Ks. →Manuel II. Palaiologos. K. förderte den Handel seines Territoriums mit →Ragusa (Dubrovnik). Er machte ferner Stiftungen an das →Vatopedi-Kl. auf dem Athos. Als türk. Vasall beteiligte er sich am Feldzug in die Walachei und fiel bei Rovine (1395). Die Stadt und das Gebiet von Velbŭžd wurde nach K. umbenannt (heute Kjustendil, über die türk. Namensform). →Dragaš, Familie. I. Dujčev

Lit.: →Dejan, →Dragaš, Familie; ferner: V. LAURENT, Un acte grec inédit du despot serbe Constantin D., RevByz 5, 1947, 171–184; ebd. 6, 1948, 282 – OSTROGORSKY, Geschichte³, 455 und Anm. 3 – DERS., Gospodin K. D., Zbornik Filozofskog fakulteta u Beogradu VII–1, 1963, 287–294.

Dragoş, rumän. Adliger aus der Grenzmark →Maramureş (Marmarosch), nahm mit seiner Gefolgschaft an den erfolgreichen Tatarenfeldzügen des Kg.s v. →Ungarn, →Ludwig I., im Ostkarpatenraum teil und wurde zum →Wojwoden der neugeschaffenen moldav. Mark ernannt (ca. 1359). In der Volksüberlieferung und der gelehrten Tradition gilt D. als Gründer des Fsm.s →Moldau. Sein Nachfolger Balc wurde jedoch von einem anderen Maramureşer Adligen, →Bogdan, vertrieben; die Moldau erlangte dadurch ihre Selbständigkeit. S. Papacostea

Lit.: N. IORGA, Hist. des Roumains et de la Romanité orientale III, 1937, 241–269.

Dragowit, zu a. 789 als Fs. (rex) der →Wilzen erwähnt. Vor seiner Burg (civitas Dragowiti, wohl Brandenburg/Havel) endete der frk. Feldzug des gleichen Jahres gegen die Wilzen, den Karl d. Gr. persönl. anführte. D. soll die anderen »reguli« der Wilzen an »vornehmer Abkunft, Ansehen und Alter« übertroffen und seine Herrschaft seit den Zeiten Karl Martells (princeps Carolus) geführt haben. Die Form seines Namens deutet auf sorb. oder gar böhm. Abkunft. Vermutl. begründete er jene slav. Dynastie, die erst Mitte des 12. Jh. mit →Pribislav Heinrich, dem Kg. der →Heveller, erloschen ist. L. Dralle

Q.: Annales Mettenses priores, ed. B. v. SIMSON (MGH SRG X, 1905), ad a. 789 – Annales q. dic. Einhardi, ed. F. KURZE (MGH SRG VI, 1895), ad a. 789 – Lit.: M. HELLMANN, Grundsätze der Verfassungsstruktur der Wilzen (Siedlung und Verfassung der Slaven zw. Elbe, Saale und Oder, hg. H. LUDAT, 1960), 103ff. – H. LUDAT, An Elbe und Oder um das Jahr 1000, 1971, 9ff. – G. LABUDA, Civitas Dragavit: (Fschr. H. LUDAT, 1980), 87–99 – L. DRALLE, Slaven an Havel und Spree. Stud. zur Gesch. des hevell.-wilz. Fsm.s, 1981, 87ff.

Dragutin → Stefan Dragutin

Drahomir, Fsn. in Böhmen, * um 890, † nach 936; ⚭ Fs. →Vratislav I. in Böhmen um 906/907, † 13. Febr. 921; Kinder: Václav (hl. →Wenzel), * 906/907, † 28. Sept. 935 (929?); – Boleslav (I.), † 967 (972?), Spitihnev, Pribislava und drei weitere Töchter. – Die hagiograph. Quellen entwickeln ein einseitig negatives Bild von D. als der Mörderin →Ludmillas; nur die früheste, noch in den 940er Jahren entstandene 1. altslav. Legende weiß davon noch nichts. Völlig zweifelsfrei ist D.s Herkunft aus der Hevellerdynastie in Brandenburg, die auch →Cosmas (I, 15) überliefert (»de durissima gente Luticensi ex provincia nomine Stodor«). Ob D. bereits als Christin nach Prag kam, bleibt hypothetisch. Aber der Ehebund verrät eine gegenüber dem Christentum aufgeschlossene Haltung der →Heveller, und er läßt auf gemeinsame polit. Interessen zw. Böhmen und dem Lande Stodor schließen (Druck der Magyaren nach dem Ende Altmährens). Nach dem Tode ihres Gemahls im Alter von 33 Jahren (921), der den böhm. Einfluß in Mähren und Schlesien (Breslau trägt seinen Namen!) gefestigt hatte, übernahm D. – zusammen mit Ludmilla? – die Regentschaft für den noch unmündigen Wenzel. Der Konflikt zw. den beiden Fsn.en ging nicht nur um die Erziehung Wenzels. D. verdrängte Ludmilla auf ihren Witwensitz Tetín, wo sie am 15. Sept. 921 auf D.s Geheiß von zwei Gefolgsleuten, Tunna und Gommon, ermordet wurde. D. hatte die Täter (Wikinger?) reich belohnt, nach einem Streit mit ihnen sie aber verfolgen lassen: Tunna entkam, Gommon wurde auf der Flucht getötet. D. ließ über Ludmillas Grab eine S. Michaelskirche errichten. D.s Regentschaft endete, als Wenzel volljährig wurde (924/925) und er sofort die Translation Ludmillas in die St. Georgskirche auf der Prager Burg anordnete und seine Mutter vom Hof verbannte. Er versöhnte sich aber bald wieder mit ihr. D. blieb an der Seite Wenzels, der sich Kg. Heinrich I. (929) beugte, ihm treu und nützlich blieb (Widukind I, 35) und seine Kirche auf der Prager Burg demonstrativ dem hl. Veit weihte, während Boleslav zum Gegner dieser Politik wurde: Der Brudermord an Wenzel in Stara Boleslav (Altbunzlau), der Residenz Boleslavs, am 28. Sept. 935 brachte bezeichnenderweise auch D. in Gefahr; sie rettete sich durch Flucht zu den Charvaten vor den Häschern Boleslavs, der 936 bis Otto I. den Krieg begann, der erst 950 endete. H. Ludat

Q.: Cosmae Chronica Boemorum, ed. B. Bretholz, 1923, I.c. 15 – Životy sv. Ludmily a sv. Vaclava, FontrerBohem I – J. Vajs, Sborník staroslovanských literárních památek o sv. Václavu a sv. Ludmile, 1929 – V. Chaloupecký, Prameny X stoleti. Legendy Kristiánovy o sv. Václavu a sv. Ludmile (Svatováclavský sborník II 1, 1939) – Kristiánova Legenda, ed. J. Ludvíkovský, 1978 – *Lit.*: SłowStarSłow I, 1961, 377f.; VI, 1981, 287–289, 598 [alle G. Labuda, mit Lit.] – V. Novotný, České dějiny I, 1, 1912, 450ff. – H. Łowmiański, Początki Polski II, 1963, 158ff.; IV, 1970, 412–430; V, 1973, 262–271 – R. Turek, Čechy na úsvitě dějin, 1963 [dt.: Böhmen im Morgengrauen der Gesch., 1974] – F. Graus, Böhmen zw. Bayern und Sachsen (Historica XVII, 1969) – H. Ludat, An Elbe und Oder um das Jahr 1000, 1971, 14, 35, 40 – J. Ludvíkovský, Tunna und Gommon, Wikinger aus der Prager Fürstengefolgschaft (Folia Diplomatica I, ed. S. Dušková, 1971), 171ff. – F. Graus, Der Herrschaftsantritt Wenzels in den Legenden (Osteuropa in Gesch. und Gegenwart [Fschr. G. Stökl, 1977]), 288ff. – D. Třestík, Deset tezi o Kristiánově legendě (Folia Historica Bohemica, 1980), 7–38 – L. Dralle, Zu Vorgesch. und Hintergründen der Ostpolitik Heinrichs I. (Europa slavica – Europa orientalis [Fschr. H. Ludat, 1980]), 99–126 – Ders., Slaven an Havel und Spree. Stud. zur Gesch. des havelländ.-wilzischen Fsm.s, 1981, 107, 127ff., 133 – H. Ludat, Böhmen und die Anfänge Ottos I. (Politik, Gesellschaft, Geschichtsschreibung [Gießener Festg. F. Graus, 1982]), 137ff. – *zum Namen*: M. Karpluk, Słowiańskie imiona kobiere, 1961, 34–40.

Draht, Metallerzeugnis mit kreisförmigem Querschnitt, unterschiedl. dick (zw. Bruchteilen eines mm bis etwa 12 mm). Je nach Werkstoff unterschied man schon im MA zw. Eisendraht, Kupfer-, Messingdraht, Gold- und Silberdraht. Letzterer wurde in einer Tradition aus germ. Vorzeit und Spätantike vom Kunsthandwerk verwandt. Die Herstellung erfolgte ursprgl. vornehmlich durch Ausschmieden und Rundrollen von Stangen. Man konnte Blechscheiben in Streifen schneiden und diese drehen (tordieren). Aber wohl schon in der Spätantike wurden daneben auch manuell Zieheisen eingesetzt, Stahlplatten mit gehärteten kegeligen Düsen. Während des Ziehens muß das Metall zwischendurch geglüht werden.

Ein Zieheisen ist neuerdings in einem Latène-Grab gefunden worden (G. Jacobi, Germania 57, 1979, 111–115). Die erste Beschreibung findet sich in der »Diversarum artium schedula« des →Theophilus Presbyter.

D. ist ein ausgesprochenes Halbprodukt, das u. a. zu Nieten, Federn, Häkchen, Ösen, Ketten, Ringen, Nägeln, Nadeln, Sieben, Netzen, Drahtbürsten weiterverarbeitet wird. Typisch ma. Verwendung fand der D. einerseits im →Kettenhemd, andererseits im Wollkamm, der Drahtkratze für die →Tuchherstellung. Für das erste brauchte man außerordentl. viel D., wurden doch für ein Kettenhemd hunderttausend und mehr Ringe verarbeitet. Ihre Herstellung lag – solange es keine spezialisierten Drahtmacher gab – in den Händen der Panzermacher, der →Sarwürker selbst, die wohl in der Regel den D. für ihre Ringe ausschmiedeten. Kettenhemden wurden schon im vorgeschichtl. Orient getragen. Sie finden sich in ma. Grabfunden von Anfang an. Verzierungen des Panzers wurden durch eingeflochtene Messingringe hervorgerufen. Solche Kettenhemden waren auch im 15. Jh. üblich. Reste davon finden sich u. a. in den Schweizer Museen, die die Beute der gegenüber den Burgundern siegreichen Schweizer aufgenommen haben (vgl. →Burgund, Hzm., B. V). Mit Messingringen (= Schmuckdraht) wurden auch Schwertgriffe verziert.

Die Edelmetalldrähte sind von den Gold- und Silberlahnen zu unterscheiden, Metallgespinste, die um einen textilen Grundfaden als Seele gesponnen werden und in der Herstellung von Brokaten, kirchl. Gewändern, Posamenten Verwendung fanden. Edelmetalldrähte wurden u. a. für Drahtemail verwandt. Auf eine Platte aufgelötete D.e boten Umrißzeichnung beim Aufschmelzen von →Email (zu unterscheiden vom Zellenschmelz, bei dem die Umrißzeichnung durch hochkantbefestigte Stege entsteht). Frühma. Goldschmiede verwandten eingeknickte Golddrähte, um Granulatur-Auflagen auf einer Platte vorzutäuschen.

Die größte wirtschaftl. Bedeutung hatte sicherlich der Eisendraht, dessen Produktion im 14. und 15. Jh. eine charakterist. Veränderung erfuhr. In Westdeutschland ist Altena im 15. Jh. ein Zentrum der Eisendrahtherstellung gewesen. Zum Drahtziehen wurden hier, wie anderswo, wassergetriebene Mühlen verwandt. In einer zufällig erhaltenen Urkunde von 1493 sicherte die Stadt Altena fünf Bürgern das Monopol des Drahtabsatzes zu.

Über solche Zentren hinaus gab es Drahtzieher in allen größeren Metallgewerbestädten, so in Köln schon im ausgehenden 14. Jh. Dort ist im 15. Jh. auch ein lebhafter Drahthandel bezeugt, den neben Altena u. a. Lüdenscheid, Iserlohn und Plettenberg belieferten. Nach Nürnberger Lokalüberlieferung ist dort im ausgehenden 14. Jh. die →Drahtziehmühle »erfunden« worden. Nürnberger D. wurde nach Antwerpen, Südeuropa, Byzanz und über Venedig in den Orient exportiert. Schon 1370 waren in Nürnberg 23 Drahtmacher-Meister tätig – fast genausoviel wie die 27 Grobschmiede. 1500 standen 80 Drahtmacher 71 Grobschmieden gegenüber: Sie führten in dem allgemeinen Aufschwung des Eisengewerbes (→Eisen).

R. Sprandel

Lit.: F. Schmidt, Das Drahtgewerbe in Altena (Beitr. zur Gesch. und Heimatkunde des märk. Süderlandes II, 1949) – M. Rosenberg, Gesch. der Goldschmiedekunst auf techn. Grundlage [Nachdruck 1972] – M. Müller-Wille, Der frühma. Schmied im Spiegel skand. Grabfunde, FMASt XI, 1977, 127–201, bes. 177–181 [ein Zieheisen des 10. Jh.] – W. v. Stromer, Innovation und Wachstum im SpätMA. Die Erfindung der Drahtmühle als Stimulator, Technikgesch. 44, 1977, 89–120 [mit viel älterer Lit., insbes. auch zur Eisen-Drahttechnologie] – F. Irsigler, Die wirtschaftl. Stellung der Stadt Köln im 14. und 15. Jh., 1979, bes. 197–201 – Zur Frühgesch. des Kettenhemdes: Hoops² II, 361–482 [s.v. Bewaffnung].

Drahtziehmühle, mit Wasserkraft betriebene Arbeitsmaschine zur Herstellung standardisierter Mittel- und

Feindrahtes. Konnte→Draht im Früh- und HochMA nur durch Guß und Ziehen mit Menschenkraft erzeugt werden, so stellte die Einführung des mechan., teilautomatisierten Drahtzuges mittels Wasserkraft (→Mühle/Wassermühle) zu Beginn des 15. Jh. einen erheblichen techn. Fortschritt mit weitreichenden Folgeneuerungen und -produktionen dar (z. B. Nadeln, Drahtsiebe für die Müllerei und →Papiererzeugung). Die formgebende Maschine war an das Wasserrad gebunden, wobei die Kraftübertragung durch eine für diesen Zweck konstruierte gekröpfte Welle erfolgte. Daran war eine Zange gekoppelt, die sich automatisch unter Last und Zug schloß und sich bei Ende des Zugs und Entlastung öffnete. Nur für das neue Zugreifen und den Vorschub war eine menschl. Arbeitskraft nötig (eben der »Drahtzieher«, auch »Schokkenzieher« genannt, wie er etwa im Nürnberger Hausbuch der Mendelschen Zwölfbrüderstiftung von ca. 1425 abgebildet ist).

Als Erfinder der D. machte Conradus →Celtis 1495 einen Rudolph namhaft; die spätere Nürnberger Tradition nannte dazu das Jahr 1400. Die eigtl. Erfinder waren eine Gruppe von Draht-Fachhandwerkern, Mühlwerkspezialisten, Metallurgen und Unternehmern, die 1399 bis 1415 gezielt die »kunst mit dem rad, daz drot solt gezogen haben« zu entwickeln suchten. Die Bemühungen der Erfindergruppe wurden durch Maßnahmen des Nürnberger Rates unterstützt (Abgabenfreiheit für die D. – rigorose Beschränkung des Vorgewerbes der Messingschläger).

Eine erste Phase führte offenbar nicht zum Erfolg, denn ein Wasserrad der Mühle »am Sand« an der Pegnitz, mit dem 1401 experimentiert worden war, diente 1405 bereits wieder als Mahlrad. Der Durchbruch gelang zw. 1408 und 1415, wo der Mühlzins wieder erhoben wurde. Der Innovation folgten ab 1418/21 die Gründung von 10 weiteren D.n in und um Nürnberg sowie die explosionsartige Ausbreitung von Nürnberger Draht und Drahtwaren. Ein Endres Rudolf (Rudolt) war in der vor 1435 bezeugten D. im Nürnberger Vorort Wöhrd Unternehmer, wo auch Celtis den Erfinder wirken ließ. Die ab 1439 bezeugte D. Großweidenmühle vor Nürnberg ist Ende des Jahrhunderts von Albrecht Dürer mehrfach gemalt und gezeichnet worden (Stiftung Preuß. Kulturbesitz Berlin, Kupferstichkabinett; Bibl. Nat. Paris). Die Nürnberger konnten die techn. Geheimnisse der D.n bis ca. 1510/30 für sich wahren. Die 1401–15 entwickelten techn. Prinzipien finden noch heute Anwendung beim Draht- und Röhrenzug.

B. U. Hucker

Lit.: W. v. STROMER, Innovation und Wachstum im SpätMA: Die Erfindung der D. als Stimulator, Technikgesch. 44, 1977, 89–120 – DERS., Brunelleschis automat. Kran und die Mechanik der Nürnberger D., Architectura 1977, 163–174 – F. M. FELDHAUS, Die Technik der Vorzeit, der gesch. Zeit und der Naturvölker, 1914 [Neudr. u. d. Tit. Die Technik, 1970], 199–204 [damaliger Forschungsstand].

Drama (Theorien zur Entstehung des mittelalterlichen Dramas und Überblick über dessen Formen)
I. Lateinische Literatur des Mittelalters und der frühen Renaissance – II. Französische Literatur – III. Italienische Literatur – IV. Iberoromanische Literatur – V. Deutsche Literatur – VI. Englische Literatur.

I. LATEINISCHE LITERATUR DES MITTELALTERS UND DER FRÜHEN RENAISSANCE: [1] *Mittelalter:* Das eigtl. D. des MA ist das geistl. Spiel, eine Neuschöpfung aus eigenen ma. Voraussetzungen.

Es ist aus liturg. Texten und den begleitenden Handlungen hervorgegangen und hat sich über quasi-szen., aber nach wie vor liturg. Vollzüge zum Spiel mit Personendarstellern entwickelt. Dabei blieben die einzelnen Stadien der Entwicklung nebeneinander in Gebrauch, und Spiele, die etwa auf der gleichen Stufe der Entwicklung standen, variierten meist von Ort zu Ort. Der dramat. und vergegenwärtigende Charakter der Liturgie hatte sich in einzelnen Begehungen bes. deutlich ausgeprägt, etwa im Kirchweihritus, der Palmprozession, der Osterliturgie mit depositio und elevatio crucis. Zur Keimzelle der Entwicklung zum geistl. Spiel wurde der Tropus »Quem quaeritis in sepulchro...« am Ende der Ostermatutin, ein Dialog der Frauen mit den Engeln am Grabe. Der Text und damit die Handlung, die seinen Vortrag mindestens seit dem 10. Jh. begleiten konnte, wurde zunächst um Antiphonen, z. B. zum Apostellauf, erweitert. Seit dem 12. Jh. wurden auch neue Formulierungen, jetzt vielfach in Versform, und immer weitere Handlungen hinzugefügt. – Seit dem 11. Jh. erfuhr der Weihnachtsfestkreis eine entsprechende Ausgestaltung. Höhepunkte – aber nicht Endpunkte – der Entwicklung sind die Osterspiele von Klosterneuburg und Benediktbeuern und das Benediktbeurer Weihnachtsspiel. Außer den Gegenständen der beiden Festkreise wurden weitere bibl. und hagiograph. Stoffe dargestellt, etwa die Geschichte von Isaac und Rebecca, Joseph und seinen Brüdern, Daniel, Lazarus, Nikolaus. Eschatolog. ist der Gegenstand des Spiels von den klugen und törichten Jungfrauen und des großen Welt- und Endzeitdramas des Tegernseer →Ludus de Antichristo (→Geistliches Spiel).

Dagegen war das röm. D. bereits in der Antike untergegangen – Tertullian etwa hat keine genaue Vorstellung mehr vom Theater. So mußte die Wirkung antiken Gutes beschränkt bleiben auf: 1. eine gewisse Tradition des Mimus, 2. bestimmte Lehren der Theorie, 3. das Nachleben der Texte dreier Dramatiker.

a) Wieweit der Beruf des Mimen und seine Kunst über das Ende des Altertums hinaus fortbestand, wieweit dann entsprechende Berufe der neuen Völker (z. B. der skop) ihn veränderten oder verdrängten, ist nur schwer zu greifen. Jedenfalls erlangten Spielleute (ioculatores usw.) einer bestimmten Art, die man als seine Nachfahren ansehen kann, mindestens seit dem 11. Jh. Bedeutung auch für den Vortrag lat. Stücke (→Carmina Cantabrigiensia); dabei konnten dialog. Partien mit wechselnder Stimme dargestellt worden sein. Darüber hinaus gibt es Anzeichen, daß Spielleute bei Aufführungen geistl. Spiele beteiligt sein konnten.

b) Was man an theoret. Wissen über das D. empfangen hatte, wurde nicht nennenswert vermehrt. Antike Grammatiker und Kommentatoren (u. a. Diomedes, gramm. 1,482 [= Sueton de viris ill. 3] und 3; Servius zu Vergil, ecl. 3,1) vermittelten außer einigen Angaben zu tragoedia und comoedia die Lehre von den drei genera poematos. Die Bedingungen des genus dramaticon erfüllte allerdings jeder →Dialog (vgl. Servius), so daß →Beda de arte metrica 25 das Hld als Beispiel einführen kann. Von Isidors Abriß (Etym. 8,7,5–11) bis zu →Papias (Elementarium s.v. 'dragmaticon...genus') und →Johannes Balbus de Janua (Catholicon s.v. 'dragma', 'hermeticus', 'tragedia') nahmen allenfalls die Mißverständnisse zu. Als im 13. Jh. die Poetik des Aristoteles übersetzt wurde, fehlte in der lit. Praxis die Gattung, aus der ihre Lehren sich hätten erhellen lassen.

c) Zu den griech. D.n hatte das lat. MA keinen Zugang, an Texten röm. Dramatiker besaß es Terenz und Seneca (einschließl. »Octavia«), nur vereinzelt Plautus, wohl im wesentl. alles, was die Spätantike hinterlassen hatte. Während die Überlieferung des Plautus nur spärl. war (sie ging wohl über den süddt. Raum), genoß Terenz als Schulautor weite Verbreitung. Seine Komödien wurden ihrer Sprache und Dialogtechnik wegen studiert; das Wissen um die metr. Formen der antiken D.n war allerdings verlorengegangen. Ihres bedenklichen Inhalts wegen versuchte im 10. Jh. →Hrotsvith, sie als Schullektüre durch eigene Stücke zu ersetzen (wie im 16. Jh. Sixtus Birk und Cornelius Schonaeus). In dem aus dem 11. Jh. überlieferten Fragment eines wohl bedeutend älteren Stückes tritt Terenz selbst auf (»De Terentio et delusore«, MGH PP 4, 1088–1090). Entscheidende Wirkung übten die Komödien des Terenz – neben Ovid – auf die andere bedeutende dramat. Gattung des lat. MA aus, auf die →Elegienkomödie, die allerdings als D. zumeist nur in dem weiteren Sinn angesehen werden kann, den das Wort im MA angenommen hatte. In ihrem Bereich findet sich vereinzelt auch die Nachwirkung eines plautin. Stoffes (vgl. K. GAISER, AAH, Phil.-hist. Kl. 1977, 1).

Im 14. Jh. erkannte Lovato dei →Lovati die Metren des Seneca. Unter seinem Einfluß schuf daraufhin Albertino →Mussato seine »Ecerinis« (die von →Salutati in seinen Seneca-Codex aufgenommen wurde).

[2] *Renaissance:* In der folgenden Zeit blieben Terenz und Seneca, in zweiter Linie Plautus, die bestimmenden Vorbilder dramat. Dichtung, auch bei der Behandlung bibl. oder religiöser Stoffe, ohne daß daneben die Tradition des geistl. Spiels und seiner Abkömmlinge abriß. Unter den Gegenständen überwiegt im 15. Jh. Zeitgeschichte – wie sie ja schon in Mussatos Ezzelin-Drama zur Darstellung kommt – die mytholog. Stoffe. Griech. Dramen dagegen blieben auch den frühen Humanisten verschlossen und zeigten bis zum 16. Jh. kaum Wirkung. Einen ausgesprochenen Dramatiker hat der Humanismus nicht hervorgebracht, doch verfaßten viele Humanisten einzelne Dramen: →Petrarcas Komödie »Philologia« ist nicht erhalten. Von den anderen Dramen der humanist. Frühzeit, dem »Achilles« des Antonio →Loschi, dem »Hiempsal« des Leonardo Dati (ca. 1441), fand die »Progne« des Gregorio Corraro weite Anerkennung. Neben der Komödie »Paulus« des →Vergerius, der »Catinia« des Sicco →Polentone, der »Polyxena« des Lionardo →Bruni, der »Chrysis« des Enea Silvio (→Pius II.) ist die »Rosmonda« des Giovanni →Ruccellai zu erwähnen, die auf einen ma. Stoff zurückgeht. Auch Ugolino Pisani und P. C. →Decembrio versuchten sich als Dramatiker.

In Deutschland steht →Wimpheling mit seiner für die Schule verfaßten Dialog-Komödie »Stylpho«, →Reuchlin mit »Henno« und »Sergius« am Anfang der neuen Epoche des D.s. Durch die Fraterherrn (→Brüder vom gemeinsamen Leben) wird das D. zum Unterrichtsmittel. In ihrem Kreis wirkt als bedeutendster Autor Georg Makropedius (ca. 1475–1558, 11 Komödien). In den Schulen werden jetzt auch antike D.n oder Szenen einstudiert. →Celtis brachte um 1500 Seneca, Terenz und Plautus zur Aufführung, Laurentius Corvinus den »Eunuchus« und die »Aulularia« (Der Briefwechsel des Konrad Celtis, hg. v. H. RUPPRICH, 1934, 239 und 362); Johannes Sturm spielte als Schüler 1517 den Geta im »Phormio«. Die ersten it. Aufführungen fanden dagegen im Kreis der Höfe statt (z. B. Plautus, vgl. LAW, »Komödie« II C). G. Bernt

Bibliogr.: Medioevo latino I, 403–407; II, 553–555; III, 847–850; IV, 683–686; V, 625–627 – H. KINDERMANN, Theatergesch. Europas 1, 1966² [Bibliogr. B.] – C. J. STRATMAN, Bibliogr. of Medieval D., 1954 – D. STEVENS, English Renaissance Theatre Hist.: A Reference Guide, 1982 – M. B. RUSSO, Renaissance It. Theatre: Joseph Regenstein library of the Univ. of Chicago, 1984 – *Lit.: zu [1]:* W. CLOETTA, Beitr. zur Litteraturgesch. des MA und der Renaissance, I: Komödie und Tragödie im MA, 1890 – W. CREIZENACH, Gesch. des neueren D.s, 1911–23³ [beide Werke immer noch grundlegend] – E. K. CHAMBERS, The Mediaeval Stage, 1925 – K. YOUNG, The D. of the Medieval Church, 1933 [grundlegend, mit Textedd.] – E. PARATORE, Storia del teatro latino (Storia del teatro, dir. da M. PRAZ, 1957) – H. DE BOOR, Die Textgesch. der lat. Osterfeiern (Hermaea, Germanist. Forsch. IV. F. 22), 1967 – H. H. BORCHERDT, Das europ. Theater im MA und in der Renaissance (rde 322–324), 1969 – W. LIPPHARDT, Lat. Osterfeiern und Osterspiele, 1975–81 – Dimensioni drammatiche della liturgia medievale, Atti del I convegno di studio, Viterbo 1976, 1977 – J. DRUMBL, »Quem quaeritis«. Teatro sacro dell'altro Medioevo (Bibl. teatrale 39), 1981 – *zu [1a]:* H. REICH, Der Mimus, 1903 – Il contributo dei giullari alla drammaturgia it. delle origini, Atti del II° convegno di studi sul teatro medievale e rinascimentale Viterbo 1977, 1978 – *zu [1b]:* CLOETTA (s. oben), I, 18–54 – H. A. KELLY, Aristotle-Averroes-Alemannus on Tragedy: The Influence of the »Poetics« on the Latin MA, Viator 10, 1979, 161–209 – K. H. BAREISS, Comedia. Die Entwicklung der Komödiendiskussion von Aristoteles bis Ben Jonson (Europ. Hochschulschr. XIV, 100), 1982 – M. CARLSON, Theories of the Theatre, A historical and critical survey, from the Greeks to the present, 1984 – *zu [1c]:* La »Comedie« Latine en France au XII° s. Textes publ. sous la dir. et avec une introduction de G. COHEN, 2 Bde, 1931 – Der Einfluß Senecas auf das europ. D., hg. E. LEFÈVRE, 1978 – W. TRILLITZSCH, Seneca tragicus. Nachleben und Beurteilung im lat. MA von der Spätantike bis zum Renaissance-Humanismus, Philologus 122, 1978, 120–136 – K. BATE, Plautus and Terence in the Twelfth C., Proceedings of the Classical Association 76, 1979, 29–31 – Commedie lat. del XII et XIII s., I–IV, 1976–83 (Pubbl. dell Ist. di filol. classica e medievale) [Bibliograph. Einleitungen v. F. BERTINI] – *zu [2]:* J. R. BERRIGAN, Early Lat. Tragedy of the It. Renaissance (Acta conventus Neolatini Lovaniensis), 1973 – Renaissance Drama, hg. D. COLE, 1980 – Voies de la création théatrale: Théatre, hist., modèls: recherches sur les textes dramatiques et les spectacles du XV° au XVIII° s., hg. E. KONIGSON, 1980 – C. VILLA – G. C. ALESSIO, Tra Commedia e »Comedia«, IMU 24, 1981, 1–136 – Il teatro umanistico veneto, la commedia, hg. G. GENTILINI, 1983 – Medieval and Renaissance Drama in England, hg. J. LEED BARROLL III, 1984 – P. BAHLMANN, Die lat. D.n von Wimphelings Stylpho bis zur Mitte des 16. Jh., 1893 – DERS., Die Erneuerer des antiken D.s und ihre ersten dramat. Versuche 1314–1478, 1896 – J. JANOTA, Ma. und frühnz. Spiele und Dramen (Hb. des dt. D.s, hg. W. HINCK, 1980).

II. FRANZÖSISCHE LITERATUR: Das ma. Theater in Frankreich nimmt seinen Ursprung in Ausgestaltungen der Liturgie. Die Texte waren zunächst in lat. Sprache verfaßt. Im späten 11. Jh. findet erstmals die Volkssprache Verwendung. Im »Sponsus« – Vorlage ist die Parabel von den zehn klugen und törichten Jungfrauen – treten neben lat. Verse volkssprachl. Passagen erbaulichen Charakters. Das afrz. »Jeu d'→Adam et Eve« (Mitte 12. Jh.), welches als Vorläufer des Mysterienspiels betrachtet werden kann, verwendet die lat. Sprache nur noch in Regieanweisungen, Chören und Schriftlesungen. »La →Seinte Resurrecion« (um 1180), eine Frühform des Mysterienspiels, ist ein für die Simultanbühne verfaßtes Stück mit narrativen Einschüben. Um 1200 entstand Jean →Bodels »Jeu de Saint Nicolas«, welches die Gattung des Mirakelspiels einleitete. Sicherlich jüngeren Datums ist der →»Courtois d'Arras«, eine Umsetzung der Parabel vom Verlorenen Sohn. Aus der 2. Hälfte des 13. Jh. stammt →Rutebeufs »Miracle de Théophile«, der den Typus des Marienmirakels begründete. Ebenfalls Rutebeuf verdanken wir den »Dit de l'herberie«. Es handelt sich um einen dramat. Monolog, in dem ein Scharlatan seine heilkräftigen Kräuter anpreist. Die Gattung der →Farce ist mit dem anonymen »Le Garçon et l'aveugle« erstmals belegt. Die beiden Stücke des →Adam de la Halle († vor 1289?), »Le Jeu de la Feuillée« und »Le Jeu de Robin et Marion«, nehmen einen bes. Platz in der Tradition ein. »Le Jeu de la Feuillée« (wohl 1276) ist in themat. Hinsicht eine einzigartige Mischform. »Le Jeu de Robin et Marion« (1283?), eine dramat. Pastourelle mit Sing- und Tanzeinlagen, richtete sich an ein höf. Publikum. Beide Stücke des Adam de la Halle fanden keine Nachfolger.

Was die Grobgliederung der afrz. dramat. Gattungen anbetrifft, so hat sich in der bisherigen Kritik ein relativer Konsens ergeben. Im einzelnen sind jedoch noch sehr viele Fragen kontrovers. Sicherlich hat A. E. KNIGHT recht, wenn er zu bedenken gibt, daß die eingebürgerten Dichotomien »religiös«-»profan«, »religiös«-»komisch«, »ernst«-»komisch« nicht in der Mentalität des MA verankert sind, und als deskriptive Termini nur einen gewissen prakt. Gebrauchswert haben können. Im übrigen fällt der Forschung die Aufgabe zu, ma. Bezeichnungtraditionen in ihrer Entwicklung durch dramentypolog. Reflexion zu überprüfen. Auf diesem Hintergrund kann sodann das Problem der Sonderformen bzw. hybrider Formen erörtert werden (s. z. B. die chantefable →»Aucassin et Nicolette«).

Die bes. nach dem 100jährigen Krieg einsetzende reiche Produktion von volkssprachl. dramat. Texten ist geeignet, Eigenart und Bedeutung der hochma. Prototypen deutlicher erkennen zu lassen. Die spätma. Dramenliteratur verteilt sich über die religiös ausgerichteten Gattungen Mystère und Miracle und die dem profanen Theater zuzurechnenden Gattungen →Sermon Joyeux, dramatischer →Monolog, →Sottie und →Farce, wobei diese Zuordnung Mischformen und ein fakt. Neben- und Miteinander in der Aufführungspraxis nicht ausschließt. Die durch Allegorie gekennzeichnete Moralität kann dem einen wie auch dem anderen Bereich angehören.

→Mysterienspiele sind in ihrer Mehrzahl Themen des AT und NT gewidmet. Die didakt. Intention dominiert, ohne daß der Aspekt der Unterhaltung vernachlässigt würde. Verschiedene Quellen berichten auch von mystères mimés. Die bedeutendsten Mysterienspiele sind die »Passionen« von →Eustache Mercadé und Arnoul →Greban, auf letzterer basiert die »Passion« von Jean Michel. Simon und Arnoul Greban verdanken wir sodann die »Actes des Apôtres«. Mit dem »Mystère du Vieux Testament« wird die Schwelle zum 16. Jh. überschritten. Als Mystères mit weltl. Gegenständen seien das »Mystère du Siège d'Orléans« und die »Histoire de la Destruction de Troye la Grant«, 1450–52 von Jacques →Milet verfaßt, erwähnt.

Das dramat. →Mirakel gestaltet, hauptsächl. auf der hagiograph. Lit. basierend, den wunderbaren Eingriff Gottes in die sündige Welt. Einen bes. Platz nahmen die Marienmirakel ein. Die Blütezeit des Mirakelspiels fällt in Frankreich in die letzten Jahrzehnte des 14. Jh. und in den Anfang des 15. Jh. Die bedeutendsten Sammlungen sind die »Miracles de Nostre Dame par personnages« und die »Miracles de Sainte Geneviève«. Beim »Sermon Joyeux« handelt es sich um eine Scherzpredigt. Im dramat. Monolog schlüpft der Darsteller in eine bzw. mehrere Rollen. Die Überlieferung ist bes. reich für das 15. und 16. Jh. Bedeutendstes Stück dieser Gattung ist »Le Franc Archier de Bagnolet«.

Im Zentrum der Sottie steht die Narrenfigur, mit der sich derbe Komik verbindet, die jedoch engagierte Zeitkritik nicht ausschließt. Unter den zahlreichen Beispielen verdient Pierre →Gringores »Sottie du Jeu du Prince des Sots« (1512), wohl eine Auftragsarbeit Ludwigs XII., bes. Erwähnung.

Die Farce ist die volkstümlichste und von ihrer Wirkungsgeschichte her die erfolgreichste profane Theatergattung des frz. MA. Die Textüberlieferung wird von der Mitte des 15. Jh. an bes. dicht. Überlebt hat die Gattung mit »Maistre Pierre Pathelin«. Die didakt. ausgerichtete →moralité erreichte ihren Höhepunkt zum Ende des 14. und zum Beginn des 15. Jh. hin.

Das Interesse für das frz. ma. Theater erwachte bereits in der 1. Hälfte des 18. Jh. (s. die 15bändige »Histoire du théâtre français« der Brüder Parfaict). Im Rahmen der Mediävistik entwickelte sich das Studium des ma. volkssprachl. Theaters zu einem traditionsreichen Forschungsschwerpunkt, der sich in folgende Bereiche aufgliedert: Textedition, Gattungsbestimmung, Aufführungsbedingungen (Bühnenverhältnisse, Rekrutierung und Organisation der Schauspieler) (→Confréries), Struktur des Publikums, regionale Ausbreitung und Besonderheiten, Probleme des Weiterlebens neben dem Theater der Renaissance und der Klassik, ggf. Formen der Integration in spätere dramat. Gattungen.

Zu geringe Beachtung fanden bisher die Gattung der Moralität und die Funktion der Musik bei den Aufführungen des ma. Theaters.   G. Damblemont

Lit.: L. PETIT DE JULLEVILLE, Les Mystères, 2 Bde, 1880 – DERS., Les Comédiens en France au MA, 1885 – DERS., La Comédie et les moeurs en France au MA, 1886 – G. COHEN, Le théâtre en France au MA, 2 Bde, 1929/31 – G. FRANK, The Medieval French Drama, 1954 – G. COHEN, Etudes d'hist. du théâtre en France au MA et à la Renaissance, 1956 – G. GARAPON, La Fantaisie verbale et le comique dans le théâtre français du MA à la fin du XVIIe s., 1957 – H. LEWICKA, La langue et le style du théâtre comique français des XVe et XVIe s., 2 Bde, 1960–68 – J. FRAPPIER, Le Théâtre profane en France au MA, 1961 – H. M. BROWN, Music in French Secular Theatre, 1400–1550, 1963 – R. HESS, Das roman. geistl. Schauspiel als profane und religiöse Komödie. 15. und 16. Jh., 1965 – R. LEBEGUE, Le Théâtre comique en France de Pathelin à Mélite, 1972 – H. LEWICKA, Bibliogr. du théâtre profane français des XVe et XVIe s., 1972 – H. REY-FLAUD, Le Cercle magique. Essai sur le théâtre en rond à la fin du MA, 1973 – H. LEWICKA, Etudes sur l'ancienne farce française, 1974 – R. WARNING, Funktion und Struktur. Die Ambivalenzen des geistl. Spiels, 1974 – J.-CL. AUBAILLY, Le Théâtre médiéval, profane et comique, 1975 – K. SCHOELL, Das kom. Theater der frz. MA. Wirklichkeit und Spiel, 1975 – J.-CL. AUBAILLY, Le Monologue, le dialogue et la sottie, 1976 – G. A. RUNNALLS, Medieval French Drama: A Review of Recent Scholarship, Research Opportunities in Renaissance Drama 21, 1978, 83–90; 21, 1979, 111–135 – [TRETEAUX]: Bull. de la Soc. Internat. pour l'étude du Théâtre Médiéval. Section française 1, 1978f. – H. REY-FLAUD, Pour une dramaturgie du MA, 1980 – A. E. KNIGHT, Aspects of genre in late Medieval French drama, 1983.

III. ITALIENISCHE LITERATUR: Die Anfänge des ma. Theaters in Italien sind eng mit den hohen religiösen Festen, insbes. Ostern, verknüpft. Dem lateinischsprachigen liturg. Drama des Klerus folgte ein volkssprachl. Theater (→lauda drammatica und sacro dramma), das von Laienbruderschaften (Disciplinati, Flagellanti) getragen wurde. Diese Konfraternitäten nahmen von Umbrien her ihren Ausgang und waren z. T. in die Bettelmönchsbewegungen der Franziskaner und Dominikaner eingebunden. Das religiöse Laientheater kam sowohl im Kircheninnern wie auch auf dem Kirchenvorplatz zur Aufführung. Weitere Gelegenheiten dramat. Gestaltung boten Prozessionen und Predigten, die zuweilen auf die Veranschaulichung durch »lebende Bilder« zurückgriffen bzw. über szen. Einlagen verfügten (→sermoni semidrammatici). Auch Leichenbegängnisse konnten durch das Zwiegespräch eines Verstorbenen und eines Lebenden dramat. überformt werden. Die Lauda in ihren verschiedenen Varianten ist in der Regel das Werk nicht namentlich bekannter Autoren. Als hervorstechende Ausnahme muß →Jacopone da Todi erwähnt werden, dessen dramat. Lauda »Pianto della Madonna« (vor 1306) sicherlich eine große Bedeutung bei der Entwicklung der Gattung zuzusprechen ist.

Anlaß zu komisch-burlesker Dramatisierung im kirchl. Bereich gaben die Wahl des →Kinderbischofs (*episcopello*) und das →Narrenfest (*Festa dei Folli*).

Neben dem religiösen Theater christl. Tradition existierten rituelle Bräuche und Spiele älterer naturreligiöser Herkunft. Ihrer Eigenart nach waren sie in den jahreszeitl. Zyklus integriert (Fastnachtsspiele, Maggi).

Der Beruf des Schaustellers in seinen verschiedenen Erscheinungsformen geht möglicherweise auf ununterbrochene antike Tradition zurück. Die Vortragskünstler (*giullari*) interpretierten u. a. *Contrasti*, d. h. →Streitgespräche, die thematisch den verschiedensten Lebensbereichen angehörten.

Sacra rappresentazione ist eine auf D'ANCONA zurückgehende, allgemein akzeptierte Sammelbezeichnung für das religiöse Theater, das seine bes. Blüte und Ausprägung Florenz verdankt. Im einzelnen ist sie jedoch nur schwer von den Entwicklungsformen der *lauda drammatica* umbrischer Tradition abzulösen. Die s.r. blieb weit über das SpätMA hinaus lebendig. Die Schauspieler waren meist Jugendliche. Die Aufführung der von gelegentl. bedeutenden Autoren verfaßten Stücke erfolgte in aufwendigem Rahmen. Die s.r. war thematisch so weit geöffnet, daß sie sich v. a. im späten Verlauf mit dem Theater profanen Charakters berührte.

Dem Mysterienspiel kommt in der it. Tradition eine nur geringe Rolle zu. Bekanntestes Beispiel ist das 1490 in Revello aufgeführte Passionsspiel.

Die it. Farce ist vom Ende des 15. Jh. an belegt. Unter den frühen Autoren ist Giovan Giorgio→Alione (ca. 1460 – wahrscheinl. 1521) zu erwähnen. Die Farce stand in Spannung zu volkstüml. und humanist. Gattungen, was zu einer Reihe von Verschmelzungen mit auch starken regionalen Varianten führte.

Die Erforschung der Wurzeln der nationalen Theatertradition setzte in Italien spät ein. Die Studien von D'ANCONA, DE BARTHOLOMAEIS u. a. rückten jedoch das Erbe Italiens ins rechte Licht. Das Verdienst TOSCHIS ist es, dem allgemein volkskundl. Aspekt angemessen Rechnung getragen zu haben. G. Damblemont

Lit.: *Allg. Darstellungen:* A. D'ANCONA, Origini del teatro it., 2 Bde, 1891² – V. DE BARTHOLOMAEIS, Origini della poesia drammatica it., 1952² – M. APOLLONIO, Storia del teatro it., 1–2, 1954³ – P. TOSCHI, Le Origini del teatro it., 1955 – A. FORTINI, La Lauda in Assisi e le origini del teatro it., 1961 – *Zum Forschungsstand:* G. VARANINI [Hg.], Einleitung zu: Laude dugentesche, 1972, IX–XLV – S. STICCA, It. Theatre of the MA: from the Quem quaeritis to the Lauda, Forum italicum 14, 1980, 275–310 – *Zur Inszenierung:* V. GALANTE-GARRONE, L'apparato scenico del dramma sacro in Italia, 1935 – C. MOLINARI, Spettacoli fiorentini del Quattrocento, 1961 – *Zu den Konfraternitäten:* G.-G. MEERSSEMAN, Ordo Fraternitatis. Confraternite e Pietà dei Laici nel Medioevo, 1977.

IV. IBEROROMANISCHE LITERATUR: Die Entwicklung des ma. lat. und volkssprachl. D.s verläuft auf der Iber. Halbinsel sehr unterschiedlich. Im Vergleich zu den anderen lit. Gattungen, aber auch zu anderen Ländern, ist hier das profane ebenso wie das geistl. Theater viel schwächer ausgebildet und zudem oft nur bruchstückhaft erhalten. Die in Konzils- und Synodalbeschlüssen (z. B. schon 324? in Elvira De aurigis et pantomimis) oder in weltl. Gesetzen (Siete Partidas, nach 1256, I,vi, 34: Erwähnungen von 'juegos de escarnio' [Spottspiele] und representaciones im kirchl. Bereich) vorkommenden Anspielungen auf 'dramatische' Formen, Darstellungen ergeben kein eindeutiges Gesamtbild. Das Konzil v. Aranda (1473) prangert an, daß »ludi theatrales, larvae, monstra, spectacula, nec non quam plurima inhonesta et diversa figmenta«, »turpia carmina et derisorii sermones« sowie Tänze in die Kirchen eingedrungen seien. Gattungspoetik und -bezeichnungen (wie representación égloga, farsa u. a.) liefern ebenfalls wenig Aufschluß. Gegenüber der stil- und stofforientierten Auffassung von tragoedia und comoedia war das Verständnis für deren theatral. Bestimmung verschwommen und der prakt. Bezug zur antiken Theatertradition völlig abgerissen. So konnte der Marqués de →Santillana eine »Comedieta de Ponza« (1436) schreiben und der Kondestabel →Pedro de Portugal die »Tragedia de la insigne reina D. Isabel« (1457) mit dialogisierenden Vers- und Prosastücken. Beide Bezeichnungen beziehen sich auf den Verlauf und Ausgang der Dichtung (»comienços trabajosos«, »medio e el fin ... alegre, goçoso e bien aventurado«) bzw. auf die Stellung der handelnden Personen. Juan del→Encinas églogas ließen sich aufgrund einer spätantiken Unterscheidung bei Virgils Eklogen wegen ihrer dialog. Anlage der dramat. Gattung zuordnen. Fernando de →Rojas versteht in der später »Tragicomedia« betitelten »Comedia de Calisto y Melibea« (»La Celestina«) das Leben als comedia, als Mischung von Glück und Unglück mit fatalem Ausgang. Senecas Tragödien wurden von Antoni de Vilaragut (1336–1400) in katal. Prosa übertragen (Bibl. de Catalunya, Barcelona, ms. 295), jedoch nicht im Hinblick auf eine Aufführung. Die katal. Fassung lag einer anonymen kast. Übersetzung zugrunde, die Santillana angeregt hatte. Die Kenntnis von Terenz und Plautus ist in Spanien vor dem 15. Jh. sehr gering. Santillana berichtet, sein Großvater habe »cantares assí commo cénicos, plautinos e terencianos, tan bien en estrinbotes commo en serranas« geschrieben. Auch Spuren der→Elegienkomödie sind spärlich (»Pamphilus« als Lesebuch im Lateinunterricht).

In Katalonien und Aragonien finden sich infolge enger kultureller und kirchenorganisator. Beziehungen zu Frankreich (Ripoll-Limoges) die frühesten Belege für lat. liturg. Stücke. Neben der Visitatio Sepulchri aus der Osterliturgie – später wird auch die Grablegung Christi szenisch-dramatisch ausgestaltet – sind aus dem weihnachtl. Festkreis das Officium Pastorum (Anbetung der Hirten), der Ordo Stellae (Epiphanie) und der Ordo Prophetarum (Aufzug at. Propheten zusammen mit Virgil und Sybille) reich belegt. Einige dieser Darstellungen hielten sich, Regieanweisungen in Ordinarien und Brevieren zufolge, bis in die Zeit der liturg. Reformen des Tridentinum. Aus Kastilien und Portugal sind dagegen fast keine liturg. 'Dramen' bekannt. Daß Kastilien aus dieser Entwicklung herausfällt, hängt möglicherweise mit dem dortigen Einfluß der kluniazens. Reform zusammen (seit Ausgang des 11. Jh.) Das älteste, fragmentar. erhaltene, volkssprachl. religiöse Spiel im kast. Bereich ist der sog. →Auto de los reyes magos (spätes 12. Jh.), der frz. Muster folgt und vielleicht sogar von einem gaskogn. Autor stammt. Mysterien und Mirakelspiele sind in Kastilien nicht bekannt. Im katal. Gebiet, in dem Mallorca und Valencia für die Entwicklung eigene Bereiche bilden, sind als früheste Zeugnisse die Bruchstücke eines Spiels über die Bekehrung der Magdalena (1. Hälfte 14. Jh.) bekannt. Das »Misteri d'Elx« (Elche), eines aus einer Reihe von Marienspielen, dessen Textkern wohl an der Wende zum 16. Jh. entstand, wird heute noch aufgeführt. Passionsspiele sind mehrfach belegt (zumal im 15. Jh.), Texte blieben jedoch nicht erhalten. Für die themat. Entwicklung, Technik und Ausstattung des späteren→auto sacramental ist die Aufnahme bildl. Darstellungen (»entremeses«, »rocas«) in die Fronleichnamsumzüge im Verlauf des 14. und 15. Jh. bedeutsam. Lebende Bilder mit Chorbegleitung (gesungene Dialogpartien) und Hauptfiguren (Allegorien) bilden den Kern für mimisch-dramat. Ausgestaltungen. Dramat.-dialog. Grundmuster finden sich außerdem in den Sibyllengesängen, verschiedenen

Fassungen der Marienklage (Planctus), bei Passionsdarstellungen, im »Mascaró« (einem Prozeß, in dem der Teufel das Menschengeschlecht anklagt und Maria als Fürsprecherin bei Gott dem Richter auftritt), in burlesken Schülerspielen mit einer 'Bischofswahl' am Nikolaustag (→Kinderbischof) sowie in Streitgedichten. Im Bereich der volkstüml. und höf. Unterhaltung finden sich ebenfalls wichtige dramat. Elemente und Anknüpfungspunkte (vgl. für Portugal z. B. →arremedilho). Im höf.-ritterl. Bereich sind Turnierspiele zu nennen, wie sie etwa in der anonymen »Relación de los hechos del condestable Miguel Lucas de Iranzo« (zw. 1460/70) beschrieben werden, ferner die bis in die Gegenwart erhaltenen Aufzüge mit 'Schlachten' zw. Moros y cristianos sowie die »momos«, Scharaden, eine Tradition, die der span. Botschafter in Portugal bei einem Fest zu Weihnachten 1500 bes. anschaulich beschrieb.

Die verstreuten dramat. Einzelelemente geistl. und weltl. Charakters fließen zusammen in den im späten 15. Jh. entstehenden dramat. Werken des Gómez→Manrique (»Representación del Nacimiento de Nuestro Señor«, »Lamentaciones hechas para Semana Santa« sowie zwei Momos). Eine geschlossene Entwicklung zw. »Auto de los reyes magos« und der »Representación« ist freilich nicht erkennbar. Einen neuen Ansatz bieten erst Juan del →Encina mit seinen acht dramat. églogas (1496 im »Cancionero« veröffentlicht und in 6 Auflagen bis 1516 verbreitet) und sein Rivale Lucas→Fernández mit sieben »Farsas y églogas al modo y estilo pastoral y castellano« (1514 gedruckt).

In Portugal ist Gil →Vicente der Begründer des volkssprachl. Theaters (in ptg. und span. Sprache), sein erstes erhaltenes Stück stammt von 1502. Seine Anfänge sind von Encinas Stil und Sprache geprägt. Die it. humanist. Komödie wurde in Spanien verspätet erst an der Wende zum 16. Jh. bekannt (Albertis »Comedia Philodoxeos« von 1426? wurde 1501 in Salamanca gedruckt). Die große Entwicklung des D.s in Spanien fällt in das 16. und 17. Jh.

D. Briesemeister

Lit.: I. S. Révah, Manifestations théâtrales pré-vicentines: les Momos de 1500, Bull. d'hist. du théâtre portugais 3, 1952, 91–105 – M. Martins, Estudos de literatura medieval, 1956, 505–510, 519–529 – E. W. Webber, The literary reputation of Terence and Plautus in medieval and pre-Renaissance Spain, HR 24, 1956, 191–206 – R. B. Donavan, The liturgical d. in medieval Spain, 1958 – M. Martins, O teatro liturgico na idade média peninsular, Brotéria 69, 1959, 275–287 – A. J. Saraiva, G. Vicente e o fim do teatro medieval, 1965² – N. D. Shergold, A hist. of the Spanish stage..., 1967 – H. López Morales, Tradición y creación en los orígenes del teatro castellano, 1968 – L. Stegagno Picchio, Ricerche sul teatro portoghese, 1969, 35–62 – N. G. Round, Las traducciones medievales catalanas y castellanas de las Tragedias de Séneca, AEM 9, 1974/1979, 187–227 – J. M. Regueiro, Rito y popularismo en el teatro antiguo español, RF 89, 1977, 1–18 – M. de Riquer, Hist. de la literatura catalana 3, 1980² – D. Briesemeister, Das mittel- und neulat. Theater in Spanien (Das span. Theater, hg. K. Pörtl, 1985), 1–29 [ebd. F. González Ollé, Die Anfänge des span. Theaters, bes. 30–57, 80–86].

V. Deutsche Literatur: Die geistl. und weltl. Spiele des MA werden im Rahmen gattungsmäßiger Großgliederung der dt. Lit. als 'Dramen' bezeichnet, obwohl sie nicht an antike Tradition anknüpfen und nicht zum D. der Neuzeit hinführen. Ihnen fehlt insbes. die dramat. Handlung im engeren Sinne, Entfaltung und Lösung einer Konfliktsituation durch beteiligte Personen. Das geistl. Spiel ist im Prinzip wiederholende Vergegenwärtigung der Heilsgeschichte, in die die Umwelt der Zuschauer z. T. mit einbezogen wird. Seine Geschichte führt vom Gottesdienst im Kirchenraum zu multimedialen Repräsentationsveranstaltungen der spätma. Städte. Die komplexe Erscheinungsform der Spiele wird in den schriftl. überlieferten Texten nur begrenzt faßbar. Das dt. geistl. Spiel ist aus der lat. Osterliturgie hervorgegangen, in der das Ostergeschehen zunächst durch symbol. Handlungen, dann zunehmend durch Dialoge vergegenwärtigt wurde. Den Anfang bildete das Gespräch der Frauen mit dem Engel am leeren Grab, das die Auferstehung verkündigt (Ostertropus des 10. Jh.). Diese responsor. Botschaft wurde erweitert und rückte aus dem Introitus der Ostermesse in die Ostermatutin als von Priestern mimisch dargestellte »Visitatio sepulchri«, die in Europa weit verbreitet war. Aufgrund der bibl. Osterberichte wurden andere Szenen mit dem Grabbesuch verbunden: Lauf der Jünger Petrus und Johannes zum Grab (nur in Dtl. überliefert), Begegnung des Auferstandenen mit Maria Magdalena (Gärtnerszene), Wächterszene, Salbenkauf der Marien (Krämerszene), apokryphe Höllenfahrt Christi. Sie boten die Möglichkeit zu mehrfiguriger, genrehafter Ausgestaltung und leiteten von der liturg. Feier zum inhaltlich mehrdimensionalen, auch unterhaltenden Spiel, das außerhalb des Kirchenraums, auf einem Kirch- oder Stadtplatz aufgeführt wurde. Weiteres Ausgreifen der Spielhandlung über das Ostergeschehen hinaus zielte tendenziell auf Vergegenwärtigung der gesamten Heilsgeschichte. Das bezeugt auch das analog zum Osterspiel entwickelte Weihnachtsspiel, das von einem Weihnachtstropus (11. Jh.) ausging; der Visitatio entsprach die Anbetung der Hirten an der Krippe. Erweiternd kamen hinzu: Ankündigung des Messias durch die Propheten, Dreikönigsspiel, Auszug nach Ägypten, Herodesspiel, Klage der Rahel um die ermordeten Kinder.

Der Übergang zum dt. *Osterspiel* erfolgte durch Übertragung einzelner Textstellen, durch Einschübe und Ausschmückung innerhalb lat. Feiern und Spiele. Die Spielüberlieferung beginnt in Dtl. im 13. Jh. u. a. mit einem lat.-dt. Kombinationstext in der Hs. der→Carmina Burana: »Ludus de passione« (um 1220) (s. a. →Geistl. Spiele, lat.). Das →»Osterspiel von Muri« (Mitte 13. Jh.) ist das älteste erhaltene rein deutschsprachige Spiel (unvollst. in Abschnitten einer Soufflierrolle überl.). Es besteht aus der Wächter- und Krämerszene, Höllenfahrt, Visitatio und Begegnung Maria Magdalenas mit Christus; der Jüngerlauf ist vielleicht verloren. In seiner der höf. Epik entsprechenden Reimpaarfassung steht es als absoluter Außenseiter in der beginnenden Spieltradition. Die Form weist auf Nähe von Autor und Publikum zum Kommunikationsbereich der höf. Lit., die sonst bei den Spielen nicht gegeben scheint. Randbemerkungen zum Text beziehen sich auf eine konkrete Aufführung. Nur das analog geformte »St. Galler Weihnachtsspiel« (2. H. 13. Jh.) existiert als weiteres deutsch durchgestaltetes Spiel. Verbreitet und weiterwirkend war der lat.-dt. Mischtyp. Elemente der liturg. Feier, die bis in die spätma. Großspiele erhalten bleiben, bewahren skeletthaft ein sakrales Grundgerüst, das immer mehr von dt. Texten überwuchert wurde. Im »Trierer Osterspiel« (vielleicht 13. Jh.) folgen auf die alten lat. Strophen deutsche Paraphrasen bei dominierend ernstem Gesamtcharakter. Das »Innsbrucker Osterspiel« (1391 aufgezeichnet, wohl aus Thüringen stammend), verwandt mit dem »Wiener« und einem »Erlauer Spiel«, hat die sechs alten Szenen personell erweitert und zu einer derb komischen Version gewandelt. Besonders die Krämerszene und die Teufelsszene der Höllenfahrt werden zu drastischen, das Publikum einbeziehenden Einlagen genutzt. Satan bringt neue Seelen in eine leere Hölle, Vertreter verschiedener Berufsstände, die ihre Sünden bekennen.

Der vorherrschende Spieltyp des SpätMA ist das *Passionsspiel*, das unabhängig vor der liturg. begründeten Entwicklung des Osterspiels entstanden, aber gleichfalls von einer Konzeption zur Veranschaulichung der gesamten Heilsgeschichte (von der Schöpfung bis zum Jüngsten Gericht) getragen ist. Daraus konnten Ausschnitte einzeln gestaltet oder immer größere Szenenreihen gebildet werden. Die Passionsspiele lassen sich zeitlich nicht über das 14. Jh. hinaus zurückverfolgen, im 15. und 16. Jh. wurden sie zu spektakulären Großformen für mehrtägige Veranstaltungen mit mehreren hundert Mitwirkenden. Spielleiter organisierten im Auftrag der Kirche oder der Stadt große Aufführungen an den entsprechenden Festtagen. Sie benutzten dazu Szenarien, die das Spielgerüst, die Personen, best. Stichworte und aufführungstechnische Anmerkungen enthielten (»Frankfurter«-, »Friedberger«-, »Göttweiger Dirigierrolle«), z. T. sammelten und archivierten sie auch selbst Texte (Benedikt →Debs und Vigil →Raber in Tirol, Renwart Cysat in Luzern). Zwischen den Spielen sind vielfältige Abhängigkeiten und Textverwandtschaften zu erkennen, deren Verzweigungen nur begrenzt klärbar sind. Die Überlieferung und damit die Spieltradition konzentriert sich vornehmlich auf drei Gebiete: 1. Hessen, woher u. a. das »St. Galler Passionsspiel« oder »Spiel vom Leben Jesu« (mittelrhein. Hs., 14. Jh.), »Frankfurter Spiel« (überl. 1493), »Alsfelder Passionsspiele« (überl. 16. Jh.), »Fritzlarer Spiel« und »Heidelberger Passion« (wohl 16. Jh.) stammen; 2. Tirol, wo Varianten eines dreitägigen Spiels in Bozen, Sterzing, Brixen, Trient und Hall i.T. aufgeführt wurden; 3. Schweiz, speziell Luzern, wo ein 24stündiges Heilsdrama (16. Jh.), beginnend bei Schöpfung und Sündenfall in mehrtägigen Abständen mit 165 Spielern in 309 Rollen aufgeführt wurde. Außerhalb der großen Traditionen steht das mnd. »Redentiner Osterspiel« (überl. 1464), in dem Wächterszene, Auferstehung, Höllenfahrt und Teufelsspiel (Wiedergewinnung sündiger Seelen) literarisch anspruchsvoll, dramatisch miteinander verschränkt sind im Blick auf die Erlösung des Menschen und seine Gefährdung durch den Teufel.

Selbständige, nicht auf Ostern oder die Passion bezogene Spiele sind nicht zahlreich: *Weihnachtsspiele* begegnen in den großen Spielzentren Hessen und Tirol. Das Weltgericht wird dt. zuerst im »Eisenacher Zehnjungfrauenspiel« behandelt, das für eine Aufführung vor höf. Publikum 1321 verfaßt wurde (Version A 1350/70, B 1428 aufgezeichnet). Die Darstellung endgültiger Verdammnis in der escatolog. Parabel irritierte nach chronikal. Bericht die Zuschauer. Ähnlich ernst blieb eine Behandlung des Themas auch in schweizer. Texten des 15. Jh. aus Rheinau und Bern: Propheten und Kirchenlehrer künden den Gerichtstag an, Engel blasen zum Gericht, und die Toten stehen auf, Gute und Böse werden geschieden, die Verdammten bitten vergeblich um Gnade. Zum *Fronleichnamstag* (seit 1264 offizielles kirchl. Fest) gestaltete man für die einzelnen Prozessionsstationen lebende Bilder und Dialoge, z.T. unter Übernahme von Texten aus den Passionsspielen. Daraus entwickelten sich Heilsspiele, die sich nur durch den Aufführungsanlaß von den Passionsspielen unterschieden (Brixen, Bozen, Freiburg). Das »Künzelsauer Fronleichnamsspiel« (als Regiebuch 1479 überl.) war als Prozessionsspiel konzipiert, das die gesamte Heilsgeschichte umfaßt. Das umfangreiche »Egerer Fronleichnamsspiel«, von dem Aufführungen 1443 und 1519 bekannt sind, gestaltete die Passionsszenen stark realistisch aus. Als eigenständige Karfreitagsszenen entstanden seit dem 13. Jh. ca. 20 *Marienklagen*, die Maria und Johannes unter dem Kreuz darstellen und kommentierend die Passion erzählen. Herausragend ist die breit ausgestaltete »Bordesholmer Marienklage« (→Mariendichtung). Als spezielle *Marienspiel* existiert nur das »Innsbrucker Spiel von der Himmelfahrt Mariä« (Hs. 1391, entst. wohl in Thüringen), weniger Ausdruck der Marienfrömmigkeit als der Versuch, Legende und kirchl. Lehrmeinung zu harmonisieren. In drei Dramatisierungen der →Theophilus-Geschichte (Wolfenbüttler Th., Stockholmer Th., Trierer Th. unvollst. – alle aus dem 15. Jh. überl.) spielt allerdings Maria die entscheidende Rolle für die Rettung des Teufelsbündlers, der seine Seele dem Teufel verschrieben hat; ähnlich bewahrt Marias Fürbitte im »Spiel von Frau Jutten« (um 1500), die sich, vom Teufel verführt, zum Papst wählen ließ, vor der ewigen Verdammnis. Das »Spiel vom Sündenfall« (Ende 13. Jh.) zielt bes. auf die Bedeutung der Geburt Marias im göttl. Heilsplan. *Heiligenspiele*, die Legenden in Szene setzen und v. a. Glaubensstärke in Verfolgung exemplifizieren, gab es wohl seit dem 14. Jh., doch sind aus rd. 200 Jahren bis 1500 nur wenige Texte faßbar, z. T. fragmentarisch. In Thüringen werden lokalisiert: Spiele von der hl. Katharina (entst. wohl 1. Hälfte 14. Jh., Hs. 15. Jh.), von der hl. Dorothea (M. 14. Jh.), von dem hl. Alexius (1. Hälfte 15. Jh.), außerdem sind überliefert ein umfangreiches Zuger Spiel vom hl. Oswald (Ende 15. Jh.) und das Spiel von der hl. Helena (um 1500).

Im Rahmen der großen geistl. Spiele wurden früh bestimmte Szenen zu weltl. komischer Ausgestaltung benutzt, doch blieben diese unterhaltsamen Einlagen kontrastive Teile des sakralen Gesamtgebäudes.

Selbständige weltl. Spiele sind im 14. Jh. Einzelerscheinungen, die keine Tradition gebildet haben. Als ältestes gilt »Des Endkrist Vasnacht« (entst. im Zusammenhang der Auseinandersetzung zw. Zürich, Österreich und Ks. Karl IV. 1353/54, überl. in einer Hs. des 15. Jh.), eine Endzeitvision mit polit. Zielsetzung, vielleicht die Umgestaltung einer geistl. Vorlage. Das »Spiel von Herbst und Mai« (entst. wohl 13./14. Jh., überl. 15. Jh.) gilt dem Wechsel der Jahreszeiten, in dem zwölf Ritter des Mai und des Herbstes um die vom Herbst entführte Tochter des Mai kämpfen. Das »St. Pauler Neidhartspiel« (14. Jh.) setzt den Veilchenschwank um den Ritter →Neidhart in Szene. Ein großes »Neidhartspiel« (15. Jh.) bringt eine ganze Schwankreihe mit heftigen Kämpfen zwischen Bauern und Rittern, entwickelt aus Personal und Motiven der Neidhartschen Lyrik. Abgesehen von diesen Einzelstücken wird das weltl. Spiel des MA allein durch das *Fastnachtspiel* repräsentiert. Zunächst wurden zur Karnevalsbelustigung (→Karneval) im Wirtshaus kurze Sprüche mit Maskerade vorgetragen, daraus ergab sich dann eine Vortragsreihe verschiedener Personen, die um eine Zentralgestalt gruppiert, inhaltlich aufeinander bezogen und schließlich zu einer Handlung verknüpft werden konnte (Reihenspiel und Handlungsspiel). Gruppen von Vortragenden, geführt von einem Praecursor ('Vorläufer' oder 'Einschreier'), zogen von einer Fastnachtsgesellschaft zur anderen. Fastnachtsfeiern sind im 15. Jh. im gesamten dt. Sprachgebiet bezeugt, doch die lit. Überlieferung von Spieltexten konzentriert sich v. a. auf Nürnberg und Sterzing, sie beginnt 1430. Träger der Spiele waren anfangs anonyme Handwerksgesellen, wie in Nürnberg, andernorts gab es Spielgesellschaften. Aus der kollektiven Bemühung traten namhafte Autoren hervor: in Nürnberg Hans →Rosenplüt († 1470), der den Typ des Reihenspiels und Hans →Folz (seit 1479 in Nürnberg ansässig), der den Typ des Handlungsspiels vertritt. Die Zahl der beiden sicher zuzuweisenden Spiele schwankt. Später bei Hans →Sachs (1494-1576) verselbständigen sich die Spiele von der Fastnachtsbelustigung zu einem bes. Literaturtyp, z. T. mit moralischer und sozialkrit. Ausrichtung. Jacob Ayrer setzte diesen Typ bis ins 17. Jh. fort. Die Sterzinger Fastnachtsspieltradition ist durch Aufzeichnungen Vigil Rabers zwischen 1510 und 1535 bewahrt. Die Stücke stehen, anders als in Nürnberg, dem geistl. Spiel nahe. Von einer Lübecker Spieltradition sind über 70 Titel, doch nur ein Spieltext bekannt, mytholog. Themen geben ihr eine eigene Prägung. Schweizer und Elsässer Fastnachtsspiele behandeln heterogene Inhalte, z. T. nach lit. Vorlagen. Die Komik und Drastik der frühen Spiele wird überwiegend aus der Sexual- und Fäkalsphäre bezogen, dazu kommt die Ständesatire. Bevorzugte Personen sind Bauern, die seit Neidharts Lyrik als komisch verzerrte Gestalten erscheinen, Narren, Vertreter verschiedener Berufe, bes. der Arzt als Scharlatan, die zänkische Ehefrau, das alte Weib, der Jude. Eine Ausnahmeerscheinung ist das polit. aktuelle Spiel »Des Turken Vasnacht« von 1456 (Hans Folz zugeschrieben), in dem Zeitsatire und drohende Türkengefahr lit. verarbeitet sind. Umsetzungen von Schwankerzählungen, Episoden aus Artusroman (»Luneten Mantel«) und Spielmannsepik (»Salomon und Markolf«) in Spielhandlung begegnen insgesamt selten. Die *Moralität* als entsprechend der frz. moralité benutzte Bezeichnung für einen bestimmten Spieltyp hat in Dtl. erst im 16. Jh. für den »Jedermann« Berechtigung. Ernste, nicht geistl. Spiele, die Belehrung mit Hilfe allegorischer Gestalten betreiben, sind – abgesehen von einer Reihe aus Lübeck bekannter Titel – nur durch einen Text repräsentiert: »Henselyn« (Von der Gerechtigkeit). – Anfänge von D. und Theater im neuzeitl. Sinn, anknüpfend an antike Vorbilder, finden sich erst im 16. Jh. U. Schulze

Ed.: Altdt. Schauspiele von der ältesten bis auf die neuere Zeit, ed. F. J. MONE, 1841 – Schauspiele des MA aus Hss., ed. F. J. MONE, 2 Bde, 1846 [Neudr. 1970] – Fastnachtsspiele aus dem 15. Jh., ed. A. v. KELLER, 4 Bde, 1853 [Neudr. 1965ff.] – Erlauer Spiele. Sechs altdt. Mysterien nach einer Hs. des 15. Jh., ed. K. F. KUMMER, 1882 – Das D. des MA, ed. R. FRONIG, 3 Bde, 1891 [Neudr. 1964] – Das D. des MA, ed. E. HARTL, 1937 [Neudr. 1964] – Geistl. Spiele. Lat. Dramen des MA mit dt. Versen, ed. K. LANGOSCH, 1957 – The D. of the Medieval Church, ed. K. YOUNG, 2 Bde, 1933, 1951² – *Lit.:* W. STAMMLER, Das relig. D. im dt. MA, 1925 – E. HARTL, Das D. des MA. Sein Wesen u. sein Werden, Bd. 1, 1937 [Neudr. 1964] – E. CATHOLY, Das Fastnachtspiel des SpätMA. Gestalt und Funktion, 1961 – DERS., Fastnachtspiel, 1966 – H. H. BORCHERDT, Das europ. Theater im MA und in der Renaissance, 1969 – R. STEINBACH, Die dt. Oster- und Passionsspiele des MA, 1970 [Lit.] – W. F. MICHAEL, Das dt. D. im MA, 1971 – R. BERGMANN, Stud. zu Entstehung und Gesch. der dt. Passionsspiele des 13. und 14. Jh., 1972 – R. WARNING, Funktion und Struktur. Die Ambivalenzen des geistl. Spiels, 1974 – D. BRETT-EVANS, Von Hrotsvit bis Folz und Gengenbach. Eine Gesch. des ma. dt. D.s, 2 Bde, 1975 [Lit.] – R. SCHMIDT, Raum, Zeit und Publikum des geistl. Spiels, 1976.

VI. ENGLISCHE LITERATUR: [1] *Allgemein:* England weist mit der »Visitatio Sepulchri« in der →»Regularis Concordia« (ca. 965–975) des Hl. →Æthelwold den ältesten mlat. Text auf, der mit der Darstellung von Personen, Handlungen, Dialog, Raum und Zeit entscheidende Merkmale des Dramat. enthält. Die ältesten frz. Texte, »Le Jeu d' →Adam et Eve« (Mitte 12. Jh.) und »La→Seinte Resureccion« (ca. 1180) (→Passionsspiele), sind im anglonorm. Dialekt gehalten, also vermutl. auf engl. Boden entstanden. Eine kontinuierliche engl. Tradition ist aber erst seit dem späten 14. Jh. erkennbar. Vorher haben wir nur Fragmente und Texte, deren dramat. Status problemat. ist. »Dame Sirith« (ca. 1272-83), ein zu 90% dialog. →Fabliau wurde wohl von einem Spielmann vorgetragen, der Dialog möglicherweise durch Mimik, Gestik und Stimmva-

riation unterstützte. Der gleiche Stoff (die alte Kupplerin mit dem Hündchen aus den→»Gesta Romanorum«) kehrt wieder in dem unvollständigen Interludium »De Clerico et Puella« (ca. 1300–25), das als das älteste weltl. Schauspiel Englands gilt. Dieses und zwei anglonorm.-engl. Bruchstücke (ed. DAVIS) belegen, daß schon um 1300 eine volkstüml., von liturg. Darbietungsformen unabhängige Schauspielkunst auch für engl. Zuschauer existierte. Daneben gab es Brauchtumsspiele, die wohl auf Fruchtbarkeitsriten zurückgehen; Robin-Hood-Spiele sind seit 1427 belegt, das älteste erhaltene Fragment wird 1469–72 datiert.

[2] *Gattungen:* Von den Gattungen des ma. englischen →geistlichen Spiels sind a) das →Mysterienspiel, b) das →Mirakelspiel (*miracle play*) sowie c) die→Moralität überliefert. Unter den bezeugten Mysterienspielen überwiegen – anders als auf dem Kontinent – die →Fronleichnamsspiele.

a) *Mysterienspiele:* Die Masse des Erhaltenen besteht aus Zyklen, die die Heilsgeschichte von der Schöpfung bis zum Jüngsten Gericht darstellen: die →»York Plays«, der sog. »Towneley Cycle« (der wahrscheinl. aus →Wakefield stammt), die →»Chester Plays« und der irreführend so benannte →»Ludus Coventriae« (aus Lincolnshire oder East Anglia). Solche Zyklen sind seit 1376 (York) bezeugt. Die erhaltenen Texte reichen jedoch frühestens bis zur Mitte des 15. Jh. zurück. Aus den Zyklen von Coventry (→»Coventry Plays«), Newcastle-upon-Tyne und Norwich sind Einzelstücke erhalten.

Einem Zyklus entstammt auch das am St. Anna-Tag (26. Juli) aufgeführte »The Killing of the Children« (→»Digby Plays«), wie Hinweise auf ein vorangehendes und ein folgendes Stück verraten. Doch die Aufführungsweise – pro Jahr nur ein Stück – steht dem Prinzip des Fronleichnamszyklus diametral entgegen.

Drei Stücke bibl. Inhalts lassen in ihrer vorliegenden Form keinen zykl. Zusammenhang erkennen: zwei in Commonplace Books überlieferte Stücke von der Opferung Isaaks (1. Hälfte 15. Jh.; ed. DAVIS) und das Doppelstück von der Grablegung und Auferstehung Christi (→»Digby Plays«), das in der vermutl. als Meditationshilfe für Kartäuser ca. 1520 konzipierten Hs. Bodleian e Museo 160 steht. Die Fundorte dieser drei Stücke zeigen an, daß D. n im 15./16. Jh. auch zum Zweck der Meditation aufgezeichnet werden konnten.

b) *Mirakelspiele:* Das Mirakelspiel, vermutl. die älteste und sicher die verbreitetste der ma. Dramengattungen, hat unter der Reformation am stärksten gelitten. Erhalten sind nur: »The Conversion of St. Paul« und »Mary Magdalen« (→»Digby Plays«) sowie das »Croxton Play of the Sacrament« (1461-1520, Norfolk?, ed. DAVIS), welches ein aus dem Jahr 1461 in Aragón berichtetes Hostienwunder darstellt. Überreste eines Theophilusspiels und eines Marienmirakels werden in »The Durham Prologue« und »Dux Moraud« (ed. ebd.) vermutet.

c) *Moralitäten:* Die Moralität stellt den geistesgesch. jüngsten Typus des geistl. Spiels dar, doch dank der verspäteten Entwicklung in England – und wohl auch der bruchstückhaften Überlieferung – werden hier alle Gattungen etwa gleichzeitig sichtbar. Die allegor. Darstellungsweise der Moralität beeinflußt auch das Fronleichnamsspiel (→»Ludus Coventriae«) und das Mirakelspiel (»Mary Magdalen«).

Die erhaltenen me. Moralitäten lassen sich zwei Typen zuordnen: dem »biographischen« (→»Macro Plays«: »The Castle of Perseverance«, »Wisdom«, »Mankind«) und dem auf die finale Krisis beschränkten »Gerichts«-

Typ (»The Pride of Life«, ca. 1350, ed. DAVIS, und→»Everyman«, ca. 1510).

Im Gegensatz zu anderen Gattungen des geistl. Spiels war die biograph. Moralität der Säkularisierung zugänglich. Eine veränderte Einstellung zur Welt zeigt bereits Henry →Medwalls »Goodly Interlude of Nature« (ca. 1495), in dem die Welt zwar noch eine Quelle der Verführung ist, das Sich-Einlassen auf sie aber nicht mehr den Einflüsterungen eines Bösen Engels, sondern dem Rat der Vernunft entspringt. Die Gattung der säkularisierten Moralität – meist unter der Bezeichnung »moral interlude« – existierte fort bis nahezu ans Ende des 16. Jh. Ihr Einfluß auf das große elisabethan. D. wird allgemein angenommen, ist im einzelnen aber umstritten.

[3] *Autoren und Aufführungspraxis:* Als Autoren der Spiele kommen niedere Kleriker, insbes. Franziskaner in Betracht. Mysterien- und Mirakelspiele wurden von den städt. Zünften, teilweise auch von religiösen Gilden dargeboten. Die in Anlehnung an die Fronleichnamsprozession entstandenen Spiele wurden auf Karrenbühnen prozessional an mehreren Stationen in der Stadt aufgeführt. Dies konnte von Tagesanbruch bis -ende oder auch mehrere Tage dauern. Für die großen Moralitäten und aufwendigen Heiligenspiele wurden vermutl. Rundtheater mit mehreren Spielgerüsten errichtet, wie sie aus der Hs. der »Macro Plays« zu erschließen sind. Diese Bühnenform wird neuerdings auch für einige Fronleichnamszyklen angenommen. Die kleineren Moralitäten wurden wohl von Wandertruppen in Wirtshaushöfen aufgeführt.

[4] *Forschung:* Die ältere Forschung (YOUNG, CRAIG) führte das volkssprachige ma. D. auf lat. Vorläufer zurück, die im Schoß der kirchl. Liturgie entstanden waren. Zum Beleg wurden insbes. lat.-volkssprachige Texte als »Übergangsformen« angeführt. Der einzige Text dieser Art in England, die »Shrewsbury Fragments« (Anfang 15. Jh., ed. DAVIS) scheint aber seinerseits unter dem Einfluß des volkssprachigen Spiels zu stehen. Die neuere Forschung (WICKHAM, KOLVE, AXTON) betont demgegenüber die Eigenständigkeit der volkssprachigen Formen. Erheblicher Einfluß wird hierbei der volkstüml. Predigt und der Spiritualität der Franziskaner einerseits, dem wirtschaftl. Erstarken der Städte andererseits beigemessen. Der Schwerpunkt der Spiele lag im N und in East Anglia. Ihre spärlichere Verbreitung im Umkreis Londons wird neuerdings mit lollardischem (→Lollarden) Einfluß erklärt. H. J. Diller

Bibliogr.: C. J. STRATMAN, Bibliogr. of Medieval D., 2 Bde, 1972² – Manual ME 5, XII, 1975, 1315–1382, 1557–1621 – NCBEL I, 719–742 – I. LANCASHIRE, Dramatic Text and Records of Britain, 1984 – *Ed.:* J. A. W. BENNETT–G. V. SMITHERS, Early ME Verse and Prose, 1968², Nr. VI, XV–N. DAVIS, Non-Cycle Plays and Fragments, EETS SS 1, 1970 – D. WILES, The Early Plays of Robin Hood, 1981 – s. ferner:→Chester Plays, →Coventry Plays, →Digby Plays usw. – *Lit.:* E. K. CHAMBERS, The Medieval Stage, 2 Bde, 1903 – K. YOUNG, The D. of the Medieval Church, 2 Bde, 1933 – H. CRAIG, English Religious D. of the MA, 1955 – V. A. KOLVE, The Play Called Corpus Christi, 1966 – R. AXTON, European D. of the Early MA, 1974 – Records of Early English D., 1979ff. – G. WICKHAM, Early English Stages, I: 1330–1576, rev. ed. 1980 – A. C. CAWLEY, M. JONES, P. F. McDONALD, D. MILLS, The Revels Hist. of D. in English, I: Medieval D., 1983.

Drápa, vom 9.–16. Jh. gepflegte westnord. Prunkform des →Preislieds, originär topische Verherrlichung eines Großen (auf einen gerade Verstorbenen als Erfidrápa), seit dem 12. Jh. zunehmend auch situationsunabhängig und für andere, v. a. christl. Themen benutzt. Vom →Flokkr unterscheidet sich die D. nur formal durch das *Stef,* in ihrem Mittelteil, dem *stefjabálkr,* in regelmäßigen Abständen wiederkehrende, in Strophen integrierte Zeilen. Sie unterteilen ihn in *stefjamél* beliebiger Strophenzahl, mehrere Stef können einander folgen. *Upphaf* 'Eingang' und *slœmr* 'Abschluß' bleiben ungegliedert. Das auch durch allgemeinen Inhalt und einfachere Ausdrucksweise vom übrigen abgehobene Stef ist anfangs meist zwei-, später vierzeilig. In selteneren Spielformen werden seine Zeilen auf verschiedene (Halb-)Strophen des stefjamél verteilt (*klofastef, rekstef,* 11.–13. Jh.). Da vor der Mitte des 12. Jh. nur die in ihrer Echtheit nicht unbestrittene »Hofuðlausn« →Egill Skallagrímssons vollständig erhalten ist, läßt sich für die Blütezeit der skald. Dichtung nur sagen, daß der *bálkr* der längste Teil sein mußte. Darüber hinaus stimmen v. a. die großen →geistl. Dichtungen, wie schon die »Hofuðlausn«, die Großteile der D. und auch die stefjamél quantitativ aufeinander ab, wobei teilweise mit Symbolzahlen gearbeitet wird. Der Inhalt wird der Form angepaßt, seit dem 15. Jh. aber auch die urspgl. autonome Form nach inhaltl. Erfordernissen variiert. H. Schottmann

Lit.: E. SIEVERS, Altgerm. Metrik, 1893, 95–98 – S. NORDAL, Icelandic Notes, I. Drápa, in: Acta Philologica Scandinavica 6, 1931/32, 144–149 – W. LANGE, Stud. zur christl. Dichtung der Nordgermanen 1000–1200, 1958, 98–157 – H. SCHOTTMANN, Die isländ. Mariendichtung, 1973 [Register] – BJ. FIDJESTØL, Det norrøne fyrstediktet, 1982, 182–198 – H. KUHN, Das Dróttkvaett, 1983, §§ 84–86, 88.

Drap(p)erio, Francesco, genues. Unternehmer, † nach 1455, entstammte einer in →Pera ansässigen genues. Familie, die aus der →Contrada von S. Francesco stammte. F. D. pachtete von der →Maona v. →Chios die Ausbeutung der →Alaunminen von →Phokaia vom 1. Aug. 1445 bis zum 15. Okt. 1451 (vielleicht aber schon von 1437 an). Verbunden mit den genues. Familien →Giustiniani, →Adorno, →Paterio und →Doria, die Alaun nach Westeuropa exportierten, bildete F. D. gemeinsam mit diesen am 1. April 1449 eine Gesellschaft, die die Förderung und den Handel von Alaun aus dem Osten kontrollierte, den Alaun-Preis hochhielt und Konkurrenten ausschaltete. F. D. verfügte selbst über die Hälfte der Anteile der Gesellschaft und ließ durch Faktoren die Minen von Phokaia (800 t Jahresertrag) ausbeuten, während seine Teilhaber den Handelsverkehr zw. Chios und den Absatzgebieten im Westen (Genua, Brügge, England) organisierten. Die kapitalist. Konzentration des Konsortiums war somit weit fortgeschritten. F. D. hielt darüber hinaus Abgaben und Steuern in Phokaia in Pacht. Er stand in engen Geschäftsbeziehungen zu den →Osmanen; nachdem er sich 1454 aus der Alaungesellschaft zurückgezogen hatte, erschien er im folgenden Jahr sogar an der Spitze einer türk. Flotte vor Chios, um Schuldforderungen einzutreiben. Danach verlieren sich seine Spuren. M. Balard

Lit.: M.-L. HEERS, Les Génois et le commerce de l'alun à la fin du MA, RHES 32, 1954, 31–53 – J. HEERS, Gênes au XVᵉ s. Activité économique et problèmes sociaux, 1961 – M. BALARD, La Romanie génoise (XIIᵉ–début du XVᵉ s.), 2 Bde, 1978.

Drau (lat. Draus, Dravus, slowen. und serbokroat. Drava; Name vorkeltischer Herkunft), Fluß, auf heut. it., österr., jugoslav. und ung. Staatsgebiet, entspringt am Toblacher Feld (Dolomiten) und mündet nach 720 km bei →Esseg (Osjek) in die →Donau. In röm. Zeit durchfloß die D. die Provinzen →Noricum und →Pannonien; wichtige Straßenknotenpunkte, Handelszentren und Militärstützpunkte m. Brücke od. Furt waren u. a. Sonticum (b. Villach), Poetovio (→Pettau, Ptuj), Mursa (Esseg). In der Völkerwanderungszeit wurde das Flußtal als Einfallsweg aus der pannon. Ebene von Ostgoten und Langobarden, gegen Ende des 6. Jh. von Slaven, vom NW her von Bayern und Franken, im 9. Jh. von Bulgaren benutzt. Im MA war die D. wirtschaftlich und politisch-strategisch der bedeutendste Fluß in →Karantanien/→Kärnten, der

→Steiermark und →Slawonien; fruchtbare Täler lagen bes. am mittleren und unteren Lauf; es gab zahlreiche Wassermühlen (so in Villach, 13. Jh.). Ab Spittal war die D. mit Flößen, seit ca. 1500 wohl mit Schiffen befahrbar. Die Straßen im Flußtal waren wichtig für den Ost-West-Handel nach und von →Ungarn, wobei Pettau mit seinen Jahrmärkten der größte Umschlagplatz war. Mehrfach wurde die Drau überbrückt, in der Regel an Verkehrsknotenpunkten, z. T. mit Zollstellen, Häfen und Jahrmärkten: In →Villach, wo 898 eine Brücke bezeugt ist, wurde mit jeder Siedlungsphase der Stadt (11. und 12. Jh.) eine neue Brücke errichtet; im 13. Jh. wurden Brücken bei Hollenburg und unterhalb von Völkermarkt gebaut; die Stadt Pettau hatte eine Brücke schon im 9. Jh.; Warasdin (→Varaždin) war im 13. und 14. Jh. der größte Hafen und bedeutendste Markt im slawon. D.-Bereich. Die D. bildete im MA sehr oft auch eine Grenze: Seit dem 13. Jh. war sie grundsätzl. die Handelsgrenze zw. dem Meersalz im Süden und dem Halleiner Salz im Norden (→Salz, -handel). Kirchlich und politisch war sie schon viel früher eine Grenze: 796 hatte Pippin die Grenzen zw. dem Salzburger Missionsgebiet (→Salzburg) und demjenigen des Patriarchats v. →Aquileia entlang der D. abgesteckt, und Karl der Große hat dies 803 bzw. 811 durch einen Schiedsspruch endgültig fixiert. Bis ins 18. Jh. trennte die D. die Kirchensprengel von Salzburg und Aquileia. Im mittleren Verlauf war im 9. Jh. die D. die nordöstl. Grenze der Gebiete der kroat. Herren Liudewit, Ratimir und Braslav, dann Slawoniens und des Bm.s Agram (→Zagreb), und sie bildete während des ganzen Zeitraumes die Grenze zw. →Ungarn und →Kroatien. J. Ferluga

Lit.: RE Suppl. XII, 1970 – M. Kos, Zgodovina Slovencev od naselitve do petnajstega stoletja, 1955 – Spittal a. d. Drau. Vom Markt zur Stadt (Fschr., hg. E. Nussbaumer, 1960) – SłowStarSłow I, 1961 – N. Klaić, Povijest Hrvata u ranom srednjem vijeku, 1971 – O. Pickl, Pettau – ein internat. Handelsplatz des 15. und 16. Jh., Zs. des hist. Vereins für Steiermark 62, 1971, 87ff. – F. Leskoschek, Schiffahrt und Flößerei auf der D., ebd. 63, 1972, 115ff. – N. Klaić, Povijest Hrvata u razvijenom srednjem vijeku, 1976 – W. Neumann, Zur Gesch. der Villacher Brücken (Neues aus Alt-Villach, 1978), 41ff. – G. Schramm, Eroberer und Eingesessene, 1981 – C. Fräss-Ehrfeld, Gesch. Kärntens I, 1984 [Lit.].

Draumkvæde ('Traumlied'), spätma. norweg. Visionsgedicht (→Visionsdichtung, -literatur) mit (rekonstr.) 52 bis 119 vierzeiligen (→Balladen)strophen, um 1840 in ca. 70 Varianten, teilweise mit Melodien, aufgezeichnet aus mündl. Volksliedtradition (→folkeviser), in der es als nationales »gesunkenes Kulturgut« die nachreformator. Jahrhunderte dän.-dt. Schriftkultur überlebte. Olaf Åsteson träumt in der Vorweihnachtszeit in zwölftägigem Schlaf eine Jenseitsreise, schaut Höllenorte, Paradiesesauen, die Gottesmutter, einen allegor. Sünden-Katalog (Geizige in Mänteln aus Blei, u. dgl.), das Jüngste Gericht und St. Michael als Seelenwäger. Daraus folgt wie in der hochma. an. Duggals leizla (→Tundalus-Vision) und Maríu saga (→Visio Gunthelmi) eine Ermahnung der Lebenden. →Mündl. Literaturtradition. G. W. Weber

Ed. und Lit.: M. Barnes, D. An Ed. and Study, 1974.

Dravänopolaben, westslav. polab. Stamm (→Polaben), der im MA das Gebiet des sog. Hannöverschen Wendlandes und der →Altmark westl. der Elbe bewohnte. Der Stammesname kommt vom slav. *dervo- (= Holz) und bedeutet 'Waldbewohner', wofür es im ostslav. (→Drevljanen) und im dt. (sächs.) Bereich (Holtsassen, Holsten; →Holstein) Entsprechungen gibt. Der Stammesname hat sich bis heute im Landschaftsnamen 'Drawehn' (nö. Niedersachsen) erhalten. Die Zeit der Einwanderung der D. und anderer kleinerer slav. Volksgruppen in das Wendland ist quellenmäßig nicht belegt. Das Vorkommen der frühen, ungezierten Keramik (Typ Sukow) bei einigen slav. Siedlungen, die Existenz der slav. Burg Hohbuoki (→Höhbeck) an der Elbe z. Z. Karls d. Gr. und indirekt das Fehlen sächs. Besiedlungsspuren deuten darauf hin, daß man die Anfänge der slav. Besiedlung auf diesem Gebiet nicht später als auf die 2. Hälfte des 8. Jh. festlegen kann. Die frühslav. Besiedlung konzentrierte sich hier direkt an der Elbe und ihrem linken Nebenfluß Jeetzel, während die Ostgrenze der sächs. Besiedlung der Fluß Ilmenau bildete. Zur Besiedlung des südl. Teiles des Wendlandes kam es in späterer Zeit unter der dt. Oberherrschaft. Obgleich die polit. Geschichte der D. unbekannt ist, besaßen sie wohl unter der Herrschaft Karls d. Gr. und auch in der Zeit der Schwäche des ostfrk. Staates im 9. Jh. sowie nach dem Aufstand der Elbslaven (983) eine gewisse Eigenständigkeit. Das Vorhandensein der slav. Stammesburgen im Gebiet des Wendlandes (Hitzacker, →Dannenberg, Meetschow, Clenze) weist auf die hohe polit.-gesellschaftliche Entwicklung hin. Der südl. Teil des Wendlandes und der angrenzende nord-westl. Teil der Altmark, die »marca Lipani«, unterlagen 956 der dt. Herrschaft. Clenze, eine von sechs Ortschaften dieser »marca«, die alle slav. Namen trugen, wurde 1004 zusammen mit dem Landschaftsnamen (»Claniki in Dreuani«) erwähnt. Der Stammesname, inzwischen zum Landschaftsnamen reduziert, erscheint dann erst in den Quellen des SpätMA wieder. Die Kolonisation des 12. Jh. (→Kolonisation und Landesausbau) führte zu einem dt. Übergewicht, bedeutete aber nicht das Ende der slav. Kultur in diesem Gebiet. Das slav. Volkselement, das allerdings nur bedingt als Fortleben des Stammes der D. zu betrachten ist, erwies sich als ungewöhnl. dauerhaft und blieb in Relikten bis zur Wende des 17. zum 18. Jh. erhalten; das Hannöversche Wendland war in der frühen NZ das einzige Gebiet des westl. Mitteldeutschland mit slavischsprachigen Bevölkerungsteilen. Die in der NZ aufgezeichnete Sprache der Nachkommen der D., das Dravänopolabische, ist die einzige näher bekannte slav. Mundart aus der Gruppe der Nordwestslaven. – →Elb- und Ostseeslaven. J. Strzelczyk

Bibliogr. und Lit.: P. Kühnel, Die slav. Orts- und Flurnamen im Lüneburgischen, Zs. des Hist. Vereins für Niedersachsen, 1901–03 [Neudr. 1982] – R. Olesch, Bibliogr. zum Dravänopolabischen, 1968 – J. Strzelczyk, Drzewianie połabscy, Slavia Antiqua 15, 1968, 61–216 – O. Harck, Nordostniedersachsen vom Beginn der jüngeren Bronzezeit bis zum frühen MA, 1972 – Slawen und Deutsche im Wendland, NdsJb 44, 1972, 1–73 – G. Osten, Slaw. Siedlungsspuren im Raum um Uelzen, Bad Bevensen und Lüneburg, 1978 – B. Wachter, Frühgesch. Burgen und frühe Städte im Wendland, Rapports du IIIe Congr. internat. d'Archéologie Slave I, 1979, 883–889 – R. Olesch, Thesaurus linguae Dravaenopolabicae, T. I–III, 1983–84 – B. Wachter, Die wirtschaftl. und polit. Verhältnisse des 10. Jh. im Hannöverschen Wendland und angrenzenden Gebieten, ZA 18, 1984, 45–61 [Lit.] – H. Steuer, Die slaw. und dt. Burganlage bei Meetschow, Archäol. Korrespondenzblatt 6, 1976, 163–168.

Dream of the Rood ('Traumgesicht vom Kreuz') gilt als eine der bedeutendsten ae. Dichtungen. Ein vollständiger Text ist im →Vercelli-Buch (2. Hälfte des 10. Jh.) überliefert, einzelne Verse auf dem viel älteren →Ruthwell Cross (ca. 650–750). Die Frage nach Autor und Form der Urfassung ist ungeklärt; diese Urfassung reicht aber mindestens ins frühe 8. Jh. zurück. D. ist eine Verbindung aus Traumvision und Prosopopeia, dem Auftreten eines unbelebten Gegenstandes als Sprecher: Dem Ich-Erzähler erscheint das Kreuz Christi; dieses beginnt dann selbst zu sprechen und berichtet seine Geschichte, wobei in die christl. Aussage auch germ. Vorstellungen eingeschmolzen sind. Am Schluß spricht wieder der Ich-Erzähler. D. hat zwar für einzelne Stellen literar. und liturg. Parallelen, ist als Ganzes aber ein eigenständiges Werk ohne unmittelbare Quelle. Für mögl. Anklänge an den Text von D. s. a. →Brüsseler Kreuz. H. Sauer

Bibliogr.: NCBEL, I, 275f. – RENWICK-ORTON, 223–225 – S. B. GREENFIELD–F. C. ROBINSON, A Bibliogr. of Publications on OE Lit., 1980, 214–217 – Ed.: H. BÜTOW, Das ae. 'Traumgesicht vom Kreuz', 1935 – ASPR II, 61–65 – B. DICKINS–A. S. C. ROSS, The D., 1954[4] – M. SWANTON, The D., 1970 – Lit.: R. WOOLF, Doctrinal Influences on The D., MAe 27, 1958, 137–153 – J. A. BURROW, An Approach to The D., Neophilologus 43, 1959, 123–133 – R. I. PAGE, An Introduction to English Runes, 1973 – A. E. MAHLER, Lignum Domini and the Opening Vision of The D., Speculum 53, 1978, 441–459 – J. A. W. BENNETT, Poetry of the Passion, 1982, 1–31.

Drechsler (auch *Dressler*, *Dre(g)her*, nddt. *Drey(g)er*, lat. *tornarius*, *tornator*). [1] *Herstellung der Drechslerarbeiten:* Die D. stellen mit den für ihr Handwerk charakterist. Werkzeugen Drehbank und Beitel (Schnitzmesser in verschiedenen Formen, z. B. zur Erzielung konvexer und konkaver Rundungen) aus Holz, Knochen, Elfenbein, Bernstein, auch Marmor und weicheren Metallen wie Bronze Geräte, Gefäße und ornamentale Möbel- und Architekturelemente (z. B. Stuhl- und Tischbeine, kleine Säulen, Fenster- und Türstürze) her, bei denen exakte und gleichmäßige (z. B. spiegelbildl. gleiche) Rundung notwendig ist. Die ma. D. dürften aber fast ausschließl. Holz verarbeitet haben, denn erstens erwähnen die Zunftordnungen nur dieses als Werkstoff und zweitens bildeten die Gewerbe, die zwar Drechslertechniken anwendeten, aber kein Holz verarbeiteten, eigene Zünfte, wie z. B. die Lübecker (Bernstein-)→Paternostermacher.

Wie wohl alle überwiegend holzverarbeitenden Gewerbe ist das Drechslerhandwerk sehr alt (bekannt sind Drechslerarbeiten aus dem antiken Griechenland, ptolemäischen Ägypten, kaiserzeitl. Rom). Aus Moorfunden von Drechslerarbeiten wissen wir, daß die Germanen der Völkerwanderungszeit das Drechslerhandwerk kannten. Zahlreiche Quellen (→Capitulare de villis, →Polyptychon v. St-Germain-des-Prés u. a.) belegen die Existenz von D.n in der Karolingerzeit.

Bis zum Ende des FrühMA verwendeten die D. die sog. Fiedeldrehbank, auf der der D. das unverrückbar auf eine Welle – bzw. zwischen zwei Halbwellen – gespannte Werkstück mittels einer darum geschlungenen und mit dem Fiedelbogen verbundenen Schnur hin- und herdrehte; er hatte daher, falls nicht ein Gehilfe den Bogen zog, nur eine Hand zum Bearbeiten des Werkstücks frei. Im HochMA kam die Wippdrehbank auf, bei der eine fußbetätigte Wippe den Drehantrieb übernahm und dem D. beide Hände für die Bearbeitung freiließ; das Werkstück wurde aber noch hin- und zurückgedreht und nur bei der Drehung zum D. hin konnte der Beitel angesetzt werden. Leonardo da Vinci erfand die Drehbank mit gekröpftem Pleuel und Schwungrad, die eine kontinuierl. Drehrichtung ermöglichte. Die D. bauten im Regelfall ihre Drehbänke selbst.

[2] *Städtische Vorschriften und Zunftregeln:* In Köln wurde um 1180 eine Bruderschaft der D. gegründet; anläßlich dieser Gründung wird auch ihr »officium« erwähnt. Dieses Zeugnis ist ungewöhnl. früh; andere Drechslerzünfte sind erst aus dem 14. Jh. belegt: Venedig 1300, London um 1310, Lübeck 1345, Hamburg 1375, auch der eigtl. Kölner Drechsleramtsbrief stammt von 1397. Es fällt auf, daß in zahlreichen Städten mit sonst hochspezialisierter Gewerbestruktur, z. B. Paris, Straßburg, Frankfurt am Main, Drechslerzünfte gar nicht oder erst spät (so in Frankfurt 1589) bezeugt sind. In Paris blieben die D. mit Zimmerleuten, Dachdeckern und anderen Gewerben in einer Zunft vereinigt. Die Straßburger Zimmerleute-Ordnung zeigt, daß diese und die Schreiner bei vielen Produkten und anscheinend auch bei Drechslerarbeiten miteinander konkurrieren durften. Es ist daher anzunehmen, daß in den meisten Mittel- und Kleinstädten die D. mit den Zimmerleuten oder Schreinern/Tischlern vereinigt blieben bzw. daß diese, wenn sie eine Drehbank besaßen, auch Drechslerarbeiten ausführten. Anscheinend waren D. in den Seestädten zahlreich, da, wie auch schriftl. Quellen bezeugen, die Schiffsausrüstung ihnen viel Arbeit bot (Taljen, Blöcke, Relingstützen usw.). In Lübeck und Hamburg gab es daneben die sog. Schachtschneider (*scatsnider*), auf die Herstellung von Schüsseln und Gefäßen eingeschränkt waren, dafür mit diesen Produkten aber in relativ großzügiger Weise Handel treiben konnten; Produktion und Vertrieb sonstiger Drechslererzeugnisse war ihnen untersagt.

Die Zunftordnungen der D. halten sich im Rahmen des Üblichen: Holzeinkauf und Verkauf der fertigen Produkte werden reglementiert, ebenso die Einstellung von Gesellen; die Qualität der Arbeit wird überwacht. Die Zahl der Lehrlinge und Gesellen wird meist auf 2–4 pro Betrieb eingeschränkt; in Frankfurt allerdings darf ein D. bis zu drei Werkstätten und zwei Läden unterhalten. Die Lehrzeit beträgt in Frankfurt 3, in Venedig 7 Jahre, in Hamburg 1375 2, um 1500 aber 4 Jahre. Venedig verbietet die Verwendung von Pappel- und Weidenholz; ven. D. dürfen mit Auswärtigen keine Gesellschaften zum Vertrieb von Drechslerwaren haben. In Venedig gibt es eine »scola« der Drechsler. H.-P. Baum

Q.: →Handwerker – Lit.: HOOPS[2] VI, 154–171 [T. CAPELLE–H. DRESCHER] – F. SPANNAGEL, Das D.-Werk, 1948 – H. VOCKE, Gesch. der Handwerksberufe, 1960 – V. RODEKAMP, Das Drechslerhandwerk in Ostwestfalen. Ein traditionelles Handwerk in Ostwestfalen, 1981.

Dregoviĉen, ostslav. Stamm (→Ostslaven), belegt in schriftl. Quellen des 10.–12. Jh. (Konstantin Porphyrogennetos: Δρουγουβῖται [vgl. zum gleichnamigen südslav. Stamm →Drugoviĉi]; aruss. Chroniken: *dregoviĉi*) sowie durch archäol. Funde (Hügelgräber, eigenständiger Schmuck). Die D. haben sich in der 2. Hälfte des 1. Jt. n. Chr. herausgebildet und siedelten im Kerngebiet des späteren Weißrußland, v. a. im Pripet'-Becken, dessen Landschaftscharakter sich im Namen der D. (*dreg-v* 'Sumpf') widerspiegelt. Eine allmähl. Ausdehnung der Siedlungsgefilde der D. erfolgte im 9. und 10. Jh. in nördl. Richtung. Im 11.–12. Jh. reichte das Gebiet der D. an den Südrand des Düna-Beckens, wo es mit Siedlungen der Polocker →Kriviĉen zusammentraf, im Osten bis zum →Dnepr mit den →Radimiĉen als Nachbarn. Im Westen umfaßte es nach Verdrängung der balt. Stämme, insbes. der →Jadwinger und der →Litauer, den Oberlauf von Memel und Narew und reichte bis zum mittleren Bug, wo es an →Masowien grenzte. Im Süden waren die D. den →Drevljanen benachbart. Ackerbau und Viehzucht bildeten die Grundlagen der Wirtschaft. In der 1. Hälfte des 10. Jh. gerieten die D. in Tributpflicht zu den Kiever Fs.en (→Kiev), in deren Herrschaftsbereich sie im letzten Viertel des Jahrhunderts einbezogen wurden. Fsm.er mit lokalen Dynasten an der Spitze lassen sich für das 9.–10. Jh. vermuten; sicher ist aber nur das Fsm. →Turov für die 2. Hälfte des 10. Jh. nachweisbar. Im Rahmen des Kiever Reiches sind im Stammesgebiet der D. einige Teilfürstentümer entstanden: den Kern umfaßte das Fsm. Turov; die nördl. Gebiete gehörten zur südl. Hälfte des Fsm.s →Polock, der Südosten unmittelbar zu Kiev: im Westen entstanden die Fsm.er →Grodno und →Novogródek (die sog. schwarze Rus'), andere Gebiete wurden Bestandteil des Fsm. s → Vladimir in Wolhynien. Im 14. Jh. wurde das gesamte Gebiet der D. in das Gfsm. → Litauen einbezogen.

A. Poppe

Lit.: VASMER, Wb. I, 368 – SłowStarSłow I, 379f. – SIE V, 326 – M. V. DOVNAR-ZAPOLSKIJ, Očerk istorii Krivičskoj i Dregovičskoj zemel' do konca 12 stoletija, 1891 – A. V. USPENSKAJA, Kurgany južnoj Belorussii v X–XII i vv. (Trudy GIM 22, 1953), 97–124 – JU. V. KUCHARENKO, Srednevekovye pamjatniki Polesja, Svod archeologičeskich istočnikov, 1961 – F. D. GUREVIČ, Drevnosti Belorusskogo Ponemanja, 1962 – V. V. SEDOV, Dregoviči, SA, 1963, Nr. 3, 112–125 – V. V. SEDOV, Slavjanie Verchnego Podneprovja i Podvinja, 1970 – Očerki po archeologii Belorussii 2, 1972, 27–35, 218f. – Drevnosti Belorussii i Litvy (Kiev i zapadnyje zemli Rusi v IX–XIII, 1982) – A. D. POBOL, Archeologičeskie pamjatniki Belorussii, 1983 – H. ŁOWMIAŃSKI, Historia Polski V, 1973, 82–84 – HGesch Rußlands I, 237ff. [H. RÜSS] – s. a. Lit. zu → Ostslaven.

Drehbank → Maschinen

Drehleier → Musikinstrumente

Drei (Zahl) → Dreifaltigkeit, → Zahlensymbolik

Dreiapsidenkirche, ein- oder dreischiffige querschifflose Kirche mit drei in einer Flucht liegenden Apsiden oder Altarnischen, in frühchristl. Zeit im östl. Mittelmeerraum (Syrien) entwickelt (Theklabasilika in Meriamlik Ende 5. Jh.) und im Adriagebiet (S. Apollinare in Classe bei Ravenna, Poreč [Parenzo], S. Eufemia in Grado, S. Giusto in Triest). D. n als Dreiapsidensäle kommen zunächst als eine Gruppe karol. Kirchen in Graubünden in der 2. Hälfte 8. – Anfang 9. Jh. vor (St. Martin und St. Luzi zu Chur, Mistail, Müstair, Zillis, Säben, Ramosch, Pleiv, Zillis und St. Martin, St. Maria und St. Agatha zu Disentis). In südtiroler und österreich. Nachbarschaft (Mals, Hocheppan, Lana, Linz), in Oberitalien (S. Pietro in Mavina zu Sirmione/Gardasee, S. Maria in Solario zu Brescia, S. Maria di Aurona zu Mailand, Cividale, San Veriano/Arezzo u. a.) sowie in Schaffhausen 1047/50, Cossonay/Kt. Waadt, Schönthal bei Langenbruck, St. Bartholomäus bei Romen u. a. in der Schweiz, St. Klemens in Essen-Werden 957 geweiht, Oosterbeek/Holland 2. Hälfte 10. Jh. Die D. als dreischiffige querschifflose Basilika findet sich im 11. und 12. Jh. in Oberitalien, Alpenraum und Süddeutschland (Oberrhein, Schwaben, Bayern), in abgewandelter Form auch in Ungarn, Frankreich, Katalonien und Italien. Zentrale Gruppe des 10./11. Jh. um Amsoldingen, Schloßkirche Spiez, S. Pietro in Agliate, Isola Comacina, S. Paragorio in Noli, St. Martin in Aime, S. Ambrogio und S. Vincenzo in Prato zu Mailand. – Vgl. a. → Bema (Abschnitt 2). G. Binding

Lit.: RDK IV, 397–403 [Lit.] – H. PAULUS, Zur Liturgie und Anlage des Dreiapsidenchores im vorkarol. Frankreich, Das Münster 5, 1952, 337, 342 – J. GANTNER – A. REINLE, Kunstgesch. der Schweiz I, 1968², 121–131 – G. BINDING, Zu Brunnen und Reliquiengräber in Kirchen, ZAMA 3, 1975, 37–56 – DERS., Die ehem. Pfarrkirche St. Klemens in Essen-Werden, Quellenschr. zur Westdt. Vor- und Frühgesch. 10, 1982, 11–30 – S. RUTISHAUSER, Amsoldingen. Ehem. Stiftskirche, 1982 [Lit.] – R. ROSENTHAL-HEGINBOTTOM, Die Kirchen von Sobota und die D.n des Nahen Ostens, 1982.

Dreibilderserie, klinische Demonstrationsserie aus der Mitte des 14. Jh., die im Gegensatz zur anatom. → Fünfbilderserie nicht auf die Gestalt, sondern auf die Erkrankungen des menschl. Leibes zielt, deren Symptomatik (→ Diagnostik) graphisch erfaßt und die Brücke vom abgebildeten Befund zur schriftl. fixierten Therapie schlägt. Die ganzfigurigen Abbildungen entsprechen einer modernen Stoffaufteilung (Chirurgie, Innere Medizin, Gynäkologie = Wundenmann, Krankheitsmann, Schwangere/Krankheitsfrau), lehnen sich an die Tradition älterer Hockbildserien an und sind von lat. Beischriften umrahmt, deren landessprachige Substrate erkennen lassen, daß der wahrscheinl. böhm. Verfasser dt. und tschech. Vorlagen ausschrieb: Der Begleittext zum Wundenmann beispielsweise ist aus der »wuntarzenie« (Traktat VII) des 'Arzneibuchs' → Ortolfs v. Baierland übersetzt. Landessprachige Übertragungen (thür. schon um 1400), v. a. aber die Aufnahme in den 'Fasciculus medicinae' Johann Kellners v. Kirchheim (»Ketham«) sicherten der D. ebenso langanhaltende wie weitreichende Wirkung; vom Wundenmann sind sowohl graph. wie textl. Sonderüberlieferungen belegt (beispielsweise 'In dissem biechlin find man gar ain schöne vnderwysung', Köln: Arnd van Aich 1514). – Der Todeszeichenmann, der gelegentl. in Überlieferungsgemeinschaft mit der D. begegnet, stammt wie das den Brennstellenbildern verpflichtete → Pestlaßmännlein aus anderer Tradition.

G. Keil

Lit.: K. SUDHOFF, Neue Beiträge zur Vorgesch. des »Ketham«, Sud Arch 5, 1912, 280–301 – DERS., Der Fasciculus medicinae des Johannes de Ketham Alemannus (Monumenta medica 1), 1923, 49–56 – B. H. HILL, A medieval German wound man: Wellcome MS 49, JHM 20, 1965, 234–357.

Dreiblatt beim got. → Maßwerk hauptsächl. in krumm-linig begrenzte (sphärische) Dreiecke zu dritt eingesetztes spitzbogig abgeschlossenes Element als Weiterentwicklung des → Dreipaß. G. Binding

Dreieckschild → Schild

Dreiecksmarkt → Markt

Dreieinigkeit → Trinität

Dreifaltigkeit

I. Als theologischer Begriff – II. Darstellungen in der Kunst.

I. ALS THEOLOGISCHER BEGRIFF: D. ist die aus dem Mhd. stammende Übersetzung von »trinitas« (Dreieinigkeit). Für Meister → Eckhart bedeutet D. die jede Zahl und Vielheit transzendierende, indistinkte Einheit Gottes. Das ununterschieden Eine ist der fruchtbare, schöpfer. Grund alles Kreatürlichen. Die appropriierende → Trinitätstheologie des MA hat im Unterschied zur dogmat. Betrachtung der innergöttl. Lebensbewegungen (göttl. Personen) das Geheimnis der D. in der ganzen Heilsgeschichte (→ Drei-Stadien-Gesetz), in der Schöpfung und im geistl. Leben des Menschen gesucht und gefunden. Die Dichtung und Kunst des MA sind dieser Betrachtung der D. gefolgt; auch scholast. Theologen, z. B. Bonaventura, schenkten ihr die volle Aufmerksamkeit. → Trinität. L. Hödl

Lit.: H. HEINZ, Trinitar. Begegnungen bei Bonaventura. Fruchtbarkeit einer appropriativen Trinitätstheologie, BGPhMA 26, NF, 1985.

II. DARSTELLUNGEN IN DER KUNST: [1] *Frühchristliche Zeit:* In frühchristl. Zeit waren anthropomorphe Darstellungen der D. unbekannt (gegenüber trinitar. Deutung der Schöpfungsszene auf dem sog. dogmat. Sarkophag [Rom, Vat. Mus.] vgl. ENGEMANN, 1976; KAISER-MINN, 10–31). Gesichert sind drei andere Darstellungsweisen: typolog., zahlensymbol. und figürl.-symbol. Bilder. Typologie: die atl. Szene des Besuchs der drei Männer bei Abraham an der Eiche in Mamre (Gen 8, 1–16) galt als Hinweis auf die D. (z. B. Augustinus: MPL 42,809; Beispiele: Rom, Katakombe an der Via Latina, Malerei, Mitte 4. Jh.; Rom, S. Maria Maggiore, Mosaik, um 430; Ravenna, S. Vitale, Mosaik, Mitte 6. Jh.). Die Einheit der drei Personen der Trinität konnte durch Ähnlichkeit der Besucher betont werden. Zahlensymbolik: dreifache Wiederholung von Zeichen und Gegenständen (dreifaches Christogramm mit dreifachem A und ω: Albenga, Mosaik, 5. Jh.; drei Kränze mit A und ω: Bawit, Malerei → A und ω Abb. 5). Figürl. Symbolik: Zufügung der Hand Gottvaters und der Taube als Symbol des Hl. Geistes zum Christuslamm (von Paulinus v. Nola i. J. 402 beschriebene Apsisbilder in Nola und Fundi) oder zur Gestalt Christi (bes. bei dessen Taufe, z. B. Rabula-Evang., Florenz, v. J. 586). J. Engemann

Lit.: J. ENGEMANN, Zu den Apsis-Tituli des Paulinus v. Nola, JbAC 17, 1974, 21–46 – DERS., Zu den Dreifaltigkeitsdarstellungen der frühchristl. Kunst, ebd. 19, 1976, 157–172 – H. KAISER-MINN, Die Erschaffung des Menschen auf den spätantiken Monumenten des 3. und 4. Jh., 1981.

[2] *Lateinisches Mittelalter:* Die in frühchristl. Zeit vorgegebenen Motive wirken im MA weiter, hinzu treten weitere Bildthemen. Eines der ältesten Zeichen der D., das Dreieck (von Augustinus abgelehnt, da es von den häret. Manichäern benutzt wurde), kehrt Anfang des 11. Jh. wieder (Utacodex, Regensburg; in Verbindung mit der Hand Gottes und dem Kreis). Als Zeichen göttl.-kosm. Harmonie findet sich schon früh die Durchdringung von Kreis und Dreieck; im 14. Jh. entwickelt sich das Symbol der drei verschlungenen Kreise (Heinrich Seuse, 1295–1356). In diesem Sinne wird der trinitätsbezogene Harmoniegedanke auch in got. Architekturkompositionen angesprochen, eindeutig jedoch erst in barocken Kirchengrundrissen verwirklicht.

Innerhalb der symbol. Darstellungen der D. tritt die Verdreifachung eines Tiermotivs (3 Hasen, Fische, Vögel, Löwen) oder eines anthropomorphen Motivs (3 Männer, Gesichter) vorrangig in Buchmalerei und Bauplastik auf, wobei die göttl. Einheit in der Dreigestalt dadurch kenntlich gemacht wird, daß die Tiere auf verschiedene Weise unmittelbar miteinander verbunden sind bzw. die Gesichter von einem einzigen Körper getragen werden. Eine Verbindung von symbol. Zeichen und bildhaft-figuraler Darstellung überliefert Cod. 132, pag. 13, der Bibliothek von Montecassino mit Hrabanus Maurus, De originibus rerum, um 1023: in drei miteinander verklammerten Kreisen erscheinen Gottvater in Gestalt des »Alten der Tage«, d. h. in der Gestalt Christi als dem präexistenten Logos, die Büste Christi als dem inkarnierten Logos und die Geistestaube (M. REUTER, Text und Bild im Cod. 132 der Bibl. von Montecassino »Liber Rabani de originibus rerum«, Münchener Beitr. zur Mediävistik und Renaissance-Forsch. 34, 1984, 81 ff., Abb. 4). Die dreifigurige Gruppe wird seit dem 14. Jh. weit häufiger ohne Verbindung mit geometr. Symbolen wiedergegeben, so der greise Gottvater, der jugendl. Christus und die Taube, verschiedentl. auf Buch stehend (Bibl. Vat., Cod. Pal. lat. 291, fol. 6r, 1425), wobei ihre Anordnung dem in der byz. Kunst bekannten Paternitas- und Synthronoi-Typus entsprechen kann. Nicht selten wird die frühchristl. Tradition beibehalten und anstelle der Personifikationen das Lamm für Christus und die Dextera Dei für Gottvater eingesetzt.

Bedeutsam für die figürl. Darstellungen bleibt weiterhin die Begegnung Abrahams mit den drei Männern bzw. Engeln (Gen 18, 1–10). Im Spinola-Stundenbuch (Malibu/Calif., J. Paul Getty Mus., Ludwig Ms. IX 18, um 1515) steht dieses Bildthema als atl. Typus der thronenden D. in Gestalt dreier jugendlicher, gekrönter Männer fol. 10v–11r gegenüber, wohingegen bei der Marienkrönung fol. 153v der greise, mit der Tiara bekrönte Gottvater, Christus mit den Wundmalen sowie die sie verbindende Taube des Hl. Geistes als D. erscheinen (A. VON EUW–J. M. PLOTZEK, Die Hss. der Slg. Ludwig 2, 1982, Abb. 401 f., 433). In Verbindung mit der Schöpfungsgeschichte findet sich ebenfalls der dreifigurige Darstellungstypus (Kath. v. Rouen, Nordportal, Ende 13. Jh.; Hortus deliciarum, Herrad v. Landsberg, Ratschluß der Schöpfung, 1170–80). Im 15. Jh. entwickelt sich der →Ratschluß der Erlösung zu einem eigenen Bildthema (Altar aus der Nachfolge des Konrad Witz, um 1450, Berlin, Staatl. Mus.). Weiterhin findet sich als dreifigurige Komposition die Gruppe aus Christus und Gottvater mit der Taube.

Seit dem 14. Jh. wird die Darstellung der D. zu einem umfassenden Glaubensbekenntnis auf den Altarretabeln (Hubert und Jan van Eyck, Genter Altar, Gent, St. Bavo, voll. 1432). Die eindringlichste Darstellung des Dreifaltigkeitsdogmas ist die sog. *Gnadenstuhl*. Der Begriff stammt von Luther aus der Übersetzung von Hebr. 9, 5: thronus gratiae = Gnadenstuhl = Deckelplatte der Bundeslade. Die erste inschriftl. Bezeichnung findet sich auf einem Relief mit der Allegorie der christl. Heilslehre von Peter Dell d. Ä. (1548, 1945 zerstört). Die Darstellungsform des Gnadenstuhls ist seit dem 12. Jh. in der Buchmalerei (Missale, um 1130, Cambrai, Bibl. Municipale) und in der Kleinkunst anzutreffen, später auch in der Monumental- und Tafelmalerei, in der Plastik und Graphik. Dargestellt ist Gottvater, der das Kruzifix hält, seit dem 13. Jh. auch nur den Leichnam Christi (sog. »Pitié-de-Nostre-Seigneur«) (Meister von Flémalle, Trinitas, um 1425, Frankfurt; El Greco, Gnadenstuhl, 1577, Madrid). Bedeutende Altarretabel zeigen das Motiv auch in umfassenderem theol. Zusammenhang (Masaccio, Wandbild, 1425, Florenz, S. Maria Novella; Albrecht Dürer, Allerheiligenbild, 1511, Wien, Kunsthist. Mus.).

S. Stolz/J. M. Plotzek

Lit.: LCI I, 525–537 – RDK IV, 414–447 – A. HACKEL, Die Trinität in der dt. Kunst, 1931 – G. NEUMANN, Die Ikonographie des Gnadenstuhls [Diss. Berlin 1953] – W. BRAUNFELS, Die Heilige D., 1954.

[3] *Byzanz und der christliche Südosten:* Es gibt fünf Möglichkeiten der Dreifaltigkeitsdarstellung, abgesehen von Hinweisen auf sie, z. B. im Bild der Taufe Christi, v. a. wenn, wie im Chludov-Psalter (fol. 75ᵛ, 9. Jh., Moskau, Hist. Mus.), die Taube des Hl. Geistes nicht von der Hand Gottes herabfliegt, sondern unter ihr auf Christi Nimbus sitzt:

1. Das aus frühchristl. Zeit überkommene Motiv des Besuches der drei Engel bei Abraham (Philoxenie) bleibt erhalten, vgl. z. B. den Theodor-Psalter (fol. 62ᵛ, 1066, London, Brit. Mus.) mit der Beischrift Ἡ ἉΓΙΑ ΤΡΙΆC, im Ms. gr. 1242 der Pariser Bibl. Nat. (fol. 123ᵛ, um 1375), in der Peribleptos in →Mistra (etwa gleichzeitig) u. ö.; beliebt auch in der serb. und bulg. Kunst.

2. Seit dem 9. Jh. in der Psalterillustration: Aus einem Himmelssegment weist die Hand Gottes in einem Strahlenbündel auf einen Tondo, in dem Maria mit dem Christusknaben erscheint; zw. Hand und Tondo fliegt die Geisttaube hinab: Chludov-Psalter, fol. 44ʳ, Theodor-Psalter, fol. 55ᵛ u. ö.

3. Erstmals im 11. Jh. im Cod. gr. 394 der Bibl. Vat. (Himmelsleiter des →Johannes Klimakos), fol. 7ʳ: In einer Mandorla sitzt auf einem Regenbogen der »Alte der Tage«, beischriftl. durch die Kürzel IC XC als Christus bezeichnet; auf dem Schoß den Christusknaben, der die Geisttaube in den Händen hat. Mitte des 12. Jh. kehrt dieser Bildtypus im Suppl. gr. 52, fol. 1ᵛ, ÖNB, wieder. Er wird für die russ. Kunst wichtig, bleibt aber im Byz. Bereich selten. In der Panagia Kumbelidike in Kastoria wird aus dem jugendl. Christus im Schoße des »Alten der Tage« die Büste des erwachsenen Christus.

4. Nur in den in einer Werkstatt entstandenen Hss. Vat. gr. 1162 und Par. gr. 1242 (Homilien des Jakobos v. Kokkinobaphou) erscheint die D. als eine Gruppe dreier gleichgestalteter Männer.

5. Seit dem 14. Jh. kommt die sog. »ntl. D.« vor: Der »Alte der Tage« und Christus sitzen nebeneinander auf

einer Bank, Christus hält die Geisttaube: Matejić, der serb. Psalter in München, die Pantanassa in Mistra (um 1428). Dieser Typus wird in der nachbyz. Zeit v. a. von der Kret. Malerschule bevorzugt. K. Wessel

Lit.: H. GERSTINGER, Über Herkunft und Entwicklung der anthropomorphen byz.-slaw. Trinitäts-Darstellungen des sog. Synthronoi- und Paternitas (otéchestwo) Typus (Fschr. W. SAS-ZALOZIECKY, 1956), 79-85.

[4] *Russische Kunst:* Die russ. Kunst kennt zwei Typen der Dreifaltigkeitsdarstellung: 1. den traditionellen angelomorphen und 2. den späteren anthropomorphen.

1. Unter den zahlreichen Denkmälern nimmt die Dreifaltigkeitsikone von Andrej →Rublev einen hervorragenden Platz ein (ONASCH, Ikonen, Taf. 98–101, 1422–23). Unter Vermeidung jeder »Weitschweifigkeit« betont sie das Wesentliche: Die Einheit der nach Gen 18,1–12 als Engel dargestellten drei Personen der Gottheit (von links nach rechts: Vater, Sohn, der sein Opfer im Lamm in der Schale segnet, hl. Geist). Gegenüber dem mystisch-gedämpft hesychast. Charakter dieser Ikone zeichnet sich der vom Balkan übernommene 2. anthropomorphe Typ, die Vaterschaft (Paternitas, Otečestvo), durch eine rationale Spiritualität aus (ONASCH, ebd., Taf. 24, 14./15. Jh.). Wird der angelomorphe Bildkode über die Engel dechiffriert, so der anthropomorphe durch den »Alten der Tage« (Dan 7,9), was Kreuznimbus, da er nur durch den in seinem Schoß sitzenden Emmanuel (Jes 7,14) erkannt werden kann, während aus einer Aureole in der Hand des Emmanuel (= präexistenter Logos) die Geisttaube fliegt. Als dogmat. Bildtexte spielten beide Typen später getrennt wie auch zusammen eine wichtige Rolle im Kampf gegen antitrinitar. Bewegungen. K. Onasch

Lit.: A. A. SALTYKOV, O značenii areopagitik v drevnerusskom iskusstve (K izučeniju »Troicy« Andreja Rubleva, Drevnerusskoe Iskusstvo XV–XVII vekov, 1981), 5–24 – V. N. SERGEEV, Ob odnoj osobennosti v ikonografii vetchozavetnoj »Troicy«, ebd. 25–31 – G. I. VZDORNOV, Troica Andreja Rubleva. Antologija, 1981 [umfassende internat. Lit.] – K. ONASCH, Identity Models of Old Russian Sacred Art (Medieval Russian Culture, hg. H. Birnbaum, M. S. Flier, 1984), 188–202.

Dreifaltigkeitsfest → Epiphanie, →Trinität

Dreifaltigkeitswallfahrt → Trinität

Dreifelderwirtschaft. [1] *Die Dreifelderwirtschaft als Bodennutzungssystem:* Bei der D. handelt es sich um ein vom MA bis zum 19. Jh. in Europa weitverbreitetes Feldsystem, bei dem im regelmäßigen Wechsel ein Drittel des Ackerareals mit Wintergetreide und ein Drittel mit Sommergetreide (→Getreide) bestellt wurde, während das letzte Drittel als Brachfeld (→Brache) liegen blieb. D. im weiteren Sinne bezeichnet dabei in der Regel »nur die Fruchtfolge, nicht jedoch die topograph. Gliederung der Flur« (H. JÄGER). D. im engeren Sinne – wie sie im folgenden verstanden werden soll – meint dagegen eine mit Zelgen verbundene D. Bei diesem Feldsystem, das der terminolog. Klarheit halber besser als 'Dreizelgenwirtschaft' oder 'Dreizelgenbrachwirtschaft' bezeichnet werden sollte, war die Ackerflur einer Dorfgemarkung in drei Zelgen (= Felder) oder →Eschen von annähernd gleicher Größe gegliedert; sie wurden in einem dreijährigen Turnus von den Bauern des Dorfes bebaut und unterlagen dem Flurzwang. Die Winterzelge wurde im Herbst mit Wintergetreide (zumeist Roggen, Weizen, Dinkel), die Sommerzelge im Frühjahr mit Sommergetreide (Gerste, Hafer) bestellt, während die Brachzelge ein Jahr unbesät blieb. Für gewöhnlich wurden die Zelgen, die in Gewanne aufgeteilt waren, nach der Lage (Ober-, Mittel-, Unter-Zelge) oder nach angrenzenden Gemeindemarkungen (Zelge gegen Ort A. usw.) oder nach Flurteilen, die durch Größe oder anderweitig auffielen, benannt. Waren die Zelgen eingesät worden, wurden sie mit Zäunen eingehegt (→Einfriedung), um dem Vieh den Zutritt zu verwehren; lagen sie aber brach, mußten sie zur Beweidung offenstehen. Die Brachzelge war dann allgemeine Viehweide, die man bis zur Einführung der Stallfütterung nicht entbehren konnte. Auch die armen Dorfbewohner konnten sich so etwas Großvieh halten, das der Dorfhirte in gleicher Weise zur Weide führen mußte wie die Rinder der reichen Bauern. Dem Prinzip nach mußte jeder Vollbauer in jeder der drei Zelgen ungefähr gleich viel Ackerboden besitzen, um gleichmäßige Ernteerträge erzielen zu können; jedoch ist auch in ma. Zeit keine schematische Aufteilung der Gewanne in drei Feldkomplexen vorhanden gewesen. Die rechtl. Möglichkeit der Bauern, im Rahmen grundherrl. Beschränkungen über die einzelnen Feldstücke zu verfügen, und die vielfältigen Kauf- und Tauschaktionen der Grundherren haben die Besitzunterschiede zunehmend verstärkt. V. a. in den Gebieten, in denen sich im Laufe des MA die Realteilung (→Erbrecht) durchsetzte, war das Bestreben, drei einigermaßen gleichgroße Ackerkomplexe beieinanderzuhalten, nur schwer durchzuführen. Detailliert angelegte Urbare zeigen, daß gelegentl. ein Bauer in einer Zelge keinen Anteil hatte und demnach in gewissen Jahren keine Winter- bzw. keine Sommerfrucht erwarten konnte.

[2] *Alter und Aufkommen der Dreifelderwirtschaft:* Die D., in deren Rahmen sich im MA ein großer Teil des dörfl. Wirtschaftslebens abspielt, war entgegen einer lange vorherrschenden Lehrmeinung keine seit Siedlungsbeginn vorhandene Form der Bodennutzung. Mit Berufung auf Tacitus, Germania 26 (»arva per annos mutant et superest ager«) hatte man geglaubt, die D. schon in frühgerm. Zeit nachweisen zu können. Andere nahmen an, die D. sei auf reichsfrk.-karol. Befehl eingeführt worden, was agrargeschichtl. ebenfalls unhaltbar ist. Da die D. ein kompliziertes System gegenseitiger Beschränkung im dörfl. Siedlungsbereich darstellt, konnte man zu ihr erst gelangen, als die Bevölkerungszahl stark angestiegen und der Ackerboden im wesentl. bereits ausgegeben war. Die D. ist daher nach K. S. BADER »das Ergebnis jahrhundertelanger Bemühungen um Intensivierung bäuerlicher Wirtschaft«, die mit der bei Tacitus angedeuteten →Feldgraswirtschaft nicht mehr auskommen konnte. Ihre in Mitteleuropa weithin gemeinsamen Strukturformen können nur in einem langsamen Werde- und Angleichungsprozeß entstanden sein. Ein genauer Zeitpunkt ihrer Entstehung läßt sich daher mit Bestimmtheit und mit Anspruch auf allgemeine Geltung nicht angeben; ihre volle Entfaltung gehört aber zweifellos dem Hoch- und SpätMA an. Die D. verdrängt dabei ältere Systeme der Bodenbearbeitung, wie die ungeregelte Feldgraswirtschaft, die Egartwirtschaft und weit verbreitete Formen von →Brand-, Reut- und Schwendwirtschaft.

In reiner Ausprägung begegnet uns die D. nur in dichtbevölkerten und altbesiedelten Landschaften. Neben ausgebildeten finden sich allenthalben auch Kümmerformen der D.; dies v. a. dort, wo Boden-, Betriebs- und soziale Verhältnisse dem Funktionieren eines so kompliziert angelegten Systems natürliche Grenzen zuließen. Wo Höhenlagen keinen rentablen Ackerbau zuließen, blieb man in der großen Rodungsperiode des 12. und 13. Jh. (→Kolonisation und Landesausbau) bei Frühformen der Bodennutzung und einfacher Fruchtwechselwirtschaft stehen. Neben der sich ausbreitenden D. gab es im Hoch- und SpätMA in vielen Gegenden auch andere Systeme der

Bodenbewirtschaftung. Außer den genannten Feldsystemen der Frühzeit sind bes. die Einfeldwirtschaft (→Dauerackerbau) im norddt.-ndl. Raum mit dem »ewigen Roggenbau«, die →Zweifelderwirtschaft im Rheinland und geregelte Formen der →Feldgraswirtschaft zu erwähnen. Als bedingende Momente der verschiedenartigen Feldsysteme kommen dabei v. a. die unterschiedl. naturräuml.-ökolog., agrartechn. und wirtschaftl. Faktoren in Betracht.

Aufgrund sorgfältiger Studien zur schriftl. Überlieferung von St. Gallen, Weißenburg, Lorsch und Freising greifen neuere Untersuchungen die Frage nach dem Aufkommen der D. erneut auf und erörtern zugleich die Zelgenproblematik. Ein unstreitiges Ergebnis dieser Untersuchungen besteht darin, daß man allgemein davon überzeugt ist, daß die ersten Anfänge der D. bis in das 8. Jh. zurückreichen und sich unter Bezugnahme auf einschlägige Textstellen in St. Galler Urkunden des 8. und 9. Jh. v. a. im alam. Raum finden. Kontrovers wird aber das Problem beurteilt, ob diese Frühform der D. bereits mit einer Zelgeneinteilung der Dorfflur verbunden ist. Während die einen aus den St. Galler und Weißenburger Urkunden eine Dreizelgenwirtschaft herauslesen, vertreten die anderen die Auffassung, in diesen frühen Urkundenstellen sei keine flurzwanggebundene Zelgenbewirtschaftung nachzuweisen. Die Frage, ob es in der Karolingerzeit im sw. Deutschland bereits eine dreifeldrige Fruchtfolge mit Zelgen und allgemein verbindlichem Flurzwang gegeben hat, ist demnach weiterhin offen.

[3] *Die Dreifelderwirtschaft seit dem HochMA:* Unbestritten bleibt im allgemeinen die Tatsache, daß sich die D. erst im Verlauf des hohen und späten MA über weite Teile von Deutschland und Europa ausgedehnt hat und erst seit dieser Zeit zu einem weithin vorherrschenden Bodennutzungssystem geworden ist. In das Tiefland nördlich der Lößzone am Rande der Mittelgebirgszone ist die D. im übrigen nur spärlich vorgedrungen; sie war dagegen östl. von Elbe und Saale bis weit nach Polen hinein, ferner in Böhmen und Ungarn, im südskand. Raum und in Westeuropa bis nach England und Irland im SpätMA weitverbreitet. Das starke Bevölkerungswachstum erzwang im hohen MA eine Ausdehnung der Anbauflächen und eine Intensivierung der Bodennutzung. In den Altsiedelräumen und in den neu erschlossenen Gebieten Mitteleuropas setzte damals ein verstärkter Getreideanbau ein, der mit anderen Vorgängen wie der »Verdorfung« (→Dorf) und »Verzelgung« eng verbunden war. Die Dreizelgenwirtschaft setzte sich in vielen Landschaften erst langsam durch, wie z. B. im alam. Raum, wo sich ausgeprägte Dinkelanbaugebiete mit Kernzonen in der Nordschweiz und am Neckar herausbildeten, während westl. des Rheins in klimat. bevorzugten Gebieten Weizen angebaut wurde. Zelgenwirtschaftung förderte die Gewannbildung und verstärkte die Gemengelage der Felder; da Zelgen eine gemeinschaftl. Einrichtung der zugehörigen Dörfer gewesen sind, müssen auch die Siedlungsverhältnisse durch das Aufkommen der Zelgen beeinflußt worden sein; wahrscheinlich stehen hochma. Wüstungsvorgänge damit in Zusammenhang. In SW-Deutschland ist die Verzelgung und das Aufkommen der Dreizelgenbrachwirtschaft im 12. und 13. Jh. sicher nachzuweisen; in der nördl. Oberrheinebene breitete sich die D. damals ebenfalls beständig aus und wanderte von dort in unterschiedlichem Tempo weiter nach Norden. Hochma. Vorgänge wie die Auflösung der →Villikationsverfassung (→Fronhof), die Lockerung der Beziehungen zw. Grundherren und Bauern, der Fortschritt der Agrartechnik, die Ablösung der Naturalwirtschaft durch die aufkommende Geldwirtschaft und die Welle der Urbanisierung haben die Ausbreitung der D. zweifellos begünstigt und weiter vorangetrieben. Die hist. Bedeutung der D. im Kontext dieser Zusammenhänge hat W. MÜLLER-WILLE so skizziert: »Das flurzwanggebundene Zelgenbrachsystem ... verbürgte eine sehr geregelte und damit ertragssichere Folge der wichtigsten Sommer- und Wintergetreidearten, ein für den Anbau günstiges regelmäßiges Einschalten einer einjährigen Brache und infolge der ausgedehnten Stoppel- und Brachweide eine zusätzliche Futterbasis für das Vieh. Letzteres war um so notwendiger, als mit der Ausdehnung des Ackerlandes die Waldweidefläche immer mehr einschrumpfte, und man für das Vieh Ergänzungsweiden sichern mußte.« Im frz. Raum lassen sich aus dem 12. und 13. Jh. ebenfalls eindeutige Beweise für die Existenz der D. mit Zelgenwirtschaft finden. Im 13. Jh. war dieses Feldsystem aber offenbar v. a. im nordfrz. Gebiet stärker vertreten. Nach Meinung von CH. HIGOUNET sind die Einführung und der Prozeß der Verzelgung in erster Linie als ein Akt grundherrschaftl. Initiative und Reglementierung zu bewerten.

In der Neuzeit erstarrte die D. dann im allgemeinen zu einem überholten System traditioneller Bodennutzung, bis sie im 19. Jh. schließlich ihr Ende fand. Verbesserte Formen der D. bildeten sich seit dem späten MA dort aus, wo die Brachzelge zwischenzeitl. mit Blattfrüchten (Hackfrüchte, Ackerfutter, Öl- und Faserpflanzen) besät wurde. Diese verbesserte D. war entweder nur noch Fruchtfolge oder sie wurde bis zur Flurbereinigung im Zelgenverband ausgeübt. Die D. hat sich nicht zuletzt deswegen so lange behaupten können, weil sie den Dorfbewohnern ein Mittel an die Hand gab, die Güterzersplitterung und Gemengelage in der Feldflur des SpätMA und der Neuzeit durch organisierten Anbau wirtschaftl. erträglich zu machen. Die Bauern wehrten sich daher lange Zeit mit Erfolg gegen Neuerungen auch von seiten der Landesherrschaft und hielten am traditionellen Bewirtschaftungssystem selbst dann häufig noch fest, als dieses seinen Sinn verloren hatte. W. Rösener

Lit.: G. Hanssen, Agrarhist. Abh., 2 Bde, 1880–84 – K. Lamprecht, Dt. Wirtschaftsleben im MA, 3 Bde, 1885–86 – F. Steinbach, Gewanndorf und Einzelhof [Fschr. A. Schulte, 1927], 44ff. – W. Müller-Wille, Langstreifenflur und Drubbel, Dt. Archiv für Landes- und Volksforsch. 8, 1944, 9ff. – M. Bronhofer, Die ausgehende Dreizelgenwirtschaft in der Nordost-Schweiz mit bes. Berücksichtigung des Kantons Schaffhausen [Diss. Zürich 1956] – K. S. Bader, Stud. zur Rechtsgesch. des ma. Dorfes I, 1957, 46ff. – M. Bloch, Les caractères originaux de l'hist. rurale française, 1960³ – A. Krenzlin, Die Entwicklung der Gewannflur als Spiegel kulturlandschaftl. Vorgänge, Ber. zur dt. Landeskunde 27, 1961, 19ff – W. Abel, Verdorfung und Gutsbildung in Dtl. zu Beginn der Neuzeit, ZAA 9, 1961, 39ff. – G. Duby, L'économie rurale et la vie des campagnes dans l'Occident médiéval, 2 Bde, 1962 – W. A. Boelcke, Die frühma. Wurzeln der schwäb. Gewannflur, ZAA 12, 1964, 131ff. – G. v. Below, Gesch. der dt. Landwirtschaft des MA, hg. F. Lütge, 1966² – F. Lütge, Dt. Sozial- und Wirtschaftsgesch., 1966³ – H. Ott, Stud. zur spätma. Agrarverfassung im Oberrheingebiet, 1970 – H. Jänichen, Beitr. zur Wirtschaftsgesch. des schwäb. Dorfes, 1970 – HRG I, 1971, 784f. [E. Kaufmann] – Stud. of Field Systems in the British Isles, hg. A. R. H. Baker–R. A. Butlin, 1973 – B. Andreae, Strukturen dt. Agrarlandschaft, 1973 – M. Born, Die Entwicklung der dt. Agrarlandschaft, 1974 – Hist.-genet. Siedlungsforsch., hg. H.-J. Nitz, 1974 – W. Janssen, Stud. zur Wüstungsfrage im frk. Altsiedelland zw. Rhein, Mosel und Eifelnordrand, 2 Bde, 1975 – Ch. Higounet, L'assolement triennal dans la plaine de France au XIIIe s. (Ders., Paysages et villages neufs du MA, 1975), 171ff. – F. Staab, Unters. zur Gesellschaft am Mittelrhein in der Karolingerzeit, 1975 – G. Schröder-Lembke, Stud. zur Agrargesch., 1978 – C. J. Dahlmann, The Open Field System and beyond, 1980 – H. Hildebrandt, Stud. zum Zelgenproblem, 1980 –

H. Jäger, Bodennutzungssysteme (Feldsysteme) der Frühzeit (Unters. zur eisenzeitl. und frühma. Flur in Mitteleuropa und ihrer Nutzung, AAG 116, 1980), 197ff. – The Origins of Open-Field Agriculture, ed. T. Rowley, 1981 – R. Sablonier, Das Dorf im Übergang vom Hoch- zum SpätMA (Fschr. J. Fleckenstein, 1984), 727ff. – W. Rösener, Bauern im MA, 1985, 54ff.

Dreihaufenschema → Kriegführung

Drei Jungfrauen, hl., verschiedene Gestalten einheitl. Charakters, die sogar am gleichen Kultort ausgetauscht werden.

1. Fides, Spes, Caritas (z. T. mit ihrer Mutter Sophia). Märtyrerinnen. Fest 1. Aug. In der Ostkirche Konkretisierung der drei göttl. Tugenden. In Rom seit dem 6. Jh. verehrt. Reliquien gelangten im 8./9. Jh. nach Eschau (Elsaß) und Prüm. Seit dem SpätMA im Rheinland und in Südwestdeutschland viele Kultorte.

2. Einbeth, Worbeth, Wilbeth, Märtyrerinnen (Fest 16. Sept.), Kult geht seit dem 13. Jh. von Straßburg aus, erfüllt seit dem SpätMA Süddeutschland (Worms, Bayern, Tirol), ist seit dem 15. Jh. der Ursula-Legende eingegliedert.

3. Drei Marien, die mit den Marien des Evangeliums identifiziert sind. Der Kult wurde gefördert durch die prov. Magdalenenlegende, die hl. Gräber Christi und die Osterspiele. Häufig in ganz Frankreich, dicht im Kölner Raum (Kriesch-, Schwell-, Pellmärge), verstreut in Deutschland.

4. Aus der Sitte, zu drei Gnadenorten zu wallfahrten, und durch den Dreibrüdersegen werden drei Hll. als Schwestern oder Brüder gesehen, so die »Schwestern« Bertilia, Eutropia, Genovefa in Zepperen/heute Belgien, mit neuen Gnadenorten bis ins 19. Jh.

5. Sagen von drei Jungfrauen, ihrer wunderbaren Flucht, der Stiftung von Wäldern oder Kirchen führen zu feierl. Gedenken. Trotz meist fehlendem kirchl. Kult gelten diese Personen als »Heilige« mit Reliquien, Opfer und Votiven. Verbreitung gut erkundet für Bayern und Schwaben, auch anderwärts bekannt mit Namen aus der Regionalgeschichte (Irmina, Adela, Clotildis in Auw b. Trier).

6. Als die »drei hl. Madel« gelten Barbara, Margaretha, Katharina, die auch zu den hl. Vierzehn →Nothelfern zählen. Doch hat der Spruch keine religiöse Bedeutung. Ein Kult von drei Jungfrauen findet sich erst seit dem SpätMA in Filial-, Hof- und Wegekapellen mit volkstüml. Formen und ist von der Kirche nur geduldet. Schon im 17. und v. a. im 19. Jh. wird eine Abfolge des Kultes von den Parzen oder Matronen behauptet. Eine direkte Ableitung für einzelne Personen ist nicht gegeben, auch wenn Kapellen selten auf römerzeitl. Resten erbaut sind. Mit dem breiten Strom volkstüml. Vorstellungen seit dem MA wirkten allerdings Traditionen aus sehr alter Zeit auf die Kulte von drei hl. Frauen ein. M. Zender

Lit.: G. Ferrari, La genesi delle tre donne benedette, 1935 – M. Zender, Die Verehrung von drei hl. Frauen im christl. Mitteleuropa und ihre Vorbereitungen in alten Vorstellungen (Matronen und verwandte Gottheiten, Beih. der Bonner Jb. 44), 1986 – Zu [1]: BHL, 2960–2973 – AASS Aug I, 16–19 – Bibl. SS XI, 1277–1280 – LCI VIII, 382–384 – LThK² IX, 886f. – J. B. M. Clauss, Die Hll. des Elsaß, 1935, 125, 228 – Zu [2]: AASS Sept V, 315–317 – LCI VI, 95f. – RDK IV, 457–465 – LThK² III, 743f. – Clauss, a.a.O., 56, 200 – M. Barth, Der Kult der hl. drei Straßburger J...., Arch. Elsäss. Kirchengesch 11, 1936, 57–106 – A. Bauer, Zur Verehrung der hl. d. J... im Bm. Freising, Bayer. Jb. für VK 1961, 33–40 – Zu [3]: BHL, 5427–5438 – AASS Apr I, 808–815 – Bibl. SS VIII, 972–977 – LCI VII, 515, 545 – LThK² II, 37; IX, 159f.

Dreikapitelstreit. Im Zug der Bemühungen um die Wiederherstellung der Kirchengemeinschaft mit der Konfession, die die Glaubenserklärung des Konzils v. →Chalkedon (451) ablehnte, bot Ks. →Justinian schon 532 die Verurteilung »nestorianisierender« Theologen an. 544 (545 Chrysos) schrieb er diesen Kompromiß durch eine Glaubenserklärung vor, die er durch die Patriarchen und ihren Klerus unterzeichnen ließ. Die zu verurteilenden »nestorianisierenden« Theologen waren jetzt auf drei bzw. deren Schriften beschränkt: ein Brief des Bf.s →Ibas v. Edessa, Schriften des Bf.s →Theodoret v. Kyrrhos gegen Kyrill sowie Person und Werk des Bf.s →Theodor v. Mopsuestia, der als Vater des →Nestorianismus angesehen wurde. Das sind die »Drei Kapitel« (D.K.). Streit gab es um sie, weil nach der nur zögernden Zustimmung der östl. Patriarchen der röm. Papst →Vigilius diese versagte und bes. aus Nordafrika heftigster theol. Widerstand sich erhob. Als der Papst, nach Konstantinopel verbracht, schließlich doch nachgab (Judicatum 548), erfuhr er Kritik aus den eigenen Reihen, bis hin zum Ausschluß durch ein nordafrikan. Konzil. Den Widerruf der Zustimmung beantwortete der Ks. mit Repressalien und ließ ein durch ein neues ksl. Glaubensedikt (551) festgelegtes allgemeines Konzil (553) die D.K. mit höchster kirchl. Autorität verurteilen. Vigilius folgte dieser Entscheidung schrittweise bis zur vollen Annahme (Constitutum I. Mai 553, und Constitutum II. Febr. 554). Während durch dieses später als 5. Ökumen. anerkanntes Konzil im Osten das Ziel der Kircheneinigung nicht erreicht werden konnte, ließ der D. im Westen für 150 Jahre ein Schisma zurück. Die starke nordafrikan. Opposition war von der byz. Regierung allerdings mundtot gemacht worden; vereinzelter Widerstand oder Irritationen auf dem Balkan, in Gallien und Spanien konnten leicht behoben werden. In Mittel- und Norditalien aber brachen viele Bf.e die Gemeinschaft mit Rom ab. Hier tat sich Papst →Pelagius I. (556–561), der als Diakon die D.K. noch heftig verteidigt hatte, schwer mit einer Erklärung seiner gewandelten Haltung. Der Einfall der →Langobarden (568) brachte einige Bf.e in die Gemeinschaft mit Rom zurück. In der Provinz Venetien-Istrien hielt das Schisma nicht nur länger an als in Ligurien, sondern es kam über einer teilweisen Herstellung der Einheit auch zu einer internen Spaltung. Als 607 der neugewählte im byz. →Grado residierende Patriarch Candidianus dem Schisma abschwor, schritten die Bf.e des langob. Provinzteiles zur Wahl eines eigenen Patriarchen im alten →Aquileia. In abgeschwächter Form wirkte das Schisma weiter auf die kath. Mission bei den Langobarden (Kgn. →Theodolinde, →Columban und Kl. →Bobbio). Erst am Ende des 7. Jh. wurde in Pavia eine Versöhnungssynode gehalten, die endgültig das Schisma innerhalb der langob. Kirche und mit Rom behob. Neben der Verdoppelung des Patriarchats von Aquileia ist die von den Schismatikern betriebene Sammlung und Erhaltung der theol. und kirchenrechtl. Quellen zur Verteidigung des Konzils v. Chalkedon (R. Schieffer) von fortdauernder Wirkung gewesen. J. Speigl

Lit.: DThC 15/2, 1868–1924 [E. Amann] – R. Schieffer, Zur Beurteilung des norditalischen Dreikapitel-Schismas. Eine überlieferungsgeschichtl. Stud., ZKG 87, 1976, 167–201.

Dreikonchenbau

I. Begriff – II. Altchristliche, frühbyzantinische und byzantinische Architektur – III. Verbreitung im Lateinischen Westen.

I. Begriff: D. (Kleeblattchor, Trikonchos) besteht aus drei halbrunden oder polygonalen, gleichgroßen Konchen, die kreuzweise an drei Seiten eines Quadrates angefügt sind; meist als Chor an Saal, Basilika oder Halle. Die Ausweitung der reinen Zentralbauform des →Tetrakonchos durch die betonte Längsrichtung bringt dem Typ im christl. Kirchenbau eine reiche Anwendung, bedingt durch die symbol. Bedeutung der Dreizahl in Gestalt des mittenbezogenen Kreuzplans. G. Binding

II. ALTCHRISTLICHE, FRÜHBYZANTINISCHE UND BYZANTINISCHE ARCHITEKTUR: Als Bautypus aus der Antike übernommen (Mausoleen, Triclinia, Thermen u. ä.), wird der D. in der altchristl. und frühbyz. Architektur zu den verschiedensten Zwecken und in sehr unterschiedl. Ausgestaltungen übernommen. Unmittelbare Übernahme als Grabbauten begegnen seit dem 4. Jh. als cellae trichorae z. B. auf den Coemeterial-Gebieten von S. Callisto und S. Sinforosa, Rom, und in Alt-Buda; mit betonerter O-Konche in Concordia Sagittaria (5. Jh.); in Reinform in Sidi Mohammed el-Gabiui, Henchir Redes, Ksar-Hellal u. a. tunes. Bauten des 5. Jh.; mit langem W-Vorbau in Lérins (Île St-Honorat) und in Bin-Bir-Kilisse (Kleinasien), 5./6. Jh. Gelegentl. kommt der D. auch als Baptisterium vor, z. B. in Apollonia (Kyrenaika), 6. Jh. – Im engen Zusammenhang mit dem Grabbau ist das Martyrium zu sehen, vgl. z. T. Tébessa (Nordafrika), 5. Jh. – Als Kapellen oder Kirchen können die Gestaltungen stärker variieren: H. Johannes Baptistes, Jerusalem, 5. Jh., z. B. ist wesentl. breiter als tief (ähnlich das Episkopion von Bosra, 6. Jh., Syrien); in Ed-Dschunene (Palästina, 6. Jh.) ist ein W-Arm angefügt, die O-Konche ist rechteckig ummantelt; im MA ist der D. bes. für Kleinkirchen beliebt: Sv. Panteleimon in Ohrid (10. Jh.), Kumbelidike in Kastoria (11. Jh.), H. Nikolaos in Methana (Peloponnes, spätbyz., mit Westarm). Mit gestelzter, eingezogener O-Konche, kurzem W-Arm und breitem Narthex zeigt H. Nikolaos in Platani (Peloponnes, 11./12. Jh.), eine weitere Variante des Typs. H. Elias (ursprgl. das Katholikon des Kl. Nea Mone in Thessaloniki, um 1360) mit gestelzter O-Konche und viersäuliger Lite (Vorhalle) gehört zu den spätesten Zeugen.

Eine andere Verwendung des D.s ist seine Anfügung an eine Basilika als Sanctuarium, z. B. Basilika Nr. 7 in Cherson (Krim), Rotes und Weißes Kl. (Sohag, Oberägypten), alle 5. Jh., Alacahissar (Lykien) und Deir Dosi (Palästina), 6. Jh., im MA nur noch gelegentl. als Gestalt der Hauptapsis, vgl. z. B. →Daphni (11. Jh.) und H. Theodoroi in →Mistra(s) (um 1290). Die Ausgestaltung des gesamten O-Teiles einer Basilika als Kleeblattchor beschränkt sich im byz. Raum auf die frühbyz. Zeit: Bethlehem, Geburtskirche Neubau Ende 5. Jh., Hermopolis (Oberägypten), Paramythia (Epirus, beide 5. Jh.), Dodona, 2. Phase (Epirus) und Kherbet bu Addufen (Algerien), 6. Jh. Beim einzigen it. Beispiel (Nola, Anf. 5. Jh.) ist der archäol. Befund unklar.

Erst seit dem frühen 11. Jh. kennen wir den »Athos-Typus« des D.s. Beginnend mit der Megiste Laura setzt sich der D. für die Katholika durch (bei ihr noch ein reiner D., bei dem die Kuppel auf den Eckpfeilern des Quadrates ruht), durch Narthices und vielerlei Anbauten kompliziert. Seit dem nur wenig jüngeren Kl. Batopedi und Iberon wird das Quadrat zur Kreuzkuppelkirche umgestaltet, seit Hilandar (Ende 13. Jh.) tritt eine Lite an die Stelle der älteren Anbauten. Das bleibt Vorbild für viele Katholika.

Zu den D.ten sind auch längsgerichtete Bauten mit O-Apsis und je einer Konche an der N- und der S-Längswand zu zählen, z. B. die Kirche außerhalb der Mauern von Justiniana Prima (Jugoslavien, 6. Jh.). S. Maria foris portas bei Castelseprio (Nordit., 7. Jh.?), im späten MA der bevorzugte Bautypus der →Morava-Schule, dort z. T. auch dreischiffige Basilika z. B. in Ravanica (1375/77). Den D. gibt es auch gelegentl. in ähnlicher Form in Georgien, z. B. in Oški (958/96; mit Pastophorien neben jeder Konche, deren südl. als Eingang fungierte), Kutaisi (1003, N- und S-Konche zu bloßen architekton. betonten Eingängen degeneriert) und Alaverdi (1. Viertel 11. Jh., reiner D.). In Armenien haben wir diesen Typus bereits im 7. Jh. in der Kathedrale v. Talinn, während ansonsten die kreuzförmige Kirche mit in Konchen endenden Kreuzarmen und O-Apsis nicht selten ist. →Martyrion, →Pareklesion, →Pastophorien. K. Wessel

III. VERBREITUNG IM LATEINISCHEN WESTEN: D. findet sich in einfachster Ausformung bei ma. Grab-, Memorial- und Reliquienkapellen (St. Stephan in Essen-Werden 819/827, Hl. Kreuz in Müstair, Oberstenfeld Ende 11. Jh., Grabkapelle an der Zisterzienserkirche Leubus ab 1312). Neben der reinen Kleeblattgestalt mit drei gleichgroßen Armen, auch mit Zwischenjochen, kommen zahlreiche Abwandlungen vor, z. T. von bedeutender Größe und reicher Gliederung, häufig bezugnehmend auf die Geburtskirche in Bethlehem, wie das bedeutendste Beispiel St. Maria im Kapitol zu Köln, 1065 geweiht, hier mit ringsumgeführten Seitenschiffen; Vorstufen finden sich in der Essen-Werdener Bautengruppe des 11. Jh. und in der Klosterkirche von Stablo 2. Viertel 11. Jh. Maria im Kapitol war Vorbild für die reichen stauf. D.ten im Kölner Raum (Groß-St. Martin 1172 geweiht und St. Aposteln zu Köln um 1200, Neuss ab 1209, Bonn um 1200, Roermond 1218/24), sowie Böckweiler 2. Hälfte 12. Jh., St. Aurelia-Jakobus in Lindau Mitte 11. Jh. und in got. Umformung Elisabethkirche zu Marburg ab 1235, Kreuzkirche in Breslau 1288–95, Frankenberg ab 1286, Wernerkapelle in Bacharach um 1300, Sadska/Böhmen 1362 geweiht. Auch in Frankreich ist der D. verbreitet: St-Lucien bei Beauvais Ende 11. Jh., St-Macaire bei Bordeaux, Tournai, Noyon, Soisson, Cambrai, Valenciennes, 12. Jh., und Zisterzienserkirche Chaalis sowie Meung-sur-Loire Anfang 13. Jh., Ravel-Salmeranges/Clermont-Ferrand 1285/1310. In Italien Dom zu Florenz ab 1296 und in Spanien San Nicolas in Gerona, Ponts u. a. G. Binding

Lit.: zu [II]: Lex. der Weltarchitektur, 1971, 92f. – R. KRAUTHEIMER, Early Christian and Byz. Architecture, 1965 [Ind. s. v. transept types threecelled, threeconched, threeparted] – zu [III]: RDK IV, 465–475 [Lit.] – RAC II, 944–954 – H. RAHTGENS, Die Kirche S. Maria im Kapitol zu Köln, 1913 – A. GRABAR, Martyrium..., 1946/47, I, 102–119, 425f. – W. MEYER-BARKHAUSEN, Das große Jahrhundert Köln. Kirchenbaukunst, 1952 – F. OSWALD, St. Aurelia-Jakobus auf der »Römerschanze« zu Lindau im Bodensee, Kunstchronik 17, 1964, 57–62 – M. AUBERT, A propos de l'église abbatiale de St-Lucien de Beauvais (Gedenkschr. E. GALL, 1965), 51–58 – W. GÖTZ, Zentralbau und Zentralbautendenzen in der got. Architektur, 1968, 21–44 [Lit.].

Drei Könige, hl. (Drei Magier)
I. Biblisch-theologische Voraussetzungen – II. Literarische Quellen, Darstellung in der Kunst – III. Verehrung.

I. BIBLISCH-THEOLOGISCHE VORAUSSETZUNGEN: 1. Die nur von Mt (2,1–12) erwähnten Magier (»magoi«) kamen vom Osten (vom Sonnenaufgang) nach Jerusalem, um dem (vor kurzem) geborenen König der Juden ihre Reverenz (durch Kniefall und Geschenke) zu erweisen; denn sie hatten »seinen Stern« gesehen (daß der Stern sie nach Jerusalem führte, ist im Text nicht gesagt). Die Frage der Historizität der Erzählung wird unterschiedlich beantwortet; im Kontext des Mt-Prologs (Kap. 1 u. 2), der die großen Themen des ganzen Ev. vorwegnimmt, ist allein ihre theol. Aussagekraft von Bedeutung. Die Magier bilden in der »Rettungsgeschichte« des Jesuskindes eine Randgruppe, die aber ein wichtiges theol. Motiv in die Perikope einbringt: Sie sind die Repräsentanten der Heidenwelt. Da »das Heil von den Juden kommt« (vgl. Joh 4,22), der Messias also der Abraham-David-Nachkommenschaft entstammt, müssen sich die Vertreter der Heidenwelt auf den Weg nach Jerusalem machen, dem religiösen Zentrum Israels. Ihre Frage nach dem Geburtsort wird von den Oberpriestern und Schriftkundigen des Volkes genau beantwortet (2,4); denn sie kennen ihn aus den Schriften (2,6 = Mischzitat aus Mich 5,1.3 und 2 Sam 5,2). Doch ziehen sie aus ihrem Wissen keine Konsequenzen. Den Vertretern der Heidenwelt bleibt es überlassen, den Weg selbst zu suchen; der Stern übernimmt jetzt die Führung. Das Heidentum hat also mit Hilfe der atl. Prophetie den Messias der Juden gefunden. Während aber das Heidentum seinen Erlöser entdeckt, erschrickt »ganz Jerusalem«.

Der eigentl. Sinn der Mt-Perikope – Erkenntnis des gottgesandten Messias durch das Heidentum, Ablehnung durch sein eigenes Volk – trat in der nachntl. »Theologie« oft in den Hintergrund. Fragen wie die nach der Zahl der Magier, nach ihren Namen und ihrer Herkunft, nach dem Stern, ob es nicht Könige waren (unter denen einer ein Mohr gewesen sei), welche Bedeutung den Gaben zukommt usw., öffneten der Phantasie Tür und Tor (W. A. SCHULZE). Zum kirchl. Fest vgl. →Epiphanie. A. Sand

Lit.: W. A. SCHULZE, Zur Gesch. der Auslegung von Mt 2, 1–12, ThZ 31, 1975, 150–160.

II. LITERARISCHE QUELLEN, DARSTELLUNG IN DER KUNST: [1] *Frühchristl. Kunst:* Aus Mt 2,1–12 (s. o.) wurde seit dem frühen 4. Jh. (zur Datierung: DECKERS, 28) die Huldigung der Magier vor Maria mit dem Kind dargestellt (meist seitl. sitzende, zentrale Anordnung seltener), gewöhnl. in der durch die Gaben nahegelegten Dreizahl der Magier (vgl. Orig. in Gen. hom. 14,3), nicht selten in Gegenüberstellung zur Anbetungsverweigerung der drei Jünglinge vor Nebukadnezar (Dan 3). Aus der imperialen Ikonographie der Barbarenhuldigung und Tributleistung wurde die stets verwendete oriental. (»pers.«) Tracht der Magier übernommen (Hosen, Tunika, Chlamys, »phryg.« Mütze), wie auch die weniger häufigen Motive: Kranzform der Gabe (Kranzgold, »aurum coronarium«, KLAUSER), Darbringung mit verhüllten Händen, Anführung des Zuges durch einen Engel (Victoria vor Barbaren: JERPHANION). Der Magierhuldigung, die bisweilen auch mit der Geburtsszene vereinigt ist, kann →Balaam beigegeben sein (Sternvision), den Magiern der Stern und Kamele als Hinweis auf die Reise. Letztere erscheint neben der Huldigung auch als eigene Szene, z. T. in Verbindung mit Herodes, der (durch Beigabe des Kultbildes) an Nebukadnezar angeglichen sein kann (4.–7. Jh.: ENGEMANN); Gegenüberstellung von Christushuldigung und Herodesbegegnung auch in Rom, S. Maria Maggiore, Mosaik, um 430 (Herodes mit Schriftgelehrten, Mt 2,4–6); später z. B. Lorscher Buchdeckel (Rom, Vat. Mus., 9.Jh.), Holztür Köln, St. Maria im Kapitol, 11.Jh.). Die Altersdifferenzierung der Magier, die später zur Symbolik der drei Lebensalter führt, beginnt Mitte 4.Jh. (röm. Sarkophag in Castiliscar). Die Typisierung als Kg.e (Tert., adv. Marc. 3,13,6–8 [CCL 1,525]; adv. Jud. 9,12 [2,1367]; syr. »Schatzhöhle« 45,18f. 46,3 [ed. P. RIESSLER, 1928, 998f.]) wird in der frühchristl. Kunst nicht deutlich. J. Engemann

Lit.: H. KEHRER, Die hl. D.K. in Lit. und Kunst, 1908 – F. CUMONT, L'adoration des mages et l'art triomphal de Rome, MemPontAcc 3, 1932/33, 81–105 – G. DE JERPHANION, ebd. 107–132 – TH. KLAUSER, Aurum coronarium, RömMitt 59, 1944, 129–153 – J. DECKERS, Die Huldigung der Magier in der Kunst der Spätantike, Die hl. D.K., Ausstell.-Kat. Köln 1982, 20–32 – J. ENGEMANN, Eine spätantike Messingkanne mit zwei Darstellungen aus der Magiererzählung im F. J. Dölger-Inst. in Bonn, Vivarium (Fschr. TH. KLAUSER, 1984), 115–131.

[2] *Lateinischer Westen:* Im Abendland wird die bereits von Origenes erschlossene Dreizahl der Magier offenbar erstmals bei Leo d. Gr. († 461, sermo 33) erwähnt. Nach Ansätzen ihrer Gleichsetzung mit Kg.en bei Tertullian († ca. 230) und Ephraim dem Syrer († 373) gelten sie im Westen spätestens seit dem 6.Jh. (u. a. seit Caesarius v. Arles) als Könige. Seit dem 9.Jh. tragen sie die Namen Caspar, Balthasar, Melchior (in der Übersetzung einer alexandrin. Schrift des 5. Jh., die auch in die Legenda aurea des Jacobus de Voragine [13.Jh.] übernommen wurde). Im 10. Jh. erscheinen ihre Namen auf bildl. Darstellungen (→Codex Egberti, um 985–990, Trier, Stadtbibl.), seit dem 12. Jh. werden sie die »Heiligen Drei Könige« genannt, die Vorstellung der D.K. als Repräsentanten dreier Erdteile führt zur Darstellung eines der Magier als Mohren.

In der ma. Kunst wird der spätantike Grundtyp weitergeführt, die Buchmalerei zeigt die Magier oft in unterschiedl. Altersstufen mit Kronen und Königsgewändern ausgestattet (Limburger Evangeliar, Reichenauer Malerschule, zw. 1000 und 1010, Köln, Domschatz).

An roman. und got. Portalzyklen treten die D.K. entweder als Einzelfiguren auf, der Madonna am Trumeaupfeiler zugewendet (Amiens, Marienportal 1220/25), oder als Gesamtszene dargestellt (Freiburg, Tympanon der Goldenen Pforte, um 1230). Im 14. Jh. beginnt eine Tendenz zur Bereicherung der Szenerie, eine realist. genrehafte Behandlung oft auch in Zeitkostümen (Konrad Witz, Petrusaltar, Genf, 1444, Benozzo Gozzoli, Pal. Medici Riccardi, Florenz, Wandfresken mit Kryptoporträts [→Bildnis] 1459/60). Bereits zu Anfang des 13. Jh. wird Otto IV., der das Gold für die vordere Schmalseite des →Dreikönigsschreins stiftete, als 4. König in die Anbetungsszene miteinbezogen. Als Altarbild wird die Anbetung der Magier oft zentral komponiert (Stephan Lochner, Dombild, um 1440, Albrecht Dürer, D.K. Altar, 1504, Florenz). Neben der Anbetung finden sich andere Darstellungsmotive aus der Legende der D.K.: bis zum 12. Jh. die Befragung des Herodes (Elfenbeinrelief, Metzer Schule, 10. Jh. Paris, Louvre); der Ritt der Magier (Bronzetür, 12. Jh., Monreale; Ritt und Anbetung, Nicola Pisano, Relief d. Kanzel des Domes v. Siena, 1265–67); seit dem 9. Jh. der Traum (Autun; Arles, St-Trophime, Kapitellplastik) und die Rückkehr der D.K. (Elfenbeinrelief, 9. Jh. Lyon). Als zusammenhängender Bilderzyklus erscheinen alle diese Szenen bereits im Cod. Aureus aus Echternach (Nürnberg, Germ. Nat. Mus., um 1030). S. Stolz

Lit.: LCI I, 539–549 – H. KEHRER, Die hll. D.K. in Lit. und Kunst, 2 Bde, 1908/09 – J. BRAUN, Die Ikonographie des Dreikönigsschreins, Kunstwiss. Jb. der Görresges. I, 1928 – Die Heiligen D.K., Ausstellungskat. Köln, 1982.

[3] *Byzantinische Kunst:* In der byz. Kunst des MA bleiben die drei K., was sie in frühchristl. und frühbyz. Zeit, dem NT-Text getreu, waren: Magier (daher künftig M.). Ihre Darstellung kann als selbständiges Bildmotiv (Anbetung) fungieren oder in das Bild von Christi Geburt einbezogen werden (Ankunft zu Pferde oder Annäherung zu Fuß mit den Geschenken). In beiden Fällen bleibt die Altersdifferenzierung erhalten (Jüngling, Mann, Greis). Die »persische Tracht« wird selten noch richtig verstanden: die dreizipfelig geschürzte Tunika wird rar; der vor der Brust geschlossene Mantel weicht oft der Chlamys oder dem Sagum; den stärksten Veränderungen unterliegen die »phrygischen« Mützen; in den ältesten Beispielen (S. Maria antiqua, Rom, frühes 8. Jh.; Castelseprio, Datierung umstritten) noch in etwa richtig erfaßt, entarten sie im Menologion Basileios' II. (Vat. gr. 1613, um 1000) zu kleinen modiusartigen, eckigen Gebilden (nicht Kronen) in der Tokalı Kilisse II (Göreme, Ende 10. Jh.) zu flachen

Scheitelkappen mit mittlerem Knopf oder im Londoner Theodor-Psalter (1066) zu mitraartigen Beamtenmützen oder schrumpfen auf die Größe von Karnevalshütchen, wie z. B. in der Tokalı Kilisse I (Anfang 10. Jh.) oder in →Hosios Lukas (1. Hälfte 11.Jh.). In →Kastoria werden aus ihnen sogar Turbane (H. Athanasios und H. Nikolaos). Kronen kommen nie vor. So dicht an die frühbyz. Vorbilder wie das Mosaik in →Daphni kommt kaum eine andere Darstellung heran.

Bei den Anbetungsbildern kann der Engel, der die M. zur Gottesmutter führt, fehlen (z. B. Tokalı I.; Kılıçlar Kilisse, um 900) oder er kann fliegend (z. B. S. Maria antiqua, Castelseprio, Tokalı II) oder gehend bzw. stehend wiedergegeben sein (z. B. Menologion Basileios' II., Daphni). Meist thront Maria, nur in Castelseprio sitzt sie auf einem hohen Fels und blickt auf die M. herab. Im serb. Psalter in München thront Maria frontal auf einer Bank, die M. stehen rechts von ihr, links kauert Joseph, über ihm erscheint eine Engelsbüste. Die Haltung der M. ist unterschiedlich: in Göreme stehen sie meist aufrecht (Tokalı I., Kılıçlar Kilisse, Kap. 4a, um 1000), mit Ausnahme von Tokalı II, wo sie sich leicht verneigen. Sonst sind alle Formen von Anbetung möglich, am stürmischsten im Menologion Basileios' II.

Für die Einbeziehung der Anbetung der M. in das Geburtsbild ist das Mosaik in H. Lukas wohl das älteste erhaltene Beispiel; die stehenden kleinen Gestalten bilden das Pendant zu den Hirten in der gegenüberliegenden Ecke der Trompe. Zum Fortleben des Typus vgl. RbyzK. Während hier die M. meist links im Bild stehen, gibt es in Kappadokien die von rechts kommenden M., die ihre Pferde hinter sich lassen: Elmalı Kilisse (um 1190/1200), Carıklı Kilisse (2. Hälfte 12. Jh.) und Karanlık Kilisse (um 1200/10) in Göreme. Diese Darstellungsweise ist vielleicht eine Reaktion auf die Einbeziehung der anreitenden M. in das Geburtsbild, erstmals erhalten im Par. gr. 74 (Mitte 11. Jh.), ein Motiv, das bis in spätbyz. Zeit weiterlebt, vgl. z. B. das Fresko in H. Nikolaos Orphanos in →Thessalonike (um 1310/20) u. ö. Wegweisende Engel fehlen dabei meist. Nur im südslav. Raum wird gelegentl. den M.n voran- oder entgegenreitender Engel vor, z. B. in Sv. Todor in Boboschevo (um 1300 Bulgarien) und im Markov-Kl. (Ende 14. Jh., Serbien).

Zu weiteren M.-Szenen (die M. vor Herodes, die Heimkehr der M. usw.) vgl. MILLET, 93-99. K. Wessel

Lit.: RbyzK I, 148-154 – G. MILLET, Recherches sur l'iconographie de l'Evangile, 1916, 136-158.

[4] *Altrußland:* Da der Ostkirche ein Fest der D. K. am 6. Jan. unbekannt ist (s. oben), erscheint in der altruss. Kunst an ihrer Stelle das Motiv der Anbetung der Magier (Poklonenie volchvov) innerhalb der Ikonographie der Geburt Christi (Roždestvo Christovo) am 25. Dez. (z. B. Ikonen: V. N. ANTONOVA, N. E. MNEVA, I, 1963, Nr. 207, 231, beide 15. Jh.; K. ONASCH, Taf. n. 26, 14./15. Jh.; 32, 15. Jh.; 55, 15./16. Jh.; Fresko Kirche auf dem Volotovo-Feld b. Novgorod, Ende 14. Jh., V. N. LAZAREV, Taf. n. 59, 60) und der Synaxis der Gottesgebärerin (Sobor Bogorodicy) am 26. Dez. (z. B. Ikonen, ONASCH, ebd., Taf. 33, Anfang 15. Jh.; 64, 14. Jh.). In beiden Fällen gehören die drei Magier zum Kanon des Festbildes, haben aber nur, wie die Engel und Hirten bei der Geburt Christi und bei der »Synaxis« noch Wüste, Erde und der den Hymnus des Festes singende Chor die Funktion der Anbetung der Gottesmutter mit dem Kinde zu erfüllen. Eine Verselbständigung dieser Funktion blieb im O unbekannt, sieht man von der Spätzeit und konfessionellen Randgebieten (Karpathoukraine) ab (z. B. Ukrainskaja Srednevekovaja Živopiś, 1976, Taf. XCI, Mitte 16. Jh.). K. Onasch

Lit.: K. ONASCH, Ikonen, 1961 – V. N. ANTONOVA–N. E. MNEVA, Kat. drevnerusskoj živopisi I, 1963 – V. N. LAZAREV, Theophanes der Grieche und seine Schule, 1968.

III. VEREHRUNG: [1] *Die Dreikönigsverehrung und ihre Bedeutung für die Reichspolitik und das Ebm. Köln:* Der Bericht in der Vita s. Eustorgii über die Entdeckung der Reliquien der hl. D. K. durch →Helena und deren Übertragung von Konstantinopel nach →Mailand durch Bf. Eustorgius kurz vor der Mitte des 4. Jh. ist in Köln nicht vor 1164 entstanden. Infolgedessen beginnt hist. gesicherter Boden erst mit der Nachricht, daß die Mailänder 1158 aus Furcht vor Ks. →Friedrich I. die Reliquien aus der Kirche S. Eustorgio in das Innere der Stadt brachten. Barbarossa schenkte sie 1164 dem Ebf. v. →Köln, →Rainald v. Dassel, der sie zusammen mit den hll. Nabor und Felix über Burgund und Elsaß nach Köln überführte. Die Translation der vorher kaum beachteten Gebeine löste ein Echo in der gesamten Christenheit aus. Sie muß mit der Kanonisation →Karls d. Gr. in Verbindung gesehen werden; der Kölner besaß »Reichsreliquien«, die den durch das päpstl. Schisma umstrittenen Anspruch des Kaisers auf Gottunmittelbarkeit seiner Würde stützten. Diese polit. Dimension war auch nach 1177 aktuell, jetzt allerdings als Legitimation der köln. Forderung nach →Königswahl oder das Herrschertum →Ottos IV. in der Nachfolge der Staufer, 1204 sogar gegen den Ebf. v. Köln, zu unterstreichen. Die Heirat Ottos IV. mit der Tochter → Heinrichs I. v. Brabant brachte auch dieses Herzogshaus mit den hl. D. K.n in bes. Beziehungen und ließ den Sieg der brabant.-stadtköln. Partei in der Schlacht v. →Worringen (1288) auf die Hilfe der hl. D. K. zurückführen. Der prachtvolle Schrein des ausgehenden 12. Jh. (→Dreikönigenschrein) und der Neubau des Kölner Domes (→Köln) im 13. Jh. förderten die Verehrung der hl. D. K. Eine Dreikönigsbruderschaft scheint es in Köln schon im 12. Jh. gegeben zu haben und in Verbindung damit Stiftungen. Die Fülle der Kultbelege und der Zeugnisse für Prozessionen und Wallfahrten zu Ehren der hl. D. K. allerdings setzt erst mit dem 14. Jh. ein; das gilt auch für Mailand, das sich seitdem um eine Rückgabe der Reliquien bemühte. Sekundäre Kultzentren entstanden aufgrund der hans. Beziehungen Kölns in Brügge, Hamburg, Lübeck, Rostock, Danzig, Wisby und Stockholm; auch nach Süden hin war der Kult sehr dicht und reichte über Mailand und Genua bis nach Palermo, während im SO nur St. Siedlungsgebiete sowie im W England kaum und Frankreich überhaupt nicht vom Dreikönigskult erfaßt wurden. Im 14. Jh. auch entwickelten sich die hl. D. K. zu Schutzpatronen der Reisenden mit wuchernder Legendenbildung, v. a. entlang des vermeintlich über den St. Gotthard, St. Bernhard oder Brenner führenden Translationsweges. Ein bes. kurioses Beispiel für den Phantasiereichtum der Legende ist die Darstellung der Bischofsweihe der 3 Magier durch den Apostel Thomas auf der südl. Chorschranke des Kölner Domes (1225/35). O. Engels

[2] *Spätmittelalterliche und frühneuzeitliche Entwicklung:* Die Wallfahrt in Köln stand bis 1794 in Blüte, lebte nach 1807 nochmals lokal wieder auf und ist seit 1864 praktisch erloschen. Bes. Verehrungsort im Dom war der Aufbewahrungsplatz der Reliquien in der Achsenkapelle im Chorhaupt, ein Gittergehäuse, dem im 17. Jh. ein »Marmormausoleum« von der Art einer Santa Casa folgte, welches 1864 geschlossen und 1889 abgebrochen wurde, als der Reliquienschrein in die Schatzkammer wanderte. Seit 1948 befindet er sich das Jahr über unzugänglich und

verschlossen hinter dem Hochaltar. Im MA war offensichtl. eine Aufstellung in der erst 1863 fertiggestellten Vierung des Domes geplant. – Seit dem 13. Jh. existierte eine Bruderschaft, doch der anfängl. Pilgerstrom ging zurück, so daß man sich für die gesamten Domreliquien ab 1397 dem Zyklus der alle sieben Jahre stattfindenden Aachener Heiltumsschau (→Aachenfahrt) anschloß. Die hl. D. K. blieben allerdings ständig zugänglich. →Pilgerzeichen sind vom 14.–16. Jh. bekannt, Medaillen vornehmlich aus dem 17. und 18. Jh. Ein blühendes Hospitalwesen für Fremde blieb bis ins letzte Jahrzehnt des 18. Jh. intakt. W. Brückner

Lit.: H. HOFMANN, Die Hl. D. K., 1975 – Die Hl. D. K. – Darstellung und Verehrung, Ausstellungskat. des Wallraf-Richartz-Mus. Köln, 1982.

Dreikönigenschrein (Köln, Dom), größter und künstler. bedeutendster der erhaltenen ma. Reliquienschreine, der die Reliquien der Hl. →Drei Könige, die 1164 durch Ebf. Rainald v. Dassel (Porträtbüste im Zwickelfeld der Rückfront) aus Mailand nach Köln transloziert wurden, sowie Reliquien von Felix, Nabor und Gregor v. Spoleto birgt. Dem Rang der Dreikönigsreliquien (s. →Drei Könige, Abschnitt III) entspricht die ikonograph. und künstler. Gestaltung des Schreines. Bei der letzten Restaurierung (1961–73) wurde versucht, ihm wieder die durch Stiche des 18. Jh. überlieferte Gestalt zu geben (Maße: H 153, B 110, L 220 cm). Das Bildprogramm umfaßte – die Reliefs der oberen und unteren Dachflächen sind verloren – die gesamte Heilsgeschichte vom Beginn des AT bis zur Wiederkunft Christi. An den unteren Langseiten sitzen unter Arkaden 12 Dreiviertelfiguren von Propheten, dazu noch jeweils in der Mitte Salomon und David. Der Christuszyklus beginnt an der Vorderseite unten mit den Szenen der Anbetung der Kg.e und der Taufe Christi. Er setzte sich in den heute nur ornamental gestalteten Medaillons der unteren Dachschrägen fort. Den Abschluß bilden Geißelung und Kreuzigung Christi unten an der Rückseite. An den Langseiten des Obergeschosses sind die 12 Apostel dargestellt, in der Mitte jeweils ein Seraph und ein Cherub. Das obere Giebelfeld nimmt die Wiederkunft Christi zum Jüngsten Gericht ein. In den verlorenen Reliefs der oberen Dachschrägen setzte sich die Gerichtsthematik mit einem Apokalypsezyklus fort. Die Märtyrerkrönung von Felix und Nabor im oberen Giebelfeld der Rückseite schließt den Gerichtszyklus ab. Die Entstehungszeit der Goldschmiedearbeiten ist noch nicht endgültig geklärt. Die unbezweifelbare Mitarbeit des bedeutendsten ma. Goldschmiedes, →Nikolaus v. Verdun, sichert den Beginn der Arbeiten zw. 1181 (Inschrift mit Namensnennung am Klosterneuburger Ambo) und 1205 (Inschrift am Marienschrein in Tournai). Die mehrfach überlieferte Nachricht, daß Ebf. Philipp v. Heinsberg die Reliquien in den Schrein gelegt habe, erweist, daß vor 1191 (Tod Philipps), zumindest der erhaltene Holzkern vollendet war. Ein drittes Datum ist in der Stiftung von Gold und Edelsteinen durch Otto IV. nach seiner Königswahl (1198) gegeben (aus reinem Gold gefertigte Vorderseite, an der Otto IV. in der Dreikönigszene dargestellt ist). Nikolaus v. Verdun ist sicherlich der Gesamtentwurf und die architekt. Gliederung zu verdanken. Unmittelbar seinem Stil und dem seiner Werkstatt verwandt sind die Propheten der Langseiten in ihrer ausgeprägten Antikennähe, der Monumentalität der Einzelfiguren und dem entwickelten Muldenfaltenstil sowie die Christusfigur der Vorderseite. Vielleicht etwas später, aber noch vom Stil der Nikolauswerkstatt abhängig, sind die Apostel der oberen Langseiten einzuordnen. Auf Zusammenhänge mit der Werkstatt des Aachener Karlsschreines verweist der Rillenfaltenstil der Dreikönigszene der Vorderfront. Wohl erst im 3. Jahrzehnt des 13. Jh. sind die Treibarbeiten der Rückseite entstanden. Material und Technik: Feuervergoldetes Kupfer und Silber, Gold, Halbedelsteine, Edelsteine, antike und byz. Gemmen und Kameen. Treibarbeiten, gegossene Teile, Stanzen, Filigran, Gruben- und Zellenschmelz. R. Lauer

Lit.: O. VON FALKE–H. FRAUBERGER, Dt. Schmelzarbeiten des MA, 1904, 54ff. – DERS., Der D. des Nikolaus v. Verdun im Cölner Domschatz, 1911 – F. WITTE, Der Goldene Schrein, 1928, 64ff. – J. BRAUN, Die Ikonographie des D.s, Jb. der Görresgesellschaft 1, 1929 – H. SCHNITZLER, Der D., 1939 – F. MÜTHERICH, Die Ornamentik der rhein. Goldschmiedekunst in der Stauferzeit [Diss. Berlin 1941], 39ff – H. SCHNITZLER, Rhein. Schatzkammer (Die Romanik, 1959), 36ff. [Lit.] – Kat. Der Meister des D.s, 1964, 15ff. – H. RODE, Der verschollene Christuszyklus am D. des Kölner Domes, Kölner Domblatt 30, 1969, 27ff. – W. SCHULTEN, Die Restaurierung des D.s, Kölner Domblatt 33/34, 1971, 7ff. – R. HAMANN-MACLEAN, Der D. im Kölner Dom, ebd. 43ff. – D. KÖTZSCHE, Zum Stand der Forsch. der Goldschmiedekunst des 12. Jh. im Rhein-Maas-Gebiet (Rhein und Maas 2, 1973), 226ff. – P. C. CLAUSSEN, Zum Stil der Plastik am D., Rezeptionen und Reflexionen, Kölner Domblatt 42, 1977, 7ff. – B. BÄNSCH, Kölner Goldschmiedekunst um 1200 – Muster und Modelle [Diss. masch. Münster, 1984] – Ornamenta ecclesiae, Kat. Köln 1985, 2, Nr. E 18 [mit Lit.; R. LAUER] – R. KROOS, Zur Datierung des D.s, Kunstchronik 38, H. 7, 1985, 290ff.

Dreikönigstreffen (935). Aus einer summar. Nachricht →Flodoards (Annales, ed. LAUER 61) und einem knappen Satz →Widukinds v. Corvey (I 39, edd. HIRSCH-LOHMANN 58) ergibt sich, daß der ostfrk.-dt. Kg. Heinrich I. sich 935 mit →Rudolf v. Westfranken und →Rudolf II. v. Hochburgund traf, vermutl. in dem Grenzort Ivois am Fluß Chiers (dép. Ardennes), wo er am 8. Juni 935 urkundete (MGH DH I 40). Der dabei geschlossene »Freundschaftspakt« bedeutete eine – von Heinrich vielleicht im Hinblick auf eine geplante Italienpolitik angestrebte – allseitige Befriedungsaktion, die auch die Großvasallen betraf. Ausdrücklich genannt werden →Heribert II. v. Vermandois, der sich, in Auflehnung gegen seinen Kg., Heinrich kommendiert hatte, →Hugo v. Francien, mit seinem Kg. meist verbündet, und des westfrk. Kg.s Bruder Boso der, im südl. Lotharingien begütert, mit Heinrich überworfen war. Heribert und Boso erhielten ihre eingezogenen Güter teilweise zurück, sonst aber ist nichts Näheres bekannt. Offenkundig hatte Heinrich einen neuerlichen und endgültigen Verzicht des (nichtkarol.) Westkönigs auf →Lotharingien erwirkt und ein ihm genehmes polit. Gleichgewicht im Westreich stabilisiert. Undeutlich bleibt dagegen die Position des Burgunders. Rudolf II. hatte Heinrich die →Hl. Lanze vermutlich nicht erst jetzt, sondern schon 926, unter Erneuerung des Lehnsbandes, überreicht, doch ist diese Frage umstritten. Möglicherweise wurde ihm die Überlassung von →Lyon und →Vienne aus der westfrk. Hoheit an sein burg. Kgr. zugesagt, aber der baldige Tod der drei Könige (936–937) durchkreuzte die völlige Realisierung der Beschlüsse von 935. Th. Schieffer

Lit.: RI II 49a – H. BÜTTNER, Heinrichs I. Südwest- und Westpolitik, 1964, bes. 83ff. [ält. Lit.].

Drei Lebende und drei Tote

I. Inhalt; Mittellateinische Literatur – II. Volkssprachliche Literatur und ikonographische Tradition.

I. INHALT; MITTELLATEINISCHE LITERATUR: Legende von drei vornehmen jungen Männern, die ausreiten und auf drei verweste Skelette stoßen, von denen sie an die Vergänglichkeit alles Irdischen erinnert werden. Alter und Stand der Personen, die Umstände während des Gesprächs sowie die Form der erteilten Lehre wechseln in den mannigfachen lit. Fassungen und bildl. Darstellungen.

Den Kern der Legende bildet jeweils der Spruch »Quod fuimus, estis; quod sumus, vos eritis«, den die Toten an die Lebenden richten. Er ist dem Inhalt nach mindestens seit Alkuins Epitaphium (carm. 123,5 sq.) bekannt und wird in Grabschriften, Tituli u. ä. verwendet. Andererseits scheint er sich aus altorientalischen Erzählungen den Weg in die ma. Lit. gebahnt zu haben, wie die »disciplina clericalis« (cap. 32) des →Petrus Alfonsi zeigt. Innerhalb der lit. Todesmahnungen (ein frühes Beispiel findet sich in des Hermannus Contractus [→Hermann v. Reichenau] Schrift »de octo vitiis principalibus«) ist das Motiv in mehr oder weniger ausgestalteter Form v. a. in Gedichten zu finden. Deren hs. Überlieferung erreicht erst im 14. und 15. Jh. ihren Höhepunkt (siehe WALTHER 3553; 7838; 13068). E. Heyse

II. VOLKSSPRACHLICHE LITERATUR UND IKONOGRAPHISCHE TRADITION: [1] *Romanische Überlieferung:* Der frz. Bildtypus ist im Vergleich zum it. der ältere. Die Dreiergruppen der Lebenden und der Toten stehen sich mit dem Falken als Symbol der Jagd gegenüber. Der erste Beleg für die in Frankreich ziemlich geschlossen verlaufende ikonograph. Entwicklung ist eine Miniatur um 1285 in ms. 3142, f. 341v, der Bibl. de l'Arsénal, Paris, zu einem Baudouin de Condé (→Dit) zugeschriebenen Gedicht. Diese Darstellung wird in Pariser Hss. Ende 13.Jh. wiederholt abgewandelt und findet sich u. a. auch in einem Psalter der Brit. Library, Arundel ms. 83, f. 127. Das Verhältnis von Bild und Text bleibt ungeklärt. Den Bildern liegt wahrscheinl. eine ältere Vorlage zugrunde, die auch in Wandfresken aufgenommen wird. In der Buchmalerei – als Illustration zum Totenoffizium der Stundenbücher – gewinnt die Darstellung im Laufe des 15.Jh. dramat. Bewegung und räuml., landschaftl. Tiefe. Gelegentl. wird die Gestalt eines Einsiedlers eingeführt. Die Holzschnitte in Drucken der Danse macabre (Paris 1486 u. ö.) tragen zur weiteren Verbreitung bei und wirken auf die Illustrationen von Stundenbüchern, wobei neben den frz. solche aus den fläm. Ateliers des späten 15.Jh. die eindrucksvollsten Kompositionen überliefern (Stundenbuch der Maria v. Burgund, Berlin, Kupferstichkabinett, Hs. 78 B 12, fol. 220v; Breviarium Grimani, Venedig, Bibl. Naz. Marciana, Ms. lat. I 99, fol. 449v). Der »Visio heremitae« von Pierre Desrey (clm 14053, f. 143v) sind 4 Holzschnitte beigefügt. Die ältesten Texte sind aus Nordfrankreich (13. Jh.) überliefert, außer dem Dit von Baudouin ein »Diex pour trois peceours retraire«. Das Nicole de Margival zugeschriebene Gedicht beruht auf einem anonymen »Conpains, vois-tu ce que je voi?« Die fünfte frz. Version »Se nous vous aportons nouvellez« ist in zwei Fassungen erhalten.

Der it. Bildtypus zeigt die im Grab (Sarg) liegenden, bereits verwesenden Toten (im Gegensatz zu den 'lebenden Toten' in Frankreich), die Lebenden bilden eine Reitergruppe. Das Gespräch wird über einen Einsiedler geführt. Zahlreiche ikonograph. Varianten ergeben sich durch Mischung mit anderen allegor. Motiven der Todesdarstellung (Triumph des Todes auf dem Fresko von Francesco Traini auf dem Campo Santo zu Pisa, Mitte 14. Jh.) und durch Aufnahme volkstüml.-abergläub. Überlieferung (Totenheer, feindl. Tote). Auf dem Kirchenfresko von Clusone (Prov. Bergamo) schießt einer der drei Toten mit Pfeilen auf die Lebenden. Die Zahl der Toten und Lebenden wird zuweilen erweitert oder gekürzt in themat. Berührung mit Streitgespräch und Totentanz. Der älteste it. Bildbeleg findet sich im Laudarium (1. Hälfte 14. Jh.) der BN Florenz, Magliabecchiana Cod. II.1.122, f. 134). Einen Text aus dem 15. Jh. überliefert cod. Vat. Ottob. 1220, f. 58v.

Aus Spanien und Portugal sind ma. Texte und bildl. Darstellungen der Legende nicht bekannt.
D. Briesemeister

[2] *Englische Literatur:* Aus Frankreich gelangte das Motiv im 14. Jh. nach England. Die älteste engl. Handschriftenillumination dazu findet sich im De Lisle-Psalter (= Arundel Psalter: Hs. Arundel 83, frühes 14. Jh.), wo dem Bild einige engl. Verse beigegeben sind (vgl. Abschnitt II, 1). V. a. im späten 14. und 15. Jh. entstanden dann in zahlreichen Pfarrkirchen Wandgemälde, auf denen die drei Lebenden meist als Kg.e dargestellt sind; teils stehen sie den drei Skeletten gegenüber, teils jagen sie zu Pferd und werden von den drei Skeletten erschreckt. In der me. Literatur wurde dieses Thema aber, abgesehen von kurzen Anspielungen, sehr selten behandelt und taucht dort auch später auf als in der bildenden Kunst. In einem John →Audelay (1. Hälfte des 15. Jh.) wohl fälschl. zugeschriebenen alliterierenden Gedicht (ed. WHITING, Nr. 54) sind die drei Könige auf der Eberjagd und werden plötzl. von den drei Toten zur Rede gestellt. Beeinflußt von dem Motiv ist ferner das möglicherweise von Robert→Henryson (2. Hälfte des 15. Jh.) stammende Gedicht »The Thre Deid Pollis« ('Die drei Totenköpfe'). – Ein verwandtes Thema ist der→Totentanz. H. Sauer

Lit.: *zu [1]:* LThK² III, 596 – K. KÜNSTLE, Die Legende der drei L. und der drei T. und der Totentanz, 1908 – W. STAMMLER, Der Totentanz, Entstehung und Deutung, 1948, 20ff., 74f. [Lit.] – H. ROSENFELD, Der ma. Totentanz, 1954, 37f., 341f. [Lit.] – *zu [II,1]:* RDK IV, 512ff. – LCI, 550ff. – S. GLIXELLI, Les cinq poèmes des trois morts et des trois vifs, 1914 – C. GUERRIERI-CROCETTI, L'antica poesia abbruzzese, 1914 – R. OERTEL, Der Triumph des Todes in Pisa, 1948 – W. ROTZLER, Die Begegnung der drei L. und der drei T., 1961 – C. SETTIS FRUGONI, Il tema dell'incontro dei tre vivi e dei tre morti nella tradizione medioevale italiana, Atti della Accad. Naz. dei Lincei 364, 1967, 145–251 – M. MORREALE, Un tema no documentado en España: el Encuentro de los tres vivos y los tres muertos, Boletín de la R. Academia de Buenas Letras de Barcelona 35, 1973/74, 257–263 – *zu [II,2]: Ed.:* E. K. WHITING, The Poems of John Audelay, EETS OS 184, 1931, 217–223, 256–259 [Nr. 54] – D. Fox, The Poems of Robert Henryson, 1981, 182–184, 487–491 – *Lit.:* T. BORENIUS – E. W. TRISTRAM, English Medieval Painting, 1927, 36–38 – M. RICKERT, Painting in Britain: The MA, 1965², 132, 141f. – L. M. C. RANDALL, Images in the Margins of Gothic Mss., 1966, 219 – R. WOOLF, The English Religious Lyric in the MA, 1968, 320, 344–347, 366f., 401–404 – D. GRAY, Themes and Images in the Medieval English Religious Lyric, 1972, 208f. – PH. TRISTRAM, Figures of Life and Death in Medieval English Lit., 1976, bes. 162–173 – A. MCINTOSH, Some Notes on the Text of the ME Poem »De Tribus Regibus Mortuis«, RES NS 28, 1977, 385–392.

Dreipaß, eine aus drei Halbkreis- oder Spitzbogen innerhalb eines großen Kreises zusammengesetzte roman. Fensteröffnung oder got. Maßwerkfigur (→Maßwerk) in der Art eines Kleeblatts. Der D. tritt schon etwa 1200 auf (Tympanon der Choremporen von St.-Etienne in Caen) und erfährt nach 1220 weite Verbreitung (Dekagon von St. Gereon in Köln 1219–27, Triforium und Fenster der Kathedrale von Amiens 1220–36, Triforium des Kölner Dom-Chores 1248–1322, Kathedrale von Lincoln 2. Hälfte 13. Jh.). → Dreiblatt, → Paß, → Maßwerk. G. Binding

Dreisprachenhäresie, -doktrin. In Anlehnung an die drei Sprachen der Inschrift auf dem →Kreuz Jesu (Joh 19,20; Lk 23,38) wurden neben dem Hebräischen im MA verschiedentlich das Lat. und das Griech. als hl. Sprachen betrachtet und daher der Versuch unternommen, sie ausschließlich als liturg. Sprachen gelten zu lassen. Während solche Tendenzen im Osten Episode blieben (z. B. im Falle des georg. Mönches Hilarion auf dem bithyn. Olymp im 9. Jh.), formulierte →Isidor v. Sevilla (570–636) in Fortführung von →Hilarius v. Poitiers, Prol. in libr. ps 15 (MPL 9, 241) oder→Hieronymus, Ep. LX ad Heliodorum (MPL 22, 591) die Dreisprachendoktrin in seinen Etymologiarum sive originum lib. IX/1,3 (MPL 82, 326 C) in dem Ausdruck »tres linguae sacrae«. Im Westen übernehmen die Iren im 7.–8. Jh. das Gedankengut des Hieronymus. Auf byz. Seite erscheint die Lehrmeinung des Isidor dagegen seit dem 9. Jh. stereotyp in allen Häresienkatalogen gegen die Lateiner, wie z. B. im anonymen Traktat aus dem 11. Jh. »Περὶ τῶν Φράγγων καὶ τῶν λοιπῶν Λατίνων« (ed. HERGENRÖTHER, Mon. graeca 62–71).

Unter diesen Voraussetzungen stieß die Einführung des Altkirchenslav. (→Kirchenslavisch) durch →Konstantin-Kyrill und Method als liturg. Sprache in Mähren auf die Mißbilligung des westl. Klerus (s. a. →Mission). Die Slavenlehrer mußten sich anläßlich ihrer Reise nach Rom im Herbst 867 in Venedig vor einer lat. Synode verteidigen. Die in der Vita Const. XVI erhaltene Disputation, deren Historizität angezweifelt wurde, stellt unter Bezug auf 1 Kor 14,5–40 die byz. Argumente gegen die D. (Trьjęzyčьnaja jeresь) und ihre Anhänger dar, die in der Vita Meth. VI – wahrscheinl. aus einer verlorenen, in Rom vorgetragenen Apologie der slav. Liturgie des Konstantin-Kyrill – als Pilatianer und Dreisprachler (pilatъny i trьjęzyčьniky, d. h. τριγλωσσῖται) verurteilt werden. Der Traktat des altbulg. Mönchs→Chrabr »Über die Buchstaben« vom Beginn des 10. Jh. zeigt, daß auch in griech. Kreisen die Dreisprachendoktrin als Argument gegen die Übersetzung der Hl. Schrift ins Slav. angeführt wurde. Die altruss. Chronik →»Povest' Vremennych let« (s. a. 898) erinnert an diese Streitfrage, die in der lat. Kirche nicht immer in gleicher Weise beurteilt wurde. Während die→Frankfurter Synode von 794, can. 42 (Magnae Moraviae fontes hist. IV 15), die Dreisprachendoktrin ausdrücklich verurteilt, schwankt Papst Johannes VIII. in seinen Briefen aus den Jahren 879–880 (ebd. III 192, 199f.) hinsichtl. der Zulassung des Slav. (Sclavina lingua) als Kirchensprache. Ch. Hannick

Lit.: I. OHIJENKO, Tryjazyčna jeresь za časiv Kostjantyna i Mefodija. Istoryčno-literaturna rozvidka pro borot'bu žyvoji movy za pravo buty movoju cerkvy v IX v. Duchovnyj Sijač, 1927, 28–35 – T. LEHR-SPŁAWIŃSKI, Przyczynek do badań na żywotem Konstantyna-Cyryla, Sbornik v čest na akademik A.T.-Balan, 1956, 307–310 – R. E. MCNALLY, The 'Tres linguae sacrae' in Early Irish Bible Exegesis, Theol. Stud. 19, 1958, 395–403 – K. M. KUJEW, Zur Gesch. der 'Dreisprachendoktrin', Byzantino-Bulgarica 2, 1966, 53–65 – A. PERTUSI, La cultura greco-bizantina nel tardo medioevo nelle Venezie e i suoi echi in Dante (Dante e la cultura veneta, 1966), 157–195, bes. 159–162 – K. KUEV, Černorizec Chrabъr, 1967, 72–84 – F. ZAGIBA, Das Slav. als Missionssprache. Die sog. Lingua-quarta-Praxis der bayer. Mission, WSl 12, 1967, 1–18 – I. DUJČEV, Il problema delle lingue nazionali nel medio evo e gli Slavi (Medioevo bizantino-slavo II, 1968), 43–68, 595–597 – L. ŘEHAČEK, Sugdové v stsl. Životě Konstantinově. Poznámky ke Konstantinově benátské polemice proti »trojjazyčníkům«, Slavica Pragensia, Acta Univ. Car. Philol. 13, 1971, 43–70 – V. MOŠIN, Heretici trojezičnici u staroslavenskom prijevodu Trioda, Slovo 22, 1972, 117–125 – G. PODSKALSKY, Das Verhältnis von Griechen und Bulgaren, Byzslav 39, 1978, 29–43, bes. 38–41 – G. POPOV, Za edno spomenavane na triezičnici v Bitolskija Triod, Starobŭlgarska literatura 3, 1978, 86–90 – W. BERSCHIN, Griech.-lat. MA. Von Hieronymus zu Nikolaus v. Kues, 1980, 31–38, 120f. – K. KUEV, Triezičnata eres i deloto na Kiril i Metodij na fona na Srednevekovieto (Konstantin-Kiril filosof, 1981), 85–91.

Drei-Stadien-Gesetz. In der ma. Theologie ist die Betrachtung der Weltgeschichte unter dem Gesetz dreier Stadien wesentl. aus der Zuordnung des Zeitgeschehens zu den trinitar. Personen zu verstehen. Die argumentative Begründung bewegt sich zwar im Rahmen der typolog. Exegese, man kann sie jedoch nur auf dem Hintergrund der dogmat. Trinitätslehre verstehen.

Danach ist die Gottheit als dreipersonales Leben und Lieben das Heil der Menschen. Als solches vermittelt sie sich abbildlich in der zeitl. Entfaltung und Abfolge. Dies war ma. Theologen, wie z. B. →Joachim v. Fiore, Bonaventura und →Thomas v. Aquin, seit →Augustinus selbstverständlich.

Entsprechend der theol. Dogmatik erweist sich die Offenbarungsgeschichte als dreigliedriges Gesetz des Wachstums: Zeit der Kenntnis des Vaters von Adam bis Moses; Zeit der Kenntnis des Vaters und des Sohnes von Moses bis Christus incarnatus; Zeit der Kenntnis des Vaters, des Sohnes und des hl. Geistes als endzeitl. Heilszeit. Dem entsprechen die Geschichtsschemata »ante legem, sub lege, sub gratia«.

Danach vollzieht sich die Geschichte zwar unter dem Gesetz dreier Stadien, ist aber zugleich Zeugnis einheitl. Heilswirkens von Vater, Sohn und Geist, dessen Frucht die personale Existenz im Nach- und Mitvollzug dreieinigen Lebens und Liebens ist. Dieser Mitvollzug führt zur Freiheit des Geistes, die jedes positive Gesetz überwindet. Ziel des »D.-S.-G.« ist folglich die »iustificatio« (Thomas, Sth II/1 q106 a2 c). Hier gilt: »Iusto non est lex posita« (Sth II/1 q96 a5 ad1). So dient den ma. Theologen die Reflexion über den Verlauf der Weltgeschichte unter dem Gesetz dreier Stadien als Nachweis einer Entwicklung zu dem einen Ziel: zur Freiheit der Kinder Gottes. »Lex evangelii, lex libertatis« (Sth II/1 q108 ad2). Mit dieser Aussage konnte Thomas wie zuvor Joachim seine Darlegungen über das »D.-S.-G.« zusammenfassen.

Zur Drei-status-Lehre der myst. und monast. Theologie »via purgativa–illuminativa–unitiva« (Reinigung–Erleuchtung–Einigung) der »incipientes–proficientes–perfecti« (Anfänger–Fortgeschrittenen–Vollkommenen) vgl. →Mystik. W. Schachten

Lit.: E. BENZ, Ecclesia spiritualis: Kirchenidee und Geschichtstheologie der franziskan. Reformation, 1934 [Nachdr. 1964] – J. RATZINGER, Die Geschichtstheologie des hl. Bonaventura, 1959 – H. GRUNDMANN, Stud. über Joachim v. Fiore, 1966 – W. SCHACHTEN, Ordo salutis. Das Gesetz als Weise der Heilsvermittlung. Zur Kritik des hl. Thomas v. Aquin an Joachim v. Fiore (BGPhMA, NF 20, 1980).

Dreistrahlgewölbe, dreikappiges →Gewölbe, das durch drei Grate oder Rippen, die sich in einem Schlußstein treffen, gegliedert wird; es ist geeignet, unregelmäßige dreieckige Wölbfelder zu schließen, als Grat-D. schon in karol. Zeit verwendet (Umgang der Pfalzkapelle in Aachen vor 800; Seitenschiffe der Liebfrauenkirche in Andernach 1200/1210). Eigtl. Bedeutung als Rippen-D. in spätgot. Zeit; zunächst nur als konstruktiv notwendiges Gewölbe in dreiseitige Wölbfelder eingefügt, wird das D. im Deutschordensgebiet und bei Bauten der Parler zur Grundform für die Entwicklung dekorativer Gewölbe der Spätgotik. Bei Wegfall der Diagonalrippen bilden Rippen-D. Zierrippensterne. Auch dem spätgot. Parallelrippengewölbe liegt ein System von Rippendreistrahlen zugrunde. G. Binding

Lit.: RDK IV, 545–551 – E. BACHMANN, Sudetendt. Kunsträume im 13. Jh., 1941 – K. H. CLASSEN, Dt. Gewölbe der Spätgotik, 1958 – N. NUSSBAUM, Die Braunauer Bürgerspitalkirche und die spätgot. Dreistützenbauten in Bayern und Österreich, 1982.

Dreiturmgruppe besteht aus einem mächtigen mehrgeschossigen Westturm, der von zwei schmaleren, oft rund oder vieleckig, begleitet wird; Vorkommen hauptsächl. auf das nordwestl. europ. Gebiet beschränkt (Maasgebiet bis Niedersachsen), im 10. Jh. an sächs. Damenstiftskirchen (Wunstorf, Möllenbeck, Gernrode) entstanden als Entwicklung aus dem karol. →Westwerk. Seit Mitte 11. Jh. wird auf die seitl. Emporen im W verzichtet, und die

Mittelempore rückt unmittelbar an das Langhaus heran, die Erdgeschoßhalle kann einen Westchor aufnehmen (Maastricht, Lüttich, Münstermaifeld, Hastière, Stablo, St. Truiden, Celles). In der 1. Hälfte 12. Jh. weite Verbreitung (Freckenhorst 1116, Neuenheerse um 1130, Steinfeld/Eifel 1142, St. Gudula in Brüssel, Torn/Limburg, St. Peter in Löwen, Maursmünster um 1150); im späteren 12. Jh. wird die D. aufgegeben. G. Binding

Lit.: RDK IV, 551–556 – R. KLESSMANN, Die Baugeschichte der Stiftskirche zu Möllenbeck an der Weser und die Entwicklung der westl. D. [Diss. Göttingen 1952].

Dreizellenchor → Chor

Dreng (anorw. *drengr* 'junger Mann'), in der Zeit von ca. 900 – ca. 1150 Bezeichnung für den Gefolgsmann eines →thegn oder anderen großen Herren, weitverbreitet in →Northumbria und im südl. →Schottland. Der d. hatte üblicherweise einen kleinen Landbesitz von seinem Herren erhalten, dem er bei Kriegszügen und bei der Verwaltung seiner Ländereien diente (Überwachung der Hand- und Spanndienste, Durchführung von Jagden und Botendiensten für den Herren, Eintreibung von Abgaben sowie allgemeine Kontrolle über Hintersassen und Eigenleute). Der d. kann als nordengl.-südschott. Entsprechung zum *sokeman* (→Soke) des →Danelaw gelten. G. W. S. Barrow

Lit.: F. M. STENTON, The First Century of English Feudalism [verb. Ausg. 1961] – G. W. S. BARROW, The Kingdom of the Scots, 1973.

Drente (Drenthe), Land, ehem. Pagus, heute Provinz in den nördl. Niederlanden. [1] *Geschichte:* Der Name bezeugt, daß D. schon eine vorma. Einheit darstellte. Erstmals wird D. genannt, als der hl. →Willehad dort predigte (um 779). Nach der Christianisierung gehörte D. zum Bm. →Utrecht. 944 schenkte Otto I. das »ius forestense« in D. dem Bf. Die Gft. gehörte damals den Gf.en v. →Hamaland, später den Hzg.en v. →Niederlothringen. Nach dem Tode Hzg. Gozelos II. (1046) fiel sie dem Bf. zu. Das Gericht wurde seit ca. 1150 von den Herren v. Koevorden zu Lehen gehalten; diese versuchten, einen eigenen Herrschaftsbereich aufzubauen. 1227 vernichtete Rudolf v. Koevorden im Bündnis mit den Landesbewohnern, den Drenten, ein bfl. Ritterheer bei Ane. Auch die Drenten wurden mehr und mehr zu einer selbständigen Macht mit eigener Landesinstitution: communis terra Threntia (1262, communitas terre 1291, universitas terre 1313). Erst 1395 unterstellten die Drenten sich wieder dem Bf., der aber ihre Privilegien anerkannte und 1412 in einem ersten Landrecht festlegte. Nach wechselvollen Kämpfen und Irrungen zw. Karl V., Groningen und Karl v. Geldern wurde D. 1536 den habsburg. Niederlanden angeschlossen. D. P. Blok

Q.: P. J. BLOK u. a., Oorkondenboek van Groningen en Drenthe, 1896–99 – Lit.: D. P. BLOK u. a., Geschiedenis van Drenthe, 1984.

[2] *Die Landrechte von Drente:* Das erste Landrecht v. D. wurde am 16. Sept. 1412 von dem Bf. v. Utrecht, Friedrich v. Blankenheim, erlassen. Es stellt eine Kodifikation des geltenden Gewohnheitsrechts in 47 Artikeln dar, in denen die Rechte und Pflichten der Einwohner v. D., straf- und strafprozeßrechtl. Regeln und einige Vorschriften zur Gerichtsverfassung und zur (bfl.) Besteuerung niedergelegt sind. Inhaltlich gesehen ist dieses Landrecht das Ergebnis des Einverständnisses und der Zusammenarbeit zw. Bf. und Landesbevölkerung. Der interessanteste Artikel ist der erste, in dem das Grundrecht der Drenten verankert wird, auf jeder Ebene (Land, Dingspiel, Kirchspiel und Bauernschaft) ohne Einmischung des Landesherrn Versammlungen abzuhalten und Beschlüsse zu fassen. Dieses Landrecht hat F. J. Bodmann († 1820) bei seiner Fälschung des sog. Rheingauer Landrechts als Vorbild gedient. Am 25. Mai 1447 wurde das erste Landrecht durch den Bf. v. Utrecht, Rudolf v. Diepholz, in einigen Punkten, hauptsächl. im Hinblick auf Strafvorschriften, erweitert und vervollständigt (17 Artikel). Auffallend sind ein Verbot der damals noch häufigen Fehden und ein neues Verfahren bei Totschlag. Beide Landrechte haben im wesentl. bis 1608 gegolten. F. Keverling Buisman

Ed.: Drentsche Rechtsbronnen, ed. S. GRATAMA, 1894 – Lit.: H. MEYER, Das sog. Rheingauer Landrecht, eine Fälschung Frans Joseph Bodmanns, ZRGGermAbt 24, 1903, 309ff. – F. KEVERLING BUISMAN, Het landrecht van Drenthe van 1412; een poging tot analyse (Vergezichten op Drenthe, 1983), 234–250.

Dresden, Stadt in →Sachsen, an der Elbe. Der seit dem 7. Jh. slav. besiedelte Gau Nisan geriet nach 929 unter dt. Herrschaft im Bereich der Mark →Meißen. Vor 1144 gelangte er an die wettin. Mgf.en v. Meißen (s. a. →Wettin, Haus), die im Mittelpunkt des Gaues am südl. Ufer der Elbe nach bisheriger Meinung einen hier zu vermutenden Königshof, der wahrscheinl. im →Tafelgüterverzeichnis des dt. Kg.s auftritt (→Dohna), zur Burg ausbauten, die jedoch offenbar erst von ihnen errichtet worden ist. Der 1206 gen. Ort wies neben einer Urpfarrei (Frauenkirche) um die Nikolaikirche (später Kreuzkirche) eine Kaufmannssiedlung des 12. Jh. auf, aus der sich die 1216 den Civitas entwickelte. An der bedeutenden Frankenstraße aus dem Reich nach Schlesien entstand die 1275 bezeugte Elbbrücke. Mgf. →Heinrich der Erlauchte bevorzugte D. als Residenz, vor 1265 wurde ein Franziskanerkl. gegr. Bei der Verleihung des Elbstapelrechts 1455 war die Stadt noch unbedeutend, entfaltete sich aber stark als Residenzstadt der Wettiner seit 1485. Das auf der anderen Elbseite gelegene Altendresden erhielt 1403 Stadt- und Weichbildrecht und 1404 ein Augustinerkl. D. besaß 1292 Bürgermeister und Rat, 1484 erlangte es die Obergerichtsbarkeit. K. Blaschke

Lit.: Atlas des Saale- und mittleren Elbgebietes 2. Teil, Bl. 34 und Erl. 2. T., 142ff. [A. HAHN] – H. BUTTE, Gesch. D.s bis zur Reformationszeit, 1967 (Mitteldt. Forsch. 54).

Dreux

I. Stadt und Grafschaft – II. Haus Dreux.

I. STADT UND GRAFSCHAFT: D. (Drocae), Stadt und Gft. in Nordfrankreich (dép. Eure-et-Loire), an der Blaise nahe ihrer Einmündung in die Eure gelegen. D. war wohl in gallo-röm. Zeit der Vorort der Durocasses, deren Territorium zum Dreugesin (pagus Dorcassinus) wurde; dieser Pagus lag im NW der Diöz. →Chartres und entsprach wohl weitgehend dem gleichnamigen Archidiakonat. Am Ende des 10. Jh. übertrug Kg. Hugo Capet D. an den Gf.en v. Chartres, →Odo II., der in D. Münzen prägen ließ. Doch nahm Kg. →Robert der Fromme D. um 1025 wieder in Eigenbesitz und setzte hier einen Vicecomes, Fulco, ein. 1058 übertrug Kg. Heinrich I. die Burgkirche St-Martin an die Abtei →St-Germain-des-Prés; er selbst starb am 4. Aug. 1060 in D. Ein Ritter aus D., Baldericus (Baudry), Bruder des Mundschenken (→Bouteiller) Angenulf (Genoul), war kgl. Comes stabuli (→Connétable) zu Beginn der Regierung Philipps I. Zw. 1108 und 1137 verlieh Ludwig VI. D. eine Kommunalverfassung (→Kommune), deren einzelne Privilegien 1180 genauer gefaßt und erweitert wurden. 1137 übertrug Ludwig VII. seinem jüngeren Bruder →Robert (→Abschnitt II) als Apanage D. nebst dem der Burg unterstellten Territorium, aus dem sich die Landschaft Drouais entwickelte, die nurmehr einen geringen Teil des alten Pagus, des Dreugesin, umfaßte. Nach 1209 erfolgte in D. keine eigene Münzprägung mehr. 1223 baute Gf. Robert III. den Danemarchegen. Teil der Burg wieder auf, wobei er sich verpflichtete, dem Kg. die Burg nötigenfalls zu öffnen. D. entwickelte sich zu einer blühenden Stadt aufgrund ihres Weinbaus, dessen Erzeugnisse sich sogar auf der kgl. Tafel fanden, und der Textilverarbeitung im Euretal. 1360 nahmen Söldnertruppen D. ein, das 1364 von Hzg. →Philipp dem Kühnen für den Kg. zurückerobert wurde. 1378 erwarb Kg. Karl V. die Gft. von Marguerite und Péronelle v. Thouars, den Erbinnen ihres Bruders Simon v. Thouars († ohne Nachkommen), zurück. Die Gft. ging dann an Hzg. →Ludwig v. Orléans über. Von den Engländern 1421 besetzt, wurde sie 1438 zurückerobert. 1441 übertrug Karl VII. die Gft. an Karl v. →Albret, dessen Nachkommen sie bis 1556 innehatten. A. Chèdeville

Q. und Lit.: B. GUÉRARD, Polyptyque de l'abbé Irminon, I, 67–70 – E. LEFÈVRE, Recueil de documents hist. sur la ville et le comté de D., Annuaire de l'Eure-et-Loir, 1857, 218–268; 1858, 169–310 – PH. LAUER, Reconstruction du château de D., Bull. Soc. nat. Antiqu. de France, 1924, 271–279 – CH. PETIT-DUTAILLIS, Les communes françaises, 1947, 59–61.

II. HAUS DREUX: Das Haus D., eine Seitenlinie der →Kapetinger, geht auf→Robert, Bruder Kg. →Ludwigs VII., zurück; Robert erhielt 1137 als Apanage die (verkleinerte) Gft. D. (→Abschnitt I). Das Haus erlosch erst 1590 mit Jean de D., Herr v. Morainville, Mauny et St-Ouen. Die Gft. D. war jedoch bereits 1377/78 in die Krondomäne wiedereingegliedert worden; 1377 verkaufte Marguerite de →Thouars ein Drittel, 1378 Péronelle die restl. zwei Drittel an die Krone (→Abschnitt I).

Robert (* ca. 1131, † 11. Okt. 1188, ⊐ Braine, Abtei St-Yved) verstärkte seine Territorial- und Machtposition durch Heirat: ∞ 1152 Agnès de Baudement, die ihm die Herrschaften La Fère-en-Tardenois, →Braine-sur-Vesle, Pontarcy, Longueville, Nesle und Quincy in die Ehe brachte. Robert, seitdem als Gf. v. Braine betitelt, nahm das Kreuz mit Kg. Ludwig VII. (1147–49), stattete 1159 D. mit einem Statut *(charte de libertés)* aus und übergab die Regierung 1184 seinem Sohn *Robert II.* (* ca. 1154, † 28. Dez. 1218, ⊐St-Yved). Aus Roberts II. Ehe mit Yolande de →Coucy gingen folgende Söhne hervor: *Robert III.* (* 1190, † 3. März 1234); →*Peter (Pierre) Mauclerc*, Hzg. v. →Bretagne; *Henry de Dreux*, Ebf. v. →Reims; *Jean de Braine*, Gf. v. →Mâcon durch Heirat mit Alix de →Viennois. Robert III. betätigte sich v. a. als Kriegsmann: 1214 kam er in engl. Gefangenschaft; 1216 zog er mit dem Prinzen Ludwig gegen England; 1226 nahm er am 2. Albigenserkrieg teil. Er heiratete Aénor de St-Valery, die ihm die Besitzungen St-Valery, Gamaches und Ault in die Ehe brachte. Aus der Ehe gingen zwei Söhne hervor: *Jean*, Gf. v. D. (* 1248 in Nikosia), und *Robert*, Begründer der Linie der Herren v. Beu. Jean war vermählt mit Marie de →Bourbon, Tochter Archambauds VIII. Beider Sohn *Robert IV.* († 14. Nov. 1281) war Gf. v. D. und Braine, Herr v. St-Valery, Gamaches, Ault, Rochefort und Château-du-Loir; als Gemahlin hatte er Béatrix, Gfn. v. →Montfort, Dame de Rochefort, Tochter von Jean, Gf. en v. Montfort l'Amaury. Beider Sohn *Jean II.* († 7. März 1309, ⊐ Longchamp), der das hohe Amt des →*Chambrier de France* bekleidete, gewann durch seine Ehe mit Jeanne de Beaujeu die Herrschaft→Montpensier. Die drei Söhne aus dieser Ehe, *Robert V.*, *Jean III.* und *Pierre*, folgten in der Regierung der Gft. aufeinander. Robert V. († 22. März 1329) heiratete Marie d'Enghien; der Ehe entsprangen nur weibl. Nachkommen. Jean III. († 1331), verheiratet mit Ide de Rosny, Tochter Guys de Mauvoisin, Herren v. Rosny, starb kinderlos. Pierre († 1355), Gf. v. D., Herr v. Montpensier, Aigueperse, Herment, Château-du-Loir, St-Valery, Gamaches, Ault, Dommart, Benarville und St-Maurice, hatte aus seiner Ehe mit Isabelle de Melun eine Tochter, *Jeanne* (* 1345, † 1346). Damit fiel die Erbfolge an Pierres Schwester, *Jeanne II.*, Gfn. v. D., die mit Louis, Vicomte v. Thouars, vermählt war. Beider Sohn *Simon de Thouars* starb 1365 ohne Nachkommen. Die Gft. D. wurde schließlich von seiner Schwester *Péronelle* an den Kg. verkauft. Das Haus D. war in direkter Linie erloschen und hatte zur gleichen Zeit die Gft. D. verloren. E. Lalou

Q.: Cart. de S. Yved de Braine (1135–1226), Arch. nat., LL 1583 – *Lit.*: DBF XI, 746 – A. DU CHESNE, Hist. généalogique de la maison de D., 1631 – P. ANSELME, Hist. généalogique I, 423.

D., Philippe de, † 4. Nov. 1217, Bf. v. →Beauvais, gewählt 1175, geweiht 1180; Sohn von→Robert v. Frankreich, Gf. en v. →Dreux, und Agnès de →Braine, leibl. Kusine von Kg. Philipp II. August (→Kapetinger), wurde Ph. auf Betreiben seines Onkels →Henri de France, dem Ebf. v. Reims, zum Bf. v. Beauvais erhoben. Ph. erwies sich bei mehreren polit.-diplomat. und militär. Missionen als wichtiger Helfer des Kg.s: 3. →Kreuzzug (1189–91), Krieg mit England (1197 war Ph. in engl. Gefangenschaft), Kreuzzug gegen die →Albigenser, Schlacht v. →Bouvines (1214). Seine zweimalige Kandidatur für das Ebm. Reims (1202, 1206) blieb ergebnislos. – Mehrere seiner Verwandten erhielten Pfründen am Kathedralkapitel von Beauvais: Sein Bruder Henri, später Bf. v. Orléans, war Archidiakon, sein Halbneffe Robert de →Châtillon Archidiakon und Schatzmeister, sein Neffe Henri de →Braine, später Ebf. v. Reims, ebenfalls Schatzmeister.
O. Guyotjeannin

Q.: Testament, ed. LOUVET, Hist. et antiquitez... II, Beauvais 1635, 345–360 – Hélinand de Froidmont, Chronique, ed. TISSIER, Bibliotheca patrum cisterciensium VII, 1669, passim – *Lit.*: GChr IX, 732–740 – H. GÉRAUD, Le comte-évêque... (BEC 5, 1843–44), 8–36 – W. M. NEWMAN, Les Seigneurs de Nesle en Picardie I, 1971, 227, 247.

Drevljanen (aruss. Chronik: *derevljane*, gr. Δερβλενινοι), ostslav. Stamm (→Ostslaven), der sich im 7.–8. Jh. aus einer größeren slav. Einheit, zu der die späteren →Dregovičen und Volynjanen gehörten, herausgebildet hat. Im Namen der D. (von *derevo* 'Wald', 'Holz', mit Suffix *-jane* 'Waldleute') spiegelt sich der Landschaftscharakter ihrer Siedlungsgefilde, die südl. des Pripet lagen und die Bekken des Styr im Westen, Horyń, Slučʼ Ubortʼ, Užʼ, bis zum Dnepr-Zufluß Teterev im Osten umfaßten. In diesem Gebiet verflochten sich die D. mit den →Poljanen und im Süden und Westen mit den Volynjanen. Es handelt sich hierbei um die spätere Übergangszone der ukrainisch-weißruss. Mundarten.

Im 9. und 10. Jh. sind die D. eine gesellschaftlich und politisch organisierte Einheit mit eigener Oberschicht, die aus Fs. en und *maiores (lepšii muži)* bestand. Die Erwähnung einer größeren Zahl von Fs. en weist auf das Vorhandensein kleinerer Stammes- oder Gentileinheiten hin, die zu einem größeren Verband um die zentrale Burg Iskorostenʼ vereinigt waren. Die soziale Struktur ist auch archäologisch durch kleine Burgen als Herrschaftssitze und refugia neben gleichzeitigen unbefestigten Siedlungen nachweisbar. Von→Oleg durch einen Feldzug (Ende des 9. Jh.) dem Fsm. →Kiev tributpflichtig gemacht, versuchten die D. einige Male, sich davon zu befreien. Im Aufstand gegen die Kiever Herrschergefolgschaft, die erhöhten Tribut gefordert hatte, erschlugen die D. um 945 den Fs. en→Igor und gewannen für kurze Zeit ihre Unabhängigkeit zurück. (In der Sage des 11.–12. Jh. spiegelt sich dieser Zustand in der Brautwerbung des Drevljanen-Fs. en Mal bei Igors Witwe Ol'ga.) In einigen Feldzügen fügten →Ol'ga und der Kiever Adel um 950 das Land der D. endgültig der Kiever Herrschaft ein; ein bedeutender Teil des lokalen Adels wurde ausgerottet, einige Burgen verbrannt. Die D. wurden mit »drückenden Abgaben« belegt und in Fiskus und Verwaltung des Kiever Staates eingegliedert. Im 11. und 12. Jh. gehörte das Land der D. (das noch im 12. Jh. in der aruss. Chronik erwähnt wird) zu den Fsm.ern Kiev und Turov. Seit der 2. Hälfte des 12. Jh. begann hier das Fsm. →Vladimir-Wolhynien eine größere Rolle zu spielen. Die im Verlauf des 12. und 13. Jh. hier entstandenen Teilfürstentümer (Ovruč, Dorogobuž, Dubrovnica) wurden als Statthaltereien der Kiever Fs.en angesehen. A. Poppe

Lit.: Vasmer, Wb. I, 360 – A. I. Ljaščenko, Letopisnoe skazanie o mesti Ol'gi Drevljanam, Izvestija po russkomu jazyku i slovesnosti, t. II, kn. 1, 1929, 320–336 – A. N. Nasonov, »Russkaja zemlja« i obrazovanie territorii drevnerusskogo gosudarstva, 1951 [Register] – P. N. Tret-jakov, Drevljanskije grady (Sbornik B. D. Grekovu ko dnju semidesjatiletija, 1952), 64–68 – I. P. Rusanova, Territorija drevljan po archeologičeskim dannym, SA, 1960, Nr. 1, 63–69 [vgl. a.: Ders., ebd., 1958, Nr. 4, 33–46] – B. Kleber, Iskorosteń (Scando-Slavica VI, 1960), 126–129 – E. I. Timofeev, Rasselenie jugo-zapadnoj grupy vostočnych slavjan po materialam mogil'nikov X–XIII v., SA, 1961, Nr. 3, 56–75 – Ju. V. Kucharenko, Srednevekovye pamjatniki Polesja, Svod archeologičeskich istočnikov, 1961 – M. Hellmann, Einheim. und äußere Faktoren bei der Entstehung des ma. Rußland, Sett. cent. it., 1969, 205–232 [Lit.] – V. V. Sedov, O jugo-zapadnoj gruppie vostočnoslavjanskich plemen, Istoriko-Archeologičeskij Sbornik, 1972, 197–203 – V. D. Baran, Ranni slovjani miž Dnistrom i Prypetju, 1972 – I. P. Rusanova, Slavjanskije drevnosti VI–IX vv. meždu Dneprom i zapadnym Bugom, 1973 – H. Lowmiański, Początki Polski V, 1973, 88–91, 214f. – Drevnerusskoe gosudarstvo i ego meždunarodnoje značenie, 1965, 145–140 und Register – A. Poppe, Rodoslovnaja Mstiši Svenelďiča (Letopisi i Chroniki 1973, 1974), 64–91– HGeschRußlands I, 237ff. [H. Rüss]. s. a. Lit. zu→Ostslaven.

Dridu, Ort in Rumänien, in der valach. Ebene am Ialomița-Fluß. 1956–1962 wurde 5 km sö. von D. eine Siedlung des 10. und frühen 11. Jh. archäolog. erforscht. Sie besaß rund 50 ebenerdige Häuser, Grubenhäuser sowie Wirtschaftsgebäude. Sie stellt die erste vollständig erforschte dörfl. Siedlung um das Jahr 1000 in dieser Gegend dar und wurde daher namengebend für eine Kultur an der unteren Donau, die zahlreiche spätkaiserzeitl. wie auch provinzielle byz. Merkmale aufweist. Sie wird zumeist den Vorfahren der heutigen Rumänen zugeschrieben. Andere Forscher sind der Meinung, daß die D.-Kultur mehreren Ethnika angehörte, sie bezeichnen sie als »balkan.-donauische Kultur«. Kürzlich wurde in D. am Ialomițaufer eine befestigte Siedlung (christl. Friedhof in Befestigung einbezogen) aus dem 11.–13. Jh. gefunden, die zahlreiche Merkmale der vorigen Siedlung, aber besser entwickelt, aufweist. Darüber hinaus sind bei D. auch Belege für die Anwesenheit von späten nomad. Völkern östl. Herkunft gefunden worden. R. Popa

Lit.: I. Nestor, Contributions archéol. au problème des Proto-Roumains, Dacia 2, 1958, 371–382 – E. Zaharia, Săpăturile de la D., 1967.

Driesch. [1] *Agrarwirtschaft:* Das Wort 'D.' (lat. triusca, triscus; frz. *trieu, trechain*; dt. *driesch, dreesch*; ndl. *dries*) ist in vielen Gebieten Mittel- und Westeuropas bekannt; die neuere Philologie neigt überwiegend der Auffassung zu, daß das Wort auf eine germ. Wurzel zurückgeht, die wiederum indogerm. beeinflußt ist. Es bezeichnet den Teil von bewirtschafteten Flächen, der ztw. nicht bebaut wird, um ihn mit Hilfe der →Düngung durch Weidevieh wieder für den Ackerbau fruchtbar zu machen. In dieser Bedeutung taucht das Wort seit dem 9. Jh. auf und hält sich bis in die Neuzeit. Der D. unterscheidet sich von der →Brache (→Dreifelderwirtschaft) – zu Unrecht wird er oft damit vermengt – nicht nur durch die Tatsache, daß der D. für mehr als ein Jahr vom Getreidebau ausgenommen wird, sondern auch dadurch, daß er während dieser Zeit nicht bearbeitet wird; in einigen Gebieten (z. B. in Flandern) wird er indessen auch zwischenzeitl. mit Gras besät. Es kann auch vorkommen, daß der D. mit dem System einer Feldgraskoppelwirtschaft (→Feldgraswirtschaft) verbunden ist. In einigen dt. Weinbaulandschaften bezeichnet D. auch aufgegebene Weingärten. Der D. kommt in einer Zone vor, die sich von Nordfrankreich über die Niederlande bis nach Norddeutschland erstreckt; südlich des Mains hat das Wort 'Egert' eine ähnliche Bedeutung wie D.

[2] *Siedelform:* Abgeleitet von der oben dargelegten Wortbedeutung ist D. auch in einer bestimmten Verbreitungszone, die sich vom nördl. Belgien (ohne die Poldergebiete, aber einschließlich des Hennegau) bis in die Gegend von Aachen und Köln erstreckt, der wichtigste Teil einer spezifischen Siedelform, die bis in das HochMA zurückgeht und deren Spuren sich in den Ortsnamen wiederfinden. Diese Siedelform gehört zu den »Platzsiedlungen«, die sich in unterschiedlicher Gestalt und Ausdehnung um einen Platz oder Anger (s. a. →Dorf, Abschn. A. II), der in den genannten Gegenden D. genannt wird und der von mehreren Hofstellen umgeben ist, zentrieren; der unbebaute D. diente dabei oft als Weideplatz und als Gerichtsort. Die ältesten Belege für solche Siedelformen finden sich bereits im 12. Jh., reichen aber wahrscheinlich noch weiter zurück. Oft befinden sich in Belgien mehrere D.e in einer Pfarrei. Der D. ist somit zu vergleichen mit dem *village de rejet* im westl. Hennegau, dem →*Brink* in den Niederlanden und im nördl. Deutschland und der *place* in Nordfrankreich (*placitre* in Westfrankreich, *couderc* im Zentralmassiv). Im Zentralmassiv befindet sich in den meisten Fällen der D. im Zentrum der Pfarrei, was bei den meisten D.en in Belgien nicht der Fall ist. E. Thoen

Lit.: zu [1]: P. Lindemans, Geschiedenis van de landbouw in België, 1952, I, 28–32 – H. Dittmaier, Esch und D. Ein Beitr. zur agrargesch. Wortkunde (Aus Gesch. und LK. Fschr. F. Steinbach, 1960), 704–726 – J. Boon, Het probleem 'dries' in de Middeleeuwse landbouw in Vlaanderen, Handelingen der maatschappij voor Geschiedenis en Oudheidkunde te Gent, 1965, 31–46 – K. S. Bader, Stud. zur Rechtsgesch. des ma. Dorfes III, 1973, 161–189 – M. Gysseling, Dries, Naamkunde, 1975, 258–265 – *zu [2]:* G. Schmookjr., Evolutie van het landelijk landschap ten SW van Gent als bijdrage tot de genese van het agrarisch komplex in Zandig-Binnen-Vlaanderen, Ts. van het Koninklijk Aardrijkskundig Genootschap van Antwerpen 78, 1967, 65–116 – F. Dussart-J. Claude, Les villages de 'dries' en Basse et Moyenne-Belgique, Bull. de la Soc. Belge d'Etudes Géographique 44, 1975, 239–294 – G. Sivery, Avesnois: 'Places' communales – un plan commun: la 'place' villageoise (Les terres communes, hg. P. Flatrès, 1975), 30–36 – A. Verhulst-D. P. Blok, De agrarische nederzettingen, Algemene Geschiedenis der Nederlanden I, 1981, 153–159.

Driftrecht → Weide, -recht

Drijeva (Name von *drěvo* 'Flußschiff'), ma. Marktort in Herzegovina (Jugoslawien), an der unteren Neretva (heute Gabela 'Zollstelle'), in den lat. Quellen als forum (mercatum) Narenti erwähnt. D. stand unter der Herrschaft der Nemanjiden bis zum Ende der Regierung Kg. Milutins (1282–1321), danach kam es, zusammen mit einem großen Teil von Hum (→Zahumlje), zum Banat→Bosnien. In der 2. Hälfte des 14. Jh. wurde D. vom Kg. v. Ungarn, →Ludwig I., beherrscht, danach von lokalen Machthabern. 1490 wurde es türkisch.

Als Handelszentrum, in dem hauptsächl. Ragusaner (→Ragusa) tätig waren, war D. ein Knotenpunkt zw. Küstengebiet und Hinterland. Die Haupteinnahmen aus den Zöllen, die an ragusan. Geschäftsleute verpachtet waren, kamen aus dem Salzhandel. D. war einer von den vier Märkten zw. den Flüssen →Bojana und Neretva, in denen der →Salzhandel erlaubt war. Es war aber auch verrufen wegen Handels m. bosn. Sklaven. R. Mihaljcić

Lit.: M. Dinić, Trg D. i okolina u srednjem veku, Godišnjica Nikole Čupića 47, 1938, 109–147 – DJ. Tošić, O drijevskoj carini, Prilozi Insituta za istoriju u Sarajevu 15–16, 1979, 189–195 – Ders., Trg D. u srednjem vijeku [unveröffentl. Diss.].

Drillingsbogen → Bogen

Drillingsfenster → Fenster

Drim, Fluß in Jugoslavien und Albanien (slav. Drimb oder Drinb, lat. Drinus, Drino; griech. Δρῖνος, Δρύμων, Δρίλων; alban. Drin), bereits den antiken Schriftstellern bekannt. Quellflüsse sind Weißer (Ursprung am Westrand des Kessels von Metohija) und Schwarzer D. (aus dem Ochrid-See); beide werden im MA als 'Drim' bezeichnet. Johannes → Skylitzes (spätes 11. Jh.) und → Anna Komnena (1. Hälfte des 12. Jh.) geben Beschreibungen von Quelle und Lauf des Schwarzen D. und des D. An einem mit der → Bojana verbundenen Stromarm, dem Drimac (alban. Drin i Madh) lag eine der Residenzen des jungen Kg.s und späteren Zaren v. Serbien, → Stefan Dušan. Der D. mündet in der Nähe von Lezha (Alessio) in die Adria. Er war in seinem Unterlauf schiffbar; bei Lezha befand sich ein Flußübergang *(brod)* mit einer Zollstation (Široki brod). Weitere wichtige Flußübergänge und Zollstationen befanden sich bei Dagno (Dejë) und bei Sv. Spas. Durch das Tal des Weißen D. und teilweise auch des Drim führte eine Handelsstraße von → Prizren in die → Zeta und das Küstenland *(via de Zenta).* M. Blagojević

Q.: Fr. Miklosich, Mon. Serbica, 1858, 61 – J. Šafarik, Glasnik Društva Srpske Slovesnosti XV, 1862, 274, 275, 279, 283, 286, 287, 310 [Chrysobull Stefan Dušans über Gründung des Erzengelkl.s bei Prizren] – S. Novaković, Zakonski spomenici srpskih država srednjega veka, 1912, 436, 648, 687, 690, 691, 701 – P. Ivić – M. Grković, Dečanske hrisovulje, 1976, 66, 120, 121, 130, 207, 208, 264 – *Lit.:* D. Daničić, Rječnik iz književnih starina srpskih I, 1863, 306; III, 1864, 588 – C. J. Jireček, Die Handelsstraßen und Bergwerke von Serbien und Bosnien während des MA. Abh. der Kgl. böhm. Ges. der Wiss. VI/10, Cl. für Philos., Gesch. und Philol. Nr. 2, 1879, 64–66 – Istorija Crne Gore I, 1967, 311 – G. Škrivanić, Putevi u srednjovekovnoj Srbiji, 1974, 69–71 – Istorija srpskog naroda I, 1981, 131.

Drina, rechter Nebenfluß der → Sava. An seinen Ufern entstanden zahlreiche Siedlungen. Dort wurden auch, in der Umgebung von Bijeljina, die ältesten slav. Siedlungen auf dem Balkan entdeckt. An der D. kreuzten sich wichtige Handelsstraßen, die die Küstengebiete der → Adria mit dem balkan. Hinterland verbanden. Bes. wichtig war die Straße, die von Dubrovnik (→ Ragusa) über Trebinje, Gacko und Foča in das Innere von Serbien führte (Via Drinae). Nach den Angaben von Johannes → Kinnamos (2. Hälfte des 12. Jh.) trennte die D. → Bosnien von → Serbien. Im Drinagebiet befanden sich bedeutende → Silber-, Blei- und andere Minen (Srebrnica, Crnča, Krupanj, Zajača u.a.) mit Kolonien dt. Bergleute (Sasi); vgl. → Bergbau. Die Gebiete entlang der D. gehörten zum Bereich des serb. Staates bzw. Bosniens, während diejenigen am Unterlauf des Flusses von Ungarn beherrscht wurden. Die Familie des Herzogs (Herceg) Stefan Vukčić → Kosača im Drina-Bergland (Gornje Podrinje) war die letzte serb. Adelsfamilie dieses Landes. J. Kalić

Lit.: C. Jireček, Die Handelsstraßen und Bergwerke von Serbien und Bosnien während des MA, Abh. der kgl. böhm. Ges. der Wiss. VI, 10, Cl. für Philos., Gesch. und Philol., Nr. 2, 1879 – M. Dinić, Za istoriju rudarstva u srednjevekovnoj Srbiji i Bosni I, 1955 – Ders., Srpske zemlje u srednjem veku, 1978 – Istorija srpskog naroda I, 1981; II, 1982.

Dritter Orden → Tertiaren

Drivast (gr. Δριβαστός, lat. Drivastum, alban. Drishti), Stadtwüstung, deren Ruinen sich am Ufer des Flusses Kiri 10 km nordöstl. von Shkodër (Albanien) befinden. In illyr. oder röm. Zeit besiedelt, wird es in einer byz. Bistumsliste aus dem 10./11. Jh. erstmals erwähnt. Seit 1185 befand es sich unter serb. Herrschaft. 1478 fiel es endgültig an die Türken. Im MA war es eine bedeutende Festung und zugleich Bischofssitz (erst byz., seit der 2. Hälfte des 11. Jh. röm.-kath.). Die ma. Quellen erwähnen neben der Kathedrale noch zwei weitere Kirchen. Auf dem höchsten Punkt des Hügels, auf dem die Stadt errichtet ist, befinden sich die Reste einer Zitadelle mit unregelmäßig-polygonalem Grundriß und Türmen an den Eckpunkten; am Abhang unterhalb der Zitadelle stehen die Reste von Wohngebäuden, die ihrerseits von einer Mauer umschlossen waren. Zw. Zitadelle und Siedlung stehen Reste einer frühma. trikonchalen Kirche. V. Korać

Lit.: DHGE XIV, 796–798 [J. Valentini] – K. Jireček, Scutari und sein Gebiet im MA, Illyr.-alban. Forsch. I, 1916, 111–114 – M. v. Šufflay, Städte und Burgen Albaniens hauptsächl. während des MA, DAW, 1924, 63, 26f. – A. Deroko, U Bodinovoj prestonici, Star, 1928–30, 137–140 – A. Ducellier, La façade maritime de l'Albanie au MA, 1981 – G. Schramm, Eroberer und Eingesessene, 1981, 238f.

Drobeta → Severin, Festung an der Donau

Droge, Drogenhandel. [1] *Droge* (D.) (spätlat. species und aroma[t(ic)um], mhd. *specie* und *specerîe*, mnd. *krût* und *krude*) 'Spezerei, Gewürz, Apotheker- und Farbware': Im dt. Sprachraum werden unter D.n alle rohen und halbzubereiteten Produkte der drei Naturreiche (v. a. aus dem Pflanzenreich) verstanden, die hauptsächl. in Med. (Arznei-D.n → Simplicia) und Technik Verwendung finden; hingegen steht das Wort 'drug' im ags. Bereich generell für Arzneimittel (später ausgedehnt auf → Rauschmittel, was auch die heutige Verwendung des dt. Wortes beeinflußte). Die Etymologie des Wortes 'D.' (mlat. 'drogaria', it./span./ptg./prov. *droga,* frz. *drogue,* engl. *drug*) ist umstritten. Zuerst erscheint der Ausdruck im 14. Jh. im Engl. (1327: »drogges de spicerie«, Close Roll I Edw. III.; 1386/88: »to send him drogges«, Chaucer, The Canterbury Tales, Prol. 426, Apothecaries) und wird erst im Laufe des 15. Jh. bei lat. schreibenden Schriftstellern (»et voco droguas medicinas magni pretii quae ad nos deferentur a longinquis partibus«, Dispensarium, Nicolai Praepositi [ca. 1490]), im It. und Frz. verwendet, während er in span.-ptg. und dt. Quellen erst im 16. Jh. auftaucht. Er scheint sich vom mnd. 'droge vate' (= trockene Fässer, d. h. Packfässer mit Trockenware) herzuleiten, wobei das Adjektiv 'droge' und 'druge' (= trocken, auch substantiviert: Trockenes) für das Verpackungsmaterial auf den Inhalt übertragen wurde; ähnlich tritt in ma. Zolltarifen für D.n das mhd. *trukhen guet* (= trockene Ware) auf. Andere Erklärungsversuche beziehen sich auf das arab. dawā' und mittelpers. dārük (= Heilmittel) sowie die gr.-mlat. Wörter 'trochiscus' (Pastille) und 'trage(m)a' (aromat. Pulvermischung). Vielleicht entstammt das Wort 'D.' dem Mittelmeerraum und hat sich im germ. Sprachkreis mit dem Begriff 'trocken' verschmolzen.

[2] *Handel:* Der Grundcharakter des ma. Krams (vgl. → Handel) als Gemischtwarenhandlung für mehr oder weniger exot. Produkte fand einen seiner Schwerpunkte im Gewürz- und Drogenhandel. Die Kreuzzüge machten das Abendland vermehrt mit oriental. D.n bekannt, die bald in immer größeren Mengen in der Küche sowie in der Heilkunde verwendet wurden. Auch Getränke (→ Wein, → Bier) pflegte man aus Geschmacks- und Konservierungsgründen mit D.n zu versetzen. Riechstoff- und Räucherdrogen stellten aus kosmet. und hygien.-prophylakt. Gründen (→ Pest) eine ständige Notwendigkeit dar. Handwerk und Gewerbe, v. a. die Färberei und Malerei, bedurften bestimmter Farbstoffe (Rotholz, Scharlachkörner, → Safran, Indigo, Schellack). Die Übernahme des

antiken med. Wissens machte den Import mediterraner und oriental. D.n überdies notwendig. Gleichzeitig fand eine Spezialisierung des Spezereikrams zur Medizinalanstalt (→Apotheke) statt. Der Apotheker zählte zu den Einzelhändlern, der die einheim. pflanzl. Simplicia selbst sammelte oder sie von bes. Kräutersammlern bezog. Seltenere Arzneipflanzen wurden z. T. in eigenen Kräutergärten kultiviert. Ausländische, v. a. die oriental. D.n konnten in den größeren Städten beim einheim. Fernhandel oder auf den großen Handelsmessen in Frankfurt a. M., Leipzig, Antwerpen u. a. erworben werden.

Bis zum SpätMA hatte sich Nürnberg zum Vorort des Drogenhandels in Mittel- und Osteuropa entwickelt, was sich bis in den Raum der →Hanse, z. B. Lübeck, auswirkte. Seit 1450 befaßten sich fast alle in Verkehr zw. Nürnberg und Lübeck bekannten Kaufleute mit dem Drogenhandel. Deutsche Kaufleute holten das »Venediger Gut«, v. a. D.n, selbst aus Italien und brachten es über die Alpen. Arab. Händler lieferten die D.n aus SO-Asien, Indien oder O-Afrika auf dem Seeweg zum Pers. Golf, von dort auf dem Landweg in die syr. Levantehäfen oder durch das Rote Meer bis Suez und dann mit Karawanen nach Alexandria. Venedig unterhielt einen regelrechten Liniendienst von Schiffkonvois, die regelmäßig zu bestimmten Zeiten Ägypten, Zypern, Syrien, Byzanz und das Schwarze Meer sowie das vordere N-Afrika anliefen. Thietmar v. Merseburg erwähnt diesen Drogenhandel: »Quatuor naves Venetorum magne diversisque pigmentis [Drogen] referte naufragium sunt in predicto anno [1017] perpesse« (Chronicon VII 54). Der weite Transport und die hohen Zölle verteuerten die D.n. →Venedig trieb die Preise bewußt in die Höhe und stützte sich auf eine Handelspolitik, die auf eine absolute Monopolstellung im Drogenhandel zw. Levante, Nahem und Fernem Osten und transalpinen Ländern zielte; es war der Endpunkt für den Kaufmann aus Mitteleuropa wie auch für den aus der Levante, der Umschlagplatz für den O-W-Handel und verdiente somit am Im- wie am Export. Die D.n, die gerne gefälscht wurden, unterlagen der *gerbelatura* (= Prüfung, Untersuchung, Schau von altit. gerbelare 'abreiben'). Die *gerbelatori* untersuchten die D.n auf Identität, Qualität und Reinheit. Sie waren vereidigte Beamte und unterstanden den Consoli dei Mercanti, der obersten Instanz für die Beaufsichtigung des Drogenhandels. Am strengsten war die Gerbelatur bei Gewürznelken, Safran und Ingwer. Von Venedig nach Nürnberg wurden folgende Drogengruppen gehandelt: Arznei- (Simplicia, pharmazeut. Hilfsstoffe), Gewürz- (reine Gewürze, Fastenspeise), Parfüm-, Farb- und mineral. D.n und zubereitete Chemikalien, außerdem einige Arzneipräparate wie Theriak, Mithridat und die Trochisci de thyro.

Die Einfuhr von Drogen aus Frankreich vermittelte im 13. Jh. neben Narbonne und Montpellier v. a. Marseille; wichtig für den Drogenhandel waren dabei die →Champagnemessen. Das größte Handelshaus in der Zeit von 1380 bis 1530, das auch D.n vertrieb, war die →'Große Ravensburger Handelsgesellschaft' oder 'Große Gesellschaft'. In →Nürnberg befaßten sich die Familie Imhof (seit Ende des 14. Jh.) und das Handelshaus Behaim (vielleicht schon seit der 2. Hälfte des 13. Jh.) fast ausschließl. mit dem Drogenhandel. Daß sich auch 'Apotheker' daran beteiligten, zeigt das Beispiel Zürichs im 14. und 15. Jh., wo sich Apothekenbesitzer (Schwarzmurer) jedoch in erster Linie als Groß- und Fernhändler von apothekenunspezif. Gütern (v. a. Eisenwaren) betätigten. Als gegen Ende des MA der Seeweg nach Indien erschlossen und Amerika entdeckt wurde, verlagerte sich der Schwerpunkt des Drogenhandels von Italien auf die Iberische Halbinsel, wobei Venedig endgültig seine führende Stellung verlor. Rudolf Schmitz

Lit.: W. Heyd, Gesch. des Levantehandels im MA, 2 Bde, 1879 – F. A. Flückiger, Zur Gesch. des Worts D., APharm 219, 1881, 81–85 – C. F. Seybold, D., Zs. für Dt. Wortforsch. 10, 1908, 218–222 – H. Lehmann, Die Entstehung und Bedeutung des Worts »D.«, PharmZ 74, 1929, 597f.; 75, 1930, 1441–1443 – H. Bechtel, Wirtschaftsstil des dt. SpätMA, 1930 – A. Tschirch, Hb. der Pharmakognosie I/3, 1933², 1473–1495 – D. Ahrends, Pharmazeut. Großhandel im ausgehenden MA, Pharmazeut. Rundschau 1, 1959, H. 3, 4–7 – K. H. Bartels, Drogenhandel und apothekenrechtl. Beziehungen zw. Venedig und Nürnberg (Q. und Studien zur Gesch. der Pharmazie 8), 1966 – M. Simon, Die soziale Stellung der Apotheker in der Zürcher Stadtgesellschaft in MA und früher NZ (Q. und Studien zur Gesch. der Pharmazie 24), 1983.

Drogo

1. D., dux der →Champagne, aus der Familie der →Arnulfinger; *vor 680, †708, ⌐Metz, St. Aposteln (basilica beati Arnulfi conf.). D. ist der ältere von zwei Söhnen aus →Pippins II. erster Ehe mit →Plektrud. Jüngerer Bruder D.s ist Grimoald (II.); Stiefbrüder sind →Karl Martell und Childebrand. Nach 688 wurde D. mit Anstrud, der Witwe des neustroburg. maiordomus →Berchar, verheiratet. Als Söhne D.s werden Hugo, der nachmalige Bf. v. Rouen († 730), der als dux bezeichnete Arnulf, ferner Pippin und Godefrid überliefert. In der Nachfolge sind sie ohne Bedeutung. Nach den Metzer Annalen war D. vermutlich 697 dux der Burg (→Metz). Nach 695 erhielt D. den Dukat der Champagne (Fred. cont. 6). Solche Ereignisse erhellen v. a. die polit. Überlegungen Pippins II., der eine Verbindung zw. Austrasien und Neustroburgund herstellte. Der vorzeitige Tod D.s gefährdete das pippinid. Erbe in Gestalt eines frk. Gesamtregnums. H. Ebling

Lit.: E. Hlawitschka, Die Vorfahren Karls d. Gr. (Braunfels, KdGI, 1965), bes. 61–64, 80 – E. Ewig, Spätantikes und frk. Gallien, 1976, I (Francia Beih. 3.1), bes. 227–230, 295.

2. D. v. Hauteville, Hzg. v. Apulien und Kalabrien, Sohn des Tankred und der Muriella, † 1051. Als zweiter der zwölf Söhne →Tankreds v. Hauteville gehörte D. zu den ersten norm. Abenteurern, die im 3. Jahrzehnt des 11. Jh. nach Süditalien kamen, um dort Ländereien und Vermögen zu gewinnen. D. trat zuerst in den Dienst →Pandulfs v. →Capua und danach →Waimars IV., des Langobardenfürsten v. →Salerno, und nahm zusammen mit seinen Brüdern Wilhelm und Humfred sowohl an den Machtkämpfen der Epigonen der südit. Langobardenherrschaft teil als auch 1038 an dem Versuch des byz. Ks.s Michael IV. d. Paphlagoniers (1034–41), die Uneinigkeit der Emire zu benutzen, um das arab. Sizilien zurückzuerobern. Als dieses Unternehmen an Intrigen scheiterte, zogen die Brüder Hauteville und die norm. Söldner nach Apulien und in die Basilicata, wo →Argyros, der Sohn des Melos (Meles) den Aufstand gegen Byzanz schürte, und brachten viele Gebiete, über die Byzanz mehr oder weniger die Kontrolle verloren hatte, de facto unter ihre Herrschaft. I. J. 1042 wählten sie in Matera Wilhelm v. Hauteville, gen. Eisenarm, unter dem Titel Comes zu ihrem Anführer. Formal unterstand er der Oberlehnsherrschaft des Fs.en v. Salerno, den die Brüder Hauteville später in Melfi, bei der Teilung ihrer Eroberungen, zum Zeugen nahmen. D. fiel Venosa zu, wo er nach der Tradition die Abtei SS. Trinità gründete, die spätere Grablege der Hauteville. Nach Wilhelms Tod trat D. mit Unterstützung Waimars, der ihm seine Tochter zur Frau gab, an die Stelle seines Bruders: Im Febr. 1047 wurde er von Ks. Heinrich III. als Hzg. v. Apulien und Kalabrien anerkannt. Damit wurden die Weichen für die Eroberung Süditaliens durch die Normannen gestellt: 1048 besetzte D. Bovino, →Troia und die wichtigsten Punkte auf den Verbindungsstraßen zw. →Benevent und →Apulien; er schlug die Byzantiner in Tricarico und leitete die Eroberung →Kalabriens ein. Der Kern des künftigen norm. Kgr.s war damit bereits entstanden. Während der Versuch Papst Leos IX. fehlschlug, die Normannen durch Verhandlungen von Übergriffen auf das Fsm. Benevent abzuhalten, fand D. am 10. Aug. 1051 in Monteilaro bei Bovino durch byz. Meuchelmörder den Tod; die feindselige Haltung der Einheimischen gegenüber dem neuen Eroberer begünstigte diese Tat. Von D.s Herrschaft ist eine einzige – gefälschte – Urkunde erhalten, die sich auf die Abtei SS. Trinità von Venosa bezieht. Im Nekrolog der gleichen Abtei (Cod. casin. 334) ist der Name D.s unter dem 11. Aug. mit Goldtinte eingetragen.   P. De Leo

Lit.: F. Chalandon, Hist. de la domination... I, 88ff. – F. Hirsch–M. Schipa, La Longobardia meridionale, 1968, 185ff. – H. Houben, Il »libro del capitolo« del monastero della SS. Trinità di Venosa (cod. Casin. 334): una testimonianza del Mezzogiorno normanno, 1984, 22–29, 135–136.

3. D., Sohn Alans II. →Bretagne, Abschn. A. II

4. D., Sohn→Karls d. Gr., Bf. v. →Metz, * 17. Juni 801, † 8. Dez. 855. Seit seiner Erhebung zum Bf. v. Metz (28. Juni 823) gehörte D. zu den engsten Helfern seines Halbbruders →Ludwig d. Fr. und wurde in unmittelbarem Zusammenhang mit dessen Wiedereinsetzung (834) zum Leiter der→Hofkapelle (Erzkapellan) bestimmt sowie mit dem →Pallium, d. h. der ebfl. Würde ausgezeichnet. Ihm vertraute Ludwig vor seinem Tod (840) seinen Nachlaß und die Herrscherinsignien an. Während der Nachfolgekämpfe versuchte D. zw. den rivalisierenden Neffen zu vermitteln und schloß sich dann →Lothar I. an, der ihm ebenfalls die Leitung seiner Hofkapelle übertrug. Die von Lothar erreichte Erhebung D.s zum päpstl. Vikar für das gesamte Frankenreich (844) konnte sich nicht mehr auswirken; D.s Einfluß ging zurück. Die Blütezeit des Metzer Skriptoriums unter D. wird v. a. bezeugt durch das unter seiner Aufsicht hergestellte und nach ihm benannte Sakramentar (→Drogo-Sakramentar), einem »wahrhaft einzigartigen Zeugnis« der karol. Kunst (C. Heitz). O. G. Oexle

Lit.: LThK² III, 575f. – J. Fleckenstein, Die Hofkapelle der Kg.e I (MGH Schr. 16/1, 1959), 55f., 83f., 118ff. – O. G. Oexle, Die Karolinger und die Stadt des hl. Arnulf, FMASt 1, 1967, 346ff. – C. Heitz, L'architecture religieuse carolingienne, 1980, 201ff.

Drogo-Sakramentar (Paris, BN lat. 9428, bis 1802 Hs. und Deckel im Besitz der Kath. v. Metz). Der Codex (130 Bl., 26,4 × 21,4 cm, Minuskel und Auszeichnungsschriften in Gold) ist genannt nach seinem Auftraggeber, Ebf. →Drogo v. Metz, dessen Name am Ende der Hs. in einer Bischofsliste hervorgehoben ist. Nach der Auswahl der Texte – die weitgehend dem Hadrianum entnommen sind – zu schließen, war das Sakramentar für den Gebrauch des Bf.s der Kath. v. Metz bestimmt. Auf Darstellungen der Meßfeier (Einband und Initialen) trägt der Bf. das Pallium, in dessen Besitz Drogo wahrscheinl. seit 834 war. Innerhalb des damit vorgegebenen zeitl. Rahmens kann die Hs. v. a. nach ornamentgeschichtl. Kriterien in die letzten Lebensjahre Drogos (um 850) datiert werden. Der Buchschmuck besteht im wesentl. aus Initialen, die jene für die kleine Gruppe von Drogo-Hss. charakterist. Akanthusornamentik in Vollendung zeigen. Bei 41 Initialen sind Einzelfiguren und szen. Darstellungen – meist mit Bezug auf die jeweiligen Textabschnitte – eingefügt. Der Künstler. Gestaltung der Initialen steht eine höchst qualitätvolle illusionist. Malweise zur Seite, die das D. zu einem der Hauptwerke der karol. Buchmalerei werden ließen. Die Hs. besitzt wesentl. Teile ihres originalen Einbandes; die Elfenbeinplatten sind Werke der sog. älteren Metzer Schule. Auf jeweils neun Täfelchen, deren ursprgl. Anordnung gestört ist, sind liturg. Handlungen dargestellt.

K. Bierbrauer

Lit.: Faks.-Ausg., 1974 [Einl. v. F. Mütherich] – Zur Hs.: W. Koehler, Karol. Miniaturen III, 1960, 101ff., 143ff., Taf. 76–91 – Zum Einband: F. Steenbock, Der kirchl. Prachteinband im frühen MA, 1965, 85f. und Abb. 26, 27 – F. Unterkircher, Zur Ikonographie und Liturgie des D.s, 1977.

Drohičin (Drohiczyn), Stadt am mittleren Bug (östl. Polen, Wojewodschaft Białystok), bedeutende, stark befestigte Burgstadt, gegr. um die Mitte des 11. Jh. durch den Kiever Herrscher (→Kiev) im Siedlungsbereich der →Dregovičen, an der Grenze zu→Jadwingern und→Masowiern. Dank der günstigen Lage wurde D. zur wichtigsten Zollstelle des aruss. Fernhandels, worauf tausende von im Hafenbereich von D. gefundenen Bleiplomben mit fsl. Zeichen und kyrill. Buchstaben aus dem 11.–13. Jh. hinweisen. Vor der Mitte des 12. Jh. wurde D. zum Sitz der Teilfürsten aus der Černigover Linie (→Černigov). Nach kurzer Zugehörigkeit zu →Masowien und dem Ordenslande der Ritter von →Dobrin wurde D. vom Fs.en Daniil dem Fsm. →Galič-Volhynien einverleibt (1238). Hier wurde Daniil 1253 vom päpstl. Legaten Opizo zum 'Kg. der Russen' gekrönt. Vom frühen 14. Jh. an gehörte D. zum Gfsm. →Litauen (lediglich 1382–1443 war es beim Hzm. Masowien); D. stieg zu einer der bedeutenden Städte des Gfsm.s Litauen auf, erhielt 1444 Stadtprivilegien, 1498 →Magdeburger Recht und wurde 1520 zum Verwaltungszentrum der Wojewodschaft Podlasie.

A. Poppe

Lit.: SłowStarSłow I, 386f. [A. Poppe] – N. P. Avenarius, Drogičin Nadbužskij i ego drevnosti, 1890 – K. Bolsunovskij, Drogičinskie plomby, 1894 – G. Rhode, Die Ostgrenze Polens I, 1955, passim – A. Poppe, Drevnerusskaja nadpis' 12 stoletija na rukojatkie noža iz Drogičina (Problemy Istočnikovedenija V, 1956), 328–333 – K. Musianowicz, Wczesnośredniowieczny ośrodek handlowy w Drohiczynie, Wiadomości Archeologiczne 24, 1957, 285–299 – Ders., Granica mazowiecko-drehowicka na Podlasiu we wczesnym średniowieczu, Materiały wczesnośredniowieczne 5, 1960, 187–230.

Drolerie(n). Mit dem aus dem Frz. (drôlerie) übernommenen Terminus bezeichnet man scherzhaft-ironische, grotesk-humorvolle figürl. und szen. Darstellungen, die, als Erfindungen der ma. Kunst, mit Beginn der Renaissance stark verändert werden bzw. gar nicht mehr vorkommen. Als Bildträger von D. finden sich profane Gegenstände (Minnekästchen, Brettsteine, Kämme, Leuchter) ebenso wie Objekte der kirchl. Ausstattung (liturg. Geräte, Chorgestühle, Dorsalien u. a.); darüber hinaus sind sie ein wesentl. Bestandteil im Motivschatz der roman. Bauplastik. In ihrem ganzen Reichtum entfaltet sich die Welt der D. jedoch in den Hss., wo sie unabhängig vom Text und Handschriftentyp in roman. Zeit vorrangig im Rankenwerk der Initialen eingebunden sind, in der Gotik als marginale, mehr oder weniger autonome Schmuckelemente die Schriftkolumne auf den Blatträndern begleiten.

Früheste Beispiele von Darstellungen, die als D. bezeichnet werden können, lassen sich in karol. Prachtcodices im Umkreis der sog. →Ada-Handschrift beobachten, in denen die auf den Kanontafeln gemalten Hahnenkämpfe und Vogelmotive nicht aufgrund ihrer realist. Auffassung, sondern v. a. im Hinblick auf den überraschend-ungewöhnlich gewählten Ort ihrer Anbringung ein scherzhaft-heiteres Element enthalten. Über das bloß Dekorative hinaus erweitert sich die Intention der D. in roman. Zeit derart, daß zum einen Menschen und Tiere mit ihrer normalen Figürlichkeit in die ungewohnte Form eines Buchstabens gepreßt und sie selbst zu Initialendarsteller werden (Dijon, Bibl. munic., Ms. 170, fol. 59r, Gregor d. Gr., Moralia in Job, 1111) und zum anderen seltsam groteske Mischwesen mit anthropomorphen und tier. Merkmalen oder, in Anlehnung an die →Fabelwesen des Ostens, mit unnatürlich übersteigerten Eigenschaften im Rankengeflecht der Zierbuchstaben miteinander kämpfen, jagen, spielen und klettern. Gerade hier aber überschneidet sich das Phantastisch-Anormale der D. mit der als dämon. Bedrohung empfundenen Wiedergabe menschl. Verstrickung. Das Spiel widersinnigen Verhaltens kann sich zudem in satir.-moral. Bildsentenzen zuspitzen, wenn in parodierender Adaption und Umkehrung menschl. Handlungsweise eine Moral der »verkehrten Welt« in Erfüllung geht und etwa in szenisch angelegten Darstellungen die Hasen den Jäger gefangennehmen (Relief auf der Chorapsis der Klosterkirche Königslutter, um 1150) oder sie den überwältigten Jagdhund in einem Wagen zum Galgen ziehen (London, Brit. Libr., Royal Ms. 10 E. IV, Gregor IX., Dekretalen, 1. V. 14. Jh.).

Das unterschwellig Angsterregende und der in unterschiedl. Intensität zutagetretende Ernst solcher D. verlieren sich während der Blütezeit dieser Ausschmückungsweise im 14.–15. Jh. und werden durch eine nun unerschöpfl. Phantasie gestaltete Welt der monströsen Mischwesen und ihres absurden wie lächerl. Treibens ersetzt. Ganz wesentl. ist die der moralisierenden Fabel nahestehende Übertragung menschl. Eigenschaften und Handlungsweisen auf Tiere, allen voran auf den Affen, Hund, Fuchs, Wolf, Löwen, Esel und wiederum die Hasen. Mit witziger Ironie wird auf spielerisch-heitere Weise solches Tun ins Komische karikiert, wenn der Affe als Lehrer oder Prediger auftritt, gegen einen Ritter kämpft, musizierend auf einem Fuchs reitet und er die Urinprobe in Gegenwart einer Eule vornimmt, wenn Affen oder Hasen als Jongleure, Angler, Jäger, Bauern, als Schachspieler, Kleriker oder Musikanten das gewöhnl. Handeln des Menschen übernommen haben und damit die Schwäche der Vertreter dieser Berufe und Stände bloßlegen. Dies geschieht bisweilen mit Hilfe der Übertreibung, wenn ein kurioses Mischwesen mit der Harke auf einem Saiteninstrument spielt, sich ein anderes selbst ein Schwert in die Seite stößt oder in harmlos-unanständiger Andeutung ein drittes einer Nonne seinen nackten Hintern zeigt. Andererseits können D. in mehrszenigen Erzählungen gleichsam eine Eigendynamik entwickeln, die dazu führt, daß sie nicht mehr als Bildmarginalien beschränkt bleiben, sondern sich bis hin zu ganzseitigen Illustrationen erweitern, wie man es in den grotesken Turnierdarstellungen im Stundenbuch des Engelbert v. Nassau (Oxford, Bodleian Libr., Ms. Douce 219–220, 4. V. 15. Jh.) wiederfindet (J. J. G. ALEXANDER, The Master of Mary of Burgundy, 1970, Abb. 102ff.). Mit der Ausbreitung der Renaissancekunst wird die lustig-unbeschwerte Welt der got. D. von der wieder aufgegriffenen antiken Groteske bzw. den der Mythologie entnommenen Harpyen, Sirenen und Kentauren verdrängt. J. M. Plotzek

Lit.: RDK IV, 567–588 – R. H. RANDALL–E. WINTERNITZ (The Metropolitan Mus. of Art Bull. 16, 1958), 267ff. – L. M. C. RANDALL, Images in the Margins of Gothic Mss., 1966 [Lit.].

Dromon → Schiff, -bau, -typen

Dromos. Die ursprgl. in der röm. Kaiserzeit bis in entfernte Grenzgebiete reichende ksl. →Post (cursus publicus; demosios dromos: δημόσιος δρόμος; tachys dromos: ταχὺς δρόμος) sollte nur zur schnellen Beförderung staatl. Beamter und von Botschaften dienen, eine Bestimmung, die trotz schwerer Strafen immer wieder unterlaufen wurde. Da die Bewohner der Provinzen für Beschaffung und Erhaltung der in den Poststationen (mansiones und mutationes) stehenden Tiere (Höchstzahl 40; Pferde, Esel und Maultiere; bis zum 5. Jh. auch Ochsen) aufkommen mußten, was eine schwere wirtschaftl. Belastung darstellte, geht die Effizienz der Post immer weiter zurück, ist aber aus arab. Quellen bis zum 10. Jh. in Kleinasien greifbar: der arab. Kriegsgefangene Hārūn ibn Yaḥyā wurde außergewöhnlich schnell durch Kleinasien transportiert. Obwohl die wichtigsten Verkehrswege teilweise bis zum Ende des Byz. Reiches weiterbestanden, ist ein geregeltes Postsystem nach dem 10. Jh. wohl durch die Seldschukeneinfälle zum Erliegen gekommen. Kuriere werden im Bedarfsfalle eingesetzt. Der λογοθέτης τοῦ δρόμου (→Logothet) erscheint seit 760 bis ins 13. Jh., doch ist daraus das Weiterbestehen der Post nicht zu erschließen. G. Weiß

Lit.: RE IV, 1846–1863 [O. SEECK] – K. AMANTOS, Bem. zur Post (Tachydromikon Semeioma), Hellenika 8, 1935, 268–270 – H.-J. DIESNER, Zum vandal. Post- und Verkehrswesen, Philologus 112, 1968, 282–287 – L. BRÉHIER, Le monde byzantin. Les institutions de l'empire byzantin, 1970, 263–268 – H. BENDER, Röm. Straßen und Straßenstationen, 1975.

Drontheim

I. Geschichte und Wirtschaft – II. Archäologie

I. GESCHICHTE UND WIRTSCHAFT: [1] *Die Anfänge von Stadt und Bistum:* D. (anorw. *Próndheimr* 'Heimstatt der Trönder'; norw. Trondheim, Trondhjem), Stadt und Bm./Ebm. in Mittelnorwegen, auf einer Landzunge an der Mündung des Nid in den D. fjord gelegen, im MA nördlichste Stadt Europas. Der Name ist eine jüngere Bildung. D. war ursprgl. die Bezeichnung für die Landschaft um den D. fjord. Der älteste Name des Handelsplatzes, Kaupang, verschwand im 12. Jh. Die Stadt war außerdem unter dem Namen Nidaros (os 'Flußmündung') bekannt, insbes. in kirchl. Zusammenhang (lat. Nidrosia).

Die Rechtsgemeinschaft des trönd. Gebiets (*Prændalǫg*, norw. *Tröndelag*) dürfte spätestens um 800 entstanden sein. Ihr organisator. Mittelpunkt war ein für die gesamte Landschaft zuständiges oberstes Repräsentationsorgan (*lagting*, →Ding), das auf der Halbinsel Frosta, nö. von D., zusammentrat. Von daher trägt das ma. Landschaftsrecht für diesen mittleren Teil Norwegens den Namen →Frostaþingslǫg ('Recht des Frostadings'). Vermutl. war diese Rechtsgemeinschaft eine von Häuptlingen geleitete Gesellschaft. Nach neuesten Untersuchungen auf der Grundlage von Ortsnamenforschungen und archäolog. Funden lag der älteste Siedlungskern im inneren Tröndelag mit Frosta als Zentrum. Erst im 9. Jh. hatte die Besiedlung im äußeren Tröndelag, wo sich Kaupang zu entwickeln begann, das gleiche Ausmaß erreicht. Die Landschaft kann zu dieser Zeit als vollständig besiedelt angesehen werden und bot somit die Voraussetzung für die Entstehung einer städt. Siedlung.

Der große Umbruch in der Geschichte des Tröndelag vollzog sich ebenfalls im 9. Jh., als ein mächtiges Häuptlingsgeschlecht aus Hålogaland (N-Norwegen) die Herrschaft über das gesamte Gebiet an sich brachte und auf Lade (anorw. *Hlaðir*), östl. der Nid-Mündung, als →Jarle residierte. Die Jarle beherrschten das benachbarte Eyrading, ein Allding (→Ding), dessen Alter umstritten ist, und den Flußhafen mit einem – vermuteten – saisonalen Markt in Anknüpfung an Ding und heidn. Opferfeste. Der Jarlssitz kann gleichsam als kleiner Vorläufer des Marktortes angesehen werden, der an dieser Stelle um das Jahr 1000 entstand.

Im 10. Jh. standen die Jarle in Verbindung mit dem ältesten norw. Reichskönigtum, blieben aber die eigtl.

Herren des Tröndelag. Zu Beginn des folgenden Jahrhunderts wurden die Jarle vertrieben, und ihren Platz nahmen die Missionskönige →Olav Tryggvason (995–1000) und Olav Haraldsson (1015–30, →Olav d. Hl.) ein. Am Flußhafen, in der Nähe des Eyradings, gründeten die beiden Kg.e einen Marktort mit Königshof und Kirche, das spätere D./Nidaros. Die Anlage hatte in ihrer ersten Phase eher den Charakter eines militär. Stützpunktes zur Kontrolle eines feindlich eingestellten Tröndelag und war außerdem Missionsstation.

Nach den →Sagas und →Adam v. Bremen (ca. 1070) erweiterte sich die Siedlung im 11. Jh. unter kgl. Leitung; Parzellierung des städt. Areals und Neuanlage von Königshöfen und Kirchen sind Zeugnisse dieses kgl. Engagements. Vor 1100 erhielt die Stadt einen festen Bischofssitz. Weder die vermuteten Königshöfe noch die Kirchen des 11. Jh. sind archäolog. nachgewiesen, aber Ausgrabungen im Stadtgebiet haben Reste von Holzhäusern zutage gefördert, die von einer Ansiedlung aus der Zeit um 1000 stammen können. Münzen mit der Umschrift NIÐARNE stützen diese Datierung.

Die meisten Kg.e hatten bis zum Anfang des 13. Jh. ihren Hauptsitz in D., bis →Bergen diese Stelle einnahm. Das Eyrading blieb auch noch nach dieser Periode das vornehmste Huldigungsding Norwegens. Mit der Verlagerung des polit. Zentrums endete auch die kgl. Bautätigkeit in D. Die Stadt behielt jedoch ihre Bedeutung als kgl. Administrations- und Wirtschaftszentrum für das Tröndelag, bis ca. 1350 auch für N-Norwegen.

[2] *Bistum/Erzbistum und Stadt im 12.–15. Jh.*: Seit der Gründung war die Bedeutung D.s als kirchl. Zentrum angewachsen; der Dynastieheilige Olav Haraldsson, 1031 heiliggesprochen und in die Kirche des Königshofes überführt, wurde nicht nur Norwegens erster und wichtigster Hl., sondern war auch eine der bekanntesten und meist verehrten Heiligengestalten in ganz Nordeuropa (Skandinavien, England, Ostseeraum; s. a. →Könige, hl.). Die ältesten Wallfahrten nach D. werden in Skaldengedichten (→Skaldendichtung) von ca. 1040 und bei →Adam v. Bremen erwähnt (s. a. →Pilgerwesen).

Der Grundstein für eine roman. Kathedrale wurde noch vor 1100 gelegt, der gesamte Bau dann im 13. Jh. in got. Stil vollendet: die berühmte Wallfahrtskirche, in welcher der Olavsschrein seinen endgültigen Platz am Hochaltar erhielt. 1153 wurde D. zum Metropolitansitz für die neuerrichtete norw. Kirchenprovinz. Dem Ebf. (archiepiscopus Nidrosiensis) untergeordnet waren vier Suffraganbf.e in Norwegen und weitere sechs auf Island, Grönland und den norw. Besitzungen in der westl. Nordsee (v. a. Orkney- und Shetlandinseln, Färöer, Hebriden und Man). Dem Erzstift unterstanden das Tröndelag und ganz N-Norwegen. Neben der Kathedrale wurde in mehreren Bauphasen ab 1180 eine (noch erhaltene) ebfl. Residenz errichtet.

In den Quellen werden im HochMA außer der Kathedrale ein Dutzend anderer Kirchen erwähnt, in der Regel Steinbauten, von denen nur eine einzige (die heut. Liebfrauenkirche, Vår Frue) die Reformation überdauerte. Im Stadtkern entstanden im Umkreis zweier älterer Kirchen Niederlassungen der Franziskaner und Dominikaner, drei weitere Kl. (darunter ein Nonnenkl.) lagen in unmittelbarer Nachbarschaft der Stadt. Keines der Kl. ging auf kgl. Gründung zurück.

Die kirchl. Institutionen hatten Grundbesitz im Tröndelag und N-Norwegen, bes. weitläufig war der Besitz des ebfl. Stuhls (Urbar des Ebf.s Aslak Bolt, ca. 1440). Insgesamt übte die Kirche einen entscheidenden Einfluß auf das wirtschaftl. und soziale Leben von D. aus. Der Kirchenbau verschaffte Arbeit für ca. zwei- bis dreihundert Jahre; das jährl. Olavsfest um den 29. Juli zog große Pilgerscharen in die Stadt. Der Zehnte und die Einkünfte aus dem Grundbesitz der ausgedehnten Erzdiözese waren Grundlage für den Handel mit Naturalien. Der ebfl. Stuhl, im Besitz weitreichender Handelsprivilegien, besaß eigene Schiffe für den Handel mit N-Norwegen, Island und England. Der Fisch-Zehnte aus N-Norwegen war eine der wichtigsten Einnahmequellen der Ebf.e.

[3] *Wirtschaftsleben, Verwaltung und Gerichtswesen*: Bürgerl. Kaufleute treten in den Quellen weniger deutlich hervor, sind aber nicht ganz ohne Bedeutung. Englische Zollregister von ca. 1250–1310 bezeugen, daß D. Fisch, Tran, Häute, Holz exportierte und Malz, Tuche, Gewürze, Blei, Honig und feinere Getreidesorten (hauptsächlich zum kirchl. Gebrauch – das Umland war mit Getreide selbstversorgt) einführte. Hinzu tritt ein breites archäolog. Fundmaterial an Keramik aus England und dem Rhein-Maas-Gebiet.

Das Wirtschaftsleben D.s wurde durch die Handelsaktivitäten der →Hanse nicht unmittelbar beeinträchtigt, denn Ausländern war es verboten, die Gewässer nördl. von →Bergen zu befahren. Indirekt aber deutete der Aufschwung Bergens, u. a. bedingt durch die größere Nähe zu den europ. Märkten, daß D. nach und nach einen geringeren Anteil am Handel in N-Norwegen hatte und fast seinen gesamten Handel mit den norw. Besitzungen in der westl. Nordsee aufgeben mußte. Nach 1350 richtete der ebfl. Stuhl in Bergen einen Handelshof ein und betrieb seinen Handel von dort aus (nach Ebf. Olav Engelbrektssons Rechnungsbuch, ca. 1530).

Über das alte Hafenviertel von D. gibt es nur spärliche Auskünfte, die Gebäude der Landungsbrücke am Flußufer sind archäolog. noch nicht dokumentiert. Die übrige Topographie der ma. Stadt mit Straßenzügen und Bebauung ist dagegen durch Ausgrabungen in Hauptzügen bekannt. Am Südufer der Landzunge an der Nid-Mündung (»Nidarnes«) standen die Kathedrale, der ebfl. Palast, die Häuser der Kanoniker und der Königshof. Im Gegensatz zu Bergen hatte D. genügend Ausdehnungsfläche zur Verfügung. Die maximale Einwohnerzahl wird (auf unsicherer Grundlage) mit ungefähr 3000 angesetzt. Die charakterist., streng regulierte Doppelhof-Struktur in →Bergen konnte in D. als vorherrschende Baunorm nicht nachgewiesen werden; die ausgegrabenen Stadtviertel weisen eine Vielzahl von Haustypen auf (zu den Ausgrabungen s. a. Abschnitt II).

Handwerk (Schuhmacherei, Holz-, Knochen- und Metallbearbeitung) wurde an mehreren Stellen der Stadt ausgeübt. Spezialisierte Handwerker sind in Anknüpfung an den ebfl. Hof und die Dombauhütte nachgewiesen. Eine dt. Schuhmacherkolonie konnte sich 1350 etablieren, verschwand aber vermutl. zu Beginn des 15. Jh. mit dem Niedergang der Stadt.

Die Krise entstand z. T. durch die Konkurrenz mit Bergen, hauptsächl. aber durch den starken Rückgang der Einkünfte, von dem das Ebm. und alle anderen Kirchen nach der großen Pest von 1349–50 betroffen waren. Die Einwohnerzahl der Stadt sank vermutl. auf die Hälfte, mehrere Kirchen gingen ein.

Die wirtschaftl. Situation von Kirche und Stadt verbesserte sich wieder um 1500, erfuhr aber erneut einen nachhaltigen Rückschlag durch die Reformation. Mit dem Ende der kath. Kirche wurde das Erzbischofsamt in Norwegen aufgehoben und der klösterl. sowie bfl. Besitz von der Krone eingezogen. Damit verschwanden auch alle wirtschaftl. Aktivitäten, die mit dem kirchl. Leben zusammenhingen. Zurück blieb ein mittelloser luther. Superintendent mit einer einzigen Sprengelkirche als Zugabe. Erst nach einer Phase bürgerl. Strukturwandels im 16. Jh. konnte sich das Wirtschaftsleben D.s neubeleben.

Verwaltung und Regierung der Stadt in älterer Zeit sind dank des »Stadtrechts v. Nidaros« (»Nidaros Bjarkøyrett«) besser bekannt als bei den anderen norw. Städten. Dieses Gesetz war bereits vor der Einführung von Magnus Lagabøters Stadtrecht (→Bergen) in Kraft. Das »Bjarkøyrett« enthält Bestimmungen aus der Zeit vor 1100 bis ca. 1250; der bes. auf die Stadtgemeinde zugeschnittene Teil umfaßt Handelsrecht, Brandschutzvorschriften und Regeln für die Verwaltung. Eine Dingversammlung *(mót)* mit Versammlungspflicht der Hausbesitzer unter dem Vorsitz des kgl. *gjaldkeri* (eigtl. 'Steuereinnehmer', eine Art Vogt) hatte richterl. und administrative Gewalt. Eine Stadtgilde, die, von Kg. Olav Kyrre († 1099) gestiftet, bis zur Reformation existiert haben soll, ist nur spärlich bezeugt. Ende des 13. Jh. erhielt D. im Zuge zentraler kgl. Reichsverwaltung das gleiche Stadtrecht und die gleiche Verwaltungsordnung wie Bergen. 1470 hob der Kg. das Amt des militär. und zivilen Befehlshabers auf dem Königshof auf und übergab dem Ebf. nicht nur die Stadt, sondern auch andere Lehnsbezirke im Tröndelag und in N-Norwegen. Der Ebf. vereinte somit im SpätMA die oberste kirchl., zivile und militär. Gewalt in seiner Hand, eine auf dem Kontinent wohlbekannte Erscheinung (→Bischofsstadt), aber eine späte Neuerung in Norwegen.

G. A. Blom

II. ARCHÄOLOGIE: Die nur lit. (v. a. durch Sagas) belegten Paläste und Kirchen sind archäolog. bisher nicht sicher nachgewiesen. Eine traditionell Harald zugeschriebene Ruine St. Gregor ist den Grabungen zufolge sicher jünger (12. Jh.). Durch Grabungen sind über 100 Häuser freigelegt worden, meist Blockbauten, einige in Bohlenwandtechnik, wenige mit Stabwänden. Es sind die als alt bekannten Aarestube (Stubenhaus mit Mittelherd), zweigeteilte Stubenhäuser (Stube mit Eckherd und Vorstube), Speicher, Werkstätten und Vorratsbauten. In der Krambugate wurden ein Handwerkerviertel mit zur Straße firstparallelen Werkstätten und den dahinter liegenden Wohnhäusern, in der Nordregate dagegen parallel liegenden Doppelhöfen mit Zwischengassen ohne Handwerk freigelegt. Das Straßennetz ist nach dem Großbrand 1681 durch J. C. v. Cicigon neu gestaltet, das vorher erschlossene Straßennetz indes nicht rein mittelalterlich. Alle ergrabenen Straßen sind mit Baumstämmen befestigt, und ma. Straßen haben sich in Hintergassen und Passagen erhalten, andere Züge sind ergraben.

H. Hinz

Lit.: zu [I]: A. TARANGER, Trondheims forfatningshistorie. Det Kgl. Vid.Selsk.Skr. No. 5, 1929 – D. A. SEIP, Trondheims Bynavn, 1930 – G. A. BLOM, St. Olavs by. Trondheim bys historie I, 1956 – J. SANDNES, Trøndelags eldste politiske historie, HTOs 46, 1967 – K. HELLE–A. NEDKVITNE, Urbaniseringsprosessen i Norden I, Norge, 1977 – Ø. LUNDE, Trondheims fortid i bygrunnen, 1977 – s. a. die Lit. zu »Norwegen, Kirchengesch. – zu [II]: C. D. LONG, ZAMA 3, 1975, 183–207 – Ø. LUNDE, s. o. [mit allen älteren Grabungen] — C. D. LONG (Hus, Gard och Bebyggelse. XVI nord. arkeologmötet, Island 1982 [1983], 67–80.

Drosseln (turdi), eine in 5 Arten in Mitteleuropa vorkommende Singvogelgattung, wurden im MA kaum voneinander unterschieden. Die Enzyklopädiker des 13. Jh. wiederholen wie Thomas v. Cantimpré (5, 115) nur die dürftigen Angaben des Plinius. Albertus Magnus (23, 141) weist auf ihre Vorliebe für das Sitzen auf umgepflügten Äckern und ihr schmackhaftes Fleisch hin, meint also die seit der frühen NZ massenhaft gefangene Wacholderdrossel (= Krammetsvogel). Die schwarze (nur in Achaia weiße, vgl. Plinius, nat. hist. 10, 87: in Arcadia) Amsel (merula) soll nach ihrem Gesang benannt sein (Isidor, etym. 12, 7, 69). Der Hinweis auf die hellere Schnabelfärbung des Männchens im Frühjahr (Plin. 10, 80) wird von Thomas (5, 88) und seinen Benutzern als Ersatz für eine fehlende Mauser mißdeutet. Er berichtet von einer die Tonleiter perfekter als ein Musiker singenden abgerichteten Amsel als bewunderter Jahrmarktsattraktion. Die vom »Experimentator« übernommenen Bemerkungen (Fleischnahrung und in Gefangenschaft süßerer Gesang aufgrund von Selbststimulation; Vorliebe für Baden und Gefiederputzen) finden sich in einem Ms (Wolfenbüttel, Hzg. Aug. Bibl., cod. Aug. 8.8, 4°, s. XIII, f. 31ʳ) wieder. Auf einem Mißverständnis des Größenvergleichs beruht die Zuordnung des →Ziegenmelkers (caprimulgus) zu den D. bei Thomas u. a. (vgl. Plin. 10, 115).

Ch. Hünemörder

Q.: Albertus Magnus, De animalibus, ed. H. STADLER, II, 1920, BGPhMA 16 – Isidorus Hispalensis, Etymologiae, ed. W. M. LINDSAY, 2, 1911 – Thomas Cantimpratensis, Liber de natura rerum, T. 1: Text, ed. H. BOESE, 1973.

Drost, die dem mlat. drossatus entsprechende mnd. Bezeichnung für dapifer (Truchseß), begegnet in verschiedenen Bedeutungen. D. bezeichnet nicht nur das lehnrechtl. begründete Ehrenamt des →Truchseß, das außer am kgl. Hof auch bei geistl. und weltl. Landesherrschaften vorkommt. Im nd. Sprachraum (einschl. Brabant) wird D. auch Bezeichnung für landesherrl. Beamte, die erst im Zuge der allmähl. Bürokratisierung der Territorialverwaltung in Erscheinung treten. Den gedruckten Belegen zufolge war der D. zunächst ein Beamter, der auf der Ebene der Zentralverwaltung für die Beschaffung und Verwaltung der vom landesherrl. Haushalt benötigten Naturalien und Geldmittel zuständig und den Amtleuten (→Amtmann) übergeordnet war. In entsprechender Funktion begegnet der D. (drottsete) auch in →Dänemark, →Norwegen und →Schweden als Beamter am kgl. Hof, der (insbes. bei Vormundschaftsregierungen) sogar als Stellvertreter des Kg.s handeln konnte. In norddt. Territorien wird die Bezeichnung D. seit dem ausgehenden MA auch für Beamte auf der Ebene der Lokalverwaltung üblich (→Amtmann, →Vogt). In Hochzeits- und Zunftordnungen nd. Städte erscheint D. schließlich noch als Bezeichnung für männl. Personen, die beim Hochzeitsoder Zunftmahl für die Tafel zu sorgen hatten.

I.-M. Wülfing

Lit.: SCHILLER-LÜBBEN, Mnd. Wb. I, 1875, 584f. – DtRechtswb II, 1142f. – Mnd. Hwb., hg. A. LASCH–C. BORCHLING, I, 1956, 486 – KL III, 338–348.

Dróttkvætt, das (anord. *dróttkvæðr háttr*), dominierende Strophenform (→Vers- und Strophenbau) der →Skaldendichtung, verwendet in ca. ⅔ der überlieferten Gedichte (→drápa, →Preisdichtung) und Einzelstrophen (→lausavísa) von den Anfängen der Skaldendichtung in der 2. Hälfte des 9. Jh. (→Bragi Boddason) bis zu ihrem Ausklingen mehr als ein halbes Jahrtausend später. Die Bezeichnung (etwa: 'Versmaß, das geeignet ist, vor der *drótt*, der fsl. Gefolgschaft, vorgetragen zu werden', 'Hofton') deutet die bes. Wertschätzung dieser schwierigen Dichtungsform an, die in ihren wesentl. Merkmalen bereits Anfang des 13. Jh. von →Snorri Sturluson im →Háttatal seiner →Edda beschrieben wurde. – Die D.strophe besteht aus 8 Verszeilen (*vísuorð*), mit einer starken syntakt. Zäsur zw. den Strophenhälften (*helmingar*). Je zwei aufeinanderfolgende Verse werden durch →Stabreim (→Alliteration) miteinander verbunden und stehen somit in der Tradition des germ. Langverses. Dabei tragen die Anverse, d. h. die

Verse mit ungerader Zeilenzahl, zwei Stäbe (*stuðill*, pl. *stuðlar*, Stollen) in variabler, die Abverse nur einen, den Hauptstab (*hǫfuðstafr*) mit fester Stellung auf der ersten (betonten) Silbe. Neben dem Stabreim verwendet das D. mit den Innenreimen (anord. *hending*, pl. *hendingar*) ein zweites Reimsystem, bei dem je zwei Silben innerhalb einer Zeile miteinander verbunden werden, und zwar enthalten in der Regelform, wie sie uns zum erstenmal Ende des 9. Jh. in der Glymdrápa begegnet, die Anverse Halbreim (*skothending*) und die Abverse Vollreim (*aðalhending*). Beim Halbreim handelt es sich um den Gleichklang der auf den Vokal zweier tragender Silben folgenden Konsonanten (Endungen bleiben außer Betracht, z. B. *Ullr - alla*), beim Vollreim müssen zusätzlich die Vokale übereinstimmen (z. B. *draum - flaumi*). Die zweite Hending jeder Zeile (*viðrhending*) steht auf der vorletzten Silbe, die erste kann am Anfang (*oddhending*) oder in der Mitte (*hluthending*) stehen. Dieses regelmäßige Hendingschema ist in der ältesten Überlieferung noch nicht voll ausgebildet und wird auch später nicht immer ganz erfüllt oder auch variiert. – Im Gegensatz zur germ. Langzeile und auch zu den Versmaßen der Edda ist das D. silbenzählend. Normalerweise besteht eine Zeile aus 6 Silben, doch ließ sich diese Zahl unter bestimmten Bedingungen durch Auflösung bis auf 9 erhöhen. Von den 6 Silben tragen 3 Haupthebungen, wobei die letzte Hebung regelmäßig auf der 5. Silbe liegt und die Verse trochäisch enden läßt. Die beiden ersten Hebungen variieren in ihrer Stellung (Beschreibung mit Hilfe der →Sieversschen Verstypen üblich), waren aber offenbar nur soweit frei, als sie bestimmte Hörgewohnheiten geübter Ohren nicht verletzten. Es scheint, v. a. nach den Forschungen von Hans Kuhn, sicher, daß sich die Könner unter den Skalden zumindest unbewußt auf ein komplexes internes Regelsystem bezogen, das die einzelnen Verselemente mit Rücksicht auf ihre Interdependenz und ihre Druck- und Gewichtsabstufungen zu einem harmon. Ganzen verband. Charakterist. Merkmale der D.dichtung sind die Verwendung von →Kenningar, →Heiti und eine mehr oder weniger kunstvolle Verschränkung von Satz- und Versbau. Trotz des engen vorgegebenen Rahmens weisen dabei Zeit- und Individualstil eine erstaunliche Variationsbreite auf (zu Spezialformen →Háttatal und Háttalykill). Die Ursprünge des D. liegen weitgehend im dunkeln. Umstritten ist, wieweit mit fremden (z. B. irischen) Einflüssen zu rechnen ist.
G. Kreutzer

Lit.: E. Sievers, Altgerm. Metrik, 1893 – A. Heusler, Dt. Versgesch. I, 1925 – K. Reichardt, Stud. zu den Skalden des 9. und 10. Jh., 1928 – Hans Kuhn, mehrere Aufs., abgedr. in: Ders., Kl. Schr. I, 1969, 447-467, 468-484; IV, 1978, 95-104, 105-116, 117-132 – E. O. G. Turville-Petre, Um dróttkvæði og írskan kveðskap, Skírnir 128, 1954, 31-55 – K. v. See, Germ. Verskunst, 1967 – E. O. G. Turville-Petre, D. and Irish Syllabic Measures (Nine Norse Stud., 1972), 154-180 – Hans Kuhn, Das D., 1983.

Droxford (Drokensford), **John**, Bf. v. Bath und Wells seit 1309, bedeutender Beamter →Eduards I., Kg.s v. England; † 1329. D. erscheint in Eduards I. Hofhalt erstmals 1286-87 als Kleriker, 1288 als Gerichtsdiener. Er stieg schnell auf: 1290 Controller der →Wardrobe, 1295 →Keeper (Vorsteher) und führender Kleriker innerhalb der kgl. Hausverwaltung. Das Amt des Keepers hatte er bis 1307 und nochmals 1308-09 inne. Seine Tätigkeit in der Leitung der Wardrobe übte er zu einer Zeit aus, in der hohe Kriegskosten anfielen; seine Rechnungen weisen daher starke Defizite auf. Nur die Rechnungen für die ersten drei Jahre seiner Amtszeit als Keeper wurden bei der Prüfung durch den →Exchequer gebilligt. D. führte keine größeren Verwaltungsreformen ein, seine Rechnungsbücher weisen allerdings eine bessere Organisation auf als diejenigen seiner Vorgänger. Er erlangte zahlreiche kirchl. Pfründen und umfangreichen Landbesitz während der Regierung Eduards I., doch scheint er nicht unpopulär gewesen zu sein. 1309 wurde er zum Bf. v. Bath und Wells erwählt; von der polit. Entwicklung enttäuscht, zog er sich mehr und mehr auf seine bfl. Amtspflichten zurück. 1321-22 waren seine Sympathien auf seiten der Opponenten gegen →Eduard II. Während seiner letzten Lebensjahre versuchte die Krone, Schulden, die aus seiner Amtszeit unter Eduard I. anhängig waren, bei ihm einzutreiben.
M. C. Prestwich

Lit.: DNB, s.v. – T. F. Tout, Chapters in the Administrative Hist. of Mediaeval England II, 1937.

Druch (Drauch; mhd. *drûch*, *drûhe*), bis in karol. Zeit zurückzuverfolgende Tretfalle nach Art einer horizontal wirkenden Schwippgalgenfalle für Haarwild, bes. für Wölfe und Füchse, aber auch für Rotwild. Von ihr sind mehrere unterschiedl. Konstruktionen bekannt. Bei dem am häufigsten erwähnten Typ trat das Wild, während es sich fing, in ein knietiefes Loch, sank bis zum Bauch ein und wurde zugleich durch eine unter Spannung stehende Schlinge am Lauf ergriffen. Der D. kam bis ins 17. Jh. zur Anwendung.
S. Schwenk

Lit.: K. Lindner, Dt. Jagdtraktate des 15. und 16. Jh., I, 1956, 135-148 – Ders., Das Jagdbuch des Martin Strasser v. Kollnitz, 1976, 30.

Druckschriften → Schrift

Druckverfahren → Buchdruck

Drudenfuß, fünfzackiger, aus zwei miteinander verbundenen gleichschenkligen Dreiecken ohne Basis bestehender Stern. Die Herkunft des magischen, mit einem einzigen Strich zu zeichnenden Symbols des Pentagramms und seine Vermittlung ins europ. MA ist nicht mit letzter Sicherheit geklärt. Als Grabbeigabe ist es bereits um 2000 v. Chr. in Ägypten belegt. Häufig begegnet es im gnost. Bereich (z. B. auf Abraxasgemmen), wo es vermutl. mit der Symbolik der Fünfzahl in Zusammenhang zu bringen ist; so kannte der Manichäismus im Gegensatz zum herkömml. antiken Weltbild fünf Elemente. Von hier aus wäre auch ein Traditionsstrang über ma. verwandte Sekten wie die →Bogomilen nicht unwahrscheinlich. Schließlich kannten die Pythagoräer das Pentagramm als Gesundheits- und Heilszeichen; in dieser Bedeutung überlieferte es die frühnz. Magietheorie (z. B. Heinrich Cornelius Agrippa v. Nettesheim, De occulta philosophia, s.l. 1533, 277). Mit eingeschriebenem ὑγίεια (Gesundheit) wurde es seit dem 16. Jh. auch als Arztsymbol verwendet. Bes., durch Verwendung zusätzl. Zeichen, Buchstaben und Kryptogramme gesteigerte Kraft schrieb man ihm zur Bannung böser Geister und Hexen zu. In dieser Funktion und nicht nur als ornamentale Schmuckform war der D. etwa auf Wiegen und Betten angebracht.
Ch. Daxelmüller

Lit.: V. Bazala, Über das Pentagramm in Kroatien, Antaios 1, 1960, 344-353 – L. Hansmann-L. Kriss-Rettenbeck, Amulett und Talisman, 1966, 160-161 – O. Stöber, Der D., 1967 – J. Schouten, The Pentagramm as a Medical Symbol, 1968.

Drugovići, Drugovitai (Δρουγουβῖται), altslavischer Stamm, seit Ende 6. Jh. südwestl. von →Thessalonike siedelnd (Landschaftsname: Drugovitia, Δρουγοβιτία). Die Etymologie des Namens ist vermutlich slav. (von *drugovati* 'socium esse' nach M. Vasmer). Allein oder im Bunde mit anderen slav. Stämmen (Sagudati) unternahmen die D. mehrfach Einfälle und belagerten wiederholt Thessalonike (614/616, 674/677 u. ö.). Schon Ende des 8. – Anfang des 9. Jh. wurden sie christianisiert; ihr Bf. Paulos nahm 879 am Konzil v. Konstantinopel teil. Ein Teil der

D. (oder ein gleichnamiger Stamm?) wohnte im Gebiet von →Philippopel (Thrakien) und in den nördl. Rhodopen, wo die dualist. ecclesia Drugunthiae (identisch wahrscheinl. mit dort seit dem 9. Jh. angesiedelten häret. →Paulikianern existierte). – Nach einer neuen Hypothese (F. BARIŠIĆ – B. FERJANČIĆ) kam die *Drugovitia*, das sich zw. Berroia, Pelagonia und Skopje erstreckende Gebiet, das den Stammesnamen der D. bewahrte, für kurze Zeit (1207–14) unter die Herrschaft des Strez, eines Lokaldynasten bulg. Ursprungs.   I. Dujčev

Q. und Lit.: L. NIEDERLE, Slovanské starožitnosti II/4, 1920, 424f. – F. DVORNIK, Les Slaves, Byzance et Rome au IXe s., 1926, 235ff. – M. VASMER, Die Slaven in Griechenland, 1941, 177 – D. OBOLENSKY, The Bogomils, 1948, 1972, 158ff., 165ff. – Vizantiski izvori za istoriju Jugoslavije I, 1955, 186ff., 204ff., passim – P. GAUTIER, RevByz 22, 1964, 199–214 – I. DUJČEV, ebd., 215–221 (Medioevo biz.-slavo II, 1968, 137–145, 603) – P. LEMERLE, Les plus anciens recueils des Miracles de St-Démétrius, 1-2, 1979, 1981, s.v. [Ind.], bes. Bd. 2, 89ff., 122ff. – F. BARIŠIĆ–B. FERJANČIĆ, Vesti Dimitrija Homatijana o »vlasti Druguvita«, ZRVI 20, 1981, 41–58.

Druiden (sg. *druí*, pl. *druíd*; lat. Entsprechung magi), in der kelt. Gesellschaft der vorchristl. Zeit (→Kelten) die sozial herausgehobene, mächtige Gruppe der Priester (Schamanen), für Gallien (und Britannien) belegt u. a. bei Caesar, Bell. gall. VI, 13 (weitere antike Belege in RE V, 1730–1738). Während die Bedeutung der D. im röm. beherrschten Gallien und Britannien im Laufe der Kaiserzeit schwand, verfügten sie noch im frühma. →Irland über Einfluß, der vom vordringenden Christentum (→Mission) bekämpft wurde. Über ihre Rolle im religiösen, sozialen und polit. Leben (kult. Handlungen, Weissagung, mag. Heilpraktiken, Rechtsprechung, mündl. Unterricht) und ihr Fortleben in der Sagen- und Literaturtradition des ma. Irland vgl. →magi.

Druim(m) Cett, Versammlung von ir. Kg.en und Klerikern, abgehalten 575 in der Gft. Derry. Der traditionelle Bericht, der in der Praefatio zu→»Amra Choluim Chille«, der Elegie auf den hl. Columba, enthalten ist, erzählt, daß der Hochkönig (!) der nördl. Uí Néill, →Áed mac Ainmerech, hier den Vorsitz über alle Kg.e v. Irland geführt habe. Auch der Kg. der→Dál Riada, →Áedán mac Gabráin, und der hl. →Columba (Colum Cille) seien zugegen gewesen. Der Hl. soll in D.C. zugunsten der Dichter Irlands, für die wegen ihrer überzogenen Forderungen angeblich die Verbannung gefordert wurde, eingetreten sein. Tatsächl. diente die Versammlung wohl dem Abschluß eines Bündnisses zw. den nördl. Uí Néill und den →Dál Riada gegen den Kg. der Ulaid (→Dál Fiatach), →Báetán mac Cairill, der als damals mächtigster ir. Kg. dem Expansionsstreben der Uí Néill im Norden Irlands sowie in Schottland entgegentrat. Offenbar wurde in D.C. beschlossen, daß die Dál Riada in Irland sich dem→Hochkönig unterzuordnen und ihm Truppen zu stellen hatten, während die in Schottland sitzenden Dál Riada Unabhängigkeit genießen sollten, mit Ausnahme des dem Hochkönig bei Bedarf zu entsendenden Flottenaufgebots. →Adamnanus v. Hy gibt in seiner »Vita Columbae« (I 4 a) einen – vielumstrittenen – Hinweis auf die Beteiligung des hl. Columba an der Konvention (condictum regum) v. D.C., sagt dabei aber nichts über seine Rolle aus. Da Columba jedoch Áed mac Ainmerechs Vetter war und er →Áedán mac Gabráin zum Kg. der Dál Riada »geweiht« hatte, so überrascht es nicht, wenn Columba auch beim Zustandekommen und Ablauf dieser Versammlung mitwirkte.   D. Ó Cróinín

Lit.: J. BANNERMAN, Stud. in the Hist. of Dalriada, 1974, 157–170 – F. J. BYRNE, Irish Kings and High-Kings, 1973, 110f. – A. P. SMYTH, Warlords and Holy Men, 1984, 89, 96, 116, 122.

Drungarios (δρουγγάριος), Amt des byz. →Heer- und Flottenwesens. [1] *Heerwesen:* Befehlshaber einer Heeresabteilung (δροῦγγος = Untergliederung eines →Themas) und einer der höheren Offiziere, die dem→Strategen, dem Oberbefehlshaber des Themas, unterstellt waren und zu seinem engeren Stab gehörten. Als die Themen im 7./8. Jh. militär. Verwaltungsbezirke wurden, in denen die Soldaten angesiedelt waren, teilten sie sich in Turmen, Banden etc., nicht aber in Drungen, so daß 'Drungos' dementsprechend nie ein geogr. Verwaltungsterminus wurde und der D. weiter nur Befehlshaber des Drungos im Manöver und auf Feldzügen blieb. Im 12. Jh. scheint der Drungos in Attaleia, Lakonien, Epiros ein geogr. und administrativer Verwaltungsterminus zu sein; im 14. Jh. ist er an Gebirgspässen der Peloponnes ein militär. Bezirk, der aber nicht einem D., sondern einem Sebastos-Tzaousios untersteht. Dem Heer ist auch der D. τῆς βίγλης bzw. des Tagmas der Arithmoi, eines in der Hauptstadt stationierten Garderegiments, zuzurechnen; er war für die Sicherheit des Ks.s in der Hauptstadt und während der Feldzüge verantwortlich; im 11. Jh. änderten sich die Funktionen des D. τῆς βίγλης (des späteren Großdrungarios), indem er Vorsitzender des ksl. Gerichtes wurde.

[2] *Flottenwesen:* Zahlreicher sind die D. in der →Flotte: a) Der D. als Statthalter eines Drungariates (δρουγγαρᾶτον), einer militär.-administrativen Einheit geringeren Ranges der Themenordnung, war ein selbständiger Befehlshaber einer Flotteneinheit (δροῦγγος) und Verwalter eines maritimen Bezirks, dem Ks. direkt unterstellt, von einem etwas niedrigeren Rang als der Strateg. Mehrere dieser D. sind bekannt: D. der Kibyraioten, D. des Ägäischen Meeres, des Kolpos bzw. der Kykladen, Samos (?); diese Drungariate entwickelten sich parallel mit den Themen, aber unabhängig von diesen, und wurden alle mit der Zeit, spätestens in der 2. Hälfte des 9. Jh., zu Themen erhoben. b) D. in den Themen waren Befehlshaber der Themenflotte, die dem Strategen unterstellt waren, so der D. von Kos, Attaleia, Sizilien und andere. c) Der D. τοῦ πλωΐμου war, seit Anfang des 9. Jh., Admiral der hauptstädt. Flotte – eine zunächst bescheidene Position, die aber im Laufe der Reformen des 9. Jh. an Bedeutung gewann, da der D. in Kriegszeiten der Oberbefehlshaber der ksl. zentralen Flotte und im Frieden eine Art Marineminister war. Im 11. Jh. kommandierte er eine kleine Schiffsabteilung, die den Hafen von Konstantinopel bewachte und im persönl. Dienst des Ks.s stand; gegen Ende desselben Jh. wurde der Megas→Dux (Megadux) zum Oberbefehlshaber der gesamten ksl. Flotte, während der D. nur die hauptstädt. Flotte befehligte. Mit dem Verfall der byz. Flotte verschwinden im 12. Jh. die D. als Marineoffiziere aus den Quellen.   J. Ferluga

Lit.: R. GUILLAND, Recherches sur les institutions byz. I, 1967, 563–587, 535–562 [Abdr. zweier Aufs. von 1950, 1953] – J. FERLUGA, Niže vojno-administrativne jedinice tematskog uredjenja, ZRVI 2, 1953, 61–98 (dt.: DERS., Byzantium on the balkans, 1975, 21–70) – H. AHRWEILER, Byzance et la mer, 1966 – N. OIKONOMIDÈS, Les listes de préséance byz. des IXe et Xe s., 1972 – J. HALDON, Byzantine Praetorians, 1984.

Drusen, Angehörige einer extremschiitischen Sekte (→Islam), heute hauptsächl. im Libanon, in Syrien und Israel vertreten, ursprgl. eine schwärmerische ismāʻīlitische Dissidentenbewegung, die unter dem Fāṭimidenherrscher al-Ḥākim (996–1021) vom offiziellen Ismāʻīlitentum absplitterte und die schon latente Imāmapotheose zum Gottmenschentum al-Ḥākims übersteigerte. Einer ihrer ersten, bald aber von Ḥamza, dem eigtl. Gründer, geächteten Apostel, nämlich ad-Darazī, sollte ihr den

Namen leihen (ad-Durūz: Drusen). Wie die genuine Ismāʿīlīya formierte sich das Drusentum als eine Geheimreligion mit Arkandisziplin, unterscheidet zw. Eingeweihten und Nichteingeweihten, untersagt letzteren das Studium seiner hl. Schriften und erlaubt ausdrücklich die Simulation in glaubensfremder Umwelt. Von der religiösen Ethik wie von der sozialen Kohärenz der Minorität gingen starke solidarisierende Impulse aus, die ein einmaliges Gemeinschaftsbewußtsein begründen halfen. Zu einer wirklichen Gemeinschaft wurde die aus Ägypten vertriebene oder ausgewanderte religiöse Gemeinde im Libanongebirge (Wādī at-Taim, Šūfgebirge), religiös-moralisch geleitet von ihrer Geistlichkeit und angeführt von ihren lokalen Feudalherren, die beide, Geistliche wie Weltliche, allmählich ihre jeweiligen Einflußsphären wechselseitig respektierten und systemat. kooperierten. Hierbei entwickelten die D. seit der Kreuzfahrerzeit und als nominelle Vasallen der →Mamlūken, aber de facto als quasi unabhängige Regionalherren, ihre eigentümliche strikte soziale Organisation samt jener Selbstsicherheit und Selbstgenügsamkeit, wie sie Gemeinschaften üben, für die die Selbstverwaltung zur Gewohnheit geworden ist, nahmen also ihre internen Belange als nahezu autonome Gemeinschaft wahr, nur ihren eigenen Führern und, wem diese zugeneigt, botmäßig, stets eigenwillig, freiheitsliebend, wehrhaft, kriegerisch und zugleich ritterlich. Während der Mamlūkenherrschaft (1250–1516) waren die Buḥtur oder Tanūḫ ihre obersten Emire, bei der Eroberung Syriens durch die Osmanen 1516 übernahmen deren Verwandte, die Maʿn (Faḫr ad-Dīn II., st. 1635), die Herren des Šūf, die Vorherrschaft, und diese Hegemonie währte etwa bis zur Mitte des 18. Jh. W. Schmucker

Lit.: K. S. Salibi, The Modern Hist. of Lebanon, 1968 – J. van Ess, Chiliast. Erwartungen und die Versuchung der Göttlichkeit, AAH 2, 1977 – W. Schmucker, Krise und Erneuerung im libanes. Drusentum, 1979.

Družina, fsl. Gefolgschaft

I. Altrußland – II. Westslavischer Bereich.

I. ALTRUSSLAND: D. von *drug* ('Genosse, Freund, Gefährte'), die Gefolgschaft des Fs.en, die ihm am nächsten stehenden Krieger und Ratgeber; bisweilen bezeichnet der Begriff auch nur den fsl. Rat (*duma*) oder seit dem 12. Jh. allgemein das fsl. Heer (*vojsko*). Die d. bestand aus persönlich freien Leuten von verschiedenem polit. und sozialem Gewicht. Die Quellen unterscheiden zw. 'älterer' (*staršaja d.*) und 'jüngerer Gefolgschaft' (*molodšaja d.*), daneben finden sich noch die Bezeichnungen 'böl.šaja d.' (*bol'šaja d.*), 'beste d.' (*lepšaja d.*), 'vorderste d.' (*perednaja d.*), 'erste d.' (*pervaja d.*). Die Mitglieder der zahlenmäßig kleinen 'älteren Gefolgschaft' waren als Spitzen der Adelsgesellschaft (→Adel, E) Inhaber der wichtigsten Funktionen in der fsl. Verwaltung. Sie begegnen als Stellvertreter des Fürsten (→*posadniki*) in den Provinzstädten, als administrative und militär. Leiter (→*tysjackie*) in den fsl. Residenzen, als Verwalter größerer Landkomplexe (*ogniščane*), Anführer militär. Abteilungen (→*voevody*) und v. a. als engste Ratgeber (*sovetniki*) des Fs.en. Sie verfügten über einen eigenen Hof (*dvor*) mit eigenem administrativen Apparat und über eine eigene, häufig recht zahlreiche Gefolgschaft, die für die vom Fs.en zugunsten des Gefolgsmanns als Entlohnung gewährte Tributeintreibung eingesetzt wurde und das fsl. Heer verstärkte deren Größe über den polit. Einfluß des jeweiligen *družinnik* am fsl. Hof mitentschied. Als Gesamtheit war die 'ältere d.' eine einflußreiche gesellschaftl. und polit. Kraft, ohne der die Fs. in der Regel keine polit. Entscheidungen von Belang traf.

Die Mitglieder der 'jüngeren Gefolgschaft' treten unter den Termini *otroki* ('Knaben'), *detskie* ('Kinder'), *junye* ('die Jungen') (etwa entsprechend den merow. *pueri*), *grid'* oder *grid'ba* ('Schildknappen'), *slugi* ('Diener'), *mečniki* ('Schwertträger'), *milostniki* (von *milost'* 'Wohltat, Gabe, Gunst') usw. und – seit der 2. Hälfte des 12. Jh. – *dvorjane* ('Hofleute') auf. Ihre Tätigkeit bestand in untergeordneten Funktionen der fsl. Wirtschaft und der fsl. [Hof-]Verwaltung. Sie bildeten das Hauptkontingent der militär. Streitmacht eines Fs.en und wurden von diesem mit Kleidung, Nahrung, Unterkunft, Waffen, Pferden usw. ausgestattet. Ein Teil von ihnen besaß nur einen minderen Rechtsstatus. Andere, wie die *detskie* und *otroki*, waren oft vornehmer Herkunft, führten ihren eigenen Hof und konnten mit hohen Ämtern beauftragt werden. Ihnen gelang häufig der Übertritt in die 'ältere Gefolgschaft'.

Die družinniki waren, ohne als Gesamtheit einen regelrechten Stand zu bilden, als einzelne durch ein hohes →Wergeld (*vira*) geschützt. Das jederzeit kündbare Treue- und Freundschaftsverhältnis zwischen Fs. und Gefolgsmann wurde durch →Eid und Kreuzkuß (nach der Christianisierung) (→Kuß) bekräftigt. Wechselte der Fs. auf einen anderen Herrschaftssitz über, so folgte ihm gewöhnlich auch seine d., starb er, so blieb sie häufig im Dienst seiner Söhne, ohne daß von einer Erblichkeit der Dienstbeziehung gesprochen werden kann. Hingegen ist charakterist. die Freizügigkeit des altruss. Gefolgschaftsadels, die v. a. daraus resultierte, daß Landbesitz, zu dessen Erwerb die fsl. Gefolgsleute seit der 2. Hälfte des 11. Jh. vermehrt übergingen, nicht mit der Verpflichtung zum Dienst verknüpft war. Daß ein mächtiger Fs. die Aufkündigung des Dienstes als Treuebruch oder Verrat behandeln konnte und daß das Gefolgschaftsmitglied in diesen Fällen häufig auch aller seiner unbewegl. Güter verlustig ging, kann nicht als Beweis für die Existenz eines auf der dinglichen Verbindung von Dienst und Land ruhenden Vasallitätsverhältnisses gewertet werden, da solche Bestrafungen in der Regel Ergebnis adliger Rivalitätskämpfe und fsl. Machtstrebens, nicht aber Folge rechtl. Beziehungen waren. Die durch Fürstendienst erzielten Einkünfte (Anteile an Tributen, Abgaben, Gewinne aus Beutezügen, Geschenke usw.) und bojar. Grundbesitz waren die wichtigste materielle Grundlage, auf der die polit.-ökonom. Machtstellung des altruss. Gefolgschaftsadels beruhte. Entlohnung mit Geld und Naturalien durch Fürstendienst – und an diesen blieb adliges Selbstverständnis stets gebunden – behielt für ihn auch dann noch ihre ökonom. Bedeutung, als Grundbesitz längst zu einem weiteren wichtigen Faktor seiner wirtschaftl. Macht geworden war. Daß der Gefolgschaftsadel nicht selten die zahlreichen Fürstenfehden verursachte, mit dem Ziel, in den Besitz von wertvolleren und ertragreicheren Herrschaften zu gelangen und sich neue Einnahmequellen zu erschließen, war oft der materielle Hintergrund einer den Ruhm und die Bewährung im Kampf als hohe ritterl. Ziele herausstreichenden Ehrauffassung. Bei der häufig nur kurzfristigen Herrschaft über ein bestimmtes Gebiet mußte bei den Fs.en und den sie umgebenden družinniki zwangsläufig einer egoist. Mentalität Vorschub geleistet werden, die sich nicht so sehr an dem Aufbau des beherrschten Landes, sondern mehr an der optimalen Ausbeutung der lastenpflichtigen Bevölkerung orientierte.

Gefolgschaftl. Denken und Handeln ist durchaus noch ein konstitutives Element der Fs.-Adel-Beziehung in der Moskauer Periode (14.–16. Jh.), obwohl es zunehmend durch die wachsende machtpolit. Konzentration um Moskau und das Selbstherrschaftsstreben von dessen Gfs.en ausgehöhlt und – mit der Beseitigung der letzten Teil-Fsm. er im 16. Jh. – schließl. gänzlich von der veränderten Realität überholt wird. H. Rüß

Lit.: I. A. MALINOVSKIJ, Drevnejšaja russkaja aristokratija, Sbornik statej po istorii prava, Sammelbd. für M. F. VLADIMIRSKIJ–BUDANOV, 1904, 256–274 – A. E. PRESNJAKOV, Knjažoe pravo v drevnej Rusi. Očerki po istorii X–XII st, 1909 [Neudr. 1966] – O. HOETZSCH, Adel und Lehnswesen in Rußland und Polen und ihr Verhältnis zur dt. Entwicklung, HZ 108, 1912, 541–592 – V. O. KLJUČEVSKIJ, Bojarskaja duma drevnej Rusi, 1919[5] – I. M. TROCKIJ, Elementy družinnoj ideologii v »Povesti vremennych let«, Problemy istočnikovedenija II, 1936, 17–45 [Neudr. 1970] – A. V. ARCICHOVSKIJ, Russkaja družina po archeologičeskim dannym, Istorik-Marksist Nr. 1, 1939 – B. D. GREKOV, Knjaz' i pravjaščaja znat' v. Kievskoj Rusi, UčZapLGu, Nr. 32, 1939, 1–38 – D. I. BLIFEL'D, K istoričeskoj ocenke družinnych pogrebenij v srubnych grobnicach, SA 20, 1954, 148–162 – M. HELLMANN, Herrschaftl. und genossenschaftl. Elemente in der ma. Verfassungsgesch. der Slawen, ZOF 7, 1958, 321–338 – M. CH. ALEŠKOVSKIJ, Kurgany russkich družinnikov 11–12 vv., SA 1, 1960, 70–90 – I. JA. FROJANOV, Kievskaja Rus'. Očerki social' no-ėkonomičeskoj istorii, 1974 [Lit.] – H. Rüss, Adel und Adelsopposition im Moskauer Staat, 1975 [Lit.] – HGeschRußlands I, 358–370 [H. Rüss].

II. WESTSLAVISCHER BEREICH: Der Ausdruck 'd.' ist im 9. Jh. in der Vita Constantini (c. 8) als Bezeichnung der Begleiter des Hl. bezeugt; um das Jahr 1000 in der II. altslav. Wenzelslegende (eine Übersetzung/Bearbeitung der Gumpoldslegende; →Wenzel, hl.) als Bezeichnung von Gefolgschaften. Mit großer Wahrscheinlichkeit ist die Existenz von Gefolgschaften bereits im Großmähr. Reich anzunehmen, wo verschiedene Quellen in diesem Sinn interpretiert werden; Archäologen deuten öfter Gräber mit Sporen als Grablegen von Angehörigen der Gefolgschaften. Gesichert ist die Existenz von Gefolgschaften (*družiny*) im 10. Jh. in Böhmen und in Polen; in Böhmen ist die Existenz der Gefolgschaften von Angehörigen der Dynastie (auch →Boleslavs I. und der hl. →Ludmila) quellenmäßig bezeugt, ebenso eine Gliederung (eine Sonderstellung hatte, den Legenden nach, Wenzels treuer Gefolgsmann Podiven, der wie sein Herr als Märtyrer verehrt wurde). In Polen berichtet →Ibrāhīm ibn Ja'qūb von dem berittenen Großgefolge →Mieszkos I.

Diese Großgefolge (in der Literatur zuweilen auch als 'Staatsgefolge' bezeichnet) unterschieden sich in ihrer Struktur bereits von dem allgemein verbreiteten Typus des unmittelbar zum Kampf bestimmten Kleingefolges; die Angehörigen wurden aus dem Schatz des Herrschers und durch Anteil an der Beute entlohnt. Für Polen berichtet Ibrāhīm von einer Art von Soldzahlung. Diese Großgefolgschaften spielten eine entscheidende Rolle bei der endgültigen Zentralisierung der Länder (Ausrottung lokaler Führungsschichten) und waren Grundlage von Expansion der Herrschaftsgebiete. Innerhalb dieser Großgefolgschaften sind die ersten Kerne einer eigenständigen polit. Bewußtseinsbildung zu vermuten. Aus ihren Angehörigen entstand (durch Zuteilung von Grundeigentum) bald eine neuartige Adelsschicht. Gefolgsleute spielten spätestens seit dem 12. Jh. keine nennenswerte Rolle mehr (zum Unterschied zu den Ostslaven). Der Ausdruck 'd.' ist im westslav. Bereich noch im SpätMA bezeugt (bes. Bibelübersetzungen), allerdings bloß in der Bedeutung von Genossen, Begleiter. F. Graus

Lit.: V. VANĚČEK, Les »družiny« (gardes) princières dans les débuts de l'état tchèque, CzasPwHist, 1949 – A. F. GRABSKI, Polska sztuka wojenna w okresie wczesnofeudalnym, 1959, 25–46 – F. GRAUS, Raně středověké družiny a jejich význam při vzniku států ve střední Evropě, ČČH, 1965 – K. MODZELEWSKI, Organizacja gospodarcza państwa piastowskiego X–XIII w., 1975 – ST. RUSSOCKI, Vznik vládního systému a způsob panování v patrimoniálních monarchiích střední Evropy, ČČH, 1980 – F. GRAUS, Böhmen im 9. bis 11. Jh., Sett. cent. it. 30, 1983, 182ff.

Držislav (Dirzisclus), kroat. Herrscher, ca. 7.–10. Jahrzehnt des 10. Jh.; auf einem Sarkophag wird er auch als Stefan (Stephanus Rex) erwähnt, und eine andere Inschrift bezeichnet ihn als »dux magnus«.

Nach Thomas, Archidiakon v. Split, titulierte Byzanz D. als →Eparchen und →Patrikios und gab ihm auch »dignitatis suae insignia«; er und seine Nachfolger aber wurden Kg. e v. Dalmatien und Kroatien (reges Dalmatiae et Chroatiae) genannt.

Ein kräftiger Staat unter der Herrschaft D.s, wurde Kroatien auch ein Verbündeter von Byzanz, und D. und seine Nachfolger vermochten sich in den komplexen venezian.-byz.-ung. Beziehungen auf dynast. Ebene zu behaupten. Die Regierung D.s markiert eine neue Stufe der Entfaltung des frühma. kroat. Staates, die von →Tomislav und D. aus ihrem Höhepunkt in der 2. Hälfte des 11. Jh. entgegengeht. →Kroatien. I. Goldstein

Q.: Documenta, ed. F. RAČKI, 1894 – F. ŠIŠIĆ, Letopis popa Dukljanina, 1928 – R. MIHALJČIĆ–L. STEINDORFF, Namentragende Steininschriften in Jugoslawien vom Ende des 7. Jh. bis zur Mitte des 13. Jh., 1982, Nr. 52, 86 – Lit.: F. ŠIŠIĆ, Gesch. der Kroaten I, 1917 – LJ. HAUPTMANN, Koje su uslie hrvatske povijesti odlučivale u vrijeme narodne dinastije (Djela Jugoslavenske Akademije Znanosti i umjetnosti 29, Zbornik kralja Tomislava, 1925) – F. ŠIŠIĆ, Povijest Hrvata u doba narodnih vladara, 1925 – M. BARADA, Dalmatia Superior, Rad 270, 1949, 93–113 – N. KLAIĆ, Povijest Hrvatu u ranom srednjem vijeku, 1975 – J. FERLUGA, L'amministrazione bizantina in Dalmazia, 1978.

Dschingis Chān (Tschinggis Chān; vielleicht: 'ozeangleicher Herrscher'), eigtl. Temüdschin ('Schmied'), der Gründer des Mongolischen Weltreichs (→Mongolen), geb. 1155 (oder 1167?) am Onon, gest. vor Ning-hsia 18.(?) Aug. 1227, ältester Sohn des Stammeshäuptlings Jesugai Bahadur, der dem »Tataren-Stamm« untertan war und den er mit etwa 12 Jahren verlor. Zusammen mit seiner Mutter hielt er eine Reihe von Kleinfs. en in Untertänigkeit. Bald gewann er die Freundschaft des Fs. en des nestorian. Türken-Stammes Keräit, To'oril, der später den Titel Wang Chān annahm und ihm half, seine vom Stamm der Merkit entführte Gattin Borte wieder zu gewinnen. Seit 1188 setzte er sich in wechselnden Bündnissen, auch unter Bruch mit Freunden (so To'oril), gegenüber zahlreichen Nachbarn durch und wurde 1196 oberster Herrscher des Stammes Mangchol. Durch weitere Siege sicherte er sich zw. 1202 und 1205 die Oberherrschaft über weite Teile der heut. Mongolei (darunter die spätere Hauptstadt Qara Qorum). 1206 ließ er sich aufgrund einer Prophezeiung, die ihm die Weltherrschaft verhieß, auf einem Reichstag (*Quryltai*) den Titel 'Dsch. Ch.' beilegen. Als solcher organisierte er aufgrund des Zehnersystems ein großes Heer mit drei »Flügeln« (rechts, links, Mitte). Mit dessen Hilfe unterwarf er 1209/11 die Uiguren um Turfan, die Qarluqen (unter den Ilig-Chanen) und die Tanguten, während er bis 1215 die nördl. Hälfte →Chinas (etwa bis zum Jangtsekiang; dort gründete er die Dynastie Jüan. 1219 fiel ihm Korea anheim. Ostasiat. Einfluß unter den Mongolen nahm nun stark zu. Er drückte sich auch in seiner Gesetzgebung (*Jasa*) aus, die sich mit militär. Fragen, der Verwaltung, dem Familienrecht und dem Strafgesetz befaßte (in Auszügen erhalten); die Frau hatte eine große Selbständigkeit (anders als im islam. Kulturkreis. Zw. 1218 und 1223 unterwarf er das islam. Innerasien und im Kampf mit dem Chwārizm-Schāh Mohammed II. weite Teile Irans; dessen Sohn drängte er nach Kaukasien zurück. Ein Einbruch in die heutige Süd-Ukraine mit dem Sieg am Fluß →Kalka (heute Kalmius) 1223 über Russen, Kumanen und Alanen blieb damals ohne Folgen. Dsch. starb während einer

Belagerung der tangut. Hauptstadt. Sein riesiges Reich, das vom Chin. Meer bis an die Schwelle Europas reichte, hinterließ er seinen Söhnen und Enkeln, die einträchtig zusammenarbeiteten und das mongolische Gebiet bis 1260 beträchtl. erweiterten.

Dsch. gehört zu den größten Feldherrn und Staatsmännern der Geschichte. Sein Selbstbewußtsein als »Weltherrscher« (daher sein Titel) wurde von chin. und nestorian. Weltreichideen getragen. Der lange Bestand seines militärisch straff organisierten Reiches beruhte auf einer raschen Angleichung der Mongolen an die chin. und iran. Kultur; dabei übten Dsch. und seine Nachkommen eine fast völlige religiöse Toleranz. Erst später wurden die dort herrschenden Religionen, Buddhismus und Islam, übernommen (anders in Rußland).

Das Mongol. Weltreich war auch Mittler zw. vielen Kulturen und Wegbereiter eines neuen Weltverkehrs, der auch den Europäern (vielfach Missionare [→Mission], auch Kaufleute wie Marco →Polo) neue, ungeahnte Weiten erschloß. B. Spuler

Q.: E. HAENISCH, Die geheime Gesch. der Mongolen (von 1240, 1252 oder 1264), erstmals übers., 1948[2] – weitere Q. bei SPULER [s. u.] – *Lit.* *[Auswahl]:* R. GROUSSET, L'Empire mongol, Ire phase, 1941 – B. J. VLADIMIRCOV, Le régime social des Mongols, 1948 – W. BARTHOLD, Turkestan down to the Mongol Invasion, 1977[4] – J. A. BOYLE, The Mongol World Empire, 1206–1370, 1977 – B. SPULER, Die Mongolen in Iran, 1985[4].

Dualismus, religionsgeschichtl., nz. Terminus, der ein von zwei gegensätzl. und gegeneinanderwirkenden Prinzipien (vielfach Gut und Böse) ausgehendes Weltbild beschreibt. Im ma. Europa waren dualist. Vorstellungen v. a. im Balkanraum und danach in den katharischen Häresien des Okzidents wirksam.

I. Dualistische Bewegungen im Balkanraum – II. Dualistische Ideologie der Katharer.

I. DUALISTISCHE BEWEGUNGEN IM BALKANRAUM: Die bedeutendste dualist. Bewegung ist der nach dem nur wenig bekannten »Begründer« Pop (Priester) Bogumil benannte Bogumilismus. Nach dem Synodikon des J. 1211 der bulg. Kirche lebte Bogumil zur Zeit Zar Peters (927–969) und propagierte, wie andere slav. und byz. Quellen bezeugen, den Manichäismus. In Wahrheit wurden Ideen vorhergegangener dualist. Strömungen (Gnosis, Neomanichäismus, Paulikianismus) wiederaufgenommen, die bereits seit Jahrhunderten im byz. Bereich und im Balkanraum verbreitet waren. Die Bewegung stellte eine heftige Reaktion gegen die Theologie und Praxis der orthodoxen Amtskirche dar und inspirierte sich an Tendenzen, die schlichte Ursprünglichkeit des Frühchristentums neu zu beleben. Man verwarf das AT und die gesamte patrist. Literatur, ließ nur das NT und die Apostelbriefe, v. a. die Paulusbriefe, gelten und wandte die allegor. und typolog. Interpretation an; teilweise vertrat man im Hinblick auf das Leben Jesu eine doketist. Auffassung. Die →Bogomilen lehnten Gotteshäuser, Hierarchie und Organisation der offiziellen Kirche mit ihren komplizierten, prunkvollen Ritualen ab und gebrauchten nur das Paternoster, das sie mehrmals am Tag beteten. Sie leugneten die Kommunion sowie Wunder, Ikonen, Reliquien, die Auferstehung, daher auch die Sündenstrafen, und praktizierten äußerste Strenge in der Lebensführung und Enthaltsamkeit bei den Speisen. In ihrer Opposition zu dem Klerus der Amtskirche, den Mächtigen und Reichen, zeigten sie soziale Tendenzen. Ihr – z. T. mit phantast. Elementen durchsetztes – Schrifttum, in dem sie ihre Kosmogonie, Christologie und Eschatologie darstellten, ist aufgrund der Verfolgungen durch die offiziellen Autoritäten der Kirche und des Staates nur fragmentarisch erhalten, häufig als anonyme und apokryphe Werke. Die Gemeinschaften der Bogomilen und ihre Hierarchie waren verhältnismäßig einfach organisiert, sind aber nicht hinreichend bekannt. Da sie in scharfem Gegensatz zur Amtskirche und zum Staat standen, wurden die dualist. Häretiker Ziel schwerer Verfolgungen. Um 1114 ließ Ks. Alexios I. Komnenos den Führer der Bogomilen, den ἰατρός Basileios, und einige seiner Anhänger auf dem Scheiterhaufen verbrennen. 1211 verfügte ein Kirchenkonzil in der bulg. Kapitale →Tŭrnovo schwere Strafen gegen die bulg. Häretiker.

Als unabhängiges Phänomen, das jedoch zweifellos Vorbilder und Einflüsse aus Bulgarien widerspiegelte, entwickelte sich in den grenznahen Gebieten Bosniens und Serbiens v. a. im 13. Jh. eine dualist. Bewegung. Entsprechend der Gewohnheit der Häretiker – ähnlich wie die Euchiten (Massalianer) – häufig das Herrengebet (Paternoster) zu sprechen, wurden sie »Patareni« (Patereni), später auch »Kudugari« genannt (wahrscheinl. eine Verballhornung aus dem Griech.). Da sie sich als die wahren Nachfolger der Lehre Christi betrachteten, bezeichneten sie selbst sich als »wahre Christen«, ihre Religion als wahren Glauben der Apostel (»prava vjera apostolska«); sie entsprach nicht in allem der Lehre der bulg. Bogomilen. Sie verehrten einen »Deus lucis« (»Summum bonum«), der im Gegensatz zu dem »Deus tenebrarum« (»Summum malum) stand, suchten jedoch nicht der Einfachheit des apostol. Lebens nachzustreben und verwarfen das AT und die Propheten. Ihr D. war jedoch nicht radikal. Sie ließen eine doketist. Interpretation des Lebens Jesu zu. In ihrer Lehre nahmen sie keine feindl. Haltung gegenüber den »Mächtigen« ein, daher zeigten sie keine Ansätze zu polit. Opposition wie die Bogomilen. Haupt der Gemeinschaft (*Crkva bosanska*) war der →Djed ('Großvater'), nach ihm kamen die »Gosti« ('Gäste') und »Starci« ('Greise').

Die dualist. Häresie verbreitete sich auch in Serbien, wo ihre Anhänger zur Zeit →Stefan Nemanjas, danach zu Beginn des 13. Jh. (Konzil von 1221), in der Folge von →Stefan Dušan (Codex des J. 1349) verfolgt wurden. Die Häretiker wurden Babuni genannt. I. Dujčev

Bibliogr.: H. GRUNDMANN, Bibliogr. zur Ketzergesch. des MA (1900–1966), 1967 – *Lit.:* G. FICKER, Die Phundagiagiten, 1908 – J. IVANOV, Bogomilski knigi i legendi, 1925 – V. N. ZLATARSKI, Istorija na bŭlg. Dŭržava prez srednite vekove II/2, 1927 – M. G. POPRUŽENKO, Sinodik carja Borila, 1928 – DERS., Kozma Prezviter bolgarskij pisatel X veka, 1936 – H. CH. PUECH-A. VAILLANT, Le traité contre les Bogomiles de Cosma le prêtre, 1945 – ST. RUNCIMAN, The medieval Manichee, 1946 – D. OBOLENSKY, The Bogomils, 1948 (1972) – D. MANDIĆ, Bogomilska crkva Bosanskih Krstijana, 1962 – L'Oriente cristiano nella storia della civiltà, 1964 [Beitr. von S. ĆIRKOVIĆ, C. D. KNIEWALD, D. ANGELOV, I. DUJČEV, D. OBOLENSKY] – I. DUJČEV, Medioevo bizantino-slavo I, 1965 – J. GOUILLARD, Le synodicon de l'Orthodoxie, 1967 – D. ANGELOV, Bogomilstvoto v Bŭlgarija, 1969 – M. LOOS, Dualistic Heresy in the MA, 1974 – D. DRAGOJLOVIĆ, Bogomilstvo na Balkanu i u Maloj Asii, 1974.

II. DUALISTISCHE IDEOLOGIE DER KATHARER: Die Gegenüberstellung zweier gegensätzl. Prinzipien, des Guten (Gott) und des Bösen (Satan), bildet das ausgeprägteste Kennzeichen der Häresie der →Katharer. Für die gemäßigte Richtung des Katharertums, die im Okzident zw. 1144 und 1167 (Katharerkonzil von St. Félix-de-Caraman) als einzige Form auftritt, ist das Universum von Gott geschaffen, gegen den sich in der himmlischen Welt Luzifer, der schönste Engel, auflehnt. Mit seinen Anhängern aus dem Himmel vertrieben, erschafft er auf der Erde die Körper der Menschen, denen Gott die Seele eingießt. Die nach 1167 in den Okzident gelangte, radikale Ausformung des Katharertums (→Albigenser) glaubt an zwei Schöpfer: Gott, auf den die himmlische Welt zurückgeht, und Satan, der die materielle Welt erschuf. Letzterem gelingt es nach langem Warten sich in den Himmel einzuschleichen, wo er einen Teil der Engel mit betrüger. Machenschaften verführt; mit ihnen zusammen stürzt er auf die Erde und schließt sie in den ird. Leib ein. Um diesen neuen Wesen volle Lebensfähigkeit zu verleihen, muß Satan jedoch auch nach dem Glauben dieser Richtung auf die Hilfe Gottes zurückgreifen.

Sowohl für die gemäßigte als auch für die radikale Richtung der Katharer sind die beiden Reiche also deutlich geschieden. Es variiert nur das Bild Satans als von Gott geschaffener Engel oder wie Gott ewiges Prinzip, das an der Schöpfung mitwirkt und die ird. Welt hervorbringt.

Eine Theorie des D. findet sich in einem der wenigen Texte, die von kathar. Autoren erhalten sind, dem »Liber de duobus principiis« eines unbekannten lombard. Verfassers (um 1240). Die im Umkreis des →Giovanni da Lugio und daher in der it. Katharerkirche von →Desenzano entstandene Schrift geht von der Grundthese des kathar. D. aus: dem unversöhnl. Gegensatz zw. der Existenz eines einzigen guten Gottes und der Anwesenheit des Bösen in der Welt. Ausgehend von diesem Gegensatz – wobei die Probleme des freien Willens, der Natur der Engel, der Schöpfung und der Verfolgungen eingehend behandelt werden – deduziert der Verfasser der Schrift die notwendige Existenz eines anderen Prinzips neben Gott, des Prinzips des Bösen. E. Pásztor

Lit.: CH. THOUZELLIER, Livre des deux principes, 1973 – R. MANSELLI, L'eresia del male, 1980² – G. ROTTENWÖHRER, Der Katharismus, 1982.

Duana de secretis, bedeutendes Organ der norm. Finanzverwaltung ('duana' abgeleitet von arab. →dīwān). Zu seiner Entstehungsgeschichte sind viele Fragen offen. Als unbestritten darf gelten, daß →Roger II. v. Sizilien nach Festigung seiner Königsmacht unter Beachtung arab. und byz. Prinzipien der Finanzverwaltung eine Institution schuf, die die gfl. camera (→Kammer) ablösen sollte (vgl. →Finanzwesen, -verwaltung). Anglonorm. Einflüsse indes sind zweifelhaft; ebenso wäre eine umgekehrte, allenfalls eine wechselseitige Prägung denkbar.

Eine der curia principis (→curia, Abschnitt III) zugehörige Einrichtung erscheint erstmals 1145 als arab. dīwān (zur allgemeinen Entwicklung dieser wichtigen Verwaltungsinstitution im arab. Bereich s. →dīwān, Abschnitt B), griech. σέκρετον und lat. secretum und untergliedert sich bereits in dieser Zeit in zwei Abteilungen: in den dīwān at-taḥqīq al-ma'mūr und in den dīwān al-ma'mūr. Eine Differenzierung läßt sich allerdings noch nicht erkennen. Insgesamt gesehen, war der dīwān einmal für die Lehensvergaben und -bestätigungen zuständig. Darüber hinaus wurden an ihm die »defetari«, die Grund-, Abgaben- und Personenverzeichnisse, geführt. Letzteres bedingte, daß er auch für das Eintreiben der Steuern und Tribute, möglicherweise auch für die weitere Verwaltung dieser Gelder, verantwortl. zeichnete.

Unter →Wilhelm II. waren die Kompetenzen in der »Behörde« klar voneinander abgegrenzt. Der dīwān at-taḥqīq al-ma'mūr war dem dīwān al-ma'mūr als eine Art »Oberrechenkammer« übergeordnet. Er führte das Lehensverzeichnis und regelte die Vergabe und Bestätigung der feuda (→Lehen, -swesen). Ebenso wurden an ihm alle Leistungspflichten der Vasallen fixiert und ihre Einhaltung überwacht. Der dīwān al-ma'mūr hingegen hielt das Register auf dem neuesten Stand, in dem die Bevölkerung von Krongut und Lehensland sowie die Leistungen der Einwohner und Gemeinden niedergelegt waren. Hieraus ergab sich seine Zuständigkeit für die Verwaltung der Domäne. Nicht deutlich wird, ob auch der kgl. Schatz in seine Hände gelegt war.

Zunächst war die Tätigkeit der d. des. nur auf die Insel Sizilien und auf Kalabrien (hier möglicherweise erst ab 1167) beschränkt, in der Zeit Wilhelms II. wurde dieses System auf das gesamte Kgr. ausgedehnt. In den frühen siebziger Jahren richtete dieser die *duana baronum* ein, die trotz des eigenen Namens in Apulien und in den nördl. von Kalabrien gelegenen Provinzen die gleichen Kompetenzen hatte wie die d. des. in ihrem traditionellen Bereich. Beide duane bildeten zusammen als *magnum secretum* das höchste Organ der norm. Finanzverwaltung, das sowohl zentrale wie provinziale Aufgaben hatte.

Für die Zeit Rogers II. läßt sich noch keine hierarch. Struktur der d. des. erkennen. Allenfalls ist denkbar, daß der →admiratus – ohne institutionell damit beauftragt gewesen zu sein – eine gewisse Aufsicht wahrnahm. Auch unter Wilhelm II. kannte das magnum secretum keinen personalen Leiter, sondern eine abgestufte Hierarchie kollegialer Gremien (N. KAMP), an deren Spitze die magistri duane standen. Es konnten einer oder mehrere für jede Abteilung sein – meist waren es zwei oder drei –, doch gab es auch magistri, die sowohl der d. des. als auch der duana baronum angehörten. Den magistri, die auch Jurisdiktion in Finanz- und Verwaltungsangelegenheiten besaßen, unterstanden die Provinzkämmerer, unter deren Befehl die kleinsten wirtschaftl. Verwaltungseinheiten – die Bajulationen – zusammengefaßt waren. Sie waren in der Regel Beamte; lediglich spätere Zeugnisse deuten darauf hin, daß es auch möglich war, das Amt zu pachten.

Mit dem Wechsel von der norm. zur stauf. Dynastie verschwand das magnum secretum, denn in den nördl. Provinzen und in Apulien übernahmen magistri camerarii die Finanzverwaltung. In Sizilien und in Kalabrien indes behielt die d. des., nun als rein provinziale Behörde, ihre Zuständigkeit. Jetzt erst erhielt sie an ihrer Spitze einen personalen Leiter, den *duane de secretis et questorum magister* (Titel in der Folgezeit meist nur als »secretus« wiedergegeben).

Mit den »nova statuta« →Friedrichs II. (1231) verlor die Bajulation ihre Allzuständigkeit. Dieser Prozeß, der sich auf der Ebene der Provinzen und der aus mehreren Justitiariaten bestehenden Regionen fortsetzte, führte zur Verpachtung wichtiger Monopole aus der Zuständigkeit der magistri camerarii bzw. der secreti an Interessierte, die notwendigerweise aus der finanzkräftigen Kaufmannschaft stammen mußten.

Infolge der »nove constitutiones« von 1244 verschwand auf der Insel Sizilien das Amt des secretus. An seine Stelle trat der Oberkämmerer, der in seiner Region – wie auch die übrigen magistri camerarii des Festlandes – Kompetenzen in der Finanzverwaltung besaß, die auch jurisdiktionelle Zuständigkeit in Zivilsachen beinhalteten. Unterschieden sich die ihm gestellten Aufgaben de facto auch nicht von denen des secretus, so war die Amtsdauer doch auf ein Jahr beschränkt. 1249 änderte man diese Einheitlichkeit des Verwaltungssystems und betraute erneut einen secretus mit der Aufsicht über die Finanzangelegenheiten.

Unter →Manfred fand zw. 1262 und 1264 eine Vereinheitlichung statt, allerdings unter dem von Friedrich II. kurzfristig unterdrückten Amt des secretus. Im gesamten Kgr. verschwanden die magistri camerarii, an ihre Stelle traten nun secreti. Die Gerichtshoheit war nun nicht mehr mit dem Amt, das jetzt auch generell verpachtet war, verbunden. In seiner Region standen neben dem secretus lediglich noch der für die Domäne verantwortl. magister procurator, der magister portulanus und der magister salis; auch letztgenannte Funktionen wurden verpachtet und konnten vom secretus, sofern er sie ersteigerte, in Personalunion mitverwaltet werden. Vielfach delegierten die secreti aber auch ihre Aufsichtspflicht in den Provinzen an als vice secreti bezeichnete Unterpächter. Dieser letztl. Wandel räumte den Vermögenden des Landes eine profitable Teilhabe an der Finanzverwaltung des Kgr.es ein, wobei diesem Umstand weiter entgegenkam, daß die »secretie« seit der Zeit Karls I. v. Anjou auch an Konsortien vergeben werden konnten. Vgl. auch →Finanzwesen, -verwaltung. J. Göbbels

Lit.: P. Durrieu, Les archives angevines de Naples 1, 1886, 54ff. – L. Cadier, Essai sur l'administration du Royaume de Sicile sous Charles Ier et Charles II d'Anjou, 1891 23f. – C. A. Garufi, Sull'ordinamento amministrativo normanno in Sizilia, Exhiquier o Diwan? ASI 5°ser., t. 27, 1901, 225-263 – E. Caspar, Roger II. (1101-54) und die Gründung der norm.-sicil. Monarchie, 1904, 315ff. – R. v. Heckel, Das päpstl. und sicil. Registerwesen, AU 1, 1908, 370ff. – E. Mayer, It. Verfassungsgesch. von der Gothenzeit bis zur Zunftherrschaft 2, 1909, 363ff. – F. Dölger, Beitr. zur Gesch. der byz. Finanzverwaltung bes. des 10. und 11. Jh., 1927, 16f. [Nachdr. 1960] – M. Amari, Storia dei Musulmani di Sicilia, hg. C. A. Nallino, 3, 1937, 324ff. – E. Jamison, Admiral Eugenius of Sicily, His Life and Work, 1957 [Ind.] – M. Caravale, Il regno normanno di Sicilia, 1966 [Ind.] – E. Mazzarese Fardella, Aspetti dell'organizzazione amministrativa nello stato normanno e svevo, 1966 – N. Kamp, Vom Kämmerer zum Sekreten, Wirtschaftsreformen und Finanzverwaltung im stauf. Kgr. Sizilien (Probleme um Friedrich II., hg. J. Fleckenstein, 1974), 43ff. – →diwān; →Finanzwesen, -verwaltung.

Duarte (ptg. Namensform von Eduard) → Eduard, Kg. v. Portugal

Dubá, Andreas v., * ca. 1320, † ca. 1412, Verfasser eines Rechtsbuches über das böhm. →Landrecht. D. entstammte dem alten böhm. Hochadel und hatte das Amt des obersten Landrichters im Kgr. Böhmen inne. Am Hofe Ks. →Karls IV. und →Wenzels IV. war er auch als Mitglied des kgl. Rates tätig. Durch den Sieg der adligen Verschwörung über Wenzel IV. (1394) verlor D. alle Ämter und seine polit. Macht. Auf seiner Burg Zlonice schrieb er dann in den Jahren 1394-1411 in tschech. Sprache das Rechtsbuch über das böhm. Landrecht. Er systematisierte dabei seine eigenen Erfahrungen und stützte sich auch auf die älteren Bruchstücke des adligen Rechtes. D. widmete sein Buch dem Kg.; die Unterstützung der Königsmacht ist Hauptziel seines Werkes. J. Macek

Ed. und Lit.: F. Čáda, Nejvyššího sudího království českého Ondřeje z Dubé Práva zemská, 1930 (Historický archiv ČAVU, č. 48).

Dub-dá-Lethe, →fer légind ('Gelehrter') v. →Armagh 1046-49, Abt dieses Kl. 1049-60, † 1064. Als 3. Abt dieses Namens war D. wohl Enkel von Eochaid ua Flainn/Flannacáin († 1004), der ein namhafter Gelehrter gewesen war und synchronist.-hist. Gedichte verfaßt hatte. Auch D. war als Gelehrter bekannt; das anscheinend verlorene »Book of D.« enthielt einige Annalen sowie Sagentexte und poet. Werke. Die Zeit, in der D. Armagh als Abt vorstand, war eine Periode der Auseinandersetzungen. D. folgte seinem Bruder Amalgaid (1020-49) nach. Seiner Erhebung folgte bald ein neuer Ausbruch des internen Parteienkampfes, der 1052 in der Ermordung des *secnab* (Vizeabts), der aus einer konkurrierenden Familie stammte, gipfelte. Schließlich wurde D. 1060 durch einen Bruder des Ermordeten aus der Abtwürde verdrängt, doch fiel das Amt nach dessen Tod wieder an D.s Familie zurück.

D. Ó Cróinín

Lit.: T. Ó Fiaich, The Church of Armagh under Lay Control, Seanchas Ardmhacha 5, 1969, 75-127.

Dublin
A. Stadt – B. Skandinavisches Königreich – C. Bistum/Erzbistum

A. Stadt
I. Geschichte und Topographie – II. Wirtschaft und Bevölkerung – III. Archäologie.

I. Geschichte und Topographie: D. (ir. Baile Átha Cliath), Stadt in Irland (heute Hauptstadt der Republik Irland), an d. Liffey (Life), nahe ihrer Mündung in der Ir. See. Die ma. Gesch. von D. kann in fünf ethn. Perioden eingeteilt werden: die gäl., wiking., hiberno-skand., anglonorm. und angloir. Periode, wodurch sich die siedlungsgeschichtl. und ethn. Strukturen, insbes. hinsichtl. des Verhältnisses von Kontinuität und Wandel, äußerst komplex gestalten. Eine Erhebung aus Geschiebemergel südl. der Liffey war der Standort der ersten Siedlung, die eine wichtige Furt beherrschte und den Namen Áth Cliath ('Furt am Faschinendamm') trug. Südl. des heute verlandeten Schwarzen Teiches (*linn dubh*, engl.: *black pool*), der eine Erweiterung des den Gezeiten unterliegenden Liffey-Zuflusses Poddle bildete, sind Reste einer umfriedeten kirchl. Anlage erhalten, der eigenständigen monast. Siedlung Dubhlinn. Diesen Siedlungsnamen übernahmen und adaptierten die →Wikinger für ihre Befestigung (*longphort*); sie errichteten diese als Seestützpunkt höchstwahrscheinl. nördl. des Pool i.J. 841 (anord. Dyflinni). Die um die Mitte des 9. Jh. erbauten Befestigungen dürften die östl. Hälfte der späteren hiberno-skand. Stadt umfaßt haben.

Zw. 902 und 917 mußten die Skandinavier D. unter dem Druck der Iren aufgeben; nach der Wiedererrichtung der skand. Herrschaft in der 1. Hälfte des 10. Jh. (s. Abschnitt B) wurde D. neu befestigt; die Siedlung, die die ir. Bezeichnung eines *dún* (→Befestigung) erhielt, ist durch neue Ausgrabungen teilweise freigelegt worden (s. Abschnitt A. III). Das D. des 10. Jh. ist als frühstädt. Siedlung (*town*) anzusprechen. Um ca. 1000 war eine Holzbrücke an die Stelle der alten Furt getreten, und die Wehranlagen wurden in westl. Richtung ausgedehnt, um den Brückenzugang zu kontrollieren. Hundert Jahre später finden wir eine Steinkonstruktion (Steinmauer oder mit Steinen verstärkter Damm), die der älteren Befestigungslinie folgt. Der durch Krieg, Handel und Piraterie angehäufte Reichtum und die mächtige in D. beheimatete Flotte veranlaßten zahlreiche ir. Hochkg.e zu Versuchen, ihre Oberherrschaft auf D. auszudehnen.

Aus ebendiesen Gründen wurde D. von den verbündeten Streitkräften unter Führung des Kg.s v. →Leinster, →Dermot Mac Murrough, und den anglonorm. Barons Richard FitzGilbert de →Clare (gen. Strongbow) angegriffen und am 21. Sept. 1170 erobert. Mit dem Tode Dermots Mac Murrough († 1171) kam D. über dessen Nachfolger Strongbow an den engl. Kg. Heinrich II. (1171/72). Heinrich II. stattete D. 1171 mit einem Privileg aus, das der Stadt ein Recht nach dem Vorbild von →Bristol verlieh. D. war damit die erste der engl. Krone direkt unterstellte Stadt in Irland.

In der anglonorm. Periode veränderte sich das Siedlungsbild der Stadt und ihrer Umgebung: Die Kathedrale Christ Church (Holy Trinity) wurde von ca. 1186 an in Stein neuerrichtet; die ebenfalls steinerne Burg von D. (Baubeginn 1204) wurde im sö. Winkel des hiberno-skand. Walls errichtet, sie beherrschte den Pool. Eine neue Brücke über die Liffey wurde ca. 1215 erbaut. Eine zweite Kathedrale (St. Patrick's) entstand ca. 1220 aus einer extra muros gelegenen Kollegiatkirche. In d. Liffey wurde in Ufernähe Hafengelände aufgeschüttet, wodurch sich die bebaute Fläche auf rund 12 ha erweiterte; diese wurde seit ca. 1300 von einer erweiterten Mauer teilweise umschlossen, wobei die außerhalb des Mauerzuges gelegenen Pfarrkirchen, Ordenshäuser und Spitäler einen starken Ausbau erfuhren. Als 1317 das schott. Invasionsheer anrückte, wurde die westl. Vorstadt von den Stadtbewohnern eingeäschert; die Schäden wurden später auf £ 10 000 geschätzt. Auf allen Seiten der Stadt bildeten sich vorstädt. Siedlungen aus, u. a. im Bereich der St. Patrick's Kathedrale.

Als administrativer und polit. Mittelpunkt der Lordship, des engl. beherrschten →Irland, sowie als kirchl. Zentrum (s. Abschnitt C) war D. ohne Zweifel die bedeutendste Stadt im Lande; dies fand Ausdruck in dem 1403 von Kg. Heinrich IV. gewährten Vorrecht, daß dem D. er Bürgermeister (mayor) – wie dem Londoner – bei zeremoniellen Anlässen ein vergoldetes Schwert vorangetragen wurde. Die Bürger verhielten sich in der Regel loyal gegenüber dem engl. Kg., schlossen sich aber 1487 dem Aufstand des Earl of →Kildare und anderer Großer an; der von diesen auf den Schild gehobene Usurpator Lambert Simnel wurde in der D. er Kathedrale Christ Church zum Kg. (Eduard VI.) gekrönt.

II. Wirtschaft und Bevölkerung: Die Wirtschaft der gäl. Bevölkerung des unteren Liffeytales, der Mönche wie der Laien, stellte im FrühMA eine Mischung aus Viehhaltung, Ackerbau, Fischfang und – vielleicht – Handel dar. Der militär. Stützpunkt der Wikinger, repräsentiert durch das wiking. longphort, fungierte auch als Umschlagplatz, an dem die Kriegsbeute (Sklaven, Gold- und Silberbarren, Münzen, Schmuck, Waffen usw.) zw. den Mitgliedern der jeweiligen Wikingergefolgschaften verhandelt wurden. Die Bewohner dieses »Wikorts« dürften ihre Toten flußaufwärts im großen Gräberfeld von Islandbridge Kilmainham bestattet haben; dort belegen die Grabbeigaben die charakterist. wiking. Aktivitäten der Kriegführung und des Handels. In Donnybrook, 4,8 km sö. des wikingerzeitl. Siedlungskernes, wurde ein ehemals runder Hügel als Bestattungsplatz der Opfer eines nicht näher identifizierbaren Massakers gedeutet; genau im O der Wikingersiedlung befand sich der Thingplatz der freien Krieger. Die ältesten ausgegrabenen ags. Münzen stammen aus den 920er Jahren; D. unterhielt ausgedehnte Handelsbeziehungen mit →Chester, bis um 980 im Zuge einer Umorientierung Verbindungen mit →Bristol in den Vordergrund traten. Seit 997 wurden in D. eigene Münzen geprägt; bis in die Zeit um 1040 finden sich diese Münzen in Schatzfunden eines weiten Umkreises (Island, Färöer, Skandinavien, Finnland, Kiever Rus'). Die örtl. Handwerksproduktion des hiberno-skand. D. war umfangreich; s. im einzelnen Abschnitt III (Archäologie).

Nach dem Übergang D.s an die anglonorm. Herrschaft (1170–72) wurde die hiberno-skand. Bevölkerung bald in die jenseits der Brücke gelegene Vorstadt Oxmantown (= Ostman-town) abgedrängt. Die anglonorm. Bürgerschaft, die innerhalb der Mauern siedelte, erwarb in der Folgezeit eine Reihe von Rechten und Privilegien, wie sie auch größere engl. Städte erhielten. So gewährte das zweite Privileg Heinrichs II. von ca. 1174 den D.ern Zoll- und Abgabefreiheit für die gesamten anglonorm. Herrschaftsgebiete des Kg.s, während im Privileg des Prinzen Johann von 1192 der Kaufmannsgilde rechtl. Anerkennung zuteil wurde. 1215 erwarben die Bürger das Recht auf freie Wahl des kgl. Fiskalbeamten, des provost; die kgl. Steuer (fee-farm) der Stadt wurde auf eine jährl. Zahlung von 200 Mark bemessen, wobei dem Sheriff der Gft. untersagt wurde, innerhalb der Stadt Kronabgaben zu erheben. In dieser Zeit wurde auch die Abhaltung eines zweiwöchigen Jahrmarktes gestattet. Von 1229 an durften die Bürger auch ihren eigenen Bürgermeister (mayor) wählen, der aber dem Kg. oder seinem Vertreter in Irland präsentiert werden mußte und der den Lehnseid zu leisten hatte. Aus dieser Periode dürfte auch der Stadtrat mit 24 Mitgliedern stammen; er bildete gemeinsam mit mayor und zwei →provosts (später als →bailiffs bezeichnet) die regierende Körperschaft des ma. D. Im anglonorm. D. waren das Bürgerrecht und die Mitgliedschaft in allen Handelsgilden auf Leute von »engl.« Herkunft beschränkt, und es gab auch sporadische Versuche, Bewohner »irischer« Abstammung auszuschließen. Tatsächl. dürften aber zahlreiche gäl. Iren und Nachkommen der Hiberno-Skandinavier in der Stadt und ihren ausgedehnten Vorstädten gelebt haben. Die Gesamtbevölkerung des ma. D. läßt sich nicht sicher schätzen. Opponierende Gildeleute setzten im späten MA eine Verbreiterung der Basis des Stadtregimentes durch: Es umfaßte nun den mayor, die bailiffs sowie 24 jurati (aldermen), die 48 demijurati wählten; diese wählten wiederum einen weiten Ausschuß von 96. Aufgrund der Vollbürgerliste (franchise roll) von 1468–85 ist anzunehmen, daß die meisten der neuen »Bürger« entweder von außerhalb der Stadt oder aus den unteren, nicht mit Franchise ausgestatteten Bevölkerungsschichten stammten. Innerhalb einer wirtschaftl. weithin stagnierenden Gesellschaft war der Reichtum in wenigen Händen konzentriert, was zu einer Beschränkung der Regierenden auf einen zahlenmäßig geringen Personenkreis führte. H. B. Clarke

III. Archäologie. [1] Fundstätten. Allgemeines: Der archäolog. Erforschung D.s (9.–14. Jh.) liegen im wesentl. drei Fundgruppen (heute im Nat. Mus. of Ireland) zugrunde: a) Streufunde, die im späten 19. Jh. bei Tiefbauarbeiten (Kanalbau etc.) gemacht wurden; sie wurden von T. M. Ray katalogisiert. – b) Die Funde des ausgedehnten wiking. Gräberfeldes in Islandbridge/Kilmainham: Schwerter, Speer- und Lanzenspitzen, Gewichte, Waagschalen, ovale Fibeln u.a. handwerkl. Erzeugnisse. Diese Funde wurden teils beim Eisenbahnbau um die Mitte des 19. Jh., teils bei Notgrabungen in den 1930er Jahren geborgen. – c) Die quantitativ und qualitativ bedeutendste Gruppe von Funden wurde während der zwanzig Jahre dauernden Grabungskampagne des Nat. Mus., die 1981 abgeschlossen wurde, geborgen. Die mit Wasser vollgesogenen und luftdicht abgeschlossenen Siedlungshorizonte des wiking. D. und seines Hafens haben die intakten Fundamente von bis zu 150 Häusern des 10.–11. Jh. konserviert, dazu Fußböden, aufschlußreiche Abfälle, die Umgebung der Häuser und die Hafenanlagen, in ihrer zeitl. Abfolge vom 10. bis zum 14. Jh.; bei den Ausgrabungen dieser Fundstätten wurden tausende von handwerkl. gefertigten Gegenständen, z. T. aus organ. Material, ein großes Depot mit Tierknochen und mehrere tausend makrofossile Objekte (Großsamen, Holzreste etc.) geborgen.

Nachdem ein erster, um die Mitte des 10. Jh. entstandener Wikingerstützpunkt mit Handelsniederlassung, in den zeitgenöss. ir. Quellen als longphort bezeichnet, offenbar an Bedeutung verloren hatte, kehrten die Wikinger ca. 917 nach D. zurück (zu den hist. Vorgängen s. im einzelnen Abschnitt II) und siedelten sich an einem – wohl neuen – erhöht gelegenen Siedelplatz am Südufer der Liffey an. Eindeutige Siedlungsspuren des longphort haben sich bislang nicht gefunden. Es dürfte Ähnlichkeit mit ergrabenen skand. Siedlungen wie →Birka oder →Haithabu gehabt haben; zu ihm gehörte wohl das Gräberfeld von Islandbridge/Kilmainham. Die Siedlung des 10. Jh. entwickelte sich bald zur frühstädt. Anlage, entsprechend den etwa gleichzeitig entstandenen wiking. Siedlungen →Limerick, →Waterford und →Wexford; diese Entwicklung ist zu sehen als Bestandteil des sich entwickelnden westeurop. Städtewesens und in Entsprechung zum gleichzeitigen wirtschaftl. Aufschwung der einheim. monast. Zentren in Irland sowie der →burhs, der befestigten Frühstädte der Angelsachsen.

[2] *Anlage der Siedlung:* Ausgrabungen in der Fishamble Street haben gezeigt, daß das D. des 10. Jh. von einem frühen Zeitpunkt an in eine Anzahl von Parzellen aufgeteilt war, deren Grenze niedrige aus Pfählen und Flechtwerk bestehende Zäune bildeten. Diese gingen offenbar radial von den wenigen Hauptstraßen aus, die wiederum dem natürl. Geländeverlauf folgten; Hinweise auf ein planmäßig angelegtes Straßennetz haben sich nicht ergeben. Die gesamte Siedlung war von einem mit Palisaden gekrönten Erdwall umgeben; dieser wurde im 10. und 11. Jh. mehrfach erweitert und verstärkt, um 1100 jedoch durch eine Steinmauer ersetzt. Die Entdeckung eines solchen Palisadenzauns auch an der Hafenfront zeigt Unterschiede zu manchen südskand. Frühstädten wie →Århus, die nur zur Landseite hin befestigt waren.

[3] *Grundstücke und Bebauung:* Aus den Ausgrabungen ergibt sich, daß jedes Grundstück über einen eigenen Weg oder Pfad verfügte, der wohl von der Straße aus durch die Parzelle hindurch zum Ufer hin verlief. Während es klare Hinweise für eine Kontinuität der Grundstücksgrößen während des 10. und 11. Jh. gibt, scheint beim Neubau von Häusern auf den individuellen Grundstücken eine gewisse Flexibilität geherrscht zu haben; neue Häuser wurden z. T. an anderen Plätzen als ihre Vorgängerbauten errichtet. Die übliche Grundstücksbebauung umfaßte ein größeres Gebäude zur Straßenseite sowie ein kleineres Haus dahinter und – an der Wasserseite – ein Stall- oder Nebengebäude. Manchmal waren die Häuser von Wegen umzogen; nahm aber das Hauptgebäude die ganze Breite der Parzelle ein, so führte der Weg durch das Haus selbst. Es wird angenommen, daß ein schmaler Weg im Innern der Mauern bestand. Doch wurde bis jetzt keine eigtl. Straße ausgegraben; die wiking. Straßen liegen wohl unter den heut. Straßen der D. er Altstadt. Auch öffentl. Gebäude, etwa Palastanlagen, Gebäude zu religiösen Zwecken oder Versammlungshäuser, wurden bislang nicht gefunden.

[4] *Haustypen:* Verfasser hat fünf verschiedene Haustypen festgestellt. *Typ I:* Der häufigste Typ, der gleichsam das D.er Haus par excellence darstellt, besteht aus einem gedrungenen Rechteckhaus aus Flechtwerk/Lehmwänden mit zwei Paar Innenpfosten. In der Giebelwand befand sich eine Tür, an beiden Langseiten waren breite *pallr* (Sitz- und Schlafbänke) installiert, mit Versteifung durch Flechtwerk, Stäbe oder Planken; den Mittelpunkt des Raumes bildete stets eine zentrale Feuerstelle. An den Ecken befanden sich befestigte Gevierte. Die über einem Lattenrost mit Gerstenstroh gedeckten Dächer wurden von vier innerhalb des Hauses gelegenen Pfosten bzw. vier Gruppen von Pfosten getragen. Diese Pfosten waren vermutlich mit Ankern quer verbunden, mit Seitenpfetten in der Längsrichtung. Offen bleibt, ob die Firstpfette *(ás)* durch Scheren oder Firststiche getragen worden ist. Dieser Haustyp I mißt im Durchschnitt 8 × 5 m und scheint als Wohnhaus mit Werkstatt gedient zu haben. – *Typ II:* Diese Häuser sind kleiner, ihre Pfostenkonstruktion ähneln zwar derjenigen des Typs I, doch ist die Gestalt des Bodens eine andere. Die Häuser verfügten in der Regel über nur eine Tür, die in die Langwand eingelassen war; die Fußböden waren reichlicher mit Füllmaterial bedeckt. Die Abmessungen dieser Häuser betragen 5 × 4 m; sie dienten zu Wohnzwecken und dürften sich aus dem Haustyp I entwickelt haben. – *Typ III* umfaßt Häuser, die große Ähnlichkeiten zu Typ I aufweisen; die Häuser dieses Typs dürften für zwei aneinanderliegende Grundstücke (Fishamble Street) bestimmt gewesen sein. In der Regel haben diese Häuser nur eine Tür. – *Typ IV* umfaßte die wenigen halbvertieften Häuser, die auf dem niedrigsten Grabungsniveau festgestellt wurden. Sie können von ihrer Gestalt und Konstruktion her nicht unmittelbar mit den in England und auf dem Kontinent verbreiteten Grubenhäusern in Verbindung gebracht werden. – Bei *Typ V* handelt es sich um Ställe oder Schuppen, die lediglich über Wände aus Pfählen und Flechtwerk verfügen und offensichtlich nicht als menschl. Wohnungen dienten.

[5] *Gewerbe- und Handelstätigkeit:* Werkstätten folgender Gewerbezweige wurden unmittelbar ergraben: Bernsteinverarbeitung, Lederverarbeitung, Kammacherei, Kupferschmiede, Bleischmiede. Anhand von gefundenen Geräten oder Erzeugnissen wurden darüber hinaus folgende Gewerbe bzw. handwerkl. Vorrichtungen ermittelt: Schiffbau, Knochen- und Hornbearbeitung, Drehbank, Böttcherei, Grobschmiede, Töpferei, Spinnerei und Weberei, agrar. Tätigkeit, Fischfang, Jagd, ornamentale Holzschnitzerei; die Belege für diese verschiedenen Tätigkeitszweige sind überreich. Die oben beschriebenen Häuser setzen einen hohen Stand im Bau- und Zimmermannswesen voraus. Ein breitgefächertes Sortiment von Werkzeugen (insbes. von Zimmermannswerkzeugen) sowie zahlreiche Zubehörteile des Hausrats (u. a. Verschlüsse von Truhen, Schlösser und Schlüssel), aber auch Arbeitsgeräte von Bauern und Fischern belegen die Bedeutung und den Standard der Eisenverarbeitung in D. Deutlich wird auch die wirtschaftl. Rolle des Hinterlandes, etwa für die Lebensmittelversorgung anhand der Überreste an pflanzl. und tier. Nahrung (Knochen) und für die Belieferung mit Rohstoffen, so für Kammacher (Knochen, Geweihe) oder für textil- und holzverarbeitende Gewerbe.

Zahlreiche Importfunde lassen auf den Reichtum D.s im 11. Jh. schließen: Bernstein (aus dem östl. Ostseeraum), Pechkohle (aus Yorkshire), Glas (vom Kontinent), Keramik (aus Cheshire u. a. Teilen Englands sowie aus der Normandie u. a. Gebieten Frankreichs), Seidengewebe (wohl aus dem östl. Mittelmeerraum), feines Kammgarn (wohl aus England); vereinzelt wurden darüber hinaus gefunden: Speckstein (aus dem nordatlant. Bereich), Walroßbein (aus der Arktis), Schwefel (wohl aus Italien), Fragmente eines golddurchwirkten, wohl oriental. Stoffes sowie verzierte Schwerter (aus England). Eine ganze Anzahl von spätags. Scheibenfibeln zeigt den Einfluß des nahegelegenen England auf die Kleidermode. Die zahlreichen Funde engl. Pfennige, insbes. aus der Regierungszeit der Kg.e Æthelstan und Æthelred (zumeist Prägungen aus Chester), und die Errichtung einer eigenen Münzstätte in D. i. J. 997 belegen die bedeutende Rolle der Stadt als Handelsdrehscheibe im Einzugsbereich der Ir. See und als wichtigster wiking. Handelsplatz im Westen, nachdem →York 954 wieder unter engl. Herrschaft gekommen war. Es wurden 250 Bleigewichte sowie Waagen und Waagschalen gefunden; bemerkenswert ist die Anpassung des D.er Gewichts an die im Karolingerreich gültige →Unze (26 g). Die allmähl. Verschiebung der Orientierung des D.er Handels in südl. Richtung – von →Chester nach →Bristol – und die wachsende Rolle des anglonorm. Handels spiegeln sich in den Töpferei- und Keramikfunden wider. Bei bestimmten »exot.« Objekten, die vielleicht nicht durch Handel nach D. gelangt sind, handelt es sich möglicherweise um Reliquien, Devotionalien oder »Souvenirs« (Reliefplatten aus Walroßbein aus England, Holzknopf mit Kreuz [?] aus dem südl. Ulster, Porphyrkacheln aus Rom). Funde aus dem frühen 13. Jh. (ampullae aus Canterbury und Worcester, ein verzierter lederner Bucheinband aus dem Pariser Raum) zeigen, daß Kontakte dieser Art mit England und Westeuropa im weiteren MA fortbestanden haben und noch intensiviert wurden.

[6] *Zeugnisse der Schriftkultur und Kunst:* Eine Reihe von →Runeninschriften, die »Runenalphabete« von eher skand. als sächs. Provenienz enthalten, zeigt die Langlebigkeit der skand. Kultur in D. Eine Reihe von hervorragend geschnitzten *finials* (Protome für Häuser oder Schiffe), die in der D.er Spielart des hiberno-skand. Ringerike-Stils gehalten sind und dem 11. Jh. entstammen, weisen auf die Existenz örtl. Kunstwerkstätten hin, die in diesem Stil arbeiteten, und legen die Vermutung nahe, daß manche der in Irland erhaltenen metallenen Schreine möglicherweise in D. geschaffen wurden.

[7] *Zusammenfassung, Interpretationsansätze:* Die Ausgrabungen in D. erweitern in beträchtl. Maße unsere Kenntnisse des städt. Lebens, der Handelsbeziehungen und des künstler. Schaffens vom frühen 10. Jh. bis ins 14. Jh. Ihre Hauptbedeutung liegt in der Erhellung der frühen städt. Siedlungsstrukturen von Hausbau und Parzellierung, wodurch wichtige Rückschlüsse auf die Genesis des ma. Stadtbürgertums ermöglicht werden. Ebenso geben sie Aufschluß über den jeweiligen Einfluß der Wikinger und der nachfolgenden Anglonormannen auf Irland und ermöglichen einen Vergleich zw. der materiellen Kultur der beiden hist. Zeitabschnitte. Ihre größte Bedeutung wird die archäolog. Erforschung D.s erlangen, wenn sich ein Vergleich mit der materiellen Kultur der gleichzeitigen »autochthonen« ir. Siedlungen durchführen läßt; diese vergleichende Untersuchung könnte entscheidend zur Klärung des wichtigen Problems beitragen, wieweit D. »irisch« war oder aber wieweit seine materielle Kultur ein Teil einer »allgemeineurop.« Kultur war, der Wikinger wie Iren gleichermaßen zugehörig waren.   P. F. Wallace

B. Skandinavisches Königreich

Am Beginn des skand. Kgr.es D. standen Auseinandersetzungen zw. norw. und dän. Wikingern; der Däne Ivar I. inn beinlausi († 873) vermochte sich gegen seine norw. Konkurrenten durchzusetzen und eine Dynastie zu begründen, die bis 1036 D. – und ztw. auch einen mehr oder weniger großen Teil der Wikingersiedlungen in Irland – beherrschte. Zw. 866 und 952 bestanden – häufig gespannte – Beziehungen zwischen D. und dem skand. Kgr. →York, das mit seiner Schlüsselstellung für England große Bedeutung für die skand. Herrschaft im Bereich der Brit. Inseln besaß. Nach einer vorübergehenden Schwächung der skand. Herrschaft in Irland durch die einheim. Gewalten (zw. 902 und ca. 917 mußten die Wikinger auch D. aufgeben) vermochte die Ivar-Dynastie 919 mit dem Sieg Sigtryggs II. Gale (Caéch) über den ir. Hochkg. Niall Glúndub ihre Herrschaft neu über D. zu festigen; sie griff auf York aus, wo ihre Münzprägung zw. 920 und 952 belegt ist. 937 hatte Olaf III. die Oberherrschaft über die wichtigsten skand. Niederlassungen in Irland errungen, 939 wurde er auch als König v. York anerkannt. Der letzte Kg., der D. mit York in seiner Hand vereinigte, war Olaf IV. Kvaran (945–980), dessen Niederlage bei Tara 980 den ir. Hochkg. Malachias II. (Máel Sechnaill) eine Periode relativer Schwäche der D.er Wikingerherrschaft einleitete. Olaf IV. förderte die Christianisierung – und damit auch Hibernisierung – des Kgr.es und beendete sein Leben im Kl. Iona. Sein Sohn→Sigtrygg IV. Seidenbart († 1042), der Gründer der Christus-Kirche in D., beteiligte sich an der hiberno-skand. Koalition gegen den übermächtigen ir. Kg. →Brian Bóruma (Schlacht v. →Clontarf, 1014). Nachdem Sigtrygg 1036 von einer inneren Opposition gestürzt worden war, beherrschten in der Folgezeit, bis zur anglonorm. Eroberung 1170, häufig Iren das Kgr. D. Zur gleichen Zeit sind jedoch mehrfach Unterkönige belegt, von skand. Herkunft, deren genauere genealog. Zuordnung aber unsicher bleibt; manche hatten offenbar Beziehungen zu den Hebriden oder zur Isle of Man. Der letzte von ihnen, Ascall, Sohn des Torcall, wurde 1171 von den anglonorm. Eroberern hingerichtet.

C. Bistum/Erzbistum

Christ Church, die ältere der beiden Kathedralen, datiert von ca. 1030. Die Gründung des Bischofssitzes von D. steht mit der Pilgerfahrt Kg. →Sigtryggs IV. nach Rom (1028) in Verbindung, die ein Jahr nach der Romwallfahrt Kg. →Knuts d. Gr. stattfand. Spätestens seit 1074 wurden die frühen Bf.e, von denen die meisten ir. Namen tragen, in →Canterbury geweiht, ein Zeichen der Selbständigkeit des Bm.s D. gegenüber der ir. Kirche, insbes. gegenüber den Primatsansprüchen von →Armagh. Erst durch die Synode v. Kells (1152) wurde D. in die neue ir. Diözesanstruktur einbezogen und erhielt den Status eines Ebm.s. Diese Entwicklung provozierte Gegenaktionen von seiten Canterburys, das auf Kg. Heinrich II. bald nach dessen Regierungsantritt Druck ausübte, um ihn zu einer Intervention in Irland zu bewegen, fußend auf Hadrians IV. Bulle »Laudabiliter« (1155/56). Bis 1097 bestand das Kathedralkapitel aus Benediktinern, dann – bis 1163 – aus Säkularkanonikern und schließlich aus Augustinerchorherren, die von Ebf. Lorcán Ua Tuathail installiert wurden. Der erste Ebf. anglonorm. Herkunft, John→Comyn (1182–1212), wandelte die extra muros gelegene Kirche St. Patrick's in eine Kollegiatkirche um, die mit Pfründen zur Versorgung einer Anzahl von Säkularkanonikern ausgestattet wurde; in der Nähe dieser Kirche ließ er um 1192 den ebfl. Palast St. Sepulchrum erbauen. Sein Nachfolger, Henry v. London, war entschlossen, eine Kathedrale mit säkularem Kapitel zu errichten: 1219/20 wurde St. Patrick's zur Würde einer Kathedrale mit eigenem Kapitel erhoben und damit rangleich zu Christ Church. In der Periode zw. Henrys Tod (1228) und dem Amtsantritt des bedeutenden Ebf.s Alexander de→Bicknor (1317) war die Erzbischofswahl in D. mehrfach strittig, und einige Bf.e residierten nicht in ihrem Bm. Zw. D. und Armagh, dem alten Inhaber des Primats v. Irland, traten mehrfach Konflikte auf. Das Problem der Prozessionsordnung zw. St. Patrick's und Christ Church wurde erst 1352 gelöst. D. als Stadt mit zwei Kathedralen und zwei Kathedralkapiteln war einzigartig in der lat. Christenheit.   H. B. Clarke

Q. *und Lit.: [allg. zur Gesch. von Stadt, skand. Kgr. und Ebm.]:* Q.: J. T. GILBERT, Calendar of Ancient Records of D., Bd. 1, 1889 – J. SMYLY, Old (Latin) Deeds in the Library of Trinity College, Hermathena 66, 1945, 25–39; 67, 1946, 1–30; 69, 1947, 31–48; 70, 1947, 1–21; 71, 1948, 36–51 – A. GWYNN, Some Unpublished Texts from the Black Book of Christ Church, D., AnalHibernica 16, 1946, 281–337 – Calendar of Archbishop Alen's Register, c. 1172–1534, ed. C. MCNEILL, 1950 – The Writings of Bishop Patrick, 1074–1084, ed. A. GWYNN, 1955 (Scriptores Latini Hiberniae 1) – Reportorium Novum 1–4, 1955/56–1965/71 [Zs. zur Gesch. der Diöz. D., mit wichtigen Quellened. von G. J. HAND, W. HAWKES, M. P. SHEEHY, G. MAC NIOCAILL] – The »Dignitas Decani« of St. Patrick's Cathedral, D., ed. N. B. WHITE, 1957 – G. MACNIOCAILL, An Unpublished Fragment of the Register of the Hospital of St. John the Bapt., D., Journal of the Royal Soc. of Antiquaries of Ireland 92, 1962, 67–69 – J. LYDON, A Fifteenth-century

Building Account from D., Irish Economic and Social Hist. 9, 1982, 73–75 – *Lit.*: LThK² III, 589f. [A. GWYNN] – A. GWYNN, Henry of London, Archbishop of D., Studies 38, 1949, 297–306, 389–402 – J. RYAN, Pre-Norman D., Journal of the Royal Soc. of Antiquaries of Ireland 79, 1949,64–83 – Reportorium Novum 1–4, 1955/56–1965/71 [Zs. zur Gesch. des Bm.s D., mit wichtigen Beitr. von A. GWYNN, J. HENNIG, G. J. HAND u. a.] – G. J. HAND, The Rivalry of the Cathedral Chapters in Medieval D., Journal of the Royal Society of Antiquaries of Ireland 92, 1962, 193–206 – F. J. BYRNE, Ireland before the Norman Invasion (Irish Historiography, hg. T. W. MOODY, 1971), 1–15 – D. Ó CORRÁIN, Ireland before the Normans, 1972 [Register] – P. HEALY, The Town Walls of D. (The Liberties of D., hg. E. GILLESPIE, 1973), 16–23 – M. RICHTER, The First Century of Anglo-Irish Relations, History 59, 1974, 195–210 – A. P. SMYTH, Scandinavian York and D.: the Hist. and Archaeology of two Related Viking Kingdoms, 2 Bde, 1975–79 – H. B. CLARKE, The Topographical Development of Early Medieval D., Journal of the Royal Soc. of Antiquaries of Ireland 107, 1977, 29–51 – DERS., D. c. 840 to c. 1540: the Medieval Town in the Modern City, 1978 – A. SIMMS, Medieval D.: a Topographical Analysis, Irish Geography 12, 1979, 25–41 – CH. DOHERTY, Exchange and Trade in Early Medieval Ireland, Journal of the Royal Soc. of Antiquaries of Ireland 110, 1980, 67–89 – A. SIMMS, Frühe Entwicklungsstufen der europ. Seehandelsstädte auf dem Hintergrund ethn. Überlagerungen, dargest. am Beispiel von D., Lübecker Schr. zur Archäologie und Kulturgesch. 5, 1981, 113–126 – G. MACNIOCAILL, Socio-economic Problems of the Late Medieval Irish Town (The Town in Ireland, hg. D. HARKNESS–M. O'DOWD, 1981), 7–21 (Hist. Studies 13) – J. H. ANDREWS, The Oldest Map of D., PRIA 83, 1983, Section C, 205–237 – M. RICHTER, Irland im MA, 1983 [Register] – A New Hist. of Ireland, hg. T. W. MOODY–F. X. MERTIN–J. J. BYRNE, 9, 1984 [Beitr. v. H. B. CLARKE, A. SIMMS, J. HILL] – The Comparative Hist. of Urban Origins in Non-Roman Europe, hg. H. B. CLARKE–A. SIMMS (Brit. Archaeological Reports, Internat. Series, 1985) [Beitr. von CH. DOHERTY, P. F. WALLACE u.a.] – *[zur Archäologie]*: HOOPS² VII, 215–224 [P. F. WALLACE; Lit.] – R. H. M. DOLLEY, The Hiberno-Norse Coins in the British Mus., 1966 (Sylloge of Coins of the British Isles, B, no. 1) – Nat. Mus. of Ireland, Excavations 1962–73 [Ausstellungskat., 1973] – Proceedings of the Seventh Viking Congr., hg. B. ALMQVIST–D. GREENE, 1976 – P. F. WALLACE, D.'s Waterfront at Wood Quay 900–1317 (Waterfront Archaeology in Britain and Northern Europe, hg. G. MILNE–B. HOBLEY, 1981), 109–118 – DERS., Anglo-Norman D.: Continuity and Change (Irish Antiquity, hg. D. Ó CORRÁIN, 1981), 247–267 – H. MURRAY, Viking and Early Medieval Buildings in D. (Brit. Archaeological Reports, Brit. Ser. 119, 1983) – Treasures of Ireland, hg. M. RYAN, 1983 – P. F. WALLACE, North European Pottery Imported into D. 1200–1500 (Ceramics and Trade, hg. R. A. HODGES–P. J. DAVEY, 1983), 225–230 – Viking D. Exposed: the Wood Quay Saga, hg. J. BRADLEY, 1984.

Dubois, Pierre, frz. Autor, † nach 1321, war advocatus regis (→*avocat du roi*) Kg. →Philipps IV. v. Frankreich in der Normandie und gegen Ende seines Lebens *Bailli* in der Gft. Artois. Er gehörte zum Kreis der kgl. Juristen (→Legisten). Zwar hatte er keinen Einfluß auf die dramat. Politik Philipps, doch repräsentiert er in prägnanter Weise viele geistige und polit. Strömungen seiner Zeit und eilt ihnen zugleich voraus. Die Beurteilung seiner Gedanken hat daher im 19. und 20. Jh. zu bemerkenswerten Forschungskontroversen geführt, die noch immer andauern. Sein Hauptwerk »De recuperatione Terre Sancte« (um 1306), eine für den Kg. bestimmte geheime Denkschrift, wurde unter dem Eindruck der Eroberung von →Akkon (1291) geschrieben. Es befaßt sich weniger mit der Eroberung des Hl. Landes, sondern skizziert ein umfassendes polit. Programm, beginnend mit der Herbeiführung eines allgemeinen →Friedens in Europa (u. a. durch ein »Internationales Schiedsgericht«) und der →Reform der Kirche (allgemeines Konzil, Spiritualisierung). Im Anschluß an diese Vorschläge entwirft D. eine gesellschaftl. Ordnung für die künftig neu zu besiedelnde Terra Sancta, in der es ihm v. a. um Erziehung und Bildung und um die Rechtsordnung geht. →Utopie.   O. G. Oexle

Ed.: De recuperatione Terre Sancte. Traité de politique générale par P.D., ed. CH. V. LANGLOIS, 1891 – P.D. The Recovery of the Holy Land, ed. W. J. BRANDT, 1956 [engl. Übers.] – P.D. De recuperatione terre sancte, ed. A. DIOTTI (Testi medievali di interesse dantesco 1, 1977) [im wesentl. nach Langlois] – *Lit.*: M. DELLE PIANE, Vecchio e nuovo nelle idee politiche di Pietro D., 1959 – O. G. OEXLE, Utop. Denken im MA: P.D., HZ 224, 1977, bes. 320ff. – M. DELLE PIANE, Una riedizione di P.D., Il Pensiero Politico 11, 1978, 70ff.

Dubrovnik → Ragusa

Dubrovnik, Malerschule v. Die geograph. Lage der an der SO-Adriaküste des heut. Jugoslawien gelegenen Stadt D. (des ma. →Ragusa) sowie anhaltende Beziehungen zum Binnenland bewirkten, daß die Kontakte zur orthodoxen Kirche nie unterbrochen wurden; bestimmte Schaffensperioden der Malerschule zeigen Verknüpfungen mit byz. Kunst, die bei Anlehnungen an it. byzantinisierende Ikonenmalerei indirekt spürbar werden. Die D.-Schule stellt einen Teil der integralen Kunst→Dalmatiens dar, die sich im 15. und 16. Jh. unter it. Einfluß entfaltete, und erreicht Ende des 15. Jh. ihre Blütezeit; sie verläßt ihre traditionelle Bindung an byz. Darstellungsform und entwickelt sich im Stil der Frührenaissance-Malerei von Venedig und Ancona nach Art des Bartolomeo →Vivarini und des Vittore →Crivelli.

Zahlreiche Kunstwerke der Schule gingen durch einige katastrophale Erdbeben im 16. und 17. Jh. verloren und sind uns nur durch ihre Erwähnung im Staatsarchiv von D. bekannt. Hier wurden zunächst die ausländ. Künstler erwähnt, so die Zuschreibung eines Bildes der Gottesmutter mit Kind (Schatzkammer der Kathedrale) aus der 2. Hälfte des 13. Jh. im byz. Stil an toskan. Meister. 1390 sind neben einheim. Malern auch ven. Künstler in D. tätig. 1423–28 malte Antonius Jacobi aus Lucca mit sechs Helfern die Fresken in der Kathedrale. Lorenzo di Michele aus Florenz arbeitete im Dienste der Republik 1333–35 und malte den Saal der »Kleinen Ratsversammlung« (Malo vijeće) aus. Danach nehmen die einheim. Maler in der D.-Schule zu. Im got. Stil malt Ivan Ugrinović das Polyptychon der Kirche Sv. Anton (1344–45) auf Koločep bei D. mit den Heiligen in Doppelreihe und zentraler Darstellung der Kreuzigung und thronender Maria mit Kind, gearbeitet nach Art der Lorenzo Veneziano. Aus Trogir stammt Blaž Jurjev († 1461), der 1420–27 in D. tätig war, dessen Gesamtwerk im Stil der hohen ven. Gotik erscheint. Eines der wenigen erhaltenen Kunstwerke von ihm ist die Gottesmutter in der Kirche Sv. Djuradj in D. Als nächster hochbegabter Künstler erreicht Lovro Dobričević (* um 1420, in D. aktiv bis 1478) für die D.-Malschule den Übergang von der Gotik zum Renaissancestil. 1444 Lehre in Venedig bei Michele Giambono, 1448 schuf er das Polyptychon der Dominikaner in D. mit einigen Heiligen und den Hauptbildern Taufe Christi und Gottesmutter mit Kind in der Halbmandorla. 1465/66 entstand das Polyptychon der hl. Maria auf Dance im ven. Renaissancestil, hervorzuheben ist hier die maler. Qualität der Juliusfigur. Aus der Lehre von L. Dobričević gingen in D. mehrere Schüler und Helfer hervor: M. Junčić, V. Rajanović, B. Vlatković und S. Zornelić (Sohn des o. g. Ugrinović), der 1470–73 mit Dobričević zusammenarbeitet und dem vielleicht das Bild der Gottesmutter mit Kind in Sv. Jakov auf Peline (2. Hälfte des 15. Jh.) zugeschrieben werden könnte. In der Nachfolge der D.-Schule stehen Djuradj und Petar Bazilij, S. Ivanović und V. Lovrin, Sohn des L. Dobričević, der nach Lehre beim Vater und in Venedig mit seinem Bruder Bartolomeo 1497 eine Werkstatt führt, aus der mehrere Polyptychen für die Franziskaner hervorgehen. Wegen seiner Anlehnung an den Stil des Alvise →Vivarini erscheint er in der D.-Schule als Epigone. Sein Schüler Franjo Matkov malt im sog. »maniera greca«-Stil 1535 das Triptychon von Sv. Stjepan in Sustjepan bei D. Die zw. 1530-40 in Sv. Djuradj auf Boninovo vom unbekannten D.-Meister geschaffene Ikone der Madonna mit Christus bildet eine Symbiose zw. byz. kretovenezianischem und D.-Renaissancestil. 1479 gründet o. g. B. Vlatković in D. seine Werkstatt und führt die Fresken im Dogenpalast (1475-78) aus. 1495 entsteht von ihm das Zentralbild der Gottesmutter des Polyptychons in Cavtat im Stil der Frührenaissance. Sein Sohn Nikola Božidarević erreicht in diesem Stil das höchste Niveau der D.-Schule und in Kroatien; er hielt seine Ausbildung vermutlich bei B. Vivarini und V. Crivelli und führte als erster das Landschaftsmotiv auf Goldgrund ein. Seine bedeutendsten Werke: Triptychon Bundić, nach 1500, geschaffen für Sv. Dominik, 1513-14 »Sacra conversazione«, bei der das eingeführte Novum des Lichtes alle Figuren einheitlich verbindet, und 1516-17 das Polyptychon für Sv. Marija auf Dance. Der Nachfolger Mihajlo Hamzić lernte 1506-08 bei A. →Mantegna, schuf 1508 die Kreuzigung Christi im Dogenpalast und 1515 das Triptychon Luković in der Dominikanerkirche. Er malte im Sinne des frühen Quattrocento, konnte aber nicht den hohen Renaissancestil erreichen.

Die D.-Schule übernahm bei ihren engen Beziehungen zu Venedig den frühen Renaissancestil erst etwas später, hielt an ihm fest, als er in Venedig bereits überwunden war, und pflegte ihn in überholter Tradition bis in die 20er Jahre des 16. Jh. Eine wesentl. Rolle spielte die D.-Schule bei der Vermittlung des Renaissancestils – sowohl bei ikonograph. Inhalten wie vereinzelt der Formgebung – in den orthodoxen, binnenländ. Raum, wo westl. Kunst in die jahrhundertelange byz. Tradition nur schwer eindringen konnte. D. Nagorni

Lit.: K. PRIJATELJ, Prilozi slikarstvu XV-XVI stoleća u Dubrovniku, 1951, Historijski zbornik, 1951 – J. TADIĆ, Gradja o slikarskoj školi u Dubrovniku XIII-XVI v., Bd. I-II, 1952 – K. LJUBO, Sur l'école des peintures du XVe et XVIe s. à Dubrovnik, Anali histor. inst. u Dubrovniku II, 1953, 101-123 – V. J. DJURIĆ, Icônes de Yougoslavie, 1961 – DERS., L'école de peinture de Dubrovnik, 1963 – G. GAMULIN, Die Gottesmutter mit Kind in der alten kroat. Kunst, 1971.

Duca di Monteleone, Diurnali del, Chronik, die in annalist. Form die Geschichte des Kgr.s Neapel von der Eroberung durch die →Anjou, ausführlicher von der Zeit Johannes I. an, bis 1457 behandelt. Ihr Name stammt von einer Hs. aus dem Besitz der Hzg.s von Monteleone, die der Dichter und Historiker Angelo di Costanzo († 1591) zum Geschenk erhielt. Die Forschung schließt nunmehr aus, daß es sich um eine Fälschung handeln könnte. Die in der Chronik auftretenden autobiograph. Hinweise und einige Bemerkungen, aus denen hervorgeht, daß der Verfasser eine lange Periode hindurch Zeitgenosse der geschilderten Ereignisse war, führten zu der Hypothese, daß der erhaltene Text auf zwei einander folgende Chronisten zurückgeht, von denen der eine auf Seite der Anjou stand und sich 1423 in Neapel aufhielt, während der andere die Seite der Aragonesen vertrat, ein Vasall der Fürsten von Tarent war und nach 1424 in Bari schrieb. Ein Kompilator vereinigte dann vermutl. die beiden Chroniken, wie die sprachliche Einheit vermuten läßt. Im 16. Jh. entstand eine Bearbeitung – deren Zuschreibung an Di Costanzo nicht feststeht – die den Bericht bis 1478 fortsetzt und bis zur Wiederauffindung des älteren Textes benutzt wurde (von MURATORI publiziert). S. Fodale

Ed. und Lit.: MURATORI, XXI, 1722 – Diurnali detti del Duca di Monteleone, a c. di N. F. FARAGLIA, 1895 – B. CAPASSO, Le fonti della storia delle provincie napolitane, 1902, 137-143 – I Diurnali del Duca di Monteleone, a c. di M. MANFREDI, MURATORI², XXI, V, 1960.

Ducatus (in Ungarn). 'Dux' war die Bezeichnung der sieben ung. Fs.en in der Landnahme (→Ungarn) und der Arpaden-Hzg.e. 'Ducatus' bezeichnete ursprgl. ein Stammesgebiet (altung. uruszag > ország 'Land'), seit der Gründung des ung. Staates (1000) – wie in anderen Ländern – diejenigen Gebiete, die einem Hzg. unterstanden. Vor der Landnahme (895) hatten sich drei Stämme der →Chazaren, die sog. Kawaren (Kabaren), den Ungarn angeschlossen; ihr dux war der Nachfolger von →Arpád, und die als ducati bezeichneten Stammesgebiete der Kawaren in Ungarn, um die Burgen →Nitra (Nyitra, Neutra), Bihar und Krassó, wurden zw. den Arpaden-Hzg.en als Apanagen verteilt. Andreas I. gab alle 3 Gebiete des d. seinem aus Polen 1050 zurückgekehrten Bruder. 1060-1107 war die Institution des d. Ursache ständiger Thronkämpfe zw. dem Kg. und den ducati besitzenden älteren Hzg.en, die aufgrund des →Seniorats um die Krone kämpften. Kg. Koloman hob 1113 die alte Form des d. auf und verlieh dem Thronfolger →Kroatien und →Dalmatien als Apanage. Neue als ducati bezeichnete Apanagen waren →Slawonien (um Agram/Zagreb, 1196-1301), →Sirmien, →Bosnien und →Siebenbürgen (1261-70). 'D.' bezeichnete im 11.-13. Jh. auch die weitverstreuten Güter, die zu den hzgl. Pfalzen gehörten. Gy. Györffy

Lit.: GY. GYÖRFFY, Századok 92, 1958, 565-595 – DERS., Die Ausbildung des »ducatus Sclavoniae« (Mél. S. DE VAJAY, 1971), 295-341 – GY. KRISTÓ, A XI. századi hercegség története Magyarországon, 1974 – GY. GYÖRFFY (Landesherrl. Kanzleien im SpätMA, 1984), 325-335.

Duccio di B(u)oninsegna, Sieneser Maler, * um 1255, † 1319. Erster gesicherter Auftrag 1278: Einbandtafeln für die Bicherna-Bücher (verloren). Von gleicher Bedeutung für die Tafelmalerei wie →Giotto für die Wandmalerei, wurde er von der Kunstkritik lange verkannt, da ihn der Florentiner Vasari, im Gegensatz zu seinem großen Landsmann, zu den altertüml., der »maniera greca« verhafteten Malern zählte. Tatsächl. beherrscht D. zwei »modi«, einen stark byzantinisierenden, der z. B. die »Madonna von Crevole« (c. 1280, Mus. dell'Opera del Duomo, Siena) und die »Madonna von Perugia« (ca. 1300, Galleria Naz.) bestimmt, und einen modernen, frz.-gotischen. Die Komposition der »Madonna Rucellai« (1285, Uffizien, Florenz) steht unter dem Eindruck der Notre-Dame de la Belle Verrière in Chartres; ebenso zeigen das Maßwerk im Thron und die eleganten Schwingungen des Mantelsaumes der Madonna frz. Züge. Letzteres Motiv wird in der »Madonna de' Francescani« (ca. 1300, Pinacoteca Naz., Siena) weitergeführt; hier weist schon das Thema der Schutzmantelmadonna nach Frankreich. Sehr wahrscheinl. weilte D. selbst in Frankreich und ist mit dem »Duche de Sienne« identisch, der 1296/97 im »Livre de la Taille« von Paris registriert wurde.

Der direkte Kontakt mit Frankreich wird auch in den Heiligenfiguren auf der Vorderseite der »Maestà«, D.s 1311 vollendetes »opus magnum« (Mus. dell'Opera del Duomo, Siena, ehemals Hauptaltarbild des Domes von Siena und größtes bis dahin gemaltes it. Altarbild, erstmals eine Predella umfassend) ersichtlich: die weichen Schüsselfalten verraten unschwer frz. Vorbilder, z. B. die »Madonna von Fontenay« (1290/1300).

Auffallend ist die Verwendung des Goldes nicht mehr bloß als Hintergrundfarbe und als linearer Faltenraster, sondern als gleichwertige Farbe.

Auf der Rückseite der Haupttafel erweist sich D. als ein Meister der zykl. Komposition, indem er die Passion bustrophedisch anlegt. Verglichen mit dem traditionellen »Einzug nach Jerusalem« (1285, Pinacoteca Naz., Siena) des →Guido da Siena erneuert er das ikonograph. Schema:

seine Darstellung der Stadt Jerusalem folgt wörtlich der Beschreibung des Flavius Josephus (»De bello iudaico«).

Wie Giotto löst er das Problem der Raumdarstellung durch den Raumkasten, den er jedoch mit der auf die Romanik zurückgehenden Raumschichtenüberlagerung verbindet; eine Lösung, die schließlich auf Jean Pucelles Stundenbuch der Jeanne d'Evreux (1325–28) nach Paris zurückwirkt. In Siena selbst übernimmt Ugolino di Nerio D.s Erbe, welches dann Simone→Martini und die Brüder →Lorenzetti neu überdenken. J. Eichmann

Lit.: J. H. STUBBLEBINE, D. di B. and His School, 1979 – J. WHITE, D. Tuscan Art and the Medieval Workshop, 1979 – FL. DEUCHLER, D., 1984.

Ducenarius, ksl. Beamter aus dem Ritterstand mit einem Jahresgehalt von 200 000 Sesterzen, nach den trecenarii (perfectissimi) und vor den centenarii und sexagenarii rangierend. Seit Claudius erhielten die d. die konsular. Insignien, seit Hadrian war ihre Karriere fest geregelt, und seit dem Ende des 2. Jh. führten sie ihren sich an der Höhe des Gehalts orientierenden Titel. In der Spätantike gab es sie in der Zentralverwaltung, in den Provinzen und beim Heer. W. Schuller

Lit.: KL. PAULY II, 1973 – RE V, 1752–1754 [O. SEECK] – JONES, LRE, 525, 530, 583f., 599, 634.

Duchâtel, bret. Adelsfamilie → Chastel, du

Du Clercq, Jacques, burg. Chronist, *1420 in Lille, † 21. Sept. 1501 in Arras, lebte in Arras, Bruder des Jean, Abt v. St. Vaast zu Arras, Verfasser von »Mémoires«, die den Zeitraum von 1448 bis zum Tode Philipps des Guten (1467), Hzg.s v. Burgund, umfassen. Sein Blick richtet sich über Burgund hinaus auch auf Frankreich und England. J.D.C. ist ein unabhängiger Berichterstatter, der neben den polit. Ereignissen verschiedenste Vorkommnisse des ma. Alltags, wie Kriminalfälle und außergewöhnl. Begebenheiten, anschaulich darstellt. Mit Sorgfalt schildert er Auftreten und Verfolgung von Häresien und Hexereien insbes. in Arras (»Vauderie«). In knapper sachl. Darstellung deckt er anstößige Praktiken bei der Besetzung hoher kirchl. Ämter auf. G. Damblemont

Ed.: J.D.C., Mémoires, ed. REIFFENBERG, 4 Bde, 1823, 1835–36² – J.D.C., Mémoires, ed. BUCHON, 1838 – *Lit.:* J. STENGERS, Sur trois chroniqueurs. Note sur les rapports entre la continuation anonyme de Monstrelet, les »Mémoires« de J. du C. et les »Chroniques d'Angleterre« de Jean de Wavrin, Annales de Bourgogne 18, 1946, 122–130.

Dudelsack → Musikinstrumente

Duderstadt, Stadt in Niedersachsen, Hauptort des zur Mainzer Kirchenprovinz gehörenden Untereichsfeldes (→Eichsfeld). Das 927/929 als curtis zum Königsgut zählende D. gelangte über 974 an das Stift →Quedlinburg, im 12. Jh. unter den Einfluß Hzg. →Heinrichs d. Löwen, 1236 kam es als Lehen an den Thüringer Lgf.en →Heinrich Raspe und 1247 an die Welfen. Östlich der Domanialsiedlung hatte sich im 12. Jh. mit gleichzeitig anzusetzender, 1236 belegter Cyriakuskirche eine Marktsiedlung entwickelt. Die Verbindung beider Siedlungskerne am Hahleübergang, die im Kreuz der Nürnberger Heerstraße und der Verbindung Göttingen-Nordhausen lagen, war eine Planung der Zeit →Ottos d. Kindes, Hzg.s v. Braunschweig-Lüneburg († 1252). 1241 sind burgenses, 1279 Stadtrechte, 1255 consules, 1291 die auf den welf. Stadtherrn zurückgehende Servatiuskirche bezeugt. 1257 civitas genannt, ging D. 1334/66 in den Besitz des Erzstifts Mainz über. Der zw. 1250 und 1280 aufgeführte Bering umfaßte ellipsoid 18,25 ha. Ab 1370 wurde eine Wall-Graben-Anlage davorgelegt, eine Landwehr war um 1400 vorhanden. Nach einem Flächenbrand 1424 wurde ab 1436 im N eine Erweiterung mit 8,2 ha ausgeführt, zusätzl. als viertes Tor das Neutor errichtet. Die letzte, kurz nach 1500 begonnene Befestigungsanlage umfaßte 67 ha (überwiegend unbebaut) und bezog die Ausfallstraßenbesiedlung vor den Toren mit ein. Der 1368 einsetzende Erwerb von 16 Dörfern sicherte die Umlandpolitik des Rates. Im ausgehenden 15. Jh. stagnierte die Entwicklung von D., das um 1400 maximal 4000 Einwohner besaß (Schatzungsliste 1397). F. B. Fahlbusch

Bibliogr.: G. WIEGAND, Bibliogr. des Eichsfeldes, T. 3, ..., 1980, 313–317 – *Q. und Lit.:* J. WOLF, Gesch. und Beschreibung der Stadt D. ..., 1803 – UB der Stadt D. bis zum Jahre 1500, hg. J. JAEGER, 1885 – B. DIESTELKAMP, Die Städteprivilegien Hzg. Ottos des Kindes... (Q. und Darstellungen zur Gesch. Niedersachsens 59, 1961), 161–173 – Hist. LK. Exkursionskarte von Niedersachsen 1: 50000, Bl. D., hg. H. JÄGER (Veröff. des Inst. für Hist. Landesforsch. Göttingen 2, 1, 1964) – F. B. FAHLBUSCH, Die Wachstumsphasen von D. bis zum Übergang an Mainz (Fschr. H. STOOB, 1984), 194–212 [mit Katasterplan].

Dudley, Edmund, engl. Jurist aus Atherington (Sussex), * um 1462, † 18. Aug. 1510 (hingerichtet), Sohn und Erbe von John D., Parlamentsmitglied (1435–1500) und der Elizabeth geb. Bramshott; ∞ 1. Anne, Tochter des Thomas Windsor, Parlamentsmitglied; 2. Elizabeth, Tochter und Erbin des Edward →Grey, Viscount Lisle. 1474/75 Student in Oxford, trat D. in Gray's Inn, London ein. 1496 durfte er im Frühjahr und im Herbst zweimal das ehrenvolle Amt des *reader* ausüben. Da er von 1496–1504 als Untersheriff von London amtierte, wurde er weder →*serjeant-at-law* noch Richter. Zwischen 1483 und 1504 wählte man ihn ins →*Parliament* (achtmal als Abgeordneten von Sussex, einmal, 1491, als Abgeordneten von Lewes [Sussex]). Am 27. Jan. 1504 war er *speaker* des *House of Commons* und wurde als Ratgeber des Kg.s bezeichnet. Unter Sir Reginald →Bray, einem Freund seiner Familie, trat er in kgl. Dienste. 1506 wurde er Präsident des *King's* →*Council* und beaufsichtigte die Rechtsprechung des Rates und das Justizwesen des Hzm.s Lancaster. D. und Sir Richard Empsom bedienten sich der engl. Gesetze, um die finanziellen Interessen des Kg.s zu sichern. Sie kamen dadurch in Konflikt mit der Londoner Kaufmannschaft und weltl. sowie kirchl. Landbesitzern. D.s polit. Feinde, die sich nach dem Tod Kg. →Heinrichs VII. 1509 zusammentaten, bewirkten, daß er in Ungnade fiel und eingekerkert wurde. Auf Grund des Beweismaterials, das bes. Untersuchungskommissionen *(Special Commissions of Inquiry)* unter dem Vorsitz der Gf.en v. Northumberland und Buckingham gesammelt hatten, wurden ihm als Verrat erachtete Verbrechen vorgeworfen. In der Londoner Guildhall am 18. Juli 1509 schuldig gesprochen und im Tower eingesperrt, wurde D. im Jan. 1510 vom Parliament zum Tode verurteilt. Im Gefängnis verfaßte er eine Bittschrift (»Petition«) mit einer Liste der Personen, denen Heinrich VII. Unrecht getan hatte, und eine Abhandlung über Regierung und Monarchie (»Tree of Commonwealth«). Trotzdem wurde er auf dem Tower Hill enthauptet. A. Cameron

Ed. und Lit.: BRUC I, 1961, 597f. – DNB VI, 100 – The Tree of Commonwealth: A Treatise written by E. D., ed. D. M. BRIODIE, 1948 – J. C. WEDGEWOOD, Hist. of Parliament II, 1968, 285f. – C. J. HARRISON, The Petition of E. D., EHR 87, 1972, 82–99 – E. W. IVES, The Common Lawyers of Pre-Reformation England, 1983.

Dudo v. St-Quentin, * um 960, † 1026, Kanoniker v. →St-Quentin (Vermandois), erster Geschichtsschreiber der Normannen (→Normandie). D. kann noch als Vertreter der karol. Kultur gelten. Er steht →Adalbero v. Laon, dem er sein Werk widmete, nahe. D.s Prosa zeichnet sich durch einen stark rhetor., um Schönheit des Ausdrucks bemühten Stil aus, während seine Verse den erfahrenen Umgang selbst mit kompliziertesten Versmaßen wider-

spiegeln. Zum Hzg. der Normandie, →Richard I. († 996), abgeordnet, hielt ihn dieser als Kaplan und Kanzler an seinem Hofe. Dort bekam D. den Auftrag zur Abfassung des Geschichtswerks »De moribus et actis primorum Normanniae ducum«, das zw. 1015 und 1026 entstanden sein dürfte. Ein Vorläufer späterer Historiographen, schreibt D. im Unterschied zur Mehrzahl seiner Zeitgenossen als Mann des Hofes, nicht des Klosters. Der gelehrte Kanzler erfuhr die Familientradition der norm. Hzg.e aus dem Munde des Bruders des Hzg.s, Raoul (Radulf) v. Jory, und benutzte darüber hinaus Urkunden und lit. Texte. D. rühmt eine Gens und ihre Fürstenfamilie, deren drei hervorragendste Vertreter, →Rollo († 927), →Wilhelm Langschwert († 942) und Richard I. († 996), ihr Volk nach der Ansiedlung in der Normandie aus der Barbarei zur Gesittung, aus dem Heidentum zum Glauben, aus dem Chaos zu geordneten Verhältnissen geführt haben. D.s Darstellung steht am Beginn einer Reihe bedeutender historiograph. Werke zum Lobpreis des norm. Herzogshauses (→Wilhelm v. Jumièges, →Wace, →Benoît de Ste-Maure); sie ist die erste »Nationalgeschichte«, die eines der im 10. Jh. auftretenden frz. →Fürstentümer zum Gegenstand hat.
M. Sot

Ed.: J. LAIR, Mém. de la Soc. des Antiquaires de Normandie III, 1885 – *Lit.*: H. PRENTOUT, Etude critique sur Dudon de Saint-Quentin et son Hist. des premiers ducs normands, 1916 – M. FAUROUX, Deux autographes de Dudon de Saint-Quentin (1011, 1015), BEC III, 1953, 229–234.

Duell → Zweikampf

Dufay, Guillaume, nordfrz. Komponist, * ca. 1400 wahrscheinl. im Hennegau, † 27. Nov. 1474 Cambrai. Seit 1409 als Chorknabe in Cambrai nachweisbar, nahm er 1417/18 vermutl. im Gefolge von Kard. Pierre d'→d'Ailly am Konstanzer Konzil teil. Drei Kompositionen bezeugen enge Beziehungen zum Hof der →Malatesta 1420/26. Nach seiner Priesterweihe 1428 trat D. für knapp fünf Jahre als Kapellsänger in Rom in päpstl. Dienste; in diese Zeit fällt u. a. seine Motette zum Friedensschluß zw. Papst Eugen IV. und Ks. Sigmund »Supremum est mortalibus« (1433). Aug. 1433 bis Mitte 1435 am Hof des Hzg.s v. Savoyen und in seiner Heimat tätig, kehrte er darauf wieder in päpstl. Dienste zurück, nunmehr aber in Bologna und Florenz wirkend. Für die Weihe des von →Brunelleschi durch den Kuppelbau vollendeten Florentiner Doms schrieb D. die Motette »Nuper rosarum flores« (1436). Ab 1437 sowie 1450–58 war D. wieder enger mit dem Hof von Savoyen (→Amadeus IX.) verbunden. 1439–50 und die letzten Jahre, 1458–74, verbrachte er, zuletzt kaum noch reisend, in Cambrai. Es existiert ein Testament von D. vom 8. Juli 1474, in dem er verschiedene Lebensabschnitte und Werke erwähnt, u. a. ein nicht erhaltenes Requiem und die – erhaltene – Motette »Ave regina caelorum«, von der er wünschte, sie möge an seinem Sterbebett gesungen werden.

Das Werk D.s, des ersten überragenden »Niederländers« in der Musikgeschichte, ist durch allumfassende Vielfalt gekennzeichnet und durch große, sehr Verschiedenes zusammenschmelzende kompositor. Kraft. D. verband frz. mit it. und engl. Techniken, wobei er die vorrangig frz. →Isorhythmik langsam preisgab. It. Einflüsse zeigen sich in einer oft im nz. Sinne tonal anmutenden Klanglichkeit, engl. Einwirkungen z. B. in der →Fauxbourdontechnik, die er als einer der ersten kontinentalen Musiker praktizierte (Missa »Sancti Jacobi«, 1427). Wichtig ist ferner eine gegenüber seinen Vorgängern entschieden fortgeschrittene Durchrationalisierung und Läuterung der rhythm.-klangl. Faktur. D. ist einer der Schöpfer der zukunftweisenden großen zykl. Tenormesse, die auf einem geistl. oder nun immer öfter auch weltl. →cantus firmus beruht und deren Vierstimmigkeit für lange Zeit normativ blieb. Seine Motetten, oft wie im 14. Jh. auf polit. Ereignisse und Persönlichkeiten Bezug nehmend, und seine überwiegend frz. Chansons sind meist bedeutend, aber eher rückwärtsgewandt. – Werke, in zahlreichen Hss. weit verbreitet: Etwa 9 Messen (meist vierstimmig und mit cantus firmus im Tenor), 37 Messeneinzelsätze (manchmal zu Gruppen vereinigt), 14 isorhythm. Motetten, 60 weitere Motetten oder kleinere geistl. Werke (Hymnen, Sequenzen, Antiphonen, «Benedicamus domino»), über 80 Chansons (meist frz. Rondeaux).
R. Bockholdt

Ed. und Lit.: Opera omnia, ed. H. BESSELER, 6 Bde, Corpus Mensurabilis Musicae I, 1947–66 – New Grove – RIEMANN [mit Suppl.] – D. FALLOWS, D., The Master Musicians Series, 1982 [neueste maßgebl. Gesamtdarstellung mit umfassender Bibliogr.].

Du Guesclin, Bertrand, →Connétable v. Frankreich und Kastilien, bedeutender frz. Heerführer in der frühen Phase des →Hundertjährigen Krieges; * um 1320 in der Gegend von Rennes, † 13. Juli 1380. Du G. entstammte einer alten bret. Adelsfamilie. Er begann seine krieger. Laufbahn 1342 im bret. Erbfolgekrieg, wo er auf seiten des von →Frankreich unterstützten Prätendenten →Karl v. Blois gegen den von →England favorisierten Johann v. →Montfort kämpfte (s. a. →Bretagne B. II). Du G.s militär. Fähigkeiten trugen ihm die Förderung durch mehrere Große ein; so protegierten ihn – teils nacheinander, teils gleichzeitig – Arnoul d' →Audrehem, Maréchal de France; Pierre de Villiers; Philipp, Hzg. v. Orléans, der Bruder Kg. Johanns des Guten; schließlich Johanns Sohn, der Dauphin →Karl (V.). Du G. wurde 1360 gefangengenommen und gegen 30000 *royaux d'or* freigelassen; diese recht hohe Lösegeldsumme zeigt das Ansehen, das Du G. in dieser Zeit bereits genoß. 1363 bekleidete er unter dem Dauphin Karl, der auch Hzg. der Normandie war, das Amt des *capitaine souverain* in den norm. Bailliages Caen und Cotentin, einer Region, die von hoher strateg. Bedeutung war und gleichermaßen von England wie →Navarra bedroht wurde. Von nun an kann er als einer der wichtigsten Söldnerführer im Dienst der Valois gelten. 1363 heiratete er Tiphaine Raguenel aus angesehener bret. Adelsfamilie (Tochter von Robin Raguenel, der sich im berühmten »Kampf der Dreißig« ausgezeichnet hatte, und Jeanne de →Dinan, vicomtesse de la Bellière). Du G.s Ruhm steigerte sich 1364 durch seinen Sieg bei →Cocherel über die Truppen →Karls v. Navarra. Kg. Karl V., der die Nachfolge seines Vaters angetreten hatte, machte Du G. zum Gf.en v. Longueville.

Allerdings geriet er wenige Wochen später in der von Karl v. Blois verlorenen Schlacht v. →Auray in Gefangenschaft; Karl selbst fand den Tod, und die Bretagne fiel an das proengl. Haus Montfort. Wieder freigekommen, akzeptierte Du G. die Entscheidung der Valois, den Söldnerkompagnien nach Spanien zu führen, um damit zugleich Frankreich zu entlasten wie auch in die dynast. Kämpfe der Iber. Halbinsel einzugreifen. Du G. unterstützte →Peter IV. el Ceremonioso, Kg. v. →Aragón, der im Konflikt mit dem Kg. v. →Kastilien, →Peter I. dem Grausamen, stand; der Aragonese übertrug Du G. als Gegenleistung die Gft. Borja. Im Kampf zw. Peter dem Grausamen und seinem Halbbruder Heinrich v. Trastámara (→Heinrich II.) bot Du G. letzterem seine Waffenhilfe, wofür dieser ihm die Gft. Trastámara mit dem Herzogstitel verlieh. Doch gab sich Peter v. Kastilien angesichts dieser Koalition nicht geschlagen: Er suchte den Beistand →Eduards des

»Schwarzen Prinzen«, des Sohnes des engl. Kg.s Eduard III. Damit war der anglofrz. Konflikt unmittelbar auf den span. Kriegsschauplatz verpflanzt. Der Schwarze Prinz schlug Du G. 1367 bei →Najera; der Heerführer geriet in engl. Gefangenschaft. Diesmal belief sich das Lösegeld auf 100000 Goldstücke, die von Karl V., Johanna v. Penthièvre (Witwe Karls v. Blois), dem Sire de→Laval, Ludwig v. Anjou (dem Bruder Karls V.) und Heinrich v. Trastámara bezahlt bzw. vorgestreckt wurden. Hierdurch freigekommen, beteiligte sich Du G. an der für die Trastámara-Partei siegreichen Entscheidungsschlacht v. →Montiel (1369), in deren Gefolge Peter der Grausame von seinem Halbbruder Heinrich getötet wurde. Du G. scheint mittlerweile eine dauernde Niederlassung in Spanien erwogen zu haben, wobei er wohl den Plan hatte, das islam. Reich v. →Granada zu erobern, nachdem er bereits am 29. März 1366 in Las →Huelgas durch Heinrich II. zum Kg. v. Granada gekrönt worden war (→Reconquista). Er wurde zum Hzg. v. Molina erhoben und mit dem Ehrentitel eines *Condestable* v. Kastilien ausgezeichnet.

Da jedoch der Krieg zw. Frankreich und England wieder aufflammte, berief ihn Karl V. nach Frankreich zurück und verlieh ihm 1370 das Amt des *Connétable de France*. In seinen letzten zehn Lebensjahren beteiligte er sich – unter dem zumindest nominellen Oberbefehl von →*lieutenants du roi* (Mitgliedern der kgl. Familie: Hzg.e v. Anjou, Burgund, Bourbon) – an den verschiedenen Feldzügen, durch die nahezu alle im Frieden v. →Brétigny abgetretenen Gebiete wieder in frz. Hand kamen.

1373 heiratete er in 2. Ehe die bret. Adlige Jeanne de →Laval. Da Du G. ohne direkten Erben verstarb (in Kastilien hinterließ er möglicherweise einen illegitimen Sohn, Beltrán de Torres), wurden seine Besitzungen unter seinen nächsten Angehörigen geteilt; zu ihnen gehörte sein Bruder und häufiger Waffengefährte Olivier Du G. Nach Du G.s Tod wurde sein Leichnam zw. der Jakobinerkirche in Le Puy, der Kirche St-Sauveur in Dinan und der Abteikirche v. →St-Denis, die noch heute sein Grabmal beherbergt, geteilt. – Sein Ruhm, der schon zu seinen Lebzeiten erheblich war, zog nach seinem Tode immer weitere Kreise. In Werken der bildenden Kunst wie in Vers- und Prosadichtungen wurde des Andenken des »bon connétable« gepriesen, der – als Symbol des siegreichen Kampfes der Valois gegen die Plantegenêt, ja, der Franzosen gegen die Engländer – gar zum zehnten der →Neun guten Helden proklamiert wurde. Bekanntes Beispiel für die Du G.-Verehrung ist →Cuveliers Heldenepos (1380–85). Der sich um Du G. rankende Mythos erlebte einen Höhepunkt in dem feierl. Requiem, das 1389 in St-Denis zu seinem Andenken zelebriert wurde. In Anwesenheit Kg. Karls VI. und des gesamten frz. Hofes hielt hier der Bf. v. Auxerre, Ferry Cassinel, eine feierl. Leichenpredigt auf den Bibeltext: »Nominatus est ad extrema terrae.«

Verdiente Du G. diesen Feldherrnruhm, der ihn in Frankreich über die Jahrhunderte hinweg begleitet hat? Ohne Zweifel tragen die strateg. und takt. Manöver des Connétable keinerlei außergewöhnl. oder sonderl. originelle Züge, er wurde häufig besiegt und war auch keineswegs immer ein Muster an Ritterlichkeit. Doch bewies Du G. Treue zu seinen Herren, er war tatkräftig und mutig (sehr früh wurde ihm bezeichnenderweise das Epitheton 'vaillant' zuerkannt), genoß bei seinen Truppen echte Autorität und errang Popularität selbst bei den »kleinen Leuten« im Frankreich seiner Zeit.   Ph. Contamine

Lit.: DBF XI, 1515–1525 – PH. CONTAMINE, Guerre, état et société à la Fin du MA, 1972 – J.-CL. FAUCON, La Chanson de Bertrand du G. par Cuvelier (Thèse masch., Paris-Sorbonne 1985).

Duisburg, Stadt im heut. Nordrhein-Westfalen. Keimzelle der späteren Pfalz und Stadt D. ist der wohl Mitte des 8. Jh. an der Mündung der Ruhr in den Rhein und am Ausgangspunkt des →Hellweges gegr. Königshof. 883/884 meldet →Regino v. Prüm einen Normannenüberfall auf das oppidum D. Dies ist bisher die früheste namentl. Erwähnung von D., da die Urbare der Abtei →Werden, die D. ebenfalls nennen, nicht datiert sind. Für das Ende des 9. Jh. sind →Friesen in D. bezeugt, im 10. Jh. wird der Königshof zur Pfalz ausgebaut. Zw. 933 und 1016 sind mindestens 18 Königsaufenthalte nachweisbar. Prägungen der kgl. Münze in D., die bes. im gesamten Ostseeraum gefunden wurden, und Erwähnungen von Kaufleuten lassen auf regen Handel schließen. Um 1120/25 erfolgte die Anlage einer Stadtbefestigung mit Mauer und Wall. Außerhalb der Befestigung gründeten um 1150 die Johanniter eine Niederlassung, ihre Kirche wurde 1187 neben der aus der Kapelle des Königshofes hervorgegangenen Salvatorkirche zur zweiten Pfarrkirche. 1234 wurde ein Zisterzienserinnenkloster im zum Stadtbezirk gehörenden Dorf Duissern gegründet; 1254 übernahm der Dt. Orden das Patronat der Salvatorkirche und gleichzeitig die Pfalzgebäude, die 1283 durch Brand zerstört wurden. Vor 1265 kamen Minoriten nach D. Gegen Ende des 13. Jh. wurde eine neue Stadtmauer errichtet, die der städt. Siedlung bis ins 19. Jh. genügend Raum bot.

Die cives von D., das noch als regia villa bezeichnet wird, treten 1129 als Partei vor Gericht auf, Schultheiß und Schöffen sind für das 12. Jh. bezeugt, 1234 führen sie das Stadtsiegel. 1274/75 kommt es zur Einführung der Ratsverfassung mit zwei Bürgermeistern. Ab 1204 wurde D. von den dt. Kg.en mehrfach verpfändet, 1290 an den Gf.en v. →Kleve. Diese Verpfändung wurde nicht wieder rückgängig gemacht. So wurde D. allmählich zu einer klev. Landstadt. Die zunächst sehr gute wirtschaftl. Entwicklung wurde in der Folge einer um 1200 anzusetzenden Verlagerung des Rheins von D. weg nachhaltig unterbrochen.   J. Milz

Lit.: DtStb III, 3, 1956 – G. und E. BINDING, Archäolog.-hist. Unters. zur Frühgesch. D.s, Beih. 12 der Duisburger Forsch., 1969 – G. v. RODEN, Gesch. der Stadt D. I, 1975³ – J. MILZ, D., Rhein. Städteatlas IV, 21, 1985².

Duiske, ehem. Abtei OCist in Irland (Graiguenamanagh, Gft. →Kilkenny), ŏ Salvator, um 1207 gegr. von Mönchen aus Stanley (England, Wiltshire) und mit Gütern ausgestattet von →William the Marshal, Lord v. Leinster. Während der sog. »conspiratio Mellifontis«, einer Art Revolte der einheim. ir. Zisterzienserkl., wurde Killenny 1227 mit D. vereinigt, was finanzielle und (möglicherweise) disziplinar. Gründe hatte. Um die Mitte des 15. Jh. kam die Abtei mit dem Rest der Gft. →Kilkenny unter die expandierende Herrschaft des James, des 4. Earl of →Ormond; im Zuge der Aufhebung der ir. Kl. durch Heinrich VIII. (1538) wurden die Gebäude und Ländereien von D. an James, den 10. Earl of Ormond, übertragen.   K. Simms

Lit.: J. H. BERNARD – M. C. BUTLER, The Charters of the Cistercian Abbey of D. in the County of Kilkenny, PRIA 35, 1918–20, Section C, 1–188 – A. GWYNN – R. N. HADCOCK, Medieval Religious Houses: Ireland, 1970, 133f.

Dukagjini, große alban. Adelsfamilie, von nicht endgültig geklärter Herkunft. Sie beherrschten um 1360 die Gebiete zw. →Drin (Drim) und Mati. Ihre Hauptstadt Lezha (it. Alessio) sicherte ihnen den Zugang zum Meer. Als Vasallen der Familie →Balša (Balšići), die den Türken unterlagen, mußten sich auch die D. 1385 der osman. Macht unterwerfen. *Tanush* »*d. Ä.*« und *Progon* Dukagjin traten Lezha 1393 an →Venedig ab, kehrten jedoch dem

Bündnis mit den Türken nicht den Rücken und bewahrten ihre guten Beziehungen zu →Ragusa (Dubrovnik), das ihnen Waffen lieferte. 1433 beteiligten sie sich am antiosman. Aufstand, doch starb Tanush, dem die Venezianer mißtrauten, 1438 in Padua. Seine Söhne, die zunächst Bundesgenossen der Venezianer waren, schlossen sich 1443 →Georg Kastriota (Skënderbeg) an, wandten sich aber, wohl auf Betreiben Venedigs, wieder dem türk. Lager zu: Lek Dukagjin schloß erst 1464 Frieden mit Skënderbeg; nach dessen Tod (1468) spaltete sich die Familie in Anhänger der Türken und der Venezianer, die von den D. erst ab etwa 1475 wirksam unterstützt wurden. Nach dem türk. Sieg von 1479 verließen sämtliche D. Albanien; nur einige Mitglieder erschienen 1481, nach dem Tode Meḥmeds II., erneut im Lande. Mehrere zum Islam konvertierte Mitglieder spielten im 16. Jh. eine bedeutende Rolle als hohe türk. Beamte, Gelehrte und Dichter. – Die Erinnerung an die D. ist in Albanien sehr lebendig: Das Hochland am mittleren Drin bewahrt ihren Namen, ebenso das berühmteste alban. Gewohnheitsrecht, der sog. »Kanun i Lekës Dukagjin« ('Gesetz des Lek Dukagjin'). A. Ducellier

Lit.: BLGS I, 444-446 [Lit.] – I. Božić, O Dukadinima, Zbornik Filozofskog Fakulteta, Beograd VIII/1, 1964 – A. Ducellier, La Façade maritime de l'Albanie, 1981.

Dukas (pl. Dukai), eines der bedeutendsten byz. Adels- und Kaisergeschlechter, in den Quellen erstmals Mitte des 9. Jh. erwähnt, in der 1. Hälfte des 12. Jh. ausgestorben. Ihr erster Vertreter, ein anonymer 'dux', bekämpfte ca. 855/856 die →Paulikianer und führte sie auf Befehl der Ksn. →Theodora mit Gewalt zur Orthodoxie zurück. Der Familienname leitet sich augenscheinl. von dem byz. Militärrang des →dux ab. *Andronikos* D., wahrscheinl. ein Sohn des obengenannten, kämpfte im Orient, besiegte 904 die Araber bei Germanikeia, fiel aber 905 (aufgrund einer Intrige und eines Konfliktes mit dem Befehlshaber der byz. Flotte Himerios) bei Leon VI. in Ungnade. Er floh nach Bagdad zum Kalifen und bereitete (zusammen mit Eustathios→Argyros) eine Verschwörung vor. Nachdem er erneut Verhandlungen mit Konstantinopel aufgenommen hatte, die aufgedeckt wurden, starb er (ca. 908) in arab. Gefangenschaft. Seine Verschwörung zeigt die typ. zentrifugalen Tendenzen bei der damaligen kleinasiat. Magnatenschicht, der auch er angehörte, wie überhaupt der großen Mehrheit der byz. Adelsfamilien im 9. und 10. Jh. (→Skleroi, →Phokai, →Argyroi usw.).

Der Herkunft nach stammen die D. aus Paphlagonien oder eventuell aus Kappadokien (darauf beruht die Legende einer Verwandtschaft mit dem Helden→Digenis Akritas), möglich ist aber auch, daß die D. armen. Abstammung waren.

Noch bekannter als Andronikos wurde sein Sohn *Konstantin*, ein vielbewunderter Heerführer. Nach seiner Rückkehr aus der arab. Verbannung (Ende 908) wurde er Stratege des →Themas Charsianon und dann auch →Domestikos der Scholen. 913 entfachte er, gestützt auf seine Popularität in Kleinasien, eine Verschwörung, jedoch ohne Erfolg.

Obwohl zur kleinasiat. Militärhierarchie gehörig, wandelten sich die D. im 11. Jh. von einem Magnatengeschlecht der Provinz zum klass. Beispiel einer hauptstädt. Aristokratenfamilie. Zwei Ks. (→*Konstantin X.*, 1059-67; →*Michael VII.*, 1071-78) markieren diese Wandlung und gleichzeitig das Übergewicht Konstantinopels über die Provinz und bes. Kleinasien. Den D. half dabei die Verwandtschaft mit dem Patriarchen →Michael Kerullarios (durch die Gattin Konstantins X.) und die enge Freundschaft mit dem Patriarchen Konstantin →Leichudes, was ihnen die Unterstützung der Kirche eintrug. Nach dem Tode Konstantins X. übernahm die Kaiserinwitwe →Eudokia M. für d. minderjährigen Söhne Michael (VII.), *Andronikos* und *Konstantin* die Regentschaft. Mitherrscher wurde des Ks.s Bruder, der Caesar *Johannes*. Trotz der Gegnerschaft von Johannes und Michael→Psellos heiratete Eudokia den General Romanos Diogenes, der als →Romanos IV. Kaiser wurde (1068-71). Die byz. Niederlage bei →Mantzikert (1071) wurde teilweise auch durch den Verrat von *Andronikos*, Sohn des Caesars Johannes, mitverschuldet. Nach der Niederlage inszenierte Johannes in Konstantinopel eine Verschwörung, die →Michael VII. auf den Thron brachte, während Eudokia schon bald ins Kl. verbannt wurde. Dennoch wurden unter der Herrschaft von Michael VII. sowohl Michael→Psellos als auch Johannes zugunsten des skrupellosen Logotheten→Nikephoritzes zurückgedrängt. Nachdem Michael VII. zum Thronverzicht gedrängt worden war, berief sich sein Nachfolger→Nikephoros Botaneiates zur Legitimierung seiner Herrschaft nicht nur auf seine Verwandtschaft mit den Phokai, sondern er ehelichte auch, noch zu Lebzeiten Michaels VII., dessen Gattin Maria. Ähnlich verhielt sich auch →Alexios I. Komnenos (→Komnenen), der →*Irene* heiratete, die Tochter des Verräters Andronikos und Enkelin von Johannes, der Alexios 1081 geholfen hatte, sich des Thrones zu bemächtigen. Alexios wurde zuerst zum Erben des jungen *Konstantin* bestimmt, des Sohnes von Michael VII.; er verlobte ihn mit seiner ältesten Tochter→Anna. Als ihm aber ein Sohn geboren wurde u. Konstantin (ca. 1095) starb, gingen die D. endgültig des Thrones verlustig. – Zu Recht oder Unrecht haben später viele Familien den Zunamen Dukas dem eigenen Familiennamen angeschlossen (so die Familien Akropolites, →Aseniden, Batatzes [→Vatatzes], →Kamateros, Nestongos, Philantropenos, Synadenos, Tarchaneiotes usw.). In byz. Zeit stand die Verwandtschaft mit den D. im Ansehen höher als diejenige mit allen anderen Kaiserfamilien, was durch die durchaus begründete Nennung der D. in den Unterschriften der Kaiser aus den Geschlechtern der→Angeloi, Batatzes und der→Palaiologoi belegt ist.

I. Djurić

Lit.: N. Adontz, Les fonds hist. de l'épopée byz., BZ 29, 1931, 205-207 – H. Grégoire, Etudes sur l'épopée byz., REG 46, 1933, 29-69 – Ders., Nouvelles chansons épiques des IXe et Xe s., Byzantion XIV-I, 1939, 253-263 – D. I. Polemis, Some Cases of Erroneous Identification in the Chronicle of Scylitzes, Byzslav 26, 1965, 74-81 – Ders., The Doukai. A Contribution to Byz. Prosopography, 1968 – A. A. Vasiliev, Byzance et les Arabes II, 1968, 181f. – P. Lemerle, L'hist. des Pauliciens d'Asie Mineure d'après les sources grecques, TM 5, 1973, 1-145 – A. P. Každan, Socialnyj sostav gospodstvujščego klassa Vizantii XI–XII vv., 1974, 47f. – I. Djurić, Porodica Foka, ZRVI 17, 1976, 189-296.

Dukas (Taufname unbek.), byz. Geschichtsschreiber, * um 1400, † nach 1462. Alle Angaben über das Leben d. Autors entstammen ausschließlich seinem Geschichtswerk. Er berichtet über seinen Großvater, Michael D., der 1345 als polit. Gefangener des Alexios →Apokaukos aus einem konstantinopolitan. Gefängnis zum türk. Emir (Isa) v. Ephesos floh. Über den Vater ist nichts bekannt; es läßt sich nur vermuten, daß auch er, ebenso wie später D., in Westkleinasien geboren wurde. D. war 1421 Sekretär des genues. Podestà in Nea Phokaia, Giovanni Adorno, und trat zu einem unbekannten Zeitpunkt in den Dienst der→Gattilusi auf Lesbos über, in deren Auftrag er bis zur Übergabe der Insel an die Osmanen (1462) polit. und diplomat. Aufgaben durchführte. Dabei kam ihm die Kenntnis der türk. und it. Sprache bes. zugute. Das (ohne

Titel überlieferte) Geschichtswerk, wohl bald nach 1462 abgefaßt, gliedert sich in drei Teile: einen ganz kurzen Überblick über die Weltgeschichte von Adam bis 1204, eine kurze Darstellung der byz. Herrscher bis Manuel II. (in der er verlorene, auch von Laonikos →Chalkondyles verwendete Quellen verwendet) und einen zeitgeschichtl. Abriß bis zur Einnahme von Lesbos 1462. Seine Darstellung, die sich eines maßvollen rhetor. Stiles (mit umgangssprachl. Elementen) bedient, enthält in eigenen oder mündlich berichteten Beobachtungen treffende Charakterschilderungen von Persönlichkeiten sowie der Sitten und Gebräuche am osman. Hof und nimmt eine positive Haltung gegenüber Kirchenunion und Lateinern ein; sie ist überliefert in einer Handschrift des 16. Jh. (und deren Kopie aus dem 18. Jh.) sowie einer von Leopold Ranke entdeckten it. Übersetzung (15. Jh.?), deren textgeschichtl. Bedeutung noch weiterer Überprüfung bedürfte. P. Schreiner

Ed.: Ducae Historia Turcobyzantina, ed. B. Grecu, 1958 [mit rumän. Übers.] – Decline and Fall of Byzantium to the Ottoman Turks by D., übers. H. Magulias, 1975 – *Lit.:* Hunger, Profane Lit., 490–494.

Dukat. Die seit 1284 in Venedig geprägte →Zechine, eine Konkurrenzmünze zum →Goldgulden von Florenz im Gewicht von ca. 3,5 g zeigt in der Nachahmung byz. Vorbilder auf der einen Seite Christus in der Mandorla, auf der anderen Seite den hl. Markus knienden Dogen und die Umschrift »Sit tibi Christe datus quem tu regis iste ducatus«. Vom letzten Wort »ducatus« der Inschrift wird nach allgemeiner Überlieferung die Bezeichnung D. abgeleitet. Der D. wurde zur langlebigsten Münze aller Zeiten. Während der Goldgulden West-, Mittel- und Nordeuropa eroberte, kursierte der D. hauptsächl. in Südosteuropa und im Orient, wo er häufig nachgeahmt wurde. Funde von D. en in Ägypten und Südindien bezeugen seine weite Verbreitung. In Europa wurde der D. seit 1325 in Ungarn geprägt; von hier aus drang er seit dem ausgehenden MA nach W vor und wurde 1559 in die Reichsmünzordnung übernommen. Zu Beginn des 17. Jh. hatte der D. den Goldgulden fast überall ersetzt. P. Berghaus

Lit.: F. v. Schroetter, Wb. der Münzkunde, 1930, 167f. – A. Nagl, Die Goldwährung und die handelsmäßige Geldrechnung im MA, 1894 – A. R. van Gennep, Le ducat vénitien en Egypte, RNum, 1897, 373–381, 494–508 – T. G. Aravamuthan, Catalogue of the Venetian Coins in the Madras Government Museum, 1938 – H. E. Ives, The Venetian Gold Ducat and its Imitations, hg. P. Grierson (Numismatic Notes and Monogr. 128, 1954) – P. Berghaus, Die Ausbreitung der Goldmünze und des Groschens in dt. Ländern zu Beginn des 14. Jh., Numismatické sborník 12, 1973, 211–237.

Dukljanin-Chronik, lit. gehaltenes und an Legendenstoff reiches Geschichtswerk, in dem die Vergangenheit der Serben und auch Kroaten bis zur Hälfte des 12. Jh. dargestellt wird. Die lat. Version ist ca. 1149 entstanden. Ihr anonymer Verfasser, ein Angehöriger des Klerus von Doclea, wird »presbyter Diocleas« (»pop Dukljanin«) genannt. Sein Werk will er zuerst slav. geschrieben und dann übersetzt haben. Die Richtigkeit dieser Behauptung bleibt ungewiß. Der Text zerfällt in Teile, deren ursprgl. Selbständigkeit in Erwägung gezogen wurde. Am Ende enthält es eine Chronik von Doclea (→Zeta) für das 11. und die 1. Hälfte des 12. Jh. Wegen des genealog. Aufbaus dieses letzten Teiles wurde das Werk auch »Barski rodoslov« genannt. Als Tendenz ist die Untermauerung des Metropolitanrechtes von →Bar (Antivari) zu erkennen. Der Text ist in einer vatikan. Hs. (ca. 1650) erhalten. Älter ist die it. Übersetzung Orbinis (1601). Eine im 14. Jh. entstandene kroat. Version ist 1509/10 gefunden und in einer Abschrift von 1546 erhalten. Sie enthält nur den für Kroatien relevanten ersten Teil, dem Ereignisse der kroat. Geschichte, insbes. eine Darstellung des gewaltsamen Todes des Kg.s →Zvonimir, hinzugefügt worden sind. M. Marulić hat 1610 dieser Version eine lat. Bearbeitung gegeben. Der legendenhafte Charakter der D.-Chr. schmälert ihren historiograph. Wert beträchtlich. Sie enthält dennoch wertvolle Einzelheiten. Die Darstellung der Geschichte Docleas ist recht zuverlässig. – S. a. die Angaben unter →Chronik P. I, 3. R. Katičić

Ed.: M. Orbini, Pesaro 1601–J. Lucius, Amsterdam 1666–I. Kukuljević, 1851 – I. Črnčić, 1874 – F. Šišić, 1928 – V. Mošin, 1950 – *Lit.:* Repfont IV, 202–204– N. Radojčić, O najtamnijem odeljku Barskog rodoslova, 1951 – N. Banašević, Letopis popa Dukljanina, 1971 – J. Ferluga, Die Chronik des Priesters v. Diokleia als Q. für die byz. Gesch., Byzantina 10, 1980, 429–460.

Dukus Horant, fragmentar. mhd. →Brautwerberepos (rd. 280 erhaltene Strophen) eines unbekannten Verfassers aus dem späten 13. Jh. – Der D. H. ist mit fünf anderen Dichtungen des jüd. Kulturkreises in der Cambridger Hs. von 1382/83 in hebr. Schriftzeichen überliefert (s. a. →Deutschland, Abschnitt I: Geschichte der Juden). Das Kurzepos erzählt von der Werbungsfahrt des Dänenherzogs Horant, die dieser im Auftrag des Kg.s Etene v. Deutschland unternimmt. Nach langer Beratung um eine standesgemäße Gemahlin für den jungen Kg. ist die Wahl auf die schöne Prinzessin Hilde v. Griechenland gefallen, obwohl bekannt ist, daß ihr Vater, der wilde Hagen, sich jeder Heirat widersetzt. Nach anfängl. Ablehnung übernimmt Horant den Auftrag und begibt sich mit einer reich ausgestatteten Gesandtschaft zu Schiff nach Griechenland. In Hagens Hauptstadt nimmt man, sich als von Etene vertrieben ausgebend, bei einem reichen Kaufmann Quartier, dessen prächtiger Palast ausführlich beschrieben wird. Horant tritt mit Hilde während ihres Pfingstkirchgangs in Verbindung und veranlaßt sie mit Hilfe seines Gesangs, zu ihm in den Kaufmannspalast zu kommen, wo er erfolgreich für Etene wirbt. Dem Hildeteil der →Kudrun entsprechend dürfte der D. H. mit Entführung und anschließender Verfolgung durch den Vater Hildes enden. – Dem D. H. liegt ein sechsteiliges Handlungsschema zugrunde, das für die Komposition von Brautwerbungshandlungen typisch ist und auch den Hildeteil der Kudrun prägt: Vorberatung: Beratung über die Benennung einer standesgemäßen Gemahlin (Gefährl. Werbung) – Botenfahrt-Gesandtschaft am Ziel der Reise: Auftritt am Königshof – Gewinn der Erwählten durch List – Entführung mit Einverständnis der Entführten – Verfolgung durch den geprellten Vater. Auch die meisten Gestalten gehören dem Hilde-Kudrun-Sagenkreis an. Außer anderen sog. →»Spielmannsepen« hat der Verfasser daneben bes. eine →Kg.-Rother-Dichtung gekannt und benutzt. Weiter kannte er einige Dichtungen der klass.-höf. und nachhöf. Zeit zumindest teilweise. – Stilistisch steht der D. H. der sog. Spielmanns- wie der späten Heldenepik nahe. Zahlreiche Motive und das Handlungsschema ebenso wie viele sprachl. Formeln sind durchaus traditionell. Neben der Formelhaftigkeit und der auffallend geringen Variabilität der Reimtypen ist eine Fülle von Wiederholungen zu verzeichnen. Sie dienten der Bewältigung der Erzählaufgabe durch den Sänger. Von dieser Grundschicht mündlicher Komposition hat sich der überlieferte Text jedoch entfernt. Ein Indiz dafür ist trotz der rhythm. Gebundenheit der sprachlichen Formeln das verhältnismäßig komplizierte stroph. Gefüge (der Form der mhd. Rabenschlachtstrophe nahestehend) des D. H. Vielleicht ist der D. H. gegen Ende des 13. Jh. aus einem mündl. überlieferten kurzen Heldenepos zu Papier gebracht worden. – Die

Sprache des D. H. weist ins Md., was das Vorhandensein obdt. Elemente nicht ausschließt. Eine genauere Lokalisierung bleibt aufgrund der bes. Überlieferung schwierig.

M. Caliebe

Ed.: D. H., ed. P. F. Ganz, F. Norman, W. Schwarz, 1964 – *Lit.*: Verf.-Lex.² II, 239–243 [M. Caliebe] – W. Röll – Ch. Gerhardt, Zur literarhist. Einordnung des sog. D. H., DVjs 41, 1967, 517–527 – M. Caliebe, D. H., Stud. zu seiner lit. Tradition, 1973 – F. Mader, Die »D. H.«-Forsch., Kritik und Bericht, 1979,.

Dulcia → Douce

Duleben (russ. Duleby, tschech. Ortsname Doudleby, arab. Dulaba, dt.: comitatus Dudleipa), rätselhaftes archaisches Volk, wohnhaft am oberen Bug, in Nachbarschaft von → Drevljanen und Tiverzen, mit unklarer etymolog. Deutung (nur als Spottname 'Dummkopf, Tolpatsch' bekannt, was nicht der ursprgl. Bedeutung entsprechen kann). Die russ. Quellen (Povest' vremennych let) lokalisieren später an ihrer Stelle den Stamm der → Bužanen und Volhynier (→ Volhynien); die einzige Erwähnung nennt sie als Teilnehmer des Kriegszuges des russ. Fs.en → Igor in das → Byz. Reich (907). Würde für die D. die germ. Etymologie zutreffen (Vasmer), könnte man sie als Restgoten betrachten; es gibt auch Versuche, sie als → Westslaven (poln. Lędzianie, Ljachen) zu betrachten (Wasilewski); sonst werden sie als aruss. Volk aufgefaßt (→ Ostslaven). Die späteren Sagen bringen die D. mit den → Avaren in Verbindung; D. beteiligten sich auch an der großen slav. Volkswanderung in westl. und südwestl. Richtung, wovon duleb. Siedlungskammern in Böhmen (Burg Dúdlebi in Südböhmen), in Pannonien (comitatus Dudleipa v. J. 891) und in Kärnten (Traditiones Brixenses: in loco Dulieb) zeugen. Es gibt auch mehrere Ortsnamen mit dem Grundwort: '*Duleb*' – in der Westukraine, was für die tatsächl. Existenz des Volkes der D. in diesem Raume, die manchmal in Zweifel gezogen wird, spricht. Vgl. → Slaven.

G. Labuda

Q. und Lit.: Povest' vremennych let, ed. D. S. Lichačev, 1950, I, 14, 23, 210, 220, 224; II, 109, 222, 225 – Vasmer, Wb. I, s. v. – SłowStar Słow I, 399–401 [G. Labuda] – M. Hruševskyj, Gesch. des ukrain. (ruten.) Volkes I, 1906, 208f. – B. Grekov, Kievskaja Ruś, 1950, 437 – E. Šimek, Dúdlebi, Volyńane, Lučané, Češti Chorvate a Čechové, SlAnt 1, 1948, 349ff. – G. Labuda, Pierwsze państwo słowiańskie Państwo Samona, 1949, 183ff. – R. Turek, Die frühma. Stämmegebiete in Böhmen, 1957, 88 – B. Zasterova, Avaři a Dúlebové v svědectví Povesti vremennych let, VPSl 3, 1960, 15–37 – Łowmiański, Początki Polski II, 106ff., 350ff.; III, 70–74 – T. Wasilewski, Dulebowie-Lędzianie-Chrowaci, Przg hist 77, 1976, 184ff.

Duleek, Kl. in Irland (Gft. Meath), nördl. von Dublin, von gäl. *diamh liac* ('Steinkirche'). Der Überlieferung nach soll hier der hl. Cianan, vom hl. → Patrick zum Bf. geweiht, vor seinem Tod i. J. 488 die erste steinerne Kirche in Irland gebaut haben. Der erste Abt v. D. ist für 782 belegt. Die runde Umwallung des frühchristl. Kl. ist noch in der Straßenführung des heut. Ortes erkennbar. Zwei frühchristl. Hochkreuze, drei frühe Grabsteine sowie Reste eines Rundturms auf dem Friedhof sind erhalten. Schon vor der Eroberung durch die Anglonormannen wurde das Kl. als Regularkanonikerstift (St. Mary's) neubegründet. Unter der Herrschaft der Anglonormannen schenkte Walter de → Lacy 1202 Land in D. an das Priorat Llanthony bei Gloucester; die Kanoniker von Gloucester bauten darauf eine Grangie (Baureste erhalten). In der 2. Hälfte des 13. Jh. erhielt D. den Rechtsstatus eines → *borough*, litt aber unter wirtschaftl. Stagnation und entwickelte sich nicht zur Stadt. Das Regularkanonikerstift wurde im 15. Jh. neuerrichtet, Teile des Kirchenschiffs und der starke Turm sind erhalten. Im 16. Jh. wurde das Kl. aufgehoben.

A. Simms

Q.: The Irish Cart. of Llanthony Prima and Secunda, Irish Manuscripts Commission, ed. E. St. J. Brooks, 1953 – *Lit.*: Ph. Cuffe, The Priory of D. (Ríocht na Midhe III, no. I, 1963), 29–32 – Ders., Hist. of D.: Ecclesiastical (ebd. III, no. 3, 1965), 187–200 – P. Harbison, Guide to National Monuments, 1970, 182f. – L. D. Swan, An Early Christian Site, Annals of Duleek 3, 1973, 12–20 – A. Simms, Settlement Patterns and Medieval Colonisation in Ireland: the Example of D. (Paysages Ruraux Européens, ed. P. Flatrès, 1979), 159–177 – J. Bradley, St. Patrick's Church D. (Ríocht na Midhe VII, no. I, 1980–81), 40–51.

Dulġadïr Oġullarï ('Dulġadïr-Söhne'), auch Zū l-qadr (osman.), Dulkadır (mod. türk.), Dulġādir (arab.) u. ä., Turkmenendynastie (→ Turkmenen) und nach ihr benanntes Fsm. (1337–1522), Nachkommen bis heute in der Türkei. Der Niedergang des → Mongolenreiches und seiner seldschuk. Statthalter (→ Seldschuken) ermöglichte es der D.-Stammesföderation, sich in dem seit Jahrhunderten umstrittenen Gebiet um Elbistan-Maraş (SO-Anatolien) festzusetzen. Selbst als Vasallen des → Mamlūkenreiches verstanden tatkräftige Führer (*amīr*) bis in die 2. Hälfte des 15. Jh. aktive Politik zu betreiben, bes. in den mamlūk. Auseinandersetzungen mit d. → Aq Qoyunlu und → Qara Qoyunlu. Unter Qaraġa († 1353) sowie Ḥalīl (1353–86), Sūlī (1386–98), Nāṣir ad-Dīn (1399–1442) und Sulaymān (1442–54) erlebte das Fsm. eine Periode gewisser staatl. Stabilität (Bodenverteilungssystem) und ökonom. Prosperität (öffentl. Bauten). Den Niedergang des Fsm.s beschleunigten Bruderzwiste und die osman.-mamlūk. und osman.-safavid. Konfrontation (→ Osmanen), der ᶜAlāᵓ ad-Dawla (1479–1515) zum Opfer fiel. 1522 ließ Sultan Süleymān den letzten Fs.en, ᶜAlī, hinrichten und das Gebiet als *vilāyet* Zū l-qadrīye organisieren.

B. Kellner-Heinkele

Lit.: EI² II, s.v. Dhū l-Ḳadr – R. Yinanç, La dynastie de Dulghadir, de l'origine jusqu'à la conquête ottomane [Diss. Paris I, 1973].

Dumbarton, Stadt in Schottland, am Clyde gelegen; Sitz einer Gft. (Dumbartonshire). Als ältester Name von D. ist *Petra Cloithe* in → Adamnanus' »Vita Columbae« zum Jahre 573 belegt; diese Bezeichnung ist die lat. Entsprechung zum volkssprachl. *Alcluith* (air.: *Ail-Cluathe* 'Fels des Clyde'). Der heut. Name geht auf das gäl. *dún nam breatann* ('Befestigung der Briten') zurück, wobei es sich bei den hier gen. Briten um das ansässige P-kelt. Volk von → Strathclyde handelt. Der Fels, auf dem die ma. Burg entstand (in Platzkontinuität zu einer eisenzeitl. Befestigung, von der einige archäolog. Spuren feststellbar sind), bildete wohl das Zentrum des bereits bei Ptolemaios erwähnten kelt. Volksstammes d. → Dumnonii. Die Befestigung war bis ins 11. Jh. der Hauptsitz der Kg.e v. Strathclyde. 870 wurde D. von Wikingern aus → Dublin belagert und geplündert. In den folgenden Jahrhunderten selten erwähnt, erhält D. im Juli 1222 eine kgl. Urk., in der die Stadt zum freien kgl. *burgh* erhoben und ihr ein umfassendes Handelsprivileg für den westl. Teil der Gft. bis zum oberen Ende des Loch Fyne in Argyll gewährt wird. Außerdem erhält D. die üblichen Handelsvorrechte wie die Abhaltung eines Wochenmarktes (später ergänzt durch Jahrmärkte zu St. Patrick am 17. März, zu Lammas, einem Erntefest, am 1. Aug.). Da D. das Zentrum der weiträumigen Region von → Lennox, eines der ältesten Earldoms v. Schottland, bildete, muß die Entscheidung Kg. → Alexanders II., die kgl. Kontrolle über Burg (in der Urk. von 1222 als 'neu' erwähnt) und Stadt D. auszuüben, als Teil einer weitgespannten Verteidigungspolitik angesehen werden, bei der es um den Schutz der schott. Westküste vor Angriffen von den → Hebriden her ging, möglicherweise auch um die Errichtung einer Basis zur Rückeroberung dieser Inseln. Die Errichtung eines kgl. Sheriffdom (bzw. County) mit D. als Zentrum erfolgte wohl in den 30er Jahren des 13. Jh. und ist ebenfalls als Ausdruck der auf Stärkung des Kgtm.s in den westl. Highlands gerichteten Politik zu betrachten. Bis zur Regierung →Davids II. umfaßte die Gft. von D. Kirchspiele am westl. wie am östl. Ufer des Loch Lomond und am Nordufer des Clyde vom Loch Long bis zum Kelvin, doch wurden Drymen und Killearn in den 40er Jahren des 14. Jh. wieder dem Sheriffdom →Stirling angeschlossen, dafür kamen Kirkintilloch und Cumbernauld zu Dumbartonshire, obwohl diese benachbarten Kirchspiele geograph. vom Rest der Gft. getrennt waren. D. Castle spielte eine wichtige Rolle in den schott. Unabhängigkeitskriegen (→Wars of Independence). Im Gegensatz zu zahlreichen anderen kgl. Burgen, die →Robert I. schleifen ließ, um die Engländer an einer Nutzung zu hindern, blieb D. unzerstört. G. W. S. Barrow

Lit.: W. Fraser, The Lennox, 1874 – J. Irving, The Book of Dumbartonshire, 1879 – G. S. Pryde, The Burghs of Scotland, 1965.

Dumfries, Hauptort der Gft. Dumfriesshire im SW Schottlands. In einer Schleife des Nith entstand in günstiger Furt- und Verkehrslage eine Kaufleutesiedlung. Das Michaelspatrozinium der vor 1180 errichteten Pfarrkirche läßt anglo-norm. Mitwirkung bei der Stadtbildung vermuten. 1186 wurde D. der Status einer *royal burgh* verliehen, gleichzeitig an der Stelle einer älteren Befestigung im S eine kgl. Burg errichtet. D. ist zur zweiten Entstehungswelle schott. Städte zu rechnen. Die typische Verbindung von Burg, Stadt und Sheriffsitz ordnet sich in den Rahmen des Herrschaftsausbaus unter Wilhelm I. († 1214) ein und richtete sich hier sowohl gegen England wie Galloway. Der entlang einer (Markt-) Straßenachse (»High Street«) sich schnell entwickelnde Ort (vor 1214 Markt belegt, vor 1270 Franziskanerkonvent, ztw. Münze, steinerne Brücke 1432/33, im 14. Jh. eine ca. 50 ha große, aber nur schwach aufgesiedelte Fläche einfassende Holz-Erde-Befestigung, 1357 Teilnahme an einer Ständeversammlung, 1469 Parlamentsvertretung belegt), wo 1306 →Robert I. Bruce John →Comyn ermordete, wurde mehrmals, bes. 1449, von engl. Truppen zerstört. Mit um 1550 maximal 2000 Einw. war D. immer die bedeutendste Stadt des schott. SW und gehörte durchgängig zu den zwölf führenden Städten →Schottlands. F. B. Fahlbusch

Lit.: W. McDowall, Hist. of the Burgh of D., 1906³ [Nachdr. 1972] – G. Neilson, D. Its Burghal Origin (Transactions of the Dumfriesshire ... Society, 3. F. 2, 1913–14), 157–176 – G. S. Pryde, The Burghs of Dumfriesshire and Galloway. Their Origin and Status (ebd., 3. F. 29, 1952), 81–131 – An Historical Atlas of Scotland, hg. P. McNeill– R. Nicholson, 1975.

Dumio, dem Ebm. →Braga unterstehendes Klosterbm. im nw. Spanien, gegr. von →Martin v. Braga; →San Martín de Dumio.

Dumnonii, Dumnonia, kelt. (brit.) Volksstamm und sein Siedlungs- und Herrschaftsbereich. – Der Stammesname D. ist abgeleitet von dem Namenshauptbestandteil *dubno-*, in Assimilation zu *dumno* ('tief', 'Welt'), gefolgt vom Suffix *-no, nā*, das oft mit Bezeichnungen für Gottheiten assoziiert wird; der Name dürfte daher wohl 'Volk von Dubnonos oder Dubnāna' bedeuten. Die D. lassen sich seit der südwestl. Kultur B der Eisenzeit II im südl. →Somerset, →Devon und →Cornwall nachweisen.

Die in Seen gelegenen Dörfer von Glastonbury und Meare liefern reiche archäolog. Zeugnisse für die materielle Kultur der D.: Objekte aus Bronze und Email, Eisenwerkzeuge, Erze wie Zinn und Blei. Die D. hatten keine Münzen und benutzten als Zahlungsmittel eiserne Spieße (Gerätegeld) aus dem Forest of Dean. Westl. des Exe war Viehzucht ihre wirtschaftl. Hauptgrundlage, wie sich aufgrund der Lage und Anordnung ihrer Siedlungen ergibt.

Vorort der D. war in der Römerzeit →Exeter (Isca Dumnoniorum). Es handelte sich um eine vorflavische Befestigung, die Frontinus (74–77 n. Chr.) wohl als civitas organisierte. Die große Römerstraße, der Fosse Way, verlief von Exeter in nordöstl. Richtung nach Lincoln.

In prähist. Zeit dürften D. nach Irland gezogen sein. Ihr Stammesname tritt dort als *Fir Domnann* ('die Männer der D.') oder einfach als *Domnainn* auf. Die unmittelbar nördl. von Dublin gelegene Malahide Bay hieß Inber Domnann ('die Einmündung der D.') und war nach der Überlieferung der Platz, auf dem sie erstmals den Boden Irlands betraten. Auch die frühen *Lagin*, die Leute von →Leinster, wurden als 'Domnainn' bezeichnet; sie erscheinen in Ansätzen in früher mythisch-hist. Literatur, geraten aber in hist. Zeit aus dem Blickfeld.

Nach dem Abzug der Römer entstand im südwestl. Britannien das Kgr. Dumnonia. Diese brit. Herrschaft reichte wohl bis zu den Läufen von Parrett und Yeo und umfaßte damit die westl. Teile von Dorset und Somerset. →Gildas (6. Jh.) erwähnt unter den fünf »Tyrannenkönigen« einen Constantinus, »den Balg der unflätigen Löwin von Dumnonia«. Aus dem Namen Dumnonia entstanden in Altengl. der Landesname *Defna-scir*, das spätere Devonshire (→Devon), und der Volksname *Defnas* 'die Leute von Devon' (über Dumnonii > mittelwalis. Namensform *Dyfnain[t]*). Vom 6. Jh. an wanderten Bevölkerungsgruppen aus dem Kgr. Dumnonia in die Armorica (→Bretagne) ein; nach ihnen trug die nördl. Bretagne den Namen Domnonia.

Auch im sw. Schottland erscheinen D. als wahrscheinl. Vorfahren der Briten v. →Strathclyde. Im nw. Irland treten Dumnonii erneut im Ortsnamen Irrus Domnann auf. Beide letztgenannten Gruppen stehen wohl in Verbindung. P. Ní Chatháin

Lit.: O'Rahilly, Early Irish Hist. and Mythology, 1946 – K. H. Jackson, Language and Hist. in Early Britain, 1953 – S. S. Frere, Britannia, 1967 – S. Pearce, The Kingdom of Dumnonia, 1978.

Du Moustier, Etienne, Organisator des frz. →Flottenwesens, * ca. 1320/30, † ca. 1387/88, Bürger aus der Hafenstadt Leure an der Seinemündung, war Aufseher der kgl. Schiffe (*garde des nefs du roi*), danach Befehlshaber (*capitaine*) des norm. Hafens →Harfleur, Aufseher der Häfen und Flüsse (*garde des ports et rivières*), Generalflottenkapitän (*capitaine général de la mer*), danach Vizeadmiral (1359), Aufseher über das Steuerwesen (*général élu sur le fait des* →*aides* [1367]), kgl. Rat (→*conseiller du roi* [1384]). Du M. war nur kurzzeitig als Flottenkommandant tätig, seine Aufgabe war vielmehr die Finanzierung und der Ausbau der kgl. Flotte (Schiffbau, militär. Ausrüstung der Schiffe und Besatzungen, Versorgung) samt dem Marinearsenal →Clos des Galées zu Rouen. Er rüstete für Kg. Karl V. die Schiffe aus, mit denen der Admiral →Jean de Vienne v. a. den Seekrieg gegen England führte; ebenso stellte er Karl VI. das Flottenkontingent, mit dem dieser in England zu landen hoffte. Bekannt als strenger Verwalter, war Du M. auch an der Unterdrückung der Unruhen von 1382, bes. in Rouen, beteiligt. – Über seine Familie ist kaum etwas bekannt. M. Mollat

Q.: Bibl. Nat., Paris, P.O, 2000, 2076 – Lit.: Ch. de La Roncière, Hist. de la Marine française II, 1914, 19 – A. Merlin-Chazelas, E. du M., vice-amiral de France in Bull. philol. et hist., CTHS, actes, 91e Congrès Soc. Sav. [1966], I, 1968, 15–33 – Ders., Doc. relatifs au Clos des Galées de Rouen et aux armées de mer du roi de France de 1293 à 1418, 2 Bde, 1977–78.

Dun (Dun le Roy), Burg und Herrschaft im →Berry (Mittelfrankreich), seit dem 11. Jh. neben →Bourges Stützpunkt der →Kapetinger in diesem Gebiet; →Berry.

Düna (lett. Daugava, livisch Vēna, Veina, skand. Vina, tuna, russ. Zapadnaja = westl. Dvina, wohl von der skand. Form, poln., weißruss. Dzwina). – Die D. ist mit einer Gesamtlänge von 1020 km und einem Einzugsgebiet von ca. 87000 km² die größte der in die östl. Ostsee mündenden Flüsse. Sie entspringt aus dem Dvinec-See (245 m über NN) am Südrande der Valdaj-Höhe, nur 14 km von der Volga-Quelle entfernt und durchfließt den Ochvat-Žaden'e-See; von den verschiedenen Nebenflüssen ist im Unterlauf die Ewst mit ihrem versumpften Bett auch siedlungshistorisch wichtig geworden. Im Oberlauf begleiten ursprgl. sumpfige Waldgebiete die D. Schon hier behindern Stromschnellen und Felsbrocken die Schiffahrt bzw. Flößerei. Beim Durchbruch durch die ostkurländ.-südlivländ. Endmoräne verengt sich ihr Bett, gräbt sich tief in den devonischen Dolomit ein und bildet gefährliche, schwer passierbare Stromschnellen. Das Mündungsdelta verzweigt sich in Nebenarme und Altwässer; die Fahrrinne wird freilich seit dem 19. Jh. vertieft und ausgebaggert. Die durchschnittl. Wassermenge beträgt bei: Vitebsk 66 m³/sek., Disna 116 m³/sek., Livenhof (lett. Līvāni) 153 m³/sek., Friedrichstadt (lett. Jaunjelgava) 175 m³/sek., abwärts der Insel Dahlen (lett. Dole) 194 m³/sek. Für größere Schiffe war die D. nur ca. 25 km von der Mündung flußaufwärts benutzbar. Durch den Bau dreier Staustufen nach 1945 ist die Flußlandschaft völlig verändert worden.

Die D. ist schon in der Spätantike seit dem 2. nachchristl. Jh. bei Geographen bezeugt (Ptolemaios, Geographus Ravennas). Die Nestorchronik (→Povest' vremennych let) erwähnt, daß an ihrem Oberlauf die →Krivičen wohnen. Vom 5.–9. Jh. wurde die D. v. a. von den →Warägern als Einfallsstraße genutzt; ihr Weg nach Osten (*austr vegr*) führte über die D. und einige kleine Flüsse bzw. Schleppstellen zum →Dnepr und bildete den »Weg von den Warägern zu den Griechen«, ehe er im 10. Jh. nach Osten (Neva-Ladogasee-Volchov-Dnepr) verlegt wurde. Die D. war nie von einer einheitl. Bevölkerung beherrscht; im Unterlauf zunächst von finn. Jäger- und Sammlergruppen beiderseits bewohnt, wurde sie früh von balt. Stämmen überquert, ehe in ihrem Mündungsgebiet die →Liven, im Mittellauf →Letten und →Litauer und an ihrem Oberlauf die →Slaven sich festsetzten. An ihren Ufern entstanden wichtige und bedeutende aruss. Städte und Teilfsm.er (→Vitebsk, →Polock), von denen Polock seine Tributherrschaft im 12. Jh. bis in das Mündungsgebiet ausdehnte. Ihre Bedeutung als Handelsstraße nach dem Osten wuchs noch, als der dt. Kaufmann an ihrer Mündung erschien und 1201 Bf. →Albert I. die Stadt →Riga gründete und das Gfsm. →Litauen entstand, das einen bedeutenden Teil des Dünahandels an sich zog. Riga ist im MA das wichtigste Handelszentrum an der östl. Ostsee geblieben.   M. Hellmann

Lit.: A. SAPUNOV, Reka Zapadnaja Dvina, 1893 – K. R. KUPFFER, Balt. Landeskunde, 1911, 52ff. [Lit.] – J. SLEINIS, K. AŠMANIS, M. DELLE, J. SILIŅŠ, V. LAMSTERS, Daugava, 1933 [Lit.] – Geologija doliny reky Daugava, 1959 – M. MAJORE, Daugavas ielejas attīstība, 1962 – M. M. ROGOV, V. V. ROMAŠIN, B. V. STEJNBERG, Gidrologija ustnoj oblasti Zapadnoj Dviny, 1964 [Lit.] – E. MUGUREVIČ, Vostočnaja Latvija i sosednye zemli v X–XIII vv., 1966 [Lit.].

Dünaburg (lett. Daugavpils), Burg und Komturei des →Dt. Ordens in →Livland, 1277 an der Stelle einer litauischen Burg Nowene (lit. Naujinis) vom livländ. Ordensmeister Ernst v. Raßburg errichtet, von dem Litauerfürsten Trojden (litauisch Traidenis) vergeblich belagert, wurde aber Ende des 13. Jh. wieder aufgegeben. Erst 1312 wurde sie vom livländ. Ordensmeister Gerhard v. Jorke wieder aufgebaut, 1347 durch vier Türme verstärkt, 1408 und 1418 von Gfs. →Witowt v. Litauen erobert und zerstört, aber sofort wieder aufgebaut. 1481 eroberte Gfs. →Ivan III. v. Moskau sie für kurze Zeit. Als Komturei oblag D. der Grenzschutz gegen Litauen und Rußland, zusammen mit den ihr unterstellten Vogteien Rositten (lett. Rēzekne) und Ludsen (lett. Ludza), sowie die Verwaltung des Ordensgebietes im östl. Lettenlande (→Lettgallen). Am 20. Aug. 1559 überließ der letzte Komtur und livländ. Ordensmeister Gotthard Kettler D. um 700000 Taler Kg. Sigismund II. August v. Polen-Litauen; sie wurde 1566 Hauptort des sog. »überdünschen Herzogtums«. Ein an die Burg angelehntes kleines suburbium konnte sich nicht entwickeln; die spätere Stadt D. wurde erst 1582 von Kg. Stephan Báthory von Polen-Litauen 19 km flußabwärts gegründet.   M. Hellmann

Lit.: M. HELLMANN, Das Lettenland im MA, 1954 [Lit.] – Z. IVINSKIS, Lietuvos istorija iki Vytauto didžiojo mirties, 1978, 202f., 220f., 330f. [Lit.].

Dünamünde (lett. Daugavgrīva). [1] *Zisterzienserkloster:* D., Abtei OCist am rechten Ufer der Düna kurz vor deren Einmündung in den Rigaschen Meerbusen. Erster Abt wurde der schon seit den 80er Jahren des 12. Jh. in der Livlandmission wirkende Zisterziensermönch →Theoderich; die Mönche kamen aus dem westfäl. Kl. →Marienfeld. Als Theoderich 1210 zum Bf. v. →Estland erhoben wurde, folgte ihm →Bernhard zur Lippe, seit 1218 Bf. v. →Selonien, dann Gottfried, seit 1226 Bf. v. →Ösel. Am 28. Aug. 1228 wurde das Kl. von Kuren (→Kurland) und Semgallern (→Semgallen) total verwüstet, die Mönche erschlagen. 1229/30 von Mönchen aus →Pforta unter Abt Theoderich II. als starke Festung wieder aufgebaut, stand es auf seiten →Balduins v. Alna und gegen den →Schwertbrüderorden. Dt. Orden. 1263 schloß es einen Vertrag mit der Stadt →Riga, die sich dadurch freie Zufahrt zur See sichern wollte. 1297 wurde es vom Dt. Orden verbrannt. 1305 verkaufte es Abt Libertus um 4000 Köln. Mark an den Dt. Orden. Die Mönche zogen in das estländ. Kl. →Padis.

[2] *Deutschordensschloß und Komturei:* Der Orden erbaute erneut ein starkes Schloß, errichtete eine Komturei (zw. 1305 und 1483 sind 22 Komture namentlich bekannt). 1329 eroberten die Bürger v. Riga das Schloß, doch konnte es der Orden zurückerobern. 1481 ließ der Orden durch den Komtur von D. die Dünamündung schließen, doch 1483 rissen die Rigenser nach einem Sieg über den Orden das Schloß erneut ab. 1491 mußte Riga die Herrschaft des Ordens anerkennen, acht Jahre später sperrte das neu erbaute, mit Türmen und Bastionen versehene Schloß den Rigaer Handel. Es wurde 1550 als Festung im it. Stil umgebaut und spielte nach dem Untergang Alt-Livlands in den Kämpfen zwischen Polen, Schweden und Russen eine bedeutende Rolle.   M. Hellmann

Q.: Henrici Chronicon Livoniae, ed. L. ARBUSOW-A. BAUER, MGH SRG in us. schol., 1955 – Livländ. Reimchronik, ed. L. MEYER, 1876 – Livländ. UB, Iff. – Lit.: F. v. KEUSSLER, Die Genealogie d. Cisterzienserkl. D., MittLiv 14, 1886, 111–128 – W. SCHMIDT, Die Zisterzienser im Baltikum und in Finnland, Finska Kyrkohistoriska Samfundets Årskrift 29/30, 1939/40 – M. HELLMANN, Das Lettenland im MA, 1954, passim [Lit.] – B. ABERS, Zur päpstl. Missionspolitik in Lettland und Estland zur Zeit Innozenz' III. (Commentationes Balticae IV/V, 1956/57), 1–18 [Lit.] – F. BENNINGHOVEN, Der Orden der Schwertbrüder, 1965, passim [Lit.].

Dunbar, Befestigung und spätere Stadt in Lothian, Schottland, östl. von Edinburgh, an der Nordsee gelegen. Der brit. Name *din barr* ('Befestigung auf der Kuppe') leitet sich wahrscheinl. von dem in der Nähe gelegenen Doon Hill ab, wo Ausgrabungen eine lange Giebelhalle aus Holz (6. Jh.?) nachgewiesen haben, die nach der Zerstörung in der Mitte des 7. Jh. durch eine rechteckige (wahrscheinl. northumbr.) Halle ersetzt wurde. Die erste schriftl. Erwähnung erfolgte erst in der »Vita S. Wilfridi« des →Aeddi Stephanus. Der abgesetzte Bf. →Wilfrith v. York wurde 681 mit dem Amt eines northumbr. kgl. praefectus betraut. Nachdem D. spätestens bis zur Mitte des 10. Jh. zum Kgr. Schottland gehört hatte, wurde es zum Zentrum eines eigenen Earldoms; dieses ging auf eine umfangreiche Landübertragung zurück, die Kg. →Malcolm III. um 1075 zugunsten eines Verwandten, Cospatric, vornahm, der dem alten Haus der Earls v. →Northumbria angehörte und nach dem Scheitern der antinorm. Aufstände von 1069–70 aus England entflohen war. Er wurde der Stammvater einer langen Reihe von direkten männl. Nachkommen, die zumeist den Namen Patrick trugen und den →Earl-Titel führten. Bereits im 12. Jh. bildete das Gebiet das erbl. Earldom v. March oder v. D. Die Earls wechselten öfter während der schott. Unabhängigkeitskriege (→Wars of Independence) die Partei. Die gut belegte Burg war von beträchtlicher strateg. Bedeutung; eine erfolgreiche Verteidigung gegen die Engländer erfolgte 1338 unter der Gfn. Agnes. Bereits im 12. Jh. wird der Hafen von D. erwähnt; zum kgl. *burgh* (→*burh*) wurde D. in der Mitte des 14. Jh. 1435 wurde das Earldom der Krone zugeschlagen und später den jüngeren Söhnen des Kg.s erneut verliehen. G. W. S. Barrow/D. A. Bullough

Lit.: Scots Peerage III, 1906, 239–279 – R. Nicholson, Scotland in the Later MA, 1974 – A. A. M. Duncan, Scotland: the Making of the Kingdom, 1975 – Medieval Archaeology 10, 1976, 175f.

Dunbar, William, schott. Dichter (→Chaucernachfolger), * um 1460, † um 1513. Über die Jahre vor 1500 ist wenig bekannt; möglicherweise hat D. die Univ. St. Andrews besucht (Lizentiat 1479?). Zw. 1500 und 1513 lebte er am Hof →Jakobs IV. in der Stellung eines frühen poeta laureatus. 1503 empfing er die Priesterweihe, jedoch keine Pfründe. Seine über 100 Gedichte sind themat. und stilist. recht vielfältig; sie umfassen u. a. Schilderungen des Treibens am Hof (»Aganis the Solistaris in Court«), Traumvisionen (»The Thrissil and the Rois«), Liebesgedichte (»The Goldyn Targe«), Satiren (»The Tua Mariit Wemen and the Wedo«) und geistl. Stücke (»Ane Ballat of Our Lady«). Viele davon sind im prunkvollen hohen Stil →Lydgates gehalten, den er in seinem »Lament for the Makaris« verehrungsvoll zw. Chaucer und Gower stellt; andere dagegen sind derb umgangssprachl. (»Of a Dance in the Quenis Chalmer«). D.s Dichtung ist sehr persönlich und mitunter geradezu autobiograph. (»Remonstrance to the King«), zugleich aber 'öffentlich' insofern, als sie das gesellschaftl. Leben der Zeit satirisch bloßstellt.

R. H. Robbins

Bibliogr.: Manual ME 4. X, 1973, 1005–1060, 1204–1284 – NCBEL I, 660–662 – Renwick-Orton, 455–458 – Ed.: W. M. Mackenzie, The Poems of William D., 1932 [Repr. 1960] – J. Kinsley, The Poems of William D., 1979 – Lit.: R. A. Taylor, D.: The Poet and his Period, 1931 [Nachdr. 1970] – J. W. Baxter, William D.: A Biographical Study, 1952 – T. Scott, D.: A Critical Exposition of the Poems, 1966 [rezensiert von M. P. McDiarmid, SHR 46, 1967, 65] – E. Reiss, William D., 1979 – R. J. Pearcy, The Genre of William D.'s Tretis of the Tua Mariit Wemen and the Wedo«, Speculum 55, 1980, 58–74 – I. S. Ross, William D., 1981.

Duncan. 1. D. I. (Donnchad), Kg. v. →Schottland seit 1034, † Aug. 1040, Sohn d. Crinan (Cronan), Abt v. →Dunkeld, und dessen Gattin Bethoc, die das einzige Kind des Kg.s →Malcolm II. MacKenneth war; ∞ mit einer Kusine von →Siward, Earl v. Northumbria; Kinder: zwei oder (wahrscheinl.) drei Söhne: →Malcolm (III.), →Donald Bane, Maelmuire. – Die Thronfolge des Enkels eines Kg.s widersprach ebenso wie der Thronanspruch aufgrund weibl. Erbfolge dem altüberlieferten Herkommen; D.s Herrschaft kann daher als Übergangsphase in den dynast. Verhältnissen Schottlands gelten – von den älteren, auf der Sippe beruhenden Formen der Erbfolge hin zur linearen männl. Sukzession, wie sie im hoch- und spätma. Europa üblich war. Während der Regierung seines Großvaters war D. Cumbria (→Cumberland) übertragen worden, das er auch nach seiner Thronbesteigung beibehielt, so daß er über das gesamte Gebiet des späteren Kgr.es Schottland herrschte, mit Ausnahme der westl. und nördl. Inseln. Eine Opposition gegen D. entwickelte sich bes. in →Moray im nördl. Schottland, dessen *mormaer* (Provinzialfs.) →Macbeth, Sohn des Finlay, D. bei Pitgaveny nahe →Elgin schlug und tötete. – Von seinen Söhnen regierten Malcolm (III.) und Donald Bane als Kg.e v. Schottland, während Maelmuire zum mormaer v. Atholl wurde. G. W. S. Barrow

Lit.: A. A. M. Duncan, Scotland: The Making of the Kingdom, 1975.

2. D. II., Kg. v. Schottland seit 1094, † 1094, der älteste Sohn →Malcolms III. »Canmore« und seiner ersten Frau Ingibjorg, Tochter von Finn, dem Sohn von Arni, einem norw. Adligen, der sich auf den →Orkney-Inseln angesiedelt hatte; ∞ Frau aus der northumbr. Grafendynastie; Sohn: Wilhelm. Bei Malcolms III. Tod 1093 hielt sich D. als Gast am Hof von Kg. →Wilhelm II. Rufus v. England auf, der ihm militär. Hilfe zur Erlangung des schott. Thrones gewährte. Das ältere Gewohnheitsrecht begünstigte jedoch die Nachfolge von D.s Onkel →Donald Bane; D. konnte sich gegen diesen zunächst durchsetzen, wurde aber zur Entlassung seiner anglo-norm. Hilfstruppen gezwungen. Nach weniger als einem Jahr nach seiner Thronbesteigung wurde er von einer konservativen Revolte, die von Donald Bane und seinem Verbündeten Edmund, einem Halbbruder von D., angeführt wurde, gestürzt und getötet. – Sein Sohn Wilhelm stand in der Gunst Kg. →Davids I. G. W. S. Barrow

Q. und Lit.: A. Dunbar, Scottish Kings, 1906 – A. O. Anderson, Early Sources of Scottish Hist., 1922.

Dunchad. 1. D., hl., Abt in Killochuir in Ulster (Nord-Irland), † 717, wurde 707 11. Abt v. →Iona. Unter ihm vollzog die dortige ir. Mönchsgemeinschaft auf Betreiben des ihr seit 715 angehörenden hl. →Egbert den ersten Schritt in der bereits von →Adamnanus angeregten Annahme der »kath. Lebensweise« (Beda), nämlich die des röm. Ostertermins. Kommemoration am 25. Mai im Martyrolog. v. →Tallaght und im →Félire Oengusso.

J. Hennig

Q. und Lit.: Beda, Hist. Eccl. V, XXII, XXIV – Chronicon Hiense (AASS Oct. XII, 624f.) – Ordo commemorationis ... abbatum defunctorum (ca. 784, auch in Liber Confraternitatis S. Petri Salisb., AnalBoll LXXVIII, 1960, 94) – AASS Mai VI, 1866, 3 – DGHE XIV, 1435 – Bibl. SS IV, 859 – Catholicisme VI, 51.

2. D. (Duncaht), ir. Gelehrter des 9. Jh., vielleicht identisch mit dem »scriba et ancorita« Donnacán mac Máele Tuile († 843 in Italien), der in der Karlsruher ir. Hs. des Computus von Beda erwähnt wird. In einer Hs. der Brit. Library (Reg. A 15 XXXIII) ist zu einem Computus-Fragment eine Glosse überliefert, die einen »Dunchaht (recte Dunchat) pontifex Hiberniensis« als Lehrer in →Reims und Verfasser eines Kommentars zu →Martianus Capella nennt. Diese ist wohl die Hs., die Leland um die Mitte des 16. Jh. in Wyceter/Cairanguent (Wales) sah (J. Leland, Collectaneum III, 166). Moderne Forscher haben D.s Autorschaft angezweifelt. Die »Annotationes in Marcianum« des →Johannes Scottus (Paris, Bibl. Nat. lat. 12960), die D.s Martianus-Kommentar unmittelbar folgen und auf derselben (verlorenen) Martianus-Hs. beruhen, sind mit 852 datiert und liefern ein weiteres Argument für die Annahme einer Autorschaft D.s. Glossen zur Isagoge des →Porphyrius (Paris, Bibl. Nat. lat. 12949) sind nicht – wie manchmal behauptet worden ist – von L. TRAUBE dem D. zugeschrieben worden; sie werden heute als Werk des auf dem Kontinent wirkenden ir. Gelehrten Israel (10. Jh.) angesehen. D. Ó Cróinín

Ed. und Lit.: Dunchad, Glossae in Martianum, ed. C. E. LUTZ (Philol. Monographs publ. by the American Philol. Association 12), 1944 – M. ESPOSITO, Notes on a 9th c. comm. on Martianus Capella, Zs. für celt. Philol. 7, 1909–10; 9, 1913, 159–163 – MANITIUS, 335–337, 502f., 525f. – L. TRAUBE, Vorlesungen und Abh. 3, 1920, 128–156, bes. 154–156 – J. F. KENNEY, Sources for the Early Hist. of Ireland I, 1929, 373f. – BRUNHÖLZL, 487, Anm. 189 [mit Vorbehalten gegen die Zuschreibung des Martianus-Komm.] – s. a. Lit. zu →Remigius v. Auxerre.

Dundee, Stadt an der Ostküste von Schottland (Gft. Angus), günstig am Nordufer der Mündungsbucht des Firth of Tay gelegen, in der Nähe einer Fährverbindung über den Fluß nach →Fife. Die Fährstelle befindet sich östl. von D., in Broughty, wo um 1500 eine Burg errichtet wurde. D. besaß einen guten Hafen und war wohl schon vor der formellen Erhebung zum *burgh* (→*burh*) unter baronialer Kontrolle (1190/95) ein lokales Zentrum von einiger Bedeutung. Der Gründer des burgh war David, Earl of →Huntingdon († 1219), ein Bruder →Wilhelms I. d. Löwen, Kg.s v. Schottland. Der burgh kam in kurzer Zeit zu Blüte und Wohlstand; bereits 1199 verlieh ihm Kg. →Johann v. England Privilegien für den Handel mit England und Frankreich. D. stand lange Zeit mit dem stromaufwärts gelegenen burgh v. →Perth in wirtschaftl. Konkurrenzkampf, wobei D. erfolgreicher war. Im SpätMA war es zumeist die zweit- oder drittreichste Stadt in Schottland. G. G. Simpson

Lit.: A. MAXWELL, Old D., 1891 – K. J. STRINGER, Earl David of Huntingdon, 1985, Kap. 4.

Dünenabtei (Duinenabdij), Abbaye des Dunes), Abtei OCist im westl. →Flandern, in den Dünen nahe dem heut. Dorf Koksijde nördl. v. Veurne (heut. Belgien, Prov. West-Vlaanderen) gelegen. Die Anfänge der D. gehen auf das frühe 12. Jh. zurück; damals ließ sich ein Eremit Ligerius in dieser Gegend nieder und sammelte eine Schar von Gefährten um sich. Bald konstituierte sich diese Gemeinschaft als Monasterium, das sich zunächst der Abtei →Savigny (1123?) affiliierte, später dann dem Orden der →Zisterzienser (ab 1138) beitrat. Die förmliche Existenz der D. beginnt 1128 mit der Weihe der ersten Abteikirche und der Schenkung einer Rente durch Wilhelm v. Normandie, Gf. en v. Flandern. Im Laufe des 12. Jh. wuchs die Zahl der Mönche und Konversen beträchtlich an; die D. errichtete →Grangien, gründete 1175 in Lissewege nördl. von Brügge die Abtei Ter Doest (got. Scheunenbau erhalten), nachdem die D. wohl bereits 1128 die Abtei →Clairmarais begründet hatte; diese Ausbauphase kulminierte im 13. Jh. in der Errichtung eines riesigen neuen Gebäudekomplexes neben den alten Abteibauten. Dieser Gebäudekomplex wurde benutzt bis in die Zeit der Religionskriege der 2. Hälfte des 16. Jh., in deren Verlauf er schwer beschädigt wurde; heute ist er völlig verschwunden, aber durch Ausgrabungen sowie ein Bild des fläm. Malers Pieter Pourbus (1580) bekannt. Nach langen Krisenjahren im 16.–17. Jh. siedelten sich die Mönche 1627 definitiv in Brügge an (barocke Gebäude erhalten). 1796 wurde die D. durch die frz. Verwaltung aufgehoben.

Im MA spielte die D. im polit., wirtschaftl. und geistigen Leben der Gft. Flandern eine gewichtige Rolle. Mehrere Äbte waren Ratgeber der Gf. en v. Flandern und später der Hzg. e v. Burgund, ebenso auch von auswärtigen Fs. en. In diesem Zusammenhang stehen auch Schenkungen engl. Besitzungen durch die Kg. e v. England an die D. Sie unternahm große Einpolderungsmaßnahmen (→Damm- und Deichbau), insbes. im seeländ. Flandern, wo die D. umfangreiche Besitzungen hatte. Auf geistig-kulturellem Gebiet sind aus der Zeit des Humanismus der Abt Jan →Crabbe sowie der Mönch und Chronist Adriaan de →But zu erwähnen. M. Ryckaert

Lit.: A. DUBOIS–N. HUYGHEBAERT, Abbaye des Dunes à Koksijde et à Bruges (Monasticon Belge, t. III, Bd. 2, 1966), 353–445 – H. THOEN–L. MILIS, Het site Ten Duinen te Koksijde: archeologisch, geologisch, historisch, Handelingen der Maatschappij voor Geschiedenis en Oudheidkunde te Gent, nieuwe reeks 28, 1974, 11–45 – De Duinenabdij in het Grootseminarie te Brugge, hg. A. DENAUX–E. VANDEN BERGHE, 1984 [zur nachma. Periode].

Dunfermline, Stadt und ehem. Abtei OSB im südl. →Schottland, nördl. des Firth of Forth (Gft. Fife), liegt an einem Kreuzungspunkt von Altstraßen und war mindestens seit 1050 kgl. Herrschaftszentrum. Die Bedeutung des Ortes wuchs, als hier um 1070 ein Priorat OSB (später Abtei) als Tochterkl. des Kathedralklosters →Canterbury gegr. wurde. Stifterin war die hl. →Margarete, die als ags. Prinzessin den Kg. v. Schottland, →Malcolm III., geheiratet hatte. Das Innere des erhaltenen roman. Kirchenschiffs zeigt den Einfluß von →Durham. Die Abtei war Grablege der schott. Kg.e vom späten 11. bis zum frühen 14. Jh. Ein kgl. Burgus (*burgh*) wurde in den 1120er Jahren errichtet, der aber im Laufe des 12. Jh. wieder einging; seine Rolle wurde von einem späteren Burgus, der näher bei der Abtei lag, übernommen. Diese städt. Siedlung, die sich als →Abteistadt unter der Herrschaft der Äbte entwickelte, ist seit ca. 1300 belegt. G. G. Simpson

Q. und Lit.: E. HENDERSON, Annals of D., 1879 – Burgh Records of D., 1488–1584, ed. E. BEVERIDGE, 1917 – Regality of D. Court Book (1531–38), ed. J. M. WEBSTER–A. A. M. DUNCAN, 1953 – R. GOURLAY–A. TURNER, Historic D., the Archaeological Implications of Development, 1978 – E. TORRIE, The Guild of D. in the 15th century [Diss. masch. Edinburgh 1984].

Dungal, karol. Autor, * wahrscheinl. in Irland, wie aus seinem Namen zu erschließen ist. Über seine Identität bestand jedoch lange Zeit in der Forschung Uneinigkeit. L. TRAUBE unterschied 1891 mehrere Iren dieses Namens: einen »reclusus« in St-Denis (vom 8. zum 9. Jh.); einen Magister in Pavia (bezeugt für das 3. Jahrzehnt des 9. Jh.); einen der Gefährten des →Sedulius Scottus (Mitte des 9. Jh.); schließlich einen Mönch aus Bobbio (11. Jh.). V. a. aufgrund der Forschungen von M. ESPOSITO, der eine Hypothese von L. A. MURATORI wiederaufnimmt und bestätigt, ist man jedoch heute der Ansicht, daß nur ein einziger D. in der Karolingerzeit gewirkt habe (H. LÖWE, B. BISCHOFF, M. FERRARI, J. VEZIN und C. LEONARDI).

Erstmals begegnet der noch ziemlich junge D. in den Jahren nach 784 im Kl. v. St-Denis; er steht mit →Alkuin in freundschaftl. Verhältnis, der ihn in einem Brief an die ir. Mönche (datiert zw. 792 und 804) als »vestrae eruditionis doctor« grüßt (MGH Epp. 4, 437). 801 holt Karl d. Gr. (ebd. 552) D.s Urteil über »De substantia nihili et tenebrarum« des →Fridugisus v. Tours ein. 811 fragt ihn der Ks. um seine Meinung über die Sonnenfinsternis. In der erhaltenen Antwort (ebd. 570–578) beklagt sich D., die einschlägigen Schriften des Plinius und anderer antiker Autoren seien ihm nicht zugänglich gewesen, so daß er, nur gestützt auf die Autorität des Macrobius, antworten müsse. Trotz geringer Originalität zeigt das Werk D.s reiche Kenntnisse in den artes liberales und v. a. den bibl. patrist. Disziplinen. D. erweist dabei gutes pädagog. Geschick, ohne jedoch noch eigene Autorität und bes. Ansehen in den ideolog. Auseinandersetzungen des karol. Geisteslebens zu besitzen; er ist der »reclusus« von St-Denis (ebd. 580), der dem Kreis um Alkuin und dem Hof Karls d. Gr. nahesteht, ohne eine führende Rolle zu spielen.

Es ist ungewiß, ob sich D. bereits während der Regierung Karls d. Gr. (ESPOSITO) oder zur Zeit Ludwigs des Frommen und Lothars nach Pavia begeben hat. Fest steht, daß Lothar 825 im Kapitulare von Olona (MGH Capit. I, 327) D. zum Magister an der traditionsreichen Schule v. →Pavia ernannte. Hier wirkte er zumindest bis 827, als er im Auftrag von Ludwig und Lothar sein bedeutendstes Werk, »Responsa contra perversas Claudii Taurinensis episcopi sententias« verfaßte. Die Forschung unterschätzte sogar noch in neuester Zeit dieses Werk, das durchaus gewisse Originalität besitzt. Es entstand anläßlich der Synode v. Paris 825 (MGH Conc. 2, 480-532), die von Ludwig nicht zuletzt auf Betreiben des byz. Ks.s Michael II. einberufen wurde, der zu diesem Zeitpunkt unter dem Druck der Ikonodulen stand (→Bilderstreit). Ludwig wollte einen Mittelweg einschlagen, wie es bereits sein Vater 794 in Frankfurt getan hatte. Seine Theologie weist der Bilderverehrung nur eine belehrende und propädeut. Rolle zu, die von der ikonodulen Position des →Theodoros Studites und der ganzen ikonophilen Tradition weit entfernt ist. Dagegen wendet sich→Claudius v. Turin mit einer deutlich ikonoklast. Theologie. In seinen »Responsa« geht D. über die in Paris von den karol. Theologen geäußerte Position hinaus. Obwohl er die ikonodule Theologie nicht kennt, weist er den Bildern Christi und der Hll., dem Kreuz sowie den Reliquien und Wallfahrten nicht nur belehrende Rolle zu, sondern sieht in ihnen auch das Wissen um die göttl. Realität vermittelt (MPL 105, 470; 481; 488; 474; s. a. →LEONARDI, 756f.). Vielleicht von der ir. Tradition ausgehend, in der die Kreuzesverehrung und die Praxis der Wallfahrten sehr stark ist, nimmt D. eine in geistiger und kultureller Hinsicht authent. und originelle Position ein.

Der Zeitpunkt steht nicht fest, an dem sich D. ins Kl. →Bobbio zurückzog, wo die auf Columban zurückgehende ir. Tradition vielleicht noch lebendig war. Wie der einige Jahrzehnte später erstellte Katalog bezeugt, schenkte er der Klosterbibliothek eine Gruppe von Hss. (»Item de libris quos Dungalus praecipuus Scottorum obtulit beatissimo Columbano«, BECKER, 70), von denen viele identifiziert worden sind (BISCHOFF; VEZIN). In dem die »Responsa« enthaltenden und in Italien geschriebenen Codex Ambr. B. 102 Sup., wie zumindest in einer weiteren Hs. (Ambr., 74 Sup.), sind Autographen D.s überliefert (BISCHOFF). Von D. sind außerdem einige weitere Briefe und eine Reihe von Gedichten erhalten. Aus den Briefen D.s (MGH Epp. 4, 578-582) läßt sich nicht viel mehr für seine Biographie erschließen als eine Bestätigung seiner Verbindungen zum Hof Karls des Gr. und einige finanzielle Sorgen. Seit 1748 identifizierte man ihn mit dem sog. →Hibernicus exul, dem Verfasser zahlreicher Verse (so in der »Histoire littéraire« IV, 497), eine These, der auch TRAUBE zuneigte; andere setzen den Dichter mit→Dicuil gleich (ESPOSITO). Es sind also nur wenige Gedichte von eher geringer Bedeutung – D. sicher zuzuschreiben (MGH PP 1, 406-407, 411-413). C. Leonardi

Lit.: G. BECKER, Catalogi bibliothecarum antiqui, 1855, 70-71 – L. TRAUBE, O Roma nobilis, AAM 19, 1891, 332-337 – M. ESPOSITO, The Ancient Bobbio Catalogue, JTS 32, 1931, 337-339 – DERS., The Poems of Comanus 'Nepos cracavist' and Dungalus 'Praecipuus Scottorum', ebd. 33, 1932, 119-131 – WATTENBACH-LEVISON-LÖWE II, 1953, 196-197, 202, 242; IV, 1963, 397-400, 406-407, 422-423 [H. LÖWE] – C. GENNARO, Frudigiso di Tours e il »De substantia nihili et tenebrarum«, 1963 (Pubbl. dell'Ist. univ. di Magistero di Catania, Ser. fil. 46)
– B. BISCHOFF (Kat. Karl d. Gr., Werk und Wirkung, Aachen 1965, 206) – DERS., Die Bibl. im Dienste der Schule (Sett. di Spoleto 19, 1972), 401, 410-412 – M. FERRARI, »In Papia conveniant ad Dungalum«, JMU 15, 1972, 1-52 – DIES. (Sett. di Spoleto, 22, 1975), 305-307, 313 – DIES., (Convegni del Centro di studi sulla spiritualità medievale 18, 1979, 272f.) – J. VEZIN, Les mss. copiés à St-Denis en France pendant l'époque carolingienne (Paris et Ile-de-France. Mém. publ. par la Fédération des Soc. hist. et archéol. de Paris et de l'Ile-de-France 32, 1981), 273-287 – DERS., Observations sur l'origine des mss. légués par D. à Bobbio (Paläographie 1981. Coll. des Comité internat. de paléographie, München 15.-18. Sept. 1981, hg. G. SILAGI, 1982, 125-144 [Münchener Beitr. zur Mediävistik und Renaissance-Forschung. 32]) – C. LEONARDI, Gli Irlandesi in Italia. D. e la controversia iconoclastica (Die Irenund Europa im früheren MA, hg. H. LÖWE, 1982), 746-757.

Dungannon, Stadt in Nordirland (Gft. Tyrone). Der Ortsname (Dún Geannainn 'Befestigung des Geanann') weist auf eine alte Befestigungsanlage hin, doch ist er erst 1430 namentl. belegt, als Hauptsitz von O Neill d. Gr., dem Oberhaupt der Familie O Neill, eines späteren Zweiges der →Uí Néill-Dynastie. Zu 1500 wird die Zerstörung der dortigen »alten Burg« erwähnt, dennoch blieb der Platz bis zum Ende des 16. Jh. die Residenz des O Neill, von der aus er das mittlere Ulster beherrschte. Es bestand in D. eine baile (d. h. eine der Burg zugeordnete Siedlung) und eine 1483/93 gegr. Niederlassung der Franziskaner-Tertiaren. K. Simms

Q. und Lit.: Annals... by the Four Masters, ed. J. O'DONOVAN, 1854, IV-VI, passim – E. Ó DOIBHLÍN, Domhnach Mór: An Outline of Parish Hist., 1965.

Düngung. Unter D. ist allgemein die Anreicherung des Bodens mit solchen organ. und anorgan. Stoffen zu verstehen, die zur Steigerung der Bodenfruchtbarkeit beitragen. Art und Menge dieser Stoffe richten sich auch im MA nach Bodenart und Bodenzustand, nach Klima und Witterung, ferner nach den unterschiedl. Bedürfnissen der angebauten Pflanzen. Unter den organ. Stoffen, die dem Boden zur Erhöhung der Erträge und zur Verhinderung von Nährstoffverarmung zugeführt wurden, sind v. a. die verschiedenen Formen von Viehdung (Fäkalien, Stallmist) und Pflanzenresten (Stroh, Laub) zu nennen. Von den mineral. Düngemitteln kannte man im MA in erster Linie den Mergel (ton- und kalkhaltige Gesteine); die D. der Felder mit kalkigem, kreidigem Mergel erwies sich v. a. bei nährstoffarmen Äckern als nützlich und verringerte die Bodensäure. Der andauernde Mangel der älteren Landwirtschaft an ausreichendem Dünger konnte erst im 19. Jh. mit dem Aufkommen von Kunstdünger wirksam behoben werden.

Die D. der Äcker durch Zufuhr von Mist gehörte schon seit dem FrühMA zu den Hauptmitteln, um die Erträge des Ackerbaus zu steigern. Der Mangel an Viehdung setzte diesem Bestreben jedoch enge Grenzen. Bei den relativ geringen Rindviehbeständen, über die die meisten Bauernbetriebe verfügten, fiel wenig Mist an, zumal das Vieh nur während der kalten Wintermonate im Stall gehalten wurde; im Frühjahr und Sommer weidete das Vieh auf der →Allmende und auf brachliegenden Äckern, im Herbst auch auf den Stoppelfeldern und auf abgeernteten Wiesen. Mit Stallmist konnte daher nur ein geringer Teil der Äcker gedüngt werden. Zur Regenerierung des Bodens spielte daher die →Brache lange Zeit die Hauptrolle. Der Düngermangel der bäuerl. Wirtschaft wurde im übrigen durch die Forderung der Herren nach angemessener D. ihrer Äcker verschärft. In den Hofrechten wird oft festgesetzt, wieviel Dungfahrten die Bauern auf Herrschafts- und Lehenäckern zu leisten haben; der Mistvorrat der Bauern für ihre Eigenäcker wurde dadurch noch weiter verringert. Dazu kam, daß auch die →Wiesen einen gewissen Bedarf an Dung hatten, da sie nie in Brache lagen, und daß v.a. die seit dem HochMA sich stark ausbreitenden Weingärten (→Weinbau) eine intensive D. erforderten, wenn sie genügend Erträge erbringen sollten. Eine bes. Form der D. stellte die *Plaggendüngung* dar, die auf den Eschböden (→Esch) NW-Deutschlands in Rahmen des Einfeldbaus betrieben wurde. Dem Eschboden wurden dabei regelmäßig Heide- und Grasplaggen zugeführt, die die Bauern in der gemeinen Mark gestochen und mit Stalldung vermengt hatten. Die dadurch bewirkte ständige Erneuerung der Bodenfruchtbarkeit erlaubte es, die Eschflächen kontinuierlich mit Getreide (»ewiger Roggenbau«) zu bebauen. – In bestimmten Küstengebieten (z. B. Bretagne) war auch D. mittels *Seegras* verbreitet.

Der Mist wurde im MA mit kleinen, meist zweispännigen Wagen auf die Äcker gebracht. Dabei richteten die Dungfahrten auf den Feldern leicht Schäden an, weshalb sich die Weistümer und Dorfordnungen ausführlich mit dieser Frage beschäftigen. Mistfahren durfte man nur bei trockenem Wetter, nicht bei nassem, da der Boden dann zu sehr aufgeweicht wurde. Als Zufahrt waren gewisse Wege vorgeschrieben, die mancherorts ausdrücklich 'Dungwege' genannt wurden. In einer Reihe von Leihe- und Pachtverträgen schrieb man eine Düngepflicht des Pächters ausdrücklich vor; z. B. mußte jährlich eine bestimmte Anzahl von Äckern angemessen gedüngt werden. Neben der Steigerung der Bodenfruchtbarkeit durch Stallmist war die Bodenverbesserung durch Mergeldünger auch schon seit dem FrühMA bekannt. Das »Edictum Pistense« Karls d. K. von 864 (MGH Cap. n. 273 cap. 29) erwähnt die Verpflichtung der Bauern zu Mergelfuhren (margilam carricare). Seit dem 13. Jh. häufen sich die Nachrichten von Mergelgruben, Mergelgraben und dem Ausstreuen von Mergelstaub auf den Feldern. Im Elsaß gab es im SpätMA auf den Dörfern Mergelgruben zu gemeinsamer Benutzung der Dorfgenossen (GRIMM, Weistümer IV, 6). W. Rösener

Q. und Lit.: RE V, 1756–1776 – Weisthümer, ed. J. GRIMM, 7 Bde, 1840–78 – Q. zur Gesch. des dt. Bauernstandes im MA, ed. G. FRANZ, 1974² – G. DUBY, L'économie rurale et la vie des campagnes dans l'Occident médiéval, 2 Bde, 1962 – B. ANDREAE, Betriebsformen in der Landwirtschaft, 1964 – H. JÄNICHEN, Beitr. zur Wirtschaftsgesch. des schwäb. Dorfes, 1970 – W. ABEL, Gesch. der dt. Landwirtschaft vom frühen MA bis zum 19. Jh. (Dt. Agrargesch. 2, 1978³, passim) – K.-E. BEHRE, Zur ma. Plaggenwirtschaft in NW-Deutschland und angrenzenden Gebieten nach botan. Unters. (Unters. zur eisenzeitl. und frühma. Flur in Mitteleuropa und ihrer Nutzung, AAG 116, 1980), 30ff. – H. TIEFENBACH, Bezeichnungen für Mist und Dünger im Ahd. (ebd.), 45ff.

Dunkeld, Kl. und späteres Bm. in Schottland, erscheint erstmals in annalist. Quellen, die die Gründung des Kl. dem Piktenkönig →Konstantin I. (789–820) zuschreiben. Nach der wiking. Verwüstung von →Iona wurden i. J. 849 einige Reliquien des hl. →Columba nach D. transferiert, das bis zur Reformation das Columba-Patrozinium beibehielt. Das Kl. war gänzlich nach dem Vorbild des ir. Mönchtums organisiert, besaß Land und Einkünfte in ausgedehnten Bereichen der Provinzen →Fife und Perthshire (→Perth) und unterstand einem Abt, dessen Amt allmählich in Laienhände geriet. Im einzelnen sind wir über das Kl. D. schlecht unterrichtet, und auch seine genaue Lage ist unbekannt, wenngleich sie mit derjenigen der späteren Kathedrale am linken Ufer des Tay gleichgesetzt worden ist.

Der früheste mit D. in Verbindung gebrachte Bf. war der Abt v. D., Tuathal († 865), doch wurde, wohl unter Konstantin III. (903–943), im frühen 10. Jh. der Sitz des Hauptbistums der Schotten (*escop Alban*) von D. nach →St. Andrews verlegt. Obwohl in D. noch bis ca. 1100 Mitglieder der kgl. Familie als Laienäbte fungierten, erscheint D. als Bm. erst um 1120; der charakterist. kelt. Name des erwähnten Bf.s Cormac weist auf Kontinuität zur älteren Periode hin. Das überkommene Kl. ging nun an in der Kathedrale auf. Ein eingehendes Bild von der Geschichte des Bm.s kann erst vom Episkopat des Gregorius († 1169) an gezeichnet werden. Ein in der üblichen Weise organisiertes Domstift scheint seit dem frühen 13. Jh. bestanden zu haben. Das ursprgl. weiträumige Diözesangebiet erstreckte sich vom Festlandsgebiet in Argyll ostwärts zum Firth of Tay und Firth of Forth und umfaßte auch einige Exklaven in Lothian und Berwickshire. Um 1189 wurde der Anteil in Argyll als eigenständige Diöz. ausgegliedert, offensichtl. aufgrund einer Vereinbarung zw. dem Kg. v. Schottland, der Kurie und dem Bf. v. D., Johannes (John the Scot). In der Rangfolge der schott. Bm.er nahm D. nach St. Andrews und →Glasgow und vor →Aberdeen den dritten Platz ein. Unter den geistl. Institutionen der Diöz. verfügte die Augustinerabtei Inchcolm, auf einer Insel im Firth of Forth gelegen, über eine bes. enge Verbindung zu den Bf.en, für die sie wiederholt als Grablege diente. An einzelnen Bf.en v. D. sind zu nennen: Matthew de Crambeth (1288–1309), der eine bedeutende Rolle im Kampf der Schotten gegen die Engländer spielte; Robert de Cardeny (1398–1437), auf den der erhaltene Kathedralbau zum großen Teil zurückgeht; James →Kennedy, später Bf. v. St. Andrews; William →Turnbull, späterer Bf. v. Glasgow; George Brown (1483–1515), der über seelsorgerl. und administrative Fähigkeiten verfügte; Gavin →Douglas (1474/75–1522), ein schott. Dichter, dem wir die erste engl. Versübertragung von Vergils »Aeneis« verdanken. Der letzte kath. Bf. war Robert Crichton (1543–71). G. W. S. Barrow

Q. und Lit.: A. MYLN, Vitae Dunkeldensis ecclesiae episcoporum (ed. Bannatyne Club, 1831) – J. DOWDEN, The Bishops of Scotland, 1912 – D. E. R. WATT, Fasti Ecclesiae Scoticanae Medii Aevi ad annum 1638, 1969.

Dünkirchen (ndl. Duinkerke, frz. Dunkerque), fläm. Hafenstadt im heut. Nordfrankreich (dép. Nord). 1067 erstmals als Siedlung erwähnt, war D. zunächst ein Fischerdorf. Bald nach 1180 (möglicherweise i. J. 1183) gründete →Philipp v. Elsaß, Gf. v. Flandern, wahrscheinl. neben der bestehenden Dorfsiedlung, die Stadt D. Sie zählte zu den letzten Gründungen von Hafenstädten, die im Rahmen der gfl. Wirtschafts- und Landesausbaupolitik erfolgten (→Flandern). Zugleich erhielt D. auch eine wichtige Rolle für die Organisation der Kanäle und Wasserläufe der Region. Die Gründungsurkunde gewährte den Einwohnern gfl. Schutz und Befreiung von zahlreichen Abgaben und Zöllen. Doch blieb die städt. Entwicklung vergleichsweise bescheiden. Die Ummauerung von 1405–06 (errichtet auf den Ruinen einer älteren Befestigung, die möglicherweise bei der Belagerung von 1383 zerstört worden war) umschloß eine Stadtfläche von kaum mehr als 20 ha. Erst im 16. Jh. wurde D. zum bedeutenden Wirtschafts- und v. a. Kriegshafen, der dem Kaperkrieg gegen die Holländer während des 80jährigen Krieges als Stützpunkt diente. – Die Hauptkirche war dem hl. Eligius geweiht. M. Ryckaert

Lit.: H. MALO, Dunkerque, ville héroïque, 1918 – L. LEMAIRE, Hist. de Dunkerque des origines à 1900, 1927 – A. VERHULST, Initiative comtale et expansion économique en Flandre au XII° s.: le rôle de Thierry et de Philippe d'Alsace (Misc. Mediaevalia in memoriam J. F. NIERMEYER, 1967), 227–240.

Dünnpfennig, ma. Silbermünze (auch mißverständl. als →Halbbrakteat bezeichnet), deren Schrötling (→Münztechnik) so dünn ist, daß Bild und Schrift der Vorder- und Rückseitenstempel teilweise negativ jeweils auf der anderen Münzseite erscheinen. Gelegentlich ist auf den D.en eine Münzseite fast unkenntlich. D.e sind als eine Vorstufe der →Hohlpfennige anzusehen. Sie treten erstmals am Ende des 9. Jh. in Italien auf und werden seit dem 10. Jh. typisch für die Schweiz. In Bayern setzt im 12. Jh. eine rege Prägung von D.en mit phantasiereichen Münzbildern ein. Weitere D.e-Landschaften sind im 12. Jh. Niedersachsen (bes. Goslar), Thüringen und Rheinfranken (bes. Worms und Speyer). P. Berghaus

Lit.: F. v. SCHROETTER, Wb. der Münzkunde, 1930, 165f. [A. SUHLE].

Dunois, Gft. → Châteaudun

Dunois, Jean, Gf. v., »bâtard d'Orléans«, bedeutender frz. Heerführer in der letzten Phase des →Hundertjährigen Krieges; außerehel. Sohn→Ludwigs, Hzg.s v. →Orléans (∞ Valentina Visconti), und der Mariette d'Enghien (∞ Aubert le Flamenc, Sire de Canny, hzgl. →*chambellan*); * um 1402, † 24. Nov. 1468. – Reich begabt mit militär. Fähigkeiten, diplomat. Gewandtheit, Beredsamkeit und einer attraktiven äußeren Erscheinung, durchlief D. eine brillante Karriere im Dienst der frz. Kg.e →Karl VII. und →Ludwig XI. D. wurde gemeinsam mit seinen legitimen Halbbrüdern→Charles (späterer Hzg. v. Orléans), →Jean (späterer Gf. v. Angoulême) und Philippe (späterer Gf. v. Vertus) erzogen. Da seine Halbbrüder Jean und Charles bald in engl. Gefangenschaft gerieten (1412 bzw. 1415) und Philippe bereits 1420 verstarb, war D. das einzige Mitglied des Hauses Orléans, das dessen Interessen wirksam zu verteidigen vermochte. In dieser Zeit tritt er als sehr junger *capitaine* unter Karl (VII.), dem »Kg. v. Bourges«, auf. Zutiefst der Partei der→Armagnacs verbunden, heiratete D. 1422 Marie, die Tochter von Jean Louvet, der in dieser Zeit bei Karl VII. eine fast allmächtige Stellung einnahm. Zwei Jahre später mußte D., nachdem sein Schwiegervater die kgl. Gunst verloren hatte, vorübergehend vom Hofe weichen. Von 1426 an tritt er hier jedoch erneut in Erscheinung, sich stützend auf eine Reihe glanzvoller militär. Erfolge, die er gleichzeitig mit den Waffentaten der →Jeanne d'Arc, ebenso aber auch vorher und nachher, vollbrachte. Nach dem Friedensschluß v. →Arras (1435) setzte sich D. v. a. für die Freilassung seiner Halbbrüder ein; Charles d'Orléans kehrte 1440, Jean d'Angoulême 1445 zurück. Danach übte D. eine Reihe diplomat. Missionen für Karl VII. aus (Burgund, England, Savoyen). Dies hinderte ihn nicht, bei der Rückeroberung der →Normandie (1449–50) und bei der ersten Eroberung der →Guyenne (1451) eine entscheidende Rolle zu spielen. Die Quellen legen nahe, daß D. während der letzten Regierungsjahre Karls VII. zu den zwei oder drei bedeutendsten Ratgebern im →Conseil royal gehörte. Er selbst beanspruchte neben dem Titel des *grand→chambellan* auch denjenigen eines kgl. →*lieutenant général* im Kriege, also gleichsam den Oberbefehl über alle kgl. Truppen und festen Plätze. Nach 1461 gelang es ihm im Unterschied zu anderen engen Ratgebern des alten Kg.s auch mit dem Sohn und Nachfolger, Ludwig XI., in gutem Einvernehmen zu leben. Noch 1462–63 befehligte er einen kleineren Feldzug nach Italien (Savona). Dennoch schloß er sich, stets sensibel für die allgemeine polit. Atmosphäre, der Oppositionsgruppe der →Ligue du Bien Public an (1465), in der er als polit. Kopf, Verhandlungsführer und Sprecher stark hervortrat. D. verstand es, mit Ehren aus dieser polit. Verstrickung wieder herauszukommen und das Vertrauen des Kg.s zurückzugewinnen. Reich an Jahren, Ruhm und Reichtümern, starb er 1468.

In seiner Jugend fast unbegütert, wurde er von Karl VII. wie von Charles d'Orléans mit einer Reihe von Herrschaften und Besitztümern ausgestattet, die er ständig oder zeitweilig besaß; zu nennen sind die Gft.en Gien, Porcien, Vertus, Périgord und Mortain. Bei den meisten dieser Übertragungen handelte es sich allerdings um bloße Titel, die D. selbst selten genug führte; bei den Zeitgenossen war er allgemein als »monseigneur le Bâtard« bekannt. Seit 1439 besaß er ständig die Gft. Dunois (nach der er in den zeitgenöss. Quellen üblicherweise genannt wird), seit 1443 auch die Gft. Longueville. – Aus seiner 2. Ehe mit Marie d'Harcourt (1439) gingen mehrere Kinder hervor; unter ihnen François (∞ Agnès, Schwester der→Charlotte v. Savoyen, der Gattin Ludwigs XI.), der seinem Vater als Gf. v. Dunois folgte. Ph. Contamine

Lit.: M. CAFFIN DE MÉROUVILLE, Le beau D. et son temps, 1960 [Lit.].

Dunsæte, nur durch einen ae. Vertragstext belegte Stammesgruppe, die eine engl.-walis. Mischbevölkerung darstellte und beiderseits eines Flusses (des Wye?) siedelte, wohl in Monmouth (Herefordshire); sie soll »einst« zu Gwent gehört haben, schuldete aber »mit größerem Recht« den Westsachsen Tribut und Geiseln. – Diese D. waren Gegenstand eines jurist. Vertrages zw. »Angelcynnes witan« und »Wealhthéode«, von LIEBERMANN u. a. in die Regierungszeit Kg. →Æthelstans (925–939) datiert, doch wohl später anzusetzen. Wie die engl. Verträge mit den Dänen (878–991) diskutiert auch dieser Text die Beziehungen zw. zwei Rechtssystemen unter bes. Berücksichtigung des Viehdiebstahls: 12 *lahmen* ('Richter', ae. Wort, skand. und wohl späten Ursprungs) sollen zw. Walisern und Engländern Recht sprechen, sechs von jeder Seite. Der Text ist in den Rechtssammlungen des frühen 12. Jh., Quadripartitus und Ms. CCCC. 383 (im Corpus Christi Coll. Cambridge), überliefert, in direkter Verbindung mit dem sog. 2. Rechtscodex (2nd Code) Kg. →Ethelreds II. (978–1016), vermutl. dank der Initiative eines Beamten, der speziell an Verträgen und den Problemen der Sicherheitsbürgschaften, die damit zusammenhingen, interessiert war. C. P. Wormald

Lit.: LIEBERMANN, Gesetze I, 374–379; II, 355f.; III, 214–219.

Dunshaughlin (Domnach Sechnaill, 'Kirche des Sechnall'), Kirche in Irland (Gft. Meath), gegr. von Secundinus (Sechnall), der der Überlieferung nach 439 als Helfer des hl. →Patricius (Patrick) nach Irland gesandt wurde. Doch deuten die geograph. Lage seiner Kirche im mittleren Irland (sowie das archaische Präfix 'domnach') und die sehr begrenzte Verbreitung seines Kultes eher auf eine Verbindung mit der kontinentalen, von Palladius (ca. 431–[?]460) initiierten Mission hin. Urspgl. zu Leinster gehörig, kam D. nachfolgend unter Kontrolle der Uí Néill, und mehrere Kg.e dieser Sippe wurden nach Sechnall benannt (Máel-Sechnail > O'Melaghlin). Die Nachrichten über die Frühzeit sind sehr dürftig, erst vom 9. Jh. an erfolgt eine regelmäßige Erwähnung von Äbten.
D. Ó Cróinín

Lit.: A. GWYNN–R. N. HADCOCK, Medieval Religious Houses, Ireland, 1970, 35.

Duns Scotus → Johannes Duns Scotus

Dunstable (Dunstaple), **John,** engl. Komponist, * ca. 1390, † 24. Dez. 1453, ◻ London. Über sein Leben ist so gut wie nichts Sicheres bekannt. Ein Astronomie-Traktat (St. John's College, Cambridge) trägt den lat. Vermerk, daß das Büchlein D., »cn̄« und Musiker des Hzg.s v. Bedford, gehört habe. Die Abkürzung ist als »canonicus« gelesen worden. Daß D. sich mit Astronomie beschäftigte, erscheint auf Grund einiger weiterer Zeugnisse als sicher. Die Vermutung, D. habe Bedford während dessen Regentschaft 1422–35 nach Frankreich begleitet, stützt sich einzig auf das obengen. kleine Zeugnis. Allerdings muß D. Beziehungen zum Kontinent unterhalten haben, da sein Werk zum weit überwiegenden Teil in kontinentalen, vornehml. it. Hss. überliefert ist und seine Musik frz. und it. Einfluß erkennen läßt. In großem Gegensatz zum Fehlen fast jegl. Nachrichten über sein Leben steht D.s großer Ruhm schon zu seinen Lebzeiten sowie unmittelbar nach seinem Tode. Frz., ndl. und it. Autoren erwähnen ihn, öfters im Zusammenhang u. a. mit →Dufay und →Binchois, als Vorbild und Haupt einer ganzen neuen Komponistengeneration (z. B. Martin le Franc im »Champion des Dames« ca. 1440 und Johannes →Tinctoris 1477).

D.s erhaltene Kompositionen sind hinsichtl. der vertretenen Gattungen wie der musikal. Faktur repräsentativ für die engl. Musik seiner Zeit (vgl. v. a. das Repertoire der Hs. Old Hall) und weisen den Komponisten als »primus inter pares« (Tinctoris) unter seinen engl. Zeitgenossen und Vorgängern aus. Das Werk umfaßt – genaue Zahlenangaben sind infolge zahlreicher widersprüchl. Zuschreibungen nicht mögl. – etwa 30 Ordinariumssätze (manchmal zu Gruppen oder sogar vollständigen Zyklen zusammengeschlossen), 14 isorhythm. Motetten, 24 Kompositionen mit lat. geistl. Text (meist Antiphonen) und einige Sätze mit nichtlat. weltl. Text. Dreistimmigkeit überwiegt bei weitem. Durch Übertragung der→Isorhythmik aus der Motette auf den Ordinariumssatz bereitet D. die kontinentale zykl. Tenormesse vor (→Dufay). Ruhige, spontan-»organisch« wirkende Melodieentfaltung, eine Vorliebe für Terzen und – modern gesprochen – Durdreiklänge sowie die Neigung zu schlichter Textdeklamation geben D.s Musik eine schon von den Zeitgenossen empfundene, von der Kompliziertheit und Konstruktivität der frz. Musik vor Dufay sich stark unterscheidende unmittelbar-sinnl. Evidenz: der von Martin le Franc für die engl. Musik gebrauchte Ausdruck »contenance angloise« zielt wahrscheinl. auf eben diese Eigenschaften. R. Bockholdt

Ed. und Lit.: MGG – NEW GROVE – RIEMANN [mit Suppl.] – J. D.: Complete Works, hg. M. BUKOFZER, Musica Britannica VIII, 1970² – F. LL. HARRISON, Music in Medieval Britain, 1963² – R. BOCKHOLDT, Engl. und franko-fläm. Kirchenmusik (Gesch. der kath. Kirchenmusik, hg. K. G. FELLERER, I, 1972) – M. BENT, Dunstaple [in Vorb.].

Dunstan, hl. (Fest: 19. Mai) OSB, Abt v. →Glastonbury um 940 – nach 957, Ebf. v. →Canterbury 959/960–988, * um 909, † 19. Mai 988, ⌐ Canterbury. Seine Eltern, die reichen Landbesitz im sw. England hatten, übergaben ihn als Knabe einer Klerikergemeinschaft in Glastonbury. Ein Verwandter brachte ihn um 925 an den Hof Kg. →Æthelstans. Nach 934 legte D. das Mönchsgelübde ab bei Bf. Ælfheah v. →Winchester und teilte künftig seine Zeit zw. dieser Kirche und Glastonbury. Von 939–940 ein enger Ratgeber Kg. →Edmunds, war er – aus unbekannten Gründen – Anfeindungen ausgesetzt, die ihn ins Exil brachten, aber ein 'Wunder' erweckte die Reue des Kg.s, und er setzte D. als Abt der von ihm mit Ländereien ausgestatteten Glastonbury ein.

D. führte nun erneut die→Regula Benedicti ein und zog Schüler wie →Æthelwold an; er wurde zum führenden Vorkämpfer der monast. Reform im ags. England (→Benediktiner, B. VI.). Die Sammelhs. Oxford Bodl. Auct. F. 4. 32, St. Dunstan's Classbook, mit wahrscheinl. einem Handschriftenbeispiel von seiner Hand (während die Zeichnung des Frontispiz nicht von ihm stammt!), zeigt uns einige seiner geistigen Interessen in diesen Jahren. Die – nicht geklärte – Feindschaft des Kg.s→Eadwig trieb D.

ins Exil (956–957), das er vorwiegend in St. Peter bei →Gent verbrachte. Von Kg. →Edgar zurückgerufen, wurde D. am 21. Okt. 957 zum Bf. geweiht (am Tag der hl. →Ursula – an der Gestaltung ihrer Heiligenlegende hatte er einen beträchtl. Anteil), anscheinend ursprgl. ohne Bischofssitz. Er wurde dann für →Worcester ordiniert und 959 außerdem für →London. Als Ende 959 Bf. Byrthhelm nach →Wells berufen wurde, trat D. in Canterbury an seine Stelle und erhielt im darauffolgenden Jahr aus Rom das Palladium. Obwohl frühe Quellen ihm einen bedeutenden Einfluß in Kirche und Staat zuschreiben, ist der genaue Nachweis weitgehend lückenhaft; sogar sein Einfluß auf die →Regularis Concordia beruht mehr auf Hypothesen als auf einem Beweis. Aus dem Bosworth Psalter läßt sich schließen, daß das Chorgebet der Gemeinschaft v. Canterbury vor 988 ein benediktin. war, obwohl nicht alle Mitglieder ein Mönchsgelübde abgelegt hatten. D. erscheint in jeder erhaltenen Urk. von Kg. Edgar als Zeuge, und die Gesetzgebung des Kg.s dürfte ihm einiges zu verdanken haben. D. soll auch an der Sicherung der Königsnachfolge→Eduards (d. Märtyrers) 975 einen großen Anteil gehabt haben, in der Folgezeit erkannte E. jedoch Eduards Halbbruder →Ethelred II. an, weihte ihn zum Kg. und wurde ein regelmäßiger Teilnehmer an seinen →witans. Zwei frühe Viten, die überraschenderweise nicht über D.s Jahre in Canterbury berichten, legten den Grundstein für sein späteres Ansehen als beliebteste Persönlichkeit der engl. Kirche seit →Beda, und er wird allgemein als der fähigste unter den engl. Reformern des 10. Jh. anerkannt. D. A. Bullough

Q.: Memorials of St. D., RS, ed. W. STUBBS, 1874 – St. D.'s Classbook from Glastonbury, ed. R. W. HUNT, Umbrae codicum occid., 1961 – M. LAPIDGE, ASE 4, 1975, 95–97, 108–111 – *Lit.*: J. A. ROBINSON, The Times of St. D., 1923 – Tenth-Century Stud., hg. D. PARSONS, 1975 – N. P. BROOKS, The Early Hist. of the Church of Canterbury, 1984, 222–253.

Dunstanus saga. Die altisländ. Saga über den hl. →Dunstan ist in einer Pergaments. des 15. Jh. und in einer Abschrift auf Papier aus dem 18. Jh. bewahrt. Die Saga wurde von dem isländ. Mönch Árni Laurentiusson geschrieben, dessen Hauptinformationsquelle die Saga über seinen Vater, die »Laurentius saga Hólabiskups« (Saga von Laurentius, dem Bf. v. →Hólar), gewesen war. Árni verfaßte die D.s. vermutl. vor seiner Ordination i. J. 1324. Die D.s. basiert in der Hauptsache auf drei Vorlagen: der »Vita Dunstani« des Adelard (11. Jh.), dem »Speculum Historiale« des →Vinzenz v. Beauvais (13. Jh.), der sich hauptsächl. auf →Eadmers »Vita Dunstani« (12. Jh.) stützt, und schließlich auf einer Version der »Passio Sancti Eadwardi Regis atque Martyris« (11. Jh.). Es ist wahrscheinlich, daß das von Árni aus der »Vita Dunstani« und der »Passio Eadwardi« herangezogene Material liturg. Quellen entstammte und daß er diese ausgesprochen hagiograph., für die lectiones bei Festtagen gedachten Texte mit Hilfe der eher allgemein historisch ausgerichteten Kompilation Vinzenz' ergänzte.

D.s. zeigt den gängigen rhetor. Stil der zeitgenöss. isländ. hagiographischen Werke, bes. derjenigen des mit Árnis Vater befreundeten Bergr →Sokkason, wie Árni Mönch des isländ. Kl. →Þingeyrar. Ähnlich wie die isländ. Saga über Eduard den Bekenner (»Játvarðar saga«) ist die D.s. nicht nach ausschließlich hagiograph. Gesichtspunkten konzipiert, sondern dokumentiert ein bes. Interesse an dem weiteren hist. Kontext des ags. England in der Wikingerzeit. C. E. Fell

Ed.: Icelandic sagas II, Hakonar saga, ed. G. VIGFUSSON, RS 88, 1887, 385–408 – Dunstanus saga, ed. C. E. FELL, Editiones Arnamagnæanæ, Ser. B 5, 1963 – *Engl. Übers.*: G. W. DASENT, Icelandic Sagas IV, The

Saga of Hacon, RS 88, 1894 – *Lit.:* L. HARTY, The Icelandic Life of St. Dunstan, Saga-Book of the Viking Society 15, 1957-61, 263-293 – P. HALLBERG, Some Observations on the Language of D. s., Saga-Book of the Viking Society 18, 1973, 324-346 – C. E. FELL, Anglo-Saxon Saints in Old Norse Sources and Vice Versa (Proceedings of the Eighth Viking Congress, 1981), 95-106.

Dunwich, ma. Hafenstadt in England (Suffolk), deren Hafen durch Küstenerosion teilweise zerstört wurde und noch zerstört wird, wodurch die Geschichte und Topographie der ma. Stadt verunklart wird. Es wurde angeführt, daß D. nicht mit dem bei Beda genannten Domnoc (recte wohl: Dommoc), dem ursprgl. Bischofssitz von Ostanglia, identisch ist, doch bleibt auch die vorgeschlagene Lokalisierung des Sitzes in Felixstowe ebenfalls unsicher. Nach dem →Domesday Book war D. (Duneuuic) i. J. 1066 im Besitz von Edric v. Laxfield, i. J. 1086 im Besitz von Robert Malet – eine der beiden →*carucatae* seiner Flur war damals bereits vom Meer weggespült worden. Doch war die Anzahl der Bürger seit der norm. Eroberung auf 236 angewachsen, und die Zahl der Kirchen hatte sich verdreifacht; der Ort wurde mit £ 5000 (gegenüber erst £ 1000 i. J. 1066) taxiert und hatte 60000 Heringe als jährl. Abgabe zu entrichten. Im 13. Jh. erreichte D. als Hafen und Standort für die Schiffsversorgung seine höchste Blüte. 1200 erhielt es eine städt. Carta. Starke Erosion machte sich im 14. Jh. bemerkbar; seit 1587 drang das Meer erneut um 2 km ins Inland vor und überflutete sieben der neun Kirchen von D. Dennoch war unter Heinrich VIII. das Steueraufkommen von D. größer als dasjenige von Birmingham. D. war bis 1832 im Parliament vertreten. C. P. Wormald

Lit.: VCH, Suffolk, I, 1911; II, 1907 – S. E. RIGOLD, The Supposed See of D., Journal of the Brit. Archaeol. Assoc., 3. ser. 24, 1961, 55-59; ebd. 37, 1974, 97-102 – N. SCARFE, The Suffolk Landscape, 1972.

Duoda → Dhuoda

Dupsing (auch *duchsing*), um 1360 aufkommender, knapp sitzender Hüftgürtel des Adels, zumeist mit erhabenen Zierbeschlägen aus Metall besetzt oder unmittelbar aus diesem zusammengefügt. Der D. saß über der →»Schekke«, dem engen Männerrock der 2. Hälfte des 14. Jh., und verschwand mit diesem im 1. Dezennium des 15. Jh. Ebenso gehörte der D. zum scheckenartigen, stoffüberzogenen Rumpfpanzer des Ritters, dem →»Lendner«. Am D. hing gewöhnlich der →Dolch und fallweise auch das →Schwert. – Um 1390 kam D. ein gesonderter, schmaler Taillengürtel hinzu. O. Gamber

Lit.: P. POST, Das Kostüm und die ritterl. Kriegstracht, Dt. Kulturatlas, 1929-38, Bd. 2, Taf. 106d.

Dupuy, Jean OP, † Ende 1437 oder Anfang 1438, Mag. theol., wurde 1411 – während des Gr. →Abendländischen Schismas – mit Approbation des Papstes →Johannes XXIII. zum Inquisitor in Toulouse ernannt – anstelle des Etienne de Lacombe, eines entschiedenen Parteigängers Papst →Benedikts XIII. In diesem Amt hielt sich D. 20 Jahre trotz der Gegnerschaft eines anderen Dominikaners, Raimond de Manas, der gegen D. sogar ein Prozeßverfahren anstrengte. D. bekämpfte im Albigeois die Anhänger Benedikts XIII. Am 16. April 1431 erhob ihn Papst Martin V. zum Bf. v. →Cahors. Der Prälat geriet in Konflikte mit seinem Kathedralkapitel wegen Vergabe eines Beneficiums. Der übermäßigen Besteuerung seines Klerus angeklagt, wurde D. vom Konzil v. →Basel gerügt. Hintergrund für diesen Streit waren die niedrigen Einkünfte der Geistlichkeit in einer durch den →Hundertjährigen Krieg ruinierten Region. Y. Dossat

Q. und Lit.: Arch. nat. Paris, XIA 9194, 9196, 9199, 2000 – DBF XII, 567-588 – J.-M. VIDAL, Bullaire de l'Inquisition française, 1913, XXII, XXVII, 478, 499 – A. DONDAINE, APraed 12, 1942, 118f.

Dura-Europos, am oberen Euphrat, wurde kurz vor 280 v. Chr. zur seleukid. Grenzfestung mit dem neuen Namen E. gegen die Parther ausgebaut, die D.-E. 113 (oder 128?) v. Chr. eroberten, bis D.-E. 165 n. Chr. in röm. Hand fiel. Der sasanid. Angriff i. J. 256 (oder 258) brachte D.-E. in pers. Besitz und ließ fast alles Leben dort erlöschen. Zur Abwehr dieses Angriffs wurden längs der Stadtmauer die Häuser als innerer Schutzwall in zwei Abschnitten mit Sand aufgefüllt und im zweiten Abschnitt die herausragenden Mauerteile abgebrochen. Mit einer frz. Campagne nach Übernahme des syr. Mandats begannen die Ausgrabungen, die seit 1928 zusammen mit der Yale-Univ. fortgesetzt wurden. Hochbedeutende Wandmalereien, großenteils stark parthisch beeinflußt, wurden entdeckt, die sich z. T. auf die spätantike Ikonographie (Frontalität u. ä., vgl. BUDDE) auswirkten (z. B. Tempel der palmyren. Götter), z. T. aber für die ma. Ikonographie in O und W wichtige Vorbilder wiedergeben, weniger das zu einem christl. Zentrum ab 232/233 umgebaute Haus, in dem nur das Baptisterium (?) fertiggestellt wurde (heute in Yale), als die voll ausgemalte Synagoge (244/245, heute im Nat. Mus. Damaskus), die auf eine umfangreiche illustrative Tradition schließen läßt, z. B. Jakobs Traum, Aussetzung und Auffindung Mosis, Auszug der Israeliten aus Ägypten, Salbung Davids, Triumph des Mardochai, Vision Ezechiels vom Tal der Toten u. a. m., zumeist haggadischer (→Haggada) o. ä. Traditionen folgend, was sich z. T. bis ins MA fortsetzt. K. Wessel

Lit.: RbyzK I, 1217-1240 [z. T. überholt] – The Princeton Enc. of Classical Sites, hg. R. STILLWELL, 1976, 286f. – Excavations at D.-E., Preliminary Report of 1th-9th Season of Work 1928-1936, hg. P. C. V. BAUR, M. I. ROSTOVZEFF u. a., 1929-52 – M. ROSTOVZEFF, D.-E. and its Art, 1938 – CMTE. DU MESNIL DU BUISSON, Les peintures de la synagogue de D.-E., 1939 – Seit 1943 erscheinen: The Excavations at D.-E. Final Reports. Von ihnen sind für das MA bes. wichtig: Bd. VIII, 1: C. H. KRAELING, The Synagogue, 1956; VIII, 2: DERS., The Christian Building, 1967 – L. BUDDE, Die Entstehung des antiken Repräsentationsbildes, 1957 – A. PERKINS, The Art of D.-E., 1973 – U. SCHUBERT u. a., Spätantikes Judentum und frühchristl. Kunst (Studia Judaica Austriaca II), 1974 (Reiche Literaturangaben und z. T. weit ins MA fortführend).

Durandus

1. D., Bf. v. →Lüttich seit 1021, † 23. Jan. 1025, ursprgl. Höriger des Lütticher Dompropstes Godescalcus, studierte D. während des Episkopates von →Notker (972-1008) an den Lütticher Schulen. Anschließend lehrte er an der Bamberger Domschule (→Bamberg) Theologie und Artes liberales und erhielt mit Unterstützung Kg. →Heinrichs II. schließl. das Bm. Lüttich. 1023 stritt D. auf einer Provinzialsynode in Aachen mit →Pilgrim, Ebf. v. Köln, um die Jurisdiktionsrechte über die Abtei →Burtscheid, wobei der Lütticher den Sieg davontrug. Nach dem Tode Heinrichs II. (1024) erkannte D. – trotz des dem Hzg. v. Niederlothringen, →Gozelo I., geleisteten Eides – die Wahl des →Saliers →Konrads II. an. J.-L. Kupper

Lit.: DHGE XIV, 1158 – LThK² III, 610f. – NDB IV, 201 – H. SILVESTRE, A propos de l'épitaphe de l'évêque de Liège Durand, RBPH 41, 1963, 1136-1145 – J.-L. KUPPER, Liège et l'Eglise impériale, XIe-XIIe s., 1981, 123-125, 127f., 497f. – GAMS, Ser. V, Tom. 1, 1982, 70.

2. D. v. Mende → Duranti(s), Guillelmus

3. D. v. Troarn, Abt und Theologe, * zu Beginn des 11. Jh., Mönch in Saint-Wandrille, seit 1059 Abt in Troarn, † 1088, griff bereits in die erste Phase des →Abendmahlsstreites zw. →Berengar v. Tours und →Lanfranc ein, von dem er durch einige Kleriker von Chartres nach der Verurteilung Berengars auf der Synode v. Vercelli (1050) durch Leo IX. Kenntnis erhalten hatte. Er schrieb wahrscheinl. vor der Synode v. →Tours (1054) den »Liber de corpore et sanguine Domini«, den ersten ausführl. Eucharistietraktat gegen Berengars Symbolverständnis. Dieser Traktat ist ebenso wichtig für die Chronologie der Ereignisse nach 1050 (Verurteilung in Vercelli), die ersten Provinzialsynoden in Tours 1051 und 1052 und die auf Betreiben Heinrichs I. v. Frankreich zusammengetretene Synode v. Paris 1051, bei der Berengar erneut verurteilt wurde, wie auch bedeutsam für das theol. Verständis der Kontroverse um die Realpräsenz des Herrenleibes im Sakrament. In der Abwehr des (Berengar angelasteten) rein symbol. Eucharistieverständnisses bezog sich D. auch auf die Erzählungen Gregors d. Gr. von Hostienwundern. Er konzentrierte aber mit Recht das Augenmerk auf die Begriffe »figura« und »similitudo« und entwickelte bereits vor Lanfranc den Gedanken der doppelten sakramentalen Zeichenhaftigkeit der Eucharistie hinsichtl. der Passion Christi und bezügl. der sakramentalen Gegenwart des Leibes und Blutes Christi. Mit der Unterscheidung zw. den sichtbaren Spezies von Brot und Wein und der unsichtbaren Realpräsenz des Leibes Christi im Sakrament versucht er zu erklären, daß Brot und Wein durch die Konsekration vollständig in Leib und Blut Christi übergehen, keine eigene Konsistenz mehr besitzen, und daß ihre Erscheinungsweise nur dazu da ist, um »den Schrecken vor Blut auszuräumen« (»ut cruoris auferatur penitus horror«). So (die Gegenwart des Herrenleibes) verstanden, werden wir durch die Eucharistie ganz mit Christus vereint, so wie in der hypostat. Union Gott und Mensch vereint wurden. Ja, die eucharist. Einigung bezieht sich über hypostat. Einigung hinaus auf die Gemeinschaft aller Glaubenden mit Christus. Durch seine Bemühungen, die theol. Tradition (Augustins, des →Ambrosius, →Gregors d. Gr., →Hinkmars v. Reims und v. a. des →Paschasius Radbertus) mit Anregungen zeitgenöss. Theologen, v. a. des →Hugo v. Langres (v. Breteuil) zu verbinden, erweist sich D. als einer der bedeutendsten Denker der norm. Theologie des 11. Jh. und der europ. Geistesgeschichte jener Zeit. O. Capitani

Ed.: Liber de corpore et sanguine Christi, MPL 149, 1375–1424 – *Lit.:* →Berengar v. Tours – R. HEURTEVENT, Durand de Troarn et les origines de l'hérésie bérengarienne, 1912 – A. J. MACDONALD, Berengar and the Reform of Sacramental Doctrine, 1930 – J. DE MONTCLOS, Lanfranc et Bérenger. La controverse eucharistique du XIème s., 1971 (Abfassungsdatum des »Liber de corpore et sanguine Christi« in der Forschung kontrovers; Uneinigkeit über den Bezug auf eine Synode v. Tours – 1051/52 oder 1054; MONTCLOS: Datum vor 1054, MACDONALD Nähe von 1058).

4. D. v. Huesca (D. de Osca), * um 1160 (?), † um 1224, waldens. Ketzer (→Waldenser), nach seiner Rückkehr zur Kirche Begründer der Kath. Armen (→Pauperes Catholici). Seine genauen Lebensdaten sind unbekannt. DOSSAT deutet den in den Quellen belegten Herkunftsort 'Osca' als Losque (Rouergue, südl. Zentralmassiv), doch stammte D. vielleicht doch aus Aragón (Huesca?). D. verfügte über eine gute grammat. und theol. Bildung, war Kleriker (aber nicht Priester) und schrieb als Anhänger des Valdes wahrscheinl. noch in den achtziger Jahren des 12. Jh. (1186/87?), auf jeden Fall jedoch vor 1207, einen Traktat zur Bekämpfung der Häresie (»Liber Antiheresis«), der zu den ganz wenigen authent. Zeugnissen der frühen Waldenserbewegung zählt und wichtige Aufschlüsse über deren Anliegen und Konzeption vermittelt. Bekämpft werden in diesem Buch v. a. die Katharer, der röm. Kirche gegenüber wird die Übereinstimmung der Waldenser mit der Lehre Christi betont und ihr Recht auf die Predigt mit Hinweis auf die Berufung des Valdes durch Gott selbst verteidigt. Im Anschluß an eine von Katharern, Katholiken und Waldensern im Aug. oder Sept. 1207 in →Pamiers veranstaltete theol. Diskussion, an der auf kath. Seite Bf. →Diego v. Osma, auf waldensischer D. die führende Rolle einnahmen, kehrte D. zum Gehorsam gegen die Kirche zurück, zog mit anderen Waldensern zusammen nach Rom und erreichte 1208 von Papst →Innozenz III. unter bestimmten Auflagen für sich und seine Gefährten das Recht, ein Wanderpredigerleben in Armut und ständiger Auseinandersetzung mit den Ketzern führen zu dürfen. D. versuchte, im Frühjahr 1209 eine Gruppe lombard. Waldenser mit der Kirche auszusöhnen, predigte auch weiterhin gegen die Katharer (v. a. in Südfrankreich und wohl auch in Nordostspanien), zu deren Bekämpfung er ca. 1220 seinen »Liber contra Manicheos« verfaßte, den er Kard. Leo Brancaleone, dem Protektor seiner Kath. Armen, widmete. Dieses Werk, eine Neufassung seines früheren Antikatharertraktates, gibt nicht nur Zeugnis von Selbstverständnis und Ketzermissionspraxis der als Boten des Friedens (angeli pacis) bezeichneten Kath. Armen, sondern stellt durch seine ausführl. Zitate aus einem heute verlorenen kathar. Traktat auch eine wichtige Quelle für Kosmologie und Glaubenslehre des Katharismus im 1. Viertel des 13. Jh. dar. P. Segl

Ed.: Der Liber Antiheresis des D. v. Osca, ed. K.-V. SELGE (Die ersten Waldenser 2 [Arbeiten zur Kirchengesch. 37/II], 1967) – Une somme anticathare, le Liber contra Manicheos de Durand de Huesca, ed. CH. THOUZELLIER SSL, Etudes et doc. 32, 1964) – *Lit.:* DHGE XIV, 1157f. – DHEE II, 772f. – H. GRUNDMANN, Religiöse Bewegungen im MA, 1935, 1970³, 100–118 – A. DONDAINE, Durand de Huesca et la polémique anti-cathare, APraed 29, 1959, 228–276 – M.-H. VICAIRE, Rencontre à Pamiers des courants vaudois et dominicain (1207), Cah. de Fanjeaux 2, 1967, 163–194 – K.-V. SELGE, Die ersten Waldenser, 1: Unters. und Darstellung (Arbeiten zur Kirchengesch. 37/I, 1967) – CH. THOUZELLIER, Catharisme et Valdéisme en Languedoc, 1969² – DIES., Hérésie et hérétiques (Storia e lett. 116, 1969), 39–52, 53–79, 81–188 – Y. DOSSAT, A propos du prieur des Pauvres catholiques: Durand de Huesca ou de Losque en Rouergue?, Bull. philol. et hist., année 1967, 1969, 673–685 – DERS., Église et hérésie en France au XIII° s., 1982, passim – Hist. de la Iglesia en España, hg. R. GARCIA-VILLOSLADA, II, 2, 1982, 97–104 [A. OLIVAR].

5. D. de S. Porciano (Saint-Pourçain), OP, * um 1275, † 10. Sept. 1334, »doctor modernus«, studierte um 1302/03 im Dominikanerkolleg St. Jakob in Paris (zuerst unter Herveus Natalis) Theologie, zw. 1303 bis 1307 erklärte er (wahrscheinl. an einem franz. Ordensstudium außerhalb von Paris) das Sentenzenwerk des Petrus Lombardus. Diese Lectura wurde gegen seinen Willen verbreitet und erregte wegen der von der Ordenstheologie (des Thomas v. Aquin) und von der Tradition abweichenden Lehren (bei den Thomisten Herveus und Petrus de Palude) Anstoß. In St. Jakob war von Albert d. G. her immer auch die augustin.-neuplaton. Geistesrichtung präsent, die ebenso wie die aristotel.-thomasische unter dem Einfluß der »modernen« Naturphilosophie stand. In zwei Irrtumsverzeichnissen (von 1313/14 und 1316/17) wurden für die Studenten die abweichenden Lehren zusammengestellt. In der 2. Redaktion seiner Lectura hatte (1310/11 in Paris) Durandus diese kritisierten Lehren weithin unterdrückt; in seiner endgültigen 3. Fassung, die jedenfalls um 1327 zum Abschluß gebracht wurde, kommen sie aber wieder zur Geltung, da sie inzwischen auch bei anderen Dominikanern (z. B. bei Jakob v. Metz) diskutiert wurden. 1312 wurde D. mit den (hs. überlieferten) akadem. Akten »in vesperis« und »in aula« Magister der Theologie und disputierte als solcher 2 Quodlibeta und andere Quästionen. 1313 wurde er »lector s. palatii« an der Kurienuniversität in Avignon und disputierte zw. 1314–16 3 Quodlibeta. Am 26. Aug. 1317 wurde er zum Bf. v. Limoux ernannt; am 14. Febr. 1318 auf das Bm. von Le Puy en Velay transferiert und am 13. März 1326 übernahm er das Bm. von Meaux. Im Bischofsamt war er wiederholt in theol. Streitfragen (über die »vollkommene Armut« oder »die postmortale Visio«) als Gutachter tätig (vgl. dazu J. KOCH, D. 168–176).   L. Hödl

Werke: Sentenzenkommentar 1. und 2. Redaktion hs., 3. Red., ed. Paris 1508 (STEGMÜLLER, Rep. Sent. I, 84–92), Quodlibeta I–V (vgl. P. GLORIEUX, Lit. quodl. II 70–75), Quodl. I q. 1–4, ed, T. TAKADA, 1968; Tract. De habitibus, q. 1–3, ed. T. TAKADA, 1963, q. 4, ed. J. KOCH, 1930 (vollständiges Verz. bei J. KOCH. D. 184–186) – *Lit.*: TRE IX, 240–242 – J. KOCH, D.d.S.P. O.P. Forsch. zum Streit um Thomas v. Aquin zu Beginn des 14. Jh., BGPhMA 26, 1927 – DERS., Jakob v. Metz, der Lehrer des D., AHDL 4, 1929–30, 169–232 – P. FOURNIER, HLF 27, 1938, 1–38 – M. D. PHILIPPE, Les processions divines selon D. de S.-P., RevThom 47, 1947, 244–288 – G. LORETTI, La dottrina della conversione e della presenza eucaristica in D. di S.-P., 1948 – P. T. STELLA, Le »Quaestiones de libero arbitrio« di D. da S. P., Salesianum 24, 1962, 450–523.

Duranti(s). 1. **D., Guillelmus** (Durant, Guillaume) d. Ä., gen. Speculator, seit 1285 Bf. v. →Mende (deshalb auch: Durandus v. Mende), Kanonist und Liturgiker.

[1] *Leben und Wirken:* * um 1235 im südfrz. Puimoisson (ehem. Languedoc, Bm. Béziers), † 1. Nov. 1296 in Rom, ⊃ S. Maria sopra Minerva. – Kleriker, dann Kanoniker in Narbonne, begann D. seine Studien in Lyon und setzte sie um 1255 in → Bologna fort, wo er den Doktorgrad erwarb, und lehrte in Modena. Unter →Clemens IV. trat er um 1262 als päpstl. Kapellan in den Dienst der Kurie, er wurde auditor generalis causarum palatii (→auditor). D. war einer der vier Legaten, die →Nikolaus III. nach Bologna und in die Romagna entsandte, 1278 war er als rector et capitaneus generalis des Kirchenstaates in der Toskana tätig. 1279 wurde er zum Dekan v. Chartres ernannt. Als Generalvikar und Rektor in der →Romagna schlichtete er die Kämpfe zw. →Guelfen und →Ghibellinen und gründete Castel Durante (heute Urbania); er war auch Schatzmeister des Kirchenstaates. 1285 zum Bf. des südfrz. Mende gewählt und 1286 geweiht, konnte er erst im Juli 1291 sein Bistum in Besitz nehmen. 1295 wurde er von →Bonifatius VIII. an die Kurie zurückberufen, schlug aber das Amt des Ebf.s v. Ravenna aus und wurde zum Rektor der Mark Ancona und der Romagna ernannt, wo er mit seinen Friedensbemühungen scheiterte. – Seine kanonist. und liturg. Werke sind von großer Bedeutung.   M. Hayez

[2] *Kanonistische Werke:* Mit D.s »Speculum iudiciale« erreichte das gelehrte Prozeßrecht seinen Höhepunkt und Abschluß. Die Bedeutung dieses Werkes liegt primär in der umfassenden Wiedergabe (mitunter sind größere Abhandlungen ohne Hinweis auf ihren Autor abgeschrieben) und Verarbeitung der gesamten prozeßrechtl. Literatur. Besondere Betonung legte der »Speculator« auf die Praxis, u. a. auch auf das Formelwesen; dabei berücksichtigte er Formelbücher der päpstl. Kanzlei, schrieb häufig nach Vorlagen der →Audientia litterarum contradictarum Formeln aus und kompilierte im vierten Teil des »Speculum« eine umfangreiche →Formelsammlung. Die erste Redaktion des Werkes entstand in den Jahren vor 1276, eine zweite, um Zusätze (darunter auch das »Speculum legatorum«) vermehrte 1289–91. Die überragende Bedeutung des Hauptwerks D.s wird z. B. dadurch verdeutlicht, daß →Johannes Andreae und →Baldus de Ubaldis ihre Behandlungen des Prozeßrechts unter dem Titel »Additiones ad speculum Guilelmi Duranti« verfaßten. Das Werk stand noch lange nach seinem Erscheinen in hohem Ansehen; bis 1678 erlebte es über 50 Auflagen.

An weiteren kanonist. Werken D.s sind ein »Repertorium sive Breviarium« zum ius canonicum zu nennen; 1274 war er Berater bei der konziliaren Gesetzgebung Gregors X. und kommentierte später diese Konstitutionen des II. Konzils v. →Lyon. Mitunter werden ihm weitere Kommentare zugeschrieben, z. B. auch zum Dekret und den Decretales Gregorii IX. Schließlich verfaßte er mit seinem »Rationale divinorum officiorum« (vor 1291) »die erste vollständige Darstellung des sogenannten ius liturgicum« (v. SCHULTE).   H. Zapp

[3] *Liturgische Werke:* Das groß angelegte »Rationale divinorum officiorum« befaßt sich mit dem Gottesdienst der Kirche, zu dessen Erklärung D. mehr als jeder andere ma. Erklärer der Liturgie die allegor. Deutung heranzieht. Die Erklärung der Gebete tritt dabei zurück, umso genauer beschreibt er die Zeremonien. Gerade darin liegt die Bedeutung dieses Werkes, zumal er häufig abweichende Observanzen vermerkt. Inhaltlich ist er weithin anderen Autoren, bes. →Innozenz III. und →Sicard v. Cremona, verpflichtet. Das Buch erlangte weite Verbreitung und erlebte bis 1893 insgesamt 94 Druckauflagen.

Der »Pontificalis ordinis liber« enthält die Pontifikalhandlungen der röm. Tradition. Durch zahlreiche Modifizierungen entsprach sein Verfasser den Erfordernissen des eigenen Bm.s. Auch dieses Buch erlangte eine weite Verbreitung und diente unter Innozenz VIII. als Modell für das erste gedruckte Pontifikale (Rom 1485), auf dem das bis in die Gegenwart gebrauchte Pontifikale beruht.

Der »Liber benedictionum«, der in verschiedenen Handschriften in das Pontifikale aufgenommen ist, enthält eine aus verschiedenen Quellen zusammengestellte Sammlung von Segensformeln für den Bf. (benedictiones episcopales).   G. Langgärtner

Ed.: Speculum iudiciale: Straßburg 1473 u. ö. – SAVIGNY V, 589–591 – Rationale divinorum officiorum: J. BELETH, 1850 [frz. Übers.: C. BARTHÉLEMY, I–V, 1848–54] – Pontificalis ordinis liber: M. ANDRIEU, StT 88, 1940 – *Lit.*: COING, Hdb. I, 394f. [K. NÖRR] – DBF XII, 660f. – DDC V, 1014–1075 – DHGE XIV, 1169–1171 – ECatt IV, 2004f. – NCE IV, 1116f. [ST. KUTTNER] – SCHULTE II, 144–156 – A. FRANZ, Die Messe im dt. MA, 1902, 476–482 [Neudr. 1963] – M. ANDRIEU, Pontifical romain au MA III, 1940 – Liturgisch Woordenboek I, 1962, 638f. – P. HERDE, Zeugenzwang in päpstl. Delegationsreskripten des MA, Traditio 18, 1962, 267ff. – M. DYKMANS, Misc. in honorem Raymundi Bidagor I, 1972 – O. PONTAL (46ᵉ Congr. Féd. hist. du Languedoc, 1973) – M. DYKMANS, Cérémonial papal, I–II, 1977–81 – R. CABIE, Cah. de Fanjeaux 17, 1982.

2. **D., Guillelmus** (Durant, Guillaume) d. J., seit 1296 Bf. v. →Mende, † Juli 1330 in Nikosia (Zypern), ⊃Notre-Dame de Casan (Languedoc, ehem. Bm. Béziers), Neffe von 1. Als Archidiakon v. Mende folgte er 1296 seinem Onkel als Bf. nach. Im Konflikt mit seinen Bistumsangehörigen, schon vor dem Abschluß des →*pariage* mit →Philipp IV., Kg. v. Frankreich, über das Bm. Mende, wurde er von →Clemens V. zur Schlichtung der Streitigkeiten in die Toskana, die Mark Ancona und die Romagna entsandt, wo er jedoch nach seinem Eintreten zugunsten der in →Pistoia belagerten →Ghibellinen (1305–06) scheiterte. Mit zwei anderen päpstl. Gesandten reiste er 1307 nach England, um Untersuchungen im Kanonisationsverfahren des →Thomas de Cantilupe, Bf.s v. Hereford, durchzuführen. Die Leitung einer päpstl. Gesandtschaft zur Einleitung des Templerprozesses (→Templer) trug ihm die Feindschaft der Parteigänger des verfolgten Ordens ein (1308–11); seine Unbeugsamkeit im Kampf gegen kirchl. Mißbräuche und hinsichtl. des päpstl. →Reservationsrechtes brachte ihn in Gegnerschaft zu den Päpsten Clemens V. und →Johannes XXII. D. wurde von Kg. →Philipp V. und seinen Nachfolgern unterstützt. Seit 1318 erlangte er wieder die päpstl. Gnade und wurde mit der Vorbereitung des Kreuzzuges betraut. Er starb in Nikosia. – Neben zahlreichen Berichten und Denkschriften verfaß-

te er den »Ordo qui observatur in celebratione concilii generalis«. M. Hayez

Ed. und Lit.: DHGE XIV, 1171-1173 – DBF XII, 661f. – M. DYKMANS, Cérémonial papal, II, 1981 [mit Ed. des »Ordo«].

Duras, bedeutende aquitan. Adelsfamilie, ein Zweig der →Durfort (1. D.). Die D. gehen auf *Arnaud II.* († 1322) zurück. Durch seine Heirat mit Marquèse de →Got, der Nichte des Papstes Clemens V., begründete er die Machtstellung seiner Nachkommen, der Herren v. D., die als ihre wichtigsten Besitztümer zählten: D. (dép. Lot-et-Garonne, chef-lieu de canton), bedeutende Festung im Bazadais, nahe der Grenze zum Agenais; Moissaguel, an der Grenze von Quercy und Agenais; Blanquefort und Villandraut im Bordelais. *Aimeri,* der älteste Sohn von Arnaud, geriet mitten in die Krise des →Hundertjährigen Krieges. Entsprechend der Grenzlage seiner Besitzungen kämpfte er bald auf engl., bald auf frz. Seite und fiel 1345 in den Reihen der frz. Ritter. Sein jüngerer Bruder, *Gaillard I.,* trat nach Aimeris Tod vom Klerus in den Laienstand zurück und diente als Soldat ztw. den Vertretern des engl. Kg./Hzg.s, ztw. wieder dem frz. Kg. Er starb 1357, bald nach seiner Unterwerfung unter →Eduard, den Schwarzen Prinzen. Seine Nachkommen, *Gaillard II.* († 1422), *Gaillard III.* († 1442) und *Gaillard IV.* († 1481) gehörten zur anglo-gascogn. Partei. Gaillard II. stieg zum →Seneschall v. Aquitanien (1399-1415) auf; Gaillard III. war →Prévôt v. Bayonne und seit 1413 Seneschall des Landes. Gaillard IV. nahm an der engl. Verteidigung von →Bordeaux teil (1447-53) und mußte nach dem frz. Sieg lange Jahre in England als Verbannter leben, bis ihn Ludwig XI. schließlich 1476 durch *Lettres de rémission* amnestieren und wieder in seine Güter einsetzen ließ. Gaillards IV. Sohn und Nachfolger, *Jean* († 1520), war zweimal Bürgermeister *(maire)* v. Bordeaux (1480-85, 1495-1515). In der Zwischenzeit diente er Kg. Karl VIII. auf dessen Italienfeldzug. Die Familie hatte damit ihren Platz in der Adelsgesellschaft Frankreichs gefunden. – Das Schloß D. mit seinen vier ma. Türmen und seinen Bauten des 17. und 18. Jh. ist ein eindrucksvolles Zeugnis der Macht und des Reichtums dieser großen Adelsfamilie. Y. Dossat

Lit.: DBF XII, 727, 764-766 – J. GARDELLE, Les châteaux du MA dans la France du Sud-Ouest, 1972 [Register, s.v. D.] – H. GUILHAMON, La maison de Durfort au MA, 1976, 261-289 – N. DE PEÑA, Doc. sur la maison de Durfort, I, 1977, Introd., 29-39.

Durben (lettisch Durbe), Schlacht bei, 13./20. Juli 1260. Bis zum Jahre 1260 konnte der →Dt. Orden sein Herrschaftsgebiet von der unteren Weichsel bis zum →Peipussee, wo bereits 1242 eine weitere Ausweitung durch eine verlustreiche Schlacht vereitelt wurde, ausdehnen. Ein Unsicherheitsfaktor blieb für den Dt. Orden das heidn. →Litauen, speziell das westl. keilförmig in die Einflußzone des Ordens hineinreichende →Schemaiten. Durch ein Burgensystem sollte dieses Gebiet nach dem Vorbild in Preußen beherrschbar gemacht werden. Von Schemaiten aus hatte der Dt. Orden seinerseits abwehrende Angriffe der Litauer zu gewärtigen, so im Sommer 1260. Die militär. Gegenaktion des Dt. Ordens war als entscheidender Schlag gegen die Litauer angelegt. Der livländ. Landmeister Burchard v. Hornhausen und der preuß. Ordensmarschall/Vizelandmeister Heinrich Botel rückten von Norden und Süden zur Memel vor. Im Ordensaufgebot befanden sich neben Ordensbrüdern einheim. →Prussen und auch koalierte Dänen von Nordestland und Schweden unter Hzg. Karl. Zuerst sollte die von 4000 Schemaiten belagerte Georgenburg am Nordufer der Memel entsetzt werden. Die Belagerer gaben sofort auf; das Ordensaufgebot folgte den zurückweichenden Litauern ins westl. Kurland. Durch Führungsfehler innerhalb des Ordensaufgebotes kam es, sei es durch Weigerung, sei es durch aktive Obstruktion, namentl. der Kuren, zu einem Dissens, der um sich griff und Liven, Esten sowie Prussen zur Desertation verleitete. In der folgenden Schlacht hat D. nordöstl. Libau (Schlachtfeld nicht genau lokalisierbar; Peter v. Dusburg, Chron. III, 84: in terra Curoniensi in campo iuxta fluvium Durbin) unterlag das dezimierte Ordensheer am Margaretentag einem wahrscheinl. an Zahl überlegenem Aufgebot der Litauer. Die Bedeutung des litauischen Sieges wurde durch den hohen Verlust von 150 (Peter v. Dusburg) bis 200 (Hermann v. Wartberge) Ordensangehörigen samt den anführenden Ordensgebietigern besiegelt. Für den Orden scheiterte nicht nur die Eingliederung der Schemaiten in sein Herrschaftsgebiet, sondern diese Niederlage, die auslösender Faktor des zweiten großen Prussenaufstandes war, stellte einerseits in der Frühphase des Dt. Ordens an der Ostsee einen territorialen Rückschlag und Aderlaß dar, der in der Spätphase mit dem Wendepunkt der Schlacht v. →Tannenberg vergleichbar war, während dieses Ereignis andererseits ein Zeugnis für den Selbstbehauptungswillen des aufstrebenden litauischen Staatsgebildes bot. C. A. Lückerath

Q.: Ditlebs v. Alnpeke Livländ. Reimchronik [Scriptores rerum Livonicarum I, 1853]; verläßlicher: Livländ. Reimchronik, ed. L. MEYER, 1876, Neudr. 1963; Peter v. Dusburg, Nikolaus v. Jeroschin, Hermann v. Wartberge, Ält. Hochmeisterchronik [alle in: Scriptores rerum Prussicarum I–II, 1861, Neudr. 1963; Dusburg auch mit Übers. in: AusgQ XXV, 1984] – *Lit.:* R. KRUMBHOLTZ, Samaiten und der Dt. Orden, Altpreuß. Monatsschrift 26, 1890, 39 – J. LATKOWSKI, Mendog, Rozprawy Akademii Umiejętności, Wydz. hist.-filoz. ser. II, 1898[3], 389-393 – K. LOHMEYER, Gesch. von Ost- und Westpreußen I, 1908, 26 – S. ZAJĄCZKOWSKI, Studya nad dziejami Żmudzi wieku XIII, 1925, 97 – B. SCHUMACHER, Gesch. Ost- und Westpreußens, 1959[4], 42 – Z. IVINSKIS, Durbės kautynės 1260 m. ir jų politinis vaidmuo, SD Karo Archyvas, VIII–IX, 1937-38 – DERS., Mindaugas und die Žemaiten, Litt. Soc. Esth. 17, 1938, 91ff. – M. TUMLER, Der Dt. Orden, 1954, 258, 279, 290ff. – R. WITTRAM, Balt. Gesch., 1954 [Neudr. 1973], 51 – Lietuvių Enciklopedija 5, 1955, 255f. – R. VARASKAUKAS, Lietuvių kova su vokiškais agresoriais Mindaugo valdymo laikotarpiu (1236-63), Vilniaus Valstybinio Pedagoginio Instituto Mokslo Darbai IV, 1958, 11-141 – R. JASAS, Didysis prusų sukilimas (1260-74), 1959 – M. E. RAULINAITIS – Z. NAULINAITIS, Durbės mūšis, 1960 – Encyclopedia Lituanica II, 1972, 117ff.

Durchbruchsarbeit. Bei D. ist der Grund um einen plastisch-reliefischen Kern ausgespart bzw. entfernt. D. als Begriff wurde abgegrenzt von »Ausschnittarbeit«, auch »opus interrasile« (Theophilus presbyter) genannt, bei welcher der Grund aus flächigem Material ausgeschnitten ist. Der Unterschied ist eher technisch als künstlerisch bedingt, in beiden Fällen erscheint die verbleibende Gestalt des Werkes silhouettenhaft vor dem Grunde, für den bei kleinen Formaten oft eine kontrastierende Folie eintritt.

D. ist in verschiedenen Materialien geübt, frühzeitl. bzw. spätantiken Beispielen folgend. Auch in der Architektur spielt sie eine Rolle, z. B. in steinernen Schranken und Transennen, in der Skulptur ist sie äußerst selten (Kreuzstele Moselkern, 7. Jh.). Vielfältige Möglichkeiten sind v. a. in der Metallkunst gegeben. Im skyth. Bereich begegnen D. en in Gold, bei den germ. Völkern sind sie als Fibeln, Gürtelschnallen, Scheiben und Zierbeschläge vorwiegend in Bronze verbreitet, mit figürl. wie ornamentalen Motiven.

Die Blütezeit der D. liegt im frühen und hohen MA, mit vielfältigen Aufgaben am kirchl. Gerät und in verschiedenen Materialien. Hier kann D. mit der ikonolog. Absicht der Erschließung sakraler Inhalte verbunden sein (Reliquiare). Zu nennen sind ferner Kreuzscheiben, Kreuzfüße, Leuchter und Lichtkronen, Throne (Paris, Goslar) sowie eher alltägl. Gerät wie Türklopfer. Beschränkung durchbrochener Einzelelemente auf Zierfriese ist häufig. Seit dem 14. Jh. tritt Eisen als Material hervor, v. a. in durchbrochenen Beschlägen.

Außer Metall spielt Elfenbein/Bein für D. en eine wichtige Rolle. Anregungen dazu sind wieder der Spätantike und Byzanz zu verdanken. Das frühe MA kennt außer kirchl. Objekten in D. wie Reliquienkästen, Tragaltären und zahlreichen Buchdeckeln auch profane Dinge wie Kämme. D., von hohem Rang, begegnet schließlich an der Kathedra Petri (Rom, 9. Jh.) und in der Bildreihe des Magdeburger Antependiums (10. Jh.). In der Gotik erlahmt das Interesse für D. in diesem Material. Sie begegnet jetzt eher in Holz (Minnekästchen, Briefladen, Altäre, Chorgestühle), ferner in Perlmutt, Horn und auch Leder.

Ein eigenes Kapitel bildet textile D. (Applikationsstikkerei), nicht zuletzt in ma. Kl. verbreitet (Lüne, Marienberg/Helmstedt, Disentis). V. H. Elbern

Lit.: RDK I, 1287ff., s.v. Ausschnittarbeit; IV, 594ff. – H. DECKERT, Opus interrasile als vorroman. Technik, Marburger Jb. 6, 1931, 137ff. – GOLDSCHMIDT, Elfenbeinskulpt., passim – H. TH. BOSSERT, Gesch. des Kunstgewerbes V, 1932, passim – H. KOHLHAUSSEN, Minnekästchen im MA, 1928 – H. SWARZENSKI, Monuments of Romanesche Art, 1954, passim – V. H. ELBERN, Die Stele von Moselkern, BJ 155-156, 1955-56, 184ff. – H. APPUHN, Briefladen, Wallraf-Richartz-Jb. 34, 1972, 31ff. – V. H. ELBERN, Aus dem Zauberreich des MA. Kunst als Bedeutungsträger, 1978, 43ff. – P. SPRINGER, Kreuzfüße, 1981.

Düren, Pfalz und Stadt am Nordrand der Eifel, an der Rur (Nordrhein-Westfalen). Die Anfänge der frk. Siedlung D. sind durch Grabfunde des 7. Jh. an einer 700/770 datierten Kirche bezeugt; 748 wird die villa D. erstmals und bereits als Versammlungsort (placitum, synodus) des frk. Hausmeiers →Pippin genannt; wohl unmittelbar westl. der Kirche lag der Königshof, der unter Karl d. Gr. zur Pfalz ausgebaut wurde. 775 wurde Pfalzbau und -kirche (palacium regium, capella = 2. Kirchenbau) erstmals erwähnt; insgesamt sind bis 782 sechs längere Aufenthalte Karls d. Gr. in D. bezeugt. 814 bestätigte →Ludwig d. Fromme der Abtei →Stablo die Schenkung der Kirche in D. Pfalz und Pfalzkapelle wurden vermutl. 881/882 durch Normannen zerstört; der Königshof mit seinen Verwaltungsaufgaben blieb bestehen. Kg. →Arnulf bestätigte 888 →Lothars II. Schenkung des Neunten der villa D. an das →Aachener Marienstift, das 941 auch die inzwischen wiederaufgebaute Kirche erhielt. In der Folgezeit entwickelte sich im Bereich der ehem. Pfalzanlagen eine Markt- und Gewerbesiedlung, die mit dem Einbau eines ins 11. Jh. datierten Wehrturmes in die Kirchenanlage ein befestigtes Zentrum erhielt. Der Befestigungsbau für die Gesamtsiedlung – um 1184 oppidum genannt – beginnt wohl schon Ende des 12. Jh. und ist Mitte des 13. Jh. abgeschlossen. D. blieb bis 1241 Reichsort bzw. -stadt und wurde in diesem Jahr von Ks. Friedrich II. an Gf. →Wilhelm v. →Jülich verpfändet; das Pfand wurde nie eingelöst, D. war unangefochten seit 1338 jülische Stadt. Sie verdankte ihren Aufschwung im SpätMA dem Tuch- und Eisengewerbe, seit dem 16. Jh. auch d. Wallfahrten zum Haupt der hl. Anna. M. Wensky

Q. und Lit.: DtStb, 1956, 96-103 – W. KAEMMERER, UB der Stadt D., I, 1-2, 1971-74 – Rhein. Städteatlas 9, 1974 – D. FLACH, Zur Gesch. des D.er Reichsgutes, D.er Geschichtsbll. 71, 1982, 5-20.

Dürer, Albrecht, dt. Künstler, * 21. Mai 1471 Nürnberg, † 6. April 1528 ebd. Die Lehre als Goldschmied bei seinem Vater 1484/85 legt bereits den Grund für die außerordentl. handwerkl. Virtuosität seiner Kupferstiche. 1486-89 folgt die Lehre als Maler bei Michael →Wolgemut; die spätgotisch-niederländ.-fränk. Prägung von Stil und Malweise bleiben bis ins neue Jahrhundert dominant und auch noch in späten Gemälden spürbar. Die Wanderschaft 1490-94 führt den Gesellen an den Oberrhein: in Colmar findet er sein großes Vorbild für den Kupferstich, Martin →Schongauer, nicht mehr am Leben, in Basel und Straßburg entwirft er Buchillustrationen. Nach Rückkehr und Heirat bricht er im Winter 1494/95 zur ersten Reise nach Venedig auf, deren erstaunlichste Früchte die erste Gruppe von Landschaftsaquarellen sind. 1496 setzt mit dem Dresdener Marienaltar für Friedrich den Weisen v. Sachsen und dessen Portrait die Produktion von Gemälden in eigener Werkstatt ein. 1498 erscheint die »Apokalypse«, zusammen mit der »Großen Passion« (1496-99, 1510) und dem »Marienleben« (1501-05, 1510), D.s unendlich folgenreiches Hauptwerk im Holzschnitt. 1500 beginnt, an Jacopo de' Barbari anknüpfend, das Studium der menschl. Proportionen, das 1504 im Kupferstich von »Adam und Eva« seine bedeutendste Form findet. 1505-07 weilt D. zum zweiten Mal in Venedig; das für die dort niedergelassenen dt. Kaufleute gemalte, farbenprächtige »Rosenkranzfest« (Prag) zeugt nun von einer vertieften Auseinandersetzung mit der maler. Kultur Giovanni →Bellinis. 1512 weilt Ks. Maximilian in Nürnberg und erteilt Dürer Aufträge: für ihn entstehen Randzeichnungen in einem Gebetbuch, Entwürfe zu seinen polit.-propagandist. Holzschnitt-Publikationen, insbes. zur »Ehrenpforte«, schließlich, bereits posthum 1519, sein großes Bildnis in Wien. 1513/14 faßt D. seine Auseinandersetzung mit dem v. a. von seinem Freund Willibald Pirckheimer vermittelten Humanismus florent.-neuplaton. und christl.-erasmischer Prägung in den drei Meisterstichen »Ritter, Tod und Teufel«, »Melencolia I« und dem »Heiligen Hieronymus im Gehäus« zusammen. Nach kürzeren Reisen nach Bamberg (1517), an den Augsburger Reichstag (1518) und in die Schweiz (1519) fährt D. vom Juli 1520 bis in den Sommer 1521 in die Niederlande; seine Begegnungen und Beobachtungen hält der nunmehr berühmte Meister in einem Tagebuch und zahlreichen Zeichnungen fest; die Auseinandersetzung mit der dortigen Malkunst findet in der Hieronymustafel (Lissabon) ihren Ausdruck. Die letzten Jahre D.s stehen bereits im Zeichen der Reformation Luthers: die »Vier Apostel«, die er 1526 der Stadt Nürnberg schenkt, bilden in dieser Hinsicht sein Testament. Nun bringt er auch seine theoret. Bestrebungen mit der »Unterweisung der Messung« (1525), der Befestigungslehre (1527) und den »Vier Büchern von menschlicher Proportion«, posthum in seinem Todesjahr 1528 publiziert, zu einem gewissen Abschluß.

In der Vielseitigkeit seiner Interessen und Verbindungen, seiner Beobachtungs- und Erfindungskraft steht D. als interessanteste Künstlerpersönlichkeit am Übergang vom SpätMA zur NZ. In seinen großen Altären (Paumgartner-Altar, München; Anbetung der Könige, Florenz; Allerheiligenbild, 1511, Wien), den druckgraph. Heiligen- und Marienbildern und den Illustrationsfolgen, insbes. der spätgot. expressiven »Apokalypse«, schuf er die letzten weithin verbindl. Bildprägungen ma. Frömmigkeit. Seine unerreicht scharf beobachteten Landschafts-, Pflanzen- und Tierstudien (meist Wien, Albertina), die neuartig interpretierenden Charakterbildnisse (Hieronymus Holzschuher, Jakob Muffel, beide 1526, Berlin), seine Bemühungen um die Proportionen von Mensch und Pferd, die wissenschaftl. Untersuchungen zur Perspektive und das Streben nach einer Kunsttheorie zeugen von seiner Auseinandersetzung mit Humanismus und Renaissance. In der Entfaltung seines großartigen zeichner. Werkes wird der künstler. Umbruch bes. klar; sein neues Selbstbewußtsein als Mensch und Künstler spricht sich am deutlichsten in den ganz außergewöhnlichen gemalten und gezeichneten Selbstbildnissen aus (1493, Paris; 1498, Madrid; 1500, München). Ch. Klemm

Q. und Lit.: D. Schriftl. Nachlaß, ed. H. RUPPRICH, 3 Bde, 1956–69–H. WÖLFFLIN, Die Kunst A. D.s, 1905–J. MEDER, Dürer Kat. Ein Hb. über A. D.s Stiche, Radierungen, Holzschnitte, 1932 – F. WINKLER, Die Zeichnungen A. D.s, 4 Bde, 1936–39 – E. PANOFSKY, The Life and Art of A. D., 2 Bde, 1943–F. ANZELEWSKY, A. D. Das maler. Werk, 1971 – M. MENDE, Dürer-Bibliogr., 1971 – A. D. 1471–1971. Ausstellungskat. Nürnberg 1971 – P. STRIEDER, D., 1981 – A. D. und die Tier- und Pflanzenstud. der Renaissance. Ausstellungskat. Wien Albertina, 1985.

Durfort, weitverzweigte *südwestfrz. Adelsfamilie*, entstanden im 11. Jh.; Stammsitz war die →Motte D. im Bas-Quercy (dép. Tarn-et-Garonne). Die D. standen in verwandtschaftl. Beziehungen zu den Gabarret, Vicomtes v. Brulhois, und hatten Güter im Agenais. Im 11. und 12. Jh. kontrollierten sie mehrere Kirchen der Abtei →Moissac und besaßen Burgen (Mondenard, Montesquieu, Beaucaire, Clermont-Soubeyran). Am Ende des 12. Jh. und zu Beginn des 13. Jh. sicherte ihnen der Garonnezoll von Clermont-Soubeyran reiche Einnahmen. Aus dieser Periode sind zwei Linien bekannt: die Herren v. *Frespech*, die im Dienst der Kg./Hzg. e v. Aquitanien standen (*Arnaud*, † nach 1339, und sein gleichnamiger Sohn, † nach 1359) und nach 1380 ausstarben; die Herren v. *Clermont-Soubeyran*, die – nach einer Zeit der ungeteilten Herrschaft – sich wiederum in mehreren Linien verzweigten: Aus dem Zweig der Herren v. *La Chapelle* und *Malaise* und v. *Boissières* (Quercy) gingen mehrere Prälaten hervor (*Guillaume*, † 1330, s. →Durfort, Guillaume de; *Auger*, Abt. v. Moissac 1305–34; *Bonafous*, † nach 1361, Prior der Daurade zu Toulouse). – Die Herren v. *Flamarens* im Agenais erloschen 1333. – Die Herren v. *Bajamont* standen als Anhänger des Hauses →Armagnac im Dienst der Kg. e v. Frankreich: *Regnaud* († nach 1476) und *Armand* († nach 1478) waren Räte (*conseillers*) und Kammerherren (*chambellans*) Kg. Ludwigs XI. Ebenfalls im Agenais sowie im benachbarten Bazadais ansässig waren die Herren v. *Lacour* und *Moissaguel*, gewöhnl. nach einer ihrer Burgen als Haus →Duras bezeichnet; dank ihres durch Raymond Bernard de D., Bf. v. Périgueux († 1341), vergrößerten Reichtums und ihrer Verbindungen zur Familie →Got, erlebten die Duras einen glanzvollen Aufstieg. Andere Zweige etablierten sich im Toulousain in *Gaure* (um 1338 ausgestorben) sowie in *Bonac*, *Deyme* und *Bazièγe* (mit Bürgerfamilien aus Toulouse und Regionaladel verschwägert; ein Angehöriger, *Guillaume*, wurde 1363 Bf. v. Lombez). Am Ende des MA bestanden noch folgende Familienzweige: *Duras* (der bedeutendste Zweig), *Deyme*, *Bajamont-Castelnoubel* und *Boissières* (letztere der ärmste, aber wohl älteste Zweig). – Der Name D. wurde auch von den anderen Familien in Katalonien (→Durfort, Familie in Barcelona) sowie in Südfrankreich (Limousin, Albigeois, Pays de Foix, Aude) getragen; diese sind weithin noch unerforscht. N. de Peña

Q. und Lit.: N. DE PEÑA, Doc. sur la Maison de D. XIe–XVe s., 2 Bde, 1977 – DIES., Vassaux gascons au service du roi d'Angleterre au XIVe s., Annales du Midi, 1976 [zu den D. de Frespech].

D., Guillaume de, Ebf. v. →Rouen, † 24. Nov. 1330, entstammte der südwestfrz. Familie Durfort (→1. Durfort), Neffe Bertrands de →Got (Papst →Clemens V.). Nach Studien in Paris wurde D. 1291 Mönch der Abtei Aurillac, dann Prior v. Rabastens, 1296 Abt. v. →Moissac, Administrator des Bm.s, darauf Bf.-Hzg. v. →Langres 1306. Begünstigt durch Clemens V. und auf Betreiben des Kg.s v. Frankreich, Philipp V., wurde D. 1319 zum Ebf. v. Rouen erhoben; die Häufung seiner Pfründen, willkürl. Forderungen und sonstige Nachlässigkeiten, ungeheure Schulden sowie die Pracht seines Auftretens provozierten den Widerstand der Kathedralkapitel v. Langres und Rouen und erweckten das Mißtrauen des Papstes Johannes XXII. Doch führte D., nachdem er 1327 eine gefährl. Krankheit überstanden hatte, fortan ein untadeliges Leben. Als Abt v. Moissac erließ er Statuten über den Mönchshabit; in Langres kämpfte er gegen die Ketzerei; in Rouen hielt er 1321 eine Synode ab, auf der Maßnahmen gegen Juden und Aussätzige beschlossen wurden.

M. Baudot

Q.: Chron. Aimerici de Peiraco (BOUQUET, XXIII, 1876, 212) – BEC sér. 3, I, 132–135 – Reg. Nicolas IV, ed. LANGLOIS, 1905, 5753 – Reg. Boniface VIII, ed. DIGARD, 1907, 667, 915, 978, 1024 – Reg. Clement V, ed. O.S.B., 1885–92, Tables Lanhers, 1948, 1045, 1503–15, 1821–28, 5807–12–47–49, 9327–68 – Reg. Jean XXII, Lettres communes, ed. G. MOLLAT, 1905–06, 8847–96, 10939, 11388, 14641, 19326 – Lettres secrètes, ed. COULON, 1906, 667, 773–87–89 – Invent. des Archives dép. de la Seine Inf., sér. G., 1874, 942, 1007, 1101, 1228, 1605 – Lit.: DBF XII, 766 – G. MOLLAT, Lettres communes de Jean XXII, I, 1921, Introd.: 85–125.

Durfort, bedeutende *Familie in* →*Barcelona*, deren Existenz seit dem Ende des 12. Jh. belegt ist. Stammvater ist *Guillem*, der einen großen Teil des Strandgeländes in Barcelona besaß und städtebaulich erschloß (1210). Von ihm leiten sich zwei Familienzweige ab, die in Vilanova de la Mar, in der Straße Durfort (heute Abaixadors), ansässig waren und beide bedeutende Besitzungen in der Stadt und ihrem Umland zu eigen hatten.

Die jüngere und stärker hervortretende dieser Linien, die sich von *Berenguer*, dem →Batlle Kg. Jakobs I. in Barcelona (1223–29), herleitet, vermehrte ihr Vermögen im Dienste dieses Kg.s. Berenguer hatte in diesem Amt seinen Verwandten *Durfort d'Espiells* abgelöst, außerdem übte er dieses Amt als erster auf der neu eroberten Insel →Mallorca aus. Anscheinend wirkte er auch bei der Errichtung eines Stadtregiments in →Barcelona mit. 1249, in der ersten Urkunde, die sich auf die Entstehung eines Stadtrates bezieht, wird er unter den ersten vier *paers* genannt, die vom Herrscher ernannt wurden. Von 1266–69 war er Stadtrat (*conseller*). Er scheint seine Stellung am Hofe u. a. dazu genutzt zu haben, Jakob I. einen Teil des neben der Kirche Sta. Maria del Mar gelegenen Kornmagazins abzukaufen, den er zum Wohnhaus für seine Familie umbaute; andere Gebäudeteile dienten jedoch weiterhin unter der Aufsicht des Pere de Llissac (1244) als Getreidespeicher. In diese Zeit fällt auch die Ausbildung seines ausgedehnten Grundbesitzes, den sein Sohn *Bernat* zum großen Teil erbte. Dank eines detaillierten Inventars kennen wir dessen Möbel, Kleider usw.

Die ältere Linie der D., die den Ort Sant Feliu de Llobregat besaß, hielt sich bis Ende des 13. Jh. den städt. Angelegenheiten fern. Erst in den Jahren 1283, 1285 und 1291 hatte einer von ihnen, *Guillem*, die *consellería* inne. Er wurde vom Kg. mit wichtigen Aufgaben betraut: u. a. war er Gesandter in England sowie Unterhändler beim Vertrag v. Tarascon, beim Friedensschluß mit Genua, beim Vertrag v. Anagni.

Nachdem die D. im 14. Jh. Teile ihres Grundbesitzes verkauft hatten, verloren sie in der Stadt wie am Hofe an Einfluß und reihten sich als →*doncels* in den niederen Adel ein. Der Name der Familie blieb eng verbunden mit den Burgen Pierola und Collbató, die *Guillem* D., 1270 Batlle und 1273 Veguer v. Barcelona, 1298 seinem Sohn *Romeu* († 1324) hinterlassen hatte. Hatten die D. früher eine Hauptrolle gespielt, so übernahmen sie fortan nur noch unbedeutende Nebenrollen. Carmen Batlle

Lit.: F. CARRERAS I CANDI, Los castells de Montserrat (Narraciones montserratinas, 1911), 135–214 – Els castells catalans I, 1967, 376–380; V, 1976, 316–319.

Durham
I. Stadt – II. Bistum.

I. STADT: Das Stadtbild von D. (im nö. England, ca. 100 km südl. der schott. Grenze) wird von der Kathedrale, dem Kl. und der Burg (D. Castle), die auf einem bewaldeten Bergsporn in einer Flußschleife des Wear liegen, geprägt (der Name 'Dunholm' bedeutet im Ags. 'Insel [Holm] mit einem Hügel'). D. war während des gesamten MA ein Zentrum von miteinander verbundener kirchl. und feudaler Herrschaft, ein einzigartiges Phänomen in England. Die früheste Siedlung, Elvet, erstreckte sich am Ufer des Wear in südöstl. Richtung. Pehtwine wurde dort 736 zum Bf. v. Whithorn geweiht. Die Entwicklung des eigtl. D. setzt 995 ein. Mönche aus →Lindisfarne, die nach dem Dänenüberfall von 875 die Reliquien des hl. →Cuthbert († 687) in Sicherheit bringen wollten, waren mit ihnen zunächst nach →Chester-le-Street, dem Sitz des Bf.s v. →Bernicia, gelangt, dann nach →Ripon. Auf der Rückreise nach Chester ließ sie ein Wunder in D. haltmachen. Dort wurde die bewaldete Kuppe des Sporns gerodet und eine steinerne Kirche erbaut; 995 wurde dann der Bischofssitz v. Bernicia von Chester-le-Street nach D. verlegt. Der Bf. erhielt als Hüter der Cuthbert-Reliquien umfangreiche Landschenkungen. Es entwickelte sich eine Großsiedlung mit Holz/Erde-Befestigung; Wälle sind in Berichten über schott. Angriffe für 1003 und 1006 erwähnt.

Die ags. Befestigung (→burh) auf der Hügelkuppe war der Ausgangspunkt für die Errichtung einer Burg in der →motte-and-bailey-Form, mit der 1069 unter →Wilhelm d. Eroberer begonnen wurde und die dann an den Bf. überging. Die ersten Steinbauten (Torhaus, Große Halle, Kapelle) entstanden im Auftrag von →Ranulf Flambard (1099–1128). Hugh du →Puiset (1153–95) ließ eine zweite Halle mit einem Saal darüber errichten, eine Anlage in der Art eines norm. →Donjon (keep). Die Motte war aber nicht als Residenz gedacht. Die späteren Bf.e vervollständigten und erweiterten die Burg, ohne den Bau des 12. Jh. abzubrechen; seit 1832 wurde sie dann zum Sitz der Universität. Die ganze Hügelkuppe wurde mit einer Außenmauer bewehrt, die den Palace Green (den oberen Bailey, an dem im S die Kathedrale angrenzte) und einen unteren Bailey umschloß, in letzterem war das Kathedralpriorat untergebracht; dort saßen auch Lehnsleute des Bischofs. Steinbrücken wurden im 12. Jh. an den nördl. Enden der Flußschleife gebaut, wodurch die Halbinsel ihren – kontrollierten – Zugang erhielt.

Wilhelm v. St. Calais, der zweite norm. Bf. (1081–96), ließ die Alba Ecclesia, die ags. Kathedrale von 998, abtragen und begann 1093 mit einem Neubau. Er ersetzte den Weltklerus durch Benediktinermönche aus →Jarrow und →Monkwearmouth, was D. in die Reihe der engl. →Kathedralklöster einreihte. Unter St. Calais entstanden Chor und Vierung der Kathedrale. Flambard ließ 1133 das Kirchenschiff errichten; er veranlaßte auch die Translation der Gebeine Cuthberts (1104) in einen neuen Schrein hinter dem Hochaltar. Die einzige größere Veränderung am Kirchenbau nach dem 12. Jh. war die Niederlegung der drei Ostapsiden, an deren Stelle ein großes Querschiff, die Kapelle der neun Altäre, hinter dem Cuthbert-Schrein errichtet wurde. Der Kathedralbau von 1093–1133 ist architekton. wie histor. einer der bedeutendsten Bauten in Europa (ältestes bekanntes Rippengewölbe von ca. 1100; →Gewölbe). Der Cuthbert-Schrein wurde 1536 ausgeplündert, aber die in ihm liegenden Reliquien beigesetzt. Die Kathedrale besaß ein bes. Asylrecht, dessen Geltungsbereich ein Ring von Steinkreuzen um die Stadt markierte.

Das Benediktinerpriorat von St. Cuthbert gehört in die Reihe der ältesten und berühmtesten engl. Klöster dieses Ordens. Im frühen 13. Jh. gab es offenbar 70 Mönche in D., 30 in der schott. Zelle in →Coldingham und vielleicht ebenso viele in den acht anderen Zellen (in Finchale, Holy Island usw.); 1300 lag die Anzahl unter 100, seit 1406 zw. 69 und 74. Südlich der Kathedrale liegen die Klostergebäude (mit Kapitelhaus, ca. 1133–41; bedeutendem Dormitorium, 1398–1404 umgebaut; einer oktogonal gebauten Klosterküche mit Kreuzrippengewölbe, 1366–71).

Angesichts der mächtigen Position der Kirche konnten die außerhalb der Außenmauern ansässigen Kaufleute keine städt. Selbstverwaltung erringen. Das wirtschaftl. Wachstum war nicht ausreichend, um eine mächtige Kaufmannschicht entstehen zu lassen. Die erste Gilde, die erwähnt wird, ist eine religiöse, keine Kaufmannsgilde. Die Bürger des Bf.s, die unterhalb der Burg lebten, erhielten die Befreiung vom Zoll durch Puiset, aber keine weiteren Privilegien. Der →Bailiff des Bf.s regierte die Stadt, die bald nach 1300 eine Stadtmauer erhielt. Der Prior und der Konvent besaßen die Jurisdiktionsgewalt über die anderen extra muros gelegenen Suburbien im O (Elvet) und im W der Halbinsel. Den Suburbien wurde auch das Eigentumsrecht an bürgerl. Grundbesitz gewährt, doch erhielten sie keine weiteren Privilegien. Kirchen in dem unteren Bailey der Burg und in den Suburbien stammen aus dem 12. Jh. und zeigen, wie sehr die Bürger von Burg, Kathedrale und Kloster angeregt wurden und spiegeln auch die Stiftungstätigkeit des Bf.s wider. Flambard errichtete 1112 das extra muros gelegene Hospital St. Giles in eindrucksvollen frühnorm. Bauformen.

M. W. Barley

II. BISTUM: [1] *Weltliche Herrschaft* (Pfalzgrafschaft): Das Bm. umfaßte das Gebiet zw. den Flüssen Tyne und Tees; es stand unter der weltl. Herrschaft des Bf.s v. D. und tritt in der frühen NZ als 'Pfalzgft. (*county palatine*) v. D.', dann als 'Gft. (*county*)' auf. Das urspgl. Bm. umfaßte auch Territorien des heut. Shire Northumberland, nämlich Norhamshire und Islandshire an der Grenze zu Schottland sowie Bedlingtonshire an der Ostküste. Neben dem genannten Territorium verfügten die Bf.e v. D. auch über reiche Besitzungen in Lincolnshire (bis 1189) sowie Howdenshire, Allertonshire und Crayke in Yorkshire.

Vom 13. Jh. an konnte der Satz gelten: »quicquid rex habet extra episcopus habet intra«. Die Ursprünge des freien Regalienbesitzes der Bf.e v. D. können nicht auf die ags. Zeit zurückgeführt werden; die Legende, daß sie ihre Rechte von den Kg.en v. →Bernicia ererbt hätten, wurde von G. T. LAPSLEY widerlegt. Charakter und Umfang der libertates, die die Cuthbertkirche von ags. Kg.en empfangen haben dürfte, ist unbekannt. Im →Domesday Book (1086) steht, daß weder ein Kg. noch ein Earl irgendein Gewohnheitsrecht (consuetudo) in Howdenshire und Allertonshire besitze, doch standen diese Besitzungen nicht außerhalb der allgemeinen engl. Administration, wie es bei den Territorien von D. nördl. des Tees der Fall war.

Die Entwicklung des Bm.s wurde hier durch Faktoren und Strukturen der Zeit nach 1066 beeinflußt: Die Gebiete der heut. Shires D. und Northumberland sind im Domesday Book gar nicht erfaßt worden. Das gesamte Territorium bildete das Earldom →Northumberland, in dem bis 1075 ags. Earls (→Bamburgh) herrschten. Nach ihrem Aussterben hatte Bf. →Walcher bis zu seiner Ermordung i. J. 1080 das Territorium inne. Bald darauf wurde Robert de Mowbray zum Earl erhoben; nach seiner Absetzung

i. J. 1095 wurde jedoch kein neuer Earl eingesetzt. So war der Bf. v. D. der einzige große Territorialherr in dem früheren Earldom, mit einem kompakten Besitz, der in die vier *wards* (Bezirke) Darlington, Stockton, Chester-le-Street und Easington gegliedert war. In diesen wards unterstand alles Land dem Bf. als Oberlehnsherrn. Auch die umfangreiche Besitzausstattung des Klosterkonvents v. D. im Bm. unterstand dem Bf., der deshalb in Zeiten der Vakanz des Priorats davon Besitz ergriff und die Wahl der Prioren genehmigte. Der Prior war ein »Baron der Pfalzgft.«; obwohl sein Konvent zu den reichsten in England gehörte, zählte er nicht zu den 30 Kloster- und Stiftsvorstehern, die als *lords spiritual* regelmäßig zum →Parliament geladen wurden; auch die Grundeigentümer (*freeholders*) des Bm.s entsandten bis 1654 keine gewählten Abgeordneten ins Parliament.

Die norm. Kg.e waren hinsichtl. des Schutzes der Grenze zu →Schottland auf die Bf.e angewiesen, wobei deren Burgen →Norham und D. selbst erstrangige strateg. Bedeutung besaßen. Schottische Kg.e erhoben bis 1237 Ansprüche auf das Earldom Northumberland. Nachdem der schott. Kg. →David I. (1124–53) diesen Besitzanspruch durchgesetzt hatte, betrachtete er den Bf. v. D. als seinen Untertanen und bemühte sich, allerdings erfolglos, während der Sedisvakanz des Bischofsstuhls von 1152–53 einen ihm genehmen Kandidaten durchzusetzen. Die engl. Kg.e waren ihrerseits begreiflicherweise bestrebt, D. loyalen und fähigen Bf.en anzuvertrauen; unter ihnen waren frühere kgl. Beamte, die bei ihrer weltl. Herrschaft über D. Verfahrensweisen des kgl. engl. Verwaltungswesens einführten. Zu nennen sind hier insbes. Flambard (1099–1128), der zuvor wichtigster Berater Kg. →Wilhelms II. gewesen war und der einen eigenen bfl. →*Sheriff* einsetzte; Geoffrey Rufus (1133–41), der frühere Kanzler (→*Chancellor*) →Heinrichs I.; Puiset, der Vetter →Heinrichs II., der ztw. kgl. Kanzler gewesen war und auf dessen Initiative wohl die Einführung von Rechtsinstituten und Verfahrensweisen nach kgl. Vorbild in D. zurückgehen; v. a. begründete er einen Exchequer nach dem Vorbild des kgl. →Exchequers zu Westminster. Puiset war kurze Zeit Earl v. Northumberland (1189–94) und kaufte von Kg. →Richard I. den →*wapentake* (Hundertschaft) Sadberge. Diese Hundertschaft, die den südöstl. Winkel der heut. Gft. D. (einschließl. Hartlepool) bildet, hatte vorher zum Shire Northumberland gehört.

Seit dem Episkopat Antony →Beks (1283–1311) wurde das Bm. als Pfalzgft. bezeichnet. Die →Quo warranto-Verfahren unter Kg. →Eduard I. respektierten die *franchises* (Freiheiten) D.s; kgl. Richter und Beamte waren aus dem Bm. ausgeschlossen. Die Bf.e setzten vielmehr eigene Richter ein, die den Bruch des bfl. Friedens zu ahnden hatten und ebenso Zivilprozesse durchführten, gestützt auf →*writs* der bfl. Kanzlei, die unter dem großen Siegel erlassen wurden. Dieses große Siegel diente auch zur Besiegelung der bfl. Urkunden, die u. a. zur Gründung von Städten (→*boroughs*) und Märkten, Begnadigung von Mördern, Befestigungserlaubnis etc. erlassen wurden – kurz, in all jenen Fällen, in denen im übrigen England der Kg. die Entscheidungsgewalt hatte. Das im Bm. D. geltende Recht allerdings war das Common Law (→Engl. Recht), und auch die allgemeinen kgl. Statuten wurden befolgt; so ernannten die Bf.e v. D. nach dem Statut von 1361 (34 Edward III, c. 1) ihre eigenen Friedensrichter.

Zw. 1333 und 1437 unterstand D. fünf aufeinanderfolgenden Bf.en, die vorher das Amt des *Keeper of the* →*Privy Seal* innehatten und die die bfl. Regierung und Verwaltung als verkleinertes Abbild der kgl. Verwaltungs organisierten. →Richard de Bury (1333–45) trennte die bfl. Kanzlei von derjenigen der Diöz. ab; die erstere wurde in der Burg von D. untergebracht und ein Register für ihre Urkk. eingerichtet. Thomas →Langley (1406–37) führte über das Große Siegel hinaus - Privatsiegel und -petschaft und schuf das Amt des *receiver-general* (Generaleinnehmer), wohl in Anlehnung an das Hzm. →Lancaster, in dessen Verwaltung er tätig gewesen war, bevor er für die Kg.e des Hauses Lancaster arbeitete. Langleys Finanzreform war teilweise wohl durch die Einbußen an Einkünften bedingt. Ebenso wie das Kl. war auch der Bf. im SpätMA ärmer geworden infolge des Bevölkerungsrückgangs, der allgemein war, wobei speziell im Bm. D. auch die schott. Plünderungszüge zum wirtschaftl. und demograph. Verfall beitrugen. Dennoch wurden selbst in dieser Krisenzeit die Einkünfte des Bf.s v. D. nur von denjenigen des Bf.s v. Winchester, des Ebf.s v. Canterbury und von drei oder vier weltl. Großen übertroffen; die Mensa episcopalis wurde 1535 auf £ 3 128 jährl. Einkünfte geschätzt (die Mensa conventualis demgegenüber auf £ 1 572).

Die Barone, Ritter und sonstigen Lehnsträger des Bf.s v. D. wurden als *Haliwerfolk* bezeichnet. 1300 beanspruchten sie, nur Heerfolge zum Schutz des Leibes des hl. Cuthbert leisten zu müssen. Obwohl keine Belege für das Bestehen einer institutionalisierten konstitutionell-ständ. Körperschaft existieren, waren die Leute des Bm.s durchaus zu kollektivem Handeln in der Lage. Während einer Sedisvakanz i. J. 1208 kauften sie von Kg. Johann Ohneland das Recht, Prozesse, die aufgrund von →*writs* geführt wurden, durch Geschworene entscheiden zu lassen (→Engl. Recht). Beschwerden der *community* des Bm.s gegen Bf. Bek und weitere Klagen gegen Prior Hoton (1290–1309) veranlaßten Eduard I., das Bm. 1302 zu konfiszieren; es wurde Bek erst restituiert, nachdem er seinen Lehnsleuten ein Freiheitsprivileg zugestanden hatte (1303). Die Lehnsleute bewilligten gelegentl. Steuern; in den Jahren 1311–27 erhoben sie häufiger Kontributionen, um sich damit von schott. Plünderungen freizukaufen. 1349 bewilligten die »magnates and community« Bf. Hatfield (1345–81) 400 Mark, während der Bf. als Gegenleistung auf eine geplante fiskale Untersuchung verzichtete. Langley setzte während seines gewissenhaften Regiments auch seine Kanzlei als Gerichtshof für säumige Lehnsleute ein, womit er jedoch den Widerstand einer Gruppe von Untertanen hervorrief, die behaupteten, er habe all seine Regaliengewalt nur von der Krone usurpiert, doch bestätigte der Kg. im Parliament die Rechtmäßigkeit der bfl. Privilegien (1433).

Das Bm. D. bestand als feudales Fsm. bis zur Act of Resumption Heinrichs VIII. (1536). Schon vorher wurde aber die bfl. Gewalt durch anerkannte Privilegien der Untertanen begrenzt. Auch konnte der Bf. keine von der Krone unabhängige Außenpolitik treiben. Der Kg. konnte das Bm. beschlagnahmen, wenn der Bf. im Verdacht mangelnder Loyalität stand, was 1462–64 während der →Rosenkriege erfolgte. Doch wurde die Treue der Bf.e im allgemeinen durch die Tatsache gewährleistet, daß der Kg. - seit 1317 - die Bf.e nominierte; Richard Kellaw (1311–16) war der letzte von Prior und Kapitel gewählte Bf. gewesen.

[2] *Diözese:* Infolge dieser Prärogativen des Kg.s kamen nur selten Persönlichkeiten, die sich durch bes. geistl. Fähigkeiten und Interessen auszeichneten, an die Spitze der Diözese. Diese umfaßte das Bm. sowie Northumberland, mit Ausnahme von Hexhamshire, das dem Ebf. v. →York zugehörte; die Stadt Berwick-on-Tweed, seit

1296 eine engl. Ansiedlung, wurde seit 1390, während des Großen →Abendländ. Schismas, ztw. der Diöz. einverleibt. Die Diöz. D. hatte ca. 130 Pfarreien, zumeist großräumig und arm, die unter drei Archidiakonaten aufgeteilt waren: D., Northumberland und die Kirchen in den beiden Gft.en unterstanden dem Priorat s. D. Über den Archidiakonatsgerichten stand das Sendgericht (Konsistorium) des Bf.s, das üblicherweise in der Galileekapelle der Kathedrale tagte. Das Nonnenkl. Neasham war – neben dem Priorat und seinen Zellen – das einzige Religiosenhaus in der Gft. D., doch bestanden in Northumberland Konvente der Augustiner (Alnwick, Brinkburn), Prämonstratenser (Blanchland), Zisterzienser (Newminster), eine Zelle von →St. Albans (Tynemouth) und drei Nonnenklöster. Die Bf.e gründeten Kollegiatkirchen in Auckland, Chester-le-Street, Darlington, Lanchester und Norton (alle in der Gft. D.), womit sie die Pfründen ihrer Kleriker vermehrten. Die Gft. besaß mit dem Franziskanerkl. Hartlepool eine Niederlassung der Bettelorden; vier Orden hatten Häuser in →Newcastle-upon-Tyne, der größten Stadt der Region. Zwar erlebte die hoch- und spätma. Diöz. nie mehr eine große geistige Blüte, wie sie diese in northumbr. Zeit als Wirkungsstätte →Bedas gekannt hatte, doch besaß sie in der gemeinsamen Verehrung des hl. Cuthbert einen einigenden Faktor und blieb von häret. Strömungen weitgehend unberührt.
R. L. Storey

Q.: Historiae Dunelmensis scriptores tres, Surtees Society 9, 1839 – Boldon Buke, ebd. 25, 1852 – Reports of the Deputy Keeper of the Public Records, nos. 31–39, 1870–78 – Feodarium prioratus Dunelmensis, Surtees Society 58, 1872 – Registrum palatinum Dunelmense, RS, 4 Bde, 1873–78 – *Lit.*: VCH Durham, 3 Bde, 1905–28 – R. Surtees, The Hist. and Antiquities of the County Palatine of D., 4 Bde, 1816–40 [Neudr. 1972] – J. Raine, The Hist. and Antiquities of North D., 1852 – G. T. Lapsley, The County Palatine of D., 1900 – R. N. Hadcock, A map of mediaeval Northumberland and D., Archaeologia Aeliana, 4th. ser. 16, 1939, 148–218 – The Relics of St. Cuthbert, hg. C. F. Battiscombe, 1956 – G. V. Scammell, Hugh du Puiset, 1956 – C. M. Fraser, A Hist. of Antony Bek, 1957 – J. Scammell, Robert I and the North of England, EHR 73, 1958, 385–403 – R. L. Storey, Thomas Langley and the Bishopric of D., 1961 – H. S. Offler, Rannulf Flambard as Bishop of D., D. Univ. Journal 64, 1971, 14–25 – R. L. Storey, The North of England (Fifteenth century England, hg. S. B. Chrimes u. a., 1972), 129–144 – R. B. Dobson, D. Priory 1400–1450, 1973 – N. Pevsner–E. Williamson, D. (Buildings of England), 1983.

Durham, ae. Gedicht auf die Stadt →Durham (um 1105; 21 allitierierende Langzeilen), der späteste erhaltene Text im herkömml. Versmaß der ae. Epoche; es stellt sich zur Gattung des »encomium urbis«, wie sie in der ma. Poetik (→Ars poetica) nach antikem Vorbild gepflegt wurde. Es behandelt zunächst die Lage und die natürl. Vorzüge der Stadt und zählt dann einige der zahlreichen in D. verwahrten Reliquien auf (darunter diejenigen von →Cuthbert und →Beda Venerabilis).
C. T. Berkhout

Bibliogr.: Renwick-Orton, 171f. – NCBEL I, 276 – S. B. Greenfield–F. C. Robinson, A Bibliogr. of Publ. on OE Lit., 1980, 217 – Q.: G. Hickes, Linguarum Vett. Septentrionalium Thesaurus, 1703–05 [Repr. 1970], 1.178–179 – ASPR VI. 27 – *Lit.*: M. Schlauch, An OE Encomium urbis, JEGP 40, 1941, 14–28 – D. R. Howlett, Two OE Encomia, ES 57, 1976, 289–293.

Durham, Book of → Book of Lindisfarne

Durham-Evangeliarfragmente. I: Durham-Cathedral Library A.II.10, C.III.13, C.III.20, vielleicht ältestes ausgemaltes insulares →Evangeliar, um 650 (?), enthält u. a. ein Rahmenwerk (drei Bögen) mit →Flechtbandornamentik; im 3. Bogen griech. Text des Pater noster in lat. Transliteration (wie im Cod. Schaffhausen von Adamnanus' Vita Columbae, ca. 700, aus Iona). – **II**: Durham Cathedral Library A.II.17, wohl 1. Hälfte des 8. Jh., hervorragendes Beispiel früher insularer →Buchmalerei. T. J. Brown vertrat die Ansicht, der gleiche Schreiber habe auch das →Willibrord-Evangeliar (→Echternach) geschaffen und sei viell. Lehrer Eadfriths, des vermutl. Schöpfers des →Book of Lindisfarne, gewesen. Dem steht u. a. die stilist. Nähe der Illustrationen zum →Book of Kells entgegen; daher ist wohl Kontakt mit ir. Kunstschaffen und eine mögl. Beziehung zur ags. monast. Siedlung in Rath Melsigi (Irld.) anzunehmen.
D. Ó Cróinín

Lit.: J. J. G. Alexander, Insular mss. 6th to the 9th century, 1978, No 5 – C. Nordenfalk, Insulare Buchmalerei, 1977, 32 F., 56–59 – C. D. Verey, T. J. Brown, E. Coatsworth u. a., The D. Gospels, EEMF 20, 1980 – D. Ó Cróinín, Peritia 1, 1982; 3, 1984.

Durmart le Galois, Artusroman, in 16000 Achtsilbern, geschrieben von einem unbekannten pikard. Autor zw. dem Anfang des 13. Jh. und 1244, verdankt seine Inspiration →Chrétien de Troyes' »Conte del Graal« und den ersten zwei »Continuations« dieses Werkes. Der junge Durmart bereut eine Romanze mit der Frau seines Wohltäters und ist entschlossen, sich die Liebe der Kgn. v. Irland, von deren Schönheit er gehört hat, zu verdienen. Als er ihr begegnet, erkennt er sie jedoch nicht. Nachdem er den Turnierpreis, einen Sperber (vgl. Chrétiens »Erec«), für sie errungen hat, verliert er sie aus den Augen, erfährt aber kurz darauf, daß es die Kgn. war, die er zum Turnier begleitet hatte. Nach vielen Abenteuern kommt Durmart eines Tages in ein vom Kriege verwüstetes Land, das der Kgn. v. Irland gehört, die in Limeri belagert wird. An der Spitze weniger Ritter zwingt er den Belagerern, Artus' Hilfe anzufordern. In der folgenden Schlacht zeichnet sich Durmart dermaßen aus, daß die Kgn. ihn zum Gemahl nimmt. Auf die Hochzeit folgt noch eine Romfahrt des Helden.

Motive und Struktur der Romane des Chrétien de Troyes werden im D. aufgenommen und, z. T. kritisch, abgewandelt. D. ist die Geschichte eines Königssohnes, der zum christl. Ritter wird: Der Artusroman gibt die Folie zu einem Fürstenspiegel.
H.-E. Keller

Ed.: J. Gildea, OSA, 1965 – *Lit.*: GRLMA IV/1, 391–392 [A. Micha]; IV/2, 113–114 – J. Gildea, OSA, D. le G. Roman arthurien du treizième s., II: Etude, 1966 [Bibliogr. 145–171] – M.-J. Southworth, Etude comparée de quatre romans médiévaux. Jaufre, Fergus, Durmart, Blancandin, 1973 – B. Schmolke-Hasselmann, Der arthur. Versroman von Chrestien bis Froissart, 1980.

Dürnitz → Kemenate

Dürnkrut, Schlacht v. (auch: Schlacht auf dem Marchfeld), 26. Aug. 1278, Höhepunkt des Krieges zw. Kg. →Přemysl Ottokar II. v. Böhmen (→Přemysliden) und →Rudolf v. Habsburg um dessen Anerkennung als dt. Kg. und den Besitz der ehem. Länder der →Babenberger. Durch den Frieden v. Wien (1276) aufgeschoben, zeichnete sich die militär. Auseinandersetzung seit dem Frühjahr 1278 ab. Ottokar versäumte es, seine zahlenmäßige Überlegenheit (ca. 1000 gepanzerte, 5000 leichtere Reiter) durch einen raschen Vorstoß auf Wien auszunutzen, so daß Rudolf sein Heer sammeln konnte (ca. 300 gepanzerte, 4000 leichtere Reiter, ca. 5000 berittene kuman. Bogenschützen). Wesentl. war die Unterstützung des Kg.s →Ladislaus IV. v. Ungarn. Die Schlacht erfolgte zw. D. und Jedenspeigen in der Ebene westl. der March (Niederösterreich, BH Gänserndorf). Die Entscheidung führte eine im Hinterhalt liegende Reserve herbei, die in einer für Rudolf krit. Situation (Sturz vom Pferd) eingriff. Ottokar wurde gefangen und noch auf dem Schlachtfeld von einem persönl. Feind, wahrscheinl. Offo v. Emmerberg, getötet. Der Sieg Rudolfs war die wesentl. Voraussetzung für den Übergang Österreichs an die Habsburger.
W. Maleczek

Lit.: Ausstellungskat. 700 Jahre Schlacht bei D. und Jedenspeigen, 1978 – A. KUSTERNIG, Probleme um die Kämpfe zw. Rudolf und Ottokar, Jb. für Landeskunde von Niederösterreich NF 44/45, 1978–79 – DERS., Erzählende Quellen des MA, 1982.

Dürnstein, Festung in Niederösterreich, Wachau (BH Krems), über dem nördl. Donauufer von den →Kuenringern, landesfsl. Ministerialen, seit der Mitte des 12. Jh. errichtet. In ihr wurde →Richard Löwenherz, Kg. v. England, nach seiner Gefangennahme auf dem Rückweg vom Kreuzzug Ende 1192 für kurze Zeit festgehalten. Nach dem Aussterben der Linie Kuenring-D. 1355 vom österr. Landesfs.en erworben. – Die kleine Stadt, als solche seit der Mitte des 14. Jh. bezeichnet, war durch Wehrmauern mit der hochgelegenen Festung verbunden. Sie hatte innerhalb der Mauern ein Klarissenkl. (1289 gegr.) und ein Augustiner-Chorherrenstift (1410 gegr.).

Lit.: Hist. Stätten Österr. I, 234f. W. Maleczek

Durostorum (Durostolon), Siedlung und Festung am rechten Ufer der unteren →Donau (heute Silistra, NO-Bulgarien). Die Etymologie des Namens ist vermutlich thrakolat. ('befestigter Ort', vgl. D. DETSCHEW, Die thrak. Sprache, 1957, 154ff.). Die schon in vorröm. Zeit existierende Siedlung war ein wichtiger Stützpunkt der Verteidigung gegen die Einfälle der von N und NO angreifenden »Barbaren«. Als Standort der hier zu Anfang des 2. Jh. n. Chr. stationierten Legio XI Claudia blieb D. Garnison bis zum Ende der röm. Herrschaft. Das Lagerdorf (→canabae) entwickelte sich allmählich zu einer bedeutenden Siedlung mit Zollstelle; unter Mark Aurel (161–180) wurden ihr die Rechte eines →municipium verliehen, es war Zentrum der Romanisierung des Gebietes. Unter Diokletian wurde D. Hauptstadt der Provinz →Scythia Minor. Aus dem 4. Jh. stammt ein reich mit Wandmalereien dekoriertes Grabmal. Aus anderen Provinzen des Reiches ließen sich Christen in D. nieder, die eine Gemeinde gründeten; einige ihrer Mitglieder starben als Märtyrer; so der hl. Dasius (unter Diokletian; HALKIN, BHG, nr. 491), dessen Gebeine im 6. Jh. vor den eindringenden Slaven und Avaren nach Ancona geflüchtet wurden; ebenso der hl. Aemilianus, gemartert 361 unter Julian (HALKIN, BHG, nr. 33–33e). Bewohner der Stadt, wie v. a. →Aëtius (* 390), erreichten wichtige Stellungen in der Hierarchie des Reiches. Während der Einfälle der Goten und Hunnen, insbes. aber der Protobulgaren und der Slaven, flohen viele Einwohner in die sicheren südl. Gebiete, darunter auch der Bf. Dulcissimus, nach Odessos (Varna).

Nach der Entstehung des bulg. Staates (681) wurde D. in diesen eingegliedert (slav. Namensform Drŭstŭr/Dristra). Die Festung war wiederholt von entscheidender militär. Bedeutung: unter →Krum (Anfang des 9. Jh.), unter →Symeon (Ende des 9. Jh.) in den Kriegen gegen →Petschenegen und Magyaren (→Ungarn), weiter in der Zeit der Invasion des Fs.en v.→Kiev, →Svjatoslav, zw. 967 und 971. Nach der byz. Eroberung (Ende 10. – Anfang 11. Jh.) wurde D. als militärisch-administratives Zentrum des Themas →Paristrion (Paradunavon) von einem byz. Statthalter verwaltet; es erfolgten mehrere Plünderungen durch Petschenegen, →Uzen und →Kumanen. D., das eines der ältesten kirchl. Zentren in SO-Europa war, wurde in der Titulatur des 918/927 gegr. Patriarchats v. →Bulgarien namentl. erwähnt und hat seine Stellung bis in die Neuzeit bewahrt. Nach der türk. Eroberung Bulgariens (Ende des 14. Jh.) geriet D. kurzzeitig unter die Herrschaft des Fs.en der →Valachei, →Mircea, und wurde danach von den Türken erobert.   I. Dujčev

Q. und Lit.: KL. PAULY II, 183f. – RE V, 1863f. – J. TODOROV, D. Prinos kŭm antičnata istorija na Silistra, Sbornik Silistra i Dobrudža, 1927, 1–58 – A. FROVA, Pittura Romana in Bulgaria, 1943 – CV. CHADŽIDIMITROVA, Kulturdenkmäler in Silistra und Umgebung (Antike und MA in Bulgarien, 1960), 209–214 – V. VELKOV, D.-Drăstar-Silistra (ebd.), 214–218 [Bibliogr.] – P. MUTAFČIEV, Südbinite na srednovekovnija Drŭstŭr (Silistra i Dobrudža 1927), 101–185 – DERS., Dobrudža, 1947, 275–360 – DERS., Bulgares et Roumains dans l'hist. des pays danubiens, 1932, 13, 100ff., 157, 183, 227, 262ff. – S. ROMANSKI, Imenata na dva krajdunavski grada, Sbornik L. MILETIĆ, 1933, 654–658 – H. DANOV – T. IVANOV, Antique Tombs in Bulgaria, 1980, 105ff.

Durrow (Dair Mag 'Eichenfeld'), Kl. in Irland (Gft. Offaly), gegr. von Colum Cille (→Columba), wohl um 575 (während andere Überlieferungen eine Gründung um 556 annahmen; Beda nennt demgegenüber 565). Der Ort, an dem das Kl. gegr. wurde, wurde angeblich durch Áed mac Brénainn, einen Kg. v. Tethbae (Gft. Westmeath) aus der Sippe der Cenél Maine maic Néill, dem hl. Columba geschenkt. Die ungewisse Herkunft des Áed und die Tatsache, daß über die Cenél Maine aus späterer Zeit so gut wie nichts bekannt ist, sprechen für die Glaubwürdigkeit dieser frühen Tradition. Das Kl. wird öfter in →Adamnanus' »Vita Columbae« erwähnt, und Adamnanus könnte vor seinem Wechsel nach Iona Mönch in D. gewesen sein. Im 7. Jh. wurde hier das →Book of Durrow geschaffen; belegt ist seine Präsenz in D. seit dem 10. Jh. Im Book of Durrow ist die älteste überkommene ir. Urkunde enthalten.

Der große Umfang des monast. Landbesitzes – und die zunehmende Verflechtung des Kl. mit der weltl. Politik – werden deutlich anhand der Beteiligung von mehreren hundert »Mönchen« (d. h. weltl. Abhängigen auf Klosterland) an den Feldzügen des Uí Néill-Kg.s →Donnchad mac Domnaill (764, 776); Donnchads Vater, →Domnall Midi, starb in D. und wurde hier begraben (763).

Ein Augustinerpriorat (St. Mary's) wurde in D. um 1145 errichtet, wohl auf Initiative des hl. →Malachias und mit Unterstützung des Murchad Ua Máelechlainn, Kg.s von Mide. Zu dieser Zeit ist die bestehende Trennung von Priorat und Kl. durch die Erwähnung einer Columbakirche (1161) noch belegt. Das Priorat war anscheinend ein →Doppelkl. der Kongregation v. →Arrouaise für Nonnen und Regularkanoniker; es bestand in dieser Form mindestens bis zum Ende des 12. Jh., der Ort D. und die angrenzenden Ländereien wurden von den Anglo-Normannen 1175 verwüstet; 1186 ließ Hugh de Lacy an der Stelle des alten Kl. eine Burg errichten. (Sein gewaltsamer Tod wurde in der Überlieferung als Strafe für die Entweihung gedeutet.) Bis zu seiner Aufhebung im 16. Jh. häufte D. ausgedehnten Grundbesitz an.   D. Ó Cróinín

Lit.: A. O. ANDERSON-M. O. ANDERSON, Adomnan's Life of Columba, 1961, passim – A. GWYNN–R. N. HADCOCK, Medieval Religious Houses, Ireland, 1970, 174f.

Durrow, Book of → Book of Durrow

Ḍursun Beg (auch: Ṭursun Beg), osman. Geschichtsschreiber des 15. Jh., geb. nach 1426, gest. nach 1490. Aus vornehmer Familie des türk. Militäradels stammend, durchlief D. nach gründlicher Medresenausbildung eine erfolgreiche Karriere in der zentralen Reichsverwaltung, nahm an zahlreichen Feldzügen teil und wurde mit wichtigen Aufgaben der obersten Finanzverwaltung betraut. Als Literat war er Mitglied des Kreises um seinen Gönner, den Großwesir →Maḥmud Paša. Im Alter verfaßte er für Sultan →Bāyezīd II. eine Geschichte von dessen Vater →Meḥmed II., dem Eroberer. Geschrieben im förmlichen lit. Prosastil der Zeit, ist sie ein frühes Zeugnis osman. Geschichtsschreibung und hat hohen Quellenwert.

B. Flemming

Ed.: Mehmed Ârif, TOEM, Suppl., 1330 H. – A. Mertol Tulum, Tursun Bey, Târîh-i Ebü'l-Feth, 1977 – H. İnalcik–R. Murphey, The Hist. of Mehmed the Conqueror by Tursun Beg, 1978 – *Lit.:* H. İnalcik, Tursun Beg, historian of Mehmed the Conqueror's time, WZKM 69, 1977, 55–71.

Dušan → Stefan Dušan

Dusburg, Peter v. → Peter v. Dusburg

Düsseldorf, Stadt am Niederrhein, heute Hauptstadt des Landes Nordrhein-Westfalen. Die Siedlung an der Mündung der Düssel in den Rhein wird 1135/59 erstmals erwähnt (Dusseldorp). Um 1189 kam sie in den Besitz der Gf.en v. →Berg. In dieser Zeit bestand in D. wohl schon eine Kirche, die um 1206 Pfarrechte erhielt. Der Ort war noch unbedeutend und klein, als ihn Gf. Adolf v. Berg am 14. Aug. 1288 – nach der siegreichen Schlacht v. →Worringen – zur Stadt erhob. Der Gf. regelte im Stadtprivileg u. a. den Geltungsbereich der städt. Freiheit, bewilligte zwei Jahrmärkte und einen Wochenmarkt und gab D. ein Schöffengericht. Im folgenden Jahrhundert wurde D. von den Gf.en v. Berg nicht wesentl. gefördert. Die ebenfalls 1288 erfolgte Gründung eines Stifts an der Pfarrkirche St. Lambertus wurde 1306 vom Ebf. v. →Köln bestätigt. In der 1. Hälfte des 14. Jh. entwickelte sich in D. allmählich eine städt. Verfassung. Die Stadt erlebte ihren Aufschwung und Ausbau durch Erweiterung ihres Gebietes im späten 14. Jh. unter Gf. (ab 1380 Hzg.) Wilhelm v. Jülich-Berg, wurde im 15. Jh. zu einer der wichtigsten Städte am Niederrhein und 1521 bei der Vereinigung von Jülich, Berg, Kleve, Mark und Ravensberg unter dem Hzg. v. →Kleve Landeshauptstadt. M. Wensky

Q. und Lit.: DtStb, 1956, 103–120 – F. Lau, Gesch. der Stadt D. I, 1921 – H. Weidenhaupt, Kleine Gesch. der Stadt D., 1980⁸.

Dux, Dukat. Der dux (lat.; nhd.: 'Führer, Anführer [einer Mehrzahl von Personen]', auch 'Inhaber eines militär. Ranges oder Amtes') erscheint in antiker, byz. sowie in vorkarol. Zeit in unterschiedl. Funktionen; ducatus (Dukat) ist der Sprengel oder Zuständigkeitsbereich des d. Zur weiteren Entwicklung im westl. Abendland von der Karolingerzeit an vgl. den Artikel →Herzog, -tum.

I. Römische Kaiserzeit und Byzantinisches Reich – II. Vorkarolingische Zeit.

I. Römische Kaiserzeit und Byzantinisches Reich: [1] *Römische Kaiserzeit:* Während in der früheren Prinzipatszeit die duces ohne rechtl. Fixierung allgemein als Führer, v. a. als Anführer einer Heeresabteilung genannt werden, treten sie im 3. Jh. erstmals als Inhaber eines außerordentl. Kommandos in Erscheinung. Sie erhalten dadurch einen feststehenden militär. Rang, welcher zw. dem Militärtribunen und dem Legionslegaten liegt (vgl. Hist. Aug. Alex. Sev. 52,4; →Legat, →Tribun). Im Zuge der diokletianisch-konstantin. Neuordnung der Reichsverwaltung, die zu einer Trennung von militär. und ziviler Befehlsgewalt und zu einer Aufteilung der Reichstruppen in ein bewegl. Feldheer und ein stehendes Grenzheer führte, wird dem d. die militär. Führung der in einer Grenzprovinz (z. B. Dacia ripensis, Moesia, Arabia, Armenia, Palaestina) stehenden Truppen anvertraut (vgl. CTh 7, 11,2: »d. limitis provinciae«). Lediglich in bes. unruhigen Gebieten wie in Isaurien behält er auch die höchste zivile Macht (d. et praeses). In Ausnahmesituationen werden ihm gelegentl. die Führung von Teilen der Marschtruppen sowie das Eingreifen in Nachbarprovinzen erlaubt. Eine weitergehende Vereinigung beider Gewalten führte →Justinian durch, um den steten Streit von Statthaltern und militär. Befehlshabern auszuschalten (Nov. Iust. 24–31; C. 1, 27,2). Anfänglich ritterl. Standes (vgl. den Titel »perfectissimus«), werden die duces seit →Valentinianus I. viri clarissimi und spectabiles (CIL III, 6159; CTh 7, 4,30 u. a.) und erreichen dadurch einen den → vicarii gleichwertigen Rang zw. dem →Konsul und dem →Prokonsul (z. B. CTh 6, 13,1). Der häufig auftretende Comestitel (→comes) bedeutet eine zusätzl. Ehrung ohne Rangveränderung. Der Aufstieg zum Dukat kann aus niederem Stand durch bes. Tapferkeit (worauf die vielen barbar. Namen hindeuten), aber auch ohne krieger. Erfahrung durch vornehme Herkunft erfolgen (CTh 6, 4,28 u. a.). Ihre Gerichtsbarkeit erstreckte sich nur auf den militär. Bereich, während für die zivilen Angelegenheiten die Vikare oder die Statthalter zuständig waren (z. B. CTh 1, 15,7). Ihre Aufgabe bestand in der militär. Sicherung der ihnen übertragenen Grenzgebiete durch Errichtung von Kastellen (z. B. CTh 15, 1,13), in der Aufrechterhaltung der inneren Ordnung etwa bei religiösen Unruhen (z.B. CTh 16, 2,31), im Empfang und der Weiterleitung von Gesandtschaften (wofür ihnen auch die Benutzung des cursus publicus [→Post] gestattet wurde), in der Verteilung von Verpflegung und des Soldaten, worüber sie dem →praefectus praetorio regelmäßig Rechenschaft abzulegen hatten (CTh 11,25). Militär. Vorgesetzter war neben dem magister militum der →magister officiorum, der durch seine agentes in rebus die officia der duces kontrollieren ließ (Not. dign. or. 39). Durch diese doppelte Beaufsichtigung erreichte →Diokletian eine starke Beschränkung ihrer Selbständigkeit, so daß Usurpationen ausgeschlossen waren. R. Klein

[2] *Byzantinisches Reich:* Nach dem Zusammenbruch der byz. Ost- und Nordgrenze im 7. Jh. erhält sich in den Exarchaten Afrikas und Italiens (→Ravenna) die Bezeichnung 'Dukaton' (δουκᾶτον) als untergeordneter Verwaltungsbezirk, etwa der 'Turma' (τούρμα) der ausgebildeten byz. Themenverfassung (→Thema) entsprechend. Beispiele: Sardinien als Dukat des Exarchats v. Afrika; die Dukate v. →Rom, der Provincia Veneciarum (→Doge), v. →Neapel, die seit dem 8. Jh. unter einheim. Militäraristokratie immer mehr der byz. Zentralgewalt entgleiten; die Dukate v. →Kalabria und →Otranto. Die hier im einzelnen nicht darzustellende Entwicklung in →Italien (s. v. Falkenhausen, passim) läuft darauf hinaus, daß d. und der unter den Themenstrategen stehende →Katepan immer mehr ident. werden, wohl ein polit. Trick der Zentralregierung (Anklang an einen »nationalen« 'd. Italiae'!). Der d. hat auch zivile Kompetenzen. Wichtig erscheint die Beobachtung, daß duces im Osten und Norden nur spärlich seit dem 9. Jh. greifbar sind (d. v. →Chaldia in der Pontusregion, d. v. Koloneia – beide wohl bereits in dieser Zeit aus kleinen Themeneinheiten, den Archontien (→Archon), entstanden; d. v. Hellas); dagegen kann man in Italien im Fortbestehen des d.-Titels und seiner wesentl. Funktionen auf eine Art Verwaltungskontinuität seit der Rekonquista Justinians schließen. Im 10. Jh. wird d. als Ehrenbezeichnung kaisernahen Personen verliehen. Der byz. Familienname →'Dukas' leitet sich wohl davon her, weniger vom Amtstitel des d., womit im 10. und 11. Jh. auch der Domestikos (→domesticus) der Scholen, wie auch der oberste Militärbefehlshaber bezeichnet werden konnte (s. Guilland). Mit Wandel der großen Themen in kleinere Verwaltungseinheiten wird der →Stratege und Themenrichter immer mehr durch den d. ersetzt, der zivile und militär. Kompetenzen vereinigt. Beispiele: d. v. Antiochien seit 969; d. v. Adrianopel nach 971; d. v. Thessaloniken nach 971; d. v. Mesopotamien nach 971. Der d. leitet also eine kleinere Region oder nur eine Stadt mit den dort stationierten Truppen, meist Söldnern (Tagmata). D. kann seit dieser Zeit synonym mit 'Strategos' oder

mit dem farblosen 'Archon' sein. Hauptaufgabe wird immer mehr das Eintreiben von Steuern, eigtl. Aufgabe des 'Apographeus'. Deshalb verschwindet der d. in der Provinzialverwaltung in der ersten Hälfte des 14. Jh. Unter →Alexios I. Komnenos kommt der Titel 'd. der Flotte' (δοὺξ τοῦ ὅλου στόλου) oder 'Megas D.' in Gebrauch (s. GUILLAND), der bis zum Ende des Reiches für die immer spärlicher werdende Flotte verantwortl. ist. Insgesamt zeigt die Wandlung des d. als Titel und Amt, daß die spätere byz. Verwaltung die Flexibilität der früh-byz. Organisationsform fortgeführt hat. G. Weiß

Lit.: *zum Begriff:* J. F. NIERMEYER, Mediae Latinitatis Lexicon Minus, 1976 – *zu [1, 1]:* JONES, LRE, passim – KL.PAULY II,185f. [W. WALDSTEIN] – RE V, 2, 1870–1875 [O. SEECK] – *zu [1, 2]:* ST.KYRIAKIDES, Byzantinai Meletai II-V, 1937 – S. BORSARI, L'amministrazione del tema di Sicilia, RSI 66, 1954, 133–158 – H. AHRWEILER, Byzance et la mer, 1966 – V. v. FALKENHAUSEN, Unters. über die byz. Herrschaft in Süditalien vom 9. bis ins 11. Jh., 1967 – R. GUILLAND, Recherches sur les institutions Byz., 2 Bde, 1967 – D. POLEMIS, The Doukai, 1968 – D. HOFFMANN, Das spätröm. Bewegungsheer und die Notitia Dignitatum, 2 Bde, 1969 – H. AHRWEILER, Etudes sur les structures administratives et sociales de Byzance, 1971 – L. MAKSIMOVIĆ, The Byz. Provincial Administration under the Palaeologi, 1972 – N. OIKONOMIDÈS, Les listes de préséance Byzantines des IXe et Xe s., 1972 – J. FERLUGA, Byzantium on the Balkans, 1976 – DERS., L'amministrazione Bizantina in Dalmazia, 1978 – G. PRINZING, Stud. zur Provinz- und Zentralverwaltung im Machtbereich der Epirotischen Herrscher Michael I. und Theodoros Dukas, Epeirotika Chronika 24, 1982, 94f.; 25, 1983, 48f.

II. VORKAROLINGISCHE ZEIT: [1] *Westgotisches Königreich:* →Alarich I. (395–410), mit dem die Geschichte der →Westgoten beginnt, wird in der Überlieferung als→'rex' und als 'd.' bezeichnet; der zeitgenöss. Dichter →Claudianus will von einer Erhebung zum d. durch die Illyrer wissen. Gleichwohl gilt Alarich I. in der Forschung im allgemeinen als erster Einkönig der Westgoten. Mit ihm und seinem Nachfolger →Athaulf (410–415) konkurrierten aber noch andere Fs.en, darunter ein d. Sarus. Von Gefolgsherren oder (Teil-)Stammesführern dieser Art läßt sich kaum eine verfassungsgeschichtl. Verbindungslinie zu den duces ziehen, die in den westgot. Reichen in →Aquitanien und Spanien an hervorgehobener Position nach dem Kg. amtierten.

Die wichtigste Figur war seit Kg. →Eurich (466–484) der 'd. provinciae'. Schon der Titel weist auf röm. Ursprünge des Amtes; die d.-Sprengel lehnten sich offenkundig an die alte Provinzialeinteilung an. Dafür spricht auch die Personengeschichte: Vincentius, bereits um 464/465 röm. d. der Tarraconensis, behauptete sein Amt nach der von ihm selbst unterstützten westgot. Eroberung des Landes; ein anderer Römer, Victorius, wurde von Eurich als d. in der Provinz Aquitanica I eingesetzt, in der er nach der Eroberung von Clermont auch die Nachfolge des »Romanorum d.« Ecdicius antrat; zur selben Zeit wirkte in →Mérida, dem Vorort Lusitaniens, der d. Salla, während 498 in →Bordeaux, der alten Metropole der Aquitanica II, der »Gothorum d.« Suatrius bezeugt ist. Die in Einzelfällen evidente Weiterführung röm. Provinzen durch westgot. d.-Bezirke rechtfertigt allerdings nicht den Schluß, daß eine bestimmte Anzahl von Dukaten dauernd bestanden hätte. Die Annahme, im Reich v. →Toledo (601–711) hätte es – entsprechend den Ebm. ern – sechs Provinzen gegeben, läßt sich weder mit Ortsnamen- noch mit Personenbelegen ausreichend stützen (vgl. auch GARCÍA MORENO). Abgesehen von der Tarraconensis ist einer bestimmten Provinz überhaupt nur ein d. eindeutig zugeordnet (»Claudius Lusitaniae d.«). Von einem ducatus wird in der westgot. Überl. im Hinblick auf die prov. Gallia (Narb. I) gesprochen (Tolet. XVII v. 694).

Die duces provinciae waren die Heerführer ihrer Sprengel; sie nahmen aber auch in Rechtsprechung und Administration der Provinzen Leitungsaufgaben wahr (anders KING), und zwar gegenüber Romanen und Goten gleichermaßen (anders THOMPSON). Der Titel »d.« wurde allerdings wie im Frankenreich daneben für rein militär. Amtsträger gebraucht (z. B. Vita S. Fructuosi c. 2; Hist. Wambae regis cc. 12, 13, 24).

Ob die duces provinciae in ihrer Gesamtheit zum Hof des Kg.s oder sogar zum rechtl. und sozial exklusiven officium palatinum des 7. Jh. gehörten, ist ungewiß. Im Jahr 590 putschte gegen Kg. →Rekkared ein Provinz-d. namens Argimund, der »ex cubiculo« des Herrschers stammte und vielleicht auch zu Rekkareds »famuli« zählte; beim XII. Konzil v. →Toledo 681 waren »religiosi provinciarum rectores et clarissimorum ordinum totius Spaniae duces« zugegen, die die Synodalbeschlüsse in den ihnen unterstellten Gebieten verbreiten sollten. Andererseits enthalten die zahlreichen Subscriptiones von duces in Konzilsakten aus der Zeit von 653 bis 693 keine Bereichsangaben. Da diese duces zusätzl. die Titel von Hofämtern trugen (comes cubiculariorum, comes scanciarum etc.; →comes), dürften sie zivile und militär. Aufgaben im besonderen Vertrauen des Herrschers wahrgenommen haben.

Die Gewalt der duces leitete sich vom Kg. ab; in der Dignität der weltl. Ämter war der d. (provinciae) vor dem →comes (civitatis) eingeordnet. Einigen duces gelang beim Herrscherwechsel der Aufstieg zum Kgtm. (Suinthila, vielleicht Sisenand, →Chindaswinth, →Egica, →Roderich), andere scheiterten bei Rebellionen.

Unter den duces des Westgotenreiches überwogen in ethn. Hinsicht die Germanen bei weitem gegenüber den Romanen aus senator. Adel.

[2] *Merowingisches Frankenreich:* Die →Merowinger haben die röm. Provinzialeinteilung zur polit. Ordnung des →Frankenreiches nicht übernommen; anders als die Westgotenkönige bildeten sie auch keine Dukate, die sich an den röm. Provinzen orientierten. Eine derart großräumige, flächendeckende und stabile Reichsstruktur hätte dem Prinzip der merow. Familienherrschaft widersprochen, das bei jedem Generationenwechsel im Kgtm. die Neuaufteilung des Landes unter die nachfolgeberechtigten Königssöhne vorsah. Gleichwohl wurden im Merowingerreich gelegentl. Dukate errichtet, der der Ausdehnung nach zw. →regnum und →comitatus standen und zunächst als Zusammenfassung mehrerer →civitates erscheinen. Derartige Sprengel erlangten aber keine Dauer; war ihr Zweck erfüllt, übernahmen die →comites civitatum wieder die volle zivile und militär. Gewalt (vgl. Gregor v. Tours, Hist. Franc. IX, 7), genügte aber der d. nicht den polit. Anforderungen, so konnte er durch Königssöhne (→Unterkönige) ersetzt werden (z. B. Tours – Poitiers). Die Fragilität der Mittelgewalten kennzeichnet auch, daß der d. auf Widerruf bestellt war und der Dukat – jedenfalls in der →Francia – als Zwischenstation des sozialen Aufstiegs angesehen wurde, der häufig auf den Episkopat zielte (vgl. Hist. Franc. V, 14). Wenn im frk. Kernland trotzdem einmal ein Dukat größere Konsistenz gewann, scheint dazu neben gleichbleibenden Bedürfnissen der Herrschaftssicherung seitens der Reichsgewalt maßgeblich das Sonderbewußtsein der einheim. Bevölkerung, bes. der Großen, beigetragen zu haben (z. B. Champagne v. Reims).

Anders als in der Francia, dem Gebiet zw. Rhein und Loire, konnten sich in den Randländern des Merowingerreiches feste Dukate ausbilden. Dabei wirkten lokale oder regionale Eigentraditionen (Clermont) und die Zwänge der Reichsverteidigung an den Grenzen mit (Toulouse; Angers – Rennes). Auch in diesen Fällen versuchten die Merowinger aber lange erfolgreich, durch Entsendung ihrer Söhne oder anderer Verwandter die Entstehung von →Fürstentümern auf dukaler Basis zu stören. In den rechtsrhein. Gebieten bzw. in Ländern, die die Merowingerkönige erst in ihrer zweiten Herrschergeneration gewinnen konnten, haben die Nachfolger →Chlodwigs allerdings offensichtl. bewußt Dukate als Dauereinrichtungen geschaffen. Dabei machten sie sich vorhandene Herrschaftsstrukturen nutzbar. In Alamannien (→Alamannen) setzten sie mit Leuthari und Butilin († 554/555) zwei Brüder alam. Herkunft als duces ein, die nach →Agathias das ganze Volk regiert haben sollen; es handelte sich wohl um Große, die bereits in vorfrk. Zeit eine fürstengleiche Stellung innegehabt hatten und in dieser von den Merowingern bestätigt bzw. aufgewertet wurden. Das schließt nicht aus, daß sie zugleich im Auftrag der Herrscher wie Amtsträger wirkten. Im 534 eroberten Burgunderreich (→Burgund, Abschnitt 2), in dem selbst die röm. Provinzeinteilung kaum in Geltung geblieben war, wurden unter den Franken röm. Traditionen wieder wirksam; in →Besançon, der alten Metropole der Provincia Maxima Sequanorum, residierten um 600 duces. Im pagus Ultraioranus, dem Gebiet zw. Schweizer Jura und Alpen, haben die Merowinger dagegen anscheinend als erste ein (oder mehrere) Dukat(e) geschaffen. Für keine andere Landschaft des merow. Frankenreiches sind die Indizien für den Amtscharakter des Dukats so dicht wie hier: Im 6. und frühen 7.Jh. ist eine unmittelbare Sukzession mehrerer duces belegt, die nach der Überlieferung zum großen Teil durch den Kg. berufen wurden. Demgegenüber hatte der bayer. Dukat (→Bayern) schon sehr früh ein Eigenleben entwickelt; nach der Lex Baiuwariorum sind die duces stets aus dem Geschlecht der →Agilolfinger hervorgegangen – eine Aussage, die zwar nicht genealogischen Quellenangaben, aber doch die Namen der bekannten duces ausreichend stützen.

Bis weit ins 7. Jh. hinein konnten die Merowinger die rechtsrhein. Dukate, wenn auch in unterschiedl. Maße, kontrollieren. In der Zeit der bedeutenden Kg.e →Chlothar II. († 629) und →Dagobert I. († 638/639) dürften sie sogar in Thüringen, in der Maingegend um Würzburg (?) und im Elsaß Dukate errichtet oder erneuert haben. Gleichzeitig erscheint →Ribuarien, das Land um Köln, in der Lex Ribuaria als Dukat. Als kurz darauf, bes. aber seit dem Tod →Childerichs II. (675), das Kgtm. als Ordnungsfaktor ausfiel, emanzipierten sich die Randländer unter ihren duces oder →principes von der Zentralgewalt, die jetzt i. W. durch die Hausmeier repräsentiert wurde. In →Aquitanien entstand ein eigener Staat (seit ca. 673); wie hier setzte sich auch im →Elsaß und in Alamannien um 700 die Erblichkeit im Dukat durch. Die alam., elsäss. und bayer. duces suchten sogar wie die arnulfing. Hausmeier (→Arnulfinger, →Karolinger) das Prinzip der Herrschaftsteilung anzuwenden, das vorher im Frankenreich den Merowingerkönigen vorbehalten gewesen war. Der Aufstieg der duces zum Kgtm. gelang aber schließlich nicht in den Randländern oder von den Randländern her, sondern aus dem Zentrum des Frankenreiches. Das neue Königsgeschlecht stammte von →Pippin d. Mittleren als von einem Großen ab, der – wiewohl zeitweise Maiordomus (→Hausmeier) und Regent des Gesamtreiches – noch 714 den d.-Titel führte. Ob damit eine Amtsstellung in Austrasien oder ein auf Grundbesitz und Macht beruhender Fürstenrang zum Ausdruck gebracht werden sollte, ist

offen. Auch Pippins Nachfolger →Karl Martell († 741) und dessen Söhne wurden jeweils d. genannt. →Karlmann und →Pippin d. Jüngere bezeichneten sich anfangs der vierziger Jahre in Annäherung an den Königstitel als »d. et princeps Francorum«. Unter den arnulfing. Hausmeiern setzten auch schon Bemühungen ein, die zu Fsm.ern avancierten Dukate (»Stammesherzogtümer«) wieder der frk. Zentralgewalt unterzuordnen; doch gelang erst Karl d. Gr. die Vollendung dieses Prozesses, der als eine Rückkehr zur merow. Herrschaftsordnung betrachtet werden kann. – Vgl. zur weiteren Entwicklung →Herzog, -tum.

M. Borgolte

[3] *Langobarden:* Die duces waren die höchsten polit.-militär. Herrschaftsträger des langob. Volks nach dem Kg. (→Langobarden), zu dessen Macht sie häufig in Konkurrenz standen. Der aus der spätröm. Militärhierarchie stammende Titel wurde von den Vertretern des Römertums zusammen mit der Ehrenbezeichnung »gloria« den Führern des langob. Volkes übertragen und trat auf diese Weise in dessen polit.-institutionellen Sprachschatz ein. Er findet sich im →Edictum Rothari (643) und ist ferner in Urkk., Inschriften, auf Münzen und in Chroniken belegt.

Die Genese der mit dem Titel d. verbundenen Machtbefugnisse ist umstritten. In den Anfängen der langob. Periode der it. Geschichte waren einige duces, wie die Quellen bezeugen, Mitglieder bes. angesehener adliger Familien. Die adligen Vorrechte scheinen jedoch nicht das wichtigste Fundament der Herrschaft des d. gebildet zu haben. Nach der Überlieferung erhielt der erste langob. d. in Italien seine Macht von Kg. →Alboin; es sind auch duces bezeugt, die ihre Macht innerhalb des langob. Volkes ausübten, jedoch von anderen germ. Völkern abstammten; es wird sogar von einem suebischen Kriegsgefangenen berichtet, der wegen seiner militär. Tapferkeit d. wurde. Die militär. Kommandogewalt stellte in der Tat die Hauptfunktion des d. in der Eroberungsphase dar, als anscheinend jeder d. Anführer eines exercitus ('Heer') war. Noch im Edictum Rothari bezieht sich die Machtbefugnis des d. auf einen exercitus und schließt neben der militär. Leitung auch Funktionen der Rechtsprechung und »Polizeigewalt« über die eigenen →exercitales ein. Nach der Eroberung Italiens ließen sich die duces mit ihrem exercitus in strateg. wichtigen Zentren nieder, im allgemeinen in befestigten röm. Städten, seltener auch in Kastellen oder auf Inseln in den Alpenseen. Paulus Diaconus (II, 32) spricht von 35 duces, es ist jedoch wahrscheinl., daß ihre Zahl im 6. Jh. niedriger gewesen ist und sich erst im Laufe der Zeit erhöht hat.

Das Herrschaftsgebiet des d. wurde mit dem Begriff 'ducatus' bezeichnet, der anfängl. die gleiche Bedeutung hatte wie exercitus. Die Dukate besaßen eine unterschiedl. Ausdehnung. In der Poebene entsprach ihr Territorium in der Regel demjenigen einer röm. →civitas, in den peripheren Regionen waren sie größer und erstreckten sich auf mehrere civitates (Dukate v. Forumiulii [→Friaul] und von →Trient) oder sogar auf mehrere Provinzen (Dukate v. →Spoleto und v. →Benevent). Demzufolge hatten im 7. und 8. Jh. die einzelnen duces verschiedene polit. Bedeutung, die nun nicht mehr allein auf der militär. Kommandogewalt beruhte, sondern auf dem Reichtum an Ländereien, sowie persönl. und familiären Bindungen und den Beziehungen zu den einheim. und fremden Herrschern. Die duces bildeten in der Tat schließlich die Hauptvertreter der herrschenden Schicht im langob. Kgr., obwohl sich die Weitergabe ihrer Macht auf dem Erbwege nicht durchsetzen konnte (oder nur in ganz vereinzelten Fällen vorkam).

Der institutionelle Charakter des d. in Italien wurde durch die Politik des Kgtm.s tiefgreifend beeinflußt. Nachdem die duces während des Interregnums von 574–584 allein über das langob. Volk geherrscht hatten, setzten die Kg.e – solange das langob. Kgr. bestand – nach der erneuten Konsolidierung ihrer Herrschaft alles daran, die Machtbefugnisse und Selbständigkeit der duces einzuschränken, indem sie in den Dukaten und Heeren eigene Vertreter einsetzten; später suchten sie dem d. den Status eines von ihnen ernannten und mit nichtmilitär. Machtbefugnis ausgestatteten → iudex zu geben. Diese Anordnungen wurden durch militär. Maßnahmen unterstützt (Absetzung rebell. duces und Ersetzung durch Getreue des Kg.s); ein vollständiger Erfolg war diesen Bestrebungen jedoch nur in der Poebene beschieden. In den peripheren Dukaten, v. a. Spoleto und Benevent, vermochte sich die Autorität des Kgtm.s nur sporad. durchzusetzen und konnte nicht verhindern, daß die Autorität des d. zum Kristallisationspunkt neuer regionaler Herrschaftsgebilde wurde und Züge beinahe vollständiger Souveränität annahm, die nur gelegentl. durch persönl. Beziehung des d. zum Kg. eingeschränkt wurde. P. Delogu

Lit.: zu [1]: K. F. STROHEKER, Eurich, Kg. der Westgoten, 1937 – E. A. THOMPSON, The Goths in Spain, 1969 – D. CLAUDE, Adel, Kirche und Kgtm. im Westgotenreich, 1971 – P. D. KING, Law and Society in the Visigothic Kingdom, 1972 – L. A. GARCÍA MORENO, Prosopografía del reino visigodo de Toledo, 1974 – DERS., Estudios sobre la organización administrativa del reino visigodo de Toledo, AHDE 44, 1974, 5–155 – G. KAMPERS, Personengesch. Stud. zum Westgotenreich in Spanien, 1979 – H. EBLING, J. JARNUT, G. KAMPERS, Nomen et gens, Francia 8, 1980, 687–745 – H. WOLFRAM, Gesch. der Goten, 1980² – H. SCHWÖBEL, Synode und Kg. im Westgotenreich, 1982 – zu [2]: SPINDLER I, 1981² – R. SPRANDEL, D. und comes in der Merovingerzeit, ZRG GermAbt 74, 1957, 41–84 – D. CLAUDE, Unters. zum früh-frk. Comitat, ebd. 81, 1964, 1–79 – I. HEIDRICH, Titulatur und Urkk. der arnulfing. Hausmeier, ADipl 11/12, 1965/66, 71–279 – H. WOLFRAM, Intitulatio I. Lat. Königs- und Fürstentitel bis zum Ende des 8. Jh., 1967 – K. LINDNER, Unters. zur Frühgesch. des Bm.s Würzburg und des Würzburger Raumes, 1972 – H. EBLING, Prosopographie der Amtsträger des Merowingerreiches von Chlothar II. (613) bis Karl Martell (741), 1974 – K. SELLE-HOSBACH, Prosopographie merow. Amtsträger in der Zeit von 511 bis 613 [Diss. Bonn 1974] – B. BEHR, Das alem. Hzm. bis 750, 1975 – E. EWIG, Spätantikes und frk. Gallien. Gesammelte Schr. (1952–1973), I, 1976 – H. KELLER, Frk. Herrschaft und alem. Hzm. im 6. und 7. Jh., ZGO 124, 1976, 1–30 – A. R. LEWIS, The Dukes in the Regnum Francorum, A. D. 550–751, Speculum 51, 1976, 381–410 – M. ROUCHE, L'Aquitaine des Wisigoths aux Arabes (418–781), 2 Bde, 1977 – M. WEIDEMANN, Kulturgesch. der Merowingerzeit nach den Werken Gregors v. Tours, T. 1, 1982 – M. WERNER, Adelsfamilien im Umkreis der frühen Karolinger, 1982 – M. BORGOLTE, Die Gesch. der Grafengewalt im Elsaß von Dagobert I. bis Otto dem Großen, ZGO 131, 1983, 3–54 – U. NONN, Pagus und Comitatus in Niederlothringen, 1983 – zu [3]: Q. und Lit.: S. GASPARRI, I duchi longobardi, 1978 – P. DELOGU, Il regno longobardo (Storia d'Italia dir. da G. GALASSO, I, 1980) – Cod. dipl. longobardo IV/1, ed. C. BRÜHL (Fonti 65, 1981) – J. JARNUT, Gesch. der Langobarden, 1982, passim – S. GASPARRI, Il ducato longobardo di Spoleto (Atti del IX congresso internaz. di studi sull'alto Medioevo, 1983).

Düzmeǧe Muṣṭafā → Osmanen, Osman. Reich

Dvinskaja ustavnaja gramota, älteste erhaltene russ. Gerichtsordnung. Im Zusammenhang mit dem Aufstand im Gebiet an der nördl. Dvina gegen die Vorherrschaft → Novgorods in den Jahren 1397–98 gelang es dem Gfs. en v. → Moskau, → Vasilij I. Dmitrievič (1389–1425), über die → Volga bis in dieses nördl. Territorium vorzustoßen. Novgorod konnte jedoch 1398 die »alte Ordnung« *(mir po starině)* wiederherstellen. Für das kurzfristig den Novgorodern abgenommene Gebiet erließ der Gfs. v. → Moskau eine aufgrund der krieger. Ereignisse auf das Jahr 1397 oder 1398 datierbare Rechts- und Verwaltungsordnung, die die älteste erhaltene russ. Gerichtsordnung für Statthalter *(naměstnik)* darstellt. Darin werden sowohl Moskauer Rechtsgepflogenheiten, die z. T. aus der → Russkaja Pravda entnommen sind, als auch Novgoroder Rechtsbestimmungen im Bereich des Strafrechtes, der Gerichtsverfassung und der Rechtspflege, bes. in bezug auf das Appellationsrecht, berücksichtigt. Danach erhielten Kaufleute von der Dvina Privilegien in den unter Vasilij dem Gfsm. Moskau angegliederten nördl. Städten von Velikij Ustjug, → Vologda und Kostroma. Ch. Hannick

Ed.: A. D. GORSKIJ (Rossijskoe zakonodatel'stvo X–XX vv, 2, 1985), 180–186 – Gramoty Velikogo Novgoroda i Pskova, pod red. S. N. VALK, 1949, Nr. 88 – Pamjatniki russkogo prava III, pod red. L. V. ČEREPNIN, 1955, 162–164, 185–197 – *Lit.*: A. N. NASONOV, »Russkaja zemlja« i obrazovanie territorii drevnerusskogo gosudarstva, 1951, 103ff. – L. V. ČEREPNIN, Obrazovanie Russkogo centralizovannogo gosudarstva v XIV–XV vv, 1960, 682–702.

Dvor (russ.; poln. *dwór*), in etymolog. Grundbedeutung 'Pforte, Tor, Tür' (VASMER), später: curia 'Hof', tritt in den slav. Quellen in dreifacher Bedeutung auf, als verfassungs- und institutionsgeschichtl., bautechn. sowie ökonom.-administrativer Begriff.

a) Als verfassungsgeschichtl. Begriff umfaßt d. sämtl. administrativen, fiskal., rechtl.-gerichtl., diplomat., kanzleimäßigen und kirchl. Einrichtungen, die durch den Herrscher selbst sowie seine Beamten und Dienstleute bei der Organisation des staatl. Lebens vertreten und ausgeführt wurden. Die Institution des d. entwickelt sich mit der Entstehung des Staates, d. h. vom 9. Jh. an. Die slav. Herrscher übernahmen die wichtigsten Einrichtungen des d. von den staatl. Organen des Byz. Reiches und des Frankenreichs. – b) Bautechn. und architekton. Elemente der slav. Häuser und Höfe (→ Haus) entwickelten sich bei den Slaven teils seit prähist. Zeiten auf dem Wege allmählicher Evolution, v. a. einfache Häuser und Höfe (Hütten, Katen, Grubenhäuser usw.) und Wirtschaftsgebäude, teils durch Übernahme fremder Bautechniken, wie die hzgl., kirchl. und herrschaftl. Höfe. In den russ. Quellen finden wir schon im 10. Jh. Holzhöfe *(drevnyj D.)* und Prachthöfe mit Türmen *(teremnyi D.)*. Die Höfe tragen ihren eigenen Namen (z. B. *Olmin D.* bzw. *Kniažyi D.*). In Polen begegnen wir im 11. Jh. steinernen Höfen (palatium) u. a. Die Einzelhöfe wurden mit Umzäunungen und verschiedenen Wirtschaftsgebäuden (Scheune, Speicher, Ställe, etc.) ausgestattet. Mit der Zeit wurden sie zum Kern einer dörfl. Siedlung. – c) Als administrative und ökonom. Institution wurde der d. (curia) zum Zentrum der wirtschaftl.-fiskal. Verwaltung der hzgl.-feudalen und herrschaftl. Eigengüter bzw. zur Sammelstelle von → Abgaben der abhängigen Bevölkerung (→ Grundherrschaft).

G. Labuda

Q. und Lit.: VASMER, Wb. I, s. v. – Povest' vremennych let., ed. D. S. LICHAČEV, 1950 [Ind.] – SIĚ V, 15 – SłowStarSłow I, 408–411 – K. RHAMM, Ethnograph. Beitr. zur germ.-slav. Altertumskunde, II, 1: Das altslaw. Wohnhaus, 1910 – L. NIEDERLE, Život starých Slovanů II, 2, 1913, 683ff. – K. MOSZYŃSKI, Kultura ludowa Słowian, cz. I, 1929, 459ff. – W. HENSEL, Słowiańszczyzna wczesnośredniowieczna Narys kultury materialney, 1965, 345ff. – Očerki russkoj kultury XIII–XV vv., 1969, 260ff. – A. KIJAS, Gospodarstwo własne feudała na Wielkorusi od XIV do połowy XVI wieku, 1973 – K. MODZELEWSKI, Grody i dwory w gospodarce polskiej monarchii wczesnofeudalnej, KHKM 21, 1973, 2–35, 157–189 – DERS., Organizacja gospodarcza państwa piastowskiego X–XII wiek, 1975.

Dybin, Nikolaus v., Magister, Verfasser lat. (erst zum Teil edierter) Schriften auf dem Gebiet der → Ars dictaminis. Wahrscheinl. aus Bad Düben an der Mulde (Sachsen) gebürtig, dürfte N., wirkungsgeschichtl. Zeugnissen zufolge, in Prag studiert und gelehrt haben; für 1369 ist er als

Rektor der Kreuzschule in Dresden bezeugt, † vor 1387. – Seine Schriften sind (v. a. in Deutschland, Österreich, Polen, Tschechoslowakei) reich überliefert und bezeugen bei ihrem scholast. Charakter starke Wirkung in Lateinschule und Artistenfakultät bis in den Frühhumanismus um die Mitte des 15. Jh. Es handelt sich 1. um Kommentare: zum »Laborintus« →Eberhards des Dt., zur »Poetria nova« des →Galfredus de Vino Salvo, zum »Doctrinale« des →Alexander de Villa Dei; 2. um das von einem Kommentar begleitete Mustergedicht »Oracio de beata Dorothea«; 3. um den »Viaticus dictandi«, die »Sporta florum rethoricalium«, die »Correctoria« sowie um einen »Tractatus de rithmis«; weitere verwandte Texte werden ihm ohne Sicherheit zugeschrieben. H. Szklenar

Ed. und Lit.: K. DOSKOČIL, Mistr D., rétor doby Karlovy, 1948 – S. P. JAFFE, Nicolaus Dybinus' Declaracio Oracionis de beata Dorothea, 1974 – H. SZKLENAR, Magister Nicolaus de D. (MTU 65), 1981 – DERS., Hinweis auf Magister Nicolaus de D., AAG, Philol.-Hist. Kl., 3. F., Nr. 137, 1983, 243–255 – F. J. WORSTBROCK, PBB (Tübingen) 106, 1984, 453–461.

Dyfnwal, nach der Überlieferung Stammvater der Dynastie des brit. Kgr.es →Strathclyde im südl. Schottland. D. Hen (D. d. Alte) wird in drei Genealogien in der aus dem 10. Jh. stammenden Sammlung BL Harleian ms. 3859 genannt; darunter die Genealogie seines angebl. Urenkels, des Kg. Rhydderch Hen, der im späten 6. Jh. belegt ist. Daher könnte D. um die Mitte des 5. Jh. gelebt haben, doch existieren keine zeitgenössischen oder nahezu zeitgenössischen Belege. W. Davies

Lit.: P. C. BARTRUM, Early Welsh Genealogical Tracts, 1966, 10.

Dyfrig (Dubricius), Bf. des 6. Jh. im sö. Wales; die »Annales Cambriae« erwähnen seinen Tod zu 612, aber die Nachricht dürfte nicht zeitgenöss. sein. Seit dem 11. Jh. in Wales als Hl. verehrt, war sein (wenig verbreiteter) Kult im wesentl. auf die Landschaft Ergyng (sw. Herefordshire) beschränkt, obwohl seine angebl. Gebeine von Bardsey Island in die Kathedrale von →Llandaff, deren Patron er wurde, transferiert wurden (Mai–Juni 1120). Die »Vita Prima Samsonis« (7. Jh.; →Samson, hl.) legt nahe, daß D. bfl. Amtshandlungen im sö. Wales ausführte, und es existieren Hinweise, daß sich D.s Sitz in Welsh Bicknor oder in Kenderchurch in Ergyng befand. Aufgrund von Urkunden des »Liber Landavensis« wird deutlich, daß geistl. Stiftungen und Güter in Ergyng bis ins 9./10. Jh. von D.s Sitz abhängig blieben, daß die frühe bfl. Herrschaftsstruktur sich danach auflöste und daß schließlich im 11. und 12. Jh. das Bm. Llandaff die Besitztümer und die Traditionen des D. überlagerte und absorbierte. W. Davies

Lit.: W. DAVIES, An Early Welsh Microcosm, Royal Historical Society, 1978 – DIES., Wales in the Early MA, 1982.

Dynamik. Im späteren MA (etwa 1200–1500) lieferte →Aristoteles' »Physik« die Grundlage für die Erklärung von Bewegungen, die aus der Wechselwirkung von Kräften und Widerständen resultierten, d. h. für den Wissenszweig, der als D. bekannt werden sollte. Das aristotel. Weltbild erforderte allerdings die Beschränkung solcher Wechselwirkungen auf den sublunaren Bereich, das Gebiet der unaufhörlichem Wandel unterworfenen vier →Elemente (Erde, Wasser, Luft und Feuer), deren natürl. Bewegungen direkt entweder auf den Erdmittelpunkt zu oder von ihm weg gerichtet waren. Im Himmelsbereich jenseits des Mondes hingegen gab es nach Aristoteles keine Veränderungen außer denen der Position, da die Planeten und Sterne herumgetragen wurden von Sphären, deren natürl. Bewegungen kreisförmig waren.

Für den gesamten sublunaren Raum (der allein hier in Betracht gezogen wird) galt die Annahme, daß die Bewegung eines Körpers von einem Ort zum anderen von einem fremden Agens bewirkt wurde, welches nicht nur selbst in Bewegung war, sondern auch mit dem von ihm bewegten Objekt in unmittelbarer Berührung stand. Dieses Grundprinzip (»omne quod movetur ab alio movetur«) betraf die natürl. ebenso wie die gewaltsamen (unnatürl.) Bewegungen – die beiden von Aristoteles im ird. Bereich unterschiedenen, einander entgegengesetzten Bewegungsarten. Der üblichen Definition zufolge entsprach die natürl. Bewegung der naturbedingten Tendenz des in einem Körper überwiegenden Elements, geradlinig seinem natürl. Ort zuzustreben und dort zur Ruhe zu kommen. Ein Körper, der an einem für ihn unnatürl. Ort der Schwere unterlag – etwa ein Stein in der Luft –, mußte bei Abwesenheit von Hindernissen naturgemäß in Richtung auf den Weltmittelpunkt (= Erdmittelpunkt) fallen und dann zum Stillstand kommen, während ein leichter (z. B. vorwiegend feuriger) Körper außerhalb seines natürl. Orts (der Feuerregion) zu diesem emporzusteigen hatte, bis er dort seinen Ruhezustand erreichte. Die Anwendung des Grundsatzes »omne quod movetur ab alio movetur« auf jede – natürl. oder gewaltsame – sublunare Bewegung erforderte eine Unterscheidung zw. der die Bewegung verursachenden Kraft und dem notwendigen, dieser entgegenwirkenden Widerstand, der die Endlichkeit der Bewegung gewährleistete (ohne Widerstand nähme die Bewegung momentanen Charakter an, die Geschwindigkeit wäre unendlich). Das Zustandekommen einer Bewegung setzte voraus, daß die bewegende Kraft den Widerstand übertraf ($K > W$); denn wenn beide gleich wären oder $W > K$, so fände keine Bewegung statt. Die Bestimmung und Beschreibung dieser Kräfte und Widerstände stellte die primäre Aufgabe der ma. D. dar. In der Auseinandersetzung mit diesem Problem führten spätantike und ma. Naturphilosophen eine Vielzahl von Kräften und Widerständen ein, was wesentl. Umdeutungen des aristotel. Modells und drastische Abweichungen von ihm mit sich brachte.

Kräfte: Abgesehen von der Naturgegebenheit der Tendenz ungehemmter Körper, in Richtung ihrer natürl. Orte zu steigen oder zu fallen, suchte Aristoteles nach einer kausalen Erklärung solcher Bewegungen, ohne die Schwierigkeit dieses Unterfangens zu verkennen. In der »Physik« schlug er als Ursache der natürl. Bewegung eines Körpers das Agens (oder, in der ma. Terminologie, das »generans«) vor, welches den Körper erzeugt und mit allen ihm zukommenden Eigenschaften – einschließlich der Tendenz, bei Abwesenheit von Hindernissen seinem natürl. Ort zuzustreben – ausgestattet hatte. In derselben Schrift äußerte Aristoteles indes an anderer Stelle auch die Ansicht, der Grund für die natürl. Bewegung eines Körpers sei dessen Schwere bzw. Leichtigkeit.

Im Gegensatz zur natürl. Bewegung stand die gewaltsame mit dem Grundprinzip »omne quod movetur« in offensichtl. Einklang. Bei unbelebten Objekten – wie einem Stein – war der ursprgl. äußere Beweger der Werfer, der den Stein in die Luft schleuderte. Nach dem Aufhören der Berührung mit dem ursprgl. Beweger stieß die umgebende Luft den Stein kontinuierlich aufwärts bis zum höchsten Punkt, an dem die natürl. Bewegung des Falls einsetzte. Obwohl all diese aristotel. Erklärungsversuche im MA einigen Anklang fanden, wurde eine leistungsfähige und beliebte Theorie der verliehenen Kraft (des »impetus«) entwickelt, die sowohl auf natürl. als auch auf gewaltsame Bewegungen anzuwenden war.

Schon im 6. Jh. n. Chr. weigerte sich →Johannes Philoponos, die Luft als Verursacher der fortdauernden gewaltsamen Bewegung eines Körpers zu akzeptieren. Statt dessen nahm er eine immaterielle, verliehene Kraft an, die irgendwie vom ursprgl. Beweger auf den Wurfgegenstand übertragen wurde. Arab. Naturphilosophen entwickelten ähnliche Theorien, wobei sogar zwei völlig verschiedene Arten von verliehener Kraft ins Spiel kamen: eine dauerhafte Kraft, die als fortwirkende Bewegungsursache im Körper weiterbestand, bis äußere Widerstände sie beseitigten (Avicenna), und eine nichtdauerhafte, die nicht nur äußeren Widerständen erlag, sondern auch abgesehen von deren Einwirkung schließlich durch Selbstauflösung erlöschen mußte (Abūl Barakāt). Ob diese arab. Theorien den lat. Westen im MA erreichten, ist unbekannt; jedenfalls entwickelte man dort gleichartige.

Der bedeutendste Impetustheoretiker des MA war unzweifelhaft →Johannes Buridanus (um 1295–1358). Er faßte die verliehene Kraft, für die er den Ausdruck »impetus« verwendete, als dauerhafte Eigenschaft bei gewaltsamen und natürlichen ird. Bewegungen auf und erwog sogar ihre Einführung als beständige Ursache der gleichförmigen Kreisbewegungen der Himmelssphären. Die Verlangsamung der gewaltsamen Aufwärtsbewegung eines schweren Körpers führte er auf die allmähliche Auflösung seines Impetus durch den äußeren Widerstand der Luft und auf die Tendenz zum Fall in die Gegenrichtung – zum natürl. Ort dieses Körpers (dem Weltmittelpunkt) – zurück. Nach der Beseitigung seines Impetus mußte der Körper in der Tat seine natürl. Bewegung dorthin aufnehmen. Auch dabei spielt der Impetus eine Rolle. Aus der Schwere des Körpers allein ergäbe sich nach Aristoteles ein gleichförmiger Fall. Der natürl. Fall ist jedoch beschleunigt, was Aristoteles bemerkt und mit der wachsenden Nähe zum natürl. Ort erklärt hatte. Buridanus indes deutete diese Erscheinung mit Hilfe der Impetustheorie. Die natürl. Schwere (gravitas) eines Körpers bewirkte nicht nur seinen Fall, sondern auch aufeinanderfolgende Impetuszunahmen oder »akzidentielle Schwere« in jedem Augenblick der Fallbewegung. Jede der aufeinanderfolgenden Impetuszunahmen erzeugte ein ihr proportionales Geschwindigkeitsinkrement, so daß die sich summierenden Inkremente eine anhaltende Beschleunigung bis zum Moment des Aufschlags hervorriefen. Im Gegensatz zur newtonschen Auffassung war die Kraft Buridanus' Meinung zufolge nicht der Beschleunigung, sondern der Geschwindigkeit proportional, da erst die sukzessive Impetusverstärkung eine ihr proportionale Geschwindigkeitserhöhung herbeiführte.

Widerstände: Trotz der Unterscheidung verschiedenartiger Widerstände im MA war die Funktion eines Widerstands stets dieselbe, nämlich die Verhinderung momentaner Bewegung (oder unendlich hoher Geschwindigkeit) durch Gewährleistung einer endlichen, fortlaufenden, eine bestimmte Zeit beanspruchenden Bewegung. Die Widerstände wurden in äußere und innere eingeteilt. Äußerer Widerstand trat am häufigsten in Gestalt des stoffl. Mediums (Luft, Wasser, Feuer), das ein Körper durchquerte, in Erscheinung. Auf recht willkürl. Weise wurden weitere Typen des äußeren Widerstands abgegrenzt, so bei Zusammenkoppelung zweier Körper mit entgegengesetzten natürl. Bewegungstendenzen oder bei Hemmung einer Bewegung durch eine in die Gegenrichtung ziehende Kraft (z. B. Bremsung des freien Falls eines Eisenstücks durch einen über diesem aufgehängten Magneten). Selbst der Abstand zw. Ausgangs- und Endpunkt wurde als ein äußerer Widerstand angesehen, da die Zurücklegung einer begrenzten Strecke eine begrenzte Zeit erforderte.

Sowohl den aus reinen Elementen bestehenden Körpern als auch den gemischten (zusammengesetzten) schrieb man innere Widerstände zu. Die Verfechter der Theorie, die jedem reinen (homogenen) Körper eine naturgegebene Höchstgeschwindigkeit zuwies, faßten diese »Begrenzung« als einen inneren Widerstand auf. Die bei weitem bedeutsamste Vorstellung eines inneren Widerstands betraf jedoch gemischte Körper, deren leichte und schwere Bestandteile in entgegengesetzte Richtungen – aufwärts bzw. abwärts – strebten. Bei Überwiegen der schweren Elemente wurde deren Gesamtkraft zur Ursache einer Abwärtsbewegung, die durch die leichten Elemente gebremst wurde; dominierten die leichten Elemente, so mußte der Körper steigen, wobei die schweren für den nötigen Widerstand sorgten.

Die Idee des inneren Widerstandes stellte eine erhebl. Abweichung von der Lehre des Aristoteles dar und beeinflußte ma. Vorstellungen über die Bewegung im →Vakuum in beträchtl. Maße. Da innere Widerstände an die Stelle der fehlenden äußeren traten, erschien die Bewegung gemischter Körper im leeren Raum nun denkbar, ja glaubhaft.

Mathematische Darstellungen des dynamischen Ablaufs: Aristoteles lieferte dem MA auch ein System von Regeln über die Zusammenhänge von bewegender Kraft, Widerstand, zurückgelegtem Weg und Zeit. Zwar kam der Geschwindigkeitsbegriff darin nicht vor, doch lassen sich die Bewegungssätze im siebten Buch der »Physik« anhand der Formel $v \propto \frac{K}{W}$ bequem ausdrücken (v = Geschwindigkeit, K = bewegende Kraft, W = Gesamtwiderstand gegen K). Offensichtl. kann W größer werden als K, indem wiederholt entweder die Kraft bei konstantem Widerstand halbiert oder letzterer bei konstanter Kraft verdoppelt wird. Dies entging Aristoteles nicht, denn er betonte, daß bei W > K die Bewegung sogleich aufhören mußte, obgleich v nach dem obigen Gesetz einen positiven Wert hätte. Zur Vermeidung dieser Schwierigkeit führte →Thomas Bradwardine in seinem »Tractatus de proportionibus« von 1328 eine Abhängigkeit auf der Grundlage geometr. Proportionalität ein, die oft als »Bradwardines Gesetz« bezeichnet worden ist; dabei wurde im Prinzip mit Exponenten gearbeitet. Nach dem neuen Gesetz war jede aus $\frac{K}{W}$ resultierende Geschwindigkeit zu halbieren, indem die Quadratwurzel aus $\frac{K}{W}$ berechnet wurde, so daß $(\frac{K}{W})^{\frac{1}{2}}$ die Hälfte der bei $\frac{K}{W}$ zu erwartenden Geschwindigkeit hervorrief. Zur Dreiteilung der Geschwindigkeit diente die Kubikwurzel aus $\frac{K}{W}$, womit $(\frac{K}{W})^{\frac{1}{3}}$ eine Geschwindigkeit von einem Drittel der bei $\frac{K}{W}$ gegebenen bewirkte. Die Verdoppelung und Verdreifachung von Geschwindigkeiten wurde jetzt einfach interpretiert als Potenzierung des ursprgl. Quotienten $\frac{K}{W}$ mit 2 bzw. 3. Wenn K anfänglich größer war als W und daher eine Bewegung stattfand, konnte in diesem System K nicht gleich W oder kleiner als W werden, da die Halbierung einer Geschwindigkeit nicht mehr durch arithmet. Halbierung von K bei konstantem W oder durch arithmet. Verdoppelung von W bei konstantem K-Wert erreicht wurde. Allgemein hatte man, um das n-fache einer $\frac{K}{W}$ entsprechenden Geschwindigkeit zu erhalten, den Quotienten $\frac{K}{W}$ mit n zu potenzieren und zur Erlangung des n-ten Teils der Geschwindigkeit die n-te Wurzel aus $\frac{K}{W}$ zu ziehen. Obgleich auch andere math. Darstellungen der Bewegung im MA vorgeschlagen wurden, war diejenige Bradwardines wohl die beliebteste. Im weiteren Verlauf des 14. Jh. erweiterte →Nikolaus Oresme Bradwardines Gesetz durch Einbeziehung inkommensurabler und irrationaler Verhältnisse.

E. Grant

Q. und Lit.: A. MAIER, Die Vorläufer Galileis im 14. Jh.; Stud. zur Naturphilosophie der Spätscholastik, 1949, 1966² – DIES., Zwei Grundprobleme der scholast. Naturphilosophie: Das Problem der intensiven Größe. Die Impetustheorie, 1951, 1968³ – E. A. MOODY, Galileo and Avempace: The Dynamics of the Leaning Tower Experiment, JHI 12, 1951, 163-193, 375-422 – Thomas of Bradwardine, His »Tractatus de proportionibus«, ed. H. L. CROSBY, 1955 – M. CLAGETT, The Science of Mechanics in the MA, 1959 – E. GRANT, Motion in the Void and the Principle of Inertia in the MA, Isis 55, 1964, 265-292 – DERS., Bradwardine and Galileo: Equality of Velocities in the Void, AHExSc 2, 1965, 344-364 – J. A. WEISHEIPL, The Principle »omne quod movetur ab alio movetur« in Medieval Physics, Isis 56, 1965, 26-45 – E. A. MOODY, Galileo and His Precursors (Galileo Reappraised, hg. C. GOLINO, 1966, 23-43) – Nicole Oresme, De proportionibus proportionum and Ad pauca respicientes, ed. E. GRANT, 1966 – A. FUNKENSTEIN, Some Remarks on the Concept of Impetus and the Determination of Simple Motion, Viator 2, 1971, 329-348 – J. A. WEISHEIPL, The Development of Physical Theory in the MA, 1971 – M. MARKOWSKI, Stud. zu den Krakauer ma. Physikkommentaren: Die Impetustheorie, AHDL 43, 1968, 187-210 – S. PINES, St. Augustin et la théorie de l'impetus, AHDL 44, 1969, 7-21 – E. GRANT, Dynamics (A Source Book in Medieval Science, hg. E. GRANT, 1974, 253ff.) – J. E. MURDOCH – E. D. SYLLA, The Science of Motion (Science in the MA, hg. D. C. LINDBERG, 1978), 206-264 – E. GRANT, Das physikal. Weltbild des MA, 1980, 66-105.

Dynter, Edmond de, brabant. Chronist, * ca. 1370 (?), † 17. Febr. 1449. D. ist seit 1406 als Sekretär des Hzg.s v. →Brabant belegt. Er behandelte die brabant. Geschichte bis zum Jahre 1442 in seiner »Chronica nobilissimorum ducum Lotharingiae et Brabantiae ac regum Francorum«, wobei er sich nach Ansicht des Verfassers durch den anonymen Kontinuator (ident. mit seinem Sohn Ambrosius de D.?) der »Brabantsche Yeesten« des Jan Van →Boendaele inspirieren ließ. P. Avonds

Lit.: Repfont IV, 279f. [mit Angaben weiterer Werke] – A. UYTTEBROUCK, Note sur les rapports du Livre VII des Brabantsche Yeesten et du Livre VI de la Chronique d'Edmond de D., Bull. de la comm. royale d'hist. de Belgique 123, 1958, 85-136.

Dyrr(h)achion (alban. Durrës, slav. Drač, it. Durazzo), Stadt in Albanien, in mittelbyz. Zeit Sitz eines →Themas. – 627 v. Chr. als Kolonie v. Korinth und Kerkyra gegr., spielte D., die »Tabernae Adriae« des Catull (36, 15), auch nach dem verheerenden Erdbeben von 314 seine Rolle als Hauptstadt der Provinz Epirus nova, als Ausgangspunkt der Via Egnatia (→Straßen) und als bedeutendster Kriegs- und Handelshafen zw. Byzanz und dem Westen. Durch das Ende des röm. Westreichs verlor die Stadt ihre wirtschaftl. Funktion, doch verstärkte sich ihre strateg. Bedeutung, die durch die Rückeroberungsfeldzüge Ks. →Justinians im 6. Jh. noch wachsen sollte. Zu Beginn des 6. Jh. ließ das aus D. stammende Ks. →Anastasios I. Stadtmauer und Zitadelle neuerrichten; nach dem schweren Erdbeben von 522 mußte Justinian die Stadt wiederaufbauen lassen. In der Folgezeit erfuhr D. eine starke Verringerung der Stadtfläche infolge der nachlassenden Handelstätigkeit und zur Erreichung einer besseren Verteidigungsfähigkeit: Am Ende des 11. Jh. war das nordöstl. Stadtgebiet nach Anna Komnene (I, 142) ein Ruinenfeld, und die Wiederaufbaumaßnahmen, die bald nach 1108 unter →Alexios I. Komnenos erfolgten, besiegelten diese Schrumpfung. Die Bevölkerungsabnahme und die Vergrößerung der Lagune nötigten die Venezianer 1403, die Stadtmauer erneut zu verengen; diese eingeschränkte Stadtfläche blieb insgesamt bis zu den Zerstörungen der Zeit Kg. Zogus (kurz vor dem 2. Weltkrieg) konstant. Die antike Stadt hatte eines der größten Amphitheater der röm. Welt besessen (entdeckt 1968). Es wurde schon im 6. Jh. aufgegeben, wie sich anhand der Errichtung einer mit Mosaiken geschmückten Kapelle in einer der Eingangstreppen belegen läßt. Die Kathedrale war den örtl. Märtyrern Ysabrus und Astius geweiht; daneben bestanden in der Stadt zahlreiche Kirchen und Kl. Diese Bauten und ein Teil der Stadtmauer wurden bei einem auf 1270 bzw. 1271 (Pachymeres I, 355-357) datierbaren Erdbeben weitgehend zerstört.

Strateg. Bastion während der slav. und bulg. Invasionen, war D. der byz. Kontrolle bis zur Gründung des Themas D. in der 1. Hälfte des 9. Jh. vielfach entzogen. Zw. 990 und 1016 unterstand es abwechselnd der Oberherrschaft des Reiches von →Samuel und des Fsm.s Dioclea (→Zeta). Mit der Bildung kleinerer Themen im Norden, im Süden und im Hinterland zerfiel der D. direkt unterstehende Verwaltungsbereich. Um die Mitte des 11. Jh. war D. Sitz eines →Dux oder →Katepan, der die Gesamtheit der Territorien und Truppenteile um D. überwachte. Die strateg. Rolle der Stadt verstärkte sich seit dem späten 11. Jh. mit den Angriffen der unterit. Normannen und den Durchzügen der Kreuzfahrer: →Robert Guiscard besetzte D. 1082 und 1085 (→D., Belagerung v.), →Bo(h)emund scheiterte 1108 vor der Stadt, →Wilhelm II. konnte sie 1185 zeitweise besetzen; 1203 während des Vierten Kreuzzugs umkämpft, fiel sie 1205 →Venedig in die Hände. Der venezian. Dukat D. wurde 1214 jedoch von Michael I., Despoten v. →Epiros, zerschlagen. Von →Manfred, Kg. v. Sizilien, um 1255 erobert, wurde D. 1270 Hauptstadt der angevin. Kgr.es Albanien und blieb dies – außer einer kurzen Periode serb. Herrschaft (1296-1304) – bis zur Eroberung durch Karl →Thopia i. J. 1386. Dessen Sohn Georg trat D. 1392 an Venedig ab, das die Stadt bis zur osman. Eroberung i. J. 1501 in Besitz hatte.

D. war orthodoxe Metropole, deren Bereich sich aber seit dem 11. Jh. zugunsten des Erzbischofssitzes v. →Ochrid verkleinerte. Insbes. aber untergrub der wachsende lat. (kath.) Einfluß, der von →Bar (Antivari) ausging, zunehmend die kirchl. Rolle des orthodoxen D.; am Ende des 12. Jh. hatte D. keine Suffraganbm.er mehr. Nach 1267 und bis zum 16. Jh. besaß D., dessen Bevölkerungsmehrheit nun aus Albanern bestand, nur mehr einen lat. Klerus, der sich Rom gegenüber äußerst autonom verhielt. Lateiner waren schon seit dem 11. Jh. nach D. gelangt. Nach den Amalfitanern (→Amalfi) waren die Venezianer tonangebend, die ihren Einfluß durch das Chrysobull von 1082 definitiv bestätigen ließen. Venedig kontrollierte die Straßen von Konstantinopel und Griechenland her, die Lebensadern der Stadt für den Handel mit Seide und Öl und für den Umlauf der byz. Währung. D.s Rolle für den Transithandel war allerdings seit 1205, mit der Blockierung der transbalkan. Handelsstraßen im Zuge der Kämpfe zw. Epiros und dem Lat. Ksr., ausgespielt. Im 13. und 14. Jh. deckten sich Venezianer und Ragusaner hier mit Landesprodukten (Salz, Holz, Häute) ein, doch ließ sie die angevin. Zollpolitik mehr und mehr auf Häfen, die von Byzanz oder den alban. Adligen kontrolliert waren, ausweichen. Schon seit dieser Zeit im Verfall begriffen, war D. unter der ven. Herrschaft seines Hinterlandes beraubt, während das ragusan. Monopol (→Ragusa) auf die übrigen alban. Küstengebiete, die nun allein von der neuen Bedeutung der Region für den Transithandel profitierten, belebend wirkte. Die Gegnerschaft Venedigs gegen →Skanderbeg reduzierte D. auf einen Etappenort des Seewegs in die Levante. Am Vorabend der türk. Eroberung wanderte ein Großteil der Bevölkerung aus dem durch wirtschaftl. Stagnation gelähmten und von →Malaria verseuchten D. nach Venedig, Ragusa und in die Marken (Ancona, Pesaro) aus. Selbst die osman. Statthalter sollten nicht in D., sondern im südlicher gelegenen Kavaja residieren. A. Ducellier

Lit.: RE V, 1882–1887 – K. Jireček, Die Lage und Vergangenheit der Stadt Durazzo in Albanien (Illyr. Alban. Forsch I, 1916), 152–187 – N. Oikonomidès, Les listes de Préséance byz. des IXe et Xe s., 1972, passim – A. Ducellier, Les mutations de l'Albanie au XVe s., Du Monopole ragusain à la redécouverte des fonctions de transit, Etudes Balkaniques 1, 1978 – J. Ferluga, Durazzo e la sua regione dal X al XI s. (Byzantium on the Balkans, 1979) – A. Ducellier, La Façade maritime de l'Albanie au MA. Durazzo et Valona du XIe au XVe s., 1981.

Dyrr(h)achion, Belagerung v. Im Verlauf ihres Krieges gegen das →Byz. Reich belagerten die →Normannen nach ihrer Besetzung der Ion. Inseln und der Küste bis D. seit dem 17. Juni 1081 die äußerst wichtige byz. Festung D. selbst. Die Flotte des mit Byzanz verbündeten →Venedig, befehligt vom Dogen Domenico Silvo, rückte zum Entsatz an, verschanzte sich am Kap Palli und schlug die Angriffe des norm. Fs.en →Bo(h)emund erfolgreich zurück. Damit war die Blockade von D. auf der Seeseite durchbrochen. Doch zogen sich die Venezianer nach der vernichtenden Niederlage des Heeres des byz. Ks.s →Alexios I. Komnenos bei St. Theodorus, südlich v. D., am 18. Okt. 1081 zurück. D. kapitulierte im Febr. 1082, wohl auf Betreiben der Venezianer, denen die Zitadelle der Stadt anvertraut war. Nach einer schweren ven. Niederlage vor Korfu (Winter 1084) konnten die Byzantiner infolge des Todes von →Robert Guiscard (Juli 1085) D. jedoch wieder einnehmen. A. Ducellier

Lit.: F. Chalandon, Hist. de la Domination normande en Italie et en Sicile, 1907, I, 271–283 – R. Cessi, Venezia e la campagna normanna del 1081–1085, Archivio Storico Pugliese 4, 1951, fasc. 3–4, 65–69.

E

Eadmer OSB, engl. Historiograph, Hagiograph und Theologe, * um 1060, † nach 1128. E. gehörte dem Kl. Christ Church und zeitweise dem ebfl. Haushalt in →Canterbury an. 1120 wurde er auf den Bischofsstuhl von →St. Andrews berufen, konnte sich dort aber nicht behaupten. – E. stand Ebf. →Anselm v. Canterbury als Freund und Ratgeber nahe. Er vertrat den Primatsanspruch von Canterbury und betonte die Rechte von Christ Church. Die eng aufeinander bezogenen Hauptwerke E.s, die »Vita Anselmi« und die »Historia novorum in Anglia«, sind den biograph. Traditionen der Angelsachsen und des norm. Mönchtums verpflichtet. E. hat diese Schriften aus Loyalität und Zuneigung gegenüber Ebf. Anselm verfaßt. Während die Vita (in zwei Büchern, dazu Anhang über Wunder) dem privaten Leben Anselms gewidmet ist, schildert die Historia (in sechs Büchern) sein öffentl. Wirken und ordnet es in die engl. Geschichte vom späten 10. zum frühen 12. Jh. ein, wobei das Verhältnis Kirche/Staat (→Investiturstreit) bes. Berücksichtigung findet. E. sammelte etwa ab 1093/95 Material für diese Werke, gestaltete sie im wesentl. – sieht man von einem ersten Entwurf der Vita ab – jedoch erst nach dem Tode Anselms († 1109). Dieser erscheint als Gelehrter und Heiliger, der sich den weltl. Geschäften zu entziehen sucht, aber die Position von Canterbury wahrt und ausbaut. E. ist teils Augenzeuge, verwertet aber auch Briefe und Dokumente (über Falsifikate in der Historia, die den Primat von Canterbury belegen sollen, →Fälschungen). Seine kleineren hagiogr. Werke (u. a. Viten der hll. →Dunstan, Oda und Breguwine v. Canterbury, Oswald v. Worcester, →Wilfrid v. York) dienen hauptsächl. dem Ruhme von Christ Church. E. wirkte auf →Wilhelm v. Malmesbury und die Chronistik von Worcester und Durham. Unter seinen theol. Schriften ragt der »Tractatus de conceptione s. Mariae« hervor, der lange als Werk des hl. Anselm galt.
K. Schnith

Ed.: The Life of St Anselm by Eadmer, ed. R. W. Southern, 1962 [mit engl. Übers.] – Eadmeri Historia Novorum in Anglia, ed. M. Rule (RS), 1884 [engl. Übers. der Bücher 1–4: G. Bosanquet, 1964] – zu den kleineren hagiogr. Schriften: A. Gransden, s. u., 129 – Tractatus, ed. H. Thurston–T. Slater, 1904 [dt. C. Feckes, 1954] – *Lit.*: Manitius III, passim – Repfont IV, 261f. – A. J. Macdonald, E. and the Canterbury Privileges, JTS 32, 1931, 39–55 – G. Geenen, E., le premier théologien de l'Immaculée Conception, Virgo Immaculata I, 1955, 90–136 – R. W. Southern, The Canterbury Forgeries, EHR 73, 1958, 193–226 – Ders., Saint Anselm and his Biographer, 1966 – A. Gransden, Historical Writing in England c. 550 to c. 1307, 1974, bes. 129ff., 136ff. [*Lit.*] – M. Brett, A Note on the 'Historia Novorum' of E., Scriptorium 33, 1979, 56–58 – E. Cleo McNelly, The Individual in Hist.: a Study of the 'Historia Novorum' of E. and the 'Historia Novella' of William of Malmesbury (Dissertation Abstracts 39, 1979), 7337 – R. D. Wissolik, The Monk E. as Historian of the Norman Succession: Körner and Freeman Examined, American Benedictine Review 30, 1979, 32–43.

Eadred, Kg. v. England 946–955, † 955, ▭ Old Minster (Winchester); jüngster Sohn von Kg. →Eduard d. Älteren und der Eadgifu. Viele Ereignisse seiner Regierungszeit liegen im dunkeln, da die Überlieferung in der Ags. →Chronik – wie üblich – spärlich ist und weil, was ungewöhnl. ist, ihm keine Gesetze zugeschrieben werden, obwohl sein Testament erhalten ist. Seine größte Tat war die endgültige Eroberung v. →Northumbrien, die er nach der Vertreibung von →Olaf Schoßkönig und →Erich »Blutaxt« (954) sichern konnte, indem er Ebf. →Wulfstan I. v. York absetzte, der offensichtl. die skand. Oberherrschaft der westsächs. vorzog. E. begünstigte die monast. Reform, gründete →Abingdon neu mit →Æthelwold als Abt und machte dem hl. →Dunstan Schenkungen, ebenso bedachte er ihn reichlich in seinem Testament. Ein ebenso tatkräftiger Herrscher wie die meisten aus seiner Familie, starb er ebenso wie diese früh. C. P. Wormald

Q.: EHD I, 1, 107, 235 – *Lit.*: Stenton[3], 360ff. – A. Campbell, Two Notes on the Norse Kingdom of Northumbria, EHR 57, 1942, 85ff. – A. P. Smyth, Scandinavian York and Dublin II, 1979, 155ff.

Eadward → Eduard

Eadwig, Kg. v. England 955–957, Kg. v. →Wessex 957–959, † 959; Sohn von Kg. →Edmund; Bruder: →Edgar. Seine kurze Regierung steht in schlechtem Ruf, erstens wegen der Verbannung des hl. →Dunstan, angebl. nach einem Streit bei seinen Krönungsfeierlichkeiten, bei denen E. mit seiner Gemahlin Ælfgifu getändelt hatte (von der er sich später wegen Blutsverwandtschaft trennte), und zweitens, weil sich →Mercien und →Northumbrien von ihm losgesagt hatten und seinen Bruder Edgar anerkannten. Der wahre Grund für die Streitigkeiten zw. E. und dem hl. Dunstan dürfte indes das Testament →Eadreds gewesen sein, das den Heiligen bevorteilt hatte, ebenso wie die Großmutter E.s, Eadgifu, die auch unter E. zu leiden hatte. Die Teilung Englands zw. E. und Edgar 957 scheint friedlich verlaufen zu sein: E.s Münzen waren in Edgars Herrschaftsbereich im Umlauf. 956 stellte E. eine große Zahl von Urkunden aus, von denen die meisten die Enteignung von Laien zugunsten von anderen Leuten betrafen, was auf die Rücksichtslosigkeit hinweist, mit der E. und seine Familie versuchten, ihre Position durch die Schaffung einer Gefolgschaft zu stärken. Die Feinde, die er sich auf diese Weise machte, unternahmen den Versuch, mit Hilfe des Unmuts im Norden gegen die westsächs. Herrschaft seine Macht einzuschränken. C. P. Wormald

Q.: EHD I, 1, 234, 238 – P. SAWYER, Anglo-Saxon Charters, 1968, Nr. 1211 – *Lit.*: STENTON³, 364ff. – S. D. KEYNES, The Diplomas of King Aethelred 'the Unready', 1980, 48ff.

Ealdorman (*aldorman*), Titel des wichtigsten weltl. Amtsträgers der ags. Kg.e in England. Die E. waren ursprgl. für jeweils einen Amtsbezirk (*scir*, →*shire*) zuständig; sie treten in den Gesetzen →Ines v. Wessex (688/694) auf, nicht aber in den früheren kentischen Gesetzen (597/616), wohl weil Kent selbst von der Größe her einem westsächs. Grafschaftsbezirk entsprach. Für 'E.' gab es mehrere lat. Entsprechungen, die aber stets eine weitergehende Bedeutung als der engl. Begriff hatten: So bezeichnete 'comes' in älteren Urkunden den E., aber auch den *gesith*, und entsprach darüber hinaus auch dem 'minister'. Die Bezeichnung 'praefectus', die in westsächs. Urkunden des 8. Jh. und in Bedas »Hist. eccl.« für den E. verwendet wird, konnte auch für untergeordnete Amtsträger Anwendung finden, während 'dux', das im 10. Jh. zum üblichen lat. Aequivalent wurde, in älteren Quellen 'reguli' und 'subreguli' (also ags. Kleinkönige) bezeichnete. Seit der Regierung →Knuts d. Gr. im frühen 11. Jh. trat der →*earl*-Titel an die Stelle des E.

Die E. hoben das →Aufgebot in ihrem Grafschaftsbezirk aus und befehligten es; in dieser Funktion sind sie vielfach während der Dänenfeldzüge des 9. Jh. bezeugt. Im 10. Jh. saß der E. – gemeinsam mit dem Bf. – der zweimal jährlich tagenden Gerichtsversammlung (*scîr-gemôt*) vor; seine Aufgabe war die weltl. Rechtsprechung sowie die Bekanntmachung und Durchsetzung kgl. Rechts. Die kgl. →*writs* waren im 11. Jh. an Bf.e und E. adressiert. Aus westsächs. Gesetzen ergibt sich, daß die E. für den Gewahrsam von Dieben verantwortl. waren und auch als Schiedsrichter bei Streitfällen angerufen werden konnten. Urkunden des 10. Jh. zeigen, daß E. die Ländereien von Dieben konfiszierten und die Urteile von städt. Richtern (*town reeves*) kassierten. Aus den Gesetzen →Alfreds d. Gr. geht hervor, daß ein Mann, der in einen anderen Grafschaftsbezirk ziehen wollte, die vorherige Erlaubnis des E. benötigte.

Das Anrecht des E. auf ein Drittel der Gerichtsgefälle in einem Grafschaftsbezirk ist erstmals im 11. Jh. bezeugt, aber wahrscheinl. älter. Bereits im 9. Jh. erhielt der E. wohl einen Anteil an den Bußen, und die Buße, die ein E. bei Friedensbruch zahlte, hatte die gleiche Höhe wie diejenige eines Bf.s. Es gibt Hinweise, daß E. offizielle »Dienstgüter« in Besitz hatten; zweifellos schuldeten die Landbesitzer ihnen Dienstleistungen, so die →Gastung, worauf Befreiungsurkunden von der Gastungspflicht hindeuten.

Die Ernennung oder Anerkennung von E. wurde vom Kg. vorgenommen. Zwar war das Amt an sich nicht erblich, doch tendierte es zur Erblichkeit; im 10. Jh. gehörten die E. einem Kreis von Geschlechtern an, die der Königsfamilie nahestanden. In der früheren Zeit waren einige E. selbst Mitglieder kgl. Familien, während andere aus früheren Kleinkönigsfamilien stammten, deren Herrschaftsgebiete von den größeren Kg.en aufgesogen worden waren; so hatten etwa die Kg.e v. →Mercien die Mitglieder der südsächs. Königsdynastie zu duces herabgedrückt. Im 10. Jh. verfügten viele E. über mehrere Grafschaftsbezirke, und es bildeten sich große *Ealdormanries* heraus, die die Earldoms der Zeit Knuts d. Gr. vorwegnahmen. Diese Entwicklung begünstigte den Aufstieg des untergeordneten Amtes des →*reeve* (*gerefa*) und führte zur Herausbildung der Institution des →*sheriff* (*scir-gerefa*). →Angelsächsisches Recht. P. H. Sawyer

Lit.: EHD² I, 61–65 [Q., Lit.] – H. M. CHADWICK, Stud. on Anglo-Saxon Institutions, 1905 – C. R. HART, Athelstan 'Half-King' and his Family (Anglo Saxon England 2, 1973), 115–144 – B. LYON, A Constitutional and Legal Hist. of Medieval England, 1980², 62f.

Eale, ein wildes Tier, das zuerst Plinius (n. h. 8, 73) offenbar für das innere Afrika (Äthiopien) erwähnt. Die Kennzeichen Flußpferdgröße, Elefantenschwanz, schwarze oder braungelbe Färbung sowie Kinnladen eines Ebers ließen schon Cuvier (vgl. LEITNER) an das Spitzmaulnashorn (Diceros bicornis) denken. Es fällt aber schwer, hinter der fabulösen Geschichte vom (wegen der Abnutzung) abwechselnden Gebrauch der beiden ellenlangen und nach allen Seiten bewegl. Hörner einen konkreten Hinweis auf die unterschiedl. Hornlänge zu erblicken. Diese zum Kontext passende Beschreibung des Plinius wird seit Solin (52, 35) weiter ausgeschmückt. So wird ihm vielleicht zur Kompensation der angebl. Pferdeähnlichkeit die für das Flußpferd typ. Vorliebe für das Baden zugeschrieben. Wie andere Fabeltiere wird es entweder ohne Ortsangabe erwähnt (z. B. bei Thomas v. Cantimpré 4, 36 = Albertus Magnus 22, 95 = Vinc. 19, 37, Hugo 3, 10 vgl. McCULLOCH, 190–192) oder nach Indien (u. a. bei Solin und Honorius 1, 13) bzw. Palästina (Jakob v. Vitry, cap. 88) versetzt. Poetische Beschreibungen finden sich bei Ps.-Ovid (11. Jh., v. 87–89) und im Lehrgedicht »De monstris Indie« (12. Jh., v. 56–65). Ch. Hünemörder

Q.: Albertus Magnus, De animalibus, ed. H. STADLER, II, 1920, (BGPhMA 16) – Honorius Augustodunensis, De imagine mundi, MPL 172 – Hugo de Folieto, De bestiis et aliis rebus, MPL 177 – Jacobus de Vitriaco, Historia orientalis et occidentalis, ed. F. MOSCHUS, 1597 – Solinus, Collectanea rerum memorabilium, ed. TH. MOMMSEN, 1895² [Neudr. 1958] – Thomas Cantimpratensis, Liber de natura rerum, T. 1: Text, ed. H. BOESE, 1973 – Vincentius Bellovacensis, Speculum naturale, 1624 [Neudr. 1964] – Ovidius de mirabilibus mundi, ed. M. R. JAMES (Essays and Stud. presented to W. Ridgeway, 1913), 286–298 – Das Lehrgedicht »De monstris Indie«, ed. C. HÜNEMÖRDER, RhM, NF 119, 1976, 267–284 – *Lit.*: F. McCULLOCH, Mediaeval Latin and French Bestiaries, 1960 (Univ. of North Carolina, Stud. in the Romance Languages and Lit. 33) – H. LEITNER, Zoolog. Terminologie beim Älteren Plinius, 1972.

Eanes, Gil, adliger ptg. Seefahrer, ca. 1. Hälfte 15. Jh., umschiffte 1434 im Auftrag →Heinrichs des Seefahrers als erster Europäer das berühmt-berüchtigte Kap Bojador an der afrikan. Nordwestküste nach zahlreichen fehlgeschlagenen Versuchen. In den folgenden 10 Jahren begegnet E. noch vereinzelt in der ptg. Westafrikaschiffahrt. Die Umschiffung des gen. Kaps bedeutete die Durchbrechung einer wichtigen psycholog. Barriere in den ptg. Entdeckungsfahrten, galt das Kap doch den Zeitgenossen als südlichster Punkt bis zu dem Schiffahrt möglich war, da widrige Winde und Strömungen und die unwirtl. Küstenzonen eine Rückkehr von jenseits Kap Bojador angeblich unmöglich machten. H. Pietschmann

Q.: Azurara (oder: Gomes Eanes de Zurara), Crónica do descobrimento e conquista da Guiné, ed. VISCONDE DE SANTARÉM, 1841 (engl.: The Chronicle of the Discovery and Conquest of Guinea, English version by CH. R. BEAZLEY-E. PRESTAGE, 2 Bde [The Hakluyt Society, Old Series 95, 100, 1896, 1899]) – *Lit.*: J. CORTESÃO, Descobrimentos portugueses, 2 Bde, 1960–62 – G. HAMANN, Der Eintritt der südl. Hemisphäre in die europ. Gesch. (SAW phil.-hist. Kl. 260), 1968, 49, 51, 52, 270 – B. W. DIFFIE-G. D. WINIUS, Foundations of the Portuguese Empire, 1415–1580, 1977.

Earl, Earldom
I. England – II. Schottland.

I. ENGLAND: E., bedeutender Adelstitel in England. Das Wort *eorl* wurde zuerst in Gesetzen aus Kent aus dem 7. Jh. gebraucht, um einen Adligen von einem gewöhnl. Freien (*ceorl*) zu unterscheiden. Der entsprechende Terminus in westsächs. Gesetzen von Kg. →Ine aus dem 7. Jh. und dann allgemein im 8. Jh. war *gesith* (lat. →comes). In lit. Werken (so z. B. im →Beowulf) war *eorl* gebräuchl. für einen ranghöheren Mann, bes. für Krieger oder Helden. Im 9. Jh. wurde das Wort als Bezeichnung für einige dän. Gefolgschaftsführer benutzt, die wahrscheinl. im Dän. →*jarl* genannt wurden. Diese wurden von Kg.en unterschieden, wie es die Ags. →Chronik s. a. 871 eindeutig bezeugt (Schilderung der Teilung des dän. Heeres in zwei Abteilungen, die des Kg.s und die des E.: *eorla getruman*; Bericht über den Tod von neun *earlas* und eines Kg.s). Der Titel bezeichnete im 10. Jh. die Führer dän. Kampfverbände, die sich in England niederließen, so z. B. E. Thurcetel v. Bedford und E. Thurferth v. Northampton (Ags. Chronik s. a. 915, 917). Einige Urkunden des 10. Jh., die die Midlands und den Norden betreffen, wurden sowohl von Ealdormen als auch von E.s unterzeichnet, wobei die E.s, welche skand. Namen führen, wohl die zum →Danelaw gehörigen Amtsbezirke befehligten. Eorl wurde später anstelle von →*Ealdorman* gebraucht. So berichtet die Ags. Chronik D. s. a. 966 von der Ernennung →Oslacs zum Ealdordom v. Northumbria, aber anläßlich seiner Verbannung um 975 wird er als Eorl bezeichnet. Während der Regierungszeit →Knuts d. Gr. wurde dieser Wechsel in der Bezeichnung üblich. In Zusammenhang mit der Verbannung des Ealdorman Æthelweard 1020 wird dieser Titel zum letzten Mal in der Ags. Chronik gebraucht, abgesehen von einem zurückblickenden Hinweis (s. a. 1035 E) auf den Ealdorman Ælfhelm († 1006). Wie zahlreiche Ealdormen des 10. Jh. verwalteten auch die E.s im Zeitraum zw. Knuts Regierung und der norm. Eroberung mehrere Gft.en (→*shires*). Nach dem Tod →Eduards d. Bekenners gab es nur sieben E.s, unter ihnen Harold v. Wessex (→Harald, Kg.), Edwin v. Mercia und →Morcar v. Northumbria. Alle diese E.s waren bis 1075 entweder getötet oder aus ihren Earldoms verdrängt worden. Um 1068 hatte →Wilhelm d. Eroberer einen E. of East Anglia ernannt, aber i. J. 1075 wurde dessen Sohn das Amt entzogen. Wilhelms andere Earldoms waren alle mit einzelnen Gft.en verbunden, an der Küste oder entlang der Grenzen zu Wales und Schottland, z. B. →Kent, →Sussex, →Hereford, →Shrewsbury, →Chester und →Northumberland. Offenbar sollte dies die Verteidigung Englands stärken, aber einige trugen auch zur Konsolidierung der norm. Macht in den Grenzgebieten bei. Sehr wenige neue Earldoms wurden vor dem Regierungsantritt Kg. →Stephans v. Blois (1135) geschaffen. Es gab damals nur sieben engl. Earldoms – wobei →Huntingdon und →Northampton als ein Earldom gezählt werden, da beide in der Hand einer Person, →Davids I., Kg.s v. Schottland, waren. Viele Earldoms wurden während des Bürgerkriegs zw. Kg. Stephan und Kgn. →Mathilde geschaffen; 1142 gab es 22 Earldoms, wobei neun vom Kg. und sechs von der Kgn. neu errichtet worden waren. Zw. 1154 und 1500 kann man nur 12 völlig neue Earldoms zählen, aber viele, die durch Einzug oder Fehlen von Erben erloschen waren, wurden neu kreiert, einige sogar mehrmals (so z. B. zw. 1337 und 1500 fünf der sieben Earls of Huntingon). Die dynast. Kämpfe im 15. Jh. führten dazu, daß viele Earldoms eingezogen und von Konkurrenten beansprucht wurden.

Im und nach dem 12. Jh. waren die Earldoms erblich, wobei zumeist die allgemeinen Regeln für die Vererbung von Landbesitz Anwendung fanden, manchmal allerdings bes. Beschränkungen auferlegt wurden. Ein neuer E. wurde mit dem Schwert seiner Gft. umgürtet, aber nach 1272 fand diese Zeremonie nur noch statt, wenn ein neues Earldom kreiert wurde. Wenn ein Earldom an mehrere Miterben überging, konnte es als ztw. erledigt gelten, doch konnten auch andere Nachfolgeregelungen getroffen werden. So wurden z. B. nach dem Tod von Humphrey X. de →Bohun (1373) seine beiden Earldoms v. Essex und Hereford geteilt zw. den Ehemännern seiner beiden Töchter, →Thomas v. Woodstock und →Heinrich (IV.) Bolingbroke, also dem Sohn und dem Enkel von Kg. →Eduard III. Durch solche Heiraten sowie durch Neueinrichtungen gingen viele Earldoms in den Besitz von Mitgliedern des Königshauses über.

E.s besaßen üblicherweise größeren Landbesitz in ihren Gft.en, aber der E.-Titel verlieh ihnen wenig mehr als den Titel und den Rang. Während der unsicheren Verhältnisse unter Kg. Stephans Regierung konnten viele E.s ihre Machtstellung ausbauen, die aber durch Kg. →Heinrich II. eingeschränkt wurde. Die administrativen Aufgaben der E.s vor der norm. Eroberung waren um 1100 an die vom Kg. ernannten →*sheriffs* übergegangen; aber die E.s of Hereford, Shropshire und Cheshire übten faktisch die Regalienrechte in ihren Gft.en aus. Um 1175 hatte nur ein solches »pfalzgfl.« Earldom überlebt, nämlich →Chester. Ein E. hatte natürl. als ein bedeutender Landbesitzer einen großen Einfluß, und häufig übte er auch die Tätigkeit eines Justitiars (→*justiciar*) oder sogar eines sheriff aus. Er hatte auch häufig, aber nicht immer, das Recht auf den dritten Pfennig bei den →*pleas* der Gerichtsversammlung (*shire court*).

P. H. Sawyer

Lit.: H. M. CHADWICK, Stud. on Anglo-Saxon Institutions, 1905, 161–197 – F. M. STENTON, The First Century of English Feudalism 1066–1166, 1932, 225–232 – F. M. POWICKE – E. B. FRYDE, Handbook of British Chronology, 1961², 413–456 – J. LE PATOUREL, The Norman Colonization of Britain (I Normanni e la loro espansione in Europa nell'alto medioevo, Sett. cent. it. XVI, 1969), 409–438.

II. SCHOTTLAND: Der Titel des E. war der wichtigste Adelstitel der →Nobility in Schottland bis 1398 und wurde im 12. Jh. in den me. Wortschatz Schottlands übernommen; wie in England, so bildeten auch in Schottland 'comes' und *comte* die lat. bzw. frz. Entsprechung. Die Bezeichnung 'E.' war dem großen Adligen, der im pikt., seit 840 schott. Kgr. einer Provinz vorstand, vorbehalten. Derartige »Provinzmagnaten« waren für das Kgr. in der Zeit von ca. 800 bis zur Mitte des 14. Jh. charakteristisch, doch liegen ihre Ursprünge wohl in weit älterer Zeit. Die ir. oder gäl. Bezeichnung für diese Magnaten war *mormaer* ('großer Verwalter', 'Seneschall'), ein Begriff, der nicht in bezug auf die Provinzialkg.e in →Irland auftritt und daher wohl als gäl. Adaptation eines (nicht überlieferten) pikt. Begriffes anzusehen ist. So wurde wohl nur das Wort 'E.', nicht aber die Institution übernommen; die Übernahme erfolgte über das Engl., parallel dazu wohl auch direkt aus dem Altnordischen. Es gab im pikt.-schott. Kgr. ungefähr 14–15 Provinzen, die bedeutend genug waren, um in der Zeit vor dem 14. Jh. von mormaers oder E.s regiert zu werden: →Orkney (einschl. Shetland), seit ca. 800 unter norw. Herrschaft; →Caithness (ursprgl. einschließl. →Sutherland, das seit 1240 ein eigenes Earldom bildete); →Ross; Moray (1130–1312 im Kronbesitz); Buchan; →Mar; Mearns (um 1100 aufgehoben); Angus; Gowrie (vor dem 16. Jh. im Kronbesitz); Atholl; →Strathearn; Menteith; →Lennox; →Fife. Alle diese Provinzen lagen nördl. der Forth-Clyde-Linie, doch wurden im 12. Jh. auch im südl. Schottland zwei Earldoms begründet, →Dunbar und →Carrick.

Die schott. E.s hatten in mehreren Bereichen eine königgleiche Stellung. Sie übten die Hochgerichtsbarkeit (*haute justice*) aus und richteten über alle Fälle, außer Hochverrat (→*treason*); sie hatten das Aufgebotsrecht für die common army in ihrer Provinz; sie waren nicht verpflichtet, ihr Earldom als Militärlehen zu halten; sie durften eigene Baronien schaffen; ihre Earldoms unterlagen nicht der Erbteilung, sondern wurden – anders als die engl. Earldoms – ungeteilt von Generation zu Generation vererbt. Auch Frauen konnten ein Earldom erben, doch wurde in diesem Fall der E.-Titel üblicherweise vom Ehemann jure uxoris geführt. Der E. of →Fife galt als vornehmster unter den E.s; er genoß das einzigartige Privileg, den neuen Kg. der Schotten anläßlich seiner Einweisung auf den Stone of Destiny in →Scone zu setzen. – Ab 1357 (→Douglas) wurden Earldoms eines anderen Typs, der von denjenigen der alten provinzialen Earldoms abwich, kreiert, deren Zahl nach 1600 anwuchs, so daß 1707 75 verschiedene Earldom-Titel in Schottland bestanden. G. W. S. Barrow

Lit.: A. A. M. Duncan, Scotland: the Making of the Kingdom, 1975, 164–168, 583–587 – A. Grant, Earls and Earldoms in Late Medieval Scotland (Essays M. Roberts, hg. J. Bossy–P. Jupp, 1976).

Earl Marshal, seit 1386 erbl. Titel für das engl. →Hofamt des →*marshal* (Marschall), der unter den norm. Kg. en dem →*constable* unterstand; das Amt des marshal wurde bald erblich, war seit 1194 im Besitz der Earls v. →Pembroke und ging 1246 auf Roger →Bigod, Earl v. →Norfolk, über. In der Folgezeit war es üblicherweise mit dem Earldom, später mit dem Hzm. v. Norfolk verbunden. Da die Earls auf Dauer im Besitz des Amtes blieben, erhielt es die Benennung 'earl marshal', seit 1386 dann ein erbl. Titel. – Der E. M. war verantwortl. für den Rechtsvollzug im Bereich des kgl. Hofhalts und stand deshalb auch dem Court of Marshalsea vor. Bei Kriegszügen des Kg.s war er zusammen mit dem constable als Vertreter des Kg.s für die Aufrechterhaltung der Disziplin und die Schlichtung von Streitigkeiten im Heer zuständig; der E. M. war auch an der Jurisdiktion des Gerichtshofs des constable bei Delikten beteiligt, die das Recht des Heers betrafen. Aus dieser Jurisdiktionsgewalt resultierte die enge Verbindung des E. M. mit der Entwicklung der Heraldik und des späteren College of Arms (vgl. →Heraldik). Das Amt hatte im 13. Jh. seine größte Bedeutung, als der constable und der E. M. als die ranghöheren militär. Persönlichkeiten im Land das Recht forderten, die Belange der →Nobility gegenüber dem Kg. zu vertreten, bes. bei der Auseinandersetzung mit →Eduard I. von 1297, als es um die Lösung militär. Fragen ging. Nach dem Erlöschen der Erblichkeit des Amtes von 1338–86 verlor es diese konstitutionelle Bedeutung, aber seine Erneuerung bedeutete für die →Mowbray, Hzg.e v. Norfolk, sowohl einen Prestigezuwachs, als auch einen finanziellen Gewinn. Sie behielten das Amt um 1386–1476. R. Virgoe

Lit.: Peerage IX, X, s. v. – J. H. Round, The Commune of London, 1899, 302.

Early English → Gotik

Easáin → Esáin

East-Anglia → Ostanglia

Eaux et Forêts, kgl. frz. Behörde. Die Bedeutung der →Forsten und Binnengewässer für die ma. Wirtschaft führte schon in der Frühzeit der kapet. Monarchie zur Entstehung einer eigenen Forstverwaltung. Kgl. Forsthüter (*gruyers* in der Francia, *verdiers* in der Normandie, *gardes* oder *forestiers* im Languedoc) übten für den Kg. die domanialen Rechte in den Forsten aus. Sie beaufsichtigten die Forst- und Gewässernutzung, auch in denjenigen Forstgebieten, die den ländl. Gemeinden zur Gewinnung von Holz und Waldprodukten, zur Weide und zur Jagd überlassen worden waren, sie führten die Holzversteigerungen durch und richteten in erster Instanz über alle Arten von Forstfrevel. Diesen kgl. Forstbeamten unterstanden zahlreiche Gehilfen und Knechte: u. a. *garenniers* (zur Aufsicht über die Wildgehege), *louvetiers* (für die Wolfsjagd), *goupilleurs* (für die Fuchsjagd), *bigres* (Zeidler). Am Ende des 13. Jh. ist in den Quellen eine zentrale Gerichts- und Verwaltungsbehörde der E. et F. belegt, die aber damals wohl schon ein Jahrhundert bestand. Vier oder fünf *maîtres des E. et F.* waren ursprgl. mit der Untersuchungs- und Kontrolltätigkeit befaßt. Mit ihrer Einsetzung verknüpfte das Kgtm. offenbar reformer. Zielsetzungen; sie heißen in den Quellen manchmal *maîtres et enquêteurs* oder *généraux réformateurs* (s. a. →*enquêteurs*). Diese kgl. Beamten beaufsichtigten als Verwaltungsfachleute die Durchführung der kgl. →Ordonnances sowie die Nutzung und Instandhaltung der Forsten und Teiche in der Krondomäne. Als Finanzbeauftragte empfingen und prüften sie die Abrechnungen der *gruyers*. Als Richter hielten sie ihre Sitzungen im Königspalast am kgl. Gerichtshof der *Table de marbre* ab; seit dem Ende des 14. Jh. tagten sie dann in der →*Conciergerie du Palais*. Um die Mitte des 14. Jh. erscheinen – bedingt durch das Bestreben, geograph. gegliederte Zuständigkeitsbereiche zu schaffen – vier oder fünf Verwaltungssprengel der E. et F. Etwa gleichzeitig erfolgte eine Stärkung der Position der *maîtres des E. et F.*: Die Ordonnance von 1346 entzog den regionalen Kronbeamten, den →Baillis und →Seneschällen, jedwede Kompetenz in Forstfragen. Die Beamten der E. et F. rekrutierten sich aus dem Adel, der sorgsam darauf bedacht war, auch unter kgl. Oberhoheit seine Nutzungsrechte an den Forsten zu bewahren. Im späten 14. Jh. wurde dann, wohl infolge der Verschlechterung der ökolog. und wirtschaftl. Bedingungen, eine regelrechte Forstpolitik eingeleitet, die auf eine Erhaltung der Forsten nicht nur in der Krondomäne, sondern im gesamten Kgr. abzielte. Wichtige Etappen auf diesem Wege waren: die Einrichtung einer obersten Forstbehörde (*souveraine maîtrise des E. et F.*), der ein großer Baron oder Fs. vorstand und deren Gerichtsbarkeit sich auf das gesamte Kgr. (mit Sonderstellung des Zuständigkeitsbereiches des →*Echiquier de Normandie*) erstreckte; die Ordonnance von 1375 und diejenige von 1397, die die Jagd den Adligen vorbehielt. Die Behörde der E. et F. wurde so von einem Amt der kgl. Domänenverwaltung allmählich zu einer Institution der staatl. Gewalt. F. Autrand

Lit.: E. Deck, L'administration des E. et F. dans le domaine royal en France aux XIVe et XVe s., BEC 83, 1922, 65–110, 331–361; 84, 1923, 92–115 – F. Lot–R. Fawtier, Hist. des institutions françaises au MA, 2: Les institutions royales, 1958 – M. Devèze, La vie de la forêt française au XVIe s., 2 Bde, 1961 – H. Rubner, Unters. zur Forstverfassung des ma. Frankreich, 1964 – M. Rey, Le domaine du roi et les finances extraordinaires sous Charles VI (1388–1413), 1965.

Eauze, kleine Stadt in SW-Frankreich (dép. Gers), lat. Elusa, alte Civitas der aquitan. Elusates und bis ins 9. Jh. Bischofssitz und Metropole der Novempopulana (→Aquitanien). Das Christentum hielt hier mit einem hl. Lupercus im 3. Jh. seinen Einzug; der erste bekannte Bf. war Mamertinus, der 314 am Konzil v. Agde teilnahm. Die Diöz. umfaßte in ihrem ursprgl. Umfang die Gebiete, die später – innerhalb des Bm.s Auch – die drei Archidiakonate Eauzan, Armagnac und Sos bilden sollten. In der

Frühzeit hing ein Teil der Bevölkerung des Bm.s E. dem →Priscillianismus an. Im 6. und 7. Jh. präsentiert sich die Bischofsliste mit einer gewissen Kontinuität: Clarus nahm als Metropolitan am Konzil v. Agde (506) teil; sein Nachfolger Leontius am Konzil v. Orléans (511). Doch führten die merow. Reichsteilungen und das Vordringen der Vaskonen zu Störungen der kirchl. Organisation; Kg. →Chlothar II. verbannte den Bf. Palladius und seinen Sohn Sidocus wegen Unterstützung des vaskon.-aquitan. Aufstandes. Als letzter namentl. bekannter Bf. v. E. ist Scupilio (Konzil v. Granon, 673/675) belegt. Für die Periode zw. 680 und dem 1. Viertel des 10. Jh. fehlen über E. und seine Kirche jegliche Nachrichten. Nach einer möglichen norm. Zerstörung verlor E. seine Metropolitanstellung unter Karl d. K. an →Auch; 879 tituliert Papst Johannes VIII. in einem in Troyes ausgestellten Brief den Bf. v. Auch, Airardus, als Ebf. Auch das Diözesangebiet von E. wurde in dasjenige von Auch einverleibt.

Der Wiederaufstieg der kleinen Stadt E. erfolgte nach 980 um ein Priorat, das der Gf. v. →Fézensac, Bernardus Odo, gegr. hatte und das 1088 →Cluny unterstellt wurde. Am Platz der alten Civitas (*Cieutat*) entstand eine Kirche Notre-Dame. Die dem hl. Lupercus (St-Loubert) geweihte Pfarrkirche wurde 1463, nach dem Hundertjährigen Krieg, durch den Prior Jean Marre, den nachmaligen Bf. v. →Condom, neuerrichtet. Ch. Higounet

Lit.: DHGE XIV, 1266–1268 – GChr I, 965–970 – Kl. Pauly, II, 253 – RE V, 2, 245f. – Dom Brugèles, Chroniques ecclésiastiques du dioc. d'Auch, 1756 – Duchesne, FE II, 89–95 – E. Houth, E. (F. Lot, Recherches sur la population et la superficie des cités remontant à la période gallo-romaine, III: La Novempopulanie, 1953).

Ebalus. 1. E. (Ebolus), Erzkanzler Kg. →Odos, † 2. Okt. 892, war ein Sohn des Gf.en Ramnulf (I.) v. Poitou und ein Neffe des Kanzlers Ludwig († 867) sowie des Bf.s →Gauzlin v. Paris († 886). Er war Abt v. St-Germain-des-Pres, St-Denis, Jumièges und St-Hilaire-de-Poitiers. Bei der Belagerung von Paris durch die Normannen (885/886) wirkte er neben Gf. Odo, dem späteren Kg., und Bf. Gauzlin als herausragender Verteidiger der Stadt. In dem Gedicht über die Belagerung rühmt ihn →Abbo v. St-Germain wiederholt als »fortissimus abba« und »Mavortius abba«, als »martialischen Abt« und »Liebling des Mars«, spricht aber auch von seiner umfassenden Eignung und seiner Bildung. Im Amt des →Erzkanzlers ist E. nachweisbar bis Juli 891. Als Kg. Odo nach dem Tod von E'. Bruder Ramnulf (II., † 890) die Nachfolge von dessen Sohn Ebalus »Manzer« im Poitou verhinderte, begab sich E. nach Aquitanien, um dort mit seinem Bruder Gauzbert den Widerstand gegen den Kg. zu organisieren, starb aber bald danach. O. G. Oexle

Q.: Abbon, Le siège de Paris par les Normands I, 68, 244; II, 436ff., ed. H. Waquet, 1942 (CHF 20), 20, 34, 98 – *Lit.*: L. Auzias, L'Aquitaine carolingienne (778–987), 1937, 440ff. – Recueil des actes d'Etudes roi de France (888–898), hg. R.-H. Bautier, 1967, XXIff., 74f.

2. E. »Manzer« ('Bastard'), Gf. v. →Poitou, † 934/935, war ein Sohn des Gf.en Ramnulf (II.) v. Poitou († 890) und ein Neffe des Erzkanzlers Ebalus, er stammte somit aus karol. Geschlecht. Die von seinem Vater ererbte Herrschaft verlor E. 892, errang sie aber 902 mit Hilfe Hzg. →Wilhelms d. Fr., seines Verwandten, wieder. Berühmt wurde er durch den Sieg über die Normannen bei →Chartres (911), den er mit Mgf. →Robert v. Neustrien und Hzg. →Richard v. Burgund erfocht. 927 gewann er der Auvergne. Durch seinen Sohn →Wilhelm (III., 'Tête d'Etoupe') ist er der Stammvater der späteren Hzg.e von →Aquitanien. O. G. Oexle

Lit.: L. Auzias, L'Aquitaine carolingienne (778–987), 1937, 461ff. – K. F. Werner, Die Nachkommen Karls d. Gr. bis um das Jahr 1000 (Braunfels, KdG IV), 455 Nr. 17 und 459 Nr. 21 – W. Kienast, Der Herzogstitel in Frankreich und Dtl., 1968, 180ff., Stammtafel 176f. – K. F. Werner, Hist. de France, I: Les origines, 1984, 442f., 460.

Ebbo v. Worms, 1016 als Domschulmeister, 1044 als Domcustos unter Bf. →Azecho urkundl. bezeugt; sein Anteil an der Älteren Wormser Briefsammlung ist von dem eines jüngeren Ebo, seines Nachfolgers im Schulamt, kaum zu unterscheiden. Die Briefsammlung gewährt Einblick in den Betrieb der Domschule in der 1. Hälfte des 11. Jh. (Studium antiker Autoren und der Artes, Stilisierung der Briefe und dictamina). E. war (vgl. Brief 15) in den hitzig geführten Streit um Vorrang zw. der Wormser und Würzburger Domschule verwickelt, in dem den Wormsern in der Gegenschrift der Würzburger (Tegernseer Briefsammlung Nr. XLIII, ed. K. Strecker, MGH Epp. sel. III, 1925, 125 als Anhang bei Bulst) ihre Liebe zur antiken Mythologie angelastet wird. – Zugeschrieben wird E. vielfach die auch vom Wormser Schulleben berichtende vita →Burchardi, die allerdings – obwohl Plagiate in der Schule gerügt werden (vgl. Brief 36) – die Schrift de diversitate temporum des →Albert (13. A. [Alpertus]) v. Metz ausschreibt. E. Rauner

Ed.: Die Ältere Wormser Briefsammlung, ed. W. Bulst, MGH Epp. DK III, 1949 – *Lit.*: Verf.-Lex.² II, 251–253 – Wattenbach-Schmale, 212, 216, 425, *132f. – Manitius 2, 299–304.

Ebenbild Gottes
I. AT und NT – II. Patristische und mittelalterliche Theologie.

I. AT und NT: Die metaphor. Bedeutung von εἰκών ('Bild') meint das Abbild, das Ebenbild. Dabei lassen sich im NT drei Vorstellungskreise unterscheiden: a) der Mensch als E. Gottes; b) Christus als E. Gottes; c) die Gläubigen in ihrem Verhältnis zum E. Christi.

ad a) 1 Kor 11,7 knüpft an Gen 1,26f. an; doch bleibt die Ebenbildlichkeit auf den Mann beschränkt, ihr Fehlen bei der Frau korrespondiert mit deren mangelnder Unmittelbarkeit zu Christus. Auch Kol 3,10 nimmt auf Gen 1,26f. Bezug, um auf die ständige Erneuerung des Menschen hinzuweisen.

ad b) V. a. ist Christus E. Gottes (2 Kor 4,4: im Evangelium erstrahlt die Doxa Gottes, vgl. Kol 1,15). Denn: wer Christus sieht, sieht Gott (vgl. Joh 14,9).

ad c) In der Gemeinschaft mit Christus wird auch der Gläubige E. Gottes (Röm 8,29); das E. Christi tragen meint nach 1 Kor 15,48f. das E. des Adam hinter sich gelassen (wie ein Gewand ausgezogen) haben (vgl. Kol 3,9f.). Die einst preisgegebene Bestimmung zur Ebenbildlichkeit kommt in Christus zur Erfüllung. Dies kann gegenwärtiges (2 Kor 3,18; Kol 3,10), aber auch endzeitl. Ereignis sein (1 Kor 15,49; vgl. Phil 3,21). Für die Wiederherstellung der verlorenen Ebenbildlichkeit gilt, »daß sie jetzt schon ist und daß sie dennoch erst sein wird, daß sie gleichzeitig Haben und Nochnichthaben... ist« (G. Kittel, Theol. Wb. zum NT II, 396). A. Sand

II. Patristische und mittelalterliche Theologie: Im typolog. Schriftverständnis der atl. und ntl. Aussagen über den Menschen als E.G. erblickten die patrist. Theologen in der Ursprungseinheit des Menschen in Adam und in der geschlechtl. Differenzierung von Mann und Frau eine abgestufte Gottebenbildlichkeit des Menschen. Der →Ambrosiaster spricht in der Auslegung von 1 Kor 11,7 (CSEL 81. II, 121f.) der Frau die kreatianische Gottebenbildlichkeit ab und läßt sie nach Kol 3,11 (ebd. 196f.) nur an der in Christus erneuerten Ebenbildlichkeit partizipieren. →Clemens v. Alexandria († vor 215), Paidagogos I c. 4, 10f. und Stromateis II c. 19, 102; c. 22, 131f. (SChr. 70, 128; 38, 113) verstand zutreffend Gen 1,26 Adam = Mensch in der Mann und Frau umgreifenden Bedeutung und erblickte das E.-Sein im geistigen und sittl. Leben des Menschen. Die Idee einer geschlechtl. differenzierten Gottebenbildlichkeit des Menschen schlägt gelegentl. auch in der Genesisauslegung Augustins durch, aber er ist bemüht, die Ursprungseinheit des Menschen in der ursprgl. Zuordnung von Mann und Frau unbeschadet der in der menschl. Geistigkeit gegebenen gleichen Gottebenbildlichkeit von Mann und Frau zu erklären. Stand und Geschlecht sind kein gültiger Maßstab für ein unterschiedl. Verständnis des menschl. Gottebenbildseins. Die trinitar. Struktur des menschl. Intellekts – memoria, intelligentia, voluntas (Gedächtnis, Einsicht und Wollen) – spiegelt und repräsentiert das Geheimnis des dreieinen Gottes im Menschen (De Trinitate XII c. 7, 11f., c. 20, 39, CCL 50A 474–477, 516f.).

Die *angelsächs.* und *karol. Theologen* standen in der unausgeglichenen Tradition Augustins und des Ambrosiaster, der im 6. Jh. mit Ambrosius, im 9. Jh. auch mit Augustin identifiziert wurde. →Beda († 735), In Gen. I, (27) (CCL 118A, 28) nahm Augustins Lehre von der differenzierten Ursprungseinheit von Mann und Frau und der gottebenbildl. Geistnatur des Menschen auf. Bei →Haimo v. Auxerre († um 855), In Epist. I ad Cor. XI, (7) (MPL 117, 567f.) und auch bei →Hrabanus Maurus († 856), Enarratio in Epist. I ad Cor. XI, (7) (MPL 112, 100f.) kam wieder die »androzentrische« Gottebenbildlichkeit des Menschen zur Geltung. Zu Kol 3, 10f. (in Verbindung mit Gal. 3, 28) vertrat Hraban (ebd. MPL 112, 536) Augustins These von der gleichen Gottebenbildlichkeit von Mann und Frau aufgrund der geschöpfl. Geistnatur. Auch →Lanfranc v. Canterbury († um 1089), In Epist. ad I Cor. XL, ad Gal. III, ad Col. III (MPL 150, 191f., 328, 274) macht in der Gottebenbildlichkeit des Menschen das Privileg des Mannes geltend. Diese Idee eines »hierarchisierten« E. es im Menschen (K. E. BØRRESEN) ist heilsgeschichtl. (von der Adam-Christus-Typologie) begründet, war aber nicht ohne soziokulturelle Auswirkungen auf die Stellung der →Frau. Die beiden Traditionsströme sind auch in den Collectanea in Epist. I ad Cor. XI, (7) (MPL 191, 1630f.) des →Petrus Lombardus wirksam. Erst in der systemat.-scholast. Theologie verlor die Überlieferung des Ambrosiasters an Boden und Bedeutung. Magister →Gratianus hat sie allerdings in c. 13 C. 33 q. 5 (ed. FRIEDBERG, 1254) für das Kirchenrecht festgeschrieben: »... mulier non est facta ad imaginem Dei« (Ambrosiaster).

Die *frühschol. Theologie,* die den Gottesspruch in Gen 1, 26 als trinitar. Selbstoffenbarung Gottes verstand, sammelte zur sachl. Unterscheidung von »imago« und »similitudo« die vielfältigen Vätersentenzen und deutete die Gottähnlichkeit als bes. Weise des E. es in Heiligkeit und Gerechtigkeit. Nur →Abaelard († 1142), Theologia »Scholarium« I c. 9 (MPL 178, 991B) und einige seiner Schüler (Magister →Hermannus und →Roland) bezogen den Unterschied von »Bild und Ähnlichkeit« auf die Gottebenbildlichkeit von Mann und Frau und ließen den heilszeitl. Gradunterschied gelten. →Robert v. Melun schwenkte aber ganz auf die augustin. Linie ein. →Petrus Lombardus († 1160) hob im Sentenzenbuch (I d. 3 c. 3; II d. 16, ed. 1971, 74–76, 406–409) die schöpfungsgeschichtl. Gottebenbildlichkeit des Menschen scharf von der christolog. Gleichbildlichkeit des Sohnes mit dem Vater ab und verkürzte damit die Theologie der E. es. Seine Unterscheidung der naturalen Geistesgaben und gnadenhaften Tugendkräften Adams (ebd. II d. 25 c. 7, ed. 465) veranlaßte die frühschol. Theologen (u. a. →Alanus ab Insulis, →Simon v. Tournai, →Petrus von Poitiers und →Prae-positinus) nach dem Unterscheidenden der naturalen Gottebenbildlichkeit und der gratuitiven Gottähnlichkeit zu fragen. Sie gelangten so zur Erkenntnis der doppelten (nicht zweifachen) Mächtigkeit des Urstandes Adams in kreativer und gratuitiver Erwählung und interpretierten die Heilsgeschichte als solche der »imago creationis – recreationis – similitudinis«, der ursprgl., der durch Christus erneuerten und der endgültigen Ebenbildlichkeit.

In der *(hoch)scholastischen Theologie* und Spiritualität hat die bibl. Idee des E. es Gottes eine zweifache gültige Ausgestaltung erfahren: 1. Von →Johannes Eriugena († 877) über die Viktoriner und die neuplaton. Dominikanertheologen →Richard Fishacre († 1248), →Dietrich v. Freiberg († nach 1310), Meister →Eckhart († vor 1328), →Ulrich v. Straßburg († 1277) bis zu →Nikolaus v. Kues († 1464) und die Humanisten (Giannozo Manetti † 1459, Giovanni →Pico della Mirandola † 1494) läuft die ungebrochene Tradition der »Divinisierung« des menschl. Intellekts. Dieser ist, wie Albert, De intellectu et intelligibili II c. 9–10 (ed. BORGNET, IX 516–519) lehrt, »formalis« im bergendverbergenden Schatten des universalen Intellekts formbar, und darum auch »assimilativus et divinus« (ebd. 517). Auf dieser Höhe des Erkennend-Seins ist der gottebenbildl. Intellekt eins mit dem Erkannten in der All-Einigkeit des Erkennens und so »nobilis«. Vgl. Meister Eckhart, Vom edlen Menschen, ed. J. QUINT, 1979, 149. In der Renaissance des 15. Jh. bestimmte dieses Thema der »dignitas humana« ein lit. Genus (G. Pico della Mirandola, De dignitate hominis, lat.-dt., eingel. v. E. GARIN, 1968). Obgleich der bibl.-religiöse Kontext der Idee des E. es G. blasser und dürftiger wurde, bestimmte sie in säkularisierter Deutung das Bildungsideal der NZ (vgl. HWPH I, 921–937 »Bildung« (E. LICHTENSTEIN).

2. →Bonaventura († 1274) und →Thomas v. Aquin († 1274) verstanden die Gottebenbildlichkeit des Menschen nicht im Kontext der neuplaton. Identitätsphilosophie, sondern im Theorie- und Praxisbezug der ethischen und religiösen Perfektibilität des Menschen. Nach Thomas S. th. q. 93 a. 3 gründet das E. G. in der Geistnatur des Menschen. Der Aufschwung des Geistes und der Überschwang der freien Entscheidung, die immer schon erfüllt sind von der Dynamik des trinitar. Geistes, der ohne das personale Wort und die Liebe nicht einmal gedacht werden kann, können in der infralapsar. Ordnung nur mehr in der Gnade gut und gern vollzogen werden und in der Nachfolge Christi frei von Hindernissen verwirklicht werden.

L. Hödl

Lit.: DSAM VII, 1401–1472 – A. HOFFMANN, Erschaffung und Urstand des Menschen. Der Mensch als E.G., Dt. Thomasausg. 7, 1941 – D. SCARAMUZZI, L'imagine di Dio nell' uomo nell'ordine naturale secondo S. Bonaventura, 1942 – M. STANDAERT, La doctrine de l'image chez St. Bernard, Ephemerides Theol. Lovanienses 23, 1947, 70–129 – L. BERG, Die Gottebenbildlichkeit im Moralsubjekt nach Thomas v. Aquin, 1948 – H. HISLOP, Man, the image of the Trinity, according to St. Thomas, ThZ 6, 1950, 116–137 – R. HAUBST, Das Bild des Einen und Dreieinen Gottes in der Welt nach Nikolaus v. Kues, 1952 – S. DE BEAURECUEIL, L'homme image de Dieu selon s. Thomas d'Aquin, Etudes et Recherches 8, 1952, 45–82; 9, 1953, 37–96 – J. RÉZETTE, Grâce et similitude de Dieu chez s. Bonaventure, Ephemerides Theol. Lovanienses 32, 1956, 46–64 – J. E. SULLIVAN, The Image of God. The Doctrine of St. Augustine and its Influence, 1963 – ST. OTTO, Die Funktion des Bildbegriffs in der Theologie des 12. Jh., BGPhMA 40. 1, 1963 – R. A. MARKUS, »Imago« and »Similitudo« in Augustine, Etudes augustiniennes 10, 1964, 125–143 – G. MATHON, L'anthropologie chrétienne en Occident de s. Augustin à Jean Scot Erigène, 1964 – R. JAVELET, Image et ressemblance au douzième s. De s. Anselm à Alain de Lille, I–II, 1967 – Der Mensch als Bild Gottes, hg. L. SCHEFFCZYK, 1963 – L. STURLESE, Gottebenbildlichkeit und Beseelung des Himmels in den Quodlibeta Heinrichs v. Lybeck O.P., FZPhTh 24, 1977, 191–283 – D.

N. BELL, The Tripartied Soul and the Image of God in the Latin Tradition, RTh 47, 1980, 16–52 – K. E. BØRRESEN, Imago Dei privilège masculin? Interprétation augustinienne et pseudo-augustinienne de Gen 1,27 et 1Cor 11,7, Augustinianum 25, 1985, 213–234.

Ebendorfer, Thomas, Theologe und Historiker, * 10. Aug. 1388 in Haselbach (Niederösterreich), † 12. Jan. 1464 in Wien. E. gehörte der Univ. →Wien seit 1406 an, lehrte seit 1412 zuerst bei den Artisten, dann bei den Theologen, wurde 1428 zum Dr. theol. promoviert, war seit 1419 mehrmals Dekan der Artisten, seit 1428 auch der theol. Fakultät und seit 1423 mehrmals Rektor; seit 1420 Kleriker, wurde er 1427 Domherr in Wien und 1435 Pfarrer in Perchtoldsdorf bei Wien. Als Deputierter der Wiener Univ. weilte er 1432–35 am Konzil v. →Basel, war hier bes. mit der Hussitenfrage befaßt und an manchen Gesandtschaften beteiligt, wie 1433 nach Prag. Nach Wien heimgekehrt, vertrat er weiterhin einen gemäßigten →Konziliarismus und beeinflußte in dieser Richtung eine Zeitlang den dt. Kg. →Friedrich III. als dessen Rat. An der Kaiserkrönung in Rom hat E. 1452 teilgenommen, später trübte sich wegen politischer Differenzen sein Verhältnis zum Ks. Die vom Humanismus noch unberührte Gelehrsamkeit E.s tritt in zahlreichen, meist unedierten theol. und hist. Werken zutage, in Gutachten und Gelegenheitsreden, in Predigten und Kommentaren, v. a. aber in Geschichtsdarstellungen. Ein »Diarium« (ed. E. BIRK, Mon. conciliorum generalium 1, 1857, 701–783) berichtet über die Basler Zeit. Das Hauptwerk ist die »Chronica Austriae« (ed. A. LHOTSKY, MGH SRG NS 13, 1967), neben der eine Kaiserchronik (ed. z. T. F. PRIBRAM, MIÖG Ergbd. 3, 1890–94, 38–222), eine Papstchronik, ein Passauer Bischofskatalog, ein Schismentraktat (ed. H. ZIMMERMANN, AÖG 120, 1954, 47–147) und eine Kreuzzugsgeschichte stehen, alles größtenteils Kompilationen, wertvoll aber in bezug auf die damaligen Arbeitsmethoden, auf das Denken des Autors und auf dessen selbsterlebte Zeit. H. Zimmermann

Lit.: Repfont IV, 263–265 – A. LEVINSON, Th. E.s Liber pontificum, MIÖG 20, 1899, 69–99 – A. LHOTSKY, Th. E. (MGH Schr. 15, 1957) – DERS., Quellenkunde zur ma. Gesch. Österreichs, MIÖG Ergbd. 19, 1963, 375–390 – W. JAROSCHKA, Th. E. als Theoretiker des Konziliarismus, MIÖG 71, 1963, 87–98 – H. ZIMMERMANN, E.s Antichristtraktat, MIÖG 71, 1963, 99–114 – H. SCHMIDINGER, Begegnungen Th. E.s auf dem Konzil v. Basel (Fschr. O. VASELLA, 1964), 171–197 – I. W. FRANK, Th. E.s Obödienzansprache am 11. Sept. 1447 in der Wiener Stephanskirche, ein Beitrag zum »Konziliarismus« des Wiener Theologen, AHC 7, 1975, 314–353 – H. ZIMMERMANN, Romkritik und Reform in E.s Papstchronik (Fschr. E. ISERLOH, 1980), 169–180.

Eber → Tierbilder, -symbolik

Eberbach, Zisterzienserkloster (Gem. Hattenheim, Rheingau-Taunus-Kreis, Hessen). Auf dem Gelände eines Augustinerchorherrenstiftes in der Gemarkung Hattenheim, das zw. 1131 und 1135 dem Kl. Johannisberg gehörte, wurde unter entscheidender Mithilfe des Mainzer Ebf.s →Adalbert I. v. Saarbrücken durch einen von →Bernhard v. Clairvaux entsandten Konvent am 13. Febr. 1136 die als erste rechtsrhein. Niederlassung der →Zisterzienser gegründet. Besitzzuweisungen und nachhaltige Förderung durch die Ebf.e ließen E. in den Verband der unter der libertas Moguntina stehenden Monasterien gelangen; fortan bestimmten enge Beziehungen zum Landesherrn und Ordinarius loci die Geschichte des Klosters. Erzbischöfliche Ministerialensippen und andere Donatoren machten große Schenkungen. Um 22 →Grangien zentrierte Besitzkomplexe in straffer Wirtschaftsverwaltung lagen im Rheingau und Taunus, im Umland v. Mainz sowie zw. Rhein und Bergstraße; im 12. Jh. entstanden bedeutende Wirtschaftshöfe in →Mainz und →Köln, letzterer als Zielort umfangreicher Weinlieferungen. Die v. E. ausgehende Filiation umfaßte Schönau im Odenwald, Otterberg, Arnsburg und Gottestal b. Maastricht. Nach der Aufhebung der Reichsabtei →Lorsch 1232 wurden dort Mönche aus E. eingesetzt. 16 Frauenklöster des Mittelrheinraums waren der Leitung des Abtes von E. unterstellt. Die Abteikirche von E. wurde in der 2. Hälfte des 12. Jh. formstreng zisterziens. gebaut, Konversenhaus, Hospital und Kreuzgang im 13. Jh. errichtet. Das Kl. war Grabstätte der Gf.en v. →Katzenelnbogen und zweier Mainzer Ebf.e aus dem Hause →Nassau. Die wertvolle spätma. Ausstattung litt erheblich im Bauernkrieg und später durch die schwed. Besatzung (1631–35). Durch die Säkularisation kam die Klosteranlage 1803 an das Hzm. Nassau. A. Gerlich

Q. und Lit.: H. BÄR–K. ROSSEL, Diplomatische Gesch. der Abtei E. im Rheingau, 3 Bde, 1855–86 – M. STIMMING–P. ACHT, Mainzer UB, 2 Bde, 1932–71 – G. SCHNORRENBERGER, Wirtschaftsverwaltung des Kl. E. im Rheingau 1423–1631, 1977 – CH. MOSSIG, Grundbesitz und Güterbewirtschaftung des Kl. E. im Rheingau 1136–1250, 1978, bes. 45–113 – G. STEINWASCHER, Die Zisterzienserstadthöfe in Köln, 1981, passim – H. MEYER ZU ERMGASSEN, Der Oculus Memorie. Ein Güterverzeichnis von 1211 aus Kl. E. im Rheingau, 2 Bde, 1981–84.

Eberhard

1. E., Hzg. v. →Bayern, aus der Familie der →Luitpoldinger, † nach 938. E., Sohn und designierter Nachfolger Hzg. →Arnulfs, wurde früh für dessen ehrgeizige Pläne eingesetzt. So sollte bereits 933–934 ein (mißlungener) Italienfeldzug E. die langob. Königskrone einbringen, die ihm von den oberit. Großen angetragen worden war. Die im Rahmen eines Hzm.s außergewöhnl. Designation mit anschließender Huldigung des Herzogssohnes E. 935 entspricht fast den Designationsgepflogenheiten der Kg.e. Dementsprechend wurde E. nach dem Tode seines Vaters Hzg. (937–938), doch kam es sehr rasch zum Konflikt mit Kg. →Otto I., der zweimal gegen ihn aufstand. E. zu Felde ziehen mußte. Die Ursache des Konflikts dürfte wohl in der Beschneidung der Vorrechte des Bayernhzg.s gelegen sein. E.s Brüder beteiligten sich an seiner Empörung gegen den Kg. E. wurde von Otto d. Gr. abgesetzt und verbannt. W. Störmer

Lit.: E. DÜMMLER, JDG O. I., 1876, 68ff. – K. REINDEL, Die bayer. Luitpoldinger 893–989, 1953, 163–171, 182–189 – DERS., Hzg. Arnulf und das Regnum Bavariae, ZBLG 17, 1954, 244–246, 285f. – H. K. FAUSSNER, Zum Regnum Bavariae Hzg. Arnulfs (907–938), 1984, 31–33.

2. E., Hzg. v. →Franken, Sohn Gf. Konrads († 906) und Bruder →Konrads I. (→Konradiner); ⚔ 939 bei Andernach. Das Ende der Babenberger Fehde 906 (Hinrichtung Gf. Adalberts; →Babenberger, ält.) verschaffte ihm und seinem Bruder Konrad die Vorherrschaft in ganz Franken. Nach der Erhebung Konrads zum Kg. (911) erlitt E. 915 im Kampf gegen Hzg. →Heinrich v. Sachsen um die Macht in →Thüringen eine schwere Niederlage. Nach erfolglosem Eingreifen des Kg.s kam es zum Frieden zw. Heinrich und den Konradinern. Entsprechend den Wünschen seines 918 gestorbenen Bruders handelte E. als frk. Hzg. die Bedingungen für die Nachfolge Heinrichs in der Königswürde aus. →Widukind v. Corvey läßt erkennen, daß der Verzicht E.s auf eigene Königspläne durch eine enge frk.-sächs. Kooperation unter dem neuen Kg. kompensiert werden sollte. In seiner Darstellung der Erhebungszeremonie von →Fritzlar im Mai 919 (Widukind I, 26) spiegelt sich die zentrale Rolle E.s und der frk. Großen ebenso wie der Salbungsverzicht Heinrichs diese Konstellation wider. Nach 925 erschien E. als Beauftragter des Kg.s mit richterl. Gewalt in →Lothringen. 936 war er in führender Position an der Erhebung →Ottos I. beteiligt, geriet jedoch ab 937 mit dem neuen Kg. in Konflikt, als dieser versuchte, über die Praxis seines Vaters hinaus die Autorität der kgl. Zentralgewalt geltend zu machen. Damit war offenbar die 918/919 geschlossene Vereinbarung in Frage gestellt. Nach Lehnsstreitigkeiten im südl. Sachsen, in deren Folge er vom Kg. bestraft wurde, verbündete sich E. mit →Thangmar, dem Halbbruder Ottos, und ließ dessen Bruder →Heinrich d. J. als Geisel gefangensetzen. Ein Teil der frk. Großen schlug sich dabei auf die Seite des Kg.s. Bevor sich E. nach dem Tode Thangmars dem Kg. vorläufig ergab, handelten er und Heinrich d. J. ein Bündnis mit dem Ziel aus, dem Königsbruder die Krone zu verschaffen. Entsprechend fiel E. nach kurzer Verbannung und Restitution wieder offen von Otto ab und brachte ihn im Verein mit Heinrich und Hzg. →Giselbert v. Lothringen in ärgste militär. Bedrängnis. Ein Überraschungsangriff kgl. Truppen am Rhein gegenüber Andernach kostete jedoch E. und Giselbert das Leben und setzte der Opposition gegen Otto vorläufig ein Ende. E.s frk. Hzm. wurde als selbständige Einheit für immer aufgehoben. E. Karpf

Lit.: R. HOLTZMANN, Gesch. der sächs. Kaiserzeit, 900-1024, 1967⁵ - H. W. GOETZ, »Dux« und »Ducatus«. Begriffs- und verfassungsgesch. Unters. zur Entstehung des sog. »jüngeren« Stammesherzogtums an der Wende vom neunten zum zehnten Jh., 1977, 339 - DERS., Der letzte »Karolinger«? Die Regierung Konrads I. im Spiegel seiner Urkk., ADipl 26, 1980, 56-125 - E. KARPF, Königserhebung ohne Salbung. Zur polit. Bedeutung von Heinrichs I. ungewöhnl. Verzicht in Fritzlar (919), HJL 24, 1984, 1-24.

3. E., *Mgf. v. →Friaul*, † zw. 864 und 866, aus der frk. Familie der →Unruochinger, war in Schwaben, Flandern und an der Maas begütert und erhält die Mark →Friaul ca. 828, sicher vor 836. Durch die Heirat (zw. 835 und 840) mit Gisela, Tochter Ks. Ludwigs d. Fr., als Vermittler im Herrscherhaus sehr geeignet, wird er auch mit auswärtigen Missionen betraut und tritt mehrfach als Intervenient auf (RI² Nr. 962-1205). Erfolgreich im Kampf gegen Sarazenen und Slaven, ist er als Mann hoher Bildung mit →Hrabanus Maurus, →Hinkmar v. Reims, →Hartgar v. Lüttich befreundet, beherbergt →Gottschalk v. Orbais und wird von →Sedulius Scottus (Carmina, MGH PP III, 201-221) besungen. Seine Besitzungen und seine Bibliothek teilt er in seinem Testament von 863/864 (I. DE COUSSEMAKER, Cartulaire de l'abbaye de Cysoing, 1883, 1-5) unter seine sieben Kinder auf. 854 überführt er die Gebeine des hl. Calixtus I. in die von ihm gegr. Abtei →Cysoing bei Tournai (Transl. s. Calixti, MGH SS XV/1, 419ff.), wo er nach seinem Tod in Italien (zw. 864 und 866) beigesetzt und als Hl. verehrt wird. Als Mgf. folgt ihm sein Sohn Unruoch und nach diesem 874/875 dessen Bruder →Berengar, als B. I. dann Kg. v. Italien 888-924.
H. Schmidinger

Lit.: DHGE XIV, 1289 – EnclT XIII, 323 – DÜMMLER² I, II – A. HOFMEISTER, Mgf.en und Mgft.en im it. Kgr., MIÖG Ergbd. VII, 1907, 316-331 - P. HIRSCH, Die Erhebung Berengars I. v. Friaul zum Kg. v. Italien, 1910, 32-88 - PH. GRIERSON, La maison d'Evrard de Frioul et les origines du comté de Flandre, Revue du Nord 24, 1938, 241-266 - P. PASCHINI, Storia del Friuli, 1975³, 171-174 - G. C. MENIS, Storia del Friuli, 1978⁴, 166ff.

4. E. I., *Gf. v. →Katzenelnbogen*, * nach 1240, † 23. Aug. 1311; ∞ (vor 1268) Elisabeth v. Eppstein († 1270); ⊐ Kl. Eberbach; Eltern: Gf. Diether IV. v. K. († 1245), Hildegund (Herkunft unbekannt); Bruder: Gf. Diether V. († 13. Jan. 1276). – E. stand zunächst im Schatten der Politik Diethers V., entfaltete aber von 1273 an Initiativen, in denen sich Königsdienst und Territorialausbau vortrefflich ergänzten; allerdings wurde eine Hausteilung um 1260 zur lange nachwirkenden Ursache von Reibereien mit Bruder und Neffen. Erwerbsziele des Gf.en, dessen Ausgangspositionen im Taunus lagen, waren am Rhein St. Goar, Braubach und →Boppard; in der Obergft. wurden erfolgreich erstrebt die Vergrößerung der Reichsgutpfandschaft →Tribur, Konsolidation der Stellung an der Bergstraße, eine Reichsburgmannschaft in →Oppenheim mit Administration der Reichslandvogtei →Wetterau. Die systemat. vermehrten Rheinzölle machten E. zum reichen Gf.en und Kreditgeber für Kg.e und mittelrhein. Adelswelt.

Von 1273 bis 1310 stand E. im Königsdienst. Er nahm teil an →Rudolf v. Habsburgs Kampf um Österreich, war dessen Helfer in Burgund und Thüringen, wurde ztw. mit der Verwaltung der Abtei Fulda betraut; er war 1292 Garant für →Adolf v. Nassaus Wahl und Vermittler des engl. Bündnisses 1294, stand zu Adolf bis zur Niederlage bei →Göllheim. Für →Albrecht I. v. Habsburg wurde E. wichtiger und opferbereiter Helfer im Kurfürstenkrieg 1301/02. Durchgehender Zug seines Verhaltens war die harte Rivalität gegenüber dem Ebf. v. →Mainz. Reichspolit. Vermittlungsaufgaben waren unter Rudolf konzentriert auf den Mittelrheinraum, erstreckten sich unter Adolf bis nach Brabant und Flandern, führten 1303 zum Ausgleich Albrechts I. mit Papst →Bonifatius VIII. Als Parteigänger →Heinrichs VII. v. Luxemburg war E. beteiligt an der Versöhnung zw. →Habsburg und →Nassau.
A. Gerlich

Lit.: K. E. DEMANDT, Nassauische Annalen 63, 1952, 17-71 - DERS., Reg. der Gf.en v. Katzenelnbogen 1, 1953, 88-188, Nr. 104-519 - M. SPONHEIMER, Landesgesch. der Niedergft. Katzenelnbogen, 1932 - H. PATZE, HJL 13, 1963, 83-140 - R. KUNZE, Burgenpolitik und Burgbau der Gf.en v. Katzenelnbogen, 1969 - A. GERLICH, Nassauische Annalen 95, 1984, 1-37 [Lit.].

5. E. II., *Gf. v. →Mark*, † 1308, ∞ 1274 Irmgard, Tochter des Gf.en v. →Berg; von (1298) 7 Kindern wurde Adolf 1313 Bf. v. Lüttich. Eingeengt zw. den Besitzungen des Erzstifts →Köln, führte E. (Gf. seit 1277) in Anlehnung zunächst an die dt. Kg.e, die ebenfalls Gegner des Kfs.en waren und verbündet mit den meisten weltl. Territorien Westfalens und des Niederrheins, sein Leben lang den Kampf gegen Kurköln; nach der von Kurköln verlorenen Schlacht v. →Worringen (1288) schüttelte E. die köln. Lehnshoheit über die Mark ab. Auf Dauer erwarb er gegen die Ansprüche Kurkölns auch die Reichshöfe Brackel, Westhofen und Elmenhorst (b. Dortmund) und die Vogtei über das Frauenstift →Essen; ztw. (1284) übertrug ihm Adolf v. Nassau gegen Kurköln die Landfriedenswahrung in Westfalen. E. legte erste Ansätze einer Verwaltungsgliederung seiner Gft.
G. Droege

Q.: Die Chronik der Gf.en von der Mark von Levold v. Northof, ed. F. ZSCHAECK (MGH SS NS⁶, 1929; GdV 99, 1955) - Lit.: F. R. ERKENS, Siegfried v. Westerburg (1274-1297), 1982 (Rhein. Arch. 114).

6. E., *Gf. v. →Nellenburg*, bis 1050 als Gf. im Zürichgau bezeugt, * um 1018, † 26. März 1078/79, ⊐ Schaffhausen, Kl. Allerheiligen; Eltern: Eberhard (Eppo) (v. Nellenburg) und Hedwig, wahrscheinl. Tochter des lothr. Gf. en Gerhard. E. entstammt einer mit dem sal. Kaiserhaus (→Salier) und Papst →Leo IX. (→Dagsburg) verwandten, im Hochrheingebiet begüterten Familie, die sich seit dem ausgehenden 11. Jh. nach ihrer im Hegau sw. Stockach gelegenen Burg (1056 erstmals urkundl. erwähnt) nannte. Die Nellenburger verstanden es, ihre Machtposition im Königsdienst erfolgreich auszubauen. Vielleicht begleitete E. bereits 1027 Konrad II. 1037/38 nach Italien. 1046/47 folgte er →Heinrich III. auf dessen 1. Italienzug. Dieser lohnte seine Dienste nicht nur mit der Verleihung des Münzrechts in Schaffhausen (DH. III. 138), sondern auch mit der Übertragung der verkehrspolit. bedeutsamen Gft. →Chiavenna. Auch unter →Heinrich IV. begegnet E. im Dienste des sal. Kgtm.s, von dem er die Münze in Kirchheim/Teck (DH. IV. 60) sowie den Forstbann über nellenburg. Besitzungen im Klettgau und Hegau (DH. IV. 193) erhielt. Seine Söhne Heinrich und Eberhard, die 1073 mit Heinrich IV. gegen die aufständ. Sachsen zogen, fielen 1075 in der Schlacht an der →Unstrut. E. ist jedoch nicht mit dem von→Lampert v. Hersfeld (Ann. 1071 und 1076) mehrfach erwähnten gleichnamigen Ratgeber Heinrichs IV. identisch, den 1076 der päpstl. Bann traf (MEYER V. KNONAU II, 43 Anm. 6; 841 Anm. 160). 1050 errichtete E. mit Unterstützung Papst →Leos IX. auf seinem Eigengut in →Schaffhausen das Kl. Allerheiligen, das den Nellenburgern fortan als Grablege diente. Papst→Alexander II. bestätigte in einem nicht erhaltenen Privileg (JAFFÉ 4749; GP II/2, 10f. Nr. *2) die Rechte der Stifterfamilie, insbes. die erbl. Vogtei. Die letzten sechs Jahre seines Lebens verbrachte E. als Mönch in seiner Stiftung Allerheiligen, während sich seine Gemahlin Ida in die ebenfalls in Schaffhausen errichtete Zelle St. Agnes zurückzog. T. Struve

Q.: Das Buch der Stifter des Kl. Allerheiligen, ed. K. SCHIB (Beil. zum Jahresber. der Kantonsschule Schaffhausen, 1933/34) – AASS April 7, 669–672 – Lit.: DHGE XIV, 1291 – LThK² III, 628f. – Verf.-Lex.² II, 284–286 – G. MEYER V. KNONAU, JDG H.IV. und H.V. 1–2, 1890/94 [Nachdr. 1964], passim – G. TUMBÜLT, Gf. E. v. Nellenburg, der Stifter von Allerheiligen, ZGO 44, 1890, 425–442 – H. PATZE, A de lund Stifterchronik, BDLG 100, 1964, 54f. – K. HILS, Die Gf.en v. Nellenburg im 11. Jh. (Forsch. zur oberrhein. LG 19, 1967), bes. 46–57, 75–77 – K. SCHIB, Gesch. der Stadt und Landschaft Schaffhausen, 1972, 18–23, 35–37 – A. BORST, Mönche am Bodensee, 1978, 121–129, 546 [Lit.].

7. E. I., der Erlauchte, Gf. v. →Württemberg, * 13. März 1265, † 5. Juni 1325 in Stuttgart, ⌐Stiftskirche; ∞ vor 1294 Irmgard, Tochter des Mgf.en Rudolf v. →Baden; posthumer Sohn Gf. Ulrichs I.; nach dem frühen Tod seines Bruders Gf. Ulrich II. seit 18. Sept. 1279 regierender Gf. v. Württemberg; der Beiname »der Erlauchte« wurde ihm erst von der nachfolgenden Generation gegeben.

E. setzte die expansive Politik seines Vaters ungestüm fort und stieß dabei fast zwangsläufig mit →Habsburg zusammen, das eine Wiederherstellung des Hzm.s Schwaben und eine Vermehrung des Besitzes im schwäb. Raum anstrebte. In zwei Fehden (1286–87) wurde E. von Kg. →Rudolf besiegt. Als Kg. →Adolf v. Nassau aufgrund seiner Hausmachtpolitik die Erwartungen E.s auf die Einsetzung in die →Landvogtei Niederschwaben enttäuschte, wechselte dieser auf die Seite Kg. →Albrechts I., der sie ihm zum Dank verlieh. Mit der Landvogtei erhielt E. die Aufsicht über die →Reichsstädte in seinem Gebiet übertragen, was zugleich eine erhebl. Stärkung seines Ansehens und seines Einflusses bedeutete. Durch die Fortführung der habsburg. Politik, durch Kauf ihre schwäb. Besitzungen abzurunden, kam es 1305 zw. E. und Kg. Albrecht um die Herrschaften Teck und Neuffen zum Krieg. Denn gerade für E., der dank böhmischer Gelder seine Besitzungen hatte erheblich erweitern können, waren diese Gebiete von zentraler Bedeutung für den weiteren territorialen Ausbau. Aufgrund der Klagen der Herren und der in ihrer Autonomie bedrohten Reichsstädte entzog Kg. →Heinrich VII. E., dem Verbündeten seines böhm. Gegners, die Landvogtei, verhängte über ihn den Bann und vertrieb ihn 1310–12 aus seinem Land. Der polit. Ehrgeiz und seine aggressive Expansionspolitik hätten fast den Bestand der Grafschaft gefährdet, wäre Heinrich VII. nicht unerwartet verstorben. In der Zeit bis zur Königswahl und in den der Doppelwahl von 1314 folgenden Auseinandersetzungen der beiden Gegenkönige Ludwig des Bayern und Friedrich des Schönen, in deren Verlauf E. mehrfach im richtigen Augenblick die Partei wechselte, war es ihm möglich, seine Macht in alten Grenzen wiederherzustellen und sie 1323 durch Kg. Ludwig garantieren zu lassen. E.s Verdienst ist es, Württemberg fast um die Hälfte vergrößert und durch den Erwerb fremder Rechte die Grundlage für ein einheitl. Territorium geschaffen zu haben. P.-J. Schuler

Lit.: CH. F. V. STÄLIN, Wirtemberg. Gesch. 3, 1856 [Neudr. 1975] – H. HAERING, Der Reichskrieg gegen Gf. E. den Erlauchten in den Jahren 1310–1316 und seine Stellung in der allg. dt. Gesch., Württ. Jbb. für Statistik und LK, 1910 (1911) – K. WELLER, Die Gft. Württemberg und das Reich bis zum Ende des 14. Jh., Württ. Vjh. für LK 38, 1932 – K. WELLER – A. WELLER, Württ. Gesch. im südwestdt. Raum, 1971⁶ – K. S. BADER, Der dt. SW in seiner territorialen Entwicklung, 1978² – Die territoriale Entwicklung Württembergs bis 1796 ..., bearb. E. BLESSING (HABW VI, 2, 1974) – H. G. HOFACKER, Die Schwäb. Reichslandvogteien im späten MA, 1980.

8. E. II. der Greiner, Gf. v. →Württemberg, * 1315, † 15. März 1392, ⌐ Stuttgart, Stiftskirche; ∞ Elisabeth, Tochter des Gf.en Heinrich V. Henneberg-Schleusingen; Sohn Gf. Ulrichs III.; die vielen Fehden und Kriege trugen ihm den Beinamen »Greiner« (= Zänker) ein.

Von 1344–1362 übte er zusammen mit seinem Bruder →Ulrich IV. die Herrschaft aus, wobei E. stets der führende Kopf war und seinen Bruder rücksichtslos zurückdrängte. Auch verhinderte E. alle von Ulrich ausgehenden Pläne, die Herrschaft Württemberg zu teilen; 1361 setzte er auf dem Nürnberger Reichstag mit ksl. Unterstützung einen Hausvertrag durch, in dem die Unteilbarkeit und Unveräußerlichkeit der Gft. festgelegt wurde.

Zielstrebig setzte E. die Politik seines Vaters fort, wobei er sich nur dann in die Reichspolitik einbeziehen ließ, wenn sie seinem eigenen Nutzen diente oder südwestdt. Belange betraf. Zwei Ziele sind es, die seine Politik bestimmten: Zum einen der weitere Ausbau der württ. Landesherrschaft unter dem Gesichtspunkt der Arrondierung im mittleren Neckarraum. Hierbei nahm er eine erhebliche Verschuldung der Grafschaft in Kauf und setzte auch die beträchtl. Mitgift seiner Frau ein. Daneben betrieb E. einen gezielten Ausbau der innerherrschaftl. Rechte und einen Aufbau zentraler Behörden. Das alte württ. Ziel, mit Hilfe der niederschwäb. →Landvogtei die →Reichsstädte seiner Landesherrschaft zu unterwerfen, konnte nur zum Teil erreicht werden. Zunächst entzog ihm Karl IV. auf Drängen der Städte die Landvogtei Niederschwaben. Später verstärkte sich die alte Städtefeindschaft gegen E., da dieser, nicht ohne Eigennutz, mehrfach in ksl. Namen erhebliche Geldforderungen bei den Städten eintrieb. So richteten sich die militär. Angriffe der Städte in erster Linie gegen ihn. Nach einem Sieg über die Städte (1372) erlitt sein Sohn Ulrich in der Schlacht v. →Reutlingen 1377 eine schwere Niederlage. Auch in einer zehnjährigen Friedensepoche, in der E. eine Einung zw. den Rittergesellschaften, denen er selbst angehörte, und den Städten vermittelte, konnten die Gegensätze nicht abgebaut werden. Mit seinem Sieg in der Schlacht v. Döffingen (1388) brach E. die Macht des Schwäb. →Städtebundes. Unter E. war Württemberg zu einer allgemein anerkannten Macht im schwäb. südwestdt. Raum aufgestiegen, was fortan auch im Wandel seiner Politik zum Ausdruck kam. P.-J. Schuler

Lit.: J. JACOBSEN, Die Schlacht bei Reutlingen, 1882 – G. STEINHAUSER, Die Klosterpolitik der Gf.en v. Württemberg bis Ende des 15. Jh., SMGB NF 3, 1913 – H. NIETHAMMER, Gf. E. der Greiner und sein Sohn Gf. Ulrich in den Kämpfen der Jahre 1367–88, Württembg. Vjh. für Landesgesch. NF 41, 1935 – H. G. HOFACKER, Die schwäb. Reichslandvogteien im späten MA, 1980 – P.-J. SCHULER, Die Vertragsurkk. der

Gf. en v. Württemberg unter den Gf. en Ulrich III. und E. II. (1325–92) [Habil-Schr. masch. Bochum, 1981] – DERS., Königsnähe-Königsferne. Zum Itinerar der Gf. en v. Württemberg im 14. Jh. (Fschr. B. SCHWINEKÖPER, 1982) – weitere wichtige Lit. →8. E. [STÄLIN; WELLER, Württ. Gesch.].

9. E. III. der Milde, *Gf. v.* →*Württemberg,* * 1364, † 16. Mai 1417 in Göppingen; ∞ 1. Antonia, Tochter von Bernabò →Visconti v. Mailand, die 70 000 fl. mit in die Ehe brachte, 2. Elisabeth, Tochter des Burggrafen Johann III. v. Nürnberg. E., Sohn des in der Schlacht v. →Döffingen (1388) gefallenen Gf. en Ulrich, folgte 1392 seinem Großvater →Eberhard II. dem Greiner in der Regierung. Er nahm 1392 an der Belagerung des in der Reichsacht befindlichen →Straßburg teil und zog 1393 zur Unterstützung des Dt. Ordens nach Preußen, wo er im Graudenwald an der Memel kämpfte (→Preußenreise). Trotz seiner Fehde mit →Rottweil und den Seestädten schloß er 1394 mit 13 Reichsstädten im südwestdt. Raum ein Bündnis. 1395 zerschlug er bei Heimsheim den Schleglerbund, eine Gesellschaft von Adligen, die sich der Herrschaft der Fs. en widersetzten (→Rittergesellschaften). Er gründete 1405 mit Ebf. Johann v. Mainz, Mgf. Bernhard v. Baden, Straßburg und 17 schwäb. Städten den gegen Kg. Ruprecht gegr. →Marbacher Bund. In den Jahren 1401–08 war er auf seiten des Abtes v. St. Gallen und dessen Verbündeten am Appenzeller Krieg beteiligt. Er erwarb während seiner Regierung Stadt und Klostervogtei Murrhardt, 1403 die Herrschaft Schalksburg mit der Stadt Balingen und eine Reihe von Dörfern und Burgen, war aber auch zu einzelnen Gebietsverkäufen gezwungen, so 1399 der Herrschaft Sigmaringen und Veringen mit den Vogteien über die Kl. Heiligkreuzthal, Habsthal, Wald und Hedingen. I. Eberl

Lit.: H. DECKER-HAUFF, Gesch. der Stadt Stuttgart 1, 1966 – weitere wichtige Lit. →8. E. [STÄLIN; WELLER, Württ. Gesch.].

10. E. IV., *Gf. v.* →*Württemberg,* * 23. Aug. 1388, † 2. Juli 1419 in Waiblingen, Sohn des Gf. en →Eberhard III., ∞ Henriette, Erbtochter der Gf. en v. →Montbéliard (Mömpelgard) aus dem Hause→Montfaucon. Durch diese Eheschließung kam Mömpelgard an Württemberg. E. war dort seit 1409 Regent und folgte seinem Vater 1417 nach. Nachweislich befand er sich 1415 im Gefolge Kg. Siegmunds. Er scheint sich aber mit diesem überworfen zu haben, denn als Siegmund 1418 durch Schwaben zog, befand er sich nicht in seinem Gefolge. In seiner kurzen Regierungszeit kam es zu einer erneuten Einung mit zehn schwäbischen Reichsstädten. I. Eberl

Lit.: H. DECKER-HAUFF, Gesch. der Stadt Stuttgart 1, 1966 – weitere wichtige Lit. →8. E. [STÄLIN; WELLER, Württ. Gesch.].

11. E. V. im Bart, *Gf.* und seit 1495 *Hzg. v.* →*Württemberg* (als Hzg.: E. I.), * 11. Dez. 1445 in Urach; † 24. Febr. 1496 in Tübingen, ☐ Einsiedel (Schönbuch), seit 1554 Stuttgart, Stiftskirche; Sohn Gf. Ludwigs v. Württemberg (-Urach) und der →Mechthilde, Tochter des Pfgf. en Ludwig II. bei Rhein; ∞ 1474 Barbara, Tochter des Mgf. en Ludovico II. →Gonzaga v. Mantua.

Wie schon sein älterer Bruder Ludwig († 1457) stand er zunächst unter der Vormundschaft seines Onkels →Ulrich V. (Stuttgarter Linie); 1459 volljährig, konnte er sich mit pfälz. Unterstützung sowie mit Hilfe der Landstände, die erstmals als dritte polit. Kraft neben dem Gf. en und dem Adel auftraten, von der Vormundschaft befreien. Aufgrund der Erfahrungen aus der »pfälz. Fehde« sicherte er sein Land durch ein System von Bündnissen mit Herren und Reichsstädten nach außen ab. Allein im Westen und Süden, wo die Dinge noch im Fluß waren, gelang ihm mit dem Erwerb der Herrschaft Sulz (1471) eine territoriale Erweiterung. Seine kluge Politik sicherte ihm im Reich ein hohes Ansehen. Als Verfechter einer →Reichsreform versuchte er zw. den beiden Parteien zu vermitteln. 1488 trat er dem →Schwäb. Bund bei und wurde dessen oberster Feldhauptmann. Sein Hauptanliegen war die Einigung der beiden Landesteile, die er durch den Uracher Vertrag (1473) und andere Bündnisse vorbereitete und dann im Münsinger Vertrag (1482) vollendete; durch weitere Hausverträge (Stuttgart 1485, Frankfurt 1489, Esslingen 1492) suchte er diese Politik abzusichern, wobei er die Landstände als Garant dieser Ordnung von sich aus mitbeteiligte. Ergänzt wurde das Streben nach Einigung des Landes durch einen energ. inneren Ausbau, so u. a. durch die Schaffung (1460) und den Ausbau (1. Ordnung 1485) des württemberg. Hofgerichts, durch die Reorganisation des Militärwesens (1481), durch die Verleihung von Stadtrechten an die Städte →Stuttgart (1492) und →Tübingen (1493); insbes. war die Gründung der Univ. →Tübingen (1476/77) für das Land von großer Bedeutung. Bestandteil der Innenpolitik E.s war eine entschiedene Klosterreformpolitik, die fast keine bedeutende Niederlassung ausließ. Das Ziel seiner polit. Wünsche erreichte E. auf dem Reichstag v. →Worms (1495), als er zum Hzg. v. Teck erhoben, die Gft. Württemberg ein unteilbares Reichslehen und die drei Landstände in der Erhebungsurkunde als polit. Gewalten genannt wurden. Im Herbst 1495 gab er mit der sog. Landesordnung dem Land eine einheitl. Gesetzgebung. – In der späteren Überlieferung tritt E. als Musterbild eines gerechten und vom Volk geliebten Fs. en auf (so bei Justinus Kerner). P.-J. Schuler

Lit.: J. WÜLK–H. FUNK, Die Kirchenpolitik der Gf. en v. Württemberg bis zur Erhebung Württembergs zum Hzm., 1912 – G. STEINHAUSER, Die Klosterpolitik der Gf. en v. Württemberg bis Ende des 15. Jh., SMBG, NF 3, 1913 – F. ERNST, E. im Bart. Die Politik eines dt. Landesherrn am Ende des MA, 1933 [Nachdr. 1970] – Gf. E. im Bart v. Württemberg im geistigen und kulturellen Geschehen seiner Zeit, 1938 [Beitr. von: TH. FREY, F. HAMMER, W. HOFFMANN, H. MEYER, TH. MILLER] – V. HIMMELEIN, E. der mit dem Bart. Bilder und Stationen aus seinem Leben, 1977 – 900 Jahre Haus Württemberg. Leben und Leistung für Land und Volk, hg. R. UHLAND, 1985³ – weitere wichtige Lit. →8. E. [STÄLIN; WELLER, Württ. Gesch.].

12. E. II., *Hzg. v.* →*Württemberg,* * 1. Febr. 1447 in Waiblingen, † 17. Febr. 1504 auf Schloß Lindenfels/Odenwald, Sohn des Gf. en →Ulrich V., ∞ Elisabeth, Tochter des Mgf. en →Albrecht III. Achilles v. Brandenburg. Er wurde am Hofe Hzg. →Philipps des Guten v. Burgund erzogen. Sein Vater zog ihn trotz starker Gegensätze in den 70er Jahren zur Mitregierung in seinem Landesteil (Stuttgart) heran und verzichtete Anfang 1480 endgültig zu seinen Gunsten auf die Regierung. Nachdem sich E. mit seinen Räten vollkommen überworfen hatte, verzichtete er im Münsinger Vertrag (14. Dez. 1482) zu Gunsten seines im Uracher Landesteil regierenden Vetters →Eberhard V. im Bart. Damit war die territoriale Einheit Württembergs wiederhergestellt. Obwohl ihn dieser Hausvertrag finanziell sicherte, kam es in der Folgezeit zu fortdauernden Auseinandersetzungen mit seinem Vetter, die erst mit dem Vertrag v. Esslingen (2. Sept. 1492) endeten. In diesem wurde E. zwar die Nachfolge in ganz Württemberg zugestanden, jedoch ein Landhofmeister und ein landständ. Ausschuß an die Seite gestellt, dessen Zusammensetzung er nicht bestimmen konnte. Mit dieser Einschränkung übernahm er nach dem Tode Eberhards im Bart die Regierung (März 1496). Als er seinen Günstlingen größeren Einfluß verschaffen wollte und eine gegen die Interessen der Landstände gerichtete Politik begann, wurde auf dem Landtag in Stuttgart (März 1498) beschlossen, den polit. Spielraum des Hzg. s auf der Grundlage des

Esslinger Vertrags zu beschränken. Durch Gerüchte über seine beabsichtigte Gefangensetzung veranlaßt, verließ Eberhard das Land (1. April 1498). Auf Betreiben der Landstände wurde er vom Kaiser zu Gunsten seines Neffen Ulrich endgültig abgesetzt (28. Mai 1498). Seine Versuche vom Hofe Pfgf. Philipps aus, seine Herrschaft zurück zu erhalten, scheiterten, und seine letzten Jahre verbrachte er auf Schloß Lindenfels fast wie ein Gefangener.

I. Eberl

Lit.: Ch. F. v. Stälin, Wirtemberg. Gesch., 4, 1873 – H. Decker-Hauff, Gesch. der Stadt Stuttgart 1, 1966.

13. E. I., erster Bf. v. →*Bamberg* seit 1007, † 13. Aug. 1040, ⊐Bamberg, Dom. Wahrscheinl. entstammte er dem frk. Geschlecht der Gf.en v. Abenberg und war möglicherweise verwandt mit Ks. →Heinrich II. Dieser ernannte ihn zu seinem →Kanzler für Deutschland und Italien (seit Mai bzw. Aug. 1006 nachweisbar) und am 1. Nov. 1007, dem Tage der Gründung des Bm.s →Bamberg, zu dessen erstem Bf. Als solcher blieb er zunächst Kanzler Heinrichs II., in dessen Umgebung er häufig, auch als Intervenient, begegnet, und wird 1013–24 →Erzkanzler für Italien. Unter →Konrad II., der ihn in diesem Amt durch Ebf. →Aribo v. Mainz ablöste, ging sein Einfluß zurück, und er widmete sich, nachdem er in Bamberg bereits das Kanonikerstift St. Stephan (1007/09) und das Kl. Michelsberg (1015) gegr. hatte, der Organisation des jungen Bm.s. In den durch die →Hammersteiner Ehegelegenheit ausgelösten kirchenpolit. Streitigkeiten zw. der Kurie und Ebf. →Aribo v. Mainz gehörte er zu den entschiedenen Anhängern des letzteren, während er im →Gandersheimer Kirchenstreit auf seiten Bf. →Godehards v. Hildesheim stand.

A. Wendehorst

Q.: E. Frhr. v. Guttenberg, Die Reg. der Bf.e und des Domkapitels v. Bamberg, 1963, 12–98, Nr. 21–217 – *Lit.*: DHGE XIV, 1285–1287 – NDB IV, 226 – E. Frhr. v. Guttenberg, Das Bm. Bamberg 1 (GS II, 1, 1, 1937 [Neudr. 1963]), 95f. – Ders.–A. Wendehorst, Das Bm. Bamberg 2 (GS II, 1, 2, 1966).

14. E. II., Bf. v. →*Bamberg* seit 1146, † 17. Juli 1170, ⊐ Bamberg, Dom, aus dem edelfreien bayer. Geschlecht v. Ettling. Am 29. Mai 1146 zum Bf. gewählt, ließ er sich im Dez. von Eugen III. weihen und unterstrich damit Bambergs Sonderstellung in der Reichskirche, bes. gegenüber dem Ebf. v. →Mainz, der ihm dies verübelte. Häufig in der Umgebung →Konrads III., bestattete er den in Bamberg verstorbenen Kg. am 18. Febr. 1152 im Dom. An der Vorbereitung der Wahl des von diesem designierten Hzg.s →Friedrich v. Schwaben (Barbarossa) zum Kg. war er maßgeblich beteiligt. Seine bald bei ihm errungene Vertrauensstellung sicherte ihm einen starken, schon von →Rahewin hervorgehobenen Einfluß auf dessen polit. Kurs. Er führte die erste kgl. Gesandtschaft an die Kurie, begleitete den Kg. auf seinem ersten Romzug, ist danach bei fast allen wichtigen Ereignissen in Barbarossas Umgebung anzutreffen, schloß sich 1158 dessen Zug in die Lombardei an, ergriff auf dem Konzil v. Pavia (Febr. 1160), das über das inzwischen ausgebrochene Schisma entscheiden sollte, mit Vorbehalten die Partei des Ks.s und blieb, nach beiden Seiten Beziehungen haltend, um Wiederherstellung der Eintracht zw. den obersten Gewalten bemüht. Nach seinem folgenschweren Ausscheiden aus der Reichspolitik (1162), in welcher er mit seinen Ausgleichsversuchen letztlich gescheitert war, widmete er sich wieder stärker seinem Bm. In Fortsetzung der Burgenpolitik Bf. →Ottos I. sicherte er sein Territorium v. a. gegen die Andechs-Meranier, Bambergs Hauptrivalen am Obermain. Lange und leidenschaftl. diskutierte der theol. hochgebildete Bf. mit →Gerho(c)h v. Reichersberg über die →Christologie.

A. Wendehorst

Bibliogr.: G. Pfeiffer, Frk. Bibliogr. I, 1965, Nr. 4710–4716 – *Lit.*: DHGE XIV, 1287f. – NDB IV, 226f. – Hauck 4, bes. 206f. – W. Föhl, Bf. E. II. v. Bamberg, ein Staatsmann Friedrichs I., als Verf. von Briefen und Urkk., MIÖG 50, 1936, 73–131 – E. Frhr. v. Guttenberg, Das Bm. Bamberg 1 (GS II, 1, 1, 1937 [Neudr. 1963]), 141–154 – P. Classen, Gerhoch v. Reichersberg, 1960 – O. Meyer, Bf. E. II. v. Bamberg, Mittler im Wandel seiner Zeit (Neujahrsbll. der Ges. für frk. Gesch. 29, 1964) – Ders. u. a., Oberfranken im HochMA, 1973, 139–146 – K. Zeillinger, Friedrich Barbarossa, Wibald v. Stablo und E. v. Bamberg, MIÖG 78, 1970, 210–233.

15. E. v. Sayn (Seyne), *Großkomtur des* →*Dt. Ordens* 1249, 1256–57, Deutschmeister und Hochmeister-Stellvertreter in →Preußen, →Livland und →Kurland (1251–54). E., der dem Geschlecht der Gf.en v. →Sayn (Mittelrhein) entstammte, wird urkundlich erstmals 1249 faßbar (Großkomtur in →Akkon). Noch im April/Mai 1250 vor →Damiette, wurde er von Palästina aus 1250/51 zum Deutschmeister und Hochmeister-Stellvertreter in Livland und Preußen bestellt. Wie schon 1245 und weiter 1254–56 wurde von der Ordenszentrale das Deutschmeisteramt eng mit Livland/Preußen verbunden, um nach der Niederlage am →Peipussee (1242) und dem →Prussenaufstand (1242) weitere Rückschläge unter Aufbietung der personellen Ressourcen aus den Balleien im Reich zu vermeiden. Der Berufung von E. ging die Beruhigung der Lage in Preußen durch den Frieden v. →Christburg 1249 voraus. Er selbst festigte auftragsgemäß die Ordensherrschaft (Neuausfertigung der →Kulmer Handfeste, 1. Okt. 1251; neue Verwaltungsorganisation Ende 1251: das →Kulmerland als Basis erhielt Ballei-Charakter, im eigtl. Preußen erfolgten Komtureigründungen in Anlehnung an die pruss. Stammesgebiete). Danach war E., wie sein Titel in den Urkk. erkennen läßt, nur noch mit Livland beschäftigt. In Kurland, an dessen Südgrenze er 1252 →Memel gründete, baute E. die Ordensherrschaft aus (Teilungsverträge mit dem Bf. v. →Kurland 1253, der ein Drittel des Landes erhielt). Die von E. in Preußen und Livland ausgeführte Politik, zuletzt 1254 bei der Teilung von →Semgallen faßbar, läßt eine von höheren Gesichtspunkten geleitete und Kurland als Landbrücke anstrebende Linie erkennen. Nach 1254 ist E. nach Palästina zurückgekehrt und in Akkon 1256–57 wiederum als Großkomtur bezeugt. – Sein Bruder Heinrich III. (1202–47), seit seiner Teilnahme am Kreuzzug gegen Damiette (1219) dem Dt. Orden eng verbunden, ist wohl Stifter der Kommende Ramersdorf; testamentarisch dotierte er ferner rhein. und mosselländ. Güter, die u. a. zur Gründung der Kommende Waldbreitbach (mit ausdrückl. Bezug auf Preußen) dienten.

D. Wojtecki

Lit.: Altpreuß. Biogr. II, 595 [K. H. Lampe] – D. Wojtecki, Stud. zur Personengesch. des Dt. Ordens im 13. Jh., 1971 [Lit.].

16. E. (Eppo), Bf. v. →*Naumburg-Zeitz* seit 1045, † 5. Mai 1079. E., einer der vertrautesten Ratgeber Heinrichs IV., wurde noch von Heinrich III., dessen Kaplan er war, 1045 zum Bf. v. Naumburg ernannt. Er begleitete den Ks. 1055 nach Italien, wo er als Hofrichter tätig war. Während der Minderjährigkeit Heinrichs IV. nahm er zusammen mit Mgf. Wilhelm v. Meißen an dem erfolglos verlaufenen Feldzug gegen →Ungarn (1060) teil, bei welchem er selbst in Gefangenschaft geriet. Von 1065 an erscheint er regelmäßig in der Umgebung des Kg.s, der seine treuen Dienste durch ausgedehnte Schenkungen entlohnte. 1073 gehörte er zu jener engsten Schar Vertrauter, die Heinrich IV. auf seiner abenteuerl. Flucht von der →Harzburg begleiteten. Während des Sachsenkrieges stand er, ztw. aus seinem Bm. vertrieben, unbeirrt auf der Seite des Kg.s. E. gehörte zu den Mitunterzeichnern des Wormser Absetzungsdekrets →Gregors VII. (24. Jan. 1076). Auch nach

Heinrichs IV. Exkommunikation hielt er jedoch auf dessen Seite aus. Er folgte dem Kg. nach Italien und beschwor in →Canossa (28. Jan. 1077) zusammen mit Bf. →Gregor v. Vercelli die vom Papst geforderten Sicherheiten. Nach dem endgültigen Verlust seines Bm.s infolge des Wiederauflebens des Sachsenaufstandes wurde er von Heinrich IV. mit der Verwaltung des königstreu gebliebenen Bm.s →Würzburg betraut.

E. verkörperte jenen Typ des Reichsbischofs (→Reichskirche), der sich im Dienst für Kg. und Reich verzehrte, während die geistl. Verpflichtungen seines Amtes zurücktraten. Durch die vom Kg. erwirkten Schenkungen der Burgwarde Gröba, Strehla und Boritz (DD.H.IV. 131. 140) legte er den Grundstock für ein naumburg. Territorium an der mittleren Elbe. T. Struve

Lit.: NDB IV, 229f. – C. P. LEPSIUS, Gesch. der Bf.e des Hochstifts Naumburg I, 1846, 20–27 – E. STEINDORFF, JDG H. III. 1–2, 1874/81 [Nachdr. 1963], passim – G. MEYER v. KNONAU, JDG H. IV. und H. V. 1–3, 1890–1900 [Nachdr. 1964/65], passim – K. BENZ, Die Stellung der Bf.e v. Meißen, Merseburg und Naumburg im Investiturstreite unter Heinrich IV. und Heinrich V. [Diss. Leipzig 1899], 45–55, Exkurs 73–81 – W. SCHLESINGER, Kirchengesch. Sachsens im MA I (Mitteldt. Forsch. 27/I, 1962) [1983²], 119–124 – J. FLECKENSTEIN, Die Hofkapelle der dt. Könige II (MGH Schr. 16/II, 1966), 255 – B. HERRMANN, Die Herrschaft des Hochstifts Naumburg an der mittleren Elbe (Mitteldt. Forsch. 59, 1970), 3ff. – Gesch. Thüringens II, 2 (Mitteldt. Forsch. 48/ II, 2, 1973) [H. K. SCHULZE] – RI III, 2 – H. WIESSNER, GS [1986].

17. E. I., *Ebf. v.* →*Salzburg* 1147–64, * um 1090, † 1164, aus der Familie der Herren v. Sittling-Biburg, wurde nicht zuletzt wegen hervorragender Bildung früh in das →Bamberger Domkapitel aufgenommen, fühlte sich aber strengeren monast. Richtungen verpflichtet. Er regte seine Brüder an, ihre Burg Biburg (Niederbayern, Lkrs. Kelheim), in ein Benediktinerkloster umzuwandeln, wo er 1133 erster Abt wurde. In dieser Funktion bemühte er sich um die von Kg. Konrad III. gewünschte Kanonisation Ks. →Heinrichs II. Diese Kontakte gaben den Ausschlag, E. 1147 zum Ebf. v. Salzburg zu wählen. Als Metropolit blieb er im Streit der Staufer und Welfen neutral, trat aber in den Auseinandersetzungen Ks. Friedrichs I. mit Alexander III. an dessen Seite, bemühte sich aber bis zu seinem Tode um den Frieden. Die wenig später verfaßte Vita, die seine – allerdings nie erreichte – Kanonisation zum Ziele hatte, ist inhaltlich dürftig. So sind viele Einzelheiten im Leben von E. noch unklar. H. Koller

Q. und Lit.: MGH Epp. DK VI, 10ff. – NDB IV, 230f. – J. HEMMERLE, Germania Benedictina II, 1970, 69 – H. DOPSCH, Gesch. Salzburgs I, 1981, 274–284.

18. E. II., *Ebf. v.* →*Salzburg* 1200–1246, * um 1170, † 1246, entstammte den Freien v. Regensberg, die nördl. von Zürich begütert waren, wurde von seinem Onkel, Bf. →Diethelm v. Konstanz, einem bedeutenden Anhänger der →Staufer, gefördert, der E. 1190 in sein Domkapitel aufnahm und 1196 seine Wahl zum Bf. v. Brixen vermittelte. Eine stauf. Partei wählte E. 1200 zum Ebf. v. Salzburg, doch erhob Papst Innozenz III. Einspruch und verlieh das Pallium erst, als E. persönlich in Rom erschien. 1202 ist er wieder Vertreter des stauf. Lagers vor der Kurie, akzeptierte jedoch nach dem Tode Kg. →Philipps zunächst dessen Gegner →Otto IV., geriet aber mit diesem in Konflikt, wurde 1210 sogar gefangen und zum Anerkennungseid gezwungen, den er hielt. Erst 1213 ging er zu Kg. Friedrich II. über, dem er konsequent treu blieb. Er wurde deshalb 1240 von →Albert Behaim, dem Beauftragten Papst Gregors IX., gebannt, konnte sich jedoch als Metropolit behaupten. Die enge Bindung an die stauf. Dynastie nutzte E., um seine Macht als Ebf. und Landesfürst auszubauen. Er ordnete sich das Bm. →Gurk endgültig als sog. Eigenbistum unter und gab diesen Status auch den neu erstandenen Bm.ern →Chiemsee, →Seckau und →Lavant. Das Territorium Salzburg, dessen Finanzkraft dank der Saline zu →Hallein (→Salz, -gewinnung, -handel) gefestigt war, wurde mit Hilfe eines Burgensystems beherrscht, das an stauf. Vorbilder erinnert. E. baute die Städte aus, verhinderte aber die Konsolidierung eines starken Adels und ist erfolgreicher Vertreter des Landesfürstentums seiner Epoche. H. Koller

Lit.: NDB IV, 231 – CH. STÖLLINGER, Ebf. Eberhard II. v. Salzburg [Diss. masch. Wien 1972] – H. DOPSCH, Gesch. Salzburgs I, 1981, 308–336 – P. SEGL, Ketzer in Österreich, 1984, 68ff. – H. WANDERWITZ, Stud. zum ma. Salzwesen in Bayern, 1984, 27, 51ff.

19. E. III., *Ebf. v.* →*Salzburg* 1403/06–1427, † 1427, nannte sich nach Neuhaus und stammte wohl aus Krainer Ministerialengeschlecht, 1395 als Domdekan und 1396 als Dompropst zu Salzburg nachzuweisen. Hier wurde er 1403 zum Ebf. gewählt, doch von Bonifatius IX. nicht anerkannt, der auf Betreiben Hzg. Wilhelms v. Österreich den Berthold v. Wehingen, Bf. v. Freising, zum Metropoliten ernannte. Der Streit wurde 1406 durch Innozenz VII. beigelegt, der E. das Pallium verlieh. E. verdankte seinem untadeligen Lebenswandel und seinem Eifer für Reformen seine Würde. Schon 1403 versuchte er, die Zustände in seinem Land zu verbessern, 1418 und 1420 erließ er umfangreiche Reformstatuten für das Ebm., aber auch als Vermittler und Schiedsrichter wurde er im Reich oft angerufen. Trotz guten Willens hat er wenig erreicht, es wird ihm sogar, wohl nicht ganz zu Recht, ein Niedergang im Lande Salzburg angelastet. H. Koller

Q. und Lit.: NDB IV, 232 – H. WAGNER, Salzburgs Domherren von 1300 bis 1514, Mitt. der Ges. für Salzburger LK 92, 1952, 42f. – F. KOLLER, Registrum Eberhardi. Das Register Ebf. E.s III. v. Salzburg (1403–1427) [Staatsprüfungsarbeit masch. IfÖG Wien] – H. DOPSCH, Gesch. Salzburgs I, 1981, 492–501 – P. UIBLEIN, Dokumente zum Passauer Bistumsstreit von 1423 bis 1428, FontrerAustr II/84, 1984, 22ff.

20. E., *Ebf. v.* →*Trier* seit 1047, † 15. April 1066 in Trier, ⊐Kollegiatstift St. Paulin vor Trier. Der Wormser Dompropst E., ein Sohn des alam. Gf.en Ezzelin (vielleicht aus dem Hause der →Ezzonen), wurde 1047 von Heinrich III. mit Zustimmung von Klerus und Volk zum Ebf. v. Trier ernannt. Aufgrund seines engen Verhältnisses zum sal. Königshaus erscheint eine Zugehörigkeit zur →Hofkapelle als möglich. 1048 begleitete E. den zum Papst erhobenen Bf. Brun von Toul (→Leo IX.) nach Rom, wo er an dessen Inthronisation teilnahm. Von Leo IX. erhielt er 1049 noch in Rom den Primat der Trierer Kirche über Gallien (JAFFÉ 4158) bestätigt. Als tatkräftiger Förderer der lothr. Kirchenreform nahm E. an den päpstl. Reformsynoden zu Reims und Mainz (1049) teil. Nach dem Tode Heinrichs III. setzte sich E. zusammen mit Ebf. →Anno v. Köln, Hzg. →Gottfried d. Bärtigen, Pfgf. →Heinrich und anderen lothr. Großen für die Unterstützung der Regentschaft der Ksn. →Agnes ein (Fürstenversammlungen zu Andernach 1056 und 1059). Im Zuge der Auseinandersetzungen mit Gf. Konrad I. v. →Luxemburg geriet E. (um 1060) in Gefangenschaft, aus der er erst nach päpstl. Intervention wieder freikam. Das Kgtm. des jungen →Heinrich IV. hat E. loyal unterstützt. Bei dessen Schwertleite Ostern 1065 in Worms nahm er die Weihehandlung vor. T. Struve

Q.: Gesta Treverorum, Cont. I, c. 8 (MGH SS 8, 181f.) – C. WAMPACH, Urk.- und Quellenbuch zur Gesch. der altlux. Territorien I, 1935, 392–434, Nr. 274ff. – *Lit.*: NDB IV, 232f. – RI III, 2 Nr. 80, 177, 360 – A. GOERZ, Mittelrhein. Reg. I, 1876 [Nachdr. 1974], 374–398, Nr. 1313ff. – E. STEINDORFF, JDG H. III. 2, 1881 [Nachdr. 1963], passim – G. MEYER v. KNONAU, JDG H. IV. und H. V. 1, 1890 [Nachdr. 1964], passim – K. LÖHNERT, Personal- und Amtsdaten der Trierer Ebf.e des

10.–15. Jh. [Diss. Greifswald 1908], 22f. – Hb. des Bm.s Trier, 1952, 34 – J. FLECKENSTEIN, Die Hofkapelle der dt. Kg.e II (MGH Schr. 16/II, 1966), 277 – F. PAULY, Aus der Gesch. des Bm.s Trier II, 1969, 66f. – E. BOSHOF, Das Erzstift Trier und seine Stellung zu Kgtm. und Papsttum im ausgehenden 10. Jh. (Stud. und Vorarbeiten zur GP 4, 1972), 84, 92 – F. J. HEYEN, Das Stift St. Paulin vor Trier (GS NF 6, 1972), 302f. – Rhein. Gesch. I, 3, 1983, passim.

21. E. v. Béthune (Gft. Artois, dép. Pas-de-Calais), † ca. 1212, posthumer Beiname im MA bisweilen Gr(a)ecista, auch fälschl. Alemannicus, Teutonicus (= →Eberhard der Deutsche), Philologe, über dessen Leben fast nichts bekannt ist. Er verfaßte einem zeitgenöss. Trend zur Lehrstoffversifikation folgend (vgl. →Galfrid v. Vinsauf [Vinosalvo] und →Alexander v. Villadei), eine Grammatik in metr. Form (Hexameter, Pentameter, Distichen), die aufgrund posthumer Ergänzungen (Kap. 1–8, davon Kap. 8 in 339 Versen: De nominibus exortis a Graeco, stark fehlerhaft) den allgemein rezipierten Namen »Grecismus« erhielt. Die Grammatik erfuhr bes. im 13. Jh. große Verbreitung und war so erfolgreich, daß sie z. T. →Priscians große Standard-Grammatik aus dem Unterricht verdrängte und an spätma. Universitäten Pflichtlektüre wurde. Die Verbreitung bezeugen gegen 200 erhaltene, z. T. glossierte Hss., die Aufnahme in Florilegien, sowie Zitate (z. B. bei →Alexander Neckam, →Hugo v. Trimberg). Der dichter. Wert ist auch innerhalb der Lehrdichtungen vergleichsweise gering, war offensichtlich auch nicht intendiert. Das Werk dürfte kaum zum Erlernen der Grammatik gedient haben, sondern eher zur Festigung, Vertiefung und Erweiterung des aus →Donat (den es nicht verdrängt hat) und ausgewählten Priscian-Angaben gelehrten Grammatikstoffes. Der Grammatik des Donat folgt es (daher?) auch im Aufbau der Kap. 9–27 (vgl. 14, 1–2); der Aufbau der interpolierten Kap. 1–8 ist unklar. Die wohlgelungene vorläufige Ausgabe des Grecismus nach 17 Hss. durch WROBEL (1887) hat eine Beschäftigung mit der Überlieferung in textphilolog. sowohl als insbes. in geistesgesch. Hinsicht bisher eher behindert. Noch weniger erforscht ist der antiwaldensische Traktat »Antiheresis« des E., der in seinem von VICAIRE untersuchten Teil gegen die Juden sehr unselbständig ist.

U. Kindermann

Ed.: J. WROBEL, Eberhardi Bethuniensis Graecismus, 1887 – K. LOHMEYER, Ebrard v. B., HRF 11, 1901, 412–430 (s. a. L. TRAUBE, Vorlesungen und Abh. III, 190f.) – Antiheresis, hg. Jacob[us] Gretser[us], Trias scriptorum adversus Waldensium sectam, Ingolstadt 1614 und Opera omnia 12,2, Regensburg 1738 (S. 117ff.); zur Vorlage s. THOUZELLIER, 44–48 – G. L. BURSILL-HALL, Teaching Grammars of the MA: Notes on the Ms. Tradition, Historiographia Linguistica 4, 1977, bes. 12–15 – J. A. FABRICIUS, Bibl. Lat. mediae et infimae Latinitatis II, 1858 [Nachdr. 1962], 486–488 – C. HUCK, Dogmenhist. Beitr. zur Gesch. der Waldenser, 1897 – C. H. KNEEPKENS, Ecce quod usus habet – Eine Quelle von E. v. B.s Grecismus, cap. V: De commutatione litterarum, MJb 16, 1981, 212–216 – CH. THOUZELLIER, Hérésie et hérétiques (Storia e lett. Raccolta di studi e testi 116), 1969 – M.-H. VICAIRE, Contra Judaeos méridionaux au début du XIIIe s. Alain de Lille, Evrard de Béthune, Guillaume de Bourges, Cah. de Fanjeaux 12, 1977, 169–293.

22. E. der Deutsche (Alemannus), 13. Jh., Verfasser des »Laborintus«, einer im SpätMA weitverbreiteten Poetik (überliefert in rund 50 Hss. meist dt. Provenienz) in rund 1000 Versen (meist Distichen) und mit Musterstrophen als Anhang. E. scheint in Paris und Orléans studiert zu haben (V. 943ff.); aufgrund hs. Nachrichten hat er, wohl vor 1250, in Bremen als Schulmeister (rector scolarium) gewirkt. In die Beschreibung dieses mühevollen Berufs (V. 1ff. und ab V. 835) sind eingelegt die poet. Techniken (→ars poetica, versificatoria) mit Exempla, welche die Poesis (grammaticae famulans) gibt: zur ornatus-Lehre, zu den auctores (bes. V. 665ff. zu den Verslehren des 12. und 13. Jh.) und gereimten Hexameter/Distichen und ihrer kunstvollen inneren Struktur. Die Überlieferung erweist die Brauchbarkeit und Konsultierung des »Laborintus«; sein Verfasser mochte in diesem Begriff und Bild nur die Mühen (labores) und Querelen seines Lehrerdaseins (onus cathedrae) erkennen.

R. Düchting

Ed. und Lit.: Verf.-Lex.² II, 273–276 [Lit.] – E. FARAL, Les arts poétiques du XIIe et du XIIIe s., 1924, 336–377; corr. W. B. SEDGWICK, Speculum 2, 1927, 341–343 – FARAL, 38f. – W. B. SEDGWICK, The style and vocabulary of the Latin arts of poetry of the twelfth and thirteenth c., Speculum 3, 1928, 349–381 – P. STOTZ, Dichten als Schulfach. Aspekte ma. Schuldichtung, MJb 16, 1981, 1–16, bes. 13ff. – R. DÜCHTING, Maria im Versbock. Zu einer Oratio des Johannes v. Werdea (gest. 1475), Philol. Unters. (Fschr. E. STUTZ, 1984), 487–491.

23. E. v. Gandersheim → Gandersheim, →Reimchronik

24. E. Windecke → Windecke, Eberhard

Eberhardus Alemannus → Eberhard d. Deutsche

Ebernand v. Erfurt, Verfasser der Anfang des 13. Jh. geschriebenen mhd. Legende »Heinrich und Kunigunde« (über Ks. →Heinrich II., 1002–24, Gründer des Bm.s →Bamberg, und seine Gemahlin →Kunigunde). Er ist vielleicht identisch mit einem in den 90er Jahren des 12. Jh. oder einem im 1. Jahrzehnt des 13. Jh. in Erfurter Urkk. genannten Bürger E., allerdings wurden in der Legende ausgeprägte monast. Züge festgestellt. Der 4752 Verse umfassende Text, in einer Mühlhausener Hs. des 15. Jh. überliefert, steht wahrscheinlich im Zusammenhang mit der Heiligsprechung der Ksn. Kunigunde um 1200 und propagiert ihre Verehrung auch in Thüringen. E. wurde zu seiner Dichtung angeregt durch einen aus Bamberg gekommenen Freund Reimbote, Mönch des Zisterzienserkl. Georgenthal bei Erfurt. Lat. Quellen und mündl. Bamberger Traditionen sind wohl verbunden zu einer Vita des Kaiserpaares, die zugleich Ausschnitte aus der Reichs- und Bistumsgeschichte enthält. Vorbildliches Leben, insbes. die Enthaltsamkeit in der Ehe, und Wunder bestätigen die Heiligkeit Heinrichs und Kunigundes. Die Legende zeigt ohne bes. sprachl. Qualitäten eine bewußte lit. Gestaltung durch eine ausgeprägte Erzählerrolle.

U. Schulze

Ed.: E. v. E., Heinrich und Kunigunde, ed. R. BECHSTEIN (Bibl. der ges. dt. Nationalit. 39, 1860) [Neudr. 1968] – Lit.: Verf.-Lex.² II, 290–293 – H.-J. SCHRÖPFER, Heinrich und Kunigunde. Unters. zur Verslegende, 1969 [Bibliogr.] – U. WYSS, Theorie der mhd. Legendenepik (Erlanger Stud. 1), 1973, bes. 32–103.

Eberraute (Artemisia abrotanum L./Compositae). Der v. a. in SO-Europa und W-Asien verbreitete, mit dem →Beifuß und dem →Wermut nah verwandte, aromat. Halbstrauch war im MA hauptsächlich unter dem antiken gr./lat. Namen *abrotanum* (MlatWb I, 41f.) bekannt, woraus durch volksetymol. Umdeutung die dt. Bezeichnungen E. und *Eberreis* entstanden sind. Schon zur Karolingerzeit in Gärten kultiviert (Cap. de villis, 70; Walahfrid Strabo, Hortulus, ed. STOFFLER, 91–98), fand die u. a. *Stabwurz, Garthagen, Gertel* genannte, einst sehr geschätzte Heilpflanze med. vielseitige Anwendung: So sollte sie etwa die Harnausscheidung, die Menstruation und den Haarwuchs fördern, Schlangen vertreiben und Spulwürmer abtöten, aber auch bei Blasen- und Nierensteinen, Atemnot, Gicht, Fieber und Magenbeschwerden sowie als Antidot gegen Vergiftungen wirksam sein (Albertus Magnus, De veget. 6, 280; Gart, Kap. 2). Darüber hinaus wurde die E., die seit alters im Liebeszauber eine große Rolle spielte, als Aphrodisiacum (Macer, ed. CHOULANT, 50f.) verwendet.

P. Dilg

Lit.: MARZELL I, 412–420 – HWDA II, 527–529.

Ebersberg, Gf.en v., bayer. Adelsfamilie (→Bayern). Die Gf.en v. E. waren seit Kg./Ks. →Arnulf v. Kärnten (887–899) eines der mächtigsten und reichsten Geschlechter der bayer. Adelslandschaft. Das »Geschlecht« der E.er ist erwachsen aus der Verbindung der bayer. Sippe um *Ratolt* »v. Daglfing« und einer rheinfrk. Grafensippe um die Namen *Sigihard* und *Eberhard*. Aus der Ratolt-Sippe stammte offensichtlich *Liutswind*, die Konkubine Kg. →Karlmanns und Mutter Ks. Arnulfs. Arnulf nennt *Sigihard*, den Erbauer der Burg Eparesburg (Ebersberg, Oberbayern, östl. von München) und »Spitzenahn« der E.er, seinen Blutsverwandten. Die Familie, die offensichtlich in die Konflikte Karlmanns mit seinem Vater Kg. →Ludwig d. Dt. hineingezogen wurde, muß schon Karlmann als Kg. für ihre Verluste im Kraichgau entschädigt haben, und zwar im östl. Markengebiet, wo sich große Aufstiegschancen boten.

Für die starke Position der Familie im bayer. Altland aber wurde entscheidend, daß Sigihard nicht nur den Besitz der Ratolt-Sippe erbte, sondern auch von seinem kgl. Gönner Arnulf wichtige Königsgüter um den Ebersberger Forst, bes. den kgl. Markt Sempt an der alten Salzstraße (→Salz, -handel) und eine kgl. capella im Süden seines altbayer. Interessengebiets, erhielt.

Sigihards Sohn *Ratolt* erbte die Burg E. und die umliegenden Familienpositionen, vermutl. auch Besitzungen in →Kärnten. Nach der Ebersberger Chronik wurde ihm jedenfalls der östl. Grenzschutz (sicherlich in Kärnten) anvertraut.

Ratolts Söhne gründeten in ihrer Burg ein Chorherrenstift, das die kostbare Reliquie der Hirnschale des hl. Sebastian erhielt und das Stift zum Wallfahrtsort machte.

Die E.er, bes. Gf. *Udalrich*, wurden um die Mitte des 10. Jh. zu entschiedenen Gewährsmännern ottonischer Reichspolitik gegen die süddt. Sonderpolitik des liudolfing.-liutpolding. Herzogshauses. Der enge Kontakt mit dem Königshaus blieb offenbar bis zum Aussterben der E.er erhalten.

Gf. *Eberhard* gründete 1037 das Benediktinerinnenkl. Geisenfeld (nördl. Oberbayern, Lkrs. Pfaffenhofen/Ilm); sein Bruder *Adalbero* wandelte das Stift Ebersperg 1040 in ein Benediktinerkl. um; es erlebte eine kulturelle Blüte in der 2. Hälfte des 11. Jh. unter Abt→Williram († 1085) und erneut im 15. Jh. im Zeichen der über→Tegernsee vermittelten →Melker Reform (spätgot. Hallenkirche erhalten).

Das Bild der E.er ist im 11. Jh. durch mehrere Gft.en, wichtige Vogteien, beachtliche Verwandtschaftsbeziehungen gekennzeichnet. Es gibt keine Adelsfamilie im Bayern des 11. Jh., die so weitreichende Herrschaftsschwerpunkte ausbilden konnte wie die E.er. Kartiert man den Besitz der E.er aus der Tegernseer Entfremdungsliste und die E.er Schenkungen an die beiden Hausklöster, so zeigt sich ein Machtbereich vom nördl. Alpenrand bis zur Donau, vom Würmsee (Starnberger See) bis zum Inn, wobei die Linie von Regensburg zum oberen Inntal (b. Rosenheim) etwa die Ostgrenze des Altlandbesitzes darstellt. Dazu kommen noch einzelne Positionen in Ober- und Niederösterreich. Ihre offensichtl. beachtliche Vasallenschar ist aus dem Cartular des Kl. Ebersberg nur vage erschließbar.

Gf. *Adalbero II.*, der letzte E.er, war mit der Welfin (→Welfen) Richlind, einer Enkelin Kunos v. Öhningen, vermählt. Sie versuchte aus dem Erbe die Reichslehen ihrem Neffen Welfhard zukommen zu lassen.

Das Aussterben der E.er 1045 hatte in Bayern eine polit. Umstrukturierung zur Folge, da Ks. Heinrich III. bei der Verteilung der Erbschaft, zu der eine beachtl. Zahl von Reichslehen gehörte, offenbar entscheidend mitgewirkt hat. W. Störmer

Q.: Chronicon Ebersperganse, ed. W. ARNDT, MGH SS 20, 9-15 – Ex Chronico Eberspergensi posteriore, ed. W. WATTENBACH, MGH SS IX, 210–221 – F. H. GRAF HUNDT, Das Cart. des Kl. Ebersberg (AAM III. Cl., XIV. Bd., III. Abt., 1879) – *Lit.*: F. X. PAULHUBER, Gesch. von E. und dessen Umgebung in Oberbayern, 1847 – C. TROTTER, Die Gf.en v. Görz, Zs. des hist. Vereins der Steiermark 25, 1929, 11-61 – F. TYROLLER, Genealogie des altbayer. Adels im HochMA (Genealog. Tafeln zur mitteleurop. Gesch., hg. W. WEGENER, 1962–69, 62–70 – W. STÖRMER, Adelsgruppen im früh- und hochma. Bayern, 1972, 165–175; Kartenanh. [nach 202] – J. KASTNER, Historiae fundationum monasteriorum, 1974, 133–143 – W. SAGE, Ausgrabungen in der ehemaligen Grafenburg zu E., Jahresber. der Bayer. Bodendenkmalpflege 21, 1980, 214–228 – Der Landkreis E. Raum und Gesch., 1982, 110–117 [G. MAYR].

Eberstein, Gf.en v. Die Edelfreien v. E. sind erstmals 1085 genannt (Burg Alteberstein im Ortsteil Ebersteinburg der Stadt Baden-Baden). Ihr Besitz im Ufgau (wohl von den um 1100 ausgestorbenen Gf.en v. Malsch) und im Kraichgau aus einer Heiratsverbindung mit den Gf.en v. Lauffen ermöglichte den Ausbau einer umfangreichen Adelsherrschaft im nördl. Schwarzwald, die sich auf bfl. speyer. Lehengüter, aber auch auf Rodungsgüter im Murg- und Albtal stützte. Das Zisterzienserkloster→Herrenalb (um 1150) und das Benediktinerinnenkloster Frauenalb (um 1180) wurden zu geistl. Zentren der Familie, noch ehe sich Eberhard v. E. (1196) erstmals den Grafentitel beilegte, wohl ohne jemals ein Grafenamt ausgeübt zu haben. Vornehme Heiratsverbindungen (Hzg.e v. →Teck, Gf.en v. →Zweibrücken, →Freiburg, Sulz, →Tübingen) trugen zur Steigerung des Ansehens der neben den Mgf.en v. →Baden mächtigsten Adelsherrschaft im Gebiet des Nordschwarzwaldes bei. Dafür sprechen auch die Stadtgründungen in Kuppenheim, Gernsbach, →Bretten, Gochsheim und Neuburg am Rhein (damals noch rechtsrhein. südwestl. des heut. Karlsruhe), alle um 1250. Doch bereits in der 2. Hälfte des 13. Jh. leiteten Erbauseinandersetzungen den Niedergang ein. 1283 verkaufte Otto v. E. seine Stammburg Alteberstein an Mgf. Rudolf v. Baden und zog sich auf Burg Ebersteinschloß im Murgtal oberhalb Gernsbach zurück. Auch die Hälfte der Herrschaft wurde 1387 an die Mgf.en verkauft. 1660 starb die Familie aus; der größte Teil ihrer Herrschaft fiel an die Mgft. Baden-Baden. H. Schwarzmaier

Lit.: W. MOELLER, Stammtafeln westdt. Adelsgeschlechter im MA I, 1922, 8–10; Tafel IV – G. H. KRIEG V. HOCHFELDEN, Gesch. der Gf.en v. E. in Schwaben, 1836 – K. FRH. V. NEUENSTEIN, Die Gf.en v. E. in Schwaben, 1897 – A. SCHÄFER, Stauf. Reichslandpolitik und hochadlige Herrschaftsbildung im Uf- und Pfinzgau und im NW-Schwarzwald vom 11.–13. Jh., ZGO 117, 1969, 229ff. – G. WUNDER, Otto v. E. Bem. zu seiner Biographie und Genealogie, ebd. 123, 1975, 93ff.

Eble → Ebalus

Eble II., Vicomte v. Ventadorn, erste Erwähnung 1096, letzte 1147, wird sowohl von anderen Troubadours (Marcabru, Cercamon, Bernart de Ventadorn und Guiraut de Cabrera – auf einen anderen Eble bezieht sich Bernart Marti) als auch vom Chronisten Geoffroi de Vigeois als lyr. Dichter bezeichnet. E. war bekannt für seine »Courtoisie«, über die Anekdoten erzählt wurden, und bildete eine Schule oder gab einer poetischen Richtung einen Impuls (Bernart de Ventadorn 50 v. 23 »escola N'Eblo«), die eher die »höfische« als die »realistische« Dichtung pflegte; gegen sie polemisierte Marcabru heftig (Ja no farai moi plevina/leu per la troba N'Eblo, 31, 73–74). Es sind keine Dichtungen erhalten, die E. sicher zugeschrieben werden können. A. Vitale Brovarone

Lit.: R. A. TAYLOR, La Littérature Occitane du MA, Bibliogr. sélective et critique, 1977, 68–69 – F. PIROT, Le troubadour Eble de Saignes (avec des notes sur E. de Ventadour et Eble d'Ussel), Mél. P. Le Gentil, 1973, 644–659 – M. de Riquer, Los Trovadores I, 1975, 142–147.

Ebner(in). 1. E., Christine, Mystikerin, * 1277 in Nürnberg, † 27. Dez. 1356. Mit 12 Jahren kam die Patriziertochter zu den Dominikanerinnen in →Engeltal, wo sie sich sehr harter Askese in Buße und Imitatio Christi befleißigte, vom Konvent anfänglich eher mißtrauisch angesehen. Doch machte sie ihr Gnadenleben weithin berühmt, wofür auch die Besuche der Geißler 1349 und Ks. Karls IV. 1350 zeugen. Ab 1345 fungierte sie als Priorin. E. hat im »buchlein von der genaden uberlast« formvollendet über die myst. begabten Nonnen ihres Kl. berichtet; ihre eigenen Offenbarungen wurden verschiedentl. von ihr selbst, ihrem Beichtvater →Konrad v. Füssen sowie Mitschwestern aufgezeichnet; auf göttl. Geheiß ließ E. sie veröffentlichen und verbreiten. Sie handeln von freudvollen Begnadungen, Erscheinungen Christi, Mariens und Verstorbener, von den Gesprächen der Trinität über theol. Fragen. Verschollen ist der Briefwechsel mit →Heinrich v. Nördlingen, der, wie →Mechthild v. Magdeburg und →Tauler, für E.s Mystik bedeutsam war. P. Dinzelbacher

Ed.: C. Schröder, Der Nonne v. Engelthal Büchlein Von der Genaden Uberlast, 1871 – *Bibliogr.:* G. Jaron Lewis, Bibliogr. zur dt. Frauenmystik des MA, 1986, s. v. – *Lit.:* Biograph.-Bibliogr. Kirchenlex. I, 1446f. – LThK² III, 635 – Verf.-Lex.² II, 297–302 – W. Oehl, Dt. Mystikerbriefe des MA, 1931, 344ff. – S. Ringler, Viten- und Offenbarungslit. in Frauenklöstern des MA, 1980 – U. Peters, Frauenmystik im 14. Jh. Die 'Offenbarungen' der C. E. (Weiblichkeit und Feminismus, hg. C. Opitz, 1984), 213–228 – S. Ringler, Die Rezeption ma. Frauenmystik als wiss. Problem, dargest. am Werk der C. E. (Frauenmystik im MA, hg. P. Dinzelbacher–D. Bauer, 1985), 178–200.

2. E., Margarete, sel., Mystikerin, * um 1291 in Donauwörth, † 20. Juni 1351 in Maria Medingen. Die Patriziertochter trat mit 15 Jahren bei den Dominikanerinnen in Medingen b. Dillingen ein, wo sie sich seit ihren häufigen Erkrankungen ab 1312 dem beschaul. Leben ergab. Ihre myst. Frömmigkeit entwickelte sich bes. in der Freundschaft mit →Heinrich v. Nördlingen (seit 1332), von dem 56 Briefe an E. erhalten sind, und der sie zur Aufzeichnung ihrer Offenbarungen nach ihrem Tagebuch bewog (ab 1344). Auch E.s Eintreten für den gebannten Ks. Ludwig d. Bayern trübte dieses Verhältnis nicht. Kennzeichnend für sie sind tiefe Christusfrömmigkeit (Namen Jesu, Eucharistie, Kindheit, Passion) mit Verwendung realist. Andachtshilfen – erhalten sind ihr hölzernes Christkind und die Wiege – sowie Mitleid mit den Armen Seelen. Myst. Begnadungen erhielt sie namentlich beim Gebet: u. a. Auditionen, Glossolallie, eingegossene Süße, die Stigmen, worüber sie schlicht und ohne lit. Anspruch berichtet. Einzelne Briefe bezeugen E.s Verbindung zu anderen Gottesfreunden, darunter →Tauler. P. Dinzelbacher

Ed.: Ph. Strauch, M. E. und Heinrich v. Nördlingen, 1882 – *Bibliogr.:* G. Jaron Lewis, Bibliogr. zur dt. Frauenmystik des MA, 1986, s. v. – *Lit.:* ADB XX, 332ff. – Bibl. SS IV, 989ff. – Biogr.-Bibliogr. Kirchenlex. I, 1447 – DHGE XIV, 1320f. – DSAM X, 338–340 – LThK² III, 635f. – NDB IV, 262f. – TRE IX, 245–247 – Verf.-Lex.² II, 303–306 – L. Zoepf, Die Mystikerin M. E., 1914 – H. Wilms, Gesch. der Dominikanerinnen, 1920, 110–116, 251–254 – W. Oehl, Dt. Mystikerbriefe des MA, 1931, 267–343, 778–790 – F. Zoepfl, M. E., 1950 – A. Walz, Gottesfreunde um M. E., HJb 72, 1953, 253–265 – M. Weitlauff, M. E. (Bavaria Sancta III, hg. G. Schwaiger, 1973), 231–267 – A. Haas, Traum und Traumvision in der Dt. Mystik, AnalCart 106/1, 1983, bes. 38ff. – R. Schneider, De zalige M. E., Dominikaansleven 38, 1982, 242–247; 39, 1983, 33–39.

Ebo (s. a. Ebbo)

1. E. (selten Ebbo), Ebf. v. →Reims 816–835, 840–841, Bf. v. →Hildesheim 845–851; * 778 (?), † 20. März 851 in Hildesheim. Am Hofe →Karls d. Gr., der dem angebl. Sohn eines kgl. Fiskalinen die Freiheit geschenkt haben soll, zusammen mit →Ludwig d. Fr. erzogen, wurde E. Bibliothekar bei diesem als Unterkg. v. Aquitanien und Mitglied des dortigen Reformkreises. E.s sächs. Abstammung ist nicht zu beweisen, doch ist für seine Mutter Himiltrud († 826 in Reims) rechtsrhein. Herkunft bezeugt. Nach der Krönung Ludwigs d. Fr. durch Papst Stephan IV. in Reims und dem Tode Ebf. Wulfhars wurde E. Ende 816 zum dortigen Ebf. und Abt v. St. Remi erhoben. Er war kgl. →Missus über sechs Gft.en, führte in seiner Kirchenprovinz umfangreiche Reformen durch, erbaute die karol. Reimser Kathedrale und förderte die Hss.-Produktion in seinen Klosterskriptorien, v. a. auch die →Buchmalerei (hervorragendstes Beispiel das →Ebo-Evangeliar). Im Rahmen der karol. Skandinavienpolitik wurde E. eigentlicher Initiator der nord. →Mission. In Rom von Papst →Paschalis I. zum Legaten des Nordens ernannt, begann er 823 mit erfolgreicher Bekehrungstätigkeit unter den Dänen, in seiner Bedeutung keinesfalls dem hl. →Ansgar nachstehend, der 831/832 von Gregor IV. den päpstl. Legationsauftrag gemeinsam mit E. erhielt und von diesem bei der Errichtung seines Ebm.s Hamburg unterstützt wurde (→Hamburg-Bremen, Ebm.).

Als Vertreter der karol. Reichseinheit verfolgte E. die Nachfolgepolitik Ludwigs d. Fr. und der Ksn. →Judith mit Sorge, war aber an der »loyalen Revolution« von 830 noch nicht beteiligt. Erst nach der Gefangennahme Ludwigs durch die älteren Kaisersöhne im Juni 833 trat er auf deren Seite. Daß er als zuständiger Metropolit im Okt. 833 zu St. Médard in →Soissons persönlich dem alten Ks. die auferlegte Kirchenbuße abzunehmen hatte, wurde sein Verderben. Die Wiedereinsetzung Ludwigs d. Fr. zwang ihn Anfang März 834 zur Flucht. Bei Paris verhaftet und in Fulda gefangengesetzt, wurde E. am 2. Febr. 835 zu Diedenhofen und anschließend zu Metz unter schwerstem Druck gezwungen, sich als Hauptschuldiger bei der Absetzung des alten Ks.s zu bekennen. Er kam wieder nach Fulda, dann nach Lisieux und Fleury in Haft. Nach dem Tode Ludwigs d. Fr. restituierte ihn Ks. →Lothar I. im Aug. 840 als Ebf. v. Reims. In seinem »Apologeticum« (MGH Conc. 2,794) legte E. die Unrechtmäßigkeit des seinerzeitigen Verfahrens gegen ihn dar, mußte aber nach der Niederlage des Ks.s bei →Fontenoy (25. Juni 841) endgültig aus Reims weichen und an Lothars Hof fliehen. Von hier aus nahm er am Romzug →Ludwigs II. (Mai/Juni 844) teil, doch versagte ihm Papst Sergius II. mit Rücksicht auf Karl d. K. die erbetene Anerkennung als Ebf. v. Reims und das Pallium. Zu allem Unglück fiel E. auch bei seinem Beschützer Lothar I. in Ungnade, als er eine bereits übernommene Legation nach Konstantinopel angesichts der geänderten Byzanzpolitik des Ks.s zurückgab.

E. blieb nur der Weg an den Hof →Ludwigs d. Dt., der ihm spätestens im Frühjahr 845 das derzeit vakante Bm. Hildesheim übertrug, welches schon in seinen Anfängen vom Ebm. Reims aus betreut worden war. Diesen Übergang auf ein anderes Bm. suchte E. durch ein gefälschtes Schreiben Gregors IV. (Jaffé, † 2583) zu rechtfertigen. Für Ludwig d. Dt. war E. eine wichtige Karte im polit. Spiel gegen Karl d. K. und den von diesem 845 als Ebf. v. Reims eingesetzten →Hinkmar. Obwohl ihm westfrk. Synodalbeschlüsse jedes Betreten seiner früheren Erzdiöz. verboten, betrieb E. von →Hildesheim aus bei dem neuen Papst Leo IV. unablässig seine Restitution, konnte aber die Verleihung des Palliums an Hinkmar nicht verhindern und starb am 20. März 851 in Hildesheim. Er ist zweifellos eine ebenso bedeutende wie tragische Persönlichkeit gewesen. Sein Verhalten bei der Absetzung Ludwigs d. Fr. muß im Rahmen der Versuche des frk. Episkopats gesehen werden, den Zerfall des karol. Großreiches aufzuhalten.

Die »Causa Ebonis« wurde noch fast 20 Jahre lang in zahlreichen westfrk. Synodalprozessen immer wieder aufgerollt, und zwar von den sog. Ebo-Klerikern, darunter auch Bf.en, welche E. während seiner zweiten Reimser Amtszeit 840/841 geweiht und welche Hinkmar sogleich abgesetzt und verfolgt hatte. Der Fall wurde erst unter den Päpsten Nikolaus I. und Hadrian II. als nicht mehr entscheidbar abgeschlossen.   H. Goetting

Ed.: MGH SS XIII, 467ff.; MGH PP I, 623f.; II, 93, 350f.; MGH Epp. V, 81ff., 221ff., 616f.; MGH Cap. II, 57f.; MGH Conc. II, 696ff., 791–814 – MPL 135, 407ff. – *Lit.*: ADB, s. v. – DHGE XIV, 1270–1274 – LThK III², 621f. – NDB, s. v. – Repfont IV, 262f. – P. R. McKeon, Archbishop Ebbo of Reims (Church Hist. 43, 1974), 437–447 – H. Goetting, Die Hildesheimer Bf.e (GS NF 20, 1984), 56–84.

2. E., Ebf. v. Sens → Sens

3. E., Verfasser einer Vita Ottos v. Bamberg → Otto v. Bamberg

Ebo-Evangeliar (Epernay, Bibl. Mun. Ms. 1, bis zur Frz. Revolution in Hautevillers), ein in Gold geschriebenes Evangeliar (178 Bl., 26 × 20,8 cm), aus dessen Widmungsgedicht hervorgeht, daß es sich bei der Hs. um ein Geschenk des Ebf.s →Ebo v. Reims an das nahe gelegene Kl. Hautvillers handelt. Der vor 835 entstandene Codex ist ein Hauptwerk der unter Ebo aufblühenden Reimser Buchmalerei und damit ein Werk »jener Zeichner und Maler, die in der gesteigerten, expressiven Lebendigkeit ihres Stils eine neue Variante der illusionistischen Kunst antiker Prägung ... schufen« (Mütherich). Dies gilt v. a. für die Bilder der vier Evangelisten (18v, 60v, 90v, 135v), in denen die innere Erregung nicht nur an der Darstellung der Figuren, sondern auch an der des Landschaftshintergrundes (mit den Evangelistensymbolen) abzulesen ist. Die gegenüberliegenden prachtvollen Initialzierseiten sind von harmon. Gesetzmäßigkeit in Schrift und Führung des Flechtbandornamentes der Initialen beherrscht. Zur Ausstattung gehören auch zwölf Kanontafeln (10r–15v), deren rahmende Architekturformen ebenso der Antike verpflichtet sind wie die →Drôlerien auf den Giebelschrägen.   K. Bierbrauer

Lit.: C. Nordenfalk, Die Buchmalerei (A. Grabar–C. Nordenfalk, Das Frühe MA, 1957), 144ff. – Kat. Ausst. Karl d. Gr., Aachen 1965 Nr. 481 – W. Koehler, Die Buchmalerei des frühen MA (Fragm. und Entwürfe aus dem Nachlaß), 1972, 138ff. u. passim – F. Mütherich–J. E. Gaehde, Karol. Buchmalerei, 1976/79, 13, 56–62.

Eboli, it. Stadt in der heut. Prov. Salerno, auf einem Hügel im nördl. Teil des Sele-Tals gelegen (»Piana di Eboli«). Aus dem FrühMA sind nur wenige Nachrichten über E. erhalten: Der locus Ebuli lag in der Nähe der antiken Stadt Eburum, die von den Sarazenen wahrscheinl. Mitte des 9. Jh. zerstört wurde. E. bildete einen Bestandteil des langob. Dukats von →Benevent, nach der Spaltung von 847 des Dukats v. →Salerno, dessen Schicksale es teilte: abwechselnd unterstand es dem Imperium, den Langobardenfürsten, dem byz. Kaiserreich und dem Papsttum. Nach der Eroberung Salernos 1076 durch Hzg. →Robert Guiscard wurde E. in das Normannenreich eingegliedert. Auf seinem Territorium wurde ein wichtiges Jagdrevier der Krondomäne eingerichtet, die »Caccia« (Jagd) von Persano. Nach dem Zeugnis des →Catalogus baronum (nr. 610–618) hatten zw. 1150 und 1168 15 Vasallen Lehen im Territorium von E., auf denen 213 Bauernfamilien arbeiteten. Während der Kämpfe zw. →Tankred v. Hauteville und dem Staufer →Heinrich VI. unterstützte E. die stauf. Politik und erlitt einige Zerstörungen (1191–92). Ein wichtiges Zeugnis für diese Ereignisse ist in der panegyr. Dichtung »Liber ad honorem Augusti« erhalten, die →Petrus v. Eboli (de Ebulo) 1195 zur Feier der Eroberung Siziliens durch Heinrich VI. verfaßte. Friedrich II. gewährte 1221 den Bürgern von E. ein Schutzprivileg und gliederte die Stadt in die Krondomäne ein (Huillard-Bréholles, II, 1, p. 122). Während der Anjouherrschaft wurde E. wiederum verlehnt. Zur Zeit Karls I. (1282–85) erhielt es Robert v. Flandern. In der Folgezeit gehörte E. abwechselnd zur Krondomäne oder wurde zu Lehen übertragen. Im 16. Jh. verkaufte Ruy Gómez de Silva, Fs. v. E., die Stadt an die →Grimaldi, danach fiel sie an die Doria d'Andria.

Von den ma. Kirchen sind S. Pietro alli marmi (13. Jh.) und S. Francesco (14. Jh.) zu erwähnen.   F. Bocchi

Q. und Lit.: Catalogus Baronum, a c. di E. Jamison, F.I.S.I., n. 101, I, 1972 – Catalogus Baronum. Commentario, a c. di E. Cuozzo, F.I.S.I., n. 101, II, 1984 – Hist. Diplomatica Friderici secundi, a c. di Huillard-Bréholles, II, 1, 1852 – E. Leonard, Les Angevins de Naples, 1954 – E. Pontieri, Tra i Normanni nell'Italia meridionale, 1964 – N. Cilento, Italia meridionale longobarda, 1966.

Ebrach, erste rechtsrhein. und bedeutendste Zisterze Oberdeutschlands (→Zisterzienser), westl. von Bamberg, im Steigerwald, Oberfranken. Sie wurde 1127 von den vermutl. edelfreien Brüdern Berno und Riwin gegründet und von →Morimond aus besiedelt. Das Kl. gelangte bald zu großem Besitz und erhielt zahlreiche päpstl. Schutzprivilegien. 1134 erfolgte die Weihe der ersten Kirche, 1200–85 die Errichtung des bedeutenden roman./frühgot. Kirchenbaus, in welchen die Gräber von Kg. →Konrads III. Gemahlin Gertrud v. Sulzbach († 1146) und ihres Sohnes →Friedrich v. Rothenburg († 1167) 1269 aus der alten Kirche übertragen wurden. Spätmittelalterliche Klostertradition hat E.s Beziehungen zum Reich in eine Staufergründung umgedeutet, um die Position der Abtei im letztlich erfolglosen Kampf gegen →Würzburg um die Reichsunmittelbarkeit zu stärken. Die Bf.e v. Würzburg ließen seit 1150 (1287?) ihre Herzen in E. beisetzen. Tochterklöster E.s waren: Rein, →Heilsbronn, Langheim, Nepomuk, Aldersbach, Bildhausen, Wilhering, Eytheren. Der Abt war Weiser für mehrere Frauenklöster. Unter den Äbten ragen hervor: →Adam (1127–67; früher fälschl. mit 1161 angegeben), Friedrich v. Leuchtenberg (1306–28), später Bf. v. Eichstätt (1328–29), Bartholomäus Fröwein (1427–30), vorher Professor der Theologie in Würzburg und Wien, Johann Kaufmann (1474–89), vorher ebenfalls Professor in Wien.   A. Wendehorst

Bibliogr.: E. Krausen, Die Kl. des Zisterzienserordens in Bayern, 1953, 34–38 – Frk. Bibliogr. I, hg. G. Pfeiffer, 1965, Nr. 10922–11047 – *Q.*: W. Ohnsorge, Eine E.er Briefslg. des XII. Jh. (QFIAB 20, 1928/29), 1–39 – GP III/3, 1935, 209–219 – Die Hss. der Univ.-Bibl. Würzburg, I: H. Thurn, Die E.er Hss., 1970 – Das Gesamturbar des Zisterzienserkl. E. vom Jahre 1340, hg. W. Wiessner, 1973 – *Lit.*: H. Zeiss, Reichsunmittelbarkeit und Schutzverhältnisse der Abtei E. vom 12. bis 16. Jh., Ber. des Hist. Vereins ... Bamberg 80, 1928, 1–102 – W. Wiemer, Die Baugesch. und Bauhütte der E.er Abteikirche 1200–1285, JbfFL 17, 1957, 1–85 – H. Weiss, Die Zisterzienserabtei E. (Q. und Forsch. zur Agrargesch. 8, 1962) – G. Zimmermann, E. und seine Stifter, Mainfrk. Jb. für Gesch. und Kunst 21, 1969, 162–182 – L. Grill, Abt Adam v. E.s letzte Lebensjahre, Tod und Grab, Würzburger Diöz.-Gesch.-Bl. 32, 1970, 5–18 – Fschr. E. 1127–1977, hg. G. Zimmermann, 1977.

Ebrachar (Everacrus, Éracle), Bf. v. →Lüttich seit 959, † 27./28. Okt. 971, ⌑ Lüttich, Stiftskirche St. Martin. Schüler des Bf.s → Rather v. Verona und Lüttich, war E. Dekan des St.-Cassius-Stiftes zu →Bonn. Er wurde unter dem Druck von →Brun I., Ebf. v. Köln, zum Bf. v. Lüttich erhoben. 968–969 nahm E. am Feldzug Ks. →Ottos I. nach Kalabrien teil.

In Lüttich gründete er das Kollegiatstift St. Paul. Außerdem war er bestrebt, die Kathedrale von Lüttich auf den Hügel des Publémont, der die Stadt überragt, zu verlegen; dies war der Ursprung des Kollegiatstifts St. Martin. E.s Episkopat war überschattet durch Schwierigkeiten mit der Lütticher Bevölkerung, die sich gegen ihn erhob. Er spielte eine bedeutende Rolle bei der Reorganisation der Lütticher Schulen, die im folgenden Jahrhundert einen so bedeutenden Aufschwung erleben sollten. J.-L. Kupper

Lit.: DHGE XV, 66of., 1488f. – NDB IV, 269 – H. Silvestre, A propos des chroniques liégeoises éd. par S. Balau. Notes de critique textuelle sur la biographie d'Eracle, Annuaire d'hist. liégeoise 4, 1948, 11–22 – Ders., Notes sur la »Vita Evracli« de Renier de Saint-Laurent. Contribution à l'hist. littéraire du XIIe s. liégeois, RHE 44, 1949, 30–86 – Ders., Comment on rédigeait une lettre au Xe s. L'épître d'Eracle de Liège à Rathier de Vérone, M–A 58, 1952, 1–30 – F. Vercauteren, Note sur les origines de St-Laurent de Liège (St-Laurent, Mille ans d'hist. 1968), 15–24 – H. Wellmer, L'évêque Eracle et sa fondation de St-Laurent de Liège, ebd., 41–47 – J.-L. Kupper, Liège et l'Eglise impériale. XIe–XIIe s., 1981, 115, 118, 326–327, 375–376 – Ser. episcoporum ecclesiae catholicae occidentalis..., ser. V, Tom. 1, 1982, 66f.

Ebran v. Wildenberg, Hans, bayer. Chronist, *1425/35, † 1501/03, stammte aus dem alten Ministerialengeschlecht der Ebran, das in zwei Linien auf den niederbayer. Burgen Wildenberg und Scherneck blühte. Er trat in die Dienste der Hzg.e v. Niederbayern (→Bayern) und nahm an sieben Feldzügen Hzg. →Ludwigs des Reichen teil, so z. B. 1462 als Hauptmann in der Schlacht b. →Giengen. 1464–72 amtierte H. E. als Pfleger und Oberrichter in Landshut, danach als Hofmeister der von ihrem Gatten nach Burghausen verbannten Hzgn. Amalie, später in dieser Funktion auch für deren Schwiegertochter Hedwig/Jadwiga (Gemahlin→Georgs des Reichen). Zugleich war E. Pfleger in →Burghausen. 1480 pilgerte er ins Hl. Land. – Hervorzuheben ist H. E.s Tätigkeit als Chronist mit der in drei Fassungen unterschiedenen »Chronik von den Fürsten aus Bayern«, die von den Urzeiten (Noah und Ninus) bis ins späte 15. Jh. reicht. Er fußt auf →Otto v. Freising, Jakob →Twinger v. Königshofen, →Andreas v. Regensburg und mehreren Klosterchroniken. E.s Werk beschreibt zwar hist. unkritisch, aber ehrlich in schlichter sachlicher Sprache ohne Apologetik und Schönfärberei, wobei die Inhalte dynastischer und anekdotischer Natur sind. Mit E. wird in der bayer. Historiographie das Auftreten der dt. neben der lat. Sprache und das des Laien neben dem Geistlichen markiert. B. Hagel

Ed.: Des Ritters H. E. v. W. Chronik von den Fürsten aus Bayern, ed. F. Roth (Q. und Erörterungen zur bair. und dt. Gesch., NF Bd. 2,1, 1905) – Lit.: ADB 42, 498f. – Verf.-Lex.^{2}, s. v. – Bosl's Bayer. Biogr., hg. K. Bosl, 1983, 846f. – S. Riezler, Gesch. Bayerns III, 1889, 908ff. – M. Doeberl, Entwicklungsgesch. Bayerns I, 1931, 357 – Spindler II, 758–761 – A. Schmid, Das Bild des Bayernherzogs Arnulf (907–937) in der dt. Geschichtsschreibung von seinen Zeitgenossen bis zu Wilhelm v. Giesebrecht (Regensburger Hist. Forsch. 5, 1976).

Ebrard v. Béthune → Eberhard (21. E.)

Ebroin. 1. E., merow. →Hausmeier, † 680 (681?), Franke, wohl aus dem Gebiet v. Soissons. Nach dem in der Kritik umstrittenen Zeugnis der Passio s. Ragneberti »ex infimo genere ortus«; ∞ Leutrud, Sohn: Bovo (»unicus filius«). – Erstzeugnis: Urk. des neustroburg. Kg.s →Chlodwig II. vom 22. Juni 654, die E. unterzeichnete. Nach dem Tod Chlodwigs II. im Herbst 657 und des Hausmeiers →Erchinoald um die Jahreswende 657/658 übergingen die neustr. Franken Leudesius, den Sohn Erchinoalds, und wählten E. zum Hausmeier, offenbar unter dem Einfluß der Kgn. →Balthild, die die Regentschaft für ihren unmündigen Sohn →Chlothar III. führte und einst Sklavin Erchinoalds gewesen war.

Balthild verhinderte eine Reichsteilung unter ihren Söhnen und betrieb mit dem neuen Hausmeier eine zentralist. Politik, die auf Widerstand im frankoburg. Reichsteil stieß. Die Führer der Opposition, der Metropolit Aunemund v. Lyon und sein Bruder Dalfinus, der »Präfekt« v. Lyon, wurden hingerichtet (nach Nov. 660). Die Regierung errang einen weiteren Erfolg, als die austras. Franken nach dem Tod Kg. →Childeberts (III.) den jüngsten Sohn Balthilds, →Childerich II., 662 zu ihrem Kg. wählten. Der Eintritt →Chlothars III. in die Mündigkeit (nach Okt. 664) schwächte die Stellung der Königinmutter, die sich im Zusammenhang mit der Ermordung des Bf.s v. Paris Sigobrand um 665/666 ins Kl. →Chelles zurückzog. E., der an der Untat wohl nicht unbeteiligt war, führte die zentralist. Politik fort. Eine Verschwörung mit dem Ziel, den allmächtigen Hausmeier zu beseitigen, wurde entdeckt, ihr Anführer Ragnebert im frankoburg. Exil ermordet.

Gefährlicher wurde die frankoburg. Opposition, deren Führung der Bf. →Leodegar(i) v. Autun übernahm. Leodegar hat das Bischofsprivileg für E.s Klostergründung Notre-Dame de →Soissons vom 26. Juni 667 noch unmittelbar nach den Metropoliten v. Reims, Lyon und Rouen unterzeichnet. Zum Konflikt kam es erst in den folgenden Jahren. E. veranlaßte ein »Edikt«, »ut de Burgundiae partibus nullus praesumeret adire palatium, nisi qui eius (Ebroini) accepisset mandatum«, und klagte Leodegar wegen Hochverrats an. Der unerwartete Tod Chlothars III. im Frühjahr 673 führte zu einem völligen Umschwung. Als E. eigenmächtig →Theuderich III., den 2. Sohn Balthilds, zum Kg. proklamierte, ohne die Großen nach Gewohnheitsrecht zur Erhebung einzuladen, wandten sich diese dem austras. Kg. →Childerich II. zu, der sich verpflichtete, Recht und Gewohnheit der Länder des Reichs zu achten, das im Edikt →Chlothars II. v. 614 garantierte Indigenatsprinzip bei der Ämterbesetzung zu wahren und das Amt des Hausmeiers im Turnus zu besetzen. Theuderich III. wurde nach St-Denis eingewiesen, E. als Mönch nach →Luxeuil exiliert.

Da der neue Gesamtherrscher sich nicht an seine Zusagen hielt, kam es bald zum Konflikt mit Leodegar, der gleichfalls nach Luxeuil verbannt wurde und sich dort mit E. aussöhnte. Nach der Ermordung Childerichs II. (Spätsommer 675) trennte sich E. jedoch von Leodegar, der mit großem Anhang Theuderich III. im Kgtm. restituierte. Neuer Hausmeier wurde der 658 übergangene Leudesius.

E. zog sich mit wenigen Anhängern, unter ihnen die 673 abgesetzten Bf.e Dido v. Chalon und Bobo v. Valence, ins austras. Teilreich zurück, wo er die Hzg.e Waimar v. der Champagne und Eticho v. Elsaß (→Etichonen) für sich gewann, ein Heer rekrutierte und einen angebl. Sohn Chlothars III. unter dem Namen 'Chlodwig' zum Kg. proklamierte. Diesen ließ er jedoch fallen, als er sich nach einem kühnen Vorstoß über die Oise in Crécy-sur-Somme der Person Theuderichs III. bemächtigen konnte, der ihn nach Beseitigung des Leudesius zum Hausmeier ernannte. In Neustrien, wo E. auf die Sympathie des Metropoliten →Audoenus v. Rouen und wohl auch des Bf.s →Agilbert v. Paris rechnen konnte, erhob sich kein Widerstand. Nach Frankoburgund entsandte der Hausmeier ein Heer. Leodegar stellte sich und wurde geblendet. Der Metropolit Genesius v. Lyon fand sich aber schließlich mit dem von E. geschaffenen fait accompli ab. E. verkündete eine allgemeine Amnestie für die während der »turbatio« verübten Untaten, ließ aber Leodegar und seinen Bruder, den Gf.en Gaerin v. Paris, als angebl. Urheber der Ermordung Childerichs II. hinrichten. Auch gegen andere Gegner ging er rücksichtslos vor. Der Metropolit Chramlinus v. Embrun wurde nach St-Denis, Bf. Amatus v. Sitten nach Péronne exiliert. Nur in SW-Gallien, wo sich das Hzm. →Aquitanien formierte, fand E.s Macht ihre Grenzen.

Wohl in Verbindung mit den →Arnulfingern suchte E. auch auf das Ostreich Einfluß zu gewinnen. Im Grenzgebiet von Langres kam es 677 (?) zu Zusammenstößen mit →Dagobert II., dem Sohn Sigiberts III., der mit Hilfe des dux Wulfoald im Ostreich zum Kg. erhoben worden war. Die burg. Güter des Hzg.s v. Elsaß, Eticho, der sich Dagobert angeschlossen hatte, wurden konfisziert. Dagobert II. wurde am 23. Dez. 679 zu Stenay ermordet. Die Führer der arnulfing. Partei, ein dux Martin und →Pippin der Mittlere, waren bereit, Theuderich III. als Gesamtherrscher anzuerkennen. Eine Konferenz scheiterte jedoch an E., der wahrscheinl. die Erneuerung des austras. Hausmeieramtes ablehnte. Bei Bois-du-Fay (nahe Laon) schlug E. den dux Martin, den er anschließend töten ließ. Pippin II. behauptete sich in Namur. Ehe E. weiter gegen ihn vorgehen konnte, wurde er Ende April/Anfang Mai 680 (681?) durch den neustr. Franken Ermenfred ermordet.   E. Ewig

Q.: Chartae Lutinae Antiquiores XIII. France I, ed. H. Atsma–J. Vezin, 1981, N° 558, p. 36f. – MGH SRM II (Liber Hist. Francorum, Vita s. Balthildis), IV (Vita s. Elegii), V (Passiones I, II s. Leodegarii; Passio s. Ragneberti; s. Praeicti) – *Lit.*: L. Levillain, La succession d'Austrasie au VII° s., RH 112, 1913; BEC 106, 1945/46 – L. Dupraz, Contribution à l'hist. du Regnum Francorum pendant le 3° quart du VII° s. (656–680), 1948 – E. Ewig, Die frk. Teilreiche im 7. Jh., Trierer Zs. 22, 1953, 85–144 [abgedr. in: Ders., Spätantikes und frk. Gallien, Beih. der Francia III, 1, 1976] – J. Fischer, Der Hausmeier E. [Diss. Bonn 1954] – R. Schneider, Königswahl und Königserhebung im FrühMA, 1972 – H. Ebling, Prosopographie der Amtsträger des Merowingerreiches (Beih. der Francia II, 1974).

2. E., Bf. v. Poitiers, Kanzler Kg. →Pippins I. v. Aquitanien (831), Bf. v. →Poitiers (nachweisbar seit April 838), Erzkapellan Kg. →Karls d. K. (wohl seit 839/840), Abt v. St-Germain-des-Prés (seit 840/841), war ein propinquus des Gf.en Rorico (I.) v. Le Mans und das führende Mitglied des im frk. Westen und Südwesten mächtigen Verwandtenkreises der sog. 'Rorgoniden', in dem auch im Zusammenwirken mit E. die Söhne Roricos, nämlich die beiden Halbbrüder→Ludwig (Kanzler Karls d. K., †867) und→Gauzlin (später Bf. v. Paris, †886) hervortraten. Bis zum Tod E.s war diese Verwandtengruppe eine der wichtigsten Stützen der Königsherrschaft Karls d. K. Schon 839/840 half E. dem jungen Kg., sich in Aquitanien gegen →Pippin II. durchzusetzen und war bis zuletzt der oberste verantwortliche Helfer Karls. E. ist noch im Mai 850 bezeugt; er starb an einem 18. April, zw. 851 und 854, wohl 851 oder 852.   O. G. Oexle

Lit.: L. Levillain, L'archichapelain E., évêque de Poitiers, M-A 34, 1923, 177ff. – J. Fleckenstein, Die Hofkapelle der dt. Könige I, 1959, 142ff. – K. F. Werner, Bedeutende Adelsfamilien im Reich Karls d. Gr. (Braunfels, KdG I), 137ff. – O. G. Oexle, Bf. E. v. Poitiers und seine Verwandten, FMASt 3, 1969, 138ff. – K. F. Werner, Gauzlin v. St-Denis und die westfrk. Reichsteilung von Amiens (März 880), DA 35, 1979, 406ff.

Ebstorf, Kl. im östl. Niedersachsen, nordwestl. von Uelzen, südl. von Lüneburg, Bm. Verden. Das um 1160 auf Initiative des Gf.en Volrad I. v. →Dannenberg begründete, dem hl. Mauritius geweihte Kanonikerstift war wohl bereits zum Zeitpunkt seiner ersten urkundl. Erwähnung 1197 in ein Benediktinerinnenkloster umgewandelt, das aus Walsrode besetzt worden war. In der ersten Hälfte des 14. Jh. erlebte der Konvent, wohl gestützt auf die im späten 13. Jh. entstandene Legende, E. sei der Begräbnisort der in der Normannenschlacht 880 gefallenen Märtyrer (teilweise wird in der Überlieferung die Schlacht selbst nach E. verlegt; nach Harthausen entstand die Legende um 1380, nach Heyken bereits um 1250), eine überörtl. ausstrahlende kulturelle (→Ebstorfer Weltkarte), aber auch wirtschaftl. Blüte, die sich in umfangreicher Bautätigkeit sowie dem Zuerwerb ausgedehnten Grundbesitzes niederschlug. Wohl 1303 ging die Vogtei an die Hzg.e v. →Lüneburg über. Der E.er Propst besaß Sitz und Stimme auf den Landtagen und gehörte seit 1365 fast immer der Kanzlei der Hzg.e v. Lüneburg an. 1469/70 wurde das Kl. nach dem Vorbild der →Bursfelder Kongregation reformiert. Während die Kirche aus der Mitte des 14. Jh. stammt, wurden in einer erneuten Blütezeit des späten 15. Jh. letzte größere bauliche Umgestaltungen und Erweiterungen vorgenommen. Im Zuge der Reformation erfolgte um die Mitte des 16. Jh. die Umwandlung zu einem noch bestehenden Damenstift.
F. B. Fahlbusch

Q. und Lit.: C. Borchling, Literar. und geistiges Leben im Kl. E. am Ausgang des MA, Zs. des Hist. Vereins für Niedersachsen, 1905, 361–420 [mit Q.] – Ders., Die Gründung des Kl. E., ebd., 500–509 – H. A. Hansch, E. (Der Landkreis Uelzen, 1965), 247–293 – H. Harthausen, Die Normanneneinfälle im Elb- und Wesermündungsgebiet... (Q. und Darstellungen zur Gesch. Niedersachsens 68), 1966, bes. 103ff. – E. Heyken, Die E.er Märtyrerlegende nach der Dresdener Hs. des Chronikon Episcoporum Verdensium aus der Zeit um 1331, NdsJb 46–47, 1974–75, 1–22 – B. Hahn-Woernle, Kl. E. Die Bauplastik, 1980 – K. Jaitner, Germania Benedictina XI, 1984, 165–192 – Vgl. künftig: Ders., UB des Kl. E.

Ebstorfer Weltkarte, die mit 12,74 m² Fläche (ca. 3,57 m = zwölf Fuß Durchmesser) größte und mit 1224 Legenden inhaltsreichste →Weltkarte, die aus dem MA bekannt ist. Die auf 30 zusammengenähten Pergamentblättern farbig bemalte und von zwei Händen beschriftete Karte wurde, auf Stangen aufgerollt, um 1830 im Kl. →Ebstorf entdeckt und zunächst im Nonnenchor aufgestellt. 1835 wurde sie nach Hannover verbracht, wo sie, seit 1888 in ihre Einzelteile zerlegt und von der Öffentlichkeit wenig beachtet, in Schubladen aufbewahrt wurde, bis sie bei einem Bombenangriff 1943 verbrannte. 1952 auf Pergament im Gerbdruckverfahren hergestellte Nachbildungen in Originalgröße sind in Ebstorf, Lüneburg, Hannover und Kulmbach (Plassenburg) zu sehen.

Die E. W. stellt den Erdkreis vom Paradies im Osten (oben) bis zu den Säulen des Herakles im Westen und umgeben vom ringförmigen Ozean mit den zwölf Winden dar. Das Zentrum ist →Jerusalem mit dem auferstandenen Christus. Das Mittelmeer in T-ähnlicher Form teilt den Erdkreis in die Kontinente Asia, Europa und Africa, die reich mit Bildern und Legenden zeitgenöss. Wissens aus bibl., antiker, christl. und volkstüml.-sagenhafter Überlieferung ausgefüllt sind. Die E. W. stellt daher nicht nur die Welt ihrer Gegenwart dar, sondern enthält ein Geschichtsbild vom ersten Menschenpaar im Paradies bis zum zwölftorigen Jerusalem der Apokalypse.

Als geistiger Urheber gilt →Gervasius v. Tilbury, dessen als »Solacium Imperatoris« 1214/15 dem gestürzten Ks. →Otto IV. gewidmeter »Liber de mirabilibus mundi« (erst später »Otia Imperialia«) die jüngste in der E. W. verwendete Schrift ist und der mit dem zw. 1223 und 1234 bezeugten Propst Gervasius v. Ebstorf identifiziert wird (R. Uhden, W. Rosien, A. Wolf, R. Drögereit, H. M. Schaller; bestritten von W. Ohnsorge und H. J. Schulze). Die E. W. wird aber erst nach Gervasius' Tod fertiggestellt worden sein. – Die Datierungen schwanken zw. 1214/18 (Schaller) und 1371/73 (Ohnsorge, abwegig). Mehrere Argumente sprechen für ca. 1235 (Uhden),

1230/50 (ROSIEN) bzw. 1235/47 (DRÖGEREIT). Im Hinblick auf die »wirtschaftliche und künstlerische Blüte« des Kl. in der 1. Hälfte des 14. Jh. wird neuerdings auch wieder eine späte Datierung vorgeschlagen (K. JAITNER). – Der Entstehungsort der E. W. wird in Ebstorf (UHDEN, OHNSORGE), Lüneburg St. Michael (ROSIEN), Braunschweig (E. SOMMERBRODT) und Hildesheim (DRÖGEREIT) gesucht. Er wird wegen der bes. Hervorhebung von Braunschweig und Lüneburg jedenfalls im Herrschaftsbereich der →Welfen liegen. Die Nennung des kleinen Ebstorf mit einem Bild von drei Märtyrergräbern spricht dafür, daß die Karte »für Ebstorf geschaffen (wurde), vielleicht anläßlich der Auffindung der Märtyrer« (DRÖGEREIT).

Eine Eigentümlichkeit der E. W. ist ihre Darstellung des Kopfes Christi im Osten, seiner Hände mit den Wundmalen im Norden und Süden sowie seiner Füße im Westen. Die Erde erscheint auf diese Weise – wie eine riesige Oblate von doppelter Menschengröße – als Christi Leib (WOLF; ebenso DRÖGEREIT, SCHALLER; VON DEN BRINCKEN, ARENTZEN). Vgl. Gervasius: »Et mundus, hoc est homo«. Und: »In summa homo mundus appellatur, quia in se totius mundi repraesentat imaginem ... Et Graecus hominem microcosmum, hoc est minorem mundum appellabat.« Beziehungen dieser Mikro-Makrokosmoslehre bestehen zu →Honorius Augustodunensis, →Hugo v. St. Victor, →Hildegard v. Bingen und zum Kartenpaar im Londoner Psalter (BL Ms. Add. 28681). Mit der E. W. verwandt ist auch die Weltkarte des Richard of Haldingham in der Kathedrale zu Hereford. Entsprechungen zur Darstellung der creatio mundi in dem Bilderzyklus im Campo Santo zu Pisa lassen die E.W. ikonologisch als eine besondere Darstellung der Weltschöpfung verstehen. A. Wolf

Lit.: Die E. W., ed. E. SOMMERBRODT, 1891 – Mappaemundi, Die ältesten Weltkarten, ed. und erl. K. MILLER, H. 5: Die Ebstorfkarte, 1896 – K. MILLER, Kurze Erklärung der Weltkarte des Frauenkl. Ebstorf, 1896 – R. UHDEN, Gervasius v. Tilbury und die E. W., Jb. der Geogr. Ges. Hannover, 1930, 185–200 – W. ROSIEN, Die E. W., 1952 – A. WOLF, Die E. W. als Denkmal eines ma. Welt- und Geschichtsbildes, Gesch. in Wiss. und Unterricht 8, 1957, 204–215 – W. OHNSORGE, Zur Datierung der E. W., Nds. Jb. 33, 1961, 158–185 – H. J. SCHULZE, Ist Gervasius v. Tilbury Propst v. Ebstorf gewesen?, ebd., 239–244 – R. DRÖGEREIT, Zur Entstehung der E. W., Lüneburger Bll. 13, 1962, 5–23 – H. HORSTMANN, Zur Datierung der E. W., Herold 5, H. 3, 1963, 39–43 – H. KANOW, Lit. zur Entstehung der E. W., Nachrichten aus dem Karten- und Vermessungswesen R I, H. 32, 1966, 31–35 – A.-D. VON DEN BRINCKEN, Mappa mundi und Chronographia, DA 24, 1968, 118–186 – H. M. SCHALLER, Das geistige Leben am Hofe Ks. Ottos IV. v. Braunschweig, Mitt. der Techn. Univ. Braunschweig 10, 1975, 21–29 – R. DRÖGEREIT, Die E. W. und Hildesheim, Die Diöz. Hildesheim 44, 1976, 9–44 – U. RUBERG, Mappae mundi des MA (Text und Bild, hg. C. Meier-U. Ruberg, 1980), 550–592 – K. JAITNER, Ebstorf, Germania Benedictina XI, 1984, bes. 187 – J.-G. ARENTZEN, Imago mundi cartographica (MMS 53), 1984.

E caudata (»geschwänztes e« = ę), entstanden aus der Ligatur von a und e, wobei der Bauch des a nach unten verschoben und zu einem Anhängsel reduziert ist (seit dem 6. Jh.). Im 10. und 11. Jh. verdrängt e c. den Diphthong ae, kann auch für oe und sogar für e gesetzt werden, die alle lautl. zusammengefallen sind. Manche Schreiber bemühen sich allerdings, ae und oe durch die Form der Cauda auseinanderzuhalten. Im 12. Jh. verschwindet e c. zugunsten des einfachen e. In der humanist. Sprach- und Schriftreform des 15. Jh. kommt neben ae auch e c. wieder auf und wird zuweilen ganz willkürlich gesetzt. Die Form erlischt erst nach 1500. M. Steinmann

Lit.: W. M. LINDSAY, The Letters in Early Latin Minuscule, Palaeographia latina 1, 1922, 10f. – N. R. KER, English Manuscripts in the Century after the Norman Conquest, 1960, 37, Anm. 8 – J. VEZIN, Les scriptoria d'Angers au XIe s., 1974, 138–141 – B. BISCHOFF, Paläographie, 1979, 156.

Ecbasis cuiusdam captivi per t(r)opologiam, nur in der Hs. Brüssel BR 10615–10729 fol. 187–191[v] (12. Jh., aus Trier) überliefert; Abschrift in Brüssel BR 9799–9809, seit der Entdeckung und Erstausgabe durch J. GRIMM (Lat. Gedichte des X. und XI. Jh., 1838) eines der meistdiskutierten Epen des lat. MA. Verfasserschaft (kaum Humbert v. Silva Candida), Datierung (nach H. THOMAS erst unter Heinrich IV., Nähe zur Trierer Querela magistri Paulini; traditionelle Datierung unter Heinrich III. 1039–46), selbst Titel (doch per topologiam ?) und Sinn der Erzählung und der Fabeln sind strittig (Prolog 1–68 und Epilog 1224–1229, Außenfabel: Auszug [ecbasis] und glückl. Befreiung und Rückkehr des gefangenen Kalbs [historia vituli] 69–391 und 1098–1223 und die [äsopische] Innenfabel der Wolfserzählung 392–1097); genannte Lokalitäten (Burgen, Flüsse; Patronate) weisen nach Lothringen (nach Toul, St-Èvre). Das Epos, von einem Klosterschüler verfaßt, ist eines der bedeutsamsten, weil perspektivenreichsten (offen und verdeckt politisch-monastisch; satirisch ?) literar. Produkte der aetas Horatiana und wichtig für die Geschichte der klass. Autoren, v. a. des →Horaz im MA (s. Autorenverzeichnis STRECKER, 46–51). R. Düchting

Ed.: E. c. c. p. tr., ed. K. STRECKER, 1935 – lat.-engl. ed. E. H. ZEYDEL, 1964 – lat.-dt. ed. W. TRILLITZSCH (und S. HOYER), 1964 – *Lit.*: MANITIUS I, 616–619 – EHRISMANN I, 1932[2], 380–384 – Verf.-Lex[2] II, 315–321 [mit reicher Lit. und Diskussion der E.-Fragen].

Ecce homo → Passionsbilder, →Andachtsbild, Abschn. III

Ecclesia spiritualis – ecclesia carnalis. Der Gegensatz von 'Geistkirche' und 'fleischlicher' Kirche liegt einem endzeitlich bestimmten geschichtstheolog. Konzept zugrunde, das in den Spekulationen →Joachims v. Fiore († 1202) seinen Ausgang nahm, in der Mitte des 13. Jh. in Franziskanerkreisen Resonanz fand und von da zum charakterist. Bestandteil der Ideenwelt der →Franziskaner-Spiritualen und der →Fraticellen gehörte. Herausragende Vertreter dieses Konzeptes waren Petrus Johannis →Olivi, →Arnold v. Villanova, →Angelus Clarenus und →Ubertino da Casale; auch die polit. Vorstellungen eines →Cola di Rienzo sind davon beeinflußt. A. Patschovsky

E.s. war sachlich – nicht terminologisch – eine Leitidee der benediktin.-zisterziens. Erneuerung der Kirche im 11./12. Jh., die einerseits mit der →gregorian. Reform, andererseits mit der spiritualen Auslegung des →Hohen Liedes zusammenhing und generell dem Wandel des Kirchenbildes dieser Zeit korrespondierte (vgl. Robert v. Tombelaine sup. can. c. 4, 16 n. 21; c. 6, 10 MPL 79, 515f, 530; vgl. Gilbert v. Hoilandia, serm. in cant. 1, 5, PL 184, 315f.). Den Gegensatz von spiritualis und carnalis bzw. corporalis fand →Joachim v. Fiore ebenfalls bereits vor: Quer durch alle Lehrdifferenzen hindurch empfahl er sich seit Ambrosius und den Texten von Hieronymus und Augustinus bes. der Eucharistielehre. M. Gerwing

Lit.: E. BENZ, E. sp., 1934 – R. MANSELLI, Spirituali e Beghini in Provenza, 1959 – H. LUBAC, Corpus Mysticum, 1969 – R. MANSELLI, La terza età, »Babylon« e l'Anticristo mistico (A proposito di Pietro di Giovanni Olivi), BISI 82, 1970, 47–79.

Ecclesia und Synagoge
I. Im AT und NT – II. In der abendländischen Kunst – III. Byzanz.

I. IM AT UND NT: Die griech. Übersetzung des AT kennt ἐκκλησία 114mal als Wiedergabe des hebr. »qahal« (Aufruf zu einer Versammlung, Akt des Sich-Versammelns). Der Terminus weist auf die Volks- und Gerichtsversammlung hin (Dtn 9,10 u. ö.) sowie auf die kult. qualifizierte Versammlung der Gemeinde (2 Chr 6,3 u. ö.); er bezeichnet v. a. die hist. Größe »Israel«. συναγωγή dagegen ist die religiös bestimmte Jahwe-Gemeinde, ist Selbstbezeichnung der dem Gesetz verpflichteten jüd. Kultgemeinde (Num 14,7–10 u. ö.).

Im NT wird die christl. Gemeinde (und Gemeindeversammlung) nicht »synagōgē« genannt (einzige Ausnahme: Jak 2,2); der Begriff bezeichnet vielmehr das Versammlungshaus der Juden und dann die Versammlung selbst. Als terminus technicus wählte die Urkirche »ekklēsia«, um die christliche(n) Gemeinde(n) nach Jesu Tod und Auferweckung zu bestimmen (Röm 1,6f.; 1 Kor 1,2 u. ö.; in den Evangelien begegnet der Terminus nur Mt 16,18; 18,17). Das mit »ekklēsia« ausgedrückte Selbstverständnis beruht auf der Überzeugung, sich in der eschatolog. Heilssituation zu befinden, in der die Gegenwart der Gemeinde vom Ende (im Sinne der Voll-endung) her bestimmt wird. A. Sand

Lit.: Theol. Wb. zum NT 3, 502ff., s.v. ekklesía [K. L. Schmidt]; 7, 798ff., s.v. synagōgē [W. Schrage].

II. In der abendländischen Kunst: Die Personifikationen der E. u. S. allegorisieren in der christl. Kunst des lat. MA seit dem 9. Jh. die Relation von Altem und Neuem Bund. Die frühesten Darstellungen in der karol. Buchmalerei und Elfenbeinkunst zeigen E. u. S. neben Maria und Johannes unter dem Kreuz, wobei der in der frühchristl. Lit. vorherrschende Gedanke der »Concordia veteris et novi testamenti« (Formulierung bei Beda Venerabilis: MPL 94, 720) immer stärker in Richtung auf den Gegensatz des Streitgesprächs, der »Altercatio« entwickelt wird (so bereits im Elfenbeinrelief des Buchdeckels des Perikopenbuches Heinrichs II., München, um 870). Zur Datierung des ps.-augustin. »Dialogus de altercatione ecclesiae et synagogae« (9.Jh.?) (MPL 42, 1131–1140) vgl. Raddatz XLI–XLIII, Anm. 285.

Während die E. stets als erhabene, kgl. Gestalt erscheint, ist die Gestalt der S. stärkerem Wandel ausgesetzt. Häufig wird als heilsgeschichtl. Allegorie die Überwindung der S. durch die E. dargestellt (Engel führt E., Engel vertreibt S., Elfenbeinrelief des 11. Jh. aus Unteritalien, Berlin; Christus segnet E., verstößt S., Buchmalerei, Dijon, um 1100). Weiterhin blieben beide Gestalten als Begleitfiguren der Kreuzigung geläufig. Bisweilen werden E. u. S. auch in der Vorstellung des Turnierbildes oder der Ikonographie des Kampfes der Tugenden und Laster dargestellt (Hortus Deliciarum der Herrad v. Landsberg: E. auf dem Tetramorph, S. auf dem Esel reitend). Die Gotik bildete auch die Charakterisierung von E. u. S. und ihre Attribute stärker aus: E. fast immer mit Krone, seit dem 13. Jh. oft auch mit Nimbus, mit Mantel bekleidet, ausgezeichnet durch Kreuzfahne oder Kreuzstab, Kelch, Buch oder (seltener) Kirchenmodell. Die S. ist zumeist als Frau höheren Lebensalters (z. T. als Greisin) dargestellt, manchmal fällt ihr eine Krone vom Haupt zum Zeichen ihrer Besiegung. Seit dem 12. Jh. kommt das Motiv der »blinden« S. vor, deren Augen durch einen herabfallenden Kopfputz, einen Schleier oder eine Augenbinde verdeckt sind. Als Attribute dienen gebrochene Lanze oder Fahnenstange, die ihr entgleitenden mosaischen Gesetzestafeln, der Bock als Opfer des Alten Bundes, seltener die Schlange (Kathedralskulptur Bordeaux, Léon, Paris). Um 1220 finden sich erstmals in der Großplastik monumentalisierte Darstellungen des allegor. Gegensatzpaares von E. u. S. (Straßburg, Südquerschiffportal, Paris, Notre Dame, Bamberg, Fürstenportal). Sind diese Figurenpaare zumeist der Ikonographie des Weltgerichts verbunden, so finden sich auch Beispiele für die Verquickung mit der Parabel von den klugen und törichten Jungfrauen (Minden, Domvorhalle, Freiburg, Münster, Braunschweig,

St. Martin). In nachma. Zeit treten E. u. S. nur noch selten als Personifikationen auf. D. Kocks

Lit.: LCI I, 569–578 – RDK IV, 1189–1215 – H. Pflaum, Der allegor. Streit zw. S. und Kirche in der europ. Dichtung des MA, AR 18, 1934, 243ff. – A. Weis, Die S. am Münster zu Straßburg, Das Münster 1, 1947, 65–80 – A. Raddatz, Die Entstehung des Motivs »E. und S.« [Diss. masch. Berlin 1959] – A. Mayer, Das Bild der Kirche. Hauptmotive der E. im Wandel der abendländ. Kunst (Welt des Glaubens in der Kunst III, 1962) – F. Ronig, Archiv für ma. Kirchengesch. 15, 1963, 391–403 – W. Seiferth, S. und Kirche im MA, 1964 – H. Schreckenberg, Die christl. Adversus-Iudaeos-Texte und ihr lit. und hist. Umfeld (1.–11. Jh.), 1982.

III. Byzanz: Das einzige beischriftl. gesicherte Bild der E. zeigt eine nimbierte Frau in ksl. Gewandung mit einem Kelch (Bawit, Ägypten, Kap. 17, 6./7. Jh.). Unsicher ist die Deutung einer Frau mit Stabkreuz und Buch im Ms. syr. 341 (Paris, BN, 7. Jh.): E. oder Fides. In mittelbyz. Zeit ist im Ms. gr. 74 (ebd., Mitte 11. Jh.) auf fol. 59ʳ die von einem Engel geleitete E. links vom Kreuz, die von einem Engel weggestoßene S. rechts dargestellt. Vielleicht gehört hierher auch der Vierpaß aus Šemokmedi in Tiflis, wo die Engel fehlen (9. Jh.). Im byz. Bereich erscheint sonst, sehr selten, die Büste der E. (gekrönt) mit Kelch oder Schale, das Blut aus Christi Seitenwunde aufzufangen, von einem Engel zum Kreuz hingeführt (Kastoria, Mavriotissa, 11./12. Jh., mit von einem Engel weggestoßener S.; Studenica, Gottesmutter-Kirche, 1208, ohne S.; Gračanica, frühes 14. Jh., mit weggestoßener S.; Zemen, Bulg., 14. Jh., rechte Bildhälfte zerstört). Vermutete Einflüsse aus dem kath. W sind der Engel wegen unwahrscheinlich. Zu den armen. und syr. Darstellungen, wo sie sicher sind, vgl. RbyzK. K. Wessel

Lit.: RbyzK II, 30–33

Éces, air. Wort, vielleicht verwandt mit *do-écci* ('sieht'), bezeichnet in seiner urspgl. Bedeutung daher möglicherweise den 'Seher, Propheten'; später nahm es die Bedeutung 'Gelehrter, studierter Mann' an (z. B. im Titel des Traktats →Auraicept na nÉces 'Fibel des Gelehrten'). 'É.' war auch der Ehrentitel von bedeutenden Gelehrten der ir. Tradition (Torna é., Senchán é.). D. Ó Cróinín

Lit.: Dict. of the Irish Language, hg. Royal Irish Academy, 1932, s.v.

Ecgfrith. 1. E., Kg. v. →Mercien 796, † 796; Sohn und Nachfolger von Kg. →Offa. Er ist weniger wegen seiner eigenen Taten bemerkenswert, sondern wegen der an ihm 787 vollzogenen Königsweihe (→König, -tum), neun Jahre vor dem Tod seines Vaters. Er ist der erste engl. Kg., von dem eine christl. Herrscherweihe überliefert ist. Nach der Weihe unterzeichnete er auch kgl. Urkunden. Anscheinend weist dies auf Offas Bestreben hin, seinem Sohn die Nachfolge durch das Mitkönigtum zu sichern, und wir erfahren, daß Offa dabei »viel Blut vergoß«, doch vergeblich: E. überlebte seinen Vater nur um fünf Monate.

C. P. Wormald

Q.: Epistolae Alcuini, MGH Epp. Karol. II, 122 – EHD I, 1 – *Lit.*: H. Vollrath-Reichelt, Königsgedanke und Kgtm. bei den Angelsachsen, 1971, 33–39 – P. Wormald, The Age of Offa and Alcuin (The Anglo-Saxons, hg. J. Campbell, 1982), 115ff.

2. E., Kg. v. →Northumbrien 670–685, † 685; Sohn von →Oswiu v. →Bernicia; ∞ 1. hl. →Etheldreda (Æthelthryth), von der es heißt, daß sie Jungfrau geblieben sei, 2. Iurminburh. E. regierte zunächst in Bernicia, aber seit 679 auch in →Deira. Er war ein krieger. Kg.; während er durch seinen Sieg über Kg. →Wulfhere v. Mercien um 674 die Kontrolle über das Kgr. v. →Lindsey gewann, verlor er diese mit seiner Niederlage in der Schlacht am Trent 679. Ebenso gingen auch seine nördl. Eroberungen bei den Briten, Pikten und Schotten weitgehend verloren, als E. und sein Heer von den Pikten bei →Nechtanesmere (685)

vernichtend geschlagen wurden. E. war ein großzügiger Förderer bedeutender Kl. (→Monkwearmouth, →Jarrow, →Ripon). Die Eifersucht seiner zweiten Gemahlin auf die Reichtümer Bf. →Wilfriths v. York bewirkte, daß E. den Bf. 678 absetzte, was zu einem ernsten Konflikt in der northumbr. Kirche führte. N. P. Brooks

Q. und Lit.: Beda, Hist. Eccl. IV. 5, 12f., 18, 26–28 – Eddius Stephanus, Vita Wilfridi, cc. 17, 19f., 24, 34, 39f. – STENTON³, 85–88, 134f., 138f.

Échanson, échansonnerie (échançonnerie), Mundschenkenamt innerhalb des kgl. frz. Hofhaltes (→Hôtel du roi). An der Spitze des Mundschenkenamtes stand zunächst der →*bouteiller* (buticularius); die tatsächl. Verwaltungsaufgaben gingen zunehmend an untere Beamte (*maître-é.*, magister pincernarum; *échansons*, pincernae) über; s. im einzelnen →Mundschenk.

Échecs amoureux ('Liebesschachspiel'), anonymes allegor. Lehrgedicht von über 31000 Versen (Schluß fehlt), entstanden 1370–80; 2 Hss., eine mit lat. Randglossen. Die Göttin Natur unterrichtet den Autor über zwei Wege, den der Vernunft und den der Sinnlichkeit. Der Autor macht sich auf, trifft auf Juno, Pallas und Venus und bestätigt das Urteil des Paris. Vergebl. versucht Diana, ihn vom Betreten des Liebesgartens abzuhalten. In diesem dem →Rosenroman nachgebildeten Garten wird der Autor von der Dame seines Herzens beim Schachspiel mattgesetzt. Die ersten 4873 Verse wurden von →Lydgate vor 1412 in »Reason and Sensuality« ins Englische übertragen (und dabei auf 7042 Verse erweitert). – Nach dem Geboten des Liebesgottes folgt in über 20000 Versen die Lehre der Pallas über das glückselige Leben. Pallas verwirft das Venusleben (Übersetzung von Ovids »Remedia amoris«), empfiehlt dann zunächst ihre eigene vita contemplativa, dann die vita activa der Juno. Große Teile dieser Lehre stammen aus dem Fürstenspiegel des →Aegidius Romanus. Die musikpädagog. Kapitel gehen auf →Vinzenz v. Beauvais zurück; auch Brunetto →Latini wird benützt.

Am Ende des 14. Jh. verfaßt der Arzt Evrart de Conty († 1405), der auch eine kommentierte lat. Fassung der pseudo-aristotel. »Problemata« ins Frz. übersetzt hat, einen umfangreichen Prosakommentar zum ersten Fünftel der É.a. Es ist dies der erste frz. Kommentar zu einem frz. lit. Werk. Wohl nach dem Vorbild von Pierre →Bersuires Metamorphosenkommentar stellt er dem eigtl. Kommentar des Lehrgedichts eine eingehende Interpretation der antiken Götter voran (6 Hss.). Ein bedeutendes Zeugnis für die Laienkultur des SpätMA. M.-R. Jung

Ed.: Die É.a. sind nur teilweise ediert. Zuletzt C. KRAFT, Die Liebesgarten-Allegorie der »E.A.«, 1977 [mit Lit.] – Ausg. des Prosakommentars in Vorber., hg. B. ROY – E. SIEPER, Lydgate's Reson and Sensuallyte, EETS ES 84, 89, 1901–03 – *Lit.*: M.-R. JUNG, L'alexandrin au XVe s. (Orbis mediaevalis, Mél. R. R. Bezzola, 1978), 207–210 – P.-Y. BADEL, Le Roman de la Rose au XIVe s., 1980 [mit Lit.] – F. GUICHARD-TESSON, L'»Amour par amours«: l'héritage du De Amore dans la Glose des E.a., Fifteenth-Century Stud. 4, 1981, 93–103 – DIES., Evrart de Conty, auteur de la Glose des E.a., le moyen français, 8–9, 1981, 111–148.

Échevin → Schöffe

Echineis, lat. mora (entstellt zu remora) genannter Schiffshalter, ein in zwei Arten im Mittelmeer vorkommender Saugfisch (vgl. LEITNER), der seit Aristoteles (h.a. 2, p. 505 b 18–22) als Zaubermittel verwendet wurde. Seit Plinius (n.h. 9,79 und 32,2–6, zitiert bei Vinzenz v. Beauvais 17,49) stand er in dem Ruf, sich an Schiffe anzuheften und trotz seiner Kleinheit deren Fahrt völlig zu hemmen. Bei der Übernahme dieser Fabel durch Isidor (etym. 12,6,34) wird seine Länge mit einem halben Fuß festgelegt, aber die Nennung der angeblich hist. Beispiele (Antonius in der Aktiumschlacht und Caligula vor der Ermordung) unterbleibt ebenso wie die der magisch-geburtshilfl. Verwendung. Parallel zur isidor. Überlieferung (u. a. bei Jakob v. Vitry, cap. 90, Thomas v. Cantimpré 7,31, Bartholomaeus Anglicus 13, 26 und Arnoldus Saxo 2,7 nach Iorach) wirkt der von der lat. Version der Predigten des Basilius über die Schöpfung (hom. 7,6,8) über das Examerion des Ambrosius (5,10,31) dem MA vermittelte ähnliche Bericht mit seiner Deutung als Zeugnis für die Macht Gottes über die Natur (vgl. bes. Thomas). Für Alexander Neckam (2,43) ist das namenlose Fischchen Sinnbild für die verzögernde Wirkung einer kleinen Eingebung auf den handelnden Menschen. Wie Thomas haben Albertus Magnus (24,31), Konrad v. Megenberg (III. D. 13 nach Thomas III) und Vinzenz v. Beauvais (17,50) den E. mit dem Seeigel (echinus) verwechselt und zusammen behandelt. Ch. Hünemörder

Q.: Albertus Magnus, De animalibus, ed. H. STADLER, II, 1920 (BGPhMA 16) – Alexander Neckam, De naturis rerum, ed. TH. WRIGHT, 1863 [Neudr. 1967] (Rer. Brit. 34) – Die Enzyklopädie des Arnoldus Saxo, hg. E. STANGE (Progr. Kgl. Gymn. Erfurt), 1905–07 – Ambrosius, Exameron, ed. C. SCHENKL (CSEL 32,1), 1896 – (Basilius) S. Y. RUDBERG, Eustathius, Ancienne version lat. des neuf hom. sur l'Hexaemeron de Basile de Caes., 1958 (TU 66) – Bartholomaeus Anglicus, De proprietatibus rerum, 1601 [Neudr. 1964] – Isidorus Hispalensis, Etymologiae, ed. W. M. LINDSAY, 2, 1911 – Jacobus de Vitriaco, Historia orientalis et occidentalis, ed. F. MOSCHUS, 1597 – Konrad v. Megenberg, Das Buch der Natur, ed. F. PFEIFFER, 1861 [Neudr. 1962] – Thomas Cantimpratensis, Liber de natura rerum, T. 1: Text, ed. H. BOESE, 1973 – Vincentius Bellovacensis, Speculum naturale, 1624 [Neudr. 1964] – *Lit.*: H. LEITNER, Zoolog. Terminologie beim Älteren Plinius, 1972.

Échiquier normand (scaccarium), zentrale Finanz- und Gerichtsinstitution der →Normandie, erscheint im 11. Jh. und ist damit älter als ihre siz.-norm. und anglonorm. Nachfolger (s. zu diesen →Duana de secretis; →Exchequer; →Finanzwesen, -verwaltung). Der É. bildete sich in der anglonorm. Periode parallel zum engl. Exchequer aus, bis die kapet. Eroberung der Normandie (1204) diese Entwicklung abbrach. Die Rolle des É. war zugleich finanzieller wie gerichtl. Natur. Er überprüfte die Abrechnungen und Ausgaben der hzgl. Beamten. Seinen Namen (von *échec* 'Schachspiel') erhielt er – wie sein engl. Gegenstück – von der Art und Weise, in der die Rechnungsprüfung durchgeführt wurde: Über einen Tisch wurde ein Tuch mit Schachbrettmuster gebreitet, auf das die Rechenpfennige, die die verschiedenen Münzsorten (*livres, sous, deniers*) repräsentierten, ausgelegt wurden; einer der barones de scaccario (*barons de l'É.*), der leitenden Beamten des É., rief mit lauter Stimme die Beträge aus, die von den *Prévôts*, später von den 22 *Vicomtes* des Hzm.s Normandie zur Abrechnung vorgelegt wurden. Der norm. É., der unter Kg. Heinrich II. von →Richard v. Ilchester entsprechend dem engl. Exchequer neugeordnet wurde, bestand aus einem Kreis erfahrener Verwaltungsfachleute; er tagte zweimal jährlich in →Caen, wo sich der hzgl. Schatz befand, und verzeichnete die Ergebnisse seiner Amtstätigkeit auf Pergamentrollen. Als Gerichtshof befaßte er sich mit Verwaltungsprozessen; die von ihm angewandten Verfahren waren die Untersuchung durch Geschworene (→inquisitio) und das Parteienverhör, was eine Tätigkeit von Mitgliedern des É. als Reiserichter erforderlich machte. Die gute Archivführung des É. ließ ihn auch zu einem wichtigen Organ der freiwilligen Gerichtsbarkeit werden; die bei ihm niedergelegten Vertragsurkunden (finales concordiae) sind seit 1184 erhalten.

Auch nach der Eroberung der Normandie und ihrer Eingliederung in die →Krondomäne unter →Philipp II.

August bestand der É. in seiner doppelten Funktion fort; er tagte im 13. Jh. stets in Caen (lediglich 1207–20 in Falaise), wurde jedoch unter Philipp IV. 1302 nach →Rouen verlegt. Bis zum Tode Ludwigs d. Hl. findet sich unter den Meistern des É. kein Normanne. Unter der frz. Herrschaft oblag dem É. die Kontrolle über die →Baillis, die als Oberinstanz der – aus der anglonorm. Zeit überkommenen – →Vicomtes eingesetzt worden waren. Der É. hatte seine Verfahrensweisen der Prüfung und des Abschlusses von Rechnungen nun innerhalb des enger gefaßten Rahmens der zentralisierten frz. Monarchie auszuüben. Die traditionellen norm. Rechtsinhalte und -formen, die beim É. galten, gerieten mehr und mehr unter den Einfluß der röm.-kanon. Rechtsvorschriften; als Institution vermochte sich der É. jedoch bis in die Neuzeit zu halten. Seit dem 13. Jh. tagten der É. *des Comptes* und der É. *des Causes* in getrennten Sitzungen zu Ostern und zu St. Michael; eine für Forstwesen und Gewässer zuständige, den →Eaux et Forêts zu Paris unterstehende Abteilung beriet in der ersten Fastenwoche, den sog. *brandons*. Die zunehmende Spezialisierung und Professionalisierung spiegeln sich in der Auswahl der »Weisen« (*Sages*) des É. wider, die sich aus Beamtenschaft und studierter Juristenschaft rekrutierten; die verschiedenen Arten von Entscheiden des É., die – in hierarch. Abstufung – von einfachen Urteilssprüchen (*jugiés*) über aufgrund einer Beratung gefaßte Beschlüsse (*arrêts*) bis hin zu förml. Erlässen von allgemeiner Bedeutung (*ordonnances rendues par arrêt*) reichen, entsprechen diesem Bild. Die Urteile des É. sind durchwegs Ausdruck eines Konservativismus, der ein wachsames Auge auf das Gewohnheitsrecht (→coutume) hatte. An Aktenmaterial sind nur Zivilregister (schriftl. Verhörprotokolle und Briefregister) sowie eine Sammlung wichtiger Beschlüsse aus dem 14. Jh. erhalten (Rouen, Arch. dép. Seine-Maritime, sér. B).

Der É. war nun nicht viel mehr als ein Symbol, ein verlängerter Arm der kgl. Verwaltung, bei dessen zweimal jährl. Sitzung eine Delegation von Rechts- und Finanztechnikern, die die Rechte und Gewohnheiten im Geist von Paris interpretierten, den Vorsitz führte. Seine Urteile und Beschlüsse waren nicht mehr endgültig, sondern konnten vor dem →Parlement v. Paris angefochten werden. Damit erhielt der É. zunehmend den Charakter einer lokalen Gerichts- und Verwaltungsinstitution; folgerichtig wurde er – nach seiner 1499 erfolgten Erhebung zum »immerwährenden« É. (É. »perpétuel«) – 1515 als Parlement v. Rouen installiert. M. Mollat

Q. *und Lit.*: A. Floquet, Essai hist. sur l'É. de Rouen, 1840 – Magni Rotuli Scaccarie Normannie, ed. Th. Stapelton, 1840 – H. Prentout, La création de l'É. perpétuel de Normandie, RHDFE, 1923 – F. Soudet, Ordonnances de l'É. aux XIVe–XVIe s., 1929 – Ch. Petit-Dutaillis, La monarchie féodale en France et en Angleterre, X^e–XIIIe s., 1933 – J. Boussard, Le gouvernement d'Henri II Plantagenet, 1958 – L. Musset, Quelques problèmes posés par l'annexion de la Normandie au domaine royal français (La France de Philippe Auguste. Le temps des mutations, hg. R.-H. Bautier, 1981), 292–311 – s. a. Ed. und Lit. zu →Dialogus de Scaccario, →Exchequer.

Echteding, etymolog. als echte, d. h. rechtmäßige Gerichtsversammlung zu erklären (zu ahd. *ding* 'Gericht', *echt, ehehaft* 'rechtmäßig', lat. *placitum legitimum*). Im Unterschied zu den gebotenen Dingen sind echte Dinge die hergebrachten Gerichtsversammlungen an herkömml. Dingort zu herkömml. Dingzeit, zu denen nicht bes. geboten wird (vgl. →Ding). In frk. Zeit findet ein dreitägiges echtes Ding alle sechs Wochen statt. Karl d. Gr. beschränkte um 770/780 die Dingpflicht auf höchstens jährl. drei echte Dinge (vgl. MGH Cap. I 290 Nr. 141 c. 14). Im hohen MA ist diese Gerichtsverfassung v. a. im →Sachsenspiegel und verwandten Quellen bezeugt. In den Städten erleidet dieses echte Ding vielfache Veränderungen. So erscheinen etwa in Bremen, Braunschweig oder Goslar zwei E.e nebeneinander. Das eine wird meist dreimal jährl., teilweise aber sechswöchentl. vom alten hochgerichtl. →Vogt (Grafen) gehegt, das andere ist eine aus der niederen Gerichtsbarkeit hervorgegangene Neubildung mit Rügefunktionen. Für Lübeck bestimmt das Stadtrecht von etwa 1225, daß das legitimum placitum (echt ding) unter Teilnahme aller angesessenen Bürger vom Vogt über Erben, Eigen und rei publicae necessitates gehalten werden soll, wovon aber bald nur noch spärl., bis ins 19. Jh. fortgeführte Überreste (Verhinderung der Verjährung städt. Eigentums, Sicherung der Vergabungsfreiheit, Eröffnung der Eidesleistung nach den gebundenen Tagen, →Eddach) bewahrt bleiben. In Braunschweig geht der Rat am Ende der jeweils in der Woche nach Quasimodogeniti und Michaelis gehegten E. auf die Laube und läßt den Bürgermeister »dat echte dingh« verkünden, womit sachlich der Bestand an meist polizeirechtl. Sätzen gemeint ist, der andernorts →Bursprake heißt. G. Köbler

Lit.: DtRechtswb II, 1226f. – R. Schröder, Die Gerichtsverfassung des Sachsenspiegels, ZRGGermAbt 5, 1884, 1ff. – W. Ebel, Bursprake, E., Eddach in der dt. Stadtrechten (Fschr. H. Niedermeyer, 1953), 53, 61ff. [= Ders., Rechtsgeschichtl. aus Niederdeutschland, 1978] – H. Conrad, Dt. Rechtsgesch. I, 1962^2, 140ff. – H. Mitteis – H. Lieberich, Dt. Rechtsgesch., 1985^{17}, Kap. 15.

Echternach, ehem. Abtei in Luxemburg, an der unteren Sauer, einem linken Moselzufluß.

I. Archäologie und Klostergründung – II. Abtei und Skriptorium – III. Wallfahrt.

I. Archäologie und Klostergründung: Funde vorgeschichtl. Zeit belegen die Siedlungsgunst der E.er Talsenke. Um 60/70 n. Chr. wurde in verlandetem Sauerarm eine ausgedehnte röm. Palastvilla erbaut: das Herrenhaus (im SW von E. 1975–76 ausgegraben) wies fünf Bauperioden bis in das 4. Jh. auf (größte Ausdehnung im 3. Jh.: 124×72 m, rund 70 Räume im Erdgeschoß). Der Wirtschaftsteil (Br. 210 m, L. rund 500 m) umfaßte mindestens 10 Nebengebäude. Möglicherweise gelangte die Villa nach Zerstörung um 270/275 in der Spätantike in Besitz des röm. Staates oder höchster Beamter am Kaiserhof von →Trier; zu Beginn des 5. Jh. wurde das Herrenhaus aufgelassen. – Im Bereich des heut. Stadtkerns sind röm. Siedlungsreste und Gräber an Römerstraße und Brücke (Seitenspange der Straße Reims–Trier/Trier–Köln) nachgewiesen; Hinweise gibt es auf röm. Bauten an Mineralquellen und auf ein Kulttheater. Auf dem Hügel der späteren Pfarrkirche St. Peter und Paul wurde um 260/275 eine kreisförmige Befestigung aus Spolien errichtet; sie wurde unter Valentinian I. erneuert (Dm. ca. 50 m) und durch vier quadrat. Innentürme verstärkt. Mit einem rechteckigen Innenbau blieb das Kleinkastell bis um die Mitte, vielleicht bis in die 2. Hälfte des 5. Jh. besetzt.

697/698 schenkte Irmina, Äbt. von Trier-Oeren, an →Willibrord ihren Anteil der villa Epternacus (wohl der ehem. röm. fundus, im 5./6. Jh. in frk. Königs- oder Adelsbesitz) mit Kirchenanlagen, einem von ihr erbauten monasteriolum für Mönche und zur Versorgung Armer und einigen außerhalb E. gelegenen Besitztümern. Der Baubefund der in der Schenkungsurkunde gen. Kirche St. Peter und Paul spricht für die Einrichtung einer merowingerzeitl. Kirche (Saalkirche mit Rechteckchor) im röm. Innenbau des Kastells (seit roman. Zeit Krypta); das Klösterchen mit →Xenodochium dürfte am Hang des Hügels im Bereich des späteren Bürgerhospitals zu lokalisieren sein. 706 erhielt Willibrord die zweite Hälfte der villa

Epternacus von →Plektrud und →Pippin d. M., auf der er seine Klosteranlage erbaute. Die erste Saalkirche mit Rechteckchor und Schrankenmauer (Altarblock über der Gruft Willibrords, verzierte Chorschranken- und Amboplatten von mindestens 3 Schrankenanlagen) und anschließende Klosterbauten sind archäolog. teilweise bekannt. Die dreischiffige karol. Klosterkirche scheint bereits um 800 entstanden zu sein. L. Bakker

II. ABTEI UND SKRIPTORIUM: Als karol. Eigenkloster (um 751 verlieh Kg. Pippin Immunität und kgl. Schutz) vermochte E. eine ausgedehnte →Grundherrschaft aufzubauen sowie zahlreiche Streugüter in den Niederlanden und in Thüringen zu erwerben. Willibrord starb 739 in E.; sein Grab in der von ihm errichteten Klosterkirche zog bereits im 8. Jh. viele Pilger an. E. blieb zunächst unter der Leitung von Angelsachsen (→Adalbert, 739–775; →Beornrad, 775–797). Zwischen 785 und 797 schrieb →Alkuin, wahrscheinl. in E. selbst, eine Doppelvita Willibrords.

Schon bald nach der Gründung erlebte das Kl. eine erste Blütezeit. Im frühen 8. Jh. entstanden im E. er →Skriptorium hervorragende Produkte insularer Schreibkunst, die z. T. älteste ahd. und ae. Glossen enthalten (Hss. heute vornehml. in Paris, Trier, Stuttgart, München; das aus E. stammende »Evangeliar des hl. Willibrord«, Paris, Bibl. Nat., entstand wahrscheinl. um 690, angeblich in Lindisfarne).

Da sich E. 817/820 der von Ludwig d. Fr. geförderten, von →Benedikt v. Aniane getragenen benediktin. Reform entzog, nahm die religiöse Gemeinschaft den Charakter eines Kanonikerstiftes an, als welches es von 848/850 an denn auch bezeugt ist. Um die Mitte des 10. Jh. geriet E. in den Besitz des Geschlechts der künftigen Gf.en v. →Luxemburg. 973 ließ Otto I. die Regula Benedicti einführen; 40 Mönche aus St. Maximin (→Trier) zogen unter Abt Ravanger (973–1007) nach E. Die späteren Gf.en v. Luxemburg behielten die →Vogtei. 1028 wurde E. der Aufsicht des lothr. Reformabts →Poppo v. Stablo unterstellt und erfuhr alsbald einen neuen geistig-kulturellen Aufschwung. Die entscheidenden Impulse waren schon im späten 10. Jh. von der Trierer Schule (→Trier) des sog. Registrum-Meisters ausgegangen. Der →Cod. Egberti gilt als wichtigste Vorlage der unter Abt Humbert (1028–1051) wieder aufblühenden Buchmalerei. Durch die engen Verbindungen Humberts zu →Heinrich III. und dessen Mutter →Gisela wurde das E.er Skriptorium zum bevorzugten Hofatelier der Salier (Hss. heute in Nürnberg: →Codex Aureus Epternacensis; Escorial: →Codex Aureus v. Speyer; Uppsala; Bremen; Brüssel; London). Eine rege künstler. und lit. Tätigkeit wurde unter Regimbert (1051–1081) und Thiofrid (1081–1110) fortgesetzt. Letzterer verfaßte u. a. eine Vita Willibrordi nach dem Vorbild Alkuins.

Der allmähliche Niedergang E.s im späteren MA ist gekennzeichnet durch die Übergriffe der Vögte auf den Klosterbesitz (ab 1191 Anfertigung eines Liber aureus), den Kampf gegen die Machtansprüche der Ebf.e v. Trier sowie die wachsenden Konflikte mit der seit dem 13. Jh. aufstrebenden städt. Gemeinschaft. Abt Winand Gluwel scheiterte mit dem Versuch, die Klosterzucht wiederherzustellen. 1496 gelangte die Reform des Trierer Abtes Joh. →Rode (Vita communis, Armut und Gehorsam) nach E. – 1797 wurde die Abtei aufgehoben.

III. WALLFAHRT: Thiofrids Vita Willibrordi zufolge entstand schon früh (8. Jh.?) eine Wallfahrt nach E. Sie fand alljährlich in der Woche nach Pfingsten statt und wurde für viele Pfarreien zur Pflichtprozession (Bannfahrt), deren Teilnehmern Innozenz IV. 1246 einen Ablaß von 40 Tagen gewährte. Ein E. er Schöffenweistum (nach 1497) erwähnt erstmals das Auftreten von »springenheiligen« (E. er Springprozession), doch finden sich Hinweise (v. a. älteste bekannte Fassung – 11. Jh. – der sog. Tanzlegende von Kölbigk [→Kölbigker Tanzlied] in einem E. er Homiliar; Trierer Synodalbeschlüsse mit Tanzverboten) dafür, daß bereits in frühesten Zeiten am Grabe Willibrords getanzt wurde. J. Schroeder

Q. und Lit.: zu [I]: R. M. STAUD, Die ehemalige Pfarrkirche St. Peter in E., Publ. Sect. Hist. 66, 1936, 191–253 – H. CÜPPERS, Die Basilika des Hl. Willibrord zu E. und ihre Vorgängerbauten, Hémecht 27, 1975, 331–393 – CH. BEUTLER, Die Entstehung des Altaraufsatzes. Stud. zum Grab Willibrords in E., 1978 [dazu: J.-CL. GHISLAIN, Bull. Mus. Roy. Bruxelles 52, 1980–81, 63] – N. GAUTHIER, L'évangélisation des pays de la Moselle, 1980, 314–321 – J. METZLER, J. ZIMMER, L. BAKKER, Ausgrabungen in E., 1981 – DIES., Die röm. Villa v. E. und die Anfänge der ma. Grundherrschaft (Beih. der Francia 11, 1982), 30–45 – M. WERNER, Adelsfamilien im Umkreis d. frühen Karolinger, 1982, 60–77 – J. KRIER–N. WAGNER, Zur Frühgesch. des Willibrordus-Kl. in E., Hémecht 37, 1985, 15–51 – zu [II]: DHGE XIV, 1365–1375 – C. WAMPACH, Gesch. der Grundherrschaft E. im FrühMA, I. 1, Textbd., 1929, I. 2., Quellen, 1930 – DERS., Urk.- und Quellenbuch zur Gesch. der altlux. Territorien, VIII–X, 1951–55 – R. M. STAUD-J. REUTER, Die kirchl. Kunstdenkmäler der Stadt E., 1952 – C. NORDENFALK, Codex Caesareus Upsaliensis (Kommentarbd. zur Faks.-Ausg.), 1971 – R. BERGMANN, Mittelfrk. Glossen, 1977 (Rhein. Archiv 61) – J. J. G. ALEXANDER, Insular Mss 6th to the 9th Century, 1978 – R. KAHSNITZ, Das Goldene Evangelienbuch v. E. (Kommentarbd. zur Faks.-Ausg.), 1982 – D. Ó CRÓINÍN, Rath Melsigi, Willibrord and the earliest E. mss., Peritia 3, 1984, 17–49 – zu [III]: N. KYLL, Pflichtprozessionen und Bannfahrten im w. Teil des alten Ebm.s Trier, 1962 – A. LANGINI, La procession dansante d'E., 1977.

Echtheit (der →Urkunde). [1] *Kaiser- und Königsurkunden, Privaturkunden:* Nachdem in der spätröm. Zeit das →Chirograph die Zeugenurkunde in den Hintergrund gedrängt hatte, konnte im Fall der Anfechtung einer Urk. vor Gericht der Beweis der E. auch durch Schriftvergleich erbracht werden. Dieser galt auch für die frk. Königsurkunde zunächst als Prüfstein der Authentizität. In einem von →Gregor v. Tours erzählten Prozeß um ein falsches Königspräzept wurde das Machwerk dem Referendar vorgelegt, der erkannte, daß die Unterschrift nicht von ihm herrührte; damit war der Fälscher überführt (Hist. Franc. X, 19). Man darf vermuten, daß bei den Merowingern zum Echtheitsbeweis auch das →Siegel herangezogen wurde. Im 10. Jh. erfolgte die Anerkennung von Königsurkunden in it. Gerichten durch den ausstellenden Herrscher, der persönl. oder durch seinen Vogt die Erklärung abgab, den Befehl zur Ausstellung und Besiegelung gegeben sowie die eigenhändige Unterfertigung vorgenommen zu haben (MGH D O. I.269; D O. III.270). Das wichtigste, wenn auch nicht immer das einzige Beglaubigungsmittel bildete seit der Zeit der Karolinger das Siegel (→Beweiskraft). – Weil die frk. Königsurkunde ein Gebot darstellte, war sie »unscheltbar«. Die Anfechtung ihrer materiellen E. ohne Vorlage einer gleichartigen Gegenurkunde wurde streng geahndet (→Todesstrafe, →Wergeld). Legte der Gegner eine Königsurkunde vor, so suchte man entweder den Inhalt beider Urkk. ausgleichend zu vereinigen, oder die ältere Urk. erhielt den Vorzug vor der jüngeren. Im langobard. Recht wurde auch die Gerichtsurkunde als unscheltbar eingestuft. Privaturkunden konnten dagegen angefochten werden, wobei der Vorgang bei den einzelnen Stammesrechten verschieden geregelt war. Für die E. der gescholtenen Urk. hatten die Zeugen und der Schreiber einzutreten (→Eid). Eine andere Form der Beglaubigung bildete die Teilurkunde (→Chirograph): Durch Aneinanderfügen der Exemplare konnte der Beweis der E. geführt werden. – Die Pracht der äußeren Ausstattung der Kaiserurkunden im Westen und v. a. in Byzanz hatte neben der Absicht, Echtheitsmerkmale zu schaffen, hauptsächl. mit einer bewußten Propagierung der Herrschaftsidee zu tun. – Die Begründung der modernen Urkundenlehre oder Diplomatik zu einer eigenen wissenschaftl. Disziplin erfolgte im 17. Jh. (→Bella diplomatica). Die diplomat. Fragestellung lautet in erster Linie: Ist die Urk. das, wofür sie sich ausgibt? Eine bestimmte Antwort darauf kann nur in Spezialuntersuchungen für jede einzelne Gruppe von Urkk. und je nach deren besonderen äußeren oder inneren Merkmalen gegeben werden (→Kanzleimäßigkeit; →Kanzlei). Die äußeren Merkmale wie z. B. Beschreibstoff, Schrift, Siegelstoff, -form, -anbringung können nur am Original, die inneren Merkmale wie Stil, Sprache, Formular (→Diktat) auch an der nichtoriginalen Überlieferung nachgeprüft werden. Wie schwer die Frage der E. im Einzelfall zu entscheiden ist, zeigt die Diskussion um die Berner Handfeste (→Bern). Die diplomat. E. einer Urk. sagt noch nichts über den Wahrheitsgehalt ihres Inhalts aus (→Fälschung). Ein Wertunterschied als hist. Quelle besteht zw. einer echten und gefälschten Urk. selbstverständl. nicht. A. Gawlik

[2] *Papsturkunden:* Jeder kirchl. Richter, dem eine Papsturkunde vorgelegt wurde, hatte sie auf ihre E. zu überprüfen. Die Prüfung erstreckte sich auf die äußere Form und, anders als bei den Königsurkunden, auch auf den Inhalt.

Die Prüfung der Form bezieht sich auf Rasuren, unzulässige Streichungen, sonstige Beschädigungen und die Besiegelung (»non rasa neque cancellata neque in aliqua alia eius parte suspecta ... cum bulla plumbea filis canapeis pendente more Romana curia roborata« oder ähnl. Formulierungen). Vergleichsmaterial, insbes. für die streng konservative Form des Siegels (→Bulle), war in jedem kirchl. Archiv reichl. vorhanden. Verdächtige Stücke waren an die päpstl. Kanzlei zurückzusenden, die ggf. anhand der →Register die E. überprüfen konnte. Einer solchen Rücksendung verdankt die Dekretale Innozenz' III. »Licet ad regimen« (X 5.20.5) ihre Entstehung, die u. a. eine Anleitung zum Erkennen von Siegelfälschungen enthält.

Der Richter hatte außerdem den Tatsachenvortrag, die »veritas precum«, zu verifizieren. Bereits an der Kurie mußten deshalb Urkk., die die Rechte Dritter tangieren konnten, die Audientia publica passieren; über dort eingelegte Einsprüche wurde in der →Audientia litterarum contradictarum entschieden. Aber auch die den Parteien ausgehändigte Urk. galt nur, »si ita est«, d. h. sie war bei falschem Tatsachenvortrag ungültig. Th. Frenz

Lit.: *zu [1]:* BRESSLAU, passim – BRUNNER, DRG 2, 560ff. – TH. SICKEL, Lehre von den Urkk. der ersten Karolinger, 1867, 366ff. – F. DÖLGER, Byzanz und die europ. Staatenwelt, 1953, 19f. – DERS., Byz. Diplomatik, 1956, 393ff. – M. KASER, Das röm. Zivilprozeßrecht, 1966, 489ff. – D. SIMON, Unters. zum Justinian. Zivilprozeß, 1969, 289ff. – P. CLASSEN, Kaiserreskript und Königsurk., 1977, 168ff. – *zu [2]:* P. HERDE, Röm. und kanon. Recht bei der Verfolgung des Fälschungsdelikts im MA, Traditio 21, 1965, 291ff. – DERS., Beitr. zum päpstl. Kanzlei- und Urkundenwesen im 13. Jh., 1967², 66ff., 213ff. – DERS., Audientia litterarum contradictarum, 1970.

Écija (Astigi, arab. Istīğa), Stadt und ehem. Bm. im südl. Spanien, Andalusien (nö. von Sevilla). Die auf dem linken Ufer des von hier schiffbaren Genil an der Römerstraße von Sevilla nach Córdoba und Mérida gelegene Colonia Augusta Firma war neben →Sevilla und →Córdoba bedeutendste Stadt der Provinz →Baetica und Vorort eines conventus iuridicus. Die Anfänge einer christl. Gemeinde dürften in das 3. Jh. zurückreichen (Märtyrer und Bf. v. E.? Crispinus, Märtyrerin und Jungfrau Trepes). Auf dem Konzil v. Elvira (ca. 306) ist E. vertreten durch einen presbyter Barbatus. Erster belegter Bf. ist Gaudentius († vor 589), von dessen Nachfolgern bis zum Ende des Bm.s im 12. Jh. dreizehn weitere bekannt sind, unter ihnen Fulgentius, ein Bruder Leanders und →Isidors v. Sevilla. Der Zeitpunkt der Eingliederung von É. in das →Westgotenreich (Ende 6./Anfang 7. Jh.) ist umstritten. Streitig war ztw. infolge der westgot.-byz. Auseinandersetzungen der Umfang des Bistumssprengels. Seit dem Feldzug des →Ṭāriq ibn Ziyād (711) der arab. Herrschaft unterworfen (→al-Andalus), geriet É., das nach Ausweis der bis zum Ende des 10. Jh. andauernden Bischofsbelege eine mozarab. Gemeinde besaß, mehrfach in die Auseinandersetzungen der rivalisierenden Kräfte des muslim. Spanien und gehörte ztw. zum Reich v. →Bobastro, bis unter der Herrschaft der →Almohaden (1147–1212) die christl. Kirchenorganisation verschwand. Nach dem Ende der Almohaden Teil der Herrschaft der Familie des Ibn Hūd, fiel E. 1240 in die Hände Kg. Ferdinands III. v. Kastilien. Die eigtl. christl. Besiedlung der Stadt begann jedoch erst 1263 unter Alfons X., nachdem die mudéjar. Bevölkerung 1258 einen Aufstand unternommen hatte. Der Bischofssitz wurde nicht wiederhergestellt, die Region von E. als Archidiakonat und Vicaría dem Ebm. →Sevilla eingegliedert. Um 1492 hatte die Stadt 13000–15000 Einwohner.

G. Kampers

Lit.: RE II,2, 1790f. [A. HÜBNER]– EI²IV, 254 – DHGE IV, 1179–1189 [A. LAMBERT]– DACL V,1, 1725f. [H. LECLERCQ]– D. CLAUDE, Gesch. der Westgoten, 1970, 138 Anm. 31 – L. A. GARCÍA MORENO, Prosopografía del reino visigodo de Toledo, 1974, 98–102 – A. TOVAR, Iber. LK, 2. T., 1974, 111ff. – M. J. SANZ FUENTES, Repartimiento de E., Hist. – Instituciones – Documentos 3, 1976, 533–551 – M. GONZÁLEZ JIMÉNEZ, Diezmo eclesiástico y producción de cereales en el reino de Sevilla (1408–1503), 1978 – J. SÁNCHEZ HERRERO, La iglesia andaluza en la Baja Edad Media, Siglos XIII al XV (Andalucía Medieval. Actas I Coloquio Hist. de Andalucía. Córdoba, Nov. 1979, 1982), 265–330 – J. E. LÓPEZ DE COCA CASTAÑER– M. GONZÁLEZ JIMÉNEZ, Hist. de Andalucía II, 1982, 172–174.

Eck, Paul, dt. Astrologe, Astromediziner und Alchemist, * ca. 1440/50, † nach 1509. Er stammte aus Sulzbach (Nordbayern), wurde 1479 an der Univ. Leipzig immatrikuliert und hielt sich in Nürnberg und 1509 in Heidelberg auf. Während der Jahre 1487/89 trat er in Leipzig auf dem Gebiet der latein- und deutschsprachigen Almanakproduktion mit Wenzel →Faber v. Budweis erfolglos in Konkurrenz; andererseits fanden seine astromed. Leistungen den Beifall Martin →Pollichs v. Mellrichstadt. Spätestens seit 1489 oblag er der Alchemie.

An Schriften E.s bewahrten sich ein »Judicium« über einen 1468 erschienenen Kometen, astromed. 'Tafeln der Neu- und Vollmonde' für die Jahre 1486 bis 1489, die in Leipzig, Nürnberg und anderen Städten gedruckt worden sind, eine »Responsio« auf Angriffe W. Fabers (Ende 1488/Anfang 1489) und Horoskope für Nürnberger Bürger aus den Jahren 1470, 1489, 1490 und 1497. Während dies astrologico-med. Werk alsbald seinen Gebrauchswert verlor und der Vergessenheit anheimfiel, zählte E.s alchem. Fachschrift »Clavis philosophorum« zum Literaturbestand frühnz. Alchemisten. Dieser erstmals i. J. 1604 gedruckte Traktat gewährt Einblick in E.s Laborpraxis, zeigt, daß E. im Anschluß an Lehren des →Geber latinus einer mercurialen Alchemie anhing und 1489 den Gewinn einer Silber in Gold oder Kupfer in Silber wandelnden »medicina« erstrebte. In der Chemiehistoriographie ist der fachl. Rang der »Clavis« umstritten. J. Telle

Ed. und Lit.: ADB V, 606 [OPPENHEIM]– Verf.-Lex.² II, 321f. [G. KEIL] – P. Eck, Clavis philosophorum, in: De lapide philosophico tractatus gemini, hg. J. Tanck, Frankfurt 1604, 21–39; auch in: Theatrum chemicum IV, Straßburg 1659 ('1613), 1007–1014 – Hundert Kalender-Inkunabeln, hg. P. Heitz, mit begleitendem Text von K. Haebler, 1905, Abb. Nr. 55 (lat. 'Tafel der Neu- und Vollmonde' für 1487, Leipzig), Nr. 58 (lat. »Tabula minutionum farmacorum nec non ventosatonum« für 1489, Nürnberg), Nr. 59 (dt. »Almanach« für 1489, Nürnberg) – J. Ferguson, Bibliotheca Chemica I, 1906, 231f. – K. Sudhoff, Die med. Fakultät zu Leipzig im ersten Jh. der Univ. (Stud. zur Gesch. der Med. 8), 1909, 125f. – K. Haebler, Paulus Eck gegen Wenzel Faber, Zs. für Bücherfreunde NF 6, 1914/15, 200–204 [mit Abb. der »Responsio«] – L. Thorndike, Some Tracts on Comets, 1456–1500, Archives Internat. d'Hist. des Sciences 11, 1958, 225–250, hier 231f. – J. R. Partington, A hist. of chemistry 2, 1961, 8 – E. Zinner, Gesch. und Bibliogr. der astronom. Lit. in Dtl. zur Zeit der Renaissance, 1964, s. v. Eck – K. Matthäus, Zur Gesch. des Nürnberger Kalenderwesens. Die Entwicklung der in Nürnberg gedruckten Jahreskalender in Buchform, AGB 9, 1969, 965–1396, s. v. Eck – L. Schuba, Die med. Hss. der Codices Palatini Latini in der Vatikan. Bibl. (= Kat. der Universitätsbibl. Heidelberg 1), 1981, 290.

Eck(e)hard → Ekkehard

Eckenlied, mhd. Heldendichtung aus dem Kreis der aventiurehaften Dietrichsepik (→Dietrich v. Bern), um die 300 Strophen im →Bernerton, vor der Mitte des 13. Jh. von einem unbekannten (Tiroler?) Dichter verfaßt, in mehreren Fassungen breit überliefert (7 Hss. und mindestens 11 Drucke von der 1. Hälfte des 13. bis zum Ende des 16. Jh.). Erzählt wird, wie Dietrich v. Bern im Waldgebirge Südtirols den jungen Riesen Ecke besiegt, der ihn herausgefordert hatte, und anschließend eine Reihe von Kämpfen gegen Eckes wilde Verwandtschaft besteht. Eine ältere Grundlage des Stoffes (Verwurzelung in Tiroler Sagentradition) und eine Vorgeschichte des überlieferten Textes, um deren Aufdeckung die Forschung sich lange bemüht hat, bleiben ungreifbar; nicht befriedigend gedeutet ist das Verhältnis zu einer Episode des afrz. Prosaromans vom »Chevalier du Papegau«, deren Handlung auffällige Übereinstimmungen mit der des E.es zeigt. Neben der großen Zahl der Textzeugen belegt ein Fülle von Erwähnungen, Zitaten, Anspielungen die außerordentl. Beliebtheit des Werkes, das auch der modernen Kritik als das künstler. gelungenste der Dietrichsepen gilt. J. Heinzle

Ed.: J. Zupitza, Dt. Heldenbuch V, 1870 [Neudr. 1968] – F. B. Brevart [in. Vorber.] – Lit.: Verf.-Lex.²II, s. v. [Lit.] – F. B. Brevart, »won mich hant vrouwan usgesant« (L 43,4). Des Helden Ausfahrt im E., AStNSp 220, 1983, 268–284 – Ders., Der Männervergleich im E., ZDPh 103, 1984, 394–406.

Eckhart (Meister E.) OP, dt. Philosoph, Theologe und Mystiker, * um 1260, † vor 30. April 1328.
I. Leben – II. Werk – III. Textauthentizität, Sprache, Rezeption.

I. Leben: E. trat früh in den Dominikanerorden ein. Möglicherweise wurde er um 1277 zur Ausbildung in den artes nach Paris geschickt. Es darf vermutet werden, daß er während seiner Kölner Studienzeit den greisen →Albertus Magnus noch persönl. kennenlernte. Eine Osterpredigt von 1294 bezeugt ihn im Studienjahr 1293/94 als Sentenziar an der Univ. →Paris. Während dieser Zeit ist seine »Collatio in libros sententiarum« zu Eccl. 38,4 entstanden. Nach diesem ersten Pariser Lehraufenthalt waltete er als Prior seines Heimatklosters →Erfurt und als Vikar von Thüringen und verfaßte die »Rede der unterscheidunge« (RdU). 1302/03 weilte er erneut in Paris als Mag. Theol. Als Frucht dieser Lehrtätigkeit sind zwei berühmte quaestiones (Utrum in deo sit idem esse et intelligere/Utrum intelligere angeli, ut dicit actionem, sit suum esse) sowie »rationes Equardi« aus einer Disputation mit →Gonsalvus Hispanus OFM erhalten. 1303 wurde E. zum Provinzial der neugegr. Prov. Saxonia gewählt. In dieser Funktion dürfte er seine zwei Predigten und Vorlesungen zu Eccl. 24,23 und 24,27 an einem Provinzkapitel vorgetragen haben, obschon er diese Texte später erheblich überarbeitet hat. Die 1310 auf dem Provinzkapitel der Teutonia erfolgte Wahl zum Provinzial wurde nicht bestätigt, vielmehr sandte ihn das Generalkapitel v. Neapel ein zweites Mal als Magister nach Paris. Ab 1313 weilte E. in Straßburg; in seiner Aufgabe als Vikar des Ordensgenerals widmete er sich vornehml. der seelsorgerl. Betreuung von Frauenklöstern. Ein beachtl. Teil der dt. Predigten, aber auch der »Liber benedictus« (Buch der göttlichen Tröstung; BgT) sind in diesem Lebensabschnitt entstanden. Nach 1322 war E., wie mehrere Predigten bezeugen, in Köln tätig, und zwar mit großer Wahrscheinlichkeit am Studium generale, dem er vielleicht eine Zeitlang als »lector« vorstand. Allerdings ist in der fragl. Zeit (1323–27) →Nikolaus v. Straßburg als »lector Coloniensis« bezeugt. In diesen Jahren begannen die Umtriebe, welche zum Inquisitionsverfahren gegen E. führen sollten. Daß E. schon vorher seine Orthodoxie zu verteidigen hatte, zeigt der Schlußpassus des BgT, wo er sich gegen »grobsinnige Menschen« wehrt, welche nicht verstehen, was er geschrieben habe. Wahrscheinl. um einem ebfl. Verfahren zuvorzukommen, hat der seit dem 1. Aug. 1325 von Johannes XXII. eingesetzte Visitator der Teutonia, Nikolaus v. Straßburg, 1325/26 ein Prüfungsverfahren durchgeführt, welches E. vom Häresieverdacht befreien sollte. Dieses Verfahren, welches Nikolaus selbst einen Prozeß als »impeditor inquisitionis« einbrachte, konnte allerdings nicht verhindern, daß der Ebf. v. Köln, Heinrich v. Virneburg, durch Einsetzung von zwei Kommissaren 1326 ein Inquisitionsverfahren eröffnete. Zuhanden dieses Verfahrens wurden mehrere Irrtumslisten aus den Werken E.s zusammengestellt. Zwei derartige Listen – 49 Sätze aus dem BgT, den lat. Werken und den dt. Predigten und 59 Sätze aus den volkssprachl. Predigten – sind zusammen mit E.s Stellungnahme (die sog. Rechtfertigungsschrift) in der Hs. 33ᵇ des Soester Stadtarchivs erhalten (ed. Théry und Daniels). Durch einen Appell vom 24. Jan. 1327 an den Hl. Stuhl sowie eine öffentl. Erklärung in der Predigerkirche von Köln (13. Febr. 1327) protestierte E. gegen das Vorgehen und die Häresieverdächtigung. Als Folge seines Appells an den Papst wurde das Verfahren der päpstl. Kurie v. Avignon übergeben. Der päpstl. Kommission, vor der sich E. persönl. verteidigte, hat, wie aus dem von F. Pelster entdeckten Gutachten hervorgeht, lediglich 28 Artikel geprüft. Die Arbeit dieser Kommission, welche mehrere Theologengutachten einforderte, führte schließlich zur Bulle »In agro dominico« vom 27. März 1329, die Johannes XXII. im April desselben Jahres dem Kölner Ebf. zur Veröffentlichung in seinem Bm. übersandte. In der Bulle werden 28 Artikel nicht nur aus den dt. Predigten und dem Trostbuch, sondern auch aus den lat. Schriftkommentaren aufgelistet, von denen 17 als häretisch verurteilt werden. Die restl. Sätze werden als übel klingend, kühn und häresieverdächtig bezeichnet. Das päpstl. Dokument erwähnt, E. habe die inkriminierten Sätze widerrufen. Wie sich aus einem Brief des Papstes an Heinrich v. Virneburg ergibt, ist der Meister vor dem 30. April 1328, wahrscheinl. in Avignon, gestorben.

II. Werk: Wenn die Verurteilungsbulle E. tadelt, er habe durch seine neuartigen Lehren das einfache Volk verwirrt, dann trifft dieser Vorwurf den Kern von E.s innovator. Absicht, die Arkana der Theologie und Philosophie nicht nur in der Schule, sondern auch auf der Kanzel für ungelehrte Leute zu verkünden (vgl. Pr. 16b, DW I, 270). Diese Intention, welche die dt. Predigten und die Traktate (RdU, BgT, Von abegescheidenheit) prägt, im Verein mit der Vorliebe für »Neues und Seltenes«, das auf den ersten

Blick als »monstruös, zweifelhaft und falsch« erscheint (LW I, 149, 152), verbindet die lat. und dt. Werke. Daß diese eine inhaltl. Einheit bilden, bestätigt E.s Zusammenfassung seiner ganzen Lehre in der Pr. 6: Wer den Unterschied zw. Gerechtigkeit und Gerechtem verstanden habe, habe alles, was er sage, verstanden (DW I, 105). In der damit angedeuteten Lehre von der Gottesgeburt, die als Interpretation der Inkarnation die Einheit von Gott und Mensch aussagt, gipfelt das Denken E.s, denn »darum ist die ganze Schrift geschrieben, darum hat Gott die Welt ... geschaffen, auf daß Gott in der Seele geboren werde und die Seele in Gott geboren werde« (Pr. 38, DW I, 228–229). Nach der Pr. 53 (DW II, 528) bilden 1. die Abgeschiedenheit, 2. die Einbildung in das absolute Gute, 3. der große Adel der Seele und 4. die Erhabenheit und Lauterkeit der göttl. Natur den ausschließl. Gegenstand der Predigt, in der E. aufweisen will, daß es etwas in der Seele gibt – das Seelenfünklein oder die Vernunft als Vernunft –, das als ungeschaffenes mit der Gottheit immer schon geeint ist. In diesem Grund hat der Mensch teil an der Geburt des Logos, ja der Vater »gebiert seinen eingeborenen Sohn in das Höchste der Seele« (Pr. 22, DW I, 386). Wer diese Einheit von Vernunft und Gott durch das Gleichnis von Holz und Auge, die im Vollzug der Erkenntnis eins sind, verstanden hat, erfaßt das Wesen seiner ganzen Verkündigung: »so verstüendet ir mînen sin und den grunt aller mîner meinunge, den ich ie gepredigte« (Pr. 48, DW II, 416). Der Aufweis dieses Geschehens bildet keinen Gegensatz zu den lat. Werken, vielmehr kann das volkssprachl. Schrifttum nur in deren Horizont begriffen werden. Das geplante »Opus tripartitum«, bestehend aus dem »Opus propositionum« mit über tausend Thesen in 14 Traktaten, dem »Opus quaestionum« und dem »Opus expositionum« ist nur fragmentar. erhalten: Von den ersten beiden Teilen sind lediglich zwei Prologe überliefert (Prol. generalis in opus tripartitum, Prol. in opus propositionum), während beachtl. Partien des Kommentarwerkes vorliegen, nämlich zwei Kommentare zur Gen, Kommentare zum Ex, Weish und Joh und lat. Predigtentwürfe (opus sermonum). Das gesamte Opus war als umfassende Synthese gedacht, in der die Einheit von philos. Denken, christl. Überlieferung und hl. Schrift dargestellt werden sollte. E.s Vorhaben gründet in der Überzeugung einer radikalen Einheit von Philosophie und Theologie, die sowohl das thomist. Subordinationsmodell wie das averroist. Postulat einer method. Trennung überwindet. Aus dieser Konzeption erwächst das der Religionsphilosophie des →Maimonides verpflichtete Programm einer philos. Schriftauslegung, welches die Absicht verfolgt, die christl. Überlieferung und die Schriften des AT und des NT »per rationes naturales philosophorum« zu deuten (In Joh n. 2), aus der Überzeugung, daß die Schrift und das Evangelium, welches das Seiende als Seiendes betrachtet (In Joh n. 444), und die Philosophie übereinstimmen, lehren doch Moses, Christus und der Philosoph dasselbe auf andere Weise (In Joh n. 158; 185). Die Verwirklichung dieses Programms erschließt den philos.-theol. Sinn der Hauptlehren E.s. Zu erwähnen sind neben der Kritik eines objektivierenden Gottesverständnisses durch eine negative Theologie (In Exod. n. 27–78), die ihrerseits durch die Doktrin der »negatio negationis« überwunden wird, E.s Deutung von Exod. 3,14 (In Exod. n. 14–24) und die Analogielehre, welche die radikale Dependenz und Nichtigkeit alles Geschaffenen betont (In Eccl. n. 42–61), indem gezeigt wird, daß allein Gott als das primum analogatum das Sein, die Güte, die Wahrheit und die Einheit formal besitzt. Wie B. MOJSISCH überzeugend nachgewiesen hat, muß der früher allzu einseitig betonte Analogiegedanke durch eine grundlegendere Theorie ergänzt werden. Allein die »univoke Korrelationalität« vermag das Verhältnis von Vernunft und Gott sowie die Gottesgeburt verständlich zu machen. E. entfaltet diesen Aspekt namentl. in der Auslegung von Joh 1, 1 (In Joh n. 4–13), zu Beginn des BgT und anhand der Verhältnisse von iustitia und iustus (In Joh n. 14–22), Urbild und Bild (In Joh n. 23–27), indem das Verhältnis der beiden Korrelate nicht als dingliches Gegenüber, sondern als aktiv-passive Identität und Differenz von Prinzip und Prinzipiat gedeutet wird: Der Gerechte ist in der Gerechtigkeit; er ist das aus der Gerechtigkeit hervorgehende Wort, der Sohn, dem sich das Prinzip ganz mitteilt, der aber als Hervorgehender vom Prinzip verschieden ist. E.s These von der Einheit der Vernunft mit ihrem Prinzip, dem absoluten Einen, das sich als das Ununterschiedene durch seine Ununterschiedenheit von allem unterscheidet (In Sap. n. 154), baut auf der Intellekttheorie →Dietrichs v. Freiberg auf. Dieses neue Denken erweist sich in einem als Christologie, Mystik, Metaphysik und Ethik, die den Menschen in radikaler geistiger Armut oder Abgeschiedenheit und Gelassenheit die vorbehaltlose Enteignung als »Wirken ohne Worumwillen« lehrt. Die Pr. 86, von Martha und Maria als Sinnbilder der vita activa und contemplativa, erhellt E.s Verständnis der Einheit von Theorie und Praxis: »wan dar umbe sîn wir gesetzet in die zît, daz wir von zîtlîchem vernünftigen gewerbe gote naeher und glîcher werden« (DW III, 485). – Die Textüberlieferung der dt. und lat. Werke ist recht unterschiedlich. Während 44 Textzeugen für die RdU, 32 für den Traktat »Von abegescheidenheit« erhalten sind, weisen 33 Predigten zw. 10 bis 20 Zeugen auf. Der größte Teil der bisher edierten 86 Predigten verfügt über weniger als 10 Textzeugen. Das gilt auch für das BgT (4 Hss.). Vom Op. trip. kannte man bis vor kurzem 4 Hss. (Erfurt, Amplon, F 181; Trier 72/1056; Kues 21; Berlin lat. qu. 724). L. STURLESE hat 1985 in der Bibl. Bod., Oxford, eine neue Hs. entdeckt (Laud. misc. 222), in der die Prologe sowie die beiden Genesiskommentare tradiert werden. – Vgl. auch→Mystik.   R. Imbach

III. TEXTAUTHENTIZITÄT, SPRACHE, REZEPTION: Ist es notwendig für das Verständnis der E.schen Lehren, seine lat. und dt. Schriften zusammenzusehen, insbes. aus den lat. das systematisierende Gerüst für die Theologie der dt. Verkündigung zu gewinnen, so besitzen doch für die Ausformung und Wirkung der E.schen Vorstellungen die dt. Texte, die auch breiter als die lat. überliefert sind, die größere Bedeutung: »Rede der unterscheidunge«, »Von abgescheidenheit« (Echtheit nicht unbestritten), »Liber benedictus« mit dem »Buch der göttl. Tröstung« und dem »Sermon vom edlen Menschen« (bei weiteren unter E.s Namen laufenden Traktaten ist die Autorschaft fraglich) sowie die dt. Predigten (59 nach QUINT sehr gut bezeugt).

Die Textauthentizität der Predigten stellt ein wichtiges Forschungsproblem dar. E. hat sie nicht selbst aufgezeichnet, aber wohl redigiert und geordnet; allerdings ist keine derartige Sammlung erhalten. Daß E. die Predigten prinzipiell als authent. Texte von sich anerkannte, ergibt sich aus seiner Reaktion auf deren Benutzung in der Häresieanklage gegen ihn; er wandte sich lediglich gegen ihre Entstellung. Die einzelnen Predigten sind verstreut überliefert. Für die jeweils zu prüfende Echtheit wurden bestimmte Kriterien entwickelt (Erwähnung und Textparallelen in E.s Rechtfertigungsschrift, im »Opus sermonum« mit lat. Predigtentwürfen und anderen E.-Texten), die QUINT für seine E.-Ausgabe angewandt hat. Die anerkannten Predigten entsprechen in der Textqualität dem von E. selbst aufgezeichneten »Sermon vom edlen Menschen«.

E.s bes. sprachschöpfer. Leistung und seine sprachl. Potenz überhaupt zeigen sich daran, daß er seine schwierigen theol.-philosoph. Anliegen so wirkungsmächtig zum Ausdruck zu bringen vermochte. Er hat sich dazu die dt. Sprache innovatorisch zubereitet, insbes. durch syntakt. Linienführung, neue Wortbildungen mit *un-*, *ent-*, *abe-*, *über-* als apophat. Ausdrücke, verstärkte Aufnahme von Abstraktbildungen auf *-heit/-keit*, *-unge* und durch eine veranschaulichende Bildlichkeit. E.s Sprache zeichnet sich durch Klarheit in Wortwahl wie Syntax und durch ihre Bildkraft aus. Verständnisschwierigkeiten und Mißdeutungen erklären sich auf einer anderen Ebene, sie ergaben sich wohl einerseits aus seiner Theologie der absoluten Verborgenheit Gottes, andrerseits aus seinem speziellen »Kommunikationsmodell«, das Angleichung des Menschen an die Wahrheit als Voraussetzung für ihr Verständnis verlangt (vgl. K. RUH). Diese ist möglich durch den »Seelenfunken«, der einen ontolog. Bezug zw. dem ewigen Intellekt Gottes und dem zeitlichen des Menschen herstellt.

Die E.-Überlieferung und E.-Rezeption sind insgesamt durch die Häresieverdächtigung und das kirchl. Verdikt einzelner Sätze stark beeinträchtigt. E.s Schriften wurden zwar bis etwa 1500 durchgehend tradiert, aber – ausgenommen die »Rede der unterscheidunge« – meist anonym oder unter anderen Verfassern. (Die Rechtfertigungsschrift, in der E. auf angefochtene Sätze seiner Werke Bezug nimmt, gilt als wichtigstes Mittel zur Sicherung seiner Autorschaft.) E.s Name taucht eher in polem. Zusammenhängen auf (so bei Jan van Leeuwen und Geert →Groote.) E.sche Gedanken leben in der Dominikanermystik fort bei seinen 'geistigen Schülern' Johannes →Tauler und Heinrich →Seuse, die sich allerdings nicht durch entsprechende metaphys. Spekulationen exponierten. Lit. hat sich die Wirkung des Meisters in verschiedenartigen Berichten und Visionen niedergeschlagen, die von Nonnen verfaßt sind, denen er begegnet ist (Elsbeth v. Beckenhofen, Anna Ramschwag, →Elsbeth v. Oye), bei Seuse und in den E.-Legenden. Das »Büchlein von der Wahrheit« verteidigt Lehren E.s, ohne seinen Namen zu nennen. →Nikolaus v. Kues kannte E.s Schriften gut, ist selbst von ihm wesentlich beeinflußt und hat sich verteidigend zu ihm bekannt. In der Forschung wechseln mehrfach Bewunderung und Abwertung einander ab. Heute scheint die positive sachl. Würdigung seiner geistigen und lit. Leistungen unanfechtbar. U. Schulze

Ed.: Ges.ausg.: M. E., Die dt. und lat. Werke, hg. im Auftrag der Dt. Forschungsgemeinschaft. Die dt. Werke, 5 Bde, hg. J. QUINT, 1936ff. [ersch. Bd. I–III, V]; Die lat. Werke, 5 Bde, hg. J. KOCH u. a. [ersch. Bd. I, IV und Teillfg. en von II, III, V] – *Ed. einzelner Werke:* Paradisus anime intelligentis, ed. PH. STRAUCH, 1919 (DTMA, 30) – A. DANIELS, Eine lat. Rechtfertigungsschrift des M. E., 1923 – G. THÉRY, Ed. critique des pièces relatives au procès d'E. (ms. 33 b, Bibl. Soest), AHDL 1, 1926, 129–268 – zu weiteren Einzeled. s. Verf.-Lex.² II, 330 – *Übers.:* J. MOLITOR – F. AUBIER, Maître E. Traités et Sermons, 1942 – J. QUINT, M. Ekkehart. Dt. Predigten und Traktate, 1955, 1963² – J. CLARK, M. E. An Introduction to the Study of his Works with an Anthology of his Sermons, 1957 – D. MIETH, M. E., 1979 – *Lit.:* Verf.-Lex.² II, 327–348 [K. RUH; umfangreiche Lit.] – F. PELSTER, Ein Gutachten aus dem E.-Prozeß in Avignon (Aus der Geisteswelt des MA, 1935), 1099–1124 – J. KOCH, Krit. Stud. zum Leben M.E.s, AFP 29, 1–51; 30, 1960, 1–52 – DERS., Zur Analogielehre M.E.s (Mél. E. GILSON, 1959), 327–350 – L. HÖDL, Naturphilosophie und Heilsbotschaft in M. E.s Auslegung des Johannes-Evangeliums (La filosofia della natura nel medioevo, 1966), 641–651 – DERS., Metaphysik und Mystik im Denken M.E.s, ZKTH, 82, 1960, 257–274 – V. LOSSKY, Théologie négative et connaissance de Dieu, 1960 – I. DEGENHARDT,

Stud. zum Wandel des E.-Bildes, 1967 – F. BRUNNER, E., 1969 – D. MIETH, Die Einheit von vita activa und vita contemplativa in den dt. Predigten und Traktaten M.E.s und bei Johannes Tauler, 1969 – W. BEIERWALTES, Platonismus und Idealismus, 1972 – H. FISCHER, M.E., Einf. in sein philos. Denken, 1974 – K. FLASCH, Die Intention M.E.s: Sprache und Begriff (Fschr. B. LIEBRUCKS, 1974), 292–318 – K. ALBERT, M.E.s These vom Sein, 1976 – AAVV, an A. E.-Bibliogr., The Thomist 42, 1978, 313–336 – A. HAAS, M.E. als normative Gestalt geistl. Lebens, 1979 – B. WELTE, M. E., Gedanken zu seinen Gedanken, 1979 – A. DE LIBERA, Le problème de l'être chez M.E., 1980 – W.-M. FUES, Mystik als Erkenntnis? Krit. Stud. zur M.E.-Forschung, 1981 – B. MOJSISCH, M.E., Analogie, Univozität und Einheit, 1983 – AAVV, M.E. à Paris. Une critique médiévale de l'ontothéologie, 1984 – E. ZUM BRUNN – A. DE LIBERA, M.E., Métaphysique du verbe et théologie négative, 1984 – Albert der Große und die dt. Dominikanerschule, hg. R. IMBACH – CH. FLÜELER, FZPhTh 32, 1985, H. 1-2 – K. RUH, M.E., Theologe-Prediger-Mystiker, 1985 – L. STURLESE, Un nuovo ms. delle opere lat. di Eckhart e il suo significato per la ricostruzione del testo e della storia dell'Opus tripartitum (Albert der Große, FZPhTh 32, 1985), 145–154 – L. SEPPÄNEN, M. E.s Konzeption der Sprachbedeutung, Hermaea, Germanist. Forsch. N.F. 51, 1985.

Ecloga → Ekloge

Ecloga Basilicorum ('Auszug der Basiliken'). Die sog. E.B. ist ein Florilegium aus den ersten zehn Büchern der →Basiliken, das ein unbekannter Verfasser um 1142 geschrieben hat. Sie enthält auch zahlreiche Bruchstücke aus Schriften der →Antecessores sowie eine Reihe von Erläuterungen des Verfassers selbst. Die E.B. hat sowohl als Fundgrube für alte byz. Rechtstexte wie auch als Dokumentation der byz. Rechtswissenschaft der Spätzeit erheblichen Wert. P. E. Pieler

Lit.: HUNGER, Profane Lit. II, 462f. [P. E. PIELER].

Ecloga legum in epitome expositarum → Epitome legum

Ecloga Theoduli, ein Streitgedicht (lis) zw. Pseustis und Alithia über die Mythen der Griechen und die Mysterien des AT (ab Saturn: Adam) mit dem Spruch der Phronesis zugunsten der Schwester Wahrheit; die 344 nicht rein leoninisch gereimten Hexameter (woran sich eine achtzeilige Oratio der Alithia schließt) sind in Hss. seit dem 10., breit seit dem 13. Jh. überliefert (auch früh und viel gedruckt) und wurden, oft glossiert und kommentiert, Schullektüre. Der Verfasser (wohl des 10. Jh.) nennt sich im Text nicht (früher mit →Gottschalk von Orbais identifiziert), die Biographie der Literaturkataloge, Accessus ad auctores und Kommentare ist fiktiv. Der Prolog (V. 1–36) schafft die Szene: der Hirt (pastor) Pseustis über Ziegen und mit Flöte (fistula) sowie das Mädchen (virgo) Alithia mit Schafen und der davidischen Cithara stellen sich in je 37 Quatrains (V. 35f. tetras als Pythagorae numerus) der Richterin (iudex) Phronesis; Gegenstand ihrer Widerreden sind die griech. Fabulae (des Pseustis) und die atl. Historiae (der Alithia), welche die Kommentare allegorice und moraliter auslegen. Die beträchtliche, gelegentl. dunkle Gelehrsamkeit der E. hat ihrer Beliebtheit nicht geschadet und ihre Kommentierung provoziert.

R. Düchting

Ed. und Lit.: SCHALLER 442 – Theoduli eclogam rec. J. OSTERNACHER, 1902 (Progr. Linz), Abdruck auch OSTERNACHER 1907 (Komm.) und HUYGENS, Bernard d'Utrecht 9–18 – *Teilübers.:* H. C. SCHNUR, Die Hirtenflöte, 1978, 64–71 – B. N. QUINN, ps. Theodulus, Cat. transl. et comment. 2, 1971, 383–408 – R. B. C. HUYGENS, Bernard d'Utrecht, Commentum in Theodulum 1076–1099, 1977 – A. P. ORBÁN, Anonymi Teutonici commentum in Theoduli eclogam e codice Utrecht, U. B. 292 editum, ab Vivarium 11, 1973 – MANITIUS I, 570, 572–574 – R. B. C. HUYGENS, Accessus ad auctores, 1970 – R. P. H. GREEN, The genesis of a medieval textbook: the models and sources of the E. Th., Viator 13, 1982, 49–106.

Écorcheurs 'Schinder', Bezeichnung für frz. →Söldner in der Spätzeit des →Hundertjährigen Krieges, insbes. für die →Armagnaken.

Écoutète → Schultheiß

Écu d'or (frz. 'Goldener Schild'), eine 1266 in Frankreich eingeführte, anfangs in geringem Umfang geprägte Goldmünze im Gewicht von 4,2 g, die auf der Vorderseite einen Lilienschild, auf der Rückseite ein Blumenkreuz zeigt. 1337 wurde der É. erneut eingeführt, diesmal mit der Darstellung des thronenden Kg.s und im Gewicht von 4,53 g. Der É. von 1337 wurde seitdem in großer Menge geprägt und auch von anderen Münzherren (u. a. Ks. Ludwig d. Bayern und Ks. Karl IV.) übernommen. Er fand Verbreitung auch in den Niederlanden, wo er – bes. minderwertig – bis zum Beginn des 15. Jh. nachgeahmt wurde, und im Rheinland. In der Sprache dt. Urkk. werden É.s als »scudati aurei denarii vulgariter schilde nuncupati« (1340) oder als »olde gude ghuldene schilde guet van gholde und gherecht van ghewychte, van munte des keysers van Rome ofte des konynges van Vrancryke« (1381) bezeichnet. Seit 1385 begegnet der É. dann in Frankreich auch als *É. à la couronne*, als *É. au soleil* (seit 1483) und als *É. d'or au porc-épic* (seit 1507). P. Berghaus

Lit.: V. TOURNEUER, La prétendu monnayage d'Édouard III en Brabant, Transactions of the Internat. Numismatic Congr. London 1936, 1938, 334–340 – J. LAFAURIE, Les monnaies des rois de France, Hugues Capet à Louis XII, 1951 – P. BERGHAUS, Westfäl. Münzschatzfunde 1952-1953, Westfalen 32, 1954, 25–57, bes. 30–31 – DERS., Die Ausbreitung des Goldmünze und des Groschens in dt. Landen zu Beginn des 14. Jh., Numismatický Sborník 12, 1971/72, 211–243 – N. KLÜSSENDORF, Stud. zur Währung und Wirtschaft am Niederrhein vom Ausgang der Periode des regionalen Pfennigs bis zum Münzvertrag von 1357, Rhein. Archiv 93, 1974, 196–201 – J. DUPLESSY, L'écu d'or de l'empereur Louis IV de Bavière (1328–1347), Annales du XLIVième Congr. Huy, 1976, 344–346.

Écurie du roi de France (kgl. Marstall). Wie alle Fs.en und größeren Adligen verfügte auch der Kg. v. Frankreich stets über eine bestimmte Anzahl von Dienstleuten, die für Kauf, Betreuung und Unterhalt der →Pferde des Kg.s nebst der zugehörigen Ausrüstung zuständig waren, wobei es sich um die Pferde für die kgl. Person (*chevaux de corps*) oder für die verschiedenen Hofdienste handelte. Bei den Dienstleuten handelte es sich um Stallknappen (*écuyers d'écurie*), Hufschmiede (*maréchaux*), Stallknechte (*palefreniers*) etc. (s. a. →Marstall). Die é. gehörte im Rahmen des kgl. →Hofhaltes (*Hôtel*) zu den wichtigsten ministeria (*métiers*). Seit dem letzten Viertel des 13. Jh. werden die Quellenzeugnisse über dieses Amt reichhaltiger. Seit Kg. Philipp III. (1270–85) ist eine eigene Rechnungsführung mit Einnahmen und Ausgaben belegt. 1286 sieht die →Hofordnung (*Ordonnance de l'hôtel*) Philipps IV. vier *écuyers* vor (unter ihnen ein gewisser Roger: »pour le corps du roi«). 1291 ist von einem Personal von sechs écuyers, drei maréchaux, fünf Schmiedegesellen (*valets de forge*) und dreizehn Stallburschen (*valet d'é.*) die Rede. 1298–99 übersteigen die jährl. Ausgaben der é. offenbar schon die – ansehnliche – Summe von 20000 *livres parisis*. Während der 1. Hälfte des 14. Jh. ist der Stallmeister (*maître de l'é. du roi*; offizieller Titel: *premier écuyer de corps et maître de l'é.*) ein angesehenes, aber polit. einflußloses Mitglied des Hôtel du roi. Um 1390-1400 hat der Stallmeister, der in der Regel einer guten Adelsfamilie entstammt, etwa 100 Untergebene in seinem Dienst. Neben den é.s und Sattelkammern (*selleries*), die sich bei den kgl. Residenzen in und um Paris (Louvre, Hôtel St-Pol, Schloß im Bois de Vincennes etc.) befanden, verfügte die é. über zwei hauptsächl. Stallungen (»séjours«), die eine nahe der Porte Montmartre, die andere, größere an der Brücke von Charenton). Hafer und Heu wurden auf dem Wasserweg zum Hôtel de Bernières, nahe Nogent-sur-Marne, transportiert. Die Pferde wurden den Stallmeistern manchmal als Geschenk überreicht, jedoch vorwiegend – mit der nötigen Sorgfalt – auf den Messen v. →St-Denis (Lendit) und →Compiègne eingekauft. In dieser Periode bewegten sich die jährl. Ausgaben der é. um 13000 *livres tournois*, wobei die Kgn. noch eine eigene é. unterhielt, ebenso wie die Prinzen, sobald sie in das Alter kamen, das ihnen die Führung eines eigenen, von den Eltern unabhängigen Hofhalts erlaubte. Karl VII. ließ – auch schon vor seiner Königserhebung – durch seine é. nicht nur den Ankauf von Pferden, sondern auch von Waffen und Standarten für seine Truppen tätigen. Von dieser Zeit an tritt der premier écuyer de corps, der nun den Titel eines *Grand écuyer de France* zu führen beginnt, als einer der wichtigsten Amtsträger der Krone in Erscheinung. Einer dieser Grands é.s, Poton de →Xaintrailles, leitete 1450–55 die Ausrüstung eines Teils der regulären Truppen und erhielt das Recht, die Produktion der Harnischmacher und Waffenschmiede im ganzen Kgr. inspizieren zu lassen. Sein Nachfolger, Tanguy III. du →Chastel, organisierte 1461 die Begräbnisfeierlichkeiten für Karl VII. In der Folgezeit setzte sich diese Entwicklung fort: So wurde 1498 wiederum der Grand écuyer de France, Pierre d' →Urfé, zum Leiter der Trauerfeier für Karl VIII. bestellt. Die Abrechnungen der é., die für das Ende des 15. und den Anfang des 16. Jh. erhalten sind, zeigen die beherrschende Rolle, die é. bei den kgl. Hoffesten und -zeremonien spielte. Die Position der écuyers d'é. war zu einem bloßen Ehrenamt geworden, mit dem der Kg. Adlige an seinem Hofe, die am Beginn ihrer Karriere standen, zu betrauen pflegte. – Die Hzg.e v. →Burgund aus dem Hause →Valois hatten ebenfalls eine é. An ihrer Spitze stand nach Olivier de la →Marche unter Karl dem Kühnen der 'écuyer', der – wie der Autor schreibt – dem 'grand écuyer' am frz. Hofe entsprach. Diesem écuyer unterstanden 50 écuyers d'é., weiterhin Trompeter, Pagen, Stallknechte etc. Er war auch mit den »pompes et parures« seines Herrn betraut, führte daher bei offiziellen Anlässen ein Zeremonienschwert (»épée de parement«) und trug im Krieg das fsl. Banner. →Écuyer.

Ph. Contamine

Q. und Lit.: Estat de la maison du duc de Bourgoingne (Olivier de la Marche, Mémoires, ed. H. BEAUNE-J. D'ARBAUMONT, IV, 1888) – H. LEMOINE, Les é.s royales sous Charles VI et Charles VII, Bull. philol. et hist. (jusqu'à 1715) du Comité des travaux hist. et scientifiques, 1928–29, 130–137 – M. REY, Les finances royales sous Charles VI. Les causes du déficit (1388–1413), 1965 – A. BRIDAULT, L'é. de Charles VIII., mém. de maîtrise [Ms. masch. Paris-Nanterre, 1981].

Écuyer (lat. armiger, scutifer '(Edel-)Knecht, Knappe, Schildknappe'; s. a. →Knappe). Der Begriff 'e.' erscheint im Afrz. erstmals im →Rolandslied (Ende 11. Jh.) u. bezeichnet d. Diener eines Ritters (→chevalier), eines Herrn oder eines Kg.s, der dessen →Schild (*écu*) zu tragen hat und darüber hinaus für die gesamte militär. Ausrüstung des Herrn (insbes. seines →Pferdes oder seiner Pferde; →écurie, →Marstall) Sorge zu tragen hat. Außerhalb der Kriegszüge versah der Knappe verschiedenste Dienstfunktionen im Hause oder am Hofe seines Herrn. Die Knappen waren folglich urspgl. Waffenknechte; seit dem 12. Jh. – und wohl auch schon in früherer Zeit – handelte es sich jedoch zumeist um junge Leute (→juvenes) aus guter Familie, die bei einem adligen Herrn eine Ausbildung in den adlig-ritterl. Fertigkeiten und Lebensformen erhielten. So berichtet →Ordericus Vitalis im frühen 12. Jh. von einem gewissen Robert de Grandmesnil, der fünf Jahre lang Knappe des Hg.s Wilhelm v. Normandie war, bis dieser ihn mit Waffen ausrüstete und zum Ritter (→chevalier) machte. Die Vorstellung, daß die Knappen in erster Linie Diener sind, findet sich u. a. im →»Aïol«, einer

→*chanson de geste* des späten 12. Jh., in der von drei tapferen Knappen (»trois vaillans escuiers«) die Rede ist, die die Waffen des Herrn tragen und pflegen. Von ihnen heißt es: (Sie) »metent as almaries [in die Schränke] les bruns elmes d'achier/Et avalent es coufres les blans aubers doubliers / Et menerent en destre les boins corans destriers / Et portent les escus et les tranchans espieus.« Noch am Ende des MA hatte jeder große Herr einen oder mehrere solcher é.s, die zu seinem →Hofhalt *(hôtel)* gehörten und dort als *é. tranchant* (Vorschneider), *é. d'honneur* (Ehrenknappe), *é. d'écurie* (Stallknappe) oder *é. de cuisine* (Küchenknappe) Hofämter ausübten. Auf Grabinschriften der Zeit um 1300 wird rühmend hervorgehoben, daß Verstorbene das Amt des »é. le roi« oder des »é. de Madame la reine« bekleidet haben. – Zum wichtigen Amt des *grand é.* (v. a. Frankreich, Burgund, 15. Jh.) s. →écurie, →Hofhalt, -ordnungen.

Vom 13. Jh. an bezeichnet der Begriff 'é.' mehr und mehr den Adligen, der nicht – oder noch nicht – Ritter geworden war (→adoubement, →Schwertleite). So erwähnt →Joinville im frühen 14. Jh. einen Gf. en v. Eu, der im Aufgebot *(ost)* erschien, aber noch é. war (»estoit escuyers«); im Dienst des Kg.s verblieben, machte ihn dieser zum Ritter (»le fist chevalier«). Vom späten 13. Jh. an ist der Titel 'é.' auf den Epitaphen ein Ehrentitel, der es erlaubt, den Platz des Trägers in der Gesellschaft zu bestimmen. So heißt es in einer Grabinschrift »Ici gist feu Jehan de Repenti, escuyer« († 1285). Von nun an diente der Begriff 'é.' dazu, die erste Stufe des Adels zu bezeichnen.

Parallel dazu wurde 'é.', wohl im Anschluß an den älteren *sergent à cheval* (berittenen Knecht), im Heerwesen zur festen Bezeichnung für eine Gruppe von Kämpfern, entsprechend dem *chevalier*. Die é.s erhielten bis zum 15. Jh. üblicherweise den halben Wehrsold der chevaliers. Ein *é. banneret* war ein hochgestellter Adliger, der, gewöhnlich wegen seiner Jugend, noch nicht die Ritterwürde empfangen hatte und daher auch nicht als *chevalier banneret* bezeichnet werden konnte. Während des 14.–15. Jh. bestand die große Mehrzahl der *hommes d'armes* oder Kürisser, d. h. der gepanzerten Reitertruppe, aus é.s; zumindest wurden sie so bezeichnet. Die Gehilfen der hommes d'armes waren folglich keine é.s mehr, sondern Waffenknechte, die als *gros valets* oder *coutilliers* bezeichnet wurden.

Ph. Contamine

Lit.: PH. CONTAMINE, Guerre, État et société à la fin du MA. Études sur les armées des rois de France (1337–1494), 1972.

Edda, Eddische Dichtung. Der Name E. kommt in alter Zeit nur dem Skaldenlehrbuch von →Snorri Sturluson zu (→Snorra Edda = SnE). Dieses Werk wurde in den ersten Jahrzehnten des 17. Jh. zuerst ganz, dann in seinem Grundbestand →Sæmundr inn fróði (1056–1133) zugeschrieben - Snorri hätte es nur vollendet (so die sog. Grönlandsannalen und Arngrímur Jónsson) oder aber als Auszug aus einer umfassenden älteren E. aufgefaßt (so Magnús Ólafsson in der sog. Laufás-E.). Brynjólfur Sveinsson, später Bf. v. Skálholt (1639–75), verband diese beiden Hypothesen, indem er Sæmund zum Verfasser jener postulierten älteren E. machte. Als er (wahrscheinl. 1643) in den Besitz einer Hs. mit poet. Texten gelangte, gab er ihr den Namen Sæmundar E., der lange gebräuchlich war. 1662 kam der gelehrte Isländer Þormóður Torfason mit dem Auftrag des Kg.s v. Dänemark, Frederik III. (Reg. 1648–70), nach Island, alte Hss. zu erwerben. Neben zahlreichen anderen wichtigen Hss. brachte er auch den Liedercodex nach Kopenhagen, wo dieser der kurz zuvor gegr. Großen Kgl. Bibliothek einverleibt wurde und daher meist als »Codex Regius« (R) bezeichnet wird (Signatur Gl. kgl. sml. 2365, 4to). 1971 wurde er nach Island zurückgebracht und wird nun im Isländ. Handschrifteninstitut (Stofnun Árna Magnússonar á Íslandi) aufbewahrt.

Aufgrund paläographischer und orthographischer Kriterien dürfte der Codex um 1270 geschrieben sein. Er umfaßt jetzt 45 Blätter in 6 Lagen, die ersten fünf aus 8, die letzte aus 5 Blättern bestehend. Zwischen der 4. und 5. Lage (nach Blatt 32) ist eine größere Lakune, die sicherlich eine Lage von 8 Blättern umfaßte. Der Inhalt der Lücke läßt sich aus der →Völsunga saga ziemlich genau rekonstruieren. Im übrigen ist der Text vollständig. R ist deutlich in zwei große Abschnitte gegliedert: einen Götter- und einen Heldenliedteil. Am Beginn des ersten steht die große, Kosmogonie und Eschatologie umspannende →Visionsdichtung →Völuspá, auf die die umfangreiche, aus sehr unterschiedl. Teilen zusammengesetzte Spruchsammlung →Hávamál folgt. In beiden Gedichten spielt →Odinn eine wichtige Rolle, in den folgenden →Wissensdichtungen →Vafþrúðnismál u. →Grímnismál steht er im Vordergrund. Im nächsten Gedicht →Skírnismál wird von der Werbung um die Riesentochter Gerd für den Gott →Freyr erzählt, in den folgenden Hárbarðzlióð (Zankgespräch zw. Odinn und Thór), →Hymiskviða, →Lokasenna (→Schmähdichtung) und →Thrymskviða hat →Thór die Hauptrolle oder doch eine wichtige Funktion inne. Dann ist die Völundarkviða eingefügt, die im MA wohl wegen Wielands dämonischer Natur eher zu den Götter- als zu den Heldenliedern gezählt wurde. Den Abschluß bilden die Alvíssmál, ein Wissensgespräch Thórs mit dem Zwerg Alvíss. Die Lieder des ersten Teils scheinen somit sinnvoll angeordnet. Sie sind zumeist deutlich voneinander getrennt und mit eigenen Überschriften versehen (ausgenommen Völuspá, Hymiskviða und Völundarkviða). Nur vereinzelt ist durch überleitende Prosa ein Zusammenhang zw. zwei Liedern hergestellt (Hymiskviða – Lokasenna).

Im folgenden Heldenliedteil sind die einzelnen Lieder viel enger miteinander verbunden und zu einer fortlaufenden Geschichte arrangiert. Zw. den einzelnen Liedern findet sich häufig überleitende Prosa, besonders dort, wo die Verbindung zwischen zwei Sagenkreisen herzustellen ist. Eine wichtige Rolle spielt das genealog. Prinzip. Die →Helgilieder am Beginn sind mit den folgenden →Sigurdliedern verbunden, indem Helgi Hundingsbani zum Sohn des Völsungen Sigmund und zum Halbbruder Sigurds gemacht wird. Im Sigurdteil gilt Brynhild als Schwester Atlis. Dadurch und durch die Vermählung Gudruns mit Atli nach dem Tode Sigurds ist Atli in doppelter Weise mit den Burgundenkönigen verschwägert (→Atlilieder). Nach Atlis Tod geht Gudrun noch eine dritte Ehe ein mit Kg. Jónakr, mit dem sie drei Söhne hat. Indem Gudrun diese ihre Söhne aufhetzt, ihre Tochter mit Sigurd, Svanhild, zu rächen, die Jörmunrek aus Eifersucht hatte töten lassen (→Hamðismál), wird auch die Ermanrichsage an den Nibelungenkreis geknüpft, wie dies schon bei →Bragi bezeugt ist. In den Sigurd- und Gudrunliedern klingt der Burgundenuntergang mehrfach an, die Ermanrichsage nur vereinzelt. Umgekehrt wird in die beiden letzten Dichtungen der Sammlung das ganze schicksalhafte Geschehen der Nibelungensage miteinbezogen und der Untergang Hamdirs und Sörlis als Ende des ganzen Heldengeschlechts dargestellt.

Es ist noch eine weitere Hs. mit E. liedern erhalten: das Fragment AM 748 I, 4to, geschrieben Anfang des 14. Jh. (A). Die erste Lage besteht aus sechs Blättern, nach Blatt 2 fehlt offenbar ein Blatt. Das erste Blatt setzt mitten in Hárbarðzlióð ein, Blatt 6 bricht nach den ersten Prosasätzen von Völundarkviða ab. Dazwischen stehen, ganz oder fragmentarisch, vier Götterlieder, die auch in R überliefert sind, darüber hinaus das Gedicht Baldrs draumar. Wie umfangreich die Sammlung ursprgl. war, läßt sich wegen des fragmentar. Zustands der Hs. nicht feststellen. Eine Reihe anderer Dichtungen, die starke inhaltl., sprachl., formale und metrische Übereinstimmungen mit den Liedern von R aufweisen, sind in verschiedenen Handschriften überliefert (z.B. →Hunnenschlachtlied, →Rígsþula). Sie werden unter dem Titel »Eddische Dichtungen« oder »Eddica minora« zusammengefaßt. Wichtige Vertreter der außerhalb von R und A überlieferten eddischen Dichtung sind in den Anhang der meisten E.-Ausgaben aufgenommen.

Die durchweg strophisch angelegte eddische Dichtung ist neben →Saga und →Skaldendichtung eine Hauptgattung der →Altnord. Literatur. Es werden zwei Metren verwendet: das →Fornyrðislag und der →Ljóðaháttr. Während erzählende Lieder sich in der Regel des Fornyrðislag bedienen, wird der Ljóðaháttr verwendet vor allem in der Spruch- und Wissensdichtung, aber auch in Gedichten wie Lokasenna und Skírnismál, die fast nur aus direkter Rede bestehen. In den Helgiliedern, v. a. aber in den Jung-Sigurd-Liedern, wechseln die beiden Metren häufig. Zur Einteilung der Erzähllieder nach ihrer Darstellungsweise vgl. →Heldenlied.

Wie paläograph. und orthograph. Besonderheiten zeigen, handelt es sich bei R um eine Abschrift. Einblicke in die Vorgeschichte bietet die Hs. A: Sie geht sicher auf dieselbe schriftl. Quelle zurück wie die entsprechenden Texte von R, gibt die Lieder aber in anderer, wohl der Quelle entsprechender Reihenfolge wieder. Weitere Hinweise gibt die inne Gliederung von R. A. HEUSLER glaubte in Weiterführung früherer Forschungen vier Teilsammlungen zu erkennen: ein Odinheft (Völuspá, Grímnismál, Vafðrúðnismál), ein Spruchheft (Hávamál), ein Helgiheft (wobei das erste Lied später dem Heft vorangestellt worden wäre) und ein Sigurdheft. Die beiden letzten hätten, wie die entsprechenden Komplexe in R, in mit Strophen durchsetzter Prosa bestanden. Bei den übrigen Liedern müsse offen bleiben, ob sie einzeln oder gruppenweise in die größere Sammlung aufgenommen wurden. G. LINDBLAD kam in Untersuchungen der paläographisch-orthograph. Verhältnisse in R zu dem Ergebnis, daß infolge signifikanter Unterschiede zw. Götter- und Heldenliedteil ursprgl. zwei getrennte Sammlungen bestanden hätten, die wahrscheinl. erst in R vereinigt wurden. Innerhalb der beiden Hauptteile zeichnen sich – so LINDBLAD – Komplexe mit eigenem Schrifthintergrund ab. Da die Lieder des ersten Teils jeweils bes. Eigenheiten aufweisen, dürften sie von verschiedenen Personen aufgezeichnet bzw. überliefert worden sein; nur vereinzelt seien engere Zusammenhänge zw. zwei Liedern denkbar, z. B. zw. Grímnismál u. Vafðrúðnismál (doch die Völuspá steht für sich). Im Heldenliedteil zeichnen sich dagegen sieben z. T. umfangreiche Komplexe ab, bes. ausgeprägt Teile der Helgi- und Sigurddichtung. Diese Methode setzt voraus, daß der Schreiber von R und seine Vorgänger sich weitgehend an die Schreibweise ihrer Vorlagen hielten.

Nach dem orthograph.-paläograph. Befund dürften die E.lieder etwa zw. 1210 und 1240 niedergeschrieben worden sein. Vielleicht ließ Snorri einige Lieder aufzeichnen, zumindest wird man annehmen dürfen, daß die SnE, vollendet um 1225, antiquarisches Interesse und die Aufzeichnung von Götterliedern gefördert hat. Doch gibt es Hinweise darauf, daß einige Götter- und Heldenlieder (v. a. um Sigurd) schon um 1200 schriftlich vorlagen. Die Sammlung und Aufzeichnung von E.liedern stellt also einen langandauernden Prozeß dar. Für die meisten oder für alle E.lieder muß man eine längere oder kürzere Zeit mündlicher Überlieferung vor der schriftlichen Fixierung annehmen. Einige Lieder mit südgerm. Stoff (Völundarkviða, Atlakviða, Hamðismál, Hunnenschlachtlied) zeigen Spuren westgerm. Herkunft in Wortschatz und Stil, schwerer gefüllte Versformen (→Málaháttr), z. T. auch unregelmäßige Strophenbildung. Sie werden der ältesten Schicht der E.lieder zugerechnet und dürften im 9./10. Jh. entstanden sein. Die meisten Heldenlieder sind wohl Schöpfungen des 11./12. Jh. Viele zeichnen sich durch bes. Interesse am Innenleben der Helden aus (z. B. Gudrunelegien) oder sind von der ma. Balladendichtung beeinflußt. Letzteres trifft auch auf einige Götterlieder zu. Bei den Götterliedern wird meist auch die Einstellung zum Christentum oder zum Heidentum als Kriterium für die Altersbestimmung herangezogen. Doch sind Schmähung der Götter (Lokasenna) und Götterburlesken (Þrymskviða) auch in heidn., Interesse an der Gestaltung mytholog. Stoffe auf Island auch in christl. Zeit denkbar. Zu den Datierungsversuchen vgl. die Artikel zu den einzelnen E.-liedern.   O. Gschwantler

Ed., Komm., Wb.: Saemundar Edda mit einem Anh. hg. und erkl. von F. DETTER – R. HEINZEL, I: Text; II: Anm., 2 Bde, 1903 – Die Lieder der E., ed. B. SIJMONS – H. GERING, 3 Bde: 1. Bd: Text, hg. und erkl. von B. SIJMONS, 1888, 1906; 2. Bd.: H. GERING, Vollst. Wb. zu den Liedern der E., 1903; 3. Bd.: H. GERING, Komm. zu den Liedern der E., hg. B. SIJMONS, 1927, 1931 – E. Die Lieder des Codex regius nebst verwandten Denkmälern, ed. G. NECKEL, I: Text, 4. umgearb. Aufl. von HANS KUHN, 1962; II: Kurzes Wörterbuch von HANS KUHN, 3. umgearb. Aufl. des Kommentierenden Glossars, 1968, 1983[5] – Eddica minora. Dichtungen eddischer Art aus den Fornaldarsögur und anderen Prosawerken, zusammengest. und eingel. von A. HEUSLER – W. RANISCH, 1903, 1974[2] – *Übers.*: Die E. Götterdichtung, Spruchweisheit und Heldengesänge der Germanen, übertr. von F. GENZMER, eingel. von K. SCHIER, 1981, 1984[5] – *Bibliogr.*: vgl. zuletzt J. HARRIS – C. M. SPERBERG-MCQUEEN, Bibliogr. of the Eddas. A Suppl. to the Bibliogr. of the Eddas ..., 1984 (Islandica 49) – *Lit.*: HOOPS[2] VI [K. SCHIER; in Dr.] – Kindlers Lit.-Lex. II, 1814–1825 [K. SCHIER] – KL III, 480–488 [A. HOLTSMARK] – A. HEUSLER, Einl. zum Codex Regius der Lieder-E. (A. HEUSLER, Kl. Schr. I, ed. H. REUSCHEL, 1943, 1969[2]), 260–280 – H. KLINGENBERG, E.-Sammlung und Dichtung, 1974 – G. LINDBLAD, Poetiska Eddans förhistoria och skrivskicket i Codex regius, ANF, 95, 1980, 142–167.

Eddach, in mnd. Quellen die Bezeichnung für den zur Eidesleistung bestimmten Tag. Den ältesten Beleg scheint das Hamburger Stadtrecht von 1270 zu liefern. Später finden sich Nachweise u. a. in Riga (1300), Mecklenburg (1363), Göttingen (14. Jh.), Goslar (14. Jh.), Lüneburg (1408, 1577), Luxemburg (1532) und Holstein. In Goslar wird als E. ausdrücklich der erste Montag nach dem 1. Tag (6. Januar) festgelegt. In Göttingen werden der Montag nach dem 12. und nach Ostern als »Eyddaghe« bezeichnet. In Lüneburg findet der E. – wie andernorts das →Echteding – jährl. dreimal, jeweils am Donnerstag nach Weihnachten, Ostern und Michaelis, unter dem Vorsitz des →Vogts und im Beisein des ganzen Rates und der Bürgerschaft statt. In Lüneburg wie in Dannenberg werden an den E. Vorschriften verlesen, die andernorts Inhalt der →Bursprake sind. Der bes. Eidtag erwuchs dabei ursprgl. wohl daraus, daß während der aus dem kirchl. Bereich kommenden sog. gebundenen Tage zwar ein Eid auferlegt, nicht aber geleistet werden konnte.   G. Köbler

Lit.: DtRechtswb II, 1319 – W. PLANCK, Das dt. Gerichtsverfahren im MA I, 1879, 115ff. – W. EBEL, Bursprake, Echteding, E. in den nd. Stadtrechten (Fschr. H. NIEDERMEYER, 1953), 53, 68 [= DERS., Rechtsgeschichtl. aus Niederdeutschland, 1978].

Eddica minora → Edda

Eddische Preislieder → Darraðarljóð, →Eiríksmál, →Hákonarmál, →Haraldskvæði

Eddius Stephanus → Aeddi Stephanus

Edelbürger (in GRIMMS Dt. Wb. von 1862 nicht belegt; lat. civis nobilis), Bezeichnung für den auswärtigen Adligen, der das Bürgerrecht in einer Stadt erhalten und sich gegen eine jährl. Geldzahlung zum Schutz dieser Stadt verpflichtet hat. Sie ist etwa für Köln im 14. und 15. Jh. mehrfach nachgewiesen (»her A. greve zo R. ist uns ind unser steide eidelburger worden und hait uns geloift gesichert ind hifligen zu den heiligen geswoiren«, 1403). Diese E. zogen in der Regel nicht in die Stadt, sondern blieben auf dem Land wohnen, wodurch sie sich von den sonstigen →Bürgern unterschieden. Als auswärtige Bürger gehören die E. zur weiteren Gruppe der v. a. in Süddeutschland so genannten →Ausbürger, die als außerhalb der Stadtpfähle wohnend auch als Pfahlbürger bezeichnet werden konnten. Zur Begründung eines Ausbürgerverhältnisses wurde etwa in Rottweil der große Rat zugezogen. In Straßburg führte der Städtemeister ein bes. Ausbürgerbuch.
G. Köbler

Lit.: DtRechtswb II, 1193 – W. ARNOLD, Gesch. der dt. Freistädte 2, 1854, 243ff. [Neudr. 1969] – J. und W. GRIMM, Deut. Wb. 3, 1862 – G. L. v. MAURER, Gesch. der Städteverfassung 2, 1870, 248f. [Neudr. 1962] – J. KOHLER – C. KOEHNE, Wormser Recht und Wormser Reformation, T. 1, 1915, 90 [Neudr. 1968] – H. PLANITZ, Die dt. Stadt im MA 1980⁵, 275.

Edelinge, sächs. Adelsschicht (→Sachsen). Im älteren sächs. Stammesverband sind über den Unfreien drei Stände zu erkennen: *nobiles, ingenui, liti* in der →»Capitulatio de partibus Saxoniae« (782); *edhilingui, frilingi, lazzi* bei →Nithard (um 843). Die Besonderheit der altsächs. Sozialordnung besteht in der kastenartigen Abgrenzung der Stände gegeneinander. Dabei ist die rechtl. Distanz der nobiles von den Unterschichten auffällig groß. Das →Wergeld des E.s betrug das Achtfache des Litensatzes (1440 solidi = ungefähr 700 Rinder). Sein Eid vor Gericht wog zwölfmal so schwer wie der des →Liten. Üblicherweise müssen nobiles vermögend gewesen sein. Der Preis beim Brautkauf unter Edlen belief sich auf 150 bis 300 Rinder. Gegen Einheirat von unten schützte die Todesstrafe den Stand. Die Erklärung der betont adelsherrschaftl. (dabei »antimonarch.«) Sozialverfassung Altsachsens dürfte mit der Entstehungsgeschichte des Stammesverbandes zusammenhängen. →Widukind v. Corvey (I, 3ff.) bewahrt die Erinnerung an eine Stammessage auf, die besagte, die Sachsen hätten einst, von Norden kommend, die südelb. Leute unterworfen. Der Quellenwert solcher sagenhaften Überlieferungen ist zwar nicht von vornherein zu verneinen, aber die damit hervorgerufene Auffassung, der Großstamm Sachsen sei einheitlich durch Jahrhunderte aus eroberischer Expansion entstanden, ist ein einseitiges Schema. Dennoch dürfte die während der Völkerwanderungszeit zu beobachtende Nord-Süd-Unruhe im Nordseebereich eine der Voraussetzungen für die sozialen Schichtungen im sächs. Stammesgebiet gewesen sein. Wie kompliziert sich im Einzelfall der Aufstieg einer Edelingsippe darstellt, zeigte R. WENSKUS am Beispiel der →Liudolfinger. Danach stammte Sachsens erstes Geschlecht als Rückkehrerfamilie aus Britannien. Es wurde von den →Merowingern in →Thüringen angesiedelt und bewahrte eine Zeitlang angl.-bard. Traditionen.
W. Lammers

Lit.: Entstehung und Verfassung des Sachsenstammes (WdF 50, hg. W. LAMMERS, 1967) [enthält die grundlegenden älteren Aufsätze von M. LINTZEL] – R. WENSKUS, Stammesbildung und Verfassung. Das Werden der frühma. gentes, 1961 – DERS., Sächs. Stammesadel und frk. Reichsadel, 1976.

Edelmetalle → Gold, →Silber

Edelsteine

I. Definition und Bestimmungskriterien – II. Vorkommen und Handel – III. Spätantike und ma. Einteilung der Edelsteine; gelehrte Tradition; Gebrauch und Symbolik – IV. Edelsteine in der ma. Zierkunst.

I. DEFINITION UND BESTIMMUNGSKRITERIEN: E. sind bis auf wenige Ausnahmen Minerale, die aus den Grundstoffen Kohlenstoff, Tonerde, Kieselsäure, Kalk und Magnesium bestehen. Die E.kunde ist daher ein Teilgebiet der Mineralogie (s. auch →Bergbau). →Perlen, →Bernstein und →Korallen bilden als organ. Produkte eine Ausnahme. Zahl und Bestimmbarkeit der E. ist veränderlich. Die drei kennzeichnenden Eigenschaften sind Seltenheit, Dauerhaftigkeit und Schönheit. Die Spaltbarkeit, auf die E.schleifer und -fasser Rücksicht nehmen müssen, ist vom Gitterbau der Kristalle abhängig. Undurchsichtige Steine sind widerstandsfähiger als durchsichtige. Die heutige gültige Härteskala stammt aus dem frühen 19. Jh.

Die Schönheit der Farbe bzw. des Farbenspiels bestimmt oft die Verwendbarkeit und den Wert der E. Für die Bestimmung ist sie ein wichtiges, obwohl nicht absolut zuverlässiges Kennzeichen, da verschiedene Steine oft die gleiche Farbe aufweisen und dieselbe Steinart in mehreren Farben vorkommt. Die Stärke des Glanzes eines E.s ist vom Brechungs- und Absorptionsindex sowie der Reflexion des zurückgeworfenen Lichtstrahls abhängig (sog. Diamant-, Glas-, Fett-, Perlmutter und Seidenglanz). Für die Bestimmung der E. heranzuziehen ist das Maß der Lichtbrechung (= Brechungsindex), ebenso die Doppelbrechung, denn bei den meisten E.n (ausgenommen Opal, die Gläser und jene, die dem kub. System angehören) wird der eintretende Lichtstrahl in 2 Strahlen zerlegt (am deutlichsten bei dem isländ. Calcit, Zirkon, Titanit und Peridot), Brillanz und Farbtiefe können durch den Schliff verstärkt werden. Eine zweite untergeordnete Rolle für die Farbe spielt die Zusammensetzung des den E. beleuchtenden Lichtes. Auch bestimmte Metalle wirken farbgebend (z. B. Eisen, Chrom, Mangan, Nickel, Kupfer, Titan). Als Bestimmungshilfe können die Eigenfarben (beim Beryll ist die Farblosigkeit die eigtl. Ursprungsfarbe, er zeigt aber alle Farben des Spektrums). Einige E. können sich im Laufe der Zeit farblich verändern (z. B. Ausbleichen von →Amethyst und Rosenquarz).
K. Hahn

II. VORKOMMEN UND HANDEL: Von der Antike bis in die Gegenwart sind die E. – wie andere Luxusobjekte – stets zu den Zentren der Macht und des Reichtums über tausende von Kilometern transportiert worden; für die Fundstätte gibt es im Einzelfall in der Regel keine direkten Anzeichen. Mit Ausnahme des →Bernsteins von der Ostseeküste, der an den nordafrikan. Küsten gefischten →Koralle und der in den europ. Gebirgen gefundenen Quarzite (Bergkristall, Amethyst, Chalcedon, Jaspis und Opal) bezogen die Juweliere des MA E. und Perlen aus dem Nahen und Fernen Osten; die Diamanten stammten aus der vulkan. Lava und den Alluvialkonglomeraten Indiens (die legendären Schätze von Golkonda); die Rubine aus in Gneis eingeschlossenen Cipollinlagern in Indien und Birma (Mogok); die Saphire aus Ceylon (Sri Lanka) oder Kaschmir, wobei der genaue Herkunftsort der berühmtesten dieser Steine, etwa derjenigen im sog. Siegelring Alarichs (Wien) oder im Ring Ludwigs d. Hl. (Paris, Louvre), unbekannt bleibt; die Smaragde kamen aus dem Ural oder aus Oberägypten, wo schon in der Pharaonenzeit in den Bergwerken von Sabara nach E.n geschürft wurde.

Durch den internat. Handel, aber z. T. auch durch Plünderung (z. B. 1204 bei der Einnahme von →Konstantinopel durch die Kreuzfahrer), wurden in Europa an bestimmten Orten gewaltige Schätze an E.n aufgehäuft. Das Schicksal bestimmter berühmter Stücke läßt sich seit der Antike verfolgen, so dasjenige der großen Kamee des Germanicus, die von →Konstantin d. Gr. in seine neue Reichshauptstadt Konstantinopel übertragen wurde, wo sie fast neun Jahrhunderte verblieb, bis sie →Balduin II., der lat. Ks. v. Konstantinopel, Kg. →Ludwig IX. v. Frankreich zum Geschenk machte; dieser ließ sie in den Schatz der →Ste-Chapelle bringen. Andere E. sind wegen ihres Gewichts berühmt, so der Spinell der Kgn. →Anna v. Bretagne mit 150 Karat, oder wegen ihres Glanzes, so der Sancy, den →Karl d. Kühne v. Burgund 1475 durch Ludwig v. Berchem facettieren ließ; er gilt als erster Diamant mit 32 geschliffenen Facetten. Die Silberkammer zu Florenz, die Schatzkammern in Paris (Louvre), London (Tower), Rom (Vatikan), Wien, München oder Dresden (Grünes Gewölbe) vermitteln eine Vorstellung von den glanzvollen Juwelensammlungen europ. Herrscher und Fs.en, von denen keine mehr vollständig erhalten ist, deren Bestände jedoch aufgrund von Inventaren und Rechnungen (z. B. der kgl. frz. →Argenterie) bekannt sind. Die Leidenschaft des Juwelensammlers – unter ihnen etwa Kg. →Karl V. v. Frankreich und seine Brüder, Hzg. Karl d. Kühne oder Lorenzo de →Medici – wird flankiert durch religiöse Motive, die ihren Niederschlag in der Verzierung von Reliquiaren und liturg. Gegenständen durch E. finden, bis hin zur großflächigen Ausschmückung einer ganzen Kapelle mit E.n (→Karl IV., Burg Karlstein). Hinzu tritt der Wunsch der Großen, ihren Ruhm durch den Besitz von Juwelen zu mehren, dem sich wiederum das prakt. Bedürfnis anfügt, über Reserven zu verfügen, die im Bedarfsfall verkauft oder verpfändet werden können. Die Rolle der Juwelen in den Schatzkammern der fsl. Häuser ist in der Tat doppeldeutig: Wie viele mit E.n übersäte Kronen wurden nicht an Bankiers verpfändet! Es ließ sich feststellen, daß ein Drittel der Schulden, die der Kg. v. Neapel in den 70er Jahren des 15. Jh. beim Bankhaus →Strozzi hatte, durch einen Diamanten, 2 Rubine und 28 große Perlen gedeckt werden konnte. Aufgrund erhaltener spätma. Firmenrechnungen ergibt sich, daß E. eine übliche Sicherheit bei Vertragsabschlüssen darstellten. Auf niedrigerer Ebene dienten edelsteinbesetzte Ringe – neben Rauchwaren, Seidenstoffen oder Büchern – bevorzugt als Pfänder bei Leihgeschäften.

Die Hauptstädte der Mode und die großen Residenzen waren auch die Zentren des Juwelenhandels und der →Goldschmiedekunst: →Paris schon im 13. Jh., →Prag unter den Luxemburgern, →Nürnberg im 15. Jh. Dominierend war jedoch →Venedig als wichtigster Umschlagplatz für alle Luxusgüter aus der byz. und oriental. Welt. Die Kaufmannshandbücher, die Register und Handelskorrespondenzen der Kaufleute, die techn. Traktate geben übereinstimmenden Aufschluß über den E.- und Juwelenmarkt und die dort getätigten Geschäfte. Vermochten die Portugiesen, auch das Zentrum des Pfeffer- und Gewürzhandels um 1500 ztw. nach Lissabon zu verlagern, der Mittelpunkt des Preziosenhandels blieb Venedig, das seine Rolle bis weit ins 17. Jh. behaupten konnte. Schließlich erlag es jedoch der wachsenden Konkurrenz von Amsterdam, Antwerpen und London; der Schwerpunkt des Fernosthandels hatte sich nach Norden verlagert, und die seit den großen Entdeckungen neuerschlossenen Lagerstätten von E.n begünstigten die atlant. Handelswege.

Lit.: →Abschnitt III, IV. Ph. Braunstein

III. SPÄTANTIKE UND MA. EINTEILUNG DER EDELSTEINE; GELEHRTE TRADITION; GEBRAUCH UND SYMBOLIK: [1] *Allgemein:* Schmucksteine wurden in der Antike und im MA nach der Farbgebung und auch schon gewissen Härteeigenschaften beurteilt, so daß keine echte Klassifikation und abgrenzende Namensgebung vorliegt. Die in der NZ erst durch die Kristallstruktur geklärten Unterschiede erzeugten zuvor eine Nomenklaturvielfalt und -verwirrung, denen in Einzelwerken nachzugehen ist (s. Lit.; vgl. RAC I, 505ff., 1052ff., auch für die jüd. und frühchristl. E.kunde). So wurden Halbedelsteine, E. und organ. Produkte wie →Bernstein, →Perlen *(margaritae),* Korallen und gelegentl. bearbeitetes →Elfenbein zu den E.n gezählt. Als *gemmae* (Knospen) wurden sie bezeichnet aus dem Glauben an einen organ. Ursprung, der den E.n Leben, »Maturation« und Tod verlieh und sie astral.-kosm. Einflüssen öffnete und diese an den Träger wiedergeben ließ (z. B. Tierkreis-Steine, Monatssteine). Die Eingrenzung in E., Gemmen als geschnittene Steine (→Glyptik) und Kameen (erhaben geschnittene Gemmen) ist im MA auch noch nicht durchgängig feststellbar. Die geheimen Kräfte der E. begründen ihren Gebrauch als →Amulett und als Medizin (→Lithotherapie), nach Vorstellungen, die dem Sympathieglauben und der →Signaturenlehre (u. a. Farb-Analogien) entspringen und beinhalten eine reiche Symbolik, die sich je nach Kultur auf frühe vorderasiat. Religionen, griech. Mythologie, Judentum und christl. Glaubenslehre, u. a. hier auf die Tugenden bezieht. Wie in anderen deskriptiven Wissenschaften ist die Namensgebung stark geprägt. geprägt, es folgen Latinisierung und einzelne Eindeutschungen, selten sind alte dt. Namen wie →Bernstein (Brennstein). Frühma. Etymologien nach Art des →Isidor v. Sevilla und des →Physiologus versuchen oft Namen aus dem Symbolwert zu erklären. So wird u. a. (Berg)*kristall* (eigtl. *Eisstein*) zum »Christus«-stein. Schriften zu E.n, u. a. von Theophrast, Plinius, Dioskurides und Galen, waren Quellen der ma. →Lapidarien (u. a. von →Marbod v. Rennes [11. Jh.], →Hildegard v. Bingen, →Albertus Magnus). Eine zweite Traditionsströmung sind die mehr mag.-myst. und neuplaton. Lithika (gr. Synonym zu lat. Lapidarius), deren Inhalte aus vorchristl. Zeit bis ins 5. Jh. n. Chr. stammen und oriental.-hellenist. Zauberwesen mit beinhalten (u. a. Damigeron-Evax, des →Orpheus Lithika [Gedicht über 30 Edelsteine und ihre Wirkungen]).

Das frühe Christentum stand der röm. Edelsteinprachtentfaltung zunächst ablehnend gegenüber, hat sich aber unter dem Einfluß von Exegeten des AT und NT (u. a. Epiphanius v. Salamis, um 400) dem sakralen Gebrauch von E.n (Altargerät, Reliquiare, Schreine, Amtsinsignien und Zimelien [Schmuckbucheinbände]) bald geöffnet. Hierbei wurden Herrschaftsinsignien (Diadem, Ringe) röm. Ks. assimiliert, v. a. jedoch die in der Hl. Schrift gen. E. genutzt: Im AT finden sich Erwähnungen bei Ez 28, 12ff., Hld 5,10, Sir 32,7 und Ex 28,17, wo im »Amtsschild« des Hohepriesters Aaron 12 E., die die 12 Stämme symbolisieren, eingefügt sind. Bedeutend ist auch die E.schilderung in der Apokalypse für die ma. Tradition geworden: und zwar in der thronenden Majestät (Offb 4,2) und v. a. im Bild des himml. Jerusalem (Offb 21), welches sich an jüd. Idealvorstellungen des Tempels anlehnt. Es sind dies neben Edelmetallen und Perlen die Steine (nach der Vulgata): Amethyst, Smaragd, Beryll, Sarder, Sardonyx, Hyacinthus, Saphir, Calcedon, Jaspis, Chrysolith, Chrysopras, Topas. Auch diese Zwölfzahl ist im einzelnen nicht eindeutig zu identifizieren, so ist u. a. obiger Hyacinthus unser Saphir, der obige Saphir unser Lapislazuli, während Calcedon nicht dem heutigen Chalzedon entsprach, sondern ein hochroter Stein gewesen sein muß. Die ma. Allegorese und Dichtung (v. a. Gral-Dichtung) haben sich mit diesen E.n intensiv beschäftigt, ebenso die Sakralkultur und Architektur. Den Symbolwerten wurden auch die Farben angeglichen, zu deren Gewinnung von den E.n u. a. Lasurstein (Lapislazuli) und Malachit (Chrysokolla) genutzt worden sind.

Karfunkel und Rubin (carbunculus rubeus) mit ihrer strahlenden roten Leuchtkraft wurden meist als identisch angesehen und galten als »Waise« (bezugnehmend auf die Barmherzigkeit Marias allen Bedrängten und Beherrschten gegenüber) und damit als Auftrags- und Machtsymbol höchster Art in den Kaiserkronen.

Die schon Plinius bekannten *Edelsteinfälschungen*, ihre Verfärbung und der Versuch der künstl. Herstellung haben mit der alexandrin. →Alchemie und →Chemie zu Rezeptsammlungen auch dieser Art geführt (z. B. Leidener Papyrus, 250 n. Chr.) und finden Aufnahme in die Farb- und Technologiebücher des MA, u. a. →Compositiones ad tigenda musiva, →Mappae clavicula. Die Bearbeitung der E. und ihre techn. Nutzung aufgrund der Härte (Diamant) ist der Antike schon bekannt, doch wurden kompliziertere Arten des Schleifens (→Abschnitt IV, 1) und die opt. Nutzung von bearbeitetem Bergkristall und Beryll (oft auch Synonym für →Glas) zur Lupe und →Brille (aus *beryllium*) erst im MA erarbeitet.   G. Jüttner

Vgl. auch →Lithotherapie, →Lapidarien.

Q. und Lit.: LAW, 1094-1099 (s. v. Glyptik) - RAC IV, s. v. - RDK IV, 714-742 - E. ABEL, Orphei Litica-Damigeron, 1881 [Repr. 1971] - H. FÜHNER, Lithotherapie, 1902 - A. GARBOE, Kulturhistoriske Studier over Edelsteine, 1915 - R. P. BLAKE, Epiphanius v. Salamis. De Gemmis, 1934 - M. WELLMANN, Die Stein- und Gemmenbücher der Antike, Stud. zur Gesch. der Med. 4, 1935 - J. BOLMAN, De Edelsteenen uit den Bijbel, 1938 - J. E. HILLER, Boetius de Boodts, QStGNM 8, H. 1/2, 1941 - H. QUIRING, Die E. im Amtsschild des Hohepriesters, SudArch 38, 1954 - L. THORNDIKE, De Lapidibus, Ambix 8, 1960, 6-23 - D. WYCKOFF, Albertus magnus (De mineralibus). Book of Minerals, 1967 - D. GOLTZ, Stud. zur Gesch. der Mineralnamen, SudArch, Beih. 14, 1972 - W. D. MÜLLER-JAHNCKE, Magie als Wissen im frühen 16. Jh. [Diss. Marburg 1973 = DERS., Astrolog.-mag. Theorie und Praxis in der Heilkunde der frühen NZ, SudArch, Beih. 25, 1985] - J. M. RIDDLE, Marbod of Rennes. De Lapidibus, SudArch, Beih. 20, 1977 - U. ENGELEN, Die E. in der Dt. Dichtung des 12. und 13. Jh., 1978 - H. LÜSCHEN, Die Namen der Steine, 1979[2] - G. FRIESS, E. im MA, 1980 - F. BENESCH, Apokalypse. Die Verwandlung der Erde. Eine okkulte Mineralogie, 1981 [mit weiterer Lit.].

[2] *Beispiele für Verwendung als Amulett und zu magisch-volksmed. Zwecken:* Als Träger göttl. und übernatürl. Kräfte angesehen, wurden die E. zu Symbolen der weltl. wie auch der göttl. Macht. Ihre Anwesenheit im Gottesdienst sollte Dämonen und Unheil abwehren. Sie wurden als →Amulett zum Schutz vor Geistern getragen, wehrten das Böse ab, erhielten die Gesundheit (→Lithotherapie), wirkten gegen Gift und Pest, machten der Fürsten Gunst geneigt, führten Seefahrer heim, sie verhalfen dem Menschen zu Ruhm, Liebe, Macht, Reichtum und Erfolg, vernichteten den Feind. Der Korund soll gegen Verhexung und Irrsinn geschützt haben, der Granat machte den Träger unverwundbar, der Zirkon galt als Zaubermittel für die Liebe, der Spinell soll vor Zank und Hader geschützt haben, der Achat verlieh Beredsamkeit und Reichtum, der Heliotrop vertrieb Teufel und Dämonen, der →Diamant galt als Symbol der Reinheit und des Friedens und als Magnet des Glückes. Man ordnete außerdem die E. den →Tierkreis-Sternbildern zu, daraus ergaben sich die Geburts- oder Monatssteine, die in enger Beziehung zu den Sternen stehen und zusammen mit diesen das menschl. Schicksal bestimmen sollten. Durch das Tragen dieser Geburtssteine wollte man Gesundheit, Glück und Besitz bewahren. Auch ordnete man bestimmte E. der Sonne, dem Mond und den Planeten (= Planetensteine) zu.   K. Hahn

Lit.: M. BAUER, Edelsteinkunde, 1895, 1932[3] - K. SCHLOSSMACHER, E. und Perlen, 1954 - DERS., Leitfaden für die exakte E. bestimmung, 1950 - H. J. SCHUBNEB, Les pierres précieuses, 1968, 1976[2].

IV. EDELSTEINE IN DER MA. ZIERKUNST: [1] *Schliff und Schnitt:* Die Bearbeitung des E.s zu Schmuck hat eine jahrtausendealte Geschichte. Älteste Art der E. bearbeitung ist das Einritzen von Figuren, Symbolen und Schriften, eine Entwicklung, die zur →Steinschneidekunst führte. Die Kunst des E. schliffs, in Antike und MA von untergeordneter Bedeutung, wird zuerst von →Theophilus presbyter in der Schedula diversarum artium III 94 beschrieben, betrifft allerdings vorwiegend Bergkristall. Bis ca. 1400 werden fast nur natürl. Kristall- oder Spaltflächen bearbeitet, schon früh begegnet pyramidenförmiger Schliff (Spitzstein). Polieren trug zu stärkerem Glanz und besserer Transparenz bei. Undurchsichtige E. werden glatt oder als Mugel (Cabochon) geschliffen. V. a. Smaragde sind vielfach rechteckig und mit zylindrisch gewölbter Oberfläche geschliffen, während Saphire u. a. vorwiegend der natürl. Form des Steines folgen. Man unterscheidet drei Arten von Schliff: Facetten-, Glatt- und Gemischten Schliff. Der Facettenschliff kennzeichnet den Höhepunkt in der E. bearbeitung. Wahrscheinl. erst im 14. Jh. angewendet, führt die Erfindung der Schleifscheibe zu Ende des 15. Jh. zu einer techn. Verbesserung, mit der Möglichkeit, nun auch →Diamanten zu schleifen.

K. Hahn/V. H. Elbern

[2] *Verwendung:* Die Verwendung von E.n läßt sich von der Spätantike zu ihrem Höhepunkt im MA in verschiedenen Bereichen verfolgen. Neben der schmückenden und sozial auszeichnenden ist bes. die mag. und sakrale Funktion der E. zu beachten. Schon auf merowingerzeitl. Goldfibeln ist zugleich eine formal-strukturierende, bald auch plast. hervorhebende Rolle von E.n festzustellen, meistens von der Kreuzform ausgehend (Bonn, Fibel von Kärlich; Darmstadt, Mölsheimer Fibel). Überhaupt ist die mit E.n verzierte Crux Gemmata ein grundlegender Gestalttypus der Frühzeit. Von frühchristl. Vorbildern abgeleitet, begegnet er im MA vielfach, vom Desideriuskreuz in Brescia über karol. (Nürnberg, Oviedo) zu otton. und roman. Kreuzen (Aachen, Essen, Wien, Hildesheim). Die Intensivierung des E. schmucks an sakralen Werken des FrühMA läßt sich auch an der Entwicklung des →Bursenreliquiars gut ablesen: von schlichter Kreuzordnung (Berlin, Engerer Burse) zu formal und farbig differenzierten Systemen (Monza, Reliquiario del Dente). Als wesentl. E. farben sind durch das MA Rot (Almandin, Rubin), Blau (Saphir), Grün (Jaspis bzw. Smaragd), ferner Weiß bzw. Wasserhell (Perle, Kristall) bestimmend. Von hoher Bedeutung ist die Wiederverwendung antiker, oft geschnittener Steine bzw. Kameen. Doch können auch einfache Glasflüsse an die Stelle von E.n treten.

Die notwendig enge Beziehung von E.n und (meist goldenem) Grund ist weiter ein wesentl. Element, v. a. in den Fassungen. Sie reichen von kastenartigen zu filigranierten und à jour gearbeiteten Fassungen über Arkaden, oft im Wechsel von E.n mit anderen, auch farbigen Materialien, z. B. →Email. An Werken wie dem Goldaltar von Mailand und dem Münchner Codex Aureus-Deckel ist das Zusammenspiel von Materialien und Techniken, Formen, Farben und plast. Schichten zu ausgewogener Vollendung geführt.

Die Verwendung von E.n in otton. Zierkunst ist durch zunehmendes Raffinement gekennzeichnet (Aachen, Lotharkreuz; Essen, Otto-Mathilde-Kreuz; München, Cim. 58 und Heinrichsportatile). Hervorzuheben sind Arbeiten herrscherl. Bestimmung. An der Reichskrone ist der E. besatz mit sakralen Vorstellungen aus AT und Offb in Verbindung gebracht. Dichte Berührung mit Byzanz verrät der Mainzer sog. »Hort der Kaiserinnen« (Giselaschmuck).

Seit roman. Zeit beginnt ein quantitativer wie qualitativer Rückgang in der Verwendung von E.n, die zunehmend bloß kompositioneller und farbiger Akzentuierung dienen. An Kultgeräten verlieren die älteren Sinnbezüge vielfach an Stringenz. Profaner Gebrauch von E.n hingegen erreicht mit dem Ausgang des MA bedeutende Höhepunkte (Burgund). Vorwiegend christl.-allegor. Verständnis der E. im MA steht im Gegensatz zu magischalchemist. und astrolog. Bedeutungen, die von der Antike über das MA hinaus fortdauern und denen die Kirche mit eigener Weiheformel für E. begegnet (zuerst im 13. Jh.). E. allegorie geht aus von den Farben, wobei wechselnde Benennungen der Steine das Verständnis oft erschweren. Wichtigste allegor. interpretierte E. e bleiben i. MA Saphir und Jaspis/Smaragd (Tob 13,16; Jes 54,11; Apk 4,2f. und 21,19ff.), beide auch als »Thronsteine« verwendet, Symbol göttl. und weltl. Macht (Mailand, Goldaltar; Wien, Reichskrone). Daneben sind Perle und →Kristall stets hochgeschätzt. Manchmal ergibt sich ein spezifischer allegor. Sinn von E.n erst aus der Verbindung mit ihrer Fassung bzw. Montierung in edlem Material, z. B. in der Ideal-Architektur des (abbildl. überlieferten) »Escrain de Charlemagne«. Der allgemeine, meditativ-anagog. Sinn der E. (vgl. Suger v. St-Denis, Lib. de admin. 32) hat das MA überdauert. V. H. Elbern

Vgl. →Schmuck

Lit.: zu [1]: A. LIPINSKI, Oro, argento, gemme e smalti. Tecnologie delle arti dalle origini alla fine del medioevo, 1975 – zu [2]: J. Evans, Magical Jewels of the MA and the Renaissance, 1922 – P. METZ, Das Kunstgewerbe von der Karolingerzeit bis zum Beginn der Gotik (H. TH. BOSSERT, Gesch. des Kunstgewerbes V, 1932), 197–366 – PH. SCHMIDT, E., 1948, v. a. 68ff. – H. M. DECKER-HAUFF, Die Reichskrone (P. E. SCHRAMM, Herrschaftszeichen und Staatssymbolik II, 1955), v. a. 583ff. – P. E. SCHRAMM – FL. MÜTHERICH, Denkmale der dt. Kg. e und Ks., 1962 – H. SCHADE, Der Stein unter dem Throne Gottes, Geist und Leben 36, 1963, 115ff. – O. K. WERCKMEISTER, Der Deckel des Codex Aureus von St. Emmeram, 1963, v. a. 67ff. – F. STEENBOCK, Der kirchl. Prachteinband im frühen MA, 1965, 59ff. – V. H. ELBERN, Das Engerer Bursenreliquiar und die Zierkunst des frühen MA, Niederdt. Beitr. zur Kunstgesch. X, 1971, 41ff.; XIII, 1974, 37ff. – DERS., Magia i wiara w złotnictwie wczesnego średniowiecza, Biuletyn Historii Sztuki 38, 1976, 195–217 – CH. MEIER, Gemma Spiritalis. Methode und Gebrauch der E.-Allegorese vom frühen Christentum bis ins 18. Jh. [Diss. Münster 1977].

Edessa. 1. E., Stadt in→Makedonien, heut. N-Griechenland, ca. 80 km nw. von Thessalonike, im MA Voden, Vodena, seit 1922 wieder E. genannt. Der antike und ma. Name wird vom thrak. bzw. slav. Wort für 'Wasser' abgeleitet und dürfte in Verbindung mit dem Wasserreichtum von E. stehen. Nach der Beschreibung von Skylitzes (ed. THURN, 345/20–23) lag die Festung Vodena im 11. Jh. auf einem steilen Felsen, durchströmt von den unterirdisch fließenden Wassermassen des Sees v. Ostrovo (Bokeritissee). Heute, bei veränderten Fließverhältnissen, ist E. durch seine Wasserfälle bekannt.

Bis in die neueste Zeit bestand die Ansicht, E. habe den Namen einer der Vorgängerstädte des antiken Aigai übernommen, aber die neuesten Ausgrabungen haben bewiesen, daß Aigai, die Hauptstadt von →Makedonien, nicht E., sondern Vergina, unweit von→Berroia, war. –Antike Reste wurden in E. nur in der Unterstadt ergraben, während auf der Akropolis wegen der Siedlungskontinuität bislang keines der von den antiken Autoren erwähnten Gebäude identifiziert werden konnte.

Das Christentum faßte in E. schon im 2. und 3. Jh. Fuß, und im 4. Jh. blühte das Mönchtum auf (Inschriften); die Entstehungszeit des Bm.s liegt im dunkeln, der erste bekannte Bf. ist Isidor, der am →Trullan. Konzil in Konstantinopel (691/692) teilnahm. E. war in dieser Zeit noch ein wichtiges Handelszentrum mit Zollstation (Siegel von Kommerkiarien). E. litt, außer durch Angriffe der →Ostgoten gegen Ende des 5. Jh., wohl nur wenig unter den Barbareneinfällen. Die ersten Angriffe der Slaven erfolgten anscheinend erst im 8. Jh.

E. war während des ganzen MA ein wichtiger strateg. Straßenknotenpunkt und eine bedeutende Festung der Via Egnatia (→Verkehrswege/Straßen), es versperrte Feinden aus dem W den Weg nach→Thessalonike und weiter nach Konstantinopel und jenen aus dem O die Zufahrt nach →Ochrid und →Dyrrhachion. In den 70er Jahren des 10. Jh. war die Stadt Hauptstadt eines →Themas unter einem →Strategen (Taktikon Oikonomides); bald nachher aber, am Anfang des Aufstandes der→Kometopuloi in →Makedonien (976), soll sie kurzzeitig Sitz des bulg. Ebf.s auf der Flucht aus Durostorum gewesen sein, vor seiner endgültigen Niederlassung in →Ochrid. In den Kriegen zw. Byzanz und→Samuel war E. umkämpft: Zu Beginn des 11. Jh. und i. J. 1015 wurde es mehrmals von den Byzantinern eingenommen, und trotz starker Garnisonen und umfangreicher Umsiedlungen der Bewohner in das Gebiet von Voleron brachen neue Aufstände aus, unter Beteiligung des lokalen Magnaten Draksanes; nach der letzten Revolte ließ Ks. Basileios II. in der Schlucht zw. E. und Ostrovo zwei Festungen bauen.

Auch bei der kirchl. Neuordnung nach dem Sieg über Samuel blieb Voden Suffraganbm. v. Thessalonike, während das unweit gelegene Moglen zum Ebm. Ochrid kam; die Erhebung von E. zum Bm. der ochrid. Diöz. gehört einer viel späteren Zeit an. 1082/83 sah sich E. den Angriffen der Normannen unter →Bo(h)emund I. ausgesetzt.

Nachdem 1246 →Johannes III. Vatatzes, Ks. v. →Nikaia, Thessalonike eingenommen hatte, wurde →Theodoros Angelos, der bisherige Herrscher v. Thessalonike, auf ein Landgut bei E. verbannt. Aus E. und seiner Umgebung stammten einflußreiche Magnatenfamilien dieser Zeit, die →Angeloi, Radiporoi und →Laskariden. Umkämpft in den Kriegen zw. den byz. Nachfolgestaaten →Epiros und →Nikaia, blieb E. nach 1258 endgültig in epirot. Besitz. Die Bedeutung von E. als strategisch wichtige Festung zeigte sich erneut in der 1. Hälfte des 13. Jh. (Bürgerkrieg zw. Andronikos II. und Andronikos III., Kriege zw. Serbien und Byzanz). E. verblieb nach mehrfachem Besitzwechsel seit 1351 in serb. Hand; nach dem Tode des Ks.s →Stefan Dušan (1355) gehörte es mit Berroia zum Territorium des serb. Heerführers Radoslav Hlapen. Unsicher ist der Zeitpunkt der türk. Eroberung, die nach der Überlieferung i. J. 1389 durch Verrat erfolgte.

J. Ferluga

Lit.: R. STILLWELL, u. a., The Princeton Enc. of Classical Sites, 1976, 292f. – H. GELZER, Ungedr. und wenig bekannte Bistümerverzeichnisse der orient. Kirche, BZ 12, 1893, 50, 55 – C. JIREČEK, AslPhilol 15, 1893, 92f., 96–98 – D. GEORGIADES, Περιληπτικὴ Ἱστορία καὶ Ἀρχαιολογία τῆς Μακεδονικῆς πόλεως Ἐδέσσης (Βοδενά), 1919–ZLATARSKI, Istorija I/2, 640, 654f., 658f., 719–721, 746, 757, 770 – I. SNEGAROV, Istorija na Ochridskata archiepiskopija I, 1924, 171, 188–189, 191 – T. VESTITELEV, Grad Voden, Makedonski Pregled I/2, 1924 – E. STOUGIANNAKIS, Ἔδεσσα ἡ Μακεδονικὴ ἐν τῇ Ἱστορίᾳ, 1932 – F. PAPAZOGLU, Makedonski gradovi u rimsko doba, 1957, 110–112, 129f., passim – Vizantijski izvori za istoriju naroda Jugoslavije III, 1966, 64, 71, 79, 99, 112, 113, 123, 127, 171 [FERLUGA] – N. G. L. HAMMOND, A Hist. of Macedonia

I, 1972, 47–58, 207; Karten 7, 8 – G. I. Theoharides, Ἱστορία τῆς Μακεδονίας κατὰ τοὺς μέσους χρόνους, 1980, 39, 132, 265, 280–281, 339–348, 351–353 – Istorija srpskog naroda I, 1981, 503, 519, 551–552, 573f.

2. E., Stadt in der heut. sö. Türkei, Zentrum der antiken Landschaft Osroëne (heute Urfa; dieser Name bewahrt den alten vorgriech. Ortsnamen: Urha, Orfa); in Antike und MA strategisch wichtiger Punkt auf der Route von Anatolien nach Mesopotamien sowie Kreuzungspunkt auf der Handelsstraße von Germanikeia und Samosata nach Karrhai am Euphrat und den Städten am Tigris.

I. Antike und byzantinische Zeit – II. Die Grafschaft Edessa.

I. Antike und byzantinische Zeit: Die Anfänge der in einem Talbecken des Flusses Skirtos (Daisan) gelegenen Stadt sind ungesichert und von Legenden überwuchert. E. wurde von Seleukos I. (um 358–281 v. Chr.) als eine der frühhellenist. Städte mit Garnison unter dem Namen E. (wohl in Anlehnung an das makedon. Edessa, wegen des Wasserreichtums?) gegr., erscheint seit Antiochos IV. aber auch unter der Bezeichnung Antiocheia. Größere Bedeutung erlangte die Stadt erst nach dem Zerfall des Seleukidenreiches als Hauptstadt des Kgr.es der edessen. Dynastie der »Abgariden«, die hier von 139 v. Chr. bis zur röm. Eroberung (Mitte des 3. Jh. n. Chr.) als Toparchen bzw. Phylarchen v. Osroëne herrschten.

E., zur röm. Kolonie erhoben (wahrscheinl. im frühen 3. Jh.), blieb nicht nur ein militär. Stützpunkt in den Kriegen mit den Parthern und später mit den Persern (→Sāsāniden), sondern auch ein Mittelpunkt der syr. Kultur (→Syrien). Seit Anfang des 3. Jh. schlug das Christentum hier starke Wurzeln, und E. wurde eines der bedeutendsten Bm.er in Syrien; als Hauptstadt und Metropole der Eparchie Osroëne unterstanden ihm 451 sieben Bm.er. Berühmt war seine Schule (→Edessa, Schule v.). Während der Amtszeit des Bf.s →Ibas (435/439–457) war E. ein Zentrum der →Nestorianer, die aber 457 vertrieben wurden; die 363 mit der Übersiedlung →Ephräms des Syrers von →Nisibis nach E. entstandene »Schule der Perser« wurde 489 von Ks. Zenon geschlossen. Wohl seit dem 4. Jh. war E. in der christl. Welt berühmt durch den (apokryphen) Brief Christi an den Kg. →Abgar v. Osroëne, der selber Christ geworden sein soll, und durch das hl. →Mandylion (Abgarbild), d. der Überlief. nach nicht von Menschenhand erschaffene »wahre Bild« Christi.

Die Stadt wurde in der Antike und im FrühMA häufig von Überschwemmungen des Skirtos heimgesucht, insbes. 524/525. Nach dieser Katastrophe ließ Ks. Justin I. die Stadt unter dem Namen Justinopolis (Honigmann) wiederaufbauen; trotz eines Ableitungskanals (Prokop, Aedif. II, 7) blieb E. weiterhin vom Hochwasser bedroht (668, 743). Unterhalb der Burg lag der Quellteich der Kalliroë und ein weiterer Teich. E. war eine prächtige Stadt mit starker Festung (doppelte Mauer, sechs Tore), die unter Justinian I. noch verstärkt wurde. Sie besaß ein kgl. Archiv, öffentl. Bäder, ein Theater, Hospital, Hippodrom und zahlreiche Kirchen innerhalb und außerhalb der Mauern; die unter Justinian erneuerte Kathedrale wurde mitunter zu den sieben Weltwundern gezählt. In der Umgebung lagen die Mausoleen der Kg.e und seit dem 4. Jh. im »Hl. Gebirge« zahlreiche Zellen und Kl. von Anachoreten und Mönchen (→Mönchtum, syr.). Der Wasserversorgung dienten zwei zu Anfang des 6. Jh. wiederhergestellte Aquädukte. – Im Laufe des 6. Jh. wurde die byz. Festung öfter erfolglos belagert: 503 von Kawād I.; 540 von Chosroes I. (pers. Rückzug erst nach byz. Kontribution von 200 Pfund Gold); 544 (der Legende nach Rettung durch das wundertätige hl. Mandylion).

Nicht nur die pers. Angriffe, sondern auch die Ausbreitung des →Monophysitismus, bes. in Syrien und Mesopotamien, sowie die Unzufriedenheit mit der Schreckensherrschaft des Ks.s →Phokas (602–610), in dessen ersten Regierungsjahren General →Narses die Stadt den Persern übergab, schwächten die byz. Macht an der Ostgrenze (s. dazu allgemein →Byz. Reich, Abschnitt H). Während der großen pers. Offensive nahm →Chosroes II. i. J. 609 E. ein und deportierte eine große Zahl von →Jakobiten; i. J. 628 wurde E. von Ks. →Herakleios im Krieg gegen Persien wiedererobert, und auch er ließ viele vornehme jakobit. Familien verbannen. Bald danach aber fiel E., trotz der Tributzahlung des byz. Statthalters von Osroëne, Johannes Kateas, und der Anstrengungen seines Nachfolgers, des Generals Ptolomeos, i. J. 639 in die Hände der Araber.

Nach der arab. Eroberung verlor E. an polit. und religiöser Bedeutung; zur Verschlechterung seiner Lage trugen auch die zahlreichen Revolten und die Mißwirtschaft der arab. Statthalter bei. Mit der Wiederaufnahme einer aktiven byz. Politik im Osten (seit 941) leitete Johannes Kurkuas die Offensive gegen Mesopotamien ein. Nach Eroberung von Martyropolis, Amida, Dara und →Nisibis (943) belagerte Kurkuas E. und zwang die Besatzung, ihm das hl. Mandylion auszuliefern; als Gegenleistung ließ er 200 muslim. Gefangene frei und erklärte den Verzicht auf weitere Angriffe gegen E. Das Mandylion wurde feierlich durch Kleinasien nach Konstantinopel geführt, wo es am 15. Aug. 944 eintraf und im Triumph in die Hagia Sophia und in den ksl. Palast übertragen wurde. Seit 949/950 wurde von dem Emir v. Aleppo, Saifaddaula, erneut Krieg gegen Byzanz an der syr. Grenze geführt. Erst nach dem Tod des Emirs (955) konnten →Nikephoros Phokas und sein Nachfolger →Johannes Tzimiskes in den Jahren 955–1001 Kilikien und Nordsyrien erobern und gegen die neue Macht der →Fāṭimiden halten. Zw. 1001 und 1056 schwächte sich die byz. Offensive ab, doch gelang es →Georgios Maniakes, dem byz. Befehlshaber v. Samosata, die Stadt 1032 im Handstreich zu erobern, da der Statthalter der Araber, der Türke Salmān, die Festung für 20000 Dareiken insgeheim an Maniakes übergeben hatte. Wegen seiner Bedeutung wurde E. mit seinem Gebiet zum →Katepanat erhoben, scheint aber eine gewisse Unabhängigkeit von Byzanz genossen zu haben. Dies war die letzte Erweiterung des byz. Gebietes im Osten, das die Byzantiner trotz der Angriffe der Araber (1036) und der Seldschuken (1065/66, 1070, 1081/82) noch lange halten konnten.

II. Die Grafschaft Edessa: In den letzten Jahrzehnten des 11. Jh. war E. zw. Moslems und Armeniern (→Armenien) umkämpft; es fiel 1094 in die Hände des Armeniers Thoros, dessen Herrschaft durch die Verleihung des Titels eines Kuroplates von seiten Ks. Alexios I. eine gewisse Legitimation erfuhr. Thoros, der unter starkem Druck des türk. Emirs v. Mōṣul, Kırbōġā, stand, wandte sich mit einem Hilfeersuchen an →Balduin (I.) v. Bouillon, der sich gegen Ende 1097 vom Gros des Kreuzfahrerheeres in Kilikien getrennt hatte und in Richtung des Euphrat vorgerückt war (s. a. 1. →Kreuzzug). Anfang 1098 traf Balduin in E. ein und übernahm von Thoros, der alle Bedingungen Balduins angenommen und ihn adoptiert hatte, die Macht als Erbe und Mitregent. Bald darauf wurde eine Verschwörung ausgeheckt, wahrscheinl. mit Kenntnis der Franken, der unbeliebte Thoros wurde abgesetzt und bei einem Fluchtversuch von der Menge in Stücke gerissen. Als Balduin kurz darauf Samosata und andere Festungen am Euphrat besetzte und die Straßenverbindungen mit →Antiocheia herstellte, war der Zusammenhalt der

neuen Gft. E. einigermaßen gefestigt. Dieser mächtige Kreuzfahrerstaat sollte für fast ein halbes Jahrhundert als Schutzschild und Puffer der neuentstandenen christl. Staaten von Antiocheia bis zum Kgr. Jerusalem im NO eine wichtige Rolle spielen. Die Gft. besaß aber keine natürl. Grenzen und war vom Meer abgeschnitten; sie hatte auch keine ethnisch und religiös einheitl. Bevölkerung: neben syr. Jakobiten und Armeniern lebten hier auch zahlreiche Muslime. Die Franken regierten das Land von den Festungen aus, von wo aus sie Steuern und Abgaben in der Umgebung erhoben und Raubzüge jenseits der Grenzen unternahmen. Als Balduin 1100 König v. Jerusalem wurde, überließ er seinem Vetter Balduin v. Bourcq (→Balduin II.) die Regierung der Gft., die ihm später auch als Lehen übertragen wurde. Nach der Niederlage v. →Ḥarrān (1104) kamen Balduin und sein Freund und Vetter→Josselin I. v. Courtenay in türk. Gefangenschaft, aus der sie nach drei bzw. vier Jahren befreit wurden. Inzwischen fungierte→Tankred v. Antiocheia als Regent. Nach dem Tode Balduins I. (1118) wurde Balduin v. Bourcq zum neuen Kg. v. Jerusalem gekrönt und übertrug E. als Lehen Josselin I. 1122 geriet Josselin erneut in Gefangenschaft, ein Jahr später von Kg. Balduin gefolgt, der inzwischen auch die Regentschaft von E. übernommen hatte. Nach diesen wechselvollen Ereignissen wurde →Gottfried der Mönch Regent in E. Josselin wurde von armen. Freunden befreit und übernahm wieder die Macht in seiner geschwächten Gft. Ihm folgte 1131 sein Sohn →Josselin II., der nicht die Tatkraft und die polit. Umsicht seines Vaters besaß. Die Gft. E. geriet in immer schwierigere und gespanntere Beziehungen zu ihren christl. Nachbarn Antiochien und Byzanz, bes. aber zu den islam. Mächten, v. a. Aleppo und Mōṣul. 1144 bemächtigte sich der Atabeg v. Mōṣul, →Nūraddin Zangī, der Stadt; er ließ alle Franken töten, zeigte sich aber nachsichtig gegenüber syr. Christen, Armeniern, Jakobiten und sogar Griechen. Nach dem gescheiterten Versuch einiger Armenier, Josselin wieder einzusetzen, nahm Zangī schreckliche Rache: Die einheim. Christen wurden teils niedergemacht, teils verbannt, Frauen und Kinder versklavt. Das große E., eine der ältesten christl. Gemeinden, blieb nahezu unbewohnt zurück und hat sich bis zum heutigen Tage von diesem Schlag nicht mehr erholt. Die Nachricht vom Fall von E. fand einen fast unerwarteten Widerhall: In der islam. Welt faßte man neue Hoffnung angesichts der Vernichtung einer einstmals mächtigen christl. Herrschaft, der Beschränkung der Kreuzfahrerstaaten auf einen Küstenstreifen und der Beseitigung des Keils zw. den Türken des Iran und Anatoliens. Die christl. Welt – im Osten wie im Westen – wurde dagegen mit Schrecken und Besorgnis erfüllt, und der Verlust von E. gab mit den Anstoß zum 2. Kreuzzug. – Unter muslim. Herrschaft litt E. sowohl durch den dauernden Wechsel der Statthalter als auch durch Plünderungen und Deportierungen (Saladin 1183, Mongolen 1244 und 1260, Timur 1393). Die Osmanen eroberten die von ihnen Orfa gen. Stadt endgültig i. J. 1637.
J. Ferluga

Lit.: DHGE 1421–1432 – EI¹, 1073–1078 [E. Honigmann] – RE V, 1933–1938 – R. Duval, Hist. politique, religieuse et littéraire d'Edesse jusqu'à la première croisade, 1891 – P. Gindler, Gf. Balduin I. v. Edessa, 1901 – C. Cahen, La Syrie du Nord à l'époque des Croisades, 1940 – A Hist. of the Crusades, hg. K. Setton u. a., 1955, passim – Runciman, Kreuzzüge, passim – N. Elisséeff, Nūr ad-din, 1967, 448ff. – J. B. Segal, E. The Blessed City, 1970 [Lit.; Karten] – V. A. Artjunova, Vizantijskie praviteli Edessy v XI v., VV 35, 1973, 137–153 – R.-J. Lilie, Byzanz und die Kreuzfahrerstaaten. Stud. zur Politik des Byz. Reiches gegenüber den Staaten der Kreuzfahrer…, 1981, passim – s. a. die Lit. zu →Courtenay, Abschnitt A.

Edessa, Schule v. Edessa (→2. Edessa) war sehr früh ein Zentrum des syr. Christentums. →Tatian schuf hier sein Diatessaron (nach 172). Im 3. Jh. wirkte ein sonst nicht näher bekannter Makarios als Lehrer bibl. Hermeneutik. Ein Schüler von ihm war Lukianos, der dann die antiochen. Exegetenschule (→Antiochia, Abschnitt II) begründete; ein anderer war →Eusebios v. Emesa. Von einer Schule von E. spricht man aber erst seit→Ephräm. Er kam 363 von Nisibis, als Ks. Jobianos dieses den Persern preisgegeben hatte, mit Schülern nach E. Seine Gründung erhielt den Namen »Schule der Perser«, wohl, weil er und seine ersten Schüler aus dem Gebiet unter pers. Herrschaft kamen. Ephräm, ein überaus fruchtbarer Schriftsteller, leitete die Schule bis zu seinem Tod (373). Sein Nachfolger Qiyore, der ihr bis 437 vorstand, öffnete sie dem Einfluß der antiochen. Theologie (→Theodor v. Mopsuestia), was den freilich vergebl. Einspruch des Ortsbischofs Rabulas hervorrief, da dessen Nachfolger →Ibas selbst aus der Schule hervorgegangen war und die gleiche Richtung vertrat. Inzwischen hatte →Narses (Narsai), neben Ephräm der bedeutendste Lehrer der Schule, die Leitung übernommen, um sie im gleichen Sinn weiterzuführen. Als auf Ibas 457 Bf. Nonnos folgte, mußte Narses mit seinen Gesinnungsgenossen, unter ihnen Bar Sauma, E. verlassen. Die Schule bestand noch bis 489; in diesem Jahr wurde sie unter Bf. Kyros durch Dekret des Ks.s →Zenon aufgelöst, die Gebäude zerstört, möglicherweise, weil sie sich dem Henotikon widersetzt hatte. Lehrer und Schüler gingen nach Nisibis, wo Bar Sauma inzwischen Metropolit geworden war, wo auch Narses lebte. Unter dessen Leitung entstand nun die Schule v. →Nisibis, gleichsam als Fortsetzung jener von E. Sie bestand bis 830. – Die Bedeutung der Schule v. E. liegt in ihren Verdiensten um die syr. Sprache überhaupt, dann um die Liturgie und Theologie der syr. Kirche. Sie wurde bestimmend für die weitere Entwicklung des ostsyr. Christentums, das sich unter ihrem Einfluß dem→Nestorianismus zuwandte.
H. M. Biedermann

Lit.: DACL IV, 2093–2096 – DTC IV, 2102f. – LThK² III, 659 – ThEE V, 341f. – R. Nelz, Die theol. Schulen der morgenländ. Kirchen, 1916 – E.-R. Hayes, L'Ecole d'Edesse, 1930 – I. Ortiz de Urbina, Patrologia Syriaca, 1958.

Edgar

1. E., Kg. v. →Mercien und →Northumbrien 957–975, Kg. v. →England 959–975, † 8. Juli 975, ⌐ Glastonbury; Sohn von Kg. →Edmund; Bruder: →Eadwig; Söhne: →Eduard d. Märtyrer, →Ethelred II. – E. war erst 14 Jahre alt, als er seinen Bruder als Kg. des Gebietes nördl. der Themse verdrängte, und 16 Jahre alt, als er über ganz England seine Herrschaft antrat. Trotz seiner Jugend und seiner relativ kurzen Regierungszeit war er der mächtigste ags. Kg. Man hat sogar gesagt, daß das Fehlen einer direkten Überlieferung von Ereignissen seiner Regierungszeit als Zeichen seiner Stärke zu werten sei. Es gibt jedoch andere Quellen, die indirekt seine Machtstellung dokumentieren: Wir wissen von seiner Krönung 973 im Alter von 29 Jahren (dies wohl eine bewußte Anknüpfung an das Alter Christi, als dieser sein öffentl. Wirken begann), die erstmals in →Bath stattfand, das wie→Aachen über heiße Quellen verfügte. Es sei dahin gestellt, ob es sich hierbei um seine erste Amtseinführung handelte, doch hatte die Krönung zweifellos einen »imperialen« Unterton: E. wurde bald darauf von acht anderen Kg.en der brit. Inseln als Zeichen seiner Oberherrschaft auf dem Dee bei →Chester gerudert; allerdings mußte die Unterwerfung des schott. Kg.s →Kenneth durch die Übergabe von Lothian (zw. Tweed und Firth of Forth) erkauft werden. Spätere Quellen berichten, daß E. jedes Jahr Britannien umsegelt habe.

Ein wichtiges Dokument seiner Regierungszeit stellt E.s Gesetzgebung dar, die eine Änderung in der engl. Regierungsform bedeutete, wobei allerdings nicht nachweisbar ist, ob die Reformen unmittelbar auf ihn zurückgehen. Diese Neuerungen betrafen die Hundertschaft (→*wapentake*, →*hundred*), den nachbarschaftl. Frieden (→Nachbarschaft), die lokalen →Geschworenen und die öffentl. Gerichtsverhandlungen. Zu nennen sind insbes. auch Erlasse, die für das Gebiet des →Danelaw galten, doch wurde den Dänen auch weiterhin eine gewisse Unabhängigkeit gewährt.

Auch ist mittlerweile E.s Bedeutung als Reformer des engl. Münzwesens erhellt worden; durch seine Reformpolitik war kein Ort mehr als 48 km von einer Münzstätte entfernt, Formgebung und Gewicht des →*penny* wurden – zum Vorteil des Kg.s – alle sechs Jahre geändert.

Die Tatsache, daß »nach dem Tod E.s« unter seinem Sohn Ethelred zahlreiche Streitigkeiten auftraten, läßt auf ein bes. (diplomat.) Geschick E.s schließen. Viele dieser Streitigkeiten sind auf das bekannteste Merkmal seiner Regierung zurückzuführen, auf seine Förderung der monast. Reform. E. stand bereits vor seiner Thronbesteigung unter →Æthelwolds Einfluß; als Kg. berief er sogleich den hl. →Dunstan aus der Verbannung zurück, der für Worcester und 959 für London ordiniert und schließlich zum Ebf. v. →Canterbury erhoben wurde. Æthelwold erhielt →Winchester, →Oswald, der dritte in diesem Triumvirat der Reformer, wurde Bf. v. →Worcester und Ebf. v. →York. Obwohl E. selbst nicht als Hl. verehrt wurde (und niemals heiliggesprochen wurde), hatte er einen entscheidenden Anteil an der von Æthelwold veranlaßten Ablösung des Weltklerus durch Mönche in Winchester; ebenso unterstützte er wahrscheinl. Oswald bei der Reform von Worcester und stattete auch neue oder wieder errichtete Kl. mit Besitzungen aus. Er leitete die Synode v. Winchester (in Nachahmung der Karolinger), die um 970 die für alle Kl. der 'patria' gültige →Regularis Concordia erließ. Der Dank der Mönche für diese Förderung blieb nicht aus: Gebete für den Kg. und die Kgn. waren Bestandteil der Liturgie der Regularis Concordia, und es wird angenommen, daß die Reformklöster zur Sicherung der Königsherrschaft in unzuverlässigen Gebieten wie den westl. Midlands und dem Fenland beitrugen. E.s Bildnis, das sich in der Prunkurkunde für das New Minster von Winchester befindet, ist eines der eindrucksvollsten Dokumente eines »chistozentrischen« Kgtm.s im früheren MA. In der Ags. →Chronik wird die Nachricht über seinen Tod durch rhythm. Textteile feierlich herausgehoben. Sein Werk wurde von den Reformmönchen der nächsten Generation gerühmt, v. a. von →Ælfric und →Byrhtferth, und Ebf. →Wulfstan II. machte seine Gesetzgebung zur Grundlage für die Gesetze, die er für →Knut d. Gr. abfaßte.
C. P. Wormald

Q.: EHD I, Nr. 1, 234–236, 238, 239G – LIEBERMANN, Gesetze I, 1903, 192ff.; III, 1916, 130ff. – Liber Eliensis, ed. E. O. BLAKE, 1962, 72ff. – *Lit*.: STENTON[1], 366ff., 449ff. – R. H. M. DOLLEY–D. M. METCALF, The Reform of the Coinage under E. (Anglo-Saxon Coins, hg. R. H. M. DOLLEY, 1961), 136ff. – E. JOHN, The King and the Monks in the Tenth Century Reformation (Orbis Britanniae, 1966), 154ff. – Tenth Century Stud., hg. D. PARSONS, 1975, 12ff. – J. L. NELSON, Inauguration Rituals (Early Medieval Kingship, hg. P. H. SAWYER–I. N. WOOD, 1977), 63ff. – H. KLEINSCHMIDT, Unters. über das engl. Kgtm. im 10. Jh., 1979, 136ff. – S. D. KEYNES, The Diplomas of King Æthelred 'the Unready', 1980, 70ff. – D. HILL, Atlas of Anglo-Saxon England, 1981, 61f. – E. JOHN, The Age of E. (The Anglo-Saxons, hg. J. CAMPBELL, 1982), 160ff.

2. E., Kg. der Schotten 1097–1107, † 1107; 5. Sohn von Kg. →Malcolm III. »Canmore« und 4. Sohn aus dessen Ehe mit der hl. →Margarete. E. erlangte den Thron mit Hilfe seines Onkels (von mütterl. Seite) und Namensvetters →Edgar 'the Ætheling' sowie der Unterstützung des Kg.s v. England, →Wilhelm II. Rufus. E. setzte sich in den mehr als dreijährigen dynast. Kämpfen nach dem Tode seines Vaters und dessen 2. Sohn Eduard († 1093) erfolgreich durch. So überwand er →Donald Bane, seinen Onkel von väterl. Seite, der sich bereits an die Stelle von E.s, durch Verrat umgekommenen Halbbruder →Duncan II. gesetzt hatte. Der bemerkenswerte Friedenszustand unter E.s Regierung geht zum einen auf die freundschaftl. Beziehungen zu den Kg.en v. England zurück – nicht nur zu Wilhelm Rufus, sondern auch zu →Heinrich I., der 1100 E.s Schwester Edith heiratete; zum anderen vermochte E. durch einen 1098 geschlossenen Vertrag mit →Magnus III. Barfuß, Kg. v. →Norwegen, den Frieden für die Westflanke Schottlands zu sichern. E. genoß den Respekt seiner einheim. Untertanen wie der – wenig zahlreichen – anglonorm. Ansiedler, die als Barone Ritterlehen erhalten hatten. Ein eifriger kirchl. Stifter, blieb E. unverheiratet. Es folgte ihm sein jüngerer Bruder →Alexander I.
G. W. S. Barrow

Lit.: A. DUNBAR, Scottish Kings, 1906 – A. A. M. DUNCAN, Scotland: the Making of the Kingdom, 1975.

3. E. 'the Ætheling', * 1052, † um 1130; Sohn von Eduard 'the Exile' († 1057) und Enkel von Kg. →Edmund 'Ironside'. 1066 hatte er nach Geburtsrecht den größten Anspruch auf den engl. Thron, doch war er nicht in der Lage, einen wirkungsvollen ags. Widerstand gegen →Wilhelm d. Eroberer in der Zeit zw. 1066 und 1074 zu organisieren. Nach Exilaufenthalten in Schottland und Flandern versöhnte er sich 1074 mit Wilhelm. Seine Versuche, in Apulien (1086–90) und im Hl. Land (1101–02) zu Ruhm zu gelangen, waren erfolglos, und er wurde in der Schlacht v. →Tinchebrai (1107) von Kg. →Heinrich I. v. England gefangengenommen, aber bald wieder freigelassen. Er erhielt seine Ländereien in England zurück, wo er noch 1125 nachweisbar ist.
N. P. Brooks

Lit.: N. HOOPER, E. the Ætheling, ASE 14, 1985 [im Dr.].

Edgith (Eadgyth, Edith), dt. Kgn., † 29. Jan. 946, ⌐ Magdeburg, Dom; Tochter Kg. →Eduards d. Ä., Halbschwester Kg. →Æthelstans; ∞ 929/930 mit →Otto d. Gr. (dessen 1. Gemahlin). Die Brautwerbung für seinen Sohn Otto beim ags. Kg. Æthelstan betrieb für →Heinrich I. in schwerer Zeit. Dabei ist hervorzuheben, daß mit E., von zwei zur Auswahl übersandten Prinzessinnen als zukünftige Gemahlin Ottos ausgewählt worden ist, eine Verbindung mit dem hl. Kg. →Oswald eingegangen wurde, dessen Kult im 10. Jh. in Sachsen Verbreitung fand. E. erhielt →Magdeburg als Morgengabe und geriet als Mutter →Liudolfs, der mit Ita, der Tochter des Schwabenherzogs →Hermann I. verheiratet wurde, und →Liudgards, der Gemahlin →Konrads des Roten, neben der Kgn. →Mathilde, ihrer Schwiegermutter, offenbar in eine schwierige Situation. I. J. 946 verstorben, wurde sie in Magdeburg bestattet und erhielt durch urkundl. Schenkung an das Moritzkl. zu Magdeburg und das Servatiusstift zu →Quedlinburg vom 29. Jan. 946 (DD O. I. 74, 75) ein kgl. Totengedenken.
K. Schmid

Q.: Hrotsvithae Gesta Oddonis, V. 68ff., ed. P. v. WINTERFELD, MGH SRG 34, 1965[2], 206f. – Wilhelm v. Malmesbury, De Gestis Regum Anglorum Quinque, c. 135, ed. W. STUBBS, RS 90/1, 1887, 149f. – *Lit*.: JDG H. I. und O. I. – RI II, 1, 23h, 55d, 131a/b, 132, 133 – K. SCHMID, Neue Q. zum Verständnis des Adels im 10. Jh.; Die Thronfolge Ottos d. Gr. (Königswahl und Thronfolge in otton.-frühdt. Zeit, hg. E.

HLAWITSCHKA, WdF 178, 1971), 389–416; 417–508 – E. HLAWITSCHKA, Die verwandtschaftl. Verbindungen zw. dem hochburg. und dem niederburg. Königshaus (Fschr. P. ACHT, 1976), 28–57, bes. 52ff. – K. LEYSER, Die Ottonen und Wessex, FMASt 17, 1983, 73–97, 75ff. – S. KEYNES, King Æthelstan's Books (Fschr. P. CLEMOES, 1985), 143–201, 147ff.

Edictum Chlotharii, von →Chlothar II. nach seiner Herrschaftsübernahme im frk. Gesamtreich erlassenes Pariser Edikt von 614; es sollte nach langen Unruhen Frieden und Ordnung (»pax et disciplina«; §§ 11,14) im Reich wiederherstellen: Die Bischofswahl wurde Klerus und Volk zugestanden, ein Bestätigungsrecht dem Kg. vorbehalten (§ 1); neue, ungerechte Steuern, gegen die der populus Klage erhob (§ 8), sollten ebenso hinfällig sein wie die nach Chlothars Vater →Chilperich und dessen Brüdern eingeführten Zölle (§ 9); weder die iudices des Kg.s (§ 12) noch die der Bf.e oder Großen (§ 19) sollten aus einer anderen als ihrer eigenen regio oder provincia (nicht »pagus«! [EWIG]) genommen werden, damit sie mit ihrem Eigentum für Fehlentscheidungen haften konnten. Bemerkenswert ist, daß das E. Ch. als erstes frk. Königsgesetz auf einer Reichsversammlung erlassen wurde, die zugleich aus weltl. und geistl. Großen bestand (F. BEYERLE) und auch einen gleichzeitigen Synodalbeschluß erließ (MGH Conc. I, 185ff.). – Neuere Interpretationen des § 12 in seinem Kontext (Begründung § 12; § 19) reduzieren die Bedeutung des E. Ch. als »Magna Charta der frk. Adels« (ältere Literatur) auf die eines Artikels, der wie die übrigen zu größerer Rechtssicherheit beitragen sollte (SPRANDEL) oder der daneben als Schutz der austrischen und frankoburg. Großen gegenüber einer neustrischen Überfremdung wirkte (EWIG). H. Grahn-Hoek

Q.: MGH Cap. I, 20–23 – Lit.: HEG I, 409 [E. EWIG] – F. BEYERLE, Die südtl. Leges und die merow. Gesetzgebung, ZRGGermAbt 49, 1929, bes. 417ff. – R. SPRANDEL, Struktur und Gesch. des merow. Adels, HZ 193, 1961, 62ff.

Edictum Theoderici, 154 Kapitel umfassende Sammlung von Normen des weström. Vulgarrechts, in der leges und iura ohne Quellenangaben vereinigt sind. Nur für einen Teil konnte man die Codices Gregorianus, Hermogenianus und Theodosianus sowie die posttheodosian. Novellen, Pauli sententiae, Interpretationes usw. als Quellen identifizieren.

In Proömium und Epilog, in denen die Verbindlichkeit des E. Th. für alle Untertanen, Romanen und Germanen in gleicher Weise, festgelegt wird, kommen die Intentionen des Gesetzgebers zum Ausdruck. Durch das Edikt sollten die Ordnung und Gerechtigkeit in einem Reich wiederhergestellt werden, in dem Romanen und »Barbaren« nebeneinander lebten, das von sozialen Revolten und Kriegen erschüttert wurde, in dem räuberische Banden ihr Unwesen trieben und die Richter korrupt waren, die Flucht von Sklaven ernste Probleme aufwarf und das Eigentumsrecht verletzt wurde. Die Normen des E. Th. beziehen sich v. a. auf das Strafrecht, das öffentliche und das Prozeßrecht. Der Editio princeps (1579) legte P. Pithou zwei später verlorengegangene Hss. zugrunde; seine Zuweisung des E. Th. an den Ostgotenkönig →Theoderich d. Gr. wurde zur traditionellen Lehrmeinung. Die Zweifel, die RASI 1953 an dieser Zuschreibung anmeldete, führten zu heftigen Diskussionen in der Forschung. Bereits 1955 stellte VISMARA die These auf (in Übereinstimmung mit der von A. D'ORS und von E. LEVY postulierten Entstehung des E. Th. in Gallien), es handle sich bei dem E. Th. um ein von dem Westgotenkönig →Theoderich II. zw. 459 und 461 für das tolosanische Reich erlassenes Gesetz, das wahrscheinl. von Magnus von Narbonne, dem ehemaligen Praefectus Praetorio Galliarum, redigiert wurde. Dieser These zufolge läßt sich das E. Th. nicht in Italien ansiedeln, wo alle Quellen zeigen, daß die Ostgotenkönige eine Politik betreiben, die der vom E. Th. angestrebten Annäherung zw. »Barbaren« und Romanen, zw. Römertum und Germanentum, zuwiderlief. Auch die jüngste Entdeckung einer Gruppe von Kapiteln des E.Th., die aus der Schule von Valence und Die in Südfrankreich stammen (STELZER), bestätigt die Zuweisung des E. Th. an das tolosanische Westgotenreich. In der Forschung gibt es im Augenblick zwei große Richtungen: die Anhänger der traditionellen Zuweisung des E.Th. an das Ostgotenreich (B. PARADISI, H. NEHLSEN, G. ASTUTI) und die Befürworter der Auffassung, daß das E.Th. im röm. Gallien oder im tolosanischen Westgotenreich entstanden ist (A. D'ORS, E. LEVY, G. VISMARA, J. VOGT, G. CHEVRIER, M. B. BRUGUIÈRE).

Die Annahme des röm. Rechts durch die Westgoten, seine Respektierung durch die Ostgoten, die ihren eigenen Gewohnheiten treu blieben, sowie die Berufung darauf durch die Vandalen, die es ihren polit. Zwecken anpassen, bezeugen, daß in diesen germ. Kgr.en das röm. Recht als Instrument des öffentl. Lebens allgemeine Anerkennung fand. G. Vismara

Ed.: MGH Leges V, 1875, 149–170 [F. BLUHME] – Fontes iuris Rom. anteiustiani, II. Auctores, edd. I. BAVIERA, I. FURLANI, 1940² [Ndr. 1968], 681ff. – Lit.: P. RASI, Sulla paternità del cosiddetto E.Th., Arch. giuridico 14, 1953, 105–162 – DERS., Ancora sulla paternità …, ASD 5–6, 1961/62, 113–136 – G. VISMARA, E. Th., IRMAE I, 2 b aa, α, 1967 [weitere Lit.] – H. NEHLSEN, ZRGGermAbt 86, 1969, 246–260 – G. VISMARA, Una presunta nuova testimonianza intorno all' E.Th., SDHI 36, 1970 – W. STELZER, Gelehrtes Recht in Österreich von den Anfängen bis zum frühen 14. Jh., 1982 – G. VISMARA, Scritti di storia giuridica. 1. Fonti del diritto nei regni germanici [im Dr.].

Edictus (Edictum) Rothari, erste Kodifikation der mündlich überlieferten alten langob. Rechtsgewohnheiten (→cawarfide), in der sich die Mentalität und die Gesellschaftsstruktur der seit 75 Jahren in Italien ansässigen Langobarden widerspiegeln. Der E.R. wurde 643 (zu einem Zeitpunkt der Expansion des langob. Kgr.s und der Konsolidierung der Königsmacht) von der Heeresversammlung approbiert.

Konservative, arianische Tendenzen aufweisend, sollte der E.R. die Macht des Kg.s stärken, die Wirtschaft und die gesellschaftl. Verhältnisse des Kgr.s neu ordnen und innere Ruhe und Ordnung garantieren (wobei er das Kompositionsprinzip an die Stelle der Fehde setzte). Durch die Aufzeichnung des Rechts trug der E.R. zum Schutz und zur Bewahrung des Nationalcharakters der langob. Kultur bei. Seine Sprache ist ein mit zahlreichen langob. Wörtern durchsetztes Vulgärlatein. Die gewöhnlich mit »Si quis« eingeleiteten Bestimmungen schildern einzelne, aufs genaueste unterschiedene, Tatbestände. Von den 388 Kapiteln des E.R. bezieht sich der größte Teil auf das Strafrecht. Seine Quellen waren neben den cawarfide auch bibl. Schriften und die Rechtsnormen anderer Völker: das von Theodosius II. kodifizierte römische Recht (vermittelt nicht zuletzt durch die Leges des tolosan. Westgotenreichs und des burgundischen Kgr.s), das justinian. Gesetzescorpus, die Leges der Westgoten von Toledo, der Bayern, der Alemannen und der Franken. Die archaischen Rechtsnormen der germ. Völker gingen mit den Bestimmungen des vulgarisierten und germ. Verhältnissen angepaßten röm. Rechts der Besiegten eine harmon. Verbindung ein. Der E.R. war wahrscheinl. nur an die Langobarden selbst gerichtet, obwohl auch die Romanen gehalten waren, seine die öffentl. Ordnung und die innere Sicherheit des Kgr.s betreffenden Normen zu beachten. Im übrigen hielten sich die Romanen weiterhin an ihre Gewohnheiten. Der E.R. ist die bedeutendste Leistung germ. Rechtsgebung, in dem sich das germ. Rechtsdenken in eindrucksvoller Weise verkörpert.

In den *Edikten der Nachfolger Rotharis* wird der Wandel der langob. Gesellschaft und der Rechtsvorstellungen deutlich. Im Rechtswesen kommt es zu einem Verfall des antiken Formalismus. Die Bekehrung zum Katholizismus brachte tiefgreifende Neuerungen mit sich, die in der Gesetzgebung ihren Ausdruck fanden. 668 erließ Kg. →Grimoald, noch in engem Anschluß an Rothari, ein Edikt; weitere Ergänzungen und Reformen des E.R. wurden von den kath. Königen →Liutprand mit 153 Kapiteln, →Ratchis, →Aistulf durchgeführt. Diese Edikte wenden sich nunmehr an alle Untertanen, da die ethn. und sozialen Schranken zw. Langobarden und Romanen gefallen waren. Der Gesamtkomplex der Edikte von Rothari bis Aistulf, bekannt als *Edictum regum Langobardorum*, überdauerte den Fall des Langobardenreichs im »Capitulare italicum«, gelangte dann durch die Schule von Pavia in den »Liber papiensis«, in die »Lombarda« und in die »Expositio ad Librum papiensem«. In den Dukaten von →Benevent und →Spoleto blieben die Langobardenedikte bis in das 11. Jh. in Geltung. Die Verbreitung der langob. Edikte wird von Fragmenten einer Übersetzung ins Griech. und von Zitaten in Privaturkunden aus S. Benedetto in→Conversano (10.–11.Jh.) bezeugt.   G. Vismara

Ed.: Edictus ceteraeque Langobardorum leges, ed. F. Bluhme, MGH LL 4, 1869 – Leges Langobardorum, ed. F. Beyerle, Germanenrechte NF, 1962 – *Lit.*: HRG 2, 1607 [G. Dilcher; Lit. bis 1977] – G. Vismara, Cristianesimo e legislazioni germaniche: leggi longobarde alamanne bavare, Sett. Cent. it. 14, 1967 – A. Cavanna, Nuovi problemi intorno alle fonti dell'Editto di Rotari, SDHI 34, 1968 – M. Scovazzi, Scritti di storia del diritto germanico, 2 Bde, 1975 – A. Cavanna, La civiltà giuridica longobarda (I Longobardi e la Lombardia), 1978 – G. Schott, Der Stand der Leges-Forsch., FMASt 1979 – G. Vismara, Leggi e dottrina nella prassi notarile it. dell'alto medioevo (Confluence des droits savants et des pratiques juridiques, 1979) – Ders., Il diritto in Italia nell'alto medioevo (La cultura it. fra tardo antico e alto medioevo), 1981 – G. Restelli, Goti Tedeschi Longobardi, 1984 [zum Einfluß des Ostgotenrechts auf das langob. Recht].

Edigü → Goldene Horde

Edinburgh, Stadt in→Schottland, am S-Ufer des Firth of Forth; viele Jahrhunderte lang eines der Hauptzentren der Königsmacht in Schottland und ca. 1470–1707 Hauptstadt des schott. Kgr.es. – E. verdankt seine Entwicklung als Siedlung den natürl. Gegebenheiten, insbes. der Schutzlage eines vulkan. Felsens, wo später die Burg erbaut wurde. Höchstwahrscheinlich war E. in der Bronze- und frühen Eisenzeit eine Hügelbefestigung; einer archäolog. Untersuchung steht jedoch die dichte ma. und moderne Besiedlung des Terrains entgegen. In der Periode der röm. Besetzung des südl. Schottland (ca. 80–350 n. Chr.) lag E. in der kelt. Civitas der walis. Votadini und wurde von den röm. militär. Stützpunkten Cramond und Inveresk flankiert. Nach dem Abzug der Römer erlangte E. (Din Eidyn 'die Befestigung von Eidyn'; Eidyn ist der Name des Territoriums um E.) seine Bedeutung als fsl. Herrschaftszentrum zurück und war vielleicht der Herkunftsort der brit. Kriegerschar, die in der Schlacht v. →Catterick (Catraeth) am Ende des 6. Jh. den →Angelsachsen unterlag, worüber das berühmte walis. Heldengedicht »Y Goddoni« (→Aneirin) berichtet. Um 635 wurde die Befestigung von eindringenden Angeln, die seit ca. 547 in→Northumbria saßen, eingenommen. Durch sie erhielt E. die Bezeichnung 'Edin burh', auf den die moderne Ortsname zurückgeht. Für die Gesch. E.s bis zur Mitte des 10. Jh.

fehlen uns Belege. Um 950 entrissen die Schotten, die sich ein Jahrhundert zuvor des Kgr.es der →Pikten im nördl. und östl. Schottland bemächtigt hatten, E. den northumbr. Angelsachsen. Von den 90er Jahren des 11. Jh. an ist E. fast durchgängig als bedeutendes kgl. Herrschaftszentrum belegt.

Die frühesten schriftl. Erwähnungen der Burg E. sowie des →Burgus *(burgh)* als eines Handelsortes stammen aus den 20er Jahren des 12. Jh., der frühen Regierungszeit →Davids I. Das Gebiet der städt. Siedlung, begrenzt durch den vulkan. Bergsporn *(tail)*, der östl. des Burgbergs verlief, umfaßte 60 ha. Im N und S fällt das Terrain steil ab; im O lag die Augustinerabtei→Holyrood (gegr. 1128), die in Canongate eine eigene städt. Siedlung *(burgh)* errichtet hatte. Bedingt durch das Anwachsen der Bevölkerung, wurden im späten MA zahlreiche mehrgeschossige Häuser errichtet. Die Bevölkerungszahl ist für das MA nicht zu ermitteln; für 1550 wird eine Zahl von 12 000 geschätzt. Der kgl. Rat (King's→Council) sowie – seit dem späteren 13. Jh. – das Parlament traten oft in E. zusammen. Während der schott. Unabhängigkeitskriege (1296–1328; →Wars of Independence) spielte die häufig angegriffene und belagerte Burg eine wichtige Rolle; lange Zeit stand sie unter engl. Besetzung. 1314 eroberten die Schotten sie zurück; Kg. →Robert I. Bruce ließ ihre Befestigungen schleifen, gemäß seiner Politik, dem engl. Angreifer mögliche Stützpunkte zu entziehen. Sein Sohn →David II. wandte dagegenstets große Summen für die Wiederherstellung der alten Burg auf; weitere Baumaßnahmen erfolgten unter →Jakob III. und →Jakob IV. Unter Robert I. wurde in E. 1328 der Vertrag v. →Edinburgh abgeschlossen, der die erste Phase der Unabhängigkeitskriege beendete. Erst unter Jakob III. (1460–88) offiziell zur Hauptstadt erhoben, scheint E. faktisch schon im vorhergehenden Jahrhundert diese Rolle gespielt zu haben. Schon 1329 erlangten die Bürger das Recht, ihre Besitzungen direkt von der Krone zu Lehen zu halten; 1482 trat die eigene Sheriffwahl hinzu. Nur im kirchl. Bereich erreichte E. keine Selbständigkeit; hier verhinderten Alter und Ansehen des Bm.s →St. Andrews eine Bistumsgründung in E. bis 1633. Doch war E. der Hauptsitz des Archidiakonates v. →Lothian im Verband der Diöz. v. St. Andrews.

G. W. S. Barrow

Q. und Lit.: H. Arnot, The Hist. of E., Edinburgh 1779 – Charters... of the City of E., 1871 – AAVV, E. 1329–1929, 1929 – vgl. allg. die Veröff. der Scottish Burgh Records Society, 1868–1908, und des Old Edinburgh Club, 1908ff.

Edinburgh, Vertrag v. (auch irrtüml.: Vertr. v. Northampton), geschlossen am 17. März 1328 zu →Edinburgh. Sein Gegenstand war die Beendigung der seit 1296 unternommenen engl. Versuche, →Schottland zu erobern. Die wichtigsten Bestimmungen sahen folgendes vor: 1. Die vollständige Anerkennung der Unabhängigkeit Schottlands; 2. die Heirat Davids, des Sohns von Kg. →Robert I. v. Schottland, mit Johanna, der Schwester →Eduards III. v. England; 3. die Auszahlung von £ 20000 durch Robert I. »um des Friedens willen« an England. Die Hochzeit fand am 16. Juli 1328 zu Berwick statt (→David II. Bruce). – Robert I. hatte seit seinem Sieg bei →Bannockburn (1314) einen derartigen Friedensschluß angestrebt; doch hatte es →Eduard II. – trotz seiner Unfähigkeit, das nördl. England gegen schott. Plünderungszüge zu verteidigen – abgelehnt, die Unabhängigkeit Schottlands anzuerkennen. Erst nach der Absetzung Eduards II. (1327) waren die Engländer während der schwachen Herrschaft d. Kgn. Isabella und Roger →Mortimers bereit, die schott. Bedingungen anzunehmen. In England wurde der

Vertrag jedoch als »Schandfrieden« angesehen, und bald nachdem Eduard III. die Regierung selbständig übernommen hatte, wurde der Vertrag widerrufen. Der Krieg zw. England und Schottland brach 1332 erneut aus; kein weiterer formaler Friedensvertrag wurde im MA mehr geschlossen. A. Grant

Lit.: E. L. G. Stones, Anglo-Scottish Relations, 1965, 326–341 – G. W. S. Barrow, Robert Bruce, 1976², 356–369 – A. Kalckhoff, Schott. Regionalismus im SpätMA, 1983, 43–50 – A. Grant, Independence and Nationhood: Scotland 1306–1469, 1984, 12–22.

Edington, Schlacht v. (ae. Ethandun, Wiltshire), die entscheidende Schlacht i. J. 878 während der Kriegszüge des engl. Kg.s →Alfred d. Gr. gegen die Dänen. Ihre Bedeutung für den Kg. zeigt sich darin, daß er E. ebenso wie seinen Geburtsort Wantage in seinem Testament seiner Gemahlin übertrug. Es ist wenig über den Verlauf der Schlacht selbst bekannt, aber die Schilderung ihrer Vorgeschichte und ihrer Auswirkung in der Ags. →Chronik läßt vermuten, daß die Dänen durch einen Überraschungsangriff besiegt und völlig vernichtet wurden: sie ergaben sich zwei Wochen später, und ihr Kg. →Guthrum erklärte sich bereit, aus Wessex zu weichen und sich taufen zu lassen.
C. P. Wormald

Q.: EHD I, 1 – Alfred the Great, hg. S. D. Keynes–M. Lapidge, 1983, 84, 248f. – Lit.: D. Whitelock, The Importance of the Battle of E. (From Bede to Alfred, 1980).

Edington, William, engl. Beamter und Staatsmann, Bf. v. →Winchester seit 15. Febr. 1346, † 7./8. Okt. 1366, Keeper of the Great →Wardrobe 1341–44, Treasurer (Schatzmeister) of the →Exchequer 1344–56, →Chancellor (Kanzler) of England 1356–63. W. E. war ein Sohn eines Roger und einer Amice (de Edington?); die Überlieferung, daß er die Universität besucht habe, erscheint unbegründet. Magister Gilbert Middleton († 1330/31) war wohl sein erster Brotherr, danach arbeitete er für Bf. Adam →Orleton. 1335–46 Vorsteher des St. Cross Hospitals nahe Winchester, sorgte er für den weitgehenden Neubau dieses Spitals. Seit 1335 im Dienste Kg. →Eduards III. stehend, bewies er seine Fähigkeiten als findiger und geschickter Finanzverwalter, insbes. während der Feldzüge gegen →Schottland (1341–42) und die →Bretagne (1342–43). Er betätigte sich auch als aktiver Berater →Eduards, des Schwarzen Prinzen (1347–66). Zwar galt E. als bestechl., und er hatte die Oberaufsicht über den umstrittenen Münzaustausch von 1351, dennoch genoß er Respekt als ein Finanzpolitiker, der einen Kompromiß zw. den Geldforderungen der Kg.s und ihrer fiskal. Erträglichkeit zu finden verstand, wobei ihm sein großer Überblick über die Rechnungsführung des Exchequer zustatten kam. E. wirkte bei der Aushandlung des Vertrages v. Calais (1360; s. →Brétigny) mit, war aber sonst vorwiegend in England tätig. Er trat freiwillig zurück, wobei er seine angegriffene Gesundheit und die – überfällige – Sorge um seine pastoralen Pflichten geltend machte; eine Berufung auf den Erzsitz von Canterbury lehnte er vier Monate vor seinem Tod ab. Sein schrankenloser Nepotismus überstieg selbst das in seiner Zeit Gewohnte. Er begann den Neubau der Kathedrale von Winchester und stiftete 1351 eine Kollegiatkirche in seinem Heimatort Edington (Wiltshire), die er 1358 in ein Haus der augustin. *bonhommes* umwandelte. William of →Wykeham, sein Protégé und Nachfolger, sicherte sich £ 2000 aus E.s Nachlaß im Zuge von Reparationen aus den Händen der Testamentsvollstrecker.
R. G. Davies

Lit.: BRUO I, 1957, 629f. – DNB, s. v. – VCH Hampshire; Wiltshire – T. F. Tout, Chapters in the Administrative Hist. of Mediaeval England, 1–6 Bde, 1920–33.

Edirne → Adrianopel

Edith. 1. E., dt. Kgn. →Edgith

2. E., Kgn. v. England, † 1075 in Winchester, ⌐London, Westminster Abbey; Tochter des Earl →Godwin v. Wessex; ∞ 1045 mit Kg. →Eduard d. Bekenner; die Ehe blieb kinderlos. Diese Vermählung bedeutete einen polit. Triumph für Godwin. Als er und seine Söhne 1051 in Ungnade fielen, wurde E. in ein Nonnenkl. eingewiesen, erlangte aber 1052 ihre Stellung zurück und übte danach einen bedeutenden polit. Einfluß aus. In ihrem Auftrag wurde ca. 1065–67 die »Vita Ædwardi Regis« verfaßt, und sie ließ das kgl. westsächs. Nonnenkl. →Wilton in Stein neu errichten. Ihre Besitzungen beliefen sich bis 1066 auf 900 Pfund jährlich. 1066 trat sie →Winchester an →Wilhelm d. Eroberer ab.
N. P. Brooks

Q. und Lit.: →Eduard d. Bekenner.

Edlinger (lat. libertini; slowen. *kazazi, kosezi*). Die in →Kärnten, →Krain und →Steiermark (s. a. →Karantanien) belegten E. nahmen im SpätMA eine Mittelstellung zw. dem Niederadel und den Bauern ein und hatten bes. Vorrechte: Familienbesitz zu freiem →Eigen (Edeltum), bes. militär. Aufgaben (Burghut, Stellung von Rüstpferden) und direkte Gerichtsbarkeit des landesfsl. Vizedoms (→Vicedominus). Größere E.-Siedlungen (Tüchern/Teharje, Sagor, Tihaboj, Moosburg, Stein im Jauntal) hatten ein eigenes Niedergericht mit Beisitzern aus ihren Reihen, teilweise mit freier Richterwahl. Bes. Anteil hatten die E. an der Kärntner Herzogseinsetzung (→Kärnten), der ein Wahltaiding (→Taiding) der E. vorausging. Seit dem 14. Jh. fungierte der älteste aus der E.-Familie von Blasendorf als *Herzogsbauer*, der am Fürstenstein bei Karnburg den neuen Hzg. in windischer (slav.) Sprache auf die Eignung zum Amt prüfte. Die E. siedelten bes. dicht um alte Pfalzen (Karnburg, Moosburg) und zentrale Burgen. Dort hielten sie sich teilweise bis ins 17. Jh., während sie sonst schon am Ende des MA ihre Sonderstellung einbüßten und zu hörigen Bauern herabsanken.

Über den Ursprung der E. gibt es stark divergierende, oft national gefärbte Hypothesen: Neben langob. (Arimannen) und frk. Ursprung (Königsfreie, frk. Wehrbauern) wird heute mehrheitl. eine slav. Wurzel angenommen. Während L. Hauptmann die E. als Nachfahren der Weißkroaten deutete, denen die Karantanen die Befreiung vom Avarenjoch verdankten, sieht B. Grafenauer in ihnen die Nachfolger der Gefolgschaftsleute (*družinniki*, →Družina) des Karantanenfs.en, aber keine voll entwickelte slav. Adelsschicht.
H. Dopsch

Lit.: E. Klebel, Von den E.n in Kärnten, 1942 – B. Grafenauer, Ustoličevanje koroških vojvod in država karantanskih Slovencev, 1952 – L. Hauptmann, Staroslovenska družba in obred na kneijjem kamnu, 1954 – H. Ebner, Von den E.n in Innerösterreich, 1956 – J. Mal, Ist das Edlingerproblem wirklich unlösbar?, SOF 22, 1963, 140–178 – S. Vilfan, Rechtsgesch. der Slowenen, 1968 – W. Fresacher, Das Ende der E. in Kärnten, 1970.

Edlyng → Ætheling

Edmund

1. E., Kg. v. →England 939–946, † 946, ⌐Glastonbury; Sohn von Kg. →Eduard d. Älteren und dessen 3. und bedeutendster Gemahlin Eadgifu; Söhne: →Eadwig, →Edgar. E. stand zunächst unter der Vormundschaft seines Halbbruders →Æthelstan; er kämpfte mit ihm in der Schlacht v. →Brunanburh (937). E.s Thronbesteigung nutzte jedoch →Olaf Guthfrithson, Kg. v. →Dublin, zur raschen Eroberung von →Northumbrien und der fünf →boroughs des dän. →Mercien aus, und E. mußte dem zustimmen. Aber als Olaf starb, eroberte E. die fünf boroughs (942) zurück und zwang den Nachfolger und Namensvetter Olafs zur Unterwerfung. Zwei Jahre später verwüstete E. →Strathclyde und überließ es dem schott. Kg. als Gegenleistung für ein Bündnis. Wie die meisten seiner Dynastie war E. sowohl ein krieger. Kg. als auch ein eifriger Gesetzgeber: seine Gesetze enthielten einen wichtigen Erlaß zum Treueeid und vielleicht den sorgfältigsten Versuch, der Verbreitung der →Blutrache im FrühMA zu begegnen. E. förderte wohl nicht die monast. Reform, gestattete aber dem hl. →Dunstan, →Glastonbury 943 neu zu gründen. E. wurde ermordet, angeblich von einem Verbrecher. C. P. Wormald

Q.: EHD I, 1 – LIEBERMANN, Gesetze I, 1903, 184ff.; III, 1916, 123ff. – Lit.: STENTON³, 356ff. – M. L. R. BEAVEN, King E. I. and the Danes of York, EHR 33, 1918, 1ff. – A. MAWER, The Redemption of the Five Boroughs, EHR 38, 1923, 551ff. – A. P. SMYTH, Scandinavian York and Dublin II, 1979, 89ff.

2. E. Ironside ('d. Tapfere'), Kg. v. →England 1016, † 30. Nov. 1016, ⌐ Glastonbury; Sohn von →Ethelred II. und dessen 1. Gemahlin; Sohn: Eduard 'the Exile' († 1057). Der Beiname 'Ironside' wurde E. bereits vor 1066 zugeeignet wegen seiner Taten nach dem Tod seines Vaters als Führer des letzten vergebl. Widerstandes gegen →Knut d. Gr. Die zeitgenöss. Ags. →Chronik gibt eine genaue Darstellung des Feldzugs von 1016, der in E.s Niederlage bei Ashingdon (→Assandun) mündete und einen Vertrag mit Knut zur Folge hatte, der England an der Themse teilte. Nach E.s Tod (nach späterer Legende wurde er ermordet) übernahm Knut die alleinige Herrschaft. Nach neueren Forschungsergebnissen hat E. auch bei den polit. Ereignissen von 1015–16 eine bedeutende Rolle gespielt. Er verband sich durch Heirat mit dem mächtigen Geschlecht von Ælfhelm (in den nördl. Midlands), um seine eigene Erbfolge zu sichern (später wählte Knut seine erste Gemahlin aus derselben Familie). E.s Enkel →Edgar 'the Ætheling' war nach 1066 der letzte Anwärter nach Geburtsrecht auf den engl. Thron. C. P. Wormald

Q.: EHD I, 1, 9 – Lit.: STENTON³, 388ff. – P. STAFFORD, The Reign of Æthelred II (Ethelred the Unready, hg. D. HILL, 1978), 36f. – D. HILL, Atlas of Anglo-Saxon England, 1981, 71.

3. E. (Eadmund), hl. (Fest: 20. Nov.), Kg. v. →Ostanglien, * um 840, † 869 Bradfield St. Clare, ⌐ →Bury St. Edmunds. Der von den heidn. Dänen getötete E. wurde bald nach seinem Tod als Märtyrer verehrt; bereits 890–910 wurden Münzen im Namen von St. E. geschlagen. Die Grabstätte E.s wurde in »Bury St. E.« umbenannt, wo →Knut d. Gr. 1020 ein Benediktinerkl. gründete. Die erste Darstellung von E.s Martyrium, die 'Passio S. Eadmundi', schrieb 987–988 →Abbo v. Fleury. Spätere Darstellungen sind unzuverlässig. M. Mostert

Ed. und Lit.: M. WINTERBOTTOM, Three Lives of English Saints, 1972, 67–87 – M. MOSTERT, King E. of East Anglia († 869); Chapters in Historical Criticism [Diss. Amsterdam 1983].

4. E., Earl of →Kent, jüngerer Sohn von Kg. →Eduard I. aus seiner Ehe mit Margarete v. Frankreich, * 1301 in Woodstock, Oxfordshire, † (hingerichtet) 1330; ⚭ 1325 mit Margarete, Witwe von John →Comyn of Badenoch; Kinder: Edmund, Earl of Kent; Johanna, ⚭ 2. →Eduard d. Schwarze Prinz. E. unterstützte seinen Halbbruder →Eduard II. während seiner letzten Jahre und erhielt als Gegenleistung das Earldom Kent (Juni 1321). Er kämpfte für Eduard in der Schlacht v. →Boroughbridge 1322, nahm an der Verurteilung von →Thomas, Earl of Lancaster, nach der Schlacht teil und wurde 1323 zum Statthalter (lieutenant) der nördl. Marken ernannt. 1324 wurde er zu Verhandlungen mit Kg. →Karl IV. v. Frankreich entsandt und dann zu Eduards II. Statthalter in der →Gascogne erhoben. Nachdem die frz. Invasion zum Verlust des größten Teils der Gascogne geführt hatte, fiel E. von Eduard II. ab und verbündete sich mit Kgn. →Isabella und Roger →Mortimer. Nach der Absetzung Eduards (1327) war E. zunächst als führendes Mitglied an der Vormundschaftsregierung für →Eduard III. beteiligt, aber das zunehmende Übergewicht von Isabella und Mortimer veranlaßte ihn 1328, sich mit Heinrich, Earl of →Lancaster, zur Opposition zu verbünden. Obwohl er sich im Jan. 1329 von Lancaster trennte, fiel er den Intrigen Isabellas und Mortimers zum Opfer: Diese sandten Agenten zu E., die ihm weismachen sollten, Eduard II. sei noch am Leben und könne durch eine Verschwörung befreit werden. Wegen seines angebl. Verrats wurde E. während des Parliament v. Winchester im März 1330 verhaftet, in größter Eile abgeurteilt und hingerichtet. J. R. Maddicott

Lit.: DNB VI, s. v. – Peerage VII, 142–148 – G. A. HOLMES, The Rebellion of the Earl of Lancaster, 1328–29, BIHR 28, 1955.

5. E. Crouchback, Earl of →Lancaster, * 1245, † 5. Juni 1296; 2. Sohn von →Heinrich III. v. England und der Eleonore v. Provence; ⚭ 1. 1269 Aveline († 1274), Tochter Wilhelms (Guillaume) de Forz, Titulargraf v. →Aumale; 2. 1276 Blanche, Witwe v. →Heinrich, Kg. v. Navarra. Im März 1254 ließ E.s Vater seinen neunjährigen Sohn mit dem päpstl. Lehnsreich →Sizilien belehnen; im Gegenzug wurden →Innozenz IV. Geld und Truppen für seinen Kampf gegen die →Staufer versprochen. Die Erfüllung des Vertrags stieß jedoch in England auf Widerstand; der nicht erfüllte Lehnsvertrag wurde von Urban IV. nach neun Jahren aufgelöst, nachdem in England die baroniale Oppositionsregierung, fußend auf den Provisions of →Oxford, an die Macht gelangt war (→Barone, Krieg der). E. begleitete seine Eltern 1259 und 1262 nach Paris, zwei Jahre später organisierte seine Mutter den Widerstand gegen die Machtstellung Simons de →Montfort. Nach der Schlacht v. →Evesham (4. Aug. 1265) wurde ein großer Besitz in den Midlands konfisziert, außerhalb der Ländereien von De Montfort, indem Robert de Ferrers, Earl of Derby, gezwungen wurde, seiner Erbschaft zu entsagen. E. wurde Earl of Leicester und 1267 Earl of Lancaster; dieser Titel blieb auch seinen Nachfolgern erhalten. Er nahm von 1271–72 am Kreuzzug teil; während des walis. Kriegs von 1277 befehligte er die Streitkräfte des Kg.s im südl. →Wales und wurde mit zahlreichen diplomat. Missionen von seinem Bruder →Eduard I. betraut. Durch seine Heirat mit Blanche wurde er zum Gf. en von Champagne und von Brie in Frankreich ernannt. C. H. Knowles

Lit.: Peerage VII, 1929, 378–387 – W. E. RHODES, E., Earl of Lancaster, EHR 10, 1895, 19–40, 209–237.

6. E., Hzg. v. →York, * 1341 in King's Langley (Hertfordshire), † 1. Aug. 1402 ebd., ⌐ ebd.; 4. überlebender Sohn Kg. →Eduards III. († 1377) und der →Philippa v. Hennegau; ⚭ 1. 1372 mit →Isabella († 1392), jüngere Tochter und Miterbin König →Peters I. v. Kastilien; ⚭ 2. 1395 mit Johanna, der Tochter von Thomas Holland, Earl of →Kent; ältester Sohn und Erbe: →Eduard, Hzg. v. York (✕ 1415). Wegen seines Geburtsortes heißt E. gewöhnlich 'E. of Langley'. – Der Prinz nahm 1359–60 am Frankreichfeldzug seines Vaters teil, wurde 1361 Ritter vom →Hosenbandorden, 1362 Earl of Cambridge. Mit →Eduard d. Schwarzen Prinzen beteiligte er sich 1370 an der Plünderung von →Limoges und führte 1375 Krieg in der → Bretagne (bret. Erbfolgekrieg). Seine Heirat mit Isabella sollte die engl. Interessen in der kast. Thronfolge sichern, nachdem die Ehe von →John of Gaunt mit Peters älterer Tochter kinderlos geblieben war. In der polit. Krise, die 1376 in England ausbrach, spielte er eine nur untergeordnete Rolle. – 1385 zum Hzg. v. York erhoben, war es wohl mehr aufgrund seines hohen Ranges als seines polit. Profils, daß er in den von den Gegnern Kg. →Richards II. im Okt. 1386 geschaffenen Regierungsausschuß berufen wurde. Während der Abwesenheit des Kg.s in Irland hatte E. 1394–95 und von Mai–Aug. 1399 als *Keeper of the Realm* Stellvertreterfunktionen. Angesichts der Invasion→Heinrichs (IV.) Bolingbroke im Juli 1399 machte E. zuerst Miene, den Kampf aufzunehmen, einigte sich dann jedoch mit Bolingbroke, was nicht wenig zum Sturz Richards II. beitrug. E.s Haltung kann nicht gut als »Verrat« gewertet werden; der Prinz hatte sich in den früheren Krisen der Regierung Richards nur wenig engagiert und stand ohnehin im Ruf polit. Trägheit. A. Tuck

Lit.: DNB XXXII, 109–111 – Peerage XII, Pt, II, 895–899.

7. E. v. Abingdon (fälschl. Rich gen.), hl. (Fest: 16. Nov.), *Ebf. v.* →*Canterbury* seit 1233; * um 1180 in Abingdon (Berkshire), † 16. Nov. 1240 in Soisy, ⌐ in Pontigny (Frankreich); Studium der Artes liberales und der Theologie in Paris und Oxford, war Magister in Oxford, 1222 *Treasurer* an der Kathedrale v. →Salisbury. Er vermittelte im Streit zw. →Heinrich III. v. England und Richard →Marshal, Earl of Pembroke, und erreichte, daß der Kg. seine Regierungsweise änderte. E. nahm sich der kirchl. Reform an (er erließ 1236 wichtige Reformbestimmungen), wahrte im Konflikt zw. weltl. und geistl. Gerichtsbarkeit den kirchl. Standpunkt und arbeitete mit dem päpstl. Legaten →Otto Candidus zusammen (Konzil v. London 1237), um die Strukturen der engl. Kirche zu festigen. Ein heftiger Konflikt mit den Mönchen von Christ Church (→Canterbury) überschattete seine letzten Jahre. Im Herbst 1240 ging E. nach Frankreich; vielleicht sollte Rom das Reiseziel sein. Er nahm in →Pontigny Aufenthalt und wurde, als er nach kurzer Krankheit starb, dort beigesetzt. Bald galt er als »Martyrer«, der im Exil gestorben sei. 1246 wurde E. heiliggesprochen. Zahlreiche engl. Pilger, unter ihnen auch Heinrich III., suchten den Schrein in Pontigny auf. – Als Schriftsteller wirkte E. weiter, v. a. durch sein »Speculum Ecclesie«, eine kaum originelle, aber im SpätMA vielgelesene Einführung in das geistl. Leben. Viten schrieben u. a. Eustachius v. Faversham und→Matthaeus Parisiensis. K. Schnith

Q. und Ed.: Speculum Religiosorum and Speculum Ecclesie, ed. H. P. FORSHAW, 1973 – H. LAWRENCE, St. E. of Abingdon, 1960 [zu weiteren Schriften: 120f.], viten von Eustachius v. Faversham, Matthaeus Parisiensis] – *Lit.*: W. WALLACE, St. E. of Canterbury, 1893 – BRUO I, 1957, s. v. – C. H. LAWRENCE, s. o. [Lit.] – H. P. FORSHAW, New light on the Speculum..., AHDL 38, 1971 – DIES., St. E.'s Speculum: a classic of Victorine spirituality, ebd. 39, 1972 – The Hist. of the Univ. of Oxford, hg. T. A. ASTON, I, hg. J. I. CATTO, 1984.

8. E. v. Eynsham OSB, Visionär, * 1169 (?), trat 1194 in das Kl. OSB Eynsham ein, wo er bald schwer erkrankte. Ostern 1196 fiel er nach einigen Ergriffenheitserlebnissen in eine zwei Tage und Nächte dauernde Ekstase, während derer seine Seele vom hl. Nikolaus durch das Jenseits geführt wurde. E.s Gesichte zeichnete der spätere Abt Adam, Verfasser der Vita →Hugos v. Lincoln, in preziösem Latein auf: seine 'Visio Monachi' gehört zu den umfangreichsten Jenseitsvisionen des MA, die auch durch die Aufnahme in Chroniken sowie mehrere vulgärsprachl. Übersetzungen verbreitet war. Beschrieben werden v. a. die drei Regionen des Fegfeuers mit sadistisch erscheinenden Strafen auch für kleinste, sogar unbewußte Sünden, kürzer das Paradies. E. zeigt ein so intensives Interesse für die Biographien der ihm begegnenden Seelen im Purgatorium, daß fast ein Ständespiegel entsteht, in dem auch der Klerus heftig kritisiert wird. Die unerbittl. Mentalität der jenseitigen 'lex talionis' steht in diesem Text kaum vermittelt neben der neuen, christozentr. Spiritualität zisterziens. Prägung, die sich u. a. in der Schau des leidenden Erlösers im Paradies manifestiert. P. Dinzelbacher

Ed.: H. THURSTON, AnalBoll 22, 1903, 225–319 – H. E. SALTER, The Cartulary of the Abbey of Eynsham II, 1908, 257–371 – *Lit.*: P. DINZELBACHER, Vision und Visionslit. im MA, 1981 [Register s.v.] – N. PALMER, Visio Tnugdali, 1982, 415f. – P. DINZELBACHER, Ma. Visionslit. [im Dr.].

Edocht (idocht, audocht), air. Wort, wohl von lat. edictum, bezeichnete ursprgl. ein Testament im Angesicht des Todes (s. dazu→audacht), im Unterschied zu *imna* (später *timna*), dem Testament einer bei guter Gesundheit befindl. Person. – Die Sammlung von Texten im →Book of Armagh, die den hl. →Patricius (Patrick) betreffen, bezieht sich auf *coibse* (lat. confessio) und e. des Bf.s Fith Fio (der als Schüler des hl. Patricius aus dem 5. Jh. betrachtet wird) an die Mönchsgemeinschaft von Druim Lías (Drumlease, Gft. Leitrim), geschrieben zwei Jahre vor dem Tod von Fith Fio. Offenbar umfaßte dieser e. eine rechtl. Entscheidung über die Erblichkeit der Abtswürde in Drumlease. Ebenfalls im Book of Armagh findet sich ein Hinweis auf den für die ir. Kirchengeschichte und Hagiographie bedeutenden e. des Bf.s →Áed v. →Sletty († 700), adressiert an den Abt Ségéne v. →Armagh († 688), in dem offensichtl. eine Vereinbarung zw. den beiden Kl. besiegelt wurde, wobei beide für sich und ihre Nachfolger den Primat v. Armagh bekräftigten. (Möglicherweise enthielt Áeds e. eine Abschrift der confessio des hl. →Patricius.) Der Begriff 'e./audacht' erscheint auch als Titel früher ir. →Fürstenspiegel; »Audacht Moraind« ('Das Vermächtnis des Morand') ist der wohl älteste Text dieser lit. Gattung aus dem MA. D. Ó Cróinín

Q. und Lit.: Dict. of the Irish Language, hg. Royal Irish Academy, 1932, s.v. – Audacht Moraind, ed. F. KELLY, 1976 – L. BIELER, Patrician Texts in the Book of Armagh, 1979, 172, 178.

Edremit, Stadt im westl. Kleinasien (Türkei). Nach der Zerstörung von Adramyttion, einem zum Thema Thrakesion gehörigen befestigten Platz an der Küste des gleichnamigen Golfs durch Čaqa[n] (d. Tzachas der byz. Quellen) i. J. 1093 entstand die Stadt erneut beim antiken Thebe ca. 12 km im Landesinneren. Mit Nachbarfestungen zw. 1162 und 1173 ausgebaut, markierte E. im Vertrag v. →Nymphaion (1214) die S-Ecke des lat. Kaiserreichs. Der Qarasī-Sohn Süleymān soll sich noch 1357 im Besitz der Troas befunden haben, doch wird die Annexion seines ephemeren Kleinfürstentums mit E. durch die Osmanen noch unter →Orhan, spätestens aber →Murād I. um 1360 abgeschlossen worden sein. K. Kreiser

Lit.: EI² II, 686f.; IV, 627f. [Karasī] – Yurd Ansiklopedisi 2, 1140f. – H. GLYKATZKI-AHRWEILER, Les forteresses construites en Asie Mineure face à l'invasion seldjoucide (Akten IX. Internat. Byzantinistenkongreß München 1958, 1960).

Edrisi → al-Idrīsi

Eduard (engl. Edward)

1. E. 'd. Märtyrer', hl. (Fest: 18. März), Kg. v. →England 975–978, † 978 (ermordet) bei Corfe (Dorset), ⌐ Shaftesbury seit 980; Sohn von Kg. →Edgar und dessen erster Gemahlin; Halbbruder: →Ethelred II. – Unsere Kenntnis von E.s kurzer Regierung bleibt unklar durch die Propaganda über seinen Regierungsantritt, die Reaktion auf die Klosterpolitik seines Vaters und seine Ermordung. Die näheren Hintergründe seiner Ermordung liegen im dunkeln, doch könnte die Anfechtung seiner Nachfolge durch seine mächtige Stiefmutter Ælfthryth eine Rolle gespielt haben. Auch wenn die Planung der Ermordung durch Ælfthryth und ihren Sohn Ethelred II. nicht nachweisbar ist, so waren sie doch die Nutznießer dieser Tat. E. wurde von den hll. →Dunstan und →Oswald unterstützt, während →Æthelwold eng mit der Kgn. zusammenarbeitete. Daher ist anzunehmen, daß beide Parteien die monast. Reform in ähnlicher Weise förderten. Obwohl sogar E.s erster Hagiograph seine Grausamkeit nicht abstreiten konnte, verbreitete sich seine Verehrung rasch und wurde offiziell gefördert, vielleicht von Ethelred, stärker jedoch von Kg. →Knut d. Gr. C. P. Wormald

Q.: AASS II, 638–647 – EHD I, 1, 236 – C. FELL, Edward, King and Martyr, 1971 – *Lit.*: STENTON³, 372ff. – D. J. V. FISHER, The Antimonastic Reaction in the Reign of Edward the Martyr, CHJ 10, 1950–52, 254ff. – H. KLEINSCHMIDT, Unters. über das engl. Kgtm. im 10. Jh., 1979, 171ff. – S. D. KEYNES, The Diplomas of King Æthelred 'the Unready', 1980, 163ff. – D. ROLLASON, The Cult of murdered Kings in Anglo-Saxon England, ASE 11, 1982, 1ff.

2. E. d. Bekenner ('the Confessor'), hl. (Fest: 13. Okt.), *Kg. v.* →*England* 1042–66, letzter ags. Kg. aus der westsächs. Dynastie, die von →Cerdic abstammte; * um 1005, † 5. Jan. 1066 in Westminster, ⌑London, Westminster Abbey; ältester Sohn von Kg. →Ethelred II. 'the Unready' und dessen 2. Gemahlin →Emma, Schwester Hzg.s →Richard II. von der Normandie; ∞ 1045 →Edith, Tochter des Earl →Godwin v. Wessex; Ehe kinderlos. – Nach dem Tod seines Vaters (1016) flohen E. und sein Bruder vor Kg. →Knut d. Gr. zunächst nach Flandern und dann in die Normandie. E. blieb im Exil, obwohl seine Mutter durch ihre Heirat mit Knut d. Gr. (1017) ihre Machtstellung zurückgewann. Im Exil blieb E. unverheiratet und erwarb wenige oder keine Besitzungen. Ein Versuch, mit norm. Unterstützung den engl. Thron 1036 zurückzuerlangen, führte nur dazu, daß E. bei Southampton geschlagen wurde, und daß sein Bruder Alfred durch Earl Godwin verraten und auf Befehl von Kg. →Harold I. 'Harefoot', Knuts Sohn aus erster Ehe und Nachfolger, ermordet wurde. 1041, gegen Ende der Regierung von Kg. →Hardeknut, Knuts Sohn von Emma und Halbbruder von E., konnte E. jedoch nach England zurückkehren, und seine Thronbesteigung 1042 fand keine Opposition. E. scheint niemals über eine mächtige persönl. Gefolgschaft verfügt zu haben, obwohl die kgl. Besitzungen wohl umfangreicher waren als diejenigen der Großen des Reiches. Seine Politik war weitgehend abhängig von den Wünschen der großen Earls, die Knut d. Gr. eingesetzt hatte (Godwin v. Wessex, →Leofric v. Mercien, →Siward v. Northumbrien), und deren Söhne. Seine einzige, wirklich erfolgreiche polit. Tat war 1043 die Konfiszierung der riesigen Schätze und Besitzungen, die seine Mutter angehäuft hatte. Obwohl E. einige Earls ächtete und verbannte und danach ihre Ämter und Ländereien einzog (Swein 1047; Godwin, Swein, Harold, Tostig und Gyrth 1051; Ælfgar 1055 und erneut 1058), konnten sie innerhalb von ein bis zwei Jahren stets ihre alte Stellung durch militär. Gewalt oder auf dem diplomat. Wege zurückerlangen, und E. war unfähig, ihre konfiszierten Besitzungen zu behalten. E. hatte einigen Erfolg bei der Organisierung der jährl. Verteidigung in →Sandwich und anderen Kanalhäfen gegen die Angriffe der skand. Flotten und die Bedrohung durch die im flandr. Exil lebenden Engländer; doch folgte er dem wenig glücklichen Beispiel seines Vaters und überließ das Kommando über die engl. Land- und Seestreitmacht seinen adligen Großen.

Es bleibt ungewiß, ob E. während seiner Regierungszeit freiwillig eine Josephsehe führte, oder ob das eine spätere Legende ist. Diese könnte erfunden worden sein, um die Tatsache zu erklären, daß er und seine Frau kinderlos blieben, und um den beginnenden Kult der Verehrung E.s als eines hl. →Königs zu forcieren. Bei seiner Kirchenpolitik folgte E. dem Beispiel Knuts d. Gr., indem er kgl. Kleriker zu Bf.en ernannte, unter ihnen drei Lothringer (Giso erhielt →Wells, Hermann →Ramsbury und Walter →Hereford) und drei Normannen (→Robert v. Jumièges erhielt →London und dann →Canterbury, Wilhelm dann London und Ulf→Dorchester). Das Hauptproblem während seiner Regierung war jedoch die Frage der Thronfolge. 1051, als Earl Godwin und seine Familie in Ungnade gefallen waren, designierte E. →Wilhelm, Hzg. der Normandie, zu seinem Erben und sandte Ebf. Robert in die Normandie, um ihm diese Nachricht zu überbringen; noch im selben Jahr empfing E. Wilhelm in England, vielleicht als seinen Vasallen. Es ist ungewiß, ob diese Politik die Wiedereinsetzung von Godwin und seiner Söhne sowie die Vertreibung von Ebf. Robert und anderer Normannen i. J. 1052 überdauerte. Die Quellen geben auch keine klare Auskunft darüber, ob E. freiwillig oder gezwungenermaßen Eduard 'the Exile' († 1057), den Sohn von →Edmund 'Ironside', 1057 nach England bringen ließ, offenbar, um das Problem seiner Nachfolge zu lösen. Ungeklärt ist auch die Haltung E.s zu der Mission von Earl →Harald, dem Sohn von Godwin, in die Normandie (1064 oder 1065), und ob E. auf seinem Totenbett Harald zu seinem Erben designiert oder ihm nur das Kgr. anvertraut hat, damit er es Hzg. Wilhelm übergebe. – Die Westminster Abbey, in der er begraben ist, wurde von E. reichl. beschenkt und als Steinbau neu errichtet. Seine Verehrung als Heiliger und Wundertäter wurde in Westminster im 12. Jh. von →Osbert v. Clare und →Ælred v. Rievaulx gefördert. E. wurde am 7. Febr. 1161 durch Papst Alexander II. kanonisiert. N. P. Brooks

Q. und Lit.: Anglo-Saxon Chronicle, ed. J. EARLE-C. PLUMMER, 1892–99 [s. a. 1036–1066] – William of Poitiers, Gesta Guillelmi, ed. R. FOREVILLE, 1953 – Vita Ædwardi Regis, ed. F. BARLOW, 1962 – STENTON³, 423–429, 562–580 – F. BARLOW, E. the Confessor, 1970 – E. HOFFMANN, Die hl. Kg.e bei den Ags. und den skand. Völkern, 1975 – E. JOHN, E. the Confessor and the Norman Succession, EHR 94, 1979, 241–267.

3. E. I., *Kg. v.* →*England* 1272–1307, * 17./18. Juni 1239 in Westminster, London, † 7. Juli 1307 in Burgh by Sands, ⌑London, Westminster Abbey; Sohn von Kg. →Heinrich III. und der Eleonore von der Provence; ∞ 1. 1254 mit →Eleonore v. Kastilien, 2. 1299 mit →Margarete v. Frankreich; Kinder: von 1.: Eleonore, ∞Heinrich III., Gf. v. →Bar; Johanna, ∞ 1. Gilbert de→Clare, Earl of Gloucester, 2. Ralph de Monthermer; Margarete, ∞→Johann II., Hzg. v. Brabant; Elizabeth, ∞ 1. →Johann I., Gf. v. Holland, 2. Humphrey VIII. de→Bohun, Earl of Hereford; →Eduard (II.); u. a.; von 2.: Thomas v. Brotherton, Earl of Norfolk; →Edmund, Earl of Kent; u. a. – E.s polit. Laufbahn begann 1254, als ihm nach seiner Heirat mit Eleonore das Earldom v. Chester, Irland und die Gascogne (→Aquitanien) übertragen wurden, seine Regierung unterstand zunächst jedoch der Überwachung durch seinen Vater. 1258 wurde er gezwungen, die »Provisions of→Oxford« anzunehmen, und danach unterstützte er einige Zeit die Reformbewegung. Im Herbst 1259 schloß er ein Bündnis mit dem Führer der aufstand. Barone (→Barone, Krieg der), Simon de→Montfort, versöhnte sich aber im darauffolgenden Jahr wieder mit seinem Vater und konnte 1263 die Unterstützung einiger Lords der Walis. Mark gegen die Rebellen gewinnen. In der Schlacht bei→Lewes (1264) trug er durch seine heftige Verfolgung der Londoner Truppen dazu bei, daß die kgl. Partei die Schlacht verlor. Nach der Schlacht wurde er gefangengenommen, konnte aber bald aus der Gefangenschaft in Hereford entfliehen und gemeinsam mit Gilbert de Clare, Earl of Gloucester, und Baronen der Walis. Mark neue Streitkräfte aufstellen, mit denen er de Montfort bei →Evesham besiegte (1265). In der zweiten Hälfte der 60er Jahre trug er viel zur Wiederherstellung des Friedens in England bei, doch geriet er in den Ruf der Unglaubwürdigkeit während des Kampfes mit den sog. →Disinherited (s. auch →Axholme, →Kenilworth). 1268 nahm E. das Kreuz und schloß sich dem letzten Kreuzzug →Ludwigs d. Hl. 1270 an. Trotz der Niederlage bei →Tunis setzte E. als einziger der Hauptführer die Kreuzfahrt fort und zog ins Hl. Land. Dort war er gegen →Baibars wenig erfolgreich und wurde durch den Mordversuch eines →Assassinen verwundet. Nachdem er einige Zeit in der Gascogne verbracht hatte, kehrte er nach England zurück, wo er 1274 gekrönt wurde, da sein Vater 1272 verstorben war.

Der Krieg war eine dominierende Erscheinung während E.s Regierungszeit. Die ersten Konflikte brachen in →Wales aus, wo die unabhängige Stellung der walis. Fs.en in den Kriegszügen von 1277 und 1282–83 vernichtet wurde; die engl. Eroberung wurde endgültig mit der Niederwerfung eines großen Aufstandes (1294–95) gefestigt. Die Errichtung von mächtigen Burgen in N-Wales – wie →Conwy, →Harlech und →Caernarfon – trugen zur Sicherung der engl. Herrschaft bei: diese Burgen waren in erster Linie das Werk von E.s savoyischem Festungsfachmann, →Jakob v. St. George (St-George-d'Espéranche).

1294–97 war E. in den Krieg mit →Frankreich verwikkelt. Nach vorausgehenden See- und Kaperkriegsaktionen erklärte →Philipp IV. v. Frankreich die →Gascogne 1294 für konfisziert. Dort konnten die Engländer mit Mühe ihren Besitz halten, doch E. brachte mit hohen Geldaufwendungen eine machtvolle Allianz von Fs.en in Flandern (→Guido, Gf. v. Flandern), den Niederlanden (Florenz V., Gf. v. Holland und Seeland; Gf. →Rainald v. Geldern; →Johann II. v. Brabant) und in Deutschland (Kg. →Adolf v. Nassau, →Eberhard, Gf. v. Katzenelnbogen, Ebf. →Siegfried v. Köln u. a.) zustande. E. zahlte seinen Verbündeten reichl. Subsidien. Als der frz. Kg. im Juni 1297 die fläm. Grenze überschritt, wurden in den darauffolgenden Kämpfen viele dieser Verbündeten besiegt. E. führte zu spät ein unzulängl. Heer nach Flandern und wurde bald gezwungen, einen Waffenstillstand anzunehmen; ein endgültiger Friede wurde am 20. Mai 1303 zu Paris geschlossen.

E.s Beziehungen zu →Schottland waren zunächst friedlich. 1291–92 wurde die Frage der Nachfolge auf dem schott. Thron an seinem Hof zugunsten von John →Balliol entschieden. E. versuchte dann, die von ihm gegenüber Schottland beanspruchte feudale Oberlehnsherrlichkeit in eine tatsächl. Herrschaft umzuwandeln, was in Schottland Gegnerschaft hervorrief. Als die Schotten 1295 ein Bündnis mit Frankreich (→Auld Alliance) eingingen, war der Krieg unvermeidbar. Dem anfängl. Erfolg E.s i. J. 1296 folgte während der Abwesenheit des Kg.s 1297 die engl. Niederlage. E. gelang 1298 der Gegenschlag in der Schlacht v. →Falkirk, und nach drei weiteren Feldzügen schien 1304 die Eroberung gesichert. Doch zeigte die Revolte und Inthronisation von Robert Bruce (1306; →Robert I., Kg. v. Schottland; →Carrick), wie ungesichert die engl. Herrschaft war, und mit einer Wiederaufnahme der Kriegshandlungen erreichte E. wenig (s. a. →Wars of Independence).

Bei seinen Kriegen war E. bestrebt, sich zunehmend stärker auf seine Ritterschaft und →Söldnertruppen als auf das feudale →Aufgebot zu stützen, aber der Hochadel leistete diesen Plänen Widerstand und fuhr fort, im wesentl. unbezahlte Kontingente auszuheben. Der Kern der Armee wurde von den Truppen der kgl. Garderobe (→*Wardrobe*) gebildet, deren Beamte einen Großteil der administrativen Arbeit verrichteten. E.s große militär. Erfolge sind mehr in der gut funktionierenden Organisation und der massiven Aufwendung von Geldmitteln begründet als in brillanter Feldherrnkunst.

Eine große Reihe von Statuten wurde zw. 1275 und 1290 erlassen. Die Reform begann mit der Inquisitio von 1274–75, deren Ergebnis die →Hundred Rolls waren; und zahlreiche Maßnahmen wurden in den folgenden Statuten angeordnet: Es gab bedeutende Veränderungen im Grundbesitzrecht mit den Statuten v. →Mortmain (1279), →»De donis conditionalibus« (§ 1, Westminster II, 1285) und →»Quia emptores« (1290). Die öffentl. Ordnung war der Gegenstand des Statuts v. →Winchester (1285), und die Statuten v. Acton Burnell (1283) und Merchants (1285) vereinfachten die Einziehung von Schulden. Umfassende Inquisitionen im Bereich der baronialen Freiheitsrechte *(franchises)* fanden zw. 1278 und 1290 statt: das Statut →»Quo warranto« (1290) stellt einen Kompromiß dar zw. dem Standpunkt der Krone, daß die private Jurisdiktion der spezifischen kgl. Bewilligung bedürfe, und der baronialen Position, daß die *pleas* aufgrund langer Gewohnheit (→Gewohnheitsrecht) anzuerkennen seien. Tatsächlich gelang es der Krone, einigen Lords ihre überkommenen Rechte zu entziehen.

E. versuchte mit Nachdruck, den Frieden in Europa zu fördern, indem er bei seinen Aufenthalten in der Gascogne (1286–89) über die Entlassung von →Karl v. Salerno aus aragones. Haft verhandelte. Er reformierte auch die Verwaltung in der Gascogne. Bei seiner Rückkehr führte er eine Säuberungsaktion der Justiz durch. 1290 wies er die Juden aus England aus (→England, Judentum). Mit den Kriegen der 90er Jahre des 13. Jh. stiegen E.s Schwierigkeiten in England, wo seine Forderungen nach Soldaten, Geld und Materialien zunehmend auf Widerstand stießen.

1297 kam es zur polit. Krise, da die Kleriker sich dagegen wehrten, Steuern zu zahlen (→privilegium immunitatis), ein Ergebnis der Dekretale →»Clericis laicos« (1296) von Papst →Bonifatius VIII.; auch die Laien wandten sich voll Unmut gegen Besteuerung, Beschlagnahme von Wolle, Requisition von Lebensmitteln sowie gegen neue Methoden der Truppenaushebung. Robert v. →Winchelsey, Roger →Bigod, Earl v. Norfolk, und Humphrey VII. de →Bohun, Earl of Hereford, führten die Oppositionsbewegung an und konnten der Regierung während des Flandernfeldzugs des Kg.s die »Confirmatio Cartarum« (→Magna Carta) abnötigen. Die Notwendigkeit einer Zustimmung der Untertanen zu steuerl. Maßnahmen wurde grundsätzl. anerkannt. Die Streitigkeiten nahmen in der Folgezeit kein Ende: 1300 mußte E. der Abstellung vieler Mißstände durch die →»Articuli super Cartas« zustimmen. Obwohl Papst Clemens V. die 1297 errungenen Zugeständnisse i. J. 1305 annullierte, konnte E. in seinen letzten Regierungsjahren nicht mehr die volle Autorität zurückgewinnen.

E.s Regierungszeit fiel in die krit. Zeit der Entwicklung des →Parlament, mit der Herausbildung des Petitionswesens und der Gerichtsfunktionen. Repräsentanten ständ. Gruppen machten nur eine Minderheit im Parlament aus, doch wurden 1295 die Verfahrensformen zur Ladung von Rittern und Bürgern mit vollem Stimmrecht (plena potestas) geschaffen. Die Deckung des Finanzbedarfs blieb immer ein Problem für E., bes. aufgrund der hohen Kriegskosten. Die Bewilligung der Steuererhebung im Parlament wurde zunehmend gängiger; 1275 wurde ein nationales Zollsystem eingerichtet, mit Exportabgaben auf Wolle und Leder. E. war auf Kredite angewiesen, die ihm in großem Umfang bis 1294 von dem it. Bankhaus →Riccardi bereitgestellt wurden. In den späteren Jahren nahmen dann die →Frescobaldi diesen Platz ein. Am Ende seiner Regierungszeit beliefen sich die kgl. Schulden auf £ 200000; E. hinterließ seinem unfähigen Sohn Eduard (II.) das schwierige Vermächtnis einer gewaltigen Schuldenlast und eines nicht beendeten Kriegs. M. C. Prestwich

Lit.: DNB VI, s. v. - J. E. Morris, The Welsh Wars of E. I, 1901 - T. F. Plucknett, Legislation of E. I, 1949 - F. M. Powicke, The Thirteenth Century, 1216-1307, 1953 - F. Trautz, Die Kg.e v. England und das Reich 1272-1377, 1961, 117-191 - L. F. Salzman, E. I, 1968 - M. C. Prestwich, War, Politics and Finance under E. I, 1972 - →England [Q. und Lit.].

4. E. II., Kg. v. →England, * April 1284 in Carnarvon (Caernarfon/Wales), † (ermordet) Sept. 1327 auf Berkeley Castle (Gloucestershire), ▭Gloucester, St. Peter; 4., einzig überlebender Sohn v. →Eduard I. aus dessen Ehe mit →Eleonore v. Kastilien; ⚭ Jan. 1308 mit →Isabella, Tochter Kg. Philipps IV. v. Frankreich; Kinder: →Eduard (III.); Johanna († 1362), ⚭ →David II. Bruce. E.s öffentl. Laufbahn begann 1301, als er zum →Prince of Wales ernannt wurde und während der letzten Lebensjahre seines Vaters an den Feldzügen gegen →Schottland teilnahm. Zu dieser Zeit hatte er bereits mit Piers →Gaveston, dem Sohn eines aus der Gascogne nach England eingewanderten Ritters, eine enge Freundschaft geschlossen. Ihr intimes Verhältnis führte zu Auseinandersetzungen zw. dem alten Kg. und dem Prinzen und 1307 zur Verbannung Gavestons. Aber nach Eduards I. Tod (7. Juli 1307) wurde Gaveston noch im gleichen Jahr zurückberufen, und der laufende Feldzug gegen Schottland abgebrochen. Während der nächsten drei Jahre zeigte sich eine wachsende Spannung zw. dem Kg. und den größten Magnaten, zurückzuführen auf E.s - sicherlich homosexuell motivierte - Neigung zu Gaveston, der eine Monopolstellung im kgl. Rat und bei der Vergabe von Ämtern erlangt hatte. Hierzu trat E.s Vernachlässigung der von seinem Vater gegen Schottland eingeleiteten Politik - hatten doch führende engl. Adlige dort bereits Land erhalten. Schließlich erweckte die aufwendige Hofhaltung des Kg.s, angesichts der 1307 auf £ 200000 angewachsenen Schuldenlast der Krone, Unzufriedenheit. Aber allein schon die Persönlichkeit des Kg.s, der sich gern mit »niederer« Gesellschaft umgab und unritterliche Tätigkeiten ausübte wie das Ziehen von Gräben oder das Dachdecken, an den polit. Geschäften jedoch Desinteresse zeigte, erregte Mißfallen. 1310 kulminierte die Opposition in der Berufung von 21 Bf.en und Baronen, den →Ordainers, zur Reformierung Englands. In ihren, im Sept. 1311 publizierten Ordinances forderten sie die Verbannung Gavestons, die baroniale Mitbestimmung an den Regierungsentscheidungen des Kg.s und eine Zügelung seiner Verschwendung. Zunächst blieben diese Restruktionen jedoch ohne größere Wirkung. Gaveston verließ 1311 zwar den Hof, kehrte aber nach wenigen Monaten zurück; bald darauf fiel er jedoch einer baronialen Opponentengruppe unter Führung von E.s Vetter →Thomas, Earl of Lancaster, und Guy →Beauchamp, Earl of Warwick, zum Opfer. Gavestons Hinrichtung führte allerdings zur Spaltung der Magnaten, so daß E. von nun an die Unterstützung einer recht gewichtigen, baronialen Parteiung fand. 1314 traten zu diesen inneren Spannungen schwere außenpolit. Fehlschläge hinzu. E. und sein Heer unterlagen bei →Bannockburn der schott. Streitmacht unter →Robert I. - die schimpflichste Niederlage eines engl. Heeres im gesamten MA. Im Gefolge dieses Fiaskos erhielten E.s Gegner im Innern mächtigen Auftrieb, und durch Lancasters mächtige Position in der Regierung konnten die Ordinances während der nächsten zwei Jahre weitgehend durchgesetzt werden. Zu diesem Zeitpunkt, als Hungersnöte und Wirtschaftskrisen die engl. Gesellschaft erschütterten, scharte E. seinerseits eine Hofkamarilla um sich, die er mit Gunstbeweisen überhäufte und die sich Lancaster und den Lords Ordainers entgegenstellten; Führer dieser Gruppierung waren Hugh →Despenser d. J., Roger Damory und Hugh Audley. Ab 1318 errang Despenser die dominierende Position als Günstling bei Hofe, was zu einer erneuten Vereinigung der opponierenden Magnaten führte. In dieser Koalition traten insbes. die Barone der →Walis. Marken, unter ihnen auch Damory und Audley, stark hervor, da sie unter Despensers aggressiver Territorialpolitik bes. gelitten hatten. Sie suchten Anschluß an Lancaster als dem künftigen Führer der Opposition, doch endete der bald darauf ausbrechende Bürgerkrieg mit der Niederlage der Opponenten bei →Boroughbridge (1322); es folgten blutige Regressionsmaßnahmen (u. a. die Hinrichtung Lancasters). Der Vater von Hugh Despenser d. J. wurde zum Earl of →Winchester erhoben, und in den Jahren von 1322-26 monopolisierten die beiden Despenser und ihre Gefolgsleute die Macht in England, hielten mit Terror und Einschüchterungsmaßnahmen jede Opposition nieder und häuften für sich und den Kg. riesige Vermögen an, was E. sehr verhaßte machte und zu seinem Sturz beitrug. In der Außenpolitik fand die Schmach von Bannockburn durch den 1323 mit Schottland geschlossenen demütigenden Waffenstillstand und die Besetzung der →Gascogne durch den frz. Kg. →Karl IV. (im Gefolge des Konflikts um →St-Sardos) eine Fortsetzung. Die Reise der Kgn. →Isabella nach Frankreich zwecks Vermittlung zw. E. und Kg. Karl, ihrem Bruder, gab den Anstoß zu den Ereignissen, die in E.s Absetzung gipfeln sollten. Isabella, deren Ehe mit E. nicht glücklich war, benutzte die Gelegenheit, in Paris mit E.s Gegner, Roger →Mortimer, zusammenzutreffen. Auch der Prince of Wales hielt sich seit 1325 in Frankreich auf. Die Opponenten, unter ihnen alte Lancaster-Anhänger, scharten sich unter Führung Roger Mortimers um Isabella; nach ihrer Landung bei Harwich in England (Sept. 1326) brach E.s Herrschaft rasch zusammen. Seine führenden Höflinge wurden hingerichtet und E. selbst - zugunsten seines Sohnes →Eduard III. - entthront und gefangengesetzt. Im Sept. 1327 wurde E. auf Befehl von Isabella und Roger Mortimer auf Berkeley Castle ermordet. J. R. Maddicott

Lit.: DNB VI, s.v. - M. McKisack, The Fourteenth Century, 1959 - J. R. Maddicott, Thomas of Lancaster, 1307-22, 1970 - N. Fryde, The Tyranny and Fall of Edward II, 1979 - →England [Q. und Lit.].

5. E. III., Kg. v. →England 1327-77, * Nov. 1312 in Windsor, † 21. Juni 1377 in Sheen, ▭London, Westminster Abbey; älterer Sohn →Eduards II. aus der Ehe mit →Isabella, Tochter Kg. Philipps IV. v. Frankreich; ⚭ 24. Jan. 1328 mit →Philippa († 1369), Tochter Gf. →Wilhelms v. Hennegau; Kinder: →Eduard d. Schwarze Prinz; →Lionel, Hzg. v. Clarence; →John of Gaunt; →Edmund of Langley, Hzg. v. York; →Thomas v. Woodstock, Hzg. v. Gloucester; Catherine, ⚭ Enguerran VII. de →Coucy; Maria, ⚭ →Johann IV. v. Montfort, Hzg. d. Bretagne; u. a. - 1327 folgte E. seinem abgesetzten Vater nach, doch hielten während der ersten vier Jahre seiner Regierung seine Mutter und ihr Liebhaber Roger →Mortimer die Macht in Händen. Erst 1330, in die Hofintrige zur Hinrichtung Mortimers und zur Verbannung der Kgn. vom Hofe führte, gewann E. seine Selbständigkeit. Im nächsten Jahrzehnt erfolgten erneute Interventionen gegen

→Schottland (bedeutender Sieg E.s bei →Halidon Hill, 1336). Der engl.-schott. Konflikt war der Auftakt zum Krieg mit →Frankreich, der 1337 begann (→Hundertjähriger Krieg). Den unmittelbaren Anlaß dieses größten Krieges im spätma. Westeuropa bildete das drohende Eingreifen Frankreichs zugunsten Schottlands und die Aufnahme →Roberts v. Artois, des Gegenspielers von Kg. →Philipp VI., durch E.; die eigtl. Ursachen lagen in dem fortdauernden Konflikt um die Position des Kg.s v. England als Hzg. v. →Aquitanien, die er in Lehnsabhängigkeit von der Krone Frankreichs innehatte. 1337 wollte E. dieses Problem lösen, indem er den frz. Thron forderte, doch konnte er die Durchsetzung seines Anspruchs zunächst nicht effektiv verfolgen, obwohl ein proengl. Bündnis mit niederländ.-fläm. und dt. Fs.en (→Ludwig d. Bayer; →Wilhelm, Gf. v. Holland-Hennegau; →Wilhelm, Mgf. v. Jülich; →Johann III., Hzg. v. Brabant u. a.) zustande gekommen war; diese Koalition sollte sich allerdings bald wieder auflösen. Die gewaltigen Kriegskosten und die hohen Geldmittel zur Finanzierung dieses Bündnisses führten 1340–41 in England zu einer konstitutionellen Krise, die E. jedoch meisterte, und er brauchte sich bis in seine späten Regierungsjahre nie mehr mit einer Opposition größeren Umfangs auseinanderzusetzen. Dieses relativ harmon. Verhältnis zw. Kg., den Großen und der übrigen Bevölkerung ist vor allen Dingen auf die große Wirkung der engl. Erfolge in der Frühphase des Hundertjährigen Krieges zurückzuführen. Sie begannen mit E.s Seesieg bei →Sluys (1340) und setzten sich mit den triumphalen Siegen von →Crécy und →Calais (1346–47) fort.

1348 war E. kurzzeitig in den lux.-wittelsbach. Thronfolgestreit verwickelt, als ihm die wittelsbach. Partei nach dem Tod Ludwigs d. Bayern (1347) die röm.-dt. Krone antrug. →Karl IV. konnte jedoch E. und seinen Schwager, Mgf. Wilhelm v. Jülich, für sich gewinnen und erreichte, daß E. mit ihm ein Bündnis schloß und im Mai 1348 endgültig die Krone ablehnte.

Bei E.s Auseinandersetzungen mit Frankreich zeichnete sich 1356 ein weiterer Erfolg ab, als der frz. Kg. →Johann II. bei →Poitiers in engl. Gefangenschaft geriet. Im Vertrag v. →Brétigny (1360) erklärte E. seinen Verzicht auf die frz. Thronansprüche gegen die Abtretung umfangreicher Gebiete in W-Frankreich, die er in voller Souveränität, ohne Lehnsabhängigkeit von der frz. Krone, in Besitz nehmen sollte, doch wurde der Vertrag nie wirksam, vielmehr begannen 1369 die Kriegshandlungen von neuem. In wenigen Jahren holten sich die Franzosen einen großen Teil der verlorengegangenen Gebiete zurück; sie besiegten 1372 die engl. Flotte bei →La Rochelle, eroberten große Teile der →Gascogne zurück und vertrieben die engl. Besatzungen aus der →Normandie und der →Bretagne. Im Innern kam es zu wachsender Unzufriedenheit, einmal durch das korrupte Treiben der Höflinge E.s, die sich die früh eingetretene Senilität des Kg.s zunutze machten, andererseits aber auch durch die infolge der Kriegskosten drückende Steuerlast sowie die allgemeine Entmutigung durch militär. Fehlschläge. Diese Spannungen kulminierten im →Good Parliament von 1376. Während dieses Parliaments wurden mehrere Gefolgsleute des Kg.s von den Commons vor den Lords angeklagt; dieser Prozeß markiert die Anfänge des →*impeachment,* der öffentl. Anklage eines Staatsdieners wegen eines Vergehens im Amt. Allerdings wurden mehrere Errungenschaften der Commons in E.s letztem Parliament (Jan. 1377) wieder rückgängig gemacht. Der Tod des Kg.s im Juni 1377 trug im übrigen wenig dazu bei, die wachsende Spannung zw. Hof und Land zu verringern.

Der innere Frieden, der während des größten Teils der Regierung E.s bestand, ist nicht nur auf den äußeren Kriegszustand zurückzuführen, sondern sicher auch auf das persönl. Verhalten E.s. Der Kg. führte ein ausgeglichenes Familienleben, das – wie andere Aspekte seines Lebenslaufs – scharf von demjenigen seines Vaters abstach. Seine Söhne, inbes. Eduard d. Schwarze Prinz, Lionel, Hzg. v. Clarence, und John of Gaunt, trugen durch ihre militär. Leistungen viel zur Erfolgsbilanz E.s bei; allerdings wurde seine Position in den siebziger Jahren des 14. Jh. durch den krankheitsbedingten Rückzug des Schwarzen Prinzen aus der Politik und die zunehmende Unbeliebtheit von John of Gaunt geschwächt. Zu seinen Großen unterhielt E. die engen Beziehungen, die für eine wirkungsvolle Königsherrschaft erforderl. waren. Er verteilte Ämter und Gunstbeweise in maßvoller und gerechter Weise, belohnte gute Dienste, gestattete dem Adel eine größere Freizügigkeit bei der Verwaltung und dem Verkauf seiner Güter und förderte die ritterl. Unternehmungen und Lebensformen, die dem Adel so sehr am Herzen lagen. So war E. namentlich ein großer Mäzen des Turnierwesens und stiftete 1348 für seine ritterl. Elite den *Order of the Garter* (→Hosenbandorden). Während eines großen Teils seiner Regierung stand er in einem ähnlich guten Einvernehmen mit dem Parliament, das seine Stellung in dieser Zeit beträchtl. zu stärken vermochte. Die Abhängigkeit der Krone von der Steuerbewilligung des Parliament verschaffte den Commons eine wachsende Bedeutung in Politik und Gesetzgebung. Auch durch sein Eingehen auf die Petitionen der Commons, die häufig die Grundlage für den Erlaß von Statuten bildeten, trug E. zur Förderung des inneren Friedens bei, der den Grundton seiner Regierung darstellte. *J. R. Maddicott*

Lit.: DNB VI, s. v. – G. A. HOLMES, The Estates of the Higher Nobility in Fourteenth-Century England, 1957 – E. PERROY, The Hundred Years War, 1959 – M. McKISACK, Edward III and the Historians, Hist. 45, 1960 – F. TRAUTZ, Die Kg.e v. England und das Reich 1272–1377, 1961, 192–422 – K. B. McFARLANE, The Nobility of Later Medieval England, 1973 – K. SCHNITH, England (Ks. Karl IV., hg. F. SEIBT, 1978²), 161–164 – M. PRESTWICH, The Three Edwards, 1980.

6. E. IV., Kg. v. →*England* (aus dem Hause →York) 1461–83, * 22. April 1442 in Rouen (Normandie), † 9. April 1483 in Westminster, ⌐ Windsor, St. George's Chapel; Sohn von →Richard Plantagenet, Hzg. v. York, und Cecily →Neville; ∞ 1. Mai 1464 mit →Elisabeth Wydeville; Kinder: →Elisabeth, ∞ 1486 mit Heinrich VII.; →Eduard (V.); Richard, Hzg. v. York. E. wurde am 4. März 1461, nach dem Tod seines Vaters in der Schlacht v. →Wakefield, von einer kleinen Gruppierung zum Kg. erhoben; er beanspruchte den Thron als Universalerbe des Hauses →Lancaster. Die Gemahlin →Heinrichs VI., →Margarete v. Anjou, und ein Teil der →Nobility widersetzten sich der Thronbewerbung E.s, doch wurden sie am 29. März 1461 bei →Towton besiegt. Einige verbleibende Widerstandsgruppen der lancastr. Partei konnten bis zur Mitte 1464 ausgeschaltet werden. Während der ersten Periode der Regierung E.s spielte sein Vetter, Richard →Neville, Earl of Warwick, eine mehr und mehr die charakterist. Beinamen »der Königsmacher«, die dominierende Rolle. Doch entfremdete sich Richard mehr und mehr von seinem kgl. Schützling, der sich seiner Kontrolle entzog, eine heiml. Ehe mit Elisabeth Wydeville einging, Familienangehörige seiner Frau mit einflußreichen und einträgl. Positionen bedachte, einer diplomat. Allianz mit dem frz. Hzm. →Burgund den Vorzug vor dem Zusammengehen mit →Frankreich gab und der Ehe zw. seinem Bruder →George, Hzg. v. Clarence, und Richards Tochter Isabella die Zustimmung verweigerte. Dies alles führte zum Abfall Richards. 1469 vermählten sich George und Isabella in heiml. Ehe, und Richard revoltierte und brachte Kg. E. in seine Gewalt. Allerdings vermochte sich Richard mangels breiter Unterstützung nicht recht zu behaupten und sah sich genötigt, den Kg. wieder freizugeben. Einer nicht tragfähigen Versöhnung folgte ein neuer Aufstand, die »Lincolnshire Rebellion«, die mit der Niederlage von Richard und George und ihrer Flucht an den Hof Kg. →Ludwigs XI. v. Frankreich endete.

Von Frankreich aus führte Richard Neville, der die Oppositionskräfte unter Margarete v. Anjou und die sonstigen exilierten Lancaster-Anhänger sammelte, eine Invasion Englands durch, wohl in Ausführung von Plänen, die er bereits seit etwa drei Jahren verfolgt hatte. E. floh an den Hof seines Schwagers, Hzg. →Karls d. Kühnen v. Burgund. Von dort aus leitete er eine Gegeninvasion ein und schlug Richard bei →Barnet (14. April 1471). Margarete und eine zweite lancastr. Streitmacht wurden am 4. Mai 1471 bei →Tewkesbury besiegt. Abgesehen von einem fehlgeschlagenen Angriff auf Frankreich i. J. 1475, von dem sich Ludwig XI. schließlich durch Geldzahlungen loskaufte, und dem Verrat und der Hinrichtung Georges (1478), brachten die letzten Regierungsjahre E.s keine spektakulären Auseinandersetzungen mehr; sie waren vielmehr durch eine Konsolidierung seiner Position gekennzeichnet. Nach der Aussage von Thomas Morus verstand es E., seine noch verbleibenden Feinde zu versöhnen; am Ende seiner Regierung habe sich das Kgr. »in quiet and prosperous estate« befunden. Bereits seit 1461 war unter E. mit vorsichtigen Finanzreformen begonnen worden; diese beruhten auf einer wirksameren Nutzung der Krondomäne und des Abgabensystems. Diese Reformen sowie das Ende des →Hundertjährigen Krieges, der die Finanzen der Krone belastet hatte, stellten die Zahlungsfähigkeit der engl. Monarchie wieder her. Doch fühlte sich E. nie stark genug, um das veraltete und mittlerweile völlig uneffektive System der direkten Steuern zu reformieren. Doch auch ohnedies stand der Kg. gegen Ende seiner Regierung im unwandelbaren Ruf von Geiz und Habgier, bedingt durch seine Strenge bei der Verwaltung und Ausnutzung von Krondomäne, Feudalrechten und Abgaben sowie durch die Skrupellosigkeit, mit der er die Erbgüter mehrerer Magnatengeschlechter der eigenen Familie zuwandte. Da ihm ein Ausgleich der starken Konkurrenz zw. seiner eigenen Familie, den →Wydevilles und seinem Bruder →Richard, Hzg. v. Gloucester, nicht gelang, führte der Weg des Hauses York bald nach seinem Tod ins Desaster, und es gelang →Heinrich VII. Tudor, den Thron zu gewinnen. →Rosenkriege. J. R. Lander

Lit.: DNB VI, 488–500 – C. L. Scofield, The Life and Reign of Edward IV, 2 Bde, 1923 – J. R. Lander, The Wars of the Roses, 1965 – C. D. Ross, Edward IV, 1974 – C. A. M. Armstrong, England, France and Burgundy in the 15th cent., 1982 – →England [Q. und Lit.].

7. E. V., *Kg. v.* →*England* seit 9. April 1483, * 2. Nov. 1470 im Asylbezirk von Westminster, wohin sich seine Mutter →Elisabeth Wydevile während des Exils (1470–71) von Kg. →Eduard IV. geflüchtet hatte, † nach Anfang Aug. 1483; ältester Sohn Eduards IV. Er und sein Bruder Richard, Hzg. v. York, sind bekannt als die »Prinzen im Tower«. Das Mißtrauen und der Haß zw. der Familie →Wydeville und dem Bruder Eduards IV., →Richard, Hzg. v. Gloucester, dem Protektor Englands während der Minderjährigkeit E.s, erwies sich als verhängnisvoll für das Haus →York. Richard entriß E. gewaltsam seinen Verwandten aus der Familie Wydeville. Dann behauptete er fälschlich, E. sei ein Bastard (und wahrscheinl. ebenfalls Eduard IV.) und erklärte sich selbst zum Kg. Nachdem er Elisabeth Wydeville dazu überredet hatte, ihm ihren Sohn Richard v. York auszuhändigen, den sie in dem Asylbezirk von Westminster in Sicherheit gebracht hatte, setzte er beide Kinder im Tower v. London gefangen. Sie wurden seit Anfang August 1483 nicht mehr gesehen und sind höchstwahrscheinl. auf Richards Befehl oder zumindest mit seinem Wissen ermordet worden, was von einer Reihe von Schriftstellern heftig diskutiert wurde, wobei es sich eher um enthusiast. Amateure als um ernsthafte Historiker der Zeit handelte. J. R. Lander

Lit.: DNB VI, s. v. – C. D. Ross, Edward IV, 1974 – Ders., Richard III, 1981 – →England [Q. und Lit.].

8. E., *Prince of Wales*, der »Schwarze Prinz«, * 15. Juni 1330 in Woodstock (Oxfordshire), † 8. Juni 1376 in Westminster, ⌑ Canterbury, Kathedrale; ältester Sohn von Kg. →Eduard III. und Philippa v. Hennegau; ∞ am 10. Okt. 1361 mit Johanna v. Kent, Tochter →Edmunds, Earl of Kent; einer seiner Söhne überlebte E., der spätere Kg. →Richard II. – 1333 zum Earl of Chester, 1337 zum Hzg. v. Cornwall, 1343 zum Prince of Wales und 1362 zum Fs.en v. →Aquitanien erhoben; am bekanntesten unter seinem Beinamen »Schwarzer Prinz«, der – in doppeldeutiger Weise – zuerst von dem Antiquar Johan Leland (1548) gebraucht wurde, vielleicht aufgrund der Überlieferung, daß E. eine schwarze Rüstung getragen habe. Seit seiner Kindheit war sein Leben eng verknüpft mit dem Ablauf der polit. und militär. Geschichte Englands während der frühen Phase des →Hundertjährigen Krieges. Seine ersten – kurzen – Auslandserfahrungen machte er als Begleiter seines Vaters bei der Unterstützung Jakobs van →Artevelde (1345). Bald folgte eine ernsthaftere Einführung in die Kriegsführung, die stets den bevorzugten Platz in seinem Leben einnahm. Nachdem E. in La Hougue zum Ritter geschlagen worden war (12. Juli 1346), zeichnete er sich bei der Belagerung von →Caen aus. In der Schlacht v. →Crécy wurde er mit dem Kommando über die Vorhut (oder den rechten Flügel) betraut, der die Hauptlast der Schlacht trug. Seitdem genoß er einen Ruf als vorbildl. Ritter und Kriegsmann, der ihm zeit seines Lebens verblieb.

Nachdem er →Calais am 4. Aug. 1347 eingenommen hatte, verrichtete er glanzvolle Waffentaten bei der Verteidigung dieser Schlüsselfestung (1349) und nahm an der Seeschlacht v. →Winchelsea teil (29. Aug. 1350). Sein erstes unabhängiges Kommando folgte mit der Ernennung zum Statthalter *(lieutenant)* der →Guyenne (1355); in dieser Eigenschaft führte er einen meisterhaften Überraschungsfeldzug bis nach Narbonne. 1356 unternahm er einen großen Reiterzug *(chevauchée)* in das Herz Frankreichs, der zeitlich etwa mit verschiedenen engl. Feldzügen im Norden zusammentraf. In der Nähe von Tours erfuhr er vom Anrücken Kg. →Johanns II. v. Frankreich und leitete daraufhin den Rückzug ein. Bei →Poitiers (Maupertuis) zur Schlacht gezwungen, errang er einen der spektakulärsten Siege des Hundertjährigen Krieges, der durch die Gefangennahme des frz. Kgs. gekrönt wurde. E. nahm am Feldzug gegen →Reims (1359–60) teil. Bei der Aushandlung des Vertrags v. →Brétigny (8. Mai 1360) spielte er jedoch eine geringere Rolle. Nach seiner Heirat ließ er sich mit seiner Gemahlin 1363 in der Guyenne nieder. Im Bündnis mit →Peter I. v. →Kastilien führte E. ein anglo-gascogn. Heer gegen den Thronprätendenten →Heinrich v. Trastamara und schlug ihn bei →Nájera am 3. April 1367. I. J. 1368 veranlaßten seine Steuerforderungen den gascogn. Adel, an Kg. →Karl V. v. Frankreich zu appellieren, was den erneuten Ausbruch des engl.-frz.

Kriegs heraufbeschwor. Die brutale Plünderung von →Limoges (19. Sept. 1370) war seine letzte größere militär. Aktion. Im Jan. 1371 kehrte er, unter einer chron. Krankheit leidend, nach England zurück. Er verzichtete auf das Fsm. Aquitanien (Nov. 1372); für den Rest seines Lebens nahm er nur noch selten am polit. Leben teil, obwohl die Commons im →Good Parliament seine Unterstützung suchten. Sein großartiges Grabmal in der Kathedrale v. Canterbury und der berühmte Wappenschild sind erhalten.

Der »Schwarze Prinz« verkörperte den Prototyp einer ritterl. Persönlichkeit (→chevalier), mit deren Ruhm nur wenige Gestalten seiner Epoche wetteifern können. E. war von kräftiger, robuster Statur und ein brillanter Taktiker; seine tatsächl. wie ihm zugeschriebenen Heldentaten lieferten den Stoff für die Chronisten der Zeit (Chronik des →Chandos Herold, Jean→Froissart). Seine Kleidung war extravagant, und er war verschwenderisch in seinen repräsentativen Ausgaben, obwohl er in seiner persönl. Lebenshaltung eher schlicht und von konventioneller Frömmigkeit war. Der Prinz war ein überaus großzügiger Mäzen. Zu seinem Hofhalt gehörten viele der führenden engl. Ritter, bes. sein lebenslanger Waffengefährte Sir Jean (John) →Chandos. Mit verschwenderischen Bauprojekten in England und mit seiner prunkvollen Hofhaltung in der Guyenne, die ein Zentrum ritterl. Lebensführung bildete, stellte er seinen Reichtum zur Schau und verbrauchte ihn gleichermaßen. Fand seine Geschicklichkeit auf dem Schlachtfeld durchweg hohe Anerkennung, so waren seine diplomat. Fähigkeiten nur mittelmäßig. Seine polit.-administrative Tätigkeit war zunehmend von Forderungen nach Geld und Truppen bestimmt, was ihn zu exzessiver Ausschöpfung seiner Rechte in seinen engl. Besitzungen und in Aquitanien trieb, einem Land, das nicht an einen ständig dort residierenden Fs.en gewöhnt war. Die mangelnde Sensibilität seiner Regierungsweise in einer Zeit der wirtschaftl. und sozialen Krise rief fast zwangsläufig Widerstand hervor. Dies hat letztlich zum Verlust eben jener westfrz. Gebiete geführt, die England durch die Schlacht v. Poitiers erobert bzw. wiedererobert hatte. Dessen ungeachtet erfreute sich E. bei den Zeitgenossen, deren Meinung auch die Nachwelt lange beeinflußt hat, größten Ansehens, wie es unter den engl. Protagonisten des Hundertjährigen Krieges allenfalls noch K. →Heinrich V. genoß. M. Jones

Lit.: DNB VI, 508–519 – H. J. Hewitt, The Black Prince's Expedition of 1355–1357, 1958 – R. Barber, Edward, Prince of Wales and Aquitaine, 1978.

9. E., *Prince of Wales*, * 13. Okt. 1453 in London, Westminster, ✗ 4. Mai 1471 bei→Tewkesbury, Gloucestershire; das einzige Kind von→Heinrich VI. (→Lancaster) und →Margarete v. Anjou. E. wurde enterbt, als →Richard, Hzg. v. →York, 1460 als Erbe der engl. Krone anerkannt wurde. E. ist vermutlich der Prinz in dem Dialog »De laudibus legum Angliae«, verfaßt von John →Fortescue im Exilhof der Lancaster in Kœur in der Nähe von St-Mihiel im Barrois (Ostfrankreich). E. wurde mit Anne, der Tochter Richards→Neville, Earl of →Warwick, 1470 verlobt, anläßlich der Aussöhnung des Earl mit Kgn. Margarete. Die Invasion der Kgn. endete mit der Niederlage von Tewkesbury, bei der die E. getötet wurde.

R. L. Storey

Lit.: DNB VI, 519–522 – R. A. Griffiths, The Reign of Henry VI, 1981.

10. E. (Edward Bruce), »*Kg. v. →Irland*« seit 2. Mai 1316, ✗ 14. Okt. 1318; 2. Sohn von Robert Bruce und dessen Gemahlin Marjorie, Tochter von Earl Neil of →Carrick, nach dessen Tod einzige Erbin des Earldom; Bruder von Robert Bruce (dem späteren schott. Kg. →Robert I.). Es wird angenommen, daß er, vielleicht durch →*fosterage* (Blutsbruderschaft), mit einem bedeutenden ir. Adligen aufgezogen wurde, möglicherweise mit Domnall O Neill, Kg. v. Tyrone. Als sein Bruder Kg. wurde, erhielt E. die Ernennung zum Lord of→Galloway. 1313 wurde ihm das Earldom of Carrick übertragen, das vorher sein Bruder besessen hatte. Nachdem er sich bereits 1307–13 seine Sporen in der »Guerillakriegführung« verdient hatte, befehligte er ein Truppenkontingent in der Schlacht v. →Bannockburn (1314). 1315 wurde er vom schott. Parlament als Thronerbe anerkannt, für den Fall, daß Robert I. ein direkter männl. Nachkomme fehlen sollte. Im selben Jahr führte er, als Antwort auf eine Einladung des O Neill und anderer ir. Großer, eine Streitmacht nach Ulster mit dem Ziel, die Engländer zu vertreiben und sich selbst zum Kg. v. Irland zu machen. Zunächst war er siegreich und wurde am 2. Mai 1316 in Dundalk zum Kg. gekrönt. Um in das südl. Irland vorrücken zu können, wurden weitere Truppen benötigt, und Ende 1316 erschien Robert I., um seinem Bruder mit einem großen, gut ausgerüsteten Heer Hilfe zu leisten. Ihr Feldzug war wenig erfolgreich und führte zu schweren Verlusten durch Hunger und Krankheit; Robert I. kehrte 1317 nach Schottland zurück. Für ein weiteres Jahr vermochte sich E. allein in Ulster zu halten, als er aber 1318 versuchte, wieder in den Süden vorzudringen, wurde er bei Faughart in der Nähe von Dundalk am 14. Okt. 1318 besiegt und getötet. Wahrscheinlich unverheiratet, hinterließ E. keine legitimen Nachkommen. G. W. S. Barrow

Lit.: J. Barbour, The Bruce, hg. W. M. Mackenzie, 1909 – G. H. Orpen, Ireland under the Normans IV, 1911 [Neudr. 1968] – R. Frame, The Bruces in Ireland, 1315–18, Irish Historical Stud. 19, 1974, 3–37 – M. Richter, Irland im MA, 1983, 135–137.

11. E. (Duarte), *Kg. v. →Portugal* aus dem Hause →Avis, Sohn von Kg. →Johann I., * 31. Okt. 1391 in Viseu, † 13. Sept. 1438 im Kl. des →Christusordens zu Tomar, ⌑ →Batalha; 1415 Teilnahme an der Eroberung von→Ceuta durch den Vater, dort Schwertleite in der zur Kirche umgeweihten Moschee; ∞ 22. Sept. 1428 Eleonore, Schwester→Alfons' V. v. Aragón, aus dieser Ehe: 4 Söhne (1432 der Thronerbe →Alfons V. »el Africano«), 5 Töchter (Philippa, † bereits 1439 an der Pest;→Eleonore, ∞ Ks. →Friedrich III.; Johanna, ∞ Kg. →Heinrich IV. v. Kastilien). Aus einer vorehel. Beziehung E.s mit der vornehmen kast. Adligen Juana Manuel stammte ein illegitimer Sohn, João Manuel (1420–76), der als Karmeliter eine bedeutende kirchl. Laufbahn absolvierte (Ordensprovinzial, Titularbf. v. Tiberíades, Bf. v. Ceuta und Primas v. Afrika, Bf. v. Guarda) und selbst zwei polit. einflußreiche Söhne, João und Nuno Manuel, hinterließ.

[1] *Politische Tätigkeit:* Am 15. Aug. 1433, dem Tag nach dem Tode des Vaters, erfolgte E.s »Erhöhung« zum Kg. Er hatte zu wählen: entweder solide Innenpolitik – d. h. v. a. Sanierung der spätestens seit der Eroberung von Ceuta ruinierten Wirtschaft und Fortentwicklung des Rechtswesens (mit Hilfe von →Johann das Regras) samt Christianisierung und Integrierung der →Juden – oder kostspielige und riskante krieger. Expansionspolitik – Beteiligung an der für Portugal letztlich unergiebigen kast.-aragon. Reconquista von →Granada oder Fortsetzung der eigenen Conquista auf den Kanar. Inseln und in Marokko. E., selbst Verfasser eines Buches über den »rechtschaffenen Berater« (Leal Conselheiro), befragte darüber schon 1432 seine Verwandten. Mehrere ihrer Antworten sind erhalten. Nachdem E. sich der von seinen Brüdern→Heinrich

(dem Seefahrer) und →Ferdinand verfochtenen Idee einer Eroberung von→Tanger angeschlossen hatte, fanden sich 1436 die in Évora versammelten→Cortes, allerdings »não sem grande murmuraçom e descontentamento« (Ruy de Pina, XIV), zur Finanzierung des Feldzuges bereit. Auch Papst Eugen IV. gab seinen Segen. Mitte Sept. 1437 begannen Heinrich und Ferdinand den Angriff auf Tanger, der mit der Gefangennahme des ptg. Heeres endete. Am 17. Okt. unterschrieb Heinrich seine Kapitulationsurkunde: Gegen freien Abzug des Heeres versicherte er den Arabern in E.s Namen, daß Portugal ihnen Ceuta zurückgeben werde, und überließ ihnen zum Pfand seinen Bruder Ferdinand. Nach der Heimkehr des so geretteten Heeres hatte E. zu wählen: Ferdinand oder Ceuta. Auf den Cortes von Leiria 1438 gab er die Frage an sein Reich weiter. Grosso modo gesprochen, wollten die Städte das Menschenleben, der Adel Portugals Besitz und der Klerus die christl. Stadt gerettet bzw. erhalten wissen. Der Tod (durch Pest?) hat E. bald aus seinem Entscheidungszwang befreit; Ferdinand starb 1443 als Gefangener. – Calderón hat Ferdinands Schicksal in seinem Märtyrerdrama »El príncipe constante« (1629; dt.: Der standhafte Prinz) glorifiziert.
P. Feige

[2] *Literarisches Werk:* E.s lit. Werk umfaßt zahlreiche, z. T. unveröffentlichte kleine Abhandlungen und Entwürfe, z. B. über Fechten, Naturkundliches, Vaterunser, Teufelsaustreibung, Krieg sowie zwei enzyklopäd.-moralist. Kompilationen. Auf Bitten seiner Frau Eleonore entstand zw. 1435/38 unter Verwendung früherer Aufzeichnungen (im sog. »Livro da Cartuxa de Evora« etwa) und fremder Übersetzungen der prakt. Ratgeber für höf. Lebensführung und Bildung »Leal Conselheiro«. Darin arbeitet der kgl. Autodidakt die spätscholast. Seelen- und Morallehre in der Volkssprache auf und illustriert sie mit Beispielen aus der psycholog. Beobachtung und Charakterkunde (etwa über *suydade/saudade* 'Trauer, Melancholie'). Für die Entwicklung der ptg. Fachprosa bildet das Werk mit der Umsetzung und Definition von Begriffen ein wichtiges Zeugnis. Der »Livro da enssynança de bem cavalgar toda sela« ist ein Traktat über die Reitkunst in Verbindung mit Erörterungen über Idealwerte ritterl.-feudaler Lebensordnung. Für die vorhumanist. Bildungsinteressen E.s ist sein Kontakt m. Alfonso García de Santamaría/Cartagena/Burgos (→28. A.) bedeutsam, der ihm 1421 sein »Memoriale virtutum« widmete, eine Darstellung der aristotel. Ethik, die in die Endredaktion des »Leal Conselheiro« eingeht. E. bat den kast. Bf. und Diplomaten auch um die Übersetzung der Rhetorik Ciceros (»De inventione rhetorica«). Der Prior v. S. Jorge, Coimbra, übertrug für ihn Ciceros »De amicitia«. Während seiner Missionen am ptg. Hof verfaßte Alfons v. Cartagena weitere kast. Übersetzungen, die E. sicher gekannt hat (»De officiis« und »De senectute« von Cicero sowie Boccaccios »De casibus virorum illustrium«). E.s Beschäftigung mit Fragen der Übersetzung und Lektüre spiegelt sich nicht nur in einigen Exzerptzusätzen am Schluß des »Leal Conselheiro«, sondern auch in seiner Bibliothek. Wahrscheinl. unterhielt er enge Beziehungen zur Abtei→Alcobaça. D. Briesemeister

Q.: Lissabon, Arquivo Nacional da Torre do Tombo, Chancelaria de D. Duarte–Ruy de Pina, Chronica d'El-Rei D. Duarte, ed. A. Coelho de Magalhães, 1914 (Bibl. Lusitana)–Mon. Henricina, 1–6, 1960–64 – *Ed.:* Leal Conselheiro: ed. J. M. Piel, 1942; ed. J. Morais Barbosa, 1982–Livro da ensinança, ed. J. M. Piel, 1944–*Lit.: zu [1]:* Dicionário de Hist. de Portugal II, s. v. Duarte – M. A. Flores Gonçalvez, Capítulos especiais de Santarém nas Cortes de 1436, RevPort 8, 1959, 310–326–D. Maurício Gomes dos Santos, D. Duarte as responsabilidades de Tânger, 1960 – A. J. Dias Dinis, À volta do casamento do Infante, D. Duarte, RevPort 15, 1975, 5–70 – H. Baquero Moreno, Itinerários de El-Rei D. Duarte, 1976–J. Veríssimo Serrão, Hist. de Portugal³ II, 1980–*zu [2]:* R. Ricard, Le »Leal Conselheiro« du roi D. D. de Portugal, RMA 4, 1948, 367–390–A.J. Saraiva, Hist. da cultura em Portugal 1, 1950 – A. J. Dias Dinis, Quem era Frei João Verba, colaborador literário de el-Rei D. Duarte e do Infante D. Pedro?, Itinerarium 2, 1956, 424–491–M. Rodrigues Lapa, Lições de literatura portuguesa, 1966 – A. M. Salazar, El impacto humanístico de las misiones diplomáticas de Alfonso de Cartagena en la Corte de Portugal entre medievo y renacimiento, 1421–31 (Medieval Hispanic Stud. R. Hamilton, 1976), 215–226–R. Fernandes, Vértice 37, 1977, 347–388 – L. Bourdon, Arquivos do Centro Cult. Port. 14, 1979, 3–26.

12. E. d. Ältere, *Kg. v.*→*Wessex* 899–924, †924, ⌐New Minster, Winchester; ältester Sohn und Nachfolger von →Alfred d. Gr.; ⚭ 3., bedeutendste Gemahlin: Eadgifu; Schwester: →Æthelflæd, ⚭ →Æthelred, Ealdorman v. Mercien; Söhne: →Æthelstan, →Edmund, →Eadred; Töchter: Eadgifu, ⚭ →Karl d. Einfältige, Kg. der W-Franken; Eadhild, ⚭ →Hugo, Hzg. d. Francia; Eadgyth (→Edgith), ⚭ →Otto I. – E. sah sich bei seinem Regierungsantritt mit einem Aufstand seines Vetters Æthelwold konfrontiert, der Unterstützung von den Dänen im Norden und Osten und vielleicht auch von einem Fs. en aus →Mercien erhielt, bevor er in einer Schlacht 904 getötet wurde. Vieles von E.s Regierungszeit bleibt im dunkeln: es gibt wenige echte Urkunden, keine für die Zeit von 909–921, der Periode seiner militär. Triumphe. Aber zwei seiner Gesetzessammlungen sind erhalten; diese sind bemerkenswert durch E.s Bestreben, den *domboc* (vgl. →*boc*) seines Vaters durchzuführen, durch ihre Handelsgesetzgebung und die Betonung der Treue zum Kg. und der Feindschaft zu den Geächteten, was bereits in Kg. Alfreds Erlaß über »oath and pledge« enthalten war. Darüber hinaus enthält die Ags. →Chronik zwei zeitgenöss. Texte für die Zeit von 907–920, die E. und seine Schwester Æthelflæd als Organisatoren eines am besten abgestützten und entscheidendsten Feldzüge gegen das dän. England während des »dunklen Zeitalters« zeigen. E. brachte den Dänen in →Northumbrien bei Tettenhall (910) eine vernichtende Niederlage bei, und es gelang ihm, durch die Einleitung einer Burgenbaupolitik (→*burh*) und durch eine bemerkenswerte Beweglichkeit, 918 fast die gesamten Gebiete südl. des Humber zu unterwerfen. 918, als seine Schwester starb, hatte E. die Kontrolle über das engl. Mercien. 920 erzwang er die Unterwerfung der Herrscher von Nordbritannien, einschließlich des mächtigen Ragnall v. York. Aber der Norden blieb wohl eine Gefahrenzone; E. hielt sich am Dee auf, als er starb.

C. P. Wormald

Q.: EHD I, 1 – Liebermann, Gesetze I, 1903, 138ff.; III, 1916, 92ff. – *Lit.:* Stenton³, 319ff. – W. S. Angus, The Chronology of the Reign of Edward the Elder, EHR 53, 1938, 194ff. – F. T. Wainwright, Æthelflæd, Lady of the Mercians; The Submission to Edward the Elder (Scandinavian England, 1975), 305ff. – J. Campbell, Observations on English Government from the Tenth to the Twelfth Centuries, TRHS 5th ser. 25, 1975, 46f. – A. P. Smyth, Scandinavian York and Dublin I, 1975, 75ff., 101ff.; II, 1979, 1ff., 52ff. – D. Hill, Atlas of Anglo-Saxon England, 1981, 54ff., 81f.

13. E., *Gf. v. Bar*→Bar, Eduard I.

14. E., *Gf. v.*→*Savoyen* 1323–29, * ca. 1284, † 1329, älterer Sohn von →Amadeus V.; ⚭ Blanche (Blanca) v. Burgund (1307). Schon in seiner Jugend zeichnete sich E. ruhmvoll als Ritter aus: Er führte savoyard. Truppen unter Kg. →Philipp IV. dem Schönen v. Frankreich (Schlacht v. →Mons-en-Pévèle, 1304) und kämpfte gegen den konkurrierenden Fs. en des →Dauphiné und seine Verbündeten. Als Erbprinz mit der →Bresse als Apanage ausgestattet, lebte er ztw. an den Höfen v. Frankreich und England. Nachdem er die Erbfolge angetreten hatte, bemühte er sich um eine Stärkung der landesherrl. Gewalt (Ordonnance von 1325 über die gfl. Beamten; Aufteilung der Jurisdiktion auf Kosten des Bf.s v. →Maurienne, 1327). Vom Dauphin bei Varey (Bugey) in einem Überraschungsangriff besiegt, gelang es ihm in der Folgezeit, die Gft. →Genf einzukreisen und seiner Oberhoheit zu unterstellen. 1328 zeichnete er sich unter Philipp (VI.) v. Valois, dem späteren Kg. v. Frankreich, in der Schlacht v. →Cassel aus (1328). Trotz militär. und polit. Erfolge hinterließ er die Finanzen seines Landes in zerrüttetem Zustand, bedingt durch die Neigung des Fs.en zu kostspieliger Hofhaltung und leichtsinnigem Finanzgebaren.

B. Demotz

Lit.: S. Guichenon, Hist. généalogique de la Royale Maison de Savoie [Neuausg. 1976], 374–382 – neuere Unters. fehlen.

15. E., Hzg. v. York, * wahrscheinl. 1373, ✕ 1415 in der Schlacht v. Azincourt (→Agincourt), ▭ Fotheringhay (Northamptonshire), Kollegiatskirche (von ihm gestiftet); ältester Sohn und Erbe von →Edmund of Langley (dem 4. überlebenden Sohn Kg. →Eduards III.) und der →Isabella, Tochter König →Peters I. von Kastilien; ∞ 1397/1398 mit Philippa, der Witwe von Sir John Golafre. 1387 wurde E. Ritter des →Hosenbandordens, 1390 Earl of Rutland, 1397 Hzg. v. Aumale. E. diente zweimal unter →Richard II. in Irland, und er war an dem Zustandekommen der Heirat des Kg.s (1396) mit →Isabella, Tochter Kg. →Karls VI. v. Frankreich, beteiligt. Bei dieser Gelegenheit war auch eine Heirat zw. ihm und Johanna, einer jüngeren Schwester Isabellas, im Gespräch, doch heiratete er Philippa. Sogleich nach der Königserhebung →Heinrichs IV. 1399 wurde E. sein Hzm. entzogen, aber er diente dem neuen Kg. in →Aquitanien (1401–03), in →Wales (1400 und 1403) und ebenso bei den Feldzügen gegen Aquitanien 1412–13. Nach dem Tod seines Vaters (1402) wurde er Hzg. v. York und Earl of Cambridge, das Earldom of Rutland wurde aufgehoben. Spätestens 1414 trat er den Titel des Earl of Cambridge seinem Bruder Richard ab. Nach E.s Tod folgte ihm als Hzg. v. York →Richard, der Sohn seines Bruders Richard, und Vater →Eduards IV. v. England, nach.

C. T. Allmand

Lit.: DNB XV, 1287–1290 – Peerage XII, Pt. II, 899–905.

16. E. de Dene → Rederijkers

Edwin, hl. (Fest: 4. Okt.), Kg. v. →Northumbrien 616–633, † 633; Sohn von →Ælle, Kg. v. →Deira; ∞ 1. Cwenburh, Tochter von Kg. Cearl v. Mercien, 2. hl. Æthelburh, eine christl. Prinzessin, Tochter von →Æthelberht of Kent. Wegen der Machtstellung von Kg. →Æthelfrith mußte E. seine Jugend im Exil verbringen, an den Höfen von Wales, Mercien (hier heiratete er seine erste Gemahlin) und Ostanglien, wo Kg. →Rædwald mit ihm Freundschaft schloß. 616 besiegte Rædwald Æthelfrith und setzte E. als Kg. in Northumbrien ein. Einige Jahre später heiratete E. seine zweite, christl. Gemahlin. Aber seine eigene Taufe durch Ebf. →Paulinus v. York, die möglicherweise eine Wiederholung einer früheren brit. Taufe während seines Exils darstellte, wurde bis Ostern 627 hinausgezögert, wahrscheinl. mit Rücksicht auf seinen heidn. Oberherrn. Nach Rædwalds Tod errang E. eigene Siege über Angelsachsen u. Briten, d. ihn zum 5. in Bedas Liste der Oberherrn (→Bretwalda) machten. Infolge seiner Machtstellung konnte das Christentum nach →Lindsey und →Ostanglien ausgebreitet werden. Am 12. Okt. 633 wurde E. in der Schlacht v. Hatfield durch die Streitkräfte seiner Gegner, des »Rebellen« →Cadwallon, Kg.s v. Gwynnedd, und des →Penda v. Mercien, getötet. – Nach 679 wurden seine angebl. Reliquien nach →Whitby übertragen, wo sich sein Kult als Märtyrer zu entwickeln begann.

N. P. Brooks

Q. und Lit.: Beda, Hist. Eccl. II, 5–20 – STENTON³, 34, 38, 78–81, 113–115 – H. MAYR-HARTING, The Coming of Christianity to Anglo-Saxon England, 1971, 66–68.

Edzard I. d. Gr., Gf. v. Ostfriesland, * 1462, regierend seit 1491, † 16. Febr. 1528, 2. Sohn des 1464 zum Reichsgf.en erhobenen Häuptlings Ulrich→Cirksena aus dessen Ehe mit Theda Ukena, hat sich dem hist. Bewußtsein der Ostfriesen als die hervorragendste Gestalt des Grafenhauses nachhaltig eingeprägt. Er wußte seine Herrschaft nicht nur abzusichern, sondern suchte sie zudem sowohl nach Osten bis an die Weser als auch nach Westen über die Ems mit →Groningen als Zentrum auszuweiten. In Konkurrenz zu dem →Wettiner Hzg. Albrecht v. Sachsen-Meißen (→18. A.) und dessen Sohn Georg als Reichsstatthalter v. Friesland im Westen und zu den welf. Hzg.en v. Braunschweig-Lüneburg mit den Gf.en v. →Oldenburg im Osten führte er sein Haus auf den höchsten Punkt der Macht und an den äußersten Rand des Ruins, um mit Glück und Geschick am Ende das zu behalten, was er zu Anfang besessen hatte. Durch diese Erfahrung mit E. I. fanden die Ostfriesen und Ostfriesland erst eigtl. zu sich selbst. Die Faszination seiner Persönlichkeit ließ E. zur Idealfigur der Ostfriesen und schon zeitlebens zur Legende werden.

H. van Lengen

Lit.: H. SCHMIDT, E. d. Gr. 1462–1962, Zs. Ostfriesland, 1962, H. 2, 11–21 – DERS., Polit. Gesch. Ostfrieslands (Ostfriesland im Schutze des Deiches 5), 1975, 121–146.

Efendi, türk. Anrede. Die ehrerbietige byz. Anrede αὐθέντης war den anatol. Türken mindestens seit dem 13. Jh. bekannt und wurde geachteten Griechen und Türken gegenüber angewandt. Das Wort wurde der gr. Aussprache nahe als *affendi*, *afendi* gesprochen (der Anlaut 'e' taucht im 17. Jh. auf). Einerseits bezeichnete es den 'Herrn' im Verhältnis zu seinen Sklaven, andererseits Personen hohen Ranges, Prinzen, Kommandanten, auch den osman. Herrscher selbst (in zeitgenöss. it. Texten daher 'il Signore'). In späterer Zeit findet die Anrede sehr allgemeine Anwendung, bleibt aber gleichzeitig Respektstitel für Personen der gebildeten Klasse.

A. Tietze

Lit.: EI², s.v. [B. LEWIS].

Effigies, heute Terminus technicus für verist. Puppen im Staatszeremoniell des SpätMA und der frühen NZ sowie des Strafrechts im Absolutismus (executio in effigie), in der Antike bei der Divination des Imperators geläufig und von daher durch den Humanismus wieder bekannt. Toten-E. in Sepulkral- oder Funeralriten begegnen seit dem frühen 14. Jh. in England und Frankreich als Demonstrationsmittel für Herrschaftssymbolik: Scheinleiber fsl. Toter repräsentieren die rechtl. Gegenwart, schließlich gar die herrscherl. dignitas, sozusagen die Amtsgewalt der Zwei-Körper-Theorie. In Paris und St-Denis wird damit das Interregnum überbrückt, erst am Grabe ertönt der Heroldsruf: »le roi est mort, vive le roi«, während E. und Dauphin die Plätze wechseln, zum letzten Mal bei Heinrich IV. 1610, in England zu Ende des Jh.s, in Venedig erst mit dem Untergang der Republik. Hier verkörperte die E. des Dogen die Idee der oligarch. Verfassung. Davon zu unterscheiden sind die wächsernen und bekleideten Staatsporträts des 17. und 18. Jh. z. B. in Brandenburg und die Exekutions-E. von in Abwesenheit zum Tode verurteilten Majestätsverbrechern, deren Hinrichtung als öffentl. Schauspiel der Abschreckung diente, z. B. in Kopenhagen 1661 und 1663.

W. Brückner

Lit.: HRG I, 806–808 [W. BRÜCKNER] – E. KANTOROWICZ, The King's Two Bodies, 1957 – R. GIESEY, The Royal Funeral Ceremony in

Renaissance France, 1960 – W. Brückner, Bildnis und Brauch, 1966 – A. Reinle, Das stellvertretende Bildnis, 1984, 190–203.

Ègara, Bm. in Katalonien; Bischofssitz È. (nordwestl. von Barcelona, nahe der Stadt Terrassa/Tarrasa). Das röm. Municipium Flavium, erstmals 139 n. Chr. belegt, war seit Mitte des 5. Jh. Bischofssitz. Es war Bf. Nundiarius v. Barcelona, der es aus dem Bereich seines Bm.s ausgliederte. Als er starb, wünschte er sich Ireneus, den ersten Bf. v. È., zum Nachfolger auf dem Bischofssitz v. →Barcelona. Doch entschied Papst Hilarius in Anbetracht der Beschlüsse des röm. Konzils vom Nov. 465, daß diese Ernennung unrechtmäßig sei, und befahl Ireneus, zu seinem früheren Sitz, d. h. nach È., zurückzukehren.

Außer Ireneus sind noch sieben weitere Bf.e dieser Diözese namentlich bekannt. Sie unterzeichneten die Akten verschiedener westgot. Konzilien oder andere zeitgenöss. Dokumente, so in den angegebenen Jahren: Nibridius (516, 517, 531), Taurus (546), Sifronius (589, 592), Ilergius (599, 610), Eugenius (633), Vincentius (653) und Johannes (683, 688, 693). Nibridius, der 540 in Barcelona belegt ist, hatte wahrscheinl. auch diesen Bischofsstuhl inne.

Am 13. Jan. 615 wurde in È. ein Provinzialkonzil der Tarraconensis abgehalten (→Tarragona). Im Laufe des 8. und 9. Jh. erfuhr È. einen unwiderruflichen Niedergang, während sich um die Burg von *Terrassa* als Zentrum eine neue Siedlung in seiner unmittelbaren Nähe ausbildete. Nach der frk. Eroberung erscheint Terrassa in den ersten Privilegien der karol. Herrscher für die Gft. Barcelona als 'Terracium castellum' (844). Im 9. Jh. maßte sich der eingewanderte mozarab. Priester Baió im Gebiet des »castrum Terracinense« die Ausübung bfl. Funktionen an. Ein an den Bf. v. Barcelona 874 gerichtetes Kapitular Karls d. K. setzte dieser Episode ein Ende. Man hat daraus geschlossen, daß È. Ende des 9. Jh. bereits kein von Barcelona unabhängiges Bm. mehr war. Umstritten ist nun die Frage, aus welcher Zeit der älteste Baubestand der heut. Kirchen Sant Pere, Santa Maria und Sant Miquel d'È. stammt. Dort fanden sich auch die Originalurkunden des 10. und 11. Jh., die heute im Arxiu Històric de Terrassa aufbewahrt werden. In ihnen ist die Existenz des ehemaligen Bm.s belegt, wie z. B. in jener Urkunde des Jahres 963, wo es heißt: »domum Sancti Petri apostoli qui est situs in sede Egarensis.« →Terrassa, Priorat. P. Puig-Ustrell

Lit.: DHGE XIV, 1462–1466 – Mansi, s. v. – Jaffé, 560 – H. Florez, España Sagrada 25, 1770, 42–57, 192–203 – M. Risco, ebd. 42, 1801 [Neudr. 1859], 182–201 – A. M. Mundó, Gran Enc. Catalana 6, 1974, 473–474, s. v. – R. d'Abadal, Catalunya carolíngia, II: Els diplomes carolingis a Catalunya, 1952, 415, 423, 432 – J. Vives, Concilios visigóticos e hispano-romanos, 1963, bes. 162 – S. Cardús, La ciutat i la seu episcopal d'E., 1964 [Lit.] – L. A. García Moreno, Prosopografía del reino visigodo de Toledo, 1974, 210–212, Nr. 605–609 – G. Kampers, Personengesch. Stud. zum Westgotenreich in Spanien, 1979, 36f., Nr. 113–114 – J. Orlandis – D. Ramos Lissón, Die Synoden auf der Iber. Halbinsel bis zum Einbruch des Islam (711), 1981, bes. 137f.

Egarten, Egert → Driesch, →Feldgraswirtschaft

Egbert (s. a. →Ekbert, Ekkebert)

1. E. (Ecgbryht), *Kg. v.* →*Wessex* 802–839, † 839; Sohn v. Ealhmund, Kg. in Kent, der von Ingild, dem Bruder von Kg. →Ine, abstammen soll. Er wurde von Beorhtric (789–802) und Kg. →Offa v. Mercien († 796) zum Exil ins Frankenreich gezwungen, aber nach Beorhtrics Tod folgte er als Kg. der Westsachsen nach und schuf die Grundlagen für die Machtposition seiner Nachfolger. 825 schlug er bei Ellandune (heut. Wroughton, Wiltshire) Kg. Beornwulf v. Mercien; durch Entsendung eines Heeres nach Kent vertrieb er den dortigen Kg. Bealdred. E. wurde daraufhin als Kg. v. Kent, Surrey, Sussex und Essex anerkannt; er ließ Münzen in Canterbury prägen. 829 setzte er Wiglaf als Kg. v. Mercien für etwa ein Jahr ab, ließ als »rex Merciorum« Münzen in London prägen und zwang auch Northumbrien zur Unterwerfung. In der Ags. →Chronik wird E. als 8. →Bretwalda erwähnt. Er vermochte auch den Widerstand in →Cornwall, das er 815 erobert hatte, zu meistern. Sein Sohn Æthelwulf († 858) wurde vor 838 zum Kg. v. Wessex ernannt, und er war seit dem 7. Jh. der erste Kg. v. Wessex, der die Regierung direkt von seinem Vater übernahm. P. Sawyer

Lit.: Stenton[1], 209f., 225, 231–235.

2. E., *Ebf. v.* →*Trier* seit 977, † 8./9. Dez. 993, ⌐ Trier, Dom, Andreaskapelle (zerstört); Sohn →Dietrichs II., Gf.en v. →Holland, Westfriesland und Gent († 988). E. wurde im gfl. Hauskloster →Egmond, dessen Bibliothek er später begründete, erzogen. Als Mitglied der kgl. →Hofkapelle gebildet und geschult, wurde er 976 in der Nachfolge →Folkmars Kanzler Ottos II. Nach dem Tode Ebf. →Dietrichs I. setzte ihn der Herrscher 977 zum Ebf. v. Trier ein. E. verdankt seine glänzende Laufbahn dem Bestreben →Ottos II., zur Sicherung der Nordwestflanke des otton. Reiches die Interessen der mächtigen, sowohl mit der dt. wie dem frz. Kg. vasallit. verbundenen Gf.en v. Holland angemessen zu berücksichtigen. Nach dem Tode Ottos II. (983) trat die zweiseitig konzipierte Politik des holl. Grafenhauses noch einmal deutlich hervor: E.s Bruder Arnulf stand auf otton. Seite, während E. im Streit um die Nachfolge Otto III. eine hartnäckig antiotton. Politik betrieb und auch den frz. Kg. →Lothar bei dessen Plänen einer Eingliederung →Lothringens maßgeblich unterstützte. Zugunsten bzw. auf Veranlassung des frz. Kg.s handelte E. auch, als er die Weihe seines im Herbst 984 gewählten Verduner Suffragans Adalbero (→6. A.) – möglicherweise bis nach dem Tode Lothars (986) – verzögerte. Nach dem Scheitern der Gegner Ottos III., insbes. →Heinrichs des Zänkers, kam es 985 zu einer Versöhnung E.s mit dem otton. Hof, in die bezeichnenderweise sein Vater Dietrich II. mit außergewöhnl. Begünstigung (Umwandlung seiner Reichslehen in Allod) einbezogen wurde. E. fungierte fortan als Berater und Vermittler in den westl. Angelegenheiten des Reiches.

In seiner Diöz. war E. auf die Fortsetzung des monast. Reformwerks seines Vorgängers Dietrich I. bedacht, wirkte zugleich aber auch für die materielle Sicherung von Kl./Stiften (Trier: St. Eucharius, St. Marien, St. Maximin, Domstift, St. Paulin; Kl. Mettlach). Vielfältig war er – bedeutungsvoll bis nach Gent ausgreifend – als Konsekrator tätig. 988 ließ er sich die von Otto II. gewährte Immunität für das Erzstift Trier bestätigen. 993 erreichte er von Otto III. die Restitution der Abtei St. Servatius in →Maastricht. Nachdrücklich beharrte er auf dem Primatsanspruch Triers über Gallien und Germanien. Bleibenden Ruhm erwarb E. durch Förderung von Bildung und Kunst. Selbst hochgebildet, stand er in ausgedehntem Briefwechsel mit →Gerbert v. Aurillac. Die von hervorragenden Künstlern gebildete →Egbertwerkstatt gewann eine überregionale Ausstrahlungskraft. Unter den Hss. ist der →Codex Egberti, unter den Goldschmiedearbeiten der Andreas-Tragaltar zu bes. Geltung gelangt. Die Bautätigkeit E.s tritt demgegenüber zurück (Dom/Andreaskapelle, Kl. St. Eucharius, Kl. Mettlach). Reges Forschungsinteresse fand E. in der Kunstgeschichte, daneben auch in der Kirchengeschichte, während zur Aufhellung seines polit. Wirkens noch ein erheblicher Nachholbedarf besteht. Zu wenig beachtet wurden bisher die in der Person E.s hervortretende Kohärenz und Interdependenz von Kunstsinn, Frömmigkeit und polit. Denken und Handeln. A. Heit

Q. und Lit.: MGH SS III–VI, VIII [Gesta Trev. u. a.], XIII, XV, 2, XVI, XXIIIf., XXX – MGH PP V – MGH DD II, 1–2 (O. II., O. III.) – Lettres de Gerbert, ed. J. HAVET, 1889 – CH. BROWER–J. MASEN, Antiqu. et Ann. Trev. X, 1670 – Prodromus Hist. Trev. II, 1757 – UB zur Gesch. der (...) mittelrh. Territorien, ed. H. BEYER, I, 1860 – RI II, 2–3 (O. II., O. III.) – A. GOERZ, Reg. der Ebf.e zu Trier, 1861 – DERS., Mittelrhein. Reg. I, 1876 – ADB V, s.v. – NDB IV, s.v. – K. UHLIRZ–M. UHLIRZ, JDG O. II. und O. III., Bd. 1, 2, 1902, 1954 – K. LÖHNERT, Personal- und Amtsdaten der Trier. Ebf.e des 10.–15. Jh., 1908 – E. LAEHNS, Die Bischofswahlen in Dtl. von 936–1056, 1909 – R. MARTINI, Die Trier. Bischofswahlen v. Beginn des 10. bis zum Ausgang des 12. Jh., 1909 – N. IRSCH, Der Dom zu Trier, 1931 – J. HEYDENREICH, Die Metropolitangewalt der Ebf.e v. Trier bis auf Balduin, 1938 – TH. ZIMMER, Das Kl. St. Irminen-Oeren in Trier, 1955 – F. PAULY, Aus der Gesch. des Bm.s Trier II, 1969 – TH. RAACH, Kl. Mettlach/Saar und sein Grundbesitz, 1974 – F. RONIG, E., Ebf. v. Trier (977–993) (Fschr. 100 Jahre Rhein. Landesmus. Trier, 1979).

3. E. (Ecgbert, Ecgberht), *Ebf. v. York* seit 735, † 19. Nov. 766, aus northumbr. Königsgeschlecht (Vetter: Kg. Ceolwulf, 729–737; Bruder: Kg. Eadbert, 737–758; Vater: Eata), kam als Kind in ein Kl., vermutl. →Jarrow, da →Beda sein Lehrer war. E. reiste nach Rom und wurde dort zum Diakon geweiht. Nach dem Verzicht Wilfriths II. auf sein Bischofsamt nominierten dieser und Kg. Ceolwulf E. zum Bf. v. York, 734 erfolgte die Weihe. Auf Bedas Brief vom 5. Nov. 734 gehen E.s Bemühungen um die Wiedererhebung →Yorks zum Metropolitansitz zurück, denen Papst Gregor III. 735 mit der Übersendung des Palliums entsprach. Mit Beda hat E. in persönl. und briefl. Kontakt gestanden, mit →Bonifatius wegen kirchenrechtl. Fragen und der Übersendung von Büchern korrespondiert. Bestrebungen E.s, Mißstände in Diözesanverwaltung und Seelsorge zu beseitigen, sind belegt. Auch die Organisation der Yorker Kathedralschule geht gewiß auf die Initiative E.s zurück; für den gerühmten Schulbetrieb scheint aber →Æthelberht (seit 767 Ebf. v. York) verantwortl. gewesen zu sein. Sechs E. zugeschriebene Werke sind bekannt: Zwei ae. →Bußbücher (»Confessionale«, »Poenitentiale«), eine →Kanonessammlung (»Excerptiones«), ein lat. Bußbuch (»Excarpsus«), eine Erklärung kirchenrechtl. Bestimmungen ('Dialogus ecclesiasticae institutionis«), ein Pontificale (»Pontificale Ecgberhti«). Die drei erstgenannten Werke stammen mit Sicherheit nicht von E., für die übrigen ist die Verfasserschaft E.s bisher nicht eindeutig nachgewiesen. F. Kerff

Ed. und Q.: EHD I², 173–178 – MGH Epp. sel. I, 156–158, 206–208 – MGH SS XV, 1, 186–188 – Willelmi Malmesbiriensis Monachi de Gestis Pontificum Anglorum, ed. N. E. S. A. HAMILTON (RerBrit), 1870, 245f. – A. W. HADDAN – W. STUBBS, Councils and Ecclesiastical Documents III, 1871, 394–396 – Symeonis Monachi Opera Omnia, ed. T. ARNOLD (RerBrit), I, 1882, 48f.; II, 1885, 43 – Willelmi Malmesbiriensis Monachi de Gestis Regum Anglorum, ed. W. STUBBS (ebd.), I, 1887, 67f. – Venerabilis Baedae Opera Historica, ed. C. PLUMMER, I, 1896, 405–423 [Nachdr. 1961] – Bede's Ecclesiastical Hist. of the Engl. People, ed. B. COLGRAVE – R. A. B. MYNORS (Oxford Medieval Texts, 1969), 572–577 – Alcuin, The Bishops, Kings, and Saints of York, ed. P. GODMAN (ebd., 1982), 98–101 – *Confessionale, Poenitentiale, Excarpsus:* →Bußbücher – *Exceptiones:* H. SAUER, Zur Überlieferung und Anlage von Ebf. Wulfstans »Handbuch«, DA 36, 1980, 341–384 – *Dialogus:* P. GODMAN, s. o., LXIII–LXIV – *Pontificale:* T. P. OAKLEY, English Penitential Discipline and Anglo-Saxon Law in Their Joint Influence, 1923, 79–81, 123 – *Lit.:* Bibl. SS IV, 953f. – BRUNHÖLZL I, 225–227 – DHGE XIV, 1476–1478 – NCE V, 190 – STENTON³, 145f., 160f., 175, 188 – A. J. FRANTZEN, The Penitentials Attributed to Bede, Speculum 58, 1983, 573–597.

4. E., hl., Bf. (?), * ca. 639 in Northumbria, † 24. April 729 (Ostersonntag); von ags. adliger Herkunft, studierte in dem ir. Kl. Rathmelsigi (Gft. Carlow) und wurde Mönch in →Lindisfarne. Auf seine Veranlassung wurden →Willibrord u. a. als Missionare nach Friesland gesandt. 684 suchte er, in dem Konflikt →Ecgfriths v. Northumbria mit Irland zu vermitteln. Er ging nach →Iona, wo er sich der Einführung röm. Bräuche (→Osterfestberechnung, →Tonsur) widmete und wegen Demut und Enthaltsamkeit verehrt wurde. J. Hennig

Q. und Lit.: Bibl. SS IV, 952 – The Catholic Encyclopedia V, 1909, 325 – DHGE XIV, 1468ff. – DNB XVII, 146f. – ECatt V, 129f. – Beda, Hist. Eccl. Angl. III, 4, 47; IV, 3, 26; V, 9f. [Register in C. PLUMMERS Ausg., 1896] – W. LEVISON, England and the Continent, 1946, 44, 55, 271 – A. GWYNN – R. H. HADCOCK, Medieval Religious Houses. Ireland, 1970, 402 – M. RICHTER, Der ir. Hintergrund der ags. Mission (Die Iren und Europa im früheren MA, hg. H. LÖWE, 1982), 120–137 – D. O CRÓINÍN, Rath Melsigi, Willibrord and the earliest Echternach mss., Peritia 3, 1984, 17–49.

5. E. v. Lüttich, * um 972, Weltgeistlicher und Lehrer an der Lütticher Domschule, verfaßte um 1023 ein für den Trivium-Unterricht bestimmtes Lehr- und Lesebuch, dem er selbst den Titel 'Fecunda Ratis' ('Das vollbeladene Schiff') gegeben hat. Die älteste mit einem näher bekannten Verfasser zu verbindende ma. Sprichwörter- und Erzählsammlung umfaßt 2373 reimlose Hexameter, die in zwei Bücher gegliedert sind. E. greift, wie er im Widmungsbrief an seinen früheren Mitschüler →Adalbold v. Utrecht schreibt, zum Teil auf noch nicht lit. fixierte Lebenswahrheiten und im Volke umlaufende Erzählungen zurück.

Das erste Buch, 'Prora' ('Vorderdeck') betitelt, lag nach dem Zeugnis des →Sigebert v. Gembloux (De script. eccl. 146) ursprgl. als kürzere Spruchsammlung (»De aenigmatibus rusticanis«) vor. Während die ältere Sammlung in deutlicher Opposition gegen die heidn.-antiken →'Disticha Catonis' konzipiert ist, konkurriert die 'Prora' mit dem Fabelbuch des →Avianus. In der älteren Fassung dominiert in bunter Reihenfolge antikes, bibl. und ma. paränetisch gefaßtes Erfahrungswissen neben lexikal.-grammat., mythenallegor. und jurist. Gedankengut in bisweilen derber und anschauungsgesättigter Diktion.

Die 'Prora' bietet dagegen neben eigenwillig bearbeiteten Stücken aus dem 'Romulus'-Corpus einen wertvollen Einblick in die genuin ma. Fabeltradition von Wolf, Fuchs und Bär, durch die jedoch keine Kohärenz mit der Tierepik des 12. Jh. bewiesen wird. Neben schwankhaften und belehrenden Erzählungen findet sich auch die Burleske von dem ins Kl. eingetretenen Helden Walterus, dessen Konnex mit dem →'Waltharius'-Epos umstritten ist.

Im Gegensatz zur eher weltl. orientierten 'Prora' umfaßt die dem Steuermann zukommende 'Puppis' ('Heck') v. a. theol.-katechet. Texte, die sich stark an AT, NT, Augustin, Gregor d. Gr., Gregor v. Tours, Beda und Haimo v. Auxerre anlehnen. Singulär ist die christl. Interpretation einer auf mündl. Tradition basierenden Wolfskind-Erzählung, die bisweilen als frühester Beleg des 'Rotkäppchen'-Märchens gilt.

Aufgrund des holprigen Versbaus, der mangelnden Prägnanz der teils schwer verständl. Sentenzen und vieler stilist. Härten war der 'Fecunda Ratis', wie die unike Überlieferung zeigt, lediglich eine geringe Wirkung beschieden.

Die eminente Bedeutung des Werkes, das einer durchaus sympathischen, humanen Lehrerpersönlichkeit zu verdanken ist, liegt zum einen in der Literarisierung mündl. tradierter Proverbial-, Fabel- und Erzählstoffe, zum anderen in der authent. Widerspiegelung ma. Unterrichtspraxis. W. Maaz

Ed.: E.s v. Lüttich 'Fecunda Ratis', hg. E. VOIGT, 1889 – Lit.: Verf.-Lex.² II, 361–363 – EM III, 1010–1019 – F. DOLBEAU, Un nouveau catalogue des mss. de Lobbes aux XIe et XIIe s., Recherches Augustiennes 13, 1978, 3–36, hier 14 und 31; ebd. 14, 1979, 192–248, hier 222 – F. P. KNAPP, Von der antiken Fabel zum lat. Tierepos des MA (La Fable. Entretiens sur l'Antiquité Classique 30, 1984), 253–300, hier 276, 279f., 284 – W. MAAZ, Angstbewältigung in mlat. Lit. (Psychologie in der Mediävistik, hg. J. KÜHNEL, H.-D. MÜCK, U. MÜLLER, 1985), 51–77; hier 59–65.

Egbertwerkstatt, Bezeichnung für das Kunstzentrum Trier unter dem Mäzenat Ebf. Egberts (977–993). Seine zahlreichen Aufträge für Textilien, Geräte und Bücher für Trierer Kirchen und auswärtige Auftraggeber beschäftigten verschiedenartige Künstler, die Egberts hist. und antiquar. Interessen teilten, und sich mit z. T. in Trier erreichbaren spätantiken, karol. und byz. Vorbildern auseinandersetzten. U. a. entstand für den Dom das 980 datierte Petrus-Stabreliquiar (Limburg, Domschatz), wohl gleichzeitig der Andreas-Tragaltar (Trier, Domschatz), etwa 985–987 im Auftrag der Ksn. Theophanu ein Buchdeckel für Kl. Echternach (Nürnberg, Germ. Nat. Mus.). Alle Arbeiten haben Rahmenbänder mit einzelnen von Almandinen flankierten Edelsteinen und Emails mit einem wenige Motive variierenden Ornamentschatz, der, wie auch die emaillierten Apostelbüsten am Stab und die Evangelistensymbole am Tragaltar von Werken des führenden Künstlers der E. abhängt. Dem 'Gregormeister' gelingt die klass. Umbildung seiner Vorbilder u. a. in den Miniaturen eines Registrum Gregorii für den Dom (Trier und Chantilly, Mus. Condé), dem Egbert-Codex (Trier, Stadtbibl.) und dem Evangeliar der Ste-Chapelle (Paris, Bibl. Nat.), das in Details sogar direkte Rezeption antiker Bauplastik im Trierer Dom verrät. Auch die Arbeiten des 'Deutschen Meisters' werden durch den jüngst bekräftigten Zusammenhang des expressiven Kreuzigungselfenbeins mit den feinen Goldtreibarbeiten des Echternacher Buchdeckels nach Trier lokalisiert und erweisen so die weitgespannten Möglichkeiten der E., die einen Höhepunkt frühma.-otton. Kunst darstellt.

H. Westermann-Angerhausen

Lit.: B. NITSCHKE, Die Handschriftengruppe um den Meister des Registrum Gregorii, 1966 – C. NORDENFALK, The Chronology of the Registrum-Master, Kunsthist. Forsch. (Fschr. O. PÄCHT, 1972) – H. WESTERMANN-ANGERHAUSEN, Die Goldschmiedearb. der E., 1973, Trierer Zs. für Gesch. und Kultur des Trierer Landes und seiner Nachbargebiete 36, Beih. – R. KAHSNITZ, Das goldene Evangelienbuch von Echternach, Kommentarbd. zur Faks. Ausg., 1982, 145–218 – H. WESTERMANN-ANGERHAUSEN, Blattmasken, Maskenkapitelle, Säulenhäupter, Boreas, Münstersche Forsch. zur Archäologie 6, 1983 (Fschr. M. WEGNER).

Egenolf v. Staufenberg, wahrscheinl. Verfasser der mhd. Verserzählung »Peter v. Staufenberg« (entstanden um 1300, überliefert in einer 1870 verbrannten Straßburger Hs., erhalten in Druckfassung von 1823). Am Schluß der rd. 1200 Verse umfassenden Erzählung wird »her eckenolt« genannt, der wohl als der zw. 1235 und 1320 urkl. bezeugte E. v. Staufenberg (Elsaß) zu identifizieren ist. Dieser hat die Geschichte mit Bezug auf sein eigenes Geschlecht entweder selbst geschrieben oder bei einem namentlich nicht bekannten Verfasser in Auftrag gegeben. Stilist. und stoffl. unter dem Einfluß →Konrads v. Würzburg wird von einem weltgewandten Ritter Peterman v. Staufenberg aus der Familie der Temringer (Diemringer) erzählt, dem sich eine schöne, namenlose im Jenseits beheimatete Frau in Minne verbindet. Sie gibt sich als Quelle seines bisherigen Erfolgs zu erkennen und garantiert ihm künftigen Reichtum und Glück, solange er keine Ehe mit einer irdischen Frau eingeht. Als er aus Furcht um sein Seelenheil – seine Geliebte wird verdächtigt, der Teufel zu sein – auf Drängen der Gesellschaft die Erbin des Hzm.s Kärnten heiratet, muß er sterben. Liebe, aus der Glück und Erfolg erwachsen, erhält in der Geschichte höhere Bedeutung als die polit. zweckbedingte Ehe. Die märchenhaften Elemente (Variation der →Schwanenritter- bzw. Amor- und Psyche-Motivik mit vertauschten Personenrollen) erscheinen durch christl. und höf. Züge rationalisiert. Vielleicht sollte die Erzählung Besonderheiten der Familiengeschichte legitimieren oder verklären.

U. Schulze

Ed.: Der Ritter v. Staufenberg, ed. C. M. ENGELHARDT, 1823 – Zwei altdt. Rittermären, ed. E. SCHRÖDER, 1894 – *Lit.*: Verf.-Lex.² II, 365–368 – H. DE BOOR, Die dt. Lit. im späten MA (Gesch. der dt. Lit. 3,1, 1967³), 257 – H. FISCHER, Stud. zur dt. Märendichtung 1968, 306–308 – K.-H. SCHIRMER, Stil- und Motivunters. zur nhd. Versnovelle (Hermaea NF 26), 1969, 4–6, 61–63, 148–157.

Eger, Egerland

I. Die Anfänge und der Ausbau des Egerlandes – II. Die Stadt Eger.

I. DIE ANFÄNGE UND DER AUSBAU DES EGERLANDES: [1] E. (tschech. Cheb), Stadt am Fluß E. (tschech. Ohře) in der Tschechoslovakei (Westböhmen), Zentrum des Egerlandes. Name von Stadt und Gebiet sind vom – ursprgl. kelt. – Namen des Flusses (erwähnt in Chron. Moissac. s. a. 805) abgeleitet, erste Nennung des Ortes 1061 (Egire), des Egerlandes 1135 (regio Egire). Der tschech. Name Cheb (wohl von alttschech. *heb*, *oheb* 'Krümmung', aufgrund der Flußkrümmung unterhalb der Burg) ist ab Mitte des 14. Jh. sicher bezeugt. Das Gebiet von E. war im FrühMA mit einer slav. Bevölkerung dünn besiedelt.   I. Hlaváček

[2] Im 10. Jh. wird die Zugehörigkeit des Gebietes um E. zum bayer. →Nordgau deutlich. Bei der Gründung des Bm.s →Prag (973) wurde es nicht dieser neuen Diöz. zugeteilt, sondern verblieb im Sprengel der bayer. Diöz. →Regensburg. Als Ks. Heinrich III. um 1040 den östl. Grenzstreifen des Nordgaus als Grenzmark gegen Böhmen organisierte, wurden auch E. und sein Umland Teil dieser Mark, die in der karol. Reichsburg →Nabburg ihr militär. und herrschaftl. Zentrum hatte. Vom bayer. Nordgau aus erfolgte auch die zunächst noch langsam fortschreitende Rodung und Kolonisierung des Gebietes, wobei man v. a. dem Lauf der Wondreb nach Norden folgte. Eine wichtige Fernverbindung von →Nürnberg her führte über Kemnath und die Senke der Röslau nach E. Diese Straße wird in einem Diplom Kg. Heinrichs IV. von 1061 genannt, der damals seinem Dienstmann →Otnand ein an dieser Straße gelegenes Waldgebiet am südl. Rand des Fichtelgebirges zur Rodung schenkte. Es gilt als sicher, daß der Kg. mit dieser Schenkung einen stärkeren Schutz für diese Straße und eine engere Anbindung E.s an den Nordgau angestrebt hat. Natürlich ist das Diplom auch ein Zeugnis für den vorherrschenden kgl. Einfluß bei der Erschließung der Mark Nabburg und des Egerlandes.

Um 1077 wurde die Mark Nabburg dem kaisertreuen Gf.en Diepold II. v. Giengen (→Diepoldinger) verliehen. Sein Sohn Diepold III. beteiligte sich 1104/1105 zusammen mit dem ganzen nordgauischen Adel an der Empörung Kg. Heinrichs V. gegen dessen Vater, die den Sturz Ks. Heinrichs IV. zur Folge hatte und Diepold III. jene unumschränkte Position verschaffte, die es ihm erlaubte, die Mark mit Hilfe ehemals kgl. Dienstmannen und der Kirche durch planvolle Rodung und Kolonisation zu einer hochadeligen Dynastenherrschaft auszubauen. Im Zuge dieses kraftvollen Kolonisationswerkes beginnt sich auch die 1135 erstmals so bezeichnete regio Egire als ein gesonderter Gebietskomplex herauszubilden. Sie erstreckte sich damals weit nach Westen auf heute opf. Gebiet (z. B. Großkonreuth, Dippersreuth und Frauenreuth bei Tirschenreuth) und schloß das 1133 gegr. Zisterzienserkl. →Waldsassen ein.

Nach dem Tode Mgf. Diepolds III. 1146 zog Kg. →Konrad III. die Mark Nabburg und das Egerland als erledigtes Reichslehen ein und übertrug das territorial verselbständigte Egerland einschließlich der Schutzherrschaft über das Kl. Waldsassen seinem Sohne Hzg. →Friedrich v. Schwaben. Vollends zu einem Eckpfeiler stauf. Hausmacht wurde E. unter →Friedrich Barbarossa, der 1167, nach dem Tode Hzg. Friedrichs v. Schwaben, Herr des Egerlandes geworden war. 1179 berief er erstmals einen Hoftag nach E. und nahm anschließend an den Feierlichkeiten der Weihe der Klosterkirche zu Waldsassen teil. Von ihm und seinen Nachfolgern wurde die Burg zu E. zu einer bedeutenden Pfalzanlage mit einer →Doppelkapelle nach Nürnberger Vorbild ausgebaut. Kg. Philipp und Ks. Friedrich II. haben sich wiederholt in dieser Pfalz aufgehalten. Die weitere Ausgestaltung des nun als provincia Egerensis bezeichneten Egerlandes zu einem von kgl. Ministerialen verwalteten Reichsland staufischer Prägung zeigt sich schließlich in der erstmaligen Nennung eines iudicium provinciale und eines iudex provinciae i. J. 1218.
K.-O. Ambronn

II. DIE STADT EGER: Ausgangspunkt für die Stadtentwicklung war die Pfalz, die Friedrich Barbarossa auf den Grundlagen eines älteren Wehrbaus (zu 1061 sicher bezeugt), dem ein slav. Burgwall vorausgegangen war, errichtete. Die Marktsiedlung E. ist 1149 als oppidum, 1203 als Stadt bezeugt und wurde 1234 durch Heinrich (VII.) erweitert. Zur selben Zeit wurde in E. das Marienhospital und vor 1256 ein Minoritenkonvent begründet. Kurz danach entstand dann die Niederlassung der Klarissen (höchstwahrscheinl. vor 1273), vor 1296 ein Dominikanerkonvent und 1271 ein Spital der Kreuzherren mit dem roten Stern. Die Stadt entwickelte sich stürmisch (Stadtsiegel 1242 belegt) und wuchs zum Zentrum der ganzen Landschaft heran, obwohl dort inzwischen mehrere Ministerialenburgen entstanden waren. Um 1140 ist der parrochianus de Egire belegt; die Pfarrkirche (δ Nikolaus) entstand spätestens im 2. Jahrzehnt des 13. Jh. Kurz vor 1258 ist die Deutschordenskommende in E. bezeugt, der Konradin das Patronat über die Stadtpfarrei und ca. 10 ländl. Pfarreien verlieh.

Nach dem Ende der Staufer bemächtigte sich →Přemysl II. 1266 des Egerlandes, er gab der Stadt Privilegien. Dem seit der Stauferzeit bezeugten Stadtrichter wurde ab 1281 ein Bürgermeister zur Seite gestellt. Ende des 13. Jh. wurden E. und sein Gericht allmählich Landherr des Egerlandes, das 1322 von Ludwig d. Bayern an das Kgr. Böhmen verpfändet, seither ununterbrochen böhmisch blieb; Karl IV. versprach 1348, das Egerland nie Böhmen zu entfremden. E. und das Egerland entwickelten sich allmählich zu einem weitgehend autonomen Stadtstaatsgebilde, in dem mächtige Patrizierfamilien führend waren, u. a. die Schlick (aus ihnen ging im 15. Jh. der Staatsmann Kaspar →Schlick hervor) und die Juncker. Doch auch die Handwerker meldeten ihre Rechte an und bildeten gemeinsam mit den Handeltreibenden die wirtschaftl. aktiven Schichten der Stadt. An der Stadtverwaltung waren der Rat, das Gericht und die Gemeinde (sog. Sechsunddreißiger) beteiligt, während der Vertreter des Kg.s (Burgpfleger) mehr und mehr an Einfluß einbüßte. Die Einwohnerzahl kann – aufgrund reicher archival. Überlieferung – in dieser Zeit auf ca. 6000–7000 Personen geschätzt werden.

Die polit. Rolle E.s wuchs nach der Absetzung →Wenzels (1400) und vornehmlich nach dem Ausbruch der hussit. Revolution (1419) (→Hussiten) noch an. Die wichtigste Rolle spielte in dieser Zeit der sog. *Egerer Richter* als Vorbedingung bei den Verhandlungen zw. den hussit. Gruppen und den Vertretern des Konzils v. →Basel (18. Mai 1432); es wurde hierbei beschlossen, daß als alleinige Grundlage für weitere Gespräche die Autorität von Bibel und Kirchenvätern gelten solle; diese E. er Verhandlungen bildeten die Vorstufe zu den →Basler Kompaktaten. Auch nach den Hussitenkriegen war die Stadt mehrfach Tagungsort von Reichstagen (→Eger, Reichstage, 1389, 1437) sowie von Verhandlungen, die Böhmen betrafen (1459 Verträge →Georgs v. Podiebrad mit Sachsen und Brandenburg, 1461 Fürstentag). Wegen ihrer Unterstützung Georgs wurde E. 1469–72 wiederholt mit dem Interdikt belegt.
I. Hlaváček

Q. und Lit.: H. GRADL, Monumenta Egrana, 1886 – Codex iuris municipalis regni Bohemiae 2, ed. J. ČELAKOVSKÝ, 1895 – K. SIEGL, Die Kataloge des E.er Stadtarchivs, 1900 – mehrere Teilabd., namentl. in MVGDB 39, 1901; 41, 1903; 43f., 1905f. sowie Mitt. des k. k. Archivrates 2, 1915 – Lit.: H. GRADL, Gesch. des Egerlandes bis 1437, 1893 – J. ČELAKOVSKÝ, Povšechné české dějiny právní, 1900², Anh. 3 – BOSL, Reichsministerialität [Register] – H. STURM, E. Gesch. einer Reichsstadt, 2 Bde, 1952, 1960² – BOSL, Böhm. Länder I [Register] – H. STURM, Districtus Egranus, 1981 [Lit.] – F. KUBŮ, Die stauf. Ministerialität im Egerland, JbfFL 43, 1983, 59–101 – Soudce smluvený v Chebu. Sborník příspěvků přednesených na sympoziu k 550. výročí, květen, 1982 (1983) – I. HLAVÁČEK, Donace knih chebského purkmistra Hanse Hirnlose chebské komendě řádu Německých rytířů z r. 1413, Minulostí Západočeského kraje 20, 1984, 145–153 – J. PELANT, Města a městečka Západočeského kraje, 1984, 109–117 [Lit.] – E. PSCHEIDT u. a., E. Ehemals eine freie Reichsstadt, Ausstellungskat. o. J. [1984] – s. a. Lit. zu →Diepoldinger.

Eger, Goldbulle v. (1213/14), Privileg →Friedrichs II. für die röm. Kirche in drei Fassungen, die alle das Datum Eger, 12. Juli 1213 tragen, aber nacheinander wohl bis in den Spätsommer 1214 entstanden sind. Die ersten beiden Fassungen wiederholen inhaltlich das Privileg →Ottos IV. v. Speyer am 23. März 1209 (RNI 189, MGHConst II Nr. 31) und führen Reichsfs.en als Zeugen auf. Ausgesprochen wird der Verzicht des Staufers auf →Spolien und →Regalien, auf die Mitwirkung bei Bischofs- und Abtwahlen, zugestanden wird die unbehinderte →Appellation an die Kurie in kirchl. Streitfällen und zugesichert wird die Hilfe in der Bekämpfung von →Häresien; v. a. werden unter Hinweis auf die Kaiserurkunden seit Ludwig d. Fr. die von der röm. Kirche beanspruchten Teile des →Kirchenstaates bestätigt bzw. restituiert. Obwohl die röm. Kurie am Diktat der ersten Fassung beteiligt gewesen sein muß, führten Verhandlungen zu einer dritten Fassung. Papst Innozenz III. hatte seit der Doppelwahl des dt. Kg.s von 1198 das Ziel verfolgt, den Kirchenstaat einschließl. seiner rekuperierten Teile durch einen besseren Rechtstitel, als ihn die Kaiserurkunden seit Ludwig d. Fr. darstellten, abzusichern; als Gegenleistung für seine Anerkennung durch den Papst sollte Otto IV. auf alle Rechte am Kirchenstaat von Reichs wegen verzichten. Friedrich II. trat in den Vertrag seines Vorgängers ein, aber es war fraglich geworden, ob die unerläßl. Zustimmung der Reichsfs.en mit ihrer Nennung als Zeugen bereits vorlag. Indem die Zustimmung der Reichsfs.en in der Dispositio vermerkt und der Bezug auf die älteren Kaiserurkunden gestrichen wurde, erscheint die dritte Fassung nicht mehr als eine Bestätigungs- oder Restitutionsurkunde, sondern als eine Abtretung mit der Begründung, daß sie zur Sicherung von pax und concordia zw. Reich und Imperium erwünscht sei. Diese Fassung diente der Erneuerung von 1219 für Honorius III. und der Urk. Rudolfs v. Habsburg von 1275/79 als Grundlage.
O. Engels

Q.: MGHConst II, Nr. 46–48 – BOEHMER, Fontes, 705f. – Lit.: FICKER, Italien II – M. LAUFS, Politik und Recht bei Innozenz III., 1980, 289–307.

Eger, Reichstag, Reichslandfrieden v. (1389). Der für Mai 1389 berufene Reichstag zu E. hatte die Aufgabe, die seit 1377 schwelenden Differenzen zw. Fs.en und →Reichsstädten beizulegen, nachdem die »Stallungen« von →Heidelberg 1384 und →Mergentheim 1387 nur Waffenstillstände gewesen waren. Allerdings war 1389 der Reichstag weitgehend präjudiziert durch die militär. Erfolge der Fs.en in den Schlachten v. →Döffingen und Worms 1387, so daß der E.er Reichslandfriede von 1389 stark polit. Züge trägt. Freilich brachte dieser keine reichsgesetzl. Regelung in Fortsetzung der stauf. Landfriedensgesetze, sondern eine Reichsbefriedung auf Einungsbasis (→Einung). In diesem Sinn wurden zunächst vier gleichlautende Landfriedenseinungen am Rhein, in Franken, Schwaben und wohl in Bayern, später auch in Hessen, im Elsaß und in Thüringen aufgerichtet, für deren jede eine eigene Behörde mit Gerichts- und Exekutionsbefugnissen fungierte. War der E.er Reichslandfriede schon ein Schritt auf die spätere Kreisordnung (→Reichskreise), so mißlang doch die Konzentration und Überwachung durch den Kg.

Tatsächl. bedeutete der E.er Reichslandfriede 1389 in verfassungsgeschichtl. Hinsicht eher einen Rückschritt denn eine Fortbildung der kgl. Gewalt. Denn Kg. →Wenzel verzichtete auf eigene Landfriedensgewalt, übertrug die Kontrolle einem Obmannsgremium und versäumte es, eine oberste Friedensgerichtsbarkeit des Kgtm.s zu entwickeln. Vielmehr rückten die siegreichen Fs.en von 1387 in diese Funktionen ein, so daß der Beitritt der Reichsstädte mehr ein erzwungener war. Demgemäß wirkte sich das Friedenssystem zu deren Ungunsten aus, sie mußten ihre →Städtebünde in Schwaben und am Rhein abstellen, während der 1383 gegr. Fürstenbund fortbestand. Auch wirkte sich die Vierteilung des Reichslandfriedens nicht zentralisierend aus, sondern führte zu weitgehender Lokalisierung der Landfriedensgewalt. Diese Tendenzen führten dahin, daß die Einung im 15. Jh. als System der Reichsbefriedung überhaupt aufgegeben werden mußte und an ihre Stelle reine Friedensbündnisse traten, daß auch die Reichsstädte aus der Mitwirkung an den Landfrieden hinausgedrängt wurden und das Kgtm. zu einer tiefgreifenden →Reichsreform ansetzen mußte. →Landfriede. H. Angermeier

Q. und Lit.: RTA ältere R., Bd. II, Nr. 72 – W. VISCHER, Gesch. des schwäb. Städtebundes der Jahre 1376–89 (Forsch. zur dt. Gesch. 2, 1881) – W. MESSERSCHMIDT, Der rhein. Städtebund von 1381–89, 1907 – E. DEICKE, Über den Landfrieden v. E. 1389, 1911 – H. ANGERMEIER, Kgtm. und Landfriede, 1966, 286f.

Eger, Reichstag v. (1437). Dieser letzte E.er Reichstag leitet die →Reichsreform ein. Nachdem ein von Ks. →Siegmund gewünschtes Bündnis zw. →Reichsstädten und →Ritterschaft mißlang, versuchte dieser 1434 eine Erneuerung des Reichshofgerichts (RTA XI, Nr. 264). Der E.er Reichstag 1437 sollte diese Bestrebungen zum Ziele führen, doch ist Siegmund damit völlig gescheitert. Die weiterführende Bedeutung des Reichstags 1437 liegt vielmehr darin, daß die Fs.en zum ersten Mal eine eigene Konzeption für eine reine Austragsgerichtsordnung vorlegten, welche darauf abzielte, die kgl. Gerichtsbarkeit überflüssig zu machen (RTA XII, Nr. 93). Der städt. Ratschlag zeigt lediglich das Bestreben, die Privilegien gesichert zu sehen (RTA XII, Nr. 94). So ist es in E. 1437 nur zur totalen Konfrontation von Kg. und Fs.en gekommen, aber nicht zu einem Beschluß. Diese Konfrontation trat auf den →Nürnberger Reichstagen von 1438 erneut zutage, und die E.er Fürstenvorschläge haben in der folgenden Reichsreformdebatte die Politik weitgehend bestimmt, bis in der Reichskammergerichtsordnung (→Reichskammergericht) von 1495 die 1437 erstmals vorgeschlagene Austragsgerichtsbarkeit der Reichsstände ihren gesicherten Platz in der Reichsverfassung erhielt.

H. Angermeier

Lit.: RTA ältere R., Bd. XII, 95f. – H. ANGERMEIER, Kgtm. und Landfriede, 1966, 363f., 378f.

Egeria → Aetheria

Egge. E.n fanden in der Landwirtschaft des MA vielseitige Verwendung. Nach der allgemeinen Bodenbearbeitung, die überwiegend mit →Haken sowie mit Streichbrettpflügen extensiv durchgeführt wurde, dienten hölzerne Rahmeneggen mit Querstreben und Holzzinken, teilweise auch mit Eisenzinken zur Herrichtung eines glatten und gelockerten Saatbettes, der Unkrautbekämpfung oder zum Eineggen der Saat, vielfach durch Überkreuzarbeiten. Zur Funktionsfähigkeit einer E. gehörte eine schnelle Gangart, um Erdschollen und Klumpen zu zerschlagen; daher waren als Zugtiere nur →Pferde geeignet, die wegen der schweren Arbeit häufig gewechselt werden mußten. Im Rahmen der Wald-Feld-Brandwirtschaft (→Brandwirtschaft) wurde in gebirgigen Hanglagen, u. a. im Alpengebiet, die Getreideaussaat mit bergwärts handgezogenen Straucheggen in die Brandasche eingearbeitet. Dornengestrüpp-Eggen bewirkten in der Wiesenpflege (→Wiese) eine Lockerung der Oberfläche zu deren besseren Durchlüftung und Beseitigung von Moos und Maulwurfhaufen. K.-R. Schultz-Klinken

Lit.: →Ackergeräte.

Eggenburg, Stadt im n. Niederösterreich. Die »E.-Bucht« ist der Übergang vom Weinviertel zum Waldviertel; 329 m NN. Nach Streufunden aus dem Paläolithikum Besiedlung seit dem Neolithikum (Funde im Krahuletzmuseum). Vor 1200 wurde neben dem 1111 genannten »Windischendorf« auf einem 1051 dem Babenberger Adalbert geschenkten Grund von dem um 1125 gen. Ministerialen Egino eine »Burgstadt« gegründet. Die damals angelegte und im 15. Jh. verstärkte Mauer, die 17/18 ha umschloß, mit 3 Toren ist weitgehend erhalten. Die um 1100 angelegte Burg und die 1180 extra muros genannte Stefanskirche (got. Chor 1330), ein Dreiecksplatz, seit ca. 1250 ein quadrat. Marktplatz waren Zentren des mit Marktrecht ausgestatteten, 1277 oppidum und 1313 civitas genannten Ortes. 1277 verlieh ihm →Rudolf I. Wiener Recht, seit 1280 übte der 1268 genannte Stadtrichter die hohe Gerichtsbarkeit aus. Im 15. Jh. (1411, 1422?, 1425, 1465, 1468, 1472) wurden in E. Landtage abgehalten, 1323/32 war es ein Böhmen verpfändet, 1486/90 von →Matthias Corvinus besetzt. Als Ackerbürgerstadt mit Weinbau erhielt es 1301 Wochenmärkte (»E.-Metzen«), 1340 und 1428 Jahrmärkte, seit 1330 bestand Straßenzwang. Um 1500 ist von ca. 1000 Einw. auszugehen. Das St. Martin-Spital wird 1299, eine Schule 1301 genannt; 1460 wird ein Franziskanerkloster gegründet. Die Pfarrer von E. waren mehrmals landesfürstl. Kanzler oder Schreiber. K. Gutkas

Lit.: L. BRUNNER, E., Gesch. einer niederösterr. Stadt, 1933 – F. SCHÄFFER, E. und das Krahuletzmuseum, 1964 – Österr. Stb. IV/1 [ersch. 1987/88; E. GOLDMANN – H. STEKL].

Egica, Kg. des →Westgotenreiches, † 702, war wohl mit Kg. →Wamba verwandt; ⚭ Cixilo, eine Tochter Kg. →Ervigs, der ihn todkrank am 14. Nov. 687 zum Nachfolger designierte. E. trat am folgenden Tag die Regierung an. Zur Sicherung seiner bedrohten Herrschaft – eine Rebellion vertrieb ihn sogar aus Toledo – verfolgte er eine adelsfeindl. Politik mit Verurteilungen und Güterkonfiskationen. Diesem Ziel diente auch seine Gesetzgebung, die außerdem, ebenso wie Beschlüsse der Reichskonzilien von 693 und 694, die Zwangsbekehrung der Juden erstrebte. Kämpfe gegen die Franken (Aquitanier?) verliefen erfolglos. E.s 694/695 zum Mitregenten erhobener Sohn →Witiza führte in den letzten Jahren des altersschwach gewordenen Kg.s die Regierungsgeschäfte. D. Claude

Lit.: L. A. García Moreno, Las invasiones y la época visigoda. Reinos y condados cristianos (Hist. de España, hg. M. Tuñón de Lara, 2, 1981), 367-374.

Egidius (s. a. Aegidius, Gil, Gilles)

1. E., Bf. v. Reims →Reims

2. E. v. Assisi, * 1190 in Assisi, † 1262 in Perugia, ⊐ in Monteripido (Perugia). Nach seiner aufgrund des Zeugnisses von →Salimbene de Adam Bruder →Leo zugeschriebenen Vita erlebte er am St. Georgstag (23. April) 1209 seine Conversio und wurde der dritte Gefährte des hl. →Franziskus. Ein schlichter, sanftmütiger, arbeitsamer und heiterer Mann, wurde er vom hl. Franziskus »der reinste Ritter der [seiner] Tafelrunde« genannt und scheint den Prototyp des Franziskanertums der Anfänge zu verkörpern, so wie ihn die Rigoristen innerhalb des Ordens gern darzustellen pflegten. In E.' Leben wechselten zahlreiche Pilgerfahrten (nach Compostela, zum Gargano, zu S. Nicola in Bari, nach Jerusalem und Rom) mit Perioden ab, in denen er als Eremit in der Nähe von Assisi lebte (1215-19) oder als Missionar in Tunesien wirkte (1219-20). Von diesem Zeitpunkt an bis zu seinem Tode lebte E. von der Welt zurückgezogen zuerst in verschiedenen Orten, seit etwa 1234 in Monteripido. Er starb im Ruf der Heiligkeit, wozu nicht zuletzt die myst. Visionen seiner letzten Jahre beigetragen hatten. Um zu verhindern, daß der verehrte Leichnam anderswohin verbracht wurde, ließen die Einwohner von Perugia E. während seiner letzten Stunden von einem Trupp Soldaten bewachen. Sein Kult wurde erst 1777 bestätigt.

In seiner Biographie werden – ebenso wie in den ihm zugeschriebenen Dicta – neben der Demut und Geduld auch eine kompromißlose Liebe zur Armut gepriesen (die ihn u. a. dazu geführt haben soll, die von Frater →Elias betriebene Errichtung der Basilika von Assisi schärfstens zu mißbilligen), sowie das treue Festhalten an der Entscheidung des hl. Franziskus, den Lebensunterhalt durch eigener Hände Arbeit zu verdienen. G. Barone

Ed.: Vita (kürzere und ältere – ca. 1270 entstandene – Rezension), ed. W. Seton, The Blessed Giles of Assisi, 1918, 52-89; längere und spätere Rezension: Analecta Franciscana III, 1897, 74-115 – I Dicta b. Egidii, a cura di G. Menge, Bibliotheca Franciscana Ascetica Medii Aevi 3, 1939² – *Lit.:* Repfont IV, 286-287 – DSAM VI, 379-382 – EncDant II, 635-636 – Bibl. SS IV, 960-961.

Egilbert. 1. E., Bf. v. →Freising 1005-39, Herkunft unsicher; nach jüngerer Freisinger Überlieferung aus dem Geschlecht der Gf.en v. →Moosburg. Gekennzeichnet ist E.s Familie jedenfalls durch Nähe zum Hzg. und späteren Kg. →Heinrich II. E.s Bruder war Truchseß Heinrichs II. und noch im Jahr von dessen Krönung wurde E. Vizekanzler für Deutschland und Italien. E. ist in fast 100 Diplomata des Kg.s als dessen ständiger Begleiter bezeugt.

Als am 6. Mai 1005 Bf. Gottschalk v. Freising starb, präsentierte Heinrich II. sofort seinen Kanzler als dessen Nachfolger, nicht ohne Widerstand in Freising. Ordination: 26. Aug. 1005. Auch als Bf. behielt E. den engen Kontakt zur Reichspolitik. Er scheint großen Einfluß auf Heinrich II. und dessen Nachfolger Konrad II. ausgeübt zu haben, wird auch als »Erzieher« Kg. Heinrichs III. bezeichnet. E. erlangte für das Bm. Freising eine Reihe ksl. Gunstbeweise (bes. Besitz in Niederösterreich, Steiermark und Kärnten).

E. nahm sich in gleicher Weise seiner Diöz. an. Er gab dem Stift Weihenstephan (→Freising) seine Selbständigkeit, und wandelte es in ein Benediktinerkl. um. 1027 konnte er die Abtei →Moosburg wieder gewinnen. Auch an der Erneuerung des Kl. →Benediktbeuern ist E. mitbeteiligt. E. förderte ebenso die Freisinger Dombibliothek. Dieser ausgeprägte Vertreter der otton.-sal. →Reichskirche wird in Freising als Sel. verehrt. W. Störmer

Q.: MGH DD H II, K II, H III – Th. Bitterauf, Die Traditionen des Hochstifts Freising II, 1909, nrr. 1359-1441 – Conradus Sacrista, Ex libro traditionum Frisingensium, MGH SS 24, 321f. – J. Schlecht, Die dt. Freisinger Bf.s-Chronik I (14. Sammelbd. des Hist. Vereins Freising, 1925), 28ff. – *Lit.:* H. Bresslau, JDG K. II., Bd. 2, 137f. – S. Hirsch, JDG H. II., Bd. 2, 249ff. – E. Steindorff, JDG H. III., Bd. 1, 32ff. – H. Strzewitzek, Die Sippenbeziehungen der Freisinger Bf.e im MA, 1938, 165f. – B. Uhl, Die Traditionen des Kl. Weihenstephan, 1972, Einl.

2. E., Ebf. von Trier seit dem 6. Jan. 1079, † 3. Sept. 1101, ⊐ Trier, Dom. E. stammte aus bayer. Adel (Abstammung von den Gf.en v. →Ortenburg ungeklärt). Als Dompropst v. →Passau trat er in scharfen Gegensatz zu Bf. →Altmann v. Passau, der zusammen mit Ebf. →Gebhard v. Salzburg die gregorian. Partei in Bayern vertrat. E. erweist sich so als Mitglied jener bayer. Adelsgruppe, die Kg. →Heinrich IV. im →Investiturstreit Rückhalt bot und ihm mit starken Aufgeboten militärisch beistand. In diesen Kontext fügt sich die Investitur E.s zum Ebf. v. Trier, die Heinrich IV. am 6. Jan. 1079 in Trier vornahm, nachdem er allen Kandidaten des Trierer Wahlklerus den Konsens versagt hatte (Gesta Trev., Cont. I). Je nach Parteistandpunkt schildern die Quellen die Wahl E.s als einmütig oder zwiespältig bzw. als Werk einer kraft kgl. Drucks dominierenden Minderheit. Die komplexe Situation beleuchtet die Tatsache, daß E. erst 1084 konsekriert wurde. 1085 übersandte ihm der Gegenpapst Clemens III. das Pallium. E.s Mitwirkung in der Reichspolitik war unauffällig, jedoch stetig und nachhaltig. Als verläßl. Anhänger Heinrichs IV. behauptete er seinen Platz in der Führungsgruppe des prosalischen Episkopats. Heinrich IV. übertrug ihm die ehrenvolle Aufgabe, Hzg. →Vratislav II. von →Böhmen zu krönen (1086). Seine Metropolitangewalt blieb ineffektiv. Dem Erzstift Trier wandte er eine ausgeprägte Fürsorge zu, die insbes. Kl./Stifte (St. Eucharius, St. Irminen, St. Martin, Simeonstift) begünstigte. Seine Haltung in der großen Judenverfolgung 1096, bei der er für die Juden eintrat und sie schützte, bezeugt, angesichts eigener Bedrohung, einen entschiedenen Charakter. Biographie und weiteres Wirkungsfeld E.s bedürfen – unter Abwendung von Voreingenommenheiten und fragwürdigen Plausibilitätskonstruktionen der bisherigen Forschung – erneuter, durchgreifender Bearbeitung. A. Heit

Q. und Lit.: MGH SS V, VI, VIII (Gesta Trev.; Add. et Cont. I), IX, XIII, XV, 2, XVII, XXIII, XXX, 1 – MGH Lib. de lite, I, II – MGH DD VI (H. IV.) – Jaffé, BRG II, 1865; V, 1869 – Ch. Brower-J. Masen, Antiqu. et Ann. Trev., XII, 1670 – Prodromus Hist. Trev. II, 1757 – UB zur Gesch. der (...) mittelrhein. Territorien, ed. H. Beyer, I, 1860; II, 1865 – A. Goerz, Reg. der Ebf.e zu Trier, 1861 – Ders., Mittelrhein. Reg. I, 1876 – Reg. zur Gesch. der Juden im frk. und dt. Reiche bis z. J. 1273, bearb. J. Aronius u. a., 1887-1902 – ADB V, s.v. – NDB IV, s.v. – G. Meyer v. Knonau, JDG H. IV. und H. V., I, III-V, VII, 1890-1909 – A. Tille, Die Benediktinerabtei St. Martin bei Trier, 1900 – K. Löhnert, Personal- und Amtsdaten der Trier. Ebf.e des 10.-15. Jh., 1908 – R. Martini, Die Trier. Bischofswahlen von Beginn des 10. bis zum Ausgang des 12. Jh., 1909 – H. Fischer, Die verfassungsrechtl. Stellung der Juden in den dt. Städten während des 13. Jh., 1931 – N. Irsch, Der Dom zu Trier, 1931 – N. Gladel, Die trier. Ebf.e in der Zeit des Investiturstreites, 1932 – J. Heydenreich, Die Metropolitangewalt der Ebf. e v. Trier bis auf Balduin, 1938 – Th.

ZIMMER, Das Kl. St. Irminen-Oeren in Trier, 1955 – F. PAULY, Aus der Gesch. des Bms. Trier, II, 1969.

Egill Skallagrímsson, bedeutendster isländ. →Skalde des 10. Jh. Seine in ihrer hist. Zuverlässigkeit lange überschätzte Saga (»Egils saga Skallagrímssonar«) ist deutlich literarisch geformt, mag aber auch alte Familientraditionen bewahren. Der häßliche Egill erscheint in ihr als ein durch Stärke und unbeherrschte Wildheit Menschenmaß fast übersteigender Kämpfer und rücksichtsloser Egozentriker, aber auch als treuer Freund und zu starken Gefühlen fähiger Vater und Bruder. Der Realismus der Darstellung und Einschläge von Magie laden zu psychologisierenden Erklärungen ein. Die ca. 150 Jahre und weite Räume umspannende Handlung entfaltet v. a. durch zwei Generationen in zwei parallelen Durchgängen den Konflikt der Nachkommen Kveld-Úlfs mit dem eine neue Staatlichkeit durchsetzenden norw. Königshaus (→Norwegen), auch vermittelnde Freunde und die in den Königsdienst tretenden Brüder können ihn nicht ausgleichen. Vehikel dafür sind nach der Ansiedlung in Island Egils Besitzsprüche in Norwegen, die er auf langen Auslandsreisen durchsetzt. Auf Island konzentriert sich nur der stärker ins Episodische abgleitende, den Verfall des Achtzigjährigen und seine gelegentlich sich aufbäumende Rücksichtslosigkeit schildernde Schlußteil; er mündet mit Egils ungeliebtem Sohn Þorsteinn in eine neue Zeit.

Die Egilssaga ist mit einem Fragment aus der Mitte des 13. Jh. die älteste schriftlich bezeugte Isländersaga, die durch ihr untypisches Thema und ihr Interesse für politisch-pragmat. Zusammenhänge den Königssagas, v. a. der →Heimskringla, nahe steht. Sie muß in Westisland entstanden sein. Seit langem schreibt man sie daher gern →Snorri Sturluson zu und gibt ihr eine Schlüsselstellung in der sich ausbildenden Kunstform der→Saga. Die traditionelle Datierung auf das Ende der 1220er Jahre wird neuerdings um ein Jahrzehnt heruntergerückt.

Die Überlieferung von E.s Dichtung ist nahezu ausschließlich an die Saga gebunden. In ihre Handlung integriert sind 48→*lausavísur*, von denen ein Teil sicher unecht und viele umstritten sind. Zumindest teilweise zeigen sie eine deutliche Eigenprägung: Die Kenningsprache (→Kenning) wird zu korrespondierender Bildlichkeit gesteigert, das selbstbewußte Ich drängt sich oft sarkastisch und den Affekt herauswölbend hervor. Da die Prosa die großen Gedichte nur knapp zitiert, sind von zwei Schildgedichten des alten E. und einer Drápa auf →Æthelstan (wohl 937) nur wenige Zeilen erhalten. Zwei der drei Haupthandschriften fügen unabhängig voneinander aus mündlicher Überlieferung die »Hǫfuðlausn« ein. E.s Haupteslösung bei dem nach York vertriebenen→Erich I. Blutaxt (wohl 948) ist durch die »Arinbjarnarkviða« verbürgt, der Sagabericht kann aber nicht historisch sein. Diese→Drápa ist das älteste vollständig erhaltene Fürstenpreislied (→Hofdichtung). Sein Preis des Kg.s als Krieger bleibt ganz unpersönlich, er wirkt v. a. durch den nach westl. Vorbild dem→*fornyrðislag* hinzugefügten Endreim (→Vers- und Strophenbau). In jeweils einer Haupthandschrift sind sonst noch mehr oder weniger vollständig und verderbt zwei Gedichte im *kviðuháttr* erhalten, Gipfelleistungen einer hier expressiven, stark persönlich durchglühten Skaldik. Nach der Saga soll E. 962 seinem alten Freund Arinbjǫrn ein Preislied als Dank gewidmet haben; ags. Einflüsse könnten aber auf eine frühe Entstehung deuten. Im »Sonatorrek« (961) wird dann einmal skald. Formkunst zum Mittel subjektiver Selbstvergewisserung. Der alte E. bäumt sich ohnmächtig gegen den Verlust seiner Verwandten auf und findet nach tastendem Anfang in der Dichtung, der Gabe des treulosen→Óðinn, zu sich selbst. Hinter der romantischen Situationsschilderung der Saga meint man noch alte religiöse Praktiken zu finden.　　　　　　　　　　　　　　H. Schottmann

Ed.: S. NORDAL, Egils saga Skalla-Grímssonar, 1933 [Neudr. 1955] – O. NORDLAND, Hǫfuðlausn i Egils saga, 1956, 159–205 – Ó. M. ÓLAFSSON, Sonatorrek, Andvari 1968, 133–200 – E. O. G. TURVILLE-PETRE, Scaldic Poetry, 1976, 15–41 [Sonatorrek u. lausavísur] – *Übers.:* K. SCHIER, Die Saga v. Egil, 1978 [Komm. und Bibliogr.] – *Bibliogr.:* K. SCHIER, Sagaliteratur, 1970 – L. M. HOLLANDER, A Bibliogr. of Skaldic Stud., 1958 – *Lit.:* vgl. bei K. SCHIER, 1978 – Repfont IV, 287–289 [Hss., Ed., ält. Lit.] – TH. BREDSDORFF, Kaos og kærlighed, 1971, 13–39 – K. ALBERTSSON, E. Sk. í Jórvík, Skírnir 150, 1976, 88–98 – BJ. EINARSSON, Fólgið fé á Mosfelli (Sjötíu ritgerðir [Festschr. J. BENEDIKTSSON, 1977]), 100–106 – J. KRISTJÁNSSON, Egils saga og konungasǫgur (ebd.), 449–472 – C. J. CLOVER, Skaldic Sensibility, ANF 93, 1978, 69–81 – R. WEST, Snorri Sturluson and Egils saga, Scand. Stud. 52, 1980, 163–193 – A. WOLF, Zum Bau der Egilssaga (Sprache–Text–Geschichte, hg. P. K. STEIN, 1980), 695–732 – J. S. SØRENSEN, Komposition og værdiunivers i Egils saga, Gripla 4, 1980, 260–272 – M. A. BERMANN, Egils saga and Heimskringla, Scand. Stud. 54, 1982, 21–50 – BJ. FIDJESTØL, Det norrøne fyrstediktet, 1982 – H. LIE, Om sagakunst og skaldskap, 1982, 5–108, 168–178, 284–290 – TH. KRÖMMELBEIN, Skald. Metaphorik, 1983, 130–169, 251–253 [Sonatorrek] – Sv. BERGSVEINSSON, Tveir höfundar Egils sǫgu, Skírnir 157, 1983, 99–116.

Egino. 1. E., Bf. v. →Verona, * ca. 720, † 26./27. Febr. 802, gehörte zu einer Reihe alem. Großer, die nach der Eroberung des langob. Reiches (→Langobarden) durch Karl d. Gr. i. J. 774 zusammen mit Franken, Bayern und Burgundern als Amtsträger des karol. Reiches in Oberitalien gewirkt haben. E. entstammte vermutl. der bedeutenden Adelssippe der Bertholde (→Alaholfinger), deren Mitglied Wolvene etwa zur selben Zeit wie E. die Gft. Verona verwaltete. Über E.s Tätigkeit in Verona ist wenig bekannt. Er hat das Bischofsamt nach 790 erst in hohem Alter übernommen, ihm folgte sein Kapellan Ratold, gleichfalls alem. Herkunft wie auch die zwei nächsten Veroneser Bf.e Noting und Billung. E. kann als gebildeter und kunstsinniger Mann gelten: Er hat u. a. in Verona den berühmten →Egino-Codex in Auftrag gegeben. 799 weihte E. auf der→Reichenau die Kirche St. Peter (das heut. Niederzell), die er nebst einer Zelle mit Erlaubnis Waldos, des Abtes des Inselkosters und Bf.s v. Pavia, mit großem Aufwand hat errichten lassen, um sich hierher in seine Heimat zurückziehen zu können. Wie andere Bf.e seiner Zeit hat E. die persönl. Verbindung zur Abtei Reichenau gesucht und diese mit Grundbesitz an der oberen Donau und wertvollen Codices beschenkt. Ob E. bereits 799 resigniert und fortan auf der Insel gelebt oder sein Bischofsamt bis 802 bekleidet hat, muß offenbleiben. Jedenfalls wurde er in seiner Stiftung Niederzell im Chor der Kirche bestattet; sein Grab war in der Folgezeit Stätte eines Kultes von lokaler Bedeutung.　　　　　Th. Zotz

Lit.: NDB IV, 338f. [Q. und Lit.] – G. TELLENBACH, Der großfrk. Adel und die Regierung Italiens in der Blütezeit des Karolingerreiches (Stud. und Vorarb. zur Gesch. des großfrk. und frühdt. Adels, hg. DERS., 1957), 52ff. – E. HLAWITSCHKA, Franken, Alemannen, Bayern und Burgunder in Oberitalien (774–962), 1960 – F. HOFFMANN, W. ERDMANN, A. CZARNETZKI, R. ROTTLÄNDER, Das Grab des Bf.s E. v. Verona in St. Peter und Paul zu Reichenau-Niederzell (Die Abtei Reichenau, hg. H. MAURER, 1974), 545–575.

2. E., Abt v. St. Ulrich und Afra in →Augsburg 1109–1120, † 1120 in Pisa. Seine Vita ist durch seinen Nachfolger Abt Udalschalk überliefert. E., der Anhänger der cluniazens. Reformbewegung war, wurde 1109 vom Konvent zum Abt gewählt. Seine Amtszeit war geprägt vom Investiturstreit. Als Parteigänger des Papstes befand er sich im Gegensatz zum kaisertreuen Bf. →Hermann v.

Augsburg, der ihn vertrieb und einen Gegenabt einsetzte. – Überliefert sind vier im Exil verfaßte Briefe E.s an die in Augsburg zurückgebliebenen Mönche und an die Bürgerschaft der Stadt. Er ruft darin zum Gehorsam auf und verteidigt seine Position als rechtmäßig. Die Briefe zeigen die tiefe Spaltung des Konvents, geben aber auch Aufschluß über einzelne Klosterämter. E. starb 1120 in Pisa auf der Rückreise von Rom. B. Hagel

Q.: Uodalscalcus, De Eginone et Herimanno, ed. PH. JAFFÉ, MGH SS XII, 429–448 – Lit.: A. STEICHELE, A. SCHRÖDER, F. ZOEPFL, Das Bm. Augsburg hist. und statist. beschrieben, 2–9, 1864ff. – N. HÖRBERG, Libri sanctae Afrae, St. Ulrich und Afra zu Augsburg im 11. und 12. Jh. nach Zeugnissen der Klosterbibliothek, 1983, 232–236, 256–260.

Egino-Codex (Berlin, Dt. Staatsbibl. Ms. Phill. 1676), ein von mehreren Händen in karol. Minuskel geschriebenes Homiliar (309 Bl., 39 × 31 cm), das von Bf. →Egino v. Verona nach dem Text der Predigtsammlung des →Alanus v. Farfa zusammengestellt wurde. Laut Dedikationsinschrift (23v) handelt es sich um ein von Egino für die Kathedrale von Verona bestelltes Exemplar, das während seiner Amtszeit (796–799) in Verona geschrieben worden ist. Der Buchschmuck besteht zum einen aus vier ganzseitigen Deckfarbenminiaturen (mit Gold und Silber) der Kirchenväter Augustinus, Leo (?), Ambrosius und Gregor (18v, 19r, 24r, 25v), die unter Rundbogenarkaden mit Medaillons in den Lünetten dargestellt sind und zum anderen aus über 200 Initialen. Nur die Miniaturen sind mit der Hofschule Karls d. Gr. in Beziehung zu setzen; die Initialen stehen in der Tradition der merow. Buchmalerei mit Parallelen in oberit. und v. a. südostdt. Hss. Zu Beginn des 11. Jh. befand sich die Hs. in St. Vincent in Metz, 1764 in der Meerman- und 1824 in der Phillipps-Slg., aus der sie 1887 in die Kgl. Bibl. in Berlin gelangte.
K. Bierbrauer

Lit.: J. KIRCHNER, Die Heimat des Eginocodex, AU 10, 1926, 111–127 – DERS., Die Phillipps-Hss. (Beschreib.Verz. der Miniaturen-Hss. der Preuß. Staatsbibl. zu Berlin I), 1926, 6–9 mit Abb. und Farbtaf. – CLA VIII, 1959, Nr. 1057 – Kat. Ausst. Karl d. Gr., Aachen 1965, Nr. 459 – H. BELTING, Probleme der Kunstgesch. Italiens im FrühMA, FMASt I, 1967, 125ff.

Eginold (Einold, Aginaldus), Abt v. →Gorze 933–967/973. Archidiakon und Leiter (primiscrinius) des Kathedralkapitels v. Toul, entäußerte sich E. seines gesamten Besitzes, um drei Jahre lang im dortigen Kreuzgang als Rekluse zu leben, nur in Begleitung eines Dieners. Er trat mit zwei Anhängern geistl.-monast. Lebensformen in Verbindung, nämlich Johannes v. Vandières und Humbert, einem Reklusen aus Verdun. E. lebte eine Zeitlang gemeinsam mit letzterem, dann mit einer Gruppe und suchte für sich und seine Gefährten Asyl in einem Kl. 933 trat er mit ihnen in Gorze ein, wo er einmütig zum Abt gewählt wurde. Sehr gelehrt »in den weltl. und göttl. Wissenschaften«, wurde E. zum Vorkämpfer der lothr. Klosterreform und blieb Abt bis zu seinem zw. 967 und 973 eingetretenen Tod (nach dem Nekrologien von Gorze und →Senones verstarb E. an einem 18. Aug.). E.s Vita ist verloren; seine Gestalt stand daher im Schatten seines Freundes und Nachfolgers Johannes v. Vandières, dessen Vita uns auch über E. unterrichtet. M. Parisse

Q. und Lit.: Vita Joh. Gorz., MGH SS 4, 344–350 – A. D'HERBOMEZ, Le cart. de l'abbaye de Gorze, 1904, n° 92–110, passim – K. HALLINGER, Gorze-Kluny, 1950/51.

Egisheim, Gf.en v. → Dagsburg, Gf.en v.

Egitania, Bm. → Idaña/La Guarda

Eglofs, Gft. (»Eglofser Freie«). F. L. BAUMANN, der Geschichtsschreiber des →Allgäu, hat seine ein halbes Jahrhundert lang unumstrittenen Theorien über die Dekkungsgleichheit von →Gau und →Grafschaft und die Grafschaftsverfassung der Karolingerzeit auch im *Alpgau* bestätigt gefunden, einer durch wenige Belege des 9. Jh. bezeugten polit. Landschaft westl. und östl. der oberen Iller. In der nach Burg und Dorf E. (Gemeinde Argenbühl, Krs. Ravensburg, Baden-Württemberg) benannten Gft. findet er den karol. Alpgau im 13. Jh. fortgesetzt. 1243 kaufte Ks. Friedrich II. von Gf. Hartmann v. Grüningen die Gft. im Alpgau mit der Burg »Megelolves« für 3200 Mark Silber, wobei die »homines« der Gft. ein Drittel der Kaufsumme selbst bezahlten. In Anknüpfung an eine Königsurkunde von 853, in der nach TH. MAYER und H. DANNENBAUER →»Königsfreie« der Iller-, Augst- und Alpgaues die Grenzen der Kemptener Mark festlegten, erblickte man in ihnen Vorläufer jener »Freien v. Eglofs«, deren Gemeinwesen 1282 das Lindauer Stadtrecht (→Lindau) erhielt und denen Ks. Heinrich VII. 1309 die Unverpfändbarkeit garantierte. Die Freien der Gft. E. waren in drei Gerichtsbezirke gegliedert, um E. selbst sowie im »oberen« bzw. »unteren Sturz« (d. h. in den angrenzenden Herrschaften Rothenfels, Hohenegg und Staufen). Die sonst nur noch einmal genannte Gft. »ze dem Meglofs« findet sich in einer Urk. von 1346; trotz des Verpfändungsverbotes minderten zahlreiche Verpfändungen (1437, 1524) die Rechte der E.er Freien. Insbes. die Reichsstadt →Wangen schränkte ihre Freiheiten ein, was zur aktiven Teilnahme der E.er am Bauernkrieg gegen ihren Pfandherren führte. Ein Rest von Autonomie in Verwaltung und Gerichtsbarkeit blieb bis ins 19. Jh. bestehen (1806 Anfall an Württemberg). H. Schwarzmaier

Lit.: s. Lit. zu →Allgäu, außerdem: U. CRÄMER, Das Allgäu, 1954, 19ff., 29ff. – TH. MAYER, Bem. und Nachtr. zum Problem der freien Bauern, Zs. für württ. Landesgesch. 13, 1954, 63ff. – G. BRADLER, Die Landschaftsnamen Allgäu und Oberschwaben (Göppinger Akad. Beitr. 77, 1973), 62–70 – DERS., Stud. zur Gesch. der Ministerialität im Allgäu (ebd. 50, 1973), 101ff. – Das Land Baden-Württemberg VII, 1978, 661f. – P. BLICKLE, Die E.er Freien, Zs. für württ. Landesgesch. 44, 1985, 105–121.

Egmond, Abtei OSB in den Niederlanden (Prov. Noordholland, nahe Alkmaar), ð →dem Lokalheiligen Adalbert. E. wurde vermutl. von →Dietrich I., Gf.en v. →Holland, ca. 920–930, als Frauenkl. gestiftet. Es ist nicht sicher, ob damals schon eine lokale Adalbertverehrung bestand. Dietrich II. ersetzte die Nonnen durch Mönche aus der kurz zuvor von Gerhard v. Brogne reformierten Abtei St. Peter in →Gent. →Egbert, Ebf. v. Trier, Sohn von Gf. →Dietrich II., beauftragte Rupert v. Mettlach mit der Abfassung einer Adalbert-Vita. E. war Eigenkirche der Gf.en v. Holland, die sie reichl. beschenkten. Zu Anfang des 12. Jh. kam E. unter Einfluß von →Cluny; 1140 übertrug Dietrich VI. E. und die Abtei Rijnsburg dem Hl. Stuhl, worauf Innozenz II. E. in seinen Schutz nahm und eximierte. Kg. →Wilhelm v. Holland erwarb für den Abt 1251 die Pontifikalien. Der Bibliothekskatalog und die Geschichtsschreibung (→Egmonder Annalen) vermitteln einen guten Eindruck vom intellektuellen Niveau der Abtei. Im 12. Jh. hören wir erstmals von einem Klostervogt; als dieser fungierte ein Vorfahr der Herren (später Gf.en) v. Egmond. Die Grenzlage von E. nahe dem feindl. →Friesland förderte den Aufstieg dieses Geschlechts. Im 14. und 15. Jh. machte sich der Einfluß der Herren v. E. auf die Abtei immer stärker bemerkbar; E. wurde in dem Kampf zw. →Hoeken und Kabeljauwen hineingezogen. Eine lange Periode eines geistl. und polit. Niederganges endete erst in Zeit des Niederganges; doch setzte Johann (Jan), Herr v. E., mit Einverständnis des Papstes die Eingliederung von E. in die Reformkongregation von →Bursfelde durch. Es folgte eine Zeit spiritueller und materieller Blüte, bis E. 1573 von den Truppen des Prinzen v. Oranien zerstört wurde. D. P. Blok

Lit.: LThK² III, 673 – P. A. MEILINK, Het archief van de abdij van E., 1951 – J. HOF, De abdij van E. van de aanvang tot 1573, 1973 – E. P. H. CORDFUNKE, Opgravingen in E., 1984.

Egmonder Annalen (Annales Egmundenses), Hauptwerk der intensiven historiograph. Tätigkeit in der Abtei →Egmond. Nach O. OPPERMANN stellt ein Teil des Geschichtswerkes eine Fälschung aus den Jahren 1173–1215 dar; hiermit in Zusammenhang steht ein ganzer Komplex weiterer gefälschter Urkunden. P. A. MEILINK widerspricht jedoch dieser Auffassung in einer Reihe von Punkten und Nuancen. Die E. A. sind in vielen Phasen abgefaßt worden; ein erster Annalist C redigierte i. J. 1173 (nach MEILINK bereits 1150–62) die Nachrichten über die frühere Periode von 640 an sowie den Abschnitt über die eigene Zeit; ein zweiter Annalist verfaßte um 1202 Ergänzungen; ein dritter behandelte die Jahre 1203–1206; viele andere Hinzufügungen führen den Bericht bis 1315 weiter. Der älteste Verfasser verteidigt die Rechte der Abtei, legitimiert die Dynastie der Gf.en v. Holland, schreibt in der Tradition des →Sigebert v. Gembloux, von dem eine Handschrift als Vorlage diente, und benutzt auch die Annalen v. St. Peter in →Gent. In die Behandlung der Zeit ab 1113 fließen mehr eigene Erfahrungen ein. Diese zeichnen insbes. auch die Arbeit des dritten Annalisten aus, bei dem sich die Gattung der Annalen zu einer breit ausgesponnenen Erzählung weitet. W. Prevenier

Ed.: O. OPPERMANN, Fontes Egmundenses, 1933 – *Lit.:* Repfont II, 275 – WATTENBACH-HOLTZMANN I, 4, 686f., 690f. – P. A. MEILINK, Die E.er Geschichtsquellen, 1939 – H. BRUCH, Suppl. (Erg.) zu: J. ROMEIN, Gesch. v. d. Noord-Nederlandsche Geschiedschriving in de middeleeuwen, 1956.

Egressio/Regressio. Die Termini E./R. (Hervorgehen/Zurückgehen), synonym mit egressus/regressus (Hervorgang/Rückgang), descensus/ascensus (Abstieg/Aufstieg), processio/reditio (Hervorschreiten/Rückkehr), participatio/assimilatio (Teilhabe/Verähnlichung) u. ä., entstammen der Philosophie des spätantiken Neuplatonismus und sind für das an dieser Philosophie orientierte Denken des MA von →Johannes Scotus Eriugena und →Honorius Augustodunensis bis →Berthold v. Moosburg und →Nikolaus v. Kues von grundlegender Bedeutung. Die in diesen Termini angezeigte Dynamik eines dialekt. Prozesses nimmt ihren Ausgang von einem absoluten Weltprinzip, dem voraussetzungslos-produktiven Einen, das als Gutes trotz seiner Impartizipabilität die dihäretisch-emanative Bewegung zum Vielen, darüber hinaus die sich weiter ausdifferenzierenden Akte alles Hervorgehenden, des Geistes, der Seele und des Körpers, und schließlich – zur Vollendung eines in sich geschlossenen Kreislaufs – als transmundanes, transpsychisches, superessentielles, superexistentielles und supermentales Telos das Zurückgehen alles Hervorgegangenen, den als Analysis begriffenen assimilativen Aufstieg zu sich selbst als Einem, ermöglicht. Im Prozeß der E. sind für das jeweils Hervorgehende die Momente, sich je nach Vermögen als Konstituiert-Werden, als Sich-Differenzieren und als differenzierte Einheit zu erfassen, konstitutiv. Das Modell des universellen Kreislaufs modifiziert sich somit schon dadurch, daß jedem Hervorgehenden selbst eine immanent-zirkuläre Bewegung eignet, ist gar korrigiert, wenn aus intellektual-mentaler Perspektive Kreis und Linie koinzidieren. Dazu Nikolaus v. Kues: »Et in hoc regressionis progressionis advertito; redit enim sensus in rationem, ratio in intelligentiam, intelligentia in deum, ubi est initium et consummatio in perfecta circulatione« ('Achte nun dabei auf die einzelnen Schritte des Zurückgehens; in einem vollkommenen Kreislauf kehren zurück der Sinn in den Verstand, der Verstand in die Intelligenz und die Intelligenz in Gott, wo sich Anfang und Vollendung finden'; Nicolaus Cusanus, De coni. I 8, n. 36; Ed. Heidelberg. III, 41, 3–42, 6); was der disjungierende Verstand (ratio) jedoch als Kreislauf ansieht, begreift die Vernunft (intellectus) als einen in der Gegenläufigkeit identischen Prozeß:» Unitatem autem in alteritatem progredi est simul alteritatem regredi in unitatem ...« ('Das Fortgehen von der Einheit in die Andersheit ist aber zugleich das Zurückgehen von der Andersheit in die Einheit'; De coni. I 10, n. 53; Ed. Heidelberg. III, 54, 1–2).

Der Schematismus von E./R. ist überwunden, wenn nicht etwa Hervorgehen und Zurückgehen, sondern Hervorgehen und Zurückgegangen-Sein als identisch gedacht werden (die aus ihrem Ursprung hervorgehende Vernunft erkennt dann nicht nur auf ihre Weise, sondern auch auf die Weise ihres Ursprungs; Dietrich v. Freiberg, De int. II 38–40; Opera omnia I, 176, 30–177, 77), wenn ferner das Ich, Inbegriff des menschlichen Seins, so konzipiert wird, daß es nicht aus etwas anderem, sondern einzig aus sich selbst hervorgeht, indem es als Grund seiner selbst (»sache sîn selbes«) voraussetzungsloser Vollzug seiner freien Selbstbestimmung ist (Meister Eckhart, Pr. 52; DW II, 486, 1–506, 4). B. Mojsisch

Lit.: R. KLIBANSKY, The Continuity of the Platonic Tradition during the MA, 1950² – Platonismus in der Philos. des MA, hg. W. BEIERWALTES, 1969 – R. IMBACH, Le (néo-)platonisme médiéval. Proclus latin et l'école dominicaine allemande, RevThéolPhilos 110, 1978, 427–448 – B. FAËS DE MOTTONI, Il platonismo medioevale, 1979 – W. BEIERWALTES, Identität und Differenz, 1980 – B. MOJSISCH, Meister Eckhart. Analogie, Univozität und Einheit, 1983 – K. FLASCH, Einl. zu: Berthold v. Moosburg, Expositio super Elementationem theologicam Procli, Prol. Prop. 1–13, hg. M. R. PAGNONI-STURLESE – L. STURLESE, 1984, XI–XXXVIII – W. BEIERWALTES, Denken des Einen. Stud. zur neuplaton. Philos. und ihrer Wirkungsgesch., 1985.

Eğridir (türk. Form von griech. Akroterion), Stadt in Pisidien (sw. Kleinasien, Türkei), auf der Halbinsel des gleichnamigen Sees. Unter →Qïlïč Arslan III. 1204 erobert, wurde E. zu Beginn des 14. Jh. Hauptort der turkmen. →Ḥamīd Oġullarï-Dynastie. Ein früher Vertreter, Falak ad-Dīn Dündār, bezeichnete die Stadt auf Münzen (1314–15) als Falakābād. Um 1381 an die Osmanen abgetreten, wurde es nach der Eroberung durch die Mongolen von Timur 1403 den botmäßigen →Qaraman Oġullarï überlassen, um 1425 endgültig dem →Osman. Reich einverleibt zu werden. E. birgt wichtige Bauwerke aus allen ma. Epochen. K. Kreiser

Lit.: EI² 2, 691f., 132f. [ḤAMĪD] – B. FLEMMING, Landschaftsgesch. von Pamphylien, Pisidien und Lykien im SpätMA, 1964 [Ind.].

Ehe

A–C. Lateinischer Westen (A. Theologie und Liturgie – B. Recht – C. Ehe in der Gesellschaft des Mittelalters) – D. Byzantinisches Reich, ost- und südosteuropäischer Bereich – E. Judentum – F. Arabisch-islamischer Bereich

A–C. Lateinischer Westen:
A. Theologie und Liturgie
I. Biblisch-theologisch-sakramentale Eheauffassung – II. Liturgie – III. Stellung zur Ehe bei den hoch- und spätmittelalterlichen Häretikern.

I. BIBLISCH-THEOLOGISCH-SAKRAMENTALE EHEAUFFASSUNG: [1] *Biblisches Fundament:* Die Aussagen der Hl. Schrift (→Bibel, B) waren im FrühMA (auch) für die christl. Sicht der E. maßgebend. V. a. die in den Evangelien (Mt 19, 1–12; Mk 10, 1–11) nachdrückl. unterstrichene Einbindung der E. in den göttl. Schöpfungsakt (Gen 1, 27; 2, 18–24) und ihre damit zugleich gegebene Signifikanz im

Hinblick auf das Gott-Mensch-Verhältnis weisen der christl. E. eine herausragende Bedeutung zu (s. 1 Kor 7,1-6). Hier nämlich wird die ehel. Vereinigung der Getauften (vgl. 1 Kor 7,39) zugleich als das Mysterium erkennbar, in dem sich – im Bund Jahwes mit Israel atl. vorgezeichnet (vgl. Hos 1 u. ö., Jer 2 u. 3, Ez 16 u. 23; Jes 54,62) und in Jesus Christus vollendet (vgl. Eph 5,32) – die liebende Vereinigung Gottes mit der Menschheit abbildet. Deshalb darf die E. auch nicht geschieden werden (Mk 10,9; vgl. 1 Kor. 7,10).

[2] *Patristische Akzente:* Der hohen Wertschätzung der E., die sich in der frühen Kirche vornehml. in seelsorgl. Anweisungen und pastoralen Belehrungen widerspiegelte – »die rechtliche Kontrolle über die Eheschließung bliebe Sache 'des Reiches'« (J. VENETZ) –, entspricht eine lehrmäßige Durchdringung, welche gründend auf dem bibl. Zeugnis im Blick auf Herkunft und Zeichenhaftigkeit der E. v. a. ihre Einheit und Unauflöslichkeit herausarbeitet. Daneben gewinnt – bereits von Paulus (s. o.) vorgezeichnet und von hellenist.-dualist. Strömungen begünstigt – auch jener Akzent an Gewicht, der die Konkupiszenzlehre, d. h. die theol. Aussagen über die von der Erbsünde betroffene Sexualität des Menschen der Ehelehre unmittelbar zuordnet. Diese Ambivalenz in der patrist. Beurteilung christl. E. findet bei →Augustinus ihre folgenreichste Ausgestaltung. Er sieht zum einen die christl. E. als ein hohes Gut an. Sie adelt die naturgewollte menschl. Fruchtbarkeit, indem sie als »sacramentum« die in Christus Fleisch gewordene Bundestreue Gottes »im Fleisch des Menschen« (J. RATZINGER) ist. Zum anderen aber begibt sich Augustinus unter dem Einfluß des stoischen Ataraxie-Ideals »der Möglichkeit einer positiven Wertung der Geschlechtlichkeit als solcher« (TH. SCHNEIDER). Die E. hat als »remedium concupiscentiae« den Zweck, das »fleischliche Begehren« in den rechten Schranken zu halten. So wird für Augustinus in sich sündhaftes Tun durch die E. sittlich gerechtfertigt.

[3] Der *frühscholast.* Theologie gelingt eine gültige Ausformung der Ehelehre, indem sie das bibl. Fundament und die patrist. Akzente in ein vertieftes Verständnis von »Sakrament« einbringt. Dabei ist zum einen die Überzeugung der it. Frühscholastik von Bedeutung, die Sakramentalität der E. liege in der priesterl. Einsegnung. Wichtiger aber ist zum anderen die Weiterführung der Ehetheologie. Bereits in der Schule des →Anselm v. Laon und →Wilhelm v. Champeaux ist der Verweis auf den Ursprung der E. im Paradies (zugleich Begründung der Sakramentalität auch der sog. »Naturehe«) mit der Betonung ihrer im Heilswerk Jesu Christi begründeten Würde verbunden. Die Einheit von Schöpfungs- und Erlösungsordnung findet in den drei Ehegütern: Nachkommenschaft, Glaube, Sakrament (als Heilmittel) ihr Abbild; denn die E., deren Heiligkeit nicht nur von der Heiligkeit des Schöpfers herrührt, sondern prospektiv auch von der des Erlösers, ist als christl. E. ein »sacramentum Christi et ecclesiae«. →Hugo v. St-Victor greift diesen Gedanken auf: Die E. ist als Liebesbund Medium der Selbstoffenbarung Gottes, und zwar Zeichen sowohl der Verbindung Gottes mit der Seele wie auch zw. Christus und der Kirche. Diese Sicht der E. begründet auch die Entscheidung →Hugos v. St-Victor im aktuellen theol.-kanonist. Streit darüber, was die E. zur E. mache, die »carnalis commixtio« oder der Konsens der Ehegatten. Auch wenn die geschlechtl. Vereinigung dem Ehebund die Einheit und Unauflöslichkeit zuträgt, ist die E. doch primär Sakrament im Konsens der Ehegatten, welcher die Verbindung Christi mit der Kirche bezeichnet, die durch die Liebe geschieht. Während also in rechtl. Kontext – verbunden mit der Fixierung der kirchl. Eheschließung – im Blick auf das Eheband die Sakramentalität der E. mit Verweis auf das NT ontolog. vornehmlich auf ihre Einheit und Unauflöslichkeit gedeutet wird, bleibt für die Ehetheologie von primärem Gewicht, daß die E. als Sakrament die bleibende Zuwendung Gottes bezeichnet. Als Einrichtung, die »von Anfang an« besteht, beweist sie, daß Gottes Liebe zu jeder Zeit den Menschen geprägt, gehalten und erfüllt hat. Diese positive Sicht der E. gewinnt v. a. durch das Erstarken der →Katharer und →Albigenser an Gewicht, welche die E. als Quelle allen Übels rigoros ablehnen. Dagegen stellt die frühscholast. Theologie in apologet. Entgegnung v. a. die von Christus bezeugte Würde der E. heraus, wie v. a. die Aussagen des Robertus Pullus (MPL 186, 167 C/169 B), des →Alanus ab Insulis (L. de fide c., MPL 210, 365ff.) und des →Radulfus Ardens (hom., MPL 155, 1742-1745) beweisen. Weil im Schöpfungswerk Gottes begründet, bedurfte es keiner neuen Einsetzung der E. durch Christus: Er hat die E. vielmehr bei der Hochzeit zu Kana approbiert, d. h. als ein auf ihn hin bestehendes Heilszeichen bestätigt. Diese positive Sicht der E. behält bis zum Ausklang der Frühscholastik Gültigkeit, wie u. a. die »Summa de sacramentis totus homo« (Ed. BETTY, 129ff.) und →Präpositinus (Cod. Vat. lat. 1174, fol. 63 ra) bezeugen. Allerdings verhindert bis an die Schwelle der Hochscholastik (Wilhelm v. Auxerre) das Erbe der augustin. Ehelehre mit ihren negativen Implikationen (vgl. z. B. Petrus Abaelard, Ep. theol. 28, MPL 178, 1738), daß der E. auch der wirkmächtige Beistand des Hl. Geistes zugesprochen, sie also als gnadenvermittelndes Sakrament angesehen wird. Desungeachtet wird die E. aber – im Unterschied zu anderen Gnadenzeichen, wie dem der Königssalbung und der Weihe der Jungfrauen, die als kirchl. Stand der Verhältnis Christi zu seiner Kirche direkt ausdrücken – zu den Sakramenten der Kirche gerechnet. Das bringt – neben →Robert v. Melun – →Petrus Lombardus in bes. Klarheit zum Ausdruck (Coll. 1 Kor, MPL 191, 1586).

[4] *Hochscholastische Ergänzungen:* →Guido v. Orchelles bietet für die Ehelehre einen bemerkenswerten Übergang zur Hochscholastik. In seinem »Tractatus de sacramentis« (ed. V. D. EYNDE, 200, Z. 6ff.) deutet er – unbeschadet des Paradiesursprungs der E. – die Sakramentalität der E. streng christologisch. Aus der Verbindung der Herzen der Partner heraus ist die E. Zeichen der Einigung der gläubigen Seele mit Christus und aus derjenigen der beiden Körper ist sie Zeichen der Einheit der beiden Naturen in Christus, worin die Verbindung Christi mit der Kirche abgebildet ist.

Hat die E. also in der Frühscholastik ihren festen Platz unter den (7) Sakramenten der Kirche gefunden, so bleibt es der Hochscholastik vorbehalten, der Ehetheologie das noch fehlende Moment der Gnadenwirksamkeit auch dieses Sakramentes einzufügen. Über →Alexander v. Hales, der hier zunächst eher pragmatisch argumentiert, →Bonaventura und →Albert d. Gr. führt der Weg zu →Thomas v. Aquin, der in »Contra gentiles« die E. ausdrückl. zu den gnadenvermittelnden Heilszeichen des Neuen Bundes rechnet. Das Konzil v. Lyon (1274) bringt hier schließlich die endgültige lehramtl. Bestätigung (DENZINGER-SCHÖNMETZER, 860). W. Knoch

Lit.: Mysterium Salutis 4/2, 1973, 422-439 – Sacramentum mundi I, 1967, 968-971 – E. SCHILLEBEECKX, Het Howelijk, 1963 – H. GREVEN-J. RATZINGER, Theologie der E., 1969 – TH. SCHNEIDER, Zeichen der Nähe Gottes, 1979, 278-288 – W. KNOCH, Die Einsetzung der Sakramente durch Christus, BGPhMA, NF 24, 1983.

II. LITURGIE: Im Unterschied zu den Ostkirchen (→ Abschnitt D. I) bildet sich im Abendland eine Trauungsliturgie erst seit dem 12. Jh. nach und nach in starker regionaler Verschiedenheit aus. Die späte Entstehung hängt damit zusammen, daß die westl. Theologie den altröm. Grundsatz übernahm, der Konsens begründe die Ehe. Im Gefolge älterer regionaler Synoden verbot das 4. →Laterankonzil (1215; Const. 51: COD 234) wegen der Gefahr der Ungültigkeit heimliche (klandestine) Eheschließung, ohne sie generell als ungültig zu erklären; gefordert wurde nur die Bekanntgabe einer bevorstehenden Eheschließung im Gottesdienst, keine liturg. Form des Konsensaustausches. Erst das Konzil v. Trient beschloß die »Formpflicht« als Bedingung der Gültigkeit (Dekret »Tametsi«, 11. Nov. 1563: DENZINGER–SCHÖNMETZER, 1813). Doch ist bezeichnend, daß eben zu Beginn des 13. Jh. erste Trauungsliturgien entstehen.

Vorform einer »Eheliturgie« war im *gallischen* und *keltischen* Bereich eine priesterl. Segnung der Brautleute »in thalamo« (Brautgemach; Text: RITZER, 354f.).

In *Spanien* und z. T. Südwestfrankreich wurde die Segnung des Brautgemachs durch Elemente aus der häusl. Verlobung und Antrauung erweitert (sicher früher als in Hss. des 11. Jh. bezeugt) (RITZER, 353–364; ergänzend STEVENSON, 47–63): Verlobungsgabe (arra) des Bräutigams, Meßformular mit Segnung beider Brautleute unter Verhüllung der Braut (Haupt) und des Bräutigams (Schulter), Übergabe der Braut an den Bräutigam durch den Priester (vorher Übergabe an ihn durch den Brautvater), gebietsweise auch Austausch von Ringen, aber noch kein liturg. Konsensaustausch.

Im *Bereich der Liturgie Roms* (zunächst nur der Kirchenprovinz) wurde nach drei differierenden Quellen des 6.–9. Jh. (Veronense, »Leonianum« genannt, Gelasiana, Gregoriana: Texte RITZER, 345–378) innerhalb einer Messe mit eigenen Orationen allein die Braut durch ein längeres Gebet vor der Kommunion gesegnet, weil nur sie den Schleier empfing (»Velatio nuptialis«) und wohl auch, weil sie die Kirche darstellt, der Bräutigam Christus (vgl. Eph 5,32).

Bei der Übernahme der röm. Liturgie in Frankreich folgte man zunächst dem Gelasianum (der Brautsegen entspricht dem des Veronense), teilweise noch im 10. Jh., seit etwa 800 jedoch mehr und mehr dem Gregorianum-Hadrianum. Nur dessen Brautsegen enthält neben dem auch hier vorherrschenden Bezug auf die E. nach der Schöpfungsordnung und den Paradigmen von Ehefrauen des AT einen kurzen christolog.-ekklesialen Hinweis auf Eph 5,32 (als Lesung ist die des Missale von 1570 Eph 5,22–33 im MA sehr selten anzutreffen). Im 9. Jh. noch vereinzelt, dann häufig ersetzte man, um den Bräutigam einzubeziehen, die Singulare des Schlußsatzes durch Plurale. Manchmal behielt man auch das Gebet des Gelasianums nach der Kommunion (Nr. 1454) bei oder setzte trinitar. Schlußsegen über beide Brautleute ein.

Erste Zeugnisse für die sich seit dem 12. Jh. entwickelnde *eigentliche Trauungszeremonie* stammen aus der Normandie (Ordo von Rennes: EVENOU, 215). Eine umfassende Geschichte der äußerst mannigfaltigen Entwicklung darzustellen, ist nicht möglich. Die erste offizielle röm. Ordnung bietet erst das Rituale von 1614. Es wünscht die Beibehaltung lokaler Gebräuche (VIII, II 6; vgl. Trienter Konzil, »Tametsi«, 1563; DENZINGER–SCHÖNMETZER, 1814).

Zumeist erfolgte die Trauung »in facie ecclesiae« (Trient, a.a.O.), d. h. vor dem Kirchenportal, in manchen Stadtkirchen vor einem »Brautportal« mit entsprechenden Skulpturen. *Hauptelemente* sind unter Einbeziehung von »zivilen« Verlöbnis- und Heiratsriten mit zahlreichen Varianten a) Erfragung des Ehekonsenses; b) Anvertrauung der Braut an den Bräutigam durch den Brautvater, sehr bald durch den Priester, Erklärung der gegenseitigen Annahme mit Handreichung; c) Bestätigung durch den Priester; d) nicht überall, mancherorts vor der Konsenserklärung, Übergabe des Ringes (urspgl. Verlobung), manchmal auch von Münzen, durch den Bräutigam an die Braut, regional (z. B. Spanien) auch der Braut an den Bräutigam, mit Begleitformeln der Brautleute oder des Priesters; e) meist folgen ein Psalm, Psalmversikel oder Oratio(nen), hier und da auch ein Brautkuß, öfter Aspersion mit Weihwasser und Inzensation; f) Einführung in die Kirche; g) »Brautmesse« mit feierl. Segensgebet über die Braut; h) regional am Schluß der Messe, nach ihr, vor dem Hochzeitshaus, auch noch hier und da im Brautgemach (Gebete) ein symbol. Mahl (Brot, Weintrunk).

E. J. Lengeling

Q. und Lit.: J. B. MOLIN–P. MUTEMBE, Le rituel du mariage en France du XIIe au XVIe s., 1974 – K. RITZER, Formen, Riten und religiöses Brauchtum in den christl. Kirchen des ersten Jt., 1982² [verb. und erg.] – K. STEVENSON, Nuptial Blessing. A Study of Christian Marriage Rites, 1982 – J. EVENOU, Le mariage (L'Eglise en prière, hg. A. G. MARTIMORT, III, 1984), 205–208, 214–218 – B. KLEINHEYER, Die Feier der Trauung (Gottesdienst der Kirche, hg. H. B. MEYER u. a. [HbL 8], 1984), 72f., 83–93, 100–110.

III. STELLUNG ZUR EHE BEI DEN HOCH- UND SPÄTMITTELALTERLICHEN HÄRETIKERN: Die geistig-religiöse Unruhe, von der die Menschen im 11. Jh. ergriffen sind, führt u. a. auch zu einer Auseinandersetzung mit dem Problem der E. Orientierungspunkt waren dabei die – zumeist durch Wanderprediger vermittelten – Evangelien, deren Weisungen, ganz ernst genommen, freilich oft in einer von der Kirche nicht mehr zu akzeptierenden Form ausgelegt wurden. Es lassen sich dafür u. a. folgende Beispiele finden: Vermeintl. der Hl. Schrift folgend, verstößt der Bauer Leutard aus Vertus (Diöz. Châlons-sur-Marne), wie →Radulfus Glaber berichtet († 1046/47), seine Frau; in Aquitanien predigt eine Gruppe von nicht näher identifizierten Häretikern, nach dem Zeugnis von →Ademar v. Chabannes († 1034), daß jedermann zur Keuschheit (und damit zur Ablehnung der E.) verpflichtet sei; Häretiker aus Arras verdammen sogar die E. völlig, wie Bf. Gerard v. Cambrai und Arras bezeugt; die Häretiker von Monforte (Piemont) verkünden die Verpflichtung zur Jungfräulichkeit auch in der E., die nur dann erlaubt sei, wenn sie nicht vollzogen werde, wie der Chronist →Landulf v. Mailand (11. Jh.) berichtet; eine andere Gruppe von Häretikern, ebenfalls in Châlons-sur-Marne, verbietet die Eheschließung, wie aus einem Brief des Diözesanbischofs Roger II. († 1065) hervorgeht; und auch die Bauern, die sich 1114 in der Diöz. Soissons um Clementius scharen, verdammen nach dem Zeugnis des →Guibert v. Nogent die Ehe.

Keuschheit und demzufolge Ablehnung der E. bedeuten bei diesen religiösen Bewegungen weniger eine Ablehnung der Fortpflanzung als solcher, wie es später bei den →Katharern der Fall sein wird, als vielmehr die Suche nach einer Lebensform, die es auch den Laien gestattet, unter Vermeidung des Geschlechtsaktes absoluten moral. Rigorismus in der Nachfolge der Evangelien zu leben. Während die Frau des Bauern Leutard ein Opfer des radikalen Evangelismus ihres Gatten wurde, läßt sich in d. Folge bei den verschiedenen gen. Gruppen bereits ein stärkeres Hervortreten der Frauen neben den Männern feststellen. In die entgegengesetzte Richtung geht das Wirken des Mönches→Heinrich v. Le Mans, der versucht, die Prostituierten von Le Mans auf den rechten Weg zurückzuführen und ihnen die Möglichkeit zu geben, sich zu verheiraten. In anderer Hinsicht kämpft er jedoch gegen den Komplex der sich auf die E. beziehenden Gewohnheitsrechte wie der obligator. Mitgift; er wendet sich auch gegen die Konventionsehen und betont, daß das Wesen der E. im gegenseitigen Konsens und in der Unauflöslichkeit liege.

Während für Valdes und die →Waldenser die (ganz im Sinne der kirchl. Ehemoral aufgefaßte) E. nicht nur erlaubt ist, sondern zu den für das ewige Heil hilfreichen Werken gehört, stehen die →Katharer ihr feindlich gegenüber, da die Fortpflanzung dazu beitrage, die Herrschaft des Bösen zu verlängern. Die perfecti waren daher unverheiratet.
E. Pásztor

Lit.: R. Manselli, L'eresia del male, 1980², passim – Ders., Il secolo XII: religione popolare ed eresia, 1983, 27–46, 101–117 [mit Bibliogr.].

B. Recht
I. Römisches Recht – II. Kanonisches Recht – III.–IX. Rechte einzelner Länder (III. Italien – IV. Frankreich – V. Iberische Halbinsel – VI. Germanisches und deutsches Recht – VII. Skandinavien – VIII. England – IX. Irland und Wales).

I. Römisches Recht: Der Jurist Modestinus (3. Jh. n. Chr.) beschreibt E. (nuptiae) als »Verbindung von Mann und Frau, volle Lebensteilhabe, sakrale und rechtl. Gemeinschaft« (D. 23, 2, 1). Rechtmäßig ist nach röm. Zivilrecht diejenige E., die bewirkt, daß in ihr gezeugte Kinder (liberi, eigtl. 'Freie') in der Familie des Mannes unter väterl. Gewalt (patria potestas) stehen: iustum matrimonium (eigtl. 'rechtmäßige Mutterschaft'). In spätröm. Zeit kommt E. durch den übereinstimmenden Willen (Konsens) der Brautleute, ggf. mit Zustimmung ihrer Gewalthaber, zustande – die noch nicht 25jährige Frau braucht seit dem 4. Jh. stets die Zustimmung des Vaters oder der Verwandten. An die Beachtung irgendwelcher Formen ist die Eheschließung nicht gebunden. Der Eheschließung kann ein Eheversprechen (sponsalia 'Verlobung') vorausgehen; es begründet an sich keine Rechtspflicht zur Heirat. Ein indirekter Zwang zur Eheschließung entsteht jedoch, wenn der Bräutigam der Braut eine Verlobungsgabe (arra sponsalicia) gibt, wie das im 4. Jh. üblich wird (→arra). Er verliert nämlich die arra, wenn er das Verlöbnis löst, und die Braut muß im umgekehrten Fall die arra doppelt, zeitweise sogar vierfach zurückgeben. War die Braut bei der Verlobung noch nicht 10 Jahre alt oder wird das Verlöbnis aus wichtigem Grunde (Religionswechsel, Eintritt in ein Kl., Zeugungsunfähigkeit) gelöst, so ist die arra einfach zurückzugeben.

Voraussetzungen einer gültigen E. sind Mündigkeit (→Alter, 1) beider Gatten und röm. Bürgerrecht – das seit dem Jahre 212 alle freien Reichseinwohner haben. Geisteskranke und Kastraten sind nicht ehefähig. Ungültig ist E. zw. Verwandten in gerader Linie, zw. Seitenverwandten bis zum 4. oder, so das justinian. Recht, 3. Grade, also z. B. zw. Onkel und Nichte, und mit dem früheren Ehegatten des Bruders oder der Schwester (incestae nuptiae, 'unreine E.'), dgl. E. zw. Vormund und Mündel, zw. Provinzialbeamten und Einwohnerinnen ders. Provinz sowie, seit dem Jahre 421, E., die gegen das Verbot der Wiederheirat nach Scheidung ohne genügenden Grund eingegangen wurde. Außerdem bestehen Eheverbote, deren Mißachtung Bestrafung und Vermögensnachteile zur Folge hat, nicht aber Ungültigkeit der E.: für Frauen während eines Jahres seit Auflösung einer früheren E. sowie, unter kirchl. Einfluß, für →Mischehen zw. Christen und Juden, für Personen, die ein Keuschheitsgelübde abgelegt oder höhere Weihen empfangen haben, und für E. n zw. Täufling und Paten (cognatio spiritualis, 'geistl. Verwandtschaft').

Die Gatten sind in d. E. rechtl. einander zugeordnet. Deshalb ist es unrichtig, wenn E. als »ein fakt. Verhältnis des sozialen Lebens« bezeichnet wird. Eheleute als solche sind allerdings, auch in der Spätzeit des röm. Rechts, einander rechtl. prinzipiell zu nichts verpflichtet; selbst im justinian. Recht gibt es nur sehr wenige. Unterhaltspflicht höchstens in Ausnahmefällen. Das Recht respektiert aber die zw. Ehegatten bestehenden sittl. Pflichten zu gegenseitiger Treue, Achtung und Hilfeleistung. Daher können sie keine infamierenden Klagen gegeneinander erheben, und keiner wird dem andern zu einer sein Vermögen übersteigenden Leistung verurteilt.

Es besteht Gütertrennung; jeder Gatte verwaltet sein Vermögen selbst. Folgerichtig sind Schenkungen unter Ehegatten ungültig. Der Mann pflegt jedoch bei Beginn der E. von seiten der Frau eine Vermögenszuwendung zu erhalten: die dos (eigtl. 'Gabe'). Nach justinian. Recht ist der Vater der Braut zu deren Bestellung verpflichtet. Die dos geht von alters her in das Eigentum des Mannes über; Justinian spricht zwar davon, daß sie von Anfang an der Frau »gehöre« und »natürlicherweise« »nach Naturrecht« ihr Eigentum bleibe. Dotalgrundstücke kann der Mann nicht veräußern oder verpfänden. Am Ende der E. muß die dos als Frauengut (res uxoria) der Frau oder, nach justinian. Recht, auch ihren Erben übertragen werden. Wird der Mann zahlungsunfähig, kann die Frau nach justinian. Recht die dos auch bei bestehender E. herausverlangen. Der Anspruch ist durch eine Generalhypothek am Vermögen des Mannes und ein Konkursprivileg gesichert. Die Frau verliert den Anspruch, wenn sie sich ohne genügenden Grund scheidet oder dem Manne Grund zur Scheidung gegeben hat. – Seit dem 4. Jh. wird es, zuerst im Osten, üblich und seit Justinian zur Pflicht, daß auch der Mann der Frau eine Vermögenszuwendung macht. Diese Eheschenkung (donatio ante/propter nuptias) dient, wie die dos, auch der Versorgung der geschiedenen oder verwitweten Frau. Wird die E. durch den Tod der Frau aufgelöst oder durch ihre Schuld geschieden, so fällt die Eheschenkung an ihre Kinder. – Ein gesetzl. Erbrecht des überlebenden Ehegatten besteht nur, wenn der Verstorbene keine erbberechtigten Verwandten hinterläßt (→Erbrecht). Die Witwe, die weder dos noch Eheschenkung hat, erhält jedoch nach justinian. Recht ein Viertel der Erbschaft als eine Art gesetzl. Vermächtnisses (sog. Quart der armen Witwe).

E. endet mit dem Tod eines Gatten und wenn er die Freiheit verliert, insbes. bei Kriegsgefangenschaft. Wendet sich ein Gatte dem Mönchsleben zu, so beendet das die E., »wie wenn er gestorben wäre« (sog. mors civilis, 'bürgerl. Tod'). E. ist seit alters frei scheidbar, sowohl in gegenseitigem Einverständnis (divortium communi consensu) als auch einseitig (repudium, eigtl. 'Rücktritt'), ohne daß ein Scheidungsgrund vorliegen müßte. Die einseitige Scheidung muß seit dem 5. Jh. durch Zustellung eines Scheidebriefs (libellus repudii) vollzogen werden. Scheidung ist ein Rechtsakt, genauso wie Eheschließung; die Lehre vom sog. Dauerkonsens, wonach die einzelne E. nur so lange bestehe, wie der Konsens der Gatten vorhanden sei, ist unzutreffend. Seit Ks. Konstantin sind, durch kirchl. Einfluß, einseitige Scheidungen ohne genügenden Grund verboten. Nach justinian. Recht darf der Mann sich scheiden, wenn die Frau: geplanten Hochverrat verheimlicht, die E. bricht, ihm nach dem Leben trachtet, mit anderen Männern tafelt oder badet, dem Hause fernbleibt oder Spiele oder Theater besucht. Die Frau darf sich scheiden, wenn der Mann: Hochverrat vorbereitet oder nicht anzeigt, ihr nach dem Leben trachtet, sie zum Ehebruch preisgibt, sie fälschl. des Ehebruchs anklagt oder im selben Hause oder in ders. Stadt trotz Ermahnung ein ehebrecher. Verhältnis fortsetzt (Nov. 117, 8–9). Einverständliche Scheidung wird erst von Justinian verboten, außer bei beiderseitigem Entschluß zur Keuschheit. Verbotene Scheidung zieht Vermögensnachteile sowie das – unter Strafdrohung wegen Unzucht (stuprum) stehende – befristete oder dauernde Verbot der Wiederverheiratung, bei Justinian die Verbannung in ein Kloster auf Lebenszeit nach sich. Auch die unzulässige Scheidung betrachtet man jedoch als wirksam; Justinian hat das vielleicht geändert (vgl. Nov. 134,11 pr., §3). P. Weimar

Lit.: H. F. Jolowicz, Roman foundations of modern law, 1957, 141–177 – M. Kaser, Das röm. Privatrecht, 1971–75², I, 310ff.; II, 158ff.

II. Kanonisches Recht: Seit dem 11./12. Jh. bis zum Beginn der NZ war im Abendland für die meisten Bereiche der E. und →Familie das kirchl. Recht maßgebend, das durch Gesetzgebung und die Kanonistik zu einem umfassenden System ausgebaut wurde. Ein wichtiger Beweggrund für die Herausbildung eines eigenen kirchl. Eherechts und dessen Sicherung durch die Judikatur war der Versuch, die Forderung Christi nach der Unauflöslichkeit der E. konkret durchzusetzen.

[1] Der *Ehewille* der beiden Partner hatte einen hohen Stellenwert. Unter Berufung auf das röm. Recht erklärte Nikolaus I. 866, daß für eine Eheschließung allein der Konsens der Partner maßgeblich sei, ohne den alle sonstigen Formalitäten wirkungslos seien. Diese Erklärung trug dazu bei, daß lange keine verpflichtende Form für die Eheschließung vorgeschrieben wurde. Für die Gleichberechtigung der →Frau war die Forderung nach freier Zustimmung beider Partner zur Eheschließung sehr hilfreich. Zahlreiche spätere Dekretalen (bes. Alexanders III.) wandten dies auf Einzelfälle an. Ein erzwungener Konsens läßt die E. nicht zustandekommen. Die Aufnahme des Ehelebens wurde als (nachträgl.) Zustimmung ausgelegt. Wegen der Unersetzbarkeit des Willens konnte die Kirche auch eine Bedingung vor oder bei der Eheschließung, v. a. wenn sie gegen die Nachkommenschaft oder die Einheit und Unauflöslichkeit der E. gerichtet war, nicht ignorieren. Letztere ließen eine gültige E. nicht zustandekommen (X 4.5.7); bei erlaubten Bedingungen war die Wirksamkeit der E. von deren Erfüllung abhängig.

[2] *Ehehindernisse* übernahm die Kirche teils aus dem jüd. und röm. Recht, teils stellte sie selbst solche auf. Das Hindernis der Blutsverwandtschaft erhielt eine kaum verständl. Ausweitung, da es sich bis zum 7. Grad der Seitenlinie nach germ. Zählung erstreckte, also auf sieben Generationen (s. a. →Blutschande). Durch das IV. Laterankonzil 1215 wurde es in der Seitenlinie auf den 4. Grad reduziert. Die Schwägerschaft, welche aus jeder geschlechtl. Verbindung entstand, hatte in ihrer ersten und Hauptform dieselbe Ausdehnung wie das Hindernis der Blutsverwandtschaft, außerdem kamen noch zwei zusätzl. Gattungen dieses Hindernisses hinzu, die erst 1215 abgeschafft wurden, ebenso die affinitas superveniens, die den Verkehr mit der eigenen Gattin unerlaubt machte, wenn der Mann mit einer nahen Verwandten der Frau Verkehr hatte. Die geistl. →Verwandtschaft (bes. aus der Taufe) hatte einen sehr großen Umfang, der eine E. teils nur unerlaubt, teils ungültig machte (bis zu 21 Formen wurden aufgezählt). Das nicht dispensierbare Ehehindernis des bestehenden Ehebandes war angesichts der vielen geheimen Eheschließungen nicht immer leicht feststellbar. Impotenz wurde seit dem 12. Jh. als trennendes Ehehindernis anerkannt (vorher sollten wenigstens in Italien solche Gatten wie Bruder und Schwester leben) und nicht wenige E.n wurden wegen Impotenz des Mannes für nichtig erklärt. Das Hindernis des Verbrechens entstand aus Gattenmord sowie →Ehebruch mit dem Versprechen einer späteren Eheschließung. Mit Nichtgetauften konnte keine gültige E. geschlossen werden, während eine Eheschließung mit Häretikern nur verboten war. Von (dispensierbaren) Ehehindernissen wurde zunächst sehr selten dispensiert, erst im SpätMA wurden →Dispense häufiger gewährt, bes. wenn es sich um die Gültigmachung bestehender Verhältnisse handelte.

[3] *Verlöbnis und Eheschließung* wurden nicht immer klar unterschieden, zumal bei einem Verlöbnis (→Verlobung) und nachfolgender copula amtlich ein »matrimonium praesumptum« festgestellt wurde. Während die Schule v. →Bologna im 12. Jh. im Anschluß an →Gratian erst mit dem Vollzug der E. die volle (Christus-Kirche-)Sakramentalität und die Unauflöslichkeit der E. vorhanden sah, war nach Ansicht der frz. Schule (und Kirche) schon mit der Eheschließung (sponsalia de praesenti) die E. sakramental und unauflöslich. Unter Alexander III. kam es zu einer Harmonisierung dieser Standpunkte, insofern auch eine nicht vollzogene E. grundsätzlich für unauflösl. gehalten wurde, die jedoch wegen Klostereintritts eines Partners (und durch päpstl. Dispens, die im 13. und 14. Jh. jedoch nicht ausgeübt wurde) noch dem Bande nach gelöst werden konnte. Entsprechend dem röm. Recht war das Verlöbnisalter sieben Jahre und das Ehealter 12 bzw. 14 Jahre. Eine schwere Hypothek der kirchl. Eheordnung bildete die völlige Formfreiheit des Verlöbnisses und der Eheschließung, zumal die Zustimmung der Eltern oder Gewalthaber nicht erforderlich war. Auch durch die Maßnahmen des IV. Laterankonzils wurde das Problem nur gemildert: In Zukunft mußte vor einer beabsichtigten Eheschließung, die unter Beteiligung des Pfarrers in »facie ecclesiae« zu geschehen hatte, das Ehevorhaben proklamiert werden (durch Partikulargesetzgebung vielfach dreimal). Für die Nichteinhaltung dieser Vorschrift wurde die Exkommunikation angedroht. Trotzdem kamen nach wie vor geheime Eheschließungen vor, weil die auf sofortige Entstehung der E. gerichtete Willenserklärung der Partner (evtl. im Bett) nach wie vor eine gültige, jedoch vielfach nicht beweisbare E. entstehen ließ. Die vielen (meist negativ endenden) Prozesse auf amtl. Feststellung einer E. lassen diese geheimen E.n als ein soziales Übel ihrer Zeit erkennen, dem erst durch das Tridentinum mit der Einführung der Formpflicht 1563 ein Ende bereitet werden konnte.

[4] *Eheauflösung und Trennung durch kirchliche Verfahren:* Außer der schon erwähnten Trennung einer nichtvollzogenen E. durch Klostereintritt oder päpstl. Dispens konnte eine von Ungläubigen geschlossene E., die bei Bekehrung eines der Partner wegen Widerstands des anderen nachhaltig gestört war, zugunsten des wahren Glaubens aufgelöst werden. Falls bei einer E. nachträgl. das Vorliegen eines trennenden Ehehindernisses behauptet wurde, konnte sie nur in einem einwandfreien Gerichtsverfahren nach Vorlage entsprechender Beweise durch das archidiakonale oder (später) bfl. Gericht (→Offizial) für nichtig erklärt und damit »aufgelöst« werden. Nach Ausweis der Quellen spielten dabei die ausgedehnten Verwandtschaftshindernisse eine viel geringere Rolle als man vermuten würde (und gelegentl. in der Literatur behauptet wird). Aus den Gerichtsakten läßt sich kein Anhaltspunkt entnehmen, daß etwa der Adel nachträgl. durch Geltendmachung solcher Hindernisse aus einer ungeliebten Bindung wieder freigekommen wäre. Bei ehewidrigem Ver-

halten (Ehebruch, Mißhandlung der Frau, Verschleuderung der Güter) konnte eine dauernde oder vorübergehende (teilweise) Trennung des gemeinsamen Lebens unter Aufrechterhaltung des Ehebandes verfügt oder genehmigt werden. R. Weigand

Lit.: J. Freisen, Gesch. des Canonischen Eherechts bis zum Verfall der Glossenlit., 1893² - J. Dauvillier, Le mariage dans le droit classique de l'Eglise..., 1933 - G. H. Joyce, Die christl. E. Eine gesch. und dogmat. Stud., 1934 - H. Portmann, Wesen und Unauflöslichkeit der E. in der kirchl. Wiss. und Gesetzgebung des 11. und 12. Jh., 1938 - R. Weigand, Die bedingte Eheschließung im kanon. Recht I, 1963; II, 1980 - A. Lefebvre-Teillard, Les officialités à la veille du Concile de Trente, 1973 - R. Weigand, E.- und Familienrecht in der ma. Stadt (Haus und Familie in der spätma. Stadt, 1984), 161-194.

III.-IX. Rechte einzelner Länder:

III. Italien: Im it. FrühMA ging der Eheschließung gewöhnlich eine →Verlobung voran. Rothari (Ed. Roth. 178-179) sah vor, daß der desponsatio oder fabula firmata innerhalb von zwei Jahren die traditio (Übergabe der Frau) folgen mußte, bei Zuwiderhandeln - ausgenommen, es lagen legitime Gründe vor, die Verlobung zu lösen - waren Geldbußen festgesetzt (Roth. 180). Unter dem Einfluß des Christentums führte Liutprand in den Ablauf der Rechtshandlungen die »subharratio cum anulo« (Liutp. 30) ein, die in der Übergabe eines →Ringes, signum fidei, durch den Mann an die Frau bestand, wobei die Frau nicht mehr als res, sondern als Person betrachtet wurde. Die Forschung ist kontrovers, ob eine öffentl. Autorität bei der Eheschließung zugegen sein mußte: Die Urkunden, die v. a. für die spätere Zeit in größerer Zahl überliefert sind, bezeugen jedenfalls, daß die Eheschließung häufig in Gegenwart mehrerer Personen vor sich ging, von denen einige eigens als testes (Zeugen) bezeichnet werden, bisweilen auch vor einem iudex (Richter) oder Notar, um die Öffentlichkeit der Verbindung zu gewährleisten. Dieser Forderung scheint auch die Vorschrift der Lex Romana Utinensis zu entsprechen (III, 7,3). Unter den von dem langob. Gesetz in Betracht gezogenen Ehehindernissen sind zu erwähnen: disparitus status (Ungleichheit des Standes), bezogen auf die Unfreiheit; zu große Jugend; bestehendes Eheband; Keuschheitsgelübde bei Frauen; fehlende Zustimmung der Verwandten (die allerdings die E. nicht ungültig machte); Entführung, die jedoch nur Buße nach sich zog, zum Unterschied zum frk. Recht; Blutsverwandtschaft (deren Grade sich im Laufe der Zeit wandelten); Verschwägerung (Roth. 221, 211, 188, 214, 185; Liutp. 24, 112, 129, 122, 30, 114, 32; Ratch. 6). In den Übergangsjahrhunderten zw. Früh- und SpätMA wird die Mischung langob. und romanisch-christl. Elemente noch deutlicher sichtbar. Als legitim galt anscheinend eine Verbindung, die mit wechselseitigem Konsens der Brautleute in Gegenwart der Verwandten geschlossen wurde und der die Heimführung (deductio in domum mariti) und zuweilen der Brautsegen folgten. Im Statutarrecht ist zumeist die äußere Form der Eheschließung nicht eindeutig festgelegt. In einigen Orten wie in Cannobio (Lombardei; Statuten aus dem 13. Jh.) wird aus verstärkter Rücksicht auf das kanonische Recht (v. a. in Hinblick auf das Ehehindernis der Blutsverwandtschaft) die öffentl. Bekanntgabe der bevorstehenden Verlobung oder E. (»Aufgebot«) zur Pflicht gemacht, die durch öffentl. oder religiöse Autoritäten »alta voce super populum« zweimal im Abstand von sechs Tagen zu geschehen hatte, um jedem, der Kenntnis von Ehehindernissen besaß, die Möglichkeit zum Einspruch zu geben. Das IV. Laterankonzil schrieb im übrigen 1215 diesen Modus für die gesamte Christenheit vor, und viele Länder befolgten dieses Gebot.

In den it. Gewohnheitsrechten gingen gewöhnl. die Verlobung, die in erster Linie als vorbereitender Akt betrachtet wurde, sowie anschließend der Ehevertrag, in dem vermögensrechtl. Vereinbarungen getroffen wurden, die ihrerseits in vielen Fällen durch vorhergehende Verhandlungen von Vermittlern zustande gekommen waren, der E. voran, die zumeist nach einem Ritual geschlossen wurde, das auf die verschiedenen lokalen Hochzeitsbräuche zurückging. Unter den von den Iura Propria vorgesehenen Ehehindernissen, die sich im allgemeinen übrigens nach dem kanon. Recht richteten, sind erwähnenswert: Nichtvorliegen der notwendigen Zustimmung der Eltern zur Ehe ihrer Kinder, des Dominus zur E. seiner weibl. und männl. Vasallen sowie derjenigen, die auf einem Lehen oder einem Fundus unter jeweils verschiedenen Modalitäten lebten, sowie der Zustimmung der Herren zu den E.n unter Sklaven (trotz des Verbots der Kirche); zu erwähnen sind auch die verschiedenen negativen Folgen der E. von Stadtbürgerinnen mit Fremden.

G. Di Renzo Villata

Lit.: A. Pertile, Storia del diritto it. III, 1894, 284ff. - F. Brandileone, Saggi sulla storia della celebrazione del matrimonio in Italia, 1906 - M. Roberti, Svolgimento storico del diritto privato in Italia III, 1935, 55ff. - A. Marongiu, La famiglia nell'Italia Meridionale' sec. VIII-XIII, 1944, 5ff. - E. Besta, La famiglia nella storia del diritto it., 1962, 67ff.

IV. Frankreich: [1] *Eheschließung:* Der sakramentale Charakter der E. ist seit dem Ende des 1. Jt. anerkannt (→Abschnitt A. I). Bis zum 15. Jh. werden die kanon. Vorschriften kaum bestritten, außer von den ehefeindl. Katharern (→Abschnitt A. III). Für Petrus Lombardus schafft das Einverständnis allein eine gültige E., unabhängig von jeglicher Vollziehung. Gleichwohl stellt er den »verba de presenti«, auf Grund derer das »debitum coniugale« verlangt werden kann, die »verba de futuro« gegenüber, die ein Eheversprechen, eine →Verlobung, bedeuten. Die frz. Kanonisten nehmen - ähnlich wie Gratian an, daß erst die Aufnahme des Ehelebens die Unauflöslichkeit der E. bewirkt. Eine Entlobung in gegenseitigem Einverständnis ist immer möglich; einseitig jedoch nur aus schwerwiegendem Grund, wie z. B. wegen einer anderen Heirat, Häresie, Lepra oder des Eintritts in ein Kloster. Zur Gültigkeit der Eheschließung ist die Einwilligung der Eltern nicht erforderlich; ihr Fehlen führt allenfalls zu materiellen Nachteilen. Das kanon. Recht schreibt ursprgl. keine Form vor. Wenn der einverständl. Wille der Eheleute vorhanden ist, ist auch die heimlich geschlossene E. gültig. Der Beweis beruht auf dem Eid der Eheleute. Aus Gründen der Rechtssicherheit sieht sich die Kirche auf dem IV. Laterankonzil (1215) gezwungen, eine gewisse Öffentlichkeit der Eheschließung zu verlangen: Die heimliche Eheschließung wird verboten, führt aber dennoch zu einer gültigen E. Dabei bleibt es bis zum Konzil v. Trient (1563). Die Kirche kommt auf diese Weise dem Anliegen der weltl. Obrigkeiten, die die Rechtsstellung des Vaters zu stärken wünschen, entgegen, bes. in Frankreich.

[2] *Ehehindernisse:* Obwohl das kanon. Recht, das durch die → Coutumes vollständig rezipiert wird, der Eheschließung kaum Beachtung schenkt, stellt es doch zahlreiche materielle Eheverbote auf. Die strengsten sind die trennenden Ehehindernisse, bei deren Vorliegen die E. null und nichtig ist. Dies gilt bei der Verbindung mit einem Unmündigen, mit einem bereits Verheirateten, mit einem Priester und mit einem Nichtgetauften. Vom 13. Jh. an stellen die frz. Kanonisten die Willensmängel bei der Eheschließung den trennenden Ehehindernissen gleich, insbes. Zwang und Irrtum über die Person oder eine wesentl. Eigenschaft des andern. Für die Unfreien be-

trachtete Petrus Lombardus die mangelnde Zustimmung des Herrn als trennendes Ehehindernis, aber Alexander III. ließ nur Geldstrafen zu. Das wichtigste nichttrennende Ehehindernis ist Verwandtschaft, und zwar Blutsverwandtschaft bis zum 4. Grad, Adoption und geistl. Verwandtschaft (Patenschaft). Nichttrennende Ehehindernisse können durch →Dispens, die v. a. hochgestellten Persönlichkeiten aus polit. oder dynast. Gründen gewährt wird, beseitigt werden. Nach frz. Gewohnheitsrecht, das über die kirchl. Lehre noch hinausgeht, wird die Frau dem Mann durch die E. untergeordnet. Sie muß ihm sogar ins Gefängnis folgen, und die Verpflichtung zur Beiwohnung besteht auch weiter, wenn er an Lepra erkrankt (vgl. Statut des Lépreux de Genève, 1445). Die E. ist die Grundlage der Legitimität der aus ihr hervorgehenden und der vorehel. Kinder der Ehegatten, denn »enfants nés avant le mariage mis sous le poêle (Ofen) sont légitimés« (A. Loysel, no 40). Kinder aus einer ungültigen E. gelten nach gallikan. Praxis als ehelich, wenn auch nur einer der Ehegatten gutgläubig war.

[3] *Ehegüterrecht:* Die E. hat wichtige güterrechtl. Folgen, die in den verschiedenen Gebieten unterschiedlich geregelt sind. Während der Süden weitgehend dem röm. Dotalsystem treu bleibt, setzen sich im Norden Systeme der Gütergemeinschaft durch. In beiden Gebieten bleibt die beherrschende Stellung des Mannes gegenüber den Kindern und in bezug auf das Vermögen unangetastet.

[4] *Eheauflösung:* Die Trennung des Ehebandes, außer durch Tod, verletzt die durch die Kirche geheiligte, absolute Unauflöslichkeit der Ehe. Dieser prinzipiellen Strenge steht jedoch z. T. eine recht milde Praxis gegenüber, insbes. durch Regeln, die die E. als nichtig erklären. Wohl um jedes unnütze Ärgernis zu vermeiden, dürfen nur die Ehegatten und deren Eltern die Klage auf Nichtigkeit erheben; nach und nach anerkennt die Lehre jedoch auch eine Klage, die dem Richter von Amtes wegen zusteht. Die Klage wegen Nichtigkeit der E. verjährt nicht, das Urteil erlangt auch keine Rechtskraft, so daß mit jeder neuen Tatsache der Prozeß wieder aufgenommen werden kann. Der einzige echte Fall einer Ehescheidung ergibt sich aus dem Privilegium Paulinum, also wenn ein Ehepartner sich nachträgl. taufen läßt, weil diese E. erst nachträgl. zu einer verbotenen wird.

Handelt es sich um nichttrennende Ehehindernisse, so besinnen sich manche Eheleute der zw. ihnen bestehenden engen Verwandtschaft, um sich zu trennen und wieder zu heiraten, wie z. B. →Eleonore v. Aquitanien, die Ludwig VII. v. Frankreich verläßt, um den Kg. v. England, Heinrich II., zu heiraten. Dagegen vermag sich die Berufung auf Willensmängel nicht durchzusetzen, auch nicht zugunsten großer Herren; der weltl. Druck erweist sich gegenüber der kirchl. Strenge als machtlos. Auch wenn das Institut der Ehescheidung verboten ist, bleibt das Wort divorcium bestehen. Seine Bedeutung hat sich jedoch geändert: Es bezeichnet nunmehr die durch die gewohnheitsrechtl. Praxis anerkannte kirchl. Entscheidung, die die Eheleute ermächtigt, sich zu trennen, z. B. wenn sie gemeinsam das Gelübde der Keuschheit abgelegt haben, insbes., wenn ein Ehegatte ins Kloster gehen möchte, oder wenn das gemeinsame Leben als unerträgl. angesehen wird, weil eines der Eheleute Ketzer oder Abtrünniger ist, also geistl. Unzucht treibt. Die frz. Lehre und Praxis fügen vom 12. Jh. an den Fall des Ehebruchs hinzu. In allen diesen Fällen ist die Ehescheidung dasselbe wie die »separatio quoad thorum et mensam«, die Trennung von Tisch und Bett. Im Gegensatz dazu ist nach dem kanon. Recht auch bei schweren Mißhandlungen keine Trennung möglich.

In diesen Fällen zeigt jedoch das frz. Offizialat sehr früh Verständnis für die mißhandelten Frauen, indem es ihnen eine »separatio quoad bona« zubilligt. Diese Entscheidung verschafft ihnen die Herrschaft über das Frauengut und damit eine gewisse wirtschaftl. Unabhängigkeit. Weder Scheidung (divorcium) noch Trennung (separatio) führen z. Trennung d. Ehebandes. Die getrennten Eheleute bleiben den grundlegenden Pflichten des Ehestandes unterworfen, insbes. der Pflicht zur Treue. Auch ohne gemeinsames Leben und jeglichen Kontakt können sie keine neue E. eingehen. Eine neue Verbindung wäre nichtig auch bei gutem Glauben des anderen Teils.

D. Anex-Cabanis

Lit.: P. Daudet, Etude sur l'hist. de la jurisdiction matrimoniale, I–II, 1941 – J. Turlan, Le mariage dans la pratique coutumière, RHDFE 1957, 477–528 – P. Ourliac-J. de Malafosse, Hist. du droit privé, III: Le droit familial, 1968 – G. Fransen, La rupture du mariage, Sett. cent. it., 1977, Bd II, 603 – J. Ch. Payen, La crise du mariage à la fin du XIIIes. d'après la litt. du temps (Famille et parenté dans l'Occident médiéval. Colloque de Paris 1977), 413ff. – A. Lefebvre-Teillard, Ad matrimonium contrahere compellitur, RDC 28, 1978, 210–217 – G. Duby, Le chevalier, la femme et le prêtre: le mariage dans la France féodale, 1981 [dt.: Ritter, Frau und Priester, 1985].

V. Iberische Halbinsel: Nach dem span. Recht des MA konnte vor der E. eine →Verlobung oder ein Eheversprechen erfolgen. Im westgot. Recht war eine gewisse Zeitspanne festgelegt, um eine Verlobung aufzulösen oder von einem Eheversprechen zurückzutreten. Nach ihrem Ablauf war die Zustimmung der Gegenseite erforderlich. Ein Bruch des Eheversprechens zog schwere wirtschaftl. und strafrechtl. Sanktionen nach sich. Im HochMA wurde seine Einhaltung durch Bürgen (*de repintaias*), die sich zur Zahlung einer Buße und zu Entschädigungsleistungen für den entstandenen Schaden verpflichteten, garantiert. Im SpätMA bestand die Strafe im Verlust der geleisteten →Arra und der Rückerstattung der bereits erhaltenen. Die einem Mann versprochene Frau wurde als *mulier recabdada* oder *affidanzata* bezeichnet.

Die Zustimmung beider Ehegatten war für die Gültigkeit der E. entscheidend. Rechtlich festgeschrieben war v. a. die Zustimmung der Frau und ihrer ganzen Familie. Einige hochma. Texte legen die Vermutung nahe, daß die Zustimmung der Familie auch bei der Verheiratung eines minderjährigen oder noch im väterl. Hause lebenden Sohnes erforderl. war (*emparentado*). Wurde eine E. ohne sie geschlossen, so war sie zivilrechtl. ungültig. Dies konnte zivilrechtl. die Enterbung nach sich ziehen oder in strafrechtl. Hinsicht, so im HochMA, zur Verfeindung der Gatten mit ihren Familien führen. Die Form der Eheschließung im vortridentin. Recht war normalerweise privatrechtl. Natur (*matrimonio de juras*): ein Gelöbnis vor zwei Zeugen, wobei häufig ein Priester, der den Segen erteilte, anwesend war.

Im westgot. Recht erlangte die E. durch die Übergabe des »praetium puellae« an den Vater der Frau oder der →Morgengabe an sie selbst Rechtsgültigkeit.

Später brachte die Frau eine →Mitgift mit. Von der ehemals vom Gatten zu erbringenden Brautgabe (*dos ex marito*) blieben nur die Arra übrig, die regional unterschiedl. Bezeichnungen erhielten.

Eine Eheschließung konnte den Geburtsstand der Frau mindern. Wenn z. B. eine Adlige einen Nichtadligen (*villano*) heiratete, verlor sie für die Dauer der E. ihren adligen Status. Die ehel. Gewalt stand dem Ehemann zu, der als Verwalter der ehel. Gemeinschaft fungierte, obgleich auch die Frau bei allen Verfügungen über den gemeinsamen Besitz ein Mitbestimmungsrecht hatte.

Die ehel. Gemeinschaft war normalerweise eine Zugewinngemeinschaft (*communidad de ganacias o conquistas*), konnte aber auch andere vertragl. festgelegte Formen annehmen (totale Gütergemeinschaft). Im SpätMA wurde es allgemein üblich, daß die Frau eine Mitgift in die E. brachte. Die E. erlosch mit dem Tode eines der Gatten. Dies führte auch zur Auflösung der ehel. Gemeinschaft, da ja wenn dies nicht der Fall gewesen wäre, die gemeinsamen Kinder Anteil an dem Zugewinn künftiger ehel. Gemeinschaften gehabt hätten.   F. de Arvizu

Lit.: T. MELICHER, Die germ. Formen der Eheschließung im westgot.-span. Recht, 1940 – R. GIBERT, El consentimiento familiar en el matrimonio en el Derecho medieval español, AHDE 18, 1947, 706–761 – P. MERÊA, Estudos de Direito Visigótico, 1948 – DERS., Estudos de direito Hispánico Medieval, 1952 – J. GARCÍA GONZÁLEZ, El incumplimiento de las promesas de matrimonio en el Derecho medieval español, AHDE 23, 1953, 611–642 – J. M. FONT RIUS, La ordenación paccionada de bienes en el Derecho medieval hispánico, 1954 – J. LALINDE, La dote y sus privilegios en el Derecho catalán, 1962 – DERS., Los pactos matrimoniales catalanes, AHDE 23, 1963, 133–276 – P. D. KING, Law and Society in the Visigothic Kingdom, 1972, bes. 222ff. – E. MONTANOS, La familia en la Alta Edad Media española, 1980.

VI. GERMANISCHES UND DEUTSCHES RECHT: Die Ursprungsbedeutung des Wortes »E.« (ahd. *ewa*) ist 'Recht/Gesetz'. Die seit etwa 1000 erkennbare Sinnverlagerung signalisiert einen neuen Entwicklungsansatz, der von der Kirche ausgeht und auf eine verstärkte Verrechtlichung hinzielt. Da die Forschung zur älteren, vorkirchl. E. einem überholten Zeitverständnis verhaftet ist, sind deren Ergebnisse heute weitgehend in Frage gestellt, und eine Neuaufbereitung ist geboten. Grundlegend ist die Erkenntnis, daß histor. nicht die E., sondern die →Familie die vorrangige Institution bildete. Ferner ist davon auszugehen, daß die Geschlechtsgemeinschaft zw. Mann und Frau keiner einheitl. Form eingepaßt werden kann. Erst aus heutiger Sicht lassen sich unter dem Begriff 'E.' Sozialtatbestände zusammenfassen, die nur z. T. bis zur rechtl. Relevanz durchschlagen. Eine solche scheint zuerst dort eingesetzt zu haben, wo Verbindungen über die Sippengrenzen hinaus eingegangen wurden (exogame E.).

[1] *Eheformen:* Es sind zu unterscheiden: a) Die *Munt-Ehe* (in der älteren Literatur auch »Kauf-Ehe« gen.) wurde durch Vertrag zw. den beteiligten Sippen bzw. zw. dem Bräutigam und dem Gewalthaber der Braut geschlossen. Vertragsinhalt dieser »Verlobung« (desponsatio) war die Verschaffung der eheherrl. Gewalt (→Munt) über die →Frau. Der Bräutigam hatte als Gegenleistung den Muntschatz (→Wittum) zu entrichten. Dieser hatte z. T. den Charakter einer Freundschaftsgabe, z. T. einer Gegenleistung. Dem Verlobungsvertrag schlossen sich eine Reihe von Rechtsakten an, die zur Begründung der ehel. Gemeinschaft führten: die Trauung im Sinne der feierl. Übergabe des Mädchens (traditio), die Heimführung (Brautlauf) und das Beilager. Durch die Munt-Ehe erhielt die Frau die Stellung der Hausherrin. In Anerkennung dessen übergab ihr der Mann am Morgen nach der Brautnacht die →Morgengabe. In christl. Zeit wurde es üblich, außerdem den priesterl. Segen einzuholen.

b) Die *Friedel-Ehe* (ahd. *friedila* 'Geliebte', 'Gattin') kam durch Konsens zw. Mann und Frau, Brautlauf und Beilager zustande, ohne daß der Mann die Munt über die Frau erlangte. Ein Muntschatz wurde nicht geleistet (sog. undotierte E.), jedoch erhielt die Frau die Morgengabe. Eine Friedel-Ehe wurde v. a. eingegangen: bei Standesungleichheit, bei Einheirat des Mannes und bei Entführung der Frau. Die Friedel-Ehe konnte auch als Neben-Ehe in Erscheinung treten.

c) Die *Kebs-Ehe* entstand durch formlose einseitige Bestimmung eines freien Mannes, der sich seine Unfreie beigesellte. Die Kebsen der Merowinger wurden uxores und reginae genannt und unterschieden sich kaum von den Friedeln. Die Kebs-Ehe fand bevorzugt auch als polygame Eheform Verwendung (→Polygamie).

[2] *Einfluß der Kirche:* Als sich nach der Jahrtausendwende die Kirche des Eherechts annahm und das Konsensprinzip durchsetzte, versuchte sie zunächst, die polygam praktizierten Eheformen zu verdrängen. Sie knüpfte daher nicht bei der konsensualen Friedel-Ehe, sondern bei der Munt-Ehe an, die sie in ihrem Sinne umgestaltete. Der Gewalthaber der Braut verlor die Funktion als Verfügender und nahm die Stellung eines Erfragers des Konsensgesprächs ein. Diese Position ging allmähl. auf den Priester über. Jedoch kommen Laientrauungen noch im 15. Jh. vor.

[3] *Ehescheidung:* Munt- und Friedel-Ehe konnten jederzeit durch beiderseitige Übereinkunft aufgelöst werden, die Friedel-Ehe wahrscheinl. auch einseitig durch jeden der beiden Gatten, die Kebs-Ehe einseitig durch den Mann. Die Munt-Ehe konnte bei Fehltritten der Frau vom Mann aufgehoben werden (→Ehebruch), bei grundloser Verstoßung setzte er sich der Reaktion (→Rache) seitens der Frauensippe aus. Unter kirchl. Einfluß kam es zunächst zur Erschwerung, dann zum Verbot der Scheidung.

[4] *Ehegüterrecht:* Die vom →Erbrecht ausgeschlossene Frau wurde durch eine Aussteuer sichergestellt. Außerdem wurde ihr schon in merow. Zeit das Wittum unmittelbar überlassen, das für die Kirche geradezu Beweismerkmal einer rechten E. wurde. Darüber hinaus erhielt sie vom Ehemann die Morgengabe. Schließlich stand ihr die persönl. Habe zu (später sog. →Gerade). Bei der künftigen Entwicklung zeichnen sich zwei Haupttypen ab: Gütertrennung mit Verwaltungs- und Nutzungsrecht des Mannes (Sicherung des Heiratsguts durch »Widerlegung«) und allgemeine oder beschränkte Gütergemeinschaft. Die unüberschaubare Vielfalt wurde durch die Rezeption des röm. Dotalrechts nochmals vermehrt. Im übrigen waren für das Güterrecht zunehmend vertragl. Vereinbarungen sowie ein sich entwickelndes Ehegattenerbrecht von Einfluß.   C. Schott

Lit.: HOOPS I, 499–515 – HOOPS[2] III, 421–425 – HRG I, 514–519, 775–778, 1293–1296, 1527–1530, 1871–1877; II, 695f.; III, 750–761 – R. SCHRÖDER, Gesch. des ehel. Güterrechts in Dtl., I, II, 1863 [Neudr. 1967] – E. FRIEDBERG, Das Recht der Eheschließung in seiner gesch. Entwicklung, 1865 – R. SOHM, Das Recht der Eheschließung aus dem dt. und canon. Recht gesch. entwickelt, 1875 – A. HEUSLER, Institutionen des dt. Privatrechts II, 1885, 271ff. – O. OPET, Brauttradition und Konsensgespräch in ma. Trauungsritualen, 1919 – R. HÜBNER, Grundzüge des dt. Privatrechts, 1930, 624ff. – H. MEYER, E. und Eheauffassung bei den Germanen (Fschr. E. HEYMANN I, 1940) – R. KÖSTLER, Raub-, Kauf- und Friedelehe bei den Germanen, ZRGGermAbt 63, 1943, 92ff. – H. CONRAD, Dt. Rechtsgesch. I, 1962, 31ff., 152ff., 399ff. – P. MIKAT, Dotierte E. – rechte E. Zur Entwicklung des Eheschließungsrechts in frk. Zeit (Rhein.-westfäl. Akad. der Wiss. Vortr. G 227), 1976.

VII. SKANDINAVIEN: In den ma. skandinavischen Gesetzen beruht die E. auf einer ökonom. Absprache zw. zwei →Familien. In der Regel ging die Initiative vom Mann aus, der sich selbst oder vermittels eines Brautwerbers an den Vormund (schwed. *giftoman*) der Frau – normalerweise der Vater oder der nächste männl. Verwandte – wenden mußte. Wenn der Vormund die Werbung akzeptierte (in einigen Gesetzen wird zusätzl. die Einwilligung der Frau verlangt, nach dem →Jütschen Recht jedoch nur dann, wenn der Vormund nicht der Vater, Bruder oder Sohn war), wurde eine Verlobungszusammenkunft vereinbart, auf der die gegenseitigen wirtschaftl. Verpflichtungen unter Zeugen festgelegt wurden. Nach den ältesten Gesetzestexten mußte der Bräutigam dem Vormund bes. Verlobungsgaben (westnord. *mundr*, schwed. *fæstningæ fæ*) übergeben, die man als Bezahlung für die zukünftige Vormundschaft des Mannes über die Frau angesehen hat. Die Vormundschaft (→Munt) fiel ihm meist nach Jahresfrist bei der formellen Übergabe der Braut, der eigtl. Hochzeit, zu. Auf der Verlobungszusammenkunft wurde weiterhin die →Mitgift der Frau (westnord. *heimanfylgja*, dän. *hemfærd*, schwed. *hemfylgh*) festgelegt, nach der sich dann der Wert der Gegengabe des Mannes (westnord. *tilgjöf*, schwed. *morghongæf*, 'Morgengabe') richtete. Konstituierend für eine gültige E. waren somit zum einen eine förmliche →Verlobung, zum anderen eine →Hochzeit (schwed. *gipta mal*) mit öffentl. Bettbesteigung, ein Akt, der die Vereinigung und Ebenbürtigkeit der Eheleute symbolisiert und durch den die Frau ihr Anrecht auf die Morgengabe des Mannes und – im entsprechenden Fall – auf ihren gesetzl. Anteil an einem Drittel des gemeinsamen Hausstandes sicherte.

Alle dän. und schwed. Landschaftsrechte – mit Ausnahme des Gutnischen Rechts – setzen Gütergemeinschaft voraus, bestehend aus der gesamten bewegl. Habe und dem Grund und Boden, der nicht ererbt wurde. Über diesen Gemeinschaftsbesitz hatte der Mann volles Dispositionsrecht. Die konsequent durchgeführte Gütergemeinschaft wird man wohl im Zusammenhang mit der kanon. Sicht vom sakramentalen Charakter und der daraus folgenden Unauflöslichkeit der E. sehen müssen. Diese Auffassung hat sich im älteren westnord. (norw. und isländ.) Recht, das Ehescheidung zuläßt, nicht durchgesetzt: hier hat die Frau das Recht, Verlobungsgabe, Mitgift und Morgengabe zu behalten, wenn sie schuldlos geschieden wird. Nach der isländ. →Grágás und den norw. →Frostaþingslög ist dieses persönl. Eigentum der Frau von der Übereinkunft bei der Verlobung abhängig – sie konnte aber in jedem Fall über ihr Eigentum auch innerhalb der E. selbst bestimmen. Wenn nichts anderes vereinbart war, besaßen die Eheleute ihren Hausstand gemeinsam: der Mann zwei Drittel, die Ehefrau ein Drittel. Nach der norw. →Gulaþingslög konnte jedoch der Ehemann eine Zusammenlegung der Anteile (*félag*) fordern, sofern das Paar gemeinsame Erben hatte und diese damit einverstanden waren. Auch nachdem die Möglichkeit einer Auflösung der E. aus dem westnord. Recht verschwunden war (mit Annahme des jüngeren Christenrechts auf Island 1275 und Magnus Lagaböters Landslög in Norwegen 1274), wurden die Eigentumsverhältnisse innerhalb der E. weiterhin nach gesonderten Absprachen geregelt.

Obwohl die skand. Gesetze unter kirchl. Einfluß zustande kamen, wurden bei weitem nicht alle kirchl. Forderungen berücksichtigt: so lassen z. B. einige Gesetze die Eheschließung zu und an keiner Stelle sind öffentl. Kundmachung und Trauung für eine gültige E. erforderlich. Durchgängig wird der Einfluß der Familie auf die Eheschließung betont, ohne daß das Einverständnis der Frau eingeholt werden mußte. Ihr Testamentsrecht wurde von den Gesetzen beschnitten, die dem Mann als Vormund der Frau das Recht auf Verwaltung des gemeinsamen Besitzes einräumen. Solche Rechtsregeln sollten jedoch nicht als Reflexe vorchristl. Gepflogenheiten angesehen werden, sondern vielmehr als Ausdruck eines härteren Widerstandes gegen die wachsenden Ansprüche der Kirche auf Einflußnahme im Bereich d. →Erb- und Familienrechts.

In der Literatur, etwa bei →Saxo oder isländ. Sagaschreibern, werden kirchl. Ideale wie Askese oder Jungfräulichkeit keineswegs propagiert, sondern die Bestimmung der Frau zur Ehefrau und Mutter betont. Auch Schenkungen aus Familienbesitz an kirchl. Institutionen, Ausstattung von Nonnenklöstern etc. werden eher kritisch beurteilt. Außerdem erscheinen in der Literatur häufig Brautwerbung, Priesterehe und Konkubinat. In den ärmeren Gesellschaftsschichten dürften Eheschließungen ohne bes. Formalitäten üblich gewesen sein.   B. Sawyer

Lit.: KL XX, 481–501 – K. Lehmann, Verlobung und Hochzeit nach den nordgerm. Rechten des frühen MA, 1882 – K. R. V. Wikman, Patterns of Marriage Among the Old Scandinavian Peoples, Ethnologia Europea I, 1975 – E. S. Sjöholm, Gesetze als Q. ma. Gesch. des Nordens (Acta Univ. Stockholm. 21, 1976), 53–85 – P. Buchholz, Die E. in germ., bes. altnord. Literaturdenkmälern, Sett. Cent. It. XXIV, 1977, 887–900 – *Dänemark*: S. Iuul, Fællig og hovedlod, 1940 – *Norwegen*: L. Andersen, Kvinnas økonomiske rettsstode i norsk mellomalder, Kvinnas ekonomiska ställning under nordisk medeltid, hg. H. Gunneng – B. Strand [engl. Zusammenfassung], 1981 – *Island*: R. Frank, Marriage in the 12th and 13th Century Iceland, Viator, 1973 – *Schweden, Finnland*: L. Carlsson, Jag giver dig min dotter, I–II, 1965–72 – G. Hafström, Den svenska familjerättens historia, 1970.

VIII. England: E. ist im Laufe der Zeit beides geworden, Sakrament und bürgerl. Vertrag. Bei den Angelsachsen gilt sie in erster Linie als persönl. Angelegenheit; nur schrittweise wird sie dem kanon. Eherecht unterstellt, dessen ausschließliche Geltung sich erst um die Mitte des 12. Jh. durchsetzt. Seitdem ist das engl. Eherecht das kanon., es überlebt die Reformation und wird auch vom Konzil v. Trient (1563) nicht tangiert. Für eine gültige und erlaubte Eheschließung müssen mehrere Voraussetzungen erfüllt sein: Die Brautleute müssen mündig, d. h. 14 bzw. 12 Jahre alt sein, sie dürfen nicht zu nah verwandt oder verschwägert, noch durch Keuschheitsgelübde gebunden sein oder zur E. gezwungen werden. Während auch eine heimlich geschlossene E. gültig ist, gehört zu einer erlaubten Eheschließung die Einhaltung kirchl. vorgeschriebener Formen, v. a. das Aufgebot. Kanonisten entwickeln im 12. und 13. Jh. verschiedene Lehren über die Wesensmerkmale einer gültigen Eheschließung. →Vacarius, der in England Zivilrecht lehrt, behandelt die Eheschließung wie den Erwerb eines Rechtes im röm. Recht; es setzen sich jedoch die Konsenstheorien von →Gratian, →Petrus Lombardus und insbes. von Papst →Alexander III. (1159–81) durch. Es gibt zwei Arten von Eheschließung: Durch »sponsalia de praesenti« ('Ich nehme dich zur Frau/zum Mann') kommt die E. sofort zustande, während bei »sponsalia de futuro« ('Ich verspreche, dich zur Frau/zum Mann zu nehmen) die E. erst durch geschlechtl. Vereinigung gültig wird. Es werden verhältnismäßig wenige divortia bewilligt, wobei divortium sowohl die Feststellung der Nichtigkeit einer ungültigen E., als auch gerichtl. Trennung einer gültigen E. bedeutet. Die komplizierten kanon. Regeln, die Tradition der heiml. Eheschließung und nicht genehmigtes Auseinandergehen beschäftigen den kirchl. Gerichte; in den meisten Prozessen soll der Ehekonsens durchgesetzt werden. Das Bestehen einer E. ist oft Vorfrage für Klagen nach Common law, z. B. gegen den Erben wegen *dower*, d. i. das Recht der Witwe, einen Teil (meist ein Drittel) des Grundeigentums ihres verstorbenen Gatten bis zu ihrem Tod zu nutzen, sowie für Erbstreitigkeiten über Lehengut, das außerehel. Geborene nicht erben können. Daher ist in diesen Fällen die Zusammenarbeit kgl. und kirchl. Gerichte notwendig. Nach kanon. Recht müssen E.n auf freiwilligem Entschluß der Brautleute beruhen, nach Landesbrauch aber hat der Lehensherr Anspruch auf Ersatz wegen Verletzung seines Rechts, Unmündige und Witwen der Lehnsleute zu verheiraten. Leibeigene schulden ihrem Grundherrn eine Ehebuße (*merchet*). Urteile in Ehesachen finden sich in den Akten der kirchl. Gerichte, Streitigkeiten über vermögensrechtl. Folgen der E. in den Protokollen kgl. und gutsherrl. Gerichte.   S. Sheridan Walker

Q.: N. ADAMS–C. DONAHUE, Select Cases from the Ecclesiastical Courts of the Province of Canterbury, 1200–1301, Selden Soc. 95, 1978–79 – *Lit.*: F. POLLOCK–F. W. MAITLAND, Hist. of English Law, 2 Bde, 1968², II, 364–399 – D. GIESEN, Grundlagen und Entwicklung des engl. Eherechts in der NZ I, 1973 – R. H. HELMHOLZ, Marriage Litigation in Medieval England, 1974 – M. M. SHEEHAN, Marriage Theory and Practice in Conciliar Legislation and Diocesan Statutes of Medieval England, MSt 40, 1978, 408–460 – E. SEARLE, Merchet in Medieval England, PP 82, 1979, 3–43 – S. SHERIDAN WALKER, Free Consent and Marriage of Feudal Wards in Medieval England, Journal of Medieval Hist. 8, 1982, 123–134.

IX. IRLAND UND WALES: In Irland und Wales spielte – auch nach dem Eindringen des kanon. Rechts – das einheim. kelt. Recht für das Eherecht eine dominierende Rolle. Die traditionellen einheim. Rechtsgrundsätze waren in bezug auf die E. zwar nicht völlig unbeeinflußt von den christl. Vorstellungen, standen jedoch in vielen Punkten nicht mit der kirchl. Doktrin in Einklang. So konkurrierten hier zwei Rechtstraditionen, die einheim. und die kirchl., und Rechtstexte der einen oder der anderen Herkunft vermitteln häufig verschiedene Ehevorstellungen. Die Folgen der Christianisierung →Irlands werden durch einen ma. ir. Rechtsgelehrten gut beleuchtet, wenn er schreibt: »Unter den Iren ist ein Disput entstanden, ob mehrfache sexuelle Beziehungen oder eine einzige Bindung würdiger sind, zumal doch das Volk Gottes in Mehrehe lebte«. Im traditionellen einheim. Recht war die Polygynie (→Polygamie) erlaubt; anscheinend wurde sie bei der Oberschicht auch das ganze MA hindurch praktiziert. Die Kirche forderte von den Laien, die geistlicher Herrschaft unterstanden, demgegenüber strenge sexuelle Disziplin, die nicht nur Monogamie, sondern auch Enthaltsamkeit während der drei→Fastenzeiten und während der Schwangerschaft der Ehefrau einschloß. Bei denjenigen Laien, die nicht in eine geistl. Herrschaft eingebunden waren, gestaltete sich der Einfluß der christl. Ehevorstellungen dagegen in vielfältigerer und weniger strikter Weise; →Bußbücher, kanon. Recht und frühe Hagiographie gingen davon aus, das Ehe- und Sexualverhalten der Laien auf die kirchl. Vorschriften hin zu gestalten; auch die vernakularen Texte zeigen eine gewisse Vertrautheit mit den kirchl. Regeln und den ihnen zugrundeliegenden Bibel- und Vätertexten.

Doch bleibt ein grundlegender Unterschied zw. dem kirchl. und dem einheim. Eherecht bestehen: Das einheim. Recht ging von einer tatsächl. sexuellen Verbindung als Faktum und als Voraussetzung einer Bindung aus und etablierte erst im zweiten Zug den Rechtscharakter dieser Beziehung, während das kirchl. Recht, wie es sich in Irland und später auch in Wales durchsetzte, die E. grundsätzl. als vom →Konkubinat getrennte Institution ansah und Vorbedingungen festsetzte, ohne die eine Verbindung nicht als E. gelten konnte. Das einheim. Recht machte keinen grundlegenden Unterschied zw. der »legalen« E. auf der einen Seite und »ungesetzl.« Formen der sexuellen Beziehung auf der anderen; es kannte vielmehr eine Hierarchie der Bindungsformen, durch die eine Verbindung zustandegekommen war; diese Hierarchie reichte von der durch die Verwandten der Frau ausgehandelten E. (»Kaufehe«) bis hin zu durch Entführung zustandegekommenen Verbindung (»Raubehe«). In ähnl. Weise betrachtete auch das walis. Recht die Vergewaltigung als

eine – vorübergehende – Form ehel. Verbindung; der Entführer hatte – im nachhinein – die bei einer Eheschließung übliche Schenkung sowie die Buße für die durch die Vergewaltigung entstandene Beleidigung zu erlegen.

Die entscheidende Grundlage für die Klassifizierung von ehel. Bindungen im ir. und älteren walis. Recht stellte die Haltung der Verwandtschaft der Frau sowie der→Frau selbst dar. Es ergibt sich folgendes Einteilungsschema: a) Verbindungen, geschlossen mit Zustimmung der Verwandtschaft der Frau (und üblicherweise der Frau selbst): 1. Verbindungen, bei denen die Verwandten die Frau dem Mann zur E. übergeben; 2. Verbindungen, die von den Verwandten anerkannt werden – b) Verbindungen ohne Zustimmung der Verwandtschaft, aber mit Zustimmung der Frau: 1. Die Frau verläßt das Haus ihrer Familie, um beim Mann zu leben; 2. die Frau wird im eigenen Haus vom Mann aufgesucht. – c) Verbindungen ohne Zustimmung von Verwandtschaft und Frau: 1. Verführung bzw. Vergewaltigung einer betrunkenen oder schlafenden Frau; 2. Entführung oder Notzucht; 3. Verbindung zw. geistesgestörten Personen. – Als »legale« Verbindungen gelten die unter a) genannten. Im ir., nicht aber im walis. Recht genossen nur die Söhne aus einer anerkannten Verbindung ein →Erbrecht am Lande der Familie.

Die bevorzugte Form der E., bei der die Verwandten der Frau diese dem Mann aushändigten, wurde in zwei Etappen geschlossen. Wie im übrigen Europa waren dies die →Verlobung sowie die Übergabe der Braut an den Bräutigam mit nachfolgendem Vollzug der E. durch das Beilager. Im ir. Recht heißt die Verlobung *aurnaidm* ('Bindung der Braut an ihren Bräutigam durch die Verwandten'). Hierbei handelte es sich um einen förml. Vertrag, in dem auch die Höhe der Ablösesumme geregelt wurde. Im walis. Recht war die Übergabe der Frau an den Mann (*rhoddi*) in jedem Fall der entscheidende Vorgang, sogar wenn diese erst beim Hochzeitsfest selbst erfolgte (im Gegensatz zum ae. *gyft* 'Geschenk, Gabe', das die Übergabe der Braut in Abhebung zu *bewedding* 'Verlobung' bezeichnete). Die Übergabe der Frau hieß im Ir. *feis* oder *banais* (*ban* ['Frau'] + *feis*); damit wurde sowohl das Hochzeitsfest wie das sich daran anschließende Beilager bezeichnet. Der entsprechende walis. Begriff, *neithior*, hatte die gleiche doppelte Bedeutung. Vom Standpunkt des Rechtsgelehrten her war das walis. *neithior* wichtiger als das ir. *banais*, da das walis. Recht der Jungfräulichkeit der Braut große Bedeutung zumaß.

Die Heiratsgaben zeigen wie im übrigen frühma. Westeuropa eine allmähl. Wegentwicklung vom archaischen Institut des Brautkaufs. So kennt das ir. Recht Schenkungen des Ehemanns an die Ehefrau, des Ehemanns an die Familie der Frau, ebenso aber auch beiderseitige Schenkungen zugunsten des gemeinsamen Haushaltes. Das walis. Recht, das eine spätere Phase widerspiegelt, kennt demgegenüber keine Schenkungen des Ehemannes an die Verwandten der Frau (Brautpreis).

Ir. und wal. Recht behandeln den Besitz der Eheleute in verschiedener Weise. Im walis. Recht bleiben die von beiden Ehegatten in den gemeinsamen Haushalt eingebrachten Güter bis zum Ablauf des siebenten Ehejahres getrennter Besitz, danach werden sie zu gemeinsamem Besitz; bei Trennung der Gatten (durch Tod oder Scheidung) erhält jeder von beiden (bzw. der Erbe) einen gleichen Anteil am losen →Gut. Im ir. Recht bleiben die in die E. eingebrachten Güter dagegen individueller Besitz der jeweiligen Gatten.   T. M. Charles-Edwards

Lit.: R. THURNEYSEN u. a., Stud. in Early Irish Law, 1936 – D. Ó CORRÁIN, Women in Early Irish Society (Women in Irish Society: the

Hist. Dimension, hg. M. Mac Curtain–D. Ó Corráin, 1978) – The Welsh Law of Women (Stud. D. A. Binchy, hg. D. Jenkins–M. E. Owen, 1980).

C. Ehe in der Gesellschaft des Mittelalters

I. Die Ehe im Spannungsfeld von weltlicher und kirchlicher Autorität – II. Die Haltung der kirchlichen Obrigkeit – III. Der Einfluß der Eltern – IV. Dynastische Ehen – V. Die Haltung der grundherrlichen Gewalt und der weltlichen Obrigkeit – VI. Weltliche und kirchliche Konkurrenz in der Rechtsprechung – VII. Ehe und soziale Mobilität – VIII. Eheliche Moral und soziale Praxis – IX. Zuneigung und Liebe als Grundlage der Partnerwahl.

I. Die Ehe im Spannungsfeld von weltlicher und kirchlicher Autorität: E. und →Familie sind Institutionen, bei denen die kirchl. wie die weltl. Gewalt eifersüchtig auf die Wahrung ihrer Zuständigkeit bedacht waren. Als Zeremonie und Ritual fiel die E. zwar ausschließlich in den kirchl. Bereich, jedoch für die Gründung der Familie und das Verhalten der Verheirateten innerhalb und außerhalb der E. interessierten sich Kirche und staatl.-herrschaftl. Institutionen in gleicher Weise, wobei die Kirche v. a. die moralische Komponente, die weltl. Gewalt dagegen bes. die soziale Kontrolle betonte. Als in der Frühzeit E. und Familiengründung noch eine Privatangelegenheit darstellten, standen Kirchen und weltl. Herrschaft ihnen, aus unterschiedlichen Gründen, mißtrauisch und sogar feindlich gegenüber. Doch schon bald haben beide Instanzen die E. für ihren Kompetenzbereich beansprucht und mit Normen versehen. Seitdem betrachtete die Kirche grundsätzlich die E. als einen Zufluchtsort, in dessen Mauern →Sexualität und Erotik ohne Verletzung der christl. Moralnormen stattfinden konnten, jedoch ausschließlich unter der Zielsetzung der Fortpflanzung. Für die weltl. Obrigkeit stellte die Familie das Keimzelle gesellschaftlicher Ordnung dar, die Garant für die Ausübung und Kontinuität der herrschaftl. Gewalt sein konnte. Der Wunsch der Eltern, die Partnerwahl zu beeinflussen und das Erbgut (→Allod, →Eigen) der Familie zu schützen, wurde aus diesem Grund auch von der staatl. Obrigkeit unterstützt.

Ein bes. soziales Spannungsfeld ist dasjenige der freien Partnerwahl. In karol. Zeit verstand es die Kirche, im gesellschaftl. Leben die Auffassung durchzusetzen, daß eine einmal geschlossene E. als unauflöslich betrachtet wurde, jedoch blieb die väterl. Zustimmung Voraussetzung. In der 2. Hälfte des 9. Jh. setzten jedoch die kirchl. Instanzen (Papst Nikolaus I., 866) den freien Konsens der Eheleute an die Stelle der elterl. Zustimmung. Eine Reihe der kirchl. Autoren forderte darüber hinaus für eine gültige E. den Vollzug (consummatio) des Beilagers. Die Betonung des freien Willens beider Partner weist grundsätzlich auf eine Spiritualisierungstendenz hin, in deren Folge die E. im 12. Jh. in der Kirche des Westens definitiv zum →Sakrament erhoben wurde. Dem stand in der Laiengesellschaft jedoch die Auffassung gegenüber, daß das eigtl. Ziel der E. die Zeugung von Nachkommenschaft und die Vererbung des Familienbesitzes sei und daß somit eine unfruchtbare E. aufgelöst werden könne. Als die Kirche immer strengere Bestimmungen gegen das Ehehindernis der Blutsverwandtschaft (→Abschnitt B. II, →Blutschande) verkündete, wurde dies – v. a. von Fürstenhäusern – dazu benutzt, manche bestehenden E.n aufzulösen. Auf der anderen Seite war das kirchl. Verbot der Verwandtenehe ein unmittelbarer Angriff auf eine lange europäische, insbes. mediterrane Tradition, in der die endogame E. eine Strategie der Familien zur Sicherung ihres Familienbesitzes war. Das IV. Laterankonzil (1215) legte einen Mittelweg fest zw. der spirituellen Tradition und der gewachsenen Praxis: Konsens der Eheleute, gefolgt von der consummatio, genügt für eine *gültige* Ehe; eine *rechte* E. erforderte jedoch außerdem ein kirchl. →Aufgebot, d. h. eine Wartezeit zur Aufdeckung evtl. Ehehindernisse, sowie die Trauungszeremonie durch den Priester.

II. Die Haltung der kirchlichen Obrigkeit: Die Kirche war außerordentlich besorgt, die monogame E. als Institution und als Sakrament gegen die Bedrohung von außen und innen zu schützen. So hat der Klerus einen großen Anteil an den mit kirchl. Segen vollzogenen Eheschließungen, die gestützt auf einen freien Willensschluß der Ehepartner, jedoch ohne das Einvernehmen und nötigenfalls auch gegen den ausdrückl. Willen der Eltern stattfanden. Eine interne Aushöhlung der E. wurde bekämpft, indem Übertretungen wie →Ehebruch, →Homosexualität, →Bigamie, →Konkubinat und alle Arten abweichenden Sexualverhaltens durch kirchl. Gerichte verfolgt wurden. Auffällig ist, wie sich die Ahndung dieser Delikte im Laufe des 14. Jh. von im wesentlichen spirituellen Strafen zu konkreten, v. a. pekuniären Sanktionen entwickelt. Durch das kirchl. →Offizialat wurde eine ausgeklügelte Kasuistik mit Geldbußen für diverse Arten sexueller Übertretungen ausgearbeitet. Synodale Richter, Zeugen und örtl. Priester bildeten seit dem 13. Jh. ein effizientes Netz der Denunzierung aus (→Anzeige). Der Akzent bei dieser Entwicklung liegt bes. auf der Repression als Form sozialer Kontrolle. Das gemäß Zahlungsfähigkeit des jeweiligen Deliquenten festgelegte Strafmaß erhöhte sich, wenn das »Scandalum« einen öffentl. Charakter trug. Auch bei Priestern wurden E., Konkubinat und andere ausschweifende Verhaltensweisen von den geistl. Richtern bestraft; jedoch zeigen die Wiederholungsfälle, daß der Klerus sich dadurch wenig abschrecken ließ.

III. Der Einfluss der Eltern: Die Eltern begegneten der von der Kirche proklamierten Freiheit bei der Wahl des Ehegatten oft mit anhaltendem Widerstand. Im MA war die Ehe eine der wenigen Möglichkeiten der Emanzipation. Dies veranlaßte die Eltern vielfach zu verzweifelten Versuchen, gegen ihren Willen geplante Eheschließungen zu verhindern. Da dies nach kanon. Recht unmöglich war, nahmen die Eltern ihre Zuflucht zur Verweigerung der Mitgift oder zur Enterbung.

Dieser Widerstand gegen die freie Partnerwahl war nicht nur Sache der Eltern, sondern darüber hinaus auch der näheren Verwandten, die zusammen die »erweiterte« Familie bildeten und die alle potentielle Erben des Familienbesitzes waren. V. a. bei Eheschließungen von Waisen entfalteten diese amici und consanguinei, die »Freunde und Blutsverwandten«, die dann juristisch als Vormünder fungierten, eine starke Aktivität, um ihre Interessen zu wahren.

IV. Dynastische Ehen: Bei Herrscher-, Fürsten- und Adelsfamilien erfolgten Eheschließungen zumeist nach dynast. und territorialpolit. Gesichtspunkten; alle Fürstenhäuser verfolgten eine mehr oder weniger zielstrebige Heiratspolitik. Eheprojekte konnten als Angelegenheiten von großer polit. Tragweite behandelt werden; dies fand seinen Ausdruck etwa im Bestreben eines Monarchen, im Rahmen des →Lehnsrechts Mitsprache und Einfluß bei Heiratsprojekten der von ihm lehnsabhängigen Fs. en geltend zu machen (z. B. Kg. e v. →Frankreich gegenüber ihren großen Vasallen, wie etwa den Gf. en v. →Flandern). Dynast. Eheangelegenheiten konnten auf der Ebene eines Reiches oder einer Landesherrschaft bei Beratungen mit den Baronen, im Rat des Monarchen oder

Fs.en und seit dem SpätMA zunehmend auch in den reichs- und landständ. Versammlungen erörtert werden (z. B. in den →Cortes). Mehrfach erfolgten Annullierungen bestehender E.n bei Kinderlosigkeit, faktisch auch bei Änderung von polit. Konstellationen, durch Prozesse bei der Kurie, wobei vielfach das Ehehindernis der zu nahen Verwandtschaft ins Feld geführt wurde. Selten bezeugt sind heimliche E.n von Prinzen mit unebenbürtigen oder unerwünschten Frauen, die in einigen – aufsehenerregenden – Einzelfällen durch gewaltsames Eingreifen der väterl. Gewalt beseitigt wurden (Inês de →Castro, Agnes →Bernauer). – Seit dem FrühMA bildeten sich in Diplomatie und Zeremoniell bestimmte Formen der fsl. Eheanbahnung und -schließung aus (z. B. →Gesandtschaften zwecks Brautwerbung und Heimführung, →Prokura-Ehe, Hochzeitsfeierlichkeiten, fsl. Beilager) sowie herald. Gepflogenheiten des Adels (→Allianzwappen). Auch kleinere Adlige, städt.-patriz. Führungsschichten und z. T. selbst großbäuerl. Familien des SpätMA pflegten in bestimmtem Maße ein entsprechendes →Verlobungs- und →Hochzeitsbrauchtum.

V. Die Haltung der grundherrlichen Gewalt und der weltlichen Obrigkeit: Die Eheschließung von Unfreien unterlag bis ins HochMA, in manchen Gebieten auch weit darüber hinaus, dem starken Einfluß des Grund- und Leibherren, der dabei seine wirtschaftl. und lehnsrechtl. Interessen verfolgte (→Grundherrschaft, →Leibeigenschaft). Zum einen konnte er aufgrund des →Hofrechts seine Eigenleute zur Heirat – Verwitwete zur Wiederverheiratung – zwingen, zum anderen vermochte er Eheschließungen mit auswärtigen Partnern (d. h. in der Frühzeit mit Unfreien von außerhalb des Hofverbandes, später dann von außerhalb der Grundherrschaft) zu unterbinden oder doch zu beschränken. Das Verbot der *Ungenoßsame*, der E. mit fremden Partnern, findet sich in zahlreichen Hofrechten und Weistümern. Heiratsabgaben, die ursprgl. für die grundherrl. Zustimmung zur E. eines Unfreien entrichtet werden mußten, sind in vielen Gegenden Europas belegt (z. B. bei Ausheirat→*Bedemund* im nördl. Deutschland, →*formariage/forismaritagium* in Frankreich).

Da die öffentl. Gewalten im übrigen keinerlei jurist. Befugnis bei der Eheschließung besaßen, traten sie im wesentlichen repressiv auf bei Verführung (d. h. in Fällen, in denen sich ein Mädchen entführen ließ, um seine Eltern vor »vollendete Tatsachen« zu stellen), Entführung der Frau (gegen ihren Willen) und →Notzucht; zu solchen Mitteln wurde häufig gegriffen, wenn eine Ehe zw. sozial ungleichen Partnern unter allen Umständen durchgesetzt werden sollte. Es ist kein Zufall, daß venezian. Richter einen Vergewaltiger relativ mild bestraften, wenn die geschändete Frau derselben sozialen Schicht entstammte, jedoch äußerst streng, wenn die Vergewaltigte einer sozial höheren Schicht angehörte. In Flandern wurde Vergewaltigung seit dem 12. Jh. mit dem Tode bestraft; handelte es sich um Verführung, blieb der Mann straffrei, und es fand auch keine Güterkonfiskation statt, wenn das Mädchen an der Seite des Mannes blieb. Im Laufe des 13. Jh. änderte sich die Rechtsprechung jedoch in eine dreijährige Verbannung und in den Verlust des Erbrechts. Eine andere Lösung, nämlich daß sich die beiden Familien freiwillig versöhnten, wurde jedoch lange Zeit zugelassen. Erst 1438 wurde dieser Kompromiß der Familien verboten; solange der Vergewaltiger nicht verhaftet war oder solange die geschändete Frau mit ihm zusammenlebte, wurde letztere für juristisch tot erklärt; erst nach dem Tod des Vergewaltigers oder nachdem die Frau einen anderen (der Familie genehmen) Partner geheiratet hatte, gewann sie ihre Rechte auf Besitz und Erbe vollständig zurück. Obrigkeit und Familie machten hier gemeinsame Sache, um die soziale Ordnung und die traditionelle Vererbung zu bewahren.

VI. Weltliche und kirchliche Konkurrenz in der Rechtsprechung: Allgemein kann man sagen, daß die Kirche repressiv auftrat, wenn die Vorschriften des kanon. Rechts in moral. Fragen der E. übertreten wurden. Die weltl. Obrigkeit tat dies, wenn die ehel. Besitzverhältnisse berührt wurden oder in diesem Zusammenhang Gewalt geübt wurde, wie z. B. bei Notzucht. Eine Reihe von Vergehen gehören zu beiden Rechtsprechungen (mixtifori). Ehebruch unterlag im wesentl. der kirchl. Gerichtbarkeit, wurde jedoch seit dem 15. Jh. auch von der weltl. Justiz verfolgt, etwa wenn die öffentl. Ordnung gestört oder der Familienbesitz bedroht war, beispielsweise durch Ansprüche außerehelicher Kinder (→Kind, außerehel.).

Geschickte Rechtsbrecher verstanden es, weltl. und kirchl. Gerichtsinstanzen gegeneinander auszuspielen. Wer sich der Entführung einer Frau oder der Notzucht schuldig gemacht hatte, stellte sich sofort einem kirchl. Richter, um sich dem weltl. Gericht, das in solchen Fällen üblicherweise Todesstrafe oder Verbannung aussprach, zu entziehen. Aber auch die weltl. Gerichte ließen sich oft verleiten, sich die Strafzuweisung bei vermögenden Delinquenten versilbern zu lassen; die großen Anstrengungen der fsl. Gerichtsbeamten, derartige Fälle in die Hände zu bekommen, sind mit den astronom. Bußsummen zu erklären, die wohlhabende Ehefrevler aufzubringen hatten.

VII. Ehe und soziale Mobilität: Im allgemeinen war die ma. Gesellschaft gegen E.n zw. Personen von unterschiedlichem sozialem Rang eingestellt. Das geht aus zahlreichen literar. Zeugnissen hervor, in denen Versuche, die sozialen Schranken durch Heirat zu überwinden, mißlingen. Und doch ist die soziale Mobilität durch das Mittel der E. nicht erst eine Erscheinung des SpätMA. Bereits im 9. Jh. heirateten männl. Hörige Frauen von höherer sozialer Stellung, um ihr Sozialprestige zu verbessern und ihren Kindern einen vorteilhaften Status zu verschaffen.

Aus den Niederlanden des 14. und 15. Jh. sind eine nicht geringe Anzahl von Fällen bekannt, in denen es geschickten Missetätern nach einer Verführung, ja sogar nach Entführung und Vergewaltigung gelang, sich mit der Familie der Frau zu einigen und – nach Entrichtung einer Buße an die Obrigkeit – eine E. zu schließen und auf diese Weise den eigenen sozialen Aufstieg zu realisieren. Begüterte Witwen und Waisen waren eine bevorzugte Beute derartiger Emporkömmlinge.

VIII. Eheliche Moral und soziale Praxis: Für die kirchl. und adligen Moraltheoretiker des 11.–13. Jh. war, wie sich aus der Untersuchung von G. Duby ergibt, das wesentl. Ziel der E. die Fortpflanzung. In ihren Augen bedeutete v. a. die →Frau eine Gefahr für die prakt. Handhabung der Sittlichkeit; diese Frauenfeindlichkeit wurde innerhalb der Kirche v. a. auf die Überlegung gestützt, daß die – nach der Auffassung der Theologen – verwerfliche Fleischeslust ihren wesentl. Ausdruck in der Frau fand; in aristokrat. Kreisen war man v. a. besorgt über Unzucht und Ehebruch von seiten der Frau, eine Zwangsvorstellung, bes. weil die E. in der adligen Gesellschaft stärker als Allianz zweier ehrbarer Familien denn als Vereinigung zweier Individuen betrachtet wurde.

Im 14.–15. Jh. wich die gesellschaftl. Praxis immer deutlicher von den sittl. Normen ab. Es ist an sich schon wenig wahrscheinlich, wie J. L. FLANDRIN andeutete, daß der Sexualtrieb junger Menschen jahrelang in →Keuschheit sublimiert werden konnte, daß die strengen Regeln der Enthaltsamkeit innerhalb der E. tatsächlich befolgt wurden und daß charakterl. und sexuelle Gegensätze zw. den Ehepartnern (die nach den Registern der kirchl. Gerichte zu urteilen sehr häufig auftraten und sogar als Begründung für eine Scheidung von Tisch und Bett von den kirchl. Richtern akzeptiert wurden) keinen Anlaß zu außerehel. sexueller Kompensation gegeben haben dürften. Tatsächlich werden in den Offizialatsrechnungen des SpätMA in beinahe jeder Stadt und jedem Dorf jährlich zahlreiche Bußen wegen Ehebruchs, Konkubinats und heimlicher (nicht feierlicher) Trauungen registriert.

Die öffentl. Meinung, ja die Kirche selbst, zeigte durchaus Verständnis für die sexuellen Abenteuer der zahlreichen jungen Leute, die infolge der stagnierenden Wirtschaft des 15. Jh. die E. immer länger aufschoben und einen Ausweg im unverheirateten Zusammenleben, in sexuellen Aktivitäten innerhalb jugendlicher Verbände und Cliquen (*charivari*) und in der Prostitution fanden. In Flandern wurden 1395 Prämien ausgesetzt, um Mittellose zur E. zu ermutigen. Bei alledem war die freie Sexualität (Ehebruch usw.), bedingt durch den Spürsinn von Synodalen und Denunzianten, in den meisten Fällen zur Heimlichkeit verurteilt, so daß möglicherweise ein großer Teil sexueller Aktivitäten nicht in den Quellen erscheint. Weitere Hinweise, daß lustvolles sexuelles Erleben in der Praxis nicht abgelehnt wurde, sind die in Quellen insbes. des 15. Jh. aufscheinenden Angaben über Methoden der →Empfängnisverhütung wie etwa des Coitus interruptus. Eine freie Sexualmoral, die die sexuelle Handlung für natürlich hält, den Genuß als positiv betrachtet und außerehel. Beziehungen toleriert, wird zu Beginn des 15. Jh. durch die im gesamten Europa verbreiteten, jedoch von der Kirche als häret. Sekte verfolgten →Brüder des freien Geistes verteidigt.

IX. ZUNEIGUNG UND LIEBE ALS GRUNDLAGE DER PARTNERWAHL: E. SHORTER nimmt an, daß erst nach 1750 Liebe und Gefühl Grundvoraussetzungen werden für die Partnerwahl in weiten Bereichen des Zusammenlebens und daß bis dahin gegenseitige erot. Zuneigung als Basis einer Ehe das Vorrecht einzelner Adliger war; für reich und arm war Heiraten einzig und allein eine Sache der Vernunft, des Zusammenlegens von Erbteilen und der materiellen Absicherung. Es ist jedoch festzustellen, daß die seit dem 12. Jh. in adligen Kreisen besungene »höfische Liebe« (→Minne), die Leidenschaft und verfeinerte Erotik verherrlichte, nicht die E., sondern die außerehel. Beziehungen zum Gegenstand hatte.

Das steht im Gegensatz zur gleichzeitigen, jedoch auf spätröm.-frühchristl. Traditionen fußenden religiösen Literatur, die Askese, Jungfräulichkeit und Keuschheit verherrlicht und den (sexuellen) Genuß selbst innerhalb der E. als Werk des Teufels ablehnt.

Gleichzeitig befürworten jedoch, wie aus den von J. LECLERCQ gesammelten Quellentexten hervorgeht, Mönche des 12. Jh. eine Eheauffassung, in der gegenseitiges Wohlwollen und Zuneigung Vorrang gegeben wird gegenüber rationalen oder materiellen Erwägungen. R. SCHMIDT-WIEGAND hat nachgewiesen, daß in der spätma. städt. Literatur die Ehefrau die Stelle der *vrouwe*, der Minnedame der höf. Literatur, einnimmt, was bedeutet, daß die Vorstellung der »ehel. Liebe« beim gebildeten Publikum Eingang gefunden hat und dessen Zustimmung findet. So plädiert etwa das ndl. →Rederijkerspiel »De Spiegel der Minne« (Ende des 15. Jh.) für Liebe und sexuelle Anziehung als Basis einer guten E., auch unter gesellschaftl. ungleichen Partnern. Anscheinend war dies nicht nur eine Fiktion, sondern auch eine verbreitete Realität des 14.–15. Jh. Schließlich lassen sich die zahlreichen Fälle, in denen junge Paare ihre E. gegen den Willen der Eltern durchsetzten, schwerlich anders erklären als mit den Symptomen der Zuneigung und Leidenschaft sowie dem Willen, der elterl. Kontrolle zu entfliehen.

W. Prevenier/Th. de Hemptinne

Lit.: E. SHORTER, Différences de classe et sentiment depuis 1750, Annales 29, 1974, 1034ff. – J. L. FLANDRIN, Familles, Parenté, maison et sexualité dans l'ancienne société, 1976 – [dt.: Familien. Soziologie – Ökonomie – Sexualität, 1978] – M. M. SHEEHAN–K. D. SCARDELLATO, Family and Marriage in Medieval Europe, A working Bibliogr., 1976 – M. MITTERAUER–R. SIEDER, Vom Patriarchat zur Partnerschaft, 1977 – M. M. SHEEHAN, Choice of Marriage Partner in the MA, Stud. in Medieval and Renaissance Hist., NS 1, 1978, 3ff. – J. GAUDEMET, Sociétés et mariage, 1980 – G. DUBY, Le chevalier, la femme et le prêtre. Le Mariage dans la France médiévale, 1981 [dt.: Ritter, Frauen und Priester, 1985] – SH. SHAHAR, Die Frau im MA, 1981, bes. 73–120 – J. LECLERCQ, Monks on Marriage. A Twelfth-Century View, 1982 – F. MOUNT, The subversive Family. An alternative Hist. of Love and Marriage, 1982 – G. CORAZZOL–L. CORRÀ, Esperimenti d'amore. Fatti di giovani nel Veneto del Cinquecento, 1983 – J. L. FLANDRIN, Un temps pour embrasser. Aux origines de la morale sexuelle occidentale VIe–XIe s., 1983 – Haus und Familie in der spätma. Stadt, hg. A. HAVERKAMP, 1984 – E. ENNEN, Frauen im MA, 1984 – W. RÖSENER, Bauern im MA, 1985, bes. 176–198 – D. M. NICHOLAS, The Domestic Life of a Medieval City. Women, Children, and the Family in Fourteenth-Century Ghent, 1985 – G. RUGGIERO, The Bounderies of Eros. Sex Crime and Sexuality in Renaissance Venice, 1985 – M. SCHRÖTER, »Wo zwei zusammenkommen in rechter E. . . . « Sozio- und psychogenet. Stud. über Eheschließungsvorgänge vom 12.–15. Jh., 1985 – M. VLEESCHOUWERS-VAN MELKEBEEK, Aspects du lien matrimonial dans le liber sentenciarum de Bruxelles (1448–59), Revue d'Hist. du Droit 53, 1985, 43ff. – s. a. Lit. zu →Ehebruch, →Familie, →Frau usw.

D. Byzantinisches Reich, ost- und südosteuropäischer Bereich
I. Theologie und Liturgie der Ostkirche – II. Byzantinisches Reich – III. Ost- und südslavischer Bereich.

I. THEOLOGIE UND LITURGIE DER OSTKIRCHE: [1] *Theologie*: Nach orth. Auffassung nehmen durch →Taufe, →Firmung und →Eucharistie der Kirche eingegliederte und mit dem Leben des →Gottesreichs beschenkte Christen, wenn sie in rechter Weise heiraten und die E. leben, in und durch diese tiefer am neuen Leben Anteil. Als notwendige natürl. Gegebenheit und geschütztes wie normiertes Rechtsgut von der Kirche vorgefunden, erhielt die E. eine neue Dimension als eines der Mysterien bzw. Sakramente (das griech. Wort ist dasselbe), die den Gliedern der Kirche, die selbst Ursakrament ist, den Zugang zum Mysterium des Heilswillens Gottes eröffnen. »Die christl. E. ist nicht nur eine irdische sexuelle Verbindung, sondern ein ewiges Band, das fortdauern wird, wenn unsere Leiber 'überird.' sind und Christus 'alles in allem' ist . . . Die E. ist nicht mehr einfach eine Befriedigung zeitl., natürl. Bedürfnisse oder ein Mittel zur Sicherstellung eines illusor. Weiterbestehens durch Nachkommenschaft. Sie ist eine einzigartige Verbindung zweier Individuen in Liebe, welche die Begrenztheit ihres Menschseins überschreiten und nicht bloß untereinander, sondern 'in Christus' verbunden sind« (MEYENDORFF, Marriage, 18). Mit Eph 5 auch als Abbild der Verbindung Christi mit der Kirche gesehen, ist sie im strengsten Sinn unauflösl. Einehe und schließt auch nach dem Tod des einen Partners eine Wiederverheiratung des andern aus. Weil viele E.n hinter der sehr hohen Auffassung zurückbleiben, übt die orth. Kirche Toleranz (sog. kirchl. Ökonomie; →Oikonomia) mit neuen Verbindungen Verwitweter oder Geschiedener, deren Sakramentalität starken Zweifeln unterliegt. »Fehler, Mißverständnisse und sogar bewußte Auflehnung gegen Gott, d. h. Sünde sind möglich, solange der Mensch in der gegenwärtigen und sichtbaren Existenzweise der 'gefallenen Welt' lebt. Die Kirche versteht dies sehr gut... Aber wirkliches Verständnis und berechtigte Nachsicht mit der menschl. Schwäche sind nur möglich, wenn die absolute Norm der Lehre des NT von der E. als eines Sakraments anerkannt wird« (MEYENDORFF, a.a.O. 23).

[2] *Liturgie:* Ursprgl. bestätigte die orth. Kirche die E.n durch Zulassung der Vermählten zur Eucharistie, eventuell durch ein Segensgebet während der Eucharistiefeier. Verfügungen Ks. Leons VI. (886–912) und Alexios' I. (1081–1118) verpflichten alle Getauften (auch eucharistieunfähige) zur kirchl. Eheschließung. Ein von der Eucharistie getrennter Ritus mit Krönung der Brautleute als hauptsächl. Zeichen wurde verbindl. und gilt als Segnung, die der E. sakramentale Würde verleiht. Für die Trauung Verwitweter oder Geschiedener besteht ein Ritus der Wiederverheiratung. Seine Texte bezeugen das neue Bündnis als aus Nachsicht hingenommen und nicht schlechterdings gebilligt; er war bis in jüngste Zeit mit Bußauflagen (Epitimie) verbunden. Niemand wird Diakon oder Priester, wenn er in Zweitehe lebt oder eine Frau ehelichte, für die dies eine Zweitehe ist. Auch für Drittehen kann Wiederverheiratung vollzogen werden. Nach deren Ende (durch Tod oder Scheidung) ist keine Heirat mehr möglich.   E. Ch. Suttner

Lit.: N. MILASCH, Das Kirchenrecht der morgenländ. Kirche, 1905²– M. JUGIE, Theologia dogm. christ. orient. 3, 1930–J. DAUVILLIER–C. DE CLERCQ, Le mariage en droit canonique oriental, 1936–K. RITZER, Formen, Riten und relig. Brauchtum der Eheschließung in den christl. Kirchen des 1. Jt., 1962–J. MEYENDORFF, Marriage. An Orth. Perspective, 1970–CH. KONSTANTINIDIS–E. CH. SUTTNER, Fragen der Sakramentenpastoral, 1979 – P. L'HUILLIER, RDC 29, 1979, 44–59 – C. J. DUMONT, ebd. 31, 1981, 189–225 – J. PRADER, OrChrP 49, 1983, 164–183 – I. D. IVAN, Biserica Ort. Romana 101, 1983, 732–755 – N. PRIVITERA, Nicolaus 11, 1983, 77–114.

II. BYZANTINISCHES REICH: Auch im byz. Bereich war die E. (γάμος) als grundsätzl. lebenslange Verbindung eines Mannes mit einer Frau (vgl. z. B. →Basiliken 28.4.1) nicht nur gesellschaftl. (und bisweilen polit.), sondern insbes. auch von wirtschaftl. Bedeutung für die beteiligten Familien: Den »Wert« der gewissermaßen als Tauschobjekt fungierenden Ehepartner legten die Eheverträge fest, die die Höhe der →Mitgift (προίξ) und der bezeichnenderweise meistens erheblich niedrigeren Mannesgabe (προγαμιαία δωρεά, ὑπόβολον) bestimmten und i.d.R. von den Vätern für ihre noch minderjährigen Kinder geschlossen wurden.

Der ursprgl. nur von der Sitte geregelte soziale Tatbestand der E. war schon in röm. Zeit, bedingt durch die Herrschaftsinteressen der Ks. (vgl. insbes. Augustus' Ehegesetzgebung) und die berufsständ. Interessen der durch die ksl. Förderung gestärkten, neue Betätigungsfelder suchenden Juristenzunft, zunehmend rechtlicher Normierung unterworfen worden. Ungefähr zur gleichen Zeit hatte die christl. Kirche unter Berufung auf überlieferte Äußerungen Jesu zur Ehe (etwa Mt 5.32 und 19.9) sowie in Konsequenz der sich allmählich ausbildenden Lehre vom Sakramentscharakter der E. verstärkt Kompetenz in Eheangelegenheiten beansprucht und sich um eine Ersetzung heidn. Brauchtums durch christl. bemüht (z. B. wurde der altröm. flamen Dialis bei der confarreatio durch den Bf. bzw. Priester bei der christl. →Hochzeitszeremonie abgelöst). Nachdem die Kirche aufgrund und infolge der letzten großen Christenverfolgung unter Ks. Diokletian (seit 303) eine derartige Macht gewonnen hatte, daß sie sich auf ihren Synoden als durchaus selbständiger und – in bezug auf die E. – strengerer Gesetzgeber neben dem Staat installieren konnte, suchten die (mittlerweile christianisierten) byz. Ks. diese Entwicklung zu steuern, indem sie sich materiell die Forderungen und Auffassungen der Kirche weitgehend zu eigen machten, formell aber auf ihrer alleinigen Gesetzgebungsbefugnis (und dementsprechend auf ihrer Berechtigung, von der Kirche erlassene Normen zu »bestätigen«) bestanden. Dieser Kompromiß (vgl. →Cäsaropapismus) wurde von der byz. Kirche im allgemeinen akzeptiert und führte schon seit dem 5. Jh. wieder zu einem starken Rückgang, ja über lange Zeiträume hinweg sogar zu einem völligen Versiegen kirchl. (Ehe-)Gesetzgebung.

Im →Corpus iuris civilis und in allen nachfolgenden byz. Normensammlungen, etwa der →Ekloge Leons III. und Konstantinos' V. (Titel 2 und 3), der z. T. von Photios redigierten Eisagoge (→»Epanagoge«, Titel 16–21), den 60 Büchern →Leons VI. bzw. →Basiliken (Bücher 28–30), dem →Prochiron (Titel 4–11), der →»Epitome« (Titel 22–27), der →Peira (Titel 24–25 und 49), den Rechtsbüchern des →Attaleiates (Titel 19–22), des →Blastares (Buchst. B und Γ), des (H)Armenopulos (Buch 4) (→Hexabiblos), aber auch den Kanonessammlungen und -kommentaren des →Aristenos, des →Zonaras und des →Balsamon, ja selbst den Bußbüchern, nimmt die E., ihre Schließung und Auflösung und namentl. ihr vermögensrechtl. Aspekt (→Mitgift) breiten Raum ein, wobei die Mehrzahl der einzelnen Bestimmungen dem röm. Recht der vorbyz. Epoche entstammt.

So beträgt das Mindestalter für die E., der i.d.R. eine →Verlobung (μνηστεία) vorausgeht, 14 Jahre beim Mann bzw. 12 Jahre bei der Frau. Konstitutives Element der E. ist die Zustimmung sowohl der (meist noch im Kindesalter stehenden) Partner als auch der Gewalthaber bzw. Eltern, nicht hingegen der Vollzug des Beilagers. Eheverbote bestehen unter bestimmten Voraussetzungen für E.n mit bzw. von Juden, Häretikern, Klerikern (→Zölibat), Senatoren, Vormündern, Frauenräubern, Ehebrechern, Verwandten und Wiederheiratenden.

Tendenziell kam es dabei – gerade hinsichtl. der beiden zuletzt genannten, weitaus wichtigsten Gruppen – zu einer Verschärfung der einschlägigen Vorschriften: Der Kreis der zunächst wenigen, durch Verwandtschaftsbezeichnungen einzeln aufgezählten impedierten Blutsverwandten wurde fortschreitend erweitert und umfaßte schließlich (im 11. Jh.) alle Seitenverwandte bis zum 7. Grad. Zudem wurden die für leibl. (und gesetzl.) Verwandte geltenden Regeln unter Zuhilfenahme von Generalklauseln (etwa Basiliken 28.5.7: Gebot der Berücksichtigung des »Schicklichen«) und durch logische Operationen (Analogie bei Ableitungen aus der auf Gen 2.26 zurückgehenden μία σάρξ-Lehre, Argumentation a fortiori bei Ableitungen aus dem Dogma von der Überlegenheit des πνεῦμα gegenüber der σάρξ) weitgehend auch auf Verschwägerte (und Quasiaffine) sowie auf geistliche Verwandte (→Verwandtschaft, geistl.) ausgedehnt. Außerdem wurde die Zahl der zulässigen (sukzessiven) Ehen beschränkt: Nach dem (für die Folgezeit einschlägigen) *Τόμος τῆς ἑνώσεως* (Tomus unionis) des Patriarchen →Nikolaos I. Mystikos aus dem Jahre 920 durfte eine vierte Ehe überhaupt nicht und eine dritte nur unter gewissen Umständen geschlossen werden. Selbst eine zweite Ehe unterlag kirchlichen Sanktionen und konnte vermögensrechtl. Nachteile im Gefolge haben.

Die Gründe für die Verschärfung des (materiell christl.) Eherechts waren auch in Byzanz die folgenden: Erstens handelt es sich hierbei um eine Auswirkung der auf den Einfluß von Paulus zurückgehenden (vgl. insbes. I Kor 7) Leib- bzw. Sexualfeindlichkeit der herrschenden christl. Lehre, der zufolge alles Geschlechtliche – und damit auch die vorwiegend als »Sexualgemeinschaft« begriffene E. – den Menschen »befleckt«, »unrein« und »sündig« macht und ihn der »Entsühnung« bedürfen läßt (vgl. schon Lev 15). Diese sich die Irrationalität des Geschlechtstriebes zunutze machende »Moral«, welche, gepaart mit einer übersteigerten, nicht realisierbaren »Ethik« (vgl. insbes. Mt 5.39 und 44), auf eine Erweiterung und andauernde Belastung des Gewissens abzielte, zwang die (stets zu einer Vermittlung zw. den Idealen des bes. durch den Zweck der Kindererzeugung gerechtfertigten Ehestandes und der höherwertigen Ehelosigkeit angehaltene) Amtskirche gerade in Zeiten wachsenden monast. Druckes und verstärkter Binnenmission immer wieder zu einer Radikalisierung der offiziellen Ehelehre, die dann insbes. im 4. Jh., am Ende des 7. Jh. und in dem auf den Erlaß des bedeutsamen Tomos des Patriarchen Sisinnios II. (997) folgenden Jahrhundert in der Produktion repressiver Normen über die Ehe (einschließlich des Gebots ztw. Enthaltsamkeit) ihren Niederschlag fand.

Zweitens ist die Ausdehnung der Eheverbote ein Ausfluß des Machtstrebens der (byz.) Kirche, welcher es gelang, durch die Handhabung der einschlägigen Bestimmungen ihre Kontrolle des Verhaltens von Adel und breiter Bevölkerung zu steigern und sie sogar bis ins Kaiserhaus zu erstrecken. Diese Entwicklung wurde naturgemäß vornehmlich von machtbewußten und innovationsbefähigten Repräsentanten der Kirche wie dem Archegeten des kanon. Rechts, →Basileios d. Gr. von Kaisareia, und den Patriarchen →Photios →Nikolaos I. Mystikos, →Sisinnios II., →Michael I. Kerul(l)arios und →Johannes VIII. Xiphilinos vorangetrieben, während staatlicherseits gerade ähnlich strukturierte Ks. – wie →Konstantin I. d. Gr., →Justinian I., →Leon VI., →Alexios I. und →Manuel I. – den kirchl. Einfluß regulativ zurückzudrängen suchten, was allerdings nach der entscheidenden und insbes. auch das Eherecht erfassenden Klerikalisierung des 11. Jh. nur noch in engen Grenzen möglich war.

Drittens entstammt die Erweiterung der Ehehindernisse dem Bedürfnis der Erschließung zusätzl. Einnahmequellen für den Klerus, der spätestens seit mittelbyz. Zeit eine Gebühr für die Einsegnung unbeanstandbarer Ehen verlangte und für die »Befreiung« von Eheverboten (οἰκονομία, φιλανθρωπία; →Oikonomia) erhöhte Zuwendungen erwartete.

Schließlich ging die Zunahme repressiver Ehenormen teilweise (etwa im Zusammenhang mit Folgerungen aus der symbol. Siebenzahl) auch auf dogmat. Erwägungen von Kanonisten – wie →Balsamon, →Blastares und Johannes →Pediasimos – zurück, die, das Lehr- und Wissensmonopol der Kirche auch insoweit untermauernd, die Lehre von den Ehehindernissen verfeinerten bzw. »rationalisierten« und dadurch für die Praxis (einschließlich der i. d. R. als »zuständig« geltenden kirchl. Gerichtsbarkeit) besser hantierbar zu machen suchten. A. Schminck

Lit.: J. Zhishman, Das Eherecht der oriental. Kirche, 1864 [grundlegend; gr.: Τὸ δίκαιον τοῦ γάμου τῆς ἀνατολικῆς ὀρθοδόξου Ἐκκλησίας, 2 Bde, 1912–13] – K. E. Zachariä v. Lingenthal, Gesch. des griech.-röm. Rechts, 1892 [Nachdr. 1955] – Beck, Kirche, 86–91 u. ö. – F. Goria, Tradizione romana e innovazioni bizantine nel diritto privato dell'Ecloga privata aucta, Diritto matrimonial (Forsch. zur byz. Rechtsgesch. 5, 1980) – K. Ritzer, Formen, Riten und religiöses Brauchtum der Eheschließung in den christl. Kirchen des 1. Jt., 1981² [frz.: Le mariage dans les Églises chrétiennes du Iᵉʳ au XIᵉ s., 1970] – K. G. Pitsakēs, Τὸ κώλυμα γάμου λόγῳ συγγενείας ἑβδόμου βαθμοῦ ἐξ αἵματος στὸ βυζαντινὸ δίκαιο (Θρᾳκικὲς Νομικὲς Μελέτες 8, 1985) [mit umfassender Bibliogr.: 511–538].

III. Ost- und südslavischer Bereich: Angaben über die E. bei den orth. Slaven vor der Christianisierung sind spärlich und beziehen sich vorwiegend auf Rußland. Nach der Einleitung zur »Povest' vremennych let« (Lichačev I, 15) kannten die ostslav. Stämme der Drevljanen, Radimičen, Vjatičen und Severjanen keine eigtl. Eheschließung, sondern übten Brautraub bei Gewässern bzw. anläßlich von Dorffesten und Tänzen. Lediglich bei den in Kiev lebenden Poljanen bestanden Formen der Eheschließung mit Mitgift.

Seit der Einführung des Christentums galten die byz. bzw. röm.-rechtl. Vorschriften in bezug auf Eheschließung und Eheleben. Der bulg. Polemist des 10. Jh., Kosmas Presbyter, faßt die auf Paulus zurückgehende Auffassung der E. in einem, Johannes Chrysostomos zugeschriebenen, unidentifizierten Zitat zusammen: »Es gibt drei Lebensformen für die Menschen, die Jungfräulichkeit, die E. (*brak*), die Hurerei. Die Jungfräulichkeit ist das Größte und das Höchste; die E. (*ženitva*) kommt [ihr] nicht gleich, ist aber sündenfrei; die Hurerei und der Ehebruch führen zur Strafe« (Contra Bogomilos XXV, Popruženko 60 = Begunov, 370). Ein dritter Begriff für die E. *malъženьstvo* (als Teilübersetzung und Entlehnung aus dem Ahd.) begegnet bereits im altruss. Übersetzungsschrifttum des 11. Jh. (Greg. Naz.) sowie bei Kosmas Presbyter (Popruženko 58,6 = Begunov 367) in einer Widerlegung der bogomil. Lehre bezügl. der Ablehnung der E., des Fleisch- und des Weingenusses.

Neben den byz. (z. B. Zakonъ sudnyi ljudьmъ aus dem 9./10. Jh.: MMFH IV, 147ff.) bzw. lat. (z. B. Zapovědi svetyich otьcь aus dem 9. Jh.: MMFH IV, 137ff.) Kreis herrührenden altruss. kirchenrechtl. Kompilationen (→Kormčaja kniga) werfen die original altslav. Denkmäler der Gesetzgebung bzw. Bußordnung Licht auf die Eheverhältnisse im MA. So bezieht sich der Metropolit Johannes II. Prodromos v. Kiev (ca. 1076–89) in seinen »Pravila cerkovnaja« § 30 (Goetz, 163f.) auf den damals noch geltenden Brauch, welchem lediglich Bojaren und Fs.en eine kirchl. Trauung (*blagoslovenie i věnčanie*) zu erhalten pflegten, während das einfache Volk nicht konstante Verbindungen zw. Mann und Frau, geschlossen auf Dorffesten mit Tänzen und Händeklatschen, kannte. Im »Ustav o cerkovnych sudach« § 2, einem altruss. Codex des Ehe- und Familienrechtes, bestimmt der Fs. v. Kiev, →Jaroslav der Weise (1019–54), die Strafe bei Brautraub (*umykanie*) und unterscheidet freiwillige und unfreiwillige Entführungen. Aus der 1166 entstandenen Mahnrede § 19 des Ebf.s v. Novgorod, →Il'ja (1165–86), wird ersichtlich, daß noch im 12. Jh. das einfache Volk oft keine kirchl. Eheschließung kannte, sondern noch in vorchristl. Lebensformen wurzelnde Bräuche pflegte: Einführung der Braut am Abend in das Haus des Bräutigams, Entführung, freies Zusammenleben ohne Unterhandlung von seiten der Eltern oder der Verwandtschaft, formlose und freie Verbindung. Der Klerus wurde jedoch ermahnt, Elternpaaren, die in illegaler Verbindung Kinder gezeugt hatten, die Segnung zu erteilen. Im Gesetzbuch des serb. Zaren →Stefan Dušan aus dem Jahre 1349 (Athon. Version § 2) wird noch auf die Notwendigkeit der Ehesegnung sowohl für Magnaten (*vlastele*) als auch für das einfache Volk (*pročii ljudie*) hingewiesen.

Mit dem Kirchenrecht wurde anstelle der traditionellen →Polygamie die Einehe institutionalisiert, während Wiederverheiratung nach dem Tode eines Partners oder nach einer kirchl. tolerierten Scheidung bis zur 3. Ehe erlaubt war. Fs. →Vladimir (980–1015), der 988 in Kiev das Christentum einführte und einen »Ustav o cerkovnych sudach« erließ, soll vor der Taufe 5 Frauen und 800 Konkubinen gehalten haben (Povest' vremennych let s. a. 980 = LICHAČEV I, 57), lebte aber mit seiner christl. Ehefrau Anna († 1011) in Einehe. Nichtsdestoweniger bestand die altruss. Sitte des Konkubinats bzw. des Haltens von Beischläferinnen (naložnica, menьčica) neben der Ehefrau fort; vgl. Voprošanie Kirikovo § 69–70 aus dem 12. Jh.: GOETZ, 278. Allerdings sind außerehel. Kinder von der Erbschaft des Vaters ausgeschlossen (→Kind, außerehel.). Durch die Ehe mit einer Unfreien (raba) ohne Vertrag verliert ein freier Mann seinen Status und wird zum Unfreien (cholop); vgl. Pravda russkaja (lange Red.) § 110. Scheidungsgründe wurden gemäß dem orth. Kirchenrecht anerkannt und mit Geldbußen entsprechend dem Status des Mannes belegt; vgl. Ustav Jaroslava o cerkovnych sudach § 4.

Zum Inhalt des Eheevertrages gehörte in Altrußland die Bestimmung der →Mitgift, die entweder vom Bräutigam (věno; vgl. Povest vremennych let s. a. 1043: LICHAČEV I, 104) oder vom Vater der Braut (posag, podanoe) entrichtet wurde. Ch. Hannick

Q.: L. K. GOETZ, Kirchenrechtl. und kulturgesch. Denkmäler Altrußlands, 1905 [Neudr. 1963] – Pamjatniki russkogo prava, I–II, ed. A. A. ZIMIN, 1952–53 – Zakonik Cara Stefana Dušana I. Struški i atonski rukopis, 1975 – O. KRONSTEINER, Pravda russkaja – Das Recht der Rus' (Klagenfurter Beitr. zur Sprachwiss., Slaw. R. 3, 1980) – Zakonodatel'stvo Drevnej Rusi (Rossijskoe zakonodatel'stvo X–XX vv., 1), ed. V. L. JANIN, 1984 – Lit.: SłowStarSłow III, 159–161 [ST. RUSSOCKI]; IV, 240f. [B. LESIŃSKI] – N. SUMCOV, O svadebnych obrjadach preimuščestvenno russkich, 1881 – GR. KREK, Zur Gesch. russ. Hochzeitsbräuche (Analecta Graeciensia [Fschr. zur 42. Vers. dt. Philologen und Schulmänner in Wien, 1893]), 181–194 – J. M. GAGOV, Theologia antibogomilistica Cosmae presbyteri Bulgari (Saec. X), 1942, 168–176 – JA. N. ŠČAPOV, Drevnerusskie knjažeskie ustavy XI–XV vv., 1976 – L. HEISER, Die Responsa ad consulta Bulgarorum des Papstes Nikolaus I. (858–867) (Trierer Theol. Stud. 36, 1979), 276–322.

E. Judentum

Wie schon in der Antike, galt auch in der ma. jüd. Ethik die E. als eine der wichtigsten Institutionen zur Entfaltung jüd. Lebens. Das Eingehen einer E. war religiöse Pflicht eines jeden Juden; ihr bes. Sinn bestand in der Hervorbringung von Nachkommenschaft. In der Regel heiratete man schon in der Jugendzeit. Die rechtl. Gestaltung ma. jüd. E.n orientierte sich stark an den bibl. und rabbin. Vorschriften. So galt im MA selbstverständlich der biblische, durch die Rabbinen erweiterte Katalog verbotener Verwandtschaftsgrade. Die in talmud. Zeit übliche Aufteilung der Eheschließung in die bis zu 1 Jahr voneinander getrennten Akte Kidduschin ('Verlobung/Antrauung') und Nissu'in ('eigtl. Hochzeit') wurde im MA spätestens vom 12. Jh. an beseitigt und die ganze Prozedur in einem Stück abgewickelt. Die Trauung konnte vor dem 14. Jh. auch ohne Rabbiner erfolgen. Die Braut erhielt vom Bräutigam bei der Trauung als Ehevertrag die sog. Ketubba überreicht, in der er sich zum standesgemäßen Unterhalt seiner Gattin verpflichtete und in der er ihr im Falle seines Todes oder einer Scheidung die Auszahlung einer Geldsumme versprach. Das von der Frau in die Ehe eingebrachte Vermögen zerfiel in maximal drei Teile: a) Güter, die der ausschließl. Verfügungsgewalt der Frau unterstanden und an denen der Ehemann keine Rechte erwarb; b) Pflückgüter (Nichsei Melog), an denen dem Mann ein Nießbrauch zustand und die er ihr im Fall einer Eheauflösung in dem Zustand zurückgeben hatte, in dem sie sich zum Auflösungszeitpunkt befanden, also ohne Ausgleich eventueller Wertverluste; c) Güter des eisernen Viehs (Nichsei Zon Barsel), die in der Ketubba Erwähnung fanden und die der Mann bei einer Eheauflösung seiner Frau in dem Zustand zurückzugeben hatte, in dem sie sich bei der Eheschließung befunden hatte, also unter Ausgleich von Wertverlusten. Starb der Mann ohne Nachkommenschaft und besaß er Brüder, konnte die Witwe nur dann einen neuen Mann ihrer Wahl heiraten, wenn sie der älteste Schwager durch eine symbol. Zeremonie, die Chalitza, von der Pflicht zur Leviratsehe befreite. War der Schwager zum Christentum abgefallen, bedurfte die Witwe nach Auffassung der ma. jüd. Gesetzesgelehrten dennoch seiner Chalitza, um nach eigenem Belieben neu heiraten zu können. Eine durch Chalitza freigewordene Witwe durfte jedoch ebenso wie eine Geschiedene, eine Proselytin und eine ehemalige Sklavin (→Sklaven) keinen Kohen, also einen Nachkommen der alten Tempelpriesteraristokratie, ehelichen. Für die Gruppe der Kohanim galten neben der normalen besondere Eheverbote. Hatte eine Witwe zwei Ehemänner überlebt, sollte sie nach talmud. Rechtslage keinen dritten Mann mehr heiraten. Über die Frage, ob solch eine E. gerichtl. aufgelöst werden müsse, waren die ma. jüd. Gesetzesgelehrten jedoch uneins. Obwohl von kirchl. und rabbin. Autoritäten gleichermaßen verpönt, sind Mischehen zw. Juden und Christen vor dem 1. Kreuzzug in Europa nachweisbar; nach jüd. Recht galt das Kind als Jude, wenn die Mutter Jüdin war.

Auf folgende besondere Rechtsentwicklungen im MA ist noch hinzuweisen: →Gerschom Ben Jehuda aus Mainz verbot kurz nach der Jahrtausendwende in einer berühmten Verordnung die schon in talmud. Zeit zum Teil verpönte Polygynie (→Polygamie), machte die Einehe zur Pflicht und abrogierte die traditionelle antike Halacha, die einem Mann bis zu vier Frauen gleichzeitig erlaubte. In der oriental. Judenheit fand seine Anordnung keine Akzeptanz. Obwohl dort wie im Abendland die Einehe längst die Regel war, gab es etwa in Ägypten oder Palästina gelegentl. offiziell geduldete Ehen mit zwei Frauen. Darüber hinaus modifizierte Gerschom das Ehescheidungsrecht. Während die antike Rechtstradition dem Mann die Ausstellung eines Scheidebriefes auch aus relativ geringfügigem Anlaß gestattete – was freilich zu den oben geschilderten vermögensrechtl. Konsequenzen führte –, verbot Gerschom eine Scheidung gegen den Willen der betroffenen Ehefrau. Nur bei schwerwiegenden Verfehlungen ihrerseits konnte die Scheidung ohne und gegen ihren Willen vorgenommen werden. Die Ausfertigung und Überreichung eines Scheidebriefs unterlag äußerst komplizierten Formvorschriften, zu deren Ausbildung die ma. jüd. Gesetzesgelehrten maßgebl. beitrugen.

Die sozialgeschichtl. Erforschung des ma. jüd. Ehelebens liegt noch in den Anfängen. I. JUBAL zeigt, daß die Ehescheidungsquote in Süddeutschland im 15. Jh. hoch war und beide Eheleute leichtfertig bereit waren, eine eingegangene Verbindung zwecks Ehelichung eines attraktiveren Partners aufzulösen. H.-G. v. Mutius

Lit.: L. M. EPSTEIN, The Jewish Marriage Contract, 1927 – I. A. AGUS, Urban Civilisation in Pre-Crusade Europe, 2 Bde, 1965, 554ff. – K. KAHANA, The Theory of Marriage in Jewish Law, 1966 – W. J. PAKTER, De his qui foris sunt [Diss. Baltimore 1974], 259ff. – I. JUBAL, Takkanot neged Ribbui Geruschin be-Germania ba-Me'a ha-Tet-Waw, Zion 48, 1983, 177ff.

F. Arabisch-islamischer Bereich

Im Islam kommt die E. durch einen zivilrechtl. Vertrag zustande, den sog. Ehevertrag ('aqd an-nikāḥ). Er besteht aus der Annahme (qabūl) eines Angebotes (īǧāb), dem eine

Werbung (*ḫuṭba*) vorausgeht. Eine Verlobung ist nicht bekannt. Bei der Eheschließung braucht kein Geistlicher mitzuwirken. Allerdings ist dies üblich. Im Ehevertrag können die Bedingungen der Eheschließung und des ehel. Zusammenlebens im einzelnen festgelegt werden. Vom islam. Recht abweichende Verpflichtungen des Mannes sind zwar nicht bindend, ihre Erfüllung kann jedoch durch eine bedingte Verstoßung (s. u.) erreicht werden. Im Ehevertrag werden insbes. die Höhe der Morgengabe (*mahr*) und ihre Zahlungsweise festgelegt. Meist ist bei Heirat ein kleinerer Betrag bis zur Hälfte zu zahlen (*mahr muʿaǧǧal*) und der Rest bei Eheauflösung durch Scheidung (Verstoßung) oder Tod fällig (*mahr muʾaǧǧal*). Die Morgengabe kann auch während der E. fällig werden, und zwar aufgrund einer Bedingung oder auf Anforderung der Frau. Bei einer Trennung vor Vollzug der E. gebührt der Frau die Hälfte der Morgengabe. Sie steht grundsätzl. der Frau selbst zu und kann daher eine materielle Absicherung der Frau bedeuten. Ist eine Morgengabe nicht ausdrückl. ausbedungen, steht ihr eine angemessene Morgengabe (*mahr al-miṯl*) zu.

Für den Nachweis der Eheschließung sind zwei vollwertige männl. Zeugen, die Muslime sein müssen, erforderl. (bzw. ein Mann und zwei Frauen). Stellvertretung bei der Eheschließung (sog. Handschuhehe) ist möglich. Für die Frau, die noch Jungfrau (*bikr*) ist, handelt regelmäßig ein Ehemunt (*walī*), primär der Vater, sonst der nächste männl. Verwandte. Auch Minderjährige bedürfen zur Heirat eines gesetzl. Vertreters. Da zw. Eheschließung und Vollzug der E. unterschieden wird, ist die Verheiratung von Kindern (sog. Kinderehe) möglich. Der gesetzl. Vertreter kann eine Minderjährige (*ṣaġīra*) auch ohne deren Einwilligung verheiraten. Dann hat sie ein Rücktrittsrecht (*ḫiyār*), wenn sie volljährig wird, sofern sie nicht von Vater oder Großvater verheiratet worden ist. Volljährigkeit tritt mit der Geschlechtsreife (*bulūġ*) ein. Voll geschäftsfähige Frauen (*mukallafa*), d. h. nach der Praxis solche, die nicht mehr Jungfrau, sondern geschieden oder Witwe (*ṯayyib*) sind, pflegen die E. selbst abzuschließen.

Ein freier Muslim kann gleichzeitig bis zu vier E. frauen haben (ein Sklave bis zu zwei), was für das Arabien des 7. Jh. eine Einschränkung der →Polygamie bedeutete. Voraussetzung ist jedoch, daß der Mann imstande ist, alle Frauen zu versorgen und gleichmäßig zu behandeln. Daneben ist der Geschlechtsverkehr mit eigenen Sklavinnen erlaubt, solange sie ledig sind, und zwar nach einer Enthaltsamkeit (*istibrāʾ*) während eines Monats (Periode) seit ihrem Erwerb.

Neben dem Ehehindernis der Blutsverwandtschaft existiert ein Ehehindernis der Milchverwandtschaft (*riḍāʿ*), die durch jedes Stillen während der ersten zweieinhalb Lebensjahre begründet wird. Das Eheverbot der Religionsverschiedenheit ist nur insoweit durchbrochen, als ein Mann, der Muslim ist, Angehörige einer sog. Buchreligion (*kitābīya*), also des Christen- oder Judentums, heiraten darf, im schiitischen Islam allerdings nur in Zeitehe. Die E. auf Zeit (*mutʿa* = Genuß[ehe]), deren Mindestdauer einen Tag beträgt, hat sich nur bei den Schiiten gehalten. Ihr Sinn ist, Unzucht und Prostitution vorzubeugen. Das Ehehindernis der fehlenden Ebenbürtigkeit (*kafāʾa*) gilt nur für den Mann: Er muß der Frau ebenbürtig (*kufʾ*) sein.

Durch die E. ändern sich weder der Name der Frau noch ihr Vermögensstand. Es gilt grundsätzl. der Güterstand der sog. Gütertrennung. Jeder Ehegatte verwaltet sein Vermögen selbst.

Der Mann hat das Recht, den Aufenthalt seiner Frau zu bestimmen. Ohne seine Erlaubnis darf sie weder das Haus verlassen noch eine Arbeit aufnehmen. Der Mann hat das Recht, seine Frau angemessen zu züchtigen. Der Mann hat die Kosten des Haushalts zu tragen. Während der E. hat die Frau Anspruch auf Unterhalt (*nafaqa*). Der Anspruch entfällt, wenn sie »ungehorsam« (*nāšiza*) ist, d. h. vor allem, wenn sie den ehel. Verkehr verweigert oder das Haus verläßt; solange sie minderjährig (*ṣaġīra*) ist, allein auf Pilgerfahrt geht oder entführt (*maġṣūba*) wird.

Die tatsächl. Betreuung der Kinder (*ḥaḍāna*) ist das Recht und die Pflicht der Ehefrau, nach ḥanafitischer Lehre bei Jungen bis zum 7. Lebensjahr, bei Mädchen bis zum 9. Lebensjahr (Geschlechtsreife), im schiitischen Islam bis zur Vollendung des 2. Lebensjahres von Jungen und des 7. Lebensjahres von Mädchen. Die rechtl. Vertretung der Kinder ist stets Sache ihres Vaters.

Durch Tod oder Abfall vom Islam (*irtidād*) eines Ehepartners wird die E. aufgelöst. Die Scheidung der E. erfolgt v. a. im Wege der Verstoßung (*ṭalāq*), die ohne Angabe von Gründen durch formlose Erklärung des Ehemannes erfolgt, ohne daß die Frau zugegen sein muß. Die Verstoßung ist endgültig (*bāʾin*), insbes. durch dreimalige Verstoßung, oder widerruflich (*raǧʿī*). In diesem Fall endet die E. mit Ablauf der sog. Wartefrist (*ʿidda*), die drei Monate (Perioden) umfaßt, nach Tod des Mannes vier Monate und zehn Tage (Koran II, 234; für die Sklavin die Hälfte!) und vierzig Tage nach Niederkunft bei Verstoßung einer Schwangeren. Während der Wartefrist besteht der Unterhaltsanspruch der Frau weiter, wenn die E. nicht durch ihr Verschulden aufgelöst worden ist. Nach dreimaliger Verstoßung ist eine Wiederheirat der beiden Eheleute miteinander nur möglich, wenn die Frau dazwischen mit einem Dritten verheiratet war und diese E. auch vollzogen wurde. Die Verstoßung kann auch in Abhängigkeit (*taʿlīq*) von einer Bedingung ausgesprochen worden sein, was oft schon bei der Heirat geschieht, um dem Mann von der Frau gewünschte Verpflichtungen aufzuerlegen. Das gleiche Ziel kann dadurch erreicht werden, daß der Ehemann seiner Frau die Vollmacht (*tafwīḍ*) erteilt, sich selbst in seinem Namen zu verstoßen. Auch der »Selbstloskauf« (*ḫulʿ*) durch die Ehefrau beruht auf einer Verstoßung, zu der sich der Mann unwiderrufl. verpflichtet, wenn die Eheleute sich einigen, daß die E. gegen ein bestimmtes Entgelt (*badal*) der Frau, meist ihre Morgengabe, aufgelöst wird. Daneben können die Eheleute durch einen Eheaufhebungsvertrag (*mubāraʾa*) sich gegenseitig für frei erklären (actus contrarius).

Auf Antrag der Frau kann die E. in bestimmten Fällen durch einen Richter (*qāḍī*) geschieden werden (*tafrīq*), und zwar zum Beispiel, wenn der Ehemann jahrelang mit unbekanntem Aufenthalt abwesend ist, keinen Unterhalt leisten kann, zu einer langjährigen Freiheitsstrafe verurteilt wurde, impotent oder geisteskrank ist oder von einer schweren chron. Krankheit befallen wurde.

Beschuldigt der Mann seine Frau des →Ehebruchs und schwört den sog. Verwünschungseid (*liʿān*), muß die E. ebenfalls gerichtl. geschieden werden (über andere Formen der Eheauflösung aufgrund von Eiden vgl. →Eid, Abschnitt C).   K. Dilger

Lit.: EI¹ III, 985–987, s.v. nikāḥ [J. Schacht] – Th. W. Juynboll, Handbuch des islam. Gesetzes, 1910, 209–236 – J. Schacht, G. Bergsträsser's Grundzüge der islam. Rechts, 1935, 82–89 – Ders., An Introduction to Islamic Law, 1964, 161–168.

Ehebrecherin. Joh 8, 3–11 wird von einer E. berichtet, die von Pharisäern und Schriftgelehrten, die sie nach mosaischem Gesetz steinigen wollen, vor Christus geführt wird. Dieser schreibt mit dem Finger auf die Erde und sagt zu ihnen: »Wer von euch ohne Sünde ist, der werfe den ersten Stein auf sie«. Zwei Elfenbeinpyxiden (Leningrad, Eremitage; Paris, Mus. Cluny) zeigen die E. neben dem als Lehrenden dargestellten Christus (5./6. Jh.). Kniend erscheint die E. (?) auf einem Mosaik in S. Apollinare Nuovo, Ravenna. Auf der Hildesheimer Bernwardsäule (um 1015) sind Christus und die E. als stehende Figuren gegeben. Auf mehreren Szenen erweiterte Darstellungen finden sich v. a. in der Buchmalerei (Cod. Egberti, um 980; Echternacher Evangeliare, Laur VI, 23, Florenz, um 1100). Neben dem Typus des lehrenden Christus zeigt ihn ein anderes Bildschema erdwärts weisend oder mit dem Finger auf den Boden schreibend (Wandmalerei in Müstair, 9. Jh.; Deckel des Cod. Aureus aus St. Emmeram, um 870; Hitda-Codex, um 1020, Mosaik in Monreale, 1180/90; Ms. copte-arabe 1, Inst. cath. Paris, 1250). Seit dem 12. Jh. wurde das Lehrhafte der Darstellung bes. betont, das auch die zahlreichen Gemälde und Graphiken der Reformation prägt (Lucas Cranach d. Ä, Gem. v. Harrich im Louvre mit Sign. auf dem »Sünderstein«).

D. Kocks

Lit.: LCI I, 580–583 – RDK IV, 792–803 – CH. SEDELMEYER, Die E. vor Christus, 1912 – H. L. RÉAU, Iconographie de l'art chrétienne, 1957, 324f. – G. SCHILLER, Ikonographie der christl. Kunst I, 1966, 169f.

Ehebruch
A–C. Lateinischer Westen (A. Theologie – B. Recht – C. Literatur und Volksüberlieferung) – D. Byzantinisches Reich und östliches Europa – E. Arabisch-islamischer Bereich

A–C. Lateinischer Westen:
A. Theologie

Unzucht (Hurerei) und E. schließen nach der Ermahnung des Apostels (1 Kor 6,9; Eph 5,5; Kol 3,5) vom Reiche Gottes aus, denn sie sind Zeugnis eines heidn., gerichtsverfallenen Lebenswandels. Zusammen mit Götzendienst und Mord zählt E. in der ganzen apostol. und kirchl. Tradition zu den Kapitalsünden (»Crimina principalia«) (vgl. Apg 15,29; Offb 22,15), die der strengen kirchl. Buße unterworfen wurden, ja die bisweilen durch rigorist. Kreise von der lebzeitl. Buße und Vergebung ausgeschlossen wurden. Vgl. HDG IV.3,44–50. Aus dem Verständnis des Bundes Jahwes mit seinem Volke Israel resultiert (v. a. bei den Propheten Jer 5,7; 13,27, Ez 23,37 u. ö.) die Bezeichnung des Ungläubigen und der Untreue als E. des Gottesvolkes. Dieser Gedankenzusammenhang von Bundesglaube und Ehe, Untreue und E. weist immer schon auf die kirchl.-religiöse Beurteilung des E.s hin, den die Kirche und Theologie im MA gegen alle Tendenzen, außerehel. Liebesbeziehungen (→Minne) zu verherrlichen, als Sünde verwarf. Auch das Naturgesetz als positive atl. Bundesgesetz vermochten die grundsätzl. Sünd- und Lasterhaftigkeit des E.s nicht letztgültig und wirksam aufzudecken und auszuräumen, denn jenes schließt die Vielweiberei nicht aus und dieses ließ sie positiv bei den Erzvätern zu. Das Evangelium Christi (Mk 10,2–12) und die wachsende »christiana religio« haben die Verdunkelung des Naturgesetzes und die Verfälschung des Bundesgesetzes überwunden und die Ehre des Schöpfers wiederhergestellt (Thomas v. Aquin, Sent. IV d.33 q.1 a.2–3; C.g. III c.122; Quaest. disp. De malo q.15 a.1–2).

Die scholast. Theologie war zunächst voll und ganz mit den kirchenrechtl. Fragen des E.s beschäftigt. Vgl. Petrus Lombardus, Sent. IV d.34 c.5, ed. 1981, 466f. (Folgen des blutschänder. E.s), d.35 (Bedingungen der Trennung von der ehebrecher. Frau). Die unterschiedl. Bewertung des E.s im alten und neuen Bund und die Frage, warum im neuen Bund der E. Grund der Trennung (»divortium«), nicht der Scheidung (»repudium«) ist, wurden viel diskutiert. Vgl. Alexander v. Hales, Quaest. disp. 'antequam esset frater' q.59, ed. B. Fr. sch. MA XX, 1158–1181 (bes. memb. 4, ebd. 1173f.). In der Auslegung von Sent. IV d.34–35 kamen aber die Theologen zu einer religiös-ethischen und kirchl.-sakramentalen Betrachtung des E.s. Der E. bricht schuldige Treue und begeht Unrecht gegen den Partner, er zerstört alle Güter der Ehe und das Geheimnis des Leibes Christi der Kirche (Bonaventura, Sent. IV d.35 q.un.a.1). Im einzelnen bedeutet dies nach Thomas v. Aquin:

1. Unter der (unbestrittenen) Voraussetzung, daß nach Aristoteles, Nikom. Ethik VIII c.12 (1162a19f.) die Zeugung und Erziehung des Kindes »finis principalis« der Ehe sind, und nach Augustin, De bono coniugali, CSEL 41,187–231 das erste Gut, ist jede Form des außerehel. Geschlechtsverkehs objektiv eine schwere Sünde gegen das natürl. und positive göttl. Gesetz (S.th. III q.100 a.11).

2. E. ist nicht nur Unzucht (»fornicatio«) mit einer fremden Frau, vielmehr allererst Unrecht gegenüber der eigenen Frau, die teuerer sein muß als aller Besitz (I II q.73 a.5 ad 1), und Unrecht gegen das gezeugte Leben und also auch Unrecht gegen das menschl. Gemeinwohl (II II q.154 a.2–3). Jeder außerehel. Geschlechtsverkehr richtet sich gegen die Treue in der menschl. Gesellschaft (S. th. suppl. q.65 a.4 ad 4).

3. E. ist objektiv, d. h. immer und unter allen Umständen, schwer sündhaft. Im Vergleich zu den »peccata spiritualia« (z. B. Gotteslästerung und Meineid) wiegen aber die »peccata carnalia« (auch Mord und E.) geringer wegen der Impulsivität der menschl. Leidenschaft (I II q.73 a.5).

4. Erkennen und Wollen fließen im ehel. Akt über in sinnenhaftes leidenschaftl. Begehren und intensivieren diesen Akt (I II q.77 a.1); zügelloses Begehren aber erniedrigt den Menschen. Die Glossa ordinaria und die Glosse des Lombarden sehen mit dem Apostel Eph 5,5 E. und Unzucht im Zusammenhang mit Habsucht und Gier (I II q.73 a.5 ad 1). In den unerfüllten und unerfüllbaren Ausschweifungen verliert sich das sittl. personale Leben.

5. E. widerspricht der Liebe, der Gottes- und der Nächstenliebe, denn die Liebe ist ungeteilt und unteilbar (I.II q.88 a.2; II II q.26 a.11).

6. Der E. von Mann und Frau ist gleichermaßen sündhaft, dennoch wird der E. der Frau unterschiedlich beurteilt. Hinsichtl. des »bonum prolis« der Ehe wird der E. der Frau schwerer angelastet als dem Mann. Wegen der leichteren Verführbarkeit der Frau ist der E. der Frau »verzeihlicher« (Sent. IV d.35 a.4; s. th. suppl. q.62 a.4).

L. Hödl

Lit.: DThC I, 484–498 [L'adultère IV v. A. VACANT], Tabl. génér. 1,45f. – RAC IV, 666–677 – D. M. FINN, Love and Mariage in Renaissance Lit., Diss. Abstr. 15, 1955, 2188–2189 – J. G. ZIEGLER, Die Ehelehre der Poenitentialsummen von 1200 bis 1350, 1956 – A. RUSSO, »Crimina principalia, summa scelera« (idolatria, adulterio, omicidio), Asprenas 10, 1963, 295–312 – Die Dt. Thomas-Ausg. Bd.12 [noch nicht erschienen]; Bd. 13 »Das Gesetz« (O. H. PESCH), 1977; Bd. 22 und 34 [noch nicht erschienen].

B. Recht
I. Römisches Recht – II. Kanonisches Recht – III.–VIII. Rechte einzelner Länder (III. Italien – IV. Iberische Halbinsel – V. Germanisches und deutsches Recht – VI. Skandinavien – VII. England – VIII. Irland und Wales).

I. RÖMISCHES RECHT: Im spätröm. Recht unterlag der E. der Ehefrau (adulterium), d. h. die Verletzung der ehel. Treue durch Umgang mit einem Dritten, der staatl. Strafverfolgung. Strafbar machte sich auch der Dritte, der mit ihr geschlechtl. verkehrte. E. des Ehemannes war dagegen nicht strafbar. Die gesetzl. Grundlage dafür war die lex Iulia de adulteriis coercendis des Augustus (18 v. Chr.), die von den späteren Kaisern bis hin zu Justinian dem Grundsatz nach übernommen und lediglich mit einigen verschärfenden Änderungen versehen wurde. Der Begriff der →Ehe umfaßte dabei neben dem matrimonium iustum auch die Ehe mit und unter Fremden und das →Konkubinat. Ks. Severus stellte zudem den Umgang mit der Braut eines andern dem E. gleich. Die Strafe bestand für beide Beteiligten in lebenslängl. Verbannung an verschiedene Orte (relegatio in diversas insulas), verbunden mit zunächst partieller, später manchmal vollständiger Vermögenskonfiskation und Ehrenstrafen. Unter dem Einfluß christl. Auffassung verschärfte Ks. Konstantin die Strafe, indem er den Ehebrecher mit dem Tod durch das Schwert bedrohte. Justinian verfügte daneben für die Ehebrecherin anstelle der bisher üblichen Relegation die Einweisung in ein Kloster. Das Recht, wegen E. Anklage zu erheben, stand ursprgl. jedem Staatsbürger zu. Allerdings waren in den ersten 60 Tagen nach der Scheidung der Ehemann und der Vater der Frau allein zur Klage berechtigt. Als der E. seinen Charakter als öffentl. Verbrechen verlor, beschränkte Konstantin das Klagerecht auf den Ehemann und die nächsten männl. Verwandten beider Gatten. Schon nach den Ehegesetzen des Augustus war es der Ehebrecherin verboten, eine neue Ehe einzugehen. Wer eine wegen E. Verurteilte heiratete, wurde wegen lenocinium (sonst: 'Kuppelei') bestraft. Als nichtig galt eine solche Ehe aber vermutl. erst in spätklass. Zeit. Im Zivilrecht der Spätzeit war der E. ferner bedeutsam als Scheidungsgrund, weil die Ehe nun im Gegensatz zum früheren Recht nicht mehr frei scheidbar war und die grundlose Scheidung Vermögensnachteile und Strafen nach sich zog. Als Scheidungsgrund anerkannt war vorerst ebenfalls nur der E. der Ehefrau, später auch derjenige des Mannes, allerdings nur in jenen Fällen, in denen er die fremde Frau in sein Haus aufnahm oder trotz wiederholter Abmahnung der Angehörigen in einem fremden Haus mit ihr zusammenlebte (→Ehe, Abschnitt B. I).

L. Schellenberg

Lit.: RE I, 432–435 [HARTMANN] – H. BENNECKE, Die strafrechtl. Lehre vom E., 1884 [Neudr. 1971], 1–33 – TH. MOMMSEN, Röm. Strafrecht, 1899, 691–699 – M. KASER, Das röm. Privatrecht I, 1971, 319; II, 1975, 175–178 – C. L. MORSAK, Das Wesen der Strafbarkeit des E.s dargest. auf Grund der Entwicklung des röm., kanon. und frühma. dt. Rechts, 1974, 17–35.

II. KANONISCHES RECHT: [1] *Bußbücher:* Eine Mittelstellung zw. Moraltheologie und kanon. Recht nehmen die frühma. →Bußbücher ein, in denen verschiedenartige Bestimmungen auch über die Buße nach E. aus Konzilien, Synoden und sonstigen Quellen zusammengestellt waren. Die aufzuerlegende Bußzeit schwankt je nach Bußbuch und bes. Umständen zw. ein und sieben Jahren; bei gravierenden Umständen (Häufigkeit, Rückfall, Priester) konnte sie bis 10, 12 oder gar 14 Jahre betragen. Die Zulassung zur Kommunion und damit der Vergebung der Sünde wurde vielfach bereits nach Ableistung der Hälfte der Buße gewährt. Anders als in weltl. Ordnungen wurde kein Unterschied zw. dem E. des Mannes oder der Frau gemacht. Da während der Bußzeit die Ehe nicht vollzogen werden durfte, wurde vielfach ausdrücklich die Trennung der Gatten verlangt. Falls der unschuldige Teil die ehel. Gemeinschaft nicht unterbrach, wurde auch ihm eine Buße auferlegt, wohl weil darin eine Billigung des E.s des Partners vermutet wurde. In einigen (laxen) Bußbüchern (Poenitentiale Theodori) und frk. Kapitularien des 8. Jh. wurde dem unschuldigen Gatten nach der Trennung eine neue Heirat gestattet, dem schuldigen Teil gelegentl. auch nach Ableistung der mehrjährigen Buße. Ähnlich wurde in dieser Zeit bei inzestuöser Schwägerschaft (wenn der Mann mit der Schwester oder Mutter seiner Frau Verkehr hatte) der unschuldigen Gattin nach der Trennung eine neue Ehe gestattet, nie jedoch einem solchen Ehebrecher.

[2] Bei →*Gratian* ist im Anschluß an eine Bestimmung der Synode v. Elvira der E. mit einer Buße von fünf Jahren zu sühnen, während sonst meist sieben Jahre verlangt wurden. In dieser Zeit durfte kein ehel. Verkehr stattfinden, ebensowenig eine neue Ehe geschlossen werden, falls inzwischen der frühere Gatte verstorben war. Die Ehebrecher durften sich nur dann nach dem Tode des früheren Gatten heiraten, wenn die Buße geleistet war und sie sich nicht vorher die Ehe versprochen hatten. E. in Verbindung mit einem Eheversprechen bildete nämlich ein selbständiges Ehehindernis, das Clemens III. neu eingeschärft hat (X 4.7.4). Die genannte Wirkung trat jedoch nur ein, wenn der E. freiwillig und im Wissen um die ehel. Bindung des anderen geschehen war. Das ursprgl. Verbot, während der Bußzeit (wegen E.s) den ehel. Verkehr zu vollziehen, das den unschuldigen Teil in gleicher Weise traf, wurde durch die Wissenschaft im 12. Jh. in ein Recht des unschuldigen Gatten uminterpretiert, getrennt leben zu dürfen; er mußte das jedoch nicht, sondern konnte auch weiterhin den ehel. Verkehr fordern (nicht jedoch der schuldige Teil). Hatte sich der unschuldige getrennt, mußte er ledig bleiben.

[3] *Gerichtsbarkeit:* Mit der immer besseren Ausgestaltung der kirchl. →Gerichtsbarkeit wurde allmähl. gefordert, daß sich Gatten nicht eigenmächtig trennten, sondern nur nach einem kirchl. Verfahren. Für solche Verfahren hatte bei Gratian zunächst in Fortwirkung röm.-rechtl. Anschauungen nur der Mann das Klagerecht; bald wurde jedoch auch in diesem prozessualen Punkt (einschließl. Zeugenschaft) die Gleichberechtigung von Mann und Frau hergestellt. In Augsburg wurde z. B. 1350 in sämtl. 14 Verfahren wegen E.s (teils vom Mann, teils von der Frau angestrengt) die Trennung gestattet. Außerdem wurde einem Mann, dem früher die Trennung wegen E.s der Frau gestattet worden war, auf Antrag der Frau die Rückkehr zu ihr befohlen, weil auch er inzwischen E. begangen hatte und sich die beiden Delikte gegenseitig kompensierten. In Regensburg wurden 1490 von Frauen 23 Anträge auf Trennung von Tisch und Bett wegen E.s des Mannes gestellt, von denen 11 genehmigt wurden, in zwei Fällen jedoch Kompensation festgestellt. Von Männern wurde in diesem Jahr 15mal die gleiche Klage eingebracht, die jedoch nur in fünf Fällen erfolgreich war; zweimal wurde Kompensation angenommen. In der Regel waren die Klagen durch Männer aus diesem Grund häufiger. Für alle Fälle wurde jeweils Enthaltsamkeit bis zur Wiederversöhnung auferlegt.

[4] *Ahndung des Ehebruchs:* Aus verschiedenartigen Quellen läßt sich wenigstens teilweise das Bemühen der Kirche rekonstruieren, den E. auch im Rechtsbereich zu ahnden, nicht nur bei der Selbstanklage im Bußverfahren. Dem dienten im frühen MA die entsprechenden Fragen bei den →Sendgerichten, wie die Sammlung →Reginos v. Prüm dokumentiert. Im Hoch- und SpätMA dienten die archidiakonalen oder bfl. →Visitationen u. a. diesem Zweck. Bei Anzeigen wegen E.s konnte und mußte die Sache genauer untersucht werden. Je nach Lage des Falles konnte sich der Beschuldigte rechtfertigen, evtl. unter Zuhilfenahme von Glaubwürdigkeitszeugen (Eideshelfern; →Eid) »reinigen«, oder er wurde verwarnt, eine Auflage für sein künftiges Verhalten gegeben, eine kanon. Buße oder auch eine Geldstrafe verhängt; evtl. wurde er auch zum →Pranger oder zur Teilnahme an einer öffentl.

→Prozession im Bußgewand »verurteilt«, wenn eine Geldstrafe wegen Armut nicht gezahlt werden konnte. Besserungsunwillige Personen konnten für längere Zeit exkommuniziert werden (→Bann, Abschn. B). Gelegentlich sind es spätma. →Rechnungsbüchern die Strafen wegen E.s zu entnehmen. So wurde z. B. in den Archidiakonaten Norten und Einbeck in den Jahren 1519–21 von 34 Geldstrafen, die gegen Laien verhängt wurden, allein 20 wegen E.s ausgesprochen; die Höhe der Einzelstrafe schwankte zw. 8 und 40 solidi. R. Weigand

Lit.: G. Dupont, Le registre de l'officialité de Cerisy 1314–1457 (Mém. de la Soc. des Antiquaires de Normandie 30, 1880), 271–662 – J. Dauvillier, Le mariage dans le droit canonique de l'Eglise…, 1933 – Th. Gottlob, Der E. und seine Rechtsfolgen in den vorgratian. Quellen und bei Gratian selbst, SG 2, 1954, 333–348 – R. Weigand, Die Rechtsprechung des Regensburger Gerichts in Ehesachen unter bes. Berücksichtigung der bedingten Eheschließung nach Gerichtsbüchern aus dem Ende des 15. Jh., AKKR 137, 1968, 403–463 – →Ehe.

III.–VIII. Rechte einzelner Länder:

III. Italien: E. wird im ma. Italien gewöhnlich sehr streng bestraft. Im 7. Jh. verfügt Rothari (Ed. 211–213) die Todesstrafe gegen die Ehebrecherin – auch wenn ihr Verhalten dem Betreiben und Einverständnis ihres Ehemanns entspringt – und erkennt dem Ehemann das Recht zu, die auf →handhafter Tat ertappten Ehebrecher zu töten. Liutprand geht noch über die Gesetzgebung seines Vorgängers hinaus und erlegt der Ehefrau die Pflicht auf, der Obrigkeit einen E. des Gatten anzuzeigen, der mit dem Tode bestraft wird, auch wenn es sich um sexuelle Beziehungen zu der eigenen Sklavin handelt (Ed. Liutpr. 129 [130]); unter erklärtem Einfluß der christl. Morallehre bestraft Liutprand den Freien, der mit der Frau eines seiner Sklaven oder Aldien E. begangen hat, mit dem Verlust des Sklaven oder Minderfreien und dessen Frau, die beide in einem öffentl. Rechtsakt die volle Freiheit erhalten (Ed. Liutpr. 139 [140]). Unter den Karolingern verstärkt sich die Tendenz zu einer harten Bestrafung des E.s (Karol. 131 [133]). Im Strafrecht der Statuten des späteren MA findet sich eine große Vielfalt von Normen zur Ahndung des E.s, in denen gewöhnlich auf unterschiedl. Weise gegen den Mann und die Frau vorgegangen wird: Während der Ehemann nur des E.s angeklagt werden kann, wenn er ein Konkubinatsverhältnis innerhalb der ehel. Hausgemeinschaft unterhält, kann die Frau, die meist allein auf die Anklage ihres Ehemannes oder Vaters hin juristisch verfolgt werden kann, sogar mit dem Tod (durch Enthauptung, wie in Mailand) bestraft werden. Zumeist werden jedoch mildere Strafen gegen sie verhängt; hier sind zu erwähnen: zeitlich begrenzte Einschließung (meist für ein oder zwei Jahre) in ein Kloster zur Sühne der Schuld (diese gilt als ausgelöscht, wenn der Ehemann seine Frau innerhalb der Zweijahresfrist wieder zu sich nimmt und in sein Haus zurückführt); ferner – entsprechend einer bereits im langobard. Recht üblichen Gewohnheit – Abschneiden der Haare; Auspeitschung; Verbannung; Verlust der Mitgift und sehr häufig eine Geldbuße. Aus der Fülle der von Ort zu Ort unterschiedl. Rechtspraktiken seien nur einige wenige Beispiele erwähnt: In Messina wird der Ehemann, der seine Frau beim E. auf handhafter Tat ertappt hat und sie dennoch weiter bei sich behält und ihren Liebhaber entkommen läßt, als Kuppler betrachtet und als solcher verurteilt. In Tivoli hingegen soll die Frau, die ihrem Mann »Hörner aufsetzt« (consueta ponere cornua marito), ermahnt werden, sich zu bessern; ändert sie ihr Verhalten nicht, hat der Ehemann das Recht, sie heftig auszupeitschen. G. di Renzo Villata

Lit.: E. Osenbruggen, Das Strafrecht der Langobarden, 1863, 100–103 – A. Pertile, Storia del diritto it. V, 1892, 524–528 – C. Calisse, Storia del diritto penale it. dal s. VI al XIX, 1895, 142–145, 282–284 – J. Köbler, Das Strafrecht der It. Statuten vom 12.–16. Jh., 1897, 479–488 – G. Dahm, Das Strafrecht Italiens im ausgehenden MA, 1931, 415ff. – A. Marongiu, Adulterio (diritto intermedio), Enc. del diritto I, 1958, 610–611.

IV. Iberische Halbinsel: Im allgemeinen wird einzig der E. der Frau als solcher bezeichnet. Der Codex Euricianus (c. 319) nennt ihn ein Verbrechen ('scelus'). Die Lex Visigothorum widmet dem E. den 3. Absatz des 4. Buches, was als Beweis dafür gelten mag, daß er ziemlich häufig vorkam. Unter E. verstand man jegliche außerehel. geschlechtliche Beziehung, so z. B. die einer Freien mit einem Unfreien, die durch Auspeitschung geahndet wurde. Eine bereits einem anderen Mann versprochene Frau, die sich mit einem Freien verband, verlor ihre Besitzungen, und beide wurden verknechtet. Dieselbe Strafe ereilte auch jeden Anstifter zum Ehebruch. War kein anderes Eheversprechen vorausgegangen, so konnte die Verbindung legitimiert werden, wenn der Freie die für eine Eheschließung üblichen Formalitäten erfüllte. Für die Frau führte zivilrechtl. der E. normalerweise zur Enterbung, bei Witwen zum Verlust der Besitzungen, die ihnen vom vormaligen Gatten hinterlassen worden waren.

Im HochMA wurde unter E. eine Tat in des Wortes genauester Bedeutung verstanden. Man behielt die westgot. Strafbestimmungen bei, u. a. auch das Recht des Ehemanns, das ertappte Paar zu töten. Doch trat nun die Forderung auf, die Ehefrau und ihren Beischläfer mit dem Tode zu bestrafen. Es konnten auch schimpfl. Strafen zur Anwendung kommen; so wurden etwa beide nackt durch die Stadt gepeitscht. Ebenso wie bei den Westgoten war die Erhebung der Anklage einzig Angelegenheit des Ehemanns oder des nächsten Verwandten der Frau. In Katalonien (→Usatges) mußte ein →Gottesurteil über die Berechtigung der Anklage entscheiden. Mit E. wurde im HochMA auch die Beziehung zur Stiefmutter oder zur Gattin des Lehnsherrn bezeichnet. Dieser konnte den E. der Frau eines Nichtadligen mit einer Geldbuße ahnden (in Katalonien: cugutia). Beging der Herr selbst mit einer solchen Frau E., so durfte ihn der Ehemann nicht töten, sondern mußte gerichtl. gegen ihn vorgehen.

Im SpätMA trat die Verteidigung der Ehre stärker in den Vordergrund: der Ehemann konnte einen des E.s mit seiner Frau Verdächtigen töten, wenn er ihn (aufgrund eines Hinweises) zusammen mit seiner Frau an einem nicht öffentl. Ort überraschte. Der Vater konnte bei →handhafter Tat sowohl seine Tochter als auch ihren Liebhaber töten, der Ehemann aber nur letzteren (→Partidas).

Wurde in Aragón zunächst (Código de Huesca, 1247) E. als eine Tat betrachtet, die von Mann und Frau gleichermaßen begangen werden konnte, so wurde der Begriff im Laufe des SpätMA immer stärker auf ein von der Frau begangenes Verbrechen eingeschränkt. Entscheidend dafür war der durch die Kommentare (»Observancias«) der Rechtsgelehrten vermittelte Einfluß des gemeinen Rechts. Die Partidas geben nur allgemein gültige Vorstellungen wieder, wenn sie verkünden, daß ein E. des Ehegatten seiner rechtmäßigen Ehefrau nicht zur Unehre gereicht. Die zivilrechtl. Strafen stimmen im allgemeinen mit den im westgot. Recht verankerten überein.

F. de Arvizu

Lit.: R. Serra Ruiz, Honor, honra e injuria en el Derecho medieval español, 1969 – P. D. King, Law and Society in the Visigothic Kingdom, 1972, bes. 234ff. – A. Guallart de Viala, El Derecho penal histórico de Aragón, 1977.

V. GERMANISCHES UND DEUTSCHES RECHT: Nach germ. Recht war der E. (mhd. *êhebruch, êbrechunge, uberhuor, uberspil*) ein Verbrechen. Der Straftatbestand war im Falle des freiwilligen Beischlafs einer Ehefrau mit einem anderen Manne gegeben. Die Ahndung oblag dem Ehemann. Er konnte unter Mitwirkung der Sippe seine Frau »abcisis crinibus nudatam coram propinquis« schimpfl. verstoßen (Tacitus, Germania c. 19). Nach einigen Bestimmungen der Stammesrechte aus der frk. Epoche durfte er die auf frischer Tat betroffene Ehefrau sogar töten. Die Sühnebefugnis ergab sich aus der sippenrechtl. Straf- bzw. der Hausgewalt (→Munt) des Ehemannes. Gegen den Ehebrecher konnte Rache (→Fehde) geübt werden. Er hatte bei →handhafter Tat mit Tötung und bei späterer Überführung mit Verknechtung oder Bußzahlung (→Buße) zu rechnen. Da ein ehebrecher. Verhalten des Ehemannes bußlos blieb, dürften die Gründe der Strafbarkeit des E.s nicht in einem sittl. Fehlverhalten, sondern teils in der Verletzung der hausherrl. Rechte des Ehemannes, teils in einem Verstoß gegen die Ordnung des agnatisch aufgebauten Erben- und Geschlechterverbandes und nicht zuletzt in einer Ehrenkränkung gelegen haben.

Als die →Ehe von der Kirche zu einem der sieben Sakramente erhoben wurde, sah man im E. einen gravierenden Religionsverstoß. Dieser konnte nun auch, da allein die Ehe eine geschlechtl. Verbindung erlaubte, von einem Ehemann begangen werden. Entsprechende Lehren fanden zwar Eingang in die ma. Rechtsordnung der Kirche (C. 32 q. 4 c. 1), wurden aber vom weltl. Recht zunächst nur widerstrebend übernommen. Viele ma. Quellen sprechen – ähnlich wie der →Sachsenspiegel (Ldr. II 13,5) – ledigl. davon, daß diejenigen die Todesstrafe erleiden sollen, »de in overhure begrepen werdet«. Erst im SpätMA wurde vornehml. in den Stadtrechten auch der E. des Mannes ausdrückl. unter Strafe gestellt. Ihm drohte aber in der Regel eine mildere Strafe als der Ehebrecherin. Mit der Übernahme der Jurisdiktionsgewalt durch die ma. Lehenshierarchie fiel die Bestrafung in die Zuständigkeit der weltl. und geistl. →Gerichte.

In der Rezeptionszeit folgte man in Deutschland dem kirchl. Recht und nicht der oberit. Statutenlehre, die nach spätröm. Rechtstradition (C. 9,9,1.) überwiegend nur den E. der Frau strafrechtl. sanktioniert hatte. So stellte die Peinliche Halsgerichtsordnung von 1532 (Art. 120) den E. des Mannes und den der Frau gleich. – Erst im Zeitalter des Naturrechts, als man die Ehe als säkularen Vertrag verstand, wurde der E. nicht mehr als schweres Verbrechen beurteilt. Heute ist er nicht mehr strafbar. W. Sellert

Lit.: DtRechtswb II, 1212f. – HOOPS[2] I, 502 – HRG I, 836–839 – v. WÄCHTER-WEISKES Reallex. III, 1841, 585–595 – H. HÄLSCHNER, Die Lehre vom E. ... in gesch. Entwicklung (Der Gerichtssaal 22, 1870), 401ff. – BRUNNER, DRG I, 99f., 228; II, 854ff. – G. DAHM, Das Strafrecht Italiens im ausgehenden MA, 1931, 415ff. – R. HIS, Das Strafrecht des dt. MA II, 1935, 168ff. [Neudr. 1964] – H. CONRAD, Dt. Rechtsgesch. I, 1962[2], 37, 46, 156, 404f.

VI. SKANDINAVIEN: Obwohl alle ma. Gesetze Skandinaviens unter kirchl. Einfluß aufgezeichnet wurden, hatte es die kanon. Sicht der Ehe als eine unauflösl. Vereinigung zw. zwei Eheleuten mit gegenseitiger Treuepflicht offensichtl. schwer, sich durchzusetzen.

[1] *Island:* E. ist als Scheidungsgrund in der →Grágás nicht belegt und war überhaupt dem isländ. Recht als Begriff fremd. Die Rechtsaufzeichnungen enthalten keine Bestimmungen über gegenseitige Treue, betrachten aber dafür alle außerehel. sexuellen Verbindungen als bes. schwere Vergehen (*legorð*), die mit Bußen und →Friedlosigkeit bestraft wurden. Das Statut Bf. Þorlákr Þorlákssons von 1178 verfügt strengere Strafen für E. als für den Beischlaf Unverheirateter, aber erst mit dem jüngeren Christenrecht (1275) konnte der Bf. einer Auflösung der Ehe zustimmen, wenn die geschädigte Seite es wünschte. E. wurde mit Bußen geahndet, einmaliger E. mit drei *mark*, mehrmaliger mit sechs *mark*. Wenn beide Eheleute E. begangen hatten, sollte der Bf. über sie einen zeitl. begrenzten →Bann aussprechen. Eine untreue Ehefrau verlor die →Morgengabe (*tilgjöf*) des Mannes, wenn kein Vergleich zustande kam.

[2] *Norwegen:* Auch in den norw. Landschaftsrechten war E. für sich genommen noch kein Scheidungsgrund, aber nach den →Borgarþingslög konnte sich eine Frau trennen, wenn der Ehemann auch nach dreimaliger Klageerhebung weiterhin eine Nebenfrau (*frilla*) im Hause behielt. Die →Gulaþingslög geboten die Einehe und ordneten im Falle einer Doppelehe die Trennung des Mannes von der einen Ehefrau an und verhängten Kirchenstrafe und Bußen an den Bf. Das Kind aus der letzten Verbindung hatte kein Erbrecht. Die →Frostaþingslög beziehen sich durch gleichhohe Bußstrafen auf den Treuebruch beider Eheleute, lassen aber Auflösung der Ehe und Neuverheiratung nicht zu, solange beide noch am Leben sind.

[3] *Dänemark:* In den dän. Landschaftsrechten bedeutet E. eine Kränkung des Ehemannes, der das Recht hatte, seinen Rivalen zu erschlagen, wenn das Paar auf frischer Tat ertappt wurde, nach einigen Rechten (den seeländ. Landschaftsrechten, Erik Klippings und Kg. Hans' Stadtrechten) sogar die Ehefrau. Auf dem →Ding mußte er dann mit blutigem Laken und Kissen und zwei Zeugen die Berechtigung des Totschlags beweisen. Als Alternativen konnte er Bußen verlangen, deren Höhe er selbst festzusetzen berechtigt war. Eine Ehefrau, die entweder auf frischer Tat ertappt wurde oder die sich nicht vom Vorwurf des E.s befreien konnte (das Schonische Recht schrieb die Eisenprobe vor; →Gottesurteil), hatte jedes Recht auf ihr Eigentum verwirkt. Unter Einfluß des kanon. Rechts bekräftigt das Schonische Recht, daß keiner der beiden eine neue Ehe eingehen durfte, solange der andere Ehepartner noch lebte. Die übrigen kirchl. Forderungen, etwa die gegenseitige Treuepflicht oder öffentl. Strafen bei E., werden in den Landschaftsrechten nicht berücksichtigt, während in den →Stadtrechten schwere Ehrenstrafen vorgesehen sind.

[4] *Schweden:* Schwed. Eherecht hat weitgehende Ähnlichkeit mit dänischem. In den ältesten Landschaftsrechten lag die Treupflicht bei der Ehefrau, und der betrogene verheiratete Mann hatte das gleiche Racherecht – bei analoger Beweisprozedur – wie in den dän. Landschaftsrechten. Nach den Svearechten bestand zusätzl. das Recht, die auf frischer Tat ertappte Ehefrau zu erschlagen. Aber auch die Frau hatte das Recht, eine ertappte Rivalin (im Stadtrecht Magnus Erikssons von ca. 1350 auch den Ehemann) zu erschlagen. Das kirchl. Postulat nach gegenseitiger Treue findet sich zuerst im →Upplandslagh (1296), im Reichsrecht und in den Stadtrechten (um 1350) wurde der E. des Mannes und der Frau mit gleichhohen Bußen belegt.

[5] *Allgemein:* Nur sehr zögernd scheint die Auffassung von E. als Kränkung einer anderen Familie (mit Racherecht) der kirchl. Auffassung von E. als einem Verbrechen gegen die Institution Ehe, das mit öffentl. Strafen (Bußen an Bischof und König, Ehrenstrafen) geahndet wurde, gewichen zu sein. Ein signifikanter Unterschied zw. älterem westnord. und ostnord. Recht besteht darin, daß das erstere den Treuebruch beider Eheleute bestraft, das letztere nur den der Ehefrau und des Beischläfers (schwed.

horkarl 'Hurenkerl'). Weiterhin scheint sich das Recht auf →Rache bei →handhafter Tat in den dän. und schwed. Rechten länger gehalten zu haben.

Die Rechtspraxis ist schwer zu fassen, insbes. für das frühe MA; zudem liefern literar. Quellen teilweise ein anderes Bild als die Rechtsaufzeichnungen. Die isländ. Familiensagas deuten nicht darauf hin, daß man ehel. Untreue sonderl. streng beurteilt hätte, und auch andere zeitgenöss. Literatur (z. B. Bischofssagas; Saxo, »Gesta Danorum«) zeigt, wie schwer es die kirchl. Auffassung hatte, sich durchzusetzen. Verschiedene Arten außerehel. Verbindungen, wie die häufig belegte Existenz von Nebenfrauen und nicht zuletzt die Priesterehe, scheinen bis ins 13. Jh. hinein üblich gewesen zu sein.   B. Sawyer

Lit.: KL XX, 501–511 – *Dänemark:* S. IUUL, Fællig og hovedlod, 1940, 52f., 58ff., 231, 234 – O. FENGER, Fejde og mandebod, 1971, 397f. – *Norwegen:* K. ROBBERSTAD, Fyrelesingar um rettssoga i millomalderen og nytid II, 1966, 36–53, 66 – *Island:* J. M. JOCHENS, The Church and Sexuality in Medieval Iceland, Journal of Medieval Hist. 6, 1980, 377–392 – *Schweden, Finnland:* N. STJERNBERG, Några blad ur horsbrottens historia i svensk rätt (Fschr. B. J. GROTENFELT, 1929), 100–139 – L. CARLSSON, De medeltida skamstraffen, 1934, 121–150, 225f.

VII. ENGLAND: Obwohl die Angelsachsen die →Ehe (s. Abschnitt B. VIII) als Privatsache ansehen, wird der E. gesetzl. geregelt. Die Gesetze Kg. →Knuts d. Gr. († 1035) begünstigen die Wiedergutmachung anstelle von Rache; aber die auf frischer Tat ergriffene Ehebrecherin wird verstümmelt, während der Mann straffrei ausgeht. Die Kg. →Heinrich I. (1100–35) zugeschriebenen Gesetze zeigen gleiche Bestrafung und verschiedene Gerichtszuständigkeit: »Wenn ein verheirateter Mann E. begeht, soll der Kg. oder Lehnsherr den Mann haben und der Bischof die Frau mit dem Ziel, die Strafe zu erzwingen« (11,5). Im 13. Jh. haben die kirchl. Gerichte ihr alleiniges Recht auf Bestrafung des E.s praktisch durchgesetzt. Die bfl. Register enthalten viele Fälle von Geldstrafen, öffentl. Reue und körperl. Züchtigung für Ehebrecher beiderlei Geschlechts. Einige Laien widersetzen sich dem Tadel des kirchl. Ordinarius und werden für ihre Unbotmäßigkeit bestraft. Ein wegen E.s vorgeladener Mann zwingt den Boten des Ebf.s, das →writ zu verschlucken (Surtees Soc. XXVIII, 243f.), die Dame Lucy de Tweng wird »als rückfälliger Ehebrecher« bezeichnet (Surtees Soc. XCLX, 126), eine andere Ehebrecherin wird exkommuniziert (Canterbury and York Soc. XLIII, 279). Nach der norm. Eroberung wurden wenige Rechtsbestimmungen zum E. von staatl. Seite erlassen, aber ein Statut von 1285 bestimmt, daß eine Frau ihren Witwenteil (*dower*, →Ehe, Abschnitt B. VIII) verwirkt, wenn sie mit einem Ehebrecher entflieht. Als 1301 eine Witwe vor einem königl. Gericht den Witwenteil verlangt, wendet der Beklagte ein, sie sei eine Ehebrecherin, die seinen Vorfahren wegen ihres Geliebten verlassen habe. Sie erwidert, unterstützt durch das Schwurgericht, daß sie sich mit ihrem Gatten vor seinem Tod ausgesöhnt und deshalb Anspruch auf den Witwenteil habe. – Folgten kirchl. Gerichte nicht immer ihrem Ideal der Bestrafung von E. bei beiden Geschlechtern, so werden im eigtl. engl. Recht des MA fast nur Ehefrauen des E.s angeklagt.   S. Sheridan Walker

Q.: LIEBERMANN, Gesetze I, 347 (50), 349 (53) – Statutes of the Realm I, 1810, 87 – The Registers of John le Romeyn, Archbishop of York, T. II; Henry of Newark, 1296–99 (Surtees Society CXXVIII, 1917) – The Register of William Greenfield, Archbishop of York, 1306–15 (ebd. CXLX, 1931) – Registrum Henrici Woodstock, 1305–16 (Canterbury and York Society XLIII, 1940) – L. J. DOWNER, Leges Henrici Primi, 1972 – *Lit.:* F. POLLOCK – F. W. MAITLAND, Hist. of English Law, 1968², II, 393f. – V. BULLOUGH – J. BRUNDAGE, Sexual Practices and the Medieval Church, 1982, 129–134.

VIII. IRLAND UND WALES: Das ir. und walis. Recht behandelte E. unterschiedlich, da das ir. Recht die Polygynie (→Polygamie) duldete, während das walis. Recht, zumindest seit dem 12.–13. Jh., diese ablehnte. Andererseits treten zw. den beiden Rechten starke Ähnlichkeiten auf, die darauf schließen lassen, daß das ir. und walis. Recht in diesem Bereich in der Frühzeit nahezu ident. waren. In beiden Rechten wird der E. des Ehemannes anders beurteilt als derjenige der Ehefrau. In beiden wird E. in erster Linie als Vergehen gegen den unschuldigen Ehegatten betrachtet und daher mit dem Ehrenpreis (→*enech*) gebüßt. In Irland hat die Hauptfrau (*cétmuinter*), und offenbar nur sie allein, Anspruch auf Entschädigung, wenn ihr Mann eine andere Frau nimmt. Die Hauptfrau hat das Recht, von ihrem Mann eine Buße zu erhalten, deren Wert der Gabe an die zweite Frau entspricht (eine Buße im Wert der Gabe des Mannes an die Verwandten der zweiten Frau erhält sie aber anscheinend nicht); darüber hinaus erhält sie eine Frau von der zweiten den entsprechenden Ehrenpreis. Diese zweite Frau heißt manchmal *adaltrach* ('die Ehebrecherische'), so in den Quellen des 7.–8. Jh. (und häufiger noch in späteren Glossen und Kommentaren). Die adaltrach konnte legal durch die Verwandtschaft dem Mann verlobt werden. Unter der Voraussetzung, daß die Verbindung anerkannt war (→Ehe, Abschnitt B. IX), wurden die Söhne einer adaltrach gemeinsam mit den Söhnen der ersten Frau am väterl. Erbe beteiligt. Somit ist E. im einheim. kelt. Recht als Verbindung eines Mannes, der bereits eine Hauptfrau hat, mit einer zweiten Frau zu betrachten. Möglicherweise mußte ein verheirateter Mann, der gelegentlicher sexueller Beziehungen zu einer Frau überführt war, seiner ersten Frau ebenfalls eine Buße leisten, dies bleibt jedoch unsicher.

Der E. einer Frau kann im Unterschied zu demjenigen des Mannes keine neue legale Verbindung begründen, solange die Verbindung mit dem ersten Mann nicht beendet ist, denn das ir. Recht kennt keine Polyandrie. Der gehörnte Ehemann hat Anspruch auf seinen Ehrenpreis und erhält die Gewalt über die in der ehebrecher. Verbindung gezeugten Kinder solange, bis der leibl. Vater sie ihm abkauft. In Wales war E. auch ein Grund, der es einem Gatten erlaubte, die Ehe aufzulösen und sich ggf. neu zu vermählen. In Irland galt dies nicht für die Frau, wenn ihr Ehemann weiterhin sexuelle Beziehungen zu ihr unterhielt. Im walis. Recht mußte der betrogene Ehemann – wie jeder andere Beleidigte in einer →Fehde – entscheiden, ob er den Weg der →Rache oder der Kompensation gehen wollte; schlug er etwa seine Frau, so verfiel damit sein Anrecht auf Buße. Für die walis. Rechtsgelehrten war E. eine ernste Angelegenheit, da er den Ausgangspunkt für Fehden bilden konnte. E. konnte ein auf Heirat gegründetes Bündnis zw. zwei Sippen zunichtemachen; er konnte eine Fehde zw. den Verwandten des Ehemannes und denjenigen des Ehebrechers auslösen. Wollten eine Ehebrecherin oder ihr Liebhaber eine Fehde vermeiden, so zahlten sie den Ehrenpreis. Die Ehefrau hatte auch Anspruch auf den Ehrenpreis, wenn ihr Mann E. beging; brach er die Ehe dreimal, so durfte sie ihn unter Mitnahme ihres gesam. Besitzes verlassen.   T. M. Charles-Edwards

Lit.: R. THURNEYSEN u. a., Stud. in Early Irish Law, 1936, 49–51 – M. E. OWEN, Shame and Reparation: a Woman's Place in the Kin (The Welsh Law of Women, Stud. A. BINCHY, hg. D. JENKINS – M. E. OWEN, 1980).

C. Literatur und Volksüberlieferung

Der E. war vom HochMA bis zur frühen NZ eines der zentralen Themen der europ. Lit. und Volksüberlieferung. Die Norm der Konvenienzehe, die Häufigkeit großer Altersunterschiede zw. Ehegatten und die im Hoch-

MA verbreitete Auffassung der Unvereinbarkeit von Ehe und Liebe bewirkten, daß die ritterlich-höfische Minne wie auch (v. a. im SpätMA) die sexuelle Liebesbeziehung außerhalb der Ehe gesucht wurde. Lit. Niederschlag sind die stereotypen Figuren des gehörnten Ehemannes ('Hahnrei', 'Hörnerträger'), der listigen treulosen Ehefrau ('Frauenlist') und des lüsternen Liebhabers (z. B. des 'geilen Pfaffen') bei schwankhafter Darstellung; die Figuren des rächenden Gatten ('heimkehrender Ehemann') und der verleumdeten Gattin ('Genovefa', 'Crescentia' u. a.) finden sich vorwiegend in trag. Behandlungen. In Lit. und Volksüberlieferung überwiegt die schwankhafte Darstellung des E.s. Ehebruchstoffe aus antiken Epen und Dramen, oriental. Erzählungen, mlat. Dichtung und Klosterschwänken sowie der Volksüberlieferung waren die Vorlagen für die vielen Behandlungen des E.s in ma. Versdichtung (höf. Lyrik, Heldenepos, Chanson de geste, Fabliau, Märe, Verserzählung und -roman [z. B. die Tristanromane], Spruchdichtung, Meistersang), im Drama (Farce, Komödie, Fastnachtspiel, Singspiel) und v. a. in der Prosa: Neben höf. Romanen und Exempla enthielten v. a. die spätma. und frühnz. Sammlungen von Novellen, Fazetien, Schwänken und Sagen (z. B. Boccaccios Decamerone, Fazetien von Poggio Bracciolini, Cent Nouvelles Nouvelles, Straparolas »Piacevoli notti« Schwankbücher des 16. Jh., u. a.) zahllose Ehebruchstoffe (z. T. bis zur Hälfte der Erzählungen). Während das Ehebruchthema in der Lit. bereits im 17.Jh. stark an Bedeutung verlor, schöpfte die Volksüberlieferung vom SpätMA bis ins 19.Jh. aus diesen Quellen. Überwiegend tragisch endet der E. in Märchen und Sagen. Schwankhafte Behandlungen finden sich in Exempeln und Predigtmärlein, Schwänken und Witzen sowie in Schwankballaden. In der Volksüberlieferung wurden vielfach ma. Rechtsvorstellungen und Erfahrungen über Jahrhunderte tradiert wie etwa die Auffassung, daß nur die Ehefrau E. begehen könne, oder das Stereotyp vom 'geilen Pfaffen'. K. Roth

Lit.: EM III, 1042–1055, 1068–1077 [K. ROTH] – W. ANDERSON, Der Schwank vom alten Hildebrand, 1931 – B. SCHNEIDER-PACHALY, Der betrogene Ehemann [Diss. Freiburg 1970] – F. FROSCH, Schwankmären und Fabliaux, 1971 – A. AARNE-ST. THOMPSON, The Types of the Folktale, 1973 [mit Beispielen für E. in Märchen und Schwänken] – K. ROTH, Ehebruchschwänke in Liedform. Eine Unters. zur dt.- und engl.sprachigen Schwankballade, 1977 – E. MOSER-RATH, »Lustige Gesellschaft«, 1984, 123–130.

D. Byzantinisches Reich und östliches Europa
I. Theologie der Ostkirche – II. Byzantinisches Reich – III. Ost- und südslavischer Bereich.

I. THEOLOGIE DER OSTKIRCHE: Nach orth. Auffassung widerspricht Aufhören der Ehe bei E. ihrer Unauflöslichkeit nicht, weil E. mit der Natur der Ehe unvereinbar ist und sogar der Herr die Nicht-mehr-Existenz des Ehebandes nach Ehebruch anerkannte (so die vorherrschende Exegese zu Mt 5,32; 19,9). Es »kann die gesetzl. geschlossene Ehe nur durch den Tod oder ein anderes Vorkommnis, welches sozusagen ... ein Tod in anderem Sinn ist, gelöst werden. Der Tod allein, mag er ein natürl., moral. oder religiöser sein, vermag also die ehel. Verbindung zu lösen, die Ehe zu trennen... Diese Trennung erfolgt von sich selbst, sobald die ehel. Verbindung zerstört, die Grundlage der Ehe zw. den Ehegatten geschwunden ist, der Zweck der ehel. Verbindung nicht mehr erreicht werden kann, mit einem Wort, sobald die Ehe nicht mehr besteht. Die betreffende Obrigkeit trennt also die Ehe nicht, sondern stellt nur in gesetzl. Form die Tatsache fest, daß eine gesetzl. Ehe ihrer Grundlage verlustig wurde, sonach durch Gott selbst getrennt ist« (MILASCH, Kirchenrecht, 629f.). Unter den Ursachen für Nicht-Weiterbestehen der Ehe ist E. stets an vorderer Stelle benannt. Doch bedeutet Trennung wegen E. nicht sofort Erlaubnis zu tolerierter Zweitehe. Unter Berücksichtigung der Schuldfrage und Auflage von Epitimie, lange Zeit nur den Männern und nicht den Frauen, wurden solche Erlaubnisse (nicht unwidersprochen) gemäß Ökonomie (→Oikonomia) erteilt; sie wurden in jüngerer Zeit zur Regel.

Lit.: →Ehe, Abschnitt D. I.   E. Ch. Suttner

II. BYZANTINISCHES REICH: Wie in allen patriarchal. Gesellschaften galt auch in Byzanz der E. (μοιχεία) als schwere Verletzung der Ehre des Ehemannes und unterlag dementsprechend scharfer sozialer Mißbilligung. Aus christl. Sicht ergab sich dabei die Verwerflichkeit insbes. aus der Entweihung des Sakraments der Ehe, als deren Urbild die myst. Vereinigung Christi mit der Kirche und als deren Idealbild die (asexuale) →»Josephsehe« angesehen wurde. Die Kirche setzte sich zwar einerseits für eine Gleichbehandlung von Ehefrau und Ehemann ein (welcher als solcher nach röm. Auffassung keinen »Ehebruch« beging), förderte anderseits aber durch ihre Lehre von der →Frau als Sinnbild der vom Teufel verführten Verführerin (vgl. Gen 3) das strengere Verdikt des ehebrecher. Verhaltens von Frauen.

Als Strafe für die Ehebrecher bestimmte →Konstantin I. d. Gr. im Jahre 326 (Codex Iustinianus 9.9.29.4) die Enthauptung, welche grundsätzl. zwar auch →Justinian I. beibehielt (Nov. 134.10 pr.), welche gleichzeitig aber – zumindest hinsichtlich der Ehebrecherin – durch die Einsperrung im Kl. ersetzt wurde (Nov. 134.10.1). Nach der →Ekloge (17.27) sollten beiden Tätern (»spiegelnd«) die Nasen abgeschnitten werden, welche Bestrafung dann in der Eisagoge (→»Epanagoge«, 40.51) noch um Züchtigung und Schur erweitert wurde (→Strafvollzug); diese Vorschrift übernahmen alle folgenden Gesetzessammlungen (z. B. →Basiliken 60.37.72). Das kirchl. Recht sah für den Ehebruch ebenso lange Bußen wie für den →Mord vor, etwa 15 Jahre (→Basileios d. Gr. v. Kaisareia, Kanones 7 und 58), und subsumierte dem Begriff der μοιχεία auch den Bruch des →Verlöbnisses (→Trullanum, Kanon 987). Die Kirche sah im übrigen jede (nach ihren Vorstellungen) ungültig zustande gekommene Ehe (einschließlich des nicht mehr geduldeten →Konkubinats) als μοιχεία an, was u. a. den Kaisern →Konstantin VI. im sog. →»Moicheanischen Streit« und →Leon VI. im sog. →»Tetramiestreit« zum Verhängnis gereichte.

Da sich die Lehre von der Unauflöslichkeit der Ehe in Byzanz nicht durchsetzte, war der E. immer – neben anderen z. T. nur zeitweise als rechtserheblich anerkannten Tatbeständen wie dem Hochverrat, der lebensgefährl. Nachstellung, der Abtreibung der Leibesfrucht, der Impotenz, der Verschollenheit, dem Wahnsinn und dem Aussatz – ein, und zwar der wichtigste »Scheidungsgrund«, der dem »unschuldigen« Partner einen »Anspruch« auf Auflösung der Ehe gewährte (vgl. z. B. →Justinian I., Nov. 134, →Ekloge 2.9, →Basiliken 28.7 und →Blastares, Σύνταγμα Γ. 13) und den »schuldigen« Teil Vermögenseinbußen gewärtigen ließ (ausdrücklich untersagt war dem letzteren auch eine Eheschließung mit dem Ehebruchspartner). Die insbes. auf Äußerungen Jesu zurückzuführende eheauflösende Wirkung des E.s führte in spätbyz. Zeit, wie vereinzelten Entscheidungen des Johannes →Apokaukos und des Demetrios →Chomatenos (Chomatianos) zu entnehmen ist, (wie in neuerer Zeit) zur Fiktion eines E.s zwecks einverständlicher Scheidung.

A. Schminck

Lit.: →Ehe, Abschnitt D. II; ferner: B. Sinogowitz, Stud. zum Strafrecht der Ekloge (Πραγματεῖαι τῆς Ἀκαδημίας Ἀθηνῶν 21, 1956), insbes. 79–89 – F. Goria, Studi sul matrimonio dell'adultera nel diritto giustinianeo e bizantino, 1975 – Sp. N. Troianos, Ὁ «Ποινάλιος» τοῦ Ἐκλογαδίον (Forsch. zur byz. Rechtsgesch. 6, 1980), insbes. 70–78.

III. Ost- und südslavischer Bereich: Wenn auch im orth. Kirchenrecht der E. von seiten des Mannes oder der Frau gleichermaßen bestraft wird (vgl. Kanones 9 und 48 des Basileios v. Kaisareia, zitiert in den Voprošanie Kirikovo 94), sehen die altruss. Rechtsverordnungen eine Abstufung zugunsten des Mannes vor (»Ustav Jaroslava o cerkovnych sudach« § 4). Anhand des Begriffes *smilnoe* (»Ustav Vladimira o cerkovnych sudach« § 9) wird ersichtlich, daß zw. E. (adulterium) und Hurerei (fornicatio) nicht streng unterschieden wurde; Kosmas Presbyter XXV (Popruženko 60,14 = Begunov 370) nennt beide Begriffe, *preljubodějstvo* und *blǫdъ*, in einem Atemzug. Verstöße sowohl gegen das Eheleben als auch gegen die christl. Moral außerhalb der von der Kirche gesegneten Ehe wie Brautraub (*umyčka*) unterliegen der kirchl. Rechtsprechung (vgl. auch »Ustav Jaroslava o cerkovnych sudach« § 34). Die Gerichtsordnung von Smolensk (»Smolenskaja ustavnaja gramota«) aus dem 12. Jh. unterscheidet in dieser Materie nicht. Fällen, die vom bfl. Gericht ihren vom Bf. selbst behandelt werden. Das Ausmaß der Strafe hing vom sozialen Status des Ehebrechers ab und sah körperl. Strafen wie Abhacken der Hände oder Rhinotomie (Abschneiden der Nase) vor. Bei Verführungen von Jungfrauen mußte der Mann eine Geldstrafe entrichten; eine Scheidung von einer entehrten Jungfrau war ausgeschlossen. Ch. Hannick
Lit.: →Ehe, Abschnitt D. III.

E. Arabisch-islamischer Bereich

E. (*zinā'*) ist im Sinn des islam. Rechts jeder Geschlechtsverkehr ohne tatsächl. oder vermeintl. Anrecht (*milk* bzw. *šubhat milk*) auf die Frau aufgrund der Ehe oder des Besitzes einer Sklavin. Wie im Judentum war zunächst jeder Ehebrecher nach der Tradition durch Steinigung (*raǧm*) zu richten. Als jedoch ʿĀ'iša, die Lieblingsfrau des Propheten Mohammed, in den Verdacht des E.s geraten war, erging die Offenbarung, daß Unzucht mit 100 Peitschenhieben zu bestrafen sei (Koran Sure XXIV, Vers 2), und zwar ohne Rücksicht auf das Geschlecht des Täters. Die Strafe der Geißelung setzte sich nur für diejenigen »Ehebrecher« durch, die noch nie Gelegenheit zu legalem Geschlechtsverkehr gehabt hatten, während für Verheiratete und andere, die schon – etwa in früherer Ehe – einmal Gelegenheit zu legalem Geschlechtsverkehr gehabt hatten (*muḥṣan*), an der Strafe der Steinigung festgehalten wurde.

Legt der Ehebrecher kein Geständnis (*iqrār*) ab, kann Unzucht (*zinā'*) nur durch vier vollwertige männl. Zeugen bewiesen werden. Die Aussage der vier Zeugen kann durch einen Verwünschungseid (*liʿān*) des Ehemannes ersetzt werden (Koran Sure XXIV, Vers 6; [vgl. →Eid, Abschnitt C]). Wer einen anderen zu Unrecht der Unzucht beschuldigt (auch etwa als Zeuge), macht sich einer Verleumdung (*qaḏf*) schuldig, die nach dem Koran mit 80 Peitschenhieben zu bestrafen ist (Koran Sure XXIV, Vers 4). Die Verleumdung (wegen Unzucht) durch Vater, Mutter oder andere Aszendenten ist straffrei. Für Sklaven galt jeweils die Hälfte der Strafen. Auf Minderjährige fanden sie keine Anwendung. K. Dilger
Lit.: El¹ IV, 1328f., s.v. zinā' [J. Schacht] – K. Dilger, Das islam. Strafrecht in der modernen Welt – Ein Beitr. zur Rechtskonzeption im Islam, Zs. für die gesamte Strafrechtswiss. 93, 1981, 1311–1332 [sowie in: ARSP, Suppl. I, T. 2, 1982, 57–79] – C. Imber, Zinā in Ottoman Law (Contributions a l'hist. économique et sociale de l'Empire ottoman, 1983), 59–92.

Ehelosigkeit → Gelübde, →Jungfräulichkeit

Eherne Schlange → Moses, →Typologie

Ehingen, Einung v. (9. April 1382). Die Einungspolitik →Karls IV. hatte in Schwaben offene Auseinandersetzungen zw. den verschiedenen Parteien verhindern können. Durch die widersprüchl. Politik Kg. →Wenzels brachen die alten Gegensätze zw. den 34 im →Schwäb. Bund zusammengeschlossenen →Reichsstädten und denen in den drei →Rittergesellschaften vereinigten Adel wieder auf. 1382 gelang es Hzg. →Leopold III. v. Österreich als einem der mächtigsten Territorialherrn des SW in Form einer Landfriedenseinung (→Einung), einen Ausgleich zw. dem Schwäb. Bund und den Rittergesellschaften herbeizuführen. Für sich selbst erhoffte der Hzg. eine »pseudoherzogliche Stellung« in Schwaben und eine weitere Stärkung Habsburgs in diesem Raum. Das Bündnis, das keine eigtl. Organisation hatte, war nur bis zum 6. Jan. 1384 befristet und sollte die Mitglieder in Form einer wechselseitigen Bündnispflicht gegen alle Fälle des Landfriedensbruchs sichern; bei Streitigkeiten unter den Mitgliedern sah es einen schiedsrichterl. Austrag vor und außerdem ein Pfahlbürgerverbot (→Pfahlbürger). Die Einung, die Wenzel aus diesem Teil des Reiches hätte ausschalten können, zerfiel bereits im Herbst 1382, als es Wenzel gelang, Hzg. Leopold durch die Übertragung der oberschwäb. Landvogtei und die wittelsbach. Hzg.e durch ein Beistandsbündnis gegen die Reichsstädte auf seine Seite zu ziehen. →Landfriede. P.-J. Schuler
Vertragstext: J. Ph. Datt, Volumen rerum germanicarum novum sive de pace imperii publica, Ulm 1698, 46–52 – *Lit.:* H. Angermeier, Kgtm. und Landfriede im dt. SpätMA, 1966, 276f. – H.-G. Hofacker, Die schwäb. Reichslandvogteien im späten MA, 1980, 279f.

Ehingen, Georg v. → Autobiographie, Abschnitt IV

Ehrbarkeit → Gesellschaft

Ehre. 1. E. (theologisch-philosophisch). Der Begriff der E. in der theol.-philos. Tradition des MA ist komplex. In ihm vereinigen sich Elemente der griech.-röm. mit solchen der bibl. Tradition. Zur Erläuterung des mit dem dt. Wort E. Gemeinten können die lat. Worte laus (= Lob), honor (= öffentl. Ansehen, E.) und gloria (= Ruhm, Berühmtheit, Verherrlichung, himml. Herrlichkeit, überird. Verklärung) herangezogen werden (Thomas, S. th. II, II, q. 103, a. 1 ad 3).

Unter E. verstand das MA die innere, nach außen kundgetane Wertschätzung (Thomas, S. th. I, II, q. 2, a. 3), die auf der Güte der menschl. und göttl. Person beruht.

Die einem Menschen erwiesene E. hat ihren Grund in dessen Vorzügen und Tugenden (Thomas, S. th. II, II, q. 132, a. 1; S. c. gent. III, 29; Quaest. quodl. 10, q. 6). Die geäußerte Ehrerbietung macht einer Öffentlichkeit die erkannten Tugenden bekannt. Geschieht dies durch Worte, die einen ganz bestimmten Zweck im Auge haben, so spricht man von Lob (Thomas, In Ps. 17, 2). Werden neben Worten auch andere äußere Zeichen zur Betonung der Wertschätzung einer Person verwendet und der Gesamtperson Hochschätzung entgegengebracht, spricht man von honor (Thomas, S. th. I, II, q. 2 a. 2). Das Wort gloria wird dann gebraucht, wenn die Kundgabe der Güte einer Person zu einer größeren Öffentlichkeit gelangt ist (Thomas, S. th. II, II, q. 132, a. 1; S. c. gent. III, 29).

Die einer menschl. Person erwiesene E. hat ihren letzten Anhalt aber nicht in ihr selbst, sondern in Gott. Der Mensch wird nicht als ein autonomes Wesen gesehen, sondern als eines, dem Gott Anteil an seiner Güte gegeben hat (Aegidius Romanus, In 2 Sent. 2 p. q. 1 a. 2–3; Thomas, Super 1 Ad Corinthios 11,2). Aus diesem Grunde ist die E.

Gottes auch alleiniger Endzweck der Schöpfung (Petrus Lombardus, 2 Sent. dist. 1 c. 4). Darum gebührt allein Gott der Erweis höchster E., da nur er unendliche Güte besitzt (Thomas, S. th. II, II, q. 103, a. 3). Diesem Gott, der den Menschen an seiner Güte teilnehmen läßt, wird vom Menschen nicht nur durch äußere Werke E. erwiesen, sondern auch durch die innere Gesinnung und ein daraus folgendes christusförmiges Leben (Thomas, Super Ad Ephesios 1, 1). Die gänzlich unbehinderte Bezeigung der E. gegen Gott durch den Menschen erfolgt durch die überird. Verklärung des Menschen durch Gott. Der so Vollendete befindet sich in der ewigen Herrlichkeit (gloria) (Thomas, S. th. III, q. 22, a. 2; III, q. 45, a. 4).

W. Eckermann

Lit.: DSAM VI, 463-467; VII, 704-717; IX, 1020-1034 – HWP II, 319-323 – LThK² III, 711-716 – RAC XI, 196-225 – TRE IX, 362-366 – J. STUFLER, Die Lehre des hl. Thomas v. Aquin über den Endzweck des Schöpfers und der Schöpfung, ZKTH 41, 1917, 656-700 – R. EGENTER, Von christl. Ehrenhaftigkeit, 1937 – Z. ALSZEGHY-M. FLICK, Gloria Dei, Gregorianum 36, 1955, 361-390 – H. REINER, Die E. Krit. Sichtung einer abendländ. Lebens- und Sittlichkeitsform, 1956.

2. E. (im polit.-rechtl. Sinn) → Honor; → Lehen, -swesen; → Ritter, -tum

Ehrenpreis → enech

Ehrgeiz. Im Gegensatz zur aristotel. Ethik, die das Streben nach Ehre als sittlich gut bewertet, weil Ehrungen der Lohn für Verdienste um das Wohl der Polis seien, sieht die christl. Ethik des MA im E. (ambitio) ein ungeordnetes Streben nach Ehre und hält daher den E. für sündhaft. Der Hauptgrund für diese Beurteilung liegt in der christl. Betonung der Demut. In erster Linie gebührt Gott die Ehre für die außerordentl. Verdienste eines Menschen, denn Gott hat ihm die Fähigkeit dazu geschenkt. Ein weiteres Argument liegt in der Unvereinbarkeit des E.es mit der christl. Tugend der Liebe. Entsprechend dem Vulgatatext 1. Kor. 13,5, daß die Liebe nicht ehrgeizig sei (caritas non est ambitiosa), wird gefolgert, daß der E., weil er der Liebe widerstrebe, Sünde sei. Ebenso wird die aristotel. These von der Ehre als Lohn der Tugend unter einem genuin theol. Aspekt abgelehnt: für den Christen besteht der Lohn der Tugend in der Erlangung der ewigen Seligkeit, die das Ziel alles Strebens nach Tugend sei. Thomas v. Aquin fügt ausdrücklich hinzu, daß »die Ehre nur von solchen als Lohn der Tugend angesehen werde, die dem Tugendhaften nichts Größeres anzubieten haben« (S. Th., II-II^ae, qu. 131, a. 1, ad secundum). Eine ähnl. Ablehnung erfährt die antike These, daß Ehre ein Anreiz zum Streben nach Tugend sei: wer aus bloßem E. tugendhaft sei, ist nicht wirklich tugendhaft, weil er die Tugend einem äußeren Zweck unterordnet. Unter einem genuin ethischen Aspekt steht das Argument, daß der Ehrgeizige die Ehre nur für sich selber will, anstatt mit Hilfe der ihm zuteil gewordenen Ehren anderen zu helfen.   A. Hertz

Q. und Lit.: Die dt. Thomas-Ausg., Bd. 21, 1964 (Tapferkeit, Maßhaltung [1. Teil], komm. v. J. F. GRONER), 134-140, 515f.

Ehrliche, unehrliche Gewerbe → Gewerbe, → Gesellschaft

Ehrverlust → Infamie

Ei. In seiner Symbolik als populäre Bildgestalt wie als Nahrungsmittel vorwiegend auf Ostern bezogen, bezeichnet das E. in der ma. wie nachma. Allegorese den Bedeutungsbereich des neuen Lebens, für dessen Werden die Schale durchbrochen wird. Damit ist es Zeichen der Auferstehung und der Hoffnung auf künftiges Leben (ovum spes: Melito von Sardes, 2. Jh.), aber auch der Zeugung und Fruchtbarkeit, des noch verschlossenen und dennoch existenten Lebens, woraus es in der religiösen Bildersprache seinen Sinn als Symbol des ewigen Lebens wie gleichermaßen seine Funktion als Fruchtbarkeit verheißende Liebesgabe bezieht.

[1] *Lateinischer Westen:* Seit dem 12. Jh. ordneten die Liturgiker das E. den Sakramentalien zu, in den meisten Ritualien seit dieser Zeit ist die Eierweihe (benedictio ovorum) belegt.

Vor dem Hintergrund dieses symbol. Denkens muß die Bindung des E.s an das vorösterl. und österl. Brauchtum rechtl., kirchl. und profaner Art betrachtet werden. Eierabgaben als österl. Naturalzins erwähnen frz. Quellen des 12. Jh.; laut dem → Codex Falkensteinensis waren von zahlreichen Hofstätten jeweils 100 Eier abzuliefern. Gründonnerstag (Antlaßeier), Karfreitag und Ostern entwickelten sich zu Gabenterminen, an denen man sich gegenseitig mit Naturalien, bevorzugt mit Eiern beschenkte; so heißt es in einer Urkunde vom 25. Nov. 1393 aus dem damals untersteir. Dominikanerinnenkl. Mahrenberg: »vnd schol diselben ayer tayln an dem heiligen tefelsampstag vnder die vrawn all di des conuents sint« (ähnlich Regensburg, Frauenstift Niedermünster, 1444). Zusammen mit anderen Naturalien wurden Eier auch an die Hl. Gräber geopfert.

Neben solche Formen kollektiv gesteuerten Brauchtums trat ein im MA das oft individuell organisierte Heischen um teilweise gefärbte oder verzierte Ostereier (»Rotei«, »Schönei«), an dem sich v. a. Jugendliche beteiligten (Rom 1142; Diessen 1509: collectores ovorum); Freidanks »Bescheidenheit« (Anfang 13. Jh.) erwähnt »Ein kint naeme ein geverwet ei/vür ungeverweter eier zwei«. Geläufig sind Belege gerade für Rotfärbung, worin sich der direkte Bezug zu den liturg. Farben manifestiert. Für bemalte oder geätzte Eier, wie sie noch heute für folklorist. Zwecke in den osteurop. Ländern, aber auch in der Schwalm hergestellt werden, häufen sich allerdings erst in nachma. Zeit die Nachrichten; gleiches gilt für die um Ostern stattfindenden Eierspiele.

Die Verwendung von Eiern wie generell von Sakramentalien zu zauber. und magisch-therapeut. Zwecken ist verbreiteter Topos der katechet. und homilet. Lit. des MA und des Nach-MA. Pränaturwissenschaftl. und superstitiöse Deutungen bezogen sich ferner auf abnorme Erscheinungsformen (z. B. Basiliskenei). Eine wichtige Rolle spielte zudem das E. als alchem. Symbol: es versinnbildlichte das verschlossene alchem. Gefäß wie die beide Grundkomponenten umfassende, die künftige Entwicklung keimhaft in sich bergende materia prima. Die zahlreichen astrolog. Spekulationen, die sich hieran anschlossen, gehören jedoch bereits dem Naturverständnis der NZ an.

Ch. Daxelmüller

[2] *Christlicher Osten:* Im Brauchtum des christl. Volkes im O spielt das E. eine ähnliche Rolle wie im ma. W. sowohl in den Osterbräuchen wie auch in mag.-abergläub. Riten. Als Symbol des (noch) verborgenen Lebens gilt es als Hinweis auf die Auferstehung des Herrn und bildet darum früh Bestandteil des Ostermahles, bezeugt jedenfalls schon im 12. Jh. (Theodoros Balsamon). Die Segnung der Eier (und des Käses) zu Ostern im Narthex der Kirche könnte auf das Mönchtum zurückgehen, als Ausklang der großen Fasten, in denen seit der »Butterwoche« der Genuß von Laktizinien, worunter auch die Eier einbezogen wurden, verboten war.   H. M. Biedermann

Lit.: zu [1]: HWDA II, 595-644 – LThK² III, 720-721 – RAC IV, 731-745 – W. GRIMM, Vrîdankes Bescheidenheit, 1872, 181 – P. FABRE, Le polyptyque du chanoine Benoît, 1889, 26 – A. FRANZ, Die kirchl. Benediktionen im MA I, 1909, 589-594 – A. JACOBY, Zur Gesch. der

Ostereier, Hess. Bll. für VK 28, 1929/30, 141–162 – F. J. Dölger, Das E. im Heilzauber nach einer Predigt des hl. Augustinus, Antike und Christentum 6, 1940–50, 57–60 – M.-L. Lechner, Das E. im dt. Brauchtum, 1952 – H. Moser, Osterei und Ostergebäck, Bayer. Jb. für VK, 1957, 67–89 – H. J. Sheppard, Egg symbolism in alchemy, Ambix 1958, 140–148 – Schweiz. Archiv für VK 53, 1957 [mit zahlreichen Einzel-Beitr. zum E.] – R. Wildhaber, Zum Symbolgehalt und zur Ikonographie des E.s, Dt. Jb. für VK 6, 1960, 77–84 – *zu [2]:* TRE 12, 565–568 [Lit.] – J. Goar, Euchologion sive Rituale Graecorum 1730 [Nachdr. 1960].

Eibe → Nadelhölzer

Eibisch (Althaea officinalis L./Malvaceae). Die in den gemäßigten Zonen Europas, N- und W-Asiens verbreitete Heilpflanze war im MA unter den lat. und dt. Namen *alt(h)ea, ibisca, eviscos, ivvisce* (Steinmeyer-Sievers III, 469, 477, 489, 547) bzw. *bismalva, malvaviscum* (Albertus Magnus, De veget. 6, 285), *wymalve* (Alphita, ed. Mowat, 22 b) oder auch *weiz papel* (Konrad v. Megenberg V, 10) bekannt; Übertragungen auf andere Malvenarten (bes. Malva sylvestris L.) sind nicht auszuschließen. Schon die gr. Bezeichnung, die nach Dioskurides (III, 146) die Pflanze als polyalthes ('vielheilend') ausweist, deutet auf die große Wertschätzung der noch heute offizinellen Schleimdroge hin. E. wurde u. a. als erweichendes Pflaster bei eitrigen Wunden und Geschwüren (Sigerist, 84), gegen Husten (Circa instans, ed. Wölfel, 72) und Steinleiden (Macer, ed. Choulant, 366–394; Gart, Kap. 12) sowie Fieber und Kopfschmerzen (Hildegard v. Bingen, Phys. I, 141) angewandt. I. Müller

Lit.: Marzell I, 229–232 – Ders., Heilpflanzen, 132f. – H. E. Sigerist, Stud. und Texte zur frühma. Rezeptlit., StGM 13, 1923 – W. Ratfisch, Zur Gesch. der med. Verwendung des E. (Althaea officinalis L.), [Diss. Leipzig 1936].

Eiche (Quercus petraea Liebl., Quercus robur L. u. a./Fagaceae). In der Regel bezogen auf die gen. Arten, die wesentl. Anteil an der süd- und mitteleurop. Waldbedeckung hatten, zielen die gängigen Benennungen entweder auf 'Holz' oder wurden von anderen Waldbäumen her auf die E. übertragen (lat. *quercus* ist wurzelverwandt mit 'Föhre'; dt. Eiche ist wurzelverwandt mit gr. *aigeiros* 'Schwarzpappel', *aigílōps* 'Flughafer' bzw. 'Eichenart'). – Für das Färben und die Buchmalerei spielten die Kermesläuse der mediterranen Kermes-E. (Q. coccifera L.) eine Rolle. Die offizinellen, u. a. zur Tintenbereitung verwendeten Galläpfel (Gallen oder Gallae) werden durch den Stich der Gallwespe hervorgerufen und von der mittelmeer. Gall-E. (Q. infectoria Olivier) gewonnen. Der Kork stammt von der immergrünen Kork-E. (Q. suber L.).

[1] *Medizinische Verwendung:* Die ma. Heilkunde empfahl die E. und deren Produkte entsprechend antiker Vorgabe (Dioskurides I, 106) v. a. unter adstringierend-styptischer Heilanzeige. Zur Anwendung kamen bevorzugt Gallen, die – seit den Kreuzzügen vermehrt eingeführt (gallae turcicae) – den höchsten Gehalt an Gerbsäure (Tannin) aufweisen; im Vordergrund der Indikationen standen Diarrhöen (Ruhr), Zahnschmerzen, Zahnfleischerkrankungen, Blutungen (auch Hypermenorrhöen), Wundheilungsstörungen sowie kosmet. Korrekturen (Dunkelfärben von Bart und Haar). Die Texttradition läuft über den »Dioscorides longobardus« (I, PIZ') sowie den »Liber graduum« (II, 11; →Constantinus Africanus) zum →»Circa instans« (ed. Wölfel, 60f.) und zweigt von hier in die →Enzyklopädien auf (z. B. →Bartholomaeus Anglicus XVII, 134; →Vinzenz v. Beauvais XII, 91; →Thomas v. Cantimpré X, 40), die in der Regel nicht nur die Droge, sondern die gesamte Pflanze beschreiben. Wertvolle Ergänzungen erfuhr die Tradition durch Albertus Magnus, dessen 'De quercu'-Kapitel (De veget. 6, 31) dem betreffenden Abschnitt bei →Konrad v. Megenberg (IV A, 42) zugrunde liegt und seit dem 14. Jh. Ausgangspunkt für monograph. Bearbeitungen wurde: Die ps.-arnald. »Epistula ad Ricardum de virtute quercus« (→Arnald v. Villanova) handelt die E. nach organotherapeut. Gesichtspunkten ab (Verwendung von Holz, Rinde, Laub, Eicheln, Eichelbechern [cupulae], Gallen und →Eichenmistel), ist vom 'Eichenmisteltraktat' beeinflußt und liegt wie dieser dem ostfrk. 'Eichentraktat' zugrunde. In die →Kräuterbücher haben derartige →Wunderdrogentraktate wiederholt Aufnahme gefunden. G. Keil

Lit.: Marzell III, 1207–1218 – Verf.-Lex.² II, 392–394 – J. Telle, Altdt. E.ntraktate aus med. Hss., Centaurus 13, 1968, 37–61 – A. Högemann-G. Keil, Der »Straßburger Eichentraktat«, ein zum Wunderdrogen-Text gewordenes Albertus-Magnus-Kapitel (Diversarum artium studia, Fschr. H. Roosen-Runge, 1982), 267–276.

[2] *Kulturgeschichtliches:* Die E. war bis zum frühen MA in Europa verbreiteter als heute. Durch Klimaverschlechterungen, Raubbau und Schweinemast gingen die E.nbestände in Deutschland zurück, an die noch Orts- und Flurnamen erinnern, ebenso die als »Loh« bezeichneten Gehölze, in denen Gerber und Lederer im MA aus dem Tannin (Gerbsäure) des überwinternden E.nlaubs und der E.nrinde Gerberlohe herstellten. Manch eine einzelstehende, jahrhundertealte E., die noch während der Bekehrungszeit kultisch verehrt und als »Klagbaum« aufgesucht wurde, fiel dem Glaubenseifer christl. Missionare zum Opfer wie die Donars-E., bei Geismar, die Bonifatius i. J. 725 fällen ließ. Andere »heidnische« E.n wurden entweder zu Spuk- und Teufelsbäumen, vor denen ma. Predigtexempel und Sagen nachdrückl. warnten, oder sie erhielten als Marieneichen christl. Bedeutung. Wenn nach der Legende ein Marienbild in ihnen gefunden wurde, entwickelte sich eine Wallfahrt dorthin wie nach »Maria Eich« bei München.

Alter, Größe, Stärke des Stammes und Festigkeit des Holzes ließen die E. zum Symbol für Kraft, Unbeugsamkeit, Ruhm und Ehre werden. Die Fruchtbarkeit des Baumes wurde zum Sinnbild für die wachsende Ausbreitung des christl. Glaubens, das für unverweslich geltende E.nholz zum Symbol der Unsterblichkeit, weshalb die E. auch in der ma. Bauplastik Darstellung fand.

Wegen ihrer Lebenskraft dienten E.n auch vorzugsweise zum Bannen, Vernageln und Übertragen von Krankheiten. Albertus Magnus kannte schon den Volksglauben, wonach die Galläpfel der E. als Wetterorakel dienten. G. Meinel

Q. und Lit.: Konrad v. Megenberg, Das Buch der Natur. Die erste Naturgesch. in dt. Sprache, hg. F. Pfeiffer, 2. Nachdr. der Ausg. Stuttgart 1861, 1971, 343, Nr. 42: »Von der Aich« – HWDA II, 646–655 – Hoops² I, 520–522 – P. Wagler, Die E. in alter und neuer Zeit. Eine mytholog.-kulturgesch. Stud., 1. T. (Progr. des K. Gymnasiums in Wurzen), 1891, 3–41; 2. T. (Berliner Stud. für class. Philol. 13, 2. H., 1891) A. Detering, Die Bedeutung der E. seit der Vorzeit, 1939.

Eichelhäher, ein griech. *kitta* genannter und schon im unechten 9. Buch der aristotel. Tierkunde (p. 615 b 19–23) durch seine Vorliebe für Eicheln und ihr Vergraben (vgl. Plinius, n.h. 10, 119) sowie seine Fähigkeit zur Stimmenimitation charakterisierter Rabenvogel, der in spätantiken Mss. auch wegen seiner Buntheit abgebildet wurde (Kádár, Taf. II und VIII). Während der E. als *pica* bei den Römern oft mit der Elster verwechselt wurde (vgl. Leitner), begegnet im MA bei Thomas v. Cantimpré (5,61 = Vinc. 16,89) der neue Name *garrulus* an Stelle des mißverständl. *graculus*. Beide Bezeichnungen für Rabenvögel sind von der Geschwätzigkeit (vgl. Isidor, etym. 12,7,45) abgeleitet. Thomas charakterisiert (5,61) letzteren als einfarbigen Koloniebrüter (= Saatkrähe), während der garrulus bunt sei. Die weitere Beschreibung aus Hugo de Folieto (1,45) (Leben in Wäldern, Schreien bei Entdeckung eines Menschen und während des Fluges, Erlernung der menschl. Sprache in Gefangenschaft, die auch von entflohenen E.n gerne beibehalten würde) sichert die Bestimmung. Albertus Magnus (23,120) bietet neben dem für die Elster geltenden dt. Namen (»heester«) auch »marcolfus«. Die Behauptung, der E. verliere manchmal den Verstand und hänge sich dann vor Wut in Astgabeln auf, hat Thomas (5,61) dem »Experimentator« (vgl. Hzg. Aug. Bibl., cod. Aug. 8.8, 4°, s. XIII, f. 31^r) entlehnt. Für Konrad v. Megenberg (III.B.39) ist dieses mit dem Kontext aus Thomas III übernommene Verhalten sinnbildlich dafür, daß üble Nachredner von den betroffenen »ehrbaren Leuten« oft entlarvt werden. Auch im MA wurde der E. beliebtes Objekt in illuminierten Hss. (vgl. YAPP).

Ch. Hünemörder

Q.: Albertus Magnus, De animalibus, ed. H. STADLER, II, 1920 (BGPhMA 16) – Hugo de Folieto, De bestiis et aliis rebus, MPL 177 – Konrad v. Megenberg, Das Buch der Natur, ed. F. PFEIFFER, 1861 [Neudr. 1962] – Thomas Cantimpratensis, Liber de natura rerum, T. 1: Text, ed. H. BOESE, 1973 – Isidorus Hispalensis, Etymologiae, ed. W. M. LINDSAY, 2, 1911 – Vincentius Bellovacensis, Speculum naturale, 1624 [Neudr. 1964] – *Lit.*: Z. KÁDÁR, Survivals of Greek Zoological Illuminations in Byz. Mss., 1978 – H. LEITNER, Zoolog. Terminologie beim Älteren Plinius, 1972 – B. YAPP, Birds in medieval mss., 1982.

Eichenmistel (Loranthus europaeus Jacq./Loranthaceae). Als *viscum quercinum* gegenüber den →Mistel-Unterarten abgesetzt, wurde die E. als Ausscheidung ('mist') der →Eiche gedeutet und früh med. sowie mag. genutzt. Die Fallsucht-Indikation (→Epilepsie) läßt sich bis zu Plinius zurückverfolgen (Nat. hist. XIV, 245–251; XVI, 244–248) und bestimmte die Anwendung des Halbschmarotzers bis weit in die NZ hinein. Zahlreiche Zusatz-Indikationen bietet der 'E.traktat', ein aus Österreich stammender Wunderdrogen-Text des 14. Jh., der als einziges Denkmal ma.-dt. Literatur ins Afrz. übersetzt wurde; er empfiehlt E.-(Riemenblumen-)Zubereitungen gegen Schwindel, Schwindsucht, Hirnschlag, Lähmungen und Gelenkerkrankungen, bringt Rezepte traumatolog. sowie intestinaler Heilanzeige und beschreibt in seinen Anhangsparagraphen auch den apotropäischen Gebrauch (Blitzschlag, Alp, Betrug). G. Keil

Lit.: MARZELL II, 1397f. – E. MÜLLER, Der Traktat Liber iste (die sog. Glossae Platearii) aus dem Breslauer Cod. Salernitanus, 1942, 38 – L. HERMODSSON, Stud. neophil. 43, 1971, 174f. – A. HÖGEMANN, Der altdt. 'Eichenmisteltraktat'. Unters. zu einer bair. Drogenmonographie des 14. Jh. (Würzburger medizinhist. Forsch. 19), 1981.

Eichensynode. Im Herbst 403 berief Patriarch →Theophilos v. Alexandrien eine Synode in das 392 von Flavius Rufinus bei einer Eiche gegr. Kl. (Rufinianai) in der Nähe von →Chalkedon ein, um die Absetzung des →Johannes Chrysostomos als Patriarch v. →Konstantinopel zu erwirken. Von Ks. →Arcadius (395–408) wegen seines gewalttätigen Vorgehens gegen Mönche aus der nitrischen Wüste, die er des →Origenismus beschuldigt hatte, nach Konstantinopel bestellt, schwang sich Theophilos mit Hilfe der Ksn. →Eudoxia zum Richter über den mißliebig gewordenen Patriarchen der Hauptstadt auf, bei dem die Flüchtlinge Gehör gefunden hatten. Die latente Spannung seit der kirchl. Rangerhöhung Konstantinopels (381) verschärfte zudem den Konflikt. Zwar ging der Vorwurf des Origenismus gegen Johannes zunächst ins Leere, aber weitere Anklagen, die von unangemessener Behandlung von Mönchen und Klerikern über Verschleuderung von Kirchengut bis zur persönl. Lebensführung nach Art eines Zyklopen reichten, zogen trotz ihrer Unhaltbarkeit eine Vorladung des Patriarchen nach sich. Dieser weigerte sich, vor der Versammlung der 36 Bf.e »bei der Eiche« zu erscheinen, solange vier bekannte bfl. Gegner unter ihnen als richtende Synodalen weilten. Die Synode, auf der auch der nachmalige Patriarch→Kyrill v. Alexandria anwesend war, verurteilte darauf Johannes, sprach die Absetzung aus und fügte in der Urteilsbegründung an den Ks. noch den Vorwurf der Majestätsbeleidigung hinzu. Während die nitrischen Mönche, ihrer führenden Anwälte beraubt, Nachsicht von der Theophilos-Synode erfuhren, wurde Johannes Chrysostomos auf ksl. Befehl ins Exil geschickt, aber wegen eines Unfalls am Hof bald wieder zurückgerufen. P. Stockmeier

Q.: Photios, Bibliotheca 59 (MPG 103), 105–113 – B. de Montfaucon, Opera s. Joannis Chrysostomi XII, Venedig 1741, 280–284 – Kyrillos Al., ep. 33 (MPG 77), 157–162 – *Lit.*: LThK^2 III, 722 – HEFELE II^2, 89–96 – P. UBALDI, La sinodo ad Quercum dell'anno 403, Memorie della Reale Accademia delle Scienze di Torino, Ser. II, 52, 1903, 33–97 – R. JANIN, La banlieu asiatique de Constantinople IV. Rufinanes (Djadi Bostan), ÉO 22, 1923, 182–190 – CH. BAUR, Johannes Chrysostomus und seine Zeit II, 1930, 202–222 – E. SCHWARTZ, Palladiana, Zs. für die ntl. Wiss. 36, 1937, 161–204 – F. VAN OMMESLAEGHE, Jean Chrysostome en conflit avec l'impératrice Eudoxie. Le dossier et les origines d'une Légende, AnalBoll 97, 1979, 131–151 – J. H. W. G. LIEBESCHUETZ, Friends and Enemies of John Chrysostom (Stud. R. BROWNING, hg. A. MOFFAT [Byzantina Australiensia 5], 1984), 85–112.

Eichhörnchen, Nagetier, charakterisiert durch den langen buschigen und namengebenden (lat. sciurus als griech. Lehnwort von skia = Schatten) Schwanz, der zur Körperbedeckung dienen soll (Plinius, n.h. 8, 138). Es trifft zu (vgl. LEITNER), daß es den Eingang zur Höhle (in Wirklichkeit des Baumnestes) an der Windseite verstopft und statt Winterschlaf zu halten von den gesammelten Vorräten lebt. Die weitere von Plinius (11,245) mitgeteilte einfache Beobachtung der Benutzung der Vorderpfoten beim Fressen, die Albertus Magnus (22,134) als Einziger erwähnt, wurde im MA wohl deswegen übersehen, weil im 13. Jh. neben der u. a. bei Alexander Neckam (2,124) belegten Form »scurulus« (falsch abgeleitet von cursus = Gang, zit. bei Vinc. 19,105, daraus engl. squirrel) »hesperiolus« (von Hesperia) und »pirolus« (Thomas v. Cantimpré 4,94) gebräuchlich war. Die dem Liber rerum entnommene Beschreibung des Thomas (= Vinc. 19,102) umfaßt Größe, Färbung, Funktion des Schwanzes beim Sprung von Baum zu Baum und Vorliebe für süße Nahrung und Nüsse. Die Fabel, daß es auf einem Holzstück sitzend und den erhobenen Schwanz als Segel benutzend Flüsse überquere, findet sich auch bei Alexander (= Vinc. 19,105), der seinen Fleiß und seine mögliche Zahmheit dem Menschen als Vorbild hinstellt. Der Zusatz des Albert zum Bericht des Thomas, daß die E. schon in Polen teilweise und in Rußland sogar völlig grau seien, stützen die Deutung des »varius« bei Thomas (4,109 = Albertus 22,149 = Vinc. 19,114) als östl. Rasse, auf deren »Pelz (Feh von mhd. *vêch* = varius), die Besitzer stolz waren, was Thomas moralisierend verurteilt. Nur Albert hat das E. wegen der wie bei Mäusen verlängerten inneren Schneidezähne als Nagetier erkannt. In der *Volksmedizin* wurde eine aus Eichhörnchenfell gewonnene Salbe gegen Gicht angewandt (Hildegard v. Bingen, Physica VII, 31).

In der *bildenden Kunst* wird das E. gelegentl. in ornamental-dekorativer Verwendung gezeigt (Randleisten und Initialen in Hss., Stoffdekore; Chorgestühl von St. Severin, Köln, 13. Jh., Wandmalerei Avignon, Papstpalast 14. Jh.) oder gewinnt symbol. Bedeutung (Geiz; Geschicklichkeit, Fleiß [Urbino, Pal. Ducale, Studiolo-Intarsie]).

Ch. Hünemörder

In der *anord. myth.* Vorstellung von der Weltesche klettert ein E. (*Ratatoskr*, 'Nagezahn') beständig am Stamm hinauf und herunter und überbringt Zwietracht säende Botschaften zw. einem Adler an der Spitze und einem an ihren Wurzeln nagenden Drachen. H. Ehrhardt

Q.: Albertus Magnus, De animalibus, ed. H. STADLER, II, 1920, BGPhMA 16 – Alexander Neckam, De naturis rerum, ed. TH. WRIGHT, 1863 [Neudr. 1967], Rer. Brit. 34 – Thomas v. Cantimpré, Liber de natura rerum, T. I: Text, ed. H. BOESE, 1973 – Vincentius Bellovacensis, Speculum naturale, 1624 [Neudr. 1964] – *Lit.*: RDK IV, 921–926 – A. BRÜCKNER, Quellenstud. zu Konrad v. Megenberg [Diss. Frankfurt 1961] – H. LEITNER, Zoolog. Terminologie beim Älteren Plinius, 1972.

Eichmaß. [1] Visiermaß, ein kleines Gefäß lokaler bzw. regionaler Norm, zu größeren Eich-Normalen (Eichviertel, →Eimer, Ohmtonne) in festen Zahlenverhältnissen gerechnet, zu unterscheiden vom variableren Schenkmaß, d. h. z. B. 1 Eimer in Leipzig (16. Jh.) = 54 Kannen Alt- bzw. Visiermaß (1,40 l), aber 63 Kannen Schenkmaß (1,20 l).

[2] Eichmaß, -gewicht oder Normalmaß, -gewicht, Stal(en). Diese normhaltenden Maßgeräte, die zum Bewahren oder Kontrollieren hinterlegt oder benutzt wurden (Normale = Schläfer; Gebrauchs-, Probenormale), wurden in Pfalzen, Kirchen, Rathäusern, Waagen, Archiven, auf Märkten, an Hafen, den Toren und in den Zunftladen aufbewahrt. Es gab Maßstäbe, Hohlmaße (naß und trocken), Gewichte, Schnellwaagen, Formmaße (für Fisch, Holz, Draht u. ä.) in unterschiedl. Größenordnungen. Zwei- und dreidimensionale Maße werden durch das eindimensionale (Längen-)Maß festgelegt, die beiden ersteren können wechselseitig zur Bestimmung dienen – alle drei sind über die Verhältnisse ganzer Zahlen in einem aus der Antike stammenden System rechen- und erklärbar. Daher kommt auch die Mehrdeutigkeit z. B. der →Tonne als Gewicht wie als Hohl- und Flächenmaß. Über die Münz-, Maß- und Gewichtsgesetzgebung seit frk. Zeit und die Autorität der Kirche – v. a. in der Tradition der Benediktiner – bewirkten konstant vorhandene Zwänge und regelhafte Praktiken im Reich ein Maß- und Gewichtssystem von Einheitlichkeit und grundsätzl. Genauigkeit. Karl d. Gr. erhält 787 das Gewicht des Brotes, die Maße des Weines und des Kelches aus →Monte Cassino; mit seinen Reformen von 793/794 setzt er Maß- und Gewichtseinheiten durch, die zwar im antiken System, aber gegenüber der röm.-byz. Norm in geringfügig abweichenden (metrischen) Werten gemessen wurden (12 Unzen zu ca. 326,592 g anstatt röm.: 327,450 g etc.). Erst das Aufblühen von Handel und Gewerbe seit dem 12./13. Jh. führt zum direkten Vergleichen sich ausbreitender lokaler bzw. regionaler Maße. Die verbindende Klammer älterer imperialer Einheiten wird in die Sammlung vergleichender Maßdaten von Kaufleuten wie →Pegolotti (1310–40) nicht mehr aufgenommen. Dazu bringt die neue Stadtkultur E.e in bisher ungekannter Form und Größe (Glockenguß) hervor, die seit dem 13. Jh. in steigender Zahl erhalten sind. Das Übersenden von Normalen oder Maß- und Meßinstrumenten (Gegengewichten von Schnellwaagen, Stäben oder Banden des Tonnenbaues, Konstruktionsdaten, aller Arten von Maßobjekten) ermöglicht eine weiträumige Ausbreitung. 1469 erhält Lübeck aus Rostock das hans. Tonnen-Normal nach dortigem Band – eine »Herings-Ahme« (14,89 l). Die Großschäfferei des Dt. Ordens in Königsberg vermag um 1400, Schiffpfundgewichte zw. Brügge und Novgorod mit einer Genauigkeit von 1 Pfund auf 2000 Pfund zu vergleichen. Maßanpassungen als Folge sich verlagernder Wirtschaftsbeziehungen und bzw. oder herrschaftl. Gesetzgebung (Unifikation territorialer Maße: Dt. Orden seit 1307, Württemberg 1557 etc.) führten in langen Fristen auch zur Änderung von Eichnormalen – stets aber in gesicherten Relationen einer ungebrochenen Tradition.
H. Witthöft

Lit.: AUG. OXÉ, Kor und Kab, BJ 147, 1942, 91–216 – H. ZIEGLER, Die Kölner Mark in neuem Licht, HGBll 98, 1980, 39–60 – Mensura. Maß, Zahl, Zahlensymbolik im MA, hg. A. ZIMMERMANN (Misc. Mediaevalia 16/1, 2), 2 Bde, 1983/84 – H. WITTHÖFT, Münzfuß, Kleingewichte, pondus Caroli und die Grundlegung des nordeurop. Maß- und Gewichtswesens in frk. Zeit (Sachüberlieferung und Gesch. 1, 1984).

Eichsfeld, Landschaft im mittleren Hügelland zw. Harz und Thüringer Wald, klimat. und mundartl. (Sprachgrenze) deutlich in Ober- und Untereichsfeld gegliedert. Das E. geriet nach 531 unter frk. Einfluß, wurde von →Mainz aus ab der Mitte des 8. Jh. missioniert und im Obereichsfeld frk., im Untereichsfeld sächs. besiedelt. Für das Untereichsfeld ist eine Konzentration von »-hausen«-Orten kennzeichnend; im ganzen E. sind »-rode-«-Ortsnamen verbreitet. Der 897 zuerst belegte Gauname 'Eichesfelden', der 1294 in der »terra Eychesvelt« widerscheint, wurde erst später auf das ganze, zw. dem 9./11. und dem 16. Jh. von den Mainzer Ebf.en erworbene, zum Hochstift gehörende E. übertragen (Anfänge der Mainzer Erwerbungen wohl bereits im 8./9. Jh.). Recht sicher ist die Gründung des Martin-Stifts in →Heiligenstadt bereits in die 1. Hälfte des 9. Jh. zu datieren. Die zahlreichen Martin- und Albanpatrozinien belegen den Mainzer Einfluß in früher Zeit. Seit dem 9. Jh. ist liudolfing., dann auch Quedlinburger und Reichsbesitz nachzuweisen; bis zum 11. Jh. auch Rechte in E. v. Weimar. Ab der 2. Hälfte des 12. Jh. erfolgte eine Herrschaftsbildung der Gf.en v. →Gleichen im Obereichsfeld. Das günstig von den Straßenzügen Braunschweig-Mühlhausen-Erfurt-Nürnberg und Köln-Kassel-Nordhausen-Leipzig (Hohe Straße) geschnittene E. befand sich im 12./13. Jh. im Kreuzpunkt welf. (bes. →Heinrich d. Löwen), ludowing. und mainz. Interessen. Letztl. konnte sich die früh einsetzende, unter Ebf. →Adalbert I. nachdrückl. vorangetriebene Mainzer Erwerbspolitik durchsetzen. Nach dem Erwerb der »terra E.« von den Gf.en v. Gleichen vermochten es die Ebf.e, durch Kauf und Anpfändung, bes. im 14. Jh., ihren Besitz abzurunden. Mit dem Erwerb des Amtes Lindau 1434 und dem des Gerichts Bodenstein 1573 fand dieser Ausbau der Landesherrschaft seinen Abschluß. Als Fsm. E. überdauerte das entstandene Territorium bis 1802. Die mainz. Verwaltung wurde durch das um 1120 eingerichtete Vitztumamt (Amtsordnung 1252), seit dem 14. Jh. durch einen Amtmann/Vogt vom Rusteberg aus vorgenommen. Eine Ämtergliederung ist seit dem 14. Jh. erkennbar. 1479 sind erstmals die Landstände als Vertretung des Landes bezeugt, die sich aus der Geistlichkeit, der Ritterschaft und den Städten zusammensetzten. Das E. war im MA und der NZ vorwiegend agrar. ausgerichtet; nennenswert ist die Tucherzeugung. Im SpätMA fielen überwiegend Kleindörfer aus der Landausbauzeit wüst (Wüstungsquotient ca. 55%). Die Bedeutung des E.s für das Erzstift lag in seiner Brückenfunktion für die hess. und thür. Besitzungen. Kirchl. zählte das ganze E. zur Diöz. Mainz, überwiegend zum Archidiakonat Heiligenstadt, sowie in Teilen zu denen von Nörten, Jechaburg und Dorla. F. B. Fahlbusch

Bibliogr.: K. LÖFFLER, Die heimatkundl. und gesch. Lit. des E.s (Unser E. 10, 1915) [Bibliogr. des E.s, T. 1.; Nachdr. 1978] – C. OBERTHÜR, Die heimatkundl. und gesch. Lit. des E.s bis 1933, 1934 [Bibliogr. des E.s, 2. T.] – G. WIEGAND, Bibliogr. des E.s, T. 3, ..., 1980 – Q.: UB des E.s, T. 1 [bis 1300], bearb. A. SCHMIDT (Geschichtsq. Sachsen/Anhalt 13, 1933) – *Lit.*: J. WOLF, Polit. Gesch. des E.s, 1792f. [neu bearb., hg.

K. LÖFFLER, 1921] – DERS., Eichsfeld. Kirchengesch., mit 134 Urkk., 1816 – C. WERNER, Das E., Geogr.-Hist. Übersicht..., 1886 – L. FRHR. v. WINTZINGERODA-KNORR, Die Wüstungen des E. (Geschichtsq. Sachsen 40, 1903) – B. OPFERMANN, Die kirchl. Verwaltung des E.s..., 1958 – DERS., Die Kl. des E.s..., 1962² – O. SCHLÜTER-O. AUGUST, Atlas des mittleren Saale- und Elbegebietes, 1959–61² – W. RIESE, Das E., Entwicklungsprobleme einer Landschaft... [Diss. Erlangen 1977, 1980] – weitere Q. und Lit.: →Duderstadt, →Heiligenstadt, →Gleichen, →Thüringen.

Eichstätt, Bm. und Stadt an der Altmühl (Bayern, Reg. Bez. Oberbayern).

I. Archäologie – II. Geschichte von Bistum und Stadt.

I. ARCHÄOLOGIE: Der in einer Altmühlschleife gelegene Platz war nach Grabungsbefunden unter dem Dom seit der Bronzezeit besiedelt; es gab eine kleine röm. Niederlassung und eine durch Feuer vernichtete frühma. Siedlung. Unmittelbar über ihren Resten entstanden die kirchl. Bauten der Willibaldszeit. Davon war ein größerer ummauerter Komplex mit massivem Apsidensaal und leichteren Nebengebäuden wohl das Kl. von 741, ein auf verschobener Achse weiter östl. errichteter Saalbau der erste Dom, der bis heute Orientierung und Mittelschiffbreite seiner Nachfolger fixierte. Die Klosteranlage wurde im 10. Jh. vernichtet; an ihrer Stelle errichtete man auf der Domachse zwei ungewöhnl. Neubauten: einen eingetieften Zentralbau als Baptisterium, aber kombiniert mit einem zweitürmigen »Westwerk« wohl nach Aachener Vorbild, und einen ebenfalls eingetieften Halbkreisbau, der 988 als Memorie für den hl. Willibald geweiht wurde. Südlich an den alten Dom und das Baptisterium schloß der Kreuzgang eines neuen Domklosters an. Diese Kirchenfamilie frühchristl. Zuschnitts wurde im 11. Jh. durch eine dreischiffige Kathedrale mit durchgeschobenem Querhaus und zwei Chören ersetzt, die noch heute den Grundriß des Domes bestimmen. Damalige Pläne, den Dom insgesamt weiter nach Osten zu verlegen, scheiterten; nur das Domkloster kam an seine heutige, von der Regel abweichende Position.

Ein im Bereich der Anfang des 19. Jh. abgebrochenen »Collegiata« vermutetes vorwillibaldinisches Marienkirchlein wurde durch Grabungen nicht sicher nachgewiesen. Weitere Grabungen im Nordosten des spätma. Stadtgebietes führten zur Aufdeckung einer ersten Befestigung der bürgerl. Niederlassung aus dem 11.–12. Jh.

W. Sage

II. GESCHICHTE VON BISTUM UND STADT: [1] *Anfänge, Entwicklung, Stellung in der Reichskirche:* Die E.er Kirche trat zunächst wohl als Eigenkl. des →Bonifatius ins Leben, in welchem der 742 zum Bf. v. →Erfurt geweihte →Willibald nach dem baldigen Erlöschen des thür. Bischofssitzes missionarisch wirkte. Im 8. Jh. mag die Mönchskirche dem Episkopalsystem noch nicht überall zugeordnet gewesen sein, schwache Besiedlung Freiräume in der Bistumsorganisation gelassen haben. Erst unter Bf. →Erchanbald (882–912) hat der Einflußbereich des Kl. sich als Diöz. konsolidiert. Sie wuchs in die Mainzer Kirchenprov. (→Mainz, Ebm.), doch besuchten die Bf.e in der Zeit Hzg. →Arnulfs (907–937) die bayer. Synoden. 1015 mußte der von Ks. →Heinrich II. ernannte Bf. →Gundekar I. den Nordgau rechts der Pegnitz an das neue Bm. →Bamberg abtreten. E.s enge Verbindung mit dem Reich zeigte sich u. a. darin, daß im 11. Jh. 14 Bischöfe aus dem E.er Domkapitel, damals »einer wahren Pflanzschule für Bischöfe« (A. SCHULTE), hervorgingen, von denen neun it. Sitze einnahmen. Seit 1243 erhoben die Bf.e Anspruch auf das Kanzleramt des Mainzer Erzstuhles, auf das Recht der Vertretung des Metropoliten sowie den Vorrang vor den anderen Mainzer Suffraganbischöfen. Diese, angebl. schon von Bonifatius dem hl. Willibald verliehenen Ehrenvorrechte wurden von den Ebf.en v. Mainz, nicht aber von den Suffraganbischöfen anerkannt.

[2] *Entwicklung des Hochstifts:* Grundlage der weltl. Herrschaft der Bf.e bildete die Schenkung eines Gebietes zw. Altmühl und Schutter durch einen Adligen Suidger und die des Kl. →Herrieden durch Kg. Arnulf 888. Die vergleichsweise geringe Dotation konnte durch spätere Erwerbungen und Schenkungen nicht mehr ausgeglichen werden. Streubesitz hatte das Hochstift in Niederösterreich (u. a. →Melk), der z. T. mit Herrieden an E. gelangt war, aber schon im 11. Jh. verloren ging, sodann in Tirol, im Spessart, im Schweinfurter Raum und im Grabfeld; Besitz, dessen E. sich noch im MA entäußerte. Als die Bf.e Haupterben der 1305 ausgestorbenen Gf.en v. Hirschberg, Vögten des Hochstifts, wurden, war dies ein wichtiger Schritt für die Bildung des Territoriums. Es bestand aus dem Unterland mit der Stadt E. als Mittelpunkt und dem damit räumlich nicht zusammenhängenden Oberland mit den Zentren Herrieden und Spalt.

[3] Die *Bischöfe* entstammten in älterer Zeit hochfreien Geschlechtern, seit 1015 überwiegend der im Domkapitel vertretenen benachbarten Ministerialität bzw. Ritterschaft. Die meisten waren an den Reichsgeschäften beteiligt. Hervorzuheben sind: Erchanbald (882–912), einflußreicher Ratgeber Kg. Arnulfs und Ludwigs des Kindes; Gebhard I. (1042–57), der die Politik Ks. →Heinrichs III. maßgeblich bestimmte und 1055 als →Viktor II. Papst wurde; →Gundekar II. (1057–75), Auftraggeber des (bis 1697 weitergeführten) »Liber Pontificalis« (MGH SS VII 239–253); Philipp v. Rathsamhausen (1306–22), Verfasser eines umfangreichen theol.-asket. Schrifttums; Berthold v. Zollern (1351–65), Erbauer der Willibaldsburg über der Stadt, in der die Bf.e bis 1725 residierten; schließlich die drei Bf.e, die das MA beschlossen: →Johann III. v. Eich (1445–64), ein bedeutender kirchl. Reformer, Wilhelm v. Reichenau (1464–96) und Gabriel v. Eyb (1496–1535). – Seit Gründung der Univ. →Ingolstadt (1472) waren die Bf.e v. E. deren Kanzler.

[4] *Pfarreiorganisation:* Anfänge und Entwicklung des Niederkirchenwesens sind noch kaum erforscht. Ausbauphasen des Pfarreinetzes waren die Amtszeiten der Bf.e Gundekar II. (1057–75) und Otto (1182–96), von welchen zahlreiche Kirchweihen bezeugt sind. Die Pfarreien wurden vorwiegend durch hochfreie und ministerial. Geschlechter dotiert; 1480 betrug ihre Zahl 307, und sie stieg bis zur Reformation noch geringfügig an. Die Zahl der Inkuratbenefizien lag etwas höher. Seit dem 11. Jh. war das Bm. in zwei (oder drei) Archidiakonate eingeteilt, seit dem 13. Jh. in Landkapitel, am Ausgang des MA waren es 11. Seit 1306 ist an der Spitze der kirchl. Verwaltung ein Generalvikar nachweisbar.

[5] *Stifte und Klöster* reichen z. T. in die Anfangszeit des Bm.s zurück. Am Ende des MA gab es außer dem Domkapitel, dem Domannexstift Willibaldschor und dem Neuen Stift U.L.F. in E. noch weitere vier Säkularkanonikerstifte im Bm.: →Herrieden, St. Emmeram und das Neue Stift (St. Nikolaus) in Spalt, Hilpoltstein; sechs Benediktinerabteien: Heidenheim, Wülzburg, →Kastl, Plankstetten, Auhausen a. d. Wörnitz, Schottenkloster Eichstätt (1483 aufgehoben) und zwei -propsteien: Solnhofen, Illschwang; eine Zisterzienserabtei: →Heilsbronn; eine Templerkommende: Moritzbrunn; drei Deutschordenskommenden: (Wolframs) Eschenbach (seit dem 14. Jh. mit Nürnberg vereinigt), Ellingen, Obermässing (1465 aufgehoben); ein Augustinerchorherrenstift: →Rebdorf; ein Spital des Hl.-Geist-Ordens in Neumarkt; fünf Men-

dikantenklöster: Franziskaner in Ingolstadt und Möningerberg, Dominikaner in Eichstätt, Karmeliter in Weißenburg, Augustiner(-Eremiten) in Pappenheim; drei Benediktinerinnenabteien: Monheim, Bergen, St. Walburg Eichstätt; eine Zisterzienserinnenabtei: Seligenporten; drei Niederlassungen der Augustiner-Chorfrauen: Pillenreuth, Mariastein, Königshofen a. d. Heide (1495 nach Marienburg verlegt), ein Kloster der Franziskanerinnen in Ingolstadt (Gnadenthal), eines der Dominikanerinnen in Engelthal, eines der Birgitinnen in Gnadenberg (b. Neumarkt).

[6] *Die Stadt:* Wohl in den vierziger Jahren des 8. Jh. entstand mit dem Kl. E. eine Siedlung. Ein Privileg Ludwigs d. K. von 908 für Bf. Erchanbald schuf die Voraussetzung für deren Entwicklung zur Stadt, die seit 1042 als civitas bezeichnet wird. Die Kämpfe zw. Bf.en und Hochstiftsvögten (13. Jh.) begünstigten eine eigenständige Entwicklung (seit 1256 eigenes Siegel, seit 1291 Ratsverfassung). Doch blieb die Stadt, deren wirtschaftl. Bedeutung (seit 1360 »Willibaldi-Duld«, Tuchherstellung) ziemlich gering war, zumal seit der den bfl. Einfluß auf das Stadtregiment verstärkenden »Philippinischen Handveste« von 1307 ganz geistlich geprägt. A. Wendehorst

Bibliogr.: G. PFEIFFER, Frk. Bibliogr. I, 1965, Nr. 11244-12066; IV, 1978, Nr. 53449-53551 – Q. *und Lit. [allg.]:* Mon. Boica 49, 50 (NF 3,4), 1910/32 – Q. zur Gesch. der Diöz. E., hg. A. BAUCH, 1-2, 1962/79 – Pastoral-Bl. des Bm.s E., seit 1854 – Sammelbl. des Hist. Vereins E., seit 1886 – *Lit.: [zur Archäologie]:* W. SAGE, Jahresber. der Bayer. Bodendenkmalpflege 17/18, 1976/77, 202-234 – K.-H. RIEDER, Sammelbl. des Hist. Vereins Ingolstadt 92, 1983, 38-41 – *[zum Bm.]:* J. G. SUTTNER, Schematismus der Geistlichkeit des Bm.s E. für das Jahr 1480, 1879 – J. SAX, Die Bf.e und Reichsfs.en v. E., 2 Bde, 1884/85 – L. BRUGGAIER, Die Wahlkapitulationen der Bf.e und Reichsfs.en von E. (Freiburger Theol. Stud. 18, 1915) – F. S. ROMSTÖCK, Die Stifter und Kl. der Diöz. E., Sammelbl. des Hist. Vereins E. 30, 1915/16, 19-86 – F. X. BUCHNER, Archivinventare der kath. Pfarreien in der Diöz. E., 1918 – DERS., Das Bm. E., 2 Bde, 1937/38 – F. HEIDINGSFELDER, Die Reg. der Bf.e v. E. [-1324], 1938 – L. STEINBERGER, Bem. zu den Reg. der Bf.e v. E., BBKG 23, 1917, 109-120, 157-163, 200-212, 242-249 – G. HIRSCHMANN, E. (HAB, Franken I/6, 1959) – G. PFEIFFER, Erfurt oder E.? (Fschr. W. SCHLESINGER, 2 [Mitteldt. Forsch. 74/2], 1974), 137-161 – H. DICKERHOF, Zum monast. Gepräge des Bonifatius-Kreises, Sammelbl. des Hist. Vereins E. 71/72, 1978/79, 61-80 – *[zur Stadt]:* DtStB V, Bayern 1, 1971, 170-180 – Kunstdenkm. v. Bayern, Mittelfranken I: F. MADER, Stadt E., 1924 – J. SAX, Gesch. des Hochstifts und der Stadt E., 2. Aufl. bearb. v. J. BLEICHER, 1927 – E. HERZOG, Die otton. Stadt, 1964, 160-170 – TH. NEUHOFER, Civitas Eystetensis. Aus der Gesch. des E.er Bürgertums im MA, Sammelbl. des Hist. Vereins E. 71/72, 1978/79, 7-12.

Eid

A. Lateinischer Westen – B. Byzantinisches Reich und Altrußland – C. Arabisch-islamischer Bereich

A. Lateinischer Westen

I. Scholastische Theologie – II. Kanonistische Eideslehre – III. Römisches Recht – IV.-X. Rechts- und verfassungsgeschichtliche Bedeutung (IV. Germanisches und deutsches Recht – V. Skandinavien – VI. Frankreich – VII. Italien – VIII. Iberische Halbinsel – IX. England – X. Irland und Wales) – XI. Urkundenwesen.

I. SCHOLASTISCHE THEOLOGIE: Die scholast. Theologie des E.es wurde von den lat. Kirchenvätern maßgebend beeinflußt. →Hieronymus machte in der Auslegung zu Jer 4,2 (CSEL 59,51; CCL 74,40) »veritas, iudicium, iustitia« (nach Thomas v. Aquin S. th. II II q.89 a.3 Wahrheit, Urteilsvermögen und Rechtheit) als bleibende »Begleiter« des E.es geltend und legte das bibl. Eidverbot von Mt 5,33-35 aus, den E. unter »Anrufung des Himmels, der Erde oder eines anderen Teils der Schöpfung« zu leisten. Aus →Augustins Sermo 180 über den Meineid c.6 n.6-7 (MPL 38,975) gewann die Schule die Definition des E.es als Anrufung des Namens Gottes zum Zeugen der Wahrheit. Die Theologie ging von der Praxis des E.es in der lat. Kirche aus und mußte diese Praxis in ihrem rechten Verständnis und Vollzug kritisch erhellen und gegen die ständigen Angriffe verteidigen. Im MA lehnten die →Katharer und die →Waldenser unter Berufung auf die bibl. Eidverbote (v. a. Mt 5,33-35 und Jak 5,32) den E. als »malum« ab. Nach Moneta v. Cremona OP, Adversus Catharos et Valdenses V c.9 ed. 1743, 462-475 war der E. für die Katharer ein »malum« und darum im NT verboten; für die Waldenser ist er verboten und darum ein »malum«. Vgl. dazu die von den Waldensern bei ihrer Bekehrung geforderte Professio fidei (DENZINGER-SCHÖNMETZER 795). Auch in der kirchl. Maßregelung der →Fraticelli im 14. Jh., der Anhänger →Wyclifs und des Johann →Hus spielte die Frage der Erlaubtheit des E.es eine Rolle (vgl. DENZINGER-SCHÖNMETZER 913, 1252-54). Im Sentenzenkommentar III d.39, ed. 1905 [Nachdr. 1966], 492-496 vertrat Hus die kirchl. Lehre über den E.

Im Anschluß an die kanonist. Theologie (Ivo v. Chartres, Decretum XII, MPL 161, 779-792, Panormia VIII c.124-134, MPL 161, 1333-1338 und Magister Gratian, Decretum C.XXII, ed. FRIEDBERG, I, 860-889) repetierten die scholast. Theologen die Lehre vom E. (→Hugo v. St. Viktor, De Sacramentis I. 12,7 MPL 176, 356f., Summa Sententiarum III.5, ebd. 122f. →Petrus Lombardus, Sententiae III d.39, ed. 1981, 218-227). In der Auslegung der Sentenzenbücher diskutierten die Theologen Wesen und Weisen, Verpflichtung und Mißbrauch des E.es.

Ist der E. als solcher etwas Gutes, Böses oder Indifferentes, das durch die Umstände gut oder böse ist? Alle Möglichkeiten wurden diskutiert und →Richard Fishacre OP ließ sogar die Meinung gelten (Sent. III d.39, Cod. lat. Vat. Ottob. 294 fol. 257rb), der E. sei böse und könne nur umständehalber gut sein, weil er Aussage und Vertragstreue sichere. Bonaventura, Sent. III d.39, ed. 868 plädierte für »indifferens«, das ebenso gut wie böse sein könne (ähnlich auch die Summa Halensis III p.2 inqu.3 tr.2 sect.1 q.2 tit.2 d.2, ed.466). Thomas v. Aquin, S. th. II II q.89 a.4 erklärte dem gegenüber den E. als Akt der →»religio« und Gottesverehrung, denn das Bekenntnis des Namens Gottes zum Zeugnis der Wahrheit geschieht zur Ehre Gottes und auch zum Nutzen des Nächsten (ebd. ad 2 und ad 3).

Im Unterschied zum →Gelübde darf der E. nicht direkt erstrebt werden, sondern nur in bestimmter Situation geleistet werden: zur Bezeugung der Wahrheit, zur Sicherung des Friedens, zur Wahrung von Ehre und Glauben (ebd. a.6, Comment. in Hebr VI, lect. III, ed. MARIETTI, 404-406). Eine bes. Form des E.es ist die »ex(s)ecratio« (Versprechen, Verwünschung), in welcher der Namen Gottes nicht zum Zeugnis der Wahrheit, sondern zur Offenbarung seiner Gerechtigkeit im Leben angerufen wird (2 Kor 1,23; Rom 9, 1f.). Im Unterschied zu den bibl. Eidesformeln (Jer 4,2 »So wahr der Herr lebt!«; Röm 1,9 »Gott ist mein Zeuge«) hielt →Alexander v. Hales, Glossa in IV libr. Sent. III d.39, ed. 526 die modernen Formeln »per Deum« oder »sic adiuvet me Deus« (»So wahr mir Gott helfe«) sprachphilos. für richtiger. Immer wieder neue, kasuist., aber auch linguist. Fragen gibt der Versprechenseid auf, wie die quodlibetale Literatur zeigt (vgl. P. GLORIEUX, La littérature quodlibétique, Bibl. Thom. XXI, 358). Entgegen der theol. Eingrenzung des E.es auf den notwendigen Gebrauch, uferte der Versprechenseid gerade im Leben der Universität aus. Hinsichtl. der Verpflichtung unterscheidet sich aber auch der Versprechensvom Aussageeid. Dieser bindet kraft der Eidesleistung, jener aber kraft der Sache und Aufgabe, die zu beeiden ist (Thomas v. Aquin, S. th. q.89 a.7). M. Gerwing

Lit.: TRE IX, 382–391 [P. Landau; 391f. Lit.] – F. A. Göpfert, Der E., 1883 – A. Borst, Die Katharer, 1953 (SMGH 12) – Chr. Thouzellier, Catharisme et Valdéisme en Languedoc, 1969.

II. Kanonistische Eideslehre: Als Beteuerung der Wahrheit einer Aussage (assertor. E., 'iuramentum assertorium: dictum de praeterito vel de praesenti') oder Bekräftigung eines Versprechens (promissor. E., 'iuramentum promissorium: dictum de futuro') unter Anrufung Gottes bzw. einer Gottheit ist der E. tief im Sozialleben der meisten Völker verwurzelt; er wird geradezu als »ethnologisches Urphänomen« bezeichnet. Selbst wenn nicht immer als Anruf einer (religiösen) Macht zu werten, war die Eidesleistung stets von einer rituellen Bindung an Wort und Form geprägt.

Sowohl dem AT und Judentum als auch der soziokulturellen Umwelt der Urkirche und des frühen Christentums waren verschiedenste Arten von Versprechenseiden und forensischen Eidesleistungen geläufig, also zahlreiche Formen des promissor. und assertor. E.s bekannt. Die mit der patrist. Interpretation des NT verbundene Eidesproblematik mit z. T. starken Tendenzen eines Eidesverbots (z. B. Origenes, Tertullian und bes. →Johannes Chrysostomos) war mit dem 5. Jh. überwunden, hauptsächl. mitbestimmt durch →Augustinus, der mit seiner Eideslehre die ma. Diskussion auch der Kanonisten wesentl. beeinflußt hat.

Die positive Stellung der Kirche zum Institut des E.es wurde entscheidend durch germ. Einfluß gefördert, sowohl was die Vielfalt der Treu- und Gehorsamseide (Anfänge des bfl. Amtseids gegenüber dem Papst lassen sich z. B. bis ins 6. Jh. verfolgen; als erster nichtit. Bf., der diesen E. leistete, gilt →Bonifatius) angeht als bes. auch bezügl. der verfahrensrechtl. Parteien- und Zeugeneide. Wenn auch zu Recht angemerkt wird, daß das kirchl. Verfahrensrecht den Reinigungseid schon außerhalb des germ. Einflußbereichs kannte, er also »nichts spezifisch Germanisches« (P. Landau) ist, so hat die betonte Ausrichtung des germ. →Gerichtsverfahrens auf den E. als wichtigstes Instrument des gerichtl. Beweises zur Sicherung der Wahrheitsfindung das kirchl. Verfahren wesentl. geprägt. In der Form der »purgatio canonica« erlangte der Reinigungseid zusammen mit den wohl ursprgl. typisch germ.-rechtl. Eideshelfern eine geradezu für den kirchl. Prozeß als characterist. geltende Bedeutung.

Ausschlaggebend für den späteren Einfluß der kirchl. Eideslehre auf die Auseinandersetzung um päpstl. bzw. kirchl. Jurisdiktionsansprüche wurde die theol.-moral. Beurteilung von Eidbruch und →Meineid unter dem Aspekt von Sünde und Schuld, die mit strengen kirchl. Sanktionen für diese Eidesdelikte einherging. Bereits in frühma. →Bußbüchern sind Falscheide mit hohen →Bußen belegt, sicherl. ein wichtiger Hinweis auf die enorme Bedeutsamkeit und Schutzwürdigkeit des E.es in der damaligen kirchl. wie weltl. Gesellschaft. Dabei zeigen die verschiedenen Stufen der für Bußbücher characterist. Tarifbuße auch bei den Eidesdelikten, wie sehr man bei Schuldfeststellung und entsprechender Bußzuweisung schon das subjektive Element zu berücksichtigen wußte. Höhepunkt und Zusammenfassung der frühma. Entwicklung der Eideslehre bietet →Burchard v. Worms im 12. Buch seiner Kanonessammlung.

Somit konnte →Gratian auch für E. und Meineid auf umfangreiches Quellenmaterial zurückgreifen, welches er in der Causa 22 seines Dekrets zusammenfaßte und dadurch die Grundlage für eine differenzierte Bearbeitung durch →Dekretisten und →Dekretalisten schuf. Zur Gratianschen und dekretist. Eideslehre zählt die Behandlung von Problemen wie dem um die Erfüllung von promissor. E.en zu unerlaubtem Tun; ein iuramentum illicitum zu verletzen – mag dies auch selbst als »periurium« einzustufen sein –, ist nicht nur keine Sünde, sondern erlaubt, ja geboten (C.22 q.4; D.13 c.1). Anlaß zu scharfsinnigen Distinktionen bot weiter die (C.22 q.4 c.22 in Anlehnung an Augustinus gestellte) Frage nach der Verbindlichkeit erzwungener E.e, mit der zugleich Themenbereiche grundsätzl. Art wie Pflichtenkollision und Nötigungsstand angegangen wurden.

Weitere Differenzierungen in der kanonist. Eideslehre brachte das päpstl. Dekretalenrecht, das auch zur Frage der Verbindlichkeit von E.en zahlreiche Entscheidungen erließ, die – in einem eigenen Titel »De iureiurando« der Rechtsbücher gesammelt – Grundlage dekretalist. Lehrmeinungen wurden. Als Beispiel sei das von →Alexander III. eingeführte Kriterium der salus aeterna genannt, nach welchem im Interesse des Seelenheils ein erzwungener, sonst generell einzuhaltender E. gebrochen werden durfte (Comp I 2.17.4 = X 2.24.8). Schließlich absolvierten die Päpste zunehmend von eidl. eingegangenen Verpflichtungen (z. B. X 2.24.2, 8, 15); die kanonist. Streitfrage, ob es sich bei solchen →Dispensen von erzwungenen E.en um eine konstitutive oder nur deklarator. Absolution handle, blieb letztl. für die Praxis unerheblich. Eidlich bekräftigte Versprechen (z. B. Krönungs-, Vasallen-, Amtseide; vgl. →Krönung, →Lehen, -swesen) und Verträge aller Art machten den E. zum »Bindemittel weltlicher und kirchlicher Lebensordnung schlechthin« (L. Buisson). Mit der Prüfung einer Eidesabsicht, eines E.es oder Eidbruchs unter dem Aspekt der Sündhaftigkeit oder des Seelenheils, mit der Lösung von Eidesverpflichtungen oder deren Umwandlung durch die päpstl. Vollgewalt (plenitudo potestatis) nahm die Kirche in steigendem Maß die Entscheidungsbefugnis auch über den Inhalt einer eidl. Bindung in Anspruch. Die kirchl. →Gerichtsbarkeit erstreckte sich – von seiten der weltl. Gewalt allerdings nicht unwidersprochen (z. B. Kg. →Heinrich II. v. England) – auf alle eidl. besiegelten Verträge bzw. Rechtsgeschäfte (vgl. z. B. X 1.6.34; VI 2.2.3). Ein sehr deutl. Beispiel dafür bietet wohl das Dekretale Innozenz' III. »Novit« (X 2.1.13): Danach ist der kirchl. Richter zuständig für jeden Sünder, ganz bes. aber auf Grund von Eidbruch oder Meineid (»maxime ratione periurii«); der Papst begründete daher sein Eingreifen in eine Lehensauseinandersetzung des Kg.s Philipp II. v. Frankreich mit der dem Eidbruch zugrundeliegenden Sünde (». . . quod rex Francorum peccat . . . Non enim intendimus iudicare de feudo . . . sed decernere de peccato«). Die ma. kanonistische Eideslehre kann als Beispiel dafür gelten, wie mit Hilfe des kanon. Rechts kirchl. Jurisdiktionsansprüche ausgeweitet und gefestigt wurden, so daß de facto jede Auseinandersetzung und jeder weltl. Streitfall »ratione peccati« der Kompetenz kirchl. Gerichtsbarkeit unterworfen werden konnte.

H. Zapp

Lit.: DDC VII, 980–1001 – HRG I, 861–870 – TRE IX, 382–391 [Lit.] – P. Hinschius, Kirchenrecht IV-V, 1888–93 [Nachdr. 1959] – St. Kuttner, Kanonist. Schuldlehre v. Gratian bis auf die Dekretalen Gregors IX., 1935 [Nachdr. 1961], 271ff., 314ff. – Th. Gottlob, Der kirchl. Amtseid der Bf.e, 1936 [Nachdr. 1963] – M. David, Parjure et mensonge dans le Décret de Gratien, SG 3, 1955, 117–142 – Ph. Hofmeister, Die christl. Eidesformen. Eine liturgie- und rechtsgesch. Unters., 1957 – H. Schlosser, Prozeßeide der Kleriker im Verfahren vor dem weltl. Zivilgericht während des späten MA (Fschr. H. Krause, 1975), 43–65 – L. Buisson, Potestas und Caritas. Die päpstl. Gewalt im SpätMA, 1982², 216–347 [Lit.].

III. Römisches Recht: Der Rechtseid (iusiurandum, eigtl. 'das zu beschwörende Recht') bekräftigt entweder die Zusage eines künftigen Verhaltens (promissor. E.) oder die Wahrheit einer Aussage rechtlicher oder tatsächlicher Art (assertor. E.). Abgesehen vom Gebrauch des E.es im internationalen Verkehr und im öffentl. Leben, spielt er v. a. im →Gerichtsverfahren eine wichtige Rolle: Im zweiteiligen Formularprozeß schwört der Richter (iudex), gemäß der Wahrheit und nach den Gesetzen zu entscheiden; zur Zeit Justinians muß der beamtete Richter vor dem Amtsantritt einen ähnlichen E. ablegen. Für die Parteien kommen verschiedene E.e in Betracht: Mit dem i. calumniae muß eine Partei auf Verlangen des Gegners schwören, daß sie nicht aus Schikane (→Calumnia) prozessiere. Im justinian. Prozeß wird dieser sog. Gefährdeeid von beiden Parteien und ihren Beiständen am Anfang jedes Rechtsstreits geleistet, außerdem erneut vor jeder einzelnen Beweiserhebung von der Partei, die sie beantragt hat. Jede Partei kann den Gegner zum E. über die Klage (→Actio) als Ganzes auffordern (i. deferre, 'den E. »zuschieben«'). Im Formularprozeß muß das im Verfahren vor dem Prätor, in iure, geschehen: i. in iure. Leistet der Gegner den E., ist der Prozeß damit in seinem Sinne entschieden; andernfalls wird das Verfahren fortgesetzt. Im Gegensatz zu diesem freiwilligen E. (i. voluntarium) kann der Kläger, v. a. bei strengrechtl. Klagen wegen einer Geldforderung, dem Beklagten einen notwendigen E. (i. necessarium) zuschieben, dessen Nichtleistung zur Einweisung des Klägers in das Vermögen des Beklagten (missio in bona) führt; immerhin kann der Beklagte den E., anstatt ihn selbst zu leisten, an den Kläger zurückschieben (i. referre). Im justinian. Prozeß wird der freiwillige E. zu einem außergerichtl., gleichsam auf Grund eines Vergleichs geschworenen E. Einen notwendigen E. kann nun in jedem Prozeß jede Partei der anderen auf gerichtl. Anordnung hin zuschieben; der Richter kann einer Partei auch von sich aus einen E. auferlegen (i. iudiciale). In beiden Fällen ist der E. nur noch Beweismittel. Verweigert der Beklagte arglistig die Herausgabe einer Sache, so erlaubt der Richter dem Kläger wegen dieses Ungehorsams (contumacia) des Beklagten, den Sachwert durch Schätzungseid (i. in litem) verbindl. zu beziffern. Auch Zeugen werden vereidigt, und zwar vor der Aussage.

Im Privatrecht kann der E. zur Bekräftigung bestehender Verbindlichkeiten dienen und wird v. a. im Vulgarrecht der Spätzeit mit Vorliebe dazu gebraucht. Ausnahmsweise kann durch E. eine ungültige Obligation geheilt werden, so die promissio operarum, mit der ein Sklave vor der Freilassung seinem Herrn und künftigen Patron Dienstleistungen verspricht. – Im MA sind die Bologneser Glossatoren uneins (→Dissensiones dominorum) in der Frage, ob der E. eines mündigen Minderjährigen (→Alter, Abschnitt 1) nur die Anfechtung einer an sich gültigen Veräußerung wegen Übervorteilung ausschließe oder auch eine (wegen fehlender gerichtl. Erlaubnis) an sich nichtige Veräußerung gültig mache. Ks. Friedrich I. bestimmt im Ronkalischen Landfrieden von 1158 (→Roncaglia), daß der freiwillig geleistete E. in jedem Fall verbindlich sein solle. Der entsprechende Passus des Landfriedens gelangte als authentica 'Sacramenta puberum' zu C. 2,27,1 in den ma. Text des Codex Iustinianus (→Corpus iuris civilis, Abschnitt III, 3). P. Weimar/M. Knellwolf

Lit.: M. Kaser, Das röm. Zivilprozeßrecht, 1966 – Savigny IV, 183-192.

IV.-X. Rechts- und verfassungsgeschichtliche Bedeutung:

IV. Germanisches und deutsches Recht: Das in seiner Grundbedeutung nicht zweifelsfrei geklärte gemeingerm. Rechtswort *aiþaz (got. aiþs, anorw. eiðr, ags. āþ, as. ēth,

ahd./mhd. eid) bezeichnet die magisch-sakral ritualisierte »Gewährleistung für die Verlässigkeit des eigenen Wortes durch Einsatz eines Gutes für dessen Wahrheit« (v. Amira). Die theoret. Differenzierung zw. bekundendem (assertor.) und versprechendem (promissor.) E. war dem germ. und dt. Recht fremd; Falscheid und Eidbruch wurden gleichermaßen als →Meineid (periurium) aufgefaßt.

Für die Reinheit des E.es garantierte der Schwörende in Person durch »bedingte Selbstverfluchung« (Brunner), d. h. durch Anheimgabe an eine zu diesem Zwecke »beschworene« (= feierlich angerufene) Gewalt, die sich auf früher Kulturstufe in den Naturelementen, aber auch in eigenbelebt gedachten Sachen, namentl. der geführten Waffe (Ammianus Marcellinus, Res gestae XVII, 12) rächend offenbarte; der Waffeneid genoß in der älteren Germania höchste Wertschätzung und überdauerte in christianisierter Form den Religionswechsel. Noch in der paganen Spätzeit war die Anrufung anthropomorpher Gottheiten keineswegs die Regel; manche der überlieferten Formeln, wie etwa die der isländ. →Landnámabók (IV 3), lassen eher den Einfluß des fremden Glaubens erkennen. In den magisch-sakralen Bereich gehört ebenfalls die bedingte Verwünschung der eigenen numinosen Kraft, sinnfällig betont durch das Recken der rechten Hand, die Berührung von Haar oder Brust.

Unter der Herrschaft des Christentums wurden die heidn. Formeln eliminiert und durch den Schwur bei Gott und seinen Heiligen ersetzt, der auf ein Kreuz, auf die Evangelien, vorzugsweise auf ein Reliquiar abzulegen war; abweichende Rituale erwiesen sich dennoch als recht zählebig (Schwabenspiegel, Ldr. 170). Bereichert wurde der E. nunmehr durch die Auffassung, der Schwörende greife in die Sphäre des vollkommenen Gottes ein, mithin durch den Aspekt der Sündhaftigkeit des Meineides; erhalten blieb die magische Vorstellung einer unmittelbaren Ahndung durch die angerufene Macht selbst, womöglich schon auf Erden (vgl. MGH SS XII 274, 6ff.).

Daneben bürgte der Schwörende stets mit seiner Rechtspersönlichkeit, indem er sich den Unrechtsfolgen des Ehrverlusts und der Rechtsminderung unterwarf. Bereits der erste überlieferte (Gefolgschafts-)E. (Tacitus, Germania c. 14) deutet darauf hin (turpitudo, infamia); im MA hat sich diese Anschauung verfestigt (Sachsenspiegel, Ldr. I 40; Schwabenspiegel, Laßberg Ldr. 367 I).

Von den weltweit verbreiteten verwandten Phänomenen hebt den germ.-dt. E. die überragende Bedeutung ab, die ihm im Rechtsleben zukam; unbeschränkte Eidesfähigkeit war geradezu Synonym für die Vollberechtigung der Person:

Als Wahrheitsversicherung war das gerichtl. iuramentum assertorium bestimmt und geeignet, die gegner. Beschuldigung hinfällig werden zu lassen (Reinheitseid); geschworen wurde je nach Gewichtigkeit des Vorwurfs und sozialer Stellung des Beklagten von diesem allein (Einereid) oder »mehrhändig«, zusammen mit einer unterschied. Anzahl sog. Eideshelfer. Demgegenüber war der Kläger ursprgl. auf die Eidesschelte verwiesen; sie implizierte eine Meineidsbezichtigung und damit die Herausforderung an den Beschuldigten, die Entscheidung im →Zweikampf zu suchen. Das ma. Beweisverfahren (→Beweis) hat dieser Eingleisigkeit zu steuern versucht und ein System der Unschulds- und Behalteseide einerseits, des Überführungseides andererseits entwickelt, letzterem schließlich u. U. (→handhafte Tat, →Übersiebnen) sogar den Vorrang eingeräumt. Die wachsende Tendenz, das irrationale Beweismittel im Interesse objektiver Wahrheitsfindung einzuschränken, zeigt sich ebenfalls in der Berücksichtigung des Urkundenbeweises sowie der Aussagen vereidigter Zeugen und Sachverständiger.

Den gerichtl. E. kennzeichnet ein strenger, am Wortlaut haftender Formalismus; die »gelehrte« oder »gestabte«, d. h. von der Gegenpartei oder einer Gerichtsperson vorgesagte Formel mußte vom Schwörenden präzis wiederholt werden, wollte er sich nicht der Gefahr prozessualen Unterliegens aussetzen. Das sächs. Recht gestattete daher die Beiziehung eines »Vertreters im Wort« (Fürsprecher), dessen fehlerhaftem Vortrag die Genehmigung verweigert werden konnte; dem Vertretenen wurde alsdann ein neuer Versuch zugebilligt.

Durch den gelobenden (promissor.) E. wurden Rechtsverhältnisse unterschiedlichster Art zw. Versprechendem und Eidesempfänger begründet oder befestigt. Das iuramentum promissorium charakterisiert sich als Treueschwur mit jeweils spezifiziertem Inhalt; sein weitgefächerter Anwendungsbereich umfaßte auf privater Ebene das einseitige Schuldversprechen ebenso wie den personenrechtl. Vertrag, das Zweckverbündnis oder die Streitbeendigung (→Urfehde). Besondere Bedeutung erlangte das beschworene Gelöbnis als polit. E.; aus dem Grundmodell, dem germ. Gefolgschaftseid (→Gefolgschaft), wurde das Element persönl. Treuebindung in die Untertanen-, die Vasallen- und die frühen Amtseide hineingetragen (vgl. →Huldigung; →Lehen, -swesen). Der E. erwuchs so zum eigtl. Bindemittel des ma. dt. Verfassungsgefüges. Auf ihm basierten ferner regelmäßig die →Landfrieden. Auch die Errichtung der bürgerl. Stadtverfassung nahm vielerorts ihren Ausgangspunkt beim Zusammenschwur der Einwohner (→coniuratio); in period. Abständen wiederholt oder individuell als »Beitrittseid zum Gesamtschwur« (W. EBEL) geleistet, sicherte der →Bürgereid die Geltung und Durchsetzbarkeit des →Stadtrechts ab. Die Bindungswirkung des promissor. E. es erschöpfte sich aus dem Wortlaut; sie konnte durch Bedingungen (z. B. in den →Straßburger E.en, Nithart, Hist. III 5) relativiert oder durch Treuevorbehalte zugunsten Dritter ausgeschlossen werden (Sachsenspiegel, Ldr. II 1). Auch hinderte die eidl. Treue nicht daran, dem rechtsbrüchigen Lehnsherrn oder König tätl. Widerstand entgegenzusetzen (→Widerstandsrecht). Einen abschließenden Katalog der Gründe, die einen E. unverbindlich bleiben oder werden ließen, hat das ma. dt. Recht jedoch nicht entwickelt; gelegentl. Äußerungen zu dieser Frage (z. B. Schwabenspiegel, Ldr. 170, 171) fußen auf der kirchl. Eideslehre.

Da nach archaischer Vorstellung auf den »Meineid« magische Ahndung und Ehrverminderung automat. folgten, mag ursprgl. für eine zusätzliche gerichtl. Bestrafung seitens der Rechtsgemeinschaft kein Anlaß gewesen sein. Der frk. Gesetzgeber indes hat die strafrechtl. Folgen bereits normiert; die Kapitularien drohten mit Verlust der →Schwurhand (MGH Cap. I 123,7f.), einer ins MA tradierten, mitunter auf das Abhauen der Finger abgemilderten »spiegelnden Strafe«. Ausschließlichkeit kam ihr nicht zu; namentlich der promissor. E. war regelmäßig mit einer allgemeinen Unterwerfungsklausel kombiniert und eröffnete somit abgestufte arbiträre Ahndungsmöglichkeiten (Ehren-, Vermögensstrafen, →Verbannung).

Parallel zur weltl. Justiz, anfangs ergänzend (MGH Cap. II 273 c.9), später konkurrierend, beanspruchte die geistl. Gerichtsbarkeit für Eidesdelikte sachl. Kompetenz. Die kirchl. Akzentuierung des Unwertgehalts (Beurteilung des periurium als Gotteslästerung) wirkte z. T. auf die profane Strafpraxis zurück; mehrere Stadtrechte im S des Alten Reiches ordneten an, dem Meineidigen solle die Zunge herausgerissen werden.

H. Drüppel

Lit.: AMIRA-ECKHARDT II – BRUNNER, DRG I, II – H. CONRAD, Dt. Rechtsgesch. I, 1962² – DtRechtswb II, 1301–1320 – HRG I, 861–870; II, 447–458 – J. W. PLANCK, Das dt. Gerichtsverfahren im MA, 2 Bde, 1878/79 – W. LAUTERBURG, Die Eidesdelikte, 1886 – H. SIEGEL, Handschlag und E. (SAW, 1894) – J. GRIMM, Dt. Rechtsaltertümer, 2 Bde, 1899⁴ – H. NAENDRUP, Dogmengesch. der Arten ma. Ehrenminderungen (Festg. F. DAHN, Bd. I, 1905), 223ff. – H. KNAPP, Das Übersiebnen der schädl. Leute, 1910 – F. THUDICHUM, Gesch. des E. es, 1911 [Neudr. 1968] – U. STUTZ, Die Beweisrolle im älteren dt. Rechtsgang, ZRGGermAbt 38, 1917 – R. HIS, Das Strafrecht des dt. MA, 2 T., 1920/35 – R. HIRZEL, Der E., 1922 – R. RUTH, Zeugen und Eideshelfer 1922 – SCHRÖDER-KÜNSSBERG – W. H. VOGT, Fluch, E., Götter, ZRGGermAbt 57, 1937 – CL. V. SCHWERIN, Rechtsarchäologie, 1943 – F. KOLLER, Der E. im Münchener Stadtrecht, 1953 – F. KERN, Gottesgnadentum und Widerstandsrecht, 1954² – W. EBEL, Der Bürgereid, 1958 – R. SCHEYHING, E.e, Amtsgewalt und Bannleihe, 1960 – R. SCHMIDT-WIEGAND, E. und Gelöbnis (VuF 23, 1977), 55ff – H.-M. MAURER, Masseneide gegen Abwanderung im 14. Jh., Zs. für württ. Landesgesch. 39, 1980.

V. SKANDINAVIEN: Auch im anord. Recht hat der E. (*eiðr, eþer*) eine wichtige Stellung, im privatrechtl. Vergleichswesen wie im »öffentl.« Rechtsgang (→Gerichtswesen) vor dem Dinggericht (→Ding). Er ist das wichtigste Beweismittel für den Kläger, bes. aber für den Beklagten, der sich mit dem E. von der Anklage »reinigen« konnte (Reinigungseid). Nach den älteren Formen des anord. Prozesses erhielt immer nur eine Partei das Beweisrecht (aschwed. *vitzorþ*), dessen Erteilung in den Landschaftsrechten in einer Vielzahl von regional unterschiedl. Bestimmungen geregelt wurde. Das Beweisrecht lag bei eher klaren Fällen beim Kläger, sonst beim Beklagten. Gegen Ende des 13. Jh. setzte sich in Schweden die Möglichkeit durch, gegen den E. der gegner. Partei mit einem eigenen E. anzutreten (Parteieneid). Erfüllten beide Parteien die (formalen) Erfordernisse für eine Eidesleistung, mußte die Sache vor einem Ausschuß verhandelt werden. Der Parteieid erfolgte in aller Regel mit Unterstützung von Eideshelfern (*sannaðarmenn, váttar*), deren Anzahl sich bei Kriminaldelikten nach der Schwere des Delikts und der zu erwartenden Strafe, in Zivilsachen nach dem Streitwert richtete. Belegt sind Zweiereid (anorw. *lýrittareiðr* 'Leuteeid'), Dreiereid, Sechsereid, Zwölfereid (*tylftareiðr*) und E.e mit zwei oder mehreren Dutzend Eideshelfern.

Beim E. der Eideshelfer ging es nicht um einen Wahrheitsbeweis, sondern allein um die Bekräftigung der Glaubwürdigkeit und Zuverlässigkeit der eidl. Aussage und des Eidesleistenden sowie um die formelle Feststellung, daß nichts anderes als das Beschworene über den Fall bekannt ist. Der E. mißlingt, wenn die nötige Anzahl Eideshelfer nicht beigebracht werden kann, wenn er nicht nach den Regeln geschworen wird und wenn er, etwa bei →Meineid, angefochten wird. Die Eideshelfer erfüllten die in den Rechten durchgängige Forderung nach Öffentlichkeit bzw. öffentl. Kundmachung, und es wurde deshalb verlangt, daß sich die Gremien in der Mehrheit aus Personen der nächsten Umgebung des Eidesleistenden zusammensetzten, insbes. aus der Verwandtschaft und der →Nachbarschaft (anorw. *nefndarvitni*), einige konnte die Partei nach freier Wahl hinzuziehen (*fangavitni*). Bedingungen wie Ebenbürtigkeit, Hausbesitz o. ä. konnten hinzutreten.

Bei Verbrechen, die nicht durch Bußen abgegolten werden konnten (*úbotamál*), mußte mit Zwölfereid geschworen werden, bei Verbrechen, die Friedlosigkeit oder hohe Bußen (z. B. 40 *mark*) nach sich zogen (z. B. →Diebstahl), genügte der Sechsereid. Lediglich bei geringem Streitwert (Norwegen: 1 *öre*) war der Alleineid (*eineiðr*) zulässig.

Nicht zuletzt weil das Eideshelfersystem und der Parteieneid häufig zu Mißbräuchen verleiteten (Klagen darüber in Königs- und Papsturkunden), setzte sich bei der um sich greifenden kgl. Gerichtsbarkeit – unter Einfluß des kanon. Rechts und der Landrechte – immer mehr der Augenzeugenbeweis durch, während das Eideshelferinstitut an Bedeutung verlor, sich aber noch bis ins SpätMA halten konnte. So lockerte man beispielsweise in den Landrechten des 13. und 14. Jh. die Anbindung der Eideshelfer an Verwandtschaft und Nachbarschaft und bildete Gremien mit vornehml. unparteiischen, sachkundigen Leuten. Zusammen mit der Vergrößerung der Eideshelfergremien bei schweren Vergehen und einer gleichzeitigen Ausdehnung des Alleineides bei den weniger bedeutenden Rechtssachen und der verstärkten Hinzuziehung von Augenzeugen versuchte das Kgtm., eine größere Zuverlässigkeit und Wahrheitsnähe bei den Eidesleistungen zu erreichen.

Die eindeutig christl. Krönungseide der skand. Kg.e (→Krönung), die Amtseide der Bf.e und Priester, die Lehns- und Huldigungseide (→Lehen, -swesen, →Huldigung) des Adels und der Bauernschaft (→Hirdskrá) sind nach kontinentalen, meist dt. und engl. Vorbildern geprägt und entstammen frühestens der 2. Hälfte des 12. Jh. (am frühesten der Krönungseid des norw. Kg.s Magnús Erlingsson, 1163).   H. Ehrhardt

Lit.: KL III, 489–519 [Lit.] – HOOPS I, 523–527 – K. v. AMIRA, Grundriß des germ. Rechts, 1913³ – K. MAURER, Vorlesungen über altnord. Rechtsgesch. Ib, 1907, 210ff.; V, 1938, 506ff. [Nachdr. 1966] – D. STRAUCH, Das Ostgötenrecht, 1970, 161f. [Lit.]

VI. FRANKREICH: Der E., dem bereits im Frankenreich wesentl. Bedeutung zukam, spielte auch im weiteren MA eine grundlegende Rolle, nicht zuletzt weil die Kirche sich seiner bemächtigte, um auf diese Weise bestimmte Institutionen, die sich außerhalb ihres Einflußbereiches herausgebildet hatten, zu verchristlichen. Der E. tritt daher in der streitigen Gerichtsbarkeit vor weltl. und kirchl. Gerichten auf, ebenso aber auch in der freiwilligen Gerichtsbarkeit, wo er durch seinen feierl. Charakter Rechtsgeschäften ein stärkeres Gewicht verleiht. Die Entwicklung des gerichtl. Verfahrens ist zutiefst vom E. geprägt: So konnte nach den Bestimmungen mehrerer Gewohnheitsrechte eine des Nichterscheinens vor Gericht beschuldigte Partei sich durch einen E. rechtfertigen (Anciens usages d'Artois III/25; Beaumanoir, no. 108, 129). Die größte Bedeutung hatte der E. jedoch im Rahmen der Beibringung von →Beweisen. Der Reinigungseid war bei den kirchl. Offizialaten ein häufiges Beweismittel, während er bei den weltl. Gerichten weniger üblich war: Beklagter und Eideshelfer hatten eine gleichlautende Eidesformel zu schwören. Dies Verfahren hieß in der Normandie *deresne* (Summa de legibus Normannie, 84/1, 85/2, 123), in Reims *escoudit* (Coutume de Reims, art. 73, 74). In der Gascogne war der Reinigungseid im Kriminalprozeß allgemein verbreitet, bis ihn Kg. Philipp III. 1280 abschaffte (Olim II, p. 65). Der E. der Eideshelfer kann jedoch – wie ihre Zeugenaussagen gescholten werden. Dann wird der Zweikampf als Beweis angewandt. Die Zeugenaussagen, deren Natur lange ungewiß geblieben ist, werden fast stets durch einen E. bekräftigt. Während die einseitigen →Gottesurteile, die stets mit einem E. verbunden waren, seit dem 12. Jh. mehr und mehr abkamen, vermochte sich der gerichtl. →Zweikampf – trotz der offenen Ablehnung durch Papsttum und Kgtm. – länger zu behaupten. Er dienste ebenso als direktes Beweismittel wie als Verfahrensweise, um ein Urteil anzufechten.

Außerhalb der Gerichte bildete der E. die Grundlage für Verpflichtungen und Treueversprechen von großer Tragweite. So gehen die ersten →Kommunen im nördl. Frankreich aus einer →*coniuratio* hervor, geschlossen von den künftigen Verantwortlichen der Stadt, die durch diesen Akt der seniorealen Vorherrschaft entrissen wird. Die auf den Schwurverband gegründete Solidarität bindet bis zum Tod. Ebenso kann eine Person, die ein →Amt erhält, sei es durch Auftrag (*ferme*), sei es durch Einsetzg. (*commission*), dieses erst wahrnehmen, nachdem sie sich feierlich unter E. zur guten und sorgfältigen Erfüllung ihrer Aufgaben verpflichtet hat. So leisten städt. und seniorale Amtsträger in der Regel einen E., in dem sie versprechen, Gewohnheiten und Rechte (*coutumes et franchises*) der ihrer Amtsgewalt unterstellten Einwohner zu wahren. Auf der anderen Seite haben die Untertanen ihrer Herrschaft vielfach einen Treueid (→Treue) zu leisten, der wesentlich an die Eidformen der Karolingerzeit erinnert. So tauschten in der westschweizer. Gft. →Greyerz (Gruyère) beim Herrschaftsantritt die neuen Gf.en dieser und die Bewohner der Gft. wechselseitig E.e aus (cf. SDS VD Franchises II, Château d'Oex). Unter kirchl. Einfluß erfuhr das alte, ursprgl. weltl. und militär. Zeremoniell des →*adoubement* (→Schwertleite) eine Verchristlichung, die ihren Ausdruck im feierl. eidlichen Versprechen des neu gekürten Ritters fand. Die gleiche Grundtendenz findet sich in wechselseitiger eidl. Bekräftigung der Vasallität (→Lehen, -swesen), wobei der Lehnsherr schwor, ein guter und loyaler Herr zu sein, während der Vasall sich seinerseits unter E. verpflichtete, als treuer Lehnsmann seinem Herrn zu dienen und beizustehen. Erst nach dem Austausch dieser E.e wurde zur Investitur des Lehens geschritten.

Die Rezeption des →röm. Rechts hatte paradoxerweise die Multiplizierung der E.e im Vertragsleben zur Folge. Wenn Parteien schwören, ihre Verpflichtungen einzuhalten, so schwören sie noch häufiger, keine Ausnahmen oder Privilegien zu beanspruchen, wobei gern – in rein formaler Anknüpfung an justinian. Bestimmungen – auch Ausnahmen, die gar nicht auf die konkrete Situation der jeweiligen Partei anwendbar sind, angeführt werden. So verzichten etwa alte Junggesellen auf die Sonderrechte von Minderjährigen oder von verheirateten Frauen. Am Ende des MA hat ein derartiger inflator. Gebrauch der E.es diesen stark entwertet. Nur der bei der →Königsweihe geleistete E. des Monarchen behält eine gewisse Bedeutung, denn er bildet das wesentl. Fundament der Sakralität des Herrscheramtes (→Gottesgnadentum).

D. Anex-Cabanis

Lit.: E. MEYNIAL, Les renonciations, RHDFE, 1900, 108–142; 1901, 241–277; 1902, 49–78, 649–710; 1904, 698–746 – R. GRAND, La formation des villes au m-â: individualisme ou association, Journal des Savants, 1947 – M. DAVID, Le serment du sacre du IXᵉ au XVᵉ s., 1950 – P. OURLIAC, Le duel judiciaire dans le Sud-Ouest, Revue du Nord, 1958 – H. RICHARDOT, L'homme. Sa nature et ses applications, 1959.

VII. ITALIEN: Im langob. Italien, im →Edictus Rothari, ist der gerichtl. E. – neben dem →Zweikampf – ordentl. und allgemeines Mittel der Reinigung bei Rechtsstreitigkeiten jeder Art und jeden Streitwerts zw. Freien. Er wird vom Beklagten mit einer nach der Höhe des Streitwertes wechselnden Zahl von Eideshelfern (*sacramentales*), die seine Redlichkeit bezeugen sollen, geleistet und entbindet ihn von jeder weiteren Beweisführung. Er legt bei doppelzüngigem Urteil (»Der Beklagte soll zahlen oder schwören«) die materiellen Rechtsfolgen fest und hat Entscheidungsfunktion, wenn das Urteil eindeutig ist (»Der Beklagte soll schwören«). Die Nichterfüllung der mit der *wadia*, einem Stabsymbol, übernommenen Eidespflicht (*sacramentum ruptum*) hat die Niederlage vor Gericht zur

Folge. Um die lästige Streitsucht zu unterdrücken, schränkt Liutprand (61; 71) die Gültigkeit des E.es in Forderungsprozessen ein, bestätigt sie aber in Besitzstreitigkeiten. Er bedroht auch den →Meineid der Eideshelfer mit Strafe (Liutpr. 72 z. J. 728) und erweitert gleichzeitig den Anwendungsbereich des Zeugen- und Urkundenbeweises (s. a. expositio ad Lib. Papiensem, Pseudo-Ariprandus und Albertus, I, IX). Für die nicht langob. Gebiete wird in der Summa Perusina der E., bisweilen fides genannt, in Ermangelung von Zeugen und Urkunden zugelassen; er wird vom Kläger geleistet oder von ihm dem Beklagten zugeschoben, ist aber (abgesehen von wenigen Sonderfällen) verbindlich (IV, 1). Ein bedingtes Urteil ist nicht zulässig (VII, XLV, 3, 15). Auch die Lex Romana Raetica Curiensis sieht den E. einer einzelnen Partei in wenigen Fällen vor. In Apulien – wie in der Praxis der roman. Gebiete allgemein–, gibt es im 9./10. Jh. neben der Vereidigung von Zeugen auch den prozeßentscheidenden E. und das Institut der Eideshelfer (coniuratores), obwohl andere Arten des Beweises vorherrschen. Aus einigen Urkunden des vornorm. Südens geht die prozeßentscheidende Funktion des Klägereides hervor, daneben enthalten sie die Bekräftigung der von beiden Parteien erbrachten Beweise mittels E.es. In Sizilien gilt die byz. Praxis der nachträgl. Vereidigung der Zeugen und die von Friedrich II. bestätigte Bevorzugung des Urkundenbeweises. Gewohnheitsrechtlich wird bisweilen der E. in Prozessen über heimlich begangene Delikte zugelassen. In Sardinien ist der E. nur in Ermangelung anderer Beweismittel zugelassen (Carta de Logu, LXIV) und muß von *testimonios*, vielleicht den Eideshelfern ähnlich, bestätigt werden.

Im 12. Jh. kommt die Beiziehung von Eideshelfern, zuerst in Prozessen über Geldforderungen, außer Gebrauch, in den it. Statuten hält sich jedoch das durch die Eidesleistung bedingte Endurteil. Der E. wird danach entweder durch den Richter auferlegt (iuramentum iudiciale) oder von einer Partei der Gegenpartei mit der Maßgabe zugeschoben, daß diese den E. schwören oder zurückschieben muß oder den Prozeß verliert (iuramentum necessarium). Aus der streitentscheidenden Wirkung des E.s folgt unmittelbar die Vollstreckbarkeit des Urteils. Der streitentscheidende E. wird v. a. in Zivilrechtsprozessen über Besitz, Darlehen, Pachtverträge, Beziehungen zu Fremden und als Schätzungseid gebraucht, aber auch bei kleineren Diebstählen und nächtl. Schlägereien.

Schon angekündigt in Urkunden aus dem 8. Jh., z. B. im Placitum von Spoleto 747, entwickelt sich der E. allmähl. zu einem Beweismittel. Der *Calumnieneid* (→Calumnia), der sowohl dem röm. (→Eid, A. III; Summa Perusina III, 1, 12 als vornorman. Sizilien) als auch dem langob. Recht (z. B. Liutpr. 71) eigen ist, erhält sich in den it. Statuten, wenn auch in verschiedenem Umfang (Liber Augustalis 2, 18; 25; 38; Carta de Logu LII; LXX), sowie bisweilen bei der Appellation.

Unter dem von der germanist. Doktrin entwickelten Begriff des promissor. (gelobenden) E.es wird in Komplex verschiedenartiger Rechtsinstitute zusammengefaßt. Im früheren MA zur Begründung unterschiedl. Rechtsbeziehungen gebraucht, ist er auch selbst die Ursache einer Verpflichtung. Die Verbindlichkeit promissor. E.e wird von Ks. Friedrich I. mit der Constitutio sacramenta puberum bestätigt. Die Statutarrechte schränken seine Anwendbarkeit ein, um eine allzuweite Ausdehnung der kirchl. Gerichtsbarkeit zu verhindern. Sie erklären auch die gewohnheitsmäßige Beschwörung von Rechtsgeschäften für unzulässig, die sich jedoch, zumindest beim Testament, fortsetzt.

Die E.e über die Einhaltung des →Friedens kommen in der ksl. Gesetzgebung vor, die die Eidesleistung den Gemeinden und Trägern von Lehenshoheit auferlegt (Constitutio Hac Edictali, 1158). Daraus folgt wahrscheinl. die Praxis, wonach die Kommunalverfassung auf einer beschworenen Einung beruht. Friedenseide wie sie bereits von Rothari (Roth. 143) und seinen Nachfolgern vorgesehen sind, erhalten weite Verbreitung in den Kommunen und Signorien. Konsuln und Podestas haben das Recht, Mitglieder untereinander verfeindeter oder der Kommune feindl. gegenüberstehender Familien zu verpflichten, vor Gericht einen E. zu leisten und zwar unter Androhung einer zuvor bestimmten Geldbuße und der Anklage des sog. Friedensbruchs.

Die Definition des Treueides (iuramentum fidelitatis oder fidelitatis et homagii, in Liber Augustalis 2, 36) wird in der Vulgatfassung der Consuetudines feudorum (II, 6), im Anschluß an einen Brief des Fulbert formuliert. Anders als in der Antiqua, die zw. dem E. des Lehnsmannes und des Knechts unterscheidet, wird der Treueid mit den Begriffen incolumitas, tuitio, honestas, utilitas, fidelitas, possibilitas (Unversehrtheit, Schutz, Ehre, Nutzen, Treue, Vermögen) erklärt. Anfänglich für jedes Über- und Unterordnungsverhältnis gebraucht, wird er im Lehnsrecht des 12. Jh. zu einem wesentl. Element des Lehnsvertrages. Im öffentl. Recht, das sich vielleicht aus dem wechselseitigen E. der Mitgenossen und der Konsuln und Podestas beim ursprgl. beschworenen kommunalen Zusammenschluß entwickelt hat, ist in den Statutarrechten die Einrichtung des E.es der kommunalen und signorilen Amtsträger bei Amtsantritt überliefert, den sie am Sitz des Rates leisten. Seit dem früheren MA faßt man im Salvamentumeid die Gesamtheit der Verpflichtungen der Landgemeinden zum Schutz der Ordnung, des Friedens und des örtl. Wohlstands zusammen (Liber Consuetudinum Mediolani VI, 9), ein solcher E. muß den Herren geleistet werden, die Hoheitsbefugnisse über den Ort innehaben (LCM XXI, 20).   C. Storti Storchi

Lit.: HRG II, 863–870 [U. KORNBLUM–G. DILCHER] – G. SALVIOLI, Storia della procedura civile e criminale, 1925–27 – E. ALLORIO, Il giuramento della parte, 1937 – R. SCHEYHING, Eide, Amtsgewalt und Bannleihe, 1960 – E. CORTESE, La norma giuridica I, 1962 – P. BRANCOLI BUSDRAGHI, La formazione storica del feudo lombardo come diritto reale, 1965 – F. SINATTI D'AMICO, Le prove giudiziarie nel diritto longobardo, 1968.

VIII. IBERISCHE HALBINSEL: Auf der Iberischen Halbinsel tritt der E. im MA in verschiedenen Funktionen und Zusammenhängen auf: als Akt polit. Unterwerfung, als Voraussetzung für den Anspruch auf polit. Verantwortung, als Gewährleistung für die Ausübung öffentl. Funktionen, als Gegenstand des Strafrechts, als Beweismittel in Zivilsachen und bei Prozessen und als Mittel zur Rechtsfindung in Prozessen.

Als Akt polit. Unterwerfung unterstrich der Untertaneneid den Herrschaftsanspruch der westgot. Könige (→Westgoten), die ihn durch Sondergesandte (discussores iuramenti) entgegennahmen. Ebenso verfuhren auch die Kalifen v. Córdoba (*bai'a*) und einige christl. Kg.e, wie z. B. die von →Kastilien. Der E. war wesentl. Bestandteil der durch das Lehnrecht geprägten Strukturen →Kataloniens, wo man dem Herrscher anhand eines schriftl. niedergelegten E.es (*sagramental scrit*) Treue schwor, und des Lehnsverhältnisses, in das einige Kg.e v. →Portugal und →Aragón zum Papst traten.

Die Kg.e v. →Navarra und →Aragón leisteten einen Eid auf die Rechtsordnung ihres jeweiligen Landes und konnten aufgrund dessen politisch zur Verantwortung gezogen werden. Eine Verletzung der Rechtsordnung war ohne Eidbruch also nicht möglich. In Navarra schwor der Kg. vor der Schilderhebung, die →Fueros zu verbessern. Der Kg. v. Aragón beschwor in Katalonien den Verkauf des Jochgeldes (*bovatge*) wie auch andere Privilegien und in Aragón die Einhaltung und den Schutz der →Fueros.

Garantie für die rechtmäßige Ausübung öffentl. Ämter bot die Vielzahl von E.en, die von kgl. Amtsträgern geleistet werden mußten. Sie beinhalteten zum einen eine Gewährleistung, daß man die Stelle ohne Zahlung von Bestechungsgeldern erhalten hatte, zum anderen eine Verpflichtung zur Einhaltung der normativen Ordnung.

Die Verletzung eines E.es wurde als →Meineid (*perjurio*) betrachtet, der der allgemeinen Überzeugung nach schwere göttl. Strafen im Jenseits nach sich zog. Strafrechtl. wurde gegen Meineidige u. a. mit Einziehung der Besitzungen, Verbannung und Ausschluß von öffentl. Ämtern vorgegangen. Manchmal, zumal wenn es sich um falsche Zeugenaussagen unter E. handelte, wurden Kompensationsstrafen verhängt.

Häufig wurden gewisse Rechtsakte und Rechtsgeschäfte durch einen E. abgesichert. So genossen z. B. die →Juden in Kastilien bis zum 14. Jh. das Privileg, ihre Glaubwürdigkeit in Pfandgeschäften zu beschwören. Eine nicht feierlich in der Kirche erfolgte Eheschließung beruhte auf einem Gelöbnis der Ehepartner und wurde deshalb als *matrimonio a iuras* bezeichnet (→Ehe). In Katalonien führte die Gewohnheit, Testamente vor dem Altar zu beglaubigen, zur Form des *Testamento sacramental*, das eidl. bekräftigt werden mußte.

Um den Ablauf eines →Prozesses zu garantieren, kannte das christl. MA die Vor- bzw. Widereide (*iuramentum calumniae* bzw. *iusiurandum*). In Portugal sind sie als *juramento de malícia*, in Katalonien als *sagrament de calumnia* und in Kastilien als *juramento de manquadra* bekannt. Letztere Bezeichnung weist anscheinend auf die linke Hand (*mano quadrada*) als Symbol für unlautere Absichten hin (→Rechts und links), im Gegensatz zur Rechten (*mano recta*). Der Kläger beschwor, daß seine Klage zu recht bestehe, der Beklagte, daß seine Verteidigung auf Wahrheit beruhe. Letztlich diente der E. auch als Beweismittel, bes. wenn es kein anderes gab, und ersetzte in weitem Umfang das →Gottesurteil. Er konnte von einer Partei angeboten (*de voluntat*), vom Richter gefordert (*de premia*) oder von einer Partei der anderen anheimgestellt werden (*de juicio*). Er konnte individuell als Reinigungseid geleistet werden (*purgatorio*) oder zusammen mit anderen Eideshelfern, Vollbürgern oder Verwandten (*compurgatorio*). In ersterem Fall schwor der Betreffende bei seinem Haupte, im zweiten mit gesamtem Mund, mit zwei Eideshelfern (si III), oder vier (sibi V), mit sechs (cum sex vecinos) oder mit zwölf (cum duodecim vicinis, cum XII mulieribus). Christen und Muslime schwuren gemäß ihren Glaubensgesetzen. Die Formel für die Juden (→Judeneid) enthielt die entsetzlichsten Selbstverwünschungen, diejenige für die Muslime hatte stark formelhaften Charakter. Der E., der per se einen Beweis darstellte, konnte auch zusammen mit anderen Beweismitteln, wie z. B. der Aussage von →Zeugen, vorgebracht werden. →Lehnswesen.

J. Lalinde Abadía

Lit.: X. DE QUINTO, Del juramento político de los antiguos Reyes de Aragón, 1848 – A. CÁNOVAS DEL CASTILLO, Del juramento político de los antiguos Reyes de Aragón, 1869 – M. M. ANTUÑA, La jura en el Califato de Córdoba, AHDE 6, 1929, 108–144 – P. MERÊA, Nota sobre a Lex Visigothorum II, 1, 23 (juramento subsidiario), AHDE 21–22, 1951–52, 1163–1168 – J. GARCÍA GONZÁLEZ, El juramento de mancuadra, AHDE 25, 1955, 211–255 – P. MERÊA, O enigma da manquadra, AHDE 23, 1956, 160–194 – DERS., Juramento purgatorio e duelo nos foros municipais, Boletím da Faculdade de Direito Português, 1962, 29–41 – R. E. GIESEY, Nuevos puntos de vista sobre el juramento »Nos que valemos tanto como vos«, BRAH 160, 1967, 209–221 – DERS., If not, not. The Oath of the Aragonese and the Legendary Laws of Sobrarbe, 1968 – JOSÉ Mª. LACARRA, El juramento de los Reyes de Navarra (1234–1329), Facultad de Filosofía y Letras, 1972 – R. PÉREZ-BUSTAMANTE, El juramento de los oficiales del reino de Castilla, 1252–74, Moneda y Crédito, 1974, 211–227.

IX. ENGLAND: E.e hatten im ma. englischen Recht vielfältige Funktionen: Vor der Entwicklung des →*writ*-Systems und einer zunehmenden Bedeutung des →*sheriff* war es die vom Kläger geforderte Selbsthilfe in Zivil- und Kriminalsachen, die zu Eidesleistungen des Anklägers und des Beklagten führte. Seit dem 12. Jh. sind Amtseide kgl. Amtsträger, z. B. der Richter, bezeugt; Zeugen legten E.e ab und Urteiler beeideten ihre Urteilssprüche. Lehnsland wurde nach Ablegen eines Treueeides übergeben (→Lehen, -swesen). Durch E. bekräftigte Lehnsverhältnisse und gerichtl. Untersuchungsverfahren aufgrund beschworener Zeugnisse wurden bei außerordentl. administrativen Erhebungen, wie etwa dem Domesday i. J. 1086 (→Domesday Book), ebenso zugrundegelegt wie bei Routineangelegenheiten, etwa dem Altersnachweis. Der E. mit polit. Funktion zeigt sich beim Huldigungseid (→Huldigung) und beim Krönungseid (→Krönung).

Im folgenden wird der Gebrauch des E.es zur Unterstützung als einer Beweismethode bei gerichtl. Auseinandersetzungen behandelt, die bezeichnet wird als *compurgation* ('Reinigung durch Eideshilfe'), *oath helping* ('Eideshilfe') oder *wager of law* ('Rechtswette'; 'Austrag eines Prozesses durch Eideshelfer'). Diese primitive Art des →Gerichtsverfahrens ist nicht auf England beschränkt, sondern findet sich in den Rechten zahlreicher anderer früher Völker. Die »Reinigung« (des Beklagten) durch Eideshilfe, oft als eine Art →Gottesurteil aufgefaßt, sollte nicht als das Überbleibsel eines irrationalen Brauchs abgetan werden. Das Prinzip wurde von geistl. →Gerichten übernommen, auch wenn es Priestern ab 1215 (IV. Laterankonzil) verboten war, an Gottesurteilen teilzunehmen. Bei einem solchen Reinigungsverfahren legte der Beklagte einen E. nach festgesetztem Wortlaut ab, worin er die gegen ihn gerichtete Bezichtigung bestritt. Daraufhin trug ihm das Gericht auf, eine bestimmte Anzahl von Personen zu stellen, die ihm durch Eideshilfe helfen sollten, sein Recht durchzusetzen. Die Zahl umfaßte in der Regel den Haupteschwörer (= der Beklagte) und fünf oder elf Eideshelfer. Diese beschworen nicht die Fakten des Rechtsfalles wie Urteiler, sondern sie bekräftigten, daß der abgelegte E. »rein« und »richtig geschworen« worden war. LEA wies darauf hin, daß die Mitschwörer nach den älteren Schwurformeln den gleichen E. wie der Hauptschwörer ablegten: sie beschworen, daß der Kläger gegenüber dem Beklagten keine Forderungen habe oder daß der Beklagte unschuldig sei. Im 12. Jh. dagegen sollten sie ledigl. schwören, daß sie Glauben in den E. des Beklagten setzten. Das machte die Eideshelfer eher zu Leumundszeugen; sie waren so weniger der Gefahr ausgesetzt, einen →Meineid zu schwören (LEA, 65–67, 71f.). Obwohl die Beurteilung der Eideshilfe in Gerichtsakten bisher noch nicht untersucht wurde, muß MILSOM zugestimmt werden, daß man Eideshelfer nicht mit Verachtung begegnete und daß »nur wenige bedenkenlos einen Meineid schwören würden« (MILSOM, 257). Es waren gesellschaftl. Zwänge, die auf lokaler Ebene die Eideshilfe zu einem effektiven System machten; sogar in der kgl. Gerichtsbarkeit spielte sie im Bereich des älteren Obligationenrechts – Schuldsachen, Lehns- und Gefolgschaftsfragen, Abgaben und Steuern – weiterhin eine Rolle und erwies sich gerade in solchen Fällen als nützl., wenn es um Aussage gegen Aussage ging. Im 13. und 14. Jh. wurden dem System einige Beschränkungen auferlegt. Obwohl angebl. nicht anwendbar bei dingl. Klagen, enthalten die Prozeßakten des kgl. Gerichts zahlreiche Beispiele für Eideshilfe in Grundstücks- und Hinterlassenschaftsprozessen (z. B. PRO Mss. CP 40/87 m 98, CP 40/93 m 89d [zwei Fälle], CP 40/96 mm 125, 186, CP 40/136 m 164d; zwei der fünf hier aufgeführten Beklagten gelang es nicht, ihr Recht durchzusetzen). Bisweilen wird ein Eideshilfeverfahren als leichter durchführbar angesehen als der Gang zum Schwurgericht, nur schwerlich wäre aber ein Verbrecher in der Lage gewesen sein, sechs oder zwölf Mitschwörer unter den Gesetzestreuen seiner Gemeinde aufzubringen (VAN CAENEGEM, Common Law, 66–69). Die Untersuchung lokaler Gerichtsakten zeigt, daß nicht jeder Beklagte, dem ein Beweis durch Eideshilfe gestattet wurde, auch damit Erfolg hatte. In Wakefield konnten 1331–33 vier Beklagte ihr Recht durchsetzen, bei vier Beklagten mißlang es. Fünfzehn Beklagten gelang es 1348/50 vor demselben Gerichtshof nicht, ihre Sache durchzusetzen. Daß man auf lokaler Ebene hartnäckig am Eideshilfeverfahren festhielt, wird kaum in Zweifel gezogen werden; nach MAITLAND bedeutete indessen die Konzentration der Rechtsprechung auf den Gerichtshof von →Westminster, daß dem »wager of law«-Verfahren zunehmend die Basis entzogen wurde (P. & M. II, 636). Kgl. Gerichtsakten zeigen eine hohe Erfolgsrate bei Prozessen mit Eideshilfe. Ein Eideshilfeverfahren war allerdings beschwerl., denn wenn der Beklagte unterlag, mußte ein Schwurgericht einberufen werden, das die Höhe des Schadens festsetzen mußte (z. B. im 13. Jh. bei einem Verfahren wegen Entführung eines Mündels, KB 26/164 m 26r). Die Beibehaltung der Eideshilfe spricht für ihre gesellschaftl. Nützlichkeit, die manche modernen Rechtshistoriker nur schwer verständl. finden und häufig ablehnend als rückständig und hinderl. für den Fortschritt des Rechtswesens verurteilen.   S. Sheridan Walker

Q. und Lit.: HRG I, 870–872 – R. C. VAN CAENEGEM, La preuve au MA Occidental, La preuve (Soc. J. Bodin, XVII, 1965), bes. 692, 694f., 701f. [engl. Übers.: Methods of Proof in Western Medieval Law, Acad. Anal., 1983, 85–127] – W. HOLDSWORTH, A Hist. of English Law, 1966, I, bes. 305–308; II – F. POLLOCK–W. MAITLAND, The Hist. of English Law, 2 Bde, 1968 [Ind., s.v.] – R. C. VAN CAENEGEM, The Birth of the English Common Law, 1973, bes. 62f., 66f., 77, 79 – R. V. COLMAN, Reason and Unreason in Early Medieval Law, Journal of Interdisciplinary Hist. 4, 1974, bes. 571, 575–578 – H. C. LEA, The Duel and the Oath, 1974, T. 1 [Nachdr. mit Einl. und Q.] – English Historical Documents I, 1979², 366f. – S. F. C. MILSOM, Historical Foundations of the Common Law, 1981² [Ind., s.v.] – Wakefield Court Rolls 1348–1350, ed. H. JEWEL (Yorkshire Archaeological Soc., 1982), 3, 39, 44, 67, 68f., 136, 154, 186, 217, 220, 222, 236 – Wakefield Court Rolls 1331–1333, ed. S. SHERIDAN WALKER (ebd., 1983), 13, 21, 33, 154, 168, 193, 200, 220.

X. IRLAND UND WALES: [1] Das *irische Recht* hat einen außerordentlich reichen Bestand an Termini für E.e, von denen einige – in lat. Gewand – in der Behauptung des →Tírechán (7. Jh.) erwähnt werden: danach lehnten andere ir. Kirchen die Kirche von →Armagh, die Mutterkirche des hl. Patrick, ab »quod non licet iurare contra eum et super eum et de eo non lignum licet contra eum mitti quia ipsius sunt omnia primitiuae aecclesiae Hiberniae, sed iuratur a se omne quod iuratur«. Die ir. Ausdrücke lauten: *tongid (-toing)*: Nominalform *luge*, 'schwört'; *ar-toing:airthech*, 'schwört einen stellvertretenden E. für einen anderen'; *as-toing:etech*, 'wegschwören', 'reinwaschen'; *con-toing:cotach*, 'eine beschworene Übereinkunft eingehen'; *di-toing:díthech*, 'wegschwören', 'reinwaschen'; *for-toing:for-tach*, 'überschwören': 1. einen höheren E. schwören, 2. mit E. beschuldigen; *fris-toing:fretech*, 'abschwören', 'ableugnen'; *imm-toing:imthach*, 'einen Reinigungseid schwören'; *éithech*, 'Meined'.

Das Gewicht des E.s entsprach der gesellschaftl. Stellung des Schwörenden: der Ehrenpreis eines Mannes (→*enech*) war dabei nicht nur ausschlaggebend für das Gewicht des E.es, dieser Ehrenpreis konnte demjenigen, der des Meineides überführt worden war, auch verlorengehen. Der letzte Satz von Tírecháns Text zeigt zudem, daß es häufig den halben Weg zum Sieg in einem Rechtsstreit bedeutete, wenn man selbst derjenige war, den den E. zu schwören hatte. Nur wenn die gesellschaftl. Stellung beider Parteien gleich war – und damit das Gewicht ihrer E.e –, mußte der Ausgang eines Rechtsstreits durch das →Los entschieden werden (*crannchor*, das »lignum mitti« des Tírechán). Tírecháns Äußerung läuft, aufgrund der Rechtsterminologie im Bereich der E.e, auf eine Bestätigung der herausragenden Stellung Armaghs unter den ir. Kirchen hinaus.

[2] Im *walisischen Recht* finden sich aufschlußreiche Beispiele über die Art und Weise, wie unterschiedl. Formen des E.es bei Gerichtsverhandlungen angewendet wurden. Der Eidhilfe bedient sich häufig nur die Partei, der eine Straftat zur Last gelegt wurde oder die man einer unrechtmäßigen Handlung verdächtigte. So kann etwa ein Schuldner, der angeklagt ist, seine Schulden nicht bezahlt zu haben, die Berechtigung der Anklage leugnen, aber er muß sich dann einem Eidhilfeverfahren unterwerfen, um sich von der Anklage zu reinigen. Es läßt sich eine deutliche Strategie beobachten, die darauf abzielt, durch den E. des Bürgen wachsenden Druck auf den angenommenen Schuldner auszuüben. Indessen wird der E. in Augenzeugen durchaus unterschiedl. beurteilt. In einem Text aus ausgehenden 13. Jh. streiten die beiden Parteien so lange, bis die eine oder die andere Seite sich gezwungen sieht, eine formelle Leugnung des gegnerischen Standpunkts auszusprechen. Der Opponent – die Person, deren Darstellung formell angezweifelt wurde – hat daraufhin das Recht, Augenzeugen zur Bekräftigung seiner Behauptung hinzuzuziehen. Dieser Schritt bringt ihn offensichtlich in eine günstige Ausgangsposition.   T. M. Charles-Edwards

Lit.: Críth Gablach, ed. D. A. BINCHY, 1941, 99f. – DERS., Patrick and his Biographers, Ancient and Modern, Studia Hibernica 2, 1962, 62 [über Tírecháns Abhandlung] – DERS., Irish Hist. and Irish Law, ebd. 16, 1976, 21.

XI. URKUNDENWESEN: [1] *Urkundenbeweis:* Im nachklass. römischen Prozeßwesen spielte bei der Feststellung der →Echtheit einer Urk. der E. gegenüber →Schriftvergleich und →Zeugenbeweis nur die Rolle eines Notbehelfs. Dagegen war der E. (neben dem →Gottesurteil) bei den germ. Völkern ein wichtiges, ja das bedeutendste Beweismittel vor Gericht. Er konnte als Parteieid oder als Zeugeneid geschworen werden, wobei die Zahl der Schwörenden schwankte. Nach salischem Recht war eine doppelte Art der Anfechtung einer Urk. möglich. Der Gegner des Urkundenproduzenten konnte sich mit der einfachen Schelte begnügen, gegen die sich der Beweisführer mit 12 Eideshelfern verteidigte. An Stelle einfacher Anfechtung konnte der Gegner die Urk. rechtsförmlich schelten, indem er diese vor Gericht durchstieß (transforare, transpungere, perforare). In diesem Fall mußte der Produzent die Zeugen der Urk. vorführen, die ihre Aussagen mit dem E. bekräftigten. Gegen den ordnungsgemäß vorgebrachten E. war die Eidesschelte zugelassen. Sie führte zum →Zweikampf der Parteien. Das langobard. Recht hat trotz seines ausgebildeten Notariats am Ende des

9. Jh. die Schriftvergleichung durch einen Zwölfereid des Produzenten und den E. der Zeugen ergänzt. Nachdem im authent. Siegel und im Notariatsinstrument Mittel gefunden worden waren, die volle →Beweiskraft und eine solche Unanfechtbarkeit, die früher nur die Königsurkunde besessen hatte, auch den Privaturkunden gewährte, trat die eidl. Vernehmung von Urkundenproduzent und Zeugen immer mehr in den Hintergrund.

[2] *Kanzleipersonal:* Die Vereidigung von Mitgliedern einer →Kanzlei ist erst seit den späteren Jahrhunderten des MA bezeugt. In der päpstl. Kanzlei besaß man seit dem Beginn des 13. Jh. in dem »Liber cancellariae apostolicae« ein Kanzleibuch, das neben Einträgen, die den Geschäftsgang betrafen, auch eine Sammlung von E.en enthielt. Durch den E. traten die Mitglieder der Kanzlei in ein direktes Dienstverhältnis zum Papst bzw. zum Vizekanzler und den Notaren. Die ältesten Quellen über die Vereidigung von Mitgliedern der Reichskanzlei gehören ebenfalls dem 13. Jh. an. Den frühesten Beleg bietet die wahrscheinl. zu Beginn des Jahres 1244 publizierte Kanzleiordnung Friedrichs II. für Sizilien. Viel später und spärl. als für Sizilien, aber etwa auch als für Frankreich und England, fließen die Quellen über den Geschäftsgang der Reichskanzlei in Deutschland, der lange gewohnheitsrechtl. schriftlos geregelt war. Die ersten Beispiele für eine Vereidigung stammen aus der Mitte des 15. Jh. Dagegen existiert für den Hofgerichtsschreiber am Reichshofgericht bereits 1235 eine Eidesformel. Über die Eidesleistung von Bediensteten in städt. und fsl. Kanzleien sind wir z. B. durch Stadt- und Eidbücher, Statuten und Bestallungsurkunden sowie durch Bezeichnungen wie notarius (-ii) iuratus (-i) unterrichtet. A. Gawlik

Lit.: zu [1]: BRESSLAU I, 635ff. – BRUNNER, DRG II, 535ff. – D. SIMON, Unters. zum Justinian. Zivilprozeß, 1969, 289ff., 315ff., 348ff. – zu [2]: E. WINKELMANN, Acta imperii inedita, 1880, 731ff. – G. SEELIGER, Die älteste Ordnung der dt. Reichskanzlei 1494 Oktober 3, AZ 13, 1888, 1ff. – M. TANGL, Die päpstl., Kanzleiordnungen von 1200–1500, 1894, 33ff. – O. MOREL, La Grande Chancellerie royale (1328–1400), 1900, 31ff. – BRESSLAU, s. o. – O. REDLICH, Die Privaturkk. des MA, 1911, 155f. – T. F. TOUT, Chapters in the Administrative Hist. of Mediaeval England I, II, 1920 – B. WILKINSON, The Chancery under Edward III, 1929 – R. SCHEYHING, E.e, Amtsgewalt und Bannleihe, 1960 – G. TESSIER, Diplomatique royale française, 1962, 139f., 154ff. – F. BATTENBERG, Gerichtsschreiberamt und Kanzlei am Reichshofgericht 1235–1451, 1974 – Die Fürstenkanzlei des MA (Ausstellungskat. des Bayer. Hauptstaatsarchivs, 1983), 110ff. [J. WILD].

B. Byzantinisches Reich und Altrußland
I. Byzantinisches Reich – II. Altrußland.

I. BYZANTINISCHES REICH: E. (ὅρκος). Obwohl Christus im NT die Eidesleistung ablehnt (Matth V, 33–37), übernahm Byzanz vom Röm. Reich den Amts- und Treueid, den der Beamte bei der Einsetzung in ein Amt zu schwören hatte (→Beamtenwesen). Bis zum 12. Jh. hatte sich der E. zu einem regulären Rechtsinstitut entwickelt: Niketas →Choniates († 1217) erwähnt 32mal in verschiedenen Zusammenhängen das Wort ὅρκος, z. B. nennt er ein »Eidbuch« (p. 228.33), »einen Schwur bei dem eigenen Haupte« (p. 132.39), »... beim Grabe Christi« (p. 163.31) usw. Der E. war auch im privaten Bereich üblich: Nach einem Edikt Ks. Alexios' I. (1081–1118) genossen Mitglieder des →Senats das Privileg, den E. in ihrem Privathaus abzulegen, während Handelsleute in jedem Fall an öffentlichem Orte zu schwören hatten. Die Ks. forderten einen – individuellen oder kollektiven – E. von ihren Untertanen. In der Vita →Stephanos' d. J. (verfaßt 808) wird eine individuelle Eidesleistung beschrieben: Ks. Konstantin V. (741–775) fragt dort einen gewissen Georgios Synkletous, ob er treu ergeben sei; als Antwort verneigt der Angesprochene sich tief, preßt seine Hände auf die Brust und schwört, daß er bereit sei, für den Ks. zu sterben (MPG 100, 1132 D). Ein kollektiver E. wird dagegen bei →Theophanes Homologetes (p. 449f.) geschildert: Ks. Leon IV. (775–780) fordert – »wie es der Brauch bei den Ks. ern war« – von den militär. Befehlshabern, den Senatsmitgliedern, den Bürgern und Handwerkern einen E. auf das Zeichen des Kreuzes sowie die Unterzeichnung von Urkunden, in denen sie versprechen, niemand als Herrscher anzuerkennen außer Leon IV., seinen Sohn Konstantin VI. und »die Leute aus deren Geschlecht«. »Alles Volk« begleitet den Ks. daraufhin zur Hagia Sophia, um dort die unterzeichneten Urkunden auf dem Altar niederzulegen. Der E. des Ks.s gegenüber einem Untertanen, einem Privatmann, war dagegen selten, aber nicht unmöglich: So entsandte Ks. Michael IV. (1034–42) einen Eunuchen zu dem Magnaten Konstantin →Dalassenos mit hl. Reliquien, auf die der Eunuch – im Namen seines ksl. Herrn – schwor, daß Dalassenos nichts Übles widerfahren werde, wenn er in den ksl. Palast komme. War diese ksl. Eidesleistung offenbar aus einem bes. polit. Anlaß erfolgt, so kann das feierl. Versprechen des Ks.s bei der Inthronisation, stets im Einklang mit der Hl. Schrift regieren zu wollen, als häufigere Erscheinung im öffentl. Leben des Reiches gelten. Westl. Verbündete und Söldner schworen dem Ks. Treue: →Anna Komnene (Alexias, Bd. III, p. 125–139) überliefert den vollen Text des E.es →Bohemunds I. v. Tarent, den dieser 1108 beim Vertragsschluß v. →Deabolis (gegen Verleihung eines ksl. Chrysobulls) schwor; der Normanne erklärte sich zum homo ligius (→Lehnswesen) Alexios' I. Die →Kirche war als Körperschaft verpflichtet, dem Ks. einen Treueid zu leisten: 1171 schwor Patriarch Michael III. (GRUMEL-LAURENT, nr. 1120) dem Ks. Manuel I. Treue und verdammte im voraus jedwede Revolte gegen den Ks. Eine pervertierte Form des E.s war – auch aus dem Byz. Reich bekannte – Treueid unter Verschwörern. Die Theorie eines »polit.-staatsrechtl. E.es« wurde von Manuel →Moschopulos (1265–ca. 1316) in seinem Andronikos II. gewidmeten Traktat entwickelt: Nach Moschopulos' Auffassung waren alle Untertanen des Reiches verpflichtet, dem Ks. als der Verkörperung der überpersönlichen Staatsgewalt Treue und Unterwerfung zu schwören; der E. wurde somit als regelrechtes Band, das die Gesellschaft als solche zusammenhielt, interpretiert. A. Kazhdan

Lit.: N. SVORONOS, Le serment de fidelité à l'empereur byz. et sa significance constitutionelle, RevByz 9, 1951/52, 106–142 [abgedr. in: DERS., Etudes sur l'organisation intérieure, la société et l'économie de l'Empire Byz., 1973, Teil VI] – J. FERLUGA, La ligesse dans l'Empire Byz. Contribution à l'étude de la féodalité à Byzanz (Recueil des travaux de l'Institut d'Etudes byz. 7, 1961) [abgedr. in: J. FERLUGA, Byzantium on the Balkans, 1976] – weitere Spezialunters. fehlen.

II. ALTRUSSLAND: Der E. (*rota, kljatva, prisjaga, krestnoe celovanije*) ist im Rechts- und Verfassungsleben Altrußlands tiefverwurzelt. Die Beziehungen der Fs.en untereinander, der Fs.en zum Volk, der Fs.en zur Gefolgschaft (→*družina*) wurden vertraglich geregelt (→Vertrag) und eidlich bekräftigt. In den Rechtsdenkmälern (Russkaja Pravda, Sudebniki, Uloženie u. a.) begegnet der E. als Mittel zur Wahrheitsfindung und spezifische Form des Beweises. In internationalen Verträgen dient er dazu, die Verbindlichkeit der Abmachungen feierlich zu bekräftigen. Der Vertrag mit Byzanz i. J. 911 (→Byz. Reich, Abschnitt E. II) wurde vom Fs.en v. Kiev, →Oleg, und seinen Abgesandten auf heidn. Weise, bei ihrem Schwert und den Göttern Perun und Volos, beschworen. Beim Vertragsabschluß mit Byzanz i. J. 944 leisteten einige Gesandte den E. durch Kreuzkuß (→Kuß) in der Eliaskirche, während die übrigen, mit Fs. →Igor' an der Spitze, den Schwur bei ihren Schilden und Schwertern und vor dem Standbild Peruns taten. Die Eidleistung nach christl. Brauch vor dem hl. Kreuz und dem Evangelium mit erhobener rechter Hand (*krestnoe celovanije*) wird nach Annahme des Christentums durch →Vladimir (988) allgemein üblich. Die den E. abnehmenden Personen sind verpflichtet, vor der Eidleistung auf Sinn, Gewicht und Bedeutung der Zeremonie und die ernsten Folgen des falschen E.es hinzuweisen. Das 14. Kapitel des Uloženie (1649), in das ältere Rechtsüberlieferungen Eingang gefunden haben, handelt ausschließlich vom Eid. Bagatellfälle unterliegen danach nicht der Eidespflicht. Personen unter 20 Jahren dürfen nur in Ausnahmefällen zum E. zugelassen werden. →Meineid wird mit Hinweis auf die kanon. Rechtsüberlieferung schärfstens bestraft. Im gerichtl. Verfahren tritt der E. zunehmend an die Stelle einer ebenfalls geübten Praxis der Eidesfindung, des gerichtl. →Zweikampfes (*pole*). Im Sudebnik von 1589 ist das pole aber bereits als tote Norm zu betrachten.

Verträge zw. Fs.en, obwohl durch Kreuzkuß beschworen, wurden häufig gebrochen. Sie boten keine Gewähr für die Unantastbarkeit der Teilfürstentum-(Udel-)Ordnung, wobei insbes. die Gfs.en v. →Moskau oft nach dem Recht des Stärkeren handelten. Verträge zw. dem Fs.en und dem Volk (*rjady*), erhalten nur aus Novgorod seit dem Ende des 13. Jh., wurden ebenfalls durch Kreuzkuß des Fs.en bei seinem Herrschaftsantritt bekräftigt. Die Regulierung der Dienstbeziehungen zw. einem Fs.en und einzelnen Mitgliedern seiner Gefolgschaft (z. B. bei Neueintritt) oder der Gefolgschaft insgesamt (z. B. bei ihrer Indienstnahme durch den Nachfolger), durch Treueid untermauert, geschah in Kiev wie in Moskau wahrscheinl. durch mündl. Absprache. Schriftlich fixierte Verträge zu Umfang und Bedingungen des freien Dienstes sind nicht überliefert. Die eidl. Verpflichtung, sein Blut für den Herrscher zu vergießen und sein Leben im Dienste des Fs.en nicht zu schonen, bezieht sich lediglich auf den Kriegsdienst. Oft bedeutet das Küssen des Kreuzes nur die Zustimmung zur genauen Erfüllung der auf sich genommenen Verpflichtungen (siehe den Eid der Bojaren und F.sen v. Smolensk nach Eroberung der Stadt i. J. 1514). Die Existenz von Diensteiden, die niedere, gewählte Vertreter der lokalen Gerichtsverwaltung zu leisten hatten, ist seit der Mitte des 16. Jh. bezeugt. Die Ausstellung von einseitig verpflichtenden Kreuzkußurkunden (*celoval'nye zapisi*) diente den Moskauer Herrschern zur Sicherung ihrer Macht gegen rivalisierende Ansprüche. Ein Zeitgenosse Ivans IV., Fs. Andrej Kurbskij, bestreitet die Rechtskraft eines erzwungenen Eides. Für ihn steht das Küssen des Kreuzes beim E. sogar im Widerspruch zum 1. Gebot und ist deshalb abzulehnen. Umstritten war auch, wie die Ereignisse am Bett des schwer erkrankten Zaren Ivan IV. 1553 zeigen, ob zur Eidleistung in Abwesenheit des Herrschers geführt werden dürfe. H. Rüß

Lit.: M. D'JAKONOV, Očerki obščestvennago i gosudarstvennago stroja drevnej Rusi, 1908² [Neudr. 1966] – M. F. VLADIMIRSKIJ-BUDANOV, Obzor istorii russkogo prava, 1909⁶.

C. Arabisch-islamischer Bereich

Der E. (*yamīn*, auch *qasam*) dient entweder zur Erhärtung einer Aussage oder zur Bekräftigung der Absicht, etwas Bestimmtes zu tun. Ein E. ist grundsätzl. nur dann bindend, wenn er bei Allāh oder einem seiner Beinamen geschworen wird. Falls eine Handlung, die unter E. versprochen worden ist, nicht ausgeführt wird, muß eine Sühne (*kaffāra*) geleistet werden (Koran LXVI, 2), selbst wenn die beabsichtigte Handlung verboten ist. Die Sühne besteht in der Freilassung eines gläubigen Sklaven oder im Speisen und Kleiden von 10 Armen, für weniger Begüterte ersatzweise in dreitägigem Fasten (Koran V, 89).

Vom E. zu unterscheiden ist das Gelübde (*naḏr*), das nur dann verbindl. ist (Koran XXII, 29), wenn eine verdienstl., Gott wohlgefällige Tat (*qurba*) versprochen wird, zu der man nicht verpflichtet ist. Das Gelübde kann von einer Bedingung abhängen. Da ein Gelübde grundsätzl. erfüllt werden muß, kann es nicht durch eine Sühne aufgehoben werden. Doch kann ein Gelübde ewiger Feindschaft (*naḏr al-laǧāǧ wa-l-ǧadab*) durch Sühne beseitigt werden.

Der E. zur Erhärtung einer Aussage dient in zwei Formen als Beweismittel: Entweder schwört der Beklagte auf Antrag des Klägers, daß der gegen ihn geltend gemachte Anspruch nicht bestehe. Im Fall der Eidesverweigerung kann der Kläger seinen Anspruch durch einen eigenen E. durchsetzen. Der E. kann aber auch einer der Parteien auferlegt werden, um einen fehlenden zweiten Zeugen zu ersetzen. Im Fall einer Tötung kann der nächste männl. Blutsverwandte, der zur Blutrache befugt ist (*walī ad-dam*), den wahrscheinl. Täter durch 50 Eide (*qasāma*), die in früherer Zeit durch Stammesgenossen geleistet wurden, haftbar machen. Der Beschuldigte (bzw. seine Sippe) braucht den Blutpreis (*diya*) nur dann nicht zu zahlen, wenn er seinerseits seine Unschuld durch 50 E.e beteuert. In Ermangelung der an sich erforderl. vier Zeugen kann der Ehemann den Vorwurf des →Ehebruchs (s. Abschnitt E) seiner Frau durch fünffachen E. bekräftigen, indem er viermal schwört, er habe die Wahrheit gesagt, und beim 5. Mal, daß der Fluch Allāhs über ihn kommen solle, falls er gelogen habe (*liʿān* 'Verwünschungseid'). Die Ehefrau kann der Bestrafung für Unzucht (*zināʾ*) entgehen, wenn sie die Anschuldigung ihres Mannes durch fünf entsprechende E.e entkräftet (Koran XXIV, 6–9). Zwar bleibt dadurch auch der Ehemann – sofern er nicht widerruft – von der Strafe für falsche Anschuldigung wegen Unzucht (*qaḏf*) verschont, aber die Auflösung der Ehe muß ausgesprochen werden, die Betroffenen können nie wieder die Ehe miteinander eingehen und ein Kind, auf das sich der Vorwurf des Ehebruchs bezieht, gilt als vaterlos; eine Anerkennung durch einen anderen Mann ist ausgeschlossen.

Die altarab. Gelübde des Mannes, sich des geschlechtl. Umganges mit seiner Ehefrau zu enthalten (*īlāʾ*), werden vom Islam mißbilligt. Bei einem solchen Gelübde muß daher der Mann seine Frau nach vier Monaten (endgültig) verstoßen oder sich mit ihr versöhnen und wegen Eidesbruchs eine Sühne leisten (Koran II, 226–227). Eine schwerwiegende Form des Enthaltsamkeitsgelübdes stellt der Schwur des Mannes dar, seine Ehefrau solle für ihn (ebenso tabu) wie der Rücken seiner Mutter sein (*ẓihār*). Im Fall der Versöhnung besteht hier die Sühne in der Freilassung eines gläubigen Sklaven oder in zweimonatigem Fasten, ersatzweise im Speisen von 60 Armen (entsprechend der Strafe für ehel. Verkehr während eines Fastentages) (Koran LVIII, 2–4, auch XXXIII, 4).

K. Dilger

Lit.: EI² IV, 687–690 [s. v. kasam] – JOH. PEDERSEN, Der E. bei den Semiten in seinem Verhältnis zu verwandten Erscheinungen sowie die Stellung des E.es im Islam, 1914.

Zum E. im Judentum →Judeneid.

Eidbuch → Stadtbücher

Eidechsen

I. Gelehrte lateinische Tradition – II. Ikonographie und Symbolik.

I. GELEHRTE LATEINISCHE TRADITION: E., griech. σαῦραι (saurai), lat. lacertae, sind für das Mittelmeergebiet (vgl.

LEITNER) charakteristischer als für Mitteleuropa, was die fast ausschließl. Weitergabe antiker Nachrichten durch die Enzyklopädiker erklärt. Thomas v. Cantimpré beginnt das Kapitel im Schlangenbuch (8,23) mit der von Solin (27,33) vorgeschlagenen Zuordnung zu den »Würmern« (wegen Harmlosigkeit) und weist auf die zum Laufen benutzten Beine und die gespaltene Zunge (nach Plinius, n.h. 11,171) hin. Er kennt eine sonst nicht bezeugte Art mit schwarzem Schwanz und Spinnennahrung. Nach Plinius (10,187) vergessen die E. wegen des fehlenden Gedächtnisses den Ort der Eiablage, weshalb die Jungen alleine schlüpfen müssen. Irrtümlich überträgt Thomas die Elfzahl der Jungen und den von einem einzigen Überlebenden an der Mutter gerächten Kannibalismus vom Skorpion (nach Plinius 11,91) auf die E. Auch der Satz über die bunten E. in Indien (nach Plinius 8,141) ist entstellt, da sich die 24 Fuß auf die Länge beziehen. Wegen eines paläograph. Fehlers hat Thomas wohl die »lacta« (für lacerta) der Glosse zu Levit. 11,30 über die wegen ihres Lebens in Gräbern unreinen E. unter den Vierfüßern (4,64 = Albertus Magnus 22,112) erneut behandelt. Aus der Physiologus-Tradition stammt (vgl. McCULLOCH, 140–141) die aus der Vorliebe für das Sonnenbad abgeleitete Fabel, die »saura eliace« gewinne so im Alter die Sehfähigkeit zurück, welche Thomas (8,34: scaura) durch Isidor (etym. 12,4,37) und Jakob v. Vitry (cap. 89, vgl. Arnoldus Saxo 2,10, Albertus Magnus 25,32 u. Vinc. 20,65) vermittelt wurde. Die Sonnenechse ist Thomas Sinnbild für diejenigen, welche ihre fehlende Bibelkenntnis durch Kontemplation wettmachen und dadurch auch zum Heil gelangen. Albert referiert (25,32) noch den Bericht eines angebl. glaubwürdigen Dominikaners über sehr lange, dunkel gefärbte und schenkeldicke E. in der Provence und in Spanien, die hochspringend vorbeigehenden Menschen und Tieren schwere Bißwunden zufügten.

Ch. Hünemörder

Q.: Albertus Magnus, De animalibus, ed. H. STADLER, II, 1920, BGPhMA 16 – Arnoldus Saxo, Die Enc. des A.S., ed. E. STANGE, 1905–07 – Isidorus Hispalensis, Etymologiae, ed. W. M. LINDSAY, 2, 1911 – Jacobus de Vitriaco, Historia orientalis, ed. FR. MOSCHUS, 1597 – Solinus, Collectanea rerum memorabilium, ed. TH. MOMMSEN, 1895² [Neudr. 1958] – Thomas Cantimpratensis, Liber de natura rerum, T. I: Text, ed. H. BOESE, 1973 – Vincentius Bellovacensis, Speculum naturale, 1624 [Neudr. 1964] – Lit.: F. MCCULLOCH, Mediaeval Latin and French Bestiaries, Univ. of North Carolina, Stud. in the Romance Languages and Lit. 33, 1960.

II. IKONOGRAPHIE UND SYMBOLIK: Wohl infolge der Formenverwandtschaft mit dem symbolbeladenen →Drachen sind ma. Darstellungen der E. selten. Auch ihre Ikonographie ist zuweilen ambivalent oder bleibt oft unklar. Positive Bedeutung hat die E. in den typolog. illustrierten Hss. der →Concordantia caritatis (14./15. Jh.), diese stellen sie den bibl. Heilungen von Blinden gegenüber (Lk 18,35; Tob 11,13; 1 Sam 14,27). Dem liegt die Deutung des Physiologus zugrunde, nach der sich der Mensch – analog der erblindeten E., die durch die Sonne wieder sehend wird – Christus, der »Sonne der Gerechtigkeit«, zuwenden soll. Auch die 4 vierfüßigen, ungeflügelten Reptilien mit aufwärtsgerichteten Köpfen an den sog. Tassilo-Leuchtern (um 1000) von Kremsmünster sind eventuell E. und als derartiges Sinnbild gedacht. So können auch E. an Kanzeln auf die erleuchtende Kraft des Evangeliums hinweisen. Doch lassen die E. an der Treppenbrüstung der Kanzel im Wiener Stephansdomes von A. Pilgram (um 1514), die sich mit Kröten und Schlangen beißen, nur eine negative Deutung zu: Sie sind das Böse, das durch Gottes Wort vertrieben wird und gehen damit auf Hrabanus Maurus zurück, der sie im Anschluß an 3 Mos 11,29f. zu den unreinen Tieren rechnet. Am Chorgestühl von St. Severin in Köln (13. Jh.) begegnen neben Fischottern, Hunden, Eichhörnchen und Drachen auch 4 E., an dem des Freisinger Domes (1486–88) ist die E. einem Drachen gegenübergestellt.

R. Dieckhoff

Lit.: LCI I, 589–599 [Lit.] – RDK IV, 931–939.

Eidechsengesellschaft (auch: Eidechsenbund), Rittergesellschaft in →Preußen. In der Art der →Rittergesellschaften des 14. Jh. wurde die E. am 21. Sept. 1397 von vier Landesrittern, den Brüdern Nikolaus und Johannes v. Renys sowie Friedrich und Nikolaus v. Kynthenau, bei Rheden (Kulmer Land) gegründet (»czeichen der.. geselschft .. eyne oydechse«; »societas lacertarum«), ohne daß die innere Verfassung und polit. Zielrichtung klar umrissen wurde. Eine ursprgl. konspirative Absicht gegen den →Dt. Orden als Landesherrn ist nicht auszuschließen. Öffentlich trat die E. u. a. 1408 mit der Stiftung einer Vikarie in Thorn hervor. An dem mutmaßl. Komplott der E. gegen den Hochmeister →Heinrich v. Plauen, das 1411 einige Hinrichtungen nach sich zog, war auch ein Ordengebietiger, der Rhedener Komtur Georg v. Wirsberg, dessen Motivgebung nicht auszuschließen ist, beteiligt. Die aus diesem Ereignis resultierende Zerschlagung der E. läßt für vier Jahrzehnte genauere Nachrichten über eine etwaige Fortexistenz vermissen. Mit der Gründung des →Preuß. Bundes von 1440, eines Zusammenschlusses von Landständen (→Stände) des unteren Weichselraumes zunächst zur polit. Mitbestimmung im Ordensstaat, läßt sich die E. auf Grund der Identität des Aktivitätsraumes (Rheden, Thorn, Kulm; Kulmer Land) in Verbindung bringen, wenn man nicht davon ausgeht, daß es sich um eine neue Gesellschaft handelt; eine Wiedergründungsurkunde ist nicht überliefert. Insbes. von 1450 bis 1453 geben sich zahlreiche, nicht nur ritterbürtige, Bundespolitiker als Mitglieder der E. zu erkennen, unter ihnen Hans und Gabriel v. Baysen, Hans v. Czegenberg und Tylemann v. Wege. In den Jahren 1451/52 gibt es Nachrichten über interne Differenzen hinsichtlich der Frontstellung gegen den →Dt. Orden und der Hinwendung zur Krone →Polen. Nach 1454, dem Jahr des militanten Abfalls des Preuß. Bundes vom Deutschordensstaat (Ständekrieg), und der Inkorporation des größeren Teiles Preußens in die Krone Polen verlieren sich die Spuren der E. fast schlagartig. Die E. ist offensichtl. nicht die Triebfeder der Ständepolitik gewesen, sondern eher eine anachronist. Begleiterscheinung; ihre gelegentl. überschätzte Bedeutung liegt in ihrem ritterbünd., über die Landesgrenzen hinausgreifenden Charakter.

C. A. Lückerath

Q.: Acten der Ständetage Preussens, ed. M. TOEPPEN, 1–5, 1874–86 – Die Staatsverträge des Dt. Ordens in Preußen im 15. Jh., hg. E. WEISE, 2, 1955, Nr. 288 – Lit.: J. VOIGT, Gesch. der E. in Preußen, 1823 – B. SCHUMACHER, Gesch. Ost- und Westpreußens, 1959⁵, 132–134 – M. BARTKOWIAK, Towarzystwo Jaszcrce w latach 1397-1437, Roczniki Tow. Nauk. w Toruniu 51, 1946, 123–176 – M. BISKUP, Uwagi o roli i znaczeniu Towarzystwa Jaszczurczego w latach 1438–1454, ZapTowarz Nauk Torún 15, 1, 2, 1949, 63–72 – K. E. MURAWSKI, Zw. Tannenberg und Thorn, 1953, 83–95 – C. A. LÜCKERATH, Paul v. Rusdorf, 1969, 192–200 – M. BISKUP, Der Preuß. Bund 1440–1454 (Hans. Stud. 3, hg. K. FRITZE, u. a. 1975), 341–358 – H. BOOCKMANN, Der Dt. Orden, 1981, 197–208 – M. BURLEIGH, Prussian Society and the German Order: An Aristocratic Corporation in crisis ca. 1410–66, 1984.

Eider, Fluß in Schleswig-Holstein. Die E. war im 4. Jh. Grenzfluß der Angeln gegen Süden und später zw. Schleswig und Holstein, d. h. Dänen und Sachsen. Von ca. 550 bis ca. 800 standen die germ. Reiche des Kontinents mit ganz Skandinavien nur über die fries. Küstenschiffahrt in Verbindung. Diese erreichte im frühen 7. Jh. die E.-

Mündung, von wo die Handelsgüter und übrigen Kontakte durch die einheim. Bevölkerung nach Norden und Osten weitervermittelt wurden. Seit dem späten 7. Jh. segelten fries. Händler die E. und ihren Nebenfluß Treene aufwärts, überquerten auf einem nur 16 km kurzen Landweg die Wasserscheide zur Ostsee und gründeten bei →Haithabu an der Ostseebucht »Schlei« einen Handelsstützpunkt. Von dort brachten sie mit eigenen Schiffen ihre Waren noch vor 750 auf die schwed. Märkte. Die E. mit den Häfen →Hollingstedt (a. d. Treene) und Rendsburg blieb die wichtigste Transitstrecke zw. Nordsee und Ostsee, bis sich nach 1200 der Handel auf die Route zw. den Hansestädten→Hamburg und→Lübeck verlagerte.

D. Ellmers

Lit.: Hist. Stätten Dtl. I, 40-42 – [CH.DEYN] – D. ELLMERS, Die Bedeutung der Friesen für die Handelsverbindungen des Ostseeraumes bis zur Wikingerzeit, Acta visbyensia 7, 1985 – DERS., Die Entstehung der Hanse, HGBll 103, 1985 [Lit.].

Eideshelfer, ein Mitschwörer, der den Wahrheitseid (→Eid) des Beklagten unterstützte.

Eidgenosse, Eidgenossenschaft. Als E.n (lat. coniuratores, mhd. *eitgenôzin, eitgesellen*) bezeichnete die ältere dt. Rechtssprache ganz allgemein Personen, die gemeinsam einen →Eid gleichen Inhalts leisteten. Coniurator war daher auch der Mitschwörer (Eideshelfer), der den Wahrheitseid des Beklagten unterstützte, und ebenso wurde E. derjenige genannt, den dieselbe eidl. gelobte Pflicht als Mitglied eines Kollegialorgans band (→Schöffe, →Geschworener, →iuratus).

Im engeren, verfassungsgeschichtl. bedeutsamen Sinn aber kennzeichnete den E.n nicht der parallele Eid, sondern der mutuale, auf die Erzeugung eines Personenverbands (Schwureinung, Eidgenossenschaft) gerichtete Treuschwur (»se in unum coniurare«, »mit eden sek to samene sekeren«). Die Gleichordnung der Genossen schied diese Vereinigung von herrschaftl. organisierten Verbänden; die eidl. Unverbrüchlichkeit hob sie von sonstigen freien →Einungen ab.

Ihrer Grundstruktur nach bildeten alle Schwureinungen eine interne Friedens-, Rechts- und Interessengemeinschaft, die sich extern im solidar. Schutz des einzelnen Genossen, in der Wahrung und Mehrung gemeinsamer Güter und Rechte sowie im konzentrierten Einsatz für das jeweils zugrundegelegte Verbandsziel äußerte. Eines ihrer archaischen Urmodelle war die germ. Bundbrüderschaft (anorw. *fóstbrœðralag*), die zw. gewöhnlich zwei Männern (*eið-, svarabræðr*) eine künstl. Verwandtschaft mit sippentyp. Pflichten (→Schutz, Trutz, →Blutrache, →Totenkult) hervorrief (*Fóstbrœðra saga* kap. 2; *Gísla saga Súrssonar* kap. 6; *Gulaþingbók* 239).

Als →Bruderschaft (confratria, fraternitas) mit ähnlichem, wenngleich merkantil modifizierten Pflichtenbündel begriff sich auch die ältere Schutzgilde (→Gilde); auf eine Vielzahl von Mitgliedern und unbegrenzte Zeit angelegt, bildete sie nach innen Elemente der Verbandsgewalt aus, wobei sie sich auf die eidl. Verwillkürung der Genossen, d. h. auf die individuell beschworene Verbandstreue als Geltungsgrund intern-verbindl. Normen stützen konnte. Ihre Handlungsfähigkeit gegenüber Ungenossen wurde durch gewählte, pro tempore amtende Vertreter sichergestellt.

Als Gebilde herrschaftsfremder Rechtsnatur, v. a. aber wegen des Prinzips eidl. begründeter, vorrangig der Genossenschaft geschuldeter Treupflicht stand der Schwurverband in klarem Widerspruch zur Organisationsform des Obrigkeitsstaats; seit der Karolingerzeit (MGH Cap. I 51) wurde weniger die Einung selbst als vielmehr ihre spezielle Basis, das Geflecht gegenseitiger Eide, bekämpft. Nur dort, wo die Herrschaft ureigene Aufgaben, wie etwa die der Friedenssicherung, allein nicht mehr wirksam genug wahrnehmen konnte, kam es wiederholt zu einer obrigkeitl. Duldung oder gar Förderung von Verbündnissen auf eidgenossenschaftl. Grundlage (→Landfrieden). Ihre eigtl. Stoßkraft entwickelten die ma. Schwurverbände jedoch in der Auseinandersetzung mit verkrusteten Herrschaftsstrukturen. Maßgeblich und richtungweisend wirkte v. a. die Zusammenschwörung der Stadtbevölkerung zur autonomen Gemeinde (communitas, →coniuratio), die sich trotz reichsrechtl. Verbote gegen den Stadtherrn durchzusetzen vermochte. Die städt. Eidgenossenschaft vollzog zugleich den Übergang vom Personenverband zur bezirksbezogenen Körperschaft und beanspruchte Verbandsgewalt nicht nur über Zugeschworene, sondern über »Inwohner« schlechthin. Als universitas civium vereinigte sie sich ihrerseits eidl. mit anderen Städten zur Durchsetzung gemeinsamer polit. Interessen (»confederationes sive iuramenta quibus se civitates invicem obligarunt«, Urkk. zur städt. Verfassungsgesch., hg. F. KEUTGEN, 1965², Nr. 118) in den →Städtebünden. Ihre Hochblüte und weiteste Verbreitung erlebten die Schwureinungen im 13./14. Jh.; auch die →Kurfürsten haben sich dieser Organisationsform bedient (Q. zur Gesch. der dt. Reichsverfassung, bearb. K. ZEUMER, 1913², Nr. 141; Kurverein v. →Rhense). Die →Goldene Bulle v. 1356 wandte sich erfolglos gegen die überhandnehmenden »cuiuscumque coloris coniurationes« (ZEUMER, Nr. 148, c. 15).

Territorialbildenden Einfluß nahm der eidgenossenschaftl. Gedanke im Norden (→Dithmarschen, →Friesland) und Süden (Schweizerische →Eidgenossenschaft) des Alten Reiches.

H. Drüppel

Lit.: → coniuratio – DtRechtsWb II, 1311 – HRG I, 631-633, 910-912, 1687-1692 [Lit.] – KL IV, 540f.

Eidgenossenschaft, Schweizerische. Der Begriff wird in dieser Zusammensetzung erst gegen Ende des 18. Jh. verwendet, seit 1803 offizielle staatl. Bezeichnung der Schweiz, lat. Form: Confoederatio Helvetica. (Zur Gesch. des Raumes der Schweiz vor der Bildung der E. s. →Rätien, →Alamannen, →Burgunder, →Burgund, frk. Teilreich, →Burgund, Königreich, →Churrätien, ferner die Artikel zu den einzelnen Bm.ern, Abteien, Territorien, Städten, großen Adelsfamilien wie z. B. →Zähringer etc.).

I. Die drei Bündnissysteme des 13.-14. Jahrhunderts – II. Die Achtörtige Eidgenossenschaft – III. Krise und Erweiterung der Föderation – IV. Die Eidgenossenschaft als politisch-militärische Potenz in Mitteleuropa – V. Das politische System – VI. Einheit der Föderation, Herausbildung einer nationalen Identität.

I. DIE DREI BÜNDNISSYSTEME DES 13.-14. JAHRHUNDERTS: Im Raum, der im Laufe des 15. Jh. zum Territorium der E. wird, zeichnen sich zur Zeit des Niedergangs kgl. Zentralgewalt zw. den beginnenden Territorialstaaten der →Habsburger (→Österreich, →Vorderösterreich), Savoyer (→Savoyen) und →Visconti (→Mailand) drei Bündnissysteme von Städten bzw. Ländern ab: Basierend auf den ksl. Freibriefen und der wachsenden Bedeutung des Gotthards als zentralem →Alpenpaß, das Bündnis der Drei Waldstätte →Uri, →Schwyz und →Unterwalden, faßbar im (zweiten) Bündnis von 1291, erneuert 1315 nach dem Sieg über die Habsburger bei →Morgarten (1315). Es handelt sich um drei reichsfreie Talschaften bäuerlicher Art, die allmählich zu talschaftlich-kommunaler Organisation (Landsgemeinde) übergehen. Dieses sehr enge Dreiländerbündnis erweitert sich 1332 um die Stadt →Luzern, den Ausgangspunkt der Gotthardroute, in der Auseinandersetzung mit ihrem habsburg. Stadtherrn. Ein zweites Bündnissystem bilden, vom späteren 13. Jh. an, die Städteeinungen des Bodenseegebiets, insbes. →Zürich mit wechselnden Verbindungen nach →St. Gallen, Konstanz, →Schaffhausen, Lindau, Überlingen, Ravensburg, d. h. bis in den Raum der schwäb. Städte hinein. Diese Reichsstädte sind eingekeilt zw. Adelsherrschaften, habsburg. Besitz und Einflußzonen. Sie liegen im Schnittpunkt der Bündnerpässe bzw. des Gotthards und der Rhein-Bodensee- bzw. Jurafußstraße. Das dritte Bündnissystem entstand von der 1. Hälfte des 13. Jh. an im Raume von Burgund diesseits des Jura, mit dem Zentrum der Reichsstadt →Bern und deren Bündnissen mit →Payerne, Avenches, Murten, →Neuenburg, Biel, →Freiburg, der Reichsstadt →Solothurn und dem Reichsland Hasli (an der Grimsel) sowie Adligen dieses Raumes bis zur Walliser Gebirgsgrenze. Diese burg. E. (ab 1243 faßbar) war primär ein Werk der Stadt →Bern, Handels- und Gewerbezentrum dieses Raums, die es verstand, die burg. E. im Laufe des 14. Jh. großenteils zu ihrem Territorium zu machen. Einzig Neuenburg und Freiburg (mit wechselndem Verhältnis zu Bern), Solothurn und Biel konnten sich als unabhängige Bündnispartner halten. Das bern. Bündnissystem befand sich auf der Grenzlinie zw. habsburg. und savoyischen Interessen.

II. DIE ACHTÖRTIGE EIDGENOSSENSCHAFT: Die Annäherung der drei Bündnissysteme erfolgte im Laufe des 14. Jh. Die Waldstätte galten seit ihrem erstaunlichen Sieg von Morgarten als militär. Potenz (Hirtenkrieger). Polit. Erwägungen (Schutz der Zunftverfassung) bewogen Zürich 1351 zu einem Bündnis mit den Vier Waldstätten, das 1370 durch den →Pfaffenbrief (Rechtssicherungen an der Gotthardstraße) erhärtet wurde. Die zw. Zürich und Schwyz gelegene Stadt und Landschaft Zug wurde ab 1352 sukzessive ins System eingebaut, gleichzeitig mit der Flankenposition der Talschaft →Glarus. Der Hilfskreis, der im Zürcher Bund umrissen wurde, zeigt den Interessenbereich: oberste Talschaften in Graubünden, Tessin und Wallis, Aare-Rhein-Thur. Bern näherte sich den Drei Waldstätten mit einem Bündnis von 1323 (Hilfe in der Schlacht v. →Laupen, 1339). 1353 kam es zum Abschluß eines immerwährenden Bündnisses, v. a. zur gegenseitigen Absicherung im Oberland. Festeren Zusammenschluß des Bündnisgeflechts gaben erst die Spannungen mit Österreich im Rahmen des oberdt. Städtekrieges. Entscheidend waren die Niederlagen Österreichs von →Sempach (1386) und →Näfels (1388). Ausdruck der Festigung ist der →Sempacherbrief von 1392, eine Kriegsordnung aller acht Orte, mitsamt der Stadt →Solothurn, zu gegenseitigem Schutz des Territoriums »unser Eitgenoschaft«. Im Rahmen der ennetbirgischen (d. h. auf Gebiete südl. des Alpenhauptkamms zielenden) Expansionspolitik kamen von 1403 an bis 1422 die oberen Tessintäler bis Bellinzona in gemeinsame Verwaltung der Eidgenossen. Die vorderhand nur provisorisch geregelten Verhältnisse mit Österreich fanden 1415 ihre feste Form durch ksl. Intervention (Ächtung Friedrich IV. v. Österreich): Gemeinsame Eroberung des →Aargaus und Verleihung der Reichsstandschaft an Luzern, Zug und Glarus, d. h. Anerkennung dieses Bundes im Rahmen des Reiches. Das aargauische Gebiet von Baden und der Freien Ämter wurde zur »Gemeinen Herrschaft«, einem Kondominium der Orte. Daß aus diesem Bündnisgeflecht ein Staatswesen mit kompaktem Gebiet geworden war, zeigte sich, als die bisher nur durch die Drei Waldstätte mit Luzern und Zürich verbündete Stadt Bern 1421 bzw. 1423 bes. Bündnisse mit ihnen abschloß.

III. KRISE UND ERWEITERUNG DER FÖDERATION: Parallel zur gemeineidgenöss. Politik erfolgte der Territorialausbau der einzelnen Orte, auf Kosten des Kleinadels, von geistl. Herrschaften und Kleinstädten, die sich im Osten und Norden in der Regel in habsburgischem, im Westen in savoyischem und im Süden in mailändischem Besitz oder Einfluß befanden. Nachdem schon die Interessengegensätze im Wallis zw. den Waldstätten und Bern (Raronkrieg 1418-20) das eidgenöss. System in Gefahr gebracht hatten, führte das Zusammenstoßen von Ansprüchen von Schwyz (mit Glarus) und Zürich um die toggenburg. Erbfolge zu einem sehr schweren Konflikt (Alter →Zürichkrieg, 1436–50). Es ging um Zürichs Interessen Richtung Bündnerpässe und diejenigen von Schwyz Richtung Bodensee/Rhein. Der Konflikt brachte in Zürich eine Partei in Führung, die sich mit Österreich einließ, womit für die übrigen Eidgenossen der Krieg nationalen Aspekt annahm. Sein militär. Hauptereignis war der erbitterte Widerstand der eidgenöss. Vorhut gegen →Armagnaken und Österreicher bei →St. Jakob an der Birs (1444). Der Krieg endete mit der Rückführung Zürichs in die E. (1450). Die Krise hatte gezeigt, daß die E. endgültig eine polit. Einheit geworden war, stärker, aggressiver und attraktiver, denn je zuvor. Das Bündnissystem erweiterte sich um die Städte St. Gallen und Schaffhausen (1454), Rottweil (1463), Mülhausen (1466) sowie die Fürstabtei St. Gallen (1451). Das Land →Appenzell wurde nach seiner Befreiung von der Herrschaft der Abtei →St. Gallen (Appenzeller Kriege) endgültig eidgenössisch (1411/1452). Beziehungen zu den drei Bünden in Rätien knüpften sich an (→Graubünden). Mit der Eroberung des →Thurgaus (1460) und der Angliederung der Gemeinen Herrschaften →Sargans und Rheintal wurden Bodensee und Rhein zur Grenze. Diesen Erweiterungen im östl. Bereich entsprachen solche im westlichen, die v. a. Bern vorantrieb: Fsm. und Stadt Neuenburg (1406), Freiburg (1454), der Südteil des Bm.s Basel (1388/1486). Das →Wallis war seit 1416 mit den Waldstätten, später auch mit Bern verbündet.

IV. DIE EIDGENOSSENSCHAFT ALS POLITISCH-MILITÄRISCHE POTENZ IN MITTELEUROPA: Aus einem mehr lokalen Konflikt zw. der Stadt Mülhausen und dem sundgauischen Adel (→Elsaß) wurde die E. in den weltpolit. Konflikt um das Hzm. →Burgund →Karls des Kühnen hineingezogen, in welchem sie, von Bern geführt, mitsamt einer oberrhein.-vorderösterr. Koalition durch die Schlachten von →Grandson und →Murten (1467) und von →Nancy (1477) das Ende der burg. Aspiration heraufführte. Fortan war ihr militär. Potential ein Faktor der europ. Politik. Von 1494 an beteiligte sich die E. durch die von den einzelnen Orten bewilligten oder geduldeten Söldnerwerbungen (→Söldnerwesen) an der großen Auseinandersetzung um →Italien, mehrteils auf frz. Seite engagiert. Von 1510 bis 1515 – geführt von Kard. →Schiner, dem Bf. v. Sitten – setzte sich die geschlossene Schweiz an die Spitze der Hl. Liga – nunmehr gegen Frankreich. Einen kurzen Machthöhepunkt bildete die Übernahme des Protektorates über das Hzm. →Mailand (Pavierzug 1512, Sieg v. Novara 1513). Die Niederlage v. →Marignano (1515) brachte erneut den Wechsel zu Frankreich (Allianz 1521), in dessen Dienst erfolgten die Niederlagen der Schweizer Söldner bei →Bicocca (1522) und Pavia (1525). Sie zeigten, endgültig, daß auf die Dauer keine schweizer. Großpolitik möglich war, da der Föderation die nötige Einheit und zentrale Organisation fehlte. Fortan wurde Neutralitätspolitik Notwendigkeit und Richtlinie, bes. auch infolge der konfessionellen Spaltung (ab 1524), die die Unmöglichkeit einer christl. Burgrechtspolitik mit den oberdt. Städten, wie sie Zwingli betrieb, erwies. Einzig Bern konnte noch 1536 Genf sichern und die savoyische Waadt erobern, in Ausnützung der frz. Italienpolitik. Der nun erreichte territoriale Umfang blieb erhalten: Genf–Jura–Rhein (→Basel wurde 1501 eidgenössisch) – Bodensee – Graubünden (mit Veltlin) – Tessin – Wallis. Vorgelagert waren Einflußzonen. Inzwischen hatte das Verhältnis zum Reich seine vorläufige Lösung gefunden. Die maximilian. →Reichsreform (1495), der sich die E. nicht unterziehen wollte, war der Anlaß zu einem Reichskrieg gegen die E. (Schweizer- bzw. →Schwabenkrieg, 1499), der im Grund eine Nachbarfehde des schwäb. und österr. Adels war. Die beabsichtigten Strafexpeditionen in die Schweiz scheiterten alle schon an der Grenze (Calven, Frastenz, →Dorneck). Der Friedensschluß v. →Basel (1499) bestätigte die Privilegien der schweizer. Orte und beließ alles beim alten. Die Schweiz blieb durchaus Glied des Reiches, in welchem für sie allerdings kein offizieller Platz vorgesehen war, denn für die Städtebank, wohin an sich diese Reichsstädte gehörten, war diese Föderation, die einem Fsm. gleichkam, ungeeignet. Das Verhältnis zum Reich blieb fortan korrekt. Die völkerrechtl. Lösung erfolgte erst im Rahmen des Westfäl. Friedens (1648). Mit Österreich wurden noch hängige Anstände in der Erbeinigung von 1511 bereinigt.

V. DAS POLITISCHE SYSTEM: Die Föderation basierte auf den einzelnen Bundesbriefen der Orte (später auch als Stände bzw. Kantone bezeichnet), die Hilfsverpflichtungen, Zusammenarbeit in Justiz und Wirtschaft sowie Schiedsgericht beinhalteten. Dazu traten die drei Konkordate: →Pfaffenbrief, →Sempacherbrief und →Stanser Verkommnis. Die Abschiede der Tagsatzung und andere Abmachungen ergaben ein mehr oder weniger verpflichtendes »Eidgenöss. Herkommen«. Jeder Ort war an sich eine souveräne Republik. Die VIII Alten Orte (Zürich, Bern, Luzern, Uri, Schwyz, Unterwalden, Zug, Glarus) besaßen den Rang vor den fünf Neuen Orten (Basel, Freiburg, Solothurn, Schaffhausen, Appenzell). Letztere waren zur Neutralität bei inneren Konflikten verpflichtet. Schon früh schlossen einzelne Orte bzw. Ortsgruppen Bündnisse mit Städten, Landschaften, geistl. wie weltl. Herrschaften. Solche Bündnispartner bezeichnete man als »Zugewandte Orte«. Die betreffenden Bundesbriefe statuierten eine gewisse Abhängigkeit von den Orten, eine mindere Rechtsbasis (z. B. einseitige Hilfsverpflichtung). Den Städten Freiburg und Solothurn (1481), Schaffhausen (1501) wie dem Land Appenzell (1513) gelang es, zu souveränen Orten aufzusteigen. Zugewandte Orte blieben die Städte St. Gallen, Mülhausen, Rottweil, Biel und Genf, Stadt und Fsm. Neuenburg, die Abtei St. Gallen und die Gft. Greyerz. Die zwei großen Alpenrepubliken Wallis und Graubünden (III Bünde in Rätien) standen ebenfalls in Beziehung zur E., jedoch als selbständige Föderationen, so daß man eigtl. von drei Staaten sprechen muß. Die offizielle E. war diejenige der VIII bzw. XIII Orte. Sie kannte keinen einheitl. Bundesbrief, jedoch wurden die drei Konkordate seit dem Abschluß des Stanser Verkommnisses (bis zur Reformation) alle fünf Jahre in jedem Ort im Beisein der Gesandten der übrigen Orte feierlich neu beschworen. Anfangs behandelte man die notwendigen Bundesgeschäfte von Fall zu Fall durch Abgeordnete der beteiligten Orte. Zu Beginn des 15. Jh. entwickelte sich jedoch ein festeres Regierungssystem. Regelmäßig trafen sich mindestens einmal im Jahr (später in Baden im Aargau) die Gesandten der Orte zur eidgenöss. »Tagsatzung« (→Tagsatzung, -fahrt), gegen 1500 unter dem festen Vorsitz von Zürich als »Vorort«. Beschlüsse hatten dann Gültigkeit, wenn sie von den einzelnen Orten ratifiziert wurden (Konsensprinzip). Ein Mehrheitsprinzip setzte sich nie richtig durch. Die Kontrolle der Verwaltung der 5 Deutschen Gemeinen Herrschaften (Baden, Freie Ämter, Thurgau, Sargans und Rheintal) durch die zuständigen Orte erfolgte ebenfalls an der Tagsatzung als letzter Appellationsinstanz. Für die 4 Gemeinen Herrschaften im Tessin war ein eigenes »Ennetbirgisches Syndicat« mit Gesandten der 12 beteiligten Orte zuständig. Während je 2 Jahren führte ein eidgenöss. Landvogt – reihum von einem Ort gestellt – die direkte Verwaltung der betreffenden Herrschaft. Allmählich fungierte die Tagsatzung auch als Schiedsgericht. Sie konnte Verträge mit dem Ausland abschließen, was aber auch für jeden Ort bzw. Ortsgruppen möglich war. An sich zeichneten sich stets polit. Gruppierungen ab. Bern – der stärkste Ort – war vornehmlich an der Westpolitik interessiert und zog dabei Freiburg und Solothurn mit. Zürich war im Osten engagiert sowie an der Gotthardroute. Die Italienpolitik war primär Sache der Waldstätte und Luzerns. Die deutlichste innere Scheidung war aber die nach Städten- und Länderorten bzw. zwischen Bauer und Bürger. Die Städte (Zürich, Bern, Luzern, Freiburg, Solothurn, Basel, Schaffhausen) verfügten über teils respektable von ihnen verwaltete Territorien mit weit größerer Bevölkerung als die Länder (Uri, Schwyz, Unterwalden, Zug, Glarus, Appenzell).

Die Gefahr war eine demokrat.-kommunale Unterwanderung in den Territorien der Städte einerseits, Majorisierung durch die Stadtstaaten andererseits. Zum endgültigen Austrag kam der Konflikt nach dem Burgunderkrieg (Saubannerzug, 1477). Die Zerreißprobe endete mit dem Kompromiß des Stanser Verkommnisses (1481), vermittelt durch den Eremiten →Nikolaus v. Flüe. Die gegenseitige Respektierung der Territorien, das Verbot von unerlaubten polit. Versammlungen befriedigte die Städte, der Grundsatz der Gleichberechtigung aller Orte die Länder. Konflikte zw. Herren und Untertanen gab es weiterhin. Sie konnten in der Regel nach alten Traditionen durch eidgenöss. Schiedsgericht, meist unter Konzessionen beider Seiten, gelöst werden. Überhaupt ist das eidgenöss. System von Anfang an dank schiedsrichterlicher Maßnahmen, dem sog. »eidgenössischen Recht«, lebensfähig geblieben.

Das Einzigartige am schweizer. System war, daß hier Bürger und Bauern in einem mehr oder weniger kommunalen Gesamtsystem auf die Dauer zusammenarbeiten konnten, attraktiv auch für Nachbargebiete.

VI. EINHEIT DER FÖDERATION, HERAUSBILDUNG EINER NATIONALEN IDENTITÄT: So föderalistisch auch die E. politisch eingerichtet war und sosehr sich die Eidgenossen – auch nach dem Schwabenkrieg – als Teil des Reiches verstanden, sosehr bildete sich im Laufe des 15. Jh. ein gemeinsames eidgenöss. Bewußtsein aus. Es basierte auch auf wirtschaftl. Realitäten. Ein Austausch des immer mehr sich auf Viehwirtschaft (→Alm) spezialisierenden Alpen- und Voralpengebiets (Hirtenland) mit dem ackerbautreibenden Mittelland (Kornland) spielte sich ein. Die Orte setzten sich erfolgreich für die Straßensicherheit der international bedeutenden Alpenpässe und der Jurafußstraße ein und betrieben eine mehr oder weniger koordinierte Zollpolitik. Eine Vorzugsbehandlung der Schweizer aus andern Orten und Herrschaften wurde zur Regel. Gemeinsames hist. Erlebnis waren die »Heldenschlachten«, deren man in Wallfahrten gedachte. Im Schwabenkrieg verdichtete sich der alte Gegensatz zw. Bauern (und im schweizerischen Fall auch Bürgern): Adel zum Gegensatz Schweizer: Schwaben, fortgesetzt in den Mailänderkriegen im Gegensatz zw. Schweizern und →Landsknechten (hist. →Volkslieder, bildl. Darstellungen). Die Bezeichnung 'Schweizer' für alle Eidgenossen kommt im Laufe des 15. Jh. auf, in Übertragung des Namens des führenden Länderorts Schwyz. 'Eidgenossen' und 'Eidgenossenschaft' bleibt gleichwertige Benennung. Offiziell wird die E. als 'Bund von Städten und Ländern in oberdt. Landen' bezeichnet. Gemeinsames Abzeichen ist das weiße Kreuz, auf den Ortsfahnen und dem Wams der Krieger. Bei den Landvogteisitzen in Gemeinen Herrschaften wie in Rathäusern der einzelnen Orte wird die Wappenfolge der VIII bzw. XIII Orte (mit Reichsadler) verwendet.

Die Kampfzeit des 15. Jh. verdichtet für die ganze E. das hist. Erleben zum Nationalmythos von Wilhelm →Tell (Widerstandsmythologie) und dem ersten Bund der Drei Eidgenossen auf dem Rütli am Vierwaldstättersee (Bundesmythologie). Kirchlich war die E. keine Einheit, an sechs Bistümern teilhabend (Konstanz, Basel, Lausanne, Sitten, Mailand, Como, Chur). Staatskirchl. Tendenzen zeichneten sich in Bern ab (St. Vinzenzenstift 1485) und anderswo mit der Eingliederung von geistl. Besitz in die Territorien. Die Landkantone sicherten sich die Pfarrwahl durch die Gemeinden (von Papst Julius II. 1512 bestätigt). Kulturell liegt die Schweiz im Grenzbereich dt. und roman. (welscher) Sprach- und Literaturtraditionen. Das Schwergewicht ist zwar alemannisch, aber frankoprovenzal.-burg. Gebiet (Neuenburg, Südteil des Bm.s Basel, Freiburg, Wallis) wie lombard. (Tessin, Veltlin, vier Täler in Graubünden) ist teils schon früh (ab Ende 14. Jh.) angegliedert. In Graubünden wird noch mehrheitlich →Rätoromanisch gesprochen. Die E. ist kulturell Randgebiet zw. rhein.-schwäb., burg. und lombard. Nachbarschaft, bringt jedoch allmählich eigenständige Leistungen (z. B. in der Chronistik) hervor. Die einzige Universität liegt im befreundeten →Basel (1460). Ein bewußt schweizer. Humanismus (Glarean, Vadian, Zwingli) zeichnet sich vom Beginn des 16. Jh. ab. U. Im Hof

Q.: Amtl. Slg. der ält. Eidgenöss. Abschiede, 1858f. – Quellenwerk zur Entstehung der schweizer. E., 1933f. – Aegidius Tschudi, Chronicon Helveticum, ed. B. STETTLER, 1968ff. – Lit.: Hb. der Schweizer Gesch. I, 1972 [Beitr. von H. C. PEYER, W. SCHAUFELBERGER] – Gesch. der Schweiz und der Schweizer, dt. Ausg., Red. B. MESMER, I, 1982 [Beitr. von G. P. MARCHAL, N. MORARD] – R. PFISTER, Kirchengesch. der Schweiz I, 1964 – H. C. PEYER, Verfassungsgesch. der Schweiz, 1978 – J. F. BERGIER, Hist. économique de la Suisse, 1984 [dt. Ausg. 1983] – A. GASSER, Die territoriale Entwicklung der schweizer. E., 1291–1797, 1932 – E. DÜRR, Die Politik der Eidgenossen im XIV. und XV. Jh., Eidgenöss. Großmachtpolitik im Zeitalter der Mailänderkriege (Schweizer Kriegsgesch. H. 4, 1933) – W. SCHAUFELBERGER, Der Alte Schweizer und sein Krieg, 1952 – H. G. WACKERNAGEL, Altes Volkstum der Schweiz, 1965 – J. P. BODMER, Chroniken und Chronisten im SpätMA, 1976 – R. SABLONIER, Adel im Wandel, 1979 – P. BLICKLE, Aufruhr und Empörung? Stud. zum bäuerl. Widerstand im alten Reich, 1980 – H. C. PEYER, Die Schweizer Wirtschaft im Umbruch in der 2. Hälfte des 15. Jh. (500 Jahre Stanser Verkommnis, 1981).

Eidschwurgesetzgebung. Der Begriff bezeichnet eine Reihe von Friedensgesetzen (→Frieden), die auf Initiative des schwed. Kg.s →Magnus Birgersson Ladulås (1275–90) erlassen und auf den Reichstreffen v. Alsnö 1279/80 (Urkundentext abgedr. in Diplomatarium Suecanum I, 799: dort falsch datiert auf 1285) und Skenninge 1285 (ebd. I, 813) von den Großen des Reiches und dem Kg. durch einen gemeinsamen →Eid bekräftigt wurden. Mit diesem Eid verpflichteten sich die Kg. (daher der aschwed. Ausdruck *kunungs epsöre* 'des Kg.s Eidschwur' für das Gesetzgebungswerk), die weltl. Großen der polit. und rechtl. eigenständigen 'Landschaften' (→Schweden) und die höchsten Repräsentanten der schwed. Kirche, den beschworenen Frieden im ganzen Reich – und nicht nur für die jeweiligen Landschaften – aufrechtzuerhalten.

Die E. bezog sich in erster Linie auf den Hausfrieden, den Dingfrieden, den Kirchenfrieden, den Frauenfrieden (Schutz der Frauen vor Vergewaltigung), verbot weiterhin Verstümmelung eines Gegners sowie bestimmte ungesetzl. Rachehandlungen. Viele in der E. angesprochene Delikte finden sich bereits in den älteren Rechtsaufzeichnungen als Verbrechen, die nicht durch Bußen abgegolten werden konnten (*orbotæ mal* 'unbüßbare Verbrechen'). Neu an der E. ist nicht nur die landesweite Verfolgung des Friedensbrechers, sondern auch die alleinige Zuständigkeit des Königsgerichts (*kunungs ræfst*) bei einem Vergehen wider den beschworenen Frieden. Wohl im Zusammenhang mit diesem bes. Bereich kgl. Rechtspflege wurde eine neue Bußkategorie von 40 *mark* eingeführt (→Buße, Abschnitt III) sowie die Möglichkeit, →Friedlosigkeit nicht nur im Rahmen des Dingbezirks oder der Landschaft, sondern des ganzen Reiches zu verhängen (aschwed. *biltugher* 'reichsfriedlos'). Auf jeden Fall fiel ein Teil der bewegl. Habe des Friedensbrechers an den Kg.

Die unter Kg. Magnus Ladulås beschworenen Friedensgesetze gehen unmittelbar auf die Friedensgesetzgebung →Birger Jarls (1248–66) zurück, der als erster die Prinzipien der kontinentalen Landfriedensbewegung (→Landfriede) und der darauf basierenden dän. Friedensgesetze (Vederlov) auf seine eigene (Friedens-)Gesetzgebungsinitiative anwandte. Sie erlangte vermutlich niemals reichsumfassende Geltung, sondern blieb wohl auf den göt. (südschwed.) Bereich beschränkt. Erst nach den Verordnungen v. Alsnö und Skenning beginnt die allgemeine Rezeption der E. in den Landschaftsrechten und erst danach kann von einer 'E.' gesprochen werden. Die jüngeren landschaftsgebundenen Rechtsaufzeichnungen präsentieren freilich nicht den Wortlaut der Verordnungen, sondern die jeweilige Rechtsprechung in unterschiedlich ausführlicher Kasuistik. Bes. umfassend ist die Überlieferung im »Edsöre«-Abschnitt des Ostgötenrechts.

Die E. bedeutet für Schweden den Beginn eines öffentl. Strafrechts und eine allmähliche Abkehr vom privatrechtl. Vergleichswesen (→Vergleich), sie ist außerdem der Beginn einer v. a. vom Kgtm. ausgehenden, von kanon. Rechtsdenken beeinflußten Reichsgesetzgebung, die im Reichsrecht von 1347 (→Magnus Erikssons Landslagh) zum endgültigen Durchbruch gelangte. H. Ehrhardt

Q. und Lit.: KL IV, 621ff.; IX, 93 – Samling af Sweriges Gamla Lagar, ed. H. S. COLLIN–C. J. SCHLYTER, I–13, 1827–77 – Diplomatarium Suecanum, ed. J. G. LILJEGREN u. a., I, 1829 – Å. HOLMBÄCK–E. WESSÉN, Svenska Landskapslagar, 1. ser., 1933, 46ff. – G. ÅQVIST, Frieden und Eidschwur (Rättshistorisk Bibl. 14), 1968 [Lit.] – D. STRAUCH, Das Ostgötenrecht, 1970, 30ff., 191ff.

Eidsivaþingslög, die (anorw. 'Recht des Eidsivadings'), Rechtsaufzeichnungen des ostnorw. Dingbezirks mit Zentrum in Eid, dem heut. Eidsvoll (ca. 70 km nö. von Oslo). Neben dem Gulading (→Guladingslög) und dem Frostading (→Frostadingslög) gehörte das Eidsivading zu den drei älteren norw. Lagdingen (→Ding, Abschnitt II), die im 10./11. Jh. aus Zusammenschlüssen mehrerer regionaler Dingbezirke entstanden sind. Der Überlieferung nach war →Olav d. Hl. Haraldsson (1015–28) an der Organisation des ostnorw. Lagdingbezirks maßgeblich beteiligt. Der Zuständigkeitsbereich umfaßte ursprgl. die sog. Opplande (v. a. Romerike, Ringerike, Hadeland, Gudbrandsdalen, Hedmarken, Østerdalen) und Viken, d. h. die Landschaften um den Oslofjord. Anfang des

13. Jh. bekam Viken dann ein eigenes Lagding in Borg, dem heut. Sarpsborg (→Borgarþingslög).

Das weltliche ostnorw. Recht ist nur in einem kleinen Fragment (abgedr. in Norges gamle Love II, 522–523, Hs. v. ca. 1230) erhalten, aus dem hervorgeht, daß sein Geltungsbereich die Opplande und Viken umfaßte. Indirekte Auskünfte über den weltl. Teil der E. liefern die Eidsivading-Redaktionen des Reichsrechts von 1263 (→Magnús Hákonarsons Landslög), die sich vereinzelt auf ostnorw. Rechtsbestimmungen stützen.

Vollständig überliefert ist lediglich der kirchenrechtl. Abschnitt (»Christenrecht«) – in einer älteren und einer jüngeren, kurzgefaßten Bearbeitung –, der jedoch nur für die Opplande galt, während Viken ein eigenes Kirchenrecht hatte (→Borgarþingslög). Die Entstehungszeit liegt wohl um 1100. Beide Redaktionen sind in jeweils zwei Hss. vom Anfang des 14. Jh. bewahrt.

Die E. haben insbes. auf rechtsterminolog. Gebiet ein eigenständiges und z. T. altertüml. Gepräge und weisen Beziehungen zu den benachbarten schwed. (westgöt.) Rechtsquellen auf.   H. Ehrhardt

Q.: Norges gamle Love, ed. R. Keyser–P. A. Munch, 1, 1846, 375–406 – Dt. Übers.: R. Meissner, Bruchstücke der Rechtsbücher des Borgarthings und des Eidsivathings (Germanenrechte NF), 1942, Einl., 74–139 – Lit.: KL III, 526–528 – P. Sveaas Andersen, Samlingen av Norge of kristningen av landet, 1977, 22, 66, 256.

Eifersucht (Eifer). Die E. (in der weiteren Bedeutung des lat. 'zelus' 'Eifer') ist in der scholast. Theologie des Thomas v. Aquin, S. th. I^a II^{ae} q. 28 a. 4, eine →Leidenschaft der besitzenwollenden, konkupiszenten Liebe bzw. der schenkenden Liebe. Dieser Eifer, gegen alle Widerstände den Geliebten in den ungestörten Besitz des Guten zu bringen, ist sittl. gut, jene E. aber ist wegen der Egozentrik lasterhaft und sündhaft. In diesem Streben nach dem ungefährdeten Besitz des Guten für den anderen, gründet der missionar. und pastorale Eifer für die Rettung der Seelen ('zelus animarum'), der nach Gregor d. Gr., Moralium libri XIV (MPL 75) wertvoller ist als alle Opfergaben. Ähnliches gilt für den Eifer für die Ehre Gottes. Die ehel. E. des Mannes auf die ungeteilte Liebe der Gattin hält Thomas für eine naturale Gegebenheit. Ähnlich wie ein Ehemann ist Gott nach den Propheten (Hosea, Jeremias und Ezechiel) eifersüchtig auf sein Volk. Nach Thomas, Super ad Hebraeos, lect. X a. 3, trifft der Eifer Gottes die Seele des Sünders tödlich.   A. Hertz

Eigen, bäuerliches. Kontrovers wird die Frage beurteilt, ob es je vollkommen freies Eigengut bei Bauern gegeben hat. Während die Vertreter der klass. Rechts- und Verfassungsgeschichte völlig freie Bauern (Gemeinfreie) mit vollfreiem E. für möglich halten (G. v. Below, H. Brunner u. a.) und kontinuierlich vom FrühMA herleiten, lehnen die Verteter der Rodungs- und Königsfreiheit (Th. Mayer, H. Dannenbauer u. a.) einen Zusammenhang mit der Frühzeit ab. Sie sind vielmehr der Auffassung, daß alle bäuerl. Freiheit auf eine jüngere Zeit zurückgehe und nur geminderte Freiheit unter der →Vogtei eines Schutzherrn gewesen sei; auch den Königsfreien hätten nur beschränkt über ihr Eigengut verfügen können (s. a. →Freiheit).

Bäuerl. E. im Sinne von volleigenem freiem Besitz (→Allod) gab es im MA v. a. in Verbindung mit freien Bauern (→Bauernfreiheit, →Bauer, -ntum), wenngleich der Erwerb freier Besitzrechte und der Besitz von freiem Eigentum auch bei unfreien Bauern vorkommen konnte. In besitzrechtl. Hinsicht lassen sich die freien Bauern in zwei Gruppen einteilen: Die eine Gruppe besaß freies, lediges Eigentum (Allodialgut), das teilweise altfreier Herkunft war. Dieses freie E. war unbelastet und keiner Grundherrschaft verpflichtet, doch wird man kaum oder nur in seltenen Fällen an freies E. im Sinne von Herrschaftsrecht über eine Sache denken dürfen. Die andere Gruppe hatte Freigüter inne, die zwar mit einigen Abgaben belastet waren, aber wegen des sonst nicht beschränkten Nutzungs- und Verfügungsrechts als freies E. im Sinne von Nutzungsrecht angesprochen wurden. Die Inhaber solcher Freigüter bildeten eine Gerichtsgemeinde (Freigericht, Freiding), bei der die Veräußerung von freiem Gut nur unter den Gerichtsgenossen möglich war.

Bei den bäuerl. Formen von Eigengut müssen im ma. Europa die vielfältigen Unterschiede nach Ländern und Landschaften berücksichtigt werden. Die bäuerl. Besitzrechte in den Altsiedelräumen waren sehr verschieden von jenen in den Rodungsgebieten (→Kolonisation und Landesausbau). Innerhalb der Ausbaugebiete gab es wiederum große Unterschiede zw. den einzelnen Landschaften: Die Verhältnisse in den Gebirgsregionen waren andere als die im Flachland, in Zonen der Streusiedlung andere als in Dorfsiedlungsgebieten. Beim Rückgang des bäuerl. E.s im Laufe des MA zeigen sich ebenfalls je nach Landschaft und Herrschaftsentwicklung zeitl. Unterschiede: Im nordfrz. Raum verschwanden z. B. die freien Bauern samt ihrem freien Eigengut größtenteils bereits im Übergang vom Früh- zum HochMA, während in Friesland noch im SpätMA starke freibäuerl. Elemente vorhanden waren.

Bei den seit dem HochMA in vielen Rodungsgebieten auftauchenden Freibauern ist zu beobachten, daß sie häufig Freigüter innehaben und ein erbl. Besitzrecht an ihrer Hofstelle beanspruchen. Diese freien Besitzrechte entwickelten sich entweder durch die Konzession des Herrn, durch Freikauf oder durch allmähl. Abstreifen der leiherechtl. Bindungen. Die aufstrebenden Landesherren (→Landesherrschaft), die seit dem HochMA die Bildung solcher freieigenen, den Grundherrschaften entzogenen Bauerngütern häufig begünstigt hatten, da die freieigenen Güter dem →Landrecht und damit direkt dem Landesfs. unterstellt waren, betrachteten im SpätMA diese Güter oft als eine Art von →Lehen und Zinsgut. In vielen Gegenden behandelten die Territorialherren daher bäuerl. Freieigen wie grundherrl. Besitz, so daß die Zahl der freieigenen Güter und die der Freibauern stark zurückging.

Der Anteil der bäuerl. Eigengüter am Gesamtbestand der Höfe eines bestimmten Gebiets ist auch für das SpätMA schwer zu ermitteln. Soweit man Untersuchungen zu dieser Frage durchgeführt hat, erbrachten sie große Abweichungen zwischen den einzelnen Landschaften. Im 15. Jh. war z. B. der Anteil der bäuerl. Eigengüter am Gesamtbestand der Höfe im →Allgäu, einem Gebiet mit intensiver hochma. Rodung, mit ca. 70% (P. Blickle) außerordentlich hoch. Im altbayer. Raum war das Ausmaß bäuerl. Eigenbesitzes dagegen viel geringer: es betrug um 1800 lediglich 4% an der gesamten landwirtschaftl. Nutzfläche (F. Lütge). In Frankreich besaßen die Bauern im SpätMA überwiegend erbl. Besitzrecht am Grund und Boden, freieigenes Gut aber gab es höchst selten. In England dominierte seit dem 13. Jh. das bäuerl. Pachtgut, während die Zahl der bäuerl. Landeigentümer sehr geschrumpft war.   W. Rösener

Lit.: Dt. Rechtswb. I, 486–502 – HRG I, 120f. [W. Goez] – G. v. Below, Der dt. Staat des MA, 1925^2 – Adel und Bauern im dt. Staat des MA, hg. Th. Mayer, 1943 – F. Lütge, Die bayer. Grundherrschaft, 1949 – P. Liver, Die Entstehung des freien bäuerl. Grundeigentums, ZRGGermAbt 65, 1946, 329ff. – Th. Mayer, Die Königsfreien und der Staat des frühen MA, VF 2, 1955, 7ff. – P. Blickle, Bäuerliches E.

im Allgäu, ZAA 17, 1969, 57ff. – H. EBNER, Das freie E., 1969, 98ff. – H. K. SCHULZE, Rodungsfreiheit und Königsfreiheit, HZ 219, 1974, 529ff. – R. H. HILTON, The English Peasantry in the Later MA, 1975 – R. FOSSIER, Paysans d'Occident, XIe–XIVe s., 1984 – W. RÖSENER, Bauern im MA, 1985, 228ff.

Eigenkirche, -nwesen

I. Allgemein – II. Besondere Entwicklungen in Skandinavien.

I. ALLGEMEIN: [1] *Begriff und Ursprung:* »Eigenkirche« ist der von U. STUTZ geprägte Begriff für »ein Gotteshaus, das dem Eigentum oder besser einer Eigenherrschaft derart unterstand, daß sich daraus ... nicht bloß die Verfügung in vermögensrechtlicher Beziehung, sondern auch die volle geistliche Leitungsgewalt ergab«. Die einzelne Kirche wird also sachenrechtl. als Vermögensobjekt in der Hand desjenigen aufgefaßt, auf dessen Grund sie errichtet war. Die Herrschaft erstreckte sich auf die Nutzung des gesamten der Kirche zugehörigen Gutes sowie der bei ihr eingehenden Einkünfte und schloß grundsätzl. auch alle Formen der privatrechtl. Verkehrs (→Schenkung, →Verkauf, →Tausch, →Leihe u. ä.) sowie die Erblichkeit ein. Die an der E. tätigen Geistlichen standen in wirtschaftl. und rechtl. Abhängigkeit vom Grundherrn, der damit die kanon. Autorität des zuständigen →Bischofs beeinträchtigte und in der Praxis vielfach aufhob. Als Eigentümer erscheinen Laien (bes. Herrscher und Adlige), einzelne Kleriker, Klöster und Bischöfe (in fremden Sprengeln); als Objekte kamen neben einfachen Oratorien auch Pfarrkirchen, Stifte und Klöster, in Extremfällen sogar Bistümer in Betracht. In unterschiedl. Ausprägungen ist das Eigenkirchenwesen im früheren MA in ganz Europa verbreitet gewesen.

Den Ursprung hat STUTZ von einem vorchristl. Hauspriestertum hergeleitet, doch überwiegt heute die Auffassung, das Eigenkirchenwesen sei als Ausdruck der →Grundherrschaft zu verstehen (DOPSCH). So läßt sich besser erklären, daß bereits in der röm. Spätantike eine Unterscheidung von »publicae« und »privatae ecclesiae« (CTh 16, 5, 14 von 388) sowie ein spezif. Stifterrecht (→Stiftung) an Kirchen begegnen und daß zumal in Gallien die ersten synodalen Reaktionen auf das Eigenkirchenwesen (Orange, 441) noch vor den germ. Reichsbildungen erfolgt sind. Die These von der primär germ. Wurzel scheitert ferner daran, daß unter analogen wirtschaftl.-sozialen Bedingungen auch slav. E.n entstanden. Zutreffend bleibt jedoch, daß das Eigenkirchenwesen im →Frankenreich zu bes. wirkungsvoller Entfaltung gelangte.

[2] *Entfaltung im Karolingerreich:* Über das karol. Eigenkirchenwesen sind wir durch urkundl. und v. a. durch normative Quellen unterrichtet. Danach hat sich die Zahl der E.n zw. der Mitte des 7. und der Mitte des 8. Jh. beträchtl. vermehrt, sowohl durch Usurpationen von zuvor bfl. Kirchen wie auch, bes. im rechtsrhein. Gebiet, durch Errichtung neuer Kirchen auf Privatgrund. Seit der Durchsetzung des allgemeinen Zehntgebots (→Zehnt) wuchs der E.n erhebl. wirtschaftl. Nutzen der E.n erhebl. und machte sie zu einer rentablen Kapitalanlage. Die betroffenen Diözesanbischöfe vermochten zwar manche laikale Kirchengründungen in die Hand zu bekommen, übernahmen dabei aber die sachenrechtl. Geschäftsformen (Tausch, Leihe) und begünstigten so ein besitzrechtl. Verständnis jeglicher Kirchenhoheit, auch ihrer eigenen.

Während merow. Synoden noch generell gegen das Eigenkirchenwesen Stellung bezogen haben, sind die kirchl. und kgl. Anordnungen der karol. Zeit mehr vom Kampf gegen Auswüchse und Mißbrauch geprägt. Das Kapitular v. Frankfurt 794 gewährte freie Verfügung über Kirchenbesitz, sofern die gottesdienstl. Funktion unangetastet blieb (MGH Cap. I, 78, 10f.); das Kapitular v. Salz 803 erlaubte jedermann die private Kirchengründung mit Billigung des Diözesanbischofs (MGH Cap. I, 119, 24ff.). Von entscheidender Bedeutung wurde das »Capitulare ecclesiasticum« Ludwigs d. Frommen v. 818/819: Den Eigenkirchenherren stand danach die freie Auswahl des Geistlichen zu, dessen Weihe der Bischof nur unter bestimmten Bedingungen verweigern durfte, und jede Kirche sollte mit einer abgabenfreien Hufe ausgestattet, darüber hinaus aber ihrem Herrn dienstpflichtig sein (MGH Cap. I, 277, 21ff.). Eine röm. Synode unter →Eugen II. hat dem 826 im Prinzip zugestimmt (MGH Conc. II, 576, 7ff.). Weitere Kapitularien und Canones des 9./10. Jh. deuten durch entsprechende Verbote an, daß Eigenkirchenpriester von ihren Herren zu überhöhten Abgaben und zu Verwaltungsdiensten genötigt, ja sogar verprügelt wurden, daß Kirchen der Erbteilung anheimfielen, ihrer Ausstattung beraubt oder in ihren Erträgen kraß zweckentfremdet wurden.

Neben den punktuellen Versuchen zur Eindämmung des Eigenkirchenwesens sind im 9. Jh. auch kritischere Stimmen zu vernehmen wie die des →Jonas v. Orléans, der auf dem alten Grundsatz der alleinigen Verfügungsgewalt des Bischofs über kirchl. Vermögen beharrte, oder →Agobards v. Lyon, der auf die Gefahren für die allgemeine Seelsorge und die Würde des geistl. Standes hinwies. Gegen energ. Bestrebungen einzelner westfrk. Bischöfe, das Eigenkirchenwesen in ihren Sprengeln ganz zu beseitigen, richtete sich kurz vor 860 die Schrift »De ecclesiis et capellis« →Hinkmars v. Reims, zugleich die einzige monograph. Behandlung des Problems aus dem früheren Mittelalter. Darin wird zw. E.n des Königs (»de regia dominatione«), eines fremden Bischofs (»de episcopii inmunitate«), eines Klosters (»de monasterii inmunitate«) sowie eines sonstigen Freien (»de cuiuslibet liberi hominis proprietate«) unterschieden und im Sinne der Regelungen von 818/819 eine Beschränkung der bfl. Aufsicht auf die ausreichende Dotierung der Kirche und die Sicherung ihrer Einkünfte empfohlen. Für den Fall, daß der Grundherr keinen geeigneten Priester präsentiert, empfiehlt Hinkmar die Einsetzung durch den Bischof.

[3] *Verbreitung, Niedergang und Überwindung:* Ursprünglich unabhängig von der frk. Kirche und später von deren Rechtsentwicklung beeinflußt, fand das Eigenkirchenwesen auch in anderen Ländern Eingang und hatte einen erhebl. Anteil am Aufbau der ländl. →Kirchenorganisation. In Spanien und Italien reichen die Wurzeln bis in westgot. bzw. langob. Zeit zurück, in England sind vornehml. dank dem →Domesday Book von 1086 ags. ebenso wie norm. E.n in großer Zahl bezeugt, und in Skandinavien läßt sich Ähnliches aus späteren Verhältnissen für die kirchl. Anfänge rekonstruieren. Im kapet. Frankreich erfaßte das Eigenkirchenwesen auch ganze Bistümer in königsfernen Landschaften (Normandie, Midi), während in Deutschland und Italien unter den Ottonen und Saliern die kgl. Kirchenhoheit lückenlos gewahrt blieb und anderen Instanzen den eigenkirchl. Zugriff auf Bischofssitze verwehrte. Überall gewann das Eigenkirchenwesen große Bedeutung für das →Klosterwesen, das seit merow. Zeit hauptsächl. durch privatrechtl. Gründungen Ausbreitung fand. Vor allem ist zu betonen, daß von →Columban bis zu den Ordensgründern des 12. Jh. immer wieder eigenkirchl. Rechtsformen zur Durchsetzung von monast. Reformzielen genutzt worden sind.

Das Eigenkirchenwesen, seit karol. Zeit faktisch und rechtl. anerkannt, jedoch kaum in den kirchl. Rechtssammlungen verankert, geriet in die Defensive, als die Erneuerungsbewegung des 11. Jh. die Diskrepanz zw. der eigenen Gegenwart und den Normen der Alten Kirche zum Bewußtsein brachte. Rechtliche Konsequenzen, die nur zögernd gezogen wurden, betrafen zunächst, wohl seit der →Lateransynode v. 1059 (MGH Const. I, 547, 33f.), die laikale Verfügung über geistl. Ämter (bes. bei simonieverdächtigen Gegenleistungen; →Simonie), seit der röm. Herbstsynode v. 1078 (MGH Epp. sel. II, 404, 18ff.) aber auch, ausgehend von den Zehnten, die private Nutzung des kirchl. Besitzes. Gebote zum Verzicht auf laikale E.n begegnen erst unter →Urban II. (→Clermont, 1095; →Nîmes, 1096; MANSI XX, 818 A c. 20, 935 E c. 7) und sind bis zum →II. Laterankonzil 1139 allmähl. bis zur Exkommunikationsdrohung (→Exkommunikation) verschärft worden (MANSI XXI, 528 E c. 10). →Gratian hat dann in C. 16 q. 7 seines Dekrets den Kirchenbesitz von Laien grundsätzl. für unerlaubt erklärt und nur noch ein Recht der »fundatores ecclesiarum« auf Präsentation des Geistlichen sowie auf eigene Versorgung aus Kirchengut im Notfall gelten lassen. Die Kirchenherrschaft von Klöstern und Bischöfen blieb davon unberührt.

[4] *Nachwirkung und Bedeutung*: Aus den Differenzierungen Gratians hat die klass. Kanonistik, allen voran →Rufinus, die Rechtsfigur des →Patronats zur Beschreibung des reduzierten Laienrechts an Kirchen entwickelt. Im Zuge der weiteren Ausgestaltung dieser Lehre wurde das Patronat seit dem späten 12. Jh. auch auf geistl. E.n ausgedehnt, soweit sie nicht Klöstern kraft bfl. Privilegs durch →Inkorporation unterstellt wurden. Die Leihe von Kirchengut zum Unterhalt bestimmter geistl. Amtsinhaber, wie sie im →Beneficium zum Ausdruck kommt, ist dagegen – im Unterschied zur Auffassung von STUTZ – kaum aus dem Eigenkirchenwesen abzuleiten, sondern die Frucht einer eigenständigen kirchl. Verwaltungstradition, die seit dem 6. Jh. faßbar ist.

Wegen seiner im ethn. Sinne indifferenten Ursprünge und seiner insgesamt begrenzten Wirkungen ist das Eigenkirchenwesen wenig geeignet, als Periodisierungskriterium für eine Epoche »germanisch geprägten Kirchenrechts« (STUTZ) zu dienen, um so mehr aber veranschaulicht es die Wechselbeziehung zw. der Kirchenverfassung und der agrar.-grundherrl. Welt des FrühMA. R. Schieffer

Lit.: *allg. und zu [1]*: FEINE, § 18 [Lit.] – Realencyklopädie für protestant. Theologie und Kirche XXIII, 1913³, 364–377 [U. STUTZ] – TRE IX, 399–404 [P. LANDAU] – U. STUTZ, Die E. als Element des ma.-germ. Kirchenrechts, 1895 [Nachdr. 1955] – DERS., Gesch. des kirchl. Benefizialwesens von seinen Anfängen bis auf die Zeit Alexanders III., I, 1, 1895 [Nachdr. 1972] – A. PÖSCHL, Bischofsgut und Mensa episcopalis I, 1908 – A. DOPSCH, Wirtschaftl. und soziale Grundlagen der europ. Kulturentwicklung aus der Zeit von Caesar bis auf Karl d. Gr., II, 1924², 195–292 – H. F. SCHMID, Die rechtl. Grundlagen der Pfarrorganisation auf westslav. Boden, 1938 – H. E. FEINE, Ursprung, Wesen und Bedeutung des Eigenkirchentums, MIÖG 58, 1950, 195–208 – O. OLSEN, Vorchr. Heiligtümer in Nordeuropa (AAG, Phil.-hist. Kl., 3. F. 74, 1970), 259–278 – R. PUZA, Gründer einer Gemeinde und Stifter einer Kirche oder eines Kl. in der chr. Antike, AKKR 151, 1982, 58–72 – K. SCHÄFERDIEK, Das Heilige in Laienhand. Zur Entstehungsgesch. der frk. E. (Fschr. G. KRAUSE, 1982), 122–140 – *zu [2]*: E. LESNE, Hist. de la propriété ecclésiastique en France, I–II, 1910–38 – U. STUTZ, Das E. vermögen. Ein Beitr. zur Gesch. des altdt. Sachenrechts auf Grund der Freisinger Traditionen (Fschr. O. GIERKE, 1911), 1187–1268 – DERS., Ausgewählte Kapitel aus der Gesch. der E. und ihres Rechtes, ZRGKanAbt 26, 1937, 1–85 – J. DEVISSE, Hincmar, archevêque de Reims 845–882, II, 1976, 829–838 [zu: De ecclesiis et capellis] – W. HARTMANN, Der rechtl. Zustand der Kirchen auf dem Lande: Die E. in der frk. Gesetzgebung des 7. bis 9. Jh. (Sett. cent. it. 28, 1982), 397–441 – *zu [3]*: U. STUTZ, Gratian und die E., ZRGKanAbt I, 1911, 1–33 – H. BOEHMER, Das Eigenkirchentum in England (Festg. F. LIEBERMANN, 1921), 301–353 – R. BIDAGOR, La iglesia propia en España, 1933 – G. TELLENBACH, Libertas. Kirche und Weltordnung im Zeitalter des Investiturstreites, 1936 – H. E. FEINE, Stud. zum langob.-it. Eigenkirchenrecht, I–III, ZRGKanAbt 30, 1941, 1–95; 31, 1942, 1–105; 32, 1943, 64–190 – DERS., Eigenkirchenrechtl. Erscheinungen in Dalmatien im früheren MA, ebd. 33, 1944, 265–277 – G. SCHREIBER, Gregor VII., Cluny, Cîteaux, Prémontré zu E., Parochie, Seelsorge, ebd. 34, 1947, 31–171 – H. E. MAGER, Stud. über das Verhältnis der Cluniacenser zum E. (Neue Forsch. über Cluny und die Cluniacenser, hg. G. TELLENBACH, 1959), 167–217 – G. CONSTABLE, Monastic Possession of Churches and »Spiritualia« in the Age of Reform (Misc. del Centro di studi medioevali 6, 1971), 304–335 – S. WEINFURTER, Norbert v. Xanten – Ordensstifter und »Eigenkirchenherr«, AK 59, 1977, 66–98 – F. FELTEN, Äbte und Laienäbte im Frankenreich, 1980 – *zu [4]*: TRE V, 577–583 [P. LANDAU] – D. LINDNER, Die Lehre von der Inkorporation in ihrer gesch. Entwicklung, 1951 – DERS., Das kirchl. Benefizium in Gratians Dekret, SG 2, 1954, 375–386 – P. LANDAU, Ius Patronatus. Stud. zur Entwicklung des Patronats im Dekretalenrecht und der Kanonistik des 12. und 13. Jh., 1975.

II. BESONDERE ENTWICKLUNGEN IN SKANDINAVIEN: [1] *Island*: In Island fand das Eigenkirchenwesen bes. weite Verbreitung; es überlebte, wenn auch mit Einschränkungen, die Kirchenkämpfe des 12. und 13. Jh. und erwies sich somit als äußerst langlebig.

Seit der Christianisierung 999/1000 waren die weltl. Häuptlinge, insbes. die →Goden, die Träger des Kirchenbaus, später die Initiatoren bei der Errichtung der beiden Bm.er Skálholt (1056) und Hólar (1106) und waren auch maßgeblich an der Einführung des – die Häuptlinge wirtschaftl. begünstigenden – →Zehnten 1096/97 beteiligt. Das Kirchenrecht des isländ. Freistaates (aufgezeichnet zw. 1122–33, →Grágás) legalisierte das Eigenkirchenwesen und die Laienherrschaft über die örtl. Kirchen.

Aus den freistaatl. Gesetzen und anderen Quellen geht hervor, daß die lokalen Kirchen einem Hof zugeordnet und gleichzeitig E.n waren. Die Herrschaft des Kircheneigners über das Land, auf dem die Kirche stand, konstituierte seine Macht über die Kirche selbst. Sie war ein dem Grundeigentum zugehöriger Teil und die Grundherrschaft ein Zeichen der Herrschaft über die Kirche. Das Land, mit dem der Kircheneigner oder andere Personen die Kirche ausstatteten, wurde damit nicht in gleicher Weise zu seinem Eigentum wie etwa seine übrigen Besitzungen. Sein Verhältnis zur Kirche und zum Kirchengut wird häufig mit *varðveizla*, bisweilen auch mit *forræði og varðveizla*, umschrieben und erinnert so an 'Vormundschaft' und 'Schutz', 'Obhut' im weltl. Recht. Als die Eigentumsverhältnisse im Verlauf des Kampfes um Kirchen und -güter im 12. und 13. Jh. näher definiert wurden, mußte man von weltl. Seite einräumen, daß sie Eigentum Gottes oder des Hl. der Kirche waren, während der Kircheneigner das erbl. Schutzrecht innehatte.

Nach den Gesetzen mußte der Kircheneigner die Kirche ausreichend mit Gütern (*heimanfylgja*, dos) ausstatten, damit sie vom Bf. geweiht werden konnte. In der Regel erfolgte die Schenkung eines Teiles (oft der Hälfte) des Hofes, auf dem die Kirche stand, hinzu trat meist ein ideeller Teil als Garantie des Kircheneigners für die Erfüllung seiner Pflichten. Der Kircheneigner war außerdem verantwortl. für die Funktionsfähigkeit der Kirche und ihre Instandhaltung sowie für Unterhalt und Lohn des Priesters etc. Wie das übrige Hofgesinde hatten die Priester einen Jahreskontrakt mit dem Hofeigner. Schenkungsland und Kirche konnten nicht – wie im frühen MA auf dem Kontinent – separat veräußert werden, sie folgten allerdings bei Verkauf oder Vererbung des jeweiligen Hofteils, der weiterhin weltl. Eigentum war. Die bfl. Kontrolle über Vermögen der Kirche und Amtsführung des Priesters wurde durch ein Kircheninventar (→*máldagi*, pl. *máldagar*), das der Kircheigner anlegen mußte, vereinfacht. Der Kircheigner hatte weitgehende Freiheit bei der Verwaltung des kirchl. Eigentums und der laufenden Einkünfte. Ihm standen v. a. die Hälfte der Zehntzahlungen, d. h. der Kirchen- und Priesterzehnt, zu, sowie der Überschuß vom Ertrag des Kirchengutes und der Zehnt- und Abgabenleistungen.

Um 1100 begann es üblich zu werden, den gesamten Hof einer Kirche zu schenken. Der Hof wurde damit zu Kirchenbesitz und die Kirche zu einer Institution mit Eigenbesitz und eigenem Recht. Eine solche Kirche nannte man *staðr* 'Stätte' (vgl. lat. locus, locus sacer oder sacrosanctus, analog zu Klöstern oder den beiden Bischofssitzen, die ebenfalls das gesamte Anwesen besaßen, auf dem sie standen. Unter diesen gewandelten Verhältnissen sicherte die Kirchengründerfamilie ihre Rechte durch entsprechende Klauseln in den máldagar, da sie andernfalls Einbußen an ihrem Erbe hätte erleiden können. Die Kirchstätten, an denen die Familie weiterhin Wohn- und Nutzungsrecht innehatte, hießen *erðarstaðir* ('Erbstätten'). Vermögenserträge und Einkünfte waren der Familie des Kirchenstifters zugesichert, sogar am Schenkungsgut der Kirche. Auf Erbstätten konnte der Bf. nur aus der Mitte der Familie einen Kirchenvormund auswählen oder bestätigen. Wurde ein staðr nicht als Erbstätte eingerichtet, erhielt der Bf. weitreichenden Einfluß und konnte den Kirchenvormund ('Kirchbauer') nach eigenem Ermessen einsetzen.

Im 11. und 12. Jh. waren die Kircheneigner häufig selbst Priester in ihren Kirchen. Ein zum Priester geweihter Häuptling oder Bauer hatte somit gleichzeitig einen eigenständigen weltl. Machtrückhalt. Erst gegen Ende des 12. Jh. ging man ernsthaft daran, die Geistlichkeit als eine eigene Gesellschaftsgruppe abzugrenzen. Die Gehorsamspflicht gegenüber dem Bf. war jedoch meist reine Formalität; der Gehorsam des Priesters galt in erster Linie dem Kircheneigner, in dessen Dienst er stand. Die Tätigkeit der Kirche wurde auch weiterhin vom Hofeigner oder vom erbberechtigten Kirchenvormund bestimmt.

Bes. die staðr-Kirchen wurden für die Kirchbauern zu einem einträgl. Geschäft. In den Machtkämpfen der sog. Sturlungenzeit (ca. 1220–62; →Island) versuchten die mächtigen Häuptlingsgeschlechter, möglichst viele reiche staðr-Kirchen in ihren Besitz zu bringen. Ende des 12. Jh. begannen die Bf.e, die reale Herrschaft über die lokalen Kirchen zu fordern. Das führte im 13. Jh. zu einem erbitterten Kirchenkampf (isländ. *Staðamál*; →Island). 1297 kam es zu einem Kompromiß: Die Kirche bekam die Herrschaft über alle staðr-Kirchen. Die Laien behielten die Herrschaft über die Kirchen, die einen kleineren Teil oder die Hälfte des Kirch-Hofes besaßen. Es galten weiterhin die alten eigenkirchenrechtl. Prinzipien. Ausgangspunkt des Kompromisses war das Eigentumsrecht über Grund und Boden.

[2] *Norwegen*: Die ersten Kirchen in den norw. Bezirken (*fylke*) gingen auf kgl. Gründungen des 11. Jh. zurück und dienten als Pfarrkirchen. Daneben bauten die Kg.e Privatkirchen auf ihren eigenen Höfen. Zunehmend entstanden außerdem bäuerl., in Gemeinschaftsarbeit errichtete Gemeindekirchen und – als E.n im engeren Sinne – die Privatkirchen der weltl. Großen, die sog. »Bequemlichkeitskirchen«. Diese Kirchen hatten indessen niemals den Status selbständiger Eigentumsobjekte, denn Schenkungen wurden an sie kaum getätigt. Dieser Umstand erleichterte Ende des 12. Jh. die Abschaffung des privaten Eigenkirchenwesens, nachdem bereits 1152/53 das Kgtm. das Patronatsrecht (→Patronat) über seine E.n niedergelegt hatte. Den ehemaligen Kircheneignern blieb nur noch das Vorschlagsrecht bei der Einsetzung von Priestern.

Obwohl Kg. →Sverrir Sigurdarson (1177–1202) in seiner Auseinandersetzung mit der Kirche (→»Tale mot biskopene«) nachdrückl. auf dem Patronatsrecht über die kgl. Kirchen bestand, mußte i. J. 1202 sein Sohn Hákon diese Ansprüche fallenlassen. Die kirchl. Oberhoheit über alle Kirchen, einschl. der kgl. Kapellen an den Königshöfen, wurde auch von den übrigen Kg.en des 13. Jh. prinzipiell bestätigt. Die Geistlichkeit an den kgl. Kapellen bildete jedoch ab der Mitte des 13. Jh. – unter kgl. Einfluß – eine teilweise unabhängige Organisation und spielte Ende 13./Anfang 14. Jh. eine wichtige Rolle beim Ausbau einer effektiveren kgl. Administration (→Norwegen).

[3] *Dänemark*: Die Struktur des dän. Eigenkirchenwesens läßt sich aus den Quellen nur schwer rekonstruieren. Grundsätzlich ist anzunehmen, daß die Kg.e und Großen E.n besaßen, es ist aber unklar, ob erst die Einführung des Zehnten Anfang des 12. Jh. den Bau von E.n, nicht zuletzt aus wirtschaftl. Gründen, stimulierte oder ob es insbes. bäuerl. E.n (u. a. mit Recht auf Priesterwahl) schon vor Einführung des Zehnten gab. Jedenfalls mußte im 13. und 14. Jh. bei Übertragung des Patronats an kirchl. Institutionen die Zustimmung des Kirchspiels eingeholt werden. In Einzelfällen werden Kgtm. und Adel als Erbauer von Dorfkirchen (und Inhaber des Patronats) genannt. Als die Kirche versuchte, den Einfluß der Laien auf die Kirche im allgemeinen auszuschalten, kam es zu einem fast hundertjährigen Kirchenkampf (1241–1340; →Dänemark, Abschnitt E).

[4] *Schweden*: Die Kenntnis des schwed. Eigenkirchenwesens ist lückenhaft, doch hat es sicher bis ins 13. Jh. hinein E.n gegeben, die aber in aller Regel bäuerl. Gemeindekirchen waren. Ihre weite Verbreitung sicherte den Laien einen weitreichenden und institutionalisierten Einfluß. Kgl. und adlige E.n sind ebenfalls, wenn auch spärlich, belegt, auch das Patronatsrecht ist bekannt.

M. Stefánsson

Lit.: KL III, 224–233; IV, 115–129; V, 363–366, 653–665; VIII, 410–420; IX, 645–669; XIII, 462–467; XVI, 374–385; XVIII, 218–233, 280–300 [Lit.] – K. Maurer, Die Bekehrung des norw. Stammes zum Christenthume, 1855–56 – Ders., Island und seine erste Entdeckung bis zum Untergang des Freistaats (ca. 800–1264), 1874 – A. Taranger, Den angelsaksiske kirkes indflydelse på den norske, 1890 – Ders., Om Eiendomsretten til de norske Præstegaarde, Norsk Retstidende, 1896 – E. Hertzberg, Om Eiendomsretten til det norske Kirkegods, 1898 – A. Taranger, Kirkegodsets Retsforhold, Norsk Retstidende, 1902 – E. Hertzberg, Atter om Præstebordsgodsets Retsstilling, Norsk Retstidende, 1905 – K. Maurer, Vorlesungen über altnord. Rechtsgesch. II, 1907–08 – I. Nylander, Das kirchl. Benefizialwesen Schwedens während des MA, 1953 – J. Jóhannesson, Íslendinga saga, I–II, 1956–58 – I. Skovgaard-Petersen, Islandsk egenkirkevæsen, Scandia 1960, 230–296 – G. Sandvik, Prestegard og prestelønn, 1965 – O. Olsen, Horg, hov og kirke, 1966 – B. Þorsteinsson, Ný Íslandssaga, 1966 – V. Skånland, Det eldste norske provinsialstatutt, 1969 – E. Gunnes, Kongens ære, 1971 – J. A. Hellström, Biskop och landskapssamhälla i tidig svensk medeltid, 1971 – G. Smedberg, Nordens första kyrkor, 1973 – K. Helle, Norge blir en stat, 1974² – M. Stefánsson, Kirkjuvald eflist, Saga Íslands II, 1975, 57–144 – S. Bagge, Den kongelige kapellgeistlighet 1150–1319, 1976 – P. S. Andersen, Samlingen av Norge og kristningen av landet 800–1130, 1977 – B. Þorsteinsson, Íslenzk miðaldasaga, 1978 – M. Stefánsson, Frá goðakirkju til biskupskirkju, Saga Íslands III, 1978. →Dänemark, →Schweden, →Norwegen, →Island.

Eigenleute → Leibeigenschaft

Eigenschaft → proprietas, proprium

Eigenschaften Gottes

I. Christentum – II. Judentum.

I. Christentum: Eine göttl. E., »ein Attribut ist eine vorgegebene Vollkommenheit, die den Geschöpfen zukommt, ursprgl. und einfach aber Gott eigen ist«. Der Traktat über die E.G. ist nach Thomas v. Aquin (Sent. I d.2 q.1 a.3, ed. Paris 1873,36b) Grundlagenforschung bezügl. der Möglichkeit menschl. Sprechens von Gott.

In der jüd. Religionsphilosophie des Philon v. Alexandria († 45/50 n. Chr.) oder des Moses →Maimonides († 1204) und in der neuplaton. Gotteslehre →Plotins († 270) müssen alle positiven Aussagen über Gott in der entgrenzenden, transzendierenden Sinngebung der negativen →Theologie verstanden werden (vgl. Abschnitt II). Die patrist. griech. Theologen von Clemens v. Alexandria (→12. C.) bis zu →Johannes v. Damaskus († ca. 750) (»Quelle der Erkenntnis« Kap. 4 und 9, dt. Übers. BKV 44, 1923, 6–8, 27–29) wahren mit der allegorisierenden Auslegung der Gottesnamen zugleich auch Gottes wesenhafte Unaussprechlichkeit. Ps.-→Dionysius (Areopagites) (5./6. Jh.) hat mit seiner Schrift »De divinis nominibus« (dt. Übers. BKV 1933; Ev. IVÁNKA, 1957) dem lat. MA den Weg der transzendierenden Gotteserkenntnis gewiesen: Negation aller Prädikate vor dem Unerreichbaren, Privation aller Inhalte vor dem Unaussprechbaren, Aufhebung der Sprache vor dem Unendlichen.

Im Anschluß an Augustins Theologie von der Vollkommenheit und Einfachheit des göttl. Wesens (in den drei Personen) begründete →Anselm v. Canterbury († 1109) im Monologium Kap. 16 (lat.-dt. Ausg. 1964, 82–85) die Inhärenz der Vollkommenheitsprädikate im Wesen Gottes und die Identität der E. mit dem Wesen. Nicht nur in der (schöpferischen) Beziehung zur Welt, sondern in der Acht und Aufmerksamkeit auf das Wesen Gottes, worüber hinaus nichts Vollkommeneres gedacht werden kann, werden die E. G. erkannt. →Abaelard († 1142) und seine Schüler (z. B. →Robert v. Melun, † 1167) verstanden die göttl. E. der Allmacht, Weisheit und Güte nicht nur im Sinne einer meditativen Zueignung und Zuerkennung zum göttl. Wesen, wie dies in der Schule von St. Viktor allgemein gelehrt wurde (vgl. →Richard von St. Viktor [† 1173], De tribus appropriatis, MPL 196, 992–994), sondern in strenger, spezifischer trinitätstheol. Bedeutung (dagegen die Synode v. Sens 1140, DENZINGER-SCHÖNMETZER, 721). →Gilbert v. Poitiers († 1154) unterschied Wesen und Wesens-E. der Gottheit von Gott, so daß →Eugen III. 1148 in Reims für die Identität Gottes fürchtete (DENZINGER-SCHÖNMETZER, 745). Die gesamte frühscholast. Theologie war bemüht, den Unterschied zw. den personalen Eigentümlichkeiten in Gott und den E. G. (»propria« – »appropriata«) zu klären. Die Theologie des 12. Jh. sprach von Gott in der doppelten Weise der Appropriierung des Wesentlichen an die (göttl.) Personen und der Formalisierung der Proprien der Personen (im göttl. Wesen). Alle Wesensprädikate gelten von den einzelnen Personen und von allen zusammen in einzigartiger Weise (Ps.-Poitiersglosse, Bamberg Staatl. Bibl. Patr. 128, fol. 34rb). Im 13. Jh. traten die beiden Themen auseinander; nie aber wurden die Appropriationen als beliebige, anonyme E. G. verstanden (vgl. H. HEINZ, Trinitar. Begegnungen).

→Thomas v. Aquin († 1274) hat vom Sentenzenkommentar (I d. 2 q. 1 a. 1–5; d. 22 q. 1 a. 1–4) über die Erklärung der Schrift des Ps.-→Dionysius »De divinis nominibus« (lect. 1 und 3) und die Quaest. disput. De potentia q.7 a.4–7 bis zu den beiden Summen (S.th.q. 13 a. 1–14 und S.c.g. I c. 30–36) das Thema erörtert und vertieft. Die vielfältigen Gottesprädikate müssen ebenso von der Eigenart des menschl. Intellekts wie auch vom Wesen Gottes her verstanden werden (»..ut in radice verificante has conceptiones«, De pot.q.7 a.6). Unter Berücksichtigung unserer menschl. Erkenntnis- und Sprechweise (»modus significandi«) kommt den göttl. Prädikaten und Attributen eine wirkliche affirmative Bedeutung zu, so zwar daß jedes Prädikat Gott in seinem Selbstsein als Subjekt benennt. Die E. G. müssen namentlich begriffen werden (S.th.I q. 12 De nominibus Dei). Keine Vollkommenheit darf von außen oder beiläufig auf Gott bezogen werden, vielmehr hat in ihm das Vollkommene seinen beständigen Ursprung und ursprgl. Bestand. Nur die Acht und Betrachtung des menschl. Intellekts können den Unterschied begründen. Darum ist für Thomas der Unterschied der E. G. ein rationaler (ebd. a.7).

Die Schüler des Thomas (von →Petrus von Tarentasia, † 1276, Sent.I d.2 q. 1 a.2–3; d.22 q.un., ed. 1652, 19–21, 182–188 bis zu →Jakob v. Metz, † ca. 1310, Sent.I d.2, Cod. Lat. Vat. Borgh. 122, fol. 6ra-va) schrieben häufig nur den Sentenzenkommentar ihres Lehrers zu diesem Thema aus und verfehlten dadurch die reife Aussage der Summa des Thomas. Ohne Bedenken spricht →Petrus v. Tarentasia davon, daß die Vielfalt der Attribute ihren Grund teils im Intellekt, teils im Wesen Gottes habe (»... partim ... partim« a.a.O. 20b). Die These vom rein rationalen Unterschied der E. G. wurde zu einer vieldiskutierten Streitfrage der Schulen.

Gegen diese These opponierte am entschiedensten →Heinrich v. Gent († 1293), der dem Traktat über die E. G. neue Impulse gab. Die unterschiedl. »rationes attributorum« stammen nach ihm nicht aus der geschöpfl. Erkenntnis, sie gründen in den personalen Lebensbewegungen in Gott (Quodl. V q. 1 (1280), ed. 1518 fol. 150v–154r). Die intentionale Betrachtung der formalen Vollkommenheit des Erkennens und Wollens Gottes entdeckt die göttl. Attribute in Gott. Diese trinitar. Begründung der E. G. weisen sowohl →Gottfried v. Fontaines, † n. 1303 (Quodl. VII q. 1 ed. 1914, 264–278) wie v. a. der Dominikaner und Thomasverteidiger →Thomas v. Sutton (Quodl. II q. 3, ed. 1969, 16, Quodl. III q. 1 ed. 339–345) scharf zurück. Gott ist nicht Vater, Sohn und Hl. Geist, weil er Erkennender und Liebender ist, vielmehr sind das göttl. Erkennen und Lieben personal, weil Gott dreifaltig ist. Die doppelte These von der rein rationalen Differenz der göttl. Attribute und der ausschließl. zweigliedrigen Lehre von realer und rationaler Unterscheidung gewinnt für die Thomasanhänger den Charakter von Grundlagenlehren.

→Wilhelm v. Ware O. M. († ca. 1300) nahm die Anregungen des Heinrich v. Gent positiv auf und erblickte im Akt der göttl. Selbsterkenntnis und Selbstannahme den Grund, die »rationes formales« der E. G. (Sent. I d. 1 q. 3 [= q. 15] Cod. lat. ÖNB 1424 fol. 15r. 17v). Die Fülle der Wesensgründe hebt die Einfachheit des göttl. Wesens nicht auf, sondern eint sie in der Unendlichkeit des Wesens. Am Beispiel der Transzendentalien demonstrierte Wilhelm v. Ware das Wesen des formalen Unterschiedes, den Unterschied des Formalen und Wesentlichen. Die jüngere Franziskanerschule, allen voran →Johannes Duns Scotus (1308), Ordinatio I d. 8 p. 1 q. 4 (ed. Opera Omnia IV 1956, 230–277), Robert Cowton, →Wilhelm v. Nottingham († 1336), →Wilhelm v. Alnwick († 1333) u. a. begründeten den formalen Unterschied der Wesenseigenschaften Gottes, die als solche im Unterscheidenden, Ununterschiedlich-Einen des Wesens erkannt werden müssen. Aber auch in dieser Schule ging die Diskussion über das formal Unterschiedliche und die 'distinctio formalis' weiter (vgl. Wilhelm v. Alnwick, Quodl. q.2, ed. 1937, 201–249). Da es für →Wilhelm v. Ockham († 1347) von einer Sache grundsätzl. nur einen Wesensbegriff geben kann, sind die formalen und rationalen Unterschiede der E. G. gegenstandslos. Die vielfältigen Attribute und Namen Gottes konnotieren Dinge, die nicht Gott sind (Ordinatio I d.2 q.2, ed. Opera phil. et theol. 1970, 50–74). Unter den vom Oxforder Kanzler Johannes Lutterell an der Kurie Johannes XXII. 1324/25 in Avignon der Häresie verdächtigten Sätzen befinden sich auch diese: »Daß es unmöglich sei, etwas sei der Sache nach eins, der Erkenntnis nach aber verschieden«; »Daß das Erkennen und Wollen, das von Gott ausgesagt wird, nicht Gott sei, ja, daß kein Attribut das göttliche Wesen sei« (F. HOFFMANN, Die Schriften des Oxforder Kanzlers Johannes Lutterell, 1959, 3).

Diese Idee der wesentl. Konvertibilität der E. G. mit dem göttl. Wesen griffen ebenso Meister →Eckhart († 1327/28), Expositio s. Ev. secundum Johannem, c.1, 11, n.97 lt. Ww III, 83f. Pred. 13, dt. Ww I, 219f., →Raimundus Lullus († 1315/16), De demonstratione per aequiperantiam, ed. 1737 (1965) tom. IV, 577–593 und in Abhängigkeit von diesen →Nikolaus v. Kues († 1464), De docta ignorantia I c.21, ed. Opera Omnia I, 1932, 42–44; Idiota de sapientia II n. 36, ebd. V, 1983, 68f. (u. ö.) auf. Die göttl. Vollkommenheiten sind (nach Eckhart) das ununterscheiden-eine Wesen Gottes, die Grundwerte (»dignitates«) des göttl. Seins (Lullus), die im Simultan-Akt des göttl. Lebens zusammenfallen (»coincidentia attributorum« des Cusanus). Das menschl. Gotterkennen ist der Mitvollzug göttl. Seins und Erkennens. – Zu der ostkirchl. Energienlehre→Palamas. L. Hödl

Lit.: DThC I, 2223–2235 – HWPh I, 614–616 [Lit. bis 1966] – E. GILSON, Simplicité divine et attributs divins selon Duns Scot, AHDL 17, 1949, 9–43 – F. RUELLO, La »Divinorum Nominum reseratio« selon Robert Grosseteste and Albert le Grand, ebd. 26, 1959, 99–197 – C. FABRO, Teologia e i nomi divini nel Lombardo e in Tommaso, Pier Lombardo 4, 1960, 77–93 – F. RUELLO, Les »noms divins« et leurs »raisons« selon s. Albert le Grand, commentateur de »De divinis nominibus«, BiblThom 35, 1963 – B. M. LEMAIGRE, Perfection de Dieu et multiplicité des attributs divins, RechSR 50, 1966, 198–227 – L. HÖDL, Von der Wirklichkeit und Wirksamkeit des dreieinen Gottes nach der appropriativen Trinitätstheologie des 12. Jh., 1965 – DERS., Die philos. Gotteslehre des Thomas v. Aquin O. P. in der Diskussion der Schulen um die Wende des 13. zum 14. Jh., RFN 70, 1978, 113–134 – H. HEINZ, Trinitar. Begegnungen bei Bonaventura. Fruchtbarkeit einer appropriativen Trinitätstheologie, BGPhMA 26, 1985.

II. JUDENTUM: Unter dem Einfluß der theol.-philos. Entwicklung im Islam und z. T. auch im Christentum wurde die in bibl. und talmud. Texten unbefangene Rede von Gottes E. im MA fragwürdig. Der für das Judentum konstitutive monotheist. Gottesbegriff wurde nicht mehr nur im Sinne von Einzigartigkeit und Einzigkeit, sondern als wesenhafte Einheit bedacht. Dem transzendenten, unveränderlichen, vollkommenen und einfachen Wesen Gottes wurden einerseits – wie schon im Kalam – Wesensattribute (Existenz, Allmacht, Allwissenheit u. a.) zugesprochen, die sprachlich differenziert, mit dem Wesen Gottes jedoch eine unterschiedslose Einheit bilden, andererseits Wirkungsattribute, die Veränderungen hervorrufen, ihrem unerfaßbaren Ursprung jedoch als Zeichen der Veränderlichkeit wesenhaft fremd bleiben. Der →Neuplatonismus bot sich zur Thematisierung dieser Differenz an: Alle Attribute dienen nur dazu, Unvollkommenheiten auszuschließen und sind somit keine positiven Bestimmungen. Diesen Gedanken greifen auch aristotel. beeinflußte Theologen wie Moses Ben Maimon (→Maimonides, 1135–1204) auf, der hervorhebt, daß zw. den Attributen Gottes und denen der Geschöpfe weder Analogie noch Relation besteht. Beeinflußt durch den Averroismus (→Averroes) findet in der Epoche nach Maimonides eine Abkehr von der »theologia negativa« und eine Hinkehr zur positiven Bewertung des Analogieprinzips statt. Levi Ben Gerson (→Gersonides, 1288–1344) betont, daß die Attribute Gott im ursprgl. und vollkommenen, dem Geschöpf indes nur im abgeleiteten Sinne eigen sind. In der Folge wurde ein Ausgleich mit Tradition und Frömmigkeit gesucht: Die strenge Transzendenz und Selbstgenügsamkeit Gottes, seine Abgesondertheit von der Welt wird mit seinem providentiellen Handeln aus Liebe verbunden (z. B. Ḥasday→Crescas, 1340–ca. 1412). In der→Kabbala werden die göttl. Attribute den Sefirot (Wirkungskräfte Gottes) zugeordnet, die in ihrer komplizierten Zuordnung einen innergöttl. Prozeß widerspiegeln, der in Schöpfung und Schöpfungswirklichkeit mündet. Da diese Schöpfungspotenzen auch durch das Verhalten Israels (Toragehorsam) positiv bzw. negativ beeinflußt werden können, wurden sie in Verbindung mit der Gebetsmystik von großer Bedeutung, vermittelten sie doch dem Frommen das Bewußtsein wirksamer Verflochtenheit mit ihnen bei voller Wahrung der absoluten Transzendenz Gottes und dessen heilsgeschichtl. Wirken. R. P. Schmitz

Lit.: D. KAUFMANN, Gesch. der Attributenlehre in der jüd. Philosophie des MA, 1877 [Nachdr. 1967] – H. A. WOLFSON, Repercussions of the Kalam in Jewish Philosophy, 1979.

Eigentum
A. Rechts- und Verfassungsgeschichte – B. Moraltheologische Sicht – C. Islamischer Bereich

A. Rechts- und Verfassungsgeschichte

I. Römisches und gemeines Recht – II. Kanonisches Recht – III.–VIII. In einzelnen Ländern Europas (III. Germanisches und deutsches Recht – IV. Italien – V. Frankreich – VI. Iberische Halbinsel – VII. England – VIII. Irland und Wales).

I. RÖMISCHES UND GEMEINES RECHT: [1] *Römisches Recht:* E. (lat. dominium, eigtl. 'Hausherrschaft', proprietas) ist im röm. Recht sowohl Herrschaft über →Sklaven als auch E. an Sachen; nur von letzterem ist hier zu handeln. E. ist das Recht der umfassenden Sachgewalt, im Gegensatz zu den Rechten an fremder Sache (iura in re aliena), nämlich insbes. Dienstbarkeiten (→servitutes), →Nießbrauch (ususfructus), Erbpacht (→Emphyteusis, ius perpetuum) und →Pfandrecht (pignus, hypotheca), die dem Inhaber eine beschränkte Gewalt über die Sache verschaffen, und im Gegensatz zum Besitz (→possessio), der fakt. Sachgewalt. Allerdings wurden im spätröm. Vulgarrecht E., Erbpacht und Besitz nicht scharf unterschieden.

Gegenstand des E.s können Grundstücke sowie Tiere und andere bewegl. Sachen sein. An Luft, fließendem Wasser, Meer und Meeresstrand haben von Natur aus (iure naturali) alle Anteil. Kein privates E., sondern ein – auch von der Hoheitsgewalt verschiedenes – öffentl. E. des Staates, einer Gemeinde oder einer anderen Körperschaft besteht an öffentl. Sachen (res publicae) wie Straßen, Flüssen samt Ufern, Häfen, Theatern, Bädern, Wasserleitungen usw. Sonderregeln gelten für das Staatsvermögen (res privata) und das Privatvermögen (patrimonium) des →Kaisers. Auch geheiligte Sachen (res divini iuris) stehen in niemandes Privateigentum, näml. Kirchengebäude und Kultgeräte (res sacrae) – sie können aber zum Freikauf Gefangener veräußert werden –, Grabstätten (res religiosae) sowie Stadtmauern und Tore (res sanctae).

Der Einzelne erwirbt E. entweder vom früheren Eigentümer oder durch Ersitzung oder auf natürl. Weise. Zum Erwerb vom früheren Eigentümer bedarf es der Übertragung des Besitzes (traditio) sowie der Einigung über einen anerkannten, den Eigentumsübergang bezweckenden Grund (→Causa, Abschnitt I,1) derselben, beim Kauf außerdem der Bezahlung des Kaufpreises. Durch Ersitzung kann der Besitzer das E. erwerben, wenn er den Besitz aus einem den Eigentumserwerb rechtfertigenden Grund erworben hat und ausübt, bei beweglichen Sachen seit drei Jahren (usucapio), bei Grundstücken seit 10 oder 20 Jahren (longi temporis praescriptio). Als Fall einer außerordentl. Ersitzung wird die Verjährung der rei vindicatio (s. u.) angesehen (zu den Einzelheiten →Ersitzung). Als Fälle des natürl. Eigentumserwerbs werden v. a. betrachtet: Inbesitznahme einer herrenlosen Sache (occupatio), Herstellung einer Sache aus fremdem Material (specificatio), Verbindung einer fremden mit einer eigenen Sache, insbes. einem Grundstück (accessio), bei Früchten – auch Tierjungen und tier. Erzeugnissen – Trennung von der »Muttersache«, ggf. Inbesitznahme seitens des Nießbrauchers oder Pächters.

Der Eigentümer ist grundsätzlich im Umgang mit der Sache frei und kann andere von jeder Einwirkung ausschließen. Er kann über die Sache verfügen, indem er sie mit einem beschränkten dingl. Recht (s. o.) belastet, einem andern übereignet oder aufgibt (derelinquere). E. ist vererblich (→Erbe, Erbrecht). Der Grundsatz der Eigentumsfreiheit ist aber v. a. bei Grundstücken eingeschränkt: Der Grundstückseigentümer muß bestimmte Einwirkungen der Nachbarn dulden, ebenso Bergbau unter seinem Grundstück; in den Städten gibt es einschneidende baupolizeil. Vorschriften. Ein Ehemann kann nicht über Dotalgrundstücke verfügen, eine Ehefrau nicht über Grundstücke der Eheschenkung (→Ehe).

Rechtsschutz erhält der Eigentümer v. a. durch die rei vindicatio. Mit dieser Klage (→Actio) kann er den Besitzer oder Detentor zwingen, die Wegnahme der Sache zu dulden. Wer durch accessio oder specificatio sein E. an einen andern verloren hat, kann mit der rei vindicatio utilis Ersatz verlangen. Gegen denjenigen, der zu Unrecht den Nießbrauch oder eine Dienstbarkeit, z. B. ein Wegerecht, ausübt, hat der Eigentümer die actio negatoria; bei Übergriffen eines Nachbarn steht ihm das interdictum 'Quod vi aut clam' und bei Grenzstreitigkeiten die actio finium regundorum zu Gebote.

E. kann grundsätzl. nur an ganzen Sachen, nicht an deren Bestandteilen bestehen. Möglich ist, daß mehrere Personen gemeinsam Eigentümer derselben Sache sind, z. B. als Miterben. Dieses Miteigentum wird als E. an Bruchteilen der Sache gedacht. Jeder Eigentümer kann über seinen Anteil allein verfügen, über die Sache als Ganzes nur alle gemeinsam. Als Teilungsklage und zur Geltendmachung von Ersatzansprüchen kommt unter Miterben die actio familiae erciscundae, sonst die actio communi dividundo in Betracht.

Lit.: M. KASER, Das röm. Privatrecht II, 1975², 246ff.

[2] *Gemeines Recht:* Glossatoren u. Kommentatoren des röm. Rechts entwickeln aus den Texten das Corpus iuris civilis tief ins einzelne gehende Lehren vom E. Hier kann nur der Eigentumsbegriff nach →Bartolus de Saxoferrato skizziert werden: In einem weiten Sinne bezeichnet Bartolus dominium (d.) als ius in re, d. h. rechtl. Gewalt über körperl. und unkörperl. Sachen. Als unkörperl. Sachen (res incorporales) werden dabei beschränkte dingl. Rechte (iura in re aliena) und Forderungen (obligationes) aufgefaßt. D. ist also schlechthin die rechtl. Zuordnung von Sachen und Rechten zu einer Person. In einem engeren Sinne versteht er unter d. das E. an Sachen. Hierbei unterscheidet er zw. d. plenum ('vollem, d. h. unbelastetem E.') und nuda proprietas ('bloßem E.'), die dem Eigentümer bleibt, wenn die Sache mit einem Nießbrauch belastet ist, ihm also Gebrauch und Fruchtziehung genommen sind. Auch die nuda proprietas wird in einem dritten Sinn als d. (dominium proprietatis, 'E. der Substanz') bezeichnet.

Bartolus (zu D. 41,2,17) definiert Sacheigentum (d. im engeren Sinne) inhaltlich als »ius de re corporali perfecte disponendi nisi lege prohibeatur« ('das Recht, über eine körperl. Sache vollkommen zu verfügen, falls es nicht durch das Gesetz verboten ist'). Er unterscheidet – im Anschluß an die von den Glossatoren, v. a. im Umkreis des →Johannes Bassianus, entwickelte Lehre vom geteilten E. – zw. *d. directum* und *d. utile.* D. utile (sog. Unter- oder Nutzeigentum) wird einerseits den Inhabern weitgehender, aber trotzdem beschränkter Sachenrechte zuerkannt, v. a. dem Erbpächter (emphyteuta; →Emphyteusis), Erbbauberechtigten (superficiarius) und Lehnsmann (feudatarius; →Lehnswesen). Nur d. utile hat andererseits – nach umstrittener Auffassung der Glosse des Accursius, der Bartolus folgt – auch derjenige, der ein Grundstück durch longi temporis praescriptio erworben hat (→Ersitzung). Während sein utile d. das d. directum des bisherigen Eigentümers verdrängt, bleibt in den zuerst genannten Fällen das d. directum des eigtl. Eigentümers bzw. Lehnsherrn als sog. Obereigentum bestehen. Auch sonst werden beide Gruppen des d. utile im einzelnen unterschiedlich behandelt. Der Inhaber kann jedoch prinzipiell wie jeder Eigentümer über das d. utile faktisch und rechtlich verfügen. Kein d. utile hat nach Bartolus, anders als nach der Glosse des Accursius, die Ehefrau nach Auflösung der Ehe an der dos. Der Ersitzungsbesitzer hat nach einer von →Dinus de Rossonis begründeten Lehre quasi dominium (→Ersitzung). P. Weimar

Lit.: HRG I, 882–896 [H.-R. HAGEMANN] – E. LANDSBERG, Die Glosse des Accursius und ihre Lehre vom E., 1883 – E. MEYNIAL, Notes sur la formation de la théorie du domaine divisé (domaine direct et domaine utile) du XIIe au XIVe s.s dans les Romanistes (Mél. FITTING II, 1908), 409–461 [Neudr. 1969] – E. BUSSI, La formazione dei dogmi di diritto privato nel diritto comune, 1937 – H. COING, Zur Eigentumslehre des Bartolus, ZRGRomAbt 70, 1953, 348–371 – R. FEENSTRA, Les origines du dominium utile chez les glossateurs (Flores legum H. J. SCHELTEMA oblati, 1971), 49–93 [Lit.] – D. WILLOWEIT, Dominium und proprietas, HJb 94, 1974, 131–156.

II. KANONISCHES RECHT: Das Kirchenrecht macht heute anders als im MA keine grundsätzl. Aussagen über das Eigentum. Begrifflich muß man davon ausgehen, daß die Kirche am Recht der jeweiligen Gemeinschaft, in der sie lebte, teilhatte (röm. Recht, Volksrechte), daß sie dieses aber zu modifizieren verstand und ihre eigene Rechtsordnung darauf aufbaute. In den lat. Quellen werden daher verschiedene Termini für E. verwendet: proprium, dominium, dos, res, fundator etc. Bedeutend ist auch die Unterscheidung von »dominium« und »usus«. Im →Decretum Gratiani finden sich mehrere Stellen, die Grundfragen des E.s betreffen (D. 1 c.7; D.8 p.1; D.41 c.1; D.41 c.3; D.47 c.8; C.12 q.1 c.2 § 1). Gratian knüpft an die augustin. Ansicht, daß das Privateigentum eine Einrichtung des menschl., nicht aber des Naturrechts sei, an: »Gemäß dem Recht der Natur ist alles allen gemeinsam... Durch Gewohnheit und Gesetz jedoch wird jenes Gut Dein und dieses Mein«. Die vollkommene Armut gilt als höheres Gut als Reichtum. Das E. wird jedoch nicht grundsätzl. verworfen. Es ist als notwendig vorausgesetzt, wenn von der Lebensführung, Kleidung und Geschäftsgebarung der Bischöfe und Kleriker die Rede ist. E. hat aber seine Grenze in der Not des Nächsten. Der Anspruch des Bedürftigen auf Lebensunterhalt ist naturrechtl. stärker als der Anspruch auf das Überschußgut. Die im Dekret zum Ausdruck gebrachte Haltung der alten Kirche (insbes. der Patristik) hat kurz darauf Thomas v.

Aquin mit der aristotel. und röm.-rechtl. Begründung des privaten E.s verbunden (→Abschnitt B).

Die Frage nach der Erlaubtheit des Privateigentums hatte im HochMA einen prakt. Hintergrund: Armutsbewegungen (→Armut), →Bettelorden und Ketzer (→Häresie). Es ging nicht nur um die Armut des Einzelnen, sondern der Kirche überhaupt bzw. um die Erlaubtheit des Ordenseigentums (Extrav. Jo. XXII 14.3 und 4). Eigentümer von Kirchenvermögen konnten z. B. Kirchen, Klöster, der Bischof, aber auch Laien sein. Das Eigenkirchenrecht (→Eigenkirche) wurde zum →Patronat gewandelt, dem Erbauer einer Kirche verblieb aber nach Gratian das dominium (C.16 q.7 c.33). Die jurist. Person wurde als Vermögensträger entwickelt (→beneficium, →fabrica ecclesiae). Der Benefiziat konnte das Benefizialvermögen zu seinem ordentl. Unterhalt nutzen, mußte aber die »superflua« für die Armen und für wohltätige Zwecke verwenden. Für die Ersitzung ist guter Glaube während der ganzen Verjährungszeit notwendig. R. Puza

Lit.: RGG II, 363ff. – TRE IX, 417ff. – L. FERRARIS, Prompta Bibliotheca, Tom. 2 »Dominium«, Frankfurt etc. 1781, 636ff. – S. GIET, De trois textes de Gratien sur la propriété, SG II, 1954, 319ff. – CH. LEITMAIER, Das Privateigentum im Gratian. Dekret, SG II, 1954, 361ff. – P. LANDAU, Ius patronatus, 1975, 3ff.

III.–VIII. IN EINZELNEN LÄNDERN EUROPAS:
III. GERMANISCHES UND DEUTSCHES RECHT: E., das nach modernem dt. Privatrecht (§ 903 BGB) das Recht bedeutet, mit einer Sache, d. h. einem körperl. Gegenstand nach Belieben zu verfahren und andere von jeder Einwirkung auszuschließen und dem somit stark zeitbedingt die Trennung einer rechtl. Stellung einer Person zu einer Sache von einer tatsächl. Stellung (Besitz) zugrundeliegt, ist als Wort erstmals im 13. Jh. belegt (egendom, daneben: eigenschaft), so daß es sich auf ältere rechtsgeschichtl. Perioden nur mit Vorbehalt anwenden läßt.

Für das Germ. kann als älteste Bezeichnung dieses »E.s« das Wort *aiganaz erschlossen werden, das als Partizip des Präteritopräsentiums *aigan ('haben') erklärt wird. Dieses *aigan läßt sich seinerseits auf die idg. Wurzel *ēik- ('haben') zurückführen. Daraus ist zu schließen, daß für das »E.« ursprgl. das tatsächl. Innehaben im Vordergrund steht.

Unterstützt wird dieses Ergebnis durch die späteren Einzelsprachen. Got. aigan entspricht lat. 'habere', got. aigin lat. 'bonum', 'facultas' ('possidere') und 'substantia'. Ahd. stehen eigan (Verb) für lat. 'habere', 'tenere' und eigan (Adjektiv, Substantiv) für 'domesticus', 'proprius', 'suus' bzw. 'possessio', 'ager'. Im And. gibt das Substantiv ēgan lat. 'fundus', das Adjektiv 'proprius' und 'suus' sowie das Verb ('dives') 'habere' und 'possidere' wieder.

Gegenstand dieses Habens war vermutlich ursprgl. das lose →Gut (Kleidung, Schmuck, Werkzeug, Waffen, Vieh), das in Einzelstücken vielfach einem Toten als Grabbeigabe mitgegeben wurde. Umstritten ist, ob die Germanen bereits individuelles »E.« an Grundstücken kannten. Trotz der scheinbar eindeutig entgegenstehenden Berichte Cäsars und Tacitus' wird man dies wegen der Flurformen, Siedlungsweise und Einfachheit der verwaltungsorganisator. Verhältnisse bejahen müssen. Trotz der prakt. Seltenheit wird man auch die grundsätzl. Verfügungsmöglichkeit über diese Grundstücke bejahen müssen.

Im FrühMA treten dann gerade die urkundl. Nachrichten über Übertragungen von Grundstücken v. a. an Kirchen bes. hervor. Lat. wird hier vielfach von 'proprium', 'proprietas', 'dominium' oder 'dominatio' oder auch 'ius' gesprochen, was daraufhin deutet, daß auch im FrühMA »eigen«, das bald vielfach in der alliterierenden Wendung »eigen und erbe« gebraucht wird, mit Herrschaft und Gewalt verbunden ist. Allerdings führt hier die Anhäufung von Land bei einzelnen Menschen oder Einrichtungen bald zur Trennung von Recht und Innehabung und damit zur Sonderung von individuellem Eigen und abgeleiteten, neben ihm am gleichen Gegenstand mögl. Besitzrechten wie Prekarien (→precaria), Lehen und anderem. Zugleich wird die Übertragung von »eigen« vielfach von der Zustimmung der nächsten Verwandten abhängig gemacht, wovon man in den Städten aber später wieder abkommt. Bei den bäuerl. Formen von Eigengut im ma. Europa gab es vielfältige Unterschiede (→Eigen, bäuerl.). Freies Grundeigentum auf dem Land entsteht allgemein erst mit der nz. »Allodifikation«. Vom individuellen E. ist außerdem die Allmende aller →Markgenossen abzuheben. – Zu den skand. Rechten im MA →Grundbesitz, →Gut, loses. G. Köbler

Lit.: W. ARNOLD, Zur Gesch. des E.s in den dt. Städten, 1861 – A. HEUSLER, Institutionen des Dt. Privatrechts, I, II, 1885f.; I, 366; II, 47– BRUNNER, DRG I, II – R. HÜBNER, Grundzüge des dt. Privatrechts 1930⁵– H. CONRAD, Dt. Rechtsgesch. I, 1962²– H. HATTENHAUER, Die Entdeckung der Verfügungsmacht, 1969– D. HAGEMANN, Dominium und propriétas, HJb 94, 1974, 131ff. - G. KÖBLER, Eigen und E., ZRGGermAbt 95, 1978, 1ff. – K. KROESCHELL, Dt. Rechtsgesch. II, 1982⁵ – D. JOSWIG, Die germ. Grundstücksübertragung, 1984.

IV. ITALIEN: Im röm. Vulgarrecht der ausgehenden Antike war das hier 'proprietas' bezeichnete Verhältnis zu einer Sache wesentl. vom röm. →'dominium' verschieden. In den Formularen der Privaturkunden aus der Zeit der Einfälle der Germanenvölker in Italien wird unter E. der Besitz einer Sache verstanden, mit der von keinem Dritten bestrittenen Gewalt des Eigentümers, sie nach Gutdünken zu verkaufen oder zu verschenken bzw. allgemein über sie urkundl. zu verfügen. Diese Formel bleibt das ganze MA hindurch unverändert. Die dem lat. 'proprietas' entsprechenden dt. Begriffe 'Eigentum' und 'Eigenschaft' treten erst sehr spät (13. Jh.) auf; vor dieser Zeit konnte kein abstrakter, einheitlicher Eigentumsbegriff bekannt sein. In den Rechtsvorstellungen der germ. Völker bildete das tatsächl. Verhältnis einer Person zu einer Sache (→Gewere) die Grundlage der Anerkennung jeglicher Art von Sachnutzung. Besitz und E. waren noch nicht differenziert. An ein und derselben Sache konnten verschiedene Gewere nebeneinander bestehen (Eigentum, →Pacht, →Servitut). Auch im Eigentumsrecht der Langobarden waren diese Vorstellungen verankert.

Mit dem Christentum drang in die antike Welt der Gedanke ein, daß Gott der Schöpfer und Herr aller Dinge sei und das E. daher nicht allein dem Eigentümer, der die ird. Güter von Gott erhalten habe, dienen dürfe. In der Folge wurde das Eigentumsrecht in verschiedener Weise insofern eingeschränkt, als man es für unerlaubt ansah, daß der Eigentümer eine Sache zum Schaden anderer benutze.

Der röm. Gedanke des ungeteilten, absoluten E.s hatte bereits in der Spätantike einen gewissen Niedergang erfahren, als die german. Invasionen eine Barbarisierung des Rechts mit sich brachten. In der »Summa Perusina« würde man vergeblich nach der Definition eines Sachenrechts suchen. Die »Lex romana curiensis« zeigt bedeutende Veränderungen von Vorstellungen und Instituten des röm. Rechts. Der Begriff »dominium« entwickelt sich zu einer Entsprechung für 'Herrschaft, Souveränität'; der stärkere häusliche Zusammenhalt begünstigt das Entstehen von gemeinsamem E., wie es in den häufigen Consortia von Brüdern oder Verwandten auftritt (→Familie).

Mit dem E. wurden polit. Funktionen verbunden; der nur den Freien vorbehaltene Grundbesitz wurde Bedingung für Militia und Immunität. Ein Vollbürger konnte nur derjenige werden, der Häuser in der Stadt und Güter auf dem flachen Land besaß. Das Erstarken eines die Gemeinsamkeit betonenden Familienbegriffs, der sowohl christl. Grundsätzen entsprach wie wirtschaftl. und sozialen Bedürfnissen entgegenkam, ließ die vulgarrechtl. Auffassung eines Consortien-E.s gegenüber dem individualistischen Konzept des röm. Eigentumbegriffs hervortreten. Auch der Grundsatz des ständigen E.s ging verloren, da man ein E. auf Zeit oder Widerruf zuließ.

Dem ma. Rechtsdenken waren auch Formen von E. nicht fremd, die einschneidenden Beschränkungen bei der Veräußerung oder der Erbfolge unterlagen. Derartige Beschränkungen traten z. B. auf bei familiären Gegebenheiten, militär. Vorschriften (zum Unterhalt der →Arimannen bestimmtes oder dem Grenzschutz und Befestigungen dienendes Land), Grundbesitzverleihungen und -verpachtungen, sie konnten ferner durch die Lage des Grundbesitzes an sich, durch fiskal. Rechte oder die Erfordernisse des gemeinen oder privaten Nutzens bedingt sein und sogar zur Enteignung führen.

Die Beschränkungen sind so vielfältig und greifen derart einschneidend in das Eigentumsrecht ein, daß man im Hinblick auf ihre Wirkungen von der Existenz verschiedener Eigentumsformen sprechen kann. Im FrühMA ist das Interesse für gelehrte Rechtstheorien gering, man widmet jedoch der Realität der Rechtsvorgänge im Hinblick auf ihre Wirkungen und die daran interessierten Personen sehr viel Aufmerksamkeit.

Um 1070 scheint sich die »Expositio« zum »Liber Papiensis« nach den Grundsätzen des Corpus iuris civilis zu richten: Es zeichnet sich eine Unterscheidung zw. E. und Besitz ab (Exp. Roth. 361 § 4); demjenigen, der Land verpachtet oder verleiht, wird das dominium darüber zuerkannt, dem Pächter und Lehensträger nur der Besitz (Exp. Roth. 223 § 1, L.P. 20 § 6). Als man im 12. Jh. zum röm. Recht zurückkehrt, unterscheidet die Scholastik zw. einem prinzipiellen dominium, das nur Gott zukommt, und einem sekundären und relativen dominium des Menschen, der sich dessen jedoch nicht zum Schaden seiner Mitmenschen bedienen dürfe. Damit wollte man den Gebrauch des Eigentumsrechts regeln.

Im 12.–14. Jh. finden sich in den Statuten der Städte und Landgemeinden v. a. Bestimmungen, die Beschränkungen des E.s im Hinblick auf den gemeinen und privaten Nutzen festlegen. Die allgemeine Handhabung des Eigentumsrechts richtete sich nach den Bestimmungen des Corpus iuris civilis. G. Vismara

Lit.: E. Besta, Il contenuto giuridico della Summa Perusina, 1906 (Atti della R. Accad. di scienze, lett. ed arti, ser. 3, vol. 8) – Ders., Il contenuto giuridico della Lex romana curiensis, 1907 – Ders., Expositio al Liber Papiensis, 1911 – Ders., I diritti sulle cose nella storia del diritto it., 1933 – M. Roberti, Svolgimento storico del diritto privato in Italia. 2. Proprietà, possesso e diritti su beni altrui, 1935 – U. Nicolini, Le limitazioni alla proprietà negli statuti it. (secoli XII, XIII e XIV), 1937 – P. Grossi, Le situazioni reali nell'esperienza giuridica medievale. Corso di storia del diritto, 1968 – A. Cavanna, La civiltà giuridica longobarda (I longobardi e la Lombardia. Saggi), 1978.

V. Frankreich: Das ma. frz. Gewohnheitsrecht hat keine Definition des E.s aufzuweisen. Rechtsbücher (→Coutumes) und Rechtsprechung verbinden die Problematik der Herrschaft über Sachen mit den Begriffen Besitz (*saisine*) und Nutznießung (*jouissance*). Mit dem Wiederaufleben des gelehrten Rechts werden die präzisen und wohldurchdachten Begriffe des ius in re und des ius ad rem herausgearbeitet, die den Herrschaftsbereich des Berechtigten umschreiben und ihm das Recht verleihen, seine Sache überall zu verfolgen (*droit de suite*), bzw. ihm den Vorrang vor anderen Anwärtern verschaffen (*droit de préférence*). Wenn das Gewohnheitsrecht im Hinblick auf bewegl. Sachen (s. a. →Gut, loses) in dieser Beziehung auch unsicher bleibt, so gibt es doch Immobilien, deren Besitzer wirklicher Eigentümer ist (s. a. →Grundbesitz). Es handelt sich um das Allod, d. i. als freies E. ererbtes oder erworbenes Grundvermögen (s. a. →Allod; →Eigen, bäuerl.). Die Entstehung der Allode ist zwar umstritten, es steht aber fest, daß sie im südl. Frankreich die Völkerwanderungszeit überdauert haben. Der Eigentümer des Allods ist bisweilen Gerichtsherr; dabei handelt es sich meist um ein Überbleibsel frk. →Immunität. Noch geläufiger ist der Fall des Eigentümers eines Allods, der lediglich der seigneurialen Gerichtsbarkeit unterworfen ist.

Dieses allodiale System wird von zwei Seiten in Frage gestellt: einerseits stellt es eine schwer erträgl. Abweichung vom Lehnssystem dar, das, von den Coutumes begünstigt, manchmal sogar den Grundsatz »nulle terre sans seigneur« anwendet. Bei strengster Auslegung bedeutet diese Formel, daß bis zum Beweis des Gegenteils die Vermutung für eine Lehnsbindung besteht. Nach Beaumanoir (Nr. 685) besteht diese Vermutung jedoch nur gegenüber einer behaupteten allodialen Gerichtsherrlichkeit. Andererseits werden die Allode von der frz. Monarchie bekämpft, die die universale Herrschaft im ganzen Reich beansprucht. Der Süden hat dem immer Widerstand entgegengesetzt, nach dem Grundsatz »nul seigneur sans titre«, sogar noch nach der Ordonnanz v. 1629.

Allode werden ohne seigneuriale Zustimmung übertragen und können nach den Regeln der longi und der longissimi temporis praescriptio (→Ersitzung) nach 10 oder 30 Jahren ersessen werden (Beaumanoir, Nr. 686f.). Einige Coutumes verlangen dafür unter dem moralisierenden Einfluß des kanon. Rechts andauernden guten Glauben. Im Streitfalle entscheiden die Gerichte urspgl. sowohl über den Besitz (*saisine*) als auch über das E. (*propriété*). Die am röm. Recht geschulten Juristen drängen jedoch, wegen des pönalen Charakters, den Besitzaspekt zurück. Bei Beaumanoir sind Eigentumsprozeß (petitorium) und Besitzprozeß (possessorium) klar getrennt, und nur im letzteren bleibt eine Verurteilung zu einer →Buße möglich. Bewegl. Sachen, die normalerweise denselben Rechtsnormen unterstehen wie der Eigentümer, genießen denselben Schutz. D. Anex-Cabanis

Lit.: R. Boutruche, Une société provinciale en lutte contre le régime féodal. L'alleu en Bordelais et en Bazadais du XIe au XVIIIe s., 1943 – R. Besnier, Le procès pétitoire dans le droit normand du XIIe et du XIIIe s., RHDFE, 1952, 195–222 – Ders., Le procès possessoire dans le droit normand du XIIe et du XIIIe s., ebd., 1953, 378–408 – G. Lepointe, Hist. des institutions et des faits sociaux, 1956, 84f. – M. Zenati, La nature juridique de la propriété, 1981.

VI. Iberische Halbinsel: Der Eigentumsbegriff auf der Iber. Halbinsel wurde von einem Miteinander röm.-rechtl. und germ.-westgot. Vorstellungen geprägt, die durch die →Reconquista und die damit einhergehende →Repoblación veränderte Verhältnisse und neue Anwendungsgebiete vorfanden. Die Besitznahme erstreckte sich, wie bereits im röm. Recht geregelt, auf Sachen, die niemandem gehörten (res nullius) und auf aufgegebene Sachen (res derelictae), wurde aber zum Zweck der Wiederbesiedlung seltener in privater Initiative und v. a. mit Ermächtigung durch den Kg. durchgeführt. Die in der Hauptsache anzusprechende Landnahme geschah in Form der →*Presura* (*Aprisión*, aprisio), der die Urbarmachung folgte, während im SpätMA in einem späteren Stadium der Reconquista die Zuteilung von Besitz direkt durch den Kg. in Form von →*Repartimientos* erfolgte (v. a. in Mallorca, Andalucía, der Levante und den Kanar. Inseln). Mit zunehmender Verfestigung der gesellschaftl. Zustände verlor allerdings die Inbesitznahme herrschaftsfreien Landes an Bedeutung, so daß nun die Traditio als Form der Besitzübertragung in den Vordergrund trat, die sich z. T. als öffentl. Vorgang vor dem →Concejo abspielte (*robra*, *robración* in Aragón, Katalonien und Kastilien) und auch mit dem Eintrag in ein Register abgeschlossen werden konnte (ein solches ist seit 1423 in Kastilien nachweisbar). Hinzu kam der Besitzerwerb durch gewohnheitsrechtl. Nutzung (*usucapio*, *usucapión*; →Ersitzung). Neben Allodialbesitz (→Señorío) trat die →Tenencia (*tenimiento*) als E., das seit der Westgotenzeit in Form der Leihe zum Nießbrauch vergeben wurde und an bestimmte Auflagen wie Besiedlung, Bodenkultivierung und Haltung eines kriegstaugl. Pferdes gebunden war. Im Unterschied zu Kastilien, wo die Verleihungen unter dem Rechtstitel des →*Préstamo* (*Prestimonio*) mit zeitl. Begrenzung üblich waren, bildete in Katalonien unter dem Einfluß frk. Traditionen das an ein Lehnsverhältnis geknüpfte feudum die Grundform aufgetragenen Besitzes, der schließlich den allgemeinen Tendenzen des →Lehnswesens unterliegen sollte.   L. Vones

Lit.: I. DE LA CONCHA, La Presura. La ocupación de tierras en los primeros siglos de la Reconquista, 1946² – L. GARCÍA DE VALDEAVELLANO, El Prestimonio. Contribución al estudio de las manifestaciones de feudalismo en los Reinos de León y Castilla durante la Edad Media, AHDE 25, 1955, 5–122 – C. SÁNCHEZ-ALBORNOZ, Pequeños proprietarios libres en el reino asturleonés. Su realidad histórica (Investigaciones y documentos sobre las instituciones hispanas, 1970), 178–201 – J. LALINDE ABADÍA, Iniciación hist. al derecho español, 1970 – DERS., Derecho hist. español, 1974 – S. DE MOXÓ, Repoblación y sociedad en la España cristiana medieval, 1979 – L. GARCÍA DE VALDEAVELLANO, El feudalismo hispánico y otros estudios de hist. medieval, 1981 – J. M. LACARRA, 'Honores' y 'tenencias' en Aragón. Siglo XI (Colonización, parias, repoblación y otros estudios, 1981), 111–150.

VII. ENGLAND: Der engl. Terminus *seisin* wurde von MAITLAND als »mystery« und als »beatitude« beschrieben – die Definition des Begriffes wird indessen erschwert durch die komplexe Struktur des Grundbesitzes im ma. England und durch allmähl. Veränderungen des allgemeinen Rechts, wie auch des Liegenschaftsrechts, das das seisin zu schützen suchte. Zuletzt erlangt 'seisin' eine ähnliche Bedeutung wie 'Besitztum' und bezeichnet so die Beziehung zw. einer Person und einem Stück Land (MILSOM, 124). 'Seisin' läßt sich wohl am besten als eine höhere Form von Nutzungsrecht umschreiben, dem ein Anstrich von berechtigtem Besitzanspruch gegeben wird. Während 'seisin' häufig mit »ungestörtem Besitz« gleichgesetzt wird, zeigen die Gerichtsakten und jurist. Abhandlungen deutlich, daß einige seisins einen höheren Wert hatten als andere. Ländereien, die zu Lehen ausgegeben waren, unterlagen bestimmten Beschränkungen in bezug auf Verfügungsgewalt und Übertragungsrecht. Das Lehnsgut galt als übergeben, sobald der Lehnsmann mit der 'Übergabe des seisin' versehen war, sowie nach einer tatsächl. oder symbol. Übergabe des Lehens, die mit der Leistung von Treue- und Lehnseiden einherging (s. a. →Lehen, -swesen). →Henricus de Bracton, ein Jurist des 13. Jh., beschreibt Rechtsakte wie *novel disseisin* als »besitzrechtliche Vorgänge«, denn es ging darum, einen unrechtmäßig entfernten Lehnsmann wieder in die Nutzung eines Lehnsgutes einzusetzen. Sein Gebrauch der kontrastierenden röm.-rechtl. Termini 'dominium' und 'possessio' trifft jedoch nicht genau auf das ma. engl. Recht zu. Nach dem feudalen Liegenschaftsrecht war der tatsächl. Besitz weniger wichtig als seisin, der rechtl. anerkannte Besitz. Die Entwicklung von Rechtsmitteln, wie z. B. »ejectione firmae« zum Schutz von Pächtern und die Pachturkunden trugen dazu bei, das 'seisin'-Recht und das 'possessio'-Recht klarer zu gestalten und es in engere Übereinstimmung mit den tatsächl. herrschenden Verhältnissen im Bereich des Grundeigentums zu bringen.

Während in der älteren Forschung der 'seisin'-Begriff im Mittelpunkt des Interesses stand, befaßt man sich in der gegenwärtigen Debatte vornehml. – ausgehend von THORNE's Artikel »Feudalism and Estates in Land« (CLJ, 1959, 198–209) – mit Problemen des Eigentums- und Erbrechts. Regeln über den Besitz von Fahrhabe (→Gut, loses) waren ebenfalls von rechtl. Bedeutung. Als Thomas →Littleton im 15. Jh. seine Abhandlung schrieb, benutzte er den Terminus 'seisin', um freies E. an Grund und Boden zu beschreiben, während 'possessio' für bewegl. Habe verwendet wurde. 'Seisin' war so zu einem nach den Regeln des Rechts entstandenen Grundbesitz geworden.

S. Sheridan Walker

Lit.: F. JOÜON DES LONGRAIS, La conception anglaise de la saisine du XIIe au XIVe s., 1925, bes. 173–177, 443–445 – W. S. HOLDSWORTH, A Hist. of English Law, bes. Bd. III, 88–98 [Nachdr. 1966] – J. H. BAKER, An Introduction to English Legal Hist., 1979², bes. Kap. 13 – D. WALKER, Oxford Companion to Law, 1980 – S. F. C. MILSOM, Historical Foundations of the Common Law, 1981² – P. STEIN, Legal Institutions: The Development of Dispute Settlement, 1984, bes. 157f., 165–168 – R. C. PALMER, A Social-Legal Framework for the Origins of the Common Law of Property: 1153–1220, Law and Hist. Review 3, 1985, 1–50 [Anm. 10 zitiert die drei wichtigsten Artikel von J. C. HOLT].

VIII. IRLAND UND WALES: Um das ma. irische und walis. Eigentumsrecht zu verstehen, muß zw. zwei Arten von Eigentumsrechten unterschieden werden, die beide am modernen Eigentumsbegriff Anteil haben. Zunächst gibt es Rechte, eine Sache zu nutzen und andere von der Nutzung auszuschließen; dann gibt es Rechte, die erstere Art der Rechte an Dritte zu übertragen und andere von einer Übertragung auszuschließen. Ich nenne den ersten Typus »primäre Rechte«, den zweiten »sekundäre Rechte«. Weiterhin muß zw. Rechten über bewegl. und unbewegl. Sachen (Land, Gebäude) unterschieden werden und schließlich zw. ererbtem und erworbenem Besitz. In der Regel kommen die primären Eigentumsrechte dem Individuum zu. Das ist in Irland der Fall, selbst wenn der Grundbesitz *orbae* ist, ererbtes Gut, und *fintiu*, Familien-Land; das gleiche gilt für Wales. Sekundäre Eigentumsrechte werden dagegen zw. dem Individuum und seinen Verwandten aufgeteilt. Bei ererbtem Grundbesitz kann die Familie eine Veräußerung verhindern, und in Irland hat die Familie sogar bei bewegl. E. das Recht, ungünstige vertragl. Vereinbarungen anzufechten. Das ir. Verständnis von fintiu (Familien-Land) bedeutet nicht, daß die Familie – unter Ausschluß des Individuums – als Eigentümer des Landes angesehen wird, denn *fine* heißt sowohl 'Familie' als auch 'Familienangehöriger'. Der primäre Eigentümer ist immer eine Einzelperson.

In Wales werden die Vorstellungen von Grundeigentum von einer Unterscheidung zw. *priodolder* und *amhriodolder* bestimmt. 'Priodolder' umfaßt die Ansprüche auf Grundbesitz, die auf dem Erbwege über vier Generationen weitergegeben wurden und so einen höheren Rechtsstatus erlangt haben. 'Amhriodolder' ('nicht-priodolder') deckt diejenigen Ansprüche an Grundbesitz, die noch nicht den Status des priodolder erreicht haben. Für den Anspruch auf priodolder und auf amhriodolder gab es unterschiedl. (Beweis-)Verfahren. Da priodolder eine höhere Rechtsqualität hat als amhriodolder, kann ein Mann, der erfolgreich seinen Anspruch auf priodolder an einem Stück Land geltend gemacht hat, jeden anderen ausschließen, der nur amhriodolder-Rechte vorweisen kann. Der bei priodolder vorgeschriebene Zeitraum von vier Generationen geht auf das walis. Verwandtschaftssystem zurück, bei dem die Gruppe der Miterben (*cydetifeddon*) aus einer direkten Nachkommenschaft von zurückgerechnet vier Generationen bestand. In einigen Fällen erinnert die Art und Weise, wie priodolder und amhriodolder gegenübergestellt werden, an die römischrechtl. Unterscheidung von 'dominium', und 'possessio'. Da *priod* eine Entlehnung von lat. 'priuatus' ist und da Wales als Teil der Provinz Britannia zum Röm. Reich gehört hatte, ist ein röm. Einfluß auf das walis. Eigentumsrecht nicht auszuschließen. In den meisten Bereichen bewahrt das walis. Eigentumsrecht dennoch seinen entschieden kelt. Charakter und bezeugt damit das Weiterleben einheim. Rechts in einer Provinz des Röm. Reichs. T. M. Charles-Edwards

Lit.: D. Jenkins, A Lawyer looks at Welsh Land Law, Transactions of the Honourable Society of Cymmrodorion, 2 Tle, 1967–68 – T. M. Charles-Edwards, Early Irish and Welsh Kinship [im Dr.].

B. Moraltheologische Sicht

Vom Urchristentum bis ins HochMA stand die individualethische Frage im Vordergrund, wie der einzelne mit seinem, d. h. ihm im Rahmen der zivilen Rechtsordnung zustehenden E. umzugehen habe, um im Sinne des sittl. Endzieles bestehen zu können. Man nahm die Existenz des Privateigentums zur Kenntnis und beschäftigte sich einzig mit der Ethik des Gebrauchs oder der Verwendung. Der Eigentümer sollte sich nur als Verwalter der von Gott geschaffenen Güter betrachten. Der Eigengebrauch wurde durch die Lehre von der freiwilligen Armut begrenzt. Wer mehr für sich in Anspruch nimmt, eignet sich den ungerechten Mammon an. So die Kirchenväter, die teilweise noch von der stoischen Lehre der Gleichheit aller Menschen beeinflußt waren. Die schroffen Äußerungen der Kirchenväter wenden sich gegen die Habsucht der Reichen und damit gegen das E. als einer Institution des Hortens materieller Güter. Von Kommunismus kann keine Rede sein, entgegen der Deutung Th. Sommerlads u. a. →Johannes Chrysostomos erklärte in seinen Predigten überspitzt, am Anfang der langen Kette von ererbtem E. stehe der Raub. Gegeißelt wird damit die moral. Einstellung, wonach der primus occupans das Erworbene als ein seiner Willkür anheimgegebenes Gut betrachtet. →Ambrosius spricht von Usurpation im Sinn der christl. Gegenthese gegen die »Herrenmoral« Ciceros. Nach →Augustinus ist das E. nur so lange gerechtfertigt, als es im Sinn des Schöpfers genutzt wird. Da nur die Frommen diese zielgerechte Nutzung zuwegebringen, könnten auch nur sie eigtl. Eigentümer sein. Dennoch nimmt Augustinus den Zustand des moral. Zerfalls zur Kenntnis. Er anerkennt darum die Notwendigkeit des bürgerl. Rechts, die Besitzverhältnisse zu regeln. Hinter all diesen krit. Äußerungen, die bis ins hohe MA in verschiedenen Varianten wiederholt werden, steht die Ethik des idealisierten Menschen, der von den materiellen Gütern nur das für sich in Anspruch nimmt, wessen er dringend bedarf, der darum nie auf den Gedanken kommen würde, Güter als die seinigen zu betrachten, d. h. als Privateigentum zu horten. →Thomas v. Aquin hat, von Aristoteles inspiriert, erstmals die sozialwirtschaftl. Ordnungsfrage gestellt und klar die moral. Bewertung von der zivilrechtl. unterschieden. Mit den dazu nötigen Differenzierungen brachte er die Aussagen der Vorgänger in ein geordnetes System. Im Sinn des primären Naturrechts, d. h. gemäß dem Willen des Schöpfers, sind alle Güter allen Menschen zum Gebrauch bestimmt (S. Th. II–II 66,1). Von E. ist auf dieser Ebene noch nicht die Rede. Diese Frage wird erst relevant auf der Ebene des sekundären Naturrechts, das auf rationalem Weg ermittelt wird aufgrund der Untersuchung, in welcher Weise die Menschen tatsächl. mit den Gütern umgehen und wie am besten das Postulat des primären Naturrechts erfüllt wird. Thomas moderiert die schroffen Formulierungen der Vorgänger: ohne Aufteilung in Privateigentum gäbe es keine Ordnung und auch keine sparsame Verwaltung der Güter, die soziale Ordnung müsse darum mit dem Eigeninteresse rechnen und den privaten Besitz als rechtl. Regel anerkennen. Im Sinn des sekundären Naturrechts nennt er die private Eigentumsordnung eine »adinventio rationis humanae« (S. Th. II–II 66.2). Den Gedanken des allgemeinen Gebrauchs aufnehmend, belastet Thomas den Eigentümer mit der sozialen Pflicht, das E. zum Wohl der Gesamtheit (Forderung des primären Naturrechts) zu verwalten. Diese Pflicht hat somit naturrechtl. Charakter: Der Überfluß ist naturrechtl. den Armen geschuldet (S. Th. II–II 66.7).

A. F. Utz

Lit.: Th. Sommerlad, Das Wirtschaftsprogramm der Kirche des MA, 1903 – O. Schilling, Reichtum und E. in der altkirchl. Lit., 1908 – A. F. Utz, Die Dt. Thomasausg. 18, 1953.

C. Islamischer Bereich

Nach islam. Auffassung ist Allāh Herr aller ird. Güter, doch ist der Gemeinschaft der Gläubigen (*umma*) die Nutzung aller Dinge gestattet. Jedes dingliche Recht, das dem einzelnen zusteht, leitet sich daher letztl. von Allāh her.

E. (*milk*) wird als umfassende Herrschaftsgewalt verstanden, die sich auf die reine Sachsubstanz (*raqaba*), auf den Nutzen (*manfaʿa*) des Gegenstandes oder — als Volleigentum — auf beides beziehen kann. »E.« kann daher sowohl an Sachen und an Forderungen als auch am Nutzen (*manfaʿa*) eines Gegenstandes bestehen. So wird die Miete als Kauf eines Nutzens verstanden. In gleicher Weise kann jedes beschränkt dingliche Recht als ein Eigentumsrecht im weiteren Sinn aufgefaßt werden.

Auch in anderer Hinsicht sind die Grenzen fließend: Zwischen E. und Besitz (*yad*, auch *ḥiyāza*) im Sinn von tatsächl. Gewalt wird nicht klar unterschieden.

An unreinen Sachen wie nicht rituell geschlachteten Tieren (*maita*) und Blut (*dam*), aber auch an Schweinen und Wein kann kein E. bestehen. Dinge, die sich nicht in Gewahrsam befinden (*ġair muḥraz*) wie Luft und Wasser, sowie Gegenstände, die unbekannt (*ġair maʿlūm*) sind, können nicht im E. von irgend jemandem stehen. Ebenso können Sachen, an denen kein Besitz besteht, wie zum Beispiel verlorene, weggenommene (*maġṣūb*) und beschlagnahmte, nicht Gegenstand dinglicher Rechte sein. Ferner können unselbständige Sachen (wie Mehl im Getreide, Milch im Euter) und Bestandteile (wie Balken im Dach) nicht einem anderen als dem Eigentümer der Hauptsache gehören.

Der derivative (abgeleitete) Eigentumserwerb (*talaqqī al-milk*) erfolgt unmittelbar durch Vertrag, ohne daß der Besitz übertragen zu werden braucht. Allerdings kann der Eigentumserwerb auch durch Übergabe (*taslīm*) und Besitzergreifung (*qabḍ*) eintreten.

Der originäre (unmittelbare) Eigentumserwerb erfolgt durch Aneignung (*istīlāʾ* = occupatio) von herrenlosen Sachen. Ein Schatz (*rikāz*) wird nur dann als herrenlos angesehen, wenn er aus vorislam. Zeit stammt. Verarbeitung begründet E. an einem Gegenstand, wenn sich dadurch sein Name und sein hauptsächl. Verwendungszweck ändern. Bei Vermischung gleichartiger Sachen tritt gemeinsames E. (*istirāk*) im Verhältnis der Mengen ein. Die rechtswidrige Besitzergreifung (*ġaṣb* = usurpatio) führt (rückwirkend) dann zum Eigentumserwerb, wenn der Nichtberechtigte den Gegenwert der Sache gezahlt hat. Eine Ersitzung fehlt im islam. Recht.

Bei gemeinschaftl. E. (*mušāʿ*) aufgrund Erbfolge, Vermischung oder Fruchterwerb darf ein Miteigentümer seinen Anteil (*naṣīb, sahm*) nur mit Zustimmung der anderen einem Dritten verkaufen. Soweit möglich, kann Teilung (*qisma*) in natura (*qismat ifrāz*) oder dem Wert nach (*mubādala*) verlangt werden. Sonst wird die Nutzung der Sache geteilt (*muhāyaʾa*), und zwar entweder räuml. (*makānan*) oder zeitl. (*zamānan, naubatan*).

Das Pfandrecht ist nur an bewegl. Sachen bekannt. Grundpfandrechte (Hypothek) gibt es nicht. Das Pfand (*rahn*) ist stets ein Faustpfand. Hilfsweise kann das Pfand bei einem Treuhänder (*ʿadl*) in Verwahrung gegeben werden. Zuwachs (*namāʾ*) der Pfandsache unterliegt ebenfalls dem Pfandrecht, wird aber E. des Pfandgebers. Ein Nutzungsrecht an dem Pfand besteht nicht. Der Gläubiger hat das Recht, das Pfand bei Fälligkeit der Schuld zwecks Befriedigung zu verkaufen. Daneben gibt es ein Zurückbehaltungsrecht (*ḥabs*) an einer Sache wegen des dafür geschuldeten Entgeltes oder der auf die Sache gemachten Aufwendungen (*nafaqa*).

Im Bereich der Immobilien (*ʿaqar*) unterscheidet man neben dem Privateigentum (milk) und dem öffentl. E. (*milk ʿāmm*) unter anderem auch Grundbesitz, der dem Herrscher zusteht (Mīrī-Land des osman. Reiches) und von diesem als Lehen vergeben sein kann, sowie Staatsdomänen (*ḫāṣṣ*), Immobilienbesitz der religiösen Stiftungen (*mauqūf*) und unbebautes, totes Land (*mawāt*), das durch Kultivierung (*iḥyāʾ al-mawāt*) innerhalb von drei Jahren seit erlaubter Aneignung zu privatem E. werden kann.

Sondereigentum ist sowohl an Stockwerken eines Hauses oder an einzelnen Räumen möglich wie auch an Bäumen und Bauwerken auf einem Grundstück.

Ein wichtiges dingliches Recht ist das Vorkaufsrecht (*šufʿa*), das aufgrund Gesetzes v. a. Miteigentümern und Nachbarn ein Eintrittsrecht in den Kaufvertrag über ein Grundstück gewährt. Das Stiftungsrecht und das Wasserrecht bilden wichtige Sondergebiete des Eigentumsrechts. K. Dilger

Lit.: N. E. v. TORNAUW, Das Eigenthumsrecht nach moslem. Rechte, ZDMG 36, 1882, 285–338 – D. SANTILLANA, Istituzioni di diritto musulmano malichita I, 1925, 308–465 – J. SCHACHT, G. Bergsträsser's Grundzüge des islam. Rechts, 1935 – DERS., An Introduction to Islamic Law, 1964.

Vgl. auch folgende übergreifende Artikel: →Besitz, →Dominium, →Gewere, →Grundbesitz, →Gut, loses, →Herr, Herrschaft, →Lehen, -swesen.

Eigenwirtschaft → Fronhof, →Grundherrschaft

Eigil OSB, 4. Abt v. Fulda (818–822), * um 750, † 15. Juni 822, entstammte einer bayer. Adelssippe; im Kl. →Fulda, dem er als Knabe unter Abt →Sturmi, seinem Verwandten, übergeben wurde, ausgebildet, von →Lul v. Mainz zum Priester geweiht, war er später an den Auseinandersetzungen mit Abt Ratgar beteiligt und wurde, aus dem Exil zurückgekehrt, nach dessen Absetzung und der Einführung der Aachener Reformbeschlüsse in Fulda 818 trotz Krankheit und Alter zum Abt gewählt. In seine Amtszeit fällt die Vollendung und Weihe der von Ratgar begonnenen Basilika und der Bau der im benachb. errichteten Friedhofskirche St. Michael. Sein Nachfolger wurde →Hrabanus Maurus. E.s Vita ist um 840 von →Brun (Candidus) v. Fulda in einer Prosa- und in einer hexametr. Fassung dargestellt worden. E. selbst hat die Reihe der Fuldaer Abtsviten mit seiner um 794–800 entstandenen »Vita Sturmi« eröffnet, die später Tischlesung im Fuldaer Konvent wurde. Sie erzählt unter Verzicht auf hagiograph. Stilisierung hist. zuverlässig und auf hohem sprachl. und darsteller. Niveau das Leben des ersten Fuldaer Abtes (Herkunft, Eremitenleben, Begegnung mit Bonifatius, Suche nach dem Klosterplatz, Anfänge Fuldas, die Schwierigkeiten mit Lul und die Gefährdung durch die Sachsenkriege, Sturmis Tod i. J. 779). Die »Vita Sturmi« ist ein herausragendes Beispiel der frühkarol. Biographie, doch hat sie im MA keine weite Verbreitung gefunden. Drei der vier erhaltenen Hss. bieten den Text einer Bearbeitung des 11. Jh. F. Rädle

Ed. und Lit.: LThK² III, 742 – Repfont IV, 290f. – Verfasser-Lex.² II, 398–400 – BRUNHÖLZL I, 324f. und passim – P. ENGELBERT, O.S.B., Die Vita Sturmi die E. v. F. Literarkrit.-hist. Unters. und Ed. (Veröff. der Hist. Kommission für Hessen und Waldeck 29), 1968 – V. SCHUPP, Die Eigilvitas des Candidus v. Fulda (Studi di letteratura religiosa tedesca in mem. di S. LUPI, 1972), 177–220 – P. ENGELBERT, E.: Das Leben des Abtes Sturmi (Abdr. des lat. Textes mit dt. Übers.), Fuldaer Geschichtsbl. 56, 1980, 17–49 – M. SANDMANN, Die Äbte v. Fulda im Gedenken ihrer Mönchsgemeinschaft, FMASt 17, 1983, 393–444.

Eike v. Repgow (Repchowe, Ripichowe, Repechowe, Ripchowe, Ripecowe), ma. dt. Rechtsdenker und Verfasser des →Sachsenspiegels, * um 1180 in Reppichau (Krs. Köthen), † nach 1233.

[1] *Leben*: Im Sachsenspiegel stellt sich sein Verfasser mit Eike van Repchowe vor. Diese Aussage erhält dadurch Gewicht, daß sechs Urkunden zw. 1209 und 1233 die Existenz einer gleichnamigen Persönlichkeit bestätigen, die im anhaltin. und meißn. Raum als Zeuge bei Rechtsgeschäften auftrat. E. entstammt einer Familie, die im Gau Serimunt angesiedelt und 1156 erstmals urkundl. erwähnt wurde. Die von Repgow besaßen in Reppichau ein Stammgut und waren Vasallen des Ebf.s v. Magdeburg. Noch anfangs des 19. Jh. lebten Nachkommen in Anhalt, Brandenburg und Sachsen. Über E.s Leben geben nur die Urkunden Auskunft. Danach befand er sich 1209 im Mannesalter, sonst wäre er nicht zeugnisfähig gewesen. Während dieser Zeit hielt er sich häufig im Gefolge des Fs.en Heinrich v. →Anhalt auf. Es gibt keine eindeutigen Anhaltspunkte über seinen Stand, seinen Beruf, über seine Ausbildung und Erziehung, wenn auch sein Werk den Schluß zuläßt, daß er eine für seine Zeit überdurchschnittl. Bildung besaß, und daß er über die polit. Verhältnisse seiner Zeit gut informiert war. Alles weitere über ihn kann nur gelehrte Spekulation sein.

[2] *Werk*: E.s Werk, der Sachsenspiegel, ist möglicherweise das älteste, mit Sicherheit das berühmteste dt. Rechtsbuch. Es entstand um 1225 in einer lat. Urfassung. Auf Anraten des Gf.en Hoyer v. Falkenstein übersetzt E. sein Werk ins (Nieder)-Deutsche. Der Entstehungsort ist umstritten, muß aber in seiner engeren Heimat gesucht werden. Die 1. dt. Fassung war nicht die endgültige. Erst die um 1270 entstandene 4. Fassung stellt einen inhaltl. Abschluß dar. Von ihr gehen alle folgenden Handschriftengruppen aus, darunter auch die berühmten Bilderhandschriften. Mit der Vulgata wurde im 15. Jh. die Endform und damit auch die Vorlage für die späteren Sachsenspiegeldrucke erreicht. Inhaltlich wird in den Teilen Land- bzw. Lehnrecht sächs. Recht dargestellt, wie es sich in diesem Grenzgebiet entwickelt hat. Obwohl als private Aufzeichnung entstanden, wurde er bald wie ein Gesetzbuch behandelt und fand jahrhundertelang in einem Raum, der vom Rhein bis zum Dnepr reichte, in modifizierten Formen Aufnahme und prakt. Anwendung. Der Sachsenspiegel, in zahlreichen Handschriften überliefert,

ins Lat., Niederländ., Poln., in Teilen auch ins Ukrain. und ins Russ. übersetzt, war Vorbild für zahlreiche Rechtsbücher, bes. den →Schwabenspiegel. – Ob E., wie bisher angenommen, auch als Verfasser der →Sächs. Weltchronik anzusehen ist, wird neuerdings mit guten, aber noch nicht eindeutigen Gründen in Frage gestellt.

R. Lieberwirth

Bibliogr. und Lit.: G. KISCH, Sachsenspiegel-Bibliogr., ZRGGermAbt 90, 1973, 73–100 – Repfont IV, 291–293 [Hss., Ed., ält. Lit.] – Verf.-Lex.² II, 400–409 [R. SCHMIDT-WIEGAND; Lit. nach 1973] – R. LIEBERWIRTH, E. v. R. und der Sachsenspiegel, SSA.PH 122,4, 1982 – A. IGNOR, Über das allg. Rechtsdenken E.s v. Repgow, 1984, 337–343 – P. JOHANEK, E. v. Repgow, Hoyer v. Falkenstein und die Entstehung des Sachsenspiegels (Fschr. H. STOOB, T. II, 1984), 716–755 – →Sachsenspiegel.

Eilbert. 1. **E. v. Florennes,** Adliger aus Nordfrankreich, Förderer des Mönchtums, * zu Beginn des 10.Jh., † 28. März 977 (nach der »Historia Walciodorensis«), ⚭ 1. Hersendis (Heresinde), eine sehr reiche Adlige; 2. Alpaidis, Witwe eines im Hennegau reich begüterten Gf.en. E.s Besitzungen waren sehr ausgedehnt, sie lagen in Famenne, Condroz, in den Ardennen, am linken Maasufer, im Thiérache und im Gebiet von Péronne. Möglicherweise hatte er einen Teil dieser Güter aufgrund seiner Heirat mit Hersendis erhalten. – Von E.s Aktivitäten ist nur sein Einsatz für die monast. Erneuerung bezeugt; hieran war Hersendis beteiligt (oder hatte dabei sogar die Initiative). Charakterist. für die Tätigkeit des Ehepaars ist das Interesse an den Scotti (→Mönchtum, iro-schott.). E. und Hersendis gründeten die Abteien St. Michael in Thiérache, →Waulsort und Bucilly; sie restaurierten die Abtei Hombliéres.

Ausgehend von der »Hist. Walciodorensis«, wurde lange angenommen, daß Ybert de Ribemont, eine der Heldenfiguren bei →Raoul de Cambrai, mit E. gleichzusetzen ist. Hist. gesehen, gibt es für eine derartige Identifikation keine Berechtigung.

D. Misonne

Q. und Lit.: Historia Walciodorensis monasterii, ed. G. WAITZ, MGH SS 14, 1884, 503–533 – J. DEPOIN, Recherches sur l'origine d' E. de Waulsort (XXIᵉ Congrès de la Fédération archéol. et hist. de Belgique, 1900), II, 907–916 – G. DESPY, Les chartes de l'abbaye de Waulsort. Etude diplomatique et de critique, I, 1957 – D. MISONNE, E. de F., Hist. et Légende, La Geste de Raoul de Cambrai, 1967.

2. **E. v. Köln,** auf dem schönsten der rhein. Tragaltäre des 12. Jh. (Berlin Kunstgewerbemuseum, Welfenschatz) inschriftl. als »coloniensis« bezeichneter Goldschmied. Die handwerkl. vollendete Arbeit in verschiedenen Techniken – Gravierung, farbiger Grubenschmelz, Braunfirnis, Verbindung mit Miniatur unter Kristall-Altarstein – ist gekennzeichnet durch straffen Aufbau und hierarchisch geordnete Ikonographie. Dem E. sind u. a. weitere Tragaltäre zuzuweisen (Siegburg, Mönchen-Gladbach, Berlin). Die Forschung bemüht sich um Abgrenzung und Datierung seines Œuvre zw. ca. 1130 und ca. 1150. Die Voraussetzungen seiner Kunst werden bei →Roger v. Helmarshausen und v. a. im Maasland (vgl. Tragaltar aus Stablo, Brüssel) aufgesucht, wichtige Auswirkungen, neben dem Kölner Umkreis, führen nach Niedersachsen bzw. Hildesheim.

V. H. Elbern

Lit.: O. v. FALKE–H. FRAUBERGER, Dt. Schmelzarbeiten des MA, 1904, 21ff. – NDB IV, 391f. [R. RÜCKERT] – P. LASKO, Ars Sacra 800–1200, 1972, 173ff. – D. KÖTZSCHE (Kat. Rhein und Maas, Kunst und Kultur 800–1400, II, 1973), 217ff. – Ornamenta Ecclesiae, Kat. Köln 1985, II, 403ff.

Éile, air. Volksstamm, der, wohl aus Leinster stammend, im nordöstl. →Munster siedelte und die Stellung von Unterworfenen (*aithechthuatha*) hatte. Die É. kamen wohl im 5. Jh. in den Machtbereich der →Éoganachta-Kg.e v. Munster, als die Lagin (→Leinster) unter wachsenden Druck der expandierenden →Uí Néill gerieten. Ein bes. Verhältnis zum Kgr. →Cashel scheint aufgrund der »Geschichte der Entstehung von Cashel« gegeben zu sein; nach dieser Sage soll Duirdriu, der Schweinehirt des Kg.s v. É., den Ort Cashel »entdeckt« haben, der dann vom Kg. v. É. an Corc v. Cashel »verkauft« wurde. Das polit. wenig bedeutende Kgr. der É. fungierte als Puffer zw. Munster und Leinster.

D. Ó Cróinín

Lit.: F. J. BYRNE, Irish Kings and High-Kings, 1973, 180f., 187–189, 198.

Eilhart v. Oberg. Der Verfasser des mhd. Versromans »Tristrant« nennt sich in v. 9446 »von hobergin her eylhart«. Einziger urkundl nachgewiesener Namensträger in der betreffenden Zeit ist der welf. Ministeriale E. v. O., der in elf Urkunden zw. 1189 und 1207 Heinrichs des Löwen (1), Pfgf.s Heinrich (4) und Ottos IV. (6) als Zeuge auftritt. Er war in Oberg (zw. Hildesheim und Braunschweig) ansässig. Kontrovers ist, ob er als Verfasser des »Tristrant« gelten darf, da Datierung und Lokalisierung des Romans umstritten sind. Er wird entweder als Vorläufer der höf. Epik in die Zeit um 1170 an den Niederrhein gesetzt oder in die Ende der 80er Jahre an den Welfenhof in Braunschweig oder auch nach Thüringen als »Spätling« bzw. Zeugnis archaischer Stilpräferenz. Ungeklärt ist das Verhältnis zur 1174 fast fertigen, bis 1186 abgeschlossenen »Eneit« →Heinrichs v. Veldeke. Die »mitteldt. Literatursprache«, in der der Roman abgefaßt scheint, erlaubt keine genauere Bestimmung des Entstehungsortes. Bei der Lokalisierung am Welfenhof bereitet die Einbindung in die lit. und kulturellen Interessen Heinrichs des Löwen Schwierigkeiten, so daß an einen anderen welf. Auftraggeber (Pfgf. Heinrich?) gedacht werden kann.

E. benutzt als Quelle die erschlossene Vorlage aller ma. →Tristan-Dichtungen, die nach 1150 entstandene afrz. »Estoire de Tristan« und gibt sie anscheinend im Erzählablauf unter Umgestaltung von Einzelheiten relativ getreu wieder. Im Unterschied zu den späteren Gestaltungen bei →Thomas v. Britannien und →Gottfried v. Straßburg spielen die krieger. Handlungen des Helden und die schwankhaft dargestellten List-Abenteuer des Paares eine dominierende Rolle gegenüber der Phänomenologie der durch den Trank begründeten leidenschaftl. Liebe. Sie erscheint hier als auf vier Jahre begrenzter unausweichlicher Zwang, der die Helden zu moralisch und gesellschaftlich abzulehnenden Handlungen veranlaßt. So kann der Tod des Paares zum Exempel der verderbl. Wirkung der zwanghaften, nicht von der Ratio kontrollierten Liebe werden.

Die Wirkung des Tristrant war zuerst groß (drei Fragmente um 1200, Referenzen bei →Ulrich v. Zatzikhofen und im »Parzival« →Wolframs v. Eschenbach), dann verdrängte →Gottfried v. Straßburgs Version den älteren Roman. Die Fortsetzer Gottfrieds, →Ulrich v. Türheim und →Heinrich v. Freiberg, griffen jedoch vornehmlich auf E. zurück. Im 15. Jh. entstanden drei vollständige Hss., eine tschech. Bearbeitung und eine Prosaauflösung, von der von 1488–1664 vierzehn Drucke nachgewiesen sind. Hans →Sachs benutzte die Prosa für fünf Meisterlieder (1551) und eine »Tragedia« (1553).

V. Mertens

Ed.: E.v.O., ed. F. LICHTENSTEIN, 1877 – E.v.O., Tristrant, synopt. Dr. der ergänzten Frgm. mit der ges. Parallelüberlieferung, ed. H. BUSSMANN, 1969 – E.v.O., Tristrant, Ed. diplomatique des mss. et traduction en français moderne par D. BUSCHINGER, 1976 – Prosaroman: A. BRANDSTETTER, Tristrant und Isalde, 1966 – Tschech. Tristan: U. BAMBORSCHKE, Das altcech. Tristan-Epos..., ed. und übers., 2

Bde, 1968/69 – *Lit.:* Verf.-Lex.² II, 410–418 [L. WOLFF-W. SCHRÖDER] – K. WAGNER, Die E.frage, Zs. für dt. Mundarten 16, 1921, 124–143 – J. VAN DAM, Zur Vorgesch. des höf. Epos, 1923 – A. WITTE, Der Aufbau der ältesten Tristandichtung, ZfA 70, 1933, 161–195 – H. EGGERS, Der Liebesmonolog in E.s »Tristrant«, Euphorion 45, 1950, 275–304 – L. WOLFF, Die mytholog. Motive in der Liebesdarstellung des höf. Romans, ebd. 1952/53, 47–70 – H. BUSSMANN, Der Liebesmonolog im höf. Epos (Fschr. H. KUHN, 1969), 45–63 – G. SCHINDELE, Tristan. Metamorphose und Tradition, 1971 – D. BUSCHINGER, La structure du 'Tristrant' d'E.v.O., EG 27, 1972, 1–26 – DIES., Le »Tristrant« d'E. v.O., 2 Bde [Thèse Lille, 1974].

Eimer, offenes →Gefäß für Flüssigkeiten in sehr unterschiedl. Größen (für Wein in Eller/Mosel 2,22/2,4 l [12. Jh.]; für Sole in Lüneburg 149,28 l [seit 13. Jh.]); im SpätMA als Visiereimer v. a. in Süd- und Westdeutschland mit dem Normvolumen halber (Ohm-)Tonnen im →Weinhandel verwandt und zentrale Einheit des lokalen oder regionalen →Maßwesens (erhalten u. a. in Ochsenfurt, 1458 [1 E. = 73,870 l]; Augsburg, 15. Jh. [½ E. = 37,630 l]). Sie können der Gewichtsnorm einer halben Saumlast entsprechen (ca. 75 kg), sind Berechnungsbasis größerer Einheiten (→Tonne, →Faß, →Fuder) und die gemeinsame Vielfache kleinerer (Teil-)Maße (Achtel, Viertel, Maß, Kanne, Seidlein, Schoppen – Stübchen, Quart etc.). Als Normmaße nicht den Einflüssen von Abgaben- und Preispolitik ausgesetzt, bezeugen sie die weiträumige Verbreitung z. B. der Wormser und der Mainzer Eiche (Norm; Ohmtonnen von ca. 161/145 l bzw. 151/136 l) und deren langfristig sich änderndem Einflußgebiete. Anpassungen an fremde Eichen (Ohmtonnen) wurden in West-, Nord- und Ostdeutschland unter Beibehaltung der eigenen, kleineren Normmaße (Maß, Kanne, Stübchen) mit Hilfe von Zahlen-Relationen bewerkstelligt. H. Witthöft

Lit.: ZL. HERKOV, Nase stare mjere i utezi, 1973 – H. WITTHÖFT, Umrisse einer hist. Metrologie zum Nutzen der wirtschafts- und sozialgesch. Forschung (Veröff. des Max-Planck-Inst. für Gesch. 60/1, 2, 1979) – H. ZIEGLER, Flüssigkeitsmaße, Fässer und Tonnen in Norddtl. vom 14. bis zum 19. Jh., BDLG 113, 1977, 277–337 – H. WITTHÖFT–H. ZIEGLER, Gegenständl. Überlieferung zur hist. Metrologie im Dt. Reich [in Vorber.].

Einarr Helgason skálaglamm, geb. gegen Mitte des 10. Jh., einer der herausragenden isländ. →Skalden des ausgehenden Heidentums. Für die Entwicklung seiner poetischen Handschrift hatte die Freundschaft mit dem alternden →Egill Skallagrímsson eine nachhaltige Bedeutung. Sein eigtl. Wirkungsfeld fand E. als Hofdichter des →Jarls Hákon Sigurdsson (bis ca. 995), des Hauptes der heidn. Restauration in →Norwegen. Während wir von seinen anderen Gedichten nur kümmerliche Reste haben, können wir uns von E.s Hauptwerk, der Vellekla (»Goldmangel«?), durch umfangreichere Zitate unter anderem in →Heimskringla, →Fagrskinna und →Snorra Edda ein besseres Bild machen. Dennoch bleiben viele Fragen um diese Dróttkvættdrápa (ohne *stef*, d. h. ohne Refrain) auf Hákon offen. So ist zweifelhaft, ob ihr wirklich mit Recht alle der 37 Strophen bzw. Halbstrophen zugeordnet werden, wie dies gewöhnlich geschieht. Unklar sind auch ihr urprgl. Umfang, Inhalt und Aufbau. Kernfragen betreffen ferner die strittige Datierung der Schlacht Hákons gegen die Jómsvíkingar im Hjǫrungavágr, an der E. offenbar teilgenommen hat, und ihre Rolle in diesem Gedicht. Es schildert nach einer kunstvollen Variation der Bitte um Gehör u. a. die frühen Taten Hákons, seine Flucht nach Dänemark, seine Vaterrache und die Verteidigung des →Danewerk gegen Ks. Otto. E.s Dichtung zeichnet sich durch eine hohe Stilebene, eine extensive Verwendung von Kenningar (→Kenning) und Heiti und eine Vorliebe für ungewöhnliche Reimbindungen aus. Leben, Beiname (»Schalenklang«?) und Ertrinkungstod des Skalden im Breiðafjord waren Anlaß zur Entstehung von Anekdoten und Legenden. G. Kreutzer

Ed.: Den norsk-islandske skjaldedigtning, ed. F. JÓNSSON, A I, 1908, 122–132; B I, 1912, 116–125 – Egils saga, 1933, 268–273 – *Lit.:* KLXIX, 640–643, s. v. Vellekla [H. LIE] – Kindlers Lit.-Lex. XI, 9852, s. v. Vellekla [D. BRENNECKE] – F. JÓNSSON, Vellekla. Tekstkritiske bemærkninger, ANF, 1891, 147–182 – F. JÓNSSON, Litt. hist. I, 1920, 531–535 – H. PATZIG, Die Abfassung von Einars Vellekla, ZDA 67, 1930, 55–65 – Å. OHLMARKS, Tors skalder och Vite-Krists, 1958, 70–81, 213–227, 352–393 – L. M. HOLLANDER, A Bibliogr. of Scaldic Stud., 1958, 73 – J. DE VRIES, Altnord. Literaturgesch. I, 1964, 175–177 – D. BRENNECKE, Zur Metrik der Vellekla, PBB Tübingen 93, 1971, 89–106 – E. D. G. TURVILLE-PETRE, Scaldic Poetry, 1976, 59–63 – F. STRÖM, Poetry as an Instrument of Propaganda. Jarl Hákon and his Poets, Speculum norrœnum, 1981, 440–458 – B. FIDJESTØL, Det norrøne fyrstediktet, 1982, 96–101 – H. KUHN, Das Dróttkvætt, 1983, 291ff.

Einarr Skúlason, westisländ. Priester und bis 1159 nachgewiesener traditionsgewandter, gelegentl. zu Versspielereien neigender produktivster Skalde des 12. Jh., wohl aus →Egill-Skallagrímssons Geschlecht. Außer einigen in Anekdoten der →Morkinskinna eingebetteten *lausavísur* sind von seinen zahlreichen →Preisliedern auf die norw. Könige von Sigurðr Jórsalafari bis zu den Söhnen von Haraldr gilli nur relativ wenige Strophen(teile) in den →*konungasǫgur* erhalten, die für diese Zeit nicht mehr auf die Skaldentradition angewiesen sind. Er soll auch schwed. und dän. Fs.en besungen haben und hatte in Dänemark bereits unter der Konkurrenz der Spielleute zu leiden. Vollständig bewahrt blieb allein seine wirkungsreiche →Drápa auf →Olaf d. Hl., nach der neuen Lichtsymbolik des Eingangs »Geisli« ('Strahl' der Gnadensonne) genannt. E. trug sie wohl 1153 auf Bestellung von Kg. Eysteinn Haraldsson in der Christkirche zu →Drontheim vor den drei kgl. Brüdern und dem Ebf. vor; darüber hinaus spricht sie in großer Geste alle Nordleute an. In der geschickt ausgenutzten Vortragssituation, großenteils auch in der (Heidnisches freilich weitgehend meidenden und auch neue christl. Vorstellungen adaptierenden) poetischen Sprache steht diese, die Reihe der erhaltenen großen christl. Dichtungen eröffnende Drápa der großen polit. Funktion des Fürstenpreislieds noch nahe. Die *brǫgð*-'Taten' des »rex perpetuus Norvegiae« (= Olaf d. Hl.) sind nun freilich die mit seinem Tod einsetzenden, dem Erlösungswerk Christi eingeordneten Mirakel. H. Schottman

Ed.: F. JÓNSSON, Det norsk-islandske skjaldedigtning A I, 1912, 455–485 – *Übers.:* W. LANGE, Christl. Skaldendichtung, 1958, 20–29 – *Lit.:* RepfontIV, 294f., s.v. Einars þáttr Skúlasonar [Hss., ält. Lit.] – W. LANGE, Stud. zur christl. Dichtung der Nordgermanen 1000–1200, 1958, 110–143 – H. SCHOTTMANN, Die isländ. Mariendichtung, 1973, 39–41, 207–214 – BJ. FIDJESTØL, Det norrøne fyrstediktet, 1982, 153–156.

Einbaum, urtüml., 3–15 m langes Wasserfahrzeug, aus einem Baumstamm mittels Beil/Dechsel und z. T. durch Ausbrennen ausgehöhlt, im ganzen bewaldeten Europa vom Mesolithikum (»E. von Pesse«, 6300 v. Chr.) bis ins 20. Jh. verbreitet. Im Spätneolithikum sind fast alle Einbaumformen (stammrund/flachbodig, mit Löffelbug/mit Spiegelbug bzw. -heck) entwickelt. Sie wurden ohne große Änderungen mit vorgeschichtl. Methoden bis in die NZ gebaut. Deshalb werden E.e meist naturwissenschaftl. datiert. Die verschiedenen Einbaumformen wurden durch Spreizen, durch Aufsetzen oder (bei durchschnittenem Boden) Zwischenfügen von Planken zu Prototypen unterschiedl. Boots- und Schiffbautraditionen (→Schiff, -bau). Die Bezeichnungen beziehen sich überwiegend auf den Baumstamm oder die -art (z. B. gr. μονόξυλος, lat. *linter*, engl. *logboat*, dän. *stammebåd*; an. *eikja*, dän. *ege*, dt. Eke, Bock) oder die Fertigung (adän., mnd. *kane* 'Kahn', obdt. *Schiff*; 'E.', obdt., ist jung). Aus Texten ist die ma. Verwendung des E.s (bis zur Völkerwanderungszeit auch Kriegsfahrzeug) zu belegen für den Fischfang, Personen- und Warentransport sowie als Schwimmkörper bei Fähren und als Sarg. U. Schnall

Lit.: HOOPS² VI, s. v. [im Dr.] – KL II, 467-475 – HJ. FALK, An. Seewesen, WS 4, 1912 – D. ELLMERS, Kultbarken, Fähren, Fischerboote, Die Kunde NF 24, 1973, 23-62 – DERS., Vor- und frühgesch. Boots- und Schiffbau in Europa nördl. der Alpen (H. JANKUHN u. a., Das Handwerk in vor- und frühgesch. Zeit II, 1983), 471-534.

Einbeck, Stadt in Niedersachsen (Lkrs. Northeim). Im Anschluß an das von den Gf.en v. Katlenburg um 1080 auf ihrem »praedium in Enbike« errichtete, schnell als Wallfahrtsort (Hl.-Blut-Reliquie) Bedeutung gewinnende Chorherrenstift St. Alexander entstand seit dem 12. Jh. eine weltl. Siedlung; um 1203 als civitas bezeichnet. Im 13. Jh. durch die Neustadt erweitert, vereinigten sich beide Siedlungsteile zu einer Bürgergemeinde mit eigenem, von den Söhnen Heinrichs d. Löwen (→ Welfen) verliehenen Stadtrecht; 1252 Erstnennung des Rates, 1279 Verbesserung des Stadtrechts nach den Statuten der Neustadt →Braunschweig, 1348 Einzug der →Gilden in den Rat. Bürgerl. Siedlung und Stiftsfreiheit wurden im mittleren 13. Jh. durch die Befestigung (1400ff. Doppelmauer) zu einem Gemeinwesen zusammengeschlossen. Die dichtbebaute Stadt von ca. 30 ha Fläche verfügte um 1500 über etwa 5500 Einwohner. Neben Gebäuden städtischer Selbstverwaltung (Rathaus, Ratswaage, Zeughaus u. a.) lagen in der Stadt die Stiftskirche St. Alexander, die Marktkirche St. Jacobi, Neustädter St. Marienkirche; Kollegiatstift Beatae Mariae Virginis (1297) und Kl. der Augustiner-Eremiten (1315), Büßerinnen St. Magdalena (1318), Klarissen zum Hl. Kreuz (1464; alle nach 1529 säkularisiert), Hl. Geist-Spital, Armenhaus, Gasthaus, Marienpilgerstift. E. galt als Hauptort des welf. Teilfürstentums →Grubenhagen und verfügte über städt. Selbständigkeit; es war eingebunden in den nds. Städtebund wie in den hans. Verband (→Hanse).

Das ortsansässige, spezialisierte und in zehn Gilden organisierte Handwerkertum versorgte den Nahmarkt für Stadt und Umland. Lediglich das E.er →Bier wurde seit dem mittleren 14. Jh. im Fernhandel abgesetzt. Die Brauberechtigung ergab sich aus dem Hausbesitz in der Stadt (Realgewerberecht); etwa zwei Drittel der Bevölkerung brauten Bier und handelten damit, während der Rat für den Versand sorgte. V. a. hatte er einen Braumeister mit Gehilfen für den hauseigenen Brauvorgang angestellt, um eine nach Geschmack und Qualität jederzeit gleichbleibende Produktion zu gewährleisten. Das unter dem Namen des Herstellungsortes vertriebene Bier wurde seit 1351 in Norddeutschland, seit dem 15. Jh. im hans. Raum und seit dem 16. Jh. auch in Mittel- und Oberdeutschland abgesetzt; somit erreichte es das größte Absatzgebiet im ma. Bierhandel bis zum Einbruch des 30jährigen Krieges. E.er Bier war vorbildlich für andere Braustätten und wurde seit 1613 als *ainpöckisch bier* (= Bockbier) in München nachgebraut. 'Bockbier' geht also in der noch heute gebräuchlichen Typenbezeichnung im Brauwesen auf E. zurück. E. Plümer

Q. und Lit.: H. L. HARLAND, Gesch. der Stadt E., 1-2, 1854-59 – W. FEISE, Das Brauwesen der Stadt E., 1928 – P. J. MEIER, Niedersächs. Städteatlas II, 5, 1935 – Niedersächs. Städtebuch, 1952, 113-118 – W. FEISE – E. PLÜMER, Urkk. auszüge zur Gesch. der Stadt E. ..., 1-2, 1959-61 – H. DRAWE, Der Klein-Archidiakonat E. im MA, E.er Jb. 26, 1964, 11-66 – E. PLÜMER, E.s ma. Bierhandel, HGBll 99, 1981, 10-32.

Einbildungskraft → Phantasia, phantasma

Einblattdrucke, Terminus technicus der deutschsprachigen Kunstgeschichtsforschung für Einblatt-Holzschnitte des 15. und 16. Jh. (in jüngster Zeit auch noch des 17. Jh.) und der Bibliothekare für einseitig bedruckte, lose (daher später »fliegende«) Blätter des 15. Jh. Der Sache nach nicht zu unterscheiden von den »illustrierten Flugblättern« des 16./17. Jh., mit denen sich die Publizistikforscher anderer Disziplinen befassen und dabei nicht bloß Exemplare mit Kupfern im Auge haben, weil im 16. Jh. mit einem Teil dieser Drucke der zeitgenöss. Titel »Neue Zeitung«, also Nachrichtenblatt, verbunden ist. Doch selbst noch die »Bilderbogen« für Kinder und Illiteraten des 19. Jh. sind – buchtechnisch gesprochen – E., werden aber trotz direkter Verbindungs- und Abstammungslinien so nicht genannt. Das gleiche gilt von den sog. »kleinen Andachtsbildern« im Gebetbuchformat vom 15.-18. Jh. Nur ihre Inkunabeln des Holzschnitts werden E. genannt.

Entstehungsvoraussetzungen waren die Erfindung der graph. Reproduktionskünste seit dem späten 14. Jh., parallel zum Aufkommen des Papiers, der Blockdruck mit Schrift und schließlich die Kombination von Holzschnitt und Druck mit bewegl. Lettern oder solche Textreproduktion allein (1454: Mainzer Ablaßbriefe). Das ausgehende MA hat sogleich alle Möglichkeiten der massenhaft verbreitbaren kurzen Wort- und Bildveröffentlichungen im E. durchgespielt, so daß W. PINDER formulieren konnte, daß in Deutschland um 1480 an kultureller Aktivität dem nichts gleich kommt, »was in die Augen hineingeredet wird«. – E. mit oder ohne Text/Bild enthalten u. a.: Breven, Bullen, Ablaßbriefe, Mandate, Fehdeansagen, Verkündigungen, Buchanzeigen, Vorlesungsankündigungen, Thesenanschläge, Almanache (Kalender), Neujahrswünsche, Bruderschaftszettel, Heiltumsbriefe, Andachtsbilder, Ablaßbilder, Pestblätter, Lehr- und Mahnbilder, Unterhaltungsblätter, Sensationsmeldungen, Wunderberichte, Satiren, Polemiken, Kampfschriften; vieles davon in der Form des gereimten Liedflugblattes produziert. An der Herstellung beteiligt waren Text- und Bildautoren, Buchdrucker, Formschneider, →Briefmaler, letztere als Koloristen und Verleger tätig, im Vertrieb der für breitere Kreise gedachten Erzeugnisse schon früh singende Kolporteure auf den Wallfahrts- und Jahrmärkten, v. a. für religiöse Blätter und Lieder. Auch große Meister haben mit bestimmten Themen im direkten Verkauf an diesem Graphikgeschäft erfolgreich teilgenommen, z. B. Dürer und Cranach. W. Brückner

Lit.: RDK IV, 971-978 – P. HEITZ, E. des 15. Jh., 100 Bde, 1906-42 – K. HAEBLER, E. des 15. Jh. Ein bibliogr. Verz., 1914 [Nachdr. 1968] – W. L. SCHREIBER, Hb. der Holz- und Metallschnitte des 15. Jh., 8 Bde, 1926-30², 1969³, Tafelbd. 1976 – M. GEISBERG, Der dt. Einblattholzschnitt in der 1. Hälfte des 16. Jh., 41. Lfg. 1923-30 (in 4 Bd. hg. W. L. STRAUSS, The German Single-Leaf Woodcut 1500-1550, 1974) – W. L. STRAUSS, The German Single-Leaf Woodcut 1550-1600, 3 Bde, 1975 – D. ALEXANDER – W. L. STRAUSS, The German Single-Leaf Woodcut 1600-1700, 2 Bde, 1977 – W. BRÜCKNER, Massenbilderforschung [mit Bibliogr.], Internat. Archiv für Sozialgesch. der dt. Lit. 4, 1979, 130-178.

Eine (das), Einheit (lat. unum, unitas). Die griech. Philosophie und damit die Philosophie überhaupt konstituierte sich durch die radikale Frage nach dem letzten Ursprung alles Seienden und den Versuch, durch Denken, gr. λόγος, darüber Aufschluß zu gewinnen. Die zunächst bildhaften Antworten fallen bei den Vorsokratikern verschieden aus, erstmals bei Parmenides taucht in dieser Bedeutung das E. auf, freilich noch als eine Aussage über das Sein (B 8,6). Der grundlegende einheitsmetaphys.

Text wird dann aber Platons »Parmenides«, ergänzt um die Aussagen der »Politeia« über die Idee des Guten (508–509): Das E. ist jenseits aller denkbaren Kategorien (erste Hypothese des »Parmenides«, 137 c4–142 a8), dennoch ist es das letztbegründende Gute (Politeia), nach ihm kommt das 'seiende Eine' als Mitkonstitutivum aller vielheitlich Seienden. Das Viele ist nicht die Gegenposition gegen das transzendente E., sondern es steht unter ihm; es verliert sich in die Andersheit, ist damit zunehmend, zwar nicht total aber doch relativ, nichtseiend. Es 'ist' nur, insoweit es am 'seienden Einen' teilhat (zweite und folgende Hypothesen des »Parmenides«, 142 b1ff., außerdem »Sophistes« 255 e8ff.). Der Neuplatonismus (→Plotin, →Proklos) konstituiert sich durch Systematisierung der Interpretation wesentl. dieser Texte, seine Proklos-Version findet ihre christl. Wendung durch Dionysios Areopagites.

Von den Originalschriften Platons war vor den Renaissance-Übersetzungen im W nur wenig bekannt, das ma. Denken des E.n schöpft aus dem neuplaton. Stadium des Platonismus. Hauptquellen sind das Corpus Areopagiticum, der →Liber de Causis (ein für aristotel. gehaltener Proklos-Auszug), vom späten 13.Jh. an die »Institutio theologica« des Proklos und dessen »Parmenides«-Kommentar mit dem zugehörigen Platon-Text bis zum Ende der ersten Hypothese. Eine mehr weström. Variante des Neuplatonismus überlieferten →Augustinus und →Boethius.

Im 9.Jh. vermittelt →Johannes Scotus Eriugena die östlich-dionysian. Weise der Einheitsmetaphysik dem sich konstituierenden westl. Denken. Das neuplaton. Verständnis von Welt als vom E.n ausgehende und zum E.n zurückkehrende Hypostasen wird für das Verständnis der bibl. und über die Patristik überkommenen Schöpfungsaussage einer creatio ex nihilo (→Schöpfung) fruchtbar gemacht. Schöpfung ist Ausgang der Vielheit aus der Einheit und Rückkehr zu ihr, die *eine* Natur teilt sich in die vier »species« (sie erinnern deutlich an die neuplaton. »Hypostasen«) Gott, Ideen im Sohn, Welt, Gott nach Rückkehr der Dinge. Ein pantheist. Mißverständnis dieses 'Systems' verbietet sich durch ein genaues Zusehen auf den Text v. a. des zweiten Buches von »De divisione naturae« (vgl. MEINHARDT, Neuplatonismus..., 1985, 148–150).

Schwerpunkte einheitsmetaphys. Denkens sind in der Frühscholastik die Schule von →Chartres, in der Hochscholastik →Bonaventura und Meister →Eckhart, während →Thomas v. Aquin im Gefolge seiner intensiven Aristoteles-Rezeption den Schwerpunkt auf die Konvertibilität von unum und esse legt: die Einheit ist eine der transzendentalen Bestimmungen des Seienden, ein »modus generaliter consequens omne ens« (De ver. 1,1c); das ist das 'seiende Eine' Platons in veränderter Gestalt.

→Nikolaus v. Kues führt das ihm überkommene Einheitsdenken am Ausgang des MA zu einem erneuten Höhepunkt und gewinnt aus ihm mehrfach neue begriffl. Impulse v. a. für die Gotteserkenntnis. Mit Hilfe der »Brille« (De beryllo) der →coincidentia oppositorum läßt sich Gott verstehen als der absolute eine Grund jenseits aller Vielheit einander entgegengesetzter, kontrakter (→Contractus, Contractio) Seiender. Gott ist die Einheit von Seinkönnen und Sein, das »Könnenist« (De possest) – er ist »das Nichtandere« (De non aliud) vor aller andersheitl. Vielheit – für den »Gipfel der Schau« (→visio intellectualis) ist er zwar nicht begreifbar, aber doch anrührbar als das eine »absolute und uneingeschränkte schlechthin allmächtige Können selbst – posse ipsum absolutum et incontrac-

tum penitus omnipotens« (De apice theoriae. h7, 15f.). – →Einheitsmetaphysik–Seinsmetaphysik, →Anderssein, Andersheit, →Neuplatonismus, →Dionysius, hl., →Platonismus.   H. Meinhardt

Lit.: L. OEING-HANHOFF, Ens et unum convertuntur, BGPhMA 37, 3, 1953 – J. KOCH, Augustin. und Dionys. Neuplatonismus und das MA (Kant-Stud. 48/2, 1956/57), 117–133 – G. v. BREDOW, Platonismus im MA, 1972 – H. MEINHARDT, Das E. vor den Gegensätzen, AfB 22, 2, 1978, 133–153 – J. STALLMACH, Sein und das Können – selbst bei Nikolaus v. Kues (DERS., Suche nach dem E.n, 1982) – W. BEIERWALTES, Denken des E.n, 1985 – H. MEINHARDT, Neuplatonismus, christl. Schöpfungsmetaphysik, Geschichtsphilosophie (Renovatio et Reformatio [Fschr. L. HÖDL, 1985]), 141–154.

Einfachheit Gottes. Den Grundgehalt dieses Begriffs hat Petrus Lombardus (Sent.I d.8 c.3) so umschrieben: Nur das Wesen Gottes ist proprie ac vere simplex, da es keinerlei Verschiedenheit, Veränderung oder Vielheit von Teilen oder Akzidentien oder irgendwelchen Formen zuläßt. Dieser Umschreibung sind Albert, Bonaventura, Thomas, Duns Scotus u. a. in ihren Sentenzenkommentaren usw. gefolgt, indem sie bei Gott jede Art von realer »Zusammensetzung« (compositio) zurückwiesen. Vorbereitet haben diese Begriffsfassung Irenaeus (Adv. haer. II, 13,3), Origenes (C. Celsum I c.23), v. a. Augustinus, den Petrus Lombardus (l. cit. c. 3–8) öfter zitiert (Hugo v. St. Viktor und Abaelard benutzt er nur), Dionysios Areopagites (De cael. hier. c. 1, 3§1, 7§4), Johannes Damascenus (De f. orth.I c.9f. u. 13) und Johannes Scotus Eriugena (Periphys. I 73). Schon Augustinus hat den Begriff auch so zugespitzt: Gott ist »ohne Qualität gut, ohne Quantität groß, ... ohne Zeit immer« (Trin.V, 12) zu denken. Auch jede der drei Personen nennt er »einfach, weil sie das ist, was sie hat«, wenn sie auch »mit Bezug auf eine andere« so genannt wird (De civ. XI, 10,2). Der »Liber de causis« brachte mit dem Axiom »Omnis virtus unita plus est infinita quam virtus multiplicata« auch die paradoxe Identität der göttl. E. und Unendlichkeit in den Blick. Dazu vgl. auch Thomas S.th. I q 3 a 5: »Der Punkt ist nur Prinzip der quantitativen Ausdehnung, Gott das Prinzip des ganzen Seins« sowie Duns Scotus De primo principio c. 4. Bei Nikolaus v. Kues sind diese und weitere dialekt. Akzentuierungen zu dem Leitprinzip des Ineinsfalls aller Gegensätze (der →Coincidentia oppositorum) in Gott verschmolzen: »Alle Verschiedenheit ist bei ihm Identität« (De doct. ign. I, 21). Denn »alles, was es im unendlichen Sein gibt, ist das höchsteinfache unendliche Sein selbst« (De vis. Dei c. 15, n. 62). Sowohl mit der Symbolik des Ineinsfalls der ins Unendliche projizierten Figuren Gerade, Kreis, Kugel und Dreieck (ebd. c. 10–18) wie vom menschl. Geist als dem »Bild Gottes« her sucht er indes die göttl. Einheit näherhin als Dreieinheit darzutun.   R. Haubst

Q. und Lit.: Petri Lombardi, Sententiae, ed. 3², 1971, I, dist. 3, c. 3–8 – H. D. SAFFREY, S. Thomae de Aq. super Librum de causis expos., 1954, XVI–XXXV, 98f. – R. HAUBST, Das Bild des Einen und Dreieinen Gottes in der Welt nach Nikolaus v. Kues, 1952, 203–299 u.ö. – Zum Versuch der Hinführung von Juden und Muslimen vom AT und vom Koran zum christl. Trinitätsglauben s. Der Friede unter den Religionen nach Nikolaus v. Kues, MFCG 16, 1984, 137–156, 266f., 270–278, 292–296.

Einfeldwirtschaft → Dauerackerbau, →Flursysteme

Einforstung → Forst, -bann

Einfriedung (Einfriedigung). [1] *Allgemeines:* E. ist das, was eine Wirtschafts-, eine Besitzparzelle oder ein anderes Objekt für bes. Aufgaben abgrenzend und schützend umgibt, sei es ein →Zaun, →Graben, →Wall, →Hagen, eine →Hecke oder →Mauer. E.en, die seit neolith. Zeit vorkommen, besitzen aus Stein, Erde oder als Graben eine hohe Konstanz im Gelände und lassen sich auch dann noch im Luftbild nachweisen, wenn sie auf dem Boden nur noch geringe oder keine deutlichen Spuren hinterlassen haben. Wegen ihrer langen Lebensdauer und Aussagekraft bilden sie, insbes. auch unter Berücksichtigung etwaiger Erweiterungen, in neueren Arbeiten ein Hilfsmittel zur Rekonstruktion früherer Verhältnisse in Siedlungen und Fluren (→Altlandschaftsforschung, →Dorf). Da manche Arten von E.n, wie z. B. die in Skandinavien verbreiteten Stein- und Erdzäune (*vastar, bröttel* u. ä.), von urgeschichtl. bis in die neuere Zeit üblich gewesen sind, ist in der Regel eine Datierung nur aus ihrem Zusammenhang mit anderen Objekten der ma. Archäologie (z. B. Siedlungen, Äcker, Wege) möglich. Eine andere Großlandschaft mit guten Erhaltungsbedingungen von E.en, die sich dort als Gräben nachweisen lassen, sind die Marschen.

Quellen ma. E.en, die zugleich deren Bedeutung bezeugen, bilden neben den Relikten über, in und unter der Erdoberfläche v. a. Rechtsquellen (z. B. Stammesrechte, Gesetze der Angelsachsen, schwed. Provinzgesetze, Weistümer), Kapitularien, Urkunden nebst bildl. Darstellungen. Verbreitete Zauntypen werden z. B. in ma. Buch- und Wandmalerei abgebildet (u. a. Stundenbuch des Hzg.s v. Berry; Kalkmalerei in dän. Kirchen). Eine aussagekräftige Q. für Formen und Funktion der E.en sind handgezeichnete Karten in Vogelschau-Schrägperspektive und Bilder von Landschaften und Bauernleben des 16. und 17. Jh.

[2] *Funktion:* E.en sind Begrenzungen, die vorwiegend besitzrechtl. oder wirtschaftl. Zwecken dienen. Schon im MA wurden häufig von ein und derselben E. mehrere Funktionen wahrgenommen. So konnte ein Zaun, der einen Getreideacker als Einzelparzelle oder eine Gruppe von Äckern als Zelge umgab, sowohl als Markierung von Besitz- und Wirtschaftsflächen wie zur Abwehr weidenden Viehs dienen. Eine E. um eine Viehweide besaß stets eine ökonom. Zielsetzung, konnte aber auch eine besitzrechtl. Bedeutung haben. Der Pferch war v. a. mit bestimmten Formen der →Weidewirtschaft mit Schwerpunkt in der Schafhaltung verknüpft. Von der Funktion einer E. hängt ab, ob es sich um eine dauernd genutzte, eine period. oder kurzfristige Anlage handelt. Die Existenzdauer einer E. war ebenso wie das natürliche Vorkommen von Rohstoffen mitentscheidend für ihre Konstruktion und das dazu verwandte Material. Manche E.en dienten zur Abgrenzung von Kultanlagen, Friedhöfen und Gerichtsplätzen. Der Übergang von einer E. als ökonom., rechtl. oder kult. Begrenzung zu einer linienhaften Befestigung konnte fließend sein. Viele Streckenabschnitte ma. →Landwehren z. B. haben städt. oder landesherrl. Territorien abgegrenzt und ihnen zugleich einen bescheidenen Schutz geboten. Eine weitere Funktion von E.en, die entweder allein vorliegt oder ebenfalls mit anderen verknüpft ist, besteht im Schutz gegen Unbilden der Witterung. Manche Deiche (→Deich- und Dammbau) haben als Schutz gegen Überflutung gedient und zugleich die Funktion einer E. wahrgenommen. Die verbreitete E. von Fluren diente oft der besitzrechtl., der Vieh und Wild abwehrenden Begrenzung und zugleich der Ablage von Steinen, die von Äckern abgelesen wurden, um deren Bewirtschaftung und Erträge zu verbessern. Eine Sonderform der Einhegung stellte der herrschaftl. →Tiergarten dar. Häufig waren E.en um einen Einzelhof, um einen Hof aus einem oder mehreren Gebäuden innerhalb einer Siedlung, um ein Dorf oder um eine Stadt. Solche E.en haben oft landschaftsgebundene Namen besessen. E.en, welche einen Hof oder ein Dorf umgaben, hießen z. B. im südwestl. Mitteleuropa *etter*, bestanden gewöhnlich aus Holz oder Hecke und umgaben den Bezirk bes. Gerichtsbarkeit »inner Etters«.

[3] *Formen:* Die im MA verbreitet gewesenen Stein- und Erdzäune haben durch Zusammenfallen heute gewöhnlich die Form von Wällen angenommen. Solche sind heute noch in Schweden und Norwegen verbreitet. Manche Wälle haben sich auch durch Zusammensturz früherer als E. dienender Mauern gebildet. Von den ma. Zäunen aus Holz in den Grundformen der Baum-, Flechtwerk-, Pfahl-, Stangen-, Ring-, Schräg- und Lattenzäune werden Relikte nur noch in seltenen Fällen mittels archäolog. Verfahren nachweisbar. Manche der heutigen Wallhecken und Gräben gehen als E.en bis ins MA zurück, während sich von den Stufenrainen nur die wenigsten auf ma. E.en zurückführen lassen. – Zur E. in England→enclosure.

H. Jäger

Q. *und Lit.:* HOOPS² VI, s. v. [H. JÄGER; weitere Lit.]. – P. FRIED, Die ländl. Rechtsquellen aus den pfalz-neuburg. Ämtern Höchstadt, Neuburg, Monheim und Reichertshofen vom Jahre 1585 (Rechtsq. aus dem bayer. Schwaben I, 1983) – Hist.-Landeskundl. Exkursionskarte von Niedersachsen 1:50000, hg. E. KÜHLHORN, 1970 (Veröffentl. des Inst. für Hist. Landesforsch. der Univ. Göttingen 2, 2/3, 1972) – O. RÖNNESETH, »Gard« und Einfriedigung, Geografiska Annaler Stockholm, 1975, Nr. 2.

Eingangsprotokoll (Anfangsprotokoll, »Protokoll« im engeren Sinn) bildet – meist durch Zierschrift hervorgehoben – mit dem →Eschatokoll das Rahmenformular der →Urkunde, das den →Kontext umschließt. Zum E. gehören →Invocatio, →Intitulatio zusammen mit der Devotionsformel, und →Inscriptio (Adresse), meist in Verbindung mit einer Grußformel (→Salutatio). Aus Gründen der Etikette kann die Inscriptio auch vor der Intitulatio stehen. Zuweilen sind auch Teile des Kontextes in das E. eingeschoben (vgl. in Privaturkunden oder den Einschub der →Arenga in die ags. Königsurkunde). Die Anfangsdatierung (→Datierung) in Urkk. in der Tradition der alten →Charta und im Notariatsinstrument – hier nach dem →Signet und der Invocatio – ist ebenfalls zum E. zu rechnen. Der Wortlaut der Formeln ist nach den Usancen der →Kanzlei bzw. des →Notars meist stereotyp. Nicht alle Formularteile des E.s wurden immer gemeinsam verwendet, vielmehr sieht man starke Unterschiede nach Zeit, Ort und Urkundenart. Das differenzierte Urkundenwesen der Byzantiner macht das bes. deutlich. Das E. der päpstl. Urkk. ist mit Intitulatio und Inscriptio, die im →Liber Diurnus gemeinsam als Superscriptio bezeichnet werden, stärkstens dem antiken Briefstil verpflichtet. Die außer in Synodalkonstitutionen nur selten vorkommende Invocatio verschwindet in der zweiten Hälfte des 11. Jh. völlig. Hingegen verfestigt sich in den feierlichen päpstl. Privilegien die sog. Verewigungsformel. Kannten die Präzepte der Merowinger als sakralen Bezug innerhalb des E.s nur das →Chrismon, so kamen unter Karl d. Gr. die Devotionsformel und ab 800 die verbale Invocatio auf. Die in den älteren frk. Königsurkunden vorhandene Adresse wurde in der Folgezeit zurückgedrängt und blieb Mandaten und Briefen vorbehalten. Erst im 12. Jh. kam allmähl. wieder – nach päpstl. Vorbild – eine Adresse im Privileg auf. Ansonsten führte die durch vermehrten Arbeitsanfall bedingte Schaffung einfacher Urkundentypen zu einer Reduktion des Eingangsprotokolls. →Urkunde, -nwesen

W. Koch

Lit.: BRESSLAU I, 45 ff. u. ö. – W. ERBEN, Die Kaiser- und Königsurkk. in Dtl., Frankreich und Italien, 1907, 301 ff. – O. REDLICH, Die Privaturkk. des MA, 1911, 14 ff., 209 ff. – L. SCHMITZ-KALLENBERG, Die Lehre von den Papsturkk., 1913², 67 ff. u. ö. – G. TESSIER, Diplomatique royale française, 1962, 21 ff., 84 ff., 215 ff. – H. BANSA, Stud. zur Kanzlei

Ks. Ludwigs d. Bayern vom Tage der Wahl bis zur Rückkehr aus Italien (1314–1329), Münch. Hist. Stud., Abt. Gesch. Hilfswiss. 5, 1968, 37ff. – F. DÖLGER – J. KARAYANNOPULOS, Byz. Urkundenlehre I, 1968, 71ff. – H. FICHTENAU, Adressen von Urkk., RHMitt 18, 1976, 15–29 – P. CLASSEN, Kaiserreskript und Königsurk., 1977, 78ff. – D. HÄGERMANN, Stud. zum Urkundenwesen Wilhelms v. Holland, ADipl, Beih. 2, 1977, 266ff. – A. SCHARER, Die ags. Königsurkunde im 7. und 8. Jh., VIÖG 26, 1982, 27ff.

Einhard (nach eigener Schreibung Einhart), Geschichtsschreiber und Leiter der Bauten am Hof →Karls d. Gr., *um 770, † wohl 14. März 840, ⌐ in seiner Gründung →Seligenstadt am Main. – Aus edlem ostfrk. Geschlecht im Maingau stammend, wurde E. von seinen Eltern (Vater: Einhart, Mutter: Engilfrit) schon früh dem Kl. →Fulda zur Erziehung übergeben, wo er, zw. 788 und 791 als Urkundenschreiber (UB Fulda nr. 175, 191, 234, 240) bezeugt, die Aufmerksamkeit seines bildungsfreundl. Abtes →Baugulf auf sich zog, der ihn wohl 794 zur Vervollständigung seiner Bildung an den Hof Karls d. Gr. sandte. Zunächst an der Hofschule als Schüler →Alkuins bezeugt, erscheint er 796/797 bereits als Mitglied des Hofkreises und Tischgenosse Karls d. Gr. (MGH PP I, 483ff.), inzwischen zu seinem vertrauten Helfer aufgerückt und nach Alkuins Übersiedlung nach Tours die beherrschende Figur der →Hofschule. Die Schriften des Hofkreises bezeugen die auffallend starke Sympathie, die dem kleinen, flinken Mann von allen Seiten entgegengebracht wurde: ausgezeichnet durch prudentia und probitas (Walahfried), schien er der vollendete vir palatinus, ein Hofmann, dessen Intelligenz und Lauterkeit ihm die Herzen des Kg. s und seiner Umgebung gewann. Neben seiner Gelehrsamkeit wird v. a. seine Kunstfertigkeit gerühmt (MGH PP 2, 372), eine hervorstechende Eigenschaft, die ihm im Gelehrtenkreis den Beinamen 'Beseleel' – nach dem Werkmeister der Stiftshütte im AT – einbrachte. – Der Beiname weist darauf hin, daß E. die Oberleitung der Bauten am Karlshof übertragen war (Epitaphium E., PP II 2,237) und daß ihm die künstler. Produktion überhaupt am Herzen lag. In diesem Zusammenhang ist von hoher Bedeutung, daß der nur als Zeichnung erhaltene →Einhardsbogen sich mit Hilfe der archival. Überlieferung von St. Servaas in →Maastricht als Reliquiar und Sockel einer crux gemmata erweisen ließ, deren Urheberschaft E. selbst zugeschrieben werden darf. Das »E.-Kreuz« (K. HAUCK) stellt damit ein Kronzeugnis für die sonst nur schriftlich bezeugte Tatsache dar, daß E. »confecit multa satis opera« (Epitaphium E., PP II, 2,237), sein Pseudonym sich also mit dem Hinweis auf die Kunst und einen zentralen Aufgabenkreis E.s bezog. So ist bedeutsam, daß formale Kriterien das E.-Kreuz mit den Bronzegittern der Aachener Marienkapelle verbinden (BRAUNFELS). Seine vielseitige Kennerschaft, die ebenso Vergil wie Vitruv umschloß, und seine allseits gerühmte Lauterkeit und Zuverlässigkeit sicherten ihm das Vertrauen Karls d. Gr., der ihm auch politisch wichtige Missionen übertrug. 806 sandte er ihn nach Rom, um die Zustimmung des Papstes zu der von den Großen beschworenen →divisio regnorum einzuholen; 813 forderte er Karl im Namen der Großen des Reiches auf, seinen Sohn →Ludwig zum Mitkaiser zu erheben, wie er bei der Regelung seiner Nachfolge überhaupt eine aktive Rolle spielte. Alle Wahrscheinlichkeit spricht dafür, daß er auch bei der Abfassung des Testaments Karls, das uns als einziger überliefert, beteiligt war.

Nach dem Tode Karls gehörte er zu den wenigen seiner alten Getreuen, die Ludwig d. Fr. nicht von seinem Hof verwies. E. hat für ihn mehrere Briefe abgefaßt (nr. 4, 12, 20, 21 u. 22, MGH Epp. 5, 111, 115f., 120f.), wurde zur Erziehung seines Sohnes Lothar herangezogen und hat als Dank für seine Dienste bedeutende Abteien erhalten, so St. Peter und St. Bavo in →Gent, St. Servaas in →Maastricht, St. Cloud bei Paris und St. Wandrille/→Fontenelle (das er nach wenigen Jahren wieder zurückgab), ferner die Johannesbasilika in →Pavia und St. Peter in →Fritzlar. Auf seine eigene Bitte hatte er 815 zusammen mit seiner Gemahlin Imma, die bei dieser Gelegenheit hervortritt und mit der Schenkung immer eng verbunden bleibt, von Ks. Ludwig kgl. Güter in →Michelstadt im Odenwald und in Mühlheim im heimatl. Maingau erhalten, die ihm von Anfang an am Herzen lagen: Es scheint, daß sie von E. und Imma von vornherein als Alterssitz ausersehen waren. In den folgenden Jahren wandte er ihnen zunehmend seine Fürsorge zu. 817 noch zum Berater des jungen Ks.s Lothar bestellt, blieb E. zunächst bemüht, angesichts der wachsenden Spannungen den Frieden zu erhalten und die Empörung der Kaisersöhne zu verhindern. Als seine Bemühungen erfolglos blieben, zog er sich mehr und mehr von den Reichsgeschäften zurück, um sich der Gründung und dem Ausbau eines Kl. auf den ihm von Ks. Ludwig geschenkten Besitzungen in der alten Heimat zuzuwenden, und zwar war zunächst an eine Gründung in Michelstadt gedacht. Ihren Mittelpunkt sollte die noch heute erhaltene, Basilika genannte, kunstvolle Steinkirche in Steinbach bei Michelstadt bilden, die eine ältere Steinkirche ablöste und 827 noch nicht geweiht war. In diesem Jahr hatte E. sich durch seinen Notar Ratleic, den späteren Kanzler Ludwigs d. Dt., in Rom auf eine höchst bedenkliche Weise in den Besitz von Reliquien gebracht, deren Erwerbung er in seiner Schrift über die »Translatio et miracula SS. Marcellini et Petri« genau beschrieben hat. Wie schon die Beschaffung der Reliquien so ist auch ihre schließliche Recondierung von Visionen und Wundern begleitet. Sie gaben den Ausschlag, daß die von E. feierlich in Empfang genommenen Reliquien nicht in Michelstadt verblieben, sondern nach kurzer Zwischenstation nach Mühlheim am Main weitergeleitet wurden, das als ihre bleibende Heimstatt die Gründung der Abtei in Mühlheim bewirkte. 830 bat E. den Ks. um Unterstützung für die damit notwendig gewordenen Bauten und für »den Unterhalt derer, die bei den Leibern der hl. Märtyrer Gott dienen werden«, um gleichzeitig zu betonen, daß ihr Dienst »ad exaltationem et protectionem regni« bestimmt sei (MGH Epp. 5, 114). Für sich selbst fügt er die Bitte bei, der Ks. möge ihm erlauben, daß auch er sich hinfort frei von weltl. Aufgaben und Sorgen ebenfalls dem Dienst der Hl. en widmen dürfe. Die Bitte wurde offenbar erfüllt: Seit 830 trat E. an die Spitze der sich bildenden klösterl. Gemeinschaft, verfestigte sich seine Gründung zu dem blühenden Kl. Seligenstadt. Mit E. widmete sich auch seine Gemahlin Imma, nun als s. carissima soror, dem Dienst der Heiligen, bis sie 836, von E. tief betrauert, starb. Vier Jahre später wurde er selbst in der Klosterkirche beigesetzt, die als sein stolzes Denkmal in ihrem eindrucksvollen Innenraum noch heute die auf E. zurückgehende Grundgestalt erkennen läßt.

Wie in der Kunst lebt E. v. a. in der Geschichtsschreibung fort. Sein Ruhm ist in der wohl Mitte der 30er Jahre entstandenen »Vita Karoli Magni« (s. a. →Biographie, Abschnitt II) begründet, der am Vorbild →Suetons orientierten, gleichwohl eigenständigen und lebendigen, von Liebe und Bewunderung geleiteten monumentalen Biographie des Ks.s, den er in souveräner Verwendung seiner lat. Vorlage als den kraftvollen und großen frk. Herrscher beschreibt, dessen Gedächtnis er der Nachwelt erhalten will. Im Lob des großen Herrschers kommt zugleich deutliche Kritik an seinem Sohn und Nachfolger Ludwig d. Fr. zum Ausdruck, der die bewährten Bahnen Karls verließ.

Die Kritik verschärft sich in der nach 830 verfaßten Schrift »Translatio et miracula SS. Marcellini et Petri«, die in einem von der Vita stark abweichenden, unklass. Stil den von E. betriebenen Erwerb der Marcellinus- und Petrus-Reliquien aus Rom, ihre Verehrung und die durch sie bestimmte Gründung des Kl. Seligenstadt beschreibt. Die anschauliche und sachliche Schilderung läßt in den zahlreichen Visionen und Wunderberichten wie in den Warnungen an den Kaiserhof die gewandelten Zeitverhältnisse erkennen und ist durch ihre kulturhist. Angaben von hohem Wert.

Die gleichen Anschauungen, Sorgen und Wünsche spiegeln sich auch in den Briefen E.s wider, die, nur in einer Sammlung des Kl. St. Bavo in Gent erhalten, leider nur den letzten Jahren E.s angehören. Sie lassen einen E. erkennen, der seine Spätzeit in Seligenstadt im Gedenken an Karl d. Gr. in der Sorge um den Fortbestand und Frieden seines Reiches verbringt. J. Fleckenstein

Ed.: Vita Karoli Magni, ed. O. HOLDER-EGGER, MGH SRG, 1911 [Neudr. 1940] – Translatio et Miracula SS. Marcellini et Petri, ed. G. WAITZ, MGH SS XV, 238–264 – Passio ss. Marcellini et Petri rhythmica, ed. E. DÜMMLER, MGH PP II, 126–135 – Briefe, ed. K. HAMPE, MGH Epp. V, 105–141, 641 – *Lit.:* ADB V, 759f. [W. WATTENBACH] – NDB IV [H. LÖWE] Verf.-Lex² II, 420–425 [I. EBERL; weitere Ed. und Lit.] – Repfont IV, 295f. [weitere Ed. und Lit.] – K. HAMPE, Zur Lebensgesch. E.s, NA 21, 1895, 599ff. – F. KURZE, E., 1899 – M. LINTZEL, Die Zeit der Entstehung von E.s »Vita Karoli Magni« (Fschr. R. HOLTZMANN, 1933), 22ff. – A. KLEINCLAUSZ, Eginhard, 1942 – H. BEUMANN, Topos und Gedankengefüge bei E., AK 33, 1951 [abgedr. in: DERS., Ideengesch. Stud. zu E. und anderen Geschichtsschreibern des frühen MA, 1962, 1ff.] – F. L. GANSHOF, Eginhard, biographe de Charlemagne, Bibl. d'Humanisme et Renaissance 13, 1951, 217ff. – WATTENBACH–LEVISON–LÖWE, H. 2, 266f. [H. LÖWE] – W. BRAUNFELS, Karls d. Gr. Bronzewerkstatt (DERS., KdG 3, 1965), bes. 198f. – O. MÜLLER, Die E.-Basilika in Steinbach bei Michelstadt, 1965 – K. HAUCK, Versuch einer Gesamtdeutung der E.-Kreuzes; J. FLECKENSTEIN, E., seine Gründung und sein Vermächtnis in Seligenstadt (Das E.-Kreuz, hg. K. HAUCK, AAG, 1974), 143ff., 96ff. – BRUNHÖLZL I, 318–323, 553f. – H. LÖWE, Die Entstehungszeit der Vita Karoli E.s, DA 39, 1983, 85ff.

Einhardsbogen, in Nachzeichnung (Paris BN fr. 10440) erhaltener Untersatz für Reliquienkreuz, aus Silber und in Form eines röm. Triumphbogens, für St. Servatius Maastricht (H. ca. 38 cm, B. ca. 23 cm). Laut Inschrift von →Einhard gestiftet, seit 815 Laienabt dieser Abtei. Die figürl. Treibarbeiten bieten erstmals in frühma. Goldschmiedekunst ein durchdachtes, auch entwicklungsgeschichtl. bedeutsames ikonograph. Programm: irdische (Herrscher, Begleiter), heilsgeschichtl. (Evangelisten, Szenen) und endzeitl. (Christus mit Aposteln) Sphären sind in drei Bildzonen geordnet. Der für die karol. »Renovatio« kennzeichnende Rückgriff auf römisch-frühchristl. Kunst ist in geschichtstheol. Perspektive zu verstehen. V. H. Elbern

Lit.: B. DE MONTESQUIOU-FÉZENSAC, L'Arc de Triomphe d'Éginhardus, CahArch IV, 1949, 79ff. – Karl d. Gr., Kat. Aachen 1965, Nr. 9 – H. BELTING, Der E., ZK 36, 1973, 93ff. – Das Einhardkreuz, hg. K. HAUCK, AAG Ph.-Hist. Kl. III, 87, 1974 [Rez. K. HOFFMANN, GGA 228, 1976, 90ff.] – V. H. ELBERN, Frühma. Zierkunst im Lichte der Renovatio, Sett. cent. it., 1975, 881ff.

Einheitsmetaphysik – Seinsmetaphysik, von dem Mediävisten J. KOCH († 1967) eingeführtes antithet. Begriffspaar, das besser als die übliche Unterscheidung in Platonismus und Aristotelismus die beiden Grundtypen v. a. ma. Metaphysik charakterisieren kann. S. ist 'Metaphysik von unten', sie geht vom Seienden aus, zu dem wir selbst gehören und versucht, mit Hilfe analoger Begriffe (seiend, eines, wahr, gut usw.) zum Sein selbst, d. h. zu Gott aufzusteigen und über ihn Aussagen zu machen. E. dagegen ist immer 'Metaphysik von oben', sie geht von der absoluten Einheit als dem Erstgegebenen aus und steigt von da zum Verständnis der vielheitlichen und in sich je anderen Welt herab. In einer S. hat die 'analogia entis' (→Analogia) ihren Platz, in einer E. das beständige Mitdenken der absoluten Einheit bei der Betrachtung niederer Einheitsstufen (KOCH, Ars..., 23f.). Ein typisch seinsmetaphys. Text findet sich etwa bei Thomas v. Aquin: »... hoc quod dico esse est inter omnia perfectissimum... est actualitas omnium actuum, et propter hoc est perfectio omnium perfectionum – das, was ich (im eigentlichen, höchsten Sinne) Sein nenne, ist unter allem das Vollkommenste... es ist das Wirklichkeitsprinzip aller Wirklichkeiten und deshalb die Vollkommenheit aller Vollkommenheiten...« (De pot. 7,2 ad 9).

Betont einheitsmetaphysisch dagegen formuliert →Thierry v. Chartres: »Unitas igitur ipsa divinitas... Unitas igitur singulis rebus forma essendi est... Omne, quod est, ideo est quia unum est – Die Einheit ist die Gottheit... die Einheit ist daher die Seinsform für alle einzelnen Dinge... Alles, was ist, ist deshalb, weil es eines ist« (Theodericus Carnotensis: Tractatus De septem diebus..., hg. N. HÄRING, AHDL 30, 1955, n. 31).

H. Meinhardt

Lit.: J. KOCH, Die Ars coniecturalis des Nikolaus v. Kues, Arbeitsgemeinschaft für Forsch. des Landes Nordrhein-Westfalen, Geisteswiss., H. 16, 1956 – DERS., Augustin. und Dionys. Neuplatonismus und das MA (Kant-Stud. 48/2, 1956/57), 117–133.

Einherier, anord. *einherjar* (sg. *einheri*), 'die allein Kämpfenden' oder 'diejenigen, die ein Heer ausmachen', aus anord. *einn* 'ein', 'allein' und *herr* 'Heer'. In der anord. Mythologie die im Kampf getöteten Männer, die auf dem Schlachtfeld von den →Walküren ausgewählt und zu →Odin nach→Walhall geleitet werden. Dort kämpfen sie jeden Tag miteinander, die Toten werden jedoch abends wieder erweckt. Sie bekommen zu essen und zu trinken und werden dort von den Walküren bedient. Dieser Zustand währt so lange, bis sie schließl. mit Odin an der Spitze zur Endzeitschlacht (→Ragnarök) gegen den Fenriswolf und andere dämon. Göttergegner antreten müssen und in diesem Kampf, wie Odin, untergehen.

E. sind in der →Skaldendichtung (z. B. →Eiríksmál, →Hákonarmál, beide Mitte 10. Jh.) und der →Edda erwähnt. Auf diese Quellen stützt sich die E.-Darstellung der→Snorra Edda (Gylfaginning 37–40). Das myth. Thema des »ewigen Kampfes« findet sich auch in den Gesta Danorum des →Saxo Grammaticus (I, 31) und in der Erzählung vom »Hjaðningavíg« im Sörla þáttr (Flateyjarbók) und der Snorra Edda (Skáldskaparmál 50).

Den realen Hintergrund für die Vorstellung von Kriegern in einem »Trainingslager« für den letzten Kampf hat man in den röm. Gladiatorenkämpfen gesehen (M. OLSEN), in Männerbünden frühgerm. Stämme (O. HÖFLER) oder in der Kriegergefolgschaft der nord. Kg. e der Wikingerzeit (A. HOLTSMARK). Ein vermuteter Zusammenhang zw. der Anzahl der E. und oriental. Zahlenspekulationen wird schwer nachzuweisen sein. J. P. Ægidius

Lit.: KL III, 532f. – M. OLSEN, Valhall med de mange dører, Acta philol. Scandinavica 6, 1931 – O. HÖFLER, Kult. Geheimnisse der Germanen, 1934 – H. R. ELLIS, The Road to Hel, 1943 – J. DE VRIES, Altgerm. Religionsgesch., I–II, 1956–57² [Register] – A. HOLTSMARK, Norrøn mytologi, 1970 – R. SIMEK, Lex. der german. Mythologie, 1984, 80f.

Einhorn

I. Gelehrte lateinische Tradition – II. Ikonographie – III. Heraldik.

I. GELEHRTE LATEINISCHE TRADITION: E., gr. rhinokeros, lat. unicornis, ein Fabelwesen, dessen realist. Züge vom jeweils »monoceros« genannten→Nashorn (vgl. Thomas v. Cantimpré 4,49) und Narwal (Thomas 6,35) stammen. In der durch Isidor (etym. 12,2,12) vermittelten antiken und z. T. auf Ktesias zurückgehenden Tradition gilt es als in einsamen Gegenden lebender Feind des Elefanten, den es wie andere Gegner mit dem Horn durchbohrt. Die von Solin (52,40) für »monoceros« in Indien wegen seiner Wildheit behauptete Unmöglichkeit der Gefangennahme wird von Isidor unter Berufung auf zoolog. Autoren (asserunt qui naturas animalium scripserunt) durch das Paradoxon des Einschlafens im Schoß einer Jungfrau relativiert. Quelle ist wohl eine lat. Version des griech. Physiologus (c. 22, SEEL, 21, vgl. MC CULLOCH, 179-183), in die das E. wohl wegen der entsprechenden Übersetzung des hebr. Namens für einen Wildstier des AT in der Septuaginta gelangt ist (EINHORN, 42). Die Fangmethode war literar. sehr verbreitet, u. a. bei Jakob v. Vitry (hist. orient., c. 88), Thomas (4,104 = Konrad v. Megenberg III. A. 67 nach Thomas III, s. BRÜCKNER), Albertus Magnus (22,144), Arnoldus Saxo (2,4) und im Lexikon des Papias (s. v. rhinoceros). In den Kyraniden (DELATTE, 125) wird das laszive Tier von Wohlgeruch und Figur schöner Frauen betört und sein Horn als Amulett gegen Dämonen (zit. bei Thomas) empfohlen. Das E. ist bei Thomas Sinnbild für den strafenden Christus, der durch Maria empfangen auf die Welt kam, von seinen Jägern, den Juden, getötet und schließlich als Auferstandener erhöht wurde. Ch. Hünemörder

Q.: Albertus Magnus, De animalibus, ed. H. STADLER, II, 1920, BGPhMA 16 – Arnoldus Saxo, Die Enc. des A.S., ed. E. STANGE, 1905–07 – Isidorus Hispalensis, Etymologiae, ed. W. M. LINDSAY, 2, 1911 – Jacobus de Vitriaco, Hist. orientalis, ed. FR. MOSCHUS, 1597 – Konrad v. Megenberg, Das Buch der Natur, ed. F. PFEIFFER, 1861 [Neudr. 1962] – Papias vocabulista, 1496 [Neudr. 1966] – Solinus, Collectanea rerum memorabilium, ed. TH. MOMMSEN, 1895² [Neudr. 1958] – Textes Latins et vieux français relatifs aux Cyranides, ed. L. DELATTE, 1942 (Bibl. Fac. Phil. et Lettr. Univ. Liège, fasc. XCIII) – Thomas Cantimpratensis, Liber de natura rerum, T. I.: Text, ed. H. BOESE, 1973 – Der Physiologus, übertr. und erl. von O. SEEL, 1960 – Lit.: A. BRÜCKNER, Quellenstud. zu Konrad v. Megenberg [Diss. Frankfurt 1961] – F. MC CULLOCH, Mediaeval Latin and French Bestiaries (Univ. of North Carolina, Stud. in the Romance Languages and Lit. 33, 1960) – J. W. EINHORN, Spiritalis unicornis. Das E. als Bedeutungsträger in Lit. und Kunst des MA, MMS 13, 1976.

II. IKONOGRAPHIE: [1] *Okzident*: Der Antike als starkes und scheues Tier mit heilkräftigem Stirnhorn vertraut, wird das E. vom AT wegen seiner Kraft gepriesen und später von den Kirchenvätern auf Christus bezogen (Tertullian, Hrabanus Maurus). Für die christl. Ikonographie gewinnt ein Bericht des Physiologus bes. Bedeutung: Das E. lasse sich nur von einer Jungfrau fangen und zähmen. Das E., das den Kopf in den Schoß der Jungfrau bettet, wird zum Symbol der Menschwerdung Christi. In der Buchmalerei findet sich das Bild der Jungfrau, die dem E. die Brust gibt (Psalterion Athos Pantokrator Nr. 61 fol. 109v). Umstritten sind Darstellungen des E.s als Christussymbol (Fußbodenmosaik in S. Giovanni in Fonte, Ravenna), häufig dagegen Darstellungen der Jungfrau und E.-Gruppe als Zeichen der Menschwerdung Christi (Floreffe-Bibel, um 1160, Fries am Nordturm des Straßburger Münsters, um 1300). Im 15. und 16. Jh. bildet sich der Typus der sakralen E.-Jagd heraus, den das Tridentinum verbietet (Bildteppich Gelnhausen, Ende 15. Jh. mit allegor. Darstellung der Verkündigung als E.-Jagd; Bildteppichfolge, Mus. Cluny, Paris). D. Kocks

Lit.: RDK IV, 1504–1544 – LCI I, 590–592 – G. SCHILLER, Ikonographie der christl. Kunst I, 1969, 63f.

[2] *Byzanz*: Selten ist das E. als Sinnbild der gottverliehenen Kraft wertneutral dargestellt, z. B. im Ijob Barocci 201 (Oxford, Bibl. Bodl., 13. Jh.) auf fol. 222ᵛ. Sonst ist seine Bedeutung ambivalent: es kann den präexistenten Christus bedeuten, so in den Psalterien Chludov (Moskau, Hist. Mus. fol. 43: es legt eine Tatze in den Schoß einer vornehmen Dame) und im Cod. 61 (Athos-Kl. Pantokratoros fol. 109ᵛ: eine vornehme Dame reicht dem E. die rechte Brust; beide Male wird auf die Inkarnation beischriftl. verwiesen) und im (verbrannten) Physiologus von Smyrna (um 1100), wo die Jungfrau und das E. neben die Verkündigung an Maria gesetzt war. Das E. kann aber auch den Tod bedeuten, angeregt durch ein Gleichnis im Roman →Barlaam und Joasaph. In den illustrierten Hss. des Romans ist das Gleichnis viermal – in jeweils verschiedener Weise – dargestellt. Es tritt aber auch in Psalterien mit Randminiaturen auf, in zwei Bilder zerlegt, vgl. z. B. den Theodor-Psalter (London Brit. Mus., 1066, fol. 182ᵛ) und den Barberini-Psalter (Rom, Bibl. Vat., um 1100, fol. 231ᵛ). In der ersten Szene verfolgt das E. (beischriftl. als θάνατος 'Tod' bezeichnet) den flüchtenden Mann, in der zweiten Szene steht der Mann in einem Baum und ißt Honigtropfen von seinen Blättern, während zwei Mäuse an den Wurzeln nagen und in der Höhle darunter Hades auf den Absturz wartet, im Barberini-Psalter neben sich den geöffneten Drachenkopf. Zur weiteren Entwicklung vgl. die Literatur. K. Wessel

Lit.: LCI I, 502f. – RbyzK I, 501; 506f. [s.v. Barlaam] – J. W. EINHORN, Das E. als Sinnzeichen des Todes: Die Parabel vom Mann im Abgrund, 1972.

III. HERALDIK: Es kann nicht verwundern, daß ein in seiner Symbolik so vieldeutiges Wesen auch oft zum Wappentier gewählt wurde. Allein im Wappenbuch der Chronik des Konstanzer Konzils von 1413 des →Ulrich v. Richental erscheinen sechs Teilnehmer mit dem E. im Wappen (Hzg. Witipold, H. z. Sarasie; Bf. Joh. Abundt zu Chur; Gf. Joh. v. Tengen und Sohn, Hans v. Russegk; Burckhardt Her Pupelin v. Helmenßdorff; Münich v. Sachmang). Im Wappenbuch des Reichsherolds Caspar Sturm wird es von Georg Mörtl geführt. Die manessische Liederhandschrift bildet den Minnesänger →Dietmar v. Aist mit einem Einhornwappen ab, auch die frk. Familie v. Waldenfels führt es. – Das Brit. Museum besitzt eine Pinselzeichnung eines herald. E.s von 1544 von Hans Baldung gen. Grien, wohl mit Bezug zu seiner Heimatstadt Schwäbisch Gmünd. Wie diese führt auch Giengen an der Brenz das E. im Schilde. – In England erscheint es als Schildhalter bei Kg. Jakob V., zuerst in Schottland, dann auch bei Kg. Jakob VI. Zahlreiche dt. Adelsfamilien führen Einhornwappen, so die v. dem Knesebeck, die Marx von Nußdorf, die Herren von Loen zu Iserlohn. – Seit 1802 ist es das Wappen Friedrichs v. Schiller, das von der Forschung als Übernahme aus dem ausgestorbenen niederösterreich. Geschlecht Schiller von Herdern angesehen wird (vgl. Der dt. Herold, 1905, 95). Als Münzbild erscheint das E. bereits 1260 auf einem Bludenzer Brakteaten. E. Korn (nach Notizen von H.-E. Korn †)

Q. und Lit.: Ulrich v. Richenthal, Constanzer Concil, bearb. W. HENDEL, 1936 – R. ROB. BEER, E., Fabelwelt und Wirklichkeit, 1972 [Lit.] – Wappenbuch des Reichsherolds Caspar Sturm, bearb. J. ARNDT, 1984.

Einigung → Unio

Einkleidung → Mönchtum

Einlager (lat. obstagium; dt. *einlager, gyselhaft, leistung* oder nur: »leisten«, »einfaren«; frz. *ôtage*), eine seit dem 12. Jh. bekannte Form der persönl. Haftung des (der) Bürgen (→Bürgschaft). Das Einlagerversprechen dient der vertragl. Sicherung von nicht vertretbaren persönl. wie auch vermögensrechtl. Leistungen, um die außergerichtl. Vollstreckungssicherung zu ermöglichen. Bereits der →Sachsenspiegel (II. 11 § 3) kennt das E., wie auch das kanon. Recht. Umstritten ist, ob sich die Institution des E.s aus der älteren »gyselhaft« entwickelt hat (STOBBE, HEUSLER, FRIEDLÄNDER, neuerdings: WALLISER) oder eine Neubildung des SpätMA ist (BEYERLE).

Beim E. verpflichtet sich der Bürge oder der Schuldner als Selbstbürge durch ein förmliches Versprechen bei Vertragsbruch bzw. im Verzugsfall unaufgefordert oder auf Mahnung des Gläubigers sich an einem bestimmten Ort, meist eine »ehrbare herberg«, einzufinden und dort auf Kosten des Vertragsbrüchigen zu leben bis die geschuldete Leistung erbracht ist und der Gläubiger ihn entbindet. Das E. zielt auf eine zweifache Wirkung: Der Bürge ist während des E.s in seiner Bewegungsfreiheit beschnitten und im E. entstehen dem Schuldner weitere Kosten. Sollte der Vertragsbrüchige und sein Bürge ihren vertragl. Verpflichtungen nicht nachkommen, war der Gläubiger zumeist berechtigt, beide Parteien als ehrlos anzuprangern sowie sie außergerichtl. anzugreifen und zu schädigen, bis sie ihren Verpflichtungen nachkamen. Einlager-Orte genossen ein erhöhtes öffentl. Ansehen.

Das E. fand im SpätMA vornehml. bei landesherrl. oder städt. Vereinbarungen Anwendung, wo eine Vollstreckung wegen der gesellschaftl. Stellung des Vertragspartners nicht leicht durchzusetzen war; im bäuerl. Bereich kommt es dagegen nur selten vor. Die Einlagerwirkung, die zunächst von der »Freiheitsberaubung« des Bürgen ausging, verschiebt sich seit dem 14. Jh. immer mehr auf die wirtschaftl. Seite, da hochgestellte Adlige sich immer häufiger im E. durch ein oder mehrere Personen vertreten lassen konnten. Wegen des häufigen Mißbrauchs wurde das E. durch die Reichspolizeiordnung von 1577 (Tit. 17 § 10) verboten, behauptete sich dennoch in verschiedenen Gegenden weiter. P.-J. Schuler

Lit.: DtRechtswb II, 1413 – HRG I, 901–904 [H. KELLENBENZ; Lit.] – O. STOBBE, Zur Gesch. des dt. Vertragsrechts, 1855 – E. FRIEDLÄNDER, Das E. Ein Beitr. zur dt. Rechtsgesch., 1868 – A. WERMINGHOFF, Zur Rechtsgesch. des E.s in Südwestdtl., ZGO 52, 1898, 67–78 – A. LECHNER, Das Obstagium oder der Giselhaft nach schweiz. Quellen, 1906 – M. RINTELEN, Schuldhaft und E. im Vollstreckungsverfahren des altndl. und sächs. Rechts, 1908 – P. WALLISER, Das E. des Bürgen im solothurn. Recht, Archiv des Hist. Vereins des Kt. Bern 44, 1958, 661–684 – W. OGRIS, Die persönl. Sicherheiten im SpätMA. Versuch eines Überblicks, ZRGGermAbt 82, 1965, 140–189 – P.-J. SCHULER, Die Vertragsurkk. der Gf.en v. Württemberg unter den Gf.en Ulrich III. und Eberhard II. (1325–1392), Bd. I [Habil. Schr. masch., Bochum 1981].

Einlegetechnik → Inkrustation

Einöde, Einödeflur → Siedlung, Siedelformen

Einold → Eginold

Einsiedeln

I. Abtei – II. Skriptorium, Bibliothek, Schule – III. Wallfahrt.

I. ABTEI: E., Abtei OSB in der Schweiz (Kt. Schwyz). Im Tal der Alp, das sich vom Gebirgszug des Etzel zu dem der Mythen erstreckt, befand sich die Einsiedelei des Reichenauer Mönchs Meinrad (→Reichenau), der dort 861 erschlagen wurde. Zu Beginn des 10. Jh. erneuerte sie der Straßburger Domherr Benno. Ihm folgte 934 sein Verwandter Eberhard, Dompropst v. Straßburg, der ein Kl. nach dem Vorbild von →St. Gallen einrichtete, dem er als erster Abt vorstand. Erste Schenkgeber waren die Hzg.e v. →Schwaben, bes. der →Konradiner →Hermann I. und seine Gemahlin Reginlinde, Angehörige der Eberhardiner, zu deren Verwandten vielleicht auch Benno und Eberhard zählten, sowie der →Hunfridinger Hzg. →Burchard II. Sie vergaben das Klostergebiet hinter dem Etzel und umfangreiche Güter am oberen Zürichsee. →Otto I., den Hzg.en verwandt (sein Sohn →Liudolf war Schwiegersohn Hermanns, seine Frau →Adelheid Enkelin Reginlindes), verlieh dem Kl. 947 Immunität und freie Abtwahl und wurde durch reiche Vergabungen Mitstifter (958 Eschenz, 965 Ufnau und Pfäffikon, 969 Riegel im Breisgau). Im Zusammenhang mit der Sicherung der Verkehrswege im Rahmen der otton. →Italienpolitik wurde E. zu einem der höchstprivilegierten Reichsklöster (→Reichskirche). Seit Mitte des 10. Jh. entwickelte es sich zum maßgebenden monast. Reformzentrum Süddeutschlands. Mönche aus E. wurden zur Reform bestehender Kl. oder zur Besiedlung von Neugründungen berufen, oft auch durch die Klosterherren als Äbte postuliert: im 10. Jh. →Petershausen, →Hohentwiel, →Niederaltaich, im 11. Jh. →Disentis, →Pfäfers, →Tegernsee, →St. Blasien, →Muri, →Schaffhausen und →Hirsau. Im Investiturstreit hörte die Reformtätigkeit E.s auf.

Die →Vogtei war zunächst wohl den Hzg.en v. Schwaben übertragen, kam dann an die →Nellenburger, im 1. Drittel des 11. Jh. an die Edeln v. Uster und 1090 an die Herren v. →Rapperswil. Kg. →Rudolf v. Habsburg zog sie 1283 ans Reich bzw. an das Haus Österreich. Von ihm wurde 1274 erstmals ein Abt v. E. mit der Reichsfürstenwürde (→Reichsfürst) belehnt, die den Äbten aber schon früher zugekommen sein dürfte. →Ministerialen des Kl. sind im 11. Jh. nachgewiesen. Seit 1200 wurden nur Anwärter freiherrl. Standes als Konventualen angenommen. Seit dem 12. Jh. war das Kl. in eine säkulare Auseinandersetzung mit der Talschaft →Schwyz verwickelt, den sog. Marchenstreit um die Nordgrenze des Klostergebiets. Dieses umfaßte ursprgl. (von Ks. Heinrich II. 1018 umschrieben) die hinter dem Etzel gelegenen Täler der Alp, Biber und Sihl. Im Quellgebiet dieser Flüsse, wo die Schwyzer seit dem 11./12. Jh. die Alpen (→Alm) nutzten, wurde der Grenzverlauf in mehreren Etappen zuungunsten E.s verschoben. Ks. Heinrich V. 1114 und Kg. Konrad III. 1143 schützten die Ansprüche des Kl. 1217 sprach Gf. Rudolf II. v. Habsburg das oberste Quellgebiet den Schwyzern zu. Nach Gewalttätigkeiten in der 1. Hälfte des 14. Jh. (1314 Überfall der Schwyzer, Gefangennahme des Konvents) wurde im Frieden von 1350 die Grenze nochmals talabwärts verschoben und das einstige Klostergebiet auf die Hälfte reduziert. In der Folge geriet E. immer mehr unter Einfluß und Kontrolle der Schwyzer, die sich 1394 die Vogteirechte über die Einsiedler Waldleute verschafften. 1397 begab sich das Kl. unter Schirmherrschaft der Schwyzer. Kg. Siegmund verlieh ihnen 1415 den Blutbann im Klostergebiet, 1424 die →Kastvogtei.

II. SKRIPTORIUM, BIBLIOTHEK, SCHULE: Die ältesten, im 8. und 9. Jh. geschriebenen Hss. der Klosterbibliothek sind alem. und rät. Provenienz. Einige stammen nachweislich aus →St. Gallen, dessen Rolle bei der Klostergründung durch sie bestätigt wird. Die planmäßige Einrichtung von Skriptorium und Schule dürfte unter Abt Eberhard (934–958) erfolgt sein. An Aufbau und Entfaltung war der hl. →Wolfgang beteiligt, der unter Abt Gregor (964–996) in E. als Dekan und Lehrer wirkte, ehe er 971 als Bf. nach Regensburg berufen wurde. Aus dem endenden 10. und beginnenden 11. Jh. sind ca. 35 Hss. erhalten, wovon etwa die Hälfte patrist. Texte enthält. Als

Hauptwerk dieser Epoche gilt eine Isidor-Hs. in älterer Einsiedler→Minuskel mit typ. Initialschmuck (Cod. 167 [140]). Aus der Blütezeit des Skriptoriums im 11. und 12. Jh. sind etwa 40 Hss. überliefert. Sie enthalten liturg., hagiograph. und patrist., daneben nur vereinzelt auch antike Texte. Hauptwerke dieser zweiten Gruppe sind eine Foliobibel (Cod. 1 [8]), drei um 1100 entstandene Missalia (Cod. 111 [464], 113 [466], 114 [523]) und das unter Abt Werner (1173–92) entstandene Glossar des Bf.s →Salomo v. Konstanz (Cod. 293 [47]). Die Einsiedler Hss. nennen keine Schreibernamen. Es waren jeweils viele Schreiber am selben Codex tätig. An Qualität der Kalligraphie wie der Ausstattung überragen die Einsiedler Hss. zeitgenöss. Erzeugnisse anderer Schweizer Kl. Sie dürften andere Zentren sal. Buchkunst beeinflußt haben. Um 1200 versiegte die Schreibtätigkeit. Die zahlreichen spätma. Hss. der Stiftsbibliothek entstanden nicht im Kl., sondern wurden im 14. und 15. Jh. erworben. Wissenschaftl. Beschäftigung entfaltete der Bibliothekar und Kustos Heinrich v. Ligerz (1324–56) und der Humanist Albrecht v. Bonstetten, von 1470 bis 1504 Dekan des Kl. Die seit dem 10. Jh. bezeugte Klosterschule diente der Ausbildung künftiger Konventualen. Seit Mitte des 13. Jh. sind klosterfremde besoldete Lehrer nachgewiesen. Im späten 14. und 15. Jh. wurde die Schule wegen der geringen Zahl der Konventualen nicht mehr kontinuierlich geführt.

III. WALLFAHRT: Aufgrund einer erstmals als Interpolation des 12. Jh. in einer Hs. der Chronik→Hermanns des Lahmen zum 18. Okt. 948 faßbaren Nachricht entwickelten sich im 13. Jh. die Legende und das Fest der Engelweihe der Einsiedler Gnadenkapelle, woran eine erst durch Geleitsurkunde von 1337 sicher belegte Wallfahrt anknüpfte. Das Salvatorpatrozinium dieser Kapelle wurde im Hoch-MA durch das Marienpatrozinium ersetzt. Seither entwickelte sich E. zum berühmten Marienheiligtum der Innerschweiz (→Maria, Marienwallfahrten). Die Einrichtung eines Pilgerspitals um die Mitte des 14. Jh. bezeugt die Zunahme der Wallfahrer, die aus der Eidgenossenschaft, dem Elsaß und Breisgau, selbst aus Köln, Flandern und Lübeck kamen. Schon im 14. Jh. setzte der Brauch der Standeswallfahrten ein, die jährlich (so Zürich seit dem Sieg von Tätwil 1351 jeweils am Pfingstmontag) oder zu bes. Gelegenheiten (so Basel 1411 und 1439 bei Pestwellen) stattfanden. Diese Wallfahrten belegen E.s Funktion als religiöses Zentrum der →Eidgenossenschaft, die insbes. im Alten →Zürichkrieg und im →Schwabenkrieg ausgeprägt faßbar wird. Das Engelweihfest wurde urspgl. jährlich, seit dem 15. Jh. nur noch siebenjährlich gefeiert. 1466 sollen es 130 000 Pilger besucht haben.

E. Gilomen-Schenkel

Q.: P. Reimann, Documenta Archivii Einsidlensis, 5 Bde, 1667–95 – Annales Einsidlenses, ed. G. H. Pertz, MGH SS 3, 1839, 137–149 – G. Morel, Die Reg. der Benedictiner-Abtei E. (Th. v. Mohr, Die Reg. der Archive in der Schweizer. Eidgenossenschaft, 1, 1848) – Quellenwerk zur Entstehung der Schweizer. Eidgenossenschaft, 1933 ff., I. Abt. Urkk., 3 Bde; II. Abt. Urbare und Rödel bis zum Jahre 1400, Bde 2 und 3; III. Abt. Chroniken und Dichtungen, Bd. 4 – Lit.: DIP III, 1075–1079 – O. Ringholz, Wallfahrtsgesch. Unserer Lieben Frau von Einsiedeln, 1896 – G. Meier, Catalogus codicum manu scriptorum, qui in bibliotheca Monasterii Einsidlensis O.S.B. servantur, 1899 – O. Ringholz, Gesch. des fsl. Benediktinerstiftes U.L.F. von E., 1904 – R. Henggeler, Professbuch der fsl. Benediktinerabtei U.L.F. zu E., 1933 [Lit.] – P. Kläui, Unters. zur Gütergesch. des Kl. E. vom 10.–14. Jh. (Festg. H. Nabholz, 1934), 78–120 – A. Bruckner, Stift E. (Scriptoria medii aevi helvetica, 5, 1943), 11–138, 167–185, 47 Tafeln – R. Henggeler, Die Einsiedler Engelweihe, Zs. für schweiz. KG 40, 1946, 1–30 – Die Einsiedler Wallfahrt (Karte) (Hist. Atlas der Schweiz, hg. H. Ammann–K. Schib, 1958²), 16 – H. Keller, Kl. E. im otton. Schwaben, 1964 (Forsch. zur oberrhein. Landesgesch. 13) – Kat. der datierten Hss. in der Schweiz in lat. Schrift vom Anfang des MA bis 1550, 2, 1983 – Helvetia Sacra, III. Abt. Orden mit Benediktinerregel, 1986 [in Vorber.; Lit.].

Einsiedler → Anachoreten, →Eremiten
Einsprechung → Inspiration
Einstraßensiedlung → Topographie
Einturmfassade. Bei der E. steht ein zentraler, axial gelegener, zumeist quadratischer, seltener runder Turm (St. Georg auf dem Řip/Böhmen, 1126 gew., einem Rundbau vorgesetzt; häufig in Skandinavien und Dänemark) westl. vor dem Mittelschiff einer Basilika oder Hallenkirche oder vor dem Saal. Er enthält einen Eingang oder eine Eingangshalle im Erdgeschoß, häufig eine Empore oder Kapelle im Obergeschoß. Der Westturm ohne Westeingang kann als Westchor dienen (St. Aposteln in Köln um 1150). Ende des 11. Jh. beginnend wächst seine Beliebtheit v. a. bei den Pfarrkirchen der Gotik, bes. im niederdt. Raum, aber auch sonst in Europa. Der älteste eindeutig datierte Westturm hat sich an der Stiftskirche Hochelten bei Emmerich um 1100 erhalten; der mächtige Westturm am Paderborner Dom ist erst nach der Mitte des 12. Jh. entstanden. Zu den eindrucksvollsten E.n gehören das Freiburger Münster ab 1260, das Ulmer Münster nach 1387 bis 1434, Vollendung 1844–90 und St. Martin in Landshut 1444–um 1500.

G. Binding

Lit.: R. Gabel, Die roman. Kirchtürme Württembergs [Diss. Stuttgart 1936] – H. Soehner, Gesch. des Westeinturmes im Abendland von seinen Anfängen bis zum Ende der roman. Periode [Diss. masch. München 1944] – W. Orth, Fassade und Einzelturm in der kirchl. Baukunst des dt. Hausteingebietes in der Zeit von 1250–1550 [Diss. masch. Erlangen 1950] – E. Adam, Der Freiburger Münsterturm. Seine Vorstufen, sein Stil, seine Auswirkungen [Diss. masch. München 1954] – G. W. Holzinger, Roman. Turmkapellen in Westtürmen überwiegend ländl. Kirchen im südl. Teil des alten Ebm.s Köln [Diss. Aachen 1962] – K. List, Der roman. Kirchturm in Kippenheim (Kr. Lahr), Nachrichtenbl. der Denkmalpflege in Baden-Württemberg 5, 1962, 51–58 – M. M. Zykan, Der Hochturm von St. Stephan in Wien [Diss. masch. Wien 1967] – K. Maier, Materialien zur Frühgesch. der Klosterkirchen in Wienhausen und ihrer Baulichkeiten, Niedersächs. Denkmalpflege 6, 1970, 118f. – A. v. Knorre, Turmvollendungen dt. got. Kirchen im 19. Jh., 1974.

Einung. 1. E. (ahd. *einunga*, mhd. *einunge*, mnd. *eninge, inninge*) hat in der dt. Rechtsprache des MA drei eng miteinander zusammenhängende Bedeutungen:

Einmal meint E. den Vertrag, die Übereinkunft, das Bündnis, auch im Sinne der von der Obrigkeit verbotenen →coniuratio. Selbst wenn von einem →Eid nicht ausdrückl. die Rede ist, wird die E. doch zumeist als beschworene gedacht.

Zum andern bezeichnet das Wort auch die durch beschworene E. begründete Gemeinschaft, etwa den →Schwurverband der Bürger, der die städt. Rechtsgemeinschaft auf den →Bürgereid gründete. In vielen dt. Städten hat sich E. v. a. als Bezeichnung für die Verbände der Handwerker durchgesetzt (→Innung). Die rechtshist. Forschung des 19. Jh. (O. Gierke) sprach angesichts der Vielzahl solcher und anderer Zusammenschlüsse geradezu von einem Prinzip der »freien E.«, das im Kräftespiel von Herrschaft und Genossenschaft v. a. der spätma. Rechtsentwicklung das Gepräge gegeben habe.

E. heißt schließlich auch die Rechtssatzung, die beschworene→Willkür, aber auch der Verstoß gegen solche Satzungen und das dadurch verwirkte Strafgeld. Besondere Beamte, die Einunger, waren namentl. in den Städten mit der Erhebung dieser E. betraut. Ihren Schwerpunkt hat diese dritte Bedeutungsgruppe von E. im alem. Raum; das Wort erscheint hier zumeist als Maskulinum (der E.).

K. Kroeschell

Lit.: DtRechtswb II, 1477ff. – HRG I, 910ff. [K. KROESCHELL] – H. ZATSCHEK, E. und Zeche (Fschr. E. E. STENGEL, 1952), 414ff. – O. VOGEL, Der ländl. E. nach den zürcher. Rechtsquellen, 1953 – K. S. BADER, Die städt. E. im schweiz., insbes. im aargauischen Stadtrecht (Fschr. H. RENNEFAHRT, 1958), 159ff. [= DERS., Ausgew. Schr. zur Rechtsgesch. II, 1984].

2. E. (Mystik) → Unio

Einwelttheorie – Mehrwelttheorie → Welt

Einwik (Eynwick, Ainwik) Weizlan v. St. Florian, * 1240/45 in Enns, † 1313 in St. Florian. E. war 1282 Kämmerer, 1287 Dechant und von 1295 bis zu seinem Tode Propst des oberösterreich. Augustinerchorherrnstiftes → St. Florian, dessen Schule unter ihm einen Höhepunkt erreichte. Von E., der auch als Klostervisitator der Passauer Diözese fungierte, sind die »Kirchweihchronik« seines Stiftes, die ein nüchternes Bild des hl. → Florian zeichnet, um sich dann v. a. der Wiedereinweihung seiner Kirche 1291 zuzuwenden, und die Lebensbeschreibung der sel. → Wilburg erhalten, in der E. die einfache Klausnerin, deren Beichtvater er war, als myst. Hl. darstellt.

P. Dinzelbacher

Ed.: B. PEZ, Triumphus Castitatis seu Acta, et Mirabilis Vita Ven. Wilburgis ... 1715 – SSrerAustr II, 1725, 216–275 – A. ZAUNER, Die »Kirchweihchronik« des Stiftes St. Florian, Mitt. des oberösterr. Landesarchivs 10, 1971, 50–122; 11, 1974, 99–228 – *Lit.:* LThK ³II, 925 – RepFont IV, 296f. – Verf.-Lex.² II, 430–432 – E. MÜHLBACHER, Die lit. Leistungen des Stiftes St. Florian, 1905, 25–29 – LHOTSKY, Quellenkunde, 251–253 – E. KLEINSCHMIDT, Herrscherdarstellung, 1974, 254f. – TH. KORTH, Stift St. Florian, 1975, 5–8.

Einwohner, ein in den ma. Quellen und hist. Darstellungen häufig verwendeter Begriff, der sich einer allgemeingültigen Definition entzieht. Als Quellenbegriff deckt er v. a. drei Bedeutungsbereiche ab: 1. Im engeren Rechtssinn bilden die E. eine eigene Gruppe städt. Bewohner (*inwoner, medewoner, ingesette, beisasse, seldener,* incola, inquilinus, habitator u. a.), die nicht den personenrechtl. und/oder materiellen Voraussetzungen für das Bürgerrecht entsprechen (eheliche, dt. Geburt, persönl. Freiheit, Ehrlichkeit, Haushäblichkeit, Bürgergeld, Bürgen). Die E. zählen überwiegend zu den mittleren und unteren sozialen Gruppen: Gesellen, nichtzünftigen Handwerkern, Dienstboten, Tagelöhnern, Lohnarbeitern, Hausarmen und lizensierten Bettlern, sind aber nicht mit → Randgruppen und Außenseitern zu verwechseln. In mehreren, v. a. oberdt. Städten wurden die E. analog zum → Bürgereid zu einer gesonderten Eidesleistung herangezogen (→ Beisasse).

2. Der Begriff E. kann auch alle Nicht-Vollbürger, Nichtbürger und Noch-Nicht-Bürger umfassen, d. h. sowohl die erste Gruppe als auch Mitglieder von Sonderrechtsgemeinden (→ Klerus, → Juden, Burgmannen) und Anwärter auf den Bürgereid (Bürgersöhne, → Gesellen) (vgl. Rostock 1489: »Raidt van Rostock unde gemeynliken aller ampte olderlude... unde gantze ghemeynheid aller [bzw.: unde alle] Inwoner, gheistlick unde werlick...«).

3. Im weiteren Sinne sind E. alle Menschen, die sich längere Zeit in einer Stadt aufhalten, unabhängig von ihrer Rechts- und Rangstellung. Sie sind zu unterscheiden von Bewohnern des Um- und Hinterlandes (extranei) und den Gästen (→ Gast -recht). → Ausbürger und Vorstadtbewohner (→ Vorstadt) u. a. bilden Zwischengruppen, die nur selten exakt zugeordnet werden können.

B.-U. Hergemöller

Lit.: Monogr. fehlt – DtRechtswb II, 1491 – W. EBEL, Der Bürgereid als Geltungsgrund und Gestaltungsprinzip der dt. ma. Stadtrechts, 1958 – K. H. KIRCHHOFF, Die Unruhen in Münster/Westf. 1450–57 (Städt. Führungsgruppen und Gemeinde in der werdenden NZ, hg. W. EHBRECHT, Städteforsch. A 9, 1980), 153–312 – E. MASCHKE, Soziale Gruppen in der Stadt des späten MA (Über Bürger, Stadt und städt. Lit. im SpätMA, hg. J. FLECKENSTEIN–K. STACKMANN, 1980), 127–145 – B.-U. HERGEMÖLLER, »Pfaffenkriege« im spätma. Hanseraum. Hist.-systemat. Vergleichsstud. zu Braunschweig, Osnabrück, Reval, Lüneburg und Rostock [Habil.Schr. masch., Münster 1984].

Einwohnung Gottes, integrierender Begriff der scholast. → Gnadentheologie und → Mystik, der von der Schrift (Joh 14, 23 Röm 5, 5) herkommt und in einer betont pneumatolog. Auslegung durch die lat. Väter von den scholast. Theologen in trinitätstheol. Bedeutung rezipiert wurde. Thomas v. Aquin verstand vom Sentenzenkommentar an (I d. 15 q. 4, d. 17, q. 1; II d. 26 q. 1 a. 3) bis zur Summa theologiae (I q. 43 a. 3) Gottes E. in der Seele des Begnadeten nicht im Sinne einer fern-ursächl. Einflußnahme Gottes, sondern im formalursächl. Sinne eines geistgeschenkten Austrags des trinitar. Lebensgeheimnisses Gottes in der Seele des Begnadeten zur je noch intensiveren Gottesgemeinschaft.

L. Hödl

Lit.: DSAM VII, 1735–1762, 1752–1757: R. MORETHI, Points fondamentaux de la doctrine de s. Thomas – I. WILLIG, Geschaffene und ungeschaffene Gnade. Bibeltheol. Fundierung und systemat. Erörterung, 1964, 283–285.

Einzelhof → Hof, -formen; → Siedlung, Siedelformen

Einzige, das; Einzigkeit → Singularität

Einzug Christi in Jerusalem. Bildl. Darstellungen des in allen vier Evangelien beschriebenen E.s sind seit konstantin. Zeit überliefert, und zwar zunächst ausschließl. in der röm. Sarkophagplastik; Christus reitet von links nach rechts rittlings auf der Eselin (bisweilen mit beigegebenem Füllen), meist mit Begleitern; zumeist eine kleinere Gestalt breitet ein Gewand vor dem Esel aus, eine weitere ist in einen Baum geklettert. Ob hier bereits die Begegnung mit Zachäus (Lk 19, 4–6) einbezogen ist, ist auf den sog. Bethesdasarkophagen (Ende 4. Jh.) als getrennte Szene erscheint, ist fragl. Diese Sarkophage verdeutlichen durch Beigabe Begrüßender vor einem Stadttor die Nähe des E.-Bildes zum imperialen Adventus (→ Adventus regis; zu diesem Zusammenhang ausführl. KANTOROWICZ). Seit dem 5. Jh. erscheint die Szene im W wie O auch in anderen Kunstbereichen (Wandmalerei, Steinrelief, Elfenbeinschnitzerei (Denkmälerverzeichnis DINKLER), seit dem späten 6. Jh. auch in d. Buchmalerei (Rabbula-Evangeliar, Evangeliar in Rossano), östl. Denkmäler neigen zu figurenreicher Darstellung und zeigen Christus gewöhnl. im Seitensitz auf einem Esel, der den Kopf gesenkt hat; auch die Vorgeschichte der Beschaffung des Esels kam hier zur Darstellung. Solche Details wurden dann byz. Einfluß spätestens seit Anfang des 11. Jh. (Perikopenbuch Heinrichs II., München Clm 4452) auch im W aufgenommen. Darstellungen des E.s blieben das MA hindurch häufig, zumal in Zyklen des Lebens oder der Passion Christi, im O verstärkt durch das Aufkommen des Festbildzyklus (→ Dodekaortion).

J. Engemann

Lit.: LCI I, 593–597 – RDK IV, 1039–1060 – RbyzK II, 22–30 – G. SCHILLER, Ikonographie der christl. Kunst 2, 1968, 28–33 – E. H. KANTOROWICZ, The »King's Advent«, ArtBull 26, 1944, 207–231 – E. DINKLER, Der Einzug in Jerusalem, 1970.

Eirenaios v. Tyrus, ksl. Comes, Ebf., † um 450. – Freund und Verteidiger des → Nestorius nach dessen Verurteilung durch das Konzil v. Ephesus 431. Er wurde 443 Ebf. v. Tyrus, i. J. 448 abgesetzt (Theodoret v. Cyrus, ep. 110). – Einige seiner Schriften wurden in das Aktenmaterial von Ephesus aufgenommen (ACO I 4/5/7). Zur Verteidigung des Nestorius schrieb er »Fünf Bücher Kirchengeschichte über die Verfolgung des hl. Nestorius«, in einer alten lat. Fassung »Tragoedia« genannt. Teile davon blieben im »Synodicon adversus Irenaei tragoediam« des röm. Diakons Rusticus erhalten, der sie jedoch in entgegengesetztem Sinne verarbeitete. K. S. Frank

Ed.: MPG 84, 551–864 – CPG III, 6471/2 – *Lit.*: DThC VII, 2533–2536 – RE V, 2126–2128.

Eiríksmál, neunstrophiges, in sich geschlossenes Fragment eines anonymen Preislieds auf den 954 gefallenen →Erich Blutaxt, überliefert in der →Fagrskinna, die 1. Strophe auch in der →Snorra Edda. Das reine Redegedicht mischt →málaháttr und →ljóðaháttr und ist in einfachem edd. Stil gehalten; die notwendige preisende Überhöhung wird durch die myth. Szenerie erzielt: →Odin sieht im Traum die Ankunft eines erlesenen Helden, der mit Getöse naht; →Bragi erwartet →Baldr, doch Odin weist auf Erich, der die →einherjar für den Endkampf verstärken soll. Sigmund und Sinfjötli empfangen ihn. Die genauere Einschätzung des Gedichts ist mit davon abhängig, wie man sein Verhältnis zu den →Hákonarmál und den Ernst der spätheidn. Jenseitsvorstellungen (→Walhall) beurteilt. Zumeist glaubt man der Fagrskinna, daß Erichs Witwe, die getaufte Gunnhild, das Lied in Auftrag gab und die Hákonarmál den göttl. Empfang nachahmen, indem sie seinen oft als theaterhaft empfundenen Pomp abwandeln und ihn mit menschl. Engagement erfüllen. K. v. SEE sieht das Verhältnis mit gewichtigen Gründen umgekehrt (Überbietung durch die E.). Damit rücken aber die E. von ihrem Anlaß ab. H. Schottmann

Ed.: F. JÓNSSON, Den norsk-islandske skjaldedigtning A I, 1912, 174f. – J. HELGASON, Skjaldevers, 1962², 21–23 – *Übers.*: F. GENZMER, Edda Bd. 2, 1934 [Neudr. 1963], 196–198 – *Lit.*: H. LIE, 'Natur' og 'unatur' i skaldekunsten, 1957, 82–86 [abgedr. in: Om sagakunst og skaldskap, 1982, 278–282] – K. v. SEE, Zwei edd. Preislieder: E. und H. (Festgr. U. PRETZEL, 1963), 107–117 [Neudr. in: Edda, Saga, Skaldendichtung, 1981, 318–328; Nachtr. 522–525] – A. WOLF, Zitat und Polemik i. d. Hákonarmál Eyvinds, Innsbr. Beitr. zur Kulturwiss. 15, 1969, 9–32 – E. MAROLD, Das Walhallbild i. d. E. und d. Hákonarmál, MSc 5, 1972, 19–33.

Eisen

I. Eisenvorkommen und -produktion – II. Eisengewerbe und -handel.

I. EISENVORKOMMEN UND -PRODUKTION: Die Verwendung des E.s in der Gesellschaft des FrühMA zeigt, in wie engen Grenzen sich der wirtschaftl. Austausch in dieser Periode bewegte: Die verfügbaren Mengen an Metall wurden bis zum äußersten Verschleiß immer wieder umgeschmiedet, Schwerter wurden wie kostbare Güter vererbt, und noch im 12. Jh. waren Schiffanker in Venedig Gegenstand von Mietverträgen, an denen jeweils mehrere Kaufleute partizipierten. Dagegen illustriert die Geschichte der Metallurgie und des E.-handels seit dem 13. Jh. den Prozeß des wirtschaftl. Wachstums, der die Gesamtheit der Wirtschaft Europas belebte, unter dem Impuls der Führungsschichten, die auf Rationalität und Profit bedacht waren.

Das E. gewerbe, das seit seinen Anfängen auf der Beherrschung des Feuers und der Kenntnis der »Geheimnisse der Erde« beruhte, stand am Ende des MA schon ganz im Zeichen der Elemente Wasser und Luft: Die →Wasserkraft (→Energie) und der Blasebalg, der nun allgemeine Verbreitung fand, ermöglichten eine bessere Nutzung der Erze und eine quantitativ größere Produktion zu niedrigeren Kosten. Es ist geschätzt worden, daß die europ. Eisenproduktion zw. 1400 und 1500 von 25 000 auf 40 000 t jährlich stieg, 1750 160 000 t erreichte, um bis 1900 auf 20 Millionen t und 1960 auf 100 Millionen t anzuwachsen. Diese E. produktion, deren Kurve den industriellen Aufschwung Europas – und die Beschleunigung dieses Aufschwungs in der jüngsten Epoche – widerspiegelt, basiert auf bedeutenden E. erzvorkommen, die lediglich in dem Maße bekannt oder geschätzt wurden, wie sich fakt. die Produktion entwickelte und erweiterte. Der Anteil Europas an der Welteisenproduktion betrug um 1850 90%, wobei England und Frankreich über zusammen mehr als die Hälfte der europ. Gesamtproduktion verfügten. Das ma. Europa, das Ausdehnung und Umfang seiner Erzlager nicht kannte, verfügte über fünfmal soviel E. erz wie die röm. Republik. An diesem Zahlenverhältnis läßt sich ablesen, welche Fähigkeit das röm. Kaiserreich bewies, als es sich zum Herrn des europ. Raumes aufschwang, indem es seine Grenzen in das nördl. Europa vorschob: Die Bergwerks- und Hüttenzentren in Gallien, Germanien und Noricum, die seit der La-Tène-Zeit betrieben wurden, sicherten mehrere Jahrhunderte lang größtenteils die Versorgung der röm. Welt mit E. Von dieser systemat. und dauerhaften E. verhüttung zeugen in vielen Gegenden Frankreichs noch die gewaltigen Abraumhalden, deren reiche Schlacken bis zum Beginn des 20. Jh. industriell genutzt wurden.

Von den Lagerstätten, die in der Antike ausgebeutet worden waren, hat das MA insbes. jene weiter abgebaut, die einen hochwertigen Mineralgehalt besaßen und daher ein sehr widerstandsfähiges E. lieferten, das durch mehr als 40% E., Manganspuren und gute Porosität gekennzeichnet ist (vgl. auch →Bergbau). Diese Eigenschaften waren die Grundlagen für den Aufschwung der Minen auf →Elba, in der →Lombardei, in der →Steiermark, im Forest of Dean (→England, Wirtschaft) und an der Kantabr. Küste (→Biskaya, →Bask. Provinzen). Demgegenüber stellten phosphorreiche Erze die ma. Metallurgie vor ein schwieriges Problem: Bei der Verhüttung unter hoher Temperatur lieferten sie ein brüchiges Metall. Aufgrund der zu geringen techn. Kenntnisse konnten die Erzvorkommen in Lothringen, Luxemburg, Niedersachsen sowie Mittel- und Ostengland daher nicht genutzt werden. Finden sich in den genannten Regionen ma. Belege für E. bergbau, so muß angenommen werden, daß es sich nicht um die in der Gegenwart abgebauten Erze (wie z. B. die lothr. »Minette«) handelt, sondern um heute erschöpfte Lagerstätten anderer Zusammensetzung.

Tatsächlich wurden gegenüber den Lagerstätten, die in Form von Erzadern oder -flözen auftreten und die einen langfristigen und technisch hochentwickelten Abbau durch Schächte und Stollen erfordern, seit der La-Tène-Zeit die am einfachsten abzubauenden Erze bevorzugt, nämlich die an der Oberfläche liegenden Erze (so die →Raseneisenerze), die mehr als 42% Eisengehalt, in Nordeuropa (→Schweden) sogar 48% aufwiesen. Diese in Europa in den alten Gebirgen oder in Sedimentgebieten weit verstreuten erdoberflächl. Erzvorkommen wurden zum Gegenstand eines intensiven und allgemein verbreiteten Abbaus, der sich in den Rhythmus der jährl. Feldarbeiten einpaßte und keiner größeren techn. Mittel bedurfte. Es ist unmöglich zu beziffern, welchen Anteil dieser im Tage- oder Untertagebau betriebene einfache E. bergbau am Alltagsleben und am Einkommen der bäuerl. Familien oder der Gebirgsbewohner hatte; die grundherrl. Rechnungen und Urbare geben – selbst für das späte MA – nur selten Aufschluß darüber, welche Rolle derartige Bergbauabgaben innerhalb der Gesamtheit der agrar. und forstl. Einnahmen von Grundherrschaften spielten. Dem Abbau des Erzes folgte das Ausschmelzen (→Hüttenwesen) des E.s mittels eines niedrigen Ofens mit natürl. Zug, betrieben mit Holzkohle. Die anschließende Bearbeitung mit dem Schmiedehammer preßte die Rückstände (Schlacken) aus und brachte die E. masse (Luppen) in bestimmte Formen und Mengeneinheiten (Blöcke, Kugelsegmente, Zapfen, Barren). Diese sich über ganz Europa erstreckende E.-produktion versorgte die Landgebiete und die kleinsten städt. Märkte mit E. gerätschaften des tägl. Gebrauchs. Im Unterschied zu buntmetall. und silberreichen Minen, die – wie der Goslarer Rammelsberg (→Goslar) oder das sächs. →Erzgebirge – stets das Interesse der öffentl. Gewalten erregten und daher frühzeitig zum Gegenstand von Statuten und Privilegien wurden, sind die Eisenförderung und -verhüttung, die in der Regel nicht dem Bergregal unterlagen, durch schriftl. Quellen nur wenig erhellt; wir besitzen lediglich einige Satzungen sowie Hammerbriefe, die bis in das 15. Jh. allerdings nur vereinzelt überliefert sind, deren Zahl sich danach jedoch rasch vervielfacht, schließlich einige Rechnungen sowie Gerichts- und Verwaltungsdokumente. Angesichts dieser Quellenlage ist die archäolog. Erforschung des E. gewerbes von bes. Bedeutung; die Produktionsbedingungen werden durch Untersuchungen der Stratigraphie und physikochem. Analysen der Abraumhalden und Schlacken beleuchtet. Aufgrund von archäolog. Forschungen in der Schweiz, Mähren, Steiermark, Südpolen und Mittelschweden konnten – über einen langen Zeitraum hin – die regionalen Faktoren und Besonderheiten bei der Typologie der Hüttenbetriebe, der chronolog. Ablauf der techn. Innovationen und die Organisationsformen der Arbeit erhellt werden.

Angesichts des außerordentl. Interesses, das die →Zisterzienser in ganz Europa für die Anwendung der Wasserkraft im Bergbau- und Hüttenwesen zeigten, kann man geradezu von einer »zisterziens. Eisenproduktion« sprechen. Darüber hinaus ist jedoch bei geistl. wie weltl. Herren seit dem späten 12. Jh. allgemein das Bestreben zu beobachten, durch eine gezielte Politik die natürl. Ressourcen zu erschließen und nutzbar zu machen. Dies errfolgte durch die langfristige Verpachtung von Wassermühlen an Fachleute, die dort Hammerwerke errichteten, oder durch die Privilegierung von ländl. Gemeinden, die E. bergbau und -verhüttung von jeher betrieben. Diese herrschaftl. Politik trug dazu bei, daß die Produktionsstätten, die sich dahin nahe den Bergwerken befunden hatten, feste Standorte entlang den – durch Mühlenstau regulierten – Wasserläufen bezogen (→Mühle). Die Schmiedewerkstätten, die im früheren MA in Waldgebieten und mit häufig wechselndem Standort betrieben wurden (→Waldschmiede), wandelten sich somit seit dem 13. Jh. zu Werkstätten mit hydraul. Antrieb. Wie der →Webstuhl hat auch das Hammerwerk bei der Herausbildung eines örtl. Netzes vorindustrieller Produktionsstätten sowie bei der Entstehung überregionaler Handelsbeziehungen eine führende Rolle gespielt.

II. EISENGEWERBE UND -HANDEL: Wie die →Tuchherstellung, deren Aufschwung unmittelbar mit der Entwicklung des städt. Marktes zusammenhängt, hat auch die entwickelte E. produktion in den Städten zur Entstehung einer Vielzahl von spezialisierten Gewerbezweigen geführt; so wurden im Paris des 13. Jh. um die 40 eisenverarbeitende Handwerke gezählt. Doch unterscheiden sich Textilverarbeitung und E. gewerbe hinsichtl. ihrer Stadt-Land-Beziehungen deutlich: Die Textilkaufleute suchten stets in der ländl. Umgebung der Städte nach billigen Arbeitskräften für die Produktion von Rohtextilien; demgegenüber übte im E. sektor die Produktion von Rauheisen oder Halbfabrikaten, wie sie auf dem Lande in der Nähe von natürl. Ressourcen (Erzvorkommen, Wasserkraft und v. a. Brennstoff) betrieben wurde, auf städt. Kapitalinhaber, die manchmal zunächst gar nicht dem E. gewerbe angehörten, eine Anziehungskraft aus und

förderte die Investitionstätigkeit. Entsprechend der Beschaffenheit der Erze und der Absatzmöglichkeiten, kam es zur regionalen Spezialisierung der E. produktion. So waren im ganzen spätma. Europa die E. waren aus bestimmten Gebieten, deren Qualität durch städt. Aufsicht kontrolliert wurde, ein Begriff: Stahl aus der →Steiermark oder aus Schweden, →Blech aus →Amberg (→Oberpfalz), →Messer aus Solingen, →Rüstungen aus →Mailand, →Geschütze aus →Lüttich. Dies zeigt, daß die städt. Gewerbe und das Handelskapital das in ländl. Gewerbetätigkeit produzierte E. in den Regional- und Fernhandel eingebunden haben.

Der E. handel bewegte sich auf verschiedenen Ebenen. Beginnen wir mit der lokalen Ebene: In der Sorge um die Rentabilität ihrer Wälder, die sie in ihrer Kastellanei der Champagne besaß, ließ die Gfn. v. Burgund um 1370 zwei, später drei große Hammerwerke errichten, die – bis zur Erschöpfung der Rohstoffe – die örtlichen oberflächigen E. erze auszuschmieden hatten. Die gesamte Produktion dieser Betriebe wurde über 20 Jahre von Großhändlern der umliegenden Städte gekauft und an die örtl. Geräteschmiede (Grobschmiede, Nagelschmiede etc.) weitervertrieben.

Auf regionaler Ebene sei als Beispiel das E. aus Kärnten und dem oberen Friaul genannt; es nahm im 15. Jh. im alpenüberschreitenden, sich auf mittlere Entfernungen beschränkenden Handelsverkehr eine wichtige Rolle ein und wurde im Austausch gegen mediterrane Produkte (Weizen, Wein, Öl) gehandelt.

Auf einer anderen Stufe bewegt sich dagegen die Produktion der großen Bergwerks- und Hüttenregionen, in denen kaufmänn. Großunternehmer dominierten, die den Markt beherrschten und die Produktion auf »standardisierte« Erzeugnisse hin orientierten. So waren in der Steiermark um die Mitte des 15. Jh. die Kaufleute aus →Judenburg, Leoben und →Steyr an der Ausbeutung des Erzbergs beteiligt, sie kontrollierten mittels des →Verlagssystems die Produktion und exportierten in großen Mengen Sensen und Sicheln, die in den kleinen Städten der Steiermark serienmäßig hergestellt wurden; der osman. Zollregister des frühen 16. Jh. dokumentieren den ständigen Export dieser landwirtschaftl. Geräte über den Handelsweg nördl. der Karpaten bis in die Weizen- und Weidegebiete der Walachei.

Ein bevorzugtes Absatzgebiet des dt. E. s war der Mittelmeerraum. Venedig, Genua und Barcelona waren die großen Umschlagplätze, von denen aus am Ende des MA verzinntes Blech und Drahtrollen aus Süddeutschland bis in den Maghrib und in den Mittleren Osten verschifft wurden. Dieser weitverzweigte Handel mit E. waren aus der Oberpfalz und Franken beruhte auf der Initiative des Nürnberger Unternehmertums (→Nürnberg), mit dem eine Reihe wichtiger Erfindungen und techn. →Innovationen verbunden sind (Weißblechschmiede, Plattnerei [→Plattner], →Drahtziehmühle).

Zu diesen Halbfabrikaten, die durch mehrere große südt. Firmen, darunter die berühmte Große →Ravensburger Handelsgesellschaft, exportiert wurden, gesellten sich ganze Schiffsladungen mit »tand von Nurenberch« (»Nürnberger Tand geht durch alle Land«).

Wenden wir uns schließlich dem E. aus Spanien zu. Die regelmäßige Einfuhr von »fer d'Espagne« ist in den frz. Rechnungen seit dem späten 14. Jh. breit belegt; dieses qualitätvolle E. stammte aus den →Bask. Provinzen und wurde im Bauwesen und zur Verzierung verwendet. Die Entwicklung des Bergbau- und Hüttenwesens im bask.-kantabr. Küstengebiet stand in enger Verbindung mit der städt.-kommunalen Bewegung sowie insbes. mit der Förderung durch die Kg. e v. →Kastilien, die den Schiffsverkehr mit der Gascogne, den frz. Häfen, England und Flandern begünstigten, wobei sie sich die durch den →Hundertjährigen Krieg bedingte starke Nachfrage nach E. in Frankreich und England zunutze machten (→Waffen, →Rüstung).

Ob Halbfabrikat oder Fertigprodukt, das E. war auf allen Handelsrouten des ma. Europa ein begehrter Artikel, Gegenstand einer steigenden privaten wie staatl. Nachfrage. – Zur künstler. Bearbeitung des E.s vgl. →Schmiedekunst.

Die Krise des SpätMA wirkte sich – wie auf andere Bereiche – auch auf die E.gewerbe aus. Sie hat v. a. techn. Neuerungen im Stadium der Verhüttung des E.s begünstigt und zu einer beschleunigten Konzentration der Unternehmen und Vergrößerung der Produktionskapazitäten beigetragen. Es handelt sich um das indirekte Verfahren, bei dem nicht mehr ein Klumpen aus »Rauheisen« sondern flüssiges »Roheisen« erzeugt wird; das Verfahren heißt 'indirektes', weil das Roheisen nach der Erstarrung nicht schmiedbar ist, sondern in einem Frischfeuer erneut geschmolzen wird. Die Vorteile des neuen, wegen des hohen Brennstoffverbrauchs aufwendigen Verfahrens lagen v. a. in der besseren Ausnutzung der Erze (weniger Rückstände) und der Möglichkeit, den Ofen über längere Zeit ununterbrochen in Betrieb zu halten. Entstand Roheisen zunächst mehr als Nebenprodukt des direkten Verfahrens, so wurde das indirekte Verfahren im SpätMA immer mehr ausgebaut und verfeinert. Seit dem 13. Jh. in Oberitalien bekannt, vermochte sich das indirekte Verfahren in der 2. Hälfte des 15. Jh. in den meisten Hüttendistrikten Europas durchzusetzen (in einigen Gebieten hielt sich jedoch das ältere direkte Verfahren bis weit in die frühe NZ). Voraussetzung für die Produktion von flüssigem Roheisen war eine hohe Temperatur (ca. 1500°C), die durch ein starkes wassergetriebenes Gebläse erzeugt wurde. Offensichtl. hat die Entwicklung der militär. Technik einen entscheidenden Anstoß für diese Evolution gegeben, da der Guß von →Geschützen und Kanonenkugeln um 1450 in ganz Europa Eingang fand. Anscheinend verbreitete sich das indirekte Verfahren von den Gebieten Lothringens und Luxemburgs aus; in seinem Gefolge trat eine neue Generation von Unternehmern und Unternehmen auf den Plan. Am Vorabend der »Neuzeit« nahmen E. und E.gewerbe – gemeinsam mit den anderen Zweigen der Metallurgie – einen wesentl. Platz im »vorindustriellen« Gefüge der europ. Staaten ein, während der wachsende Bedarf an Holz (→Wald) das – in der öffentl. Meinung der frühen NZ mehrfach diskutierte – Problem des Gleichgewichts zw. ländl.-agrar. Lebensformen und industriellen Aktivitäten mit Schärfe aufwarf. Nun wurden auch zunehmend Fachleute, Unternehmer und öffentl. Gewalten an ihre Verantwortlichkeit erinnert, doch erst seit dem 18. Jh. – mit dem Aufkommen der Kohlehochöfen – rückt bei den techn. Diskussionen das Problem der Betriebsanlage, d. Kosten u. Leistungen ins Blickfeld. *Ph. Braunstein*

Lit.: B. GILLE, Les origines de la grande industrie métallurgique en France, 1947, Kap. 1 – Le fer à travers les âges, Actes du Colloque Internat. de Nancy, 1956 – R.-H. BAUTIER, Notes sur le commerce du fer en Europe occidentale du XIIIième au XVIième s., Revue d'Hist. de la Sidérurgie 1, 1960, 7–35; 4, 1963, 35–61 – R. SPRANDEL, Das Eisengewerbe im MA, 1968 – P. BENOIT–PH. BRAUNSTEIN, Mines, Carrières et métallurgie dans la France médiévale, 1983 – Montanwirtschaft Mitteleuropas vom 12. bis 17. Jh. Forschungsprobleme, Der Anschnitt, Beih. 2, 1984 – Medieval Iron in Society. Papers presented at the Symposium in Horberg May 6–10, 1985 (Jernkontorets Forskning H. 34, 1985).

Eisenach, Stadt in →Thüringen, am NW-Fuß des Thüringer Waldes. Siedlungsansatz für E. war das östl. vor der späteren Stadt gelegene wüste Alt-Eisenach (mit ebenfalls wüster Peterskirche); die nächste Siedlungsstufe bildete der dreieckige, innerhalb des ma. Mauerringes gelegene Sonnabendsmarkt mit der roman. Nikolaikirche, bei der →Ludwig III., Lgf. v. Thüringen, ein Benediktiner-Nonnenkl. stiftete, und Lgf. →Hermann I. eine Bruderschaft aller Priester der Landgrafschaft errichtete. Brakteaten aus der E.er Münze gehören wohl in die Zeit →Ludwigs II. († 1172). An der Wende vom 12. zum 13. Jh. wurde die Marktsiedlung nach W erweitert. Mehrere Dörfer der Umgebung wurden durch Zuzug ihrer Bewohner in die Stadt wüst. Schwerpunkt der Stadt wurde der große rechteckige (Mittwochs)markt mit der 1196 bezeugten Georgskirche und dem am ansteigenden Hang gelegenen Landgrafenhof (sog. »Steinhaus«, 1597 abgebrochen). Beim Landgrafenhof befand sich eine Michaeliskirche, d. in ein Franziskanerkloster umgewandelt wurde (1227 bestätigt). Lgf. →Heinrich Raspe siedelte wahrscheinl. 1235 westl. des Marktes Dominikaner an. Innerhalb der dreieckigen Stadt, deren Mauer 1283 genannt wird, bildete die an der südl. Spitze gelegene, 1246 genannte Marienkirche, die dem →Dt. Orden gehörte, einen eigenen Komplex. In dem hier in der Rittergasse gelegenen Lussenhof saß die Familie Losse, der der kurmainz. Kanzler Rudolf →Losse entstammte. Im Hellgrevenhof vor dem Georgentor soll nach der Sage vom Sängerkrieg (→Wartburg) Klingsor die Geburt der hl. →Elisabeth vorhergesagt haben. Die von Mgf. →Heinrich d. Erlauchten innerhalb der nördl. Stadtmauer erbaute Burg Klemme wurde von den Bürgern zerstört, doch mußten sie diese wiederaufbauen. Als Residenz muß man die Stadt bis ins 13. Jh. im Zusammenhang mit der →Wartburg sehen; der Landgrafenhof zeigt die Tendenz, den Herrschaftssitz in die Stadt zu verlegen.

Auf Lgf. Heinrich Raspe gehen vermutlich die Art. 1–10 des 1283 von Lgf. Albrecht verliehenen Stadtrechtes zurück. Die in dieser Urkunde ausgesprochene Erhebung E.s zum Oberhof der Landgrafschaft, die erhebliche Zahl (hier nicht vollständig genannter) Kirchen, die bei ihnen betriebene Geschichtsschreibung (→Eisenacher Chroniken) charakterisieren E. als landesherrl. →Residenz des SpätMA. E.er Recht wurde 1265 an →Weißensee und 1332 an →Jena verliehen. E. hat zahlreiche Rechtsaufzeichnungen hervorgebracht, darunter das →»E.er Rechtsbuch« des →Johannes Rothe († 1434). Die nach der Verselbständigung Hessens entstandene Randlage E.s in der Landgrafschaft wirkte sich ungünstig aus. →Weimar gewann seit dem 15. Jh. in Thüringen und Wittenberg im Kurkreis an Bedeutung. Im 15. Jh. beklagte der Rat von E. den Niedergang der Stadt. – Seit 1488 besuchte Martin Luther die Schule bei St. Georg. *H. Patze*

Q.: Die Stadtrechte von E., Gotha und Waltershausen, ed. K. F. v. STRENGE – E. DEVRIENT, 1909 – Das E.er Rechtsbuch, bearb. P. RONDI, 1950 – Lit.: DtStb II, 286–288 – Hist. Stätten Dt. IX, 88–96 [H. PATZE] – H. HELMOLDT, Gesch. der Stadt E., 1936 – Beitr. zur Gesch. E.s, 1–20, 1905–29.

Eisenacher Chroniken. Die Geschichtsschreibung der Lgf.en v. →Thüringen aus den Häusern der →Ludowinger (bis 1247) und der →Wettiner spiegelt nach Autoren und Entstehungsort die Kreise wider, auf die sich die Landesherrschaften jeweils stützten. Die älteren Werke über die Lgf.en entstanden in ihrem Hauskloster →Reinhardsbrunn. Als dieses im Eremus gegr. Reformkloster seine Bedeutung verlor, übernahmen die »städt.« Orden der Dominikaner, die →Heinrich Raspe nach →Eisenach geholt hatte, und die Franziskaner die Fortsetzungen. Seit dem 13. Jh. gewann die Stadt Eisenach zunehmend Bedeutung für die landgräfl. Geschichtsschreibung. Bei den Dominikanern entstand die »Cronica Thuringorum« (sog. »Historia Pistoriana«), die bis 1395 reicht und wohl in diesem Jahr abgeschlossen wurde; spätere Fortsetzungen reichen bis 1430. Diese Chronik ist von den Eisenacher Franziskanern ebenfalls fortgeführt worden und liegt in einer noch nicht veröffentlichten Dresdner Hs. vor; die Chronik wurde nach dem Tode Lgf. Wilhelms 1407 niedergeschrieben. Diese von den Eisenacher Minoriten bearbeitete Chronik wiederum scheint die Grundlage einer »Historia de landgraviis Thuringiae« (Eccardiana, weil 1722 von v. Eccard veröffentlicht) zu sein, deren Hs. die UB Jena verwahrt. Sie enthält zwar im ersten Teil →Martin v. Troppau (s. a. →Martinschroniken), aber bezeichnenderweise auch große Partien thür. Geschichte. Der allgemeinen Bildungsentwicklung entsprach es, wenn die Geschichtsschreibung der Lgft. an den Vikar und Schulmeister am Marienstift und späteren Stadtschreiber →Johannes Rothe überging und mit ihm – folgerichtig – endete. Von ihm stammt das bis 1409 reichende »Chronicon Thuringicum«, das ganze Partien aus der Eccardiana übernommen hat. Die in dt. Sprache verfaßte Chronik ist inhaltl. stark von der Stadt Eisenach und der bürgerl. Welt geprägt und wäre besser als »Chronik der Stadt Eisenach« zu bezeichnen. Ungedruckt ist Rothes »Düringische Chronik«, 1417/19 entstanden und in einer Gothaer Hs. erhalten; sie ist dem Amtmann der Wartburg, Bruno v. Teutleben, gewidmet. Das dritte historiograph. Werk Rothes ist die der Lgfn. Anna († 1431) gewidmete »Düringische Chronik«, eine Weltchronik, die ihren Blick allmählich auf die Geschichte Thüringens verengt. Diese Kompilation soll der geschichtl. Bildung einer fsl. Dame dienen. – Die Abhängigkeit der genannten Werke bedürfen einer genauen Untersuchung. H. Patze

Q.: Hist. de landgraviis Thuringiae Pistoriana auctore monacho O.P. seu Anonymi Erphesfordensi historia de landgraviis Thuringiae – J. G. v. Eccard, Historia genealogica principum Saxoniae superioris, 1722 – Chronicon Thuringicum (Schöttgen – G. Chr. Krysig, Diplomataria et scriptores historiae Germanicae medii aevi I, Altenburg 1753) – Düringische Chronik des Johannes Rothe, ed. R. v. Liliencron, Jena 1859 – *Lit.*: M. Baltzer, Zur Kunde thür. Geschichtsquellen des 14. und 15. Jh., bes. ihrer hs. Überlieferung, Zs. des Vereins für Thür. Gesch. und Altertumskunde 18, NF 10, 1897 – H. Helmbold, Johannes Rothe und die E. Chr. des 15. Jh., ebd. 29, NF 21, 1913 – H. Patze, Landesgeschichtsschreibung in Thüringen, JGMODtl 16/17, 1968, 95–168.

Eisenacher Rechtsbuch, ein kompilator. Werk des Eisenacher Stadtschreibers →Johannes Rothe († 1434), verfaßt vor 1394 für den gerichtl. Gebrauch in →Eisenach, dem Oberhof für die Lgft. →Thüringen. Das E. R. schöpft v. a. aus den dt. →Rechtsbüchern des MA, röm.-kanonischem Recht und Eisenacher Lokalrecht. Um 1503/04 ist es von dem Eisenacher Stadtschreiber Johannes Purgoldt romanisierend umgearbeitet worden. F. Ebel

Ed.: P. Rondi, Das E. R., 1950 – F. Ortloff, Das Rechtsbuch nach Distinctionen, 1838 [Neudr. 1967] – *Lit.*: H. Coing, IRMAE V. 6, 114 – HRG I, 914 – Rössler-Franz II, 2228.

Eisenhosen → Panzerhosen

Eisenhut. 1. E., vom spätgriech. »Böotischen Helm« abstammender und von Byzanz übermittelter Kopfschutz. Ein hochma., byz.-russ. Exemplar befindet sich in der Rüstkammer des Kreml zu Moskau. Der E. taucht in der abendländ. Bewaffnung erst nach dem 2 Kreuzzug (1147–49) auf. Zunächst noch einfach und hutförmig, bekam er um 1250 eine große Krempe und einen leichtgespitzten, oft gestückelten Kopfteil. Im 14. Jh. blieb er großkrempig und spitz, um 1420–50 erhielt er, bes. in Deutschland, die damals beim →Harnisch mod. Horizontalkanten, danach setzte sich die früher nur vereinzelt erscheinende rundglockige Form des E.s durch.

Der E. wurde vom Fußvolk meist frei, wie ein Hut, getragen, während ihn die Ritter, bei denen er im 13. Jh. schon sehr beliebt war, über die Ringelkapuze setzten. Um 1320/30 bis um 1400 erschienen E.e, die über die Kesselhaube gestülpt waren, welche ihrerseits noch einen eisernen Kragen haben konnte. Im 15. Jh. trugen Berittene den E., mit Sehschlitzen in der breiten Krempe, häufig zusammen mit einem →Bart. O. Gamber

Lit.: RDK IV, 1138f. [A v. Reitzenstein] – M. Violet-le-Duc, Dict. raisonné, du mobilier français V, 1874, 265ff. – C. Blair, European Armour, 1958.

2. E. (Aconitum napellus L./Ranunculaceae). Die meisten lat. und dt. Synonyme für mlat. ac(c)onitum bzw. aconita (MlatWb I, 120), wie *vvergistvvurz*, *eiterwurz* (von ahd. eitar 'Gift'), *luppewurz* (von ahd. luppi 'tödliche Saft'), *luparia*, *vvolvveswurz* (Steinmeyer-Sievers III, 198, 224, 485, 577), beziehen sich auf die tox. Wirkung des E. oder Sturmhuts, der seit der Antike nicht nur zum Vergiften von Wölfen (Dioskurides IV, 77), sondern auch mißbräuchl. als Zusatz zu Liebestränken Verwendung fand; ebenso der gelbe E. (Aconitum vulparia Rchb.), der terminolog. nicht vom blauen E. unterschieden wurde. Während einige Autoren (Walahfrid Strabo, Hortulus, ed. Stoffler, 205; Macer, ed. Choulant, 1289) vor der Giftpflanze ausdrücklich warnen, empfehlen Avicenna (Lib. canonis II, 503), Albertus Magnus (De veget. 6, 391) sowie Konrad v. Megenberg (V, 56: *nappelkraut*) den E. in kleinen Dosen auch als Heilmittel bei Hautausschlägen und Aussatz. Unsicher ist, ob mit dem Kraut 'wolfesgelegena' der Hildegard v. Bingen (Phys. I, 156), das zum Liebeszauber dienen sollte, der E. (oder →Arnika?) gemeint ist. I. Müller

Lit.: Marzell I, 98–108 – Ders., Heilpflanzen, 86–89 – HWDA VIII, 570f. (Sturmhut) – A. L. Copley-H. Boswell, Aconite, the love poison, BHM 15, 1944, 420–426.

Eisenkraut (Verbena officinalis L./Verbenaceae). Schon in der Antike stand die *verbena(ca)* – nach Plinius (Nat. hist. 25, 105) die vornehmste Pflanze der Flora – in hohem Ansehen (deshalb auch hiera botane [daraus dann *ierobotanum* und *herba sacra*] genannt). Beruhend auf dieser Tradition, spielte das E., dessen dt. Name offenbar nur eine Übersetzung von lat. ferraria bzw. gr. sideritis darstellt, auch im Schrifttum und Volksglauben des MA eine bedeutende Rolle: v. a. als Zauberpflanze, der man vielfältige mag. Kräfte zuschrieb (Ps.-Apuleius, Herbarius, ed. Howald und Sigerist, 29–31; Macer, ed. Choulant, 1859–1902). Doch auch als angeblich universal wirksames Heilmittel war das *ysernkrut* (Gart, Kap. 412) einst sehr geschätzt und wurde innerlich bei Blasen-, Nieren-, Leber-, Milz-, Lungen- und Gebärmutterleiden, bei Fieber und Gelbsucht, äußerlich bei Augenkrankheiten und Mundgeschwüren sowie in der Wundbehandlung verwendet. Darüber hinaus sollte die Pflanze zur Eisenhärtung dienen. P. Dilg

Lit.: Marzell IV, 1045–1050 – Ders., Das E. (Verbena officinalis) als Zauberpflanze, Der Naturforscher 3, 1926/27, 419–425 – HWDA II, 733–740 – J. Stannard, Magiferous Plants and Magic in Medieval Medical Botany, Maryland Historian 8, 1977, 33–46.

Eisen-Schmiedekunst → Schmiedekunst

Eiserne Krone, Kronreif im Domschatz zu Monza (Lombardei) aus sechs verzierten, leicht gebogenen Goldplatten, die von Goldfiligranschnüren umrandet, mit Scharnieren verbunden und auf einem eisernen Reif von ca. 1 cm Breite und 2 mm Stärke befestigt sind. Wegen dieses Reifs trägt die Insignie den Namen E.K.; weil sie aus einem Kreuzesnagel geschmiedet sein soll, wird die E.K. als Reliquie behandelt. Die gleich, aber unsymmetrisch gearbeiteten Platten zeigen um einen Stein siebenblättrige goldgetriebene Blüten wie zum Kreuz geordnet, zu den Ecken hin Blumengebilde in Zellenschmelz. An einer Seite schließen 5 Platten mit drei großen Steinen (Rubin, Amethyst, Saphir), 1 Platte aber mit einem Stein zw. 2 Blüten. Der Kronreif (Umfang 48 cm, Durchmesser 15 cm) ist zu klein, um als Stirnreif gedient zu haben.

Die Richtigkeit einer Tradition, die die E.K. für eine Schenkung der Kgn. Theodelinde († 627) hält, ist schon von L. A. Muratori (De Corona...) mit Recht bezweifelt worden. Alter, Herkunft und Verwendungszweck der E.K. sind umstritten. R. Elze vermutet, daß der Reif – eine karol. Frauenkrone, zu der um 1730 ein Pendant (verschollen) zu Kasan gefunden wurde, die vielleicht als Ungarnbeute in den Osten geriet – von Gisela, der Tochter Ludwigs d. Fr., getragen wurde, daß →Berengar I. († 924) als Sohn Giselas und Eberhards v. Friaul der wahrscheinl. Schenker sei. V. H. Elbern setzt die E.K. in direkte Beziehung zu der 1969 aufgefundenen »Großen Fibel von Dorestad« und deutet sie als Votivkrone. Die aus dem Vergleich gewonnene Datierung »1. Hälfte 9. Jh.« mache eine Beziehung auf Berengar unwahrscheinlich, zumal in Goldschmiedearbeiten aus dessen Zeit Zellenemail sonst unbekannt sei.

Die Krönung des Gegenkönigs Konrad III. (1128) war die einzige ma. Krönung in Monza, obwohl Friedrich I. 1159 Monza urkundl. (D 253) als Krönungsort bezeichnete. Seit ca. 1230 ist bei →Codagnello eine später verbreitete Erzählung von einer aus Eisen gearbeiteten Krone faßbar, die mit verschiedener Begründung als Italiens Krone galt. Die Folgezeit unterschied davon eine Silberkrone für Deutschland und eine Goldkrone für den Kaiser. Zw. 1186 und 1311 ist kein Kg. für Italien gekrönt worden. Als Heinrich VII. 1311 die Krone Italiens in Mailand erhielt, galt die Sage für Geschichte; man ließ Lando de Senis eine Eisenkrone mit blattförmigem Zierrat und kostbarem Perlenbesatz fertigen, die Ludwig d. Bayern 1327, Karl IV. 1354 und Sigmund 1431 gedient hat. Zu Monza wurde diese Krone nicht erwähnt. Dort verzeichnete erstmals das Schatzverzeichnis von 1353 eine »corona auri cum uno circulo ferri«. In des Aeneas Silvius Piccolomini Historia Friderici III. findet sich erstmals die Gleichsetzung der Eisenkrone mit der Monzeser Goldkrone mit dem Eisenreif. Diese E.K. wurde zuerst zur Krönung Karls V. 1530 in Bologna benutzt. Seit dem 16. Jh. ist eine Verehrung der Krone als Kreuznagelreliquie bezeugt. Ein Dekret der Ritenkongregation von 1717 erlaubte den Kult.

Ungeklärt bleibt die Frage, weshalb ein aus kostbarem Material gearbeiteter Kronreif gegen alle Tradition um einen groben Eisenring gelegt wurde. So wird eine alte Bedeutung des Eisenringes nicht auszuschließen sein, zumal schon das Testament Eberhards v. Friaul eine Krone mit dem Kreuz in Verbindung bringt (»corona auri cum ligno Domini«). D. von der Nahmer

Lit.: L. A. Muratori, De Corona Ferrea, qua Romanorum Imperatores in Insubribus coronari solent, Commentarius, in dess. Anecdota II, Mediolani 1698, 267–358 u. sp. – H. C. Peyer, Friedrich Barbarossa, Monza und Aachen, DA 8, 1951, 438–460 – R. Elze, Die »Eiserne Krone« in Monza (Herrschaftszeichen und Staatssymbolik, hg. P. E. Schramm [Schr. der MGH 13, II, 1955]), 450–479 – M. von Bárány-Oberschall, Die E.K. der Lombardei und der Iombard. Königskrone (Die Kronen des Hauses Habsburg 4, 1966) – V. H. Elbern, Fibel und Krone (Fschr. W. Messerer, 1980).

Eisheilige. Benennung der Hll. vom 11.–13. Mai, Mamertus (Bf. v. Vienne, † nach 474), Pancratius (röm. Märtyrer, † 304), Servatius (Bf. v. Tongern, † in Maastricht Ende des 4. Jh.), bisweilen auch des Bonifatius v. Tarsus (14. Mai, Märtyrer des 4. Jh.) und der röm. Märtyrerin Sophia (15. Mai) wegen des period. um diese Zeit in Mitteleuropa eintretenden Kälterückfalls mit Nachtfrösten.

Bes. →Pancratius und →Servatius (letzterer wegen legendenhafter Zugehörigkeit zur Hl. Sippe) genossen bereits im frühen MA einzeln große Verehrung. Der Pancratius-Kult wurde bes. durch Papst Gregor d. Gr. gefördert; →Maastricht mit den Servatiusreliquien war wichtige Station bei der Aachenfahrt. Der Beginn der gemeinsamen Verehrung als E. ist nicht feststellbar, hängt aber wohl mit den Legenden zusammen, wonach Mamertus die Bittprozessionen vor Christi Himmelfahrt eingeführt haben soll, und bei Servatius kein Schnee auf dem Grab liegenblieb. So wird der Servatiustag als Ende der schlechten Jahreszeit ab dem 14. Jh. häufig als Baubeginn genannt, u. a. 1332 in Berg Reichenstein/Böhmen und 1370 in Duderstadt. Desgleichen ist auch an die im SpätMA beliebte Zusammenstellung von Heiligengruppen (14 Nothelfer) zu denken.

K. Schmalfeldt

Lit.: AASS Mai II, 629f. – AASS Mai III, 17f., 209f., 279f. – HDWA II, 741f. – LThK² III, 778 – G. Hellmann, Über den Ursprung der volkstüml. Wetterregeln, SPA 1923, 148–170 – A. Z. Huisman, Die Verehrung des hl. Pancratius in West- und Mitteleuropa, 1938 – H. Schauerte, Die volkstüml. Heiligenverehrung, 1948 – M. Zender, Räume und Schichten ma. Heiligenverehrung in ihrer Bedeutung für die VK, 1959.

Eisteddfod, walis. Begriff, bezeugt erstmals in den 1520er Jahren, bezeichnet einen festl. Anlaß, bei dem ein Dichterwettstreit stattfindet; hierbei kämpfen die Teilnehmer um einen Stuhl, den Ehrenplatz des *pencerdd*, des Meisterdichters, der den erfolgreichen Bewerbern den Titel eines *prydydd*, eines Dichters, verleiht und Regeln für die Dichtkunst aufstellt. Im MA gab es zwei derartige Anlässe, die von späteren Autoren als 'eisteddfodau' bezeichnet werden. Der eine war die e. von Carmarthen (ca. 1450), auf der der Sieger, Dafydd ab Edmwnd, seinen Triumph zur Änderung bestimmter metr. Regeln des strengen Verses benutzte. Zwar stammt die älteste detaillierte Beschreibung dieser e. erst von 1636, doch nehmen zwei walis. Dichter des 15. Jh. in Elegien auf Dafydd ab Edmwnd Bezug auf dieses Ereignis, wobei einer von beiden, Gutun Owain, möglicherweise sogar in Carmarthen anwesend war. Obwohl Beweise für die Einzelheiten des Ablaufs fehlen, gibt es somit gute Gründe für die Annahme, daß Dafydd ab Edmwnd tatsächl. den Wettstreit v. Carmarthen gewonnen hat.

Mehrere der obenerwähnten Elemente der späteren e. haben ältere Wurzeln; in Rechtsquellen und lit. Texten des 12.–13. Jh. sind belegt: der pencerdd als offizieller oberster Dichter mit Autorität über die anderen Poeten, der dichter. Wettkampf *(ymryson)*, der Stuhl, der dem siegreichen Bewerber um das pencerdd-Amt vom Fs.en verliehen wird usw. Das zweite, frühere Ereignis, das von modernen Gelehrten als e. bezeichnet worden ist, stellt das Hoffest dar, das →Rhys ap Gruffudd, Fs. v. →Deheubarth, 1176 mit Wettkämpfen von Dichtern und Harfnern durchführte. Dieses Fest markiert den Gipfelpunkt von Rhys' Macht, nachdem er Kg. →Heinrich II. im Aufstand von 1173–74 unterstützt hatte; die Gestaltung der Wettkämpfe dürfte von nordfrz. *(puise)* wie einheim. Traditionen bestimmt gewesen sein. Nach – unsicherer – Überlieferung soll die e. von Carmarthen eine bewußte Nachahmung des Festes von 1176 gewesen sein. Zu bemerken ist noch, daß die im heut. Wales abgehaltene e. einen anderen

Charakter als die genannten hist. Dichterwettkämpfe hat (→Walis. Literatur). – Zum Dichterwettstreit allgemein →Vortragsformen, lit. T. M. Charles-Edwards

Q. und Lit.: G. J. Williams, E. Caerfyrddin, Y Llenor 5, 1926, 94–102 – Gramadegau Penceirddiaid, ed. G. J. Williams – E. J. Jones, 1934, XLII–XLV – Llyfryddiaeth Llenyddiaeth Gymraeg, ed. T. Parry – M. Morgan, 1973, 87 – D. J. Bowen, Dafydd ab Edmwnd ac E. Caerfyrddin, 1974, 180f. – J. E. Caerwyn Williams, Aberteifi 1176, Taliesin 32, 1976, 441–481.

Eisvogel (Alcedo atthis), mit den griech. Symbolvogel *(h)alkyón* früh identifiziert und ziemlich treffend im peripatet. 9. Buch der aristotel. Tierkunde (p. 616 a 14–18) beschrieben. Die Unterscheidung zweier Arten mit blaugrünem Rücken im 8. Buch (p. 593 b 8–11) läßt sich nur nach größerer Textänderung (vgl. Leitner, 15) halten, wenn nämlich mit der größeren Art der dem Aristoteles vielleicht aus seinem kleinasiat. Exil bekannte Braunliest (Halcyon smyrnensis) gemeint ist. Die legendären Angaben im 9. (p. 616 a 19–34) und 5. Buch (p. 542 b 4–17) über die Winterbrut an den windstillen »halkyonischen Tagen« resultieren wohl aus der Tatsache, daß der E. in Griechenland nicht brütet. Spätestens seit Plinius (n. h. 10, 89–92) und den Kirchenvätern Basilius (hom. 8, 5, 14–15) und Ambrosius (Exam. 5, 13, 40 = Hugo de Folieto 3, 29) werden alle diese Motive rein lit. über Isidor (12, 7, 25 = Hrabanus Maurus 8, 6) und die lat. Kyraniden (Buch 3, Elem. A, Nr. 5) den naturkundl. Enzyklopädikern des Hohen MA vermittelt (Thomas v. Cantimpré 5, 15 = Albertus Magnus 23, 27 = Vinzenz v. Beauvais 16, 26 = Konrad v. Megenberg III. B. 10 nach Thomas III; Arnoldus Saxo 2, 5). In allegor. Sicht bezieht Thomas (vgl. Konrad) das Verhalten des E.s auf diejenigen, welche sich wie die Apostel (nach Apg 5, 41) erst bei drohenden Widrigkeiten im Glauben bewähren. Seit dem 13. Jh. findet vereinzelt auch mitteleurop. Erfahrungswissen Niederschlag in den Enzyklopädien. Vermutl. nach dem ungen. »Liber rerum« behandelt Thomas (5, 68, zit. Vinc. 16, 154) den ursprgl. wegen seiner eisenähnlich blauschimmernden Färbung ahd. *īsarno(vogal)* und mhd. (nach Umdeutung von Eis) *īsvogel* (so Albert 23, 123) gen. E. als »isida« (var.: isci-, ipsi-, ispida). Den Namen leitet er von dem durchdringenden Ruf ab (Konrad III. B. 43 »ysi, ysi«). Außer der Schillerfarbe des Rückens werden die angebl. zweizehigen Füße (mit gekrümmten Krallen) und der relativ schwache, aber zum Fischfang und Graben der Nisthöhlen im Bachufer tauglicke gerade Schnabel hervorgehoben. Den von Albert an mehreren Exemplaren als unrichtig nachgewiesenen Volksglauben, ein an die Wand gehefteter Balg erhalte jährl. neue Federn, zweifelt Thomas zwar an (wie Konrad), bietet aber in Verkennung des Mauservorganges die Deutung als unbußfertige Sünder, die nach dem Tode doch von den Sünden lassen müßten, an. Nur Albert erwähnt (23, 123) kommentarlos den Aberglauben, ein unter Schätzen aufbewahrter E. vermehre diese und verhindere Armut. Eine Farbminiatur des E.s von Qualität enthält die Ornithiaka-Paraphrase des Dionysios im Wiener →Dioskurides und der Kopie (15. Jh., s. Kádár, Taf. III; IX). Der realistischeren Beschreibung des Vogels im Hohen MA entsprechen, mit Ausnahme der Physiologus-Illustrationen (McCulloch, 135), die zeitgenöss. Miniaturen (vgl. Farbabb. bei Yapp). Chr. Hünemörder

Q.: Albertus Magnus, De animalibus, ed. H. Stadler, II, 1920, BGPhMA 16 – Arnoldus Saxo, Die Enc. des A.S., ed. E. Stange, 1905–07 (Progr. Kgl. Gymn. Erfurt) – Ambrosius, Exaemeron, ed. C. Schenkl, 1896 (CSEL 32,1) – (Basilius) S. Y. Rudberg, Eustathius, Ancienne version lat. des neuf hom. sur l'Hexaemeron de Basile de Caes., 1958, TU 66 – Hrabanus Maurus, De universo (= De naturis rerum), MPL 111 – Hugo de Folieto, De bestiis et aliis rebus, MPL 177 – Isidorus Hispalensis, Etymologiae, ed. W. M. Lindsay, 2, 1911 – Konrad v. Megenberg, Das Buch der Natur, ed. F. Pfeiffer, 1861 [Neudr. 1962] – Thomas v. Cantimpré, Liber de natura rerum, T. 1: Text, ed. H. Boese, 1973 – Vincentius Bellovacensis, Speculum naturale, 1624 [Neudr. 1964] – Textes Latins et vieux français relatifs aux Cyranides, ed. L. Delatte, 1942 (Bibl. Fac. Phil. et Lettr. Univ. Liège, fasc. XCIII) – *Lit.:* F. McCulloch, Mediaeval Latin and French Bestiaries, Univ. of North Carolina, Stud. in the Romance Languages and Lit. 33, 1960 – Z. Kádár, Survivals of Greek Zoological Illuminations in Byz. Mss., 1978 – H. Leitner, Zoolog. Terminologie beim Älteren Plinius, 1972 – B. Yapp, Birds in Medieval Mss., 1982.

Eiximenis, Francesc, OFM, katal. Autor, bedeutender sozialer Denker des SpätMA, * um 1340 in Gerona, † 1409; ⊐ Perpignan, Franziskanerkonvent. E. trat jung in den Franziskanerorden ein, studierte in Valencia Philosophie und Theologie und vollendete seine Bildung auf Reisen nach Köln, Paris und Oxford. 1365–71 hielt er sich bei der Kurie in Avignon auf, wo ihn Urban V. zum Mitglied eines Tribunals ernannte, das die Revelationen des Visionärs →Peter v. Aragón OFM beurteilen sollte. Seit 1371 lebte er wieder in Katalonien, 1374 wurde er in Tolosa zum Dr. theol. promoviert. 1381–84 war er in Barcelona und verfaßte sein 13bändiges Hauptwerk »El Crestià« (in der älteren Lit. »Dotzè del Crestià«); einen der Gattung des →Fürstenspiegels zuzurechnenden Teil des 3. Buches löste er als »Regiment de la cosa publica« heraus und widmete ihn dem Rat von Valencia. 1384–1408 lebte E. überwiegend in Valencia, wo er sich des bes. Vertrauens des Rates und der ganzen Bevölkerung erfreute. In zahlreichen Konflikten, so auch während der Unruhen und heftigen Judenverfolgungen des Jahres 1391, bewährte E. sich als Friedensstifter. Der Rat von Valencia erbat sein weises Urteil ebenso wie die Kg.e Peter IV., Johann I. (der als Infant E. zum Beichtvater gehabt hatte) und Martin I. »el Humano«. In der Frage des Schismas verhielt E. sich zunächst unentschieden; noch 1398 verfaßte er eine von →Joachim v. Fiore beeinflußte Schrift (»De triplici statu mundi«) zur Verteidigung des röm. Papstes. Noch im selben Jahr ergriff er jedoch Partei für Papst Benedikt XIII. aus dem Hause Luna und versuchte als apostol. Kommissar durch Vermittlung zw. dem Papst und Kg. Martin, zwei Kreuzzüge an die nordafrikan. Küsten zu organisieren. Benedikt XIII. ernannte E. auf dem Konzil v. →Perpignan 1408 zum Patriarchen v. Jerusalem und Bf. v. Elne. E. war Besitzer einer bedeutenden →Bibliothek.

In der Stadtgeschichtsforschung werden E.' Werke in zunehmendem Maße beachtet, weil zahlreiche Ideen, die man erstmals bei Luis Vives (1493–1540) zu finden geglaubt hatte, schon von E. formuliert worden sind. Ohne daß er sich ausdrücklich gegen die ritterl. Tugenden wendet, entwirft E. ein komplettes System bürgerlicher Moral und Lebensführung. Die modernen Begriffe von Arbeit und Leistung, die der adligen Welt weithin fremd waren, werden von E. ausgeführt. In dem von E. entworfenen Gemeinwesen hat die Schlüsselrolle der Kaufmann inne. Als die fünf Grundpfeiler des Gemeinwohls betrachtet er: Eintracht, Befolgen der Gesetze, Gerechtigkeit, Treue, Weisheit des Rates. Die vier schwersten Sünden sind: unschuldiges Blut vergießen, einen Schwachen bekümmern, den schuldigen Lohn eines Tagelöhners nicht auszahlen und der »cosa publica« (→Gemeinwohl) Schaden zufügen.

E. ist ein begnadeter Rhetor gewesen, den sein Humor ebenso auszeichnet wie sein gesunder Menschenverstand. Ein Pendant zum mehr theoret. »Regiment de la cosa publica« ist die Sammlung der »Contes i faules«. Unter den weiteren Werken E.' zu nennen sind das katechet.

Werk »Cercapou« (→Beichtformeln C. I) sowie eine »Ars praedicandi«; umstritten ist die Zuschreibung der »Doctrina compendiosa«. Seine Schriften »Llibre dels àngels«, »Llibre de les dones« (1396), »Vida de Jesucrist« und »Scala Dei o Tractat de contemplació« sind nur bruchstückweise ediert, der größte Teil des »Crestià«, sowie die von ihm selbst erwähnten Schriften »Exposició de la regla de frares menors« und »Llibre apel·lat de Religió« gelten als verloren. U. Lindgren

Ed. und Lit.: F. E., Regiment de la cosa publica, ed. P. Daniel de Molins de Rei, 1927 – J. Webster, A Critical Ed. of the Regiment de Princeps, 1969 – Contes i faules, ed. M. Olivar, 1925 – Ars praedicandi, Doctrina Compendiosa, ed. M. de Barcelona, 1929 – Cercapou, ed. G. E. Sansone, o. J. – D. S. Viera, Bibliogr. anotada de la vida i obra de F. E., 1980 – J. Massó y Torrents, Les obres de Fra Francesch Eximeniç, Essaig d'una bibliogr., Anuari 3, 1909–10, 1911 – P. A. Ivars, El escritor Fr. Francisco Eximénez en Valencia, Archivo Ibero Americano 14–15, 1920–21; 19–20, 1923; 24, 1925; 25, 1926 – A. López, Amo y Marín, El pensiamiento político de E. en su tratado de »Regiment de Princeps«, AHDE 17, 1946, 5–139 – L. Amorós, El problema de la »Summa Theologica« del maestro Francisco E., AFrH 52, 1959, 178–203 – J. Webster, Revista valenciana de filologia 7, 1963–66, 87–92 – M. de Riquer, Hist. de la Literatura catalana II, 1964, 133–196 – J. Webster, Estudios franciscanos 68, 1967, 343–354; 69, 1968, 111–118 – Dies., MSt 31, 1969, 239–249 – Dies., F. E. La societat catalana al segle XIV, 1967 – L. Alpera, Los nombres trecentistas de botanica Valenciana en F. E. (Bibl. de Filol. 8), 1968 – A. Elorza, E. y la sociedad valenciana bajomedieval, Anuario de hist. economica y social 2, 1969 – J. A. Maravall, Franciscanismo, burguesía y mentalidad precapitalista: la obra de Eximenis (VIII Congreso de Hist. de la Corona de Aragón, II, 1, 1969), 285–306 – J. Perarnau, L'»Alia informatio Beguinorum« d'Arnau de Vilanova, 1978 – U. Lindgren, Avicenna und die Grundprinzipien des Gemeinwesens in F. E.' »Regiment de la cosa publica« (Valencia 1383), Misc. Medievalia 12/2, 1980 – S. Vila, La ciudad de E.: Un proyecto teórico de Urbanismo en el siglo XIV, 1984.

Ekbert

1. E. I. (v. Braunschweig), Gf. aus der Familie der →Brunonen, seit 1067 Mgf. v. →Meißen, † 11. Jan. 1068, ⚭ Irmgard v. Susa, Witwe Ottos v. →Schweinfurt († 1057). E. übernahm als Sohn v. Liudolf († 1038) einen Besitz, dessen Schwerpunkt um →Braunschweig, meist rechts der Oker, in den Diöz. →Hildesheim und →Halberstadt gelegen war. Hinzu kamen von E. erworbene Gft.en in →Friesland. 1051 übertrug Ks. Heinrich III. den gesamten Komitat E.s in Ostfalen dem Bm. Hildesheim. 1057 wurde E. auch vom Ebm. →Hamburg–Bremen (unter Ebf. →Adalbert) für einige fries. Gft.en lehnsabhängig. Die polit. Bindungen E.s sowohl zu Hildesheim als auch zum kgl. Hof können durch die Übertragung von 1051 nicht nachhaltig gelitten haben, zumal E. als Neffe Heinrichs III. und Vetter Heinrichs IV. ein naher Blutsverwandter der Herrscher war und auch über seine Frau Irmgard enge Beziehungen zur Kgn. Bertha bestanden: 1057 griff E. zugunsten Kg. →Heinrichs IV. und Gf. Udos v. →Stade in den Streit um den Besitz der sächs. Nordmark ein, wobei sein Bruder Brun fiel. 1062 war E. auf seiten Ebf. →Annos v. Köln an der Entführung des jungen Kg.s (→Kaiserswerth) beteiligt. 1063 trat er in der Goslarer Stiftskirche als militär. Anführer der Hildesheimer Partei in dem blutigen Rangstreit zw. dem Bf. und dem Abt v. Fulda erfolgreich in Erscheinung, die nachfolgende kgl. Untersuchung ging ganz zu seinen und des Bf.s Gunsten aus. Vom Sturz Ebf. Adalberts v. Hamburg–Bremen (1066) profitierte E. durch Rückerwerbungen in Friesland. Sein Herrschaftsbereich wurde schließlich 1067 durch die Übertragung der Mark Meißen bedeutend erweitert und diese auch als Erbe für seinen Sohn gleichen Namens bestätigt. E. Karpf

Lit.: →Ekbert II.

2. E. II. (v. Braunschweig), Gf. aus der Familie der →Brunonen, Sohn von 1, Mgf. v. →Meißen, † 3. Juli 1090, ▭Braunschweig, St. Cyriakus (von ihm gestiftet); ⚭ Oda, Tochter Mgf. Ottos v. Meißen-Orlamünde († 1067). E. übernahm 1068 als unmündiger Knabe das Erbe seines Vaters. Ob E. bereits seit 1073 in den sächs. Aufstand gegen Kg. →Heinrich IV. verwickelt war, lassen die Quellen nicht zweifelsfrei erkennen. Als Folge eindeutiger Gegnerschaft E.s verlieh der Kg. 1076 die Mark Meißen an Hzg. →Vratislav v. →Böhmen, der sie aber nicht auf Dauer gegen E. halten konnte. 1077 wurde E. verurteilt und eine fries. Gft. dem Bm. →Utrecht zugesprochen. Ursprgl. ein Anhänger →Rudolfs v. Schwaben ließ E. wie andere sächs. Fs.en auch den Gegenkönig 1080 im entscheidenden Moment im Stich, ohne damit wirklich die Seiten zu wechseln. Nach dem Tode →Ottos v. Northeim (1083) entwickelte sich E. zum bedeutendsten, wenn auch nicht konsequentesten Gegner Heinrichs IV. unter den weltl. Fs.en Sachsens. 1085 kam es nach kurzer Versöhnung wieder zum Bruch. Zeitgenöss. Quellen unterstellen nun E. einen Königsplan, der unmittelbar nach E.s neuem Frieden mit dem Ks. 1087 von den Bf.en →Hartwig v. Magdeburg und →Burchard v. Halberstadt erfolgreich aufgegriffen worden sein soll, um E. doch wieder auf ihre Seite zu ziehen. Wohl wegen nicht eingehaltener Zusagen wandte sich E. aber bald gegen seine bisherigen Verbündeten, der Wechsel Ebf. Hartwigs zum Ks. isolierte ihn völlig. 1088 in Quedlinburg durch ein Fürstengericht geächtet und der Mark Meißen und der fries. Grafschaften für verlustig erklärt, fiel E. 1090 auf der Flucht. Die Reste seines Erbes kamen über E.s Schwester Gertrud († 1117) durch Heirat an →Heinrich d. Fetten und dann an →Lothar III., Gemahl von deren Tochter →Richenza.

E. Karpf

Lit.: R. Schölkopf, Die Sächs. Grafen (919–1024) (Stud. und Vorarb. zum Hist. Atlas Niedersachsens 22), 1957 – H. W. Vogt, Das Hzm. Lothars v. Süpplingenburg 1106–1125 (Q. und Darst. zur Gesch. Niedersachsens 57), 1959 – W. Heinemann, Das Bm. Hildesheim in Kräftespiel der Reichs- und Territorialpolitik vornehml. des 12. Jh., 1968 – L. Fenske, Adelsopposition und kirchl. Reformbewegung im östl. Sachsen (Veröff. des Max-Planck-Inst. für Gesch. 47), 1977 – W. Giese, Der Stamm der Sachsen und das Reich in otton. Zeit, 1979.

3. E., gen. der Einäugige, sächs. Gf., † 994, Sohn des Billungers Wichmann d. Ä. († 944) und Neffe der Kgn. →Mathilde, beteiligte sich 953 mit seinem Bruder Wichmann am liudolfing. Aufstand (→Liudolf). Motiv war die aus Erbstreitigkeiten resultierende Feindschaft zu ihrem Onkel →Hermann Billung, den erfolgreichen Rivalen ihres Vaters um die Gunst Ottos I. In Verfolgung seiner Ansprüche kämpfte E. 977 mit →Heinrich d. Zänker gegen Otto II., und nach dessen Tod unterstützte er auch 984 die Königspläne Heinrichs, wobei in seiner Burg Ala bei Goslar die Kaisertochter Adelheid als Geisel gehalten wurde. E. Karpf

Lit.: R. Holtzmann, Gesch. der sächs. Kaiserzeit. 900–1024, 1967⁵ – K. Leyser, Rule and Conflict in an Early Medieval Society: Ottonian Saxony, 1979 – G. Althoff, Zur Frage nach der Organisation sächs. coniurationes in der Ottonenzeit, FMASt 16, 1982, 133f.

4. E. v. Andechs-Meranien, Bf. v. →Bamberg seit 1203, † 5. Juni 1237 Wien, ▭Bamberg, Dom. Der 3. Sohn →Bertholds V., Gf.en v. Andechs und Hzg.s v. Meranien, versippt mit Großen des Reiches und europ. Königshäusern (→Andechs), wurde im Febr. 1203 – er war damals Dompropst – zum Bf. gewählt. Getreu der stauferverbundenen Familientradition verfocht auch er im dt. Thronstreit die Sache Kg. →Philipps. Als dieser am 21. Juni 1208 von Pfgf. →Otto v. Wittelsbach in E.s Bischofshofermor-

det wurde, geriet er zusammen mit seinem Bruder Heinrich – bestimmt zu Unrecht – in den Verdacht der Mitwisserschaft, beide verfielen der Reichsacht und flohen zu ihrem Schwager Kg. →Andreas II. v. Ungarn. 1211 kehrte E. nach Bamberg zurück und wurde im Mai 1212 von Ks. →Otto IV. von der Acht gelöst. 1217/18 nahm er am Kreuzzug Kg. Andreas' II. teil und trat seit dieser Zeit, als die stauf. Partei wieder Tritt gefaßt hatte, neuerlich in den Reichsangelegenheiten hervor. Seit 1225 ist er häufig als einflußreicher Berater Ks. →Friedrichs II. anzutreffen. In Marburg nahm er am 1. Mai 1236 an der Erhebung seiner 1235 heiliggesprochenen Nichte→Elisabeth v. Thüringen teil. In Wien, wo er im Februar 1237 an der Wahl →Konrads IV. zum Kg. beteiligt war, starb er, nachdem Friedrich II. ihn zum Statthalter von Österreich und Steiermark bestellt hatte. Die Spuren seines geistl. Wirkens sind gering, doch der großartige Neubau des Bamberger Domes machte seinen Namen unvergänglich. Sein Grabdenkmal erwies sich als historisierende Arbeit aus der Zeit um 1600.
A. Wendehorst

Lit.: NDB IV, 427f. – P. SCHÖFFEL, Das Urkundenwesen der Bf. e v. Bamberg im 13. Jh., 1929 – E. FRHR. V. GUTTENBERG, Das Bm. Bamberg I (GS II, I, I, 1937 [Neudr. 1963]), 164–170 – DERS.–A. WENDEHORST, Das Bm. Bamberg 2 (GS II, 1, 2, 1966), bes. 49–62–O. MEYER u. a., Oberfranken im HochMA, 1973 – H. WICHMANN, Bibliogr. der Kunst in Bayern 1, 1961, 675–677 Nr. 15058–15118 – W. LOTZ, Historismus in der Sepulkralplastik um 1600, Anzeiger des Germ. Nat.-Mus. 1940–1953, 1954, 61–86.

5. E. (Egbert) v. Schönau, Abt OSB, * vor 1132, † 28. März 1184. Der aus rhein. Adel stammende E., Kanoniker in Bonn und Studienfreund→Rainalds v. Dassel, trat nach seinem Pilgerbesuch in Rom (1155) und der Priesterweihe auf den Wunsch seiner Schwester→Elisabeth, doch gegen den Willen seiner Familie in das Benediktiner-Doppelkloster Schönau ein, dessen Abt er 1165 oder 1166 werden sollte. Lit. trat E. einerseits durch die Aufzeichnungen der Visionen Elisabeths hervor, von denen er manche auch seine Fragen angeregt hatte, andererseits durch eigene Werke: außer bibl. und liturg. Kommentaren verfaßte er myst. Schriften, die der neuen zisterziens. Spiritualität zugehören, bes. das »Stimulum dilectionis« und Gebete, weiters Briefe sowie Predigten. Unter letzteren wichtig sind namentl. die gegen die Katharer von 1163, mit denen E. Streitgespräche geführt hatte. In ihnen verteidigt er eine für den zeitgenöss. stauf. Reichsklerus paradigmat. Geschichtsauffassung von seiner ununterbrochenen Kontinuität seit der Apostelzeit.
P. Dinzelbacher

Ed.: MPL 195, 11–114 – F. W. E. ROTH, Die Visionen der hl. Elisabeth und die Schr. der Äbte E. und Emecho v. Schönau, 1886² – DERS., Das Gebetbuch der hl. Elisabeth v. Schönau, 1886 – H. BARRE, Une prière d'E. de S. au Cœur de Marie, Ephemerides mariologicae 2, 1952, 409–423 – *Lit.*: DHGE XIV, 1472–1475 – DSAM IV, 584f. – Lex. der Marienkunde I, 1545–1548 – LThK² III, 779 – NDB IV, 429 – Repfont IV, 272f. – Verf.-Lex.² II, 436–440 – A. NEBE, E., Abt v. S., Nass A 8, 1866, 245–292 – F. HEER, Aufgang Europas, 1949, 500ff. – DERS., Die Tragödie des Hl. Reiches, 1952, 63ff. – CH. TOUZELLIER, Hérésie et Croisade au XII° s., RHE 49, 1954, 855–872 – E. WERNER, Pauperes Christi, 1956, 181ff. – R. MANSELLI, E. di S. e l'eresia catara (Arte e Storia, Studi in On. di L. VINCENTI, 1965), 309–338 – DERS., Studi sulle eresie del s. XII, 1975², 191–220 – P. DINZELBACHER, Vision und Visionslit. im MA, 1981, 178f., 193ff. – Weitere Lit. →Elisabeth v. Schönau.

Eketorp, die archäolog. am besten untersuchte eisenzeitl., rundl. Burganlage, an der Südspitze der Insel Öland (Schweden), ihre Entstehung reicht bis um 300 zurück. Dabei handelte es sich zunächst um eine rundl., dörfl. eingefriedete Siedlung mit den hier üblichen dreischiffigen, radial verteilten Häusern. In der Völkerwanderungszeit wurde aus anstehenden Kalkplatten eine hohe, an der Basis sehr breite, runde Trockenmauer errichtet, an deren Innenseite sich die Höfe anlehnten, zunächst nur teilweise, bis sie schließlich das Rund füllten. Die Häuser waren dreischiffig und nach Herden bewohnt, hatten gemeinsame Mauern aus Kalkplatten und Türen am Giebel zur Mitte hin. Später wurde auch die Mitte bebaut, es blieb eine Ringstraße. Ställe bezeugen den agrar. Charakter der Siedlung. Vorbilder dieser Siedlungsform hat man früher im Vorderen Orient gesucht, sie dürften eher in Nord- und Westeuropa liegen.

Die Siedlung verödete um 600 und blieb bis zum 10.–11. Jh. wüst. Dann wurden völlig anders lange radiale Reihen von Kleinhäusern *(bulhuse)* aus Holz gebaut, alle – bis auf eine zentrale Kochstube – ohne Herd. Sie waren damit nicht ständig bewohnbar. Vor der Mauer konnte in einem Segment mit vorgelegter Außenmauer ein eisengewerbl. Betrieb nachgewiesen werden, doch der archäolog. Befund deutet wohl auf einen Saisonbetrieb (Umschlagplatz und/oder Heringsstation) und ist ohne Nachfolger geblieben.
H. Hinz

Lit.: M. STENBERGER, Öland under äldre järnaldern, 1933 – DERS., E. – eine befestigte eisenzeitl. Siedlung auf Öland, 1970 – H. STENBERGER, Acta Archaeologica 44, 1973 – E. Fortification and Settlement on Öland/Sweden, 1979.

Ekkebert, Abt v. Münsterschwarzach, † 25. Nov. 1076 (1077?). Zunächst Mönch in →Gorze, wurde E. von Bf. →Adalbero v. Würzburg 1047 als Abt nach →Münsterschwarzach berufen. Er stellte das Kl., in welchem er eine bedeutende roman. (aus Abb. bekannte) Basilika erbaute, auf neue wirtschaftl. Grundlagen und machte es gemeinsam mit Bf. Adalbero zum Ausgangspunkt einer weit ausgreifenden Erneuerungsbewegung. Diese nach seiner Klosterheimat benannte Junggorzer Reform bezeichnet jedoch keine inhaltl. genau bestimmte, einheitl. Observanz. Außer Münsterschwarzach leitete E. zeitweise noch mehrere andere Abteien. Ende 1075 nahm er den abgesetzten Bf. →Hermann I. v. Bamberg in Münsterschwarzach auf und begleitete ihn nach Rom, wo er vom Bann gelöst wurde. Die E. nach seinem Tode entgegengebrachte fromme Verehrung führte nicht zur förml. Kanonisation.
A. Wendehorst

Lit.: K. HALLINGER, Gorze – Kluny, StAns 22/23, 1950/51, 1000f. [Register] – E. FRHR. V. GUTTENBERG, Die Reg. der Bf.e und den Domkapitels v. Bamberg, 1963, 245–247, Nr. 475–477 – Bibl. SS IV, 1964, 979 – K.-U. JÄSCHKE, Zur Eigenständigkeit einer Junggorzer Reformbewegung, ZKG 81, 1970, 17–43 – M. PARISSE, Le nécrologe de Gorze, 1971, 90 – G. VOGT, Der selige Egbert, Abt v. Münsterschwarzach, 1976.

Ekkehard

1. E. I., Mgf. v. →Meißen (Marken→Merseburg, →Zeitz und Meißen), aus der Familie der →Ekkehardinger; † 30. April 1002; ∞ Schwanhild, aus der Familie der→Billunger; 7 Kinder, unter ihnen →Hermann, Mgf. († 1038) und Ekkehard II., Mgf. (1032–46). Beim Tode Ks. Ottos II. war E. auf die Seite der Fürsten getreten, die 984 in →Rohr Heinrich den Zänker zur Herausgabe Ottos III. zwangen, während Gf. Wilhelm II. v. →Weimar in seiner Stammburg von E.s Bruder Hermann belagert wurde. Mehrfach ist E. im Gefolge Ottos III. bezeugt; die Niederwerfung des Aufstandes des Crescentius (→Crescentier) in Rom 998 war vornehmlich ihm zu danken. Im Osten setzte er mit Ebf. →Giselher die Politik Ottos I. fort, bes. dessen Konzeption von Auftrag →Magdeburgs in der Slavenmission. Es war vorzüglich sein Verdienst, wenn die um →Schlesien streitenden Hzg. e v. →Polen und →Böhmen getrennt werden konnten. Die Einverleibung Schlesiens links der Oder in die Diöz. Meißen erscheint als ein Versuch, dieses Gebiet zw. Polen und Böhmen zu neutralisieren. →Thietmar v. Merseburg berichtet, E. habe die →Milsener unterworfen (was dem übrigen Bild von der damals noch nicht gefestigten dt. Stellung in der östl. Mark Meißen entspricht), Boleslav II. von Böhmen zum Vasallen gemacht und Bolesław Chrobry v. Polen durch Schmeicheleien und Drohungen zum Freund gewonnen. Daß er im Altsiedelland nicht nur im Bereich der ekkehardingen. Allode eine feste Stellung besaß, deutet Thietmars – nicht unumstrittene – Nachricht an, er sei durch Wahl des ganzen Volkes zum Hzg. v. Thüringen erhoben worden. Als der Ks. 1000 über Kirchberg b. Jena, dessen →Burgward zur Gft. E.s gehörte, und Zeitz nach →Gnesen zog, empfing E. den Ks. in Meißen. Es konnte nicht überraschen, daß er, den Otto III. zu »den Hervorragendsten rechnete« (Thietmar IV, 45), nach dem Tod des Ks.s den Kampf um das Kgtm. aufnahm. In →Frohse, wo sich 16 sächs. Bf.e und weltl. Fs.en versammelt hatten, zögerte Gf. Liuthar die Wahl E.s bis zu einer Versammlung in Werla hinaus, nahm allerdings inzwischen Verbindung mit Mgf. Heinrich v. →Schweinfurt auf, der in Werla die Versammelten zugunsten Hzg. Heinrichs v. Bayern beeinflußte und damit für das Erbrecht der Liudolfinger wirkte. E. beabsichtigte, in Duisburg mit Hermann v. Schwaben zu verhandeln, kehrte aber in Paderborn um. In der Pfalz →Pöhlde wurde er von den Gf.en Heinrich und Udo v. →Katlenburg unter Beihilfe anderer Adliger aufgrund einer Rache ermordet, sein Haupt vom Rumpfe abgetrennt. – Sogleich brach Hzg. Bolesław Chrobry in die Mark Meißen ein. H. Patze

Lit.: →Ekkehardinger.

2. E. II., Mgf. v. →Meißen, Sohn von 1; →Ekkehardinger

3. E., Bf. v. Prag →Prag

4. E. v. Aura, Geschichtsschreiber, edelfreier Herkunft, vielleicht aus der Familie der →Aribonen, nahm 1101/02 an der Kreuzfahrt →Welfs I. v. Bayern teil, wurde Mönch in →Tegernsee, begleitete 1104/05 den aufständ. →Heinrich V., weilte 1105 im Bamberger Michaelskloster (→Bamberg), gehörte 1106 der Gesandtschaft Heinrichs V. zur Synode Paschals II. in →Guastalla an und wurde 1108 v. Bf. →Otto I. v. Bamberg zum ersten Abt der Abtei Aura OSB ernannt. Bis zur Weihe des Kl. (1113) hielt E. sich wahrscheinl. im Würzburger Burchardskl. (→Würzburg) auf und schrieb als Dank eine Vita des ersten Würzburger Bf.s →Burchard, in der er neben der älteren Vita Burchardi (MGH SS XV, 47–62) verlorene Quellen des 8. Jh. verwendete und interessante Bemerkungen zur Arbeitsweise des ma. Geschichtsschreibers machte (F. BENDEL, Vita s. B., 1912). Als E. in Bamberg 1105 die Weltchronik →Frutolfs kennenlernte, ersetzte er dessen Darstellung des 1. Kreuzzugs in den Jahresber. zu 1098 und 1099 unter Verwendung von Frutolfs Text durch umfangreichere Berichte, die er außerdem fortsetzte und von 1102 an mit der Erzählung der Reichsgeschichte bis zum Jan. 1106 führte (Rez. I). Schon 1107 widmete er Heinrich V. eine Abschrift der Chronik Frutolfs mit deren eigener Bearbeitung und Fortsetzung, die er nun bis Ende 1106 erweiterte als eigenes Werk (Rez. II), das 1113 der anonyme Verfasser der →Kaiserchronik für Heinrich V. benutzte, aus der Chronik →Sigeberts v. Gembloux ergänzte und bis 1113 fortsetzte. Diese verwendete E., als er um 1116 auf der Basis der Rez. II eine von Abt Erkembert v. Corvey erbetene Fassung schrieb, angereichert aus Sigebert und fortgesetzt bis 1116, aus der er aber den leicht erweiterten Kreuzzugsbericht herausnahm und unter dem Titel »Hierosolymita« (H. HAGEMEYER, E. Urauigiensis abbatis H., 1877) als Anhang verselbständigte (Rez. III). In den folgenden Jahren erweiterte E. eine Abschrift der Rez. II um die Fortsetzung der Rez. III und führte sie kontinuierlich bis 1125 (Rez. IV); an einem 23. Jan. danach verstarb er.

In seinem Werk zeigt sich E. als Vertreter der →Hirsauer Reform. Wichtigstes Kriterium seiner polit. und religiös kirchl. Wertungen ist die für ihn unverzichtbare Gemeinschaft mit dem Reformpapsttum. Daraus folgt die völlige Ablehnung →Heinrichs IV., das Eintreten für Heinrich V. trotz des Streites um die Investitur und dessen Verurteilung seit dem Schisma v. 1118. Die Darstellung ist in einfacher, keineswegs fehlerloser, biblisch bestimmter Sprache geschrieben und inhaltlich zuverlässig. In der Verbindung mit Frutolfs Werk in der Fassung der Rez. IV wurde sie als Ganzes wie als Quelle für andere Chroniken weit verbreitet. →Chronik, →Weltchronik. F.-J. Schmale

Ed.: G. WAITZ, MGH SS VI, 1844, 1–267 [verfehlt] – Ed. und Übers.: F.-J. SCHMALE–I. SCHMALE-OTT, AusgQ 15, 1972, 124–209, 268–377 – Lit.: Verf.-Lex.² II, 433–477 – WATTENBACH-HOLTZMANN III, 152–155* – F.-J. SCHMALE–I. SCHMALE-OTT, AusgQ 15, 1972, 19–39.

5. E. I. (Ekkehardus Decanus) v. →St. Gallen, * wohl Anfang des 10. Jh., † 14. Jan. 973, gehört zu den bedeutendsten Mönchspersönlichkeiten dieses Kl. in otton. Zeit. →E. IV. gibt in »Casus« Kap. 80 eine Liste seiner Werke. Danach hat E. I. als puer für seinen Lehrer eine »Vita Waltharii manufortis« gedichtet. Zum Teil wurde (und wird) diese Angabe auf die Heldendichtung →»Waltharius« (MGH PP VI 1–85) bezogen. Nach anderer Ansicht beträfe sie eine Vita mehr hagiograph. Art, von der sich nur geringe Reste erhalten hätten, v. a. im 2. Buch des »Chronicon Novaliciense«. (Hier ist Waltharius mit dem Helden des erhaltenen Epos in eins gesetzt, doch braucht dies nicht ursprgl. zu sein.) Auch hat man die Angabe mit einem in Kap. 7 stehenden kurzen Gedicht (»Vualtarius fortis, quem nullus terruit hostis«; SCHALLER Nr. 17550) in Verbindung gebracht. – Weiter ist E. I. als Dichter etlicher Sequenzen beglaubigt, in denen er diese in St. Gallen von →Notker Balbulus zur Blüte gebrachte Gattung liturgischer Dichtung in kraftvoller Weise fortsetzt: so je einer auf Benedikt, Johannes d. T., Kolumban, die hl. Dreifaltigkeit und auf Paulus. Dazu tritt der Hymnus »O martyr aeterni patris« bzw. »Confessor ae. p.« (SCHALLER Nr. 10927). E.s IV. Angabe, E. I. habe antiphonae auf Andreas und Afra geschaffen, bezieht sich wohl auf die in Hartkers →Antiphonar überlieferten Offizien auf diese beiden Hll. Die Vita auf die hl. Rekluse Wiborada († 926 beim Ungarnüberfall), welche E. I. nach E.s IV. Zeugnis geschrieben hat, liegt uns (in dessen Bearbeitung) vor (bis vor kurzem einem Hartmannus beigelegt). E. IV. zitiert ein (bzw.: aus einem) Kurzgedicht E.s I. auf die Rekluse Rachilda (2 Hexameter; SCHALLER Nr. 6104).

P. Stotz

Ed.: W. VON DEN STEINEN, Notker der Dichter, 1948, Ed.-Bd. 115–118, 130, 134 (die vier erstgen. Seqq.) – D. SCHALLER (Festg. W. BULST, 1981), 186–220 [Paulussequ.] – W. BERSCHIN, ebd. 13–48 [Offizien] – Vitae sanctae Wiboradae, ed./übers. W. BERSCHIN, Mitt. zur vaterländ. Gesch. St. Gallen 51, 1983, 7–19, 32–107 – Lit.: Verf.-Lex.² II, 447–453.

6. E. II. (Ekkehardus Palatinus) von St. Gallen, † 23. April 990, ein Neffe →E.s I., vereinte Mönchtum und gelehrte Bildung mit der Tätigkeit in der Welt. Er wirkte als Lehrer in seinem Kl. Eine Zeitlang unterrichtete er →Hadwig, Gemahlin/Witwe Hzg. →Burchards II. v. Schwaben; diese führte ihn beim otton. Hofe ein. E. II. soll auch Otto II. unterrichtet haben. Später war er Dompropst in Mainz. – Auch er hat sich als Sequenzendichter betätigt: Sicher stammt von ihm die Sequenz auf Desiderius (SCHALLER Nr. 15836), vielleicht auch eine auf Gordian und Epimach (ebd. Nr. 5512) und die (von →E. IV. freilich E. I. beigelegte) auf Afra (ebd. Nr. 8748). Die einer Hadeuuiga zugeeignete metrische Umsetzung von Bedas Kommentar zu Spr. 31, 10–31 (MGH PP V 601–610) ist E. II. kaum zu Recht zugeschrieben worden: Widmungsträgerin ist nicht die Hzgn., sondern wohl eine Äbtissin des Kanonissenstiftes Lindau. P. Stotz

Q.: W. VON DEN STEINEN, Notker der Dichter, 1948, Ed.-Bd. 112–114, 116f. – *Lit.:* Verf.-Lex.² II, 453–455.

7. E. III. v. St. Gallen (Ekkehardus minor), ein weiterer Neffe →E.s I. und Vetter E.s II., war Mönch und Dekan im Kl. St. Gallen; er ist nicht weiter hervorgetreten.

Lit.: Verf.-Lex. I, 534f. P. Stotz

8. E. IV. v. St. Gallen * 980/990 (wohl im Umkreis seines Kl.), † 21. Okt. nach 1056; Dichter, Chronist, Gelehrter. Bedeutendster Schüler →Notkers III., war E. später selber als Lehrer in St. Gallen tätig. Längere Jahre wirkte er in Mainz unter Ebf. →Aribo (1021–31) an der dortigen Domschule.

E.s poet. Œuvre ist in eigener Slg. (dem sog. »Liber benedictionum«) nahezu komplett vereinigt. Den Kern bilden die »Benedictiones super lectores«, hexametr. Lektionssegnungen, die mit Separatgedichten sowie Proben aus E.s Schulversen zu teils umfängl. Gebilden erweitert sind. Ihre Anordnung entspricht dem Gang des Kirchenjahrs nach dessen Hauptfesten; vereinzelt ist Nichtliturgisches mitaufgenommen. Nach Titel und Thema verwandt sind die »Benedictiones ad mensas«, über 250 einzeilige Segensverse zu allerart Speise und Trank, wobei freilich mangelnder Realitätsbezug eine ernsthaft liturg. Zweckbestimmung in Frage zu stellen scheint. Spruchcharakter tragen auch die Tituli, die E. für geplante Bilderzyklen des Gallus-Kl. und des Mainzer Doms zur Auswahl entwarf. Unter den sonstigen Gedichten überwiegen Epitaphien und Epigramme; als Besonderheiten fallen ein Vakanzlied des jungen E. und ein längeres rhetor. Lehrstück auf. E.s Dichtungen muten wenig poetisch an, bleiben aber mit ihren Ansätzen zum geistl. Spiel und ihrer fortgeschrittenen leonin. Reimtechnik literarhist. bemerkenswert.

Berühmt geworden – nicht zuletzt dank J. V. v. Scheffels »Ekkehard« (1855) – ist E.s unvollendetes, in relativ späten Hss. erhaltenes Chronikwerk. Es führt →Ratperts »Casus s. Galli« unter demselben Titel weiter und schildert die Epoche von Abtbischof →Salomo III. (890–919) bis auf Abt Notker (971–975). Sorglos im Umgang mit hist. Fakten, aber erzählerisch stark und lebendig, legt E. unter Berufung auf mündl. Traditionen seinen Bericht vorab biograph.-anekdot. an, indem er Äbten und Lehrern z. T. ausführl. Porträtskizzen widmet. In die verklärende, zum Ruhm der St. Galler Schule veranstaltete Rückschau mischt sich mehrfach Kritik an der eigenen Zeit, deren reformerischen Tendenzen E. mit Mißtrauen begegnet. Die lit. Nachwirkung des »Casus« im MA blieb auf die →»Vita Notkeri Balbuli« beschränkt.

E.s gelehrte Aktivitäten belegt eine große Zahl von Einträgen seiner Hand (Glossen, Konzepte, Kollationen u. ä.) in Mss. der Kl.-Bibliothek. Intensiv hat sich E. um St. Gallens ältere Lit. bemüht, aus der er wiederholt kleine Werklisten vorlegt. Ferner redigierte er Einzelwerke →Notkers I. und →E.s I. und zu Ratperts (verlorenem) ahd. Galluslied schuf er drei Versionen in Latein. Auf ihn auch soll, wie man neuerdings wieder annimmt, die Glossierung zu Notkers Psalter zurückgehen. H. F. Haefele

Ed.: Liber bened.: J. EGLI, 1909 – Casus: H. F. HAEFELE, 1980 [mit dt. Übers.] – Praef. zu Notkers Gallusvita: W. BERSCHIN (Fschr. J. DUFT, 1980), 90–93 – Galluslied-Übers.: P. OSTERWALDER, Das ahd. Galluslied Ratperts und seine lat. Übers. durch E., 1982, 85–101, 190–207 (lat./dt.) – *Lit.:* Verf.-Lex.² II, 455–469 – P. CHR. JACOBSEN, MJb 12, 1977, 49ff. – H. F. HAEFELE, DA 35, 1979, 17–32 – DERS. (Fschr. J. DUFT, 1980), 181–198 – P. STOTZ, MJb 16, 1981, 2ff. – K.-A. WIRTH (Stud. zum städt. Bildungswesen des späten MA, hg. B. MOELLER u. a., 1983), 344ff. – J. DUFT–R. SCHNYDER, Die Elfenbein-Einbände der Stiftsbibl. St. Gallen, 1984, 13ff. – P. OSTERWALDER (Fschr. H. F. HAEFELE, 1985), 73–82 – J. DUFT (ebd.), 83–90 – [zu Scheffels »Ekkehard«]: Kindlers Lit.-Lex. II [Werke], 1966, 1929–1931 [Lit.].

Ekkehardinger, bedeutende Adelsfamilie der otton. und sal. Zeit. Die sichere genealog. Folge der E. beginnt mit einem *Günther,* dem Vater Ekkehards I. Günther wird 968 als →Markgraf bezeichnet, und zwar in der Diöz. →Merseburg. Er war Ks. Otto I. verbunden, gehörte aber 976 zu den Verschwörern um →Heinrich v. Bayern. Deshalb scheint er ztw. seine Mark verloren zu haben; 979 erhielt er die Mark Merseburg zurück. 982 fiel er bei →Capo Colonna. Seine Söhne →*Ekkehard I.* und →*Gunzelin* folgten nicht unmittelbar als Mgf.en, sondern zunächst Ricdag (979–985). Nach dessen Tod erlangte Ekkehard I. nicht nur die Mark Merseburg, sondern die gesamte Mark →Meißen (d. h. Merseburg, →Zeitz und Meißen). Aus der Ehe Ekkehards I. mit der Schwester Hzg. →Bernhards I. v. Sachsen, Schwanhild, gingen sieben Kinder hervor, darunter die Mgf.en →*Hermann* († 1038) und *Ekkehard II.* (1032–46). Der fehlgeschlagene Versuch Ekkehards I., das Kgtm. zu erlangen, und sein tragisches Ende unterbrachen den Aufstieg der Familie zunächst, aber nur kurzfristig freilich auch zum Schaden des Reiches. →Bolesław I. Chrobry nahm →Bautzen und Strehla a. d. Elbe ein und griff mit Hilfe von Ekkehards I. Bruder Gunzelin sogar Meißen an. Heinrich II. suchte den Ausgleich mit den E.n und setzte zunächst Gunzelin als Mgf. ein. Dieser erwies sich gegenüber dem Kg. als einigermaßen zuverlässig, indem er 1003 Meißen nicht an Bolesław auslieferte, wie dieser gewünscht hatte. Heinrich II. setzte, als er das Land der →Milsener zurückerobert hatte, dort Hermann als Mgf. ein. 1009 trugen Gunzelin und sein Neffe Hermann eine Fehde aus. Der König sprach in Merseburg Gunzelin schuldig und übertrug 1009 die Mark auf Hermann. Dieser wohnte dem Bruder Ekkehard II. 1027 der Kaiserkrönung Konrads II. bei. Der Herrschaftsbereich der E. setzte sich aus Reichslehen (der Mark) und aus Eigengütern zusammen. Beides ist nicht immer scharf zu trennen. Die Auffassung, daß die Mark Eigengut der Familie sei, war schon weit entwickelt. Beim Tode Ekkehards II. erschien Heinrich III. in Rochlitz und ergriff von Gütern Besitz, die ihm, dem Ks., der Mgf. geschenkt hatte, und machte sie zum Wittum der Ksn. →Agnes. Stammsitz der Familie – wohl schon unter Günther – war die am Kapellenberg b. Kleinjena gelegene Wallburg (urbs). In dieser befand sich ein Georgenkloster, in dem Ekkehard I. bestattet wurde. Das Kl. wurde später nach →Naumburg übertragen. Weitere wichtige allodiale Burgen der E. waren die Altenburg am südl. Stadtrand von Naumburg, die Naumburg (westl. vor dem Dom von Naumburg) und die Ekkardsburg (über Ekkartsberga). Von der Ekkardsburg, die den paßartigen Aufstieg der Hohen Straße (von Erfurt her) deckte, konnten die E. das zu ihren Füßen liegende Thüringer Becken und den Herrschaftsbereich der Gf.en v. Weimar kontrollieren. Von Ekkartsberga verläuft eine Straße auf der Finne nach Groß- und Kleinjena, während die Hohe Straße bei Kösen, das ebenfalls den E.n gehörte, den Saaleübergang erreichte und dann auf Naumburg zustrebte. Im Gegensatz zu der großflächigen Stammburg von Kleinjena tendierte die Naumburg (»neue Burg«) bereits auf den Typ der kleineren Höhenburg am Talrand hin. In Kleinjena hatte sich im Schutze der Burg eine Kaufmannssiedlung gebildet, deren Bewohner 1033 nach Naumburg übersiedelten. Im Vergleich zu Gf. →Siegfried v. Merseburg, den →Billungern und Mgf. →Gero, deren Herrschaftsschwerpunkte im Altsiedelland lagen, ist für die E. bemerkenswert, daß sie den Übertritt über die Saale wagten. Ihre urkundl. nachweisbaren Besitzungen lagen zw. Saale, unterer Elster und Zwickauer Mulde, die man mit Eigengütern offenbar nicht überschreiten wollte. Die Mark Meißen war freilich das konstituierende Reichslehen. Ekkehard II. wurde von →Thietmar v. Merseburg ertappt, wie er bei Kohren durch Aufstellen von Netzen gegen die Forstbannrechte des Hochstifts →Merseburg verstieß.

1028, also i. J. nach der Kaiserkrönung, wurde der Sitz des Hochstiftes Zeitz von Konrad II. auf das Allod der E. nach Naumburg verlegt. Kathedralkirche wurde eine Propstei (Kanonikerstift), die Mgf. Hermann gegründet hatte. Im Dez. 1028 bestätigte Papst Johannes XIX. die Verlegung. Der ungewöhnliche Akt der Verlegung eines Bischofssitzes auf ein adliges Allod bezeugt die außergewöhnl. Stellung, welche die E. erlangt hatten. Wie W. SCHLESINGER vermutet hat, sollte dies dem Gedächtnis an Ekkehard I. und dem würdelosen Mord an dem bedeutendsten E. dienen. SCHLESINGER ist weiter zu folgen, wenn er annimmt, daß die in der Mitte des 13. Jh. geschaffenen Stifterfiguren des Naumburger Westchores (→Naumburger Meister), v. a. die Standbilder Ekkehards (I.) und Hermanns, das Gedächtnis an die Mgf.en wachhalten sollten. H. Patze

Lit.: JDG O. II. und O. III., Bd. 2 und H. III. – H. PATZE, Die Entstehung der Landesherrschaft in Thüringen, 1. T. (Mitteldt. Forsch. 22), 1962, 106ff. – H. BEUMANN–W. SCHLESINGER, Urkundenstud. zur dt. Ostpolitik unter Otto III., ADipl 1, 1955, 132–256 – H. LUDAT, An Elbe und Oder um das Jahr 1000, 1971, 18ff. – E. HLAWITSCHKA (Fschr. H. LÖWE, 1978), 281–311 – D. BORAWSKA, Margrabia Miśni Ekkehard I. i Ludolfingowie, KH 86, 1979, 933–949.

Ekliptik. Nach der für das ganze MA maßgebenden Lehre des →Ptolemaios ist die Bahn der Sonne bei ihrer jährlichen Bewegung ein zum Äquator schiefer Kreis durch die Mitte der Tierkreisbilder (→Tierkreis, →Sternbilder). Der schiefe Kreis heißt Ekliptik, weil Sonnen- und Mondfinsternisse (»Eklipse«, →Finsternisse) nur dann stattfinden können, wenn der Mond in oder nahe der E. steht. Die Schnittpunkte der E. mit dem Äquator, der Frühlingspunkt und der Herbstpunkt, bewegen sich auf der Ekliptik langsam rückwärts; das ist die →Präzession der Äquinoktien. Die Schiefe der E. wurde von Ptolemaios als 23° 51' 20" angenommen und in Bagdad unter dem Kalifen al-Ma'mūn als 23° 33' vermessen.
B. L. van der Waerden

Ekloge (gr. 'Auszug') oder Ecloga, byz. Gesetzbuch der Ks. →Leon III. und →Konstantin V. aus der Dynastie der Isaurier, das wohl im März 741 promulgiert wurde.
I. Entstehung und Inhalt – II. Bearbeitungen.

I. ENTSTEHUNG UND INHALT: Die Rechtsliteratur des frühma. Byzanz (→Byz. Recht, Abschnitt II, 1, 2) bestand einerseits aus den vorwiegend lat. Texten der justinian. Kodifikation (→Corpus iuris civilis) und andererseits aus Unterrichtsschriften und sonstigen Übersetzungen der →Antecessoren und ihrer Nachfolger. Deren Schriften verdrängten bald nach dem Tode Justinians die lat. Gesetzestexte. Der enorme Umfang dieser griech. Lit., die geringe Verbreitung außerhalb der Bildungszentren und ihre Anspruchshöhe machten ein neues, knapp formuliertes Gesetzbuch erforderlich. Zu diesem Zweck setzten die Ks. eine Kommission ein mit dem Auftrag, die genannten Quellen nebst ihren eigenen Novellen zu sammeln und zu sichten, die geeigneten Materialien auszuwählen und diese deutlicher und knapper, als die Vorlagen es vermochten, zu einem neuen Gesetz zu formulieren. Der überwiegende Anteil der E. entstammt der justinian. Textmasse, der eigene Beitrag der Isaurier ist materiell eher gering, wogegen die sprachl.-stilist. Innovation, die sich namentl. in der maximenhaften Formulierung des bei Justinian noch vorwiegend kasuistisch ausgebreiteten Materials äußert, beachtlich erscheint. Der von der Umgangssprache beeinflußte Stil und die Beschränkung auf Zivilrechtsmaterien des Alltagslebens (Ehe, ehel. Güterrecht, Schenkung, Hinterlegung, Emphyteuse und Zeugenrecht) und Strafrecht (etwa ein Drittel des Textes) lassen eine prakt. Relevanz des Gesetzbuches vermuten, wenngleich es an positiven Zeugnissen der Anwendung fehlt. Immerhin hat es in der jurist. Tradition der Byzantiner einen festen Platz, der mit fremdsprachl. Rezeption bei Slaven, Armeniern und Arab. sprechenden Christen korrespondiert.

II. BEARBEITUNGEN: [1] Die sog. *Ecloga privata* ist eine hs. mehrfach überlieferte Version der E., die sich von der letzteren nur durch kleine Abweichungen in Anordnung und Rubrizierung der Titel unterscheidet.

[2] Die sog. *Ecloga aucta*, auch *Eklogadion*, stellt eine der E. ähnliche, nur indirekt und unvollständig überlieferte Kompilation mit weitgehend ident. Inhalt dar. Es gibt in ihr aber auch von der E. abweichende Kapitel sowie Texte, die nur in einem der beiden Rechtsbücher enthalten sind. Bei Divergenzen zw. E. und Ecloga aucta tendiert letztere zu größerer jurist. Präzision und steht dem justinian. Recht näher. Auf Grund der Unterschiede des Strafrechtskapitels der Ecloga aucta gegenüber jenem der E., die auf das Reformprogramm Nikephoros' I. (802–811) zurückgeführt werden, wird die Ecloga aucta auf den Beginn des 9. Jh. datiert.

[3] Als *Ecloga privata aucta* wird eine Kombination der E. mit der Ecloga aucta bezeichnet. Ihre Hauptbedeutung liegt darin, daß sonst nicht überlieferte Texte der Ecloga aucta aus ihr rekonstruiert werden können. P. E. Pieler

Ed.: Ecloga. Das Gesetzbuch Leons III. und Konstantinos' V., ed. L. BURGMANN, 1983 [Lit.] – D. SIMON–SP. TROIANOS, Eklogadion und Ecloga privata aucta, Fontes minores II, 1977, 45–86 [Text: 58–74] – Ecloga privata aucta, ed. C. E. ZACHARIAE V. LINGENTHAL (Jus Graecoromanum, ed. J. ZEPOS–P. ZEPOS, 1931, VI, 7–47) – E. H. FRESHFIELD, A Revised Manual of Roman Law, 1927 [engl. Übers. der Ecloga privata aucta] – Lit.: SP. TROIANOS, Ὁ »ποινάλιος« τοῦ Ἐκλογαδίου, 1980 – HUNGER, Profane Lit. II, 458f. [P. E. PIELER] – D. SIMON–SP. TROIANOS, Ecloga privata aucta Sinaitica, Fontes minores III, 1979, 168–177 – F. GORIA, Sulla data e l'origine dell' Ecloga privata aucta, Studi Parmensi 20, 1977, 305–323 – DERS., Tradizione romana e innovazioni bizantine nel diritto privato dell' Ecloga privata aucta, Diritto matrimoniale, 1980.

Ekphrasis
I. Allgemeines – II. Lat. Literatur des MA – III. Byz. und slav. Literaturen.

I. ALLGEMEINES: E. (Descriptio) wird in der antiken Lit. seit Homer (Schildbeschreibung), bes. aber in der röm. Kaiserzeit eifrig gepflegt. Definition und Anwendungsbereich der E. als »einer (genauen) Beschreibung, die den Gegenstand klar vor Augen stellt,« formulierten kaiserzeitl. Rhetoren wie Theon v. Alexandreia (vermutl. 1./2. Jh.), Hermogenes (2. Hälfte des 2. Jh.), Nikolaos v. Myra (5. Jh.). Hermogenes (Progymn. 10 p. 22 RABE) unterscheidet 5 Typen von E., deren gemeinsames Merkmal Klarheit und Deutlichkeit sein muß: Beschreibung von Personen, von Handlungen, von Zeitpunkten (z. B. Krieg, Frieden), von Örtlichkeiten, von Zeitabschnitten (z. B. Jahreszeiten, Feste). In der Rhetorenschule trainiert

man nach Priscian, Praeexercitamina 29f., als 'Vorübung' das describere von personae und res (z. B. pugnae), tempora (Jahreszeiten), loca ([topographia] z. B. urbes und campi/fluvii, die hier wohl den in der Lit. beliebten [CURTIUS, 202] 'locus amoenus' mit meinen) etc. Eine deutl. Grenze zw. der ἔκφρασις (descriptio) und der διήγησις (narratio) läßt sich – wie bereits bei Nikolaos v. Myra bemerkt – nicht immer ziehen. Die E. steht in der Regel nicht für sich, sondern nur in einem größeren Zusammenhang. Vor Mißbrauch der E. warnen bereits antike Autoren wie Horaz (Ars poetica 14–19: unpassende Descriptiones im Epos).
Ch. Hannick/F. Quadlbauer

II. LAT. LITERATUR DES MA: Im MA wachsen aus dem lat. Lehrbetrieb, der mit seinen Stilexercitia zum Weiterwirken und auch zum zeitgemäßen Umnuancieren antiker E.-Praxis und -Theorie beiträgt, die →'Artes poeticae' des 12./13. Jh. heraus, unter denen die älteste, die Ars versificatoria des →Matthaeus v. Vendôme, die Theorie der E. mit Hilfe der Personen- und Sachtopik der antiken Poetik und Rhetorik (Horaz und bes. Cicero) am breitesten weiterbildet und die meisten Muster-E. eis bietet. Was die ma. E.-Praxis angeht, in der meist laudative, a capite ad pedes fortschreitende Personen(typen)beschreibungen sowie u. a. die 'locus amoenus'- und Stadt-E. beliebte Themen sind, steht die mlat. Lit. (bes. die Poesie) in E.-Topik und -Technik den regulae und Muster-E.eis der 'Poetiken' in verschiedener Hinsicht näher als die (hierin unabhängigeren) volkssprachl. Werke (THOSS, z. B. 86; 99).
F. Quadlbauer

Lit.: RAC II, 921–944 [Lit.] – H. BRINKMANN, Zu Wesen und Form ma. Dichtung, 1928 [Nachdr. 1979], 54–68, 103–150 – CURTIUS, 191–209 – H. LAUSBERG, Hb. der lit. Rhetorik, 1973² – CH. LEUBE-FEY, Bild und Funktion der dompna in der Lyrik der Trobadors, 1971 [mit. Lit., z. B. R. BAEHR] – D. THOSS, Stud. zum locus amoenus im MA, 1972 – H. EBENBAUER, Carmen historicum, 1978, 247–257 – C. J. CLASSEN, Die Stadt im Spiegel der descriptiones und laudes urbium, 1980 – H. BRINKMANN, Ma. Hermeneutik, 1980, 140–145.

III. BYZ. UND SLAV. LITERATUREN: An den klass. »Vorübungen« (Progymnasmata) wurde auch jeder byz. Literat geschult. Zu der E. über Personen gehört auch die Beschreibung ihrer moral. Haltung (χαρακτηρισμός), die bes. in den Fürstenspiegeln (auch z. B. in den alttschech. »Ratschlägen des Vaters an seinen Sohn« [»Rada otce synovi«] aus dem 14. Jh.) sowie in der didakt. Dichtung einen festen Platz einnimmt. Enkomia, Epitaphioi und Monodien, aber auch Heiligenviten sowie die altserb. Herrscherbiographien geben Anlaß zur Beschreibung der Hauptperson.

Unter der E. über Handlungen seien hier die Schilderungen von Seeschlachten bei →Georgios Pisides, die mittelbyz. Jagdbeschreibungen von Konstantinos Manasses (12. Jh.) oder Konstantinos Pantechnes (12. Jh.) sowie die in Zwölfsilbern verfaßte Beschreibung eines Wagenrennens des Michael Hagiotheodorites (1168) erwähnt. Dazu zählt auch wohl die in der Hagiographie häufig auftretende minutiöse Darlegung der Vorbereitung zur Hinrichtung des Märtyrers wie z. B. in der Passio des Jakobos Perses von Ioannes Eugenikos (BHG 773 e, ed. in AnalBoll 90, 1972).

Bei der Beschreibung von Örtlichkeiten erlangte die E. des öfteren selbständigen Wert, sei es bei Enkomia auf Städte (Theodoros →Laskaris, Theodoros →Metochites) oder bei Beschreibungen von Bildern (→Prokopios v. Gaza), von Gebäuden (Nikolaos →Mesarites), von Landschaften und Gärten (→Theodoros Hyrtakenos). Letztere bilden oft einen Abschnitt in den Romanen der Komnenenzeit. Lobreden auf Städte begegnen auch als Einschub in Prunkreden, wie z. B. die Beschreibung der bulg. Hauptstadt Tŭrnovo in der Rede des →Grigorij Camblak auf Evtimij v. Tŭrnovo (ed. RUSEV, GŬLŬBOV, DAVIDOV, DANČEV § 43, 188). Hier ist auch die geograph.-perieget. Lit. zu nennen, die in der »Christlichen Topographie« des →Kosmas Indikopleustes einen Hauptrepräsentanten findet und durch die Beschreibungen von Pilgerfahrten u. a. aus Rußland ab dem 12. Jh. (Igumen →Daniil, Antonij v. Novgorod usw.) oder aus Serbien im 15. Jh. (→Konstantin v. Kostenec) fortgeführt wird. E. finden sich auch in dem Reisebericht des russ. Kaufmanns →Afanasij Nikitin (1466–72).

Unter den Beschreibungen von Zeitabschnitten ragen bes. die Schilderungen von Festen wie diejenige der Handelsmesse von Thessalonike im »Timarion« (ed. ROMANO, 53–59) oder die zahlreichen E. auf den Frühling hervor, die nicht selten in Homilien für die Osterzeit (z. B. bei Kirill v. Turov aus dem 12. Jh.) eingebaut wurden.
Ch. Hannick

Lit.: RByzK II, 33–75 [A. HOHLWEG] – JU. K. BEGUNOV, Tri opisanija vesny (Grigorij Nazianzin, Kirill Turovskij, Lev Anikita Filolog), Zbornik istorije knjizevnosti, od. jezika i knjiž. 10, 1976, 269–277 – L. GRAŠEVA, 'Realističnite elementi' i estetičeskata stojnost na starobŭlg. literatura, Starobŭlg. literatura I, 1971, 33–51 – HUNGER, Profane Lit. I, 170–188 – H. MAGUIRE, The classical tradition in the byz. E. (Byzantium and the classical tradition, Univ. of Birmingham 13th Spring Symp. 1979, 1981), 94–102 – DERS., Art and Eloquence in Byzantium, 1981 – D. J. PALLAS, Les 'ekphraseis' de Marc et de Jean Eugenikos, Byzantion 52, 1982, 357–374.

Ekstase (mlat. extasis, raptus, excessio etc.), der Austritt der Seele aus dem Leib bei gleichzeitigem Verlust der äußeren Sinneswahrnehmungen, in der myst. Theologie weiter das Hinausgehen des Geistes über sich selbst. Mit der E. verbunden sind seel. Erfahrungen wie →Iubilus, →Vision, Erleuchtung, Offenbarungsempfang, Gottesnähe, →unio mystica sowie körperl. Phänomene wie Katalepsie, Elevation, →Stigmatisierung u.a. Ekstat. Erscheinungen finden sich auch in vielen nichtchristl. Kulturen, z.B. bei den euras. Schamanen oder im islam. Sūfismus (→Mystik).

[1] E. als Erlebniswirklichkeit ist aus der Antike u.a. im Griechentum (μανία etc.) und im Judentum (atl. Propheten) bekannt; für das MA grundlegend war das Zeugnis des hl. Paulus (2Kor 12,1ff.). Während im frühen Christentum nicht wenige Ekstatiker auftraten (Montanus und seine Anhänger, mehrere Märtyrer und ägypt. Wüstenväter, Cassian), scheinen E.n im FrühMA bis ins 12. Jh. v.a. in Verbindung mit Sterbevisionen in schwerster Krankheit auf, z.B. →Wetti, Alberich, →Edmund v. Eynsham u.v.a. Ekstatiker im engeren Sinn (d.h. Menschen, die dieses Phänomen immer wieder erleben) waren u.a. →Aldegundis und →Audradus Modicus. Im hohen und bes. späten MA stieg die Zahl ekstat. Begabter (bes. Frauen) deutlich an, z.B. →Christina v. Markyate, →Elisabeth v. Schönau, Christian v. L'Aumone (12. Jh.); →Ida v. Nivelles, →Douceline, Agnes →Blannbekin, →Johannes Firmianus (13. Jh.); →Clara v. Rimini, →Birgitta v. Schweden, →Katharina v. Siena, →Eleazar (14. Jh.); →Coletta, Chiara →Bugni, →Columba, →Dionysius der Kartäuser (15. Jh.) u.v.a. In Hagiographie und Offenbarungsliteratur liegen zahlreiche Beschreibungen der leibl. Phänomene und Schilderungen des seel. Erlebens bei der E. vor. Sie ist eine Erscheinung, die vornehmlich schon in früher Jugend (3 Jahre: →Domenica v. Paradiso, Magdalena Beutlerin) und bisweilen gehäuft auftritt (7 Mal täglich: →Elisabeth v. Spaalbek); sie kann von wenigen Minuten bis zu Wochen dauern. Sehr oft gehen Krankheiten, Erregungszustände, betonte Askese, intensive Meditation und

Gebetsübungen voraus; drogeninduzierte E.n sind dagegen im MA (ausgenommen vielleicht im Hexenkult) unbekannt. Für den Erlebenden selbst stehen Gottesbegegnung und Offenbarungsempfang in der E. völlig im Vordergrund; für die Umwelt gelten namentl. im SpätMA die mit ihr verbundenen Sekundärphänomene wie Tränengabe, Elevation, →Bilokation, Lichterscheinungen, körperl. Nachvollzug der Passion und Stigmatisierung als Zeichen der Heiligkeit.

[2] Zum Gegenstand *theoretischer Reflexion der ma. Theologen* wird die E. für gewöhnlich nicht aufgrund von Beobachtungen zeitgenöss. Ekstatiker, sondern ausgehend von Bibelzitaten und älterer theol. Literatur. Wie weit bei Einzelnen, z.B. Bernhard v. Clairvaux oder Guigo de Ponte, eigenes Erleben Anlaß dazu war, ist schwer zu klären. Nachdem schon Plato und Plotin, Porphyrios und Proklos, bes. Gregor v. Nyssa, Ps.-Dionysios und Macrobius von diesem Phänomen gehandelt hatten, findet man die E. im MA meist im Rahmen und als Höhepunkt der →Kontemplation behandelt. →Bernhard sieht in ihr die eigtl. Betrachtung, den myst. Tod oder Schlaf der Seelenbraut. Betont wird die Passivität des Menschen bei dieser Erfahrung, für die er nur die Vorbereitung leisten kann, während sie selbst als Gnade geschenkt wird (→Richard v. St. Victor). Nach →Bonaventura vollzieht sich die E. im Verlassen der Sinneswelt, Eingehen in den Geist und Aufstieg zur Liebeseinung; sie führt als perfekte Kontemplation zur unmittelbaren Gotteserkenntnis der Seele, die Gott fühlt und schmeckt, ohne daß der Verstand ihn begriffe. Weitergefaßt ist der Begriff bei →Thomas, der betont, daß alle ekstat. Phänomene in Liebe gründen, sei es zu Untergeordneten (Gott zu seinen Geschöpfen), Gleichgeordneten (Mensch zum Menschen), Übergeordneten (Mensch zu Gott). Im SpätMA wird die E. oft als Stufe vor der → visio beatifica in einem Aufstiegsschema genannt (z.B. →Guigo de Ponte). Meister →Eckart warnt davor, über den myst. E.n die Nächstenliebe zu vergessen, Jan van →Ruusbroec vor ähnlich erscheinenden diabol. Illusionen. Am Ende des MA resümiert →Dionysius der Kartäuser wenig selbständig die geläufigen Ansichten, wiewohl er die E. aus eigener Erfahrung kannte. Die bis heute gültige Analyse der E. sollte aber erst in der span. Mystik des 16. Jh. geleistet werden.

P. Dinzelbacher

Lit.: DSAM IV, 2045–2189 [grundlegend] – RAC IV, 944–987 – TRE IX, 488–491 – DThC, Tables générales, 1474–1476 – LThK III, 609–612 – LThK² III, 788–791 – J. v. Görres, Die christl. Mystik II, 1869² – F.-D. Joret, La contemplation mystique d'après S. Thomas d'Aquin, 1924 – K. Rahner, Der Begriff der ecstasis bei Bonaventura, Zs. für Aszese und Mystik 9, 1934, 1–19 – B. Brugioni, L'estasi nelle lettere di S. Caterina da Siena, 1936 – H. Thurston, Die körperl. Begleiterscheinungen der Mystik, 1956 – E. Benz, Die Vision, 1969 – E. Arbman, Ecstasy or rel. trance, 1963–70 – G. Petrocchi, Storia della spiritualità it. I, 1978, 155–181 u.ö. – P. Dinzelbacher, Vision und Visionslit. im MA, 1981, Register s.v. – Ders., Ma. Vision und moderne Sterbeforschung (Psychologie in der Mediävistik, hg. v. J. Kühnel, 1985), 9–49 – Ders., Körperl. und seel. Vorbedingungen religiöser Träume und Visionen (I sogni nel medioevo, Atti del IV Colloquio Internaz. del Lessico Intellettuale Europeo) [im Dr.].

Ektenie → Liturgie

Ekthesis chronike, anonyme griech. Chronik von ca. 1391 bis 1500 (manche Hss. bis 1517 und 1543). Quellen: →Dukas, Georgios →Sphrantzes, gleiche Quellen wie die griech. Kleinchroniken bzw. diese selbst. Der hist. Wert besteht im Vergleich mit diesen Quellen für die Eroberungen der Türken. Sonderinformationen sind noch nicht einzeln untersucht. G. Weiß

Ed.: Sp. Lambros, Ecthesis Chronica and Chronicon Athenarum, 1902 – K. N. Sathas, Μεσαιωνική βιβλιοθήκη 7, Paris 1894, 557–610 – *Lit.:* Tusculum-Lex.², 1982, 218 – P. Schreiner, Stud. zu den *BPAXEA XPONIKA* (Misc. Byz. Monacensia 6, 1967) – Ders., Die byz. Kleinchroniken, 2. Teil: hist. Komm. (Corpus Fontium Historae Byzantinae XII, 2, 1977) – I. E. Karayannopoulos, *ΠΗΓΑΙ ΤΗΣ ΒΥΖΑΝΤΙΝΗΣ ΙΣΤΟΡΙΑΣ*, 1978⁴, Nr. 646.

Ekthesis nea, Handbuch der →Kanzlei von Patriarchen und Metropoliten für das Abfassen von Pittakia, einer Art von Briefen oder Schreiben an höhere kirchl. Würdenträger. Die E. nea entstand wahrscheinl. gegen Ende des 14. Jh. Sie teilt sich in mehrere Abschnitte; neben Formularen für den innerkirchl. Bereich werden auch solche für Briefe der Patriarchen an Ks. und Fs.en gegeben sowie Anweisungen für die Erstellung von Pittakia. →Formularsammlungen. J. Ferluga

Ed. und Lit.: J. Darrouzès, E. néa, Manuel des pittakia du XIVᵉ s., RevByz 27, 1969, 5–37, 85–127; Text: 38–84 – I. Djurić, The Laic Nobles in the »E.nea«, ZRVI 18, 1978, 189–211 [Lit.].

Ekthesis pisteōs, byz. Glaubensdekret (638). →Sergios, Patriarch v. Konstantinopel (610–638) hatte mit der Lehre des Monenergetismus den Versuch gemacht, die christolog. Auseinandersetzungen zu beenden, und auch Ks. →Herakleios (610–641) hatte diese Lehre akzeptiert, und die ersten Verhandlungen mit den oriental. Kirchen versprachen gute Erfolge. Als sich aber sowohl im Westen als im Osten eine starke Opposition bildete, nahm Sergios Abstand von der Energielehre und sprach nur noch vom 'Willen Christi'. Die neue Formulierung, als →Monotheletismus bekannt, wurde von Ks. Herakleios in der Hoffnung, den kirchl. Frieden wiederherstellen zu können, übernommen und i.J. 638 als Glaubensdekret veröffentlicht und im Narthex der Hagia Sophia angeschlagen. Die E. stieß aber auf entschiedene Ablehnung bei den röm. Päpsten wie bei den Anhängern des Konzils v. →Chalkedon, ebenso bei den →Monophysiten, und es zeigte sich, daß die Spaltung der Kirche, inzwischen auch durch die arab. Eroberungen der östl. Provinzen des Reiches verstärkt, zu tief war, um den kirchl. Frieden wiederherstellen zu können. J. Ferluga

Lit.: LThK² III, 791f. – Beck, Kirche, 292ff. – Ostrogorsky, Geschichte³, 90f.

Elba, Insel vor der tyrrhen. Küste. In den ersten Jahrhunderten des MA ist die Geschichte E.s mit derjenigen von →Populonia verbunden, das seit dem 9.Jh. zur Diöz. →Massa Marittima gehörte. Erst 1138 kam E. zur Diöz. →Pisa. Im 6. Jh. bezeugt Gregor d. Gr. (Dial. III, 11), daß der Hl. Cerbonius (S. Cerbone), Bf. v. Populonia, vor den Langobarden mit seinem Klerus nach E. flüchtete und dort seine letzten Lebensjahre verbrachte. Im 7. Jh. kam E. unter die Herrschaft der Langobarden, seit dem 11.Jh. unterstand die Insel der Kommune Pisa. Die Pisaner betrieben den Abbau der Eisenvorkommen, die seit der Antike ausgebeutet wurden, und verpachteten sie häufig an die reichsten städt. Kaufleute. Sie führten auf der Insel die konsular. Verwaltung ein. Die Siebenzahl der Konsuln von E., die das Konsularbreve von 1164 vermerkt, entspricht wahrscheinl. der Zahl der Kommunen, aus denen sich die bedeutendsten Zentren der Insel entwickelten (Ferraia oder Portoferraio, Marciana, Campo, Longone, Capoliveri, Rio, Latrano). In der zweiten Hälfte des 13. Jh. wurde analog zu den Podestà Mittel- und Norditaliens ein einziger Magistrat eingesetzt: der von den pisan. Statuten des Jahres 1286 bezeugte »Capitano« der Insel. Pisa war beständig bemüht, die Einfälle der Sarazenen zu verteidigen und stand in dauerndem Wettstreit mit Genua um die Vorherrschaft in diesem Gebiet. Zw. dem 11. und dem 13. Jh. förderten die Ebf.e v. Pisa durch Schutzprivilegien die Aktivität der Bergarbeiter und Schmiede (»Fabbri«), die in die Eisenbergwerke nach E., aber auch nach Sardinien und Korsika gingen. Die Rechte auf den Eisenabbau wurden Pisa von ksl. Privilegien sowie durch die Verträge mit den Genuesen 1137 bestätigt. Die sog. »Fabbri« kamen nicht nur aus Pisa und der Toskana, sondern auch aus Norditalien (in den Quellen dann als »Lombardi« bezeichnet). In der polit. Krise, die auf die Niederlage bei →Meloria folgte (6. Aug. 1284), verloren die Pisaner E. am 5. Juli 1290 an die Genuesen, konnten die Insel jedoch im Febr. 1291 zurückerobern. Im Lauf des 14. Jh. führten sie Verbesserungen in der Verwaltung und bei dem Abbau der Eisenvorkommen ein, wobei die Bergwerke in Rio Elba und Portolongone zunehmend größere Bedeutung gewannen. Der wirtschaftl. und militär. Abstieg Pisas brachte jedoch allmählich auch einen wirtschaftl. Abstieg E.s mit sich, so daß die Einwohner eine Senkung ihrer Steuerlasten erbaten. Als 1399 Gherardo d'→Appiano Pisa und sein Territorium an Giangaleazzo →Visconti verkaufte, erhielt er für sich und seine Nachkommen →Piombino, E. und die kleineren anliegenden Inseln. So entstand ein erbl. Fsm. der Familie →Appiani, das sich bis in das 17. Jh. hielt, obwohl die Genuesen 1441, 1448 und 1450 Eroberungsversuche machten, bei denen sie von Alfons v. Aragón unterstützt wurden. Derartige Versuche waren nur vorübergehend erfolgreich; Piombino, E. und die anliegenden Gebiete kehrten danach unter die Herrschaft der Appiani zurück.

E. Cristiani

Lit.: F. Pintor, Il dominio pisano nell'isola d'E. durante il secolo XIV, Studi storici VII, 1898, 353–380 – M. Luzzatto, L'estrazione e la lavorazione del ferro elbano sotto il Comune di Pisa, Miniere e ferro dell'Elba, 1938, 33–90 – E. Cristiani, Note sulla storia dell'isola d'E. nei secoli XI–XIV (Atti del I Convegno di storia dell'Elba, Portoferraio, 27–28 maggio 1972), 19–30.

Elbasan, Stadt in Albanien, am Shkumbini. Die antike Civitas Scampis (irrig: Scampa) war röm. Garnison und einer der wichtigsten Etappenorte an der Via Egnatia zw. Adria und Makedonien. Das Tal des Shkumbini war in der Völkerwanderungszeit allerdings auch Einfallstor für die Invasionen von Völkern aus dem Hinterland, so der Goten im 4. und 5. Jh. Wohl um 380 wurde daher ein röm. Kastell auf dem Grundriß des bestehenden Militärlagers errichtet (348 × 308 m, drei Tore, 26 Türme, von ihnen acht erhalten). Die strateg. Bedeutung der Stadt führte zu einer Instandsetzung der Festungsanlage, die sicher unter Justinian I. erfolgte (Fund eines aus den Werkstätten von Dyrrhachion stammenden Backsteins mit Monogramm dieses Ks.s). Durch neuere Ausgrabungen ist die oström. Besetzung und Besiedlung des Gebietes von E. und das Vorherrschen des röm. Ritus im 7. Jh. nachgewiesen. Die Slaveninvasionen und die Verlegung der Verkehrswege zum Devolli hin führten danach zur Aufgabe der Stadt, die bis ins 15. Jh. wüst war. Um 1380 herrschten die →Thopia über das Gebiet (Wiederherstellung des unweit der Römerstadt gelegenen Kl. St. Johannes Vladimir / Shën Jon Vladimiri), danach die Arianiti. Keine Quelle nennt die Stadt, auch nicht das erste osman. Steuerregister (*defter*) von 1431. Nach Kritobulos (V 12, 3–6) ließ Sultan Meḥmed II. nach seiner Niederlage vor Kruja die mächtige türk. Festung von E. errichten, in Anbetracht der strateg. günstigen Lage des Ortes und unter Verwendung der erhaltenen Ruinen. Der Neubau soll nach der erhaltenen Bauinschrift in arab. Sprache einen Monat gedauert haben (Juli–Aug. 1466). E. wurde zur bedeutendsten osman. Operationsbasis gegen →Albanien; die Truppen →Skënderbegs vermochten die Festung nie einzunehmen. Die Stadt verzeichnete seit dem späten 15. Jh. einen starken wirtschaftl. Aufschwung. Im 16. Jh. war E. ein bedeutender Marktort mit umfangreicher handwerkl. Produktion; es zählt zu den ersten Städten in Albanien, in denen die osman. Ordnung für die Zünfte (*esnaf*) eingeführt wurde.

A. Ducellier

Lit.: RE II A I, 351 – F. Babinger, Die Gründung von E., Mitt. des Seminars für Oriental. Sprachen, 34. Jg., 2 Abt.: Westasiat. Stud., 1931, 94–103 – Gj. Karaiskaj, Kalaja e Elbasanit, Monumentet 1, 1971, 61–78 – Ders., Të dhëna të reja për datimin e Kalasë së Elbasanit, ebd. 3, 1972, 147–158.

Elbe. [1] *Geographie, Frühgeschichte:* Die E. (lat. Albis, im MA meist Albia oder Albea, tschech. Labe) mißt von der Quelle im Riesengebirge bis zur Mündung in die Nordsee 1650 km, ihr Stromgebiet umfaßt 148 000 km². Strabo und Ptolemaios erwähnen sie, von Drusus wurde sie 9 v. Chr. an ihrem Unterlauf erreicht. →Normannen fuhren stromaufwärts bis →Hamburg, das sie 845 zerstörten. Der Fluß bildete etwa seit 600 n. Chr. von Lauenburg bis zur Saalemündung die Ostgrenze des germ.-dt. Siedlungsgebietes und seit der Unterwerfung der →Sachsen die Ostgrenze des Karolingerreiches. An seinem westl. Hochufer wurde →Magdeburg 805 als Grenzort für den Handel mit den Slaven bestimmt (→Diedenhofener Kapitular; →Elb- und Ostseeslaven). Im gleichen Jahre fuhr eine Heeresabteilung Karls d. Gr. elbaufwärts nach Magdeburg. Die Elbe-Saale-Linie trennte noch jahrhundertelang innerhalb Deutschlands das alte dt. (sächs.) Stammesgebiet im Westen und das Gebiet der hochma. dt. →Ostsiedlung mit ihren unterschiedl. sozialkulturellen Strukturen, wodurch sie sich zu einer Nahtlinie der dt. Gesch. entwickelte.

[2] *Politische und Territorialgeschichte:* Im 10. Jh. bildeten untere E. und →Saale die Ausgangsbasis für die dt. Ostbewegung mit →Magdeburg als Zentrum. Kg. →Heinrich I. überschritt 928/929 zuerst diese Linie, um in →Brandenburg und →Meißen die dt. Herrschaft aufzurichten. Kg. →Otto I. baute die Elbe-Saale-Stellung mit den Bistumsgründungen in →Magdeburg, →Merseburg und →Meißen 968 weiter aus. Nach dem →Slavenaufstand von 983 blieb die E. von der Saalemündung aufwärts bis Meißen die Ostgrenze der gefestigten dt. Herrschaft. Erst mit dem Beginn der deutschen Ostsiedlung um 1150 wurde sie in ihrer ganzen Länge überschritten und das Land östl. davon in den Bereich dt. Herrschaft, Siedlung und Kirchenorganisation einbezogen. Für die nun einsetzende Territorialentwicklung bildete die Unter-E. eine deutliche Grenze zw. →Holstein und →Mecklenburg im Norden, dem Erzstift Bremen (→Hamburg-Bremen) und dem Hzm. →Braunschweig-Lüneburg im Süden. Schon das kleine Hzm. →Sachsen-Lauenburg erstreckte sich jedoch an beiden Flußufern, und die Herrschaft der →Askanier reichte im 12. Jh. von der →Altmark nach Osten über die E. aus. Es erwies sich der Fluß auf der größten Strecke seines Laufes als verbindendes Element. Vor allem die wettin. Mgf.en v. →Meißen (→Wettiner) bauten nach dem Erwerb des Kfsm.s →Sachsen-Wittenberg 1423 ein Elbe-Saale-Territorium auf, dessen polit.-strateg. Kraftlinie mit den Burg- und Residenzstädten →Dresden, →Meißen, →Torgau und →Wittenberg die E. darstellte und das die deutliche Tendenz zur Ausfüllung des Flußgebietes der mittleren E. und der Saale zeigte. Die Erwerbung des natürl. Sammelpunktes Magdeburg blieb bis zum Ende des MA das unerreichte Ziel der wettin. Territorialpolitik.

[3] *Wirtschaftsgeschichte:* Zeichen für ausgebildete Schiffahrt und Handelsverkehr liegen seit dem 10. Jh. vor, 965 ist in Magdeburg der →Zoll vom Schiffsverkehr bezeugt,

993 erscheinen böhmische E.-Zölle in →Leitmeritz (Litoměřice) und Aussig (Ústí), 994 wird →Stade als Elbhafen genannt, in dem 1038 Zoll erhoben wurde. Kg. Heinrich II. zog 1004 an der mittleren E. Schiffe zur Vorbereitung eines Kriegszuges zusammen, Bf. Otto v. Bamberg transportierte 1127 die für seinen Missionszug benötigte Ausrüstung von Halle mit Schiffen saaleabwärts über die E. und Havel in Richtung Pommern.

Eine in stärkerem Maße betriebene Flußschiffahrt konnte erst mit der bäuerl. Besiedlung großer Teile des Flußgebietes und der Entstehung von Städten nach der Mitte des 12. Jh. aufkommen. In →Tangermünde wurde 1136 ein Zoll von vorbeifahrenden Schiffen, in →Tetschen (Děčín) 1146 ein Salzzoll erhoben. Im 13. Jh. bezeugen die vielen Zollstellen zw. Leitmeritz und Stade die Lebhaftigkeit des Verkehrs auf der E., von 1236 stammt die älteste Zollrolle für →Hamburg, das sich als Umschlagplatz vom See- auf den Flußverkehr zum wichtigsten Elbhandelsplatz entwickelte (→Hanse). Im Range folgte ihm Magdeburg, an der oberen E. Pirna mit seinem 1291 bezeugten Niederlagsrecht (→Stapel) der bedeutendste Platz. Das 14. Jh. bietet Nachrichten über →Flößerei auf Moldau (Vltava) und Eger (Ohře), auch war jetzt der Flußlauf oberhalb von Leitmeritz mit den Niederlagsrechten von Nimburg (Nymburk), Kolin und Königgrätz (Hradec Králové) in den Verkehr einbezogen. Es wurden v. a. Salz und Fische aufwärts, Getreide aus Böhmen, Sandsteine und Bauholz abwärts transportiert. Die Größe der in Pirna eingesetzten Schiffe läßt sich für 1325 auf 60 t berechnen. Neue Niederlagsrechte für Wittenberg 1415, Dresden 1455 und gleichzeitig neue Zollstellen beeinträchtigten den Verkehr empfindlich, schließlich gab es deren 47. K. Blaschke

Lit.: B. Weissenborn, Die Elbzölle und Elbstapelplätze im MA, 1901 – O. Mörtzsch, Zur Gesch. der Elbschiffahrt, 1922 – D. Ellmers, Frühma. Handelsschiffahrt in Mittel- und Nordeuropa, 1972 – N. R. Nissen, Hans. Binnenschiffahrt und Oberelbeverkehr vom 15.–17. Jh., Beitr. zur dt. Volks- und Altertumskunde 23, 1984 – s. a. Lit. zu bedeutenden Städten an der E. wie →Hamburg, →Magdeburg usw.

Elbing (poln. Elbląg), Stadt in →Preußen, am gleichnamigen Fluß, in der Weichsel-Nogat-Niederung (→Weichsel), südl. des Frischen Haffs. Im Gebiet des späteren E. bestand ein bedeutender, durch Bodenfunde und durch den Bericht →Wulfstans bezeugter wikingerzeitl. Handelsplatz (→Truso). Seine genaue Lage ist unbekannt. Eine Kontinuität zu E. scheint nicht gegeben zu sein. – Die Gründung der Stadt 1237 ist Teil der ersten militär. Erfolge des →Dt. Ordens, der von →Thorn und →Kulm aus weichselabwärts zur Ostsee vorstieß. Bis zur Verlegung des Hochmeister-Sitzes nach →Marienburg (1309) war E. Sitz des Landmeisters und wichtigste Ordensburg in Preußen. Die nördl. der Burg planmäßig angelegte Stadt war kleiner als Thorn und Kulm, gehörte jedoch von Anfang an zu den größten Städten des Landes. Bis zur Eroberung →Danzigs (1309) war E. der bedeutendste Hafen Preußens; zur wirtschaftsgeschichtl. Rolle der Stadt s. im einzelnen →Preußen, →Ostseehandel. Der von anderen preuß. Städten abweichende, wohl vom Vorbild →Lübecks beeinflußte Grundriß der Altstadt weist sechs parallele, ostwestl. verlaufende, auf das Flußufer ausgerichtete Straßenzüge auf, verbunden durch die N-S-Achse des Marktes, in dessen südl. Bereich die Pfarrkirche St. Nikolai und ihr gegenüber das Rathaus liegen. In der nw. Ecke der Altstadt befindet sich das Dominikanerkl. St. Marien.

Die Stadt war von Anfang an in der Lage, sich um eine größere Autonomie zu bemühen, was sich v. a. daran zeigt, daß Elbing nicht →kulmisches, sondern (in der Stadtrechtsurkunde von 1246) →Lübecker Recht erhielt und dieses nicht nur gegen die Ziele des Ordens behaupten, sondern noch ausbauen konnte. Wahrscheinlich kam ein beträchtl. Teil der E.er Neubürger aus Lübeck oder über Lübeck. Nach 1309 erhielt die Ordensburg ihren Rang dadurch, daß der E.er Komtur stets das Amt des obersten Spital-Meisters innehatte und damit zu den führenden Beratern des Hochmeisters gehörte. Die Stadt blieb zwar hinter Danzig zurück, gehörte jedoch zu den fünf großen Städten Preußens. 1347 privilegierte der Orden südöstl. von E. die Neustadt, die als rechteckige Zentralanlage (mit Kirche Hl. Drei Kg. e und Neustädt. Rathaus im Zentrum) den charakterist. Grundriß einer Ordensstadt besitzt. E. gehörte der Hanse an und war führend am wachsenden Widerstand gegen den Orden beteiligt. Nach dem Abfall des →Preuß. Bundes 1454 wurde die Ordensburg so gründlich zerstört, daß nicht einmal die Kenntnis ihres Platzes erhalten blieb. Bei der Unterwerfung unter den Kg. v. →Polen 1457 gelang es E. ähnlich wie Danzig, die Autonomie-Rechte erheblich zu erweitern. H. Boockmann

Lit.: E.er Jahrbuch, 1920–41 – Rocznik Elbląski, 1961ff. – DtStb I, 1939, 42–47 – Hist. Stätten Dtl., Ost- und Westpreußen, 45–51 – E. Carstenn, Gesch. der Hansestadt E., 1937 – K. Hauke–H. Stobbe, Die Baugesch. und die Baudenkmäler der Stadt E., 1964 – W. Neugebauer, Die Gründung E.s durch den Dt. Orden und Lübecker Bürger 1237 (Lübeck 1226..., hg. O. Ahlers u. a., 1976), 227–266 – S. Gierszeski, Elbląg. Przeszłość i teraźniejszość, 1978².

Elbogen (tschech. Loket, lat. Cubitum), Burg und Stadt in der Tschechoslovakei (Westböhmen), am Oberlauf der Eger, an der Stelle eines ellbogenförmigen Mäanders. Die Burg, die älter als die Stadt ist, bewahrt als Überrest des ursprgl. Baus die kleinste Rotunde (→Zentralbau) in Böhmen (wohl 3. Viertel des 12. Jh.). E. ist 1234 mit tschech., 1237 mit lat., 1239 mit dt. Namen erstmals belegt.

Das Gebiet um E. war seit dem 5./6. Jh. slavisch besiedelt. Es tritt – unter nicht näher bekannten Umständen – als stauf. Besitz unter Ks. →Friedrich I. und noch nach dessen Tod auf (wohl 1182–93). Nach der Eingliederung in das →Böhmen des →Přemysliden wurde die Region wegen ihrer Grenzlage zum Machtbereich des Imperium als eigenständiges Verwaltungsgebiet eingerichtet; sie hieß nach ihrem alten Zentrum, der flußabwärts von E. gelegenen Burg Sedletz (Sedlza), zunächst Sedletzer Land, seit der Übernahme der Zentralfunktionen durch die Burg E. wurde sie als Elbogner Kreis bezeichnet.

Unter der Přemyslidenherrschaft entstand in E. bei der Hauptburg eine suburbane Siedlung, die vor Mitte des 13. Jh. zum Markt, vor Ende des 13. Jh. zur kgl. Stadt erhoben wurde. →Přemysl Otakar II. begründete eine selbständige Lehensorganisation; das Gebiet wurde vornehmlich mit dt. Siedlern ausgebaut (→Kolonisation und Landesausbau). Unter Přemysliden wie Luxemburgern gehörte die an einer wichtigen Straße von →Prag nach →Eger gelegene Burg zu den mächtigsten in ganz Böhmen. Königsaufenthalte sind häufig bezeugt; sie dienten Verwaltungszwecken (E. ist oft Ausstellungsort von Urkunden) und der Jagd, aber auch polit. Verhandlungen. 1319 wurde hier der dreijährige Karl IV. in Haft gehalten. Von der Bedeutung des Ortes zeugt der fast völlige Umbau der Burg durch →Wenzel IV. Während der hussit. Revolution stand E. auf seiten der Hussitengegner. Die ganze Kreis samt Burg und Stadt wurde 1434 von Kg. →Siegmund an seinen Kanzler Kaspar →Schlick verpfändet, dessen Nachkommen die Herrschaft bis weit ins 16. Jh. besaßen. I. Hlaváček

Lit.: A. SEDLÁČEK, Hrady, zámky a tvrze král. Českého 13, 1905, 14–29 – R. SCHREIBER, Die Stellung des ma. Elbogener Landes zu Böhmen, MVDGB 74, 1936, 1–28, 81–94 – J. KEJŘ, Císař Friedrich Barbarossa jako pán západočeské provincie sedlecké (loketské) (Collectanea opusculorum ad iuris historiam spectantium Venceslao Vaněček ... oblata, 1975), 11–27 – F. KAŠIČKA–B. NECHVÁTAL, Loket, 1983 – J. PELANT, Města a městečka Západočeského kraje, 1984, 178–182 [Bibliogr.].

Elb- und Ostseeslaven

A. Einwanderung, Gliederung und Wohnsitze der Stämme und Stammesgruppen – B. Sprachliche Gliederung – C. Strukturelle Merkmale – D. Slaven und Deutsche

A. Einwanderung, Gliederung und Wohnsitze der Stämme und Stammesgruppen

I. Einwanderung – II. Germanen und Slaven – III. Gliederung und Wohnsitze.

I. EINWANDERUNG: Das Gebiet der E., für dessen später von Dt. bewohnte Teile neuerdings auch die Bezeichnung »Germania Slavica« verwandt wird, ist seit der 2. Hälfte des 6. Jh. von Angehörigen westslav. Völker (→Westslaven) besiedelt worden. Man gewinnt den Eindruck, daß die slav. Westbewegung den Charakter eines langsamen Nachrückens kleinerer Gruppen in die von Germanen weitgehend geräumten Gebiete hatte, obwohl auch die Zuwanderung geschlossener Verbände wie der →Sorben, Wilzen und →Abodriten (z. T. mit Namensparallelen in SO-Europa) oder der Stodoranen (um Brandenburg) zwingend anzunehmen ist. Die ältere Lehre, der zufolge die slav. Ausdehnung nach Mitteleuropa primär der Initiative der →Avaren im Dienste ihrer Großmachtbildung zuzuschreiben sei, ist nicht mehr aufrechtzuerhalten, doch wird das Erscheinen der Reiternomaden im SO Mitteleuropas slav. Verbände zu ausweichenden Bewegungen und Flucht veranlaßt haben. Die sorb. Landnahme ö. der Saale dürfte ein Reflex der avar. Reichsgründung 568 in Pannonien sein, scheint aber auch den polit. Vorstellungen des frk. Kg.s (→Frankenreich) entsprochen zu haben, der in den nunmehr menschenarmen Landstrichen ö. der Saale die Ansiedlung bäuerlicher Verbände im Vorfeld der Avaren offenbar förderte. Im Grunde entspricht diese Situation des ausgehenden 6. Jh. der Nachricht bei →Fredegar (IV 68) zu 631/632 über die hier erstmals genannten Sorben: »ad regnum Francorum iam olem aspecserant«. Dennoch ist die Zeit der Einwanderung genausowenig zu bestimmen wie Herkunft und Wanderwege der frühen Siedler. Mit allem Vorbehalt läßt sich folgendes Bild zeichnen: [1] Ende des 6. und zu Beginn des 7. Jh. drangen über Mähren und Böhmen slav. Stämme nach Mitteldeutschland vor. Sie folgten der Elbe bis ungefähr Magdeburg, mit Ausläufern bis ins Havelland. Ihre Merkmale sind die →Keramik des Prager Typs, Urnenbestattung und eingetiefte →Grubenhäuser. Mit einem bestimmten Ethnikum lassen sie sich nicht identifizieren, im Laufe des 7. Jh. verloren sie ihre archäolog.-kulturelle Eigenart. – [2] Nur wenig später zog gleichfalls durch das Elbtal eine zweite Gruppe heran, die v. a. das Land zw. mittlerer Saale und Mulde bis zur Elbe besiedelte und bald über die Saale w. nach Thüringen vordrang. Toponomast. Parallelen erweisen ihre Herkunft aus Böhmen ebenso wie die gegenüber dem Prager Typ entwickeltere Keramik, die mit derjenigen Böhmens und Mährens in spätantiken Traditionen der Donaugrenze wurzelt. Diese Menschen waren die Träger der »Leipziger Keramikgruppe«, deren frühe »Rüssener Phase« namengebend für ein hist.-kulturelles Gebiet ist. Sie werden mit den Sorben Fredegars identifiziert, nicht zuletzt auch deshalb, weil das Ethnonym *Sorb* noch in einigen Ortsnamen an der mittleren Saale erhalten ist (Zörbig, Zörbitz u. a.), dem Land ihrer ersten Siedlung. – [3] Schon vor 550 scheint aber die älteste, noch schwache Siedlergruppe aus dem Oder-Weichsel-Gebiet über Schlesien nach NW vorgedrungen zu sein. Sie produziert einfache unverzierte Keramik, die formale Analogien zum Prager Typ und zu völkerwanderungszeitlicher Ware aufweist. Die Häuser sind ebenerdig. In Fundstellen an der unteren Oder, in der Niederlausitz (Tornow) und im Havelland zeigt sich diese Gruppe stratigraphisch als die älteste. Im w. Mecklenburg und in Holstein werden die Siedler mit der sehr einfachen Sukower Keramik in Verbindung gebracht, die neuerdings von der weiter ö. verbreiteten jüngeren Feldberger Gruppe abgegrenzt und den hier sitzenden abodrit. Völkern zugewiesen werden konnte. – [4] Eine letzte Einwanderungswelle drang während des frühen 7. Jh. in das Elbe-Oder-Gebiet vor. Es waren die Träger der Feldberger (Krs. Neustrelitz) und Tornower (Niederlausitz) Keramik, die auf demselben Weg oderabwärts zogen und wohl auch einem gemeinsamen Herkunftsgebiet entstammen. a) Die Tornower Leute in der Lausitz führen ihre Tradition auf das völkerwanderungszeitl. Progressionsgebiet Schlesiens zurück. Ihre Kennzeichen sind zahlreiche kleine Burgen, ebenerdige Häuser, entwickelte Eisenproduktion und Ackerbau, Brandschüttbestattung unter Hügeln. b) Gewisse Ähnlichkeiten der materiellen Kultur verbindet sie mit den Trägern der Feldberger Keramik, die sich gleichfalls an Siedlungsräume im Karpatenvorland und an der oberen Oder anschließt. Diese Gruppe breitet sich beiderseits der unteren Oder zw. Warnow und Persante aus, reicht aber auch bis ins Havelland, wo sie sich mit 1. und 3. überschneidet. Ihre Merkmale sind große, häufig hoch gelegene Burgen, eine entwickelte Landwirtschaft, Eisenproduktion, z. T. unterkellerte Wohnbauten und Bestattung des Leichenbrandes unter Hügeln. Die Feldberg-Leute siedelten in dem Gebiet, das nach Schriftquellen im 8. Jh. w. der Oder von den Wilzen eingenommen wurde. Das Aufeinandertreffen mit den früher eingewanderten Abodriten dürfte die zw. beiden Gruppen bezeugte Erbfeindschaft (Ann. regni Francorum 808) erklären.

II. GERMANEN UND SLAVEN: Bei ihrer Einwanderung stießen die Slaven an verschiedenen Stellen auf unterschiedlich starke germ. Restbevölkerung (→Germanen), die aber schnell slavisiert worden ist und – von Namen abgesehen – keine erkennbaren Spuren in der slav. Kultur unseres Gebietes hinterlassen hat. Hier scheint der Nachweis einer unmittelbaren Siedlungsgemeinschaft beider Ethnika in einem Fundkomplex nur in Dessau-Mosigkau erbracht zu sein, während in einigen Regionen zumindest bestimmte Kontakte in einem Maße zu erkennen sind, daß die Frage berechtigt ist, ob nicht method. Schwächen bei der zeitl. Einordnung der Funde z. Zt. den Blick noch auf einen kontinuierlichen Übergang von einer ethn. Schicht auf die andere verstellen. Denn es fällt auf, daß sich die spätesten germ. Funde des 6. Jh. in Gebieten mit den ältesten slav. konzentrieren. Als Zonen solcher intensiven Kontakte treten die Gegend um Dresden und Riesa, das Land zw. unterer Saale und unterer Mulde, das sö. Mecklenburg sowie das untere Spree- mit dem mittleren Havelgebiet hervor. Pollenanalysen haben z. B. in Waltersdorf bei Berlin, Berlin-Marzahn und Tornow einen kontinuierlichen Anbau von Getreide im 6. Jh. nachgewiesen; bei diesen Fundkomplexen liegen spätgerm. und frühslav. Siedlung eng beieinander, in Tornow und Marzahn ist einem germ. hölzernen Brunnen jeweils ein slav. aufgesetzt. Gerade im Havel-Spree-Gebiet muß noch während des 6. Jh. mit einer stärkeren germ. Restbevölkerung gerechnet werden. Hier findet sich auch der altsächs. Name Heveldun (daraus nhd. Heveller) für einen slav. Stamm und Staat, dessen Eigenbezeichnung Stodor (mlat. Stodorania < *Stodor'ane) war und offenbar dem Wanderverband anhaftete, der auf eine germ. Bevölkerung traf, deren Name zumindest links der Elbe lebendig blieb. Germ. Herkunft zeigt ferner der Name der wilzisch-lutizischen Redarier im sö. Mecklenburg, wohl auch der der Warnower (Warnen) und Ranen (*Rujane, zu den germ. Rugiern). Auf jeden Fall vorslav. sind die beiden Namen der sächs. Landschaften Rochelinze und Daleminze, wobei der slav. Name der letzteren Glomaci lautete. Nur wenige Ortsnamen sind vorslav.: sie finden sich v. a. zw. Saale/Elster und Mulde, ein Raum, der als Kerngebiet des sog. sorb. Westflügels gilt, charakterisiert durch altertümliche Namengebung, die hier unmittelbar an die restgerm.-frühslav. Kontakte anschloß oder parallel verlief. Nur von einer restgerm. Bevölkerung können die nicht wenigen indogerm.-alteurop. Gewässernamen weitergegeben worden sein. Häufig waren es gerade Bezeichnungen für die kleinen und kleinsten Flüsse, ein Phänomen, das die Intensität der interethn. Beziehungen verrät. Zu nennen sind Dosse, Luppe, Meisa (daraus der Ortsname Meißen), Parthe, Pleiße, Queiß und vielleicht Telte (s. Berlin), während Elster und Mulde, dann im Berliner Raum Nuthe (Notte), Havel und Spree germ. sind.

III. GLIEDERUNG UND WOHNSITZE: Die Lokalisierung der Stämme und Verbände bietet auf dem Territorium der heut. DDR keine Schwierigkeiten mehr, während in Pommern noch Probleme bestehen. Eine hervorragende Quelle ist die Völkertafel des sog. →Geographus Bavarus (um 850). Es ist gelungen, die überlieferten Namen der Gruppen mit archäologisch ausgesonderten Siedlungsgebieten zu verbinden, die sich durch eine hohe Fundkonzentration auszeichnen (J. HERRMANN) und die jeweils von einem Stamm oder Teilstamm bewohnt waren, dessen landschaftl. Grundlage ein Fluß-, Seen- oder Talsystem darstellte. Ein solches Gebiet läßt sich - idealtypisch - in Siedlungsgefilde gliedern, zwischen denen die isolierenden Grenzwälder allmählich aufgelichtet wurden. In ihnen sind schon seit dem 7./8. Jh. Burgen erbaut worden, so daß kleinräumige Burgbezirke entstanden (→civitates, →opole, im 11./12. Jh. →terrae). Die Stammesgebiete waren durch siedlungsungünstige, mit Wald oder Sumpf bedeckte breite Grenzzonen voneinander geschieden, die in der spätslav. Zeit (11./12. Jh.) durch Siedlung z. T. aufgelockert worden sind.

Den äußersten NW beherrschte der Stammesverband der →Abodriten. Er gliederte sich in die →Wagrier in O-Holstein, die →Polaben um Ratzeburg, die →Warnower an der oberen Warnow (die für den Gesamtverband namengebenden) →Abodriten s. der Wismarer Bucht. In der →Prignitz dominierten die vom 9.–12. Jh. bezeugten Linanen ältere Kleinstämme. Im Hannoverschen Wendland siedelten die Drevanen (→Dravänopolaben). Auf Rügen und dem benachbarten Festland saßen die→Ranen, im ö. Mecklenburg und in Vorpommern die Wilzen mit den vier Kernstämmen (→Kessiner, →Zirzipanen, →Tolensanen und den offenbar führenden →Redariern). Nach dem Verschwinden des Wilzennamens um 900 müssen sie als ethn. Substrat des nach 983 im gleichen Raum auftretenden Lutizenbundes (→Lutizen) gelten, dem vermutlich auch die Müritzer und die Ukranen (Uckermark) ebenso verbunden waren wie das westl. Vorpommern, wo sich kein Stammesname lokalisieren läßt und erst aus dem 12. Jh. terrae-Namen überliefert sind. Im S der breiten Waldzone, die sich auf den Sandern zw. den großen Strömen erstreckte, siedelten neben einigen nur gelegentl. erwähnten Kleinstämmen (z. B. den Retschanen an der oberen Havel, den Sprewanen an der unteren Spree) die den Lutizen lose verbundenen →Heveller im Havelland, deren Herrschaftsgebiet im 10. Jh. einen weiteren Raum zw. Elbe und Oder einnahm und wohl mit den Grenzen des 948 gegr. Bm.s→Brandenburg zusammenfiel. An der Odermündung saßen die Wolliner (Veluznani?, Voluini; →Wollin), wohl auf dem Pyritzer Weizacker die Prissani. Einigen gut ausgeprägten Siedlungsgebieten um Stettin, in Mittelpommern an der Ihne, der oberen Rega und Drawe und der unteren Persante lassen sich nicht oder nur unsicher Stammesnamen zuweisen, dem letzten. am ehesten noch die Cassubi, deren Name freilich seit dem 13. Jh. für die Bevölkerung →Pommerellens samt den Slowinzen um den Leba-See gebraucht wird (→Kaschuben). Das waldbedeckte pommersche Hinterland bis zur Netze wurde erst später von N besiedelt und bildete zu den s. wohnenden →Polen eine Grenze. – An der mittleren Elbe saßen kleinere Stämme, die wir s. von Magdeburg der sorb. Sprachgruppe zuweisen müssen. Der Stammesname der →Sorben (Surbi, Sorabi), der sich offensichtl. vom Land zw. Saale und Mulde nach O ausgebreitet hat, bezeichnete schließlich mehrere Kleinstämme v. a. in den alten Offenlandschaften an Elbe, Saale, Mulde und Elster (Citici, Coledizi, Siusli, Chutici). Zu seinen Gunsten wurde das alte Ethnonym des bedeutenden Stammes der →Daleminzen/Glomaci (um Lommatzsch und Meißen) aufgegeben, die Mark Meißen von →Cosmas v. Prag um 1100 als Zribia bezeichnet. Von dieser Ausweitung des Namens sind auch die in der Oberlausitz ansässigen→Milsener und die niederlausitz. Lusici (→Lausitzer) erfaßt worden – die drei zuletzt genannten Stämme erwähnt der Geographus Bavarus –, so daß der Sorbenname heute an der slav. Bevölkerungsgruppe in der DDR um Bautzen und im Spreewald haftet. – Eine dichte Grenzwaldzone zog sich von der Kieler Förde (→Limes Saxoniae in Holstein) bis nach Mitteldeutschland hin. Dort blieb sie auf den fruchtbaren Böden nicht erhalten, so daß sorb. Gruppen seit dem 7./8. Jh. aus dem Saale-Mulde-Raum in das Thüringer Becken vorstießen, das Land bis zur Ilm dicht und darüber hinaus verstreut besiedelten, wodurch eine breite Zone unterschiedlicher Durchdringung beider Ethnika entstand. Vereinzelt schon im 8., dann vom 9.–12. Jh. trifft man slav. Siedlung als Folge grundherrlichen Landesausbaus w. bis zur Werra, dann v. a. in der Vorgebirgszone des Thüringer Waldes. Diese Slaven entbehren eines eigenen Namens, da sie offenbar immer in das thür. bzw. frk.-dt. Verfassungssystem einbezogen waren. Im ö. Franken und nö. Bayern, am Main und Regnitz, aber auch an Naab und Regen, saßen seit dem 7./8. Jh. Slaven sorb. und böhm. Herkunft, die sich unabhängig von der frk. Staatsgewalt niedergelassen hatten und als »Reichswenden« am Main schon seit karol. Zeit den Landesausbau mittrugen, obwohl sie noch in Teilen bis in das 11. Jh. selbständig blieben und ihren Kult bewahren konnten (Gründung des Bm.s→Bamberg 1007, betraut auch mit ihrer Mission; →Regnitzslaven).

B. Sprachliche Gliederung

Das Land n. vom Erzgebirge bis zu einer Linie, die n. Magdeburg über den Fläming, das Nuthe-Nieplitz-Gebiet aussparend, das Land Beeskow-Storkow umfassend, auf Frankfurt/Oder zuläuft und das Land w. von Oder, Bober und Queis war der sorb. Sprachraum in seiner größten Ausdehnung. N. von den Sorben saßen die in sprachwissenschaftl. Terminologie als Elbslaven (→Polaben) bezeichneten Stämme, ö. von ihnen und n. der Netze/Warthe bis zur Weichsel die→Pomoranen. Es ist offen, ob eine sprachl. Scheidung zw. beiden berechtigt ist. Zumindest im 10. Jh. werden im Havelland sorb. Einflüsse deutlich (Potsdam: 993 Poztupimi, entnasaliert = sorb., aber 1317 Postamp mit polab. Nasal). Gegenüber dem Sorb. hat das Polabo-Pomoranische die Nasalvokale ę und ǫ bewahrt (vgl. den Ortsnamen Damerow, aber Dubrow, Wald sö. Berlin, zu urslav. *dǫbę 'Eiche'), die Reihe urslav. *tort wird zu tart (z. B. Stargard). Der Name der →Pommern (Pomorjane, Pomorani) meint die Bewohner des pomorje, des Küstengebietes, ist eine Fremdbezeichnung und hat sich nicht vor dem 12. Jh. über die Oder nach W ausgebreitet.

C. Strukturelle Merkmale
I. Wirtschaft – II. Gesellschaft – III. Verfassung und Kult.

I. WIRTSCHAFT: Der Ackerbau (→Landwirtschaft) weist regional erhebliche Unterschiede auf. Am ehesten ist mit Fruchtwechsel- oder Feldgraswirtschaft zu rechnen. Die geringen Ernteerträge brachten nur das Doppelte bis Dreifache der Saat. Der Pflugbau (→Pflug) war allgemein verbreitet, bei den Sorben mit entwickelterer Wirtschaft wurde die eiserne Schar am Hakenpflug verwandt, im N war sie anscheinend nur aus Holz. Nach der Konsolidierung der Wanderungszeit sind dann v. a. seit dem 10. Jh. die Anbauflächen durch Zurodung erweitert, so auch die besseren Böden des Balt. Landrückens aufgesiedelt worden. Pollenanalysen zeigen die Ausdehnung des Getreidebaus einzelner Siedlungen an. Parallel dazu hatte sich die Bevölkerung entwickelt: sie wird um 800 im Gebiet zw. Elbe und Oder auf 50 000, um 1000 auf 250 000 und um 1100 auf 400 000 Personen geschätzt. Die →Viehzucht deckte den Fleischbedarf, doch zeigt das Verhältnis von Haus- zu Wildtierknochen in Fundkomplexen des weiteren Berliner Gebietes ein Überwiegen letzterer (zu 50 % und mehr, zugleich hoher Fischanteil). Dort war die Wirtschaft weniger entwickelt und die Jagd notwendig. Der Fischreichtum der Gewässer ließ anscheinend schon im 10./11. Jh. bes. →Dienstsiedlungen von Fischern bei Burgen entstehen, die die geforderten Fische zu liefern und niedere Dienste zu leisten hatten. Bereits in vorhans. Zeit war der Hering (→Fischerei, Fischhandel) in den Fernhandel einbezogen, die im Nov. in →Arkona stattfindenden Heringsmärkte zeigen (Helmold II, 108). Auf die Bedeutung der Zeidelei (→Bienen) verweist z. B. während der dt. Herrschaft im 10./11. Jh. die Verleihung von Honigabgaben. Ein Handwerk von überregionaler Bedeutung, z. T. mit Export der Produkte, entwickelte sich bei den Rohstoffvorkommen: Mahlsteinhauer arbeiteten um Halle, an der Mulde und in der Oberlausitz. Eisen wurde in Oberschlesien abgebaut und verarbeitet, während man im Flachland auf →Raseneisenerz in dorfhandwerkl. Produktion zurückgriff (Ortsnamen Rudow, Rüdnitz u. a. < urslav. *ruda 'Raseneisenstein'). Bedeutende Solquellen (→Salz) sind bei Kolberg, Altentreptow, Oldesloe und Halle genutzt worden.

Seit dem 10. Jh. tauchen neben den gröberen Produkten dörfl. Herkunft solche der neuen Schicht der frühstädt. Handwerker auf (darunter erstmals auch →Glas), die mit den Händlern, häufig auch der Burgbesatzung und Angehörigen des fsl. Hofes die Bevölkerung der sich entwickelnden (Burg-)Städte (→Stadt/Städtewesen, westslav.) bildeten. Diese entstanden seit dem 9. Jh. an Stammesmittelpunkten und Fürstensitzen (z. B. Stargard-/Oldenburg, →Mecklenburg, →Brandenburg, →Köpenick, →Wollin, →Kolberg) oder ihnen zugeordneten Burgen (ein sehr gutes Beispiel bietet →Spandau im Verhältnis zu Brandenburg), stets aber in ausgezeichneter Verkehrslage, die sich fast immer aus dem Zusammentreffen von Wasserwegen und Landverbindungen ergab. Häufig waren die (Herren-)Burg und das Suburbium von einer starken Befestigung umgeben, der später mitunter offene Siedlungen vorgelagert waren, an denen die im 11. Jh. vielfach bezeugten Märkte abgehalten worden sind und die als Niederlassung zumindest auswärtiger Kaufleute gelten können (in →Alt-Lübeck zu lokalisieren). Die Frühstädte des Binnenlandes, bes. die zw. Elbe und Oder, entwickelten sich nicht so zeitig und kräftig wie die an der Ostseeküste (→Ostsee, -raum). Hier hatten sich schon seit dem 9. Jh. erkennbar Seehandelsplätze herausgebildet: Stargard-Oldenburg, →Reric (Mecklenburg?), →Arkona und →Ralswiek auf Rügen, Menzlin bei Anklam. Einen Höhepunkt dieser präkommunalen Entwicklung stellten ohne Zweifel die »Stadtrepubliken« um die Odermündung dar: Wollin, Stettin, Kolberg und auch →Kammin. Voraussetzung für Entstehen und Wachstum der Seeplätze war der v. a. an den reichen Silberschätzen (arab. Münzen) zu messende →Fernhandel, der nicht allein von auswärtigen Kaufleuten (Sachsen, Skandinavier, Juden, Araber), sondern auch von einheim. besorgt worden ist. Nur hier werden in unserem Gebiet slav. Händler genannt. Sie waren aber nicht allein auf den Handel spezialisiert, sondern kamen aus den Reihen der Großgrundbesitzer und Krieger (was wohl für alle westslav. Länder gilt). Die Grenzen zum →Seeraub waren ebenso fließend wie die zw. Karawanen friedlicher Händler und solchen, die vorwiegend im 10./11. Jh. Jagd auf →Sklaven machten. Ausgangspunkt scheint →Magdeburg gewesen zu sein, von wo diese Menschenware über →Verdun in das islam. Spanien und weiter in den Orient gebracht worden ist. Die Elbestadt ist 805 im →Diedenhofener Kapitular neben →Bardowick, →Erfurt, →Forchheim, →Regensburg u. a. Orten genannt, an denen Handel mit den Slaven getrieben werden sollte; zugleich wurde der Waffenexport nach O verboten. Seit dem 11. Jh. tritt der Fernhandel zugunsten des Handels mit Waren eigener Produktion im Land und benachbarten Gebieten zurück. Die Thesaurierung läßt nach, statt dessen wurde (Hack-)Silber zum allgemeinen Äquivalent, bis in der 1. Hälfte des 12. Jh. von dem Abodritenherrscher →Heinrich in Alt-Lübeck sowie den Fs. en →Pribislav v. Brandenburg und →Jaxa v. Köpenick Münzen geprägt worden sind. Die frühstädt. Entwicklung gelangte bei den Sorben, die seit dem 10. Jh. unter dt. Herrschaft blieben, nicht über ein Anfangsstadium hinaus, doch sei bemerkt, daß der Name der Stadt Torgau 'Marktort' bedeutet.

II. GESELLSCHAFT: Stammesfürsten (slav. knes o. ä., lat. rex, dux) erscheinen schon im 7. Jh., im 8. Jh. eine Schicht von meliores, primores etc., die mit dem burggesessenen Adel der Siedlungsgefilde identifiziert werden (→Adel). Fraglich ist, ob auch die vethenici adlig waren, gefolgschaftsartige Verbände (→družina), auf die sich die Fs. en stützten und deren Rat sie hörten. Eine soziale Gliederung ist bei den Sorben in dt. Zeit besser als anderwärts zu erkennen. Unmittelbar der Herrschaft des Fs. en waren die unfreien dedici unterworfen, die sammelwirtschaftlich lebten und den in otton. Kaiserurkunden mehrfach erwähnten Honigzins entrichteten. Unter oder neben ihnen standen Unfreie, die schon als solche im 10./11. Jh. in die Sklaverei nach W verkauft worden sind. Ungewiß bleibt jede Vermutung über Anzahl und rechtl. Stellung freier Bauern, bezeugt sind minderfreie (smurdi 'die Stinkenden'), vielleicht haben sie das Schüttkorn (zip, wozzop) an den Fs. en entrichtet. Ein Abgabensystem (→Abgaben III) deutet sich in Funden auf Burgwällen an: Getreidespeicher in Adelsburgen (→Tornow), Knochen von männl. oder jungen Tieren, Fischreste ohne Fanggeräte.

Die Existenz eines dorfgesessenen Kleinadels, der in dt. Zeit teils in der →Ministerialität aufging, teils ins Bauerntum absank, ist gesichert. Zu ihm zählten die Dorfvorsteher als herrschaftl. Beauftragte (seniores, *eldiste*) und die von ihnen kaum zu trennenden *withasii* und *supani* (→Župa), die den Heeren die Reiterkrieger stellten und noch im SpätMA roßdienstpflichtig sind. Diesen »Dorfadel« meint man im Havelland mit den Besitzern der zahlreichen Silberschätze des 11. Jh. identifizieren zu können. Spätestens seit dem 8. Jh. gibt es Kaufleute, die keine eigene Berufsgruppe darstellten, sondern Händlerkrieger waren. Sie bewohnten mit Handwerkern die Burgstädte und bildeten in Pommern die soziale Basis der in Volksversammlungen erscheinenden cives.

III. Verfassung und Kult: Unser im Verhältnis zum gesamtslav. Gebiet kleiner Raum hat eine erstaunliche Vielfalt von Verfassungsformen hervorgebracht. Die Grundlage bildete die Burg und ihr Territorium, im allgemeinen mit einem Siedlungsgefilde identisch (→Burg, →Burgbezirk, →Burgwall). Dieser Komplex stellt sich v. a. als Instrument adliger Herrschaft in jenen Gebieten dar, in denen es nicht zur Ausbildung eines (starken) Stammesfsm.s kam wie bei den Lausitzern: um 850 gibt es dort 30 civitates auf einem Territorium, das nur 1/4 bis 1/5 desjenigen des abodrit. Stammesverbandes erreichte, wo 53 gezählt werden. Die Abodriten durchschritten den Weg vom Stammes- zum Fürstenstaat. Der Großfürst übte zunächst eine lockere Oberherrschaft über eine Vielzahl von reguli, den Beherrschern der civitates, aus. Auf deren Basis entstanden um d. Mitte des 9. Jh. die Teilstämme, gegen die sich seit Mitte des 11. Jh. die Fürstenmacht immer stärker durchsetzte, eine eigene Burgbezirksverfassung und am Berührungspunkt der drei Teilstämme in Alt-Lübeck den zentralen Herrschersitz errichtete. Die Wilzen bildeten im 8./9. Jh. einen Mehrstämmestaat unter der henarchischen Führung eines Samtherrschers: »civitates XCV et regiones (Stämme) IIII«. Dieser Angabe des Geographus Bavarus entspricht ein Vorrang des Adels, der sich auch im Wandel des Burgensystems ausdrückt: die für die frühe Phase charakterist. großen Volksburgen, die wohl die Gefahr sämtliche Bewohner eines Siedlungsgefildes aufnehmen konnten, werden aufgegeben und auf ihren Ruinen kleine Adelsburgen erbaut, vor denen unbefestigte Siedlungen entstehen. Seit der Mitte des 9. Jh. zerfällt der Verband infolge innerer Unruhen, von fsl. Gewalt ist bei dem im selben Raum auftretenden Nachfolgerverband, den Lutizen, weder an ihrer Spitze noch bei den Teilstämmen die Rede. Zwar nahmen in diesem polit. Kultbund die Priester eine starke Stellung ein, doch fielen die Entscheidungen in einer Versammlung der adligen priores, Herren der Burgbezirke, die eine Kollektivherrschaft über die jeweiligen Einzelstämme ausübten. Solche priores lassen sich nur selten mit einem bestimmten Gebiet in Verbindung bringen, wie 1170 im Falle des Chotěmir und einer der 3 zirzipan. »urbes cum suis territoriis« (→Behren-Lübchin). Die Verfassung der Rügenslaven ist offensichtl. nicht durch Burgherrschaften gekennzeichnet. Hier spielte die in Arkona zusammentretende Volksversammlung eine große Rolle. Sie, die nobiles und der König nahmen polit. Entscheidungen vor, die der hochangesehene Svantevit-Priester zu beeinflussen suchte. Unser Bild von diesem von Schiffahrt und Piraterie lebenden Volk entstammt erst dem 11./12. Jh. und zeigt verwandte Züge mit dem pomoran. »Stadtstaaten«, wo auch erst in der 1. Hälfte des 12. Jh. die bezirksbezogene burgstädt. Volksversammlung (→*veče*, contio) in Stettin, Wollin, Kolberg u. a. als Entscheidungsgremium erscheint.

Polit.-sozial ist sie in die plebs (cives) und die primates, denen die Führungsrolle zukommt, gegliedert. Über dieses Verfassungssystem versucht sich die seit 1046 bezeugte Herzogsgewalt (→Herzog) zu schieben, die in der 2. Hälfte des 12. Jh. auf der Grundlage jener älteren Burgstadt-Komplexes die Kastellaneiverfassung nach poln. Muster einführt. Die Landesherrschaft hat über die alten stadtstaatl. Elemente gesiegt. – Das Stammesfsm. wird bei den Hevellern bes. deutlich, wo wir im 10. Jh. einem erblichen Fsm. in Brandenburg begegnen. Der letzte Herrscher, der Christ→Pribislav-Heinrich († 1150), führte den Königstitel. – Von einem sorb. dux hören wir schon 631, im 8./9. Jh. mehrfach von Fs.en und Kg.en. Hier drängte sich eine Fülle kleiner und kleinster Verbände zusammen, die offenbar alle selbständig waren und von eigenen Stammesfs.en gelenkt wurden. Insgesamt gesehen, dominierte bei den Slaven an Saale, Elbe und unterer Oder der kleinräumige Stammesstaat.

Der Zusammenhang zw. Verfassung und Kult (→Polytheist. Religionen) ergibt sich daraus, daß letzter eine causa publica war. »Quot regiones, tot templa« sagt →Thietmar (VI 25) von den Lutizen. Die Stammesgebiete sind Kultbezirke einzelner Gottheiten. Helmold zählt die des abodrit. Gesamtverbandes auf (I 52), wie sich auch Rügen mit dem Tempel des Svantevit und die pomoran. Städte samt ihren terrae als Kultbezirke erweisen: dort beschließt 1127 die Stettiner Volksversammlung den Übertritt zum Christentum. Eine »principalis monarchia« übte das rätselhafte, bisher nicht lokalisierte lutizische Heiligtum →Rethra (richtig: Radogost') aus, wo der Haupt- und Kampfgott der Lutizen, Svarožic, verehrt worden ist. Das konstitutive Prinzip dieser Stammesföderation, die als polit. Aktionsgemeinschaft im Kampf gegen die otton. Expansion entstanden war, ist der kult. Zusammenschluß seiner Gliedstämme. Ihr verbissener Selbstbehauptungswille bewirkte Steigerung und Aktivierung des Kultes (W. H. Fritze). Gerade dadurch ist aber die Ausbildung einer starken Zentralgewalt verhindert worden, woraus eine schicksalhafte Schwäche gegenüber dem nach O expandierenden Imperium resultierte.

D. Slaven und Deutsche

Die an die mittlere Elbe gewanderten Slaven haben in irgendeiner Form zum Frankenreich gehört (Fredegar IV 68). Um 630 fielen sie zum slav. →Samo-Reich ab. Ihr Eindringen in die dt. Siedlungsgebiete in Thüringen, im ö. Franken und n. Bayern konnten oder wollten die polit. Gewalten dort nicht abwehren. Erst →Karl d. Gr. begann eine offensive Politik, machte die Stämme bis zur Oder tributpflichtig und griff wie sein Nachfolger in innerslav. Verhältnisse ein. →Heinrich I. leitete eine Unterwerfungspolitik ein, sein Sohn →Otto I. errichtete Bm.er (→Mission) und →Marken, ließ – von den Abodriten abgesehen – die slav. Bevölkerung ihrer Führer berauben und sie von der Saale bis an die Havel in →Burgwarden, die auf den alten Burgbezirken beruhten, organisieren. Seither jedoch sind die freie E. polit. und religiöse Expansion der Deutschen als untrennbar verbunden. Die direkte Reaktion war die Entstehung des Lutizenbundes und der erfolgreiche Aufstand 983; allein die an ihm nicht beteiligten sorb. Gebiete verblieben danach dem Reich. Mit den elbslav. Verbänden gingen die Auseinandersetzungen weiter, die dadurch kompliziert wurden, daß christl. Herrscher der Abodriten und Heveller ihren heidn. Untertanen geboten. Unfähig, zentrale Herrschaftsstaaten zu errichten oder sich gar zu einer Nation zusammenzufinden, eingeschlossen zw. christl. Staaten, in archaischen Verfassungszuständen sowie destabilisierenden inneren

Konflikten ver- und auf einem sich steigernden polytheist. Kult beharrend, war die Welt der E. zum Untergang verurteilt.

Ein umfassender Landes- oder Herrschaftsname hat sich für unseren Raum nicht durchgesetzt, die Allgemeinbezeichnungen 'Slavi' und 'Sclavinia' waren schließlich auf ihn reduziert. Während von den Lutizen – was bezeichnend ist – keinerlei staatl. Kontinuität in die dt. Zeit besteht, ist aus dem Restreich der Abodriten das Land →Mecklenburg samt seiner bis 1918 regierenden Dynastie hervorgegangen, wuchsen das zunächst von den Dänen (→Dänemark) unterworfene Rügener Fsm. (→Rügen) und →Pommern sowie, nicht ganz vergleichbar, →Schlesien in das Reich hinein, wurde der Hevellerstaat zur Keimzelle der Mark →Brandenburg. Die dt. →Ostsiedlung und der Ausbau der Kirchenorganisation bewirkten eine rasche Germanisierung der slav. Bevölkerung, wobei Ausmaß und Wirkung von Gewalt und Verdrängung im Verhältnis zur friedl. Assimilierung schwer zu beurteilen sind. In der seit dem 12. Jh. durch die Besiedlung mit Deutschen entstehenden Germania Slavica lebte (und lebt in der DDR noch heute) über Jahrhunderte eine beträchtliche wend. Bevölkerungsgruppe. Auf Rügen starb 1401 die letzte slav. sprechende Frau, im Hannöverschen Wendland verstummte das Dravänopolabische erst um 1750. Auf slav. Dienstsiedlungen gehen die brandenburg. →Kietze zurück, deren Bewohner z. T. noch im 15. Jh. Slaven waren. Slaven lebten damals auch in Städten und sahen sich während der spätma. Wirtschaftskrise Diskriminierungen (»Wendenparagraph«) ausgesetzt. Mecklenburg. und pommersche Adelsfamilien sind slav. Herkunft, der Familienname Wendt (o. ä.) spricht für sich. Ein beredtes Zeugnis über intensive Kontakte legen aber die zahlreichen Orts-, Flur-, Gewässer- und Landschaftsnamen ab, die ins Dt. übernommen worden sind. Die Art der Umbildung und Übernahme gibt in vielen Fällen einen deutlichen Hinweis auf dt.-slav. Mischsiedlung, z. B. die Übersetzung bei weiterbestehender Namensparallelität: Lindwerder/Lieper Bucht zu slav. *lipa 'Linde' (Berlin) oder die Suffigierung eines dt. Personennamens: Arntitz (1296 Arnoltice); bzw. umgekehrt: Zaschendorf (1350 Zcaslawendorf). Der Fall der brandenburg. Dorfes Plötzin (1179 Plusin, 1187 Reinoldestorp, 1197 Plusetin, que alio nomine R. olim dicebatur) zeigt, wie sich der alte Name gegenüber dem dt. durchsetzt und das slav. Volkstum wohl noch einige Zeit weitergelebt hat. E. Bohm

Lit.: W. Brüske, Unters. zur Gesch. des Lutizenbundes, 1955 – Siedlung und Verfassung der Slawen zw. Elbe, Saale und Oder, hg. H. Ludat, 1960 – W. Vogel, Der Verbleib der wend. Bevölkerung in der Mark Brandenburg, 1960 – W. Hensel, Anfänge der Städte bei den W- und O-Slawen, 1967 – K. Zernack, Die burgstädt. Volksversammlung bei den Ost- und Westslawen, 1967 – Herrmann, Siedlung – L. Leciejewicz, Zur Entwicklung von Frühstädten an der s. Ostseeküste, ZA 3, 1969, 182–210 – H. Ludat, Dt.-slaw. Frühzeit und modernes poln. Geschichtsbewußtsein, 1969 – M. Bathe, R. E. Fischer, G. Schlimpert, Zur sorb.-polab. Sprachgrenze zw. Elbe und Spree (Beitr. zum slaw. onomast. Atlas) (= AAL, phil.-hist. Kl. 61, 2, 1970) – Herrmann, Slawen – Z. Váňa, Einf. in die Frühgesch. der Slawen, 1970 – H. Ludat, An Elbe und Oder um das Jahr 1000, 1971 – W. Łosiński, Probleme der archäol. Forsch. zum frühen MA in W-Pommern (1945–72), PrzgArch 21, 1973, 165–199 – G. Mangelsdorf, Spätvölkerwanderungszeitl. Funde aus dem Havelland, Ausgrab. 20, 1975, 147–151 – E. Eichler, Die slaw. Landnahme im Elbe/Saale- und Oder-Raum und ihre Widerspiegelung in den Siedlungs- und Landschaftsnamen, Onomastica Slavogermanica 10, 1976, 67–73 – H. Brachmann, Slaw. Stämme an Elbe und Oder, 1978 – L. Leciejewicz, Kaufleute in den frühen Ostseestädten in archäol. Sicht, ZA 12, 1978, 191–203 – K. Godłowski, Die Frage der slaw. Einwanderung ins ö. Mitteleuropa, ZOF 28, 1979, 416–447 – Germania Slavica 1ff., 1980ff. [bisher 4 Bde] – F. Graus, Die Nationenbildung der Westsla-

wen im MA, 1980 – L. Dralle, Slaven an Havel und Spree, 1981 – Słowiańszczyzna połabska między Niemcami a Polską, hg. J. Strzelczyk, 1981 – W. H. Fritze, Frühzeit zw. Ostsee und Donau, 1982 (Germania Slavica 3) – Wikinger und Slawen. Zur Frühgesch. der Ostseevölker, hg. J. Herrmann, 1982 – H. Ludat, Slaven und Dt. im MA, 1982 – Ders., Die ostdt. Kietze, 1936 [Neudr. 1984, mit Vorw. des Verf. zum Neudr.] – s. a. Lit. zu einzelnen westslav. Völkern und Stämmen (z. B. →Abodriten, →Lutizen), zu →Ostsiedlung usw.

Elch, großer, heute auf unzugängl. nördl. Gebiete Eurasiens und Amerikas beschränkter Hirsch (Alces alces), der im Altertum trotz gelegentl. Haltung in Rom nur wegen fabulöser Motive bekannt war. Die dürftigen Angaben des Plinius (n. h. 8, 39) für den maultierähnl. »alcis« werden erweitert um den skand. »(m)achlis«, den die vorspringende Oberlippe zum Rückwärtsgehen beim Fressen zwinge, das Fehlen der Kniegelenke (wie beim Elefant) aber zum Anlehnen an Bäume beim Schlafen. Durch Ansägen der Stämme würden die gestürzten Tiere Beute der Jäger. Solin unterdrückt (20,7) den zweiten Namen und entstellt die Lokalisation. In der berühmten Interpolation in Caesars »Bellum Gallicum« (6,27,1–5) sollen die ziegenähnl. E.e sogar geweihlos sein. Der bereits von Vinzenz v. Beauvais (19,2) vermuteten Identität setzt Leitner (s. v. *achlis*) die Deutung letzteres als (prähist. verbreiteter) Riesenhirsch entgegen. Thomas v. Cantimpré (4, 5: *aloy* u. 4,7: *alches*, vgl. Thomas III s. Brückner und Konrad v. Megenberg III.A.4) und Albertus Magnus (22,15) folgen sklavisch ihren Quellen wie vorher Dicuil (7,17) und Hélinand (Chronik, vor 1220, zit. bei Vinc. 19,2). Mittels der schwierigen Nahrungsaufnahme stellt Thomas eine allegor. Beziehung zu den ungeduldigen Dialektikern seiner Zeit her, welche vor Wißbegierde den notwendigen Rückgriff auf die Grammatik scheuten, bzw. zu denjenigen, welche ohne Bereuung der Sünden (vgl. Ps. 10) vorschnell zur Kontemplation übergehen wollten (andere Deutungen bei Konrad).

Ch. Hünemörder

Q.: Albertus Magnus, De animalibus, ed. H. Stadler, II, 1920 (BGPhMA 16) – Dicuili liber de mensura orbis terrae, ed. J. J. Tierney (Scriptores latini Hiberniae 6, 1967) – Konrad v. Megenberg, Das Buch der Natur, ed. F. Pfeiffer, 1861 [Neudr. 1962] – Solinus, Collectanea rerum memorabilium, ed. Th. Mommsen, 1895² [Neudr. 1964] – Thomas v. Cantimpré, Liber de natura rerum, T. 1: Text, ed. H. Boese, 1973 – Vincentius Bellovacensis, Speculum naturale, 1624 [Neudr. 1964] – *Lit.:* A. Brückner, Quellenstud. zu Konrad v. Megenberg [Diss. Frankfurt a. M. 1961] – H. Leitner, Zoolog. Terminologie beim Älteren Plinius, 1972.

Elche (Ilici), Stadt und Bm. im sö. Spanien (heut. Provinz Alicante), als Suffraganbm. vom 6. bis zum 8. Jh. zur Kirchenprovinz Carthaginensis gehörig, wurde von den Sueben, Vandalen, Byzantinern, Westgoten und schließlich Arabern erobert, konnte unter dem westgot. Gf.en Theodemir nach 711 noch eine Zeitlang einen Sonderstatus genießen, ging aber, obwohl noch vielleicht drei Jahrhunderte lang ein mozarab. Bm. existierte, letztlich in der Herrschaft des Kalifats v. →Córdoba auf und wurde Ende des 11. Jh. von den →Almoraviden zerstört, was eine Umsiedlung der Bewohner auf das heut. Stadtgebiet zur Folge hatte. E. wurde 1266 durch Kg. Jakob I. v. Aragón zurückerobert, gelangte dann an die Krone Kastilien (→Murcia, Kgr.), wurde im Sommer 1296 Juan Manuel, dem Sohn des Infanten →Manuel, durch Jakob II. v. Aragón entrissen und der Krone Aragón inkorporiert (→Valencia, Kgr.).

L. Vones

Q. und Lit.: DHGE XV, 117–119 – Reix, 1061 [Schulten] – S. Gómez Brufal, Bibliogr. de E., 1957 – Flórez, España Sagrada VII – L. A. García Moreno, Prosopografía del reino visigodo de Toledo, 1974, 133–134, Nr. 303–307 – J. M. del Estal, Mercados y Ferias medievales en Alicante, Orihuela, E. y Guardamar, Revista del Inst. de Estudios

Alicantinos 35, 1982, 21–55 – DERS., Conquista y anexión de E. al Reino de Valencia por Jaime II de Aragón (27 julio 1296–25 junio 1308), Festa d'Elig 1982, 65–87 – DERS., Conquista y Anexión de las tierras de Alicante, E., Orihuela y Guardamar al Reino de Valencia por Jaime II de Aragón (1296–1308), 1982 – DERS., Anales de Hist. Medieval 1, 1982, 47–78 – DERS., El Reino de Murcia bajo Aragón (1296–1305). Corpus documental I/1, 1985, 74–85.

Eleanor → Eleonore

Eleasar v. Worms (ca. 1165–ca. 1230), Talmudist und Mystiker, gilt als letzter großer Exponent der unter dem Namen 'Chasidei Aschkenas' bekannten Bußbewegung im dt. Judentum. Prakt. Fragen der Gesetzesobservanz behandelt sein halachisches Kompendium »Sefär ha-Rokeach«. Sein myst. Hauptwerk »Sodei Rasajja« enthält eine aus dem hebräischen Alphabet entwickelte Kosmogonie, angelolog. Spekulationen, Ausführungen zum Phänomen der prophet. Offenbarung, Exegesen der Gottesnamen, behandelt die Frage nach dem Aufstieg der Seele zu Gott, ihr Schicksal nach dem Tod des Leibes, Traumdeutungsfragen u. ä. Über E.s zauberische Kräfte entwickelte sich schon im 13. Jh. eine reichhaltige Legendentradition.
H.-G. v. Mutius

Lit.: J. DAN, Torat ha-Sod schel Chasidut Aschkenas, 1968 [Lit.].

Eleazar (Elzear, Alziar, Auzias u. ä.), hl., Graf v. Sabran und Ariano, * 1286 wahrscheinl. in Ansouis (Provence), † 27. Sept. 1323 in Paris, ▭ Apt (Prov.). Bereits mit etwa 12 Jahren wurde der von seinem Onkel, Abt Wilhelm v. St-Victor in Marseille, erzogene E. mit der um zwei Jahre älteren →Delphina v. Signe verheiratet, die ihm jedoch mit Erfolg vom Vollzug der Ehe abredete. Bald erlangte er das bes. Vertrauen seiner Lehnsherren, der Kg.e v. Neapel, →Karls II. und →Roberts I. (für des letzteren Sohn Karl fungierte er als Prinzenerzieher), so daß er sich oft in Italien aufhielt. 1312 führte er in Rom die neapolitan. Truppen gegen →Heinrich VII.; im folgenden Jahr konnte er sein unterit. Erbe, die rebell. Gft. Ariano, in Besitz nehmen. Seit 1317 lebten E. und Delphina als Ratgeber am neapolit. Hof. Von dort zu Heiratsverhandlungen nach Paris gesandt, erkrankte E. 1323 tödlich. Da er wahrscheinl. dem 3. Orden der Franziskaner angehörte, wurde er bei den Pariser Minoriten bestattet, bald aber in die Provence überführt.

E. verkörpert vorbildlich den Adelsheiligen des SpätMA: fürsorglich für Arme und Lepröse, mild in Kriegführung und Rechtspflege, persönlich von ekstat. Frömmigkeit (mehrere Visionen und Erscheinungen), widmete er sich der Meditation und theol. Diskussion, wobei er seinen Hof fast in ein Kloster umgestaltete. E. wurde 1369 als einziger Laie seines Jahrhunderts heiliggesprochen.
P. Dinzelbacher

Q.: AASS Sept. VII, 1760, 528–594 – F. DELORME, Documents sur S. Yves et S. E., Studi francescani 33, 1936, 164–179 – J. CAMPBELL, Le sommaire de l'enquête pour la canonisation de S. E., Misc. Francescana 73, 1973, 438–473 – *Lit.*: Bibl. SS IV, 1155–1157 – DHGE XV, 366–368 – LCI VI, 143f. – LThK² III, 839 – Vie des Saints IX, 558–562 – C.-F.-H. BARJAVEL, Dict. hist. ... de Vaucluse I, 1841, 452–455 – P. GIRARD, S. E. de S. et la bse Delphine de Signe, 1912 – A. VAUCHEZ, La sainteté en Occident aux derniers s. du m.â., 1981 (Register 736 s. v.) – s.a. →Delphina.

Electus, Elekt (zu lat. eligo, 'der Er-, Ge-, Auser-wählte'), Bezeichnung für aus Wahlen hervorgegangene geistl. und weltl. Amtsinhaber und Herrscher vom Abschluß des Wahlvorgangs bis zur offiziellen Amtsübernahme (durch Ordination, Konfirmation, Krönung etc.). Mitunter wurden auch frühchristl. →Katechumenen und andere Gruppen »Electi« genannt. V. a. in bezug auf →Päpste, →Bischöfe und →Könige (seltener auf: Äbte, Stiftsherren und Pfarrer in Gemeinden mit Pfarrwahlrecht) führte der Zwischenzustand des E.en zu komplizierten jurist. Kontroversen, die die Rolle des E.en bei Rechtsungültigkeit der Wahl oder bei Änderung des Wählerwillens, v. a. aber die Rechte und Pflichten des E.en betrafen.

[1] *Bischofselekt*: Er spielte erstens in den Konflikten des 11./12. Jh. um das Verhältnis von weltl. Macht und kirchl. Freiheit eine wichtige Rolle. Während das →Wormser Konkordat (1122) bestimmt hatte, daß die Belehnung des Bischofselekten mit den →Regalien im engeren Reichsgebiet nach der kanon. Wahl, aber vor der freien Konsekration erfolgen solle, hatte sich nach längeren Auseinandersetzungen um 1200 die kuriale Vorstellung durchgesetzt, daß die Regalienverleihung und die bfl. Eidesleistung erst nach Wahl und Konfirmation stattfinden sollten. →Innozenz IV. betonte ausdrückl., daß der Bischofselekt unmittelbar nach der Konfirmation ohne jede Investitur oder Installation die vollständige Administration »in temporalibus et spiritualibus« übernehmen könne (Apparatus in X 1.6.15). Damit war die Stellung des Bischofselekten gegenüber dem Reich gefestigt, das im SpätMA v. a. über →Provision und →Reservation Einfluß auf die Bistumsbesetzungen zu nehmen suchte. – Eine zweite Frage war, ob der E. schon vor der Konfirmation Ansprüche auf sein zukünftiges Amt habe. Während die herrschende kanonist. Meinung diese Frage grundsätzl. verneinte, lehrten →Huguccio und sein Schüler Papst →Innozenz III. demgegenüber, daß der Bischofselekt nach einer kanon. Wahl, die auf gegenseitiger Zustimmung beruhe, das »ius administrationis« besitze, aber noch nicht das Recht auf »executio«. Erst die Konfirmation verschaffe die volle Verfügungsgewalt. Damit war die Differenzierung von »ius ad rem« und »ius in re« grundgelegt. – Ein drittes, v. a. im SpätMA verbreitetes Problem, war das dauerhafte Fehlen höherer Weihen (→Weihegrade) des Bischofselekten (→Diakon, Abschnitt II, 1; →Subdiakon). Seit dem Ende des 13. Jh. wurden nichtgeweihte Bischofselekten nach päpstl. Konfirmation und geleisteter Servitienzahlung zu →Administratoren ernannt und erhielten erst nach Priesterweihe den Bischofstitel. Den E.-Titel trugen auch viele Kurialbeamte (Auditor [→Audientia] sacri palatii). Das gewohnheitsmäßige Auftreten des Bischofselekten ohne höhere Weihen wurde in spätma. Reformschriften mehrfach als Mißbrauch und Schaden für die Seelsorge kritisiert.

[2] *Papstelekt*: Wegen des Fehlens einer höheren Instanz wurde bei der →Papstwahl nicht zw. »electio« und »confirmatio« unterschieden. Schon das →Papstwahldekret v. 1059 sagte, daß die Wahl als solche die »auctoritas regendi et disponendi« verleihe; Huguccio prägte die Doppelformel »(papa) eligitur confirmando et confirmatur eligendo« (Summa, ad D. 79 c. 9), und Innozenz III. betonte die »plenitudo potestatis«. Der Papstelekt durchlief verschiedene Zeremonien (v. a.: Namenwechsel, Immantation, Proklamation, Laudes) bis zur Thronsetzung und Krönung, denen nach Meinung von Zeitgenossen v. a. bei schismat. Wahlen z. T. konstitutive Bedeutung zukam. – Der Titel eines noch nicht zum Priester oder Bf. geweihten Papstelekten (z. B. Hadrian V.) lautete: »electus servus servorum dei«; dieser führte nur die »bulla dimidia« (→Bulle, Abschnitt II, 1). Ein ungeweihter Papstelekt konnte nach Huguccio alles tun, was die iurisdictio (Ein-, Absetzung, Bestrafung), aber nichts, was den ordo (Weihehandlungen) betraf.

[3] *Königselekt*: Im Gesamtzusammenhang der →Königswahl wird seit dem 10. Jh. eine regelmäßige Dualität von weltl. Wahl und geistl. →Salbung und →Krönung deutlich, die zu einer Realdifferenz von Königselekt und

Kg. führt. Der Königselekt verzichtete im allgemeinen auf die volle Ausübung kgl. →potestas (z. B. auf das Königssiegel); auf Ausnahmen wie →Konrad II. ist jedoch ausdrückl. hinzuweisen. Heftig umstritten waren die Fragen, ob der Königselekt zugleich imperiale Befugnis besitze sowie, ob dem Papst ein Approbationsrecht hinsichtl. der Königswahl und ein Krönungsrecht bei der Kaisererhebung zustehe (→Kaiser, -tum). Die Positionen reichten vom extremen Kurialismus (→Aegidius Romanus, →Augustinus v. Ancona), der dem Papst die uneingeschränkte Approbation zusprach, bis zum radikalen →Nominalismus des 14. Jh., der sich für ein göttl. legitimiertes Volkskaisertum einsetzte (→Ludwig d. Bayer). Die →Goldene Bulle Karls IV. von 1356 nimmt eine vermittelnde Position ein: Zur Charakteristik des Königselekten verwendet sie die (schon von Innozenz III. vorgeprägte) Gerundivformel: »electus in imperatorem (bzw. cesarem) promovendus« (bzw. »futurus cesar«), um den Rechtsanspruch des Königselekten auf den Kaisertitel zu umschreiben; das Recht auf Kaiserkrönung wird dem Papst nicht bestritten. Für ein Approbationsrecht der Kurie bleibt jedoch kein Platz, da schon C. 2, 4 bestimmt, daß der E. unmittelbar nach der Wahl die Privilegien der Kfs.en bestätigen solle. →Maximilian I. ließ sich 1508 »erwählter römischer Kaiser« titulieren, so daß fortan seine Nachfolger direkt nach der Aachener Krönung den Kaisertitel anzunehmen pflegten. B.-U. Hergemöller

Lit.: R. L. Benson, The Bishop Elect, 1968 – F. Baethgen, Der Anspruch des Papstes auf das Reichsvikariat, ZRGKanAbt 10, 1920, 168–268 – E. Schubert, Kg. und Reich, 1979 – B.-U. Hergemöller, Die Verfasserschaft der »Goldenen Bulle«, Bohemia 22, 1981, 253–299 – P. Johanek, Vescovo, clero e laici in Germania prima della Riforma (Strutture ecclesiastiche in Italia e in Germania prima della Riforma, hg. Ders.–P. Prodi, 1984), 19–38 [Annali dell'Istituto storico it.-germanico di Trento 16].

Elefant → Elephas

Elegie

I. Antike Vorbilder, Spätantike – II. Mittellateinische Literatur – III. Humanismus – IV. Romanische Literaturen – V. Englische Literatur – VI. Byzantinische Literatur.

I. Antike Vorbilder, Spätantike: Das etymolog. unklare Wort bedeutet vermutl. »Dichtung zur Flötenbegleitung«; kleinasiat. Herkunft ist wahrscheinl. Die altgriech. E. (Kallinos, Tyrtaios, Mimnermos, Solon, Theognis) greift v.a. paränet., polit. und sentenziöse Themen auf, die mit Engagement vorgetragen persönl. Reflexion wiedergeben wie auch eine allgemeine ethisch-moral. Verbindlichkeit beanspruchen. Versmaß ist von Anfang an das eleg. Distichon (Hexameter und Pentameter). Im Hellenismus dringen erzählende und gelehrte Elemente in die E. ein (Kallimachos, »Aitia«), während eine subjektive Liebes-E. bis jetzt nicht nachweisbar ist. Die röm. E. nimmt Anregungen der Grab- und Liebesepigrammatik (→Epigramm) auf und gestaltet unter Verwendung hellenist. Vorbilder persönl. Empfinden, wobei neben dem Gefühl der Trauer und Melancholie (z.B. Catull c. 68), das für die neuzeitl. E. bestimmend wird, die Liebe mit all ihren Aspekten in den Mittelpunkt einer Dichtung tritt, als deren Begründer Gallus gilt und die Tibull, Properz und Ovid zum klass. Höhepunkt führen. Letzterer erweitert die E. durch den mytholog. Liebesbrief, Lehrdichtung und klagende Exilpoesie.

Während in der spätantiken griech. Literatur die E. außer bei →Gregor v. Nazianz (Einfluß des Kallimachos) keine bes. Rolle spielt, verwendet die ausgehende christl. lat. Poesie das eleg. Distichon für mannigfache Themen und Inhalte, so →Pentadius für naturhafte und mytholog. Motive, →Avianus für Fabeln, →Claudianus für Praefationes seiner größeren Gedichte (gleiche Einleitungsfunktion bei →Ausonius, →Sidonius Apollinaris, →Boethius, Consolatio Philosophiae, Begleitbriefe des →Arator), →Rutilius Namatianus für ein Reisegedicht, Ausonius u.a. für Briefe und Totenklage. Bes. stoffl. Vielfalt umfaßt die E. bei den christl. Autoren →Ennodius und →Venantius Fortunatus; →Orientius schreibt Lehrdichtung, →Sedulius einen Hymnus in eleg. Distichen, während bei →Dracontius (Satisfactio) das Klagemotiv (nach Ov. trist. 2) vorherrscht. Das Thema der Liebe greift als letzter nochmals →Maximianus in 6 E.n auf, die in Sprache und Stil v.a. den Einfluß Ovids verraten, im einzelnen aber durchaus selbständig sind; er wird im MA Schulautor. J. Gruber

Lit.: Kl. Pauly II, 237–241 – LAW, 798–801 – RAC IV, 1026–1061 – RE V, 2260–2370.

II. Mittellateinische Literatur: Die röm. E. hat so, wie sie heute beschrieben wird, als Gattung kaum eine Entsprechung im lat. MA. Eine solche Vorstellung der E. hätte nur aus einer breiteren Gattungstradition gewonnen werden können: Catull, Tibull, Properz waren jedoch so gut wie verschollen, die Bücher Ovids und Maximians zeigen erst seit dem 11./12. Jh. breite Wirkung. Infolgedessen verstand man als elegia, elegiacum carmen usw. – wenn der Ausdruck gebraucht wurde – ein Gedicht, dessen Inhalt ein Leid ausdrückt (seit dem 12. Jh. manchmal auch ein Gedicht, das von Liebe handelt) oder dessen Form das (eleg.) Distichon ist, meist beides zusammen. Von der Definition Isidors (etym. 1, 39, 9 und 14) scheint v. a. der auf den Inhalt bezogene Teil gewirkt zu haben. Insofern fällt nach der inhaltl. Bestimmung die E. weitgehend mit dem einfacher definierten →Planctus zusammen. Für die ausgedehnte Verwendung des Distichons im frühen MA dürfte der vielimitierte →Venantius Fortunatus eine sehr bedeutende Rolle gespielt haben, für seine Anwendung in Klagen auch Dichtungen wie Boethius, cons. I,1; seine Verwendung in den oft persönlicheren Beigaben zu lit. Werken, im poet. →Brief, in der Aufschrift, dem →Epigramm, gelegentl. der →Ekloge, in gnom. und paränet. Dichtungen kann auf ältere Traditionen zurückgreifen. Dabei nähert sich manches Gedicht der E. im heutigen engeren Verständnis, etwa →Alkuins Verse an seine Zelle (nr. 23) oder auf den entschwundenen Kuckuck (nr. 57), →Notkers Gedicht an seinen fernen Schüler (ed. W. von den Steinen, 139); Alkuins Hadrians-Epitaph (MGH PP 1, 113) und noch mehr das entsprechende Stück →Theodulfs (nr. 26) geraten geradezu zur Grabelegie. In der Blütezeit des 12. Jh. nimmt einerseits die Freiheit im Gebrauch des Distichons eher noch zu, es wird z. B. auch für lange rein erzählende Werke verwendet. Andererseits entstehen Dichtungen, in denen sich einiges vom Geist der röm. E. wiederfinden läßt, etwa unter den Werken des →Balderich von Bourgueil mit seiner tröstl. Anrede an sein Buch (carmina, ed. K. Hilbert nr. 1), den Briefen zw. Florus und Ovid (nr. 97f.), dem Liebesgedicht der Constantia (nr. 201), später bei →Hildebert v. Lavardin, wenn er über sein Exil klagt (ed. A. B. Scott nr. 22) oder die einstige Größe Roms fast wehmütig bewundert (nr. 36f.). Sähe man von der Einschränkung auf das Distichon ab, so ließe sich Elegisches in anderen Formen vielfach finden. – →Elegienkomödie, →Heinrich v. Settimello. G. Bernt

Lit.: RAC IV, s.v. – F. Beissner, Gesch. der dt. E., 1961 (GgermPhil 14), 24–45 – Szöverffy, Weltl. Dichtungen, 735 – P. v. Moos, Consolatio, Indexbd., 1972, 15, 120 – P. Klopsch, Einf. in die Dichtungslehren des lat. MA, 1980, 117, 139, 156f. [E. in d. ma. Theorie).

III. HUMANISMUS: Die humanist. E. entwickelte sich in enger Anlehnung an die Formen und Gattungen der lat. Elegie der augusteischen Zeit; eine strenge Trennung der lit. Genera entspricht jedoch nicht der poet. Praxis der Humanisten: während des ganzen 15. Jh. steht die E. in einer Wechselbeziehung v.a. mit dem →Epigramm: Epigramme finden sich in Elegiensammlungen (z.B. »Xandra« von C. Landino) und umgekehrt (z.B. »Hermaphroditus« des Panormita und »Epigrammata« von Marullo). Reine Elegiensammlungen können auch vereinzelt Dichtungen in anderen Metren enthalten. Unter den Quellen der humanist. E. müssen neben Properz und Ovid, die Tibull vorgezogen werden, auch Catull, Horaz, Vergil, Statius und die Anthologia graeca angeführt werden. Außerdem wirkte Petrarcas Canzoniere nicht allein in struktureller Hinsicht als wichtiges Vorbild der Liebesdichtung. Die volkssprachl. Lyrik stand im allgemeinen mit den lat. Dichtformen, bes. mit der E., in Wechselwirkung.

Die humanist. E. ist in erster Linie Liebesdichtung: Charakteristisch ist die Gruppierung von E.n zu Sammlungen, in deren Mittelpunkt eine einzige Frauengestalt steht, die, wie in der klass. lat. Elegie, einen fiktiven Namen trägt; die einzelnen Phasen der geschilderten Liebesbeziehung sind beinahe obligatorisch: unerwiderte Liebe, erwiderte Liebe, Trennung. Bei diesem Schema ist der Einfluß der E. des Properz sichtbar, der sich mit Forderungen Petrarcas verbindet (Landino, Verino, Naldi, Braccesi, Strozzi etc.). Der Sensibilität anderer Humanisten (wie etwa Pontano, der mit echter, natürlicher Sensualität zahlreiche Frauen besingt) entspricht besser das Vorbild Ovids. Die Liebesdichtung vermischt sich jedoch häufig mit Gelegenheitsdichtung. V.a. in der 2. Hälfte des 15. Jh. ist die Wiederaufnahme augusteischer Themen über das Verhältnis zw. Intellektuellen und Machthabern zu bemerken: wie in anderen Fällen so schließt auch hier die Nachahmung klass. Vorbilder nicht die Darstellung »neuer« Inhalte aus.

Unter den humanist. Elegiensammlungen, die die beschriebenen Kennzeichen aufweisen, sind zu nennen: »Cinthia« von E. S. Piccolomini (→Pius II.), »Angelinetum« von Marrasio, »Xandra« von C. Landino und die Sammlungen der späteren florent. Elegiendichter, welche Landinos Dichtungen zum Vorbild nahmen; »Parthenopaei sive amorum libri«, »Eridanus«, »De amore coniugali« von J. →Pontano; die drei Elegienbücher meist nicht erot. Inhalts von J. →Sannazaro; die drei Bücher Elegien sowie die »Erotica« des T. V. Strozzi. Berühmt sind die E.n A. →Polizianos. Die humanist. E. Italiens wirkte in Polen (→Callimachus), Ungarn (→Janus Pannonius) nach. Erwähnung verdient F. Andrelini (»Livia« und drei weitere Elegienbücher), der eine Mittelstellung zw. der lat. Humanistendichtung Italiens und derjenigen Frankreichs im 16. Jh. einnimmt. D. Coppini

Lit.: C. BALAVOINE, La poésie lat. de la Renaissance: éléments de bibliogr., Bull. de l'Assoc. G. Budé, 1975, 131–145 – P. LAURENS, Musae reduces, Anthologie de la poésie lat. dans l'Europe de la Renaissance, 2 Bde, 1975 – J. IJSEWIJN, Companion to Neo-Latin Stud., 1977 – A. PEROSA-J. SPARROW, Renaissance Latin Verse. An Anthology, 1979 – D. COPPINI, Properzio nella poesia d'amore degli umanisti, Colloquium Propertianum (secundum), Atti, 1981, 169–201.

IV. ROMANISCHE LITERATUREN: Im SpätMA gibt es wohl Texte, die man als 'elegisch' definieren könnte, doch blüht die E. als lit. Gattung erst in der Renaissance wieder auf (→Abschnitt III). In 'De vulgari eloquentia' versteht →Dante den Stil der E. als 'stilus miserorum', dem er das 'vulgare humile' zuweist. Da Dante seinen Traktat nicht vollendet hat, wissen wir nicht, wie er sich die genaue Abgrenzung der E. von der 'Tragödie' und v.a. von der 'Komödie' vorgestellt hat. →Boccaccio nennt den Prosabericht der unglücklich liebenden Fiammetta 'Elegia di madonna Fiammetta' (1343–44), doch begründet er damit keine lit. Gattung. Der Spanier Juan de Mena läßt eine seiner Figuren im 'Laberinto de Fortuna' (1444) eine Liebesklage im 'elegíaco verso' singen. In Frankreich bezieht sich Jacques Legrand in seinem 'Archiloge Sophie' (Anfang 15. Jh.) noch ganz auf inhaltl. Kriterien, wenn er Dichtungen, die von Unglücklichen berichten, als 'elegiacques' bezeichnet. Seit 1461 (allegor. Gedicht Simon →Grébans auf den Tod →Karls VII.) werden die Begriffe 'Elegie' und 'elegisch' ausschließlich für Trauergedichte, nie für Liebesklagen verwendet. Bedeutsam ist auch, daß bei Grében die 'élégie' auf die Bukolik folgt und dem Adel zugeordnet wird. In seinen 'Elégies' (1534) publiziert Clément Marot noch Totenklagen, doch erneuert er gleichzeitig die Gattung mit den Liebesbrief-Elegien ovid. Zuschnitts. – Es fehlt noch eine Untersuchung zu den inhaltl. und formalen Kriterien der E. im SpätMA. Da die lat. Tradition in der Romania gut bekannt war, anderseits wenig Texte ausdrücklich als E. bezeichnet werden, müßten die eleg. Elemente in Vers und Prosa auf ihre intertextuellen Bezüge zur lat. und mlat. E. befragt werden.

M.-R. Jung

Lit.: EDant, s.v. stili – P. V. MENGALDO, L'elegia »umile« (De vulgari eloquentia II, iv, 5–6), GSLI 143, 1966, 177–198 – C. THIRY, »Elégie«, »élégien«, »élégiaque« au XVe s., Marche romane, numéro spécial, Hommage au prof. M. DELBOUILLE, 1973, 279–292.

V. ENGLISCHE LITERATUR: Die ae. →Lyrik wird hauptsächl. durch die sog. E.n repräsentiert, die alle im →Exeter-Buch überliefert sind. Zu ihnen rechnet man im allgemeinen: 1. »The Wanderer«; 2. »The Seafarer«; 3. →»Deor«; 4. »Wulf and Eadwacer«; 5. »The Wife's Lament«; 6. »The Husband's Message«; 7. »The Ruin«; 8. »The Riming Poem« (→»Reimgedicht«); 9. →»Resignation«– sämtl. Titel sind modern, ebenso wie die Bezeichnung dieser Gedichte als Elegien. Diese Bezeichnung hat nichts mit dem Versmaß zu tun (die Gedichte sind im Alliterationsvers [→Alliteration, C.I] geschrieben, das »Reimgedicht« weist zusätzl. noch Reim auf), sondern rührt daher, daß diesen Gedichten eine elegische Grundstimmung gemeinsam ist, ein Kontrast zw. Gegenwart und Vergangenheit, zw. den jetzt zu erduldenden Mühsalen und dem Glanz entschwundener Zeiten; allerdings können sich die Sprecher mancher E.n mit der Hoffnung auf eine bessere Zukunft trösten. So stellt sich die Figur des Wanderers als Gefolgsmann dar, der seinen gütigen Herrn verloren hat und nun einsam durch die Welt ziehen muß, wo er überall nur Verfall und Untergang sieht, schließlich aber seine Gedanken zu Gott im Himmel lenkt, der ihn trösten wird. Der Sprecher im »Seafarer« schildert zunächst in eindrucksvollen Naturbildern, was er auf seinen einsamen Seefahrten erdulden muß; trotzdem zieht es ihn immer wieder aufs Meer hinaus. Es folgt, ähnlich wie im »Wanderer«, eine Schilderung des Verfalls alles Irdischen und darauf die Hinwendung zu Gott und der himml. Heimat. Für die Interpretation werfen die ae. E.n viele Probleme auf. So sah man »Wanderer« und »Seafarer« früher oft als Kompilationen aus heidnisch-germ. Kern und christl.-moralisierenden Zusätzen an, während man heute meist davon ausgeht, daß sie durchweg von christl. Geist geprägt sind. Ob es sich im »Seafarer« jedoch um die Schilderung eines realen »peregrinus« oder einer allegor. Seefahrt handelt, ist schwer zu entscheiden. →»Deor« ist die Klage eines (fiktiven) Hofdichters und -sängers (→Berufsdichter, V; →Skop), der durch einen Rivalen aus seiner Stellung verdrängt wurde, aber hofft, daß sich seine Lage wieder bessern wird. »Wulf and Eadwacer«, früher als →Rätsel Nr. 1 gedruckt, wird heute oft als dramat. Monolog einer Frau aufgefaßt, die von ihrem Geliebten Wulf getrennt ist und bei ihrem Gatten Eadwacer ausharren muß. Eine völlig überzeugende und allgemein akzeptierte Deutung der zugrundeliegenden Situation ist bisher aber weder bei »Wulf and Eadwacer« noch bei »The Wife's Lament«, dem anderen ae. Frauenlied, gelungen. In letzterem wurde die Sprecherin von ihrem Herrn (Gatten?) allein zurückgelassen und ist jetzt gezwungen, einsam in einer Erdhöhle zu hausen. Wie eine Antwort auf ihre Klage könnte »The Husband's Message«, die optimistischste der E.n, wirken, die wohl zu Unrecht manchmal als Teil von Rätsel Nr. 60 aufgefaßt wird: der landesflüchtige Gatte ist in der Fremde zu Ansehen gekommen und schickt nun seiner Frau einen Boten mit einem Runenstab, der sie bittet, ihm nachzufolgen. Ob tatsächl. ein Zusammenhang zw. der Klage der Frau und der Botschaft des Gemahls besteht, ist aber keineswegs sicher. Einige neuere Interpreten wollen z. B. »The Wife's Lament« als das Lied einer Toten ansehen und verweisen dafür auf an. Parallelen – diese These ist aber fragwürdig. Die Ruinen einer früher vom Leben durchpulsten Stadt, möglicherweise die des röm. →Bath, beschreibt »The Ruin«. Das →»Reimgedicht« beginnt mit einer Schilderung der prächtigen Vergangenheit des Sprechers (der als Fürst dargestellt wird), schildert dann die Mühsal und Bedrängnis der Gegenwart und endet schließlich mit dem Blick auf Gott und die himml. Freuden. →»Resignation« (auch »The Exile's Prayer«) hat weitgehend die Form eines Bußgebetes an Gott. In neuerer Zeit sind außer dem »Seafarer« auch die anderen E.n als Allegorien interpretiert worden – wie weit zu Recht, ist fragl., vgl. →Allegorie, V. 3. In der me. Lyrik gibt es zwar religiöse wie weltl. Klagen (z. B. Kreuzesklagen, Liebesklagen, Totenklagen usw.), aber man setzt für das Me. keine Gattung der E.n an. H. Sauer

Bibliogr.: NCBEL I, 276–312 – RENWICK-ORTON, 180–202 – S. B. GREENFIELD–F. C. ROBINSON, A Bibliogr. of Publ. on OE Lit., 1980, 217–219, passim – Q.: ASPR III, passim – I. L. GORDON, The Seafarer, 1960 – R. F. LESLIE, Three OE Elegies, 1961 – DERS., The Wanderer, 1966 – T. P. DUNNING–A. J. BLISS, The Wanderer, 1969 – R. BREUER–R. SCHÖWERLING, Ae. Lyrik, engl. und dt., 1972 – O. D. MACRAE-GIBSON, The OE Riming Poem, 1983 – *Lit.:* E. SIEPER, Die ae. E., 1915 – E. D. GRUBL, Stud. zu den ags. E.n, 1948 – A. C. BOUMAN, Patterns in OE and Old Icelandic Lit., 1962 – S. B. GREENFIELD, The OE Elegies (Continuations and Beginnings, ed. E. G. STANLEY, 1966), 142–175 – P. L. HENRY, The Early English and Celtic Lyric, 1966 – N. D. ISAACS, Structural Principles in OE Poetry, 1968 – K. H. GÖLLER, Gesch. der ae. Lit., 1971, 70–109 – K. REICHL, Zur Frage des ir. Einflusses auf die ae. weltl. Dichtung (Die Iren und Europa im früheren MA I, hg. H. LÖWE, 1982), 154–168 – The OE Elegies: New Essays in Criticism and Research, ed. M. GREEN, 1983.

VI. BYZANTINISCHE LITERATUR: Nach dem allmähl. Abklingen des quantitierenden Versmaßes in der byz. Dichtung ab dem 4. Jh. kann von der E. als selbständiger Gattung im Sinne der Antike (ein eleg. Distichon besteht aus einem Hexameter und einem Pentameter) nicht mehr gesprochen werden. Als Nachfolger eines Teils der antiken eleg. Dichtung können daher in der byz. Zeit lediglich jene Gedichte gelten, die der Thematik nach eine Ich-Bezogenheit aufweisen. Dazu zählen viele Gedichte in Trimetern bzw. Hexametern εἰς ἑαυτόν bzw. εἰς τὸν μάταιον βίον des →Georgios Pisides, Gedichte über die Abdankung in Zwölfsilbern des Nikolaos v. Kerkyra (11.–12. Jh.) sowie des Ebf.s v. Kypros und späteren Patriarchen Nikolaos IV. Muzalon (12. Jh.). Teils in der Volkssprache verfaßt sind – meist anonyme – Threnoi (Klagelieder) über die Einnahme der Hauptstadt durch die Lateiner 1204 sowie über die türk. Eroberung 1453. In der liturg. Dichtung begegnet das Thema der Zerknirschung (κατάνυξις) und der Nichtigkeit des ird. Lebens in zahlreichen Stichera der →Oktoechos sowie vorwiegend im →Triodion. Ch. Hannick

Lit.: HUNGER, Profane Lit. II, 158–163 – E. D. THEODORU, Ἡ μορφωτικὴ ἀξία τοῦ ἰσχύοντος τριῳδίου, 1958.

Zur E. in der skand. Lit. →Heldendichtung, →Klagelied.

Elegienkomödie. Der Begriff »Comoedia elegiaca« wurde 1885 von E. MÜLLENBACH geprägt, um ein 1875 von R. PEIPER als »profane Komödie des Mittelalters« erkanntes lit. Genus zu bezeichnen. Bekannt sind etwa 20 lat. Texte zumeist in eleg. Disticha (einige aber auch in Hexametern), die im 12. und 13. Jh. hauptsächl. in Nordfrankreich, jedoch auch vereinzelt in England, im westl. Deutschland, und – v. a. im 13. Jh. – auch in Italien entstanden. Lange Zeit herrschte in der Forschung Uneinigkeit, ob sie als dramatisch-theatralische oder episch-erzählende Werke aufzufassen seien. Die Bezeichnung »Comedia«, die einige von ihnen führen, trägt nicht zur Lösung dieses Problems bei, da der Begriff Komödie im MA nicht in jedem Fall eine dramat. Handlung impliziert. Die lit. Binnenanalyse der Texte hat im Hinblick auf ihre Einordnung als Theaterstück zu gegensätzl. Schlußfolgerungen geführt, je nachdem ob der Schwerpunkt auf die vorhandenen epischen Partien und die Beziehungen zur erzählenden Literatur (insbes. den Fabliaux) gelegt wurde, oder ob man die dramat. Elemente und die Aufführbarkeit hervorhob. Es hieße jedoch einen Irrtum aus »humanistischem« Blickwinkel begehen, wollte man den Titel »Komödie« ausschließlich im Sinne des klassisch-antiken Theaters anwenden. In Wahrheit handelt es sich um Werke, in denen sich in verschiedenem Maße die beiden Gegensätze verbinden: reine Erzählungen (»Milo«, »Rapularius«, »Asinarius«) stehen neben echten kleinen Komödien (»Pamphilus«, »Babio«), wobei es verschiedene Zwischenstufen gibt. Im »Pamphilus« z. B. findet sich nur ein einzelner erzählender Halbvers, im »Babio« überhaupt keiner; beide E.n kennen offensichtlich szenische Hilfsmittel wie z. B. das Beiseitesprechen; mit gutem Grund ist anzunehmen, daß »Pamphilus« aufgeführt wurde. Das Verbindende all dieser Texte ist jedoch nicht ihre Eignung zur szen. Aufführung, gemeinsam ist ihnen vielmehr, »Komödien« im ma. Sinn zu sein, d. h.: Erzählungen, zu einem mehr oder minder dramat. Ablauf verbundene Szenen, seltener Einzelszenen oder ein Gemisch aus Szenen und Erzählungen, mit komischem Inhalt und gutem Ausgang, in denen Personen verschiedensten Standes und Probleme des täglichen Lebens dargestellt sind. Der Umfang der Texte schwankt zw. vier Versen in einer der vielen Versionen des »De mercatore« und 1118 Versen in »De Paulino et Polla«. Erot. und schwankhafte Stoffe überwiegen: Verführung, Ehebruch, Liebesverhältnisse mit Freudenmädchen, derbe Scherze usw. Als Typen kommen vor: der junge unerfahrene Liebhaber; das naive, aber lebenslustige Mädchen; die alte Kupplerin; der prahler. Soldat; die geizige Dirne; der grobe und pfiffige Sklave; der betrogene oder eifersüchtige Ehemann usw. Gelegentlich findet sich auch scherzhafte Verspottung zeitgenöss. Wissenschaftsbetriebs. Auf die Charakterisierung der Frauengestalten wird bes. Wert gelegt.

Initiator der E. ist wahrscheinlich →Vitalis v. Blois (»Geta«, »Aulularia«) Mitte des 12. Jh. Die anderen bekannten Autoren sind: →Wilhelm v. Blois (»Alda«),

→Matthäus v. Vendôme (»Milo«), →Hugo Cancellarius (»De clericis et rustico«), →Galfrid v. Vinsauf (de Vinosalvo; »De tribus sociis«), Johannes de Garlandia (»Crinnechochet«), Jacobus vermutl. von Benevent (»De uxore cerdonis«), →Richard v. Venosa (»De Paulino et Polla«). Die übrigen Texte sind anonym.

Die Stoffe gehen in einigen Fällen auf die Antike zurück. »Geta« lehnt sich an den plautin. »Amphitruo« an; »Aulularia« hat den spätantiken »Querulus sive Aulularia« zum Vorbild; Wilhelm v. Blois erklärt, sich an einer verlorenen Menander-Komödie inspiriert zu haben (vielleicht 'Ἀνδρόγυνος ἢ Κρής), »Miles gloriosus« übernimmt von Plautus nur den Titel. Häufiger sind die Stoffe auf die große oriental. und okzidentale Erzähltradition zurückzuführen. Sprache, Stil und Verstechnik sind Ovid verpflichtet. Die berühmteste E. von allen ist »Pamphilus«, deren Geschichte auf den fünf Stufen der Liebe aufgebaut ist und sich zu einer richtigen kleinen »Ars amandi« entfaltet. Sie ist in zahlreichen Hss. und alten Drucken überliefert. In verschiedene Sprachen übersetzt und nachgeahmt, wurde diese E. noch in der Hochrenaissance geschätzt. Jan Prot (2. Hälfte des 15. Jh.) teilte sie in Akte und Szenen, kommentierte sie und veröffentlichte sie als richtiges Theaterstück. Auf den Titel geht das Wort »Pamphlet« in verschiedenen europ. Sprachen zurück.

Nicht wenige Verse sentenziösen Charakters sind aus E.n entnommen worden und in das allgemein verbreitete Spruchgut eingegangen. M. Feo

Q.: Arnulf v. Orléans, ad Ov., Rem. 755: »ILLIC: in theatro. FICTI, sicut Panphilus et sicut ceteri qui in comedia inducuntur; persone inflammantur, quia quanto plus cernunt ludicra illa, tanto magis afflammatur amor earum; vel SALTANTUR: per saltationes et gesticulationes representantur« (M. Feo, Arnolfo d'Orléans: una silloge di commenti ovidiani [Diss. Pisa 1963], XLVII–LIV, LXVII–LXXII, 254) – Ed.: E. Müllenbach, Comoediae elegiacae, 1885 – Comoediae Horatianae tres, ed. R. Jahnke, 1891 – Guilelmi Blesensis Aldae comoedia, ed. C. Lohmeyer, 1892 – J. de Morawski, Pamphile et Galatée par J. Bras-de-Fer de Dammartin-en-Goële, 1917 – H. Niewöhner, De uxore cerdonis, ZDA 65, 1928, 65–92 – Asinarius und Rapularius, hg. K. Langosch, 1929 – Riccardo da Venosa, Le nozze di Paolino e Polla, ed. D. Pinto, 1930 – La »comédie« lat. en France au XIIe s., ed. G. Cohen u. a., 2 Bde, 1931 [15 Texte] – E. Franceschini, Due testi latini inediti del basso Medioevo, 1938 (Scritti di filol. lat. medievale, 1976, I, 205–229) – L. Holm-Olsen, Den gammelnorske oversettelsen av Pamphilus, 1940 – De Babione poème comique du XIIe s., ed. E. Faral, 1948 – F. G. Becker, Pamphilus, 1972 – A. Paeske, Der »Geta« des Vitalis v. Blois, 1976 – Commedie lat. del XII e XIII sec., ed. F. Bertini u. a., 4 Bde, 1976–83 [bisher 15 Texte ersch.] – Lat. Comediae des 12. Jh., hg. J. Suchomski und M. Willumat, 1979 [10 Texte] – Mathei Vindocinensis Opera, ed. F. Munari, II, 1982, 57–72 – Il Panfilo veneziano, ed. H. Haller, 1982 – Lit.: R. Peiper, Die profane Komoedie des MA, Archiv für Litteraturgesch. 5, 1876, 493–542 – E. Faral, Le fabliau lat. au MA, Romania 50, 1924, 321–385 – Manitius III, 1015–1040 – J. Rolland, Essai paléographique et bibliogr. sur le théâtre profane en France avant le XVe s., 1945 – G. Vinay, La commedia lat. del sec. XII, SM, NS 18, 1952, 209–271 – J. Lewański, Komedia elegijna, 1968 – W. Schmidt, Unters. zum »Geta« des Vitalis Blesensis, 1975 – W. Blumenthal, Unters. zur Komödie »Pamphilus«, MJb 11, 1976, 224–311.

Elektron (1. gr. ἤλεκτρον →Bernstein, 2. gr. ἤλεκτρος, evtl. abgeleitet von ἠλέκτωρ 'Strahler', 'Hellgold'). Natürliche und auch künstl. hergestellte Gold-Silberlegierung (meist im Verhältnis 4 zu 1), welche eine hellere, »strahlendere« und v. a. härtere Konsistenz als pures Gold erbrachte und in Ägypten unter dem Namen Asem wertvoll war, da Silber in geringerem Maße als Gold vorkam. In der Münzprägung, im Kunstgewerbe und in Gebrauchsgegenständen wurde das E. in Antike und MA hochgeschätzt. Zur Härtung wurden auch noch andere Materialien, wie Stahl und später Kupfer hinzugegeben. Latinisiert *electrum* wurden im MA Legierungen genannt, die zur Waffenhärtung aus Gold, Silber, Stahl, Zinn, Blei, Quecksilber hergestellt und als *E. magicum* bezeichnet wurden. Wismuth ist ebenfalls damit zeitweise zu identifizieren, wie auch das mit Kupfer versetzte *regulum compositum*. Wie manche andere Stoffe ist E. im MA (Trinkpokal) als Giftanzeiger vermeintl. Verfärbung und/oder Aufschäumung – beliebt gewesen. In der frühen NZ wird als E. eine Kupfer-Gold Mischung mit dem alten Namen *Suassa* (natürlich in Timor vorkommend) bezeichnet (»Kupferberg«). Ahd. findet sich für E. die Bezeichnung *weralttiurida* (Abrogans, 8. Jh.), später mhd. *gesmelze, gismelzi, gunderfai* und Bleichgold. In der NZ wurden Magnesium-Leichtmetalllegierungen E. genannt. G. Jüttner

Q. und Lit.: Plinius. Nat. hist. 33, 80f. – RE V,2, 2315–2317 [H. Blümner] – H. Scheins, De electro veterum metallico, 1871 – H. Blümner, Technologie und Terminologie der Gewerbe und Künste bei Griechen und Römern IV, 1886, 160ff. – H. Lüschen, Die Namen der Steine, 1979².

Elektuarien. Electuarium, von gr. ἔκλειγμα und ἐκλεικτόν (zu λείχειν '[auf]lecken') 'was man aufleckt' bzw. 'was man im Mund zergehen läßt'; arab. *ǧawāriŝn* und *mag'ǧūn*, mfrz. (é)lectuaire, mhd. *latwârje* und *latwerge*, mnd. *lactwarige* und *lactuarie* (auch ndl.), 'Latwerge'. Ursprgl. durch Indikation (Lungen- und Brustkrankheiten), Vehikel (Honig) und Applikation (Auflecken) charakterisierte Arzneiform, die bereits in der Spätantike (3./4. Jh. n. Chr.) allmählich gegen alle möglichen Krankheiten und auf verschiedene Weise appliziert wurde. Entscheidend war die Entdeckung, daß Mischen mit Honig bei Drogen und Früchten eine bestimmte Haltbarkeit gewährleistete, deren Dauer von der Viskosität (»densitas«, im Antidotarium Nicolai, 11. Jh., bereits: »viscositas«) des Vehikels (bzw. der Gesamtmasse) abhängig war, die oft durch einen Tropftest geprüft wurde. Von den lat. Bezeichnungen »e(c)ligma«, »eligmatium« und »elect(u)arium« setzte sich seit dem 6. Jh. die letztere durch, die dann in einer Zeit, als die Latwergen zu den am meisten verbreiteten »ausgewählten« Arzneimitteln gehörten (hierzu auch →Theriak, →Dia- und →Hiera-Mittel), in typisch mlat. Etymologisierungsmethode mit eligere 'auswählen' in Verbindung gebracht wurde. Nach der Einführung des Zuckers (→Sirup) in die ma. Medizin und Pharmazie durch die Araber wurden auch eingedickte Zuckerlösungen als Vehikel benutzt, oft aber, da Honig als qualitativ wärmer galt denn Zucker (z. B. bei Saladin v. Ascoli, 15. Jh.), variierte dieses nach Jahreszeit: im Sommer Zucker, in den kalten Perioden Honig. Die Drogenpulver (grobgepulvert für lösende, feingepulvert für stärkende E.) wurden mit Honig bzw. Zucker gekocht, Aromata jedoch erst zuletzt hinzugefügt, Harze und Gummiarten vorher in Wein gelöst. Die Herstellung scheint so bekannt gewesen zu sein, daß sich in den Antidotarien und der übrigen Fachliteratur Salernos außer den Ingredienzien keine weiteren Anweisungen dazu finden. Obwohl das Antidotarium Nicolai nur fünf E. als solche nennt, umfaßt diese Arzneiform (Abschlußformel: »mellis quod sufficit«) weit über die Hälfte (mindestens 75) der insgesamt 142 Vorschriften verschiedener Konsistenz (zähflüssig bis fest, dann ausgewalzt und in Stücke geschnitten) und Applikation (Leckmittel, Salbe, Pille, Zäpfchen). Hingegen sind die sauren Latwergen (Oxi-Mittel) aus Essig bzw. sauren Pflanzensäften und Honig bzw. Zucker keine echten E. F.-J. Kuhlen

Q. und Lit.: Saladin v. Ascoli, Compendium aromatariorum, hg. und übers. v. L. Zimmermann, 1919 – D. Goltz, Ma. Pharmazie und Med., VIGGPh NF 44, 1976.

Elementarium → Papias

Elementarunterricht, in welchem die für die Unterrichtung in den →artes liberales vorausgesetzten Kenntnisse vermittelt werden, bezeichnet den Anfangsunterricht in Lesen, Singen und Rechnen sowie – als eigenem Fach – Schreiben, das im MA nicht jeder Lesekundige beherrschte. Da die antike Elementarschule als solche nicht fortbesteht, werden ihre Aufgaben zum einen von den sich im Laufe der Jh. ausbildenden ma. Bildungsinstitutionen (→Kloster-, →Pfarr-, →Dom-, →Stifts-, Stadtschule [→Schulwesen, städt.], →Erziehungs- und Bildungswesen), zum andern in nicht zu unterschätzendem Grade von Einzelpersonen (z. B. Ortsgeistlichen) getragen. Aus dem E. stammende Gebrauchsgegenstände (z. B. Alphabet-, Schreib-, Wachstäfelchen) sind, bes. aus dem früheren MA, nur ausnahmsweise erhalten, einiges kann aus hs. Einträgen in Codices, das meiste muß aus verstreuten lit. Zeugnissen verschiedener Art (Bildungsverordnungen, biograph. Bemerkungen, Unterrichtsanleitungen [→Hugo Spechtshart v. Reutlingen, Forma discendi] und vielem mehr) gewonnen werden.

Der Schüler, dessen Mindestalter ungefähr sieben Jahre betrug, lernte durch Hören und Nachsprechen zuerst einzelne Verse und Stücke des Psalters oder einfache Gebete auswendig (die Verlagerung des Schulwesens aus dem monast. in den klerikalen und weltl. Bereich bedingt im späteren MA ein Überwiegen der letzteren). Im Leseunterricht lernte man vom Alphabet (Vokale und Konsonanten) ausgehend Buchstaben zu Silben (wohl in Silbenreihen: ba, be, bi, bo, bu usw.) zu verbinden, sodann wie aus Silben Wörter, aus Wörtern Sätze gebildet sind (Notkers des Stammlers Formelbuch 41, ed. ZEUMER, MGH Formulae 423, 15–17: quae sint elementa, et qualiter ea coniuncta syllabam, syllabae vero conexae dictionem, dictiones vero ordinate compositae intelligibilem perficiant orationem, vgl. Priscian, inst. XVII, I 2), wobei Wort- und Satzbildung an den auswendiggelernten Texten studiert worden zu sein scheinen (vgl. das von BISCHOFF, 1966, 76, gen. Psalterfragment, in welchem die Silbengrenzen markiert sind). – Ob und inwieweit mit dem Lesen auch in den Vortrag der Texte eingeführt wurde, bleibt in Anbetracht der Schwierigkeit von Rezitation und liturg. Gesang in Offizium oder Messe ungewiß: enge Verbindung von Singen und Lesen zeigen die spätma. engl. *singschools* (→Psalmodie). – In welcher Phase der lat. Sprachunterricht einsetzte, ob schon beim Auswendiglernen oder im Leseunterricht, ist nicht sicher. Auf der untersten Stufe nahm der Unterricht noch die Volkssprache zuhilfe (→Glossen), ist aber früh in Frage und Antwort gehalten (die ars minor des →Donatus und deren ma. Bearbeitungen, →Ianua, andere elementare Anleitungen s. J. J. BAEBLER, Beitr. zu einer Gesch. der lat. Grammatik im MA, 1885/1971, 189–206; Grammatellus, Ps.-Remigius; →Dialog); der Schüler soll von Anfang an im aktiven Gebrauch der lat. Sprache geübt werden. Im späteren MA heißen Elementarschüler auch donatistae (siehe z. B. des Iohannes Balbus Catholicon s. v.); mit der Lektüre der →Disticha Catonis (→Cato) geht der E. dann in den Grammatikunterricht über, in dem die Schulautoren (→Schullektüre) gelesen werden. – Im Rechnen lernte man wohl nicht viel mehr als Kardinal- und Ordinalzahlen – und vielleicht einfache Additionen und Subtraktionen –, aber schon das Fingerrechnen und bes. die Berechnung kirchl. Festtage gehen über den E. hinaus (→Mathematik, →Abacus, →Komputistik). – Als Unterrichtsmittel diente neben den überall vorhandenen liturg. Büchern die Alphabettafel, ein an der Wand befestigtes oder auf einen Holzrahmen gespanntes Pergamentblatt; nach ihr wohl wurde später ein weitverbreiteter Elementarlesebuchtyp, der im Anschluß an das Alphabet einfache Gebete (Paternoster, Credo u. a.) enthielt, tabula benannt; sie lebt auch in sog. Kindertafeln (mit Silbenreihen) in dt. Sprache (knickbarer Einblattdruck) bis mindestens ins 16. Jh. fort; in England entsprechen dem die sog. *primers.* – Schreiben zu lernen erforderte im MA eine spezielle Ausbildung, die nicht jeder Lesekundige auf sich nahm; sie erfolgte wohl erst nach dem Leseunterricht. Man lernte mit den Schreibutensilien (→Schriftwesen) umgehen, und versuchte sich sodann zuerst an den einfacher zu schreibenden, dann an den komplexer gebildeten Buchstaben; von der hierin beachteten Systematik zeugen u. a. Schreibverse, die entweder versuchen, mit einer möglichst geringen Zahl verschiedener Buchstaben auszukommen (oft mit omnis beginnend, Häufung der Schäfte) oder alle in sich zu vereinigen (Alphabetverse); auch übte man sich im Schreiben von Silbenreihen. Außer in Hss. erhaltenen Schreibversuchen geben Schreibanleitungen Auskunft (→modus scribendi).

E. Rauner

Lit. [jeweils mit weiterführender Lit.]: L. THORNDIKE, Elementary and Secondary Education in the MA, Speculum 15, 1940, 400–408 – B. BISCHOFF, E. und Probationes Pennae in der ersten Hälfte des MA (DERS., Ma. Stud. I, 1966), 74–87 – A. L. GABRIEL, Preparatory Teaching in the Fourteenth C. (DERS., Garlandia, 1969), 97–124 – N. ORME, English Schools in the MA, 1973, bes. 59ff. – B. BISCHOFF, Paläographie des röm. Altertums und des abendländ. MA, 1979, passim – P. RICHÉ, Les écoles et l'enseignement dans l'Occident chrétien de la fin du V e s. au milieu du XI e s., 1979, 221–236, 431f.

Elemente (lat. elementum, gr. στοιχεῖον 'Buchstabe, Reihenglied'), Grundstoff. (Στοιχεῖα [»elementare Sätze«] findet sich auch als Titel math. Werke, am berühmtesten sind die στ. des Euklid; der Begriff kann auch Naturgewalten, Elementargeister und bei den Kirchenvätern Idole, Götzen bedeuten).

[1] *Antike und ma. gelehrte Tradition:* Die E. (στοιχεῖα, lat. elementum) sind den ἄτομα (→Atomistik) gelegentl. gleichgesetzt, doch als vier bzw. später fünf Grundprinzipien, »Elemente«, des Stoffaufbaues, den »Atomen« des Leukipp und Demokrit (von →Lukrez auch als »elementa« bezeichnet) von der Theorie her eigtl. entgegengesetzt und haben schon in der Antike und im MA diese antike Atomistik verdrängt, bis diese mit Descartes seit dem 17. Jh. im mechanist. Weltbild aufgegriffen und weiterentwickelt, zu den heutigen chem. E.n des Periodensystems geführt hat.

Im indoeurop. Raum sowie in China sind, soweit Quellen vorhanden, vier oder fünf Grundelemente des Stoffaufbaues angenommen worden (in Indien u. a.: Erde, Wasser, Feuer, Luft [Wind] und ein Weltraumelement [später Äther]; in China: Erde, Wasser, Feuer, Holz, Metall). Im Grunde wird dies auf eine ursprgl. ind. Lehre dreier Substanzen: Feuer, Wasser, Erde (= Materie, Speise) zurückgeführt.

Von den ionischen Naturphilosophen wurden jeweils einzelne dieser E. als Urstoff angesehen; Empedokles hat sie in der Vier-Elemente-Lehre (Feuer, Erde, Wasser, Luft) zusammengefaßt. Mit der aristotel. Ergänzung einer quinta essentia, des Äthers, auch →Spiritus (im Neuplatonismus: Pneuma), hat diese Lehre die Naturlehre, Mineralogie und auch die Medizin (vgl. Abschnitt 2) das MA bis weit in die Neuzeit hinein geprägt. Die jeweils zwei E.n zukommenden Qualitäten »warm–trocken–feucht–kalt« bildeten die Übergänge und führten zu Umwandlungen und Definitionen, wie z. B. den vier Körpersäften als Sitz von Gesundheit, Krankheit und Konstitution, eine Lehre, die die Schulmedizin des MA prägte. In der Nachfolge pythagoreischer Vorstellungen unterlegte Platon den E.n jeweils bestimmte geometr. Ausformungen, doch wurden für das MA die aristotel. »Beweglichkeit«, die Aktivitäten und damit der Prinzipiencharakter der E. bestimmend, obgleich das Problem der minima naturalia, der in kleinste Grundbausteine stofflich fixierten E. im MA diskutiert worden ist. Der weitere aristotel. Begriff von der hyle, der passiven prima materia, die durch die Entelechie strukturiert wird – im christl. Bereich das Chaos, das durch den Logos benannt und geformt wird –, verstärkte den Dynamis-Charakter der E. gegenüber der ursprgl. Urstofftheorie. Dem entspricht auch die Quinta Essentia, der »Aether«. Aristotel. formuliert, beherrscht er, aus dem auch Himmel und Gestirne gebildet sind, die Ausformung und Verteilung der vier sublunaren Elemente und beinhaltet damit in späterer Interpretation die Makro-Mikrokosmosentsprechung, die →Sympathielehre und Emanationsvorstellung der Neuplatoniker (→Astrologie). Der auch als himml. Feuer und Lichtstoff benannte Aether ist somit Informationsträger für die Matrix der →Materia prima in bezug auf das Mischungsverhältnis der vier sublunaren E. zur Ausgestaltung der Naturalia. Dem entspricht die gelegentl. Gleichsetzung von →Quinta Essentia, Aether, →Spiritus und auch →Anima, welche dem ird. Sein Gestalt und Tugenden (virtutes, u. a. med. Wirksamkeit) verleiht. Für die ma. →Alchemie sind diese Theorien bestimmend geworden, da durch spirituale und technolog. Prozesse (»ora et labora«) der geformte Naturstoff in eine Materia prima zurückgeführt und durch Insemination mit einer Quintessenz, Tinktur, →Stein der Weisen, in eine gewünschte, jeweils höhere Struktur verändert werden kann (trivial: Goldmacherkunst, wozu die »niedere« →Alchemie mit nur Falsifikations-Erfolgen, aber Gewinn für die chem. Technologie der MA auch meist genutzt worden ist). Seit dem 14. Jh. werden den vier E.n durch arab. Einfluß (Pseudo – →Geber) eine Dualität von →Sulphur (Schwefel = Feuriges, Brennendes [anima]) und →Mercurius (Quecksilber = Flüchtiges [spiritus]) entgegengesetzt bzw. meist als weiter strukturierende Prinzipien nachgestellt. Dem folgt mit Paracelsus zu Beginn des 16. Jh. das →Sal (Asche, Rückstand, Schwere [corpus]), als dann vollständige naturphilos. Trias, so daß in den Texten von dreieckigem (Trias) und viereckigem (4 E.) Aufbau der Stoffe die Rede ist. Die Trennung von metaphys. Aether und vier physischen (sublunaren) E.n wurde vermischt mit den astrolog. Gleichsetzungen dieser E., den in vier Trigonen gegliederten Zeichen des →Tierkreises (spätma.): Feuer (Sonne und Mars [Seraphim], Tugenden und Kräfte); Luft (Jupiter und Venus [Cherubim]); Wasser (Saturn und Merkur [Erzengel und »Gekrönte«]); Erde (Fixsterne und Mond [Herrschaften und Fürstentümer]).

Die →Planeten-Zuordnung zu den bekannten →Metallen, bis auf das →Elektron, das erst später durch das Quecksilber ersetzt worden ist, wurde durch die Augenfälligkeit des gewinnbaren reinen Stoffes geprägt und nimmt nicht den heutigen E.-Begriff vorweg, da auch chem. Verbindungen verschiedenster Art – abgesehen von dem empirisch gewonnenen Wissen im →Bergbau – als eigenständige Substanzen betrachtet wurden, bis im 15./16. Jh. mit der →Spagyrik (»solve et coagula«) Ansätze zu chem. Analytik aufkamen, die sich mit der mechanist. Naturlehre vom 17. ins 19. Jh. zum endgültigen Elementensystem formiert haben.

Das 5. E., die »Quintessenz« nicht nur als →lapis philosophorum, sondern auch als Allheilmittel, →Panazee, arcanum, zu gewinnen, galt das Interesse der Mediziner im SpätMA. So ist der →Alkohol »Quintessenz« und bis heute Spiritus benannt und der Äther (Anhydride der Alkohole, schon von Valerius Cordus [1515–44] durch Destillation einer Mischung von Schwefelsäure und Alkohol hergestellt) entsprechend genannt, und dies ist in Form der »Hoffmanns-Tropfen« (18. Jh.) bis heute und zudem noch als Narkose-Äther im Namen der ma. Vorstellungen tradiert worden. In der Physik hat gerade in der Korpuskulartheorie des Lichtes der aristotel. »Äther« eine ebenfalls weit in die Neuzeit reichende Tradition.   G. Jüttner

[2] *E. in der Medizin:* Eine endgültige Einbeziehung der E. in das med. Schema der →Humoralleh re ist erst im Corpus Galenicum sicher nachweisbar, obwohl schon bei den Vorsokratikern, im Corpus Hippocraticum und in der Naturlehre des Aristoteles und der Stoa über die Gemeinsamkeit der vier Qualitätenpaare (warm–trocken, trocken–kalt, kalt–feucht, feucht–warm) eine direkte Zuordnung der E. (Feuer, Erde, Wasser, Luft) zu den Körpersäften (gelbe Galle, schwarze Galle, Schleim, Blut) und den Konstitutionen (Choleriker, Melancholiker, Phlegmatiker, Sanguiniker) nahegelegen hätte. In der galen. Tradition der ma. Medizin wird dieser kosm. Zusammenhang dann im Sinne der →res naturales manifest und zeigt sich, oft in kunstvollen Vierer-Diagrammen schematisiert, in vielen Hss. seit dem 4. Jh. Exemplarisch für diese Textgattung kann eine der wichtigsten Basis- und Lehrschriften der ma. Medizin, die *Isagoge ad Tegne Galieni* des →Johannitius (→Articella) stehen, die, von den vier E.n ausgehend, deren Bezug zu den Qualitäten, Säften, Hauptorganen, Lebensaltern, Jahreszeiten, Windrichtungen, Erdformationen, Fieberarten, Geschwürsformen etc. in tabellar. Aufzählung erkennen läßt.   H. H. Lauer

[3] *Zur Ikonographie* der E., die als Repräsentanten des Kosmos v. a. bei Darstellungen der Schöpfung, Kreuzigung, Maiestas Domini, Imago Mundi sowie in Illustrationen des Psalters und naturwissenschaftl.-kosmolog. Werke seit karol. Zeit, in besonders reichem Maße jedoch im 12. Jh. erscheinen, siehe →Personifikationen.

Lit.: zu [1]: LAW, 802 – RAC IV, 1073–1100 – J. Mayerhöfer, Lex. der Gesch. der Naturwiss. 1, 1959ff., s.v. Äther – D. R. Oldroyd, Some Neo-Platonic and stoic Influences on Mineralogy in the 16. and 17. C., Ambix 21, 1974, 128–156 – W. Pagel–M. Winder, The higher Elements and Prime Matter in Renaissance Naturalism and in Paracelsus, ebd., 93–127 – W. D. Müller-Jahncke, Astrolog.-Mag. Theorie und Praxis in der Heilkunde der frühen NZ, SudArch, Beih. 25, 1985 – zu [2]: E. Schöner, Das Viererschema in der antiken Humoralpathologie, SudArch, Beih. 4, 1964 – G. Maurach, Johannicius. Isagoge ad Techne Galieni, SudArch 62, 1978, 148–174.

Elemosinarius (häufig auch: Eleemosynarius, zu gr. ἐλεέω 'bemitleiden', ntl. ἐλεημοσύνη 'Mitleid', 'Wohltätigkeit', 'Almosen'), fließende und nicht definierte Bezeichnung für Spender, Erblasser, Testamentsvollstrecker sowie für bedürftige Empfänger, v. a. aber für offiziell bestallte Amtsträger, die an kirchl. Institutionen oder weltl. Höfen mit der Verteilung von →Almosen im weitesten Sinne und der Leitung von 'Elemosinarien' betraut waren. Die Hauptaufgaben des päpstl. sacculariu (schon im →Ordo Romanus belegt) waren die Verteilung der Almosen, die Entgegennahme von Bittschriften und die Besoldung der festen Amtsträger. An der päpstl. →Kurie in Avignon bildete sich das gesonderte Amt des E. secretus heraus, der eng an die Person des Papstes gebunden war und diesen bei Ausritten und Prozessionen begleitete (→Aumônerie). Der klösterl. E. (auch: hospitalarius, magister hospitum, beneficus u. a.) verwaltete das Armenspital (im Gegensatz zum custos hospitii, dem Vorsteher

des Vornehmenspitals; →Hospital, -wesen) und erfüllte sonstige Distributionsaufgaben; seine Rechte und Pflichten sind v. a. in den benediktin. Consuetudines genau geregelt. In Stiftskapiteln wurde der Verwalter der Präbenden in seltenen Fällen E. oder dispensator eleemosynarum genannt. Die Ablaß- oder Almosenprediger (→Ablaß) hießen bis zu ihrer Aufhebung auf dem Konzil v. Trient (Sess. XXI, De Ref. IX) quaestores eleemosynarum. – An verschiedenen Herrscherhöfen, so in Frankreich und Aragón, fungierten Elemosinarii als Amtsträger; der frz. E. durchlief eine Sonderentwicklung zu einem der wichtigsten Hofämter (→Aumônerie; →Almosenier).
B.-U. Hergemöller

Q.: Q. zum klösterl. E.: Corpus Consuetudinum monasticarum, hg. K. Hallinger, 12 Bde, bis 1985 – *Lit.*: Du Cange II, 244f. – ECatt V, 204f. [G. Felici] – Wetzer und Welte's Kirchenlex. I, 1882², 574ff. [v. Hefele].

Elendenbruderschaften, Bruderschaften (fraternitates, kalendae, gyldae) für Elende (exules, advenae, egeni, pauperes, miseri) waren Vereinigungen von Personen verschiedenen Standes (geistl.-weltl.; adlig-bürgerl.) und wiesen ähnliche Bedeutungs- und Strukturmerkmale auf wie andere Bruderschaften (→Bruderschaft, Abschnitt 3). Ihre Zielgruppe waren jedoch die »Elenden«, d. h. →Fremde, Nicht-Heimische, Umherirrende und →Pilger. Je nach materieller Ausstattung gaben die E. en den Elenden Herberge (in Elendshäusern, Elendsherbergen [→Herbergen] u. a.), Kost und Kleidung. Hauptaufgabe war die Aufnahme der Elenden in die Gebetsverbrüderung und die Sorge um ein christl. Begräbnis. Im Todesfall übernahmen die E.en Totenwache, Leichentuch, Begräbniskosten, Kerzen (Elendskerzen) und Seelmessen (am Elendsaltar). Viele E.en spezialisierten sich auf fremde Geistliche, Scholaren und Pilger sowie auf »personae miserabiles« (Witwen, Waisen, Kinder). Später traten auch E.en zur Versorgung Gebrechlicher und Behinderter auf; die Trierer »fraternitas exulum« war z. B. in vier Klassen (Krüppler, Blinde, Sieche und »Gerade«) aufgeteilt und wies einen ausgedehnten Mitgliederkreis und Einzugsbereich auf. – Die E.en entstanden schlagartig kurz nach 1300 (vgl. →Bürgerspital) und erlebten im 14. und 15. Jh. ihre Blütezeit. Die meisten von ihnen wurden in der Reformationszeit aufgelöst bzw. (auf kath. Seite) in reine Armeseelenbruderschaften (→Armut) umgewandelt. Einzig die Paderborner E. hat sich bis heute erhalten können.
B.-U. Hergemöller

Lit.: E. v. Moeller, Die E.en, 1906 [dazu: H. Falk, in: HJb 30, 1909, 322–328] – J. Allendorff, Die Elendsgilden in der Mark Brandenburg, Wichmann-Jb. 7, 1953, 28–35 – R. Laufner, Die »Elenden-Bruderschaft« zu Trier im 15. und 16. Jh., Jb. westdt. Landesgesch. 4, 1978, 221–237.

Elene, Elena → Helena

Elene, eines der signierten ae. Gedichte →Cynewulfs, überliefert im →Vercelli-Buch. In 15 Abschnitten erzählt Cynewulf die Legende, wie Helena, die Mutter Ks. Konstantins, nach dessen Sieg und Bekehrung das Kreuz Christi suchte und fand. Der Jude Judas, zunächst ihr Hauptgegenspieler, wird unter dem Namen »Cyriacus« Christ. Dem Stoff seiner lat. Quelle (vgl. AASS 4. Mai) fügte Cynewulf Elemente der heroischen ae. Dichtung hinzu (Schilderung von Schlacht und Seefahrt). Der 15. Abschnitt, in dem der Dichter von sich spricht, ist (abgesehen von der Nennung seines Namens) wohl nicht autobiograph. zu deuten, sondern als literar. Topos.
H. Sauer

Bibliogr.: NCBEL I, 277f. – Renwick-Orton, 225–227 – S. B. Greenfield – F. C. Robinson, A Bibliogr. of Publ. on OE Lit., 1980, 219–222 – Q.: ASPR II, 66–102 – P. O. E. Gradon, Cynewulf's Elene, 1958 [u. ö.] – *Lit.*: D. G. Calder, Cynewulf, 1981, 104–138 – E. R. Anderson, Cynewulf, 1983, 103ff.

Eleonora d'Arborea → Arborea (1. A.)

Eleonore

1. E. v. Portugal, 1452–67 Ksn. und Gemahlin →Friedrichs III., * 18. Sept. 1434 in Torres Vedras als 4. Kind →Eduards, Kg.s v. Portugal, † 3. Sept. 1467 in Wiener Neustadt, ⊐ebd., Neukloster OCist, prächtiges Grabmal erhalten. – Es ist unklar, ob die Kontakte zu →Burgund, dessen Hzg.e enge Bindungen zur Iber. Halbinsel unterhielten oder das Interesse an den Entdeckungen den Ausschlag gaben, daß der Habsburger Friedrich 1448/49 um die Hand der ptg. Prinzessin anhielt. Nachdem ein Heiratsprojekt E.s mit dem frz. Dauphin →Ludwig (XI.) 1445 fehlgeschlagen war, entschied sich die umworbene E. angeblich selbst für den zukünftigen Ks. Nach langen Verhandlungen, geführt auf ptg. Seite von João Fernandes da Silveira (Prokuration vom 27. Juli 1450), auf ksl. u. a. von Enea Silvio Piccolomini (später →Pius II.), erfolgte am 16. März 1452 zu Rom die Trauung; am 19. März wurde E. mit ihrem Gemahl hier gekrönt. Die hübsche, lebenslustige und gebildete Frau war von dem einfachen Leben in Österreich enttäuscht, zumal sie auch von polit. Entscheidungen ausgeschlossen blieb. Ihren Gatten, der Niederlagen erlebt hatte und vorsichtig geworden war, schätzte sie wenig. Der frühe Tod dreier ihrer fünf Kinder war ein weiterer Schlag. Abgesehen von dem Einfluß, den sie auf ihren Sohn, den späteren Ks. →Maximilian I., ausübte, war ihr größere Wirkung versagt, doch dürfte sie als Förderin von Humanisten eine derzeit noch nicht hinreichend erforschte Bedeutung erlangt haben.
H. Koller

Lit.: Dicionário de Hist. de Portugal II, 705f. – A. de Sousa Silva Costa Lobo, Hist. da Sociedade em Portugal no Século XV, 1904, 560–561 [zu den Ausgaben für die Heirat] – Sousa Viterbo, D. Leonor de Portugal, Imperatriz da Alemanha, Archivo Hist. Portuguez 7–8, 1909–10 – A. Zierl, Ksn. E. und ihr Kreis. Eine Biographie (1436–67) [Diss. masch. Wien 1966] – Dies., Ksn. E., Gemahlin Friedrichs III. (Friedrich III., Kaiserresidenz Wiener Neustadt, Ausstellungskat., 1966), 144–153 – A. Strnad, Johannes Hinderbachs Obedienz-Ansprache vor Papst Pius II., RHMitt 10, 1967, 136ff. – H. Wiesflecker, Ks. Maximilian I., I, 1971, 58–80 – M. Köfler, Eleonore v. Schottland (Schlern-Schriften 269, 1982), 92.

2. E. v. Kastilien, Kgn. v. Aragón, * Herbst (vor 14. Dez.) 1307, ermordet Ende 1358 in Castrojeriz, Tochter Kg. Ferdinands IV. v. Kastilien und der Konstanze v. Portugal, 2. Gemahlin Kg. →Alfons' IV. v. Aragón. Bereits Ende 1308 bildete die Heirat der »fija primera e heredera« (→Alfons [XI.] wurde erst 1311 geb.) mit dem aragon. Infanten einen Vertragspunkt zw. Ferdinand IV. und Jakob II. v. Aragón. Die Ehe wurde am 18. Okt. 1319 in Gandesa geschlossen, doch trat der Bräutigam kurz darauf in den Johanniterorden ein (22. Dez. 1319) und verzichtete auf die Thronfolge. In 2. Ehe heiratete E. Anfang Febr. 1329 in Tarazona Kg. Alfons IV., an dessen Regierungstätigkeit sie unter dem Einfluß ihrer Hofdame Sancha de Velasco ehrgeizig Anteil nahm. E. erhielt die Stadt →Huesca und weitere Orte und Burgen auf Krongut, v. a. aber sorgte sie für ihre Söhne →Ferdinand (* Dez. 1329) und Johann. Für Ferdinand wurde die Mgft. →Tortosa, mit wichtigen Besitzungen an der Grenze zw. Valencia und Kastilien, geschaffen, während Johann ein Patrimonium mit den Orten Castelló, Borriana und Llíria erhielt. Diese Pläne trafen jedoch auf den Widerstand der *Corts* v. →Valencia und einer Gegenpartei um den Thronerben →Peter (IV.), der von der ersten Frau Alfons' IV., Teresa d'→Entença, abstammte. Als Alfons IV. auf dem Sterbebett lag († Jan. 1336), floh E. – aus

Furcht vor Vergeltungsmaßnahmen Peters – zusammen mit ihren Söhnen und ihrem Vertrauten Pere de Xèrica nach Kastilien. Die Verweigerung der durch Peter IV. testamentarisch an E. übertragenen Güter löste einen Konflikt zw. Kastilien und Aragón aus, der 1338 beigelegt wurde (Herausgabe der strittigen Besitzungen durch Peter IV. unter Vorbehalt von Hoch- und Niedergericht). Die Rechte der Infanten wurden gar erst am 29. Okt. 1352 im Vertrag v. Atienza bei der Ratifizierung eines Friedensschlusses zw. Peter I. v. Kastilien und Peter IV. vom 4. Okt. 1352 bestätigt. E. machte auch in Kastilien ihren Einfluß geltend, erhielt 1355 von Peter I. die Stadt→Cuenca übertragen und brachte ihre Söhne in hohe Stellungen. Nachdem Peter I. am 12. Juni 1358 Johann v. Aragón hatte ermorden lassen, ließ er aus Furcht vor Rache E. zusammen mit Johanns Gattin, Isabel Nuñez de Lara, in Roa gefangennehmen und in Castrojeriz umbringen. L. Vones

Q.: Acta Aragonensia III, ed. H. Finke, 1922 [Nachdr. 1966], 369ff., 381f. – Pedro López de Ayala, Crónica del Rey don Pedro (BAE LXVI), 1953 – Les Quatre Grans Cròniques, ed. F. Soldevila, 1971 – Gran Crónica de Alfonso XI, ed. D. Catalán, 2 Bde, 1976 – Documentos de Fernando IV, ed. J. Torres Fontes, 78–80, Nr. LXXIII zu 1307 Dez. 14 – Lit.: J. B. Sitges, Las mujeres del rey don Pedro I de Castilla, 1910 – J. E. Martínez Ferrando, Jaime II de Aragón..., 2 Bde, 1948 – J. E. Martínez Ferrando, S. Sobrequés i Vidal, E. Bague, Els descendents de Pere el Gran, 1961 – L. Vicente Díaz Martín, Itinerario de Pedro I de Castilla, 1975 – Ders., Los oficiales de Pedro I de Castilla, 1975 – C. González Mínguez, Fernando IV de Castilla, 1976 – R. Pérez-Bustamante, El gobierno y la administración territorial de Castilla (1230–1474), 2 Bde, 1976 – J. M. Salrach–E. Duran, Hist. dels paisos catalans. Dels orígens a 1714, Bd. 1–2, 1982² – Hist. General de España y América IV, 1984, 711f.

3. E. v. Sizilien, Kgn. v. Aragón, * um 1325, † 1375 in Lérida, ⌐ Poblet, Tochter Kg. Peters v. →Sizilien und der Elisabeth v. Kärnten (→Goerz), 3. Gemahlin Kg. →Peters IV. »el Ceremonioso« v. Aragón (∞ 27. Aug. 1349); vier Kinder: Thronfolger Johann; Martin; ein frühverstorbener Sohn; Eleonore ∞ Johann I. v. Kastilien. – Von ihrer Mutter erbte E. Kärnten und Tirol, ohne dort je ihren Anspruch wahrzunehmen. Ihr Einfluß am aragon. Hof lenkte den Blick erneut auf Expansionsmöglichkeiten im Mittelmeerraum. In Katalonien stand sie mit den →Cortes gegen Peters Minister Bernhard II. v. →Cabrera und wehrte sich gegen ein Zusammengehen mit →Kastilien. Unter Berufung auf sie machte Peter IV. seine Anwartschaft auf den siz. Thron geltend, die auf ihren 2. Sohn Martin überging. Gegen ihren Bruder, Kg. Friedrich IV. v. Sizilien, beanspruchte sie die Hzm.er →Athen und →Neopatras für die Krone Aragón. Sie war eine tatkräftige Förderin der Literatur; in ihrem Scriptorium arbeitete Bernat→Metge. S. Fodale

Q.: Chronique catalane de Pierre IV d'Aragon, ed. A. Pagès, 1942 – R. Gubern, Epistolari del rei En Pere III, 1955 – L. d'Arienzo, Carte diplomatiche di Pietro IV..., riguardanti l'Italia, 1970 – Lit.: H. Finke, Aragon.-siz. Beziehungen zum bayer.-pfälz. Hause im 14. Jh., ZGO NF 39, 1926 – U. Deibel, Elinor de Sicília, 1928 – F. Giunta, Aragonesi e Catalani nel Mediterraneo I, 1953 – R. Tasis, La vida del rei En Pere III, 1954 – Ders., Pere el Ceremoniós i els seus fills, 1954 – F. Martínez y Martínez (III Congreso de Hist. de la Corona de Aragón I, 1923) – A. Rubió i Lluch, La Grecia catalana..., Anuari de l'Inst. d'Estudis Catalans, 1913/14, 1915/19.

4. E. (Aliénor), Kgn. v. →Frankreich, Kgn. v. →England. [1] Leben: * 1122 (?), † 31. März 1204 in Poitiers, ⌐ Fontevrault; Erbtochter →Wilhelms X., Hzg. v. Aquitanien, aus dem Hause→Poitou, und der Aénor de Châtellerault; ∞ 1. 1137 mit →Ludwig VII., Kg. v. Frankreich (geschieden: 1152), 2. 1152 mit Heinrich Plantagenêt, Gf. v. Anjou, Maine u. Touraine, Hzg. v. d. Normandie, dem späteren Kg. →Heinrich II. v. England; Kinder: von 1:

→Marie († 1198), ∞ Heinrich, Gf. v. Champagne; Alix († nach 1195), ∞ Theobald, Gf. v. Blois; von 2: Wilhelm († 1156); Heinrich († 1183); →Mathilde († 1189), ∞→Heinrich d. Löwen; →Richard I. Löwenherz († 1199); →Geoffrey († 1186); Eleonore († 1214), ∞ →Alfons VIII. v. Kastilien; →Johanna († 1199), ∞ 1. →Wilhelm II. v. Sizilien, 2. →Raimund VI. v. Toulouse; →Johann (Ohneland, † 1216). – Wilhelm X. hatte im westfrz. Raum eine Reihe großer Herrschaften in seinem Besitz (Hzm.er→Guyenne und →Gascogne, Gft.en →Poitiers, →Saintes und →Bordeaux) und herrschte darüber hinaus als Oberlehnsherr über weitere Territorien. Die Bedeutung des Erbes E.s lag zum einen in der strateg. Rolle dieser weiträumigen Gebiete für das Kgr. →Frankreich wie für das große Fsm. Anjou (→Angers, Anjou), zum anderen in seinen reichen wirtschaftl. Ressourcen.

Wilhelm X. verstarb 1137 auf der Pilgerfahrt nach →Santiago de Compostela; vor seinem Aufbruch hatte er seine aquitan. Herrschaft und die Sorge um seine Tochter E. seinem Lehnsherrn, Kg. →Ludwig VI. v. Frankreich, anvertraut. Kg. Ludwig vermählte E. mit seinem Sohn, der noch im gleichen Jahr als Ludwig VII. die Nachfolge antreten sollte. →Aquitanien wurde nicht d. Krondomäne einverleibt, sondern in der Person Kg. Ludwigs VII., der den Titel des Dux Aquitanorum annahm, mit Frankreich vereinigt. Ludwig machte von seiner Herzogswürde hauptsächl. Gebrauch, indem er die Ansprüche seiner Gattin auf →Toulouse durchzusetzen versuchte (1141).

1152 wurde die Ehe wegen zu naher Verwandtschaft geschieden. Einige Zeitgenossen behaupten, Ludwigs Persönlichkeit habe sich geändert, nachdem er 1143 in Vitry eine Kirche, in der Flüchtlinge Asyl gesucht hatten, in Brand stecken ließ. 1147–49 hatten Ludwig und E. gemeinsam am 2. →Kreuzzug teilgenommen; das Gerücht einer Liebesbeziehung der Kgn. zu ihrem Onkel →Raimund I. v. Antiochia kam auf. Darüber hinaus wurde ihr später auch ein Verhältnis mit Sultan →Saladin angedichtet; obwohl letzteres zweifellos reine Erfindung ist, gibt es doch Aufschluß über E.s Ruf bei der Nachwelt. →Suger v. St-Denis bemühte sich bis zu seinem Tod (1151), Ludwigs und E.s Ehe zu erhalten. Ludwigs Hauptmotiv für die Ehescheidung dürften dynast. Erwägungen gewesen sein; die Kgn. hatte lediglich zwei Töchter, aber keinen Sohn geboren.

An Bewerbern um E.s Hand und Land fehlte es nicht. Bereits knapp zwei Monate später heiratete sie in 2. Ehe Heinrich Plantagenêt. Er war um einige Jahre jünger als E.; diese soll dem Gerücht zufolge bereits ein Verhältnis mit Heinrichs Vater, →Geoffroy v. Anjou, unterhalten haben, und es hatte bereits das Projekt einer Heirat zw. Heinrich und der ältesten Tochter E.s aus der Ehe mit Ludwig, Marie, existiert. Angeblich war es E., die die Initiative zur Heirat ergriff; Heinrich mag eingewilligt haben, weil er nicht zulassen konnte, daß ein anderer Bewerber die Partie machte. Da Heinrich nicht die offizielle Genehmigung von seiten seines Lehnsherrn, Ludwig, eingeholt hatte, nahm der frz. Kg. dies zum Anlaß, die Territorien des Plantagenêt anzugreifen. Doch wurde Ludwig schließlich genötigt, der Heirat zuzustimmen. 1154 wurde E.s Gatte als Heinrich II. Kg. v. England (→Angevin. Reich).

Wie schon Ludwig VII. verfolgte auch Heinrich II. E.s Ansprüche auf Toulouse (1159, 1162), und 1173 erkannte →Raimund V. v. Toulouse Heinrichs Oberherrschaft an, wodurch sich Raimund dem Treueid gegenüber dem Kg. v. Frankreich entzog. In Aquitanien übte Heinrich seine Herzogswürde kraftvoller aus, als es seinerzeit Ludwig getan hatte. Dies erregte namentl. im Poitou Widerstand; dortige Gruppierungen versuchten, den päpstl. Legaten davon zu überzeugen, daß die Ehe Heinrichs mit E. ungültig sei. Das Hzm. Gascogne wurde dagegen für eine spätere Abtretung an Kastilien vorbereitet; es sollte als Mitgift bei der Heirat von E.s Tochter Eleonore mit →Alfons VIII. dienen (allerdings sollte die Mitgift erst nach dem Tode E.s übertragen werden).

Ein Bruch zw. E. und Heinrich II. erfolgte, als die Kgn. 1173 die Revolte ihrer Söhne unterstützte. Die Gründe für ihre Parteinahme gegen Heinrich sind nicht klar. Vielleicht fühlte sie sich – wie ihre Söhne – von der Machtausübung ausgeschlossen; möglicherweise war sie auch über den Ehebruch ihres Mannes, der in dieser Zeit im Bann von Rosamund Clifford stand, erbost. Nach der Niederschlagung des Aufstandes wurde sie bis zum Ende der Regierung Heinrichs II. unter Bewachung gestellt. 1175 dürfte Heinrich eine Scheidung erwogen haben, doch blieb E. weiterhin Kgn. und spielte als solche ihre Rolle in der Öffentlichkeit. 1185 bediente sich der Kg. ihrer, um seinen Sohn Richard in die Botmäßigkeit zurückzubringen; diesem wurde befohlen, Aquitanien an seine Mutter zurückzuerstatten.

Mit Heinrichs Tod und Richards Thronfolge kehrte E. als Königinmutter ins polit. Leben zurück. 1190 geleitete sie →Berenguela v. Navarra, die von E. favorisierte Braut Richards, zu diesem nach Messina. 1192 trug sie dazu bei, die Rebellion Prinz Johanns in England während der Kreuzfahrt Richards zu unterdrücken. In ihrem Namen wurde das Lösegeld für den von Ks. →Heinrich VI. gefangengehaltenen Richard erhoben. Nach Richards gewaltsamem Tod (1199) setzte sie die Nachfolge Johanns gegen ihren Enkel, →Arthur I. v. Bretagne, durch. Während Arthur E. in Mirabeau belagerte, geriet er in Gefangenschaft und wurde an Johann ausgeliefert. E. blieb fast bis zu ihrem Tod polit. aktiv. Ihr Tod i. J. 1204 beraubte Johann seines Anhangs im Poitou, während Alfons VIII. v. Kastilien in die Gascogne einrückte, um die Mitgift seiner Frau, gemäß der Vereinbarung von 1170, in Besitz zu nehmen. – E.s Wirkung auf Zeitgenossen und Nachwelt kann nicht allein mit dem reichen Erbe, dessen Trägerin sie war, erklärt werden. Es war ihre Persönlichkeit, welche die Mitwelt beeindruckte. Gervasius v. Canterbury faßt das Urteil über sie zusammen: »Erat prudens femina valde, nobilibus orta natalibus, sed instabilis«. J. S. Critchley

Q.: Recueil des historiens des Gaules et de la France, ed. M. Bouquet u. a., 1738–1904, XII, XIII, XVII (1781, 1786, 1818) – Chronicles of the Reigns of Stephen, Henry II and Richard I, ed. R. Howlett, RS, 1895- Gervasius v. Canterbury, Hist. Works, ed. W. Stubbs, RS, 1879–80- Lit.: DBF II, 2–6 – DNB XVII, 175–178 – R.-E. Labande, Bull. de la soc. des antiquaires de l'Ouest, 1952 – A. Kelly, Krone der Frauen. E. v. Aquitanien und die vier Kg.e, 1953 – J. Boussard, Le gouvernement d'Henri II Plantagenêt, 1956 – R. Pernoud, Aliénor d'Aquitaine, 1965 [dt.: 1966] – M. Pacaut, Louis VII et son royaume, 1967 – W. Kienast, Der Herzogstitel in Frankreich und Dtl., 1968 – W. L. Warren, Henry II, 1973 – W. W. Kibler, Eleanor of Aquitaine, 1977 – G. Duby, Le chevalier, la femme et le prêtre, 1982 [dt.: 1985] – E. Ennen, Frauen im MA, 1984, bes. 124–128 – J. Gillingham, The Angevin Empire, 1984.

[2] *Eleonore und die höfische Literatur*: Als Enkelin des »ersten Troubadours«, Wilhelms IX., mußte E., so scheint es, ein lebhaftes Interesse an der neuen höf. Literatur bezeugt haben und diese zunächst nach Nordfrankreich, dann an den engl.-angevin. Hof verpflanzt haben. Dies war lange die gängige Vorstellung der Kritik. Sie stützte sich z. B. auf →Andreas Capellanus, der von Liebeshöfen berichtet, in denen auch E. drei Urteile fällt. Andreas ist jedoch nicht als hist. Quelle aufzufassen, sondern als »curiale« Satire auf die »höfische« Minne. Weiter berichtet die »vida« (Anfang 13. Jh.) des →Bernart de Ventadorn von einer Liebesbeziehung E.s mit dem Troubadour, und →Layamon (Anfang 13. Jh.) sagt, →Wace habe seinen »Brut« (1155) E. gewidmet. Das Interesse für genealog. Literatur hat aber keine poitevin., sondern eine norm.-angevin. Tradition. Es war wohl Heinrich II., der es gut fand, daß die neue Kgn. sich mit der Vorgeschichte bekanntmachte. Von E.s Biographie ausgehend, die auf ein leidenschaftl. und nicht untrag. Liebesleben schließen ließ, ist in der Kritik bis in die neueste Zeit auch immer behauptet worden, ein großer Teil der höf. Literatur (→Wilhelmsepik, »Girart de Roussillon«, »Tristan«, »Erec« und natürlich die Troubadourlyrik) sei für E. geschrieben worden oder sei gar Auftragsdichtung. Der »glänzende« Hof der engl. Kgn. schien ein genügendes Argument dafür zu liefern, daß die Kgn. als ebenso glänzende Mäzenatin die höf. Literatur förderte. Beweise dafür fehlen. Inwieweit E. am Mäzenatentum →Heinrichs II. teilhatte, ist von der Quellenlage her nicht zu entscheiden. M.-R. Jung

Lit.: R. Lejeune, Rôle litt. d'Aliénor d'Aquitaine, Cultura neolatina 14, 1954, 5–57 [s. auch Dies., Litt. et soc. occitanes au MA, 1979, 403–449] – Bezzola, Litt. courtoise 3, 1, 1963, 247–311 – E. A. R. Brown, E., Parent, Queen and Duchess (Eleanor of Aquitaine. Patron and Politician, hg. W. Kibler, 1977), 9–34 – T. Hunt, The significance of Thomas's Tristan, Reading Medieval Stud. 7, 1981, 41–61 – Lit. Mäzenatentum, hg. J. Bumke, 1982.

5. E. v. Kastilien, *Kgn. v. England,* * ca. 1240, † 28. Nov. 1290 in Harby (Nottinghamshire), ⊐ London, Westminster Abbey; Tochter Ferdinands III., Kg.s v. Kastilien, und seiner 2. Gattin Johanna v. Dammartin; ⚭ Ende Okt. 1254 mit →Eduard (I.), Sohn Kg. →Heinrichs III., in der Abtei OCist →Las Huelgas bei Burgos. Erst im Herbst 1255 traf E. in England ein. Zw. 1255 und 1284 hielt sie sich zumeist an der Seite ihres Mannes auf, dem sie mindestens 15 Kinder gebar, von denen zahlreiche jung verstarben. Der einzige Sohn, der sie überlebte, war Eduard v. Caernarvon (→Eduard II.). In dieser Zeit besaß die kgl. Familie einen Zusammenhalt wie sonst niemals zw. 1066 und der Stuartzeit. E. nahm 1270–72 zusammen mit Eduard am Kreuzzug teil, und →Tolomeo v. Lucca berichtete später die – wohl erfundene – Geschichte, E. habe nach einem Mordanschlag auf ihren Gemahl diesem das Gift aus der Wunde gesogen. Am 19. Aug. 1274 wurde sie mit Eduard gekrönt. Ihre Stellung als Kgn. wird fast nur durch Rechnungen ihres Hofhaltes belegt. Vom Volk verehrt, galt sie – gemeinsam mit ihren Günstlingen – andererseits auch als habgierige Mehrerin ihres Landbesitzes. Ihrem Sohn Eduard v. Caernarvon hinterließ sie die Gft. →Ponthieu (an der Somme-Mündung), die sie 1279 ererbt hatte. – Die tiefe Verehrung ihres Gatten wird durch die berühmten Eleonorenkreuze dokumentiert: Nach E.s Tod ließ der Kg. diese zwölf monumentalen Memorialpfeiler (→Denkmal) an den Haltepunkten ihres feierl. Leichenzuges von Lincoln nach Westminster errichten (drei sind erhalten: in Waltham, Hardingstone, Geddington). J. H. Denton

Lit.: DNB XVII, 178f. – H. Johnstone, The County of Ponthieu 1279–1307, EHR 29, 1914, 435–452 – J. Evans, English Art 1307–1461, 1–5 – H. M. Colvin, The Hist. of the King's Works I, 1963, 482–485 – J. C. Parsons, The Court and Household of Eleanor of Castile in 1290, 1977 – A. Reinle, Das stellvertretende Bildnis, 1984, 266–268.

6. E. v. d. Provence, *Kgn. v. England* →Heinrich III.

7. E. v. Vermandois (Alienor), *frz. Fsn., Gfn. v. Beaumont und v. St-Quentin,* »Dame de Valois«, * nach 14. Okt. 1152, † 19. Juni 1213, ⊐ Abtei Longpont (dép. Aisne); Tochter des Raoul le Vaillant v. →Vermandois, Seneschalls v. Frankreich und der Alix, gen. Petronilla, v. Aquitanien (→Poitou), der Schwester der →Eleonore (2.

E.) – Schwester von Raoul II. v. Vermandois († 1163) und Isabelle v. Vermandois († 26. März 1182), der Gattin →Philipps v. Elsaß, Gf.en v. Flandern. ∞ 1. Gottfried (Godefroy) v. →Hennegau, Gf. v. Ostrevant, 2. Wilhelm (Guillaume) IV., Gf. v. →Nevers, 3. Matthias v. Elsaß (1171), 4. Mathieu III. v. Beaumont-sur-Oise, →*chambrier (camerarius) de France* (1177). – Nach dem Tod ihrer Schwester (1182) erhielt E. von ihrem Schwager das →Valois und eine Rente aus den Einkünften der Herrschaft Roye. Doch Kg. →Philipp II. August intervenierte gegen diese Verfügung, was einen Krieg zur Folge hatte, der mit dem Frieden v. →Boves bzw. Amiens (1185) beendet wurde. Nach diesem Vertrag erhielt der Kg. die Gft.en →Amiens und Montdidier sowie die Kastellaneien Roye und Thourotte; E. wurde das untere Valois und das Vermandois zugesprochen, ausgenommen die Kastellaneien →St-Quentin, →Péronne und Ham, deren Nießbrauch dem Gf.en v. →Flandern, unter proprietas des Kg.s v. Frankreich, verblieb. Als nach dem Tode Philipps v. Elsaß (1. Juni 1191) der Kg. im Namen seines Sohnes Ludwig VIII. das →Artois besetzte, trat er Péronne und St-Quentin an E. ab – gegen deren Verzicht auf das restl. Erbe. Später wurde jedoch verfügt, daß E. auf Lebenszeit die Kastellaneien Chauny, Lassigny, Origny, Ressons-sur-Math, Ribémont und St-Quentin erhielt, wohingegen sie dem Kg. Péronne und das Amiénois abzutreten hatte. Nach E.s Tod bemächtigte sich Philipp August des Vermandois und des Valois (Kastellaneien v. Crépy, La Ferté-Milon, Pierrefonds, Villers-Cotterêts, Vivières, von der Herrschaft Guise zu Lehen gehende Besitzungen). →Krondomäne. E. Lalou

Lit.: P. Anselme, Hist. généalogique de la maison de France... I, Paris 1726, 534 – L. Mirot, Manuel de Géographie hist. de la France I, 1947, 130 – La France de Philippe Auguste. Le temps des mutations (Colloque du CNRS, hg. R.-H. Bautier, 1980).

8. E. v. Österreich, Verfasserin des frühnhd. Prosaromans → »Pontus und Sidonia« (Version A um 1460; etwa gleichzeitig anonyme B-Version), * 1433, † 1480, Tochter Kg. →Jakobs I. v. Schottland, ∞ 1448 Hzg. →Siegmund v. Tirol (→Habsburger). – Nach frz. Vorlage (»Ponthus et la belle Sidoyne«, Ende des 14. Jh.) gestaltet E. die beiden Zentralmotive (mehrfache Trennung der Liebenden und Rückeroberung des von den Heiden okkupierten Erblandes) zu einem konzentrierten, im Vergleich zur B-Version stilistisch weniger manierierten Erzählgefüge mit stark höfisch-ritterlich idealisierender Darstellung der Hauptpersonen und ihres Verhältnisses zueinander. Das nach dem Vorbild antiker Heldenromane konzipierte Werk ist in nur einer Hs. (G) überliefert, jedoch erschienen seit dem Erstdruck (Augsburg 1483) insgesamt vier Drucke im 15., neun im 16., sechs im 17. und zwei im 18. Jh. B. Schöning

Ed.: H. Kindermann, Volksbücher vom sterbenden Rittertum, 1928, 115–236, 1942², 152–277 – Lit.: Verf.-Lex.² II, 470–473 – [H.-H. Steinhoff] – NDB IV, 437f. [S. Sudhof] – P. Wüst, Die dt. Prosaromane von Pontus und Sidonia [Diss. Marburg 1903] – K. Schneider, Pontus und Sidonia in der Verdeutschung eines Unbekannten, 1961, 7–28 – N. Thomas, Handlungsstruktur und dominante Motivik im dt. Prosaroman des 15. und 16. Jh., 1971 – X. v. Ertzdorff, Ritterl. Idealität im 15. Jh. (Fschr. H. Moser, 1974), 245–252 – M. Kofler, E. v. Schottland (Schlern-Schr. 269, 1982).

Elephas, Elefant, Rüsseltier (zwei Formen, Zentralafrika und Indien). [1] *Gelehrte lat. Tradition; Symbolik:* Im MA wurde die umfassende Beschreibung durch Plinius (n.h. 8, 1–34; Hauptquellen Aristoteles und Iuba) nur teilweise rezipiert. Bewundert wurden die geistigen Fähigkeiten und die – stark übertriebene – Langlebigkeit (bei Alexander Neckam 2, 143 über 1000 Jahre). Die ind. Fangmethode mit Hilfe eines zahmen E.en (Ps.-Aristoteles, Buch 9, p. 610a 24–29) findet sich u.a. bei Thomas v. Cantimpré (4, 33) und in einer mit dem »Experimentator« verwandten Hs. (Stuttgart, Württ. Landes-Bibl., cod. 2° 24, 1461, f. 117ʳ). Variante bei Thomas; Bartholomaeus Anglicus 18,43; Vinzenz v. Beauvais 19,50: Lebenslange Anhänglichkeit des gefangenen E.en an seinen scheinbaren Befreier. Eine weitere Fangweise wird von Thomas (= Vinc. 19,49) aus den »Relationes veteres« und gleichlautend vom »Anonymus Dominicanus« überliefert: zwei nackte Jungfrauen (Sinnbilder Synagoga und Ecclesia) locken einen E.en in der Wüste mit ihrem Gesang herbei und töten das im Schoß eingeschlafene Tier (= Christus). Mit dem aufgefangenen Blut wurde Purpur hergestellt (vgl. Barth. 18,43 nach dem »Physiologus«). Die Motivübertragung vom →Einhorn ist ebenso evident wie die vom →Elch übernommene Jagdmethode, wonach die angeblich (vgl. Albertus Magnus 22, 51) gelenklosen E.en zusammen mit den angesägten Bäumen zu Fall kämen (Hrabanus M. 8, 1; Hugo de Folieto 2, 26; u. a. als Vorbild vgl. Ambr. Exam. 6, 5, 31–32). Sturz und Rettung des E.en galten als Sinnbilder für Sündenfall und Erlösung. – Als anatom. Besonderheit wird der Rüssel in der Aristoteles-Nachfolge mit seinen Funktionen zutreffend beschrieben. Nur Bartholomaeus (18,43) macht auf die aufrichtbaren Ohren des afrikan. E.en aufmerksam. Die reiche organotherapeut. Verwendung bei Albertus Magnus (22, 51) erklärt sich durch Benutzung von Ps.-Razes. Vom Verhalten wird meist der Marsch in der Herde und Liebe zum Schwimmen erwähnt. Die legendäre Keuschheit und Fortpflanzungsweise des E.en (vgl. im »Physiologus« Wanderung zum Paradies und Genuß von Mandragora vor der Paarung) wurden allegor. ausgedeutet. Fabulös ist auch der Kampf mit dem Drachen in Indien (symbol. gedeutet als Kampf Christi gegen den Teufel) sowie die währenddessen stattfindende Geburt des E.-Jungen in einem Gewässer (= Taufe). Paradoxograph. Ursprung hat die angebl. Mäusefurcht (u. a. Basilius, hom. 9, 5, 16; Isid. 12, 2, 16; Ambr. 6, 6, 37 und bei d. Enzyklopädikern), die bei Plinius (8, 29) durch den Abscheu gegenüber ihrem Geruch (Moschusduft!), insbes. am Futter, ersetzt wird.

Vereinzelt gelangten E.en in das Abendland (z. B. Geschenk von Hārūn ar-Rašīd an Karl d. Gr., von Ludwig IX. an Heinrich III. v. England, Tierpark und Triumphelefanten Friedrichs II.). Reiseberichte des späteren MA trugen zur Vermehrung des Kenntnisstandes bei.

Ch. Hünemörder

[2] *Ikonographie:* Bei fast völligem Fehlen bibl. Erwähnungen von E.en (Kriegselefanten nur in 1 und 2 Makk) blieb die antike Lit. zum E.en für die Anschauung des MA verbindlich und bildet die wichtigste Quelle für die allegor. Interpretation, Symbolik und Ikonographie. Darstellungen des fremdländ. Tieres (oft mit Zügen eines Fabelwesens) sind im MA recht verbreitet in illustrativ erzähler. Zusammenhängen: Paradiesszenen (Elfenbeindiptychon, Louvre, um 850), Sintflutszenen (Wiener Genesis, 6. Jh.), Alexanderromane – hier immer mit dem charakterist. Turm auf dem Rücken –, Reiseberichte, Bestiarien. Mit Hinweis auf seine Sanftmut (vgl. auch Konrad v. Megenberg) kann er in illustrierten Traktaten des Kampfes zw. Tugenden und Laster der Geduld als Reittier dienen (z. B. Vorau, Stiftsbibl. Ms. 130 fol. 110, dat. 1332). Eine Illustration im Peterborough-Psalter (Brüssel, Bibl. roy. ms. 9961–62, fol. 92, ca. 1300) bezieht den Bericht in 1. Makk 6, 33f., man habe Kriegselefanten durch Weintrauben zum Kampf aufgereizt, auf die Bekehrung des ungläubigen Thomas angesichts des Blutes der

Seitenwunden Christi; als Allegorie der Fides könnte demzufolge dasselbe Motiv aus Makk an einem Kapitell im Chor der Kathedrale v. Uppsala (14. Jh.) verstanden werden. Eine weitere Darstellung aus Makk findet sich am Chorgestühl des Domes zu Bremen (um 1400): Eleasar opfert sich, indem er einen feindl. Kriegselefanten ersticht, der ihn unter sich begräbt (1. Makk 6, 43–46). Häufiger begegnet der E. im Kampf mit dem Drachen, bes. an Taufsteinen und Chorgestühlen. Am Gestühl v. St. Martin in Minden (Westf.) stehen sich E. und Nashorn gegenüber (15. Jh.). Nicht immer sind symbol. Zusammenhänge in den Darstellungen deutlich faßbar. Dies gilt bes. für die E.en in der Bauplastik Apuliens und Kampaniens im 11. bis 13. Jh. Als Stütze oder Schmuckmotiv von Bischofsstühlen (Canosa, Calvi, Montevergine) oder als Kanzelträger (Sessa Aurunca, Dom) könnten die E.en wohl allgemein auf die ihnen zugesprochenen Tugenden verweisen. Die häufige Verwendung von byz. oder auch abendländ. E.-Stoffen zu Paramenten war vielleicht als Hinweis auf die priesterl. Keuschheit gedacht.

R. Dieckhoff

Q.: *zu [1]*: Albertus Magnus, De animalibus, ed. H. STADLER, II, 1920 (BGPhMA 16) – Alexander Neckam, De naturis rerum, ed. TH. WRIGHT, 1863 (Rer. Brit. 34 [Neudr. 1967] – Ambrosius, Exameron, ed. C. SCHENKL (CSEL 32,1), 1896 – Anonymus Dominicanus, ed. J. B. PITRA (Spicilegium Solesmense 3, 1855 [Neudr. 1963]) – Bartholomaeus Anglicus, De proprietatibus rerum, 1601 [Neudr. 1964] – (Basilius) S. Y. RUDBERG, Eustathius, Ancienne version lat. des neuf hom. sur l'Hexaemeron de Basile de Caes., 1958 (TU 66) – Hrabanus Maurus, De universo (= De naturis rerum), MPL 111 – Hugo de Folieto, De bestiis et aliis rebus, MPL 177 – Isidorus Hispalensis, Etymologiae, ed. W. M. LINDSAY, 2, 1911 – Ps.-Rasis, De fac. part. animal. In: Abubetri ... Rhasae ... opera exquisitiora, 1544 – Solinus Collectanea rerum memorabilium, ed. TH. MOMMSEN 1895² [Neudr. 1958] – Thomas Cantimpratensis, Liber de natura rerum, T. 1: Text, ed. H. BOESE, 1973 – Vincentius Bellovacensis, Speculum naturale, 1624 [Neudr. 1964] – *Lit.:* C. CLAIR, Unnatürl. Geschichten, 1969 – *zu [2]:* Q. *und Lit.:* LCII, 598–600 [Lit.] – RDK IV, 1221–1254 – Konrad v. Megenberg, Das Buch der Natur, hg. F. PFEIFFER, 1861, 134–136 – G. C. DRUCE, The Elephant in Medieval Legend and Art, Archaeol., J. 76, 1919, 1–73.

Eleūsa → Marienikonen

Elevation. [1] *In der Messe:* Zunächst nur als Nehmen und in Brusthöhe Erheben von Hostie und Kelch vor der Konsekration sowie zur Schlußdoxologie des Meßkanon gebräuchlich. Seit Beginn des 12. Jh. setzt sich, die Realpräsenz betonend und aufgrund der ma. Schaufrömmigkeit (Augenkommunion), von Frankreich ausgehend, die E. der konsekrierten Hostie, langsam auch des Kelches (verbindlich erst seit dem Missale Pius V. 1570) über den Kopf des Priesters durch. Diese E. wird – durch 'Wandelkerzen', Glockenzeichen, Inzens, Gesänge und Gebete ausgezeichnet – zum Zentrum ma. Meßfrömmigkeit, aber auch zum Anlaß mancher Mißbräuche und Übertreibungen.

H. B. Meyer

Lit.: E. DUMOUTET, Le désir de voir l'Hostie et les origines de la dévotion au Saint Sacrement, 1926 – P. BROWE, Die E. in der Messe, JLW 9, 1929, 20–66 – J. A. JUNGMANN, Missarum sollemnia II, 1962⁵, 256–271 – H. B. MEYER, Die E. im dt. MA und bei Luther, ZKTh 85, 1963, 162–217.

[2] E. (ἀνάληψις) bedeutet im *Reliquienkult* die Erhebung der Gebeine eines Märtyrers, später eines jeden Heiligen. Der ganze Akt der translatio beginnt demnach mit der e. und endet mit der depositio. E. gewinnt eine große Bedeutung in der kult. Frömmigkeit, weil die Auffahrt Christi als »elevatio in caelum« bezeichnet wird (z.B. Iustinus, dial. c. Tryph. 32,3; Athanasius, c. Arian. 1,45 [MPG 26,104 C]; [Augustinus] s. 84,3 [MPL 39,1909]; Cassian, c. Nest. 7,17,1 [MPL 50,235]; 7,22,1 [244]; Leo Mag., ep. 139,2 [MPL 54,1105 B]). Die Öffnung des Grabes und die Umbettung der Überreste waren nach röm. Recht an die Erlaubnis durch den zuständigen Pontifex gebunden; sie konnte nur unter bestimmten Gründen gewährt werden (Plinius, ep. ad Traianum et resp. X, 68/9; Ulpian, Digesten XI, 8,5,1 [CIC 1,190]). Dieses Recht zur Erlaubniserteilung nahm →Ambrosius bei der Übertragung der Reliquien der Hl. Gervasius und Protasius (387) als Bf. in Anspruch; es ging danach ganz allgemein auf die Bf.e über. Doch bat Exsuperius v. Toulouse (410) die Ks. um Erlaubnis, die Gebeine des →Saturninus erheben zu dürfen (BHL 7496), weil sie – das war einer der anerkannten Gründe – »sub vili caespite« ruhten. Die e. erhielt im MA die Bedeutung unserer heutigen Heiligsprechung (HEINZELMANN, 80/2). Bei der e. wurden die bereits erfolgten Wunder verlesen. Seit dem 9. Jh. wurde damit die ostensio der Reliquien verbunden.

[3] In spezieller Bedeutung taucht der Begriff e. auf bei der *Erhebung des Täuflings* aus dem Taufbecken und dann v.a. in der *Liturgie der Kartage* (GSCHWEND, 5/19; NUSSBAUM, 189/203), nur daß hier in umgekehrter Reihenfolge der depositio crucis am Karfreitag die e. am Ostermorgen folgte. Vgl. auch→Ekstase.

B. Kötting

Lit.: s. →depositio – K. GSCHWEND, Die depositio und e. crucis im Raum der alten Diöz. Brixen, 1965 – M. HEINZELMANN, Translationsberichte und andere Q. des Reliquienkultes, TS 33, 1979 – O. NUSSBAUM, Die Aufbewahrung der Eucharistie, Theophaneia 29, 1979.

Elfenbein, Stoßzähne des→Elefanten, im weiteren Sinne versteht man darunter auch das Zahnbein von Narwal, Walroß, Nilpferd und Pottwal. Im MA fand v. a. das E. afrikanischer Elefanten und das Zahnbein des (für das →Einhorn gehaltenen) Narwal Verwendung. Es galt als »unverweslich«.

A. Herkunft und Handel – B. Künstlerische Verwendung

A. Herkunft und Handel

Die Nachfrage an E. war bes. groß in Indien, China, Südostasien und in der arab. Welt. Da der Elefant in Indien und Ceylon gezähmt und als nützliches, ja heiliges Tier betrachtet wurde, war hier die E.gewinnung relativ begrenzt. Außerdem war das E. des ind. Elefanten wegen seiner Härte zum Schnitzen weniger geeignet. Daher mußte für die ind. Schnitzereien das E. aus Afrika bezogen werden, wovon bereits→Kosmas Indikopleustes (1. Hälfte des 6. Jh.) berichtet. Auch China und die islam. Welt waren auf afrikan. Importe angewiesen. Das E. kam hauptsächl. aus Ostafrika. Von dem arab. Geographen →al-Masʿūdī (gest. 956) wissen wir, daß die Nachfrage zu seinen Lebzeiten so groß war, daß das E. angebot auf den islam. Märkten knapp wurde. Die Hauptumschlagplätze im arab. Bereich waren wohl Aden und Sīrāf (so nach mindestens drei arab. Geographen:→Iṣṭaḫrī [um 951], al-Masʿūdī, →al-Idrīsī [1099-1166]), die in lebhaftem Verkehr mit Ostafrika standen. Nach Marco →Polo (1254–1324) war E. in Sansibar und Madagaskar im Überfluß vorhanden, ebenso berichtet er von E. ausfuhr von →Hurmuz, dem wichtigen Hafen im Gebiet des Pers. Golfs nach dem Verfall von →Baṣra und Sīrāf. Nach Varthema war Zailaʿ (gegenüber von Aden) ein bedeutender Stapelplatz für E., was bereits in frühen islam. Quellen angeführt wird. Etwa vom Beginn der Kreuzzüge bis gegen Ende des 14. Jh. war dann ʿAidāb als der größte Stapelplatz im Roten Meer für E. von Bedeutung.

Die Höhe der jährl. E.zufuhr wird auf 600 000 Pfund geschätzt. Aus einer Warenliste des 13. Jh. geht hervor, daß E. im Großhandel nach der *Bahār*-Gewichtseinheit gehandelt wurde, wobei ein Bahār von Rohelfenbein 600 Pfund wog, während für Figuren aus E. ein Bahār nur aus

500 Pfund bestand. Solche Angaben zeigen, wie gefragt das E. war, was zu einer Verknappung des Angebots führen mußte. Deshalb griff man auch auf Hörner und Bein verschiedener Tierarten sowie auf Walroßzähne und Fischbein zurück, mit denen dann ebenfalls Handel getrieben wurde.

Von Ägypten, Syrien und Nordafrika gelangte E. in das frühma. Europa, v. a. nach Spanien, Sizilien und Unteritalien. Im SpätMA nennt der Kaufmann →Pegolotti (1310–40) Alexandria, Akkon und Famagusta als Hauptstapelplätze für das E., das in Europa abgesetzt wurde.

E. wurde in erster Linie für die E. werkstätten gebraucht, welche kunstvolle Arbeiten schufen, die profanen, im christl. Bereich auch liturg. Zwecken und der privaten Andacht dienten (vgl. Abschnitt B). E. wurde u. a. verwendet für die Herstellung von Olifanten, Pyxiden, Kämmen, Schachfiguren und -brettern, Griffen von Spiegeln und Bestecken, für die Verzierung von Prachteinbänden, Schmuckkästen und Schminkkästchen, von Schreibgeräten, Schwertern, Gewehren und Gewehrbestecken, als Füllung und Intarsien von Lesepulten und Qurʾānständern, von Möbelstücken des gehobenen Haushalts (z. B. Tischchen), von Türen, Türrahmen und Balkongittern, Prachtsätteln und -sänften. Im Orient wurde E. – wie andere kostbare Waren – als fsl. Geschenk oder Tribut weitergegeben. E. wurde auch bei der Herstellung von Pfeil und Bogen verwendet.

Begehrt war E. (bzw. dessen Asche) auch als Heilmittel und Aphrodisiacum, in Amuletten und ähnl. zauberabwehrenden und heilbringenden Geheimpräparaten. In der Landwirtschaft wurde E. als Pflanzen- und Baumschutzmittel gegen schädl. Würmer eingesetzt (Beräucherung mit E.asche). S. Labib

Ein großer Teil der aus dem MA in Europa erhaltenen E. arbeiten sind Mitbringsel aus dem Orient und aus Byzanz. Unter den schriftl. Zeugnissen sind die »Honorantiae civitatis« von Pavia (10. Jh.) berühmt, nach denen die ven. Kaufleute dort u. a. Elfenbeinkämme als Abgaben zu hinterlegen haben (MGH SS 30, 1453), Kämme, die wohl ebenfalls fertig aus Byzanz eingeführt worden sein dürften. Der Import des Rohstoffs war weder regelmäßig noch von großem Umfang. In den meisten Handelsakten sucht man vergebens nach E.-Zeugnissen. Die überlieferten Zeugnisse verraten immerhin einen wenigstens gelegentl. Import vom Orient über →Venedig und →Genua nach Westeuropa (Notariatsakte von 1381 bei L. LIAGRE-DE STURLER, Les relations ..., 1969, Nr. 387). Ein auf E. spezialisiertes Schnitzergewerbe gab es in den europ. Städten nicht. Aber die Nachfrage der übrigen Gewerbe nach E. dürfte zugenommen haben. Wie der – allerdings wohl erst nachma. – Name ʽElfenbeinküste' verrät, war es neben →Pfeffer und →Gold E., das die Afrikafahrer des 15. Jh. motivierte. Im ausgehenden MA trat neben den oriental. Import das westafrikan. Angebot. R. Sprandel

Q. und Lit.: EI², s. v. ʿĀdj u. Kaws– W. HEYD, Gesch. des Levantehandels im MA, 2 Bde, 1879– A. M. CUST, The Ivory Workers of the MA, 1906² – G. MIGEON, Manuel d'art muselman II, 1907 – Das Kunstgewerbe im Kulturgebiet des Islam, hg. G. LEHNERT (Illustrierte Gesch. des Kunstgewerbes, 2 Bde, 1909) – E. DIEZ, Die Kunst der islam. Völker, 1915 – O. PELKA, E., 1923² – H. GLÜCK – E. DIEZ, Die Kunst des Islam, 1925 – Gesch. des Kunstgewerbes aller Zeiten und Völker, hg. H. TH. BOSSERT, II, IV, 1930 – K. O. MÜLLER, Welthandelsbräuche (1480–1540), 1934 – F. B. PEGOLOTTI, La pratica della mercatura, ed. A. EVANS, 1936 – A. POPE, A Survey of Persian Art III, 1939 – M. S. DIMAND, A Handbook of Muhammadan Art, 1944² – J. BECKWITH, Caskets from Cordoba, Victoria and Albert Museum, 1960 – S. LABIB, Handelsgesch. Ägyptens im SpätMA, 1965 – D. T. RICE, Islamic Art, 1965 – F. BRAUDEL, La méditerranée et le monde méditerranéen à l'époque de Philippe II, 2 Bde, 1966² – H. E. WULFF, The Traditional Crafts of Persia, 1966 – E. ASHTOR, A Social and Economic Hist. of the Near East in the MA, 1976 – I. SADAN, Le mobilier au Proche Orient médiéval, 1976 – Les ivoires, hg. TARDY [Pseud.], 2. T.: Antiquité, Islam, Inde, Chine, Japon, Afrique noire, Régions polaires, Amérique, 1977 – D. GABORIT-CHOPIN, Ivoires du MA, 1978 – S. LABIB, Ibn al-Mīlī und sein math. Werk für Finanz- und Zollbeamte, Der Islam, 1983.

B. Künstlerische Verwendung

I. Spätantike/Frühchristentum, Byzanz – II. Okzident – III. Islamischer Raum.

I. SPÄTANTIKE/FRÜHCHRISTENTUM, BYZANZ: Um 400 entstehen als erste faßbare Werke →Pyxiden z. B. mit dem Opfer Abrahams und Christus zw. den Aposteln, Staatl. Mus. Berlin, und mit Orpheus (Bobbio) sowie Arzneikästchen, z. B. mit der Tyche von Alexandria (Washington) und seine Verwandten in einer ausgesprochen hellenist. Tradition, wohl in Alexandria. Erste Blütezeit ist das 6. Jh., beginnend mit den Consular →Diptychen, die den Jahresconsul bei der Eröffnung der Spiele zeigen; bei den Stücken mit dessen Ganzfigur thront er zw. Roma und Constantinopolis oder Beamten, darunter Szenen aus dem Zirkus oder dem Theater oder symbol. Darstellung der largitio. Bei den einfacheren Stücken erscheint er als Büste. Herkunftsort ist Konstantinopel, ebenso bei den ksl. Diptychen: Ariadne, Florenz, Bargello, wohl 608, und im Kunsthist. Mus. Wien, Diptychon Barberini mit siegreichem Kaiser, Louvre, um 550 usw. Ob auch die Gruppe um die fünfteilige Murano-Tafel (Ravenna, Mus. Naz.) dort entstand, ist umstritten. Sicherer ist es bei der Maximians-Cathedra (Ravenna, Mus. um 550), an der fünf Meister tätig waren (drei wohl aus Ägypten). An sie schließen sich jeweils zahlreiche Pyxiden, Diptychen, Buchdeckel, Tafel u. ä. an. Daneben stehen Kunstwerke hohen Ranges, die durch Vergleich mit der →Toreutik in das 6. Jh. datiert werden können: Londoner Erzengel (Brit. Mus.), Dichter-Muse-Diptychon (Monza, Kathedrale), Diptychon Querini (ebd., Mus. Crist.), Adam-Paulus-Diptychon (Florenz, Bargello) u. a. m., wohl hauptstädtisch. Ins 7. Jh. gehören die Reste zweier Sellae am Ambo im Aachener Münster und ihr Umkreis (Madonna im Castello Sforzesco, Mailand, und in Baltimore u. a. m.), die aus Alexandria stammen dürften. Völlig umstritten sind immer noch wichtige Stücke wie die Trierer Prozessionstafel (Domschatz) oder der »Markus« im Louvre, ganz abgesehen von zahlreichen weniger bedeutenden provinziellen Arbeiten. Rätselhaft bleiben auch die Tafeln der »Cathedra von Grado (des hl. Markus)«. WEITZMANNS Versuch einer neuen Datierung (8. Jh.), Lokalisierung und Zweckbestimmung kann ebensowenig überzeugen wie alle früheren.

Nach dem →Bilderstreit beginnt eine sehr reiche Produktion: Kästen, Triptycha als Privataltäre, Einzeltafeln (z. T. wohl usprgl. Teile von Triptycha), Tafelfolgen zum Schmuck von →Templonbalken usw. Die ältesten Beispiele stammen aus dem endenden 9. Jh. (z. B. der »Szepteraufsatz« in Berlin mit der Krönung des jungen Leon VI.), die Produktion geht bis ins 12. Jh. ungebrochen weiter. K. WEITZMANN hat herausgehoben (Die Ikone, 1978, 14), daß offenbar die E.-Tafeln als Privatikonen, wenn sie in aufwendige Silberrahmungen gefaßt waren, auch als Kußtafeln in der Kirche verwendet wurden. Bei den Kästen herrschen, soweit es sich um christl. Motive handelt, atl. Themen vor. Erst im 12. Jh. ist ein großer Kasten mit Bildern Christi, Mariens, der Apostel und von Hl. als neue Möglichkeit des Dekors bezeugt. Ferner gibt es eine umfangreiche Gruppe von Kästen, die Szenen aus antiken Mythen als Dekor haben, z. T. mit ähnlicher ornamentaler Rahmung wie die alttestamentlichen. Das bedeutendste Stück dieser Art ist das Veroli-Kästchen im Victoria & Albert Mus. London. Die puttenhafte Art der Menschendarstellung und die exaltierten Bewegungen lassen bezweifeln, daß hier der Mythos mehr sein soll als vergnügl. Dekor. Die Datierung dieser Kästchen erfolgt meist anhand vager Verwandtschaften mit E.tafeln und bleibt ziemlich unsicher. Ein weiterer E.kasten im Schatz der Kathedrale v. Troyes mit zwei reitenden Ks.n zu Seiten einer Stadt und sehr bewegten Jagdbildern auf den Seiten sei noch aus der Fülle des Materials herausgehoben. Des Aussehens wegen wird der Ks. mit dem Romanos der Krönungstafel in Paris in Verbindung gebracht, die Jagdszenen aber sind ohne echte Parallele und passen kaum ins 10. Jh.

Anhand stilist. Zusammenhänge hat K. WEITZMANN die Fülle der E.arbeiten 1934 in eine Zahl von Gruppen aufgeteilt (»Malerische Gruppe«, »Romanos-Gr.«, »Nikephoros-Gr.«, »Triptychon-Gr.«, »Rahmen-Gr.«), die er alle, zumindest in ihren Anfängen, ins 10. Jh. setzte, ohne zu fragen, ob erkennbare Unterschiede z. B. in der »maler. Gruppe« auf Qualitätsunterschieden oder einer Entwicklung des Stiles beruhten. Da in den 50 Jahren seit der heute noch weitgehend hingenommenen Gruppenaufteilung sich unsere Kenntnis der byz. Kunst materialiter immens ausgebreitet hat, nimmt es nicht wunder, daß Versuche unternommen sind, die Weitzmannsche Ordnung in Frage zu stellen: J. BECKWITH datierte 1961 die Berliner Tafel der Märtyrer v. Sebaste in das frühe 14. Jh. um (was er 1970 zurücknahm); 1974 versetzte K. WESSEL das Stuttgarter E.-Kästchen in die Zeit um 1300. J. KALAVREZOU-MAXEINER datierte 1977 die ganze Romanos-Gruppe durch die Beziehung der Pariser Krönungstafel auf Romanos IV. um (mit nicht ganz befriedigenden Argumenten). Eine durchgehende Überprüfung ist dringend wünschenswert!

Inzwischen sind auch unzweifelhaft spätbyz. E.arbeiten bekannt geworden, v. a. die schon 1936 von A. GRABAR, damals aus engl. Privatbesitz (heute Washington, Dumbarton Oaks Coll.) veröffentlichte Pyxis mit zwei Ks.-Familien (L'empereur dans l'art byz., 1936, 56, Taf. VIII), die er 1960 eingehender behandelte, der K. WEITZMANN in seinem Katalog zwei weitere Stücke zugesellen konnte und für die jetzt eine Datierung ins 15. Jh. vorgeschlagen wurde. K. Wessel

Lit.: A. GOLDSCHMIDT – K. WEITZMANN, Die byz. E.skulpturen des X.–XIII. Jh., 1930, 1934 – K. WESSEL, Stud. zur oström. E.plastik, Wiss. Zs. 2, 1952/53 – DERS., Il dittico a cinque parti di Murano e la sua cerchia, CorsiRav. 1958, 111ff. – DERS., L'avorio con Apollo e Daphne e l'ambone di Aquisgrana, ebd. 129ff. – DERS., La cattedra di Massimiano e la sua scuola, ebd. 145ff. – DERS., Die große Berliner Pyxis, RAChr 1960, 263ff. – A. GRABAR, Une pyxide en ivoire à Dumbarton Oaks, DOP 14, 1960, 121ff. – K. WESSEL, Die älteste Darstellung der Maria Eleousa, Atti del VI Congr. Int. di Archaeologica Christ., 1965, 207ff. – J. BECKWITH, The Art of Constantinople, 1961, 135f. – K. WEITZMANN, Cat. of the Byz. and Early Mediaeval Antiquities in the Dumb. Oaks Coll. III, 1972 – DERS., The Ivories of the so-called Grado Chair, DOP 26, 1972, 43ff. – K. WESSEL, Das byz. E.kästchen in Stuttgart, Jb. der Staatl. Kunstslgn. in Baden-Württemberg 11, 1974, 7ff. – VOLBACH, Elfenbeinarbeiten – J. KALAVREZOU-MAXEINER, Eudokia Makrembolitissa and the Romanos Ivory, DOP 31, 1977, 305ff.

II. OKZIDENT: Auch in Spätantike und MA sind die E.arbeiten im Zusammenhang ihrer Funktion zu sehen. Diptychen, Kästchen, Pyxiden, Kämme sowie Buchkästen und -deckel dienen oft vorerst profanen, dann liturg. Zwecken. Der Übergang zeigt sich eindrücklich an Diptychen, etwa dem des Boethius in Brescia (VOLBACH Nr. 6), denen in Lucca, im Victoria and Albert Museum, London, sowie in Berlin (VOLBACH Nr. 14, 18, 137). Sie enthalten auf den Innenseiten liturg. Texte, meistens mit einer Reihe von Heiligennamen oder Namen von Lebenden und Toten, derer in der Messe zu gedenken ist (Commemorationsdiptychen). Während einige Arbeiten als profane Consulardiptychen in der Liturgie adaptiert wurden, sind andere thematisch bereits christl. geprägt. Diese konnten als Buchdeckel die vier Evangelien umfassen. Ähnlich verhält es sich im Bereich der Kästchen und Pyxiden, unter denen die berühmte Lipsanothek (= Reliquienlade) von Brescia (VOLBACH Nr. 107), wahrscheinl. im 3. Viertel des 4. Jh. in Rom oder Oberitalien entstanden, als das früheste Denkmal der christl. E.schnitzkunst gelten darf. Als Reliquienbehältnisse sind wohl auch die meisten Pyxiden anzusehen. Kämme mit christl. Motiven, d. h. liturg. Kämme erhielten sich im W erst aus der Karolingerzeit, das schönste Beispiel ist der Kamm des hl. Heribert im Kölner Schnütgen-Museum.

Für die christl. Bildtradition des W ist die E.skulptur neben der →Buchmalerei von der Antike bis zum 12. Jh. von bes. Bedeutung, in Spätantike und Karolingerzeit schließt sie manche in Malerei und Skulptur klaffende Lücke der Bildüberlieferung. Bereits die Fragmente von Kästchen aus dem 5. Jh. in den Londoner Museen (VOLBACH Nr. 116–118), aber auch die fünfteiligen Diptychen sowie Fragmente solcher ksl. Werke enthalten des klass. Formenschatz, aus dem die karol. Meister ihre Werke entwickelten. Einige Tafeln wie die Reidersche in München oder die Trivulziotafel in Mailand (VOLBACH Nr. 110f.) sind unvergleichl. Meisterwerke der bildenden Kunst.

Während sich aus der Völkerwanderungs- und Merowingerzeit keine nennenswerten Arbeiten erhielten, wird mit dem möglicherweise in England am Ende des 8. Jh. entstandenen Diptychon von Genoels Elderen in Brüssel (VOLBACH Nr. 217) die Epoche der Karolinger gewissermaßen eingeleitet. Die auf den fünfteiligen spätantiken Diptychen überlieferte Thematik mit den zentral thronenden Figuren von Christus und Maria auf Vorder- und Rückdeckeln von Evangelienbüchern ist hier in den nach Psalm 90 (91) über die Mächte der Finsternis triumphierenden Christus sowie in die Verkündigung und Heimsuchung Mariens variiert. Ersteres Motiv behalten auch die Elfenbeinschnitzer Karls d. Gr. bei. Früheste der zu Lebzeiten Karls d. Gr. und seines Sohnes Ludwig wohl in Aachen entstandene Arbeiten (Adagruppe) sind die Täfelchen vom Dagulfpsalter im Louvre (VOLBACH Nr. 218), den Höhepunkt bilden offensichtl. die nach dem Vorbild imperialer fünfteiliger Kaiserdiptychen gearbeiteten Deckel des Codex Aureus v. Lorsch, deren Entstehung vielleicht erst nach dem Tode Karls liegt, einen Ausklang wohl die Tafel im Schatz der Kathedrale von Narbonne (GOLDSCHMIDT I, Nr. 13f., 31). Daneben ist mit anderen Arbeitsstätten in Rom oder Oberitalien zu rechnen. Aus einer von ihnen kommt das Diptychon auf dem Deckel von Cod. 60 der Stiftsbibliothek zu St. Gallen, das nach Ekkehard IV. Casus Sancti Galli (Kap. 22) als Schreibdiptychon in Besitz Karls d. Gr. gewesen war, ehe es an Ebf. Hatto v. Mainz und Abtbf. Salomon III. v. St. Gallen-Konstanz überging. Während der Regierungszeit Ebf. →Drogos v. Metz (823–855) beobachten wir eine bis ins 10. Jh. reichende Phase karol. E.schnitzerei, deren Zentrum Metz war. Als Höhepunkt zeigen sich hier die durchbrochen gearbeiteten Deckel der Mss. Lat. 9393 und 9388 der BN Paris (GOLDSCHMIDT I, Nr. 71f.) mit Szenen aus dem Leben Jesu, denen eine später kaum mehr erreichte Einfühlung in die antike Kunst eignet. Auf dieser Basis entstand jene breite Produktion von Metzer E.arbeiten, deren repräsentativstes Werk der Cathedra Petri gen. Thron ist (VOLBACH Nr. 260), den wahrscheinl. Karl d. Kahle im Zuge seiner Kaiserkrönung 875 in Rom hinterließ. Von diesen Arbeiten hebt sich eine andere, durch den künstler. Impetus bes. ausgezeichnete und von A. GOLDSCHMIDT »Liuthardgruppe« gen. Werkgruppe ab. Sie ist u. a. durch den Deckel des Clm 4452, München, sowie Lat. 1152 zu Paris, jenes von Liuthard geschriebenen Psalters, vertreten.

Die Frage nach der Herkunft und Bildung der Künstler mag durch die Person des St. Galler Mönches Tuotilo (urkundl. nachweisbar 895–913) ausschnitthaft beantwortet werden: er war in den Künsten der Goldschmiede, E.schnitzer, Maler, Dichter und Musiker gewandt und schuf unter dem Eindruck der Vorbildlichkeit des oben gen. Schreibdiptychons aus dem Besitz Karls d. Gr. aus einem zweiten, noch unbeschnitzten Stück Karls den Deckel für das Evangelium Longum, Cod. 53 zu St. Gallen. Ihm künstlerisch ebenbürtig ist der Schnitzer der Tafeln in Cambridge, Frankfurt und Wien mit Darstellungen der Meßfeier sowie Gregor d. Gr. (GOLDSCHMIDT I, Nr. 120–122), die von A. BOECKLER in die otton. Zeit eingestuft, von C. NORDENFALK aber in die Karolingerzeit zurückgeführt wurden. Datierung und Lokalisierung vieler karoling. Arbeiten sind demnach problematisch.

In ottonischer Zeit lebt die Tradition teilweise unter byz. Einfluß fort. Zentren wie Mailand, Fulda, Trier, Echternach, Köln, Lüttich, Minden, Würzburg sind als klösterliche oder bfl. Werkstätten hypothetisch erschließbar, auch England schöpfte im 10. und 11. Jh., konform mit der Buchmalerei, aus den karol.-westfrk. Quellen. Die früheste und wohl auch bedeutendste otton. Werkstatt war wohl in Mailand auch für das sächs. Kaiserhaus tätig (sog. Magdeburger Antependium, GOLDSCHMIDT II, Nr. 4ff.). Ausdrucksstark sind einige Trierer Werke (GOLDSCHMIDT II, Nr. 23f.). In Köln entstanden um 1000 Arbeiten wie die Tafel mit Christus und der Thebäischen Legion (Schnütgen-Museum), in Lüttich etwas später u. a. die sog. kleinfigurige Gruppe (GOLDSCHMIDT II, Nr. 52ff.) in N-Frankreich ist St-Omer als Ursprungsort einiger Arbeiten zu erschließen. Am stärksten zeigen sich byz. Einflüsse in S-Italien, etwa in den um 1080 entstandenen Tafeln von einer Kathedra, Salerno, Dommuseum.

Von Einfluß auf abendländ. Werke sind arab. Arbeiten, die teilweise analog zu den antiken in Form von Kästchen, Pyxiden und Olifanten als Reliquienbehälter in die Kirchenschätze gelangten. In Sizilien und Spanien sind im 11. und 12. Jh. Werkstätten tätig, die auch liturg. Geräte wie Bischofskrümmen arbeiteten, die im W manchmal als Reliquien von Hl. verehrt wurden (Krümme des hl. Hubert in St-Hubert). Ähnlich der engl. hat andererseits Spanien eine Tradition, die mit frühen Arbeiten in das 8. Jh. hinabreicht (Diptychon Harrach), im 10. und 11. Jh. auch unter nordfrz.-engl. Einfluß steht, hierzu gehört das in León 1063 entstandene Kreuz Kg. Ferdinands I. (Madrid, Mus. Arq. Nac.). Hohe Qualität zeigen englische Arbeiten des 12. Jh. wie das sog. Bury St. Edmunds Kreuz (New York, Metr. Mus., The Cloisters). Dagegen geht die Produktion von E.schnitzereien im Zeitalter der Romanik auf dem Festland zurück, an Stelle des E.s treten schon im 11. Jh. Walroßzahn und Bein. Seit der 2. Hälfte des 12. Jh. verwenden Kölner Goldschmiede Walroßzahnreliefs an Reliquiaren und Tragaltären usw. (sog. gestichelte Gruppe), im frühen 13. Jh. werden dort viele Typen von Reliquiaren mit →Beinschnitzerei bestückt, nicht zu vergessen ist die Kölner Spielsteintradition.

Erst im Zeitalter Ludwigs IX. († 1270) erneuerte sich die E.schnitzkunst in Paris als fast ausschließl. Zentrum, in dem das Metier nun von Laien zunftartig betrieben wurde. Jean le Braillier, ein Virtuose in Goldschmiede- und Elfenbeinkunst wurde Valet de chambre Kg. Karls V. In der Pariser Goldemailkunst ist das einst verwendete E. gewissermaßen durch das vorwiegend in Weiß gehaltene →Email ersetzt (Maria im Rosenhag, Altötting). E.e der hohen Gotik sind meist Gegenstände der privaten Andacht (Diptychen, Triptychen, Statuetten) oder des profanen tägl. Gebrauchs (Spiegelkapseln, Minnekästchen, Briefladen), im Stil aber den höchsten Leistungen der Kathedralskulptur Frankreichs entsprechend. Hieraus leiten sich die besten Schöpfungen und kgl. Stiftungen wie die Muttergottes aus der St-Chapelle und die Kreuzabnahme im Louvre oder die Muttergottes aus St-Denis (Cincinnati) ab. Analog zu den Programmen der Chorschranken von Notre Dame oder der großen Kathedralportale entwickeln die Künstler die Kompositionen der vielfigurigen Diptychen und Triptychen. Auch die Errungenschaften der religiösen (Bible historiée, Bible historiale, Bible moralisée) und profanen Buchmalerei (Tristan, Roman de la Rose) finden in den Kompositionen von Altärchen und Kästchen ihren Niederschlag. Noch einmal dominieren die Themen von Christus und Maria etwa in der Gegenüberstellung der stehenden Muttergottes mit dem Gekreuzigten. Aufgabe der Forschung wird es sein, das von R. KOECHLIN corpusartig vorgelegte Material zu ergänzen und Werkstätten außerhalb von Paris in Frankreich, England, Deutschland usw. nachzuweisen. Einige Zentren wie das für den Export eingerichtete Atelier der →Embriachi in Venedig sind bekannt. Nach 1400 setzt auch in Paris die große Epoche der E.schnitzkunst aus, spätgot. Werke von künstler. Rang sind sehr selten. Ein stets noch ungelöstes Problem sind die Fälschungen v. a. got. E.schnitzereien.

A. von Euw

Lit.: RDK IV, 1307ff. – A. GOLDSCHMIDT, Die E.skulpturen aus der Zeit der karol. und sächs. Ks., VIII.–XI. Jh., 1, 1914; 2, 1918; Die E.skulpturen aus der roman. Zeit, XI.–XIII. Jh., 3, 1923; 4, 1926 [Reprints 1970–75] – R. KOECHLIN, Les Ivoires Gothiques Français, I–III, 1924 – J. FERRANDIS, Marfiles árabes de Occidente, I–II, 1935–40 – A. BOECKLER, E.reliefs der otton. Renaissance, Phoebus 2, 1948, 148ff. – P. B. COTT, Siculo-Arabic Ivories, 1949 – H. FILLITZ, Die Spätphase des »langobardischen« Stils, JKS NF 18, 1958, 7ff. – E. v. PHILIPPOWICH, E., 1961 – A. L. VANDERSALL, The Ivories of the Court School of Charles the Bald [Diss. Yale Univ. 1965] – TARDY, Les Ivoires, 1966 – E. KÜHNEL, Die islam. E.skulpturen, 1971 – J. BECKWITH, Ivory Carving in Early Medieval England, 1972 – H. FILLITZ, Die Cathedra Petri. Zur gegenwärtigen Forschungslage, AHP 11, 1973, 353ff. – C. NORDENFALK, Karol. oder otton.? Zur Datierung der E.e, GOLDSCHMIDT I, 120–131 (Kolloquium über spätantike und frühma. Skulptur 3, 1972 [1974], 45ff. – A. VON EUW, E.arbeiten von der Spätantike bis zum hohen MA (Kat. Liebieghaus, Frankfurt, 1976) [Lit.] – K. R. BATEMAN, St. Albans: Its Ivory and Manuscript Workshops: A Solution to the St. Albans/Bury St. Edmunds Dilemma [Diss. Univ. of Michigan 1976] – VOLBACH, Elfenbeinarbeiten [Lit.] – CH. T. LITTLE, The Magdeburg Ivory Group: A Tenth Century New Testament Narrative Cycle [Diss. New York Univ. 1977] – D. GABORIT-CHOPIN, E.schnitzkunst im MA, 1978 [Lit.] – R. P. BERGMAN, The Salerno Ivories. Ars Sacra from Medieval Amalfi, 1980 – R. KAHSNITZ, Das Goldene Evangelienbuch v. Echternach, 1982 – W. SANDERSON, Archbishop Radbod, Regino of Prüm and Late Carolingian Art and Music in Trier, Jb. der Berliner Museen NF 24, 1982, 41ff. – J. DUFT – R. SCHNYDER, Die E.-Einbände der Stiftsbibl. St. Gallen, 1984 – D. PERRIER, Die span. Kleinkunst des 11. Jh., AaKbll 52, 1984, 29ff.

III. ISLAMISCHER RAUM: E. (im arab., dann pers. und türk. *tāǧ*, im modernen Türk. *fildişi*) war in fast allen Ländern des Islam (neben Knochen und Walroßzähnen) als Material für Handwerk und Kunst während ihrer vorislam. Geschichte bekannt, auch in Arabien. E.e sind übersichtl. einzuteilen nach den Katalogen von E. KÜHNEL (142 mit Ritzdekor und Schnitzerei) und P. B. COTT (195 bemalte).

1. *Frühislamische Arbeiten des 7. bis 10. Jh.*, weder sicher datiert noch lokalisiert, aber mehrheitlich aus der langen syr.-ägypt. Tradition hervorgegangen. Es handelt sich um Deckelbüchsen, Belagplatten und einen Kamm. Dazu kommen 9 Schachsteine, darunter ein indischer mit arabischer Signatur und vielleicht ein irakischer. Mit Ritzdekor verziert ist eine Büchse aus St. Gereon in Köln, die nach der Inschrift in ʿAden hergestellt wurde, aber innerhalb des 8. Jh. noch nicht verbindlich datiert werden konnte. Für einige ägypt. Holzplatten mit E. einlagen ist die Verwendung als Buchdeckel noch nicht bewiesen worden. 2. Die ganz bedeutende *spanisch-arabische Gruppe des 10. bis 11. Jh.* könnte ihren Beginn mit ʿAbdarraḥmān III. haben, der sich 926 in der Hauptstadt →Córdoba selbst zum Kalifen proklamierte und die Ansprüche des Hofes steigerte; 936 begann er den Bau der Palaststadt Madīnat az-Zahrāʾ bei Córdoba. In beiden Städten begründete er E. werkstätten, die in Madīnat az-Zahrāʾ ist durch Nennung der Stadt in Inschriften belegbar. Daher ist anzunehmen, daß in Córdoba ein rein ornamentaler, vorwiegend vegetabil. Stil bevorzugt wurde. Dagegen ist die andere Werkstatt durch eine reiche, auch zoo- und anthropomorphe Ikonographie meistens mit höf. Themen gekennzeichnet, die vielfach polit. Ansprüche vertritt und der erschöpfenden Deutung noch bedarf, anknüpfend an eine lange Tradition von Herrscherdarstellungen. Ein E. etui, wohl zur Aufnahme von Spielkugeln, und zwei Kästchen sind nach den Widmungsinschriften an eine Tochter von ʿAbdarraḥmān III. die frühesten Arbeiten. Eine signierte Pyxis um 970 nennt in einem Gedicht die Aufbewahrung von Moschus, Kampfer und Ambra als Zweck. Die Kästchen waren vermutl. Schmuckbehälter. In die Zeit von al-Ḥakam II. (971-976) fallen die meisten datierten Arbeiten: Aus Madīnat az-Zahrāʾ: 964 eine Deckelbüchse und 966 drei Kästchen. In Córdoba müssen zwei Pyxiden entstanden sein, die 968 und 970 als Daten tragen. Alle Gegenstände sind fast immer massiv aus E. gearbeitet, eine qualitativ hervorragende flache Deckelbüchse, wohl für al-Ḥakam II. selbst, ist die einzige mit durchbrochener Schnitzerei. Nach erhaltenen Resten waren früher alle bemalt. Unter 5 Arbeiten des frühen 11. Jh. ragt der 1005 datierte und signierte Kasten in Pamplona hervor, der noch in Córdoba für den Kanzler ʿAbdalmalik angefertigt wurde, der für den unfähigen Kalifen Hišām II. herrschte. Cuenca in Kastilien, zweimal in Inschriften genannt, wird im fragmentarisierten Spanien der Kleinkönige das neue Zentrum für E. arbeiten, das zwei 1026 und 1049-50 datierte Arbeiten aufweist. KÜHNEL rechnet 4 mozarab.-kirchl. Geräte zu dieser Gruppe. 3. *Die sarazenischen* →Olifante, Blashörner für die Jagd, und Kästchen gelten als in Unteritalien im 10.-11. Jh. hergestellt, und zwar von muslim. Handwerkern. Sie fanden ihren Weg ausschließl. in den Westen. Gruppiert werden sie danach, ob die Hauptzone undekoriert bleibt oder mit Tieren in Flechtbändern oder in Längsstreifen geschmückt ist. Die Kästen zeigen vorwiegend die Ikonographie der Jagd, zweimal kommen Jäger vor. 4. Aus *Ägypten* während der Herrschaft der fāṭimid. Kalifen sind in *10.-12. Jh.* Belegplatten, Möbelintarsien und Kämme gefertigt worden, von denen über 40 erhalten sind; aus ihnen ragen vier Platten im Mus. für Islam. Kunst SPKB in Berlin wegen ihrer Ikonographie (höf. Feste und Jagden) und ihrer Qualität hervor; stilist. sind sie eng mit den Holzplatten aus dem Palast in Kairo verbunden. 5. Als letzte Gruppe beschreibt KÜHNEL 10 Belegplatten, 1 Horn sowie Deckelbüchsen vom *12.-13. Jh.*, die mit Vorsicht, fast ausschließl. als in Sizilien unter den Normannen von muslim. Handwerkern für westl. Auftraggeber hergestellte Arbeiten gelten können; zwei tragen ahistorische arab. Inschriften. 6. Gleichzeitig dürften in *Sizilien und Unteritalien* Kästchen, Pyxiden und Kämme hergestellt worden sein, die sich durch Bemalung und Vergoldung und durch arab., ahistorische Inschriften auszeichnen; sie sind erkennbar an den elegant ausgeführten Ornamenten, Tieren und Menschen. Eine Untergruppe wird wegen ihrer geometr. Ornamentik zur Produktion unter den Naṣrīden in *Granada* während des 13. und 14. Jh. gerechnet. Eine spätere, oftmals bereits unter der Einwirkung der Gotik entstandene und häufig kirchl. Geräte enthaltende Untergruppe wird Norditalien und dem 13. oder 14. Jh. zugeschrieben. 7. Noch nicht systemat. untersucht sind die *aiyūbidischen* und *mamlukischen Einlegearbeiten* auf Moscheegeräten; unter ihnen ist der jüngst untergegangene Mimbar hervorzuheben, der 1168-69 in Aleppo im Auftrag von Nūraddīn für die Aqṣā-Moschee in Jerusalem hergestellt wurde. Eine kleine Gruppe von E. tischchen, in Ägypten oder Syrien im 13. oder 14. Jh. entstanden, ist erst spät bekannt geworden; eines befindet sich im Nationalmus. in Kuwait. Eine zusammenfassende Darstellung der E. arbeiten der seldschuk. und osman. Zeit der Türkei fehlt bisher. Wenig ist aus Persien vor den Mongolen erhalten, obgleich die Quellen die Herstellung attestieren. K. Brisch

Bibliogr. und Lit.: K. A. C. CRESWELL, A Bibliogr. of the Architecture, Arts and Crafts of Islam to 1th Jan. 1960, 1961, 868-886; Suppl. Jan. 1960 to Jan. 1972, 1973, 265-266 – El² I, 200-203 [s. v. ʿĀdj; R. PINDER-WILSON] - P. B. COTT, Siculo-Arabic Ivories, 1939 – C. E. ARSEVEN, Les arts decoratifs Turcs, 1959, 209-226 – E. KÜHNEL, Die islam. E. skulpturen, 1971 – Arts Council of Great Britain, The Arts of Islam, 1979 – Islam. Kunst, Meisterwerke aus dem Metropolitan Mus. of Art, 1981.

Elfoddw (Elbodug), Bf. (homo dei) im nw. Wales, † 809. E. brachte nach den Annales Cambriae (s. a. 768) alle – oder einige der – walis. Kirchen in Übereinstimmung mit Rom durch Angleichung des Ostertermins (→Ostern, Osterstreit) an den römischen. In seinem Todesvermerk heißt E. 'archiepiscopus Guenedotae' (Ebf. v. →Gwynedd); die genaue Bedeutung dieses Titels, der in vornorm. Zeit nur eine einzige Parallele hat (in bezug auf Nobis, Ebf. v. →St. David's im sw. Wales, 9. Jh.), ist unklar. W. Davies

Elgin, Hauptort der Gft. und des Bm.s →Moray im NO Schottlands. In einer Schleife der Lossie entwickelte sich im fruchtbaren Küstentiefland E. als *royal burgh* im Anschluß an eine kgl. Burg, die im Zusammenhang mit dem kgl. Zugriff auf das Gebiet von Moray nach 1130 entstand. Castellum und um 1136 zuerst bezeugter burgus sind vor dem Hintergrund der »Feudalisierungs«-Maßnahmen →Davids I. zu sehen, die ähnlich auch in Forres und →Inverness getroffen wurden. Diesen kgl. Stützpunkten entlang der Küste waren im 13. Jh. Sheriffsitze zugeordnet. Der anglo-norm. Einfluß wird durch das Aegidiuspatrozinium der Pfarrkirche noch betont. Als 1224 der Sitz der im frühen 12. Jh. errichteten Diöz. Moray endgültig nach E. verlegt wurde (der bfl. Hauptsitz verblieb in Spynie), bedeutete dies zusammen mit dem sofort beginnenden Kathedralbau kräftige Wachstumsschübe für die zur ältesten Schicht des schott. Städtenetzes zählende, stark aus fläm., norm. und engl. Teilen zusammengesetzte Gemeinde (1234 burgenses und Kaufleutegilde, um 1235 Dominikaner, um 1235 Spital, 2. Hälfte 13. Jh. Franziskaner, 1391 Leprosenhaus), deren Hafen Lossie die wirt-

schaftl., deren Königsbesuche im 12./13.Jh. die polit. Bedeutung unterstreichen. Sehr spät sind Organe der Bürgergemeinde und ein Siegel belegt. 1469 war E. im Parlament vertreten. Vier Tore und eine späte Umwallung der nur schwach überbauten, ma. wohl immer unter 1000 Einw. bleibenden, 27 ha umfassenden Stadt, an die sich östl. mit eigener Umwallung das College of the Chanonrie anschloß (11 ha), und der nördl. des Flusses ein bfl. Dorf entgegenstand, hatten nur rechtssymbol. Bedeutung. Die Anlage basiert auf dem »Single-street-system«. Die Überantwortung an die Gf.en v. Moray 1312–1455 und eine Reihe von Bränden (1270, 1336, 1390, 1402, 1452) behinderten die spätma. Entwicklung.
F. B. Fahlbusch

Q. und Lit.: The Records of E., bearb. W. CRAMOND, 2 Bde (New Spalding Club 27, 35, 1903/08) [Katasterplan] – H. B. MACKINTOSH, E., PP, 1914 – R. G. CANT–I. G. LINDSAY, Old E. ..., 1946 – W. M. MACKENZIE, The Scottish Burghs, 1949 – An Historical Atlas of Scotland, hg. P. MCNEILL–R.NICHOLSON, 1975.

Elias, Prophet
I. Elias als biblische Gestalt – II. Darstellung – III. Verehrung.

I. ELIAS ALS BIBLISCHE GESTALT: 1. Nach der atl. Überlieferung (1 Kön 17,1 bis 2 Kön 2,18) wirkte E. als Prophet in Nordisrael; er knüpfte bewußt an Israels Wüstentradition an und setzte sich dafür ein, dem Anspruch Jahwes als des einen Gottes Israels wieder Geltung zu verschaffen (Reinigung des Jahwe-Glaubens von kanaanäischen Einflüssen: 1 Kön 17,1; 18,15; 1 Kön 18,36). Das Judentum (vgl. dazu Mal 3,1.23–24 und Sir 48,1–12) sah E. als Fürbitter und Nothelfer an und beschäftigte sich intensiv mit Vorstellungen über seine Rückkehr, sei es als Messias, sei es als Vorläufer einer messian. Gestalt (vgl. Entrückung des E. in 2 Kön 2,1–18).

2. Das NT (Vorkommen des Namens E. 29mal) hat drei Begebenheiten aus dem Leben des Propheten übernommen. Lk 4,25.26 erwähnt die Erzählung von der lang anhaltenden Dürre in Israel (1 Kön 17–18: E. hilft der Witwe von Sarepta). Röm 11,2–4 bezieht sich Paulus auf die Flucht des E. (1 Kön 19,5–8): »die ihr Knie nicht vor Baal gebeugt haben« sind Hinweis auf den von Gott erwählten »Rest Israels«. Lk 9,54 erinnert an 2 Kön 1,9–12 (vgl. Sir 48,3), wonach E. ein Strafgericht über den Sohn des Königs Ahab herabrief (Ahab tolerierte den von seiner heidn. Frau Isebel geförderten Baal-Kult). Mk 15, 34–36 wird E. als Helfer in Not gesehen und Mk 9,2–8 Par. zeigt an, daß Mose und E. vor dem Ende (Endgericht) noch einmal auftreten werden; diese Interpretation wird in Mk 9,9–13 Par. von Jesus bestätigt: E. wird kommen und »alles wiederherstellen« (vgl. Mal 3,23–24). Die gleiche Vorstellung(?) begegnet in Offb 11,3–13, nun aber ergänzt durch den Gedanken, daß E. im Kampf mit dem »Antichristos« das Martyrium erleidet, danach aber auferweckt wird und zurückkehrt, um den endzeitl. Gegenspieler zu töten. Nach Jak 5,16–20 ist E. als ein Mann von gewaltiger Gebetskraft Vorbild für die christl. Gemeinde.   A. Sand

Lit.: Bibellex., 379f. – Bibl. hist. Hwb. II, 395–398 – Exeget. Wb. zum NT I, II, 1984, 285–290 – Theol. Begriffslex. zum NT I, 1984, 224–226.

II. DARSTELLUNG: [1] Byzantinische Kunst: E. ist seit frühbyz. Zeit eine der meistdargestellten atl. Figuren, weil er in der →Verklärung Christi stets zu dessen Rechter steht. Unter den Propheten im Kuppeltambur erscheint er selten, z. B. in Sv. Nikita bei Čučer und der Königskirche in Studenica (Anfang 14. Jh.). Seine Himmelfahrt ist öfters dargestellt, auf einem Altar in Kayseri (8. Jh.?), im Chludov- (9. Jh., Moskau, Hist. Mus.), Theodor- (1066, London, Brit. Mus.) und im Barberini-Psalter (um 1100, Bibl. Vat., im Cod. Reg. gr. 1 (Bibl. Vat., 10. Jh.), im Kosmas Indikopleustes des Sinai-Kl. (11.Jh.), in der NW-Kapelle von →Hosios Lukas (um 1100?), im Diakonikon des Kl. Morača als Teil eines elfszenigen Zyklus (nach 1252), in der Königkirche von Studenica und in Sv. Djordje in Staro Nagoričino (Anfang 14. Jh.), in H. Nikolaos Orphanos (Thessalonike, Anfang 14. Jh.), im Protaton, Karyeis (Athos, um 1300) u.a.m. Viel seltener ist die Speisung E.' durch den Raben, eher attributiv im Sinai-Kosmas (s. o.) oder auf der Votivikone des Stephanos im Sinai-Kl. (um 1200), wo er winzig heranflattert, später dann sitzt E. in einer Schlucht, und der Rabe nähert sich von rechts, so z. B. im Zyklus in Morača, auf einer athonitischen(?) Ikone im Russ. Mus. Leningrad (14. Jh.) u. ö., bes. beliebt in nachbyz. Zeit. E.-Zyklen werden in der Miniatur des Vat. Reg. gr. 1 angedeutet (über die Himmelfahrt des E. ist die Überbringung der Strafandrohung an Ahab dargestellt) sowie in zwei Miniaturen des Vat. gr. 333 (11.Jh.): Speisung des E. durch zwei Raben; Himmelfahrt des E. Ein solcher Zyklus ist im Ms. gr. 923 der Bibl. Nat. Paris (Palästina?, 9.Jh.) erhalten. E. ist stets (außer auf dem Altar in Kayseri) mit langem weißem Haar und weißem Vollbart dargestellt.   K. Wessel

[2] Lateinisches Mittelalter: E., einer der Propheten des AT, wurde anfängl. bes. im ostchristl. Bereich verehrt, im Abendland nahm seine Verehrung seit dem 13.Jh., der Gründung des Karmeliterordens, zu. Dargestellt ist E. von frühchristl. Zeit an als alter, oft bärtiger Mann, bisweilen nimbiert, im langen Prophetenmantel, seit dem SpätMA auch in der Karmeliterordenstracht. Seine Attribute, Rabe und Flammenschwert, weisen auf die im MA wegen ihrer typolog. Bedeutung auftretenden Szenen hin. Die Himmelfahrt des E. erscheint mehrfach in der röm. Grabmalerei und Sarkophagplastik des 4.Jh., im 5.Jh. auch in anderen Denkmälerbereichen (Holztür S. Sabina, Rom; Nischenmosaik S. Aquilino, Mailand). Dieses Thema, das in Beziehung zur Himmelfahrt Christi gesetzt wird (Klosterneuburger Altar, Nikolaus v. Verdun, 1181; Glasfenster, St. Martin, Colmar, um 1325) ist seit dem 12. Jh. die am häufigsten dargestellte Szene. In Bezugnahme auf das eucharist. Mahl wird die Speisung des E. durch einen Engel, bes. auf Altären des 15./16.Jh., dargestellt (Retabel, Dirk Bouts, Löwen, Peterskirche, 1468), weiterhin die Begegnung des E. mit der Witwe von Sarepta als Vorbild für die Kreuztragung Christi (Glasfenster, Bourges, Kathedrale) und das Gottesurteil am Berge Karmel als Antitypus zur Ausgießung des Hl. Geistes (Fresken, St. Maria Lyskirchen, Köln, 2. Viertel 13.Jh.; Glasfenster, Meißen, Dom, 13. Jh.).   S. Stolz

Lit.: zu [1] und [2]: LCI I, 607–613; VI, 118–121 – RbyzK II, 90–93 – C. KOPP, E. und Christentum auf dem Karmel, 1929 – J. LASSUS, L'Illustration byz. du Livre des Rois, Vat. Gr. 333, 1973 [mit Taf.].

III. VEREHRUNG: Im Gegensatz zum Judentum und Islam, aber auch zum christl.-oriental. und ostkirchl.-byz. Bereich, wo sein Kult v. a. durch die Ks. Zenon (474–491) und Basileios I. (867–886) gefördert wurde, spielte die Verehrung des Propheten E. im W nur eine untergeordnete Rolle. Dies ist u. a. mit der langen Zurückhaltung der röm. Kirche gegenüber dem Einbezug atl. Gestalten in die Heiligenverehrung zu erklären; erst 1583 wurde sein Gedächtnistag durch das Martyrologium Romanum auf den 20. Juli festgelegt. Eine Ausnahme bildet hier ledigl. der →Karmeliterorden und sein Einfluß auf den E.-Kult. Durch Bezugnahme auf den Berg Karmel als Wirkungsstätte des Propheten (1 Kön 18, 19–46) wie durch die seit den Kirchenvätern vorgenommene Paradigmatisierung des E. als Vorbild mönch. Lebensideals betrachtete ihn der Orden ursprgl. als seinen Gründer, geriet dadurch in scharfen Widerspruch zu den Bollandisten und verehrte ihn schließlich als seinen bevorzugten Schutz-Hl. und Patron (ordo Elianus). 1551 billigte Rom den Karmelitern hierfür ein eigenes Meßformular zu.

Von sehr viel größerer Bedeutung als der liturg. Kult aber erwiesen sich die der Exegese der atl. E.-Geschichte durch das Frühjudentum, das NT und die frühchristl. Theologie entstammenden Deutungen und deren Popularisierungen. Sie betrafen zum einen sein Wirken als Propheten und Wundertäter, zum anderen seine Entrückung in den Himmel, die unter Umgehung des Todes erfolgt war; E. wurde mit Johannes d. T., der als Vorbote des Messias im Geist und in der Kraft des E. gekommen sei (so referiert z. B. in der →Legenda aurea des Jacobus de Voragine), sowie in Anlehnung an die Himmelfahrt mit Christus, aber auch mit Maria verglichen. An die Weissagung Mal 3, 23 über die Wiederkehr des E. als Vorläufer des Messias knüpften sich zudem von zahllosen jüd. und christl. Legenden ausgestaltete messian.-eschatolog. Spekulationen, die in ma. Versionen E. zum Streiter gegen den Antichrist machten; er sei ins Jenseits entrückt worden, um dort auf den Endkampf zu warten (Legenda aurea), nach dem Muspilli-Lied (9. Jh.) wird er in diesem Kampf sogar verwundet werden: »doh wânit des vilu gotmanno/ daz Elias in demo wîge arwartit/ sâr sô daz Eliases pluot/ in erda kitriufit/ sô inprinnant die perga« (48–54).

Eine ähnliche Bedeutung, wie sie E. in den ma. Endkampfvorstellungen besitzt, nimmt seine Gestalt auch in der populären jüd. Tradition ein. Die Überzeugung von der Allgegenwärtigkeit infolge der Himmelfahrt verlieh ihm hier die Züge einer beinahe messian. Person, die als Wohltäter, Zeuge, Richter usw. stets präsent war. Solches Denken fand in der Zeremonie der Beschneidung (Stuhl des E.), beim Seder Pessach (Becher des E.) seinen liturg.-dinglichen, in der Verwendung seines Namens etwa zum Schutz der Wöchnerin vor der Kindbettdämonin Lilit seinen superstitiösen Ausdruck.

Die Auffahrt des E. auf einem feurigen Wagen in den Himmel, ikonograph. Bestandteil zahlreicher Darstellungen in der Kunst der W- wie der O-Kirche, legitimierte ferner seine Funktion als Beschützer bei Gewittern, was, wenn auch nur vereinzelt, die ma. Benediktionen bezeugen.

Eine sehr viel wichtigere Rolle im Vergleich zu solchen populären Ausformungen aber spielt die Gestalt des E. in ihrer seit dem Frühchristentum kontinuierlich weiterentwickelten Vorbild- und Vergleichsfunktion. Denn sie ließ sich nicht nur auf Johannes d. T. und Christus anwenden, ihrer bediente sich auch die reformator. Argumentation, indem sie, wie z. B. Johannes Mathesius, Martin Luther als den dritten oder letzten E. bezeichnete. Diese Dimension der Exemplifizierung aber sicherte E. einen Platz im Bewußtsein des Volkes, ohne sich hierfür spezieller kult. Ausdrucksformen und Objektivationen, oft genug als Mittel populärer Frömmigkeit überschätzt, bedienen zu müssen. Ch. Daxelmüller

Lit.: EM III, 1342–1353 – HWDA II, 781–785 – JL II, 350–355 – LThK² III, 806–810 – RAC IV, 1141–1163 – J. E. STADLER, Vollständiges Hl.-Lex. II, 1861, 32–33 – J. GRIMM, Dt. Mythologie, 1875–77⁴, I, 144–145 – A. FRANZ, Die kirchl. Benediktionen im MA II, 1909, 84, 90, 268 – I. FRIEDLAENDER, Die Chadhirlegende und der Alexanderroman, 1913 – A. SCHMITT, Entrückung–Aufnahme–Himmelfahrt, 1973 – TH. METZGER–M. METZGER, Jüd. Leben im MA, 1983, 263–270.

Elias

1. E., hl., *Patriarch v. Jerusalem,* † 518 in Aila; Fest 18. Febr. (syr. unierte Kirche); 4. Juli (Martyrologium Romanum).

Aus Arabien stammend, lebte E. zunächst als Einsiedler in der Nitrischen Wüste, floh aber nach dem Mord am chalkedon.-kaiserl. gesinnten Patriarchen →Proterios (457) nach Palästina zu →Euthymios. I.J. 494 wurde der Mönch zum Bf. v. Jerusalem berufen und damit in die theol.-polit. Auseinandersetzungen der Zeit verwickelt. Zunächst dem verwaschenen Henotikon des Ks.s →Zenon (474–491) zugetan, favorisierte er zusehends die Formel von →Chalkedon und nahm die Kirchengemeinschaft mit den Patriarchen Euphemios (490–496) und Makedonios (496–511) auf, die durchaus chalkedonisch gesinnt waren, jedoch wegen ihrer Weigerung, den Vorgänger Akakios (472–489) zu verurteilen, mit Rom gebrochen hatten. Den Mönch Severos, nachmals Patriarch v. Antiochia († 530), ließ er wegen antichalkedon. Haltung durch seinen Beauftragten Nephalios aus dem Kl. bei Gaza vertreiben, im gleichen Sinn intervenierte er durch den Mönchsvater →Sabas bei Ks. Anastasios (491–518). Zusammen mit Flavianos v. Antiochia (498–512) gelang es ihm, den ksl. Versuch einer regelrechten Abkehr von Chalkedon auf der Synode v. Sidon (511) abzublocken. Trotz Vorbehalts gegen die chalkedon. Formel stand er letztlich zu ihrer Aussage und nahm dafür die Verbannung nach Aila (516) in Kauf. P. Stockmeier

Q.: Vita S. Sabae (BHG ³1608); Evagrios Scholastikos, HE III, 31–33 (MPG 86, 2657–2672); Nikephoros Kallistos, HE XVI 22.24 (MPG 147, 179–190); Acta SS Jul. II (1867), 28–32 – Lit.: F. DIEKAMP, Die origenist. Streitigkeiten im sechsten Jh. und das fünfte allgemeine Concil, 1899 – E. HONIGMANN, Évêques et échévés monophysites d'Asie antérieure au VIᵉ s., 1951 – [Chalkedon III 918, Register] – L. PERONNE, La Chiesa di Palestina et le controversie cristologiche. Dal concilio di Efeso (431) al secondo concilio di Costantinopoli (553), 1980.

2. E., *Metropolit v. Kreta.* Über seine Vita wissen wir nichts. Sein Wirken fällt nach dem neuesten Stand der Forschung in die 1. Hälfte des 12. Jh. Nach seinem überlieferten Werk gehörte er zu den berühmten Scholiasten und Kommentatoren von Texten griech. Kirchenväter.

Bes. bekannt ist er durch seine Scholien zu den Reden und zwei Briefen →Gregors v. Nazianz geworden, von denen wir nur einen kleinen Teil des griech. Urtextes kennen. Aus seinem umfangreichen Kommentar zu der Klimax des →Johannes Scholastikos, Abt. v. Sinai, dessen älteste Hs. der Laurent. Plut. P. IX cod. 11, 12. Jh. ist, sind ebenfalls nur Bruchstücke in MPG enthalten. Er befaßte sich auch mit kanonist. und liturg. Fragen. Dazu gehören 1. Antworten auf sieben kanon. Fragen eines gewissen Mönches Dionysios; 2. ein kleiner Traktat über das Opfergebet als Antwort auf die Frage eines Priesters und eine Antwort über die Präsanktifikatenliturgie.

E. Konstantinou

Q.: Scholien zu den 19 Reden des Gregor v. Nazianz, in lat. Übers. hrsg. J. LÖWENKLAU, Basel 1571, 2–393; Bruchstücke in Griechisch, MPG 36, 737–932; eine Auswahl der Scholien zur Klimax, MPG 88, 631–1164; Responsa ad Dionysium, MPG 119, 985–997; RHALLES-POTLES V, 374–388; Opfergebet, ed. V. LAURENT, RevByz XVI, 1958, 116–142; über die Präsanktifikaten, ed. M. GEDEON, Ἐκκλ. Ἀλήθ., 36, 1916, 18 – Lit.: DTC IV, 2331–2333 [S. SALAVILLE] – J. SAIJDAK, Hist. critica scholiastarum et commentatorum Gregorii Nazianzeni I, 1914, 95–120 – BECK, Kirche, 655.

3. E. Ekdikos, byz. geistl. Schriftsteller, nach der Unterschrift unter seinen Werken Mönch und Priester, lebte Ende des 11. Jh. in Konstantinopel. Gemäß der Beifügung zu seinem Namen war er Mitglied des Patriarchatsgerichts. Autor eines Werkes über den geistl. Weg des Christen Ἀνθολογικὸν γνωμικῶν φιλοσόφων σπουδαίων (Anthologikon gnomikon philosophon spoudaion). Vorgebildet sieht er den Weg im Zug Israels durch das Rote

Meer zum Gelobten Land, Ziel ist die Rückkehr in den Urzustand: »Das in uns verborgene Paradies der Apatheia ist das Bild des kommenden, das die Gerechten aufnimmt« (MPG 127, 1152C). Vorweggenommen ist das Ziel in der Gottesschau, in der die irdischen λογισμοί (Logismoi) schweigen und göttl. Licht aufleuchtet. E. ist offenbar von →Symeon dem Neuen Theologen beeinflußt. Die Schrift ist eine ausgezeichnete Darstellung der byz. Spiritualität, trotz des geringen Umfangs. Ihre Zuteilung an →Maximos Homologetes in mehreren und an →Johannes Karpathos in einigen Hss. ist zu Unrecht erfolgt. In einer Hs. im zugeschriebenen Περὶ ἐργασίας νόος (Perì ergasias noos; nicht ediert), gedruckt als Kanon auf die Gottesmutter. Spätere Kopisten geben E. den Titel eines Hl., doch fand er keine Aufnahme in den offiziellen Heiligenkalender.

H. M. Biedermann

Q.: MPG 127, 1128–1176, übernommen aus der Philokalia des Nikodemos Hagiorites, Venedig 1782 (Anthologikon); auch unter den Werken des Maximos Confessor, MPG 90, 1401–1461 – Nikodemos, Θεοτοκάριον, 1898, 51 – *Lit.*: DHGE XV, 187f. [Lit.] – BECK, Kirche, 363, 588 [Lit.] – M. D. DISDIER, Echos d'Orient 30, 1932, 17–43, 144–164.

4. E. Levita → Levita, Elias

5. E. der Jüngere (E. v. Enna), hl., * 820/830 in Enna (Castrogiovanni, Sizilien), † 17. Aug. 903 bei Thessalonike. Sein Beiname dient der Unterscheidung vom Propheten →Elias. E. hatte ein sehr bewegtes Leben, wie aus seiner Vita hervorgeht, die ein anonymer byz. Mönch unmittelbar nach E.' Tod verfaßte. In seiner Jugend wurde er, der sich damals noch Johannes nannte, bei einem Raubzug der Sarazenen gefangengenommen und als Sklave nach Afrika verkauft. Es gelang ihm jedoch, wieder freizukommen; er lebte dann als Asket in Palästina, erhielt vom Patriarchen von Jerusalem das Mönchsgewand, nahm den Namen E. an und begab sich auf weite Pilgerreisen, die ihn nach Alexandria und Antiochia, Persien und Afrika führten, an die heiligen Orte der frühen Christenheit. Nach der Eroberung von Syrakus durch die Araber (878) nach Sizilien zurückgekehrt, begegnete E. in Taormina dem Mönch Daniel, der sein treuer Gefährte wurde. Er begab sich danach nach Kalabrien, wo er um 880 südl. von Reggio das Kl. Saline gründete. Die ständigen Streifzüge der Sarazenen bewogen ihn, wieder in den Orient zu gehen, und er ließ sich für einige Zeit in Patras (Griechenland) nieder. Danach fand er in S. Cristina im Aspromonte (Kalabrien) Zuflucht. Nachdem er in Rom die Apostelgräber besucht hatte und von Papst Stephan V. empfangen worden war, gründete er Anfang des 10. Jh. bei Palmi (Reggio Calabria) auf dem Berg, der noch heute seinen Namen trägt (Monte S. Elia), das bis zum Ende des 18. Jh. bestehende Kl. Aulinas. Von Ks. Leon VI. nach Byzanz gerufen, starb er unterwegs in der Nähe von Thessalonike. Daniel, der ihn begleitet hatte, ließ seinen Leichnam im Kl. Aulinas beisetzen.

P. De Leo

Lit.: Bibl. SS IV, 1043–1045 – DHGE XV, 189f. – G. ROSSI TAIBI, Vita di S. Elia il giovane (nach dem griech. Original [cod. Mess. Gr. 29]).

6. E. Spelaiotes (Beiname nach seinem bevorzugten Aufenthaltsort in Höhlen), italo-byz. Asket, * um 864 in Reggio Calabria, stammte aus vornehmer Familie, † 11. Sept. 960 im Kl. Aulinas (Kalabrien). Um 880 entsagte er der Welt, begab sich nach Sizilien und lebte zusammen mit seinem Gefährten Arsenios als Einsiedler auf den Hängen des Ätna, wo er vor den Arabern, die Süditalien verheerten, sicher war. Nach seiner Rückkehr nach Kalabrien unternahm er eine Wallfahrt nach Rom zu den Apostelgräbern. Zusammen mit Arsenios flüchtete er später nach Griechenland und ließ sich in Patras nieder, wo der Bischof ihm einen angeblich von Dämonen heimgesuchten Turm überließ, in dem, wie es hieß, kein Mönch bisher habe wohnen können. Dort führte E. acht Jahre lang, von der dortigen Gemeinde hochverehrt, ein Eremitenleben. Seinen Beschluß, in die Heimat zurückzukehren, konnte er nur heimlich verwirklichen. Nach seiner Ankunft in Reggio Calabria ließ er sich bei der Kirche S. Eustrazio nieder. Von hier zog er in das Kl. Saline, das von seinem Namensvetter →Elias dem Jüngeren (5. E.) gegründet worden war. Der Wunsch nach Einsamkeit bewog ihn, sich in den Aspromonte zurückzuziehen; am liebsten hielt er sich in einer Höhle in der Nähe von Melicuccà auf, wohin bald Kranke und Bedürftige strömten, angezogen von dem Ruhm seiner Wundertaten. Er starb hundertjährig bei einem Besuch im Kl. Aulinas. Die von seinem Schüler Kyriakos verfaßte Biographie ist eine wertvolle Quelle für die Kenntnis des byz. asketischen Mönchtums des Früh-MA.

P. De Leo

Lit.: Bibl. SS IV, 1052–1053 – DHGE XV, 197 – V. SALETTA, La vita di S. Elia Speleota, secondo il cod. Crypt. B. β. XVII, 1972.

7. E. (wohl Latinisierung des ir. Namens 'Ailill'), ir. Gelehrter, tätig im Westfrk. Reich während der Regierung →Karls d. K. in der 2. Hälfte des 9. Jh. Nach den διαδοχή älterer Grammatiker eines sonst unbekannten Gausbert (10. Jh.) war E. der Lehrer von →Heiric v. Auxerre; damit wird er gewöhnlich dem Kreis gelehrter Iren, die sich zu →Laon um →Johannes Scottus gruppierten, zugerechnet (s. a. →Karol. Renaissance). Heirics Kenntnis der seltenen Sammlung der Sprüche des Publilius Syrus (1. Jh. v. Chr.), die bis auf seine Zeit nur durch das »Collectaneum« des →Sedulius Scottus bekannt ist, legt eine Vertrautheit mit ir. Wissen nahe, die Heiric möglicherweise bei E. erwarb. Bei alledem sind E.' Beziehungen zu Laon nur schwach faßbar. Er wurde nachfolgend zum Bf. v. Angoulême erhoben (862–875); weitere Nachrichten fehlen.

D. Ó Cróinín

Lit.: MANITIUS I, 19, 301, 321 – BRUNHÖLZL I, 475f., 481 – J. J. CONTRENI, The Cathedral School of Laon, 1978, 135f.

8. E. v. Assisi (Cortona) OFM, * um 1180 vermutlich in Assisi, † 22. April 1253 in Cortona, für die Geschichte des Franziskanerordens hochbedeutende Persönlichkeit, deren Leben und Wirken jedoch wegen der Parteilichkeit der Quellen nur schwer zu rekonstruieren sind. Die Nachrichten über seine Familie, seine Studien und seinen Eintritt in den Orden sind sehr spärlich und widersprüchlich. Das erste gesicherte Datum betrifft seine Ernennung zum Provinzial des Hl. Landes, wo er einflußreiche Persönlichkeiten bekehrt und den hl. →Franziskus während seiner anläßlich des 5. Kreuzzugs in den Orient unternommenen Pilgerfahrt aufgenommen haben soll. 1220 mit Franziskus nach Italien zurückgekehrt, wurde E. im folgenden Jahr zum Generalvikar des Ordens ernannt und bekleidete dieses Amt ohne Unterbrechung bis zum Tode des Heiligen. Während dieser Zeit organisierte er erfolgreich die Entsendung von Brüdern nach Deutschland (1221) und England (1224), die zur Einrichtung neuer Provinzen des Franziskanerordens führte. Während seines Vikariats wurde die Regel der Minderbrüder 1223 von Papst Honorius III. offiziell bestätigt. In all diesen Jahren stand E. offenbar in engster Verbindung mit Franziskus, dessen sich ständig verschlimmernde Krankheiten unablässige Pflege erforderten. Im Okt. 1226 oblag es E., die Nachricht vom Tode des Franziskus im Orden zu verbreiten und das Wunder der Stigmatisierung zu verkünden. Im Generalkapitel des Jahres 1227 wurde E. jedoch nicht zum Generalminister gewählt, sondern mit dem Bau der Basilika von Assisi beauftragt, die den Leib des Hl. aufnehmen sollte. Unabhängig davon, ob er sich persönlich an der Planung des Bauwerks beteiligte – dafür gibt es keine gesicherten Beweise –, zeigte sich E. auch in diesem Fall als geschickter Organisator, da bereits 1230, vier Jahre nach Franziskus' Tod und zwei nach seiner Kanonisierung, die offizielle Translationszeremonie stattfinden konnte. 1232 wurde er schließlich zum Generalminister gewählt. Während seines Generalats förderte er die Theologiestudien im Orden, vermehrte die Zahl der Provinzen und stärkte sie und veranlaßte den Erwerb fester Sitze für franziskan. Kommunitäten. Nach dem Urteil seiner Mitbrüder übte er jedoch seine Macht allzu autoritär aus, berief nie die Generalkapitel des Ordens ein und leistete, da er selbst Laie war, dem Prozeß fortschreitender Klerikalisierung der Minderbrüder Widerstand, ein Prozeß, der sich jedoch in pastoraler Hinsicht als Notwendigkeit erwies und dem Wunsch des Papstes entsprach. Im Mai 1239 beschloß das von den Vertretern der Provinzen, die Papst Gregor IX. ihre Klagen vorgelegt hatten, zusammengerufene Generalkapitel E.' Absetzung, obwohl er noch einige Monate zuvor beim Papst in hohem Ansehen gestanden und von diesem in einer Mission zu Friedrich II. entsandt worden war. Wenige Monate darauf trat E. aus ungeklärten Gründen auf die Seite der Kaiserlichen und verfiel so der Exkommunikation. Friedrich II. bediente sich seiner vielleicht auch als polit. Instrument gegen den Papst – mit der Anklage, dieser habe sich gegen den Mann gewandt, den Franziskus v. Assisi zu seinem Nachfolger bestimmt hatte; sicher nahm der Ks. seine Dienste als Gesandter für die Verhandlungen mit dem griech. Ks. v. Nikäa, Johannes Vatatzes, in Anspruch. 1245 ließ sich E. nach seiner Rückkehr aus dem Orient in Cortona, einer kaisertreuen Stadt, nieder, wo er in wenigen Jahren ein großes, dem hl. Franziskus geweihtes Gotteshaus erbaute. In all diesen Jahren zeigte er sich jedem Versuch, ihn mit der Kirche zu versöhnen, unzugänglich, vielleicht, weil er Repressalien befürchtete. Als er sich jedoch dem Tode nahe fühlte, bat er, von seiner Schuld losgesprochen zu werden, und starb mit dem Minoritenorden und der röm. Kirche versöhnt. Nach seinem Tod war sein Andenken weiterhin umstritten, und die Historiker und Polemiker des Franziskanerordens sahen in ihm entweder den Prototyp des »schlechten Superioren« (Salimbene v. Parma) oder des »schlechten Franziskaners« (Spiritualen). G. Barone

Lit.: DHGE XV, 167-183 – DIP III, 1094-1110 – G. Barone, Frate Elia, BISI 85, 1974-75, 89-144 – D. Berg, Elias v. Cortona. Stud. zu Leben und Werk des zweiten Generalministers im Franziskanerorden, WuW 41, 1978, 102-126.

9. E. de Barjols, Troubadour, der vom Ende des 12. Jh. bis mindestens 1230 wirkte; nach dem Zeugnis seiner prov. »Vida« war er der Sohn eines Kaufmanns. Vermutlich aus dem Agenais stammend, hielt er sich v. a. an den Höfen der Provence auf und stand in einem engen Verhältnis zu Garsenda, der Gemahlin →Alfons' II., des Gf.en v. Provence, das bis zu ihrem Tode andauerte. Von E. sind fünfzehn ziemlich konventionelle Dichtungen von eher bescheidenem Rang erhalten. Sein nicht zuletzt durch die reiche Handschriftenüberlieferung bezeugter Ruhm, der das ganze 13. Jh. hindurch sehr groß war, beruht auf seiner musikal. Begabung, wie die »Vida« berichtet, der in diesem Fall Glauben zu schenken ist. Die Melodien sind nicht erhalten. A. Vitale-Brovarone

Bibliogr.: A. Pillet–H. Carstens, Bibliogr. des Troubadours, 1933, 132 – Ed.: S. Stroński, Le troubadour E. de B., 1906 – Teiled.: M. de Riquer, Los Trovadores, 1975, 1193-1201.

10. E. d'Ussel, Troubadour, der Ende des 12. Jh. und in den ersten Jahrzehnten des 13. Jh. wirkte, Vetter von Gui, Eble und Peire d'Ussel, mit denen er eine Art Dichtergruppe bildete; ihre Zusammengehörigkeit wird auch von dem Verfasser der »Vidas« gesehen, der alle vier gemeinsam behandelt. E. wurde bes. wegen der Tenzonen geschätzt, die er mit Gui d'Ussel wechselte (wobei er aus Liebe geschlossene Ehe verteidigte), sowie mit →Aimeric de Peguilhan und vielleicht auch mit Guilhem Gaysmar. Von ihm ist noch eine weitere Dichtung erhalten; möglicherweise stammt eine Peire d'Ussel zugeschriebene Dichtung ebenfalls von ihm, vgl. Audiau, 16. E.' Abweichen von den zeitgenöss. gängigen Ideen über Ehe und Liebe reicht nicht aus, um in geistesgeschichtl. wie stilist. Hinsicht ein deutl. Bild dieser Dichterpersönlichkeit zu gewinnen. A. Vitale-Brovarone

Bibliogr.: A. Pillet–H. Carstens, Bibliogr. des Troubadours, 1933 – Lit.: J. Audiau, Les Poésies des quatre troubadours d'Ussel, 1922.

Eliensis, liber, Titel, mit dem eine Hs. aus dem frühen 13. Jh. in der Kathedralbibliothek v. Ely bezeichnet wird, welche die Gesch. des monast. Lebens in →Ely von 673-1169 enthält; sie wurde 1131/74 von einem bes. angesehenen Mönch namens Richard (belegt 1150) aus Ely verfaßt bzw. stellt sie eine Redaktion aufgrund seiner Werke dar. Buch I enthält eine frühere Vita der hl. Æthelthryth (→Etheldreda), die 673 den ersten Konvent in Ely gegründet hatte, zusammen mit anderen Quellen, hauptsächl. →Beda. Buch II belegt die Besitzausstattung von Ely bei der benediktin. Erneuerung durch Bf. →Æthelwold 970 sowie die Urkunden und Weisungen der Äbte. Buch III berichtet von der Umwandlung Elys in ein Kathedralpriorat nach Abt Richards Tod (1107), unter den ersten Bf.en v. Ely, Harvey (Herveius; 1109-31) und Nigel (1133-69).

Die Hs. ist in einem flüssigen Latein verfaßt, zuverlässig, aber parteiisch gegen alle diejenigen, die Besitz der Mönche entfremdet haben; bemerkenswert ist die reiche Aufnahme von Urkunden – bes. einer Reihe von Æthelwolds Besitzerwerbungen, die aus dem Altengl. übersetzt wurden – und von lokalen Überlieferungen des Widerstandes der Abtei Ely gegen →Wilhelm I. und des Bf.s Nigel gegen Kg. →Stephan v. Blois. E. O. Blake

Ed.: L. E., ed. E. O. Blake, 1962 – zu den Papsturkk.: W. Holtzmann, Papsturkk. in England, I, II, 1930-52 – Lit.: A. Gransden, Hist. Writing in England c. 550 – c. 1307, 1974, 271-286.

Elieser. 1. E. Ben Joel ha-Levi, jüd. Autor, geb. 1140, gest. 1225, wirkte hauptsächl. in Bonn und →Köln, wo er ab 1200 das Amt des Gemeinderabbiners bekleidete. Er verfaßte über Fragen praktischer Gesetzesobservanz ein gewaltiges halachisches Kompendium »Sefär Raviah«, auch unter dem Namen »Avi ha-ᶜEsri« bekannt (→Halacha). Das an der Traktatordnung des babylon. →Talmuds orientierte Werk behandelt alle damals aktuellen Fragen jüd. Lebens und bildet eine wichtige Quelle für die niederrhein. und dt. Judenheit und ihre sozialen und polit. Beziehungen zur nichtjüd. Umwelt während des 12./13. Jh. E. kompilierte in seiner Schrift die Dezisionen zeitgenöss. und vorausgegangener Gesetzesgelehrter der dt. und frz. Diaspora, ebenso seine eigenen Rechtsentscheide und diejenigen seines Vaters Joel. H.-G. v. Mutius

Ed. und Lit.: Sefär Raviah hu Avi ha-ᶜEsri, ed. V. Aptowitzer u.a., 1913 ff. [Ed. in Kürze abgeschlossen] – E. E. Urbach, Baᶜalei ha-Tosafot, 1955², 315ff.

2. E. Ben Natan, jüd. Autor aus →Mainz, geb. ca. 1090, gest. ca. 1170, verfaßte ein großes halach. Kompendium »Sefär Raban« (→Halacha), das für die Wirtschafts- und Sozialgesch. des 12. Jh. nicht nur bezüglich des →Judentums, sondern auch im Hinblick auf die nichtjüd. Gesellschaft eine wichtige, jedoch fast unbearbeitete

Quelle bildet. E. lieferte nicht nur zu den Verhältnissen in Deutschland und Frankreich, sondern auch über den Handelsverkehr mit dem slav. Osten wertvolle Informationen. Auf der dt.-frz. Rabbinersynode v. Troyes (1150) erwirkte er einen Beschluß, wonach Juden ihre Rechtsstreitigkeiten nicht vor christl. Gerichten austragen sollten und kein Jude ein Gemeindeamt unter Zuhilfenahme der nichtjüd. Obrigkeit anstreben dürfe. H.-G. v. Mutius

Ed. und Lit.: Even ha-ʿEser hu Sefär Raban, ed. S. EHRENREICH, 1926– E. E. URBACH, Baʿalei ha-Tosafot, 1955², 148ff.

Eligius (frz. Eloi, mndl. Elooi, mnd. (E)loy), hl., Bf. v. →Noyon (seit 641), * ca. 590 in der villa Chaptelat (dép. Haute-Vienne, arr. Limoges), † 1. Dez. 660. [1] *Leben*: Aus christl. gallo-röm. Familie stammend, wurde E. in früher Jugend dem Goldschmied und kgl. Münzmeister in Limoges, Abbo, in die Lehre übergeben; bald erlangte er den persönl. Schutz des kgl. Schatzmeisters in Paris, Bobo, und fertigte für Kg. Chlothar II. zwei sellae (wobei unter diesen wohl eher verzierte Sättel als Throne zu verstehen sind) mit kostbaren Materialien, die für eine einzige sella vorgesehen waren. Diese Leistung trug E. das lebenslange Vertrauen der merow. Kg.e ein, das ihn zu einer der führenden Persönlichkeiten des Reiches werden ließ, in einem Kreis von jungen, am Hofe lebenden Aristokraten, die bedeutende Bf.e werden sollten (→Audoenus von Rouen, →Desiderius v. Cahors, →Sulpicius v. Bourges u. v. a.).

In seiner Eigenschaft als kgl. Goldschmied schmückte er zahlreiche Gräber von Hll., deren Reliquien er in einigen Fällen selbst aufgefunden hatte (Quintinus), durch eigenhändige oder in seinem Auftrag entstandene zahlreiche kostbare Werke, zumeist Zellen-Einlegearbeiten, von denen noch einige Reste erhalten sind (Kreuz v. St-Denis [eigenhändig], Kelch v. Chelles [nur abbildl. bekannt], Schmuckteile der Jadeschale Sugers und an dem Sardonyxbecher von St-Maurice d'Agaune); seine Arbeiten zeugen von den mediterranen Einflüssen, die auf das nördl. Gallien ausstrahlten. Seit ca. 625 kgl. Münzmeister, war E. bestrebt, die kgl. Autorität über das →Münzwesen wiederherzustellen. Er stand an der Spitze der Bewegung, die im Laufe des 7. Jh. eine zunehmende Reduktion des Edelmetallgehaltes der frk. Goldmünzen herbeiführte und nahm möglicherweise beim Übergang von der Gold- zur Silberprägung, der gleichfalls im 7. Jh. erfolgte, eine Schlüsselstellung ein.

Sein Name erscheint auf merow. Münzen der Münzorte Paris, Marseille und Arles sowie mit der Angabe MONETA PALATINA und SCOLA REGIA, außerdem sind Trienten des Kl. St-Éloi v. Noyon bekannt.

Als Gesandter 636/637 in der Armorica (→Bretagne) veranlaßte er den bret. Fs.en →Judicaël zur Unterwerfung. Obwohl noch Laie, zeigte er schon damals starkes religiöses Interesse, das sich in großen Schenkungen an die Armen, Loskauf von Gefangenen und einer Reihe monast. Gründungen dokumentierte (→Solignac im Limousin 631/632, St-Loup in →Noyon, St-Martial in →Paris).

Nach dem Tode Dagoberts I. wählte E. die kirchl. Laufbahn; 640 wurde er zum Bf. v. Noyon-Tournai gewählt und am 13. Mai 641, gleichzeitig mit seinem engen Freund →Audoenus v. Rouen, geweiht. E. widmete sich der schwierigen Aufgabe der Christianisierung und des Ausbaus d. kirchl. Organisation in seiner weiträumigen Diöz.; im 8. Jh. wurde ihm daher eine Reihe von Predigten, die sich stark an →Caesarius v. Arles anlehnen, zugeschrieben. E. nahm an den Synoden v. Orléans (639/641) und Chalon-sur-Saône (647/653) teil. Seine Unterschrift findet sich in mehreren Urkunden (seine eigene Schenkung für Solignac, PARDESSUS II, 254; Privileg Chlodwigs II. für St-Denis, 654, Autograph, PARDESSUS II, 320; Privileg Emmos v. Sens für Ste-Colombe, 660, Autograph, PARDESSUS II, 333).

[2] *Heiligenverehrung und Ikonographie*: E.' Grab befand sich zunächst in St-Loup von Noyon; eine erste Elevatio (Erhebung seiner sterbl. Reste) fand ein Jahr nach seinem Tode statt. Um die Mitte des 9. Jh. wurden seine Gebeine vor den Normannen in eine Kapelle des Bf.s Hedilo geflüchtet; sie sollen 1066 in die Kathedrale überführt worden sein; 1157 wurden sie in einen neuen Schrein übertragen (BHL 2479). Die konkurrierenden Ansprüche der Mönche und der Kanoniker v. Noyon um den Besitz des Leichnams führten zu einem erbitterten Streit um die Echtheit der Reliquien (1183 inventio durch die Mönche, BHL 2480). Die E.-Wallfahrt nach Noyon erlebte jedoch eine hohe Blüte und begünstigte seit dem 13. Jh. die Verbreitung seines Kultes, die sich in der Redaktion einer frz. Prosavita (unediert, Hs. Lyon Bibl. mun., ms. 772) und Miracula in frz. Achtsilbern (ed. s. u.) niederschlug. E. wurde zum Schutzpatron mehrerer metallverarbeitender Gewerbe, erscheint daher häufig auf Zunftsiegeln; eine reiche Ikonographie mit drei vorherrschenden Darstellungstypen bildete sich aus (Bf., Goldschmied, Hufschmied, wobei die Attribute Pokal oder Kelch, Schmiedewerkzeug, Hufeisen, Pferdefuß auch dem Bf. beigegeben sein können). Die Mirakelerzählung vom abgetrennten Pferdefuß dürfte aber nicht vor dem 14. Jh. aufgekommen sein.

Die älteste Vita des Hl. wurde um 673/675 von Audoenus verfaßt; davon ist an Authentischem jedoch nur der diesbezügl. Briefwechsel zw. Audoenus und Bf. Chrodobertus v. Tours erhalten (BHL 2475–2476). Die Vita selbst (BHL 2474) ist dagegen nur in einer überarbeiteten Fassung aus der 1. Hälfte des 8. Jh., die ein Mönch germ. Herkunft aus St-Eloi von Noyon besorgt hat, überkommen, die freilich auch Teile der Originalfassung erkennen läßt. Hiervon ausgehend, verfaßte ein Dichter des 9. Jh. eine verkürzte Fassung ohne jegliche hist. Substanz (BHL 2478).

Kultverbreitung in ganz Europa, doch v.a. in Nordfrankreich und dem heut. Belgien. Hymnen zu seiner Ehre: s. CHEVALIER, nr. 5340–5345, 26058. Hauptfeste: 14. Mai (ordinatio: Bischofsweihe), 25. Juni (translatio), 1. Dez. (depositio; Mart. Hieron., Hs. von Weißenburg).

J.-Cl. Poulin

Q.: Vita des Pseudo-Audoenus, ed. B. KRUSCH, MGH SRM IV, 663–741 [lückenhaft; zu vervollständigen durch die Ed. von J. GHESQUIÈRE, AASS Belgii III, 198–309] – Predigten: ed. B. KRUSCH, MGH SRM IV, 751–761 – A. PEIGNÉ-DELACOURT, Les miracles de saint Eloi, Mém. Soc. académ. d'archéol. Oise 4, 1859, 1–128 – Brief des E. an Desiderius v. Cahors (641/655): MGH Epp. III, 206 – *Lit.*: Bibl. SS 4, 1064–1073 – LCI II, 121–127 – J. BRAUN, Tracht und Attribute der Hll. in der dt. Kunst, 1943, 204–206 – K. v. ETZDORF, Der Hl. E. und die Typen seiner Darstellung als Patron der Goldschmiede und Schmiede [Diss. München 1956] – J. NOTERDAEME-E. DEKKERS, Sint.-E. in de Pagus Flandrensis, Sacris Erudiri 7, 1955, 140–161 – R. BRANNER, Rouleau de s. Eloi, Information d'hist. de l'art 12–2, 1967, 55–73 – H. VIERCK, Werke des E. (Fschr. J. WERNER, 1974), 309–380 – J. LAFAURIE, E. monetarius, RNum, VIᵉ ser., 19, 1977, 11–151 – P. FOURACRE, The Work of Audoenus of Rouen and E. of Noyon in Extending Episcopal Influence from the Town to the Country ... (The Church in Town and Countryside, hg. D. BAKER, 1979), 77–91 – J. LAFAURIE, Un trémissis inédit de Clotaire II signé d'E., BullNum 34-4, 1979, 500–502 – E. J. LAQUER, Ritual, Literacy and Documentary Evidence: Archbishop Eudes Rigaud and the Relics of St. Eloi, Francia 13, 1985 [ersch. 1986].

Elionor de Prades → Lusignan, Peter v.

Elipandus, * 24. Juli 716, † nach dem 23. Okt. 798, um 750 Metropolitanbf. v. →Toledo und damit Primas der

Kirche im omayyad. →Spanien. Wohl vor 783 schrieb er eine Streitschrift gegen den span. Sektierer Migetius (MPL 96, 859–867), der u. a. eigentüml. Trinitätsspekulationen vertrat und dabei aus dem bibl. Motiv der Davidsohnschaft Jesu ableitete, Gott habe sich als Vater in David personifiziert. Vermutlich 783 verband sich Migetius mit dem aus dem Frankenreich entsandten Reformbischof Egila und nahm dessen Kritik an einem konservativen Zug der span. Ostertermfestlegung (→Osterfest, -streit) auf. Eine darauf von E. in Sevilla durchgeführte Synode befaßte sich mit dieser Frage und »den anderen Irrtümern« der Migetianer (Beatus/Eterius, Adv. E. I 43). Offensichtlich zur Unterbindung der migetian. Inanspruchnahme der menschl. Abstammung Jesu für trinitätstheol. Behauptungen muß sie auch die in E.' Schrift gegen Migetius noch nicht begegnende Grundaussage des span. →Adoptianismus formuliert haben, Christus sei seiner göttl. Natur nach natürlicher, seiner menschl. Natur nach aber adoptiver Sohn Gottes. Sie fand bei Bekanntwerden der Synodalbeschlüsse in dem damals anscheinend schon aus der kirchl. Jurisdiktion Toledos gelösten →Asturien Widerspruch, dessen Wortführer →Beatus v. Liébana und der in Asturien weilende Bf. Eterius v. Osma waren. Durch einen astur. Verbindungsmann Fidelis suchte E. im Okt. 785 vergeblich, den Widerspruch mundtot zu machen (Beatus/Eterius, Adv. E. I 1; 13; 43;). In der alsbald durch eine Kampfschrift von Beatus und Eterius gegen E. (ed. B. LÖFSTEDT, CChrCM 59, 1984) eröffneten Sachdiskussion fand E. theol. Unterstützung durch →Felix v. Urgel, den eigtl. Theologen des Adoptianismus. Nach dessen Verurteilung in Regensburg 792 mobilisierte E. 793 den mehrheitlich adoptian. span. Episkopat zu je einem Schreiben an die frk. Bf.e und an →Karl d. Gr. (MGH Conc. II 11–119; 120f.) mit der Folge, daß der Adoptianismus 794 auf der Synode zu →Frankfurt verurteilt wurde. Noch im Okt. 798 zeigte sich E. in einem Brief an Felix um die Organisation des adoptian. Widerstandes bemüht (MGH Epp. Karol. II 307f.) und wies zugleich an ein an ihn gerichtetes Mahnschreiben →Alkuins (ebd. 268–274) schroff zurück (ebd. 300–307), was diesen zur Abfassung seiner »Vier Bücher gegen E.« (MPL 101, 231–300) veranlaßte. E. ist wohl kaum selbst Urheber der adoptian. Formel gewesen. Er hat sie sich aber als vermeintl. Ausdruck der Rechtgläubigkeit span. kirchlicher Tradition zu eigen gemacht und sie entschieden vertreten aus dem hierarch. Selbstbewußtsein heraus, berufener Wahrer dieser Tradition zu sein, d. h. aus einer eigenständigen kirchl. Handlungsmotivation, die keiner Erklärung durch Unterstellung spezieller kirchenpolitischer Zielsetzungen bedarf.
K. Schäferdiek

Lit.: DHGE XV, 204–214 [J. F. RIVERA RECIO] – J. F. RIVERA RECIO, Elipando de Toledo, 1940 – K. SCHÄFERDIEK, Der adoptian. Streit im Rahmen der span. Kirchengesch., ZKG 80, 1969, 291–311; 81, 1970, 1–16 – s. a. Lit. zu →Adoptianismus.

Elisabeth, hl., Gattin des Zacharias, Mutter Johannes des Täufers → Kindheitsgeschichte Christi; →Andachtsbild (Visitatio)

Elisabeth v. Thüringen, hl. → Elisabeth 16.

Elisabeth (s. a. →Isabella, →Isabel)

1. E., *dt. Kgn.*, * 1262/63, † 28. Okt. 1313 in Königsfelden, ⌑ Königsfelden (Aargau, Schweiz); Tochter des Gf. en →Meinhard II. v. Tirol-Görz und der Elisabeth v. Wittelsbach (Witwe nach Kg. →Konrad IV.), Halbschwester →Konradins; Gemahlin →Albrechts I. v. Österreich, ∞ 20. Nov. 1274. E., die Stammutter aller →Habsburger, scheint von ihrem Vater ein starkes Verständnis für Realpolitik und wirtschaftl. Belange geerbt zu haben. Sie förderte wesentl. die Salzproduktion in Hallstatt und bewährte sich als ausgleichende Persönlichkeit bei zahlreichen Konflikten ihres Mannes mit Landherren und Reichsfürsten. Albrecht betraute sie mehrfach mit eigenständigen polit. Aufgaben. Nach der Ermordung ihres Gemahls 1308 setzte sie sich nachdrückl. für die Bestrafung der Mörder ein und bestimmte vorübergehend die Politik der Habsburger, bis sie sich in ihre Stiftung →Königsfelden zurückzog.
J. Riedmann

Q. und Lit.: NDB IV, 440 – G. FRIESS, Kgn. E. v. Görz-Tirol, Bll. des Vereins für LK von Niederösterreich, NF 24, 1890 – A. LHOTSKY, Gesch. Österreichs seit der Mitte des 13. Jh., 1967 – R. PALME, Rechts-, Wirtschafts- und Sozialgesch. der inneralpinen Salzwerke bis zu deren Monopolisierung, 1983.

2. E. v. Pommern, *dt. Ksn. und Kgn. v. Böhmen* →Karl IV.

3. E. v. Luxemburg, *dt. Kgn., Kgn. v.* →*Ungarn und* →*Böhmen,* * um 1409, † 19. Dez. 1442, ⌑ Stuhlweißenburg. Eltern: Ks. →Siegmund und Gfn. →Barbara v. Cilli; ∞ 1422 Kg. →Albrecht II.; Sohn: →Ladislaus Postumus, Kg. v. Ungarn und Böhmen. – Nach dem Tode ihres Vaters wurde sie von den ung. Ständen als Landesherrin anerkannt und erleichterte Kg. Albrecht die Übernahme des lux. Erbes in Ungarn. E. betrieb von Preßburg aus eine z. T. gegen die Interessen ihres Gemahls gerichtete eigenständige Politik. Nach Albrechts Tod (1439) hielt sie gegen die Kandidatur des →Władysław Jagiełło, dem sie zu vermählen man eine Zeitlang plante, am Thronanspruch ihres Sohnes (*21. Febr. 1440) fest, dem ein geglückter Coup der Hofdame Helene →Kottanner die echte Kroninsignie sicherte. Erfolglos blieb E. in den von Albrecht II. eingeleiteten und von ihr fortgesetzten Bemühungen um die Rückgewinnung des verpfändeten und von →Burgund beanspruchten Hzm.s Luxemburg.
G. Hödl

Q.: Die Denkwürdigkeiten der Helene Kottannerin (1439–1440), hg. K. MOLLAY, 1971 [Wiener Neudr. 2] – Lit.: NDB IV, 441f. [dort auch ung. Lit.] – G. HÖDL, Kg. Albrecht II., 1978.

4. E. (Taufname: Richeza, daher: E. Rixa, E. Rejčka), *Kgn. v.* →*Böhmen seit 1303;* * 1. Sept. 1288, † 10. Okt. 1335. Tochter →Přemysl II., Kg.s v. →Polen (→Piasten), und der Richeza, Tochter des Kg.s v. Schweden, Waldemar. Zunächst (vor 1300) mit dem Mgf. en v. Brandenburg, →Otto IV., verlobt, 1300 jedoch mit →Wenzel II., Kg. v. Böhmen →Přemysliden, verlobt und 1303 getraut. Erst anläßlich ihrer Krönung zur Kgn. v. Böhmen erhielt sie 1303 den Namen E. Aus ihrer Ehe mit Wenzel II. ging eine Tochter, Agnes, hervor. Durch ihre Hand erwarb Wenzel II. zusätzl. Rechte auf den poln. Königsthron. Nach dem Tod ihres Gatten (1305) und kurzer Regierung seines Sohnes Wenzel III. († 4. Aug. 1306) heiratete E. in 2. Ehe →Rudolf III., Kg. v. Böhmen (1306–07) (→Habsburger). Als Wittum besaß E. zunächst den Burgbezirk v. →Königgrätz. Sie spielte mit ihrem Gefährten Heinrich v. Leipa (Jindřich z Lipé), dem Anführer der böhm. Adelspartei gegen die Kgn. →Elisabeth, Gattin →Johanns v. Böhmen, eine polit. Rolle. Nach dessen Tod (1329) zog sie sich in das ihr 1323 gegr. Zisterzienserkl. in →Brünn (Aula s. Mariae) zurück, dessen Äbtissin ihre Tochter Agnes war.
G. Labuda

Lit.: O. BALZER, Genealogia Piastów, 1895, 255–257 – PSB VI, 241f. – J. ŠUSTA, České dějiny, Bd. II, 1–3 – BOSL, Böhm. Länder, Bd. I, 282f., 362f.

5. E., *Kgn. v.* →*Böhmen,* * 20. Jan. 1292, † 28. Sept. 1330, ⌑ Kl. →Königsaal, 3. Kind des →Přemysliden →Wenzel II., Kg.s v. Böhmen, und der Habsburgerin Guta; ∞ →Johann v. Luxemburg; Kinder: →Karl (IV.) sowie weitere vier das Erwachsenenalter erreichende Kin-

der. – Am glanzvollen Hof ihres Vaters im Geist eines starken Kgtm.s aufgewachsen, kam E. nach seinem Tod (1305) und der Ermordung ihres Bruders, Kg. →Wenzels III., des letzten männl. Přemysliden (1306), eine Schlüsselrolle bei der Nachfolgefrage zu. Durch ihre Eheschließung mit Johann, dem Sohn →Heinrichs VII. (Speyer 1310), faßten die →Luxemburger in Böhmen Fuß. Als Kg. Johann vom böhm. Hochadel 1318 endgültig zur Aufgabe seiner zentralist. Politik gezwungen wurde, blieb E., gestützt auf eine Partei von Klerus und Prager Bürgern, unbeugsame Vertreterin des alten kgl. Machtanspruchs; ihre Bemühungen um seine Durchsetzung, die bis zu Intrigen gegenüber Johann reichten, scheiterten. Ihre Ehe zerbrach daran. Die Spannungen wurden durch die Rivalität E.s mit ihrer Stiefmutter →Elisabeth v. Polen verschärft, die, verbunden mit dem Führer des Adels, Heinrich v. Leipa, Einfluß auch auf Johann gewann. E. wurde von Prag nach Mělník verbannt, Jahre verbrachte sie im bayer. Exil. Die »letzte Přemyslidin«, die Mutter Ks. Karls IV., fand auch wegen ihres tragischen Lebens in der böhm. Tradition seit dem 14. Jh. einen bes. Platz. P. Hilsch
Lit.: J. Šusta, Král cizinec, 1939 (České dějiny II, 2).

6. E. Wydeville, *Kgn. v.* →*England,* * um 1437, † 1492 Bermondsey, ⌑ Windsor, St. George's Chapel; Tochter von Sir Richard →Wydeville (Woodville), dem späteren Lord und Earl Ryvers, und seiner Gemahlin Jacquetta v. Luxemburg, der Witwe von →Johann, Hzg. v. Bedford (Bruder von→Heinrich V.); ∞ 1. Sir John→Grey of Groby (✠ 1460), 2. 1. Mai 1464 mit→Eduard IV., Kg. v. England; Kinder von 2: →Elisabeth, ∞ mit Kg. →Heinrich VII.; →Eduard (V.); Richard, Hzg. v. York; u. a. Ihr erster Gatte, der auf der Seite der →Lancaster kämpfte, war bei →St. Albans gefallen; nach der Schlacht bei →Towton wechselten ihr Vater und ihr Bruder Anthony von der Partei der Lancaster zu Eduard IV. (v. →York) über, dessen Gunst sie rasch gewannen. E. lenkte möglicherweise Eduards Aufmerksamkeit auf sich durch einen Rechtsstreit, den sie um das Wittum aus ihrer ersten Ehe führte. Es wird ihr nachgesagt, daß sie eine der wenigen Frauen gewesen ist, die beständig den sexuellen Attacken des Kg.s widerstand, da sie selbst ihren Rang als zu niedrig ansah, um legitime Gattin des Kg.s zu sein, aber als zu hoch, um seine Dirne zu werden. Eduard heiratete sie heimlich in Grafton Regis. Diese Ehe war einer der Gründe für Eduards IV. Auseinandersetzung mit Richard →Neville, Earl of Warwick, dem »Königsmacher«. Rascher Aufstieg und überaus vorteilhafte Heiraten machten sieben ihrer nächsten Verwandten zu →*peers.* Zwar war ihr polit. Einfluß von der zeitgenöss. gegner. Propaganda (hinter welcher hauptsächl. Warwick und seine Anhänger standen) übertrieben, dennoch erreichte sie es, daß sich unter den höheren Rängen der Peerage kein Bewerber für die beiden Töchter Warwicks, Isabella und Anne, immerhin die reichsten Erbinnen im Kgr., fand. 1469 vermählten sich Eduards Bruder →George, Hzg. v. Clarence, und Isabella heimlich. Es besteht jedoch kein Zweifel darüber, daß die Wydeville in bestimmten Kreisen sehr unbeliebt waren und blieben. Während des Exils Eduards IV. (1470–71) hielt sich E. im Asylbezirk von Westminster auf, wo ihr ältester Sohn, der spätere Eduard V., geboren wurde. Nach dem plötzl. Tod Eduards IV. flüchtete sich E. erneut nach Westminster, aus Furcht vor dem Haß, den Richard, Hzg. v. Gloucester (der Protektor v. England und spätere→Richard III.) gegenüber ihrer Familie hegte. Aus dem Asylbereich lieferte E. später ihren zweiten Sohn Richard, Hzg. v. York, dem Protektor aus, der ihn zusammen mit seinem älteren Bruder im Tower einkerkern ließ, wo die beiden Kinder, wahrscheinl. auf Befehl oder wenigstens mit Wissen Richards, ermordet wurden. Obwohl E. sich scheinbar mit Richard III. versöhnt hatte und an seinem Hof erschien, unterstützte sie durch Intrigen Margarete →Beaufort, die Mutter von Heinrich Tudor (des späteren Kg.s →Heinrich VII.), und andere Opponenten und förderte damit die Invasion Heinrichs in England und dessen Sieg bei →Bosworth (1485). Ihre älteste Tochter, Elisabeth v. York († 1503), wurde mit Heinrich VII. am 18. Jan. 1486 vermählt. Vielleicht wegen der ihr zugeschriebenen Intrigen fiel die Königinmutter bei ihrem Schwiegersohn in Ungnade, wurde des größten Teils ihres Besitzes verlustig erklärt und trat (vielleicht gezwungenermaßen) in die Abtei Bermondsey ein, wo sie starb.
J. R. Lander
Lit.: DNB VI, 614–618 – S. B. Chrimes, Henry VII, 1972 – C. D. Ross, Edward IV, 1974 – Ders., Richard III., 1981.

7. E. v. York, *Kgn. v.* →*England,* * 11. Febr. 1465 im Westminster-Palast, † 11. Febr. 1503 im Kindbett; ältestes Kind Kg. →Eduards IV. und der →Elisabeth Wydeville; ∞ 18. Jan. 1486 Kg. →Heinrich VII. aus dem Hause →Tudor; sieben Kinder, u. a.: →Arthur, Prince of Wales († 1502), Heinrich VIII. († 1547), Margarete, spätere Kgn. v. Schottland († 1541). – Ein bereits 1469 mit George →Neville, Duke of Bedford, eingegangenes Verlöbnis mit E. wurde nach der Niederlage der Neville-Gruppierung im Bürgerkrieg (1470–71) gelöst. Der Vertrag v. →Picquigny (1475) mit Frankreich schloß auch die Heirat E.s mit dem Dauphin ein; die Mitgift wurde 1478 festgesetzt. Kg. →Ludwig XI. v. Frankreich hatte allerdings nicht die Absicht, den Vertrag zu erfüllen. Nach dem Tod Eduards IV. nahm seine Witwe mit ihren Töchtern und ihrem Sohn Richard v. York Asyl in der Westminster-Abtei aus Furcht vor Richard, Hzg. v. Gloucester (später→Richard III.), an den jedoch Richard v. York ausgeliefert wurde, der zusammen mit seinem Bruder →Eduard V. wohl im Tower den Tod fand. Das Parlament von 1484 erklärte alle Kinder Eduards IV. zu Bastarden, doch versprach Richard den Töchtern eine ehrenvolle Verheiratung, wenn sie ihr Asyl verließen. Die Königinwitwe schloß ein dynast.-polit. Bündnis mit Heinrich Tudor, das ihm E.s Hand versprach, wenn er Richard III. stürze. Richard seinerseits ließ E. nach Sheriff Hutton Castle in Yorkshire bringen und bemühte sich, Gerüchten entgegenzutreten, er habe seine Frau ermordet, um seine Nichte E. heiraten zu können. Nach dem Sieg Heinrichs bei→Bosworth (22. Aug. 1485) wurde die sofortige Heirat erwartet; diese wurde jedoch aufgeschoben, um die Anerkennung Heinrichs als Kg. durch das Parlament und den päpstl. Dispens wegen zu naher Verwandtschaft abzuwarten; die Hochzeit fand dann jedoch noch vor der Dispenserteilung statt (wegen möglicherweise bereits eingetretener Schwangerschaft?). Die Heirat zw. Heinrich VII. und E. war nicht nur eine wichtige dynast.-polit. Angelegenheit, die Quellen deuten auf eine starke Zuneigung zw. den Partnern hin.
A. Cameron
Q. und Lit.: DNB VI, 618–621 – Rutland Papers Hist. Manuscripts Commission IV, 1948 – P. M. Kendall, Richard III, 1955 – C. Ross, Edward IV, 1974 – Ders., Richard III, 1981.

8. E. v. Hennegau (Isabelle de Hainaut), *Kgn. v.* →*Frankreich* seit 1180, * 1170, † 15. März 1190, ⌑ Paris, Notre-Dame, Chor; Tochter Balduins V., Gf.en v. →Hennegau, und der Margarete v. →Flandern, Nichte →Philipps v. Elsaß, Gf.en v. Flandern. E. wurde am 28. April 1180 zu Bapaume mit Kg. →Philipp II. August vermählt, als Mitgift brachte sie den südl. Teil der Gft.

Flandern, westl. der Aa (Boulenois, Ternois, →Artois), in die Ehe ein, wobei der Gf. v. Flandern den Besitz dieser Territorien auf Lebenszeit behielt. E. wurde am 29. Mai 1180 zu St-Denis durch den Ebf. v. Sens gekrönt. 1184 schickte der Kg. E. nach Senlis unter dem Vorwand, die Ehe sei noch nicht vollzogen worden, und betrieb die Scheidung; den polit. Hintergrund bildete der Übertritt des Gf.en v. Hennegau zu den Gegnern des Kg.s. Doch verstand es E., sich das Mitgefühl des Volkes zu sichern, so daß Philipp – nach der Rückkehr des Hennegauers ins königstreue Lager – seine Entscheidung widerrief. Im Vertrag v. →Boves (Juli 1185) ergriff der Kg. Besitz vom Artois (Wittum seiner Gemahlin) sowie von 65 Kastellaneien in den Gft.en Vermandois und Amiens. Am 5. Sept. 1187 gebar E. den künftigen Kg. →Ludwig (VIII.). Nach E.s Tod im Kindbett erhielt Ludwig das Artois als mütterl. Erbe.   E. Lalou

Lit.: P. ANSELME, Hist. généalogique de la maison de France ... I, Paris 1726–39, 79 – La France de Philippe Auguste. Le temps des mutations (Colloque du CNRS, hg. R.-H. BAUTIER, 1980).

9. E. v. Bayern, *Kgn. v. Frankreich*→Isabella

10. E., hl., *Kgn. v. Portugal* → Isabella

11. E., *Kgn. v.* →*Ungarn* 1320–42, Regentin in →Polen 1370–80; * 1305, † 29. Dez. 1380; Tochter des Kg.s v. Polen, →Władysław I. Lokietek (→Piasten); ∞ 1320→Karl v. Anjou, Kg. v. Ungarn; Söhne: →Ludwig d. Gr., →Andreas, Kg. v. Sizilien; Stefan. – Die Ehe E.s mit Karl v. Anjou begründete die poln.-ung. Allianz, die als Gegengewicht zu den→Luxemburgern in Böhmen und im Reich für mehrere Jahre die polit. Verhältnisse in Mitteleuropa stark beeinflußte. In Ermangelung eines männl. Thronerben schloß E.s Bruder, Kg. →Kasimir d. Gr. v. Polen (1333–70), einen Sukzessionsvertrag mit seinem Schwager Karl, der nach dessen Tod auf den Sohn und Nachfolger Ludwig überging und 1355 endgültig bestätigt wurde. 1370 übernahm Ludwig den poln. Thron und übertrug seiner Mutter die Regentschaft in Polen, die sie bis zu ihrem Tod ausübte.   G. Labuda

Lit.: O. BALZER, Genealogia Piastów, 1895, 376–378 – PSB VI, 242–246 – HÓMAN, Bd. II, passim.

12. E., *Hzgn. v.* →*Bayern-München,* * um 1374, † 2. Febr. 1432 in München, ⊐ ebd., Dom. Tochter des Bernabò →Visconti, Signore v. Mailand und vormaligen Reichsvikars, ∞ 24. Febr. 1396 Hzg. →Ernst v. Bayern-München: die letzte der vier Eheverbindungen der Visconti mit den bayer. →Wittelsbachern. E. brachte ihrem Gemahl ein Heiratsgut von 75 000 fl. zu.   G. Schwertl

Lit.: CH. HAEUTLE, Genealogie des erlauchten Stammhauses Wittelsbach, 1870, 24 – K. FRH. V. ANDRIAN-WERBURG, Urkundenwesen, Kanzlei, Rat und Regierungssystem der Hzg.e Johann II., Ernst und Wilhelm III. v. Bayern-München, Münchener Hist. Studien, Abt. Gesch. Hilfswiss., 1971, 33f.

13. E. v. Görlitz, *Hzgn. v.* →*Görlitz* und →*Luxemburg* sowie Gfn. v. Chiny in Pfandherrschaft, * Nov. 1390 in Horsewitz, † 3. Aug. 1451 in Trier, Tochter von Hzg. →Johann v. Görlitz († 1396), Sohn des Ks.s→Karl IV. und der Richarde v. →Mecklenburg. Unter Vormundschaft ihres Onkels Kg. Wenzel II. erzogen, ∞ am 16. Juli 1409 in Brüssel Anton (→Antoine) v. →Burgund, Hzg. v. →Brabant und Limburg; einziger Sohn: Wilhelm (* April 1410, † 5. Juli 1410). Im Ehevertrag (Prag, 27. April 1409) hatte der röm. Kg. den Eheleuten die Möglichkeit eingeräumt, gemeinsam das Hzm. Luxemburg in Pfandschaft zurückzuerwerben. Nach dem Tode →Josts v. Mähren, des ersten Pfandherrn († 8. Jan. 1411), erhielt E. das Hzm. als einzige Pfandherzogin. Hzg. Anton konnte das Land erst nach drei Feldzügen, gegen adligen Widerstand, in Besitz nehmen (1411–15).

Nach Antons Tod bei Azincourt (25. Okt. 1415) heiratete Elisabeth Hzg. Johann v. Bayern (→Wittelsbach), Electus v. Lüttich und Gf.en v. Holland († 6. Jan. 1425); die Ehe blieb kinderlos. Im Vertrag vom 16. Sept. 1417 bestätigte Kg. Siegmund zwar die Pfandrechte seiner Nichte, doch trat er dem Hause Burgund keine etwaigen Erbrechte mehr ab. Er versprach Hzg. Johann die Nutznießung des Landes auf Lebenszeit.

In Dordrecht (14. März 1427) verkaufte E., zum zweiten Mal verwitwet, Hzg. →Philipp dem Guten v. Burgund ihre Erbrechte auf die Pfandherrschaft. Dieser Vertrag zugunsten eines ausländ. Fs.en wurde von den lux. Ständen jedoch nicht akzeptiert.

Während der letzten Jahre ihrer persönl. Regierung (Hof in Arlon und Luxemburg) verschuldete sich die Fsn. so stark, daß sie genötigt war, ihre gesamte Pfandschaft kurzfristig zu verkaufen: Nach ergebnislosen Verkaufsverhandlungen mit Jacob v. Sierck, Ebf. v. → Trier (1440), verkaufte sie ihre Pfandschaft schließlich Hzg. Philipp v. Burgund (Vertrag v. Hesdin, 4. Okt. 1441), was diesem einen Rechtsgrund für seinen Eroberungsfeldzug gegen Luxemburg (1443) verschaffte.   R. Petit

Lit.: BNB VI, 548–552 – G. KOEHLER, E. Hzgn. v. Görlitz und Luxemburg, Neues Lausitz. Magazin 35, 1860, 274 – F. RICHTER, Der Luxemburger Erbfolgestreit in den Jahren 1438–43, Westdt. Zs., Ergbd. V, 1889, 9f. – N. VAN WERVEKE, Die Erwerbung des Luxemburger Landes durch Anton v. Burgund, 1409-15 (Progr. Athén. Lux., 1889–90), X-XX – F. SCHNEIDER, Hzg. Johann v. Bayern, erwählter Bf. v. Lüttich und Gf. v. Holland, Hist. Stud. 104, 1913 – G. WYMANS, La conclusion du contrat de mariage d'Antoine, duc de Brabant et d'E. de Goerlitz (1408-avril 1409), Annales de la Soc. Royale d'Archéologie de Bruxelles I, 1961, 297–303 – DERS., La rébellion des nobles Luxembourgeois contre Antoine de Bourgogne ..., T. I (Tablettes d'Ardenne et Eifel II, 1963), 9–34 – A. ATTEN, Jeanne-Claude des Armoises: de la Meuse au Rhin. La trame possible d'une intrigue, Bull. Inst. Arch. du Luxembourg (Arlon) 54, 1978, 35–88 – R. PETIT, Les Aides et Subsides dans le Luxembourg de 1360 à 1565, I (1913–24) [Diss. Louvain, 1982; Lit.] – I. MILLER, Kurtrier und die Übernahme des Hzm.s Luxemburg durch Hzg. Philipp den Guten v. Burgund i. J. 1443, Hémecht 36, 1984, 489–514 – s.a. die Lit. zu→Antoine de Bourgogne, →Görlitz, →Luxemburg.

14. E. v. Nassau-Saarbrücken, dt. Prosa-Autorin, * nach 1393 in Vézelise, † 17. Jan. 1456 in Saarbrücken, ⊐ St. Arnual, Stiftskirche; Tochter Hzg. Friedrichs v. →Lothringen und der Margarete v. →Vaudémont, ∞ 1412 Gf. Philipp I. v. →Nassau-Saarbrücken, übernahm nach dessen Tod 1429-38 die Regierung in Vormundschaft für ihren Sohn Philipp. Ende der dreißiger Jahre übersetzte sie vier jüngere frz. Chansons de geste aus dem Karls-Zyklus (→Karl d. Gr., Lit.) in dt. Prosa und schuf damit das erste größere Corpus erzählender Prosa in dt. Sprache. Im frz. Kulturbereich aufgewachsen, erhielt sie die Vorlagen vermutl. von ihrer Mutter, um an ihrem dt. Hof eine »moderne« Literaturpflege zu begründen. Sie hatte verwandtschaftl. Beziehungen zu frz. und dt. literaturfördernden Höfen: zum Hof von →Charles d'Orléans über ihren Bruder Anton, zum Hof in Nancy mit ihrem Onkel Karl v. Lothringen, dem Kurpfälzer Hof über Karls Frau Margarete (Tochter →Ruprechts II. v. der Pfalz) und deren Nichte Mechthild v. der Pfalz, dann von Österreich, die später in Rottenburg am Necker einen »Musenhof« unterhielt.

Ihre Autorschaft für den »Loher« und »Huge Scheppel« ist in Vorrede bzw. Subscriptio bezeugt, »Herpin« und »Sibille« werden ihr aufgrund stilist. und überlieferungsgeschichtl. Kriterien zugeschrieben. »Herpin« (3 Hss., 6

Drucke) geht auf den afrz. »Lion de Bourges« zurück und hat die Geschichte des von einer Löwin gesäugten Löw, seines Vaters und seiner Söhne zum Gegenstand. – »Sibille« (1 Hs.) geht auf die »Reine Sibile«, die von der zu Unrecht verleumdeten und dann gerechtfertigten Ehefrau Karls handelt, zurück. – »Loher und Maller« (5 Hss., 3 Drucke) übersetzt eine nur im Mndl. erhaltene Chanson von den angebl. Karlssöhnen Lothar und Ludwig: Lothar (dahinter steht der Merowinger Chlothar I.) wird verbannt, von Maller begleitet, heiratet die byz. Königstochter, besiegt Ludwig, tötet Maller unwillentlich und wird Einsiedler; daran schließt sich die Handlung der »Chanson de Gormont et Isembart«. – »Huge Scheppel« (1 Hs., 10 Drucke bis 1794) geht auf die Chanson von »Hugues Capet« zurück, die den Übergang von der Karolinger- zur Kapetingerdynastie in der unhist. Fabel vom Metzgersenkel Huge faßt, der die Tochter des letzten Karolingers heiratet und seine Herrschaftsansprüche durchsetzen kann.

Die Übersetzungen sind getreu (in den erot. Passagen kürzend) und in der (rekonstruierten) Folge zunehmend selbständiger werdend. E. revidierte die Übersetzungen nach einer Textfassung, die sie von ihrem Sohn Johann aus Paris erhielt. Sie reproduziert eine frz. Literaturgattung, die in ihrer Stofflichkeit und Drastik in den Kampfschilderungen dem nicht mehr auf höf. Idealität ausgerichteten lit. Geschmack entsprach; die mögliche Kritik am frz. Königshaus im »Hugues Capet« konnte wohl vom dt. Publikum nicht rezipiert werden. Die Leserschaft blieb zuerst auf die engeren Hofkreise beschränkt, und die Romane waren auch ohne Einfluß auf die gleichzeitig und wenig später entstehenden dt. Prosaromane. Die Drucke beginnen i.J. 1500 (»Huge Scheppel«) und bringen die Schicht des gebildeten Bürgertums als Leser, später auch die unteren Schichten; daher wird in der Romantik »Loher und Maller« als → »Volksbuch« (Bearb. von Dorothea Schlegel) und wie »Herpin« und »Huge Scheppel« in den »Dt. Volksbüchern« von Karl Simrock gedruckt.

V. Mertens

Ed.: Ges.ausg. von H.-G. ROLOFF [in Vorber.] – Herpin: K. SIMROCK, Dt. Volksbücher 11, 1865, 213–445 [Bearb.] – Der Roman von der Kgn. Sibille in drei Prosafassungen des 14. und 15. Jh., ed. H. TIEMANN, 1977 – Huge Scheppel, ed. H. URTZEL, Veröff. aus der Hamburger Staatsbibl. 1, 1905 – H. KINDERMANN, Volksbücher vom sterbenden Rittertum (Dt. Lit. in Entwicklungsreihen, R. XII, Bd. 1, 1928), 23–114; 1942², 57–112 – M. L. LIAN, Dt. Volksbücher in Faks., 1974 – *Lit.*: W. LIEPE, E. v. N.-S., 1920 – P. HEITZ–F. RITTER, Versuch einer Zusammenstellung der Dt. Volksbücher des 15. und 16. Jh., 1924 – E. SCHENK ZU SCHWEINSBERG, Margarete v. Rodemachern, eine dt. Bücherfreundin in Lothringen, Zs. des Vereins für thür. Gesch., Beih. 23, 1941, 117–152 – H. ENNINGHORST, Die Zeitgestaltung in den Prosaromanen der E. v. N.-S. [Diss. masch. Bonn 1957] – N. THOMAS, Handlungsstruktur und dominante Motivik im dt. Prosaroman des 15. und frühen 16. Jh., 1971 – H. J. KREUTZER, Der Mythos vom Volksbuch, 1977 – G. SANDER, E. v. N.-S. und ihre Prosaromane (Saarländ. Lebensbilder 1, 1982), 31–56 – J.-D. MÜLLER, Held und Gemeinschaftserfahrung. Aspekte der Gattungstransformation im frühen dt. Prosaroman am Beispiel des »Hug Schepler«, Daphnis 9, 1980, 393–426.

15. E., Tochter → Karls IV. aus 3. Ehe mit → Anna v. Schweidnitz, *19. März 1358, † 4. Sept. 1373. Vor dem Hintergrund der Auseinandersetzungen zw. → Stephan V. v. Bayern und seinen Halbbrüdern wurde E. 1363/64 im Zuge der Heiratspolitik ihres Vaters mit Mgf. Otto V. v. Brandenburg verlobt. Diese Verlobung wurde unter dem Einfluß der lux.-habsburg. Erbverbrüderungen 1364 und 1366 zugunsten einer in Prag am 19. März 1366 geschlossenen, kinderlosen Verbindung mit Hzg. → Albrecht III. v. Österreich wieder gelöst. Otto V. heiratete am selben Tag E.s Halbschwester Katharina, die in erster Ehe mit → Rudolf IV. v. Österreich († 1365) verbunden war.

F. B. Fahlbusch

Lit.: E. WERUNSKY, Gesch. Ks. Karls IV. ... III, 1892 – A. STRNAD, Hzg. Albrecht III. v. Österr. [Diss. Wien 1961], 40ff. – D. VELDTRUP, Stud. zur Familienpolitik Karls IV. [Diss. Münster 1986/87].

16. E. v. Thüringen, hl.
I. Leben und Wirken – II. Verehrung – III. Hagiographie – IV. Ikonographie.

I. LEBEN UND WIRKEN: E., hl., * 1207 in Ungarn, † 16./17. Nov. 1231 in → Marburg a. d. Lahn; Tochter Kg. → Andreas' II. v. Ungarn (→ Arpaden) und seiner Gemahlin Gertrud (→ Andechs-Meranien). Im Zusammenhang einer Fürstenkoalition gegen Ks. → Otto IV. mit Ludwig (IV.), dem ältesten Sohn Lgf. → Hermanns I. v. → Thüringen (→ Ludowinger), verlobt, gelangte E. 1211 nach Thüringen; 1221 ∞ Lgf. Ludwig IV.; drei Kinder: Hermann (*1222, 1238 Lgf. v. Thüringen, †1241), Sophie (*1224, 1240 ∞ Hzg. → Heinrich II. v. Brabant, †1284), Gertrud (*1227, †1297, Meisterin in Altenberg).

E. wandte sich bereits zu Lebzeiten ihres Mannes den religiösen Armutsbewegungen ihrer Zeit zu. Starken Einfluß übten v. a. die von W-Europa ausgehende religiöse Frauenbewegung (→ Beginen) und die 1224 erstmals in Thüringen auftretenden → Franziskaner auf sie aus. Zu letzteren knüpfte sie unmittelbare Kontakte an, indem sie ihnen eine Kirche in → Eisenach überließ und den Laienbruder Rodeger zu ihrem geistl. Betreuer machte. Das Ziel einer radikalen Nachfolge Christi in Selbsterniedrigung, Buße, vollkommener Armut und Hinwendung zu den Armen suchte sie zu verwirklichen, soweit dies ihre Stellung als Lgfn. zuließ. Entgegen weitverbreiteter, jüngerer Tradition wurde sie hierin von ihrem Gemahl unterstützt. Bes. Verdienste erwarb sich E. während der Hungersnot von 1226, als sie in Abwesenheit ihres Mannes weit über das übliche Maß hinausgehende Hilfsmaßnahmen traf.

Entscheidend für ihren weiteren Lebensweg wurde die enge Bindung an den Kreuzzugsprediger und späteren Ketzerverfolger → Konrad v. Marburg, dem sie im Frühjahr 1226 Gehorsam und Ehelosigkeit bei vorzeitigem Tode ihres Mannes gelobte. Konrad v. Marburg, der selbst der religiösen Armutsbewegung nahestand, übte als Seelenführer und Beichtvater stärksten Einfluß auf die junge Lgfn. aus. Als E. nach dem Kreuzfahrertod Ludwigs IV. (11. Sept. 1227) im Winter 1227/28 unter Entzug ihrer Wittumsgüter die → Wartburg verlassen mußte, übernahm Konrad als päpstlich bestellter Beschützer E.s auch die Sachwaltung ihrer äußeren Angelegenheiten. Er erreichte, daß E., die sich ihm gegenüber in einem erneuten Gelübde von ihrer Familie, ihrem Willen und aller Welt losgesagt hatte, von ihren lgfl. Schwägern neben einer hohen finanziellen Abfindung die Möglichkeit zur Errichtung eines Hospitals in Konrads Heimatort, der lgfl. Stadt Marburg, erhielt.

In ihrem Hospital (mit erstem Franziskuspatrozinium nördl. der Alpen) sah E. die Möglichkeit, als Witwe ihre religiösen Ziele zu verwirklichen. Nach ihrem Eintritt in den geistl. Stand (Winter 1228) wirkte sie, ohne festere Bindung an einen geistl. Orden, als soror in seculo im Dienst an den Armen und Kranken, wobei sie sich mit dem Hospitalpersonal niederer Herkunft auf eine Stufe stellte. In dem Streben nach vollkommener imitatio Christi nahm sie sich bes. der Aussätzigen (→ Aussatz) an, verrichtete niedrigste Arbeiten, verschenkte ihr gesamtes Vermögen an Geld und Schmuck den Armen und übte sich in Gehorsam, Askese und Kontemplation. Nach nur dreijährigem Wirken starb sie, bereits zu Lebzeiten im Rufe der Heiligkeit stehend, in tiefster Armut im Alter von 24 Jahren; sie wurde am 19. Nov. (ihrem künftigen Festtag) in der Kapelle ihres Hospitals bestattet.

Leben und Wirken E.s sind auf dem Hintergrund der großen religiösen Armutsbewegung des 12./13. Jh. zu sehen, die wesentlich von den weitreichenden sozialen Wandlungen der Zeit (z. B. Anwachsen des reichen städt. Bürgertums, Anstieg der Massenarmut auf dem Lande und in den Städten) geprägt war und zu neuen Formen der Frömmigkeit (Semireligiosentum, Beginen, Bettelorden, z. T. auch häret. Strömungen) führte. E. steht in einer Reihe zahlreicher anderer Frauen häufig vornehmer Herkunft, die vornehmlich seit dem Beginn des 13. Jh. in ähnlicher Weise die unbedingte Nachfolge Christi im Nachvollzug seiner Leiden und seiner Armut anstrebten (→Maria v. Oignies, →Clara v. Assisi). Als eine der frühesten Vertreterinnen dieser neuen religiösen Strömungen in Deutschland, v. a. aber als Angehörige des europ. Hochadels, die das Armutsideal in extremer Weise in eigener Person verwirklichte, erlangte sie bereits zu ihrer Zeit herausragende Bedeutung.

II. VEREHRUNG: Der Eindruck ihres aufsehenerregenden Wirkens und die Bemühungen Konrads v. Marburg führten bald nach ihrem Tode zu einem rasch anwachsenden Pilgerstrom zu E.s Grab; bereits Anfang 1233 erreichte das Einzugsgebiet der Pilger die Ardennen, die Diöz. Utrecht, den Magdeburger Raum und den unteren Neckar. Das Heiligsprechungsverfahren, das Konrad schon im Frühjahr 1232 bei der Kurie für E. eingeleitet hatte, geriet trotz zweier Zeugenverhöre vom August 1232 und Jan./Febr. 1233 nach der Ermordung Konrads (31. Juli 1233) ins Stocken. Im Sommer/Herbst 1234 führten die Übernahme des Marburger Hospitals durch den mit der lgfl. Dynastie verbundenen →Dt. Orden sowie intensive Bemühungen der Lgf.en zur Wiederaufnahme des Verfahrens und zur Heiligsprechung E.s am 27. Mai 1235 (Pfingsten) durch Papst Gregor IX. in Perugia. Am 1. Mai 1236 folgte in Marburg die feierliche Erhebung ihrer Gebeine im Beisein →Friedrichs II. und zahlreicher Großer.

Der rasch aufblühende Heiligenkult E.s, der in vieler Hinsicht den neuen Formen der Heiligkeit und dem Heiligenideal des 13. Jh. entsprach, wurde von zahlreichen Kräften getragen. Sein Mittelpunkt war zunächst Marburg; hier errichtete der Dt. Orden über dem Grab E.s eine große Ordens- und Wallfahrtskirche in den für Deutschland neuen Bauformen der→Gotik. Doch trat der Orden, der die hl. E. zunächst als zweite Ordenspatronin neben Maria verehrte und ihr mehrere Ordenshospitäler im Reich weihen ließ, schon bald deutlich hinter anderen Förderern des Kultes zurück. Bes. lebhaft wurde die Verehrung E.s von ihrer Familie mit ihren weitgespannten dynast. Beziehungen propagiert; hier fand E. hochangesehene Nachfolgerinnen in→Agnes v. Böhmen, →Hedwig v. Schlesien und→Margarete v. Ungarn. Noch stärker als diese hochadligen Kreise und z. T. in Verbindung mit ihnen setzten sich die Bettelorden, insbes. die weibl. Zweige der Dominikaner und Franziskaner, in Patrozinienwahl, Liturgie und Hagiographie für den E.-Kult ein. Andere Orden, bes. die Zisterzienser, Einzelpersönlichkeiten wie Papst→Gregor IX. und →Mechthild v. Magdeburg, die die hl. E. adligen Damen als Vorbild empfahlen, und eine große Zahl von Kirchen- und Hospitalstiftern trugen zusätzlich zur raschen Ausbreitung bei. Bereits bis zur Mitte des 13. Jh. sind E.-Patrozinien im gesamten Raum zw. Nordfrankreich, der Ostsee, Schlesien, Böhmen, Ungarn und Oberitalien bezeugt. Spätestens Ende des 13. Jh. zählte die E.-Verehrung zu den verbreitetsten Heiligenkulten Mitteleuropas mit weiter Ausstrahlung nach Frankreich, England, Italien und Polen. Aus der Kultentwicklung der Folgezeit heben sich die Pilgerfahrt Ks. →Karls IV. zum Grab E.s 1357 und die zunehmende Propagierung der hl. E. als Landesfrau und Landespatronin der unter E.s Tochter Sophie v. Brabant entstandenen Lgft. →Hessen heraus. Hier brach die E.-Verehrung mit der Reformation weitgehend ab (1539 Entfernung der E.-Reliquien aus dem Schrein).

Eine inhaltl. Festlegung (etwa als Hospitalhl.) oder Bindung des Kultes an bestimmte Personengruppen erfolgte im Unterschied zu anderen Heiligenkulten des SpätMA nicht. Eine Fülle von Bildzeugnissen – darunter bes. hervorzuheben die E.-Zyklen von Lübeck, Reval und Kaschau (s. a. Abschnitt IV) –, zahlreiche E.-Patrozinien und die dichte handschriftl. Überlieferung der vielfältigen liturg. und hagiograph. E.-Texte verweisen auf E. als eine der beliebtesten weibl. Heiligengestalten Europas im 14./15. Jh.

III. HAGIOGRAPHIE: Grundlage des breitgefächerten hagiograph. Schrifttums waren die Aufzeichnungen aus dem Heiligsprechungsprozeß: ein kurzer Lebensabriß Konrads v. Marburg (die sog. »Summa Vite«) von 1232, die Protokolle der Aussagen von vier Frauen aus dem engsten Umkreis E.s von 1235 (der sog. »Libellus de dictis quatuor ancillarum s. Elisabeth confectus«) mit einer erweiterten Fassung von vor 1239 und die Wunderprotokolle von 1232/33 und 1235. Diese Texte, die selbst in der Folgezeit eine überaus weite Verbreitung fanden, dienten zunächst als Vorlage der drei ältesten Viten, der E.-Vita des→Caesarius v. Heisterbach (1237) und zweier vor 1240 im Umkreis Ks. Friedrichs II. und der Kurie entstandener Lebensbeschreibungen. Kürzere, z. T. um Wundererzählungen erweiterte Auszüge, die sich außerordentl. Beliebtheit erfreuten, fanden schon früh Eingang in die hagiograph. Kompendien der Dominikaner Bartholomaeus v. Trient und→Jean de Mailly (1240/50), v. a. aber in die »Legenda Aurea« des →Jacobus de Voragine (wohl vor 1267), deren E.-Vita der weitaus verbreitetste E.-Text des MA war. Seit der Mitte des 13. Jh. nahmen sich auch die Franziskaner in mehreren, eng miteinander verwandten Viten des E.-Stoffes an (Hss. v. a. in Nordfrankreich und Oberitalien); in diesem Zusammenhang taucht erstmals das berühmte Rosenwunder auf. Von den zahlreichen übrigen, nur z. T. edierten Viten des 13. Jh. verdient als frühestes volkssprachl. Werk die 1255/71 verfaßte frz. Verslegende »Vie sainte Elysabel« des →Rutebeuf bes. Interesse.

Als Hauptwerk der ma. E.-Hagiographie ist die Vita s. Elisabeth des Erfurter Dominikaners→Dietrich v. Apolda anzusehen. Sie vereinte die ältesten Texte aus dem Heiligsprechungsprozeß, das inzwischen angewachsene reiche Legendengut, historiograph. Zeugnisse zu Lgf. Ludwig IV. und die in Hessen-Thüringen lebendige volkstüml. Tradition in bislang nicht erreichter Vollständigkeit zu einem auch sprachlich ansprechenden Werk. In ihrer Wirkung auf die Gestaltung des E.-Stoffes im 14./15. Jh. ist Dietrichs Vita kaum zu überschätzen. So diente sie als Grundlage so wichtiger Texte wie der um 1300 im hess. Raum entstandenen mhd. Verslegende »Das Leben der hl. E.«, des nach 1421 verfaßten »E.-Lebens« des Johannes →Rothe, der Kurzvita in dem weit verbreiteten Prosalegendar »Der Hl. Leben« (Nürnberg, Ende 14. Jh.) oder der die franziskan. Tradition miteinbeziehenden Vita »Der lieben frouwen Sant Elysabeten der lantgrefin leben« (UB Heidelberg, cpg 105; 15. Jh.). Nur wenige, davon unabhängige Viten, etwa im »Passional« (um 1300) oder in der »Elsässischen Legenda Aurea« des 14. Jh., konnten sich daneben größerer Beliebtheit erfreuen. Blieb Dietrichs Vita für das deutschsprachige E.-Schrifttum dominierend, so scheinen in Frankreich und Italien die »Legenda Aurea« und die franziskan. Viten die wichtigste Grundlage der spätma. E.-Hagiographie gebildet zu haben. Doch bedarf dies ebenso noch näherer Untersuchung wie das offenbar recht bedeutende spätma. E.-Schrifttum aus Ostmitteleuropa.   M. Werner

IV. IKONOGRAPHIE: Einzeldarstellungen entstanden schon im 13. Jh. Älteste monumentale Darstellung: Statue, Naumburg, Dom, um 1240. Der Darstellungstypus der Hl. trägt oft biograph. Züge, so als jugendl. Fsn. in reichem Gewand (Fresko von S. Martini, Assisi, S. Francesco, um 1325), als verheiratete Frau oder Witwe in schlichter Kleidung (Figur am E.-Schrein, Marburg, um 1250), in der Zeittracht seit dem 16. Jh. (Statue von T. Riemenschneider, Nürnberg, Germ. Nat. Mus., um 1505), seltener als Franziskanertertiarin (Glasgemälde, um 1500, Köln, Dom). Leben und Legende der Hl. geben die wichtigsten Zyklen wieder (Reliefs, E.-Schrein, Marburg, um 1250; Glasgemälde, um 1250, Marburg; Zeichnungen, Krumauer Bildercod., Mitte 14. Jh., Österr. Nat. Bibl., cod. 370); s. a. Abschnitt II. Als Attribute der Hl. erscheinen seit dem 14. Jh. vornehml. solche, die auf ihre Werke der Barmherzigkeit hinweisen, oft in Bedeutungszusammenhang mit dem NT: Brot (Statue, Straßburg, Münster, um 1350), Brot und Fische (Statue, Rottweil, St. Lorenz, Mitte 15. Jh.) oder Brot und Trauben (Retabelflügel, Schloß Landsberg b. Meiningen, 1498), seit dem 15. Jh. häufig mit Krug oder Kanne, oft die Figur eines Bettlers oder Aussätzigen beigefügt (Statue von T. Riemenschneider, Münnerstadt, 1491; Gemälde von H. Holbein d. Ä., München, Alte Pinakothek, 1516). Weitere Attribute sind das Modell der Marburger E.-Kirche (Statue, St. Elisabeth, Marburg, Ende 15. Jh.), eine oder mehrere Kronen (Gemälde von J. van Eyck, N.Y., Frick Coll., um 1435), Palme oder Buch (Retabel aus Altenberg a. d. Lahn, Frankfurt, Städel, Anfang 14. Jh.). Rosen als Attribut (Rosenwunder) treten seit dem 14 Jh. vorwiegend in Italien auf (Fresko, Arezzo, S. Francesco, 14. Jh.), in Deutschland erst in der 1. Hälfte des 15. Jh. (Glasgemälde, Münnerstadt, 2. Viertel 15.Jh.).   S. Stolz

Q.: BHL I, 373–377, Suppl. 103–106 – O. DOBENECKER, Regesta dipl. necnon epistolaria hist. Thuringiae 2–3, 1900/25 – A. HUYSKENS, Quellenstud. zur Gesch. der hl. E., 1908 – Der sog. Libellus de dictis quatuor ancillarum s. E. confectus, hg. DERS., 1911 – *Lit.: [allg.]:* EM III, 1356–1361 – TRE IX, 513–520 [Lit.] – W. MÜHLENSIEPEN, Die Auffassung von der Gestalt der hl. E. in der Darst. seit 1795 [Diss. masch. Marburg 1949] – K. E. DEMANDT, Schrifttum zur Gesch. und geschichtl. Landeskunde von Hessen 2, 1965, 107ff. – *[übergreifende Sammelbde]:* St. E., Fürstin, Dienerin, Hl., 1981 [Beitr. von P.-G. SCHMIDT, F. SCHWIND, M. WERNER, H. BOOCKMANN, TH. FRANKE, R. KROOS, U. BRAASCH] – 700 Jahre Elisabethkirche in Marburg, Ausst. Kat. 1,2, 4–7, 1983 [Beitr. von B. RECHBERG, W. HEINEMEYER, P. WÖRSTER] – E., der Dt. Orden und ihre Kirche, hg. U. ARNOLD–H. LIEBING, 1983 [mit Forschungsber. 1931–81 von H.-J. SCHOLZ; Beitr. von: H. LOMNITZER, U. ARNOLD] – *zu [I]:* H. GRUNDMANN, Religiöse Bewegungen im MA, 1935 [Neudr. 1961] – W. MAURER, Zum Verständnis der hl. E. v. Thüringen, ZKG 65, 1953/54, 16–64 – G. HOPPE, E., Lgfn. v. Thüringen (Schr. der Wartburg-Stiftung Eisenach 2), 1981 – K. ELM, E. v. Thüringen, Persönlichkeit, Werk und Wirkung (Marburger Universitätsreden 3), 1982 – O. REBER, Die hl. E., Leben und Legende, 1982 – N. OHLER, E. v. Thüringen, Fsn. im Dienst der Niedrigsten, 1984 – *zu [II]:* O. REBER, Die Gestaltung des Kultes weiblicher Hl. im SpätMA [Diss. Würzburg 1963] – K. E. DEMANDT, Verfremdung und Wiederkehr der Hl., HJL 22, 1972, 112–161 – A. VAUCHEZ, La sainteté en Occident aux derniers siècles du M-A (1198–1431), 1981 – N. OHLER, Alltag im Marburger Raum zur Zeit der hl. E., AK 67, 1985, 1–40 – *zu [III]:* G. ABATE, Il »Liber Epilogorum« di fra Bartolomeo da Trento OP (Misc. P. PASCHINI, 1, 1948), 269–292 – O. REBER, Die Gestaltung ... [wie II], 5–14, 27–46 – P. ASSION, Kultzeugnis und Kultintention. Die hl. E. v. Thüringen in Mirakel, Sage und Lied, Jb. für Volksliedforsch. 27/28, 1982/83, 40–61 – M. WERNER, Dietrich v. Apolda und seine Vita s. E. (Unters. und Materialien zur Verfassungs- und Landesgesch. 9), 1986 – *zu [IV]:* LCI VI, 133–140 – F. SCHMOLL, Die hl. E. in der bildenden Kunst des 13.–16. Jh., 1918 – J. BRAUN, Tracht und Attribute der Hl. in der dt. Kunst, 1943, 208–218.

17. E. Achler v. Reute, sel., gen. die Gute Beth, Mystikerin, * 25. Nov. 1386 in Waldsee, † 25. Nov. 1420 in Reute (beides in Oberschwaben). Die Tochter eines Webermeisters wurde von ihrem Beichtvater Konrad Kügelin v. Walse (1364?–1428), der auch ihre Vita verfaßte, zum Eintritt in den Dritten Orden der Franziskaner und zum Bezug der von ihm gegr. Klause zu Reute (1403) bewogen, wo sie für die Küche der kleinen Gemeinschaft von Tertiarinnen zuständig war. Permanente Passionsmeditation führte zur Stigmatisierung sowie zu Ekstasen, Visionen, Erscheinungen und Unionserlebnissen. Doch hatte E. unter diabol. Anfechtungen und körperl. Fegefeuerpeinen zu leiden. Kügelin rühmt auch ihre (bezweifelbare) zwölfjährige Nahrungslosigkeit sowie Prophetengabe. Ihr Grab in Reute wurde bald zum Mittelpunkt einer bis heute andauernden Verehrung.   P. Dinzelbacher

Q.: K. BIHLMEYER, Die schwäb. Mystikerin E. A. v. R. ... (Fschr. PH. STRAUCH, 1932), 96–109 – W. KÖCK, Vita der Sel. E. v. R. [Diss. masch. Innsbruck 1972] – *Bibliogr.:* G. JARON LEWIS, Bibliogr. zur dt. Frauenmystik des MA, 1986, s. v. – *Lit.:* Bibl. SS IV, 1099 – Biogr.-Bibliogr. Kirchenlex. I, 18 – DHGE XV, 220f. – DSAM IV, 582f. – LCI VI, 131 – LThK² III, 818 – Verf.-Lex.² V, 426–429 – A. BORST, Mönche am Bodensee 610–1525, 1978, 301–319 – Die sel. Gute Beth a v. Reute, hg. P. SCHURER, 1981⁵ – H. TÜCHLE, E. A., die Gute Beth, Veröffentl. des Stadtarchivs Bad Waldsee B 5, 1984.

18. E. v. Schönau, hl., Mystikerin, * um 1129, † 18. Juni 1164. Die aus adligem Geschlecht stammende E. wurde 1141/42 von ihren Eltern in das Doppelkloster OSB →Schönau (Nassau) gegeben, wo sie fünf Jahre später die Profeß ablegte und 1157 magistra wurde. Ihr an Erkrankungen reiches Leben war erfüllt von Gebet, Askese (Fasten, Eisenkette als Gürtel), v. a. aber himml. Offenbarungen in der Form von Visionen, Erscheinungen, Auditionen und Glossolalie. Diese Offenbarungen hat sie zunächst selbst, dann ihr Bruder →Egbert niedergeschrieben, der durch seine dezidierten Fragen zu einzelnen Heiligen oder theol. und kirchl. Problemen E.s Schauungen oft eine bestimmte Richtung zu geben wußte, auch die Endfassung mitformulierte. Ihre im MA weithin verbreiteten Revelationsbücher umfassen die »Visiones« (1152/60). Jenseits-, Heiligen-, Marienvisionen, Ereignisse der Heilsgeschichte, symbol. Bilder, den »Liber viarum Dei« (1156/63), Kritik und Belehrung für die verschiedenen Stände, und den »Liber revelationum de sacro exercitu virginum Coloniensium« (1156/57) über die hl. →Ursula und ihre Gefährtinnen. Aus ihrer Korrespondenz (u. a. mit →Hildegard v. Bingen) sind 22 Briefe erhalten. Charakterist. für E.s Visionen sind u. a. das Eingebundensein in die Liturgie des Kirchenjahrs, Wiederholungen und Verweise auf frühere Gesichte, die Allegorese des Geschauten. Diese Züge hat sie mit der Frauenmystik des späteren MA gemeinsam, an deren Beginn sie steht. Die große Bedeutung von Jenseitsbildern und die Führung durch einen Engel verbinden sie eher mit dem älteren Typ der →Visionsliteratur. Diese zeittyp. Zwischenstellung wird u. a. daran deutlich, daß der Heiland zwar schon als Leidender erscheint, aber ganz selten (Passionsmystik), wogegen das Minnethema fehlt. E.s innere Entwicklung führte von

anfängl. Teufelserscheinungen zur Begegnung mit den Himmelsbewohnern und dann zu primär symbolisch-prophet. Bildern, angeregt wohl durch Hildegards »Scivias«. Der dauernde Wechsel zw. Freude und Angst, in die sie ihre ekstat. Gesichte versetzten, hat zusammen mit ihren Kasteiungen E.s körperliches Sein früh zerbrochen. Sie starb knapp sechsunddreißigjährig nach langem, visionsreichem Todeskampf.
P. Dinzelbacher

Ed.: F. W. Roth, Die Visionen der hl. E. v. S. und die Schriften der Äbte Ekbert und Emecho v. Schönau, 1886² – Bibliogr.: G. Jaron Lewis, Bibliogr. zur dt. Frauenmystik des MA, 1986, s. v. – Lit.: Verf.-Lex.² II, 488–494–DSAM IV, 1, 585–588–DHG XIV, 221–224–DIP III, 1110f. – Biograph.-Bibliograph. Kirchenlex. I, 1497f. – Lex. der Marienkunde I, 1558–1561– W. Oehl, Dt. Mystikerbriefe des MA, 1931, 113–139, 750–754– K. Köster, E. v. S., Werk und Wirkung im Spiegel d. ma. hs. Überlieferung, AMRhKG 3, 1951, 243–315 – Ders., Das visionäre Werk E.s v. S., ebd. 4, 1952, 79–119–Schönauer E.-Jubiläum, 1965 – E. Benz, Die Vision, 1969, Register s.v. – P. Dinzelbacher, Vision und Visionsliteratur im MA, 1981, Register s.v. – G. Jaron Lewis, Christus als Frau. Eine Vision E.s v. S., Jb. für internat. Germanistik 15, 1983, 70–80– K. Gössmann, Das Menschenbild bei Hildegard v. Bingen und E. v. S. ... (Frauenmystik im MA, hg. P. Dinzelbacher–D. Bauer, 1985), 24–47–P. Dinzelbacher, Die Offenbarungen der hl. E. v. S.: Bildwelt, Erlebnisweise und Zeittypisches, SMGB 97, 1986 – Ders., Ma. Visionsliteratur [im Dr.].

19. E. v. Spalbeeck (v. Herkenrode), sel., Mystikerin, * Spalbeek 1247/50, † 19. Okt. 1316(?). E. wurde, noch im Elternhaus lebend, durch ihre Ekstasen und blutigen Stigmen bekannt; täglich wiederholte sie zu den kanon. Stunden in der Entrückung mimetisch die Passionsvorgänge als äußerste Form einer Identifikation mit Christus. Abt Wilhelm I. v. St. Trond ließ dem kränkl. Mädchen eine Kapelle neben ihrem Zimmer erbauen, nach 1277 scheint sie bei den Zisterzienserinnen in Herkenrode eingetreten zu sein. E. zeichnete sich auch durch bes. Marienverehrung und weitgehende Nahrungslosigkeit aus.
P. Dinzelbacher

Q.: Philipp v. Clairvaux, Vita (Socii Bollandini, Catalogus codicum hagiographicorum bibliothecae R. Bruxellensis I, 1886), 362–378 – Lit.: Bibl. SS IV, 1100–1109 – DHGE XV, 224f. – A. Stroick, Wer ist die Stigmatisierte in einer Reformschrift für das 2. Lyoner Reformkonzil?, HJb 50, 1930, 342–349 – P. Debongonie, Essai critique sur l'Hist. des Stigmations au MA, Études carmélitaines 21, 1936, 22–59, bes. 30ff. – A. Bussels, Was E. v. S. Cistercienserin in H.? (Cîteaux in Nederlanden 2, 1951), 43–54 – A. Mens, L'Ombrie italienne et l'Ombrie brabançonne, EF NS 17, 1967, Suppl. 27f.

Elixir(ium), von arab. al-iksīr (aus gr. τὸ ξήριον 'das Trockene'), ursprgl. Bezeichnung für ein arzneilich verwendetes, äußerlich appliziertes Trocken- bzw. Streupulver. Da in der Antike bei der Arzneibereitung das Zumischen von Ingredienzien als ἐπιβάλλειν (proicere) bezeichnet wurde, ist es wahrscheinlich, daß dieser Ausdruck auch auf das Einwerfen oder Einstreuen chem. Zusätze (z. B. von Zinn zu Kupfer) Anwendung fand. Dem Wort für Streupulver (ξήριον) dürfte der arab. Name al-iksīr (Elixier) entsprungen sein. Erst weiterhin wurde er auf ein ganz bes. Streupulver, nämlich dasjenige, das in der Lage war, unedle Metalle in edle zu verwandeln, angewandt. – Der Praxis der in den hellenist. Tempelwerkstätten Ägyptens ausgeformten Technik entstammt im Zusammenhang mit Theorien griech. Philosophen die→Alchemie, die sich u. a. von der Vorstellung der »Wandlung, Läuterung und Vollendung der Natur« leiten ließ. Deren Verwirklichung geschah zunächst durch die farbenverleihende →»Tinktur« und durch den→»Stein der Weisen«, d. h. das Streupulver (Xerion, E.). Diese vermöchten in kleinster Menge nach Art der Fermente zu wirken, indem ihre »Geister« (Schwefel, Quecksilber, Arsen, Salmiak) die gemeinen →Metalle über die allgemeine Vorstufe des »Schwarzen«

zurückführten und sie bei richtiger Behandlung und zum richtigen Zeitpunkt in →Silber und →Gold veredelten. Solcherart Ideen erhielten, wandelten und gestalteten sich in einer langen Folgezeit, bis ihnen Paracelsus (1493–1541) eine neue, von tiefsinnigen Gedanken geprägte Form verlieh.

Das aus dem gr. ξήριον entstandene iksīr findet sich im Persischen bereits bei Firdausī (um 1000) und geht dann als al-iksīr zu den Arabern über.

→Ps.-Geber, ein lat. Autor (12./13. Jh.) in Süditalien oder Spanien, verwendet in seinen kleineren Schriften den Ausdruck E. in einem anderen Sinne als das Pulver, das in Gold oder Silber verwandelt werden soll. Bei ihm ist es die Bezeichnung für die verwandelnde Substanz, die als »medicina« für »unvollkommene«, gewissermaßen »kranke« Metalle dient. Er unterscheidet dabei zw. umwandelnden Substanzen 1. und 2. Ordnung mit Teilwirkung und solchen 3. Ordnung mit Gesamtwirkung für die eigtl. Transmutation in Silber oder Gold. Bisweilen versteht er darunter auch die Bezeichnung für Präparate aus »unvollkommenen Metallen« wie Blei, Zinn usw., die er »materia« nennt. Aus ihnen entstehe durch Vereinigung mit der »anima« aus Gold und Silber, d. h. der »forma«, die »medicina«. Ps.-Geber gebraucht in diesem Zusammenhang statt des Ausdrucks Seele auch den Begriff »fermentum«.

Die Wirkung des E.s wird mit der des Sauerteigs verglichen, der in der Lage ist, ein Vielfaches an Teig zu durchsäuern. Gedankengut dieser Art wird u. a. aus dem als 'Tabula chemica' des Senior Zadith filius Hamuel ins Lat. übersetzten Werk des Muḥammad ibn Umail aus dem 10. Jh. sowie aus der 'Turba philosophorum' und der Ps.-Rhazes-Schrift 'De aluminibus et salibus' (11./12. Jh.) bekannt. Die Materia oder das E. des Ps.-Geber bezeichnet man in diesem Sinne auch als Teig (lat. massa, gr. μᾶζα). In der sog. →'Turba philosophorum' (um 1000), die schon zu Beginn des 12. Jh. bestimmendes Ansehen besitzt, wird das E. in der Regel »ixir«, aber auch »mata« oder »massa«, »aqua munda« (reines Wasser) oder »acetum merum« (lauterer Essig) genannt. Es erhebe seinen Besitzer zum »Fürsten der Zeitgenossen«. Die Ps.-Albertus-Schrift 'De alchimia' (vor 1350) leitet in ma. Etymologiemanier das Wort »Alchimia« sogar von dem angeblich gr. Terminus »archymum« ab, der in einer Verballhornung von ἄζυμον 'ungesäuerter Brotteig' abzuleiten sein soll.

Nach Ǧābir ('Buch des Mitleids', 8. Jh.) verändert das E. die Natur des gemeinen Metalls in gleicher Weise, wie die Arznei durch die ihr innewohnende mächtige Kraft die Natur des Patienten beeinflußt. Dies führt, ohne daß sich Zeitpunkt und Weg im einzelnen festlegen lassen, zur Identifizierung der Eigenschaften des E.s mit denen eines Medikamentes, wobei das E. zur Medizin schlechthin wird. So spricht man in der alchemist. Literatur, wenn vom →Stein der Weisen die Rede ist, manchmal vom E., manchmal von der Medizin. Das »große« E., die »köstlichste Medizin«, ist die, die das edelste aller Metalle, das →Gold, bewirkt. Da sich in der Welt des Anorganischen und Organischen nach alter aristotel. Überlieferung ein ständiges Entstehen durch Zeugung (generatio) und Vergehen durch Verderben und Fäulnis (corruptio und putrefactio) abspielt und das E., die alchemist. Medizin, die modernen Metalle durch Veredelung von dem Schicksal der Fäulnis befreit, besitzt es diese Eigenschaft auch in der prakt. Heilkunde für den Menschen. Ihn bewahrt es vor der corruptio, die in dem natürlichen Ablauf des menschl. Lebens das Greisenalter bedingt und patholog. durch Säftefäulnis zur Krankheit führt. So wird v. a. das »große«

E. zu einem untrügl. Mittel der Lebensverlängerung und zu einer Panazee, die die Krankheit schlechthin zu besiegen vermag.

In der ma. Literatur des Abendlandes (13. und 14., teilw. 15. Jh.) wird das E. sowohl als Mittel zur Metallveredlung als auch als heilende, stärkende und konservierende Medizin erwähnt (z. B. im 'Rosarius' und 'Novum lumen' →Arnalds v. Villanova, um 1235-1311). Dieser behauptet sogar, das künstl. hergestellte Gold sei kostbarer als das natürliche; als Medizin mache es aus einem Greis einen Jüngling; eine Krankheit, die einen Monat dauere, heile es in einem Tag; wenn das Leiden ein Jahr oder länger vorhanden sei, in zwölf Tagen oder einem Monat. – John →Dastin (frühes 14. Jh.) setzt die genannten Metalle bei der Elixirbereitung wie Fermente ein und gewinnt so, auf der Basis von Quecksilber und als theoret. Fundament die traditionelle Vierelementen- und Qualitätenlehre benutzend, eine Medizin, die in kurzer Zeit langwierige Krankheiten heile. Entsprechende Zubereitungen nehmen in den Schriften der spätma. Autoren einen immer breiter werdenden Raum ein. Neben den E.en werden trinkbares Gold (z. B. in Arnald v. Villanovas 'De conservanda iuventute') und →Quintessenzen genannt, denen Konservierungs- und Heilkräfte zugesprochen werden. Mit dem zu Kritik und selbständigem Denken neigenden Renaissance-Humanismus tritt der Glaube an die bes. Wirkungen des alchemist. Goldes zurück; das natürliche Gold behält jedoch seine Position bei der Elixirbereitung.

Rudolf Schmitz

Q. und Lit.: El² III, 1087f. s.v. al-lksīr – E. O. v. LIPPMANN, Entstehung und Ausbreitung der Alchemie, 1919 – Ps.-Geber, Die Alchemie des Geber, übers. und erkl. v. E. DARMSTÄDTER, 1922 [Nachdr. 1969] – Rhazes, Al-Razi's Buch der Geheimnisse. Mit Einl. und Erl. in dt. Übers. v. J. RUSKA (QStGNM 6), 1937 [Nachdr. 1973] – W. GANZENMÜLLER, Die Alchemie im MA, 1938 [Nachdr. 1967] – P. DIEPGEN, Das E. Die köstlichste der Arzneien, 1951 – M. KRÜGER, Zur Gesch. der E.e, Essenzen und Tinkturen [Diss. Braunschweig 1968].

Eliyā bar Šīnāyā, nestorian. Autor syr. und arab. Sprache, * 11. Febr. 975 in Nisibis, † nach 1049, ab 26. Dez. 1008 Metropolit v. →Nisibis. Seine große »Chronographie«, zweispaltig syr./arab., enthält im 1. Teil ein nach dem Vorbild des →Eusebius angelegtes Geschichtswerk bis 1018 n. Chr. mit vielen Auszügen aus älteren syr. Quellen. Der 2. Teil ist eine ausführl. Darstellung verschiedener Zeitrechnungen mit zahlreichen Tabellen. Außerdem verfaßte E. u.a. eine syr. Grammatik mit syr.-arab. Wörterbuch, patrist. und liturg. Texte sowie mehrere Briefe. In arab. Sprache ist wichtig das Buch der »Sitzungen«, sieben Religionsgespräche mit einem muslim. Wesir, andere apologet. Schriften und ein »Buch der Vertreibung der Sorge«, das zwölf Tugenden und die zwölf ihnen entgegengesetzten Laster und deren »Früchte« behandelt.

J. Aßfalg

Ed. und Übers.: Corpus Scriptorum Christianorum Orientalium, 1909-10, Bd. 62ˣ, 62ˣˣ, 63ˣ, 63ˣˣ [Chronographie, ed. E. W. BROOKS – J. B. CHABOT] – A. BAUMSTARK, Gesch. der syr. Lit., 1922, 287f. – G. GRAF, Gesch. der christl. arab. Lit. II, 1947, 177-189 – I. ORTIZ DE URBINA, Patrologia Syriaca, 1965², 218 – J. KARAYANNOPOULOS – G. WEISS, Quellenkunde zur Gesch. von Byzanz (324-1453), 1982, 413 – KH. SAMIR, La réfutation de l'astrologie par Élie de Nisibe, OrChrP 43, 1977, 408-441.

Elle, im MA gebräuchl. Längenmaß in Feldmessung, Bauwesen, Handwerk und Handel (hier bei Leinen, Seide, Tuch, Wolle). Die E. wird unterteilt in: Spanne-Handbreite-Finger oder Fuß-Daumen oder Zoll; sie ist ein Teil von Doppelelle-Stab-Klafter-Rute-Seil; es gibt eine 20-, 10-, 5-, 2-Teilung ($\frac{1}{2}$–$\frac{1}{32}$) und eine 12-Teilung der Halbelle (Fuß). Die E. ist überliefert auf Maßstäben, in ganzzahligen schriftl. E.-Vergleichungen und der geometr.-math. verstandenen oder gestalteten Ordnung der Welt. Die natürl. (Daumen-)E. wurde über ihre Relation zum Erdumfang seit babylon. Zeit (metrisch 371,066 mm) normiert (*dum-elne* des Sachsenspiegels, natürl. Grundeinheit in Dürers Unterweisung der Messung [1525], als Doppel-E. = die Konstanzer »Reif-E.«). Die Vielzahl von E.n zw. 371 und 835 mm (bayer. E.) erklärt sich aus den Varianten der Näherungsrechnung in der Feldmessung. Die Folge waren die Bandbreiten richtiger, genauer Einheiten, z. B. der Ofener E. (2 röm. Fuß) von 584-593 mm, der Nürnberger E. von 657-668 mm, der Brabanter großen E. von 684-720 mm, der Wiener E. von 765-802 mm. Chr. Rudolff (Augsburg 1530) vergleicht mit diesen E.n weitere aus Antwerpen, Bozen, Frankfurt, Krakau, Linz, Venedig (Tuch/Seide). Weit verbreitet waren die Ofener E.n zu 593,706 mm, die Nürnberger (9/8 Ofener, 9/5 Daumen-E.) zu 667,920 mm, die große Brabanter E. (21/20 Nürnberger) zu 701,316 mm, die Wiener E. (7/6 Nürnberger) zu 779,240 mm (E. am Stephansdom 775,3 mm), die Hamburger kleine E. (6/7 Nürnberger) zu 572,502 mm.

Kein Ort besaß »eigene« E.n; sie waren stets d. einen, aus der Antike stammenden System entnommen. Grundsätzlich konnten E.n gleicher Bezeichnung unterschiedl. Längen haben und E.n gleicher Zahlenverhältnisse unter verschiedenen Bezeichnungen auftreten. Kontinuität, Genauigkeit von Normen und Variationen lassen sich u. a. an einem röm. Maßstab in Köln, Mustermaßstäben an Kirchen, Rathäusern in Kulm, Nürnberg, Ochsenfurt, Schwabach oder an Nürnberger Instrumenten nachweisen.

H. Witthöft

Lit.: ZL. HERKOV, Christoph Rudolff und das Problem seiner Maße, Zbornik Historijskog instituta Jugoslavenske akademije 7, 1974, 159-173 – H. WITTHÖFT, Rute, E. und Schuh in Preußen, Scripta Mercaturae 15, 1, 1981, 1-36 – E. PFEIFFER, Die alten Längen- und Flächenmaße [im Dr.].

Ellenbog, Ulrich, Arzt, * 1435 in Feldkirch (Vorarlberg), † 1499 in Memmingen. Studien in Wien und 1453/55 in Heidelberg; Medizinstudium und Promotion zum Dr. med. in Pavia (1456/59). Nach Rückkehr aus Italien lebte E. zunächst in Feldkirch, Ravensburg (1460) und Memmingen (1464/70), dann in Augsburg (1470/78), Biberach (1478/81) und wieder in Memmingen (1481/99), übte in Ravensburg und Memmingen stadtärztl. Tätigkeiten aus, stieg 1470 zum Arzt des Augsburger Bf.s und Domkapitels auf und war Gründungsmitglied der med. Fakultät der Univ. →Ingolstadt (1472). Zu seinen Patienten zählten Hzg. Johann v. Bayern (Augsburg) und Hzg. Siegmund v. Tirol (Innsbruck).

Die lit. Hinterlassenschaft E.s besitzt ihren inhaltl. Schwerpunkt in der Medicina practica und umfaßt einen balneolog. Traktat, pharmakotherapeut. Schriften, Gesundheitsregimina, Konsilien zur Bekämpfung bestimmter Krankheiten, ein Seereisenbrevier und ein med. Tagebuch aus den Jahren 1470/86. Aus dem umfängl. Corpus sind jedoch zu Lebzeiten E.s nur eine »Ordnung wider die gifftigen anrür der pestilentzlichen prechen« und eine »Instruction (...) wider die pestilentz« in Druck gelangt. Nachruhm sicherte E. ein 1473 für die Augsburger Goldschmiede verfaßter Kurztraktat »Von den gifftigen Besen Temmpffen vnd Reüchen/der Metal«, dessen Druckfassung (o.O. [Augsburg: M. Rammínger] o. J. [frühestens 1524]) als die wohl älteste gewerbehygien. Druckschrift der Weltliteratur gilt.

Allem Anschein nach erschöpften sich E.s fachl. Leistungen hauptsächl. im lit. gewandten Aufgriff aktuellen

Lehrgutes schulmed. Autoritäten. Allerdings weist die ungewöhnl. Tatsache, daß E. spätestens seit 1464 alchem. Lehrgut in seine heilkundl. Praxis einbezog, auf eine der Alchemia medica zuneigende Haltung, die unter galenist. Schulmedizinern erst seit dem 16. Jh. an Boden gewann.

J. Telle

Ed.: U. Ellenbog, Von den gifftigen besen Tempffen und Reuchen. Eine gewerbe-hygien. Schrift des XV. Jh. Wiederg. des ersten Augsburger Drucks mit Biographie und einer medizin- und druckgesch. Würdigung v. F. KOELSCH und F. ZOEPFL (Münchener Beitr. zur Gesch. und Literatur der Naturwiss. und Med., Sonderh. 2), 1927 – H. KÜRTEN, »De ptisi«. Ein Consilium des Memminger Stadtarztes Dr. U. E. vom Jahre 1480 für die Lungenschwindsucht und ihre Behandlung, SudArch 24, 1931, 245–257 – A. BREHER, Der Memminger Stadtarzt U. E. und seine Pestschriften [Diss. Berlin 1942; Ausg. der Pestschrift-Dr.] – G. EIS, Hzg. Siegmunds Büchlein von den Harnleiden (DERS., Stud. zur adt. Fachprosa, Germ. Bibl., R. 3, 1951, 30–46) – Lit.: Verf.-Lex.² II, 495–501 [mit Werkverz. und Lit.] – L. SCHUBA, Die med. Hss. der Codd. Palatini Latini in der Vatikan. Bibl. (Kat. der Universitätsbibl. Heidelberg 1), 1981, XXXV, 491 – P. ASSION, Der Hof Hzg. Siegmunds v. Tirol als Zentrum spätma. Fachlit. (Fachprosa-Stud. Beitr. zur ma. Wissenschafts- und Geistesgesch., hg. G. KEIL, 1982,) 37–75, hier 57–64 – G. SCHNITZLEIN, Der Cod. Vadian. 429 und U. E. (1435–1499) [Diss. München 1984; mit Werkverz. und Lit.].

Ellenhard. **1. E.,** Bf. v. →Freising 1052/53–1078, † 1078. Die oft angenommene Herkunft E.s aus dem Geschlecht der Gf.en v. Tirol erscheint zweifelhaft. Er kam aus dem engen Umkreis der aula imperatoris und wurde von Ks. →Heinrich III. als Bf. eingesetzt oder zumindest zur Wahl vorgeschlagen. Da bald nach dem Tode des Ks.s die Domkirche Freising ein Diplom des (unmündigen) Kg.s →Heinrich IV. erhielt (9. Febr. 1057), scheint E. auch engen polit. Kontakt zu Ksn. Agnes gehabt zu haben. Als Kg. Heinrich IV. 1065 mündig wurde, suchte auch er sofort Kontakt mit der Domkirche Freising, d. h. mit E. Gleichzeitig erhielt E. »wegen seiner treuen Dienstleistung« vom Kg. die Reichsabtei →Benediktbeuern als Pfründe; erst nach dem Tod E.s wurde das Kl. wieder frei. Freising erhielt in der Folgezeit wichtige kgl. Schenkungen, v. a. 1067 »wegen der Verdienste Bf. E.s« sieben Orte in Istrien. Dem kgl. Wohlwollen entspricht, daß E. in mehreren Königsurkunden als Intervenient auftrat. Während der dramat. Auseinandersetzung zw. Kg. und Papst im →Investiturstreit hielt E. treu zum König. Auf der Synode v. →Worms 1076 gehörte er zu den Bf.en, die die Absetzung des Papstes →Gregor VII. aussprachen.

E.s Tätigkeit in seiner Diöz. scheint fruchtbar gewesen zu sein. Lediglich das ihm vom Kg. übertragene Reichskl. Benediktbeuern meldet (verständlicherweise) Kritik an. Um 1060 ließ E. eine erste Grenzbeschreibung seines Bm.s anfertigen. E.s bes. Anliegen war die (Neu-)Gründung des Stifts St. Andreas auf dem Freisinger Domberg (kurz vor 1062), das ebenfalls vom Kg. und vom Bf. reich beschenkt wurde und in dem sich E. begraben ließ.

W. Störmer

Lit.: JDG H. IV, I–III, 1890ff. [G. MEYER V. KNONAU] – J. SCHLECHT, Die dt. Freisinger Bischofs-Chronik, 14. Sammelbl. des Hist. Vereins Freising, 1925, 32–36 – H. STRZEWITZEK, Die Sippenbeziehungen der Freisinger Bf.e im MA, 1938, 229f.

2. E. d. Große, Straßburger Bürger (→Straßburg), * 2. Viertel des 13. Jh., † Mai 1304. E. stammte aus einer Ministerialenfamilie. Er nahm 1262 als Befehlshaber der straßburg. Vorhut an der Schlacht von Hausbergen teil, in der Bf. →Walter v. Geroldseck den Bürgern unterlag. Später erscheint der »große E. vor dem Münster« als Pfleger des Münsterbaus und des Pfründnerhauses zum Hl. Geist. Er veranlaßte die Abfassung lat. Geschichtsaufzeichnungen, die das reichsstädt.-straßburg. Selbstbewußtsein widerspiegeln. Diese Schriften wurden zwischen 1291 und 1299 mit Kopien anderer Werke (u. a. →Honorius Augustodunensis, Imago mundi; Ps.-Albertus Magnus (?), Impressiones aeris; Annalenreihen) in einem besonderen Codex vereinigt. Die wichtigsten der auf E. als Auftraggeber zurückgehenden Werke sind das nach seinen Erzählungen gestaltete »Bellum Waltherianum« eines Anonymus über die Vorgänge von 1262 und das habsburgfreundliche sog. Ellenhardi chronicon, welches drei Hauptteile aufweist: einen Kaiserkatalog von Caesar Augustus bis auf Friedrich II. (mit Fortsetzung bis 1256), Gesta Rudolfi (1273–91) aus der Feder des bfl. Notars Gottfried v. Ensmingen und Gesta Alberti regis (1298–99) eines Anonymus. E. ist einer der ersten Anreger bürgerlicher Historiographie in Deutschland gewesen. Der E.-Codex gelangte in das Straßburger Spital, wo er von Fritsche →Closener benutzt wurde, der nach 1362 Teile ins Deutsche übertrug, und auch noch Jakob →Twinger v. Königshofen zur Verfügung stand. Die in der Kompilation E.s erreichte Verbindung von Weltbeschreibung, Reichs-, Bistums- und Stadtgeschichte wirkte als Vorbild in der Straßburger Historiographie weiter und beeinflußte auch die Chronistik anderer Städte.

K. Schnith

Hs.: E.-Codex, heute im Stift St. Paul im Lavanttal (Kärnten) – Ed.: MGH SS XVII, 1861, 91–141 – Lit.: C. HEGEL, Chr. dt. Städte 8, 1871, bes. 53–64 – Repfont IV, 313f. – Verf.-Lex.² II, 501–503 [D. MERTENS] – WATTENBACH – SCHMALE I, 340–344 – W. WIEGAND, Bellum Waltherianum, 1878 – A. SCHULTE, Lit.-Beilage zur Gemeindezeitung für Elsaß-Lothringen 1881, 138–146 – O. LORENZ, Deutschlands Geschichtsq. I, 1886, 24–32 – H. KUNZE, Die Königsbilder im Straßburger Münster, ZGO 66, NF 27, 1912, 612–639 – E. SCHNEIDER, Die Personendarstellung bei dt. Geschichtsschreibern des ausgehenden 13. und 14. Jh. [Diss. Heidelberg 1963], 38–46 – H. MOSBACHER, Kammerhandwerk, Ministerialität und Bürgertum in Straßburg, ZGO 119, NF 80, 1971, 33–173 – E. KLEINSCHMIDT, Herrscherdarstellung, 1974, bes. 122–127.

Ellesmere-Handschrift (San Marino/California, Huntington Lib. EL 26.C.9), wohl die bekannteste Hs. von Geoffrey →Chaucers († 1400) »Canterbury Tales«; man nimmt heute an, daß sie 1410–12 entstand. Sie ist umfangreicher als andere Hss. von vergleichbarer Qualität; die jüngsten Herausgeber sehen jedoch die etwas ältere, aber vom gleichen Schreiber kopierte Hengwrt-Hs. (1402–03 entstanden) als den besten Textzeugen an. Diese beiden Hss. unterscheiden sich nicht nur in manchen Lesarten, sondern auch hinsichtl. der Anordnung der Erzählungen. Während die Hengwrt-Hs. eine ad hoc-Zusammenstellung von Chaucers unvollendeter Erzählungssammlung darstellt, wurde die E.-Hs. (bzw. deren Vorlage) sorgfältig ediert und dabei Chaucers fragmentar. Werk in eine Form gebracht, die Herausgeber und Interpreten bis in unsere Zeit beeinflußte. Dem Anfang der einzelnen Geschichten sind in der E.-Hs. Bilder der Pilger (einschließl. Chaucers selbst) beigegeben, die die jeweiligen Geschichten erzählen. Diese Portraits stimmen mit Chaucers Beschreibung der Pilger im »General Prologue« der »Canterbury Tales« überein.

P. R. Robinson

Ed. und Lit.: A. EGERTON, The E. Chaucer, 1911 – J. M. MANLY – E. RICKERT, The Text of the Canterbury Tales, I, 1940, 148–159, 587ff. – A. I. DOYLE – M. B. PARKES, The Production of Copies of the Canterbury Tales and Confessio Amantis in the Early Fifteenth Century (Medieval Scribes, Mss. and Libraries. Essays N. R. Ker, ed. M. B. PARKES – A. G. WATSON, 1978), 163–210 – N. F. BLAKE, The Canterbury Tales by Geoffrey Chaucer ed. from the Hengwrt Ms., 1980 – M. L. SAMUELS, The Scribe of the Hengwrt and E. Mss. of the Canterbury Tales, Stud. in the Age of Chaucer 5, 1983, 49–65 – N. F. BLAKE, The Textual Tradition of the Canterbury Tales, 1985, 65–67, 140–149.

Ellinger, Abt der Reichsabtei OSB →Tegernsee (Bayern), *um 980, † 5. Febr. 1056, kam bereits als Kind ins

Kl., wo er von →Froumund unterrichtet wurde. Zur weiteren Ausbildung hielt er sich in Augsburg und Würzburg auf. 1017 wurde E., der vom einflußreichen →Godehard v. Niederaltaich gefördert wurde, zum Abt des Kl. Tegernsee ernannt. Doch mußte er diese Stellung 1026, vielleicht nach Auseinandersetzungen mit dem Adel der Umgebung, aufgeben. 1031 wurde er, mit Unterstützung Godehards, als Abt bestätigt, 1041 aber auf Betreiben des Freisinger Diözesanbischofs erneut abgesetzt. E. verblieb bis zu seinem Tod im Kl., in dem er seit dem 14. Jh. als Sel. verehrt wurde.

E. ist einer d. großen kämpfer. Reichsäbte d. spätotton. frühsal. Zeit. Er begründete den Tegernseer Kreis innerhalb der →Gorze-Trierer Reform (→Gorze, →Trier, →Lothr. Klosterreform). Seine Hauptsorge galt der Sicherung der Kl. (1031 Wiedergründung des Kl. →Benediktbeuern) und der Hebung der monast. Disziplin. Zur Behauptung des Besitzes ließ er in Tegernsee ein Traditionsbuch anfertigen. E. setzte sich für die Erneuerung der kl. Studien ein und hat Schule, Bibliothek und Skriptorium sehr gefördert. Er regte die Herstellung von Prunkhandschriften an und hat einzelne Codices selber geschrieben. Einige kleinere lat. Gedichte, u. a. Begrüßungsgedichte auf Ks. Heinrich II., sind erhalten (STRECKER, XXXVII, XXXVIII, XXXIX, XL, XLI, XLII). Einblick in sein Leben und Wirken gewähren v. a. seine Briefe.

A. Schmid

Q. und Lit.: LThK² III, 826 – NDB IV, 457 – Verf.-Lex.² II, 504–508 – Die Tegernseer Briefsammlung, ed. K. STRECKER, MGH Epp. sel. 3, 1925 – B. SCHMEIDLER, Abt E. v. Tegernsee, 1938 – WATTENBACH-HOLTZMANN-SCHMALE I, 281–283; II, 423 – CH. E. EDER, Die Schule des Kl. Tegernsee im frühen MA, StudMitt 83, 1972, 52f., 62, 75–81.

Ellwangen, Kl. und Stadt im nö. Württemberg, Diöz. Augsburg. Das nach späterer Überlieferung 764 begründete, 814 erstmals genannte (Immunitätsprivileg Ludwigs d. Frommen) und 817 als Reichsabtei bezeugte Benediktinerkloster entstand in günstiger Furtlage an der Jagst im Schnittpunkt der ma. Straßenzüge Stuttgart–Nürnberg und Heilbronn–Augsburg. Die ursprgl. adlige Eigenkirchengründung (→Eigenkirchenwesen) ist vor dem Hintergrund der Auseinandersetzungen zw. den frk. Kg.en und den bayer. Hzg.en in der 2. Hälfte des 8. Jh. zu sehen. Ursprgl. den Hll. Sulpicius und Servilianus geweiht, führte das Kl. seit ca. 980 →Vitus als Hauptpatron. Der zahlenmäßig beachtliche Konvent (→Gebetsverbrüderungen mit →Reichenau, →St. Gallen u. a.) erlebte nach einer ersten Blüte im 9. Jh. seine eigtl. Glanzzeit im 12./13. Jh. Obwohl ein Exemtionsprivileg nicht überkommen ist, konnten die Äbte eine fast vollständige tatsächl. Exemtion erlangen. Mit Kuno I. ist erstmals ein Abt als Reichsfürst (princeps 1215) bezeugt.

Ab 1130 erlangte die beim Kl. entstandene, 1201 annalist., 1229 sicher als civitas belegte Siedlung städt. Qualität. Um 1200 wurde sie unter Einbeziehung eines südl. gelegenen, möglicherweise bereits vor der Klostergründung bestehenden Dorfes mit eigener Marienpfarre nach S erweitert. Gleichzeitig entstand im NO über der Stadt das Schloß Ellwangen. Um 1250 umfaßte der Steinbering einschließl. der Klosterimmunität 12,4 ha. Die städt. Wirtschaft beruhte auf dem Handel mit einem großen bäuerl. Hinterland und mehreren bedeutenden Viehmärkten. Die Ortsherrschaft des Abtes geriet nie in Gefahr und hatte nach dem schrittweisen Rückkauf der Vogtei von den Gf.en von →Oettingen im 14. Jh. keine Konkurrenz. 1370 wurde die Schutzvogtei den Gf.en v. →Württemberg übertragen. Bürgerl. Selbstverwaltungsorgane waren nur schwach ausgeprägt.

Zahlreiche Stadt- und Klosterbrände (so 1182, 1201, 1229, 1255, 1278, 1304, 1308, 1351, 1443) behinderten die Entwicklung und führten neben anderen Gründen im 14. Jh. zu wirtschaftl. Niedergang. Auch die Reformbemühungen des einzigen bürgerl. Abtes →Siegfried Gerlacher (1400–27) hatten keinen Erfolg; um dem Niedergang zu steuern, wurde der Konvent 1459/60 in ein weltl. Chorherrenstift umgewandelt. Der Klosterbesitz formierte sich zum frühnz., geistl. Territorium, das unter seinen Fürstpröpsten bis 1802/03 bestand.

F. B. Fahlbusch

Q. und Lit.: Dt Stb IV, 2, 64–68 – MGH SS X, 11–51 – J. ZELLER, Die Umwandlung des Benediktinerkl. E. in ein weltl. Chorherrenstift..., 1910 – O. HUTTER, Das Gebiet der Reichsabtei E., 1914 – E. HUBER, E. Die Gestaltung der ma. Stadt [Diss. masch. Freiburg 1948] – DIES., Ellwanger Jb. 17, 1956–57, 22–62 – H. PFEIFER, Verfassungs- und Verwaltungsgesch. der Fürstpropstei E., 1959 [= Veröff. der Komm. für Gesch. LK in Baden-Württemberg B 7] – E. 764–1964. Beitr. und Unters. zur 1200jahrfeier, hg. . . . V. BURR, 2 Bde, 1964 – R. SPÖRHASE, Karten zur Entwicklung der Stadt . . . E., 1969 – H. PFEIFER, E., Germania Benedictina V, 1975, 189–211 [Q., Lit.] – A. SEILER, E. (Hist. Atlas von Baden-Württemberg IV, 9, 1978), 5–8 – J. C. TESDORPF, Die geistl. Stadt E. (Top. Atlas Baden-Württemberg, 1979), Nr. 70, 154f. – E. Von der Klostersiedlung zur modernen Flächenstadt. Dokumente und Bilder, Ausstellungskat., 1979.

Elmetto (it.; 'kleiner Helm', mdh. *helmlin*), in Italien um 1390–1400 aus der Kesselhaube (→Beckenhaube) hervorgegangener, besser anliegender Helm mit leicht gespitzter Glocke und zwei angehängten, in Kinnmitte verschließbaren Backenstücken (sog. zweiteiliges Kinnreff). Der frühe E. um 1410 hatte häufig noch eine freie Gesichtsöffnung, wie der Helm Nr. 18 auf Schloß Churburg (Vintschgau), erhielt jedoch bald ein absteckbares Kantenvisier, dessen Oberkante den Unterrand des Sehschlitzes bildete. Im Nacken saß als Schutz eine Stielscheibe. Um 1440 wurde die Helmglocke rund, Scheitel und Stirn erhielten Verstärkungsplatten. Der unter dem →Visier verborgene Gesichtsausschnitt hatte Dreipaßform. Er ging erst zu Ende des 15. Jh. zu reiner Dreieckform über. Zur selben Zeit wurden auch die Absteckscharniere des Visiers verdeckt. Am Unterrand des E. hing ein zweiteiliger, kurzer Kragen aus Ringelgeflecht als Halsschutz. Zum E. gehörte außerdem ein vorgeschnallter →Bart. Aus dem E. sind die ritterl. →Visierhelme des 16. Jh. hervorgegangen.

O. Gamber

Lit.: O. GAMBER, Harnischstud. V, JKS 50, 1953; VI, ebd. 51, 1955.

Elmham, Ort und Bm. in England (East Anglia, Gft. Norfolk). 673 teilte Ebf. →Theodorus v. Canterbury das Bm. v. Ostanglien in zwei Hälften auf, der Bischofssitz des nördl. Gaus (*north folk*, Norfolk) war vermutl. seit diesem Zeitpunkt in E. in Norfolk eingerichtet. Dieser in einem dichtbesiedelten Gebiet gelegene Sitz ist durch archäol. Forschungen und schriftl. Quellen bezeugt; ein Versuch, das Bm. in South E. in Suffolk zu etablieren, blieb dagegen erfolglos. Wohl im 8. Jh. wurde die hölzerne Kathedrale durch einen steinernen Neubau ersetzt. Diese Kirche wurde 870 während der Eroberung →Ostangliens durch die Dänen zerstört, und der Bischofssitz wurde aufgegeben. Um die Mitte des 10. Jh. wurde E. wiedergegründet, nun jedoch als Bischofssitz für ganz Ostanglien. Die Kathedrale wurde in bescheidenen Ausmaßen wiederaufgebaut. Nach der norm. Eroberung verlegte Herfast, der seit 1070 Bf. war, den Sitz nach →Thetford (1072); 1095 erfolgte die erneute Verlegung nach →Norwich. North E. bestand als Sitz einer Grundherrschaft weiter. 1387 ließ Bf. Henry →Despenser die Kirche in ein Herrenhaus (*manor house*) umwandeln. Kirche und Kirchhof sind seit 1891 ausgegraben worden; die Datierung der verschiedenen Umbauten bleibt umstritten.

A. J. Kettle

Lit.: C. A. RALEGH RADFORD, The Bishop's Throne in Norwich Cathedral, Archaeological J. 116, 1959, 115–131 – S. E. RIGOLD, The Anglian Cathedral of North E., Norfolk, Medieval Archaeology 6–7, 1962–63, 67–108 – H. M. TAYLOR–J. TAYLOR, Anglo-Saxon Architecture I, 1965 – STENTON³, s. v.

Elmo. 1. In den Mittelmeerländern verbreiteter volkstüml. Name für den hl. →Erasmus. – 2. Pedro Gonzáles OP (auch St. Elmo, in Spanien San Telmo gen.), sel. (Fest 14./15. April), * wohl vor 1190 Astorgá aus altkast. Adel, † um 1246 Tuy/Galicien. Kreuzzugsprediger gegen die Mauren, Beichtvater →Ferdinands III. v. Kastilien. Patron der Schiffer (→Elmsfeuer). E. Wimmer

Lit.: AASS Apr. II, 389–399 – LCI VIII, 184 – LThK² VIII, 364 – EncCatt IX, 1456.

Elmsfeuer. Von Schiffsmasten, Kirchturmspitzen, Berggipfeln u. a. ausgehende elektr. Entladung (die bei gewittriger Wetterlage, auch bei Schnee- und Staubstürmen auftritt).

Die Bezeichnung St. E. (*fuoco di Sant Elmo, feu de St. Elme*) speziell für die Lichterscheinungen über dem Wasser (Mastspitzen der Schiffe) wird auf St. Elmo (so auch bei den Bollandisten) zurückgeführt, womit sowohl Pedro Gonzáles (→Elmo 2) als auch, und dies ursprgl., der alte Schifferpatron →Erasmus gemeint sein konnten. Daneben sind als Benennungen, bes. für mehrere Flämmchen, St. Nikolaus-, Maria-, Barbara-, Klara-, Annafeuer, z. T. schon vor dem 14. Jh., bekannt.

In der Antike galt diese Lichterscheinung als Manifestation der Dioskuren (z. B. Alkaios, Dioskuren-Hymnus). Xenophanes versucht, um diesen Glauben zu bekämpfen, eine physikal. Erklärung des Phänomens. Plinius d. Ä. nennt zwei Flammen (Castor und Pollux) glückverheißend (»salutares«), eine einzelne Flamme (Helena) jedoch »dira ac minax«. Auch in der Folgezeit hat das E., das in Reiseberichten des MA und der frühen NZ häufig erwähnt wird, die zweifache Bedeutung eines guten wie eines schlechten Vorzeichens behalten. E. Wimmer

Lit.: LThK²III, 827–HWDA II, 791f.–RAC III, 1129– P. SÉBILLOT, Le Folk-Lore de France I, 1901, 71f. – ZVK 17, 1907, 314 – H. FREUDENTHAL, Das Feuer im dt. Glauben und Brauch, 1938, 475–487.

Elne, Ort und Bm. im Roussillon (S-Frankreich, dép. Pyrenées-Orientales). Der Ort hatte in röm. Zeit seine einstige Bedeutung bereits eingebüßt, änderte im 4. Jh. n. Chr. seinen Namen aus Illiberis in den der Mutter Konstantins d. Gr., Helena. Der erste bekannte Bf. ist zu 571 durch →Johannes v. Biclaro bezeugt. Seit der Westgotenzeit erscheint der Bf. als Suffragan v. →Narbonne. Nach der arab. Okkupation dürfte der 834 einsetzenden Privilegienserie zufolge das kirchl. Leben reorganisiert worden sein. Das Bm. E. umfaßte die Gft.en →Roussillon und →Conflent sowie das Vallespir; alle drei bildeten im 11. Jh. je ein eigenes Archidiakonat. Die Kathedrale St. Eulalia sowie die Kirchen in E. St. Peter, St. Maria und St. Stephan 808 zerstört und 917 geweiht, erneute Zerstörung 1024 und Weihe der nunmehr in die Oberstadt verlegten Kathedrale 1054; um diese Zeit wurde den Kathedralkanonikern auch eine eigene mensa reserviert. Die Bf.e standen zw. 895 und 979 vollständig im Bann der Gf.en v. Roussillon und →Ampurias, zw. 993 und 1053 der Grafen v. →Besalú und →Cerdaña. In der Karolingerzeit mit dem Drittel aller Grafschaftseinkünfte dotiert, schälte sich 1134 und 1155 der Bf. im Gebiet zw. Réart, Coll de Bages, Tech und Küste als Herr aller »regalia« heraus, gestattete 1156 auch den Einwohnern die Befestigung von Ober- und Unterstadt in E. Bis zum Ende des MA blieb das Bm. ein Teil der Krone →Aragón; 1601 wurde der Sitz unter Beibehaltung des alten Titels nach Perpignan verlegt. –

Kathedrale und Kreuzgang (Südgalerie mit herausragender Kapitellplastik des späten 12. Jh.) zählen zu den bedeutendsten Leistungen der →Romanik in Katalonien.

O. Engels

Lit.: DHGE XV, 248–259 [M. DURLIAT] – M. DURLIAT, Roussillon roman, 1964, 189–229 – O. ENGELS, Schutzgedanke und Landesherrschaft im östl. Pyrenäenraum, 1970.

Elongata → Urkundenschrift
Eloquentia (Eloquenz) → Rhetorik
Elphin (Ail Finn), Bm. in Mittelirland (Gft. Roscommon), erstmals genannt in →Tírecháns Glossen zum →»Book of Armagh«. In dieser Überlieferung des späten 7. Jh. wird ein Brunnen an der Stelle der Bischofskirche erwähnt; ferner wird behauptet, daß der hl. Patrick (→Patricius) dort zwei Bf.e, Assicus und Bitheus, eingesetzt habe. Assicus galt als der Kupferschmied des hl. Patrick; Tírechán selbst will in der Kirche von E. eine von ihm gefertigte viereckige Hostienschale gesehen haben. Hist. Belege setzen erst mit der Kirchenreform des 12. Jh. ein. Im Gebiet der Dynastie der →Uí Conchobair (O'Connor) im östl. →Connacht gelegen, dürfte E. als Bischofssitz an die Stelle des konkurrierenden Roscommon getreten sein, wohl aufgrund der alten Bistumsüberlieferungen und der wachsenden Unterstützung durch die O'Connor. 1140/48 wurden Augustinerchorherren installiert. Vor 1244 trat die Kathedrale St. Mary's mit ihrem Kapitel an die Stelle der alten Kirche St. Patrick's, die jedoch als Gemeinschaft von Regularkanonikern bis ca. 1442 fortbestand. 1450 wurde St. Patrick's an Minoriten übertragen, die 1563 jedoch von dem nun protestant. Bf. vertrieben wurden. Ch. Doherty

Q. und Lit.: A. GWYNN–R. N. HADCOCK, Medieval Religious Houses: Ireland 1970, 75–77, 175 – The Patrician Texts in the Book of Armagh, ed. L. BIELER, 1979, 140 – A New Hist. of Ireland, hg. T. W. MOODY, F. X. MARTIN, F. J. BYRNE, IX, 1984, 326–328.

Elphinstone, William, Bf. v. →Aberdeen seit 1488, * 1431 in Glasgow, † 1514. E. war der bedeutendste Bf. v. Aberdeen im MA. Obwohl er von außerehel. Geburt war, erhielt er eine gute Ausbildung an den Univ. Glasgow, Paris und Orléans und wurde mit wichtigen kirchl. Ämtern betraut (Offizial v. Glasgow [1471–78] und Lothian [1478–83]). Nachdem er die Gunst Kg. Jakobs III. erlangt hatte, wurde er seit 1478 häufig als kgl. Richter (*Lord of Council*) eingesetzt. Ebenso fand er als Gesandter Verwendung (England, Frankreich) und bekleidete 1492–1514 das Amt des Siegelbewahrers (*Keeper of the* →*Privy Seal*). Seit 1488 Bf. v. Aberdeen, wirkte er aktiv für sein Bm., wo er die Ausbildung und Seelsorgetätigkeit des örtl. Klerus förderte, ein neues Diözesanstatut erließ, die Kathedrale neu errichten ließ und eine revidierte schott. Liturgie schuf (Aberdeen Breviary, 1510). Die Krönung seines Lebenswerkes war jedoch die Gründung der Univ. Aberdeen, die er 1495 mit Unterstützung Jakobs IV. (deshalb King's College gen.) ins Leben rief. Bis zum Ende seines Lebens hatte er die volle Funktionsfähigkeit und gute Dotierung seiner Gründung durchgesetzt. G. G. Simpson

Q. und Lit.: Hectoris Boetii... Aberdonensium Episcoporum Vitae [1522], ed. J. MOIR, 1894, 57–123 – L. J. MACFARLANE, W. E. and the Kingdom of Scotland, 1985.

Elsaß

A. Früh- und Hochmittelalter – B. Spätmittelalter

A. Früh- und Hochmittelalter

I. Merowinger- und Karolingerzeit – II. Hochmittelalter – III. Lehnswesen und Grundherrschaft.

I. MEROWINGER- UND KAROLINGERZEIT: [1] *Zur Etymologie:* Der Name 'E.' erscheint erstmals zu Beginn des 7. Jh. in der sog. →Fredegar-Chronik. Die Etymologie der

Bezeichnungen 'Alsatius' und 'Alesaciones' bleibt dabei unsicher. Die Sprachwissenschaftler lehnen die einfache Ableitung von dem Rhein-Nebenfluß Ill (Illsaß > Elsaß) ab, trotz existierender geograph. Namen wie Elsau (südl. von Straßburg) und →Elsgau/Ajoie (im Quellgebiet der Ill). Eine kelt. Ableitung (in Analogie zum gall. Oppidum Alesia) wird gleichfalls verworfen, da sie weder bei den antiken Geographen noch bei Gregor v. Tours bezeugt ist. Allgemein wird eine germ. Herkunft des Namens für wahrscheinl. gehalten und 'E.' als Kompositum von *ali* ('fremd') und *saß* ('Sitz') gedeutet; demzufolge wären die Elsässer als →Franken zu betrachten, die von ihren Landsleuten als in der Fremde (d. h. unter einer alam. Bevölkerungsmehrheit) Ansässige charakterisiert worden seien; der Name sei nachfolgend dann auf das gesamte Gebiet zw. Vogesen und Rhein ausgedehnt worden, ausgehend von der Rheinebene, später auch Vogesentäler und →Sundgau erfassend. – Abgesehen von der Zeit, in der das E. als Dukat konstituiert war (ca. 640–ca. 740), bildete die Region nie eine polit.-administrative Einheit; 'E.' blieb stets ein hist.-geograph. Begriff.

[2] *Von der Spätantike zur Merowingerzeit:* Das Gebiet des E., mit kelt. und z. T. germ. (Triboker, Hauptort: Brocomagus/Brumath) Bevölkerung, gehörte in röm. Zeit zunächst zur Provinz Gallia belgica und wurde seit 90 als →Germania superior (Zentrum: Argentorate, →Straßburg) organisiert. Germanen verwüsteten in wiederholten Einfällen vom 2. Jh. an das Gebiet, das sie endgültig Anfang des 5. Jh. besetzten. Nach dem Durchzug der →Hunnen erfolgte in der 2. Hälfte des 5. Jh. die endgültige Landnahme der →Alamannen, wodurch die alam. Sprache vorherrschend wurde; doch erfolgte keineswegs eine Eliminierung der provinzialröm. Bevölkerung, wie zahlreiche gallo-röm. Ortsnamen (z. B. Colmar, Rufach, Kembs, Selz usw.) belegen. Am Ende des 5. Jh. schlug der frk. Kg. →Chlodwig die Alamannen (496?), wohl im nördl. E. Das Gebiet des E. wurde nun dem →Frankenreich einverleibt und kam in der Folgezeit zum Reichsteil →Austrien. Nach der Verdrängung der Alamannen aus der Umgebung von Weißenburg wurden an ihrer Stelle frk. →Kolonen angesiedelt, wovon der in dieser Gegend noch heute gesprochene frk. Dialekt zeugt. Über einen nicht genau bestimmbaren Zeitraum hinweg bewahrten Gallo-Römer, Alamannen und Franken ihre Volksrechte, um schließlich miteinander zu verschmelzen. Das Heidentum scheint gegen Ende des 7. Jh. verschwunden zu sein, infolge der kirchl.-missionar. Bemühungen des Bf.s v. →Straßburg und der Kl. (→Weißenburg, gegr. Ende des 7. Jh.; →Maursmünster, Ende des 6. Jh.; →Münster, um 640; Ebersmünster, um 680). Das Auftreten des hl. →Columban blieb anscheinend ohne tiefere Wirkung, doch übte das um 720 mit ir. Mönchen gegr. Kl. →Honau einen großen missionar. Einfluß aus.

Die fakt. Unabhängigkeit des E. vom alam. Dukat veranlaßte die frk. Kg.e, um 640 den Dukat E. zu schaffen; er war in erster Linie ein militär., aber auch ein administrativer, rechtl. und kirchl. Organismus, der das Ober- wie das Unterelsaß umfaßte. Die duces wurden seit ca. 673 von der neustroburg. Sippe der →Etichonen gestellt. Eticho (Adalricus) eroberte das Gebiet des Berner Jura, regierte despotisch, stiftete aber die Kl. Ebersmünster und Hohenburg, wo seine Tochter Odilia als erste Äbtissin wirkte (→Odilienberg). Auch sein Sohn Adalbert und sein Enkel Liutfrid (722–ca. 740) gründeten Abteien (→Honau, St. Stephan/Straßburg, Masmünster, →Murbach). Da die Machtfülle der Etichonen die frk. →Hausmeier aus dem Geschlecht der →Arnulfinger/Karolinger beunruhigte, wurde der Dukat nach Liutfrids Tod nicht mehr neu besetzt, und die Etichonen blieben für ein halbes Jahrhundert in Ungnade, um später jedoch wieder als bedeutende karol. Amtsträger hervorzutreten (so →Hugo als Gf. v. Tours).

[3] *Karolingerzeit:* Unter den Karolingern erfolgte eine Neuorganisation der Verwaltung. Das E. wurde in zwei Gft.en, Nordgau und Sundgau, aufgegliedert; mit der Wiederherstellung des Bm.s →Basel wurde das Oberelsaß diesem erneut unterstellt (bis zum Reichsdeputationshauptschluß 1803). Landwirtschaft und Handel entwickelten sich; nach →Ermoldus Nigellus exportierte das E. Weizen und Wein bis nach England über den →Rhein und bezog von den →Friesen kostbare Stoffe und (vielleicht) →Bernstein aus dem Ostseeraum. Hauptzentrum der karol. Renaissance im E. war die Abtei →Murbach. In Straßburg beschworen →Karl d. Kahle und →Ludwig d. Dt. ihr Bündnis in den berühmten →Straßburger Eiden (842). Im Teilungsvertrag v. →Verdun (843) kam das E. an Ks. Lothar, doch machten seine beiden Brüder ihm den Besitz streitig, und im Vertrag v. →Meerssen (870) wurde es wieder an Ludwig d. Dt. abgetreten. →Karl d. Einfältige versuchte, hier seinen Einfluß wiederherzustellen (913), doch gliederte →Heinrich I. das E. 925 definitiv dem Imperium ein. Das E. wurde nun nominell dem Hzm. →Schwaben einverleibt, in dessen Verband es jedoch weitreichende Autonomie besaß. Von 917 an wurde das E. über mehr als zehn Jahre von den →Ungarn angegriffen, was den Verfall der karol. Zivilisation zur Folge hatte.

II. HOCHMITTELALTER: Seit der Regierung der Ottonen (→Liudolfinger) vergrößerte sich die Bedeutung des E. innerhalb des Imperiums. Otto I. war mit den Kg.en v. →Burgund (→Rudolfinger) verbündet und bestrebt, die Verbindungen zw. seinen Besitzungen am Mittelrhein und den →Alpenpässen zu sichern; daher verdrängte er die von den Etichonen abstammenden Grafenfamilien und stützte sich auf die Bf.e (→Reichskirchensystem, otton.-sal.). Bes. Bedeutung gewann hierbei →Erchanbald v. Straßburg, dem Otto II. volle Jurisdiktion über den Bereich der Stadt und ihrer Bannmeile sowie den Besitz der kgl. →Münze verlieh (→Bischofsstadt). Ksn. →Adelheid gründete die Abtei →Selz, die im elsässer und Schweizer Raum reich dotiert wurde. Zu Beginn des 11. Jh. verlieh Heinrich II. dem Bm. Straßburg große Schenkungen, was dem Bf. →Werner v. Habsburg (mit ihm faßten die →Habsburger Fuß im E.) den Baubeginn des frühroman. Münsters ermöglichte (1015). 1049 erhob Heinrich III. ein Mitglied der mächtigsten elsäss. Adelsfamilie, der →Dagsburger (Egisheimer), zum Papst: →Leo IX. (1049–54), der zweimal ins E. zur Weihe neuer Kirchen reiste.

Die 2. Hälfte des 11. Jh. wurde durch die Kämpfe des →Investiturstreites geprägt, in dem die Bf.e v. Straßburg und Basel auf seiten Heinrichs IV. standen, den sie nach →Canossa begleiteten und mit dem sie aus dem Bann gelöst wurden. Am Ende des Jahrhunderts gewann der feurige Polemiker →Manegold v. Lauterbach dem Papst →Urban II. zahlreiche Anhänger. Mit →Otto, dem Bruder des Hzg.s v. Schwaben, der von Heinrich IV. zum Bf. v. Straßburg (1080–1100) erhoben wurde, etablierten sich die →Staufer im E. Hzg. →Friedrich II. d. Einäugige (1105–47) konsolidierte ihre Macht, indem er zahlreiche Burgen errichten ließ, insbes. →Hagenau. Ks. Lothar III. versuchte durch Stärkung der institutionellen Struktur des E. dieser Expansionspolitik entgegenzuwirken; um 1130 verlieh er zwei im N und S des Landes begüterten Gf.en, deren Machtstellung aber bereits stark geschwächt war, den Titel von →Landgrafen. Diese beiden Lgft.en des E. erlebten eine ganz unterschiedl. Entwicklung: Während die oberelsäss. Landgrafenwürde in der Folge zur Stärkung der habsburg. Position beitrug, wurde dagegen die Landgrafenwürde im Unterelsaß nacheinander von mehreren Dynastien ausgeübt und 1359 schließlich vom Bf. v. Straßburg aufgekauft, nachdem sie zum bloßen Ehrentitel herabgesunken war.

Der letzte Versuch, das E. polit. als Fsm. zu vereinigen, wurde von den Staufern unternommen. Friedrich I. hielt sich mehrfach in Straßburg auf und ließ die Burg Hagenau als Pfalz ausbauen und ausschmücken, in der dann Friedrich II. 1212–20 nahezu ständig und 1235–37 mehrmals residierte. Er beauftragte Wölfelin, den Schultheißen von Hagenau, mit gezielten Burgenbau- und Städtegründungsmaßnahmen. Friedrichs II. Tod und der Fall der Stauferherrschaft im Imperium (1250) brachte diesen Ausbau des E. als Reichsland zum Stillstand; von nun an erfuhr das E. eine zunehmende territoriale und polit. Zersplitterung.

III. LEHNSWESEN UND GRUNDHERRSCHAFT: Die soziale Entwicklung des E. unterscheidet sich wenig von den Nachbarregionen. Das →Lehnswesen bildete sich seit dem 8. Jh. allmähl. heraus, wobei das Allodialgut (→Allod) nie ganz zu existieren aufhörte. Im 12. Jh. zählten nur die beiden Bf.e (Straßburg, Basel) sowie einige Äbte und Äbtissinnen (Weißenburg, Erstein, Münster, Murbach) zu den Reichsfürsten, doch gehörten diesen im E. keine weltl. Herren an; selbst die beiden Lgf.en waren innerhalb der Lehnshierarchie ledigl. Mitglieder des 4. →Heerschilds. Im 12. und 13. Jh. entwickelte sich die →Ministerialität, deren Mitglieder aus ursprgl. Unfreiheit durch militär. (Burgwacht) oder administrativen Dienst bei ihren Herren den sozialen Aufstieg erreichten. Seit dem Ende des 13. Jh. als Adlige anerkannt, bildeten sie zum großen Teil das städt. Patriziat und später die →Reichsritterschaft.

Die große und mittlere →Grundherrschaft wurde bis zum 12. Jh. nach dem System der klass. →Villikationsverfassung betrieben. Die Quellen der Abtei →Maursmünster - sie verfügte im E. und im lothring. Raum über 19 Villikationen – geben das wohl aussagekräftigste Zeugnis von der »Agrarrevolution« des 12. Jh. Sie zeigen, wie der Grundherr die Eigenwirtschaft nahezu völlig aufgab, indem er fast das gesamte Salland an hörige Bauern austat; diese leisteten Abgaben, die zunehmend in Geldzahlungen verwandelt wurden, während die alten Frondienste größtenteils abgelöst wurden. Wichtige agrargeschichtl. Aufschlüsse geben auch die Urkunden aus →Weißenburg.

B. Spätmittelalter
I. Krisen, Epidemien, Kriege – II. Die Städte – III. Wirtschaft und geistiges Leben – IV. Grundherrschaft und Bauerntum.

I. KRISEN, EPIDEMIEN, KRIEGE: Während des →Interregnums (1256–73) führte der Bf. v. Straßburg, →Walter v. Geroldseck, eine Fehde (sog. Bellum Waltherianum) gegen den Lgf. en des Oberelsaß, →Rudolf v. Habsburg, und die Bürger der Bischofsstadt; während Rudolf im Gegenzug →Mülhausen und →Colmar besetzte, besiegten die Straßburger den Bf. bei Oberhausbergen (1262). Kg. geworden, bemühte sich Rudolf, seine Position im E. zu stärken. Er schuf die Reichslandvogtei Hagenau als Institution für die Verwaltung der Königsgüter (ca. 40 Dörfer im Umkreis von Hagenau), die Erhebung der Steuern und die Entgegennahme des Treueids von seiten der zehn →Reichsstädte. Die Reichslandvogtei, die sich bis ins 17. Jh. erhielt, wurde im 15. Jh. den →Pfalzgf.en verpfändet und konnte daher nicht mehr für die Zentralisierungsbestrebungen des Kgtm.s eingesetzt werden. Auch hatte sich das Machtzentrum der Habsburger seit der Übernahme →Österreichs in den Ostalpenraum verlagert, und die elsäss. Besitzungen, die durch die Regierung v. Ensisheim verwaltet wurden, bildeten nur mehr ein Anhängsel der habsburg. Ländermasse (→Vorderösterreich). Während der ganzen Periode schlossen sich Herren und Städte häufig in Landfriedensbünden zusammen (→Landfrieden), denen längere Dauer und Wirksamkeit allerdings versagt blieben.

In der 1. Hälfte des 14. Jh. wurde das E. in den Kampf zw. →Ludwig d. Bayern (s. a. →Wittelsbacher, →Pfalz) und dem Papsttum verwickelt. Die größten Leiden fügte dem Land jedoch die Schwarze →Pest (1349) zu, der wohl ein Drittel der Bevölkerung erlag. In Zusammenhang mit der Pest wurden in den Städten zahlreiche →Juden ermordet, nachdem bereits 1338 (→Armledererhebung) schwere Judenverfolgungen stattgefunden hatten. →Epidemien traten seit 1349 in period. Abständen auf, was das Wüstwerden zahlreicher Siedlungen (→Wüstung) und einen Verfall der Agrarpreise bis zum frühen 16. Jh. nach sich zog (→Agrarkrise). Zerstörungen verursachten nicht nur die →Fehden, sondern auch die Plünderungszüge beschäftigungslos gewordener →Söldner des →Hundertjährigen Krieges; 1365 und 1375 plünderten die Engländer das Unterelsaß; 1439 und 1444 verwüsteten die →Armagnaken *(écorcheurs)* das gesamte E., ohne jedoch die Städte einnehmen zu können.

1469 verpfändete Ehzg. →Siegmund v. Tirol die habsburg. Besitzungen im E. für 80000 fl. an →Karl d. Kühnen, Hzg. v. →Burgund. Der Burgunder verfolgte mit dem Erwerb dieser Pfandschaft v. a. das strateg. Ziel, im Oberrheingebiet eine Basis für seine Expansionspolitik gegenüber →Lothringen zu errichten und sich somit ein Verbindungsglied zw. den alten burg. Stammländern und den ndl.-fläm. Territorien zu schaffen. Der von Karl eingesetzte Landvogt, →Peter v. Hagenbach, versuchte mit Härte, die burg. Herrschaft auszubauen, doch stieß er auf den Widerstand der Schweizer →Eidgenossenschaft und ihrer Bündnispartner, der in der →Niederen Vereinigung zusammengeschlossenen polit. Kräfte des elsäss.-oberrhein. Gebietes. Nachdem Peter v. Hagenbach die Einnahme von Mülhausen mißlungen war, wurde er von seinen Truppen preisgegeben und schließlich in Breisach enthauptet (1474). Die Schlachten von →Grandson, →Murten und →Nancy, bei denen Straßburger Kontingente mitkämpften, besiegelten die burg. Niederlage und sicherten die Unabhängigkeit des E. Doch dieses verfiel zunehmend einer polit.-herrschaftl. Zersplitterung; so erlangten im Laufe des 15. Jh. die →Reichsritter, ein gutes Hundert kleiner, jedoch reichsunmittelbarer Herren mit winzigen Territorien, die sich bes. um Straßburg konzentrierten, eine nahezu unumschränkte Unabhängigkeit.

II. DIE STÄDTE: Das E. zählte im SpätMA zu den am meisten verstädterten Regionen im Reich. Am Ende des 14. Jh. bestanden ca. 70 Städte, umgeben von Stadtmauern, ausgestattet mit städt. Rechten und Privilegien. →Straßburg, das bis zum 12. Jh. die einzige civitas blieb (seit 1263 Reichsstadt), wurde um die Mitte des 14. Jh. Freie Stadt. Den Gründungen von Hagenau und Weißenburg durch Friedrich I. folgte unter Friedrich II. die Erhebung von etwa zehn bestehenden Siedlungen zu Städten (darunter →Schlettstadt, Colmar und Mülhausen), die in der Folgezeit fast alle zu Reichsstädten mit weitreichender Autonomie wurden. Weniger privilegiert waren die Landstädte, Gründungen von weltl. Dynasten oder Prälaten (z. B. Zabern, Rufach, Buchsweiler, Brumath,

Thann, Altkirch). Neugegründete Städte im Unterelsaß erhielten gewöhnlich Hagenauer, im Oberelsaß Colmarer Recht. Die Stadtentwicklung der meisten der 70 Städte blieb bescheiden; sie zählten im 15. Jh. jeweils nur einige hundert Einwohner. Unter den bedeutendsten Städten rangierten Straßburg (mit ca. 18000 Einw.), Hagenau, Colmar (je ca. 6000 Einw.), Zabern, Mülhausen (je ca. 1500 Einw.). Zur Wahrung ihrer Privilegien begründeten die zehn Reichsstädte einen Bund, an dessen Spitze Ks. →Karl IV. trat. Dieser Zehnstädtebund (Straßburg gehörte nicht dazu), in nachmittelalterl. Zeit als →Dekapolis bezeichnet, bestand bis ins 17. Jh. Mülhausen trat 1515 aus, um sich der Schweizer. →Eidgenossenschaft zuzuwenden; an seine Stelle trat mit Billigung Maximilians I. die Reichsstadt Landau (Pfalz). Die Dekapolis war ein Friedens- und Stabilitätsfaktor für das gesamte Land.

Die städt. Selbstverwaltung wurde in allen Städten durch den →Rat ausgeübt, dessen Mitglieder dem Bürgertum entstammten (Straßburg seit 1201, Mülhausen seit 1226). Er setzte sich bis ca. 1330 ausschließlich aus →Patriziern zusammen; im 14. Jh. errangen die Handwerker - teils auf gewaltsamem, teils auf friedl. Wege - den Zugang zum Rat und erlangten - zu unterschiedl. Zeitpunkten - schließlich die dominierende Stellung (Straßburg: 1332 die Hälfte der Ratssitze, 1420 zwei Drittel; Colmar 1347 die Hälfte, 1360 zwei Drittel). Oft war das Oberhaupt der Stadt ein Handwerksmeister (Ammeister in Straßburg, Obristmeister in Colmar). In Hagenau nahmen die 12 patriz. Ratmannen 1332 auf Weisung Ludwigs d. Bayern 24 Handwerker in den Rat. Überall blieben die Geschlechter, deren Zahl stark gesunken war, am Stadtregiment beteiligt, außer in Mülhausen, wo sie 1445 wegen Paktierens mit den →Armagnaken aus dem Rat entfernt wurden.

Wie anderswo schlossen sich auch in elsäss. Städten die Handwerksmeister im 14. Jh. in →Zünften zusammen, die in allen elsäss. Städten wenig zahlreich waren und daher verschiedene Gewerbezweige vereinigten. →Lehrlinge und →Gesellen hatten keinerlei Rechte in der Zunft; deshalb schlossen sich die Gesellen mehrerer Städte im E. und in Baden zusammen, um ihre Interessen wirksam vertreten zu können. Sie ergriffen Kampfmaßnahmen wie →Boykott, Massenauszug oder →Streik (z. B. Streik der Colmarer Bäckerknechte von 1495-1505). Seit der Mitte des 14. Jh. gingen die Gesellen auf Wanderschaft; eine Verpflichtung zum Meisterstück tritt bei den oberelsäss. Sattlern erst 1460, bei den Straßburger Goldschmieden 1482, bei den Malern 1516 auf. Bestimmte »unehrliche Gewerbe« waren auf regionaler Ebene zusammengeschlossen, so z. B. die Pfeifer (schon im 13. Jh. zw. Rhein und Vogesen organisiert unter der Schutzherrschaft des Herren v. Rappolstein) mit jährl. Treffen am 8. Sept. zu Rappoltsweiler. Die Kessler und Kupferschmiede zw. Vogesen und Schwarzwald besaßen eine vergleichbare Organisation, die dem Herrn v. Rathsamhausen unterstand, und deren Mitglieder sich am 20. Juli zu Breisach versammelten.

III. Wirtschaft und geistiges Leben: Die geograph. Situation des E. sicherte ihm eine wichtige Rolle im Transithandel zw. Flandern und Italien, bes. während des Hundertjährigen Krieges. Der →Rhein ermöglichte den Transport schwerer Lasten zu den Messen v. →Frankfurt und →Köln. Im Bereich des E. wurden drei Rheinbrücken gebaut: 1225 in Basel, 1275 in Breisach, 1388 in Straßburg; für fast drei Jahrhunderte blieb die Straßburger Brücke die letzte Rheinbrücke vor der Nordsee. Bedeutende Schifferzünfte bestanden in Schlettstadt sowie in Straßburg (»Zum Enker«). Demgegenüber blieben die Jahrmärkte (Straßburg, Zabern, Colmar usw.) bescheiden. Wichtigstes Exportgut war der Elsässer Weißwein (→Wein, -handel), der in der Ebene und am Fuß der Vogesen angebaut wurde. Doch verringerte sich im 15. Jh. der elsäss. Weinexport wegen der Konkurrenz der Rheinweine (aus dem Gebiet des Mittelrheins und seiner Nebenflüsse). Die große Masse der Elsässer Weine wurde über die Ill nach Straßburg transportiert, von dort aus nach Frankfurt und Köln, von wo aus ein Teil weiter nach Flandern, Danzig und Salzburg, wohl auch nach Skandinavien und Rußland, exportiert wurde, gewöhnl. unter der Handelsbezeichnung 'Rheinwein'. Im Westen ging der Handel mit Elsässer Wein jedoch nicht über Lothringen und die roman. Schweiz hinaus. Elsäss. →Getreide wurde in die Nachbarregionen ausgeführt, bes. in Zeiten der Hungersnot. Der zw. Hagenau und Weißenburg angepflanzte →Krapp (Röti) wurde bis Frankfurt und Freiburg im Uechtland exportiert. Demgegenüber führte das E. wenige eigene Handwerksprodukte aus. Nur die groben, billigen Tuche aus Straßburg, Zabern und Hagenau fanden Abnehmer in der Schweiz, in Regensburg, Frankfurt und sogar in Lübeck. Seit dem späten 15. Jh. blühten →Buchdruck und -handel.

Die Waren des Durchgangshandels, von denen ein nicht unwesentl. Teil im Lande selbst verbraucht wurde, werden durch die Zolltarife des 15. Jh. dokumentiert (so v. a. engl. →Wolle, die nach Italien und zu den Messen v. →Genf ging; Luxustuche aus Brabant und weniger kostbare aus dem Mittelrheingebiet; Salzheringe aus dem Nord- und Ostseeraum; →Pelze und →Wachs aus Rußland; Seidengewebe aus Paris; Metallwaren aus Nürnberg; Gußeisenöfen aus Kandern [Südbaden]; Gewürze und Barchent aus Italien usw.). Seit dem 14. Jh. sind einige Großkaufleute bekannt, ohne daß wir jedoch über ihre Geschäfte genaueres wissen, z. B. der Tuchhändler Hans Knobloch d. Alte, die Finanzleute Heinrich v. Müllenheim und Johann Merswin, Hans v. Seckingen, der reichste Kaufmann, der mit Italien Handel trieb. Die erste große Handelsgesellschaft (Gründungsurkunde: 1490) vereinigte sechs Straßburger Patrizier (u. a. Wurmser, Ingold). Dank der Notariatsregister von Freiburg im Uechtland (seit ca. Mitte des 14. Jh.) besitzen wir genauere Kenntnis von einigen Dutzend kleinerer elsäss. Kaufleute; diese waren Zunftmitglieder und verbanden sich, üblicherweise für ein Jahr, mit einem Freiburger Partner; in Freiburg verkauften sie Wolle und kauften Lammfelle ein.

Hatten die Kl. des E., etwa →Murbach, bereits im Früh- und HochMA eine bedeutende geistesgeschichtl. Rolle gespielt (z. B. →Otfrid v. Weißenburg, →Herrad v. Landsberg), so waren die Städte seit dem 13. Jh. wichtige Pflegestätten der Geschichtsschreibung (→Chronik, C), der scholast. Theologie (z. B. →Thomas v. Straßburg) und insbes. der mhd. Dichtung (z. B. →Gottfried v. Straßburg). Im 14. Jh. war das geistige Leben stark von der →Mystik geprägt (→Gottesfreunde, Rulmann →Merswin, Johannes →Tauler). Als Zentren des →Humanismus (vgl. z. B. Sebastian →Brant, Johann →Geiler v. Kaysersberg) wurden die elsäss. Städte seit dem ausgehenden 15. Jh. auch zu bedeutenden Orten des Buchwesens.

IV. Grundherrschaft und Bauerntum: Im SpätMA waren die beiden größten Herrschaften diejenige der Habsburger, erweitert um das Erbe der Gf.en v. →Pfirt, und diejenige der Bf.s v. →Straßburg. Beide werden durch zwei Urbare des 14. Jh. verhältnismäßig gut dokumentiert. Über Rechtsbräuche und Hofrechte sind wir durch →Weistümer (mehr als 300 vom 13. bis zum frühen 16. Jh.) unterrichtet; sie sind fast stets auf einen begrenzten

Bereich, ein Dorf oder einen Dinghofverband, bezogen. Die elsäss. Historiker des 19. Jh. haben sich v. a. der Erforschung der zahlreichen Dinghöfe *(colonges)* zugewendet. Hierbei handelt es sich um Hofverbände, die von einem →Meier geleitet wurden, dem die abhängigen Huber unterstanden; diese saßen teils in dem beim Dinghof befindl. Dorf, teils in anderen Dörfern und waren dem →Todfall unterworfen. Gegenüber der sonstigen ländl. Bevölkerung bildeten diese Hufenbauern eine privilegierte Gruppe, insbes. durch erweiterte Rechte an der →Allmende. Es handelt sich hierbei jedoch um keine ausgesprochene Besonderheit des E. Im SpätMA war der Unterschied zw. freien und unfreien Hufen geschwunden; die Bauerngüter wurden nun ausschließlich nach ihrer Größe unterschieden, wobei das vorherrschende Bauerngut die Viertelhufe war *(Mentag* oder *Schuppose* im Sundgau). Zwar erhielten sich an wenigen Orten noch Eigenleute, insgesamt aber waren freie und unfreie Bauern im Stand der →Hörigen aufgegangen, die vor →Bauding und Amtmann gleiche Rechtstellung hatten.

Lebensbedingungen und Lebensstandard waren im 15. Jh. offenbar nicht ungünstig. Dennoch herrschte eine tiefe Unzufriedenheit; Ursache war wohl der Tiefstand der Agrarpreise, das Vordringen des →röm. Rechts auf Kosten des überkommenen Gewohnheitsrechts unter zunehmender Beschränkung der dörfl. Gerichte durch die Territorialherrschaft, die Verschuldung und der →Wucher. 1493 bildete sich in mehreren Winzerdörfern um Schlettstadt eine Verschwörung aus, mit Unterstützung des ehemaligen Schultheißen dieser Stadt; unter dem revolutionären Banner des →Bundschuh propagierten die Verschwörer eine radikale Umgestaltung der Gesellschaft (→Revolte). Das Komplott wurde aufgedeckt, seine Führer hingerichtet. Um 1500 zirkulierte die Kampfschrift des sog. →Oberrhein. Revolutionärs, der eine gewaltsame Abschaffung des Feudalsystems forderte. Teile des E. wurden auch 1502, 1513 und 1517 von Unruhen erfaßt, die ihren Ursprung in Baden hatten. Es waren Vorboten des Bauernkrieges. Ph. Dollinger

Q.: J. D. Schöpflin, Alsatia diplomatica, 2 Bde, Mannheim 1772–75 – J. Grimm, Weistümer, 7 Bde, 1840–78 [Neudr. 1965] – R. Maag – P. Schweizer, Das Habsburg. Urbar (Q. zur Schweizer Gesch. 14–15), 1894–1904 – Oberrhein. Stadtrechte III, Schlettstadt: 1902, Reichenweier: 1909, Colmar: 1938 – P. Wentzke – M. Krebs, Reg. der Bf. e v. Straßburg (bis 1305), 2 Bde, 1908–28 – K. Hampe, Die elsäss. Annalen der Stauferzeit, ZGO 63, 1909, 349–363 – A. Bruckner, Reg. Alsatiae merovingici et karolini aevi (496–918), 1949 – K. Glöckner – A. Doll, Traditiones Wizenburgenses (661–864), 1979 – *Lit.: [allg.]*: A. Hanauer, Études économiques de l'Alsace ancienne et moderne, 2 Bde, 1878 – M. Barth, Hb. der elsäss. Kirchen im MA, 1963 – F. J. Himly, Atlas des villes médiévales d'Alsace, 1970 – F. Rapp u. a., L'hist. de l'Alsace, Bd. 2–3, 1976 – G. Livet – F. Rapp u. a., Hist. de Strasbourg des origines à nos jours 2, 1981 – Encyclopédie de l'Alsace, 12 Bde, 1982–86 – G. Livet u. a., Hist. de Colmar, 1983 – Ph. Dollinger, Hist. de l'Alsace, 1984ᵈ – Sammelbände, hg. v. Soc. Savante d'Alsace: La Bourgeoisie alsacienne, 1954; Paysans d'Alsace, 1959; Artisans et ouvriers d'Alsace, 1965; Hist. de l'Alsace rurale, 1983 – wichtigste hist. Zs.: Revue d'Alsace, ZGO – *zu [A]*: A. Meister, Die Hohenstaufen in E., 1890 – E. C. Scherer, Die Straßburger Bf. e im Investiturstreit, 1923 – H. W. Klewitz, Gesch. der Ministerialität im E. bis zum Ende des Interregnums, 1929 – H. Büttner, Gesch. des E., I: Polit. Gesch. bis 1002, 1939 – F. Wollmer, Die Etichonen (Stud. und Arb. zur Gesch. des großfrk. Adels, hg. G. Tellenbach, 1957), 137–184 – A. M. Burg, Le duché d'Alsace au temps de sainte Odile, 1959 – H. Mosbacher, Kammerhandwerk, Ministerialität und Bürgertum in Straßburg (13. Jh.), ZGO 119, 1971, 35–173 – W. Maier, Stadt- und Reichsfreiheit. Entstehung und Aufstieg der elsäss. Hohenstaufenstädte [Diss. Zürich 1979] – C. Wilsdorf, Le monasterium Scotorum de Honau et la famille des ducs d'Alsace du VIIIᵉ s., Francia 3, 1976, 3–87 – M. Borgolte, Die Gesch. der Grafengewalt im E. von Dagobert I. bis Otto d. Gr., ZGO 131, 1983, 3–54 – *zu [B]*: H. Witte, Die Armagnaken im E. (1439–45), 1889 – Ders., Zur Gesch. der Burgunderkriege, ZGO 45–47, 49, 1891–95 – C. Gössgen, Die Beziehungen des Kg.s Rudolf v. Habsburg zum E., 1899 – J. Becker, Gesch. der Reichslandvogtei im E. (1273–1648), 1905 – K. Kollnig, Elsäss. Weistümer, 1941 – L. Pfleger, Kirchengesch. der Stadt Straßburg im MA, 1941 – H. Ammann, Von der Wirtschaftsgeltung des E. im MA, Alem. Jb. 3, 1955, 5–112 – L. Sittler, La Décapole des origines à la fin du MA, 1955 – H. Dubled, La justice de la seigneurie foncière en Alsace au XIVᵉ et au XVᵉ s., SchZG 10, 1960, 357–375 – M. Barth, Der Rebbau des E. und die Absatzgebiete seiner Weine, 1958 – F. Rapp, Réformes et réformations à Strasbourg (1450–1525), 1974 – Ph. Dollinger, Das Patriziat der oberrhein. Städte in der 1. Hälfte des 14. Jh. (WdF 417, 1978), 194–209 – G. Bischoff, Gouvernés et gouvernants en Haute Alsace à l'époque autrichienne, 1982 – F. Rapp, Du domaine à l'Etat, les avatars de la seigneurie rurale. Hist. de l'Alsace rurale, 1983), 83–99 – K. Schulz, Handwerksgesellen und Lohnarbeiter. Unters. zur oberrhein. und oberdt. Stadtgesch. des 14.–17. Jh., 1985.

Elsbeth v. Oye, Mystikerin, um 1290/1340, trat nach dem Zeugnis des 'Schwesternbuchs von Ötenbach' sechsjährig ins Zürcher Dominikanerinnenkloster ein und starb dort heiligmäßig im 51. Lebensjahr. Vermutl. aus der Zürcher Familie von Ouw gebürtig, kannte sie wohl Meister →Eckhart, der in seiner Straßburger Zeit (1314–22) vermutl. in ihrem Kl. predigte. Erhalten ist ein Autograph (Zürich, Zentralbibl., Cod. Rh 159), in dem sie ihre blutigen Selbstkasteiungen schildert und die himml. Auditionen festhält. Wie eine erst vor kurzem entdeckte anonyme Streuüberlieferung und die vom Kartäuser Matthias Tanner um 1630 angefertigte lat. Übersetzung bezeugen, muß E. mehrere Bändchen Offenbarungen hinterlassen haben. Die Zürcher Schwester steht ganz im Bann einer älteren Blut- und Wundenmystik, versucht diese aber mit theol. Spekulationen zu rechtfertigen, die Meister Eckhart und seiner Schule nahe stehen.
P. Ochsenbein

Q. *und* Lit.: Ed. in Vorber. – Bibl. SS IV, 1094 – Verf.-Lex.² II, 511ff. [Lit.] – Schwesternbuch v. Ötenbach, Zürcher Taschenbuch 12, 1889, 262ff. – W. Muschg, Die Mystik in der Schweiz, 1935, 196ff. – A. Halter, Gesch. des Dominikanerinnen-Kl. Ötenbach in Zürich [Diss. Zürich 1956], 55ff. – K. Haenel, Textgesch. Unters. zum sog. 'Puchlein des Lebens und der Offenbarung Swester E. v. O.' [Diss. masch. Göttingen 1958] – P. Ochsenbein, Die Offenbarungen E. s v. O. als Dokument leidensfixierter Mystik (Abendland. Mystik im MA, hg. K. Ruh, 1985).

Elsgau (frz. Ajoie), Gebiet im NW der Schweiz, heute Distrikt Porrentruy (Pruntrut) des Kantons Jura. Benannt nach dem bedeutend größeren, Teile der Gft. →Montbéliard (Mömpelgard) und des →Sundgau umfassenden, urkundl. 728 und 866 erwähnten »pagus« bzw. »comitatus Als(e)gaugensis«. Bei der Teilung v. →Meerssen 870 kam der E. (Elischowe) an →Ludwig d. Dt. 999 erwarb das Bm. →Basel dank der Schenkung des hier begüterten Kl. →Moutier-Grandval durch Kg. Rudolf III. v. Hochburgund Grundbesitz in diesem Gebiet. Die Herrschaft des Bf. s v. Basel im E. wurde 1270, 1283 und endgültig 1289 nach langen Streitigkeiten mit den Gf. en v. Montbéliard, →Pfirt und Burgund (→Burgund, Freigft.), in die auf bfl. Seite Rudolf v. Habsburg eingriff, bestätigt. Er bezeichnete nun sowohl die ganze Kastlanei (oder Bailliage, 'Amt') Pruntrut, wie eine ihrer beiden Villikaturen Ajoie und Bure. Die Kastlanei wurde 1386 an die Gf. en v. Montbéliard veräußert, 1461 durch den Bf. v. Basel, Johann v. Venningen, wieder zurückgekauft. Als Amt E. wurde das Gebiet Bestandteil des Fürstbistums Basel; das Städtchen Pruntrut war Residenz der Bf. e. Kirchlich gehörte der E. bis 1779 zur Diöz. Besançon. H.-J. Gilomen

Q.: J. Trouillat, Mon. de l'hist. de l'ancien évêché de Bâle, 5 Bde, 1852–67 – *Lit.*: Hist.-biograph. Lex. der Schweiz, 3, 1926, 27–29

[Karte] – Th. Mayer-Edenhauser, Zur Territorialbildung der Bf.e v. Basel, ZGO 91, 1939, 225–322 – Helvetia Sacra I/1, 1972 – P. Ladner, Die älteren Herrscherurkk. für Moutier-Grandval, Basler Zs. für Gesch. und Altertumskunde 74, 1974, 41–68 – A. Chèvre, L'évêché médiévale (Nouvelle Hist. du Jura, 1984), 62–91, 298f. [Lit.].

Elster, Schlacht an der (15. Okt. 1080). Im Bestreben, vor seinem Aufbruch nach Italien die Entscheidung in Deutschland zu suchen, hatte →Heinrich IV. im Herbst 1080 in Mainz ein stattl. Heer aus Bayern, Schwaben und Lothringern sowie den Aufgeboten von 16 Bf.en gesammelt, mit welchem er Anfang Okt. durch Hessen und Thüringen bis zur Unstrut vorstieß. Angesichts der sächs. Übermacht wandte er sich unter Täuschung des Gegners weiter nach Osten, um den Zuzug der Aufgebote Hzg. →Vratislavs v. Böhmen und Mgf. →Ekberts v. Meißen abzuwarten. Noch vor Eintreffen der Verstärkung hatte das sächs. Heer unter →Rudolf v. Schwaben den Kg. eingeholt, der an der Weißen Elster unweit Pegau sein Lager errichtet hatte. Am 15. Okt. kam es im sumpfigen Gelände des Baches Grune zur Schlacht, aus der die Sachsen dank der Tatkraft →Ottos v. Northeim als Sieger hervorgingen. Rudolf v. Schwaben, dem die rechte Hand abgehauen worden war, erlag jedoch noch am selben Abend seinen schweren Verletzungen und wurde im Dom zu →Merseburg beigesetzt.

Obgleich die militär. Entscheidung zugunsten Rudolfs v. Schwaben ausgefallen war, galt sein Tod, der von den Anhängern Heinrichs IV. als →Gottesurteil verstanden wurde, bereits den Zeitgenossen als das eigtl. Ergebnis der Schlacht. Die Prophezeiung Gregors VII. vom baldigen Untergang Heinrichs IV. war auf schlagende Weise widerlegt worden. Die antisal. Opposition war zunächst so geschwächt, daß es nahezu ein Jahr dauerte, bis das Gegenkgt. mit der Erhebung →Hermanns v. Salm eine Neuauflage erfuhr. T. Struve

Q.: Bruno, De bello Saxonico c. 121–124 (MGH DMA 2, 114–118) – weitere Q.: JDG H.IV. und H.V. 3, Exkurs III, 644–652 – Lit.: Gebhardt[9] I, 343f. [K. Jordan] – W. v. Giesebrecht, Gesch. der dt. Kaiserzeit [5]III, 516–521 – G. Meyer v. Knonau, JDG H. IV. und H.V. 3, 1900 [Nachdr. 1965], 333–340 – K.-G. Cram, Iudicium belli, AKG Beiheft 5, 1955, 145–148 – W. Schlesinger, Kirchengesch. Sachsens im MA I (Mitteldt. Forsch. 27/I, 1962) [1983[2]], 124 – Gesch. Thüringens II, 1 (Mitteldt. Forsch. 48/II,1, 1974), 16 [H. Patze] – W. Giese, Der Stamm der Sachsen und das Reich, 1979, 170f. – J. Vogel, Gregor VII. und Heinrich IV. nach Canossa (Arbeiten zur FrühMAforsch. 9, 1983), 238f.

Eltville, Stadt am Mittelrhein (Hessen, Rheingau-Taunus-Kreis), als Urpfarrei im nachmaligen Rheingau wohl im 7./8. Jh. vielleicht aus Königsgut in den Besitz des Ebf.s v. →Mainz gelangt, der die Kirche des Orts um die Mitte des 10. Jh. dem Stift St. Peter überließ; dies behauptete während des 12. Jh. seine Rechte gegen Angriffe des Nonnenklosters Tiefenthal. Die nördl. von E. als Mutterkirche gelegenen Pfarreien verselbständigten sich infolge der Landeserschließung. Im Zuge des hochma. Herrschaftsausbaues des Ebf.s v. Mainz wurde E. zum Vorort des Rheingaues sowie zum Sitz von Gericht und Oberhof. Ks. →Ludwig der Bayer verlieh E. 1332 Frankfurter Stadtrecht. Im Zusammenhang damit wurde die während des Endkampfs der Staufer am Mittelrhein (1242/43) und im Kurfürstenkrieg Kg. Albrechts I. (1301) zerstörte Burg wieder aufgebaut; das Wochenmarktprivileg des Ebf.s (1346) hob die wirtschaftl. Regionalbedeutung der Stadt. Episodenhafte reichsgeschichtl. Bedeutung erlangte sie durch die →Eltviller Verträge (1349). Seit der Mitte des 14. Jh. diente E. häufig als Residenz des Mainzer Kfs.en, jedoch in geringerem Maße als →Aschaffenburg. Bemerkenswert ist die Münztätigkeit zw. 1349 und 1365; als Sitz der Offizin Bechtermünze war E. 1467–76 eine wichtige Stätte des frühen →Buchdrucks. A. Gerlich

Lit.: Hess. Städtebuch, hg. E. Keyser, 1957, 100–104 [G. W. Sante – W.-H. Struck] – A. Gerlich, St. Peter zu Mainz und seine Urkk. für E., Mainzer Zs. Mittelrhein. Jb. für Archäologie, Kunst und Gesch. 46/47, 1952, 57–64 – H. Widmann, E.s Anteil am Frühdruck, 1970 – D. Werkmüller, Zur Gesch. des E.er Oberhofs (Fschr. A. Erler, 1976), 357–419 – A. Gerlich, Der Aufbau der Mainzer Herrschaft im Rheingau im HochMA, NassA 96, 1985, 9–28.

Eltville, Verträge v. (26. Mai 1349). Mit den zu Eltville geschlossenen Verträgen honorierte →Karl IV. den Thronverzicht →Günthers v. Schwarzburg, indem er ihm für 20 000 Mark Silber Güter zubilligte und dafür Gelnhausen, Anteile am Zoll zu Mainz (oder Oppenheim), Goslar und Nordhausen sowie Einkünfte von Mühlhausen verpfändete. Für die drei zuletzt genannten Orte wurden die Stadt Friedberg und die Frankfurter Steuer interimsweise überschrieben. Der Kg. erließ außerdem eine generelle Amnestie und übernahm Günthers Schulden. Der Ausgleich mit den →Wittelsbachern gelang, indem Karl ihnen sämtl. Rechte und fsl. Freiheiten bestätigte, insbes. den Besitz der Gft.en Görz und Tirol. Der Verzicht auf Unterstützung →Woldemars des Falschen ließ allerdings die Zukunft der Mark Brandenburg noch bewußt offen. Die Wittelsbacher erkannten jetzt Karl als Reichsoberhaupt an und erklärten sich zur Auslieferung der Königskleinodien nach der Lösung vom Bann bereit. Kein Erfolg war dagegen dem Herrscher bei seinen Bemühungen um Verständigung mit →Heinrich v. Virneburg, Ebf. v. →Köln, beschieden. Die Verträge v. E. bedeuten eine wesentl. Etappe auf dem beschwerlichen Weg der Herrschaftskonsolidierung Karls IV. Durch die Kombination von militär. Drohung, bedingtem Festhalten am falschen Woldemar und gezieltem Einsatz des Geldes als Mittel der Politik konnte ein das gesamte Reich polarisierender Konflikt unblutig beigelegt werden. Th. M. Martin

Q.: MGH Const. IX, Nr. 62–65; Nr. 323–327 – RI VIII, Nr. 9523–963; ebd., Reichssachen, Nr. 93–96; ebd. VIII, Add. primum, Nr. 6594–6597 – H. Reimer, Hess. UB 2, 1892, Nr. 776f. – Die Chronik des Matthias v. Neuenburg, ed. A. Hofmeister, 1955, 278–280 – Heinrich v. Diessenhofen (Boehmer, Fontes 4), 73 – Lit.: E. Werunsky, Gesch. Ks. Karls IV. und seiner Zeit, 2, 1882, 177–185 – S. Steinherz, Die Verträge Karls IV. mit den Wittelsbachern zu E. ..., MIÖG 8, 1887, 103–107 – J. Weizsäcker, Zu den Verträgen Karls IV. mit den Wittelsbachern zu E. ..., MIÖG 8, 1887, 302–306.

Elucidarius → Lucidarius

Elvas (Yelves), **Vertrag v.** (2. April 1383), Friedensschluß zw. Kg. →Johann I. v. →Kastilien und Kg. →Ferdinand I. v. →Portugal, besiegelt durch die Heirat der Infantin →Beatrix mit dem Kg. v. Kastilien. Bereits im Sommer 1382 hatten von ptg. Seite aus Alvar Pérez de Castro, Gf. v. Arraiallos, und Gonçalo Vasques de Açevedo mit Johann I. nach kast. Erfolgen in Badajoz eine Übereinkunft ausgehandelt, die im Kern die Heirat der neunjährigen Beatrix mit dem Infanten v. Kastilien, Ferdinand, enthielt (9. Aug.), was in Anbetracht des erforderl. päpstl. Dispenses für die Auflösung des noch bestehenden Verlöbnisses mit Eduard Langley, dem Sohn des Earls →Edmund of Langley, den Wechsel zur clementist. Obödienz und den Bruch mit England nach sich ziehen mußte. Mit dem unerwarteten Tod der Kgn. v. Kastilien, Eleonore v. Aragón († 13. Sept. 1382), trat jedoch das Projekt einer Heirat zw. Beatrix und Johann I. selbst in den Vordergrund; diesbezügl. Verhandlungen wurden vom Gf.en Juan Fernández de Andeiro, dem Günstling der ptg. Kgn. →Leonor Télles, im Okt. 1382 eingeleitet (Vorabsprache von Pinto, 9. Dez.). Nach weiteren Gesprächen (Verhandlungsführer für Kastilien: Pedro de Luna, der spätere → Benedikt XIII., für Portugal: Juan García Manrique, Ebf.-Elekt v. Compostela) wurde am 2. April 1383 der Vertrag in Salvat(i)erra de Magos bei E. (westl. von Badajoz), nahe der Grenze, geschlossen. Wichtigste Bestimmungen waren: Falls (wie zu erwarten war) Ferdinand ohne männl. Erben sterbe, solle die Thronfolge bei Volljährigkeit an Beatrix (und ihren Gatten Johann I.) fallen. Bis zur Volljährigkeit solle Kgn. Leonor mit ihren Ratgebern die Regentschaft führen. Weitere Klauseln sollten die polit.-dynast. Eigenständigkeit Portugals gegenüber Kastilien sichern helfen (Erziehung der Söhne aus Beatrix' Ehe in Portugal, Annahme des Königstitels durch den Erstgeborenen beim Tod der Mutter unter gleichzeitigem Verzicht Johanns I. u. a.). Die dynast. Vereinigung der beiden Reiche war nicht das eigtl. Ziel des Vertrages, sie wurde aber auch nicht eigens ausgeschlossen. Die Ehe wurde am 17. Mai 1383 zu Badajoz geschlossen. Angesichts des starken Widerstands in Portugal vermochten Johann I. v. Kastilien und Beatrix nach dem Tode Ferdinands (Okt. 1383) ihre Pläne jedoch nicht gegen das Haus →Avís durchzusetzen (s. a. →Aljubarrota; →Cortes, Abschnitt II).

L. Vones

Q.: Vertragstext s. u. Lit. – Pedro López de Ayala, Crónica de Juan I, 1877 (BAE LXVIII) – Fernão Lopes, Crónica do Senhor Rei Dom Fernando nono Rei desdes Reinos, ed. S. M. Dias Arnaut, 1966 – Lit.: Dicionário de Hist. de Portugal II, 17 – E. Rodríguez Amaya, Bodas reales de Juan I de Castilla y Beatriz de Portugal en 1383, Revista de Estudios Extremeños, 1947, 76ff. – L. Suárez Fernández, Capitulaciones matrimoniales entre Castilla y Portugal en el siglo XIV (1373-83), Hispania 8, 1948, 531-561 – P. E. Russell, The English Intervention in Spain and Portugal in the Time of Edward III and Richard II, 1955 – S. M. Dias Arnaut, A crise nacional dos fins do século XIV, I: A sucessão de D. Fernando, Biblos 35, 1959, 9-597, bes. 38-63, 348-355 [Instrument von Pinto], 357-393 [Vertragstext Elvas] – L. Suárez Fernández, Hist. del reinado de Juan I de Castilla, bisher 2 Bde, 1977-82; bes. Bd. II, 469-477 [Vertragstext] – J. Veríssimo Serrão, Hist. de Portugal I, 1979³, 292-294.

Elvira, Bm. Der Name 'E.' wird in der Literatur oft fälschlicherweise zur Bezeichnung der im Süden der röm. Provinz →Baetica gelegenen ibero-roman. Stadt und des Bm.s Iliberris (Illiberri, Elliberri) gebraucht – eine Folge der irrigen Identifikation mit der nordwestl. von Granada, nahe der Sierra Elvira gelegenen arab. Stadt Medina Elvira. Nach Ausweis der archäolog. Funde lag das aus einer turdul. Siedlung hervorgegangene röm. municipium Florentinum Iliberritanum an der Stelle des heut. →Granada. Das Forum befand sich in der früheren maur. Festung Cadima, dem heut. Stadtteil Albaicín.

Das Bm. dürfte zu den ältesten in Spanien zählen. Von den 62 Bf.en der im Ms. Escorial D.I.1 (fol. 360) überlieferten und 962 verfaßten Liste ist erst der an 10. Stelle genannte Bf. Flavianus, der anfangs des 4. Jh. am Konzil v. →Elvira teilnahm, sicher zu identifizieren. Aus dem 4. Jh. ist ferner der Bf. Gregorius bekannt, der zu den härtesten Verfechtern des nizän. Bekenntnisses zählte.

Nach dem Vandalensturm (→Vandalen) des 5. Jh. gerieten Stadt und Bm. für kurze Zeit unter byz., dann unter westgot. Herrschaft. Bis zur Konversion der →Westgoten (589) gab es auch einen arian. Bf. in der Stadt. Nach Ausweis des 2. Konzils v. Sevilla (619) eignete sich E. während dieser Zeit Teile des benachbarten Bm.s→Málaga an. Vom Beginn des 6. bis zum Ende des 7. Jh. sind 10 Bf.e v. E. bekannt.

Bm. und Kirchenorganisation bestanden nach der arab. Eroberung zu Beginn des 8. Jh. bis zum Ausgang des 11. Jh. fort. Angesichts des sich um die Mitte des 9. Jh. verstärkenden islam. Kultureinflusses vertrieb die Gemeinde ihren wohl unter muslim. Druck eingesetzten »arabisierenden« Bf. Samuel, der an den Hof v. Córdoba floh und als Renegat die »Christenverfolgung« (sog. »Märtyrer v. →Córdoba«) schürte, der auch der aus E. stammende Leovigild, Mönch des Kl. Justus und Pastor (bei Córdoba), zum Opfer fiel. Aus mozarab. Zeit sind ferner der von Papst Hadrian I. (777-784) aus Gallien nach Spanien entsandte Missionsbf. Egila, Nefridus, der 839 am Konzil von Córdoba teilnahm, sowie Recemundus (→ar-Rabīʿ ibn Zaid vor 962), Ratgeber ʿAbdarraḥmāns III. und Gesandter an den Hof Ottos d. Gr., bekannt. Anfang des 12. Jh. wurde die Stadt von den →Almohaden zerstört. Die Nachrichten über das Bm. setzen aus bis zur Eroberung Granadas durch die →Kath. Kg.e (1492), die das alte Bm. restaurierten.

G. Kampers

Lit.: DACL IV, 2, 2687-2694 [H. Leclerq] – DHGE XV, 317-348 [J. Gaudemet] – DHEE II, 782 [J. Vives] – L. A. García Moreno, Prosopografía del reino visigodo de Toledo, 1974, 107ff. – A. Tovar, Iber. LK, 2. T., 1974, 137f. – M. Sotomayor, La Iglesia en la España romana (Hist. de la Iglesia en España I, hg. R. García Villoslada, 1979), 84f. – H. G. Walther, Der gescheiterte Dialog: das otton. Reich und der Islam (Oriental. Kultur und europ. MA. Misc. Mediaevalia 17, 1985), 20-44.

Elvira, Konzil v. (295/314), erstes →Konzil disziplinar. Charakters, dessen Akten überliefert sind, datierbar zw. 295 (Konsekration des auf dem Konzil anwesenden →Ossius v. Córdoba) und 313/314 (Anwesenheit des Ossius am ksl. Hof von 313-325 / Abhängigkeit des Konzils v. Arles von 314 vom Iliberritanum), zugleich erstes Konzil in der Hispania. Aufgrund inhaltl. Kriterien (Auseinandersetzung mit dem Heidentum, Problem der Lapsi) »dürften die 306 nächstgelegenen Jahre« (d. h. die Zeit nach der diokletian. Verfolgung 302-305) »den Vorzug verdienen« (Ramos-Lissón). Der Teilnehmerkreis – 19 Bf.e (Gallaecia: 1, Tarraconensis: 2, Lusitania: 3, Carthaginiensis: 7, Baetica: 6), 24 Presbyter (davon 18 aus baetischen Gemeinden), Diakone und Gläubige – dürfte die regionale Intensität der Christianisierung Spaniens zu Beginn des 4. Jh. widerspiegeln.

Die in der Collectio→Hispana ohne inhaltl. Anordnung tradierten 81 Kanones (die Span. Epitome überliefert 82) befassen sich ausschließlich mit disziplinar. Fragen, die nach der eben erst beendeten Verfolgung und angesichts einer noch weitgehend heidn. Umgebung den Konzilsvätern zunächst bes. bedeutsam erscheinen mußten. Daraus erklärt sich auch der Rigorismus mancher Bestimmungen. Insgesamt wurden folgende Problemkreise behandelt: 1. Aufnahme in die Kirche und Spendung der Taufe (Katechumenat – in der Regel 2 Jahre; Eingrenzung des Kreises der Taufkandidaten; Spender der Taufe – Bf., in Ausnahmefällen Diakon, in Extremsituationen auch Laien; Verbot mit der Taufliturgie verbundener Bräuche). – 2. Klerus (Eignung und Lebenswandel des Priesternachwuchses; Sittlichkeit des Klerus – zumindest für Bf.e, Presbyter und Diakone Forderung des Zölibats lt. c. 33; Ausübung des geistl. Amtes; Unterhalt der Geistlichen). – 3. Fragen des christl. Lebens (Kampf gegen Idolatrie und Apostasie; Wiederaufnahme von Häretikern; Teilnahme am Gottesdienst; Zinsverbot; Ehe, -hindernisse, Scheidung, Wiederheirat; Beziehungen zw. Christen und Heiden resp. Juden). – 4. Buße und Exkommunikation.

G. Kampers

Q.: La Colección Canónica Hispana IV, ed. G. Martínez Diez–F. Rodriguez, 1984, 233-268 – Lit.: DHEE I, 544 [G. Martínez Diez] – J. Orlandis–D. Ramos-Lissón, Die Synoden und die Iber. Halbinsel bis zum Einbruch des Islam, 1981, 3-30 [Lit.].

Elvira (García), Kgn. v. León, † vor 17. Dez. 1017, Tochter des Gf.en →García Fernández v. Kastilien und seiner Gattin Ava de Pallars, Nichte der Urraca Fernández,

Gattin Kg. Ordoños III. v. León; ∞ zwischen dem 26. und 30. Nov. 991 Kg. Vermudo II. von León, nachdem dieser seine erste Gemahlin →Velasquita verstoßen hatte. Wahrscheinlich rief diese Heirat 992 in León einen Aufstand des Adels hervor. Aus dieser Ehe stammten der spätere Kg. →Alfons V. und die Infantinnen Teresa und Sancha. E. erhielt von ihrem Gatten das Kl. Sta. Eulália de Fingoy übertragen, über dessen Besitzrechte sie sich bis zu ihrem Tod mit dem Adligen Osório Froílaz streiten sollte. Als nach dem Tod ihres Gatten (999) ihr unmündiger Sohn Alfons der Vormundschaft des Gf.en→Mendo Gonçalves unterstellt wurde, blieb sie zwar am Hof, doch versuchte sie 1004, ihren Bruder Gf. →Sancho García v. Kastilien in die Position des galic. Magnaten zu bringen. Dieser Plan scheiterte an einem ablehnenden Schiedsspruch, der auf Veranlassung des Cordobeser Kalifen ᶜAbdalmalik al-Muzaffar ibn Abi ᶜÂmir gefällt wurde. E. zog sich 1007 oder 1008 ins Kl. zurück. L. Vones

Lit.: A. Sánchez Candeira, La reina Velasquita de León y su descendencia, Hispania 10, 1950, 475–478 – M. R. García Alvarez, Catálogo de documentos reales de la alta edad media referentes a Galicia, Compostellanum 10, 1965, 310–328; 11, 1966, 256–270 – J. M. Ruiz Asencio, Rebeliones leonesas contra Vermudo II, Archivos Leoneses 45–46, 1969, 215 – J. Pérez de Urbel, El condado de Castilla, II, 1970, 409ff.; III, 1970, 1ff., 37ff. – J. Rodríguez Marquina, Las salinas de Castilla en el siglo X, y la genealogía de las familias condales (Homenaje a Fray J. Pérez de Urbel I, 1976), 143–151 [Stammtafel] – A. Arjona Castro, Anales de Córdoba musulmana, 1982, 199f., Nr. 262.

Ely, engl. Abtei und Bischofssitz im Bezirk Isle of E., etwa 10 km. nördl. v. Cambridge.

I. Abtei – II. Bistum und Kathedralpriorat.

I. Abtei: Die erste Gemeinschaft, der Nonnen und Mönche angehörten, entstand um den Kult der hl. →Etheldreda (Æthelthryth), die in der 1. Ehe mit einem Adligen aus dem Fenland, Tonberht, und in 2. Ehe mit dem northumbr. Kg. →Ecgfrith vermählt war. Nachdem Etheldreda 672 in →Coldingham durch die hl. Æbbe das northumbr. Mönchtum kennengelernt hatte, nahm sie 673 ein asket. Leben auf der Fenland-Insel Elge (Ely) auf, die sich in ihrem Besitz befand, und wurde von Bf. →Wilfrid zur Äbtissin geweiht; sie wurde von →Beda gepriesen. Nach ihrem Tod folgten weibl. Mitglieder des Königshauses von Kent auf dem Äbtissinnenstuhl (Sexburga, Ermenilda, Werburga). Der Konvent überlebte die Plünderung durch die Wikinger nicht (870), doch kehrte anscheinend ein Kollegium von Säkularkanonikern nach E. zurück, um den kirchl. Dienst zu versehen und den Kult der hl. Etheldreda lebendig zu erhalten. Die verbliebene Besitzausstattung war im kgl. Fiscus von Wessex aufgegangen, bis sie →Æthelwold, Bf. v. Winchester, von Kg. →Edgar kaufte, um dort im Zuge der monast. Reform des 10. Jh. (→Benediktiner, Abschnitt B. VI) eine seiner Benediktinerabteien auszustatten, was 970 von Kg. Edgar bestätigt wurde. Diese Grundausstattung mit 20 Hufen *(hides)* Land auf der Insel und außerdem mit der Jurisdiktion über zwei dortige Hundertschaften *(hundreds)* sowie über 5½ Hundertschaften in Suffolk wurde von Æthelwold u. →Byrhtnoth (v. Ebf. →Dunstan zum Abt geweiht) auf 60 hides erhöht und stieg in den nächsten 50 Jahren durch kgl. und private Schenkungen weiter an, bes. durch das Vermächtnis des *ealdorman* Byrhtnoth, des Helden der Schlacht v. →Maldon 991 gegen die Dänen, und seiner Familie im Gebiet der Gft.en Cambridge, Suffolk und Norfolk, Essex und Huntingdon. Diese Schenkungen sind im einzelnen im »Liber →Eliensis« verzeichnet und machten E. zu einer der reichsten engl. Abteien, die im →Domesday Book (1086) mit über £ 900 pro Jahr eingeschätzt wurde. Über die Äbte ist wenig bekannt; wir wissen lediglich, daß sie eng mit der westsächs. Königsdynastie und dem dän. Königshaus sowie mit den ostangl. Bf.en v. →Elmham verbunden waren. Die Abtei wurde auserwählt, Kg. →Æthelreds Hofkapelle während eines Drittels eines jeden Jahres zu betreuen, und erfreute sich des Patronats des Kg.s →Knut d. Gr. und seiner Gemahlin →Emma. →Eduard d. Bekenner soll mit d. Novizen im Kl. E. aufgezogen worden sein. Diese Verbindungen zum Kgtm. wurden durch die norm. Eroberung unterbrochen. 1066, nach dem Tod des Abtes Wulfric, eines Verwandten Kg. Eduards, wurde die Abtei Ebf. →Stigand übertragen; 1070 wurden einige der Besitzungen von E. zusammen mit anderen Gütern Stigands von →Wilhelm I. konfisziert. Abt Thurstan, 1066 von Kg. →Harald ernannt, und seine Mönche nahmen 1069–70 am Widerstand gegen Wilhelm I. in den Marschgebieten von E. teil, im Bündnis mit dem legendären Hereward, so daß einige Ländereien E.s von den Anhängern Wilhelms mit oder ohne kgl. Verleihung eingezogen wurden. Doch wurde die Verbindung zum Kg. und zur neuen lokalen Aristokratie neu angeknüpft, als die Abtei unter den Einfluß der norm. monast. Reform geriet. Diese fand Eingang, als Kg. Wilhelm I. Theodwin, einen Mönch aus →Jumièges (1072–75/76), und später Simeon, der 1081/82 Prior v. Winchester war, mit der Abtwürde betraute. Durch letzteren wurde die Abtei E. in den Augen der Normannen eigentlich begründet, da er den Landbesitz und die Rechte von E. durch wiederholte norm. Gerichtsprozesse und formelle Untersuchungen bestätigen ließ. In diesem Zusammenhang wurde eine umfangreiche Enquête durchgeführt (und als »Inquisitio Eliensis« aufgezeichnet), die eng mit dem kgl. Güterverzeichnis, dem »Domesday Book«, verbunden war. Nicht alle Ländereien konnten wiedererlangt werden, aber allmählich wurden die Neuankömmlinge verpflichtet, die Lehnshoheit des Abtes als Grundbedingung ihrer Besitzrechte anzuerkennen und der Abtei Heerfolge zu leisten; E. hatte 40 Ritter zu stellen. Diese feudale Herrschaft der hl. Etheldreda wurde durch Schenkungen an die Gefährten der Äbte Simeon und Richard (1100–07) erweitert. Durch die Erhebung Richards zum Abt, eines Mönchs aus Le →Bec und Mitgliedes der neuadligen Familien der →Clare und →Giffard, wurde E. in den kirchenpolit. Kampf um die Laieninvestitur verwickelt. Da Richard – zu Recht – den Anspruch des Bf.s v. →Lincoln auf die Weihe der Äbte v. E. ablehnte und damit bei Heinrich I. in den Verdacht der Illoyalität geriet, wurde er 1102 von der Synode v. Westminster abgesetzt. Obwohl er 1103 nach seiner Appellation an Rom die päpstl. Unterstützung für seine Wiedereinsetzung erhielt, wurde diese bis 1107 widerrufen, da Richard bereit war, die Investitur durch den Kg. anzuerkennen. Als Gegenmaßnahme gegen die Ansprüche des Bf.s v. Lincoln führte Richard in der Zeit bis zu seinem Tod 1107 heimlich Verhandlungen mit dem kgl. Hof und der Kurie über eine Umwandlung der Abtei in den Sitz einer neuen Diözese.

II. Bistum und Kathedralpriorat: 1109 wurde das Bm. E. mit dem Einverständnis von Kg. Heinrich I., Ebf. →Anselm v. Canterbury und Papst Paschalis II. konstituiert, sein Diözesangebiet wurde aus dem Bm. →Lincoln, das als zu groß angesehen wurde, herausgelöst. Der 1. Bf., der Bretone Herveius (Hervé, Hervey), wurde vom Bischofssitz v. →Bangor, in dem er sich nicht hatte behaupten können, nach E. transferiert und nahm zugleich den Platz des Abtes ein. Die Mönche, die unter der Leitung eines Priors standen (bis 1198 vom Bf. eingesetzt, danach vom Konvent gewählt), übten weiterhin den geistl.

Dienst an ihrer Kirche aus, die nun als Kathedrale von E. die üblichen Funktionen und Strukturen eines benediktin. engl. →Kathedralpriorats besaß. Herveius wies einen Teil der Abteibesitzungen dem Priorat zu seinem Unterhalt zu; nach →Wilhelm v. Malmesbury handelte es sich hierbei um eine unzureichende Versorgung, da sie nur Einkünfte von £ 300 (bei Gesamteinkünften von £ 1400) umfaßte. Nach 1298 erreichte es das Priorat, daß seine Ländereien als separater und unmittelbar dem Kg. unterstellter Besitz anerkannt wurden. Im 16. Jh. wurden die Einkünfte des Priorats auf £ 1000 geschätzt (Einkünfte des Bf.s demgegenüber £ 2300); sie dienten der Versorgung der Mönche, deren Zahl zw. 53 und 33 schwankte, während der ursprgl. Plan einen Konvent von 70 Mönchen vorgesehen hatte.

Die neue Diözese umfaßte 16 der 18 Hundertschaften von Cambridgeshire sowie die zwei Hundertschaften der Isle of E. Die Cambridger Hundertschaften wurden 1109 in einem einzigen Archidiakonat v. E. zusammengefaßt, doch wurden die Archidiakonatsrechte in der Isle of E. vom Priorat beansprucht, da sie nach altem Herkommen zur Mutterkirche gehörten; in Schiedssprüchen von 1401 und 1407 wurden diese Bereiche schließlich der direkten Jurisdiktion des Bf.s unterstellt.

Die meisten der Bf.e von E. spielten eine bedeutende Rolle in der kgl. Regierung und Verwaltung. Nigel (1136–39), der Schatzmeister Heinrichs I., hielt die Insel E. gegen →Stephan v. Blois (sein Sohn →Richard, der ztw. Archidiakon von E. war, ist der Verfasser des berühmten →»Dialogus de scaccario«). →William Longchamp (1189–97) war der berühmte Kanzler Richards I. Im Kanzleramt finden wir auch Eustace (1198–1215), William de Kilkenny (1255–56), Thomas de →Arundel (1374–88), Thomas →Bourchier (1444–54) und John →Morton (1478–86); andere wichtige Ämter bekleideten John de →Kirkby (1286–90), William de Luda (1290–98), Simon de Montacute (1337–45), Simon →Langham (1362–66) und John Barnet (1366–73). Selbst Bf. Hugh de Northwold, Abt v. Bury St. Edmund's, berühmt für seine Frömmigkeit, stand in engen Beziehungen zum Königshof (1229–54).

Die reguläre Diözesanverwaltung wurde mehr und mehr ausgebaut, selbst unter dem Episkopat des extravaganten Dominikanertheologen Thomas Lisle (1345–61) und während der Administration →Ludwigs v. Luxemburg (1438–43), des Ebf.s v. Rouen und Kanzlers v. Frankreich und der Normandie, der E. durch Generalvikare verwalten ließ.

1291 verfügte das Bm. über 154 Pfarreien, gegliedert in acht ländl. Dekanate. E. unterhielt enge Verbindungen zu der benachbarten Stadt →Cambridge, in der sich das zweite administrative Zentrum des Bm.s befand, und ihrer Universität. Bis 1374 mußte die Ernennung des Kanzlers v. Cambridge durch den Bf. v. E. bestätigt werden; erst Papst Eugen IV. erklärte 1433 die Exemtion der Universität. Hugh de Balsham (1257–86) stiftete 1280–84 ein →Collegium (das heut. Peterhouse) für Scholaren des Bf.s v. E.; 1497 löste Bf. John →Alcock das Nonnenkl. St-Radegund auf und gründete an seiner Stelle das Jesus College.

Der letzte Prior, Robert Wells gen. Steward, beteiligte sich aktiv an der Klosteraufhebungspolitik Kg. Heinrichs VIII. und lieferte Gebäude und Besitzungen des Priorats aus; sie dienten fortan zur Versorgung eines Dekans sowie eines Kapitels von acht Präbendaren der neukonstituierten Kathedrale von E. Die Bibliothek des Priors, die 1093 287 Hss. umfaßt hatte, wurde nach 1539 zerstreut; in London (Brit. Library), Oxford und Cambridge sind heute ca. 47 aus E. stammende Hss. nachweisbar.

Die Verehrung der hl. Etheldreda konzentrierte sich auf ihr Grab (Mirakelberichte seit 679). Ihr unverwester Leichnam wurde 695 in einen Sarkophag aus weißem Marmor übertragen, der sich am Hochaltar der Konventskirche befand und später in die Kirche des 10. Jh. transferiert wurde; mit dem Wiederaufleben ihres Ruhms als Hl., der sich nach der norm. Eroberung erneut verbreitete, wurde 1106 eine Translation in die norm. Kirche vorgenommen; 1252, unter Bf. Hugh de Northwold, wurde die Hl. in einen Schrein überführt, der in der Kirche dieses Bf.s stand und den hll. Maria, Petrus und Etheldreda geweiht war.

Die Kathedrale ist als Baudenkmal von großer Bedeutung. Der erste Kirchenbau wurde angebl. vom hl. →Augustinus v. Canterbury geweiht; Etheldreda ließ ihn wiederherstellen. Nach wiking. Zerstörung (870) wurde die Kirche von →Byrhtnoth 970–974 wiederaufgebaut. Die norm. Bautätigkeit begann mit einer Ostanlage, 1106 vollendet (Rest dieses Baus im südl. Querarm erhalten); das Langhaus entstand ca. 1110–39 (bedeutende roman. Portale). Im 13. Jh. erfuhr die spätnorm. Westfassade, mit Turm und Querarmen, Veränderungen (u. a. Hinzufügung einer Vorhalle, Galiläa). Unter Bf. Hugh de Northwold wurde das Kirchenschiff dann ostwärts ausgedehnt und eine neue Ostanlage in reich dekorierter Frühgotik (Early English) zur Aufnahme des Schreins der hl. Etheldreda errichtet. Im 14. Jh. wurde der alte Vierungsturm (vor 1100) als steinernes Oktogon neuerbaut (1328 vollendet, Merkmal des späten Decorated Style). Weitere berühmte Anbauten dieser Zeit: Kapelle des Priors Crauden (1324/25), Lady Chapel (1321–73). E. O. Blake

Q.: H. Wharton, Anglia Sacra I, 1691 – William of Malmesbury, De Gestis Pontificum Anglorum, hg. N. E. S. A. Hamilton (RS, 1870) – A. Gibbons, E. Episcopal Records, 1891 – F. R. Chapman, Sacrist Rolls of E., 1907 – Vetus Liber Archidiaconi Eliensis, hg. C. L. Feltoe–H. E. Minns, 1917–S. J. A. Evans, E. Chapter Ordinances and Visitation Records, Camden Misc. 17, 1940–Liber Eliensis, hg. E. O. Blake, 1962 – Lit.: DHGE XV, 348–366 – J. Bentham, The Hist. and Antiquities of the Conventual and Cathedral Church of E., 1812[2] – VCH: Cambridgeshire and the Isle of E., 4 Bde, 1938–53 – A. Hamilton Thompson, Diocesan Organisation in the MA, British Academy Proceedings 29, 1943 – E. Miller, The Abbey and Bishopric of E., 1951 – N. R. Ker, Medieval Libraries of Great Britain, 1964, 77f. – D. M. Owen, Synods in the Diocese of E., Stud. in Church Hist. 3, 1966 – M. Aston, Thomas Arundel: a Study of Church Life in the Reign of Richard II, 1967 – D. M. Owen, E. Records. A Handlist of the Records of the Bishop and Archdeacon of E., 1971 – Dies. The Muniments of E. Cathedral Priory (Church and Government in the MA, hg. C. N. L. Brooke, u. a., 1976) – Medieval Art and Architecture at E. Cathedral, British Archaeological Association Conference Transactions, 1979 – D. M. Smith, Guide to Bishops' Registers of England and Wales 1981, 67–75.

Email

I. Allgemein – II. Byzanz und dessen Einflußbereich – III. Abendland.

I. Allgemein: Glasmasse, opak oder transluzid, auf Träger aus Metall (Gold, Kupfer/Bronze, später auch Silber) zur Verzierung aufgeschmolzen, in verschiedenen Farben durch Zufügung von Metalloxyden. Je nach Bereitung des Rezipienten unterscheidet man zwei techn. Grundtypen: Gruben-E. (E. champlevé), durch Ausheben von Gruben bzw. Furchen aus starkem Metallträger (meist Kupfer/Bronze); Zellen-E. (E. cloisonné), als Voll- oder Senk-E., durch Anlage künstl. »Gruben« mittels aufgelöteter Stege (vorwiegend auf Gold), die zugleich musterbildende Funktion haben. Im Lauf der Zeit mehrere Varianten bzw. sekundäre Techniken abgeleitet. Hist. Wissen zum E. ist wesentlich aus den erhaltenen Denkmälern zu gewinnen, als Schriftquelle hervorzuheben das Rezept für (Zellen-)E. in der »Schedula diversarum artium« des →Theophilus Presbyter (3,53f.).   V. H. Elbern

II. BYZANZ UND DESSEN EINFLUSSBEREICH: Frühbyz. E.s sind selten, die Anfänge ungeklärt. Früh ist die Beziehung zum Ksm. belegt durch das Medaillon (Med.) der Licinia Eudoxia (437-455; Cab. des Médailles, Paris) sowie ein eng verwandtes Med. in der Walters Art. Gall. Baltimore, wohl ein Besatzstück ksl. Gewandung. Das übrige ist fraglich nach Herkunft und Zeit. Die seit langem um 700 nach Syrien gesetzte Staurothek Fieschi-Morgan (New York, Metrop. Mus.) wird jetzt z. T. ins 8. Jh. datiert und wäre ein Beispiel syr. Protestes gegen das Bilderverbot. Beispiele für ikonoklast. E.s sind wohl die der »Kanne Karls d. Gr.« im Schatz von St-Maurice d'Agaune, rein sasanidisch in der Ikonographie, technisch sehr gut, und einige kleine verwandte Stücke. Der vermutete iran. Ursprung ist unbeweisbar.

Im 9. Jh. läßt sich an das Paschalis-Kreuz eine – von M. CH. ROSS zusammengestellte – Gruppe anschließen, die wohl aus Italien u. a., nicht byz. Herrschaft unterstehenden Gebieten stammt. Die Zuschreibung vieler Stücke als georg. durch AMIRANACHVILI und ZASTROW scheitert an den gr. Beischriften und dem völligen Fehlen georg. Schrift.

Die große Zeit des byz. E.s hat ihr Zentrum in Konstantinopel (Kpl). Gegen Ende des 9. Jh. entstand in der ksl. Werkstatt am Zeuxippos-Palast die Votivkrone Leons VI. (Venedig, Tesoro di S. Marco, unvollständig erhalten), an die sich eine große Gruppe von E.s anschließt, deutlich Zeugen eines Neuanfanges: schlichte Linienführung, Nasen und Brauen meist mit einem Goldsteg gezeichnet, strenge Frontalität, geringe Farbpalette auf grünem Grund. Wohl werkstattgleich ist das Abendmahl-Med. der Patene der Slg. Stoclet, Brüssel. Nach Technik und Farbgebung gehören in diesen Umkreis auch die beiden Epimanikia (Ärmelstulpen) in Thessalonike. Neben diesen Flächen-E.s gehören in diese Gruppe auch Senk-E.s, von denen manche umstritten sind (s. u.). Die nächste Stufe zeigt der Romanos-Kelch (Tesoro di S. Marco): Bei den Gesichtern am Kelchrand werden die Brauen als schwarze Felder gegeben, während am Fuß die Med.s der Verkündigung noch die Technik der Votivkrone zeigen. Bei dem Stifter des Kelchs und des mit ihm werkstattgleichen liturg. Geräts (ebd.) muß es sich also um Romanos I. (920-944) handeln. Der Höhepunkt wird im 10. Jh. mit der 963/964 gearbeiteten Staurothek von Limburg erreicht: Die große →Deesis zeigt in den individuell gestalteten, gut ponderierten Apostelbildern die vollendetsten Menschenbilder im byz. E.; die Farbskala (helles und dunkles Blau, Purpur, Gelb, Rot) begegnet auch bei den →Engeln und Himmelsmächten der Innenseite. Dieser Stil wiederholt sich schwächer auf einigen E.s wie der Staurothek im Tesoro di S. Marco, auf den Platten der Krone der Theophanu (München, Staatsbibl., auf dem Perikopenbuch Heinrichs II.) und auf dem Bucheinband des Cod.lat.Cl. 1, Nr. 100 der Bibl. Marc., Venedig. Die Fragmente einer Frauenkrone (Budapest) mit den Bildnissen Ks. Konstantins IX. Monomachos und der Ksn.en →Zoe und →Theodora sind auf 1042/50 zu datieren. Die Farbigkeit ist reicher, die Gewandmusterung kleinteiliger und oft parallelisiert. Als eines der besten E.s aus dem Umkreis dieser Krone gilt die Tafel des hl. Demetrios in Berlin. Die byz. E.s an der →Stephanskrone, Budapest (1074/77), stehen stilist. denen der älteren Krone ebd. noch nahe, sind aber qualitätvoller. In den engsten Umkreis dieser E.s gehören z. B. das Reliquiar der fürbittenden Maria im Dom zu Maastricht und die Med.s vom Rahmen einer verlorenen Ikone des Erzengels Gabriel in Dshumati (Georgien) in New York (Metrop. Mus.), Paris (Mus. de Cluny) und Tiflis (Staatl. Kunstmus.), die den Höhepunkt dieser Stilrichtung bilden, sowie die eng verwandten Med.s der Deesis auf dem Rahmen der Ikone der Nikopoia in S. Marco.

Das letzte große datierbare E.-Werk ist das, was an der Pala d'Oro von S. Marco auf die Urform 1105 (Doge Ordelaffo Falier) zurückgeht. Die mehrfachen Veränderungen (1209, 1345) erschweren jedoch die Zuweisung an die Ur-Pala erheblich. Ziemliche Einigkeit besteht darüber, daß in der untersten Reihe der Pala alle Figuren mit Ausnahme des »Dogen« und Salomos zum Grundbestand gehören. Man wird auch den in der Mitte thronenden Christus und den Paulus sowie im oberen Rang die Erzengel hierher rechnen dürfen, wenn das auch stark umstritten ist. Diese Bestandteile der Ur-Pala scheinen zeitlich zusammenzugehören, sind aber zweifellos von Künstlern unterschiedl. Qualität gearbeitet. Die vollendetsten Figuren sind die betende Maria, Christus und Paulus, die alle Kennzeichen des reifen komnen. Stils zeigen. Was schon bei der Monomachos-Krone andeutungsweise begann, ist hier zur Perfektion ausgebildet: die Betonung von Gelenken durch Spiralen, die von den Stegen gebildet werden. Im Vergleich dazu wirken die Propheten größtenteils steif und plump, zeigen aber deutlich die Zugehörigkeit zur gleichen Stilstufe. Die Entwicklung im 12. Jh. ist mangels datierbarer Denkmäler sehr unklar. Es scheint, daß im 13. Jh. eine Werkstatt in Thessalonike an die Stelle von Kpl. trat (Beschläge auf der nach 1235 von Ebf. Manuel Disypatos v. Thessalonike gestifteten Ikone »Maria, die Hoffnung der Hoffnungslosen«, Freising, Dom). Die E.med.s entsprechen recht gut dem frühpalaiolog. Stil. Das gleiche gilt für den Bucheinband des Cod.gr. 56 der Bibl. Marc. Der Kelch des Manuel Palaiologos im Athos-Kl. Vatopedi beweist, daß im fortgeschrittenen 14. Jh. die Kunst des Zellen-E. nicht mehr geübt wird: Auf ihm waren die Polystauria mit Grubenschmelz ausgefüllt.

Eine sehr selten belegte Besonderheit sind Ikonen mit plast. E. Am bekanntesten die Ikone des stehenden Erzengels Michael im Tesoro di S. Marco (nach dem Beiwerk in das 11. Jh. zu datieren) sowie die zum Urbestand des Welfenschatzes gehörende Ikone des hl. Demetrios (12. Jh.) in Berlin (Staatl. Mus. Preuß. Kulturbesitz), die durch ihre Beschädigungen einen Einblick in die Technik ermöglicht.

Ein weiteres Zentrum des Zellen-E.s war *Georgien.* Nach Ansicht des führenden georg. Fachmannes AMIRANACHVILI ist nahezu alles, was in Georgien an E. zu finden ist, auch dort entstanden, ohne daß er gr. Inschriften dabei berücksichtigt. Gr. ist in Georgien nie Verkehrssprache gewesen. Was einwandfrei georg. Herkunft ist, durch georg. Aufschriften gesichert, unterscheidet sich von den byz. E.s durch wesentl. unsicherere Linienführung der Stege und häufig durch verdrückte Proportionen. Bezeichnend dafür sind z. B. die E.s auf dem Rahmen der Marienikone von Chobi sowie die beiden angebl. auch von der Ikone aus Dshumati stammenden beiden Platten mit dem Bilde Christi und des hl. Demetrios. Die gleiche Stilauffassung zeigen die drei zu einem Dodekaorteon gehörenden Tafeln in Tiflis, Staatl. Kunstmus. Die ebenfalls für Georgien beanspruchten beiden Platten mit der Darstellung des hl. Georgios dürften wegen der gr. Beischriften und der ausgezeichneten Führung der Stege trotz zusätzl. georg. Beischriften eher byz. sein und dem späten 12. Jh. zugehören.

Die bekanntesten Werke der großen Werkstatt von *Venedig* sind die Evangelisten und die Himmelsmächte an der Pala d'Oro von S. Marco. Sie zeichnen sich durch vergröbernde Übernahme byz. Thematik und Technik sowie eine sehr reiche Koloristik aus. Sie dürften ehestens ihre Entstehung der Umgestaltung der Pala i. J. 1209 verdanken. In die gleiche Stilrichtung gehören auch die nahezu quadrat. Plättchen, die die Pala nach oben und seitlich begrenzen (Dodekaorteon, Markuslegende und Diakone). In den Umkreis dieser Werkstatt gehören auch das Kopf- und das Beinreliquiar des hl. Blasius (Sv. Vlacho) in Dubrovnik (Schatz der Kathedrale) sowie die E.s auf der Linköping-Mitra und deren Verwandte (J. Deér). Vielleicht ist der sog. Chevron-Stil (Litzen-Stil), der sich auch auf jüngeren E.s wiederfindet, ursprgl. eine ven. Erfindung. K. Wessel

Altrussische Kunst: Das E., den alten Slawen bereits bekannt, erlebte nach der Annahme des byz. Christentums Ende 10. Jh. v. a. durch den neuen Auftraggeber Kirche qualitativ und quantitativ einen Aufschwung. Neben weltl. Schmuck wurden nun Kultusgeräte (Kelche, Patenen, Kreuze u. a.), -gewänder (Omophorien, Sakkoi u. a.), episkopale Insignien (Pektoralkreuze, Enkolpien z. B. mit→Boris und Gleb 1072–1150, Panhagien u. a.) in Auftrag gegeben. Wegen ihrer liturg. Dignität wurden auch die Beschläge (»Oklady«) von Ikonen (z. B. der Vladimirskaja, 1410–31, Oružejnaja Palata, Moskau) und Evangeliarien (z. B. Mstislav-Ev., Anfang 12. Jh., Hist. Museum, Moskau; Ev. von 1392, Lenin-Bibl., Moskau) mit E. ausgestattet. Adäquates Objekt byz. Lichtästhetik, beeinflußte das E. früh die Ikonenmalerei (z. B. Erlöser mit den goldenen Haaren, um 1200, Kreml-Museum, Moskau) und die Buchmalerei. Die Blüte der russ. Emailkunst setzte erst nach unserem Berichtszeitraum ein.

K. Onasch

Lit.: RByzK II, 93–129 [z. T. überholt] – F. Bock, Die byz. Zellenschmelze der Slg. Sweligorodskoi, 1886 – J. Schulz, Der byz. Zellenschmelz, 1890 – N. Kondakov, Gesch. und Denkmäler des byz. E.s, 1892 – M. Rosenberg, Zellenschmelz, I–III, 1921 – L. Bréhier, La sculpture et les arts mineurs byz., 1936 – M. v. Bárány-Oberschall, The Crown of the Emperor Constantine Monomachos (Archaeologia Hungarica XXII [ung. und engl.]), 1937 – A. Alföldi, Die Goldkanne von St. Maurice d'Agaune, ZAK 1948, 1–27 – St. Pelekanides, Τὰ χρυσὰ κοσμήματα τῆς Θεσσαλονίκης, Deltion, 1959 – P. E. Schramm, Ein byz. Stemma aus dem Besitz Heinrichs II. (Theophanus?) (Herrschaftszeichen und Staatssymbolik II, 1955), 638–642 – Sh. Amiranachvili, Les émaux de Géorgie, 1962 – Ders., Kunstschätze Georgiens, 1971 – M. Ch. Ross, Enamels (Byz. Art, A European Art, 1964), 391–409 – G. Lorenzoni, La Pala d'oro di S. Marco, 1965 – W. F. Volbach–H. R. Hahnloser u. a., Il tesoro di San Marco, I: La Pala d'Oro, 1965 – J. Deér, Die hl. Krone Ungarns, 1966 – Ders., Die byzantinisierenden Zellenschmelze der Linköping-Mitra und ihr Denkmalkreis, Tortulae, 1966, 49–64 – O. Demus, Zur Pala d'Oro, JÖBG, 1967 – K. Wessel, Die byz. E.kunst vom 5. bis 13. Jh., 1967 [engl. 1968] – O. Zastrow, »Provincialismo« dello smalto georgiano medioevale, nel contesto della coeva produzione biz.? (Atti del primo simposio internazionale sull'arte georgiana, 1977), 309–322 – V. Beridze, The Figurative Arts (Art and Architecture in Medieval Georgia, hg. H. Alpago-Novello, V. Beridze und J. Lafontaine-Dosogne, 1980), 27–84 – *Zur altruss. Kunst:* Gesch. der Russ. Kunst, hg. I. E. Grabar, W. N. Lazarew, W. S. Kemenow, I–III, 1957–59.

III. Abendland: Die Geschichte des abendländ. E.s beginnt mit kelt. Gruben- bzw. Furchen-E. (opak-rot, sog. Blut-E., bald farbl. bereichert), mit Schwerpunkten in Böhmen, Nordfrankreich und Britannien. Es lebt im provinzialröm. Kunstgewerbe in bunter geometr. Musterung weiter, mit Übergang in merowingerzeitl. Fibeln und dem sog. Kettlacher E. Auftreten von Goldzellen-E. mit Tierdarstellungen seit ca. 700 bzw. in frühkarol. Zeit (Oviedo, Placa franca; Berlin, Engerer Burse; New York, Lindauer Deckel). Höhepunkt figürl. Zellen-E.s im karolingerzeitl. Rom (Vatikan, Paschaliskreuz), ikonograph. lokaler, techn. byz. Tradition verpflichtet. Aus der karol. »Mailänder Schule« mit ihrem alpenländ. Hinterland geht vorwiegend ornamentales Gold-E. hervor (Monza, →Eiserne Krone; Freiburg, Adelhaus. Tragaltar; Mailand, Goldaltar). Auf dieser Grundlage, nach neuen byz. Anregungen, entfaltet sich das hochstehende otton. Goldzellen-E., v. a. in Trier (→Egbert-Werkstatt), Essen/Köln (Kreuze) und Nebenzentren. Bedeutendes figürl. E. auf der dt. →Reichskrone, ferner in Mailand (Ebf. Aribert, Chiavenna, Pax).

Im 12. Jh. wird das Zellen-E. vom Gruben-E. verdrängt, wohl durch Weiterleben älterer Tradition mitbestimmt. Gold als Träger wird von (vergoldetem) Kupfer abgelöst, dem weniger aufwendigen Material entspricht ausgedehntere Verwendung des E.s auf großen Objekten wie Schreinen und (Trag-)Altären. Wichtigste Zentren des roman. Gruben-E.s sind die Kl. im Rhein-Maasgebiet, daneben wohl auch profane Werkstätten. Die Blüte dauert von ca. 1150 bis ca. 1180. Wenige Künstler und Auftraggeber sind faßbar, wie Godefrid v. Huy und Abt Wibald v. Stablo (Kopfreliquiar Papst Alexanders I. 1145; Remaklus-Retabel ca. 1150). Anfänglich erscheinen Figuren bzw. Motive vor farbigem Grund. Auf Werken einer späteren Gruppe (Kreuzfuß St. Omer) wird eher »malend« gearbeitet, d. h. mit mehreren Farben in einer Schmelzgrube. Neben dem Maasgebiet ist Köln zu nennen, faßbar ca. 1150 in →Eilbertus (Berlin, Tragaltar Welfenschatz), der noch in der Tradition des Zellen-E.s arbeitet. Tragaltäre und Reliquiare köln.-rhein. Produktion, unter ihnen hervorragend der 1160–70 datierte Heribertschrein, bezeugen enge Beziehungen zu den mosanen Werkstätten, nicht zuletzt in der Gregoriusgruppe (Tragaltäre in Siegburg, Xanten, Köln u. a. O.). Bedeutend in diesem Zusammenhang auch zwei Kuppelreliquiare (Berlin, London). Den Gipfel der roman. Schmelzkunst an Rhein und Maas bildet das Werk des→Nikolaus v. Verdun (Klosterneuburger Altar 1181). Differenziertes Gegenspiel von Zeichnung und Grund, unter Beschränkung auf den farbigen Zweiklang Blau-Gold, hebt seine Arbeitsweise von der relativen Buntheit vorangehender E.s ab. Einwirkungen der mosanen Kunst rufen die Produktion von Gruben-E. auch in Niedersachsen hervor, vermutl. mit Zentrum in Hildesheim. Von weitgehend selbständiger Entwicklung jedoch sind die professionellen Werkstätten in Limoges, wo Massenfabrikate für den Export hergestellt werden. Ihre Erzeugnisse sind weit verbreitet und von Einfluß, u. a. in Nordspanien.

Soziale und wirtschaftl. Wandlungen im Goldschmiedewesen seit ca. 1300 (Zünfte) gehen zusammen mit der Entwicklung neuer Techniken. Zwischen Italien und Frankreich strittig ist die Herkunft des *Silberreliefschmelzes (É. de basse taille)*, einer Abart des Gruben-E.s. Paris wird bedeutendstes Zentrum nicht nur dafür, sondern auch für die charakterist. Goldzellen-E.s der Zeit mit smaragdgrünem Fond sowie für das sog. *Fenster-E. (É. de plique à jour)*, transluzidem Zellen-E. ohne Metallgrund. In Deutschland wird transluzides Silber-E. im 14. Jh. von Konstanz/Basel bis Köln/Aachen gepflegt. Um 1380 erscheint wieder in Paris, als exklusiv-höf. Produkt, sog. *E.-Plastik (É. en ronde bosse)*, d. h. von farbigen Schmelzen überzogene plast. Objekte (Altötting, Maria im Rosenhag). Das bereits um 1300 in Italien auftretende, rein dekorative *Draht-E.* gelangt im 15. Jh. v. a. in Ungarn und im O des Reiches zur Blüte. In den Niederlanden entwickelt sich das sog.

Maler-E., mit grisailleartigem Figurenwerk vor glattem dunklem Grund. In Venedig begegnet eine Abwandlung der gleichen Technik, vielfach auf gebuckeltem Träger. Mit solchen Besonderheiten der E.-Kunst wie auch mit den seit Ende des 15. Jh. in Limoges in Mengen hergestellten Exportartikeln in E.-malerei werden die Grenzen des MA überschritten. V. H. Elbern

Lit.: RDK V, 1–66 [E. STEINGRÄBER] – O. v. FALKE–H. FRAUBERGER, Die Schmelzarbeiten des MA, 1904 – M. ROSENBERG, Gesch. der Goldschmiedekunst auf techn. Grundlage. Zellenschmelz, I–III, 1921f. – W. BURGER, Abendländ. Schmelzarbeiten, 1930 – Y. HACKENBROCH, It. E. des frühen MA, 1938 – V. H. ELBERN, MM II, 1962, 183–204 – M. M. GAUTHIER, Émaux du Moyen-Age Occidental, 1973² – D. KÖTZSCHE (Kat. Rhein und Maas, Kunst und Kultur 800–1400, Köln 1973), II, 191–236.

Emain Macha, der Überlieferung nach alte kgl. »Hauptstadt« von Ulster, ca. 5 km westl. von →Armagh, üblicherweise mit der frühgesch. Befestigung Navan Fort gleichgesetzt. E.M., das seinen Namen der kelt. Göttin Macha verdankt, war das Zentrum des wohl mächtigsten Oberkönigtums des prähist. Irland, bis es angebl. im 5. Jh. der Zerstörung durch die →Uí Néill anheimfiel. Doch deutet der archäolog. Befund eher auf ein Wüstwerden von E.M. bereits in später Bronzezeit/früher Eisenzeit (mittleres bis spätes 1. Jt. v. Chr.) hin, wobei die spätesten Belege eher eine kult. als herrschaftl. Bedeutung nahelegen. Auf sehr schwacher Grundlage beruht daher die Annahme, das vom hl. →Patricius mit Armagh (Ard Macha) assoziierte E.M. sei noch in patrician. Zeit (5. Jh.) der Vorort der Ulaid gewesen. Doch besaß E.M., mindestens bis ins späte 14. Jh., symbol. Bedeutung. Diese sagenberühmte Stätte tritt v. a. im air. Epos vom Rinderraub, →»Táin Bó Cuailnge«, auf; hier wird in einer der einleitenden Erzählungen auch berichtet, wie E.M. seinen Namen erhielt. D. Ó Cróinín

Lit.: F. J. BYRNE, Irish Kings and High Kings, 1973, 49–52, 71–74, 81–82 – B. WAILES, The Irish Royal Sites in History and Archaeology, Cambr. Medieval Celtic Stud. 3, 1982, 1–29 – M. RICHTER, Irland im MA, 1983, s.v. Register.

Emanation. [1] *Christl. Theologie und Philosophie*: E. (gr. ἀπορρή, ἀπόρροια; lat. emanatio) ist bildhafter Ausdruck für das »Herausfließen« eines Niederen aus einem Höheren und dient zur Erklärung der Entstehung von Vielheitlichem aus einem Ersten. Der dem Begriff häufig anlastende Hauch von Häresie ist im wesentl. wohl zum einen auf die Bedeutung, die E.-Vorstellungen innerhalb der →Gnosis hatten, zum anderen auf eine mißverständl. Zuordnung zum →Pantheismus zurückzuführen. Daß der Gedanke einer »Emanationslehre« als eines zentralen Problems des Neuplatonismus nicht haltbar ist, dürfte sich auf Grund neuerer Forschungsergebnisse immer deutlicher herauskristallisiert haben (vgl. etwa DÖRRIE, 136). – Gewiß taucht das Bild des »Herausfließens«, »Überströmens« aus einem ersten Prinzip gerade in einem neuplaton. orientierten Denken häufig auf (Licht, Quelle, Baummetapher), ist aber – zumindest im genuinen Neuplatonismus – keinesfall im Sinne einer Depravation des Ursprungs zu verstehen, vielmehr wird immer wieder die unwandelbare Transzendenz des Ersten betont, die wesentl. Differenz zw. E.-Prinzip und Emanierten wird nicht aufgehoben (so etwa Plotin, III, 4, 3, 27, »ἐκείνου οὐκ ἐλαττουμένου« – 'das Obere mindert sich nicht'); ebenso schließen E.-Vorstellungen ein voluntatives Moment nicht notwendig aus. Dies dürften Gründe dafür sein, daß der Begriff in der christl. Philosophie des MA, wenn auch ohne zentrale Bedeutung, so doch als Metapher recht unvoreingenommen gebraucht wird. Anders ist es noch bei Augustinus, der aus seiner unmittelbaren Berührung mit dem Manichäismus heraus diesen Terminus offensichtl. bewußt meidet. Der Sache nach finden sich E.-Vorstellungen dann in reichem Maße bei Dionysios Areopagites, wie ja überhaupt das Bild bei allen »Lichtmetaphorikern« eine große Rolle spielt. Erst B. Cordier verwendet 1634 in seiner lat. Dionysios-Übertragung »emanatio«, was vorher noch – etwa bei Duns Scotus – mit »processus« übersetzt worden war. – Bei Thomas v. Aquin erscheint der Terminus an mehreren Stellen, so etwa S.th. I. 45.1c: »... emanationem totius entis a causa universali, quae est Deus: ... designamus nomine creationis... « – 'die E. des gesamten Seienden aus der Allursache, welche Gott ist, ... bezeichnen wir mit dem Namen Schöpfung' –, ein deutl. Zeichen dafür, daß dieser Begriff keineswegs notwendigerweise im Gegensatz zum christl. Schöpfungsverständnis aufgefaßt werden muß. – Außerordentl. häufig verwendet Meister Eckhart das Bild vom Ausfließen, wobei er im Lat. neben E. mehrere synonyme Termini gebraucht. Im Mhd. setzt er »vliezen, ûzvliezen, ûzvluz«, so etwa: »Dô der vater gebar alle creâtûren, dô gebar er mich, und ich vlôz ûz mit allen creâtûren...« (DW I, 376,8). – Bei Nikolaus v. Kues steht die Verwendung von E. in engem Zusammenhang mit dem Begriffspaar →complicatio – explicatio: »Quoniam vero dictum est universum esse principium contractum tantum atque in hoc maximum, patet, quomodo per simplicem emanationem maximi contracti a maximo absoluto totum universum prodiit in esse – Da aber gesagt wurde, daß das All nur der eingeschränkte Ursprung und insofern darin das Größte ist, leuchtet es ein, wie durch einfache E. das eingeschränkte Größte, das gesamte All, aus dem absolut Größten ins Sein trat.« (De d.i. h 1, II,4,25ff.). An anderem Ort: »Non est enim possibile creaturam intelligi emanasse a creatore, nisi videatur in invisibili virtute seu potestate eius ipsam aeternaliter fuisse.« – 'Es ist nämlich nicht möglich, die Schöpfung als E. des Schöpfers zu erkennen, wenn man nicht sieht, daß sie in der unsichtbaren Kraft oder durch seine Macht selbst ewig gewesen ist.' (De poss. h 11,2, n 73,5).

Zusammenfassend könnte man sagen, daß E. als Terminus immer dort problematisch ist, wo er quasi »materialisiert« wird und dabei seinen eigentl. Bildcharakter verliert. Gewiß unterliegt – wie alle Bilder – auch dieses der Viel- und Mißdeutungsmöglichkeit und hat sich daher auch nie zu einem eindeutig festlegbaren philos. Terminus verfestigen können. U. Mörschel

Lit.: HWP II, 445–448 – RAC IV, 1219–1228 – RGG II³, 449–450 – H. DÖRRIE, E. – Ein unphilos. Wort im spätantiken Denken (Fschr. HIRSCHBERGER, hg. K. FLASCH, 1965), 119–141 – K. KREMER, Das »Warum« der Schöpfung (ebd.), 241–264 – J. STALLMACH, Sein und das Können – selbst bei N.v.C. (ebd.), 407–421.

[2] *Judentum*: Die neuplaton. Auffassung des anfangslosen Hervorgehens der Weltwirklichkeit aus dem absoluten Einen, bestimmt in seinem auf Selbstanschauung begründeten Fortgang durch den Dualismus von Form und Materie, durchlaufend die Stufen des Geistes, der Seele und der Natur, endend beim Vielen der ird. Welt, ist – vermischt mit aristotel. Gedanken – Bestandteil jüd. Religionsphilosophie im MA. Durch wachsende Selbsterkenntnis kann der die gesamte Wirklichkeit widerspiegelnde Mensch vom Ende zum Anfang, dem sein Geist beständig und ursprgl. zugehört, zu seiner höchsten Bestimmung zurückfinden. Das Emanationsbild steht an sich im Widerspruch zum bibl. Glauben an die Schöpfung und Freiheit des göttl. Willens. So wird auch die Schöpfung »aus dem Nichts« in der Auseinandersetzung mit einer solchen Emanationsdeutung und der »Ewigkeit der

Welt« im aristotel. Sinne im ma. Judentum ein theol. Zentralthema – wobei häufig ein Kompromiß erstrebt wurde: →Isaak Israeli (9./10. Jh.) postuliert einen Schöpfungsakt durch Gottes Willen und Stärke für die beiden ersten Substanzen, während die folgenden Seinsstufen hierarchisch emanieren. →Maimonides (1135–1204) war sich des Widerspruchs zw. einer ewigen, notwendigen E. der Welt aus Gott und freiem göttlichen Schöpfungsakt bewußt, dennoch schrieb er: Man kann sagen, die Welt entspringt der E. Gottes, und Gott bewirkt alles, was in ihr entsteht in der Zeit, durch E. (Moreh Nebukim II, 12). Ein Bild für das Hervorgehen der Welt aus Gott sieht er in der Wasserquelle, die in ihrer ganzen Fülle ausfließt, dem Fluß aber als Ursprung verborgen und ungleich bleibt. Diesen dynam. Emanationsgedanken übernahm die antiphilosoph. Kabbala, um das durch Gottes Willen veranlaßte Hervortreten der 10→Sefirot (Wirkungskräfte Gottes) aus dem unerfaßbar und streng transzendent bleibenden *En sof* (verborgene Einheit Gottes) zu erklären, wobei die Weltgegenwart Gottes bisweilen pantheist. Züge bekam.

R. P. Schmitz

Lit.: J. GUTTMANN, Die Philosophie des Judentums, 1933 – I. HUSIK, A Hist. of Medieval Jewish Philosophy, 1960³ – G. SCHOLEM, Ursprung und Anfänge der Kabbala, 1962 – H. GREIVE, Stud. zum jüd. Neuplatonismus, 1973.

Emaus, Abtei OSB → Prag

Embargo, erst in der NZ geprägte Bezeichnung (von span. *embargar* 'anhalten', 'absperren', 'sperren'), deckt in ihrer Begrifflichkeit die im MA bekannten und angewendeten Methoden völkerrechtl. abgesicherter einseitiger Eingriffe in den Handel zw. Staaten, Handelsvereinigungen etc. (vgl. →Blockade, →Boykott, →Devetum) ab.

1. Die ursprüngl. Bedeutung des Begriffs E., v. a. im westeurop. Bereich, ist die Anhaltung eines Schiffes oder die Beschlagnahme seiner Ladung nach dem allgemeinen Kriegsrecht im fremden Land; der Grund ist häufig die Verhinderung von Informationsübertragung von Land zu Land in Krisen- und Gefahrenzeiten, nicht jedoch die Schadloshaltung an fremdem Gut. In dieser Form verhängten die Hansestädte (→Hanse) mehrfach ein E. über dän. Schiffe in den hans. Häfen vor Beginn des Krieges der →Kölner Konföderation gegen →Dänemark 1368.

2. Zur Gruppe der Repressalien ist das E. als Ausfuhrverbot für bestimmte Waren oder Kapitalien in fremdes Land zu rechnen. Die völkerrechtl. Absicherung bedingt eine vorausgegangene Rechtsverletzung des Embargierten. Die Rechtmäßigkeit des E. kann auch beruhen in eventuell prophylakt. Gegenmaßnahmen gegen präsumptive völkerrechtl. Delikte. Voraussetzung für ein E. ist grundsätzl. die wirtschaftl. Abhängigkeit des Betroffenen von der monopolartigen Produktion oder der monopolartigen Vermittlerstelle des verhängenden Landes oder der Handelsvereinigung. Anwendung und Durchsetzung des E. setzen straffe Staatlichkeit und intensive Kontrolle der Handelstätigkeit voraus, da durch die Verhängung des E. die eigenen Produktionszweige und Handelsbranchen beeinträchtigt werden. Ziel des E. ist die Ausübung wirtschaftl. Druckes für polit. Zwecke, so das in den 20er Jahren des 13. Jh. mehrfach von →Venedig über Ägypten verhängte Warenembargo. Völlig gescheitert ist das E. des dt. Kg.s Siegmund gegen →Venedig 1414–18. Häufiger ist das E. von Waffen oder anderen kriegswichtigen Geräten und Materialien (z. B. schon im →Diedenhofener Kapitular von 805). 1367 verhängten die Hansestädte anläßl. des drohenden Krieges der Kölner Konförderation gegen Dänemark ein E. auf Eisen, Stahl, Waffen, Fässer und Braugefäße gegen Dänemark. Daneben konnte das E. auf bestimmte Waren zur Ausschaltung der Konkurrenz ausgesprochen werden, so das Verbot des Verkaufs von Tonnen und Salz an die hans. Konkurrenten während der Fischfangsaison auf →Schonen 1388. Eine begriffl. Definition läßt sich für das MA nicht feststellen, vielmehr handelt es sich größtenteils um pragmat. Maßnahmen aus aktuellem Anlaß, fast immer in Verbindung mit Blockaden und Handelssperren allgemein.

J. Goetze

Lit.: Hwb. der Staatswiss. V, 1913³, s. v. Handelspolitik [L. GOLDSCHMIDT] – Wb. des Völkerrechts, 1960, s. v. [E. THOMAS] – W. HEYD, Gesch. des Levantehandels im MA, 2 Bde, 1879 [Nachdr. 1971] – O. SCHIFF, Kg. Sigismunds it. Politik bis zur Romfahrt 1410–1431, 1909 – W. FRICCIUS, Der Wirtschaftskrieg als Mittel hans. Politik im 14. und 15. Jh., HGBll 57, 1932; 58, 1933.

Embolismus ('Einschub' von gr. ἐμβάλλειν). Die röm. Meßliturgie des MA kennt zwei Typen des E.: 1. die im Communicantes des Kanon an Weihnachten, Epiphanie, Gründonnerstag, Ostern, Christi Himmelfahrt und Pfingsten vorgesehene, umschreibende Erweiterung des Festgeheimnisses; 2. den Paternoster-E., der die letzte Bitte des Vaterunser weiterführt und unter Anrufung von im MA beliebig vermehrten Heiligennamen für die Gemeinde der Gläubigen die Befreiung von der Macht des Bösen erfleht. Die Festtags-E. sind in den alten Sakramentaren seit der Mitte des 6. Jh. nachweisbar. Der röm. Paternoster-E. hat in allen West- und Ostliturgien sein Gegenstück. Nur die byz. Messe beschließt das Vaterunser mit einer →Doxologie.

W. Dürig

Lit.: J. A. JUNGMANN, Missarum Sollemnia II, 1958, 222ff., 352f. – A. HÄNGGI-J. PAHL, Prex Eucharistica. Textus e variis liturgiis antiquioribus selecti, 1968 – R. CABIÉ, L'eucharistie (A. G. MARTIMORT, L'église en prière II, 1983), 127, 182.

Embriachi (Embriaci), Familie von Kunsthandwerkern, um 1400 bzw. im 15. Jh. zuerst in Florenz, dann in Venedig tätig. Mit ihnen erreicht die spätma. Schnitzkunst in Bein eine letzte Blüte, mit fortschreitender Zeit qualitativ absinkend. In fast fabrikmäßig organisiertem Werkstattbetrieb werden kunstgewerbl. Gegenstände profaner und kirchl. Bestimmung hergestellt: Artikel des gehobenen weltl. Bedarfs wie Kästen, Truhen, Spielkassetten, Spiegel(-rahmen) u. a. m., in vielfältigen, teilweise bizarren Formen, im kirchl. Bereich Reliquienkästen, Altaraufsätze, Klappaltäre u. a. Technisch knüpft die Arbeitsweise der E. an die schon in spätroman. Zeit übliche Reihung schmaler beschnitzter Beintäfelchen an, deren flache Wölbung die Oberfläche der Arbeiten typisch rhythmisiert. Für die E. charakteristisch ist sodann die Verbindung von →Beinschnitzerei mit →Intarsie. Der Figurenstil läßt einerseits die Nachwirkung spätgot. frz. →Elfenbeinschnitzerei spüren, zum anderen orientiert er sich an der Frührenaissance Mittelitaliens, nicht zuletzt in den Motiven der profanen Objekte. Sie reichen von spätma. Minneszenen zu Themen aus Romanen der Zeit und antiker Mythologie (z. B. Jasonkasten London, Victoria & Albert-Mus.). Repräsentativ für profane Werke der E. sind zwei große, später aufgelöste Truhen, im Auftrag der Visconti für die Certosa v. Pavia hergestellt (Mailand, Pal. Cagnola). Die bekanntesten und umfänglichsten Werke sind kirchl.-kult. Bestimmung: Ein Retabel für die Abtei von Poissy (Paris, Louvre) war Schenkung d. Hzg.s Johann v. Berry, zwei Altäre für die Chartreuse von Dijon Stiftung Karls d. Kühnen (Paris, Cluny). Ein bilderreiches Dossale von beträchtl. Ausmaßen wurde wieder für die Certosa von Pavia geschaffen, wahrscheinl. von *Baldassarre*, dem bedeutendsten Mitglied der Künstlerfamilie (1400 bzw. 1409 erwähnt). Es besteht aus drei einander zugeordneten spitzbogigen Nischen zw. starken Strebepfeilern, über kräftigem Sockel und von Wimpergen bekrönt, mit 66 Szenen aus der Heilsgeschichte und Nischenfiguren dazwischen. Nach den hervorragenden Arbeiten für die Paveser Kartause wird die Kunst der E. oft als »alla certosina« bezeichnet. Vorindustrielle Fertigungsweise, in techn., motiv. und stilist. Vereinheitlichung, kennzeichnet die E. als eine noch spätma., zugleich aber zukunftsweisende Künstlergruppe. Die Produkte der Werkstatt sind heute in zahlreichen Museen und Sammlungen verstreut. V. H. Elbern

Lit.: J. v. SCHLOSSER, Die Werkstatt der E. in Venedig, 1899, JKS 22, 1899 – THIEME-BECKER X, 496–498 – D. GABORIT-CHOPIN, Elfenbeinkunst des MA, 1978, 171ff.

Embriaci (Embriac), Herren v. Gib(e)let (Ġubail, →Byblos), aus →Genua stammende große Adelsfamilie im Hl. Land. Ursprgl. den vicecomitalen Familien zugehörig, beteiligten sich E. an der Erstürmung von →Jerusalem (Juni 1099; →Kreuzzug, Erster). Im April 1104 unterstützte *Guglielmo* Embriaco →Raimund v. St-Gilles bei der Eroberung v. Gibelet; als Gegenleistung erhielten die Genuesen ein Drittel dieser Stadt. 1109 übertrug Bertrand v. St-Gilles der Kirche S. Lorenzo zu Genua die gesamte Stadt. Zunächst wurde Ugone (I.) Embriaco, dem Sohn von Guglielmo, nur die Verwaltung übertragen; vor 1135 wurde ihm dann jedoch die Stadt auf 20 Jahre gegen Jahreszinszahlung zu Lehen gegeben. Ugones Sohn *Guglielmo (II.)* (ca. 1135–57) erlangte 1154 die Erneuerung der Übertragung von Gibelet auf 29 Jahre gegen einen Zins von 270 Byzantii, während an seine Vettern *Ugone* und *Nicola* Embriaco genues. Besitzungen in Antiochia und Akkon ausgetan wurden. Guglielmo (II.), Vater von vier Söhnen und einer Tochter, ist der Stammvater der drei jüngeren Linien der E.; zu ihnen zählen die Herren v. Besmedin. Mit *Ugone (II.)* (ca. 1163–79) und *Ugone (III.)* (1184–86) lockerten sich die Beziehungen der Familie zu Genua; die E. begünstigten durchweg den Handel ihrer Landsleute und insbes. denjenigen der vicecomitalen genues. Familien, die den Verkehr mit Syrien beherrschten, wodurch die E. allmählich eine starke Selbständigkeit gegenüber ihrer Mutterstadt erlangten; die gegen diese Entwicklung gerichteten Proteste und Appelle der Päpste Alexander III. und Urban III. blieben wirkungslos. Die E. errichteten eine der mächtigsten Baronien der Gft. →Tripolis, frankisierten sich (sie nannten sich nun: Sires d'Embriac) und verschwägerten sich mit anderen großen Familien im Hl. Land; bes. Bedeutung erlangte die Heirat *Guys (I.)* (1186–1233) mit *Alix,* der Schwester →Bohemunds IV. v. →Antiochia. Da Guy bei →Ḥaṭṭīn in die Gefangenschaft →Saladins geriet, mußte er diesem 1187 Gibelet abtreten, konnte es aber dank des geschickten Vorgehens seiner Mutter *Etiennette de Milly* i. J. 1197 zurückgewinnen. Guy nahm 1217 an der von →Leopold VI., Hzg. v. Österreich, geführten Kreuzfahrt teil (→Kreuzzug, Fünfter), verproviantierte das vor →Damiette liegende Kreuzheer und ergriff im Kampf zw. →Friedrich II. und →Ibelin die Partei des Ks.s. Mit *Henry* (ca. 1252–71) wurden die Beziehungen der E. zur antiochen. Dynastie gespannter. *Bertrand (II.),* der einer Nebenlinie der E. entstammte, weigerte sich, Bohemund VI. im Krieg v. St. Sabas gegen die Akkoner Genuesen zu unterstützen; er stellte sich an die Spitze der aufständ. Ritterschaft von Tripolis gegen die Fs.en und kam schließlich in einem Hinterhalt um (1258). *Guy (II.)* (ca. 1271–82) geriet wegen eines Heiratskonflikts in Gegensatz zu Bohemund VII. Von den Templern unterstützt, griff Guy Tripolis an, unterlag jedoch und wurde schließlich mit seinen Brüdern zu Nephin lebendig begraben (1282). Danach vermochte Bohemund VII., Gibelet zu besetzen. Nach Bohemunds Tod schlossen die tripolitan. Ritter jedoch eine Schwureinung *(commune),* als deren Führer *Barthélemy de Gibelet,* Sohn von Bertrand (II.), fungierte. Er bat die Genuesen um Schutzherrschaft, schloß einen Vertrag mit Benedetto →Zaccaria und starb bei der Eroberung der Stadt Gibelet durch Sultan Qalāwūn (April 1289). Gibelet scheint bis etwa 1300 in der Hand des *Jean d'Antioche,* eines Schwagers von Guy (II.) und Vasallen der Mamlūken, verblieben zu sein. Die überlebenden Mitglieder der E. zogen sich nach →Zypern zurück, wo sich bereits unter Guido v. →Lusignan ein Zweig der Familie niedergelassen hatte. Unter den Mördern des Kg.s v. Zypern, →Peter I. († 1369), befand sich ein Gibelet, der 1373 auf Befehl des genues. Admirals Pietro di →Campofregoso enthauptet wurde.

M. Balard

Lit.: E. REY, Les familles d'Outre-Mer de du Cange, 1869, 316–336 – DERS., Les seigneurs de Giblet, Revue de l'Orient lat. 3, 1895, 398–422 – E. H. BYRNE, The Genoese Colonies in Syria (The Crusades and other hist. essays ... D. C. MUNRO, 1928), 147–156 – R. GROUSSET, Hist. des Croisades et du royaume franc de Jérusalem, 3 Bde, 1934–41 [Ind.] – J. RICHARD, Le comté de Tripoli sous la dynastie toulousaine (1102–87), 1945, 73, 84, 91 – DERS., Le comté de Tripoli dans les chartes du fonds Porcellet (Les relations entre l'Orient et l'Occident au MA), 1977 – W. H. RUDT DE COLLENBERG, Familles de l'Orient lat. XIIe–XIVe s., 1983 – Crusade and Settlement, ed. P. W. EDBURY, 1985 [Beitr. von: J. RICHARD, 213–224; R. IRWIN, 246–250].

Embricho, Bf. v. Würzburg seit 1127, † 10. oder 11. Nov. 1146 in Aquileia. Der einem edelfreien, vielleicht rheinfrk. Geschlecht entstammende E. wurde auf Verwenden Kg. →Lothars v. Süpplingenburg, dessen Kanzleivorstand er war, Bf. und erhielt mit den Regalien wahrscheinl. auch den Dukat in Ostfranken. Auch unter Kg. →Konrad III., dessen einflußreichster Berater er war, vielfach im Reichsdienst tätig, entfaltete er ebenso im Innern eine rege, dank der mit ihm einsetzenden dichteren urkundl. Überlieferung gut erkennbare Tätigkeit. Er begleitete 1144 Konrads III. Schwägerin →Bertha v. Sulzbach nach Byzanz zu ihrer Heirat mit Ks. →Manuel I. und starb auf der Rückreise. Zuvor verfaßte er eine Lebensbeichte (AnalHym 33, 234–237). A. Wendehorst

Lit.: Verf.-Lex.^{2} II, 517f. – A. WENDEHORST, Das Bm. Würzburg I (GS NF 1, 1962), 140–151 – P. JOHANEK, Die Frühzeit der Siegelurkunde im Bm. Würzburg, 1969 – M.-L. CRONE, Der Ducatus Orientalis Franciae, JbfflL 41, 1981, 1–21.

Embrico v. Mainz, Autor einer bis ins 14. Jh. beliebten fabulösen 'Vita Mahumeti', die 574 leonin. Distichen umfaßt. Nach der in zwei Hss. tradierten 'Vita auctoris' handelt es sich um das Jugendwerk eines aus Mainz stammenden E., den zuletzt G. CAMBIER mit dem späteren Bf. E. v. Augsburg (1064–77) identifizierte. Aufgrund des fast durchgehend zweisilbig reinen leonin. Reimes gehört das Gedicht offensichtlich ins 12. Jh. (B. BISCHOFF), womit auch G. CAMBIERS Versuch, den Text als antibyz. Schlüsselroman (datiert ca. 1040) zu interpretieren, strittig bleibt.

Das v. a. an Vergil, Ovid, Sedulius und der Bibel orientierte Gedicht stellt ein Konglomerat phantasievoller Verunglimpfungen des islam. Religionsstifters →Mohammed dar, wie sie in der ersten Hälfte des 12. Jh. z. B. bei →Guibert v. Nogent, →Walter v. Compiègne, dessen 'Otia de Machomete' wörtl. Übereinstimmungen mit E. aufweisen, oder in dem jüngst veröffentlichten Adelphus(?)-Text kursierten.

Ein häret. Magier inspiriert den Sklaven Mammutius, den späteren Mahumet, durch die fingierte Zähmung eines wilden Stieres zum Herrscher von Libyen aufzusteigen. Vor allem wegen der Auflösung der christl. Ehemoral straft Gott Mahumet mit epilept. Anfällen, die als Zeichen seiner Vergöttlichung ausgegeben werden. Während eines solchen Anfalles wird der Prophet von einer Schweineherde aufgefressen (Verspottung des islam. Speisegesetzes). Die Parallele zum Tod des 'Ysengrimus' (Nivardus v. Gent) liegt nahe. Die Überreste werden in einem schwebenden Sarg verehrt. Die legendenhafte Einordnung des islam. Propheten als betrüger. Häretiker ist ein für die Kreuzzugszeit exemplar. Dokument christl. Polemik. W. Maaz

Ed.: F. HÜBNER, Vita Mahumeti, HVj 39, 1935, 441–490 – Embricon de Mayence, La vie de Mahomet, ed. G. CAMBIER (Collection Latomus 52), 1962 – *Lit.*: Verf.-Lex.² II, 515–517 – R. CH. SCHWINGES, Kreuzzugsideologie und Toleranz, 1977, 115f. – N. DANIEL, The Arabs and Mediaeval Europe, 1979², 235–240 – B. BISCHOFF, Ein Leben Mohammeds (Adelphus?) (Zwölftes Jh.) (Anecdota Novissima, hg. B. BISCHOFF, 1984), 106–122, hier 107–109.

Embrun, Stadt in SO-Frankreich, Dauphiné, in den Cott. Alpen (dép. Hautes-Alpes), ehem. Sitz eines Ebm.s, dem im 13. Jh. die Suffraganbm.er Digne, Senez, Vence, Glandêves, Nizza und Grasse (vor dem 12. Jh. auch Antibes) unterstanden. Seit Ks. Valentinian I. (364–375) war E. Hauptstadt der röm. Provinz Alpes Maritimae. Es blieb bis zu seiner Aufhebung i. J. 1790 kirchl. Metropole, jedoch mit bestimmten Schwankungen im 6.–9. Jh. Das Diözesangebiet dürfte um die Mitte des 6. Jh. und um 1043 territoriale Veränderungen erfahren haben. Im 12. Jh. verfügte der Ebf. über einen umfangreichen Besitz, dessen Freiheit durch Ks. Konrad III. 1151 bestätigt wurde; dennoch wurde 1177 mit den Gf.en v. →Forcalquier eine Teilung der Jurisdiktion vorgenommen. Zw. den Ebf.en und den Bürgern der Stadt E., die 1204 ein →Konsulat errichteten, brachen Konflikte aus; dies erlaubte den Gf.en v. Forcalquier und ihren Nachfolgern, den Dauphins des Viennois (→Dauphiné), in der Stadt eine gemeinsam mit den Ebf.en gebildete Verwaltung einzurichten (gemeinsamer →*bayle* und Richter, 1210 und 1247) und später dann einen →*bailli* einzusetzen; schließlich bauten die Dauphins einen Stadtpalast und lösten - nach dem städt. Aufstand von 1237 – die Konsulatsverfassung auf (1256–58). Die Geschichte E.s im späten MA ist durch unaufhörl. Streitigkeiten zw. den konkurrierenden Verwaltungsinstitutionen, den ebfl. und den delphinalen, gekennzeichnet. Als der Dauphin Ludwig (XI.) i. J. 1447 die delphinale Position durch Einrichtung eines *vibaillage* reorganisierte und stärkte, beließ er dem Ebf. nur wenig an polit. Macht.

Mehrere der Ebf.e v. E. sind als bedeutende Juristen hervorgetreten: insbes. Heinrich v. Susa (→Henricus de Segusio, Ebf. 1250–63) und →Wilhelm v. Mandagout (Ebf. 1295–1311), einer der Autoren des Liber sextus. Die Prälaten der avignones. Zeit, die selten in E. residierten, traten ebenfalls als Juristen hervor (Bertrand v. Deaux; Raymond de Salgues; Pierre Arneilh, dessen Korrespondenz eine bedeutende Quelle darstellt). Das 15. Jh. war durch Ebf.e geprägt, die dem Königsdienst entstammten: Jacques →Gelu (1427–32), der sich für →Jeanne d'Arc einsetzte; Jean de Girard (1432–39), Diplomat im Dienste Ludwigs XI.; Jean Baile (1457–94), der seine Opposition gegen den Kg. teuer büßen mußte.

Zwei wichtige Faktoren kennzeichnen das wegen mangelnder Archivalien insgesamt schlecht beleuchtete religiöse Leben der Diöz.: Zum einen breitete sich seit dem Beginn des 13. Jh. in den Gebirgslandschaften des →Briançonnais und der Vallouise (Vallis puta) die häret. Bewegung der →Waldenser aus. Zum anderen entwickelte sich die Wallfahrt zur »Vierge du real« (benannt nach ihrem Standort, einem von einem Vorbau überdeckten Tympanon der Kathedrale v. E.), die sich seit 1339, begünstigt von Mirakelberichten, ausbreitete. Ein Mirakelbuch belegt die internationale Ausstrahlung dieser Marienwallfahrt, der sich auch Ludwig XI. als eifriger Marienverehrer anschloß. – Die →Inquisition wurde im 3. Viertel des 13. Jh. unter großen Schwierigkeiten eingeführt; vergeblich blieben jedoch alle Bemühungen um eine Vernichtung der Ketzerei, sei es durch Gewalt, durch Predigt (Vinzenz →Ferrer) oder durch Aktivierung der Seelsorge (1220 *cordeliers* in E., 1390 Dominikaner in Briançon, Wiederaufbau von Kirchen seit 1450, Wiederherstellung und Neueinrichtung von ländl. Pfarreien). Die weltl. Gewalt schaltete sich seit etwa der Mitte des 15. Jh. in die geistl. Angelegenheiten ein, wobei es zu mancherlei Spannungen, Widersprüchen und internen Konflikten kam. Der Ordensklerus spielte im Bm. E. insgesamt eine geringere Rolle, mit Ausnahme der Abtei →Boscodon (gegr. 1130), die, seit 1142 →Chalais affiliert, nach dessen Anschluß an die Grande →Chartreuse (1303) eine eigene Kongregation bildete. Zu nennen ist ferner: die Abtei OSB Ste-Croix de Châteauroux (gegr. um 1162), ein Priorat von →Notre-Dame des Baumes (commune de Châteauroux), das von der Propstei Oulx abhing und im Briançonnais großen Einfluß hatte. Mit Besitzungen in der Diöz. E. waren St-Géraud d'Aurillac und St-Victor de →Marseille sowie Templer- und Hospitaliterorden vertreten. G. Giordanengo

Lit.: DHGE, s. v. [mit fehlerhafter Karte] – M. Fornier, Hist. des Alpes Maritimes ou Cottiennes, 3 Bde, 1890–92 [Neudr. eines Werkes aus dem frühen 17. Jh.] – J. ROMAN, Tableau hist. des Htes-Alpes, 1887 – J. HUMBERT, E. et l'Embrunais à travers l'hist., 1972 – Congrès archéol. de Dauphiné, 1974 – J. THIRION, Alpes romanes, 1980 – s. a. Lit. zu →Dauphiné.

Emden (Amuthon), Seehafenstadt in →Ostfriesland, im 8./9. Jh. als Handelssiedlung in Form eines Straßendorfes auf einer von der Mündung der Aa sich nw. an der Ems erstreckenden Langwurt gegründet. Infolge günstiger Natur- und Verkehrslage schon früh zur Münz- und Zollstätte geworden, entwickelte sich E. als Umschlagplatz für den über die Nordsee auf und an der Ems von und nach Westfalen verkehrenden Fernhandel bis zum 15. Jh. zu einer Stadt. Es wurde Stützpunkt der Komitatsinhaber im Emisgo, der Gf.en v. →Werl, →Ravensberg und Bf.e v. →Münster (11.–13. Jh.). Da Gemeindebildung und Freiheitsbewegung in Friesland die Bauern ebenso wie die Bürger betrafen, führte die Loslösung von der Grafenherrschaft nicht zu einer Absonderung E.s als Stadt vom Land, sondern zu einer Einbindung in die autonome »universitas terrae Emisgonie« (→Friesische Freiheit). Erst mit dem Aufkommen der →Häuptlinge vollzog sich in der 2. Hälfte des 14. Jh. zunächst die äußere und im 2. Viertel des 15. Jh. sodann die innere Differenzierung: nach Häuptlingsburg und Stadtbefestigung folgten Ratsverfassung und Rathaus. Als Stadtherren wurden die Abdena von den tom →Brok 1413–27 und von →Hamburg 1433 verdrängt, das E. den →Cirksena 1439–47 und 1453 überließ. Kein Stadtrecht, sondern einzelne Statuten und verschiedene Privilegien, darunter neben Zöllen und Akzisen das →Stapelrecht, sind verliehen worden. – Durch Erweiterung der Langwurt vom Anfang des 10. bis zum Ende des 12. Jh. nach N entstand der Altstadtkern mit dem Straßengitter zw. Emsufer und Gr. Burgstr. In dieser Zeit wurde die Cosmas-und-Damian-Kirche im W zunächst zweimal in Holz, zuletzt erstmals in Stein erbaut, im O die Aa-Mündung als Hafen (Delft) ausgelegt und jenseits in Mittel-Faldern vermutlich bei einem Hof von den Gf.en v. Werl eine Walburg-Kirche gegründet (1317 Franziskanerkl.). Im 13. und 14. Jh. Ausdehnung bis an d. Gr. Straße nach N und mit der Burg nach W, in der 1. Hälfte des 15. Jh. weiter nach N, erst bis an die Lookvenne, dann folgte der Neumarkt (Alter Markt am Delft). Nach der Jahrhundertmitte wird im O Mittelfaldern durch Ulrich Cirksena (1464 Gf. in Ostfriesland) einbezogen. In diesem Umfang mit ca. 3000 Einw. war E. am Ende des MA unter Gf. →Edzard d. Gr. noch die landesherrl. Hauptstadt der ostfries. Reichsgrafschaft. Der großartige Zuwachs und Aufstieg E.s erfolgte erst ein Jahrhundert später.

H. van Lengen

Lit.: Stadt im Wandel. Kat. zur Landesausst. Niedersachsen 1985, Bd. 3, 1985, 151–159 [K. Brandt]; Bd. 4, 1985, 39f., 45f. [H. van Lengen].

Emerita Augusta → Mérida

Emhilt, Äbtissin v. Milz (Krs. Meiningen), Angehörige der alteingesessenen ostfrk.-thür. Führungsschicht, errichtete vor 784 ein OSB-Nonnenkloster an einer Eigenkirche, die sich seit vorbonifatian. Zeit im Familienbesitz befand. 799 übertrug E. ihr Kl. der Reichsabtei →Fulda. Diese hatte zuvor bereits von E. und ihren Verwandten, darunter fünf Grafen, die Marken Rasdorf und Soisdorf (nö. Fulda) erhalten. Auch das Hochstift →Würzburg und die Reichsabtei →Lorsch wurden von diesem Personenkreis, der bereits Bonifatius unterstützt hatte, reich beschenkt. Die Nennung einer 'Hemhilt' in einem jüngst entdeckten Karolingereintrag des Reichenauer Verbrüderungsbuchs scheint die Angabe Eberhards v. Fulda einer Verwandtschaft E.s mit→Karl d. Gr. zu bestätigen.

M. Gockel

Lit.: M. Gockel, Zur Verwandtschaft der Äbtissin E. v. M. (Fschr. W. Schlesinger 2, 1974 [Mitteldt. Forsch. 74/2]), 1–70 – Die Klostergemeinschaft von Fulda im früheren MA 2/3, 1978 (MMS 8/2.3), 1143ff. [E. Freise].

Emilia, oberit. Region. Durch natürl. Grenzen (Po, Adria, Apennin) bereits als geograph. Einheit gekennzeichnet, wurde ein Großteil der heut. E. in augusteischer Zeit zu einer relativ geschlossenen Verwaltungseinheit zusammengefaßt (regio VIII, nach der Konsularstraße des M. Aemilius Lepidus [187 v. Chr.] Aemilia gen.). Der durch die Konsularstraßen (Aemilia, Flaminia, Popilia) geförderte intensive Urbanisierungsprozeß betraf die meisten im MA bedeutenden größeren Siedlungen: Ariminum (Rimini), C(a)esena, Forum Popili (Forlimpopoli), Forum Livi (Forlì), Faventia (Faenza), Forum Corneli (Imola), Bononia (Bologna), Mutina (Modena), Regium Lepidi (Reggio E.), Parma, Placentia (Piacenza), Ficocle (Cervia) und Ravenna. Bedeutendster Umschlagplatz des Handelsverkehrs zw. den einzelnen Zentren (meist Municipien mit eigenem Territorium) war lange Zeit Ariminum. Bereits vor und während diesem Urbanisierungsprozeß war die systemat. Melioration der emil. Ebene durch Deduktionen von Kolonien und Einteilung in Centuriae (»Zenturiation«) der Agri durchgeführt worden, die bis in die Gegenwart deutl. Spuren in der Landschaft hinterlassen hat. Dieser Aufschwung der Agrarwirtschaft, die mit dem städt. Leben eine enge Symbiose einging, erreichte mit den Apennin, der weiterhin extensiv als Wald- und Ödlandweide mit kleineren, verstreuten Siedlungen genutzt wurde (von den städt. Zentren, gewöhnl. präröm. Gründungen, blieb im MA nur Sarsina im Saviotal erhalten). Nach der Krise der späten Republik folgten in der Kaiserzeit mehrfache Verwaltungsreformen mit territorialen Veränderungen. Die Region wurde abwechselnd ihres Ostteils beraubt (die Flaminia, die Ariminum [Rimini] und wahrscheinl. →Ravenna umfaßte, die einzige Stadt, die – trotz des allgemeinen Niedergangs des Städtewesens – infolge des Flottenstützpunkts Classe, einen raschen Aufschwung erfahren sollte) und dann wieder mit der Flaminia oder den benachbarten Regionen Liguria und Tuscia vereinigt. Innere Auseinandersetzungen und die ersten Germaneneinfälle führten zu Niedergang und Entvölkerung der städt. Zentren und begünstigten in den Landgebieten die Ausbreitung der Latifundienwirtschaft (→villa). Wohl seit dem 2.–3. Jh. wurde das Christentum durch östl. und röm. Wandermissionare in den größeren Zentren verbreitet (frühe Bischofssitze: Classe, Ravenna, Rimini). Die Christianisierung des flachen Landes wurde durch die Errichtung von Taufkirchen (ecclesia plebana, Pieve) bei bedeutenderen ländl. Siedlungen gefördert. Dieser mindestens seit dem 6. Jh. bezeugte Prozeß führte später zur Bildung von Diözesen, die einem Bischofssitz (→Bischofsstadt) unterstanden. Zur endgültigen Entwicklung der E. trug der Aufstieg Ravennas seit der Wende vom 4. und 5. Jh. als Sitz des weström., später des ostgot. Hofs entscheidend bei sowie die Verleihung der Metropolitenwürde an dessen Bf.e, deren kirchl. Jurisdiktionsbereich sich in den folgenden drei Jh. fast auf die gesamte Region ausdehnte (ausgenommen Diöz. v. Rimini und nach 1000 v. Bobbio). Die daraus resultierende relative Einheitlichkeit der E. im religiösen Bereich bestand trotz der dauernden polit. Konflikte im FrühMA und des im Zeitalter der Kommunen und Signorien herrschenden Partikularismus mindestens bis ins 16. Jh., obwohl zunehmend ehemals zu Ravenna gehörige Diöz.en davon losgelöst wurden. Vermochte sich diese relativ polit.-religiöse, von der röm. Tradition geprägte Einheit der E., auch während der Anfänge der ostgot. Herrschaft zu halten, so wurde sie im Laufe der Gotenkriege auf eine harte Probe gestellt und schließlich durch die Invasion der Langobarden (seit 568) beendet. Von diesem Zeitpunkt an bis in die ersten Jahrzehnte des 8. Jh. zerfiel die Region in einen von den Invasoren beherrschten Westteil (Langobardia) und einen Ostteil, der unter byz. Kontrolle verblieb, die wenige Jahre zuvor von Justinian dort wieder konsolidiert worden war (Románia, später →Exarchat). Der Name E. kam ab. Die Grenzlinie schwankte zw. den Flüssen Samoggia und Panaro, zw. dem Gebiet von Bologna und dem von Modena. Der starke Gegensatz beider Kulturen wirkte sich auch nach der Periode der langob. Herrschaft über die ganze Region (751–774) in erster Linie in dem mittleren Streifen (Gebiet von Modena, Bologna und Ferrara) aus. Die Konflikte zw. Langobarden und Byzantinern leiteten fast überall einen Militarisierungsprozeß der Siedlungen und örtl. sozialen Gruppierungen ein, mit starken Auswirkungen auf die regionalen Siedlungen: es erfolgte ein weiterer Niedergang der Städte, die v. a. im langob. Teil der E. häufig zu Castrum-Siedlungen absanken; im ländl. Bereich wurden befestigte Zentren errichtet, das antike Zenturiatsnetz löste sich, nicht zuletzt infolge von Überschwemmungen, auf. Im byz. Teil der Region scheinen jedoch die Einbrüche im städt. und ländl. Leben weitaus geringer gewesen zu sein: rasches Anwachsen der weltl. Gewalt der ravennat. Bf.e zusammen mit ihren geistl. Machtbefugnissen und Erwerbung einer ausgedehnten Grundherrschaft über Ländereien des Exarchats und anderer it. Regionen; langsamer Urbanisierungsprozeß des Podeltas (Ursprung und Entwicklung von →Comacchio und →Ferrara im 7. und 8. Jh., wobei Ferrara das Erbe der benachbarten Diöz. Voghenza antrat).

Während der langen Krise der örtl. und zentralen staatl. Gewalten (verstärkt durch häufige Fremdherrschaften) stiegen polit. Ansehen und weltl. Macht der kirchl. Autoritäten: in den Städten der Bf.e, auf dem flachen Land – bes.

in der Langobardia – der Benediktinerklöster, die sich zu religiösen, kulturellen und wirtschaftl. (→Deich- und Dammbau) Zentren entwickelten (→Bobbio seit dem 7. Jh.; →Nonantola seit dem 8. Jh. und →Pomposa zumindest seit dem 9. Jh.). Die karol. Herrschaft, die das Langobardenreich ablöste, vermochte die Gegensätze zw. ehemals langob. Gebieten und Exarchatsbereichen nur unbedeutend abzuschwächen: auf den letztgen. Gebieten lasteten fortan u. a. die Herrschaftsansprüche der Päpste, die jahrhundertelang von den frk. und dt. Kg.en anerkannt wurden, jedoch erst endgültig im späten 13. Jh. realisiert werden konnten: in diesem ö. Teil der E. hatten nämlich de facto vom 8. bis 13. Jh. die Ebf.e v. Ravenna die Vorherrschaft. Während des sog. unabhängigen it. Kgr.s, in dem die Gebiete des ehem. Exarchats in das neue instabile Staatsgebilde reintegriert wurden, das aus der Krise des Karolingerreichs entstanden war, kam es zu starker Einwanderung frk.-dt. Adels von jenseits der Alpen auch in die E. (bisweilen Verschmelzung mit der einheim. Aristokratie und Kontrolle über die örtl. Kirchen). Dieser Prozeß bildete die Grundlage für das Entstehen der im 10. Jh. fast überall vertretenen Dynastien der städt. Gf.en, die jedoch in der späten Ottonenzeit, zw. 10. und 11. Jh., von Formen stärker zentralisierter Machtausübung abgelöst wurden: im ehemals langob. Teil der E. kontrollierten die →Canossa das Gebiet v. Reggio, Modena und Ferrara und andere Nachbargebiete bis in die ersten Jahrzehnte des 12. Jh.; im ehemals byz. Teil der E. (»Romandiola«), erstreckte sich die Autorität der Metropoliten v. Ravenna einen beträchtl. Teil des MA hindurch über mehrere Comitate, umfaßte verschiedene öffentl. Kompetenzen und trug den Charakter einer Lehensherrschaft.

Die Zunahme der inneren Sicherheit in den Jahrzehnten um das Jahr 1000 auch in der E. förderte einen allgemeinen Aufschwung. Die wachsende soziale und »berufliche« Mobilität v. a. in den Schichten der unteren und mittleren Lehnsträger – bei voller Konsolidierung der Landwirtschaft – brachte einen starken Zuzug in die Städte und damit in wirtschaftl. wie kultureller Hinsicht eine Revitalisierung der traditionellen Zentren der Kaufleute und Handwerker mit sich. Häufig unter der Schutzherrschaft bzw. Kontrolle der Bf.e führte an der Wende vom 11. zum 12. Jh. in den Städten die Begegnung herkunftsmäßig verschiedener Schichten nicht nur zur Ausbildung neuer, für die Marktwirtschaft günstigerer Formen, wie etwa von Handelsgesellschaften, sondern bahnte auch der polit. Autonomie den Weg, die sich schließlich – nicht zuletzt infolge der Krise der in den Investiturstreit verwickelten traditionellen polit. Gewalten – in der →Kommune verwirklichen sollte. Der Aufschwung des Handels und Güterverkehrs verstärkte die Beziehungen zw. Stadt und Umland (→Contado): Die Notwendigkeit, eine dem ständig steigenden Bevölkerungswachstum der Städte entsprechende Lebensmittelversorgung zu gewährleisten, bewog die polit. Führungsschicht der Stadtkommune, die allmähl. Unterwerfung des →Contado und seine Eingliederung in die städt. »Districtio« voranzutreiben (»Comitatinanza«). Dieser Prozeß konnte jedoch infolge des Widerstands eines Teils des Comitatadels fast nie völlig abgeschlossen werden. Die Ansprüche benachbarter Stadtkommunen auf Grenzstreifen der jeweiligen Comitate boten seit dem 12./13. Jh. dauernden Konfliktstoff. Die Ligapolitik einzelner Städte vermochte das schachbrettartige System von Bündnissen und Beziehungen nie vollständig zu ersetzen, das kaiser- und papstfreundl. (seit 1200 ghibellin. und guelf.) Kommunen in einem – stets instabilen – Gleichgewichtsverhältnis hielt.

Seit dem 12. Jh. versuchten jedoch zwei bes. vitale Städte in der mittleren E. eine Vormachtstellung in der Region zu erreichen: →Bologna, das sich zu einem bedeutenden kulturellen und wirtschaftl. Zentrum entwickelt hatte, gelang es, nach O auszugreifen, als sein auf Modena und Ferrara gerichteter Expansionsdrang gebremst wurde, und mit Hilfe der Kommune →Faenza das Gebiet v. →Imola unter seine Kontrolle zu bringen. Im späteren 13. Jh. erweiterte es seinen Einflußbereich in der Romagna. →Ferrara erwarb Positionen v. a. im S der Stadt, die es in der Signorenzeit konsolidierte (Bildung der »Romagna Estense«) und dehnte seine Herrschaft schließlich auf Modena, Reggio E. und deren Territorien aus.

Im Laufe des 13. Jh. wurde das starke wirtschaftl. und soziale Wachstum der Stadtkommunen jedoch zusehends gebremst (Bedrohungen von außen wie die Restaurationspolitik Ks. Friedrichs II. und Rekuperation von seiten des Papsttums vermittels apostol. Legate sowie v. a. innere Auseinandersetzungen zw. Familien und Consortierie, durch die bereits die Krise des konsular. Stadtregiments herbeigeführt worden war und die nun auch den raschen Niedergang des nur die Adelsoligarchie repräsentierenden Podestariats bewirkten). Die »kommunalen Freiheiten« konnte letztl. auch der Aufstieg der popularen Schichten zur Macht nicht retten (Kaufleute, Handwerker, Richter, Notare etc.), die – bereits in Zünfte und bewaffnete Verbände organisiert – um die Mitte des 13. Jh. den vom →Capitano del popolo geleiteten »comune di popolo« der vom →Podestà regierten Kommune zur Seite stellten und einige Jahrzehnte später (in Bologna und anderen Zentren) ein Zünfteregiment installieren konnten, das eine entschieden magnatenfeindl. Politik vertrat.

Vor allem das Unvermögen, innerstädt. Auseinandersetzungen und Zersplitterung in gegensätzl. Faktionen Einhalt zu gebieten und Schutz vor wachsenden Eingriffen äußerer Mächte zu gewährleisten (Oberherrschaft des Papsttums über die Romagna, einschließl. der Comitate v. Bertinoro und Bologna, ausschließl. des Gebiets v. Ferrara [1278]; zunehmend wirtschaftl. und militär. Einflußnahme Mailands Ende 13./Anfang 14. Jh. über Piacenza auf die w. E.; Vordringen von Venedig durch das Podelta zu dem Küstenstreifen an der Adria, von Florenz in den romagnol. Apennin [Bildung der »toskanischen Romagna«]), bewogen die cives, die Unterstützung bes. mächtiger Familien zu suchen und sich schließlich ein monokrat. Stadtregiment zu geben (→Signorie). Die früheste, bedeutendste und auch dauerhafteste Signorie in der E. war diejenige des Obizzo II. d' →Este in Ferrara (Akklamation 1264). Versuche, im Widerstreit mit der päpstl. Herrschaft im späten 13. Jh. in der Romagna Signorien zu errichten (Gf. Guido da →Montefeltro, Maghinardo Pagani v. Susinana) scheiterten. In der Folgezeit fiel fast jede Stadt in die Gewalt der mächtigsten Familie am Ort, die trotz dynast. Kämpfe, innerstädt. Konflikte und häufiger Interventionsversuche auswärtiger Machthaber mehr oder weniger stabile personelle Herrschaften auf dynast. Grundlage errichtete: An der Wende vom 13. zum 14. Jh. die da→Polenta in Ravenna und Cervia, die→Malatesta in Rimini und später in Cesena, die →Ordelaffi in Forlì, die →Manfredi in Faenza, die→Alidosi in Imola, die→Pepoli, danach die→Bentivoglio in Bologna, die da Gente und die da→Correggio in Parma, die Landi und Scotti in →Piacenza. Modena und Reggio E. waren bereits Ende des 13. Jh. in den Machtbereich der →Este gekommen und bildeten zusammen mit dem Hauptort→Ferrara eine trotz häufiger Krisen dauerhafte Territorialherrschaft signoriler Prägung im Herzen der E., die sich auf mehrere Städte erstreckte. Die Rivalitäten zw. avignones. Papsttum und Imperium ausnutzend, erreichten die Signoren der E. im 14. und 15. Jh. die Anerkennung ihrer fakt. Herrschaft von seiten des Papstes oder Ks.s durch die Verleihung des Titels Vikar oder Hzg.

Dabei kam es jedoch nicht zur Ausbildung eines effizienten, festgefügten Regionalstaats: Unter den Auswirkungen eines starken Bevölkerungsrückgangs (verbunden mit anhaltenden Strukturkrisen von Landwirtschaft, Gewerbe und Handel) sowie der Hegemoniebestrebungen von Mailand, Venedig und Florenz (zu denen die fast ständige direkte oder indirekte Präsenz der päpstl. Macht erschwerend hinzutrat) befriedigten die Signoren und Fs.en ihre Ambitionen v. a. durch kostspielige Bauprojekte, propagandist. Kulturpolitik und Mäzenatentum. Während und nach der Restauration unter Papst Julius II. zu Beginn des 16. Jh., die auf die Krise unter den Borgia gefolgt war, lassen sich in der E. drei Machtbereiche unterscheiden: Im O die – zusammen mit Bologna – direkt dem Papsttum unterstehende Romagna; in der Mitte Ferrara, Modena und Reggio E. (von den Herrschern den Este bestätigt); im W – nach dem Zerfall der Hegemonie Mailands (→Visconti, →Sforza) – das durch päpstl. Nepotismus entstandene Hzm. Parma und Piacenza der Farnese. A. Vasina

Lit.: Storia della Emilia Romagna, hg. A. Berselli, I, 1976, passim.

Emīn, im osman. Verwaltungswesen ein Vertrauensmann, dem wichtige Aufgaben, zumeist im wirtschaftl. oder finanziellen Bereich, übertragen wurden, z. B. die Veranlagung von Steuerregistern, die Verwaltung eines Bergwerks, einer Münze, einer Zollstation u. ä., also Aufgaben, die Integrität und persönl. Desinteressement erforderten. Für ihre Dienste erhielten sie ein festes Gehalt und durften sich nicht aus den Mitteln des ihnen anvertrauten Ressorts entschädigen. Ab dem 16. Jh. wurden allerdings diese Ämter als Einnahmequellen verwendet.

A. Tietze

Lit.: EI², s. v. [B. Lewis; Lit.] – K. Röhrborn, Unters. zur osman. Verwaltungsgesch., 1973 [zur späteren Entwicklung].

Emīr (Amīr), arab. 'Befehlshaber' mit vorwiegend militär. Aufgaben, im Unterschied zum ᶜĀmil, der in der islam. Zivilverwaltung – oft neben dem E. – tätig war. In der Frühzeit bezeichnete 'E.' den Heerführer im allgemeinen Sinne, der als solcher dann – bes. in der Eroberungszeit – auch als Gouverneur einer Provinz fungierte. Seit der Abbasidenzeit (749–1258) werden die Anführer der Söldnertruppen verschiedener islam. Herrscher als E.e bezeichnet. Da diese nicht selten zu großem Einfluß kamen und sich als selbständige Herrscher gerieren konnten, fand 'E.' auch Aufnahme unter die islam. Herrschertitel, z. B. bei den →Būyiden, Gaznawiden und (span.) →Omayyaden (bis 928). A. Noth

Emīr Sulṭān, Name, unter dem der muslim. Schutzheilige von Bursa Seyyid Šemseddīn Muḥammed b. ᶜAlī el-Ḥüseynī el-Buḫārī berühmt ist. Weitere Namen: Emīr Buḫārī und Emīr Seyyid. Geb. 1368 in Buchara, gehörte er seit frühester Jugend dem Derwischorden Nūrbaḫšiyye an. Nach Pilgerfahrt nach Mekka und Aufenthalt in Medina kam er nach Anatolien, wo er sich in Bursa niederließ, um in kurzer Zeit Ruhm, Ansehen und Anhänger zu finden. Auch von Sultan →Bāyezīd I., dessen Tochter Ḥundī Sulṭān er heiratete, sowie dessen Nachfolgern Meḥmed I. und Murād II. wurde er hoch geschätzt. Nach den Legenden, von denen viele sich um seinen Namen ranken, wirkte er zahlreiche Wunder. 1429 starb er in Bursa an der Pest, und seine dort befindl. Grabstätte wurde zu einem der meistbesuchten Wallfahrtsorte im Lande. Zu seinen Lebzeiten besuchten ihn seine weit verteilten Jünger einmal im Jahr in Bursa, um gemeinsam mit ihm den *zikr* (Andachtsübungen) zu verrichten. Dieses sog. *Erguvan Bayramı* – nach der Jahreszeit benanntes »Judasbaumblütenfest« – fand bis ins 1. Drittel des 20. Jh. alljährlich in Bursa statt. E. Ambros

Lit.: EI², s. v. – H. Algül, Bursa'da Medfun Osmanlı Sultanları ve E. S., 1981.

Emly (air. Imlech Ibair 'See/Marschland der Eibe'), Kl. und Klosterbm. in Irland, im östl. zentralen →Munster, ca. 8 km westl. von Tipperary. Es war höchstwahrscheinlich schon in vorchristl. Zeit eine hl. Stätte; sein anderer Name Medón Mairtine ('Hauptsitz der Martine') legt nahe, daß hier die Königseinsetzung dieses alten, wenig bekannten Volkes erfolgt sein mag. Später wurde E. zur »dynast.« Kirche der Eóganachta Caisil (→Eóganachta, →Cashel) und hatte anscheinend die Stellung der Hauptkirche in Munster (der Bf. v. E. hatte Anrecht auf den gleichen Ehrenpreis [→*enech*] wie der Kg. v. Munster). Ein Bf. v. E. ist in einem Verzeichnis bedeutender Kleriker, die 630 eine Synode des nördl. Munster besuchten, an erster Stelle genannt. Der Gründer von E., der hl. Ailbe, wird als vorpatrician. Hl. reklamiert, doch mit wenig überzeugenden Belegen. Spätere Äbte und Bf.e waren manchmal gleichzeitig Kg.e v. Cashel; die gleichzeitige Trägerschaft von Kirchen- und Königsamt war ein Charakteristikum der Kg.e v. Munster im 9. und 10. Jh. Nach der Vita des hl. Flannán v. Killaloe (12. Jh.) soll ein Vorfahre der →Dál Cais-Dynastie eine alte Eibe zu E. gefällt haben, ein Vorzeichen für die Zerstörung der Macht der Eóganachta durch die späteren Dál Cais. – Zur Geschichtsschreibung in E. →Chronik I, I. D. Ó Cróinín

Lit.: J. F. Kenney, Sources for the Early Hist. of Ireland, 1929, 313–314 – F. J. Byrne, Irish Kings and High-Kings, 1973, 182, 242, 262.

Emma (s. a. →Hemma)

1. **E.**, Kgn. v. →England, †März 1052, ⌐Winchester, Old Minster; Tochter Gf. →Richards I. v. Normandie; ∞ 1. 1002 →Ethelred II., 2. 1017 →Knut d. Gr.; Söhne: von 1.: →Eduard d. Bekenner, Alfred; von 2.: →Hardeknut (Harthacnut). – E. war für ein halbes Jahrhundert aktiv an den Kämpfen um den engl. Thron beteiligt. 1002 nahm sie den ags. Namen Ælfgifu an und erhielt ein Wittum, das u. a. die Stadt →Exeter umfaßte. Trotz ihrer bedeutenden Stellung am Hof vermochte sie ihren Söhnen nicht den Vorrang vor den Kindern Ethelreds aus seiner früheren Verbindung zu sichern. Nach Ethelreds Tod (1016) ging sie daher zunächst für kurze Zeit ins norm. Exil, heiratete jedoch dann Kg. Knut. Gegen die Ansprüche der Kinder Knuts aus der Verbindung mit →Ælfgifu v. Northampton verfocht sie die Ansprüche ihres Sohnes auf die legitime Thronfolge. Nach dem Tode Knuts (1035) vermochte E. sich zwar den kgl. Schatz in Winchester zu sichern, doch unterlag sie wegen der Säumigkeit Hardeknuts in Dänemark und der Ermordung ihres Sohnes Alfred (1036) und mußte ins Exil nach Flandern gehen (1037–40), während Ælfgifus Sohn Harold (→Harald) den Thron bestieg. Ihre Rückkehr zur Macht gemeinsam mit Hardeknut (1040–42) wird in dem anonymen »Encomium Emmae reginae« gefeiert. E. dürfte dafür gesorgt haben, daß Eduard d. Bekenner 1041 an der Herrschaft beteiligt wurde und 1042 schließlich seinem Halbbruder als Kg. nachfolgen konnte. Doch ließ Eduard im folgenden Jahr E.s große Besitzungen und Schätze einziehen, wohl wegen der Gerüchte über eine geplante Verehelichung E.s mit Kg. →Magnús v. Norwegen. Obwohl sich E. von dieser Ungnade bald wieder erholte, war ihr polit. Einfluß damit gebrochen. N. P. Brooks

Q. und Lit.: Repfont IV, 321f. – Encomium Emmae Reginae, ed. A. CAMPBELL, CS 72, 1949 – F. BARLOW, Edward the Confessor, 1971.

2. E., westfrk. Kgn. (→ Frankreich), * 890/895, † Ende 934, Tochter →Roberts I. (marchio Neustriens; westfrk. Kg. 922–923, →Robertiner) und (wohl Halb-)Schwester Hugos d. Gr.; ⚭ vor 921 den Bosoniden Rudolf (Raoul), der seinem Vater →Richard († 31. Aug. 921) als Hzg. v. →Burgund folgte. Nach dem Tod ihres Vaters, Kg. Robert, in der Schlacht bei Soissons wurde ihr Gemahl durch den Einfluß Hugos d. Gr. im Juli 923 zum Kg. erhoben. Ende 923 in Reims durch Ebf. Seulf zur Kgn. gekrönt, hat E., eine kraftvolle Persönlichkeit, während der gesamten Regierung Rudolfs, der sie einmal »nostri imperii consors« nennt, eine erhebliche polit. Rolle gespielt. Sie nahm an Feldzügen sowie Reichs- und Gerichtsversammlungen teil (Autun, April 924) und intervenierte zugunsten wichtiger Abteien (Cluny, St-Martin d'Autun). Nach dem Bruch Rudolfs mit seinem früheren Verbündeten →Her(i)bert II. (927) leitete E. allein die Verteidigung der Königsresidenz Laon (wo sie die Kinder Gf. Rogers I. v. Laon – um dessen Nachfolge der Konflikt ausgebrochen war – in ihre Obhut nahm) und weigerte sich zunächst sogar, Laon zu verlassen, als der Kg. die Stadt aus polit. Gründen 928 herausgeben mußte. In Burgund entriß E. dem Gf.en →Giselbert (»v. Vergy«, späterer Hzg. v. Burgund) die Festung Avallon, weshalb dieser vom Kg. abfiel. Im gleichen Jahr entzog sie der Abtei S. Germain d'Auxerre den Besitz Quinciacum (wohl Cuncy-lès-Varzy, dép. Nièvre, cant. Varzy). 933 führte sie die vom Kg. begonnene Belagerung von Château-Thierry, eines der Machtzentren Her(i)berts II., allein erfolgreich weiter und nahm Übergabe und Huldigung des Kastellans, Walo, entgegen. Ihre Ehe blieb kinderlos, ein Sohn »Ludwig« ist spätere Erfindung. J. Dufour

Q.: Flodoard, Annales, ed. PH. LAUER, 1905 – Flodoard, Hist. Remensis ecclesiae, MGH SS XIII – Recueil des actes de Robert Ier et Raoul, ed. J. DUFOUR, 1978 – *Lit.:* PH. LAUER, Robert Ier et Raoul, 1910 – KdG 1, 1965, 458 – K. F. WERNER, Hist. de France, 1: Les origines, 1984, 453ff.

3. E., * ca. 948/950, † an einem 2. Nov., nach 988, eine Tochter der Ksn. →Adelheid aus deren 1. Ehe mit Kg. →Lothar v. Italien; ⚭ 966 den →Karolinger →Lothar, Kg. v. →Westfranken (954–986), einen Sohn Kg. →Ludwigs IV. aus dessen Ehe mit →Gerberga, der Schwester →Ottos d. Gr. Der Ehe mit Lothar entstammt Kg. →Ludwig V., der letzte Karolinger auf dem westfrk.-frz. Königsthron. Die Verbindung E.s mit dem otton. Haus (→Liudolfinger) und bes. mit ihrer Mutter war von polit. Bedeutung in den Auseinandersetzungen mit dem dt. Kgtm. um Lothringen und mit den →Kapetingern um das westfrk.-frz. Königtum. O. G. Oexle

Lit.: K. UHLIRZ–M. UHLIRZ, JDG O. II. und O. III., Bd. 2, 1954 [Register, s.v. Hemma] – R. T. COOLIDGE, Adalbero, bishop of Laon, Stud. in Medieval and Renaissance Hist. 2, 1965, 19ff. – K. F. WERNER, Die Nachkommen Karls d. Gr. bis um das Jahr 1000 (BRAUNFELS, KdG IV), 472 – DERS., Hist. de France, I: Les origines, 1984, 481ff., 489ff.

Emmaus-Darstellungen. Für die bildl. Darstellung der Begegnung zweier Jünger mit Christus auf dem Weg nach E. und das Erkennen des Auferstandenen beim gemeinsamen Mahl werden zwei Motive unterschieden: 1. Der Gang nach E., 2. Das Mahl in E. Die wohl ältere Darstellungsform des Ganges nach E. zeigt meist drei Personen in Pilgerkleidung – Christus mit zwei Jüngern. Zahlreiche Darstellungsbeispiele finden sich in der Bauplastik und Glasmalerei (Kapitell, Königsportal, Chartres, Kath.; Passionsfenster, Chartres, Kath.) sowie in der Kleinkunst (Elfenbein-Diptychon, Ada-Gruppe, Anfang 9. Jh., Aachen, Domschatz). Im HochMA selten dargestellt, tritt im SpätMA die Szene im Rahmen einer detaillierten Landschaftsschilderung auf (Chorgestühl, Wien, St. Stephan, 1486; 1945 verbrannt). Das Mahl in E. wird v.a. in der Buchmalerei, auch in Verbindung mit der Szene des Ganges nach E., dargestellt, meist in symmetr. Komposition der Figuren (Egbert-Cod., Cod. aureus aus Echternach, Germ. Nat. Mus., Nürnberg). S. Stolz

Lit.: LCI I, 622–626 – L. RUDRAUF, Le Repas d'Emmaus, 1955/56.

Emmeram (Haimhramnus), hl., Bf. und Märtyrer der 2. Hälfte des 7. Jh., Fest 22. Sept., ⚰ St. Emmeram (Regensburg). Der adlige E. ist wohl dem Kreis des von →Luxeuil beeinflußten Mönchtums zuzurechnen und war seinem ersten Hagiographen →Arbeo v. Freising zufolge Bf. v. Poitiers, bevor er gegen Ende des 7. Jh. auf einer Missionsreise nach →Regensburg (→Bayern) kam. Hier wurde er von dem →Agilolfinger Theodo mit kirchl. Reformen beauftragt; als Gründer des nach ihm benannten Kl. ist er jedoch nicht anzusehen. Wenige Jahre später wurde E. der Verführung der Herzogstochter Uta beschuldigt, auf dem Weg nach Rom in Helfendorf (heut. Kleinhelfendorf, Lkrs. München) von deren Bruder Lantpert erschlagen und zuerst in Aschheim begraben. Anfang des 8. Jh. erfolgte die Translation nach Regensburg; die Verehrung E.s als Hl. setzte nach einer weiteren Translation um 740 und der ersten Vita Arbeos um 772 (BHL 2538) – mit stark antiagilolfing. Tendenzen – ein, blieb jedoch zunächst überwiegend auf den Regensburger Raum beschränkt; allerdings verfügte →Chelles über ein Reliquienauthentikum E.s (datiert 8./9. Jh., Chartae Latinae Antiquiores 18, 1985, 93). Unter den ostfrk. Karolingern (→Ostfrk. Reich) erreichte E. seine größte Bedeutung als bayer. Stammeshl. und einer der Schlachtenhelfer und Reichspatrone →Arnulfs V. a. anhand liturg. Quellen läßt sich für diese Zeit eine Ausdehnung des Kultes über den engeren bayer. Raum hinaus feststellen (Salzburg, Diöz. Eichstätt, Mainz, Fulda, St. Gallen; E. auch in den Martyrologien Wandalberts v. Prüm und Hrabanus' Maurus); bayer. Missionstätigkeit brachte den Heiligenkult bis nach Böhmen und in die heut. Slowakei.

Im 10. Jh. ging die Bedeutung des Kultes deutlich zurück und beschränkte sich v. a. auf die Regensburger Diöz. und die Emmeramer Grundherrschaft; der Versuch einer Kultintensivierung mit Hilfe neuer Viten (Meginfrid v. Magdeburg, um 1030, BHL 2540; Mirakelbücher →Arnolds v. St. Emmeram, 1035/37, BHL 2541) blieb ohne nennenswerten Erfolg. Trotz größerer Verbreitung im liturg. Bereich, zurückzuführen auf monast. Verbindungen St. Emmerams (Salzburg, Kremsmünster, Michelsberg bei Bamberg) und vereinzelter Emmerampatrozinien in Speyer sowie der Augsburger und Eichstätter Diöz., zeigte der Kult insgesamt nur geringe Ausprägung; die Wallfahrten nach Regensburg und Helfendorf verloren an Bedeutung. Zunehmend erscheinen im SpätMA →Wolfgang und →Dionysius als Kloster- und Bistumspatrone neben E. Ch. Rädlinger-Prömper

Ikonographie: Ikonograph. Belege v. a. aus dem Bm. Regensburg und dem südtt. Raum. Älteste Darstellung des Hl.en als Einzelfigur: Relieffigur am Nordportal von St. Emmeram, um 1050. In der Zeit vor dem 15. Jh. in pontifikaler Meßkleidung abgebildet, in der Folgezeit als Bf. in Ornat oder Pluviale, mit Bischofsstab und Mitra, auch mit der Märtyrerpalme in der Rechten; individuelles Attribut seit dem 15. Jh. Leiter (Hinweis auf sein Martyrium). S. Stolz

Q.: MGH SRG (in us. schol.) 51, 1920, 1–99 – MPL 141, 970–1094 – Leben und Leiden des hl. E., ed. B. BISCHOFF, 1953 [mit dt. Übers.] –

Lit.: LThK² III, 850 – A. ZIMMERMANN, Kalendarium Benedictinum III, 1937, 88–91 – F. PRINZ, Arbeo v. Freising und die Agilolfinger, ZBLG 29, 1966, 580–590 – F. GRAUS, Böhmen zw. Bayern und Sachsen, Historica 17, 1969, bes. 19f., 38ff. – K. BABL, E. und Regensburg. Legende und Kult, 1973 – CH. RÄDLINGER-PRÖMPER, St. E. in Regensburg, 1986 – *Zur Ikonographie*: LCI VI, 146–148 – J. E. SEITZ, Ikonographie der hl. Bf.e der Kirchenprov. München-Freising m. Salzburg bis etwa 1500, 1928 – J. BRAUN, Tracht und Attribute der Hll. in der Kunst, 1943, 220–223.

Emmerich, Stadt am Niederrhein (Nordrhein-Westfalen). Anfänge von Kirche und Siedlung E. sind nach heutigem Forschungsstand nicht endgültig geklärt. Eine erste Kirche wurde möglicherweise 700 in E. durch →Willibrord geweiht. 828 ist erstmals die villa E. schriftl. bezeugt, 914 das Stift, dessen Anfänge wohl in das 9. Jh. zurückreichen; im Anschluß daran entstand eine Marktsiedlung. Als älteste Kirche galt bislang die Aldegundiskirche, ursprgl. mit Martinspatrozinium, das um 1040 beim Bau der heutigen Martinikirche auf diese übertragen wurde. Der älteste Bauteil von Martini steht in einem noch nicht datierten christl. Gräberfeld. Spätestens Mitte des 11. Jh. waren zwei Kirchen vorhanden, gleichzeitig entstand stromaufwärts um Martini ein neuer oder erneuerter Siedlungskern. Wohl ab Anfang des 12. Jh. war E. Vorort des gleichnamigen Archidiakonats im Bm. Utrecht. Überörtl. Handelsbedeutung ist für die Mitte des 12. Jh. bezeugt. Mit Zustimmung Friedrichs II. und Heinrichs (VII.) verlieh Otto II. v. Geldern der »regia seu imperialis civitas« 1233 Zutphener Recht. 1355 an die Gf.en v. Kleve verpfändet, ging die Stadt 1402 endgültig an diesen über und wurde seit dem späten 15. Jh. einer der sechs klev. Vororte. Rheinschiffahrt und überregionaler Handel, im späten MA auch das Tuchgewerbe, waren Grundlagen der E.er Wirtschaft. 1316 ist der aus älterem Schöffenkolleg entstandene Rat bezeugt; die im 13. Jh. begonnene Befestigung wurde im 15. Jh. vollendet. M. Wensky

Q. und Lit.: A. DEDERICH, Ann. der Stadt E., 1867 [Nachdr. 1971] – J. DÜFFEL, Zur Gesch. der Stadt E., 1955 – DtStb III, 3, 1956, 144–147 – K. FLINK, Der Anteil der Stifter an der Stadtentstehung am Niederrhein insbes. in E., Klever Archiv 5, 1984, 55–83.

Emmerich. 1. E. (Henricus, Emericus, Imre), hl., * 1000/1007?, † 2. Sept. 1031, ⌑ Székesfehérvár (Stuhlweißenburg), Marienkirche. Eltern: Stephan I. (hl.), Kg. v. Ungarn, und →Gisela v. Bayern, ∞ eine Tochter des byz. Ks.s Romanos III. Argyros. Der wahrscheinlich zweitgeborene Sohn Kg. Stephans I., der den Namen seines bayer. Onkels erhielt, erreichte als einziger der Söhne das Mannesalter. Als Thronfolger hatte er wohl das Hzm. Bihar inne und befehligte die kgl. Streitmacht. E., in den »Ermahnungen« des Vaters als »die Hoffnung künftiger Nachkommenschaft« bezeichnet, fiel angeblich 24jährig vermutl. bei Hegyközszentimre (Sîntimreu) im Komitat Bihar einem Jagdunfall zum Opfer. Er wurde am 5. Nov. 1083 kanonisiert. Seine Vita, wohl aus der Mitte des 12. Jh. und möglicherweise von der Heinrichslegende (→Heinrich) beeinflußt, zeichnet nur ein monast. geprägtes Idealbild des keuschen Jünglings, das auch die Ikonographie des Hl. en mit dem Lilienstengel prägte. Th. v. Bogyay

Q.: Vita: SSrerHung 2, 441–460 – *Lit.*: L. J. CSÓKA, A latin nyelvű történeti irodalom kialakulása Magyarországon a XI–XIV. században, 1967, 199–226 – T. v. BOGYAY, Stephanus rex. Versuch einer Biogr., 1975, 42–46 – G. GYÖRFFY, István király és műve, 1977, passim – SZ. DE VAJAY, Byz. Prinzessinen in Ungarn, Ungarn-Jb. 10, 1979, 25.

2. E. (Henricus, Aimeric, Hemiricus, Imre), Kg. v. Ungarn 1196–1204, * um 1174, † Sept. oder 30. Nov. 1204, ⌑ Erlau (Eger), Kathedrale; Eltern: Kg. →Béla III. und Anna (Agnes) v. Châtillon. 1182–84 verlobt mit Agnes, Tochter Ks. Friedrichs I., ∞ 1198/1200 Konstanze, Tochter Kg. Alfons' II. v. Aragón. Der Vater bestellte den schon am 16. Mai 1182 gekrönten E. 1194 zum Gouverneur v. →Kroatien und →Dalmatien und ließ ihn nochmals krönen, wohl um die Primogenitur gegen den jüngeren Bruder (→Andreas II.) zu sichern. Dieser erzwang 1197 mit Waffengewalt die Überlassung Kroatiens und Dalmatiens als Hzm. Seine zwei Versuche, den tatkräftigen und von Innozenz III. unterstützten Kg. zu stürzen, scheiterten. Damit begann aber die fatale Verschwendung der kgl. Domänen an die Parteigänger der beiden Rivalen. E. wußte die päpstl. Politik mit der ung. Expansion auf dem Balkan zu verknüpfen und nahm 1202 den Titel 'Kg. v. Serbien' an. Nur der Plan der bulg. Kirchenunion mit →Kalojans Krönung führte vorübergehend zur Spannung zw. dem Papst und Ungarn. Vor seinem Tode bestimmte E. Andreas zum Vormund seines am 26. Aug. 1204 gekrönten Sohnes Ladislaus III. und zum Regenten.
Th. v. Bogyay

Lit.: Magyarország története, Bd. I/2, 1984, 1258–1272 – D. HINTNER, Die Ungarn und das byz. Christentum der Bulgaren im Spiegel der Register Papst Innozenz' III., 1976.

Emnild (Emnildis), 3. Gemahlin (∞ 987) des poln. Kg.s →Bolesław I. Chrobry (965/967–1025), † 1017; Tochter des »senior« →Dobromir. Kinder: Tochter N. N., Äbt. 1017; →Regelindis († nach 1014), ∞ 1002 Mgf. →Hermann v. Meißen; →Mieszko (II.) Lambert († 10. Mai 1034), Kg. v. Polen 1025, ∞ 1013 →Richeza, Nichte Ks. →Ottos III.; Tochter N. N. († nach 1018), ∞ zw. 1009/1012 Svjatopolk v. Kiev; Otto († 1033). →Thietmar v. Merseburgs Lob für E. (IV, 58) läßt auf ihr hohes Ansehen und ihren großen Einfluß am Piastenhof schließen. H. Ludat

Lit.: SłowStarSłow I, 454 [H. MODRZEWSKA] – →Dobromir, →Bolesław I. Chrobry.

Emo v. Huizinge OPraem, Chronist, † 13. Dez. 1237 Rozenkamp; stammte aus Friesland, gründete 1204 ein Kl. in Romerswerf, sein Vetter gleichen Namens wurde 1206 zum Priester geweiht; erst nach langem Zögern traten beide in den OPraem ein. Nach gemeinsamen Studien an ausländ. Univ. gründeten sie das Kl. Bloemhof (Floridus Hortus; →Wittewierum), wo E. eine Chronik schrieb, eine der besten Geschichtsquellen für die nördl. Niederlande. Diese zeichnet sich aus durch Parteinahme für die →Stedinger, die von den meisten zeitgenöss. Quellen als Ketzer bezeichnet werden; die Chronik wurde von E.s 2. Nachfolger Menko fortgesetzt. Sie ist in nur einer Kopie (16. Jh., Univ. Bibl. Groningen) überliefert.
N. Backmund

Ed.: Sacrae Antiquitatis Mon. I, ed. Hugo, Etival 1725, 429ff. – MGH SS XXIII, ed. WEILAND, 464ff. – *Lit.*: DHGE XV, 434–437 – Repfont IV, 317.

Emona → Ljubljana

Empfängerausfertigung bedeutet Reinschrift und meist auch Abfassung einer Urk. durch den Begünstigten selbst. E. und Herstellung durch Dritte stehen als Möglichkeiten neben der Kanzleiausfertigung. Sie sind – etwa im dt. Bereich – bezeichnend für die »Beurkundungsstelle« im Gefolge des Herrschers (→Kanzlei), die nicht nur meist schwach »besetzt« war, sondern ohne strenge bürokrat. Ordnung arbeitete. Das Zusammenspiel zw. Kanzlei und Empfänger war vielfältig. Es reichte von vorgelegten Besitzlisten und der Verwertung beigebrachter Textentwürfe (Empfängerdiktat; →Diktat) über eine gemeinsam vorgenommene Reinschrift, wobei dem Empfänger Kontext und oft auch →Eingangsprotokoll überlassen wurden, bis zur vollen E. Zuweilen wurde sogar ein schon besiegeltes Pergament – auch mit vorausgefertigtem →Eschatokoll – dem Empfänger zur Fertigstellung übergeben (→Blankett). Es gab aber auch E. en nach Kanzleidiktat. E. en nehmen erst nach den Karolingern stärker zu. Während des ersten Aufenthaltes Ks. Friedrichs II. in Deutschland (1212–20) sind etwa zwei Drittel der erhaltenen Originale Fremdausfertigungen. Sonst liegt der Prozentsatz bei etwa einem Viertel bis zu einem Drittel. Trotz besser organisiertem Urkundenwesen sind auch im SpätMA E. en zu belegen. Unsere noch nicht ausreichende Kenntnis von den Empfängerschreibern ermöglicht oft keine sichere Scheidung von E. und Gelegenheitsschreibern. Bei der fsl. Siegelurkunde ist – im Unterschied zum Urkundenwesen der großen Bischofssitze etwa – anfangs fast ausschließl. mit Fremdausfertigung zu rechnen. Die Schreibstelle Heinrichs d. Löwen kann mit einem Drittel Kanzleiausfertigungen als bes. ausgebildet im dt. Raum gelten. →Urkunde, -nwesen. W. Koch

Lit.: Bresslau I, 460ff., 606ff. – W. Erben, Die Ks.- und Kg.surkk. des MA in Dtl., Frankreich und Italien, 1907, 97ff. – P. Zinsmaier, Unters. zu den Urkk. Kg. Friedrichs II. 1212–1220, ZGO 97, NF 58, 1949, 460– MGH DD H.d.L. XXXVIIf. – I. Hlaváček, Das Urkk.- und Kanzleiwesen des böhm. und röm. Kg.s Wenzel (IV.) 1376–1419, MGH Schr. 23, 1970, 263ff. – J. Kruisheer, Kanzleianfertigung, Empfängeranfertigung und Anfertigung durch Dritte, ADipl 25, 1979, 256ff. – H. U. Ziegler, Das Urkk.wesen der Bf. e v. Bamberg von 1007 bis 1139, ebd. 28, 1982, 157.

Empfängnis, unbefleckte → Maria

Empfängnisverhütung. Das AT und NT, die grundsätzlich die Fruchtbarkeit der →Ehe voraussetzen, kennen kein ausdrückl. Verbot der E. (Die Gen 38, 8f. berichtete Erzählung hat nicht die E. zum Thema, sondern die Weigerung Onans, die Leviratsehe zu vollziehen.) Die theol. Lehre des strikten Verbotes der E. (ent)stand im Kontext der Auseinandersetzung mit häret. und gnost. Thesen, die entweder den Geschlechtverkehr ablehnten bzw. sakralisierten. Auch die stoische Vorstellung von der Ehe, die jede »maßlose« Leidenschaft ausschloß, wurde im kirchl. Denken wirksam. →Clemens v. Alexandria († vor 215) formulierte im »Paidagogos« (II c. 10 95. 3) den Grundsatz: »Die eheliche Beiwohnung ohne Absicht der Fortpflanzung frevelt gegen die Natur« (S. chr. 108, 184). In der Auseinandersetzung mit dem →Manichäismus formulierte →Augustinus die Lehre, die zur Grundlegung der Empfängnisverhütungsverbote des MA diente. Er hat die Onan-Erzählung mit ehel. Verhütungspraktiken (Coitus interruptus) in Verbindung gebracht. Entstanden in der Zeit des Kampfes gegen die →Katharer, stellte das →Decretum Gratiani C.16 q.2 c.7 (ed. Friedberg, 1121f.) in Anlehnung an Augustinus die Anwendung von »venena sterilitatis« der Unzucht gleich (C.32 q.2 c.7). →Petrus Lombardus wiederholte in den Libri Sententiarum (4.31.3 ed. 445) diesen Canon. Er weiß aber, »daß es kaum Eheleute gibt, die nicht mitunter ohne Absicht der Zeugung zusammenkommen« (ebd. c.8 ed. 451). Im »Liber Extra (»Si aliquis« X, 5.12.5) wird die E. zum Mord erklärt. Die Haltung der Theologen des 13.–16. Jh. basierte z. T. auf diesen kanonist. Vorschriften, zeigt im einzelnen aber unterschiedl. Auffassungen. So betrachtete →Albertus Magnus diejenigen, die E. betrieben, nicht als Mörder. →Thomas v. Aquin (S.th. II II q.154 a.11) erachtete jede Beeinträchtigung der Insemination als schwere Sünde, weil nach aristotel. biolog. Vorstellungen des MA im Sperma des Mannes der gesamte Mensch im potentiellen Zustand enthalten ist. Daß die E. an sich und also unter allen Umständen schlecht ist, kann aus dem thomas. Naturrechtsbegriff nicht gefolgert werden (vgl. R. H. Beis, Ethics 75, 1964–65, 2777–2784). →Johannes Gerson rückt die E. in die Nähe der Sodomie, die mit dem Feuertod zu bestrafen ist. Wurden bereits von Denkern des Hoch- und SpätMA (etwa von →Hildegard v. Bingen oder →Dionysius dem Kartäuser) sexuelle Beziehungen nicht ausschließlich unter dem Aspekt der Zeugung gesehen, so bahnte sich im 16. Jh. eine Entwicklung an, die zu einem Abrücken vom Augustinismus und zu einer Aufgabe der Verbindung zw. Zeugungsabsicht und legitimen ehel. Beziehungen führte.

Hinsichtlich der Sanktionen gegen die E. ist Verhütung bei ehel. Sexualbeziehungen einerseits, bei außerehel. andererseits zu unterscheiden; ebenso werden die angewandten Methoden unterschiedlich gewertet. Die Einnahme von kontrazeptiven Mitteln wird der →Zauberei gleichgestellt, während mechan. Praktiken während des Geschlechtsverkehrs (Coitus interruptus) als »widernatürlich« verurteilt werden. Gleiches gilt z. T. für Formen des nichtgenitalen Sexualverkehrs, die teils zur E., teils auch aus erot. Gründen praktiziert wurden. Da sich die Anwendung und Wirkung von E. für das MA auf demograph. Grundlage nicht ermitteln oder auch nur schätzen läßt, können wir ihre tatsächl. Rolle in der Gesellschaft des MA nur mittelbar erschließen – anhand der Wiederholung oder Erneuerung von Verboten oder aufgrund von Bußbüchern oder Predigtliteratur. Offenbar scheint Armut als mildernder Umstand betrachtet worden zu sein. Weiterhin stellt sich das Problem der höf. →Minne; angenommen, es handelt sich hierbei um echte (nicht nur lit. stilisierte) Sexualbeziehungen, so könnte eine Minderheit aktiv E. betrieben haben.

Die Ärzte des MA verbreiteten Informationen über die E., die sie aus griech. und arab. Traktatliteratur übernommen hatten, insbes. aus Soranos (in der Übers. von Moschio), →Oreibasios, Avicenna (Ibn Sīnā) und →R(h)azes (al-Rāzī). Sie empfahlen die Anwendung von Tampons, Pessaren und Arzneitränken. Bei letzteren wurde keine klare Abgrenzung zw. Anaphrodisiaca, →Abortiva und Contraceptiva getroffen. Diese ärztl. Regeln waren für den Fall vorgesehen, daß Schwangerschaft oder Entbindung eine Frau in Gefahr brachten (z. B. →»Trotula«). Sie konnten aber auch ohne diese ausdrückl. Zielsetzung in Rezeptsammlungen (z. B. »Thesaurus Pauperum«) oder botan. Werken (Albertus Magnus, »De vegetabilibus«) angeführt werden. In subtilerer Weise konnten Informationen über E. auch unter dem Deckmantel einer Abhandlung über Unfruchtbarkeit vermittelt werden (so in der »Rosa anglica« des Johannes v. →Gaddesden). Während die Ärzte ohne Bedenken bestimmte pharmazeut. (selbst magische) Verhütungsmittel beschrieben, lehnten sie überwiegend diejenigen mechan. Praktiken ab, die während des Geschlechtsverkehrs eine Insemination verhinderten, da dies in ihren Augen einen Verstoß gegen die →'Natur' darstellte. Wie das theol. war auch das med. Denken vom Naturbegriff geprägt. Vgl. auch →Sexualität. D. Jacquart

Lit.: NCE IV, 271, 274 – RAC IV, 1251f., 1254 – Dict. of the MA III, 1983, 572–575 [J. T. Noonan–B. F. Musallam] – J. T. Noonan, Contraception: A Hist. of Its Treatment by the Catholic Theologians and Canonists, 1966 – H. J. v. Schumann, Sexualkunde und Sexualmedizin in der klass. Antike, 1975, 108–113 – J. L. Flandrin, Le sexe et l'Occident, 1981, 101–135 – P. A. Biller, Birth-Control in the West in the 13th and 14th Cent., PP 94, 1982, 3–26 – B. F. Musallam, Sex and Society in Islam: Birth Control before the Nineteenth Cent., 1983 – D. Jacquart – C. Thomasset, Sexualité et savoir médical au MA, 1985, 121ff. – A. Kammeier-Nebel (B. Herrmann, Mensch u. Umw., 1985).

Emphyteusis, Erbleihe

I. Justinianisches Recht – II. Mittelalterliches Recht – III. Wirtschaftlicher und sozialer Hintergrund.

I. Justinianisches Recht: Seit dem 5. Jh. v. Chr. hatte es in

Griechenland Verträge gegeben, die einem Pächter ein veräußerl. und vererbl. dingl. Recht an einem Grundstück, das einer jurist. Person (Polis, Tempel oder Verein) gehörte, verschafften. Diese unbefristeten oder langfristigen Leiheverträge verpflichteten den Pächter: jährl. Zins zu zahlen, Steuern zu entrichten und den Boden sorgfältig zu bearbeiten, insbes. Bäume oder Sträucher einzupflanzen ('εμφυτεύειν, 'einpflanzen'). Auch im röm. Reich bildeten Ländereien, die dem Staat, einem →Municipium oder einem →Collegium gehörten, seit republikan. Zeit den Gegenstand von Dauerpachtverträgen, bei denen die Pächter einen Jahreszins (vectigal) zahlen mußten. Diese locatio agri vectigalis war der direkte Vorläufer des seit dem frühen 4. Jh. n. Chr. auftretenden ius emphyteuticum, das neben dem ius perpetuum den rechtl. Rahmen einer dauernden Überlassung ksl. Landes an Privatpersonen abgab, ohne Rücksicht darauf, ob dieses Land zum patrimonium und damit zum Vermögen des Ks.s oder zur res privata und damit zum Staatsvermögen gehörte (s. dazu im einzelnen →Großgrundbesitz/ksl. Domäne). Im 5. Jh. verschmolzen ius emphyteuticum und ius perpetuum zu dem einheitl. Rechtsinstitut der E. Dieses erhielt seine rechtl. Form in den Jahren 476/484 durch Ks. Zenons Konstitution »Ius emphyteuticarium« (C. 4,66,1), in der die E. als ein Vertrag eigener Art definiert wurde, der weder mit Veräußerung noch mit Verpachtung gleichzusetzen sei: ein ius in re aliena, das durch die Schriftform bekräftigt wird (pactionibus scriptura interveniente habitis). An diese Konstitution knüpfte die justinian. Gesetzgebung an. Sie verpflichtete den Erbpächter (emphyteuta), das Land sorgfältig zu bebauen bzw. urbar zu machen, wenn es sich um Ödland handelte. Wesentl. war die Verpflichtung, einen Jahreszins zu leisten. Der Emphyteuta konnte das Recht veräußern, mußte dem Eigentümer (dominus) aber eine Abgabe (→laudemium) in Höhe von 2% des Verkaufserlöses zahlen. Der Eigentümer hatte außerdem das →Retraktrecht (praelatio, προτίμησις), das ihm die Möglichkeit gab, das Gut binnen zwei Monaten an sich zu ziehen. Im übrigen regelte die justinian. Gesetzgebung Entstehung, Übertragung und Untergang der E. Sie suchte die Stellung des Emphyteuta zu sichern und ihm die Erfüllung seiner Verpflichtungen zu ermöglichen.

II. MITTELALTERLICHES RECHT: Die E. ist in der früh- und hochma. Rechtspraxis, bes. in Italien, breit belegt, vom Briefwechsel Gregors d. Gr. im späten 6. Jh. bis zu den röm.-ravennat. Agrarverträgen des 9.-10. Jh. Seit dem 12. Jh. wurde die Rechtsentwicklung der E. von der scholast. Rechtswiss. (→Glossatoren und →Kommentatoren) beeinflußt. Theorie und Praxis, insbes. die Statutargesetzgebung der it. Kommunen, arbeiteten auf die weitere Stärkung der Stellung des Emphyteuta hin: Das Retraktrecht wurde nun auch ihm zugebilligt. Bei unpünktl. Zinszahlung trat eine Geldbuße an die Stelle des Verlusts des Gutes. Auch erhielt der Emphyteuta manchmal die Möglichkeit, seine Verpflichtungen durch ein pactum affrancandi abzulösen. Auf der anderen Seite wurde die Stellung des Eigentümers ausgebaut: So mußte der Zins nach Ablauf bestimmter Fristen (meistens nach einem Menschenalter oder 29 Jahren) neu festgesetzt werden. Auch wurde bei jedem Eintritt eines neuen Emphyteuta eine Abgabe (calciarium, entratura, pretium) gefordert. Ohne den Charakter einer Dauerleihe zu verlieren, wurde die E. so zu einem Vertrag, der regelmäßiger Erneuerung bedurfte. Diese Bestimmungen schützten den Eigentümer v. a. vor der Gefahr, sein Eigentum durch →Verjährung zu verlieren. Gleichzeitig wurde der Abschluß eines notariellen Vertrags in der Form eines Libells mit zwei Teilurkunden (duae cartae uno tenore conscriptae) zur notwendigen Formalität, ebenso eine Meliorationsklausel über die Verpflichtung zur Verbesserung des Bodens. Über diese neuen Elemente hinaus sind es zwei wichtige Wandlungen, die die E. im gemeinen Recht charakterisieren: der Einfluß des →Lehenrechts (Lehnsretrakt; Angleichung des calciarium an das →relevium, die Abgabe beim Wechsel des Lehnsmannes; →Investitur; Beschränkung der Erbfolge von →Frauen; Möglichkeit der subinfeodatio, d. h. der Weitervergabe, usw.) und die Lehre vom geteilten Eigentum (→Eigentum A.I,2). Obwohl diese Theorie dem justinian. Recht fremd gewesen und zur Abgrenzung der Rechte von Lehnsherrn und Lehnsmann entwickelt worden war, ließ sie sich ohne allzu große Künstlichkeit auch auf die E. anwenden: Man betrachtete den Grundherrn als Inhaber des Obereigentums (dominium directum) und billigte dem Emphyteuta das mit einer dingl. Klage geschützte Untereigentum zu (»utile dominium, habens in rem actionem«).

III. WIRTSCHAFTLICHER UND SOZIALER HINTERGRUND: Vom klass. Griechenland bis in unsere Tage bezeugt, stellt die E. einen Vertragstypus von hohem Alter dar, der in allen Gebieten Europas mit gemeinrechtl. Tradition, bes. aber in Italien und Südfrankreich sowie als Erbleihe in Dtl. (→Pacht), eine wichtige Rolle gespielt hat. Die Langlebigkeit des Instituts erklärt sich aus der Tatsache, daß die E. im Laufe der Zeit ganz verschiedene wirtschaftl. Funktionen zu erfüllen vermochte. Im FrühMA (6.-10. Jh.) verknüpfte sich die Verbreitung der E. mit der Notwendigkeit, durch einen für den Empfänger vorteilhaften Vertrag einen Impuls zur Urbarmachung von unbebautem Land zu geben. In der Mittelmeerwelt trug die E. zur Entfaltung der Landwirtschaft bei, indem sie ein dingl. Recht am Land zugunsten den Boden bearbeitenden Bauern schuf. V. a. die kirchl. Institutionen, die im Besitz großer, teilweise nicht gerodeter Ländereien waren, bedienten sich der E., die Justinian auch ihren Interessen behutsam angepaßt hatte (Nov. 7, 55 und 120). In Krisenzeiten, insbes. im 10. Jh., schloß die Kirche E.-Verträge »sub parvissimo censu« ab, um die Entfremdung von Kirchengut zu bemänteln. Mit der wirtschaftl. und demograph. Aufwärtsentwicklung des 11.-13. Jh. änderten sich die Zielsetzungen der E. Die Verbreitung des Naturalzinses und neuer Zinsarten (z. B. →champart oder →métayage) zeigt die Bemühungen, den Schwankungen des Geld- und Tauschverkehrs entgegenzuwirken. Durch die rechtl. Annäherung an das Lehen wurde die E. den Interessen des Grundeigentümers angepaßt. Zusätzl. zu den Zinsen aus dem dominium directum, die mehr oder weniger zu Rekognitionszinsen wurden, sicherte die E. dem Eigentümer nun bedeutende Einkünfte durch period. Neufestsetzungen (renovationes) und die Abgaben bei Wechsel des Pächters (entraturae). Die Theorie des geteilten Eigentums spiegelt somit tatsächl. Bemühungen um eine verstärkte Rentabilisierung der E. zugunsten des Eigentümers wider. Vom 14. Jh. an deuten die sich vermehrenden Pachtverträge mit mittlerer oder kurzer Laufzeit und die verschiedenen Formen der Teilpacht (z. B. die *mezzadria*, die Halbpacht in der Toskana) auf einen Rückgang der E. hin, der mit den demograph. und wirtschaftl. Krisenerscheinungen des SpätMA (→Agrarkrise) in Zusammenhang steht. Doch läßt sich das genaue Ausmaß dieses Rückgangs nicht bestimmen; seine Auswirkungen sollten auf keinen Fall überbewertet werden. Genauso wie die →Pacht (→*bail*) auf Lebenszeit des *droit coutumier*, so paßte sich die E. trotz Beibehaltung der rechtl. Form in geschmeidiger Weise nz. Geschäftsbedürfnissen an und fand noch im it. Codice civile von 1865 Aufnahme an bevorzugtem Platz. P. Toubert

Lit. [allg.]: HRG I, 968ff. [F. KLEIN-BRUCKSCHWEIGER] – Novissimo Dig. It. 6, 1957, 538–558 [E. FAVARA, G. FORCHIELLI] – Enc. del diritto 14, 1965, 915–920 [P. VACCARI] – L. CARIOTA-FERRARA, L'enfiteusi, 1950 – *zu [1]*: W. KAMPS, L'emphytéose en droit grec et sa réception en droit romain, RecJean Bodin, III: La tenure, 1938, 67–121 – E. LEVY, West Roman Vulgar Law. The Law of Property, Mem. Amer. Philosoph. Soc. 29, 1951 – M. KASER, Das röm. Privatrecht II, 1975², 308–312 – D. SIMON, Das frühbyz. Emphyteuserecht (Symposion 1977, hg. J. MODRZEJEWSKI–D. LIEBS, 1982), 365–422 – *zu [II]*: S. PIVANO, I contratti agrari in Italia nell'alto Medio-Evo, 1904 – P. S. LEICHT, Livellario nomine, 1905 [abgedr. in: DERS., Scritti vari di storia del diritto it., 1949, II,2, 89–146] – E. BESTA, I diritti sulle cose nella storia del diritto it., 1933, 223–231 – G. CENCETTI, Il contratto di enfiteusi nella dottrina dei glossatori e commentatori, 1933 – P. S. LEICHT, Il diritto privato preirneriano, 1933, 168–176 – G. CENCETTI, Diplomatica dell'enfiteusi bolognese, RSDI 12, 1939, 438–455 – B. PARADISI, Note per la storia dell'enfiteusi pazionata (Studi C. CALISSE I, 1940), 249–292 – *zu [III]*: B. SCHNAPPER, Les baux à vie (Xᵉ au XVᵉ s.), RHDFE 35, 1957, 347–375 – P. GROSSI, Problematica strutturale dei contratti agrari nella esperienza giuridica dell'alto medioevo it. (Sett. cent. it. XIII, 1966), 487–529 – P. TOUBERT, Les structures du Latium méd. I, 1973, 516–545.

Empore

I. Begriff; Typen; Verbreitung im lateinischen Westen – II. Verbreitung im christlichen Osten.

I. BEGRIFF; TYPEN; VERBREITUNG IM LATEINISCHEN WESTEN: E., galerie- oder altanähnl. Einbau oder Raumteil, der sich zu einem Innenraum öffnet, an die Außenmauer anlehnt und über Treppen erreichbar ist. Bei geringer Raumhöhe wird er auch Loge genannt. Nicht zur E. rechnet der Laufgang (→Triforium, →Zwerggalerie) und ein nur durch Stufen erhöhter Raumteil (Estrade). E.n finden sich in Festsälen und bes. in allen Arten von Kirchenbauten: in Zentral- wie in Längsbauten, in Basiliken, Hallen- und Saalkirchen. Innerhalb der Kirche können sie im Langhaus über den Seitenschiffen und Seitenkapellen oder vor der Westwand, im Querschiff, im Chor und in Westbauten errichtet werden. E.n finden sich in Bischofs-, Stifts- und Klosterkirchen (Mönchs- und Nonnenklöstern) sowie in Pfarrkirchen, Pfalz- und Burgkapellen, Grabbauten und Taufkapellen.

Man unterscheidet nach der Konstruktion offene und gedeckte E.n. Die offenen E.n werden bei Saalkirchen bevorzugt, wo sie auf Stützen, zumeist aus Holz, ruhen oder freitragend der Wand angefügt sind. Die gedeckten E.n zumeist über den Seitenschiffen und im Chor, haben Flachdecken oder Gewölbe und öffnen sich zum Kirchenraum in fensterartigen Mauerdurchbrüchen oder Bogenstellungen auf Säulen und Pfeilern oder in großen, das Einzeljoch oder die ganze E. übergreifenden Bögen. Die geschlossenen E.n sind zum Hauptraum nur mit vergitterten oder verglasten Wänden geöffnet. Bei der unechten oder Schein-E. führten die Öffnungen in den Dachraum, bes. bei niederrhein.-maasländ. Bauten in der ersten Hälfte des 12. Jh. sowie bei frz. Kirchen der Mitte des 12. Jh. (Autun, Saint-Lazare, nach 1131) und bei der halbechten E. in ein Drempelgeschoß (Clermont-Ferrand, Notre-Dame-du-Port, 1. Hälfte 12. Jh.). Bei der Schein-E., bes. in got. Kirchen Frankreichs etwa seit der Mitte des 12. Jh., liegt die Seitenschiffdecke über der E.-Öffnung, es fehlt also der Boden und damit die Begehbarkeit (Eu bei Abbeville, 1186–1280).

Im Abendland sind die E.n über den Seitenschiffen zunächst selten, und bei den frühen Beispielen lassen sich Beziehungen zum Osten nachweisen (Gernrode, 3. Drittel 10. Jh.). In Mittelfrankreich und bes. in der Auvergne hat sich aus der Zeit um 1000 eine ganze Gruppe von tonnengewölbten E.-Kirchen erhalten. In der Normandie und in England werden in der zweiten Hälfte des 11. Jh. Kirchen mit offenem Dachstuhl errichtet, deren E.n über den Seitenschiffen kreuzgewölbt sind. Auch in Italien (Emilia, Apulien) werden seit der zweiten Hälfte des 11. Jh., wohl zumeist unter byz. Einfluß, E.-Kirchen gebaut. Seit dem Beginn des 11. Jh. (Tours, Reims) erscheinen auch im Querschiff umlaufende E.n oder nur in den Querarmen (St. Michael zu Hildesheim, 1010–22). Die konstruktive Bedeutung der E. beim Gewölbebau als in den Gewölbeschub entlastendes und stützendes Element veranlaßt im 12. Jh. das Kerngebiet der got. Baukunst (Ile de France, Champagne, Picardie), die E. über den Seitenschiffen anzuwenden. Sie dienen zugleich als Element der Aufrißgliederung. In Oberitalien und von dort abhängig am Oberrhein setzen sich in der zweiten Hälfte des 12. Jh. E.n durch, ebenso zw. 1150 und 1260 am Mittel- und Niederrhein um Koblenz und Köln (Limburg a. d. Lahn, 1211–35; St. Quirin in Neuss, 1209–30). Mit der Ausbildung des hochgot. Strebesystems endet der E.-Bau. Erst in spätgot. Hallenkirchen des 15. Jh., bes. über den Einsatzkapellen, wird er wieder aufgenommen (Annaberg, 1499–1520).

E.n im Westen der Kirche sind im Abendland seit roman. Zeit nachgewiesen und durch alle Jahrhunderte verwandt worden. E.n in den Querarmen sind selten (Gernrode, Nivelles, St. Ursula in Köln, Herford, Frekkenhorst). Das Herumführen der Seitenschiff-E. durch Querhausarme und über den Chorumgang wird im 12. Jh. in Frankreich ausgebildet und bis in die Mitte des 13. Jh. an einigen dt. spätroman.-frühgot. Bauten fortgesetzt (Limburg a. d. Lahn, 1211–35, Magdeburger Dom 1209–30).

Die E. ist entstanden aus kult.- und liturg. Bedürfnissen. Darüber hinaus dient sie der Vermehrung der Sitzmöglichkeiten und zur Aussonderung bestimmter Gruppen. In der Ostkirche ist sie u. a. Aufenthaltsraum für die Frauen, in Anlehnung daran auch in okzidentalen Nonnenkirchen, häufig als West-E. ausgebildet (Nonnen-E.). Die West-E. dient aber auch zum Aufenthalt des Herrschers oder des Patrons, in Benediktinerkirchen zur Aufstellung eines Sängerchores, später findet die Orgel hier ihren Platz. G. Binding

Lit.: RDK V, 261–322 – P. O. RAVE, Der Emporenbau in roman. und frühgot. Zeit, 1924 – V. MENCL, Panské tribuny v naší románske architekture, Umení 13, 1965, 29–62 – A. TOMASZEWSKI, Romańskie Kościoly z emporami zachodnimi na obszarze Polski, Czech i Wegier. Warszawa 1974 (dt. Resümee) – W. HAAS, Der roman. Bau des Domes in Freising, Jb. der Bayer. Denkmalpflege 29, 1975, 18–34 – G. BINDING, Architekton. Formenlehre, 1980, 126–129 – G. ENTZ, Zur Frage der Westemporen in der ma. Kirchenarchitektur Ungarns (Architektur des MA, hg. F. MÖBIUS – E. SCHUBERT, 1983), 240–245.

II. VERBREITUNG IM CHRISTLICHEN OSTEN: E.n sind bereits für Kirchenbauten des konstantin. Kaiserhauses bezeugt, wenn auch nicht für alle, wohl aber für viele Typen (Grabeskirche und Rotunde in Jerusalem [bis zu 12 m Höhe erhalten], in der ersten H. Sophia in Konstantinopel, Oktogon in Antiochia). Zu heidn. und evtl. jüd. Vorbildern vgl. RByzK II, 133f. CH. DELVOYE, der ebd. 131ff. genaue Angaben über die Bedeutung der E. in vielen Kirchen Konstantinopels für den Ks. und die Ksn., den Patriarchen sowie für Synoden in der H. Sophia gesammelt hat, versucht ebd. vergeblich, aus den verschiedenen Namen für die E.n in der byz. Lit. auf deren sonstige Verwendung zu schließen. Angesichts der byz. Scheu vor termini technici erscheint das unmöglich. Wenn der oftgen. Begriff Katechumena (o.ä.) aussagen sollte, daß auf den E.n Frauen Katechumenatsunterricht bekommen hätten, würden sie an der Eucharistiefeier zumindest akustisch haben teilnehmen können oder hätten auf der meist schmalen Treppe vor Beginn der Eucharistie die E. verlassen müssen, beides gleich unwahrscheinlich. Welch geringer sakraler Wert den E.n oft zugemessen wurde, erhellt aus der Tatsache, daß dort ein Wächter schlief oder der Priester oder ein Laie mit seiner Frau wohnte, was zwar 680/681 durch Konzilsbeschluß verboten wurde, aber noch von Basileios I. und Leon VI. erneut untersagt werden mußte.

Im W sind in der Frühzeit E.n unbekannt. In Trier wurden die E.n wahrscheinl. im gratian. Umbau der Doppelkirchenanlage eingefügt. In Rom treten sie erst in S. Lorenzo f.l.m. (zw. 578 und 590) und in S. Agnese f.l.m. (zw. 625 und 638) auf. In Ravenna hat die östl. beeinflußte oktogonale Kirche S. Vitale (nach 547 geweiht) eine umlaufende Empore. Über die sonstige Verbreitung in frühbyz. Zeit vgl. DELVOYE a.o. 135–139. Zur mittelbyz. Zeit ebd. 139–142, zu Armenien, Italien und S. Cyriacus in →Gernrode ebd. 142f. Vom 13. Jh. an werden E.n selten. Sie finden sich z. B. in der Paregoritissa in →Arta (zw. 1289 und 1296), in dem Grabkirchenanbau an der Pammakaristos in Konstantinopel (um 1315), in Mistra in der Hodegetria (kurz vor 1311/12), als Umbau der Metropolis (erste Hälfte 15. Jh.) und in der Pantanassa (um 1420); etwa gleichzeitig erhielt auch die Evangelistria (Kreuzkuppelkirche) E.n. K. Wessel

Lit.: RByzK II, 131ff. [CH. DELVOYE] – TH. F. MATHEWS, The Early Churches of Constantinople, 1971, Ind. s.v. galleries – CH. STRUBE, Die westl. Eingangsseite der Kirchen v. Konstantinopel in justinian. Zeit, 1973, Ind. s.v. E.

Emporiae (Emporion, heute Ampurias, Katalonien, Prov. Gerona), phokäische Gründung Palaiopolis auf einer Insel im Golf von Rosas, vermutl. von Massilia (→Marseille) aus (Ende des 6. Jh. v. Chr.), auf dem Festland nach 500 Neapolis (vollständig ausgegraben), benachbart der Iberersiedlung Indika. Die bedeutende Handelsniederlassung wurde Ausgangspunkt für die röm. Eroberung Spaniens seit 218 v. Chr. 45 v. Chr. gründete Caesar in unmittelbarer Nähe der griech. Stadt eine röm. Kolonie. Im Areal der röm. Stadt sind zwei repräsentative Häuser mit Mosaiken, das Forum, der südl. Teil der Stadtmauer und das davor gelegene Amphitheater freigelegt. 265 n. Chr. von den Franken erobert, in der Spätantike unter den Westgoten Bischofssitz (Nekropole und Kirche ergraben), wurde E. nach dem Einfall der Araber bedeutungslos. Der Name lebt in der Gft. →Ampurias und in der Landschaft Ampurdán weiter. J. Gruber

Lit.: KL. PAULY II, 262f. [Lit.] – The Princeton Enc. of Classical Sites, hg. R. STILLWELL u. a., 1976, 303 [Lit.] – N. LAMBOGLIA, La formazione del municipio di E., Riv. di stud. liguri 39, 1973, 21–35 – J. BOTET SISÓ, Noticia hist. y arqueológica de la antigua ciudad de Emporión, 1979² – E. RIPOLL PERELLÓ, Ampurias, Description of the Ruins and Monographic Museum, 1979⁵.

Emporium (emporion, emptorium, empturium; klass. Lat.: emporium, < gr. ἐμπόριον), Begriff, der bes. seit dem 9. Jh. neben →portus (wenigstens im 9. Jh. mit diesem fast ident.) und →vicus zu den eindeutigsten Bezeichnungen eines Handelsplatzes gehört. 'E.' hat aber keine spezif. rechtshist. Bedeutung, wie es von einigen Wissenschaftlern wegen der Konzentration von kgl. Zöllen, Steuern, bes. Beamten (prefectus) und privilegierten Kaufleuten an einigen 'E.' genannten Orten (→Quentowic, →Dorestad) angenommen wird. Bis ins 12. Jh. hinein erscheint im MA für die zumeist unterschiedl. verfaßten Handelsplätze und Städte Westeuropas die Bezeichnung 'E.' meist in erzählenden Quellen. In Urkk. erscheint 'E.' recht selten – außer in einer Urk. bezüglich Dorestad (847) nur in einigen Königsurkk. des 10.–11. Jh., wo es immer mit →mercatum gleichgesetzt wird, anläßl. der Verleihung von Marktrechten an kleinere Ortschaften, die alle innerhalb des Imperium lagen (Liesdorf, Rincka, Andlau). Größere Handelsplätze, die mindestens einmal als E. bezeichnet werden, sind: Droitwich (716–717), Dorestad (847), Quentowic (858), →Dinant (Ende 10. Jh.), →Veurne (11. Jh.), Rees (11. Jh.), →Antwerpen (1102–05), →Lüttich (Ende 12.–Anfang 13. Jh.). Ein sonst unbekanntes E. Witla an der Maasmündung wurde 836 von den Normannen vernichtet. A. Verhulst

Lit.: KL. PAULY II, 1581f. [zum antiken e.] – E. ENNEN, Frühgesch. der europ. Stadt, 1953 [Nachdr. 1984] – F. PETRI, Anfänge des Städtewesens (VuF 4, 1958), 253f. – J. B. AKKERMAN, De vroegmiddeleeuwse emporia, TRG 35, 1967, 230–283 – L. SCHÜTTE, Wik. Eine Siedlungsbezeichnung in hist. und sprachl. Bezügen, 1976.

Empyreum (von gr. ἐμπύριος, lat. empyrius oder empyreus 'lichthaft, feurig') heißt in ma. ptolemäisch geprägter Vorstellung vom Kosmos die zehnte Sphäre um den Mittelpunkt Erde, nach den sieben Planetensphären, dem Fixsternhimmel und dem Kristallhimmel. Der Kristallhimmel ist das primum mobile, das E. dagegen unbewegt, der Übergang zum Göttlichen, insofern geeignet für eine 'Lokalisierung' der verstorbenen Seligen und der Engel. Die Kenntnis von der allegor.-anapog. Sinndeutung aller sinnlich-konkreten Aussage im MA sollte freilich davor bewahren, von einem weltbildgebundenen festen Glaubensstück der ma. Kirche und Theologie zu sprechen. – Die unter dem Namen →Honorius Augustodunensis überlieferte Schrift »De imagine mundi« (12. Jh.) faßt das Weltbild eines Durchschnittsgebildeten der Zeit zusammen: 'Ort' der Engel und Seligen ist ein »geistiger Himmel, unbekannt für die Menschen« (MPL 172, 146 C), »kein körperlicher Ort«, sondern »eine geistige Wohnung der Seligen« (MPL 172, 1157 B). Thomas v. Aquin behandelt die mit dem Thema E. verbundenen Probleme merklich distanziert und differenziert (In sent. II, 2,2; S. Th. I. 66,3). – Die Konkretion der E.-Vorstellungen entstammt v.a. den poet. Visionen →Dantes im Paradiso der Divina Commedia (vgl. Convivio II, 3.13) und ihrer Wirkungsgeschichte.

Ein Nachklang der beiden wesentl. ma. Attribute des E.s findet sich bis heute lebendig im liturg. Text der kath. Totenmesse: »Requiem aeternam dona eis et lux perpetua luceat eis« (ursprgl. dem apokr. 4 Esra 2,34 f. entnommen). →Himmel H. Meinhardt

Lit.: HWP 2, 478ff. – F. CUMONT, Lux perpetua, 1949 – R. GUARDINI, Landschaft der Ewigkeit, 1958 – G. MAURACH, Coelum Empyreum, Boethius 8, 1968 – s. a. →Dante.

Ename, Ort in Belgien (Prov. Ostflandern), am linken Ufer der →Schelde, 22 km s. von →Gent. Spätestens 991 errichtete der Ks., vermutl. schon Otto II., am Scheldeufer beim Dorf E. eine Burg, Hauptsitz einer Mgft. entlang der dortigen →Reichsgrenze. Das Ziel war die Verstärkung dieser Grenze gegen die mächtige Gft. →Flandern. Die Mgft. erstreckte sich im S vermutl. bis zur Mündung der Haine, im NO wahrscheinl. bis zum Dender, und wurde flankiert von zwei weiteren Grenzmarken: →Valenciennes im S und →Antwerpen im NO. Im W →Brabants verdrängte die neue Burg E. die spätkarol. Burg Biest (an der Wegkreuzung bei Oombergen, 19 km sö. von Gent), Vorort einer brabant. Teilgft., aus ihrer Vorrangstellung. Burg und Mgft. E. unterstanden dem königstreuen Gf.en v. →Verdun, →Gottfried. Sein Sohn Hermann übernahm die Mgft. um 1000, und als dieser spätestens 1029 zurücktrat, kam dessen Schwiegersohn

Gf. Reinier V. v. →Hennegau an seine Stelle. Somit reichte die Herrschaft des Hennegauers bis an die Tore von Gent. 1034 gelang es Gf. →Balduin IV. v. Flandern, die Burg E. zu zerstören. Er erwarb vom Ks. die für ihn damals wichtigere s. Hälfte der Mgft. E., d. h. die Gft. Chièvres, angrenzend an die Mgft. Valenciennes, die er schon innehatte. Sein Sohn→Balduin V. scheiterte zunächst in seiner Politik auf Reichsgebiet, so daß er auf die Herrschaft in Chièvres und Valenciennes verzichten mußte. Er begnügte sich i. J. 1050 mit der n. Hälfte der ehem. Mgft. E., d. h. mit dem Gebiet zw. Schelde und Dender. 1064 errichtete er in E. anstelle der zerstörten Burg ein Benediktinerkl. (Abteikirche 1942–44 ausgegraben). Eine junge Kaufmannssiedlung E., die Anfang des 11. Jh. noch floriert hatte, war inzwischen verschwunden (1985–86 ausgegraben). An ihre Stelle trat w. der Schelde die Stadt →Oudenaarde. A. C. F. Koch

Q.: Cart. de l'abbaye d'E. (1069–1525), ed. C. Piat, 1881–L. Milis, De onuitgegeven oorkonden v. d. S.-Salvatorsabdij te E. voor 1200, 1965 – Lit.: H. Franz-Reinhold, Die Marken Valenciennes, E. und Antwerpen, RhVjbll 10, 1940, 229–276–F. L. Ganshof, Les origines de la Flandre impériale, Annales de la Soc. roy. d'arch. de Bruxelles 46, 1942–43, 94–173 – A. L. J. Van de Walle, De opgravingen te E., Cultureel Jb. voor de prov. Oostvlaanderen 1, 1947, 229–302–A. C. F. Koch, Het land tussen Schelde en Dender voor de inlijving bij Vlaanderen, Handelingen v. d. Geschied-en Oudheidk. Kring v. Oudenaarde, 1956, 56–73 – L. Milis u. a., Uit het rijke verleden van E., 1974.

Enantiophanes, Bezeichnung für einen bestimmten, namentlich unbekannten, aber hervorragenden byz. Juristen aus dem frühen 7. Jh. Den »Namen« E. gewannen die byz. Juristen, welche dem Basilikentext Scholien beischrieben, aus dem Titel der Schrift περὶ ἐναντιοφανειῶν (über die Widersprüche in den Digesten), als sie die Arbeit für die alten Basilikenscholien verwerteten (→Basiliken, -scholien). Die Wissenschaft hat heute den E. mit dem jüngeren Anonymus identifiziert, dessen Digestensumme in den Basilikentext eingegangen ist und dessen Kommentare in den Basilikenscholien unter der Bezeichnung τοῦ Ἀνωνύμου überliefert sind. Von ihm stammt auch der bedeutende →Nomokanon in XIV Titeln. P. E. Pieler

Lit.: P. E. Pieler, Byz. Rechtslit. (Hunger, Profane Lit. II), 435f.

Encina, Juan del, * 1468(?), † 1530(?), span. Dichter, Musiker und Dramatiker. Der Schusterssohn studierte an der Univ. seiner Geburtsstadt Salamanca die Rechte und empfing die niederen Weihen. Zw. 1492 und 1495 trat er als Arrangeur höf. Unterhaltungen in den Dienst des Hzg.s v. Alba, Fadrique Alvarez de Toledo. 1498 unterlag er bei der Bewerbung um eine Kantorstelle an der Kathedrale v. Salamanca seinem Rivalen, dem Dramatiker Lucas Fernández. Daraufhin zog er nach Rom und genoß das Wohlwollen des span. Papstes Alexander VI. 1500 erhielt er mehrere Benefizien in der Diöz. Salamanca und wurde 1502 zum Kantor an der Kathedrale bestellt, blieb jedoch weiterhin in Rom. Julius II. ernannte ihn 1509 zum Erzdiakon und Kanonikus der Kathedrale v. Málaga, obwohl er noch nicht die Priesterweihe besaß. Diese wurde ihm 1519 erteilt, er pilgerte nach Jerusalem, um dort seine erste Messe zu feiern. Leo X. verlieh ihm ein Priorat an der Kathedrale v. León, wo er die letzten Jahre vor seinem Tod verbrachte.

[1] *Literarisches Œuvre:* Die meisten Dichtungen E.s sind vor seiner ersten Italienreise (1499/1500) entstanden. Die Sammelausgabe der Jugendwerke des Frühreifen (»Cancionero«, 1496, mit 8 dramat. Eglogas und den Gedichten) wurde in den 5 folgenden Auflagen bis 1516, die seinen großen Erfolg belegen, mehrmals erweitert. Vorangestellt ist eine traditionell ausgerichtete 'Poetik'. Die weltl. und geistl. Lyrik kennzeichnet in den oft von E. selbst vertonten *villancicos* die Verbindung zw. volkstüml., bukol. Elementen und poetischer Kunstform. Die Gelegenheitsgedichte (z. B. »Triunfo de la fama« zur Eroberung Granadas, »A la dolorosa muerte del principe Juan«, 1497) sind mit gelehrt-konventionellem Schmuck und techn. Aufwand überladen. Beispiele für die satir.-burleske Ader bieten die »Disparates y almoneda trobados«. In der »Trivagia« (1521), die bis in das 18. Jh. immer wieder aufgelegt wurde, gibt E. eine poetische Beschreibung seiner Pilgerreise nach Jerusalem. In die Nachdichtung von Vergils Bucolica (»Eglogas trobadas de Virgilio«) hat er Anspielungen auf die zeitgenöss. Geschichte Spaniens eingefügt. Seine eigtl. Bedeutung liegt auf dem Gebiet des Theaters im Übergang vom ma. dramat. Spiel zur weltl. Bühne des 16. Jh. Im Dienst des Hzg.s v. Alba war E. Dichter, Musiker, Schauspieler, Regisseur und Bühnenautor in einer Person. Er organisierte am Hof des Duque de Alba sowohl religiöse als auch weltl. dramat. Darbietungen in stroph. Form (*egloga, auto* oder *representación* genannt). Handlung und dramat. Technik sind noch nicht stark ausgeprägt. Charakterist. sind die Gestalt des Hirten (Bauern), die in der span. Comedia des »Siglo de Oro« große Bedeutung behalten wird, die Verwendung der bäuerl. Sprechweise des *sayagués* für komische Wirkungen sowie der Beschluß der Darbietung mit einem *villancico*. Eine Sonderstellung nehmen die Hauptwerke aus E.s späterer Schaffenszeit ein: die trag. »Egloga de Fileno, Zambardo y Cardonia« (nach dem Vorbild des Italieners Antonio Tebaldeo), die schon Juan de Valdés als Stilmuster pries; die später indizierte Ekloge »Plácida y Victoriano«, sein Meisterwerk, sowie »Cristino y Febea«. D. Briesemeister

[2] *Musikalisches Œuvre:* E., eine lit.-musikal. Doppelbegabung, gilt auch als wichtiger Repräsentant der kast. polyphonen (weltlichen) Liedkultur seiner Zeit (vokale oder vokal-instrumentale villancicos, canciones, romances). Von den Gedichten im 1496 gedruckten »Cancionero« waren ca. 60 zum Singen gedacht (für 30 davon ist die Musik überliefert). In seinen szen. Stücken spielt die Musik eine Rolle: die Schauspieler müssen auch singen und tanzen. Seine im hs. Cancionero Musical de Palacio (Madrid, Biblioteca del Palacio) erhaltenen Kompositionen verraten keinen überragenden Meister, wohl aber einen Musiker mit Sinn für Dramatik und Gefühlsechtheit; sie basieren in ihrer Einfachheit, Klarheit, z. T. tänzer. Rhythmik und Kürze auf volkstüml. Musikempfinden. H. Leuchtmann

Ed. und Lit.: zu [1]: Faks. der Erstausg. 1928 – Eglogas completas, ed. H. López Morales, 1968 – Poesías completas y cancionero musical, ed. R. O. Jones – H. López Morales, 1976 – Obras compl., ed. A. M. Rambaldo, 4 Bde, 1977–83 – J. R. Andrews, J. del E. Prometheus in search of prestige, 1959 – M. J. Bayo, Virgilio y la pastoral española del renacimiento, 1959 – H. López Morales, Tradición y creación en los orígenes del teatro castellano, 1968 – H. W. Sullivan, J. del E., 1976 – F. González Ollé, Das span. Theater, hg. K. Pörtl, 1985 – zu [2]: Ed.: L'opera musicale, ed. C. Terni, 1974ff. – Lit.: MGG, s. v. – Riemann, s. v. – New Grove, s. v. [mit Werkverz.] – G. Chase, J. d. E., Poet and Musician, Music and Letters XX, 1939, 420ff. – A. J. Batistessa, Sobre las canciones de J. d. E., 1941 – M. Querol Gavaldá, La producción musical de J. d. E. (1459–1529), Anuario musical XXIV, 1969, 121ff.

Enclosure ('Einfriedung'), zentraler Begriff der Agrar- und Siedlungsgeschichte →Englands (für Kontinentaleuropa→Einfriedung). Die Gesch. der e.s im ma. England ist komplex, da die Bezeichnung auf verschiedene, sich aber überschneidende Vorgänge angewandt wird: 1. die Zusammenfassung von verstreuten Parzellen zu kompakten und arrondierten Besitzungen; 2. den Konzentrationsprozeß, durch den diese Anwesen in die Hände einer geringeren Zahl von Besitzern als ursprgl. kamen; 3. die Verwandlung von Agrarland zu eingefriedetem Weideland; 4. die individuelle Besitzergreifung von Ödlandkomplexen, die zu einer Schwächung der Gemeinrechte (→Allmende), insbes. der Weiderechte, führte. Derartige Veränderungen führten nach den Vorstellungen der älteren Historiker zu einem teilweisen Zusammenbruch der openfield-Landwirtschaft, wobei man annahm, daß offene Feldsysteme schon seit ags. Zeit vorherrschend waren. Angriffe auf diese hergebrachten Besitz- und Bearbeitungsformen, v. a. von seiten der adligen Grundherren (lords), hätten zur Verelendung der Bauern geführt.

Die jüngere Forschung nimmt dagegen an, daß geschlossene Anwesen im frühma. England die verbreitetste Besitzform waren und daß sich die offenen Flursysteme (insbes. die →Dreifelderwirtschaft) erst als Ergebnis der Binnenkolonisation des 10.–13. Jh. (→Kolonisation und Landesausbau) ausbildeten. Der Ausbau erfolgte üblicherweise durch die Bildung von e.s in Form von Einzelhöfen im Ödland. In einigen – meist stark bewaldeten – Regionen (Essex, Hertfordshire, westl. Midlands) hielten sich die e.s, während in dichtbesiedelten Landschaften die offenen Feldsysteme zur Regel wurden. Dies widersprach aber den Interessen zahlreicher Grundherren. Im 13. Jh. schufen einige von ihnen arrondierte Besitzungen durch Tausch, Kauf oder Vertreibung. Andere bildeten dauernde e.s innerhalb des Ödlands. Das Statute of Merton (1235) ermöglichte ihnen, in ihren e.s die kollektiven Rechte auszuschalten. Unklar bleibt, wie verbreitet diese e.-Bildungen waren und in welchem Umfang sie das kleinere Bauerntum schädigten.

Der rapide Bevölkerungsrückgang im späteren MA, der Knappheit an Pächtern und Arbeitskräften zur Folge hatte, veranlaßte zahlreiche Herren zur Umwandlung ihres Ackerlandes in Weideflächen (u. a. für die angesichts des aufstrebenden Woll- und Tuchhandels eintrgl. Schafzucht). Dies konnte zur Vertreibung von Pächtern und zum Wüstwerden von Dörfern führen (→Wüstung). Doch dürfen die Auswirkungen dieses Prozesses für die Zeit vor dem späten 15. Jh. nicht überbewertet werden (s. a. →Bauernlegen, III).   R. de Lavigne

Lit.: W. G. Hoskins, Essays in Leicestershire Hist., 1950 – R. H. Hilton, A Study in the Pre-hist. of English E. in the 15th Cent. (Studi A. Sapori, 1957) – A New Hist. Geography of England, hg. H. C. Darby, 1973 – D. C. Coleman, The Economy of England, 1450–1750, 1977 – E. Miller-J. Hatcher, Medieval England: Rural Society and Economic Change (1086–1348), 1978 – C. Platt, Medieval England, 1978.

Endecasillabo (Elfsilbler), seit dem MA wichtigstes Versmaß der it. Lit. (bereits für Dante »celeberrimum carmen«), das in größeren stroph. Dichtungen verwendet wird (→Canzone, →Sonett, →Terzine, →Ottava rima), besteht in der paroxytonalen Form aus 11 metr. Silben mit fester Endtonstelle auf der zehnten Silbe (in der auf der drittletzten Silbe betonten aus 12 und in der endbetonten aus 10 Silben). In hist. Hinsicht bedeutend sind: E. a maiori (beginnt mit einem Septenar, Ton auf der 6. Silbe) und E. a minori (beginnt mit einem Fünfsilbler, Ton auf der 4., außerdem auf der 8. oder seltener, auf der 7. Silbe). Schwache Zäsur (meist Synaloephe [Vokalverschleifung]). Es finden sich auch E.i ohne Zäsuren oder mit mehreren Zäsuren. Der E. weist große rhythm. Vielfalt auf (z. B. Hauptakzent auf der 5. oder Sekundärakzent auf der 1. und 2. Silbe). Der it. E. entstand aus dem prov. »décasyllabe« (Zehnsilbler), als die starke Zäsur nach der 4. Silbe nicht mehr obligatorisch war (Avalle), d. h. aus Versen mit »lyr.«, »it.« Zäsur oder Zäsur nach der 6. Silbe; weniger überzeugend wird er auf den akzentuierten iambischen Trimeter zurückgeführt (Burger). Erste Beispiele: →Ritmo Cassinese und Ritmo di S. Alessio (Ende 12., Anfang 13. Jh.).   A. D'Agostino

Lit.: U. Sesini, L'e.: struttura e peculiarità, Convivium XI, 1939, 545–570 – M. Burger, Recherches sur la structure et l'origine des vers romans, 1957 – D'A. S. Avalle, Preistoria dell'e., 1963 – W. Th. Elwert, It. Metrik, 1984² – A. Menichetti (Letteratura it., vol. III t. I), 1984, 373–380.

Endemusa → Synode

Endivie (Cichorium endivia L./Compositae). Die mit der →Wegwarte (Zichorie) nah verwandte, auch scariola (z. B. Minner, 112f.) gen. (Winter-)E., deren Name sich (aus gr. entybon) von lat. intybus u.ä. herleitet, wird bereits im →»Capitulare de villis« (70) erwähnt und war bes. als Salatpflanze geschätzt. Med. wurde endivia, teilweise in Form eines Sirups und als kühlender Umschlag, bei Magen-, Milz- und Leberleiden, gegen Gelbsucht und Fieber sowie zur Behandlung von Geschwüren u.a. (Circa instans, ed. Wölfel, 47; Albertus Magnus, De veget. 6,331; Gart, Kap. 167) verwendet.   P. Dilg

Lit.: Marzell I, 988f.

Endlich – unendlich (»finitum« – »infinitum«) werden in Theologie und Philosophie in vielen Zusammenhängen verwendet. Gemäß der Ordnung menschl. Verstehens sind sie zuerst sinnvoll im Bereich des quantitativen Seienden, wo es ein unmittelbar erkenn- und meßbares Größer und Kleiner, Mehr und Weniger gibt. Da uns immer Endliches gegeben ist, ist »u.« nur als Negation von »e.« zu fassen. Maßgebend ist die aristotel. Definition: »Unendlich ist das, was stets noch etwas außer sich hat« (Phys. III, c.6), also unerschöpflich und unausmeßbar ist. »E.« und »u.« haben jedoch auch einen weiteren Sinn. Jedes geschaffene Seiende ist seinem Wesen nach e., da keines die Wirklichkeit in ganzer Fülle in sich vereint. Nur der Schöpfer ist wesenhaft unendlich. Sein Wesen ist nämlich – so Thomas v. Aquin (S.th. I,7,1,c; 2, ad 1) – Sein, reine Wirklichkeit, und daher ohne irgendeine Begrenzung. Dies läßt sich verstehen, wenn man bedenkt, daß das von uns erkennbare Sein, zwar immer nur in Gestalt dieses oder jenes endl. Seienden gegeben, an sich betrachtet u. ist, insofern es unausdenkbar vielfältige Formen von Wirklichkeit zuläßt und sich nie im Seienden erschöpfen kann. Der wesenhaften, vom Menschen nicht begreifbaren Unendlichkeit Gottes entspricht gemäß Duns Scotus in einem Begriffssystem der synthet. Begriff »unendliches Seiendes« (De primo principio, c. 4, 9. concl.).

Auf Quantitatives beziehen sich »e.« und »u.« in zweifacher Weise, nämlich auf Größe oder Ausdehnung (magnitudo) und auf Vielheit oder Menge (multitudo). Dabei wird unterschieden zw. der ontolog. und der math. Betrachtung. Ein u. ausgedehntes Seiendes kann es in der denkunabhängigen Wirklichkeit nicht geben. Auch der Mathematiker, der Quantitäten unter Absehung von deren Trägern untersucht, kann zwar über jede gegebene oder vorgestellte Größe hinausgehen, aber dies setzt nicht eine aktual unendl. Ausdehnung voraus. Die Möglichkeit, jede Größe und jede Zahl in Gedanken zu überschreiten, gründet in der Eigenart kontinuierl. Ausdehnung, unbegrenzt teilbar zu sein. Dies bedeutet jedoch eine bloß potentielle Unendlichkeit, da jede Teilung, sei sie wirklich, sei sie nur in Gedanken vollzogen, eine endl. Menge von Teilen umfaßt. – Gelegentl. werden die unendl. Teilbarkeit des Kontinuums und die Unendlichkeit der natürl.

Zahlen durch die Annahme erklärt, ein Kontinuum bestehe aus einer aktual unendl. Menge ausdehnungsloser Elemente. Demnach sei keine Strecke vollkommen gemessen, wenn nicht die (unendl.) Zahl der in ihr enthaltenen Punkte bekannt sei. Den Größenunterschieden entsprächen verschiedene unendl. Mengen, die jedoch nur dem Schöpfer bekannt seien (Robert Grosseteste, Com. in Phys. IV.; Heinr. v. Harclay, Duae quaest. de aeternitate mundi). Diese Theorie über die Struktur des Kontinuums bleibt umstritten. – Die Unterscheidung zw. potentiell und aktual unendlich spielt auch eine Rolle bei der Beurteilung der aristotel. Lehre von der Anfanglosigkeit der Welt. Manche Autoren lehnen diese schon allein deshalb ab, weil sie angeblich die Annahme einer aktual unendl. Menge von Ereignissen oder Zeitpunkten impliziere (Bonaventura, In Sent., lib. II, d.1, q.2). Faßt man »aktual« aber genau, nämlich als »(gegenwärtig) existierend«, entfällt dieser Einwand. – Thomas v. Aquin (De aeternitate mundi, n. 310) hält die These, die Hervorbringung einer aktual unendl. Menge voneinander unabhängiger Seienden sei auch dem Schöpfer nicht möglich, für nicht bewiesen. A. Zimmermann

Q. und Lit.: A. Maier, Die Vorläufer Galileis im 14. Jh., 1949, 155–179, 196–215, Ausgehendes MA, I, 1964, 264–334 – A. Zimmermann, »Mundus est alternus«, Zur Auslegung dieser These bei Bonaventura und Thomas v. Aquin, Misc. Medievalia 10, 1976, 317–330 – F. Van Steenberghen, Le mythe d'un monde éternel, Rev. philos. de Louvain 76, 1978, 157–179 – J. Murdoch, Henry of Harclay and the Infinite, Studi sul XIV Secolo in Memor. di A. Maier, 1981, 219–261 – A. Zimmermann, Alberts Kritik an einem Argument für den Anfang der Welt, Misc. Medievalia 14, 1981, 78–88.

Endreim → Vers- und Strophenbau

Endzeit, -erwartung → Eschatologie

Enea Silvio Piccolomini → Pius II.

Enech, air. Wort für 'Gesicht' und – im übertragenen Sinne – für 'Ehre' (→honor), Grundwort einer Reihe von Begriffen des air. Rechts: *lóg n-enech*: 'Wert des Gesichts', 'Ehrenpreis'; *eneclann* (*enech + glan* 'sauber'): 'Gesichtssäuberung', 'Entschädigung für Beleidigung'; *enechruicce*: 'Errötung des Gesichts', 'Beleidigung'. Die Bezeichnung 'e.' wurde in ähnl. Weise in Schottland, so in den »Leges inter →Brettos et Scottos«, verwandt. Der Gebrauch des Wortes 'Gesicht' zur Bezeichnung von 'Ehre' findet sich auch im Bret. und Walis. (altbret. *enepuuert*, walis. *wynebwerth* 'Gesichtswert, Ehrenpreis') und reflektiert wohl eine im archaischen Keltentum wurzelnde Vorstellung. Nur ein Freier hat ein unabhängiges e.; die Buße für die Schädigung eines Unfreien ist dagegen an dessen Herrn zu entrichten; der e. einer Frau richtet sich nach demjenigen ihres Ehemanns. Der Ehrenpreis für nichtadlige Freie erscheint recht niedrig: Für den vergleichsweise reichen *bóaire* waren nur ca. vier Kühe zu erlegen, während für einen Kg. des niedrigsten Ranges sieben *cumals* (Sklavinnen bzw. deren Gegenwert) zu entrichten waren. Der Ehrenpreis eines Mannes bestimmt auch den Wert seines →Eides und seines →Zeugnisses. Ein Mann verlor sein e., wenn er eines Meineids überführt war oder zu Recht von einem Dichter (→*fili*) gerügt worden war. Aufgrund der Macht ihrer Schelte wurde den Dichtern in einem Rechtstext nachgesagt, sie übten in ganz Irland, ungeachtet der Grenzen der einzelnen Provinzialkgr.e, die »Ehrenzucht« (*cáin enech*) aus. In den »Weisheitslehren« (*wisdom texts*) wird der Ehrbegriff eng mit Wahrheit und Gerechtigkeit (*fír*), die Unehre mit Falschheit und Ungerechtigkeit (*gáu*) verbunden. T. M. Charles-Edwards

Lit.: R. Thurneysen, Ir. Recht, AAB, Ph.-hist. Kl. Nr. 2, 1931 – D. A. Binchy, Críth Gablach, 1941, 84–86.

Energie, gr. ἐνέργεια, auch mit gr. Buchstaben in lat. Texten zitiert, dann als 'energia' Lehnwort im Lat. ('vis', →'actus'); zentraler Begriff bei Aristoteles, deswegen wichtig in Aristoteles' Rezeption.

E. bezeichnet die Fähigkeit, Arbeit zu leisten. Im MA kamen als Energieträger, -quelle oder -stoffe neben der Sonne, Menschen und Tieren (Esel, Maulesel, Pferd, Ochse: Zugtiere) hauptsächl. Holz (→Wald), →Wasser, danach der Wind (→Mühle, →Schiff, -stypen), in geringerem Maße →Torf und →Kohlen in Frage. Sie wurden für Heizung agrar. und gewerbl. Produktion gebraucht. Am Ende des MA kam die Pulverexplosion hinzu, die für das Herausstoßen von Kugeln aus Geschützrohren verwandt wurde (→Geschütz). Die Natur scheint als Energiequelle unbegrenzter als heute zur Verfügung gestanden zu haben. Aber wegen des Fehlens moderner, naturwissenschaftl. erschlossener E. wurde sie auch viel stärker herangezogen, und es kam durchaus zu regionalen Engpässen, insbes. in Zeiten wirtschaftl.-demograph. Expansion, weniger während der ersten großen Expansion im 12. und frühen 13. Jh. als vielmehr während der zweiten, die vornehml. in das 15. Jh. fiel. Dabei wurde stärker die Heizkraft des Holzes herangezogen, und man machte erste Erfahrungen mit der Knappheit natürl. E.n. Neben der Holzknappheit machte stellenweise und sekundär eine gewisse Überbesetzung von Flüssen mit Mühlen Schwierigkeiten. Naturkatastrophen wirkten sich nicht nur z. B. auf schlechte Ernten aus, sondern auch auf die Energieversorgung. Die Ansätze eines Energiequellenbewußtseins führten nicht nur zu ersten Vorsorgemaßnahmen gegenüber der Natur, sondern auch zur gegenseitigen Ausnutzung der Energieabhängigkeit: kommerziell, indem die Preise für Wald- oder Wassernutzung gesteigert wurden; politisch-militär., indem man den Zugang zu Wäldern und Gewässern sperrte. – In dem Maße, wie sich eine merkantilist. Wirtschaftspolitik der werdenden National- und Territorialstaaten vorbereitete, wurde auch die Energieversorgung von einer obrigkeitl. Planung erfaßt.

Es ist bemerkenswert, daß sich die techn. Fachliteratur, die sich im Anschluß an die Antike entwickelte, zuerst nicht mit dem Energieproblem beschäftigte (→Theophilus). Als erster geht →Villard de Honnecourt in seinem →Bauhüttenbuch (ca. 1235) am Beisp. der wassergetriebenen Sägemühle darauf ein. Er ist auch der erste, der sich im Abendland mit dem →Perpetuum mobile beschäftigte, einem Konzept, das, im SpätMA weiterentwickelt (→Maricourt 1269, →Taccolta ca. 1440), auf eine utopist. Weise die Sorge um E. ausdrückt. Die größte prakt. Annäherung an das Perpetuum mobile stellt sicherl. die →Wasserkunst dar, eine Erfindung im →Bergbau im 14. Jh., durch welche tiefer liegende Gruben entwässert wurden. Die beste bildl. Darstellung der bergmänn. Wasserkunst, auch als perfektes Perpetuum mobile, ist im Werk Georg →Agricolas »De re metallica« (6. Buch) enthalten.

R. Sprandel

Lit.: zum Begriff: ThLL V, 2, 564f. – LThK[2] III, 861f. – W. Stürner, Natur und Gesellschaft im Denken des Hoch- und SpätMA, 1975 – allg.: keine zusammenhängende Darstellung, es liegen zahlreiche Einzelstudien vor: A. Timm, Die Waldnutzung in Nordwestdtl. im Spiegel der Weistümer, 1960 – A. M. Bautier, Les plus anciennes mentions de moulins hydrauliques industriels et de moulins à vent, Bull. philol. et hist. (1960), 1961 – L. White Jr., Medieval Technology and Social Change, 1962 – H. Rubner, Unters. zur Forstverfassung des ma. Frankreich, 1965 – R. Sprandel, Das Eisengewerbe im MA, 1968 – C. Gaier, L'industrie et le commerce des armes dans les principautés belges du XIIIe à la fin du XVe s., 1973 – Die Stadt am Fluß, hg. E. Maschke–J. Sydow, 1978 – D. Lohrmann, E.probleme im MA, VSWG 66, 1979 – R. W. Unger, The Ship in the Medieval Economy,

1980 – T. S. REYNOLDS, Stronger than a Hundred Men, 1983 – Agricoltura e trasformazione dell'ambiente. Secoli XIII–XVIII, hg. A. GUARDUCCI, 1984 – W. v. STROMER, Wassernot und Wasserkünste im Bergbau des MA und der frühen NZ (Der Anschnitt, Beih. 2, 1984), 50–72 – R. J. GLEITSMANN, Der Einfluß der Montanwirtschaft auf die Waldentwicklung Mitteleuropas (ebd.), 24–39 – T. S. REYNOLDS, Iron and Water: Technological Context and the Origins of the water-powered Iron Mill (Medieval Iron in Society, Papers pres. at the Symphos. in Norberg May 6–10, 1985: Jernkontorets Forskning, H. 34, 1985), 61–80 – zur techn. *Fachliteratur:* P. ASSION, Altdt. Fachlit. (Grundlagen der Germanistik 13, 1973).

Enfances Renier, anonyme frz. Chanson de geste aus der 2. Hälfte des 13. Jh., gehört zu dem 24 Chansons umfassenden Zyklus zu Guillaume d'Orange (→Wilhelmszyklus) und ist nur in einer einzigen Hs. (Bibl. Nat. Paris, cod. fr. 24370) erhalten. Den Inhalt bilden die zahlreichen Abenteuer des jungen Renier, des Neffen von Rainoart: Als Kind geraubt und einem sarazen. Herrn übergeben, gelingt es ihm nur unter vielen Mühen, seine Eltern wiederzufinden und die Stellung, die ihm aufgrund seiner Geburt zukommt, wieder einzunehmen. Zuletzt heiratet er die Tochter des Sarazenen, die aus Liebe zum Christentum übergetreten ist. Zahlreiche Nebenhandlungen sind mit der Geschichte der Protagonisten verflochten. Schauplatz sind v. a. die Mittelmeerküsten und einige it. Städte (Messina, Venedig). Das mehr als 20000 Verse umfassende Epos ist nur unvollständig erhalten. Es fußt auf den Ereignissen des 4. Kreuzzuges, enthält aber wie die späteren Chansons de geste Elemente des Phantastischen und Wunderbaren, so daß die hist. Details im romanhaften Kontext nur schwer faßbar sind. Dem anonymen Verfasser ist ein gewisses Geschick bei der Verflechtung der einzelnen Handlungsstränge nicht abzusprechen. Er besitzt auch häufig gute Kenntnis der Schauplätze, die er beschreibt, wie etwa von Sizilien. C. Cremonesi

Lit.: J. RUNEBERG, Études sur la geste Rainouart, 1905 – C. CREMONESI, E. R., canzone di gesta inedita del sec. XIII, 1957 – M. AUGIER, Remarques sur la place du marchand dans quelques chansons de geste (Actes du IVᵉ Congr. internat. de la Société Rencesvals, 1974), 747–760 – L. S. SHEN, The Old-French 'Enfances' Epics and their Audience [Diss. Univ. of Pennsylvania, 1982] – C. CREMONESI, Rocheglise; Venice; Le E.R. e la Sicilia (DIES., Studi romanzi di filologia e letteratura, 1984), 131–173.

Engadin → Graubünden

Engel, -lehre, -sturz
A. Biblisch – B. Lateinisches Mittelalter – C. Ostkirche – D. Ikonographie

A. Biblisch
Im AT gehören E. zum himml. Hofstaat (Ijob 1,6; Gen 28,12), als Zwischenwesen und Interpreten göttl. Offenbarung (Sach 1,9.1 1ff; Ez 40,3) oder als Unheilsboten: Ps 78,49; Ex 12,23 (Würgeengel); Ps 91,11; 103,20 (Todesengel). Von diesen ist der »E. Jahwes« zu unterscheiden, der einen konkreten Auftrag erfüllt (Gen 16,7 u. ö.) und dem Volk Israel (oder einzelnen Menschen) beisteht (Ex 14,19; Num 22,22); nur in 2 Sam 24,17 ist sein Tun gegen Israel gerichtet. Im Judentum und Rabbinat wurde die E.lehre vertieft; die Sadduzäer jedoch lehnten sie ab: Apg 23,8. Im NT offenbaren E. die himml. Doxa in der Heilsgeschichte. Auch Jesu Weg ist von E.n begleitet (Mt 1,20; 28,2.5f. u. a.); bei seiner Parusie (zum Gericht) werden sie ihm helfend zur Seite stehen (Mt 13,49 u. a.). Im AT sind E. nicht ohne Fehler (Ijob 4,18; 15,15), deshalb kommt über sie das Gericht Gottes (Ijob 21,22; Jes 24,21–23). Aber nur Gen 6,2.4 berichtet von konkreter Verfehlung der »Göttersöhne«; die jüd. Apokalyptik hat den Gedanken vertieft, in den Texten von Qumran wird er im Sinne eines kosm. Dualismus von zwei Welten ausgeformt: Der »E. der Anfeindung« (CD 16,5) und sein Anhang stehen im Kampf mit dem »E. des Lichts« (1 QS 3,24f.); im eschatolog. Krieg wird Gott (und seine E.) die bösen E. (samt Anhang) vernichten. Diese dualist. Aussagen haben im NT keinen Einlaß gefunden; doch begegnet im Corpus Paulinum deutlich Reserve und Kritik gegenüber naiver Engelbewunderung (Gal 3,19f.; vgl. 1 Kor 13,1; 14, 1–22); von gefallenen E.n (dämon. Mächten und Gewalten) spricht Paulus in Röm 8,38f.; 1 Kor 6,3; 11,10 (vgl. Kol 2,18). Kol 1,15–17 und 2,18 (vgl. Offb 19,10; 22,8f.) polemisieren gegen gnost. Engelvorstellung.

Gen 6,1–10 hatte die jüd. Apokalyptik zu phantasievollen Spekulationen über den Fall der E. (Engelsturz) angeregt (vgl. Jub 5,1–3; aethHen 6,1–8 u. ö.). E. hatten sich mit ird. Frauen verbunden und waren zur Strafe in die Tiefe der Unterwelt verbannt worden. Das NT greift den Gedanken in 1 Petr 3,19f.; 2 Petr 2,4; Jud 6 auf. In Lk 10,18; Apk 12,7 ist vom jetzt beginnenden und einst sich vollendenden Sturz Satans und seines Anhangs die Rede. A. Sand

Lit.: H. SCHLIER, Mächte und Gewalten im NT, 1963³ – DERS., Die E. nach dem NT (DERS., Besinnung auf das NT, 1964), 160–175 – Theol. Wb. zum AT IV, 1984, 887ff. [s.v. mal'āk; D. N. FREEDMAN, B. E. WILLOUGHBY].

B. Lateinisches Mittelalter
I. Theologie- und philosophiegeschichtlich – II. Frömmigkeitsgeschichtlich.

I. THEOLOGIE- UND PHILOSOPHIEGESCHICHTLICH: In der patrist. Theologie, welche die E. von paganen Heroen, Halbgöttern und →Dämonen abgrenzen mußte, wurden die E. in äther. Leiblichkeit vorgestellt, sie repräsentieren Gottes Herrlichkeit im Himmel, sind Botschafter seines Wortes und nehmen an der Liturgie der Kirche, v. a. der Eucharistie und der Taufe, teil. Als reine Geschöpfe zum Guten bestimmt, nähren sie sich auf geistl. Weise an den ird. guten Taten. Die Beziehung zum Bösen und zum Teufel ist lange Zeit unbestimmt. →Augustinus vertiefte die E.lehre dadurch, daß er die E. als von Gott, in Geistkraft und Freiheit erschaffene reine Geistwesen verstand. Der Großteil derselben erwies sich dieser Geistesfreiheit würdig und diente unter dem Erzengel →Michael der Herrlichkeitsoffenbarung Gottes im Himmel und auf Erden in der Kirche. Die rebellierenden E., die Lucifer folgten, stürzten und schädigten im Sturz Welt und Menschen. Der (aktive und passive) E.sturz (vgl. Offb 12,7–12) erklärt (v. a. in der Auseinandersetzung mit der manichäischen Zweiprinzipienlehre) den Ursprung des Bösen und des Teufels. Die Engelsünde war der Stolz. Die von Gen 6,1–4 abgeleitete Meinung, eines der gestürzten E. seien die Göttersöhne, die sich sexuell verfehlten, blieb vereinzelt und verschwand in der lat. Theologie. Neben Augustin und →Gregor d. Gr. hat auch →Johannes Cassianus mit der monast. Lehre von der Unterscheidung der guten und bösen Geister auf die Folgezeit eingewirkt. Nachhaltigen Einfluß übte Ps.-→Dionysius Areopagita mit seiner Schrift »Über die himmlische Hierarchie« aus, in der er neun Chöre in drei Triaden unterscheidet: Seraphim, Cherubim, Thronen – Herrschaften, Mächte und Kräfte – Fürsten, Erzengel und Engel. In diesen Chören verströmt sich (neuplaton. Denken zufolge) Gottes Herrlichkeit.

Die augustin. und dionys. Tradition geht durch das ganze MA. In der karol. Renaissance stand →Johannes Eriugena in der dionys. Überlieferung – Alkuin in der augustinischen. Kirchl. Synoden mußten in dieser Zeit ebenso manichäische, priscillianist. Irrlehren über E. und Teufel (Braga 561, DENZINGER-SCHÖNMETZER 455, 457) zurückweisen, wie überzogenen Engelkult eindämmen

(Synode v. Rom 745, v. Aachen 789: Verbot der Anrufung anderer als der bibl. Engelsnamen; vgl. HDG II 2b, 58). In der frühscholast. Theologie wurden die aufgeworfenen Fragen der Angelologie weitergedacht: die Erschaffung der E. mit der Lichtschöpfung (Gen 1,3 »fiat lux!«), der Fall der E. (Anselm v. Canterbury »De casu diaboli«), der Triumph Michaels über Lucifer in der Schöpfungs- und Heilsgeschichte (Rupert v. Deutz, Honorius Augustodunensis), die 9 Chöre der Engel. Gegen die →Katharer wiederholte das 4. Laterankonzil (1215) die früheren Lehrentscheidungen über den Ursprung des Teufels (DENZINGER-SCHÖNMETZER 800).

Im 13. Jh. wird die Angelologie zu einem theol. Hauptstück der Spiritualität. →Bonaventura, »doctor seraphicus«, erblickte im Leben des hl. Franziskus v. Assisi (1224 Stigmatisierung in einer Vision eines geflügelten Seraphs mit der Gestalt des Gekreuzigten) die höchste Stufe des engelgleichen seraph. Lebens (»vita angelica«). Über die höchsten Seraphim wurde die Jungfrau →Maria als Mutter Christi, die alles im Kosmos und in der Kirche, dem Leib des Herrn, mit Leben, Licht und Liebe erfüllt, emporgehoben. Die kosm. Lichtoffenbarung in der Schöpfung und der Erleuchtungsprozeß in der Gnade sind gleichermaßen hierarchisch strukturiert und durch die E. und Geistwesen vermittelt. Weil für Bonaventura Schöpfung und Gnade die eine und umgreifende Herrlichkeitsoffenbarung Gottes sind, dürfen die Menschen auf dem dreifachen Weg der Reinigung, Erleuchtung und Einigung am Leben, Rang und Stand der E. teilhaben, und auch die E., obgleich ohne Körper aus Materie und Form konstituiert, sind Teilhaber an dieser Berufung. Vgl. Bonaventura, Breviloquium II c.6–8, Itinerarium mentis in Deum c.4, Sent.II d.2–11.

→Thomas v. Aquin, »doctor angelicus«, hat in zweifacher Hinsicht die dionys.-neuplaton. E.lehre korrigiert: Die E. sind reine Geist-Wesen, subsistente Formen, als solche ist jeder E. einzig in seiner Art, geschaffen, aber unvergänglich, nicht zeitunterworfen, sondern in beständiger Dauer (»Engelzeit«). Die E. sind keine Gestirn- oder Astralgeister. Thomas setzte die E. definitiv ab von dem kosm. Intelligenzen der Geistmetaphysik des Averroës. Zusammen mit →Albertus Magnus und Robert →Kilwardby beantwortete er 1271 eine entsprechende Anfrage des Dominikanerordensgenerals Johannes v. Vercelli und unterstrich das Subjekt-Sein der E. in personaler Geistigkeit, Freiheit und Verantwortung. Da das Erkennen und Wollen der E. nicht sinnenhaft vermittelt, abstraktiv und diskursiv ist, kann an ihm das Wesen des reinen Erkennens der Wahrheit demonstriert werden. E. erkennen und geben sich einander und dem menschl. Intellekt zu erkennen. Sie sprechen und verständigen sich (»Engelsprache«). Sie bewegen sich und machen sich sichtbar. Sie sind Botschafter Gottes in der Heilsgeschichte und Schutzengel der Menschen. In ihrer Geistmächtigkeit und -freiheit schützen sie das menschl. Erkennen und Wollen, ohne es emanativ zu konstituieren (Thomas v. Aquin, Quaest. disp. De cognitione angelorum, De cognitione scientiae angelicae, S.th.I q. 50–64; 107–114). G. Tavard

Thomas schwankte aber in seiner Konzeption der E. hinsichtl. ihrer Funktion, die Himmelskörper zu bewegen; schließlich legte er sich jedoch auf die Theorie fest, einige E. seien zu einer derartigen Tätigkeit abgeordnet, einige, nicht alle, um ihre Zahl nicht astronom. Berechenbarkeit zu unterwerfen (vgl. K. FLASCH, Einl. zu: Dietrich v. Freiberg, Opera omnia III, XXIII). Einen scharfen Kritiker fand Thomas in →Dietrich v. Freiberg; seine primären Gegenargumente: Die E. gehörten nicht zur natürl. Weltordnung (vgl. Dietrich v. Freiberg, De anim.

20; Opera omnia III, 30, 87–91); ihre von Thomas statuierte bloß akzidentelle Beweger-Funktion widerspreche dem wesentl. gegliederten Aufbau des Universums, der nämlich eine wesentl. tätige intellektuelle Formursache, die Himmelsseele, erfordere (vgl. D. v. F., De anim. 21–28; Opera omnia III, 31, 1–36, 68). Mögen, so Dietrich später, die E. aber aufgrund ihrer augustin. verstandenen Abenderkenntnis auch der natürl. Weltordnung zugehören – wenngleich niemals als Himmelskörperbeweger –, so erhebt sie doch ihre Morgenerkenntnis über naturgebundenes Festgelegtsein – dies nur ein Aspekt aus Dietrichs ausführlich explizierter E.-Theorie (vgl. D. v. F., De cog. ent. 39–87; Opera omnia II, 204, 1–249, 73). Die allein gemäß philosoph. Prinzipien konzipierte wesentl. geordnete Struktur des Weltgebäudes bedarf somit keiner willkürl. eingeführten Ursachen, keiner E.; auch die an der Intellekttheorie orientierte wesentl. Schau der Gottheit seitens des Menschen ist frei von vermittelnden Instanzen, frei von E.n; bei Dietrich wurden die E. daher einerseits nur diskutiert, um einem theologie- und philosophiehist. Phänomen überhaupt Rechnung zu tragen, andererseits, um die demokratisierenden Tendenzen im 13./14. Jh. – Abbau der göttl. Allgewalt – paradigmatisch zu befördern. B. Mojsisch

Intensiver als Thomas demonstrierte →Johannes Duns Scotus am reinen Geistwesen der E. das reine geschöpfl. Wollen. Der Wille der E. ist kreatürlich-unvollkommen. E. können fehlen, fallen und sich bekehren. Ihr jetziger Heilsstand ist nicht der reinen Geistnatur entsprechend. Auch die E. stehen unter dem Gericht Gottes, das für sie vergangen ist. Einerlei ob die E. im Stand der reinen Geistnatur geschaffen wurden und die meisten von ihnen höher aufstiegen, andere aber tiefer abfielen, oder ob sie im Stand der Gnade waren und sich bewährten oder in einer Art spirituraler Wollust dem Worte Gottes gleichsein wollten und darum mehr und mehr (möglicherweise in progressiver Sünde) von Gott abfielen, auch die guten E. brauchen Gottes Gnade, um nicht zu sündigen und die bösen könnten umkehren, wenn es Gott wollte (»potentia Dei absoluta«). Untereinander kommunizieren die E. in intuitiven Erkennen; für den Menschen können sie nur Diener des Wortes, der Botschaft Gottes sein und sichtbar werden.

Im 14. Jh. wurden in der E.lehre (z. B. →Jakob v. Metz, →Durandus de S. Porciano OP) vorwiegend erkenntnistheoret. Fragen (über die »species intelligibilis« oder die Einzelerkenntnis der E.) diskutiert. →Gregor v. Rimini OESA interessieren im Sentenzenkommentar die rein spekulativen Fragen: Können verschiedene E. zugleich am selben Ort sein? Können E. sich im Raum bewegen? Konnte der E. im Zeitpunkt der Erschaffung sündigen oder Gutes tun? Im Anschluß an Duns Scotus wurde v. a. die Art der Engelsünde untersucht. Ungebrochen ging durch die spätma. Theologie die Autorität des Ps.-Dionysius, bis sie in der Renaissance erschüttert wurde. Sie hat v. a. auch die Dichtung beeinflußt. (Dante, Divina Commedia. Paradiso, c. XXVIII–XXIX betrachtete die E. nicht so sehr als Geist-Wesen denn als Liebes-Wesen. Er tadelte die vorwitzigen Fragen der Theologen.)

Im »Rationale divinorum officiorum« des →Duranti d. Ä., dem Liturgiehandbuch der späten MA, nimmt die himml. →Hierarchie der E. teil an der Eucharistie der Kirche (IV c.44 n.8) und stellt die Verbindung her zum himml. Altar (Offb 5,8). Die E. sind dienende Geister (Hebr 1,14), Streiter gegen das Böse (VII c.12). Das Fest der E. ist der Michaelstag (29. Sept.); von den Wochentagen ist die feria II (Montag) den E.n geweiht, denn am 1.

Tag wurden sie nach Gen 1,3 von der Hl. Dreifaltigkeit mit der Lichtschöpfung als gute Geistwesen geschaffen, am 2. Tag aber wurden die guten E. mit der Scheidung von Licht und Finsternis erhoben, die bösen aber gestürzt (IV c. 1 n. 28f.). Als der Montag der →Trinität geweiht wurde, verschob sich das Engelgedächtnis auf den Dienstag.

Zur philosophischen Bedeutung→Intelligenzen; →Katharer; zu E. des sechsten Siegels →Joachim v. Fiore, Franziskus, hl.; →Friedensengel (angelus pacis).

G. Tavard

Ed.: →einzelne Autoren. – *Lit.:* DSAM I, 580–625 – DThC I, 1192–1248–HDG II, 2v, s.v. Die Engel [G. TAVARD unter Mitarbeit v. A. CAQUOT und J. MICHL] – RAC V, 53–322 – TRE IX, 599–609 [G. TAVARD] – R. O'CONNEL, The Holy Angels, 1923 – A. HOECK, The Angels 1925 – H.-D. SIMONIN, Angelicum 9, 1932, 43–62, 387–421 – E. PETERSON, Das Buch von den E.n, 1935 – L. KURZ, Gregors d. Gr. Lehre von den E.n, 1938 – E. LANGTON, Satan, a Portrait: A Study of the Character of Satan through all the Ages, 1946 – J. COLLINS, The Thomistic Philosophy of the Angels, 1947 – H. MARROU (Satan: EtCarm 27, 1948), 28–43 – PH. DE LA TRINITÉ, ebd. 44–85 – P. R. REGAMEY, Les Anges, 1949 – R. GUARDINI, Die E. in Dantes göttl. Komödie, 1951 – J. DANIÉLOU, Les Anges et leur mission d'après les Pères de l'Église, 1952 – CH. JOURNET, RTh 53, 1953, 439–487; 54, 1954, 5–54 – E. L. MASCALL, The Angels of Light and the Powers of Darkness, 1954 – E. MONTANO, The Sin of the Angels. Some Aspects of the Teaching of St. Thomas, 1955 – J. D. MCKIAN, NS 29, 1955, 259–277, 441–460; 30, 1956, 49–63 – PH. DE LA TRINITÉ, Ephemerides Carmeliticae 8, 1957, 44–92 – DERS., Ephemerides Carmeliticae 9, 1958, 338–390 – P. GLORIEUX, Autor de la spiritualité des anges, 1960 – CH. JOURNET, J. MARITAIN, PH. DE LA TRINITÉ, Le péché de l'ange. Peccabilité – nature et surnature, BTH, 1961 – J. A. WEISHEIPL, The Celestial Movers in Medieval Physics, The Thomist 24, 1961, 286–326 – R. E. MARIEB, Thomist 28, 1964, 409–474 – M. L. GUÉRARD DES LAURIERS, Le péché et la durée de l'ange, Philos. Lateran. 10, 1965 – J. BOGGI, Le prove di ragione per l'esistenza degli angeli in S. Tomaso, 1969 – H. P. KAINZ, Active and passive potency in Thomistic Angelology, 1972 – L. STURLESE, Il »De animatione caeli« di Teodorico di Freiberg [Xenia medii aevi historiam illustrantia oblata TH. KAEPPELI OP, 1978], 175–247 – K. FLASCH, Einl. zu: Dietrich v. Freiberg, Opera omnia III, 1983, XV–LXXXV, bes. XV–XXXVIII.

II. FRÖMMIGKEITSGESCHICHTLICH: In der Frömmigkeitsvorstellung erscheinen die E. nicht nur als Boten, sondern schützen und verteidigen die Menschen. In der Todesstunde tragen sie – nach Hebr 1, 14 (vgl. die Worte der Liturgie) – die Seele des Toten, der sich die ewige Seligkeit verdient hat, in den Himmel (»In Paradisum deducant te, angeli...«, »Subvenite sancti Dei, occurrite angeli Domini, suscipientes animam eius...«, »in sinum Abrahae angeli deducant te«). In ihrer Schutzfunktion können die E. nach verbreiteter Meinung den MA auch mit Waffengewalt zu Hilfe kommen (Kampf der E. mit den Teufeln) oder die Menschen in ihrer ird. »Peregrinatio« begleiten und führen. Für den ersten Fall findet sich ein wichtiges Zeugnis z. B. im ahd. →Muspilli: die Seele des Toten wartet auf den Ausgang des Kampfes zw. den Heeren der E. und der Teufel, von dem es abhängt, ob sie in das »Feuer« und die »Finsternis« oder in das »Himmelreich« gelangen soll. Aus dieser Mentalität erklärt sich die weite Verehrung des hl. Erzengels→Michael, den Drachen, die Verkörperung des Bösen und des Teufels, tötet. Der Archetypus der Begleiterfunktion findet sich in der bibl. Erzählung von Tobias und dem Erzengel Raphael. Die Rolle der E. wird auch als Vermittlung zw. Himmel und Erde gedeutet, vgl. Bernhard v. Clairvaux [In commemoratione S. Michaelis Sermo I]: Die Engel bringen die guten Werke des Menschen zu Gott und übermitteln diesen die göttliche Gnade.

Vom SpätMA an ist die am weitesten verbreitete Engelvorstellung der Schutzengel, der unsichtbare, aber stets gegenwärtige Begleiter jedes Menschen, der diesem seinen persönl. Schutz gewährt (nach Mt 18,10). Die Gegenreformation hat dieses Motiv für ihre Volksseelsorge bes. aufgegriffen.

E. Pásztor

Lit.: R. MANSELLI, Il soprannaturale e la religione popolare nel Medio Evo, 1985, 48–49 – Lit. zu →Muspilli – R. MANSELLI, S. Bernardo e la religiosità popolare (DERS., Il secolo XII: religione popolare ed eresia, 1985²), 165–178 – A. WILMART, Prières à l'Ange Gardien (Auteurs spirituels du M–A latin, 1932), 537–558.

C. Ostkirche

Wie alle theol. Themen in der Orthodoxie sind auch die Aussagen über die E. von der Oikonomia Gottes zum Heil der Menschen bestimmt und damit der Christologie zugeordnet. Grundlage sind hl. Schrift, spätjüd. und frühchristl. Apokalyptik und Volksglaube (Ägypten). Diese Vorstellungen haben die Väter in ihren Predigten aufgearbeitet und damit die Voraussetzungen für die liturg. Dichtung und die Ikonographie geschaffen.

Die E., Christus, dem Haupt der Schöpfung, untergeordnet, dienen in seinem ird. Leben ihm und den Menschen und wirken mit bei seinem Heilshandeln in der Kirche. →Gabriel verkündet Maria »die Lösung des Fluches« mit dem Gruß »Freue dich, Heimholung Adams!« (→Akathistos-Hymnus). Bei Christi Geburt »freuen sich die himml. Scharen über unsere Versöhnung« (Johannes Chrysostomos, MPG 50, 448/9). Bei Jesu Taufe sind entsprechend den Diakonen bei der kirchl. Taufe E. zugegen; mit ihrer Anwesenheit bezeugen sie die Göttlichkeit des in der Taufe die Todeserniedrigung vorwegnehmenden Christus und reichen ihm als Taufkleid das himml. Lichtgewand, wie es die Ikonographie erstmals an der Wende zum 6. Jh. veranschaulicht (Säulentrommel im Archäol. Mus. Istanbul). Während Menschen ihn kreuzigen und der Kosmos erschüttert wird, beten ihn die E. trotz ihrer Trauer an und rufen die Gläubigen zum jährl. Gedenken zusammen. Das »Freue dich!« der Verkündigung wird zur Freude für die ganze Welt, als der E. die Frauen mit der Botschaft der Auferstehung zu den Jüngern sendet. Wie eine Ehrengarde begleiten E. den verklärten Herrn zum Himmel und frohlocken, weil in ihm die menschl. Natur zur Vollendung gelangt ist. – Seit Origenes ist es Überzeugung, daß E. am sakramentalen Dienst der Kirche beteiligt sind. Sie stehen Christus zur Seite, »wenn er inmitten der Gläubigen dient«, und »wirken mit beim Aufbau und bei der Erweiterung der Kirche« (Origenes, GCS 3, 323), v. a. bei der Taufe und in der Eucharistiefeier. Bereits Hermas (2. Jh.) bekundet, daß die Kirche als Gottes Neuschöpfung mit Hilfe der E. erbaut wird (GCS 48, 11). Wenn der Taufbewerber in die Liste der Photizomenen eingetragen wird, schreiben E. ihn in das Buch des Lebens. Im Kampf gegen dämon. Mächte stehen ihm E. zur Seite; mit der Taufe erhält jeder Gläubige zum Bruder einen Schutz-E. Auch Völker haben ihre Schutz-E. »Sichtbar gebiert der Mutterschoß der Kirche unseren Leib durch den Dienst der Priester; geistig aber... tauft Gottes Geist Leib und Seele in sich hinein und gebiert sie von neuem durch den Dienst der E.« (Didymos v. Alexandria, MPG 39, 672 B). E. reichen dem Täufling das Lichtgewand, das eschatolog. Hochzeitskleid, und freuen sich über seine Erhebung aus der Knechtschaft zu göttl. Würde. Beim Gottesdienst »entsteht bei den versammelten Heiligen eine doppelte Kirche: die aus Menschen und die aus E.« (Origenes, GCS 3, 398). Seit J. Chrysostomos gilt, daß die kirchl. Liturgie ihre Entsprechung hat im liturg. Dienst der himml. Kirche. Beim Einzug mit dem Evangeliar, dem Wort Christi, beteiligt sich die Gemeinde am Dreimalheilig-Gesang (Trishagion) der E.; beim Großen Einzug mit Brot und Wein, den Ikonen des sich opfernden Christus, wissen sich die Gläubigen als Abbilder der himml. Liturgen und »stellen in mystischer Weise die Cherubim dar«, um mit ihnen den König des Alls zu empfangen. In Anspruchslosigkeit und Gotteslob soll der Christ, v. a. der Mönch, schon auf Erden das Leben der E. führen. Über seine Taten wacht der Schutz-E. und bürgt für ihn beim Großen Gericht. Ein »schrecklicher« E. trennt die Seele vom Leib und trägt sie sicher vor dem Zugriff der Dämonen zu ihrer freud- oder leidvollen vorläufigen Bestimmung. »Wenn die menschl. Natur zu ihrem Ursprung und Ziel zurückgekehrt ist, wird die Gemeinschaft aus E. und Menschen ihr Danklied erklingen lassen« (Gregor. v. Nyssa, MPG 44, 484 B). Unübersehbar sind im Stundengebet Bitten und Dankbezeugungen an die E.; jeder Montag ist ihnen geweiht.

Dem Wesen nach sind E. geistige Geschöpfe mit großer Erkenntniskraft. Als Abglanz der Urschönheit und Güte Gottes sind sie aus seinen Lichtgedanken, dargestellt in den durchsichtigen Kugeln mit dem Christuszeichen in ihren Händen, hervorgegangen. Mit ihrem Personsein ist die Möglichkeit der Entscheidung gegen Gott gegeben. Eosphoros, Lichtträger mit Amt und Namen, hat sich mit seinem Anhang gegen ihn gestellt. »Neid verdunkelte den Lichtträger, der durch Überheblichkeit zu Fall kam; da er göttlich war, konnte er es nicht ertragen, nicht für Gott gehalten zu werden« (Gregor. v. Nazianz, MPG 36, 269 C). Daß der Mensch, obwohl Staub der Erde, Bild Gottes ist und zu seiner Anschauung berufen wurde, ist ihm unerträglich. »Satan (Gegner) wird er genannt, weil er dem Guten widerstrebt... Teufel (Verleumder) heißt er, weil er an unserer Sünde mitwirkt und zugleich unser Ankläger ist« (Basileios, MPG 31, 349 D). Im Kreuzestod hat Christus ihn entmachtet und seine Domäne, das Totenreich, zerstört; der Christ erhält in der Taufe Anteil an diesem Sieg. Über ihre kreatürl. Schönheit hinaus hat Gott die guten E. gnadenhaft zur Unsterblichkeit und zu seiner Anschauung berufen. Ps.-Dionysios Areopagites hat in seiner Schrift »Die Himml. Hierarchie« aus bibl. Gedanken und neuplaton. Spekulation eine Rangstufenordnung der E. entwickelt, die für das Abendland sehr bedeutend wurde (→Dionysius, hl.). L. Heiser

Lit.: L. Heiser, Die E. im Glauben der Orthodoxie, 1976 – Ders., Die Taufe in der orth. Kirche. Gesch., Spendung und Symbolik nach der Lehre der Väter [im Dr.].

D. Ikonographie
I. Frühchristentum – II. Lateinisches Mittelalter – III. Byzanz – IV. Altrußland.

I. Frühchristentum: Die Aussagen der Forschungslit. zum frühchristl. Engelbild sind widersprüchl.: Fehlende Beachtung der Weiterverwendung von Viktorien und geflügelten Eroten in der christl. Kunst führte zur Annahme weibl. oder nackter E.; ein nackter E. wird vielfach auch im Apsismosaik in S. Pudenziana in Rom (frühes 5. Jh.) gesehen, weil dort nicht zw. E.n und den Vier Wesen (→Evangelistensymbole) unterschieden wird. – Darstellungen bibl. Szenen, in denen nach dem Text E. auftreten, zeigen diese im 4. Jh. als ungeflügelte, mit Tunika und Pallium bekleidete Männer; von etwa 40 Beispielen (Denkmälerliste: Klauser) sind drei Viertel unbärtige Jünglinge, die restl. bärtige Männer. Die weitere Entwicklung ist nicht genau zu fixieren: bei den Flügelwesen, die auf dem Kindersarkophag aus Sarigüzel (Istanbul, Archäol. Mus., Ende 4. Jh.) und in den Sockelreliefs der Arkadiussäule (Konstantinopel, Anfang 5. Jh., Zeichnungen des 16. Jh.) das Monogramm oder Kreuz Christi tragen, scheint eine Entscheidung zw. Viktorien und E.n nicht mögl.; doch zeigen diese Beispiele, daß die Entwicklung des geflügelten Engelbildes durch das Bild der Viktoria beeinflußt wurde. Durch den bibl. Kontext gesichert sind geflügelte E. auf dem Pignattasarkophag in Ravenna (1. Viertel 5. Jh.) und in den Mosaiken in S. Maria Magg. in Rom (2. Viertel 5. Jh.). Die Letztgenannten tragen die in den Texten erwähnten weißen Gewänder (z. B. Mt 28,3) und das aus der Herrscherikonographie übernommene Würdezeichen des →Nimbus, zeigen also den für viele Jh. gültigen Engeltypus. Im 6. Jh. gab es erneut Anlehnungen an die imperiale Sphäre durch Beigabe von Globen (Mosaik im Katharinenkl. am Sinai) und der Zeremonienstäbe der Silentiarii bei E.n, die als Thronassistenten Christi fungieren (Ravenna, S. Apollinare nuovo, S. Vitale u. a.). Im Weltgerichtsmosaik in S. Apollinare nuovo (frühes 6. Jh.) wird erstmalig zw. gutem und bösem E. durch rotes und blaues Inkarnat und Gewand unterschieden (Kirschbaum). J. Engemann

II. Lateinisches Mittelalter: Zwei Gruppen von E.-Darstellungen lassen sich unterscheiden: 1. Illustrationen zu den bibl. Berichten von E.-Erscheinungen und -visionen. 2. E.-Darstellungen, die aufgrund der E.-Lehre (Angelologie) E. bei der Erfüllung bestimmter Aufgaben schildern. Die frühma. Kunst stellt den E. als machtvolles, gebärdenreiches Wesen dar (Perikopenbuch Heinrichs II., 1020/40, München, Staatsbibl.). In der Hochromanik werden sie in hierarchisch strenger Gestalt als Diener Gottes wiedergegeben (Wandmalerei Allerheiligenkapelle, Regensburg, Dom, Kreuzgang, Mitte 12. Jh.). Die Gotik bildet den Typus des jugendl. schönen E.s aus, meist in Diakonstracht (Straßburg, Münster, Weltgerichtspfeiler), dem höf. Schönheitsideal des Jünglings entsprechend. Ebenso entsteht in der Gotik ein neuer Typus, der Kinderengel (Portal von Senlis, um 1200). Die Darstellung der einzelnen Engelchöre (vgl. →Dionysius, hl.) wird anhand von Inschriften und zum Teil durch unterschiedl. Attribute kenntlich gemacht, oft auch in abbreviaturhafter Weise durch die Neunzahl verbildlicht (Kuppelmosaik, Baptisterium v. San Marco, Venedig, zw. 1342 und 1354), meist in Kreisform angeordnet (Kuppel des Baptisteriums, Florenz), seltener in Reihen aufgestellt (Klosterneuburg, Albrechtsaltar, 1429). Von ihrem Bedeutungsgehalt her sind zu unterscheiden: Seraphim und Cherubim, die obersten der neun Engelhierarchien, die den Platz neben Gottes Thron einnehmen, mit 6 bzw. 4 Flügeln ausgestattet, am häufigsten dargestellt neben der Mandorla des endzeitl. Christus, bes. in Frankreich (Perrecy-les-Forges, Portal der Vorhalle, 12. Jh.) und ebenso in der Kleinkunst des FrühMA meist den thronenden Christus umgebend (Elfenbeintafel, um 1100, Freiburg, Privatbesitz), sowie die Erzengel Gabriel, Raphael und Michael. →Gabriel, als Bote Gottes, wird seit der Katakombenmalerei am häufigsten in Verkündigungsszenen dargestellt. Mit mächtigen Flügeln, zunächst in antikem Idealgewand, die Rechte erhoben, die in der einen Hand den Lilien- oder Kreuzstab, tritt er, nach älterer Tradition von links, auf Maria zu. Im SpätMA in Diakongewand und Pluviale dargestellt. Raphael, als das »Heil von Gott«, wird schon im MA zum Begriff des Schutzengels, v. a. seit dem 15. Jh. in Verbindung mit Tobias in der it. Malerei. Der Erzengel →Michael hat als Drachentöter und als Seelenwäger im Jüngsten Gericht eine eigene ikonograph. Tradition, oft in Vermischung mit apokalypt. Bildmotiven.

Ein häufiges Bildmotiv seit dem 12. Jh. ist der E.sturz. Als selbständiges Thema kaum dargestellt (Tympanon, Freiburg, nördl. Chorportal, 2. Hälfte 14. Jh.) wird er v. a. mit der »Vorgeschichte« der Erhebung des Luzifer verbunden (Hortus deliciarum der Herrad v. Landsberg, Ende 12. Jh.). In größerem ikonograph. Zusammenhang taucht das Motiv des E.sturzes mit der Schöpfungsgeschichte, dem Sechstagewerk und enzyklopäd. Darstellungen der Weltschöpfung auf (Meister Bertram, Petri-Altar, Hamburg, 1379; Glasfenster, Besserer-Kapelle, Ulm, Münster, 1420/30). In ihrer symbol. Auslegung entspricht die Scheidung von Guten und Bösen E.n der Scheidung von Licht und Finsternis (Augustinus, De Civ. Dei, XI, 9,32) und weist so auf den Zusammenhang zw. Engelvorstellungen und kosmolog. Programmen (Nordfassade, Kathedrale v. Chartres, 1. Hälfte 13. Jh.). S. Stolz

Lit.: zu [I] und [II]: LC I 1, 629–643 – RAC V, 258–322 [KLAUSER] – RDK V, 341–555, 621–674 [Lit.] – E. KIRSCHBAUM, L'angelo rosso e l'angelo turchino, RACr 7, 1940, 209–227 – J. VILLETTE, L'ange dans l'art d'occident du XIIème au XVIème s., 1940 – A. SCHÖNBERGER, Über die Darstellungen von E. als Liturgen in der ma. Kunst [Diss. masch. Minden 1941] – F. LUGT, Man und Angel, Gazette des beaux-arts 86, 6, 25, 1944, 265–282 – H. W. HEGEMANN, Der E. in der dt. Kunst, 1950² – E. PETERSON, Das Buch von den E.n. Stellung und Bedeutung der hl. E. im Kultus, 1955 – O. HOPHAN, Die E., 1956 – Kat. E.-Darstellungen aus zwei Jahrtausenden, Kunsthalle Recklinghausen 1959 – R. HAMMERSTEIN, Die Musik der E., 1962 – M. TATIĆ DJURIĆ, Das Bild der E., 1962 – A. ROSENBERG, E. und Dämonen, 1967 – G. BEREFELT, A Study on the Winged Angel, 1968

III. BYZANZ: Die Fülle von E.-Darstellungen in der byz. Kunst erlaubt nur, hier einige Besonderheiten anzuführen: 1. Ein einziges Mal kommen E. vor, die nach Kleidung und Haartracht weiblich sind: In der Schöpfungskuppel in der Vorhalle von S. Marco, Venedig, kopiert nach der Cotton-Genesis (5. Jh.). 2. Die ps.-dionysischen neun Engelchöre (zusammenfassend auch als Asomatoi = Körperlose bezeichnet) sind nur z. T. durch eigene Bildtypen wiedergegeben: Cherubim als →Tetramorph, vierflügelig, oft mit zwei Rädern neben sich (so können auch die Archai dargestellt werden, vgl. z. B. die Limburger →Staurothek), und Seraphim, sechsflügelig, manchmal mit Augen auf den Flügeln. Für die übrigen Engelsränge fehlen entsprechende verbindl. Gestalten. Erzengel und E. tragen fast stets die hellenist. Königsbinde mit flatternden Enden. Ksl. Gewandung ist den Erzengeln vorbehalten, aber nicht verbindlich. Eine der vollständigsten Darstellungen der verschiedenen Engelstypen bieten die Hss. der Homilien des Johannes v. Kokkinobaphou Vat. gr. 1162 und Par. gr. 1208, f. 113^v (12. Jh.). Zu den Abweichungen der Darstellungen der übrigen Himmelsmächte vgl. RByzK III, 55f. 3. Die Versammlung der Körperlosen (σύναξις τῶν ἀσωμάτων) zeigt einen oder mehrere Erzengel mit dem Rundikone des präexistenten Christus. Als einzige Träger kommen je einmal sowohl →Michael (Vat. gr. 1613, Ende 10. Jh.) als auch →Gabriel (Fiesole, Steatitrelief 11. Jh.) vor, häufiger beide. Später wächst die Zahl der E. bis hin zu den »himml. Heerscharen« (vgl. RByzK a. O., 53–55). 4 E. als Liturgen begegnen seit mittelbyz. Zeit in der Darstellung der Apostelkommunion. Daraus entwickelt sich die Darstellung der himml. (göttl.) Liturgie. Das älteste Zeugnis dafür ist die liturg. Rolle im gr. Patriarchat v. Jerusalem (Staurou 109, 12. Jh.). Breit ausgeführt finden wir das Thema dann im 14. und 15. Jh., bes. in den Kirchen von →Mistra(s). Als wichtigstes Zeugnis aus der Kleinkunst ist die sog. Schale der Pulcheria im Athos-Kl. Xeropotamou (14. Jh.) zu nennen. Zu den Einzelheiten der Gestaltung und des gedankl. Gehaltes vgl. RByzK III, 119–131 und S. DUFRENNE, Index iconographique s. v. Liturgie céleste. 5. Die »himml. Heerscharen« zeigen z. B. das Bild »Christus auf dem Bett Salomos und die sechzig Kräfte« im Vat. gr. 1162 oder ein Fresko zur Illustration des Ps. 148 in Lesnovo (14. Jh.), vgl. auch die Jesaja-Vision im Vat. gr. 1162 oder ebd. Maria zw. den sechzig Kräften, von denen einige Dämonen bekämpfen. 6. Der Cherub, der die Tür des ird. Paradieses bewacht (im Vat. gr. 1162 in einem Bild dreimal übereinander dargestellt), fehlt fast nie im Weltgerichtsbild, zu dem auch die himml. Heerscharen hinter den Aposteln, Michael als Seelenwäger, der Engel, der den Himmel aufrollt, und die roten E. gehören, die die Verdammten ins Höllenfeuer treiben. 7. Zur Engelstrinität vgl. Dreifaltigkeit; →Jesus Christus; Zur Himmelsleiter vgl. →Jakob, →Johannes Klimakos. K. Wessel

Lit.: RByzK III, 13–119 [Himmelsmächte, Erzengel und E.; D. I. PALLAS]; ebd., 119–131 [Himml. Liturgie; K. WESSEL] – M. TATIĆ-DJURIĆ, Das Bild der E., 1962 [wichtig für den slaw. Raum] – S. DUFRENNE, Les programmes iconographiques des églises de Mistras, 1970.

IV. ALTRUSSLAND: Das reiche ikonograph. und Denkmälermaterial kann nur an wenigen Beispielen demonstriert werden. *Das areopagitische Schema* der himml. und ird. Hierarchien: Synaxis der E., Ikone, 15./16. Jh., Russ. Mus., Leningrad; Kuppelfresko von →Feofan Grek, Spasa-Preobraženie-Kirche in Novgorod, 1378. Es bestimmt auch zahlreiche andere Motive, z. B. Pokrov-Ikone, 15. Jh., Tret'jakov-Galerie, Moskau; Entschlafen der Gottesmutter, 12./13. Jh., ebd. *Liturg.-fürbittende Assistenz:* grundsätzl. auf Deisis-Rang der →Bilderwand und auf E.-Deisis, z. B. Ikone, Ende 12. Jh., Tret'jakov-Galerie sowie auf Festtagsszenen (Geburt Christi, Verkündigung [s. auch →Gabriel], u. a.), christolog. und marian. Themen, z. B. »Über dich freuet sich«, Ikone, 16. Jh., Tret'jakov-Galerie. *Assistenz im engeren Sinne:* dienende E. bei der Kreuzigung, Ikone, 15./16. Jh., ebd. *Als Hüter der Liturgie:* →Michael und Gabriel, Fresko von →Dionisij am Eingang der Gottesmutter-Geburts-Kirche im Ferapont-Kl., Ende 15. Jh. *Taten der E.:* s. →Michael, →Jakob. *Geleit- und Straf-E., E.-Sturz:* Apokalypse, Ikone, Ende 15. Jh., Uspenie-Kathedrale, Kreml', Moskau; Schreckliches Gericht (»strašnyj sud«), Mitte 15. Jh., Tret'jakov-Galerie, Moskau; Vision des Kirchendieners Tarassij vom Untergang Novgorods, Ikone, 16. Jh., Kunsthist. Mus., Novgorod. *E. als Symbol der→ Trinität:* Troica (Trinität), Ikone von Andrej →Rublev, 1422–1423, Tret'jakov-Galerie, Moskau. *E. mit den Leidenswerkzeugen* treten erst gegen Ende unseres Berichtszeitraumes auf: Gottesmutter der Passion (»Bogomater' strastnaja«), Ikone, Mitte 16. Jh., Tret'jakov-Galerie, Moskau. Das Thema bestimmte aber indirekt schon ältere Gottesmutterbilder (→Marienikone). K. Onasch

Lit.: M. V. ALPATOV, Pamjatnik Drevnerusskoj Živopisi Konca XV veka: Ikona Apokalipsis Uspenskogo Sobora Moskovskogo Kremlja, 1964 – G. VZDORNOV, Synaxis ton archangelon, VV 32, 1971, 157–183 – K. ONASCH, Liturgie und Kunst der Ostkirche in Stichworten, 1981 – R. BARTHÉLEMY-VOGELS-CH. HYART, L'Iconographie russe de l'Apocalypse. La »mise à jour« des Livres saintes, 1985.

Engelamt, im späten MA Name für die vielerorts vor ausgesetztem Allerheiligsten gefeierten Messen (Ämter) an Donnerstagen; Ursprung des Namens vielleicht von den als Engel gekleideten Knaben, die bei der Prozession mit dem Allerheiligsten dessen Träger flankierten. Die jüngeren Bedeutungen 1. Roratemesse, 2. Messe bei der Beerdigung eines unmündigen Kindes, 3. Mitternachtsmesse an Weihnachten dürften dem MA noch unbekannt gewesen sein. Balthasar Fischer

Lit.: J. B. GÖTZ, Das Pfarrbuch des Stephan May in Hilpoltstein vom J. 1511, Reformationsgesch. Stud. und Texte 47/48, 1926 [Besprechung: JLW 7, 1927, 375f.].

Engelberg, Abtei OSB in der Schweiz (Kanton Obwalden). Zu Beginn des 12. Jh. stiftete der Adlige Konrad v.

Sellenbüren das Kl. E. und stattete es mit seinem Besitz aus. Er berief aus dem Kl. →Muri die ersten Mönche unter Prior Adelhelm, der später zum ersten Abt gewählt wurde. Unter ihm legte Konrad selbst Profeß ab. Gemeinsam erreichten sie, daß dem Kl. am 5. April 1124 von Calixt II. und am 28. Dez. 1124 von Ks. Heinrich V. Besitz und freie Abt- und Vogtwahl bestätigt wurden. Nach beider Tod geriet E. in eine Krise, aus der es erst der aus St. Blasien berufene Abt Frowin (1143–78) herausführte. Unter ihm und seinen Nachfolgern nahm das Kl. einen großen Aufschwung. Ein bedeutendes Skriptorium entstand unter Abt Frowin, aus dessen Zeit 40 Codices erhalten sind; die Blütezeit endete bereits nach dem 1. Viertel des 13. Jh. Von überragender künstlerischer Qualität ist der figürl. Initialschmuck des sog. Engelberger Meisters (Hauptwerk: Cod. 14 der Stiftsbibliothek). Aus der Frowinzeit hat sich ein Verzeichnis der in der Klosterschule verwendeten Texte, bes. der Lehrbücher der Grammatik und Rhetorik sowie antiker Werke, erhalten. Zusammen mit den Texten der damals in E. entstandenen, heute in der Stiftsbibliothek verwahrten Codices patrist. und zeitgenöss. theol. Inhalts belegen sie ein beachtl. Bildungsniveau.

Zur gleichen Zeit gelang es den Äbten von E., durch gezielte Erwerbspolitik aus der reichen Grundausstattung in Streulage das geschlossene Klosterterritorium im Engelbergertal von Grafenort bis zum Stierenbachfall zu formen und für dieses Gebiet kgl. Immunität zu erlangen. Die Vogtei wurde zu Beginn des 13. Jh. durch die Äbte den dt. Kg.en übertragen. Seit Mitte des Jh. scheint sie nicht mehr verliehen worden zu sein; ausgeübt wurde sie durch einen vom Abt bestimmten Amtmann. Kg. →Rudolf v. Habsburg nahm E. in seinen Schutz, ohne eine Vogteiregelung zu treffen. Als sich die Habsburger aus den schweiz. Gebieten zurückzogen, wurden die eidgenöss. Orte (→Eidgenossenschaft) Schutzherren E.s. Seit dem 13. Jh. war E. mit →Uri in Grenzstreitigkeiten verwickelt. Die Urner beanspruchten, über den Surenenpaß ins Engelbergertal vorrückend, die südl. Alpgebiete des Kl. und erreichten schließlich 1471/72 und 1513 eine Neuregelung des Grenzverlaufs zuungunsten des Kl., dem die heutige Kantonsgrenze entspricht. Auch an die Nidwaldner mußten 1435 Teile des Territoriums abgetreten werden.

Wie bei anderen süddt. Reformklöstern bestand in E. vielleicht schon unter Adelhelm, sicher unter Frowin ein →Doppelkloster. Am Anfang des 13. Jh. umfaßte es 40 Mönche und 80 Nonnen. Gefördert wurde es bes. von den Bf.en v. →Konstanz, die ausdrücklich Mönche und Nonnen als Empfänger ihrer Privilegien und Vergabungen nannten. Während die Zahl der Mönche allmählich abnahm, wuchs die Frauenkonvent stetig. Er zählte zu Beginn des 14. Jh. weit über 100 Mitglieder. 1325 feierte man 137 Professen. 1349 starben 116 Nonnen an der Pest. Vier Jahre später verordnete der Abt mit Einverständnis des Bf.s v. Konstanz, der Frauenkonvent dürfe künftig nicht mehr als 100 Nonnen zählen. E. beherbergte im 13. und 14. Jh. den größten Benediktinerinnenkonvent im Gebiet der Eidgenossenschaft. Die Klosterfrauen rekrutierten sich hauptsächl. aus den führenden Familien der vier Waldstätte →Uri, →Schwyz, →Unterwalden und →Luzern. In der 2. Hälfte des 14.Jh. unterhielt E. enge Beziehungen zu oberrhein. Mystikerkreisen (→Mystik), was im sog. →Engelberger Prediger einen lit. Niederschlag fand. Im 15. Jh. geriet das Kl. zunehmend in wirtschaftl. Schwierigkeiten. Männer- und Frauenkonvent zählten nur noch wenige Mitglieder, und die Klosterdisziplin war mangelhaft. Die Abhängigkeit von den eidgenöss. Orten verstärkte sich immer mehr. Seit 1420 entschieden diese bei den Abtwahlen mit. In der 2. Hälfte des 15. Jh. traten sie formell als →Kastvögte des Kl. auf und kontrollierten die Wirtschaftsführung.

E. Gilomen-Schenkel

Q.: Annales Engelbergenses 1147–1546, ed. G. H. PERTZ, MGH SS 17, 1861, 278–282 – MGH N 1, 1888, 365–383 – Urkk. des Stiftes E., ed. A. VOGEL (Der Geschichtsfreund 49–57, 1894–1902) – Quellenwerk zur Entstehung der Schweiz. Eidgenossenschaft, 1933ff., I. Abt. Urkk., 3 Bde; II. Abt. Urbare und Rödel bis zum Jahre 1400, 2. Bd. – *Lit.*: DHGE XV, 462–466 – DIP III, 1131–1134 – B. GOTTWALD, Album Engelbergense, 1882 – DERS., Catalogus Codicum manuscriptorum in Bibliotheca Engelbergensi, 1891 – F. GÜTERBOCK, E.s Gründung und erste Blüte 1120–1223, 1948, ZSchG Beih. Nr. 6 – A. BRUCKNER, Scriptoria medii aevi Helvetica VIII, Stift E., 1950 – G. HEER, Aus Vergangenheit von Kl. und Tal E., 1975 – Kat. der datierten Hss. in der Schweiz in lat. Schrift vom Anfang des MA bis 1550, 2. Bd., 1983 – Helvetia Sacra, Abt. III, Bd. 1, Frühe Kl., die Benediktiner und Benediktinerinnen in der Schweiz, 1986, 590–652 [*Lit.*].

Engelberg, Burkhard, spätgot., in Hornberg geborener Baumeister, ◻ 1512 in St. Ulrich zu Augsburg, wo er 1477–1512 als Bauleiter tätig war. Zwischendurch wurde er zur Beratung bei schwierigen bautechn. Problemen herangezogen: 1480 beim Ausbau der Kilianskirche in Heilbronn; 1493–1507 am Ulmer Münster, Bau der Substruktionen am Westturm, Unterteilung und Neuwölbung der Seitenschiffe; 1499 Entwurf für den Turm der Stadtkirche in Bozen; 1502–05 Ausbau des St. Georg in Nördlingen; 1503 Renovierung des Schlosses Helfenstein bei Geislingen; 1507/08 Münsterbau in Bern. 1506 wurde E. zum Stadtbaumeister von Augsburg ernannt, wo er 1498–1503 bereits beim Umbau des Katharinenklosters tätig und ab 1488 am Dombau beteiligt war. E. ist einer der letzten großen spätgot. Baumeister; seine herausragenden Leistungen liegen vornehmlich auf dem technisch-konstruktiven Gebiet.

G. Binding

Lit.: B. RIEHL, Augsburg, 1903 – THIEME-BECKER X, 532 [*Lit.*] – R. WORTMANN, Das Ulmer Münster, 1972, 22–24.

Engelberger Prediger wird in der Forschung der Autor eines qualitativ hochstehenden Predigtkorpus mit 55 Predigten genannt, das zur Hauptsache in zwei Hss. der Stiftsbibl. →Engelberg, codd. 335 und 336 (ca. 1380) überliefert ist; eine kleinere Sammlung von 20 Predigten, die jedoch nur sechs nicht in den Engelberger Hss. enthaltene Stücke enthält, ist in verschiedenen Hss. der St. Galler Stiftsbibl. (die wichtigste cod. 1878) tradiert und von dort, z. T. als Streuüberlieferung, in den süddt. Raum gelangt. Den Anonymus mit Sicherheit zu identifizieren, ist bis jetzt nicht gelungen; Bartholomäus Fridauer (W. MUSCHG) kommt aus Gründen der Chronologie – die Sammlung ist um 1350 anzusetzen – nicht in Frage. Hingegen dürfte feststehen, daß das Korpus als Predigt(vor)lesebuch für die St. Andreas-Nonnen in Engelberg geschrieben worden ist.

Der E. P. steht in der Tradition der dt. Dominikanermystik (bes. →Taulers und →Seuses; s. a. Mystik), doch sind die myst. Aussagen eingebettet (und damit relativiert) in eine breite Thematik der Askese und Erbauung. Als eigentliche geistige Mitte der Predigten dürfen die Ausführungen über die Gottesliebe gelten, die das Charisma des Seelenführers am besten vermitteln. – Formal, im Aufbau wie in der Rhetorik, steht der E. P. auf der Höhe seiner Zeit.

K. Ruh

Ed.: W. WACKERNAGEL, Altdt. Predigten und Gebete, Basel 1876, 182–208, 583–598 [wenige Predigten und Auszüge] – Gesamted. in Vorber. – *Lit.*: Verf.-Lex.² II, 532–535 [S. BECK] – PH. STRAUCH, Der E. P., ZDPh 50, 1926, 1–45, 210–241 – W. MUSCHG, Die Mystik in der Schweiz 1200–1500, 1935, 310–332, 428–437 – S. BECK, Unters. zum E. P., 1952 – K. RUH, Dt. Lit. im Benediktinerinnenkl. St. Andreas in Engelberg II., Titlisgrüße 1981, 77–88 [= DERS., Kleine Schr. II, 1984].

Engelbert

1. E. I. v. Berg, hl. (Fest: 7. Nov.), Ebf. v. Köln 1216–25, * 1185/86, † (ermordet) 7. Nov. 1225 bei Schwelm, ⌐ Dom zu Köln; Sohn des Gf.en Engelbert v. →Berg und seiner Gemahlin Margarethe v. Geldern, Großneffe des Ebf.s →Bruno II. v. Köln, Neffe der Ebf.e →Friedrich II. und Bruno III. v. Köln sowie Vetter des Ebf.s →Adolf I. v. Köln. Als nachgeborener Sohn schon früh für die geistl. Laufbahn bestimmt und an der Kölner Domschule erzogen, erscheint E. bereits seit Anfang 1198 als Propst v. St. Georg in Köln, wurde 1199 ebd. in zwiespältiger Wahl zum Dompropst erhoben und übte das Amt seit 1203 aus, begegnet seit 1210 als Propst v. St. Severin in Köln und wurde zw. 1213–15 auch zum Propst v. St. Marien in Aachen und zu unbekannter Zeit zum Propst v. Deventer und Zutphen ernannt. Seine Wahl zum Bf. v. Münster i. J. 1203 lehnte er angebl. auf Grund seiner »adolescentia« ab. In den Wirren des dt. Thronstreits schloß er sich eng an Ebf. Adolf I. an, trat mit diesem auf die stauf. Seite über, wurde 1206 auf Geheiß von Papst Innozenz III. gebannt und abgesetzt. Als Adolf I. sich 1208 dem Papst unterwarf, wurde auch E. begnadigt, der jetzt zu →Otto IV. neigte, sich 1212 am Albigenserkreuzzug (→Albigenser) beteiligte und erst nach der Schlacht bei →Bouvines 1214 endgültig Partei für die →Staufer ergriff. Nach dem Rücktritt Adolfs I. und dessen Gegenspielers Theoderich v. Hengebach fiel die Wahl der Kölner Prioren am 29. Febr. 1216 einstimmig auf E., der am 24. Sept. 1217 in Köln die Weihe empfing. Hauptaufgabe des neuen Ebf.s war die Konsolidierung der im Gefolge des Thronstreits erschütterten köln. Herzogsgewalt, die v. a. durch die territorialpolit. Ziele des Hzg.s Walram III. v. Limburg bedroht war, dessen Sohn Heinrich IV. mit Irmgard, der Erbtochter Adolfs III. v. Berg († 1218), verheiratet war. In zwei Fehden konnte E. →Limburg und das mit diesem verbündete →Kleve besiegen, bevor er i. J. 1220 mit beiden Gegnern für ihn günstige Friedensverträge schloß, wobei die Ansprüche der Limburger auf die Gft. Berg mit einer Jahresrente abgefunden wurden. Durch den Erwerb von Vogteirechten, Befestigungsbauten (Burg Valantia = Velandshus b. Herzogenrath) und Bündnisse mit →Brabant (1217) und →Namur (1223) suchte er die Macht der Limburger einzudämmen, die wegen ihrer Verbindung zu →Luxemburg und einer möglichen Koalition mit dem Pfgf.en auch Maßnahmen im Süden des Erzstifts erforderl. machte, wo E. die Burg Thuron a. d. Mosel eroberte, die Burg Fürstenberg b. Bacharach erbaute, sich die Schmidtburg b. Kirn auftragen ließ und Rechte an den Burgen Vianden, Hamm, Neuerburg und Manderscheid erwarb. Daneben suchte E. in Westfalen durch gezielte Burgen- und Städtepolitik (Erwerb v. Mitrechten an zahlreichen Neugründungen) den Einfluß →Paderborns und der Gf.en v. →Arnsberg abzuwehren. In →Köln nutzte er Streitigkeiten zw. Schöffen und Zünften dazu aus, die ebfl Stadtherrschaft wiederherzustellen. Seine Ernennung zum provisor des Reiches und Vormund Heinrichs (VII.) i. J. 1220, durch die Friedrich II. mittels E.s Autorität die westl. Reichsgebiete in seine Vertretung einbinden wollte, bot seiner Hzg.s- und Territorialpolitik zusätzl. Möglichkeiten, darf aber nicht überschätzt werden. 1222 krönte er Heinrich (VII.) in Aachen, scheiterte aber mit seinem Plan einer engl.-stauf. Doppelhochzeit am Widerspruch des Kaisers. Seinen geistl. Pflichten kam er hauptsächl. in Gesetzgebung, Rechtsprechung (Provinzialsynoden) und Verwaltung nach. Er begünstigte die Zisterzienser, ließ Franziskaner und Dominikaner in Köln zu, förderte den Einfluß des Domkapitels und regte den (späteren) Neubau des Kölner Doms an. Trotz seiner Frömmigkeit überwog in E. der Territorialpolitiker die geistl. Persönlichkeit. Dies zeigt sein vorzeitiger Tod: als er den Sohn seines Vetters, Friedrich v. Isenberg, wegen dessen Übergriffe als Vogt des Stiftes →Essen zur Rechenschaft ziehen wollte, geriet er bei Gevelsberg in einen Hinterhalt und wurde im Zuge einer beabsichtigten Gefangennahme getötet. Die Komplizen des Isenbergers, die im Bund mit dem Hzg. v. Limburg standen, zählten alle zu den territorialpolit. Gegnern E.s, dessen Nachfolger, Heinrich v. Müllenark, dem Zisterzienser →Caesarius v. Heisterbach den Auftrag gab, eine Vita E.s zu verfassen, die seine Heiligsprechung vorbereiten sollte. Warum es nicht dazu kam, ist unbekannt. Erst seit 1618 wird E.s Fest im Ebm. Köln gefeiert.

Heinz Wolter

Q.: R. KNIPPING, Die Reg. der Ebf.e v. Köln im MA III, 1, 1909, 138–569; zur Vita s. Engelberti vgl. →Caesarius v. Heisterbach – *Lit.:* ADB VI, 121ff. – NDB IV, 508f. – E. WISPLINGHOFF, E. I. v. Berg (Rhein. Lebensbilder 1, 1961), 30–48 – M. GROTEN, Priorenkolleg und Domkapitel v. Köln im Hohen MA, 1980, 160f., 244 – TH. R. KRAUS, Die Entstehung der Landesherrschaft der Gf.en v. Berg bis zum Jahre 1225, 1980, 47f. u. ö. – O. ENGELS (Rhein. Gesch. I, 3, 1983), 247–254.

2. E. II. v. Falkenburg, Ebf. v. Köln 1261–74, * um 1220, †20. Okt. 1274, ⌐ Münster von Bonn; aus dem Hause der Gf.en v. Kleve, Sohn Dietrichs I. v. →Heinsberg und Falkenburg. Seine Nichte Beatrix hatte den späteren dt. Kg. →Richard v. Cornwall geheiratet. E. war päpstl. Kapellan, Kanoniker von St. Servatius in Maastricht, seit 1253 Lütticher Archidiakon und seit 1257 Kölner Dompropst. Das Domkapitel wählte ihn am 2. Okt. 1261 einstimmig zum Kölner Erzbischof. Obwohl er die Stadt →Köln gegen seinen Vorgänger (→Konrad v. Hochstaden) unterstützt hatte, geriet er bald nach seiner Wahl mit ihr in Konflikt, der seine Regierungszeit überschattete. E. stützte sich zunächst gegen die Geschlechter auf die Zünfte, scheiterte aber 1262, als er infolge übertriebener Forderungen die Bürger gegen sich einte. 1263 wurde er in Köln gefangen gesetzt. Ein Streit der Geschlechterfraktionen der →Overstolzen gegen die →Weisen bot ihm erneut Gelegenheit zum Eingreifen. Da die Weisen, auf deren Seite er stand, 1268 endgültig aus der Stadt vertrieben wurden, blieb sein Kampf gegen Köln trotz päpstl. Unterstützung ergebnislos. 1267 geriet er nach verlorener Schlacht bei Zülpich in die Hände des Gf.en v. →Jülich, der ihn bis 1271 auf der Burg Nideggen gefangenhielt. Ein dauerhafter Erfolg gegen die aufstrebenden Territorialherren gelang ihm nicht. Die Vogtei über das Stift →Essen konnte er nicht endgültig für Kurköln erringen. Im Interregnum half er seinem Verwandten Richard v. Cornwall. 1273 krönte er →Rudolf v. Habsburg in Aachen zum dt. König. Sein Streit um die Besetzung der Kölner Dompropstei brachte ihn in Gegensatz zu Papst Gregor X. Die unter Mitwirkung des Kölner Klerus erlassenen Statuten stellten insbes. Übergriffe von Laien auf geistl. Rechte (vgl. →privilegium fori, →privilegium immunitatis) unter harte Strafen. Sie dienten E. v. a. als Waffe gegen konkurrierende Territorialherren. E. gründete das Bonner Minoritenkloster und versuchte ohne Erfolg, das Stift Mechtern vor den Toren Kölns zu reformieren.

K. Militzer

Q. und Lit.: ADB VI, s.v. – NDB IV, s.v. – Chr. dt. Städte 12, 1875– Die Reg. der Ebf.e v. Köln im MA, III, 2, bearb. R. KNIPPING (Publ. der Ges. für Rhein. Geschichtskunde 21, 1913).

3. E. III. v. der Mark, Bf. v. →Lüttich seit 1345, Ebf. und Kfs. v. →Köln seit 1364, * um 1304/05, † 1368, ⌐ im Dom zu Köln; 2. Sohn des Gf.en Engelbert II. von der →Mark und der Mechthild v. Aremberg; frühzeitig Kanoniker am Kölner Dom. Durch Fürsprache seines Onkels, des Lütticher Bf.s Adolf II., kamen bald Pfründen in Köln, Worms, Lüttich und Trier sowie 1332 das Amt des Lütticher Dompropstes hinzu. Nach Abschluß seiner Studien war E. in der Lütticher Diözesanverwaltung und in diplomat. Missionen für seinen Onkel tätig. Wie von Bf. Adolf angebahnt, providierte ihn Papst Clemens VI. nach dessen Tod auf Fürsprache des frz. Kg.s 1345 zum Bf. v. Lüttich, wo E. die Politik seines Vorgängers – wenn auch mit geringerem Geschick – fortsetzte. 1362 bewarb er sich um den Kölner Erzstuhl; der Papst zog ihm aber seinen Neffen Adolf v. der Mark vor. Als dieser 1364 resignierte, um die Erbfolge seines Hauses antreten zu können, gelang es der märk. Diplomatie, Papst Urban V. zur Ernennung E.s zum Ebf. v. Köln zu bewegen. In →Köln schlug die anfangs hoffnungsvolle Stimmung bald gegen E. um. Schuld daran trug v. a. ein Entschädigungsvertrag, mit dem E. seinem Vorgänger Adolf mehr als ein Drittel der Einnahmen des Erzstifts überschrieb. Wahrscheinl. auf Druck des Domkapitels, das der zunehmenden Verschuldung nicht länger zusehen wollte, ernannte E. 1366 den Trierer Ebf. →Kuno v. Falkenstein zum Koadjutor und übertrug ihm alle weltl. und geistl. Gewalt. B. Neidiger

Q. und Lit.: N. REIMANN, Die Gf.en von der Mark und die geistl. Territorien der Kölner Kirchenprovinz (1313–1368) (Monogr. zur Gesch. Dortmunds und der Gft. Mark 4, 1973) – W. JANSSEN, Die Reg. der Ebf.e v. Köln im MA, VII (Publ. der Ges. für Rhein. Geschichtskunde 21, 1982).

4. E. (Poetsch) v. Admont, * um 1250, † 10. oder 12. Mai 1332 in Admont. 1267 Eintritt in das Kl. OSB →Admont. Nach der Admonter Überlieferung stammte er aus einer in der Steiermark begüterten Familie, doch fehlen sichere Zeugnisse für seine Herkunft. E. studierte 1271–74 an der Prager Domschule unter Leitung der Lehrer Osco und Bohemil Grammatik und Logik; der spätere Prager Bf. Gregor v. Hasenberg machte ihn mit den naturwiss. Schriften des Aristoteles bekannt. Polit. Unruhen im Zusammenhang mit der Wahl und päpstl. Bestätigung Rudolfs v. Habsburg zwangen E. zur Rückkehr nach Admont. Ende 1278 setzte er seine Studien in Padua fort (fünf Jahre Logik und Philosophie bei Wilhelm v. Brescia, vier Jahre Theologie im Dominikanerordenshaus). Ende 1287 oder 1288 nach Admont zurückgekehrt, wurde E. 1297 Abt. Er resignierte 1327. E. war ein ungewöhnlich vielseitiger Schriftsteller. Nahezu die Hälfte seiner Schriften sind noch ungedruckt, ein großer Teil anonym. Ein autobiograph. Brief an den Rektor der Wiener Stephansschule um 1325 (ed. RTh 29, 1962, 298–306) ist die einzige vertrauenswürdige Quelle. E. nennt darin Titel und Incipit von 33 Schriften, die er in »theologia«, »de philosophia naturali« und »de philosophia morali« einteilt. Die theol. Werke nehmen den Hauptanteil ein. Zwar hat E., der unter dem Einfluß der Thomisten stand, keine Summe der Theologie verfaßt, doch geht aus Einzelschriften zu den unterschiedlichen Themen, v. a. auf dem Gebiet der Pastoraltheologie, aber auch zu Exegese und Dogmatik hervor, daß er Probleme und Mängel der Theologie seiner Zeit erkannte und nach eigenständigen Lösungen suchte, wie z. B. in der Streitschrift »De corpore domini« (ed. RTh 41, 1974, 92–176 und 42, 1975, 52–131), in der er die Impanationstheorie des Pariser Theologen →Johannes Quidort angreift (zu den Schriftkommentaren vgl. F. STEGMÜLLER RB II n. 2240–45). E.s Darstellungen zur Zoologie, Botanik und Geographie sind, bis auf eine Ausnahme, ungedruckt, ein großer Teil, darunter der wohl früheste Kommentar zu Aristoteles, »De inundatione Nili« und der Kommentar zu »De mundo«, ist verloren.

Zu den moralphilos. Schriften zählt E. auch seine staatstheoret. Traktate. In der Frühzeit verfaßte er zwei Fürstenspiegel, »De regimine principum« (ed. J. HUFFNAGL, 1725) und die den Söhnen Hzg. Albrechts I. v. Österreich gewidmete Schrift »Speculum virtutum moralium« (ed. B. PEZ, Bibl. asc. III, 1724, 1–498, Neudr. 1967). Um 1312 entstand »De ortu et fine Romani imperii« (Erstdr. Basel 1553, Neuausg. MGH Staatsschr. in Vorber.). Mit diesem Werk will E. die Weltmonarchie als beste Form aller staatl. Ordnung rechtfertigen. Am Beispiel von Entstehung und Untergang des röm. Reiches gibt er eine theoret. Begründung ihrer Notwendigkeit und stützt damit das Streben Ks. Heinrichs VII. nach einem neuen Weltkaisertum. Die Beweismittel für seine Argumentation nimmt E. im wesentl. aus der aristotel. Philosophie und Augustin. – Im ganzen ist E. ein an vielen Wissensgebieten interessierter, durch das Studium der Quellen vorzügl. gebildeter und zu krit. Urteil fähiger Gelehrter, der zu den bedeutendsten der Scholastikern seiner Zeit gehört. H. Zinsmeyer

Ed.: DHGE XV, 467–476 – NDB IV, 509–510 – Repfont IV, 323–325 – Verf.-Lex.² II, 535–549 [vollständ. Werkverz.; Lit.] – Hss.: G. B. FOWLER, Mss. of E. of A., Osiris 11, 1954, 455–485 [nicht vollständig] – DERS., Additional Notes on Mss. of E. A., RTh 28, 1961, 269–282 – Lit.: A. POSCH, Die staats- und kirchenpolit. Stellung E.s v. A., HJb 37, 1920 – M. v. TREEK, Die Reichsidee bei E. v. A. und Aeneas Silvius [Diss. masch. Köln 1946] – G. B. FOWLER, Intellectual Interests of E. of A., 1947 – E. BUSCHMANN, Rex inquantum rex. Versuch über den Sinngehalt und gesch. Stellenwert eines Topos bei E. v. A., Misc. Mediaevalia 7, 1970, 313–333 – K. NIEMÖLLER, Die Anwendung musiktheoret. Demonstrationsmodelle auf die Praxis bei E. v. A., ebd., 206–231 [mit älterer Lit.] – M. HAMM, E. v. A. als Staatstheoretiker [Diss. Würzburg 1973; SMGB 85, 1974, H. III/IV].

Engelbrecht, Gf. v. →Nassau und →Vianden, Herr v. →Breda, Statthalter in den burg.-habsburg. Niederlanden und Flandern, * 17. Mai 1451 in Breda, † 31. Mai 1504 in Brüssel, Sohn von Johann IV., Gf.en v. Nassau, und Maria v. Heinsberg. Am Hof v. →Burgund erzogen, nahm E. an den Feldzügen →Karls des Kühnen teil und wurde 1473 Ritter des →Goldenen Vlieses. Nach der Schlacht v. →Nancy (1477) war er drei Monate in frz. Gefangenschaft. Während der ersten fläm. Aufstands gegen Ehzg. →Maximilian (I.) hatte E. das Amt des *capitaine général* inne. Als fähiger Truppenbefehlshaber, Staatsmann und Diplomat 1486 zum Statthalter v. Flandern und Gouverneur v. Lille ernannt, gelang es ihm, während des gesamten fläm. Aufstandes Kontakt mit den beiden verbündeten Parteien zu halten. Juli 1487–Juli 1489 erneut frz. Gefangener, verstand er es, den Frieden v. Frankfurt zw. Maximilian, dem Kg. v. Frankreich und den flandr. Ständen auszuhandeln. Unter dem Oberbefehl des Generalstatthalters Hzg. →Albrecht v. Sachsen (18. A.) unterwarf E. die fläm. Aufständischen. Als Brautwerber Maximilians schloß er dessen →Prokura-Ehe mit →Anna v. Bretagne (1490–91); auch handelte er 1493 den Vertrag v. →Senlis aus (Freilassung →Margaretes v. Österreich). Mittlerweile gehörte er dem Ratgeberkreis um Ehzg. →Philipp den Schönen an. Auch der Handelsvertrag mit England (Great Intercourse) wurde von E. geschlossen (1496). Während der Reisen seines Souveräns (1496, 1501) fungierte E. als Generalstatthalter der Niederlande. Er kann als Protagonist des »nationalen Adels« der burg. Niederlande gelten. Auf seine Verbindungen zur internationalen Hocharistokratie wie v. a. auf die ndl. Untertanenschaft gestützt, übte E. in der Periode des Übergangs der Niederlande an die →Habsburger starken Einfluß aus. Unter ihm hatte das Statthalteramt erstmals das hohe Ansehen, das sich während der polit. und religiösen Kämpfe des 16. Jh. noch steigern sollte. W. P. Blockmans

Lit.: BNB XV, 480 – H. WIESFLECKER, Ks. Maximilian I., Bd. I, s. v. [Register] – W. P. BLOCKMANS, Handelingen van de Leden en van de Staten van Vlaanderen (1477-1506), 1973-82, s.v.

Engelhus, Dietrich (Theodericus), auch: Engelhusen, -husius, Chronist, * ca. 1362 in Einbeck, † 5. Mai 1434 in Wittenburg. Nach dem Studium in Prag, Erfurt, Leipzig wirkte E. als Lehrer in Bamberg, Einbeck, Göttingen, Magdeburg. Interessiert an den kirchl. Reformen der Zeit war E. mit Joh. →Dederoth, dem Begründer der Bursfelder Kongregation, befreundet. 1434 trat er, kurz vor seinem Tod, in das Augustinerchorherrenstift Wittenburg ein (Bm. Hildesheim). – Das lit. Œuvre ist bestimmt von den Erfordernissen seiner Lehrtätigkeit. Sein wichtigstes hist. Werk, eine Weltchronik bis zur Lebenszeit des Autors, fand trotz der unzureichenden Stoffdurchdringung große Beachtung und zeigt eine bes. Wertschätzung des →Welfenhauses; ähnlich die kleineren, z. T. lokalhist. Schriften wie »Genealogia ducum Brunsvicensium«, »Imperatorum ex duc. Brunsvic. domo or. vitae«, »Cronica Erfordensis« und Bearbeitungen der Weltchronik. Das Gedicht »Origo Saxonum« über die Gesch. des Landes und den Ursprung der Sachsen besitzt nur kompilator. Charakter. Die geistl. Schriften dienten der katechet. Unterweisung oder der Lebenshilfe für die Gläubigen (»Expositio psalterii«, »Kunst to stervende«, »Reg. d. leyen«), während E. mit dem »Vocabularius quadriidiomaticus« und »Promptus« ein Sprachwörterbuch und Sachlexikon für den Schulgebrauch schuf.   D. Berg

Lit.: Repfont IV, 326f. [Ed. und Lit.] – Verf.-Lex.² II, 556-561 [Ed. und Lit.] – K. GRUBE, Beitr. zu dem Leben und den Schr. des D. E., HJb 3, 1882, 49-66 – L. v. HEINEMANN, Über die »Dt. Chronik« und andere hist. Schr. des Mag. D. E., NA 13, 1888, 171-187 – O. HOLDER-EGGER, Stud. zu thür. Geschichtsq. IV, NA 21, 1896, 482-511 – R. LANGENBERG, Q. und Forsch. zur Gesch. der dt. Mystik, 1902, 129-159 – H. HERBST, Neue Nachr. zu dem Schr. des D. E., Zs. für dt. Geistesgesch. 1, 1935, 242-250 – H. ECKERT, G. W. Leibniz' »Script. Rer. Brunsvicensium« (Veröff. des Leibniz-Archivs 3), 1971, 123-133 – F. J. WORSTBROCK, Die Biblia metrica des D. E. und ihre Überlieferung, DA 36, 1980, 177-192.

Engelin, Jakob (Jacobus de Ulma), dt. Arzt, * gegen 1360 in Ulm, † vor 1427 ebd. Aus einer Rottweiler Apothekerfamilie stammend, studierte E. mit Unterstützung seiner Heimatstadt in Paris (1382 Lizentiat der Medizin, Traktat »De cometis«). 1391 schrieb er sich in die Wiener Matrikel ein; bis 1406 als Leibarzt Leopolds v. Österreich belegt. Dem Wiener Hof blieb er auch nach seiner Rückkehr ins reichsstädt. Ulm verbunden.

In die Entwicklung der →Pest-Behandlung griff E. durch zwei Traktate ein, von denen der erste, praxisbezogene den Aderlaß lehrt und wahrscheinl. schon in der Pariser Zeit verfaßt wurde: er war sowohl in einer dt. wie in einer frz. Fassung verbreitet. Der jüngere, dt. konzipierte Text (1395 abgeschlossen) entwickelt eine Apostasen-Lehre, die Bubonenpakete als Aposteme wertet, die drei Hauptstellen, an denen sie gewöhnl. auftreten (submandibulär, axillar, inguinal), als Ausscheidungsstellen (emunctoria) deutet und jede von ihnen einem der drei »membra principalia« (Hirn, Herz, Leber) zuordnet.
   G. Keil

Q. und Lit.: Verf.-Lex.² I, 561-563 – H. BERGMANN, »also das ein mensch zeichen gewun«. Der Pesttraktat J. E. s v. U. [Diss. Bonn 1972; mit Textausg.] – DERS., Neufunde zum Pesttraktat J. E. s. v. U., SudArch 62, 1978, 282-293 – R. SIES, Das 'Pariser Pestgutachten' von 1348 in afrz. Fassung (Würzburger medizinhist. Forsch. 7), 1977, 99 – H. BERGMANN – G. KEIL, Die Münchner Pestlaßmännchen. Standardisierungstendenzen in der spätma. dt. Pesttherapie (Fachprosa-Stud., hg. G. KEIL, 1982), 318-330.

Engelsburg (Castel Sant' Angelo), Mausoleum des Ks.s Hadrian († 138), im ma. Rom von großer hist.-militär. Bedeutung. Das Äußere des marmorverkleideten und statuengeschmückten Grabmals dürfte den Scheiterhaufen für die vergöttlichten Ks. geglichen haben (zylindr. Baukörper über quadrat. Sockelgeschoß, abgeschlossen durch turmförmigen Aufbau). Vermutl. wurde das Mausoleum bereits im Zuge der Germanenabwehr im 3. Jh. befestigt, um den Vatikan. Hügel und den Pons Aelius (Engelsbrücke) zu schützen. Gesichert ist militär. Verwendung des Mausoleums jedenfalls für die Gotenkönige des 6. Jh. (Prokop). Zu einem nicht genau festzulegenden Zeitpunkt zw. den Pontifikaten →Bonifaz' II. und →Bonifaz' IV. wurde dem Erzengel →Michael eine kleine Kapelle geweiht (bei ma. Autoren: »inter nubes«). Unter →Leo IV. (852) bildete die Burg die stärkste Stelle des Mauerzuges, der die »Leostadt« (→Rom) umgab. Im 10. Jh. erhielt sie nach dem röm. Adligen Crescentius II. Nomentanus (→Crescentier), der sich dort gegen die Truppen Ottos III. verschanzte, den Namen »Castellum Crescentii«, den sie in den Quellen bis zum 12. Jh. beibehielt. Während des Investiturstreits bot sie →Gregor VII. Zuflucht vor den Truppen Heinrichs IV. und erhielt zunehmend die Funktion eines Garanten für Sicherheit und Autonomie der Stadt. Im Lauf des 13. Jh. kam sie – unter ungeklärten Umständen – an die →Orsini. Papst →Nikolaus III. Orsini ließ Burg und v. a. Michaelskapelle mit – heute zerstörten – Fresken schmücken (Legende vom Erscheinen des Erzengels während der Pest des Jahres 590 auf der Spitze des Monuments). Die im 13. und 14. Jh. häufiger werdende Bezeichnung E. ist seit dem 15. Jh. offizieller Name des Bauwerks. Die E. erlitt während des →Abendländischen Schismas schwere Beschädigungen, als die Römer sie 1379 dem frz. Kastellan, der sie im Namen des avignones. Papstes besetzt hielt, abnahm. Der Plan eines Abbruchs wurde nicht ausgeführt, aber sie verlor wahrscheinl. damals die letzten Reste der antiken Marmorverkleidung. Im Lauf des 15. Jh. sorgten die Päpste für ihre Restaurierung und weitere Befestigung (Anbau von Türmen an das Sockelgeschoß, Postierung von Geschützen auf den Terrassen). Am Ende des MA bot die E. als mächtige päpstl. Festung bereits ihren heutigen Anblick.   G. Barone

Lit.: CH. HUELSEN, Mausoleo di Adriano, Boll. dell'Associazione archeol. romana 3, 1912, 25-32 – G. ZIPPEL, Per la storia di Castel Sant'Angelo, ASRSP 35, 1912, 151-218 – C. CECCHELLI, Castel Sant' Angelo al tempo di Gregorio VII (Studi Gregoriani II, 1947), 103-123 – DERS., Roma medioevale (Topografia e urbanistica di Roma [Storia di Roma XXII, 1958]), 342f. – C. D'ONOFRIO, Castel Sant'Angelo, 1971 – DERS., Castel Sant'Angelo e Borgo tra Roma e Papato, 1978 [mit reicher Lit.].

Engelt(h)al, Dominikanerinnenkl. östl. v. Nürnberg; gegründet 1240 vom Reichsministerialen Ulrich v. Königstein auf Reicheneck und zunächst von Nürnberger Beginen bewohnt, bald aber dominikanisch. Ks. Ludwig d. Bayer unterstellte E. 1339 dem Rat v. Nürnberg, aus dessen Patriziergeschlechtern die meisten Nonnen kamen. 1504 gefälzg. E. aus kurpfälz. Vogtei an die Reichsstadt, die sich der Reformation anschloß und den Konvent 1565 aufließ. Bekannt wurde E. als Zentrum der Frauenmystik, wobei der hier 1317/24 wirkende Konrad v. Füssen Anregungen vermittelte; von 50 Schwestern soll nur einer die myst. Ekstase versagt gewesen sein. Am berühmtesten wurden Christine →Ebner, Adelheid →Langmann und der Klosterkaplan Fridrich →Sunder, von denen eigene Offenbarungsbücher in dt. Sprache erhalten sind, die manche Gemeinsamkeiten aufweisen, wie z. B. das Thema der Gnadenfrucht oder die Aufzeichnung innertrinitar. Gespräche.   P. Dinzelbacher

Q.: C. Schröder, Der Nonne v. Engelthal Büchlein Von der Genaden Uberlast. 1871 – G. Voit, Salbuch, Schriftenreihe der Altnürnberger Landschaft 15, 1965, 19–82 – *Lit.:* Hist. Stätten Dtl. VII³, 1981, 174f. – LThK² III, 881 – M. Grabmann, Dt. Mystik im Kl. E., Sammelbl. des hist. Vereins Eichstätt 25, 1912, 33–44 – W. Blank, Die Nonnenviten des 14. Jh. [Diss. Freiburg 1962], 78ff., 160ff. – G. Voit, E., 1977/78 – S. Ringler, Viten- und Offenbarungslit. in Frauenklöstern des MA, 1980.

Enger, Stift (heut. Stadt) in Ostwestfalen (westl. von Herford), im Bm. →Osnabrück. In E. ist archäologisch ein einschiffiger, rechteckiger Saalbau mit Bestattungen im Chorraum vor und neben dem Altar (Stiftergrab?) aus der Zeit von 800–850 nachgewiesen. Vor 947 errichtete dort Kgn. Mathilde auf ihrem Eigengut ein Damenstift (monasterium). ō Maria und Laurentius, später Dionysius. Nachfolgend Kollegiatstift geworden, wurde es 1414 an St. Johann in die Neustadt von Herford verlegt. Bereits die ältere Vita Mahthildis (MGH SS 10, c. 2, S. 576) berichtet um 975 legendenhaft von der Gründung E.s als cellula durch Hzg. →Widukind. In Erweiterung dieser Tradition wird v. a. im SpätMA E. als Grablege des Sachsenhzg.s verehrt. Daß der Besuch Karls IV. (1377) bereits in diesem Zusammenhang stand, ist unwahrscheinlich. Der archäolog. Befund läßt im übrigen ein Widukindgrab zwar zu, kann aber andere Möglichkeiten keineswegs ausschließen. Auch das karol. Taschenreliquar (Burse) aus dem ehemaligen Stiftsschatz, das öfters als Geschenk Karls d. Gr. an den Sachsenherzog angesehen wurde, ist nicht sicher mit diesem in Verbindung zu bringen. E. Karpf

Lit.: Westfäl. Gesch., hg. W. Kohl, I, 1983, 300, 314, 690, 696; 327, 334 [E. Freise–F. Mühlen; weitere Lit.].

Engern → Sachsen

Enghien, Maria d', Fsn. v. Tarent, * um 1367, † 9. Mai 1446 in Lecce, ▢ S. Croce ebd. (Grab 1537 von den Soldaten Karls V. zerstört). Eltern: Jean (Giovanni) d'Enghien, Gf. v. Lecce, Sancia Del Balzo. M. erbte 1384 von ihrem Bruder Pietro die Gft. →Lecce. Auf Wunsch Ludwigs I. v. Anjou 1385 ∞ Raimondo Del Balzo Orsini, den späteren Fs.en v. →Tarent (Kinder: Catarina, Maria, Giovanni Antonio, Gabriele). Nach der Wiedereroberung von Tarent, das Johanna I. den Del Balzo genommen hatte, zog M. am 18. Juni 1399 mit ihrem Gatten dort ein. Nach dem Tod ihres Mannes (17. Jan. 1406) verteidigte sie die Stadt Tarent, die von →Ladislaus v. Anjou-Durazzo belagert wurde. Nach dem Friedensschluß ∞ mit diesem (23. April 1407). Dadurch zur Kgn. v. Neapel erhoben, verließ sie am 24. Mai Tarent, um sich in die Hauptstadt des Regnum zu begeben. Nach dem Tod des Kg.s ließ sie →Johanna II. zuerst nicht in ihre Besitzungen zurückkehren, setzte sie aber schließlich 1415 wieder in den Besitz der Gft. Lecce. Im Juli 1417 schloß M. mit Luigi Sanseverino, Signore v. Nardo, der nach ihrer Herrschaft getrachtet hatte, Frieden. 1419 erwarb sie Lehen von dem Gf.en von Caserta Baldassarre della Rath sowie Guardialombarda von Giovanello Zurlo. Es gelang M. auch, das Fsm. Tarent, das die Kgn. Giovanni Antonio del Balzo fortgenommen und ihrem Gemahl Jacques de la Marche (Jakob v. Bourbon) übertragen hatte, von diesem zurückzukaufen. Am 4. Mai 1420 wurden M. und ihr Sohn Giovanni Antonio von Johanna II. damit belehnt. Alfons I. (V. »der Großmütige«) bestätigte sie 1434 im Besitz aller ihrer Lehen. 1445 approbierte sie die Sammlung der Statuten von Lecce.

Lit.: A. Cutolo, M. d'E., 1977². S. Fodale

Engildeonen, bayer. Adelsfamilie, deren Bedeutung im Zuge des Rückgangs der karol. Herrschaft in der 2. Hälfte des 9. Jh. für kurze Zeit sichtbar wird. Eine eindeutige Klärung der Herkunft der E. ist ebensowenig möglich wie die genaue genealog. Abgrenzung. Der Personenname Engildeo ist im 8.–10. Jh. in Bayern relativ häufig bezeugt, die Einordnung der einzelnen Personen aber vielfach nicht gesichert. Indizien deuten auf vermutl. Verwandtschaft mit den bayer. Pfgf.en →Timo († 837) und Fritilo († 870) und wohl auch zu den →Fagana hin. Der erste greifbare Vertreter der Familie ist ein *Rodold,* der 819 als »venator« Bf. Baturichs v. Regensburg genannt wird. Ein anderer *Rodold* wird 861 Gf. im bayer. →Nordgau und führt 871 den frk. Heerbann gegen die Böhmen. Als sein Besitz- und Amtsnachfolger läßt sich seit 874 ein *Engildeo* nachweisen, der als Gf. im →Nord- und Donaugau, in der Westermannmark und in →Regensburg belegt ist. Hier wie auch in →Eichstätt und →Freising scheint Engildeo als bfl. Vogt gewirkt zu haben. Schwerpunkt seiner unmittelbaren Machtausübung war das Gebiet zw. den drei genannten Bischofsstädten. Als Oberbefehlshaber des bayer. Heerbanns und über die anderen Gf.en hinausreichenden Gewaltträger des Kg.s wird man Engildeo für zwei Jahrzehnte als den wichtigsten Mann in der ostfrk. Königsprovinz ansehen können. Ohne erkennbare Ursache wurde der »marchensis Baioariorum« jedoch 895 durch Kg. →Arnulf abgesetzt (Empörung gegen den Kg. in Verbindung mit der Karolingerin Hildegard?). Der Sturz Engildeos führte zum Niedergang der Familie zugunsten der →Luitpoldinger und →Aribonen. Seine Machtbefugnisse gingen auf den Gf.en →Luitpold über. 957/972 begegnet wieder ein comes Engildeo im Freisinger Hochstiftsraum, möglicherweise ein Nachkomme des 895 abgesetzten Grafen. Im 10. und 11. Jh. finden sich »nobiles viri« mit dem Leitnamen des Geschlechts als Lehensleute des Freisinger Bischofs. Ob die sozial in die (freising. und wittelsbach.) Ministerialität abgesunkenen E. des 12. Jh. mit den altbayer. Geschlecht in direkter Linie zusammenhängen, ist unklar. G. Scheibelreiter

Q.: Annales Fuldenses, MGH SRG (in us. schol. 7, 1891) – Trad. Freising, ed. v. Th. Bitterauf, I–II, 1905/09 – Trad. Regensburg, ed. J. Widemann, 1943 – *Lit.:* Spindler² I, 273, 279, 367, 369, 380ff. – Dümmler II, 1865, 391ff. – J. Sturm, Die Anfänge des Hauses Preysing, 1931, 66, 88, 339, 347 – K. Reindel, Die bayer. Luitpoldinger 893–989, 1953, 2ff., 11f. – K. Bosl, Das »jüngere« bayer. Stammeshzm. der Luitpoldinger, ZBLG 18, 1955, 155, 158f. – M. Mitterauer, Karol. Mgf.en im SO, 1963, 169ff. – J. Mass, Das Bm. Freising in der späten Karolingerzeit, 1969, 87f. – W. Störmer, Adelsgruppen im früh- und hochma. Bayern, 1972, 70, 143, 183ff. – Ders., Früher Adel, 1973, 228, 345f., 403ff. – K. Brunner, Oppositionelle Gruppen im Karolingerreich, 1979, 161f.

England

A–E.: Allgemeine und politische Geschichte (A. Vom 5./6. Jahrhundert bis 1154 – B. Das angevinische Königtum [1154–1216] – C. Das Königtum und die ausprägenden Verfassungsinstitutionen [1216–1307] – D. Das Königtum im Konflikt mit Adelsgruppierungen. Der Hundertjährige Krieg – E. Auseinandersetzungen in der 2. Hälfte des 15. Jahrhunderts: Lancaster, York und Tudor) – F–G.: Kirchengeschichte (F. Vom 5. Jahrhundert bis 1066 – G. Von 1066 bis zum Ende des 15. Jahrhunderts) – H. Siedlung, Wirtschaft und Gesellschaft – I. Archäologie – J. Geschichte der Juden in England.

A–E. Allgemeine und politische Geschichte:
A. Vom 5./6. Jahrhundert bis 1154

I. Vom Ende der römischen Periode bis zum 7. Jahrhundert – II. Die Angelsachsenreiche und ihr Ringen um die Vorherrschaft – III. Die Vorherrschaft von Mercien – IV. Die Wikingerinvasionen – V. Das westsächsische Reich – VI. Das anglonormannische Reich – VII. Der Kampf zwischen den Häusern Blois und Anjou um das englische Königtum.

I. Vom Ende der römischen Periode bis zum 7. Jahrhundert: Das weitgehend von einer kelt. Bevölkerung (→Briten; →Kelten) bewohnte Britannien wurde, nachdem bereits Caesar 55–54 v. Chr. einen Britannienfeldzug durchgeführt hatte, seit der frühen röm. Kaiserzeit (Claudius, 43 n. Chr.) systematisch erobert und zur Provinz ausgebaut (s. im einzelnen →Britannia). Seit dem frühen 5. Jh. war dir röm. Regierung nicht mehr in der Lage, ihre Herrschaft über diesen Teil des Reiches aufrechtzuerhalten. Die Autorität ging zunehmend an – mehr oder minder romanisierte – Fs.en (reges) und einheim. Aristokraten brit. Herkunft über, von denen einige die röm. Politik der Rekrutierung von Germanen, die gewöhnl. aus den Gebieten nördl. der Rheinmündung stammten, fortsetzten. Schon nach kurzer Zeit streiften Teile dieser Germanenverbände die brit. Oberhoheit ab und begründeten, unter starkem Zuzug neuer Einwanderer, eigene Herrschaftsgebiete, die sie auf Kosten der brit. Territorien rasch erweiterten. Diese Germanen wurden von Römern wie Briten allgemein als →'Sachsen' (Saxones) bezeichnet; bes. in den späteren Kgr.en der Ost-, West- und Südsachsen spielten sächs. Bevölkerungsteile (z. T. neben →Friesen) eine dominierende Rolle. In Mittel- und Nordengland dagegen siedelten vornehmlich eingewanderte Angeln, Angehörige eines germ. Volkes, dessen Heimat im Bereich nördl. der Elbe lag (vgl. den heut. Landschaftsnamen 'Angeln' im nordöstl. Schleswig-Holstein). Der Name 'Angeln' setzte sich als Gesamtbezeichnung bis zum 9. Jh. durch; Kg. →Alfred d. Gr., selbst ein Westsachse, bezeichnete seine Sprache als 'englisch', und seit dem 11. Jh. wurde das vereinigte Gesamtreich mit dem Begriff 'Engaland' bezeichnet. Diese Begriffsentwicklung mag zum Teil mit der frühen Vorherrschaft von Fs.en anglischer Herkunft zusammenhängen; ein wichtiger Faktor war jedoch zweifellos die Verwendung der Bezeichnung 'gens Anglorum' für die germ. Herrscher von Britannien bei den kirchl. Autoren, die in der Nachfolge Papst →Gregors d. Gr. standen. – Zur weiteren Begriffsgeschichte und zur Archäologie s. →Angelsachsen.

Bis zum Ende des 7. Jh. hatten die Angelsachsen den größten Teil Britanniens südl. des Firth of Forth unter ihre Kontrolle gebracht, wobei die einzelnen Etappen der ags. Landnahme und Herrschaftsbildung, nicht zuletzt wegen der schlechten Quellenlage, umstritten bleiben. Mehrere brit. Herrschaftsbereiche konnten sich im Westen gegen den ags. Einfluß behaupten (→Wales; →Dumnonia im heut. Cornwall und westl. Devon; →Strathclyde bzw. Cumbria im Nordwesten). Die genaue Zahl der ags. Kgr.e läßt sich für das 7. Jh. nicht bestimmen; da aber seit dem Ende des 7. Jh. sieben führende Kgr.e feststellbar sind, hat sich allgemein die Vorstellung einer ags. »Heptarchie« durchgesetzt: →Kent, Ostsachsen (→Essex), Südsachsen (→Sussex), Westsachsen (→Wessex), →Ostanglia (East-Anglia), →Mercien (Mercia), →Northumbrien (Northumbria). Die beiden größten und mächtigsten Reiche waren Mercien und Northumbrien, die voneinander durch den →Humber abgegrenzt waren; alle anderen Angelsachsenreiche wie auch die meisten der noch bestehenden brit. Reiche unterstanden – in unterschiedlichen Abhängigkeitsverhältnissen – der mercischen oder der northumbr. Oberherrschaft. Bis 700 expandierten die northumbr. Kg.e bis zum Firth of Forth und gliederten auch die Nordküste des Solway Firth ihrem Herrschaftsbereich ein. Mercien dehnte sich demgegenüber bis zur →Themse aus, so daß →London, das bis dahin ein ostsächs. Vorort gewesen war, nun fest unter mercische Herrschaft geriet. Die heut. Gft.en Kent, Essex und Sussex sowie die Landschaft East-Anglia mit ihren beiden Gft.en →Norfolk und →Suffolk entsprechen territorial noch weitgehend den vier ags. Kgr.en, deren Namen sie bewahren. Das übrige südl. der Themse gelegene Gebiet wurde von den Westsachsen kontrolliert; ihr Machtbereich reichte im Westen bis →Exeter.

Im Ringen um die Oberherrschaft gerieten die östl. Angelsachsenreiche im Laufe des 7. Jh. zunehmend ins Hintertreffen: Schon vor 700 wurde Ostsachsen der ständigen Oberherrschaft von Mercien unterworfen, während die Unabhängigkeit des Kgr.es der Südsachsen durch Mercien wie durch Westsachsen bedroht wurde. →Æthelberht, Kg. v. Kent († 616), und →Rædwald, Kg. v. Ostanglien († 616/627), waren nacheinander Oberherren der südl. Angelsachsen (vgl. →Bretwalda); ihre Nachfolger konnten diese Machtfülle allerdings nicht behaupten. Die northumbr., mercischen und westsächs. Kgr.e hatten den Vorteil, im Norden und Westen auf Kosten der Briten expandieren zu können.

II. DIE ANGELSACHSENREICHE UND IHR RINGEN UM DIE VORHERRSCHAFT: [1] *Northumbrien:* Die Ausbildung und Expansion ags. Herrschaft wird in detaillierter Weise erstmals für das 7. Jh. durch die 731 vollendete »Hist. ecclesiastica« des →Beda Venerabilis beleuchtet. Beda war naturgemäß über das Kgr. Northumbrien, in dem er selbst lebte, am besten informiert. Northumbrien hatte urspgl. aus zwei Kgr.en bestanden: →Deira und →Bernicia, die zwar brit. Namen trugen, im 7. Jh. aber bereits ags. Fs.en hatten. Sie umfaßten die engl. Ostküste nördl. des Humber; beider Grenzlinien wurde durch den Tees markiert. Eines der Hauptzentren von Deira war →York, während der befestigte Vorort von Bernicia, →Bamburgh, an der Küste lag. Anhand heidn. germ. Gräberfelder konnte festgestellt werden, daß nördl. des Tees weniger eingewanderte Germanen siedelten als in Deira. Um 600 grenzten Bernicia und Deira im N und W an brit. Kgr.e, von denen drei namentlich bekannt sind: Elmet, im Gebiet um Leeds, südwestl. von York; Rheged, um den Solway Firth; Gododdin, am Ende des Firth of Forth, dessen Machtbereich sich bis zum Hadrianswall, der alten röm. Reichsgrenze (→Limes), erstreckte.

Zu Beginn des 7. Jh. herrschte der Kg. v. Bernicia, →Æthelfrith, auch über Deira, da →Edwin, der Sohn des früheren Kg.s v. Deira, →Ælle, ins Exil gehen mußte. Æthelfrith schlug →Áedan mac Gabráin, den Kg. der aus Irland stammenden →Dál Riada, 603 bei Degsastan. Dennoch wurden später gute Verhältnisse zw. beiden Reichen wiederhergestellt, so daß Æthelfriths Sohn →Oswald nach dem Tode seines Vaters bei den Dál Riada Exil nahm. Etwa zehn Jahre später errang Æthelfrith einen Sieg über die Briten bei →Chester, der lange Zeit im Gedächtnis blieb. Diese Schlachten begründeten jedoch keine dauerhaften territorialen Eroberungen; sie waren eher Episoden im Verlauf von Plünderungs- oder Vergeltungsfeldzügen.

616 tötete Kg. Rædwald v. Ostanglia, der Beschützer des vertriebenen Edwin, Æthelfrith in der Schlacht am Idle bei Doncaster. Danach konnte Edwin die Herrschaft in den beiden northumbr. Kgr.en übernehmen. Er vergrößerte Deira durch die Eroberung von Elmet und errichtete eine – sehr extensive – Oberherrschaft über die anderen Angelsachsenreiche (mit Ausnahme von Kent), ebenso über mehrere brit. Reiche, wobei er – nach Beda – selbst Anglesey und Man beherrscht haben soll. Nach Bedas Angaben verfügte Edwin in seinen einzelnen Teilreichen über jeweils mindestens eine Pfalz (villa regia): Yeavering in Bernicia, nach den Ausgrabungsbefunden ein reichgegliederter Baukomplex mit ca. 27 m langer Halle; Campodunum in Elmet; ein weiterer Königshof bestand am Derwent in Deira. Wichtige Residenzen wa-

ren auch der vicus →Catterick und insbes. →York. Fraglos hat Edwins Übertritt zum Christentum seinen Ruf als fähiger und tatkräftiger Herrscher in der späteren Überlieferung begründen helfen; die tatsächl. Existenz seiner Oberherrschaft unterliegt dennoch keinem Zweifel, auch wenn ihre Dauer unbekannt bleibt. Edwin erlag schließlich bei Hæthfeld (heut. Hatfield Chase) 633 der Koalition des brit. Kg.s v. →Gwynedd, →Cadwallon, und des heidn. Angelsachsen →Penda v. Mercien. Bereits 634 wurde Cadwallon jedoch von Oswald, dem aus dem Exil zurückgekehrten Sohn Æthelfriths, getötet; Oswald konnte rasch die Oberherrschaft, wie sie von Edwin aufgebaut worden war, neu konstituieren. Wieder war es Kg. Penda v. Mercien, der Widerstand gegen dieses northumbr. imperium leistete und Oswald 642 tötete. Danach zerfiel Northumbrien wieder in seine einzelnen Teilkönigreiche. Die Kg.e v. Deira versuchten, ihre Selbständigkeit gegen →Oswiu v. Bernicia, den Bruder Oswalds, mit Hilfe von Penda zu sichern. Bei einer Invasion Northumbriens wurde Penda 655 am Winwæd, unweit von Leeds, besiegt und getötet. Dies ermöglichte Oswiu, drei Jahre lang auch Mercien zu kontrollieren, bevor dann Pendas Sohn →Wulfhere die alte Machtstellung seines Vaters im Gebiet südl. des Humber bald wiederherstellen konnte. Mit dem Sieg →Æthelreds v. Mercien, des Bruders und Nachfolgers von Wulfhere, am Trent (679) endeten schließlich die Versuche der Kg.e v. Northumbrien, südl. des Humber eine Oberherrschaft zu errichten.

Der mercische Widerstand lenkte die northumbr. Expansion in nördl. Richtung, zu den →Pikten, ab. Æthelfrith und seine Nachfolger hatten zu ihnen meist ein gutes Verhältnis gehabt. Erst unter Oswius Sohn →Ecgfrith kam es nach 670 verstärkt zu Kriegen, in deren Verlauf Ecgfrith 685 bei Nechtanesmere fiel; der Friede wurde un. d. Preis einiger Gebietsabtretungen wiederhergestellt. Die Nachkommen Æthelfriths konnten bis 717 (Ermordung Osreds) das northumbr. Kgtm. durchgängig in ihrer Familie halten, danach wechselten sie sich mit anderen Familien ab. Zahlreiche spätere Kg.e haben ihre Ansprüche auf die (angebl.) Abstammung von →Ida, dem Begründer der Dynastie v. Bernicia, gestützt.

[2] *Mercien:* Die Ursprünge des Kgr.es Mercien sind weitaus weniger gut belegt. Das Kerngebiet des Kgr.es lag im mittleren Tal des Trent; der wichtigste Königssitz (villa regia) war →Tamworth, der zentrale Bischofssitz →Lichfield. Die Begründung – oder doch der entscheidende Ausbau – des Kgr.es erfolgte wohl durch den noch heidn. Penda (erstmals 628 belegt, ✕ 655), der offenbar zunächst die Westsachsen aus dem Gebiet von Cirencester, das diese etwa ein halbes Jahrhundert zuvor den Briten entrissen hatten, verdrängte und seine Macht schließlich auf große Teile des südl. E. auszudehnen verstand. Die Kleinkönigreiche, die er eroberte, bildeten später eigene Bm.er: →Worcester (urspgl. Kgr. der Hwicce), →Hereford (urspgl. Kgr. der Magonsaete) und →Leicester (urspgl. Kgr. der Mittelangeln). →Lindsay, später ebenfalls Diöz., wurde zunächst auch von dem konkurrierenden Northumbrien beansprucht, stand aber nach 679 durchgängig unter mercischer Herrschaft. Penda zwang auch die Ostangeln und Westsachsen zur – temporären – Anerkennung der mercischen Oberhoheit, die sich unter Pendas Söhnen Wulfhere (658–675) und →Æthelred (675–704, abgedankt) noch festigte. Mercien blieb bis in frühe 9. Jh. die dominierende polit. Kraft in E. südlich des Humber, auch wenn seine Ansprüche auf eine Oberherrschaft in Ostanglia, Westsachsen und Kent häufig auf Widerstand stießen.

[3] *Ostanglia und Kent:* Trotz der herausgehobenen Stellung →Rædwalds v. Ostanglia als →Bretwalda, die auch in seinem Schiffsgrab in →Sutton Hoo, dem reichsten Grabfund aus ags. Zeit, zum Ausdruck kommt, ist Ostanglia dasjenige frühe Kgr., dessen Geschichte am dunkelsten bleibt. Vom mercischen Vordringen in die Defensive gedrängt, konnten die Kg.e v. Ostanglia sich zwar behaupten, doch kennen wir vielfach ihre Namen nur von Münzprägungen. Demgegenüber ist die frühe Geschichte von Kent gut bezeugt. Es war das erste Kgr., welches das Christentum annahm; seine Monasterien bewahrten frühe Quellenzeugnisse, darunter die erste engl. Urkunde, die im Original überkommen ist (Kg. Hlothhere v. Kent, 679). Die ältesten engl. Gesetze (→Angelsächs. Recht) stammen aus Kent. Sie wurden erlassen von den Kg.en →Æthelberht, →Hlothhere und Eadric, deren – wohl gleichzeitige – Regierung in einen Zeitraum von 673 bis 685 fiel, sowie von Kg. →Wihtred 695, im 5. Jahr seiner Regierung. In die – komplexe und wenig erhellte – Geschichte des südöstl. E. waren offenbar nicht nur die Herrscher von Mercien und Kent, sondern auch diejenigen der Süd- und Westsachsen verstrickt. Die Südsachsen konnten nur auf Kosten ihrer Nachbarn expandieren, von denen sie durch den breiten Wald- und Ödlandgürtel des Weald getrennt waren. Häufig in Konflikte mit Kent wie mit den Westsachsen verwickelt, vermochten die Südsachsen ihre Nachbarn jedoch nie ernsthaft zu bedrohen.

[4] *Wessex:* An die Stelle des urspgl. Namens der Westsachsen, *Gewisse*, trat mit der Ausbreitung nach Westen allmählich die Bezeichnung 'Westsachsen'. Diese expandierten auch im Norden, doch wurde ihnen durch die Kg.e v. Mercien hier Einhalt geboten. Im Osten rivalisierten die Westsachsen mit den Bewohnern Kents und den Südsachsen, die beide den Versuchen der Westsachsen, eine Oberherrschaft zu errichten, Widerstand entgegensetzten. Die besten Expansionsmöglichkeiten boten sich im (brit.) Westen (→Dumnonia). Obwohl in späteren Quellen das westsächs. Reich als ein vereinheitlichtes Kgr. dargestellt wird, scheint es sich eher um eine Gruppe von locker verbundenen Kleinreichen gehandelt zu haben, über die üblicherweise ein Oberkönig herrschte. Daraus läßt sich schließen, daß nach →Cenwalh (641–672) nur – wenn überhaupt – wenige Kg.e in direkten genealog. Beziehungen zu ihren Vorgängern standen, obwohl sie alle auf →Cerdic, einen frühen Kg. des 6. Jh. (bezeichnenderweise mit brit. Namen), zurückgeführt wurden. Auch →Cædwalla, Kg. v. Wessex (685/686–688), trug einen brit. Namen. Die lange Regierungszeit seines Nachfolgers →Ine (688–726) bewirkte eine Stabilisierung des westsächs. imperium, auf ihn geht auch die erste westsächs. Rechtssammlung zurück.

III. Die Vorherrschaft von Mercien: Die von →Penda und seinen Söhnen begründete Vorherrschaft Merciens wurde erst im 9. Jh. endgültig vernichtet, teils durch die Wikingerinvasion, teils durch konkurrierende ags. Herrscher. Das mittlere Themsetal blieb stets eine umstrittene Pufferzone, in der sich häufig die Grenzen verschoben, entsprechend der militär. Erfolgen oder Mißerfolgen der Westsachsen, über die Mercien keine dauernde Herrschaft zu errichten vermochte. Auch Kent und Ostanglia wehrten sich ständig gegen die Machtansprüche Merciens. Dennoch gelang es einigen Kg.en v. Mercien, die Oberherrschaft über alle südengl. Kgr.e erfolgreich durchzusetzen. So berichtet Beda zu 731, daß alle südl. Kgr.e (d. h. südl. des Humber) von →Æthelbald, Kg. v. Mercien (716–757), abhängig waren. Urkunden aus seiner langen Regierungszeit bestätigen, daß er die Kontrolle über London ausübte und das Patronat über Kirchen von Kent besaß. Nach seiner Ermordung konnte sich →Offa (757-796), der allenfalls ein entfernter Verwandter Æthelbalds war, in einem kurzen Bürgerkrieg als Kg. durchsetzen. Zunächst beherrschte er wohl nur Mercien selbst sowie Kent, das er 776 durch einen Aufstand wieder verlor. 785 gelang es ihm, dort seine Macht wiederzuerrichten und gleichzeitig die Vorherrschaft Merciens südl. des Humber wiederherzustellen. Die Oberherrschaft über Wessex erreichte er jedoch nicht, obwohl der westsächs. Kg. Beorthric (786-802) freundschaftl. Beziehungen zu ihm unterhielt und seine Tochter heiratete. Der erst spätere Zusammenbruch der mercischen Vorherrschaft hat auch Offas große Leistungen in der Überlieferung verdunkelt. Er gehört zweifellos zu den bemerkenswertesten frühen Kg.en der Angelsachsen. So ließ er »Offa's Dyke«, einen großen Langwall zur Sicherung der Grenze gegen Wales, errichten (→Befestigung, Abschnitt A.I). Auch organisierte er die Verteidigung gegen die wiking. Überfälle in Kent. Er ließ hervorragende Münzen prägen, selbst Goldmünzen, die wohl als Geschenke für Rom bestimmt waren. Mit großem Geschick machte er sich alle verfügbaren Ressourcen des Kgr.es zunutze.

Die Vorherrschaft Merciens überdauerte Offas Regierung nur kurze Zeit. 825 gewann Ostanglia seine Unabhängigkeit zurück, und Kent befreite sich mit westsächs. Hilfe von der mercischen Oberhoheit, um schließlich die westsächs. Vormachtstellung anzuerkennen.

IV. Die Wikingerinvasionen: Die Überfälle der →Wikinger auf Britannien begannen in den letzten Jahren des 8. Jh., aber erst 865 schlossen einige wiking. Anführer ihre Gefolgschaften zusammen und führten einen gemeinsamen Eroberungszug nach Britannien durch. 871 kontrollierten die Wikinger den größten Teil Ostenglands von York bis London, doch konnten sie den westsächs. Widerstand nicht brechen. Die Wikinger verstärkten ihren militär. Druck, waren aber zunächst nicht bestrebt, sich anzusiedeln oder eine regelrechte Herrschaft zu errichten. Im südl. Northumbrien regierten die ags. Kg.e zehn Jahre lang unter wiking. Oberherrschaft. 876 begannen dann die vereinigten Wikingerverbände, sich aufzuteilen und ständige Siedlungen in Besitz zu nehmen, zuerst in Yorkshire, dann 877 in Mercien und 879 in Ostanglia. Kg. →Alfred d. Gr. v. Wessex gewann 886 die Herrschaft über London zurück; er trat die Stadt jedoch wieder an das mit ihm verbündete Mercien ab. 892 versuchte ein neues, großes Wikingerheer, das wiking. Herrschaftsgebiet auszudehnen, scheiterte aber an den Verteidigungsmaßnahmen Alfreds, der u. a. eine Flotte und befestigte Zentren hatte errichten lassen.

Manche führenden Angelsachsen waren allerdings durchaus bereit, mit den Wikingern zusammenzuarbeiten. Zu ihnen gehörte z. B. Æthelwold, der Sohn von Alfreds Bruder u. Vorgänger, der gegenüber →Eduard, dem Sohn Alfreds, selbst Anspruch auf die westsächs. Königswürde erhob. Nach der Erhebung Eduards verband er sich mit den Wikingern in Northumbrien und wurde von ihnen als Kg. anerkannt.

V. Das westsächsische Reich: Die Begründung der westsächs. Machtstellung erfolgte unter Kg. →Egbert (802-839), der durch einen Sieg 825 der mercischen Kontrolle über den Südosten ein Ende setzte und dieses Gebiet dauernder westsächs. Herrschaft unterstellte. Sein Sohn Æthelwulf († 858) war seit dem 7. Jh. der erste Kg. v. Wessex, der seinem Vater in der Königswürde nachfolgte, ein Erfolg der Regierung Egberts. Æthelwulf führte die Expansion fort, indem er 849 Berkshire einnahm. In seinem Testament ging er bereits von der Erbfolge seiner vier Söhne aus, die dann nacheinander Kg.e wurden; der letzte von ihnen war Alfred d. Gr. (871-899), der als Oberherr sowohl von Mercien als auch von den Fs.en im südwestl. Wales anerkannt wurde. Er unterstützte auch Eadwulf I. v. →Bamburgh, der über das Gebiet im Norden, das außerhalb des wiking. Herrschaftsbereiches lag, herrschte. 883 wurde Mercien von dem *ealdorman* →Æthelred regiert, der sich selbst niemals als 'rex', sondern nur als 'dux' bezeichnete und keine Münzen prägen ließ. Gleichwohl stellte er Urkunden aus und besaß gleichsam kgl. Autorität. Nach seinem Tod (911) übernahm seine Witwe →Æthelflæd, Tochter Alfreds d. Gr., als domina die Regierung von Mercien. Sie verbündete sich mit ihrem Bruder →Eduard d. Älteren, Kg. v. Wessex 899-924, und beteiligte sich an der gegen die Dänen gerichteten Burgenbaupolitik (→Befestigungen; →*burh*; →Burghal Hidage). Nach dem Tod Æthelflæds (918) folgte ihr in Mercien Eduard nach, der die Ansprüche ihrer Tochter, die er in Haft nahm, ausschaltete. 920 wurde er dann von Schotten, Cumbriern und Northumbriern als Oberherr anerkannt. Sein Sohn und Erbe →Æthelstan übernahm 924 diese Oberherrschaft und 927 die Königsherrschaft in Northumbrien. Nach der Ags. Chronik brachte er am 12. Juli 927 in Eamont »alle Kg.e, die auf dieser Insel waren, unter seine Herrschaft«. Allerdings waren weder die Northumbrier noch die Schotten bereit, die – direkte oder indirekte – Oberherrschaft eines südengl. Kg.s zu akzeptieren. Der schott. Widerstand veranlaßte Æthelstan, 934 einen großen Feldzug nach Schottland durchzuführen. 937 fiel eine vereinigte schott.-northumbr.-skand. Streitmacht unter der Führung von →Olaf III. Guthfrithson, Kg. des 919 erneut errichteten skand. Kgr.es v. →Dublin, in Mercien ein, wurde aber in der Schlacht v. →Brunanburh entscheidend geschlagen. Æthelstan nannte sich in seinen Urkunden: »rex Angulsexna« und »Northhymbra imperator paganorum gubernator Brittanorumque propugnator«.

Unmittelbar nach Æthelstans Tod (939) kehrte Olaf zurück und eroberte Northumbrien (mit →York) und die fünf →*boroughs* des dän. beherrschten Mercien. 942 erlangte →Edmund, Æthelstans Halbruder und Nachfolger, ganz Mercien und 944 Northumbrien zurück. Die Northumbrier versuchten mit Hilfe der Skandinavier, deren kgl. Oberherrschaft sie anerkannten, die Unabhängigkeit zu erlangen, doch nach der Vertreibung und dem Tod des norw. Kg.s v. Northumbrien, →Erich Blutaxt († 954), wurde das ags. Kgr. erneut vereinigt. 956 wählte man →Eadwig, den Sohn Edmunds, zum Kg., aber bereits im darauffolgenden Jahr wurde sein jüngerer Bruder →Edgar nach einem Aufstand zum Kg. v. Mercien und Northumbrien erhoben. Nach dem Tod Eadwigs wurde dann 959 Edgar Kg. v. E. Sein Ruf eines äußerst erfolgreichen Herrschers beruht wohl wesentlich auf seiner starken Unterstützung der monast. Reform (→Benediktiner, Abschnitt B.VI; →Dunstan); seine Stellung als Herrscher in E. manifestierte sich durch seine Krönung von »imperialem« Zuschnitt, die am Pfingstsonntag 973 an angemessener Stätte, in der alten Römerstadt →Bath, erfolgte. Edgars Tod i. J. 975 ließ Spannungen hervortreten, die er zuvor durch seine energische Regierung gebunden hatte; die von Edgar geförderten Kl. und Kirchen hatten nach seinem Tod unter schweren Angriffen und Besitzentfremdungen zu leiden. Diese Krise verschärfte sich durch einen heftigen Streit, in dem sich die Anhänger der beiden Söhne Edgars, der Halbbrüder Eduard und Ethelred, befehdeten. →Eduard d. Märtyrer wurde 978 ermordet; sein Halbbruder →Ethelred kann jedoch für diesen

Mord nicht verantwortl. gemacht werden, da er damals erst zehn Jahre alt war. Als Kg. war Ethelred II. bestrebt, die väterl. Politik einer Konsolidierung der Königsmacht fortzuführen, insbes. in Gebieten, die erst seit kurzem vom Kgtm. beherrscht wurden. Diese Politik wurde jedoch bald durch neue Wikingereinfälle durchkreuzt. Seit 980 griffen skand. Gefolgschaften – einer ihrer Führer war der dän. Kg. → Svend Gabelbart – die reichen engl. Gebiete an. Zunächst waren sie nur an Plünderung oder Tributleistung interessiert, nicht jedoch an dauernder Ansiedlung. Im Gegenzug warben die Engländer skand. Gefolgschaftsführer zur Verteidigung an. Manche von ihnen erwiesen sich als unzuverlässig, doch einer der mächtigsten, →Thorkill (Torcall), unterstützte Ethelred von 1012 bis zum Ende seiner Regierung in loyaler Weise. Die wachsende Machtstellung Thorkills, der möglicherweise auch Dänemark hätte bedrohen können, dürfte Svend Gabelbart veranlaßt haben, 1013 einen Eroberungsfeldzug gegen E. durchzuführen. In rascher Folge unterwarf Svend die meisten Gebiete des Landes. Am Ende des Jahres floh Ethelred in die Normandie; Svend fand Anerkennung als »König im vollen Sinne durch das ganze Volk«. Als er bereits zwei Monate später (1014) verstarb, huldigte das dän. Heer seinem Sohn →Knut d. Gr., der von den Engländern jedoch nicht anerkannt wurde. Ethelred kehrte aus dem Exil zurück und sammelte Truppen gegen Knut, der sich nach Dänemark zurückzog. 1015 erschien Knut erneut mit einem Heer; trotz rascher Unterwerfung einiger Gebiete konnte er insgesamt keinen durchgreifenden Erfolg verzeichnen. Nach Ethelreds Tod im April 1016 wurde dessen Sohn, →Edmund Ironside, zum Nachfolger gewählt. Er leistete dem Dänen heftigen Widerstand. Bald schlossen die beiden Kontrahenten jedoch ein Abkommen: Edmund sollte südl., Knut nördl. der Themse Kg. sein. Nach Edmunds Tod (Nov. 1016) blieb den Engländern kaum eine andere Wahl als die Anerkennung Knuts im gesamten Königreich.

Durch Heirat mit Ethelreds Witwe →Emma verringerte Knut die Gefahr einer Intervention von seiten ihres Bruders, →Richard II. v. der Normandie, zugunsten ihrer Kinder. 1018 trat Knut – als Nachfolger seines Bruders – auch die Herrschaft über Dänemark an. Obwohl Knut die reichen Ressourcen E.s für seine machtpolit. Ziele in Skandinavien einsetzte, blieb E. stets das Herzstück seines »imperiums«. Er regierte das Land durchgängig in ags. Tradition; lediglich in der obersten Aristokratie nahm er einige institutionelle und personelle Änderungen vor. Mehrere seiner →Earls stammten aus Skandinavien, aber der mächtigste Earl in den späten Regierungsjahren des Kg.s war ein Angelsachse, →Godwin v. Wessex.

Knut starb im Nov. 1035; ihm folgte in Dänemark →Hardeknut (Harthacnut), Knuts Sohn aus der Ehe mit Emma. Eine einflußreiche Adelsgruppierung, der u. a. Earl Godwin v. Wessex angehörte, wollte Hardeknut auch in E. zum Kg. erheben, doch setzte sich →Harald, der Sohn aus Knuts 1. Ehe mit →Ælfgifu v. Northampton, durch. Harald stützte sich auf eine Adelsgruppierung, deren Hauptbasis in Mittel- und Nordengland lag, wo seine Mutter Ælfgifu über bedeutenden Anhang verfügte. Hardeknut kam selbst nicht nach E., wodurch er seine Position weiter schwächte. 1037 wurde Harald gekrönt, Emma mußte ins Exil gehen. Nach Haralds Tod (1040) riefen die Engländer jedoch Hardeknut ins Land, mußten aber ihre Wahl bald bereuen, da Hardeknut zwecks Verstärkung seiner Flotte drastisch die Steuern erhöhte. Nach seinem Tod (1042) wurde Ethelreds einziger überlebender Sohn, →Eduard d. Bekenner, zum Kg. erhoben.

Eduards Handlungsfreiheit wurde durch die dominierende Stellung Godwins, der sich einen riesigen Landbesitz geschaffen hatte, stark eingeengt. 1045 wurde Godwins Tochter →Edith mit dem Kg. vermählt; zwei Söhne Godwins, Svend (Swein) und →Harald (Harold), trugen die Earlwürde. 1051 drängte Eduard jedoch die Godwin-Familie aus ihrer Machtstellung und schickte sie ins Exil. Die skand. Flotte, die auch nach Eduards Thronbesteigung weiter fortbestand, wurde nun aufgelöst. Eduard, der 25 Jahre im norm. Exil gelebt hatte, protegierte die Normannen weit stärker als die Skandinavier; norm. Adlige kamen ins Land und errichteten Burgen. Die Translation →Roberts v. Jumièges vom Londoner Bischofssitz auf den Erzbischofsstuhl v. →Canterbury war gleichfalls eine wichtige Maßnahme im Zuge dieser Umorientierung. 1052 kehrte Godwin jedoch aus dem Exil zurück und zwang den Kg., ihn und seine Familie wieder in ihre alte Machtstellung einzusetzen; die meisten norm. Gefolgsleute, unter ihnen Robert v. Jumièges, mußten das Land verlassen. Nach Godwins Tod (1053) ererbte Harald die beherrschende Machtposition seines Vaters. Da Eduard kinderlos war, stellte die Nachfolgefrage ein zentrales Problem seiner Regierung dar: 1054 reiste eine engl. Gesandtschaft unter Leitung Ealdreds, Bf.s v. Winchester, an den dt. Kaiserhof, wo sie über die Rückkehr Eduards 'the Exile' verhandelte, des einzigen überlebenden Enkels von Ethelred II., der sich im ung. Exil (und damit im weiteren Machtbereich des Imperiums) aufhielt. Eduard starb jedoch bald nach seiner Rückkehr in E. (1057) und hinterließ zwei Töchter und einen Sohn, →Edgar 'the Ætheling' (höchstens fünf Jahre alt). Später hat →Wilhelm, Hzg. v. der Normandie, behauptet, er sei von Eduard als Erbe eingesetzt worden, und Harald Godwinson habe dies durch Eid bekräftigt (vgl. die – propagandist. – Szene auf dem Bildteppich v. →Bayeux). Ein solches Versprechen könnte gegeben worden sein, ist allerdings nicht sicher zu belegen. Am 6. Jan. 1066, ein Tag nach dem Tod Eduards d. Bekenners, wurde Harald zum Nachfolger gewählt.

Wenige Monate nach seiner Thronbesteigung mußte Harald einer Invasion des Kg.s v. →Norwegen, →Harald Hardrádi, entgegentreten. Harald Godwinson konnte seinen Gegner bei →Stamford Bridge am 25. Sept. 1066 besiegen und töten. Dieser Erfolg blieb jedoch nicht von Dauer, da Hzg. Wilhelm v. der Normandie in E. landete. Harald unterlag ihm und fiel am 14. Okt. 1066 in der Schlacht v. →Hastings. (Zur polit.-militär. Vorbereitung und zum Verlauf der norm. Invasion vgl. im einzelnen: →Wilhelm der Eroberer, →Normandie.) Nach einigem Zögern erkannten die Engländer Wilhelm als Kg. an; er wurde am 25. Dez. 1066 gekrönt. Mancherorts gab es Widerstand gegen die neue Herrschaft, insbes. im Norden und Südwesten, doch wurden diese Aufstände bis etwa 1070 niedergeschlagen. Auch danach erfolgten noch mehrere Revolten, und 1085 drohte eine dän. Invasion. Doch vermochten diese Ereignisse, Wilhelms Stellung als Kg. v. E. und Hzg. der Normandie nicht ernstlich zu gefährden.

VI. DAS ANGLONORMANNISCHE REICH: Nach der Eroberung traten an die Stelle der alten engl. Aristokratie vielfach neue führende Leute, die – wie ihr Kg.-Hzg. – enge Verbindungen über den Kanal hinweg zu ihren Herkunftsgebieten, der Normandie oder angrenzenden nord- und westfrz. Regionen, unterhielten. Aus dem Kreis dieses »anglonorm.« Adels, der von Wilhelm mit reichen →Lehen bedacht wurde, entwickelte sich im wesentl. die einflußreiche Schicht der →Barone. Entsprechend wurden auch die wichtigsten Regierungs- und Verwaltungsposten mit Normannen oder anderen Fremden neubesetzt. Im übrigen erfolgten dagegen nur geringe Wandlungen. Wilhelm betrachtete sich als rechtmäßiger Nachfolger Eduards, er hatte daher wenig Anlaß, größere Veränderungen in der Gesetzgebung oder im Gerichtswesen vorzunehmen. Der Regierungs- und Verwaltungsapparat arbeitete im wesentl. in der bisherigen Weise weiter; lediglich im Münzwesen wurde die Grundeinheit, das Pfund, standardisiert; damit entstand das Pfund →Sterling. Das bestehende Steuersystem wurde vollständig übernommen und effektiv genutzt, auf der Basis der bisherigen Besteuerungsgrundlagen (→Hufen/*hides* und →*carucatae*/*carucates*), die – wie schon in früheren Zeiten – in bestimmten Abständen den veränderten Gegebenheiten angepaßt wurden (zur Anlage des →Domesday Book ab 1086 s. a. →England, Abschnitt H). Auf den unteren Stufen der Verwaltung waren auch nach der Eroberung Engländer tätig, und zahlreiche engl. Familien konnten unter der norm. Herrschaft ihre Position bewahren; sie sollten im Leben der örtl. Gemeinschaften, in den Dörfern und in den lokalen Gerichtshöfen, so denjenigen der →*shires*, auch weiterhin eine bedeutende Rolle spielen.

Auf dem Totenbett bekräftigte Wilhelm die Nachfolge seines ältesten Sohnes, →Robert Courteheuse (Kurzhose), als Hzg. v. der Normandie, während er seinen 2. Sohn, →Wilhelm (II.) Rufus, als Kg. v. E. designierte; der 3. Sohn, →Heinrich (I.), wurde mit Einkünften abgefunden (1087). Diese Erbfolge ging zunächst ohne Schwierigkeiten vonstatten. Bereits 1088 kam es jedoch in E. zu einem Aufstand gegen Wilhelm, mit dem Ziel einer Königserhebung Hzg. Roberts. Diese Rebellion wurde niedergeschlagen. Im Gegenzug landete Wilhelm 1091 in der Normandie, wo er mit seinem Bruder ein Abkommen traf, das eine gemeinsame Regierung der Normandie vorsah. Drei Jahre später fiel Wilhelm erneut in die Normandie ein. Als Robert 1096 zum 1. →Kreuzzug aufbrach, gab er die Normandie als Pfandschaft an Wilhelm, der zwar die Regierung des Hzm.s und den Nießbrauch der Einkünfte übernahm, nicht jedoch den Herzogstitel führte. Im Aug. 1100 wurde Wilhelm auf der Jagd im New Forest getötet.

Der jüngste Sohn des Eroberers, Heinrich (I.), der sich zu diesem Zeitpunkt in E. aufhielt, bemächtigte sich des engl. Thrones noch vor der Rückkehr Roberts vom Kreuzzug; doch gelang es Robert, seine Herrschaft in der Normandie zu bewahren. 1101 landete er sogar in E., konnte sich aber nicht durchsetzen und verzichtete gegen eine Geldzahlung auf seine Ansprüche (Vertrag v. Alton). 1104 brach Heinrich I. zur Eroberung der Normandie auf; in der Schlacht v. →Tinchebrai (28. Sept. 1106) nahm er Robert gefangen und hielt ihn bis zum Tode in Haft. Heinrich übernahm Regierung und Einkünfte des Hzm.s, später auch den Herzogstitel. Die Sukzessionsfrage wurde prekär, als Wilhelm, Heinrichs einziger legitimer Sohn, designierter Nachfolger in E. und seit 1120 Lehnsmann des frz. Kg.s Ludwig VI. für die Normandie, im Nov. 1120 mit der →Blanche-nef ertrank. Da eine 2. Ehe Heinrichs I. mit Adela v. Löwen ohne den erwünschten Nachwuchs blieb, kehrte Heinrichs Tochter aus 1. Ehe, →Mathilde, die Witwe Ks. →Heinrichs V., aus Deutschland zurück, um als →Erbtochter die Nachfolge anzutreten. Sie heiratete 1128 den Gf.en →Geoffroy (Gottfried) v. Anjou (→Angers/Anjou).

VII. DER KAMPF ZWISCHEN DEN HÄUSERN BLOIS UND ANJOU UM DAS ENGLISCHE KÖNIGTUM: Nachdem Heinrich I. 1135 in der Normandie verstorben war, gelang es →Stephan aus dem Hause →Blois (→Champagne), den engl. Thron zu erobern. Stephan, der die Regierung der Champagne seinem älteren Bruder Tedbald II. überlassen mußte, war – durch Heirat – Gf. v. →Boulogne. Dank der starken Förderung durch Heinrich I. hatte er die norm. Gft. →Mortain sowie reiche Besitzungen in E. gewonnen. Auch in der Normandie setzte er sich nach Heinrichs Tod durch; eine dortige Baronenversammlung, die zunächst Stephans Bruder Tedbald favorisiert hatte, wandte sich – angesichts der Erfolge Stephans in E. – diesem zu.

Dieser Machtzuwachs des Hauses Blois rief seine alten westfrz. Konkurrenten, die Anjou, auf den Plan, die zunächst auf dem Festland, dann in E. die neugewonnene Position der Blois-Champagne zu zerschlagen suchten: 1136 marschierte Gf. Geoffroy, Gemahl der Mathilde, in die Normandie ein. Während Stephan seine dortigen Interessen zu verteidigen suchte, brachen in E. Aufstände aus, die sich bald zu einer weitverbreiteten Opposition auswuchsen. Wichtigster Führer war →Robert, Earl of Gloucester, ein illegitimer Sohn Heinrichs I. Ziel der Rebellen war die Durchsetzung der Ansprüche Mathildes und ihres Sohnes →Heinrich (II.). Seit 1139 beteiligte sich Mathilde persönlich am Bürgerkrieg. Stephan unterlag bei →Lincoln (1141) und geriet zeitweise in die Gefangenschaft seiner Konkurrentin. Später gewann er zwar allmählich die Oberhand, konnte aber nicht alle angevin. Bastionen erobern. Earl Robert starb 1143, und Mathilde verließ E. 1148. Auf dem Festland eroberte Geoffroy zw. 1141 und 1145 systematisch die Normandie und wurde vom Lehnsherrn, Kg. →Ludwig VII. v. Frankreich, als Hzg. anerkannt.

Der Kg. v. →Schottland, →David I., nutzte die Thronkämpfe in E., um – bei wechselnden Bündnissen mit den engl. Thronprätendenten – seine Herrschaft bis zum Ribble im Südwesten und zum Tees im Südosten auszudehnen. In →Wales erhob sich »nationaler« Widerstand gegen die anglonorm. Barone in den →Walis. Marken (»Lords of the Marches«), die auf militär. Wege und durch Landesausbau ihre Expansion in Wales voranzutreiben suchten.

Heinrich, Geoffroys Sohn und Nachfolger in der Normandie, Anjou, Touraine und Maine, landete 1153 in E. und führte einen erfolgreichen Feldzug gegen Stephan, dessen ältester Sohn, Eustachius IV., im Aug. 1153 starb. Gegen Ende des Jahres erkannte Stephan im Vertrag v. →Winchester Heinrich als seinen Nachfolger an. Nach Stephans Tod (25. Okt. 1154) konnte Heinrich II. ohne Opposition die Herrschaft antreten. P. H. Sawyer

B. Das angevinische Königtum (1154–1216)
I. Von Heinrich II. Plantagenêt bis zur Magna Carta – II. Regierung und Verwaltung unter dem angevinischen Herrschern.

I. VON HEINRICH II. PLANTAGENÊT BIS ZUR MAGNA CARTA: [1] *Heinrich II.*: Mit der Thronbesteigung von →Heinrich II. (1154–89) wurde E. zum Bestandteil eines weiträumigen Territorialgefüges, das von neueren Historikern als →Angevinisches Reich ('Angevin Empire') bezeichnet wird. Heinrich war Kg. in E. ausschließlich aufgrund seines Erbrechts und seiner Krönung. Er war feudaler Oberherr (*overlord*) der Herren in den Marken von Wales; eine entsprechende Position konnte er seit ca. 1171 auch gegenüber den anglonorm. Adligen, die →Irland erobertem, erringen. Die einheim. walis. Fs.en mußten ihm wiederholt huldigen (ab 1157), ebenso die Kg.e v. →Schottland (1163, 1175). In →Frankreich war er dagegen in der Nachfolge seines Vaters Geoffroy, des Gf.en v. Anjou und Hzg.s der →Normandie, Vasall des frz. Kg.s. Heinrich wurde 1150 als Hzg. investiert und folgte 1151 in Anjou und →Maine seinem verstorbenen Vater nach. Durch seine Heirat (1152) mit →Eleonore, der Erbtochter Hzg. →Wilhelms X. v. →Aquitanien, wurde Heinrich dann zum Herrn Westfrankreichs, dessen Machtbereich den breiten Küstensaum des Atlantik vom →Poitou bis in den Pyrenäenraum hinein sowie östlich angrenzende Gebiete bis in die →Auvergne umfaßte. 1158 gewann er auch die Oberhoheit über die →Bretagne, deren Beherrschung stets ein polit. Ziel der Normannenherzöge gewesen war. Dieses angev. »Reich« war in der Person des Herrschers begründet. Bezeichnend ist, daß Heinrich sich weit längere Zeit in Frankreich als in E. aufhielt. Er schuf für seine Territorien keine zentralen Institutionen, außer der ihn begleitenden Kanzlei (→Chancery). Abgesehen von einem gewissen Austausch von höheren Amtsträgern zw. E. und der Normandie, spielten in den einzelnen Gebieten einheim. Beamte und Magnaten die führende Rolle in den diversen Regierungs- und Verwaltungsinstitutionen. Heinrich bemühte sich um eine Sicherung seiner Herrschaft durch verstärkten Ausbau von→Burgen (Abschnitt X,2) an strateg. wichtigen Punkten und durch die Verwendung von →Söldnern, die – etwa bei Aufständen illoyaler Vasallen – rasch bewegt und zuverlässig eingesetzt werden konnten. Seine Politik war weniger durch Expansionsdrang als durch aggressiv defensiven Charakter gekennzeichnet. Heinrichs Gleichgültigkeit gegenüber einer stärkeren Verflechtung und Verdichtung seines Machtbereiches wird deutlich an den – fehlgeschlagenen – Plänen einer Teilung zw. seinen Söhnen (1169, 1174).

[2] *Richard Löwenherz und Johann Ohneland:* Trotz mehrerer Revolten seiner Söhne überlebte das »Reich« die Ära Heinrichs II., da wegen des frühen Todes der beiden älteren Söhne des Kg.s, Heinrich d. J. († 1183) und Geoffrey v. Bretagne († 1186), der drittälteste Sohn, →Richard I., gen. Löwenherz (1189–99), die gesamte Erbschaft antreten konnte. Nach Richards erbenlosem Tod vermochte der letzte überlebende Sohn Heinrichs II., →Johann, gen. Ohneland (1199–1216), von E. und zunächst auch von der Normandie Besitz zu ergreifen; der frz. Kg. →Philipp II. August erkannte ihn 1200 als Richards Erben an. Eine Bewegung zugunsten →Arthurs v. Bretagne, des Sohnes von Geoffrey, endete mit Arthurs Ermordung (wohl 1202). Doch lieferte ein lehnsrechtl. Prozeß Philipp II. den willkommenen Anlaß zur Konfiskation der angevin. Länder: Johann war auf die Appellation des Gf.en v. →Lusignan hin nicht vor dem Gericht des Kg.s v. Frankreich erschienen. Ohne größere Schwierigkeiten unterwarf der frz. Kg. 1204 die Normandie und weitere Gebiete nördl. von Poitou. Dennoch verblieb den engl. Kg.en – neben den →Kanalinseln – ein ausgedehnter Festlandbesitz in Südwestfrankreich, der – ohne genaue Definition – weiterhin mit dem alten Begriff 'Aquitanien' gleichgesetzt, später dann als →'Guyenne' oder →'Gascogne' bezeichnet wurde.

II. REGIERUNG UND VERWALTUNG UNTER DEN ANGEVINISCHEN HERRSCHERN: Die Bezeichnung 'angevin.' ist auch im Hinblick auf die Regierung und Verwaltung Heinrichs II. und seiner Söhne angewendet worden. Hier stellte Heinrich zunächst die Tradition einer zentralen monarch. Lenkung wieder her. Sein Hauptziel war die Wiedergewinnung der alten Rechte und Besitzungen der Krone, wie sie – zumindest dem Anspruch nach – unter seinem Großvater, Heinrich I., bestanden hatten; so schaffte er den von Stephan v. Blois und Mathilde konzedierten erbl. Ämterbesitz wieder ab und ließ Burgen, die ohne kgl. Erlaubnis errichtet worden waren, schleifen. Statt der →Barone, die mehr ihre eigenen Interessen vertreten hatten, zog er als örtl. Kronbeamte (so als →*Sheriffs* und →Kastellane) vor allen Dingen Männer aus seinem Hofhalt heran. Leute aus der kgl. Umgebung wurden möglicherweise in mehr als einem →*shire* eingesetzt, fungierten wohl auch als Reiserichter (→*eyre*) und nahmen somit eine königsnahe Position ein, die sich v. a. in Sondermissionen (Militärwesen, Diplomatie) niederschlug. Die Professionalität der engl. Amtsträger der angevin. Zeit wird durch zwei berühmte Werke deutlich, den →»Dialogus de Scaccario« (→*Exchequer*) des →Richard v. Ely und »De Legibus et Consuetudinibus Anglie«, eine Abhandlung, die dem führenden Juristen Heinrichs II., Ranulf →Glanville, zugeschrieben wird, oft aber auch Hubert→Walter, dessen Laufbahn das Musterbeispiel eines Karrierebeamten der angevin. Zeit darstellt. So übte Walter als →Justitiar in Kg. Richards Abwesenheit die Regentschaft aus (1194–98) und bekleidete unter dem Nachfolger Johann bis zu seinem Tod (1205) das Kanzleramt. Die ranghöchsten Amtsträger standen für verschiedene Funktionen zur Verfügung. Heinrichs Vertrauen in seine Helfer war durch die Niederwerfung des großen Aufstandes von 1173–74 gestärkt worden; während der Kg. in Frankreich weilte, wurde E. vom Justitiar Richard de →Luci († 1178) regiert, und dieser hohe Beamte fungierte fortan bei auswärtigen Aufenthalten des Kg.s als dessen Regent.

Die Regierung E.s ist seit der angevin. Periode besser dokumentiert als für die frühere Zeit. Durch die Förderung Heinrichs II. und seines Hofes erlebte die Geschichtsschreibung eine neue Blüte. In Ergänzung zur monast. Chronistik verfaßten drei weltl. Kleriker, →Radulf v. Diceto, →Roger v. Howden und der sog. Benedict v. Peterborough, Geschichtswerke, die ihren Akzent durch ein Interesse der Verfasser an öffentl. Verwaltung erfahren (Aufnahme von andernorts nicht überlieferten offiziellen Rechts- und Verwaltungsquellen in den Text!). Die Verwaltung selbst wandte sich nun der Registrierung und Archivierung ihres Schriftverkehrs zu: Die Exchequer's Series der jährl. Pipe Rolls setzt – nach einem Unikat für 1130 – mit dem 2. Regierungsjahr Heinrichs II. ein; sie ist – mit nur geringen Verlusten – im Public Record Office erhalten geblieben. Weitere Serien gehen wohl auf die Initiative Hubert Walters zurück. 1194, als die →*Coroners* zur Verhandlung der *pleas of the crown* eingesetzt wurden, begann auch die jährl. Eintragung der Prozesse der →Curia regis und ebenso die Sammlung der beim kgl. Gerichtshof verbliebenen Teile der dreiteiligen *indentures* (→Chirograph), einer Urkundengattung, die zur abschließenden →Beurkundung von Verträgen diente (*feet of fines*). Unter Huberts Kanzlerschaft begann die Chancery mit der Archivierung von Abschriften der unter Großem Siegel erlassenen Briefe in jährl. Serien.

Die vielfach einseitige Betrachtungsweise von W. STUBBS (1825–1901) in seinem einflußreichen, jedoch rückwärtsgewandten Werk »The Constitutional Hist. of E. ... to 1485« (1874–78) ist aus der Forschungslage des späten 19. Jh. zu erklären (der größte Teil der Public Records war noch nicht ediert), insbes. die Hypothese eines althergebrachten »Konstitutionalismus«. Tatsächlich hat die angevin. Regierung die Verbreitung des Urkundenwesens insofern gefördert, als die kgl. Richter dem schriftl. Beweis bei strittigen Eigentums- und Besitzverhältnissen den Vorzug gaben (in diesem Zusammenhang traten auch in E. monast. →Fälschungen von Besitzurkunden auf). Darüber hinaus besaß das angevin. Kgtm. eine bemerkenswerte Fähigkeit zu Innovationen, wie sich v. a. anhand der Entwicklung des Engl. Rechtes zeigt. In diesem Bereich konnten F. W. MAITLAND (1850–1906) und seine Nachfolger durch eingehende Untersuchung der älteren Rechtsurkunden und Serien von →*writs*, in Verbindung mit der Interpretation von zeitgenöss. jurist. Autoren wie dem sog. →»Glanville« und →Henricus de Bracton, die These eines althergebrachten engl. Konstitutionalismus, wie er von STUBBS gerühmt worden war, in wesentl. Punkten widerlegen. Die von MAITLAND ins Leben gerufene Selden Society hat seit 1888 durch die Edition der »Select Pleas« zu unserer Kenntnis von der tatsächl. Funktionsweise der Rechtsinstitutionen des engl. MA maßgeblich beigetragen.

So wird heute allgemein die Auffassung vertreten, daß im Verlauf der Regierung Heinrichs II. ein juristisch fundiertes Verwaltungs- und Regierungssystem etabliert wurde, mit beachtlichen polit. Konsequenzen. Zwar bleibt unbeweisbar, daß die angevin. Herrscher in planvoller Weise die feudalen Gewalten zurückdrängen wollten, indem sie die zivile Gerichtsbarkeit von den baronialen Gerichten weg und hin zu den kgl. Gerichtshöfen verlagerten, doch hatte ihr Vorgehen faktisch diese Wirkung. Die *tenants* ('Lehnsmänner') der Barone konnten von den Vorzügen der kgl. Gerichtsbarkeit profitieren; die Krone erlaubte den feudalen Gerichtshöfen dagegen nicht, selber Geschworenengerichte zu bilden. Die Tatsache, daß Untertanen im gesamten Kgr. sich der gleichen, standardisierten Rechts- und Verfahrensnormen bedienen konnten, dürfte mit zur Bildung eines nationalen Identitätsbewußtseins geführt haben. Die angevin. Regierung war auf die Mitwirkung freier Untertanen angewiesen, die als Geschworene oder Vertreter örtl. Gemeinden wirkten; diese konnten sowohl zur Verteidigung der Interessen der Krone eingesetzt werden wie zum Schutz eigener Interessen gegenüber der Mißwirtschaft kgl. Beamter (so in der »Inquest of Sheriffs«, 1170). Die *freeholders* ('freie Pächter') der *shires*, die sich regelmäßig in *County Courts* ('Grafschaftsgerichten') zur Anhörung und Ausführung der kgl. Anordnungen versammelten, waren durchaus zu gemeinsamer Aktion fähig, wie dies aus Urkunden Kg. Johanns, der einigen shires die Wahl eigener sheriffs zugestand, hervorgeht. Günstige Positionen, an die sich die engl. Gesellschaft mittlerweile gewöhnt hatte, wurden nun als Recht verstanden und fixiert. Die Klausel der →Magna Carta, die das →Geschworenengericht (*trial by jury*) garantiert, ist das berühmteste Beispiel für diese rechtl.-soziale Entwicklung, aber auch andere Bestimmungen offenbaren eine weitverbreitete Wertschätzung günstiger jurist. Verhältnisse und Einrichtungen, so die Bestimmung, daß der *Court of →Common Pleas* an einem bestimmten Ort zu tagen hatte.

Die Magna Carta von 1215 wirft ein Schlaglicht auf die Anomalie der angevin. Regierung: Der Kg., der seinen Untertanen angemessene Rechts- und Verfahrensnormen verlieh, war doch frei, seinen Willen auch gegen diese Normen durchzusetzen. Der Aufstand gegen Johann, der zur Durchsetzung der Magna Carta geführt hat, ist als baroniale Reaktion gegen den Regierungsstil der angevin. Kg.e interpretiert worden. Dabei gab es spezifische Gründe für die Tatsache, daß eine erfolgreiche Revolte dieser Größenordnung nicht schon vor 1215 stattfand. Zwar hatte es bereits längere Zeit zuvor einen Aufstand der Barone, die im Bunde mit der Londoner Bürgerschaft standen, gegen Richards Justitiar Wilhelm→Longchamps gegeben, doch hatte Richard diese Krise meistern können, indem er den unbeliebten Fremden 1191 abberief. Richards Bruder und Nachfolger Johann, dem militärische Fehlschläge zur Last gelegt wurden, hatte dagegen keineswegs die Popularität des sprunghaften, aber als Held verehrten Richard Löwenherz. Johanns »schlechter Presse« bei den monast. Chronisten der Zeit steht heute ein gerechteres Urteil über die administrativen und jurist. Reformen, die unter seiner Regierung durchgeführt wurden, gegenüber, während die beispiellose Höhe seiner finanziellen Forderungen auf die Preissteigerung während seiner Regierung zurückgeführt wird. Der Krieg mit Frankreich zur Rückgewinnung der 1204 verlorengegangenen Gebiete ging bis zum entscheidenden frz. Sieg bei →Bouvines (1214) weiter. Die Auseinandersetzung mit Papst →Innozenz III. um die Wahl des Ebf.s Stephen →Langton (1207) hatte zur Verhängung des →Interdikts über E. geführt. Die Sorge um eine mögl. frz. Invasion veranlaßte Johann, den päpstl. Bedingungen für eine Beendigung des →Interdikts nachzugeben und den Papst damit freiwillig als Lehnsherrn mit Lehnseid und Jahrestribut anzuerkennen (1213). Konsequenterweise hat der Papst die Magna Carta als Schädigung der Rechte seines kgl. Vasallen annulliert.

C. Das Königtum und die sich ausprägenden Verfassungsinstitutionen (1216-1307)
I. Königliche Administration und Steuerwesen unter Heinrich III.; anglo-frz. Beziehungen; baroniale Opposition – II. Gesetzgebung und militärische Auseinandersetzungen während der Regierungszeit Eduards I.

I. KÖNIGLICHE ADMINISTRATION UND STEUERWESEN UNTER HEINRICH III.; ANGLO-FRZ. BEZIEHUNGEN; BARONIALE OPPOSITION: [1] *Verwaltung und Regierungsform:* Obwohl als Friedensvertrag proklamiert, wurde die Magna Carta zum festen Bestandteil des engl. Rechtslebens. Durch zahlreiche ihrer Bestimmungen wurde die Feudaladel begünstigt, andere schützten jedoch die Interessen aller freien Untertanen; die Carta erkannte wohl bereits eine communitas des Reiches (→*community of the realm*) als Adressat und Nutznießer ihrer Bestimmungen an. Johann starb während des Kampfes gegen eine neue baroniale Oppositionsbewegung, die mit frz. Waffenhilfe (Anerkennung des frz. Prinzen→Ludwig [VIII.] als neugewählter engl. Kg.) agierte. Nach Johanns Tod ließen William the →Marshal und die übrigen kgl. Testamentsvollstrecker den minderjährigen Sohn Johanns, →Heinrich III. (1216–72), in Gloucester krönen und publizierten eine modifizierte Fassung der Magna Carta, für die sie die Zustimmung des päpstl. Legaten erlangt hatten (1216). Nachdem Ludwig v. Frankreich aufgrund seiner Niederlage die engl. Thronkandidatur aufgegeben hatte, wurde eine abermals revidierte Version der Carta (1217) verkündet, der auch die Bestimmungen über die →Forste (*Charter of the Forest*) beigefügt wurden. Den früheren Rebellen gewährte man Frieden zu maßvollen Bedingungen, und die kgl. Richter nahmen mit einem allgemeinen→eyre 1218 ihre Reisetätigkeit wieder auf.

Der Übergang von Heinrichs III. Minderjährigkeit zur persönl. Regierung vollzog sich in mehreren Phasen: Nachdem der Regent William, der Earl Marshal, 1219 gestorben war, wurde Heinrich 1221 erneut, diesmal in →Westminster, gekrönt. Bald darauf verließ der päpstl. Legat →Pandulf, der Repräsentant der päpstl. Lehnsherrschaft, das Reich. Papst →Honorius III. erklärte Heinrich als im regierungsfähigen Alter stehend, obwohl der kgl. Rat (→*Council, King's*) die Rechte des Kg.s noch bis 1227 beschnitt. Sein Weg zu eigener Herrschaft, verbunden mit der Übernahme wichtiger Burgen, wurde von Ebf. Stephen Langton und seinen Suffraganen nachhaltig gefördert; die einzige echte Opposition ging 1224 von Fawkes de→Breauté aus. Die Machtstellung Huberts de→Burgh, den Kg. Johann auf Lebenszeit zum Justitiar eingesetzt hatte, wurde von seinen Gegnern, an deren Spitze Peter des →Roches, der poitevin. Bf. v. Winchester, stand, gestürzt; der »Neffe« des Bf.s, Peter des →Rivaux, erhielt

1232 die oberste Kontrolle über den →Exchequer und ebenso Leitungsbefugnisse über wichtige Bereiche der Lokalverwaltung. Diese Monopolisierung der Finanzverwaltung fand ihr Ende 1234 mit dem (zeitweiligen) Sturz Peters des Rivaux, ein Ergebnis des baronialen Bürgerkriegs, der durch die Ermordung von Richard→Marshal, Earl of Pembroke, in →Irland ausgelöst worden war. Wieder waren es engl. Bf.e unter Führung des neuen Ebf.s v. Canterbury, Edmund →Rich, die maßgebl. Anteil an einer friedl. Beilegung des Konflikts hatten.

Der Reorganisationsprozeß des engl. Staates und seiner Institutionen wurde fortgesetzt. Peter des Rivaux nahm Reformmaßnahmen wieder auf, deren Anfang in die Zeit Johanns zurückreichten: Bei den häufigen Reisen Johanns im Regnum war es für den ortsfest etablierten Exchequer zunehmend unmöglich geworden, den wachsenden Geldbedarf von Kg. und Hof zu befriedigen; daher entwickelte sich die *Chamber* (→Kammer) als Schatzamt für den reisenden Hof. Um den Quittungen und Anweisungen dieser neuen Institution Rechtskraft zu verleihen, wurde das *secretum*, das kleine Geheimsiegel, geschaffen, der Ursprung des →*Privy Seal*. Diese Ansätze verfielen während Heinrichs III. Minderjährigkeit, wurden aber während seiner persönl. Herrschaft wiederaufgenommen: Als mobile Behörde für d. kgl. Finanzwesen wurde die→*Wardrobe* organisiert, die für die Versorgung des Kg.s und seines Gefolges, für die Besoldung der Dienerschaft etc. zuständig war und bei Feldzügen als eine Art militär. Zentrale des Kg.s fungierte. Das Privy Seal der Wardrobe wurde zusätzlich bei der kgl. Korrespondenz benutzt, wo immer sich der Kg. befand. Das Große Siegel, das sich in der Obhut des →*Chancellor* (Kanzlers) befand, war ja bei den Reisen des Kg.s nicht durchweg greifbar, da die Chancery – wie bereits der Exchequer – mehr und mehr an ihren Standort Westminster gebunden wurde. Die wachsenden Archivstände der beiden ältesten Regierungsinstitutionen des engl. Staates machten eine solche feste Etablierung erforderlich; sie entsprach auch den Bedürfnissen der Untertanen. Heinrichs Neubau der →Westminster Abbey unterstrich deren Bedeutung als polit. Mittelpunkt E.s. Das eigtl. Regierungszentrum war jedoch der Hofhalt, von wo aus der Kg. durch seine Direktiven unter dem Privy Seal die Tätigkeit von Chancery und Exchequer lenkte.

Relativ gut unterrichtet sind wir über die Methoden, mit denen unter Heinrich III. die Herrschaftstechniken der kgl. Regierung ausgebaut wurden. In welchem Umfang die baronialen Kritiker der Kronpolitik mit den Einzelheiten der Organisation des kgl. Hofhalts vertraut waren, bleibt unklar; für die finanzielle Situation der Krone zeigten sie offensichtl. nur wenig Verständnis. Der Umstand, daß die finanziellen Ressourcen, die durch die hohen kgl. Abgabenforderungen stark beansprucht wurden, begrenzt waren, bildete einen Ansatzpunkt für strukturelle Wandlungen, die eine Straffung der Einkünfte zum Ziel hatten. Die Magna Carta hatte die Möglichkeiten des kgl. Zugriffs auf feudale Besitztümer und Rechte stark reduziert. Die verbleibenden feudalen Einnahmequellen wurden daher mit der Einrichtung des →*Escheator*-Amtes einer strengeren Überwachung unterworfen. In der Krondomäne (*demesne*) übernahmen seit 1240 bes. Rechnungsbeamte die Rolle der Sheriffs. Ein Netz von Steuereinnehmern verstärkte in der tägl. Verwaltungspraxis die Unabhängigkeit des Kg.s vom Baronagium; entsprechendes gilt für die Funktion der kgl. Richter. Diese Entwicklungen leiteten eine bemerkenswerte Phase bei der Herausbildung gerichtl. Verfahrensweisen zur Regelung von Streitfällen zw. Untertanen, ja sogar zum Schutz von Vasallen vor ihren Lehnsherren ein. Reiserichter (→*eyre*) führten dort Untersuchungen durch, wo kgl. Einnahmequellen in verdächtiger Weise verlorengegangen waren und gerieten bei den Untertanen selbst in Verdacht, daß sie die kgl. Einkünfte durch →Bußen von Prozeßparteien, die formale Fehler gemacht hatten, vermehrten. Durch das→Quo-warranto-Verfahren konnten Herren vor Gericht gefordert werden, um ihre Rechtstitel auf Jurisdiktionsausübung und -vollzug zu beweisen, wobei die Rechtsberater des Kg.s offenbar davon ausgingen, daß alle derartigen Rechte im Regelfall der Krone gebührten. Die größere Differenzierung der Regierungstätigkeit nötigte den Kg., sich mit einem Stab von Beratern zu umgeben, wobei Heinrich III. neben altbewährten Verwaltungsfachleuten v. a. auch Verwandte heranzog. Seine Heirat mit Eleonore v. Provence brachte Savoyarden nach E.: Wilhelm, Elekt v. Valence († 1239); Peter, Earl of Richmond († 1268); →Bonifatius († 1270), Ebf. v. Canterbury. Die Schwester des Kg.s heiratete 1238 Simon de →Montfort; ab 1247 kamen verstärkt Poitevinen an den Hof, so die Halbbrüder des Kg.s aus der 2. Ehe seiner Mutter mit Hugo v. →Lusignan, unter ihnen Wilhelm v. →Valence, Earl of Pembroke († 1296), und Aymer, Bf. v. Winchester († 1260).

[2] *Auseinandersetzung mit Frankreich:* Die Heiratspolitik Heinrichs III. läßt seine territorialen Interessen in Frankreich deutlich werden. Er war nicht bereit, die frz. Eroberungen als unwiderruflich hinzunehmen, und erhielt die Ansprüche auf Normandie, Anjou usw. aufrecht. Heinrich III. bediente sich zur Durchsetzung seiner Politik frz. Rebellen, die einen erfolglosen Bretagne-Feldzug (1230) und einen katastrophalen Zug ins Poitou (1242) provozierten. Der engl. Hochadel lehnte es ab, im Poitou Militärdienst zu leisten, da er infolge der Aufgliederung des norm. Hochadels in einen engl. und frz. Zweig nach 1204 keine Besitzungen mehr in Frankreich hatte. Dagegen beteiligte er sich aktiv an den Abwehrkämpfen gegen die Fs.en v. →Wales, →Llywelyn ap Iorwerth (1238, 1231), →Dafydd ap Llywelyn (1241) und →Llywelyn ap Gruffudd (1259, 1262, 1267; s. a. →Gwynedd). Entsprechende Aktivität war gegenüber →Schottland nicht erforderlich; die Grenze war festgelegt seit dem Vertrag v. →York, in dem der schott. Kg. →Alexander II. 1237 auf Ansprüche in Nordengland verzichtet hatte. Bei der Verteidigung der Gascogne durch Heinrich gegen →Alfons X. v. Kastilien erkannten engl. Lords 1254 die Verpflichtung zum Aufgebotsdienst an, doch verweigerten sie zornig Waffenhilfe bei dem siz. Vorhaben Heinrichs, der seinen Sohn →Edmund Crouchback mit dem päpstl. Lehnsreich →Sizilien hatte belehnen lassen. Dieses Projekt nötigte Heinrich III. rasch eine dauerhafte Verständigung mit →Ludwig IX. v. Frankreich zu suchen. Durch den Vertrag v. →Paris (1259) wurde das Hzm. Gascogne, das E. bis dahin in formloser Weise besetzt hielt, zu einer Territorialherrschaft, die von Frankreich zu Lehen ging; der Kg. v. E. erklärte andererseits seinen Verzicht auf die verlorenen norm. und angevin. Gebiete, dafür wurden ihm nicht näher definierte Besitzungen an der Grenze der Gascogne sowie frz. Waffenhilfe in Sizilien versprochen. Der Vertrag v. Paris bildete die Grundlage der anglo-frz. Beziehungen bis 1337. – Ohne größere Wirkung blieb der Erwerb der dt. Krone durch →Richard v. Cornwall (Doppelwahl von 1257), den Bruder Heinrichs.

[3] *Finanzierung der auswärtigen Kriegführung:* Die üblichen kgl. Einkünfte waren für eine auswärtige Kriegführung unzureichend. Die Erhebung von →*scutage* (Schild-

geld) anstelle des Heeresdienstes, die im 12. Jh. begann, wurde in großem Umfang erstmals von Johann durchgeführt. Daher beschnitt die Magna Carta dem Kg. das Recht auf scutage und feudale Subsidien; beide Abgabenarten erbrachten jedoch nur begrenzte Gewinne, da sie auf die Kronvasallen (*tenants-in-chief*) begrenzt waren. Versammlungen der Kronvasallen stimmten fallweise derartigen Subsidienleistungen zu, z. B. für die Feldzüge gegen Bretagne und Wales. Nachdem es 1194–1217 verschiedentlich zu einer außerordentl. Besteuerung der gesamten Untertanenschaft gekommen war, setzte sich der Dreißigste auf die Fahrhabe, der erstmals 1207 erhoben worden war, im 13. Jh. als vorherrschende Steuerart durch. Es wurde insgesamt anerkannt, daß der Kg. in allgemeinen Krisenzeiten eine außerordentl. Steuer von seinen Untertanen erheben konnte, doch vor der Festsetzung und Erhebung der Steuer mußte bei den Untertanen ein Konsens über das Vorliegen eines solchen Notstandes bestehen. So rechtfertigten die frz. Eroberung des Poitou und die Bedrohung Aquitaniens 1225 die Erhebung eines Fünfzehnten. Die Zustimmung wurde erteilt von einer Ratsversammlung der tenants-in-chief, die davon ausgingen, daß ihre Untervasallen zahlen würden. Als Gegenleistung für diese außerordentl. Steuerbewilligung setzte Heinrich III. die Magna Carta wieder in Kraft, in einer endgültigen Fassung, die allen nachfolgenden Sammlungen der »Reichsstatuten« (*statutes of the realm*) vorangestellt wurde.

Dieser letzte Neuerlaß der Magna Carta als Zeichen kgl. Dankbarkeit sollte ein Präzedenzfall für die Lösung polit. Schwierigkeiten werden. Heinrich III. machte 1237 und 1253 erneut feierl. Versprechungen als Gegenleistungen für finanzielle Zugeständnisse auf Versammlungen der Barone, die ursprgl. seinen Plänen widersprochen hatten. Dieser Widerspruch richtete sich dabei nicht nur gegen die Verwendungszwecke der Steuergelder, sondern auch gegen die Form der kgl. Regierung, wobei der Zentralregierung Mißwirtschaft, der lokalen Beamtenschaft Erpressung vorgeworfen wurde. Dieser letztere Klagepunkt fand offenbar breite Unterstützung; die Kronvasallen dürften in den baronialen Versammlungen wahrscheinlich z. T. Klagen ihrer eigenen Vasallen über Verletzungen der Carta aufgegriffen haben. Die feierl. Zusagen des Kg.s waren somit ein frühes Beispiel für das Versprechen von Besserung und Reformen als Preis für finanzielle Hilfe. Eine andere Zielscheibe der baronialen Kritik war Heinrichs III. Hang zu kostspieligen polit. Verpflichtungen, die er nur unter Mitwirkung seines engen Ratgeberkreises, aber ohne baronialen Konsens einzugehen pflegte. Daher wurden in einigen Fällen (1237, 1244) Vorschläge gemacht, Vertreter des Baronagiums in den kgl. Rat zu entsenden.

Die umfassendste Quelle für die polit. Debatten dieser Zeit sind die »Chronica Majora« des →Matthaeus Paris, Mönchs v. St. Albans († 1258). Wie andere Autoren, unter ihnen auch Kleriker der Chancery, bezieht sich Matthaeus auf Versammlungen der geistl. und weltl. Herren (*lords spiritual and temporal*), die vom Kg. zum →Parliament geladen wurden, ebenso aber auch zu consilia, colloquia usw. Das Wort 'parliamentum' wurde oftmals verwendet, wenn der kgl. Rat durch Richter, Gerichtsbeamte und – wenige – adlige Herren verstärkt wurde; das Hauptgeschäft dieser »weiten« Ratsversammlungen war jurisdiktioneller Natur. In ihrem Charakter als oberster Gerichtshof entsprechen diese Parlaments im wesentl. den→*Parlements* der Kg.e v. Frankreich.

[4] *Der Konflikt zwischen Heinrich III. und der baronialen Opposition:* Die Drohung mit Exkommunikation und Interdikt durch Papst→Alexander IV. wegen der Nichterfüllung der in Zusammenhang mit der siz. Belehnung getroffenen Zusagen zwang Heinrich III., einen großen Rat der Lords zu versammeln, um ihre Hilfe für das siz. Unternehmen zu gewinnen (1258). Eine Schwureinung von sieben Herren stellte sich an die Spitze der Opposition. Sie bewog den Kg., den Papst um Milderung seiner Bedingungen zu ersuchen, und versprach im Gegenzug Hilfe von der »Gesamtheit des Kgr.es« (*community of the realm*). Eine weitere Bedingung für diese Hilfe war die Reform der Regierung; zu diesem Zweck gestand Heinrich III. die Bildung eines Ausschusses aus zwölf seiner Räte und zwölf Beauftragten der Barone zu. Diese Körperschaft übernahm die Regierungsgeschäfte. Durch die »Provisions of→Oxford« errichtete sie das Amt des →Justitiars neu und ernannte einen Rat von 15 Mitgliedern, der Chancery und Exchequer zu kontrollieren hatte. Die poitevin. Halbbrüder des Kg.s wurden abgesetzt. Zur Entwicklung von Reformplänen sollten regelmäßige Parliaments der Großen stattfinden. Die Grafschaftsgerichte wurden ersucht, jeweils vier Ritter zu wählen, die in jedem shire die Klagen gegen sheriffs und andere Amtsleute sammeln sollten; diese Beschwerden sollten dann vor ein Parliament gelangen. Schließlich wurde – aufgrund der Forderungen der→*bachelors,* der unteren Vasallen – in den »Provisions of →Westminster« (1259) eine Reihe von Reformen der Rechtspraxis dekretiert; sie sollten die Vasallen vor der Willkür ihrer Lehnsherren, aber auch der kgl. Beamten schützen.

Heinrich III. konnte jedoch seine Kontrollgewalt wieder zurückgewinnen, sobald die Einigkeit der Herren nachließ. Der Papst löste ihn 1261 von seinem Eid, die Provisionen zu halten. Mit Hilfe von Söldnertruppen ging der Kg. militärisch gegen den adligen Widerstand vor. 1263 kehrte Simon de Montfort aus Frankreich zurück und bemühte sich als Führer einer neuen baronialen Partei, den Kg. zur Befolgung der Provisionen zu veranlassen. Ein Bürgerkrieg wurde zunächst abgewendet durch Anrufung Kg. →Ludwigs IX. v. Frankreich als Schiedsrichter, durch dessen Mise d'→Amiens die »Provisions of Oxford« 1264 für unwirksam erklärt wurden. Ein daraufhin ausgebrochener kurzer offener Krieg endete mit De Montforts Sieg über Heinrich III. und dessen Gefangennahme bei →Lewes (s. a. →Barone, Krieg der; →Widerstandsrecht). Ein Parliament autorisierte die Errichtung einer neuen 'Form der Regierung' durch einen Dreierausschuß, dem neben Simon de Montfort, Earl of Leicester, auch der Earl of Gloucester, Gilbert de →Clare, und der Bf. v. Chichester, →Stephen Berksted, angehörten; sie sollten als Dreiergremium den Kg. beraten, übten tatsächlich jedoch die Regierungsgewalt aus. Doch konnten sie die königstreu gebliebenen Prälaten und Herren nicht für ihre Sache gewinnen. Daher kann das am 20. Jan. 1265 abgehaltene Parliament als Versuch De Montforts gelten, seine polit. Basis zu erweitern; neben den Herren (*lords*) wurden erstmals zwei in jedem shire gewählte Ritter (*knights*) sowie zwei Bürger aus jeder der ca. 150 Städte zum Parliament geladen. Trotz eines mit dem Thronfolger Eduard (I.) bei diesem Parliament getroffenen Abkommens wuchs De Montforts Unbeliebtheit beim Hochadel. An der Spitze einer royalist. Reaktion vernichtete Eduard in der Schlacht v. →Evesham (1265) seinen Gegner De Montfort. Im Zuge privater Repressionsmaßnahmen verloren zahlreiche seiner Anhänger ihre Güter ('the→Disinherited'). Zentren des baronialen Widerstandes waren →Kenilworth sowie die Fenland-Inseln →Axholme und → Ely. Für eine Befriedung setzte sich insbes.

der päpstl. Legat Ottobuono (der spätere Hadrian V.) ein, der durch Ausarbeitung einer Reihe von Klauseln eine ehrenvolle Kapitulation der Rebellen ermöglichte. Die Wiederkehr stabiler Verhältnisse wurde begünstigt durch das »Statute of Marlborough« (1267), das gleichsam eine Erneuerung der »Provisions of Westminster« mit ihrer Gesetzgebung zugunsten der unteren Vasallen darstellte.

II. GESETZGEBUNG UND MILITÄRISCHE AUSEINANDERSETZUNGEN WÄHREND DER REGIERUNGSZEIT EDUARDS I.: [1] *Gesetzgebung:* Die lange Regierung Heinrichs III. endete mit der zurückgewonnenen Handlungsfreiheit des Kgtm.s, das Räte und Amtsträger wieder nach eigenem Gutdünken einsetzen konnte. Die Tatsache, daß Heinrichs Sohn Eduard sich 1270 dem letzten →Kreuzzug →Ludwigs d. Hl. anschließen konnte, zeigt ein konsolidiertes Vertrauensverhältnis zum Adel. Vier Tage vor Heinrichs III. Tod (1272) wurde →Eduard I. (1272–1307) zum Kg. proklamiert (sein Regierungsbeginn wird erstmals mit diesem Tag datiert, nicht wie bei den früheren Kg.en mit der Krönung). Er kehrte aus dem Hl. Land zurück und wurde 1274 gekrönt. Die erste Phase seiner Regierung trug ihm den Ruf eines großen Gesetzgebers und eines Schöpfers des konstitutionellen Fortschritts ein. Während STUBBS und seine Schule Eduard I. als einen patriot. Kg. und »engl. Justinian« hochschätzten, beurteilt die neuere Forschung die Ziele seiner Gesetzgebung und seine angebl. konstitutionellen Versuche weitaus kritischer. Diese Revision ist ein Ergebnis der intensiven Erforschung der reichen Archivbestände seiner Regierung, die Verwaltungs- und Gerichtswesen dokumentieren. STUBBS sah den Gipfelpunkt in Eduards gesetzgeber. Tätigkeit in der Versammlung von 1295, die er als das »Musterparlament« bezeichnete. An diesem Parlament nahmen neben den Lords auch gewählte Ritter aus den shires und Stadtbürger teil. STUBBS' Auffassung wurde durch die 1922 gemachte Entdeckung, daß ein Parlament mit ähnlicher Zusammensetzung bereits 1275 stattgefunden hatte, erschüttert. Darüber hinaus ließ sich zeigen, daß auch nach 1295 an der Hälfte seiner Parlamente keine gewählten Vertreter teilnahmen. Die Ansicht, Eduard habe solange experimentiert, bis er ein »perfektes Modell« gefunden habe, ist somit nicht mehr aufrechtzuerhalten. Die große Zahl (70?) seiner kurzen Parlamente deutet eher darauf hin, daß der Kg. in pragmat. Weise zu jedem Parlament diejenigen Männer lud, die er nach Art der zu behandelnden Geschäfte benötigte. MAITLANDS Auffassung, daß diese Parlamente in starkem Maße den Charakter von Gerichtstagen trugen, bleibt demgegenüber nach wie vor gültig. Daß diese Rolle sich verstärkte, zeigt die stark wachsende Anzahl von Petitionen, die von Repräsentanten der Commons während der Tagungszeit dieser Parlamente an den Kg. oder an Kg. und Rat gerichtet wurden.

Die fundamentale Neubewertung der Gesetzgebung Eduards erfolgte durch T. F. T. PLUCKNETT (1897–1965), der damit MAITLANDS Forschungen in wesentl. Weise ergänzte. E.s Maßnahmen werden als Statuten bezeichnet, da sie in Dokumentensammlungen über Grundlagen und Praxis des engl. Rechtswesens, von der Magna Carta an, enthalten sind; derartige Kompilationen wurden zum Gebrauch der professionellen engl. Rechtsgelehrten, der *common lawyers,* angelegt. Deren Ausbildung wurde auf Weisung Eduards I. (1292) der Kontrolle durch die kgl. Richter unterstellt. Die Statuten Eduards I. wurden nicht durch ein bes. parlamentar. Verfahren in Kraft gesetzt, wie das später der Fall war, sondern durch kgl. Autorität. In ihrer Form variierten sie je nach den Umständen. So gab es etwa kgl. Weisungen durch →*writ* (z. B. →»Circumspecte agatis«), aber auch im Parlament verkündete articuli, die dadurch Publizität erhalten sollten; gelegentlich wurde auf das Gesuch oder die Zustimmung der im Parlament Anwesenden Bezug genommen. Das erste »Statute of →Westminster« war das Resultat von auf breiter Basis durchgeführten Enquêtes, die zahlreiche Mißbräuche der Lokalverwaltung enthüllten und in den →Hundred Rolls aufgezeichnet wurden; seine Publikation erfolgte 1275 in Eduards erstem allgemeinen Parlament. Dagegen wird im »Statute of →Winchester« (»De pace«) von 1285, das bis in die NZ die Grundlage für Rechtsvollzug und -durchsetzung bildete, kein Parlament erwähnt.

Die Annahme einer grundsätzlich »antifeudalen« Politik Eduards ist durch eine nähere Erforschung derjenigen Prozesse, deren Ausgang durch die kgl. Gesetzgebung beeinflußt wurde, widerlegt worden. Eine weitere allgemeine Inquisitio untersuchte 1278 die Rechtstitel, mit der feudale Lehnsträger Gerichtsbarkeit oder sonstige Verwaltungstätigkeit ausübten. Diese →»Quo-warranto«-Untersuchungen führten dazu, daß einige Große die bis dahin ausgeübten Gerichts- und Herrschaftsrechte abgeben mußten oder sie erst nach einer Bußzahlung wiedererlangten. Doch wurde diese Aktion nicht konsequent weiterverfolgt. Schließlich erlaubte das »Statute of Quo Warranto« (1290) allen Herren, die eine kontinuierl. Ausübung von Rechten seit 1189 nachweisen konnten, die ungestörte Fortsetzung. Andere Statuten schützen Herren gegen einen Verlust von feudalen Dienstleistungen, wenn der betreffende Vasall sein Land verkauft hatte (»Quia emptores«, 1290) oder es einer kirchl. Institution übereignet hatte (»Mortmain«, 1279). Das »Statute of Westminster II« (1285) restituierte sogar die im »Statute of Marlborough« abgeschafften Jurisdiktionsrechte der Herrengerichte über die Vasallen. Die kgl. Rechtsgelehrten lösten diese Unzuträglichkeit allerdings zugunsten der Untervasallen auf. Eduards Richter hatten wichtigen Anteil am Entwurf seiner Statuten; es ist unwahrscheinl., daß der Kg. sich selbst mit allen Detailfragen befaßte.

[2] *Politik gegenüber Wales und Schottland:* Eduards Bestreben, die feudale Sozialstruktur zu erhalten, ist verständlich, denn als aktiver Heerführer war er auf die militär. Dienste des Baronagiums angewiesen. Nachdem Eduard bereits im Krieg der Barone militär. hervorgetreten war, erwies er sich v. a. in den Kriegen gegen den walis. Fs.en v. →Gwynedd, →Llywelyn ap Gruffudd, als erfolgreicher Stratege. Nachdem dieser 1277 den Lehnseid verweigert hatte, mußte er sich im Zuge des gegen ihn geführten ersten Krieges unterwerfen, den Lehnseid leisten und Land abtreten (Vertrag v. →Conwy); im zweiten walis. Krieg wurde der walis. Widerstand erneut gebrochen (1282–83); Llywelyn fiel, sein Bruder→Dafydd wurde hingerichtet, ihre Kinder verschwanden hinter Burg- und Klostermauern. Damit war das Fürstenhaus von Gwynedd ausgelöscht; seine Territorien wurden mit dem »Statute of Wales« (1284) der engl. Krone einverleibt. Die engl. Herrschaft wurde durch die Errichtung von Burgen (→Conwy, →Caernarfon u. a.) und die Gründung engl. Siedlungen gefestigt. Der Titel des →*Prince of Wales* wurde für Eduards I. Thronerben 1301 erneuert; mit ihm war später das Earldom of →Chester als Apanage des männl. Thronerben v. E. fest verbunden.

Mit →Schottland schien sich eine Vereinigung auf friedl. Wege anzubahnen, als im Vertrag v. Brigham (1290) die Heirat zw. Eduards Erben, Eduard (II.), und der Erbin v. Schottland, Margarete, Enkelin des schott. Kg.s →Alexander III. († 1286), vereinbart wurde. Ihr früher

Tod ließ Schottland jedoch ohne anerkannten Thronerben. Die schott. *guardians* (Regentschaftsräte) luden Eduard I. ein, als Schiedsrichter in der →Great Cause, der Sukzessionsfrage, zu fungieren. In Norham (Northumberland) forderte Eduard 1291 die Anerkennung als Oberlehnsherr v. Schottland, was von den schott. Thronbewerbern akzeptiert wurde. Eduard entschied, daß der von E. unterstützte Prätendent John →Balliol zu Recht Kg. v. Schottland sei (1292), woraufhin dieser erneut den Lehnseid leistete. Aufgrund seiner superioritas erließ Eduard *procedures* für schott. Prozeßparteien, damit sie an sein Hofgericht in der gleichen Weise appellierten, wie er selbst die Obergerichtsbarkeit des frz. Kg.s über Aquitanien anerkannte.

[3] *Verhältnis zu Frankreich:* Eduards Verhältnis zu Frankreich war gekennzeichnet durch die Lehnseide an Philipp III. (1273) und →Philipp IV. (1286) für seine Besitzungen in Frankreich. Die persönl. Beziehungen zu seinen frz. Oberlehnsherren waren lange Zeit freundlich; die Verträge v. Amiens (1279) und Paris (1286) sollten territoriale Fragen, die aus dem Vertrag v. 1259 herrührten, einvernehmlich beilegen. Eduard hielt sich 1273-74 und 1286-89 in der Gascogne auf und traf dort Anordnungen für die Verwaltung und Verteidigung des Landes; die Einkünfte aus der Gascogne machten etwa ein Drittel seiner Gesamteinkünfte aus, ein wichtiger Grund also, dort die Intervention frz. Kronbeamter zu dulden. Als anglogascogn. Piraten 1293 →La Rochelle plünderten, entsandte Eduard eine Gesandtschaft an den frz. Hof, an deren Spitze sein Bruder →Edmund Crouchback stand. Trotzdem verhängte Frankreich die Aberkennung (*forfeiture*) des Hzm.s wegen Eduards Nichterscheinen (1294). Dieser rüstete nun für einen Krieg gegen Frankreich, konnte aber wegen seiner Auseinandersetzungen mit Walisern und Schotten erst 1297 den Feldzug beginnen. Seine Operationen in Flandern endeten mit einem Waffenstillstand, der bis zur Zuerkennung der Gascogne im Vertrag v. Paris (1303) erneuert wurde. Eduards militär. Pläne in Frankreich waren zunächst durch einen walis. Aufstand (1294-95) durchkreuzt worden. Die Schotten, die sich seiner feudalen Oberhoheit widersetzten, zwangen ihren Kg. 1295 zum Bündnis (→Auld Alliance) mit Frankreich (→War of Independence). Dies beantwortete Eduard mit einer großangelegten Invasion, in deren Verlauf Berwick-upon-Tweed gestürmt, das schott. Heer bei →Dunbar geschlagen und Schottland bis →Elgin überrannt wurde. John Balliol mußte abdanken, seine Regalien wurden eingezogen. Eduard gründete 1297 eine engl. Siedlung in Berwick, dem Zentrum der engl. Herrschaft und Verwaltung in Schottland. Doch war er nicht in der Lage, den schott. Widerstand zu zerschlagen; während seines siebenten Schottland-Feldzuges starb Eduard im Grenzgebiet (1307).

[4] *Steuerpolitik:* Der Krieg erforderte eine nationale Besteuerung. Subsidien auf die Fahrhabe waren bereits für die walis. Feldzüge erforderlich, da ihre lange Dauer die übliche Dienstzeit des feudalen →Aufgebotes von 40 Tagen weit überschritt und den Truppen daher Sold gezahlt werden mußte. Ein von Rittern besuchtes Parlament bewilligte einen Fünfzehnten zur Tilgung der Schulden des Kg.s in der Gascogne (1290). Nach der frz. Besetzung von Aquitanien erhöhte Eduard willkürlich die Abgaben auf Wollexporte (1275), erlegte dem Klerus eine hohe Subsidie auf und erhob einen parlamentar. bewilligten Zehnten (1294). Vollbesuchte Parlaments stimmten weiteren Subsidien für den Schottlandkrieg zu (1295, 1296). Eine derart häufige und rücksichtslose Steuererhebung war bis dahin beispiellos; sie umfaßte Prisen und *maltoltes* ('ungerechte Zölle') auf Handelsgüter, Requisitionen (*purveyance*) für die Soldaten des Kg.s und die Mitglieder seines militär. Hofhaltes, Frondienste für den Burgenbau usw. Die Steuerlasten stiegen drastisch. Ein Rat von Baronen lehnte es ab, in der Gascogne zu kämpfen, während der Kg. in Flandern Krieg führte (1297). Eine andere Subsidienleistung, die auch die Geistlichkeit traf, wurde in einem Schein-Parlament angeordnet. Während der Abwesenheit des Kg.s besetzten mehrere Große nun London. In einem Parlament erklärte sich der Stellvertreter des Kg.s bereit, Urkunden und Erlasse zu bestätigen, die eine ungerechte Besteuerung verboten. Einer Ratifikation dieser Zugeständnisse durch den Kg. wurde mißtraut; fortdauernder Druck von seiten der Barone veranlaßte Eduard, eine weitere Bestätigung u. die →»Articuli super cartas« (1300) zu erlassen. Eine dritte Bestätigung war d. Preis für eine weitere Subsidie (1301). Das Mißtrauen der Untertanen war berechtigt: Der neue, aus der Gascogne stammende Papst, →Clemens V., löste 1305 den Kg. von allen erzwungenen Eiden seit 1297. Dieser Versuch des Kg.s, seine Zugeständnisse zurückzunehmen, erklärt wohl die Bestimmung, die 1308 dem Krönungseid Eduards II. hinzugefügt wurde: der Kg. hatte sich zu verpflichten, die Gesetze zu halten, »die von Deinem Volk gewählt werden«.

D. Das Königtum im Konflikt mit Adelsgruppierungen. Der Hundertjährige Krieg

I. Die Krise des Königtums unter Eduard II. – II. Konsolidierung der innenpolitischen Verhältnisse und Beginn des Hundertjährigen Krieges unter Eduard III. – III. Der Konflikt zwischen Königtum und Adel unter Richard II. – IV. Von Heinrich IV. bis zum Ausbruch der Rosenkriege.

I. DIE KRISE DES KÖNIGTUMS UNTER EDUARD II.: [1] *Der Einfluß Gavestons und der Despenser:* Der schott. Unabhängigkeitskrieg (→War of Independence) gewann schnell an Stoßkraft. Zwei kurze Feldzüge (1307, 1310) blieben wirkungslos, der dritte (1314) war katastrophal (→Bannockburn). Die Beziehungen Eduards II. (1307-27) zu seinen Großen verschlechterten sich, insbes. wegen der Begünstigung seines Favoriten Peter →Gaveston. Die adlige Opposition gipfelte in der Einsetzung von →Ordainers, deren Reform-Ordinances der Kg. in einem vollbesuchten Parlament 1311 akzeptierte. Eine durchgreifende Neuordnung war notwendig geworden wegen der von Eduard I. hinterlassenen Verschuldung und wegen der Praxis des Hofhalts, sich Einkünfte ohne Absprache mit dem Exchequer aushändigen zu lassen. Die kgl. Machtmittel wurden drastisch beschnitten: Wichtige polit. und personalpolit. Entscheidungen sollten im Parlament mit baronialer Zustimmung gefällt werden. Trotz ihres Reformprogramms setzten die adligen Opponenten – anders als ihre Vorgänger von 1258 – keinen Ausschuß zur Durchführung der Ordinances ein. Erst als Gaveston – wie schon früher – seiner Verbannung Trotz bot, übernahmen drei Earls diese polit. Rolle; der Günstling wurde 1312 ohne Gerichtsverfahren hingerichtet.

Das nächste Jahrzehnt war eine Periode des »kalten« Bürgerkrieges. Die von T. F. TOUT und J. C. DAVIES (1891-1971) angenommene Hypothese einer organisierten »baronialen Oppositionspartei« hält der neueren Forschung nicht stand. Stärker als auf die Zentralregierung konzentriert sich das Interesse mittlerweile auf individuelle Adlige, deren Aktivitäten und Interessen besser belegt sind. Der einzige gefährl. Opponent Eduards über einen langen Zeitraum war sein Vetter →Thomas, Earl of Lancaster. Er stand an der Spitze der Mörder Gavestons und bemühte sich – allerdings mit disparaten Aktivitäten –, den Kg. zur Einhaltung der Ordinances zu veranlassen. Eine isolierte Figur, kämpfte Thomas fanatisch gegen andere Große und behandelte auch seine Gefolgsleute mit Härte. Genausowenig war Eduard in der Lage, Loyalität zu wecken oder die Adligen in seinem Gefolge im Zaum zu halten. Hungersnöte und Wirtschaftskrisen (1315-22) sowie der schott. Krieg führten zum Zusammenbruch der öffentl. Ordnung.

Die polit. Unfähigkeit des Kg.s wurde von seinen führenden Günstlingen, Vater und Sohn →Despenser, zu eigenem Aufstieg ausgenutzt. Die skrupellosen Bereicherungsmethoden Hugh Despensers d.J., gerichtet auf das Earldom →Gloucester, dessen Miterbin seine Frau war (→Clare), lösten einen Krieg im südl. Wales aus; ein Parlament verbannte 1321 die Despenser. Nach diesem Erfolg zerfiel jedoch die gegen die Despenser gerichtete Koalition (sie umfaßte Thomas of Lancaster, verschied. oppositionelle Höflinge sowie Lords der walis. Marken). Mit unerwarteter Energie ging der Kg. gegen seine Gegner vor und rief die Despenser zurück. Die Rebellen unterlagen bei →Boroughbridge; Thomas of Lancaster u. zahlreiche seiner Anhänger wurden nach der Schlacht hingerichtet (1322). Ein derartiges Blutbad war beispiellos; die »contrariants« wurden aufgrund der Anklage des Kg.s, lediglich wegen Erhebung des Aufstandsbanners und bewaffneter Opposition, zum Tode verurteilt.

[2] *Der Sturz des Königs:* Ein parlamentar. Statut, erlassen zu York, hob nun die Ordinances auf. Neue Ordinances wurden 1323-26 erlassen, ihr Initiator war der Schatzmeister Walter→Stapledon, Bf. v. Exeter; sie sahen drükkende Abgaben zur Sicherung der Funktionsfähigkeit der Finanzbehörden vor. Die Verbesserung der Einkünfte sicherte Eduard einen Haushaltsüberschuß. Doch war die polit. Stabilität nicht wiederhergestellt worden; die Unzufriedenheit wurde gewaltsam niedergehalten. In seiner Gier nach Land mißachtete Hugh Despenser d.J. permanent das Recht und erlaubte seinen Gefolgsleuten jegliche Form von Willkür. Gedeckt von Eduard, beraubte und demütigte er auch die Kgn. →Isabella. Diese wurde – wegen des Konfliktes um →St-Sardos (1324-25) – mit einer Gesandtschaft zu ihrem Bruder Kg. Karl IV. nach Paris entsandt. Mit ihrem Geliebten, dem verbannten Markenbaron Roger →Mortimer, kehrte sie nach E. zurück; Truppen stellte Gf. →Wilhelm v. →Hennegau, der künftige Schwiegervater ihres Sohnes Eduard (III.). Diese Invasion war der Auftakt zu einem allgemeinen Aufstand. Eduard II. wurde für regierungsunfähig erklärt. Diese erste formelle Absetzung eines engl. Kg.s wurde durch ein Parlament mit Vertretern aller freien Untertanen, einschl. des Klerus, vorgenommen (1327). Die Thronfolge wurde dem Erben zuerkannt, der jedoch bis 1330 unter der Kontrolle Isabellas und Mortimers stand.

II. KONSOLIDIERUNG DER INNENPOLITISCHEN VERHÄLTNISSE UND BEGINN DES HUNDERTJÄHRIGEN KRIEGES UNTER EDUARD III.: [1] *Schottlandfeldzüge:* Der Krieg mit Schottland zog sich bis 1328 hin. Eduard II. hatte →Robert Bruce (→Carrick, Earls of) die Anerkennung als Kg. v. Schottland verweigert, war jedoch bei seinen sporad. Schottlandfeldzügen erfolglos geblieben, während Bruce seinerseits verheerende Plünderungszüge im nördl. E. durchführen konnte, wobei er Gft.en dann verschonte, wenn sie unter Kontributionsleistungen Waffenstillstand mit ihm schlossen und ihn somit als Kg. v. Schottland anerkannten. Thomas of Lancaster verhandelte offenbar mit ihm, ebenso auch Andrew →Harcla, Earl of Carlisle, der daher 1323 wegen Verrats hingerichtet wurde. Weitere Erfolge der Schotten veranlaßten die Regierung des neuen Kg.s 1328 zum Abschluß des Vertrags v. →Edinburgh, ratifiziert in Northampton. Bruce war nun als unabhängiger Souverän anerkannt. Sein Tod (1329) bot jedoch dem Sohn von John →Balliol, Eduard, die Gelegenheit, den jungen Kg. v. Schottland, →David II. Bruce, zu entthronen. Engl. und schott. Adlige, die als Gegner von Bruce ihre schott. Güter verloren hatten ('the Disinherited'), erhielten die Erlaubnis, in E. ein Heer anzuwerben. Ihr Sieg über die zahlenmäßig stärkere schott. Streitmacht bei Dupplin Moor (1332) zeigte die takt. Überlegenheit der englischen Bogenschützen, der →*archers*. →Eduard III. (1327-77) erkannte Balliol als Kg. v. Schottland an, nachdem dieser den Lehnseid geleistet hatte; die bald erfolgte Vertreibung Balliols aus Schottland beantwortete er mit einer großen Invasion. Nach dem ebenfalls der neuen engl. Taktik zu verdankenden Sieg von →Halidon Hill konnte Balliol sich wieder des Throns bemächtigen; große Teile des südl. Schottland mußte er seinem engl. Oberherrn abtreten (1334). Trotz mehrerer engl. Feldzüge (1335, 1336) war Balliol jedoch nicht zu halten; David II. kehrte nach frz. Exiljahren 1341 auf den schott. Thron zurück.

[2] *Die erste Phase des Hundertjährigen Krieges:* Eduards III. Aufnahme des abgefallenen frz. Hochadligen →Robert v. Artois (1336) wurde von der Regierung →Philipps VI. als Akt der Rebellion betrachtet und mit der Konfiskation der Gascogne geahndet. Dies löste 1337 den →Hundertjährigen Krieg aus. Schon seit Eduards III. Regierungsantritt hatten sich die anglo-frz. Beziehungen verschlechtert, trotz der Lehnseidleistung Eduards zu Amiens (1329) und einer – den Quellenberichten nach – freundlich verlaufenen Begegnung mit Philipp (1331). Der Grenzverlauf wurde trotz langer Verhandlungen nicht zur Zufriedenheit des engl. Kg.s geregelt, wie Eduard 1336 einem Parlament, das wegen der Kriegskosten zusammengetreten war, erklärte. Nach der vorherrschenden Auffassung der modernen Geschichtsschreibung war die jurist. Unterstellung der Gascogne unter Frankreich die eigtl. Ursache des Krieges; Philipps Protektion gegenüber David v. Schottland sorgte für weiteren Konfliktstoff. Diese Auffassung betont, denn das engl. Nationalinteresse – wie immer seine Beschaffenheit war – sich durch die formal abhängige Stellung des Kg.s als Hzg. v. Aquitanien beeinträchtigt sah. Eduards diplomat. Ratgeber nötigten ihn, den Anspruch zu erheben, daß die Gascogne ein Allod sei, frei von fremder Souveränität. Diese Forderung war die engl. Vorbedingung bei den späteren Friedensverhandlungen in Avignon (1344), Guînes (1354) und →Brétigny (1360). Eduard nahm den Titel eines Kg.s v. Frankreich (als Erbe seiner Mutter, Tochter →Philipps IV.) erst 1340 an, und er bekundete, daß er ihn als Gegenleistung für die Unabhängigkeit der Gascogne von Frankreich wieder aufgeben werde.

Eduard führte Krieg, wo sich die Gelegenheit dazu bot. In →Flandern konnte er keine Territorialgewinne verzeichnen, doch sicherte der Seesieg bei →Sluis (1340) die engl. Kontrolle über den Kanal. Gewinnträchtiger war das 1342-43 erfolgte Eingreifen in den bret. Erbfolgekrieg (→Bretagne, Abschnitt B.III). Revolten in der →Normandie ermutigten Eduard zur Invasion; der große Sieg von →Crécy (1346) ermöglichte nach langer Belagerung die Besetzung von →Calais (1347), der dauerhaftesten engl. Eroberung des Hundertjährigen Krieges. In Abwesenheit des Kg.s griffen die Schotten als Verbündete Frankreichs E. an; sie unterlagen nordengl. Lords bei →Neville's Cross (nahe Durham), und Kg. David blieb bis 1357 in engl. Gefangenschaft. Die engl. Kriegführung in

Frankreich war gekennzeichnet durch weiträumige verheerende Reiterzüge (*chevauchées*). Während einer solchen von der Gascogne aus geführten Operation errang →Eduard, Prince of Wales ('der Schwarze Prinz'), 1356 den Sieg v. →Poitiers (Maupertuis), wobei er den frz. Kg. →Johann II. gefangennahm. Nach erfolgloser engl. Belagerung von Reims und Paris (1359-60) wurde der Friede v. Brétigny geschlossen (1360). Eduard III. erhielt die Abtretung umfangreicher frz. Gebiete in voller Souveränität, führte aber fortan nicht mehr den Titel eines Königs von Frankreich.

Die militär. Erfolge E.s in dieser frühen Kriegsphase sind bemerkenswert. Es stellt sich die Frage, warum Frankreich mit seinen größeren wirtschaftl. Ressourcen den engl. Invasoren nicht standhielt. Als primärer Grund ist die nationale Unterstützung anzuführen, die Eduard III. genoß, wobei allerdings eingewandt werden kann, daß die Einigkeit der Untertanen nur solange andauerte, wie der Krieg gewinnbringend war. Mit den Siegen über Frankreich war der Nationalstolz wiederhergestellt. Die engl. Sprache trat in den kgl. und adligen Hofhalten nun an die Stelle des Französischen. Das Fehlen jeglicher Nachrichten über Konflikte zw. Kg. und Nobility ist ein Novum der Regierung Eduards III. Sein martial. Auftreten und seine Förderung des Ritterideals (→Hosenbandorden) wie auch seine generöse Sympathie für einzelne Adlige weckten Loyalität. Rückblickend ist Eduard kritisiert worden, weil er die Langzeitinteressen der Krone vernachlässigte, indem er eine Bereicherung und polit. Stärkung der hohen Aristokratie duldete; dies gilt insbes. für die reiche Besitzausstattung seiner jüngeren Söhne (→Edmund of Langley, † 1402; →John of Gaunt, † 1399; →Lionel, Hzg. v. Clarence, † 1368; →Thomas v. Woodstock, † 1397). Eduards Hauptinteresse galt Augenblicksaufgaben, der Bewahrung des inneren Friedens und der militär. Schlagkraft E.s.

[3] *Wandlungen im Heerwesen und die Finanzierung des Krieges:* Für den auswärtigen Krieg konnte der Kg. seine Armee nicht mehr auf dem feudalen Aufgebot aufbauen. Eduards Streitkräfte wurden weiterhin in E. angeworben, und zahlreiche seiner Lehnsträger wie auch sonstige Landbesitzer, darunter viele abenteuerlustige Elemente, dienten dem Kg. gegen Sold und in der Hoffnung auf Beute. Die Anwerbung erfolgte durch Vertrag zw. dem Kg. und Lords oder anderen Kriegsteilnehmern zur Zusammenstellung von Kompagnien. Die erhaltenen →*indentures of war* (Soldverträge) überliefern – gemeinsam mit Abrechnungen und Zahlungsanweisungen des Exchequer – viele Details dieses frühen Söldnerwesens. Die engl. Söldnerkompagnien waren kleiner als die feudalen Aufgebote der frz. Monarchie, aber besser geschult und organisiert; der Langbogen (→Bogen) sicherte die takt. Überlegenheit der engl. Bogenschützen (archers) auf dem Schlachtfeld.

Die Rekrutierung der engl. Heere war von polit. Vorbedingungen abhängig. Zunächst mußte sich der Kg. der Zustimmung der Lords versichern, so informierte und konsultierte Eduard III. sie in zahlreichen Versammlungen während der Verhandlungen mit Frankreich vor 1337. Die Entscheidungen für Verhandlungen und schließlich für den Krieg fielen also in Parliaments oder großen Ratssitzungen. Durch diese Zusammenarbeit mit dem Kg. sicherten sich die Lords ihre Positionen als Führer von Kompagnien. Eine weitere Implikation dieses polit. Zusammenwirkens war die Anerkennung der Berechtigung der kgl. Kriegssteuern von seiten der Lords. Für die Eröffnung des Krieges wurden ungeheure Summen benötigt, zumal Eduard 1337-38 auch ausländ. Verbündete,

unter ihnen Ks. →Ludwig den Bayern durch Subsidienzahlung an sich band. Mit den →Walton Ordinances (1338) plante Eduard, alle finanziellen Reserven E.s für seinen Krieg zu mobilisieren. Eine alle drei Jahre zu erhebende parlamentar. Subsidie und die Errichtung eines Monopols im Wollexport sollten ihm Kredit verschaffen; doch brach der Wollmarkt zusammen, und die kgl. Räte überwiesen längst nicht alle Einnahmen an das kgl. Hauptquartier in Flandern, was Zahlungsunfähigkeit des Kg.s zur Folge hatte. Die Requirierungen und andere Abgabenforderungen machten – gemeinsam mit der Furcht vor einer frz. oder schott. Invasion – den Krieg bei den einfachen Untertanen bald unpopulär. In drei Parliaments (1339-40) verhinderten die Commons die Bewilligung einer von den Lords vorgeschlagenen Subsidie solange, bis Eduard ihre Bedingungen zur Abhilfe von Mißbräuchen annahm. Diese erste bekannte polit. Initiative der Commons erreichte ihr Ziel u. a. durch den Erlaß von Statuten zum Schutz der Untertanen vor neuen Steuerbürden und durch die parlamentar. Einsetzung eines Rates von Großen, der eine polit. Kontrolle wahrzunehmen hatte. Da Eduards Geldbedarf jedoch immer noch nicht gedeckt war, beendete er seinen letzten Flandernfeldzug mit einem fünfjährigen Waffenstillstand. Zunächst war der Kg. entschlossen, die vermeintl. Schuldigen für seine Finanznöte (unter ihnen Ebf. →Stratford) zu bestrafen, doch wurde Eduard von Lords und Commons in einem Parliament zur Einhaltung der Zugeständnisse bewogen (1341). Zwar widerrief er später diese restriktiven Konzessionen, doch hinderte ihn sein polit. Fingerspitzengefühl an der Provokation einer neuen Krise.

[4] *Die Parliaments und die Rolle der Commons:* Von dieser Zeit an umfaßten die offiziell als Parliaments bezeichneten Versammlungen stets Repräsentanten der shires und boroughs; andere Versammlungen, an denen nur Lords teilnahmen, hießen *Great →Councils*. Gewählte Commons hatten schon im frühen 14. Jh. zahlreiche wichtige Parliaments besucht. Dennoch hatte bislang stets der Hochadel den Anspruch erhoben, für die Gemeinschaft des Kgr.es (*community of the realm*) zu sprechen. Seit den vierziger Jahren des 14. Jh. ging diese Rolle aber an die gewählten Mitglieder des Parliaments über, die in einer eigenen Kammer tagten, während die Lords nun stärker auf den Kg. hin orientiert waren. Parliaments wurden seltener abgehalten, in den Pestjahren 1349-50 überhaupt nicht, danach zumeist jährlich. Die mittlerweile weniger ehrgeizigen militär. Pläne des Kg.s, die er ohne kostspielige Verbündete in Angriff nahm, bedurften geringerer finanzieller Anstrengungen als in den Jahren 1337-41. Außerordentl. Steuern wurden nach wie vor in regelmäßigen Abständen gefordert (Handelszölle, Subsidien der Laien und Kleriker). Die kgl. Propaganda versuchte, eine öffentl. Zustimmung für den Krieg zu erreichen. Die Commons in den Parliaments drängten weiterhin auf allgemeine Reformen, gestärkt durch das Zugeständnis des Kg.s, daß alle Steuerforderungen einer vollen parlamentar. Zustimmung bedürften. Petitionen der Commons mündeten in den Erlaß von Statuten ein, und Eduard wurde genötigt, die im Parliament beschlossenen Statuten als die am meisten bindende Form der Gesetzgebung zu akzeptieren (1354). Zwar gab es keine weiteren Forderungen nach Bestätigung der Magna Carta, doch wurden weitergehende Interpretationen einzelner Bestimmungen der Magna Carta in Form von Statuten gefaßt; so sollten die »Rechte der freien Männer« (c. 29) für alle Männer gelten (1354). Ständiges Augenmerk galt der Verbesserung des Gerichtswesens: Zahlreiche Maßnahmen gegen

die verbreitete Gesetzlosigkeit mündeten in das Statut von 1361 ein, durch das die *Commissions of the Peace* in jeder Gft. eingeführt wurden. Dieses Rechtssprechungssystem wurde von den Commons gegen alternative, vom Kgtm. favorisierte Projekte durchgesetzt, da es Leuten der eigenen Schicht Zugang zu Richterämtern verlieh. Andere Petitionen galten administrativen Mißständen; in der Lokalverwaltung wurde die Amtszeit des →sheriff auf ein Jahr begrenzt (1376). Ein Hauptresultat dieser Reformforderungen der Commons war die Beteiligung führender *freeholders* an der Grafschaftsverwaltung. Prosopograph. Forschungen des 20. Jh. haben wichtige Aufschlüsse über die Commons in den Parliaments erbracht, wobei insbes. ihre soziale Position, ihre Erfahrungen in Kriegs- und Ämterwesen, die Kontinuität ihrer Mitgliedschaft im Parliament – und damit auch die Kontinuität bei der Verfolgung reformer. Ziele – beleuchtet wurden. – Die weniger häufigen Parliaments, die nach dem Friedensschluß mit Frankreich in der Zeit von 1360–69 einberufen wurden, hatten v. a. die Erneuerung der Wollsteuer (*wool subsidy*) zum Gegenstand.

[5] *Rückschläge gegen Ende der Regierungszeit:* Mit dem Feldzug nach →Kastilien griff E. in den kast. Thronstreit auf seiten →Peters I. des Grausamen ein, während Frankreich den gegner. Prätendenten →Heinrich v. Trastámara unterstützte. Die engl. Partei trug unter Eduard dem Schwarzen Prinzen zunächst den Sieg über die profrz. Kräfte unter →Du Guesclin davon (Schlacht v. →Nájera, 1367). 1369 setzte sich jedoch das Haus Trastámara durch (→Montiel), so daß Kastilien im weiteren Kriegsverlauf stets auf frz. Seite stand. Drückende Steuerforderungen des Schwarzen Prinzen in der von ihm regierten Gascogne lösten dort einen Aufstand aus, der →Karl V. v. Frankreich den Rechtsgrund lieferte für die Wiederaufnahme des Krieges und die Rückeroberung der im Frieden v. Brétigny abgetretenen Gebiete. Bleibt umstritten, wie weit die Bereitschaft Eduards III. zum Verzicht auf die frz. Thronansprüche ging, so traf ihn die Aufkündigung des Friedensvertrages zweifellos unvorbereitet. Neue Pestepidemien (1361–62 und 1369, letztere verschärft durch eine Mißernte) trugen zur Verschlechterung der wirtschaftl. Lage bei. Der Bevölkerungsrückgang und der daraus resultierende Verfall der Grundrenten dürfte das Augenmerk der Laien verstärkt auf die kirchl. Güter gelenkt haben; Forderungen nach einer erhöhten Besteuerung des Klerus waren die Folge. Das Parliament von 1371 nötigte Eduard, seine drei führenden Ratgeber, sämtlich Geistliche, zu entlassen, bevor es ihm eine weitere Subsidie (mit neuem, schlecht konzipierten Besteuerungsmodus) bewilligte. 1372–73 folgten militär. Rückschläge (kast. Seesieg bei →La Rochelle, 1372; erfolgloser Feldzug →Johns of Gaunt gegen Bordeaux). Die vom Papst initiierten Friedensverhandlungen (Brügge, 1375) führten lediglich einen kurzen Waffenstillstand herbei, da Frankreich jede Abtretung von Land zu souveränem Eigentum ablehnte. Das nächste Parliament (1376) artikulierte den Zorn des Landes über die militär. und diplomat. Mißerfolge und rügte die Unterschlagungen von Kriegssteuern durch die Höflinge des alternden Kg.s und seiner Mätresse Alice Perrers. Für dieses Parliament ist erstmals ein eingehenderer Chronikbericht über Verfahrensweisen überliefert (Diskussionen der *shire-knights*, ihre erste Wahl eines Speakers und ihre Beziehungen zum House of Lords). Dieses →»Good Parliament« verfolgte Amtsträger, die der →Korruption beschuldigt wurden, erstmals durch das →*Impeachment*, bei dem die Commons die Anklage erhoben und die Lords als Urteiler fungierten. Auch folgte der Kg. einer Forderung der Commons, einen Ausschuß von Lords in seinen Rat mitaufzunehmen. Mehrere Entscheidungen dieses »Good Parliament« wurden allerdings 1377 im »Bad Parliament« widerrufen, bei dem der unpopuläre John of Gaunt den Vorsitz führte, da er nach dem Tod Prinz Eduards (1376) die Regierungsgeschäfte übernommen hatte.

III. DER KONFLIKT ZWISCHEN KÖNIGTUM UND ADEL UNTER RICHARD II.: [1] *Die Bedeutung der Aristokratie:* Seit Kg. →Richard II., Sohn von Eduard dem Schwarzen Prinzen, bildeten die Beziehungen zw. dem Kg. und einer kleinen Zahl führender Großer den Angelpunkt der engl. Politik. Die weltl. Aristokratie läßt sich nun mit denjenigen Familien gleichsetzen, deren erwachsene Oberhäupter persönlich zu den Parliaments geladen wurden und dort – gemeinsam mit ca. 50 Äbten und Bf.en – das *House of Lords* bildeten. Während unter Eduard I. noch ca. 130 Adlige geladen worden waren, besuchten um 1400 nur noch ca. 40 weltl. Lords die Parliaments. Das Erlöschen mehrerer Familien im Mannesstamm und die Heirat mit →Erbtöchtern ermöglichte es einigen Häusern, in ihrer Hand große Besitzungen zu vereinigen, allerdings nur für wenige Generationen. Einige mächtige Herren, die Gefolgschaften (*affinities*) aus Rittern und Landadligen (→Gentry) sowie die Mitglieder anderer Gruppen (z. B. Kleriker, Juristen) um sich geschart hatten, dominierten gegenüber ihrer Umgebung (→Bastard Feudalism) und nötigten das Kgtm. zur Berücksichtigung ihrer Interessen. Neuere Forschungen auf der Grundlage des Quellenmaterials dieser großen Adelshofhalte (u. a. Besitzrechnungen) haben die Kenntnis der spätma. Führungsschicht E.s erweitert. Insbes. K. B. MCFARLANE (1903–66) hat herausgearbeitet, daß die engl. Aristokratie als soziale Klasse sich insgesamt verantwortungsbewußt verhielt und – im Sinne einer »good lordship« – auf die Belange ihrer Klientel vielfach Rücksicht nahm. Die Macht der Krone war nur dann ernsthaft gefährdet, wenn aufgrund fehlender persönlicher Qualitäten eines Kg.s die Loyalität schwand; die Verteilung von Ämtern und Gütern im Rahmen der kgl. Patronage war zur Erhaltung der Autorität von größter Bedeutung, insbesondere angesichts des drastischen Verfalls der Grundrenten, der bis ins späte 15. Jh. anhielt.

[2] *Militärische Auseinandersetzung mit Schottland; Einfluß der Appellants:* Für Richard II. wurde eine kollektive Vormundschaftsregierung der Lords eingesetzt, wobei der genaue Zeitpunkt seiner Mündigkeit nicht überliefert ist. Die Kosten des erfolglosen Krieges in Frankreich führten zur Erhebung von Sondersteuern, den →Poll Taxes, deren dritte 1381 den größten Aufstand im ma. E., die Peasants' Revolt unter Führung Wat →Tylers, auslöste. 1381/82 wurde auf Betreiben Papst →Urbans VI. ein böhm.-engl. Bündnis (zur Sicherung seiner Obödienz) vereinbart; Anna v. Böhmen († 1394), Tochter Ks. Karls IV., wurde mit Richard vermählt. Für Richards Schottlandfeldzug wurde 1385 – zum letzten Mal in der engl. Geschichte – das Lehnsheer aufgeboten, das jedoch anschließend wieder durch die üblich gewordenen privaten Soldverträge (*indenture*) organisiert wurde: Von der gesamten Truppenmacht (13 734 Mann) standen allein 3000 Mann im Solde Johns of Gaunt, und auch die Earls of Buckingham (→Thomas) und Northumberland (→Percy) stellten größere Kontingente als der kgl. Hofhalt. Die scheinbare Harmonie zw. Kg. und Lords, die sich am Ende des erfolglosen – Feldzugs in der Kreierung neuer Pairschaften zeigte, war jedoch nur von kurzer Dauer. Mit der Entfernung Johns of Gaunt, der versuchte, d. Krone Kastilien zu

erringen (1386–89), wurde Richard seiner wichtigsten Stütze beraubt. John hatte den Kg. in der Hoffnung auf eine mögliche Nachfolge unterstützt.

Richard II. selbst führte keinen Frankreichfeldzug durch; die letzte derartige Unternehmung war der – katastrophale – »Kreuzzug« des Bf.s →Despenser (1383) gewesen. Frz. Invasionsvorbereitungen (1386) lösten Besorgnis in E. aus. Ein Parlament, das zur Bewilligung einer hohen Subsidie versammelt wurde, rügte die Mißwirtschaft der kgl. Ratgeber (Impeachment gegen →Suffolk, den Kanzler). Die Lords zwangen unter Führung von Richards Onkel →Thomas, Hzg. v. Gloucester, und Richard→FitzAlan, Earl of Arundel, den Kg. zur Einsetzung einer Reformkommission zwecks Kontrolle der Exekutive. Der Versuch Richards, seine Macht auf militär. Wege wiederzuerlangen, brach zusammen, als seine von De →Vere geführten Truppen 1387 von →Heinrich (IV.), Earl of Derby, dem Sohn Johns of Gaunt, besiegt wurden. Obwohl anscheinend nun die Absetzung des Kg.s erwogen wurde, gingen die Sieger lediglich gegen seine Anhänger vor: Der Fünferausschuß der Lords→Appellant klagte fünf führende kgl. Räte des Verrats an; vom sog. »Merciless Parliament« (1388) wurden darüber hinaus vier kgl. Ritter (unter ihnen der Günstling Simon →Burley) zum Tode verurteilt. Der Verbannung verfielen diejenigen Richter und Juristen, die Richards Machtpolitik 1387 eine jurist. Legitimation verschafft hatten. Das Ansehen der Lords Appellant wurde jedoch durch den Sieg der Schotten bei →Otterburn (Northumberland) geschwächt. In einem zweiten Parliament i. J. 1388 führten die Commons darüber Klage, daß die Lords bei Leuten ihrer Livree Willkürakte deckten; ein Statut regelte die Commissions of the Peace, wobei die Commons bestrebt waren, die Lords aus diesen auszuschließen. John of Gaunts Rückkehr nach E. (1389) ermutigte Richard, seine Macht gegen die Lords zurückzuerobern. Bis 1390 wurden nur Mitglieder von Ritterschaft und Gentry als Friedensrichter (Justices of the peace) berufen. Der Kg. begann erneut mit dem Aufbau einer persönl. Gefolgschaft, die seine Livree, den weißen Hirschen, trug. Das Quellenmaterial über den kgl. Rat (→Council, King's), das von dieser Periode bis ca. 1455 sehr detailreich ist, zeigt, daß auch frühere Opponenten gelegentlich im Rat mitwirkten. Richards Irlandfeldzug (1395) legt nahe, daß, zumindest nach Meinung des Kg.s, der innere Friede wiederhergestellt war. Ein 28jähriger Waffenstillstand mit Frankreich ermöglichte Richards zweite Vermählung mit →Isabella, der Tochter des frz. Kg.s Karl VI. (1396).

[3] *Absetzung Richards:* Die Ereignisse der nun folgenden Jahrzehnte der engl. Geschichte bilden den Stoff für Shakespeares Königsdramen und wurden dadurch Teil der Weltliteratur. Erneute Auseinandersetzungen zw. Kg. und Lords begannen i. J. 1397 mit der Verfolgung d. drei älteren Appellants, die durch Mord, Hinrichtung oder Verbannung ausgeschaltet wurden: Thomas, Hzg. v. Gloucester; Ebf. Thomas →Arundel; Thomas, Earl of Warwick (→Beauchamp). Die Grafschaftswahlen für das diesbezügliche Parliament (1397) dürften manipuliert worden sein; die Commons wählten zu ihrem Speaker den kgl. Ritter John →Bussy, der seinen Einfluß zugunsten der kgl. Politik geltend machte. Eine zweite kurze Parlamentssitzung verlieh einem von Richard nominierten Ausschuß Autorität (1398). Ein Streit zw. den beiden noch nicht entmachteten jüngeren Appellants (→Heinrich [IV.], →Mowbray) lieferte Richard den Vorwand, beide ins Exil zu schicken. Nach John of Gaunts Tod (1399) konfiszierte Richard die Besitzungen der Lancaster und verlängerte die Verbannung Heinrichs, des Erben, auf Lebenszeit. Auch andere willkürl. Handlungen des Kg.s aus dieser Zeit belegen, daß Richard II. der Ruf der »Tyrannei« zu Recht anhaftet.

Während Richard sich 1399 mit seinem adligen Anhang erneut in Irland aufhielt, kehrten Heinrich (IV.) und Thomas Arundel aus dem frz. Exil zurück. Ihnen schloß sich das nördl. E. an, unter der Führung der →Neville und der →Percy, die von Richard bekämpft worden waren. Als der Kg. in Wales landete, war seine Anhängerschaft dahingeschmolzen – Heinrich und Arundel hatten bereits die Absetzung Richards beschlossen. Dieser Plan wurde dann durch eine parlamentar. Versammlung legalisiert, deren »record and process« auch als Propagandaschrift zugunsten→Heinrichs IV. (1399–1413) in Umlauf gesetzt wurde. Jedoch wurde nicht zugelassen, daß Heinrich kraft einer Handlung des Parlaments zum Kg. erhoben wurde; er bestieg vielmehr den Thron, nachdem er seine Erbansprüche klargelegt und die Zustimmung der Lords erlangt hatte. Nachdem eine – wenig populäre – Verschwörung von Anhängern Richards (→Holland, →Montagu) gescheitert war, wurde der abgesetzte Kg. in der Haft ermordet (1400).

IV. VON HEINRICH IV. BIS ZUM AUSBRUCH DER ROSENKRIEGE: [1] *Regierung Heinrichs IV.:* Die Regierung Heinrichs begann mit äußeren und innerpolit. Schwierigkeiten. Da Frankreich den mit Richard geschlossenen Waffenstillstand nun als nichtig betrachtete, mußte die Gascogne verteidigt werden; neue schott. Angriffe wurden von Heinrich 1400 mit einem Feldzug beantwortet. Größere militär. Anstrengungen erforderte der walis. Aufstand unter →Owain Glyn Dŵr (1400–09). Eine erste Revolte der Percy (Schlacht bei→Shrewsbury, 1403) war wohl eine Reaktion auf Heinrichs Versuche, die Machtstellung dieser Familie – nach anfängl. Bündnis – zu beseitigen. Ein von →Scrope, Ebf. v. York, geführter Aufstand (1405) konnte v. a. dank der Loyalität des Earl of Westmorland (→Neville) unterdrückt werden. Der vermutl. Drahtzieher dieser Rebellion, Henry, Earl of Northumberland (→Percy), suchte Zuflucht in Schottland und fand 1408 bei einem erneuten Invasionsversuch in der Schlacht von Bramham Moor (Yorkshire) den Tod.

Die Verteidigungskriege verschlangen hohe Summen bei gleichzeitigem Rückgang der regulären Kroneinnahmen, der v. a. durch die allgemeine wirtschaftl. Rezession bedingt war und durch die Zuwendungen, die Heinrich IV. den Adligen zur Erhaltung ihrer Loyalität machte, noch verschärft wurde. Daher mußte er in den Jahren 1401–06 nicht weniger als fünf Parliaments zur Bewilligung ungewöhnlich hoher Subsidien abhalten. Die Commons im Parlament kritisierten die öffentl. Verschwendung und forderten eine wirksamere Kontrolle des Finanzgebarens. Unter diesem Druck wechselte der Kg. 1401 seine Berater aus und machte zweimal (1404, 1406) die Namen seiner Räte öffentlich kund. Das längste der Parliaments (März–Dez. 1406) erließ sogar eine Art Geschäftsordnung für den kgl. Rat (*Council Code*). Zielsetzung der Commons waren Reformen der Regierung, um dadurch Senkungen der Steuern zu erreichen; das Recht des Kg.s auf Regierung und freie Wahl seiner Berater wurde jedoch nicht in Frage gestellt, und ebensowenig wurde von den Commons eine Beteiligung am kgl. Rat angestrebt.

Mit Ausnahme der Percy hatte sich die Aristokratie in Heinrichs ersten Regierungsjahren ruhig verhalten. 1410 ging – wegen schwerer Erkrankung des Kg.s – die Kontrolle des kgl. Rates zunehmend an den Thronfolger Heinrich (V.) und eine Adelspartei über (u. a.: Heinrich →Beaufort, Bf. v. Winchester, sowie die jungen Earls of Arundel [→FitzAlan] und Warwick [→Beauchamp]). Diese Gruppierung stellte sich im frz. Bürgerkrieg zw. →Armagnacs und Bourguignons auf die Seite Hzg. →Johanns Ohnefurcht v. Burgund, den sie 1411 bei →St-Cloud mit einem Truppenkontingent unterstützte. Als Gegner dieser Politik vermochte Heinrich IV. seine Autorität wiederherzustellen. Er nahm eine Umbildung des Rates vor, v. a. mit Hilfe seines alten Anhängers Thomas Arundel, schloß ein Bündnis mit der gegner. frz. Gruppierung, den Armagnacs/Orléans, und entsandte 1412 zu ihrer Hilfe ein Heer unter dem Befehl des 2. Sohns des Kg.s, →Thomas, Duke of Clarence.

[2] *Außen- und innenpolitische Erfolge unter Heinrich V.*: →Heinrich V. (1413–22) begann seine Regierung mit dem Austausch Arundels durch Heinrich Beaufort als Kanzler. Das Bündnis mit Burgund wurde von Heinrich erneuert, jedoch nun mit dem Ziel, sich selbst als führende Partei in den frz. Krieg einzuschalten. Zwei engl. Gesandtschaften gingen nach Paris, um Heinrichs Anerkennung als Kg. v. Frankreich zu fordern, doch die von Frankreich im Gegenzug angebotenen Gebietsabtretungen lagen unterhalb des den Gesandten zugebilligten Ermessensspielraums (1414, 1415). Dieser Fehlschlag diplomat. Bemühungen war vermutl. einkalkuliert, da ein Parliament bereits zuvor Steuern für die Aufstellung eines Heeres bewilligt hatte. Der in dem glänzenden Sieg von →Agincourt (Azincourt) gipfelnde Feldzug von 1415 erbrachte, abgesehen von dem norm. Hafen →Harfleur, keine Territorialgewinne, entflammte aber die engl. Kriegsbegeisterung, so daß eine reguläre Kriegssteuer auf größere Bereitschaft stieß. Der dt. Kg. →Siegmund versuchte zu vermitteln, wurde aber zu einer Allianz mit Heinrich V. bewogen (Vertrag v. →Canterbury, 1416). Die zweite Invasion (1417) war ein planmäßiger Eroberungsfeldzug, in dessen Folge eine engl. Verwaltung für die eroberte →Normandie errichtet wurde. Die polit. Zersplitterung hinderte die Franzosen an einem wirksamen Widerstand. Burgund blieb bis zur Ermordung von Hzg. Johann (1419) ein inaktiver Bundesgenosse E.s. Johanns Sohn, →Philipp der Gute, führte jedoch Kg. →Karl VI. nach →Troyes, wo er Heinrich V., der sich mit Karls Tochter →Katharina vermählte, als Hzg. der Normandie und Erben des frz. Throns anerkannte (1420). Die engl. Truppen wurden 1421 bei Baugé geschlagen, doch führte Kg. Heinrich danach die Eroberungstätigkeit bis zu seinem Tod in Vincennes, vor den Toren von Paris, fort (1422).

Heinrichs Ruhm als frommer und heldenhafter Kg. inspirierte die Biographen. Auch seine Bemühungen, den inneren Frieden zu erhalten, fanden Vertrauen. Abgesehen von einem Prozeß gegen adlige Empörer (→Richard of Conisborough, Henry →Scrope, Thomas →Grey, 1415), unterhielt er gute Beziehungen zu den Pairs. Auch mit der City of London, auf deren Finanzhilfe er angewiesen war, pflegte er enge Kontakte. Er forderte seine Richter zur Bekämpfung der Gesetzlosigkeit im Lande auf (1414, 1421). Eine höchst bedeutende Neuentwicklung auf dem Gebiet der Rechtsprechung hängt z. T. zusammen mit Heinrichs kriegsbedingtem Aufenthalt in der Normandie, von wo aus er die engl. Regierung kontrollierte: Prozeßparteien, die bei den *Common Law Courts* nicht ihr Recht gefunden hatten, konnten nun verstärkt an den *Court of* →*Chancery* appellieren; daher gibt es in den Jahren 1417–22 weitaus mehr *Early Chancery Proceedings* als in den vorhergehenden Jahren (ab ca. 1390). Das nachfolgende Anwachsen der jurist. Tätigkeit der Chancery bei Prozessen, die durch *English bill* (→Bill, Procedure by) eingeleitet worden waren, dürfte wohl auf den Ruf, den sich die Chancery unter Heinrich V. erworben hatte, zurückgehen.

[3] *Die Schwächung des Königtums unter Heinrich VI.*: →Heinrich VI. (1422–61) war beim Tode seines Vaters (1422) erst ein Jahr alt; nach dem Ableben seines Großvaters, des frz. Kg.s Karl VI., wurde er im gleichen Jahr, gemäß dem Vertrag v. Troyes, auch zum Kg. v. Frankreich proklamiert. Die Vormundschaftsregierung sollte nach Heinrichs V. Wunsch sein jüngster Bruder, →Humphrey, Duke of Gloucester, führen, doch wurde er von den Lords verdrängt und mit dem Titel eines Protektors abgefunden. Die wirkliche Regierungsgewalt lag bei einem permanenten Rat von Prälaten, weltl. Pairs und hohen Kronbeamten. Das Parliament stimmte dieser Regelung zu, trotz Humphreys Protesten, der in Bf. Heinrich Beaufort seinen Gegenspieler sah. Der Konflikt eskalierte (Aufstand in →London, Rückberufung des Regenten in Frankreich, →Johann, Duke of →Bedford, 1425), wurde aber dank der Tatkraft des Regentschaftsrates eingedämmt, ebenso wie andere Fehden innerhalb des Hochadels (→Berkeley, →Neville). Die aktive Amtsführung des Rates wird insbes. durch die gut überlieferten Akten des →*Privy Seal Office* dokumentiert. Dennoch führten die Commons Klage über verbreitete Gesetzesverletzungen. Ein Statut von 1430 beschränkte das aktive Wahlrecht in den shires auf wohlhabende *freeholders* (von mindestens 40 s. lastenfreiem jährl. Einkommen), eine Bestimmung, die bis zur Reform von 1832 eine Grundlage des engl. Parlamentswahlrechts bildete. Ein weiteres Statut (1433) forderte von den Lords und der größeren Gentry eine eidl. Versicherung, keine Rechtsbrecher zu schützen. Andere Quellen weisen auf eine Vergrößerung der adligen Gefolgschaften hin.

Am Krieg mit Frankreich waren jedoch verhältnismäßig wenige Lords unmittelbar beteiligt. Johann, Duke of Bedford, gewann 1424 die Schlacht v. →Verneuil, doch konnte er nur langsam südwärts vorrücken. Das Auftreten der →Jeanne d'Arc (Krönung →Karls VII. in Reims, 1429) und die Neubelebung des frz. Widerstands beantwortete E. mit einem großangelegten Unternehmen zur Krönung Heinrichs VI. zum Kg. v. Frankreich in Paris. Jeanne d'Arc geriet in burg. Gefangenschaft, wurde an E. ausgeliefert und nach einem Ketzerprozeß in Rouen verbrannt (1431). E. konnte weitere militär. Operationen finanziell nicht durchhalten. Seit 1422 war die Steuerlast in E. weniger drückend gewesen, da man glaubte, durch starke Besteuerung der neueroberten Normandie die weitere Finanzierung des Krieges sichern zu können. Doch die Einkünfte aus der Normandie wie auch die regulären Kroneinnahmen erwiesen sich keineswegs als ausreichend. Nach dem Vertrag v. →Arras (1435), durch den Burgund das engl. Bündnis verließ, wurden neue Truppen zur Verteidigung von →Calais benötigt. Das Parliament bewilligte eine Steuer auf die Einkommen aus Grundbesitz, deren Rechnungen eine gute Quelle für den Landbesitz bilden. Spätere, weniger ergiebige Steuern beruhten auf dem traditionellen Zehnten und Fünfzehnten; sie spiegeln insgesamt eine schwindende Kriegsbegeisterung wider und wohl auch einen allgemeinen wirtschaftl. Verfall. Der Kriegsdienst in Frankreich, der vorher manchem Söldnerführer (etwa John →Fastolf) ein Vermögen eingebracht hatte, bot keinen finanziellen Anreiz mehr.

Die Mündigkeit des Kg.s (1436) löste eine Flut von Bitten um seine Protektion aus: Da die meisten schriftkundigen Beamten mittlerweile Laien waren, konnten nur noch wenige mit kirchl. Pfründen versorgt werden. Die Beamten des Hofhalts waren daran interessiert, einträgl. Einnahmequellen, z. B. in Form von Sinekuren, in die Hand zu bekommen, dies möglichst auf Lebenszeit und mit dem Recht auf Vererbung oder Weiterveräußerung. Die Freigebigkeit Heinrichs VI. gegenüber seinen Höflingen veranlaßte die Lords, den Council Code von 1406 wiederherzustellen und den Kg. zur formellen Wiedereinsetzung fähiger Ratgeber zu nötigen (1437). Diese Restriktionen blieben jedoch wenig erfolgreich. Die Berichte und Listen der Ratssitzungen sowie die Urkundenbelege deuten vielmehr auf eine fortdauernde Verschwendung von seiten des Kg.s hin. Der ständige kgl. Rat entwickelte sich zu einer kleinen Gruppe, in der Heinrich Beaufort, der größte Gläubiger der Krone, die einflußreichste Position innehatte. Nach seinem Tod (1447) wurde William de la →Pole, seit 1448 Duke of Suffolk, zur dominierenden Figur am Hofe. Kg. Heinrich selbst war leicht beeinflußbar und wohl etwas einfältig. Der kgl. Rat ließ Untertanen, die den Kg. öffentlich verspotteten, wegen Verrats verfolgen.

Der mysteriöse Tod des »guten Hzg.s« Humphrey (1447) wurde beargwöhnt. Heinrichs Heirat mit der mitgiftlosen →Margarete v. Anjou, der Tochter Kg. →Renés II. (1445), und die Abtretung des →Maine (1448) waren unpopuläre Voraussetzungen für einen kurzen Waffenstillstand mit Frankreich. Dieser endete mit der engl. Plünderung von →Fougères, die Frankreich binnen kurzem mit der Rückeroberung der →Normandie (1449-50) beantwortete. Dieser schmachvolle Mißerfolg löste scharfe Kritik und Unruhen aus. Gegen d. Duke of Suffolk wurde im Parliament ein Impeachment eingeleitet, u. a. wegen Bereicherung auf Kosten des Kg.s und Rechtsbeugung zugunsten seiner Klientel. Auf dem Weg ins Exil wurde er ermordet (1450). In Kent erhoben sich von John →Cade geführte Aufständische, die ihrerseits Anklagen gegen die »falschen Räte« des Kg.s erhoben und für kurze Zeit London besetzen konnten. Bei diesem Aufstand, dem im gleichen Sommer weitere Revolten folgten, standen polit. Proteste, nicht aber soziale oder wirtschaftl. Forderungen im Mittelpunkt.

In Parliaments der Jahre 1450 und 1451 wurde die Rücknahme der kgl. Schenkungen gefordert, um die Zahlungsfähigkeit der Krone wiederherzustellen. Nach einem gescheiterten Staatsstreich →Richards Plantagenet, Duke of York (1452), und der – kurzzeitigen – Rückeroberung von →Bordeaux zeigte sich das Parliament von 1453 jedoch kompromißbereiter und bewilligte dem Kg. die Wollsteuereinnahmen auf Lebenszeit. Bemerkenswert ist, daß nun über einen längeren Zeitraum hinweg der Einfluß der Commons nachließ. Ihre Petitionen mündeten seltener als bisher in Gesetze ein, ein Machtverfall der Commons, der wohl mit den härteren polit. Verhältnissen dieser Jahre zusammenhängt. Edmund →Beaufort, Duke of Somerset, trat als allmächtiger Ratgeber die Nachfolge des ermordeten Suffolk an; sein Gegner war Richard v. York, der bereits im frz. Krieg sein Konkurrent gewesen war. Verschärft wurde ihr Streit durch die Tatsache, daß beide sich als potentielle Thronerben betrachten konnten, bis schließlich dem Kg. 1453 ein Sohn, →Eduard, geboren wurde. Der geistl. Zusammenbruch des Kg.s (1453) führte erneut zu kollektiven Regierungsformen, wie sie schon während Heinrichs Minderjährigkeit praktiziert worden waren: Der ständige Rat berief von Zeit zu Zeit große Ratsversammlungen der Lords ein. Richard v. York war ein Mitglied dieser Versammlung, und er wurde nach dem Tod des Kard. →John Kemp 1454 zum Protektor ernannt. Edmund Beaufort wurde ztw. unter der Anklage des Verrats inhaftiert. Parallel zu den Konflikten am Hof bekämpften einander im N die großen Adelsschlechter der →Neville und →Percy und verbündeten sich jeweils mit den verfeindeten Gruppierungen am Hof. Richard v. York und die Neville schlugen 1455 bei →St. Albans Edmund Beaufort und den Earl of Northumberland, die beide fielen.

E. Auseinandersetzungen in der 2. Hälfte des 15. Jahrhunderts: Lancaster, York und Tudor
I. Beginn der Rosenkriege – II. Regierung Eduards IV. aus dem Hause York – III. Die letzten »mittelalterlichen« Könige.

I. BEGINN DER ROSENKRIEGE: Mit der Schlacht v. St. Albans beginnen die sog. →Rosenkriege (1455-87), eine Reihe adliger Machtkämpfe, die in zwölf Schlachten kulminierten, wobei die längste zusammenhängende Kriegsperiode in die Jahre 1460-61 fällt. Der Name 'Rosenkriege' für diese Bürgerkriegszeit ist vergleichsweise jung, doch scheint die symbolhafte Kennzeichnung der beiden rivalisierenden Königshäuser (rote Rose für →Lancaster; weiße Rose für →York) schon in der frühen Tudorzeit, unter Heinrich VII., aufgekommen zu sein. Die Häuser York und Lancaster selbst haben aber keine Rosenembleme, auch nicht als Abzeichen für ihre Gefolgsleute, geführt; auch begannen die Rosenkriege nicht als direkter Kampf um die Krone. Richard v. Yorks urspgl. Ziel war lediglich die Verdrängung Edmund Beauforts aus dem kgl. Rat; seine hochadligen Anhänger hatten eigene Motive, z. B. die Konkurrenz zu anderen Adligen, die als Günstlinge des Kg.s in einem regionalen Bereich die Vormachtstellung anstrebten. Für die Beteiligung der Gefolgsleute der Lords aus Ritterschaft und Gentry war die Notwendigkeit ausschlaggebend, sich einem »guten Herren« in Treue anzuschließen, da das Vertrauen in die reguläre Justiz und Verwaltung angesichts weitverbreiteter Korruption und Willkür gestört war. Akten des *Court of* →*King's Bench* liefern Angaben über die Gefolgsleute der hochadligen Protagonisten.

Während das zweite Protektorat (1455-56) Richards v. York zu Ende ging, konnte Kgn. Margarete v. Anjou durch Ämterpatronage erneut eine Hofpartei errichten, die bereit war, die kgl. Prärogativen bei der freien Wahl von Amtsträgern und Räten zu verteidigen. Als Reaktion konzentrierte Richard seine Streitkräfte, die jedoch der militär. überlegenen kgl. Truppenmacht bei Ludlow (Shropshire) 1459 unterlagen. Anschließend ächtete ein »gedungenes« ('packed') Parliament zu Coventry die »Yorkists« als Verräter. Diese konnten jedoch durch einen Sieg b. →Northampton 1460 erneut Kontrolle über die Person des Kg.s und die Zentralregierung gewinnen. Wohl zum ersten Mal erhob Richard den Anspruch, der rechtmäßige Kg. zu sein, dies vor einem offensichtl. unvorbereiteten Parliament, das Heinrich VI. in seiner Königswürde bestätigte, Richard jedoch als Erben proklamierte. Im gleichen Jahr unterlag und fiel Richard bei →Wakefield (Yorkshire); Margarete rettete ihren Gatten in der zweiten Schlacht v. →St. Albans. Die »Yorkists« hielten weiterhin London besetzt und proklamierten Richards Sohn, Eduard IV., als Kg. (1461), während Schreckensnachrichten über die nach Süden marschierenden »northern men« Margaretes allgemeine Panik hervorriefen. Mit der Proklamation von →Eduard IV. (1461-83) hatte die York-Partei ihre de facto-Regierung legitimiert; die Anhänger Heinrichs VI. wurden nun zu Verrätern erklärt. Sie unterlagen in der Schlacht v. →Towton (Yorkshire) am 29. März 1461. Doch setzten einzelne lancastr. Gruppen in Northumberland (→Alnwick, →Bamburgh) 1461–64 den Widerstand fort, unterstützt von Schottland, wohin sich auch Heinrich VI. und Margarete geflüchtet hatten.

II. REGIERUNG EDUARDS IV. AUS DEM HAUSE YORK: Durch dynast.-polit. Propaganda suchte das Haus York seine Legitimität zu untermauern. Tatsächlich erlangte Eduard IV. den Thron, weil Heinrich VI. sich als unfähig erwiesen hatte; eine große Rolle spielte die keineswegs uneigennützige Unterstützung einer mächtigen Adelsfaktion unter dem »Königsmacher« Richard →Neville, Earl of Warwick. Wie einst Heinrich IV. mit der Familie Percy verfahren war, so behandelte auch Eduard IV. die Neville, die er zunächst durch Gunstbeweise an sich zog, dann aber durch Zurückdrängung ihres Einflusses sich entfremdete. Durch seine Heirat mit →Elisabeth Wydeville (Woodville; ⚭ 1464) begünstigte er vielmehr deren Familie, die sich nicht zum Hochadel zählen konnte und sich daher dem Kg. gefügiger zeigen mußte. Auf diese Weise schuf er ein Gegengewicht zu den Neville und ihren Anhängern. Die Entlassung des seit 1460 amtierenden Kanzlers George →Neville, Ebf. v. York, bezeichnete den offenen Bruch (1467). Warwick reagierte mit einem Staatsstreich, den er gemeinsam mit Eduards Bruder, →George, Duke of Clarence, ausführte. Doch konnte sich Eduard IV. 1469 aus ihrer Gewalt befreien. Nach dem Zusammenbruch der von ihnen lancierten »Lincolnshire Rebellion« (Empingham, 1470) flohen Warwick und Clarence nach Frankreich. Dort vermittelte Kg. →Ludwig XI. die Versöhnung Warwicks mit Margarete v. Anjou und unterstützte aktiv die Invasion E.s, die – zunächst erfolgreich – zur Wiedereinsetzung Heinrichs VI. führte (Readeption, 1470–71). Durch die beiden Siege von →Barnet (über die Neville) und →Tewkesbury (über Margaretes Heer) stellte Eduard IV. seine Herrschaft jedoch wieder her; er wurde dabei unterstützt von seinem Schwager→Karl d. Kühnen, Hzg. v. Burgund, dessen Waffenhilfe für das Haus York Bestandteil seiner antifrz. Bündnispolitik war. Mit dem Tod des Prince of Wales →Eduard bei Tewkesbury und der nachfolgenden Ermordung Heinrichs VI. erlosch das Haus Lancaster im Mannesstamm (1471).

Der Widerstand gegen das Haus York ebbte ab; frühere »Lancastrians« unterwarfen sich und traten z. T. sogar in Eduards Dienste, so Kard. John→Morton. Eduard knüpfte das seine Herrschaft festigende Netz von regionalen »overlords« neu, z. B. dominierte im N →Richard (III.), Duke of Gloucester; in den östl. Midlands sein Chamberlain William, Lord →Hastings u. a.; der in →Ludlow etablierte Council seines Sohnes →Eduard (V.), Prince of Wales, erhielt 1473 richterl. Gewalt. Die Reorganisation der kgl. Finanzen wurde vorangetrieben, v. a. durch den Ausbau der Chamber (→Kammer), welche die Kontrolle der nun effektiv verwalteten Krongüter wahrnahm: Die Bodenpreise stiegen nach langem Tiefstand wieder allgemein an, der Export von Wollstoffen wuchs und steigerte die Einnahmen des kgl. Fiskus. Ein Frankreichfeldzug, letzter Nachhall des Hundertjährigen Krieges, endete mit dem Vertrag v. →Picquigny (1475), in dem Ludwig XI. Eduard eine Pension versprach. Durch einen Zug gegen Schottland gewann E. das unter Heinrich VI. abgetretene Berwick-upon-Tweed zurück (1482). Infolge dieser nur zurückhaltend expansiven Politik und der Verbesserung der regulären Kroneinnahmen bedurfte Eduard nur in seltenen Fällen einer außerordentl. Besteuerung, daher fanden relativ wenige Parliaments statt.

III. DIE LETZTEN »MITTELALTERLICHEN« KÖNIGE: [1] *Eduard V. und Richard III.*: Die Krise nach Eduards unerwartetem Tod zeigt, wie fragil die unter seiner Regierung erreichte Stabilität war. Ohne seine feste Hand brachen rasch Konflikte zw. seinen Verwandten und Helfern auf: Sein Bruder Richard v. Gloucester entzog im Bunde mit Henry→Stafford, Duke of Buckingham, den jungen Kg., →Eduard V., den Verwandten aus der Familie Wydeville. Bereits zwei Monate später hatte sich Richard selbst der Königswürde bemächtigt, gestützt auf die Behauptung, Eduard V. sei kein in rechter Ehe gezeugter Thronfolger, was wenig Glauben fand. Potentielle Opponenten im Rat wurden ausgeschaltet. Der Richard zur Last gelegte Tod der »Prinzen im Tower« (Eduards V. und seines Bruders) ließ – kaum koordinierte – Aufstände im S aufflackern; auch sein früherer Parteigänger, d. Duke of →Buckingham, revoltierte mit unzureichenden Kräften. Richard konnte diese Erhebungen rasch niederschlagen. Er übertrug die konfiszierten Rebellengüter in Südengland vielfach seinen nordengl. Gefolgsleuten; diese wurden in den Gft.en des S als Fremdkörper empfunden und trugen so zur Unzufriedenheit mit Richards Regiment bei.

Mehrere Überlebende der gescheiterten Rebellion, allesamt betonte »Yorkists«, sammelten sich in der Bretagne um →Heinrich (VII.) Tudor, Earl of Richmond, der über seine Mutter Margarete (→Beaufort) von dem Lancaster John of Gaunt abstammte. Durch das Verlöbnis mit →Elisabeth, der ältesten Tochter Eduards IV., stärkte er seine dynast. Position, so daß die exilierten York-Anhänger ihn 1483 als ihren Kg. anerkannten. Von Frankreich unterstützt, setzte er mit einer kleinen Flotte nach Wales über und konnte bereits drei Wochen später Richard III. in der Schlacht v. →Bosworth vernichten und töten (1485). Dieser hatte kein größeres Heer sammeln können und sah sich auf dem Schlachtfeld mit dem Verrat seiner Anhänger konfrontiert – ein Zeichen, daß er bei seinen vermeintlichen Untertanen keine echte Anerkennung gefunden hatte.

[2] *Heinrich VII. und der Beginn der Tudorherrschaft:* Noch bis vor kurzem wurde die Schlacht v. Bosworth als Schlußpunkt der »mittelalterlichen« Gesch. E.s betrachtet. Die Regierung →Heinrichs VII. (1485–1509), des ersten Tudorkönigs, markiert aber keinen solchen Bruch; sie knüpft in vielem an diejenige Eduards IV. an, dessen Beamtenpersonal zu einem großen Teil auch unter Heinrich weiterbeschäftigt wurde. Die administrativen und gerichtl. Institutionen wurden kontinuierlich ausgebaut, insbes. erfuhr die Chamber als zentrale Finanzbehörde eine Stärkung und effektivere Organisation. Da nur wenige außenpolit. Verwicklungen auftraten, wurden selten Sondersteuern benötigt und folglich nur wenige Parliaments abgehalten. Doch stützte sich Heinrich VII. nicht auf eine Gruppe von übermächtigen Adligen. Zwar hatten sich – wie MC FARLANE nachgewiesen hat – die engl. Hochadelsfamilien durch die Rosenkriege keineswegs gegenseitig ausgelöscht; dennoch wurden die größten Magnatenfamilien, die Lancaster, York, March (→Mortimer) und Warwick, von der Krone absorbiert, da das Haus Tudor ihr Erbe antrat. Zwei andere mächtige Familien, Percy und Stafford, konnten wegen Minderjährigkeit ihrer Erben (bis 1499) kaum auf das polit. Geschehen einwirken. Die überlebenden Pairs verhielten sich politisch insgesamt ruhig; mit den steigenden Einkommen aus Grundbesitz war ihr Wohlstand gewachsen. Heinrich war bestrebt, das adlige Gefolgschaftswesen zu kontrollieren, nicht aber, es abzuschaffen. Seine Heeresorganisation beruhte nach wie vor auf verläßl. Lords und Rittern, wobei Heinrich eine größere Zahl potentieller Truppenführer protegierte, um nicht von wenigen abhängig zu werden.

Die Rechtsprechung nach dem Common Law wurde gestärkt; sie richtete sich nicht zuletzt gegen mächtige Privatleute, die Willkürakte deckten. Die Anzahl der Kronjuristen des Common Law wurde unter Heinrich VII. beträchtlich erweitert. Auf ihre Initiative ging wohl eine neue Einstellung der Monarchie gegenüber den kirchl. Gewalten zurück. Z. T. gefördert durch den Hof, entfaltete sich nun verstärkt der →Humanismus, der – nach einer frühen Phase in der 1. Hälfte des 15. Jh. (u. a. Mäzenatentum des Hzg.s →Humphrey v. Gloucester) – von Eduard IV., nach burg. Vorbild, protegiert worden war (s. z. B. William→Caxton). Wie Eduard IV. förderte auch Heinrich VII. eine offiziöse Geschichtsinterpretation, die propagandist. Zwecken diente: Die Untertanen wurden belehrt, daß das Haus Tudor E. vor den Greueln des Bürgerkrieges errettet habe; die Geschichtsschreiber wurden nicht müde, anhand der Rosenkriege zu demonstrieren, daß ein ungehorsames Volk der Strafe Gottes verfiel. R. L. Storey

Q.: Codex Diplomaticus Aevi Saxonici, ed. J. M. KEMBLE, 6 Bde, London 1839-48 – Florentii Wigorniensis Monachi Chronicon ex Chronicis, ed. B. THORPE, 1848 – The Anglo-Saxon Chronicle, ed. B. THORPE, 1861 – Henry of Huntingdon, Hist. Anglorum, ed. TH. ARNOLD, 1879 – Symeonis Monachi Opera Omnia, ed. DERS., 2 Bde, 1882–85 – W. DE G. BIRCH, Cartularium Saxonicum, 3 Bde, Ind., 1885–93 – Willelmi Malmesbiriensis, Gesta Regum Anglorum, ed. W. STUBBS, 2 Bde, 1887–89 – Venerabilis Baedae Opera Hist., ed. C. PLUMMER, 2 Bde, 1896 [Nachdr. 1961] – LIEBERMANN, Gesetze – Regesta Regum Anglo-Normannorum, ed. H. W. C. DAVIS u. a., 3 Bde, 1913–68 – Select Charters and other Documents illustrative of English Constitutional Hist. [to 1307], ed. W. STUBBS, 1913^9 – Two of the Saxon Chronicles Parallel, ed. C. PLUMMER–J. EARLE, 2 Bde, 1952^2 [mit Erg. von D. WHITELOCK] – EHD I (500–1042), ed. D. WHITELOCK, 1955, 1979^2; II (1042–1189), ed. D. C. DOUGLAS–G. W. GREENAWAY, 1953, 1981^2; III (1189–1327), ed. H. ROTHWELL, 1975; IV (1327–1485), ed. A. R. MYERS, 1969– William of Malmesbury,Hist. Novella, ed. K. R. POTTER, 1955 – G. R. C. DAVIS, Medieval Cartularies of Great Britain: a Short Catalogue, 1958 – E. L. C. MULLINS, Texts and Calendars: an Analytical Guide to Serial Publ., I, 1958; II, 1983 – British Academy, Sylloge of Coins of the British Isles, 1958 – Asser's Life of King Alfred, ed. W. H. STEVENSON, 1959^2 [mit Erg. von D. WHITELOCK] – Select Documents of English Constitutional Hist. 1307–1485, ed. S. B. CHRIMES–A. L. BROWN, 1961 – Guide to the Contents of the Public Record Office (H.M.S.O.), 1963, I – P. H. SAWYER, Anglo-Saxon Charters: an Annotated List and Bibliogr., 1968 – G. R. ELTON, E. 1200–1640: the Sources of Hist., 1969 – A. GRANSDEN, Historical Writing in E. I (500–1307), 1974; II (1307 to the Early Sixteenth Century), 1982 – R. F. HUNNISETT–J. B. POST, Medieval Legal Records, 1978 – Record Repositories in Great Britain (H.M.S.O.), 1982 – British Nat. Archives: Record Publ. (H.M.S.O. Sectional List 24, 1984) – RS – s. a. die bibliogr. Angaben nach Abschnitt G – *Bibliogr.*: Annual Bull. of Hist. Lit. 1923–83 (ff.), Hist. Association, 1923–84 (ff.) – W. BONSER, An Anglo-Saxon and Celtic Bibliogr. 450–1087, 1957 – M. ALTSCHUL, Anglo-Norman E. 1066–1154, 1969 [bibliogr. Hb.] – Annual Bibliogr. in Anglo-Saxon E., hg. P. CLEMOES u. a., 1972 – A Bibliogr. of English Hist. to 1485, hg. E. B. GRAVES, 1975 – Annual Bibliogr. of British and Irish Hist., 1975–83 (ff.), hg. G. R. ELTON, 8 Bde, 1976–84 (ff.) – Late-medieval E., hg. D. J. GUTH, 1976 [bibliogr. Hb.] – The High MA in E. 1154–1377, hg. B. WILKINSON, 1978 [bibliogr. Hb.] – *Lit.: [allg.]:* DNB – HEG I, 493–503 [R. WENSKUS], 939–951 [K. WÜHRER]; II [K. SCHNITH; im Ersch.] – Peerage – W. STUBBS, The Constitutional Hist. of E. [to 1485], 3 Bde, 1874–78 – F. W. MAITLAND, Collected papers, 3 Bde, 1911 – J. F. BALDWIN, The King's Council in E. during the MA, 1913 – T. F. TOUT, Chapters in Administrative Hist. of Medieval E., 6 Bde, 1920–33 – J. H. RAMSAY, A Hist. of the Revenues of the Kings of E. 1066–1399, 2 Bde, 1925 – F. W. MAITLAND, Selected Essays, 1936 – Stud. in Medieval Hist. ... F. M. POWICKE, hg. R. W. HUNT, W. A. PANTIN, R. W. SOUTHERN, 1948 – S. B. CHRIMES, An Introduction to the Administrative Hist. of Medieval E., 1952 – F. W. MAITLAND, Selected Hist. Essays, 1957 – Medieval E., hg. A. L. POOLE, 2 Bde, 1958 – I. J. SANDERS, English Baronies: a Study of their Origin and Descent 1086–1327, 1960 F. M. POWICKE–E. B. FRYDE, Handbook of British Chronology, 1961^2 – F. TRAUTZ, Die Kg.e v. E. und das Reich 1272–1377, 1961 – H. M. CAM, Law-finders and Law-makers in Medieval E., 1962 – M. POWICKE, Military Obligation in Medieval E., 1962 – H. M. CAM, Liberties and Communities in Medieval E., 1963 – R. A. BROWN, H. M. COLVIN, A. J. TAYLOR, The Hist. of the King's Works: The MA, 2 Bde, 1963 – H. G. RICHARDSON–G. O. SAYLES, The Governance of Medieval E. from the Conquest to Magna Carta, 1963 – D. M. STENTON, English Justice between the Norman Conquest and the Great Charter 1066–1215, 1964 – J. M. W. BEAN, The Decline of English Feudalism 1215–1540, 1967 – J. E. POWELL–K. WALLIS, The House of Lords in the MA, 1968 – E. B. FRYDE–E. MILLER, Hist. Stud. of the English Parliament, 2 Bde, 1970 – The Study of Medieval Records, hg. D. A. BULLOUGH–R. L. STOREY, 1971 – B. P. WOLFFE, The Royal Demesne in English Hist., 1971 – H. M. JEWELL, English Local Administration in the MA, 1972 – P. CHAPLAIS, English Medieval Diplomatic Practice, T. I, 2 Bde, 1982; T. II (Taf.), 1975 – G. L. HARRISS, King, Parliament and Public Finance in Medieval E. to 1369, 1975 – M. T. CLANCHY, From Memory to Written Record, 1979 – P. CHAPLAIS, Essays in Medieval Diplomacy and Administration, 1981 – The English Parliament in the MA, hg. R. G. DAVIES–J. H. DENTON, 1981 – M. T. CLANCHY, E. and its Rulers 1066–1272, 1983 – Stud. in Medieval Hist. ... R. H. C. DAVIS, hg. H. MAYR-HARTING–R. I. MOORE, 1985 – vgl. außerdem: →Angelsachsen, →Ags. Recht, →Engl. Recht, →Engl. Lit., →Engl. Sprache, →Chronik, Abschnitt G – *zu [A]*: HOOPS^2 I, 303–310 [H. KUHN–D. M. WILSON]; 323–329 [H. KUHN–R. WENSKUS] – STENTON^3 – J. M. KEMBLE, The Saxons in E., 2 Bde, 1849 – J. H. ROUND, Feudal E., 1895 – A. L. POOLE, From Domesday Book to Magna Carta 1087–1216, 1951 – The Anglo-Saxons: Stud. ... B. DICKINS, hg. P. CLEMOES, 1959 – F. BARLOW, The Feudal Kingdom of E. 1042–1216, 1961^2 – H. R. LOYN, Anglo-Saxon E. and the Norman Conquest, 1962 – D. C. DOUGLAS, William the Conqueror, 1964 – J. C. HOLT, Magna Carta, 1965 – K. SCHNITH, Die Wende der engl. Gesch. im 11.Jh., HJb 86, 1966 – R. H. C. DAVIS, King Stephen, 1967 – F. BARLOW, Edward the Confessor, 1970 – H. A. CRONNE, The Reign of King Stephen, 1970 – Before the Conquest: Stud. in Primary Sources... D. WHITELOCK, hg. P. CLEMOES–K. HUGHES, 1971 – H. VOLLRATH-REICHELT, Königsgedanke u. Kgtm. bei den Angelsachsen, 1971 – G. FELLOWS JENSEN, Placename Research and Northern Hist.: a Survey (Northern Hist. 8, 1973), 1–23 – M. RICHTER, The First Century of Anglo-Irish Relations, History 59, 1974 – J. LE PATOUREL, The Norman Empire, 1976 – K.-U. JÄSCHKE, Wilhelm d. Eroberer, 1977 – M. GELLING, Signposts to the Past: Placenames and the Hist. of E., 1978 – Ethelred the Unready: Papers from the Millenary Conference, hg. D. HILL, 1978 – P. HUNTER BLAIR, An Introduction to Anglo-Saxon E., 1978^2 – P. H. SAWYER, From Roman Britain to Norman E., 1978 – D. HILL, An Atlas of Anglo-Saxon E., 1981 – K.-U. JÄSCHKE, Die Anglonormannen, 1981 – The Anglo-Saxons, hg. J. CAMPBELL, 1982 – F. BARLOW, William Rufus, 1983 – Learning and Lit. in Anglo-Saxon E., hg. M. LAPIDGE–H. GNEUSS, 1983 – Ideal and Reality in Frankish and Anglo-Saxon Society, hg. P. WORMALD, 1983 – *zu [B]*: S. K. MITCHELL, Stud. in Taxation under John and Henry III, 1914 – J. C. HOLT, The Northerners, 1961 – F. M. POWICKE, The Loss of Normandy, 1961^2 – W. L. WARREN, King John, 1961 – J. E. A. JOLLIFFE, Angevin Kingship, 1963^2 – J. C. HOLT, Magna Carta, 1965 – W. L. WARREN, Henry II, 1973 – J. C. HOLT, Magna Carta and Medieval Government, 1985 – *zu [C]*: E. F. JACOB, Stud. in the Period of Baronial Reform and Rebellion 1258–1267, 1925 – F. THOMPSON, The First Century of Magna Carta, 1925 – H. M. CAM, The Hundred and the Hundred Rolls, 1930 – R. F. TREHARNE, The Baronial Plan of Refom 1258–1263, 1932 – J. F. WILLARD, Parliamentary Taxes on Personal Property 1290 to 1334, 1934 – F. M. POWICKE, Henry III and the Lord Edward, 2 Bde, 1947 – T. F. T. PLUCKNETT, The Legislation of Edward I, 1949 – F. M. POWICKE, The Thirteenth Century, 1953 – R. SOMERVILLE, Hist. of the Duchy of Lancaster, I (1265–1603), 1953 – D. W. SUTHERLAND, Quo Warranto Proceedings in the Reign of Edward I, 1278–1294, 1963 – J. G. BELLAMY, The Law of Treason in E. in the Later MA, 1970 – M. PRESTWICH, War, Politics and Finance under Edward I, 1972 – DERS., The Three Edwards: War and State in E. 1272–1377, 1980 – R. F. TREHARNE, Simon de Montfort and Baronial Reform: Thirteenth-Century Essays, 1986 – *zu [D]*: J. H. WYLIE, Hist. of E. under Henry the Fourth, 4 Bde, 1884–98 – T. F. TOUT, The Place of Edward II in English Hist., 1914 – J. H. WYLIE–W. T. WAUGH, The Reign of Henry the Fifth, 3 Bde, 1914–29 – J. C. DAVIES, The Baronial Opposition to Edward II, 1918 – R. A. NEWHALL, The Engl. Conquest of Normandy, 1924 – E. PERROY, L'Angleterre et le grand schisme d'Occident, 1933 – J. C. WEDGWOOD, Hist.

of Parliament (1439-1509), 2 Bde, 1936-38 – M. V. CLARKE, Fourteenth Century Stud., 1937 – Proceedings before the Justices of the Peace in the Fourteenth and Fifteenth Centuries, hg. B. H. PUTNAM, 1938 – The English Government at Work 1327-1336, 3 Bde, hg. J. F. WILLARD, W. A. MORRIS, J. R. STRAYER, W. H. DUNHAM, 1940-50 – A. B. STEEL, Richard II, 1941 – G. T. LAPSLEY, Crown, Community and Parliament in the Later MA, 1951 – A. B. STEEL, The Receipt of the Exchequer 1377-1485, 1954 – M. MCKISACK, The Fourteenth Century, 1959 – E. F. JACOB, The Fifteenth Century, 1961 – J. S. ROSKELL, The Commons and their Speakers in English Parliaments 1376-1523, 1965 – H. J. HEWITT, The Organization of War under Edward III, 1966 – C. OMAN, The Great Revolt of 1381, hg. E. B. FRYDE, 1969 – J. R. MADDICOTT, Thomas of Lancaster 1307-1322, 1970 – The Reign of Richard II, hg. F. R. H. DU BOULAY–C. M. BARRON, 1971 – The Hundred Years War, hg. K. FOWLER, 1971 – J. L. KIRBY, Henry IV of E., 1971 – Fifteenth-Century E. 1399-1509, hg. S. B. CHRIMES, C. D. ROSS, R. A. GRIFFITHS, 1972 – J. FERGUSON, English Diplomacy 1422-1461, 1972 – M. H. KEEN, E. in the Later MA, 1972 – J. J. N. PALMER, E., France and Christendom 1377-99, 1972 – K. B. MCFARLANE, The Nobility of Later Medieval E., 1973 – J. A. TUCK, Richard II and the English Nobility, 1973 – G. A. HOLMES, The Good Parliament, 1975 – C. RAWCLIFFE, The Staffords, Earls of Stafford and Dukes of Buckingham, 1978 – N. FRYDE, The Tyranny and Fall of Edward II 1321-1326, 1979 – Patronage, Pedigree and Power in Later Medieval E., hg. C. ROSS, 1979 – R. A. GRIFFITHS, The Reign of King Henry the Sixth, 1981 – Patronage, the Crown and the Provinces in Later Medieval E., hg. R. A. GRIFFITHS, 1981 – The Crown and Local Communities in E. and France in the Fifteenth Century, hg. J. R. L. HIGHFIELD–R. A. JEFFS, 1981 – B. P. WOLFFE, Henry VI., 1981 – K. B. MCFARLANE, E. in the Fifteenth Century: Collected Essays, 1982 – A. J. POLLARD, John Talbot and the War in France 1427-1453, 1983 – J. A. F. THOMSON, The Transformation of Medieval E., 1370-1529, 1983 – Property and Politics: Essays in Later Medieval English Hist., hg. A. J. POLLARD, 1984 – Henry V: the Practice of Kingship, hg. G. L. HARRISS, 1985 – *zu [E]*: C. L. SCOFIELD, The Life and Reign of Edward the Fourth, 2 Bde, 1923 – R. L. STOREY, The End of the House of Lancaster, 1966 – S. B. CHRIMES, Henry VII, 1972 – C. ROSS, Edward IV, 1975 – J. R. LANDER, Crown and Nobility 1450-1509, 1976 – A. E. GOODMAN, The Wars of the Roses, 1981 – C. ROSS, Richard III, 1981 – E. W. IVES, The Common Lawyers of Pre-Reformation E., 1983.

F–G. Kirchengeschichte:

F. Vom 5. Jahrhundert bis 1066

I. Christianisierung der angelsächsischen Königreiche – II. Kirchenorganisation und kirchliches Leben im 7. und 8. Jahrhundert – III. Von der Wikingerinvasion bis zur kirchlichen Reform des 10. Jahrhunderts – IV. Englische Kirche und Papsttum in der 1. Hälfte des 11. Jahrhunderts.

I. CHRISTIANISIERUNG DER ANGELSÄCHSISCHEN KÖNIGREICHE: Am Ende des 4. Jh. hatte das Christentum in Britannien Fuß gefaßt und behielt in den Gebieten, die während der ags. Eroberung unter brit. Herrschaft standen, seinen Einfluß. Der brit. Geschichtsschreiber →Gildas († 570) zeigt uns, daß noch am Ende des 5./6. Jh. die Bildung der Kleriker ein hohes Niveau haben konnte. In den Gebieten, die von den Angelsachsen in Besitz genommen wurden, brach die Diözesanorganisation zusammen, aber es ist anzunehmen, daß das christl. Leben mancherorts nicht völlig erlosch, so hatte in Verulamium (St. Albans) der Kult des hl. →Alban die ags. Landnahme überlebt, und auf dem Forum von →Lincoln wurde eine aus dem 4. Jh. stammende Kirche noch vor dem 7. Jh. wiederaufgebaut sowie ihr Friedhof weiterbenutzt. Das Auftreten des Ortsnamens 'Eccles' (vom spätlat. 'eclesia') in Norfolk und Kent weist darauf hin, daß einige Kirchen die ags. Landnahme lange genug überdauert hatten, um von den Angelsachsen charakteristische Namen zu erhalten.

Die Briten unternahmen keinen Versuch, die Angelsachsen zu bekehren; →Beda Venerabilis hielt dies für eines ihrer größten Versäumnisse. Manche Angelsachsen traten jedoch, durch Heiraten oder im Exil, in Kontakt zum gallo-röm. oder ir. Bereich, wo frühzeitig Missionsbestrebungen einsetzten: So führte das Exil Sigeberhts, Kg. v. Essex, in Gallien zur Missionstätigkeit des aus Burgund stammenden →Felix († um 647), der als Bf. v. →Dunwich erster Bf. in Ostanglia war. In →Dál Riada, das durch den hl. →Columba zu einem wichtigen iroschott. Missionszentrum geworden war (→Iona), erhielt →Oswald, Kg. v. Northumbrien, während seines Exils die Taufe; später lud er ir. Missionare in sein Kgr. ein. In der Begleitung Bertas, der frk. Gemahlin Kg. →Æthelberhts, kam Bf. Liudhard nach Kent. Einige Zeit später, 597, erfolgte durch Papst →Gregor I. die Entsendung einer Gruppe von Missionaren, an deren Spitze der röm. Prior →Augustinus stand. Diese Initiative erbrachte einige Anfangserfolge; 604 wurden Bm.er in →Canterbury, →Rochester und →London errichtet. Nach dem Tod Æthelberhts († 616) litt jedoch die Christianisierung unter einer heidn. Reaktion. Die Bf.e v. Rochester und London flohen nach Gallien, doch wurde die christl. Kontinuität in Canterbury durch die Taufe Eadbalds, des Sohnes und Nachfolgers von Æthelberht, gewahrt. Von Kent aus wurde →Paulinus, Missionar und späterer Ebf. v. →York, nach Northumbrien entsandt, als Eadbalds Schwester Kg. →Edwin heiratete (625). Paulinus' Missionstätigkeit hatte zunächst einigen Erfolg in Northumbrien, Lindsey und Ostanglia. Nach Edwins Tod (633) mußte Paulinus jedoch fliehen, und die röm. Mission im Norden E.s kam zum Erliegen. Die tatsächl. Christianisierung des nördl. E. ist das Verdienst des iro-schott. Abtes →Aidán, der auf Ersuchen Kg. →Oswalds von →Iona aus Mission betrieb und sein Klosterbistum in →Lindisfarne errichtete. Aidáns ags. Schüler führten sein Werk fort, insbes. die Brüder Chad und Cedd, die jeweils in Mercien und in Essex tätig waren. Mehrere weitere ir. Missionare entfalteten eine Bekehrungstätigkeit, so →Fursa († 649), der ein Kl. in →Burgh Castle in Ostanglia um 631/632 errichtete.

Um 660 waren fast alle ags. Kgr.e christianisiert und hatten ihre eigenen Bf.e, aber es gab starke Divergenzen hinsichtlich des Gehorsams und der Observanz. Der wichtigste Streitpunkt betraf die →Osterfestberechnung, die eine der großen Kontroversen in der ir. Kirche des 7. Jh. ausgelöst hatte (→Osterstreit). In E. entschied sich die Synode v. →Whitby (664), die vom northumbr. Kg. einberufen worden war, gegen die ir. Tradition und für den von Rom propagierten Ostertermin; 668 entsandte Papst Vitalian →Theodorus v. Tarsus als Ebf. nach →Canterbury, um die engl. Kirche dem röm. Ritus anzuschließen. Er besetzte vakante Bischofssitze und hielt eine Reihe von Synoden ab, die sich mit der kirchl. Disziplin befaßten, auch konnte er – unter Schwierigkeiten – die Anzahl der Bischofssitze erhöhen, insbes. durch die Aufteilung der weiträumigen northumbr. Diözese des Bf.s v. York, →Wilfrid, in fünf Diözesen.

II. KIRCHENORGANISATION UND KIRCHLICHES LEBEN IM 7. UND 8. JAHRHUNDERT: Während des 7. Jh. errichteten viele zum Christentum bekehrte Adlige Kirchen; neben den Bischofssitzen waren die auf Königsgut gegründeten Kirchen am bedeutendsten. Diese waren die ersten Pfarrkirchen, sie sind später als Hauptkirchen (»headchurches«) bezeichnet worden. Sie erhielten eine Reihe der auf Königsland erhobenen Abgaben. Der →*church-scot*, eine kirchl. Abgabe, die in den Gesetzen Kg. →Ines v. Wessex erstmals erwähnt wird, mußte noch im 11. Jh. an die Hauptpfarreien entrichtet werden. Andere Abgaben waren der *soul-scot*, eine Begräbnisgebühr, und der *ramescot*, der einen Beitrag zum →Peterspfennig darstellte, eine Steuer, die spätestens im 9. Jh. an den Hl. Stuhl entrichtet wurde. Der ursprgl. freiwillige Zehnte (*tithe*) wurde spätestens seit dem 10. Jh. obligatorisch erhoben und mußte ebenfalls an die Hauptpfarreien gezahlt werden. Einige Eigenkirchen erlangten jedoch mit der Zeit ein Anrecht auf wenigstens einen Teil des Zehnten. Im 8. Jh. gab es viele religiöse Gemeinschaften, die Gründungen von Laien oder von Kg.en waren. Einige von ihnen erhielten Privilegien, die sie von den meisten kgl. Abgaben befreiten, und sie konnten wahrscheinlich auch ein ähnliches Privileg für zumindest einige kirchl. Abgaben auf ihren Besitz erlangen. Nur wenigen dieser Gemeinschaften wurden von Beda Venerabilis als echte monast. Einrichtungen betrachtet. 734 beklagt er in einem Brief an Ebf. →Egbert v. York, daß »zahllose Orte zwar unsinnigerweise als Kl. bezeichnet werden, obwohl ihnen jede monast. Lebensform fehlt«. Nachlässigkeit und Zügellosigkeit breiteten sich sogar in Kl. aus, die aufgrund einer Regel konstituiert waren; als Beispiel führt Beda →Coldingham an (Hist. Eccl. IV, 25).

Im 8. Jh. unternahmen viele ags. Männer und Frauen, geprägt von der iro-schott. Vorstellung der →peregrinatio, Missionsreisen zu den noch heidn. (oder nur oberflächlich christianisierten) germ. Völkern auf dem Kontinent (→Angelsächs. Mission). Eine Voraussetzung für die missionar. und kirchl. Tätigkeit der Angelsachsen war der Aufschwung von Bildung und Gelehrsamkeit, wie er bes. von →Beda, →Aldhelm, in der nächsten Generation etwa von →Alkuin (s. a. →York) verkörpert wurde. Der bedeutendste ags. Missionar war der hl. →Bonifatius/Winfrid († 754). Obwohl der Schwerpunkt seiner Tätigkeit im →Frankenreich lag, zeigen seine von →Lullus gesammelten Briefe die ständige Sorge um die Probleme der ags. Kirche. Bonifatius beklagt sich bes. über die Verletzung kirchl. Privilegien durch →Æthelbald, Kg. v. Mercien, der schließlich zwar die Mönche allgemein von Frondiensten befreite, sie aber dennoch zum Befestigungsbau heranzog. Wohl als Antwort auf die Ermahnungen des hl. Bonifatius wurde 746/747 das Reformkonzil v. →Clofeshoh abgehalten. Æthelbalds Nachfolger, Kg. →Offa, sandte Geschenke nach Rom; seine intellektuellen Interessen fanden hohe Anerkennung bei Alkuin, dem bedeutendsten Angelsachsen am karol. Hofe und Vorkämpfer der →Bildungsreform Karls d. Gr. Unter Offas Regierung kam 786 die erste päpstl. Legation seit der Bekehrung nach E. Sie bereitete Reformdekrete vor, die von den Synoden in Northumbrien und Mercien aufgenommen wurden. Offa konnte auch Papst Hadrian I. dazu veranlassen, das mercische Bm. →Lichfield in ein Ebm. umzuwandeln; nach seinem Tod wurde diese Erhebung aber schnell rückgängig gemacht.

III. Von der Wikingerinvasion bis zur kirchlichen Reform des 10. Jahrhunderts: Die Kirche wurde durch die Einfälle und Ansiedlung der →Wikinger im 9. Jh. stark in Mitleidenschaft gezogen. Die Diözesanorganisation wurde im südl. →Danelaw-Gebiet zerstört. Das Ebm. →York überstand aber diese Krise, und die Ebf.e neigten sogar dazu, mit den Invasoren zusammenzuarbeiten. Die Wikinger dürften auch für den Untergang einiger Kl. verantwortlich sein, die sie entweder zerstörten oder – was noch häufiger war – deren Güter sie sich aneigneten. Trotzdem überlebten viele monast. Gemeinschaften die Wikingereinfälle, jedoch mit eingeschränkten Versorgungsgrundlagen. Die Pfarrorganisation überdauerte wohl in den meisten Gebieten, auch in den Siedlungsräumen der Skandinavier, die rasch christianisiert wurden und in der Regel ihre Toten auf den kirchl. Friedhöfen beerdigten.

Nach dieser Zeit der Zerstörung und Unsicherheit folgte eine Periode der monast. Reform, die mit großem Enthusiasmus durch Ausbreitung der Benediktinerregel vorangetrieben wurde (→Benediktiner, Abschnitt B.IV; →Regularis concordia). Die Grundsätze der Aachener Regeln für Regularkanoniker von 816 (→Institutiones Aquisgranenses) hatten dagegen zunächst keinen größeren Einfluß; erst um die Mitte des 10. Jh. fanden sie Eingang durch die Förderung von Kg. →Edmund v. E. und noch stärker durch Kg. →Edgar, der die führenden Kirchenreformer unterstützte, bes. →Dunstan, Ebf. v. Canterbury, →Oswald, Bf. v. Worcester und Ebf. v. York, sowie →Æthelwold, Bf. v. Winchester. Mit ihrer Hilfe wurden mehrere monast. Gemeinschaften, einschließlich der Kathedralen v. →Winchester und →Worcester, reformiert sowie neu gegründet, im allgemeinen an der Stelle älterer kirchl. Bauten (so in →Crowland, →Ely und →Peterborough). Diese Gemeinschaften standen unter kgl. Schutz und wurden zu entscheidenden Zentren der kgl. Herrschaft, bes. in den Gebieten, die noch nicht lange das westsächs. Kgtm. anerkannten. Eine Folge der Reformbewegung war, daß die meisten Bf.e, die im späteren 10. Jh. ernannt wurden, aus monast. Gemeinschaften stammten. In dieser Zeit ist auch eine bemerkenswerte Blüte von Kunst und Literatur zu verzeichnen (vgl. →Buchmalerei, Abschnitt A.III, VIII; →Altengl. Literatur; →Engl. Literatur).

In der Zeit nach Edgars Tod († 975) gab es eine Gegenreaktion, die für viele Kl. schwere Verluste brachte. Es erfolgten nur wenige Neugründungen, und während des 11. Jh. förderte offenbar der Königshof die Bf.e mehr als die Kl. Spätere Kirchenreformer fanden manchen Anlaß zur Kritik, bes. an der Ämterhäufung der Bf.e. Ein Motiv für diese kgl. Praxis war die Erhaltung der Loyalität der Ebf.e v. York, denen aus diesem Grund üblicherweise auch ein Bischofssitz im Süden übertragen wurde, im allgemeinen Worcester. Keine derartige Rechtfertigung gab es jedoch für den »Pluralisten« →Stigand, der das Ebm. Canterbury und zur selben Zeit das Bm. Winchester innehatte.

IV. Englische Kirche und Papsttum in der 1. Hälfte des 11. Jahrhunderts: Die engl. Kirche pflegte einen engen Kontakt sowohl zu den kontinentalen Kirchen als auch zum Papsttum. Engl. Kirchenmänner waren auf den wichtigen Synoden in →Reims (1049) sowie in →Rom und →Vercelli (1050) anwesend, und nach 1046 gab es nicht weniger als drei nichtengl. Bf.e, die engl. Bischofssitze besaßen. Am Vorabend der norm. Eroberung von 1066 war der Bf. v. London ein Normanne, vier andere Bf.e stammten aus Lothringen. Ein wichtiger Verbindungsstrang zum Papsttum war die päpstl Anerkennung und die Verleihung des →Palliums, die jeder Ebf. benötigte. 1061 wurde Ealdred von Papst Nikolaus II. genötigt, auf das Bm. Worcester zu verzichten, bevor er als Ebf. v. York das Pallium erhalten konnte. Dieser Fall zeigt, daß E. mit den neuen Ideen und Wertmaßstäben, wie sie die Kirchenreform des 11. Jh. propagierte, bereits vor der norm. Eroberung nicht unvertraut war. P. H. Sawyer

G. Von 1066 bis zum Ende des 15. Jahrhunderts
I. Veränderungen nach der normannischen Eroberung – II. Verhältnis von Krone, Episkopat und Papsttum im Hochmittelalter – III. Auseinandersetzung zwischen Königtum und Klerus – IV. Verhältnis zum Papsttum im späteren Mittelalter – V. Die Kirche in der spätmittelalterlichen Krise.

I. Veränderungen nach der normannischen Eroberung: Die norm. Eroberung von 1066 hat die Rezeption eines vom Papsttum geförderten Reformprogramms durch die engl. Kirche eher beschleunigt als begründet. Bereits als Hzg. der →Normandie hatte Wilhelm I. dort Kirchensynoden abgehalten, die Priesterehe und Simonie verboten. Auch in E. stellte er sich nun an die Spitze der Landeskirche. Er ordnete an, daß die geistl. Jurisdiktion durch andere als die für weltl. Prozesse zuständigen Gerichtshöfe ausgeübt werden sollte, und setzte ein Rechtsverfahren durch, das den Urteilen der kirchl. Gerichte Respekt verschaffen sollte: Verstockte Exkommunizierte sollten bis zur Unterwerfung unter den Bf. in kgl. Gefängnissen verbleiben. Wilhelm ließ →Lanfranc, Abt v. Caen, zum Ebf. v. Canterbury (1070–89) erheben und unterstützte dessen Anspruch auf den Primat →Canterburys über →York und alle Bischofssitze auf den Brit. Inseln.

Die Kirche besaß fast 30% des im →Domesday Book erfaßten Landes. Der Kg. behandelte Bf.e und Äbte großer Kl. als Kronvasallen, die daher auch eine bestimmte Anzahl von Rittern für das kgl. Lehnsaufgebot zu stellen hatten (-Lehen, -swesen). Nach ihrem Tode ergriffen kgl. Amtsträger Besitz von dem Kirchenland, während der Vakanz behielt die Krone die Einkünfte. Die Opposition →Anselms v. Canterbury (1093–1109) gegen die Laieninvestitur wurde 1107 durch einen Kompromiß beigelegt. Der Besitz vakanter Temporalia blieb eine Einnahmequelle der Krone; dieses feudale Recht (→Regalienrecht) gab dem Kg. während des gesamten MA ein Mittel an die Hand, die Wahl (und später den päpstl. Provision) nicht genehmer Prälaten unwirksam zu machen. Bm.er und Abteien wurden Parteigängern der norm. Kg.e übertragen. Alle neuernannten Bf.e kamen zunächst vom Kontinent. Erstes engl. Mitglied des Episkopats war Aldulf, Bf. v. →Carlisle; diese engl. Diözese ist erst 1133 im umkämpften Grenzgebiet zu →Schottland errichtet worden. Die geistl. Führungsgruppe wurde also anfangs ebenso von Ausländern gebildet wie die weltl. Aristokratie. Als die Bf.e 1075 die Weisung erhielten, →Archidiakone einzusetzen, wurden auch für dieses Amt und für die Kathedralkapitel Geistliche aus Frankreich herangezogen. Die Folge war eine Sprachbarriere zw. den Bf.en und ihren Ratgebern auf der einen und dem ags. Pfarrklerus auf der anderen Seite. Dieser lebte weiterhin im Konkubinat, und die Söhne folgten ihren Vätern im Amt. Der von den Reformern geforderte →Zölibat ließ sich in E. nur mit jahrzehntelanger Verspätung durchsetzen. Er wurde auch von den Grundherren befürwortet, die als Inhaber der →Patronatsrechte Kl. das Präsentationsrecht für die Besetzung der Pfarreien gewährten, was zu einer Verdrängung der »Priesterdynastien« aus den Pfarrstellen führte. Auch im Episkopat fanden sich verheiratete Bf.e, deren Dienste für den Kg. allerdings ihre unkanon. Lebensweise aufwogen (→Exchequer). Die norm. Bf.e bevorzugten für ihre Bischofssitze die größeren Städte: fünf ländl. Kathedralen wurden aufgegeben zugunsten von →Chester, →Norwich, →Chichester, →Lincoln und Old Sarum (später nach →Salisbury verlegt). Die letzten drei erhielten nach frz. Vorbild Dekanats- und Kapitelverfassung, wie sie auch in →Exeter, →Hereford, →London, →Wells und →York eingeführt wurden. Die anderen Bischofssitze waren in benediktin. Gründungen mit Reformkonstitutionen nach cluniazens. Vorbild angesiedelt, das über die Normandie vermittelt wurde; eine Ausnahme bildete das spätere Augustinerpriorat in Carlisle. In ihren Bischofssitzen und Abteien setzten sich die norm. Prälaten durch Errichtung gewaltiger Kirchenbauten im sog. »Norm. Stil« (vgl. →Durham) bleibende Denkmäler.

Auch die Werke der →Skriptorien von Durham und einiger anderer Benediktinerabteien (z. B. →Canterbury, →Winchester; vgl. auch →Buchmalerei) sind bedeutende Zeugen roman. Kunst. Das Jahrhundert nach der Eroberung war auch wegen der Aufzeichnung von →Chroniken und Werken der →Hagiographie in den Kl. bemerkenswert.

Wenige Adlige aus der ersten Generation des anglonorm. Baronagiums gründeten Kl. in E., z. B. 1077 das cluniazens. Priorat in →Lewes (Sussex; vgl. auch →Benediktiner, Abschnitt B. VI; →Cluny, Abschnitt B. V). Abteien in der Normandie und im angrenzenden Frankreich erhielten Besitzungen in E. und gründeten zur Verwaltung dieser Ländereien Priorate; um 1350 gab es etwa 80 dieser insularen Priorate festländ. Kl. Die meisten engl. Konvente wurden im 12. Jh. gegründet. Von den insgesamt 650 geistl. Häusern, die 1536–39 durch Heinrich VIII. aufgehoben wurden, waren mindestens 500 vor 1216 gegr. worden, darunter etwa 50 in der Zeit vor der Eroberung; die Zahl von ca. 1000 Klosterinsassen i. J. 1066 dürfte bis zum beginnenden 13. Jh. auf ca. 12000 angestiegen sein. Einige der neuen Gründungen wurden reich ausgestattet und begabt wie z. B. →Reading (1121 durch Heinrich I.) oder →Faversham (1148 durch Stephan v. Blois), in beiden Fällen stand das cluniazens. Vorbild Pate. Die Benediktiner verloren ihre Vorrangstellung innerhalb des Mönchtums. Die frz. Reformkongregation v. →Savigny errichtete in E. 12 Kl., bevor sie 1147 im →Zisterzienserorden aufging. Das erste engl. Zisterzienserkloster wurde in →Waverley (Surrey) gegründet, es folgte 1131 Tintern (Gwent) und 1132 →Rievaulx und →Fountains (Yorkshire). Ihre monast. Strenge zog Wohltäter an, insbes. weil die Ausstattung der in entlegeneren, unentwickelten Gebieten gegr. Zisterzienserkl. weniger aufwendig war. Durch den von ihnen betriebenen Landesausbau und die Schafzucht reich geworden, errichteten diese Zisterzienser sich prachtvolle Bauten und erreichten einen höheren Lebensstandard, in Abkehr von ihren früheren Idealen. Viele kleinere Gründungen schlossen sich den →Augustinerchorherren an, die eine Reihe von seelsorgerl. und karitativen Funktionen in der Bevölkerung der Umgebung übernahmen. Die Gilbertiner, ein engl. Orden, der Frauen und Männer aufnahm, wurde 1131 von →Gilbert v. Sempringham († 1189) gegründet. Seit etwa 1150 gewann der →Prämonstratenserorden Anhängerschaft. Die →Kartäuser, der letzte Orden frz. Ursprungs, der E. erreichte, gründeten 1178 ein Kl. in Witham (Somerset), errichteten 1222 ein zweites Haus, doch blieb es dabei bis 1343/1414.

II. Verhältnis von Krone, Episkopat und Papsttum im Hochmittelalter: Die wachsende Durchdringung des engl. Klosterlebens durch neue Orden kontinentaler Herkunft traf zusammen mit einer Lockerung der kgl. Herrschaft. Heinrich I. hatte die theokrat. Herrschaftsauffassung seines Vaters gemildert und zeigte größere Ergebenheit gegenüber dem Papsttum. Er gestattete den Bf.en, die Kurie zu besuchen und 1119 an einem Generalkonzil teilzunehmen. Die päpstl. Regelung des Streits zw. Canterbury und York wurde vom Kg. akzeptiert. Einem röm. Legaten wurde erlaubt, 1125 eine Synode abzuhalten. Der Ebf. v. Canterbury wurde nachfolgend päpstl. Legat, ihm folgte in diesem Amt 1139–43 →Heinrich v. Blois, Bf. v. Winchester, der es benutzte, den Einfluß Kg. →Stephans v. Blois auf kirchl. Angelegenheiten zu beschneiden. Die Opposition der Zisterzienser hinderte Heinrich v. Blois daran, die engl. Kirche vollständig zu beherrschen. Infolgedessen ging das Legatenamt an →Theobald, Ebf. v. Canterbury, über (1150). Theobalds Eintreten für die angevin. Sache und sein anhaltender

Einfluß auf Heinrich II. hinderten den Kg. bei seinem Bestreben, die Kronrechte seines Großvaters wiederherzustellen. Nach Theobalds Tod (1161) wurde →Thomas Becket auf kgl. Vorschlag Ebf. v. Canterbury, der sich jedoch überraschenderweise gegen die kgl. Definition des »Gewohnheitsrechts« in den Konstitutionen v. →Clarendon (1164) wandte. Nach Beckets Ermordung (1170) gestand Heinrich die Appellation an Rom zu, nahm aber weiter eine Reihe kgl. Gewohnheitsrechte, darunter die Nominierung von Bf.en, wahr. Im Hauptpunkt, der Frage des eigenen Gerichtsstandes des Klerus (→privilegium fori), gab der Kg. zwar nach, doch wurde es übliche Praxis, Kleriker, die wegen eines Kapitalverbrechens angeklagt waren, zunächst vor weltl. Gerichte zu stellen und sie erst nach ihrer Aburteilung bfl. Gerichtsbarkeit zu überantworten.

Becket wurde als Heiliger (→Canterbury) verehrt, dem engl. Klerus galt er als Märtyrer der →Libertas ecclesiae; man berief sich auf sein Beispiel, folgte ihm aber nicht. Nach zwei weniger bedeutenden Nachfolgern bestieg als dritter Hubert→Walter (1193–1205) den Erzstuhl v. Canterbury, ein führender Berater des Kg.s. Bei der nächsten Wahl in Canterbury weihte Papst Innozenz III. gegen den Widerspruch Kg. Johanns 1207 Stephen →Langton zum Ebf. Der Papst exkommunizierte daraufhin Johann und verhängte über E. das→Interdikt; trotz der damit gegebenen Beeinträchtigung seiner Stellung konnte Johann aus bfl. Vakanzen und aus Beschlagnahme von Abteien finanziellen Nutzen ziehen. Nach seiner Unterwerfung unter den Papst gewährte er 1213 eine Carta, die freie Bischofswahlen versprach. Dies wurde in der →Magna Carta von 1215 bekräftigt, in den Neufassungen aber 1216 und 1217 übergangen, die von einem päpstl. Legaten bestätigt wurden, der die Lehnshoheit des Papstes über Heinrich III. sichern sollte. Langton nahm mit anderen engl. Prälaten am IV.→Laterankonzil von 1215 teil; in eigenen Konstitutionen publizierte er die Dekrete des Konzils während einer Provinzialsynode in →Oxford 1222, und in den meisten engl. Diözesen erließen die Bf.e im Lauf der folgenden 50 Jahre entsprechende Statuten. Die →Dominikaner (Abschnitt B. III) und →Franziskaner, die seit ihrem ersten Auftreten in E. (1221, 1224) Niederlassungen im ganzen Land begründeten und einen bedeutenden Beitrag zur Entwicklung der Universitäten in →Oxford und →Cambridge leisteten, unterstützten die durch Innozenz III. befohlene Klerus- und Seelsorgereform.

Langtons Oxforder Canones sollten die ersten Verordnungen sein, die in die Sammlungen der Provinzialstatuten von Canterbury aufgenommen wurden (vgl. Magna Carta 1225 in den »Statutes of the Realm«). Es gab keine entsprechende Sammlung für die Kirchenprovinz v. York, da hier gewöhnlich die Statuten von Canterbury übernommen wurden. Eine glossierte Sammlung wurde 1430 von William Lyndwode verfaßt, in ihrer Druckfassung wird sie gewöhnlich als »Provinciale seu Constitutiones Anglie« (1496–1679) bezeichnet. In der Zeit nach der Reformation in E. wurde diese Provinzialgesetzgebung als Beweis für die beträchtl. Autonomie der ma. engl. Kirche angeführt, bis MAITLAND ihre Übereinstimmung mit dem Ius comune der röm. Kurie nachwies. Die engl. Kirche befolgte und bewahrte auch die Konstitutionen, die auf den beiden 1237 und 1268 von den päpstl. Legaten Otto und Ottobuono Fieschi (→Hadrian V.) zusammengerufenen Landessynoden verkündet wurden. Beide Legaten, die auf Ersuchen Heinrichs III. zu seiner Unterstützung entsandt worden waren, übten die päpstl. Gewalt in der engl. Kirche aus. Deren fortgesetzte Anerkennung der päpstl. Autorität zeigt auf breiter Basis der »Calendar of Entries in the Papal Letters relating to Great Britain and Ireland« (1198–1492; 1893–1960 vom Public Record Office veröffentlicht).

Bischofsregister sind eine weitere Hauptquelle aus dieser Periode; für die Provinzialsynoden bleiben die Chroniken die Hauptquelle bis ins 14. Jh. An die Stelle der Chroniken treten dann die Urkunden, die systemat. über offizielle, von kirchl. Autoritäten abgewickelte Geschäfte ausgestellt wurden, einschließlich der Kathedralkapitel und der Archidiakone; auch die Urkunden der zentralen Regierung liefern wichtigste Ergänzungen. Durch die Auswertung der bfl. Register (Ed.: County Record Societies; Canterbury und York Soc.) konnten ein geordneter Geschäftsgang der bfl. Regierung nachgewiesen (A. H. THOMPSON) sowie die Laufbahn ma. Graduierter aus Oxford und Cambridge erhellt werden, darunter Hunderte von Graduierten, die in kgl. und/oder kirchl. Ämtern tätig waren (A. B. EMDEN).

III. AUSEINANDERSETZUNG ZWISCHEN KÖNIGTUM UND KLERUS: Für die weltl. Regierungsform, die sich im 13. und 14. Jh. immer stärker herausbildete, brauchte der Kg. die Mitwirkung einer großen Zahl von Klerikern, die die Weihen empfingen und, mit Pfründen begabt, auch Seelsorgeaufgaben wahrnehmen sollten. Da das Patronatsrecht des Kg.s über Pfarrkirchen und Präbenden an den *Royal Free Chapels* sehr umfangreich war, sollten die geistl. Amtsträger des Kg.s ohne Kosten für diesen durch Vergabe von Pfründen entlohnt werden, indem von der Krone die Doktrin vertreten wurde, daß Pfründen dem Regalienrecht unterlägen, da sie sich ja einst in kgl. Verfügungsgewalt befunden hätten und daher nun als Temporalien vergeben werden könnten. Eine solche Politik mußte zu Pfründenhäufung und Abwesenheit der mit weltl. Geschäften betrauten Pfründeninhaber von ihren Pfarreien führen. John →Pecham (Johannes Peckham), der eifrige Franziskaner auf dem Erzstuhl v. Canterbury (1279–92), erregte bald nach seiner Provision durch den Papst den Zorn Kg. Eduards I. und den Schrecken seines Klerus, als er – mit bes. Schärfe – die Pfründenkumulation verbot und auch die Veröffentlichung der Magna Carta anordnete sowie die Beachtung der durch Ebf. →Bonifatius († 1270) erlassenen Canones gegen die kgl. Beamten verlangte. Er wurde in einem Parliament aufgefordert, seine diesbezügl. Exkommunikationsdrohungen zurückzunehmen.

Eduards »Statute of Mortmain« (1279), ein →Amortisationsgesetz, wurde lange als eine Vergeltungsmaßnahme gegen Pecham betrachtet: Es verbot alle Schenkungen an kirchl. Körperschaften. Jedoch hatten schon seit 1216 verschiedene Maßnahmen solche Schenkungen eingeschränkt, und das Statut ist möglicherweise auf andere Weise zu erklären. In der Praxis erlaubte die Krone bald Schenkungen zur →Toten Hand. Anderen kirchl. Klagen wurde durch das →*writ (statute)*, →»Circumspecte agatis«, Eduards I. Rechnung getragen, das 1286 den kgl. Richtern befahl, nicht gegen kirchl. Richter vorzugehen, wenn diese Fälle, die als »rein geistlich« galten, entschieden hatten. Die enthaltene Liste derartiger Fälle war nicht umfassend; so wurden Ehe und Testament ausgelassen, für die bereits die alleinige Zuständigkeit der geistl. Jurisdiktion anerkannt war. Das kanon. Verbot von 1215 für den Klerus, an Blutgerichten teilzunehmen, hatte zur Abschaffung des →Gottesurteils im Common Law geführt. Einige der hervorragendsten kgl. Richter des 13. Jh. (am bemerkenswertesten: →Henricus de Bracton) waren Geistliche. Ein Ergebnis der Anordnung Eduards von

1292 für die jurist. Ausbildung bestand darin, daß nach seiner Regierung keine Geistlichen mehr zur Ausübung der weltl. Gerichtsbarkeit berufen wurden. Der weltl. Berufsstand der Juristen des Common Law wachte nun eifersüchtig darüber, daß geistl. Richter nicht mehr in ihrem Bereich tätig waren. Mit dem kgl. »writ of prohibition« konnten die an kirchl. Gerichtshöfen anhängigen Prozesse unterbrochen werden, und päpstl. Exkommunikationsstrafen wurden am kgl. Gerichtshof nicht mehr anerkannt.

Die Frage der Besteuerung des Klerus führte unter Eduard I. zu einem Konflikt mit Papsttum und Geistlichkeit. Trotz des →privilegium immunitatis war auch Eduard I., ebenso wie Heinrich III., von vornherein ermächtigt, von den Klerikern Steuern einzuziehen, die vom Papst auferlegt waren. So hatte 1291 Papst →Nikolaus IV. die Steuerveranlagung (»taxatio«) angeordnet, die im Exchequer aufbewahrt wurde und noch heute Aufschluß über die engl. und walis. Benefizien und ihre Einkünfte gibt. Während der polit. Krise von 1290–97 (→Eduard I.) waren die kgl. Steuerforderungen an die engl. Geistlichkeit sehr drückend. Als Papst →Bonifatius VIII. die Besteuerung des Klerus verbot (→»Clericis laicos«), entzog Eduard den Geistlichen den Rechtsschutz, bis sie dafür Abgaben entrichteten (1297). Eine direkte Besteuerung durch päpstl. Mandat wurde 1301 wieder aufgenommen und hielt bis zum Ausbruch des →Hundertjährigen Krieges mit Frankreich (1337) an. Eduard I. und II. luden auch Repräsentanten des niederen Klerus zu ihren Parliaments. Fortdauernder Widerstand dagegen führte jedoch schließlich dazu, daß mit kgl. Einverständnis eigene geistl. Versammlungen zusammentraten, um über die Steuerforderungen des Monarchen zu beraten. Seit der Regierung Eduards III. wurde es üblich, daß der Kg. bei Steuerforderungen die beiden engl. Ebf.e durch writs aufforderte, Provinzialsynoden einzuberufen, die gleichzeitig mit den entsprechenden kgl. Parliaments tagten. Dagegen sind zw. 1312 (?) und 1520 keine Nationalkonzile bekannt. Die Provinzialsynoden, die als →Convocations v. Canterbury (Tagungsort in der Regel: St. Paul's, London) und York bekannt sind, wurden selten ohne kgl. Mandat einberufen, sie berieten kirchl. Fragen ebenso wie die kgl. Zehntforderungen. Die Häufigkeit der letzteren war die Ursache für das Entstehen der für die engl. Kirche charakteristischen Institution der Convocations, die sich gleichzeitig mit dem Parliament entwickelte.

IV. VERHÄLTNIS ZUM PAPSTTUM IM SPÄTEREN MITTELALTER: Eine weitere Folge des anglo-frz. Krieges für die engl. Kirche war der Erlaß antipäpstl. Gesetze durch das Parliament. Bereits im »Statute v. Carlisle« (1306) war Opposition gegen die finanziellen Forderungen der Kurie und ihre Verfügung über engl. Benefizien angemeldet worden. Diese antipäpstl. Haltung setzte sich im ersten »Statute of →Provisors« (1351) und dem ersten »Statute of →Praemunire« (1353) fort. In den Augen der im Parliament vertretenen Laien unterstützte das avignones. Papsttum die Franzosen; ohnehin stieß die Zahlung von Geldern an die Kurie in Kriegszeiten allgemein auf Mißfallen. Eduard III. stimmte dieser Gesetzgebung zu, um ein gutes Verhältnis zu den Commons zu bewahren, doch verschärfte er sie nicht, da er in internationales polit. Angelegenheiten auf die Hilfe des Papsttums angewiesen war. Die Bf.e wurden durch den Kg. nominiert, aber bis 1532 durch päpstl. Provisionsbullen eingesetzt. Einzelne Geistliche erhielten die kgl. Erlaubnis, kleinere Benefizien durch päpstl. Provision zu erwerben. Ein zweites »Statute of Provisors« (1391) und fortdauernder parlamentar. Druck machten jedoch dieser versöhnlicheren Haltung ein Ende. Das Parliament von 1366 sagte die von Kg. Johann 1213 zugestandene Unterwerfung unter päpstl. Lehns- und Abgabenhoheit auf, dasjenige von 1376 verbot die päpstl. Besteuerung des Klerus. Das »große Praemunire-Statut« wurde 1393, wohl mehr als konkrete Antwort auf eine temporäre Krise der Beziehungen zu Papst→Bonifatius IX., erlassen. Doch schuf die »Praemunire«-Gesetzgebung eine dauernde Verfahrensweise nach Common Law, die den einzelnen die Möglichkeit bot, einen Prozeß an der röm. Kurie zu vermeiden. Damit war ein wesentl. Ansatz gegeben, um die engl. Kirche von Rom zu lösen.

Die Gegnerschaft zu Frankreich führte während des Gr. →Abendländ. Schismas zur Entscheidung E.s für die Obödienz des röm. Papstes, die 1378 vom King's Council getroffen wurde. Die beiden Convocations entsandten jeweils eigene Delegationen auf das Konzil v. →Pisa; die Erlaubnis Kg. Heinrichs IV. zum Konzilsbesuch war wohl in den sich seit 1407 bessernden Beziehungen zu Frankreich begründet. Die Wiederaufnahme des Krieges verzögerte Fortschritte beim Konzil v. →Konstanz (1414), bis der Kg. schließlich entschied, die engl. Delegation solle die Wahl eines Papstes unterstützen. Die einzigartigen Bestimmungen des Konkordats zw. →Martin V. und E. (1418) machten deutlich, daß die engl. Kirche es nicht nötig hatte, sich gegen päpstl. Provisionen und Besteuerungen abzusichern. Ein späterer Vorstoß Martins V. mit dem Ziel, einen Widerruf der »Statutes of Provisors« zu erreichen, wurde 1428 vom Parliament abgewiesen.

V. DIE KIRCHE IN DER SPÄTMITTELALTERLICHEN KRISE: Gleichzeitig mit dem Hundertjährigen Krieg traten die großen →Epidemien des 14. Jh. auf, so lag die Sterblichkeitsrate beim bepfründeten Klerus während der Pest von 1349 bei ca. 50%. Die Ebf.e v. Canterbury bemühten sich durch Konstitutionen (1350, 1362, 1378), dem Anwachsen der Einkünfte der Priester zu steuern. Tatsächlich mußten sie aber die steigenden Gebühren anerkennen; diese hingen u. a. zusammen mit dem vermehrten Einsatz von Vikaren, die die Pfarreien anstelle der abwesenden Pfarrer verwalteten, und von Kaplänen, die speziell mit dem Lesen der Messe beauftragt waren (sog. *annuellers* ['Altaristen']). Die starke Nachfrage nach Kaplänen durch religiöse →Bruderschaften und weltl. →Gilden, durch Stifter und Erblasser weist auf die kirchentreue Haltung bis ins 16. Jh. hin. Diese Frömmigkeit verhinderte aber nicht seit 1371 erkennbar werdende Äußerungen der Mißgunst gegenüber dem Reichtum und der Macht der etablierten geistl. Institutionen. Das Interesse der Laien in d. Parliaments an den kirchl. Temporalien wurde wahrscheinl. durch den Rückgang der eigenen Einkünfte aus Landbesitz, der im Zuge der→Agrarkrise eingesetzt hatte, noch geschärft. Pläne für Enteignungen des Kirchenbesitzes tauchten auf, stießen aber auf Mißfallen beim Kgtm. Die Commons bestanden jedoch weiterhin darauf, daß die kirchl. Subsidien an den Kg. den entsprechenden Leistungen der Laien gleichzukommen hätten.

Unter diesen Voraussetzungen fand John →Wycliffes Kritik an der etablierten Kirche starken Widerhall. Die erhebliche Resonanz, die seine Forderungen auch bei den herrschenden Schichten gefunden hatte, brach jedoch mit der Peasants' Revolt ab, denn nun wurden seine Ideen über weltl. und geistl. Herrschaft für die Mißachtung aller Besitzrechte durch die Aufständischen verantwortl. gemacht (→Tyler, Wat; →Ball, John); die von Wycliffes Schriften inspirierten→Lollarden wurden nach ihrer Erhebung gegen Heinrich V. (1413) als Verräter eingestuft. Während Wycliffes religiös-polit. Grundgedanken somit allgemein verurteilt wurden, nahmen selbst durchaus kirchentreue Kreise seine Kritik an kirchl. Mißständen auf. Der Erwerb von Pfründen durch Kleriker, die in weltl. Diensten standen, nahm seit ca. 1420 ab, da diese Schichten nun zunehmend vorzog, auf einen Eintritt in den geistl. Stand zu verzichten. Das Aufkommen eines laikalen Beamtentums, das dem Kg., den Großen und auch den Bf.en diente, läßt sich gut verfolgen und dokumentieren, aber nicht überzeugend erklären. Die obengenannte Kritik an kirchl. Mißbräuchen mag ein wichtiger Faktor gewesen sein; ebenso kann die Tatsache, daß die Eheschließung – in einer Zeit landesweiten Bevölkerungsrückganges – gefördert wurde, eine Rolle gespielt haben.

Der Rückgang der Einkünfte bei den älteren geistl. Institutionen läßt sich ablesen an der geringen Anzahl von großen kirchl. Neubauten, die wir aus der Zeit zw. der Pest von 1348/49 und dem späten 15. Jh. kennen; erst gegen Ende des 15. Jh. erlaubte eine wirtschaftl. Erholung umfangreichere Bauvorhaben. Die Kl. trugen dem Sinken der Einkünfte dadurch Rechnung, daß sie weniger Mönche aufnahmen. Ordinandenlisten in den bfl. Registern zeigen jedoch, daß die neueren religiösen Orden, insbes. die Bettelorden, noch neue Mitglieder anzuziehen vermochten. Deutlich wird jedoch auch, daß die Zahl der Weltpriester in weit stärkerem Maße sank, als es dem vermutlichen allgemeinen Bevölkerungsrückgang im 14. Jh. entsprach. Stifter von Kollegien in Oxford und Cambridge bemühten sich, diesem Problem abzuhelfen. Insbes. in London und anderen südengl. Diöz. hatte der Priesterstand an Attraktivität und Ansehen verloren; daher wanderten aus dem weniger betroffenen nördl. E. sowie aus Wales und Irland zahlreiche Katpläne in den S. Zwar blieben die lollard. Gemeinden klein und isoliert, doch gab es – aber eben fast ausschließlich im S und in den Midlands – eine verbreitete antiklerikale Strömung. Es ist bezeichnend, daß 1405 eine Rebellion ausbrechen konnte, die sich um Ebf. →Scrope v. York gruppierte, während 1450 bei Unruhen im Süden Bf.e und Äbte angegriffen wurden; die Convocations v. Canterbury, nicht aber diejenigen v. York, beklagen regelmäßig, daß Geistliche vor Common Law-Gerichten falschen Anklagen ausgesetzt seien.

Die wichtige Rolle, die die Commons bei der parlamentar. Gesetzgebung errungen hatten, brachte für die engl. Kirche große Schwierigkeiten. So bereitwillig die Commons aus ihrer rechtgläubigen Haltung heraus Maßnahmen gegen die Häresie beschlossen (1401, 1414), so kritisch standen sie vielfach mancher kirchl. Praxis gegenüber und bemühten sich, Mißbräuchen durch Erlasse von Statuten entgegenzuwirken. Das Kgtm. verweigerte diesen Versuchen von Laien, sich in die kirchl. Selbstverwaltung einzuschalten, die Billigung. Jeder Versuch, kirchl. Privilegien zu erweitern, stieß jedoch auf parlamentar. Widerstand; so wurde Heinrichs IV. Carta zugunsten der Univ. →Oxford (1406) durch das Parliament endgültig 1413 annulliert. Das letzte inhaltl. begrenzte Statut, das kirchl. Beschwerden entgegenkam, wurde 1402 von der Convocation v. Canterbury durch eine erhöhte Subsidienleistung erkauft. Spätere Petitionen um Abhilfe erhielten keine parlamentar. Unterstützung mehr. Eine weitere Beschwerde betraf 1439 »Praemunire«-Prozesse gegen kirchl. Gerichtshöfe in E. Heinrich VI. war nicht in der Lage, Abhilfe zu schaffen, erst sein Nachfolger Eduard IV. gewährte dem Klerus 1462 eine Carta, die ihn in diesen Fällen sowie auch gegen die schon seit längerer Zeit vom Klerus beklagten falschen Anschuldigungen schützen sollte. Die Carta wurde jedoch von den kgl. Richtern nicht beachtet und von Heinrich VII. nicht erneuert. Beschwerden der Commons über den Mißbrauch des *Benefit of Clergy*, des →privilegium fori, waren noch von Heinrich VI. zurückgewiesen worden (1449, 1455), Heinrich VII. erließ jedoch 1489 ein Statut gegen den Mißbrauch dieses Privilegs. Sein Council folgte sogar der älteren Praktik privater Prozeßparteien, unter Zuhilfenahme der »Praemunire«-Statuten die Aktivitäten der geistl. Gerichte zu beschneiden; am Ende der Regierung Heinrichs VII. konnte ein Bf. sogar darüber klagen, daß die Laienschaft durch die Untersuchungen des Kronanwaltes »sehr ermutigt« worden sei. Die kgl. Regierung stand mittlerweile den kirchl. Interessen weniger freundlich gegenüber; in ihr dominierten nun Laien, von denen ein beträchtl. Teil in den →*Inns of Court* als *common lawyers* ausgebildet worden waren. Damit waren die Voraussetzungen für Heinrichs VIII. Bruch mit Rom (1531–34) geschaffen. R. L. Storey

Bibliogr.: A Bibliogr. of English Hist. to 1485, hg. E. B. Graves, 1975, 144–151 [Q.]; 750–898 [Lit.] – *Q. und Lit.:* Concilia Magnae Britanniae et Hiberniae, ed. D. Wilkins, 4 Bde, London 1737 – Councils and Ecclesiastical Documents relating to Great Britain and Ireland, Bd. III, ed. A. W. Haddan–W. Stubbs, 1871 – F. W. Maitland, Roman Canon Law in the Church of E., 1898 – B. L. Manning, The People's Faith in the Time of Wyclif, 1919 – G. R. Owst, Preaching in Medieval E., 1926 – Die Briefe der hll. Bonifatius und Lullus, ed. M. Tangl (MGH Epp. sel. I. 1916) – L. C. Gabel, Benefit of Clergy in E. in the Later MA, 1929 – I. J. Churchill, Canterbury Administration, 2 Bde, 1933 – M. Gibbs–J. Lang, Bishops and Reform 1215–1272, 1934 – D. B. Weske, Convocation of the Clergy, 1937 – W. E. Lunt, Financial Relations of the Papacy with E., 2 Bde, 1939–62 – Two Lives of Cuthbert, ed. B. Colgrave, 1940 – E. J. Jacob, Essays in the Conciliar Epoch, 1943 – J. R. H. Moorman, Church Life in E. in the Thirteenth Century, 1945 – W. Levison, E. and the Continent in the Eighth Century, 1946 – A. H. Thompson, The English Clergy and their Organization in the Later MA, 1947 – D. Knowles, The Religious Orders in E., 3 Bde, 1948–59 – K. Edwards, The English Secular Cathedrals in the MA, 1949 – D. L. Douie, Archbishop Pecham, 1952 – K. B. McFarlane, John Wycliffe and the Beginning of English Nonconformity, 1952 – Robert Grosseteste, hg. D. A. Callus, 1955 – W. A. Pantin, The English Church in the Fourteenth Century, 1955 – C. R. Cheney, From Becket to Langton: English Church Government 1170–1213, 1956 – A. B. Emden, A Biographical Register of the Univ. of Oxford to A.D. 1500, 3 Bde, 1957–59 – E. W. Kemp, Counsel and Consent, 1961 – M. Howell, Regalian Right in Medieval E., 1962 – Felix, Life of Guthlac, ed. B. Colgrave, 1956 – F. Barlow, The Engl. Church 1000–1066: A Constitutional Hist., 1963 – A. B. Emden, A. Biographical Register of the Univ. of Cambridge to 1500, 1963 – D. Knowles, The Monastic Order in E., 1963² – R. W. Southern, St. Anselm and his Biographer, 1963 – Councils and Synods, ed. F. M. Powicke–C. R. Cheney, T. II (1205–1313), 2 Bde, 1964 – The English Church and the Papacy in the MA, hg. C. H. Lawrence, 1965 – J. A. F. Thomson, The Later Lollards 1414–1520, 1965 – K. L. Wood-Legh, Perpetual Chantries in Britain, 1965 – M. Aston, Thomas Arundel: a Study of Church Life in the Reign of Richard II, 1967 – E. J. Jacob, Essays in Later Medieval Hist., 1968 – F. D. Logan, Excommunication and the Secular Arm in Medieval E., 1968 – Ordericus Vitalis Hist. Ecclesiastica, ed. M. Chibnal, 6 Bde, 1969–83 – Bede's Ecclesiastical Hist. of the English People, ed. B. Colgrave-R. A.-B. Mynors, 1969 – P. Heath, The English Parish Clergy on the Eve of the Reformation, 1969 – D. M. Owen, The Records of the Established Church in E., 1970 – D. Knowles–R. N. Hadcock, Medieval Religious Houses: E. and Wales, 1971 – K. B. McFarlane, Lancastrian Kings and Lollard Knights, 1972 – H. Mayr-Harting, The Coming of Christianity to Anglo-Saxon E., 1972 – R. L. Storey, Diocesan Administration in Fifteenth-Century E., 1972 – C. R. Cheney, Medieval Texts and Stud., 1973 – N. Orme, English Schools in the MA, 1973 – M. Richter, Canterbury Professions (Canterbury and York Soc. 67, 1973) – R. H. Helmholz, Marriage Litigation in Medieval E., 1974 – M. Brett, The English Church under Henry I, 1975 – Tenth Century Stud., hg. D. Parsons, 1975 – Church and Government in the MA, hg. C. N. L. Brooke, D. E. Luscombe, G. H. Martin, D. Owen, 1976 – C. R. Cheney, Pope Innocent III and E., 1976 – D. P. Rollason, Lists of Saints' Resting Places in Anglo-Saxon E. (Anglo-Saxon E. 7, 1978) –

C. P. Wormald, Bede, Beowulf, and the Convers. of the Anglo-Saxon Aristocracy (Bede and Anglo-Saxon E., hg. R. T. Farrell, 1978) – J. C. Dickinson, An Ecclesiastical Hist. of E.: the Later MA, 1979 – J. H. Denton, Robert Winchelsey and the Crown 1294–1313, 1980 – J. R. Wright, The Church and the English Crown 1305–1334, 1980 – D. M. Smith, Guide to Bishops' Registers of E. and Wales, 1981 – Councils and Synods with other Documents Relating to the English Church, T. I (871–1204), ed. D. Whitelock, M. Brett, C. N. L. Brooke, 2 Bde, 1981 – Profession, Vocation and Culture in Later Medieval E., hg. C. H. Clough, 1982 – S. Raban, Mortmain Legislation and the English Church 1279–1500, 1982 – M. Aston, Lollards and Reformers: Images and Literacy in Late Medieval Religion, 1984 – N. P. Brooks, The Early Hist. of the Church of Canterbury, 1984 – The Hist. of the Univ. of Oxford I, hg. J. A. Catto, 1984 – The Church, Politics and Patronage in the Fifteenth Century, hg. R. B. Dobson, 1984.

H. Siedlung, Wirtschaft und Gesellschaft

I. Angelsächsische Periode – II. England nach der normannischen Eroberung – III. Späteres Mittelalter.

I. Angelsächsische Periode: [1] *Ländliche Bevölkerung und Siedlung; Grundherrschaftstypen:* Das entscheidende Anzeichen und zugleich das Symbol für den Zusammenbruch der röm. Herrschaft war in Britannien der Niedergang der Römerstädte. Die Herrschaft der →Angelsachsen beruhte dagegen auf ländl. Zentren und auf der Kontrolle über die Agrarproduktion in einem bereits vorher dünnbesiedelten und nun z. T. entvölkerten Land. Die Struktur dieser ländl. Herrschaftszentren der ags. Zeit ist der Schlüssel für die sozial- und wirtschaftsgeschichtl. Entwicklung zw. dem Abzug der Römer und der Eroberung durch die Normannen.

Im 7. Jh. waren die Grundeinheiten der ländl. Besitz- und Herrschaftsorganisation im ags. E. (wie im übrigen Britannien) die frühen Großgrundherrschaften (*composite* oder *federal manors*; →Grundherrschaft) mit Fronhof, Anwesen von Fronhofbauern, zu denen auch die 'Pflüger' zählten (noch heute erinnern 95 Ortsnamen an diesen Status, so z. B.: Carlton oder Charlton; von *ceorlstun* = 'Dorf der Fronhofbauern'), Höfen von Dienstleuten und im weiteren Umkreis mit den Höfen der sog. *sokemen* (benannt nach dem Gericht des Herrn; →*soke*). In späterer Zeit läßt sich aus dem Vorkommen der Begriffe soke und →*shire* d. Existenz solcher Hofverbände mit abgabenpfl. Bauernstellen erschließen, in Kent erscheint der Begriff *lathes* (→Liten). Beispiele für solche Verbände lassen sich aus allen Regionen E.s anführen (z. B. nördl. von London: Tottenham/Tottenhamshire; in den östl. Midlands zwei benachbarte und langlebige Bezirke: der Soke of →Peterborough und die Gft. →Rutland; im nördl. E.: →Hallamshire mit seinem Zentrum →Sheffield). Dieses Grundherrschaftssystem war in geradezu idealer Weise zugeschnitten auf eine Agrargesellschaft mit einer Mischung aus Weidewirtschaft und Ackerbau, die zunächst von einer verhältnismäßig primitiven Kriegeraristokratie beherrscht wurde (G. W. S. Barrow).

Zur Zeit des →Domesday Book (1086) befand sich die frühe Grundherrschaft in großen Teilen E.s, insbes. in S und O, offenbar bereits im Niedergang. Wo einst ein Herrenhof existiert hatte, bestanden nun mehrere. Gleichzeitig mit diesem Wandel vollzogen sich andere wichtige Entwicklungen. An erster Stelle sind hier die Anfänge privaten Landbesitzes zu nennen. Vor dem 8./9. Jh. galt das von Einzelpersonen bewirtschaftete Land entweder als Eigentum der jeweiligen Familie oder aber des Grundherrn; einem Gefolgsmann wurde durch einen Herrn Land verliehen *(loan-land)*, nicht aber zu eigen gegeben. Nun jedoch konnte Land erblich verliehen werden, was häufig in einer Urk. fixiert wurde *(book-land;* →*boc;* zur weiteren Entwicklung im SpätMA vgl. →*copyhold*). Wandlungen in den Ortsnamen zeigen diese Entwicklung an. Während die ältesten Ortsnamen in E. topograph. Bezeichnungen, die Charakteristika des Landschaftsbildes widerspiegeln, oder Namen von Herrschaftsbezirken waren, erhielten mit der Auflösung der großen Grundherrschaften die ländl. Siedlungen zunehmend die Namen von Einzelpersonen (z. B. heißt Alverstoke in Hampshire 948 noch Stoke, erhält danach aber seinen charakterist. Zusatz nach dem Namen der Grundherrin Ælfwara, die diesen Besitz der Kathedrale v. Winchester übereignete). Dieser Wandel setzte sich im 11. Jh. fort. 30 im Domesday Book genannte Orte konnten identifiziert werden; sie trugen um 1065 den Namen ihrer Besitzer, die der Schicht der →*thegns* angehörten, welche als Hauptnutznießer der Auflösung der alten Großgrundherrschaften gelten kann. Mit der stärkeren Zersplitterung der grundherrl. Besitzverhältnisse vollzog sich eine Intensivierung der Landwirtschaft. Die kleineren Herrenhöfe waren weniger auf Selbstversorgung als auf Absatz ihrer Produkte ausgerichtet. Eine weitere Ursache für die Auflösung der Großgrundherrschaften war der Bevölkerungsanstieg im HochMA.

Neben den kleinen sächs. Siedlungen des 5.–7. Jh. – einige Archäologen sprechen ihnen den dörfl. Siedlungscharakter ab – waren bes. die →*villae* bedeutend; Grubenhäuser befanden sich in der Nähe der Herrenhöfe (vgl. hierzu: →Dorf, Abschnitt B; →Siedlung, ländl.). Das Siedlungsbild der frühen sächs. Periode zeigt eher Kontinuität zur röm. und späten prähist. Periode und weicht stark von demjenigen der späten sächs. und der ma. Periode ab. In zahlreichen Gebieten E.s läßt sich ein Trend von der Siedlung in Hanglage oberhalb der Flußtäler zur Talsiedlung hin beobachten. Der Typ der Dorfsiedlung entstammt der Zeit nach dem 10. Jh., wobei dessen Herausbildung wohl mit der Entwicklung der Herrschaft in dieser Zeit zusammenhängt. 23% der Dörfer in Northamptonshire in den östl. Midlands sind »Plansiedlungen«, deren Anlage den Bedürfnissen der Herrschaft angepaßt war. Das hatte zur Folge, daß erst im 10. Jh. das System einer auf Flurgemeinschaft (→Flurzwang) beruhenden Landwirtschaft Eingang fand, das wir in ausgeprägter Form dann aus den Quellen des SpätMA kennen. Neben Dörfern mit ungeregeltem open-field-System' (→Flursysteme) gab es solche mit *common-field farming,* das v. a. im S und in den Midlands verbreitet war (daher manchmal als 'Midlandsystem' bezeichnet), doch finden wir es in allen fruchtbaren Gebieten des Lowlands, in denen der Getreideanbau die Hauptrolle spielte. Dieses common-field farming verband die kollektive Kontrolle über das Weideland mit der individuellen Kontrolle über das Ackerland eines Dorfes. In verschiedenen Landesteilen waren zwei oder drei Zelgen die Norm, ihre Anzahl hing von der Bodenbeschaffenheit ab.

[2] *Anfänge des Urbanisierungsprozesses und des Handels:* Für die etwa 100 städt. Zentren des röm. Britannien war das 5. und 6. Jh. eine Verfallsperiode. Die röm. Befestigungsanlagen blieben zwar erhalten, aber das städt. Leben kam fast völlig zum Erliegen. Geldumlauf und Keramikproduktion für den Handel gingen schon vor der Mitte des 5. Jh. weitgehend zurück, Holzkonstruktionen traten an die Stelle der röm. Steinbauten, und eine unregelmäßige Straßenführung ersetzte die röm. (so z. B. in →Winchester). Viele große Städte verschwanden völlig, z. B. Verulamium, das nur wegen des Grabes des hl. Alban in Erinnerung blieb (→St. Albans), Durobrivae, nahe dem späteren Kl. →Peterborough.

Mit der Christianisierung der Angelsachsen im 7. Jh.

begann eine neue Phase der städt. Entwicklung. Städte wurden notwendig als Zentren der kirchl. und weltl. Verwaltung, aber auch wegen ihrer Verteidigungsfunktionen und als Handelsplätze. Gleichzeitig mit der Ausbildung solcher frühen Zentren erhielten diese immer ausgeprägtere urbane Merkmale (vgl. z. B. die Entwicklung →Northamptons zu einem Herrschaftsmittelpunkt des Kgr.es →Mercia). Die späte ags. Zeit war in zweifacher Hinsicht eine entscheidende Periode für die Entwicklung des engl. Städtewesens, einmal durch das Verteidigungsbedürfnis infolge der Wikingereinfälle, zum anderen durch die Intensivierung der kgl. Herrschaft. So ist der →Burghal Hidage ein Zeugnis für die Burgenbaupolitik →Alfreds d. Gr., der in →Wessex ein Netz von 30 →burhs schuf. In den folgenden Jahrzehnten erfolgte eine Ausdehnung dieses Netzes auf die weiter nördl. gelegenen Gebiete, aber nicht alle diese burhs entwickelten sich zu Städten.

Spätestens seit dem 7. Jh. gab es eine Anzahl von frühstädt. Siedlungen, die in erster Linie Handelsfunktionen besaßen. Während →Winchester das Verwaltungszentrum von Wessex war, befand sich der bedeutendste Hafen dieses Kgr.es in Hamwih. Eine Reihe von *wic*-Orten, die sich an den Süd- und Ostküsten E.s konzentrieren, lassen sich zu einer bes. Gruppe von Frühstädten zusammenfassen (Droitwich, in Kent Sandwich und Fordwich, in Ostanglien →Ipswich und →Norwich). Die Hauptsiedlung von →London, dessen überregionale Handelsbedeutung bei →Beda († 735) belegt ist, befand sich vom 7.–9. Jh. in Aldwych, d. h. im W des röm. Stadtareals und außerhalb seiner Mauern; um 900 wurde diese Kernsiedlung jedoch in das Innere der Ummauerung verlagert.

Art und Volumen des in den Fernhandelsorten getätigten Handels sind schwer abzuschätzen. Das Fundmaterial aus →Sutton Hoo (nach 620), das wenigstens zum Teil Importwaren umfaßt, zeigt die starke Verbindung mit german.-frk. Gebieten, aber auch Kontakte mit Byzanz, dem Mittelmeerraum und bereits mit dem skand. Norden. Der Fernhandel des 7. Jh. scheint in erster Linie ein Handel mit Luxusgütern gewesen zu sein. Die ältesten engl. Münzprägungen waren goldene →Sceattas, die um die Mitte des 7. Jh. in Münzstätten des südöstl. E. entstanden. Um 800 hatte in E. – wie vorher im benachbarten Frankenreich – die Silberprägung fast völlig die Goldprägung verdrängt. Ein Brief Karls d. Gr. an Kg. →Offa v. Mercia (796) bezieht sich auf den Handel mit dem Rheinland und auf die Qualität engl. Tuchexporte (s. a. →Friesenhandel). Mit der Ansiedlung von →Wikingern und mit der Notwendigkeit, sich von den wiking. Plünderungszügen durch Tribute loszukaufen, wuchs der Anteil des Handels mit dem Norden, und die Nachfrage nach →Silber stieg. Ein Großteil des Silbers wurde importiert, seit den sechziger Jahren des 10. Jh. v. a. aus dem →Harz (Rammelsberg bei →Goslar). Durch die Handelsbeziehungen mit Skandinavien, v. a. mit →Dänemark, nahm →York, der nordengl. Metropolitansitz, seinen Aufschwung. Im 10. Jh. hatten die bedeutenden Städte des ags. E. wichtige Handels- und Gewerbefunktionen erlangt, wie sich u. a. anhand der Münzprägung belegen läßt. Unter →Æthelstan (925–939) ist die Existenz von 26 Münzstätten in verschiedenen Städten nachgewiesen; unter →Edgar (957–975) sind es bereits 60. Die größten Münzorte waren London (ca. 25% der gesamten heute bekannten ags. Prägungen) und York (10%) sowie Lincoln, Winchester, Chester, Norwich, Exeter und Thetford. Mit Ausnahme Chesters, das Handel mit →Dublin trieb, waren alle diese Städte verkehrsmäßig auf den Osten hin orientiert.

[3] *Bedeutung des Königtums für die städt. Entwicklung:* Hatte der Zusammenbruch der röm. Herrschaft den Niedergang der Römerstädte bewirkt, so stärkte der Aufstieg des Kgtm.s in der späten ags. Periode die Stellung der jeweiligen Städte, die zu kgl. Herrschaftszentren wurden. Das Kgtm. hatte in den Städten vielfältige und sehr einträgl. Rechte inne. Als Gegenleistung für die an das Kgtm. zu leistenden Zahlungen genossen die Stadtbewohner eine Reihe von städt. Privilegien. Nach dem Domesday Book zahlte z. B. die Stadt →Huntingdon 1065 feste Abgaben von insgesamt £ 45, wobei die firma burgi (→*borough*) die höchste Einzelabgabe darstellte. Zu ihr gehörten die Abgaben für die z. T. sehr umfangreichen kgl. Liegenschaften in einer Stadt. Bedeutend war auch die *landgable,* eine Zahlung für Grundstücke oder Wohnhäuser. Auch Zölle und Gerichtsgefälle unterlagen der kgl. Steuer. Als kgl. Interessenvertreter fungierte in jeder Stadt ein →*reeve* (ae. *gerefa*), der auch die Aufsicht über den →Markt hatte. Im 10. Jh. strebten die Kg.e danach, die gesamte Handelstätigkeit auf die von ihnen kontrollierten Märkte zu beschränken, einerseits aus polizeil. Beweggründen (Bekämpfung von →Diebstahl), andererseits wegen des finanziellen Nutzens. Die Kontrolle über die Münzprägung war das wichtigste Zeichen der kgl. Autorität im Wirtschaftsleben (vgl. →Münzwesen; →Sterling). Der Reichtum des Landes lockte im 11. Jh. auswärtige Invasoren an. Die Stärke und Effektivität der bestehenden kgl. Administration erleichterte die Aktivierung der wirtschaftl. Ressourcen, sobald die Eroberer sich erst einmal der Zentralgewalt bemächtigt hatten, wofür die norm. Herrschaft mit dem Domesday Book einen schlagenden Beweis lieferte.

II. ENGLAND NACH DER NORMANNISCHEN EROBERUNG: [1] *Bevölkerung, Besiedlung und Grundbesitz z. Z. des Domesday Book:* Das i. J. 1086 im Auftrag Kg. →Wilhelms des Eroberers angelegte →Domesday Book stellt eine Bestandsaufnahme des zu diesem Zeitpunkt vom Kg. beherrschten E. dar. Als ein Verzeichnis, in dem der Umfang der kgl. Einkünfte und der Wert der Güter erfaßt waren, konnte es in der Zeit nach der Eroberung mehrfachen Zwecken dienen: Zum einen der Sicherung rechtmäßiger Besitztitel, zum anderen einer effektiveren Abgabenerhebung. Das Vermögen des ländl. E. (mit Ausnahme der im Domesday Book nicht erfaßten vier nördl. Gft.en) war insgesamt mit £ 72000 veranschlagt. Besteuerungsgrundlagen waren *hides* (→Hufe) oder →*carucatae* (Pflugländereien). Es werden 32 000 hides aufgeführt, so daß 1 hide mit etwas mehr als £ 2 zu veranschlagen ist. Die in der üblichen Höhe von 2 s. pro hide jährl. erhobene Abgabe entsprach 5% des Schätzwertes des Landes.

Mehr als 13 000 ländl. Siedlungen sind im Domesday Book aufgeführt, deren Bevölkerung – wieder nach den Angaben des Domesday Book – 269000 Personen (d. h. männl. Haushaltsvorstände) betrug. Hiervon werden 109000 Personen als einfache →*villani* (nichtadlige Landbewohner) bezeichnet, 89000 als →*bordarii* (Kossäten, Kleinstelleninhaber). Geringere Freiheitsrechte als diese beiden Gruppen besaßen die →*servi* (Unfreien), die mit 28 000 beziffert werden; größere Rechte genossen dagegen die 37 000 Freien und sokemen. Bei Zugrundelegung einer Haushaltsgröße von fünf Personen ergibt sich eine ländl. Gesamtbevölkerung von ca. 1 340 000. Für die städt. Bevölkerung enthält das Domesday Book weniger gute Angaben, doch lebten in 112 boroughs wenigstens 150000 Bewohner, so daß die Stadtbevölkerung mindestens 10% der Gesamtbevölkerung ausmachte. Ergänzt man die im Domesday Book nicht erfaßten Bevölkerungsteile durch

Schätzungen, so kann für das E. des späten 11. Jh. auf eine Einwohnerzahl von ca. 2 Mio. geschlossen werden.

Bereits 1086 – und noch für lange Zeit – bestanden große Unterschiede in Dichte und Art der Besiedlung, entsprechend der Vielfalt der Gelände- und Bodenbeschaffenheit E.s. Eine gedachte Linie zw. den Mündungen von Humber und Severn teilte zwei unterschiedl. stark besiedelte Regionen ab: Nördl. und westl. dieser Linie lag die Bevölkerungsdichte in vielen Gebieten unter 1,2 Einw./km². Im S und O dieser Linie lag die Dichte in nur wenigen Gebieten unter der durchschnittl. Bevölkerungsdichte von 2,3 Einw./km² und in weiten Bereichen darüber. Fast das gesamte Ostanglien (Norfolk, Suffolk) und große Teile von Lincolnshire hatten mehr als 3,9 Einw./km². Hinsichtl. der Besteuerungsgrundlage des Landes standen diese dichtbesiedelten Zonen jedoch keineswegs an der Spitze, die höchsten Werte befanden sich im südl. Mittelengland. In Dorset, Wiltshire, Oxford, Berkshire, Essex und Kent lagen die Werte mindestens doppelt so hoch wie der Mittelwert von 12 s./km².

In den dichter besiedelten Gebieten lagen auch die meisten größeren Städte (*towns* und *cities*). Die Handelsmetropole →London dürfte damals wenigstens 10 000 Einw., die damals zweitgrößte Stadt, das Verwaltungszentrum →Winchester, mindestens 5000 gezählt haben; beide fehlen im Domesday Book. Auch die regionalen Zentren →York, →Lincoln und →Norwich hatten wohl um 5000 Einw.; manche kleine Städte zählten dagegen nur wenige 100 Einw. Die Einträge des Domesday Book übergehen allerdings häufig die Handwerkerbevölkerung einer Stadt, doch erfahren wir etwa für →Bury St. Edmunds, daß hier zw. 1066 und 1086 342 Häuser gebaut wurden, in denen Bäcker, Brauer, Schneider, Waschfrauen, Schuhmacher, Gewandschneider, Köche, Lastträger sowie Handelsleute aller Art wohnten. Dieser Eintrag wirft ein - seltenes - Schlaglicht auf das Wirtschaftsleben einer engl. Stadt des HochMA. Es war eher ihre gewerbl.-wirtschaftl. Funktion als die Größe, die eine Stadt von einem Dorf unterschied.

[2] *Landesausbau im Hochmittelalter:* Das 12. und 13. Jh. waren geprägt durch die Erweiterung bestehender und die Gründung neuer Siedlungen im städt. wie im ländl. Bereich (→Kolonisation und Landesausbau), wobei der Landesausbau nun auf die Wald- und Niederungsgebiete ausgriff. Das Domesday Book zeigt, daß 1086 noch ausgedehnte Waldzonen bestanden (Weald im sö. E.; ein Waldgürtel, nördl. von London, von den Lehmböden in Essex bis zu den Chiltern Hills; eine Zone in den Midlands, vom nördl. Oxfordshire bis zum südl. Lincolnshire, und – bes. hervorzuheben – ein Gebiet vom Severnbecken bis in das Trentbecken und weiter beiderseits der Pennines). Etwa ein Fünftel des Landes (und keineswegs nur bewaldete Flächen) wurden von den norm. und angevin. Kg.en dem kgl. Forstrecht (→Forst) unterstellt. Hohe Summen wurden in den Jahren um 1200 von Rittern oder freien Bauern an die Krone gezahlt, um aus den kgl. Forsten Rodungsland zu erhalten. Die »Charter of the Forest« (1217) spielte in der polit. Diskussion des 13. Jh. eine ebenso wichtige Rolle wie die →Magna Carta (1215). Das Werk der Binnenkolonisation erstreckte sich über viele Generationen, unter denen die Periode nach der Eroberung lediglich den bestbezeugten Zeitraum darstellt. Am eingehendsten ist der Landesausbau der →Zisterzienser belegt, doch waren sie auch in E. selten reine Pioniere; die zisterziens. →Grangien entstanden zumeist auf der Grundlage älterer, von freien Bauern durchgeführter Rodungen. Die eigtl. Vorkämpfer der Rodungstätigkeit waren nämlich die Freibauern. In vielen Dörfern erfolgte der Ausbau des agrarisch genutzten Landes in zwei Etappen: Die erste bestand in der Ausdehnung der →Allmende; die zweite erfaßte das Öd- und Waldland, das zw. den Siedlungen lag. Die Agrarlandschaft bestand hier aus kleineren eingefriedeten Blöcken (→*enclosures*), nicht aus großen Schlägen. In vielen Dörfern erstreckte sich nun das anbaufähige Land bis an die Grenze zur Nachbargemeinde. Die Kultivierungen in den Niederungsgebieten sind ebenfalls seit dem 12.–13. Jh. bes. gut belegt. In Kent wurden in d. Walland marshes ca. 9200 ha Land dräniert. Die intensivste Kolonisationstätigkeit erfolgte in den Küstengebieten der Wash, wo es zwei verschiedene Arten von Niederungen gab. Südl. im Inland lag das Torffenn, in dessen Mitte sich einige Inseln erhoben, von denen allein →Ely 1086 als besiedelt erwähnt wird. Nahe dem damaligen Küstenverlauf befand sich dagegen eine Marschzone; etwa 40 Dörfer lagen hier zw. Norfolk und Lincolnshire, von denen aus die Kultivierung vorangetrieben wurde. Durch nacheinander errichtete Binnendeiche (→Deich- und Dammbau, Abschnitt III) wurde das neukultivierte Land vor Überschwemmung geschützt. An der See wurden Salzmarschen urbar gemacht. Land, das früher von mehreren Landgemeinden im Gemeinbesitz gehalten worden war, wurde nun aufgeteilt. Um 1300 waren bis zu 26 km² des Marschgürtels auf der Seeseite und bis zu 256 km² auf der Landseite kultiviert. Dieses Neuland gehörte mit ca. 116 Einw./km² zu den am dichtesten besiedelten Gebieten.

[3] *Gewerbe und Handel im Hochmittelalter:* Die Kolonisationstätigkeit hatte zu einer stärkeren Kommunikation geführt und die Grenzen zw. den einzelnen Siedlungen geöffnet. Dies war nicht unerheblich für die Zunahme der wirtschaftl. Austausches im 12. Jh., die einen Bestandteil der Expansion der westeurop. Gesellschaft bildete. Zu den gefragten Handelsgütern für den heimischen Markt gehörten Getreide, Tuch, Bier und Wein, für die in der Magna Carta (1215) Standardmaße gefordert wurden. Die Nachfrage der westeurop. Aristokratie nach Tuch und Wein, den »Hauptluxuswaren« der ma. Gesellschaft, machten diese zu den ältesten und wichtigsten Gütern eines großangelegten und weiträumigen →Handels. Tuch- und Wollhandel sind von bes. Bedeutung für die sozial- und wirtschaftsgeschichtl. Entwicklung des ma. E. Die Earls behaupteten 1297, daß die engl. →Wolle die Hälfte des Sozialproduktes des ganzen Landes ausmache. Die Erträge des Wollhandels stellten für die Regierung eine stets verfügbare fiskal. Einnahmequelle dar. Das engl. Tuchgewerbe (→Textilherstellung) des 12. Jh. teilte sich in einen urbanen Sektor, der einen Großteil seiner Erzeugnisse exportierte, und einen ländl. Sektor, der ausschließl. für den lokalen Markt produzierte. Die ländl. Textilproduktion verhielt sich dabei während der gesamten Periode konstant, während die städt. beachtliche Schwankungen erfuhr. Im 12. Jh. prosperierend, nahm sie im 13. Jh. ab, wobei sie v. a. der Konkurrenz der fläm. Tuchproduktion, die engl. Wolle verabeitete, erlag. Nach P. HARVEY hat der engl. Wollhandel nach den sechziger Jahren des 12. Jh. rasch expandiert. Aus dieser Zeit - nicht aus einer früheren - stammt die gegenseitige Abhängigkeit von engl. Wollproduzenten und fläm. Textilherstellern. Das schnelle Wachstum des Wollhandels erklärt die rasche Preissteigerung in der Zeit von 1180–1220, die um einen Grad stärker ausfiel als der gleichzeitig in anderen westeurop. Ländern stattfindende Preisanstieg. Das engl. Tuchgewerbe erlebte eine neue Blüte im 14. Jh., als die engl. Produzenten infolge der Kriegssteuern gegenüber ihren fläm. Konkurrenten Kostenvorteile erhielten.

Der Aufstieg der Häfen an der Ostküste im 12. und 13. Jh. ist ein klarer Beweis für das rasche Anwachsen des engl. Wollexports. Seit 1300 gehörten →King's Lynn und →Boston zu den großen engl. Städten, mit jeweils mindestens 7000 Einw. Beide im Domesday Book noch nicht genannten Städte sind Neugründungen an den Ufern der Wash und erlebten als Umschlagplätze für Mittel- und Ostengland ihren Aufstieg. Die Güter, die als Rückfracht der engl. Wolle vom Kontinent importiert wurden, belebten die beiden großen internationalen →Messen in Boston und →Stourbridge (nahe Cambridge). Im N wuchsen →Newcastle und →Hull (Vorhafen von York) zu städt. Zentren mit lebhafter Schiffahrt und Wollhandelsaktivitäten heran.

III. SPÄTERES MITTELALTER: [1] *Agrarwirtschaftliche Veränderungen:* Aus dem Domesday Book ergibt sich, daß die größeren Grundherren im wesentl. über zwei Formen von Grundbesitz verfügten: 1. eigenbewirtschaftete oder in eigener Verwaltung stehende Güter; 2. gegen Dienstleistungen ausgetane Güter. Wandlungen des →Feudalismus in E. führten zu einer Schwächung der Kontrolle der Grundherren über die verliehenen Güter, da die Lehnsleute zunehmend das Recht erlangten, das Land zu vererben und frei zu veräußern. Diese Entwicklung vergrößerte für die Grundherren die Bedeutung der eigenbewirtschafteten Ländereien. Dabei gab es im wesentl. zwei Methoden der Nutzung dieser oft sehr verstreut gelegenen Besitztümer: die Verpachtung oder die direkte Bewirtschaftung. Die Verpachtung zu festen Sätzen befreite den Grundherrn zwar von den Preisschwankungen des Markts, enthielt ihm aber auch dessen mögliche Profite vor. Ebenso setzte es Grundherrn der raschen Geldentwertung aus, wie sie zw. 1180 und 1220 herrschte. In diesen Jahren nahmen zahlreiche Herren die Bewirtschaftung ihrer Ländereien daher wieder in die eigene Hand. Vorbilder dürften die eigenbewirtschafteten Güter des Kg.s, aber auch die Wirtschaftshöfe des →Zisterzienserordens gewesen sein. Um große Besitzungen gewinnbringend zu nutzen und insbes. um Veruntreuungen durch Untergebene zu unterbinden, bedurfte es einer wirksamen Verwaltung. Für die Verwalter derartiger Ländereien entstand eine eigene, in Westeuropa führende Fachliteratur (→Agronomie), mit Handbüchern wie den »Rules« des Bf.s →Robert Grosseteste und der weitverbreiteten »Husbandry« des →Walter v. Henley, die noch um 1800 neu ins Walis. übersetzt wurde. Wie in andere Lebensbereiche drang nun auch in das ländl. Leben des 12. und 13. Jh. die →Schriftlichkeit vor: Dorfrechte wurden aufgezeichnet, das ländl. Leben in verschiedenen Quellen detailliert beschrieben (*account rolls; court rolls* der großen Domänen).

Die wichtigsten im ma. E. angebauten Getreidearten (→Getreideanbau) waren Weizen, Roggen (= Wintersaat) und Gerste, Hafer (= Sommersaat), daneben gab es →Hülsenfrüchte (Erbsen, Bohnen). →Gemüse, die vor dem 13. Jh. selten erwähnt werden, machen im SpätMA ca. 10% des Gesamtanbaus aus. Hauptnahrungsmittel waren →Brot und →Bier. Zu den unterschiedl. Ernährungsgewohnheiten der sozialen Schichten →Ernährung.

Die engl. Landwirtschaft basierte stark auf der Viehhaltung. Nach den account rolls waren Rinder, Pferde, Schafe, Schweine und Geflügel die wichtigsten Nutztiere. Die vollständigen Einträge des Domesday Book (1086) für East Anglia und SW-England nennen 23 000 Rinder (ohne Zugtiere), 44 000 Schweine und 263 000 Schafe. Höchstwahrscheinlich waren die Schweine die wichtigsten Fleischlieferanten. Die Zahl der Rinder war demgegenüber niedrig, sie wurden wohl vorwiegend als Zugtiere gehalten. Die Milchversorgung erfolgte in erster Linie durch Schafe, deren →Wolle und Dung (→Düngung) eine bedeutende wirtschaftl. Rolle spielten.

Mit dem Bevölkerungswachstum und der zunehmenden Marktorientierung der Agrarwirtschaft setzten im 12. und 13. Jh. bedeutende Wandlungen in der Viehhaltung ein. Ochsen dienten auf den großen Domänen weiterhin als Pflugtiere, während die Bauern hierfür mehr und mehr das Pferd – wegen seiner vielseitigen Verwendbarkeit – heranzogen. Im 13. Jh. leisteten Pferde schon mindestens 75% der Transportdienste. Diese an sich wenig auffällige Innovation hatte weitreichende Folgen; sie beschleunigte und vereinfachte den Transport von Agrarprodukten zum Markt. Die Preissteigerung von 1180–1220 dürfte dabei weniger auf die Menge des zirkulierenden Geldes, als vielmehr auf die größere Schnelligkeit des Umlaufs zurückzuführen sein. Die Nachfrage nach Wolle führte zur Züchtung großer Schafherden. Unter Kg. Eduard I. (1272–1307) wurde die Wolle von ca. 8 Mio. Schafen exportiert; das einheim. Tuchgewerbe dürfte darüber hinaus gleichzeitig eine noch größere Wollmenge verarbeitet haben. Ein Großteil dieser Wolle entstammte bäuerl. Schafherden. Auf allen Stufen der Gesellschaft wurde Herdenbesitz als für die Liquidität wichtiger Wirtschaftsanteil betrachtet, wie etwa bei Grosseteste belegt.

[2] *Lebensverhältnisse der ländl. Bevölkerung:* Die Grenzen der ländl. Wohnplätze blieben zwar weitgehend unverändert, doch innerhalb des Hausgrundstücks wurden die Häuser häufig, im Durchschnitt alle 20–30 Jahre, neu errichtet, mit variierenden Grundrissen und Ausrichtungen. In der Zeit vom 11. Jh. bis zum 15. Jh. tendierte die Entwicklung stets in Richtung dauerhafterer und größerer Bauten. Vgl. →Bauernhaus, Abschnitt E; →Haus, -formen; →Dach, Abschnitt F. Im 12. und 13. Jh. wurden infolge des Bevölkerungsdrucks zahlreiche Vollbauernstellen *(virgates)* geteilt und in *half-virgates* umgewandelt, ausgestattet mit einer nominellen Anbaufläche von 6 ha, die tatsächl. aber entsprechend den örtl. Bedingungen schwankte. Damit war die unterste Grenze für einen rein agrar. Lebensunterhalt erreicht. Doch verfügten viele Familien tatsächl. über weitaus kleinere Bauernstellen; sie müssen durch zusätzl. Tätigkeiten (Handwerksarbeit, Hirtendienst, Tagelohn, Waldarbeit, Torfstechen usw.) ihr Leben gefristet haben. Im Fenland des südl. Lincolnshire umfaßte das bebaute Land, das eine Person ernährte, zw. 0,4 ha und 0,6 ha. Die durchschnittliche Familiengröße betrug 4–5 Personen, und das Heiratsalter lag für Männer und Frauen zw. 18 und 22 Jahren.

[3] *Gewerbliche Produktion und Handel im 13./14. Jahrhundert:* Die Einschätzungen, die 1334 für die durch das Parlament bewilligte Steuer durchgeführt wurden, liefern für die engl. Wirtschaftszahlen, die sich mit denjenigen des Domesday Book von 1086 und der Erhebung der *subsidy* unter den Tudor von 1515 vergleichen lassen. Daraus ergibt sich, daß 1334 die reichsten Gft.en einen Gürtel bildeten, der die Midlands von Gloucestershire bis in die südl. Lincolnshire und nach Norfolk reichte. Dies deutet auf einen Zusammenhang zw. Prosperität und Getreideanbau hin. Demgegenüber rangierten Somerset, Suffolk und Essex weit unten auf der Liste; 1515 zählten sie jedoch zu den reichsten Gft.en. In den knapp zwei Jahrhunderten zw. 1334 und 1515 hatten Südost- und Südwestengland ihr Wirtschaftsvolumen mehr als vervierfacht. Vermutlich waren die Quelle des Reichtums nunmehr die Viehzucht, nicht mehr der Getreideanbau, und insbesondere die expandierende Textilproduktion, die eng mit der Schafzucht verbunden war.

Verfügten das südl. und östl. E. über den größten Wohlstand, so befanden sich andererseits der N und W keineswegs in Stagnation. Die fläm. Kaufleute betrachteten E. als ein Land mit Weidewirtschaft und reichen Minen. →Zinn wurde im SW, in →Devon und →Cornwall gefördert (im frühen 14.Jh. ergibt sich aus fiskal. Q. für Zinn eine Förderungsquote von 560000 bis 817000 lbs). Das v. a. für die Herstellung von begehrtem Zinngeschirr verwendete Metall wurde in großem Umfang nach Deutschland, Frankreich usw. exportiert. →Blei wurde hauptsächl. in drei großen Bergwerkregionen (Mendips, High Peak in Derbyshire, Alson Moor in Cumberland) gefördert. Die Vorkommen an →Eisen waren weiter verstreut (u. a. Forest of Dean und Sussex Weald); Eisen aus Sussex war v. a. der Rohstoff für Waffen und Harnische der engl. Truppen des →Hundertjährigen Krieges. Der gewaltige Brennstoffbedarf der Hüttenbetriebe wurde im wesentl. noch durch →Holz gedeckt, doch wurde bereits in einigem Umfang →Kohle gefördert, die über →Newcastle verschifft wurde (sog. *sea-coal*). Wegen ihrer reichen Erzvorkommen wurden einige unwirtl. und daher zunächst dünnbesiedelte engl. Landschaften nun zu wichtigen Regionen im Wirtschaftssystem des spätma. Europa.

Das ma. E. erreichte in den Jahren um 1300 mit ca. 5–6 Mio. seine höchste Bevölkerungsrate, die damit seit 1086 auf das Dreifache angewachsen war. Zur Versorgung dieser Bevölkerung bestanden mindestens 2000 Marktorte. Die Zahl der Märkte war während des 13. Jh. kontinuierl. gewachsen – so waren in Ostanglien 71 neue Märkte allein zw. 1250 und 1275 eingerichtet worden –, und diese Expansion hielt bei verlangsamtem Rhythmus bis zur Großen Pest an. Nur wenige Engländer dürften mehr als 8 km von einem Marktort entfernt gelebt haben. Die regionale Verteilung der Märkte orientierte sich an den Bedürfnissen des lokalen Marktverkehrs, nicht an denjenigen des Fernhandels, der die Lokalmärkte völlig vermied. Der Bevölkerungsanstieg und die zunehmende Arbeitsteilung und Spezialisierung ließ den Bedarf an Märkten wachsen, die die Bedürfnisse der »cottage economy« befriedigten. Bergleute, Landarbeiter, ländl. Händler und Handwerker der verschiedensten Zweige verfügten zwar über ein wenig Landwirtschaft, waren aber zur ausreichenden Versorgung und zum Warenaustausch auf den Markt angewiesen. Die Abhängigkeit der Menschen vom Markt zeigte sich im Gefolge der großen →Hungersnöte (etwa 1316–17).

[4] *Krisenjahre*: Im frühen 14. Jh. erlebte die engl. Gesellschaft schwerere Krisen als jemals zuvor. Die Zeit von 1315–22 war durch die →Agrarkrise ('agrarian crisis') geprägt. Sie begann mit einer europaweiten »großen Hungersnot«, ausgelöst durch die beiden Mißernten von 1315 und 1316. Es folgte ein starker Preisauftrieb (Weizen von ca. 6 s. pro Quart auf 24 s.; Salz von 3 s. auf 12 s. pro Quart). Viehseuchen ließen die Krise andauern (z. B. Verringerung der Schafherden der Abtei Crowland von 11 000 Stück i. J. 1313 auf 2000 i.J. 1321; nachfolgende Rinderseuchen – wohl Rinderpest – 1319–21). Das Zusammenwirken verschiedener Krisenerscheinungen erwies sich so als verhängnisvoll. Die Bauern verloren ihren Schafbestand, der ihre finanzielle Basis bildete, und ihr Zugvieh. Die Menschen sahen sich mit bis dahin ungekannten Preisschwankungen konfrontiert.

Von der Hungersnot bes. betroffen waren die Kleinpächter, für die im Bm. Winchester für die Zeit von 1315–17 eine Sterberate von 10% festgestellt wurde und deren durchschnittl. Lebenserwartung bei den Zwanzigjährigen in Halesowen (Worcestershire) im frühen 14. Jh. 40 Jahre betrug, in der Zeit nach dem Schwarzen Tod dann 50 Jahre. Bei der Lebenserwartung von Bauern mit mittleren Anwesen traten dagegen keine derartigen Schwankungen auf, einige der wohlhabenden Bauern erreichten sogar ein hohes Alter. Diese Feststellung steht der Auffassung entgegen, daß im frühen 14. Jh. eine Krise der gesamten bäuerl. Bevölkerung geherrscht habe. Ebensowenig existierte eine »malthusian. Krise«, die die gesamte Bevölkerung an den Rand des Hungertodes gebracht hätte. Nicht der Hunger war um die Mitte des 14. Jh. die große Bedrohung, sondern die →Epidemien, an erster Stelle der Schwarze Tod. Zuerst im SW E.s bezeugt, erreichte die →Pest London im Nov. 1348, Norwich im Jan. 1349 und das zentrale und nördl. E. im Frühjahr/Frühsommer 1349. Die hohe, allerdings nicht genau ermittelbare Sterblichkeit (nach H. KNIGHTON ca. 30% der Gesamtbevölkerung in den Pfarreien v. Leicester; J. HATCHER schlägt [»als zutreffendste Schätzung«] 30–45% vor; nach den Verzeichnissen der kgl. Regierung 27% der Kronvasallen) hatte gravierende Folgen. Die Ursache für die hohe Mortalität war nicht allein die Beulenpest, sondern ebenso die Lungenpest, die noch heftiger wütete. Dieser doppelten Seuche fielen nicht nur zahlreiche Einwohner E.s zum Opfer, sie beeinflußte auch – direkt oder indirekt – tiefgreifend die soziale und wirtschaftl. Entwicklung des Landes im SpätMA.

Zw. 1348 und 1440 sank die Bevölkerung E.s um mindestens 50%; während dieser Periode vermochte sich die Bevölkerung niemals vollständig zu reproduzieren. Die hohe Mortalität setzte sich auch nach dem Abklingen des Schwarzen Todes kontinuierl. fort. Ein zweiter Ausbruch der Seuche folgte 1361–62 (mit einer Sterblichkeit von 23% bei den Kronvasallen, fast so verheerend wie der Schwarze Tod); weitere Epidemien gab es 1369 und 1375. Für die hundert Jahre nach 1377 sind mindestens 15 größere Epidemien (u. a. Pest, Ruhr, Typhus) belegt. Nicht alle Teile der Bevölkerung wurden dabei in gleichem Maße erfaßt. So erlagen der Epidemie von 1361–62 mehr Kinder als Erwachsene und mehr Männer als Frauen. Diese Störung des Gleichgewichts zw. Altersgruppen und Geschlechtern erschwerte ebenfalls das Wachstum der Bevölkerung.

Die Zeit der Seuchenzüge bewirkte für die großen Landbesitzer einen Wandel der Agrarbetriebe. Das Zeitalter des »high farming«, der Blüte der Eigenbewirtschaftung der Güter, hatte auf hohen Preisen für Agrarprodukte und auf niedrigen Arbeitslöhnen basiert. Der erste Faktor, der nun verschwand, war die billige Arbeitskraft, da Kleinbauern und landlose Tagelöhner die Anwesen derjenigen Bauern, die der Pest erlegen waren, übernahmen. Die Regierung, stets für die Interessen der großen Grundbesitzer aufgeschlossen, bemühte sich durch das »Statute of Labourers« (1351), die Arbeitslöhne auf dem vor der Pest bestehenden Niveau einzufrieren und die Mobilität der Landarbeiter zu beschränken. Die Wirkung dieses Gesetzes blieb begrenzt, bes. angesichts des niedrigen Niveaus, auf dem sich die Preise der Agrarprodukte zw. 1378 und dem späten 15. Jh. zumeist bewegten. Die Zahlen in den Abrechnungsprotokollen zeigen einen klaren Trend, den auch die Auditoren unterstrichen: Die Verwaltung der Güter in Eigenregie führte zu Defiziten. Seit ca. 1400 wurden daher Güter wieder in großem Umfang verpachtet, an die gleichen Gruppen, die schon vor 1200 die Landgüter in Pachtbesitz gehalten hatten, nämlich an die örtl. Kleinadel (→Gentry) und z. T. auch an bäuerl. Gruppen. Auf diese Weise konnten die großen Grundbesitzer ihre Einkünfte langfristig stabilisieren.

Die Periode des Übergangs von der Eigenwirtschaft zu einer Neuauflage des Pachtsystems war für die Großgrundbesitzer zweifellos eine Phase großer Unsicherheit. Sie erlebten den Niedergang ihrer Dörfer und sahen sich auf der anderen Seite mit einem Bauerntum konfrontiert, das wohlhabender geworden war und Pachtgüter nur widerstrebend zu den alten Bedingungen übernahm. In dieser Periode wirtschaftl.-sozialer Schwankungen fand der einzige größere Bauernaufstand der engl. Geschichte statt, die Peasants' Revolt (Wat →Tyler-Aufstand) von 1381. Wie andere Aufstände (→Revolten) des späten 14. Jh. lagen auch bei der Peasants' Revolt die Ursachen sowohl in polit. Schwäche als auch in sozialen Spannungen. Die Peasants' Revolt richtete sich nicht gegen die Großgrundbesitzer schlechthin, sondern gegen bestimmte Gruppen mißliebiger Mächtiger, zu denen auf nationaler Ebene →John of Gaunt (Johann v. Gent) zählte, auf lokaler Ebene korrupte Richter und Beamte. Die Menschen transponierten dabei abstrakte Begriffe und Forderungen in die Vorstellung ihrer konkreten Erfahrungswelt, so bedeutete 'Freiheit' für die Bürger der Abteistädte die Freiheit von ihrem Stadtherrn, konservativen Benediktinern. Direkte Änderungen konnte die bald niedergeschlagene Peasants' Revolt zwar nicht herbeiführen, doch markieren diese Erhebungen das Ende einer Ära.

[5] *Agrarwirtschaft, Handel und Gewerbe im 15. Jahrhundert:* Das engl. →Dorf wandelte nach dem Schwarzen Tod sein Gesicht. Eine Ära, in der die Menschen Druck auf das Land ausübten, wurde abgelöst von einer Periode, in der die Menschen unter dem Druck des Landes standen. Es gab mehr Land, als die Familien der bestehenden Dörfer bearbeiten konnten, zumindest in der hergebrachten Weise. Die Bauernstellen nahmen an Größe zu; neue Familien traten auf, die nicht bereit waren, Land zu den alten Bedingungen zu übernehmen, v. a. lehnten sie es ab, mit Frondiensten belastetes Land zu pachten. Nur bei den alten Familien des Dorfes war die »Untertänigkeit« *(villeinage)* Tradition. Doch diese alteingesessenen Familien starben allmählich aus (auf den Besitzungen von Winchester lebten um 1530 weniger als 30). Im 15. Jh. war die ältere Leiheform *(in villeinagio* oder *in bondagio)* weitgehend durch die Pacht *(tenure at will)* oder durch die →copyhold (per copiam) abgelöst worden. Die Formen persönl. Abhängigkeit schwanden, die wirtschaftl. Abhängigkeit der Bauern aber blieb bestehen.

Mit dem demograph. Rückgang wurden zahlreiche Siedlungen wüst, häufig kleinere Ausbausiedlungen innerhalb bestehender Gemarkungen (→ Wüstungen). Nach den schriftl. Quellen lag die Hauptperiode der Wüstungen in der Zeit von ca. 1450 bis zur Mitte des 16. Jh. Die geregelte →Dreifelderwirtschaft konnte nur funktionieren, wenn eine bestimmte Mindestanzahl an Familien im Dorf lebte. Sank die Zahl der Familien unter dieses Minimum, so zerfiel auch die das Land im Verbund bearbeitende dörfl. Gemeinschaft, auch wenn isolierte Bauernhöfe übrigblieben (Teilwüstung). Eine solche Entwicklung fand in einigen Gebieten der Midlands in den 30er Jahren des 15. Jh. statt: Diese Gebiete hatten ein aus Weidewirtschaft und Ackerbau gemischtes landwirtschaftl. System. Die Gewichte verlagerten sich hier zunehmend zur Weidewirtschaft hin, da sie weniger arbeitsintensiv war und oft höhere Profite abwarf (s. a. →enclosure). Die großen Schafherden, seit der Tudorzeit oft für die Entvölkerung verantwortl. gemacht, waren mehr ein Symptom als eine Ursache.

Im 14. und 15. Jh. wandelte sich E. von einem Rohstoffproduzenten zu einem Land mit bedeutender Gewerbeproduktion. Den Schlüssel zu dieser Entwicklung liefert das neue Wachstum von Textilverarbeitung und -export. Am Anfang dieser Entwicklung stand die kontinuierl. inländische Nachfrage nach Tuch. Kurz vor dem Schwarzen Tod wurden ca. 12 000 Tuche exportiert, während der Inlandmarkt 5000–6000 einheim. Tuche, aber 9000–10 000 importierte Tuche verbrauchte. In den neunziger Jahren des 14. Jh. dagegen wurden mehr als 40 000 Tuche pro Jahr für den Export, doch nur ca. 10 000 für den Inlandmarkt gefertigt. Textilimporte spielten zu dieser Zeit keine Rolle mehr. Mit der Expansion des Textilexporthandels erlebte die bis dahin bedeutende Ausfuhr engl. Wolle einen starken Rückgang. Von 30 500 Sack Wolle in den Jahren um 1310 hatte sich die Ausfuhr um 1410 auf 13 500 Sack verringert. Nimmt man Wolle und Tuch zusammen, so umfaßten die Exporte in den achtziger Jahren des 13. Jh. £ 157 000 und in den vierziger Jahren des 15. Jh. £ 141 000. Dies zeigt einen Rückgang von nur 10% bei einem Bevölkerungsrückgang von ca. 50% während dieses Zeitraums.

Hinter diesen Zahlen stehen zahlreiche bedeutende Wandlungen. Der neuen Nachfrage nach engl. Tuch wurde durch Ausbau der städt. Tuchproduktion, aber auch durch die Entstehung eines ländl. Tuchgewerbes Rechnung getragen. Die drei führenden Textilregionen waren Ostanglien, Yorkshire (West Riding) sowie insbes. Westengland mit den Cotswolds. Orte wie Stroudwater und Castle Combe spezialisierten sich auf feine Wollgewebe *(broadcloth)*. Da diese Textilsorte stark gewalkt werden mußte, entwickelte sich hier bes. die mit Wasser getriebene Walkmühle (→Mühle). Die Tuchproduktion ließ sich auf dem Land ebenso gut organisieren wie in der Stadt. Die These von einer frühen »industriellen Revolution« (E. CARUS-WILSON) bleibt zweifelhaft. Das Wachstum des Tuchhandels war eher das Ergebnis einer Reihe von Ereignissen, die sich aus den Erfordernissen des kgl. Fiskus ergaben. Zur Deckung der Kriegskosten wurde eine starke Besteuerung der Wolle durchgeführt, wodurch in den dreißiger Jahren des 14. Jh. die Wollsteuer eine Höhe von 30–33% des Fertigprodukts erreichte, während sich die Steuer auf Fertigtuche nur auf 3–5% belief. Die finanziellen Bedürfnisse der Krone begünstigten außerdem eine Tendenz zum Monopol, der Preis für die Beteiligung der Kaufleute an der Finanzierung des Krieges. Beim Wollhandel war die fiskal. Kontrolle an die Stapler (*Merchants of the Staple;* →Stapel, -recht) gebunden; Stapelorte waren diejenigen Städte, in denen die Wolle versteuert werden mußte. Im 15. Jh. wurde der engl. Wollstapel in →Calais errichtet. Im Tuchhandel genossen die →*Merchant Adventurers* eine ähnliche Vorrangstellung. Bis zum Ende des MA hatten die Kaufleute von →London ein faktisches Monopol über den Tuchexport nach den Niederlanden errungen. Die Beschränkung auf eine einzige Ware, deren Ausfuhr zudem über ein kleines Gebiet erfolgte, war nicht unbedenklich, wie sich im 16. Jh. herausstellen sollte.

E. lag an einer Nahtstelle des europ. Handels im Kreuzungspunkt von nördl. und südl. Handelsrouten. Gut erschlossene Seehandelswege verbanden E. mit Nordeuropa wie mit dem südwestl. Frankreich. Die Kaufleute der dt. →Hanse wurden verstärkt von E. angezogen, nachdem es zum führenden Produzenten von Wollstoffen aufgestiegen war. Im Austausch gegen diese exportierten die Hansen Schiffsbedarf, Pelze, Flachs und Leinen, Erze, Pottasche und Fisch. Die engl. Kaufleute versuchten im 15. Jh., das hans. Monopol zu brechen und selbst in den Ostseeraum einzudringen, was jedoch nur z. T. gelang. Die wirtschaftl. Potenz der Kaufleute aus rhein.-westfäl.

Städten (→Köln, →Dortmund usw.) war größer als diejenige der Kaufleute an der engl. Ostküste, die ohne die Unterstützung der kapitalkräftigeren Londoner Handelsherren operierten. Im S litt der Weinhandel mit den anglogascogn. Gebieten (→Bordeaux) unter dem Hundertjährigen Krieg. Im frühen 14. Jh. wurde der größte Teil der Weinexporte aus der Gascogne von engl. Kaufleuten betrieben, wobei ein erhebl. Anteil nach E. importiert wurde. Dieser Import verringerte sich im 15. Jh. um 50%, der Transport erfolgte nun vorwiegend auf breton. und span. Schiffen. Der im 13. Jh. eröffnete direkte Seeweg zum Mittelmeer war bis um 1400 stark befahren. Venezian. und florent. Galeeren sowie genues. Carraccen brachten Rohstoffe für die Tuchproduktion, Gewürze und Drogen, kostbare Stoffe und Süßweine nach E. Im Gegenzug führten sie große Mengen an Tuch, außerdem Wolle und Zinn aus E. aus. Die Italiener waren in E. zwar ztw. unpopulär, ihre Tätigkeit jedoch von großem wirtschaftl. Nutzen. Ihre Kredite und Wechselgeschäfte waren für den engl. Handel mit den Niederlanden unverzichtbar. Die engl. Kaufleute litten demgegenüber stets unter Kapitalmangel, was ihre Operationsmöglichkeiten einengte.

[6] *Stadtentwicklung im 15. Jahrhundert:* Der demograph. Rückgang in den Städten des 15. Jh. wurde durch eine allgem. Abwanderungsbewegung vom Land in die Städte teilweise ausgeglichen. Lediglich London konnte seine Bevölkerungszahl aufrechterhalten, die seit 1200 selten unter 50 000 Einw. lag. London war das unbestrittene städt. Zentrum des ganzen Landes. In seinem Vorort →Westminster residierten die Regierungs- und Verwaltungsinstitutionen einer hochzentralisierten und starken Monarchie; London war Tagungsort der →Parliaments und Haupthafen des Kgr. es. Alle diese Funktionen begünstigten Londons Wachstum auf Kosten der anderen Städte. Um die Mitte des 15. Jh. wurden bereits 60% des gesamten Außenhandels über London und seine Vorhäfen Sandwich und Southampton abgewickelt. 1334 war London dreimal so reich wie die größte engl. Provinzstadt →Bristol, 1524 zehnmal so reich wie die zweitgrößte Stadt →Norwich. Sein Wohlstand strahlte auch auf die Umgebung aus; Städte wie Dorchester und Henley im Themsetal profitierten von der Nahrungsmittelversorgung der Hauptstadt.

Die im Tuchgeschäft engagierten Städte genossen zumeist wirtschaftl. Sicherheit und mäßigen Wohlstand (so war z. B. →Gloucester Zentrum für die Region Cotswolds, →Salisbury für Wiltshire, →Norwich für Ostanglien). In den Midlands verstand es →Coventry, Kapital und Arbeitskraft vom Wollhandel auf die Tuchproduktion zu verlagern. In anderen Städten der Midlands führte der Verfall des Wollhandels dagegen zu wirtschaftl. Niedergang (Bedford, Warwick, Nottingham, Leicester, bes. auffällig in →Lincoln). Im N erlebte →York im 13./14. Jh. zunächst einen Aufschwung, bedingt v. a. durch die Kriege gegen →Schottland (Konzentration der kgl. Administration für das gesamte Grenzland zw. 1298 und 1377) sowie durch das ertragreiche Tuchgewerbe. Im 15. Jh. erfolgte jedoch ein wirtschaftl. Niedergang: Das Handelsvolumen des Hafens von York, →Hull, sank um mindestens 75%, eine Folge der Verlagerung des hans. Handels auf London. Auch und gerade in dieser Krisenzeit wachten die Städte eifersüchtig über ihre alten Freiheiten und Privilegien, was wirtschaftl. wenig vorteilhaft war, aber auf dem Hintergrund städt. Entwicklung seit dem HochMA gesehen werden muß. Im 12. Jh. hatten sie sich bemüht, 'libertas' zu erringen, um – ohne feudale oder lokale Zwischeninstanzen – direkt dem Kgtm. zu unterstehen, ihre eigenen Beamten zu wählen und über ein eigenes Gericht zu verfügen. Im 13. Jh. hatten die bedeutenderen Städte das Recht der eigenen Bürgermeisterwahl (→*mayor, mayoralty*) erlangt, eine bemerkenswerte Entwicklung, denn die Institution des mayor war ein rein bürgerl. Amt und symbolisierte die Einheit der Stadt. Unterhalb des mayor rangierten städt. →*Sheriffs* und →*Chamberlains* (Kämmerer) mit gerichtl. und finanziellen Kompetenzen. Die Macht in der Stadt lag in den Händen einer schmalen Oligarchie, zumeist Kaufleuten mit Kapitalbesitz. Im 14. Jh. wurden die größeren Städte zu eigenen Grafschaftsbezirken (→*shires*) und erhielten ihre Rechte in kgl. Urkunden fixiert, in denen die »fünf Rechte« garantiert wurden: freies Erbrecht, eigenes Siegel, Anerkennung durch Common Law, Besitz zu freiem Eigen und Rechte auf eigene Statuten und Ordnungen. Die Korporationen der Handwerker standen unter enger städt. Kontrolle, sie hatten eher eine soziale als wirtschaftliche Funktion. Sie bildeten die Vermittler zw. dem sozioökonom. System der handwerkl. Produktion und der allgemeinen städt. Gemeinschaft. Die Gilden spielten darüber hinaus eine wichtige Rolle im städt. Zeremoniell und Brauchtum, was für die Lebensformen und das Identitätsgefühl einer Stadt so wichtig war. Ein bedeutendes literar. Zeugnis städt. Lebens sind die großen →Mysterienspiele, durch welche die Rolle der Korporationen für das allgemeine Wohl der Stadt betont wurde (→»Chester Plays«, →»Ludus Coventriae«, →»Towneley Cycle«, →»York Plays«).

Im 15. Jh. gab es einige Ansätze für echtes wirtschaftl. Wachstum. Das Pro-Kopf-Einkommen befand sich auf hohem Niveau. Doch wurde der hierdurch auftretenden Nachfrage oft nicht ausreichend entsprochen. Man hat dafür oft die Restriktionen von seiten der Handwerkerzünfte verantwortl. gemacht. Auf lange Sicht war jedoch mehr der chronische Kapitalmangel, der die wirtschaftl. Entwicklung hemmte. Auf vielen Sektoren bestand ein Bedarf an →Investitionen, so in Textilgewerbe, Bergbau und Metallverarbeitung wie auch im Bereich von Reederei und Schiffahrt, in dem gegen Ende des 15. Jh. die ersten Ansätze zu überseeischen Expeditionen feststellbar sind (→Caboto). Bei der Textilherstellung hätte nur der Aufbau eines Manufakturwesens Gewinnsteigerungen erbringen können, doch wurde an der traditionellen handwerkl. Produktion (im Verlagssystem) festgehalten. Ohne ausreichenden Kapitalzufluß waren größere Innovationen nicht durchführbar. Die Gewinne aus Gewerbe und Handel wurden aber bevorzugt in städt. und ländl. Grundbesitz angelegt. Eigenes Land verlieh sowohl gehobenen sozialen Status als auch Sicherheit. Das Verhältnis zu Reichtum und Besitz hatte sich im Laufe von zehn Jahrhunderten nicht grundlegend gewandelt. Die Mentalität wurde in erster Linie durch die Konsumtion von Gütern bestimmt, in geringerem Maße erst durch Warenproduktion und Kapitalinvestition.   E. J. K ING

Lit.: Hb. der europ. Wirtschafts- und Sozialgesch. II, 206–258 [H. R. LOYN–E. MILLER] – R. LENNARD, Rural E. 1086–1135, 1959 – G. A. HOLMES, Florentine Merchants in E., 1346–1436, EconHR 13, 1960/61 – P. D. A. HARVEY, A Medieval Oxfordshire Village. Cuxham. 1240 to 1400, 1965 – R. H. HILTON, A Medieval Soc. The West Midlands at the End of the Thirteenth Century, 1966 [Repr. 1983] – M. K. JAMES, Stud. in the Medieval Wine Trade, 1971 – The Agrarian Hist. of E. and Wales, hg. J. THIRSK, Bd. I, 2, 1972 [Bd. II und III im Ersch.] – A New Hist. Geography of E., hg. H. C. DARBY, 1973, Kap. 1–5 – H. C. DARBY, Domesday E., 1977 – T. H. LLOYD, The English Wool Trade in the MA, 1977 – S. REYNOLDS, An Introduction to the Hist. of English Medieval Towns, 1977 – E. MILLER–J. HATCHER, Medieval E. Rural Soc. and Economic Change 1086–1348, 1978 – J.-M. PETERS, Hansekaufleute als Gläubiger der engl. Krone, 1294–1350, 1978 – M. BERES-

FORD–J. K. S. ST. JOSEPH, Medieval E. An Aerial Survey, 1979² – E. KING, E. 1175–1425, 1979 – C. PHYTHIAN-ADAMS, Desolation of a City. Coventry and the Urban Crisis of the Late MA, 1979 – J. L. BOLTON, The Medieval English Economy 1150–1500, 1980 – Z. RAZI, Life, Marriage and Death in a Medieval Parish [Halesowen], 1980 – C. TAYLOR, Village and Farmstead. A Hist. of Rural Settlement in E., 1983.

I. Archäologie

I. Ländliche Siedlungen – II. Städtische Siedlungen – III. Gewerbliche Tätigkeit – IV. Burgen – V. Klöster, Stifter, Kirchen.

Die engl. MA-Archäologie befindet sich im Vergleich zu anderen Zweigen der Archäologie noch in den Anfängen. Die folgenden Ausführungen stellen einen Versuch dar, die aus der Grabungstätigkeit bereits gewonnenen Einzelergebnisse synoptisch zu erfassen und die Hauptschwerpunkte der engl. MA-Archäologie der letzten 30 Jahre wiederzugeben.

I. LÄNDLICHE SIEDLUNGEN: Über die geschlossenen Siedlungen der engl. Landbevölkerung (→Dorf, Abschnitt B) haben wir zahlreiche Aufschlüsse durch die Ausgrabungen von mehreren Dörfern erhalten, deren Wohnplätze im späten MA verödeten und nicht mehr wiederbesiedelt wurden (Totalwüstung). Mehr als 3000 →Wüstungen sind z. Z. bekannt, aber erst wenige bislang archäolog. untersucht. Am besten erforscht ist die seit den fünfziger Jahren unseres Jahrhunderts ausgegrabene Wüstung →Wharram Percy (Gft. N. Yorkshire). Ihre Bauernhäuser waren wegen der Kreidevorkommen größtenteils Steinbauten, die auf einem eingefriedeten Hof lagen. Es wurde auch ein Herrenhaus (manor house) ergraben, dessen Lage während der Besiedlungsdauer des Dorfes mehrfach wechselte; offenbar wurde es vom Zentrum des Dorfes an einen ruhigen Platz am nördl. Rand verlegt. Die wirtschaftl. Basis der Bevölkerung von Wharram Percy beruhte auf dem Ackerbau (v. a. Weizen, Gerste, Hafer, Hülsenfrüchte); an Vieh wurden Rinder, Schafe, Schweine und Pferde gehalten. Auch anderswo in E. wurden ähnliche Dorftypen mit vergleichbaren Wirtschaftsformen festgestellt, wobei die Gebäude jeweils aus dem örtlich verfügbaren Material errichtet wurden. So bestanden z. B. in Goltho (Lincolnshire) die Wohnhäuser aus Holz mit Lehmfüllung (cob). Üblicherweise waren die Wohnhäuser der Bauern auf einfachem rechteckigen Grundriß erbaut. Die Hütten (cots; vgl. nd. 'Kate') der ärmsten Bevölkerungsgruppe ohne Land- und Viehbesitz bestanden aus einem einzigen Raum von maximal 10 m × 5 m, der ausschließl. Wohnzwecken diente. Die Häuser der wohlhabenderen Bauern, der villeins, erreichten eine Länge von maximal 30 m (longhouses) und waren in verschiedene Bereiche (Wohnteil, Stallteil, Speicherteil) untergliedert. Die reichsten Bauern lebten auf Gehöften (farms), bei denen das Wohnhaus, Ställe und Scheunen um einen Hof angeordnet waren. Derartige Gehöftanlagen bildeten aber bis ins 15. Jh. die Ausnahme (vgl. auch →Bauernhaus, Abschnitt E). Über die Ursachen der Aufgabe zahlreicher Dörfer in E. im SpätMA existieren verschiedene Theorien. Neben der traditionellen Erklärung, die den Bevölkerungs- und Siedlungsrückgang auf den Schwarzen Tod des 14. Jh. zurückführt, wird v. a. eine Klimaverschlechterung zu Beginn des 14. Jh. und z. T. die Umwandlung von Ländereien zu →enclosures für den demograph. Verfall namhaft gemacht.

Das Land – und häufig auch die Bewohner der ma. Dörfer – unterstanden Herren, die in manor houses in oder bei den Dörfern lebten. An zahlreichen Orten, z. B. in Goltho, waren diese Herrenhäuser von – häufig wasserführenden – Gräben umgeben, die als Grenzscheiden, Dränierungsanlagen oder zur Verteidigung dienten. Mehr als 5000 von Gräben umzogene ma. Siedelplätze (moated sites) sind in E. bekannt, doch erst gut 3% sind ausgegraben. Zahlreiche dieser moated sites, die große Wohnbauten aus Holz oder Stein umfaßten, können als Sitze adliger Herren angesprochen werden, z. T. handelt es sich aber wohl um Höfe reicher, aber nichtadliger Bauern. Die Sitte, Gräben um das Haus anzulegen, setzte anscheinend im 13. Jh. bei der Oberschicht ein und erreichte später die mittleren ländl. Bevölkerungsschichten.

II. STÄDTISCHE SIEDLUNGEN: Seit den frühen siebziger Jahren unseres Jahrhunderts haben mehr Ausgrabungen in Städten als in ländl. Siedlungen stattgefunden; die intensivste archäolog. Erforschung erfuhren →Winchester und die City of →London. In Winchester wurden die archäolog. Forschungen im Zusammenhang mit den schriftl. Quellen ausgewertet; so konnte ein Bild des Lebens in einer ma. Stadt mit ihren zahlreichen Pfarrkirchen, Gewerbebetrieben (Wassermühlen, Gerbereien usw.), Händlervierteln und Wohnhäusern gezeichnet werden. Die Ausgrabungen in London, die sich auf Bereiche nahe dem Themseufer konzentrierten, haben äußerst wertvolle Aufschlüsse über die Entwicklung eines →Hafens im ma. E. erbracht. Die ausgegrabenen Areale waren meist sehr feucht, was die sehr gute Erhaltung der hölzernen Kaianlagen und des sonstigen in diesem Gebiet abgelagerten organ. Materials zur Folge hatte; dies ermöglichte eine genaue Datierung (mittels Dendrochronologie) und vermittelte eine detaillierte Kenntnis des wirtschaftl. Lebens in einem ma. Hafen. Weitere wichtige Ausgrabungen in Häfen fanden in →Bristol und →Hull statt, die Stadtkernarchäologie wird in →Canterbury, →Lincoln, →York usw. fortgeführt; die Ausgrabungen im hibernoskand. →Dublin liefern wichtiges Vergleichsmaterial.

III. GEWERBLICHE TÄTIGKEIT: Die Ausgrabungen im städt. und ländl. Bereich haben eine Reihe von Hinweisen auf Gewerbetätigkeiten ergeben. Doch hat die Archäologie insgesamt sich erst in jüngster Zeit diesem wesentl. Bereich des ma. Wirtschaftslebens zugewandt. Der wichtigste Gewerbezweig des engl. MA war fraglos die Tuchherstellung; dennoch sind die archäolog. Belege hierfür vergleichsweise spärlich. Auch die Lederverarbeitung ist bislang nur oberflächl. erforscht, obwohl in jüngster Zeit zahlreiche Funde lederner Objekte (Schuhe, Gürtel, Scheiden usw.), insbes. im Ufer- oder Hafenbereich, neues Licht auf diesen Produktionszweig geworfen haben. Die Ausgrabungen von Gerbergruben, in Städten wie in Kl., geben Aufschluß über die techn. Durchführung der Gerbereiarbeiten; die häufig festgestellte Nachbarschaft von Gerbergruben zu Färberbottichen zeigt das Bestreben, diese wegen ihrer Geruchsbelästigung unbeliebten und verachteten Gewerbe an bestimmten Plätzen zu konzentrieren. Der archäolog. am besten erforschte Produktionszweig ist die Töpferei, die sowohl die Herstellung von Küchen- und Tafelgeschirr als auch von Ziegeln, Fliesen u. a. Baumaterialien umfaßte. Dieses Handwerk ist über viele Jahrzehnte hin untersucht worden, und die Entwicklung der verschiedenen Typen von Keramiköfen ist mittlerweile gut erforscht: Der Brennofen mit einfachem Abzug war in E. vorherrschend bis zum 13. Jh. und wurde dann vom Brennofen mit doppeltem Abzug abgelöst. Im 15. Jh. trat an seine Stelle der Keramikofen mit mehrfachem Abzug; dieser Typ konnte mit →Kohle betrieben werden, einem erst im SpätMA stärker belegten Brennstoff (→Heizung), und ermöglichte die Brennung einer größeren Zahl von Gefäßen in einem einzigen Brennvorgang. Damit war dieser Keramikofen seinen Vorgängern technisch überlegen. Die verschiedenen Arten der ma. Keramik bieten ein differenziertes und vielgestaltiges Bild, das eine Unterscheidung nach Regionen und Entstehungszeit ermöglicht.

IV. BURGEN: Es gibt vor 1066 nur wenige Belege für die Existenz von →Burgen (hier Abschnitt C. X, 1); zu den älteren Wehranlagen vgl. →Befestigung, A. III; →*burh*. Die Ags. →Chronik berichtet, daß in Herefordshire mehrere Burgen lagen, errichtet von (frz.-norm.) Gefolgsleuten Kg. Eduards des Bekenners (1042–66), doch ist über die Bauweise nichts bekannt. Nach der norm. Eroberung wurden Burgen in großer Zahl gebaut (vgl. →Burg, Abschnitt C. X, 2). Die im 11. Jh. errichteten Burgen waren zumeist Erde-Holz-Burgen mit →Motte und Vorburg *(motte-and-bailey)*. Die Grundform der Anlage wurde, wie die Grabungen ergeben haben, vielfach variiert; der hölzerne Turm konnte z. B. auf der Motte stehen oder aber auf der Grundfläche, verstärkt durch einen aufgeworfenen Erdwall. Der Bildteppich v. →Bayeux zeigt in seiner Abbildung des Baus der Burg von Hastings eine Konstruktionsart der Motte, die nach neueren Ausgrabungen der Burg von Baile Hill in York auch dort angewandt wurde. Seit dem frühen 12. Jh. errichtete man die Burgen zunehmend in Stein; zahlreiche Beispiele sind erhalten (vgl. auch →Donjon [*keep*]).

V. KLÖSTER, STIFTER, KIRCHEN: Die Ausgrabungen in den monast. Anlagen konzentrierten sich zunächst auf die Erforschung des Klostergrundrisses, der für alle Orden mittlerweile erhellt worden ist; in jüngster Zeit verlagerte sich der Forschungsschwerpunkt vielfach hin zu den Wirtschaftsgebäuden außerhalb des inneren Klosterbereichs (Ställe, Gerberwerkstätten, Getreidespeicher, Mühlen), so bei der Erforschung der Zisterzienserabtei Bordesley (Worcestershire) und des Augustinerpriorates Norton (Cheshire). Die Erforschung der Pfarrkirchen ist nicht mehr allein auf die Erhellung der Baugeschichte und des Grundrisses zentriert, sondern erfaßt die Kirche im Kontext der allgemeinen topograph.-siedlungsgesch. Entwicklung. H. Clarke

Lit.: HOOPS² I, 310–318 [D. M. Wilson]–H. CLARKE, The Archaeology of Medieval E., 1984 [Lit.].

Zur Architektur- und Baugeschichte in E. vgl. →Baukunst, Abschnitt A. II, 2; III, 3; IV, 3; →Burg, →Kirchenbau, →Kloster, →Städtebau.

J. Geschichte der Juden in England
I. Äußere Lebensbedingungen im Rahmen der christlichen Umwelt – II. Inneres Leben.

I. ÄUSSERE LEBENSBEDINGUNGEN IM RAHMEN DER CHRISTLICHEN UMWELT: Die Geschichte der Juden E.s, die zahlenmäßig nur eine kleine Minderheit innerhalb der Gesamtbevölkerung des Kgr.es bildeten, ist ungewöhnlich gut belegt und wurde von den Historikern daher oft als Paradigma für die wechselvollen und gespannten Beziehungen zw. den Juden und der christl. Bevölkerung im MA herangezogen. Reisende jüd. Fernhändler und Sklavenhändler mögen schon das späte ags. E. besucht haben, doch begann die Geschichte der ansässigen jüd. Gemeinden in E. erst nach der norm. Eroberung von 1066. Nach dem Chronisten →Wilhelm v. Malmesbury konnten sich erstmals unter Kg. Wilhelm I. im späten 11. Jh. aus Rouen stammende Juden in E. ansiedeln. Die City of →London dürfte die älteste Judengemeinschaft beherbergt haben, sie blieb auch stets die größte. Die etappenweise Verbreitung von Juden in den größeren engl. Städten im Laufe des 12. Jh. läßt sich – wenn auch lückenhaft – aus den Quellen der kgl. Kanzlei- und Verwaltungsbehörden, insbes. aus den →Pipe Rolls, entnehmen; in den letzten Regierungsjahren Heinrichs II. (1154–89) scheint die jüd. Bevölkerung für das MA ihren höchsten Stand erreicht zu haben, wobei in den meisten bedeutenderen Städten, von Newcastle-upon-Tyne im N bis nach Exeter im SW, Gemeinden bestanden. Dank ihrer Kenntnis der Bibel und Schriftauslegung gehörten zahlreiche gebildete Juden offenbar den *familiae* oder den Hofhalten anglonorm. Bf.e an; so hat z. B. bald nach 1100 Mauritius, der Prior des neuen Kl. Kirkham (Yorkshire), die hebr. Schrift von jüd. Gelehrten an der Kathedralschule v. York erlernt. Die große Mehrheit der Juden in E. verdiente ihren Lebensunterhalt allerdings durch wirtschaftl. Tätigkeiten in den Städten, insbes. durch Geldverleih. Von 1166 bis zu seinem Tod i. J. 1186 unterhielt Aaron v. Lincoln ein weitgespanntes Netz von Kreditgeschäften, das große Teile E.s umfaßte; dieses Netz konnte nicht zuletzt von der Monarchie für die eigenen fiskal. und finanziellen Transaktionen benutzt werden. In erster Linie wegen dieses finanziellen Nutzens wurden die Juden in E. – wie auf dem Kontinent – als *servi camerae nostrae* (→Kammerknechte) in einem sorgsam gehüteten Schutz- und Abhängigkeitsverhältnis zur Krone gehalten.

Die Verbindung der Juden mit den finanziellen Forderungen der Krone hat zweifellos mit zur Ausprägung des Judenhasses und zum Aufkommen antijüd. Demonstrationen und Verfolgungen geführt. Die Thronbesteigung Richards I. Löwenherz – eines Kg.s, dessen Kreuzzugseifer bekannt war – ermunterte seine Untertanen, auch die Ungläubigen im Lande selbst zu verfolgen; an seinem Krönungsabend (Westminster, 3. Sept. 1189) fanden in London starke antijüd. Ausschreitungen statt. Im darauffolgenden Frühjahr kam es zu Judenpogromen in King's Lynn, Norwich, Stamford, Bury St. Edmunds und Lincoln. Die schlimmste dieser Verfolgungen erlitt die Judengemeinde von York, wo wohl mindestens 150 ihrer Mitglieder in der Nacht des Shabbat ha Gadol (16. März 1190) den Tod fanden; die ungewöhnl. detaillierten Berichte über dieses Blutbad, die wir in christl. Chroniken und jüd. Martyrologien finden, zeigen, daß Barone aus Yorkshire z. T. die Verantwortung hierfür trugen, insbes. der bei jüd. Gläubigern hochverschuldete Richard de Malebysse. Dennoch kehrten die jüd. Gemeinden bald nach York und in andere Städte zurück; von 1190 an ließ die Krone in eigenem finanziellen Interesse den jüd. Geldverleih äußerst sorgsam durch einen bes. →Exchequer für die Juden (*scaccarium Judaeorum*) überwachen. Wenn sich die Pogrome von 1189–90 im 13. Jh. auch nicht wiederholten, so scheinen sich insgesamt doch die Beziehungen zw. christl. und jüd. Bevölkerung bis zur endgültigen Vertreibung von 1290 kontinuierl. verschlechtert zu haben. Verantwortl. dafür waren z. T. die üblen →Ritualmordbeschuldigungen gegen zahlreiche jüd. Gemeinden im 13. Jh.; bereits 1144 waren die Juden von Norwich angeklagt worden, den (später heiliggesprochenen) Knaben Wilhelm v. Norwich umgebracht zu haben. Obwohl aus den erhaltenen jüd. Verteidigungsschriften und Memoranden hervorgeht, daß auf individueller Grundlage noch enge Beziehungen zw. Juden und Christen bestanden haben dürften, fand ein gegenseitiges Verstehen und Vertrauen zw. den Angehörigen der beiden Religionsgemeinschaften insgesamt keine Basis mehr.

Während des 13. Jh. hatten die ca. 20 engl. Judengemeinden weiterhin die Erlaubnis, Kreditgeschäfte zu betreiben und ihre Schuldscheine in bes. Laden (*archae*) aufzubewahren. Sie befriedigten auch weiterhin den Kapitalbedarf weiter Kreise der engl. Gesellschaft. Obwohl in

Städten ansässig, gaben Juden insbes. den Mitgliedern des engl. Landadels, der →*Gentry*, umfangreiche Kredite zu hohen Zinsen von 2 d. pro Pfund oder noch höher. Die lukrativen Gewinne wurden jedoch zunehmend durch die von der Krone geforderten hohen Abgaben reduziert; nach →Matthäus Paris war selbst das riesige Vermögen Aarons v. York († 1268), des reichsten engl. Juden des 13. Jh., gegen Ende seines Lebens durch die kgl. Abgabenforderungen so gut wie vernichtet. Ob eine Mäßigung der Krone gegenüber den Juden diesen ihren Wohlstand hätte bewahren können, bleibt eine umstrittene Frage; auf jeden Fall traf die Regierung Eduards I. (1272–1307) bereits auf eine Atmosphäre der erneut aufgelebten Intoleranz gegenüber der Präsenz von Juden im Kgr. Durch das »Statutum de Judeismo« (1275) wurde den Juden der Geldverleih förmlich verboten; in dieser letzten Phase jüd. Lebens im engl. MA wurden auch verstärkte Anstrengungen unternommen, Juden zur Konversion zu bewegen. Die Rechnungen des Verwalters der Londoner Domus Conversorum von 1280–83 legen nahe, daß damals nur noch ca. 2500 Juden in E. gelebt haben können; das einstmals so eindrucksvolle intellektuelle Leben der engl. Juden befand sich ebenfalls im Niedergang. Der Entschluß Kg. Eduards I., die Juden in ihrer Gesamtheit aus dem Kgr. zu vertreiben, konnte ihm bei seinen Untertanen nur Popularität einbringen. Auf dem Parliament zu Westminster (Juli 1290) verkündete Eduard seine Entscheidung, daß »alle Juden unseres Kgr.es zu einem immerwährenden Exil, ohne Hoffnung auf Rückkehr« verurteilt seien. Ihre Häuser und Besitzungen, die innerhalb der wirtschaftl. Zentren von 15 engl. Städten lagen, wurden rasch von der Krone konfisziert; die Juden selbst wurden mit bemerkenswerter Schnelligkeit per Schiff nach Frankreich und Deutschland geschafft. Eduards I. Ausweisung der gesamten jüd. Bevölkerung E.s war die erste Vertreibungsaktion dieser Art durch einen ma. Staat. Erst im 16. Jh. wanderten wieder einige wenige Juden von der Iber. Halbinsel nach E. ein, in ein Land, in dem ihre Vorfahren zw. 1066 und 1290 zwar blühenden Wohlstand gefunden hatten, aber um den Preis noch größerer Leiden und Verfolgungen. R. B. Dobson

II. INNERES LEBEN: Die jüd. Gemeinden des ma. E. handelten im Verkehr untereinander als autonome Körperschaften. Keine Gemeinde konnte sich in die Belange der anderen einmischen. Ein aus den Reihen der jeweiligen Judenschaft am Ort zuerst gewählter, später vom Kg. nur noch ernannter →*bailiff* trieb die Abgaben für die Krone ein. Über das in den Quellen ebenfalls erwähnte Gemeindeamt des episcopus Judaeorum besteht Unklarheit. Das geistige Leben in den Gemeinden wurde von der Tätigkeit der engl. →Tosafisten geprägt, die den Talmud auslegten und die Probleme des Alltagslebens in ihren Rechtsentscheiden, den sog. →Responsen, behandelten. Soweit sie Beziehungen zur nichtjüd. Umwelt behandeln, stellen sie für die allgemeine ma. engl. Rechts-, Wirtschafts- und Sozialgeschichte eine wichtige, fast völlig unerschlossene Quellengattung dar. Eine beachtenswerte religiöse Poesie (→Pijjut) und mystisch-esoter. Spekulationen kennzeichnen das frömmigkeitsgeschichtl. Profil der ma. engl. Judenheit. Im Unterschied zu anderen Diasporagemeinden setzte man sich im engl. Judentum des 13. Jh. auch mit der zeitgenöss. christl. Theologie überaus intensiv und sachkundig auseinander. Vgl. auch→Juden, Judentum.

H.-G. v. Mutius

Q.: M. D. Davis, Hebrew Deeds of English Jews before 1290, 1880 – J. Jacobs, The Jews of Angevin E.: Documents and Records, 1893 – Select Pleas, Starrs and Other Records from the Rolls of the Exchequer of the Jews (1220–1284), ed. J. M. Rigg, 1901 – Calendar of the Plea Rolls of the Exchequer of the Jews, ed. H. G. Richardson u. a., 1905–72 – Starrs and Jewish Charters preserved in the British Museum, ed. I. Abrahams, H. P. Stokes, H. Loewe, 1930–32 – *Lit.*: H. P. Stokes, Stud. in Anglo-Jewish Hist., 1913 – P. Elman, The Economic Causes of the Expulsion of the Jews in 1290, EconHR 7, 1937 – M. Adler, The Jews of Mediaeval E., 1939 – C. Roth, The Intellectual Activities of Medieval English Jewry, British Academy, Suppl. Papers 8, 1949 – H. G. Richardson, The English Jewry under Angevin Kings, 1960 – G. I. Langmuir, The Jews and the Archives of Angevin E.: Reflections on Medieval Anti-Semitism, Traditio 19, 1963 – C. Roth, A Hist. of the Jews in E., 1964 – V. D. Lipman, The Jews of Medieval Norwich, 1967 – F. D. Logan, Thirteen London Jews and Conversion to Christianity: Problems of Apostasy in the 1280s, BIHR 45, 1972 – R. B. Dobson, The Jews of Medieval York and the Massacre of March 1190, Borthwick Papers 45, 1974 – Ders., The Decline and Expulsion of the Medieval Jews of York, Transactions of the Jewish Hist. Society of E. XXVI, 1979.

Englisch, Bezeichnung für den engl. →Sterling, der seit dem Ausgang des 12. Jh. in seinen drei verschiedenen Typen in den Niederlanden und Westdeutschland, bes. in Westfalen, ferner auch in Frankreich, Skandinavien und im Baltikum heimisch wurde. In den Niederlanden und Westfalen wurde er im 13. und 14. Jh. vielerorts nachgeahmt. Die engl. Originale begegnen wie die Nachahmungen in der Urkundensprache seit dem 13. Jh. als »denarii anglici« oder als *enghelse*. Die Bezeichnung Enghelse oder E. wird seit dem 14. Jh. auf weitere Münzsorten wie den rhein. →Halbschilling und den →Witten der norddt. Hansestädte übertragen. In Frankfurt, wo der E. im 15. Jh. zu sieben →Hellern gerechnet wurde, prägte man auf Grund eines kgl. Privilegs seit 1428 in Nachahmung brabant. Sterlinge E.e mit der Legende »ANGLIE FRANCFORDENS«. P. Berghaus

Lit.: P. Joseph – E. Fellner, Die Münzen von Frankfurt am Main, 1896, 38f. – F. v. Schroetter, Wb. der Münzkunde, 1930, 176 [A. Suhle] – P. Berghaus, Die Perioden des Sterlings in Westfalen, dem Rheinland und in den Niederlanden, Hamburger Beitr. zur Numismatik 1, 1947, 34–53 – N. Klüssendorf, Stud. zur Währung und Wirtschaft am Niederrhein vom Ausgang der Periode des regionalen Pfennigs bis zum Münzvertrag von 1357, Rhein. Archiv 93, 1974, 107f.

Englische Literatur

I. Periodisierung – II. Altenglische weltliche Epik – III. Mittelenglische Romanzen – IV. Geistliche Literatur – V. ›Ricardian Poetry‹ – VI. Lyrik – VII. Spätmittelalterliche Literatur – VIII. Interpretationsprobleme.

I. PERIODISIERUNG: Das literar. Schaffen des ma. England erstreckt sich über einen Zeitraum von fast tausend Jahren. Das früheste erhaltene Denkmal aus dem ags. England stellt die ca. 540 verfaßte lat. Schrift »De Excidio et Conquestu Britanniae« des Kelten →Gildas dar. Die schriftl. Überlieferung in engl. Sprache setzt erst im 8. Jh. ein, allerdings lassen sich eine Reihe von Werken in das 7. Jh. zurückverfolgen. So dürfte etwa »Cædmon's Hymn« (→Cædmon), ein Preisgedicht auf den Schöpfer, das →Beda in seiner Kirchengeschichte zwar in lat. Sprache zitiert, das aber bereits im 8. Jh. auch auf Engl. mitgeteilt wird, ursprgl. zw. 660 und 680 verfaßt worden sein; die im →Exeter-Buch (Ende des 10. Jh.) erhaltene Merkdichtung →»Widsith«, die in ihrer Anreihung von germ. Stämmen und Herrschern eine wichtige Quelle für die germ. Sagengeschichte darstellt, dürfte ebenfalls in das 7. Jh. zu datieren sein. Kann man so den Beginn der englischsprachigen Literatur in das 7. Jh. legen – von noch in der gemeingerm. mündl. Tradition stehenden Vorstufen des literar. Schaffens abgesehen –, so setzt sich am anderen Ende des zeitl. Rahmens die ma. engl. Dichtung bis in das 16. Jh. fort, nicht nur was die Weitertradierung und Verbreitung ma. Werke (auch durch den Buchdruck) angeht, sondern auch was das Fortwirken ma. Dichtungstraditionen in der Lyrik des frühen Tudorhofes oder in der mittelschott. Dichterschule betrifft.

In der langen Geschichte der ma. engl. Lit. lassen sich eine Vielzahl von chronolog. und regionalen Schichten, literar. Strömungen, Dichtungstraditionen und Dichterschulen unterscheiden, die das Bild einer vielgestaltigen und keineswegs einheitlichen literar. Landschaft ergeben. Dennoch läßt sich aufgrund hist.-politischer, linguist. und soziolog. Tatsachen eine grundsätzl. Zweiteilung der engl. Lit. des MA in eine ags. oder ae. Periode (von der germ. Eroberung der brit. Inseln in der Mitte des 5. Jh. bis ca. 1100) und in eine me. Periode (von ca. 1100 bis in das erste Drittel des 16. Jh.) rechtfertigen (vgl. →Ae. Lit.; →Me. Lit.). Diese Aufteilung will weder besagen, daß jede Periode ein homogenes Ganzes bildet, noch daß sich innerhalb der engl. Lit. des MA keine Kontinuität aufzeigen läßt. Trotzdem führen die sozialen und polit. Veränderungen im Zuge der norm. Eroberung, insbesondere die Tatsache, daß durch die Einführung des Frz. als Sprache des Adels und der höheren Geistlichkeit das Engl. seines schriftsprachl. Status verlustig ging, zunächst zu einem Bruch mit der vorausgegangenen Tradition. Zum einen sind aus dem Jahrhundert nach der norm. Eroberung nur verhältnismäßig wenige literar. Werke in engl. Sprache erhalten, zum anderen bietet die engl. Lit., wenn sie im 13. Jh. wieder reichlicher bezeugt ist, ein regional und dialektal fragmentiertes Bild, das sich von dem viel homogeneren Erscheinungsbild des unter dem normativen Einfluß des Westsächs. stehenden ae. Schrifttums deutlich abhebt.

Trotz dieses Traditionsbruchs und trotz der in der me. Zeit zur Wirkung kommenden neuen literar. Strömungen und Moden, die die me. von der ae. Lit. nicht nur sprachl. unterscheiden, lassen sich doch in der engl. Lit. des MA auch Konstanten ausmachen – seien es Stilzüge, metrischformale Charakteristika oder dichter. Gestaltungsweisen –, die es ermöglichen, eine gewisse Kontinuität in der literar. Entwicklung nachzuweisen, und auch dazu berechtigen, die Epoche als ganze zu betrachten, als eine trotz aller Differenziertheit und teilweiser Gegensätzlichkeit zusammenhängende Periode der engl. Literaturgeschichte.

II. ALTENGLISCHE WELTLICHE EPIK: Zwei Hauptfaktoren bestimmen die ae. Lit. – sie wirken noch in der me. Zeit, wenn auch verändert und verwandelt, weiter: zum einen die germ. Dichtungstradition und zum anderen das Schrifttum der christl. Latinität, das wie für andere na. Literaturen auch für die engl. Lit. zu einer prägenden Kraft wurde. Das in der Lit. des ags. England weiterlebende germ. Dichtungserbe ist inhaltl. durch die Überlieferung und literar. Gestaltung germ., insbesondere nordgerm. Sagenstoffe sowie durch die dichter. Spiegelung und Idealisierung der Gefolgschaftstreue, formal durch das verwendete Metrum, die alliterierende Langzeile (→Alliteration, C. I), und die Formelhaftigkeit des Stils charakterisiert. Metrisch-stilist. Form und heroischer Inhalt als Reflexe einer germ. mündl. Dichtungstradition sind am deutlichsten in den verschiedenen Zeugnissen der ae. Heldenepik repräsentiert: im →»Beowulf«, dem einzigen erhaltenen Heldenepos in einer älteren germ. Sprache, im fragmentar. »Finnsburglied« (bzw. der entsprechenden Episode im »Beowulf«) und in dem nur in Bruchstücken überlieferten Epos von Walther v. Aquitanien (→»Waldere«, →»Waltharius«). Dazu treten als Quellen für die germ. Sagengeschichte, zugleich aber auch als literatursoziologische Dokumente, die »thyle«-artige Aufreihungsdichtung »Widsith« und die eleg. Dichtung →»Deor« (→Elegie, V), die beide den →scop, den Dichter der ags. Aristokratie, zur dichter. persona haben. Späte Repräsentanten dieser Tradition sind die in die »Ags. →Chronik« eingestreuten hist. Gedichte, insbes. die »Battle of →Brunanburh« (937), sowie die ebenfalls auf ein hist. Ereignis zurückgehende »Battle of →Maldon« (991).

Obwohl die ae. heroische Epik, insbes. der »Beowulf«, der mündl. Dichtkunst des scop verpflichtet ist und sicherl. auf mündl. tradierte Vorstufen zurückgeht, sind die Texte in ihrer überlieferten Gestalt zugleich auch von den Formen und Normen der Schriftdichtung geprägt. Dies betrifft im Fall des »Beowulf« nicht nur das schriftl. vermittelte christl. Gedankengut – integraler Bestandteil der Dichtung, der eine Datierung vor die Mitte des 8. Jh. verbietet –, sondern auch die Gesamtkonzeption und -komposition des Werks als →Epos, eine Form, die von der lat. Epik inspiriert worden sein dürfte; zumindest ist – im Unterschied zum →Heldenlied – die Existenz des Epos bei den Germanen umstritten.

Eine enge Durchdringung einheim. und lat.-geistl. Formen – ikonograph. besonders eindringl. realisiert im Runenkästchen aus dem 8. Jh. (→Franks Casket) mit seiner Darstellung der Wielandsage neben der Huldigung der drei Weisen aus dem Morgenland – weisen auch die stoffl. und quellenmäßig von der Bibel, der lat. Hagiographie oder christl. Homiletik abhängigen epischen Dichtungen auf (→Bibeldichtung, IV). Die Darstellung des Kriegs der neun Kg.e in der ae. →»Genesis« A arbeitet mit allen Registern der Schlachtbeschreibung des Heldenepos, und in der episch gestalteten »Vita« des hl. →»Andreas« steht nicht so sehr die erbaul. Darstellung der Taten des Heiligen als die Zeichnung eines germ. Helden in christl. Gewand und seiner Tapferkeit im Vordergrund. Sprachl.-stilistisch zeigen sich dabei enge Parallelen zum »Beowulf«, die weniger für Entlehnung denn für ein dichter. Idiom sprechen dürften, das der ae. Epik allgemein, wenn auch mit Abstufungen, eigen ist. Ein mündl. formelhafter Stil findet sich sowohl in der weltl. als auch in der christl. Epik – auch in Werken, die zweifelsohne in den Bereich der Schriftdichtung gehören, so daß der Nachweis eines »oral formulaic« Charakters für die Mündlichkeit eines ae. Werks in seiner erhaltenen Gestalt nicht ausreicht (→Mündl. Literaturtradition).

III. MITTELENGLISCHE ROMANZEN: Auf der anderen Seite wäre es verfehlt, den mündl. Hintergrund für diese Dichtungsweise leugnen zu wollen. Dies zeigt auch das Fortleben dieses Stils in die me. Zeit hinein, selbst über schriftl. nicht belegbare Zwischenstufen hinweg. Inhaltlich hauptsächl. an der hochma. allegorischen Dichtung, an der Artusepik (→Artus) und dem höf. Roman orientiert, legen die Werke des sog. »alliterative revival« im 14. Jh. ein beredtes Zeugnis für die Kontinuität einer metrisch-stilist. Dichtungsform ab, trotz aller schon in der ae. Zeit einsetzenden Wandlungen und Modifikationen (→Alliteration, C. IV). Auch →Laȝamon steht mit seinem »Brut« (13. Jh.), einer lat. und frz. Quellen verpflichteten Verschronik der sagenhaften brit. Geschichte, metrisch und erzähltechn. noch teilweise in der ae. Tradition. Inhaltlich dagegen findet die ae. Heldenepik keine Fortsetzung in der me. Zeit; es gibt zwar eine Reihe von me. →Romanzen, die auf einheim. Stoffen fußen (→»King Horn«, →»Havelok« u.a.), doch kennt die me. epische Dichtung keine dem mhd. →»Nibelungenlied« oder der Dietrichsepik (→Dietrich v. Bern) vergleichbaren Werke.

Die Gliederung der me. Epik nach Stoffen, wie sie das MA selbst vorgenommen hat, wird den überlieferten Dichtungen – es sind ca. hundert Romanzen erhalten –

nicht gerecht. Typisch für die me. Romanzen ist ihre weitgehende Anonymität und ihr überwiegend volkstüml. Charakter. Der volkstüml. Stil, der in seinen Wiederholungen und formelhaften Ausdrücken, clichéhaften Wahrheitsbeteuerungen und Appellen an die Zuhörer seine enge Verbundenheit mit der Vortragsweise des Spielmanns nicht leugnen kann, eignet nicht nur den kürzeren Romanzen, sondern auch den längeren Versromanen, die meist Übersetzungen und Bearbeitungen frz. bzw. anglonorm. Vorlagen darstellen (»Guy of Warwick«, »Ipomadon« u.a.). Die besonderen gesellschaftl.-politischen Verhältnisse in England verhindern die Entwicklung einer engl.sprachigen höf. Epik. Der engl. Hof ist zwar im 12. Jh. ein bedeutendes Zentrum für die höf. Literatur, doch ist diese frz., nicht engl., und als sich im 14. Jh. eine höf. Literatur mit →Chaucer als ihrem bedeutendsten Vertreter herausbildet, hat sich der literar. Geschmack inzwischen zugunsten der allegor. Dichtung (→Allegorie, V. 2, 3) im Gefolge des →Rosenromans und der it. Novellistik und Versepik gewandelt. Bezeichnenderweise folgt Chaucer in seinen »Canterbury Tales« in der Erzählung des Ritters (»Knight's Tale«) und in seinem »Troilus« nicht den frz. *romans antiques,* sondern den Versromanen →Boccaccios.

Nur vereinzelt ist die Gattung des höf. Romans in den Romanzen vertreten. Von →Chrétiens Werken liegt nur eines in einer me. Übersetzung und Bearbeitung vor, »Ywain und Gawain«, eine Romanze, die trotz zahlreicher Kürzungen noch etwas vom höf. Ton des Originals bewahrt hat. Aus dem Kreis der Artusepik stellt →»Sir Gawain and the Green Knight« in seiner Verbindung von höf. Raffinesse und in der einheim. alliterierenden Tradition stehender Diktion, von spannungsvollem Erzählen und feinsinniger Minnekasuistik den Höhepunkt dar. Während »Sir Gawain« mit seiner aristokrat. Grundhaltung zusammen mit der eher heroisch ausgerichteten alliterierenden Romanze →»Morte Arthure« zu den im nordwestl. Mittelland beheimateten Dichtungen des »alliterative revival« gehört, sind die hauptsächl. im östl. Mittelland zu lokalisierenden Schweifreimromanzen mit ihrer z.T. metrisch bedingten Repetitions- und Clichéfreudigkeit ein typ. Produkt der me. Spielmannskunst (→Spielmannsdichtung). Sie sind inhaltl. auf keine bestimmte »matière« oder Romanzengattung eingeschränkt: Es findet sich unter ihnen der Artusstoff (z.B. »Sir Perceval of Gales«) ebenso wie die →»chanson de geste« (z.B. »Roland and Vernagu«), die homilet. Romanze (z.B. »Amis and Amiloun«) ebenso wie das breton. →Lai (z.B. »Sir Launfal«). Eine der spätma. Vorliebe für Zyklen und Summen entsprechende Nachblüte erlebt die Romanzendichtung in der Prosakompilation und -übersetzung der Artusepik durch →Malory, deren Popularität über das MA hinaus der Drucklegung durch →Caxton zu verdanken ist.

Die me. Romanzen stehen stoffl. unter dem dominierenden Einfluß der frz. Literatur. Fremde Stoffe in der weltl. Erzähldichtung finden sich jedoch bereits in der spätae. Prosa. Der in der »Beowulf«-Hs. erhaltene →»Alexanders Brief an Aristoteles« ist die Übersetzung einer lat. Schrift, auf die auch der me. »Kyng Alisaunder« z.T. zurückgeht (vgl. →Alexander d. Gr., B. VIII); und der lat. →»Apollonius«-Roman wurde nicht nur ins Me., sondern auch ins Ae. übersetzt.

IV. GEISTLICHE LITERATUR: Die Bedeutung des lat. Schrifttums für die ae. Literatur liegt allerdings nicht so sehr im weltl. als vielmehr im geistl.-religiösen Bereich. Als Vehikel christl. Gedankenguts ist die patrist. und frühma. lat. Literatur zusammen mit der Bibel die zweite Hauptgestaltungskraft für das ae. literar. Schaffen. Kanonische und apokryphe bibl. sowie hagiograph. Texte inspirieren eine reiche Bibel- und Legendenepik (→Apokryphen, A. II, 3; →Bibeldichtung, IV). Es sind hier v.a. die Bibelepen der →Junius-Hs. (→»Genesis« A und B, →»Exodus«, →»Daniel«, →»Christ and Satan«), →»Judith« in der »Beowulf«-Hs., →»Andreas« im →Vercelli-Buch, →»Guthlac« im →Exeter-Buch and die →Cynewulfschen Dichtungen→»Juliana« und→»Elene« zu nennen. Dazu kommt die christl. Allegorie und Devotionsdichtung im→»Phönix« und im →»Dream of the Rood«. Das lat. Schrifttum ist daneben die wichtigste Quelle für die ae. Prosa. Dies will nicht besagen, daß es nicht auch eine einheim. Tradition des sagaartigen (→Saga) Erzählens gegeben habe – wie die Cynewulf-Cyneheard-Episode in der ae. Chronik (755) nahelegt–, doch ist die ae. Prosa in überwiegendem Maße der lat. Tradition verpflichtet, deren ganze Spannweite in der umfangreichen literar. Produktion der ae. Zeit repräsentiert ist, von der didakt. Sachprosa bis zur rhythm. geistl. Prosa eines →Ælfric und →Wulfstan, von der Unterhaltung und Erbauung durch Mirakelgeschichten und Legenden bis zur philos. Reflexion in den Übersetzungen der »Consolatio Philosophiae« des →Boethius und der »Soliloquia« des hl. →Augustinus durch Kg. →Alfred d. Gr. in der 2. Hälfte des 9. Jh. Die Übersetzungstätigkeit Alfreds und seiner Mitarbeiter (außer den gen. Werken wurden von ihm bzw. in seinem Kreis u.a. auch noch die »Cura Pastoralis« →Gregors d. Gr. und die Weltgeschichte des →Orosius übertragen) bildet den einen Höhepunkt der ae. Prosa; den anderen bilden im späten 10. und frühen 11. Jh. die→Homilien und Heiligenlegenden Ælfrics sowie die homilet. Texte Wulfstans.

Die Prosaliteratur der Angelsachsen setzt sich z.T. direkt in die me. Zeit fort. Nicht nur wird die ae. Chronik (→Chronik, ags.) in Peterborough bis ins 12. Jh. weitergeführt, auch die ae. Homiletik und Legendendichtung findet in der geistl. Prosa des westl. Mittellandes Ende des 12./Anfang des 13. Jh. ihre Fortsetzung (→»Ancrene Riwle«, Legenden der →Katherine-Group«). Darüber hinaus ist aber für die religiöse Literatur der me. Zeit allgemein wie für die geistl. Prosa im besonderen weiterhin das lat. Schrifttum, wenn auch z.T. über frz. Vermittlung, Vorbild und Quelle. Einen besonders breiten Raum nehmen im literar. Schaffen dabei die homilet., hagiograph. und bibl. inspirierten Denkmäler ein, sowohl in Prosa – wobei im Bereich der →Bibelübersetzung (Abschnitt XII) insbes. John →Wycliff eine auch über England hinausgehende bedeutende Rolle zukommt – als auch in Vers (→»Cursor Mundi«, südl. und nördl. →Legendare u.a.). Die Lehre von den sieben Todsünden, endzeitl. Visionen vom Jüngsten Gericht und Mahnungen an die Vergänglichkeit alles Irdischen charakterisieren sowohl die erbauliche und moralisierende Prosa (→»Ayenbite of Inwyt«, →»Vices and Virtues« u.a.) wie auch die Versdichtung (→»Poema Morale«, →»Prick of Conscience«, →Mannyngs »Handlyng Synne« u.a.).

Die geistl. Literatur der me. Zeit ist Produkt und Spiegel der verschiedenen religiösen Strömungen des MA. Verdankt die me. religiöse Lyrik wichtige Impulse der seit 1224 in England wirkenden Franziskanerbewegung (→Franziskaner), so bringt die →Mystik im 14. Jh. v.a. Prosatraktate hervor (→»Cloud of Unknowing«, Richard →Rolle, Walter →Hilton, →Juliana v. Norwich u.a.). Lollardisches Gedankengut (→Lollarden), weniger im dogmat. Sinn als in seiner zeit- und kirchenkrit. Zielrichtung, charakterisiert die bedeutendste geistl. →Allegorie des engl. MA, die in die Gruppe der Dichtungen des »alliterative revival« einzuordnende Visionsdichtung William Langlands, →»Piers Plowman« (14. Jh.). Das Anliegen der Zeitkritik hat »Piers Plowman« mit einer umfangreichen me. polit. und satir. Literatur, in der gesellschaftl., polit. und kirchl. Mißstände angeprangert werden, gemeinsam (Ständesatiren, »Complaint«-Dichtungen, polit. und hist. Lyrik u.a.).

V. ›RICARDIAN POETRY‹: Die metrisch-stilist. Form seines in verschiedenen Redaktionen erhaltenen Werks verbindet Langland mit dem oder den Dichtern der »Gawain«-Hs. (BL Cotton Nero A.X), die außer →»Sir Gawain and the Green Knight« die allegor. Dichtungen →»Pearl«, »Cleanness« und »Patience« überliefert. Langland, der bzw. die Dichter der »Gawain«-Hs., →Chaucer und →Gower sind die Hauptvertreter der literar. Blüte im England des 14. Jh., der Kulmination des me. literar. Schaffens, die zeitl. weitgehend in die Regierungszeit Richards II. (1377-99) fällt. Als typischster Exponent dieser »Ricardian Poetry« kann John Gower gelten, dessen umfangreiches lit. Œuvre ein dichter. Spiegelbild der sprachl.-kulturellen Situation im hochma. England darstellt. Gower hinterließ Werke in lat., frz. und engl. Sprache (»Vox Clamantis«, »Mirour de l'Omme«, »Confessio Amantis« u.a.), die trotz eines ihnen allen gemeinsamen belehrend-moralisierenden Tons eine bemerkenswerte Vielfalt aufweisen, die von der Historiographie und Zeitkritik, der Sündenlehre und Allegorie bis zur Novellistik und Liebeslyrik reicht. Eine herausragende Stellung in der ma. engl. Literatur nimmt Chaucer, der »Father of English poetry« in den Worten John Drydens, ein, dessen Dichtung sich von seiner Zeit bis heute ungebrochener Wertschätzung erfreut. Chaucer ist v.a. als Erzähler bedeutend, als Verfasser des Versromans »Troilus and Criseyde« und der unvollständig gebliebenen »Canterbury Tales«, in ihrem Gattungsreichtum und ihrer stilist. Mannigfaltigkeit eine Art »summa« der ma. Narrativik. Doch sind in Chaucers Werk auch die didakt. und philos. Prosa, die Allegorie und die Traumdichtung vertreten, Ausdruck des v.a. an Frankreich orientierten literar. Geschmacks der höf. Gesellschaft seiner Zeit.

VI. LYRIK: Wie Gower hat Chaucer auch eine Reihe von lyr. Gedichten im Stil der hochma. frz. →Lyrik hinterlassen, die allerdings im Unterschied zu Gowers Lyrik in Engl. abgefaßt sind. Der Einfluß der frz. bzw. auch der prov. Lyrik charakterisiert schon die frühme. weltl. Lyrik, die insbes. in der Hs. BL Harley 2253 (ca. 1340) erhalten ist. Die frühme. Liebeslyrik ist volkstümlicher im Ton als vergleichbare Gedichte der →Troubadour- und →Trouvère-Lyrik, es vermischen sich in ihr einheim. Traditionen mit dem roman. Vorbild. Diese Traditionen klingen z.T. schon in den ae. →Elegien (Abschnitt V) an - etwa in den »reverdie«-artigen Zeilen 48f. des »Seefahrers« oder in den sog. Frauenliedern -, doch haben die ae. Elegien ansonsten in ihren Themen (Vergänglichkeitstopik u.a.) und in ihrer eleg. Grundgestimmtheit eher ihr Pendant in der me. Reflexions- und Meditationslyrik, Teil einer umfangreichen, hauptsächl. an der lat. Hymnik und Sequenzendichtung inspirierten me. religiösen Lyrik. Die Gültigkeit der frz. Mode für das 14. und 15. Jh. dokumentieren auch die me. Übersetzungen der Gedichte von →Charles d'Orléans und das Fortwirken des *grand chant courtois* in der frühen Tudorlyrik und der mittelschott. Dichtung (William→Dunbar, Robert→Henryson, Gavin →Douglas u.a.) bis zu seiner Ablösung durch den it. Petrarkismus in der späteren Tudorlyrik. Eine Besonderheit der spätma. engl. Lyrik stellen die →Carols dar, für den Gesang bestimmte Gedichte meist religiösen, aber keineswegs immer mit Weihnachten verbundenen Inhalts, mit einer ihnen eigentüml. strophischen Struktur (»Burden« und Refrain), die z.T. auch als mehrstimmige Kompositionen des 15. und 16. Jh. überliefert sind.

VII. SPÄTMITTELALTERLICHE LITERATUR: Ein weiterer Zeitgenosse Chaucers ist John de →Trevisa, der v.a. als Übersetzer historiograph. und naturwissenschaftl. Werke wirkte (→Higdens »Polychronicon«, »De Proprietatibus Rerum« von →Bartholomaeus Anglicus). Die Geschichtsschreibung erfreute sich in me. Zeit sowohl in Versgestalt (»Reimchronik« →Roberts von Gloucester, 13. Jh.; →Barbours »Bruce«, 14. Jh.) als auch in Prosa (→Capgraves »Chronicle of England«, 15. Jh., u.a.) großer Beliebtheit. In letzterer Form ist sie Teil der umfangreichen Prosaliteratur des späten MA, die in belehrender und unterhaltender Absicht den Interessen einer wachsenden bürgerl. Leserschaft Rechnung trägt (fiktiver Reisebericht in →»Mandeville's Travels«, 14. Jh.; Anstandsbuch in →Scropes Übersetzung der »Epistle to Othea« von →Christine de Pisan, 15. Jh., u.a.). Dazu kommt im ausgehenden MA eine weniger literatur-, als vielmehr sprach- und sozialgeschichtl. interessante Briefliteratur (→Brief, B. IV; →»Cely Papers«; →»Paston Letters«).

In der Versdichtung steht die 15. Jh. weitgehend unter dem Einfluß Chaucers (Thomas→Hoccleve; John→Lydgate; schott. Dichterschule). In die→Chaucernachfolge ist auch »The Cuckoo and the Nightingale« einzureihen. Es gehört zur Gruppe der me. Dialog- und Streitgedichte (→Dialog, IX), unter denen das frühme. »Streitgespräch zwischen Eule und Nachtigall« (→»Owl and Nightingale«) aus dem späten 12./beginnenden 13. Jh. sich durch eine bes. lebendige und ausgeklügelte Disputierkunst auszeichnet. Im ausgehenden MA entwickeln sich in England wie auch in anderen europ. Ländern neue literar. Gattungen, oder genauer, es erfahren in den vorausgegangenen Jahrhunderten nur spärlich überlieferte oder erst in Ansätzen vorhandene literar. Formen ihre Weiterentwicklung, Verbreitung und gattungsmäßige Festigung. Hier ist einmal im Bereich der volkstüml. Literatur die →Ballade (Abschnitt B. II, 4) zu nennen, die zwar bereits im 13. Jh. als Form bezeugt ist (»Ballad of Judas«), doch deren schriftl. Tradierung erst im 15. Jh. einsetzt. Zum anderen sind aus dem 14./15. Jh. zahlreiche →Dramen (Abschnitt VI) erhalten, meist zu Zyklen zusammengefaßte →Mysterienspiele (→»Chester Plays«, →»Ludus Coventriae«, »Towneley Cycle«, →»York Plays«) und allegor. Moralitäten (»Castle of Perseverance«, →»Everyman« u.a.), die ihre Entstehung und Entwicklung einem komplexen Zusammenspiel von liturg. Feiern, volkstüml. Bräuchen und literar. Traditionen verdanken. Schließlich ist das ausgehende 15. Jh. auch Zeuge der Anfänge des →Humanismus in England, für dessen Einführung aus Italien dem Hzg. v. Gloucester, →Humphrey, eine wichtige Rolle zukommt. Die literar. Wirkung des Humanismus sollte sich jedoch erst in der Folgezeit zeigen.

VIII. INTERPRETATIONSPROBLEME: Trotz einer weitgehenden Erschließung des überlieferten Textmaterials und einer intensiven anglist. mediaevistischen Forschung entzieht sich die engl. Literatur des MA einer endgültigen Darstellung und Bewertung. Dies liegt vornehml. an den Umständen: der mangelhaften Überlieferung, dem Ineinandergreifen mündl. und schriftl. Dichtens und den besonderen Weisen des ma. Literaturverständnisses. Trotz der Möglichkeit, zahlreiche verlorene lit. Texte indirekt zu erschließen, müssen die Verluste im Bereich der engl.

Lit. groß sein. Schwierig ist es auch, sich ein angemessenes Bild von der mündl. Dichtung zu machen (→Mündl. Literaturtradition). Alle Zeugnisse, die auf eine mündl. Dichtungstradition hindeuten, sind notwendig schriftl. fixiert und damit problemat. in ihrer Aussagekraft. Endlich ist im MA die von der Bibelexegese übernommene Allegorese auf die verschiedensten Gattungen angewandt worden, so daß die Methode des »historical criticism«, wenn auch nicht unwidersprochen, ma. Texte auch dann allegorisch interpretiert hat, wenn ihr allegor. Charakter nicht explizit faßbar ist. Dabei ist die allegor. Sehweise nur ein Element einer ma. Poetik und Ästhetik, die bisher erst in Ansätzen erforscht ist. →Ae. Lit., →Me. Lit., →Engl. Sprache. K. Reichl

Bibliogr.: 1. allg.: The Year's Work in Engl. Stud. 1ff., 1921ff. – Annual Bibliogr. of Engl. Language and Lit. 1ff., 1921ff. – PMLA bzw. MLA Internat. Bibliogr. – RENWICK-ORTON–NCBEL I, 187ff. – 2. ae.: OE Newsletter 1ff., 1967ff. – ASE 1ff., 1972ff. – CAMERON, OE Texts – S. B. GREENFIELD–F. C. ROBINSON, A Bibliogr. of Publ. on OE Lit., 1980 – 3. me.: J. E. WELLS, A Manual of the Writings in ME 1050–1400, 1916ff. [9 Suppl.] – C. BROWN – R. H. ROBBINS, The Index of ME Verse, 1943 [Suppl.: R. H. ROBBINS–J. L. CUTLER, 1965] – Manual ME – Ed.: s.o. die Bibliogr. sowie die Artikel zu den einzelnen Autoren bzw. Werken – Lit.: R. W. CHAMBERS, On the Continuity of English Prose, EETS 191a, 1932–J. W. H. ATKINS, English Literary Criticism: The Medieval Phase, 1934 – C. L. WRENN, On the Continuity of English Poetry, Anglia 76, 1958, 41–59 – Critical Approaches to Medieval Lit., hg. D. BETHURUM, 1960 – A. C. BAUGH–K. MALONE, The MA (A Literary Hist. of England I, hg. A. C. BAUGH, 1967²) – The MA, hg. W. F. BOLTON (Hist. of Lit. in the Engl. Language I, 1970) – J. A. BURROW, Ricardian Poetry, 1971 – P. GRADON, Form and Style in Early English Lit., 1971 – P. ZUMTHOR, Essai de poétique médiévale, 1972 – D. PEARSALL, OE and ME Poetry (The Routledge Hist. of Engl. Poetry I, 1977) – Medieval Lit.: Chaucer and the Alliterative Tradition, hg. B. FORD, 1982 – W. F. SCHIRMER, Gesch. der engl. und amerikan. Lit., hg. A. ESCH, u.a., I, 1983⁶ – →Ae. Lit., →Me. Lit.

Englische Sprache

I. Periodisierung – II. Dialekte und Standardsprache – III. Schreibung – IV. Lautung – V. Flexion – VI. Syntax – VII. Wortschatz.

I. PERIODISIERUNG: Das Engl. gehört zur Familie der →germ. Sprachen und innerhalb dieser zum Zweig des Westgerm., zusammen mit dem Ahd., As. und Afries. (→Ahd. Literatur und Sprache; →As. Sprache und Literatur; →Dt. Sprache); am engsten ist es mit dem Afries. (→Friesisch) verwandt. Der Beginn des Engl. als eigenständige Sprache fällt ins 5. Jh., als die ags. Stämme (→Angelsachsen) ihre norddt. Heimat verließen und sich in England ansiedelten. Die älteste Stufe des Engl., von ca. 450 bis 1100, bezeichnet man als Ae. (→Ae. Sprache), früher oft auch als Ags., die Periode von ca. 1100 bis ca. 1500 als Me. (→Me. Sprache). Die einzelnen Perioden lassen sich noch weiter unterteilen; so wird die Zeitspanne von ca. 450 bis ca. 700, deren Sprachzustand nur rekonstruiert werden kann, oft als Urae. bezeichnet.

Die Periodisierung basiert in erster Linie auf den Unterschieden in der Struktur der Sprache in den einzelnen Perioden. So ist das Ae. entsprechend seiner Herkunft aus dem Germ. – ähnlich wie noch heute das Dt. – eine flektierende (synthetische) Sprache mit relativ freier Wortstellung und einem im wesentl. germ. Wortschatz; im Me. vollzieht sich dann aufgrund des Abfalls der meisten Flexionsendungen der Übergang zur analyt. Sprache mit weitgehend fester Wortstellung; vom Wortschatz her erhält das Engl. aufgrund der Übernahme zahlreicher frz. Lehnwörter den Charakter einer germ.-roman. Mischsprache.

Weil die Entwicklung der Sprache z.T. durch hist. Ereignisse in bestimmte Bahnen gelenkt wurde, spielen diese für die Periodisierung ebenfalls eine gewisse Rolle; so führte z.B. die Landnahme der Angelsachsen im 5. Jh. zur Ausgliederung des Ae. aus dem Westgerm.; die norm. Eroberung Englands 1066 bildete die Voraussetzung für den starken frz. Einfluß auf das Engl. Als ihre unmittelbare Folge wurde England zunächst zweisprachig: die norm. Oberschicht sprach Frz. (genauer: den anglonorm. Dialekt des Frz.; →Anglonorm. Literatur), der Großteil der Bevölkerung weiterhin Englisch. Im 14. Jh. setzte sich aber wieder das Engl. als allgemeine Umgangssprache durch.

Die Abgrenzung von Sprachperioden läßt sich freilich prinzipiell nicht aufs Jahr genau festlegen, weil Sprachwandel ein allmähl. und kontinuierl. Prozeß ist. So bilden das 11. und frühe 12. Jh. die Übergangsperiode vom Ae. zum Me., das 15. Jh. den Übergang vom Me. zum Frühneuenglischen.

Die frühesten hs. Belege für das Ae. stammen erst aus dem 8. Jh., die Hauptmasse der erhaltenen Hss. sogar erst aus dem 10. und insbes. dem 11. Jh. Aufgrund der Dominanz des Frz. (und Lat.) im 12. und 13. Jh. ist die frühme. Überlieferung zunächst schwächer als die spätae.; ab dem 13. Jh. werden die me. Hss. aber immer zahlreicher.

II. DIALEKTE UND STANDARDSPRACHE: Das Engl. war von Anfang an in Dialekte gespalten. Die drei ae. Hauptdialekte gehen auf die germ. Stämme zurück, die England besiedelten: das Anglische auf die Angeln, die sich nördl. der Themse niederließen; das Westsächs. auf die →Sachsen, die im wesentl. das Gebiet südl. der Themse bewohnten; das Kentische auf die Stämme (die Jüten?), die im SO (dem heut. →Kent) siedelten. Das Anglische zerfällt wiederum in das Nordhumbr. (nördl. des Humber) und das Merzische. Diese dialektalen Unterschiede haben ihren Ursprung vielleicht schon auf dem Kontinent; prägnanter bildeten sie sich dann aber erst in England heraus. Die schriftl. Überlieferung der Dialekte ist allerdings recht ungleichmäßig. Die Hauptmasse der ae. Texte ist im westsächs. Dialekt erhalten. Darunter finden sich neben rein westsächs. Texten (z.B. von Kg. →Alfred und von →Ælfric) auch viele ursprgl. angl. Texte, die von späteren Schreibern mehr oder weniger konsequent dem westsächs. Dialekt angepaßt wurden. Dies hängt u.a. damit zusammen, daß aufgrund der polit. Vorherrschaft der Westsachsen ab der Mitte des 9. Jh. sich das Westsächs. dann im 10. und 11. Jh. zu einer Art Standardsprache (Schriftsprache) entwickelte.

Aufgrund der polit. und sozialen Veränderungen infolge der norm. Eroberung verlor das Spätwestsächs. im 12. Jh. seinen Status als Standardsprache, und es trat im Frühme. wieder eine starke dialektale Zersplitterung hervor. Die me. Hauptdialekte basieren in etwa auf ihren ae. Vorläufern: der nördl. Dialekt auf dem Nordhumbr.; der mittelländ. auf dem Merzischen – er spaltet sich aber in Ostmittelländ. und Westmittelländ.; der südl. Dialekt auf dem Westsächs. und der südöstl. Dialekt auf dem Kentischen. Dabei haben sich aber sicher Verschiebungen der Dialektgrenzen im einzelnen ergeben. Außerdem ist auch die Überlieferung der me. Dialekte nicht gleichmäßig: so ist das Nördl. erst ab dem späten 13. Jh. belegt. Ferner wurden auch im Me. Texte nicht selten von späteren Schreibern in einen anderen Dialekt transponiert.

Eine neue Standardsprache bildete sich ab dem Ende des 14. Jh. heraus, und zwar auf der Grundlage des Londoner Dialekts – eine Folge der Bedeutung →Londons als polit., wirtschaftl. und kulturelles Zentrum. London hatte ursprgl. dem westsächs. Dialektgebiet angehört, grenzte aber auch an das kent. Dialektgebiet. In me. Zeit wurde die Sprache Londons jedoch infolge starker Zuwanderung aus dem Mittelland entscheidend durch den (ost- und zentral)mitteiländ. Dialekt beeinflußt. Insofern ist die neuengl. Standardsprache in wesentl. Zügen vom mitteiländ. Dialekt geprägt; daneben weist sie Einsprengsel aus dem südl. und südöstl. Dialekt auf.

III. SCHREIBUNG: Vom Kontinent brachten die Angelsachsen die →Runen mit, die hauptsächl. für →Inschriften verwendet wurden und in den Hss. nur eine untergeordnete Rolle spielten (→Cynewulf; →Runengedicht). Von den ir. Missionaren übernahmen die Angelsachsen die lat. →Schrift, und zwar in der von den Iren entwickelten Sonderform der insularen →Minuskel, die dann für ae. Texte fast ausschließl. und bis zum Ende der ae. Zeit verwendet wurde, während man für lat. Texte im 10. Jh. zur karol. Minuskel überging. Für ae. Laute, die im Lat. nicht vorkamen und für die das lat. Alphabet dementsprechend keine Zeichen hatte, führte man zusätzl. Zeichen ein, z.B. die aus dem Runenalphabet entlehnten Grapheme þ für die dentalen Reibelaute [θ, ð] und ƿ für den bilabialen Halbvokal [w], die dann in me. Zeit durch *th* bzw. *uu, w* (»double u«) ersetzt wurden. Im Laufe des Me. wurde die engl. Schreibung ferner durch anglonorm./frz. Schreibgewohnheiten beeinflußt, z.B. schrieb man *ou* für langes /u:/ (ae. *hūs*, me. *hous* > neuengl. *house*) und *ch* für die Affrikate /tʃ/ (ae. *cin*, me. und neuengl. *chin*). Im 15. und 16. Jh. bildeten sich mit dem Entstehen der neuen Standardsprache und unterstützt durch die Einführung des Buchdrucks (durch →Caxton seit 1476) auch feste orthograph. Traditionen heraus, die in ihren Grundzügen bis heute gelten. Somit bewahrt die neuengl. Orthographie in vielem den Lautstand um ca. 1400 und spiegelt einige grundlegende lautl. Veränderungen vom Me. zum Neuengl. nicht mehr wider, insbes. nicht den »Great Vowel Shift«. Von daher erklärt sich die starke Diskrepanz zw. Aussprache und Schreibung im heutigen Englisch.

IV. LAUTUNG: Das Ae. unterscheidet sich von den anderen westgerm. Sprachen durch eine Reihe von charakterist. Lautveränderungen. Einige davon teilt es allerdings mit den Afries.; diese traten demnach wohl noch auf dem Kontinent, also in vorae. Zeit auf, wie z.B. die Aufhellung vor oralen Konsonanten von westgerm. kurzem *a* zu ae. *æ* (ahd. *tag* – ae. *dæg*) und von langem *ā* zu westsächs. *ǣ*, angl. kent. *ē* (ahd. *tāt* – ae. westsächs. *dǣd*, angl. kent. *dēd* > neuengl. *deed*); ferner die Spaltung von westgerm. *k, g* in eine palatale und velare Variante, die dann zum Teil zur Assibilierung der palatalen Variante führte (dt. *Kinn* – neuengl. *chin*). Wichtig für das Ae. sind ferner z. B.: die Umbildung der (west)germ. Diphthonge *ai, au, eu* und *iu* zu ae. *ā, ēa, ēo* und *īo > ēo* (ae. *stān* 'Stein' – got. *stains*, ahd. *stein*; ae. *ēage* 'Auge' – got. *augo*, ahd. *ouga*; ae. *līode, lēode* 'Leute' – ahd. *liuti*, as. *liudi*); die ae. Brechung von westgerm. *a* (> urae. *æ*), *e, i* vor *r, l, h* [x] + Konsonant oder vor einfachem *h* [x] zu den Diphthongen *ea, eo, io > eo*, die aber nicht in allen Dialekten gleich häufig auftrat (vgl. dt. *alt, kalt* mit westsächs. *eald, ceald* – die neuengl. Formen *old, cold* gehen jedoch auf die ungebrochenen angl. Formen *ald, cald* zurück); der urae. Palatal- oder *i*-Umlaut, wobei die velaren Vokale und die Diphthonge durch ein (ursprgl.) *i, j* der Folgesilbe palatalisiert wurden, z. B. *ō > ǣ > ē* und *ū > ȳ* (= *ü*) (urae. Nom. Sg. **fōt* > ae. *fōt* > neuengl. *foot*, aber Nom. Pl. urae. **fōti* > ae. *fēt, fēt* > neuengl. *feet*; Nom. Sg. urae. **mūs* > ae. *mūs* > neuengl. *mouse*, aber Nom. Pl. urae. **mūsi* > ae. *mȳs* > neuengl. *mice*).

Beim Übergang vom Ae. zum Me. ergaben sich sowohl in quantitativer als auch in qualitativer Hinsicht eine Reihe einschneidender Veränderungen im Vokalsystem. Waren im Ae. Länge und Kürze der Vokale noch etymolog. vorgegeben, d. h. aus dem Germ. ererbt, so richtete sich im Me. die Quantität der Vokale weitgehend nach dem Silbentyp. So wurden einerseits ae. Langvokale (u. a.) vor Doppel- und Mehrfachkonsonanz im allgemeinen gekürzt (ae. *cēpan* > me. *kēpe(n)* > neuengl. *keep*, aber Prät. ae. *cēpte* > me. *kěpte* > neuengl. *kept*), andererseits wurden ae. Kurzvokale in offener Tonsilbe zweisilbiger Wörter gedehnt (ae. *nǎma* > me. *nāme* > neuengl. *name*). Gedehnt wurden auch Kurzvokale vor dehnenden Konsonantengruppen wie *mb, nd, ld* (ae. *cĭld* > me. *chīld* > neuengl. *child* – im Pl. ae. *cĭldru* > neuengl. *children* blieb aber Kürze, weil auf die dehnende Konsonantengruppe ein weiterer Konsonant folgt). Zu den qualitativen Lautveränderungen gehören u. a.: Die Monophthongierung sämtl. ae. Diphthonge (ae. *ealu* > me. *āle* > neuengl. *ale*; ae. *dēop* > me. *dēp* > neuengl. *deep*); die Entstehung neuer me. Diphthonge durch die Vokalisierung von *g* [j, γ] zu *i* bzw. *u* (z. B. ae. *dæg* > me. *dai* > neuengl. *day*; ae. *dragan* > me. *drawe(n)* > neuengl. *draw*) sowie durch den Einschub eines Gleitlautes *i* bzw. *u* vor dem palatalen bzw. velaren Reibelaut *h* [ç, x] (ae. *tāhte* > *tahte* > me. *taughte* > neuengl. *taught*); die Verdumpfung von ae. langem *ā* zu me. langem, offenem *ǭ* in den südhumbr. Dialekten (ae. *stān* > me *stǭn* > neuengl. *stone*) und die dialektal unterschiedl. Entrundung des ae. *ȳ* (= *ü*) zu *e* im SO und zu *i* in den anderen Dialektgebieten (zuerst im N und östl. Mittelland, später auch im S und im westl. Mittelland: ae. *mȳs* > me. *mīce* > neuengl. *mice*; *myrig* > me. südöstl. *mer(r)i* > neuengl. *merry*). Die unbetonten Vokale der Endsilben, einschließl. die der Flexionsendungen (ae. *a, e, u, o*) wurden zum Me. hin zunächst zu *e* [ə] abgeschwächt und fielen dann großenteils ganz weg. Dies trug wesentl. zur Zerrüttung und letztl. zur Vereinfachung des ae. Flexionssystems bei, außerdem zur Entstehung der zahlreichen, für das Engl. typischen einsilbigen Wörter *(get, love)*. Im Bereich des Konsonantismus spalteten sich eine Reihe von ae. Allophonen in eigenständige Phoneme, v. a. *f – v; θ – ð; s – z*.

Den Übergang vom Me. zum Frühneuengl. markiert im Bereich des Vokalismus in erster Linie der sog. »Great Vowel Shift«, durch den alle me. Langvokale systemat. verschoben wurden: teils wurden sie gehoben, teils diphthongiert, z. B. me. *fīnde(n)* > neuengl. *find / faɪnd /*; me. *swēt(e)* > neuengl. *sweet* /swi:t/. Beim Konsonantismus ist u. a. der Verlust von [x, ç] in der Standardsprache (aber nicht im Schott.) zu vermerken.

V. FLEXION: Das Ae. war noch eine relativ stark flektierende Sprache. So besitzt das ae. Substantiv 4 Kasus (Nom., Gen., Dat., Akk.) und 3 Genera (m.f.n.). Ferner gibt es mehrere (vokal. und konsonant.) Deklinationsklassen, deren Einteilung auf dem für das Idg. und Germ. noch gut rekonstruierbaren stammbildenden Element beruht, das aber im Ae. aufgrund der germ. Auslautgesetze schon oft nicht mehr erkennbar ist (z. B. in der germ./ae. *a*-Deklination: germ. **đōm-a-z* > ae. *dōm* > neuengl. *doom*). Die Wichtigkeit der einzelnen Deklinationsklassen ist im Ae. recht unterschiedl.: die meisten Substantive gehen entweder nach der *a-* (m., n.), der *ō-* (nur f.) oder der *n-* (hauptsächl. m. und f.) Deklination – in diese Klassen traten schon in ae. Zeit auch eine Reihe von Substantiven aus den kleineren Deklinationsklassen, z. B. der *i-* und der *u*-Deklination, über.

Durch die Abschwächung der ae. Endungsvokale zu *e* [ə], durch die von *-um* zu *-an, -en*, durch den Abfall des *-n* und schließlich des *-e* [ə] im Laufe des Me. entfiel die Unterscheidungsgrundlage für die einzelnen Deklinationsklassen weitgehend. Dazu kam, daß der ursprgl. für die Mask. der *a*-Dekl. typische Plural *-as* > me. *-(e)s* sowie der ebenfalls aus der *a*-Dekl. stammende Genitiv *-(e)s* im Laufe des Me. analog auf die meisten anderen Substantive übertragen wurden, so daß am Ende der me. Zeit fast alle Substantive gleich dekliniert wurden: als einzige Flexionsendung blieb das *-(e)s* für den Gen. Sg. und für den gesamten Plural. Reste der Pluralbildung sonst untergegangener Deklinationsklassen haben sich als Ausnahmen bewahrt; so zeigen z. B. *man – men, foot – feet* den mit *i*-Umlaut gebildeten Plural der alten Wurzelnomina (d. h. der Substantive ohne stammbildendes Element), *ox – oxen* den Plural der *n*-Deklination. Das für das Ae. characterist. grammatische (d. h. für jedes Wort vorgegebene) Geschlecht wurde in me. Zeit ebenfalls aufgegeben und durch das natürl. Geschlecht ersetzt (ae. *þæt wīf*, n., > neuengl. *the wife*, f.).

Das Adjektiv wurde im Ae. ebenfalls noch voll dekliniert und paßte sich dem Substantiv, das es näher bestimmte, gewöhnl. in Genus, Kasus und Numerus an. Dabei unterschied man zusätzl. noch zw. starker und schwacher Adjektivdeklination; letztere wurde nach dem bestimmten Artikel und dem Demonstrativpronomen verwendet. In me. Zeit wirkte der Endungsverfall auch auf die Adjektive; bei ihnen hatte er zur Folge, daß sie völlig indeklinabel wurden.

Im Ae. gab es ein einfaches Demonstrativpronomen (m. *sē*, f. *sēo*, n. *þæt*) und ein zusammengesetztes (m. *þēs*, f. *þēos*, n. *þis*); beide wurden voll flektiert. Das einfache Demonstrativpronomen fungierte schon im Ae. als bestimmter Artikel. In dieser Funktion fielen im Me. fast alle seine Deklinationsformen unter dem indeklinablen *the* zusammen, was ebenfalls mit zum Verlust des grammat. Geschlechts beitrug. Das ursprgl. Neutrum *þæt* wurde aus dem Paradigma des bestimmten Artikels ausgegliedert und übernahm als *that* zusammen mit dem neu entwickelten Pl. *those* die Rolle des auf die Ferne verweisenden Demonstrativpronomens; *þis*, das ursprgl. Neutrum des ae. zusammengesetzten Demonstrativpronomens, übernahm zusammen mit dem neuen Pl. *these* die Funktion, auf Naheliegendes zu verweisen, und zwar, wie *that* und *those*, für alle Genera. Beim Personalpronomen (ae. 1. Pers. *ic*, 2. *þū*, 3. m. *hē*, f. *hēo*, n. *hit*; Pl. 1. *wē*, 2. *gē*, 3. *hi[e]*) wurden die 4 ae. Kasus im Laufe des Me. auf die Opposition von Rectus (Subjekt) und Obliquus (Objekt) reduziert (vgl. *I – me; we – us*); der ursprgl. Gen. wurde ausschließl. auf die Funktion des Possessivpronomens beschränkt (ae. *mīn* > neuengl. *mine, my*); die 2. Pers. Sg. (ae. *þū* > *thou*) wurde in der Standardsprache ganz durch die ab dem Me. als Höflichkeitsform verwendete 2. Pers. Pl. verdrängt (neuengl. *you*); für die 3. Pers. Sg. f. (ae. *hēo*) bildete sich im Me. die neue Form *she* heraus; die heim. Formen der 3. Pers. Pl. (ae. *hie, him*) wurden durch die skand. Formen *they, them* ersetzt.

Bei den Verben hatte das Ae. aus dem Germ. die Unterscheidung zw. starken und schwachen Verben ererbt. Die starken bildeten ihre Präteritalformen und das Part. Prät. durch Ablaut (d. h. Wechsel des Wurzelvokals, neuengl. *sing, sang, sung*), die schwachen dagegen mit Hilfe eines Dentalsuffixes (neuengl. *work, worked, worked*). Schon im Ae. waren aber fast nur noch die schwachen Verben produktiv. Die Zahl der starken ging dagegen im Laufe des Me. und Neuengl. durch Aussterben oder Übertritt in die Klasse der schwachen noch weiter zurück; soweit sie ihren Vokalwechsel bewahrt haben, rechnet man sie heute zu den unregelmäßigen Verben. Aufgrund von teils schon sehr frühen, teils späteren Lautentwicklungen erscheinen heute allerdings auch einzelne schwache Verben als unregelmäßig (neuengl. *teach, taught; keep, kept*). Ähnlich wie beim Substantiv und Adjektiv hat sich im Laufe des Me. auch beim Verb die Zahl der Flexionsendungen stark reduziert: die einzige in der Standardsprache verbliebene Verbalendung ist das *-s* der 3. Pers. Sg. Präs. Geschwächt wurde ferner die Verbalkategorie des Modus, d. h. der im Ae. noch häufig verwendete Konjunktiv (Optativ) schwand bis auf einige Reste. Ausgebaut wurden dagegen die verbalen Kategorien Tempus und Aspekt. Das Ae. hatte zunächst nur zwei Tempora, nämlich Präsens und Präteritum. Umschriebene (periphrast.) Formen für Futur, Perfekt und Plusquamperfekt traten dann zwar schon im Ae. auf; systematisiert wurde ihr Gebrauch aber erst im Neuengl. Ähnliches gilt für die Entwicklung der für das heutige Engl. typischen Verlaufsform. Die ebenfalls für das Engl. typische Umschreibung der Frage und der Verneinung mit *to do* taucht erst ab dem späteren Me. auf; obligator. wird auf ihr Gebrauch ebenfalls erst in neuengl. Zeit. Das Passiv wurde im Ae. mit den Verben *bēon, wesan* 'sein' (Zustandspassiv) oder *weorþan* 'werden' (Vorgangspassiv) + Part. Prät. gebildet. *Weorþan* starb im Me. aus, so daß im Neuengl. das Passiv nur noch mit *to be* + Part. Prät. gebildet wird; als neue Möglichkeit, Vorgangspassiv auszudrücken, ergab sich u. a. die Verwendung der Verlaufsform auch im Passiv.

VI. SYNTAX: Hier können nur ganz wenige Punkte herausgegriffen werden: Im Ae. war die Wortstellung noch relativ frei, da die Beziehungen der Wörter im Satz weitgehend durch die Flexionsendungen ausgedrückt wurden. Im Zusammenhang mit dem Flexionsverfall wurde die Wortstellung aber allmähl. fest; in der Regel gilt heute die Reihenfolge Subjekt – Prädikat – Objekt sowohl für den Hauptsatz als auch für den Nebensatz. Ferner wurden zum Ausdruck der Beziehungen im Satz verstärkt Präpositionen verwendet, z. B. *to* für das indirekte Objekt in bestimmten Stellungen; *of* als Konkurrenz für die Genitivbildung mit *-s*.

VII. WORTSCHATZ: Der engl. Wortschatz wurde im Laufe der Zeit von verschiedenen Sprachen beeinflußt, bis zum Ende des MA v. a. vom Lat., Kelt., Skand. und Frz.

[1] Der lat. Einfluß zieht sich durch die ganze engl. Sprachgeschichte. Eine Reihe lat. Lehnwörter brachten die Angelsachsen schon vom Kontinent mit (ae. *strǣt, strēt* > neuengl. *street* aus [via] *strāta*); einige weitere lernten sie in England von den romanisierten Kelten (→Briten) kennen (ae. *port* > neuengl. *port* aus lat. *portus*). Bedeutender war dann der Einstrom lat. Wörter im Zuge der Christianisierung →Englands ab dem 6. Jh., der nicht nur spezifisch christl. (letztl. oft aufs Griech. zurückgehende) Termini mit sich brachte (*priest, bishop, abbot*), sondern auch Wörter wie *school, cook, butter, lily* usw. Überdies beschränkte sich der lat. Einfluß in ae. Zeit nicht auf Lehnwörter; es entstanden auch Lehnbildungen (Nachbildungen lat. Wörter mit heim. Wortmaterial: ae. *hǣl-end* nach lat. *salva-tor*) und Bedeutungsentlehnungen (*sin* ursprgl. 'Verbrechen', unter christl.-lat. Einfluß dann 'Sünde'). Auch in me. Zeit gelangten lat. Lehnwörter ins Engl.; diese sind aber nicht immer von den entsprechenden, ihrerseits aufs Lat. zurückgehenden frz. Lehnwörtern zu unterscheiden, weil sie letzteren oft angeglichen wurden. Ab dem 15. Jh. mehren sich dann wieder die unmittelbaren lat. Entlehnungen in ihrer lat. Form.

[2] Relativ wenig übernahmen die Angelsachsen aus der Sprache der brit. Kelten (→Briten). Keltischen Ursprungs sind Wörter wie *bin, ass* sowie eine Reihe von Fluß- und Ortsnamen *(Thames, Avon, London)*.

[3] Ab dem Ende des 8. Jh. fielen Skandinavier in England ein und siedelten sich ab der 2. Hälfte des 9. Jh. auch an, v. a. im Norden und im Mittelland (→*Danelaw*). Das Ausmaß der skand. Besiedlung läßt sich an den Ortsnamen skand. Ursprungs ablesen, z. B. denen auf *-by* (*Derby, Rugby*) und *-thorpe*. Aufgrund der Vermischung mit der einheim. Bevölkerung kam es zu engen Sprachkontakten, die durch die Verwandtschaft des Ae. und des Skand. (→An. Literatur) erleichtert wurden. Auf diese Weise gelangte eine beträchtl. Anzahl skand. Lehnwörter ins Engl., darunter viele Wörter des alltägl. Lebens, die z. T. die einheim. Wörter verdrängten: *take* (ae. *niman*), *cast* (ae. *weorpan*), *law* (ae. *ǣw*). Die meisten skand. Lehnwörter sind allerdings erst seit dem Me. belegt, u. a. weil die ae. Überlieferung größtenteils aus den nicht von Skandinaviern besiedelten Gebieten stammt.

[4] Mit Abstand den tiefgreifendsten Einfluß auf das Me. übte aber das Frz. aus, das durch die norm. Eroberer Eingang fand. Zunächst erfolgten die Entlehnungen aus ihrem, nämlich dem (anglo)norm. Dialekt; mit dem Rückgang und schließlich dem Untergang des Anglonorm. einerseits und dem Aufstieg des Zentralfrz. als europ. Kultursprache andererseits wurden spätere Lehnwörter in zentralfrz. Form übernommen. Gelegentl. kam es sogar zu Doppelentlehnungen, wie z. B. *catch, warden* aus dem Anglonorm. neben *chase, guardian* aus dem Zentralfrz. Bis ca. 1250 hielt sich die Zahl der Lehnwörter noch in Grenzen; danach stieg sie aber stark an und umfaßte bald alle Lebensbereiche, z. B. Nahrung (*pork, mutton*), Sozialstruktur (*baron, duke*), Recht und Verwaltung (*just, judge, city, country, parliament*), Militärwesen (*soldier, sergeant*). Manchmal verdrängten die Lehnwörter einheim. Bezeichnungen, im Bereich der Religion z. B. *baptism* (ae. *fulluht*), *communion* (ae. *hus[e]l*), manchmal stehen heim. und Lehnwort nebeneinander, wobei es zur Bedeutungsdifferenzierung (*swine:pork; sheep:mutton*) oder zur Herausbildung von Synonymen (*begin:commence; freedom:liberty*) kam. Selbst das System der engl. Wortbildung wurde vom Frz. nachhaltig beeinflußt, weil eine ganze Reihe von frz. Wortbildungselementen (Präfixen, Suffixen) übernommen wurde, z. B. *counter-; -able, -age, -ee, -ery* usw.   H. Sauer/K. Toth

Bibliogr.: →Ae. Sprache; →Engl. Lit.; →Me. Sprache – *Lit.:* 1. *Sprachgeschichten:* O. JESPERSEN, Growth and Structure of the Engl. Language, 1938⁹ (u. ö.) – K. BRUNNER, Die engl. Sprache, 2 Bde, 1960–62² – H. E. PINSKER, Hist. engl. Grammatik, 1969³ – B. M. H. STRANG, A Hist. of English, 1970 – M. L. SAMUELS, Linguistic Evolution, with special reference to English, 1972 – A. C. BAUGH – T. CABLE, A Hist. of the Engl. Language, 1978³ – M. GÖRLACH, Einf. in die engl. Sprachgesch., 1982² – 2. *Schreibung:* R. I. PAGE, An Introduction to Engl. Runes, 1973 – D. G. SCRAGG, A Hist. of Engl. Spelling, 1974–3. *Lautung, Flexion:* K. LUICK, Hist. Grammatik der engl. Sprache, 1914–40 – R. JORDAN, Hb. der me. Grammatik, 1925, 1968³ [übers. E. J. CROOK, Handbook of ME Grammar: Phonology, 1974] – F. MOSSÉ, Manuel de l'anglais du MA des origines au XIVᵉ s.: I. Vieil-Anglais; II: Moyen-Anglais, 1945–49 [T. II übers.: A Handbook of ME, 1952; Hb. des ME 1969] – A. CAMPBELL, OE Grammar, 1959 – R. BERNDT, Einf. in das Studium des Me., 1960 – E. SIEVERS–K. BRUNNER, Ae. Grammatik, 1965³ – 4. *Syntax:* T. F. MUSTANOJA, A ME Syntax I, 1960 – B. MITCHELL, OE Syntax, 2 Bde, 1985 – 5. *Wortschatz, Wortbildung, Dialekte:* M. S. SERJEANTSON, A Hist. of Foreign Words in English, 1935 – H. GNEUSS, Lehnbildungen und Lehnbedeutungen im Ae., 1955 – H. KÄSMANN, Stud. zum kirchl. Wortschatz des Me., 1961 – H. MARCHAND, The Categories and Types of Present-Day Engl. Word-Formation, 1969² – H. KOZIOL, Hb. der engl. Wortbildungslehre, 1972² – M. SCHELER, Der engl. Wortschatz, 1977 – M. KORHAMMER, Ae. Dialekte und der Heliand, Anglia 98, 1980, 85–94 – s. a. →Grammatik – *Wörterbücher:* 1. *allg.:* OED – E. EKWALL, The Concise Oxford Dict. of Engl. Place-Names, 1960⁴ – The Oxford Dict. of Engl. Etymology, hg. C. T. ONIONS, 1966 – 2. *ae.:* →Ae. Sprache – A.

BAMMESBERGER, Beitr. zu einem etymolog. Wb. des Ae., 1979 – A Microfiche Concordance to OE, hg. A. DI PAOLO HEALEY u. a., 1980 – Dict. of OE [in Vorber.] – 3. *me.:* ME Dict., ed. H. KURATH u. a., 1952ff. – s. a. →Glossen und Glossare.

Englisches Recht

I. Angelsächsisches Recht – II. Rechtsentwicklung nach der normannischen Eroberung.

I. ANGELSÄCHSISCHES RECHT: [1] *Gesetzgebung:* Mit dem Rückzug der Römer aus England verschwand auch das röm. Recht aus dem engl. Rechtsleben bis zum Wiederaufleben der klass. Jurisprudenz seit dem 11. Jh., aber auch dann spielte der Einfluß des →Corpus Iuris Civilis im Vergleich zur anglonorm. Rechtstradition nur eine untergeordnete Rolle.

Die Christianisierung der heidn. →Angelsachsen führte zur Niederschrift ihrer Gewohnheitsrechte, nicht zuletzt zum Schutz von Kirche und Klerikern. Die erste dieser Gesetzessammlungen (*dooms*) wurde 601–604 unter →Æthelbert v. Kent zusammengestellt. Im Unterschied zu den entsprechenden kontinentalen Gesetzbüchern wurden die ags. in der Volkssprache verfaßt (→Ags. Recht). Die Herrschaft des dän. Kg.s →Knut d. Gr. beeinträchtigte die grundlegenden rechtl. Übereinkünfte nicht. Er erließ eine Reihe von Gesetzen (*gerædnys*), die u. a. die aufgrund eines Konflikts zw. engl. und dän. Recht entstandenen Streitigkeiten regeln sollten (vgl. auch →Danelaw). Diese Gesetze lassen in England eine hierarchisch gegliederte Gesellschaft erkennen, mit einer Aristokratie an der Spitze und einer Schicht von Unfreien am untersten Ende. Bereits die frühesten ags. Gesetze zeigen, daß das Kompensationsprinzip eingeführt wurde, um die Neigung zur Vergeltung einer Missetat, mit ihrer potentiell zerstörer. Entfesselung der →Blutrache, zu vermindern. Es gab einen Tarif der Kompensationsleistungen (→*Wergeld* ['Mann-Buße'], Preis für den Verlust des Lebens; *wite*, abgestufte Zahlungen für geringere Verletzungen; vgl. auch →Buße). Die unterschiedl. Höhe des Wergelds verweist auf unterschiedl. soziale Schichten. Erhebung und Verfolgung von Rechtsansprüchen wurden dem Geschädigten oder seiner Familie überlassen, aber die Prozeßgegner mußten vor den öffentl. Gerichten erscheinen, von denen das Königsgericht das höchste war. Schon relativ frühzeitig fügten die Gesetze bei der Festsetzung von Entschädigungen für die Opfer zivil- oder strafrechtl. Vergehen ein »so viel für den König« hinzu, womit die Bußzahlungen von Tätern an den Kg. Eingang fanden. Es gab Verfahren, in den Beklagten öffentl. kundmachten, und es wurde zunehmend ein härterer Druck auf den Angeklagten ausgeübt, vor Gericht zu erscheinen und dem Kläger Rede und Antwort zu stehen.

[2] *Gerichtsverfassung:* Vorladungen zum Gericht und Pfändung waren ags. Beiträge zum engl. Gerichtsverfahren. Vor der Ausweitung der Kompetenzen des →*Sheriffs* und vor dem Aufkommen der →*writs* im 12. Jh. (urkundl. ausgefertigte Verfügungen des obersten Gerichtshofes an den Sheriff zur Erhebung einer Klage) war es Sache des Klägers, das Erscheinen des Beklagten zu fordern und Teile seiner bewegl. Habe als Pfand zu nehmen, um sein Erscheinen vor Gericht sicherzustellen. Diese Rechtsakte mußten selbstverständl. im Lichte der Öffentlichkeit und unter Beisein von Zeugen vollzogen werden, damit der Kläger nicht des Hausfriedensbruchs oder des Diebstahls bezichtigt werden konnte. Außer Bestimmungen, die von Kompensation oder von der Erbfolge bei Grundbesitz handeln, bleibt wenig, das über das materielle Recht der ags. Periode (600–1066) Auskunft gibt, wobei festzustellen ist, daß es drei grundlegende Arten von Grundbesitz

gab: *book-land* ('Buch-Land'; →*boc*), das freie Eigen, das vererbt und veräußert werden konnte; →*folk-land* ('Hörigenland'), das je nach Landschaft unterschied. Erbschaftsregeln und Erbfolgen unterworfen war; *loan-land* ('Leiheland'), ein abhängiges Lehen, das gegen Ende der ags. Periode auf kirchl. Grundbesitz eingeführt wurde. Gerichtsakten sind nicht überliefert, wohl aber einige Berichte in Urkunden über Rechtsentscheidungen bei Grundbesitzstreitigkeiten.

Eine Trennung zw. öffentl. Recht und kirchl. Gerichten existierte nicht – Kleriker saßen bei zivilen Streitigkeiten zu Gericht und Laien bei Verstößen des Klerus. Die Zugehörigkeit zu einer sozialen Schicht bestimmte weitgehend den Gerichtshof, vor dem die Parteien ihre Klage vorbrachten. Die →*witan* oder das Gericht (auch Rat) der Ratgeber des Kg.s (vgl. →*curia regis*, Abschnitt V) waren somit das Gericht oberster Instanz für den Adel. Auch gab es die Möglichkeit, bei Irrtum oder fehlerhaftem Urteil (Nichtanhören der Klage) vom Hundertschaftsgericht zum Grafschaftsgericht zu appellieren und vom Grafschaftsgericht zu den witan. Grundherrschaften und Städte scheinen Jurisdiktion über ihre Bewohner gehabt zu haben.

Die uns zur Verfügung stehenden Rechtsquellen aus ags. Zeit sind einmal die Gesetzestexte selbst, dann administrative Erlasse, wie die writs, testamentar. Verfügungen, Diplome und Formeln für →Eide und →Gottesurteile. Die Beweisarten haben die meisten Kommentare hervorgerufen: Zur Lösung eines Streitfalles konnten entweder schriftl. oder mündl. Beweise angeführt werden. Einer der Parteien, meist der des Beklagten, wurde gestattet, sich mit einem Eideshelfereid (→Eid) zu verteidigen, oder es konnte auf das Gottesurteil zurückgegriffen werden.

II. RECHTSENTWICKLUNG NACH DER NORMANNISCHEN EROBERUNG: [1] *Gerichtsverfahren:* Auf dem Gebiet des Rechts blieb nach der Eroberung von 1066 vieles unverändert. Kirche und Städte behielten ihre Privilegien. Gft.en und Hundertschaften hatten weiterhin ihre Gerichte. Große Bedeutung erlangte der *King's* →*Council,* die Ratsversammlung der Großen (vgl. →Baron, Abschnitt III), der die witan ablöste und jetzt auch rechtl. Funktionen als feudales Gericht *(feudal court)* für Vasallen wahrnahm. Während für eine gewisse Zeit die Grundbesitzverhältnisse der adligen Oberschicht Veränderungen unterworfen waren (Verdrängung des eingeborenen Adels, Errichtung von Ritterlehen), blieben die gerichtl. Beweisarten dieselben. Hinzu trat jedoch eine neue Form des »Gottesurteils« bei Rechtsstreitigkeiten der norm. Grundbesitzer, der sog. »gerichtliche→Zweikampf« *(trial by battle).* Im Laufe des 12. Jh. begannen sich die kgl. Gerichtshöfe vom kgl. Rat abzusondern. Bei Eröffnung eines Verfahrens wurden schriftl. Vorladungen (writs) eingesetzt, und Beginn und Verlauf eines Prozesses wurden von einem kgl. Amtmann, dem Sheriff (< *shire-reeve* 'Grafschaftsbeamter'), beaufsichtigt. Eine bedeutende Entwicklung stellte die Einrichtung der *jury* dar: der Spruch dieser »sachkundigen Nachbarn« wurde zur besonders charakterist. Beweisart vor engl. Gerichten. Beeidete Zeugnisse von Geschworenen hatte man bereits für administrative Zwecke, wie z. B. bei der Domesday-Schätzung (→Domesday Book) von 1086, herangezogen, und sie wurden nun zum vorgeschriebenen Schlichtungsverfahren bei besitzrechtl. Geschworenenurteilen unter Heinrich II., wie z. B. der *novel disseisin* (vgl. →Eigentum, A. VII). Ein Lehnsmann, der ein novel disseisin-Verfahren verloren hatte, konnte ein Gerichtsverfahren aufgrund verbriefter Rechte anstrengen, das dann durch einen gerichtl. Zweikampf entschieden werden konnte. Die Mitwirkung von Geistlichen beim Gottesurteil wurde 1215 von der Kirche verboten, gerichtl. Zweikämpfe wurden jedoch weiterhin durchgeführt. Eidhilfe spielte eine geringe, aber kontinuierl. Rolle bei der Beilegung von Rechtsstreitigkeiten. Juries wurden bei der Klageerhebung gegen Missetäter eingesetzt sowie bei Urteilen in Zivil- und Strafrechtssachen. Kgl. Gerichtshöfe hatten das Monopol für Prozesse bei schweren Verbrechen. Während der gerichtl. Zweikampf weiterhin möglich blieb, wurde der jury immer mehr der Vorzug gegeben, sogar bei der Entscheidung über Ansprüche auf Lehnsland. Auch spielte die jury eine wichtige Rolle beim Urteil in zivilen Verfahren vor lokalen Gerichten, wie etwa in adligen Grundherrschaften.

[2] *Common Law und Tätigkeit der Gerichtshöfe:* Die Erhebung der kgl. Gerichtshöfe zu Gerichtshöfen erster Instanz unter Heinrich II. führte zur Ausprägung des *Common Law* ('Gemeines Recht'), das in ganz England Anwendung fand, im Gegensatz zu den lokalen und regionalen Gewohnheitsrechten. Seit dieser Zeit wurde das Common Law der bedeutendste, aber nicht der einzige Bestandteil des E. R. Die kgl. Gerichte mit dem Amt des Sheriffs, die schnell arbeitenden Geschworenengerichte und die jury erwiesen sich als ausgesprochen populär. Der *Court of* →*Common Pleas* wurde 1178 eingerichtet, als Heinrich II. fünf Richtern in Westminster ihren festen Sitz zuwies, während der Rest der curia regis dem Kg. auf seinen Reisen beiderseits des Kanals folgte. Die bes. schweren Fälle blieben dem King's Court vorbehalten, die Rechtsprechung des neuen Gerichts war vornehml. zivilrechtlich. Der mit dem Finanzwesen betraute Teil der curia regis – der →*Exchequer* – hatte im frühen 12. Jh. eine eigenständige Stellung inne und bildete nach und nach eine Rechts- und Rechnungsabteilung heraus. Das Gericht des Exchequer *(Court of* →*Exchequer)* war in erster Linie ein fiskal. Gericht, das seit Anfang des 13. Jh. eigene Gerichtsakten anlegte. Die Verhandlungsprotokolle des Court of Common Pleas und des *Parent Body,* der später als →*King's Bench* bezeichnet wurde, bewahrte man zusammen auf. Seit 1272 (Beginn der Regierung Kg. Eduards I.) legte jeder Gerichtshof getrennt seine Akten an. Diese zentralen Gerichtshöfe traten bis ins 19. Jh. in Westminster Hall zusammen. Seit dem 12. Jh. wurden Richter in die Gft.en entsandt (→*eyre*). Unter Kg. Heinrich II. wurde eine Reiseroute entwickelt, die gewährleisten sollte, daß kgl. Richter regelmäßig das Land bereisten, um Gerichtsentscheidungen zu treffen und Verbrecher zu verhören, die Sprüche lokaler Geschworener anzuhören, Untersuchungen bei Waldnutzungsklagen anzustellen, die Einhaltung kgl. Rechte und die Tätigkeit der lokalen Verwaltung zu überprüfen. Gerichtsakten dieser Reiserichter sind seit dem 13. Jh. bewahrt. Dieses System wurde durch das »nisi prius«-Prinzip ('wenn nicht vorher') vervollständigt, das besagte, daß die Mehrzahl der Prozeßparteien sich nicht in Westminster einfinden mußte, da die kgl. Richter die jeweilige Gft. vor dem dortigen Prozeßtermin besuchten.

Das Recht des ausgehenden 12. und des 13. Jh. läßt sich anhand vielfältiger Quellen studieren: an größeren Abhandlungen, wie die von →Glanvill (ausgehendes 12. Jh.) und →Henricus de Bracton (1. Drittel des 13. Jh.), und an Formelsammlungen, die Muster für writs und Plädoyers enthalten. Im späten 13. Jh. wurden mehrere »Musterfälle« für Studenten der Jurisprudenz kompiliert. Bekannt als →»Year Books« ('Jahr-Bücher'), enthalten sie Dialoge zw. namentl. genannten Richtern und Anwälten vor Gericht. Die wichtigste und umfänglichste Quelle für das ma. E. R. sind die Gerichtsakten der Common Law-Gerichte *(Com-*

mon Law Courts). Die Mehrzahl dieser Dokumente ist noch unpubliziert. Sie sind, wie die writs, in Lat. geschrieben. Dagegen waren die Year Books und Handbücher für den prakt. Gebrauch in dem sog. »Rechtsfranzösisch« *(law French)* abgefaßt, das die Verhandlungssprache vor den Common Law-Gerichten war.

Die Geschichte des E.R.s ist ein Siegeszug der kgl. Gerichtshöfe. Aber auch die Hundertschafts- und Grafschaftsgerichte überlebten, nur muß ihre Tätigkeit – wie es PALMER tat – weitgehend aus den Protokollen erschlossen werden, die an das kgl. Common Law-Gericht weitergeleitet worden waren. Die lehnsherrl. Gerichte verloren gegenüber den Common Law-Gerichten an Einfluß, obwohl die Krone nach Ansicht MILSOMS nicht nach einer erweiterten Rechtsprechung ihrer Gerichte strebte: die einzige Absicht bei den »writ of right«, »mort d'ancestor« und »novel disseisin« sei es gewesen, die herrschaftl. Strukturen nach ihren eigenen Maßstäben zum Tragen zu bringen (MILSOM, The Legal Framework, 186). Was auch immer beabsichtigt war, die kgl. Gerichte weiteten sich auf Kosten anderer herrschaftl. Gerichte aus. Grundherrl. Gerichte existierten weiterhin, vor ihnen wickelten *villeins* (halbfreie Hörige) und viele freie Grundbesitzer ihre Rechtsgeschäfte ab. Gewohnheitsrechtl. Fälle im Wert über 40 s. mußten vor dem Königsgericht verhandelt werden. Grundherrl. Gerichtsakten zeigen, daß die Forderungen des Klägers mit Bedacht auf weniger als 40 s. begrenzt wurden, um eine Gerichtsentscheidung auf lokaler Ebene zu gewährleisten. Städte hatten ebenfalls Gerichte; Gerichtsakten sind, zusammen mit stadtrechtl. Aufzeichnungen *(borough customs),* erhalten.

Nach der Eroberung wurden eigene kirchl. Gerichtshöfe eingerichtet. Eine Reihe von Meinungsverschiedenheiten über die Rechtsprechung entstanden – am bekanntesten ist der Streit um die »straffälligen Kleriker« zw. Heinrich II. und Ebf. →Thomas Becket. Nach kanon. Recht wurde über Kleriker, bei Eheschließungen und letztwilligen Verfügungen geurteilt, obwohl weder Lehnsland noch folk-land testamentar. geteilt werden konnten. Die Common Law-Gerichte hatten die Jurisdiktion über das Präsentationsrecht von Priestern für erledigte →Benefizien, denn dieses wurde als zum Grundeigentum gehörig angesehen. Eine Zusammenarbeit zw. Common Law und kanon. Recht wurde beispielsweise notwendig bei der Entscheidung von Klagen um das →Wittum, bei denen die Besitzansprüche der Witwe von dem Nachweis einer gültigen Eheschließung abhing.

[3] *Entwicklung im Spätmittelalter:* Das →*Parliament* hatte die gleichen Wurzeln wie der *Great*→*Council* und entstand im 13. Jh. Es trat nur zu bestimmten Gelegenheiten zusammen, hatte judizielle Funktionen und erließ auch Rechtsvorschriften. Obwohl Richter an Königsgerichten einen Sitz im Parliament hatten und bei der Konzipierung von Rechtsvorschriften mitwirkten, kam es doch vor, daß Common Law-Gerichte diese Gesetze ignorierten oder sie sehr weit auslegten. Die →Kanzlei *(Chancery)* fertigte die writs aus, mit deren Hilfe ein Prozeß nach dem Common Law angestrengt werden konnte. Der *Court of*→*Chancery* urteilte aufgrund der Billigkeit (→aequitas). Im Laufe der Zeit wurde die Equity ein eigenständiges Rechtssystem, das sich mit Mißständen befaßte, für die es nach dem Common Law keine Rechtsmittel gab. Viele dieser Fälle betrafen Streitigkeiten um →Nießbrauch von Land *(use,* ad opus). Der Kanzler (→*Chancellor*) führte den Vorsitz als einer der Richter, ein Rückgriff auf eine jury war ausgeschlossen. Common Law-Richter kamen zunächst aus dem Kreis der kgl. Verwaltungsbeamten, wurden aber später aus der Mitte ausgebildeter Juristen herangezogen. Auf berufsmäßige Anwälte, die in einer der vier Rechtsschulen (→*Inns of Court*) ausgebildet worden waren, konnte zurückgegriffen werden. Im ausgehenden 14. Jh. wurden Laienrichter, sog. »Friedensrichter« *(Justices of Peace),* ernannt, die als ehrenamtl. Richter auf lokaler Ebene fungierten. Sie übten eine Vielzahl administrativer und judizieller Aufgaben aus und gehörten zumeist den unteren Adelsschichten (Richter, *gentry*) sowie dem Bürger- und Pächtertum an.

Das materielle E.R. war außerordentl. komplex, insbes. in Hinblick auf das Eigentumsrecht (→Eigentum). Sogar die Umwandlung von lehnsabhängigen Gütern zu freien Bauernlehen *(socage;* 1660) konnte nicht vollständig den ma. Charakter des engl. Liegenschaftsrechts verändern. Einige Kommentatoren behaupten, daß erst das Land Act von 1925 die letzten Spuren des Feudalismus aus dem engl. Liegenschaftsrecht entfernt habe. Auch auf dem Gebiet der Prozeßverfahren erwiesen sich die ma. Rechtsverhältnisse als äußerst langlebig. Die Common Law-Gerichte und der Court of Chancery wurden erst im 19. Jh. reformiert, als viktorian. Reformer den Prozeßformalismus abschafften, der für die Rechtsmittel des ma. Rechts charakterist. war. S. Sheridan Walker

Q. *und Lit.:* COING, Hdb. I, 29ff., 461–464, 783–796 – Placita Anglo-Normannica, hg. M. M. BIGELOW, 1879 [Neuausg. in Vorber.] – F. POLLOCK – F. W. MAITLAND, Hist. of English Law before the Time of Edward I, 1898[2] [Neudr. mit Einf. und Bibliogr.: 1968] – F. W. MAITLAND, The Forms of Action at Common Law, 1909 [Neudr. 1962] – T. F. T. PLUCKNETT, Concise Hist. of the Common Law, 1956[5] – Royal Writs in England from the Conquest to Glanvill, ed. R. C. VAN CAENEGEM, Selden Society 77, 1959 – Novae Narrationes, ed. E. SHANKS – S. F. C. MILSOM, ebd. 80, 1963 – Glanvill, Treatise on the Laws and Customs of the Realm of England, hg. G. D. G. HALL, 1965 – Bracton, On the Laws and Customs of England, übers. S. E. THORNE, 4 Bde, 1968–77 – S. F.C. MILSOM, Historical Foundations of the Common Law, 1969 – Early Registers of Writs, ed. G. D. G. HALL – E. DE HAAS, Selden Society 87, 1970 – A. HARDING, Law Courts in Medieval England, 1973 – R. C. VAN CAENEGEM, The Birth of the English Common Law, 1973 – D. W. SUTHERLAND, The Assize of Novel Disseisin, 1973 – S. F. C. MILSOM, The Legal Framework of English Feudalism, 1976 – J. H. BAKER, An Introduction to English Legal Hist., 1979[2] – EHD I: 500–1042, 1979[2], T. 2; II: 1042–1189, 1981[2], T. 2; III: 1189–1327, 1975, T. 1–3; IV: 1327–1485, 1969, T. 2 – B.LYON, A Constitutional and Legal Hist. of medieval England, 1980[2] – D. WALKER, Oxford Companion to Law, 1980 – R. PALMER, The County Courts of Medieval England 1150–1350, 1982 – P. STEIN, Legal Institutions: The Development of Dispute Settlement, 1984 – R. V. TURNER, The English Judiciary in the Age of Glanvill and Bracton c. 1176–1239, 1985.

Enikel, Jans (»Jans, hern Jansen eninchel«), * um 1230/40, † um 1302, Historiograph und Dichter, entstammte nach eigenen Angaben einer Wiener Bürgerfamilie. Ein Geschlecht, das den Leitnamen Jans (Johannes) führte, ist im →Wien des 13. Jh. nachweisbar, doch kann kein Angehöriger eindeutig mit dem Chronisten identifiziert werden. J. bietet in seinen beiden Reimchroniken geschichtl. Unterhaltungsstoff für seine bürgerl. Standesgenossen. Die »Weltchronik« (28.958 v.) wird vom Beginn der Welt bis auf Ks. Friedrich II. geführt, das jüngere, unvollendete »Fürstenbuch« (4.258 v.) ist der österreich. Geschichte, v. a. der späten Babenbergerzeit und bes. der Stadt Wien, gewidmet. Der Quellenwert der Darstellungen ist nicht sehr hoch; durch die Freude am Anekdotischen überliefert er aber manches an lokalem hist. Erzählgut und ermöglicht einen Einblick in die lit. Interessen der führenden Bürgerschichten Wiens. Die verwendeten Quellen machen eine Entstehungszeit der Werke seit den 80er Jahren des 13. Jh. wahrscheinlich. P. Csendes

Ed.: PH. STRAUCH, MGH DC III, 1891–1900 – *Lit.:* A. LHOTSKY, Quellenkunde zur ma. Gesch. Österreichs (MIÖG Ergbd. 19, 1963), 269ff. – O. BRUNNER, Das Wiener Bürgertum in J.E.s Fürstenbuch, MIÖG 58, 1950, 550ff. – R. PERGER, Die Grundherren im ma. Wien, Jb. des Vereins für Gesch. der Stadt Wien 23/25, 1967/69, 31f. – DE BOOR, III/1, 192ff.

Eniklibrief (1469), Gesetz des Zehngerichtebundes in →Graubünden, Original im Staatsarchiv Graubünden (Chur). Das Wort *enikli* bedeutet Enkel. Der E. bringt eine Neuerung in der Erbrechtsordnung (→Erbe, Erbrecht), indem er für den ganzen Bund der Zehn Gerichte das erbrechtl. Repräsentationsrecht der Enkel einführt. Danach treten die Kinder als Erben an die Stelle des Vaters oder der Mutter, denen ein Erbteil zugefallen wäre, wenn sie nicht vor dem Erblasser gestorben wären. Das ist eine Abkehr vom Prinzip: »Der Nächste im Blut der Nächste am Gut«, und eine Entwicklung des Erbrechts zum neuen Recht. Der E. gehört zu den frühen Erlassen, die das Eintrittsrecht der Enkel zulassen.   L. Carlen

Lit.: P. LIVER, Der E. des Zehngerichtebundes (Abh. zur Rechtsgeschichte, 1970), 618–644 – DERS., Der E. des Zehngerichtebundes vom Jahre 1469 (Rechtsgesch. Aufsätze, 1982), 338–343.

Enkaustik → Wandmalerei, →Ikonenmalerei

Enkolpion, Bezeichnung für an Halsketten getragene Phylakterien (Amulette, Talismane), die erstmals 811 in einem Brief des Patriarchen Nikephoros an Papst Leo III. benutzt wurde. Zur heidn. Vorgeschichte vgl. GERSTINGER 332f.; ebd. 328–330 wird die Rolle der E.ien als Sicherheitspfänder und Eidesgaranten sowie im Hochzeitsritus aufgezeigt. Zum E. als ksl. Insigne vgl. RByzK II, 161–163, als bfl. Amtszeichen ebd. 163. E.ien gibt es in allen Materialien, die für Kleinkunst, Schmuck und Kunstgewerbe Verwendung fanden (vgl. ebd. 154–157, wo auch die möglichen Formen kurz behandelt sind). Als die bei weitem häufigste Gestalt des E. erweist sich das Kreuz, das meist zweischalig ist und Reliquien aufnimmt (→Brustkreuz). Pectoralkreuze sind bis heute üblich.
   K. Wessel

Lit.: RAC V, 322–332 [H. GERSTINGER] – RByzK II, 152–164 [K. WESSEL].

Enkomion, Preislied auf Menschen (so zuerst bei Pindar), bald auch in Prosa (Preisrede: Gorgias, Helena) mit formalem Einfluß hymn. Elemente. Seit Isokrates, Euagoras wird v. a der Herrscher Objekt des E.s, das sich nun eng mit dem →Panegyrikos (Festrede) als Prosaform berührt. Die zu preisenden Qualitäten werden in der Regel nach einem Tugendkatalog disponiert, oft auch nach den hist. Taten. Die kaiserzeitl. Rhetorik, in der die Lobrede dominiert, bringt die zu behandelnden Punkte des Herrscherlobs (Herkunft, Erziehung, Taten etc.) in ein festes Schema (Menander, Rhetores Graeci 3, 368ff. SPENGEL), das bei →Julian (Panegyrikos auf Constantius II.) und →Libanios (or. 59) vorliegt und auch auf die lat. Panegyrik des 4. Jh. einwirkt. In Hexametern (→Epos) oder eleg. Distichen (→Elegie) wird das poet. E. von Personen seit augusteischer Zeit in der lat. Dichtung gepflegt (laus, laudatio) und erreicht in der Spätantike einen Höhepunkt (→Optatianus Porfyrius, →Claudianus, →Merobaudes, →Sidonius Apollinaris, →Ennodius, →Priscianus, →Corippus, →Venantius Fortunatus). Enkomiast. Elemente finden sich auch in der →Bukolik (Lob des Landlebens, Goldenes Zeitalter), in Trostschriften und Leichenreden. Daneben pflegt die Spätantike das Städtelob (Ausonius, Ordo urbium nobilium; Claudianus, De cons. Stil. 3, 130ff.) und Spielereien wie das »Lob der Kahlheit« des Synesios. Die christl. Autoren übernehmen (trotz Polemik dagegen) die enkomiast. Formen, Schulregeln und stilist. Elemente des Herrscherlobs (Eusebios) mit verstärkter moralisierender Tendenz und im christl. Sinne abgeändertem Tugendschema (PAYR 338) und entwickeln neu das Märtyrer- und Heiligen-E. (bes. Basilios, Gregor v. Nazianz, Gregor v. Nyssa, Johannes Chrysostomos).
   J. Gruber

Das Wort E., Encomium, ist im *lat. MA* ungebräuchl. Die Sache selbst, lobende Reden oder Dichtungen, findet sich dagegen in nicht übersehbarer Zahl, selbständig oder als Teil anderer Werke, als Preisrede, Preislied, Preisgedicht, in der hagiograph. und hist. Lit., in Predigten, Briefen, Vorreden, Grabschriften und in der Liturgie (→Laudes regiae). →Lobgedicht, Lobrede, →Panegyrik.
   G. Bernt

Lit.: KL. PAULY, II, 269f. – LAW, 813f. – RAC V, 332–343 [TH. PAYR; Lit.] – RE V, 2581–2583; XVIII, 3, 559–581 – G. KENNEDY, A Hist. of Rhetoric, 3 Bde, 1963–83 – H.-G. BECK, Antike Beredsamkeit und byz. Kalliologia, AuA 15, 1969, 91–101 – A. CAMERON, Claudian, Poetry and Propaganda at the Court of Honorius, 1970 – S. MACCORMACK, Art and Ceremony in Late Antiquity, 1981.

Enkratiten (von ἐγκράτεια; 'Enthaltsamkeit'), Anhänger einer frühchristl. asket., eng mit der →Gnosis verbundenen →Häresie. Von derartigen strengen asket. Sektierern sprechen bereits die Pastoralbriefe (I Tim 4, 1–3).

→Irenaeus führt die Hauptlehren der E. auf die Gnostiker Saturninus und Markion wie auch auf →Tatian, der wiederum Valentin verpflichtet ist, zurück. Von diesem übernahm er seine Lehre von den unsichtbaren Äonen. Von der Gnosis entlehnten die E. die Ablehnung der Ehe und die strenge Enthaltung von Fleischgenuß, während sie die Verwerfung der christl. Lehre von der Errettung Adams ausschließlich Tatian zuschrieben.

Eine Analyse des Lehrsystems der E. zeigt deutlich ihre Fundierung im gnost. →Dualismus wie in der jüd. Askese. Da sie auch den Wein für ein teuflisches Getränk hielten, verwendeten sie in der hl. Eucharistie an seiner Stelle Wasser, daher auch ihre Bezeichnung 'Hydroparastaten' (Cod. Theod. 16, 5) bzw. 'Aquarier'. Darüber hinaus leugneten sie z. T. die →Inkarnation Christi und vertraten unter gnost. Einfluß den →Doketismus. Berühmte E. waren Dositheos (um 350) aus Kilikien, Verfasser einer – verlorenen – Verteidigungsschrift in acht Büchern, und Julius →Cassianus, der der Enthaltsamkeit oder dem Eunuchismus ein – ebenfalls nicht erhaltenes – Werk widmete. Der wichtigste Führer der E. im 3. Jh. war Severus. Zur Zeit des →Epiphanius, 4. Jh., gab es noch derartige enkratit. Gemeinden in Pisidien, Phrygien, Pamphylien, Kilikien, Syrien und anderenorts. Das enkratit. Ideal beherrscht stark die ältesten apokryphen Apostelakten (Petrus, Paulus, Andreas, Johannes und Thomas). Hauptquellen sind: Irenaeus, adv. haer. I, 28; Clemens v. Alexandria, Strom. 3, 13; Epiphanius, Pan. 46,2; 47,1; Eusebius, hist. eccl. 4, 28–29.
   E. Konstantinou

Lit.: DSAM IV, 1, 628–642 [G. BLOND; Lit.] – LThK² III, 892f. [H. RAHNER] – RAC V, 343–365 [H. CHADWICK] – Theol. Wb. II, 338–340 [W. GRUNDMANN] – TRE IV, 204–225 [J. GRIBOMONT] – H. STRATHMANN, Die Askese in der Umgebung des werdenden Christentums I, 1914 – G. BLOND, L'hérésie encratite vers la fin du IVᵉ s., Recherches de science religieuse 32, 1944, 157–210.

Enna (Castrogiovanni), Stadt in Sizilien vorgriech. Ursprungs, in der Antike durch ihren Demeter-Persephone-Kult berühmt, in 948 m Seehöhe in strateg. günstiger Lage auf einer Bergterrasse im Zentrum der Insel gelegen (deshalb bereits in der Antike der »Nabel Siziliens« genannt). 396 v. Chr. wurde sie von dem Tyrannen von Syrakus, Dionysios I., erobert. Nachdem sie in der Folge die weiteren Geschicke →Siziliens geteilt hatte, wurde sie 859 durch

Verrat von den Sarazenen im Zuge ihrer Besetzung der Insel eingenommen und dem byz. Reich entrissen. Sie blieb mehr als zwei Jahrhunderte in arab. Hand. 1087 gelang es dem norm. Gf.en →Roger I. von Hauteville sie zu erobern. Eine Kolonie von Lombarden wurde dort eingerichtet, nach denen das Kastell seinen Namen (»Castello di Lombardia«) erhielt. Nach der norm. Eroberung wurde der Name der Stadt zu Castrogiovanni geändert. Der alte Name E. wurde 1927 wieder eingeführt. Die Stadt gehörte zur Krondomäne und beherbergte wiederholt siz. Herrscher. Der Tradition nach soll Ks. →Friedrich II. den achteckigen Turm (sog. »Torre di Federico«) erbaut haben. Die Errichtung dieses Turms scheint jedoch ebenso wie die Wiederherstellung und Vergrößerung des Kastells auf Kg. →Friedrich III. (bzw. II.) von Aragón zurückzugehen, der dort häufig residierte und 1324 eine Versammlung des siz. Parlaments dorthin einberief. Während der Parteikämpfe der Barone (»Latini«, »Catalani«) geriet die Stadt abwechselnd unter den Einfluß der Chiaromonte, Alagona und Ventimiglia. In kirchl. Hinsicht gehörte die Stadt zur Diöz. →Catania und war Sitz eines Vizepriorats jenes Klosterbistums. Der Mutterkirche S. Maria Maggiore unterstanden die Pfarrkirchen S. Maria Maddalena, S. Nicola, S. Pietro, S. Cataldo und S. Giovanni de Platea.
S. Fodale

Lit.: RE VIII, 1, 284–287 – V. Amico, Diz. topografico della Sicilia I, 1858, 382ff. – J. Peri, Città e campagna in Sicilia, 2 Bde, 1953–56 – Ders., Uomini, città e campagne in Sicilia dall' XI al XIII secolo, 1978 – P. Vetri, Storia di E., 2 Bde, 1978.

Ennius im MA. Neben des Quintus E. (239–169 v. Chr.) Hauptwerk, den »annales«, spielten die Tragödien und Komödien sowie die kleineren Dichtungen ('saturae') von jeher nur eine geringere Rolle. Auch jene, als Nationalepos hochgeschätzt, gegen Ende der Republik zumeist als veraltet angesehen, von Vergil vollends verdrängt und durch die archaist. Mode der Antoninenzeit nur vereinzelt hervorgehoben, sind in der Spätantike außerordentl. selten gewesen, wahrscheinl. überhaupt nicht von Papyrus auf Pergament umgeschrieben worden und daher nicht übers Altertum hinausgelangt. Nur einige Grammatiker zitierten noch aus dem ganzen Werk (als letzter Priscian). Dem MA, welches die erhaltenen Fragmente in indirekter Überlieferung bewahrt hat, ist E. Repräsentant alter Dichtung (Isidor, Julian v. Toledo, Aldhelm, Modoin u. a.), aber auch dann, wenn er, wie von Aimericus unter den »silbernen« Autoren empfohlen oder wie von Gilbertus Porreta als alter Schwätzer angeführt wird, kaum mehr als dem Namen nach bekannt.
F. Brunhölzl

Ed. und Lit.: J. Vahlen, Ennianae poesis reliquiae, 1928 [Neudr. 1967], III–CXXXI – Manitius, I–III [Register].

Ennodius, Magnus Felix. [1] *Leben und Werke:* * 473/474 wahrscheinl. in Arles, † 521 (Grabinschrift CIL V 6464), erhielt E. in Pavia die für einen Adligen übliche Erziehung, trat 493 in den Dienst der Kirche, zunächst in Pavia, dann in Mailand, wiederholt in diplomat. Missionen tätig, 513 Bf. v. Pavia, 515 und 517 im Auftrag des Papstes →Hormisdas zur Beilegung des →Akakian. Schismas nach Konstantinopel gesandt. Seine ca. 500 Werke (darunter 297 Briefe nach dem Vorbild des Symmachus) sind alle vor dem Bf.-Amt entstanden und in der hs. Überlieferung in etwa chronol. Reihenfolge bewahrt. In ihrer gezierten und damit oft schwer verständl. Sprache spiegeln sie die von der Adelsschicht unter Theoderich bevorzugten Stiltendenzen wider. Neben christl. Stoffen (Viten des Antonius v. Lérins und des Bf.s →Epiphanius v. Pavia; Selbstbiographie nach den Confessiones Augustins) stehen profane (Panegyricus auf Theoderich, 507; Paraenesis didascalica:

rhetor. Studienplan in prosimetr. Form). Die 28 Reden (Dictiones) haben entweder als Musterstücke die traditionellen Themen der Controversiae oder mytholog. Gegenstände zum Inhalt oder sind für bes. Anlässe (Geburtstag des Bf.s Laurentius, Einweihung einer Basilika, Schulfeiern) bestimmt. Gleichen Stil, aber kaum poet. Begabung zeigen die Gelegenheitsgedichte in unterschiedl. Versmaßen. Die Gruppe der 151 →Epigramme enthält v. a. Beschreibungen und Grabinschriften. Der antiken Kultur verbunden und voll Bewunderung für die polit. und lit. Tradition des Römertums, sieht E. doch klar den Niedergang der alten Weltmacht unter Theoderich (Bild der greisenhaften Roma: Opusc. 1, 48. 56; 2, 130). Vom Wert der →Artes liberales für die Bildung des jungen Klerikers überzeugt, betont er nicht nur deren intellektuellen, sondern auch den eth. Aspekt. Beherrschung der Redekunst ist der Nachweis für die Befähigung zu öffentl. Ämtern (Opusc. 6, 6), ja sie verleiht unsterbl. Ruhm (Dict. 9, 7). Dahinter treten die christl. Elemente zurück.
J. Gruber

[2] *E. im MA:* Das MA hat E. mehr bewahrt als geschätzt, und eine nennenswerte Wirkung haben seine Schriften und Gedichte nie ausgeübt. Die Überlieferung setzt im 9. Jh. ein; dicht war sie nie. Die Einträge in Bibliothekskatalogen weisen auf Stätten, die auch seltenere Autoren besaßen (wie Lorsch im 9., Bobbio im 10. Jh.). Zitate finden sich das ganze MA hindurch, bleiben jedoch immer vereinzelt; Aufnahme in Blütenlesen (Florilegium Angelicum) ist Ausnahme. Bezeichnend für die Einschätzung des Autors ist ein Brief des Bf.s Arnulf v. Lisieux (Mitte 12. Jh.), der an E. die verschrobene Sprache in der Prosa, in den Versen die Verstöße wider die Quantität der Silben rügt. Auch die Humanisten erwähnen ihn nur selten. In der frühen NZ scheint das Interesse für E. ein wenig angestiegen zu sein.
F. Brunhölzl

Ed.: W. Hartel, CSEL 6, 1882 – F. Vogel, MGH AA 7, 1885 – *Lit.*: *zu [1]*: Altaner-Stuiber 478f., 653 [Lit.] – Kl. Pauly II, 276f. – RAC V, 398–421 [Lit.] – RE V, 2629–2633 – A. Dubois, La latinité d'E., 1903 – K. F. Stroheker, Der senator. Adel im spätantiken Gallien, 1948 [Neudr. 1970], bes. 166f. – R. A. Rallo Freni, Scritti in on. di A. Attisani II, 1971, 109–126 (Paraen. didasc.) – L. Navarra, Le componenti letterarie e concettuali delle Dictiones di Ennodio, Augustinianum 12, 1972, 465–478 – F. Castaldelli, Ennodio di Pavia, 1973 – L. Navarra, Ennodio e la facies storico-culturale del suo tempo, 1974 – Ders., Contributo storico di Ennodio, Augustinianum 14, 1974, 315–342 – L. Alfonsi, Ennodio letterato, SR 23, 1975, 303–310 – E. Galbiati u. a., Magno Felice Ennodio, 1975 – W. Schetter, Die Thetisdeklamation des E., BJ, Beih. 39, 1977, 395–412 – R. Ficcara, M. Pizzino, R. Rallo Freni, Scritti in on. di S. Pugliatti, 1978, V, 235–254, 803–810, 833–858 – *zu [2]*: R. Sabbadini, Le scoperte dei codici latini e greci ne' secoli XIV e XV, I, 1905, 122; II, 1914, 21 – Manitius, I–III – Ders., Hss. antiker Autoren in ma. Bibliotheksktat., 1935, 300f. – R. H. Rouse – M. A. Rouse, Preachers, Florilegia and Sermons: Stud. on the Manipulus florum of Thomas of Ireland, 1979, 147–149.

Enns, Stadt in Oberösterreich, 4 km südl. der Mündung der E. in die Donau. 900 wurde gegen die →Ungarn auf einer Hochterrasse über dem linken Ufer des namengebenden Flusses E. (lat. Anesus; kelt. Wurzel) die Anesapurch errichtet, welche die Reste des in der Ebene gelegenen ehem. röm. Lagers →Lauriacum (Lorch) als Siedlungsschwerpunkt ablöste; Lorch blieb bis ins 16. Jh. kirchl. Zentrum. Mitte des 12. Jh. ging E. aus dem Besitz des Bm.s →Passau an die steir. →Otakare über, 1186/92 an die →Babenberger, seither in landesfsl. Besitz. Bereits in der 2. Hälfte des 12. Jh. war E. ein wichtiger Handelsplatz mit zwei internationalen Jahrmärkten und Münzstätte. Um 1200 erfolgte die planmäßige Anlage des heut. Stadtkernes (Platz 55:110 m mit Straßenkreuz) und Befestigung, Stadtrechtsverleihung 1212. Im 13. Jh. war E. Verwaltungszentrum der westl. angrenzenden Gebietserweiterungen Österreichs. Es hatte bedeutende Funktion im →Salzhandel. In der 2. Hälfte des 15. Jh. wurde die Stadt neu befestigt und die landesfsl. Burg errichtet, jedoch erfuhr E. einen Rückgang der wirtschaftl. Bedeutung und eine Verlagerung der Verwaltungsfunktionen nach →Linz, was eine Stagnation der Entwicklung nach sich zog. G. Marckhgott

Lit.: Österr. Städtebuch I, 1968, 119–135 – J. Amstler, Gesch. der Stadt E., 1969 – E.-Lorch-Lauriacum, 1962 [A. Zauner] – M. Schimböck, Hist. Bibliogr. der Stadt E., 1984.

Enns, Vertrag v. (9. Okt. 1336). Im E.er Vertrag einigten sich Kg. →Johann v. Böhmen (→Luxemburg) und die Hzg.e →Albrecht II. und →Otto v. →Habsburg nach unentschiedenen militär. Auseinandersetzungen über die nach dem Tode von →Heinrich VI., Hzg. v. →Kärnten, Gf. v. →Tirol († 2. April 1335), entstandene polit. und rechtl. Lage. Auf der Basis eines Freundschafts- und Hilfsbündnisses verzichtete Kg. Johann für sich und seine Erben – insbes. →Johann Heinrich und seine Gattin →Margarete (Maultasch) – zugunsten der Habsburger auf Kärnten, →Krain und die Wind. Mark. Die habsburg. Fs.en überließen bei ausdrücklicher Wahrung ihrer Rechte in Kärnten und Krain Johann Heinrich die Gft. Tirol. Der E.er Vertrag kennzeichnet einen wichtigen Wendepunkt im Ringen der drei um das Kgtm. rivalisierenden Dynastien, wobei →Ludwig der Bayer (→Wittelsbacher) seine territorialen Ziele weder in Nordtirol noch in Niederbayern durchsetzen konnte und deshalb nach vorübergehender Duldung eine Revision des Ennser Vertrages betrieb.
Th. M. Martin

Q.: Codex diplomaticus Moraviae, Bd. 7, Nr. 132–140, S. 90–95 – RI (1314–47), Kg. Johann, Nr. 222–225, S. 203; Hzg.e v. Österr., Nr. 191f., S. 254 – Lit.: Spindler II, 1977², 172–175 [H. Angermeier] – A. Lhotsky, Gesch. Österreichs, 1967, 321–328.

Enquêtes, Chambre des → Parlement

Enquêteurs-réformateurs, frz. Kronbeamte (→Reiserichter). Im Kgr. →Frankreich wurden während der Regierung →Ludwigs IX. d. Hl., insbes. nach Erlaß der Großen →Ordonnance von 1254, spezielle Beamte entsandt, die die Klagen (querimoniae) der Bevölkerung gegen kgl. Amtsträger anzuhören hatten. Diese ersten *enquêteurs* (zum Untersuchungsverfahren →inquisitio) waren Angehörige der Bettelorden. In der Folgezeit war die Tätigkeit der e.-r. (auch: *commissaires-réformateurs, réformateurs généraux*) eng mit dem allgemeinen Reformverlangen, das eine wichtige Forderung der öffentl. Meinung darstellte, sowie mit dem Kampf gegen Mißbräuche der kgl. Beamten und gegen Entfremdungen der →Krondomäne verbunden. Noch 1357 setzten die →*États généraux* die Bestellung von réformateurs généraux durch, die über kgl. Beamten ohne Appellationsmöglichkeit richten sollten. Nach 1360 änderte die Institution jedoch ihre Funktion und Stoßrichtung. Nun war es der Kg., der seine généraux-réformateurs als Kontrollinstanzen einsetzte. Untersuchungen konnten z. B. gegen Finanzagenten und Münzer durchgeführt werden; auch konnte eine ganze Gruppe von *bailliages* (→Bailli) oder *sénéchaussées* (→Seneschall) im Zuge einer solchen *enquête* inspiziert werden. Die e.-r. waren vom Kgtm. mit voller Richter- und Strafgewalt ausgestattet (Verhängung von Geldbußen, Verbannungen und Konfiskationen, ohne Berufungsmöglichkeit). Ihr Eingreifen in den Gang der ordentl. Justiz, ja sogar der →Parlements rief bald Proteste der Untertanen hervor, die in Verhandlungen der städt. Versammlungen und der États ihren Ausdruck fanden. Nach den städt. Aufständen der Jahre 1378–83 waren die *commissaires-réformateurs* Werkzeuge der Repression. Im 15. Jh. wurden die e.-r. völlig zu Instrumenten polit. Säuberungsaktionen und der kgl. Fiskalgewalt. Ihre Inspektionsreisen, die sie zur Bestrafung von Rebellen und zur Wahrung der kgl. Rechte in der Krondomäne oder bei der Steuererhebung durchzuführen hatten, bildeten lediglich Vorwände, um Bußen, Konfiskationen oder Revokationen von Schenkungen zugunsten des kgl. Fiskus auszusprechen. Unter Ludwig XI. und Karl VIII. forderten die États vergeblich die Abschaffung der e.-r. F. Autrand

Lit.: G. Dupont-Ferrier, Le rôle des commissaires royaux dans le gouvernement de la France spécialement du XIVᵉ au XVIᵉ s. (Mél. P. Fournier, 1929), 171–184 – J. Glenisson, Les e.-r. de 1270 à 1328 [Positions des thèses de l'École des Chartes, 1946], 81–88 – F. Lot – R. Fawtier, Hist. des institutions françaises au MA, II: Institutions royales, 1958 – M. Rey, Le domaine du roi et les finances extraordinaires sous Charles VI (1388–1414), 1965 – Ders., Les finances royales sous Charles VI. Les causes du déficit 1388–1413, 1965 – L. Carolus-Barré, La grande ordonnance de réformation de 1254, Comptes rendus de l'Acad. des Inscriptions et Belles Lettres, 1973, 181–187 – R. Cazelles, Société politique, noblesse et couronne sous Jean le Bon et Charles V, 1982.

Enrique → Heinrich

Enríquez, kast. Adelsfamilie, stammte ab von dem Infanten →Heinrich »el Senador«, Sohn Kg. →Ferdinands III. v. Kastilien und der →Beatrix v. Schwaben (2. B.), jüngerer Bruder Kg. →Alfons' X. Die E. waren begütert in Andalusien, später (eine Nebenlinie) in Salamanca und der Estremadura. Bedeutende Vertreter der verschiedenen Familienzweige, die führende Positionen in den jeweiligen Stadtaristokratien einnahmen, waren im 14. Jh. *Enrique* E. († 1366, ohne männl. Erben), Herr v. Villalba und Nogales, →*Adelantado Mayor de la Frontera* (1358–64) und →*Justicia Mayor de la Casa del Rey* unter Alfons XI. (1347), und im 15. Jh. *Enrique* E. († 1454), →*Regidor* v. →Salamanca († 1454) und größter Grundbesitzer im Umkreis der Stadt, der schließlich (26. Juli 1454) ein →*Mayorazgo* gründete. L. Vones

Lit.: S. de Moxó, De la nobleza vieja a la nobleza nueva. La transformación nobiliaria castellana en la baja edad media, Cuadernos de Hist. 3, 1969, 183–190 [Stammtaf.] – N. Cabrillana, Salamanca en el siglo XV: nobles y campesinos, ebd., 255–295, bes. 268ff. – R. Pérez-Bustamante, El gobierno y la administración territorial de Castilla (1230–1474), I, 1976, 370f., 389, 392 – M. González García, Salamanca en la baja edad media, 1982 – A. Collantes de Terán Sánchez, Sevilla en la Baja Edad Media, 1984², 226.

Enríquez, vom Hause →Trastámara (→Kastilien) abstammende hohe Adlige.

1. E., Alfonso, Gf. v. Noreña und Gijón, * um 1353/55, † nach 1395, (ältester) natürl. Sohn →Heinrichs II. v. Kastilien und der astur. Adligen Elvira Iñiguez de Vega. A. wurde während eines Aufenthalts seines Vaters in Asturien, während dessen Flucht nach Frankreich, geboren. Heinrich II. übertrug ihm die vorher Rodrigo Alvarez de Asturias gehörigen Señoríos v. Noreña und Gijón (Asturien, Prov. Oviedo) mit dem Grafentitel. Nachdem sich A. in den Kämpfen zw. Kastilien und →Portugal ausgezeichnet hatte (1372), wurde seine Heirat mit Isabella, der natürl. Tochter Ferdinands I. v. Portugal, im Rahmen des Vertrags v. →Santarém festgelegt (7. April 1373, Verlöbnis: 9. April 1373). A. versuchte sich dieser Verbindung durch Flucht nach Paris und Avignon zu entziehen, wurde 1377 aber zur Eheschließung genötigt. Durch große Besitzungen (bis Valencia de Don Juan und Paredes de Nava) einflußreich, zettelte A., »Prototyp des intriganten Rebellen« (Uría Maqua), mehrere Verschwörungen an, wobei sich ihm der königstreue →Gu-

tierre v. Toledo, Bf. v. Oviedo, u. die Familie→Quiñones entgegenstellten. Nach der Annullierung seiner Ehe (12. Dez. 1379) erstrebte A. in Verhandlungen mit dem Kg. v. Portugal und →John of Gaunt, Hzg. v. Lancaster, die Heirat mit der ptg. Erbtochter→Beatrix; nach dem Scheitern dieser Pläne (→Elvas, Vertrag v.) tauchte seine erste Gattin wieder an seiner Seite auf. Güterkonfiskationen (der Señorío v. Noreña kam an die Kirche v. Oviedo) und teilweiser Titelverlust markieren eine Phase von Mißerfolgen A.s. 1383 ließ ihn Kg. →Johann einkerkern; durch die im Vertrag v. →Bayonne festgelegte Schaffung des →Principado de Asturias als Apanage für den Infanten →Heinrich (III.) und seine Braut Katharina v. Lancaster war Johann I. bestrebt, künftigen Umtrieben A.s vorzubeugen. Nach dem Tode Johanns aus der Haft befreit (1391), suchte A. die Minderjährigkeit Heinrichs III. in seinem Sinne zu nutzen, blieb aber von der Regentschaft ausgeschlossen. Der junge Kg. konnte – im Zuge seines Kampfes gegen die Widerstände im Trastámara-Haus – schließlich A.s Macht brechen (Eroberung des von Isabella gehaltenen Gijón, 1395). Über das weitere Schicksal des nach Bayonne geflohenen A. ist wenig bekannt. – Seine Tochter Konstanze († 26. Jan. 1480) wurde 1420 mit dem Gf. en Alfonso de Barcelos, dem illegitimen Sohn Kg. Johanns I. v. Portugal und späteren 1. Hzg. v. →Braganza, vermählt.
L. Vones

Lit.: G. Daumet, Étude sur l'alliance de la France et de la Castille au XIVᵉ et au XVᵉ s., 1898 – J. Uría Ríu, La escritura de concordia entre D. Juan y el conde D. Alfonso..., Rev. de la Univ. de Oviedo 4 (13–14), 1943, 255–266 – Ders., El matrimonio del conde D. Alfonso..., Archivum 1, 1951, 123–144 – Ders., El sello de los Señores y Condes de Noreña..., RABM 61, 1955, 427–433 – P. E. Russell, The English Intervention in Spain & Portugal in the Time of Edward III. and Richard II., 1955, 309f., 350f. – S. Dias Arnaut, A crise nacional dos fins do século XIV, Biblos 35, 1959, 9–597 – J. T. Montalvão Machado, Dom Afonso, Primeiro Duque de Bragança, 1964 – E. Mitre Fernández, Evolución de la nobleza en Castilla bajo el reinado de Enrique III, 1968 – L. Suárez Fernández, Nobleza y Monarquía, 1975², bes. 38ff. – J. Uría Maqua, El conde Don Alfonso, Austuriensia Medievalia 2, 1975, 177–237–J. I. Ruiz de la Peña Solar, Hist. de Asturias 5, 1977 – L. Suárez Fernández, Hist. del reinado de Juan I de Castilla I, 1977 – F. J. Fernández Conde, Gutierre de Toledo, obispo de Oviedo (1377–89), 1978 – C. Alvarez Alvarez, El Condado de Luna en la Baja Edad Media, 1982.

2. E., Alfonso, Admiral v. Kastilien und Herr v. Medina del Ríoseco, * 1354, † 1429 in Guadalupe, illegitimer Sohn des Infanten Fadrique (Friedrich) († 1358), Großmeister des Ordens v. →Santiago und Bruder →Heinrichs II. v. Kastilien; A.s Mutter war vielleicht Jüdin (Fernão Lopes, Cronica del Rei dom João I..., I, 1973, 213: »foi filho dhña judia«); ⚭ Juana de Mendoza, Tochter des Pedro González de→Mendoza, Mayordomo Mayor Kg. Johanns I. Nach wiederholtem Parteiwechsel in den Wirren zw. Kastilien und Portugal stand er nach der Schlacht v. →Aljubarrota (1385) fest auf seiten des kast. Königshauses, wodurch ihm der Aufbau eines umfangreichen Patrimoniums mit dem Zentrum Medina del Rioseco gelang. In den 90er Jahren bekleidete er das Amt eines *casador moor del rei de Castella* und *Canciller Mayor* des Infanten Ferdinand (→Ferdinand I., Kg. v. Aragón). Während der Minderjährigkeit Heinrichs (III.) gehörte er aufgrund seiner Zugehörigkeit zur »nobleza de segunda fila« (Suárez Fernández) als Vertreter der *caballeros* dem Regentschaftsrat an und wirkte häufig im Sinne eines Ausgleichs, was ihm, nach kurzer Sympathie für die Gruppe der »Epigonen« des→Trastámara-Hauses, schließlich die kgl. Gunst eintrug. Er wurde→*Adelantado Mayor* v. León (1402), →*Almirante Mayor* v. Kastilien (1405), *Alcaide* der Burg Medina del Ríoseco, →*Regidor* v. Valladolid (1408), Mitglied des →*Consejo Real,* Reorganisator der kast. Flotte, die er im Feldzug gegen Granada (Einnahme von Antequera, 1410) erfolgreich befehligte. Als Vertrauter des Infanten Ferdinand nahm er an den Verhandlungen und der Krönung in Aragón sowie den Unterredungen mit Papst →Benedikt XIII. teil. A. begründete eines der mächtigsten Geschlechter im Kastilien des 15. Jh.; seine Söhne waren Fadrique (→Enríquez, Fadrique) und Enrique (⚭ María de→Guzman), seit 1459 Gf. v. Alba de Liste.
L. Vones

Lit.: F. Pérez Embid, El Almirantazgo en Castilla, 1943 – L. Suárez Fernández, Nobleza y Monarquía en la política de Enrique III, Hispania 12, 1952, 323–400 – Ders., Problemas políticos en la minoridad de Enrique III, Hispania 12, 1952, 163–231 – Ders., Relaciones entre Portugal y Castilla en la época del Infante Don Enrique (1393–1460), 1960 – E. Mitre Fernández, Evolución de la nobleza en Castilla bajo Enrique III, 1968, bes. 154ff. – L. Suárez Fernández, Nobleza y Monarquía, 1975² – R. Pérez-Bustamante, El gobierno y la administración territorial de Castilla (1230–1474), 1, 1976, 219f., 241 – P. Martínez Sopena, El estado señorial de Medina del Rioseco bajo el almirante A. E., 1977.

3. E., Fadrique (Friedrich), Sohn von 2, erster Gf. v. Melgar und Rueda, Herr v. Aguilar, Castroverde und Medina del Ríoseco, * um 1400, † 1473; ⚭ 1. Marina de Córdoba y Toledo, ⚭ 2. Teresa de Quiñones. Er war 1426–64 in Nachfolge seines Vaters Admiral v. Kastilien; danach übergab er das in seiner Familie erblich gewordene Amt seinem Sohn Alfonso († 1485). Nachdem F. in den 20er Jahren auf seiten des Infanten Johann gestanden hatte (Flottenkommandos gegen Aragón und die Balearen, 1429/30), gehörte er in der Folgezeit zur Opposition gegen Alvaro de →Luna (Staatsstreich v. →Medina del Campo, 1441) und war Mitglied des Regierungsrates, der Luna zur Verbannung verurteilte. Seine Verbindung zum künftigen Kg. →Johann (II.) v. Aragón und Navarra festigte F. durch die Heirat seiner Tochter Johanna mit diesem. Die Feindschaft des Bf.s Lope Barrientos führte zu F.s Sturz. 1448 mußte er zu Johann v. Navarra fliehen, der ihn zu →Alfons V. nach Neapel sandte, wo F. Hilfe erlangte. Im Sommer 1449 erneut in Kastilien, gründete er die – erfolglose – Liga v. Coruña del Conde (26. Juli). Der Ausgleich von 1450 zog seine Begnadigung nach sich, doch konnte er erst 1454, nach dem Tod Johanns II. und Alvaros de Luna, zurückkehren und seine Güter wieder in Besitz nehmen (Übereinkunft v. Agreda). 1460 gehörte er zu den Anführern der Liga v. Alcalá de Henares gegen Beltrán de la Cueva, 1464 zusammen mit Alfonso →Carrillo und Juan →Pacheco zur Opposition gegen →Heinrich IV. und als Parteigänger des Infanten Alfons (XII.) zu den Verhandlungspartnern bei der Übereinkunft von →Cabezón-Cigales. Er nahm an beiden Schlachten v. →Olmedo teil (1445; 1467) und unterstützte ebenso wie Carrillo im Umfeld der Übereinkunft von →Toros de Guisando (1468) die Infantin→Isabella (d. Kath.) selbst mit Waffengewalt. F. gehörte fortan zu den entschiedensten Verfechtern des Heiratsprojekts mit seinem Enkel→Ferdinand v. Aragón und fungierte schließlich bei der Hochzeit als Brautführer. F. zählte mit mehr als 500 000 Maravedís jährl. Einkünften zu den mächtigsten und reichsten kast. Adligen seiner Zeit. Auch seine Nachkommen, die in das katal. Haus →Cabrera, Gf.en v. Módica sowie Vizegf.en v. Cabrera und Bas, einheirateten, gehörten zu den Stützen der Kath. Kg.e.
L. Vones

Lit.: F. Pérez Embid, El Almirantazgo de Castilla hasta las capitulaciones de Sta. Fe, 1945 – L. Suárez Fernández, Un Libro de asientos de Juan II, Hispania 17, 1957, 323–368 – J. M. de Solá-Morales, Hidalguía 5, 1957, 479ff., 627ff. [Lit.] – J. R. L. Highfield, The Catholic Kings and the Titled Nobility of Castile (Europe in the Late MA, 1965), 358–385 – M^A. I. DEL VAL VALDIVIESO, Isabel la Católica, Princesa (1468–74), 1974 – DIES., Los bandos nobiliarios durante el reinado de Enrique IV, Hispania 35, 1975, 249–293 – L. SUÁREZ FERNÁNDEZ, Nobleza y Monarquía, 1975² – W. D. PHILLIPS JR., Enrique IV and the Crisis of Fifteenth-Century Castile, 1978 – F. del Culgar, Claros Varones de Castilla, ed. R. B. TATE, 1985 – ISENBURG III, 3, Nr. 533, 536.

4. E., Fadrique (Friedrich), Hzg. v. Benavente, * um 1370, † nach 1395 (wahrscheinl. 1398) auf der Burg Almodóvar del Río (Córdoba), illegitimer Sohn → Heinrichs II. v. Kastilien und der Beatriz Ponce de León. Im Sept. 1373 wurde in León der von Heinrich II. und → Ferdinand I. v. Portugal bereits im April (Vertrag v. → Santarém) gefaßte Plan vorangetrieben, zur Absicherung ihres Übereinkommens ebenfalls F. und die ptg. Infantin → Beatrix zu verheiraten. Wegen des kindl. Alters beider Kandidaten fand das Verlöbnis erst auf den Cortes v. Leiria im Nov. 1376 statt, wobei F. wegen der sich abzeichnenden weiteren Kinderlosigkeit Ferdinands als künftiger Thronfolger anzusehen war und von ptg. Seite dementsprechende Eidesleistungen gefordert wurden (Jan. 1377). Bei dieser Gelegenheit erhielt F. Titel und Hzm. v. Benavente sowie bedeutende Herrschaftsschwerpunkte, was zusammen mit der Ausstattung der Braut den Aufbau einer eigenständigen Machtstellung gegenüber dem Kgtm. erlaubt hätte. Nach dem Tod Heinrichs II. reklamierte Johann I. 1380 die Braut für seinen eigenen Sohn Heinrich und beschnitt die Position F.s wegen angebl. Übergriffe beim Steuereinzug in S. Marcos de León; schließlich wurde F. 1388 bei der Erfüllung des Vertrags v. → Bayonne als Geisel in die Gascogne geschickt. Während der Minderjährigkeit Heinrichs III. gehörte er ztw. dem Regentschaftsrat an, zählte zu den Verbündeten des Ebf.s Pedro → Tenorio v. Toledo und versuchte gemeinsam mit den übrigen »Epigonen« des Hauses Trastámara (→ Enríquez, Alfonso, → Leonor v. Navarra, → Pedro v. Trastámara) eine Politik zu betreiben, die eine bevorrechtigte Stellung der agnat. und legitimen Linien negierte. Nachdem Heiratsprojekte mit seiner Cousine Leonor, Tochter des Infanten → Sancho v. Kastilien, Gf. v. Albuquerque, und einer Bastardtochter des ptg. Kg.s fehlgeschlagen waren, wurde er – nach kurzfristigen Versöhnungen – von Heinrich III. in Burgos gefangengenommen und bis an sein Lebensende eingekerkert (→ Perales, Übereinkunft v.). L. Vones

Lit.: L. SUÁREZ FERNÁNDEZ, Capitulaciones matrimoniales entre Castilla y Portugal en el siglo XIV (1373–1383), Hispania 8, 1948, 531–561 – DERS., Problemas políticos en la minoridad de Enrique III, Hispania 12, 1952, 163–231 – P. E. RUSSELL, The English Intervention in Spain and Portugal in the Time of Edward III and Richard II, 1955 – S. DIAS ARNAUT, A crise nacional dos fins do século XIV, Biblos 35, 1959, 9–597 – L. SUÁREZ FERNÁNDEZ, Nobleza y Monarquía, 1975² – J. URÍA MAQUA, El conde Don Alfonso, Asturiensia Medievalia 2, 1975, 219ff.

5. E. (de Castro), Fadrique (Friedrich), Gf. v. → Trastámara, Hzg. v. Arjona, † 1430 auf der Burg Peñafiel (östl. v. Porto), ⊐ Stift Bembibre (León), Sohn des Gf.en → Pedro (Enríquez de Castro) v. Trastámara und der Isabel de → Castro, ⚭ 1406 Aldonza de → Mendoza. F. erwarb bedeutenden polit. Einfluß nach dem Tod seines Vaters (1400) als Parteigänger des Infanten Ferdinand (→ Ferdinand I. v. Aragón), während dieser zusammen mit Katharina v. → Lancaster die Regentschaft für den unmündigen Infanten (→ Johann (II.) innehatte. Mit dem Ebf. v. Compostela, Lope de Mendoza, seinem größten Widersacher, führte er das galic. Aufgebot beim Feldzug gegen → Granada (1407–10). Während der unruhigen Zeiten unter den → Infanten v. Aragón unterstützte er den Infanten Johann (den späteren Kg. v. Navarra und Aragón) und stieg bis 1422 mit Hilfe des Alvaro de → Luna zur einflußreichsten Persönlichkeit in → Galicien auf. Am 1. Sept. 1423 erhielt er die Orte Jimena, Jodar, La Figuera, Arjonilla und schließlich – verbunden mit dem Herzogstitel – Arjona, das bisher dem Condestable Ruy López → Dávalos, einem Anhänger des Infanten Heinrich, gehört hatte. Gleichzeitig wurde er → Pertiguero Mayor v. Santiago. In den Wirren der 20er Jahre an mehreren Faktionsbildungen beteiligt, fiel er schließlich bei Alvaro de Luna in Ungnade und starb in Gefangenschaft. – Trotz der Legitimierung seines unehel. Sohnes Alfonso de Castro (1425) ging in der Folge der Familienbesitz verloren. L. Vones

Lit.: E. BENITO RUANO, Los infantes de Aragón, 1952 – J. TORRES FONTES, La regencia de Don Fernando de Antequera, Anuario de Estudios Medievales 1, 1964, 375–429 – L. SUÁREZ FERNÁNDEZ, Nobleza y Monarquía, 1975² – J. GARCÍA ORO, Galicia en la Baja Edad Media: Iglesia, Señorío y Nobleza, 1977 – DERS., La nobleza gallega en la Baja Edad Media. Las casas nobles y sus relaciones estamentales, 1981, bes. 29–45.

Enríquez del Castillo, Diego, kast. Chronist, * 1433 in Segovia, † um 1504. Hofhistoriograph, Kapellan und Berater → Heinrichs IV. v. Kastilien, hielt E. im Bürgerkrieg von 1465–68 treu zu seinem Kg.; Gegner nahmen ihn gefangen und zerstörten das Manuskript seiner Chronik (Okt. 1467). Bis Ende 1469 unterstützte er die kgl. Politik, die eine Thronfolge → Isabellas der Kath. ablehnte, und verhandelte 1471 mit dem päpstl. Legaten Rodrigo de Borja, dem künftigen → Alexander VI. Nach 1475 zog er sich vom Hof zurück. – In seiner kast. verfaßten Chronik tritt er zugunsten des Kg.s ein und will v. a. die Motive für dessen Verhalten und die Gründe seines Scheiterns erklären, wobei er bemerkenswerte Porträts Heinrichs IV. und der weltl. und geistl. Würdenträger seiner Zeit entwirft. Bes. wertvoll ist die Chronik für die Kenntnis der polit. Konstellationen in den Jahren 1462–65 und der Ereignisse nach 1468. Die Schilderung der Zeitspanne von 1454–67, die E. nach dem Tode Heinrichs IV. überarbeitete, vielleicht um die Gunst Isabellas zu gewinnen, ist dagegen wesentlich ungenauer. Der hohe Quellenwert wird z. T. durch parteil. Wertungen geschmälert, wie dies auch bei anderen, Heinrich IV. feindlich gesonnenen Geschichtsschreibern der Zeit (D. de → Valera, A. de → Palencia) der Fall ist. M.-A. Ladero Quesada

Ed.: BAE LXX, 1953, 99–228 [Abdr. der Ed. von J. M. de Flores, 1787] – Lit.: Repfont IV, 330f. – A. PAZ Y MELIA, El Cronista Alonso de Palencia, 1914, 389–390 – J. PUYOL, Los cronistas de Enrique IV, BRAH 78, 1921, 400–415 – J. TORRES FONTES, Estudio sobre la »Crónica de Enrique IV« del Dr. Galíndez de Carvajal, 1946 – G. FINK ERRERA, A propos de quelques mss. de la »Crónica del Rey Don Enrique el Cuarto«, Hispania 15, 1955, 3–72 – F. MEREGALLI, Cronisti e viaggiatori castigliani del Quattrocento, 1957 – J. L. BERMEJO CABRERO, Las ideas políticas de E., Revista de la Universidad de Madrid 86, 1973, 61–78.

Ens → Sein

Ensenhamen. Einige prov. didakt. Texte werden im Titel oder innerhalb des Textes selbst 'e.' (häufig in der Pluralform e.s) genannt. Sie bilden vielleicht keine eigentliche lit. Gattung, sind jedoch durch eine gewisse Einheitlichkeit des Inhalts und der metr. Form gekennzeichnet und können daher als eigene Gruppe angesprochen werden. Die e.s enthalten Regeln für die Lebensführung der Ritter (→ Arnaut Guilhem de Marsan, Ende 12., Anfang 13. Jh.), Knappen (Amanieu de Sescars, »Ensenhamen del escudier« aus der gleichen Zeit), der Damen (→ Garin lo Brun gegen Ende des 12. Jh.), der Edelfräulein (Amanieu de Sescars, »Ensenhamen de la donzela«, zweite Hälfte des 13. Jh.).

In weiterem Sinne müssen neben den klass. e.s angeführt werden: der »Ensenhamen d'onor« des → Sordello, die e.s für Spielleute (Raimon →Vidal, →Arnaut de Maruelh [Mareuil], N'At de Mons) sowie die »Pistola« des →Cerveri de Girona. Anliegen und Themen der e.s wurden auch außerhalb der Provence übernommen: in Nordfrankreich von →Robert de Blois, Baudouin de Condé, Jacques de Baisieux; in Italien von Francesco da Barberino.

A. Vitale Brovarone

Lit.: C. SEGRE, GRMLA VI, 90–96 – A. MONSON, Les »e.s« occitans. Essai de définition et de délimitation du genre, 1981 – G. E. SANSONE, Testi didattico-cortesi di Provenza, 1981.

Ensinger, auch *von Ensingen,* süddt. Baumeisterfamilie; der bedeutendste Vertreter ist *Ulrich* von E., * um 1350, † 1419 in Straßburg, um 1391 von der Dombaubehörde in Mailand als Gutachter gebeten, 1394/95 dort tätig. 1392–1417 Baumeister des Ulmer Münsters, geänderter Weiterbau des Langhauses und Entwurf des Westturmes mit dem Portal, seit 1399 zusätzl. Leitung der Bauarbeiten am Westbau des Straßburger Münsters, wo er mit dem Bau eines Einzelturmes begann, den er bis zum oktogonalen Turmgeschoß hochzog. Seit etwa 1400 auch in Eßlingen, wo er den Westturm der Frauenkirche entworfen hat, den Hans Böblinger ausführte.

Ulrich hatte drei Söhne, *Kaspar, Matthias* und *Matthäus,* die alle Baumeister wurden; Matthäus († 1463) arbeitete unter seinem Vater in Ulm und Straßburg, dann als Baumeister in Bern, wo er 1420/21 das neue Münster St. Vinzenz entwarf und bis 1440 auch die Frauenkirche in Eßlingen leitete. Seit 1446 war er Münsterwerkmeister von Ulm; drei seiner Söhne wurden ebenfalls Baumeister, bes. bedeutend *Moritz,* * um 1430 in Bern und † 1482/83 in Lenzburg/Aargau; 1449 als Geselle am Ulmer Münsterbau erwähnt, nach dem Tod seines Vaters wurde er sein Nachfolger, Zehnjahresvertrag 1465, 1470 auf Lebenszeit Leiter der Bauarbeiten am Ulmer Münster, nebenbei 1471/72 Spital in Geislingen, 1472 Begutachtung der Georgskirche in Nördlingen, 1474 Sachverständiger für die Frauenkirche in München, seit 1478 in Konstanz.

G. Binding

Lit.: THIEME-BECKER 10, 563–567 [Lit.] – O. KLETZL, Das Frühwerk Ulrichs v. E. (Architectura I, 1933), 170–194 – A. CONRADT, Ulrich v. E. als Ulmer Münsterbaumeister und seine Voraussetzungen [Diss. masch. Freiburg i. Br. 1959] – L. MOJON, Der Münsterbaumeister Matthäus E., 1967 (Berner Schr. 2. Kunst. 10).

Ensisheim, Friede v. Am 28. Okt. 1444 bestätigte →Ludwig (XI.), Dauphin v. Vienne, in E., dem Sitz der habsburg. Regierung des →Elsaß, einen zuvor in Zofingen unter Beteiligung von Vertretern des →Basler Konzils und →Savoyens ausgehandelten Frieden mit den Städten Basel, →Bern, Luzern, Solothurn, den Gemeinden Uri, Schwyz, Unterwalden, Zug und Glarus sowie ihren Verbündeten, dem Hzg. v. Savoyen, den Gf.en v. Freiburg und Aarberg-Valangin, den Städten Biel und La Neuveville. Damit wurde das aufgrund eines Hilfsgesuchs Kg. →Friedrichs III. bzw. des österr. vorländ. Adels an Kg. →Karl VII. v. Frankreich erfolgte Eingreifen eines vom Dauphin geführten →Armagnakenheeres im Alten →Zürichkrieg gegen die Schweizer unter dem Eindruck der blutigen Schlacht bei →St. Jakob an der Birs beendet. Der Dauphin versprach Freundschaft, anerbot Vermittlung bei Österreich und bei der Stadt Zürich und gewährte Konzilsteilnehmern und →Eidgenossen Sicherheit. Das frz. Heer zog erst im folgenden Frühjahr aus Elsaß und Lothringen ab.

H.-J. Gilomen

Q.: Amtl. Slg. der älteren Eidgenöss. Abschiede, 2, 1863, 807–811 Nr. 282 – UB der Stadt Basel, 7, 1899, 45–50 Nr. 40 – Lit.: A. TUETEY, Les Écorcheurs sous Charles VII, 2 Bde, 1874 – R. WACKERNAGEL, Gesch. der Stadt Basel I, 1907, 562–572 – H. BERGER, Der Alte Zürichkrieg im Rahmen der europ. Politik, 1978.

Entasis, leichte Schwellung des Säulenschaftes, die unterhalb der Schaftmitte am größten ist, in der Antike üblich, im MA nur sehr selten angewandt (Elsaß 11. Jh., Surburg).

G. Binding

Entdeckungen und Eroberungen, überseeische, Oberbegriff, mit dem traditionell die großen maritimen und kolonialen Unternehmungen des SpätMA und der frühen Neuzeit bezeichnet werden. In der neueren Forschung setzt sich demgegenüber verstärkt der Begriff der 'europ. Expansion' durch. Zur Geschichte der E. bis zum frühen 16. Jh. s. daher →Expansion, europ. – Zur Gesch. der See- und Landreisen im Früh- und HochMA und ihrer unterschiedl. Motive →Entdeckungsfahrten, skand.; →Reise, -beschreibungen sowie die Artikel zu außereurop. Ländern und Regionen wie →Afrika, →China, →Indien, →Japan usw.

Entdeckungsfahrten, skandinavische. [1] *Die Reisen Ottars und Wulfstans:* In der ae. Übersetzung der »Historiarum libri VII contra paganos« des →Orosius, angefertigt wohl im Auftrag Kg. →Alfreds v. Wessex am Ende des 9. Jh., finden sich die nicht von Orosius stammenden und wohl auf den Übersetzer zurückgehenden berühmten Berichte über die Reisen Ottars (ae. Ohtere) und →Wulfstans. Ottar, ein norw. Großbauer aus Hålogaland – nach eigenen Aussagen siedelte er von allen Norwegern am weitesten nördlich –, hatte offensichtl. bedeutende ökonom. Interessen in der Finnmark (Walroßjagd, Abgaben von der samischen Nomadenbevölkerung; →Samen). Auf einer seiner Fahrten, die zumeist wohl Handelsreisen waren, kam er nach Wessex und berichtete am Hofe Kg. Alfreds von seinen Reisen. Eine Entdeckungsreise im eigtl. Sinn war seine Fahrt um das Nordkap bis an die Küsten des Weißen Meeres. Ottar berichtet, daß er herausfinden wollte, wie weit sich das Land nach Norden erstrecke und ob nördlich der Ödländer noch Menschen wohnten. An der norw. Küste entlang nach Norden segelnd, kam er nach drei Tagen so weit nördl. wie die Walfänger (→Fischerei, →Wal, -fang) bei ihren weitesten Fahrten. Nachdem er drei weitere Tage in nördl. Richtung und vier Tage entlang der Küste nach Osten gefahren war, umrundete er in fünf Tagen die Halbinsel Kola und erreichte das Weiße Meer. Auf seinem Weg beschreibt er die Naturgegebenheiten der Finnmark, gibt Auskunft über Ernährungsmöglichkeiten und die dortige Bevölkerung, indem er insbes. zw. Landschaften mit dauerhafter Besiedlung und nur von Nomaden und Jägern besuchten Gegenden unterscheidet. Seine Reise endete in »Bjarmland« (Karelien), wo er auf feste Siedlungen und eine Bevölkerung stieß, mit der keine Friedensabsprache zustande kam. Deshalb wagte er nicht, den Fluß, der die Grenze ihres Landes markierte, zu überschreiten. (Dieser Fluß ist nicht sicher zu identifizieren.) Anhand des Berichts läßt sich deutlich erkennen, wie Ottars Gesprächspartner versuchte, Antwort auf Fragen zu bekommen, die für Ottar gänzlich neu waren, die für den Hofkreis Alfreds, der am antiken geograph. Weltbild orientiert war, jedoch Bedeutung hatten. So wurde Ottar gefragt, ob auf seinen Fahrten den äußersten Rand der Erde erreicht habe oder ob es noch weiter gegen N hin Land gäbe. Deswegen wurde auch jedesmal, wenn Ottar von einer Kursänderung berichtete, die Frage gestellt, ob es das Land ist, das sich wegbiegt (in diesem Falle wäre der äußerste Rand erreicht) oder ob es das Meer ist, das ins Land einschneidet (dann wäre es lediglich ein Binnenmeer).

Der Angelsachse Wulfstan unternahm eine Reise von →Haithabu nach →Truso an der Weichselmündung. Neben Angaben u. a. über →Bornholm enthält sein Bericht hauptsächlich eine ethnograph. Beschreibung der Aisten, die in Witland, dem späteren Ostpreußen, beheimatet waren.

[2] *Färöer, Island, Grönland:* Die →Färöer und →Island waren bereits vor der skand. Besiedlung (seit der 2. Hälfte des 9. Jh.) bekannt und seit dem 8. Jh. von ir. Mönchen, vermutl. nur während der Sommermonate, bewohnt. Die Überlieferung von der dreifachen Entdeckung Islands durch den 'Wiking' Naddod, den Schweden Gardar Svavarsson und den Norweger Floki Vilgerdason (alle um 860?), ist von zweifelhaftem Wert.

Die Besiedlung →Islands begann um 870 und war im wesentl. um 930 abgeschlossen. In der Folge wurde von dort aus →Grönland entdeckt. Die →Landnámabók berichtet von einem Gunnbjörn Úlfsson, der von Island aus in See stach und weit im Westen auf einige Inseln stieß, die daraufhin »Gunnbjarnasker« ('Gunnbjörnsschären') genannt wurden. Hierbei handelte es sich offensichtl. um eine Stelle an der Ostküste Grönlands zw. Scoresbysund und Kap Farvel (unsichere Identifizierung mit einer Inselgruppe bei Angmagsalik). Diese Inseln wollte →Erich der Rote wiederfinden (982). Er segelte von Snæfellsnes (W-Island) nach Westen und kam nach Miðjökull, später Bláserkr genannt, ein nicht mehr identifizierbarer Ort an der Ostküste Grönlands. Diese Route bezeichnete man als »Eiríksstefna« oder »Navigatio vetus«. Erich hielt danach südwärts, umrundete Kap Farvel und ging an der Westküste an Land. Im Laufe der folgenden drei Jahre erforschte er Küsten und Fjorde in dem Gebiet, das später von der sog. »Ostsiedlung« eingenommen wurde. Ob die sog. »Westsiedlung« in der Umgebung des späteren Godthåb/Nuuk zur gleichen Zeit besiedelt wurde, läßt sich nicht sicher feststellen. Ihre Existenz ist aber Ende des 9. Jh. nachzuweisen. Die von Skandinaviern aufgesuchten Fanggründe (→Fischerei, →Wal, -fang) lagen weiter nördl. in den Gewässern um die Insel Disko, und ein aus dem 13. oder 14. Jh. stammender Runenstein mit der Inschrift: »Erling Sigvatsson und Bjarni Tordsson und Enride Oddsson errichteten am Samstag vor dem Ziehtag diese Warte« wurde auf der weit in den N gelegenen Insel Kingigtorssuak, nördl. von Upernavik, gefunden. Da zu dieser Jahreszeit, im April, die Fahrwasser noch vereist sind, ist anzunehmen, daß die drei Männer dort überwinterten. Sie gingen vermutlich der Jagd auf Seehund, Walroß, Narwal, Eisbär und Polarfuchs nach. In diesem Gebiet kamen die Skandinavier auch mit den →Eskimos der Inugsuk-Kultur in Berührung, die sich zu dieser Zeit, der grönländ. Westküste folgend, nach S ausbreiteten. Die Ostküste war bei Seefahrern bekannt, scheint im MA aber nicht dauerhaft besiedelt gewesen zu sein.

[3] *Amerika:* Der Überlieferung nach soll →Amerika zuerst von Bjarni Herjólfsson, dessen Vater zu den ersten Landnahmemännern Grönlands gehörte, gesichtet worden sein. Die Fahrt fand noch während der Besiedlung Grönlands statt, aber eine genauere Erforschung der Küstenstriche, die er entdeckt hatte, erfolgte erst kurz nach 1000 durch die Söhne Erichs des Roten, →Leif und Thorvaldr Eiríksson. Über weitere Fahrten und Besiedlungsversuche →Amerika.

Unter dem Jahr 1194 vermerken die Isländ. Annalen die Entdeckung von »Svalbard«, oft mit Spitzbergen gleichgesetzt, doch ist diese Identifizierung wegen der angegebenen Fahrzeiten bezweifelt worden. Andere Vorschläge bringen den Namen mit der Insel Jan Mayen oder einer Stelle an der grönländ. Ostküste zusammen. Wenn mit 'Svalbard' tatsächl. Spitzbergen gemeint war, dann geriet diese Entdeckung wieder in Vergessenheit; Spitzbergen wurde erst 1596 von dem Holländer Willem Barents (wieder)entdeckt. – Zu den naut. Voraussetzungen s. →Schiff, -bau, -fahrt; s. a. →Reisen, Reiseberichte.

N. Lund

Q. und Lit.: F. GAD, The Hist. of Greenland I, 1970 – The Old English Orosius, hg. J. BATELY, EETS.SS 6, 1980 – K. J. KROGH, Erik den Rødes Grønland, 1982 – Two Voyagers at the Court of King Alfred. The Ventures of Ohtere and Wulfstan..., ed. N. LUND u. a., 1984.

Entelechie → Akt - Potenz

Entença (Entenza), aragon.-katal. Adelsfamilie, die von dem Geschichtsschreiber Ramon →Muntaner als »pus honrat casal de rics-hòmens qui sia en Aragon e en Catalunya« (Crònica, Kap. XVIII) bezeichnet wurde und eine hervorragende Rolle bei der Eroberung von →Valencia spielte. Sie stammte ursprgl. aus der Gft. →Ribagorza, wo sich um die bei →Barbastro gelegene Burg E. (arab. Antansar) im 11. Jh. der gleichnamige baroniale Herrschaftsbezirk gebildet hatte. Ende des 12. Jh. spaltete sich das Geschlecht unter *Berengar III.* († 1208) in Herr v. E., Calatayud, Teruel und Zaragoza, und *Bernhard* († um 1189), Herr v. Alcolea de Cinca, in zwei Linien auf. Die erste Linie erwarb im 13. Jh. Herrschaftsrechte u. a. in Xiva, Pedralba, Mòra, Falset, Tivissa, Sant Martí Sarroca sowie Subirats und verschwägerte sich mit der Familie →Montcada; letzter bedeutender Vertreter war der kgl. Ratgeber *Guillem I.* († 1320), Baron v. E., Xiva, Mòra, Falset, Altafulla und Mequinensa, Herr v. Tivissa und Pratdip, der dem Kg. 1313 testamentarisch Altafulla, Falset, Mòra und Tivissa übertrug. Der andere Zweig heiratete in die Grafenhäuser von →Ampurias und →Pallars Jussà ein und verband sich schließlich mit den →Guilhems v. Montpellier (*Jussiana* d'E., ∞ Bernhard Guilhem de Montpellier, 'dit d'E.). Aus dieser zweiten Linie (Herren v. Alcolea und Xiva) ging neben *Urraca* d'E., die ins Grafenhaus v. →Pallars einheiratete, v. a. *Teresa* d'E., Gfn. v. →Urgell, Vizegfn. v. Ager, Baronin v. Alcolea und Antillón, hervor, die die erste Gemahlin Kg. →Alfons' IV. v. Aragón wurde. Die Baronien von Alcolea und Antillón fielen an Teresas jüngeren Sohn Gf. →*Jakob I.* v. Urgell; die 1324 an das Königshaus gefallenen Besitzungen – darunter die alte Herrschaft in Ribagorza und die Besitzungen im Ebrotal – wurden Teil der Gft. →Prades und gingen auf den Infanten Raimund Berengar, Sohn Jakobs II., über.

L. Vones

Lit.: Gran Enc. Catalana 6, 1974, 649–651 – Diccionari Biogràfic dels Catalans II, 94–105 – B. J. LLOBET, Recopilación e inventario de los autos y otras escrituras de la Baronia de Entenza y condado de Prades, Falset 1665 – J. CARRERAS I CANDI, Entences i Templers en les Muntanyes de Prades, Boletín de la R. Academia de Buenas Letras de Barcelona 2, 1903–04 – M. PALLARES GIL, Los »seniores« de Teruel. El solar de los Entenza en el Bajo Aragón, Boletín de Hist. y Geografía del Bajo Aragón 1, 1907 – J. M^A. FONT RIUS, Cartas de población y franquicia de Cataluña I, 2, 1969, 761–764, 823; II, 1983, 721 – S. SOBREQUÉS VIDAL, Els barons de Catalunya, 1970³ – P. LÁZARO DE LA ESCOSURA, El Condado de Prades: Contribución al estudio de sus documentos, Historia. Instituciones. Documentos 3, 1976, 347–397 – M. ROMERO TALLAFIGO, El señorío catalan de los Entenza a la luz de la documentación existente en el Archivo Ducal de Medinaceli (Sevilla). Años 1173-1324, Historia. Instituciones. Documentos 4, 1977, 515–582 – A. UBIETO ARTETA, Hist. de Aragón: La formación territorial, 1981; Divisiones administrativas, 1983.

E., Berengar d', † 1307, Herr v. Sant Martí und Subirats, Sohn des Berengar V. d'Entença und der Galbors de Montcada, einer der Anführer der →Katal. Kompagnie bei ihren Expeditionen im östl. Mittelmeerraum; seine Schwester Saurina, ∞ Roger de Lluria (→Lauria). Schon in frühen Jahren mit der heimatl. Justiz in Konflikt geraten, nahm B. 1283/84 an Raubzügen in Kalabrien teil, ist danach wieder an der Seite der Kg.e v. Aragón und als Mitglied einer Gesandtschaft nach Ägypten (1291) zu finden, geriet nach seiner Rückkehr nach Otranto in neapolitan. Gefangenschaft (1298) und fand sich nach seiner Freilassung schließlich Ende 1299 am siz. Hof ein. Seine Waffenbrüderschaft mit Roger de →Flor und seine engen Beziehungen zu Kg. →Jakob II. v. Aragón sowie zu Kg. →Friedrich III. v. Sizilien veranlaßten ihn, im Herbst 1304 endgültig nach Osten zu ziehen, ohne sich speziell als Verbündeter des byz. Ks.s zu betrachten, zumal im Herbst 1303 Verhandlungen zw. ihm, Roger de Flor und Jakob II. zu gegenseitigen Hilfeversprechen geführt hatten. In Byzanz wurde er als Gefolgsmann des Roger de Flor von Andronikos II. Palaiologos unter Leistung eines Treueids für den Ks. zum Megas dux ernannt (25. Dez. 1304) und führte nach der Ermordung Flors sogar den Titel eines »magnus dux ... imperii Romanie ac Dominus Natulii (= Anatolien) ac insularie eiusdem imperii«. Am 31. Mai 1305 geriet er in die Gefangenschaft der Genuesen unter Egidio→Doria. Von Jakob II. losgekauft, kehrte er, ohne von Papst Clemens V. und →Karl v. Valois, Hzg. v. Anjou, Unterstützung erreicht zu haben, in den Osten zurück (Ende Sommer 1306), wo er, »der machthungrige Hochadelige« (SABLONIER), die Rivalität Bernats de →Rocafort zu spüren bekam und wohl letztlich von dessen Anhängern erschlagen wurde. – →Almogávares; →Arenós, Ferran Eiximenis d'; →Ferdinand v. Mallorca.

L. Vones

Q.: Nikephoros Gregoras, Byz. Hist. I, ed. L. SCHOPEN, 1829; Georgios Pachymeres, De Andronico Palaeologo, ed. I. BEKKER, 1835 (CSHB) – H. FINKE, Acta Aragonesia, 3 Bde, 1908–22 [erw. Neudr. 1968] – A. RUBIÓ I LLUCH, Diplomatari de l'Orient Català (1302–1409), 1947 – Les Quatre Grans Cròniques, ed. F. SOLDEVILA, 1971 [Chroniken von Bernat Desclot und Ramon Muntaner] – Lit.: R. I. BURNS, The Catalan Company and the European Powers, Speculum 29, 1954, 751–771 – J. GRAMUNT, Los linajes catalanes en Grecia en el siglo XIV, Hidalguía 5, 1957, 462 – R. I. BURNS, Social Riots on the Christian-Moslem Frontier, American Hist. Review 66, 1961, 378–400 – R. GUILLAND, Le Drongaire de la flotte, le Grand Drongaire de la flotte, le Mégaduc (Recherches sur les institutions byzantines I, 1967), 535–562 – R. SABLONIER, Krieg und Kriegertum in der Crònica des Ramon Muntaner, 1971, bes. 67–69 – A. E. LAIOU, Constantinople and the Latins. The Foreign Policy of Andronicus II (1282–1328), 1972, 137ff., 141ff., 153ff., 177ff.

Entfremdung, entfremden (gr. 'ἀπαλλοτρίωσις, ἀπαλλοτριοῦν, lat. alienatio, alienare, abalienatio), Vorgang des Fremdwerdens, des Herauslösens aus einem bisher vertrauten Zusammenhang. Der Begriff findet sich im polit., rechtl., med., sozialen und auch religiösen Kontext, hat aber als eigtl. theol.-philosoph. Terminus im MA seine zentrale Bedeutung im Umfeld der →Mystik und ist dort wesentl. Voraussetzung für die Gotteserkenntnis. – Schon im Umkreis spekulativer Vorstellungen der Gnosis erscheint »e.« (ἀπαλλοτριοῦν) und meint dort die Abwendung von der »Täuschung des Kosmos« (ἡ τοῦ κόσμου ἀπάτη – Corp. Herm XIII, 1), wobei freilich ein stark dualist. Verhältnis zw. Gott und Welt vorausgesetzt wird. – Augustinus verwendet dann stellenweise 'abalienatio' auch in unüberhörbarer Nähe zur Gnosis, wenn er z. B. von der »völligen E. des Geistes von den vergängl. Dingen und dem Vergessen dieses Elends der Welt« spricht (omnimoda mentis abalienatio a mortalibus rebus et miseriarum saeculi huius oblivio, MPL 42, 369), gebraucht aber ebenso, gerade im Kontext der gnost.-manichäischen Lehre von einem zweiten, bösen Schöpfer, den Terminus E. in einer negativen Wertung, als E. von dem Willen und der Gerechtigkeit des wahren Gottes (alienati omnino ab arbitrio et iudicio Dei veri, MPL 42,8, 390); ebenso entfremdet sich auch der Mensch gegenüber Gott, vermag er sich nicht seiner Begierde zu entziehen (ne abstraheris a concupiscentia tua, alienat te a Deo, Homil. 42,8). In einem weiteren Sinne spricht Augustinus von E. als Lösung von den leiblichen Sinnen im Zusammenhang mit der Vision des Paulus (vgl. MPL 34, 458ff.) und beeinflußt damit entscheidend die späteren myst. Darstellungen von der Entrückung der Seele in den dritten Himmel. Damit ist zugleich das Element der →Ekstase mit hineingekommen, welches eng mit der myst. Bedeutung des E.-Begriffes zusammenhängt, ohne jedoch mit diesem deckungsgleich zu sein. Bei →Guigo v. Kastell (1088–1137) und den Viktorinern ist diese Entwicklung deutlich abzulesen. So bedeutet für →Richard v. St. Victor († 1173) die alienatio mentis eine Erkenntnisweise, die mit den gewöhnl. Begriffen nicht zu beschreiben ist (vgl. MPL, 196, 169c) und die neben der rational-begrifflichen eine gleichermaßen legitime Form auf dem Wege der Gotteserkenntnis ist. →Bonaventura greift diese augustin.-viktorin. Tradition auf: alienare steht im engen Kontext zu excessus mentis, wobei die Ekstase als E. von der Sinnlichkeit und aller Außenwelt beschrieben wird »et hoc vocatur ecstasis, quae est alienatio a sensibus et ab omni eo quod est extra« (Sem. d. Sabbato Sancto, Ed. Quaracchi 9, 269). – Bei →Thomas erscheint der Begriff verschiedentlich, jedoch nicht mit wesentl. verändertem Bedeutungsgehalt (vgl. etwa S. theol. I, 12,11). – Meister →Eckhart verwendet E. in seinen mhd. Schriften in den bereits bekannten Deutungen (Pred. 23, DW I, 404; Pred. 42, DW II, 304,4; Trakt. 2, DW V, 278,7), jedoch im Kontext dieser Schriften mit einer zunächst kaum merklichen Nuancierung: E. – so auch schon bei Bonaventura – ist nicht gleichzusetzen mit Weltverachtung, setzt vielmehr gerade eine aktive Auseinandersetzung mit dieser Welt voraus. So aufgefaßt vollzieht sich bei Eckhart in der E. schon ein innerweltl. Übungsprozeß, bei dem jene 'Abstraktionsfähigkeit' des Geistes erreicht werden kann, in der sich ein 'höheres Selbst' zu offenbaren vermag; womit dann auch einsichtig wird, daß der nz. E.-Begriff (v. a. bei Hegel) als Fortsetzung dieser Wirkungsgeschichte verstanden werden kann.

U. Mörschel

Lit.: H. JONAS, Gnosis und spätantiker Geist, I: Die mytholog. Gnosis, 1954² – E. v. IVÁNKA, Der 'Apex mentis' (Plato Christianus, 1964), 315–338.

Entmannung → Kastration, →Eunuchen

Entrée d'Espagne, franko-ven. Heldenepos des 14. Jh. in rund 16 000 Versen, fast vollständig erhalten in Bibl. Marciana, Venedig, Ms. XXI, ser. franc. (Provenienz: Bibliothek der Gonzaga) sowie in Fragmenten. Der Verfasser ist ein unbekannter Paduaner, der die »Chronique de Turpin« (→Pseudo-Turpin) benutzt und eine umfassende klerikale Bildung sowie v. a. genaue Kenntnis der frz. Erzählliteratur, bes. der in Italien verbreiteten »Chansons de Geste«, besitzt. Das Epos schildert die Vorgeschichte der in der Chanson de →Roland berichteten Ereignisse: Wie bereits der Titel andeutet, wird die Ankunft Karls d. Gr. und seiner Paladine in Spanien im Feldzug gegen den Maurenkönig Marsilius dargestellt. Karl und sein Neffe Roland geraten jedoch in eine heftige Auseinandersetzung, ein Motiv, das in der Folge in der Tradition der epischen Literatur und des Ritterromans neue Entwicklung findet (v. a. in den it. Werken des 14. und 15. Jh., in denen die Maurenfeldzüge im Mittelpunkt stehen, den sog. Spagna-Dichtungen). Gekränkt und über den Herrscher, seinen Onkel, aufgebracht, entfernt sich Roland und zieht in den Orient, nach Persien, wo er sich in eine pers. Prinzessin verliebt. Bis zu seiner Heimkehr hat er zahlreiche Abenteuer zu bestehen. Die Dichtung vereint die heroischen Motive der Chansons de Geste mit dem Element des Wunderbaren und Phantastischen, das für den höf. Roman kennzeichnend ist. Es läßt sich nicht beweisen, ob der Schluß des Epos (131 Verse) von Niccolò da Verona stammt, einem franko-ven. Dichter des 14. Jh., Verfasser der »Prise de Pampelune«, der inhaltlichen Fortsetzung der »Entrée«. C. Cremonesi

Ed.: A. Thomas, L'Entrée d'Espagne, chanson de geste franco-italienne, 2 vol., 1913 (SATF) – *Lit.*: A. Thomas, Recherches sur L'Entrée de Spagne, 1882 (Bibl. des Ec. d'Athènes et de Rome, fasc. XXV) – F. D'Arcais, Les illustrations des mss. français des Gonzague à la Bibl. de Saint-Marc (Essor et fortune de la Chanson de geste dans l'Europe et l'Orient latin [Actes du IXe Congrès internat. de la Soc. Rencesvals, 1984]), 585–616 – R. Specht, La tradition manuscrite de l'E. Observations sur le fragment de Châtillon, ebd., 749–758 – Ders., L'état actuel des recherches sur l'E., ebd., 791–794 [grundlegend].

Enverī, türk. Autor des 15. Jh., verfaßte außer einem verlorengegangenen »Teferrüǧnāme« das »Düstūrnāme«, das 'Buch des Wesirs' (→Chronik, Abschnitt S. II). Das 3730 Doppelverse zählende Werk wurde für den Großwesir →Maḥmūd Paša unter Sultan →Meḥmed II. geschrieben und steht, was Buch 1–17 betrifft, in der Tradition der pers. Chroniken eines Baidāwī und Samarqandī. Neu ist, daß in Buch 18 die Taten des nichtosman. Seehelden Umur Beg (→Aydïn Oǧullarï) als Teil der türk. Geschichte ausführlich dargestellt werden und erst danach, in Buch 19–20, die Geschichte der →Osmanen bis 1464 behandelt wird; die beiden letzten Bücher, 21 und 22, sind Maḥmūd Paša vorbehalten. Der erste Teil der Chronik, der von den alten Propheten über die Kalifen bis zu den Mongolen reicht, wurde Ende Juli 1465, das ganze Werk im Aug. dieses Jahres fertiggestellt. Die Chronik, im Metrum *remel*, zeichnet sich durch einen flüssigen, ep. Stil aus und steht den alten Volksepen nahe. Der Verfasser, der 1462 an mehreren Feldzügen teilgenommen hatte, zog außer schriftl. Quellen auch mündl. Informanten heran.

B. Flemming

Ed.: E., Düstūrnāme-i Enverī, ed. Mükrimīn Ḥalīl Yïnanč, 1928 – I. Mélikoff-Sayar, Le Destān d'Umūr Pacha, 1954.

Envoi (Geleit, Widmungsstrophe), der E. fand in der afrz. lyrischen Gattungen →Chanson, →Ballade und →Chant royal Verwendung. In der Chanson der Canzonentradition entspricht der E., der häufig eine Anrede an die Dame oder einen anderen Adressaten enthält, meist im Umfang und Reimschema dem Abgesang der vorhergehenden, seltener der gesamten vorangeh. Strophe. Vom Chant royal, einem Sonderfall der Canzone, übernimmt die Ballade im SpätMA den verkürzten E. Eine bes. Rolle bei dieser Entwicklung dürfte Eustache →Deschamps zukommen, der zwei Drittel seiner Balladen mit einem E. von 3 bis 6 Versen ausstattete. Die sodann immer häufiger werdende Verwendung des E. äußert sich in dem Umstand, daß →Charles d'Orléans alle Balladen, die er nach 1440 verfaßte (90 von 123), mit einem E. abschloß (s. Poirion, 373). In der Regel entspricht der E. der Ballade einer halben Strophe. Er kann aber auch kürzer oder länger sein. Zu Beginn des Geleits steht die Anrede. Häufig anzutreffen sind »Prince«, womit der Vorsitzende der Meistersingerzunft, d.h. des →Puy, bezeichnet wird, oder »Sire, Dame«, gelegentl. mit Nennung des Namens. Die Analyse des E. führt zu wertvollen Erkenntnissen über die Kommunikationsfunktion des Gedichtes. Bei Charles d'Orléans z. B. finden sich neben der gesellschaftsbezogenen Verwendung des Geleits verschiedene Formen der verinnerlichten E.-Gestaltung (Poirion, 391–395). G. Damblemont

Lit.: E. Langlois, Recueil d'Art de seconde rhétorique, 1902 [Neudr. 1974] – D. Poirion, Le Poète et le Prince, 1965 – W. Th. Elwert, Frz. Metrik, 1966² – R. Baehr, Einf. in die frz. Verslehre, 1970 – L. Stewart, The Chant royal. A Study of the Evolution of a Genre, Romania 96, 1975, 481-496 – P. Bec, La Lyrique française au MA, 1977 – R. A. Lippmann, The medieval French ballade from its beginnings to the midfourteenth cent. [Diss. Columbia Univ. 1977], DissAb 38, 1977/78, 254 A f.

Enzian (Gentiana lutea L. u. a. /Gentianaceae). Die Namen *genciana*, *gentiniana*, *encian* (Steinmeyer-Sievers III, 480, 529, 541, 557), *allogallica* (Alphita, ed. Mowat, 4^b, 75^b), *aloe gallica* (Ps.-Apuleius, Herbarius, ed. Howald und Sigerist, 51) beziehen sich v. a. auf den in S-Europa verbreiteten gelben E., gelten aber auch für andere Gebirgs-E.e der artenreichen Gattung (G. purpurea L., G. pannonica Scop.). Synonyme wie *hemer(a)* und *hemir* (Steinmeyer-Sievers III, 101, 197, 480, 520) deuten auf Verwechslungen mit dem weißen Germer (Veratrum album L.) hin; Bezeichnungen wie *basili(s)ca*, *basilicus* (Alphita, ed. Mowat, 18^{ab}; Steinmeyer-Sievers III, 104, 172, 198, 295) verweisen dagegen auf den blaublühenden Kreuz-E. (G. cruciata L.; →Basilie[nkraut]), der als *madelger* bes. im Liebeszauber verwendet wurde. Die bereits im sog. Wiener →Dioskurides (um 512/513) abgebildete, bitterstoffhaltige E. wurzel war im MA als Universalarznei hoch geschätzt; sie galt v. a. bei Magen-, Leber- und Nierenleiden sowie bei arthrit. Beschwerden (Sigerist, 24, 29, 36, 145; Hildegard v. Bingen, Phys. I, 31), fressenden Geschwüren und Vergiftungen als wirksames Mittel (Circa instans, ed. Wölfel, 57; Albertus Magnus, De veget. 6, 353; Gart, Kap. 199) und war auch Bestandteil des →Theriak (Antidotarium Nicolai). I. Müller

Lit.: Marzell II, 611–645 – Ders., Heilpflanzen, 183f. – HWDA II, 862–866 – H. E. Sigerist, Stud. und Texte zur frühma. Rezeptlit., StGM 13, 1923.

Enz(i)o (Italianisierung von Heinz, Kurzform von Heinrich), Kg. v. Sardinien, natürl. Sohn des Stauferkaisers →Friedrich II., * um 1224, † 14. März 1272 in Bologna, ⊐in S. Domenico, ebd. E. war der Liebling seines Vaters, dem er in Aussehen und Charakter sehr glich und mit dem er die Liebe zur Kultur teilte. 1238 von Friedrich zum Ritter geschlagen, ∞ im gleichen Jahr Adelasia, Witwe des Judex v. Torres und Gallura (Sardinien), Ubaldo Visconti. 1239 wurde E. von seinem Vater zum Kg. v. Sardinien und später zu seinem Generalvikar und Generallegaten in Mittel- und Oberitalien ernannt. In dieser Funktion führte er in der Romagna, in den Marken und in der Toskana militär. Unternehmungen gegen die aufständ. →Guelfen. Als Kommandant einer siz.-pisan. Flotte fing er 1241 die genues. Schiffe ab, auf denen die frz. Bf.e und Kard.e reisten, die von Gregor IX. zu einem Konzil nach Rom gerufen waren, um Friedrich II. zu exkommunizieren, und nahm sie bei der Giglio-Insel gefangen. Zusammen mit →Ezzelino da Romano kämpfte er danach in Oberitalien gegen die guelf. Kommunen. 1245 von den Mailändern bei Gorgonzola gefangengenommen, wurde er sofort gegen viele Gefangene ausgetauscht. 1247 nahm er an der glücklosen Belagerung Parmas teil. Wenige Monate nach seiner zweiten Vermählung (mit einer Nichte von Ezzelino da Romano) fiel er am 26. Mai 1249 in Fossalta bei Modena in einem Scharmützel zusammen mit vielen Deutschen und Cremonesen in bolog. Gefangenschaft. Obwohl Friedrich II. seine sofortige Freilassung forderte, beschloß die Kommune Bologna, E. bis zu seinem Tode gefangenzuhalten, gleichsam als lebendes Symbol des Stolzes der Stadt, von ähnl. Bedeutung wie die röm. Wölfin oder der florentin. Löwe. E. lebte danach mehr als 22 Jahre in ritterl. Haft in jenem »Palazzo Nuovo« der

Kommune, der nach ihm bis heute »Palazzo di re Enzo« heißt. Hier meditierte er in melanchol. Versen in der Art der →Sizilianischen Dichterschule über sein eigenes trag. Schicksal und den Untergang seines Hauses. Von ihm sind zwei Canzonen, ein bekanntes Sonett (»Tempo vene che sale chi discende«) und ein Fragment erhalten. E.s Grabinschrift stammt von dem berühmten Magister der Ars Notaria, →Rolandinus Passagerii (Passeggeri), dem die Tradition auch die Verfasserschaft des stolzen Briefes der Bolognesen an Friedrich II. zuschreibt, in dem sie dem Ks. die Auslösung seines Sohnes verweigerten. E. hinterließ nur zwei natürl. Töchter, von denen eine, Elena, den Pisaner Guelfo →della Gherardesca (den Vater des Gf.en Ugolino) heiratete und diesem ihre nunmehr nur titular. Rechte auf das Kgr. Sardinien in die Ehe mitbrachte. Die Gestalt des unglückl. jungen Herrschers, dessen Tapferkeit, Bildung und blonde Schönheit von allen gerühmt wurde, inspirierte G. Pascoli zu seinen »Canzoni di re Enzio« (1909). A. I. Pini

Ed. und Lit.: G. CONTINI, Poeti del Duecento, 1960 – H. BLASIUS, Kg. Enzio, 1884 – L. FRATI, La prigionia di Re Enzo a Bologna, 1902 – A. BOSCOLO, La figura di re Enzo, Annali della Fac. di Lett., Filos. e Mag. dell'Univ. di Cagliari XVII, 1950, 141–187 – S. SANTANGELO, Enzo prigioniero e poeta, Atti del Convegno inter. di studi federiciani, 1952, 427–433 – G. FASOLI, Re Enzo tra storia e leggenda (Studi in on. di C. NASELLI, II, 1968), 121–136 – A. I. PINI, Origine e testimonianze del sentimento civico bolognese (La coscienza cittadina nei comuni it. del Duecento, 1972), 139–193.

Enzyklopädie, Enzyklopädik

I. Antike – II. Lateinisches Mittelalter und Humanismus – III. Volkssprachen; Byzantinische Literatur.

I. ANTIKE: Systemat. zusammengefaßte Darstellung des Wissens. In der griech. Sophistik des 5. Jh. v. Chr. wurde ein Bildungsideal entwickelt, das mit den Fächern Grammatik, Rhetorik, Dialektik, Musiktheorie, Arithmetik, Geometrie und Astronomie die Gesamtheit des Unterrichtsstoffes zu erfassen versuchte; es wurde als 'allgemeine, nicht-fachmännische Bildung' (ἐγκύκλιος παιδεία, →Artes liberales) bezeichnet. Quintilian (inst. 1, 10, 1) spricht von den für den künftigen Redner wichtigen Artes als von einem 'Kreis' von Wissenschaften, während der Gedanke von ihrem systemat. Zusammenhang bereits PsPlat. Epinom. 991 E vorliegt. In der Akademie findet sich auch der erste Versuch einer ganzheitl. Weltdarstellung (Speusippos, Homoia). Der Terminus 'E.' ist dagegen erst um 1490 zu belegen. Nachdem schon der ältere Cato (234–149) verschiedene Wissengebiete (Medizin, Rhetorik, Landwirtschaft, vermutl. auch Kriegswesen und Jurisprudenz) in einzelnen Büchern für seinen Sohn darstellte und so ein enzyklopäd. Gesamtwerk schuf, erweiterte Varro (116–27) in seinen Disciplinae den Kreis der sieben Artes um Baukunst und Medizin und schuf mit seinen Antiquitates rerum humanarum (25 Bücher) und divinarum (16 Bücher) eine E. der röm. Welt. Der ältere Plinius (23–79) sammelte in seiner Naturalis historia eine Fülle von Nachrichten über Kosmos, Mensch, Tiere, Pflanzen, Metalle und Steine sowie daraus gefertigte Kunstwerke. Enzyklopäd. Charakter hat auch das bereits im Altertum größtenteils untergegangene Werk des Celsus (1. Jh. n. Chr., 8 Bücher), von dem nur die Darstellung der Medizin ins MA gelangt ist. Bes. die Spätantike versuchte, das tradierte Wissen grundrißartig zusammenzufassen, brachte aber keine eigtl. E. mehr hervor. Einen Grundriß der Artes plante Augustin, um das Wissen in den Dienst christl. Gotteserkenntnis zu stellen. Vorbild sind ihm die Schriften Varros (vgl. Bd. I, 1059). Ebenfalls auf diesen stützt sich das im MA weit verbreitete Werk des →Martianus Capella. Der Gesamtbereich der Artes findet im 5./6. Jh. eine Darstellung durch →Boethius und →Cassiodor (Institutiones). In enzykläd. Form faßte erst wieder Isidor v. Sevilla (in seinen Etymologiae) das überkommene Realienwissen zusammen und tradiert es dem MA. J. Gruber

II. LATEINISCHES MITTELALTER UND HUMANISMUS: [1] *Lateinisches Mittelalter:* Isidors »Etymologiae« waren, bes. im frühen und hohen MA, das fast allgegenwärtige Hdb. des gesamten Wissens. Dem Gedanken der umfassenden Darstellung der sichtbaren und unsichtbaren Wirklichkeit gab im 9. Jh. →Hrabanus Maurus eine neue Richtung: er schuf ein Hdb. der Bildung und des Wissens für die Zwecke des Seelsorgers. Dem entspricht seine veränderte Anordnung des Stoffes: in den »Etymologiae« stand mit den Artes liberales die Grammatik am Anfang, Hrabans E. »De rerum naturis« (De universo) nimmt von Gott ihren Ausgang und enthält eine allegor. Deutung der Dinge als wesentl. Bestandteil. (Eine illustrierte Ausgabe des Werks, die nach der Mitte des 9. Jh. in Italien festgestellt werden kann, ist in späteren Exemplaren erhalten. Eine ganz zentrale Rolle kommt dem Bild im Hortus deliciarum der →Herrad v. Landsberg [† 1195] zu). Eine Reihe weiterer Werke geht, oft unter dem Titel »De rerum naturis« oder ähnl., zwar von den natürl. Eigenschaften der Dinge aus, will aber nicht Sachwissen enzyklopädisch darstellen, sondern die tiefere, moral.-allegor. Bedeutung der Dinge vermitteln (→Alexander Neckam, →Thomas v. Cantimpré, →Johannes v. S. Gimignano, →Bersuire, →Integumentum). Grob alphabet. angelegt ist das Lumen animae des →Bernhard v. Landora. Vorarbeiten für eine alphabet. E. zeigt clm 29670 (13. Jh.).

Isidors von der Etymologie als dem Wesen des Wortsinns ausgehende Anschauung wirkt eher in den großen →Glossaren weiter, z. B. dem des →Papias, des →Hugutio, die z. T. auch einen erhebl. Anteil an Sacherklärung enthalten. Unter Verzicht auf die Etymologie, weithin mit dt. Übersetzungen der Begriffe, stellt sich das überwiegend aus Isidor umgearbeitete »Summarium Heinrici« als ein reines Kompendium des Schulwissens dar. →Lamberts von St. Omer »Liber floridus« ist eine vielseitige, aber wenig systemat. Kompilation aus vielen Wissensgebieten.

Der umfassende Wissenschaftsbegriff →Hugos v. St. Victor (Didascalicon) und die Popularisierung und Zusammenfassung des Wissensstoffes durch →Honorius Augustodunensis (Imago mundi, Elucidarium), die zwar selbst keine E.n hinterließen, wirkten doch auch auf die enzyklopäd. Lit., bes. in den Volkssprachen. Die Vermehrung und Veränderung des Wissensstoffes durch die Übersetzungen des 12./13. Jh., bes. des →Aristoteles (→Übersetzungsliteratur), verlieh dem Gesamtwerk vieler Gelehrter, etwa des →Albertus Magnus, →Robert Grosseteste, →Roger Bacon enzyklopäd. Charakter; sie schlug sich bereits um 1240 in der »Compilatio de libris naturalibus« (Compendium philosophiae), aus Aristoteles und arab. Schriften, nieder. Durch seinen vielseitigen Inhalt steht das Ps.-Aristotelische →Secretum secretorum der enzyklopäd. Lit. nahe (→Secret des secrets). Dem Zug dieser Zeit zum Umfassenden entsprechen auch die großen →Summen, Specula und Gesamtdarstellungen einzelner Gebiete bis hin zur →Hagiographie.

Nach der vorwiegend naturkundl. E. des →Arnold Saxo schuf →Bartholomaeus Anglicus ein umfassendes Werk »De proprietatibus rerum«, das weite Verbreitung fand und bis ins 16. Jh. wirkte. Alle ma. E.n übertraf an Umfang, Gehalt und Nachwirkung das »Speculum maius« des Dominikaners →Vinzenz v. Beauvais († 1264) und seiner Helfer. Es setzt sich aus dem Speculum naturale, Sp. doctrinale und Sp. historiale zusammen, dem später ein Speculum morale angefügt wurde. 1326 entstand in Bologna das Multifarium. →Heinrich v. Herford († 1370) stellt die Dinge der Welt in ihrer Verkettung dar (»Catena aurea encium vel problematum series«). G. Bernt

[2] *Spätmittelalter und Humanismus:* Am Ende des 13. Jh. war die Zeit der großen ma. E.n vorbei. Die letzten dieser Werke blieben zwar dem allegor. und moralisierenden Denken des frühen und hohen MA sowie einer theol. Konzeption, die Gott an den Anfang und das Ende aller Wissenschaft stellt, verhaftet, doch setzte der zunehmend wichtigere Platz, der den Naturwissenschaften und der Geschichte eingeräumt wurde, einen neuen Akzent; diese Kenntnisse wurden vorwiegend, aber nicht ausschließl. aus →Aristoteles und anderen antiken Quellen geschöpft. Im 14. und 15. Jh. wurden stets noch weitere E.n mit zugleich aristotel. und christl. Ausrichtung geschaffen (z. B. »Reductorium morale« des Pierre →Bersuire, eine aus älteren E.n kompilierte »Moralisierung« aller Aspekte der →Natur). In anderen Fällen wurden frühere Handbücher einfach ab- und ausgeschrieben. Auch setzte im 14. und 15. Jh. eine breite Übersetzungstätigkeit in die Volkssprachen ein (s. Abschnitt III). Die eigenständigsten enzyklopäd. Werke dieser Zeit stammen aus Italien; ihre Autoren waren Laien, oftmals Notare oder Rhetorikler, die den Kreisen der Kleriker und der traditionellen Universitätsgelehrten fernstanden, jedoch mit den frühen Humanistenzirkeln, etwa demjenigen um →Petrarca, eng verbunden waren. Zu nennen sind: Benzo v. Alessandria mit seiner von Vinzenz v. Beauvais beeinflußten »Chronica a mundi principio usque ad tempora Henrici imperatoris« (um 1315), Guglielmo da Pastrengo (um 1290–1362), Freund des Petrarca und Autor von »De originibus rerum«; der Coluccio →Salutati nahestehende Domenico Bandini (»Fons mirabilium universi« zw. 1374 und 1418). Der bemerkenswerteste Charakterzug dieser Werke ist – bei aller Beibehaltung traditioneller Aspekte – die starke Berücksichtigung der Geschichte und zwar insbes. der antiken Geschichte und Mythologie, oft in der Form biograph. Aufzeichnungen, die sich durch eine gewisse krit. Haltung auszeichnen. Die E.n, die älteren wie die neuen, wurden in den großen lit. Werken der Zeit breit herangezogen, in →Dantes »Divina commedia«, dem »Dottrinale« seines Sohnes Iacopo→Alighieri, der »Acerba« des →Cecco d'Ascoli und dem »Dittamondo« des Fazio degli→Uberti; diese Werke stellen zwar selber keine E.n im eigtl. Sinne dar, sind zweifellos aber Ausdruck eines enzyklopäd. Geistes und präsentieren eine kohärente Gesamtschau der Natur, der Geschichte, des moral. Lebens und des ewigen Heils.

Die andere große Tendenz des enzyklopäd. Denkens des MA war das Bemühen, eine allgemeine Klassifikation der Wissenschaften zu schaffen und eine universelle Methode zur Findung der Wahrheit zu geben. Der letzte großangelegte Versuch in dieser Richtung war derjenige des Katalanen Ramon →Lull (um 1233–1316), der in den verschiedenen Fassungen seiner »Ars generalis« und im »Arbre de ciencia« ein komplexes System der Kombinatorik ersann, in dem die »göttl. Namen«, die Vier Elemente, die Neun Schöpfungsgrade usw. verbunden werden, um ein vollständiges Bild des menschl. Wissens zu zeichnen und eine »universale Wissenschaft (ars universalis) zur Findung der Wahrheit und zur Zerstörung der Irrtümer« zu schaffen. Der→Lullismus, inspiriert von→Augustinus und vom Platonismus, brach mit der scholast. Tradition und hatte lange Zeit nur marginalen Einfluß, bis er schließ-lich bei den florent. Neuplatonikern des späten 15. Jh. ein unmittelbares Echo fand, so bei Marsilio→Ficino (»Theologia Platonica seu de immortalite animarum«, um 1470) und →Pico della Mirandola (»Heptaplus«, 1489), die bestrebt waren, alle älteren Doktrinen miteinander zu versöhnen und die von den Erscheinungen verhüllte »vera causa« aufzudecken, durch deren Kenntnis sich die »dignitas hominis« konstituierte. J. Verger

III. VOLKSSPRACHEN; BYZANTINISCHE LITERATUR: [1] *Romanische und niederländische Literaturen:* Die im 14. und 15. Jh. entstehende enzyklopäd. Lit. in den Volkssprachen schloß sich zunächst in Übersetzungen und Bearbeitungen an lat. Werke an, z. B. an →Honorius Augustodunensis (→»Lucidarius« etc., frz. seit 13. Jh.); an Thomas v. Cantimpré (Jacob von →Maerlant, →Konrad v. Megenberg, frz. anonym 1372), an das →Secretum secretorum (frz. seit Ende 13. Jh.; Jacob v. Maerlant, Hiltgart v. Hürnheim u. a.), an →Bartholomaeus Anglicus (Vivaldo Belcalzer, it. 1309; Prof. anon. 1340–50; Jehan Corbechon, frz. 1372; anglonorm. anon.; →Vincente de Burgos, span.; ndl. anon. 1485). Im Auftrag der Kg. e v. Frankreich entstand der »Miroir historial« als Übersetzung des »Speculum historiale« von Vinzenz v. Beauvais (Übers.: Jean du Vignay, Mitte 14. Jh.). Selbständiger im Aufbau, wenn auch noch meistens auf lat. Quellen fußend, sind im 13. Jh. die »Ymage du monde« von Gaussouin v. Metz (4 Fassungen, die erste von 1245), der »Livre dou trésor«, den der Florentiner Brunetto →Latini in Paris um 1260 in frz. Prosa verfaßte, sowie das »Breviari d'amor« in prov. Versen von Matfre→Ermengau 1288 in Béziers begonnen (in zahlreichen Hss. mit Miniaturen). Vom »Breviari« gibt es eine kat. Übers. Alfonso de la Torre verfaßte die »Visión delectable de la philosophia y artes liberales« um 1435. G. Bernt/M.-R. Jung

[2] *Englische Literatur:* In der Volkssprache finden sich erste Ansätze zu einer fächerübergreifenden Darstellung des Wissens bereits im »Handbuch« des →Byrhtferth v. Ramsey (1011). Von dem »Elucidarium« des →Honorius Augustodunensis liegen Passagen aus dem Spätae. (II. 1–6; I. 23–25), in einer von →Lollarden beeinflußten me. Version (I. 1–31; II. 1–3) sowie ein Druck von Wynkyn de Worde († 1508; A Short Title Catalogue... [STC] 13686) vor. Daneben existiert ein Auszug in Versen (Ind. 4111). Der Dialog zw. →»Sidrak und Boctus« ist durch zwei me. Fassungen (Ind. 772, 2147) und Frühdrucke (STC 3186f., 3188–3188a) bekannt. Die als →»Secretum Secretorum« rezipierte arab. Kompilation ist im 15. Jh. in mindestens 12 Versionen unterschiedlicher Länge vorhanden, darunter einer anglo-ir. von James Yonge (1422), einer von John →Shirley (ca. 1450), einer schott. von Sir Gilbert →Hay (1456) sowie einer Versbearbeitung von John →Lydgate und Benedict →Burgh (Ind. 935). Hinzu kommen Frühdrucke von Robert Copland (1528; STC 770; = The Engl. Experience 220, 1970) u. a.

Enzyklopäd. Züge weisen ferner das auch separat überlieferte sog. »Fragment on Popular Science« (Ind. 3453) im Schlußteil der Michaelslegende (Ind. 3029) des →»South English Legendary« und William →Caxtons »Mirror of the World« (1481; STC² 24762f.) auf.

Die großen E.n des 13. Jh. fanden durch die am 6. Febr. 1398 von John→Trevisa abgeschlossene Übersetzung von »De proprietatibus rerum« des Franziskaners→Bartholomaeus Anglicus Eingang in die Engl. Diese kompetente, wortgetreue und mit nur ganz wenigen Zusätzen versehene Übertragung wurde im Auftrag von Thomas IV. Lord →Berkeley angefertigt und blieb bis in das späte 16. Jh. die maßgebl. Zusammenfassung des Wissens in der Volkssprache. Sie ist in acht Hss., vier Fragmenten und Auszügen erhalten und wurde 1495 in verkürzter Form von Wynkyn de Worde, 1535 von Thomas Berthelet und 1582 in der Modernisierung durch Stephen Batman von Thomas East (STC 1536–1538) gedruckt.

»De proprietatibus rerum« hat auch auf eine größere Zahl von me. Werken bis hin zur enzyklopäd. Allegorie »The Court of Sapience« (Ind. & Suppl. 168, 3406; STC² 17015f.) eingewirkt. Dagegen ist der Einfluß des »Speculum maius« (→Vinzenz v. Beauvais) trotz seiner Nennung bei →Chaucer (»Legend of Good Women« G. 307) deutlich geringer anzusetzen. K. Bitterling

[3] *Deutsche Literatur:* Die Wissenschaftssprache bleibt im dt. Sprachgebiet bis in die beginnende Neuzeit das Lat. Dementsprechend sind die hier entstandenen E.n (→Hrabanus Maurus, →Arnold v. Sachsen, bis hin zu Gregor Reischs »Margarita philosophica«) überwiegend lat. abgefaßt. Gegenüber den lat. E.n betonen die dt. mehr pädagogisch-didakt. bzw. moralisch-seelsorger. Zielsetzungen. Am Anfang der deutschsprachigen Bemühungen um das enzyklopäd. Schrifttum steht →Notkers Übersetzung von →Martianus Capellas Stoffkompendium der →Artes »De nuptiis mercurii et philologiae«, von der allerdings nur die beiden ersten Bücher erhalten sind. Wie Notkers übrige Schriften aus dem Bereich des Triviums und Quadriviums entstand auch diese Übersetzung im Kontext des klösterl. Schulunterrichts als interpretierende und kommentierende Hilfe zum Verständnis des lat. Textes. – Zw. Realenzyklopädie und Glossensammlung steht das (um 1010 in der Wormser Gegend entstandene) »Summarium Heinrici«, eine verkürzende und umordnende Bearbeitung der »Etymologiae« →Isidors v. Sevilla. In elf Büchern werden nach sachl. Gliederungsprinzipien lat. Termini aus dem Bereich der artes liberales, artes mechanicae, der Rechtspflege, bis hin zur Sachkultur aufgeführt. – Der wohl zw. 1190 und 1195 im Auftrag →Heinrichs des Löwen in Braunschweig verfaßte →»Lucidarius« stellt einen der Unterrichtung der Laien dienenden 'Katechismus des Glaubens und Wissens' (Schorbach, 160) dar. In drei Büchern (so die vermutlich ursprgl. Fassung A) werden in trinitarisch-heilsgeschichtl. Perspektive die Bereiche der Schöpfung (Buch I, dem Vater zugewiesen), der Erlösung (Buch II: Sohn) und der Eschatologie (Buch III: Hl. Geist) abgehandelt. Stoffaufteilung und die Verwendung des Dialogs (zw. Schüler und Meister) verweisen auf die lat. Hauptquelle: das »Elucidarium« des Honorius Augustodunensis, neben dem sich zahlreiche zusätzl. Quellen (so die »Imago mundi« desselben Autors, →Wilhelm v. Conches u. a.) feststellen lassen. – Dem gleichen Quellenbereich wie der Lucidarius entstammt das »Buch Sidrach«, eine im 14. Jh. entstandene (in 3 ripuar. und 2 nd. Handschriften überlieferte) Bearbeitung einer mndl. Vorlage, die ihrerseits auf ein afrz. Original des 13. Jh. zurückgeht – dem »Lucidarius« auch in der Verwendung des Prosadialogs (hier zw. dem fiktiven König Boctus v. Baktrien und dem heidn. Philosophen Sidrach) vergleichbar: In ca. 400 Frage/Antwortkomplexen werden in unsystemat. Reihung theol., naturwissenschaftl., lebenskundl. Themen behandelt.

Das grundlegende naturwissenschaftl. Werk des 13./14. Jh., der »Liber de natura rerum« des →Thomas v. Cantimpré, liegt in 3 deutschsprachigen Bearbeitungen vor: Das von →Konrad v. Megenberg 1348/50 wohl für die Angehörigen der Wiener Stephanschule verfaßte »Buch der Natur« (von ihm 'buch von naturlich dingen' genannt) ergänzt die lat. Vorlage in stoffl. Hinsicht und erweitert sie durch allegor. und tropologisch-moral. Interpretationen. Die Neubearbeitung von 1352 (dem Hzg. v. Österreich gewidmet) gibt dem Werk v. a. durch die Einbeziehung zusätzl. Quellen (so der Seelen- und Engellehre des →Bartholomaeus Anglicus) eine stärkere theol. Akzentuierung. Im Vergleich zu dem v. a. in Laienkreisen stark verbreiteten Werk Konrads v. Megenberg blieben die beiden späteren, unabhängig und ohne Kenntnis Konrads v. Megenberg entstandenen Thomas-Bearbeitungen wirkungslos: die des Waldseer Rektors Peter König(s)schlacher von 1472 und die des Bronnbacher Zisterziensers Michael Baumann (1478). Baumann liefert als Anhang zur Thomas-Übersetzung die im dt. Sprachgebiet umfangreichste Übersetzung von »De proprietatibus rerum« des →Bartholomaeus Anglicus (Buch 1 und 2).

Das vom 13.–15. Jh. stark verbreitete pseudo-aristotelische »Secretum secretorum« (s. a. →Aristoteles), eigtl. eine arabische E. des 10. Jh., in der Aristoteles seinem Schüler Alexander naturwissenschaftl., praktisches Wissen und Ratschläge zur Lebensführung übermittelt, wurde mehrfach Grundlage deutschsprachiger Bearbeitungen: 1282 erstellte Hiltgart v. Hürnheim, Nonne im Kl. Zimmern bei Nördlingen, eine textgetreue, vollständige (wenn auch nicht lückenlos überlieferte) Übersetzung. Dem 14. Jh. entstammt eine anonyme mitteldt. Versbearbeitung, die die spezifisch philosophisch-naturwissenschaftl. Partien fast völlig wegläßt. 1530, 1531 und 1532 wurde in Augsburg eine Prosaübersetzung gedruckt (vielleicht dem Mathematiker Johannes Lorchner v. Spalt zuzuweisen). – Größere Verbreitung und Nachwirkung als die vollständigen Übersetzungen des »Secretum secretorum« fanden indes auszugsweise Übersetzungen der Gesundheitsregeln in der Tradition des med. Schrifttums (→Medizin).

Die ca. 1300 im hochalem. Gebiet entstandene sog. »Mainauer Naturlehre« stellt eine themat. Auswahl aus dem »Secretum secretorum« dar, insofern der (vielleicht in Deutschordenskreisen zu suchende) Autor die Komplexe auswählt, die sich mit Zeit, Zeitrechnung und chronologisch-diätet. Planung befassen. P. Schmitt

[4] *Byzantinische (und slavische) Literatur:* Je nach den Grundlagen des Erziehungssystems lassen sich zwei Gattungen von E.n feststellen: Die eine entspricht der aus der Antike abgeleiteten ἐγκύκλιος παιδεία, die andere entstammt der seit der patrist. Zeit durchgeführten Trennung zw. τὰ ἔξω bzw. τὰ ἱερὰ καὶ ἀπόρρητα παιδεύματα (vgl. Basilius v. Caesarea, Ad adolescentes II, 44: Boulenger) und berücksichtigt nur das im christl. Sinne Wissenswerte. Daneben bestanden zu verschiedenen Zeiten Bestrebungen, den Umfang des Wissens in einzelnen Disziplinen wie Geschichte oder Theologie zusammenzufassen.

a) Ein Pendant zur E. der 7 artes liberales des Martianus Capella »De nuptiis Mercurii et Philologiae« schuf in Byzanz erst der Philosoph und Mönch Joseph Rhakendytes (ca. 1280–1330), ein Freund des Theodoros →Metochites, in einem noch nicht zur Gänze edierten Werk Βίβλος εὐσυνόπτων μαθημάτων (Riccard. 31). Daneben begegnen ab dem 11. Jh., vielleicht unter westl. Vermittlung und mit gelegentl. Kenntnis der arab. Naturwissenschaften, Zusammenfassungen der »exakten Wissenschaften« (quadrivium: Arithmetik, Musik, Geometrie, Astronomie) von verschiedenem Umfang. Auf einen Richter in Seleukia, Romanos (1008), geht ein Συνοπτικὸν σύνταγμα φιλοσοφίας zurück, das gelegentl. den Namen des Michael Psellos trägt. Viel umfangreicher erweist sich das Σύνταγμα τῶν τεσσάρων μαθημάτων des Polyhistors Georgios →Pachymeres (1242–ca. 1310). Die Διδασκαλία παντοδαπή des Michael →Psellos (1018–ca. 1078) enthält in über 200 Kapiteln eine bunte Palette populärwissenschaftl. behandelter Fragen, die die Grenzen des Quadrivium überschreiten.

b) Wissenswertes entsprechend dem christl. Weltbild vermitteln kosmograph. Werke (z. B. →Kosmas Indikopleustes, 6. Jh.), aber auch die auf verlorenen griech. Quellen vermutl. des 8. Jh. beruhende altslav. »Paleja tolkovaja«, eine bibl. E., die u. a. aus dem →Physiologus und dem De XII gemmis des →Epiphanios v. Salamis (4. Jh.) sowie aus Chroniken schöpft (wahrscheinl. Rußland, 13. Jh.). Eine Summe des ma. Wissens vermittelt der altbulg. Literat und Helfer des Zaren Symeon in seinen aufklärer. Bemühungen, Ioan Ekzarch, im 9.-10. Jh., in seinem als Kommentar zur Schöpfungsgeschichte angelegten, teilweise aus griech. Quellen zusammengetragenen ›Šestodnev‹. Auf einem viel höheren Niveau stehen die »Bibliotheke« des Patriarchen →Photios (9. Jh.) sowie seine »Amphilochia« (Slg. von rund 300 Erotapokriseis über exeget. und theol., aber auch philos. und philolog. Fragen).

Enzyklopäd. Charakter besitzen auch die sog. Pandekten (Ἑρμηνεῖαι τῶν θείων ἐντολῶν τοῦ κυρίου) des Mönches →Nikon vom Schwarzen Berge (11. Jh.), eine – bereits im 11. Jh. ins Aslav. übertragene – breitangelegte Sammlung von Exzerpten aus dem patrist. und kanonist. Schrifttum, die in den durch Seldschuken des öfteren verwüsteten Kl. im Hinterland von Antiochia die fehlenden Bücher wenigstens teilweise ersetzen sollte. Ähnliche Zwecke erfüllt der auf den bulg. Zaren Symeon († 927) zurückgehende, aus dem Griech. übersetzte altruss. Izbornik Svjatoslava vom Jahre 1073 (Moskva GIM Sin. 1043) mit Auszügen aus dem theol. (Basilius, Kyrillos v. Alexandria, Augustinus, Johannes Damaskenos...), hist. (Chronikon syntomon des Patriarchen Nikephoros), philos. (Maximos Homologetes, Theodoros v. Raithu), philolog. Schrifttum (Georgios Choiroboskos, Περὶ τρόπων). Die zahlreichen Sborniki Altrußlands gelten als kleine E.n bzw. Chrestomathien und beinhalten genre- oder themengebundene Kapitel oder zusammenhanglose Artikel als Ersatz für eine ganze Bibliothek.

Am Ende des 14. Jh. wurde das enzyklopäd.-theol. Werk de →Honorius Augustodunensis »Lucidarius« bzw. »Elucidarius« aus dem Dt. (Übers. des 13. Jh.) ins Alttschech. übersetzt. Es erfreute sich bei den Slaven einer relativ großen Beliebtheit und wurde im 15. Jh. aus dem Alttschech. ins Kroat.-glagolit. (Petrisov Zbornik von 1468) und im 16. Jh. aus dem Dt. ins Altruss. übertragen.

c) Vorbildhaft bei der Sammlung des bisherigen Wissens nach den verschiedenen Disziplinen erwiesen sich die Unternehmungen Ks. Konstantinos' VII. Porphyrogennetos (913–959), der aus der Erkenntnis, daß »der Umfang der Geschichte ins Unendliche und nicht mehr zu Bewältigende angewachsen ist«, Exzerpte aus teilweise heute verlorenen Schriften zusammentragen ließ: aus dem Gesandtschaftswesen und der hist. Literatur (Exc. de legationibus, De strategematis), aus der Staatslehre (De insidiis), aus der Moral (De virtutibus et vitiis), aus der sapientiellen Literatur (De sententiis). Im 10. Jh. entstand ebenfalls die →Suda, ein byz. Sprach- und Reallexikon.

Im Auftrag Ks. Alexios' I. Komnenos (1081–1118) verfaßte der Mönch →Euthymios Zigabenos die Πανοπλία δογματική. Im 12. Jh. wirkte auch Ioannes →Zonaras, der eine als Handbuch der Weltgeschichte geplante, bis 1118 reichende Weltchronik verfaßte, in der viele inzwischen verlorene Quellen eingearbeitet wurden (1344 in Bulgarien ins Slav. übersetzt).

In der 1. Hälfte des 16. Jh. ließ Metropolit Makarij v. Moskau das in den russ. Chroniken festgehaltene hist. Material in ein neues Geschichtswerk (sog. »Nikon-Chronik« [PSRL IX–XIV]) zusammentragen. Entsprechend dem Aufbau des Kirchenjahres und des Kalenders sammelte und ordnete er das gesamte in Rußland bekannte, vorwiegend religiöse Schrifttum in den zwölfbändigen Velikie Minei-Četii (teilweise ediert SPb 1868–1915), einem slav. »Corpus christianorum«. Ch. Hannick

Lit.: zu [I]: LAW, 817f. – RAC V, 365–398 und 504–515 – H.-I. MARROU, Saint Augustin et la fin de la culture antique, 1938 [dt. 1981] – M. FUHRMANN, Das systemat. Lehrbuch, 1960 – F. KÜHNERT, Allgemeinbildung und Fachbildung in der Antike, 1961 – L. M. DE RIJK, Vivarium 3, 1965, 24–93 – J. HENNINGSEN, E., Archiv für Begriffsgesch. 10, 1966, 271–362 – J. FONTAINE, Isidore de Séville et la culture classique dans l'Espagne wisigothique, 3 Bde, 1983² – zu [II, 1]: W. GÖTZ, Die E.n des 13. Jh., Zs. für dt. Geistesgesch. 2, 1936, 227ff. – R. COLLISON, Encyclopaedias, 1964, 44–81 [umfassender Überblick] – M. DE GANDILLAC, J. FONTAINE, J. CHÂTILLON, J. GRÜNDEL, M. LEMOINE, P. MICHAUD-QUANTIN, Cah. d'hist. mondiale 9, 1966, 483–595 – Thomas Cantimpratensis, Liber de natura rerum I, ed. H. BOESE, 1973, VI – Spicae 1, 1978, 10f. [Bibliogr.] – M. T. BEONIO-BROCCHIERI FUMAGALLI, Le enciclopedie dell'occidente medievale, 1981 – M. PAULMIER-FOUCART, Annales de l'Est 33, 1981, 49–70 – J. SCHNEIDER (Culture et travail intellectuel dans l'occident médiéval, 1981), 187–195 – CH. MEIER (Lit. und Laienbildung im SpätMA und in der Reformationszeit. Symposion Wolfenbüttel 1981), hg. L. GRENZMANN-K. STACKMANN, 1984, 467–500 – zu [II, 2]: DBI [zu den gen. Autoren] – R. COLLISON, op. cit. – THORNDIKE III, 546–567 – F. A. YATES, The Art of Ramon Lull: an Approach to it through Lull's Theory of the Elements, JWarburg 17, 1964, 115–173 – AAVV, L'opera e il pensiero di G. Pico della Mirandola, 2 Bde, 1965 – C. B. SCHMITT, Gianfrancesco Pico della Mirandola (1469–1533) and his critique of Aristotle, 1967 – J. N. HILLGARTH, Ramon Lull and Lullism in Fourteenth Century France, 1971 – zu [III, 1]: →Abschnitt II und Lit. zu den gen. Autoren – GRLMA II,1 [Nachdr. o.J.] – zu [III, 2]: Bibliogr.: 1. ae. Texte: CAMERON, OE Texts, b. 9.9 und 20.20 – S. B. GREENFIELD-F. C. ROBINSON, A Bibliogr. of Publ. on OE Lit., 1980, Nr. 5956–5972 und 6142f. – 2. me. Texte: Manual ME 2, V. Nr. 1; 3, VII. Nr. 72, 75; IX. Nr. 28 – C. BROWN-R. H. ROBBINS, The Ind. of ME Verse, 1943 [Suppl.: R. H. ROBBINS-J. L. CUTLER, 1965] – A Short-Title Catalogue of Books Printed in England... 1475–1640 [= STC], hg. A. W. POLLARD u. a., 1956, 1976² – Ed. [me. Texte]: »Elucidarium«: F. SCHMITT, Die me. Version des E. des Honorius Augustodunensis, 1909; s. die Ed. in den Artikeln: →»Sidrak und Boctus«, →»Secretum Secretorum«, →»South English Legendary«; Caxton: O. H. PRIOR, Caxton's Mirrour of the World, EETS ES 110, 1913; John Trevisa: M. C. SEYMOUR, Anglia 87, 1969, 1–25; 91, 1973, 18–34 – On the Properties of Things..., hg. M. C. SEYMOUR u. a., 2 Bde, 1975 [Rez.: Anglia 98, 1980, 492–499] – J. SCHÄFER, Batman uppon Bartholome..., 1976 – K. BITTERLING, NM 78, 1977, 47–56 – E. R. HARVEY, The Court of Sapience, 1984 – Lit.: »Sidrak und Boctus«: K. D. BÜLBRING, Sidrac in England (Festg. W. FOERSTER, 1902), 443–478 – R. E. NICHOLS, Jr., JHM 23, 1968, 167–172 – DERS., Centaurus 12, 1968, 215–232 – T. L. BURTON, NQ 218, 1973, 369; »Secretum Secretorum«: A. H. GILBERT, Notes on the Influence of the S.S., Speculum 3, 1928, 84–98; John Trevisa: T. LAWLER, On the Properties of J. T.'s Major Translations, Viator 14, 1983, 267–288 – A. S. G. EDWARDS, J.T. (ME Prose: A Critical Guide to Major Authors and Genres, hg. A. S. G. EDWARDS, 1984), 133–146 [Lit.] – DERS., Bartholomaeus Anglicus' De Proprietatibus Rerum and Medieval Engl. Lit., ASNSL 222, 1985, 121–128 – C. F. BÜHLER, The Sources of the Court of Sapience, 1932 – zu [III, 3]: bei Autoren und Werken mit eigenem Stichwort wie →Konrad v. Megenberg oder →Lucidarius s. dort – Ed.: Summarium Heinrici, ed. R. HILDEBRAND, Bd. 1, 2, 1974, 1982 – Buch Sidrach: Mndl. Original: J. F. J. VAN TOL, Het boek van Sidrac in de Nederlanden, 1936 – Nd. Übers.: H. JELLINGHAUS, Das 'Buch Sidrach' nach der Kopenhagener mnd. Hs. vom J. 1479, 1904 (Bibl. des Stuttgarter lit. Vereins 235) – ripuar. Übers.: uned.; Auszüge bei VAN TOL und H. NIEWÖHNER, Eine ripuar. Hs. des 'Buch Sidrach', ZDPh 57, 1932, 183–193 – M. BAUMANN: uned. (einzige Hs. Fsl. Löwenstein-Wertheim-Freudenbergsches Archiv) – P. KÖNIGSLACHER: uned. (Hs. Stuttgart LB cod. med. et phys. 2°15) – R. MÖLLER, Hiltgart v. Hürnheim. Mhd. Prosaübers. des »Secretum secretorum«, 1963 (DTM 56) – Mainauer Naturlehre, ed. W. WACKERNAGEL, 1851 (Bibl. des Stuttgarter lit. Vereins 22) – Lit.: K. SCHORBACH, Stud. über das dt. Volksbuch

Lucidarius und seine Bearbeitungen in fremden Sprachen, 1894 – G. KRIESTEN, Über eine dt. Übers. des pseudoaristotel. »Secretum secretorum« aus dem 13. Jh. [Diss. Berlin 1907] – W. GÖTZ, s. Abschnitt II, 1, 227ff. – G. STEER, Die Gottes- und Engellehre des Bartholomäus Anglicus in der Übertragung des Michael Baumann (Würzburger Prosastud. I [MAe 13], 1968), 81–101 – G. EIS, Ma. Fachlit., 1962 (Slg. Metzler D14) – F. WURMS, Stud. zu den dt. und den lat. Prosafassungen des pseudoaristotel. »Secretum secretorum« [Diss. Hamburg 1970] – P. ASSION, Altdt. Fachlit., 1973 (Grundlagen der Germanistik 13) – zu [III, 4]: IOSIF, Podrobnoe oglavlenie Velikich Četiich Minej vserossijskago mitropolita Makarija, I–II, 1892 – A. V. MICHAJLOV, Obščij obzor sostava, redakcii i literaturnych istočnikov Tolkovoj Palei, Varšavskie Universitetskie Izvestija 1895, 7, 1–24 – A. A. ŠACHMATOV, Drevnebolgarskaja enciklopedija X v. VV 7, 1900, 1–35 – N. TERZAGHI, Sulla composizione dell' 'Enciclopedia' del filosofo Giuseppe, Studi It. di Filologia Classica 10, 1902, 121–132 – Č. ZÍBRT, Staročeský lucidář. Text ruk. Fürstenberského a prvotisku z roku 1498 (Sbírka pramenů ku poznání liter. života v Čechách I, 2, 5), 1903 – C. DE BOOR, Suidas und die Konstantin. Exzerptensammlung, BZ 21, 1912, 381–424; 23, 1914, 1–127 – A. DILLER, The byz. Quadrivium, Isis 36, 1946, 132 – ST. IVŠIĆ, Prijevod »Lucidara« Honorija Augustodunensia u prijepisu Gverina Tihića iz godine 1533, Starine 42, 1949, 105–259 – D. KOTSAKES, Al ἐπιστῆμαι κατὰ τοὺς τρεῖς τελευταίους αἰῶνας τοῦ Βυζαντίου. Πρακτικὰ τοῦ Α' συνεδρίου Ἑλληνοχριστιανικοῦ πολιτισμοῦ, 1956, 3–19 – H. JAKSCHE, Das Weltbild im Šestodnev des Exarchen Johannes, WSI 4, 1959, 258–301 – P. LEMERLE, L'encyclopédisme à Byzance à l'apogée de l'empire et particulièrement sous Constantin VII Porphyrogénnète, Cah. d'Hist. mondiale 9, 1966, 596–616 – R. P. DMITRIEVA, Čet' i sborniki XV v. kak žanr., TODRL 27, 1972, 150–180 – T. HÄGG, Photios als Vermittler antiker Lit. (Acta Univ. Upsal. Studia graeca 8), 1975 – U. DIERSE, E. Zur Gesch. eines philos. und wiss. Begriffs (Archiv für Begriffsgesch., Suppl. 2), 1977 – Izbornik Svjatoslava 1073 g. Sbornik statej, ed. B. A. RYBAKOV, 1977 – HUNGER, Profane Lit. II, 187, 240, 244, u. ö. – Z. G. SAMODUROVA, Grečeskie i drevnerusskie enciklopedičeskie sborniki X–XVII vv. (Beitr. zur byz. Gesch. im 9.–11. Jh., hg. V. VAVŘÍNEK 1978), 413–440 – Joan Ekzarch. Šestodnev, übers. und komm. N. KOČEV, 1981 – B. PEJČEV, Filosofskij traktat v Simeonovom sborníke, 1983.

Eochaid ua Flainn (E. ua Flannacáin), † 1004, ir. Dichter und Geschichtsschreiber, →fer léigind v. →Armagh, gehörte dem in Armagh dominierenden →Clann Sínaich an, dessen Mitglieder vom hl. →Bernhard v. Clairvaux als »viri uxorati et absque ordinibus, litterati tamen« charakterisiert wurden. Über E.s Vater Cellach wie über seinen Großvater Flann (Diminutivform: Flannacán) ist wenig bekannt; E.s Bruder war der Abt Dub-dá-Lethe II. v. Armagh († 998); E.s Sohn und Enkel waren dort ebenfalls Äbte. – E. war vermutl. beteiligt an der Redaktion von air. Annalen (→Chronik, Abschnitt 1, I), die z. T. bis zum 17. Jh. ausgeschrieben und fortgesetzt wurden. Seine Werke sind im →Lebor Gabála, einer pseudohist. Kompilation des 11.–12. Jh., enthalten; dies behandelt das myth. Geschlecht der Tuatha Dé Danann ('Volk der Göttin Danu'); bemerkenswert für sein Selbstverständnis ist die Aussage, »er zähle sie (diese vorzeitl. Götter) zwar auf, bete sie aber nicht an«. D. Ó CRÓINÍN

Lit.: T. Ó FIAICH, Armagh under Lay Control, Seanchas Ardmhacha III, 1, 1969, 75–127.

Eóganachta, weitverzweigte ir. Dynastie, die vom 7. bis frühen 10. Jh. das südir. Kgr. →Munster beherrschte. Hauptzweige: E. Caisil, mit Sitz in →Cashel und bedeutendem Kl. in →Emly; E. Glendamnach (nördl. Cork); E. Áine, mit Sitz in Knockaney (Gft. Limerick); E. Airthir Cliach (westl. Tipperary); E. Locha Léin (Gft. Kerry); E. Raithlind (südl. Cork). Zwei weitere Zweige, E. Arainn (Aran-Inseln und Burren-Gebiet der Gft. Clare) und E. Ruis Argait (östl. Grenzgebiet von Munster), werden in genealog. Quellen genannt, verschwinden aber früh aus der hist. Überlieferung. Der myth. Ahnherr der E. war Eógan Már (und – durch weitere genealog. Rückprojektion – dessen Großvater Mug Nuadat, nach dem die südl.

»Hälfte« Irlands, Leth Moga, benannt wurde). Die vorherrschende Überlieferung schrieb den unmittelbaren Ursprung der Sippe jedoch Conall Corc zu. Wenn auch die ethn. Ursprünge in die vorchristl. kelt. Periode von Munster zurückreichen, so sind die »Gründungssagen« der E. doch bemerkenswert jung und weisen deutliche christl.-bibl. Einflüsse auf. Das gilt für den Text »Do bunad imthechta E.« (spätes 9. Jh./frühes 10. Jh.) mit seiner Anlehnung an die Traumdeutung Josephs (Gen 41) ebenso wie für die ältere »Geschichte von der Auffindung Cashels« (wohl 8. Jh.), die eher ätiolog. geprägt ist, als daß sie prähist. heidn. Traditionen widerspiegelte. Schon der Name des Hauptsitzes Cashel, von lat. 'castellum', deutet auf Kontakte zum romano-brit. SW-England hin; diese manifestieren sich v. a. in der auf dem lat. Alphabet aufgebauten →Ogam-Schrift, die inschriftlich von Kerry über das südl. Irland, Wales und Cornwall bezeugt ist.

Trotz genealog. Verwandtschaft handelten die einzelnen E.-Geschlechter nicht gemeinsam; mit Ausnahme der Herrschaft von Fedlemid mac Crimthainn († 847) gelang es ihnen nicht, eine Herrschaftsorganisation in Munster zu errichten, wie sie im Norden von den →Uí Néill geschaffen wurde. Mehrere E.-Könige erhoben Anspruch auf die Hochkönigswürde; mit dem Aufstieg der →Dál Cais seit dem späten 10. Jh. sank jedoch ihre polit. Bedeutung. Ein kurzzeitiger Wiederaufstieg unter Cormac Mac Carthaig († 1138) blieb Episode. D. Ó CRÓINÍN

Lit.: D. Ó. CORRÁIN, Ireland before the Normans, 1972, 1–8 – F. J. BYRNE, Irish Kings and High-Kings, 1973, 165–229 – HEG I, 457–464 [F. J. BYRNE].

Eon (Eudo) **v. Stella** (E. de l'Étoile), bret. Ketzer, † nach 1148. E. war einer der charismat. kirchenreformer. Wanderprediger wie etwa →Heinrich v. Lausanne, →Petrus v. Bruis, →Tanchelm oder →Arnold v. Brescia, die in der 1. Hälfte des 12. Jh. vielerorts die Christenheit erregten und die kirchl. Autoritäten auf den Plan riefen. Angesichts der wirren Nachrichten über E. hat sich bislang kein klares Bild seiner Persönlichkeit und Lehre ergeben. Lokale Geschichtsforscher haben in ihm einen schreibunkundigen Bauern, sogar einen letzten Druiden, einen Hexer, einen Katharer oder gar einen Kommunisten – avant la lettre – sehen wollen. Nach den uns vorliegenden Quellenzeugnissen (v. a.: Otto v. Freising, Gesta Friderici I 46/47; Wilhelm v. Newburgh, Hist. rer. Anglic. I 19; Chron. Britannicum ad a. 1145, ed. BOUQUET 12, 558) entstammte E. einer Adelsfamilie aus der Gegend von Loudéac in der östl. Bretagne (dép. Côtes-du-Nord). Eremit geworden und zugleich Wanderprediger, scharte er zahlreiche Anhänger um sich, denen ebenso bußfertige Gesinnung wie luxuriöser Lebenswandel und v. a. Kirchenkritik (mit gewaltsamen Übergriffen gegen kirchl. Einrichtungen) zugeschrieben wurde. Vom Ebf. v. Reims gefangengesetzt und der von Papst →Eugen III. präsidierten Synode v. →Reims 1148 vorgeführt, muß es zu jenem denkwürdigen Auftritt gekommen sein, der Zeitgenossen wie spätere Historiker an der geistigen Zurechnungsfähigkeit E.s zweifeln ließ: Auf die Frage, wer er sei, antwortete E. (in Anspielung auf die Exorzismus-Formel »Per eum qui venturus est«): »Ich bin Eun, der da kommen wird zu richten die Lebendigen und die Toten«. Zur Bewandtnis eines gabelförmigen Stabes in seiner Hand erklärte er: Kehre er die beiden Enden nach oben, dann gehörten Gott zwei Drittel und ihm, E., ein Drittel der Welt, drehe er den Stab um, sei die Aufteilung der Welt umgekehrt; da brach, nach dem Bericht Wilhelms v. Newburgh, die Synode in Gelächter aus. E. wurde Abt →Suger v. St. Denis zu lebenslanger Klosterhaft überstellt und soll bald gestorben sein.

Seine Anhänger wurden auf Initiative des Bf.s v. St-Malo, Jean de Châtillon, erbarmungslos verfolgt und teilweise hingerichtet. J.-P. Leguay

Lit.: A. BORST, Die Katharer, 1953, 87f. – N. COHN, Les Fanatiques de l'Apocalypse, 1962, 43–49 – J. B. RUSSELL, Dissent and Reform in the Early MA, 1965, 118–124 – M. LAMBERT, Medieval Heresy, 1977, 59f. [dt. Ausg., 1981, 96f.] – J. C. CASSARD, E., ermite et hérésiarque breton, Mém. de la Société d'Hist. et d'Archéologie de Bretagne 57, 1980, 171–198 – G. DEVAILLY, Hist. religieuse de la Bretagne, 1980.

Epakte (epacte minores, epacte lunares, adiectiones lune; 'Mondzeiger'), nach ma. Gebrauch Zahlenangaben, die das Mondalter des 22. März ('sedes epactarum') in verflossenen Tagen anzeigen. Den 22. März (alexandr. E.) hatten die Alexandriner, →Dionysius Exiguus und →Beda gewählt, weil er das Datum einer Ostergrenze und zugleich das der zyklisch fixierten Frühlings-Tagundnachtgleiche (Aequinoctium) war. Jedem Jahr kommt demnach eine E. zu, die in einem 19jährigen Zyklus, entsprechend dem Mondzyklus und der ihn vertretenden Goldenen Zahl, wiederkehrt. Da das Mondjahr um 11 Tage kürzer ist als das Sonnenjahr, muß jede E. eines Jahres um 11 bzw. im 19. Jahr um 12 Tage länger sein als das Vorjahr. Der jährl. Wechsel der E. fand meist am 1. Sept. statt. In der →Chronologie unterscheidet man zw. E. älteren Stils (MA) und E. neueren Stils, die für die Zeit nach der Gregorian. Kalenderreform gelten. P.-J. Schuler

Lit.: GROTEFEND I, 50f.; Taf. VI, VIII (S. 8, 11) – GINZEL III, 138ff.

Epanagoge, byz. Rechtskompendium, das – wie sein Name ἐπαναγωγή ('Rückführung') schon andeutet – entsprechend den rechtspolit. Ansichten der Makedonendynastie das Recht auch formell auf die Basis der justinian. Kompilation zurückführen will. Der Verfasser scheint zwar Normativität angestrebt zu haben, doch ist das Werk, da die ksl. Bestätigung ausgeblieben ist, als Rechtsbuch in die jur. Tradition der Byzantiner eingegangen. Die E. gliedert sich in 40 Titel und enthält neben dem hinsichtl. seiner Auswahl dem Inhalt der →Ekloge vergleichbaren privatrechtl. Stoff auch öffentl. Recht. Die Quelle für den gesamten Inhalt der E. stellen die griech. Bearbeitungen der justinian. Kodifikation dar. Lediglich die beiden E.-Titel 2 und 3 (über den Ks. bzw. Patriarchen) fallen aus dem gewohnten Rahmen der byz. Rechtstradition. In ihnen versucht der Verfasser der E. den Inhalt der ksl. und patriarchal. Gewalt zu beschreiben und die Amtsführung der beiden »Gewalten« zu koordinieren. Diese spezifische Konzeption des Staat-Kirche-Verhältnisses hat neben der freilich nicht unumstrittenen Benennung des Photios als Autor der E. in einer Glosse des Cod. Bodl. 173 zur heute herrschenden Ansicht geführt, der Patriarch →Photios sei der Verfasser des Rechtsbuches. Diese Meinung wurde mittlerweile durch sprachl. und stilist. Analysen weiter untermauert. P. E. Pieler

Ed.: Jus Graecoromanum II, 236ff. – Lit.: P. E. PIELER, Byz. Rechtslit. (HUNGER, Profane Lit. II), 454f. [weitere Lit.].

Epao (Epaône), Konzil v. (517), gehört mit →Agde (506) und →Orléans (511) zu den wichtigsten Konzilien des frühen 6. Jh.; es hat in den kanonist. Sammlungen des 6. bis 12. Jh. spürbar nachgewirkt. Auf Einladung der Ebf.e →Avitus v. Vienne und Viventiolus v. Lyon versammelten sich vom 6. bis 15. Sept. 517 24 Bf.e und ein bfl. Delegierter des burg. Reiches in E. (Albon zw. Vienne und Valence?), um zur Lage der kath. Kirche bei den arian. →Burgundern (→Arius, Arianismus) nach dem Regierungsantritt des zum kath. Glauben übergewechselten Kg.s →Sigismund i. J. 516 Beschlüsse zu fassen. Unter Vorsitz von Avitus regelte die Synode in 40 Artikeln Fragen der bfl. Rechte, der Kirchenzucht, des Klerus, des Mönchtums, des Kirchenvermögens, der Rechtsprechung und der Liturgie; von bes. Interesse sind die Bestimmungen hinsichtl. der Arianer: Der Rücktritt von Apostaten zum Katholizismus wurde durch eine relativ geringe Buße ermöglicht, dem eigenen Klerus der Umgang mit dem arian. verboten. Zu den arian. Kirchen traf die Synode den gegenüber Orléans modifizierten Beschluß, daß nicht alle, sondern nur die bereits früher kath. gewesenen arian.Kirchen umzuweihen seien. Die Gründe für diese Zurückhaltung ergeben sich aus einem Brief des Avitus: Den Häretikern sollte kein Vorwand zur Klage über Bedrückung und dem arian. Ostgotenkg. kein Anlaß zu Maßnahmen gegen seine kath. Untertanen geboten werden. Th. Zotz

Q.: MGH Conc. I, 15–30 – CCL 148A, 20–37 – Lit.: LThK² III, 915 – DHGE XV, 524–545 – E. LOENING, Gesch. des dt. Kirchenrechts I, 1878, 567–579 – HEFELE-LECLERCQ 2,2 Nr.231 – H. MORDEK, Kirchenrecht und Reform im Frankenreich (Beitr. zur Gesch. und Quellenkunde des MA 1, 1975), passim – O. PONTAL, Die Synoden im Merowingerreich (Konziliengesch. R. A.: Darst.) [im Dr.].

Eparch (ἔπαρχος), byz. Amtsträger. Bedeutung erlangte v. a. der Stadteparch in →Konstantinopel. Das Amt wurde 359 (in Nachahmung des →praefectus urbi in Rom) durch Constantius II. geschaffen und blieb, unter erhebl. Veränderungen, aber immer als zivile Institution, bis ins 13. Jh. bestehen. In den ersten Jahrhunderten nur für ein oder mehrere Jahre ernannt, scheint in der für das Eparchenamt bedeutendsten Periode (9.–10. Jh.) eine zeitl. Begrenzung nicht mehr gegeben zu sein. Der Aufgabenbereich ist juristischer Natur im weitesten Sinn. Der E. war (bis ins 11. Jh.) mit zahlreichen richterl. Aufgaben betraut, ihm unterstand aber auch der gesamte Polizeiapparat in Konstantinopel und damit auch die Kontrolle über Wirtschaft und Handel in der Stadt, wovon die Erlaßsammlung Leons VI. (→Eparchenbuch) Zeugnis ablegt. Daneben hatte er auch die Eide von Staatsbeamten abzunehmen, er war verantwortlich für den Unterricht der →Notare, und bis ins 10. Jh. unterstand ihm auch der Flottenschutz der Kaiserstadt. Sitz seines Amtes war das Praetorium an der Mesē (Mittelstraße), wo ihn ein umfangreicher Stab an Mitarbeitern (es sind mindestens 14 verschiedene Amtsbezeichnungen bekannt) unterstützte. Seit der 2. Hälfte des 10. Jh. wurden dem E. en zunehmend Kompetenzen genommen und mehrere ihm unterstellte Dienststellen zu unabhängigen Behörden erhoben. Die Einschränkung seiner Befugnisse wurde z. B. durch Übertragung hoher Ehrentitel ausgeglichen. Nach 1204 sank seine Bedeutung rapide. Während in Nikaia kein E. bekannt ist, begegnen nach 1261 wieder einige Namen, die auch mit einer Amtsfunktion in Verbindung stehen. Seit spätestens der Mitte des 14. Jh. ist 'E.' eine bloße Ehrenbezeichnung.

Neben dem Stadteparchen trugen diese Bezeichnung auch Zivilgouverneure von Gebieten innerhalb der Themen, in früh- und mittelbyz. Zeit auch die Vorsteher von Provinzstädten und die Anführer bestimmter Truppenformationen. – Zur Bedeutung der Eparchie in der kirchl. Verwaltung s. →Bischof, →Metropolit. P. Schreiner

Q. und Lit.: N. OIKONOMIDÈS, Les listes de préséance byz. des IXᵉ et Xᵉ s., 1972 – G. DAGRON, Naissance d'une capitale. Constantinople et ses institutions de 330 à 451, 1974, 213–294 – R. GUILLAND, Etudes sur l'hist. administrative de l'Empire Byz.: L'éparque, Byzslav 41, 1980, 17–32, 145–180; 42, 1981, 186–196.

Eparchenbuch (ἐπαρχικὸν βιβλίον), Sammlung gesetzlicher Bestimmungen für bestimmte Gewerbe-, Handels- und Handwerkszweige, erlassen zum Gebrauch des Stadtpräfekten (→Eparch). Sie geht zurück auf die Zeit Ks. →Leons VI. (886–912) und wurde unter Nikephoros II.

(963–969) und Johannes Tzimiskes (969–976) geringfügig erweitert. Der Text ist nur in einer einzigen Hs. erhalten (cod. 23 der Bibl. Mun. in Genf., dort entdeckt von J. NICOLE, 1891). Die 22 Kapitel regeln die Beziehungen des Staates zu einer Reihe korporationsmäßig zusammengeschlossener Wirtschaftszweige (→Zünfte und Korporationen), bringen aber kaum Aussagen über deren interne Organisation. Es werden angeführt: Notare, Gold- und Silberschmiede, Geldwechsler, verschiedene Zweige der Seiden(waren)hersteller und -verkäufer, Luxusstoffhändler, Parfümhändler, Seifenhändler, Sattler, Wachs- und Gewürzhändler, Bäcker, Fleisch- und Fischhändler, Schankwirte, Abdecker, einzelne Zweige des Baugewerbes (Zimmerleute, Gipser, Marmorhauer, Tüncher). Einzelne Kapitel enthalten Festlegungen über Verkaufsbedingungen oder die Rechte ausländischer Händler, über Arbeitsverträge und das Verbot der Abwerbung von Arbeitskräften. Im Gegensatz zur spätantiken Gewerbeorganisation fehlen Hinweise auf Zwangsmitgliedschaft und Erblichkeit. Allerdings werden wichtige Gewerbe, die ohne staatl. Kontrolle nicht denkbar sind, wie Metall- und Waffenhandwerk oder das Marinewesen, nicht angeführt. Mit Recht stellt sich daher die Frage nach der Vollständigkeit der Sammlung, die in der Forschung unterschiedlich beantwortet wird; während Rechtshistoriker sie vielfach bejahen, wird sie von wirtschaftsgeschichtl. Seite eher bezweifelt. Teile der Bestimmungen sind auch im →Hexabiblos (1345) übernommen, doch besagt diese Tatsache nichts über ihre Anwendung im 14. Jh. oder die Weiterexistenz gleichartiger Korporationen. P. Schreiner

Ed.: Neued. durch J. KODER, Corpus fontium Hist. Byz. [in Vorber.] – vgl. derzeit: τὸ Ἐπαρχικὸν βιβλίον, hg. I. DUJČEV, 1970 [Sammelband u. a. mit Nachdr. der Ed. pr., 1893; des Komm., Revue gén. du droit, 1893; der frz. Übers. 1894, sämtl. von J. NICOLE; der engl. Übers. von E. H. FRESHFIELD] – *Lit.*: A. E. R. BOAK, The Book of the Prefect, Journal of Economic and Business Hist. I, 4, 1929, 597–619 – G. MICKWITZ, Die Kartellfunktionen der Zünfte und ihre Bedeutung bei der Entstehung des Zunftwesens, 1936, 205–231 – B. MENDL, Les corporations byz., Byzslav 22, 1961, 302–319 – M. JA. SJUZJUMOV, Vizantijskaja kniga eparcha. V stupitel'naja stat'ja, perevod, kommentarij, 1962 – D. SIMON, Die byz. Seidenzünfte, BZ 68, 1975, 23–46.

Ep(e)iros, Landschaft auf der Balkan-Halbinsel, heute im nw. Griechenland und südl. Albanien, in spätbyz. Zeit bedeutendes Fsm.

I. Geschichte – II. Wirtschaft und Kultur.

I. GESCHICHTE: [1] *Von der Spätantike bis 1204:* Das griech. Wort E. bedeutet 'Festland' und bezeichnet die Region zw. dem Ion. Meer im Westen und der hohen Gebirgsbarriere des Pindos im Osten, der E. gegen →Thessalien abgrenzt. Die nördl. Grenze bilden die akrokeraun. Vorgebirge und die Bucht v. Valona (Avlona; heute Vlona); im Sumfaßt E. den Golf v. Ambrakia und die Landschaften Aitolien und Akarnanien bis hinunter zum Golf v. Korinth. Die Ion. Inseln →Korfu, Leukas, Ithaka, Kephallenia und →Zakynthos (Zante) waren trotz ihrer Lage außerhalb des 'Festlands' eng mit der epirot. Geschichte verflochten.

Das antike E., mit großenteils illyr., seit der griech. (korinth.) Kolonisation sich in regional unterschiedl. Ausmaß hellenisierender Bevölkerung, unterstand in klass. und hellenist. Zeit dem Kgtm. des führenden Stammes der Molosser (ztw. Großmachtstellung unter Kg. Pyrrhos, 297–272 v. Chr.) und bildete seit der Zerschlagung der moloss. Dynastie im späten 3. Jh. v. Chr. einen Bundesstaat. 167 v. Chr. wurde es von den Römern unter Aemilius Paullus verwüstet und z. T. entvölkert, nachfolgend röm. Herrschaft unterstellt. In der Kaiserzeit gehörte E. zunächst zur Provinz Achaia und wurde dann als eigene Provinz Epirus organisiert.

→Diokletian richtete im Zuge seiner Verwaltungsneugliederung die Provinzen Epirus Vetus und Epirus Nova ein. Epirus Vetus umfaßte das südl. Gebiet mit der Hauptstadt →Nikopolis, gegr. 30 v. Chr. von Augustus zur Erinnerung an seinen Seesieg bei Actium; Epirus Nova (das bisherige südl. →Illyricum) erstreckte sich weit nördl. bis zur Küstenstadt →Dyrr(h)achion und im Landesinnern bis zum Gebiet von →Ochrid. Diese beiden spätantiken Provinzen entsprechen den späteren byz. Themen und Diözesen Nikopolis und Dyrrhachion.

E. wurde im 5. Jh. von →Goten und →Vandalen vorübergehend besetzt oder zumindest plündernd durchzogen. Nach einem verheerenden Erdbeben von 522 ließ Justinian zahlreiche Städte in diesem Gebiet neu befestigen. Doch waren die byz. Bewohner im späten 6. Jh. nicht imstande, gegen die Invasion und Landnahme der →Slaven effektiven Widerstand zu leisten; zahlreiche Ortsnamen in E. belegen die slav. Besiedlung. Ende des 8. Jh. oder Anfang des 9. Jh. erneuerte Byzanz seine Herrschaft über das Gebiet durch die Einrichtung des Themas Kephallenia, das als Flottenbasis gegen die →Araber in Sizilien und Unteritalien diente. Große Bedeutung gewann ebenso das wohl bereits in den 20er Jahren des 9. Jh. geschaffene Thema Dyrrhachion. Nikopolis wurde im 9. Jh. neu besiedelt und ebenfalls als Thema eingerichtet; sein Statthalter residierte jedoch in Naupaktos am Golf v. Korinth.

Am Ende des 10. Jh. wurde E. von den Heeren Ks. →Samuels überrannt; dieser machte Ochrid – neben →Prespa – zu seiner Residenz. Der byz. Ks. →Basileios II. erhob nach seinem Sieg über Samuel (1014) die Kirche von Ochrid zu einem autokephalen Ebm. mit Jurisdiktion über die meisten epirot. Bm.er (1020–22).

E. war zumeist Invasionen aus dem Norden ausgesetzt und hatte im 11. Jh. wiederholt unter den Spannungen zw. dem Byz. Reich und dem expandierenden slav. Fsm. →Zeta (Diokleia) zu leiden. Bestimmend für das polit. Schicksal von E. war jedoch die Nachbarschaft zu Italien; Korfu war das Sprungbrett zw. Italien und Griechenland, und der Seeweg zw. Otranto und Valona war kurz. Valona und Dyrrhachion waren die beherrschenden Punkte der Via Egnatia (→Verkehrswege/Straßen), die in östl. Richtung über die Gebirge nach Thessalonike und Konstantinopel führte. Im 11. und 12. Jh. unternahmen die Normannenherrscher in Unteritalien mehrere Versuche, über diese Route ins Byz. Reich einzudringen: 1082 stieß →Robert Guiscard weit in Reichsgebiet, bis Kastoria, vor. Sein Sohn →Bohemund marschierte in E. ein und griff Joannina und Arta an. Im 12. Jh. besetzten die Normannen Korfu, aber nur für wenige Jahre; 1185 gelangten sie jedoch bis Thessalonike. Ks. Isaak II. Angelos drängte sie aber nach Italien zurück und zwang sie, Korfu preiszugeben; doch blieben die Inseln Kephallenia, Ithaka und Zakynthos, die ebenfalls von den Normannen besetzt worden waren, bis zum Ende des Byz. Reiches in it. Hand.

[2] *Das Fürstentum Epiros:* Nach dem Vierten →Kreuzzug und der Eroberung von Konstantinopel (→Lateinisches Ksr.) wurde E. zum unabhängigen Staat. →Michael (I.) Komnenos Dukas, ein Vetter Isaaks II., machte sich die verworrene Lage nach der lat. Eroberung zunutze und bemächtigte sich des Themas v. Nikopolis. Er warf sich zum Führer des Widerstandes gegen die Kreuzfahrer auf und machte →Arta zu seinem Hauptquartier. Im Laufe von zehn Jahren errichtete er ein Herrschaftsgebiet, das von Dyrrhachion bis Naupaktos reichte und Korfu einschloß. Seine bedeutendste Stadt neben Arta war →Joannina, als dessen Gründer sich Michael stolz bezeichnete.

Das gesamte Gebiet war bei der Teilung des Byz. Reiches durch die Kreuzfahrer →Venedig zugesprochen worden. Mit den Venezianern, die die Küste gut kannten und sich ihre dortigen Handelsprivilegien noch 1198 hatten bestätigen lassen, kam Michael I. 1210 zu einem Abkommen, wobei er die formelle Lehnshoheit Venedigs anerkannte. Damit hielt Michael tatsächlich die Macht der Lateiner von seinem Herrschaftsgebiet fern, in dem er zahlreichen byz. Flüchtlingen Asyl gewährte. Sein Halbbruder und Nachfolger →Theodor erweiterte den epirot. Machtbereich, indem er die Lateiner aus Thessalien und die Bulgaren aus dem westl. Makedonien verdrängte. 1224 nahm er →Thessalonike ein und ließ sich vom Ebf. v. Ochrid, Demetrios →Chomatenos, zum Ks. krönen, eine unmittelbare Gegenreaktion auf das nach dem Vierten Kreuzzug begründete byz. Ksm. v. →Nikaia in Kleinasien. Bevor Theodor seinen Plan, Konstantinopel zurückzuerobern, verwirklichen konnte, wurde er 1230 bei →Klokotnica von den Bulgaren geschlagen. In der Folgezeit wurde sein Ksr. v. Thessalonike von den erfolgreicheren nicaen. Konkurrenten rasch absorbiert. Theodors Neffe und Nachfolger, →Michael II. v. E., der dem Ksr. Nikaia 1259 bei Pelagonia unterlag, war gezwungen, sich mit dem bescheideneren Reich von E. zufriedenzugeben; er war der erste unabhängige Herrscher v. E., der den Titel→'Despotes' trug. Daher wird E. häufig 'Despotat v. E.' genannt, obwohl diese Bezeichnung mehr eine geograph. als eine institutionell-polit. Relevanz besitzt.

Nach der Rückeroberung von Konstantinopel durch →Michael VIII. v. Nikaia (1261) verweigerte E. die Anerkennung der neuerrichteten Reichsgewalt und kämpfte für die Erhaltung der eigenen Selbständigkeit. Hierbei fand der Despot einen Verbündeten in →Manfred, Kg. v. Sizilien, der sich mit Michaels Tochter vermählte. Die Mitgift umfaßte Korfu, Valona und andere epirot. Küstenplätze. Aufgrund der Entthronung Manfreds durch →Karl v. Anjou (1266) kamen diese Besitzungen unter angevin. Herrschaft; Karl besetzte Dyrrhachion und ließ sich zum 'Kg. v. Albanien' proklamieren. Sein erklärtes Ziel war, vom Brückenkopf Dyrrhachion aus Byzanz anzugreifen, und zwar auf der Route, die vor ihm schon die unteritl. Normannenfürsten benutzt hatten. Ks. Michael VIII. durchkreuzte diese Pläne jedoch bereits durch seinen Sieg bei Berat (1281); die durch Michael VIII. geschürte →Siz. Vesper (1282) zwang den Anjou schließlich zur gänzlichen Rücknahme seiner Streitkräfte; Dyrrhachion und Valona kamen unter die direkte Herrschaft von Konstantinopel. Damit war Epirus Nova den Despoten v. E. verlorengegangen. Dennoch gaben sie ihren Widerstand gegen den Ks. nicht auf. Michaels II. Sohn Nikephoros vermählte seine Tochter 1294 mit dem Enkel Karls v. Anjou, →Philipp v. Tarent; im Zuge dieses Heiratsbündnisses wurden den Franken große Gebiete im südl. E. (Aitolien, Akarnanien) abgetreten. Durch seine Politik behauptete der Despot v. E. in trotziger Weise seine Unabhängigkeit gegen den Ks., der ihn seinerseits als Rebellen verurteilte.

1318 wurde Thomas, der letzte direkte Nachkomme Michaels I., von seinem Neffen Niccolò →Orsini, Gf.en v. Kephallenia, ermordet; damit wurde das Fsm. E. von hellenisierten Adligen it. Herkunft usurpiert. Erst 1340 wurde es von Ks. →Andronikos III. und seinem Großdomestikos →Johannes Kantakuzenos gewaltsam dem Byz. Reich einverleibt. Bereits acht Jahre später wurde es dem Reich jedoch von den Truppen des Zaren v. →Serbien, →Stefan Dušan, entrissen und gemeinsam mit Thessalien der Regierungsgewalt von dessen Halbbruder →Simeon Uroš später unterstellt. Die serb. Eroberung begünstigte die Ansiedlung von Albanern in E. Simeon Uroš übergab Arta und Aitolien zwei alban. Stammesfürsten, denen er den Despoten-Titel verlieh, während er seinen Schwiegersohn Thomas Preljubović als Despot v. Joannina einsetzte. So gab es zwei »Despotate«, ein serb. im N und ein alban. im S, die sich häufig befehdeten. Die im frühen 15. Jh. verfaßte griech. →»Chronik v. E.« (auch: »Chronik v. Joannina«) berichtet von Preljubovićs Tyrannei und seinen Kämpfen mit den Albanern. 1384 wurde er ermordet; sein Nachfolger, Esau Buondelmonti, ein Florentiner von den Ion. Inseln, versuchte durch Heirat mit einer Albanerin die erneute Vereinigung von E. zu erreichen. Nach seinem Tode (1411) wurde sein Neffe Carlo →Tocco, Gf. v. Kephallenia, zur Verteidigung von Joannina gegen Albaner wie Türken herbeigerufen. Seine Waffentaten rühmt eine griech. Verschronik, die→»Chronik der Tocco«, verfaßt um sein Sterbejahr 1429. Carlo erhielt den Despotentitel von Ks. Manuel II.; er bewerkstelligte eine Einigung des Fsm.s insbes. durch die Vertreibung der Albaner aus Arta (1416); doch vermochte er das Vordringen der Türken (→Osman. Reich) nicht aufzuhalten und war sogar genötigt, ihre Hilfe gegen die Albaner in Anspruch zu nehmen. Im März 1430 eroberten und plünderten die Türken →Thessalonike, im Okt. desselben Jahres ergab sich Joannina dem Heerführer Sinan Paša gegen die Zusicherung bestimmter Garantien. Im März 1449 besetzten die Türken Arta, und das Fsm. E. wurde dem Osman. Reich einverleibt. 1479 fielen die letzten verbleibenden Territorien der Tocco, Vonitza am Golf von Ambrakia sowie Kephallenia, Leukas und Zakynthos, Zante (diese Insel wurde bald von den Venezianern zurückgekauft); an den Landschaften Aitolien und Akarnanien haftete noch lange der Name *Karli-eli* ('Land des Carlo'), und die Nachkommen von Carlo Tocco führten noch bis ins 17. Jh. den leeren Titel von Despoten v. E.

II. Wirtschaft und Kultur: Die Handelsgeschichte von E. ist in den Archiven von Venedig reich dokumentiert, denn ven. Kaufleute genossen seit dem 11. Jh. in den epirot. Häfen Handelsfreiheit. An der gesamten Küste bestanden ven. Niederlassungen, von Dyrrhachion und Valona bis hin nach Kanina, Butrinto (Buthroton), Saiata und Parga. Ven. Hauptmarkt war jedoch Arta, wo bis ins 14. Jh. zahlreiche Venezianer ansässig waren. Doch wurden die Venezianer seit dem 15. Jh. zunehmend von Kaufleuten aus →Ragusa (Dubrovnik) verdrängt. Weiterhin bestanden in Arta und Joannina mindestens seit dem 12. Jh. blühende jüd. Gemeinden.

Als wichtigste Landesprodukte wurden Getreide und Salz nach Italien ausgeführt; doch diente der Hafen von Arta auch als Stapelplatz für die außerhalb des Landes erzeugten Güter, und in Joannina fand jährlich eine Messe statt. Ks. Theodor v. Thessalonike und Despot Michael II. v. Arta prägten gelegentl. eigene Münzen; die üblichen Währungseinheiten waren jedoch byz. Hyperpyra und ven. Dukaten.

Kulturell gesehen, war E. ein Randgebiet der byz. Welt, außer in der kurzen Periode nach dem Vierten Kreuzzug. Damals wirkten drei berühmte Gelehrte als Bf.e im Lande, nämlich Johannes →Apokaukos in Naupaktos, Georgios →Bardanes auf Korfu und Demetrios →Chomatenos in Ochrid; die ersten Despoten stifteten eine Reihe von Kirchen und Klöstern, deren bedeutende Bauten insbes. in Arta und seiner Umgebung vielfach erhalten sind. Aufgrund der zahlreichen Besitzwechsel zw. Griechen, Italienern, Franzosen, Serben und Albanern lebte in E. eine ethn. vielfältige Bevölkerung; so nannte sich 1400 bezeichnenderweise einer der Fs. en einen »Serben-Albaner-Bulgaren-Vlachen«. Doch blieb Griechisch die übliche Verkehrssprache; auch die Despoten serb. und it. Herkunft förderten die griech. Kirche und orientierten sich an Bräuchen und Lebensformen des byz. Kaiserhofes. Den feudalen Charakter der Gesellschaft, der schon vor 1204 hervortritt, veranschaulichen die Ruinen zahlreicher Burgen, etwa der Burg Rogoi, die am Fluß Luros zw. Arta und Preveza liegt. D. M. Nicol

Lit.: RE V, 2718–2731 – Kl. Pauly II, 284–287 – D. M. Nicol, The Despotate of E. (1204–67), 1957 – N. G. L. Hammond, Epirus. The Geography, the Ancient Remains, the Hist. and the Topography of Epirus and adjacent Areas, 1967 – A. Ducellier, La Façade maritime de l'Albanie au MA. Durazzo et Valona du XIe au XVe s., 1981 – P. Soustal – J. Koder, Nikopolis und Kephallenia (Tabula Imperii Byzantini 3, 1981) – D. M. Nicol, The Despotate of E. 1267–1479. A Contribution to the Hist. of Greece in the MA, 1984.

Épernay (lat. Sparnacum), Stadt in O-Frankreich an der Marne (Champagne; dép. Marne, chef-lieu arr.). É. ging aus einem Fronhof hervor, der zur Zeit des hl. →Remigius (6. Jh.) von der Kirche v. →Reims erworben wurde. Karl d. K. hielt hier 846 ein →placitum generale ab (→Épernay, Reichstag v.). →Hinkmar v. Reims suchte in É. 882 Zuflucht vor den Normannen. Nach dem Zeugnis von →Flodoard, der aus É. stammte, ließ Ebf. →Fulco († 900) den Ort mit einer Befestigung (castrum, castellum, munitio, oppidum) versehen.

Nachdem sich Gf. →Herbert d. Ä. († 980/984) der Burg bemächtigt hatte, wurde sie 1023/24 definitiv vom Gf. en v. →Champagne, →Odo II., erworben; er und seine Nachkommen hielten É. vom Ebf. zu Lehen. E. wurde zum Zentrum einer wichtigen →Kastellanei, in der ein →Prévôt amtierte (1032: Isembard).

Bei der Burg entwickelte sich eine frühstädt. Siedlung, deren burgenses 1128 belegt sind. Die örtl. Wirtschaft beruhte u. a. auf dem Weinbau. 1130 ist ein Jahrmarkt bezeugt; bereits vor 1136 wurde er nach →Troyes verlegt (→Champagnemessen). Ein zweiter Jahrmarkt – eintägig und von regionalem Zuschnitt – wurde durch Gf. →Heinrich I. 1166 eingerichtet. Die städt. Bevölkerung genoß seit 1190 das steuerl. Privileg des →abonnement de la taille. É. erhielt wohl 1230/32 das Recht v. Troyes. Die Stadt war zusammengefaßt in einer einzigen Pfarrei in der Abtei St-Martin. Die Stadtfläche umfaßte weniger als 20 ha intra muros. Die Bevölkerungszahl lag bei 2000 Einw. Ein Hospital und ein Leprosorium (St-Laurent) befanden sich extra muros.

Die Abtei St-Martin wurde 1032 von Odo II. gestiftet; seine Gemahlin und ihr Sohn Tedbald I. wurden hier bestattet. Auf Rat des hl. →Bernhard v. Clairvaux reformierte Tedbald II. 1127 die Gemeinschaft, indem er Augustinerchorherren unter Abt Fulco aus St-Léon de Toul einsetzte.

Die Kastellanei v. É. gehörte oft zum Wittum der Gfn. en v. Champagne. Nachdem die Champagne an die frz. Krone gefallen war, wurde die Kastellanei der →Apanage des Hzg. s Ludwig v. →Orléans zugeschlagen (1388) und kam aus dessen Erben aus der jüngeren Linie der Orléans-Angoulême bis zu Kg. Franz I. M. Bur

Q.: Flodoard, Annales, ed. Ph. Lauer, 1905 – Hist. Remensis ecclesiae, ed. J. Heller – G. Waitz, MGH SS XIII, 1881, 409–599 – Cart. (XVIIIe s.), Bibl. Mun. Epernay, ms 88 – Lit.: H. d'Arbois de Jubainville, Hist. des ducs et des comtes de Champagne, 6 Bde, 1859/66 – A. Nicaise, É. et l'abbaye de St-Martin de cette ville, 2 Bde, 1869 – M. Bur, La formation du comté de Champagne, 1977 – Ders., Note sur quelques petites foires de Champagne (Studi in memoria di F. Melis, I, 1978), 255–267.

Épernay, Reichstag v., unter →Karl d. K. im Juni 846 abgehaltenes →placitum generale, bei dem die »gegen den Brauch« in É. versammelten Laien die Bf. e von ihren Beratungen ausschlossen und nur 19 der 83 (80) auf den Synoden v. Meaux (Juni 845) und Paris (Febr. 846) beschlossenen Canones akzeptierten. Die Auswahl, nur durch Rubriken bekannt, denen ein Teil der Hss. 16 angeblich entsprechende Synodalbeschlüsse folgen lassen, ist nicht schlüssig aus eigensüchtigen Motiven der Großen zu erklären. Nachdem schon die Beschlüsse der Synode v. Ver (Dez. 844) nicht verkündet worden waren, bedeutete das von den Bf. en als Provokation empfundene Verfahren in É. das endgültige Scheitern der seit 829 verschärften Reformforderungen (→Frankreich), die man in der Folge auf anderem Wege durchzusetzen suchte (→Ps.-Isidor). F. J. Felten

Q.: MGH Cap. II, Nr. 257, 293 – Ann. Bertin. a. 846 – Lit.: F. Lot – L. Halphen, Le Règne de Charles le Chauve, I (BEHE 175, 1909), 162–165 [Nachdr. 1975] – C. de Clercq, La législation religieuse franque, 2: De Louis le Pieux à la fin du IXe s. (814–900), 1958, 118–120 – W. Hartmann, Zu einigen Problemen der karol. Konzilsgesch., AHC 9, 1977, 19 – Ders., Vetera et nova. Altes und neues Kirchenrecht in den Beschlüssen karol. Synoden, AHC 15, 1983, 79–95, bes. 87f. – Ders., MGH Conc. III, 62f.

Ephemeriden → Tafeln, astronomische

Ephesos
I. Stadtgeschichte in spätantiker und byzantinischer Zeit – II. Christliche Überlieferung, Kirchengeschichte.

I. STADTGESCHICHTE IN SPÄTANTIKER UND BYZANTINISCHER ZEIT: E., in der kleinasiat. Landschaft Lydien an der Mündung des Kaystros gelegen, in der Frühzeit Siedlung vorhellen. Karer, gelangte in hellenist. und röm. Zeit durch seine Heiligtümer (berühmter Artemistempel; vgl. Apg 19, 23–40) zu großer Blüte. In der Spätantike blieb E., trotz einer Plünderung durch die Goten (263) und zweier Erdbeben (358, 365), eine bedeutende polit., wirtschaftl., kulturelle und religiöse Metropole (zu den Synoden 431 und 449 s. →Ephesos, Synoden v.). Zahlreiche Bauten zeugen von der Blüte der antiken Stadt (Theater, Tempel, Serapeion, Stadion, Wohnquartiere des Stadtteils Embolos, Agora, Bibliothek des Celsus). Die Bautätigkeit scheint auch im 4. und 5. Jh. und in justinian. Zeit nicht nachgelassen zu haben; es entstanden die Marienkirche und die Johanneskirche, die Arkadiane (unter →Arcadius ausgebaute Prunkstraße vom Hafen zum Theater), der Statthalterpalast, die Scholastikiabäder, der Aquädukt von Aya-Soluk u. a. E. war seit frühchristl. Zeit ein berühmter Wallfahrtsort (Mariengrab, Siebenschläfergrotte). Die wirtschaftl. und polit. Schwierigkeiten der Zeit wurden auch in E. spürbar; der Einschnitt in der Entwicklung der Stadt liegt dabei in den ersten Jahren der Regierung des Ks. s →Herakleios (610–641). Pers. und arab. Einfälle führten in Kleinasien zu schweren Verwüstungen und zum Rückgang des städt. Lebens; die Militarisierung und Ruralisierung der Siedlungen schritt allgemein fort, so auch in E., wo außerdem 614 ein verheerendes Erdbeben stattfand. Während des 8. Jh. erschütterten arab. Razzien und innerbyz. Bürgerkriege sowie schwere Seuchen E. und sein Umland. Im Zuge fortifikator. Maßnahmen wurde der städt. Mauerzug verkürzt; auf dem nahegelegenen Aya-Soluk-Hügel entwickelte sich um die Johanneskirche eine neue, gut befestigte Siedlung, so daß E. – wie schon mehrfach in älterer Zeit – in zwei Siedlungsbereiche getrennt war. Teile der spätröm. Stadt blieben außerhalb der byz. Mauern (Agora, Embolos), wobei die Bautätigkeit nicht völlig abbrach (Neubau der alten Marienkirche in kleineren Dimensionen, Erweiterung der Johanneskirche, Befestigungsverstärkungen, u. a. im Hafenbereich). Im Unterschied zu anderen kleinasiat. Städten schrumpfte E. nicht zu einer kleinen Festungsstadt; als – wahrscheinl. – Hauptstadt des Themas →Thrakesion blieb es bedeutend. Während der arab. Offensiven gegen →Konstantinopel wurde E. 645/655 und 781 erobert und 798 belagert. Nach einem Sieg über die Araber besuchte Ks. →Konstantin VI. 795 die Stadt und schenkte der Kirche des hl. Johannes Theologos 100 Pfund Gold aus den städt. Steuern. Das religiöse Leben dürfte ohne Unterbrechung fortgeführt worden sein (725 Aufenthalt →Willibalds auf seiner Pilgerfahrt ins Hl. Land, Eintritt des abgedankten Ks.s Theodosios III. mit seinem Sohn in ein Epheser Kl.). E. konnte auch während der Krisenzeit des 7.–9. Jh. seine Bedeutung wahren (berühmter Jahrmarkt am Johannestag, wichtiger Hafen). Es folgte eine Periode des Aufschwunges; der Schwerpunkt der Stadt hatte sich inzwischen auf die Siedlung um die Johanneskirche (Aya-Soluk-Hügel) verlagert. Diese und spätere topograph. Veränderungen spiegeln sich im Stadtnamen wider: In byz. Zeit hieß E. gewöhnlich Theologos, nach dem Beinamen des hl. Johannes, daher der türk. Name Aya-Soluk (Ayos Theologos); it. Altoluogo, frz. Altelot. Die Verlegung des Stadtzentrums hing wohl zusammen mit der zunehmenden Verschlammung des Hafens durch die vom Kaystros mitgeführten Sinkstoffe. Dadurch bedingt, entwickelte sich Phygela (it. Scalanova, das heut. Kuşadasi), ca. 15 km von E. entfernt, zum bedeutenden Handelshafen und byz. Flottenstützpunkt.

E. wurde 867/868 kurz von →Paulikianern besetzt, die in der Johanneskirche einen Stall einrichteten. Nach dem Sieg bei →Mantzikert (1071) überrannten die →Seldschuken Vorderkleinasien und nahmen 1090 die Stadt ein, die aber schon 1096 von byz. Truppen unter →Johannes Dukas befreit wurde. Dt. und frz. Kreuzfahrer (→Kreuzzüge) hielten sich auf dem Wege nach Palästina kurz in E. auf. Während dieser Jahrhunderte war E. ein blühendes Handelszentrum und blieb es auch in der Zeit des Ksr.es v. →Nikaia, wobei E. jetzt stärker von ven. und genues. Kaufleuten besucht wurde. E. erreichte in der 2. Hälfte des 13. Jh. einige Berühmtheit als kulturelles Zentrum: Hier wirkte Nikephoros →Blemmydes, der den Historiker →Akropolites und den künftigen Ks. →Theodoros Laskaris zu seinen Schülern zählte.

Nach der byz. Wiedereroberung von Konstantinopel (1261) verlor E. an Bedeutung. I. J. 1304 von den Türken erobert, wurde E. (Aya-Soluk) Hauptstadt des Emirats des Aydın (→Aydın Ogullarī) und erlebte eine letzte Blüte als Handelszentrum. 1375 wurde eine bedeutende Moschee errichtet. Gegen Ende des 14. Jh. kamen E. und das Emirat unter die Herrschaft des osman. Sultans →Bāyezīd I.; nach der Schlacht bei →Ankara (1402) wurde für kurze Zeit die Selbständigkeit des alten Emirats wieder hergestellt, doch wurde E. 1425 unter →Murad II. endgültig dem →Osman. Reich einverleibt. Zum Dorf herabgesunken, wurde E. seit dem 18. Jh. verschiedentlich von Reisenden beschrieben und ist seit dem 19. Jh. eine berühmte Ausgrabungsstätte. J. Ferluga

II. CHRISTLICHE ÜBERLIEFERUNG, KIRCHENGESCHICHTE: Die christl. Geschichte von E. reicht in die apost. Zeit zurück. →Paulus wirkte hier ungewöhnlich lang (Apg 18–20; 1 Kor 15,32; 16,8). Nach allgemeiner Überlieferung setzte er seinen Schüler Timotheos als ersten Bf. ein (1 Tim 1,3; Euseb., hist. eccl. III 4.5). Wieder nach altkirchl. Überlieferung schrieb →Johannes in der Verbannung auf →Patmos in das »Engel der Gemeinde von E.« das erste der sieben Sendschreiben an die Kirchen von Kleinasien (Offb 2, 1–7) und verbrachte die letzten Lebensjahre in E., wo er auch beigesetzt wurde (Iren., adv. haer. II 22,5 u.ö.). Veranlaßt wohl durch Joh 19,27, verband sich damit die Legende vom Aufenthalt und Tod →Mariens in E. Legenden wissen auch von Tod und Grab des Evangelisten →Lukas, der hl. →Maria Magdalena und einer Tochter des Apostels (Diakons?) Philippus in E. (Euseb., hist. eccl. III 31,3). An die Gemeinde von E. schrieb Ignatios auf dem Weg zum Martyrium in Rom zu Beginn des 2. Jh. seinen ersten Brief. Mit E. verbunden ist auch die Legende von den →Siebenschläfern. Die Kapelle über dem Grab des Apostels Johannes, mehrmals umgebaut und schließlich unter →Justinian I. 540 mit einer prachtvollen Basilika überbaut, und die Grabanlage der Siebenschläfer waren das ganze MA hindurch das Ziel unzähliger Pilger, darunter des hl. →Willibald (725). In der Marienkirche, der ursprgl. Bischofskirche, tagte 431 das 3. Ökumen. Konzil (→Ephesos, Synoden v.).

Als Metropolis der polit. Diöz. Asia war E. kirchl. Mittelpunkt des Gebiets, als solcher bestätigt durch c. 6 von →Nikaia (325) und c. 2 von →Konstantinopel (381), was freilich die Patriarchen der Hauptstadt, dann →Johannes Chrysostomos, nicht hinderte, in die Angelegenheiten von E. entscheidend einzugreifen. Das 4. Ökumen. Konzil v. →Chalkedon (451) beschnitt die Rechte von E. mit c. 28 noch stärker, so daß nur der Titel eines Exarchen und der 2. Platz in der Rangliste der Hierarchie des Patriarchats Konstantinopel übrig blieben. Die Auseinandersetzung mit der Hauptstadt hatte E. vorübergehend auf die Seite →Alexandrias und des →Monophysitismus gebracht. Bedeutende Persönlichkeiten der Kirche von E. waren: →Hypatios I., Wortführer der Orthodoxen im Dialog mit den Monophysiten im 6. Jh.; →Hypatios II., Martyrer im →Bilderstreit unter Leon III.; Nikephoros →Blemmydes, führender Theologe im Dialog mit dem Westen im 13. Jh.; →Markos Eugenikos, Haupt der Antiunionisten auf und nach dem Unionskonzil von →Ferrara-Florenz (1438/39). H. M. Biedermann

Lit.: zu [I]: zur Spätantike: RE Suppl. XII, 248–364, 1588–1704 – The Princeton Enc. of Classical Sites, 1976, 306–310 – Österr. Arch. Inst., Forsch. in E., 1906ff. – W. ALZINGER, Die Ruinen von E., 1972 – E. LESSING – W. OBERLEITNER, E., 1978 – zur byz. Zeit: RByzK II, 164–207 [M. RESTLE; Lit.] – R. J. LILIE, »Thrakien« und »Thrakesion«, Zur byz. Provinzorganisation am Ende des 7. Jh., JÖB 26, 1977, 7–84 – C. FOSS, Ephesus after Antiquity: A late antique, Byz. and Turkish City, 1979 [dazu Rez. von W. BRANDES, in byz. Zeit, Klio 64, 1982, 611–622] – zur Emiratszeit: P. WITTEK, Das Fsm. Menteshe, 1934 – E. A. ZACHARIADOU, Trade and Crusade. Venetian Crete and the Emirates of Menteshe and Aydin (1300–1415), 1983 – zu [II]: DACL V, 118–142 – DHGE XV, 554–561 – LThK² III, 919–922 – RByzK II, 164–207 – ThEE V, 1147–1154 – LE QUIEN, Oriens Christianus I, 663–694 – B. KÖTTING, Peregrinatio religiosa, 1950 – N. B. TOMADAKIS, Μητρόπολις Ἐφέσου, ἐπαρχία Ἀσίας κατὰ τὴν Τουρκοκρατίαν, EEBS 43, 1977–78, 5–119.

Ephesos, Synoden/Konzilien

I. Das Konzil von 431 – II. Das Konzil von 449.

I. DAS KONZIL VON 431: →Ephesos war schon in früher Zeit Tagungsort christl. Synoden (zwei Versammlungen von Gläubigern aus Asien über Montanismus und Ostertermin wohl vor bzw. bald nach 180 n. Chr.; vgl. Eusebios, hist. eccl. V 16,10; V 24,9); auf provinzialer Ebene verhandelten Bf.e kirchl. Angelegenheiten i. J. 401, unter Vorsitz des →Johannes Chrysostomos.

Gesamtkirchl. Bedeutung gewann das 431 in E. stattfindende Konzil. Unterschiedl. Entwürfe im Christusverständnis hatten zur Konfrontation zw. den Kirchen →Alexandrias (unter Führung →Kyrills) und →Antiochias geführt, v. a. als →Nestorios zum Patriarchen v. Konstantinopel erhoben worden war (428), der sich im Gefolge der antiochen. Unterscheidungslehre für die Redeweise von Maria als »Christusgebärerin« statt des durchaus schon geläufigen »Gottesgebärerin« (ϑεοτόκος) aussprach (→Christologie, →Mariologie). Eine lebhafte Korrespondenz verschärfte nicht nur die Standpunkte des Nestorios und des Kyrill; der Episkopat insgesamt – und zwar auch Rom – sowie der Ks. wurden in den theol. Konflikt hineingezogen. Auf einer röm. Synode (430) unter Papst →Coelestin I. fand die Christologie Kyrills nach dem Schema Logos-Sarx Anerkennung, während Nestorios pauschal verurteilt wurde, dies ohne eingehende Kenntnis der im Osten laufenden Diskussion; der Patriarch v. Alexandria sollte für den Vollzug dieser Beschlüsse Sorge tragen. Gestützt von einer weiteren Verurteilung des Nestorios durch eine alexandrin. Synode, forderte er diesen zum Widerruf seiner Irrlehre auf, wobei er seinem (3.) Schreiben 12 →Anathematismen beifügte, die sein charakterist. Christusbild »von oben« mit Hilfe einer einseitig an der göttl. Natur Christi orientierten Begrifflichkeit formulierten. Inzwischen hatte Ks. →Theodosios II. auf Pfingsten die Metropoliten des Ostens zu einem Konzil nach E. eingeladen, ebenso den Bf. v. Hippo, →Augustinus, der jedoch inzwischen verstorben war, und Papst Coelestin, der seine Legaten anwies, Verbindung mit Kyrill zu halten. Der Patriarch v. Alexandria, der mit einem übergroßen Anhang von 40 Bf.en sowie zahlreichen Mönchen kam, riß die Initiative an sich und eröffnete vor etwa 150 Teilnehmern – Bf.e aus Kleinasien und dem Jerusalemer Raum waren inzwischen hinzugekommen – am 22. Juni 431 in der Marienkirche zu E. das Konzil, ohne das Eintreffen syr. Bf.e mit →Johannes v. Antiochia an der Spitze sowie desjenige der päpstl. Legaten abzuwarten. Nachdem selbst die Gesandten des Ks.s seinen herrischen Vorgehen gebeugt hatten, erfolgte in einem gerafften Verfahren die Verlesung des Glaubenssymbols v. →Nikaia sowie des christologisch bedeutsamen 2. Briefs des Kyrill an Nestorios, Glaubensdokumente, deren Konvergenz von den anwesenden Synodalen weitgehend bestätigt wurde. Eine solche Übereinstimmung wurde der Antwort des Nestorios an Kyrill nicht zugebilligt; nach weiteren Vorhaltungen erfolgte die Absetzung des – nicht erschienenen – Patriarchen v. Konstantinopel. Nestorios informierte unter Protest den Kaiser. Wenige Tage später traf Patriarch Johannes v. Antiochia mit etwa 50 Suffraganen ein, die nach Erstellung eines eigenen Glaubensbekenntnisses auf einer Gegensynode Kyrill und den Ortsbischof Memnon absetzten, und zwar aufgrund von Verstößen gegen die Kanones. Die Anfang Juli eingetroffenen Legaten des Papstes schlossen sich der kyrill. Versammlung an, und der Ks. bestätigte in seiner Verlegenheit schließlich die Absetzung des Nestorios ebenso wie jene des Kyrill und Memnon. Interventionen am Hof führten zu keiner Lösung, zumal Kyrill nach Alexandria geflohen und Nestorios in sein Kl. zurückgekehrt war.

Die Turbulenz um die gespaltene Synode v. E. kann nicht darüber hinwegsehen lassen, daß mit der Bestätigung der kyrill. Christologie letztlich die Anerkenntnis der nikän. Aussagen vom fleischgewordenen Sohn Gottes in ihrer Tragweite für die Subjekteinheit in Christus zur Geltung kam, so daß der Aussagetausch (Idiomenkommunikation) gewährleistet blieb. Die Einsicht in diese Zusammenhänge ermöglichte zusammen mit einem moderaten Verhalten der Wortführer die Einigung von 433.

II. Das Konzil von 449: Mit dem Tod Kyrills i. J. 444 zerbrach allerdings der erzielte Ausgleich. In Konstantinopel vertrat der Archimandrit →Eutyches geradezu eine monophysit. Christuslehre, insofern er bekannte, daß der Herr vor der Einigung aus zwei Naturen bestehe, nach der Einigung aber nur aus einer Natur. Auf Betreiben des →Eusebios v. Dorylaion von einer endem. Synode in Konstantinopel unter Vorsitz des Patriarchen Flavianos verurteilt, betrieb er seine Rehabilitierung, die auf dem von Ks. Theodosios II. wieder nach E. anberaumten Konzil behandelt werden sollte. Die Versammlung geriet allerdings völlig unter den Einfluß des neuen alexandrin. Patriarchen →Dioskoros I., der alle Vertreter einer Zweinaturenlehre – darunter →Theodoret v. Kyrrhos – ausschaltete und der Verlesung des christolog. Sendschreibens (»Tomus Leonis«) Papst →Leos d. Gr. durch dessen Legaten verhinderte. Gegen aufkommenden Protest ging er mit massivem Druck vor, schüchterte die Bf.e ein und erreichte so die Rehabilitierung des Eutyches, während antiochenisch gesinnte Bf.e die Absetzung traf, darunter auch Flavianos v. Konstantinopel. Treffend charakterisierte Papst Leo diese 2. Synode v. E. als 'Räuberkonzil (latrocinium)'.

P. Stockmeier

Q.: ACO I 1–17; II,I; II, III 1 – Akten der ephesin. Synode vom Jahre 449, hg. J. Flemming, AAG NF XV, 1917 – I. Rucker, Ephesin. Konzilsakten in armen.-georg. Überlieferung, 1930 – Ders., Ephesin. Konzilsakten in lat. Überlieferung, 1931 – Ders., Ephesin. Konzilsakten in syr. Überlieferung, 1935 – Lit.: Hefele II – A. Grillmeier– H. Bacht, Das Konzil v. Chalkedon, 3 Bde, 1973⁴ – P. Stockmeier, Leos d. Gr. Beurteilung der ksl. Religionspolitik, MThSt I, 14, 1959– P. Th. Camelot, Ephesus und Chalcedon (Gesch. der ökumen. Konzilien I, 1963) – L. I. Scipioni, Nestorio e il concilio di Efeso, 1974 – H. J. Vogt, Das gespaltene Konzil v. Ephesus und der Glaube an den einen Christus, TThZ 90, 1981, 89–105 – P. Stockmeier, Anm. zum 'in' bzw. 'ex duabus naturis' in der Formel v. Chalkedon (Stud. Patristica XVIII 1, 1986), 213–220.

Ephraem Syrus, * ca. 306, † 9. Juni 373, seit 5. Okt. 1920 doctor ecclesiae, bedeutendster syr. Kirchenschriftsteller und Dichtertheologe. [1] *Leben und Lehre:* In der Jugend unter dem Einfluß des hl. Jakobus stehend, des 1. Bf.s v. Nisibis (308–338), ist E. als Diakon bezeugt und diente den Bf.en Vologes v. Nisibis und dessen Nachfolger Abraham als Ratgeber. Nach der Ausweisung aus dem pers. gewordenen Nisibis (363) setzt E. seine Lehrtätigkeit an der durch ihn berühmt gewordenen Schule v. →Edessa fort. E. lebte als Asket, gehörte jedoch der vormonast. Askese an, die in der syr. Kirche von den sog. »Bundessöhnen (-töchtern)« getragen wurde. E.s carmina gingen vom 5. Jh. an in die antiochen. Liturgie ein. Die wissenschaftl. Erschließung seiner Werke, *Hymnensammlungen* (*madrāše*) und *Sermones* (*memrē*), hat durch die krit. Edition dieser Schriften von E. Beck seit 1955 ff. und der exeget. Schriften, bes. des *Kommentars zum Diatessaron* (L. Leloir) einen Aufschwung genommen. E.s *Prosaschriften* gegen Markion, Bardesan und Mani (Mitchell-Burkitt) vermitteln Einblicke über seine Kenntnisse der griech. Kulturwelt.

Die Theologie E.s (Trinitätslehre, Christologie, Eucharistie, Mariologie, christl. Vollkommenheit) bezeugt eine eigene aramäisch-semit. Tradition. Die griech. Spekulation und deren Begrifflichkeit sind ihr weitgehend fremd. Das Geheimnis Gottes wird in Typen und Symbolen erfaßt, die Gott in seiner Offenbarung und Schöpfung kundgetan hat. Dieser Weg zu Gott über die Symbole und symbol. Namen führt zu wahrer Demut, prakt. Nächstenliebe und zu inniger Verbindung mit der Trinität und dem menschgewordenen Gottessohn. Für die syr. Kirche blieb E. der große Klassiker. Nestorianer und Monophysiten beanspruchten ihn gleicherweise für sich. Seine originale Leistung wird erst in jüngster Zeit aufgezeigt, bes. durch die Arbeiten von E. Beck.

[2] Seine weitere *Wirkungsgeschichte* verteilt sich auf den

»griech. E.« und den »lat. E.«. Die griech. Tradition, schon Sozomenus, Hist. eccl. III 26 bekannt und auch von Hieronymus, De vir. ill. 115 gerühmt, bedarf gründl. Erforschung. Die Schwierigkeit der Übersetzung führte v. a. zu freien Nachdichtungen unter dem Namen E. Eine Fülle monast.-homilet. Schriften beansprucht seinen Namen und bezeugt sein hohes Ansehen.

Der »lat. E.« ist für das Abendland im MA bedeutungsvoll. Auch hier steht die Forschung noch am Anfang und dürfte über die kulturelle Verflechtung von Orient und Okzident mehr ans Licht bringen, als bisher gesehen wurde. Die nicht geringe lat. Hss.-Überlieferung (bisher über 100), die Angaben der ma. Bibliothekskataloge, die verstreuten Zitate und E.-Anspielungen und Symbolik in der ma. Literatur (ahd. Tatian, Otfrids Verkündigungsszene, Ölsymbolik) beweisen den anhaltenden Einfluß E. s auf das MA bis in die Volkssprachen hinein (M. SCHMIDT, 1972/3; JANSMA). Bemerkenswert sind die E.-Parallelen für die Augensymbolik in der Mystik des MA, v. a. u. a. bei →Hildegard v. Bingen (SCHMIDT, 1984). Die ältesten lat. Hss. stammen aus der 2. Hälfte des 7. Jh. aus dem frz. Kl. Corbie, dann fließt die Hss.-Überlieferung recht kontinuierl. vom 8.–16. Jh., am stärksten im 9. und 11. Jh. Die überlieferten Texte erscheinen hauptsächl. unter dem Namen Effrem als ein Corpus mit folgenden Titeln in wechselnder Reihenfolge: 1. »De iudicio Dei et de resurrectione, et de regno coelorum«; 2. »De beatitudine animae«; 3. »De poenitentia«; 4. »In luctaminibus huius saeculi«; 5. »De die iudicii«; 6. »De compunctione cordis«. Es ist das gleiche Corpus, das Vinzenz v. Beauvais in seinem »Speculum historiale« erwähnt. In den »Dicta Ephraemi« verselbständigen sich diese Titel zum Teil mit veränderten Überschriften, so daß das Thema der Endzeit und des Jüngsten Gerichts sich unaufhörlich tradiert. Diese lat. eschatolog. Ephraem-Überlieferung könnte, unabhängig davon, ob sie im einzelnen echt ist oder nicht, in Verbindung mit den syr. eschatolog. Ephraem-Sermones die Grundlage für die formale und inhaltl. Gestaltung des →Muspilli geboten haben (SCHMIDT, 1983). – Andere Texte lassen sich als »Monastica« zusammenfassen, andere sind christologischen Inhalts. Einige wenige Hss. nennen die »Vita S. Ephraemi« und sein Testamentum. Zur indirekten lat. Ephraem-Tradition gehört die »Vita Abrahae Eremitae« in Verbindung mit der »Vita« seiner Nichte Maria, die gemeinsam oder getrennt überliefert werden, ein Vorgang, den bereits die syr. Tradition kennt. Diese lat. Tradierung ist insofern bedeutungsvoll, als sie die Grundlage bietet für das Drama »Abraham« der Hrotsvith v. Gandersheim (SCHMIDT, 1968). Über die lat. Version gelangte dieser, bereits sehr früh, von Hrotsvith gestaltete lat. Text als mhd. Versbearbeitung in den Text des »Väterbuches«, v. 30675–33354 (ed. K. REISSENBERGER, 1914); neuerdings wurden hiervon zwei mhd. Prosafassungen bekannt, die eine nach St. N. Werbow, Berlin Mgq 17, B,4a–21a, die andere von der Verfasserin entdeckt, Basel B IX 20, 14 Jh., f. 154rb–171va nebst Inkunabeln. Mit diesen Textzeugen läßt sich in lückenloser Weise die Wirkung der syr. Quelle über das Lat. bis in das Mhd. hinein verfolgen [von Verfasserin in Vorber.]. Von dem oben gen. eschatolog. lat. Corpus gibt es eine mnd. Übersetzung v. J. 1479 und mndl. Übers. (H. BECKERS). M. Schmidt

Ed.: Syr. Werke, Hymnen und Sermones, ed. E. BECK, CSCO, 1955–79 – Exeget. Werke: CSCO syr. 72, 1955, vol. 152, ed. R. M. TONNEAU; armen. 137, 1953, vol. 145, ed. L. LELOIR (Diatessaron) und Version syr., ed 1963 – Prosaschriften: S. Ephraim's Prose Refutations, 1+2, 1912/21, ed. C. W. MITCHELL, A. A. BEVAN, F. C. BURKETT – Lit.: LThK² III, 926–929 – RAC V, 520–531 [E. BECK] – TRE IX, 755–762 [R. MURRAY] – J. ORTIZ DE URBINA, Patrologia Syriaca, 1965², 56–83 – Essai de Bibliogr. sur St. Ephrem, hg. M. P. RONCAGLIA, Parole de l'Orient 4, 1973, 343–370 – Compléments de Bibliogr. Éphrémienne, hg. S. KHALIL, S.J., ebd., 371–391 – A classified Bibliogr., hg. S. P. BROCK, ebd. 415–417 – DERS., A classified Bibliogr. 1971–1980, ebd., 10, 1981/82, 320–327 – zum »griech. E.«: DSAM IV, 800–815 [HEMMERDINGER-ILIADOU – KIRCHMEYER] (vgl. ORTIZ DE URBINA, 60) – DIP III, 1071–1073 [J. GRIBOMONT] – D. ILIADOU, Les citations évangéliques de l'Ephrem grec, Byzantina 5, 1973, 315–393 – DIES., Ephrem: version grecque, latine et slave. Addenda et corrigenda, EEBS 42, 1975/76, 320–373 – M. GEERARD, Ephraem graecus (CPG II, 1974), 366–468 – zum »E. latinus«: Verf.-Lex.² II, 360f. [H. BECKERS] – G. G. MEERSSEMANN, Eine Lob- und Grußrede Ephräms d. Syrers, Spicilegium Friburgense 3, 1960, 257–262 – M. SCHMIDT, Oriental. Einfluß auf die dt. Lit. Quellengesch. Stud. zum 'Abraham' der Hrotsvita v. Gandersheim, Colloquia Germanica 2, 1968, 152–187 – DIES., Regio dissimilitudinis..., FZPhTh 15, 1968, 63–108 – DIES., Der Einfluß Ephräms auf die dt. Lit. des MA, ZfdPh 90, 1971, 1–16 – DIES., Otfrid 5, 56... Zu Otfrids Verkündigungsszene, PBB 94, 1972, 26–51 – DIES., Zum ahd. Tatian. Forschungslage, Colloquia Germanica 6, 1972, 1–16 – DIES., Influence de Saint Ephrèm sur la litt. latine et allemande de début du MA, Parole de l'Orient IV, 1972, 325–341 – T. JANSMA, Ephraem's Commentary on Exodus: some Remarks on the Syriac text and the Latin translation, JSS 17, 1972, 203–212 – P. I. FRANSEN, Les extraits d'Ephrem latin dans la compilation des XII pères de Florus de Lyon, RevBén 87, 1977, 349–371 – M. SCHMIDT, Ephraem latinus, ZDMG, Suppl. IV, 1980, 181–184 – DIES., Die Augensymbolik bei Ephräm und Parallelen in der dt. Mystik (Typus, Symbol, Allegorie bei den östl. Vätern und ihren Parallelen im MA, hg. M. SCHMIDT, 1982), 278–301 – DIES., Ird. und Himml. Gericht im ahd. Muspilli und bei Ephräm d. Syrer, OrChrAn 221, 1983, 287–297 – DIES., Das Auge als Symbol der Erleuchtung bei Ephräm und Parallelen in der Mystik des MA, Oriens Christianus 68, 1984, 27–57.

Ephraim, Verfasser einer byz. Verschronik (9588 Zwölfsilbler) von Caligula bis zum Einzug Michaels VIII. in Konstantinopel (1261). Über den Autor ist nur bekannt, daß er Ende 13./Anfang 14. Jh. lebte, vielleicht im thrak. Ainos. Sein Name allein läßt noch keinen Schluß auf den geistl. Stand zu. Da der einzigen Hs. (Vat. gr. 1003) am Anfang ein oder zwei Blatt fehlen, bleiben Titel und Beginn der Darstellung (Augustus ?) ungewiß. E. stützt sich ganz auf bekannte Quellen und weist keine ernstzunehmenden hist. Sonderinformationen auf, obwohl erst nach einer krit. Neuedition hierzu das letzte Wort gesagt werden kann. P. Schreiner

Ed.: I. BEKKER (CSHB), 1840 – MPG 143, 12–380 – O. LAMPSIDES, 1985 Lit.: HUNGER, Profane Lit. I, 478–480 – O. LAMPSIDES, Klassizismus und volkstüml. Tendenzen in der Chronographie des E., Byzantina 9, 1977, 115–121.

Ephraimos, Patriarch v. Antiochia, † 545. Als ehemaliger Comes Orientis 526/527 zum Patriarchen gewählt, ging E. v. Amid scharf gegen die →Monophysiten und ihren Führer Severos vor; E. ersuchte sogar Papst Agapet um Intervention. Auf der Menas-Synode (536) wurde der Severianismus tatsächl. verurteilt. Aus der lit. Arbeit des E. haben sich dank der Sammlertätigkeit des Photios u. a. Fragmente aus einer Verteidigung des 2. Briefes →Kyrills v. Alexandria an Sukkensos sowie einer Apologie des Konzils v. →Chalkedon erhalten. In seiner Christologie versuchte er die sachl. Konvergenz des Tomus Leonis mit den Formeln Kyrills zu erweisen; insofern erscheint er als charakterist. Vertreter des Neuchalkedonismus. Nach einer Reise nach Kl. Palästinas ließ er auf Synoden den Origenismus verurteilen. Der Verdammung der Drei Kapitel (→Dreikapitelstreit) durch Justinian I. schloß E. sich jedoch nur unter Zwang an. P. Stockmeier

Q.: Frgm. MPG 89, 1185–1188 – MANSI XI, 433–436 – Photios, Bibl. 222 (MPG 103, 957–1024) – Lit.: J. LEBON, Ephrem d'Amid, patriarche d'Antioche (526–544), Mél. de phil. et d'hist. I, 1914, 197–214 – G. DOWNEY, Ephraemius, Patriarch of Antioch, Church History 7, 1938, 364–370 – CH. MOELLER, Le chalcédonisme en Orient de 451 à la fin du

VIe s., Chalkedon I, 637-720, 680ff. – S. Helmer, Der Neuchalkedonismus. Gesch., Berechtigung und Bedeutung eines dogmengesch. Begriffes, 1962, 185ff.

Epidaurum (Ἐπίδαυρος; lat.-roman. Civitas vetus, Citade vecchia, daraus slav. Cavtat), Stadt in →Dalmatien, in der Landschaft Konavli, südöstl. v. Dubrovnik. Die Ruinen des antiken E. liegen im Gebiet der heut. Stadt Cavtat. Der antike Stadtname weist auf griech. Ursprung der Siedlung hin. Als wichtigster Ort zw. der Bucht von →Kotor und der Neretva hatte E. im röm. Reich den Status einer Colonia. Am Anfang des 7. Jh. wurde es von →Slaven und →Avaren zerstört. Der Überlieferung zufolge gründeten die aus E. entflohenen Einwohner Ragusium-Dubrovnik (→Ragusa). In ma. Quellen erscheint der Ort auch als *Ragusa vecchia*. Seit dem FrühMA. zur *djedina* (Erbland) von Dubrovnik gehörig, gelangte Cavtat 1319 an den serb. Staat der →Nemanjiden (→Serbien), die die Stadt mit Konavli 1377 an den Ban v. →Bosnien, →Tvrtko, verloren. Dubrovnik kaufte Cavtat 1426 dem bosn. Magnaten Radoslav Pavlović ab. Die Stadt blieb bei Dubrovnik bis zum Ende der Republik (1808).

R. Mihaljčić

Q.: Lj. Stojanović, Stare srpske povelje i pisma, I-1, 1929, 123–126 – Vizantijski izvori za istoriju naroda Jugoslavije II, 1959 – *Lit.:* Kl. Pauly II, 305f. – RE VI, 51–63 – C. Jireček, Die Romanen in den Städten Dalmatiens während des MA, DAW, Phil.-hist. Cl., B. XLVIII, XLIX, 1901, 1903, 1904 – F. W. Carter, Dubrovnik (Ragusa). A Classic City-state, 1972 – J. Lučić, Povijest Dubrovnika od VII. st. do 1205, 1973 – V. Foretić, Povijest Dubrovnika do 1808, g. I, 1980 – P. Živković, Tvrtko II Tvrtković, 1981.

Epidemien
I. Medizinisch – II. Sozial- und wirtschaftsgeschichtlich.

I. Medizinisch: [1] *Allgemeines, Terminologie:* Seit dem 5. Jh. v. Chr. in seiner jetzigen Bedeutung belegt, bezeichnet E. ein Seuchengeschehen, das durch das plötzl. Erkranken zahlreicher Menschen an einem schweren Leiden definiert ist. Gleichbedeutend mit dem entlehnten *epidemia* benutzte die mlat. Fachsprache die Termini *pestis, lues* und *pestilentia* (landessprachige Bezeichnungen: frz. *pestilence* und *epydemie*; mnl. *plaghe*; me. *plague*; mhd. *gemeiner sterb, gemeiner louf* u. a., wobei *plaghe* und *plague* vom theol. verwendeten *plaga* abgeleitet sind). Die Bezeichnungen der einzelnen E.n zeigen teilweise gigant. Synonymenhäufung, die in der Regel auf die Symptomatik, Morbidität sowie den sozialen und Rechtsstatus des Kranken, gelegentl. aber auch auf die Ausbreitung zielt und das epidemiolog. Geschehen mit geograph. Akzentuierung nachzeichnet.

[2] *Seuchengeschehen:* Im Vordergrund ma. Epidemiologie standen bakterielle bzw. virale Infektionskrankheiten, die als Kontaktepidemien tardiven Verlauf zeigten, im Fall von →Pest, Englischem Schweiß und Frambösie/Syphilis (→Geschlechtskrankheiten) pandem. Ausmaße annahmen, während die seit dem 4. Jh. sich ausbreitende Lepra-E. allmähl. zur endem. Durchseuchung Europas mit →Aussatz führte. – Als E. gedeutet wurde auch das Antoniusfeuer (»ignis sacer«, Ergotismus gangraenosus), obwohl es sich bei dieser verstümmelnden Erkrankung um eine Pilzvergiftung (Claviceps purpurea [Secale cornutum, Mutterkorn]) handelte, die – durch Roggenbrot verbreitet – das Bild einer Explosivepidemie lediglich vortäuschte (→Antoniusorden).

Die einzelnen Seuchen zeigten unterschiedl. Übertragungsmechanismen, die teilweise durch (Direkt-)Kontakt (Frambösie/Syphilis), teilweise durch Tröpfchen-Infektion (Lungenpest, Engl. Schweiß) oder auch durch tier. Zwischenträger (Beulenpest) in heterogener Infektkette zur Ausbreitung führten.

[3] *Nosologisch-ätiologische Deutungen:* Die Beobachtung des Seuchengeschehens verrät seit dem HochMA hohe Genauigkeit, die beim Aussatz zu sicherer Diagnostik, bei der Frambösie zur Feststellung von Virulenzänderungen und bei der Pest zum Unterscheiden dreier Verlaufsformen führte sowie obendrein Hinweise aufs Rattensterben gab (Johann v. Sachsen). Wenn die Schulmedizin demgegenüber mit Schwierigkeiten zu kämpfen hatte und nur schwer zum theoret. Abdecken des Seuchengeschehens fand, so liegt dies daran, daß ihr herrschendes System – die antik vorgeprägte →Humoralpathologie – für die Deutung epidem. Erkrankungen nur wenig Raum ließ (Toxizitätsprinzip; Brunnenvergiftung). So wurde der Aussatz als Säfteverderbnis gedeutet, durch Versengung einer der vier Leibesfeuchten erklärt und entsprechend in das Schema von vier Verlaufsvarianten gepreßt, die allenfalls eine Ansteckung durch Sexualkontakt zuließen, wobei die Übertragung immer von der Frau und nicht vom Manne ausgehen sollte. Und so gelang es bei der Pestpandemie von 1347/51 nur über die astromedizinisch begründete Pesthauch-Theorie (→Gentile da Foligno), ein Modell zu finden, das in befriedigender Weise das Massensterben des Schwarzen Todes abdeckte: diese Theorie erfreute sich derartiger Beliebtheit, daß sie seit den 1490er Jahren auch auf die Frambösie/Syphilis übertragen wurde und wenig später die Grundlage abgab für den ontologischen Krankheitsbegriff bei Paracelsus. – Durch das Seuchengeschehen wiederbelebt wurde das gleichfalls auf ontolog. Krankheitsdeutung zielende Konzept von den *semina morborum*.

[4] *Therapie:* Zu Beginn pandem. Krankheitswellen zeigt sich die ma. Heilkunde ebenso hilflos wie unvorbereitet. Die auf das Toxizitätsprinzip bauende Pesthauch-Theorie legte den Einsatz des →Theriaks nahe, der ebenso wie die andern empfohlenen Antidote kläglich versagte. Mißerfolg war auch den chirurgischen Maßnahmen beschieden, die sich um die Exzision bzw. Eröffnung von Bubonen, Lepromen etc. bemühten. Bes. häufig wurde Blut entzogen, wobei dem Naßschröpfen über den Bubonen-Paketen durchaus therapeut. Bedeutung in der Pestbehandlung zukam (Frau von Plauen). Der →Aderlaß wurde in der Pesttherapie auf die drei Hauptstellen, an denen Bubonen auftraten (submandibular, axial, inguinal) ausgerichtet (→Gallus v. Prag) und durch Jakob →Engelin theoretisch untermauert. – Empir. Heilverfahren bewährten sich am besten: Das gilt für die Quecksilber- und Hyperthermie-Behandlung der Lues sowie für das strenge Ruhegebot bei der Mening(oenzephal)itis des Engl. Schweißes.

[5] *Präventivmaßnahmen und Prophylaxe:* Aus der Auffassung heraus, daß »bono regimine viventes« weniger seuchengefährdet seien als diejenigen, die »niht rates leben«, versuchte die ma. Medizin die Widerstandskraft der Menschen nach den →sex res non naturales zu stärken, wobei die diätet. Vorschriften bes. auf Ernährung und Umwelt abzielten. Unter dem Einfluß der Pesthauchtheorie strebte die Seuchenbekämpfung sowohl luftverbessernde wie -abschirmende Maßnahmen an, aus denen sich die Räucherungen entwickelten, zugleich aber auch die Gasmaske entstand.

[6] *Fachschrifttum:* Sämtliche ma. Seuchen haben zur Ausbildung umfangreichen Schrifttums geführt, das beim Aussatz stark fiktional durchsetzt, bei Pest, Lues und Engl. Schweiß vorwiegend fachlit. ausgebildet ist. Gattungsmäßig überwiegt in der epidemiolog. Fachprosa der Kurztraktat; umfangreichere lit. Formen wie beispielsweise Summen lassen sich demgegenüber nur vereinzelt

nachweisen (»Pariser Pestgutachten«). Als Verfasser zeichnen gelegentl. Körperschaften – etwa die Pariser med. Fakultät –, und keineswegs handelt es sich bei den Autoren nur um Ärzte. Als Zielgruppe sind vielfach Laien angesprochen, und zahlreiche Kurztraktate begegnen aufgrund ihrer wissensvermittelnden Funktion in Massenüberlieferung (»Sinn der höchsten Meister von Paris«; »Brief an die Frau von Plauen«). G. Keil

II. SOZIAL- UND WIRTSCHAFTSGESCHICHTLICH: [1] *Allgemeines:* Die Wirkungen, die von epidem. Krankheiten im MA ausgingen, waren vielfältig. Gleichwohl bleibt es schwierig, häufig sogar unmöglich, einigermaßen zuverlässig die demograph., wirtschaftl., rechtl., polit., sozialen oder auch die kulturellen Folgen der in unterschiedl. Weise im MA im Abendland präsenten epidem. und endem. Krankheiten auszumachen. Detaillierte Aussagen sind nur für einige epidem. Krankheiten möglich, deren Spezifika diagnostiziert und denen von den Zeitgenossen bes. Aufmerksamkeit gewidmet wurde (v. a. Lepra, Malaria und Antoniusfeuer; ab der 2. Hälfte des 15. Jh. auch: Engl. Schweiß und Syphilis). Obwohl auch Typhus-, Ruhr- oder Pockenepidemien im MA die Bevölkerung dezimierten, sind ihre Auswirkungen noch schwerer zu greifen, da sie zusammen mit vielen anderen fiebrigen Infektionskrankheiten in den Quellen zumeist nur unspezif. beschrieben werden. Eine bes. Rolle kommt der →Pest zu. Während die erste Pestwelle (6.–8. Jh.) im wesentl. auf den Mittelmeerraum beschränkt blieb, führte die mit dem Schwarzen Tod (1347–53) einsetzende Serie von Pestepidemien über 4 Jahrhunderte zu schweren Bevölkerungsverlusten in ganz Europa.

[2] *Demographische Auswirkungen:* Für die ma. →Bevölkerung in Stadt und Land waren epidem. Krankheiten die häufigste Todesursache. V. a. seit der 2. Hälfte des 14. Jh. wurde die Bevölkerungsentwicklung nachhaltig durch die Pest beeinflußt. Dem Schwarzen Tod fiel annähernd ein Drittel der europ. Bevölkerung zum Opfer. Ein starker Bevölkerungsrückgang, der in der 1. Hälfte des 15. Jh. einen Tiefpunkt erreichte, war in weiten Teilen Europas die unmittelbare Folge der in unregelmäßigen Abständen erneut ausbrechenden Pestepidemien. Daß dabei z. T. überdurchschnittlich viele Kinder und Jugendliche, die nach einer E. geboren waren, der nächsten zum Opfer fielen und somit die noch nicht ins prokreationsfähige Alter gekommene Bevölkerung stark dezimiert wurde, potenzierte die negativen Auswirkungen der Pest auf die Bevölkerungsentwicklung. Eine Reaktion auf das Massensterben waren Anstieg von Heiraten und Wiederheiraten. Die Stadt war in Zeiten einer durch E.n bedingten stark angestiegenen Mortalität noch stärker auf Zuzug aus dem Land angewiesen, weshalb mit steuerl. Anreizen und anderen Vergünstigungen um Neubürger geworben wurde. Vom unmittelbaren Erfolg solcher Bemühungen zeugt der starke Neubürgerzustrom in viele Städte nach dem Schwarzen Tod. Der Wüstungsprozeß (→Wüstung) des SpätMA scheint jedoch nur in einigen entlegenen Gebieten, wie etwa den Ostalpenländern oder in Bergregionen Frankreichs, eindeutig auf pestbedingten Bevölkerungsrückgang zurückgeführt werden zu können. V. a. ungünstige Wohnverhältnisse brachten eine generell höhere Seuchensterblichkeit bei Armen und Unterschichten mit sich. Die größeren Überlebenschancen der Oberschichten in solchen Zeiten waren allerdings weniger auf eine bessere med. Versorgung zurückzuführen, als auf die Möglichkeiten, sich kurzfristig aus den verseuchten Gebieten in Sicherheit zu bringen. Die Zahl der ma. Leprösen oder der am Ergotismus Dahinsiechenden ist auch nicht annähernd zu bestimmen. Der Antoniterorden selbst unterhielt im 15. Jh. mindestens 370 Hospitäler, wo mindestens je fünf Kranke Aufnahme fanden. In der malariaverseuchten röm. Campagna oder in anderen Teilen Italiens erlitten nicht wenige Heere dt. Kg.e und Ks. vernichtende Verluste durch Malariaepidemien (z. B. 1167→Friedrich I. in Rom).

[3] *Folgen für die Wirtschaft:* Die Bevölkerungsverluste durch den Schwarzen Tod führten zu einem als gravierend empfundenen Mangel an Arbeitskräften in der Stadt und auf dem Land. Mit rigiden Arbeitsgesetzen, Arbeitszwang und Lohnfestschreibungen versuchten die Obrigkeiten die schlimmsten Folgen der Bevölkerungsentwicklung für den Arbeitsmarkt abzumildern. Ein Rückgang seigneurialer Einkünfte, die z. T. auch zur Verarmung des Adels führte, war eine weitere Konsequenz. Die Entvölkerung des Landes infolge der Pest war eines der Momente, das in England den Ausbau von →*enclosures* begünstigte. Einschneidend für die städt. Wirtschaft konnte auch eine seuchenbedingte Unterbrechung der Handelsbeziehungen sein, weshalb wirtschaftl. Erwägungen nicht selten in Konflikt mit sinnvollen Schutzmaßnahmen zur Abwehr von Seuchen geraten konnten. Wie Lepröse ihre Krankheit vor der Öffentlichkeit zu verbergen suchten, um dem drohenden Ausschluß aus der Gesellschaft und der Vernichtung auch ihrer wirtschaftl. Existenz zu entgehen, so versuchten auch Gemeinden in Pestgebieten durch Verschweigen sich den Sanktionen zu entziehen, so z. B. 1427 in der Gegend von Apt in Südfrankreich, ebenso bei der Schweißepidemie von 1529; 1506 verbot der Nürnberger Stadtrat während einer Epizootie den Verkauf von verseuchtem Schweinefleisch zwar innerhalb der Stadt, gestattete ihn aber nach auswärts. Seuchenbedingte Fürsorgemaßnahmen, Krankenunterstützungen oder regelmäßige Leprösenspeisungen belasteten die städt. Kassen ab dem 15. Jh.

[4] *Obrigkeitliche Absonderungs- und Ausschlußmaßnahmen:* Die im Früh- und HochMA praktizierten Absonderungs- und Ausschlußmaßnahmen gegenüber den Aussätzigen dürften nicht ohne Einfluß auf die obrigkeitl. Anordnungen zur spätma. Seuchenbekämpfung gewesen sein. Umfängl. Gesundheitsreglements wurden schon in der Zeit des Schwarzen Todes v. a. in oberit. Städten erlassen, wo Isolierungsmaßnahmen Kranker und ihres verseuchten mobilen und immobilen Besitzes zusammen mit weitreichenden Kontrollen des Personen- und Warenverkehrs eine weitere Ausbreitung der Krankheit verhindern sollten. Erste Quarantänestationen (Ragusa [Dubrovnik] 1377; Marseille 1383) bleiben im MA vereinzelt. Spezielle Pesthäuser außerhalb der Stadtmauern zur Aufnahme städt. Seuchenkranker, wozu nicht selten auch Leprosorien umfunktioniert wurden, finden ab der 2. Hälfte des 15. Jh. stärkere Verbreitung. Die Vertreibung von Seuchenopfern aus der Stadt war gängig und wurde v. a. gegenüber Armen, Fremden und Angehörigen von Unterschichten angewandt. Seit dem Ende des 15. Jh. zählten hierzu auch die Syphilitiker, sofern ihnen nicht das Pesthaus als Aufenthaltsort zugewiesen wurde (z. B. Frankfurt 1496). Die Einführung von Meldepflicht für Seuchenkranke gehörte ab dem 15. Jh. zu dem dichter werdenden Netz von Kontrollen zur Seuchenabwehr, in das ab Ende des 15. Jh. auch Gesundheitspässe Eingang finden. Seuchen waren auch Anlaß zur Intensivierung von Zwangsmaßnahmen städt. Obrigkeiten zur Verbesserung der öffentl. Hygiene in Form geregelter Abfallbeseitigung oder zur besseren Wasserversorgung bzw. Reinhaltung des Wassers. Hierzu gehörten auch die Schließun-

gen der Badehäuser durch den Rat bei Syphilisnachweis oder -verdacht.

[5] *Kulturgeschichtliche Folgen:* Seuchen und Seuchenkranke haben in sehr unterschiedlicher Weise Haß und Zuwendung von seiten der Bevölkerung hervorgerufen. 1321 wurden die Leprösen in Frankreich wegen angeblicher →Brunnenvergiftung Opfer von Massenverfolgungen. Der Schwarze Tod wiederum war Anlaß für die heftigsten Pogrome in der Geschichte des Judentums im MA (→Judenfeindschaft). Die Androhung der kgl. Ordonnanz von 1493, alle Syphilitiker, die noch in Paris angetroffen würden, in der Seine zu ertränken, ist ebenfalls in diesem Zusammenhang bedeutsam. Von der Obrigkeit gefördert und von der Bevölkerung weitgehend akzeptiert, war der Versuch, durch öffentl. Buße den als Strafe Gottes interpretierten Seuchen zu entgehen. Bes. die Pestepidemien, aber auch der Engl. Schweiß (1529) standen am Anfang solcher bisweilen über Jahrhunderte beibehaltenen Buß- und Bittprozessionen. Dies ging einher mit dem Kult spezieller Heiliger, z. T. auch neuer Heiliger (z. B. →Rochus; →Nothelfer). Die Gebote christl. Nächstenliebe führten auch zur Gründung spezieller →Bruderschaften oder Orden, die sich die Betreuung bestimmter Seuchenkranker oder die Bestattung von Seuchentoten zur besonderen Aufgabe gemacht hatten (z. B. Antoniter [→ Antoniusorden], →Alexianer). N. Bulst

Lit.:→Antoniusorden,→Aussatz,→Geschlechtskrankheiten,→Pest - *zu [I]:* V. H. BAUER, Das Antonius-Feuer in Kunst und Med. (SAH., math.-naturwiss. Kl., Suppl.), 1974 – G. KEIL – W. F. DAEMS, Paracelsus und die »Franzosen«, I: Pathologie und nosolog. Konzept, Nova Acta Paracelsica 9, 1977, 99–151 – V. NUTTON, The seeds of disease: an explanation of contagion and infection from the Greeks to the Renaissance, Med. Hist. 27, 1983, 1–34 – G. KEIL, Der Aussatz im MA (Aussatz, Lepra, Hansen-Krankheit, hg. CH. HABRICH–J. H. WOLF, II, 1986) – DERS., Seuchenzüge des MA (Mensch und Umwelt im MA, hg. B. HERRMANN, 1985), 109–128 – *zu [II]:* K. SUDHOFF, Anfänge der Syphilisbeobachtung und Syphilisprophylaxe zu Frankfurt a. M., 1496–1501, Dermatolog. Zs. 20, 1913, 95–116 – A. CELLI, Die Malaria in ihrer Bedeutung für die Gesch. Roms und der röm. Campagna, hg. A. CELLI-FRAENTZEL, 1929 – E. PÜSCHEL, Der engl. Schweiß des Jahres 1529 in Dtl., SudArch 42, 1958, 161–183 – J. N. BIRABEN, Les pauvres et la peste (M. MOLLAT, Études sur l'hist. de la pauvreté II, 1974), 505–518 – R. S. GOTTFRIED, Epidemic Disease in Fifteenth-Century England: The Medical Response and the Demographic Consequences [Diss. masch. Michigan 1975] – J. N. BIRABEN, Les hommes et la peste en France et dans les pays européens et méditerranéens, 2 Bde, 1975–76–J. HATCHER, Plague, Population and the English Economy 1348–1530, 1977 – N. BULST, Der Schwarze Tod, Saeculum 30, 1979, 45–67 – L. J. BRUCE-CHWATT – J. DE ZULUETA, The Rise and Fall of Malaria in Europe, 1980 – M. D. GRMEK, Le concept d'infection dans l'Antiquité et au m.-â., Rad 384, 1980, 9–55 – M. BERTHE, Famines et épidémies dans les campagnes navarraises à la fin du m.-â., 2 Bde, 1984 – J. RUFFIÉ – J. C. SOURNIA, Les épidémies dans l'hist. de l'homme, 1984 – N. BULST, Vier Jahrhunderte Pest in niedersächs. Städten (Stadt im Wandel, Ausst.-Kat. IV, 1985), 251–270 – A. MISCHLEWSKI, Die Frau im Alltag des Spitals, aufgezeigt am Beispiel des Antoniterordens (Veröff. des Inst. für ma. Realienkunde Österreichs 8, 1986).

Epifanij Premudryj, bedeutender russ. Schriftsteller und Hagiograph, * 2. Hälfte des 14. Jh., † ca. 1420. Nach einigen monast. Jahren in Rostov trat E. um 1378 in das 1337 durch den hl. →Sergej v. Radonež gegr. Dreifaltigkeits-Kloster ein. Er reiste nach den hl. Stätten des Athos, Konstantinopel und Jerusalem und verfaßte darüber einen Reisebericht (»Skazanie«). Infolge des »Zweiten südslav. Einflusses« in Rußland entfaltete er das Stilmittel der »Wortverflechtung« (»pletenie sloves«). Kurz nach dem in Moskau erfolgten Tod Bf. →Stefans v. Perm', des Apostels der finno-ugrischen Syrjänen bzw. Komi und Einführers der Volkssprache in die Liturgie, der ebenfalls im Rostover Kl. gelebt hatte, verfaßte er dessen Vita und später ein Klagelied auf die Permer Kirche (»Sětovanie cerkvi permskoj«). – 1417–18 verfaßte E. eine Vita des Hl. Sergej v. Radonež († 1392), die in der kurzen Redaktion Eingang in die russ. Chronistik fand und von seinem Zeitgenossen Pachomij Serb (Logofet) nach 1422 neu redigiert, im Hauptteil verkürzt und mit der Beschreibung der Wunder ergänzt wurde. Seit der ersten Ausgabe (Moskau 1647) wird die inzwischen verlorene Vita des E. in der Redaktion des Pachomij wiedergegeben. Noch vor der Auffindung der Reliquien 1422 entstand ein Preislied auf Sergej (»Pochval'noe slovo Sergiju«), das E. zugeschrieben wird und bereits in Hss. des 15.–16. Jh. erhalten ist. Einen Einblick in die Beziehungen zum zeitgenöss. Freskenmaler→Feofan Grek vermittelt der nach 1413 entstandene Brief des E. an Kirill von Tver'. E. erweist sich in seinen hagiograph. Werken eher als Prediger denn als Biograph. Wie Stefan von Perm' konnte sich E. mit der griech. Kultur im Rostover Kl. des hl. Gregorios vertraut machen. Ch. Hannick

Ed. und Übers.: Skazanie Epifanija mnicha o puti k Ierusalimu, 1415–1417 gg., ed. ARCHIMANDRIT LEONID, Palestinskij Pravoslavnyj Sbornik 15, 1887 (frz. Übers.: B. DE KHITROWO, Itinéraires russes en Orient I, 1, 1889, 194–196) – Žitie sv. Stefana episkopa permskogo, ed. V. DRUŽININ [Nachdr. mit Einl. D. ČIŽEVSKIJ (Apophoreta slavica 2, 1959)] – L. MÜLLER, Die Legenden des Hl. Sergij v. Radonež [Nachdr. der Ausgabe von Tichonravov, Slav. Propyläen 17, 1967 (dt. Übers. W. NIGG, Mönchsväter des Ostens im frühen MA, 1964, 135–221)] – Pamjatniki literatury Drevnej Rusi XIV – seredina XV veka, 1981, 256–429, 444–447 [D. M. BULANIN] – *Lit.:* V. KLJUČEVSKIJ, Drevnerusskie žitija svjatych kak istoričeskij istočnik, 1871, 88–112 – V. P. ZUBOV, E. P. i Pachomij Serb, TODRL 11, 1953, 145–158 – A. V. SOLOV'EV, E. P. kak avtor 'Slova o žitii i prestavlenii velikogo knjazja Dmitrija Ivanoviča, carja Rus'kago', TODRL 17, 1961, 85–106 – D. S. LICHAČEV, Kul'tura Rusi vremeni Andreja Rubleva i Epifanija Premudrogo (konec XIV–načalo XV v.), 1962 – O. F. KONOVALOVA, Princip otbora faktičeskich svedenij v Žitii Stefana Permskogo, TODRL 24, 1969, 136–138 – DIES., Ob odnom tipe amplifikacii v Žitii Stefana Permskogo, TODRL 25, 1970, 73–80 – M. A. SALMINA, 'Slovo o žitii i o prestavlenii velikogo knjazja Dmitrija Ivanoviča, carja Rus'skago', TODRL 25, 1970, 81–104 – F. WIGZELL, Citaty iz knig svjaščennogo pisanija v sočinenijach Epifanija Premudrogo, TODRL 26, 1971, 232–243 – O. APPEL, Die Vita des hl. Sergij v. Radonež. Unters. zur Textgesch., 1972 – F. C. M. KITCH, The literary style of E. P. Pletenije sloves (Slavist. Beitr. 96), 1976 – M. F. ANTONOVA, Nekotorye osobennosti stilja 'Žitija Stefana Permskogo', TODRL 34, 1979, 127–133.

Epigonation → Kleidung, liturgische

Epigramm

I. Antike Vorbilder, Spätantike – II. Byzantinische Literatur – III. Mittellateinische Literatur – IV. Humanismus.

I. ANTIKE VORBILDER, SPÄTANTIKE: *Griechische Epigrammatik:* Metr. Aufschriften (ἐπιγράμματα) auf Gegenständen, Weihegaben und Grabdenkmälern, später auch als Ehreninschriften, zunächst (seit dem 8. Jh. v. Chr.) in Hexametern, erscheinen seit dem 6. Jh. v. Chr. auch in eleg. Distichen, die gattungsbestimmend werden, seltener in Jamben (stilist. Einflüsse des →Epos und der →Elegie nachweisbar). Ein fester Themen- und Formelbestand wird bis in die Spätantike tradiert und vom Christentum übernommen und umgeformt. Als Literaturgattung nimmt das E. Einflüsse der in der Gelagepoesie (Symposion) gepflegten Spruchdichtung auf. So entstehen Kurzgedichte mit neuer Thematik (Liebes- und Spottepigramme, fingierte Totenklage, auch auf Tiere, →Ekphraseis, Priapea u. a.) und zum Teil lyr. Charakters. In hellenist. Zeit bemächtigte sich auch die Rhetorik des E. s, die Pointe wird gesucht. Pallađas führt die Gattung zu einem neuen Höhepunkt, während Agathias und sein Kreis traditionelle Themen in gesuchter Diktion variieren (→Anthologie).

Lateinische Epigrammatik: Das lat. lit. E. knüpft an hellenist. Vorbilder an (Ennius, Catull, Priapea) und erreicht in den pointierten Meisterwerken des Martial seine klass. Vollendung. Soweit nicht durch Martial beeinflußt, sucht die spätlat. Epigrammatik (→Ausonius, →Epigrammata Bobiensia, →Ennodius) wieder den Anschluß an griech. Vorbilder und erlebt im 6. Jh. in Nordafrika eine letzte Blüte (→Anthologie). Inschriftl. lat. E.e als Grab- und Weihinschriften haben in den Elogien (z. B. Scipionenelogien) der röm. Republik eine eigenständige Wurzel, werden aber dann zunehmend ebenfalls von griech. Formen und Inhalten beeinflußt. Christl. E.e sind zunächst Grabinschriften, bes. auch für Märtyrer (→Damasus) oder Aufschriften auf Bauwerken. Zum lit. christl. E. vgl. →Ennodius, →Helpidius, →Prosper Tiro, →Prudentius, →Venantius Fortunatus. J. Gruber

II. Byzantinische Literatur: In der Lit., aber auch im tägl. Leben der Byzantiner nimmt das E. breiten Raum ein. Neben die Sammlung alten Gutes (→Anthologie) tritt eine reiche eigene Produktion. Byz. Dichter beherrschen in hohem Maße die alte epigrammat. Kunst, in wenigen Versen (gelegentl. sogar in einem einzigen) einen Gedanken komprimiert und pointiert darzubieten. Nicht alle antiken Arten leben weiter: Das erot. E. fehlt nach dem 6. Jh. fast völlig; hingegen behält das Spottepigramm zu allen Zeiten seine Beliebtheit. Oft sind die Gedichte echte Gebrauchstexte; inschriftl. Verwendung ist in vielen Fällen anzunehmen, nur selten jedoch strikt zu beweisen. Weit verbreitet sind Grabepigramme sowie Stücke religiösen Charakters wie Votivgedichte für liturg. Objekte, Ikonen, Kirchen usw. oder Gedichte auf Hl.e, manchmal zusammengefaßt zu ganzen metr. Heiligenkalendern. Religiosität und verstärktes Repräsentationsbedürfnis manifestieren sich in den metr. Siegellegenden, die v. a. ab dem 11. Jh. (vereinzelt auch schon früher) auftauchen. Äußerst illustrativ für die Sphäre des Zirkus sind die um 500 entstandenen und teilweise auch inschriftl. erhaltenen E.e auf den Wagenlenker Porphyrios.

Das Metrum des byz. E.s ist zunächst der Hexameter, später hauptsächl. der aus dem iamb. Trimeter hervorgegangene byz. Zwölfsilber. Gern werden auch mehrere Gedichte auf einen und denselben Anlaß (z. B. ein heroisches und ein iamb. Tetrastichon) aneinandergereiht.

Werke der frühbyz. Autoren wie →Gregor v. Nazianz, →Paulos Silentiarios und →Agathias sowie viele anonyme Stücke des 4.–9. Jh. haben Eingang in die →Anthologie gefunden. Um 800 Aufleben der Epigrammatik mit deutl. kirchenpolit. Akzenten, einerseits in der Spätphase des →Bilderstreites (Iamben an der Chalke, Graptoi), andererseits im Dienste monast. Erneuerung (→Theodoros Studites). Bedeutende Autoren sind u. a. im 10. Jh. Johannes →Geometres, im 11. Jh. Johannes →Mauropus und →Christophoros v. Mitylene, im 12. Jh. Nikolaos →Kallikles und Theodoros →Prodromos (aus dieser Zeit auch viel anonymes Gut von hohem kulturhist. Ertrag) sowie →Eugenios v. Palermo, im 13. Jh. die italobyz. Dichter und im 14. Jh. →Manuel Philes. W. Hörandner

III. Mittellateinische Literatur: Die bedeutende Rolle, die das E. als verbreitete Übung der Gebildeten in der Antike spielte, kommt im MA nur noch einem Teil der Gattung zu, dem →Titulus. Dieser hatte ihr von ihrem Ursprung her stets angehört, selbst in der extremen Ausprägung des Martialschen E.s. Das beschreibende, betrachtende, satir. E., das oft vom Titulus schwer zu scheiden ist, fehlt darum nicht ganz. Im früheren MA zeigt es starke Beziehungen zum →Rätsel; in der Blütezeit um das 12. Jh. ist es einigermaßen häufig anzutreffen. Meist erscheint es nicht so sehr auf eine witzig enthüllende Pointe hin angelegt, vielmehr so, wie man Martial auch gerne verstand: belehrend, moralisierend, ohne Grenze zum Proverbium (→Sprichwort).

Beispiele: →Paulus Diaconus zeigt (carm. 13, Neff), daß er das E. Anthologia latina 709 kannte und zumindest um seinen griech. Ursprung wußte. →Johannes Scottus verwendet ein Distichon des →Ausonius in einem bissigen Grabepigramm auf den noch lebenden Hincmar (MGH PP 3, 553). In ihrer Mischung ist die kleine Folge von E.n des →Walahfrid Strabo (carm. 47) beachtlich, auch einiges unter den →Carmina Centulensia. Im 11. Jh. verfaßte →Petrus Damiani eigenwillige E.e. Witz, Sprachkunst und die gewohnten Gegenstände des →Hugo Primas finden auch in seinen E.n Ausdruck, von denen zumindest eines (CB 194, I) im MA weiten Anklang fand. Unter den Werken des →Balderich v. Bourgueil, →Hildebert v. Lavardin, →Marbod v. Rennes und anderer sowie in vielen anonymen Einzelstücken findet sich Epigrammatisches. Martial, der nicht wenigen Autoren bekannt war, wenn auch z. T. nur aus zweiter Hand, wirkt deutlich auf →Heinrich v. Huntingdon, der auch um die charakterist. Vielfalt einer Epigrammsammlung wußte. In →Godefrid v. Winchester fand der antike Epigrammatiker einen Nachahmer, der nicht ohne Erfolg die Pointe suchte und dem trotz seines bescheideneren Witzes gelegentl. der Name eines 'Martialis' gewährt wurde. Bei beiden Dichtern ist die Nähe zur Satire und zum Proverbium groß. – Vgl. →Spruchdichtung, →Priameln. G. Bernt

IV. Humanismus: Eine Definition des humanist. E.s bringt gewisse Probleme mit sich. Die klass.-antike Charakteristik dieses lit. Genus, Kürze und Pointiertheit, wird im 15. Jh. in der Theorie von →Campano aufgenommen und sollte später von Scaliger eine Systematisierung erfahren; sie ist jedoch auf den größten Teil der humanist. lat. Dichtungen, die unter dem Namen laufen, nicht anzuwenden: diese Werke sind nach Metren, Inhalt und Länge verschieden und haben meist nur den Charakter der Gelegenheitsdichtung sowie eine programmat. Erklärung des Desengagements von seiten des Autors gemeinsam. Andererseits finden sich echte E.e in Gedichtsammlungen, die einen anderen Titel tragen. Das E. erscheint jedenfalls wirklichkeitsbezogener als andere lit. Genera; kennzeichnend ist die direkte Wendung an einen Adressaten (Lobpreis, Bitte um Protektion; Invektive). Die wichtigsten Vorbilder der humanist. Epigrammdichter sind Martial und die →Anthologia Graeca, die zu Beginn bzw. am Ende des Quattrocento die Vorrangstellung innehaben. Während ein – nicht immer erfolgreich – versucht, Martials »sal« und »acumen« (Witz und Pointiertheit) nachzuahmen (v. a. in Gedichten spöttisch-scherzhaften Inhalts), entstehen andererseits echte lat. Übersetzungen von Stücken aus der Anthologia; vereinzelt (→Poliziano, →Lascaris) fördert ihr Beispiel die Entstehung griech. E.e. Zu diesen Vorbildern treten Catull, Ovid, Ausonius und auch Petrarca. In anderer Hinsicht richtungsweisend ist das Einströmen volkstüml. Motive und der goliard. Tradition (→Spielmannsdichtung). Zu beachten ist auch der Einfluß der antiken Inschriften, v. a. der →Epitaphien, die man in jener Zeit entdeckte und sammelte.

Die erste Epigrammsammlung des Quattrocento ist der 1425 entstandene »Hermaphroditus« des Panormita (→Beccadelli): Das schmale Werk, in dem eine Fülle antiker Anklänge in eine im weiteren Sinne goliard. Tradition eingebunden ist, wurde selbst – nicht nur in struktureller Hinsicht – Vorbild für die späteren Epigrammdichter. Sammlungen mit dem Titel »Epigrammata« verfaßten

u. a. Naldi, Verino, Buonaccorsi, Marullo, Cantalicio, →Sannazaro, Costanzi, Codro Urceo, Dazzi. Zu Lebzeiten →Polizianos wurden seine E.e nicht veröffentlicht, obwohl er eine Publikation vielleicht vorgesehen hatte. Echte E.e finden sich unter den Gedichten des →Filelfo, →Landino, T. V. →Strozzi und→Pontano, bes. zahlreich sind die E.e des →Campano. D. Coppini

Ed.: zu [I]: F. BUECHELER–E. LOMMATZSCH, Carmina lat. epigraphica, 1895–1926 – →Anthologie – Lit.: zu [I]: Kl. Pauly II, 308–310 – LAW, 827–829 – RAC VI, 539–577 – RE VI, 71–111 – A. WIFSTRAND, Von Kallimachos zu Nonnos, 1933 – F. MUNARI, Die spätlat. Epigrammatik, Philologus 106, 1958, 127–139 – L'Epigramme grecque, Entretiens Fondation Hardt 14, 1967 – G. PFOHL, Das E., 1969 – P. CUGUSI, Carmina Latina Epigraphica e tradizione letteraria, Epigraphica 44, 1982, 65–107 – M. LAUSBERG, Das Einzeldistichon, 1982 [Lit.] – zu [II]: HUNGER, Profane Lit. II, 158–180 – A. KOMINES, Τὸ βυζ. ἱερὸν ἐπίγραμμα καὶ οἱ ἐπιγραμματοποιοί, 1966 – P. VOLPE CACCIATORE, L'epigramma come testo letterario d'uso strumentale, JÖB 32/3, 1982, 11–19 – zu [III]: G. GRÖBER, GromPhil II, I [Nachdr. o.J.], 171, 368f., 371–380 – G. BERNT, Das lat. E. im Übergang von der Spätantike zum frühen MA (Münchener Beitr. zur Mediävistik und Renaissance-Forsch. 2, 1968) – W. MAAZ, Stud. zur lat. Epigrammatik des hohen MA, 1986 [im Dr.] – zu [IV]: C. BALAVOINE, La poésie lat. de la Renaissance: éléments de bibliogr., Bull. de l'Association G. Budé, 1975, 131–145 – J. IJSEWIJN, Companion to Neo-Latin Stud., 1977 – A. PEROSA–J. SPARROW, Renaissance Lat. Verse. An Anthology, 1979.

Epigrammata Bobiensia, Sammlung von 71 Epigrammen in der Miscellanhs. Vaticanus lat. 2836 saec. XV/XVI, Kopie einer verlorenen Hs. aus →Bobbio. Unter den namentl. zugewiesenen stammen Nr. 2–9 von dem aus der Symmachus-Korrespondenz bekannten Naucellius, Nr. 65 von Anicius Probinus (cos. 395). Außerdem zeigen zahlreiche Anklänge an →Ausonius, in dessen frühe Ausgaben bereits 27 E. B. übernommen worden waren, die Verbindung mit der Lit., die in den Adelskreisen des 4. Jh. gepflegt wurde. Inhaltl. überwiegen Übers. und Imitation bekannter griech. Epigramme mit vielfältiger Thematik (Ekphrasis, Grabgedicht, erot. Epigramm, Spottgedicht, Gnome), dazu kommt eine Satire auf die Zeit Domitians (Sulpicia, Nr. 37). J. Gruber

Ed.: F. MUNARI, 1955 (Ed. pr.) – W. SPEYER, 1963 – Lit.: KL. PAULY V, 430 – LAW, 829f. – RE Suppl. IX, 8, 37–64, 411–415 – W. SPEYER, Naucellius und sein Kreis, 1959 – weitere Lit. →Anthologie, Ausonius, Epigramm.

Epigraphik → Inschriften

Epiklese (gr. ἐπίκλησις), Anrufung, Herbeirufung (der Gottheit), so schon im vor- und außerchristl. Raum, hier oft verbunden mit mag. Vorstellungen. Die Bibel, Septuaginta und AT, kennt nur das zugrundeliegende Verb, in der Regel in seiner medialen Form ἐπικαλέομαι 'anrufen zu seinen Gunsten'. Von der Bibel fanden Sache und Terminus Eingang in die Liturgie der Kirche (→Ordination, Öl- und Wasserweihe; →Weihe). Von bes. Bedeutung wurde die eucharist. E., die Bitte anfangs um die Annahme der eucharist. Gaben, dann um die Heilsfrucht aus der Teilnahme an ihnen. In einem dritten Schritt erst scheint zw. diese beiden Elemente die Bitte um die Verwandlung der Gaben eingefügt worden zu sein, so daß wir von einer Wandlungs-E. und einer Kommunion-E. sprechen können. Direkte Zeugnisse aus der frühesten Zeit können wir kaum erwarten, da noch die Spontaneität des Liturgen die Feier bestimmt. Doch finden sich Hinweise vielleicht schon in der Didache, dann bei →Justin, →Irenäus, →Origenes; die älteste Ausformung bietet Hippolyt. Anregung zu einer solchen E. bot das NT selbst (Hebr 9, 14; vielleicht auch Röm 15, 16). Nach den Zeugnissen der Väter und der liturg. Texte hat sie jedenfalls eine reiche Entwicklung erfahren. Voll entfaltet begegnet sie uns im Orient seit dem 4. Jh., jetzt schon als Geist-E., wozu die Auseinandersetzung um das trinitar. und bes. das pneumatolog. Dogma ihren Teil beigetragen haben wird. Bis dahin sind auch Hinweise auf eine Logos-E. (Serapion v. Thmuis) oder der Trinität (Kyrill, Myst. Kat. 1,7) zu finden, zudem ist in den vorhergehenden Jahrhunderten die scharfe Trennung zw. Logos und Pneuma oft nicht sicher vollziehbar (→Logos, -mystik; →Pneumatologie). Mindestens seit dem 4. Jh. hat die E. auch ihren Platz am Ende der Anamnese, also nach dem Einsetzungsbericht; so zuerst sicher im Bereich des Patriarchats Antiochia. Seine Liturgieform wurde bestimmend für Konstantinopel, das seinerseits das gesamte östl. Reichsgebiet beeinflussen mußte. Für diese Stellung wie für die endgültige Ausformung der E. mag auch die Parallele von Inkarnation und Eucharistie, wie sie in der Anaphora als ganzer aufscheint, mitbestimmend gewesen sein: Wie die Inkarnation ist auch die Eucharistie als Werk Gottes nach außen Werk der →Trinität, d. h. sie geht aus vom Vater, geschieht durch den Sohn und vollendet sich im Hl. Geist. – Die Entwicklung der E. hat sich bis ins MA fortgesetzt, wobei Ost und West je ihren eigenen Weg gingen, ohne daß sich daraus zunächst eine Kontroverse ergeben hätte. Das änderte sich mit dem 14. Jh., als Nikolaos→Kabasilas in seiner »Erklärung der Göttlichen Liturgie« (SC 4bis MPG 150, 367–492) nachdrücklich die Notwendigkeit der E. betonte, um die Wirksamkeit der Einsetzungsworte des Herrn in der Wandlung der Gaben zu vollenden. Ihm folgte →Symeon v. Thessalonike (MPG 155, 253–304) in seiner Darstellung. Auf dem Unionskonzil v. →Ferrara-Florenz bildete darum die E. eines der wichtigsten Diskussionsthemen, doch glaubte man zum Ende, darin kein unübersteigbares Hindernis der Einigung sehen zu müssen (Conc. Flor. V 441f.). In Wirklichkeit ist die Frage zw. Orthodoxie und Katholizismus bis heute nicht gänzlich bereinigt. H. M. Biedermann

Lit.: DACL V, 142–184 – DTC V, 194–300 – RAC V, 585–599 [Lit.] – ThEE V, 775–777 – M. JUGIE, De forma Eucharistiae. De Epiclesibus eucharisticis, 1943 – J. BETZ, Die Eucharistie in der Zeit der gr. Väter, 1955, 318–342 – J. A. JUNGMANN, Missarum Sollemnia, 1958[4], 238–243 – R. BORNERT, Les Comm. Byz. du VIIe au XVe s., 1966, 233–237.

Épila, Schlacht v. Bei É. (westl. von Zaragoza) errangen am 21. Juli 1348 die Parteigänger →Peters IV. v. →Aragón unter Lope de →Luna den entscheidenden Sieg über die Truppen der aragon. Adelsunion (→Nobleza), die durch den Streit um die Thronfolge von Peters Tochter Konstanze (Streitpunkt, ob direkte weibl. Thronfolge bei Fehlen von männl. Nachkommen→Contrafuero sei) wiederbelebt worden war; sie stand unter Führung des Infanten →Ferdinand v. Aragón (als Sohn der →Eleonore v. Kastilien Halbbruder Peters). Der Sieg ermöglichte es dem Kg., auf den →Cortes v. Zaragoza (Okt. 1348) das 1347 der Union gewährte große Privileg zu zerreißen, ihre Siegel und übrigen Rechtsmittel zu vernichten (Beiname Peters IV.: 'Punyalet', von seinem zur Vernichtung verwandten Dolch = katal. *punyal*) und so die Union endgültig zu zerstören. Für den Sieger von É. wurde die Gft. →Luna geschaffen. L. Vones

Lit.: E. CASTELAR, Don Pedro IV y la Unión aragonesa, 1875 – M. DUALDE, Tres episodios zaragozanos de la lucha entre »Pere del Punyalet« y la Unión aragonesa, EEMCA 2, 1946, 295–357 – J. CARRUANA, Dos relaciones inéditas sobre los sucesos de la Unión, ebd. 3, 1946–47, 484–497 – Pere III, Epistolari, ed. R. GUBERN, 1955 – R. TASIS, Les Unions de nobles i el rei del Punyalet, 1960 – L. GONZÁLEZ ANTÓN, Las Cortes de Aragón, 1978, 97–99 – R. MENÉNDEZ PIDAL, Hist. de España XIV, 1981[1].

Epilepsie. Die E. ist in der ma. Medizin ein gut bekanntes und beschriebenes Krankheitsbild, das auch ikonograph.

häufig dargestellt wurde. Die ma. Epilepsielehre steht mit ihren Grundlagen (Humoralpathologie, Pneumalehre, Hirnlokalisations- und Hirnventrikellehre) in der antiken, hippokrat.-galen. Tradition. E. wird als Gehirnkrankheit betrachtet, bei der es infolge von Stauungen der Kardinalsäfte (bes. Schleim und schwarze Galle) und entsprechenden Beeinträchtigungen der in den Hirnkammern lokalisierten psych. und sensomotor. Funktionen (»spiritus animalis«) zu Anfällen kommt, deren Beschreibung den heute bekannten klin. Bildern nahekommt. Die von Galen aufgestellten drei Typen der E. (I. primär im Gehirn entstehende »idiopathische« Form, II. von Magen bzw. Kardia oder III. von anderen Körperteilen ausgehende und das Gehirn sekundär ergreifende, »sympathische« Formen) wurden sowohl von frühma. lat. Autoren und den byz. Medizin-Enzyklopädisten des 6./7. Jh. wie auch von den arab. Autoritäten (bes. Avicenna, Haly Abbas) und in ihrem Gefolge von der lat. Scholastik übernommen. Typ I = »epilepsia« entspricht offenbar den primär generalisierten großen Anfällen, Typ II = »analepsia« den mit Vorboten in der Oberbauchgegend beginnenden und Typ III = »catalepsia« den sonstigen fokal eingeleiteten, sekundär generalisierten großen Anfällen der heutigen Klinik. Neben den Grand-mal-Anfällen mit Bewußtseinsverlust und generalisiertem Krampf beobachteten die ma. Ärzte auch kleine Anfälle, die z. T. an das heutige Petit-mal erinnern. Dies spiegelt sich auch terminolog. in der bereits von der salernitan. Medizin getroffenen Unterscheidung der »epilepsia major« von einer »epilepsia minor« wider, vielleicht auch in der Trennung einer »epilepsia vera« von einer »epilepsia non vera« (Arnald v. Villanova). Es wurden ferner in der Praxis symptomat. Anfälle als Folge von Hirntraumen und Alkoholismus erkannt und von den genuinen Anfallsleiden getrennt. Die Therapie der als ansteckend geltenden E. bestand wesentlich in diätet. Maßnahmen (Regelung der Lebensweise), verbunden mit einer polypragmat. Medikation, bei der spezif. Wirkungen kaum zu erwarten waren, und chirurg. Manipulationen wie Kauterisation und Inzision der Kopfhaut, eher selten auch Trepanation der Schädeldecke, die bei symptomat. Anfällen vorübergehende Besserung infolge Hirndruckentlastung bringen konnte. Daneben wurden auch Segnungen und Beschwörungen vorgenommen, die als Psychotherapieversuche gelten können. Zukunftsweisend war der Beginn einer institutionellen Pflege am Ende des 15. Jh. im Spital für Anfallskranke in Rufach (Elsaß), das sich aus der Wallfahrt zu St. →Valentin, einem Schutzpatron der Epileptiker, entwickelte. W. Schmitt

Lit.: K. Sudhoff, Ein spätma. Epilepsiekerheim (Isolier- und Pflegespital für Fallsüchtige) zu Rufach im Oberelsaß, SudArch 6, 1913, 449–455 – T. C. v. Storch, An essay on the hist. of epilepsy, Ann. Med. Hist., NS 2, 1930, 614–650 – W. Creutz, Die Neurologie des 1.–7. Jh. n. Chr. Eine hist.-neurolog. Studie, 1934 [Neudr. 1966] – E. P. v. Storch – T. J. C. v. Storch, Arnald of Villanova on epilepsy, Ann. Med. Hist., NS 10, 1938, 251–260 – W. G. Lennox, John of Gaddesden on epilepsy, Ann. Med. Hist., 3. Ser., 1, 1939, 283–307 – Ders., Antonius Guainerius on epilepsy, ebd. 2, 1940, 482–499 – Ders., Bernhard of Gordon on epilepsy, ebd. 3, 1941, 372–383 – O. Temkin, The Falling Sickness. A Hist. of Epilepsy from the Greeks to the Beginnings of Modern Neurology, 1971² [grundlegend] – W. Schmitt, Die E. in der Theorie der älteren Medizin, Heidelberger Jb. 18, 1974, 66–80 – F. L. Glötzner, Die Behandlung der E. n in Vergangenheit und Gegenwart, Med. Monatsschr. 30, 1976, 123–128 – LThK² III, s.v. [zur Volksfrömmigkeit].

Epilogus (ἐπίλογος: hinzugefügte Bemerkung). Die aus der Antike geläufige, *engere* rhetor.-techn. Bedeutung '(zusammenfassender und pathet. steigernder) Schlußteil der Rede' (peroratio, vgl. z. B. Sulp. Vict. p. 324 Halm) wirkt im MA in anonymen Glossen und bei →Papias (E. novissima pars controversiae) nach. Da aber die Rhet. ad Herennium, Ciceros »De inventione« – beide im MA bes. bekannt – und → Isidor sowie → Alkuin für den Redeschluß conclusio sagen, nennen auch die → Artes poeticae, dictandi und praedicandi den Schlußteil der Rede bzw. eines Werkes nicht e., sondern conclusio (oder finis: in der Tradition des aristotel. Anfang/Mitte/Ende-Schemas). – Nun lassen sich aber die Rhet. Her. 2, 30, 47 genannten e. i (auf der Basis des seit dem 9./10. Jh. verfügbaren vollen Textes der Stelle) als 'enumerierende, pathetisch amplifizierende folgernde Äußerungen (conclusiones)' verstehen, die nicht nur am Redeschluß, sondern auch im Prooemium, nach der Narratio und nach einer intensiven Argumentatio »verwendet« werden können. Einem solchen Verständnis des Rhet. Her.-Passus entsprechend begegnet e. auch im MA nicht selten, interessanterweise viel häufiger in außertechn. Literatur, in dem grundsätzl. *weiteren* Sinn einer '(summarisch) resümierenden und (erläuternd) hervorhebenden Äußerung/Erörterung', die hierin differenziert – an verschiedenen Stellen stehen kann: z. B. a) als Abschluß eines Abschnitts oder Werkes (so bezeichnet → Matthaeus v. Vendôme Ars versific. 4, 50 die der Fabel angefügte Lehre, das Epimythion, als e., wie schon im 1./2. Jh. n. Chr. Theon progymn. 3 p. 75 Spengel), b) als einleitender Passus (so gibt → Amarcius dem Einleitungssermo seines ersten Satirenbuches den Titel: E. de virtutibus etc.), c) als Überleitung (so charakterisiert → Metellus v. Tegernsee Quirin. 19 tit. seine Ode 19, die von der vorausgehenden Odengruppe ['Taten'] zur folgenden ['Wunder'] überleitet, als E. de gestis... Quirini iam descriptis et de miraculis eius adhuc describendis; vgl. → Johannes v. Garlandia, der Poetria 5 p. 100 Lawler feststellt, der color rhet. 'transitio' werde alio modo e. genannt). Zu e. in den Bedeutungsvarianten 'breve encomium' (knappe Würdigung) und 'epitaphium' (summarium der vita des Toten) vgl. Du Cange. F. Quadlbauer

Lit.: ThLL – Material des MlatWb – C. Halm, Rhetores Lat. minores, 1863 – L. Spengel, Rhet. Graeci, 1853–56 – E. Faral, Les arts poétiques etc., 1924 [Nachdr. 1962] – H. Lausberg, Hb. der lit. Rhetorik, 1973¹ – J. Martin, Antike Rhetorik, 1974.

Épinal, Stadt und ehem. Abtei in → Lothringen, an der Mosel (heute Sitz des dép. Moselle), entstanden am Ende des 10. Jh. durch den Willen des Bf.s v. → Metz, → Dietrich I., der im oberen Moseltal, gegenüber der Gft. → Burgund, mit einer Abtei zugleich auch eine Burg und einen Markt gründen wollte. Am 21. Juni 974 fand die feierl. Übertragung der Reliquien des hl. Bf.s Goëricus (Goëri) v. Metz statt, der zum Patron einer Gruppe von Klerikern, später einer Gemeinschaft von Nonnen, wurde; diese konstituierten sich um 990–1000 als Abtei; im Juni 983 bestätigte Otto II. die Einrichtung eines Marktes. Die Abtei wandelte sich rasch zu einem Stift von Säkularkanonissen. Eine eigene städt. Organisation erlangte erst seit dem 12. Jh. Bedeutung. Der Bf. v. Metz übte in É. die Stadtherrschaft aus und ließ Münzen prägen; um 1100 wurde die Burg neuerrichtet und einem Vogt unterstellt. Im 13. Jh. organisierte sich die kommunalen Institutionen unter der Führung zunächst von → Geschworenen (jurati), dann von vier gewählten Gubernatoren (»Quatre«), denen eine sich 'universitas' v. É. nennende Versammlung zur Seite stand, die auch im Stadtsiegel firmierte. Neben den »Vier« erscheinen ein prévôt und das städt. Gericht (»Justice«). Die am rechten Moselufer liegende Stadt war ein aktives Gewerbe- und Handelszentrum mit Tuchhandwerk und Transithandel zw. Freigft. Burgund und Lothringen. Die Herrschaft über die Stadt war Gegenstand zahlreicher Konflikte; auch wurden zw. dem Hzg. v. Lothringen, der die Rechte der Bürger verteidigen wollte, und dem Bf. v. Metz, der hier einen Bailli installiert hatte, mehrere Abkommen über den Besitz der Stadt geschlossen. 1444 zog Kg. Karl VII. v. Frankreich É. an die Krone; 1466 gab Ludwig XI. die Stadt an Johann, Hzg. v. Lothringen. Im Verlauf des Burgunderkriegs interessierte sich auch Karl der Kühne, Hzg. v. Burgund, für den Besitz der Stadt. Die Abtei war im SpätMA zu einem adligen Damenstift geworden, wie →Remiremont und →Poussay; die 20 verfügbaren Präbenden dienten der Versorgung der ledigggebliebenen Töchter des lothr. und freigfl.-burg. Adels. Einzigartig ist die Kirche in ihrer räuml. Aufteilung zw. den Bürgern (Mauritiusaltar) und den Stiftsdamen (Goëricusaltar). M. Parisse

Lit.: Ch. Chevreux, Les institutions communales sous les évêques de Metz (Xe s.-1444), Ann. soc. Emul. Vosges 84, 1913, 109–268 – R. Javelet, Épinal. Images de mille ans d'hist., 1972.

Epiphanie (Fest). Der Ursprung des Festes ist im O zu suchen, hier früh auch Theophanie (Θεοφάνεια) genannt, um den christl. Charakter zu betonen, gegenüber dem Brauch, die Thronbesteigung eines Imperators oder seinen Besuch in einer Stadt als ἐπιφάνεια zu bezeichnen. Die Anfänge der erstmals für das Jahr 361 bezeugten Festfeier (Ammianus Marcellinus, Rer. gest. XXI 2,5) liegen im dunkeln. Der Inhalt des Festes ist infolge der gegenseitigen Beeinflussung von O und W sowie der Unabhängigkeit der gall. und altspan. Liturgie von Rom sehr verschieden. In Ägypten sind ursprgl. Festinhalt Geburt und Taufe Jesu (Joh. Cassianus, Coll. 10,2), in Cypern Geburt, Huldigung der Magier (→Drei Könige, hl.) und Hochzeit von Kana (Epiphanius, Pan. haer. 51,16,1 u. 22,3), in Gallien der adventus Domini, d. h. die leibliche Geburt des Herrn, aber auch die Offenbarungen seiner Wesenswürde bei der Taufe im Jordan und beim Kanawunder (Hilariusfrgt. CSEL 65, 16f.). In Rom ist vor Gregor d. Gr. die Anbetung der Magier einziges Festmotiv (Leo M., Sermones 31–38). In einer wahrscheinl. sehr frühen Zeit hatte die Auseinandersetzung mit einem im Entstehungsraum der christl. Epiphaniefeier populären heidn. Fest (Geburt des Gottes Aion aus der Jungfrau Kore; Schöpfen und Aufbewahren von Nilwasser) Einfluß auf die Entwicklung. In der Fixierung des Datums, in der Heraustellung der Taufe und der Wasserweihe sind Verbindungslinien des Epiphaniefestes zu einem heidn. Kult (Dionysos-Osiris) sowie eine gewisse Umgestaltung des Festgedankens nicht zu bestreiten. Eine Veränderung des christl. Kerns ist jedoch nicht festzustellen. Eine letzte Entwicklung macht das Epiphaniefest in der Konkurrenz mit dem aus Rom stammenden Weihnachtsfest durch. Die röm. Liturgie trennte die Huldigung der Magier vom Weihnachtsfest ab und machte sie zum alleinigen Festgegenstand von E. (Dreikönigsfest). Wie die im 7. Jh. entstandene, aber auf älterer Überlieferung fußende Benedictus-Antiphon des Epiphaniefestes (Hodie caelesti sponso) zeigt, haben die Motive der Taufe Jesu und der Hochzeit von Kana früh auch in Rom Eingang gefunden. W. Dürig

Lit.: LThK^2 III, 941–944 – ThEE VI, 359–363, s. v. – TRE IX, 762–769 – B. Botte, E. Mélia u. a., Noel, Epiphanie, retour du Christ, 1967, 65–84, 139–236 – H. Auf der Maur, Feiern im Rhythmus der Zeit I (H. B. Meyer u. a., Gottesdienst der Kirche 5, 1983), 154–165.

Dreikönigsfest: Inwieweit die unterschiedl. regionalen Jahreswechselbräuche an E. jeweils schon in ma. Zeit existiert haben, wird immer hypothet. bleiben. Allgemein verbreitet waren spätestens vom 16. Jh. an in Mitteleuropa v. a. Bohnenkönig und Sternsingen, während die Haussegnungen mit »C-M-B« modernen Ursprungs sind.

Sebastian Franck belegt in seinem »Weltbuch« 1534 das Einbacken einer Münze in den Festkuchen. Der Finder mußte ein Kreuz an die Stubendecke schreiben. Festgelage mit eingebackener Bohne verbreiteten sich von England und Frankreich aus. – Das »officium stellae« wurde in ma. Kl. (St. Lamprecht 12. Jh., Limoges) durch Stern-Vorführungen sinnfällig gemacht. Davon zu unterscheiden sind die profanen Heischebräuche der »Sternsinger« (1551 als Begriff erstmals in Schlehdorf/Obb. belegt). An deren »germanische Wurzeln« glaubt heute die Forschung nicht mehr, weil aufgrund archival. Belegreihen Innovation und Diffusion als spezif. Schulmeisterbrauch für die Zeit ab ca. 1540 von Oberbayern und dem Salzburgischen aus belegt werden können. Vorformen waren im MA weihnachtl. Umsingebräuche von Klosterschülern und Chorsängern. W. Brückner

Lit.: K. Meisen, Die hl. Dreikönige und ihr Festtag im volkstüml. Glauben und Brauch, 1949 – D. R. Moser, Liedimmanenz und Brauchgesch., Veröff. und Berichte zur VK in Baden-Württemberg, 1973, 105–133 – H. Moser, Zur Gesch. des Sternsingens (Ders., Volksbräuche im gesch. Wandel, 1985), 58–97.

Epiphanios. 1. E., Bf. v. Constantia/Cypern (bis zum Erdbeben von 342 mit antikem Namen Salamis), * 310/320, † 403 (402?), als Ketzerbekämpfer zu zweifelhaftem Nachruhm gelangt, aber als Kompilator älteren Materials viel benutzt, repräsentiert er die orthodoxe Kirchlichkeit des 4. Jh. als ein Theologiepolitiker mit bizarrem Profil. In seiner Heimat Palästina wandte er sich früh der aufblühenden asket. Bewegung zu, hielt sich dann einige Zeit in ägypt. Kl. auf und gründete mit ca. 20 Jahren bei seinem Geburtsort Eleutheropolis ein Kloster. Der Ruhm seiner Askese sowie sein Eintreten für die (alt)nicän. Orthodoxie veranlaßten die Bf.e Cyperns 367 (oder 366) – wohl auch um der Gegnerschaft gegen Antiochia unter Meletius willen – ihn zum Metropoliten zu wählen. Als streitbare Kämpfernatur, einen biblizist. Traditionalismus gegen alle spekulative Theologie (v. a. den Origenismus) vertretend, griff er in die Konflikte seiner Zeit ein. Totale Fremdheit, ja Ablehnung zeigte er gegenüber der griech. Bildung, darin unterschieden vor fast allen Vätern des 4. Jh. Der theologiepolit. Absicht, eine dem Nicaenum entsprechende, altertüml.-formalist. Trinitätslehre durchzusetzen, entsprang seine lit. Aktivität: 374 verfaßte er als eine Art Laiendogmatik bzw. Kompendium zur Festigung der orthodoxen Lehre den »Ankyrotos« (Festverankerten). 374–377 schrieb er in einer Mischung aus Quellenstudium und eigener Phantasie ein Handbuch gegen die Häresien (Panarion, »Medikamentenkoffer« gegen alles Gift der ketzer. Schlangen), eine Geschichte aller Irrlehren, beginnend mit den griech. Philosophen und jüd. Sekten, wobei er bis Kap. 57 als Quelle v. a. das Syntagma des Hippolytus v. Rom benutzte: Menschl. Vernunft führt zum Irrtum; heilvolle Wahrheitserkenntnis gibt es allein in der Kirche aufgrund der Hl. Schrift und der Tradition. Erhalten sind kleinere Schriften zu bibl. Realien und zur Bilderfrage; unecht ist u. a. der unter E.' Namen überlieferte → »Physiologos«. W.-D. Hauschild

Ed.: K. Holl, Epiphanius, I–III, GCS 25, 31, 37, 1915–33 (Bd. II, 1980^2, hg. J. Dummer) – *Lit.*: DHGE XV, 617–631 – RAC V, 909–927 [Lit.] – Altaner-Stuiber 1980^8, 315–318, 614f. [Lit.] – R. A. Lipsius, Zur Quellenkritik der E., 1865 – K. Holl, Die Schriften des Epiphanius gegen die Bilderverehrung (Ders., Ges. Aufsätze zur KG II, 1928), 351–387 – P. Fraenkel, Hist. sainte et hérésie chez saint Epiphane, Revue de théologie et de philosophie 12, 1963, 175–191.

2. E. Scholastikos, Übersetzer, 6. Jh., Freund und Mitarbeiter →Cassiodors in Vivarium (deshalb auch E. v. Vivarium), übersetzte in dessen Auftrag bibl. Kommentare des →Didymus, den Hld-Kommentar des Philon v.

Karpasia, eine Sammlung dogmat. Briefe (sog. Codex encyclicus Ks. Leons I.) zur Bestätigung des Konzils v. Chalkedon (Div. inst. V 2; 4; VIII 6) und jene Teile der Kirchengeschichte des Theodoret, Sozomenos und Sokrates, die Cassiodor in seiner »Historia ecclesiastica tripartita« vereinigte. Da dieses Werk im MA zum bevorzugten kirchengesch. Handbuch wurde, darf E. zu den Vermittlern griech. Lit. an das lat. MA gezählt werden.

K. S. Frank

Ed.: →Cassiodor – *Lit.:* Brunhölzl – W. Berschin, Griech.-lat. MA, 1980.

Epiphanius, Bf. v. Pavia, hl., * 438/439 in Pavia, † 494 ebd. Bereits als Kind für die kirchl. Laufbahn bestimmt, erhielt E. an der Kathedrale der Stadt eine gründliche religiöse und kulturelle Bildung. In einer Krisenzeit zum Bf. gewählt (466), wirkte er wiederholt als Vermittler unter den zeitgenöss. Machthabern →Anthemius und →Ricimer, Julius Nepos und →Eurich; er klagte Amtsträger an, die ihre Macht mißbrauchten und schützte die Bevölkerung während der ständigen Invasionen und polit. Krisen. Nach dem Bericht seines Biographen und Nachfolgers auf dem Bischofssitz v. →Pavia, →Ennodius, war er bestrebt, die in Pavia durch die Belagerung Odovakars entstandenen Zerstörungen auszubessern und die Leiden der Bevölkerung zu lindern; auch bemühte er sich bei Theoderich um Steuererleichterungen und die Abschaffung ungerechter Gesetze. Auf Theoderichs Wunsch begab er sich gemeinsam mit Viktor v. Turin zu Kg. Gundobad v. Burgund, um Tausende von den Burgunden während eines Kriegszuges nach Italien gemachte Gefangene auszulösen. E. wurde noch zu seinen Lebzeiten als Hl. verehrt (Fest 21. Jan.). Seine Reliquien wurden durch Bf. Othwin heimlich entwendet und 963 im Dom zu Hildesheim beigesetzt.

G. Fasoli

Q. und Lit.: AASS Jan. II, 364–380 – BHL 2570–2573 – Ennodii Vita Epiphanii, MGH, AA VII, 84–110 – L. Salvatorelli, L'Italia medievale, 1937, passim – L. Ruggini, Economia e società nell'Italia annonaria, 1961, passim – A. M. Orselli, La città altomedievale e il suo santo patrono (ancora una volta): il campione pavese, RSCI 32, 1978, 1–69, bes. 32–33.

Epiros → Ep(e)iros

Episcopus → Bischof

Epistel, seit dem 12. Jh. (Beleth) bezeugter Name der ersten Lesung in der Messe, weil diese (nach der bis 1970 gültigen Leseordnung) an Sonn- und Feiertagen (mit Ausnahme des Pfingstsonntags) stets der ntl. Briefliteratur entnommen war. An den Wochentagen wurden an atl. Perikopen verwendet. Insgesamt wurden alle Bücher der Schrift mit Ausnahme der Psalmen und der Evangelien für die E. herangezogen. Wie man innerhalb des AT Gesetz und Propheten unterschied, so innerhalb des NT Evangelium und »Apostolos«. Folgerichtig bewahrte man bei der E. die ursprgl. Schlichtheit des Vortrags, während die Verkündigung des Evangeliums mit immer größerer Feierlichkeit ausgestattet wurde (Diakon als Verkünder, Leuchter, Weihrauch, Evangelien-Prozession, bevorzugter Ort, stehendes Hören mit entblößtem Haupt): die E. hingegen wurde ursprgl. vom Lektor, seit dem 8./9. Jh. vom Subdiakon vorgetragen, dem höchstens ein Begleiter zustand; die Lesung erfolgte in einfacher Sprech- oder Singweise von einem niedrigeren Platz aus; die Versammlung hörte sitzend, die Kleriker ggfs. mit bedecktem Haupt. Dadurch sollte die E. als Vorbote des Evangeliums dargestellt werden, was durch den Vergleich mit dem Wirken Johannes' des Täufers als des Vorläufers Christi bekräftigt wurde. Das abschließende Deo gratias der Hörer ist auch bei anderen Gelegenheiten gebrauchte christl. Akklamation als Ausdruck der Dankbarkeit und der Begrüßung.

G. Langgärtner

Lit.: Eisenhofer II, 98–104 – J. A. Jungmann, Missarum Sollemnia, 1962⁵, II, 70–74.

Epistelseite. Bei Blickrichtung auf den Altar die rechte, bei der üblichen Ostung die südl. Seite, an der der Priester beim Meßopfer die Epistel liest, wo ursprgl. der rechte weniger verzierte →Ambo stand; dann auch die südl. Kirchenseite, die wegen der im MA üblichen Platzeinteilung auch Männerseite genannt wurde. →Evangelienseite.

G. Binding

Lit.: RDK V, 869–872.

Epistola → Brief

Epitalamium (Epithalamium)

I. Antike und Spätantike – II. Lateinisches Mittelalter – III. Humanismus – IV. Byzanz.

I. Antike und Spätantike: E., Lied, das von einem Chor vor dem Schlafgemach (θάλαμος) des Brautpaars gesungen wurde. Von den älteren griech. E.en, die zuerst bei Sappho belegt sind, ist nur Theokr. 18 vollständig erhalten. Aus frühbyz. Zeit stammen die lyr. E.en des →Johannes v. Gaza und des →Georgios Grammatikos sowie die hexametr. des Dioskoros v. Aphrodito (2. Hälfte d. 6. Jh.). Auch die Rhetorenschule bemächtigte sich des Themas (Himerios or. 9, Chorikios or. 5 und 6). Das lyr. wie das hexametr. E. führt Catull in die lat. Lit. ein (carm. 61 und 62). In der Spätantike ist die Form des lyr. E. nur bei Claudianus (Fescennina carm. 11–14) und Martianus Capella (9, 902f.) sowie bei Ausonius (Cento nuptialis 67ff. in Hexametern) vertreten. Dagegen überwiegt das mit mytholog. Exempla ausgestattete und vom Epos beeinflußte hexametr. E., das in Anschluß an Statius (Silvae 1, 2) bei →Claudianus (carm. 10, carm. min. 25), →Sidonius (carm. 10f. und 14f.), →Dracontius (carm. 6f.), Luxorius (Anth. lat. 18) und →Venantius Fortunatus (carm. 6, 1) vorliegt. In gemischten Metren ist das E. des →Ennodius (carm. 1, 4) verfaßt; anonym sind Anth. lat. 22, 29 und 742. Die alte Form bewahrt auch das genuin christl. E. des →Paulinus v. Nola (carm. 25), das zur geschlechtl. Enthaltsamkeit auffordert. Vielleicht gehört ins langob. Italien ein vereinzeltes E. offensichtl. christl. Herkunft (MGH PP IV, 2 XCVI).

J. Gruber

Lit.: LAW, 1343f. – RAC V, 927–943 – RE IX, 130–134 – C. Morelli, L'epitalamio latino, Stud, it. fil. class. 18, 1910, 319–432 – A. L. Wheeler, Tradition in the E., American Journ. of Philol. 51, 1930, 205–223 – R. Muth, »Hymenaios« und »Epithalamion«, Wiener Stud. 67, 1954, 5–45 – Z. Pavlovskis, Statius and the late Latin epithalamia, Classical Philol. 60, 1965, 164–177.

II. Lateinisches Mittelalter: Die spätantike Blüte des E. findet im lat. MA – obwohl das Vorbild eines christl. E. durch →Paulinus v. Nola gegeben war – keine Fortsetzung, bedingt wohl u. a. dadurch, daß zum Träger der lat. Lit. die Geistlichkeit wurde. So ist auch das Hochzeitslied (?) AnalHym 27, 207 ein Hymnus. Dagegen entfaltet sich eine reiche Dichtung, v. a. an Hymnen, Antiphonen, Sequenzen, im Anschluß an das Hld, das seit Origenes als Hochzeitsgesang sowohl zw. Christus und der Kirche, als auch zw. Christus und der gläubigen Seele, später, bes. seit dem 12. Jh., auch zw. Christus und Maria (zugleich Kirche) gedeutet und häufig »E.« genannt wurde, sowie an Ps 44 (Augustinus, enarr. in ps. 44,3). Zahllose Hld-Kommentare wiederholen diese Deutung. →Konrads v. Hirsau »E. virginum« (Verf.-Lex.² V, 195) wird der Nonne als der Braut Christi gesungen. →Johannes de Garlandia dichtet ein umfangreiches »E. beate Marie virginis«. Die Beschäftigung mit →Martianus Capella im hohen MA (vgl. z. B. Carm. Bur. 57, ein Hochzeitslied der Elemente) setzt dieses Werk mit dem Hld in Beziehung (Thomas Cisterciensis in seinem Hld-Kommentar, →Alexander Neckam im Kommentar zu Martianus Capella). – Im 11. Jh. erregt die Klage in der Vita Adalhardi des →Paschasius Radpertus Anstoß, sie sei »eher ein E.«. – Vgl. auch WALTHER 19764. G. Bernt

Lit.: E. F. WILSON, Speculum 23, 1948, 35–57 – R. HERDE, StM 3. ser. 8, 957–1073 – SZÖVERFFY, Weltl. Dichtungen, 55f. [s. a. Ind.] – P. v. MOOS, Consolatio (MMS 3, 1–4), 343ff., 509ff., S. 460 u. a. – A. SAIANI, L'E. Beate Marie Virginis di Giovanni di Garlandia fra Alano e Dante, 1980 (Bibl. del »Quadrivium«. Ser. filol. 7).

III. HUMANISMUS: Das Genus des Hochzeitsliedes erhält im 15. Jh. in Italien v. a. nach der Entdeckung und Verbreitung der klass. Vorbilder (in erster Linie Catull, Statius, Claudian) als Gelegenheitsdichtung Bedeutung: als schmückendes Beiwerk fand das E. bei den Hochzeitsfesten der neuen Machthaber Verwendung, die sich gerne der Erzeugnisse der neuen kulturellen Strömungen als einer Art Statussymbol bedienten. In diesem Sinne macht das E. der Prosa-Hochzeitsrede Konkurrenz. Beide Genera scheinen von der »Ars rhetorica« des Ps. Dionysios v. Halikarnassos beeinflußt zu sein. Das humanist. E. sollte später in der »Poetica« Scaligers eine rhetor. Systematisierung erhalten.

Kennzeichnend für den gesellschaftl.-polit. Aspekt – ebenfalls ein Erbe der klass.-antiken Tradition – und die panegyr. Funktion dieses lit. Genus ist die enge Bindung der frühesten E.en an die Machtzentren Mailand, Ferrara, Bologna, Venedig. Unter den Autoren sind N. Gambertus de la Porta, L. Carbone, N. Naldi, A. M. Salimbeni (dessen E. anläßlich der Vermählung von Annibale II. Bentivoglio und Beatrice d'Este anscheinend die erste Dichtung dieses Genus in der Volkssprache ist) sowie U. Altilio und L. Ariosto zu nennen. Außerhalb Italiens war das erste humanist. E. wahrscheinl. das von dem Spanier A. de Nebrija 1491 für eine kgl. Hochzeit verfaßte Gedicht. Anläßlich der Vermählung des dt. Kg.s Maximilian mit Bianca Maria Sforza (1494) entstand – neben Dichtungen und Reden it. Poeten – auch ein E. von Sebastian →Brant.

Auch verschiedene Sonderformen, die von der polit.-panegyr. Thematik dieses lit. Genus abweichen, sind vertreten (vgl. z. B. die E.en von U. Verino und F. Buonaccorsi); als wichtigstes Beispiel ist die Epithalamiendichtung des G. →Pontano zu nennen, in der das erot. Moment stärker hervortritt als bei seinen Vorbildern Catull und Claudian: Pontano bringt als erster Elemente der »Ars amatoria« in die Epithalamiendichtung der Renaissance hinein, die sich im 16. Jh. als »erlaubte« Opposition zum herrschenden Petrarkismus in dieser Richtung weiterentwickelt. D. Coppini

Lit.: L. FORSTER, The Icy Fire: Five Stud. in European Petrarchism, 1969 – J. IJSEWIJN, Companion to Neo-Latin Stud., 1977 – A. PEROSA – J. SPARROW, Renaissance Latin Verse. An Anthology, 1979.

IV. BYZANZ: Seltener als E.en in Versform wurden Prosa-E.en abgefaßt. Als rhetor. Gattung fußt die Hochzeitsrede (ἐπιθαλάμιος λόγος) auf der Darlegung des Ps.-Menandros (4. Jh. p.C.), Περὶ ἐπιδεικτικῶν XIII. Aus der Rhetorenschule von Gaza sind E.en von Chorikios (6. Jh.) auf seine Schüler erhalten. Auf den Hofdichter des 12. Jh., Theodoros →Prodromos, gehen zwei E.en Εἰς γάμον βασιλικόν zurück, die er durch die Demen als παιάνις ausführen ließ, sowie 5 kleine Hochzeitsgedichte für Alexios, Sohn des Nikephoros Phorbenos, in denen der Dichter die Abstammung des Bräutigams lobt, ihn fordert, den Waffenrock mit dem Hochzeitsgewand zu vertauschen bzw. eine Pflanzenallegorie entwickelt. Bei der Hochzeit Ks. Isaaks II. Angelos mit Margarete v. Ungarn 1186 hielt Niketas →Choniates eine an Metaphern und Zitaten aus der Bibel und der griech. Mythologie reiche Festrede. In seinem Geschichtswerk (II 587) beschreibt Ks. Ioannes VI. Kantakuzenos die Hochzeit seiner Tochter Theodora mit dem türk. Sultan Orchan 1346, bei der die Zeremonie der Prokypsis stattfand; danach führten Sänger (μελῳδοί) Enkomia auf die Braut auf. Ch. Hannick

Lit.: A. HEISENBERG, Aus der Gesch. und Lit. der Palaiologenzeit, SBA. PPH, 1920, 91 – W. HÖRANDNER, Theodoros Prodromos, Hist. Gedichte (Wiener byz. Stud. 11), 1974, 88 – HUNGER, Profane Lit. I, 150.

Epitaph → Grabmal

Epitaphium, Grabinschrift, Grabrede
I. Antike, Spätantike – II. Lateinisches Mittelalter – III. Humanismus – IV. Byzanz.

I. ANTIKE, SPÄTANTIKE: In Griechenland sind seit dem 7. Jh. v. Chr. einfache Inschriften in Prosa und Vers belegt. Unter dem Einfluß der →Elegie entstehen bald lit. anspruchsvolle E.en, die der Gattung des →Epigramms zuzurechnen sind und sich allmählich eines festen Motiv- und Formelbestandes bedienen (vgl. Anth. Pal. 7), den die Christen übernehmen. Das gilt für Prosa- und Versinschriften (frühes Beispiel: Aberkios-Inschrift; vgl. RAC I, 12–17) ebenso wie für lit. E.en, etwa des →Gregor v. Nazianz (Anth. Pal. 8).

Auch in den lat. E.en wird der Text über die einfache Nennung des Namens in republikan. Zeit hinaus allmählich um nähere Angaben (Todesdatum, Beruf, Sorge um das Grab und Grabrecht) und lobende Formulierungen (Elogien; frühe Beispiele sind die Scipioneninschriften) erweitert und zu einem vielfältigen Repertoire von Gruß-, Wunsch- und Gebetsformeln entwickelt. Der Text kann entweder vom epitaphista (Sidon. Apoll. epist. 1, 9, 7) verfaßt oder Formularsammlungen entnommen sein. Schon früh sind lit. E.en in verschiedenen Versmaßen entstanden (Naevius, Ennius, Lucilius, später Martial). Die christl. E.en orientieren sich zunächst an den heidn. Vorbildern. Ein eigenständiges christl. Formular entwickelt sich erst vom 3. Jh. an aus liturg. Texten mit Charakteristika wie Pax-, Deus-, Spiritus- oder Refrigerium-Formeln. Vulgärlat. Elemente dringen schon früh ein. Zahlreiche poet. Grabinschriften verfaßten der Papst →Damasus (auf Märtyrer) und →Venantius Fortunatus. J. Gruber

Lit.: LAW, 828f., 1126f. – RAC XII, 467–590 [Lit.] – E. GALLETIER, Étude sur la poésie funéraire romaine, 1922 – M. H. HENGSTL, Totenklage und Nachruf in der mlat. Lit. seit dem Ausgang der Antike [Diss. München 1936] – R. LATTIMORE, Themes in Greek and Latin Epitaphs, 1942.

II. LATEINISCHES MITTELALTER: Poet. Grabschriften standen den ma. Autoren in größerer Zahl und Vielfalt vor Augen als Dichtungen einer anderen Gattung: nebeneinander überdauerten auf dem Stein die Erzeugnisse verschiedener Epochen und wirkten an ihrem Ort; Abschriften verbreiteten sie weiter. Bereits im frühen MA gab es mehrere Sammlungen röm. Inschriften, die auch erkennbar Einfluß ausgeübt haben (SILVAGNI, WALLACH). Sehr viele E.en, oft in Serien, sind unter den Dichtungen ihrer Autoren erhalten, viele einzeln und in anderem Zusammenhang. Früh werden ältere E.en in hist. Darstellungen (Beda) aufgenommen, dann in karol. Sammlungen zeitgenöss. Dichtungen. Die Überlieferung zeigt, daß manche E.en Muster- oder Schulzwecken dienten, z. B. das des Constantius Chlorus (SCHALLER, 6327) oder das des Mimen Vitalis (SCHALLER, 13567). Wie ein ma. E. solche Einflüsse aufnahm und seinerseits ausübte, weist WALLACH nach.

Dem Reichtum an Überkommenem entspricht die gewaltige Fülle und die Vielgestalt der ma. Erzeugnisse. Der Inhalt sagt in der Regel mehr als nur Name, Stand, Zeit: mahnende oder tröstl. Betrachtungen über Vergänglichkeit und Ewigkeit, Schmerz der Hinterbliebenen, Fürbitte und Bitte um Fürbitte, Lob der Tugenden und Vorzüge (manchmal ausdrückl. zum Vorbild für die Lebenden: MGH PP 1, 19, Nr. 7); das Lob füllt mitunter fast das ganze Gedicht (MGH PP 3, 405). Versmaß ist überwiegend der eleg. Distichon, zahlreiche andere kommen vor. Meist ist die 3. Person gebraucht, vielfach (z. T. damit vermischt) 2. Person (Anrede an den Leser, an den Toten) oder 1. (Rede des Toten, nicht nur bei selbstverfaßten E.en, oder des Verfassers). Daneben gibt es viele eigenwillige Formen, z. B. Dialog zw. Engel und Christus, →Carmina Centulensia 145. Die Länge des E.s kann beträchtl. sein (→Elegie). Überflüssige Worte in einem E. tadelt MPL 171, 1675, 46. Oft läßt ein E. stilist. Vorlieben der Entstehungsepoche (z. B. versus rapportati im 12. Jh.) erkennen. Überaus häufig, nicht nur in der Schule, diente die (bloße) lit. Form des E.s als poet.-rhetor. Übung, schließlich auch zum Scherz (E.en auf Tiere), Parodie und Spott (→Epigramm). S. a. →Planctus, →Totenklage. G. Bernt

Lit.: RAC XII, 514–559 – J. B. DE ROSSI, Inscriptiones christ. urbis Romae 2, 1, 1888 – K. NEFF, Die Gedichte des Paulus Diaconus. Q. und Unters. zur lat. Philol. des MA 3, 1908 – H. HENGSTL, Totenklage und Nachruf in der mlat. Lit. seit dem Ausgang der Antike, 1936, 7–10, 16–30 – A. SILVAGNI, RACr 20, 1943, 49–112 – L. WALLACH, Alcuin und Charlemagne, 1959, 178–197, 253–265 – G. BERNT, Das lat. Epigramm im Übergang..., Münchener Beitr. zur Mediävistik und Renaissance-Forsch. 2, 1968, 8–12, 62f., 323 [Ind.] – P. v. MOOS, Consolatio 1971f. (MMS 3, 1–4), S. 41 (C 60), S. 43 (C 67) – SZÖVERFFY, Weltl. Dichtungen, 88f., 515f., 525–528, 623–625, 735 [Ind.] – I. KAJANTO, Classical and Chr. Stud. in the Lat. Epitaphs of Mediaeval and Renaissance Rome, 1980, AASF, Ser. B. 203 – R. M. KLOOS, Einf. in die Epigraphik des MA und der frühen NZ, 1980, 70–80.

III. HUMANISMUS: Im Bereich des humanist. E.s muß das eigentl. E., die Grabinschrift, vom lit. E. unterschieden werden. Bei dem auf dem Grab angebrachten E. treten allmählich klassisch-antike Strukturen und Formeln an die Stelle der ma. Charakteristika: neben rein epigraph. Veränderungen (Ersetzung der gotischen durch die Humanistenschrift oder die röm. Capitalis) sind Divergenzen in Struktur und Ausdruck zu erkennen (Verschwinden typisch ma. Formeln; Name des Verstorbenen im Dativ; Angabe der Namen der Dedikatoren und des Alters der Verstorbenen; Datumsangabe nach klass. Vorbild etc.). Die konventionellen Formeln der ma. Grabinschrift sind durch eine reiche Vielfalt von Lobpreisungen ersetzt (vielfach aus antiken Inschriften übernommen), in denen die Tugenden des Verstorbenen (meist weltlichen, weniger religiöser Art) hervorgehoben werden, so daß das E. für eine bedeutende Persönlichkeit zu einer laudatio funebris en miniature ausgestaltet ist. Zur Entwicklung dieses die antiken Vorbilder nachahmenden E.s trugen Studium, Sammlung und Abschrift antiker Inschriften wesentlich bei, die neben den lit. Vorbildern (→Anthologia Graeca; Grabepigramme Martials; antike Epigramme und Elegien im allgemeinen) auch auf das humanist. lit. E. einwirkten. Grabinschrift und lit. E. sind bisweilen identisch; manchmal findet eine erweiterte Fassung der Grabinschrift Aufnahme in eine lit. Sammlung. Andererseits können ursprgl. zur Grabinschrift bestimmte E.en nur in der hs. Tradition überliefert sein.

Fast alle humanist. Epigrammsammlungen enthalten E.en (Panormita [→Beccadelli], Vegio, Tifernate, Marullo, →Sannazaro etc.): Ihre themat. Heterogeneität (enkomiast. E., lyr.-gefühlvolles E., humorist. E., letzteres auf Angehörige der unteren Stände, Lebende, fiktive Personen oder auf Tiere) ist ebenfalls antikem Erbe verpflichtet. Beispiele für alle Register des E.s finden sich in den »Tumuli« des →Pontanus, der das E. zu einem lit. Genus formalisiert, gleichzeitig jedoch anderen Einflüssen (v. a. der Elegie) geöffnet hat. D. Coppini

Lit.: I. KAJANTO, Classical and Christian. Stud. in the latin epitaph of MA and Renaissance Rome, 1980 – G. PARENTI, Poeta Proteus alter. Forma e storia di tre libri di Pontano, 1985, 19–79.

IV. BYZANZ: Das Genus des ἐπιτάφιος (scil. λόγος), der Grabrede, ist in der byz. Lit. reich vertreten. An die 150 Stück sind hs. überliefert, einige davon noch unediert. Zu den bekanntesten zählen jene des →Gregor v. Nazianz auf →Basilius, des →Chorikios v. Gaza auf seinen Lehrer →Prokopios, des Ks.s →Leon VI. auf seinen Vater →Basileios I. und des Ks.s →Manuel II. auf seinen Bruder. Von Michael →Psellos sind 18 E.en erhalten. Die Reden wurden fast immer tatsächl. gehalten oder waren jedenfalls zum Vortrag bestimmt, sei es beim Begräbnis, sei es an einem der anderen hiefür vorgesehenen Tage (3., 9., 40. Tag nach dem Tod, Jahrestag). Grundlage für den Aufbau ist im wesentl. (Ps.-) Menandros Rhetor (3. Jh.). Dort eigene Kapitel für Epitaphios und Monodia (Totenklage). In der byz. Praxis gibt es jedoch keine scharfe Trennung, für viele Stücke sind beide Bezeichnungen überliefert. Normalerweise Gliederung in Prooimion, Hauptteil (darin Lob und Klage, nicht eigene Abschnitte, sondern ineinander verwoben), Trostworte, Schlußgebet. Angesprochen wird stets der Verstorbene, dazwischen passagenweise auch die Hinterbliebenen. Reiche rhetor. Ausschmückung mit Topoi (Unsagbarkeit, mors immatura etc.), Bildern und Exempla aus der antik-mytholog. (Niobe, Heliaden) und der bibl. Sphäre (Hiob, Jeremias). Durch das starke Hervortreten des Lobes Verwandtschaft mit →Enkomion und Panegyrikos, auch mit der Heiligenvita (Vorbildfunktion des Epitaphs Gregors v. Nazianz auf Basileios für einige Viten des 9. Jh. nachgewiesen). Der hist. Ertrag ist hinsichtl. Fakten meist bescheiden, hinsichtl. Bräuche, Normen und Mentalitäten oft nicht unbeträchtlich. Umfangreichere Grabgedichte sind in Aufbau, Rhetorik und Motiven den Prosa-E.en eng verwandt (z. B. Psellos, Auf Maria Skleraina, 448 V.); kürzere Gedichte gehören dem Genus des →Epigramms an und sind als →Grabinschrift gedacht. W. Hörandner

Ed. und Lit.: HUNGER, Profane Lit. I, 132–145, 189–196 – J. SOFFEL, Die Regeln Menanders für die Leichenrede, 1974 – I. ŠEVČENKO, Hagiography of the Iconoclast Period. Iconoclasm, ed. A. BRYER–J. HERRIN, 1977, 113–131 – Menander Rhetor, ed. with transl. and comm. by D. A. RUSSELL–N. G. WILSON, 1981 – A. SIDERAS, Die byz. Grabreden. Mit 24 Erstausg., 1982 [ungedr. Habil.-Schr. Göttingen] – DERS., Byz. Leichenreden. Leichenpredigten als Quelle hist. Wiss., 3, 1984, 17–49.

Epitome (ἐπιτομή, epitoma, breviarium), Auszug aus einem umfangreicheren, in der Regel prosaischen Text zum Zwecke der raschen Information über den Inhalt. Formulierungen der Vorlage werden meist wörtl. übernommen, Reden, beschreibende Einzelheiten und Wiederholungen ausgelassen. Epitomiert werden v. a. hist. und fachlit. Werke, aber auch antike Unterhaltungsliteratur (→Alexander d. Gr., Abschnitt B, →Roman). J. Gruber

Lit.: RAC V, 944–973 (mit Kat. der antiken E.n) – T. HÄGG, CM 27, 1966, 145ff.

Epitome de Caesaribus. Spätantike Kaisergeschichte in der Form von Einzelbiographien, um 400 anonym verfaßt und bald in die Überlieferung des Aurelius Victor eingedrungen, auf dessen Caesares sie teilweise (von Augustus bis Domitian) beruht, aber von Julian an über sie hinaus-

führt bis zur panegyr. Darstellung des Theodosius. Der Verfasser darf wohl im Kreis der paganen senator. Adelsschicht des Westens gesucht werden. Ma. Benutzung ist nachweisbar bei Jordanes, Paulus Diaconus, Frechulf v. Lisieux, Sedulius Scotus, Lupus v. Ferrières, Landulfus Sagax u. a. J. Gruber
Ed.: F. Pichlmayr-R. Gründel, 1970-*Lit.:* Kl. Pauly V, 1261f. -RE Suppl. XV, 1583ff., bes. 1671-1676-J. Schlumberger, Die E., 1974.

Epitome »Exactis regibus«. Die E. ist eine elementare Enzyklopädie (Vocabularius) des röm. Rechts. Das wohl in der 2. Hälfte des 12. Jh. in Frankreich entstandene Werk erhielt seinen Namen nach den beiden charakterist. Worten seines Anfangssatzes. Die relativ kurze Arbeit des anonymen Verfassers gliedert sich in 9 Abschnitte. Der eher grammatisch gebildete Verfasser definiert die jur. Begriffe aus dem Institutionenbereich zumeist bloß nach Art eines Lexikographen, nur gelegentlich fügt er hist. oder jur. Sachkommentare hinzu. Der wichtigste und umfangreichste Abschnitt 9 des Werks enthält einen Katalog von Klagen (actiones), die in ihren Anspruchsvoraussetzungen und Zielen beschrieben werden. P. E. Pieler
Ed.: Die E., ed. M. Conrat (Cohn), 1884- *Lit.:* Einl. zur Ed. von M. Conrat - E. Seckel, Beitr. zur Gesch. beider Rechte, 1888, 376ff. - E. Genzmer, Die justinian. Kodifikation und die Glossatoren, Atti del Congr. Internaz. di Dir. Romano, Bologna 1933, 1, 1934, 380 - H. Kantorowicz, Studies, 1938 [Neudr. 1969] - A. Gouron, La science juridique . . . (IRMAE I, 4, d-e), 84-89 - Coing, Hdb. I, 260 [Lit.] - Las Expositiones nominum legalium y los vocabularios juridicos medievales, ed. A. Garcia Gallo, 1974.

Epitome Iuliani → Corpus iuris civilis

Epitome legum. Ecloga legum in epitome expositarum ('Auszug der im Ausschnitt dargelegten Gesetze'), manchmal auch als Epitome legum ('Ausschnitt der Gesetze') bezeichnet, ist ein byz. Rechtsbuch, dessen unbekannter Verfasser die gesamte byz. Rechtsliteratur von den Antecessorenschriften des 6. Jh. bis zum → Procheiros Nomos und der → Epanagoge des 9. Jh. kompiliert und zu einem in 50 Titel gegliederten Werk verarbeitet hat. Vermutl. »im ersten Jahr des glorreichen Kaisers Romanos« (Proömium), d. h. 920, entstanden, überliefert das Werk viele ansonsten verlorene Fragmente der vorisaur. Rechtsliteratur. P. E. Pieler
Ed.: E. l., ed. C. E. Zachariä v. Lingenthal (Jus Graecoromanum, ed. J. Zepos-P. Zepos, 1931), IV, 276-585 - *Lit.:* Hunger, Profane Lit. II, 458 [P. E. Pieler] - J. Maruhn, Der Titel 50 der Epitome, Fontes minores III, 1979, 194-210 - Ders., Eine zypr. Fassung eherechtl. Titel der Epitome, ebd. IV, 1981, 218-255.

Épitres farcies (epistolae farcitae), mit Tropierungen durchsetzte lat. Bibellesungen (ntl. Episteln, Apg, Offb, AT außer Ps). Ursprgl. war das farcimen wahrscheinl. ein rein lat. Genus, wenn als solches auch erst seit dem 13. Jh. überliefert. Als Nebeneinander von lat. Bibelzeilen und umfangreichen volkssprachl. Erläuterungen in verschiedenen Versmaßen ist es in Nordfrankreich in der 2. Hälfte des 12. und 1. Hälfte des 13. Jh. nachweisbar, in der Provence und Katalonien bis ins SpätMA. É. f. wurden für die kirchl. Hauptfeste und das Fest der »Erscheinung Christi« verfaßt sowie v. a. für das Fest des hl. Stephan, der Evangelisten Johannes, der Apostel Petrus und Jacobus, das Fest Johannes des Täufers und der »Unschuldigen Kinder«. Schließen sich die meisten é.f. auf Hl.e (wie Thomas v. Canterbury) an bibl. Texte an, so gibt es vereinzelt auch solche, die von lat. Viten ausgehen (z. B. für den hl. Blasius). Farziert wurden später auch liturg. Texte (wie Pater noster, Agnus Dei, Sanctus), schließlich die 10 Gebote und die 7 Todsünden. Die é.f. sind z. T. mit Melodien überl. (Selbstbezeichnung als »Lied«). U. Ebel

Lit.: GRLMA II 1, 478, 688 - MGG III, 1445-1453 - T. Link, Afrz. aus Hss. 1. Fünf É.f., ZRPh 11, 1887, 22-41 - zur Stephanus-Epistel: E. Koschwitz, Commentar zu den ältesten frz. Sprachdenkmälern, 1886 [Nachdr. 1968] (Afrz. Bibl. 10), 200ff. - W. Foerster, E. Koschwitz, A. Hilka, Afrz. Übungsbuch, 1932, 167-172.

Epos
A. Antike Vorbilder – B. Lateinische Literatur – C. Byzantinische und slavische Literaturen – D. Volkssprachliche Literaturen des westlichen Europa

A. Antike Vorbilder

[1] *Allgemeines:* Epos (ἔπος 'Wort', 'Vers'), umfangreiche Sagen-, Mythen- oder Geschichtsdarstellung in Versform. Die antike Gattung 'E.' ist neben Umfang und Thematik bestimmt durch den 'erhabenen' Stil, das Versmaß des Hexameters (daher z. B. bei Manilius 2, 1ff. und Quint. inst. 10, 1 auch Einbeziehung der Kleinepik wie Lehrgedicht, Versepistel, Bukolik, Zauber- und Offenbarungsliteratur, Enkomion und Hymnus), Stoffelemente wie Proömium (mit Musenanruf), Götterapparat, typ. Szenen (Rüstung, Zweikampf, Massenkampf, Bestattung, Götterversammlung, Mahl, Feste), Beschreibung von Gegenständen (→ Ekphrasis), Kataloge, sprachl. Gestaltungsmittel wie Formeln (teilweise aus mündl. Tradition der 'Oral Poetry' ererbt), schmückende Beiwörter (Epitheta ornantia), Vergleiche und eine unparteiischallwissende Erzählhaltung. Somit hat die Antike bereits wesentl. Gattungsmerkmale erkannt, aber einzelne (z. B. Hexameter) immer wieder überbetont, so daß die Unterschiede zu verwandten Formen verwischt und eine zutreffende Gesamtdefinition nicht gefunden wurde (Koster, 157ff.; Kirsch, 268).

[2] *Spätantike: a) Profane griech. Literatur:* Die homer. Epen blieben als Vertreter des Heldenepos stets die unerreichten Vorbilder, die auch in der Spätantike zu Nachahmung und Konkurrenz herausforderten. Hatte man sich schon in vorklass. Zeit bemüht, die durch Ilias und Odyssee gegebenen Stoffe zu einem Epenkreis (Kyklos) zu ergänzen, so werden diese Intentionen in der Kaiserzeit wieder aufgenommen: → Quintus v. Smyrna, Τὰ μεθ' Ὅμηρον (das Geschehen zw. Ilias und Odyssee in 14 Büchern nach mythograph. Handbüchern). Dieser ist wiederum Quelle für die »Eroberung Trojas« des → Triphiodor, das einzige erhaltene Werk dieses Epikers und Grammatikers, das seinerseits Hauptquelle für den Schluß der Posthomerica des Johannes → Tzetzes wurde. Trojan. Sagenstoff behandelt auch der »Raub der Helena« des Kolluthos (um 500, andere Werke verloren). Mytholog. Themen sind ebenfalls Gegenstand der »Dionysiaka« des → Nonnos, der mit seinem gewaltigen Werk in 48 Büchern mit dem Umfang der homer. Dichtung wetteifert. In Wortwahl und Metrik von ihm abhängig ist → Musaios, dessen Kleinepos »Hero und Leander« nach hellenist. Vorlage auf die neuere Lit. stark einwirkte. Das von Choirilos in der 2. Hälfte des 5. Jh. v. Chr. begründete hist. E. (Persika) bemächtigte sich bald auch der Stoffe von Gründungssagen sowie Stadt- und Ländergeschichte. Derartige Themen behandeln in der Spätantike die verlorenen Epen des Triphiodor, Kolluthos und → Christodoros v. Koptos.

b) *Profane lat. Literatur:* Das röm. E. erreicht in Vergils Aeneis seinen klass. Höhepunkt. In ihr wirken nicht nur die homer. Epen und die »Argonautika« des Apollonios v. Rhodos (3. Jh. v. Chr.) themat. und sprachl. für die Darstellung der Aeneas-Sage mit hist. Ausblicken vielfach nach, sondern auch das frühe röm. hist. E., wie es Naevius und Ennius begründeten. Vergil bleibt für die spätere lat. Epik die sprachl. Autorität schlechthin, während das mytholog. E. des Ovid v. a. im späteren MA wirksam wird (→Ovid im MA). →Claudianus pflegt sowohl das mytholog. (»De raptu Proserpinae«) wie das für die Spätantike typische hist.-panegyr. E., während →Corippus sich auf letzteres beschränkt.

c) *Christliche griech. Literatur:* Im Gegensatz zur reich entwickelten lat. Bibelepik findet sich in der griech. christl. Lit. nur die Bibelparaphrase. Umdichtungen des AT sind schon für das alexandrin. Judentum bezeugt (Euseb. praep. ev. 9,20ff.). Verloren sind die Dichtungen des →Apollinaris v. Laodikeia; die unter seinem Namen überlieferte Psalmenparaphrase ist nach 460 entstanden (Ed.: A. Ludwich, 1912). Lit. anspruchsvoller ist die Paraphrase des Johannesevangeliums durch →Nonnos. Daneben finden sich Episierungen von Heiligenviten (→Eudokia).

d) *Christliche lat. Literatur:* Zu einer eigenständigen, bis in die Barockzeit reichenden lit. Form entwickelte sich die lat. Bibelepik. Aus dem bes. Selbstverständnis als laus Domini, der Berufung auf den Archegeten David und dem Wahrheitsanspruch dieser Dichtung erklärt sich ihr panegyr. Grundzug (Kartschoke, 79), dem auch das didakt. Element nicht fehlt. In der früheren Forschung als dekadent gegenüber der klass. Epik gedeutet oder als 'Kontrastimitation' verstanden (Thraede, 1039), wurde zuletzt die Entwicklung vom →Cento der Proba und der Paraphrase des →Juvencus bis zum Beginn der →Bibeldichtung am Ende des 4. Jh. als losgelöst von der antiken Gattungskontinuität (allerdings nicht ohne Verzicht auf antike Techniken, Kompositionsprinzipien und Handlungsschemata) und von der »Entwicklung ihrer Erbaulichkeitsformen bestimmt« (Herzog, 213) gesehen. Damit ist die Diskussion um die Gattungsbestimmung der lat. Bibeldichtung in eine neue Phase getreten. Neben der eigtl. Bibelepik stehen biograph. und autobiograph. Epen (→Paulinus v. Pella, →Paulinus v. Petricordia). Über die einzelnen Autoren und Werke vgl. ferner →Arator, →Avitus 2., →Commodianus, →Cyprianus Gallus, →Dracontius, →Hilarius, →Prudentius, →Sedulius, →Sidonius, →Victor. J. Gruber

Ed. und Lit.: zu [2a]: Quintus Smyrnaeus: Ed.: F. Vian, 1963–69 [mitfrz. Übers.] – G. Pompella, 1979 [Buch 1 und 2] – *Übers.:* J. J. C. Donner, 1866/67 [dt.] – F. M. Combellack, 1968 [engl.] – *Lit.:* Kl. Pauly IV, 1311–1313 – LAW, 2501f. – RE XXIV, 1271–1296 – *Komm.:* M. Campbell, 1981 (Buch 12) – *Triphiodor:* Ed.: E. Livrea, 1982 [Lit.] – *Kolluthos:* Ed.: W. Weinberg, 1896 – A. W. Mair, 1926 [mit engl. Übers.] – E. Livrea, 1968 [mit it. Übers. und Komm.] – P. Orsini, 1972 [mit frz. Übers.] – *Lit.:* Kl. Pauly III, 272 – RE XI, 1098f. – M. Minniti Colonna, Sul testo e sulla lingua di Colluto, Vichiana 8, 1979, 70–93 – *Musaios:* Ed.: A. Ludwich, 1912 – E. Malcovati, 1947 – H. Färber, 1961 [mit dt. Übers.] – P. Orsini, 1968 [mit frz. Übers.] – K. Kost, 1971 [mit dt. Übers. und Komm.] – E. Livrea, 1982 [Lit.] – *Lit.:* Kl. Pauly III, 1479f. [Lit.] – LAW, 2003f. [Lit.] – RE XVI, 767–769 – *zu [2b–d]:* Kl. Pauly II, 332–335 – LAW, 841–850 – RAC V, 983–1042 [K. Thraede] – K. Smolak, Antike Epostheorien, 1970 – R. Herzog, Die Bibelepik der lat. Spätantike, 1975 – D. Kartschoke, Bibeldichtung, 1975 – R. Häussler, Das hist. E. der Griechen und Römer bis Vergil, 1976 – Ders., Das hist. E. von Lucan bis Silius und seine Theorie, 1978 – W. Schetter, Das röm. E., 1978 – *Das röm. E.,* hg. E. Burck, 1979 – W. Kirsch, Probleme der Gattungsentwicklung am Beispiel des E., Philologus 126, 1982, 265–288.

B. Lateinische Literatur

I. Mittellateinische Literatur – II. Humanismus.

I. Mittellateinische Literatur: Die mlat. epische Dichtung wurde weniger von den dürftigen theoret. Äußerungen der lat. Grammatiker als von den großen Vorbildern selbst beeinflußt. Neben Vergil standen schon in karol. Zeit Lucan, Statius und Prudentius, während die Epen eines Silius Italicus, Valerius Flaccus oder Corippus Rari-täten blieben und Claudian oder Ovid (»Metamorphosen«) erst im 12. Jh. zu größerer Wirkung gelangten. Weite Verbreitung fanden früh die spätantiken *Bibeldichtungen*, die die wichtigsten Phasen der Heilsgesch. mehrfach in Versen darboten, so daß die lat. Autoren der karol. Epoche kaum noch an eine Fortentwicklung der Spezies dachten. Erst im 10. Jh. hat →Odo v. Cluny den gesamten Stoff erneut poetisch verarbeitet, wobei er jedoch, Ansätzen von Sedulius und Avitus folgend, Meditation und allegor. Deutung über die Erzählung dominieren ließ, während gleichzeitig →Flodoard v. Reims die poet. Darstellung der Heilsgesch. von der apostol. Zeit bis in seine Gegenwart fortsetzte. Eine Neubelebung erfuhr die große Bibeldichtung im 11./12. Jh.; auch apokryphe Stoffe fanden jetzt Bearbeiter (→Bibeldichtung, →Descensus Christi ad inferos, Abschn. 1). Den Bibelepen schließen sich, auch stoffl. als Gesch. der Jünger Christi in nachapostol. Zeit, die *metrischen Heiligenviten* an: so ausdrückl. bereits die »Vita s. Martini« des →Venantius Fortunatus. Die von →Sedulius verwendete Form des Opus geminatum – doppelte Fassung in Versen und in Prosa – wird seit den ags. Dichtern des 8. Jh. bei den Hagiographen beliebt und bleibt hier bis ins 12. Jh. lebendig; →Aldhelm benutzte sie auch für sein hagiograph. Sammelgedicht »De virginitate«. Im übrigen wurde der Zusammenhang der oft aus dem Schulunterricht erwachsenen, versifizierten Heiligenvita mit der epischen Dichtung leicht aus den Augen verloren; selbst →Hildebert v. le Mans beschränkte sich in seiner »Vita b. Mariae Aegyptiacae« weitgehend auf Versifikation, während sein Zeitgenosse →Reginald v. Canterbury (»Vita s. Malchi«) den hagiograph. Stoff aufwendig mit den Stilmitteln des heroisch-mytholog. E. zu verbinden suchte. Den Heiligenleben stehen einige metrische Viten negativer Helden (wie schon Claudians Rufinus) gegenüber (→Pilatus, →Iudas, Mahomet bei →Embrico und →Walther v. Compiègne).

Als bes. lebenskräftig erwies sich das *hist. E.* Die Autoren zeitgesch., panegyr. gestimmter Dichtungen für einzelne Herrscher oder Fs.en, die deren Taten insgesamt oder bestimmte Kämpfe monograph. darstellten, bedienten sich gern der Stilelemente und des Szenenrepertoires des röm. E., verzichteten aber gewöhnl. unter christl. Vorzeichen, wie schon Lucan auf Götterszenen und das Spiel auf verschiedenen Handlungsebenen, wenngleich Visionen und göttl. Eingriffe nicht ganz fehlen und seit dem späten 12. Jh. auch myth.-allegor. Gestalten wieder handelnd in die Gesch. eingreifen. Trotz Imitation und Neigung zu antikisierender Gestaltung bleiben die Dichtungen eigenständig und realitätsbezogen, so daß sie auch als hist. Quellen Bedeutung besitzen. Die Autoren begnügen sich freilich oft auch mit schlichten Faktenberichten oder der Versifikation von Prosavorlagen; mit dem Anspruch auf wahrheitsgemäße Darstellung weisen manche die »figmenta poetarum« ausdrückl. zurück, womit antike Götterszenen ebenso wie der bes. rhetor.-poetische Aufwand gemeint sein können. Aus karol. Zeit sind zu nennen →»Karolus Magnus et Leo papa«, →Ermoldus Nigellus, der →Poeta Saxo, die →»Gesta Berengarii«, aus otton. Zeit →Hrotsvits »Gesta Oddonis«, aus dem außerordentl. produktiven 11./12. Jh. das →»Carmen de bello Saxonico«, →Donizo v. Sutri, die Epen von Wido v. Amiens (→»Carmen de Hastingae proelio«), →Stephan v. Rouen und →Wilhelm v. Apulien für norm. Fs.en; für die Staufer entstanden das →»Carmen de gestis Frederici« und Dichtungen von →Gunther (v. Pairis?), →Petrus v. Eboli und →Gottfried v. Viterbo, der jedoch Barbarossas Taten nur kompendienhaft resümierte und ähnlich auch die

Weltgesch. katalogartig in Versen zusammenfaßte. In Frankreich folgen im 13. Jh. die »Philippis« des →Guillelmus Brito und das von antiker Mythologie durchtränkte E. des →Nicolaus de Braia zu Ehren Ludwigs VIII., für den überdies→Aegidius v. Paris die Gesch. Karls d. Gr. als Fürstenspiegel versifizierte. Lokalhist. bestimmt ist das »Lippiflorium« des→Iustinus v. Lippstadt. Wie bei Donizo, so wird auch sonst gelegentl. im hist. Epos die eigtl. Gesch. des Helden durch eine längere Genealogie eingeleitet.

Zahlreich sind die *Kreuzzugsepen*. Die Prosa-Darstellung des 1. Kreuzzuges von→Robertus Monachus diente Gilo, →Metellus v. Tegernsee und→Gunther als Vorlage; →Radulf v. Caen gab seinen »Gesta Tancredi« zumindest teilweise hexametr.-epische Form. Vom 3. Kreuzzug beschrieb ein anonymer Teilnehmer nur die trostlose Vorgesch. (Forschungen zur dt. Gesch. 21, 1881, 449ff.), wie auch die »Antiocheis« des →Ioseph Iscanus wohl unvollendet blieb; den Erfolg vor Akkon besang ein weiterer Augenzeuge im »Liber de recuperatione Ptolemaidae« (→Haymarus?). Über die Albigenserkriege handelte→Johannes de Garlandia (»De triumphis ecclesiae«). Auch die Kämpfe einzelner Städte boten Stoff für epische Dichtungen (→Abbo v. Saint-Germain, →Laurentius Veronensis oder→Heinrich v. Pisa als Verfasser des »Liber Maiolichini de gestis Pisanorum illustribus«, »Liber Cumanus de bello Mediolanensium adversus Comenses«, Stephanardo de Vicomercato, Heinrich Rosla und spätere).

Von den *antiken Stoffen* haben der Trojan. Krieg (→Troja-Dichtung, →Joseph Iscanus) und der Alexanderroman (→Alexander d. Gr. B. IV) die lat. Epiker des hohen MA oft angezogen; Themen der *germ.-ma. Sage* fanden seltener ihre Gunst. Neben dem einzigartigen →»Waltharius«-Epos und der nur unsicher bezeugten lat. »Nibelungias« stehen noch der »Herzog Ernst« →Odos v. Magdeburg und das »Carmen de prodicione Guenonis« mit einem Stück der →Karlssage. Anders als in den Volkssprachen hat sich auch der freie *Versroman* in der lat. Sprache kaum entfaltet. Eine abenteuerl. Episode, eine Piratenfahrt im Bauche eines Wales, bieten bereits die →»Hisperica famina« (»De gesta re«, B-Fassung v. 157–217); das Ionas-Motiv taucht wiederum auf in der kleinen Gesch. von dem bret. Fischer Within, die der Mönch→Letaldus (v. Micy?) parodierend zu einem Heldenepos stilisierte. Die christl. Odyssee des hl. Brendan (→»Navigatio s. Brendani«) ist erst spät in lat. Vagantenstrophen umgesetzt worden (WALTHER Nr. 20035). Aus dem irisch-bret. Raum stammt auch die Gesch. von dem Zauberer Merlin, die wohl →Galfred (Geoffroi) v. Monmouth in lat. Versen erzählt hat. Wiederum singular ist das →»Ruodlieb«-Epos, der erste *Ritterroman* und einzige Vertreter der Spezies in lat. Sprache. Eine lat. Verfassung des »Gregorius« Hartmanns v. Aue schrieb →Arnold v. Lübeck.

Die ma. *Tierepik* setzt mit der →»Ecbasis cuiusdam captivi« und dem »Ysengrimus« (→Nivardus v. Gent) ein; die Werke sind gekennzeichnet durch die Verschlingung verschiedener selbständiger Fabeln zu einer Einheit, die der Form des Kollektivgedichtes ovidischer Prägung (»Metamorphosen«) vergleichbar, aber allegor. verstanden von moral.-satir. oder (auto-)biograph. Zügen geprägt ist. Im »Speculum stultorum« des→Nigellus (Wireker) v. Longchamps dient die abenteuerl. Reise eines Esels als Rahmen für ein Geflecht von satir. Erzählungen und Invektiven; das Tierepos wird zum satir. Versroman. Satir. und didakt. Absichten verbinden sich auch im »Architrhenius« des →Johannes de Hauvilla mit der Form des *Reiseromans*; als Reise durch alle Bereiche des Lebens und Wissens ist →Pseudo-Ovidius »De vetula« zu verstehen. Das *allegor. Epos* des →Prudentius, die »Psychomachia«, findet im lat. MA bei →Eupolemius gewisse Nachfolge; der »Anticlaudianus« des →Alanus v. Lille steht dem allegor.-didakt. Werk des →Martianus Capella näher.

Das epische Versmaß war traditionsgemäß der Hexameter, in seiner antiken Form oder in den gereimten Spielarten des MA. Eleg. Distichen verwendeten Ermoldus Nigellus, der Poeta Saxo und der Anonymus des 3. Kreuzzuges, um auf klagevolle Situationen hinzuweisen; seit dem 11. Jh. bedienen sich andere Epiker des Versmaßes auch ohne deutl. Bezug auf seinen Charakter (z. B. Wido v. Amiens, Stephan v. Rouen, Embrico, Nivardus, Nigellus v. Longchamps, Simon Aurea Capra, Quilichinus, Iustinus v. Lippstadt, Laurentius v. Durham, Petrus Riga – beanstandet von Guillelmus Brito, BOUQUET, Bd. 17, 118 v. 14–18). Vereinzelt ist das in rhythm. Strophen gefaßte hist. Lied zu epischen Dimensionen angewachsen (→Guido v. Pisa, »Carmen in victoriam Pisanorum; →Haymarus). P. Chr. Jacobsen

Lit.: GromPhil II 1, 172–179, 392–409 – MANITIUS I, 537–636; II, 491–637; III, 646–707 – MERKER-STAMMLER II, 379–398 – GTÜ II, 78–90 – G. CHIRI, La poesia epico-storica Lat. dell' Italia Medioevale, 1939 – A. K. BATE, The Use and Abuse of Virgil in Medieval Latin Epic, Proceedings of the Virgil Society 16, 1976–77, 1–8 – TH. M. ANDERSSON, Early Epic Scenery: Homer, Virgil, and the Medieval Legacy, 1976 – A. EBENBAUER, Carmen historicum. Unters. zur hist. Dichtung im karol. Europa I, 1978 (Philologica Germanica 1) – F. P. KNAPP, Hist. Wahrheit und poet. Lüge. Die Gattungen mittl. Epik und ihre theoret. Rechtfertigung im HochMA, DVjs 54, 1980, 581–635 [Lit.] – J. L. CHARLET, L'apport de la poésie latine chr. à la mutation de l'épopée antique: Prudence precursor de l'épopée médiévale, Bull. de l'Association G. Budé, 1980, 207–217 – P. GODMAN, The Anglo-Latin »Opus geminatum«, MAe 50, 1981, 215–219 – V. MERTENS–U. MÜLLER, (Hg.) Ep. Stoffe des MA, 1984.

II. HUMANISMUS: Die Humanisten sahen im E. die vornehmste Gattung, da sie einen universalen Gegenstand behandelt und die Möglichkeit bietet, den vollkommenen Helden darzustellen. Einerseits über die unmittelbare Nachahmung der Musterautoren Homer und Vergil (unter Bevorzugung Vergils), andererseits unter Beachtung eines hauptsächl. auf Aristoteles und Horaz zurückgreifenden Regelkanons (am bekanntesten Julius Caesar Scaligers [† 1558] Epentheorie) entstanden zahlreiche lat. Epen, angefangen von F. →Petrarcas »Africa«, die den Sieg Scipios über Karthago verherrlicht. Beispiele für panegyr., fsl. Helden der Gegenwart gewidmete Epen sind Basinio Basinis († 1457) »Hesperis« und Tito Vespasiano Strozzis († 1505) »Borsias«. Religiöse Themen gestalteten Jacopo Sannazaros († 1530) »De partu virginis« und Marco Vidas († 1566) »Christias«. Die Versuche humanist. Dichter, in der Volkssprache ein Nationalepos vergilian. Prägung zu schaffen, scheiterten bis auf Luis de Camões' († 1580) »Lusiaden«, die Schilderung der Fahrt Vasco da Gamas. A. Buck

Lit.: B. WEINBERG, A Hist. of Literary Criticism in the It. Renaissance, 1961 – A. BUCK, Die Rezeption der Antike in den roman. Literaturen der Renaissance, 1976.

C. Byzantinische und slavische Literaturen

I. Byzantinische Literatur – II. Slavische Literaturen.

I. BYZANTINISCHE LITERATUR: Ausgehend von dem klass. Begriff des E. als längere, aus daktyl. Hexametern bestehende, v. a. Heldensage behandelnde Poesie, kann man unter Epischem »jene Dichtungen größeren Umfangs zusammenfassen, die weder die persönliche Sphäre des Dichters tangieren, noch eindeutig moralisch-weltanschauliche Tendenzen aufweisen« (HUNGER). Neben Dichtungen mytholog. Inhalts treten hier hist. Darstellungen mit ausgesprochenem Gegenwartsbezug. Lehrgedichte sowie Versromane sollen in diesem Zusammenhang ebenfalls genannt werden. Eine epische Volksdichtung im antiken Sinn beginnt in Byzanz erst mit dem Auftreten der volkssprachl. Literatur; als Hauptvertreter gilt das spätestens im 12. Jh. entstandene Volksepos mit romanhaften Zügen →»Digenis Akrites«; bescheidener im Umfang (ca. 200 Fünfzehnsilber) erweist sich das Armuris-Lied aus der Zeit der arab.-byz. Grenzkämpfe, dessen Überlieferung jedoch nicht über das 15. Jh. hinausreicht.

In der 1. Hälfte des 7. Jh. verherrlichte der Diakon und Skeuophylax der Hagia Sophia, →Georgios Pisides, die Taten Ks. →Herakleios', v. a. in den in Zwölfsilbern (aus dem jamb. Trimeter hervorgegangen) verfaßten drei Büchern über den Perserfeldzug 622/623. Der Belagerung Konstantinopels durch Avaren und Perser 626 widmete Georgios Pisides 541 Zwölfsilber. Diese für den öffentl. Vortrag bestimmten Dichtungen tragen gelegentl. den Namen ἀκροάσεις. – Bei der triumphalen Heimkehr des späteren Ks.s Nikephoros Phokas nach der Rückeroberung Kretas 961 besang Theodosios Diakonos den Sieger in 5 Akroaseis von ca. 1000 Zwölfsilbern. – Im 12. Jh. verfaßte der spätere Metropolit v. Naupaktos, Konstantinos Manasses († 1187), eine versifizierte (6733 Fünfzehnsilber) Weltchronik, die die Zeit von der Erschaffung der Welt bis zur Abdankung Ks. Nikephoros' III. Botaneiates 1081 behandelt. – Aus dem Gebiet der didakt. Epik (→Lehrhafte Literatur) sei hier lediql. auf die über 10000 polit. Verse umfassende Mythenallegorie zur Ilias und Odyssee des Iohannes →Tzetzes (12. Jh.) hingewiesen. Vgl. →Byzantinische Literatur. Ch. Hannick

Lit.: RAC V, 983–1042 – Poesia epica. Atti del Convegno internaz. sul tema: La poesia epica e la sua formazione, Roma 1969, 1970 – BECK, Volksliteratur, 48–63 – HUNGER, Profane Lit. II, 109–119 – T. V. POPOVA, Vizantijskaja narodnaja literatura. Istorija žanrovych form eposa i romana, 1985.

II. SLAVISCHE LITERATUREN: In den ma. slav. Literaturen bezieht sich die Gattung des Epischen v. a. auf den Inhalt, nicht aber auf das Versmaß, das außer in der alttschech. Lit. erst ab dem Ende des MA gepflegt wurde. Zyklen von epischen Liedern begegnen bei den Südslaven; in Rußland erfüllen die →Bylinen den gleichen Zweck, in der Ukraine die »duma«; bei den Westslaven kommt den Balladen eine ähnl. Bedeutung zu. Als das bekannteste ostslav. E. gilt zweifelsohne das →Igorlied.

Die südslav. Epik entstand aus den Heldenliedern aus der Zeit der Türkeneroberung und erhielt ihre poetische Form in der langzeiligen Bugarštica bzw. dem serb. zehnsilbigen trochäischen Vers. Älteste Beispiele der Bugarštica mit musikal. Mensuralnotation überliefert der dalmatin. Dichter Petar Hektorović in seinem »Ribanje i ribarsko prigovaranje« (1568). Als bedeutende Gestalten der südslav. epischen Lieder gelten der letzte serb. Ks. Lazar, der 1389 in der Schlacht auf dem Amselfeld fiel, sowie der Vasall der Türken, Kraljević Marko († 1395). Die Sammlung der serb. Heldenlieder geht auf Vuk Karadžić (Wien 1814) zurück. – In Altböhmen entstand am Ende des 13. bzw. Beginn des 14. Jh. auf der Grundlage der franz. Bearbeitung des Walther v. Châtillon eine versifizierte Bearbeitung des →Alexander-Stoffes. Der anonyme tschech. Dichter bediente sich des achtsilbigen Verses mit Paarreimen. Als angebl. Verfasser einer alttschech. Reimchronik, die bis 1314 reicht, wird →Dalimil genannt, der die Legenden aus der Frühgeschichte Böhmens bearbeitete. – Bes. in Polen entwickelte sich eine den Festen und Gebräuchen des Kirchenjahres gewidmete Dichtung mit epischen Zügen. Ch. Hannick

Lit.: N. BANAŠEVIĆ, Ciklus Marka Kraljevića i odjeci francusko-talijanske viteške književnosti, 1935 – B. HAVRÁNEK–J. HRABÁK, Výbor z české literatury od počátků po dobu Husovu, 1957, 113–211 – Epos slavjankich narodov, pod. red. P. G. BOGATYREV, 1959 – J. KRZYŻANOWSKI, Literatura ludow StowStarStow III, 1967, 65–73 – Srpske narodne pjesme iz neobjavljenih rukopisa Vuka Stef. Karadžića, I–IV, 1973–74 – A. B. LORD, Tradition and Innovation in Balkan Epic. From Heracles and Theseus to Digenis Akritas and Marko, RESE 18, 1980, 195–212.

D. Volkssprachliche Literaturen des westlichen Europa
I. Deutsche Literatur – II. Romanische Literaturen – III. Englische Literatur – IV. Altnordische Literatur.

I. DEUTSCHE LITERATUR: [1] *Gattungspoetologische Probleme:* In der ma. dt. Lit. definierte sich Gattungsbewußtsein nicht über eine verbindliche Terminologie. Erzählende Lit. wurde unabhängig von Stoff, Form und Umfang mit wechselnden Bezeichnungen (*rede, buoch, mære, liet, aventiure* u. ä.) belegt, erst die moderne Literaturwissenschaft versucht, verschiedene Texttypen auch durch spezifische Benennungen gegeneinander abzugrenzen. Dabei wird die Bezeichnung 'E.', die seit dem 18. Jh. in der dt. Poetik für umfangreiche erzählende Versdichtungen in gehobenem Stil gebräuchlich ist, auch für die narrative dt. Lit. des MA angewandt, und zwar einerseits in allgemeinem Sinne für erzählende Dichtungen überhaupt, die bis ins 15. Jh. fast ausschließlich in Versform existieren, andererseits für bestimmte Texttypen.

Jeder Versuch, das E. in der ma. dt. Lit. darzustellen, stößt auf das zentrale Problem der Gattungspoetik, universale Theoriebildung und historisch sich wandelnde Erscheinungsformen der Dichtung zu koordinieren. Einer universalen Betrachtung gilt *Epik* wie *Lyrik* und *Dramatik* als poetolog. Grundkategorie (Naturform der Dichtung), die auf ep., lyr., dramat. Formen menschlicher Welterfassung zurückgeführt wird und die in normativ verstandenen Gattungen Ausformungen erfährt. Gegenüber solch zeitübergreifender Gattungsbestimmung wird heute überwiegend mit historisch sich wandelnden Literaturtypen operiert. Wenn man allerdings – HUGO KUHN folgend – verschiedene Gattungen durch ein Bündel von Merkmalen (Motiven, Figuren, Strukturen), die bestimmten Entwicklungen unterliegen, konstituiert sieht, spielen dabei auch narrative Universalien eine Rolle. Die Schwierigkeit, Definitionen, die in neuzeitl. Literaturkontext gewonnen sind, auf das MA zu übertragen, und die relative Geltung der Begriffe im Rahmen best. theoret. Konzepte bilden ein permantes Problem literarästhetischer Betrachtung.

[2] *Epos versus Roman:* Der spezielle E.-Begriff gewinnt seine Bedeutung aus der hist. wie typolog. Abgrenzung von der anderen narrativen Großform, dem *Roman*. Im Anschluß an GEORG LUKÁCS wird E. als Gestaltung einer »geschlossenen Lebenstotalität« mit festen Lebens-, Wert- und Sozialordnungen begriffen, der Roman als Ausdruck eines privaten Weltausschnitts und problematisch gewordenen Welt- und Ordnungsverständnisses. Auf die ma. Lit. angewandt führt diese Unterscheidung dazu, die umfangreichen erzählenden Dichtungen bis gegen Ende des 12. Jh. als E. anzusprechen, indem sie die gleiche Weltsicht verbindet, auch wenn sich ihre themat. und strukturellen Merkmale unterscheiden (Bibelepen, Geschichtsepen, →Brautwerberepen u. a. m.). In der höf. Lit. um 1200 lassen sich sowohl epostypische wie romantypische Elemente erkennen, so daß die höf. Epik (speziell der Artusroman) als eine Übergangserscheinung betrachtet werden kann. Hinsichtlich der verbindlichen Weltverständnisses, des Gesellschaftsbezugs von Personen und Handlungen wie der für den öffentl. Vortrag bestimmten

Versform entspricht sie dem E., andererseits zeigen die Problematisierung des Verhältnisses einzelner Protagonisten zur Gesellschaft und Profilierung personaler Interessen den Übergang zum Roman an. Unter dieser Voraussetzung haben die synonym gebrauchten Begriffe 'höf. Epos' und 'höf. Roman' gleichermaßen Berechtigung, und die Erzählwerke der höf. Autoren (Hartmann v. Aue, Wolfram v. Eschenbach, Gottfried v. Straßburg) neigen mehr oder weniger dem einen oder anderen zu, ohne freilich eine kontinuierl. Weiterentwicklung in Richtung auf den Roman einzuleiten.

[3] *E. als Erzählwerk allgemein:* In Verbindung mit Epik als Kollektivbegriff für Erzähllit. wird E. weithin ohne bes. Implikationen zur Bezeichnung des einzelnen Exemplars dieser Literatur verwendet, z. B. gleichermaßen für das stabreimende Leben Jesu→»Heliand«, das allegor. Gedicht »Das→Himml. Jerusalem«, →Heinrich v. Veldekes »Eneide«, →Hartmann v. Aues höf. Legende »Gregorius«, →Gottfried v. Straßburgs Liebesroman »Tristan und Isolde«, den Gralszyklus »Der Jüngere Titurel« →Albrechts v. Scharfenberg usw. Differenzierend zu dieser umfassenden Bedeutung von E. sind in der Literaturgeschichtsschreibung seit dem vorigen Jh. eine Reihe von Gruppenbildungen zur Erfassung der ma. dt. Erzähllit. gebräuchlich, die allerdings auf kategorial unterschiedlichen Ordnungskriterien beruhen; sie beziehen sich v. a. auf Stoff, Stil, Umfang, Verfasser. Im Blick auf verschiedene Aspekte kann ein Werk mehreren Gruppen zugewiesen werden.

[4] *Epos-Gruppen der dt. Lit.:* Die wichtigsten Untergliederungen sind Bibel- und Legenden-, Spielmanns-, Helden-, Artusepik, außerdem Geschichts-, Kreuzzugs-, Karls-, Dietrichs-, Grals-, Tier-, Kleinepik.

In der *Bibel- und Legendenepik* werden Bibelteile, apokryphe Stoffe, Heiligenlegenden erzählerisch aufbereitet und auf den in Ereignissen und Dingen verborgenen heilsgeschichtl. Sinn hin gedeutet, zunächst von geistl. Verfassern für klösterl. Gemeinschaften geschrieben, seit Ende des 12. Jh. darüber hinaus für die lit. Kommunikation des höf. und später städt. Publikums adaptiert. Unter dem Aspekt der Verfasserschaft und der themat. Ausrichtung lassen sich diese Texte auch als »Geistlichenepik« und z. T. als »Kreuzzugsepen« zusammenfassen. Bei der Ausfächerung themat. Schwerpunkte werden wechselnde Zuordnungen möglich, so sind das →»Rolandslied« des Pfaffen Konrad und der »Willehalm« →Wolframs v. Eschenbach einerseits Kreuzzugsepen, aber indem sie Stoffe der frz. →chanson de geste verarbeiten, zugleich Repräsentanten der »Karls-« und »Wilhelmsepik«.

Spielmannsepik ist eine Gruppensigle, deren ursprgl. Bedeutung (Annahme spielmännischer Verfasserschaft) heute kaum mehr Geltung besitzt, die jedoch für fünf anonyme Epen konventionell weiterbenutzt wird (»König →Rother«, →»Herzog Ernst«, deren Überlieferung bis ins 12. Jh. zurückreicht, →»Oswald«, »Orendel«, →»Salman und Morolf«, erst im 15. Jh. überliefert, doch früher entstanden). Diese Epen sind durch die Motive Brautwerbung und Brautraub (→Brautwerberepos), Orient- und Kreuzzugserfahrung geprägt und besitzen z. T. eine markante Struktur mit Wiederholung der Handlung unter veränderten Vorzeichen (»König Rother«), doch begegnen diese typ. Merkmale auch außerhalb der Spielmannsepen; Brautwerbung spielt im »Nibelungenlied«, in der »Kudrun« und im »Tristan« eine wichtige Rolle; Doppelung der Handlung ist ein wiederkehrendes Merkmal in der Entwicklung von einfacher reihender Erzählung zu komplex. Strukturierung v. Erz.-Stoffen.

Das *Heldenepos* wird in der Forschung als reinste Ausprägung des ma. E. betrachtet, weil darin epostypische Merkmale am stärksten konzentriert und die Vergleichbarkeit mit Repräsentanten der Gattung aus anderen Zeiten und Kulturbereichen (»Ilias«, »Odyssee«) bes. groß erscheint. Erst um 1200 wird dt. Heldenepik im →»Nibelungenlied« schriftlich faßbar, vorher existierte sie in →mündl. Literaturtradition (*oral poetry*), d. h. ein vorgegebener Stoff (sagenhafte Umgestaltung von Ereignissen der Völkerwanderungszeit) wurde mit formelhaften Wendungen und situativen Versatzstücken durch Sänger zu jeweils aktuellen Aufführungsvarianten gebracht. Verschieden lange Vortragszeit ergab stilist. Unterschiede in größerer Konzentration oder Ausbreitung des Stoffes; ein Vortrag über mehrere Tage und Wochen ermöglichte Großformen, die additiv gebaut und primär biographisch aufgereiht zu denken sind, sie können als mündl. E. bezeichnet werden. Das »Nibelungenlied« gilt als Heldenepos par excellence, gleichwohl sind seine konstituierenden Bestandteile heterogen, Kombination verschiedener Stofftraditionen, Spuren mündl. Dichtung, komplizierte strukturelle Durchgestaltung, Motive und Darstellungsformen höf.-ritterl. Kultur treffen darin zusammen. Die →»Kudrun« und die Dietrichepen (→Dietrich v. Bern) sind weitere Repräsentanten der Gattung. Unter stoffgeschichtl. Aspekten wurden die Heldenepen z. T. auch als Geschichtsepen verstanden, doch berechtigt nur im Blick auf den hist. Kern (Burgundenuntergang, Theoderich d. Gr., Karl d. Gr.), in der Stofforganisation sind sie von den Formen chronist. Geschichtserfassung (Weltchronik, »Kaiserchronik«) deutlich abzurücken.

Die *Artusepik* (→Artus) wird durch Stoff und Struktur als besonderer hochartifizieller Literaturtyp charakterisiert. Allerdings entsprechen dem idealen Romanmodell nur die Werke→Chrétiens de Troyes und→Hartmanns v. Aue, der um 1180 mit dem »Erec« die Gattung in die dt. Lit. eingeführt hat. In→Wolfram v. Eschenbachs »Parzival« als Artus- und Gralsroman ist das zugrundeliegende Modell durch zusätzliche Stoffkreise, v. a. die übergeordnete Gralswelt erweitert und verändert. Spätere Artusromane organisieren eine große Stoffülle in vereinfachten Strukturen.

Als → *Tierepos* gilt der Ende 12. Jh. entstandene »Reinhart Fuchs« von Heinrich dem Glichesære, der auf dem frz. »Roman de →Renart«, einem Zusammenschluß von schwankhaften Fabeln, basiert, die in der dt. Version als polit. moralisierende Satire auf zeitgenöss. Machtverhältnisse eine finale Konzeption erhalten.

Die Bezeichnung *Kleinepik* oder *Kurzepen* dient öfter als Zusammenfassung von Verserzählungen, die, 50 bis 1000 Reimpaare umfassend, seit der 1. Hälfte des 13. Jh. auftauchen und für die die Gattungsbezeichnung 'Märe' vorgeschlagen wurde. FISCHER und SCHIRMER haben Beschreibungskriterien geliefert und themat. Gruppen (höf.-galante, moral.-exemplar., schwankhafte Mären) gebildet. Derartige Kurzerzählungen sind bisweilen in bestimmten Rahmenkonstruktionen zusammengeschlossen, wie z. B. in Strickers »Pfaffe Amis«.

[5] *Strukturell differenzierte Erzählliteratur-Typen:* Übergreifend zu den wesentlich stofforientierten E.-Gruppen hat die Strukturforschung für die ma. Epik bestimmte Prinzipien der Stoffgestaltung und Gattungsentelechien entdeckt. Als einfachstes Prinzip erscheint die erzählende Reihung von Ereignissen oder Episoden an einem bestimmten Faden (Lebenslauf oder -abschnitt). Weiterführende strukturierende Akte bestehen darin, die Reihe zu einem Zielpunkt zu bringen, der rückwirkend eine neue

Bewertung des Erzählten ergibt (»Alexanderlied«), dann die Handlung unter veränderten Vorzeichen zu wiederholen (»König Rother«), schließlich die zielgerichteten Episoden und den doppelten Handlungskursus zu verbinden (Hartmanns Artusromane). In diesen komplizierten Formen wird Bedeutung zunehmend symbolisch über die Struktur vermittelt und nicht mehr nur durch direkten oder indirekten Verweis auf die omnipräsente geistl. heilsgeschichtl. Sinnebene von Welt und Mensch ausgedrückt. Wie die romanhaften Ansätze der höf. Epik allgemein in der Literaturgeschichte keine geradlinige Entwicklung erfahren, werden auch die komplexen Modelle wieder aufgelöst und zu weniger konsistenten Strukturformen aufgefächert. U. Schulze

Lit.: allg.: Reallex. der dt. Lit.gesch. I, 1958², 381–388 [W. J. Schröder] – Handlex. zur Lit.wiss., 1974, 150f. [Hugo Kuhn, s.v. Gattung] – EM IV, 75–96 [W. Haug] – Hugo Kuhn, Gattungsprobleme der mhd. Lit. (Dichtung und Welt im MA, 1959, 1969²), 41–61 – H. R. Jauss, Theorie der Gattungen und Lit. des MA (Alterität und Modernität ma. Lit., 1977), 327–358 – Ep. Stoffe des MA, hg. V. Mertens – U. Müller, 1984 – W. Haug, Ma. Epik: Ansätze, Brechungen und Perspektiven (ebd., 1–19) – speziell: A. Heusler, Lied und E. in germ. Sagendichtung, 1905 [Nachdr. 1955] – G. Lukács, Die Theorie des Romans. Ein geschichtsphilos. Versuch über die Formen der großen Epik, 1920 [Nachdr. 1963 u.ö.] – W. J. Schröder, Spielmannsepik, 1967² – K. Ruh, Höf. Epik des MA I, 1967, 1977²; II, 1980 – M. Curschmann, Spielmannsepik, 1968 – H. Fischer, Stud. zur dt. Märendichtung, 1968 – K. v. See, Germ. Heldensage. Stoffe, Probleme, Methoden, 1971 – W. Haug, Die Symbolstruktur des höf. E. und ihre Auflösung bei Wolfram v. Eschenbach, DVjs 45, 1971, 668–705 – Ders., Struktur und Gesch., GRM 54, 1973, 129–152 – U. Wyss, Theorie der mhd. Legendenepik, 1973 – W. Haug, Andreas Heuslers Heldensagenmodell. Prämissen, Kritik und Gegenentwurf, ZDA 104, 1975, 273–292 – D. Kartschoke, Altdt. Bibeldichtung, 1975 – E. R. Haymes, Das mündl. E. Eine Einf. in die 'Oral-poetry'-Forschung, 1977 – R. Warning, Formen narrativer Identitätskonstitution im höf. Roman (GRLMA, 1978), 25–59 – G. Köpf, Märendichtung, 1978 – W. Haug, Paradigmat. Poesie. Der spätere dt. Artusroman auf dem Weg zu einer 'nachklass.' Ästhetik, DVjs 54, 1980, 204–231 – Das Märe, hg. K. H. Schirmer, 1983 – F. P. Knapp, Tierepik (Ep. Stoffe des MA, hg. V. Mertens – U. Müller, 1984), 229–246 – H. J. Ziegeler, Erzählen im SpätMA. Mären im Kontext von Minnereden, Bispeln und Romanen (MTU 87, 1986).

II. Romanische Literaturen: [1] *Zur Problemlage:* In den roman. Sprachen ist der Begriff E. in der Mediävistik nicht gebräuchlich. Anstatt von E. spricht man etwa frz. von der →Chanson de geste oder der »légende épique«, anstatt Artusepik sagt man Artusroman oder anstatt Tierepos »roman de →Renart«. Darin kommt terminolog. der Unterschied zw. dem »mündl.« E., frz. »épopée vivante«, und den übrigen literar. narrativen Großformen in Vers und Prosa zum Ausdruck. E. als kulturell bedingte, d. h. variable Form wird somit vom Epischen als gleichsam universale Erzählform unterschieden. Der ma. Roman ist wohl episch, aber kein E.

Das primäre, »mündl.« Helden-E. kommt in der Romania nur in Nordfrankreich (→Chanson de geste) und in Spanien (→Cantares de gesta) vor. Die it. →Cantari, die sehr unterschiedl. Erzählstoffe verarbeiten, sind als sekundäre Dichtungen anzusehen. Mißt man den Helden der Chanson de geste am Modell eines Heldenlebens, wie es u. a. der vergleichende Epenforscher Jan De Vries entworfen hat, treten die Besonderheiten des frz. Helden-E. klar hervor, fehlen doch darin die göttl. Herkunft, die Aussetzung des Kindes, die Unverwundbarkeit des Helden, der Drachenkampf, die Brautfahrt, die Fahrt in die Unterwelt und der wunderbare Tod mit Apotheose. Einige dieser Motive (Aussetzung, Brautfahrt, Drachenkampf) finden hingegen in Vers- und Prosaroman Eingang. Die Chansons de geste bestehen aus drei Komponenten: 1. gesungene Geschichte, 2. Heidenkrieg, 3. Probleme der Feudalgesellschaft. Das Element »gesungene Geschichte« bleibt praktisch konstant, denn die Handlung wird in fast allen Chansons de geste in die karol. Epoche verlegt. Die Existenz karol. Kurzepen ist nach wie vor reine Hypothese, hingegen ist erwiesen, daß die erhaltenen Großepen alle nach dem Zerfall des karol. Reiches entstanden sind. Die Glorifizierung der karol. Epoche kann somit den Traum der verlorenen Einheit widerspiegeln und diese Einheit als Projekt für die nationale Gegenwart und Zukunft postulieren. Die Komponenten »Heidenkrieg« und »Feudalismus« betreffen das 11. und 12. Jh., d. h. die zeitgenöss. Problematik, weshalb hier eine Entwicklung festzustellen ist. Die Texte geben in diesem Bereich je verschiedene epische Antworten. Im afrz. →Rolandslied müssen sich die partikulären Interessen des Vasallen der Notwendigkeit der Einheit angesichts der Heidengefahr beugen. In späteren Chansons vermag der Heidenkrieg die feudalen Spannungen nicht mehr immer aufzuheben, was in der Herrscherfigur zum Ausdruck kommt (→Renaut de Montauban; →Huon de Bordeaux). Das Recht ist nicht mehr identisch mit dem Christentum; der Idealkönig ist zum Tyrannen geworden. Dies entspricht der Vasallenoptik einer Zeit, in der die kgl. Zentralmacht erstarkt. Variiert die epische Lösung der feudalen Spannungen, so entspricht doch die Art der Konflikte den hist. Gegebenheiten des 12. Jh.

Im span. →Cid liegt die gesungene Geschichte viel weniger weit zurück, wie denn auch der Heidenkrieg in den →Cantares de gesta unmittelbar mit der span. Geschichte und der Reconquista zusammenhängt. Dies erklärt die im Vergleich zu den frz. Chansons de geste geringere legendar. Ausschmückung der span. Epen. Die Zeitgeschichte tritt in Frankreich nur in den Kreuzzugsepen auf, wozu auch das aprov. E. über den Albigenserkrieg zu zählen ist.

In Italien bilden sich drei E.-Typen heraus. Die frankoit. Versepik (→Franko-it. Literatur) Norditaliens übernimmt Stoff und Form (*Laisse*) aus der Chanson de geste, zunächst in spielmännischer Ausprägung (Codex Marciano 13), wohl noch im 13. Jh. anzusetzen, später mit gelehrtem Einschlag (→Entrée d'Espagne) und auch mit neuen Stoffen (Niccolò da Verona, Pharsale; Niccolò da Casola, Guerra d'Attila), wobei sich die aristokrat.-bürgerl. Gegebenheiten der nordit. →Kommunen in den Texten niederschlagen. Die epische Kleinform der →Cantari des 14. Jh. verarbeitet die verschiedensten Erzählstoffe in der Form der »ottava rima«. Die franko-it. Versepik und die Cantari führen im 15. Jh. zum literar. sekundären E. des »poema cavalleresco« oder »poema eroico« der Renaissance (→Pulci, →Boiardo, Ariost, Tasso). In Italien begründet somit das ma. E. die neue Kunstepik mit.

Anders in Frankreich, wo die Chansons de geste im Spät-MA in Prosa umgesetzt werden, so daß Ronsards literar. National-E. »La Franciade« (1572) das ma. Erbe vollständig ignoriert. Allerdings hat die Forschung das spätma. E. Frankreichs weitgehend vernachlässigt. Von den gegen hundert Chansons de geste stammen nämlich ein Viertel aus dem 14. und 15. Jh. Diese Texte sind teils Bearbeitungen älterer Vorlagen, teils erzählen sie die Vorgeschichte oder führen bestehende Chansons weiter, teils handelt es sich aber auch um Neuschöpfungen (Baudouin de Sebourc, Hugues Capet, Cuveliers »Vie de Bertrand Du Guesclin«). Durch die Aufnahme zahlreicher folklorist. und märchenhafter Elemente sind diese Texte ähnlich romanesk wie die it. spätma. Epik. M.-R. Jung

[2] *Zur historischen Entwicklung:* Histor. sind die Konturen der Entwicklung narrativer Formen in den ma. roman. Literaturen einigermaßen deutlich: Am Beginn stehen Frankreich und Spanien, mehr oder weniger selbständig folgen die Provence und Italien, die Rolle Portugals bei der Entstehung des »Amadís«-Romans bleibt umstritten und »Tirant lo blanch« aus Katalonien erscheint als Summe und Überwindung der höf.-ritterl. Kultur des MA am Horizont der Renaissance.

Am Beginn also Frankreich. Zuerst hagiograph. Epik, das um 1000 entstandene »Leodegarlied« (»Vie de Saint Léger«) und das etwa siebzig Jahre jüngere »Alexiuslied« (»Vie de Saint Alexis«) als Zeichen jener prägenden Kraft, die Sprache und Lehrinhalte der Kirche zunächst für die ma. Lit. Frankreichs besitzen. Aber soziale und polit. Prozesse begünstigen die zunehmende Selbstgewißheit der Volkssprache. Bis dahin nur mündlich weitergegebene Texte oder Textteile geraten in den neuen Aggregatzustand der Schriftlichkeit, wie in einer Gegenbewegung folgt dem hagiograph. das Volksepos, →Chanson de geste. Hervorragendes Beispiel für dieses zuletzt erwähnte Faktum ist die zw. 1075 und 1100 entstandene Oxforder Version des »Rolandsliedes« (»Chanson de Roland«), das vom Tod des Neffen Karls d. Gr. im August 778 in Roncevaux berichtet. Aus der bisher rekonstruierten Überlieferungsgeschichte des Textinhaltes wird deutlich, daß vor dieser Fassung des Liedes in afrz. Sprache kürzere Texte Einzelepisoden der Rolandsage mündlich verbreitet hatten (dies belegt die sog. »Nota emilianense« aus San Millán de la Cogolla). Die weitere Entwicklung der Gattung kennzeichnet die Herausbildung bestimmter Epenzyklen. Bereits zu Beginn des 13. Jh. unterscheiden die Spielleute drei Sagenkreise: um Karl den Gr. (»Karls«- oder »Königsgeste«), um Wilhelm v. Orange (»Wilhelmsgeste«) und die Vasallen- oder Empörergeste. Daneben entwickeln sich Heldenepen um Gottfried v. Bouillon und die Kreuzritter.

Auch die zweite große Gattung der ma. Epik im Frankreich des 12. Jh., der höfische →Roman (»Roman courtois«), nimmt in wesentl. Teilen volkstüml. Überlieferungsgut auf, das bes. aus dem kelt. Sagenkreis um Kg. Artus und die Ritter seiner Tafelrunde stammt. Zugleich ist der bedeutendste Verfasser dieser »romans bretons«, →Chrétien de Troyes, auch mit Werken antiker Autoren, v. a. Ovids, sehr vertraut. Seine durch Klarheit des Aufbaus und Feinheit der psycholog. Analyse ausgezeichneten Romane (»Erec«, »Cligès«, »Lancelot«, »Yvain«, »Perceval«) gelten zurecht als die ersten klass. Werke der frz. Lit. überhaupt. Ebenfalls zur →matière de Bretagne gehört der →Tristanstoff. Ihn faßt um 1170 →Bero(u)l zu einem E. zusammen, das →Eilhart v. Oberg(e) als Vorlage dient; eine stilist. anspruchsvollere und stärker die Darstellung seel. Vorgänge betonende Fassung schreibt sein Zeitgenosse →Thomas d'Angleterre, dessen Werk wiederum →Gottfried v. Straßburg als Vorlage dient.

Chronolog. zw. heroischer und höf. – bzw. im Fall Tristans antihöf. – Epik angesiedelt, entwickelt sich als weitere gelehrte epische Gattung relativ selbständig der Antikenroman (»Roman d'Alexandre«, »Roman de Thèbes«, »Roman d'Énéas«, »Roman de Troie«). In ihm verschmelzen antiker Mythos, christl. Fiktionalisierung und höf. Geschichte am Hofe der Plantagenêt (→Eleonore) miteinander, an ihm schult die lit. Hochsprache stilist. Präzision und Fähigkeit zur sensiblen Modellierung des Personenporträts.

Das 12. Jh. ist schon durch die gen. Texte ein Jahrhundert der Epik in Frankreich. Aber hinzu treten noch narrative Kleinformen wie die →Lais, die →Fabliaux oder einige Branchen des »Roman de Renart«. Wandlung bringt hier das 13. Jh., das mit den Prosaromanen beginnt und nur noch einige, z. T. epigonal epische Texte hervorbringt, darunter »Renart le nouvel« und »Le couronnement de Renart«, Jean →Bodels »Chanson des Saisnes« (vor 1202) und die »Prise de Cordres et de Sebille«, aber auch Jean de →Meungs Teil des Rosenromans, →Rutebeufs »Dits« und die »Chastelaine de Vergi« (→Châtelain de Coucy). Leser und Zuschauer vertreiben die Epik allmählich aus dem Gattungsspektrum der ma. Lit. Frankreichs. Weder→Froissarts »Meliador«noch→Deschamps didakt. »Miroir de mariage« kann diese Entwicklung aufhalten. Prosa als Stil der Authentizität und die ausufernde Praxis der Mystères besiegeln den Untergang des Genres, das erst kunstvoll-gelehrt mit Ronsards »Franciade« humanistisch wiedererblüht.

Charakterisieren die altprovenzal. Literatur nur drei eigenständige epische Texte – »Boecis«, »Jaufre«, →»Flamenca« –, so bringt Italien im 13. und 14. Jh. vorwiegend Adaptationen der frz. Vorlagen in frankoit. Mischsprache hervor (→»Bovo d'Antona«, »Berta da li pé grandi« [→Bertha], »Karleto«, →»Entrée d'Espagne«), in denen die aristokrat. Elemente der Originale einer bürgerl. Lebenswelt angepaßt werden. Vielleicht begründet in Südfrankreich die Freude der adligen Gesellschaft am lyrischen Konzertieren und die Nähe zu den Epen in langue d'oïl die geringe Zahl der Gattungsbeispiele, vielleicht in Italien die nie verlorene Nähe zu Rom: Hier Vergil als uneinholbares Vorbild, dort →Guillaume (Wilhelm) IX., →Marcabru, Jaufre→Rudel und viele andere trobadors als Maß aller lit. Dinge. Aber während die prov. Literatur verdorrt, entfaltet sich die italienische im Zeichen von Antike und Humanismus, von →Petrarcas lat. »Africa« bis zu →Pulcis »Morgante« oder Boiardos »Orlando innamorato«, von Folengos »Baldus« bis zu Ariosts »Orlando furioso«.

Dieses galloroman.-it. Spektrum findet sich in gewisser Weise auch auf der Pyrenäenhalbinsel – allerdings mit einer viel kleineren Anzahl von Texten – wieder: Katalonien und Portugal eher auf den Spuren der Provence bzw. einheim. Liedtraditionen, Spanien im Verfolg der Rückeroberung ehemals christl. Gebiete daneben auch und ausgeprägter heroisch-national, also episch gestimmt. Während jedoch im Bereich der Volksepik aus dem ma. Frankreich nahezu einhundert Texte mit etwa einer Million Verszeilen überliefert sind, besteht die erhaltene kast. Epik nur aus fünf unvollständig tradierten Specimina: dem »Cantar de Mio Cid«, dem »Poema de Fernán González«, den »Mocedades de Rodrigo« (auch unter dem Titel »Cantar de Rodrigo y el Rey Fernando«), →»Roncesvalles« und den →»Siete Infantes de Salas«. Aus der historiograph. Lit. des 13. und 14. Jh. schließt R. MENÉNDEZ PIDAL darüber hinaus auf das Vorhandensein weiterer Heldenlieder zu »Bernardo del Carpio«, dem Rey don Sancho (→»Cantar de Sancho II de Castilla«), dem »Infante Garcia«, der »Condesa traidora« und der »Reina calumniada«, die allerdings verloren gegangen sind.

Noch ein weiterer Unterschied zur Epik Frankreichs erhellt aus dieser teilweise hypothet. Zusammenstellung: Während die chansons de geste fiktionale Elemente aufweisen und die Berufung auf hist. Authentizität des Geschilderten eher die Glaubwürdigkeit als moral. Instanz gegenüber der nach Jean Bodels Urteil eitlen Weltläufigkeit des bret. Sagenstoffs behaupten soll, stellen die→Cantares de gesta Kastiliens eine mögliche Form der Geschichtsschreibung dar, deren Bedeutung die Chronisten durch die

Integration von Bearbeitungen und Zitaten in ihre eigenen Werke anerkennen.

Neben diesen mehr oder weniger vollständigen Heldenepen bzw. deren gelehrten Ableitungen und dem »Libro de Alexandre« (→Alexander), der in der Tradition des Libro de Alexandre« (→Alexander), der in der Tradition des Antikenromans steht, existiert auf der Iber. Halbinsel eine nicht unbedeutende Anzahl von narrativen Kurzformen in gebundener Sprache hagiograph. oder moral.-didakt. Inhalts – so etwa die Heiligenviten→Gonzalo de Berceos, Teile der →»Cantigas de Santa Maria« Alfons' des Weisen oder auch der im mester de clerecía verfaßte »Libro de Apolonio« (→Apollonius v. Tyrus). Die seit dem 14. Jh. dokumentierte Gattung des →Romance – vielleicht aus den Traditionen der Volksepik – ergänzt die beschriebenen epischen Textformen höfisch-weltlich, wenn sie von hist. und zeitgenöss. Ereignissen mit der strengen Knappheit evokativen Andeutens berichtet.

W.-D. Lange

Lit.: EM – GRLMA, III–V – Neues Hb. der Lit. wiss. 6–8 – J. DE VRIES, Heldenlied und Heldensage, 1961 – M. L. SANDERSON, Eléments arthuriens dans l'épopée française du XIVe s., 1974 – A. ADLER, Ep. Spekulanten. Versuch einer synchronen Gesch. des afrz. E., 1975 – W. HIRDT, Studien zum ep. Prolog. Der Eingang in der erzählenden Versdichtung Italiens, 1975 – L. CHALON, L'hist. et l'épopée castillane du MA, 1976 – E. HAYMES, Das mündl. E. Eine Einführung in die 'oral poetry'-Forsch., 1977 – K. WERNER, Die Gattung des E. nach it. und frz. Poetiken des 16. Jh., 1977 – Charlemagne et l'épopée romane. Actes du VIIe Congrès Internat. de la Soc. Rencesvals, Liège 28 août–4 sept. 1976, 1978 – Europ. Heldendichtung, hg. K. VON SEE, 1978 – Oral Poetry, hg. N. VOORWINDEN–M. DE HAAN, 1979 – F. SUARD, Guillaume d'Orange. Etude du roman en prose, 1979 – DERS., L'épopée français tardive (XIVe–XVe s.), (Etudes de Philol. Romane et d'Hist. Litt. offertes à J. HORRENT, 1980), 449–460 – Traditions of heroic and epic poetry, hg. A. T. HATTO, 2 Bde, 1980 – H. KRAUSS, Epica feudale e pubblico borghese. Per la storia poetica di Carlomagno in Italia, 1980 – J. H. GRISWARD, Archéologie de l'épopée médiévale. Structures trifonctionnelles et mythes indo-européens dans le Cycle des Narbonnais, 1981 – H. BARTELS, E. – Die Gattung in der Gesch. Eine Begriffsbestimmung vor dem Hintergrund der Hegelschen 'Ästhetik' anhand von Nibelungenlied und 'Chanson de Roland', 1982 – W. T. H. JACKSON, The hero and the king. An epic theme, 1982 – R. SPECHT, Recherches sur Nicolas de Vérone. Contribution à l'étude de la litt. franco-it. du XIVe s., 1982 – Essor et fortune de la Chanson de geste dans l'Europe et l'Orient latin. Actes du IXe Congrès Internat. de la Société Rencesvals, Padoue-Venise, 29 août–4 sept. 1982, 1984 – N. DANIEL, Heroes and Saracens. An interpretation of the Chansons de geste, 1984 – Ep. Stoffe des MA, hg. V. MERTENS–U. MÜLLER, 1984 – W. W. KIBLER, Bibliography of Forteenth and Fifteenth Century French Epics, Olifant 11, 1986, 23–50.

III. ENGLISCHE LITERATUR: Für die Betrachtung des E. in der engl. Literatur des MA stellt sich zunächst die Gattungsfrage (s. a. Abschnitt D. I). Man kann es in der Nachfolge Hegels inhaltl.-wertend definieren und von anderen epischen Dichtungsformen allgemein (BOWRA, TILLYARD) oder von der →Romanze im besonderen abgrenzen (KER); man kann das E., speziell das Heldenepos, formal und inhaltl. im Gegensatz zum →Heldenlied charakterisieren (HEUSLER); und man kann schließlich innerhalb des E. zw. einem mündl. oder primären und einem literar. oder sekundären E. unterscheiden (LEWIS, BOWRA).

Nach BOWRA ist das E. als eine längere epische Dichtung in gebundener Form zu definieren, in der menschl. Werte idealisiert und bedeutede Ereignisse insbesondere durch eine krieger. Handlung dargestellt werden. KER unterscheidet das E. von der Romanze aufgrund von Momenten wie Gewichtigkeit (*epic*) und Märchenhaftigkeit (*romance*), Verteidigung einer Engstelle (E.) und Aventürenkette (Romanze). Das E. gehört somit in das 'heroische Zeitalter', während die Romanze für die Zeit des Rittertums typisch ist.

In der ma. engl. Literatur ist das E. v. a. in den Zeugnissen der germ. Heldendichtung, im →»Beowulf«, im →»Finnsburg«-Fragment, in den →»Waldere«-Fragmenten und in der »Battle of →Maldon« vertreten. Was diese ae. Dichtungen angeht, so läßt sich mit HEUSLER zunächst der »Beowulf« als ein E. oder eine längere heroische Versdichtung vom »Finnsburg«-Fragment als einem Lied oder einer kürzeren heroischen Versdichtung abgrenzen. Nach HEUSLER ist dieser Unterschied zugleich ein Indiz für die Mündlichkeit oder Schriftlichkeit der Dichtung; da nach seiner Meinung die Germanen nur das Heldenlied kannten, ist der »Beowulf« als ein Buchepos anzusehen. Er steht damit in der Vergiltradition und gehört zur Gruppe der literar. Epen.

Auch wenn man im »Beowulf« eine Reihe von Zügen der Schriftdichtung erkennen kann (christl. Gedankengut, Komposition, Digressionen), so gehört die Dichtung doch insgesamt in ihrer stilist. und erzähler. Traditionalität in die Welt des mündl. Epos. In diesem Sinn wird der »Beowulf« auch von BOWRA und LEWIS als Repräsentant des primären E. mit der mündl. Epik der Weltliteratur in Verbindung gebracht. Der mündl. Hintergrund des »Beowulf« wird auch von den Vertretern der »oral formulaic theory« betont (→Mündl. Literaturtradition). Allerdings kann die Mündlichkeit des »Beowulf« nicht durch den Nachweis eines formelhaften Stils bewiesen werden, da dieser auch anderen ae. Dichtungen, so etwa der schriftl. Quellen folgenden Bibel- und Legendenepik (→Bibeldichtung, IV) eigen ist. Auch andere Elemente des mündl. Heldenepos finden sich in der ae. religiösen Epik (Heroisierung des Protagonisten, typ. Szenen u. a.), so daß die Übergänge zw. dem weltl., primär der mündl. Heldenepik verpflichteten E. und der geistl., primär aus der Schriftdichtung schöpfenden Epik z. T. fließend sind. Umstritten ist daneben auch, inwieweit der »Beowulf« für die germ. Heldenepik überhaupt typisch ist. Märchenhafte Züge und eine die Dichtung durchziehende eleg. Stimmung haben zu abweichenden Klassifizierungen geführt; TOLKIEN z. B. rückt den »Beowulf« in die Nähe der eleg. Dichtung (→Elegie, V).

Zwar steht die volkstüml. me. Romanze stilist. und erzähltechn. zumindest teilweise in der Tradition des mündl. Dichtens – auch wenn die Texte in ihrer überlieferten Gestalt der Schriftdichtung verpflichtet sind –, doch stellen die der oralen Tradition am nächsten stehenden Dichtungen, wie z. B. die Schweifreimromanzen, kaum Epen im Sinne BOWRAS oder KERS dar. TILLYARD sieht einen *epic spirit* in der engl. Literatur des MA lediglich in William Langlands →»Piers Plowman« (14. Jh.) verwirklicht. Hiermit ist allerdings das Kunstepos gemeint, das auf die me. Literatur zwar einen Einfluß ausgeübt hat, aber keine Epen von Vergilscher Art hervorgebracht hat. Geoffrey →Chaucer geht in seiner »Knight's Tale« (in den »Canterbury Tales«) zwar auf die »Thebais« des Statius zurück, jedoch nur indirekt, denn seine unmittelbare Quelle ist →Boccaccios »Teseida«. Vergils »Aeneis« wurde Ende des 15. Jh. von →Caxton zu Beginn des 16. Jh. von Gavin →Douglas ins Engl. übersetzt, doch sollte sich das literar. E. in der klass. Tradition in England erst in der Folgezeit entwickeln. →Engl. Literatur, Abschnitt II.

K. Reichl

Lit.: A. HEUSLER, Lied und E. ..., 1905 – W. P. KER, Epic and Romance. Essays on Medieval Lit., 1908[2] – J. R. R. TOLKIEN, Beowulf: The Monsters and the Critics, PBA 22, 1936, 245–295 – C. S. LEWIS, A Preface to Paradise Lost, 1942 – C. M. BOWRA, From Virgil to Milton, 1945 – DERS., Heroic Poetry, 1952 – E. M. W. TILLYARD, The Engl. Epic and Its Background, 1954 – P. MERCHANT, The Epic, 1971 – Oral Poetry. Das Problem der Mündlichkeit ma. epischer Dichtung, hg. N.

VOORWINDEN–M. DE HAHN (WdF 555, 1979) – J. OPLAND, Anglo-Saxon Oral Poetry. A Study of the Traditions, 1980 – J. D. NILES, Beowulf. The Poem and Its Tradition, 1983.

IV. ALTNORDISCHE LITERATUR: Trotz thematischer Voraussetzungen in den kurzen, metrisch gebundenen und seit der Wikingerzeit (8.–11. Jh.) mündlich überlieferten Heldenliedern der →Edda hat sich eine epische Großform wie das kontinentale, in der Virgil-Nachfolge stehende Versepos im Norden nicht entwickelt. Der Grund dafür dürfte in gattungsgeschichtl. Gegebenheiten zu suchen sein: Wegen des späten Einsetzens einer eigenen Schriftkultur (nicht vor der 2. Hälfte des 11. Jh.) kam der Norden erst in einer Zeit mit der kontinentalen Literatur in Kontakt, als die Phase der Bibelepik bereits abgeschlossen war und Prosagattungen – Heiligenviten, Homilienbücher, theol. und naturwiss. Literatur – im Vordergrund standen und somit als erstes in den Norden vermittelt wurden. Diese lit. Vorbilder führten aus Island spätestens im 13. Jh. zur Herausbildung einer eigenständigen prosaischen Großform: der →Saga. Als auf Anregung des norw. Kg.s →Hákon Hákonarson (Mitte 13. Jh.) höfische kontinentale Versromane ins Norwegische übertragen wurden, ließ man die Versform fallen, und es entstanden volkssprachl. Prosaversionen, die →»riddarasögur« (→Altnordische Lit., Abschnitt IV). Zur finn. Epik →Kalevala, →Mündl. Literaturtradition. H. Ehrhardt

Lit.: A. HEUSLER, Lied und E. in der germ. Sagendichtung, 1905 [Nachdr. 1960²] – K. v. SEE, Edda, Saga, Skaldendichtung, 1981, 461–464.

Eppan, Gf. en v. (Gemeinde E. in Südtirol, Prov. Bozen), zählten als Gf. en im rechten Etschtalgebiet zw. dem Ulten- und Nonstal und im Besitz von bedeutenden Hausgütern und Rechten um →Bozen im 12. und 13. Jh. zu den ersten Adelsgeschlechtern →Tirols. Da sie zudem noch mit den mächtigen →Welfen blutsverwandt waren und die Gf. en v. Morit-Greifenstein, Vögte der Bf. e v. →Brixen, in der 1. Hälfte des 12. Jh., nach deren Aussterben um 1165 beerbten, hatten sie die beste Aussicht, die Herrschaft an Etsch, Eisack und Inn zu erlangen. Doch im Ringen um die Territorialherrschaft waren die Gf. en v. →Tirol erfolgreicher.

Der unüberlegte Überfall auf eine Gesandtschaft Papst Hadrians IV. zu Ks. Friedrich Barbarossa (1158) kennzeichnet den Beginn des Abstiegs. Die Bf. e v. →Trient bevorzugten von da an die Gf. en v. Tirol bei der Vergabe von Ämtern und Lehen. 1248 starb das letzte Familienmitglied weltl. Standes. Ihre Gft. ging auf die Tiroler über (1253).

An der Ausstattung von St. Michael an der Etsch hatten die Gf. en v. E. einen wesentlichen Anteil. Sie hatten die Vogtei dieses Kl. sowie eines weiteren Augustinerkl. in der Au bei Bozen inne. In der Person Egnos stellten sie einen Bf. v. Brixen (1240–50) und Trient (1250–73). Der erste einheim. Abt des Kl. Marienberg bei Burgeis, Friedrich (1181–94), gehörte ebenfalls dieser Grafenfamilie an. Die um 1200 entstandenen Fresken der Kapelle ihrer wichtigsten Burg, Hocheppan, sind ein bedeutendes Denkmal romanischer Kunst. J. Nössing

Lit.: M. BITSCHNAU, Burg und Adel in Tirol zw. 1050 und 1300. Grundlagen zu ihrer Erforsch. (SAW. PH 403, 1983) – J. NÖSSING, Die Gf. en v. E. und das Kl. Marienberg (Fschr. O. CLAVADETSCHER, 1984), 99–107 – W. LEITNER, W. HAIDER, J. RIEDMANN, Gesch. des Landes Tirol I, 1985, 328, 330ff., 335, 337.

Eppensteiner, Adelsfamilie mit Doppelstellung in Bayern (Gf. en an Isar und Vils) und →Kärnten (bis 1122 Hzg. e), Leitname: Markwart. Seit 970 war *Markwart* III. Mgf. der Karantan. Mark an der Mur, sein Sohn →Adalbero avancierte als Parteigänger Ks. →Heinrichs II. 1012 zum Hzg. v. Kärnten. Wegen seiner eigenständigen Politik (Verträge mit Ungarn, Münzprägung etc.) wurde Adalbero 1035 von seinem Schwager, Ks. →Konrad II., abgesetzt und verlor auch die Karantan. Mark. Erst sein Enkel *Liutolt* wurde als enger Vertrauter Kg. Heinrichs IV. 1077 erneut mit dem – um Karantan. Mark, Friaul, Krain und Istrien verkleinerten – Hzm. Kärnten belehnt. Die E. erlangten im SO des Reiches erneut eine dominierende Stellung (Liutolt zugleich Vogt v. Aquileia, Brüder: *Ulrich,* 1085 ebd. Patriarch; *Hermann,* [Gegen-] Bf. v. Passau; *Heinrich,* Verwalter der Marken Krain und Istrien). Nach dem Tode Liutolts (1090), der eigene Ziele verfolgte und sogar das Kgtm. angestrebt haben soll, verlieh Heinrich IV. Kärnten erst 1093 an den E. *Heinrich,* mit dem das Geschlecht 1122 erlosch. Die – erst postum namengebende – Burg Eppenstein bei Judenburg (Steiermark) hat wahrscheinl. Hzg. Liutolt errichtet. Das abgeschiedene Kl. →St. Lambrecht (Steiermark), mit dessen Bau Gf. *Markwart IV.* um 1070 begonnen hatte, erhielt erst 1103, als das Ende des Geschlechts feststand, von Hzg. Heinrich eine reiche Ausstattung. Die riesigen Güter und zahlreichen Eigenkirchen der E. in der Karantan. Mark fielen 1122 an die verwandten →Otakare v. Steyr und trugen entscheidend zur Landwerdung der →Steiermark bei, während Heinrich v. →Spanheim, das Patenkind der letzten E.s, das Hzm. Kärnten ohne reale Machtbasis übernahm. H. Dopsch

Lit.: F. TYROLLER, Genealogie des altbayer. Adels, 1964, Tafel VI – K. E. KLAAR, Die Herrschaft der E. in Kärnten, Archiv für vaterländ. Gesch. und Topographie 61, 1966 – H. DOPSCH, Hzg. Heinrich »v. Eppenstein« und die Bestiftung von St. Lambrecht, Bll. für Heimatkunde der Steiermark 46/4, 1972, 122–131 – s. a. Lit. zu →Adalbero, →Kärnten, →Aquileia usw.

Eppo → Eberhard

Eppstein, Herrschaft. Die Herren v. E. stammen von den seit 1107 nachweisbaren Herren v. Hainhausen ab. Sie siedelten zw. 1183 und 1190 im Zuge der gegen Ks. →Friedrich I. gerichteten Restitutionspolitik des Ebf.s →Konrad I. v. Wittelsbach in →Mainz nach E. (Hessen, Main-Taunus-Kreis) über als Mannen des Erzstifts und des Reiches, des Pfalzgf. en und anderer Hochadelsgeschlechter. Allode und Lehen konzentrierten sich im Vordertaunus, am Untermain, im Rodgau und Spessart. Aufgrund rigoroser Nutzung von Vogteirechten, Kauf und Erbschaften griffen sie in den Taunus und den Königssondergau aus. Hauptgegner wurden hier die Gf. en v. Nassau. Eine Linientrennung vor der Mitte des 13. Jh. bestand nur bis 1264, führte aber zur Ausgabe von Eigenbesitzanteilen an die verschwägerten Gf. en v. →Katzenelnbogen und v. →Nassau; die wichtigeren Lehen behielt die weiterblühende Linie. Besitzsichernd wirkte die enge Verbindung mit der Mainzer Kirche, der die Herren v. E. zw. 1200 und 1305 vier Ebf. e stellten, dadurch 1240 in das antistauf. Lager gerieten und in Gegensatz auch zu den Kg. en →Adolf und →Albrecht I. traten. Eine Teilung 1433 und Verkäufe an →Hessen 1492 leiteten die Schwächung der Territorialstellung ein und führten 1581 zur Übernahme etwa der Hälfte des Gebietes durch Kurmainz. A. Gerlich

Q. und Lit.: P. WAGNER, Die E. schen Lehensverzeichnisse und Zinsregister des 13. Jh., 1927 – W. PIETSCH, Die Entwicklung des Territoriums der Herren von E. im 13. und 14. Jh. vornehml. aufgrund ihrer Lehensverzeichnisse, HJL 12, 1962, 15–50.

Equicola, Mario, Humanist. * ca. 1470 in Alvito bei Caserta, † 26. Juli 1525 in Mantua. Studium in Neapel und wahrscheinl. in Rom und Florenz. Nach der Verschwörung der →Barone trat er in →Ferrara mit den →Este in Verbindung und wurde Sekretär der Margherita Cantelmo. Auf ihr Betreiben verfaßte er den kurzen Traktat »De mulieribus«, Zeugnis einer interessanten, höfisch-feministen. Strömung des Humanismus. Seit 1508 lebte er in →Mantua am Hof der →Gonzaga als Präzeptor und später Sekretär von Isabella d'→Este. Neben intensiver diplomat. Tätigkeit verfaßte er in dieser Zeit einige höf. Dichtungen und seine Hauptwerke in Volgare: »Chronica de Mantua« (1521) und »Libro de natura de amore« (1525), den er als Übersetzung einer lat. Originalfassung ausgab. Dieser Traktat, Zeugnis einer höfisch-platon. Geisteswelt, war im ganzen 16. Jh. in Italien und Frankreich weit verbreitet. Unter E.s anderen Werken sind der Dialog »De opportunitate« (1507) und die »Apologia pro Gallis« zu erwähnen. E.s Wortwahl und seine lit. und polit. Haltung machten ihn zur Zielscheibe von Satiren röm. Humanisten. D. Coppini

Lit.: COSENZA I, 62–66 – C. DIONISOTTI, Gli umanisti e il volgare fra Quattro e Cinquecento, 1968, 112–129 – I. ROCCHI, Per una nuova cronologia e valutazione del »Libro de natura de amore« di M. E., GSLI, 1976, 566–585 – D. DE ROBERTIS, La composizione del 'De natura de amore' e i canzonieri antichi maneggiati da M. E., Editi e rari, 1978, 66–87.

Equity → Aequitas, Englisches Recht

Éraic, air. Rechtswort, bezeichnet eine Form des →Wergelds, nämlich eine auf sieben *cumals* (Sklavinnen bzw. deren Gegenwert) bemessene Zahlung, die für einen getöteten Freien ohne Unterschied seines Ranges zu leisten ist. Das air. Gesetz →Cáin Adomnáin (697) sieht entsprechende Zahlungen auch für getötete Frauen und Kinder vor. Für einen erschlagenen →*bóaire*, einen verhältnismäßig reichen Freien, mußten zur Vermeidung einer Blutrache folgende Wergeldzahlungen geleistet werden (vorausgesetzt wird, daß ein bóaire üblicherweise einem Herrn unterstand): 1. é. von sieben cumals, von dem ⅔ an die nahen agnat. Verwandten (→agnatio) und ⅓ an den Herren gingen; 2. eine cumal an die nahen agnat. Verwandten der Mutter des Getöteten; 3. darüber hinaus hatte jeder nahe kognat. Verwandte (→cognatio) Anspruch auf den gesamten oder einen Teil des Ehrenpreises (→enech) des Getöteten, wobei es auf die Nähe der Verwandtschaft ankam. Der é. repräsentiert somit das agnat. Element in den frühen ir. Sippenverhältnissen. – Ähnliche Begriffe sind *colainnéraic* ('Körperzahlung') und *cró* 'Blut', ein Rechtswort, das v. a. in späterer Zeit (so in Schottland) auftritt und ein gemäß dem Rechtsstatus abgestuftes Wergeld bezeichnet. T. M. Charles-Edwards

Lit.: R. THURNEYSEN, Ir. Recht, AAB, Ph.-hist. Kl., 1931, Nr. 2, 14–16 – D. A. BINCHY, Críth Gablach, 1941, 86.

Erasmo da Narni, gen. *Gattamelata,* it. Condottiero, * um 1370 Narni (Umbrien), † 16. Jan. 1443, Padua, ⌐ S. Antonio ebd. Eltern: ein Bäcker aus Castel Due Santi, Melania Gattelli aus Todi; E.s Beiname Gattamelata dürfte von dem Namen der Mutter abgeleitet sein. ∞ Giacoma da Leonessa v. Orvieto (Tante des Condottiero Gentile da Leonessa). 6 Kinder (darunter der Condottiero Giannantonio, der die Reiterstatue seines Vaters von S. Antonio zu Padua bei →Donatello in Auftrag gab). Seine Laufbahn als Kriegsmann begann E. im Gefolge des piemontes. Condottiero Cecchino Broglia da Chieri. Später trat er in das Heer des Braccio da Montone (→Fortebraccio) ein (Waffengefährten Niccolò →Piccinino und Niccolò Fortebraccio della Stella); 1424 bei l'Aquila gefangengenommen, floh er zu Piccinino, der damals in florent. Sold stand. Als dieser in den Dienst von Mailand trat, blieb E. unter dem Generalkapitän Niccolò della Stella in florent. Diensten.

Drei Jahre später wurde er von Papst Martin V. verpflichtet. 1434 begegnet E. im Dienst des ven. Papstes →Eugen IV., mit dessen Einwilligung er von den Venezianern gegen die Visconti-Truppen in der Romagna in Sold genommen wurde. Er nahm an der Belagerung von →Lucca teil und wurde am 5. Dez. 1437 nach dem Abfall des Generalkapitäns der Serenissima, Gianfrancesco →Gonzaga, zu dem Visconti, interimistisch zum ven. Generalkapitän bestellt. Am 11. Aug. 1438 besiegte er den im Sold von Mailand stehenden Piccinino, der Bergamo und Brescia zurückerobern wollte, bei Rovato. Er mußte sein Feldlager bei Brescia, das von den Mailändern belagert wurde, im folgenden Sept. jedoch aufgeben, vermutl. weil Verona zu stark von Truppen entblößt war. Da der kürzeste Weg entlang dem Südufer des Gardasees von Piccinino kontrolliert wurde, zog Gattamelata auf unwegsamen Gebirgspfaden im N des Sees mit seinem starken Heer in fünftägigem Eilmarsch nach Verona. Aufgrund dieses Unternehmens bestätigte ihn die Serenissima definitiv als Generalkapitän. Bei dem Transport der ven. Flotte auf der Etsch und danach auf dem Landweg durch die Loppio-Senke bis zum Gardasee organisierte Gattamelata, der vielleicht an der Planung mitgewirkt hatte, den Flankenschutz. Nach der Niederlage der Flotte mußte er in Padua Zuflucht nehmen. Am 20. Juni 1439 übernahm Francesco →Sforza, der Militärkapitän der antimailänd. Liga zw. Venedig, Florenz und dem Papst, an seiner Seite das Kommando über die Truppen. Am 9. Nov. siegte das neugebildete Heer bei Tenno über Piccinino, aber am 17. Nov. besetzte dieser Verona. Gattamelata und F. Sforza, die auf dem Weg nach Brescia waren, kehrten in Eilmärschen – ebenfalls über das Gebirge – zurück und brachten Verona wieder in ihren Besitz. Nach diesem Unternehmen verschlechterte sich E.s Gesundheitszustand rapide: am Anfang des Jahres 1440 erlitt er in kurzem Abstand zwei Schlaganfälle und mußte das Kommando über die Truppen abgeben. Er verließ seinen Palast auf dem Campo S. Polo, den ihm die Republik Venedig zugewiesen hatte und zog sich mit einer Jahrespension von 1000 Dukaten nach Padua zurück. Zum Dank für seine treuen Dienste erhielt er die Hälfte des Feudums Valmareno und wurde in das Goldene Buch des ven. Adels eingetragen. Sein von Venedig ausgerichtetes Staatsbegräbnis kostete rund 250 Dukaten.

Ein ehrl. und entschlossener Charakter, als Kriegsmann tüchtig und energisch, zeigte sich E. – was in seiner Zeit selten war – dem Staat, in dessen Diensten er stand, stets loyal ergeben. Aus seiner Schule ging u. a. Bartolomeo →Colleoni hervor. G. L. Fantoni

Q. und Lit.: Cristoforo da Soldo, Cronaca, ed. G. BRIZZOLARA (MURATORI², 21/3, 1938, 6–16, 28–31, 34–37, 50, 53) – M. Sanudo, Vite de dogi di Venezia (MURATORI 22, 1733, coll. 1035, 1037, 1044, 1062–1065, 1102) – P. Giovio, Gli elogi. Vite brevemente scritte di huomini illustri antichi e moderni, Venegia, 1557, 116–118, 136– EncIt XVI, 448f. – F. COGNASSO, Il ducato visconteo da Giangaleazzo a Filippo Maria (Storia di Milano VI, 1955), 308–309, 324, 330–336, 342– C. PASERO, Il dominio veneto fino all'incendio della Loggia (1426–1575) (Storia di Brescia II, 1961), 38–68, 79 – M. MALLET, Signori e mercenari, 1983, passim – DERS., The Military Organization of a Renaissance State, Venice c. 1400 to 1617, 1984, passim.

Erasmus, hist. nicht gesicherter hl. Bf. und Märtyrer (Fest 2. Juni). [1] *Vita und Legende:* E. war nach der Legende Bf. v. Antiochia und wurde unter Ks. Diokletian vielfachen grausamen Martern unterworfen. Aus dem Gefängnis von einem Engel ins Abendland geführt, erwies er sich in Lugridum (Italien) und Sirmium (heute Sremska Mitrovica an der Save) als Wundertäter. Hier erlitt er unter Ks. Maximian erneut grausamste Martern, wurde ein zweites

Mal vom Engel befreit und nach Formiae am Golf von Gaëta geführt, wo er um 310 gestorben sein soll.

[2] *Verehrung und Darstellung:* E. wird bereits im Martyrologium Hieronymianum (um 450) genannt. Im 9. Jh. werden seine Gebeine nach Gaëta überführt; Reliquien befinden sich auch in Rom, Gubbio und Neapel. Die beiden Fassungen seiner Legende stammen aus dem 9. Jh. (größere Fassung) und aus dem 11. Jh. (kleinere Fassung); beide dienten als Vorlage der Fassung Gelasius' II. Von der Beliebtheit des Hl. in Deutschland zeugen seine Aufnahme unter die 14→Nothelfer (Beginn des 14. Jh.) und eine Reihe von Erasmuskirchen und -kapellen. E. gilt als Fürsprecher bei Leibschmerzen und Geburtswehen, auch bei Viehseuchen. Er ist Patron der Drechsler, Weber und – in den Küstenländern des Mittelmeers – der Seeleute. Dort wird er unter dem Namen St. →Elmo mit dem →Elmsfeuer in Verbindung gebracht. Dargestellt wird E. in Pontifikalkleidung, meist mit Darmwinde oder Pfriemen, selten mit einem Kessel. Das Attribut der Darmwinde, mit der ihm die Eingeweide aus dem Leib gerissen worden sein sollen, ist wohl als umgedeutete Ankerwinde mit aufgewickelten Ankertauen zu verstehen, die ihm als Schifferpatron beigegeben war (jedoch wird auch die Übernahme der Darmwinde aus dem Martyrium eines anderen Hl., vielleicht des hl. Thiemo, vermutet). Zum anderen werden die Pfriemen, die dem Hl. unter die Fingernägel getrieben worden sein sollen, auch als Flämmchen des →Elmsfeuers gedeutet.　　　E. Wimmer

Q. *und Lit.:* EM IV, 96–99 – LCI VI, 156–158 – LThK² III, 955 – AASS Junii I, 213–216 – Legenda aurea, ed. Th. Graesse, 1890, 890–894 – J. Braun, Tracht und Attribute der Hll. in der dt. Kunst, 1943 – K. Fiore, Vita dei santi Erasmo e Marciano, 1950 – P. Assion, Die St. Erasmuskapelle bei Reinhardsachsen, Badische Heimat 51, 1971, 265–279 – Ders., Reinhardsachsen und der hl. Valentin v. Rufach, Badische Heimat 56, 1976, 191–208, bes. 191–197 und Anm. 8.

Erasmus. 1. E. v. Montecassino OSB, Magister, Mönch von Montecassino in der ersten Hälfte des 13. Jh. E. gehörte um 1240 zu d. »magistri« der Theologie an der Universität→Neapel – zu dem Zeitpunkt als der Predigerorden gezwungen war, diese zu verlassen – und verblieb dort etwa zehn Jahre. Die grundlegenden Untersuchungen von T. Leccisotti, haben gezeigt, welche bedeutende Rolle E.' Präsenz in Neapel für die Vermittlung des Gedankenguts der Magister der Pariser Schule (des →Wilhelm v. Auxerre) an die junge, von Friedrich II. gegr. Univ. zukam; andererseits trug er zur Verbreitung neuer Denkanstöße bei, die er im Cassineser Umkreis empfangen hatte, wo die Werke des Aristoteles und Platon nicht unbekannt waren.

Noch stärkere Bedeutung für die Geistesgeschichte erlangte E. dadurch, daß er in den Jahren, in denen sich der junge Thomas v. Aquin als Oblate in Montecassino aufhielt und von dem kulturellen Klima der Abtei geprägt wurde, dort wirkte und schrieb. Auch in der Zeit, in der Thomas an dem Dominikanerstudium in Neapel weilte, war Erasmus vermutl. noch als Magister in Neapel tätig.

Eine wichtige Stellung in der Geschichte der südit. Scholastik verdient E. v. M. nicht zuletzt aufgrund seiner Arbeiten über den Sentenzenkommentar des →Petrus Lombardus (erhalten ist »Abbreviatio quaedam utilis in quartum librum Sententiarum«) und seiner Beschäftigung mit Aristoteles. Von ihm sind »Sermones« und theol. Traktate (»De angelis«, »De opere sex dierum«) überliefert.　　　F. Avagliano

Ed. und Lit.: M. Inguanez, Un sermone inedito sull'Assunta di Erasmo di M. (sec. XIII), (L'Assunta III, 1918), 189–190 – T. Leccisotti, Magister E., BISI 47, 1932, 209–215 – Ders., L'ed. degli scritti di Erasmo e il Prologus del cod. Cassinese 794 bis, Benedictina IX, 1955, 215–248 – Ders., Uno sconosciuto abbreviatore del Lombardo: Erasmo di M., Misc. Lombardiana, 1957, 321–325 – Ders., I sermoni del Cassinese Erasmo, Benedictina XII, 1958, 27–71 – Ders., S. Tommaso d'Aquino e M., Misc. Cassinese n. 32, 1965, 59 – Ders., Il trattato De opere sex dierum del codice cassinese 832, Benedictina XXV, 1978, 47–67 – Ders., Il trattato De Angelis del codice cassinese 832 [im Dr.].

2. E. v. Rotterdam

I. Biographische Grundlagen – II. Geistiger Werdegang – III. Erfahrungen in England und Italien – IV. Bibel und Kirchenväter – V. Orbis Christianus – VI. Erasmus und die Reformation.

I. Biographische Grundlagen: * 28. Okt., zw. 1466 und 1469 zu Rotterdam, † 11./12. Juli 1536 in Basel (nach G. Avarucci * 1456). Eltern: Gherardus Helye Hollandrinus aus Rotterdam (Subskription einer von ihm 1457 geschriebenen Hs.), voller Name vielleicht Rogerius Gerardus (Allen II, nr. 518), Margareta, Arzttochter aus Zevenbergen († 1483). Älterer Bruder Peter, † 1527 als Regularkanoniker in Delft, mit dem sich E. heftig überwarf. Desiderius nannte sich E. seit 1496 (nach dem Freund seines Lieblingsheiligen Hieronymus). E. war unehel. Geburt, wahrscheinlich Priestersohn. Jedenfalls machten ihm die rechtl. Schwierigkeiten, die aus seiner illegitimen Geburt folgten, Jahrzehnte lang zu schaffen. Erst 1517 wurde er durch Leo X. davon wie von seinen monast. Pflichten (s. u.) befreit (Allen II, nr. 517, 518).

II. Geistiger Werdegang: Am Anfang seines geistigen Werdeganges begegnet E. der →Devotio moderna, zu Deventer seit vermutl. 1478, nachher zu s' Hertogenbosch (1484). Synthius, Lehrer zu Deventer, aus der Gemeinschaft der →Brüder vom Gemeinsamen Leben, entdeckte als erster seine große Begabung (Allen I, 57 l. 23ff.). Übrigens nahm der dortige Unterricht dank A. Hegius gerade damals einen Aufschwung im Sinn des Humanismus. Zum Höhepunkt wurde die Begegnung mit Rudolph →Agricola. – 1487 wird E. Augustinerchorherr zu Steyn b. Gouda. Zu diesem Schritt vgl. die gegensätzl. Auffassungen von R. Stupperich, A.R.G. 65, 1974, 19–29 und J. McConica, Coll. Works 4, 401. E., der ziemlich bald die Bindung an den Orden los sein wollte, hat das Bild in späteren Briefen selbst verunklärt (vgl. zu Quellenwert und Überlieferung von E.' Briefen L. E. Halkin, Erasmus ex Erasmo, 1983). Nach der Priesterweihe 1492 trat 1493 eine Wende in E.' Leben ein: er erhielt einen Sekretärsposten bei Heinrich v. Bergen, Bf. v. Cambrai. Als der ursprgl. Verwendungszweck für E., Dienste auf der Romreise des Bf.s, wegfällt, wird er zum theol. Studium nach Paris beurlaubt (1495). Nach entmutigendem Anfang im Collège Montaigu wird seine Stellung als Lehrer dt. und engl. Schüler später freier. Aufgrund seiner Freundschaft mit William Blount Lord Mountjoy erhält E. eine Einladung nach England (Mai 1499).

Noch im Kl. dichtete E. mit einem Freund einen Dialog gegen die barbar. Verächter antiker Redekunst und Poesie (Reedijk, nr. 14). Bildung und Frömmigkeit ins rechte Verhältnis zu setzen, wurde ein Lebensthema. Zunächst entstanden, auch für den humanist. Unterricht, 1496/99 (gedruckt meist viel später) Anweisungen zum Briefeschreiben (»De conscribendis epistolis«), zum Studium (»De ratione studii«), ein Formelbuch für lat. Gespräche – aus ihm wurde in immer neuen Umarbeitungen eine der geistvollsten Gesellschaftskritiken der Zeit (»Colloquia«); eine Sammlung wesentl. antiker Spruchweisheit, »Adagiorum Collectanea« (Erstdr. Paris 1500), die schließlich bis auf 4251 Proverbia mit reichen Kommentaren anwuchs. – Religiöse Schriften: ca. 1488 »De Contemptu mundi« (Druck erst 1521!), Ideal des Klosterlebens (im Sinn der ma. Miseria-Mundi Tradition, durchaus wörtlich zu nehmen, kein humanist. Versteckspiel); 1501

(Druck 1503) »Enchiridion militis christiani«, angeregt durch Jean Vitrier OFM aus St-Omer, den E. wie einen Hl. en verehrte (ALLEN IV, nr. 1211 l. 617): ein religiöser Ratgeber für den christl. Laien, in der Zeit der Vorreformation von größter Bedeutung. Im ersten Teil Entwurf eines christl. Menschenbildes (Grundlagen: Origenes, Paulus; aber auch Plato); im zweiten: 22 allgemeine Regeln unterschiedl. Länge, ohne streng log. Reihenfolge, für christl. Lebensführung. Die Aufforderung am Ende, sich v. a. Paulus einzuprägen, schlägt den Bogen zurück zu Vitrier, der ganz in Paulus lebte. Aus dem Ringen des jungen Mönchs E. mit den Bildungsfeinden war schließlich »Antibarbarorum liber unus« (Basel 1520) hervorgegangen. Als Form hatte der Humanist nach carmen und Rede am Ende das Gespräch gewählt. Der Kernsatz lautet: »Keine der Wissenschaften ist christlich, weil sie weder von Christus handeln, noch von Christus erfunden sind. Aber alle zielen auf Christus hin« (ASD I-1, 110, l. 14ff.), und somit in einem der späteren Colloquia, dem »Convivium religiosum« von 1522: »Vielleicht ergießt sich der Geist Christi weiter, als wir es uns denken« (ASD I-3, 251, l. 619; vgl. ebd. l. 252–255). Die Wissenschaften können sich also nur mit der Frömmigkeit vertragen, indem sie eigenständig bleiben.

III. ERFAHRUNGEN IN ENGLAND UND ITALIEN: Zum geistigen Werdegang des E. gehören wesentl. die engl. und it. Erfahrungen. In England (1499, Sommer / 1500, Jan. – 1505, Ende / 1506, Jun. – 1509, Jun. / 1514, Juli; nachher jeweils kurz 1515, 1516, 1517) Ausweitung des Horizontes im Umgang mit der großbürgerl. und aristokrat. Gesellschaft Londons, Berührung mit der kgl. Familie, Beziehungen zum hohen Klerus (William Warham, Ebf. v. Canterbury); Hören, Arbeiten (Griechisch!) und Lehren an den Univ. Oxford und Cambridge; Zuwachs an polit. Erfahrungen (Krieg Heinrichs VIII. mit Frankreich), aber auch fortwährendes Ringen um eine materielle Basis. Als richtungweisende Persönlichkeit erweist sich für E. in Oxford John Colet durch seine Vorlesungen über Paulus. Er festigt in E. den Entschluß, das NT in die Mitte seiner Studien zu stellen. Als Colet, seit 1504 Dekan von St. Paul in London, dort eine Schule gründet, widmet E. ihr den Druck von 1512 einer Schrift aus den neunziger Jahren »De duplici copia verborum«. – Sein bester Freund aber wurde Thomas Morus. In dessen Londoner Haus schrieb er, aus Italien zurück, seine »Moria«, Lob der Torheit also, das er selbst im Katalog seiner Werke (1523) als ein ins Scherzhafte gewendetes Enchiridion bezeichnete. Mit Morus gemeinsam übersetzte er Lukian – Eifer fürs Griech. und Freude am Satir. verband beide. In einem Brief an Hutten entwarf E. in der Biographie des Morus das Bild eines christl. Renaissancemenschen. – Auf Italien (1506/09) war er durch seinen engl. Aufenthalt vorbereitet – →Pico und →Ficino waren den engl. Humanisten nicht unbekannt. Hauptstationen: Turin, dort 4. Sept. 1506 der ersehnte Dr. theol. – Bologna (der triumphale Einzug Papst Julius' II. [11. Nov. 1506] bietet den Stoff für die 1513 nicht ohne Mitwirkung des E. verfaßte Satire »Julius exclusus«. Arbeiten: Antibarbari, Adagia, Griechisch. – In Venedig lernt E. Aldus Manutius kennen, seinen wichtigsten Drucker und Verleger – 1513 – vor →Froben und erhält Einblick in die Technik des Druckens. Neuausg. der Adagien 1508, nunmehr über drei Tausendschaften (3260). Die Eindrücke in Rom sind vielfältig und zwiespältig. E. äußert Kritik an Kurie und Papst, insgesamt aber überwiegt, bes. aus der Rückschau, das Bild der 'gefeiertsten Stadt der Welt' – es begeistern ihn Freiheit, Bibliotheken, antike Monumente (ALLEN II, nr. 334).

Noch anderes sollte hinzukommen: E. hatte 1509 in Rom eine Predigt vor Julius II. erlebt, deren unchristl. antikisierende Lobrednerei ihn abstieß. Nicht zufällig berichtet er davon in einer Schrift erst von 1528: »Ciceronianus sive de optimo genere dicendi«, entstanden aus seit längerem wachsender Aversion gegen die »secta Ciceronianorum«, v. a. Mitglieder der röm. →Akademie, die als Hüterin des reinen Latein Ciceros Sprache als einzige Norm gelten ließ. Wenn aber in E.' Dialog neben stilist. Argumenten auch eine solche Reminiszenz Platz hatte, verband sich mit dem Stilproblem ein religiöses. »Mit dieser Tünche verdecken sie ihr Heidentum« (Brief von 1527) (ALLEN VII, nr. 1885). Außerdem spricht daraus Gekränktsein über wiederholtes Mäkeln an seinem zu wenig ciceronian. Stil von it. Seite.

IV. BIBEL UND KIRCHENVÄTER: Auftakt zur Ausgabe des NT sind Fund im Praemonstratenserkl. Parc bei Löwen und Edition von Lorenzo Vallas Annotationes zum NT (1504). E. fand die bessere der beiden heute bekannten Fassungen. Das NT gab er, von Froben gedrängt, sehr rasch heraus (17. Aug. 1515/1. März 1516, Datum der Widmung an Leo X.), jedoch sind Anläufe und Vorarbeiten von 1504 an zu bedenken. 1984 hat H. J. DE JONGE nachgewiesen, daß das lat. NT für E. die Hauptsache war, der griech. Text nicht eigtl. Gegenstand der Edition, sondern nur zur Kontrolle des gebotenen lat. beigegeben. So behält der abendländ. Orbis christianus das lat. NT als Mittelpunkt. Die von E. beigegebenen Annotationen beziehen sich übrigens auf den Vulgata-Text. – Drei Praefationes: Paraclesis, Aufruf zur Aneignung der 'philosophia christiana', d. h. Weisheit der Evangelien und Apostel; Methodus, Wegweiser zu diesem Ziel = später »Ratio verae theologiae«; »Apologia«. Bedeutend sind auch E.' Ausgaben der Kirchenväter, Hieronymus voran, eingeleitet durch eine betont mirakelfreie Vita (1516) (ed. W. K. FERGUSON, 125–190); Augustinus (1529) – mit vielseitigem Vorwortbrief – »De doctrina christiana« war für E.' philosophia Christiana wesentlich (ALLEN VIII, nr. 2157, Mai 1529) sowie Origenes (ALLEN VII, nr. 1844, 6, VII. 1527, bes. S. 102, l. 17ff.), den E. als Kommentator nicht hoch genug zu schätzen weiß, und viele andere (vgl. J. COPPENS). Daneben entstehen Paraphrasen zu den einzelnen Büchern des NT: Wie wichtig sie E. nahm, bezeugen schon die Adressaten der Vorworte, z. B. zu Mt: Karl V.; zu Joh: dessen Bruder Ferdinand; zu Lk: Heinrich VIII. und zu Mk: Franz I. (sämtl. 1522/23) (vgl. ALLEN V, nr. 1255; nr. 1333; nr. 1381; nr. 1400).

V. ORBIS CHRISTIANUS: E. war sich seit Mitte des 2. Jahrzehnts des 16. Jh. seiner europ. Geltung bewußt. Am deutlichsten (schon durch die Kontrastwirkung) im Absagebrief an den Prior seines alten Kl. (8. Juli 1514): »Kein Land in Europa, das mich nicht zu Gast lüde, kein Kardinal zu Rom, der mich nicht als Bruder begrüßte« (ALLEN I, nr. 296). Seit 1516 ist er Rat (ehrenhalber) Karls v. Burgund, wird Freund des Kanzlers LeSauvage, schreibt, nicht ohne dessen Anregung, einen Fürstenspiegel (Institutio principis Christiani) für den jungen Karl, an antiken Modellen orientiert, und 1517 im Auftrag von LeSauvage eine »Querela pacis« für die Ziele einer frankreichfreundl. Politik. Diese Rede des Friedens stiftete keinen prakt. Nutzen mehr, gehörte sogar zu den Werken, die die Sorbonne verurteilte (ASD IV-1, 110; IV-2, 37), es war ihr aber dennoch in Übersetzungen bis in die neueste Zeit weitreichender lit. Erfolg beschieden (z. B. ASD IV-2, 30). Gleichrangig ist das »Adagium« von 1515: Dulce bellum inexpertis, das schon seit 1517 auch separat erschien (MANN-PHILLIPPS, 299). Der Friede unter den polit.

Mächten, in der Kirche, in der Gesellschaft, im menschl. Herzen war also das andere lebenslange Thema des E. So wird es verständlich, daß ihm der Orbis christianus, der nicht mehr von einem Ks. Dantescher Prägung und auch nicht von einem Papst gelenkt werden konnte, am lebendigsten wird unter dem Aspekt der Friedenswahrung, wobei seinen Vorstellungen noch kein ausgebildetes Völkerrecht zuhilfe kommen konnte. In schiedsrichterl. Beilegung internationaler Streitigkeiten durch hervorragende Fs.en oder Geistliche (FERGUSON, 346f., 359) sieht er immer wieder einen Ansatz zu internationaler Ordnung. Sein Ideal der Politik eines Herrschers erfüllte wohl Kg. Sigismund I. v. Polen (1506/48). Vgl. seinen Brief an ihn vom 15. Mai 1527, einen der an polit. Konkretheit reichsten, den er je geschrieben hat (ALLEN VII, nr. 1819). –

VI. ERASMUS UND DIE REFORMATION: Die beginnende Reformationszeit erlebte E. in Löwen, 1517/21; ging von dort nach Basel 1521/29, wich Sommer 1529 nach Freiburg i. Br. aus, um 1535 wieder nach Basel zurückzukehren, wo er 11./12. Juli 1536 starb. – Schon vor Luther machte ihm in Löwen das Collegium trilingue zu schaffen, noch mehr und über Löwen hinaus der Streit mit den Theologen um sein NT. – Lange sah man in E. hier argwöhnisch, dort hoffnungsvoll, einen geistigen Vater Luthers. Auch als Luthers Sache größere Ausmaße annahm, trat E. noch für ein gerechtes Verfahren ein: Axiomata, Nov. 1520 (Zusammenfassung eines Vortrags vor Friedrich dem Weisen zu Köln). In gleicher Richtung: »Consilium cuiusdam...« (Dr. 1521), hinter dem E. steckt (ed. FERGUSON, 329–348). Doch war Luther von Anfang an mißtrauisch gewesen, ob E. nicht 'humana' den 'divina' vorziehe (1517; ALLEN III, nr. 933). Für den sich verschärfenden Gegensatz fand er 1521 das harte Wort, daß E. in all seinen Schriften nicht das Kreuz, sondern den Frieden im Auge habe. Von der Erkenntnis der Gnade sei er weit entfernt (an Spalatin, 9. Sept. 1521, Weimarer Ausg. Briefwechsel 2, nr. 429, S. 387). Dieses Stichwort öffnet die Kluft. 1524 greift E., der sich kein Schweigen leisten durfte – er wurde durch die Reformation seinen eigtl. Aufgaben entfremdet –, Luther mit »De libero arbitrio« auf dessen eigenstem Feld an: gewiß verbleibe der Gnade das meiste, aber »nonnihil ... libero arbitrio«. Luther übertreibe. Als Luther mit »De servo arbitrio« antwortete, verteidigte sich E. 1529 im »Hyperaspistes« (Schildträger). E. ging über Früheres hinaus, betonte nicht nur die Tradition hinter der eigenen Meinung, sondern auch schroff die Autorität der Kirche in Glaubensfragen. – Doch stehen wir hier auf Luthers Interessegebiet, nicht dem des E. Die 'humana', die E. angeblich vorzog, waren humanitas, waren bonae litterae. Aus Luthers Tischreden der Dreißiger Jahre, etwa seinem Urteil über die Colloquia (Tischr. 1, nr. 699), wird klar, daß es sich streckenweise zumindest nicht um Diskussion, sondern um ein aneinander Vorbeireden handelt. Wer aber den religiösen 'Endstandpunkt' des E. sucht, lese »De sarcienda ecclesiae concordia« (Basel 1533, im Anschluß an Ps. 83), um die Lebendigkeit seines Kirchenbildes zu spüren und die stilist. Meisterschaft des Humanisten auch hier zu erleben.

O. Herding

Ed. und Übers.: Opus Epistolarum Des. Erasmi Roterodami, ed. P. S. ALLEN, I–XII, 1906–1958 – Opera omnia Desiderii Erasmi, Amsterdam [ASD], ed. C. REEDIJK u. a., 1969ff. – Collected Works of E., 1974ff. – C. REEDIJK, Poems of E., 1956, nr. 14 – De conscribendis epistolis, ed. J. CL. MARGOLIN, ASD I-2, 1971, 157–579 – De ratione studii, ASD I-2, 1971, 79–151 – Colloquia: ed. L.-E. HALKIN u. a., ASD I-3, 1972 – F. BIERLAIRE, Les Colloques d'Érasme, 1978 – Adagia: ASD II-5, II-6, 1981 (ed. F. HEINIMANN–E. KIENZLE); engl.: Collected Works 31 (ed. M. MANN-PHILLIPS–R. MYNORS, 1982) – M. MANN-PHILLIPS, The Adages of E., 1964 – De contemptu mundi: ed. S. DRESDEN, ASD V-1, 1977 – Enchiridion militis christiani: Des. Er. Ausgew. Werke, ed. H. HOLBORN, 1933, 22–136 – R. MARCEL, L'Ench. milit. christ., Coll. Erasmiana Turonensia, 1972, 613–645 – Antibarbarorum liber unus: ed. K. KUMANIECKI, ASD I-1, 1969; ed. M. MANN-PHILLIPS, Collected Works 23, 1978 – De duplici copia verborum: engl.: ed. C. R. THOMPSON, Collected Works 24, 1978 – Moria: ed. C. H. MILLER, ASD IV-3, 1979; DERS., The praise of folly, 1979 – Luciani Dialogi: ed. CH. ROBINSON, ASD I-1 – Dialogus Julius exclusus e coelis (E.' Autorschaft nicht absolut feststehend): ed. W. K. FERGUSON, Erasmi Opuscula, 1933, 35–124 (vgl. C. REEDIJK, Erasme, Thierry et le Julius exclusus, Scrinium Erasmianum, 1969), 351–378 – Ciceronianus: ed. P. MESNARD, ASD I-2, 581–710 – TH. PAYR, Ciceronianus (E. v. Rotterdam, Ausgew. Schriften VII, 1972) – Institutio principis Christiani: ed. O. HERDING, ASD IV-1, 97–219 – Querela pacis: ed. O. HERDING, ASD IV-2, 1–100 – Apologia gegen Stunica, ed. H. J. DE JONGE, ASD IX-2 – De libero arbitrio diatribe (E. von Rotterdam, Ausgew. Schriften IV, 1969, übers. W. LESOWSKY [Zitat S. 188] – Desiderii Erasmi Hyperaspistes Diatribe, bes. I, 256 – De sarcienda ecclesiae concordia, auch: De amabilis eccl. conc. = Des. E. opera omnia ed. J. Clericus V, Leiden 1704, 469–506 – Lit.: Allg. Einf.: TRE X, 1–18 [C. AUGUSTIJN] – J. CL. MARGOLIN, Érasme par lui même, 1965 – L.-E. HALKIN, Érasme et l'Humanisme chrétien, 1966 – P. MESNARD, Érasme, 1969 – J. D. TRACY, E., the growth of a mind, 1972 – R. STUPPERICH, E. v. R. und seine Welt, 1977 – Einzeluntersuchungen: K. BÜCHNER, Die Freundschaft zw. Hutten und E. Brief des E. an Ulrich v. Hutten über Thomas Morus [zweisprachig], 1948 – M. A. NAUWELAERTS, É. à Louvain, Scrinium Erasmianum I, 1969, 3–24 – J. COPPENS, Où en est le portrait d'Érasme théologien, Scrinium Erasmianum, 1969, 594ff. [unter Œuvres théologiques] – A. GODIN, Homéliaire de Jean Vitrier, 1971 – H. OPPEL, É. in England (Renatae litterae. Fschr. A. BUCK, 1973), 157–169 – R. STUPPERICH, Arch. für Reformationsgesch. 65, 1974 – M. POLLET, É. en Angleterre, Coll. Erasm. Turon., I, 1972, 161–174 – L. E. HALKIN, É.en Italie, Coll. Erasm. Turon., I, 37–53 – A. SOTTILI, Wolfenbütteler Renaissance Mitt. VI, 1982, 81 – G. AVARUCCI, IMU 26, 1983, 215–255 – H. J. DE JONGE, Novum Testamentum a nobis versum: The essence of E.'s ed. of the NT, JThS, NS 35, 1984, 394–413 – J. B. TRAPP, John Colet (Contemporaries of E., ed. G. BIETENHOLZ, 1985), 324ff. – J. IJSEWIJN, Wolfenbütteler Renaissance Mitt. IX, 1985, 127–129 – E. v. R., Kat. des Hist. Mus. Basel, 1986.

Erbach, Herren v.; Stadt, Burg im Odenwald. Ursprgl. wohl Reichskirchenministeriale (→Ministerialität) der Abtei →Lorsch, verwalteten die Herren v. E. den Besitz dieser Abtei im hinteren Odenwald. Aus entfremdetem Abteigut, Vogtei- und Lehensrechten sowie neu gewonnenem Allodialbesitz schuf sich die um 1150 erstmals genannte Familie seit dem frühen 12. Jh. eine eigene Herrschaftsgrundlage, deren Mittelpunkt die Burg E. am Mümling wurde. Nach einer kurzfristigen Orientierung auf die stauf. Könige wurden die E.er aber 1223 von →Heinrich (VII.) den Pfalzgrafen überantwortet und bekamen kurz danach das pfälz. Schenkenamt verliehen. Im Besitz des Amtes sind sie erstmalig sicher 1251 belegt. Nach dem Anfall der Abtei Lorsch an das Erzstift→Mainz 1232 gerieten die Schenken im späten 13. und 14. Jh. zw. die Schranken der Auseinandersetzungen zw. Mainz und →Pfalzgrafschaft im Zuge der jeweiligen territorialen Ausdehnungsbestrebungen und waren 1307/11 gezwungen, ihre sämtlichen Besitztitel von der Pfalz zu Lehen zu nehmen. Kurzfristige Verluste des Besitzstandes konnten aber noch im 14. Jh. ausgeglichen werden; im 15. Jh., endgültig erst im 16. Jh., erwarben die E.er nach mehreren Rückschlägen die Hälfte der Herrschaft Breuberg. Die Spaltung in drei, 1531 wieder vereinigte Linien bedeutete nur eine Nutzungs-, keine Realteilung. Unter Verzicht auf eine aktive Territorialpolitik spielten die E.er im SpätMA, bes. zur Zeit Kg. →Ruprechts, eine bedeutende Rolle im Rhein-Main-Gebiet. Mit der Gerichtsexemtion 1531 und dem Erwerb des Münzrechts 1541 schufen die 1532 zu Gf.en erhobenen E.er die Grundlagen ihres frühnz. Territoriums.

Der dem 13./15. Jh. entstammende Familiensitz (Bergfried 12. Jh.) war namengebend für Burg und Stadt, die aus einer Burgmannensiedlung hervorging und ein typisches Beispiel einer spätma. Minderstadt (→Minderformen, städt.) darstellt. Erst 1496/97 erhielt sie eigene Pfarreirechte; die wesentl. Merkmale städt. Qualität datieren zumeist aus dem 16. Jh. F. B. Fahlbusch

Q. und Lit.: G. Simon, Die Gesch. der Dynasten und Gf.en zu E. und ihres Landes, 1858 [Neudr. 1983; mit Q.] – DtStB IV,1, 108 – E. Kleberger, Territorialgesch. des hinteren Odenwalds (Gft. E., Herrschaft Breuberg, Herrschaft Fränkisch-Crumbach), 1958 [= Q. und Forsch. zur hess. Gesch. 19] – K. E. Demandt, Gesch. des Landes Hessen, 1972², 490–496 – Europ. Stammtaf. V, hg. D. Schwennike, 1978, Taf. 20–28 – W. Becher, Familienhändel zw. E. und Breuberg um 1300 ... (Der Odenwald, Zs. des Breuberg-Bundes 28, 1981), 39–58.

Erbämter, im Imperium die erbl. →Hofämter; sie finden sich mit verschiedenen Bezeichnungen und Aufgaben schon an den frühma. Königshöfen, insbes. auch des frk. Reiches. Frühzeitig sind erhebl. Rangunterschiede erkennbar; fast überall nimmt der Seneschalk (→Seneschall) oder →Truchseß eine hervorragende Stellung ein (ausführl.: Hinkmar v. Reims, »De ordine palatii«, c. 21ff., MGH Cap. II, 524f.). In erzählenden Quellen des 10. Jh. sind die vier Hauptämter des Truchseß, →Kämmerers, →Schenken und →Marschalls bezeugt, welche vor dem Kg. an hohen Festen im Rahmen des Hofzeremoniells von den Hzg.en des Reiches wahrgenommen werden (Widukind, MGH SS III, 438; Thietmar v. Merseburg, Chron. IV, 9). Eine erbrechtl. Verbindung dieser Hofämter mit bestimmten Fürstenwürden ist durchgehend erst für das 13. Jh. zu beobachten. Der →Pfalzgraf bei Rhein gilt als Truchseß, der Hzg. v. →Sachsen als Marschall, der Mgf. v. →Brandenburg als Kämmerer, der Kg. →v. Böhmen als Schenke des Reiches (Sachsenspiegel, Ldr. III, 57, 2; Schwabenspiegel, Ldr. 130 u. a. m.). Den drei rhein. Ebf.en wird das →Erzkanzleramt im Reich (→Mainz), in Italien (→Köln) und in Gallien sowie im Arelat (→Trier) zugesprochen. Neben diese höchsten E. der →Kurfürsten treten im späten MA weitere erbl. Ehrenämter fsl. und gfl. Dynastien. Sie symbolisieren die Königsnähe des Würdenträgers ebenso wie in ihrer Gesamtheit die Einheit des Reiches. – Auch in den Landesherrschaften des späten MA werden die dort seit altersher bekannten Hofämter in den Familien der adligen Vasallen erblich. Doch behalten hier einige dieser E. administrative Bedeutung. Mit dem Amt des →Hofmeisters entsteht in der 2. Hälfte des 13. Jh. sogar ein neuer Aufgabenkreis. D. Willoweit

Lit.: Grimm, RA I, 349–351, 385 – Rössler-Franz, 429–431 – HRG I, 1011–1015; II, 197–200 – Waitz II/2, 69–130; III, 493–540; VI, 324–336 – G. L. v. Maurer, Gesch. der Fronhöfe, der Bauernhöfe und der Hofverfassung in Dtl., Bde 1–4, 1862/63 [Neudr. 1961] – G. Seeliger, Das dt. Hofmeisteramt im späteren MA, 1885 – J. Ficker – P. Puntschart, Vom Reichsfürstenstande II/1, 1911, 264–285 – P. Schubert, Die Reichshofämter und ihre Inhaber bis um die Wende des 12. Jh., MIÖG 34, 1913, 427–501 – Schröder-Künssberg, 146–150, 236, 528–535 – W. Kraft, Das Reichsmarschallamt in seiner gesch. Entwicklung, Jb. des hist. Vereins für Mittelfranken 78, 1959, 1ff. – E. Klafki, Die kurpfäl. Erbhofämter, 1966.

Erbärmdebild, eine der dt. ma. Bezeichnungen für → Schmerzensmann. Vgl. auch →Andachtsbild.

Erbauungsbücher → Geistliche Literatur

Erbbürger, -männer, -sassen u. ä. kennzeichnen innerhalb der Bürgergemeinde Gruppen, auf denen im 13./14. Jh. die polit. Führung aufbaute, wenn sie nicht gar von ihnen persönl. ausgeübt wurde; sie tendierten allgemein zu ständ. Abschließen, versuchten also ein Stadt-→Patriziat auszubilden; zu ihren Merkmalen gehörte v. a. der Verzicht auf eigtl. bürgerl. Tätigkeit zugunsten eines »Rentner«-Lebens, während sich parallel ein »aristokratisch-geruhiges Erbgesessenen-Wesen als ständisches Ideal« entwickelte (v. Klocke), so daß in SpätMA und FrühNZ häufig tatsächl. der Übergang in den erbl. Adel erfolgte. In den verschiedenen Bezeichnungen fließt die Vererbbarkeit eines »vollen« Bürgerrechtes (Zugang zur polit. Führung) mit der Verfügbarkeit über Grundbesitz (gegen Planitz) zusammen, doch muß ebenso die Wirkung des Attributs »ehrbar« beachtet werden: Der »erber burger« (österr. Landrecht 1237) entspricht dem »civis honestus« (Straßburg 1230). Begriffsgeschichte und Wortfeld zwingen schließlich zum Vergleich mit ländl. Verhältnissen. – Hinderlich auf dem Weg zu Patriziat und Adel, aber typ. für die verfassungsrechtl. Lage innerhalb der Bürgergemeinde war, daß der allgemeinen Einschätzung nur selten eine dauernde rechtl. Trennung entsprach. So stellten die Wiener Erbbürger (1396) zwar einen geschlossenen Kreis dar, der über die Aufnahme neuer Leute entschied, aber nicht zu einer festen Organisation gelangte. In Ulm wird 1397 »Bürger« gleichlautend mit unterschiedl. Umschreibungen für Angehörige des Patriziats (→Burger, Maschke) und der übrigen Bürgergemeinde verwandt. Diese Schwierigkeiten für die Elite- und Patriziatsforschung finden ihre Entsprechung in den kontroversen Auffassungen über die Anfänge der Bürgergemeinde (→Gilde). Bedeutsam war sicher der Anteil von Familien ministerial. Herkunft, die als »Geschlechter« v. a. seit der zweiten Hälfte des 13. Jh. im Brennpunkt innerstädt. Konflikte standen. In Dortmund gliedert sich die »universitas burgensium et civium« (1255) – ein Jh. später mit »die Gemeinheide der Borger und Wickbelder« übersetzt – in Vollbürger oder Erbsassen und Gemeinbürger oder Weichbildleute, wobei die Erbsassen seit der Mitte des 14. Jh. die Tradition der Reinoldigilde fortsetzen (v. Winterfeld). Oft wird die Gemeinschaftsform in den Quellen erst deutlich, als ihre Mitglieder bereits an direktem polit. Einfluß verlieren. So verdrängen in Münster die Gilden (Ortsgewerbe) im 15. Jh. die Erbmänner (»viri hereditarii«), die sich ihrerseits an den Stiftsadel anschlossen (Erbmännerprozeß). W. Ehbrecht

Lit.: L. v. Winterfeld, Reichsleute, Erbsassen und Grundeigentum in Dortmund, 1917 – H. Planitz, Die dt. Stadt im MA, 1954 – F. v. Klocke, Das Patriziatsproblem und die Werler Erbsälzer, 1965 – I. Bátori, Das Patriziat der dt. Stadt, »Die Alte Stadt« 2, 1975, 1–30 – H. Lieberich, Rittermäßigkeit und bürgerl. Gleichheit (Fschr. H. Krause, 1975), 66–93 – E. Maschke, Bezeichnungen für ma. Patriziat in der SW (Bausteine z. gesch. LK v. Baden-Württ., 1979), 175–185.

Erbgesessener, Bezeichnung für einen erbl. Besitzer von →Grundbesitz; →Erbbürger.

Erblande, österr. → Habsburger, →Österreich

Erbleihe → Emphyteusis, →Pacht, →Stadtrecht

Erblichkeit → Erbrecht

Erbpacht → Emphyteusis, →Pacht

Erbrecht, Erbe, Erbschaft
A. Römisches Recht – B. Rechte einzelner Länder Europas – C. Islamischer Bereich
A. Römisches Recht
I. Römisches und gemeines Recht – II. Byzantinisches Recht.

I. Römisches und gemeines Recht: [1] *Römisches Recht:* Erbrecht (E.) im objektiven Sinn ist die Gesamtheit der Rechtsnormen, die die vermögensrechtl. Folgen des →Todes einer Person regeln; E. im subjektiven Sinn ist das Recht, das der Erbe an der Erbschaft als Ganzem hat. Unter Berücksichtigung der Novellen 18, 115 und 118 durch die Ks. Justinian das E. nach dem Inkrafttreten der übrigen Teile des →Corpus iuris civilis geändert hat, gilt folgendes:

Jede rechtsfähige Person hat bei ihrem Tode einen oder mehrere Erben. Zur Erbfolge wird in erster Linie berufen, wen der Verstorbene (Erblasser) durch →Testament als Erben eingesetzt hat. Hat der Erblasser kein Testament hinterlassen oder wird die eingesetzte Person nicht Erbe, so kommt es zur Intestaterbfolge. Dabei werden die Verwandten des Erblassers berufen, und zwar nacheinander in vier Klassen: 1. die Nachkommen, nach Stämmen (stirpes), so daß lebende Nachkommen ihre eigenen Kinder ausschließen und die Kinder eines verstorbenen Nachkommen in dessen Position eintreten; auch Adoptivkinder sowie emanzipierte und in Adoption gegebene Kinder werden berufen, nicht legitimierte unehel. geborene dagegen nicht beim Tode ihres Vaters; 2. die Eltern und Geschwister oder deren Kinder, notfalls die Großeltern; 3. die Halbgeschwister oder deren Kinder; 4. die übrigen Seitenverwandten, nach Graden (→Verwandtschaft). Die frühere Bevorzugung der durch männl. Vorfahren vermittelten agnat. Verwandtschaft ist abgeschafft. Männer und →Frauen sind in allen Klassen gleichgestellt. Kommt es nicht zur Erbfolge eines Verwandten, so wird der überlebende Ehegatte berufen, doch erhält die Witwe, die weder Dos noch Eheschenkung hat, stets ein Viertel der Erbschaft, die sog. Quart der armen Witwe (→Ehe, Abschnitt B.I). Der erbenlose Nachlaß (bona vacantia) fällt im allgemeinen an den Fiskus. Sonderregeln gelten für die Beerbung von Hauskindern und Freigelassenen.

Errichtet der Erblasser ein Testament, so darf er Nachkommen und Vorfahren nicht grundlos enterben oder übergehen, sondern muß sie zu einem bestimmten Bruchteil ihres gesetzl. Erbteils, dem Pflichtteil, als Erben einsetzen (zu Einzelheiten s. →Testament).

»Hauserben« (necessarii oder, untechn., domestici heredes) erwerben die Erbschaft beim Tode des Erblassers ohne ihr Zutun. Hauserben sind diejenigen Personen, die unter der Hausgewalt des Erblassers gestanden haben und bei seinem Tod gewaltfrei geworden sind, also namentlich seine Kinder und die Kinder vorverstorbener Söhne sowie Sklaven, die durch Testament freigelassen und als Erben eingesetzt worden sind. Andere Personen, »Außenerben« (extranei heredes), erwerben die Erbschaft durch Antritt (aditio), d. h. durch ein Verhalten, das den Willen, Erbe zu sein, erkennen läßt (pro herede gestio); vorher gilt deren Erbschaft als herrenlos (hereditas iacens, 'ruhende Erbschaft'). Hauserben, die die Erbschaft nicht behalten wollen, können sich ihrer entledigen, indem sie sich jeder Handlung enthalten (abstinere), welche die Erbenstellung zur Voraussetzung hat (beneficium abstinendi, →Beneficium, Abschnitt I). Ggf. wird die Erbschaft der nächstberufenen Klasse angeboten (deferri). – Von der zivilrechtl. Erbenstellung (hereditas) wird auch im justinian. Recht die einst durch das prätor. Recht geschaffene bonorum possessio unterschieden, d. i. der anerkannt rechtmäßige →Besitz des Nachlasses.

Erbe werden kann jeder gewaltfreie röm. Bürger. Darüber hinaus können Hauskinder ihre Mutter und deren Verwandte beerben, wobei jedoch dem Hausvater der Nießbrauch vorbehalten bleibt. Die Erbfähigkeit wird in vielen Fällen strafweise beschränkt oder ausgeschlossen, z. B. die Erbfähigkeit der Konkubine des Erblassers, der Witwe, die vor Ablauf der Wartezeit wieder heiratet, der Kinder der Erblasserin aus der verbotenen Verbindung mit dem eigenen Sklaven und der Häretiker. Davon zu unterscheiden ist die Erbunwürdigkeit (indignitas). Deren Gründe sind v. a. schwere Verfehlungen gegen den Erblasser und Beeinträchtigungen seines letzten Willens. Der Erbunwürdige wird zwar Erbe und bleibt es, doch wird die Erbschaft konfisziert.

Mit der Erbfolge rückt der Erbe in sämtl. vererbl. Rechte des Erblassers ein (successio in universum ius, 'Universalsukzession'). Sind mehrere Erben vorhanden, so werden sie Miterben zu bestimmten Bruchteilen (partes). Wird einer von mehreren Berufenen nicht Erbe oder enthält er sich der Erbschaft, so wächst sein Erbteil den übrigen zu (adcrescere). Zw. Miterben besteht eine Erbengemeinschaft (communio). An den einzelnen Nachlaßsachen hat jeder Miterbe einen seiner Quote entsprechenden Miteigentumsanteil, über den er selbständig verfügen kann. Für Ansprüche der Miterben gegeneinander, zur Umwandlung des Miteigentums in Alleineigentum und zur Beendigung der Gemeinschaft ist die actio familiae erciscundae ('Familienteilungsklage') vorgesehen. Bei der Erbschaftsteilung müssen die Nachkommen des Erblassers unentgeltl. Zuwendungen, die sie von ihm zu Lebzeiten erhalten haben, ausgleichen (conferre, sog. Deszendentenkollation).

Der Erbe haftet für Schulden des Erblassers prinzipiell unbeschränkt, Miterben bei teilbarer Leistung jedoch nur für den ihrer Quote entsprechenden Teil der Schuld. Sowohl im Interesse der Nachlaßgläubiger als auch des Erben und seiner Gläubiger kann jedoch eine Vermögenstrennung (separatio bonorum) angeordnet werden, so daß der Nachlaß nicht für Schulden des Erben und das eigene Vermögen des Erben nicht für Nachlaßschulden haften. Darüber hinaus kann der Erbe durch Errichtung eines Nachlaßinventars erreichen, daß er nicht mit seinem eigenen Vermögen für Nachlaßschulden haftet (beneficium inventarii). Werden die ganze Erbschaft oder einzelne Erbschaftsgegenstände dem Erben vorenthalten, so kann er deren Herausgabe mittels der Klagen aus den einzelnen ererbten Rechten und insgesamt mit der Erbschaftsklage (hereditatis petitio) verlangen. Vorläufigen Schutz gewährt dem Erbschaftsbesitzer das interdictum 'Quorum bonorum'.

[2] *Gemeines Recht:* Die →Glossatoren und →Kommentatoren beschäftigen sich v. a. in ihren Glossenapparaten, Kommentaren und Summen mit dem E. Außerdem werden monographisch abgehandelt: die Erbschaftsklage (von →Hugo de Porta Ravennate), der Erbschaftsbesitz (von →Roffredus de Epiphanio) und die Intestaterbfolge. Hierüber gibt es eine ganze Reihe von Abhandlungen, die älteren anonym, spätere u. a. von →Jacobus Balduini, →Dinus de Rossonis (oft →Bartolus zugeschrieben) und unter dem Namen des →Cino da Pistoia (wohl unecht).

Die gelehrten Juristen unterscheiden zw. dem alten röm. E. (ius vetus), wie es sich aus Codex und Digesten Justinians ergibt, und dem neuen Recht (ius novum), das durch die Novellen eingeführt wurde. Zahlreiche Kontroversen betreffen die Weitergeltung einzelner Bestimmungen des alten Rechts. So ist umstritten, ob Kinder aus einer früheren Ehe des Erblassers Anspruch auf diejenigen Vermögenswerte haben, die er von ihrer Mutter geerbt hat, ob bei der Berufung von Vorfahren und Seitenverwandten die Regel »Paterna paternis, materna maternis« gilt, wonach ererbtes Gut an diejenigen Verwandten fällt, aus deren Familie es gekommen ist, und ob Neffen und Nichten nach Stämmen oder Köpfen erben. Das E. der Kinder vorverstorbener Nachkommen des Erblassers wird als ius repraesentationis ('Repräsentationsrecht') erfaßt.

Bes. Regeln gelten kraft gemeinen→Lehnrechts für die Erbfolge in Lehen. Kraft Gewohnheits- oder Statutarrechts werden die männl. Verwandten, insbes. die Söhne des Erblassers, vielenorts bevorzugt. Die dadurch und über die Zulässigkeit von →Testamenten entstehenden Konflikte zw. dem gemeinen Recht und den lokalen Rechtsordnungen sind ein Hauptanlaß für die Entwicklung der sog. Statutentheorie, der Lehre von Geltungsgrund und Anwendungsbereich der →Statuten. Es bildet sich die Auffassung heraus, daß grundsätzlich das Heimatrecht des Verstorbenen für die Beerbung maßgeblich ist, Grundeigentum jedoch nach dem am Lageort geltenden Recht vererbt wird. P. Weimar

Lit.: zu [1]: M. Kaser, Das röm. Privatrecht II, 1975², 463ff. – zu [2]: Enc. del diritto XV, 1966, 184–195 [M. Bellomo] – Novissimo digesto it. XVIII, 1971, 727–748 [C. Giardina] – E. Bussi, La formazione dei dogmi di diritto privato nel diritto comune (contratti, successioni, diritti di famiglia), 1939 [Neudr. 1971], 113–151 – Coing, Hdb. I, bes. 196, 233 [Nachweis anonymer Schr.] – Ders., Europ. Privatrecht 1500–1800, Bd. I, 1985, 559ff., 602–627.

II. Byzantinisches Recht: Das byz. E. beruht im wesentlichen auf den Regelungen Ks. Justinians I., niedergelegt im Corpus iuris und in der Nov. 118 [543], ergänzt durch Nov. 127,1 [548] (vgl. oben I, am Anfang). Die justinian. Bestimmungen haben wohl bis zum 8. Jh. gegolten. Erst die →Ekloge teilt – anders als die Nov. 118 – den zur Intestatsukzession berufenen Personenkreis in sieben Klassen. Weitere Abweichungen von den justinian. Regelungen liegen in der Begünstigung der Eltern des Erblassers gegenüber den Geschwistern und in der Einschränkung des Ehegattenerbrechts zugunsten des Fiskus. Im Zuge der legislativen Restauration der Makedonen wurde das justinian. Intestaterbrecht durch →Procheiros Nomos, →Epanagoge und →Basiliken wiederhergestellt. Nur noch unwesentl. Eingriffe berühren bis zum Ende des Reiches dieses System. Unter ihnen ist bemerkenswert eine Nov. Andronikos' II. Palaiologos, die auf Anregung der Patriarchalsynode erlassen wurde, wonach die Intestatberufung bestimmter Personen zugunsten der Vornahme von μνημόσυνα (Leistungen an kirchl. Einrichtungen zwecks Vornahme religiöser und wohltätiger Handlungen zum Seelenheil des Verstorbenen) eingeschränkt wird. Im Rahmen der erbrechtl. Berufung durch Testament haben die Byzantiner die Pflichtteilsvorschriften erweitert und die Enterbungsgründe gesetzlich festgelegt. Den Kreis der testierfähigen Personen hat die byz. Gesetzgebung auf Gewaltunterworfene, Kriegsgefangene und Verschwender ausgedehnt. Weiters sind häufig Formvorschriften wie z. B. Festlegung der Zeugenzahl oder die Errichtung von Testamentssonderformen Gegenstand der Normsetzung. Schließlich bürgerte sich in Byzanz die Gewohnheit ein, testamentar. Verfügungen zugunsten religiöser oder wohltätiger Zwecke zu treffen. Um den Erben in der Ausführung dieser ihn belastenden Anordnungen zu kontrollieren, setzten die Testatoren ἐπίτροποι ein. Im Laufe der Zeit wandelten sich diese von Garanten des Erblasserwillens zu echten Testamentsvollstreckern, die den Nachlaß gemäß dem Testament verteilten.
P. E. Pieler

Lit.: K. E. Zachariä v. Lingenthal, Gesch. des griech.-röm. Rechts, 1892³ [Nachdr. Aalen 1955], 133–207.

B. Rechte einzelner Länder Europas
I. Germanisches und deutsches Recht – II. Skandinavien – III. England – IV. Italien – V. Frankreich – VI. Iberische Halbinsel – VII. Slavische Länder und Ungarn.

I. Germanisches und deutsches Recht: Tacitus berichtet von den Germanen, Erben und Nachfolger eines jeden seien seine Kinder, und man kenne kein Testament (Germania c. 20). Dies ist freilich nur die röm. Sicht einer Hausverfassung, in der die Frage einer erbrechtl. Nachfolge im Grunde gar nicht auftrat. Wie noch die →Leges der frk. Zeit erkennen lassen, bestand ursprünglich eine Vermögensgemeinschaft des Hauses, in der weder der Vater noch die Söhne ihren Besitz veräußern konnten. Nach dem Tode des Vaters konnte sie unter den Söhnen oft jahrzehntelang fortdauern. Der Anteil des verstorbenen Vaters oder Bruders wuchs den Überlebenden zu. Auch Töchter gehörten dieser Vermögensgemeinschaft an, doch war ihre Mitberechtigung durch die →Munt des Vaters oder Bruders überdeckt und wurde erst sichtbar, wenn die Töchter allein zurückblieben. Söhne konnten durch Abschichtung, heiratende Töchter durch Aussteuerung aus der Hausgemeinschaft ausscheiden; ein E. hatten sie nicht.

Im frühen MA begann sich diese Gemeinschaft aufzulösen. Die Teilung zw. Vater und Söhnen gab dem Vater die Möglichkeit, seinen Anteil zu seinem Seelenheil der Kirche zu übertragen (donatio mortis causa, 'Vergabung von Todes wegen'). Zugleich warf sie aber auch die Frage der erbrechtl. Nachfolge in seinem Nachlaß auf; sie wurde von den germ. Rechten im Sinne einer gleichen Teilung unter den Söhnen entschieden. Ein germ. Anerbenrecht gab es nicht. Töchter traten als Erben hinter ihren Brüdern zurück, waren aber vom E. nicht ausgeschlossen. Ob in Lex Sal. 59 »De alodis«, wo →Frauen das E. am Grundbesitz versagt wird, ein ursprgl. germ. Prinzip ausgesprochen wird, ist deshalb umstritten. Vielleicht galt diese Regel nur für den Landanteil, den die galloröm. Grundbesitzer den Germanen bei ihrer Ansiedlung überlassen mußten. Die Urkk. der Zeit belegen jedenfalls häufig Grundbesitz von Frauen aus ihrem väterl. Erbe, auch aus Teilung mit ihren Brüdern.

In der karol. Zeit ist für den adligen Grundbesitz erstmals eine Vererbung ausschließlich im Mannesstamm bezeugt (Lex. Franc. Cham. c. 42; Lex. Thuring. c. 26–30). Der männl. Erbe erhielt mit dem Land auch die Waffen des Verstorbenen, während Töchter Schmuck und Kleider der Mutter erhielten – Gegenstände, die man zuvor den Verstorbenen mit ins Grab gegeben hatte.

Im →Sachsenspiegel (um 1220–30) treten uns die Grundvorstellungen des E.s erstmals in dt. Sprache entgegen. Erbe ist danach alles, was ein Verstorbener hinterläßt (Sachsenspiegel, I 6, 1: »Mit svelkeme gude de man bestirft, dat het alles erve.«). Ausgenommen sind freilich Waffen und Kleidung des Mannes (→Heergewäte) und Schmuck, Kleider und Wäsche der Frau (→Gerade). Zum E. gehört also v. a. das Eigen im Sinne des Grundbesitzes Erbe gehört also v. a. das Eigen im Sinne des Grundbesitzes (→Eigentum, Abschn. A. III); die Paarformel »Eigen des Verstorbenen sind zunächst seine Kinder; dabei gehen Söhne den Töchtern vor (Sachsenspiegel I 17, 1: »Vader unde muder... erve nimt de sone, unde nicht de dochter, it ne si dat dar nen sone ne si, so nimt it de dochter.«). Ist ein Sohn schon vor dem Erblasser verstorben, so treten dessen Söhne an seine Stelle. Danach erben die Eltern, dann die Geschwister des Erblassers, nach ihnen die weiteren Verwandten bis ins 7. Glied. Gleichnahe Erben erben zu gleichen Teilen; bei der Erbteilung soll der Älteste teilen, der Jüngste wählen. Den Erben kommt aber auch schon bei Lebzeiten des Erblassers eine Mitberechtigung am Erbe zu. Ohne ihre Erlaubnis (»Erbenlaub«, Sachsenspiegel, I 52, 1) darf Eigen nicht veräußert werden; geschieht es doch, so kann der Erbe das Gut durch gerichtl. Klage an sich bringen.

Die Umrisse dieser Ordnung blieben im späten MA überall sichtbar, obgleich spätere Rechtsbücher und v. a. →Stadtrechte in vielen Einzelheiten abwichen. Früh schon wurden die Töchter den Söhnen gleichgestellt (Stadtrecht

v. Goslar, ed. W. Ebel, II2: »Sone unde dochtere sind like na, erve to nemende.«), und das Eintrittsrecht wurde neben den Sohnessöhnen auch den Sohnestöchtern und allen Tochterkindern gewährt. Die Einwilligung der Erben zur Veräußerung wurde nur noch bei ererbtem Grundbesitz (Erbgut) für erforderl. gehalten. Erworbenes Eigen (Kaufgut) konnte dagegen frei veräußert werden. Durch Erbverträge wurden namentlich Ehegatten als Erben eingesetzt, und das →Testament, das namentlich in den Städten Verbreitung fand, ermöglichte die Einsetzung von Erben wie mancherlei Verfügungen über einzelne Gegenstände. Oft wurden Testamentsvollstrecker eingesetzt, die den letzten Willen des Erblassers auszuführen hatten.

Galt dies alles für das Eigen freier Leute in Stadt und Land, so stellten sich erbrechtl. Fragen doch auch in anderen Rechtskreisen. Im Lehnrecht (→Lehen, -Lehnswesen) galt die Belehnung seit dem 11. Jh. auch für die Nachkommen des Lehnsmannes. Lehnserben konnten zunächst nur Männer sein; wo man an der Unteilbarkeit des Lehens festhielt, kam dem ältesten Sohn ein Vorrecht zu. Vielfach konnte der Lehnsherr das Lehen aber auch mehreren Lehnserben zu gesamter Hand verleihen. Diese konnten das Lehen entweder der Nutzung nach oder in der Substanz teilen. V. a. in der →Reichsritterschaft kam es häufig zu Verträgen über die gemeinsame Nutzung und die Vererbung der Anteile (→Ganerbe, Ganerbschaft). Vielfach setzte sich auch das Lehnsrecht von Töchtern durch (Weiberlehen).

Bei den →Bauern ist nach ihrer persönl. und dingl. Rechtslage zu unterscheiden. Das Erbzinsgut freier Bauern (Erbleihe; s. →Pacht, →Emphyteusis) stand dem Eigen so nahe, daß es ebenso wie dieses vererbt und geteilt werden konnte. Gehörten freie Bauern aber einem →Fronhofverbande an, so versuchte der Grundherr das geteilte Gut wenigstens durch einen der Erben als →Träger repräsentieren zu lassen. Ein →Anerbenrecht bildete sich erst seit dem HochMA heraus. Bei unfreien Bauern forderte der Herr oft das →Heergewäte und die →Gerade, mindestens aber das →Besthaupt. Nicht selten nahm er daneben noch einen Erbteil in Anspruch.   K. Kroeschell

Lit.: DtRechtswb III, 30ff. – HRG I, 956–987 [W. Ogris, H. R. Hagemann, W. Sellert] – H. Siegel, Das dt. E. nach den Rechtsquellen des MA, 1853 – O. Stobbe, Hb. des dt. Privatrechts V, 1885² – R. Hübner, Dt. Privatrecht, 1930⁵, 734ff. – W. Ebel, Über die Formel »für mich und meine Erben« in ma. Schuldurkunden, ZRGGermAbt 84, 1967, 236ff. – K. Kroeschell, Söhne und Töchter im germ. E. (Gedächtnisschr. W. Ebel, 1982), 87ff.

II. Skandinavien: Das ma. skand. E. zeigt eine außerordentl. Vielfalt, nicht nur regional, sondern auch innerhalb der einzelnen Texte, in denen sich z. T. widersprüchliche erbrechtl. Prinzipien finden. Entgegen älterer Auffassungen, scheinen sich in den erbrechtl. Abschnitten der skand. Landschafts- und Reichsrechte des 12.–14. Jh. eine jüngere, von kirchl. Einfluß geprägte Vorstellungen niedergeschlagen zu haben, wobei in späteren Texten die anfänglich strengen kirchl. Maßstäbe – insbes. beim E. des außerehel. Kindes und der Frau – offensichtlich wieder gelockert wurden. Zu den Bedingungen der skand. erbrechtl. Gepflogenheiten gehören die verschiedenen, besitzrechtlich definierten Arten von Landbesitz, wie etwa das v. a. in Norwegen und Schweden belegte Odalsrecht (→Odal) mit dem Wiederkaufrecht der nächsten Erben bei veräußertem altererbtem freien bäuerl. Eigen; dazu gehört auch die Vermögensgemeinschaft der Ehegatten (félag), bei der in Dänemark auch die Kinder einbezogen sind (fællig). Insgesamt ist das Bestreben zu beobachten, Landbesitz, den wichtigsten Vermögensfaktor, als Lebensgrundlage einer Familie ungeteilt zu belassen. Jedes erbberechtigte Familienmitglied hatte daran allerdings einen, gemäß dem Platz in der Erbfolge, bestimmten individuellen Anteil, der freilich erst bei Verheiratung, Auszahlung, Rückzug auf das Altenteil etc. konkret bemessen wurde. Ein nachhaltiger Bruch mit diesem System stellt die durch die Kirche bereitgestellte Möglichkeit einer testamentar. Verfügung über einen Teil der Erbmasse dar (→Testament).

Die Erbberechtigung des unehel. Sohnes war unterschiedl. geregelt. In der Forschung geht man davon aus, daß ursprgl. kein Unterschied zwischen ehel. und unehel. Kindern gemacht wurde. Dieses Prinzip meint man noch im norw. Thronfolgerecht erkennen zu können, nach dem die unehel. Söhne eines Kg.s durchaus als vollberechtigte Thronprätendenten auftreten konnten. Erst durch das um das Jahr 1000 eingeführte Christentum soll eine Verschlechterung der erbrechtl. Position unehelicher Söhne eingetreten sein. Nach anfänglich strengen Maßstäben setzte wohl auch hier eine Lockerung ein. Nach den dän. Landschaftsrechten konnte das außerehel. Kind nur zur Mutterseite hin erben, später (so im →Jütschen Recht und in →Erichs seeländ. Recht) wurden vorehel. Kinder durch die Heirat der Eltern zu vollberechtigten Erben. In Schweden war das außerehel. Kind auch zur Mutterseite hin vom Erbe ausgeschlossen. Eine spätere Heirat brachte aber auch hier eine Legitimierung mit sich. In Norwegen waren außerehel. Kinder zwar nach Mutter- und Vaterseite hin erbberechtigt, sofern die Vaterschaft anerkannt wurde und die Mutter eine Freie war, die ehelich geborenen Kinder hatten jedoch stets eine bevorzugte Position. Letzteres galt auch für Dänemark und Schweden. Nach den isländ. Rechtsbüchern (→Grágás) standen außerehel. Kinder auf verhältnismäßig vorgerückter Position in der Erbfolge, ihr Anteil am Erbe blieb aber immer hinter dem der vollberechtigten Erben zurück.

Die ältere Forschung, die noch von Geschlechter- oder Sippenerbe ausging, billigte der Frau gleiches E. wie dem Mann zu. Nach neueren Erkenntnissen ist diese Gleichstellung allerdings kaum aufrechtzuerhalten. Die skand. Landschaftsrechte legen eher nahe, daß die Frau erbrechtlich hinter dem Mann zurückstehen mußte und in einigen Regionen überhaupt vom Erbe ausgeschlossen war. In der Regel konnten Töchter nur erben, wenn keine Söhne vorhanden waren, die Frau erst nach dem Tode des Mannes (wenn die Ehe kinderlos war) und dann häufig in Konkurrenz mit den Geschwistern des Erblassers. Die dän. Vermögensgemeinschaft, die allerdings nur bestimmte Teile des bewegl. Gutes und während der Ehe durch Kauf erworbenes Land betraf, sicherte der Frau immerhin einen bevorzugten Platz in der Erbfolge und gewährleistete ihr insgesamt eine stärkere erbrechtl. Stellung. Möglicherweise unter dän. Einfluß wurde zur Zeit →Birger Jarls († 1266) in Schweden der Überlieferung nach das Erbrecht der Tochter neben dem Sohn festgelegt, wobei die Tochter jedoch nur die Hälfte des Sohnteiles erhielt. Dieses Prinzip wurde dann auch im norweg. Reichsrecht (2. Hälfte des 13. Jh.) angewandt. Bei gleichberechtigtem Erbe zw. Tochter und Sohn oder Tochter und Sohnessohn etc. erhielt der weibl. Erbe immer den geringeren Anteil als der männl. Erbe, so auch im Rahmen des norweg. Odalsrechts, bei dem z. B. der Tochter die bewegliche Habe zugesprochen wurde, dem Sohn aber Grund und Boden.

Nach den Kindern, die überall die erste Gruppe der Erbberechtigten darstellten, erbten die Eltern (in der Regel zuerst der Vater), dann die übrigen Verwandten Grad für Grad bis ins 7. Glied, so daß der näherstehende Grad den weiter entfernten ausschloß. Nur nach jüngeren Rechten konnten weiter entfernte Verwandtschaftsgrade gemeinsam erben. Bei Abwesenheit von Erben fiel überall in Skandinavien das Erbe an den König. H. Ehrhardt

Lit.: KL I, 258–266; IV, 487–491 [S. Iuul] – Å. Holmbäck, Ätten och arvet, 1919 – S. Iuul, Fællig og hovedlod, 1940 – G. Hafström, Den svenska familjerättens historia, 1970 – E. Sjöholm, Gesetze als Q. ma. Gesch. des Nordens, 1976, 35–52 [Lit.].

III. England: Nach 1066 war es allgemein zulässig, daß ein Erblasser mit Angehörigen über ein Drittel seiner Fahrhabe (→Gut, loses) frei verfügen konnte. Erblasser ohne Angehörige hatten freie Hand, über ihre gesamte Fahrhabe zu verfügen, außer über solche Teile, die als Todfall (mortuary) oder →Besthaupt (heriot) sowie zur Tilgung von Schulden bestimmt waren. Gewisse Teile der Fahrhabe, die sog. »Erbstücke« (heirlooms), waren für den Erben des Landes reserviert, v. a. Gegenstände für Haushalt und Gewerbe sowie Pfluggespanne. Bestimmungen über die Erbschaft von Land und über die von Landbesitz herrührenden Rechte wurden durch das System der Lehensländereien bes. kompliziert. In ags. Zeit gab es die sog. book lands (→boc), die allodial waren und verkauft, geteilt oder vom Eigentümer testamentar. vergeben werden konnten. Die sog. →folk lands unterlagen dem E., aber das Recht der Erbfolge war von lokalen Rechtsgewohnheiten bestimmt. Einige Gebiete hatten ungeteilte Erbfolge, andere geteilte, so wie das in Kent bezeugte, langlebige gavelkind-System (< ae. gafolgecynd, Grundbesitz, der unter alle Söhne verteilt wurde).

Nach 1066 wurden die book lands in Kriegerlehen oder Lehensgüter umgewandelt. Ursprünglich war Lehnsland nicht vererbbar, aber nach und nach wurde das Vererben von verlehntem Land üblich. Die Meinungen gehen auseinander, zu welchem Zeitpunkt dieser Übergang erfolgte: um 1100 (wie im Krönungseid→Heinrichs I. angedeutet), 1176 mit dem Gesetz über →»Mort d'ancestor« oder um 1200. Ein Problem bestand in dem Fehlen eines Unterscheidungsmerkmals zw. dem Faktum der Erbschaft eines bestimmten Stücks Land und dem Konzept der Erbfähigkeit. Deutliche Hinweise auf Erbschaft liefern die später so bezeichneten »lehnsrechtl. Ereignisse« (feudal incidents): Lehnsgabe, Vormundschaft, Heirat. Diese Verfahren finden sich in den →Pipe Rolls des 12. Jh. Nach den feudalen Erbfolgeregeln war der älteste Sohn der bevorzugte Erbe. Wenn es keinen rechtmäßigen männl. Erben gab, teilten sich die rechtmäßigen weibl. Erben zu gleichen Teilen in das Erbe des Lehnsgutes. Da das Lehnsland nicht durch letztwillige Verfügung geteilt werden konnte, gelang es den Lehnsleuten mit Hilfe des Übertragungsrechts zu Lebzeiten, den jüngeren Söhnen und Töchtern Land zu übertragen und andere Regelungen zu treffen, die gegen die Interessen des Erben gerichtet waren. An Grundbesitz haftende Gerechtsame wurden mit dem Land vererbt. Da Witwen ein lebenslanges Nutzungsrecht an einem Drittel des Lehnsgutes hatten, wurde die Vererbung dieses Teils (dower) zurückgestellt. Die Rechte des überlebenden Ehemannes (curtesy) konnten ebenfalls Vererbungen hinauszögern. Erben im Lehnsverhältnis empfingen das Land durch die Livery of seisin ('Besitzübertragung'), gemäß dem Common Law, die Fahrhabe durch letztwillige Verfügung nach erfolgter Bestätigung vor einem kirchl. Gerichtshof. Bauernlehen (→socage) und städt. Lehen (b[o]urgage) unterlagen keinen lehnsrechtl. Regeln und konnten daher durch Testament vererbt werden. Hintersassengüter (villein tenures) konnten gemäß den Regeln der Gutsherrschaft mit Übertragungen vererbt werden, die vor dem grundherrl. Gericht erfolgten. Das Volljährigkeitsalter differierte je nach der Art des Pachtverhältnisses: 21 Jahre bei Söhnen und Erben eines Lehnsmannes auf einem Kriegerlehen, 15 Jahre bei Söhnen und Erben eines sokeman (→soke; vgl. Glanville VII, IX, 82). Weibl. verheiratete Erben von Lehnsland waren mit 14 Jahren volljährig, unverheiratete mit 16. S. Sheridan Walker

Q. und Lit.: T. F. T. Plucknett, A Concise Hist. of the Common Law, 1956[5], 516–530 – M. M. Sheehan, The Will in Medieval England: From the Conversion of the Anglo-Saxons to the End of the Thirteenth Century, 1963 – Tractatus de legibus et consuetudinibus regni Anglie qui Glanvilla vocatur, ed. G. D. G. Hall, 1965 [Ind.: »inheritance«, »heirs«] – J. M. W. Bean, The Decline of English Feudalism 1215–1540, 1968 – Bracton, De Legibus et Consuetudinibus Angliae, ed. S. E. Thorne II, 1968 – J. H. Baker, An Introduction to English Legal Hist., 1970[2] – S. F. C. Milsom, The Legal Framework of English Feudalism, 1976 – D. M. Walker, Oxford Companion to Law, 1980 – S. F. C. Milsom, Inheritance by Women in the Twelfth and Early Thirteenth Century (On the Laws Customs of England: Essays i. H. of S. E. Thorne, hg. M. Arnold u. a., 1981), 60–89 – R. C. Palmer, The Whilton Dispute 1264–1380, 1984.

IV. Italien: Im spätantiken röm. Vulgärrecht bezeichnet »heres« (Erbe) den Universalnachfolger in Corpora und iura. Hereditas (Erbschaft) hat einen ausschließl. vermögensrechtl. Begriffsinhalt, umfaßt nur Güter und Rechte, jedoch nicht mehr potestates. Hereditas und substantia erscheinen in den Formeln als Synonyme. Die Einsetzung des Erben kann außerhalb eines Testaments, in einem Kodizill geschehen (C. Th. 4,4,1). Erbe ist der »von Gott gegebene natürliche Erbe«, also der legitime Erbe und – falls keine Enterbung eintritt – potentielle Nachfolger. Die legitime Erbfolge wird weitgehend gegenüber der arbiträren bevorzugt.

In den Urkk. des langob. Italien erscheint die Wendung »heredem instituere« oder »constituere« nur selten, sie bezeichnet nicht mehr die Universalsukzession nach einem Todesfall, sondern eine unter einem Sondertitel erfolgende Sukzession, die durch einen Akt zw. lebenden Personen festgelegt wird, also den beliebigen Erwerb von Rechten. Entsprechend dem Edictum (Liutpr. 105) kann die Einsetzung eines Erben mittels eines Rechtsgeschäftes zw. beiden Parteien vorgenommen werden (per thinx vel qualicumque conludium). Heres bezeichnet häufig den durch Blutsverwandtschaft legitimierten Erben.

Auch nachdem (zw. 689 und 713) dem Familienvater freie Verfügungsgewalt über eine Quote des Familienvermögens zuerkannt worden war (Liutpr. 6), behält die legitime Erbfolge im langob. Recht den Vorrang über die arbiträre. Hereditas ist Synonym von Substantia, d.h. Vermögen des Erblassers (Roth. 385), durch amittere substantiam wird die Folge der Enterbung bezeichnet (Liutpr. 33, 65). Die Quellen bezeugen, daß auch in den roman. und byz. Gebieten der röm. Heres-Begriff entstellt und die Formel »heredis institutio« unrichtig und wahllos angewandt wurde. In der →Summa Perusina überwiegt die legitime Erbfolge über die testamentarische. Der letzte Wille dient hauptsächl. dazu, im Rahmen der verfügbaren Vermögensquote Bestimmungen für das Seelenheil zu treffen. Heres ist derjenige, der die Erbfolge der Güter des Erblassers antritt, im engeren Sinn nur der Sohn oder Nachkomme. In den Glossen zur Epitome Iuliani (→Corpus iuris civilis) und zu den Summaria capitum (9. Jh.) sind heredes mit filii identisch. Auch im →Prochiron (25 bis) gilt als Erbe im eigtl. Sinn derjenige, der das gesetzl. Erbfolgerecht hat, in erster Linie der Sohn.

In Italien hat sich neben der justinian. Rechtstradition (Summa Perusina) auch die Tradition des Theodosian.

Rechts erhalten, und zwar in der von jenseits der Alpen stammenden Lex romana rethica curiensis (2. Hälfte 8./Anfang 9. Jh.): auch hier versteht man unter Erbe den legitimen Erben, insbes. den Sohn, der nicht die Universalsukzession hat, sondern die Erbfolge über alle einzelnen Güter des Erblassers antritt (3,8; 2,2,1).

Eine Rückkehr zu röm. Rechtsvorstellungen erkennt man im Libellus de verbis legalibus, der zur Definition der hereditas als heres den Nachfolger »in universum ius quod defunctus habuit« bezeichnet. Hereditas behält jedoch weiterhin einen ausschließlich vermögensrechtl. Begriffsinhalt, wie aus dem →Tübinger Rechtsbuch und dem →Brachylogus iuris civilis hervorgeht. Während man erneut – wenn auch als fictio betrachtet, – von einer Kontinuation der Person des Erblassers im Erben spricht und wiederum das Prinzip der Verantwortlichkeit des Erben ultra vires betont, halten die Juristen von Pavia noch in der 2. Hälfte des 11. Jh. (Expositio ad Librum Papiensem 57) daran fest, daß der Gläubiger des Vaters nicht Güter beanspruchen kann, die die Söhne nicht erhalten haben.

Am Vorabend der neuen Blüte des röm. Rechts (s. Abschnitt A.I,2) präsentieren sich die Begriffe heres und hereditas in ihrer ma. Bedeutung: als Ergebnis des Aufeinandertreffens von Prinzipien und Tendenzen des röm. Vulgärrechts und der Lebensformen der germ. Gesellschaft, wie man auch anhand des Ausschlusses der Frauen von der Erbfolge – heres konnte nur der männl. Nachkomme sein – konstatieren kann.   G. Vismara

Lit.: E. Besta, Le successioni nella storia del diritto it., 1961² – G. Vismara, Heredem instituere, 1940 – Ders., La successione volontaria nelle leggi barbariche (Fschr. A. Solmi, 1940) – Ders., Storia dei patti successori, 1940 – Ders., La norma e lo spirito nella storia del diritto successorio, 1965 (SDHI 31).

V. Frankreich: Nach den Gewohnheitsrechten (→Coutume, Coutumier) der Region nördl. der Loire haben die Nachkommen zu gleichen Teilen volles E., insbes., wenn es sich um Angehörige nichtadliger Schichten handelt (Beaumanoir, no. 466), während das Lehnrecht in der Regel den ältesten Sohn begünstigt (Boutillier, I, 76; Glanville, VII/3). Die Rechtsprechung des →Parlement v. Paris bestätigt diese Tendenzen (Olim, I, p. 81). Das Repräsentationsrecht ist in den Coutumes Westfrankreichs, der Auvergne und Flanderns weitgehend zugelassen, während es in den Coutumes des Nordens sogar unter den Nachkommen ausgeschlossen wird, andere Coutumes wiederum, v. a. im Bereich von Lothringen und Brabant sowie im angrenzenden Elsaß, gewähren es nur den Nachkommen.

Gemäß dem Rechtssprichwort »Le mort saisit le vif« ('Der Tod ergreift den Lebenden') tritt der Erbe unmittelbar in die ihm zustehende Rechtsstellung ein, ohne daß eine Einsetzung oder Besitzergreifung notwendig wäre. Nach den sog. Coutumes communautaires, die die Kleinfamilie bevorzugen, erfolgt die Erbteilung, wenn der Erblasser mehrmals verheiratet war, 'nach dem Bett'; dabei werden bisweilen die Kinder aus erster Ehe begünstigt. Der Druck der Hausgemeinschaft und eine durch die Lehre der Kirche geförderte frauenfeindl. Haltung führen zu einem Ausschluß der mit einer Mitgift ausgestatteten Töchter von der Erbfolge, mit dem Argument, daß sie ihre Familien verlassen hätten (Picardie, Paris, Maine, Touraine) oder daß sie keinen Lehensdienst leisten könnten (Libri feudorum 1,1,3,8). Dies wurde auch in Gebieten des gemeinen Rechts (pays de droit écrit) übernommen.

Die Seitenverwandten werden erst an zweiter Stelle berufen. Da nach dem Prinzip der fente ('Spaltung') ererbtes Gut an die Familie desjenigen Elternteils zurückfällt, aus der es stammt (paterna paternis, materna maternis; Beaumanoir 494, Livre de Jostice et de Plet XII, 21,13, Summa 23,6), kommt der Unterscheidung von Erbe und Eigen große Bedeutung zu.

Die römischrechtl. Prinzipien, die sich auf die Intestaterbfolge beziehen (s. oben I) und in Südfrankreich rezipiert wurden, haben die Gewohnheitsrechte nur am Rande beeinflußt; nur ausnahmsweise fand die Novelle 118 dort Eingang. Unter frk. Einfluß verschwindet das →Testament in den Gebieten nördl. der Loire, während es im Süden (Rouergue, Septimanien, Toulouse) weiter lebt, ohne daß sich die römischrechtl. Formen erhalten. Erst mit dem Wiederaufleben des röm. Rechts kehrte das Testament in seiner ganzen Komplexität zurück: mit der Einsetzung des Erben als »caput testamenti« (Cout. de Toulouse, Art. 123a–128b) am Anfang der Urkunde, der Wahl der Grabstätte (→Begräbnis) und der Aussetzung von Vermächtnissen. Im Gebiet des Gewohnheitsrechts gibt es keine Einsetzung von Erben in Testamenten, denn »Gott selbst bestimmt den Erben« (Glanville VII, 1). Durch Testament kann nur über die disponible Quote verfügt werden. Jegliche Universalsukzession des Bedachten ist damit ausgeschlossen. Einige Coutumes lassen nur Vermächtnisse zu, woraus sich die Nichtigkeit von Erbeinsetzungen ergibt, und lassen nur die gesetzl. Erben zur Gesamtnachfolge zu (Cout. du Poitou v. 1417 Nr. 548). Der Testamentsvollstrecker behält eine wichtige, vom Erben völlig unabhängige Stellung.   D. Anex-Cabanis

Lit.: R. Aubenas, Cours d'hist. du droit privé, III: Testaments et successions dans les pays de droit écrit – J. Maillet, L'exclusion des filles dotées..., RHDFE, 1962, 153–179 – J. Bart, Recherche sur l'hist. des successions ab intestat dans le droit du duché de Bourgogne, 1966.

VI. Iberische Halbinsel: Im span. HochMA kam es, abweichend von röm. und selbst westgot. Prinzipien, zu einer patrimonialist. Auffassung des Erbes. Es setzte sich aus Gütern verschiedenster Herkunft zusammen: den Allodialgütern, die den nächsten Familienangehörigen zugute kamen, den Stammgütern (troncales), die an die Linie vererbt werden mußten, von der man sie erhalten hatte, den Herrengütern, an denen der Herr Anteil hatte und von denen er →malos usos wie die manería (Abgabe an den Grundherrn, wenn ein Pächter ohne legitimen Erben starb) oder die intestia (Abgabe an den Herrn, wenn ein Höriger ohne Testament starb) erhob, den Dienst- oder Amtsgütern, die an militär., wissenschaftl. oder künstler. Aufgaben gebunden und eng mit der Person des Amtsträgers verknüpft waren. Die Haftung der Nachfolger bezog sich einzig auf die ihnen vererbten Güter. Bestimmte westgot. Formen lebten in den Testamenten fort, aber die letztwillige Verfügung nahm nun die Form eines vertraul. Auftrags oder einer Vollmacht (manda, estín, destín) für Dritte an. Diese wurden entweder danach benannt, daß sie sich am Kopfende oder an der Seite des Bettes befanden (cabezaleros, espondaleros), oder nach ihrer Funktion als Bevollmächtigte (manseoros, marmesors, manumisores, personeros). Krankheit schränkte die Verfügungsgewalt über die Güter ein, insbes. wenn Bettlägerigkeit oder ein schmerzhaftes Leiden vorlagen. Einschränkend wirkten auch Geisteskrankheiten oder Verschwendungssucht. Die letztwillige Verfügung bestand vor allem aus Bestimmungen, die für das Seelenheil wichtig waren (cuota pro anima, 'Seelteil'; s. →Seelgerät). Normalerweise handelte es sich um Verfügungen unter Lebenden (inter vivos) anhand von Schenkungen, die nach dem Tode wirksam wurden oder deren Nießbrauch man sich zu Lebzeiten vorbehielt (post obitum, reservato usufructu). Häufig wurden auch außerhalb der Erbfolgeordnung liegende

Verfügungen getroffen, so die Anerkennung zugunsten des Ehegatten, Bruders, Verwandten oder Fremden als Sohn (afiliatio, perfiliatio). Da ein Echtheitsbeleg nur schwerlich erbracht werden konnte, ließ man die letztwillige Verfügung durch eine Beglaubigung bestätigen, die normalerweise vor den Toren der Kirche erbracht wurde. Dies konnte, wie in der Landschaft Vizcaya, an einem unbewohnten Ort geschehen *(il-burucu)* oder, wenn es sich um einen mündlichen Akt handelte, vor Zeugen vollzogen werden. Diese pflegten dann Eide auf einen beliebigen Altar abzulegen, was v. a. in Katalonien zur Form des beeidigten Testaments *(testamento sacramental)* führte.

Vom 13. Jh. an führte das Eindringen des Gemeinrechts zu verschiedenen Formen der Nachfolgeregelung. Die Erbfolge nimmt nun einen personalen und universalen Charakter an, mit unbeschränkter Haftung des Erben. Eine Ausnahme bildeten jene Gegenden, wie Aragón und Navarra, die dem Eindringen des Gemeinrechts widerstanden und weiterhin eine patrimonialist. Konzeption des Erbes aufrechterhielten. Der gemeinrechtl. Einfluß wurde v. a. bei Enterbungen, Prokurationen, Legaten und Kodizillen sowie bei der Ernennung von Verwesern oder Ungleichheiten bei der Erbteilung sichtbar. In den romanisierten Gebieten, wie in der Landschaft Levante, zeigte sich sehr bald deutlich die Unvereinbarkeit zw. Nachfolgeregelung mit oder ohne Testament, wenn auch die formale Notwendigkeit, einen Erben einzusetzen, zurückgewiesen wird, selbst in Katalonien. Die Testierfreiheit setzte sich in weitem Umfang durch. Kastilien, das stärker in westgot. Tradition stand, begrenzte die Testierfähigkeit, wenn Nachkommen vorhanden waren, wobei dies durch die Einführung der *mejora* (Zuwendung, Vorteil), die auch aus dem westgot. Recht stammte, abgemildert wurde. Aragón und Navarra erlangten auf anderem Wege als die romanisierten Gebiete eine praktische, absolute Testierfreiheit, während Portugal, wo ein Pflichtteil von zwei Dritteln des Erbes galt, eine Mittelstellung einnahm. In Kastilien und der Vizcaya findet sich weiterhin das Testament als Auftrag an einen Vertrauten in der Form des *testamento pro comisario*. Wenn kein Testament vorhanden war, setzte sich in Aragón, Navarra und der Vizcaya bei legitimer Nachfolge die Erbfolge nach Heimfallrecht durch; in Kastilien und Katalonien wurde dies weniger strikt durchgeführt, und bes. in Aragón schützte man das Wittum. Die Nachfolgeregelung in Vertragsform lebte in den romanisierten Territorien wie auch in Katalonien auf gewohnheitsrechtl. Wege in Form des Erbvertrags *(heredamiento, heretament)* fort. Im Aragón des 13. Jh. traten erste Ansätze auf, keine Erbteilungen mehr vorzunehmen: im Kastilien des 14. Jh. und auch in Portugal verstärken sie sich u. führten schließl. z. Einführung d. →*Mayorazgo/morgado* (Majoratserben). J. Lalinde Abadía

Lit.: Sectores sucesorios hispánicos maleables por el ius commune, Boletim da Faculdade de Direito de Coimbra, 1982, 641–702 – J. LALINDE ABADÍA, Iniciación hist. al Derecho español, 1983³, Kap. 73-77 [Lit.] – A. UDINA ABELLÓ, La successió testada à la Catalunya altomedieval, 1984.

VII. SLAVISCHE LÄNDER UND UNGARN: Die Begriffe 'Erbe' (lat. haeres, successor) und 'Erbschaft' (haereditas successio) treten in den slav. Sprachen unter zwei Namen auf, zum einen in der Bedeutung der Erbschaft nach dem Großvater (poln. *dziedzic, dziedzina*; tschech. *dědic, dědina*, von dem Grundwort: *dziad, děd*), zum anderen in der Bedeutung der Erbschaft nach dem Vater (poln. *ojcowizna*, russ. *wotčina*, lat. patrimonium). Das E. entwickelte sich bei den Slaven wie auch bei den Magyaren in drei Etappen, die den jeweiligen Stufen der Entwicklung ihrer gesellschaftl. Verhältnisse entsprechen: a) in der Periode der Gentilverfassung, in der es nur kollektives Eigentum gab (bis zum 8.–9. Jh.); b) in der frühfeudalen Zeit, in der die Ausgestaltung des Privateigentums an Boden und Immobilien erfolgte (8.–12. Jh.); c) in der Zeit der →Kolonisation und des Landesausbaus, in der eine Übernahme weiterentwickelter west- und südeurop. Rechtssysteme (gemeines Recht, byz. Recht, ius Theutonicum u. a.) einsetzte.

Aus der ältesten Zeit sind nur Überbleibsel der »Hauskommunion« oder Hausverfassung zurückgeblieben (z. B. südslav. *zadruga*, ostslav. *občina*, had bei den Ur-Magyaren). In diesen altertüml. Verfassungsformen bewirtschafteten und nutzten die Sippen bzw. Großfamilien (→Familie) ihren ländl. Besitz gemeinsam. Als Relikt dieser Epoche gelten auch die gemeinsame Verwaltung der Güter im Rahmen einer kleinen adligen Familie (poln. *niedział*, tschech. *nedil*), wie z. B. auch die gemeinsame Nutzung von Weiden, Wiesen und Hainen durch die Bauern (→Allmende). Nur Mobiliar und Hausrat wurden in der engeren Familie erblich.

Mit der Vorherrschaft des Privateigentums erweiterte sich auch der Begriff des Erbes auf das gesamte familiäre Vermögen, v. a. auf den Grund und Boden, und bestimmte nun alle Bereiche des sozialen Lebens.

Aus dem Stammesstaat, in dem der Herrscher üblicherweise durch Wahl bestimmt wurde, entstand der institutionelle, patrimoniale Staat, in dem eine Dynastie die Obergewalt an sich riß und ihn als ihr Eigentum betrachtete. Nicht nur das private Vermögen des Monarchen, sondern auch der Staat mit allen seinen Einkünften wurden zum Gegenstand der Vererbung. In den meisten slav. Ländern wie auch in Ungarn wurde die Erbfolge nach dem Prinzip des →Seniorats bzw. der Primogenitur geregelt, manchmal entschied die testamentar. Verfügung des verstorbenen Fs.en bzw. Hzg.s. Angesichts der zunehmenden Zahl von Thronanwärtern wurde diese Gewohnheit jedoch durchbrochen; im Streitfall entschied das Votum der →Magnaten bzw. der Machtspruch des Lehnsherrn. Erst die Institution des →Königtums (Polen, Böhmen, Ungarn) führte einerseits zur Mediatisierung der Teilfürsten, andererseits zur Regelung der Nachfolge im Sinne der Primogenitur.

In der frühfeudalen Periode besaß der slav. wie auch der ung. Adel sein Landeigentum zu erbl. und allodialen Besitz (→Allod). Er war frei von allen Abgaben, aber belastet mit der Pflicht der Heerfolge (ius militare). Aus diesem Grund stand jedwede Vererbung oder Veräußerung von Land unter der Kontrolle des Herrschers. Auch das für Geld erworbene Gut sowie – in den slav. Ländern – die durch Verlehnung zugeteilten Güter wurden zu Allodialgut; nur in Ungarn war nach den Gesetzen Kg. →Kolomans (um 1100) die Vererbung von Lehngütern auf die Söhne des Belehnten begrenzt. Zur Vererbung des Bodeneigentums waren nur die männl. Familienmitglieder berechtigt. Nach Aussterben der Nachkommenschaft in direkter Linie konnten die Nächstverwandten (proximiores in linea consanguineitatis) ihre Rechte geltend machen. Die Veräußerung von Grundbesitz bedurfte der Zustimmung aller männl. Nachkommen; ohne diese Zustimmung konnte die Transaktion bemängelt und für ungültig erklärt werden. Schon im 12.–13. Jh. tritt neben der successio ab intestato auch die testamentar. Verfügung des Sterbenden ins Leben. Die →Frauen waren in dieser Periode nicht zur Vererbung von Land berechtigt; nach dem Aussterben der männl. Nachfolger verfiel der Besitz dem

→Heimfall (poln. *puścina, kaduk*, tschech. *odúmrť*). Erst im 13.–14. Jh. werden sowohl die entfernteren Verwandten als auch die Frauen zur Erbschaft zugelassen. Eine ähnl. Entwicklung bahnte sich auch in Ungarn an (Goldene Bulle →Andreas' II., 1222).

Von den Bauern, die nach dem ländl. Recht (ius terrestre, ius slavicum) lebten, verfügten nur die sog. freien Bauern über ein begrenztes erbl. Recht, solange sie nicht ihren Hof verlassen wollten; die Hörigen hatten nur ein passives E. Die Lage der Bauern wandelte sich grundsätzlich mit der Einführung verschiedener Typen des sog. »deutschen Rechts« (→Ius Theutonicum u.ä.) im Zuge des Landesausbaus. Die Lokationsurkunden (→Lokator) gewährten Erblichkeit der den Bauern zugeteilten Höfe und Ackerfluren, die den Siedlern zugeteilt wurden. Diese erwarben auch das dingl. Recht über ihr Hab und Gut und den Nießbrauch, gemäß der gemeinrechtl. Lehre vom geteilten Eigentum (→Eigentum, Abschnitt A. I, 2). Doch nicht alle ansässigen Bauern konnten Nutzen aus diesen Neuerungen ziehen; in den slav. Ländern zw. Elbe und Oder wurden viele von ihnen von ihren Höfen vertrieben (Formel: »eiectis Slavis«), um Neuansiedlern, vielfach Deutschen, Platz zu machen. Dieselben Vorgänge vollzogen sich auch in den nichtagrar. Zentren u. Suburbien, die bisher dem »ius terrestre« unterlagen und nach ihm wirtschafteten; nach der Übertragung auf das »ius Theutonicum« erwarben die Bürger E. an ihren Häusern, Werkstätten und Parzellen. Die durch das ius Theutonicum eingeführte Selbstverwaltung brachte feste Grundlagen zur Entwicklung der Rechtsordnung im sozialen wie auch wirtschaftl. Bereich der Dörfer und Städte. – Zum E. im südslav. und altruss. Bereich s. a. im einzelnen →Grundbesitz; →Gut, loses. G. Labuda

Lit.: K. KADLEC, Rodinný nedíl čili zádruha v právu slovanském, 1898 – O. BALZER, O zadrudze słowiańskiej, KH 13, 1899, 183–256 – A. v. TIMON, Ung. Verfassungs- und Rechtsgesch., 1909² – J. SZEKFÜ, Der Staat Ungarn, 1918 – K. SCHÜNEMANN, Die Dt. in Ungarn bis zum 12. Jh., 1923 – K. TYMIENIECKI, Społeczeństwo Słowian lechickich (ród i plemie), 1928 – F. ECKHART, Staatsrecht und Privatrecht in Ungarn, UngJbb 9, 1929, 426–432 – K. KOLAŃCZYK, Najdawniejsze polskie prawo spadkowe, 1939 [grundlegend] – HÓMAN, I–II, 1940–42, passim – E. SICARD, La zadruga sud-slave dans l'évolution de groupe domestique, 1943 – Z. WOJCIECHOWSKI, Państwo polskie w wiekach średnich, 1946 – K. KOLAŃCZYK, Stud. nad reliktami wspólnej własnosci ziemi w najdawniejszej Polsce, 1950 – J. DÉER, Der Weg zur Goldenen Bulle Andreas' II. v. 1222, Schweiz. Beitr. zur allg. Gesch. 10, 1952, 104–138 – B. D. GREKOV, Kijevskaja Rus, 1953 – F. GRAUS, Dějiny venkovského lidu v Čechách v době předhusitské, I–II, 1953–57 – J. ADAMUS, Polska teoria rodowa, 1958 – M. UHLIRZ, Hb. der Gesch. Österreichs und seiner Nachbarländer Böhmen und Ungarn I, 1963, 396ff. – VL. PROCHÁZKA, Vlastnictví půdy u polabsko-pobaltských Slovanů, c. I–II (Vznik a pocatký slovanu, 4–5, 1963–1964 – J. BARDACH, Historia państwa i prawa Polski I, 1964 – LOWMIAŃSKI, Początki Polski III, 340ff.

C. Islamischer Bereich

Das islam. E. beruht auf vorislam. Rechtsanschauungen und im Koran enthaltenen Einzelregelungen. Mangels systemat. Durchbildung wirkt es verworren. In den Rechtswerken findet sich daher eine reiche Kasuistik.

Im vorislam. E. vollzog sich die Erbfolge ausschließlich in der Manneslinie. Unter grundsätzlicher Übernahme dieses Systems wurde durch den Koran (vgl. IV, 11, 12, 176) bestimmten, vorher von der Erbfolge ausgeschlossenen Verwandten ein fester Erbteil (*farḍ*) zugesprochen. Daher werden diese privilegierten Erben koran. Erben oder Quotenerben genannt, zuweilen fälschlich als Pflichtteilsberechtigte oder als Vermächtnisnehmer bezeichnet.

Der hinterbliebene Ehemann erbt die Hälfte des Nachlasses (*taraka*), neben einem oder mehreren Abkömmlingen jedoch nur ein Viertel. Die hinterbliebene Ehefrau (die mit ihrem Mann in Dauerehe gelebt hat) erbt nur halb so viel wie ein Witwer, also ein Viertel bzw. – bei Vorhandensein von Abkömmlingen – ein Achtel. Mehrere Witwen müssen sich in diesen koran. Erbanteil teilen. Die Eltern des Erblassers erben neben Abkömmlingen einen festen Anteil von je einem Sechstel, sonst je ein Drittel.

Der Rest des Nachlasses fällt an die *'aṣabāt*, die den Agnaten entsprechen (vgl. →agnatio, →cognatio). Im europ. Schrifttum werden sie als Resterben oder – irreführend – als Gesamterben bezeichnet. In der islam. Rechtssprache wird von ihnen als den Erben gesprochen, die »aufgrund Verwandtschaft« (*qarāba*) erben. Falls es mehrere sind, müssen sie sich in bestimmtem Verhältnis in den restl. Nachlaß teilen. Manche gesetzl. Erben haben auch – je nach dem Vorhandensein anderer Verwandter – eine Doppelstellung. Aufgrund koran. Anweisung erbt z. B. eine Tochter die Hälfte des Nachlasses, zwei Töchter zusammen den festen Anteil von zwei Dritteln. Doch neben Söhnen, die stets nur Resterben (»durch sich selbst« = *'aṣaba bi-nafsihī*) sind, erben sie ebenfalls nur als Resterben (»durch einen anderen« = *'aṣaba bil-ġairi*) jeweils die Hälfte des Erbanteils eines ihrer Brüder.

Beim Fehlen von Resterben erben hilfsweise die noch nicht berücksichtigten weibl. Agnaten sowie die männl. und weibl. Kognaten (*ḏawū-l-arḥām*), die allerdings nach mālikitischer Rechtsschule (*maḏhab*; →Islam. Recht) keinerlei Berücksichtigung finden. Letztlich fällt der Nachlaß an die Staatskasse (*bait al-māl*), falls keine Erben vorhanden sind.

Ein wichtiges Erbhindernis bildet die Religionsverschiedenheit: Im sunnitischen Islam kann weder ein Nichtmuslim (z. B. eine christl. Ehefrau) einen Muslim, noch ein Muslim einen Nichtmuslim beerben. Im schiitischen Islam gilt das Erbverbot einseitig zugunsten von Muslimen. Das Verbot beruht auf dem Gedanken, daß die Vermögensmassen der verschiedenen Religionsgemeinschaften den jeweiligen Glaubensgemeinschaften erhalten bleiben. Als persönlich erbunwürdig gilt v. a. der Abtrünnige, der vom Islam abfällt (*murtadd*).

Übersteigen die koran. Erbteile das Ganze, müssen die Bruchteile anteilsmäßig herabgesetzt werden (*'aul*). Wird der Nachlaß in Ermangelung von Resterben nicht ausgeschöpft, wächst der verbleibende Rest anteilsmäßig den koran. Erben zu (*radd*) – mit Ausnahme des hinterbliebenen Ehegatten, dem höchstens dann der Rest zuwächst, wenn überhaupt keine anderen Erben vorhanden sind.

Eine letztwillige Verfügung (*waṣīya*) ist nur bis zu einem Drittel des Nachlasses zulässig. Darüber hinausgehende Verfügungen müssen von allen zur Erbfolge berufenen Erben genehmigt werden, um gültig zu sein. Da die erbrechtl. Regeln als zwingendes Recht gelten, kann ein gesetzlicher Erbe nach der Tradition grundsätzl. nicht zusätzlich durch eine letztwillige Verfügung bedacht werden, außer wenn die anderen Erben einverstanden sind. Andererseits darf ein Nichtmuslim aufgrund letztwilliger Verfügung erben. Durch letztwillige Verfügung können bestimmte Personengruppen (z. B. die Armen) bedacht werden; es kann auch zugunsten öffentlicher Zwecke verfügt werden (z. B. zum Bau einer Moschee). Außer vermögensrechtl. Verfügungen kann eine letztwillige Verfügung auch die Einsetzung eines Testamentsvollstreckers (*waṣī*) oder eines Vormundes (*walī*) enthalten. Letztwillige Verfügungen bedürfen keiner Schriftform, jedoch grundsätzl. Zeugen. K. Dilger

Lit.: Spezialunters. fehlen weithin.

Erbreichsplan, ein wohl niemals schriftlich konzipiertes Angebot Ks. →Heinrichs VI. an die Großen des Reiches auf dem Mainzer Hoftag Ende Febr. 1196. Eine Rekonstruktion des chronolog. Ablaufs ist nur auf der Basis der Marbacher Annalen und der Reinhardsbrunner Chronik möglich. Auslösendes Moment war der Wormser Hoftag im Dez. 1195, der den Beginn des versprochenen Kreuzzuges auf Weihnachten 1196 festlegte und zur Sicherung der Thronfolge den Kaisersohn Friedrich II. zum röm. König wählen sollte. Da die Fs.en die Wahl verweigerten, trat der Ks. im Febr. 1196 in Mainz mit dem sog. E. an sie heran; die dt. Königsnachfolge sollte nur noch erbrechtl. Normen unterliegen, für den Fortfall des Wahlrechts wurde den Fs.en die Erblichkeit ihrer Reichslehen in männl. und weibl. Linie und bei Kinderlosigkeit in der Seitenlinie sowie dem Episkopat der Verzicht auf die Spolien angeboten. Nur unter Drohungen stimmten die Großen im April auf dem Würzburger Hoftag zu. Heinrich VI. verhandelte anschließend mit Coelestin III. und machte ihm vergeblich ein hohes, heute jedoch unbekanntes Angebot. In dieser Zeit zogen die Großen in Erfurt ihre Zustimmung zum E. wieder zurück. Das war der Anlaß für den Ks., zu Weihnachten 1196 erneut die Wahl seines Sohnes zu fordern, der die Fs.en jetzt nachkamen. Der E. dürfte nicht auf eine lange Vorbereitung zurückgehen. Treibende Kraft auf fsl. Seite war der Landgraf v. →Thüringen, dessen Amt der Ks. kurz vorher einzuziehen versucht hatte. Das den Fs.en angebotene Zugeständnis entsprach ohnehin der verfassungsgesch. Entwicklungsrichtung, die Beseitigung der Königswahl jedoch nicht, wenn man vom stauf. Selbstverständnis absieht, das seit den Schriften →Gottfrieds v. Viterbo auf ein Erbkaisertum zuarbeitete. Ein Wahlkönigtum mußte auch der u. a. auf der erbrechtl. Kontinuität ruhenden Legitimation der Staufer in Sizilien im Wege stehen. Ein Erbkaisertum hätte den polit. Spielraum des Papstes entscheidend eingeengt. Die Ablehnung des E.s verstärkte die von den westl. Monarchien abweichende Entwicklung des Reiches.   O. Engels

Lit.: E. Perels, Der E. Heinrichs VI., 1927 – V. Pfaff, Ks. Heinrichs VI. höchstes Angebot an die röm. Kurie, 1927 – H. Mitteis, Die dt. Königswahl, 1944², 113–115 – C. E. Perrin, Les négociations de 1196 entre l'empereur Henri VI et le pape Célestin (Mél. L. Halphen, 1951) – O. Engels, Die Staufer, 1984³, 115–117.

Erbschulze → Schultheiß

Erbse → Hülsenfrüchte

Erbsünde. [1] Den ntl. *Ausgangspunkt* für die E.-Lehre bietet Paulus im Römerbrief, bes. in 5,12–21. Ihm ist daran gelegen, die Wirklichkeit von Sünde und Tod in sein theol. bestimmtes Menschenbild einzuordnen, und er stellt daher Tod und Sünde in den »Unheilsbereich Adam«, um dann als Kontrast Leben, d. h. ewiges Leben, dem »Heilsbereich Jesus Christus« zuzuordnen. Damit geht er in seiner Bewertung der umfassend verhängnisvollen Situation des Menschen über die für seine Zeit übliche hinaus. Man kann mit Recht sagen, daß Paulus von Ursünde spricht und so das Fundament für die E.-Lehre der späteren Zeit legt.

Maßgebl. Einfluß auf die Entwicklung der E.-Lehre im lat. W übte der Text der Praevulgata aus, der das »eph hō« von Röm 5,12d mit »in quo« übersetzte. Die in kausalkonjunktionalem Sinn verstandene und auch bis Augustin so gelesene Wendung wird durch diesen zum ersten Mal unmißverständl. relativisch gedeutet und auf Adam bezogen. Obwohl bereits der Ambrosiaster geschrieben hatte: »In quo i. e. in Adam omnes peccaverunt« (CSEL 81, 164), blieb es Augustin vorbehalten, die vollen Konsequenzen aus dieser Interpretation zu ziehen.   A. Blasius

[2] Die Wurzeln der *ma. E.-Lehre* liegen bei →Augustinus, der zwar nicht als Erfinder der Doktrin vom peccatum originale (»Ursprungssünde«) bezeichnet werden kann (vgl. seinen »Traditionsbeweis« in Contra Julianum I, 3,5 und seine Berufung auf den ntl. locus classicus Röm 5,12ff. in Serm. 294,14,15), wohl aber als origineller Gestalter der bereitliegenden Elemente zu gelten hat, die er freilich auch nicht zu einem gänzlich einheitl. System zusammenzuordnen vermochte. Ausgangspunkt seines schon vor dem pelagian. Streit vorgezeichneten Denkweges ist die tiefreichende religiös-existentielle Erfahrung der menschl. Unheilssituation, die, von Sterblichkeit und Konkupiszenz (Begierde) gekennzeichnet, ohne Annahme der Sünde nicht erklärlich ist. Diese setzt einen Zustand urspgl. Güte und Wohlgeordnetheit des ersterschaffenen Menschen voraus, der im Paradies oder im »seligen Leben« als »geistlicher Mensch« in einer doppelten Harmonie existierte, nämlich in der Unterordnung des Geistes unter den Schöpfer und (in Konsequenz) in einer Unterwerfung des Leibes und seiner Regungen unter den Geist (bzw. unter den Willen). Aus der Verkehrung dieses Zustandes in der Sünde resultierte der Verlust des »indumentum gratiae« (De civ. Dei XIV 17) und eine Umwandlung der ganzen menschl. Natur zu einer »natura humana vitiata« (De civ. Dei XIII 3). Das Wesen der E. besteht danach im »Tod der Seele« (mors animae: De civ. Dei XIII 2), d. h. in der geistigen Beschaffenheit oder Entität der Gottentfremdung, deren hervorstechendstes Merkmal die Konkupiszenz darstellt, welche auch die Freiheit des Willens trifft, ohne diese aufzuheben. Bei der nicht gänzlich durchreflektierten Wesensbestimmung der E. kommt der Konkupiszenz (die aber Augustin nicht ausschließl. sinnlich versteht) eine tragende Rolle zu (auch als Medium der Transmission bei der elterl. Zeugung und bei dem von Augustin nicht ganz einheitl. erklärten Übertragungsvorgang: Vererbungsmodell; moralisch-jurid. Erklärung; Enthaltensein in Adam aufgrund der real existierenden generischen Menschennatur). Aber eine eindeutige Identifikation von E. und Konkupiszenz ist nicht gemeint, wie auch die im augustin. Geist gehaltenen ersten kirchl. Lehräußerungen zeigen (Epistola tractoria des Papstes Zosimus von 418; die Canones der am 1. Mai 418 einberufenen Synode v. Karthago: DS 222–230 und der »Indiculus« von 431 (?): DS 238ff.), auch wenn sie nicht alle Einzelheiten des augustin. Konzeptes übernahmen.

Nach der Überwindung des Semipelagianismus (vgl. das 2. Konzil v. Orange i. J. 529 mit der Bestimmung der E. als »mors animae«: DS 372) beherrschte die Autorität Augustins die wenig originellen Vertreter der abendländ. Spätpatristik, unter denen →Gregor d. Gr. das Interesse vornehmlich auf die phys. und moral. Folgen der E. lenkt (»Moralia« VIII, 19), deren prakt. Wirkungen er freilich mildert, während Isidor v. Sevilla, der Vermittler röm. Wissens an die germ. Welt, sie prädestinatianisch verschärft (Diff II, 117–119). Für den ags. Bereich, in dem sich Reste des Pelagianismus bemerkbar machten (vgl. den Brief Johannes IV. an die ir. Bf. e in der Hist. eccl. Bedas II, 19), leistete →Beda Venerabilis die Vermittlung, dabei die Wahlfreiheit des gefallenen Menschen stärker betonend und die nur bedingte Prädestination empfehlend.

Trotz der Traditionsgebundenheit der »Karolingischen Renaissance« erfährt in ihr der »Augustinismus« eine gewisse variable Anwendung, die es →Alkuin möglich macht, die Verbindung von E. und Konkupiszenz zu lockern und letztere als etwas an und für sich Gutes zu interpretieren (De an. rat. 4). Allgemein zeigt sich in der Vorscholastik eine Tendenz, die Schärfen des augustin.

Denkens bezüglich der Folgen der E. (in Willensfreiheit, göttl. Heilswillen, Prädestination) zu mildern. So betont →Theodulf v. Orléans, daß die unter den Folgen der E. hervortretende Herrschaft des Teufels keine schrankenlose und zwingende ist (Fragm. serm. Ph 105, 280 C). Für den Fortbestand der sittl. Wahlfreiheit des Menschen nach der Sünde plädiert →Hrabanus Maurus, wie er ebenso entschiedener als Augustin in der Frage nach der Entstehung der Seele auf den Kreatianismus setzt (De univ. IV 10), was die Bedeutung der Konkupiszenz beim Übertragungsvorgang der E. einschränkt. Aber bei der allgemein mangelnden systemat. Durchdringung der augustin. Lehre ergibt sich auch das umgekehrte Phänomen ihrer Vergröberung, so in der dem →Florus v. Lyon zugesprochenen Schrift »Adv. Joannis Scoti Eriugenae erroneas definitiones«, in der die E. geradezu als leibl. Übel ausgegeben wird, »da sie im Leibe und mit dem Leibe ... überkommen« ist (XVI: PL 119, 200).

Freilich wurde das Interesse an der Gesamtfrage nach der E. im 9. Jh. von der Behandlung eines ihrer Teilaspekte zurückgedrängt, nämlich des der Prädestination. Unter Überspitzung der Auffassung Augustins von der »massa damnationis«, in der viele zurückgelassen würden, gelangte →Gottschalk v. Orbais zur Lehre von einer positiven (bedingten) Reprobation und zur Preisgabe des allgemeinen Heilswillens nach der Sünde. In der Auseinandersetzung mit Gottschalk, in der auch die Grundsätze der augustin. E.-Lehre aufgenommen wurden (→Hinkmar v. Reims; Servatus Lupus), gelangte der im ganzen eine theologiegeschichtl. Sonderstellung einnehmende →Johannes Scotus Eriugena unter Vereinseitigung des augustin. Elementes des Gattungsrealismus (aber wohl auch unter dem Einfluß griech. Tradition, welche in der E.-Lehre andere Wege einschlug) zur Annahme der Einheit aller Menschen mit dem Willen Adams, so daß in Adam die Menschen auch persönl. gesündigt hätten, was eine Vererbung dieser Sünde ausschloß (so in De divina praedestinatione X,2; dagegen vertritt er im Johannes-Kommentar den Natur–Sünde-Begriff). Daraufhin zieh ihn Prudentius v. Troyes der Leugnung der E. und des Pelagianismus (De praed. contra Joannem Scotum: PL 115, 1009–1366).

Eine Neuformierung der augustin. Gedanken, in denen die E. als positive Entität begriffen ist, leistet erst →Anselm v. Canterbury durch eine formal negative Bestimmung der E. als Mangel der rectitudo voluntatis und als carentia debitae iustitiae (De conc. virg. 27), wobei er die »Gerechtigkeit« nicht übernatürlich-gnadenhaft auffaßt, sondern als die Güte des auf Gott ausgerichteten Willens versteht (damit Anlaß gebend zu den scholast. Erörterungen über die Natürlichkeit oder Gratuität des Urstandes, welche ein noch nicht abgeklärtes Verständnis des Natur-Gnade-Verhältnisses anzeigen, das sich erst in der Hochscholastik klärt, wobei bes. in der Porretaner-Schule die Meinung von einer rein natürl. rectitudo vertreten wurde). Folgerichtig wurde im Anselmschen Konzept die Konkupiszenz dem Wesensbegriff der E. entnommen und in die Stellung einer strafartigen Folgeerscheinung versetzt, die auch beim Übertragungsvorgang nur noch eine Bedingung darstellt. Der augustin. Einfluß war damit freilich noch nicht zurückgedrängt, der sich in der Frühscholastik u. a. in der Schule v. →Laon, aber auch bei →Petrus Lombardus bemerkbar machte, welcher die E. als »languor naturae« eng mit der Konkupiszenz verknüpft (Sent. II d. 30 c. 8). Der augustin. Tradition bleibt selbst →Abaelard formal mit seiner Konkupiszenzauffassung verpflichtet, wenn er auch inhaltl. andere Erklärungen beibringt und die E., die aus einem »levissimum peccatum« resultiert, als eine zum Erweis der göttl. Gerechtigkeit verhängte Kollektivstrafe interpretiert (Expos. in ep. ad Rom. 5).

Gerade in der Schule Abaelards entwickelt sich der die Folgezeit charakterisierende Versuch einer Verschmelzung augustin. und anselmscher Elemente (so in der »Ysagoge in theologiam«), welcher in der Hochscholastik, zusammen mit einer bedeutenden Ausweitung der Probleme und Fragestellungen, zu einer Fülle von Zwischenpositionen führt, die manchmal auch eine Unausgewogenheit zeigen wie etwa bei →Heinrich v. Gent, der die Urgerechtigkeit Anselms übernimmt, aber die E. wesentl. auf die Konkupiszenz ausrichtet (Quodl. XV).

Indessen erbrachte die Aristotelesrezeption im 13. Jh. mit der schärferen philos. Bestimmung des Naturbegriffes (den Augustinus konkret-heilsgeschichtl. gefaßt hatte) und seiner Unterscheidung vom Gnadenbegriff eine Neuformulierung des E.-Verständnisses. Als erster arbeitete →Alexander v. Hales das Übernatürliche am Gnadencharakter heraus, wonach er auch den Urstand bestimmte und den wesentl. Effekt der E. in den Verlust der ewigen Seligkeit verlegte (Sent. II d. 30 n. 7). Die sich hier (wie auch bei →Bonaventura) andeutende Tendenz zur Harmonisierung von augustin. und anselmschen Konzept wurde von →Thomas v. Aquin am überzeugendsten durchgeführt, insofern er das Wesengebende der E. in den Verlust der übernatürl. iustitia originalis, das Materiale in die Konkupiszenz als Unordnung der menschl. Natur verlegte (In II Sent. d. 30 q. 1 a 3), so freilich immer noch die augustin. Komplexität anerkennend. Dagegen neigt der subtile →Johannes Duns Scotus wieder stärker zum anselmschen Gedanken hin, wenn er die iustitia originalis als natürl. Ordnung des Menschen versteht, die nach ihm die Mitte hält zw. der als acceptatio divina gedachten gratia und der augustinisch gedeuteten Konkupiszenz (OX. II d. 32 n. 19). Unter dem Einfluß des Nominalismus und seiner Entwirklichung der Gnade wird die E. zur Nichtannahme des Menschen seitens Gottes und zur Behaftung mit der ewigen Strafe (Wilhelm v. Ockham in I d. 17 q. 1). Gabriel →Biel stellt die Meinungen des Lombarden, Anselms und Thomas' nebeneinander, ohne einer von ihnen völlige Überzeugungskraft zuzubilligen (In II d. 30 q. 2 a 3). So führte die Destabilisierung der von Thomas u. a. erbrachten Synthese in der Spätscholastik zusammen mit der Preisgabe des Unterschiedes zw. Natur und Gnade schließlich wieder zu einer Übersteigerung des Augustinismus in Luthers Lehre von der E. als der total verderbten Menschennatur. L. Scheffczyk

Lit.: zu [1]: J. Freundorfer, E. und Erbtod beim Apostel Paulus, 1927 – E. Brandenburger, Adam und Christus, 1962 – O. Kuss, Der Römerbrief, 1963 – zu [2]: J. Turmel, Hist. des dogmes, I: Le péché originel. La redemption, 1931 – J. Gross, Gesch. des Erbsündendogmas, 4 Bde, 1960–72 – H. Rondet, Le péché original dans la Tradition patristique et théologique, 1967 – H. M. Köster, Urstand, Fall und E. in der Scholastik (HDG II 3b, 1979) – L. Scheffczyk, Urstand, Fall und E. Von der Schrift bis Augustinus (HDG II 3a, 1981).

Erbtochter, die Tochter (im weiteren Sinne auch die nächste weibl. Verwandte) eines Erblassers, die – insbesondere bei Fehlen eines Sohnes – das Erbe selbst antreten (1) oder ihren Nachkommen (2) oder ihrem Ehemann (3) vermitteln oder nachträglich legitimieren (4) konnte. Als Beispiele seien genannt: (1) Selbst übernahmen das Erbe ihrer Väter 1109 →Urraca v. Kastilien, 1343 →Johanna I. und 1414 →Johanna II. v. Neapel. Eine Übergangsform zw. (1) und (2) stellen dar: die Unionskgn. →Margarete d. Gr. (»regina Daciae, filia et heres Waldemari« 1375), die als Vormund und an Stelle ihres Sohnes →Oluf († 1387), dann ihres Großneffen→Erich VII. v. Pommern die Kgr.e Dänemark und Norwegen, später auch Schweden regierte, sowie →Berenguela, Kgn. v. León und Infantin v. Kastilien, die nach dem Tod ihres Bruders 1217 sich als Kgn. v. Kastilien huldigen ließ, aber unmittelbar darauf zugunsten ihres Sohnes →Ferdinand III. auf den Thron verzichtete. (2) Eleonore v. Aragón († 1382) vermittelte, obwohl längst verstorben, 1412 (→Caspe, Compromiso de) ihrem Sohn Fernando de Antequera (→Ferdinand I. v. Aragón) und damit einem Mitglied des Hauses Kastilien den erfolgreichen Anspruch, gegen mehrere Agnaten des letzten Kg.s v. Aragón aus dem Hause Barcelona zu dessen Nachfolger gewählt zu werden. (3) Durch die Heirat mit →Elisabeth v. Luxemburg, der E. Ks. →Siegmunds, erwarb →Albrecht II. 1421 die 1437/38 eingelöste Anwartschaft auf Ungarn und Böhmen. (4) Die i. J. seines Regierungsantritts 1100 geschlossene Ehe →Heinrichs I. v. England, eines Sohnes →Wilhelms des Eroberers, mit Mathilde (Edith), einer Nachkommin der alten ags. Kg.e und Nichte von →Edgar 'the Ætheling', der 1066 den größten Anspruch auf den engl. Thron hatte, erbrachte für den Sohn des Eroberers eine wesentliche zusätzl. Legitimation seines Königtums. Aus dieser Ehe, die ags. und norm. Ansprüche vereinigte, entstammen sämtliche engl. Kg.e seit 1154.

E. waren an den meisten Dynastiewechseln in der europ. Gesch. beteiligt, nicht selten gegen die Ansprüche entfernterer Verwandter des Mannesstammes. Wie bewußt in der Umgebung der E. deren Anwartschaften beobachtet wurden, verrät der Eintrag in der Chronik von St-Denis zur Verlobung eines Sohnes des Hzg.s v. Orléans 1398 mit dem damals einzigen Enkelkind Ks. Karls IV., der noch unmündigen →Elisabeth v. Görlitz: »que ultra paternam hereditatem regnorum Boemie, Ungarie et Cracovie heres unica dicebatur«. Mit der Geburt der oben unter (3) genannten Kusine aus älterer Linie 1409 wurde jedoch jene andere Elisabeth die E. des lux. Kaiserhauses.
A. Wolf

E. hieß im *Lehensrecht* (→Lehen, -swesen) die zur Lehnsfolge berechtigte Tochter eines männl. Lehensinhabers. Es war umstritten, ob sie nicht hinter den sog. Regredienterben zurückstehen müsse, d. h. den Erben von Töchtern früherer Generationen, die auf ihr Erbrecht verzichtet hatten, aber nur für den Fall der Fortdauer des Mannesstammes (»bis auf den ledigen Anfall«). Ein entsprechender eingeschränkter Verzicht ist auch bei adligem Allodialbesitz spätestens seit dem 14. Jh. nachweisbar.
K. Kroeschell

Lit.: HRG I, 980f. [A. ERLER] – G. BESELER, Die Lehre von den Erbverträgen II 2, 1840, 259ff., bes. 292ff. – O. STOBBE, Hb. des dt. Privatrechts V, 1885², 315ff. – A. WOLF, Wahlrecht und Erbfolge in den Reichen Alfons' des Weisen, Ius Commune, Sonderh., 1986 [im Dr.] – DERS., Prinzipien der Thronfolge in Europa um 1400, VuF, 1986 [im Dr.].

Erbvertrag → Erbrecht

Erbvogt → Vogt

Erbzins → Zins, →Emphyteusis

Erchanbald

1. E., Bf. v. →Eichstätt, † 19. Sept. 912. Späte Tradition, die ihn von den Karolingern abstammen läßt, muß nicht erfunden sein. Vielleicht noch Ende 882 von Ks. Karl III. zum Bf. ernannt, gehörte er zu den einflußreichsten Ratgebern Kg. Arnulfs und Ludwigs d. K. Er erhielt von den Herrschern mehrere Schenkungen, welche die geringe Dotation des Bm.s Eichstätt ergänzten. In E.s Auftrag verfaßte der Domkleriker →Wolfhard v. Herrieden ein Martyrolog (AnalBoll 17, 1898, 1–23) und ein Werk über die Monheimer Walpurgiswunder. Das Walthari-Lied (→Waltharius) ist wahrscheinl. E. v. Eichstätt, nicht dem Straßburger Bf. E. gewidmet.
A. Wendehorst

Q. und Lit.: DHGE XV, 682f. – NDB IV, 565f. – J. SAX, Die Bf.e und Reichsfürsten v. Eichstätt I, 1884, 18–25 – JDG Ostfrk. Reich 3, 1888² – J. SAX, Gesch. des Hochstiftes und der Stadt Eichstätt, 2. Aufl., bearb. v. J. BLEICHER, 1927, 35–39 – F. HEIDINGSFELDER, Die Reg. der Bf.e v. Eichstätt, 1938, 29–41 Nr. 67–109 – K. HAUCK, Das Walthariusepos des Bruders Gerald v. Eichstätt, GRM 35, 1954, 1–27 – W. STÖRMER, Früher Adel 2, 1973, 341–348.

2. E., Ebf. v. →Mainz, † 17. Aug. 1021, ⌐ Mainz, St. Johannis, aus der Familie der Gf.en v. Olsburg (Niedersachsen), verwandt mit Bf. →Bernward v. Hildesheim; Eltern unbekannt; Sohn: Gf. Lando (?, gen. als Vogt der Abtei Fulda in auf 1011 datierter Fälschung). Als Abt v. →Fulda (997–1011) unterstützte E. Kg→Heinrich II. 1002/03 am Mittelrhein und in Franken, begünstigte 1007 die Errichtung des Bm.s→Bamberg und stand von 1008 an in der →Luxemburger Fehde auf der Seite des Herrschers. Dieser ernannte ihn zum Ebf. v. Mainz. E. ließ sich am 1. April 1011 von Bf. →Bernward v. Hildesheim weihen, den er im Streit um →Gandersheim gegen Ebf. →Willigis unterstützt hatte. Der Kg. beließ ihm die Würde des →Erzkanzlers in Deutschland, nahm ihm jedoch die in Italien. Nach der Teilnahme am Romzug 1013/14 unterstützte E. den Ks. in der Reform der Abtei Fulda und im →Hammersteiner Ehestreit, in Niederlothringen wie in der Polenpolitik. In kirchenrechtl. Maßnahmen neigte E. der →Gorzer Reform zu; organisatorisch folgte er Grundlinien seines bedeutenderen Vorgängers →Willigis, u. a. durch die Gründung des Stiftes St. Maria in campis bei Mainz. Erwähnenswert sind seine Predigten.
A. Gerlich

Q. und Lit.: M. STIMMING, Mainzer UB I, 1934 – S. HIRSCH, JDG H. II., 3 Bde, 1862–75, passim – WATTENBACH–HOLTZMANN–SCHMALE I, 1978, 202 – K. ALGERMISSEN, Persönlichkeit, Leben und Wirken Bernwards (Bernward und Godeshard v. Hildesheim, 1960), 19 – J. FLECKENSTEIN, Die Hofkapelle der dt. Kg.e 2, 1966, 160f., 212, 215 – L. FALCK, Gesch. der Stadt Mainz 2, 1972, 66, 91.

3. E. (Erkanbald), Bf. v. →Straßburg 965–991, * ca. 937, † 12. Juli (oder 10. Okt.) 991. E., der aus hochadliger Familie stammte, wurde v. a. als Dichter berühmt. Gleich nach seiner Priesterweihe 963 wurde er Koadjutor des Bf.s Udo, dem er, geweiht am 24. Sept. 965 durch Ebf. →Wilhelm v. Mainz, folgte. Durch gute Beziehungen zu Rom und zum otton. Kaiserhaus konnte E. seiner Kirche weitreichende Privilegien verschaffen (974 und 984 Münz- und Zollrechte sowie 982 und 988 Immunität), wohl auch zum Dank für geleisteten Reichsdienst, wie 981 durch Teilnahme am Süditalienzug Ks. →Ottos II. mit einem Aufgebot von 100 Rittern. Weiters kann man aus seinem Mitwirken bei vielen Bischofsweihen ein bes. kirchliches Engagement auch außerhalb von Straßburg erschließen. Als Mäzen erweist ihn die Widmung des Waltharilieds oder einer Hs. desselben (→Waltharius) durch den Magister Gerald, die Berufung des gelehrten St. Galler Mönches Viktor an die Straßburger Domschule und die Schenkung einer Sammlung v. a. hagiographischer und historischer Werke an die Straßburger Kirche. Das eigene Œuvre umfaßt nebst Gelegenheitsgedichten (Elogien, Epitaphien, Dedikationsverse) die poet. Fortsetzung des Straßburger Bischofskatalogs (ed. K. STRECKER, MGH PP 5, 1939, 507–517), die Überarbeitung der Passio Trudperti (vgl. B. KRUSCH, MGH SRM 4, 1910, 355f.) und eine nicht erhaltene »Suspirium« genannte Trostschrift.
H. Zimmermann

Lit.: NDB IV, 567 [P. WENTZKE] – Verf.-Lex.² II, 587f. [F. WORST-

BROCK] – P. WENTZKE, Reg. der Bf.e v. Straßburg, I/2, 1908, 248ff. – W. WATTENBACH-R. HOLTZMANN, Dtl.s Geschichtsquellen im MA. Die Zeit der Sachsen und Salier, I/2 [Nachdr. 1967], 254f.

Erchanbert. 1. E., Bf. v. →Freising, † 1. Aug. 854, offensichtl. Neffe seines Amtsvorgängers Bf. →Hitto, gehört zur »Genealogia« der →Huosi (s. a. →Bayern, B. I). Alles weist darauf hin, daß er seine Ausbildung im Freisinger Domklerus erfahren hat. Am 26. Jan. 836 ist E. bereits Bf. v. Freising (frühestens nach 13. April 835). 843 war er beim Vertrag v. →Verdun mit zahlreichen bayer. Großen und Vertretern seiner Verwandtschaft anwesend und nahm dort gleichzeitig einen Besitzkauf in vier bayer. Orten vor. Spätestens 844 erhielt er – wohl von Kg. Ludwig d. Dt. – die reiche Königsabtei →Kempten (Allgäu), die er bis zu seinem Lebensende behielt. Das Kl. Kempten hat in seiner Amtszeit – offensichtl. auch durch sein Zutun – zwei entscheidende kgl. Gunsterweise Ludwigs d. Dt. erfahren. Aus E.s Freisinger Amtszeit sind über 130 Rechtsgeschäfte (Traditionsurkunden) erhalten; er gilt als großer Förderer des Bm.s, weshalb er später als Sel. verehrt wurde. E.s Neffe, Subdiacon (später Diacon) Reginbert, war in der Kanzlei Ludwigs d. Dt. tätig. Ähnlich wie bei Bf. Hitto läßt sich auch unter E. Patronage und ausgeprägter Nepotismus feststellen. Nach dem Tode E.s konnten die Huosi das Bm. Freising nicht mehr besetzen. W. Störmer

Q.: MGH DD L.d.Dt. nrr. 36, 46, 66 – TH. BITTERAUF, Die Traditionen des Hochstifts Freising, 1905, nrr. 609–741 – *Lit.*: J. STURM, Die Anfänge des Hauses Preysing, 1931, 216ff. – O. MEYER, Reginbertus subdiaconus, NA 50, 1935, 428ff. – H. STRZEWITZEK, Die Sippenbeziehungen der Freisinger Bf.e im MA, 1938, 189, 192 – W. STÖRMER, Früher Adel II, 1973, 331f. – K. SCHMID, Gebetsgedenken und adliges Selbstverständnis im MA, 1983, 558ff.

2. E., Grammatiker, 1. Hälfte 9. Jh. Über Lebenszeit und Umstände E.s, den man lange irrtüml. mit Bf. E. v. Freising (→ 1. E.) (von dem er sich durch die Sprache wie auch seine regelmäßige Bezeichnung als magister unterscheidet) identifiziert hat, liegen keine Nachrichten vor. Das einzige, was von ihm bekannt ist, ist ein »Tractatus super Donatum«, dessen Entstehung einerseits nach der sog. Ars Bernensis (frühes 9. Jh.) und der Grammatik des sog. →Clemens Scottus, welche Werke der Verfasser bereits benützt, andererseits vor der Grammatik des →Hrabanus Maurus, der als erster E. mehrmals anführt, anzusetzen ist. Die Provenienz der bisher bekannten Hss. aus bayer. Bibliotheken und die Mehrzahl der Einträge in ma. Bibliothekskatalogen lassen an Entstehung in Bayern denken. Der Traktat, der als die älteste im ostfrk. Bereich entstandene Grammatik gelten darf, stellt wie die meisten frühma. Grammatiken einen Kommentar zur Ars minor und Ars maior des →Donatus dar. Dem Verfasser ging es u. a. darum, die Autorität →Priscians gegen die anderer Grammatiker, insbes. des im frühen MA recht häufigen Pompeius, zu betonen. Im oberdt. Raum (einschließl. des alem.) scheint die Grammatik E.s bis ins 11./12. Jh. recht beliebt gewesen zu sein, ist aber von Gelehrten wie →Remigius v. Auxerre auch anderwärts gelegentl. benützt worden. F. Brunhölzl

Ed.: Erchanberti Frisingensis tractatus super Donatum, ed. W. V. CLAUSEN [Diss. Chicago 1948] – *Lit.*: MANITIUS I, 491ff. – BRUNHÖLZL I, 368, 560.

Erchanger, Pfgf. (→Schwaben) aus der Adelssippe der →Alaholfinger, †21. Jan. 917, ⌐vermutl. Johanniskirche in Wannweil (nördl. von Reutlingen); wohl Sohn des Pfgf.en Berthold und verwandt mit dem oberrhein. Grafengeschlecht der Erchangare, aus dem Richgard, die Frau Ks. →Karls III., stammte. 912/913 erscheint E. mehrfach im Gefolge →Konrads I. in Schwaben, am Mittelrhein und im Elsaß; dabei wird ihm einmal urkundl. der Titel Pfgf. zuerkannt, während nach einer späteren Überlieferung E. und sein Bruder Berthold als »Kammerboten« das dem Kg. unmittelbar unterstehende Schwaben verwaltet haben. Wenn auch der genaue Umfang des Pfalzgrafenamtes strittig ist (nur Bereich der zentralen Pfalz→Bodman oder ganz Schwaben?), so kam ihm doch unzweifelhaft eine große Bedeutung in der Vorgeschichte des schwäb. Hzm.s am Anfang des 10. Jh. zu. Nach dem Tod des der →Rheinauer Stifterfamilie entstammenden Pfgf.en Gozbert 910 strebten sowohl die →Hunfridinger Gf. Burchard und sein gleichnamiger Sohn (→Burchard I., Hzg. v. Schwaben) als auch E. nach der Vorherrschaft in Schwaben, stießen dabei jedoch auf den Widerstand Bf. →Salomos III. v. →Konstanz als Sachwalter des Königtums. Ein erstes Zerwürfnis mit Konrad I. (913) endete mit einer Versöhnung zw. E. und dem Kg., der durch einen Sieg über die →Ungarn seine Stellung in Schwaben gefestigt hatte (Heirat Kg. Konrads mit E.s Schwester Kunigunde). 914 allerdings spitzte sich der Konflikt zu: E., von seinen Stützpunkten Bodman, Stammheim und Hohentwiel aus agierend, nahm Salomo gefangen, wurde dann aber selbst von Konrad I. in der Burg Oferdingen am Neckar festgesetzt und daraufhin des Landes verwiesen. 915 heimgekehrt, errang E. zusammen mit seinem Bruder Gf. Berthold und mit dem jüngeren Burchard einen Sieg bei Wahlwies nahe Bodman über seine schwäb. Gegner und wurde zum dux erhoben. Ein Jahr später verurteilte die Synode v. →Hohenaltheim E. wegen seiner Vergehen an Kg. und Bf. jedoch zur Klosterhaft. Bei einem erneuten Versuch, mit dem Kg. zu einer Vereinbarung zu kommen, wurden E. und sein Bruder auf Konrads Befehl in Ötlingen bei Kirchheim unter Teck (?) getötet. Th. Zotz

Lit.: NDB IV, 566f. [Lit.] – TH. L. ZOTZ, Der Breisgau und das schwäb. Hzm. (VuF Sonderbd. 15, 1974) – H. W. GOETZ, »Dux« und »ducatus«, 1977 – H. MAURER, Der Hzg. v. Schwaben, 1978 – O. P. CLAVADETSCHER, Wolfinus Cozperti palatini comitis filius (Fschr. J. DUFT, 1980) – M. BORGOLTE, Die Grafen Alemanniens in merow. und karol. Zeit [im Dr.].

Erchempert v. Montecassino OSB, Geschichtsschreiber der Langobarden in Süditalien, 9. Jh., war – nach den neuesten Forschungen – Mönch von →Montecassino. Die wenigen erhaltenen sicheren Lebensdaten sind seiner Langobardengeschichte zu entnehmen. Er wurde am 23. Aug. 881 von Pandenulf v. Capua in der Burg Pilano gefangengenommen und nach Capua verbracht; dabei verlor er alle seine Besitztümer (c. 44: omnibus bonis a pueritia acquisitis exutus). Er trat dann – mit an Sicherheit grenzender Wahrscheinlichkeit – in die Gemeinschaft von Montecassino ein, die nach der Zerstörung des Kl. durch die Sarazenen 883 zuerst nach Teano, später nach Capua übersiedelt war, und bezeichnete sich zum Zeitpunkt dieses Geschehens als deren Mitglied.

Abt Angelarius (883–893) sandte ihn zu Papst Stephan V., um diesen gegen die Übergriffe Fs. Atenulfs v. Capua (887–910), der das Kl. alle seiner Besitzungen beraubt hatte, zu Hilfe zu rufen. Die Mission hatte den gewünschten Erfolg: Montecassino erhielt seine Besitzungen von dem Fs. v. Capua zurück, E. verlor jedoch – vielleicht infolge seiner diplomat. Tätigkeit – seine capuan. cella, die ihm sein Abt zugestanden hatte. Weitere Nachrichten über E.s Leben sind nicht erhalten.

Sein Hauptwerk, die »Ystoriola Langobardorum Beneventi degencium« ist nur in einer Hs. (Cod. Vat. lat. 5001, 13.–14. Jh.) erhalten. E. schildert darin die Geschichte seines Volks, zu dem er sich stolz bekennt, in der südl.

Langobardia (von Arichis Hzg. v. Benevent bis zum Jahre 889). Er nimmt dabei eine beneventfreundl. Haltung ein und betrachtet Capua, das für die Teilung des Dukats v. Benevent verantwortlich war, mit Mißtrauen. Sein Werk war im MA außerhalb Süditaliens nur wenig verbreitet. Es wurde von dem anonymen Verfasser des Chronicon Salernitanum (10. Jh.), von→Leo v. Ostia in seiner »Chronica monasterii Casinensis« (11./12. Jh.) und von dem Mönch Johannes in dem Chronicon Vulturnense (12. Jh.; →Chronik, Abschnitt D) benutzt.

E. werden auch ein Gedicht (34 Verse), das im Cod. Vat. lat. 5001 der »Ystoriola« vorangeht, sowie die 116 Hexameter der sog. »Martyrologium Erchemperti« zugeschrieben (u. a. auch im Cod. Cass. 439, p. 278–282 erhalten). Es handelt sich dabei um ein metrisches Calendarium bzw. Martyrologium. F. Avagliano

Ed.: MGHSS rer. Lang. et Ital., 231–265 [G. Waitz] – N. Cilento, Fonti della storia d'Italia [im Dr.] – *Lit.*: DHGE XV, 685–687 – Manitius I, 709–710 – G. Falco, Erchemperto (Albori d'Europa; Pagine di storia medievale), 1947, 264–292 – C. G. Mor, La storiografia it. del sec. IX da Andrea da Bergamo ad Erchemperto (Atti Congr. internaz. di studi sull' alto Medioevo, Spoleto, 1952, 1953), 141–147 – V. Westerbergh, E., a Beneventan Poet and Partisan (Beneventan Ninth Cent. Poetry, Studia Lat. Stockholmiensia IV, 1957), 8–29 – N. Cilento, It. mer. long., 1966 – P. Meyvaert, RevBén, 1959, 101–105.

Erchinoald, maiordomus (→Hausmeier) im regnum Neuster (→Neustrien) 641–658, †658; ∞ Leutsind; einziger Sohn Leudesius, der 657 den neustr. Maiordomat erhielt. E. war im neustr. Kerngebiet und dort ausschließlich ostwärts der Seine begütert. Besitz lag im Gebiet von Amiens-Noyon-St. Quentin. Über →Dagoberts I. Mutter, Berthrude (von unbekannter Herkunft), war E. mit der stirps regia (→Merowinger) blutsverwandt. Eine weitere enge Beziehung ergab sich später durch die Heirat →Chlodwigs II. mit →Balthild, die als ags. Sklavin im Haushalt E.s aufgestiegen war. Als einer der vornehmsten Angehörigen der neustr. Oberschicht blieb E. zeitlebens loyal dem Königshaus verbunden. E. beteiligte sich mit Eigengut an zwei Gründungen von Irenklöstern (bei Péronne und Lagny-sur-Marne, letztere gemeinsam mit dem Kg.) sowie an der Ausstattung von →Fontenelle. Über den Maiordomat E.s ist wenig überliefert. 641 wurde E. durch→Nanthild, Dagoberts I. Witwe, als maiordomus in Neuster eingesetzt. In diesem Amt war er Nachfolger Aegas, Amtsvorgänger →Ebroins und Amtskollege des in Frankoburgund eingesetzten →Flaochad. 642 garantierten sich E. und Flaochad gegenseitig ihre Stellung in den Teilreichen. Mit dem neustr. Kontingent zog E. 642 gegen den patricius Willebad. Mit der Schilderung dieser Kämpfe bricht die Chronik →Fredegars ab. Zeitgenöss. Quellen fehlen bis 658, E.s Todesjahr. H. Ebling

Q.: MGH SRM II (Fredegar 84, 89; Vita s. Balthildis cap. 2; Liber hist. Franc. cap. 45); IV (Vita Fursei cap. 9, 12, 20, 24; Vita Eligii cap. 20, 27) – *Lit.*: E. Ewig, Spätantikes und frk. Gallien I, 1976, 205–208 – H. Ebling, Prosopographie der Amtsträger des Merowingerreiches von Chlothar II. bis Karl Martell, 1974, 137–139 (Nr. CLVI).

Erdbeben (mhd. *Erdbidem, Erdbiden*, lat. terrae motus), Auftreten im MA vor allem in: Südspanien, Pyrenäen, Mittelgriechenland, Anatolien, Kaukasus, Nordwestsyrien, Palästina; weniger häufig in: Nordafrika, Deutschland, Alpengebiet, Balkanregion. Im MA ist die Ursache von E. weitgehend unbekannt; sie werden wie →Epidemien, →Hungersnöte, →Sturmfluten u. a. Katastrophen oft als Zeichen göttlichen Zornes gedeutet. Erste naturwissenschaftl. Erklärungen erfolgten durch babylon. Astronomen; zu den E.-Theorien antiker Gelehrter s. Kl. Pauly II, 350f.

Katastrophale Erdbeben des 5.–15. Jh.:

Datum	Region	Zahl der Opfer
419	Palästina, Jerusalem	
477	Türkei, Konstantinopel	viele
528 (29. Nov.)	Syrien, Antiochia	5 000
614	Italien, Campania	Tausende
742	Syrien und Palästina	viele
793 (30. April)	Italien, Veneto	viele
811	Schottland, St. Andrews	1 400
844 (18. Sept.)	Syrien, Damaskus	50 000
847 (April)	Syrien, Damaskus	70 000
856 (Dez.)	Griechenland, Korinth	45 000
858 (Jan.)	Kaukasus, Armenien	12 000
871 (18. Nov.)	Mesopotamien, Wasit	20 000
893	Kaukasus	82 000
986 (13. Mai)	Mesopotamien, Mosul	viele
1007	Mesopotamien, Kijla	10 000
1068 (18. März)	Palästina, Ramla	25 000
1117 (3. Jan.)	Italien, Venetia, Emilia	viele
1138 (8. Sept.)	Syrien, Aleppo	230 000
1158	Türkei, Syrien	20 000
1169 (4. Febr.)	Italien, Kalabrien	14 000
1183	Türkei, Syrien	20 000
1201 (5. Juli)	Syrien, Oberägypten	über 200 000
1202 (22. Mai)	Jordanien, Nablus	30 000
1222 (25. Dez.)	Italien, Lombardei	12 000
1268	Türkei, Ostanatolien	15 000
1303 (8. Aug.)	Griechenland, Peloponnes	10 000
1328 (1. Dez.)	Italien, Norcia	5 000
1348 (25. Jan.)	Österreich, Villach	5 000
1356 (18. Okt.)	Schweiz, Basel	300
1361 (7. Juli)	Italien, Basilicata	4 000
1456 (5. Dez.)	Italien, Basilicata	27 000
1458	Türkei, Erzincan	30 000
1482	Türkei, Erzincan	30 000
1491 (Okt.)	Griechenland, Insel Kos	5 000

D. Mayer-Rosa

Lit.: U.S. Congress, Great Earthquakes 1, 1888 – J. Milne, Cat. of Destructive Earthquakes, British Assoc. for the Advancement of Science, Portsmouth 1911 – F. Montandon, Les Tremblements de Terre Destructeurs en Europe, Union Internat. de Secours, 1953 – N. N. Ambraseys, On the Seismicity of SW-Asia, Union Internat. de Secours, 1961 – N. V. Shebalin, Erdbebenkatalog für die USSR vom Altertum bis 1975, Akad. der Wiss. der UdSSR, 1977 – U.S. Dept. of Commerce, Cat. of Significant Earthquakes 2000 b. c. to 1979, Report SE-27, 1981 – Cat. dei Terremoti It. dall' anno 1000 al 1980, Consiglio Naz. delle Ricerche, 1985.

Erdbuch Waldemars II. (Kong Valdemars Jordebog), Sammlung von Verzeichnissen des dän. Kgtm.s, die v. a. wertvolle Auskünfte über die kgl. Einnahmen um 1231 (auf dieses Jahr ist das »Hauptstück« datiert) geben. Doch weder die Hauptliste noch die Lokallisten (Halland, Lolland, Falster, Estland, Fehmarn) verschaffen eine lückenlose Übersicht dieser Einkünfte aus Königsgut *(Kongelev)*, Hausgut (patrimonium), Abgaben und Zöllen. Vielleicht geschah die Anlage der Verzeichnisse bei der Thronfolge- und Hausordnung →Waldemars II. (um 1231). Die sog. »Bruderliste« aus der Zeit →Knuts VI. (1182–1202) umfaßt vermutlich Große des Reiches, die dem König bes. nahe standen. →Dänemark. E. Hoffmann

Ed.: Kong Valdemars Jordebog, I–III, ed. Sv. Aakjaer, 1926–45 – *Lit.*: KL XIX, 456–460 [P. Rasmussen] – Sv. Akjaer, Land Measurement and Land Valuation in med. Denmark, SEHR 7, 1960, 115–149 – C. A. Christensen, Falsterlistens tal og talforhold, HTD 12 r. IV, 410–421 –

Danmarks hist., hg. A. E. CHRISTENSEN, I, 1977, 360f., 389-391 – E. ULSIG, Landboer og bryder, skat og landgilde (Fschr. N. SKYUM-NIELSEN, 1981) – E. ULSIG–A. KJÆR SØRENSEN, Studier i kong Valdemars jordebog, HTD 81, 1981-82, 1-26 – C. A. CHRISTENSEN, Begrebet bol, ebd. 83, 1983, 1-34.

Erddarstellung. 1. E. (geogr.) →Kartographie.

2. E. in der Kunst. Darstellungen der röm. Erdgöttin Tellus und Personifikationen des Elementes Erde (Terra) sind schon in der Kaiserzeit kaum zu trennen. Die (auf einen Arm gestützt) gelagerte weibl. Gestalt der Erde (meist mit nacktem Oberkörper und den Attributen Füllhorn, Ähren, Schlange, sonstigen Tieren oder Kindern) ist häufiger als die Darstellung einer aus dem Boden ragenden Halbfigur. Die Beigabe von Genien mit Früchten oder den Attributen der vier Jahreszeiten betont den Aspekt der Fruchtbarkeit und dient im Bereich ksl. Ikonographie als Propagandabild erhoffter glückl. Herrschaft; die Verbindung mit Meeresgottheiten (Okeanos, Thetis) verbildlicht kosmolog. Ganzheitsvorstellungen, die in mytholog. Zusammenhang (z. B. auf röm. Sarkophagen des 2./3.Jh.) schwer zu definieren, in ksl. Repräsentation als Proklamation umfassender Herrschaft zu deuten sind (Galeriusbogen, Thessaloniki; lit. überlieferte Sockelreliefs des Theodosius-Reiterbildes, Konstantinopel). Dieser räuml. Universalität des Herrschaftsanspruchs kann durch Beigabe der Himmelskörper die zeitliche an die Seite gestellt werden (Schild Konstantins auf Goldmedaillon i. J. 313). Der Erdkreis nach antikem Weltbild im Schema der vom Ozean umflossenen Erde wurde in zahlreichen Fußbodenmosaiken in Villen und v. a. Kirchen des 5./6. Jh. dargestellt, seltener mit Personifikation der Erde, häufiger durch Tier-, Pflanzen- und Jagdbilder als Allegorie der Erde, Fisch-, Seetier- und Fischfangbilder für das Meer (bes. wichtig ein Mosaik in Nikopolis/Griechenland wegen entsprechender Beischrift [KITZINGER, Studies]; bes. interessant, daß mehrfach die vier Paradiesflüsse zur Erde gehören, die im MA dann auf Erdkarten [→Kartographie] erscheinen). Karol. und otton. Kreuzigungsbilder, bes. Elfenbeinreliefs, verwenden zur Verbildlichung der umfassenden Bedeutung des Sieges Christi für den ganzen Kosmos das erwähnte imperiale Schema von Erde und Meer, Sonne und Mond, das gleichzeitig auf die vier Elemente hinweist; Terra säugt hierbei häufig ein oder zwei Schlangen, Kinder oder Tiere. Das Motiv der »sündigen« Erde liegt dann vor, wenn Terra statt Adams unter dem Suppedaneum erscheint (z. B. Elfenbeinrelief im Deckel des →Codex aureus Epternacensis, Nürnberg, mit Aufschrift TERRA). Die Erde in Verbindung mit dem Meer und mit Meer und den Himmelskörpern wurde auch Darstellungen des thronenden Christus oder Schöpfers beigegeben; mehrfach bildet die Erde den Fußschemel Christi, meist als Kreis mit eingetragener Landschaft, Pflanzen, Terra-Inschrift oder dem aus kartograph. Erddarstellungen übernommenen orbis tripartitus im T-O-Schema. Auch auf das Gegensatzpaar Himmel/Erde wird angespielt (Beispiele BRONDER). Wie in anderen bibl. Büchern wird in Psalterien auf die Erde gewöhnl. durch Landschaft, Tiere, Landarbeit oder Personifikationen hingewiesen; im Utrecht-Psalter (fol. 53) kommt zu den aus der Antike bekannten Typen der Halbfigur und der Gelagerten noch die thronende Terra mit einer Erdkugel in der Linken. Ma. Darstellungen des Schöpfungsberichts (bes. in der Buchmalerei) geben, meist beim dritten Tag, Erddarstellungen, die selten eine Personifikation, häufiger eine Landschaftsdarstellung oder eine abstrakte Figur mit T-O-Schema bieten. Zu nichtkartograph. Erdbildern gehört auch ein Fußbodenmosaik des 12. Jh. in S. Salvatore in Turin mit einer vom Ozean und Windpersonifikationen umgebenen Erde mit typ. Tieren der Erdteile; da die Beischriften ausführlichere Texte aus den »Etymologiae« des →Isidor v. Sevilla geben als die →Beatus-Karte, bleiben die Zwischenstufen von den erwähnten Mosaiken des 6. Jh. zum Turiner Mosaik unklar (KITZINGER, World Map). Als rein schemat.-geometr. Figuren seien noch die Demonstrationszeichnungen aus Enzyklopädien und wissenschaftl. Werken erwähnt, in denen die Erde als eines der vier Elemente erscheint (ebenfalls im Kirchenschmuck aufgenommen: Kosmos-Fußboden von Oberpleis) oder die Mitte der verschiedensten Demonstrationskreise (rotae) bildet (BOBER). Vgl. auch→Personifikationen.

J. Engemann

Lit.: RAC V, 1113-1179 – RDK V, 997-1104 – E. KITZINGER, Stud. on Late Antique and Early Byz. Floor Mosaics, 1: Mosaics at Nicopolis, DOP 6, 1951, 81-122 – H. BOBER, An Illustrated Medieval Schoolbook of Bede's »De natura rerum«, Journ Walters Art Gallery 19/20, 1956/57, 65-97 – B. BRONDER, Das Bild der Schöpfung und Neuschöpfung als 'orbis quadratus', FMASt 6, 1972, 188-210 – E. KITZINGER, World Map and Fortune's Wheel: A Medieval Mosaic Floor in Turin, Proceedings American Philosophical Society 117, 1973, 344-373 – A. v. EUW, Imago mundi, Monumenta Annonis, Ausst.-Kat. Köln, 1975, 89-102 – R. SCHMITZ-EHMKE, Das Kosmosbild von Oberpleis, ebd., 120f.

Erdjagd → Jagd

Erdmessung → Geometrie

Erdöl → Naphta

Erdrauch (Fumaria officinalis L./Papaveraceae). Der (unterschiedl. gedeutete) Name *ertroich, ertrouch* u. ä. (STEINMEYER-SIEVERS III, 529, 541, 556) für die bitterschmeckende Heilpflanze stellt eine Übersetzung der mlat. Bezeichnung *fumus terr(a)e* dar, die ihrerseits auf gr. kapnos 'Rauch' (Diosk. IV, 109; dort auch schon *fumaria*) zurückgeht. Med. wandte man das frische Kraut und dessen Saft als blutreinigendes, magenstärkendes und harntreibendes Mittel, bei 'Melancholie', Wassersucht und Podagra, Leber- und Milzleiden sowie gegen Krätze und andere Hautkrankheiten an (Circa instans, ed. WÖLFEL, 54; Albertus Magnus, De veget. 6,347; Minner, 118f.; Gart, Kap. 176). Der Volksglaube sprach dem E. bes. Kräfte im Liebeszauber zu.

P. Dilg

Lit.: MARZELL II, 505-517 – HWDA II, 919.

Erembalde, in der 2. Hälfte des 11. Jh. und im 1. Viertel des 12. Jh. einflußreiche fläm. Familie aus der Gegend v. →Veurne, von unfreier Herkunft; benannt nach *Erembald* († nach 1089), der – wahrscheinl. nachdem er den Burggrafen Baldrand v. Brügge ermordet hatte – dessen Witwe Duva heiratete und die Burggft. →Brügge usurpierte. Insbes. durch Einheirat in den Adel reich und mächtig geworden, übten auch seine Söhne *Robert* († 1109?) und *Haket* († nach 1133) das Burggrafenamt v. Brügge aus; ein dritter Sohn, →*Bertulf*, wurde Propst v. St. Donatian und Kanzler v. Flandern. Der drohenden Enthüllung ihrer weitgehend in Vergessenheit geratenen niederen Herkunft durch Gf. →Karl d. Guten begegneten die E. mit einer Verschwörung und der Ermordung des Gf.en (2. März 1127). Im Zuge der nachfolgenden Unruhen wurden die meisten Mitglieder der Familie ausgelöscht. Die rasche Isolation der E. erklärt sich aus der Gegnerschaft des fläm. Adels, der eine gute Gelegenheit sah, den bis dahin unerhörten Aufstieg einer unfreien Familie zu den *nobiles* zu zerschlagen.

M. Ryckaert

Q.: GALBERT V. BRÜGGE, De multro..., ed. H. PIRENNE, 1891; ndl. und frz. Übers., ed. R. C. van CAENEGEM, 1978 – *Lit.*: J. DHONDT, Annales 12, 1957, 529-560 – E. WARLOP, The Flemish Nobility before 1300, I/1, II/1, 1975-76 [ndl. Ausg. 1968].

Eremitentum, mittelalterliches. Trotz der offensichtl. Vorbehalte gegen das Anachoretentum im frühen lat. Mönchtum gibt es auch hier verwirklichte Anachorese (terminolog. besser: Eremitentum). Für das frühe MA bietet Gregor v. Tours, De vita Patrum zahlreiche Zeugnisse; die asket. Heimatlosigkeit (peregrinatio propter Christum) fördert das Eremitentum. Zu neuem Aufbruch führt die monast. Reform des 10./11. Jh. Sie knüpft an die alte eremitor. Tradition an, neu vermittelt bes. durch griech. Exilmönche in Italien (→Nilus v. Rossano, 910-1004). Eine weitere Wurzel liegt in der gregorian. Reform selbst, deren Libertas-Idee nun zur letzten Konsequenz gedrängt wird und die Mönche wieder in die »Wüste« führt: →Romuald v. Ravenna (950-1027) und →Petrus Damiani (1006-1072) kamen aus dem cluniazens. Mönchtum und gründeten einen benediktin. Einsiedlerorden (→Kamaldulenser). →Bruno v. Köln (1030/35-1101) gründete 1084 die Eremitensiedlung →La Grande Chartreuse, die zum →Kartäuserorden führte. Diese und ähnl. Gründungen brachten eine neue Form in die abendländ. Mönchsgeschichte: Die harmon. Verbindung von anachoret. und koinobit. Leben in einem zentralgelenkten Orden. Neben den Formen eines organisierten Eremitentums kennt das MA die freie Form in der Art der Inklusen (Reklusen), die in Verbindung mit Kl., Kirchen oder auf sich selbst gestellt, lebten. Ihrer nehmen sich die immer wieder geschriebenen Inklusenregeln an (z. B. Grimlaich, Regula Solitariorum, 9. Jh.; Dionysius der Kartäuser, De vita inclusarum, 15. Jh.). It. Eremitengruppen wurden im 13. Jh. von der Päpstl. Kurie zum Orden der →Augustiner-Eremiten verbunden, der in Lebensform, Tätigkeit und Ordensverfassung ganz den Bettelorden angepaßt wurde. - Vgl. →Anachoreten. K. S. Frank

Lit.: K. Heussi, Der Ursprung des Mönchtums, 1934 – Antonius Magnus Eremita, hg. B. Steidle, 1956 – Théologie de la vie monastique, 1961 – L'Eremitismo in Occidente nei secoli XI e XII (Atti della settimana di studio, Mendola, 1962), 1965 – D. J. Chitty, The desert a City, 1966 – P. Nagel, Die Motivierung der Askese in der alten Kirche und der Ursprung des Mönchtums, 1966 – K. S. Frank, Mönche im frühchristl. Ägypten, 1967 – A. Angenendt, Monachi Peregrini, 1972 – G. M. Colombás, El Monacato Primitivo, I-II, 1975 – K. S. Frank, Grundzüge der Gesch. des christl. Mönchtums, 1975 – Askese und Mönchtum in der Alten Kirche, hg. Ders., 1975 [Lit.].

Erenagh → Airchinnech

Eresburg, südl. Grenzfeste des engrischen Stammesbereiches, »ubi prius ab antiquis Irminsul colebatur« (Thietmar v. Merseburg), zuerst 772 als castrum eresburgum bezeugt, im Zusammenhang mit den frk. Annexions- und Missionierungsbemühungen gegenüber →Sachsen; sie liegt 150 m über dem Zusammenfluß von Diemel und Glinde an der Nordspitze des heute von der Oberstadt →Marsberg eingenommenen Zechsteinplateaus. Mehrmals von sächs. Seite zurückerobert und zerstört, spielte die E. in der ersten Hälfte der Sachsenkriege bis 785 eine bedeutende Rolle als Ausgangspunkt von Militäroperationen Karls d. Gr., der häufiger, so auch im Winter 784/785 mit der ganzen Familie, in der E. weilte und auf den der erste Kirchbau von vor 780 zurückgeht. In der Auseinandersetzung →Konrads I. mit Hzg. Heinrich v. Sachsen 915 spielte die E. wieder eine bedeutende Rolle; 938 fand hier der geflüchtete, aufständ. Halbbruder Ottos I., →Thangmar, in der Peterskirche sein Ende. 826 war die reich ausgestattete Kirche an →Corvey übertragen worden, das in der Folgezeit mit den Stiftern Paderborn und Köln um die Herrschaftsrechte in Horhusen (Niedermarsberg) und E. (Obermarsberg) konkurrierte (→Doppelstadt).

F. B. Fahlbusch

Lit.: A. K. Hömberg, Zw. Rhein und Weser... (Schr. der Hist. Komm. Westfalens 7, 1967), 94-96 – H. Kaminsky, Stud. zur Reichsabtei Corvey in der Salierzeit, 1972, 19ff. – H. Stoob, Marsberg (Westfäl. Städteatlas, hg. Ders., 2. Lfg., Bl. 10, 1981) – E. Freise, Das FrühMA bis zum Vertrag v. Verdun (Westfäl. Gesch. I, hg. H. Kohl, 1983), 275ff., hier: 292-303 mit 323, 325-329 [Q. und Lit.].

Eretna, Gründer einer kleinasiat. Dynastie, gest. 1352. Für das Ilchanenreich, den südwestl. Nachfolgestaat (Iran) des Weltreiches der →Mongolen, war Kleinasien, das Gebiet des ehem. →Seldschukenstaates, ein Außenposten, verwaltet durch einen Statthalter, dem die lokalen Kleinfürsten – zuerst wirklich, später nominell – untertan waren. Die Schwächung der ilchan. Zentralgewalt bewirkte, daß E., ihr Statthalter (seit 1326), sich mit dem mächtigen →Mamlūkenreich verband (1337), den regierenden Ilchan im Felde schlug (1343) und eine selbständige, allerdings kurzlebige Dynastie gründete. Der Eretnidenstaat, mit Hauptstadt →Sivas, später →Kayseri, dehnte sich über einen großen Teil des kleinasiat. Hochplateaus aus und grenzte im Norden an das byz. Ksr. v. →Trapezunt, erreichte aber auch selbst die Küste (→Samsun). Seine – bedeutenden – kulturellen Leistungen (Entwicklung der türk. Literatur, Baukunst) sind erst wenig erforscht.

A. Tietze

Lit.: EI², s.v. Eretna [C. Cahen] – J. E. Woods, The Aqqoyunlu. Clan, Confederation, Empire, 1976.

Erfahrung (lat. experientia, experimentum). Der Begriff der E. hat im MA vornehml. eine philosoph., eine religiös-affektive und eine naturwissenschaftl. Komponente.

Da Platon die E. dem Bereich der Vorstellung zuordnet und sie als Erkenntnisweise versteht, die vorgibt, das Wissen selbst zu sein, und daher ihrer eingeschränkten Geltung eben durch das Wissen überführt werden muß, da ferner Aristoteles unter dem Einfluß Platons E. ebenfalls als der Fertigkeit und dem Wissen nur vorausgehende Erkenntnisweise faßt, die sich aus den Sinneswahrnehmungen folgenden vielen Erinnerungen an ein und dieselbe Sache einstellt und allein das 'Daß' des Faktischen ohne 'Warum' konstatiert (Arist., Metaph. I 1, 980b 29–981a 29), wird auch im MA der Begriff der E. im Anschluß an Aristoteles unter metaphys. Perspektive einer Erkenntnisweise zuerkannt, die sich mit den Inhalten der Welt des Werdens auseinandersetzt und nur eine okkasionelle Vorstufe zu den mit Notwendigkeit und Allgemeingültigkeit verbundenen Gehalten wissenschaftl. Erkenntnis bildet (→Averroes, →Albertus Magnus, →Thomas v. Aquin). Eine ausschließl. an der E. und an den Erscheinungen, den Phänomenen, orientierte – somit antiaristotel. – Konzeption des Wissens begegnet bei →Nikolaus v. Autrecourt, der jegliche notwendige Relation zw. einer Ursache und ihrer Wirkung oder überhaupt zw. einem für sich existierenden Gegenstand A und einem für sich existierenden Gegenstand B bestreitet; selbst wiederholte E.en eines Phänomens lieferten keine Gewißheit.

Der Begriff der E. findet auch in religiös-affektivem Zusammenhang Verwendung – um nur ein Extrem zur betont empirist. Theorie des Nikolaus zu nennen: →Bonaventura spricht von einer »cognitio Dei experimentalis«, einer im erfahrenden Vollzug gewonnenen Erkenntnis der Gottheit, einer Erkenntnis, die in ihrer Vollendung nicht anders als Verkosten der göttlichen Süße verstanden werden kann – dies der höchste Grad der Weisheit (Bonaventura, III Sent. 35, a. un., q. 1 concl., Opera omnia III, 774a). Bonaventura ist von der Intention geleitet, der Liebe das Wissen zu subordinieren, die Liebes-E. somit in das Zentrum seines Denkens zu rücken, einer Intention, die auch in der modernen Fundamentaltheologie wieder verfolgt wird (H. Waldenfels).

Eine neue Konnotation gewinnt der Begriff der E. in der Naturwissenschaft - im MA freilich erst in statu nascendi; das Experiment im Sinne *bewußt* vollzogener – jedoch noch nicht methodisch geleiteter – wiederholter Beobachtung ist signifikant für den E.-Begriff. Die Aufwertung der E. in naturwissenschaftl. Kontext ermöglichen zwei Motive: das Bewußtsein der Autonomie naturwissenschaftl. Forschung (Albertus Magnus, De gen. et corr. I, 1, 22, Ed. Colon. V/2, 129, 13–16) und die Anerkennung der Neugierde als Stimulans des E.-Wissens (Alb., Super Dan. 14, 15, ed. A. BORGNET, 18, 636b: »Curiositas enim experiendi incitamentum facit.«). Arab. Denker und →Albert, →Robert Grosseteste und →Roger Bacon, →Dietrich v. Freiberg, Peter v. →Ailly und →Johannes Buridan, →Nikolaus v. Oresme und →Nikolaus v. Kues sind nur einige Denker, die im Rekurs auf eine der Natur als Natur zugewandte Wissenschaft und unter Akzentuierung der Natur-E. Einsichten formulieren, die als Basis für die neuzeitl. E.-Wissenschaft eines Francis Bacon und Galilei angesehen werden dürfen. B. Mojsisch

Lit.: HWP II, 609–617 [F. KAMBARTEL] – J. LAPPE, Nicolaus v. Autrecourt. Sein Leben, seine Philos., seine Schr., BGPhMA VI/2, 1908 – THORNDIKE – A. C. CROMBIE, Robert Grosseteste and the Origins of Experimental Science: 1100–1700, 1953 – A. MAIER, Die Vorläufer Galileis im 14. Jh., 1966 – A Source Book in Medieval Science, ed. E. GRANT, 1974 – Mittelalter, ed. K. FLASCH, Gesch. der Philos. in Text und Darstellung 2, 1982 – The Cambridge Hist. of Later Medieval Philosophy, ed. N. KRETZMANN, A. KENNY, J. PINBORG, 1982 – H. WALDENFELS, Kontextuelle Fundamentaltheologie, 1985.

Erfidrápa → Drápa

Erfindungen, techn. → Innovationen

Erfurt

I. Vor- und frühstädtische Siedlungsgeschichte – II. Das Bistum – III. Die hoch- und spätmittelalterliche Stadt – IV. Klöster, Stifte und Kirchen – V. Bibliotheken und Geschichtsschreibung – VI. Universität.

I. VOR- UND FRÜHSTÄDTISCHE SIEDLUNGSGESCHICHTE: Eine günstige naturräuml. Lage inmitten des fruchtbaren Thür. Beckens begünstigte den frühen Aufstieg zum wirtschaftl. und kulturellen Zentrum →Thüringens. Das an einer Furt über die sich im Stadtgebiet in mehrere Arme teilende Gera (ursprgl. Erph/Erphesa) am Schnittpunkt dreier wichtiger Fernverbindungen gelegene Gebiet weist schon in vorgesch. Zeit reiche Besiedlungsspuren auf, die sich im 6. und 7. Jh. häufen. Die Gaunamen West- und Ostgau orientieren sich nach E. hin. Dementsprechend konnte →Bonifatius E. als einen zentralen Ort (olim urbs paganorum rusticorum) beschreiben. Diese Burg läßt sich am ehesten auf der beherrschenden Höhe des Petersberges lokalisieren, wo damals wohl bereits eine frk. Besatzung und eine Peterskirche bestanden. Auf dem sw. vorgelagerten Untersberg (Domhügel) errichtete der Missionar auf ihm von frk. Großen geschenkten Boden um 725 eine Kirche, anscheinend der Vorläufer der Marienkirche. In karol. und noch in otton. Zeit ist in E. der kgl. Einfluß vorherrschend. Eine hier vorauszusetzende Königspfalz (palatium publicum 802, Reichsversammlungen 852, 932, 936) wird sowohl auf dem Peters- als auf dem Domberg gesucht. Das →Diedenhofener Kapitular von 805 bestimmt E. zum Grenzhandelsplatz der frk. Kaufleute mit den Slaven. Der Ebf. v. →Mainz tritt erstmals mit der Translation der Severus-Reliquien durch Otgar um 836 nach hier auf dem Domberg in Erscheinung, wobei E. aber noch als locus regalis bezeichnet wird.

II. DAS BISTUM: Die seit 725 intensiv auch in Thüringen einsetzende Mission des Bonifatius (s. a. →Angelsächs. Mission) trat 732 durch seine Erhebung zum Ebf. mit der Vollmacht zur Einrichtung von Bischofssitzen und zur Weihe von Bf. en unter Gregor III. in eine neue Phase ein. Der Widerstand des frk. Episkopats und Adels verzögerte die Errichtung der mitteldt. Bistümer. Erst 742/743 konnte Bonifatius Papst Zacharias die Weihe von drei Bf. en und die Festlegung der Sitze in →Würzburg, →Büraburg und im »locus, qui dicitur Erphesfurt« melden und um Bestätigung bitten, die vom 1. April 743 datiert. Zum ersten Bf. war wahrscheinlich am 21. Okt. 741 in Sülzenbrück der spätere Klosterbf. und Gründer von →Eichstätt, →Willibald, geweiht worden. Fraglich ist, wieweit in E. überhaupt die Ausbildung einer Bistumsorganisation erfolgte ist. Wohl noch zu Lebzeiten des Bonifatius († 754) wurden die Bm.er Büraburg und E., wahrscheinlich im Zusammenhang mit Bonifatius' Ernennung zum Bf. v. Mainz 746, mit dieser Diöz. vereinigt. Damit wurden die Grundlagen für die spätere Mainzer Stadtherrschaft über E. gelegt.

III. DIE HOCH- UND SPÄTMITTELALTERLICHE STADT: [1] *Geschichte und Topographie:* Der Zeitpunkt des Übergangs der ursprgl. kgl. Rechte in E. an den Ebf. v. →Mainz bleibt unklar. Unter Ebf. →Aribo (1021–31) setzen die ebfl. Münzprägungen ein. In diese Zeit fallen wohl auch der Beginn eines steilen wirtschaftl. Aufschwungs und wichtige Ansätze zur Ausbildung eines frühstädt. Gemeinwesens. Mit ortsansässigen Kaufleuten ist schon in karol. Zeit zu rechnen. Der Ort des ältesten Handels- und Marktverkehrs ist nicht sicher zu bestimmen. Von hohem Alter sind zweifellos der Markt »Vor den Graden« (Platz w. vor Dom- und Petersberg) sowie die Märkte im Gebiet zw. Fischmarkt, Krämerbrücke, Wenigenmarkt (forum parvum) bis hin zur Kaufmannskirche, also beidseitig der wichtigsten namengebenden Furt. Früher Fernhandelsverkehr wird bei der im 12. Jh. bezeugten Kaufmannskirche St. Gregor (Papst) vermutet, wo die breite Anger-Straße (später Ort des Waidhandels) in einen Dreiecksmarkt mündet. Jünger ist der heut. Markt, der 1248 gen. Fischmarkt (1270 novum forum) mit dem Neuen Hospital St. Martin (1210/17) und dem Rathaus (curia consulum 1275). Bereits 1108 wird die Liepwinisbrucca (Lehmannsbrücke), 1156 die mit Marktbuden besetzte Krämerbrücke (pons rerum venalium, mercatorum mit taberna; 1265 in Stein erneuert) genannt. Eine erste Ummauerung unbekannter Ausdehnung wird zu 1066 erwähnt. Die Mauer von ca. 1168 umschloß anscheinend schon das gesamte ma. Stadtareal bis an die Wilde Gera (ca. 130 ha), einschließlich Peters- und Domberg.

Die Ebf.e residierten seit dem →Investiturstreit häufig als Ausweichresidenz auf und hielten hier wichtige Synoden ab. 1080 brannte Kg. →Heinrich IV. E. nieder. Sein Sohn nutzte die ebfl. Einkünfte über einen längeren Zeitraum für seine Hofhaltung. Ebf. →Adalbert I. errichtete 1123 neben St. Severi eine Bischofsburg, das Krummhaus (palatium, curva domus). In der Auseinandersetzung mit →Heinrich dem Löwen, im Zusammenhang mit →Reichslandplänen und im Thronstreit haben die →Staufer E. als einen ihrer Hauptstützpunkte behandelt; unter →Friedrich I. und →Heinrich VI. rückt es mit Hoftagen und Festfeiern an die Spitze des Königsitinerars. Versuche, die Reichsfreiheit zu erlangen (Schutzbriefe Friedrichs II. 1234, 1242), scheiterten. Im Kampf um die Selbstverwaltungsrechte gelang um die Mitte des 13. Jh. die Etablierung eines weitgehend unabhängigen patriz. Rates. In der Concordata Gerhardi wurde 1282 das Verhältnis mit dem Ebf. geregelt (vgl. III, 2). 1289/90 hielt Rudolf v. Habsburg hier einen mehrmonatigen Reichstag ab. In Konkurrenz mit den benachbarten Territorialgewalten erwarb E. seit dem ausgehenden 13. Jh. ein beträchtl.

Landgebiet, das 1480 über 80 Dörfer, Burgen und Vorwerke umfaßte und in Vogteien eingeteilt war. Die zahlreichen Fehden riefen zunehmende soziale Spannungen hervor (1283, 1310), die seit dem frühen 14. Jh. zur Mitregierung der Zünfte und Gemeinde im Rat führten. Bündnisse mit dem Adel und den Reichsstädten →Mühlhausen und →Nordhausen zeigten die Stadt im 14. Jh. auf der Höhe ihrer Macht. Mit der Besetzung des Erzstuhls durch die →Wettiner 1482 geriet E. in polit. und wirtschaftl. Schwierigkeiten. In Friedensverträgen 1483 mußte es nicht nur eine allgemein definierte Mainzer Landeshoheit, sondern auch eine Schutzherrschaft Kursachsens (→Sachsen) anerkennen.

[2] *Verfassung:* Das gesamte Stadtgebiet war schon früh der alleinigen Herrschaft des Ebf.s unterworfen. Wohl schon im 11. Jh. war ein Großteil des Grundbesitzes zur freien Erbleihe an die cives (1108) bzw. liberi viri (1120) ausgetan, die den jährl. Freizins 1108 dem villicus, 1120 aber räumlich getrennt den Brühlschultheißen und dem Marktmeister bei der Kaufmannskirche entrichten mußten. Verwaltungszentrale des Ebf.s war der Mainzer Hof im Brühl als Sitz des villicus/Brühlschultheißen, später des Provisors, der auch dem Burggrafending vorstand. Die Blutgerichtsbarkeit wurde durch die Gf.en v. →Gleichen als Obervögte wahrgenommen, deren Befugnisse aber durch die →Vitztume (Herren v. Apolda) eingeengt wurden. 1157 begegnen als ebfl. Ministeriale Stadtschultheiß, Marktmeister, Brühlschultheiß und Freibüttel. Die Anfänge der Ratsverfassung reichen in das 12. Jh. zurück (Siegel 1183/1200) und werden 1212 konkreter (ebfl. Beamte und Bürgerausschuß). Ein selbständiger kaufmänn.-patriz. Rat bildet sich im langwierigen Ringen mit den Ebf.en zw. 1250/55 aus (1255: 14 Mitglieder, 2 Ratsmeister; 1267 mit viermaligem Wechsel). Organisierte Zünfte treten erstmals 1248/49 auf. 1283 erzwangen sie den Zugang zum Rat: Vermehrung auf 24 Sitze, bei 5jährigem Transitus. Die Vorherrschaft des Patriziats (*Gefrunden*) wurde erst 1310 gebrochen: Gemeinde und Zünfte bestellten jährlich vier tribunische Vertreter mit ständigem Sitz im Rathaus als Kontrollinstanz neben dem Rat, in dem die Gefrunden nur noch 4, Gemeinde und Zünfte je 10 Sitze erhielten. 1322 wurden die Vierherren auch in den Rat aufgenommen. Die Concordata Gerhardi schrieb 1289 die verbliebenen Rechte des Ebf.s (Gerichtsbarkeit, Freizinsen, Münze, Marktmeisteramt mit Zoll) fest, die er trotz häufiger Verpfändungen bis auf die Münze (1354) bewahren konnte. Ansonsten regelte die Stadt ihre inneren und äußeren Verhältnisse selbständig. Die Stadtverfassung wurde durch die vom Rat gesetzte Willkür von 1306 geregelt. Um 1300 hatte die Stadt auch die Vogtei von den Gf.en v. Gleichen endgültig erworben. Nach der Belehnung mit dem Reichslehen Kapellendorf 1352 wurde E. quasi als Reichsstadt behandelt und in den Reichsmatrikeln geführt.

[3] *Gerichtsbarkeit:* Gegenüber den weltl. Gerichten, dem Vogtding, dem Brühlschultheißending (auch Burggrafending), die Ende des 15. Jh. eine neue Ordnung erhielten, und dem Stadtgericht erlangten die geistl. Gerichte eine überörtl. Bedeutung. Zu den beiden Archidiakonatsgerichten von St. Marien und St. Severi mit eigenen ständigen Offizialen trat seit Anfang 14. Jh. das wichtige ebfl. Generalgericht, dem die geistl. Gerichtsbarkeit für Thüringen, das →Eichsfeld, Nordhessen und Südniedersachsen delegiert war. In Personalunion mit dem Generalgericht stand das Generalkommissariat für die geistl. Verwaltung. 1318 erhielten die Bürger endgültig das privilegium de non evocando.

[4] *Münze:* Gelegentl. kgl. Prägungen sind für Heinrich III. (nach 1046), Heinrich IV. und V. belegt. Die rasch ansteigenden ebfl. Pfennigprägungen setzten zu Beginn der Amtszeit Ebf. →Aribos (1021–31) ein und ließen E. zur vorherrschenden Münzstätte Thüringens werden. 1352 gelangte das Münzrecht endgültig an den Rat.

[5] *Wirtschaft und Bevölkerung:* Durch seine verkehrsgünstige Lage wurde E. seit der Karolingerzeit zum Ausgangspunkt und Umschlag des Fernhandels wie des Verteiler- und Nahverkehrs in Thüringen und damit zum wirtschaftl. Vorort des Landes und zu einem der bedeutendsten Handelsplätze im Reich. Eine fries. Kaufleute-Kolonie kann zu 1221 erschlossen werden. Allein 1290 betrieben 17 E.er Kaufleute Fernhandel mit →Lübeck und →Flandern. Rückgrat der Wirtschaft war der Handel mit Färberwaid (→Waid), der im Umland den Getreideanbau zurückdrängte und wobei die Stadt ein Einkaufsmonopol besaß. Er wurde im 15. Jh. zum Monopol der »Waidjunker«, die mindestens ein Vermögen von 1000 fl. versteuerten. Bedeutung gewann auch der Tuch-, Getreide- und Kramhandel (Krämerbrücke 1156). Als Geldhändler und Kreditgeber für den benachbarten Adel traten die Patrizierfamilien und bes. die seit 1183/97 nachweisbare Judengemeinde (ältester deutschsprachiger →Judeneid, spätes 12. Jh.) hervor. Sie wurde 1221 und 1349 das Opfer von Pogromen. 1331 erhielt E. ein kgl. Messeprivileg für einen vierwöchigen Jahrmarkt, 1473 eine weitere Messe, die beide vierzehntägig auf Pfingsten u. Martini festgelegt, aber damals schon durch die →Leipziger Messen stark beeinträchtigt wurden. Die territorialpolit. Auseinandersetzungen mit Mainz und Kursachsen führten um 1500 zu einer enormen Verschuldung und zu einer wirtschaftl. und sozialen Krise, die Waidproduktion und Handel für Jahrzehnte erheblich in Mitleidenschaft zog.

Die Pestepidemie von 1350/51 brachte einen starken Rückgang der Bevölkerung (Nachricht von 10000 Opfern aber wohl übertrieben). Für das letzte Jahrzehnt des 15. Jh. ist eine Einwohnerzahl von 18680 errechnet worden.

IV. KLÖSTER, STIFTE UND KIRCHEN: In der Nachfolge des untergegangenen Bm.s wurde E. als Nebenresidenz der Ebf.e, als Sitz der geistl. Verwaltung und durch seine zahlreichen geistl. Stiftungen zum kirchl. und geistigen Zentrum des Landes. Die Kirche auf dem Petersberg reicht möglicherweise in vorbonifatian. Zeit zurück. Sie tritt uns gesichert erst unter Ebf. →Siegfried I. (1060–84) als Kanonikerstift entgegen, das damals in ein hirsauisch geprägtes OSB-Reformkloster umgewandelt wurde. Die Anfänge der beiden das Stadtbild beherrschenden Stiftskirchen St. Marien und St. Severi auf dem Domberg reichen wenigstens in das 11. Jh. zurück (Kollegiatstifte); beide werden seit dem 12. Jh. mit Archidiakonatssitzen verbunden. Das Stadtgebiet gehörte zum Sprengel von St. Marien, der mit seinen ca. 500 Pfarrkirchen manches Bm. übertraf. St. Severi läßt sich mit der St. Pauls-Kirche identifizieren, in die um 836 die Reliquien des hl. Severus übertragen wurden. Bei St. Marien könnte es sich um eine bonifatian. Gründung von ca. 725 handeln, die dann zur Kathedralkirche erhoben wurde. Sie ist später die Haupt- und Mutterkirche der Stadt (maior ecclesia 1117). In dem »thür. Dom« hatten die seit 1307 vom Ebf. bestellten →Weihbf.e für Thüringen ihren Sitz. Frühe Stiftungen waren das Augustiner-Chorherrenstift (St. Augustinus, Reglerkloster) von ca. 1117, das OSB-Nonnenkloster auf dem Cyriakusberg (1123 vom Domberg an St. Paul verlegt), das Schottenkloster St. Jakob aus dem mittleren 12. Jh. und das Augustiner-Chorfrauenstift an der Neuwerkskirche St. Maria (1196 vom Hl. Geist-Spital am Krämpfertor umgesetzt). Die Niederlassung der Minderbrüder (1224) war eine der frühesten im nördl. Dtl. (dort⊃ 1259 Ebf. →Gerhard). 1229 folgten die Dominikaner unter ihrem Prior Gf. Elger v. Honstein (St. Joh. Ev., ☉ 1230). Das Kl., in dem Meister →Eckhart lebte, wurde zum Vorort der Prov. Saxonia. Das wichtigste Kl. der Augustiner-Eremiten in der thür.-sächs. Ordensprov. entstand seit 1266 an der Pfarrkirche St. Philipp und Jakob (1276). Ein Reuerinnenkl. St. Magdalena wurde 1235 eingerichtet. Es kommt in der Folgezeit noch zur Gründung des Zisterzienserinnenkl. Mariengarten (1288/90, 1303 in die Brühler Vorstadt an die Martinskirche verlegt), eines Servitenkl. (Marienknechte) vor dem Krämpfertor (1311) und einer Kartause auf dem Salvatorberg (1371). Außer Niederlassungen der Johanniter und Deutschherren treffen wir auch zahlreiche Beginen (1283) an. Eine rasche Bevölkerungszunahme führte seit dem 12. Jh. zur Gründung einer ungewöhnlich großen Anzahl von Pfarrkirchen. Wohl bis 1182 war St. Marien alleinige Pfarrkirche der Stadt. Nicht wenige der Kirchengründungen seit dem frühen 12. Jh. (Ägidius vor 1110, Allerheiligen 1117/25, Georg 1132, Philipp und Jakob 1131, Mauritius vor 1193) sind Stiftungen Mainzer Ministerialer und Amtsträger wie St. Bartholomäus am Hof der Gf.en v. Gleichen, die dem Patronat des Marienstiftes entzogen wurden. Genossenschaftskirche der Kaufleute am Anger-Markt und Erhebungsstelle des Freizinses war die Kaufmannskirche St. Gregor (ecclesia mercatorum; spätestens Ende 12. Jh. belegt). Um 1300 bestanden 26 Pfarreien, viele davon nur mit Zwerggemeinden. Es kam deshalb auch nicht zur Anlage von repräsentativen großen Bürgerpfarrkirchen.

V. BIBLIOTHEKEN UND GESCHICHTSSCHREIBUNG: Die überkommenen Hss. aus den E.er Scriptorien sind weitgehendst zerstreut. Die Schreib- und Malschule des Peterskl., dessen älteste Bestände durch Brände 1068, 1080 und 1142 überwiegend zugrunde gingen, wird unter Abt Werner I. aus Hirsau (1127–38) greifbar, erlebte Blütezeiten unter den Äbten Pilgrim (1172–92, sog. petrinischer Stil) und Andreas I. (1254–1300) und dann wieder als Zentrum der →Bursfelder Reform in der 2. Hälfte des 15. Jh. Ein genaueres Bild von den ma. Bibliotheken E.s liefern die Bücherverzeichnisse folgender Sammlungen: Die Amploniana war die Bibl. des 1412 durch den 2. Rektor Dr. Amplonius Ratinck v. Bercka († 1435) gestifteten Universitätskollegs (→Abschnitt VI), dem er seine mindestens 635 Bde umfassende Sammlung übergab und die noch im 15. Jh. auf über 1000 vermehrt wurde (jetzt Stadtbibl.). – Die Allgemeine Universitätsbibl. des Collegium maius erwuchs aus der Sammlung der Artistenfakultät und wurde 1407 eröffnet (Verz. von 1407–50, Standortkat. 1408, um 1500, Ausleihverz. 1413), bei Unruhen 1510 weitgehend zerstört. – Die Kartause Salvatorberg wurde bei ihrer Gründung 1372 durch ihre Stifter mit Büchern versehen, deren 4. Teil aber 1380 an die Eisenacher Kartause abgegeben wurde. 1412 besaß sie bereits 312 Bde, am Ende des Jahrhunderts über 800 Hss. (vorbildl. Schlagwort-, Standort- und Autorenkat. von 1477ff.). Die ältesten Codices stammen aus dem 11./12. Jh. und waren frz. Ursprungs. – Ein Standortkat. von 1485 ist von der kleineren Bibl. des Servitenkl. überliefert. Der Buchdruck fand vor allen anderen Städten Norddeutschlands in E. gleichzeitig mit Lübeck 1473 Eingang (wahrscheinl. Joh. Fogel); das erste größere Druckwerk ist ein im Peterskl. herausgebrachtes Lectionar von 1479.

Das Peterskl. war das wichtigste frühe Zentrum der thür. Geschichtsschreibung. Sie erreichte über Fortsetzungen der Annalen→Lamperts und der Chronik→Ekkehards v. Aura mit der »Neuen Peterschronik« (→»Cronica s. Petri Erfordensis moderna«) von 1208/09 ihren Höhepunkt. Mit dem »Chronicum ecclesiasticum« des →Nikolaus v. Siegen († 1495) begegnen Ansätze zu einer krit. Geschichtsschreibung. Kleinere Geschichtswerke sind bei den Minoriten und wohl auch bei den Serviten (1345), im Severistift (Konrad →Stolle: Memoriale bis 1502) und an der Universität (Variloquus) entstanden. Die bürgerl. Geschichtsschreibung tritt uns erstmals mit der dt. Chronik des Bürgermeisters Hartung →Cammermeister († 1467) entgegen. G. Streich

VI. UNIVERSITÄT: Das Selbstbewußtsein des Stadtrats unter der Hoheit des Ebm.s und Kfsm.s Mainz schuf die Univ. E. Ihre Prägung erhielt sie vom Reichtum an ortssässigen kirchl. Institutionen, Kl. und Stiften mit z. T. alter Schultradition, im SpätMA ergänzt um die Konvente der Augustiner-Eremiten, Dominikaner, Franziskaner, deren Studien der Univ. inkorporiert wurden. Als Karl IV. den E.er Schulrektor H. Totting v. Oyta an die Univ. →Prag holte, billigte er für E. das Prädikat 'studium generale', weil dorthin mehr als an einen anderen Ort Deutschlands Studenten strömen wegen der vier 'scolae principales' für Philosophie und Artes. E. bemühte sich nach Ausbruch des Gr. →Abendländ. Schismas als erste dt. Stadt um eine Universität. →Clemens VII., auf Stützung der avignones. Obödienz gegen das zum röm. Papst haltende Prag bedacht, genehmigte am 16. Sept. 1379 die Stiftung, am 1. Okt. auch eine Theolog. Fakultät, die für Wien 1365 versagt worden war. Aber erst nach Erwerb eines Privilegs vom röm. Papst Urban VI. vom 4. Mai 1389 konnte die Univ. 1392 mit vier Fakultäten eröffnet werden (Kanzler zuerst Dekan v. St. Marien, ab 1391 Ebf. v. Mainz mit jeweiligen Vizekanzlern aus dem Lehrkörper). Als Verfassungsmodell diente Prag unter Verzicht auf die →nationes-Gliederung. Von dem schismabedingten Exodus dt. Magister aus Paris hatten inzw. Wien, Heidelberg, Köln profitiert, während E. die ersten Lehrer aus Prag bezog: jedoch der große Auszug der Deutschen aus Prag 1409 kam v. a. der künftigen Konkurrentin →Leipzig zugute. Dennoch war E.s Start so gut, daß es die neuen Univ. Leipzig, Rostock, Basel personell versorgte; auch der Organisator der Stadtuniv. →Greifswald, H. v. Rubenow, war E.er Promovend.

Die Stadt stellte eine Grunddotation von 8 Kollegiaturen (ab 1336 Collegium maius gen.), deren Besetzung sie sich reservierte, sowie die Professorengehälter neben den 4 Präbenden bei den Stiften St. Marien und St. Severi und den Ordensprofessoren, die nichts kosteten. Trotz des Stadtpatronats entfaltete sich die Univ. ziemlich autonom, auch dank der guten wirtschaftl. Situation im ersten Jh. Unter den mindestens 9 Kollegien bzw. Bursen (bis 1521) erlangte bes. Ruhm das Collegium Amplonianum oder Porta Celi, Stiftung des A. Ratinck aus Bercka von 1412/33, der ihm auch seine Bibl., eine der größten privaten Hss.-Sammlungen im SpätMA, vererbte.

Die Verbindung von Ordens- und Univ.-Wissenschaft prägte E.s geistiges Profil. Zw. 1430 und 1470 erlebte die Univ. nach Frequenz und Ausstrahlung eine Blütezeit, mit ca. einem Drittel der dt. Studenten bes. aus Reichsstädten ztw. Köln und Leipzig überflügelnd. Eine Großzahl dt. Bf.e hatte in E. studiert. Die Hansestadt Lübeck holte mehrfach ihre Rechtsberater aus E., dessen Jurist. und auch Med. Fakultät früh Beziehungen zu Bologna, Padua, Ferrara aufwiesen. Die Philosophie und Theologie tendierten ohne Schulstreit zw. via moderna und antiqua zur 'modernen' Methode, aber erst nach 1450 mit inhaltl.

Orientierung am Nominalismus ockhamscher Prägung, wie er über G. →Biel, der 1451/52 in E. als einflußreichen Freund Egeling Becker gewann, auf die vorreformator. Theologie wirkte. Mit St. Peter auch Vorort der →Bursfelder Kongregation, war E. Studienort vieler spätma. Reformer. Reformkirchl. Aktivität ohne antipäpstl. Aggression und nicht als eigentl. 'Schule' verlieh der E.er Gelehrsamkeit bes. Eigenart. Schon auf dem Konzil v. Konstanz erwarb J. Zachariae als Disputationsgegner von J. →Hus den Beinamen 'Hussomastix'. In Basel hielten die E.er Delegierten klar am Konziliarismus fest; das Univ.-Gutachten von 1444 lehnte mit theol. Argumenten die Neutralität ab, abweichend von der Haltung des E.er Theologen H. →Toke, der sich in Reformtraktaten als krit. Kopf erwies; er war energ. Aufklärer gegen die schon von Hus befehdete Blutwunder-Wallfahrt nach →Wilsnack. Mehrere Prediger auf dt. Domkanzeln, die die Mißstände bis zur Inquisitionsgefahr geißelten, kamen aus E., wie J. Kreutzer in Straßburg oder J. Rucherath v. Wesel in Worms und Mainz. Trotz Hemmnissen im späteren 15. Jh. durch militär. Auseinandersetzungen und städt. Krisen wuchs der Ruf E.s als fortschrittlichste dt. Univ. M. Luther erlebte hier (ab 1501) eine Spätblüte nominalist. Scholastik (J. Trutfetter, B. v. Usingen), andererseits den Aufschwung des Humanismus, der in E. seit der Jh.-Mitte kontroverslos eingezogen war u. a. mit den Brüdern Gresemunt aus Meschede. In der Glanzzeit repräsentiert durch M. Pistoris, E. Cordus, H. Eobanus Hessus, nahm der E.er Humanismus im Kreis um den von Gotha aus dominierenden Mutianus Rufus radikale Züge an, verdichtet in den Dunkelmännerbriefen (Crotus Rubianus) gegen die Scholastik Kölns. Luther attackierte mit seinen 1517 in Wittenberg verfaßten »Thesen gegen die scholastische Theologie« die in E. verehrten Autoritäten, bevor wenig später die Reformation auch für die Univ. E. die erste echte Krise einleitete.

L. Boehm

Bibliogr.: H. PATZE, Bibliogr. zur thür. Gesch., 1965, 495–532 – Q. und Lit.: [allg.]: Mitt. des Vereins für Gesch. und Altertumskunde v. E., 1–53, 1865–1940 – Jbb. der Kgl. Akad. gemeinnütz. Wiss. zu E., 1–53, 1860–1941 – Das E.er Rad 1ff., 1957ff. – Beitr. zur Gesch. der Stadt E., 1955ff. – UB der Stadt E., bearb. C. BEYER, I–II, 1889–97 – UB der E.er Stifter und Kl., bearb. A. OVERMANN, I–III, 1926–34 – Mon. Erphesfurtensia saec. XII. XIII. XIV., hg. O. HOLDER-EGGER, 1899 – Liber Cronicorum (Erfordense), ed. C. WENCK, Zs. des Vereins für thür. Gesch. und Altertumskunde 3, 1859, 185–251 [s. a. die Ed. einzelner E.er Chroniken, z. B. unter →Cammermeister, →Stolle usw.] – K. BEYER, Gesch. d. Stadt. E. I (bis 1664), 1935 – DtStb II, 1941, 478–485 – Hist. Stätten Dtl. 9, 1964, 100–121 – Die Kunstdenkmäler der Stadt E., bearb. K. BECKER u. a., 1929 – PATZE-SCHLESINGER, bes. I, 1ff., 342ff.; II, 1, 306ff., 313ff.; II, 2, – Gesch. der Stadt E., hg. W. GUTSCHE, 1986 [in Vorber.] – zu [I]: A. OVERMANN, Probleme der ältesten E.er Gesch., Sachsen-Anhalt 6, 1930, 25–43 – E. LEHMANN, E. in der Vorgesch., 1935 – W. SCHLESINGER, Städt. Frühformen zw. Rhein und Elbe (VuF 4, 1958), 297–362 – W. HESS, Hersfeld, Fulda und E. als frühe Handelsniederlassungen (Fschr. H. Keller, 1963), 23–43 – H. W. ROTHE, Stadtkernforsch. in E., 1968 – M. WERNER, Die Gründungstradition des E.er Peterskl. (VuF SBd. 12, 1973) – B. SCHWINEKÖPER, Kgtm. und Städte bis zum Ende d. Investiturstreites (VuF SBd. 11, 1977), 43–55 – Die dt. Königspfalzen 2, 1984, 103–148 [M. GOCKEL] – zu [II]: W. FRITZE, Bonifatius und die Einbeziehung v. Hessen und Thüringen in die Mainzer Diöz., HJL 4, 1954, 37–63 – K.-U. JÄSCHKE, Die Gründungszeit der mitteldt. Bm.er (Fschr. W. SCHLESINGER II, 1974), 71–136 – G. PFEIFFER, E. oder Eichstätt? (ebd.), 137–161 – R. SCHIEFFER, Über Bischofssitz und Fiskalgut im 8. Jh., HJb 95, 1975, 18–32 – DERS., Die Entstehung von Domkapiteln in Dtl., 1976, 180–183 – W. WIEMANN, Bonifatius und das Bm. E. (Laudate Dominum [Thür. kirchl. Stud. 3], 1976), 27–51 – H. EBERHARDT, Zur Frühgesch. des Christentums im mittleren Thüringen (Mosaiksteine [Thür. kirchl. Stud. 4], 1981), 64–78 – zu [III]: A. JARACZEWSKY, Die Gesch. der Juden in E., 1868 – P. ZSCHIESCHE, Der E.er Waidbau und Waidhandel, Mitt. des Vereins für Gesch. und Altertumskunde v. E. 18, 1896, 19–70 – TH. NEUBAUER, Die sozialen und wirtschaftl. Verhältnisse der Stadt E. vor Beginn der Reformation [Diss. Jena 1913]; auch in: Mitt. des Vereins für Gesch. und Altertumskunde v. E. 34/35, 1913/14 – TH. NEUBAUER, Wirtschaftsleben im ma. E., VSWG 12, 1914, 521–548; 13, 1915, 132–152 – F. BENARY, Zur Gesch. der Stadt E. und der Univ. E. am Ausgang des MA, hg. A. OVERMANN, 1919 – H. SCHNELLENKAMP, Beitr. zur Entstehungsgesch. der Thür. Waidstädte [Diss. Jena 1929] – E. WIEMANN, Beitr. zur E.er Ratsverwaltung des MA, Mitt. des Vereins für Gesch. und Altertumskunde v. E. 51, 1937; 52, 1938 – W. HÄVERNICK, Die ma. Münzfunde in Thüringen (Veröff. Thür. Hist. Komm. 4), 1955 – G. MAY, Die geistl. Gerichtsbarkeit des Ebf.s v. Mainz im Thüringen des späten MA (E.er theol. Stud. 2), 1956 – Atlas des Saale- und mittleren Elbegebietes, hg. O. SCHLÜTER-O. AUGUST, 1959–61, Karte 31; Erl. Bd. II, 119–128 [E. KÖNIG] – F. WIEGAND, Das Rathaus und der Fischmarkt in E. (Beitr. zur Gesch. der Stadt E., 1961) – DERS., Über hans. Beziehungen E.s (Hans. Stud., Fschr. H. SPROEMBERG, 1961), 398–408 – GJ I, 1934, 97ff.; II, 1, 1968, 215ff. – W. MÄGDEFRAU, Der Thür. Städtebund im MA, 1977 – zu [IV]: TH. KOLDE, Das religiöse Leben in E. beim Ausgang des MA (Schr. des Vereins für Reformationsgesch. 63), 1889/99 – J. FELDKAMM, Das Benefizial- oder Vikarienbuch E.s, Mitt. des Vereins für Gesch. und Altertumskunde v. E. 30/31, 1909/10, 45–226 – M. WÄHLER, Die Blütezeit des E.er Buchgewerbes (1450–1530), ebd. 42, 1924, 5–58 – A. OVERMANN, Die Entstehung der E.er Pfarreien, Sachsen-Anhalt 3, 1927, 135–148 – M. HANNAPPEL, Das Gebiet des Archidiakonates BMV E. am Ausgang des MA, 1941 – F. P. SONNTAG, Das Kollegiatstift St. Marien zu E. 1117–1400 (E.er theol. Stud. 13), 1962 – A. SCHMIDT, Zur Gründung des Marienstiftes in E., Archiv für mittelrhein. KG 17, 1965, 255–258 – zu [V]: W. SCHUM, Beschreibendes Verz. der Amplonian. Hss.-Sammlung zu E., 1887 – J. THEELE, Die Hss. des Benediktinerkl. St. Petri zu E. (Beih. zum Zentralbl. für Bibliothekswesen 48, 1920) – P. LEHMANN, Hss. des E.er Benediktinerkl. St. Petri, SMGB 44, NF 13, 1926, 89–91 – Ma. Bibliothekskat. Dtl. und der Schweiz, II: Bm. Mainz, 2, bearb. P. LEHMANN, 1928 [Nachdr. 1969] – B. WIRTGEN, Die Hss. des Kl. St. Peter und Paul zu E. bis zum Ende des 13. Jh., 1936 [auch Diss. Berlin] – zu [VI]: J. C. H. WEISSENBORN, Akten der Univ. E., 3 Bde, 1881–99 – Beitr. zur Gesch. der Univ. E. (1392–1816), hg. Rektor der Med. Akademie E., 1ff., 1957ff. – E. KLEINEIDAM, Universitas studii Erffordensis. Überblick über die Univ. E. im MA 1392–1521, 2 Bde, 1964–69 – PATZE-SCHLESINGER II, 2 [E. KLEINEIDAM] – A. ZUMKELLER, Leben, Schrifttum und Lehrrichtung des E.er Univ. prof. J. Zachariae ..., 1984 – S. LORENZ, Studium Generale Erfordense [Habil. Schr. Stuttgart 1985].

Erfurter Peterschronik →Cronica s. Petri Erfordensis moderna

Erhard, hl. (8. Jan.), Missions- und Hofbf. am Herzogshof der →Agilolfinger (→Bayern B. I) zu →Regensburg (Ende des 7. Jh.). Über die Persönlichkeit E.s ist nur wenig bekannt, da die Vita aus dem 11. Jh. kaum verwertbare Hinweise bietet. Erst seit den archäolog. Untersuchungen unter dem Niedermünster zu Regensburg (1964–68) ist Begründetes zu sagen. Sie haben die ältere Einordnung E.s als unkanonischer Bf., der 739 von →Bonifatius verdrängt worden sei, widerlegt. Er ist früher anzusetzen und war eher Zeitgenosse des hl. →Rupert, wohl aus Südfrankreich (Narbonensis) stammend und angebl. Bruder Hildulfs, des Gründers von →Moyenmoutier; E. ging, vermutlich unter dem Druck der Araber, nach Osten. Er wirkte zunächst in den Vogesen, wo er sieben Kl. gegr. und die hl. Odilia (→Elsaß, →Odilienberg) getauft haben soll. Um 680/690 kam er nach Regensburg an den Hof des Agilolfingerherzogs (Theodo?), wo er vielleicht das Wirken des hl. →Emmeram fortsetzte. Über die dortige Tätigkeit sind keine Einzelheiten bekannt. Sie fand aber über diese Stadt hinaus Beachtung, wie der Eintrag ins Salzburger Verbrüderungsbuch (→Salzburg) 784 belegt. E. ist wohl um 700 als Greis von 70–80 Jahren gestorben und im Niedermünster, der Kirche des Hofbischofs, bestattet worden. Seine Verehrung wuchs in der 2. Hälfte des 10. Jh. an und erreichte ihren Höhepunkt mit der Erhebung der Gebeine durch Papst Leo IX. am 8. Okt. 1052 im Beisein von Ks. Heinrich III., der Reliquien des Hl. an St. Simon und Juda in →Goslar vergab. Der Kult breitete sich v. a. über Süddeutschland aus, blieb aber immer im Schatten der Emmeramsverehrung. E.s Vita (Vita I) wurde um 1054/73 von einem Mönch Paulus, unter Benutzung der Vita Odiliae (um 900) und der ersten Vita Hildulfi, verfaßt.　　　　　　　　　　　　　　　　A. Schmid

Q.: Vita I (= BHL 2590), ed. W. LEVISON, MGH SRM VI, 8–21; zu weiteren Viten vgl. BHL 2591/92; ein Epitaph des 11. Jh. bei LEVISON, 4–5.–*Lit.*: LThK² III, 988f. [R. BAUERREISS]–F. JANNER, Gesch. der Bf.e v. Regensburg I, 1883, 61–66–H. FRANK, Die Klosterbf.e des Frankenreiches, 1932, 158f.–A. ZIMMERMANN, Kalendarium Benedictinum I, 1933, 58–61–J. M. B. CLAUSS, Die Hll. des Elsaß, 1935, 153–157–F. PRINZ, Frühes Mönchtum im Frankenreich, 1965, 385–387–K. SCHWARZ, Die Ausgrabungen im Niedermünster zu Regensburg, 1971, 28–33–P. MAI, Der hl. Bf. E. (Bavaria sancta II, hg. G. SCHWAIGER, 1971), 32–51–G. KOSCHWITZ, Der hl. Bf. E. von Regensburg. Legende–Kult–Ikonographie, StudMitt 86, 1975, 481–644.

Erhart, Michel und Gregor, dt. Bildhauer. *Michel* E., in Ulm bezeugt 1469 bis 1522 (Lebensdaten und Herkunft unbekannt), war, wie die wichtigen Aufträge annehmen lassen, nach Hans→Multscher der führende Bildhauer der Stadt, Schwiegersohn Vincenz →Ensingers, Werkmeisters zu Konstanz (Bruder des Ulmer Münsterbaumeisters [→Ensinger]). 1469 erscheint er als Meister im Steuerrodel, 1522 setzt ihm der Rat eine Wochenrente aus. Der Sohn *Gregor*, * um 1470, wirkte bis zu seinem Tod 1540 in Augsburg, zunächst 1494 bei seinem Schwager Adolf →Daucher wohnhaft, ∞ 1496. Von den urkundl. belegten Aufträgen beider Meister haben sich keine eigenhändigen Werke erhalten. Bezeugt sind von Michel E.: Skulpturen des Hochaltars (1494) im Ulmer Münster, Arbeiten 1485 bis 1510 für St. Ulrich und Afra in Augsburg, Altäre für die Dominikanerinnen 1489 in St. Gallen und 1493 für die Benediktiner in Weingarten, 1516–18 der Ölberg beim Ulmer Münster, von Gregor E.: Steinkreuz (1498) für St. Ulrich und Afra in Augsburg, 1502–04 die Figuren des Hochaltars von A. Daucher im Kl. Kaisheim OCist bei Donauwörth, 1502–07 mehrere Werke für St. Moritz in Augsburg, 1509 die unvollendete steinerne Reiterstatue Ks. Maximilians in St. Ulrich und Afra. Einziges Werk eines E. mit Signatur: kolossaler Kruzifixus von Michel E. (1494) im Chor der Stadtkirche St. Michael, Schwäbisch Hall. Der umfangreiche, von kompetenten Forschern zusammengetragene Œuvrekatalog für beide Meister beruht auf rein stilist. Kriterien, wobei sich auch in der Zuweisung an Vater oder Sohn entgegengesetzte Meinungen gehalten haben. So z. B. bei berühmten Ensembles wie dem Altar von Blaubeuren (1494) und den Chorgestühlbüsten des Ulmer Münsters (1469ff.).　　A. Reinle

Lit.: G. OTTO, Der Bildhauer M. E., Jb. der Preuss. Kunstslg. LXIV, 1943, 17–44–A. BROSCHEK, M. E., 1973–G. OTTO, G. E., 1943–M. BAXANDALL, The Limewood Sculptors of Renaissance Germany, 1980, 127–135, 165–172, 255–258, 291–295 (dt.: Die Kunst der Bildschnitzer, 1984).

Eric → Erich
Eric v. Auxerre → Heiric
Erich
1. E. I. (Erik Ejegod), *Kg. v.* →*Dänemark*, * 1056, † 10. Juli 1103 auf Zypern, ⌐ ebd., unehel. Sohn des Kg.s →Svend Estridsen. E. unterstützte seinen Halbbruder →Knut II. (ermordet 1086) und hielt sich daher während der unglückl. Regierung von einem anderen Halbbruder Oluf Hunger (1086–95) im schwed. Exil auf. Nach Olufs Tod wurde E. zum Kg. gewählt. Er war bei einer Zusammenarbeit mit der Kirche bedacht und berief Benediktinermönche aus dem engl. →Evesham nach →Odense. Nach persönl. Intervention beim Papst erreichte E. die Kanonisation Knuts II. Die feierliche Translation fand 1100 oder 1101 statt. Während einer Pilgerfahrt nach Jerusalem, bei der ihn Kgn. Bodil begleitete, setzte E. in Rom die Errichtung des Ebm.s →Lund durch und leitete damit die kirchl. Lösung Skandinaviens vom Ebm. →Hamburg-Bremen ein. E. und Bodil sind die ersten urkundl. gesicherten dän. Pilger ins Hl. Land. Nach E.s Tod setzte Bodil die Reise fort und starb auf dem Ölberg. E. erfährt in der ma. Geschichtsschreibung eine durchweg positive Würdigung.　　　　　　　　　　　Th. Jexlev

Lit.: DBL³ IV – N. SKYUM-NIELSEN, Kvinde og slave, 1971 – C. BREENGAARD, Muren om Israels hus, 1982.

2. E. IV. (Erik Plovpenning), *Kg. v.* →*Dänemark*, * 1216, † 18. Aug. 1250, ⌐ Schleswig, Dom; später: Ringsted, Klosterkirche, ältester Sohn Kg. →Waldemars II. aus der Ehe mit Berengaria v. Portugal, von Geburt an Hzg. v. Jütland, 1232 als Mitregent gekrönt, ∞ 1239 Jutta v. Sachsen; seine vier Töchter wurden Kgn.en v. Norwegen und Schweden und waren Gründerinnen eines Dominikanerinnenklosters in →Roskilde. – Vor dem Tod Waldemars soll E. als dt. Kg. vorgeschlagen worden sein. Seine zehnjährige Alleinregierung war von Unruhen geprägt. Sein Bruder Abel lehnte sich dreimal gegen ihn auf, um in seiner Eigenschaft als Hzg. v. →Schleswig größeren Einfluß zu gewinnen. E. verfolgte mit einem Kreuzzug nach →Estland eine aktive Kirchenpolitik und galt selbst als frommer Mann, der als Franziskanerbruder in Roskilde begraben werden wollte. Die Verwendung des Kirchenzehnten für den Kreuzzug führte zum Bruch mit der Kirche, dokumentiert in den Statuten v. Odense 1245, und zu einem Bündnis der Kirche mit den Brüdern E.s gegen den Kg. 1250 scheint E. jedoch an allen Fronten siegreich gewesen zu sein: Er unterdrückte den schonischen Aufstand, erreichte einen Vergleich mit →Lübeck und siegte in Südjütland. Abel hielt sich allerdings nicht an die Übereinkunft v. Schleswig und ließ den Bruder in einem Boot auf der Schlei erschlagen. Es entstand um E. ein volkstüml. Kult, und sein Bruder und Nachfolger →Christoph (Christoffer) I. versuchte in den 1250er Jahren, seine Kanonisation zu erreichen, das Verfahren verlief jedoch im Sande (→Dänemark, Abschnitt D).　　Th. Jexlev

Lit.: DBL³ IV – N. SKYUM-NIELSEN, Kirkekampen i Danmark 1241–1290, 1963 – C. A. CHRISTENSEN, Kirkehist. Saml. 7, VI, 21–43, 1966 – J. SKAFTE JENSEN, ebd., 1–25, 1969.

3. E. V. (Erik Klipping), *Kg. v.* →*Dänemark*, * 1249, † 22. Nov. 1286 in Finderup, Jütland, ⌐ Viborg, Dom. E. wurde als Sohn Kg. →Christophs I. bereits 1254 als Thronfolger gewählt und trotz der Auseinandersetzungen zw. Kirche und Kg. in Viborg gekrönt (Weihnachten 1259). Nach dem plötzlichen Tod (durch Vergiftung) Kg. Christophs übernahm Kgn. Margareta Sambiria die Vormundschaftsregierung. In der Schlacht auf der Loheide gegen Hzg. Erich (I.) Abelsen und die Gf.en v. →Holstein wurden E. und seine Mutter gefangengenommen. Der junge Kg. wurde für zwei Jahre dem Mgf.en v. →Brandenburg übergeben. Daraus folgte E.s spätere Heirat (1273) mit Agnes, der Tochter des Mgf.en Johann I. (→Askanier). Seit dem Ende der 1260er Jahre übernahm E. selbst die Regierung, seine Königsherrschaft war jedoch von mehreren Seiten bedroht. Die Witwe Kg. Abels, Mechthilde, hatte durch Heirat mit →Birger Jarl v. Schweden 1260 ihre Position verstärkt. Außerdem wurden schwed.-norw. Erbforderungen von seinen Cousinen, den Kgn.en Ingeburg und Sophia, erhoben. Als Gegner trat auch der exilierte Ebf. →Jacob Erlandsen auf, der seine Interessen vor der Kurie vertrat. Die Beilegung des Streits auf dem Konzil v. →Lyon (1274) ging jedoch weitgehend zugunsten des Kg.s aus. Nach dem Tod Hzg. Erik Abelsens 1272 hatte E. eine starke Stellung gegenüber dem Hzm. inne und konnte eine Verlehnung bis zum Jahre 1283 hinauszögern. In der Zwischenzeit verschlechterte sich das Verhältnis zur dän. Adelsopposition. Dies führte 1282 zur Annahme der ersten dän. →Handfeste (Wahlkapitulation) und vier Jahre darauf zur Ermordung des Kg.s. Wer die Mörder waren, ist ungeklärt, kaum aber diejenigen, die deswegen zur Friedlosigkeit verurteilt wurden (→Dänemark, Abschnitt D). Th. Jexlev

Lit.: DBL³ IV–H. Yrwing, Kungamordet i Finderup. Vetenskapssoc. i Lund, 1954–N. Skyum-Nielsen, Kirkekampen i Danmark, 1963–K. Hørby, Status regni Danici, 1977.

4. E. VI. (Erik Menved), *Kg. v. →Dänemark*, Sohn von 3; * 1274 (?), † 13. Nov. 1319, ▭ Ringsted (Messinggrabplatte mit Darstellung E.s VI. und seiner Gemahlin im Königsornat). Nach der Ermordung des Vaters wurde E. unter der Vormundschaftsregierung der Königinwitwe Agnes zum Kg. gewählt. Vordringlich war die Verurteilung der Königsmörder. Die mit der Friedlosigkeit belegten Angeklagten suchten in →Norwegen Zuflucht, was zu einer dän. Annäherung an→Schweden führte. Das Ergebnis war die Verheiratung E.s mit der schwed. Prinzessin Ingeborg (1296) und die Eheschließung ihres Bruders, Kg. Birger Magnussons, mit E.s Schwester Margarete. Auf diese Weise gestärkt, nahm E. mit Erfolg die alte Expansionspolitik der dän. Kg.e in Norddeutschland wieder auf. 1307 begab sich →Lübeck in seinen Schutz und entrichtete hohe jährl. Abgaben. Einige Jahre später erlangte er die Oberherrschaft über die Stadt und über das Fsm. →Rostock, wo E. ein prächtiges Turnier veranstaltete. Doch gingen die norddt. Eroberungen später wieder verloren, v.a. wohl wegen E.s Kinderlosigkeit. Trotz einiger Erfolge Norwegens konnte E. seine führende Stellung innerhalb der nord. Politik behaupten. In seinen letzten Regierungsjahren war sein Bruder (und späterer Nachfolger) →Christoph (II.) sein hauptsächl. Widersacher. Von großer innenpolit. Bedeutung war E.s Konflikt mit Ebf. →Johann Grand mit starken Auswirkungen auf die gesamtnord. Politik. In den folgenden Jahren brachten die streitenden Parteien ihre Sache mit wechselndem Erfolg vor den Papst, der Konflikt blieb jedoch unentschieden. Daneben scheint E. u.a. durch die Ausschmückung der Domkirche zu Ringsted mit →Kalkmalereien, gleich nach dem Tod seiner Mutter Agnes, erneut auf eine Kanonisierung E.s IV. hingearbeitet zu haben. E. VI. starb 1319 bald nach seiner Gattin, im gleichen Jahr. Th. Jexlev

Lit.: DBL³ IV–I. M. Andersson, E. Menved och Venden, 1954–A. E. Christensen, De nord. kongeskifter 1319, Danmark, Norden og Østersøen, 1976–K. Hørby, Status regni Dacie, 1977–S. I. Hansen, Fru Agnes, fordum de Danskes dronning, Kirkehist. Saml. 1985, 35–48.

5. E. VII. (E. v. Pommern), *Kg. v. →Dänemark, →Norwegen und →Schweden* 1397–1439, * um 1382, † 1459, ▭ Rügenwalde, Sohn Hzg. Wartislaws VII. v. →Pommern (→Greifen) und der Maria v. →Mecklenburg (Schwestertochter der Unionskgn. →Margarete), ⚭ 26. Okt. 1406 Philippa v. England (1394–1430). E.s rechtmäßiger Anspruch auf den norw. Thron wurde 1387 nach dem Tod Kg. →Olufs anerkannt, 1396 folgten die Huldigungen in Dänemark und Schweden. Im Juli 1397 wurde E. in Kalmar zum skand. Unionskg. gekrönt (→Kalmarer Union), blieb aber weiterhin unter der Vormundschaftsregierung Margaretes. Nach der Norwegenreise von 1405 wurden die Heiratsverhandlungen mit England abgeschlossen, wobei die Pläne über eine Vermählung zw. dem engl. Thronfolger und E.s Schwester Katharina allerdings aufgegeben wurden (später ∞ Pfgf. Johann v. Neumarkt). Die Jahre bis zu Margaretes Tod 1412 waren im wesentl. von dem Bemühen bestimmt, die Burgen des Hzm.s Südjütland von den holstein. Pfandherren (→Holstein) zurückzugewinnen. Die letzte Versammlung des →Danehof 1413 betrachtete Südjütland als ein an die Krone heimgefallenes, verwirktes Lehen, ein Urteil, das durch den Spruch Ks. →Siegmunds (1424), daß Südjütland kein erbl. Lehen sei, zusätzl. Gewicht bekam. Dennoch kam es zu einer Koalition zw. den Holsten und den Hansestädten (→Hanse). In der Zwischenzeit (1419) hatte E. einen Freundschaftsvertrag mit →Polen abgeschlossen. Während E.s großer Auslandsreise (sie führte ihn über Venedig ins Hl. Land) verfolgten Kgn. Philippa und der Reichsrat mit Geschick eine hinhaltende Politik gegenüber der Hanse. Ende der 1420er Jahre war E. stark genug, den Öresundzoll (→Sundzoll) durchzusetzen, der bei der neuerrichteten Festung und Stadt Helsingør erhoben wurde und die sinkenden Zolleinnahmen aus den →Schonischen Messen ablöste. E. zeigte ein allgemeines Interesse für Handel und Städte, seine bes. Aufmerksamkeit galt aber der Öresundregion, wo er auf der schon. Seite Landskrona gründete. Das gespannte Verhältnis zur Hanse war indirekt Anlaß für den schwed. Aufstand von 1434, weil die schwed. Bergwerke von den Eisenerzexporten ins Baltikum und in die preuß. Städte abhängig waren (→Schweden). Eine Erneuerung und Straffung der Unionsvereinbarung von Kalmar (1436) war für E. unannehmbar, und er zog sich nach →Gotland zurück. E.s Bestrebungen, seinen Vetter Bugislaw als Thronfolger anerkennen zu lassen, führten zum Abdankungsbrief des Adels von 1439 und zur Berufung von Hzg. Christoph v. Bayern (→3. Christoph) als E.s Nachfolger. Nach dessen Tod 1448 hielt E. Visby gegen schwed. Angriffe und übergab Gotland an Dänemark, um danach die letzten Lebensjahre in seinen pommerschen Erblanden zu verbringen.

Obwohl von dt. Abkunft, betrieb E. in größerem Ausmaß als seine Vorgänger eine nationaldän. Politik. In seiner Korrespondenz mit dt. Empfängern bediente er sich der dt. Sprache, während er in Briefen an dän. Adressaten Dän. und Lat. in gleichem Maße verwendete. Er baute die Kanzlei durch geordnete Archivierung und Registrierung von Dokumenten über Rechtstitel der Krone aus. Seine lange Regierungszeit, in der er mit der Hanse konkurrierende Holländer und Engländer durch Handelsprivilegien begünstigte und die ansässige Stadtbevölkerung förderte, bedeutete eine entscheidende Schwächung der Machtposition der dt. Kaufleute in den nord. Reichen. Die neuere Forschung hat jedoch gezeigt, daß seine Stadtpolitik nicht so innovatorisch war wie bislang angenommen. Auf kirchl. Sektor unterstützte E. die konziliare Bewegung (→Konzil) und den Birgittenorden (→Birgittiner). Zusammen mit Philippa gründete er das Kl. →Maribo und war an den Anfängen des Kl. →Mariager beteiligt (→Dänemark, Abschnitt D). Th. Jexlev

Lit.: DBL³ IV – G. v. D. Ropp, Kg. E. der Pommer und die skand. Union, 1875–M. Seeliger, Die polit. Beziehungen Kg. Sigismunds zu E. v. Dänemark, 1910–E. Lönnroth, Sverige och Kalmarunionen, 1934–K. Fritze, Am Wendepunkt der Hanse, 1967–Z. H. Novak, BDLG III, 1975, 172–188 – Ders., Acta Univers. Nic. Copernici, (Toruń), Historia 17, 1980, 94–107–Ders., Międzynarodowe procesy polubowne jako narzędzie polityki Zygmunta Luksemburskiego w północnej i środkowowschodniej Europie (1412–1424), 1981 – E. Hoffmann, SpätMA und Reformationszeit (Gesch. Schleswig-Holsteins, 4. Bd., 1984).

6. E. I. Blutaxt (Eiríkr), *Kg. v. →Norwegen, Kg. v. →Northumbrien* (→York), ✠ 954. Die altnord. (bes. →Heimskringla, →Fagrskinna, Hist. Norvegiae, teilweise auch Egils Saga; →Egill Skallagrímsson) sowie ae. Quellen (→Ags. Chronik) geben ein inhaltlich weitgehend übereinstimmendes, in der Chronologie jedoch unterschiedl. Bild. E. ist der Sohn des norw. Kg.s →Harald Schönhaar und Ragnhilds, der Tochter eines sonst nicht bekannten dän. Kg.s Eiríkr. Unter den vielen Söhnen Haralds ist E. der einzige, dessen Mutter ebenfalls aus kgl. Hause stammt. Vielleicht ist dies der Grund, daß der Vater ihn unter den Brüdern bes. auszeichnete. Nach seinen jugendl. Wikingerzügen setzt ihn Harald drei Jahre vor seinem Tod als Kg. in Norwegen ein, nachdem er das ganze Land unter seinen Söhnen aufgeteilt hatte (942–945?). Um seine Machtposition zu sichern, tötet E. mehrere seiner Brüder, was ihm den Beinamen blóðøx (Blutaxt) einbrachte (nur die Fagrskinna bezieht diesen Namen auf die vielen Kriegsfahrten). Nach dem Tode Haralds wird E. von Haralds jüngstem Sohn→Hákon, der als Ziehsohn Kg. →Æthelstans (anord. Aðalsteinn) in England herangewachsen war, aus Norwegen vertrieben und muß mit seiner Frau Gunnhild, einer Tochter des Dänenkg.s →Gorm I. (so. Hist. Norvegiae), nach England fliehen. 948 wird er König des unter norw. Herrschaft stehenden Kgr.es Northumbrien mit Sitz in York (so Ags. Chronik; nach der Heimskringla bot ihm Æthelstan Northumbrien an, um es gegen konkurrierende dän. und norw. Wikinger zu verteidigen), wird jedoch bald nach dem Eingreifen des engl. Kg.s →Eadred vertrieben. 952 wird er erneut zum Kg. gewählt, 954 wiederum vertrieben und verliert in der Schlacht bei Stainmoor (Westmoreland) das Leben. Das skand. Kgr. v. York wurde nach E.s Tod wieder mit dem ags. →England vereinigt. →Eiríksmál. H. Uecker

Q.: Heimskringla, ed. F. Jónsson, 1, 1893–1900 (übers. F. Niedner, Snorris Königsbuch 1 [Slg. Thule 14], 1922) – Fagrskinna, ed. F. Jónsson, 1902–03 – Historia Norvegiae (Monumenta historica Norvegiae, ed. G. Storm, 1880, 69–124) – The Anglo-Saxon Chronicle: Two of the Saxon Chronicles Parallel, ed. C. Plummer-J. Earl, 1892, rev. D. Whitelock, 1952 – Lit.: J. Steenstrup, Normannerne III, 1882 [Nachdr. 1972].

7. E. IX. d. Hl., *Kg. v.* →*Schweden* ca. 1150–ca. 1160, getötet in →Uppsala (Östra Aros) vermutlich 5. oder 18. Mai 1160, Sohn eines sonst unbekannten Edvard (Jedvard). ⚭ Kristina, Tochter von Björn Järnsida und Enkelin von Inge d. Ä., (durch sie?) in Västergötland begütert (Kirche v. Eriksberg und später einen Sohn Kg. →Knut Eriksson gebaut). E. begünstigte (stiftete?) ein benediktin. Domkapitel in Uppsala (Gallén, 1976), die beiden Gatten verhinderten aber eine zisterziens. Klostergründung in Västergötland (Scriptores minores historiae Danicae II, 138f.). Da das Jahr für seinen vieldiskutierten sog. »Kreuzzug nach Finnland« 1155 auf Konjektur beruht (→Heinrich v. Uppsala, hl.) und die Altersbestimmung seiner Reliquien (auf ca. 40 Jahre) Spielraum für unterschiedl. Interpretationen läßt, kann eine Identität E.s mit 'Ericus dux' (Lund 1145, Dipl. Dan. 1,2 Nr. 88), 'Ericus [Jarl v.] Falster' (Haraldsted 1131, Vitae Sanctorum Danorum 239, vgl. 197) und 'E., Gothorum princeps' (⚭ Cecilia, Tochter →Knuts d. Hl.) (Saxo XI, XIV, 16, vgl. Gallén, 1985) nicht ausgeschlossen werden. E.s »Kreuzzug« könnte dann der Ostangriff 1142 (russ. Annalen) gewesen sein. E.s öffentl. Verehrung als Märtyrer entstand zw. dem 18. Mai 1167 und 1198. Schutzpatron Uppsalas, Schwedens, später Stockholms. T. S. Nyberg

Lit.: KL IV, s. v. SBL IV, s. v. – Erik den helige. Historia-kult-reliker, hg. B. Thordeman, 1954 – T. Nyberg, Eskil av Lund och Erik den helige (Hist. och samhälle, studier J. Rosén, 1975), 5–21 – J. Gallén, De engelska munkarna i Uppsala ј ett katedralkloster på 1100-talet, Hist. tidskrift för Finland 61, 1976, 1–21 – Ders., Knut den helige och Adela av Flandern (Studier H. Schück, 1985, 49–66) – J. Gallén – T. Lundén, Sankt Erik konung, 1960.

8. E. (Erik) Magnusson, *schwed. Hzg.*, * ca. 1282, † 16.(?) Febr. 1318, jüngerer Sohn des schwed. Kg.s →Magnus Birgersson Ladulås (1275–90) und der Helvig v. Holstein; Brüder: Birger (Kg. v. Schweden 1290–1318) und Waldemar; ⚭ 1312 Ingeborg, Tochter des schwed. Kg.s Hákon V. Magnússon und der Eufemia v. Arnstein; Kinder: Magnus Eriksson, späterer Kg. von Schweden, und Eufemia (⚭ Hzg. Albrecht v. Mecklenburg), Mutter des späteren Kg.s Albrecht v. Schweden.

E. spielte (z. T. gemeinsam mit seinem Bruder Waldemar) in den innerschwed. Auseinandersetzungen nach dem Tod Kg. Magnus Ladulås' (1290) und den innernord. Streitigkeiten zur Zeit des dän. Kg.s →Erich VI. Menved (1286–1319) und des norw. Kg.s →Hákon V. Magnússon (1299–1319) eine bedeutende polit. Rolle. Er hatte nicht nur als Hzg. v. Södermanland und Teilen Upplands und als Haupt der weltl. Adelsfraktion, die gegen seinen Bruder, Kg. Birger, gerichtet war, in Schweden eine starke Machtposition, sondern verfügte als Schwiegersohn des norw. Kg.s und als Inhaber der norw. Lehen Konungahella und Bohuslän auch über Einfluß in Norwegen. Außerdem erhielt er vom norw. und vom dän. Kg. N-Halland als Lehen und nahm somit eine Mittlerstellung zw. den drei nord. Reichen ein, die ihn eine ambitionierte Machtpolitik führen ließ: 1306 setzte er seinen Bruder Birger gefangen (»Håtunaleken«) und eroberte Schweden. Da aber die gegen die Kg.e Birger und Erich Menved gerichtete Koalition zw. E., dem Kg. v. Norwegen, dem Hzg. v. S-Halland, Lübeck und holstein. Adligen keinen Bestand hatte, kam es 1310 zu einer Reichsteilung zw. Kg. Birger und E. Dieser erhielt (gemeinsam mit seinem Bruder Waldemar) den gesamten westl. Teil Schwedens und Finnland. 1314/15 wurde dieser Machtbereich zw. E. und Waldemar geteilt, so daß E. in den erbl. Besitz von Västergötland, Dalsland, Värmland, N-Halland und Kalmar kam und damit praktisch Regent in Schweden wurde. Diese Stellung brachte ihn erneut in Gegensatz zum dän. Kg. und zur geistl. Aristokratie in Schweden, die weiterhin auf der Seite Kg. Birgers stand. Im Dez. 1317 gelang es Birger, E. und Waldemar gefangenzunehmen (»Nyköpings gästabud«); im Febr. 1318 wurden beide ermordet. Im Verlaufe des daraufhin ausbrechenden Aufstandes mußte Kg. Birger nach Dänemark fliehen, sein Sohn wurde in Stockholm hingerichtet. 1319 wurde E.s dreijähriger Sohn →Magnus Eriksson (1316–74) Kg. v. Schweden. Die Vormundschaftsregierung führte seine Mutter Ingeborg († 1364) (→Schweden). – E. ist der Protagonist der »›Erikskrönikan« und wird dort in idealisierter Form als höf.-ritterl. Held dargestellt. H. Ehrhardt

Lit.: SBL 14, 308–312 – S. Carlsson–J. Rosén, Svensk Hist. I, 1969³, 168–172.

9. E., *Mgf. v.* →*Friaul*, † 799, meist als dux, aber auch als comes bezeichnet, seltener auch als Sproß vornehmen alam. Geschlechts aus Straßburg und ist erstmals 795 in den Kämpfen gegen die →Avaren bezeugt. Ob er mit dem Slavenfürsten Vonomyr persönlich oder nur als Organisator am Feldzug teilnahm, der bis zum Kern des Avarenreiches, dem »Ring« zw. Donau und Theiß, führte, ist offen. Die erbeuteten Schätze (→Avarenschatz) sandte er nach Aachen. Er begleitete wohl 796 Karls d. Gr. Sohn Pippin auf seinem Feldzug gegen die Avaren und errang 797 neuerlich über sie einen Sieg. Offenbar auf einem Kriegszug erlag er nahe der Stadt Tersatta bei Rijeka/Fiume einem Hinterhalt der kroat. Bewohner. E. stand in enger Beziehung zu →Alkuin (MGH Epp Karol. II, 142–144) und v. a. zum Patriarchen →Paulinus v. Aquileia, der ihm eine Art Fürstenspiegel, den »Liber exhortationis« (MPL 99, 197–282), widmete. Sein bewegtes Klagegedicht über E.s Tod (MGH PP I, 131–133) bezeugt nicht nur seine freundschaftl. Verbundenheit, sondern bietet auch wertvolle Auskunft über E.s Herrschaftsgebiet, dem außer der Mark →Friaul auch das Hzm. →Istrien und die Gft. →Ceneda unterstanden.   H. Schmidinger

Lit.: EncIt IV, 445–Less. Univ. VII, 190–A. HOFMEISTER, Mgf. en und Mgft. en im it. Kgr., MIÖG Ergbd. VII, 1907, 265–271, 278 – C. PFISTER, Un héros strasbourgeois du temps de Charlemagne, Eric duc de Frioul, Bull. de la soc. pour la conservation des monuments hist. d'Alsace 26, 1926, 135ff. – J. B. ROSS, Two neglected Paladins of Charlemagne. Eric of Friuli and Gerold of Bavaria, Speculum 20, 1945, 212ff. – P. CSENDES, Zu den Awarenkriegen unter Karl d. Gr., Unsere Heimat 41, 1970, 100f., 105ff. – P. PASCHINI, Storia del Friuli, 1975³, 149–151 – G. C. MENIS, Storia del Friuli, 1978⁴, 164ff. – H. KRAHWINKLER, Friaul im FrühMA [Diss. masch., Wien 1985], I, 152–157.

10. E. II., Hzg. v. →Pommern-Wolgast, aus dem Hause der →Greifen, * um 1425, † 6. Juli 1474 in Wolgast, ⌐ Kl. Eldena bei Greifswald. Er folgte im vorpommerschen Teil des Hzm.s Wolgast seinem Vater Wartislaw IX. († 1457), der 1456 die Univ. →Greifswald auf Betreiben des Bürgermeisters Heinrich Rubenow, dem E. feindlich gegenüberstand, errichtet hatte. Durch seine Heirat mit Sophia (1451), der Tochter Hzg. →Bogislaws IX. v. Stolp († 1446), erlangte E. den Anspruch auf den hinterpommerschen Teil (Stolp) des 1372 geteilten Hzm.s Wolgast. Im Krieg zw. dem →Dt. Orden und →Polen setzte sich E. als Bundesgenosse Kg. →Kasimirs IV. in den Besitz der Gebiete von Lauenburg und Bütow, die er auch über den Zweiten →Thorner Frieden 1466 hinaus behauptete. Im Stolper Hzm. regierte der Vetter Bogislaws IX., der Unionskg. →Erich als Hzg. Erich I. bis zu seinem Tode 1459. E. konnte nur einen Teil des Erbes übernehmen, ein anderer fiel an die Stettiner Linie des pommerschen Herzogshauses. Als diese 1464 mit Hzg. Otto III. ausstarb, kam es zu langjährigen krieger. Auseinandersetzungen mit →Brandenburg, das das Hzm. →Stettin als Lehen beanspruchte. Im Vertrag zu Prenzlau 1472 übertrug es Kfs. →Albrecht Achilles mit Zustimmung Ks. →Friedrichs III. (1473) E. und seinem Bruder Wartislaw X. Nach dessen Tod 1478 konnte der älteste Sohn E.s, Hzg. →Bogislaw X., d. gesamte, 1295 in d. Hzm.er Stettin u. Wolgast geteilte Pommern wieder vereinigen.   R. Schmidt

Lit.: NDB IV, 587f. [Lit.] – M. WEHRMANN, Gesch. v. Pommern² I, 1919 [Neuausg. 1982] – Hist. Pomorza, red. G. LABUDA, Bd. I,2, 1969 [B. ZIENTARA]; Bd. II,1, 1976 [M. BISKUP].

11. E. (Erik) Axelsson Thott, dän. Adliger, 1457 und 1466 Reichsverweser in Schweden, * ca. 1415, † 1481, Vater: Axel Pedersen Thott, Mutter: Ingeborg, Tochter des Lagmans Ivar Nilsson, Östergötland (Schweden), ∞ 1. vor 1444 Bengta Mattsdotter († 1451/52), eine Verwandte Kg. Karl Knutssons, 2. ∞ vor 12. Juni 1455 Elin Gustafsdotter Sture († vor 1496).

E. entstammte dem mächtigen dän.-schwed. Adelsgeschlecht der Thott (Tott), die v. a. in den dän. Grenzlanden Schonen, Halland und Blekinge, aber auch im schwed. Småland begütert waren, und in Dänemark wie in Schweden ökonom. und polit. Interessen hatten. Er gehörte außerdem zu der jüngeren Gruppe der sog. »Axelsöhnen« (d. h. den Söhnen Axel Pedersen Thotts aus 1. und 2. Ehe), die in der Periode zw. der ersten Thronbesteigung des schwed. Kg.s →Karl Knutsson (1448) bis zur Schlacht am →Brunkeberg (1471) in dem Streit zw. einem dänisch gelenkten Unionskgtm. (→Kalmarer Union) und einem »nationalen« schwed. Kgtm. eine bedeutende polit. Rolle spielten.

E. stand zunächst im Dienst seines Verwandten, des schwed. 'Marschalls' *(marsk)* Karl Knutsson Bonde, nahm an einem Feldzug nach Gotland teil, war schwed. Ratsdelegierter beim Treffen von Halmstad 1450 (→Schweden) und wurde von ihm mit den 'Schloßlehen' Åbo (Finnland) und Nyköping belehnt. Durch seine Heirat mit Elin Gustafsdotter aus dem Geschlecht der →Sture näherte er sich den Gegnern Karl Knutssons an und wurde nach dessen Flucht 1457 zusammen mit Ebf. Jöns Bengtsson →Oxenstierna zum Reichsverweser ernannt. Nachdem der dän. Kg. →Christian I. auch die schwed. Krone erlangt hatte, wurde E. Reichshofmeister und bekam Viborg und Tavastehus (beide in →Finnland) zu Lehen. 1466 schlug er sich erneut auf die Seite der Partei Karl Knutssons und wurde alleiniger schwed. Reichsverweser bis zur dritten Thronbesteigung Karl Knutssons 1467, der sich u. a. auf die Axelsöhne als Machtfaktor stützen konnte. Nach dem Tod Karl Knutssons 1470 übernahm Sten →Sture das Amt des Reichsverwesers, zog →Ivar Axelsson und E. durch Zusicherung weiterer Lehen auf seine Seite und besiegte Kg. Christian I. in der Schlacht am Brunkeberg 1471. E. zog sich nach Finnland zurück, dessen östl. Verteidigung er schon in den Jahren zuvor konsequent ausgebaut hatte, u. a. durch die Errichtung der Festung Olofsborg (finn. Olavinlinna).   H. Ehrhardt

Lit.: DBL XXIV, 41–43 – S. CARLSSON–J. ROSÉN, Svensk Hist. I, 1962, 248–264 – s. a. Lit. zu →Brunkeberg.

12. E. der Rote (aisländ. Eiríkr rauði), Entdecker →Grönlands, * ca. 950 in Jæren (S-Norwegen), † vor 1005 in Brattahlid (Grönland). E. wanderte – nach Verwicklung in einige Totschläge – ca. 970 gemeinsam mit seinem Vater Thorvald Asvaldsson nach →Island aus, wo sie sich mit schlechtem Siedelland in NW-Island begnügen mußten, da die eigtl. Periode der Landnahme bereits abgeschlossen war. Nach dem bald erfolgten Tod des Vaters heiratete E. in bessere Verhältnisse ein (∞ Thjodhild) und verlegte seinen Wohnsitz nach dem westisländ. Vatnshorn am Breidafjord. Wegen Totschlags an zwei Männern mußte er den Bezirk räumen. Daraufhin wollte er sich auf einigen Inseln im Hvammfjord niederlassen, wurde aber nach erneuten Streitigkeiten und Totschlägen 982 für drei Jahre des Landes verweisen. Er beschloß sodann, nach dem im W jenseits des Meeres gelegenen Land zu suchen, das ein gewisser Gunnbjörn gesichtet hatte (→Entdeckungsfahrten, skand.). Dabei entdeckte E. Grönland und nutzte die drei Jahre zur Auskundschaftung der besten Siedelgebiete in SW-Grönland. Bereits ein Jahr nach seiner Rückkehr nach Island führte er eine Gruppe von Auswanderern in 25 Schiffen (nur 14 erreichten das Ziel) nach Grönland und gründete die sog. »Ostsiedlung« *(eystribygð)*. E. ließ sich in Brattahlid am Eiriksfjord (heute Tunugdliarfik) nieder. Dort haben archäolog. Untersuchungen eine über mehrere Jahrhunderte kontinuierl. Besiedlung nachgewiesen, u. a. auch die Reste dreier Kirchen. Die älteste kann mit großer Wahrscheinlichkeit als die in den Sagas (»Eiríks saga rauða«, »Grœnlendinga þáttr«) erwähnte Kirche der Thjodhild identifiziert werden. Die Tatsache, daß diese Kirche mehr als 100 m von dem größten Wohnkomplex entfernt liegt, wurde lange als Bestätigung einer Sagastelle gewertet, nach der Thjodhild, mit Rücksicht auf ihren noch heidn. Mann, ihre Kirche »nicht ganz nahe an den Häusern« habe bauen können. Spätere Ausgrabungen stellten indessen dicht bei dieser Kirche eine – offenbar ursprgl. – Bebauung fest. Die Darstellung der Sagas über das Verhältnis E.s und seiner Familie zum Christentum erscheint somit als unglaubwürdig. – E. hinterließ die Söhne →Leif (»der Glückliche«, der Entdecker →Amerikas), Thorvald (in Amerika von Eingeborenen getötet), Thorstein sowie die Tochter Freydis. →Entdeckungsfahrten, skand. N. Lund

Q.: Hist. Fahrten und Abenteuer, übertr. W. BAETKE-F. NIEDNER (Thule: Isländ. Sagas 2, 1978), 51ff. [dt. Übers. der E. betreffenden Sagas] – *Lit.*: P. NØRLUND, Viking Settlers in Greenland and their Descendants, 1936 – G. JONES, The Norse Atlantic Saga, 1964 – K. J. KROGH, Erik den Rødes Grønland, 1982.

Erichs seeländisches Recht (adän. Siælenzk logh, dän. Eriks sjællandske Lov). Von den beiden ma. Rechtsbüchern des seeländ. Rechtskreises (Seeland, Møn, Lolland, Falster), →»Waldemars seeländisches Recht« (W.s.R.) (dän. Valdemars sjællandske Lov) und »E.s.R.«, ist E.s.R. das jüngere (enststanden wohl nach 1216) und war vermutl. als eine Ergänzung von W.s.R. gedacht (KROMANN). Die Einteilung in 3 Bücher (1. Buch: Erbrecht, 2. Buch: Strafrecht, 3. Buch: Ergänzungen zu Buch 1 und 2) bzw. später in 147 Kapitel, folgt im großen und ganzen W.s.R., behandelt aber jeweils andere Aspekte der in W.s.R. angesprochenen Rechtsfragen. Der anonyme Redaktor von E.s.R. benutzte die sog. »Ältere Redaktion« von W.s.R., die ihrerseits eine Bearbeitung der ältesten bekannten Fassung von W.s.R. (»Arvebog og orbodemål«, 'Erbbuch und unbüßbare Sachen') ist. Außerdem wurde E.s.R. in enger Anlehnung an das →Schon. Recht redigiert. Eine größere Unabhängigkeit von E.s.R. gegenüber W.s.R. betont v. SCHWERIN.

E.s.R. ist eine Privatarbeit, die geltendes seeländ. Recht zusammenstellt. Die fälschl. Zuweisung des Textes an einen Kg. Erik erfolgte erst in späteren Hss. (»Lex Erici regis«) und wurde so in den wissenschaftl. Sprachgebrauch übernommen. Der Text enthält keine kirchenrechtl. Bestimmungen. Er ist in 93 Hss., meist zusammen mit der »Jüngeren Redaktion« von W.s.R., überliefert. Die beiden ältesten Hss. entstanden um 1300; Erstdruck 1505. H. Ehrhardt

Ed.: Danmarks Gamle Landskabslove, V–VI: Eriks sjællandske Lov, ed. P. SKAUTRUP-M. LEBECH, 1936–37 – *Übers.*: dän.: Danmarks gamle Love paa Nutidsdansk II, ed. E. KROMANN–S. IUUL, 1945 – dt.: Dän. Recht: Seeländ. Rechtskreis, übers. C. FRHR. V. SCHWERIN (Germanenrechte 8), 1938 – *Lit.*: KL IV, 34–36 [E. KROMANN] – P. J. JØRGENSEN, Dansk Retshistorie, 1940, 30 – K. v. AMIRA–K. A. ECKHARDT, Germ. Recht I, 1960, 88ff.

Ericus Olai (Erik Olofsson, Erik Olsson, Ericus Upsaliensis), schwed. Theologe und Geschichtsschreiber, * ca. 1425 in Uppsala(?), † 24. Dez. 1486 ebd., ⌐ ebd., Dom (Bildnisgrabstein seit Dombrand 1702 verloren). – Nach theol. Studium in →Rostock 1459 Kanoniker am Dom v. Uppsala, 1475 Bacc. incorporatus der theol. Fakultät in Siena, 1477 Prof. theol. an der neugegr. Univ. →Uppsala.

Um 1470 entstand die »Chronica regni Gothorum«, in der E.O. im Gegensatz zu den literarisch inspirierten, nur einen beschränkten Zeitabschnitt behandelnden →Reimchroniken die ganze Geschichte des göt. Königreichs und der schwed. Reichskirche unter der Leitung des Ebm.s Uppsala, das als nord. Zion erscheint, bis zu seiner Gegenwart darstellt. Trotz der fremdenfeindl. Tendenz gegen die dän. Unions-Herrscher und der unkritischen Gleichsetzung von 'Gothen' und 'Götar' wurde E.O. wegen seines ausschließl. historiograph. Interesses und des reichen, oft allerdings phantast. Quellenmaterials »Vater der schwed. Geschichtsschreibung« genannt, dessen spekulative Theorie von Ursprung und Überlegenheit des schwed. Volkes in der nationalromant. Bewegung des 19. Jh. wiederauflebte. →Schweden. R. Volz

Ed.: Chronica regni Gothorum, ed. J. Messenius u. d. T.: Hist. Suecorum Gothorum..., 1615 – Chronica Erici Olai, Scriptores rerum Suecicarum medii aevi II, 1828, 1–166 – *Lit.*: SBL XIV, 1953, 216–242 [N. NYGREN] – G. Löw, Sveriges forntid i svensk historieskrivning I, 1908 – J. NORDSTRÖM, De yverbornes ö, 1934, 56ff. – E. NYRIN-HEUMAN, Källkritiska, textkritiska och språkliga studier till E. O.: Chronica Gothorum, 1944.

Erik → Erich

Eriksgata, Königsumritt in Skandinavien → Umritt

Erikskrönikan (Erikschronik), um 1325 entstandene schwed. →Reimchronik im höf. Stil, stellt ein herausragendes Denkmal der ma. →Historiographie Skandinaviens dar. Das Werk, das in der Tradition der frz. →Chansons de geste und der norddt. Reimchroniken steht, berichtet in 4543 v. über die Reichsgeschichte →Schwedens von ca. 1230 bis 1319, also von der Regierungszeit Erik Erikssons bis zur Wahl Magnus Erikssons zum Kg. Das Problem der Verfasserschaft ist ungeklärt, aus der Parteinahme für den Adel gegenüber der Königsmacht und für den jungen Hzg. Erik Magnusson (→8. Erich), der als Idealbild ritterlicher Tugenden erscheint, ist die Herkunft des Werks aus dem Umkreis des schwed. Politikers Mats Kettilmundssons († 1326) wahrscheinlich. Als Material sind neben persönl. Erleben des Verfassers hist. Dokumente, mündl. Überlieferung und annalist. Schrifttum verwendet. Um 1500 wurde die E. mit drei weiteren Reimchroniken, dem sog. Verbindungsgedicht, der Karls- und der Sturechronik, zur »Großen Reimchronik«, der wichtigsten Quelle für spätere Darstellungen des schwed. MA, verbunden. R. Volz

Ed.: Svenska medeltidens rimkrönikor I, ed. G. E. KLEMMING, 1865, Samlingar utg. av Svenska fornskrift-sällskapet XVII, 1 – Erikskrönikan enligt cod. Holm. D a ed. R. PIPPING, 1921 [erw. Neudr. 1963], ebd. XLVII – *Lit.*: KL IV, 28–34 – G. CEDERSCHIÖLD, Om E. Ett historiskt epos från folkungatiden, 1898 – R. PIPPING, Kommentar till E., 1926 – S. BOLIN, Om Nordens äldsta historieforskning, 1931 – E. LÖNNROTH, Medeltidskrönikornas värld, 1941 – C. I. STÅHLE, Ny illustrerad svensk litteraturhistoria I, 1954, 69–78 – I. ANDERSSON, E.s författare, 1958, 1959² – C. BLOM, Förbindelsedikten och de medeltida rimkrönikorna, 1972.

Erill, katal. Adelsfamilie, die ursprgl. aus der Gft. →Ribagorza stammte und in der 2. Hälfte des 11. Jh. ihren Sitz auf der schon 1022 nachzuweisenden Burg E. hatte. Sie erwarb 1092 von Peter I. v. Aragón die Burg Saidí, schließlich noch Monesma Sant Lorenç und gehörte zum Umstand der Gf.en v. →Pallars. Im 12. Jh. stellte die Familie mächtige Vertreter am Hof der Gf.en-Kg.e v. →Barcelona-Aragón und verstand es, ein umfangreiches Patrimonium aufzubauen und in das Grafenhaus v. Pallars Sobirà einzuheiraten, bevor sie sich im 13. und 14. Jh. in verschiedene Zweige aufspaltete. Vor allem nach dem Aufstieg zum baronialen Geschlecht unter *Guillem IV.*, dem Mitbegründer und ersten Meister des Ordens v. →Montesa († 1319), gingen die E. Heiratsverbindungen mit den bedeutendsten katal. Adelsfamilien ein (→Bellera, →Castellvell, →Centelles, →Cervelló, →Montcada, →Mur, →Rocabertí). Hervorragende Mitglieder waren: *Berengar* v. E., Bf. v. Lérida (1205–36) und Ratgeber Jakobs I. v. Aragón; *Arnald* v. E.-Mur, Ratgeber Peters IV. v. Aragón, der als →*Veguer* v. Barcelona den Prozeß gegen →Jakob III. v. Mallorca zu führen hatte und schließlich als *Gobernador General* v. →Mallorca sowie der Gft.en →Roussillon und →Cerdagne (mit →Conflent, Vallespir und Collioure) in Ungnade fiel (1343–1345); *Berengar* v. E.-Pallars, Prior v. →Montserrat, Abt v. Gerri (1365), Bf. v. Barcelona (1369–71), sodann von Seu d'→Urgell (1371–88); *Francesc* v. E.-Centelles, →Maiordomus und Ratgeber Alfons' V. v. Aragón, siegreicher Feldherr im Kampf gegen die aufständ. →Forans auf →Mallorca (1452) sowie Maiordomus Johanns II. v. Aragón und Vizekg. v. Sardinien (1437–48); *Berengar* v. E.-Centelles, coperius

Alfons' V., 'admiratus generalis' des Reiches (1448) und Vizekg. v. →Korsika, Gesandter der aragon. Kg.e an die Päpste Eugen IV. (1444) und Paul II. (1466). L. Vones

Q. und Lit.: Gran Enc. Cat. VI, 702–706 – Diccionári Biogràfic dels Catalans II, 105–112 – A. LECOY DE LA MARCHE, Les relations politiques de la France avec le royaume de Majorque II, 1892 – E. FAJARNES, Autoridades de Mallorca durante la ocupación del reino por Pedro IV (1343–1346), Boletín de la Sociedad Arqueológica Luliana 6, 1895–96, 33–38 – J. Mª. QUADRADO, Proceso instruido en 1345 contra el gobernador Arnaldo de E., ebd. 15, 1914–15, 1–15, 65–94 – J. MIRET I SANS, La casa senyorial d'E., Annuari Heràldic 1917, 131–196 – PUJOL-TUBAU, L'évêque d'Urgell Berenguer d'Erile et le Schisme d'Occident (Misc. F. EHRLE, III, 1924), 116ff. – S. PUIG Y PUIG, Episcopologio de la Sede Barcinonense, 1929, 260f., 493–496 – J. GRAMUNT, Los linajes catal. en Cerdeña, 1958, 72f. – J. LALINDE ABADÍA, La gobernación general en la Corona de Aragón, 1963 – J. MATEU IBARS, Los Virreyes de Cerdeña I (1410–1623), 1964, 116–119, Nr. 14 – S. SOBREQUÉS VIDAL, Els barons de Catalunya, 1970³ – Les Quatre Grans Cròniques, ed. F. SOLDEVILA, 1971 – A. RYDER, The Kingdom of Naples under Alfonso the Magnanimous, 1976 – I. PUIG, Pariatges entre els abats de Gerri i els comtes del Pallars Sobirà i de Foix, dels segles XIV i XV, Urgellia 2, 1979, 347–377 – F. GALTIER MARTÍ, Ribagorza, condado independiente, 1981.

Erispoë, Fs. und Kg. der →Bretagne 851–857, ermordet 857, einziger Sohn von →Nominoë (Noménoë), während dessen Herrschaft E. bereits hervortritt (24. Mai 843 Heerführer in der Schlacht v. Messac) und dessen Nachfolger er, mitten in der Auseinandersetzung mit →Karl dem Kahlen und westfrk. Adligen, wurde. Karl d. K. glaubte, den neuen Fs. en rasch in die Knie zwingen zu können, und führte daher gegen E. sein Heeresaufgebot, das jedoch noch vor der Überschreitung des Grenzflusses von E. in der dreitägigen Schlacht von Jengland-Beslé (22.–24. Aug. 851) vernichtet wurde; Karl selbst suchte schon am 23. das Heil in der Flucht unter Preisgabe seiner Soldaten und der Ausrüstung. E. bewies nach seinem Sieg polit. Einsicht: Statt sich gegen die kgl. Gewalt zum Herrn über die Bretagne aufzuschwingen, zog er eine Verständigung mit Karl d. K. vor. Nach im einzelnen nicht bekannten Vorverhandlungen begab er sich – nach dem Bericht der →Annalen v. St-Bertin – im Okt. 851 zum Kg. nach Angers, kommendierte sich ihm als →fidelis und empfing im Gegenzug die kgl. Insignien und damit die von seinem Vater ererbte Position, d. h. das alte bret. →missaticum, dem noch die Gft. en →Rennes und →Nantes sowie die aus der Gft. →Herbauge herausgelöste vicaria von →Retz, am linken Ufer der Loire-Mündung, hinzugefügt wurden. Die Bretagne wurde in ihrer Territorialausdehnung gleichsam verdoppelt und erlangte den Status eines →regnum im Verband der Francia occidentalis, was auch eine stärkere Übernahme karol. Institutionen nach sich zog. E. blieb in der Folgezeit an sein Treueglübde gebunden; bei einer erneuten Zusammenkunft mit Karl d. K. (Louvier, Febr. 856) wurden die Beziehungen noch intensiviert. Der zehnjährige Sohn Karls d. K., →Ludwig (II.) der Stammler, wurde mit E.s Tochter verlobt und mit dem regnum Neustrien investiert. E. versuchte bei dieser Gelegenheit, auch die durch die kirchenpolit. Aktivität seines Vaters Nominoë entstandene kirchl. Krise beizulegen, indem er Schenkungen an Actardus, den Bf. v. →Nantes, der unter Nominoës Maßnahmen gelitten hatte, vornahm. Diese Annäherungspolitik rief die heftigste Gegnerschaft von E.s Vetter →Salomon hervor, der E. 857 ermordete und die Herrschaft an sich riß. Ein Motiv für diesen Umsturz liegt wohl im Versuch →Ludwigs d. Dt., sich gegen Karl d. K. in den Besitz des Westfrk. Reiches zu setzen, wobei Ludwig in der Bretagne offenbar Verbündete fand.

H. Guillotel

Q.: Cart. de l'abb. de Redon, ed. A. DE COURSON, 1863 – Annales de Saint-Bertin, ed. F. GRAT, J. VIELLIARD, S. CLEMENCET (Soc. de l'hist. de France), 1964 – Lit.: A. GIRY, Sur la date de deux diplômes de l'Église de Nantes et de l'alliance de Charles le Chauve avec E., Annales de Bretagne 13, 1897–98, 485–508 – H. GUILLOTEL, L'action de Charles le Chauve vis-à-vis de la Bretagne de 843–852, Mém. de la Soc. d'hist. et d'archéol. de Bret. 52, 1975–76, 5–32 – A. CHÉDEVILLE–H. GUILLOTEL, La Bretagne des saints et des rois (V^e–Xe s.), 1984, 249–296 – s. a. Lit. zu →Bretagne.

Eriugena → Johannes Scotus Eriugena

Erizzo, ven. Familie. Aus Capodistria (Koper) stammend (die Wurzel Aro ist langob.), gelangte die Familie 805 oder 966 nach Venedig; vielleicht erhielt sie die Aufnahme in die Patriziergeschlechter wegen ihrer Verdienste während des ersten Aufstandes von Zara (h. Zadar) und wurde in die Liste der Familien aufgenommen, die bei der Serrata del Maggior →Consiglio 1297 im sog. Goldenen Buch verzeichnet wurden. Erstmals 1321 in öffentl. Urkunden erwähnt, wurde ihr die Erbauung der Kirche SS. Apostoli zugeschrieben, die jedoch nach einer anderen Tradition von dem Bf. v. Oderzo, S. Magno, errichtet wurde. Unter den Mitgliedern der Familie sind im 15. Jh. hervorzuheben: *Battista,* Galeerenkommandant in Beirut und Podestà in Conegliano; *Antonio,* Provveditore in Chioggia (1462), Podestà in Vicenza, Verona und Padua, Prokurator von S. Marco und unterlegener Kandidat bei der Dogenwahl vom 18. Mai 1478; *Paolo,* Kommandant in Negroponte (→Euböa), der nach der Kapitulation der Festung (1470) vor den Türken durch Zersägen hingerichtet wurde. Das höchstwahrscheinl. legendäre Schicksal seiner Tochter Anna (an deren Existenz sogar manche Forscher zweifeln), die Selbstmord begangen haben soll, um nicht in die Hand des siegreichen Sultans zu fallen, bot im 18. und 19. Jh. den Stoff zu mehreren Tragödien. Im 16. Jh. gingen aus der Familie ein Doge, *Francesco* (1531), sowie ein Literat, *Sebastiano,* hervor. Sie erlosch 1847.

P. Preto

Lit.: Arch. di Stato di Venezia, M. Barbaro, Arbori de' patritii veneti III, ff., 407–416 – G. TASSINI, Curiosità veneziane, 1887, 251 – S. ROMANIN, Storia documentata di Venezia, 1912–21², IV, 336, 341; V, 339; VII, 307, 316, 367; IX, 309 – L. DI FRANCIA, Novellieri minori del Cinquecento (G. Parabosco e S. Erizzo), GSLI LXIII, 1914, 117–127 – A. DA MOSTO, I dogi di Venezia, 1977², 204, 159, 371 – W. DORIGO, Le origini di Venezia, 1983, 222.

Erkanbald → Erchanbald

Erkenntnis. Fast die gesamte ma. E.-Diskussion kreist um die Frage nach dem (göttlichen) Grund, der das Seiende intelligibel macht und den menschl. Intellekt erleuchtet. →Augustinus vermittelt die (mittel- und) neuplaton. Tradition, die Gott bzw. den göttl. *Nous* oder *Logos* als den 'Ort' der Ideen, das alle Intelligenzen erleuchtende Licht und den Ursprung der Einheit von Erkennendem und Erkanntem begreift, an das lat. MA. Während das augustin. sowie das seit →Johannes Scotus Eriugena wirksame ps.-dionys. Erbe zu den Theorien unmittelbarer göttl. Illumination führt, führen die Andeutungen des Aristoteles über den intellectus agens (De an. III 5) zu Deutungen der E., in denen das göttl. Licht die erkenntnisbegründende Eigentätigkeit der Seele ermöglicht. Da Aristoteles von griech. und arab. Kommentatoren in neuplaton. Sinne interpretiert wurde, entsteht jene Annäherung beider Traditionsströme, die É. GILSON »augustinisme avicennisant« nannte.

In den Schulen der einer feudalen Gesellschaft integrierten Mönchsklöster, in denen sich augustin. Wendung nach innen und oben mit ps.-dionys. beeinflußter symbol. Weltbetrachtung und Mystik verbinden, einerseits, den Stadt- und Kathedralschulen, aus denen sich um 1200 die

Universitäten entwickeln und in denen die menschl. Vernunft sich wissenschaftl. der Welt und 'dialektisch' dem Glaubensgut zuwendet, andererseits – bereiten sich die E.-Interessen der Scholastik vor: durch den augustin. inspirierten →Anselm v. Canterbury, der alle Arten theoret. und prakt. E. als Erfüllung dessen, was Aussage, Handeln, Wollen und Dinge nach dem Maß der einen, begründenden »Rechtheit« Gottes zu sein haben, auslegt; und durch →Abaelard, der – ohne die im göttl. Geist präexistierenden Ideen zu leugnen – sowohl in der philos. E.-Lehre als auch im theol. Umgang mit den Autoritäten (Sic et non) von der Wortbedeutung (sermo) ausgeht. Für den Mönch Anselm ist Denken Kontemplation des Seins- und Ideengrundes, für den – trotz abenteuerlicher Mönchskarriere – von der Arbeit der Forschung und Lehre lebenden Abaelard Erarbeitung der Zugänge zu der durch Allgemeinbegriffe zu ordnenden Weltwirklichkeit und zu den durch semant.-hermeneut. Analyse (significatio, modus loquendi, intentio auctoris: quis contra quem de quo ad quid loquitur?) zu erschließenden Glaubenszeugnissen.

Während Abaelard und Anselm nur an die durch →Boethius vermittelte und von Porphyrius weiterentwickelte aristotel. Logik anknüpfen können, erschüttert ab 1200 eine umfassende →Aristotelesrezeption das abendländ. Nachdenken über E. In der Rezeptionsgeschichte spielt bereits →Johannes Damaskenos in der 1. Hälfte des 8. Jh. eine Schlüsselrolle. Seine kompilierten Definitionen von E. (gnôsis) und Philosophie, sein Ziel, Christus als (Lehrer der) Wahrheit zu bezeugen, seine Inanspruchnahme breiter aristotel.-neuplaton. Traditionsströme zur Erreichung dieses Zieles fordern vermutlich frühe islam. und durch sie auch jüd. Denker zu eigener (apologetischer) E.-Reflexion heraus. Nach al-→Kindī übernehmen islam. Philosophen die aristotel. Funktionsbestimmungen der äußeren und inneren Sinne, um philos. E. stufenweise in die prophet. E. (Mohammed) einmünden zu lassen.

Al-Kindī und al-Fārābī versuchen, die aristotel. Lehre vom Nous zu systematisieren. Bei al-Fārābī entspricht das Prinzip alles Denkens dem neuplaton. Nous. →Avicenna, dessen Einteilung der E.-Kräfte im weiteren MA gültig bleibt, sieht die höchste Aufgabe der Seele darin, sich dem Ideenkosmos des mit dem neuplaton. Nous bzw. dessen letzter Emanation in der lunaren Sphäre identifizierten intellectus agens zu öffnen. Durch die Illumination vollzieht sich die Abstraktion des intelligiblen Gehaltes der Gegenstände von der Materialität. Auch für das seit etwa 1200 von Avicenna geprägte lat. MA kann die Alternative nicht »Illumination oder Abstraktion« lauten. Es geht vielmehr um Grade zw. unmittelbarer Einstrahlung des mit dem Verbum Augustins identifizierten göttl. Lichts und der durch Teilhabe am göttl. Licht ermöglichten Aktivierung menschl., weltabhängiger E.-Kräfte.

→Wilhelm v. Auvergne gibt dem Verstand des Menschen (intellectus materialis) die Vermittlungsfunktion, vom »ersten Licht« (Avicenna augustinisch gedeutet) erleuchtet, reflexiv seiner selbst vergewissert, die Wissenschaft von den Dingen der Welt zu erzeugen. →Robert Grosseteste läßt augustin.-anselm. verstandene illuminative E.-Begründung und method.-wissenschaftl. Weltdurchdringung durch eine Lichttheorie vermittelt sein, aus der eine idealmathemat. verstandene Optik und Astronomie hervorgeht.

Diese 'Synthesen', deren eklekt. Charakter unübersehbar ist, drängen auf Entscheidung. →Bonaventura denkt den augustin.-anselm. Einheitsgedanken mit aristotel. Terminologie konsequent weiter und bereitet die Radikalisierungen der Einheitsmetaphysik und E.-Lehre durch Meister →Eckhart und →Nikolaus v. Kues vor. →Thomas v. Aquin bricht zwar nicht aus dem partizipativen Denkrahmen aus, verlegt aber den intellectus agens, den er als Teilhabe am göttl. E.-Licht versteht, entschieden in die menschl. Seele. Dieser ermöglicht (nach transzendentalthomist. Auslegung) als apriorischer Vorgriff auf das Sein vermittels der in der ursprgl. sinnlichen Weltbegegnung unmittelbar einleuchtenden Erstprinzipien (urteilende Setzung des Seins im Widerspruchsprinzip) die Leistung abstrahierender Ding-Erkenntnis. Das »innere Wort« ist Produkt des durch den intellectus agens aktuierten Verstandes. Sein Hervorgegangensein, das in Analogie zum göttl. Verbum gedacht wird, ist zugleich das Aufgegangensein der durch die Sinne vermittelten Dinge. →Johannes Duns Scotus schreibt dem intellectus agens eine noch selbständigere Eigentätigkeit zu, in der er als Teilursache zusammen mit dem Vorstellungsbild das geistige E.-Bild hervorbringt und damit das Allgemeine als ein solches schafft. Die erkenntnisbegründende Ursprungsleistung des intellectus agens ist die Hervorbringung des universalsten Begriffes: des Seienden als solchem. Mit dieser ontolog. Begriffstheorie vermag Duns Scotus einerseits augustin. Illumination neu interpretierend festzuhalten, andererseits den Rahmen streng gefaßter Wissenschaft zu entwerfen, →Wilhelm v. Ockham bezieht diese noch eindeutiger auf Begriffe und Sätze, die nur einen reflexiven Bezug auf die Wirklichkeit zulassen. Vgl. →Saadia Gaon.

P. Engelhardt

Lit.: LThK² X, 914–918 – HWP IV, 432–435, 444f., 463–474 – J. GUTTMANN, Die Philosophie des Judentums, 1933 – P. ENGELHARDT, Des Thomas v. Aquin Fragen nach dem Wesen der Wahrheit (Innerlichkeit und Erziehung. In memoriam G. SIEWERTH, hg. F. PÖGGELER, 1964), 145–175 – K. FLASCH, Zum Begriff der Wahrheit bei Anselm v. Canterbury, PhJG 72, 1964/65, 322–352 – F. ROSENTHAL, Knowledge Triumphant. The concept of knowledge in medieval Islam, 1970 – W. SCHACHTEN, Intellectus Verbi. Die Erkenntnis im Mitvollzug des Wortes nach Bonaventura, 1973 – L. HONNEFELDER, Ens inquantum ens. Der Begriff des Seienden als solchen als Gegenstand der Metaphysik nach der Lehre des Johannes Duns Scotus, 1979, 144–267 – K. HEDWIG, Sphaera Lucis. Stud. zur Intelligibilität des Seienden im Kontext der ma. Lichtspekulation, 1980.

Erker, ein- oder mehrgeschossiger, geschlossener Vorbau aus Stein, Holz oder Fachwerk an der Fassade oder Ecke (Eckerker) eines Gebäudes, der im Gegensatz zum →Altan nicht vom Erdboden aufsteigt, sondern in einem oberen Geschoß frei auskragt, auf Konsolen ruht, die profiliert und z. T. reich verziert sind, oder von einer Säule abgestützt ist. Der E. erweitert einen dahinter liegenden Innenraum, führt diesem mehr Licht zu, dient als Auslug und zur Gliederung und Belebung von Fassaden. Nicht als E. zu bezeichnen sind die sakralen Zwecken dienenden →Chörlein an Kapellen oder Ratssälen, die →Abtritterker und die runden oder polygonalen Vorbauten, in denen Wendeltreppen untergebracht sind. Der E. wird überwiegend an Bürgerhäusern, aber auch an Rathäusern und anderen öffentl. Gebäuden als ein der Repräsentation dienendes Baumotiv mindestens seit dem 13. Jh. verwendet, älteste erhaltene Beispiele stammen aus dem 14./15. Jh. Hervorgegangen ist der E. aus den der Verteidigung und Beobachtung dienenden E. auf Wehrmauern und Burggebäuden, sog. Eckwarten (Gravensteen, Gent um 1180).

Von der Form her sind drei Haupttypen zu unterscheiden: Kasten-E. über rechteckigem Grundriß, Polygonal-E. über regelmäßigem, vieleckigem Grundriß und Rund-E. über halb- oder dreiviertelrundem Grundriß. Die frühesten bekannten E. an Bürgerhäusern haben Kastenform, sind aus Stein und kragen nur flach vor (Goliathhaus, Nürnberg, Anfang 14. Jh., Thon-Dittmar-Haus,

Regensburg, Ende 14. Jh.), bisweilen auch mehrachsig als Breit-E. (Regensburg: Wahlenstr. 17, 14.Jh.; Gravenreutherhaus 15. Jh.). Daneben ist bis ins SpätMA der Polygonal-E. zumeist als Eckerker weit verbreitet (Haus zum Palmzweig, Schaffhausen, 2. Hälfte 15. Jh.; Marienapotheke, Rothenburg o. d. T. 1488; Rathaus, Wernigerode/Harz, 1494/98; Rathaus, Michelstadt, 1484). In der Spätgotik kommen bei Bürgerhausbauten die in der bürgerl. Architektur gebräuchl. Erkerformen zur Anwendung, fast immer aus Stein und reich verziert.

Die Sonderform des Fenstererkers (Beginn der Vorkragung erst in Brüstungshöhe) ist bes. im alem. Fachwerkbau des 15. Jh. verbreitet.

Die Errichtung von E.n bedurfte wie alle in die Straße vorspringenden Vorbauten stets der Genehmigung durch den Rat oder die städt. Baubehörden; bereits 1169 wird in Köln bestimmt, daß »vürgezimbre abzubrechen« seien; immer wieder mußte gegen allzu prächtige und vorspringende E. eingeschritten werden. Bes. Reichtum entwikkelt der E. in der Renaissance. G. Binding

Lit.: RDK V, 1248–1279 [Lit.] – W. HAUBENREISSER, Der E. als Architekturmotiv in der dt. Stadt [Diss. masch. Tübingen 1959] – M. CEREGHINI, Der E. in der alpinen Architektur, 1962 – E. MULZER, Nürnberger E. und Chörlein, 1965 – R. STROBEL, Das Bürgerhaus in Regensburg, 1976 (Das dt. Bürgerhaus 23, hg. G. BINDING) – B. KELLER, Der E. Studie zum ma. Begriff nach lit., bildl. und architekton. Q., 1981.

Erlau (ung. Eger, lat. Agria), Bm. (Suffraganbm. v. →Gran) und Stadt in NO-Ungarn, am Fluß Eger. Kg. →Stephan I. gründete die Kathedralkirche (Johannes Evangelista) und legte 1009 ihre Diöz., die das mittlere und obere Theißgebiet bis zu den Karpaten umfaßte, fest. Nachdem 1047 24 Kanoniker des verbannten Kapitels v. →Verdun nach Ungarn übersiedelt waren, erhielt E. einen wallon. (lothr.) Bf., Leodwin, der in der Stadt und in ihrer Umgebung wallon. Weinbauern ansiedelte. Die Wichtigkeit von E. wird durch die Nennung bei→al-Idrīsī hervorgehoben. Auf die kirchl. Bedeutung weist der Umstand hin, daß im 12. Jh. fast alle Bf.e v. E. auf den ebfl. Stuhl von →Gran gelangten. Das Bm. E. umfaßte um 1330 über 600 Pfarreien. Im 13.–16. Jh. war hier der wichtigste »locus credibilis in NO-Ungarn. 1241 wurde E. von den→Mongolen zerstört, danach rasch wiederaufgebaut. Unter der Bischofsburg, im wallon. Viertel, lag das Jakobshospital, an der westl. Seite die Pfarrkirche St. Michael, das Marienkl. der Franziskaner und das Nikolauskl. der Augustiner. 1442 wurde die Stadt von →Hussiten verbrannt, die Bischofsburg blieb aber verschont. Im späten 15.Jh. blühte E. auf, wie aus den bfl. Rechnungen unter Thomas →Bakócz und Ippolito d'Este, Schwager von Kg. →Matthias Corvinus, und aus archäolog. Funden hervorgeht. 1514 wurde E. im ung. Bauernkrieg erneut verwüstet und 1596 von den Türken erobert. Gy. Györffy

Lit.: LThK²III, 669f. [TH. v. BOGYAY]–Heves megye müemlékei, hg. P. VOIT, II, 1972–Gy. GYÖRFFY, Geogr. Hist. tempore stirpis Arpadianae III [im Dr.].

Erle → Laubhölzer

Erlembald(o), hl. (Fest 27. Juni), † 15. April 1075 Mailand, ⌐ seit 1528 Dom (neben hl. Ariald), ebd., gehörte einer hochadligen Mailänder Familie an, die vielleicht mit den Capitanei »Da Besana« (nicht »Cotta«) verwandt war. Nach dem Tod seines Bruders→Landulf (Landolfo), eines der Gründer der religiösen mailänd. Reformbewegung →Pataria, und nach seiner Rückkehr von einer Wallfahrt nach Jerusalem wurde er – als Laie und Miles und durch eine Art Investitur (das Vexillum S. Petri), die ihm von Papst Alexander II. 1063 verliehen wurde – der militär. Anführer der Bewegung und wirkte zusammen mit dem hl. →Ariald(o). Von einer zweiten Reise nach Rom kehrte E. mit der Exkommunikationsbulle gegen den Ebf. v. Mailand, Wido (Guido) v. Velate, zurück, der der Simonie und der Unterstützung des im Konkubinat lebenden Klerus bezichtigt wurde. Dieser Akt wurde als Verletzung der Autonomie der Mailänder Kirche betrachtet: mit Hilfe der Valvassoren und der Capitanei schürte Wido blutige Unruhen, in deren Verlauf Ariald getötet wurde (28. Juni 1066). Zehn Monate später bediente sich E. der wunderbaren Wiederauffindung von dessen Leichnam, um den Kampf wieder aufzunehmen und Wido zum Verlassen Mailands zu zwingen (1067). In den folgenden Jahren beherrschten E. und die Pataria die Stadt; dabei genossen sie die Unterstützung Gregors VII., der sich in zwei Briefen an E. wandte (Reg. I, 25–26). Nach Widos Tod vermochte E., seinen Kandidaten Atto (Attone) auf den Mailänder Bischofsstuhl zu bringen (1074). Infolge einiger unbeherrschter Handlungen E.s (so trat er das von simonist. Bf.en getragene hl. Chrisma mit Füßen) und v. a. der Politik des Gegenkandidaten Gottfried (Gotofredo) v. Castiglione (der von Heinrich IV. investiert wurde) kam es zu einer Isolierung der Pataria und zu Unruhen in der Stadt, in deren Verlauf E. getötet wurde. P. Golinelli

Q.: Andrea Strumensis, Vita S. Arialdi, MGH SS XXX, 2, 1059–1072 – Arnulfus, Gesta archiep. Mediolanensium, MGH SS VIII, 21–29 – Bonizo, Liber ad amicum, MGH Lib de lite, I, 590–599 – Landulfus sen., Hist. Mediolanensium, MGH SS, VIII, 82–98 – Lit.: BSS IV, 3–6 – H. KELLER, Alcune ipotesi sopra la discendenza di Landolfo ed Erlembaldo »Cotta« (Le istituz. della Societas Christiana, 1977), 184–186 – H. TENUIS, The failure of the Patarine Movement, Journ. Medieval Hist. 5, 1979, 177–184 – C. VIOLANTE, Riflessioni storiche sul seppellimento di Arialdo e di Erlembaldo capi della Pataria Milanese (Pasqua Mediaevalia. Stud. J. M. DE SMET, 1983), 66–74 – P. GOLINELLI, La Pataria. Lotte religiose e sociali nella Milano dell'XI secolo, 1984 [Lit.].

Erling Skakke, * ca. 1115, ✕ 19. Juli 1179 bei Kalvskinnet, hoher norw. Adliger, Führer einer dynast. Partei und Reichsregent. E. stammte aus Etne in Sunnhordland (W-Norwegen). Sein Vater und sein älterer Bruder gehörten dem Gremium an, das das Land nach dem Tod Kg.s →Harald Gilli (1136) regierte. ∞ Kristina, Tochter des Kg.s →Sigurd Jorsalafari ('der Jerusalemfahrer'). Zu Beginn der 1150er Jahre nahm E. an einem Kreuzzug teil und wurde dabei am Hals verwundet (Beiname Skakke: 'der Schiefe'). In der Auseinandersetzung mit den Haraldssöhnen (1155) gehörte er zu den führenden Männern der Partei für Ingi Krokrygg, konnte sich aber gegenüber dem Mitkonkurrenten Gregorius Dagsson nicht durchsetzen. Nach dem Tod des Gregorius (✕ 1161) und dem anschließenden des Ingi trat E. als der unangefochtene Führer der Partei hervor. Er erreichte, daß sein und Kristinas Sohn, der fünfjährige →Magnús, zum Kg. gewählt wurde. Der Kandidat der Gegenpartei, Hákon Herdebrei, fiel in der Schlacht bei Sekken in Romsdal (1162). Damit wurde E. zum eigtl. Reichsregenten, der sich aber mit wechselnden Thronprätendenten auseinanderzusetzen hatte. In den 1160er Jahren geriet E. mit→Dänemark in einen Konflikt, der 1170 beigelegt wurde, indem E. die Landschaft Viken (um den Oslofjord) als →Jarl des Kg.s v. Dänemark zu Lehen nahm. Dieser Friedensschluß fiel in die friedlichste Periode der Regentschaft E.s. 1174 erhoben sich die sog. →Birkebeiner gegen ihn und Magnús. Sie wurden von Magnús und in der Schlacht bei Re (Jan. 1177) besiegt, sammelten sich jedoch unter Führung des späteren Kg.s →Sverrir Sigurdarson erneut und vernichteten E. in der Schlacht von Kalvskinnet.

In den Sagas wird E. als kluger, aber rücksichtsloser Politiker geschildert. Wohl dank seiner Fähigkeiten als polit. Führer blieb der Zusammenhalt der Partei bestehen und konnte der Thron in der schwierigen Phase nach Ingis Tod erobert werden. Die Herrschaft E.s leitet die enge Bindung der weltl. Aristokratie an die Königsmacht ein. Das führte allgemein zu einem Ausbau staatlicher Macht: durch die Landfriedensgesetzgebung und Stärkung kgl. Rechtspflege, durch das Thronfolgegesetz von 1163/64, das das Einkönigtum und die zentrale Königswahl einführte, möglicherweise auch durch die Einrichtung des Sysselmann-Amtes (→Syssel), eines neugeschaffenen Amtes innerhalb der kgl. Lokalverwaltung. In ähnlicher Weise gestaltete sich seine Allianz mit der Kirche (→Eysteinn Erlendsson), die in der Krönung Magnús Erlingssons 1163 oder 1164 und einer Reihe von Privilegien für die Kirche zum Ausdruck kommt. V. a. die ältere Forschung erklärte diese Allianz aus der anfänglich schwachen Stellung der Königsmacht. Sie habe zu Zugeständnissen gegenüber der Kirche geführt, die nachfolgende Kg.e nicht mehr hätten anerkennen können. Auf lange Sicht gesehen, war diese Verbindung jedoch Ausdruck einer allgemein angewachsenen staatl. Macht, die unter E.s Nachfolgern und Gegnern weiter ausgebaut wurde (→Norwegen).

Lit.: K. Helle, Norge blir en stat, 1974². S. Bagge

Erlöserorden → Birgittiner

Erlösung → Soteriologie

Erlung, Bf. v. →Würzburg seit 1105, † 30. (28.?) Dez.1121, ⊐Kl. →Münsterschwarzach (Grabstätte nicht erhalten). Aus hochfreiem frk. Geschlecht, ausgebildet in →Bamberg, wo sein Oheim →Meinhard Domscholaster war, gelangte er an den ksl. Hof und verfaßte dort um die Jahrhundertwende möglicherweise einen großen Teil der Briefe Ks. →Heinrichs IV. Er wurde 1103–05 dessen Kanzler und 1105 von ihm auf Verwenden Bf. →Ottos I. v. Bamberg zum Bf. ernannt, wenig später von →Heinrich V. abgesetzt. Mehrmals wechselte er den Standort zw. Heinrich IV. und Heinrich V., den er auf seinem Romzug (1110/11) begleitete, dann zw. diesem und der oppositionellen Fürstenmehrheit. E. gilt als Verfasser der →»Vita Heinrici IV.«. Ist auch eine sichere Zuschreibung nicht möglich, so haben doch die seit Giesebrecht (1868) gesammelten Argumente, die für E. als Verfasser sprechen, großes Gewicht. Vieles spricht dafür, daß der Verfasser der Vita auch der Dichter des →»Carmen de bello Saxonico« ist. A. Wendehorst

Lit.: JDG H. IV. und H. V., Bd. 5–7 – NDB IV, 595f. – Verf.-Lex.² II, 602–605 – C. Erdmann, Unters. zu den Briefen Heinrichs IV., AU 16, 1939, 184–253, bes. 238–246 – GS NF 1: Würzburg 1, 1962, 126–132 – H. Beumann, Zur Verfasserfrage der Vita Heinrici IV. (Fschr. J. Fleckenstein, 1984), 305–319.

Ermanarich, Kg. d. →Ostgoten aus dem Geschlecht der →Amaler, Begründer eines Großreichs in Südrußland. Beim Einfall der →Hunnen und →Alanen tötete er sich 376 selbst (Amm. 31, 3, 1f.). Seine Taten und sein Tod sind schon im 6. Jh. Gegenstand der Sage (Jordanes, Getica) und gehen in die Heldendichtung des MA ein (→Dietrich v. Bern, →Ermenrichs Tod). J. Gruber

Lit.: H. Wolfram, Gesch. der Goten, 1979.

Ermengaud

1. E., Ebf. v. Narbonne →Narbonne

2. E. v. Béziers. E. gehört zu der Gruppe um →Durandus von Osca/Huesca, die 1207/08 als 'Katholische Arme' (→Pauperes Catholici) den Weg vom Waldensertum zurück zur Kirche fanden. Von ihm weiß man außerdem nur noch, daß er wie Durandus einen Traktat gegen die Katharer verfaßte. Dieses Werk, das man früher dem gleichnamigen Abt von St-Gilles zuschrieb, hat sich unter dem Titel 'Contra haereticos' in mehreren stark voneinander abweichenden Hss. erhalten und liegt bislang nur in unzureichenden Ausgaben des 17. Jh. im Druck vor. Eine kritische Edition, die die schwierigen und kontrovers diskutierten Fragen um Umfang und Originalität des Werkes endgültig zu klären hätte, ist ein Desiderat.

A. Patschovsky

Lit.: J. Gretser, Trias scriptorum adversus Waldensium sectam 1614, 87–152 (MPL 204, 1235–1272) – A. Duchesne, Opera... Petri Abaelardi 1616, 452–488 (MPL 178, 1823–1846) – R. Manselli, Ermengaudo, il »Contra Waldenses« ed il nuovo capitolo sui valdesi, BISI 67, 1955, 253–264 (Ders., Studi sulle eresie del secolo XII, 1975², 127–134) – A. Dondaine, Durand de Huesca et la polémique anticathare, APraed 29, 1959, 250–260 – C. Thouzellier, Le »Liber Antiheresis« de Durand de Huesca et le »Contra hereticos« d'E. de Béziers, RHE 55, 1960, 130–141 (Dies., Hérésies et hérétiques, 1969), 39–52 – Dies., Catharisme et valdéisme en Languedoc, 1969², 269–284 – K.-V. Selge, Die ersten Waldenser, 1967, 1, 133f., 156, 164, 199f.; 2, 248.

3. E., Matfre, aus Béziers, Autor des →»Breviari d'Amor« (ca. 1288–90). Genaue Lebensdaten unbekannt; der Autor gibt die Abfassungszeit des »Breviari« im Werk selbst und bezeichnet sich dort als »segner en leis« (docteur en loi), in der Rubrik der vermutl. späteren »Lettre à sa soeur« als »fraires menres«, ist also wohl nach Abfassung des »Breviari« in den Franziskanerorden eingetreten. Die Identifikation mit Matfredus Ermengaudi, als Mitglied der ehem. Abtei OSB St-Aphrodise in einer Urk. von 1322–23 genannt, ist ungewiß. Im Hauptwerk, einem enzyklopäd. angelegten Lehrgedicht, erweist sich M. E. als ein in jurist. und theol. Fragen gebildeter Mann, der seine zahlreichen Quellen (Bibel, antike und ma. Autoren der Astrologie und Komputistik, Kirchenväter, Philosophen und Troubadours) namentl. zitiert. Die Wahl der Vulgärsprache wurde bewußt mit Rücksicht auf das Laienpublikum getroffen. Dem kompilator. Werk liegt ein allegor. Baum als Kompositionsprinzip zugrunde; die Illustrationen gehen als Bildprogramm wohl auf M. E. selbst zurück. Weitere Werke sind eine themat. und stilist. sehr traditionelle Kanzone und ein Sirventes, das eine heftige Anklage gegen die Mächtigen darstellt; beide haben dieselbe metrische Struktur und sind mit Melodie überliefert. M. E. zitiert sich im »Breviari« mehrfach selbst; neben Versen aus der Kanzone sind so 2 Antwortstrophen aus einer (fiktiven?) Tenzone mit seinem Bruder Peire (dessen 2 Fragestrophen im »Breviari« jeweils vorausgehen) und weitere 5 Einzelstrophen überliefert. Die »Lettre à sa soeur« (oder »Roman du Capon«) ist ein allegor. Gedicht über die Bedeutung der hl. Sakramente, das der Schwester Suau als Weihnachtsgeschenk gewidmet, aber auch für ein größeres Publikum gedacht war. Da die Überlieferung der Werke M. E.s auf eine Gesamtausgabe (Kanzone, Sirventes, »Breviari«, »Lettre à sa soeur«; wohl nicht die beiden in 2 Hss. enthaltenen Prosaübersetzungen) zurückzugehen scheint, ist es unwahrscheinlich, daß der Autor weitere lyr. Werke verfaßt hat. So war sein Interesse an der höf. Lyrik mehr rezeptiver Natur; er muß mindestens eine große Anthologie der aprov. Lyrik, die auch afrz. Gedichte enthielt, gut gekannt, vielleicht sogar besessen haben. Hieraus erklärt sich die Rolle als Ratgeber der höf. Liebe und als »sers d'amor«, in der er sich im »Breviari« darstellt. Gleichzeitig spiegeln M.E.s Werke jedoch die Ideologie der religiösen Restauration am Ende des 13. Jh. Die Verbreitung der Werke (ca. 30 Hss. und Hss.-Fragmente) erfolgte ausschließl. im südfrz., kat. und span. Raum; sie gelangten weder nach Nordfrankreich noch nach Italien. R. Richter-Bergmeier

Lit.: G. Azaïs, Le Breviari d'Amor de M. Ermengaud suivi de sa lettre à sa soeur, 2 Bde, 1862–1881 [Nachdr. 1985] – P. Meyer, M. Ermengaud de Béziers, troubadour, HLF 32, 1898, 16–52 – C. Segre, Le forme e le tradizioni didattiche, GRLM VI, 1968, T. 1, 138; T. 2, 192f. – K. Laske-Fix, Der Bildzyklus des Breviari d'Amor, 1973 – R. Richter, Die Troubadourzitate im Breviari d'Amor, 1976 – P. T. Ricketts, Le Breviari d'Amor de M. Ermengaud V, 1976 (App. 331–337: La lettre de M. à sa soeur, Suau) – R. Richter – M. Lütolf, Les poésies lyriques de Matfré Ermengau, Romania 98, 1977, 15–33.

Ermengol → Urgel, Gf. en v.

Ermenrich v. Ellwangen, *um 814, † 874, aus schwäb. Adel, Mönch in Ellwangen, in Fulda Schüler →Hrabans und Rudolfs, in Reichenau →Walahfrids, Mitglied der Hofkapelle, dem Erzkaplan Grimald eng verbunden, zeitweise in dessen Kl. St. Gallen. Als Bf. v. Passau leitete er 867 einen ergebnislosen Missionsversuch bei den Bulgaren. Beteiligt am Vorgehen des bayer. Episkopats gegen →Methodius (870), wurde er von Johannes VIII. (873) suspendiert. Er schrieb (837–842) die Vita des ags. Einsiedlers Sualo (Sola) v. Solnhofen, erfüllt vom bonifatian. Geist der Verbundenheit mit dem Papst und von Hochachtung für das Eremitentum. Faktenreicher war (zw. 848 und 854) seine Vita des Ellwanger Klostergründers Hariolf, des Bf.s v. Langres, die wohl nicht erst in einer späteren Überarbeitung vorliegt. Unklar ist, wie weit eine Überlieferungsstufe der Vita des hl. Magnus v. Füssen auf ihn zurückgeht (BHL 5162). In einem umfangreichen Brief an Grimald, der für einen weiteren Leserkreis bestimmt war, breitete er (um 854) ungeordnet, aber z. T. recht persönlich, Gelehrsamkeit und griech. Kenntnisse aus und gab Proben für eine geplante, aber nicht erhaltene metr. Vita S. Galli. Wohl nicht von E. stammen die Collectio Pataviensis und die ahd. Übersetzung des Hymnus »Sancte sator suffragator«. H. Löwe

Ed.: Vita Sualonis (BHL 7925/6): MGH SS 15, 151–163 – A. Bauch, Biographien der Gründerzeit. Q. zur Gesch. der Diöz. Eichstätt 1, 1962, 187–246 – Vita Hariolfi (BHL 3754): MGH SS 10, 11–15 – V. Burr (Ellwangen 764–1964. Beitr. und Unters. zur 1200-Jahrfeier 1, 1964), 9–49 – Brief an Grimald: MGH Epp 5, 534–579 – *Lit.*: Manitius 1, 493–499 – V. Burr, E. v. E., EllwangerJb. 16, 1954/55, 19–31 – W. Forke, Stud. zu K. v. E., Zs. für Württ. Landesgesch. 28, 1969, 1–14 – S. Mähl, Quadriga virtutum, Beih. zum Archiv für Kulturgesch. 9, 1969, 149–156 – Brunhölzl 1, 364–366, 559/560 – H. Löwe, E. v. Passau, Gegner des Methodius, Versuch eines Persönlichkeitsbildes, Mitt. der Gesellschaft für Salzburger Landeskunde 126, 1986.

Ermenrichs Tod, Ballade aus dem Stoffkreis um →Dietrich v. Bern, 24 Strophen im →Hildebrandston, überliefert in 2 nd. Drucken des 16. Jh. Erzählt wird, wie Dietrich den »Kônink van Armentriken« (wahrscheinl. Entstellung aus dem Personennamen Ermenrike = Ermenrich/Ermanarich, Dietrichs Gegner in der hist. Dietrichsepik) vertreiben will, mit elf seiner Gesellen in dessen Burg »to dem Freisack« (Friesach in Kärnten?) eindringt und ihn tötet. Der verstümmelte, stellenweise kaum verständl. Text gehört wohl in den Überlieferungskomplex von Dietrichs Heimkehr (wie v. a. das →Hildebrandslied, mit dessen jüngerer Version E. T. den Typus der spätma. Heldenballade in Deutschland repräsentiert); daneben scheinen – im einzelnen schwer zu deutende – Beziehungen zur nicht mit Dietrich verbundenen Ermenrich-Überlieferung (Svanhild- bzw. Harlungensage) zu bestehen.

J. Heinzle

Ed.: J. Meier, Dt. Volkslieder, Balladen I (Dt. Volkslieder mit ihren Melodien 1), 1935, Nr. 2 – *Lit.*: Verf.-Lex.² II, s. v. Ermenrikes dot [Lit.].

Ermessinde, seit ca. 992 Ehefrau des Gf. en Raimund Borrell v. →Barcelona, Tochter des Gf. en Roger I. v. →Carcassonne und →Couserans, Schwester der Gf. en Raimund v. Carcassonne und Bernhard v. Couserans-Foix, † 1. März 1058 in der Burg Besora. Ihre bemerkenswerte Persönlichkeit gestaltete die ersten Schritte der Suprematie des Grafenhauses v. Barcelona mit, ohne sich durch ungewöhnl. Aktionen von ihren Zeitgenossen abzuheben. Wohl aber stand ihr polit. Wirken unter dem Zeichen eines Verfassungsumbruchs. Wie ihr Bruder Peter, den sie als Kanoniker nach Gerona rief, und der dort 1010 zum Bf. aufstieg († 1050), Anrechte an der Gft. Carcassonne im Sinne eines Familiendominium behielt, trat auch sie ihre Ehe mit der Aussicht an, als Witwe im Kreise ihrer Kinder Entscheidungsträgerin zu bleiben. Das Verfassungsverständnis drängte von der Gft. als Familienpatrimonium weg zur Individualsukzession des Erstgeborenen, weswegen E. sich im Testament ihres Gatten († 1018) die weitere Mitherrschaft in den drei Gft.en Barcelona, →Gerona und Ausona (→Vich) ausdrückl. zusichern ließ. Konflikte mit ihrem um 1006 geb. Sohn →Berengar Raimund I., für den sie bis 1023 die Vormundschaft ausübte, waren unvermeidlich. Differenzen mit ihrem Enkel Raimund →Berengar I. nach Beendigung ihrer Vormundschaft auch für ihn (1035–41) steigerten sich sogar um 1056, nachdem dieser in 3. Ehe die ebenfalls tatkräftige Almodis, Tochter des Vizegf.en v. Carcassonne-Razès, geheiratet hatte. E. erreichte 1056 auf der Synode zu Toulouse die Exkommunikation des Grafenpaares, die am Ende nur beigelegt werden konnte, weil E. 1057 gegen 1000 Goldunzen auf ihre Rechte an den drei Gft.en verzichtete. Sogleich nach ihrem Tod streckte der Enkel als Erbe seiner Großmutter die Hand nach der ledig gewordenen Gft. Carcassonne aus; vermutl. war sie die Ursache der letzten Differenzen gewesen. O. Engels

Lit.: S. Sobrequés Vidal, Els grans comtes de Barcelona, 1961 – O. Engels, Schutzgedanke und Landesherrschaft im östl. Pyrenäenraum, 1970.

Erminold, sel., Abt der Kl. OSB →Lorsch und →Prüfening, † 6. Jan. 1121 in Prüfening, entstammte einem edelfreien schwäb. Adelsgeschlecht. Bereits als Knabe kam er ins Reformkl. →Hirsau, wo ihn bes. Abt →Wilhelm prägte. Auf Wunsch Ks. →Heinrichs V. wurde ihm 1106 – nach der Vita – die Leitung der Reichsabtei Lorsch übertragen, die er aber nicht zu reformieren vermochte. 1114 berief ihn Bf. →Otto v. Bamberg zum Gründungsabt von Prüfening bei →Regensburg. Daß dieses Kl. zum Zentrum der →Hirsauer Bewegung in Bayern wurde, ist v. a. Verdienst des fanatischen E. Er vertrat die Reform so entschlossen, daß er die Klosterpforte sogar vor dem gebannten Heinrich V. verschloß. Wegen dieser Strenge wurde er von einem Konventualen erschlagen. Die Gebeine wurden 1283 erhoben. Sein Hochgrab (→Erminold-Meister) wurde wegweisend für die Entwicklung der Sepulkralskulptur in Bayern. A. Schmid

Q.: Vita Erminoldi abbatis Pruveningensis, ed. Ph. Jaffé, MGH SS XII, 480–500 – *Lit.*: BHL I, 393 – LThK² III, 1032 [G. Baader] – NDB IV, 601 [J. Sydow] – A. Zimmermann, Kalendarium Benedictinum I, 1933, 49–51 – K. Hallinger, Gorze-Kluny, 1950/51 [Register] – H. Jakobs, Die Hirsauer, 1961, 50, 54, 221ff. – F. Knöpf, E., Abt v. Prüfening (Die Reichsabtei Lorsch I, 1973), 357–359 – H.-G. Schmitz, Kl. Prüfening im 12. Jh., 1975, 7, 21f., 58.

Erminold-Meister, kunsthist. Bezeichnung für einen um 1280 in Regensburg tätigen Bildhauer, dessen Hauptwerke die Liegefigur von Abt →Erminold († 1121) auf dessen 1283 errichteter Tumba in der Klosterkirche Prüfening (→Regensburg) und eine Verkündigungsgruppe an den westl. Vierungspfeilern im Dom zu Regensburg sind. Er bedient sich eines kraftvoll plastischen, expressiven Faltenstils und einer linearen Stilisierung von Köpfen und Händen, welche stark an die Archivoltenfiguren am Hauptportal des Basler Münsters, um 1260/70, erinnern, wie auch an die zurückhaltenderen Lettnerfiguren des Straßburger Münsters, um 1260, die letztlich in der Pariser Plastik um 1260 wurzeln. A. Reinle

Lit.: O. v. Simson, PKG, Das MA II, 1972, 244 – A. Hubel, Der E. und die dt. Skulptur des 13. Jh., Beitr. zur Gesch. des Bm.s Regensburg 8, 1974, 53–241 – K. Bauch, Das ma. Grabbild, 1976, 93 – H. Schindler, Große Bayer. Kunstgesch. 1976, I, 261–264.

Ermland (lat. Varmia, poln. Warmia), Bm., eines der vier von dem päpstl. Legaten →Wilhelm v. Modena am 29. Juli 1243 nach der Eroberung großer Teile des →Preußenlandes dort eingerichteten und von Papst Innozenz IV. am 8. Okt. 1243 bestätigten Bm.er. Es umfaßte das mittlere Preußenland; seine n. Grenze bildete eine Linie vom Elbingfluß zur Passarquelle, seine n. und ö. Grenze war der Pregel und die Angerapp. Seit 1245 gehörte es zum Ebm. →Riga. Bf. Anselm gründete 1260 das aus 16 Domherren bestehende Domkapitel, das im Gegensatz zu den Domkapiteln der drei anderen preuß. Bm.er Kulm, Pomesanien und Samland nicht dem →Dt. Orden inkorporiert war. Es hatte seinen Sitz zunächst in Braunsberg, seit 1284 in Frauenburg am Frischen Haff, wo 1328–88 die Kathedrale errichtet wurde. Bfl. Residenz war seit 1350 das Schloß in Heilsberg.

Entsprechend den Bestimmungen der Zirkumsskriptionsbulle von 1243 wurde die Diöz. 1254 im Verhältnis 2:1 zw. dem Dt. Orden und dem Bf. geteilt, wobei dem Bf. ein Drittel als weltl. Herrschaftsgebiet mit allen landesherrl. Rechten zufiel, die späteren Krs. Braunsberg, Heilsberg, Allenstein und Rößel. Dieses Hochstift E. wurde bis zur Mitte des 14. Jh. mit dt. Bauern, v. a. aus Niederdeutschland, Schlesien und Mähren besiedelt, die etwa die Hälfte der Gesamtbevölkerung ausmachten. Die andere Hälfte waren einheim. Prußen, die – anders als im Deutschordensland – vielfach mit dt. (→kulmischem) Recht begabt wurden und bis zum Beginn des 16. Jh. rechtlich, sozial und wirtschaftlich und wenig später auch sprachlich mit der dt. Bevölkerung verschmolzen.

Der Dt. Orden verhinderte in Preußen Klostergründungen – mit Ausnahme solcher der Bettelorden, v. a. Dominikaner, die im 13. Jh. an der Missionierung beteiligt wurden. Sie hatten Niederlassungen in Elbing (1238) und Nordenburg (1407). Hinzu kamen Franziskaner in Braunsberg (1296), Wehlau (1349) und Wartenburg (1364), Augustiner-Eremiten in Rößel (1346), Heiligenbeil (1370) und Patollen und ein Birgittinnenkl. in Elbing (1458). Einen Höhepunkt stellte die Regierung des Bf.s Hermann v. Prag (1337–49) dar, der die erste Diözesansynode abhielt, 1341 ein Kollegiatstift (seit 1346) in Guttstadt gründete und für eine gute Ausstattung der Dom- und bfl. Bibliotheken Sorge trug. Neben der Domschule in Frauenburg und der Stiftsschule in Guttstadt kam der bfl. Schule im Schloß Heilsberg, die der Ausbildung prußischer Jugendlicher diente, bes. Bedeutung zu. Baukunst und Wissenschaft erlebten unter Bf. Heinrich Sorbom (1373–1401) eine Blütezeit.

Die Bemühungen des Dt. Ordens, ihm genehme Kandidaten auf den ermländ. Bischofsstuhl zu bringen, waren ztw. erfolgreich, nicht jedoch seine Versuche, wie in den anderen preuß. Bm.ern auch im E. Einfluß auf die Besetzung der übrigen Ämter und damit auf die Verwaltung des Hochstifts zu gewinnen. So stellte das E. – unterstützt vom Ebf. v. Riga, dann v. a. von der Kurie – innerhalb des spätma. Preußens eine in inneren Angelegenheiten weitgehend selbständige Landesherrschaft dar. Dem Dt. Orden oblag in seiner Eigenschaft als Schirmvogt der militär. Schutz des Hochstifts, und er bestimmte damit die Außenpolitik Gesamtpreußens. Im 13jährigen Städtekrieg (1454–66), den die Stände mit Unterstützung Polens gegen den Dt. Orden führten, bemühte sich das E. um Neutralität. Dem diente auch die Wahl des Kard. Enea Silvio Piccolomini i. J. 1457 zum Bf., der jedoch schon 1458 als →Pius II. Papst wurde. Sein Nachfolger Paul v. Legendorf schloß 1464 einen Separatfrieden mit Polen, in dem er den Kg. zum neuen Schirmherrn wählte, was der Dt. Orden im 2. →Thorner Frieden 1466 anerkennen mußte. Damit wurde das E. zusammen mit den w. Teilen des preuß. Ordenslandes der Krone →Polen unterstellt. Versuche des Kg.s, die freie Bischofswahl anzutasten, führten zum Pfaffenkrieg (1467–79), an dessen Ende der poln. Reichstag zu Petrikau zwar die Autonomie des Hochstifts bestätigte, Bf. und Domkapitel jedoch zur Leistung des Treueids gegenüber dem Kg. verpflichtete. Im Vertrag v. Petrikau 1512 erkannte das E. das Nominationsrecht des Kg.s für den ermländ. Bischofsstuhl an; 1518 verlieh Papst Leo X. dem Kg. das Patronatsrecht über die Dompropstei, was in der Folgezeit zur Besetzung des Bischofsstuhls und weitgehend auch des Domkapitels mit poln. Kandidaten führte. 1772 preuß. geworden, bildete das E. eine kath. Enklave im überwiegend protestant. Ostpreußen. B. Poschmann

Q.: Cod. dipl. Warmiensis (1231–1435), 4 Bde, 1860–1935 – Script. rer. Warm., 2 Bde, 1866, 1889 – *Lit.:* DHGE 86, 733 – LThK² III, 1032–1035 – V. Röhrich, Die Kolonisation des E., Zs. für die Gesch. und Altertumskunde E.s 12, 1899; 14, 1902; 18, 1913; 22, 1924 – B. Pottel, Das Domkapitel v. E. im MA, 1911 – V. Röhrich, Gesch. des Fürstbm.s E., 1925 – E. Waschinski, Das kirchl. Bildungswesen im E., 2 Bde, 1928 – H. Schmauch, Die kirchenrechtl. Stellung der Diöz. E., Altpreuß. Forsch. 15, 1938, 241–265 – G. Matern, Die kirchl. Verhältnisse des E.s während des späten MA, 1953 – M. Pollakówna, Osadnictwo Warmii w okresie krzyżackim, 1953 – J. Obłak, Warm., 1959 – A. Olczyk, Sieć parafialna biskupstwa Warmińskiego do roku 1525, 1961 – B. Poschmann, Bm.er und Dt. Orden in Preußen, Zs. für die Gesch. und Altertumskunde E.s, 30, 1962, 227–356 [Lit.].

Ermoldus Nigellus, frk. Kleriker am Hof des Kg.s →Pippin v. Aquitanien (817–838), den er (seiner selbstiron. Schilderung zufolge) 824 auf dem Feldzug Ks. Ludwigs d. Fr. gegen die Bretonen begleitete. Ob er jemals Mönch (im Umkreis des →Benedikt v. Aniane?) war, läßt sich ebensowenig erweisen wie die Identität mit einem Abt Hermoldus, den 834 Ks. Ludwig an seinen Sohn Pippin delegierte (→Astronomus, Kap. 53), oder mit dem 838 als Kanzler Pippins bezeugten Hermoldus; daher ist weder sein Todesjahr gewiß noch der Zeitpunkt des Endes seines Exils bei Bf. Bernold in Straßburg, wozu ihn der Ks. 825/826 vermutl. wegen Verfehlungen als Berater Pippins verurteilt hatte. Literaturgesch. tritt E. 826/828 klar hervor, als er sein Epos »in honorem Hludowici Christianissimi Caesaris Augusti« vollendete, um mit dieser poetischpanegyr. Leistung und dem damit verbundenen Bekenntnis zu Ludwigs Herrschaftsidee vom Ks. und seiner Gemahlin Judith die Aufhebung des Verbannungsurteils zu erlangen. – Ebenfalls aus Straßburg wandte er sich in zwei zur Deklamation bestimmten Briefelegien an Kg. Pippin: in der ersten (200 v.) schuldbewußt und mitleidheischend in der Manier der Exilgedichte seines Vorbildes →Theodulf v. Orléans, in der zweiten (222 v., Schaller 15867) mit schmeichlerisch verbrämten Ermahnungen nach Art der Fürstenspiegel (angeregt durch →Smaragdus) »Via regia« und →»De duodecim abusivis saeculi«). – Der Erfolg all dieser poet. Bemühungen ist ungewiß, eine lit. Wirkung auf spätere Dichter nicht erweislich und die heutige Überlieferung sehr schmal: alle gen. Werke sind erhalten in der für die karol. Dichtung wichtigen Peutingerschen Sammelabschrift (London B.L.Harl. 3685, 15.

Jh.), nur das Ludwigsepos zudem in Wien ÖNB 614 (10. Jh.).

Seine dichter. Sprache ist fundiert in Vergil, bezieht dazu viele Versatzstücke aus der lat. Bibelepik und Venantius Fortunatus, gewinnt aber die interessantesten Anregungen aus karlischer Dichtung (→Modoin v. Autun, →»Karolus rex et Leo papa«); einzigartig ist die Kenntnis des (von der Sprache Ovids geprägten) poet. Gesamtwerks Theodulfs. (Hinweis auf Ermolds Bildungsgeschichte? Seine Heimat wird im Loire-nahen Aquitanien vermutet.) – In der Einteilung der 2649 Verse (eleg. Disticha) seines Ludwigsepos in vier Bücher folgt E. offenbar dem Aachener Karlsepos, dem er gewiß mehr verdankt als allein die aus dessen erhaltenem III. Buch (»Karolus rex et Leo papa«) nachgewiesenen Gestaltungsmodelle (Papstbesuch in II, Hoffest und Jagd in IV). – Unter den aus dem Zeitraum zw. 781 und 826 nach Maßgabe der epischen Eignung, aber auch des Informationsstandes (165) und der Betroffenheit des Dichters ausgewählten Zeitereignissen wird in jedem der vier Bücher *ein* Handlungskomplex bes. groß ausgebaut: in I die Einnahme von Barcelona (801), in II der Besuch Papst Stephans IV. in Reims (816), in III der Feldzug gegen die Bretonen (818) mit der grotesken Schilderung ihres Anführers Murman, in IV die Ingelheimer Festlichkeiten anläßlich der Taufe des Dänenkönigs Harald (826); voraus geht die ideolog. bedeutsame Schilderung der welt- und heilsepoch. Bilderzyklen an den Wänden der dortigen Pfalzkirche und der aula regia. – Im Epilog rühmt E. die Straßburger Marienkirche und in ihr geschehene Mirakel. – »In honorem Hludowici« ist als Primärquelle für viele prosopograph. und fakt. Einzelheiten unersetzlich. Doch nicht versifizierte Historiographie, sondern epische Dichtung (mit dem klass. Mischungskonzept: Ereigniserzählungen, Reden, Schilderungen) ist hier intendiert, der hist. Ablauf wird immer wieder in szen. Darstellung umgesetzt, panegyr. und religiöses Pathos wie auch Humor werden wirkungsvoll eingebracht. Stoffgeschichtl. nimmt Buch I als erste dichter. Gestaltung von Sarazenenkämpfen (dux Vilhelmus v. Toulouse) vorweg, was später die →Chansons de geste thematisieren werden. Eine direkte Beeinflussung wird jedoch bezweifelt. D. Schaller

Ed.: MGH PP II, 1–91 (ed. E. DÜMMLER), 699 – Ermold le Noir. Poème sur Louis le Pieux et Épîtres au roi Pépin, ed./tr. E. FARAL (CHF 14), 1932 [Neudr. 1964] – *Darst. und Bibliogr.:* MANITIUS I, 552–557 – WATTENBACH-LEVISON-LÖWE III, 329–332 – Repfont IV, 377–379 – SZÖVÉRFFY, Weltl. Dichtungen, 550–555 – BRUNHÖLZL I, 390–394 – A. EBENBAUER, Carmen historicum, 1978, 101–149, 212.288 – *Unters. (ab 1968):* H. H. ANTON, Fürstenspiegel und Herrscherethos in der Karolingerzeit, BHF 32, 1968, 190–198, 452 – D. L. BOUTELLE, Louis the Pious and E. N. An Inquiry into the Hist. Reliability of 'In honorem Hludowici' [Diss. Berkeley 1970; 1984 mit engl. Übers.] – W. LAMMERS, Ein karol. Bildprogramm in der Aula Regia von Ingelheim (FSCHR. H.HEIMPEL III, 1972), 226–289 – TH.M.ANDERSSON, Early Epic Scenery, 1976, 122–131 – J. E. RUIZ DOMÉNEC, El asedio de Barcelona según Ermoldo el Negro, Boletín de la R. Acad. de Buenas Letras de Barcelona 37, 1979, 149–168 – J. BATANY, Le programme de Louis le Pieux chez Ermold le Noir et dans le Couronnement de Louis, Mél. R. LOUIS, 1982, 314–340 – H. H. ANTON (Die Iren und Europa im frühen MA II, 1982), 606–609 – I. RANIERI, I modelli formali del 'Carmen in hon. Hlud. Caesaris' di Ermoldo Nigello, Acme 36, 1983, 161–214 – DIES., La tecnica versificatoria di Ermoldo Nigello, StM III, 25, 1984, 93–114 – P. GODMAN, Poetry of the Carolingian Renaissance, 1985, 45–47, 250–267 – DERS., FMASt 19, 1985, 255–271.

Ernährung

A. Westliches Europa – B. Byzantinisches Reich – C. Osmanisches Reich

A. Westliches Europa

I. Von der Spätantike zum hohen Mittelalter – II. Spätmittelalter – III. Diätetisch-medizinisch.

I. VON DER SPÄTANTIKE ZUM HOHEN MITTELALTER: [1] *Spätantike und Frühmittelalter:* In der Antike läßt sich ein grundlegender Gegensatz der Ernährungsgewohnheiten zw. dem Mittelmeerraum und dem übrigen Europa feststellen: In den Mittelmeerländern, wo neben Kleintierhaltung (vornehml. Schafe) v. a. →Getreideanbau und Baumkultur vorherrschten (Ölbäume und Wein; s. a. →Baumfeldwirtschaft), basierte die E. auf Getreideprodukten, aus denen brei- und musförmige Speisen sowie Fladen und später →Brot hergestellt wurden. Von den zahlreichen bekannten Getreidesorten errangen mit der Zeit Weizen und Gerste den Vorrang und blieben jahrhundertelang für den Mittelmeerraum charakteristisch. Die Verwendung von →Wein als Getränk und von Olivenöl (→Öl) für Kochzwecke vervollständigten das Bild einer vorwiegend vegetar. Ernährung, die durch Tierprodukte (→Fleisch, →Milchprodukte, →Fisch) ergänzt wurde. In Nord- und Mitteleuropa, wo die kelt. und germ. Bevölkerung vorwiegend Weidewirtschaft (→Weide) mit Waldnutzung (→Wald) betrieb, waren dagegen Nahrungsmittel tierischer Herkunft in höherem Maß verbreitet: Jagd, Fischfang und Haltung von Weidevieh (v. a. von Schweinen) lieferten, bes. in vor- und frühgesch. Zeit, die wichtigsten Nahrungsquellen. Der – extensiv – betriebene Getreideanbau spielte nur eine Nebenrolle; bes. Bedeutung kam jedoch dem →Gartenbau zu, der einen relativ großen Teil der – im allgemeinen nur geringen Fläche – des Kulturlands einnahm. Die E. in den Gebieten nördl. der Alpen basierte daher v. a. auf Fleisch, hauptsächl. Schweinefleisch, in der Frühzeit z. T. auch auf Wild, und den daraus gewonnenen tier. Fetten, die für Brat-, Koch- und Zukostzwecke verwendet wurden. Pflanzl. Nahrung kam erst an zweiter Stelle; vermutlich war Gemüse wichtiger als Getreideprodukte. Anstelle des Weins waren aus Getreideprodukten (→Bier), aus Honig (→Met) oder aus (Wild)früchten (→Zider) gegorene Getränke in Gebrauch.

Die Verschmelzung der griech.-römischen mit der kelt. und germ. Zivilisation im FrühMA bedeutete auch eine Konfrontation verschiedener Ernährungsgewohnheiten: Die wesentlich auf Getreidewirtschaft basierende Form der mediterranen E. fand allmählich stärkere Verbreitung im Norden. Die Übernahme mediterraner Ernährungsweisen sowie der Konsum von Wein im kirchl. und klösterl. Bereich führten zu einer weiteren Verbreitung des Weinbaus, sogar in ungünstigeren Klimazonen, in denen der Weinbau in der Neuzeit zumeist wieder zum Erliegen kam. Umgekehrt läßt sich eine Verbreitung von nordalpinen Ernährungsgewohnheiten nach Süden feststellen, die z. T. mit der Einwanderung von germ. Völkern nach West- und Südeuropa und ihrem soziokulturellen Aufschwung zusammenhängt. In dem Maß, in dem Umweltbedingungen und Klima dies zuließen, erfuhren auch die Ernährungsgewohnheiten der Mittelmeerländer einen Umwandlungsprozeß und nahmen stärker »nördliche« Züge an. Waldnutzung und Weidewirtschaft nahmen zu, das Fleisch erhielt eine stärkere Rolle in der E., der Getreideanbau verlor etwas an Bedeutung. Der traditionelle Weizenanbau trat in den Hintergrund oder wurde zugunsten weniger pflegeintensiver Getreidesorten zurückgestellt: Gerste, Hafer, Dinkel (Spelt), Hirse, Kolbenhirse, Sorgum und v. a. der Roggen, eine echte »Entdeckung« des FrühMA (in der Antike nur als Unkraut bekannt). An karge Böden und rauhes Klima angepaßt, war der Roggen die typ. Getreidesorte des FrühMA. Damals setzte sich also das Modell einer »gemischten« Ernährung durch, das die gleichzeitige Verwendung von Getreideprodukten, Gemüse, Fleisch und Fisch vorsah

(s. a. →companaticum). Hervorzuheben ist ferner, daß dieser Abwechslungsreichtum der E. damals allen sozialen Schichten weitgehend zugänglich war, wozu zwei Faktoren in entscheidendem Maße beitrugen: zum einen ein gewisser Überschuß der Nahrungsressourcen im Verhältnis zur Bevölkerungszahl, da diese seit der Spätantike stark gesunken war; zum anderen eine Form der ökonom. und sozialen Verhältnisse, die niemanden von der effektiven Nutzung dieser Nahrungsquellen (sowohl tier. wie pflanzl. Produkte) ausschloß. Dies bedeutete allerdings weder Überfluß – wir bewegen uns bei diesen Untersuchungen im Rahmen des Existenzminimums –, noch Mangel an sozialen Differenzierungen in der E.; aber diese bezogen sich in erster Linie auf die Quantität des Lebensmittelkonsums, die bei den oberen Schichten sehr hoch war. Was die Qualität der Produkte betraf, so gab es im früheren MA kaum wesentl. Unterschiede in der E. der verschiedenen Schichten. Viel zu essen, galt in der Adelskultur (im Gegensatz zu den Werten der christl. Ethik und v. a. der monast. Kultur) als Zeichen von hohem gesellschaftl. Rang.

[2] *Hochmittelalter:* Die bereits durch die verbesserte Ernährungssituation des 9.–10. Jh. geförderte und in den folgenden Jahrhunderten intensivierte demograph. Expansion führte zu einer Veränderung im Produktionsbereich und zu einer allmähl. Umwandlung der Ernährungsgewohnheiten v. a. in den unteren Schichten der Gesellschaft. Das Bevölkerungswachstum brachte eine Intensivierung des Ackerbaus mit sich und damit auch eine Vermehrung der Anbauflächen auf Kosten der Weideflächen und Wälder. Parallel zu den Veränderungen der Landschaft und Wirtschaft läßt sich eine zunehmende soziale Differenzierung der E. feststellen, da die Nutzung der aus Wald- und Weidewirtschaft gewonnenen Nahrungsmittel (Wild, Viehprodukte) allmählich v. a. der Oberschicht vorbehalten blieb. Die Einschränkung der Nutzungsrechte an Ödlandflächen, die seit dem HochMA mit wachsender Systematik betrieben wurde, ist vielleicht der wichtigste Einschnitt in der Ernährungsgeschichte der unteren Schichten. Die E. der unteren Schichten basierte von da an vorrangig auf pflanzl. Produkten (Getreide, Hülsenfrüchte, Gemüse), während der Fleischkonsum (v. a. Wildbret) als Vorrecht und Statussymbol der Oberschicht betrachtet wurde.

Mit dem Aufschwung des Städtewesens zeichnete sich seit dem HochMA ferner ein Gegensatz zw. städt. und ländl. Konsumgewohnheiten ab. Während die Landbevölkerung, die bei der Nutzung von Wald und Weide weitgehend an den Rand gedrängt war, v. a. auf die Produkte ihrer Felder angewiesen war, konnten die städt. Schichten nun stärker die Vorteile des Marktes nutzen. Die städt. Autoritäten bemühten sich außerdem durch gesetzgeberische, polit. und zuweilen selbst militär. Maßnahmen, die reguläre Versorgung der städt. Bevölkerung mit Nahrungsmitteln zu gewährleisten – allerdings nicht immer erfolgreich. Der dominierende Einfluß der Marktwirtschaft auf die Ernährungsgewohnheiten war jedoch ambivalent: Konnte man unter normalen Umständen die Ernährungslage der städt. Bevölkerungsschichten als privilegiert bezeichnen, so gingen diese in Krisensituationen ein höheres Risiko ein als die Landbevölkerung, weil sie bei Nahrungsmittelknappheit und Teuerungen nicht auf Eigenproduktion zurückgreifen konnten. Es bleibt die Tatsache bestehen, daß der Gegensatz der Ernährungsgewohnheiten von 'cives' und 'rustici', der unter normalen Umständen für die ersteren vorteilhaft war, die städt. Bevölkerungsschichten in ihrer Gesamtheit betraf und einen vertikalen »Schnitt« durch die horizontale Schichtung der Gesellschaft bedeutete.

Der jetzt auf Betreiben von landbesitzenden Bürgern in größerer Quantität angebaute Weizen wurde vorwiegend in die Städte transportiert. So aßen die Städter Weißbrot aus Weizenmehl, während auf dem flachen Land weiterhin Schwarzbrot und mindere Getreidesorten überwogen, die auch zur Bereitung von Brei dienten. Außerdem war der Fleischkonsum der Städter höher und vielfältiger (→Fleisch, Fleischer). Das Abrücken von den ländl. Ernährungsgewohnheiten bot den städt. Bevölkerungsschichten Anlaß zu verändertem Sozialverhalten; auch durch den Speisenkonsum wurde die Zugehörigkeit zu einer privilegierten Gemeinschaft angezeigt. In Hungersnöten, in denen geringwertigere Getreidesorten an die Stelle des Weizens treten mußten, kam es zu Unruhen in der Bevölkerung, die sich auf ein eben erst mühsam überwundenes Ernährungsniveau zurückgeworfen sah. Im Hinblick auf den Fleischkonsum ist bezeichnend, daß die städt. »Mode« teilweise den Verzehr typ. Produkte der traditionellen Ernährung, wie z. B. von Schweinefleisch, zugunsten anderer Fleischsorten aufgab (z. B. Schaf-, Rind-, Kalbfleisch, Geflügel). Im großen und ganzen nimmt das Fleisch in den Städten des HochMA in der tägl. E. einen ziemlich hohen Rang ein. Allerdings scheint die E. der unteren Volksschichten bereits in dieser Zeit deutlich von pflanzl. Nahrungsquellen geprägt. So lassen z. B. Urkunden und Chroniken aus der kommunalen Periode Italiens die vorherrschende Rolle der Mehlprodukte (Cerealien und Hülsenfrüchte und in den hochgelegenen Gebieten Kastanien) in der E. der ländl. und städt. Bevölkerung erkennen. Während im FrühMA der Begriff der Nahrungsmittelknappheit verschiedene Inhalte haben konnte, die er an sich unterschied. Nahrungsquellen gebunden war (wenn z. B. in den Wäldern eine zu geringe Eichelmenge anfiel, so daß die Schweine nicht ausreichend gemästet werden konnten, hatte dies keine geringere Bedeutung als eine schlechte Getreideernte), so verstand man nun darunter v. a. den Mangel an Cerealien. M. Montanari

II. Spätmittelalter: [1] *Schriftliche und sächliche Überlieferung:* Vom ausgehenden 13. Jh. an nehmen die Nachrichten auch zur Gesch. der Alltagsernährung an Umfang und Detailreichtum deutlich zu. In erzählenden Quellen begegnen bereits prästatist. Angaben zum Gesamtverbrauch ganzer Städte, so bei Giovanni →Villani für Florenz. Dazu kommen Verpflegungsordnungen, Proviantverzeichnisse, Vorratserhebungen, Aufzeichnungen über Verbrauchssteuern, Versorgungsverträge, Abrechnungen geistl. und weltl. Großhaushalte, seltener private Haushaltsbücher, und aus dem 14. und 15. Jh. sind zahlreiche →Kochbücher überliefert. Zu Beispielen weiterer normativer literar. und med. Quellen vgl. Abschnitt A. III. Diese Schriftquellen werden in den letzten Jahren verstärkt ergänzt durch die Untersuchungsergebnisse der Mittelalterarchäologie und Anthropologie (Skelettbefunde, Auswertung von Tierknochen und Pflanzenresten sowie von Abortgruben). Trotz der Ansatzmöglichkeiten zur quantifizierenden Darstellung bleiben, von der Art des Quellenmaterials bedingt, erhebl. Unsicherheiten bestehen. So erlauben Verbrauchssteuerverzeichnisse und verwandte Belege zwar Berechnungen zum durchschnittl. Konsum größerer Bevölkerungsgruppen, doch bleiben diese fiktiven Werte ohne Bezug zur jeweiligen Sozialstruktur. Die teilweise sehr detaillierten Angaben in Haushaltsrechnungen betreffen dagegen in der Regel nur sehr kleine Gruppen, so daß das Problem der Übertragbarkeit der Ergebnisse besteht. Zudem bringen diese Quellen v. a. Angaben über Einkaufsmengen und -summen, nichts aber über Verarbeitung und Verbrauch der eingekauften Waren. Die u. a. in der engl., frz. und dt. Forschung unternommenen Versuche, mit Hilfe der Zahlenüberlieferung für Großhaushalte Auskömmlichkeit und Ausgewogenheit (Kalorien, Vitamine, Spurenelemente) der ma. E. zu bestimmen, enthalten daher erhebl. Unsicherheitsfaktoren. Insgesamt ist zu beachten, daß sich die schriftl. wie sächl. Überlieferung eindeutig auf die Städte konzentriert. Für die Ernährungssituation der landsässigen Bevölkerungsmehrheit bleibt man vielfach auf Vermutungen und Indizien angewiesen.

[2] *Veränderungen der Ernährungsgewohnheiten:* Vom 13. Jh. bis ungefähr zur Wende des 15./16. Jh. sind in den Konsumgewohnheiten Europas Veränderungen erkennbar, die im Ausmaß und der Geschwindigkeit aber eindeutig hinter denen der neuesten Zeit zurückgeblieben sind. Das Beharrungsvermögen der Ernährungssysteme kann als typisch für alle nicht industrialisierten, traditionalen Gesellschaften angesprochen werden. Weiterhin und trotz der unbestreitbaren Verschiebungen im 14. und 15. Jh. war in Europa die Getreidenahrung als wichtigster Kalorienlieferant dominierend, eine Feststellung, die über das MA hinaus Gültigkeit behält bis zu den Umwälzungen der Verbrauchsgewohnheiten ab der 2. Hälfte des 19. Jh.

Trotz dieser einheitl. Grundstruktur verstärken sich im späteren MA gegenüber der vorausgehenden Zeit die regionalen Unterschiede, und es wird v. a. die soziale Differenzierung in einer Weise vorangetrieben, die das Essen zu einem wichtigen Statussymbol gemacht hat. Landschaftlich und natürlich überwiegend durch Anbau- und Produktionsmöglichkeiten bedingt, unterschieden sich beispielsweise deutlich die Zonen des ausschließlichen oder dominierenden Verbrauchs von →Wein bzw. von →Bier oder von Olivenöl (→Öl) bzw. →Butter. Deutlich auch nachfragebedingt waren die Umstellungen beim →Getreide: Die Gebiete des überwiegenden Konsums von Weizen und Dinkel (Süd-, West- und z. T. Mitteleuropa) bzw. von Roggen (Nord- und Osteuropa) nahmen zu, während Gerste, Hafer, Hirse und andere geringere Sorten im 14. und 15. Jh., von Notjahren abgesehen, an Bedeutung für die menschl. E. verloren haben. Obwohl im 13. Jh. aufgrund des anhaltenden Bevölkerungsdrucks zunächst die »Vergetreidung« weiter vorangetrieben wurde, förderten die wachsende Nachfrage der städt. Märkte und die zunehmende Zahl vergleichsweise kaufkräftiger Verbraucher die Ausweitung der Produktion von Nahrungsmitteln tier. Herkunft in den Zonen intensivierter Grünlandwirtschaft (Alpen, Mittelgebirge, küstennahes Tiefland). In Mitteleuropa wurden allmählich Rind- und Schweinefleisch gegenüber Schaf- und Hammelfleisch bevorzugt (→Fleisch, -verbrauch). Als Folge der Nachfrage wurden seit dem 13. Jh. auch ausgesprochen marktorientierte Weinanbaugebiete ausgebildet, deren Wachstumstendenz erst durch den Mehrverbrauch von Qualitätsbier (Mitte 15. Jh.) in nördl. Gebieten umgekehrt wurde.

Es kann nicht den geringsten Zweifel daran geben, daß nach dem demograph. Umschwung in der 1. Hälfte des 14. Jh. aufgrund der nun veränderten Boden-Mensch-Relation die zunehmende Hinwendung der Verbraucher zu höherwertigen Nahrungsmitteln ermöglicht worden ist: Das Brot wurde feiner, mehr Fleisch und sonstige tier. Produkte kamen auf den Tisch, Wein und Bier – im 15. Jh. zunehmend Hopfenbier – wurden regelmäßiger konsumiert. Trotzdem muß vor übertriebenen Vorstellungen von einer Art Vorform der Überflußgesellschaft als durchgängiges Zeitmerkmal gewarnt werden, weil damit ganz unterschiedl. Phänomene verdeckt würden. So gehört zu den auffälligsten spätma. Entwicklungen die drast. Verschärfung des bereits im HochMA angelegten Gegensatzes zw. Stadt und Land, gerade auch auf dem Gebiet der E. Grobes, schweres Schwarzbrot (z. T. mit Bohnen und anderen Zuschlägen gestreckt) auf dem Land und feine, möglichst helle Brotsorten in der Stadt kennzeichnen die seitens der Stadtbürger bewußt betonten Niveauunterschiede, die ja auch zum bildl. und literar. Spott über die »unfeinen« bäuerl. Eßgewohnheiten geführt haben. Aufgrund der Zentralfunktion der Stadt als Markt, aber auch aufgrund einer gezielten Wirtschafts- und Machtpolitik zum Nachteil der ländl. Produzenten, lag nach allen verfügbaren Belegen der Durchschnittsverbrauch in der Stadt qualitativ wie quantitativ über dem der Landbevölkerung. Symptomatisch dafür ist das Faktum, daß während der Versorgungskrisen des SpätMA die Landbewohner in die Städte zogen, weil deren Vorratshaltung bessere Überlebensmöglichkeiten eröffnete.

[3] *Mahlzeiten:* Eine vollständige Tagesration umfaßte im späteren MA zwei Hauptmahlzeiten: Morgenimbiß (*imbs*, *prandium*) und Nachtimbiß (*cena*), dazu bis zu drei Zwischenmahlzeiten (Morgensuppe, Abendbrot, Schlaftrunk u. ä.). Auch wenn die hohe Wertschätzung des Essens in allen Schichten der ma. Gesellschaft nicht zu bestreiten ist, wird man bei der Anzahl der Mahlzeiten weniger an Gier als an die Länge und vergleichsweise Eintönigkeit des ma. Alltags zu denken haben. Die bis zu fünf (gelegentl. auch noch mehr) Mahlzeiten bestanden üblicherweise aus Brot, Brei oder Mus aus Getreide oder Hülsenfrüchten (*gemüese*), gekochtem Fleisch, Kraut, Suppe und Wein oder Bier, seltener Met. Trotz dieses regelmäßig wiederkehrenden Grundangebots ist das häufig wiederholte Pauschalurteil falsch, auch die spätma. E. sei noch immer eintönig und gleichförmig gewesen. Ebenso unzutreffend ist die Annahme, soziale Unterschiede hätten sich noch im 14./15. Jh. nur oder überwiegend in Menge und Regelmäßigkeit des Verbrauchs, nicht aber in der Qualität der Nahrung ausgedrückt.

[4] *Fastengebote und Fastenzeiten:* Stark beeinflußt wurde die Alltagsernährung durch kirchl. Vorschriften. Verstöße gegen die Fastengebote (→Fasten, Fastendispens) konnten drast. Strafen auch der weltl. Obrigkeiten nach sich ziehen. Zwei bis drei Wochentage – Freitag und Samstag, regional auch der Mittwoch – waren grundsätzl. fleischfrei, doch durfte Fleisch außer durch Fisch auch durch Eier ersetzt werden. Dagegen waren während der strikt eingehaltenen vorösterl. Fastenwochen und der landschaftl. unterschiedl. beachteten übrigen Fastenzeiten neben Fleisch auch Eier und Butter verboten (zu entsprechenden Dispensen s. →»Butterbriefe«). Insgesamt ergeben sich aus den kirchl. Vorschriften, deren Befolgung durch Abrechnungen bestätigt wird, jährl. höchstens 210 bis 220 Fleischtage, und entsprechend ca. 150 Fasttage. Soweit sich der einzelne Haushalt das leisten konnte, wurde das Fleisch in den Fastenzeiten durch konservierten oder frischen Fisch ersetzt, wobei konservierte Seefische (Stockfisch, Salzhering usw.) auch im Binnenland verbreitet waren. Typ. Fastenspeisen gehobener Art waren Mandeln und Feigen.

[5] *Essen als »Schichtmerkmal«:* Die sozial bedingten, qualitativen Verbrauchsunterschiede sind eines. auffälligstes Merkmal der (städt.) Gesellschaft im SpätMA. Die Bedeutung des Essens als Schichtmerkmal hat sich auch terminologisch deutlich niedergeschlagen, wobei allerdings »Schichtmerkmal« nie als übergangsloses Unter-

scheidungskriterium von absoluter Gültigkeit angesehen werden darf. Unterschieden wurden beispielsweise »gemeine« Speise und gute Speise, es gab Herrenspeise, Knechtswein, Schönbrot, *paindemaine*, panis dominicus. Als unterste Stufe der E. greifbar wird eine bloße Abfolge von Brot und Mus, wobei der mit etwas Schmalz gekochte Brei die einzige warme Speise darstellt. Ein solcher Konsum begegnet beispielsweise im Sozialbereich bei der Armenunterstützung, aber auch in vertragl. Abmachungen über die Verpflegung von Handwerksgesellen. Vielfalt, Qualität und Zubereitung der Zukost (→companaticum, companagium, companatico, *küchenspeise*) ergeben dann gegenüber dieser fast ausschließl. cerealen Grundnahrung einen weiten Differenzierungsspielraum nach oben.

In Auswahl lassen sich dazu folgende Beobachtungen verallgemeinern: Das nur in Ausnahmefällen fehlende Brot war um so gefragter, je feiner und weißer es war. Dabei erbrachte grobes Schwarzbrot ungefähr das Ausgangsgewicht des verarbeiteten Getreides, während bei Brot aus feingemahlenem und feingesiebtem Mehl bei entsprechender Verteuerung der Ertrag auf deutlich unter 50% absinken kann, v. a. bei Sonderformen wie Semmeln und Brezeln. Diese Reduzierung wird häufig nicht beachtet, wenn aus der pro Kopf verfügbaren Getreidemenge der Kalorienverbrauch berechnet wird. Beim Fleisch stellte das gekochte Suppenfleisch die unterste Qualitätsstufe dar, wahrscheinlich stammte es meist von älterem Nutzvieh, nicht von Masttieren. Als höherwertig betrachtet wurden – in aufsteigender Linie – Braten, Geflügel und ganz bes. Wildbret als typische Herrenspeise. Nach der Auswertung von Tierknochenfunden hat Wildbret aber selbst beim Adel schon im 13. Jh. nurmehr einen untergeordneten Anteil am Gesamtverbrauch gehabt. Frischer Süßwasserfisch, Eier, Frischgemüse anstelle von Kraut und Hülsenfrüchten, Obst einschließl. Zitrusfrüchten (→Südfrüchte) und Kompotte waren weitere Bestandteile der sozial gehobenen E., bei der Milchprodukte – trotz Käseverbrauch – deutlich zurücktraten, wohl auch als Folge von Transport- und Konservierungsproblemen. Bei den Getränken kam es im 15.Jh. zu einem teilweisen Konsumwandel zugunsten von Bier gegenüber dem dominierenden Wein. Auswärtiger Wein galt in der Regel mehr als einheimischer, am meisten Sozialprestige verband sich mit den teuren Importweinen aus Südeuropa. Neben der Qualität des Grundprodukts war besonders auch die Verarbeitung ein distinktives Merkmal, so bei Fleischzubereitungen (»Pfeffer«) und Eierspeisen, die als ausgesprochene Festtagsessen galten. In besonderem Maß traf dies natürlich zu für die durch Kochbücher, Beschreibungen und Abrechnungen überlieferten, kompliziert zubereiteten, reich bis überreichlich gewürzten Gerichte, die oft als »typisch mittelalterlich« angesehen werden (→Gewürze, →Salz). Raffinierte Sülzen von Fisch und Fleisch, Pasteten mit erlesenen Füllungen, schwere Süßspeisen und Würzweine waren zwar kein ausschließl. Privileg der obersten Gesellschaftsschicht, aber mit Ausnahme vielleicht von fsl. Tafeln kann ein derartiger Aufwand auch nicht entfernt mit dem werktägl. Dauerkonsum gleichgesetzt werden. Dagegen gilt zu Recht als allgemein anerkannte Grundregel, daß der Anteil höherwertiger Produkte an der E. ein Sozialindikator ist. Für das SpätMA läßt sich das in Einzelfällen exakt beziffern, so anhand südfrz. Großhaushalte des 14. und 15.Jh., in denen nach L. Stouff der Wertanteil des Brotes beim niedrigen Gesinde über 60% des Gesamtaufwands ausmachte, während mit dem sozialen Rang der Anteil der Zukost auf knapp 60%

stieg und der des Brotes auf 12% sank: Die Sozialhierarchie fand ihren Ausdruck im »raffinement de la table« (G. Duby).

[6] *Durchschnittliche Verbrauchsmengen und Beurteilung der Ernährungslage:* Bei aller Vorsicht vor unzulässigen Verallgemeinerungen kann man davon ausgehen, daß aufgrund der demograph. Entwicklung im 14. und 15.Jh. pro Kopf mehr Nahrungsmittel verfügbar waren als in den Jahrhunderten davor oder am Vorabend der Industrialisierung in Europa. Nach den ermittelten Zahlen ist es nicht unwahrscheinl., daß der Getreideverbrauch pro Kopf der Bevölkerung bei 200 kg/Jahr gelegen hat. Beim Fleischkonsum ist ein deutl. Nord-Süd-Gefälle anzunehmen, in Florenz (14.Jh.) sind über 30 kg, in Carpentras (15.Jh.) 26 kg, im Languedoc (15.Jh.) 40 kg errechnet worden. In den Städten nördl. der Alpen ist ein Durchschnittskonsum von ungefähr 50 kg denkbar, die oft genannten 100 kg – in Einzelfällen sicher noch übertroffen – sind als Gesamtdurchschnittsverbrauch mit Sicherheit zu hoch gesetzt. Bei Wein und Bier sind Tagesrationen von 1–2 Maß (bis über 2 l) für Erwachsene keine Seltenheit, Durchschnittsberechnungen für mediterrane Städte ergeben bis über 400 l Wein pro Kopf u. Jahr. Doch muß berücksichtigt werden, daß Wein und Bier alkoholärmer waren als in der Gegenwart.

Die genannten und die vielen weiteren Berechnungen zum Durchschnittsverbrauch, aber auch alle Versuche zur Erstellung modellhafter Normalbudgets verdecken das weite Spektrum der sozial bedingten Abweichungen nach oben und unten. Außerdem übergehen sie das wohl wichtigste Strukturmerkmal der alteurop. Ernährungswirtschaft: Ihre Labilität und Krisenanfälligkeit. Die wohl durch relative Überbevölkerung bedingten Mangeljahre des ausgehenden 13.Jh. haben auch unter den geänderten Bedingungen der Folgezeit ihre Fortsetzungen gefunden, mit Schwerpunkten in der ersten Hälfte des 14. und 15.Jh. Den Berichten vom Überfluß der guten Jahre (»Preistal« nach 1450) stehen z. B. die Nachrichten über die europ. Versorgungskrisen der 1430er Jahre zur Seite. Auch die im Vergleich zum Land privilegierte Stadtbevölkerung war von solchen Hungerjahren betroffen (→Hungersnöte). Die aus vielen Teilen Europas vorliegenden Belege über den hohen Anteil von Einwohnern ohne eigene Lebensmittelvorräte und den Zustrom zu den Almosenausteilungen geben eine Vorstellung vom Ausmaß der Existenzbedrohung durch fehlende Nahrung in den unteren Schichten. Aber auch verfügbare Lebensmittel konnten erhebliche Risiken mit sich bringen: Etwa Mutterkorn oder Unkrautsamen im Brotgetreide (zum Antoniusfeuer vgl. →Antoniusorden), trichinöses Schweinefleisch, verfälschter Wein, durch Berührung mit Schädlingen kontaminierte Nahrung und, im weitesten Sinn hierher gehörig, verdorbenes Trinkwasser. Mangelkrankheiten (Skelettbefunde) und mangelnde Lebensmittelhygiene (Wurmbefall des Menschen) sind auch archäolog. nachgewiesen. Trotzdem ist vor einem kurzgeschlossenen Kausalzusammenhang »E.-Krankheit/Seuche-Demographie« zu warnen. Die ma. Zeitabschnitte mit dem niedrigsten Stand der Bevölkerung sind die mit der relativ besten Versorgung, und die demographisch wirksame Pestseuche ist mit Sicherheit weitgehend ernährungsunabhängig (vgl. auch →Epidemie, →Pest). Hier liegen vielschichtige Wirkungsmechanismen zugrunde, deren Zusammenspiel noch nicht ausreichend geklärt ist. Der Stand der Forschung erlaubt nur die Feststellung, daß weder permanenter Hunger noch dauernder Nahrungsüberfluß als Charakteristikum für den Zeitraum zw. 13.

und 15. Jh. anzusprechen ist. Zur Vielfalt an Daseinsrisiken für den Menschen gehörte im MA auch die unsichere Verfügbarkeit qualitativ wie quantitativ ausreichender Nahrungsmittel.   U. Dirlmeier

Lit.: M. HEYNE, Das dt. Nahrungswesen von den ältesten gesch. Zeiten bis zum 16. Jh., 1901 – A. MAURIZIO, Hist. de l'alimentation végétale, 1932 – L. MESSEDAGLIA, Per la storia dell'agricoltura e dell'alimentazione, 1932 – A. GOTTSCHALK, Hist. de l'alimentation et de la gastronomie, 1948 – H. C. PEYER, Zur Getreidepolitik oberit. Städte im 13. Jh., 1950 – E. SCHOLLIERS, Loonarbeid en Honger. De levensstandaard in de XVe en XVIe eeuv te Antwerpen, 1960 – M. DEMBIŃSKA, Food Consumption in med. Poland, 1963 [poln., engl. Zusammenfassung] – Pour une hist. de l'alimentation, hg. J. J. HÉMARDINQUER, 1970 – L. STOUFF, Ravitaillement et alimentation en Provence, 1970 – D. ROELANDT, De voedingsgewoonten in de Gentse St-Pieters en St-Baafsabdij... late Middeleeuwen (Handelingen Maatsch. Gesch. en Oudheidkunde Gent 26, 1972), 41–68 – M. ROUCHE, La faim à l'époque carolingienne, RH 508, 1973, 295–320 – B. A. HENISCH, Fast and Feast. Food in Medieval Soc., 1976 – U. DIRLMEIER, Unters. zu Einkommensverhältnissen und Lebenshaltungskosten in oberdt. Städten des SpätMA, 1978 – M. DEMBIŃSKA, Les rations quotidiennes alimentaires en Europe aux IVe–XVIe s., Studia i Materiały z Historii Kultury Materialnej 52, 1979, 7–114 [poln., frz. Zusammenfassung] – M. MONTANARI, L'alimentazione contadina nell'alto Medioevo, 1979 – Food and Drink in Hist., hg. R. FOSTER–O. RANUM, 1979 – W. ABEL, Stufen der E., 1981 – Problemi di storia dell'alimentazione nell'Italia medievale, ArchMed 8, 1981 – A. M. NADA PATRONE, Il cibo del ricco ed il cibo del povero, 1981 – CH. M. DE LA RONCIÈRE, Prix et salaires à Florence au XIVe s., 1982 – Manger et boire au MA, I–II, 1982–84 – Hunger and Hist., Journal of Interdisciplinary Hist. 14,2, 1983 – Alltag im SpätMA, hg. H. KÜHNEL u. a., 1984, 196–231 [H. HUNDSBICHLER] – M. MONTANARI, Campagne medievali, 1984 – M. DEMBIŃSKA, Diet: A Comparison of Food Consumption between some Eastern and Western Monasteries in the 4th–12th cent., Byzantion 55, 1985 – Mensch und Umwelt im MA, hg. B. HERRMANN, 1986 [mit Beitr. von K.-E. BEHRE, U. DIRLMEIER u. a.] – Determinanten der Bevölkerungsentwicklung im MA, hg. B. HERRMANN–R. SPRANDEL, 1986/87 [im Dr.].

III. DIÄTETISCH-MEDIZINISCH: [1] *Zur Quellenlage:* Eine Geschichte der E. im MA im allgemeinen und der diätet. E. im besonderen liegt nur in Ansätzen vor. Rückschlüsse auf Art und Umfang der E. lassen sich – abgesehen von den oben gen. Quellen (s. Abschnitt II) – auch aus indirekten normativen, lit. oder med. Quellen wie Ordensregeln, Consuetudines, Benediktionen, Reisebeschreibungen, Teilen der →»Materia medica« oder auch den →Fürstenspiegeln ziehen. Für die E. bei Hofe in der Karolingerzeit ist das→Capitulare de villis aufschlußreich. Eine fragmentar. Ernährungslehre bietet ein frühma. Kommentar zu den Aphorismen des Hippokrates nach hauptsächl. byz. Autoritäten (Ed. KÜHN, 1981). →Constantinus Africanus schrieb Ende des 11. Jh. einen Traktat »De cognitione ciborum« und →Petrus Musandinus im 12. Jh. eine Abhandlung über die Speisen und Getränke der Fiebernden (DE RENZI II, 407–210), die wieder aufgenommen wurde in Walter Ryff: »New Kochbuch/Für die Kranken« (1545). Diät-Anordnungen bringt v. a. das →»Regimen sanitatis Salernitanum«, auch »Flos medicina« genannt, das als Kriterien der Nahrung aufführt: »quale, quid, quando, quantum, quoties et ubi dando«. Die »Disciplina Clericalis« des →Petrus Alfonsi enthält ein Kapitel »De modo comedendi« (Dic ergo, quomodo ubique debeam comedere). Die Regeln zur Kultivierung von Speise und Trank fanden Eingang in das arab. →»Tacuinum sanitatis« und wurden von den lat. →»Regimina sanitatis« übernommen. In der deutschsprachigen Predigtliteratur (→Berthold v. Regensburg, →Geiler v. Keysersperg, Johannes→Tauler) ist des öfteren von der Nahrungshygiene wie der Lebensmittelverfälschung die Rede, so auch im »Narrenschiff« des Sebastian →Brant.

[2] *Physiologie der Nahrungs- und Genußmittel:* Vor dem Hintergrund der antiken Elementen- und Säftelehre wird die E. als Teil der theoret. Medizin betrachtet. Aufgabe der Speisebereitung ist es, die den Nahrungsmitteln innewohnenden »Kräfte« (virtutes) durch geeignete Zutaten auszugleichen, die fehlenden Kräfte zu ersetzen, um auf diese Weise das elementare Gleichgewicht zu garantieren. Der Übergang vom Nahrungsmittel zum Heilmittel ist dabei fließend. Beim Verdauungsprozeß werden unter den »virtutes naturales« vier Grundfunktionen unterschieden: die »appetitiva«, »contentiva«, »digestiva« und »expulsiva«. Bei Verdauungsstörungen spielen Purgativa und Aderlaß eine ausschlaggebende Rolle. Bei ärztl. Maßnahmen (cura) ist auf Umweltfaktoren zu achten (tempus, regio, aetas); betont wird die Anpassung der Diät an die Krankheitsarten und die Krankheitsphasen (KÜHN, 1981).

Als Genußmittel galten im MA→Gewürze wie Safran, Ingwer, Pfeffer, aber auch →Salz. Beliebt waren Würzweine (»Hippocras«, »vinum pigmentatum, vinum herbatum«). Fehlformen der Ernährung, Vielfraß und Saufen, werden v. a. in der Predigtliteratur gegeißelt (vgl. Predigt →Bertholds v. Regensburg »Über fünf schädliche Sünden«).

[3] *Beispiele für diätetisch-therapeutische Richtlinien:* Bei aller Einordnung der E. in die Sozialstruktur und die wirtschaftl. Wandlungsprozesse dominiert zunächst der med. Aspekt. Es ist der Topos von »cibus et potus«, der zentral im Ordnungsschema der »sex res non naturales« auftaucht und somit zum physiologischen wie therapeut. Leitfaden wird. »Diaita« als »Lebensweise« oder »Lebensordnung« beinhaltet dabei die Lebensführung (→Diätetik) des ganzen Menschen, nicht nur die Nahrungsaufnahme. Eines der frühesten Beispiele für Ernährungsvorschriften bildet die →»Regula Benedicti«. Die Kapitel 35 bis 41 regeln die Mahlzeiten für Gesunde und Kranke, das Kapitel 49 die Fastenzeiten. Im Gesprächsbüchlein (»Colloquium«) des →Ælfric wird betont, daß man ohne Brot nicht leben könne; es stärke das Herz des Menschen und sei die Kraft der Männer (Ed. WRIGHT-WÜLCKER I, 98). Im Traktat »De nutrimento et nutribili« des→Albertus Magnus heißt es, daß man mehr auf die Qualität als auf Quantität zu achten habe; man habe die Verrichtungen im Nahrungsprozeß (opera nutritionis) in ihrer »potentia propria« wie ihrer »potentia remota« genau zu kennen. Lebensmittel sind dabei immer auch Heilmittel (quod sanis est ad officium, aegrotis est ad remedium) [IV. Sent., dist. XXVI, B, a. 8]. – Eine bes. Rolle spielen die Diätlehren des arab. MA, die über die Rezeptionsbewegung des hohen MA Einfluß auf die lat. Scholastik gewannen. Die Vorschriften des Koran, die diätet. Grundregeln der med. Hand- und Lehrbücher wie auch die Werke der Lexikographen und lit. Quellen bezeugen die dominierende Rolle des Essens und Trinkens in der Kultur des Islam. E. stand durchweg unter einem moral. Aspekt: Das Böse gelangt mit der Nahrung in den Körper und verläßt ihn wieder. Nach al-Gazzālī galt dem Propheten →Mohammed das Fleisch als liebste Speise, weil es den Gehörsinn steigere und zur »Krone der Speisen« würde. Brot galt als »Gabe Gottes« und »Stütze des Leibes«. Hochgeschätzt war v. a. das Salz, mit dem man nach einem Prophetenwort jedes Mahl zu beginnen und zu beschließen habe, weil darin »ein Heilmittel für 70 Krankheiten« liege. Nicht von ungefähr hat der Prophet auch einen vollen Monat, den »Ramaḍān«, zum Fasten bestimmt. Die Ruhigstellung des gesamten Verdauungstraktes diene wie nichts der äußeren Reinigung und einer inneren Läuterung.

Auch im lat. MA erscheinen die Fastenpredigten als asket. Programm, zum Wohle des Leibes ebenso gedacht wie zum Heil der Seele, das den Arzt in gleicher Weise angeht wie den Priester. Bereits →Clemens v. Alexandria († vor 215) legt in seinem »Paidagogos« (II, 17) ausführlich dar, daß alles Übermaß an Speise und Trank in der Seele nur Stumpfsinn erzeuge und Unverstand. In frühen Ordensschriften wie auch in späteren Ordens-Statuten werden genaue Regeln zur E. im »moralisch-diätetischen Sinne« gegeben. So waren etwa die Zisterzienser bes. streng im Umgang mit dem Fleischgenuß. (Vgl. die Statuten des J. 1134: »Innerhalb des Klosters darf keiner Fleisch oder Fett essen, mit Ausnahme der Handwerker und der Schwerkranken«.) Zusammenfassend läßt sich sagen, daß die Lebensmittel (cibus et potus) als Gesundheitsgut, als Kulturgut wie auch als Handelsgut stets im Zentrum einer ganzheitl. Lebensphilosophie (»regula vitae« im »ordo vitalis«) standen. H. Schipperges

Q.: Capitulare de villis vel curtis imperialibus: MGH (PERTZ) II. 181 – Constantinus Africanus, De cognitione ciborum, in: Opera Ysaac, 1515 – Epistulae Anthimi viri illustris comitis et legatarii ad gloriosissimum Theudericum regem Francorum de observatione ciborum (Ed. V. ROSE, in: Anecdota graeca et graecolatina, II., 41–102, 1870) – *Lit.*: Lehrhafte Lit. des 14. und 15. Jh., hg. F. VETTER, 1889 – L. KOTELMANN, Gesundheitspflege im MA. Kulturgesch. Stud. nach Predigten des 13., 14. und 15. Jh., 1890 – A. LICHTENFELT, Die Gesch. der E., 1913 – K. HINTZE, Geographie und Gesch. der E., 1936 – G. WIEGELMANN, Alltags- und Festspeisen. Wandel und gegenwärtige Stellung, 1967 – H. J. TEUTEBERG-G. WIEGELMANN, Der Wandel der Nahrungsgewohnheiten, 1972 – G. ZIMMERMANN, Ordensleben und Lebensstandard. Die Cura corporis in den Ordensschriften des HochMA, 1973 – J.-H. KÜHN, Die Diätlehre im frühma. lat. Kommentar zu den hippokrat. Aphorismen (I 1–11). Texte und Unters., 1981.

B. Byzantinisches Reich

I. Allgemeines. Quellenlage – II. Speisen – III. Getränke – IV. Diätetik.

I. ALLGEMEINES. QUELLENLAGE: Die Sozialstruktur und auch die territoriale Ausdehnung des Byz. Reiches verwehren es, von einer byz. Ernährungsweise gemeinhin zu sprechen. Selbst in den Kernräumen des Reiches (südl. Balkanhalbinsel, Ägäis, Kleinasien) ist die Gliederung in Küstenzonen, fruchtbare Binnengebiete und wasserarme Bereiche (Hochebenen) bei der Gewichtung der einzelnen Nahrungskomponenten von Bedeutung. Erschwerend kommt hinzu, daß – abgesehen von med.-diät. Traktaten und einer Überarbeitung der antiken Geoponika – keine Fachliteratur der Byzantiner zum Thema verfügbar ist, weshalb die noch in den Anfängen befindliche Erforschung der E. auf – oft verstreuten – Einzelinformationen basiert. Deren Wertigkeit wird natürlich teils durch die Intentionen des Verfassers der jeweiligen Quelle relativiert, etwa durch Propagierung des Asketentums; das schichtungebundene christl. Fastengebot (→Fasten) ist gleichwohl von Relevanz.

II. SPEISEN: [1] *Oberschicht:* Das Muster gehobener byz. Lebensart ist sicher der Kaiserhof. Seiner Eßkultur werden Adel, hohes Beamtentum und Großgrundbesitzer nachgeeifert haben. Das beginnt bereits beim Grundnahrungsmittel Brot. Seine feinste Sorte (σιλίγνια, καθαρὸς ἄρτος) wurde aus mehrfach gesiebtem Mehl gebacken, war dementsprechend kostspielig und wurde so zum Statussymbol. Gleiches gilt von verschiedenen importierten →Gewürzen, z. B. Pfeffer, Zimt und Narde (→Indienhandel), und dem Garum (γάρος), einer Fischsauce, die aus Eingeweiden und ganzen Fischen, Sardellen, Sprotten und kleinen Meerbarben, mittels Gärung gewonnen wurde. In Mischung mit Olivenöl ergab sich γαρέλαιον, das reichlich den Speisen beigegeben wurde. Die Klage →Liutprands v. Cremona über die von Fett triefenden Mahlzeiten der ksl. Küche reflektiert – übersteigert – die Realität. Das derart zubereitete Fleisch sollte noch dazu von gemästeten Jungtieren stammen und wurde mit Knoblauch, Zwiebeln und Porree garniert. Wichtigste Fleischlieferanten waren Schaf, Hammel, Ziege und Schwein (in Sauce, am Spieß), kaum das Rind. Eine willkommene Ergänzung bildete Wildbret (Hirsch, Reh, Hase, Wildschwein, sogar Bär). Köstlichkeiten aus der Vogelwelt waren Wachtel, πέρδιξ, φασιανός und Kranich, aber auch junge fette Hühner.

Von den an die 40 uns bekannten Speisefischen der Byzantiner ragen κέφαλος (Meeräsche), λάβραξ (Seebarsch), σκάρος (Papageifisch) und φιλομῆλα (Streifenbarbe?) hervor, desgleichen die Süßwasserfische Karpfen und ὕσκα. Der begehrte Stör (βερζίτικον) lieferte überdies den echten Kaviar. Schalen- und Weichtiere (Hummer, Krebse, Austern, Miesmuscheln, Tintenfische) runden das Bild ab. Τὸ μονόκυθρον, ein Eintopf, enthielt Fische, aber auch Käse und Gemüse, das ja in der E. aller Bevölkerungsschichten eine wichtige bis zentrale Position einnimmt. Diverse Kuchen (ψαθύρια, κρίκελοι), in Öl ausgebackene Teigfladen (λαλάγγια), gesüßt meist mit Honig, und Früchte (Pfirsiche, Granatäpfel, Trauben, Oliven) beschließen gleichsam das Mahl der Oberschicht. In summa präsentiert sich hier eine der röm. Kaiserzeit verbundene vielseitige Küche mit Delikatessen (Trüffel) und raffinierten Zubereitungen, die der ärmeren Bevölkerung versagt blieben.

[2] *Untere und mittlere Bevölkerungsschichten:* Sie umfassen berufsbezogen den Bereich vom Gelegenheitsarbeiter über den einfachen Bauern bis hin zum etablierten Gewerbetreibenden. Die nachstehenden Angaben sind als Mittelwert zu verstehen, der in der Realität nach unten bzw. oben abwich, in Qualität und Quantität der Nahrung (auch in der Zahl der tägl. Mahlzeiten). Allgemein überwog der Anteil von Brot, Gemüse und Früchten (Äpfeln, Birnen, Kirschen, Nüsse, Datteln, Melonen) denjenigen des konsumierten Fleischs, wenngleich die Relation nicht so kraß zuungunsten der Produkte aus tier. Eiweiß gewesen sein dürfte, wie bisher allgemein angenommen wurde. Als Hauptlieferanten fungierten dabei das Schwein (Zunft der χοιρέμποροι im →Eparchenbuch, 10. Jh.) samt Kopf, Extremitäten und Innereien, regional (Kleinasien, heut. Bulgarien) ab und zu das Rind und überall Fisch, teils frisch (Thunfisch, Makrele), aber überwiegend gepökelt (τάριχος); auch Wurstwaren (ἀλλάντια, σαλσίκια) sind eher Alltägliches. Eier wurden im Haushalt von Armen des öfteren verzehrt (so σφουγγᾶτον, ein Zwiebelomelett). Trotzdem dominierte das Gemüse, bes. die Hülsenfrüchte (ὄσπρια), Feigbohnen, Linsen, Erbsen u. a., die eingeweicht, roh oder gekocht, mit Öl als Hauptspeise serviert wurden. Kohl (κράμβη, κουνουπίδι), Knoblauch, Zwiebeln, Rettich, Karotten, Lattich und Kürbisse unter Beigabe von Öl oder Essig sind ebenso von Wichtigkeit. Einfache Leute »genossen« die beim Kochen anfallende Brühe mit Brot. Ἁγιοζούμι, die berühmt-berüchtigte »Heiligenbrühe« (aus Wasser, wenig Zwiebel und noch weniger Öl), ist daselbst einzuordnen. Das zugehörige Brot ist von minderer Qualität (πιτερᾶτον; κρίθινος ἄρτος-Gerstenbrot). Analog gab es statt kretischem Käse den ἀσβεστότυρον, statt Kaviar nur Rogen. – Am unteren Rand des sozialen Spektrums Angesiedelte fanden in der Speisung durch staatl. und kirchl. Wohltätigkeit eine Stütze.

[3] *Mönchtum:* Die Sondergruppe der Mönche ist im Bereich der E. durch strenges Fasten charakterisiert, das in der Praxis durch quantitative Nahrungsbeschränkung und Verzicht auf bestimmte Produkte realisiert wird, wobei der angewandte Maßstab variiert; Extremformen

der →Askese entwickelten sich im syr. Raum (Styliten) und in Ägypten, in dessen Wüsten sich Mönche nur von Wasser, Brot und wilden Kräutern genährt haben sollen. Die gemäßigten Auslegungen weisen eine Abstinenz vom Fleisch, von raffiniert zubereiteten Speisen und eben Mengenreduktion auf, was im Ergebnis der Ernährungsweise der Armen generell sehr nahe kommt. Ein gewollt restriktives Element bildeten die wöchentl. Fasttage (primär Mittwoch, Freitag) und die jährl. drei Hauptfastenzeiten (große Fastenzeit, Apostelfasten, Adventsfasten), zu denen die Zahl der Mahlzeiten reduziert, der Anteil an Fisch, gekochtem Gemüse, Eiern und Käse sowie die Zubereitung mit Öl eingeschränkt bis untersagt wird; vgl. die detaillierten Regelungen in Klostertypika. All diese Restriktionen wurden keineswegs immer und überall eingehalten, was schon das Typikon des Konstantinos IX. Monomachos aus dem Jahre 1045 für den Athos demonstriert. Er legalisiert die trotz früherer Verbote betriebene Kuhhaltung, untersagt aber weiterhin Schafe und Ziegen. Auch soziale Diskriminierung innerhalb eines Konvents ist belegt, so in den »Ptochoprodromika« (12. Jh.): Die Oberen tun sich an mehrgängigen Menüs gütlich, während der kleine Mönch regelkonform darben muß.

[4] *Soldaten:* Einigermaßen sind wir auch über eine weitere Sondergruppe, die Soldaten, informiert, deren Verpflegung in erster Linie der Staat zu regeln hatte. C. Th. 7,4,6 - von den späteren byz. Rechtstexten sinngemäß übernommen - ordnet an, daß jeder Soldat mit zweierlei Brot, Speck bzw. Pökelfleisch (laridum, λάρδος) und Schaffleisch verproviantiert sein müsse. Παξιμάδιον (entspricht dem lat. bucellatum) war ein zwiebackartiges, lange haltbares Brot. Als Alternative/Ergänzung zu Brot oder Mehl findet sich häufig Hirse (πίστον), die zu Brei verarbeitet wurde. (Schweine)fleisch gehörte in der röm. Zeit zur Standardnahrung der Truppe. Auf Feldzügen wurde der Bedarf an Frischfleisch durch mitgeführtes Schlachtvieh gedeckt. Auch eine Versorgung aus dem Umland ist vorgesehen und belegt, worin auch die Erklärung für das scheinbare Fehlen von Fisch, Gemüse und Obst liegen wird. Weitere Aufschlüsse werden sich für die frühbyz. Zeit analog zur Zivilbevölkerung aus papyrolog. Studien gewinnen lassen.

III. GETRÄNKE: Die in Byzanz üblichen Getränke waren Wasser und Wein, z. T. als Bestandteil von Mischgetränken. Der Genuß von Bier galt - mit Ausnahme von Ägypten - als barbar. Sitte. Nur geringer Stellenwert kam auch der (Kuh)milch zu, doch gab es immerhin Straßenverkäufer von Sauer- und Buttermilch. Die Wasserversorgung erfolgte aus (gefaßten) Quellen, in den städt. Zentren über Fernwasserleitungen (bis ins 7. Jh.) und großteils durch →Brunnen und Zisternen. Bevorzugt wurde Frischwasser (νεαρὸν/νηρὸν ὕδωρ, vgl. das neugriech. Wort für Wasser: νερό). Verwendung fand aber auch abgekochtes warmes Wasser (θερμόν), entweder unter Beifügung von Kümmel und mitunter noch Pfeffer und Anis, was κυμινόθερμον/εὔκρατον ergab, ein im Mönchsmilieu verbreitetes, nicht immer beliebtes Getränk, oder zum weithin praktizierten Verdünnen des Weins, wozu Gasthäuser bisweilen eine eigene Hilfskraft beschäftigten. Geschätzt und teuer war süßer Wein aus Ganos in Thrakien, Kreta und Samos, wie überhaupt Sorten aus Lesbos, Chios, Kos, Rhodos, Thasos, Euboia. Einen οἶνον Νικαινῶν παλαιὸν vermochte die ksl. Tafel sogar im Feld zu bieten. Das byz. Ägypten importierte aus Palästina, wogegen der lokale Mareotis-Wein als minderwertig galt, gleich dem aus Varna im Konstantinopel der Komnenen. Retsina, aromatisiert durch Lagerung in Föhrenholzfässern und Zusatz von Nadelholzharz, war schon damals weitverbreitet. Die Beigabe von Honig und gemahlenem Pfeffer charakterisierte den Würzwein (vinum conditum, κόνδυτον). Zahlreiche Rezepte für Weine mit Rosen-, Fenchel-, Sellerie-, Wermutkraut-, Rautengeschmack weisen auf die Neigung der Byzantiner zu derartigen Produkten hin. Weinartige Getränke wurden vornehmlich aus Datteln, Birnen und Quitten erzeugt. Einfache Leute konsumierten neben saurem essigartigen Wein auch mit Wasser verdünnten Essig (posca, φοῦσκα, ὀξύκρατον). Dieses billige, durststillende Getränk ersetzte ebenso den Soldaten partiell den Wein, dessen übermäßiger Genuß ihre Einsatzbereitschaft geschwächt hätte. Die leibl. und seel. Gefährdung des Menschen durch Trunkenheit veranlaßten die Kirchenväter zur Agitation gegen den Wein (s. etwa die Homilie »In Ebriosos« von Basileios d. Gr.). Dem Ideal einer völligen Abstinenz stand dann de facto in den Kl. eine Rationierung gegenüber, auch diese von unterschiedl. Wirksamkeit.

IV. DIÄTETIK: Eine Reihe von byz. Traktaten befaßt sich mit den Wirkungen pflanzl. und tier. Nahrungsmittel auf den Menschen und seine Gesundheit. Genannt seien die Schrift Περὶ διαίτης des Michael →Psellos, das von seinem Zeitgenossen, dem Arzt Symeon Seth, verfaßte Σύνταγμα κατὰ στοιχεῖον περὶ τροφῶν δυνάμεων (ed. LANGKAVEL) und die unter Hierophilos laufenden oder anonymen, nach Monaten gegliederten Diätfibeln (ed. IDELER und DELATTE). Speziell die letztgenannten Texte geben sich praxisorientiert, fußen aber doch auf hippokrat. Gedankengut, hier der Lehre von den vier Körpersäften und der wechselnden Zuträglichkeit von Lebensmitteln mit ihren Qualitäten (heiß, kalt, feucht, trocken) für deren Gleichgewicht bzw. das körperl. Wohlbefinden daraus. Ungeachtet der realen med. Anwendung solcher Ratschläge, erscheint der Grad einer Breitenwirkung beim gegenwärtigen Forschungsstand schwer bestimmbar. E. Kislinger

Lit.: [allg.]: PH. KUKULES, Αἱ τροφαὶ καὶ τὰ ποτά (DERS., Βυζαντινῶν βίος καὶ πολιτισμός V, 1952), 9–135 [z. T. veraltete, doch grundlegende, umfassende Darstellung] – ferner: E. JEANSELME, Le régime alimentaire des anachorètes et des moines byz. (Comptes rendus IIe Congr. Internat. Hist. de la Médecine, 1922), 106–133 – E. JEANSELME–L. OECONOMOS, Aliments et recettes culinaires des Byzantins (Proceedings 3rd Internat. Congr. Hist. of Medicine, 1923), 155–168 – I. KALLERIS, Τροφαὶ καὶ ποτὰ εἰς πρωτοβυζαντινοὺς παπύρους, EEBS 23, 1953, 689–715 – E. PATLAGEAN, Pauvreté économique et pauvreté sociale à Byzance. IVe–VIIe s., 1977, 36–53 – TH. WEBER, Essen und Trinken in Konstantinopel des 10. Jh., nach den Berichten Liutprands v. Cremona (J. KODER–TH. WEBER, Liutprand v. Cremona in Konstantinopel [Byz. Vindobonensia XIII], 1980), 71–99 – J. ANDRÉ, L'alimentation et la cuisine à Rome, 1981² [zur Antike] – P. SCHREINER, Die Produkte der byz. Landwirtschaft nach den Q. des 13.–15. Jh., Bulgarian Hist. Review 10, 1982, 88–95 – R. VOLK, Gesundheitswesen und Wohltätigkeit im Spiegel der byz. Klostertypika (Misc. Byz. Monac. 28, 1983) – A. KARPOZELOS, Realia in Byz. Epistolography X–XII C., BZ 77, 1984, 20–37 – T. KOLIAS, Eßgewohnheiten und Verpflegung im byz. Heer (Fschr. H. HUNGER, 1984), 193–202 – [zu Einzelfragen]: J. L. TEALL, The Grain Supply of the Byz. Empire, DOP 13, 1959, 37–139 – H. EIDENEIER, Sog. christl. Tabuwörter im Griech. (Misc. Byz. Monac. 5, 1966) – J. KODER, Das Fastengedicht des Patriarchen Nikolaos III. Grammatikos, JÖB 19, 1970, 203–241 – D. J. GEORGAKAS, Ichtyological Terms for the Sturgeon and Etymology of the International Terms 'Botargo, Caviar and Congeners' (Prakt. Akad. Athenon 43, 1978) – E. KISLINGER, φούσκα und γλήχων, JÖB 34, 1984, 49–53 – M. DEMBIŃSKA, Diet: A Comparison..., Byzantion 55, 1985 [s. die Lit. zu Abschn. A] – [zur Diätetik]: E. JEANSELME, Les calendriers de régime à l'usage des Byzantins et la tradition hippocratique (Mél. M. G. SCHLUMBERGER, 1924), 219–233 – G. SCHMALZBAUER, Med.-Diätet. über die Podagra aus spätbyz. Zeit, JÖB 23, 1974, 229–243 – H. HUNGER, Profane Lit. II, 307–310 – A. GARZYA, Diaetetica minima, Diptycha 2, 1980/81, 42–52 – A. M. IERACI BIO, Testi medici di uso strumentale, JÖB 32/3, 1982, 33–43.

C. Osmanisches Reich (zu den Voraussetzungen und Grundbedingen der E. in der arab.-islam. Welt →Nahrung, -smittel)

Bis jetzt besteht unsere Hauptquelle aus den Abrechnungen von großen, aus Sultansstiftungen gespeisten Hospizen. Diese Stiftungen waren hauptsächlich dazu bestimmt, Mitglieder der staatl. Verwaltung während kurzer Aufenthalte in Istanbul sowie auf Reisen mit Nahrung zu versorgen. Speisung von Armen war erst in zweiter Linie eine Funktion dieser Institutionen. Infolgedessen reflektieren diese Dokumente, welche hauptsächlich dem 16. Jh. entstammen, den Lebensmittelverbrauch wohlhabender Leute.

Aus den Abrechnungen der Süleymaniye-Stiftung zu Ende des 16. Jh. läßt sich folgendes entnehmen: Grundnahrungsmittel war der Weizen, welcher sowohl in Form von Brot als auch als Graupen in der täglich verabreichten Suppe konsumiert wurde. Am Freitag, dem Tag des muslim. Gemeindegebets, wurde ein Reisgericht verabreicht, ebenso an Festtagen und zu den Nachtmahlzeiten während des Fastenmonats Ramaḍān; das am häufigsten gebrauchte Fett war geschmolzene Butter; Olivenöl wurde in geringen Mengen erzeugt und mehr zur Beleuchtung verwendet.

Süßspeisen (meist aus Honig, Rosinen, Trockenfrüchten, Mandeln, Reis, Butter) wurden an Freitagen und Festtagen gereicht. Während für den Sultanspalast größere Mengen an Honig von der anatol. Schwarzmeerküste herbeigeschaft wurden, benutzte die Bevölkerung zum Süßen vorwiegend Rosinen und Traubensirup. Deshalb trifft die Behauptung nicht zu, daß in allen muslim. Ländern der Weinbau verkümmert sei; zur Produktion von Süßstoffen behielten die Weinberge Anatoliens und Rumeliens in der Osmanenzeit durchaus ihre wirtschaftl. Bedeutung. Rohrzucker, meist aus Zypern, war ein seltener Luxus.

Als Fleisch wurde durchweg Hammelfleisch verwendet; im Budget der Süleymaniye-Stiftung von 1585–86 stellen die Ausgaben für Fleisch den bei weitem wichtigsten Posten dar. In Istanbul wurde der Fleischpreis durch Intervention der Sultansverwaltung niedriggehalten, was zumindest während der 2. Hälfte des 16. Jh. zu Versorgungsschwierigkeiten führte. Als Begründung für diese Maßnahme wurde angeführt, daß Personen hohen gesellschaftl. Ranges einen Anspruch auf Fleischkonsum besäßen. In den Abrechnungen selbst wohlhabender antol. er Stiftungen fällt der geringe Fleischkonsum ins Auge. Über den Verzehr von Fisch finden sich kaum Angaben.

Ebensowenig enthalten die Stiftungsabrechnungen Hinweise auf den Konsum von Milch (Joghurt ist zuweilen registriert), von Frischgemüse und -obst; diese Lücke geht darauf zurück, daß man im allgemeinen nur eintrug, was in den Vorratsspeicher gebracht und aus ihm herausgenommen wurde. Anderseits zeigen die Menüs, die ein anonymer Autor der 2. Hälfte des 17. Jh. in seinem (bislang unveröff.) Tagebuch zusammengestellt hat (Bibl. des Topkapı Sarayı, Hazine 1426) reichlichen Konsum von Obst und Gemüse; z. B. Huhn, mit Kürbis gefüllte Blätterteigpastete, Essiggemüse, Suppe, Baklava (ein süßes Gebäck), Trauben (Bd. 1, Bl. 476).

Einen Sonderfall bilden die Abrechnungen der Palastküche. Ein Dokument aus dem Jahre 895 (= 1489–90) enthält neben Spezialabrechnungen über Reis, Schafe, Mehl und Bienenwachs eine Liste von 100 in der Palastküche verbrauchten Lebensmittelsorten. An Früchten finden sich Kirschen, Birnen, Granatäpfel, Zitronen, Bitterorangen und Kastanien, unter den Gemüsen Karotten, Spinat, Petersilie, Gurken, Auberginen, grüne Bohnen und Minze. Unter den Gewürzen sind Ingwer, Zimt und Pfeffer als Exotika genannt, während einheim. Würzpflanzen (Sumak, Minze) ebenfalls im Gebrauch waren.

Bes. Verbrauchsgewohnheiten finden sich in Derwischkonventen, wo einzelnen Speisen eine symbol. Bedeutung beigelegt werden konnte. So galt bei den Kâdirîs in Istanbul Suppe als Symbol des Wassers, Fleisch und Gemüse wiesen auf die Erde hin, Reis und Mehlspeisen auf das Feuer. Eine Süßspeise aus Gelatine konnte in diesem Zusammenhang als ein Hinweis auf die Liebe Gottes verstanden werden, so daß für die Derwische der Dienst in der Küche (bes. bei Mevlevis und Bektaschis) sowie das gemeinsame Mahl als Teil des Gottesdienstes galten.

S. Faroqhi

Lit.: Ö. L. Barkan, Imaret Sitelerinin Kuruluş ve İşleyiş Tarzına ait Araştımalar, I.Ü. Iktisat Fakültesi Mecmuası 23,1–2, 1962–63, 237–296 – Ders., Süleymaniye Camii ve Imareti Tesislerine Ait Yıllık bir Muhasebe Bilançosu 993/994 (1585–86), VD 9, 1971, 109–162 – Ders., Istanbul Saraylarına Ait Muhasebe Defterleri, Belgeler IX, 13, 1979 – G. Martin Smith–N. Işli, Food Customs at the Kaadirihane Dergah in Istanbul, Journal of Turkish Stud. 7, 1983–84, 403–406 – S. Faroqhi, Towns and Townsmen of Ottoman Anatolia, 1984.

Ernoul, Chronik des, afrz. Chronik (s. a. →Chronik C. I) des Kgr.es v. →Jerusalem, verfaßt von Ernoul, einem Ritter des Balian v. →Ibelin († ca. 1193), eines der führenden lat. Barone in Syrien. Das Werk ist nicht in der Originalfassung überliefert, so daß sein genauer Umfang und zeitl. Rahmen unbekannt bleiben, doch hat sich eine Gruppe von Texten aus dieser Chronik erhalten. Drei verschiedene Redaktionen sind in verstümmelter Form auf uns gekommen, als Teil der Fortsetzung der afrz. Übersetzung des Werkes von →Wilhelm v. Tyrus, d. h. der sog. »Estoire de Eracles«, welche die von Wilhelm mit dem Jahr 1184 abgebrochene Erzählung wiederaufnimmt. Eine dieser drei Redaktionen (ed. M. R. Morgan) bewahrt den Text, der E.s Original am nächsten kommt. Die Chronik des E. ist auch unabhängig davon in verschiedenen Fassungen, die zu einem jeweils unterschiedl. Zeitpunkt – 1227, 1229 und 1231 – enden, überliefert; diese stark von E.s Original abweichenden Versionen wurden von L. de Mas Latrie ediert.

Das Verhältnis der verschiedenen Versionen zueinander ist komplex und der Quellenwert sehr ungleich, da in die Texte während der 1. Hälfte des 13. Jh. offensichtl. zahlreiche Modifikationen und Interpolationen eingeschoben wurden. E.s originale Fassung berichtet vermutl. über die Hintergründe der Schlacht v. →Ḥaṭṭīn (1187), den 3. →Kreuzzug sowie über Ereignisse im Osten bis 1197. Der Tenor der Chronik war von vehementer Parteinahme für Balian v. Ibelin und seinen Kreis und gegen deren Widersacher, Kg. →Guido v. Lusignan nebst Anhängern, gekennzeichnet. Der Autor behauptet, Guido habe geringere moral. Qualitäten besessen als →Saladin; E.s Chronik ist damit ein frühes Beispiel für die einflußreiche lit. Tradition im Westen, die in Saladin einen Mann von Ehre und Edelmut sah.

P. W. Edbury

Ed.: La Chronique d'E. et de Bernard le Trésorier, ed. L. de Mas Latrie, 1871 – L'Estoire de Eracles, RHCOcc II, 1859 – La continuation de Guillaume de Tyr (1184–1197), ed. M. R. Morgan, 1982 – Lit.: J. Folda, Mss. of the Hist. of Outremer by William of Tyre: a Handlist, Scriptorium 37, 1973 – M. R. Morgan, The Chronicle of E. and the Continuations of William of Tyre, 1973.

Ernst

1. E., sagenhafter Hzg., →Herzog Ernst; s. a. →Ernst II., Hzg. v. Schwaben (8. E.).

2. E., oberster *Gf. im regnum* →*Bayern,* dux im bayer. Grenzgebiet gegen Böhmen, Amtstätigkeit seit 829, † 11. Nov. 865. E. entstammte offensichtl. einer vornehmen mainfrk.-altbayer. Familie. »Der erste unter den Freunden des Kg.s« (= Ludwig d. Dt.) war wohl schon seit etwa 829 Grenzgraf des →Nordgaus. Seine Bedeutung als führender Gf. Bayerns wird seit den 30er Jahren des 9. Jh. in seiner vorrangigen Plazierung in den Zeugenreihen sichtbar. 849 führte E., »dux partium illarum« (d. h. offensichtlich des Nordgaus), einen ostfrk.-bayer. Heerbann gegen die →Böhmen; 855 wird er als »ductor« des gegen die Böhmen marschierenden bayer. Heeres genannt. 857 hat bereits sein gleichnamiger Sohn eine führende Stellung im Kampf gegen die Böhmen.

Bis 856 war E. nach dem Kg. offenbar die bedeutendste polit. Persönlichkeit im →Ostfrk. Reich. Dem entspricht auch, daß Kg. Ludwigs Sohn →Karlmann eine Tochter E.s zur Frau nahm, wohl kurz nachdem Karlmann die Verwaltung des Ostlandes übertragen worden war. Seither war E. vielleicht der einflußreichste Ratgeber des Prinzen Karlmann. Er war offensichtl. mit seinem ganzen Anhang in das Komplott Karlmanns gegen Ludwig d. Dt. verwickelt. Auf dem kgl. Hoftag zu →Regensburg fand 861 der Prozeß gegen E. statt, der weite Kreise zog. Am 6. April 861 wurden E., »da er sich der Untreue schuldig gemacht habe«, die Lehen entzogen. Während E.s mitverurteilte Neffen, die »Konradiner« Uto, Berengar und Waldo, in das Teilreich →Karls d. K. emigrierten, blieb E. auf seinen Eigengütern in Bayern, wo er 863 als venerabilis vir E. begegnet. Nach dem Nekrolog von St. Emmeram zu →Regensburg wurde er, offenbar immer noch hochangesehen, in diesem Kl. begraben. W. Störmer

Lit.: S. v. RIEZLER, Gesch. Baierns I/1, 1927² – M. MITTERAUER, Karol. Markgrafen im SO. Frk. Reichsaristokratie in österr. Raum, 1963 – K. BRUNNER, Oppositionelle Gruppen im Karolingerreich, 1979.

3. E., *Hzg. v. Bayern-München* (→Bayern C.III, →Wittelsbacher), * 1373, † 2. Juli 1438 in München, ⌐ ebd., Dom. ∞ →Elisabeth Visconti, 24. Febr. 1396. Zu Beginn der gemeinschaftl. Regierung mit seinem Bruder →Wilhelm III. mußte sich E. behaupten gegenüber dem Führungsanspruch der →Ingolstädter Hzg.e →Stephan III. und →Ludwig VII., die im Aufstand der Münchner Zünfte (1396) deren Partei ergriffen. Der sechsjährige Konflikt endete mit der Aufgabe der kurzen Wiedervereinigung Oberbayerns und der Kapitulation der Münchner Zünfte vor E. und Wilhelm III. Deren letzte gemeinsame Aktion mit Stephan III. war 1410 der Versuch der Rückgewinnung →Tirols durch Unterstützung der dortigen Adelsopposition. E. und Wilhelm III. traten auf Betreiben Hzg. Heinrichs XVI. v. Bayern-Landshut dessen Bündnissen gegen Ludwig VII. bei: 1414 der Kelheimer Sittichgesellschaft (→Rittergesellschaften) und 1415 der Konstanzer Liga. Den Bayer. Krieg v. 1420 entschied E.s Sieg über Ludwig VII. bei Alling 1422. Im Preßburger Schied 1429 erhielten die Hzg.e das schon vorher besetzte Straubinger Erbe zugesprochen. Der von E. im Auftrag Kg. Siegmunds 1430 zur Krönung des litauischen Hzg.s Witold begonnene Feldzug wurde durch →Polen vereitelt. 1435 ließ er Agnes →Bernauer, die unebenbürtige Gemahlin seines Sohnes und Nachfolgers →Albrecht III., ertränken. G. Schwertl

Lit.: NDB IV, 607f. – S. v. RIEZLER, Gesch. Baierns III [Neudr. 1964], 181–329 – SPINDLER II, 219, 231–241, 248–263 – K. FRH. V. ANDRIAN-WERBURG, Urkk.wesen, Kanzlei, Rat und Regierungssystem der Hzg.e Johann II., Ernst und Wilhelm III. v. Bayern-München (1392–1438), Münchener Hist. Studien, Abt. Gesch. Hilfswiss., 1971.

4. E., *Mgf. v. →Österreich*, aus dem Hause der →Babenberger, * 1025/28, † 9. Juni 1075, ⌐ Kl. Melk. Sohn Mgf. Adalberts († 1055) und der →Immedingerin Glismod (oder der Mathilde v. →Cham-Vohburg). ∞ 1. Swanhild(?), 2. Adelheid v. Meißen († 26. Jan. 1071). Sohn: Mgf. Leopold II. Das Wirken Mgf. E.s wurde durch die Auseinandersetzungen des Reiches mit →Ungarn bestimmt. An den militär. Unternehmungen war er in hervorragendem Maße beteiligt (Lampert, Annales a. 1075). Zu seinen Verdiensten zählt die Wiederherstellung der Reichsgrenze an March und Leitha; Erwerbungen transleithan. Gebietes erwiesen sich hingegen als wenig dauerhaft. Im Innern erreichte E. die Angliederung der von Ks. →Heinrich III. gegen Böhmen und Ungarn eingerichteten Marken an sein Herrschaftsgebiet (vor 1063, MGH DD H. IV., 114), wodurch er die Stellung der Babenberger in der Mark gegenüber konkurrierenden Geschlechtern (→Formbacher, Plain-→Hardegger u. a.) stärkte. Mgf. E. gehörte zu den treuesten Anhängern Heinrichs IV., für den seine verwandtschaftl. Bindungen zum thür.-sächs. Adel politisch von Bedeutung waren. Auf seiten des Kg.s fiel E. bei →Homburg an der Unstrut. G. Scheibelreiter

Lit.: J. JUNGWIRTH, Die Babenbergerskelette im Stift Melk und ihre Identifizierung, Ann. des Naturhist. Museums in Wien 75, 1971, 661ff. – Das babenberg. Österreich, hg. E. ZÖLLNER, 1978, 28ff. [H. DIENST] – s. Lit. zu →Babenberger.

5. E. der Eiserne, *Hzg. v.* →Österreich, aus dem Hause →Habsburg, * 1377, † 10. Juni 1424 in Bruck a. d. Mur, ⌐ Stift Rein (Steiermark). Der 3. Sohn Hzg. Leopolds III. stand lange im Schatten seiner älteren Brüder Wilhelm († 1406) und Leopold IV. († 1411) und bemühte sich meist vergeblich um einen Anteil an der Herrschaft in den österr. Ländern. Erst 1411 erhielt er die Regierung in Innerösterreich (Steiermark, Kärnten, Krain). Nach der Ächtung seines jüngeren Bruders →Friedrichs IV. v. →Tirol durch Kg. →Siegmund übernahm E. dessen Länder, konnte sie aber wegen des Widerstandes der Tiroler Stände nicht definitiv an sich bringen. In seinen Territorien festigte er die landesherrl. Gewalt, kam aber mit den Ständen gut aus, förderte die Städte und den Eisen- und Salzbergbau. 1414 ließ E. die traditionelle Huldigungszeremonie in →Kärnten letztmalig vollziehen; er nannte sich seitdem unwidersprochen Erzhzg. Im selben Jahr unternahm er eine Pilgerfahrt nach Jerusalem. Von seinen Nachkommen aus 2. Ehe mit Zimburgis v. Masovien (∞ 1412) wurde der spätere Kg. →Friedrich III. der bedeutendste. W. Maleczek

Lit.: NDB IV, 616 – M. SCHELLMANN, Zur Gesch. Hzg. E. d. Eisernen [Diss. Wien 1966].

6. E., *Kfs. v.* →Sachsen, aus dem Hause →Wettin, * 24. März 1441 in Meißen, † 26. August 1486 in Colditz, ⌐ Meißen, Dom. Der Sohn des sächs. Kfs.en →Friedrichs II. wurde mit vierzehn Jahren ein Opfer des sächs. →Prinzenraubes. 1460 ∞ Elisabeth v. Bayern. Nach dem Tode des Vaters (1464) regierte er gemeinsam mit seinem Bruder →Albrecht das ungeteilte Land in brüderl. Einmütigkeit. Zu →Böhmen bewahrte er ein gutes Verhältnis, ebenso zu Ks. →Friedrich III., seinem Schwager. 1466 erwarb er das Vogtland, 1472 das Fsm. →Sagan, 1477 die Anwartschaft auf die Herrschaften Sorau, Beeskow und Storkow. 1476 brachte er seinen elfjährigen Sohn Ernst auf den →Magdeburger Erzstuhl, der aber nach dessen Tode 1513 an die →Hohenzollern fiel. Nach einer Romfahrt 1480 wurde sein dritter Sohn Albrecht Ebf. v. Mainz (→Albert III.).

Der gewissenhafte, fleißige und maßvolle Landesherr ging weitgehend in der Verwaltung seines Territorialstaates auf, auch konnte er nennenswerte Erfolge bei dessen Vergrößerung erzielen. Um so verhängnisvoller war sein Entschluß, das durch den Anfall →Thüringens 1482 vergrößerte Kfsm. 1485 mit seinem Bruder Albrecht zu teilen (Leipziger Teilung), wodurch die erstrangige wettin. Stellung für immer geschwächt und der Aufbau eines starken mitteldt. Territorialstaates unmöglich gemacht wurde. Somit wurde E. zum Stammvater der Ernestiner.

K. Blaschke

Lit.: ADB VI, 301 – NDB IV, 620 – R. KÖTZSCHKE, Sächs. Gesch. 1, 1935.

7. E. I., *Hzg. v. Schwaben,* aus dem Hause der →Babenberger, * vor 984, † 31. März 1015, ⌐ Würzburg. Der Sohn des Mgf.en Liutpold kämpfte 1002 im Dienste Heinrichs II. in Italien gegen →Arduin v. Ivrea, stellte sich aber im Mai 1003 auf die Seite seines aufständ. Vetters, des Mgf.en Heinrich »v. Schweinfurt«. Durch die Heirat mit →Gisela, der Tochter Hzg. →Hermanns II., erlangte er 1012 die schwäb. Herzogswürde. Damit begann eine 26 Jahre dauernde Bindung des Hzm.s an die Babenberger. E.s früher Tod bei einem Jagdunfall ließ freilich bereits nach drei Jahren die Herzogsherrschaft auf seinen noch minderjährigen Sohn Ernst (II.) übergehen.

H. Maurer

Lit.: NDB IV, 623f. – H. MAURER, Der Hzg. v. Schwaben, 1978.

8. E. II., *Hzg. v. Schwaben,* aus dem Hause der →Babenberger, * um 1007, † 17. Aug. 1030, ⌐ Konstanz, Mauritiusstift (bei der Bischofskirche), unverheiratet. Der bei der formellen Übernahme der Herzogsherrschaft noch minderjährige E. II. stand zunächst unter der Vormundschaft seiner Mutter Gisela und danach unter derjenigen seines Onkels, Ebf. →Poppo v. Trier. Mit dem Regierungsantritt →Konrads II., des 3. Gemahls seiner Mutter →Gisela, i. J. 1024 scheint für den zum Stiefsohn des Kg.s gewordenen E. eine Gefährdung seiner Herrschaftsausübung in Schwaben möglich geworden zu sein. Seine vom Sommer 1025 bis zum Lebensende dauernde, freilich immer wieder durch Begnadigungen unterbrochene Rolle als Opponent des Kg.s mag ebenso wie seine 1026 und 1027 im Elsaß und in Burgund unternommenen militär. Aktionen in dieser Furcht vor einer Neuordnung in Schwaben begründet gewesen sein.

E.s Herrschaft als Hzg. stützte sich auf das Reichsgut – mit der Pfalz auf dem Lindenhof zu →Zürich als Zentrum – und auf die Reichskirche in Schwaben. Vor allem aber versuchte er, die Vasallen des Kg.s in Schwaben zu »mediatisieren«. Aber gerade auf d. 1027 parallel zu Konrads II. Ulmer Gerichtstag abgehaltenen Herzogslandtag zeigte es sich, daß die milites des Hzg.s ihm ihre Hilfe im Kampf gegen den Herrscher verweigerten. Das kam einer grundsätzl. Krise der Herzogsherrschaft in Schwaben gleich. Nach erneuter Absetzung und Ächtung – das Herzogsamt wurde Bf. Warmann v. →Konstanz übertragen – blieb E. die Treue des Gf.en →Werner (»v. Kyburg«) erhalten, mit dem zusammen er auf der Baar im Kampf gegen die Leute des Bf.s fiel. – E.s oppositionelles Wirken ist – freilich nur in Andeutungen – in die bereits weitgehend ausgebildete Sage von einem →Herzog Ernst v. Bayern eingegangen, die sowohl dt. und lat. in Vers und Prosa immer wieder anonym bearbeitet worden ist.

H. Maurer

Lit.: NDB IV, 624 – H. MAURER, Der Hzg. v. Schwaben, 1978 – H. C. FAUSSNER, Kuno v. Öhningen und seine Sippe, DA 37, 1981, 81 – F.-R. ERKENS, Fsl. Opposition in otton.-sal. Zeit, AK 64, 1982, 354ff. – [zur Herzog Ernst-Sage]: Verf.-Lex.² III, 1170ff. – W. STÖRMER, »Spielmannsdichtung« und Gesch., ZBLG 43, 1980, 556ff.

9. E. (Arnošt) **v. Pardubitz**, *Bf. und 1. Ebf. v. →Prag,* † 30. Juni 1364, ⌐ Glatz. Der einer ostböhm. Niederadelsfamilie entstammende E. verbrachte 14 Jahre in Bologna und Padua zum Studium des Kirchenrechts. Als Dekan des Prager Domkapitels (seit 1338) wurde er, schon Anhänger Karls v. Mähren (→Karl IV.), mit Unterstützung Clemens' VI. 1343 als Bf., 1344 mit der Erhebung Prags zum Metropolitansitz als Ebf. eingesetzt. Enge Beziehungen zur Kurie und bes. zu Karl IV. charakterisieren seine Regierungszeit. Sein Anteil an Karls Politik war beachtlich, ist im einzelnen aber nur abzuschätzen: etwa bei der Erhebung Prags zum Ebm. und der Gründung der Universität, deren 1. Kanzler E. wurde. Der vornehmste diplomat. und theol. Berater Karls leistete Bedeutendes als Organisator und Reformer seiner Kirche auf der Grundlage des kanon. Rechts (Statuten der 1. Provinzialsynode 1349). Er bekämpfte das adlige Patronatsrecht, setzte die bfl. Gerichtsbarkeit über den Klerus durch, errichtete das Konsistorium als Gerichtsinstanz, berief den ersten ständigen Inquisitor. Die Schriftlichkeit führte er in der Verwaltung in vollem Umfang durch. Trotz ernsthafter Reformbemühungen wurde er der verbreiteten Mißstände in der böhm. Kirche nicht Herr. Der Bücherfreund E. gilt als ein Vertreter des Frühhumanismus im Kreise Karls.

P. Hilsch

Lit.: V. CHALOUPECKÝ, Arnošt z Pardubic, první arcibiskup pražský, 1946² – J. K. VYSKOČIL, Arnošt z Pardubic a jeho doba, 1947 – Lebensbilder zur Gesch. der böhm. Länder, hg. F. SEIBT, 3, 1978, 25–42.

10. E., OSB, *Abt v. Zwiefalten* → Zwiefalten

Erntegeräte

I. Archäologie – II. Agrargeschichte.

I. ARCHÄOLOGIE: Mit der Entwicklung und Ausbreitung des Ackerbaus oder besser Feldfruchtanbaus (→Getreide) und der Viehwirtschaft (→Viehhaltung, -zucht) seit dem Neolithikum erscheint im archäolog. Fundgut eine Gerätegruppe, die – in unterschiedl. Formen und Materialien (Feuerstein, Kupfer, Bronze, Eisen, hölzerne Stiele oder Schäftungen sind selten) erhalten – die Bedeutung der Ernte dokumentiert. Schriftl. und bildl. Quellen geben weitere Hinweise zum Gerätebestand und zu Erntemethoden (z. B. Sicheldarstellungen aus dem alten Ägypten und auf frühma. Monatsbildern).

Im archäolog. Fundgut des FrühMA sind v. a. eiserne Sicheln, Sensen und Messer (u. a. Laub-, Reb-, Haumesser) nachgewiesen. Die Sicheln und Sensen stammen aus Gräbern, Horten, ländl. und frühstädt. Siedlungen, aus Befestigungen oder sind als Einzelfunde überliefert. Anhand dieser Funde sind Aussagen zum Stand der →Metallverarbeitung (→Schmied), zu Veränderungen innerhalb der Ackerbau- und der Viehwirtschaft und zur religiösen Vorstellungswelt ihrer Benutzer oder Hersteller möglich. Allgemein läßt sich nachweisen, daß die Geräte zum Einbringen von Getreide, Stroh, Heu usw. verwendet wurden (Gebrauchsspuren). Die in Gräbern und Horten niedergelegten Exemplare können darüber hinaus als Dokument des Besitzes (z. B. wikingerzeitl. »Schmiedegräber«) und als Gabe an eine höhere Macht (Erntegottheit) interpretiert werden (z. B. Miniaturdarstellungen, Votivgaben, Gallehushörner). Während des europ. FrühMA ist die *Sichel* (Haken- und Bogensichel) das wichtigste Erntegerät (überliefert aus Männer- und Frauengräbern und aus Horten: z. B. Feddersen Wierde, Hiaure bei Dokkum, Albersdorf). Die *Sense,* im kelt. Bereich als kurzstieliges Gerät aus der Hakensichel entwickelt (»Hausense«), wird im mittel- und nordeurop. Raum zunächst wohl als Hilfsmittel der Heuernte verwendet (frühe Hortfunde z. B. aus Flögeln: kompletter Satz des 2. Jh. n. Chr. mit Kurzstielsense, Sensenring, Keil zur Befestigung am Baum, Dengelamboß röm. Form, Dengelhammer und Tüllenhaken, evtl. Mahdhaken; Brinkum 4./5. Jh. n. Chr.; Guhrow 6.–9. Jh. n. Chr.). Über Zwischenformen, die sich wiederum aus der Kurzstielsense ableiten lassen (*Hausichte*), wird erst im fortgeschrittenen MA die Sense mit ziehendem Schnitt als Getreideerntegerät allgemein verbreitet, die dann bes. in bildlicher Überlieferung faßbar ist. Die Sichel bleibt aber bis in die NZ als handliches Gerät des tägl. Umgangs insbes. für die ärmere Bevölkerung ein wichtiges und erschwingliches Werkzeug. – Die im archäolog. Fundgut nachgewiesenen *Laub-/Rebmesser* sind mit der Viehfuttergewinnung und der Weinernte zu verbinden u. dementsprechend verbreitet. H. v. Schmettow

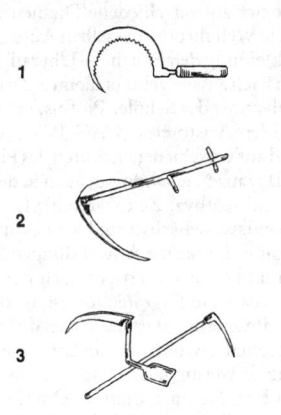

Fig. 11: Beispiele für Erntegeräte: 1 = Sichel mit gezähnter Schneide (12. Jh.), 2 = Sense mit Sensenbügel und zwei Griffen am Sensenbaum (13. Jh.), 3 = Hausichte mit Mahdhaken (15. Jh.).

II. AGRARGESCHICHTE: Bei den schneidenden E.n besteht im MA eine Fülle der Konstruktions- und Funktionsvielfalt, wie sie durch Funde erhalten und v. a. durch zahlreiche Abbildungen und Beschreibungen dokumentiert sind.

[1] *Sicheln:* Am umfangreichsten waren im FrühMA Sicheln zur Getreide- und Grasmahd vertreten. Bei dem aus Eisen gehämmerten Blatt mit einem Holzstiel ist zw. der Hand angepaßten kurzen Schlag- und Ziehsicheln zu unterscheiden, die vielfach eine fein gezähnte Schneide besaßen. Zur Erhaltung ihrer Funktion, d. h. ihrer scharfen Schnittfähigkeit, wurden die Sichelschneiden gedengelt und während der Arbeit auf dem Felde mit einem Wetzstein geschärft.

Das Arbeitsverfahren bestand darin, daß zunächst Halme unterhalb der Ähren mit der linken Hand zusammengepreßt und dann mit der Sichel unterhalb der linken Hand abgeschnitten wurden. Dieses Ernteverfahren hatte den Zweck, gereifte Felder so schnell wie möglich abzuernten und die Ähren mit den Getreidekörnern in die Scheuer zu bringen, um bei den damals geringen Erträgen diese bes. vor Vogelfraß zu sichern (u. a. Zeichnung in der Gr. Heidelberger [Maness.] Liederhs. um 1300–49). Das nicht abgeerntete Stroh wurde entsprechend der Dichte des Bestandes später in einem zweiten Arbeitsgang oberhalb des Ackerbodens ebenfalls mit Sicheln gemäht oder aber vom Vieh – bes. von Ochsen oder Schafen – abgeweidet.

Wie bereits angeführt, hatten Sicheln der gleichen Konstruktion eine vielfältige Funktion. Außer der Nutzung als schneidendes E. für Kulturpflanzen dienten sie auch u. a., bes. im ausgehenden MA, der Werbung (= Mahd) von Heidekraut, das nicht nur als Streu, sondern im Winter auch als Futter für Schafe diente. Zum Decken der →Dächer mit Stroh wurde dieses dicht über dem Boden abgeschnitten. Im Spreewald wurden Sicheln auch zur Schilfgewinnung genutzt, das als Rinderfutter verwendet wurde.

Eine weitere und weit verbreitete Funktion bestand in der Verwendung von Sicheln in der Werbung von Laubzweigen. Hierzu wurden im Aug. von Sträuchern oder Bäumen dünne Äste abgeschlagen, am Boden getrocknet, um dann entweder in der Scheuer oder in Mieten gelagert zu werden. Hierbei sind zwei Arten der »Laubheu«gewinnung zu unterscheiden. Einmal wurden die unteren Zweige von größeren Laubbäumen geworben; während beispielsweise im Burggrafenamt Tirol, in 1600 m Höhe, von Laubbäumen die Äste vollständig abgeschlagen wurden. (Diese Laubgewinnung hat sich dort z. T. bis in die Gegenwart erhalten.) Neben den allgemein üblichen geschwungenen Sicheln gab es bereits in der Bronzezeit aus Bronze gegossene Sicheln, wobei das Sichelblatt oberhalb der Schäftung zunächst ziemlich gerade verlief, während die Spitze nach vorn gewinkelt war. Dieselbe bronzezeitl. Konstruktion hatte sich auch bis zum Ende des MA erhalten, lediglich das Material bestand nunmehr aus Eisen.

Im Weinbau sind konstruktiv den Laubsicheln ähnliche, jedoch stark verkleinerte, leichtere, geschwungene, aber sehr scharfe Sichelblätter üblich.

[2] *Hausichten:* Diese bilden eine Weiterentwicklung der Sicheln, sowohl in der Erleichterung der Arbeit, als auch in der Steigerung der Arbeitsproduktivität bei der Getreideernte. Für den Gebrauch der Hausichte ist jedoch eine bestimmte Einarbeitung erforderlich. Das Arbeitsverfahren besteht darin, daß mit einem Stock ein größeres Büschel von Getreidehalmen zur Stoppelseite gedrückt wird und dann mit der Sichte, von oben nach unten schwingend, abgemäht wird. Die Ablage des Getreides erfolgt in Schwaden. Während noch im 15. Jh. Sichten ähnliche hölzerne Handgriffe wie Sicheln besaßen (vgl. Abb. »Schnitter und Schäfer«, Les très riches heures du Duc de Berry, Schloß Poitiers), entwickelten sich im Gebiet der Nordseemarschen Schäftungen der Sichelblätter, die bis zu den Ellbogen reichten.

[3] *Sensen:* Während der Hallstattzeit (800–450 v. Chr.) wurde aus dem Sichelblatt das Sensenblatt entwickelt, wobei dieses an Stielen befestigt war. Ursprgl. dienten Sensen ausschließlich der Grasmahd. Von konstruktiver Bedeutung sind einmal die Konstruktionsformen der Sensen, nämlich langstielig mit einer Achselstütze (13. Jh.) bzw. kurzstielig mit einer Bruststütze (1498), wobei bei beiden Sensen die Stahlblätter mit einer Tüllenschäftung am Stielende befestigt waren. Später kamen daneben dann gerade oder leicht geschwungene Stiele auf, die sich gegenüber den vorher beschriebenen beiden Sensenarten durchsetzten.

Bei den Sensen gibt es ebenso wie bei den Sicheln geographisch und in sozial unterschiedlich entwickelten Betrieben die mannigfaltigsten Konstruktionen. Grundsätzlich ist jedoch zu unterscheiden zw. einer Sense, die für die Grasmahd benutzt wird und die keinen Bügel trägt, und Sensen zur Getreidemahd, die am unteren Ende des Sensenstieles Bügel verschiedenster Konstruktionen zur besseren Ablage des Getreides in Schwaden besitzen. Wie bereits bei den Sicheln erwähnt, müssen auch die Sensen gedengelt und während der Mahd auf den Feldern mit Wetzsteinen nachgeschärft werden. Um Verletzungen beim Transport des scharfen Sensenblattes zu vermeiden, wurden teilweise – wie es in einigen Regionen üblich war, u. a. in Walldorf/Württ. – kunstvoll geschnitzte hölzerne Sensenscheiden angefertigt. Erst verhältnismäßig spät – seit dem 15. Jh. – begann sich die Sense gegenüber der Sichel auch im Getreidebau durchzusetzen. Vielfach waren in den Betrieben sowohl Sensen als auch Sicheln im Einsatz. – Bedeutung als überregionales Exportgewerbe besaß seit dem 15. Jh. insbes. die Sensen- und Sichelproduktion in der →Steiermark und benachbarten Gebieten, deren serienmäßig im →Verlagssystem hergestellte Erzeugnisse in den gesamten ost- und südosteurop. Raum exportiert wurden (→Eisen, Abschnitt II).

K.-R. Schultz-Klinken

Lit.: Eine Gesamtübersicht fehlt. – KL. PAULY II, 360f.; V, 162f. – RE VI, 472–482; II A 2, 2190–2193 – FILIP, Urgeschichte, s.v. Kelten, Sichel – A. STEENSBERG, Ancient Harvesting Implements, 1943 – J. PETERSEN, Vikingetidens redskaper, 1951 – A. LÜHNING, Die schneidenden E. [Diss. Göttingen 1951] – H. JANKUHN, Die Frühgesch., 1957 – G. BEHM-BLANCKE, Bandkeram. E., Alt-Thüringen 6, 1962, 104ff. – K. WHITE, Agricultural Implements of the Roman World, 1967 – HERRMANN, Slawen, passim – G. JACOBI, Werkzeuge und Gerät aus dem Oppidum v. Manching, 1974 – S. EPPERLEIN, Der Bauer im Bild des MA, 1975 – E. GRINGMUTH-DALLMER, Ein Hortfund landwirtschaftl. Geräte von Guhrow, Krs. Cottbus, Zs. Arch. 9, 1975, 281ff. – K.-R. SCHULTZ-KLINKEN, Die Entwicklung der ländl. Handarbeitsgeräte in SW-Dtl., Der Museumsfreund 14/15, – Die Germanen, ein Handbuch, I, II, 1976, 1983 – J. ØYE SØLVBERG, Driftsmåter i vestnorsk jordbruk ca 600-1350, 1976 – G. JACOBI, Die Metallfunde vom Dünsberg, 1977 – J. P. LAMM, Om liar och liesminde, Fataburen 1977, 107ff. – M. MÜLLER-WILLE, Der frühma. Schmied im Spiegel skand. Grabfunde, FMASt 11, 1977, 127ff. – M. PETRESCU-DÎMBOVIŢA, Die Sicheln in Rumänien, 1978 – S. REES, Agricultural Implements in Prehistoric and Roman Britain, 1979 – W. HAARNAGEL, Feddersen Wierde I, II, 1979 – U. WILLERDING, Anbaufrüchte der Eisenzeit und des frühen MA, ihre Anbauformen, Standortsverhältnisse und Erntemethoden (Unters. zur eisenzeitl. und frühma. Flur in Mitteleuropa und ihrer Nutzung, hg. H. BECK u.a., II, 1980), 126ff. – K.-R. SCHULTZ-KLINKEN, Haken, Pflug und Ackerbau (Schriftenreihe für das Dt. Landwirtschaftsmus. 1, 1981) – J. MYRDAL, Jordbruksredskap av järn före år 1000, Fornvännen 77, 1982, 81ff. – M. PIETSCH, Die röm. Eisenwerkzeuge von Saalburg, Feldberg und Zugmantel, Saalburg-Jb. 39, 1983, 5ff. – Das Handwerk in vor- und frühgesch. Zeit, hg. H. JANKUHN u. a., II, 1983 [mehrere Beitr.] – W. HANSEN, Kalenderminiaturen der Stundenbücher. Ma. Leben im Jahreslauf, 1984, 247ff. – W. H. ZIMMERMANN, Ernte (Archäolog. und naturwiss. Unters. an ländl. und frühstädt. Siedlungen im dt. Küstengebiet vom 5. Jh. v. Chr. bis zum 11. Jh. n. Chr., hg. G. KOSSACK u.a., 1, 1984), 258ff. – K.-H. WILLROTH, Die Hortfunde der älteren Bronzezeit in Südschweden und auf den dän. Inseln, 1985 – R. A. MAIER, Römerzeitl. Mahdhaken aus einem Fraueninventar der Rät. Körpergräbergruppe und einem Rät. Brandopferplatz, Germania 63, 1985, 155ff.

Erotapokriseis (Frag-Antworten), die in der byz. Lit. häufig anzutreffen sind, scheinen zum Teil auf die antike aporet. Lit. (Apophthegmata, Kephalaia), zum Teil auf die katechet. Methode der orthodoxen Kirche zurückzugehen. Das didakt. Element ist sowohl in den theol. wie in den profanen E. mit Händen zu greifen. Als älteste bekannte E. gelten die pseudo-justin. »Quaestiones et responsiones ad orthodoxos«, 149 (bzw. 161) Nr., die ca. 400 entstanden sein dürften. Theodoret v. Kyrrhos (1. Hälfte 5. Jh.) bediente sich der Methode der E. in seinen Kommentaren zu verschiedenen Schriften des AT; →Maximos Homologetes (7. Jh.) behandelte ebenfalls exegetische, aber auch andere Themen in seinen »Quaestiones et dubia« (79 Nr.) und in den »Quaestiones ad Thalassium« (65 Nr.). Ein Paradebeispiel für das Genus der E. bietet →Anastasios Sinaites (7. Jh.), bei dem der Übergang von der Exegese zu Pastoral und Askese zur Regel wird. Der ursprgl. Bestand an E. (deren Zahl bei Anastasios übrigens schwankt) zeigt, wie ein Großteil der asket. Lit., die Tendenz zum Ausufern; vieles davon hat – in allen Jahrhunderten – als anonym zu gelten. 4 Bücher E. stammen von einem monophysit. gesinnten Autor des 6. Jh., der als Ps.-Kaisarios bezeichnet wird; auch die Echtheit der unter →Johannes Damaskenos laufenden E. über den orthodoxen Glauben ist zweifelhaft. Die hiehergehörigen »Amphilochia« des Patriarchen→Photios (9. Jh.) sind überwiegend theol.-exegetisch, nur zum Teil philos.-philolog. orientiert. – In den Bereich des Kirchenrechts fallen die russ. E. des Metropoliten v. Kiev, Johannes II. (11. Jh.) (der griech. Text ist nicht vollständig erhalten), aber auch jene des →Niketas v. Herakleia (11. Jh.). Der Spätzeit gehören →Symeon v. Thessalonike und Markos Eugenikos mit ihren E. an (15. Jh.). – Die ausführl. Aporiai kai Lyseis (Problemfälle und Lösungen), die zumeist auf konkrete Anfragen zurückgehen, können z. B. die Form von (langen) Briefen haben wie jene 95 Nr. des Michael →Glykas (12. Jh.), die sich auf verschiedene Themen der Hl. Schrift beziehen. Die Weltchronik desselben Autors steht in ihrer didakt. Einkleidung den E. nahe. – Überall, wo es um den Erwerb von Fachwissen geht, bediente man sich in Byzanz der E. Porphyrios, der Schüler Plotins, schrieb E. zu den Kategorien des Aristoteles (CAG IV 1, 55–142). Sein Beispiel fand auf verschiedenen Stufen des Philosophieunterrichts in Byzanz Nachahmung; auch in der Grammatik der mittel- und spätbyz. Zeit waren die E. beliebt. In der profanen Rechtswissenschaft sind der vorjustinian. »Dialogus Anatolii«, ferner die Anwendungen im Syr.-röm. Rechtsbuch und – im Unterricht nach der Kodifikation Justinians – etwa die Digestenvorlesung des Stephanos oder der Codexkommentar des Thalelaios zu nennen. In der Musik greifen sowohl die praxisorientierten »Papadikai« (Gesangsanweisungen für den Klerus) wie manche Traktate zur byz. Neumenkunde die Methode der E. auf. In der Medizin gibt es neben frühen Papyrusfragmenten die an E. grenzende Schrift des mittelbyz. →Theophilos über den Harn. – Analoges gilt von einem astronom.-chronol. Traktat, der letztl. auf Studien des Michael →Psellos zurückzuführen ist, aber auch von einer kriegswiss. Schrift wie den Problemata Ks. Leons VI., die nichts anderes als E. zu dem »Strategikon« des Ps.-Maurikios bilden.

Der in der Grabepigrammatik nicht seltene Dialog kann nur formal mit den E. verglichen werden; ihm fehlt der Bezug zur Didaktik. H. Hunger

Lit.: C. F. G. HEINRICI, Griech.-byz. Gesprächsbücher und Verwandtes aus Sammel-Hss., 1911 – H. DÖRRIES, TU 55/1, 1941, 465–470 – A. PERTUSI, Erotemata, IMU 5, 1962, 321–351 – R. RIEDINGER, Ps.-Kaisarios, 1969.

Erotik → Sexualität und Erotik

Erquery. 1. E., Raoul d', gen. Harpin, frz. Amtsträger und militär. Befehlshaber, † 1322. Herr der Seigneurie E. in der Gft. →Clermont-en-Beauvaisis (Erqueri, dép. Oise, arr. und cant. Clermont), nahm 1296–97 am →Guyenne-Krieg teil. 1300–03 diente er unter →Karl v. Valois, dem Bruder Kg. →Philipps IV., auf dessen Italienfeldzug. 1304 rangiert E. unter den *grands chevaliers* der →Vermandois, die Philipp für seine Kriege aufbot. Seit den letzten Regierungsjahren Philipps war er mit wichtigen militär. und diplomat. Aufgaben der Flandernpolitik befaßt (→Flandern). Während des sog. Schlammfeldzuges (*ost boueux*) von 1315 vertraute ihm Kg. →Ludwig X. die Obhut der →Oriflamme an. 1317–19, unter →Philipp V., wurde er wie andere Barone zu den Hoftagen nach Paris aufgeboten. 1321 begab er sich nach Avignon. Er war mindestens seit 1309 →*chambellan du roi* und durchgängig →*panetier de France*. Ph. Contamine

Lit.: P. ANSELME, Hist. généalogique et chronologique de la maison royale de France VIII, 1733, 199–201, 608.

2. E., Simon d', Sohn von 1, † 1338, Ritter und militär. Befehlshaber Kg. →Philipps VI., als dessen Rat (→*conseil royal*) und *maître des* →*requêtes* (Hofmeister) E. fungierte, während sein Bruder Louis als Magister und schließlich Bf. v. Coutances die geistl. Laufbahn beschritt. 1328 wurde E. vom Kg. mit der Auszahlung der Truppen, die

Karl II. v. →Alençon in Flandern gedient hatten, beauftragt. Mindestens seit 1334 *maître des requêtes de l'Hôtel*, wurde er 1337 mit hohen Truppenkommandos im frz. Südwesten gegen den Kg.-Hzg. →Eduard III. v. England betraut (→Hundertjähriger Krieg), mit dem Titel des *capitaine et gouverneur ès parties de la langue d'oc* oder des *capitaine général et spécial* in Agenais, Gascogne usw. – Von E.s drei, bei seinem Tode noch minderjährigen Kindern, hatte Jacques (gen. Jacques Harpin) 1359–60 das Amt des *capitaine* v. Creil inne; er kaufte die Herrschaft Chantilly bei Paris, die er 1361 seinem Vetter, dem Herrn v. Attichy, vermachte. Ph. Contamine

Lit.: A. GUILLOIS, Recherches sur les maîtres des requêtes de l'Hôtel des origines à 1350, 1909, 224f.

Erroll, Earls of, schott. Adelstitel, deren Träger die ursprgl. norm. Familie de la Haye war, seit dem 15. Jh. üblicherweise in der Form 'Hay', benannt nach ihrem Stammsitz La Haye-Bellefonds (dép. Manche). Sie siedelten sich um die Mitte des 12. Jh. in Schottland an, wo ihnen Kg. →Wilhelm der Löwe die Besitzung Erroll (Perthshire) übertrug. *Gilbert* Hay, das Oberhaupt des Hauses im frühen 14. Jh., unterstützte Kg. →Robert I. the Bruce und erhielt nach dessen Sieg über den Earl of Buchan das erbl. Amt des Constable of Scotland (→Constable, Lord High), das Buchan verwirkt hatte. Die Hay zählten zu den Baronen mittleren Ranges, bis *William* Hay 1452 durch Kg. →Jakob II. zum Earl of E. erhoben wurde. Familie und Titel wurden im Mannesstamm bis 1541 kontinuierl. fortgeführt und kamen dann bis 1674 an eine Seitenlinie. Durch weibl. Erbfolge sind die Boyds of Kilmarnock heute Träger des Earldoms of E. und der Constablewürde.

Lit.: Scots Peerage, 1906. G. W. S. Barrow

Erschaffung des Menschen → Schöpfungsgeschichte

Erschatz → Laudemium

Erscheinung (mlat. *apparitio*, auch *visio*), Wahrnehmung einer auf übernatürl. Weise anwesenden Person oder Sache im alltägl. Umraum. Im Unterschied zur ekstat. →Vision bleiben dem Seher das Tagesbewußtsein und die normale Perzeption des Raumes, in dem er sich befindet, erhalten: bei Träumen (z. B. während einer→Inkubation in einem Heiligtum) manifestiert sich der Erscheinende am Lager des Schläfers. E.en werden in fast allen Gattungen des ma. Schrifttums in unübersehbarer Fülle geschildert, weshalb ihre systemat. Erforschung noch kaum in Angriff genommen wurde.

Meist werden E.en von einem einzelnen und für andere unsichtbar geschaut, doch gibt es auch Massenphänomene, wie z. B. E.en himml. Heerscharen bei den Kreuzzügen: fast ausnahmslos gehören sie in den religiösen Bereich. Am häufigsten erscheinen Hl.e, seit dem 12. Jh. an erster Stelle Maria, wie zahlreiche Mirakelsammlungen, Offenbarungsschriften und Gründungsberichte bezeugen. Ungemein häufig sind auch Teufelserscheinungen, vergleichsweise seltener die von Engeln. E.en Toter, die schon im Vorchristlichen (Wiedergänger), dann in der Volksreligion (Wildes Heer) große Bedeutung hatten, werden gegen das SpätMA zu immer häufiger: seit das →Fegfeuer als konkreter Ort verstanden wird, kommen die »Armen Seelen« hilfeflehend von dort zu den Lebenden. Nur spärlich sind dagegen E.en von Personifikationen, (symbolischen) Tieren und Gegenständen überliefert.

In der Regel fungieren E.en als Privatoffenbarungen, sei es, daß sie über allgemeine Theologica unterrichten (z. B. die Einführung des →Fronleichnamsfestes), sei es, daß sie das Leben des Sehers allein betreffen (z. B. Ankündigungen des Todes in Heiligenviten). Sehr oft wird durch sie ein himml. Befehl übermittelt (zur Stiftung einer Kirche, eines Ordens usw.), eine Warnung ausgesprochen, eine Strafe (in Form körperl. Leidens) verhängt, eine Belohnung gewährt. Als Gnadengeschenk empfinden die Mystiker ihre zahllosen Christus- und Marienerscheinungen. – Wie geschichtsmächtig dieses Phänomen im ma. Christentum war, ist bisher kaum bewußt geworden: seit der Bekehrung des hl. Paulus ist persönliches und (kirchen-) polit. Handeln immer wieder mit E.en begründet worden (z. B. von →Coletta, →Jeanne d'Arc u. v. a.).

Ohne Erlebnisanspruch werden E.en zum Thema eines eigenen Genres der allegor. Dichtung, das sich primär an der »Consolatio Philosophiae« des →Boethius anlehnt, vertreten z. B. durch das »Encomium Gunthariii« (850/63), »De planctu naturae« des →Alanus ab Insulis († 1202), »Somnium« des →Johann v. Legnano (1372), »Somni« des Bernart →Metge († 1413) etc. Hier erscheinen neben Personifikationen sowohl reale und myth. Gestalten der Antike als auch Personen der jüngeren Vergangenheit.

P. Dinzelbacher

Lit.: D. MALLARDO, L'incubazione nella cristianità medievale napoletana, AnalBoll 67, 1949, 465–498 – R. RODE, Stud. zu den ma. Kind-Jesu-Visionen [Diss. Frankfurt a. M. 1957] – M. MARTINS, Narrativas de Aparicões de N. Senhora, Salmanticensis 5, 1958, 703–722 – E. BAUER, Die Armen Seelen- und Fegefeuervorstellungen der altdt. Mystik [Diss. Würzburg 1960] – E. BENZ, Die Vision, 1969 – W. A. CHRISTIAN Jr., Apparitions in Late Medieval and Renaissance Spain, 1981 – P. DINZELBACHER, Vision und Visionslit. im MA, 1981 – DERS., Das Christusbild der hl. Lutgart v. Tongeren im Rahmen der Passionsmystik und Bildkunst des 12. und 13. Jh., Ons geestelijk erf 56, 1982, 217–277 – J.-C. SCHMITT, Les revenants dans la societé féodale, Le Temps de la Réflexion 3, 1982, 285–306 – DERS., Le visioni, Prometeo 6, Giugno 1984, 48–61 – C. LECOUTEUX, Fantômes et revenants germaniques, EG 39, 1984, 227–250; 40, 1985, 141–160 – P.-A. SIGAL, L'homme et le miracle dans la France médiévale, 1985 – P. DINZELBACHER, Ma. Vision und moderne Sterbeforsch. (Psychologie der Mediävistik, GAG 431), 1985, 9–49 – DERS., Religionsphänomenologie und Gesch. der ma. E.en [in Vorber.]).

Erscheinung des auferstandenen Christus. [1] *Frühchristliche Zeit:* Die wesentl. Bildtypen (s. Abschnitt 2) wurden in frühchristl. Zeit entwickelt, doch sind nur wenige Beispiele erhalten. Auf vereinzelte Sarkophagbilder (Ende 4. Jh.) und eine umstrittene Szene am Grab auf dem »Trivulzio«-Diptychon folgen im frühen 5. Jh. zwei E.en d. a. Chr. vor Frauen bzw. Jüngern auf der Holztür in S. Sabina, Rom, und der Zweifel des →Thomas auf einem Elfenbeinkästchen in London, Brit. Mus. Letztere Szene auch in Mosaik (frühes 6. Jh.) in S. Apollinare nuovo, Ravenna, neben dem Gang nach →Emmaus, und auf palästinens. Pilgerampullen. Beispiel der E. vor Frauen in der ö. Kunst: Rabula-Kodex, Florenz, fol. 13a (v. J. 586).

J. Engemann

[2] *Lateinischer Westen:* Die E.en d. a. Chr. sind sowohl in den Evangelien als auch in Apokryphen und Legenden uneinheitlich wiedergegeben. Selten dargestellt und nicht immer unterschieden von den drei Frauen am Grabe und der E.d.a.Chr. vor Maria Magdalena (Noli me tangere) ist die E.d.a.Chr. vor den Frauen (Hortus deliciarum, 12. Jh.). Erste frühma. Beispiele des Noli me tangere zeigen diese Szene (nach Joh 20, 14–18) mit den Engeln vor dem leeren Grab, Christus mit dem Kreuznimbus, Tunika und Pallium (Codex Egberti, Trier, um 980). Ende 11. Jh.–1. Hälfte 13. Jh. vollzieht sich eine Konzentration auf die beiden Hauptfiguren, Christus mit der Kreuzesfahne (Miniatur der Salzburger Malerschule, um 1140); um 1300 wiederum Erweiterung der dargestellten Szene (Giotto, Fresko, Padua, Arenakapelle, 1305–10), im späten MA erneuter Aufgriff des Zwei-Figuren-Typus, oft

Christus als Gärtner mit entsprechenden Attributen dargestellt (Meister der goldenen Tafel, Köln, WRM, 1. Drittel 15. Jh.).

Neben der E. d. a. Chr. vor den Aposteln – Christus auf einem Berg, von allen Jüngern, teils stehend, teils kniend umgeben (Drogo-Sakramentar, Paris, Mitte 9. Jh.), Christus den Jüngern beim Mahl erscheinend, auch in Anlehnung an die Abendmahlsikonographie (Utrechter Bibel, Den Haag, um 1425) – und der E. d. a. Chr. auf dem Weg nach →Emmaus bildet der sog. Thomaszweifel einen eigenen Bildtypus (→Thomas). Im Zusammenhang mit der Darstellung des Lebens Petri (insbes. Fischzug) wird die E. d. a. Chr. am See Genezareth (Joh 21, 1–23) geschildert (Monreale, Dom, Ende 12. Jh.; Konrad Witz, Petrus-Altar, Genf, Kathedrale, 15. Jh.).

Nicht durch Evangelien überliefert, sondern neben älteren apokryphen Quellen v. a. auf Ps.-Bonaventuras »Meditationes vitae Christi« zurückgehend, die E. d. a. Chr. vor Maria. Die früheste bekannte Darstellung (Kunigunden-Passionale, Prag, um 1320) zeigt Christus und Maria sich umarmend. Der häufigste Typus – ikonograph. zusammenhängend mit der Verkündigung an Maria – zeigt die Gottesmutter kniend in einem Betstuhl (Rogier van der Weyden, Miraflores-Altar, um 1438). Zunächst in Spanien, im 16. Jh. allgemein verbreitet ist die Darstellung der E. d. a. Chr. vor Maria gemeinsam mit den Erlösten des AT (Juan de Flandes, Retabel für Isabella die Katholische, London, Nat. Gallery, um 1500). S. Stolz

[3] *Byzantinischer Osten:* Wichtigster Beitrag des byz. Ostens ist die Umdeutung des χαίρετε nach Mt 28,9ff. auf die Begegnung des a. Chr. mit seiner Mutter und einer Begleiterin, entsprechend einer wohl in Jerusalem beheimateten apokryphen Überlieferung (Typikon der Grabeskirche, Romanos Melodos u. a.). Ältestes Zeugnis ist die betreffende Miniatur im Rabula-Evangeliar, Florenz (586), ihr folgt eine Ikone im Sinaikloster, wohl aus Palästina (7. Jh.?), auf der die stehende Frau mit dem Monogramm H ΑΓΙΑ ΜΑΡΙΑ (hl. Maria), dem altchr. Kürzel für den Namen der Gottesmutter, bezeichnet wird. Diese Umdeutung bleibt auch für die χαίρετε-Darstellung in mittel- und spätbyz. Zeit kennzeichnend, wenn sie auch nicht immer befolgt wird. Zu den Einzelheiten vgl. RByzK II, 379ff. K. Wessel

Lit.: *zu [1 und 2]:* LCI I – RDK V, 1291ff. – J. D. BRECKENRIDGE, Et prima vidit. The Iconography of the Appearance of Christ to his Mother, Art Bull. 39, 1957 – *zu [3]:* RByzK II, 371ff. – K. WEITZMANN, Eine vorikonoklast. Ikone des Sinai mit der Darstellung des Chairete (Tortulae, Fschr. J. KOLLWITZ, 1966), 317ff.

Ersitzung

I. Römisches und gemeines Recht – II. Italienisches Recht.

I. RÖMISCHES UND GEMEINES RECHT: E. ist der Erwerb des →Eigentums durch →Besitz. E. beendet die Diskrepanz zw. rechtl. und tatsächl. Zuordnung einer Sache, die besteht, wenn jemand anderes als der Eigentümer sie selbständig besitzt.

[1] *Römisches Recht:* E. (usucapio) ist nur möglich an Sachen, an denen Privateigentum bestehen kann. Ersitzen kann nur, wer den Besitz objektiv aus einem gerechten, d. h. den Eigentumserwerb rechtfertigenden, Grund (iusta →causa) und subjektiv redlich (bona fide, 'in guter Treue') erlangt hat. Irrtüml. Vertrauen auf einen gerechten Erwerbsgrund genügt normalerweise nicht. Sachen, die dem Eigentümer gestohlen (→Diebstahl, Abschnitt A) oder gewaltsam weggenommen wurden, kann niemand ersitzen. Dasselbe gilt nach justinian. Recht von Sachen des Fiskus und des Kaisers, den bona materna, die ein Hauskind von seiner Mutter geerbt hat, und anderen Sachen, die nicht veräußert werden dürfen. Die E. beweglicher Sachen dauert nach justinian. Recht drei Jahre, die E. eines Grundstücks zehn Jahre, wenn Eigentümer und Besitzer in ders. Provinz ansässig sind (inter praesentes), sonst (inter absentes) 20 Jahre (longi temporis praescriptio, eigtl. 'Einrede der langen Zeit'). Gelangt die Sache vor Ablauf dieser Fristen in die Hände eines Dritten, so kann der Besitzer mit der actio Publiciana deren Rückgabe erreichen.

Von der E. ist die →Verjährung der Klagen prinzipiell zu unterscheiden. Nach justinian. Recht wird der Besitzer, wenn nach 30 oder ausnahmsweise 40 Jahren die Klage des Eigentümers gegen ihn verjährt ist, jedoch Eigentümer, falls er den Besitz redlich erworben hat (C. 7,39,8).

Auch Grunddienstbarkeiten (→Servitutes) und Nießbrauch (→Ususfructus) können nach justinian. Recht durch 10- oder 20jährige fakt. Ausübung der entsprechenden Befugnisse (quasi possessio) ersessen werden, und sie erlöschen bei Nichtausübung mit Ablauf ders. Fristen. Bei Ausübung einer Servitut seit unvordenklicher Zeit (cuius memoria non exstat) wird vermutet (→Beweis, 2. Recht, Abschnitt I), daß sie rechtmäßig begründet wurde.

[2] *Gemeines Recht:* Die gelehrten Juristen des MA beschäftigen sich eingehend mit der Lehre von der E. und erörtern zahlreiche Zweifelsfragen. Nach →Azo (Summa C. 7,26) widerspricht E. zwar der natürl. Billigkeit, dient aber dem öffentl. Wohl durch Schaffung klarer Eigentumsverhältnisse. Die E. nach 30- oder 40jähriger Frist wird nun als longissimi temporis praescriptio bezeichnet. Zugunsten der röm. Kirche nimmt Papst Innozenz III. eine Frist von 100 Jahren in Anspruch (X. 2,26,14). Er und Papst Bonifaz VIII. lassen E. nur zu, wenn der Besitzer während der ganzen Ersitzungszeit gutgläubig ist (X. 2,26,20; VI. 5,13,2), d. h. an der Rechtmäßigkeit seines Erwerbs nicht zweifelt. Allgemein scheint sich diese Auffassung erst im 15. Jh. durchgesetzt zu haben. Hat der Besitzer die Sache ohne gerechten Erwerbsgrund (iusta causa, iustus titulus) erlangt, so läßt man E. trotzdem in vielen Fällen oder sogar allg. zu, wenn er sich in einem entschuldbaren Irrtum (iustus error, iusta ignorantia) befindet (sog. Putativtitel).

Uneinig sind sich die frühen Glossatoren über die Wirkung der E. von Grundstücken: Nach →Martinus Gosia verschafft die praescriptio dem Besitzer genauso wie die usucapio volles Eigentum. Dagegen betont →Bulgarus, daß die praescriptio eigtl. eine Einrede des Besitzers gegen die Herausgabeklage des Eigentümers ist. Sie verschaffe dem Besitzer nur die Wirkung des Eigentums (effectus dominii). Seine Schüler verwenden dafür den Begriff des utile dominium (→Eigentum, Abschnitt A.I.2). Diese Auffassung setzt sich durch. Seit →Johannes Bassianus (nicht: Dinus de Rossonis, →Eigentum, Abschnitt A.I.2 am Ende) bezeichnet man die Stellung des ersitzenden (also gutgläubigen) Besitzers vor Vollendung der E. als quasi dominium, weil er durch eine dingl. Klage (actio in rem) bei Besitzverlust geschützt ist. Hier kündigt sich der nz. Eigentumserwerb kraft guten Glaubens an.

Von der E. abgesehen, werden v. a. im kanon. Recht alle seit unvordenklicher Zeit bestehenden, der rechtl. Fixierung fähigen Zustände geschützt. Die Unvordenklichkeit ersetzt den Nachweis jeglichen in Betracht kommenden →Privilegs oder privaten Rechts. P. Weimar

Lit.: *zu [1]:* M. KASER, Das röm. Privatrecht I, 1971², 418ff.; II, 1975², 285ff. – *zu [2]:* E. BUSSI, La formazione dei dogmi di diritto privato nel diritto comune, 1937, 66–68 – R. FEENSTRA, Les origines du dominium utile chez les glossateurs (Flores legum H. J. SCHELTEMA oblati, 1971), 49–93 – H. COING, Europ. Privatrecht I, 1985, 183ff.

II. ITALIENISCHES RECHT: [1] *E. (usucapio):* In Italien hat sich eine vorjustinian., nämlich die theodosian. Auffassung von der E. in der »annositas« der →Summa Perusina (7./9. Jh.) erhalten; diejenige des justinian. Rechts (→oben Abschnitt 1) bestand in den byz. Gebieten weiter. Bei den germ. Völkerschaften führte langer Besitz nicht zu →Eigentum; er war nur ein Beweismittel, das den Besitzer von der Verpflichtung, seinen Besitztitel nachzuweisen, entband. (Es genügte ein →Eid.) Die röm. E. wurde in die langob. Edikte Grimoalds und Liutprands (→Edictus Rothari) aufgenommen, stieß jedoch noch in der Zeit Ottos I. auf Widerstand. Im 11. Jh. erscheint in der Expositio ad Librum Papiensem (→Lombarda) als Erfordernis der E. die bona fides. Gewohnheitsrechte und städt. Statuten führten beträchtliche Neuerungen ein, v. a. in Hinblick auf die Zeitdauer des Besitzes, die zur Erlangung des Eigentums erforderl. war (Verlängerung bis auf 40 Jahre oder Verkürzung bis auf 20 Jahre), ferner den Ausschluß der E. von Kirchengut und kommunalem Gut. Sie wurde auch demjenigen nicht gewährt, der – mit der Verpflichtung zu Individualleistungen – Güter von anderen Personen besaß.

[2] *Unvordenklichkeit* (Immemorialverjährung), ab immemorabili: In den Quellen des früheren MA bezeichnen die Begriffe »vetustas«, »immemorabilis praescriptio«, »ab immemorabili« einen tatsächl. Zustand, dessen Ursprünge sich in der Vergangenheit verlieren, und gegen den kein gegenteiliger Beweis angetreten werden konnte. Infolge der Schwierigkeit, Rechtstitel nachzuweisen und urkundl. zu belegen, sowie aus dem Bestreben heraus, endlose Kontroversen und Rechtsstreite zu vermeiden, wurde die »praescriptio immemorabilis« zu einem grundlegenden Prinzip der Rechtsordnung. Sie wurde vom Statutarrecht anerkannt. G. Vismara

Lit.: E. BESTA, I diritti sulle cose nella storia del diritto it., 1933, 172ff. – P. S. LEICHT, Il diritto privato preirneriano, 1933, 146f. – M. ROBERTI, Svolgimento storico del diritto privato in Italia, 2: Proprietà, possesso e diritti su beni altrui, 1935, 97ff. – Enc. del diritto 20, 156–161 (s.v. Immemoriale [Storia]; G. VISMARA).

Erstein, ehem. Reichsabtei bei Schlettstadt (Elsaß), gegr. 849/850 zw. den älteren Abteien Eschau und Ettenheim von Irmingard, der Gattin Lothars I. aus dem Geschlecht der →Etichonen, mit Unterstützung von Ks. und Papst (D106, JE 2603a – mit Ausschluß der Vogtei, 1153 in der Hand der Gf.en v. →Dagsburg, Wahlrechts- und Schutzverleihung – verunechtet wohl im 12. Jh. im Zusammenhang mit dem auf Irmingard gefälschten Dienstrecht der Ministerialen, D146; wie dieses nur in Abschrift des 14. Jh. überliefert). Irmingard schenkte d. wertvolle Evangeliar (Tours 843/844, heute Wolfenbüttel, mit E.er Schatzverzeichnis 10. Jh.); sie wurde im Kl. begraben († 20. März 851; Epitaph des Hrabanus Maurus, MGH PP II, 239f.). Ihre Tochter Rotrudis war erste Äbt. der 'Kanonissen' (im 14. Jh. auch als OSB bezeichnet). Enge Beziehungen zum Herrscherhaus bestanden bis ins 11. Jh. (Otto I. gibt E. 953 an seine Schwiegermutter Berta; häufige Herrscheraufenthalte v. E.; Pfalz; Schenkungen noch von Heinrich II. und Agnes). 1153 »schenkte« die Äbt. Berta den von Agnes stammenden Hof Besigheim an den Mgf.en v. →Baden (D F. I. 65). Heinrich VI. überließ E. 1191 dem Bf. v. →Straßburg, mußte die Urk. aber 1192 rückgängig machen, da es nicht statthaft sei, Reichsgut ohne Nutzen für das Reich zu entfremden (RI IV, 3, 146 u. 210; UB Straßburg I, 130). 1423 verließen die beiden letzten Damen nach dem Tod ihrer Äbt. das Kl., das 1437 an das Domkapitel von Straßburg überging. F. J. Felten

Lit.: GP III, 30–32 – R. FRIEDEL, Gesch. des Fleckens E., 1927 – H. BÜTTNER, Gesch. des Elsaß, 1939 – M. BARTH, Hb. der elsäss. Kirchen im MA, 1960, 356–360.

Ertheneburg (südl. Schleswig-Holstein, Krs. Hzm. Lauenburg), wüstgewordene Burg und Siedlung, unter den →Billungern und →Heinrich d. Löwen zeitweise Residenz (→Sachsen, Hzm.), auch Grafensitz. E. wird teils mit dem Ringwall am nördl. Elbufer (Wallanlage von 65 × 100 m Innenfläche), teils mit einem Burgplatz im Flecken Artlenburg (1363 Ertelenborgh) am südl. Ufer gleichgesetzt. Tatsächl. hat das ma. E. beiderseits der Elbe bestanden. Militär., verkehrstechn. und kirchl. Funktionen verteilen sich auf Stellen nördl. und südl. des Stroms. Eine Johannis-Messe mit größerem Einzugsbereich im Glüsing, Aue nö. des Ringwalles, ist nur in frühneuzeitl. Quellen bezeugt, läßt sich aber schon für 1335 erschließen. Transitzoll, Fähre, Schiffsreede sind 1181 bzw. 1188 erstmals erwähnt, weshalb der Markt kaum erst im SpätMA entstanden sein dürfte. E. diente wohl seit Bestehen der Lüneburger Saline (→Lüneburg) dem Salzumschlag (→Salz). Mit der Wahl Lauenburgs als Residenz der askan. Hzg.e v. Sachsen (→Sachsen-Lauenburg) wurde in E. (1181 abgebrannt) eine potentielle städt. Entwicklung abgebrochen; die hzl. Stadtrechtsprivilegierung des 13. Jh. konnte nur noch eine minderstädt. Fortführung der älteren Ansätze begünstigen – beschränkt auf das Südufer. Die Steine der Burg wurden 1181 zur Erweiterung der Lauenburg verwendet; der Ringwall blieb ungenutzt. Grabungen förderten Backsteinfundamente und Funde des 12. Jh. zutage. B. U. Hucker

Lit.: H. HOFMEISTER, Die Wehranlagen Nordalbingiens H. 2, 1927, 38–51 [mit den ma. Q.] – K. KERSTEN, Vorgesch. des Krs. Hzm. Lauenburg, 1951, 118 – G. MEYER, Zur Lage von E., Lüneb. Bll. 7/8, 1957 – W. PRANGE, Lauenburg. Heimat 22, 1958, 35ff. – U. LANGE, E. im 11. und 12. Jh., Offa 32, 1975, 42ff. – B. U. HUCKER, Der Glüsinger Jahrmarkt, Lauenburg. Heimat, NF H. 101, 1981 – J. REICHSTEIN (Führer zu archäolog. Denkmälern in Dtl., Krs. Hzm. Lauenburg 2, 1983), 34ff.

Ertoġrul → ʿOsmān

Ervig, westgot. Kg. 680–687, Sohn des byz. Verbannten Ardabast und einer Verwandten Kg. →Chindasvinths. Als comes am Hof Kg. Wambas erzwang E. mit einer Intrige dessen Abdankung und seine Designation zum Nachfolger; eine Wahl fand nicht statt. Er ließ sich am 21. Okt. 680 vom Metropoliten →Julian v. Toledo zum Kg. salben und den Regierungswechsel im Jan. 681 von einem Reichskonzil (12. Toletanum) sanktionieren; ein weiterer Konzilsbeschluß sollte einer Rückkehr des tonsurierten Wamba auf den Thron vorbeugen. Am 21. Okt. 681 setzte E. eine neue Fassung des westgot. Gesetzbuches (→Leges Visigothorum) in Kraft. Das adelsfreundliche 13. Konzil v. Toledo (683) untersagte dem Herrscher, angeklagte Palastadlige und Bf.e ohne Verfahren vor einem Standesgericht ihrer Würde zu entkleiden, einzukerkern oder zu enteignen; Kanones zum Schutz von E.s Angehörigen für den Fall seines Todes lassen die prekäre Lage des Kg.s erkennen. In seinem mit Wamba verwandten Schwiegersohn →Egica, den er am 14. Nov. 687, tödlich erkrankt, zum Nachfolger bestimmte, hatte E. einen erbitterten Feind. J. Prelog

Q.: Leges Visigothorum, ed. K. ZEUMER, MGH LNG I, 1902, 33–456, 461 – *Lit.*: J. ORLANDIS–D. RAMOS-LISSÓN, Die Synoden auf der Iber. Halbinsel bis zum Einbruch des Islam (711), 1981, 244–293 – J. J. SAYAS ABENGOCHEA–L. A. GARCÍA MORENO, Romanismo y germanismo. El despertar de los pueblos hispánicos (Siglos IV–X), 1981, 362–370 (= Hist. de España, hg. M. TUÑÓN DE LARA, II).

Erwählung. Der im bibl. Denken verwurzelte Begriff der göttl. E. eines Volkes oder einzelner (ἐκλογή, electio: Dt 14,2; 1 Kor 1,27–29) ist Kennwort einer gnadenhaftheilsgeschichtl. Grundauffassung des Gott-Mensch-Verhältnisses und seiner eschatolog. Ausrichtung. Als solcher hat er in den philos. Systemen des Altertums keine Stellung (Pantheismus, Dualismus, stoischer Fatalismus), selbst nicht im Neuplatonismus (Plotin), wo das Ur-Eine mit Willen und Liebe seine Vollkommenheit verströmt, aber ein Wählen-Können als defizienter Modus des Wollens erachtet wird (Enn. VI, 8,13). Im christl. Denken wirkt diese Auffassung bei Ps.-→Dionysius (vgl. Thomas S. th. I q 23 a4 ad1) wie auch bei →Johannes Scotus Eriugena nach, bei dem die neuplaton. verstandene Einfachheit Gottes alle Geschöpfe zum Guten bestimmt (De divina praedestinatione). Für die Problemgeschichte wurde der Umstand bedeutsam, daß E. schon auf dem Boden des NT mit →Prädestination (Vorherbestimmung) verbunden erscheint (vgl. Röm 8,29), die vornehmlich den universalen Heilsplan Gottes in Christus meint. Die Kirchenväter gebrauchen in ihrer bibl. ausgerichteten Theologie beide Begriffe oft unterschiedslos, um die Souveränität und Unabhängigkeit des göttl. Gnadenhandels zu erweisen. Nach →Augustinus wählt Gott nach dem Sündenfall aus der »massa perditionis« die einen aus reiner Barmherzigkeit aus, während die anderen zurückgelassen werden (Op. imp. I, 134, 141), was zugleich die Fragen nach der Verwerfung, nach Verdienst und Mißverdienst auf Seiten des Menschen und nach deren Vorauswissen auf Seiten Gottes hervortrieb, deren Problematik sich strenger an den Begriff der Prädestination anschließen ließ, so daß dieser in der Folgezeit dominierte. →Petrus Lombardus, der diese Fragen in die Scholastik einführte, faßte deshalb die E. als einen Bestandteil der Prädestination und ergänzt diesen durch die praeparatio der entsprechenden Güter (Sent. I d. 35,1-6). →Thomas v. Aquin dagegen stellt die E. der Prädestination voran, um so die göttl. Motivation stärker hervorzuheben und selbst die Reprobierten dem Dienst an der göttl. Güte zu unterstellen (S. th. I q 23 a3 ad1). Mit →Albert und →Bonaventura läßt Thomas der electio durch Gott die dilectio vorangehen (S. th. I q23 a4), damit das Schöpferische der göttl. Liebe betonend, während bei →Johannes Duns Scotus mit der Lehre von den kontingenten, prädeterminierenden Willensdekreten diese Unterscheidungen zurücktreten. Die völk. E.-vorstellung des Judentums empfing im MA noch einmal bei →Jehuda Halevi einen starken Auftrieb.

L. Scheffczyk

Lit.: TRE X, 182–205 – F. Saint Martin, La pensée de St. Augustin sur la Prédestination, 1930 – H. H. Rowley, The Biblical Doctrine of Election, 1950 – W. Pannenberg, Die Prädestinationslehre des Duns Skotus im Zusammenhang mit der scholast. Lehrentwicklung, 1954 – H.-J. Zobel, Ursprung und Verwurzelung des Erwählungsglaubens, ThLZ 93, 1968, 1–12.

Erweckung des Lazarus → Wunder Christi

Erwin. 1. E., Gf. v. →Merseburg, Schwiegervater Kg. →Heinrichs I., † vor 909. E. war reichbegüterter Herr der Merseburger Altenburg und – obwohl nicht als comes nachgewiesen – wahrscheinl. Gf. im Hochseegau; ∞ Tante mütterlicherseits des Gf.en Siegfried († 937). Er hinterließ sein Erbe zwei Töchtern, deren eine, Hatheburg, sich vor 909 in 2. Ehe mit Heinrich (I.) vermählte. Obwohl nach der Geburt →Thangmars die Ehe annulliert wurde, behielt Heinrich das Erbe des Gf.en E. Der Streit um diesen Besitz war 938 wesentl. Ursache für den Aufstand Thangmars gegen seinen Halbbruder →Otto I. E. Karpf

Lit.: R. Schölkopf, Die sächs. Grafen (919–1024) (Stud. und Vorarb. zum Hist. Atlas Niedersachsens 22, 1957), 35.

2. E. v. Steinbach, Baumeister des Straßburger Münsters, † 1318 in Straßburg, bes. bekannt geworden durch Goethes Aufsatz »Von deutscher Baukunst« 1773. Die nachfolgende 'Mittelalterrezeption' von der Romantik bis hin zum Expressionismus ließ E. zu einer mit idealen Zügen ausgestatteten Figur werden. Nach einer vor 1732 verlorengegangenen Inschrift über dem Hauptportal begann E. 1277 mit dem Bau der Fassade des Straßburger Münsters, urkundl. wird E. 1284, 1293 und 1316 erwähnt. Von ihm stammt vermutl. der Fassadenriß B des Straßburger Münsters. Nach seinem Tod 1318 (Grabstein) Weiterführung des Münsterbaumeisteramtes durch seine Söhne. G. Binding

Lit.: H. Klotz, Der Name E.s v. S. (Studien der E.-v.-S.-Stiftung 1, 1965), 9–22 – Ders., Der Ostbau der Stiftskirche zu Wimpfen im Tal. Zum Frühwerk des E. v. S. (Kunstwiss. Stud. 39, 1967).

Erz (ahd. *aruzzi*, mhd. *erze, arze*): 1. →Bronze (Kupfer-Zinn-Legierung) und, seit 1. Jh. v. Chr. auch →Messing (Kupfer-Zink-Legierung). (Lat. aes, auch stipendium [Lohn] aufgrund der Kupfer- oder Bronzeprägung der Münzen sowie aestimare 'wertschätzen'; gr. χαλκός.) Im MA auch Bezeichnung für →Eisen (lat. ferrum; gr. σίδηρος) und andere →Metalle (→Gold und →Silber meist ausgenommen). 2. Metallführende Gesteinsschichten, Metallverbindungen, →Metalle. Im HochMA in dieser Bedeutung durch Intensivierung des Gold-, Silber-, Eisenerz-Abbaues (Erzgebirge, Erzader, Erzgänge) ausgeweitet, wobei die E.e auch im MA meist als Metalle, nicht immer als Verbindungen und Gemenge verstanden wurden, obgleich man sie bergmännisch aufzubereiten und zu »scheiden« wußte (Mineralsäuren, »Scheidewasser«). Im SpätMA entwickelte der →Bergbau neue Methoden und Verbesserungen der Erzaufbereitung (→Stahl) unter vermehrter Wasserkraftnutzung (Schmiedehämmer). Die Technik der ma. Erzsuche, -gewinnung und -aufbereitung ist erst spät in Bergbüchlein und bei V. →Biringuccio und G. →Agricola schriftlich festgehalten worden. Verstreutes Material bietet indes →»Compositiones ad tingenda musiva«; →»Mappae clavicula« und die »Schedula diversarum artium« des →Theophilus Presbyter. Verbindung des Schmiedehandwerks zu Mystik und →Alchemie bietet M. Eliade. – *Misy* und *Sory* sind in Antike und MA oft genannte Übergangserze, möglicherweise Eisensulfid und Kupfersulfid. G. Jüttner

Lit.: RAC VI, s.v. Erz [weitere Lit.] – RE, s.v. Aes, Bronze, Eisenguß – O. Lippmann, Entstehung und Ausbreitung der Alchemie, 1919, Anhang: Zur älteren Gesch. der Metalle, 517–646 – M. Koch, Gesch. und Entwicklung des bergmänn. Schrifttums [Diss. Clausthal 1960] – J. Gimpel, Die industrielle Revolution des MA, 1975 (dt. 1980, 1981²) – M. Eliade, Forgerons et Alchimistes, 1956, 1977² – Montanwirtschaft Mitteleuropas vom 12. bis 17. Jh., Der Anschnitt, Beih. 2, 1984.

Erzämter → Erbämter, →Hofämter

Erzbischof, seit dem 3. Jh. n. Chr. in der Ostkirche ein Titel einzelner, durch ihre Sitze bes. herausgehobener →Bischöfe (zuerst der Bf.e v. →Alexandria und →Antiochia), in der westl. (lat.) Kirche seit dem 6. Jh. immer häufiger der Titel des →Metropoliten, d. h. des Bf.s, der seinen Sitz in der kirchl. und/oder polit. vorrangigen Stadt (Metropole) einer →Kirchenprovinz hatte; seit dem 8. Jh. in der Westkirche vereinzelt vom Papst auch Bf.en, die nicht Metropoliten waren, als persönl. Auszeichnung und/oder wegen ihrer (kirchen)polit. Bedeutung verliehen, z. B. →Bonifatius, dem Bf.en v. Metz →Chrodegang, →Angilram und →Drogo, die beiden Letztgenannten auch Leiter der →Hofkapelle. Die organisator. Gliederung der Kirche in Provinzen und Diöz. mit Metropoliten und Provinzialbischöfen als deren Vorstehern (Metropolitanverfassung) hatte sich in Anlehnung an die diokletian. Reichseinteilung herausgebildet, wurde bereits vom Konzil v. →Nikaia 325 vorausgesetzt (cc. 4 und 6) und blieb insofern bestimmend, als für die kirchl. Organisation seitdem polit. Territorialgliederungen die Richtschnur bildeten.

Der Metropolit (E.) stand in der Hierarchie der kirchl. Jurisdiktionsträger zw. dem Provinzbischof (→Suffraganbf.) und dem →Papst (westkirchl.) bzw. dem →Patriarchen (ostkirchl.). Das unterschied ihn vom →Primas, der nur in älterer Zeit in einigen Fällen höhere Rechte als die Metropoliten erlangt hatte, im MA aber auf einen Ehrenvorrang beschränkt war; vergeblich hat sich →Pseudo-Isidor bemüht, durch die von ihm konstruierte hierarch. Stufe des Primas die Vorrechte der Metropoliten zu beschneiden, und ebenso wirkungslos war die Erfindung eines »metropolitanus qui simul primas est« durch →Hinkmar v. Reims.

Der E. hatte als Metropolit v. a. stets die Aufgabe, 1. bei der Bestellung neuer Bf.e in seiner Provinz mitzuwirken, möglichst durch Leitung der Wahl, auf jeden Fall durch Bestätigung und – zusammen mit zwei weiteren Bf.en der Provinz – Weihe des Gewählten oder eines von einem Kg. Ernannten (im Karolingerreich häufig zw. Bestätigung und Weihe als episcopus vocatus bezeichnet); 2. Provinzialsynoden zu berufen und zu leiten; 3. hatte er ein Visitationsrecht in den Bm.ern seiner Provinz (→Visitation), also eine Oberaufsicht über die Verwaltung seiner Suffragane, und 4. wurde auf einer Synode unter seinem Vorsitz – seit Mitte des 11. Jh. immer häufiger auch ohne Synode – über Anklagen gegen Suffragane und über Streitigkeiten zw. solchen entschieden.

Außerhalb →Roms gewannen schon in röm. Zeit einige Metropolen besonderes Ansehen, so →Mailand, →Aquileia und →Ravenna in Italien, →Arles, →Vienne, →Lyon und →Trier in Gallien, später →Toledo im westgot. Spanien, →Canterbury im ags. England, →Reims und →Tours im merow. →Frankenreich. Nach einem Niedergang der kirchl. Organisation unter den späten Merowingern, als einige Metropolen anscheinend ihre kirchl. Vorrangstellung verloren und keinen Metropoliten mehr hatten, sind die Kirchenprovinzen und mit ihnen die Metropoliten unter den karol. Hausmeiern und Kg.en auch im Frankenreich zu neuer Bedeutung gelangt, insbes. gefördert durch die von Bonifatius, anderen Angelsachsen und frk. Kreisen angestoßenen kirchl. Reformen. Zu einem umfassenden Erfolg führten die Bemühungen um die kirchl. Reorganisation im Karolingerreich unter Karl d. Gr., unter dem nicht nur alte Metropolitansitze wieder besetzt, sondern auch neue errichtet wurden, z. B. →Köln (794) und →Salzburg (798). So konnte Karl in seinem Testament 811 außer Rom noch 20 Metropolitansitze nennen. Für die Provinzialbischöfe kam in dieser Zeit die Bezeichnung episcopus suffraganeus in Gebrauch.

Als Zeichen der ebfl. Würde hatten Päpste seit Gregor d. Gr. (590–604) oft das →Pallium übersandt, u. a. 732 an Bonifatius. Es sollte die bes. Verbindung der E.e mit dem Papst bekunden (vgl. MGH Epp. sel. I, 103f.). Nach der Vorstellung des Bonifatius sollten die E.e deshalb verpflichtet werden, dieses Ehrenzeichen vom Papst nach ihrer Bischofsweihe zu erbitten. Er konnte seine Forderung aber nicht durchsetzen (vgl. MGH Epp. sel. I, 193 und 195), und auch Papst Nikolaus I. (858–867) hat die Pallienbitte vergeblich verlangt.

Zur Zeit dieses Papstes führten jedoch die Abwehr der ebfl. Hoheitsansprüche Hinkmars v. Reims durch frk. Suffragane und die diesen durch Papst Nikolaus gewährte Unterstützung zu einer Beschränkung der Rechte der E.e. Insbes. die Durchsetzung des päpstl. Anspruchs, höchste Appellationsinstanz zu sein – also über E. und Provinzialsynoden –, hat in der Praxis den E. mehr als zuvor zu einer bloßen Mittelinstanz zw. Papst und Bf.en werden lassen. Bedeutung gewannen manche von ihnen zunehmend durch Übernahme polit. Aufgaben – so im ostfrk. Reich die E.e v. Mainz und Köln, u. a. als →Kanzler und durch ihren Einfluß auf die Königserhebung (vgl. →Kurfürsten, →Königswahl) –, seit dem hohen MA als mächtige Landesherren (→Landesherrschaft).

Durch das seit dem 12. Jh. ausgebaute Dekretalenrecht (→Dekretalen) sind die den E.en rechtlich zugewiesenen Aufgaben nicht wesentlich verändert worden. Weiterhin sollten sie bei der Bestellung neuer Bf.e durch Bestätigung und Weihe des Gewählten mitwirken – wobei sie nach der Kanonistik (nach ca. 1150) mit der Bestätigung die potestas iurisdictionis (Leitungsgewalt), mit der Weihe die potestas ordinis (Weihebefugnis) übertrugen –, sollten sie Provinzialsynoden berufen und leiten, die Suffragane beaufsichtigen und ihre Diözesen visitieren, zweite Instanz im kirchl. Gerichtsverfahren sein; außerdem sollten sie in bestimmten Fällen der Ämterbesetzung und Vermögensverwaltung zu Ersatzvornahmen in Suffraganbistümern berechtigt sein. Während es zw. den E.en und dem Papst keine jurisdiktionelle Zwischenstufe gab – der Primas-Titel einiger E.e, z. B. von Mainz, Reims, Toledo, Canterbury, seit 1529 auch Salzburg, war nach wie vor ein Ehrentitel –, verloren die E.e im Laufe der Zeit einige Rechte an den Papst, insbes. das Recht auf Bestätigung und Weihe ihrer Suffragane. Inwieweit sie das →Devolutionsrecht und das Visitationsrecht wahrgenommen haben, ist schwer festzustellen. Die Visitation dürfte in einigen räumlich sehr ausgedehnten Provinzen schon wegen der Verkehrsbedingungen unmöglich gewesen sein, z. B. in der Kirchenprovinz Mainz mit 15 Suffraganbistümern.

In einem wichtigen Punkt wurde die Rechtsgrundlage der Stellung des Metropoliten verändert. Seit Ende des 12. Jh. mußte er nach der Weihe erst das Pallium vom Papst erhalten, bevor er sich archiepiscopus nennen und die ebfl. Rechte ausüben durfte. Zu Beginn des 13. Jh. wurde obendrein die confirmatio eines gewählten E.s durch den Papst ein normales Verfahren. Sie wurde mit dem Empfangs des Palliums verbunden und erfolgte daher oft erst nach der Weihe. Nur weit entfernte E.e erhielten von Papst Innozenz III. die Erlaubnis, ihr Amt wahrzunehmen, bevor sie vom Papst konfirmiert waren (X 1.6.28). Sofern ein zum E. Gewählter die Weihe nicht vom Papst empfing und danach gleichzeitig Pallium und confirmatio erhielt – was seit dem 13. Jh. häufiger wurde –, mußte er sich in der Zeit zw. Weihe und Palliumempfang sowie päpstl. confirmatio noch Elekt nennen, obwohl er durch die Weihe mehr als ein →electus war; um der Schwierigkeit der Titulatur zu begegnen, bezeichneten sich im 13. Jh. manche Metropoliten in der Zwischenzeit als humilis minister. R. Kottje

Lit.: FEINE I – P. HINSCHIUS, Das Kirchenrecht der Katholiken und Protestanten in Dtl., Bd. 2, 1878, 1–38 – E. LESNE, La hiérarchie épiscopale..., 1905 – A. GARCÍA Y GARCÍA, Hist. del derecho canónico I, 1967, 218f., 366f. – R. L. BENSON, The Bishop-elect, 1968 [dazu: P. LANDAU, ZRGKanAbt 56, 1970, 448–454] – H. FUHRMANN, Einfluß und Verbreitung der pseudoisidorischen Fälschungen (MGH Schr. XXIV 1–3, 1972–74).

Erzdiakon → Archidiakon
Erzengel → Engel
Erzgebirge, dt. Mittelgebirge, erstreckt sich 120 km lang zw. dem sächs. Vogtland und dem Elbsandsteingebirge (im W bis zu 1244 m, im O bis zu 900 m ansteigend), war in frühgesch. Zeit dicht bewaldet und trennte die Offenland-

schaften im späteren →Sachsen und in →Böhmen voneinander ab; 805 als Hircanus saltus und als Fergunna überliefert, um 1000 als Miriquidu (Thietmar v. Merseburg). Im ganzen MA wurde das E. von Sachsen aus als Böhm. Wald bzw. Böhm. Gebirge bezeichnet und als Trennungsraum empfunden. – Bis zur Mitte des 12. Jh. war das E. von vier Fernstraßen überquert (»semitae Bohemicae« in der Überlieferung): Straße von Oederan nach Brüx (Most), belegt 968 bei →Ibrāhīm ibn Ya'qūb; Straße von →Dohna aus über den Nollendorfer Paß nach Aussig (Ústí), 1040 von einem dt. Heer benutzt; Straße von Altenburg über Schlettau nach Kaaden (Kadaň), 1118 Zoll in Zwickau bezeugt; Paßstraße über Zschopau nach Komotau (Chomutow), an ihr 1136 Gründung des Reichskl. →Chemnitz. – Die Besiedlung des E.s begann nach der Mitte des 12. Jh. durch dt. Bauern von der sächs. und böhm. Seite her (1162 nördl. von Freiberg [Kl. Altzella]; 1168 drang sie von Rochlitz aus nach S vor [Kl. Zschillen]; 1173 bei Schwarzenberg [Klösterlein Zelle]). Auf böhm. Seite markiert 1192 die Gründung des Kl. Ossegg (Osek) den Fortgang der Besiedlung, durch die das Gebirgsland bis in Höhenlagen über 700 m bäuerl. erschlossen, vom Wald gerodet und mit einem Netz von Städten überzogen wurde.

Mit der Besiedlung ging die herrschaftl. Erschließung einher: im NO Burggf.en v. Dohna; von →Dresden und →Freiberg aus Mgf.en v. →Meißen; im mittleren und westl. Teil aus dem Reichsterritorium →Pleißenland heraus Aufbau von reichsministerial. Rodungsherrschaften (Wolkenstein, Schellenberg, Rabenstein, Stollberg, Wildenfels, Herren v. Schönburg, Burggf.en v. Meißen auf Hartenstein, Kl. Chemnitz, Grünhain). Diese wurden im 13. bis 15. Jh. fast sämtlich in das wettin. Territorium (→Wettiner) einbezogen, so daß das E. auf der Nordabdachung am Ende des MA fast ausschließl. dem Kfsm. Sachsen zugehörte. Die aus dem böhm. Raum vorgedrungene Erschließung greift überall auf das Gebiet nördl. des Kamms aus. Der Vertrag v. Eger 1459 ordnete die Herrschaftsverhältnisse beiderseits der Grenze zw. Sachsen und Böhmen.

Mit der Entdeckung der Erzvorkommen von Freiberg 1168 begann der Silberbergbau, der sich bis zum 14. Jh. nur im östl. E. bis zur Elbe hin ausdehnte. Im westl. E. setzte er im frühen 14. Jh. um Kirchberg-Wiesenburg ein und erhielt seinen mächtigsten Anstoß mit dem Fündigwerden am Schneeberg 1470, so daß hier ein ausgedehntes Gebiet des Silberbergbaus mit neuen Stadtgründungen entstand (Annaberg 1497, Scheibenberg 1478, Marienberg 1524, Oberwiesenthal 1527, Gottesgab [Boží Dar], Platten [Blatná] und auf böhm. Seite Joachimsthal [Jáchymov]). Seit dem 14. Jh. war die Zinngewinnung zunächst im Seifenbetrieb hinzugekommen, Hauptorte waren Eibenstock, Ehrenfriedersdorf, Graupen (Krupka) und seit der Mitte des 15. Jh. Altenberg. Im östl. E. entwickelte sich im 15. Jh. ein Eisenbergbaugebiet mit zahlreichen Hammerwerken (Berggießhübel, Gottleuba), auch im westl. E. war der Eisenbergbau um Schwarzenberg verbreitet. Am Ende des MA stellte das E. ein Bergbaugebiet von europ. Rang dar, seine Wirtschaftskräfte gaben dem Frühkapitalismus im md. Raum mächtige Anstöße und machten das Gebiet zum wirtschaftl. Rückgrat des sächs. Territorialstaates. Das hier ausgebildete Freiberger →Bergrecht wurde als vorbildl. in ausländischen Bergbaugebieten übernommen. Seit dem 16. Jh. setzte sich die neue Landschaftsbezeichnung »E.« durch. K. Blaschke

Lit.: M. v. SÜSSMILCH, Das E. in Vorzeit, Vergangenheit und Gegenwart, 1898 – W. SCHLESINGER, Egerland, Vogtland, Pleißenland, zur Gesch. des Reichsgutes im md. Osten, 1937 – B. DIETRICH, Unters. zum Frühkapitalismus im md. Erzbergbau und Metallhandel, JGMODtl 7, 8, 1957/58 – Das E., hg. H. CLAUSS, 1967 – G. H. SCHMIDT, Vom Pirnischen Eisen, 1984.

Erzguß → Bronze, Bronzeguß

Erzherzog (lat. archidux) war der von allen →Habsburgern seit dem ausgehenden 15. Jh. geführte Titel, der in literar. Texten für Hzg.e mit außergewöhnl. Macht schon gegen Ende des ersten Jahrtausends nachzuweisen ist und gelegentl. in der Intitulatio der Hzg.e v. Brabant im 13. Jh. auftaucht. Programmatisch wurde er 1359 unter Hzg. →Rudolf IV. v. Österreich (1358–65), der sich zunächst als 'palatinus archidux' bzw. 'archidux Austrie, Styrie et Carintie', zuletzt als 'archidux Austrie, Styrie, Carintie et Carniole' bezeichnete. Doch ist unklar, unter welchen Bedingungen der Hzg., der sich oft mit einer schlichteren Intitulatio begnügte, den anspruchsvollen Titel führte. Dieser ist sicherlich mit der Fälschung der sog. österr. Freiheitsbriefe (→Privilegium maius) in Verbindung zu bringen, in denen zwar die Erzherzogswürde für Österreich nicht direkt gefordert wird, aber aus einem knappen Hinweis auf den Rang der →Kurfürsten abgeleitet werden kann. Nach dem Tode Rudolfs verzichteten die Hzg.e v. Österreich keineswegs auf diese Ansprüche, doch nannte sich erst wieder Hzg. →Ernst (1402–24), der in Steyr, Kärnten und Krain regierte, seit 1414 Erzherzog. Sein Sohn Friedrich V. – seit 1440 Reichsoberhaupt und als Ks. →Friedrich III. – bestätigte 1442 die Freiheitsbriefe und verlieh 1453 jenen Habsburgern, die über die Hzm.er Steyr, Kärnten und Krain verfügten, die Würde eines E.s, führte aber selbst diesen Titel nie. Dagegen nannte sich sein Bruder Albrecht VI. (1444–1463) seit 1453 'E. v. Österreich, Steyr, Kärnten und Krain'. Nach 1477 führte diesen Titel Hzg. →Siegmund v. Österreich-Tirol (1446–90, † 1496). Zur gleichen Zeit nannte sich auch Friedrichs Sohn, der spätere Ks. →Maximilian I. (1486–1519), E. v. Österreich, verzichtete jedoch darauf, den Titel mit seinen übrigen Hzm.ern in Zusammenhang zu bringen. H. Koller

Lit.: DtRechtswb 3, 316f. – A. LHOTSKY, Privilegium maius, 1957, 32ff. – U. BEGRICH, Die fsl. »Majestät« Hzg. Rudolfs IV. v. Österreich, 1965, 49ff. – H. APPELT, Die Bedeutung des Titels 'archidux palatinus Austriae' (Fschr. F. HAUSMANN, 1977), 15ff. – H. MAURER, Karl IV. und die Erneuerung des Hzm.s Schwaben, BDLG 114, 1978, 645ff. – Der hl. Leopold, Kat. des NÖ Landesmuseums, NF 155, 1985, [Beitr. von E. KOVÁCS, G. J. KUGLER].

Erziehungs- und Bildungswesen
A. Westliches Europa – B. Byzanz – C. Altrußland – D. Judentum

A. Westliches Europa
I. Begriffe – II. Geschichte der Erziehungs- und Bildungsformen – III. Bildung und Wissenschaft.

I. BEGRIFFE: Ein Verständnis für die ma. Struktur von Bildung (B.) und Erziehung (E.) setzt Abstrahierung von seither entfalteten Denk- und Kommunikationsformen voraus. Die nz. Konzeption von B., erst im 18. Jh. zum Leitbegriff für eine anthropolog. orientierte Wertnorm subjektiven Verhaltens und des dadurch erreichten geistigen Habitus geworden, ist von der Generation Herders und vom Neuhumanismus W. v. Humboldts geprägt im Sinne »höchste(r) und proportionierlichste(r) Bildung seiner Kräfte zu einem Ganzen.« Gegenüber ma. Vorstellungen erfuhr der B.-Begriff Erweiterung durch Korrelation der Individualitäts-, aber der Freiheitside der Aufklärung, jedoch intellektuelle Verengung auf eine von Lese- und Schreibfähigkeit beherrschte Kultur. Die darin eingemündete soziale Zurückdrängung des Analphabetentums, das im MA nicht mit Unbildung deckungsgleich war (erst im 19. Jh. wurde das griech. Lehnwort idiota pejorisiert zum Schwachsinnigen) war ein langwieriger, der abendländ. Kultur eigentüml. Prozeß, in dem das ma. E.- und B.-Wesen entscheidende Weichen stellte. Das ahd. Wort *pildunga* (auch = Schöpfung), als Lehnübersetzung von imaginatio das komplexe Sinnfeld von imago = Abbild, Urbild wie forma = Gestalt umfassend, fand Eingang in die Lit. erst in der →Mystik des 14. Jh. (Meister →Eckhart); *īnbilden* meinte die Wiedereinprägung des Bildes Gottes in die Seele, was die Bedeutungsentfaltung zu Herzensbildung anregte (M. Luther), während die Naturphilosophie des Th. B. Paracelsus dann das B.-Denken des Pietismus vorbereitete. Der myst. B.-Begriff stand indes außerhalb der traditionellen Formen und Ziele der Schulwelt. Im MA spiegeln neben ahd. *zucht* eine Skala lat. Worte (educatio, eruditio, disciplina, doctrina, informatio, formatio morum, institutio, ars, scientia, sapientia, peritia), deren Nähe zu Unterweisung, Lernen bzw. Lehren, Gehorsam sowie zu Wissenschaft oder Erfahrung stets auch ethische Dimensionen aufweist, die Kulturzusammenhänge mit der Antike; exemplarisch die Titel von →Fürstenspiegeln und pädagog. Schriften (etwa »de institutione regia«, »...principum«, »de eruditione filiorum«, »de educatione puerorum« usw.). Der »Gebildete« im weiten Sinne war der *eruditus* im Gegensatz zum *rudis*. Das griech. Wort *paideia* = Knabenzucht, das sich zum hellenist. Inbegriff des idealen körperl.-seel.-geistigen Geformtseins des Menschen entwickelt hatte, wurde erst im humanist. Kunstwort 'Enzyklopädie' und mit der 'Pädagogik' der Aufklärung neu belebt. Die von →Clemens v. Alexandria christlich vertiefte Terminologie, indem er den Sinn aller E. als Weg zur Wahrheitserkenntnis auf Christus, den Logos, als heilbringenden paidagogos bezog, wurde vom lat. MA kaum rezipiert. Es bewahrte vielmehr aus anderem semant. Feld als umfassendste Bezeichnung für geistige, spirituelle und sittl. Reife *sapientia*, worin die philos.-theol. Traditionen aus griech.-römischer (z. B. stoischer) und christl. Weisheitslehre zusammenflossen, im Verständnis des →Augustinus ein bes. Spannungsfeld zu scientia berührend. Die ma. Staatslehre forderte →sapientia als höchste Tugend vom Kg., nennt aber auch die an der Gesetzgebung Beteiligten (so in den Leges barbarorum) oder Ratgeber, die →boni homines (as. *eldermen*), häufig sapientes (Johannes v. Salisbury). Um 1500 begegnen sich im E.-Ideal der »sapiens atque eloquens pietas« humanistische und überkonfessionell-religiöse Ziele, beeinflußt von der →Devotio moderna (Johannes Sturm, Ignatius v. Loyola). Die bis ins 18. Jh. wirksamste Kennzeichnung des Gebildeten bzw. Gelehrten blieb der *homo litteratus:* Ausdruck für die dominante Prägung abendländ. B. aus der antiken Schul-Latinität. (Erst im 19. Jh. erhielt der »Literat« negativen Beiklang.) Im späten Rom galt derjenige, der die litterae (Buchstaben) kennt und anwendet, als litteratus; die Niveauspanne reichte vom Mindestmaß an Lese- und Schreibkunst bis zum Anspruch eines Seneca und Cicero. Der illitteratus entsprach dem griech. agrammatos, Analphabeten. Im germ. Umfeld erweiterte sich das Sinnfeld auf Lateinkundigkeit bzw. -unkundigkeit, von ma. Humanisten gesteigert zum Postulat intensiver Autorenkenntnis (»qui istorum ignari sunt, illiterati dicuntur, etsi litteras noverint«; Johannes v. Salisbury, Policr. VII, 9). Die begriffsgesch. Kontinuität ist symptomatisch für die Tradierung antiker B.-Stoffe, Lehr- und Wissenschaftssysteme trotz der institutionellen Diskontinuität des →Schulwesens.

II. GESCHICHTE DER ERZIEHUNGS- UND BILDUNGSFORMEN: [1] Die Eigenart der *ständisch differenzierten B. und E.*

im MA wurzelt im Erbe aus zwei Kulturen, die bei ihrer Begegnung in der Völkerwanderungszeit auf extrem unterschiedl. Entwicklungsstufe standen, deren Fermente trotz stetiger Symbiose auch jeweils eigenständig fortwirkten: einerseits der aus uralten mediterranen Schriftkulturen gewachsene spätröm. Kosmos, der oriental., jüd., griech. Substanzen assimiliert und dem Christentum vermittelt hatte, das als Offenbarungsreligion Buchwesen (→Buch) voraussetzte und zur Verkündigung benötigte; andererseits das Germanentum, das bis ins HochMA eine schriftlose B. kultivierte, die in den sakral verankerten sittl. Normen starke E.-Impulse gab (z. B. im Begriff der →Treue). Die Rezeptionsbewegung zw. schriftgewohnter und schriftloser Gesellschaft bestimmte die ma. Verfassungs- und ebenso B.-Gesch. bis mindestens ins 12. Jh. Im 6. Jh. noch sind Berufsschreiber, Urkundenwesen und Buchhandel bezeugt (→Schriftlichkeit). Die Überflutung der Schriftkultur durch die Sprechkultur im stark germanisierten Orbis Latinus (anders als im jüdischen [s. Abschnitt D] und im byz. B.-Wesen [s. Abschnitt B]) erfolgte geogr. abgestuft (vgl. →Irland). In Italien blieb im städt. Rechtswesen Schriftkundigkeit von Laien rudimentär lebendig, belegt in Urkunden, bezeugt auch von →Wipo (Tetr. v. 190ff.) in seiner Mahnung an Kg. Heinrich III. Da nördl. der Alpen in Ablösung des gallorōm. Senatorenadels seit dem 5./6. Jh. die Kirche Kontinuitätsträgerin von röm. Administration und B. wurde, während die milit. Führung auf die germ. Oberschicht überging, konsolidierte sich ein Nebeneinander von volkssprachl.-schriftlosen, gewohnheitsrechtl. funktionierenden Lebens- u. E.-Formen und der von den geistl. Ständen monopolisierten Schriftwelt (Liturgie, Herrscherkanzlei, Schule, Lit.). Dies fand ihren Niederschlag in dem bis ins 12. Jh. üblichen synonymen Sprachgebrauch von clerici und litterati bzw. laici und illitterati (Nachklang im engl. Doppelwort *clerc-cleric*). Die Gruppe der illitterati laici umfaßte alle weltl. Stände vom Bauern bis zum regierenden Hochadel; der clericus war der prädestinierte Schulleiter, Kanzleibeamte (→Hofkapelle, →Kanzlei), →Gesandte, dessen B.-Niveau oft den polit. Stil prägte (→Liutprand v. Cremona als Diplomat am byz. Hof; die Diktatoren der Briefe Heinrichs IV.; →Rainald v. Dassel als Kanzler Friedrichs I.). Die ma. Gesellschaftslehren, die die platon. Dreigliederung der Stände zäh bewahrten, waren eigtl. herrschafts-, nicht bildungsständisch orientiert, auch wenn kirchl. Reformdenker mit der Stufung nach Beter(orantes)-Krieger-Bauern gegen die Triade Fürsten(imperantes)-Ritter-Volk indirekt den Lehrstand (doctores) gegenüber dienenden Wehr- und Nährständen aufwerteten. Ab rund 1200 berücksichtigten →lehrhafte Lit., Standespredigten (→Jakob v. Vitry, →Berthold v. Regensburg) und Wissenschafts-Gliederungen (Summa) die Differenzierung der Berufsstände, wobei eine Wandlung sozialethischer Kategorien durch Expansion des B.-Prinzips spürbar wird, ohne daß die im Organismusdenken fundierte Ordnungsidee (→Ordo) von der gottgewollten Ständehierarchie revolutioniert wurde.

[2] Das Kirchenrecht verbot dem ignorans litteras den Zugang zum Priesteramt, womit primär Lese- und Gesangskunst (»bene legere et bene cantare«), nicht Schreibfähigkeit gemeint war, forderte also eine *Klerikerausbildung* (→Kleriker), deren Qualität quellenmäßig schwer faßbar ist. Im Zuge der Kirchenreform, die päpstl. Lehraufsicht anspannend, verschärften die Konzilsdekrete (seit 1139) unter Rezeption der Maxime →Pseudoisidors »quod oportet enim, qui docet animas rudes adprime debere esse eruditum« die B.-Vorschriften für Priester;

neben aetatis maturitas und morum gravitas wird scientia litterarum bes. von Bf. en erwartet, die Priesterweihe von rudes für Spender und Empfänger unter Strafe gestellt, die Bepfründung von Lehrern an Kathedralen (→Domschulen) angemahnt; Absetzungen von Bf. en wegen eines defectus scientiae bleiben jedoch vereinzelt. Wie gemäß der Benediktregel der puer oblatus dem Kl. zumeist mit 7 Jahren übergeben, so begann im selben Alter die Klerikerausbildung. Die B. des niederen (Pfarr-)Klerus blieb weiterhin unbefriedigend. Aber der clericus als Rechtsstand (die niederen→Weihegrade einschließend) blieb bis in die NZ Repräsentant der lat. B., ständische Basis für die Ausbildung der zur geistl. Laufbahn bestimmten jüngeren Prinzen oder Versorgungsmöglichkeit für geistige »Muße« (wie bei→Petrarca oder bepfründeten Univ.-Professoren).

[3] Im Unterschied zur scholast. Ausbildung beruhte die *Adelserziehung* nicht auf Lehrplan, sondern weithin auf altgerm. Gewohnheiten, die im Norden noch im 12. Jh. präsent waren (Edda) und sich zuerst volkssprachl. artikulierten (Nibelungenlied, wenige frühma. Zeugnisse). Die Ähnlichkeit mit altröm. Wertnormen, gipfelnd in der virtus-arete (Tüchtigkeit und Ehre), ist unverkennbar, unabhängig von der Frage, ob sich das ritterl. Tugendsystem im 12. Jh. aus Cicero-Rezeption erklären läßt. In Anlehnung an die septem→artes liberales wurden die E.-Erfordernisse als septem probitates systematisiert (Schwimmen, Reiten, Pfeilschießen, Fechten, Jagen, Schachspiel, Versemachen bzw. Kenntnis von Heldenliedern und Spruchweisheit mit Saitenspiel). Die mhd. höf. Dichtung weist nach Entstehung und Bestimmung in eine Hör-Kultur (→Vortragsformen). Analog zur Ausbildungsstufung in →Zünften (Lehrling, Geselle, Meister; auch: Scholar, Bakkalar, Magister) folgte beim Schwertadel der kindlichen E.-Phase durch Eltern und Privatlehrer (→Guiberts v. Nogent Autobiographie) die Lernzeit als Page, dann als Knappe an fremden Höfen, bis mit der Schwertleite die »korporative Mündigkeit« (als Ende der Jugend: vgl. Feilzer) bestätigt wurde. In den durch Standesordnungen überformten E.-Stufen aller Schichten waren die →Lebensalter 7–14–21–28 (röm. Einfluß) bzw. 6–12–18–24 (germ. Tradition) biolog. und mytholog. wie bibl. (Zahlensymbolik) verwurzelte Richtwerte. Die Verchristlichung des →Rittertums (Bonizo v. Sutri, Lib. de vita chr. VII, 28) wandelte vorerst nicht Form und Inhalt, aber Sinngebung der E. Schriftlose B. galt nicht als Manko, bestätigte eher Standesstolz. Wenn →Wolfram v. Eschenbach von sich sagt, »schildes ambet ist min art«, »ich ne kan deheinen buochstap« (Parz. 115, 11, 27, Willehalm 2, 19), hingegen →Hartmann v. Aue sich den Literaturmächtigen zuordnet: »ein ritter so geleret was, daz er an den buochen las...« (Der arme Heinrich 1f., Iwein 21f.), bezeugt das zwar die Anfänge intellektueller Reflexion über B., aber weder Hartmann noch später →Oswald v. Wolkenstein dichteten am Schreibtisch. Die Gr. →Heidelberger (Maness.) Lieder-Hs. enthält keine Miniatur von Minnesängern am Pult. Die Abneigung des Schwertadels gegen »klerikale« B., bes. gegen das inferiore Schreibhandwerk, läßt sich bis in die frühe NZ verfolgen, z. B. in der Resistenz gegen akadem. Examina. Seit dem 12. Jh. schwillt in der scholast. Lit. zugleich mit Aufkommen des Diktum »sciencia nobilitat« die Kritik am illiteraten Adel an; →Walter Map beklagt, die freien Stände, eigtl. der artes würdig, seien zu faul, ihre Kinder in die Schule zu schikken, die Bauern aber täten dies, um reich zu werden, denn »artes gladii sunt potentum« (De nug. cur. I, 10); →Konrad v. Megenberg geißelt in Kommentierung des seit dem 12. Jh. geflügelten Wortes vom »rex illitteratus quasi asinus coronatus« die Unbildung des dt. Adels (Yconomica, vgl. S. Krüger). Bald wird die Spannung zw. arma und litterae von Adligen selbst thematisch traktiert (Ulrich v. Hutten). Die spätma. »Krise des Adels« zeigt als Reaktion auf den Verlust sozialer Prävalenz angesichts des Aufsteigens bürgerl. B. (gelehrte Laienräte und Präzeptoren an Höfen) zwei Aspekte: eine Renaissance (»reconstruction«, vgl. Hexter) adliger Lebensformen (→Turnierwesen) unter Betonung des »Gesinnungsadels« sowie Annäherung an lat. B.-Ideale (z. B. Johannes →Rothe um 1450). Beide Tendenzen gipfeln in Ks. Maximilian I., dessen »Weißkunig« (II, 17–68) für die E. des weiß geharnischten und weisen Kg. s alle traditionellen B.-Systeme (artes liberales, mechanicae, probitates, Sprachen) integriert. Die reale B. der Herrscher erreichte freilich nicht das in Fürstenspiegeln seit dem 13. Jh. u. a. durch Neurezeption der Rhetorik des →Aristoteles angeregte Ideal des wissenschaftl. gebildeten Kg.s (Aegidius Romanus, De reg. pr. II, lib. 2, c, 7f.: »nam oporteat eos esse quasi semideos ... non vacat eis subtiliter persecutari scientias«). Die seit den Karolingern eingetretene Schriftunkundigkeit der Kg. e und der Wegfall der Ausstellerunterfertigung auf Herrscherdiplomen (zu→Karls d. Gr. Bemühungen →Einhard c. 25) hat mit gewissem Süd-Nord- und West-Ost-Gefälle bis um 1450 angedauert. Die Vorschrift der Goldenen Bulle (c. 31), daß die Kurfürstensöhne in grammatica und in den (Gesetzes-)Sprachen Italienisch und Slavisch zu instruieren sind, verlangte nicht eigtl. wissenschaftl. B., aber Latein; Kenntnis moderner Sprachen gehörte zu den mit der Kavalierstour belebten aristokrat. B.-Idealen. Karl IV. sprach 5, der »Weißkunig« lernte 7 Sprachen. Um 1500 setzen an Höfen schriftl. E.-Instruktionen ein.

[4] Die *Mädchen-E.* bildete in der zäh illiteraten Laienkultur eine Ausnahme. Adels-Töchter genossen oft neben Nonnen lat. Ausbildung in Kloster- und Stiftsschulen. Weibl. Leserkreise regten die wissenschaftl. und dichterische, bes. volkssprachl. Lit. an. Der Sachsenspiegel nennt Gebetbücher als Frauenbesitz und bemerkt (Ldr. Red. 1270), »de vrouwen pleget to lesene« (I, 24, § 3). Unter zahlreichen gelehrten, eher lesenden als schreibenden (→Hildegard v. Bingen) bleiben lehrende Frauen Einzelfälle, wie die legendäre Scholastiker-Tochter Novella (nach 1300). In frühhumanist., parallel zur Gattung »De viris illustribus« verfaßten Katalogen »De claris mulieribus« (→Boccaccio, Domenico Bandini) spielt auch die B. eine Rolle, bes. bei →Christine de Pisan (»Cité des dames«), die als »fille d'études« (Selbstbezeichnung) gleiches Ausbildungsrecht für Frauen und Männer fordert, aber den Lehrplan unterscheidet. Pierre →Dubois weist in seinem utopischen E.-Reformprogramm den Lat., Naturwissenschaften, bes. Medizin und Chirurgie, auszubildenden Mädchen wichtige Funktionen für die Orientmission zu (De recup. § 61). Der fakt. Ausschluß aus der scholast. B. seit Entstehung der Univ., der die künftige geschlechtl. Gabelung der E. signierte, war mitbedingt durch Fehlen der Klerikerpfründen und akadem. Berufe für Frauen. Dem standestheoret. Verweis der Frauen auf schriftlose Beschäftigungen steht gegenüber die ma. weibliche Allegorisierung der artes liberales und die Verehrung der hl. →Katharina als Patronin der Philosophen (→Frau).

[5] Der Ausgleich von lat. und schriftlosen E.-Formen, die Sprengung des kirchl. B.-Monopols wurden vorangetrieben v. a. durch die Rezeption →röm. Rechts und den Aufschwung des Städtewesens, in Italien miteinander gekoppelt, da die Entstehung des Juristenstandes (der legista, canonista, iuris peritus trat neben den homo litte-

ratus) Zusammenhänge mit dem Notariatswesen (→ars dictaminis) zeigte. Der Siegeszug des röm. Rechts beschleunigte den allgemeinen Übergang zu schriftl. Verkehrsformen in Verwaltung, Rechtsprechung, Wirtschaft, in Staat und Stadt. Fand die neue Wertung von Wissenschaft im 13. Jh. Ausdruck in Reflexionen, z. B. über das Studium als Weltamt (→Alexander v. Roes) und über die translatio artium (als Legitimation von Schulen in Italien und Frankreich) sowie in der Bedeutung der Univ.-Promotion für kirchliche (Päpste, Kardinäle, Bf.e, vgl. MIETHKE), dann auch für weltl. Ämter, so erlebte die elementare Lese-, Schreib- und Rechenkunst rapide Ausbreitung in Bürgerkreisen. E. ENNEN beobachtete die Koinzidenz des Übergangs zu städt. Hochkulturen mit der Wende zur Schriftkultur als universalhist. Tendenz. Die Rolle *kaufmännischer* E. bei Entstehung des bürgerl. →Schulwesens begegnet zuerst in Geschäftsbüchern (im Hansebereich ab dem späten 13. Jh.; →Hanse), Handlungsbüchern (z. B. der →Holzschuher in Nürnberg 1304); Formelsammlungen sowie die Lübecker Wachstafeln (um 1370) belegen den Unterricht im Briefschreiben für kaufmänn. Zwecke (→Brief). Erfahrung wurde auf B.-Reisen erworben, ab 15. Jh. auch von Handwerkern. An dt. Univ. des 15. Jh. wuchs die Zahl bürgerl. Studenten; Rückwirkungen auf Stadtratskarrieren lassen sich aber nicht generell feststellen. Daß das bürgerl. B.-Verhalten nicht im Vorurteil gegenüber den kirchl. Schultraditionen verhaftet war, sondern scholast. Argumentationsweisen und Disziplinen auffallend assimilierte, bestätigt die pädagog. Enzyklopädie des Kulmer Stadtschreibers Konrad Bitschin (»De vita coniugali« IV, um 1430). Wandlungen spürt man eher in Lernmotivation und im Praxisbezug der auf dem Trivium fußenden Lehrfächer an den städtischen, ab 15. Jh. auch dt. Schulen (erste dt. Fibel 1486). Wie im FrühMA wurde immer noch volksprachl. Schrift an den Methoden lat. Grammatik erlernt. Die Ausweitung der Latinität und des Lesens in Laienkreisen, befördert auch von der →Devotio moderna, andererseits das Vordringen der Volksprachen in die bislang den drei »hl. Sprachen« reservierte Wissenschaft zeitigten schon vor dem →Buchdruck tiefgreifende Folgen für die herkömmlich mnemotechnisch geprägte E. und B., in der es »früher so viele Weise gab, die mehr niederschreiben konnten (wegen der Gedächtnisschulung), als wir lesen können« (Hugo v. St. Viktor, Did. III, 3). Die selbständige Aneignung von religiösem Wissen über Lesen statt über das Hören der →Predigt, die Privatisierung der Bibellektüre über →Bibelübersetzungen war eine Herausforderung der traditionellen Glaubensvermittlung.

III. BILDUNG UND WISSENSCHAFT: Die Grenzen zw. allgemeiner B., Fach-B. und Wissenschaft wechselten, sind aus den Quellen kaum generell bestimmbar. Denn das ma. Weltbild war getragen von der philos. Idee einer metaphys. begründeten und teleolog. bzw. eschatolog. ausgerichteten, daher hierarch. gestufen universalen Einheit der Schöpfung, deren gestörte Ordnung mit Hilfe der heilspädagog. wirksamen Wiss.n wiederhergestellt wird (→Hugo v. St. Viktor, →Vinzenz v. Beauvais). Die grundsätzl. *Einheit der Wissenschaften* erfüllt sich in der reductio artium ad theologiam (→Bonaventura). Einheit und Hierarchie aller Wissenschaften bzw. B.-Zweige wurden oft allegorisiert als Hexaemeron (Vinzenz v. Beauvais, Spec. nat.), Baum, Reise über die artes zur sapientia (→Alanus ab Insulis, →Honorius Augustodunensis) usw. Nicht der Erkenntniszweck, sondern die Erkenntnisweisen bestimmen die Stufenleiter bzw. den Ort von E., propädeut. und höherer Ausbildung. In den Klassifizierungen des Wissens der Hochscholastik (→Scholastik) gewannen auch die →artes mechanicae positivere Wertung, womit die Differenzierung der realen Berufswelt theoret. Legitimation erhielt. Die Priorität von Theorie oder Praxis ist oft schwer erkennbar, gerade im Verhältnis von Wissenschaft und Technik (baute →Roger Bacon Fernrohre, weil er die Optik im Wissenschaftssystem des →Dominicus Gundissalinus fand?). Zur Koordination von Philosophie und Pädagogik unterschied →Hugo v. St. Viktor zw. ordo inventionis und ordo eruditionis (Lehrplan), dessen Didaktik in Lectio und meditatio er beschreibt. Ähnlich konzipierte Bacon sein System als ordo naturae vel dignitatis bzw. als modus sciendi vel legendi, wobei er der Empirie (sciencia experimentalis) zentrale Funktion zuwies und in die lat. Grammatik das Erlernen der griech., hebr., chald. und arab. Orthographie einbezog. Den Bedarf an Schulen für die oriental. Missionssprachen legte Raimundus →Lullus dem Konzil v. Vienne 1311 nahe. – Im Rahmen der Einheitsidee wuchsen die *Spannungsfelder* der B.-Haltungen aus dem stets virulenten Problem der Gesellschaftsrelevanz. Daraus versteht sich z. B. die schwankende Wertung der artes liberales zw. Propädeutik und Philosophie auf dem Weg bis zur Artistenfakultät oder ihrer Einzeldisziplinen je nach B.-Ideal (Quintilians Orator als sapiens) oder nach der Lehrweise als ars oder sciencia (Augustinus, De ordine). Zwei Konstellationen bestimmten das Verhältnis von B. und Wissenschaft grundlegend: a) Vom Ansatz der gr. Auseinandersetzung zw. Sokratikern und Sophisten, Platon (Gorgias) und seinem Antipoden Isokrates (Antidosis), dessen an Rhetorik orientierte Pädagogik den formalen E.-Wert der Wissenschaft betont, hat sich die Spannung zw. Philos. und rhetor. B. im MA in komplexen Verflechtungen wiederholt. Im Methodenkonflikt der Scholastik um die Gewichtung von ratio und auctoritas formierten sich die Lehrweisen von logist. und historiolog. B., wie sie sich dann im Kampf der studia humanitatis gegen die Auswüchse der scholast. Disputation auflehnten. Die Spannung zw. humanist. Autorenexegese, die den homo litteratus reifte, und philos. Spekulation, die Johannes v. Salisbury (mit dem Visier des Sokratikers) an den neo-sophistici geißelte, durchzog das ganze MA. – b) Die immanente Spannung im antiken Lehrgebäude wirkte vielschichtig auf das Christentum, das der Rhetorik zur Katechese bedurfte (Augustinus, De catech. rud.), jedoch die spätantike Schulrhetorik ablehnte im Bemühen um eine dem Christen angemessene Sprache (Gregor d. Gr.). Die Entscheidung für die coenobit. Form des Mönchtums (vita communis) und die Übernahme der B.-Pflege durch die Mönche (→Cassiodor), die das Kl. zur Werkstatteinheit von techn. Buchherstellung und geistiger Überlieferung machte, gestalteten die lat.-germ. B.-Welt, erzeugten aber auch den Konflikt zw. Monastik und Scholastik, der im 13. Jh. die Theologie von alten Orden und neuen →Bettelorden unterschiedlich prägte. In der Konkurrenz zw. weltgeistl. Seelsorge- und klösterl. E.-Aufgabe wirkte die alte Auseinandersetzung um Art und Umfang christl. B. zw. Askese und Wissenschaft nach, obwohl sie in der Patristik gegen Tertullians Rigorismus (»was hat Athen mit Jerusalem zu tun?«) von Augustinus (De doctr. chr.) gültig gelöst worden war (Exegese der »spolia Aegyptiorum«). Appelle, u. a. von →Petrus Damiani und →Bernhard v. Clairvaux, gegen die Intellektualisierung christl. Spiritualität, haben das B.-Streben reformierend vertieft. Religiöser und wissenschaftl. Anspruch fanden die sublimste Synthese in der docta ignorantia und dem

Ideal des idiota als eines zum Wesen der Gotteserkenntnis gelangenden Menschen bei →Nikolaus v. Kues.

S. a.→Akademie; →Antikenrezeption; →Antiqui-moderni; →Artes liberales; →Artes mechanicae; →Bildungsreform Karls d. Gr.; →Domschulen; →Elementarunterricht; →Enzyklopädie; →Humanismus; →Klosterschule; →Mystik; →Rittertum; →Scholastik; →Schulwesen; →Universität. L. Boehm

Q. und Lit.: Konrad Bitschins Pädagogik. Das Vierte Buch des enzyklopäd. Werkes »De vita coniugali«, hg. R. GALLE, 1905 – Gesch. Grundbegriffe, hg. O. BRUNNER–W. CONZE–R. KOSELLECK I, 1972, s.v. Bildung [R. VIERHAUS]; VI (i. Dr.) s.v. Stand, Klasse [O. G. OEXLE] – E. ENNEN, Stadt und Schule in ihrem wechselseitigen Verhältnis vornehmlich im MA, RhVjbll 22, 1957 – H. GRUNDMANN, Litteratus-illitteratus, AK 40, 1958 – F. J. WORSTBROCK, Translatio artium, AK 47, 1965 – E. LICHTENSTEIN, Zur Entwicklung des B.sbegriffs von Meister Eckhart bis Hegel, 1966 – S. KRÜGER, Das Rittertum in den Schriften des Konrad v. Megenberg, Veröff. des Max Planck Inst. für Gesch. 51, 1979² – Die Renaissance der Wiss. im XII. Jh., hg. P. WEIMAR, 1981 – L. BOEHM, Das ma. E. ... (Prop. Gesch. der Lit. II), 1983 – Stud. zum städt. Bildungswesen des späten MA und der frühen NZ, hg. B. MOELLER, H. PATZE, K. STACKMANN, 1983 – L. BOEHM, Konservativismus und Modernität in der Regentenerziehung an dt. Höfen im 15. und 16. Jh. (DFG, Mitt. der Komm. für Humanismusforsch. XII, 1984) – S. KRÜGER, Character militaris und Character indelebilis (Fschr. J. FLECKENSTEIN, 1984), 567–580 – K. SCHREINER, Laienbildung als Herausforderung für Kirche und Gesellschaft, ZHF, 1984 – A. WENDEHORST, J. MIETHKE, K. WRIEDT, J. EHLERS (Schulen und Studium im sozialen Wandel des hohen und späten MA, hg. v. J. FRIED, VuF 30, 1986) – J. H. HEXTER, Journal of Modern History 22, 1, 1950 – H. FEILZER, Jugend in der ma. Ständeges., 1971 – K. NEUMANN, Consiliarius principis [Diss. München in Vorber.] – Weitere Lit. s. gen. Verweise.

B. Byzanz

Die byz. Welt ererbte von der Spätantike ein dreistufiges Bildungssystem. Der Elementarlehrer unterrichtete Lesen und Schreiben; der Sekundarlehrer (Grammatiker) unterwies in der klass. griech. Literatur; der Rhetoriker schließlich vermittelte die korrekte und kunstgerechte Ausdrucksfähigkeit in der Literatursprache (→Grammatik, →Rhetorik). Das Studium der Philosophie stellte eine selbstgewählte vierte Stufe des Bildungserwerbes dar. Elementarlehrer gab es in vielen Städten während der gesamten byz. Epoche; Möglichkeiten zur Erlangung höherer Bildung bestanden bis zu den Invasionen der Araber und Slaven im 7. Jh. in den größeren byz. Städten, danach für Jahrhunderte nur noch in →Konstantinopel. In den letzten Jahrhunderten des Bestehens des Byz. Reiches entstanden neue Bildungszentren, v. a. in →Thessalonike und →Mistra. Die Elementarlehrer hingen von den Zahlungen ihrer Schüler ab; die Lehrer der höheren Bildungsgrade dagegen genossen vielfach Förderung, bes. von seiten der städt. Magistrate und – nach deren Verfall – von seiten der Zentralverwaltung und der Kirche, die beide auf gebildete Amtsträger angewiesen waren. In Konstantinopel sorgte eine Reihe ksl. Erlasse vom 9. Jh. an für den offiziellen Unterricht in Rhetorik, Philosophie, Rechtswissenschaft und Medizin (Caesar Bardas 863, Konstantin VII. Mitte des 10. Jh., Konstantin IX. 1045, Michael VIII. nach der Vernichtung des Lat. Kaiserreiches 1261 u. a.). Doch gab es keine Kontinuität des öffentl. B.s; eine »Universität« im modernen Sinne bestand nicht. In vergleichbarer Weise sorgte das Patriarchat für eine Ausbildung des Klerus, die zw. dem späten 11. Jh. und der Eroberung des Byz. Reiches durch die Lateiner 1204 eine stärker institutionalisierte und fest etablierte Form mit »Lehrstühlen« für Grammatik, Rhetorik, Studium des AT und NT besaß; an der Schule des Patriarchats studierten Laien wie Geistliche. Neben diesen institutionalisierten Lehranstalten betätigten sich in der Hauptstadt private Lehrer der Literatur, Rhetorik und Philosophie. Die Kl. bildeten ledigl. ihre Novizen aus; die Unterweisung weltl. Schüler war ihnen verboten.

Das E. war in antiker Tradition auf das Studium der klass. griech. Literatur, die in einer Auswahl gelesen wurde, ausgerichtet, wobei der Grammatiker die Werke der Dichter erläuterte, der Rhetoriker seinen Unterricht auf den antiken Rednern und Geschichtsschreibern aufbaute und der Philosoph bestimmte Werke des Aristoteles und – seltener – des Platon zur Grundlage nahm. Zur Erläuterung der Klassiker entstand eine Fülle von Kommentaren (z. B. die zahlreichen byz. →Aristoteles-Komm., die Komm. des →Eustathios zu Homer und die des →Tzetzes zu Aristophanes, beide aus dem 12. Jh.), Handbüchern der Grammatik, Metrik und Rhetorik, Lexika u. a. Hilfsmitteln. Das Auswendiglernen spielte im Unterricht eine bedeutende Rolle. Traditionell erlernten die Schüler die griech. Grammatik durch die Lektüre →Homers, dessen Werke seit der Antike grammat. kommentiert worden waren. Die christl. Auffassung, daß Homer keine geeignete Lektüre für die Jugend sei, führte im 6. Jh. oder später zu analogen grammat. Komm. zu den →Psalmen, die in der mittelbyz. Epoche weithin Homer als den wichtigsten, ja oft einzig gelesenen Text verdrängten. Auf den höheren Stufen der Bildung erfolgte niemals eine vergleichbare Verchristlichung. Recht (→Byz. Recht), →Medizin und andere Fachkenntnisse wurden in einer Art von handwerkl. Lehre vermittelt, wobei die Ausbildung manchmal von einer Korporation überwacht wurde. Von Zeit zu Zeit sind jedoch auch ksl. approbierte Lehrer für Recht und Medizin in Konstantinopel bezeugt.

Rudimentäre Schreib- und Lesekenntnisse scheinen bei der städt. Bevölkerung weit verbreitet gewesen zu sein, auf d. Lande waren sie dagegen sehr selten. Der Erwerb einer höheren Bildung beschränkte sich in der Regel auf einen zahlenmäßig geringen Kreis von Staatsbeamten und kirchl. Würdenträgern in der Hauptstadt. Bildung war nie das Privileg des Klerus, die Gebildeten stellten niemals eine abgegrenzte Schicht in der Gesellschaft dar. S. a. →Byz. Literatur. R. Browning

Lit.: F. FUCHS, Die höheren Schulen v. Konstantinopel, 1926 [Neudr. 1965] – BRÉHIER, Civilisation, 456–503 – R. BROWNING, Byzantion 32, 1962, 166–202; 33, 1963, 11–40 – P. LEMERLE, Le premier humanisme byz., 1971 – P. SPECK, Die ksl. Universität v. Konstantinopel, 1974 – s. a. die Lit. zu den Einzelstichwörtern wie →Grammatik, →Rhetorik, →Philosophie, →Bibliothek, →Buch usw.

C. Altrußland

Auch nach der Annahme des Christentums wurde das Denken und Alltagsleben der Ostslaven noch jahrhundertelang von Anschauungen und prakt. Kenntnissen, die aus der vorchristl. Zeit mündlich tradiert wurden, beeinflußt. Der seit dem späten 10. Jh. vollzogene Umbruch, zu dessen wichtigsten Momenten die Übernahme der Schrift (→Schriftlichkeit, Schriftkultur) gehörte, führte zur Rezeption von christl. byz. Bildungsauffassungen, in denen die Lektüre als Mittel der Heilung empfohlen wurde. In der Vita des Slavenapostels →Konstantin (Kyrill) wird ein modellhafter, an klassizist. Vorstellungen orientierter Bildungsgang, der »Einheimische und Fremde die Philosophie lehren« soll, vorgeführt.

Die Lückenhaftigkeit der Quellen hat schon den ersten Historiker des russ. Bildungswesens, den Frühaufklärer V. N. Tatiščev (1686–1750), wie auch viele Historiker des 19. Jh. zu häufig ungesicherten Vermutungen verleitet. Aufgrund der schlechten Quellenlage können Genese und Geschichte des E.s in Altrußland nur unzureichend rekonstruiert werden; immerhin lassen die überlieferten Handschriften vielfältige Schlüsse auf den Bildungsstand in der Rus' zu. Ein Großteil dieser Handschriftenüberlieferung gehört dem 15.–17. Jh. an, doch die (z. T. in Übersetzung) überlieferten Werke gehen vielfach auf das 11.–13. Jh. zurück. Neben der schriftl. Überlieferung geben auch materielle Zeugnisse Aufschluß über den Kenntnisstand, u. a. auch auf techn. Gebiet. Die slav. Schriftsprache begründete eine sozial breitere Lese- und Schreibkundigkeit, bezeugt etwa durch die Funde von Texten auf Birkenrinde, die fälschlich so benannten Birkenrinde-→Urkunden. Im Unterschied zum lat. geprägten westl. Europa, wo die Gebildeten direkteren Zugang zur antiken Überlieferung hatten, konnte höhere Bildung im altruss. Kulturbereich nur durch Kenntnis des →Griechischen erreicht werden; sie blieb daher einer kleinen Elite vorbehalten. Die slav. Sprache mußte sich dagegen erst allmählich die reiche Terminologie des christl.-antiken Wertsystems und seiner Weltsicht aneignen. Dieser Aneignungsprozeß war mühsam, wie manche Mißverständnisse in Übersetzungen aus dem Griechischen zeigen. Die Rezeption des christl.-byz. Bildungsgutes war in mancherlei Hinsicht eingeengt, v. a. bedingte die kirchl.-theol. Ausrichtung des Bildungswesens eine themat. Begrenztheit der Übersetzungsliteratur.

Der Mongolensturm des 13. Jh. (→Mongolen) traf die Rus', deren Christianisierung institutionell abgeschlossen war, in einer Phase der inneren Konsolidierung von christl. Denk- und Lebensformen (nicht zufällig wird die Landbevölkerung im 14. und 15. Jh. erstmals mit der Bezeichnung *krestjaně* 'Christen' belegt). Die Ursachen des kulturellen Rückgangs nach der Mongoleninvasion sind nicht in erster Linie in der Zerstörung zahlreicher Kultstätten (Kirchen und Kl.) oder in der Politik der Tataren begründet – diese verhielten sich gegenüber der russ. Kirche weitgehend tolerant –, sondern in einer Veränderung der kollektiven Mentalität und damit auch der geistigen Kultur: Der Mongolensturm wurde als Strafe Gottes interpretiert und bewirkte, daß eine weltoffene philosoph.-humanist. Einstellung von einer stärker weltabgewandten asketisch-myst. Grundhaltung verdrängt wurde. Diese konservative Strömung wirkte einengend und hemmend auf das altruss. Bildungswesen. In denjenigen altruss. Ländern, die unter litauisch-poln. Herrschaft gerieten, begünstigte sie die Furcht vor einem Vordringen des Katholizismus bei den Orthodoxen. Das russ. Geistesleben geriet im 14. und 15. Jh. unter den »zweiten südslav. Einfluß« (als »erster südslav. Einfluß« wird demgegenüber das Wirken der meist aus Bulgarien stammenden orth. Missionare nach 988 bezeichnet), der in Rußland Literatur und Kunst anregte, aber auch die asket.-weltabgewandten Tendenzen verstärkte. Allerdings wurde das russ. E. nur wenig berührt; der Bildungsrückstand des russ. E.s war sowohl »häretisierenden« Persönlichkeiten wie Fedor Kuricyn als auch Konservativen wie dem Ebf. v. Novgorod, →Gennadij, dabei durchaus bewußt.

Zu den ständigen Bildungseinrichtungen gehörten Elementarschulen und Hausunterricht (→Schulwesen, altruss.). Das einzige wohl aus vorchristl. Zeit übernommene Moment war die Institution des *Kormilec*, des Erziehers an Fürsten- und Adelshöfen. An den Fürstenhöfen gehörte seit dem 11. Jh. ein →Fürstenspiegel, eine slav. Übersetzung des →Agapetos, zur Erziehungslektüre (vgl. auch die Sammelbände für den Gfs.en →Svjatoslav Jaroslavič, † 1076). Zu Anfang des 12. Jh. übermittelte Gfs. →Vladimir Monomach seine Erfahrungen als Herrscher in Gestalt einer Unterweisung an seine Nachkommen. Zur Feder griff auch Gfs. →Andrej Bogoljubskij, der sich stark an kirchl.-theol. Disputen beteiligte.

Für die Geistlichkeit wurden an den Bischofssitzen Ausbildungseinrichtungen geschaffen. Diese sanken später allerdings oft zu bloßen Examensstätten für den Priesternachwuchs ab. In der Zeit vor dem Mongolensturm kam die Bildung der altruss. Bf.e vielfach derjenigen der geistl. Würdenträger in Byzanz gleich; das Wissen des Klerus beschränkte sich nicht auf theol. Kenntnisse. Zur Pflege des liturg. Gesanges, der schon an den Elementarschulen geübt wurde, wirkten ausgebildete Chormeister an den Kathedralen (→Liturg. Musik). Ebenfalls gab es →Rhetorikunterricht, wie altruss. →Predigten zeigen. Bisweilen wurden auch Griechischkenntnisse vermittelt, und →Grammatik wurde mit Hilfe von Schedulen gelehrt. Nur ein kleiner Teil der Geistlichen und späteren Bf.e dürfte jedoch in Konstantinopel studiert haben. Im 15. Jh. finden sich an den europ. Universitäten vereinzelt »Rutheni«, d. h. Studenten aus den westruss. Ländern, Novgorod und Pskov.

Der Bildungsstand der altruss. Geistlichkeit muß insgesamt eher mittelmäßig gewesen sein; die überkommenen altruss. Werke zeigen in ihrer Mehrzahl nur schwache theol. Kenntnisse, ein enges Weltbild und vielfach asket. Unduldsamkeit sowie die Unfähigkeit, Wesentliches von Unwesentlichem zu unterscheiden, z. B. in der Polemik mit der lat. Kirche. Doch gab es auch Schriften, in denen ein Verständnis für heidn. Relikte und mag. Praktiken deutlich wird (so bei →Serapion, Bf. v. Vladimir). Die Rolle der altruss. Klöster war für die Textüberlieferung zwar bedeutend, für das E. aber eher bescheiden.

Kenntnisse des Weltbildes und -systems sowie der Naturwissenschaften im allgemeinen wurden – außer durch die Bibel selbst – durch den slav. Kommentar zum Hexameron des bulg. Exarchen →Johannes vermittelt (s. a. →Bibel, Abschnitt B. II, 3), Wissen über Kosmogonie und Kosmographie schöpfte man aus →Johannes v. Damaskos und insbes. →Kosmas Indikopleustes. Zu den geograph. und ethnograph. Kenntnissen trugen neben Übersetzungen (z. B. der Chronik des →Georgios Monachos) auch originale altruss. Werke bei, so die ethnograph. Angaben über die Slaven in der Nestorchronik (→Povest' vremennych let), die Wallfahrtsliteratur (→Pilger, Lit.) und die →Reisebeschreibungen (z. B. →Afanasij Nikitin).

Von großem Aussagewert für den altruss. Bildungsstand ist die Nestorchronik, und auch die spätere Geschichtsschreibung spiegelt trotz ihrer geringeren Bedeutung die Interessen und Auffassungen der Chronisten wider, die sich frei von schablonenhafter Imitation byz. Gedankenguts zeigen – ganz im Gegensatz zur weitaus sterileren altruss. →Hagiographie. Dank der Vermittlung der byz.-christl. Kultur blieben den gebildeten Kreisen in der Rus' die antiken Überlieferungen nicht ganz fremd: Bruchstücke der antiken Philosophie waren aus Übersetzungen des Johannes v. Damaskos bekannt; Exzerpte aus Homer, Menander, Platon und Aristoteles finden sich v. a. in den Sammelbänden der Aphorismen (→Melissa). Tiefergehende Bekanntschaft mit dem antiken Erbe machten aber nur diejenigen, die mit dem Griechischen und den byz. Wissenschaften vertraut waren. – Vgl. a. →Byzantinische Literatur, Abschnitt B (auch zur Rezeption byz. Bildung bei den Südslaven). A. Poppe

Lit.: V. N. Peretc, Obrazovannost' (Kniga dla čtenija po russkoj istorii I, 1904), 533–549 – M. Hruševskyj, Istorija Ukrainy-Rusi 3, 1905, 454–503, 556–559; 6, 1907, 328–355 – A. Wanczura, Szkolnictwo w starej Rusi, 1923 [dazu: N. Forbes, The Slavonic Review II, 6, 1924, 644–651; M. Speranskij, Slavia IV, 1926, 823–829] – N. S.

ČAJEV, Prosveščenie, Istorija kult'ury drevnej Rusi II, 1951, 216–244 – A. POPPE, Dans la Russie médiévale X^e–XIIIe s.s: écriture et culture, Annales, 1961, 1, 12–35 – G. FLOROVSKY, The Problem of Old Russian Culture, SlR 21, 1962, 1, 1–15 – M. N. TICHOMIROV, Russkaja kult'ura X–XVIII vv, 1968, 21–39, 90–172 – D. S. LICHAČEV, Čelovek v lit. drevnej Rusi, 1970² – B. A. RYBAKOV, Prosveščenie (Očerki russkoj kul'tury XIII–XV v. II, 1970), 158–205 – E. HÖSCH, Griechischkenntnisse im alten Rußland (Serta Slavica A. SCHMAUS, 1971), 250–260 – V. K. KUZAKOV, Očerki raz vitija estestvennonaučnych i techničeskich predstavlenij na Rusi v X–XVII vv, 1976 [dazu: W. RYAN, Russia Mediaevalis 5, 1980] – R. A. SIMONOV, Matematičeskaja mysl' drevnej Rusi, 1977 – N. A. MEŠČERSKIJ, Istočniki i sostav drevnej slavjanorusskoj perevodnoj pismennosti IX–XV vv., 1978 – Estestvennonaučnyje predstavlenija drevnej Rusi, 1978 – Sovetskaja istoriografija Kievskoj Rusi, 1978, 256–262 – HGeschRußlands I, 411–424 – G. PODSKALSKY, Christentum und theol. Lit. in der Kiever Ruś (988–1237), 1982 [Lit.] – s. a. Lit. zu →Bibliothek, Abschnitt B. II.

D. Judentum

Im Judentum hat sich vergleichsweise früh ein vom familiären Bereich (und den damit gegebenen Zufälligkeiten) unabhängiges E. entfaltet. Nach talmud. Überlieferung (→Talmud) gab es bereits gegen Ende der Zeit des Zweiten Tempels ein ausgebreitetes Lehrer- bzw. Schulsystem, dessen Einrichtung auf den Hohenpriester Josua ben Gamla zurückgeführt wird.

Im FrühMA galt jedoch nicht das palästinens. Mutterland, sondern die babylon. Diaspora mit ihrem entwickelten Erziehungssystem als Vorbild. Kennzeichnend für die dortigen Verhältnisse war die Zweiteilung in ein *Bet Sefär* für die Vermittlung elementarer Kenntnisse und in ein *Bet Talmud* für die Betreibung fortgeschrittener Studien, in denen von der Gemeinde angestellte Lehrer unterrichteten. Dem männl. Jugendlichen wurde in der Regel vom 6. Lebensjahr an in der Elementarschule die Fähigkeit zum Studium des hebr. Pentateuchs und dessen aram. Standardübersetzung vermittelt, der eine Einführung in Lesen und Schreiben vorausging. Danach wurden auch andere bibl. Bücher studiert. In der Fortgeschrittenenstufe wurden Halachakenntnisse (→Halacha), also Recht, in Form des Studiums des Babylon. →Talmuds vermittelt. Mit dem 12./13. Lebensjahr ging die normale Schulerziehung zu Ende. Darüber erhoben sich freilich als (zweite oder) dritte Stufe die Talmudhochschulen in Sura und anderswo, die der Ausbildung hochqualifizierter Spezialisten in religions-, ritual- und sonstigen gesetzl. Fragen dienten. – Die Schule trägt allgemein die Bezeichnung *Bet Midrasch* ('Lehrhaus'), während speziell die weiterführende Schule als *Jeschiva* bezeichnet wird.

Von der Diaspora im muslim. Spanien abgesehen, die sich spätestens in der 1. Hälfte des 9. Jh. am babylon. Vorbild orientierte, ist in der Judenheit Deutschlands, Frankreichs und Italiens ein Schul- und Ausbildungssystem für die männl. Jugend durch die →Responsen erst ab dem 11. Jh. sicher belegt. Die Organisation des Lehrbetriebs und das Curriculum orientierten sich auch dort stark am babylon. Vorbild. Bedeutende Gesetzeslehrer – z. B. im Rheinland – bildeten in privaten Lehrhäusern den talmudistisch geschulten Nachwuchs heran. Im Laufe des Hoch- und SpätMA ergaben sich jedoch bei dem an die Heranwachsenden vermittelten Lehrstoff deutl. Unterschiede zw. den jüd. Gemeinden Nordfrankreichs, Englands und Deutschlands auf der einen und ihren Glaubensgenossen in Spanien, Südfrankreich und Italien auf der anderen Seite. Erstere beschränkten ihr Angebot für die Jugendlichen auf das Bibel- und Talmudstudium; letztere boten auch Philosophie, Grammatik und Rhetorik sowie naturwissenschaftl. Stoffe an, öffneten also auch das Tor zu nicht spezifisch jüd. Bildungsinhalten. Inwieweit die Bildungsangebote die männl. Heranwachsenden wirklich erreichten und wieviele Analphabeten es in den jüd. Gemeinden gab, läßt sich nur schwer feststellen.

Obwohl Frauen von der Pflicht zum Torastudium entbunden waren und darum auch nicht zur Schule gehen mußten, kennt das MA durchaus vereinzelte Fälle gebildeter und gesetzesgelehrter Frauen – und zwar nicht nur in Spanien, sondern auch in Deutschland und Nordfrankreich –, deren Eltern ihren Töchtern eine fundierte Ausbildung hatten zuteil werden lassen. Bei wohlhabenden Juden war dies z. B. durch Privatlehrer, auch in jüd. Haushalten schon im 11. Jh. nachweisbar sind, möglich.

H. Greive(†)/H.-G. v. Mutius

Lit.: EJud (engl.) VI, 381–466 – M. GÜDEMANN, Das jüd. Unterrichtswesen während der span.-arab. Periode, 1873 [Nachdr. 1968] – DERS., Gesch. des Erziehungswesens und der Cultur der abendländ. Juden, 3 Bde, 1880–88 [Nachdr. 1966] – S. ASSAF, M^eqorot l^etol^edot ha-hinnuk b^eYiśra'el, 4 Bde, 1925–42 – N. MORRIS, The Jewish School – an Introduction to the Hist. of Jewish Education, 1937 – I. A. AGUS, Urban Civilisation in Pre-Crusade Europe, 1965, 815, s.v. education – DERS., The Heroic Age of Franco-German Jewry, 1969, 310ff.

Zum islam. (arab. und osman.) E. →Schulwesen; →Madrasa.

MITARBEITER DES DRITTEN BANDES

Das Verzeichnis beruht auf Angaben der Mitarbeiter der Lieferungen 1–10, die von 1984 bis 1986 erschienen sind.

Ægidius, Jens P., Odense
D'Agostino, Alfonso, Milano
Albini, Giuliana, Milano
Aldea, Quintin, Madrid
Allmand, Christopher T., Liverpool
Alonso-Núñez, José M., Madrid
Alvar, Carlos, Barcelona
Ambronn, Karl-Otto, Amberg
Ambros, Edith, Wien
Anex-Cabanis, Danielle, Toulouse
Angermeier, Heinz, Regensburg
Arenhövel, Willmuth, Berlin
Arszyński, Marian, Toruń
Arvizu, Fernando de, León
Aßfalg, Julius, München
Auer, Johann, Regensburg
Augustyn, Beatrijs, Gent
Autrand, Françoise, Paris
Avagliano, Faustino, OSB, Abbazia di Montecassino
Avonds, Piet, Antwerpen

Baasch, Karen, Flensburg
Backmund, Norbert, OPraem, Abtei Windberg
Bader, Karl Siegfried, Zürich
Bagge, Sverre, Bergen
Bahr, Ernst, Marburg a. d. Lahn
Bak, János M., Vancouver
Bakker, Lothar, Augsburg
Balard, Michel, Reims
Bange, Elisabeth s. Lange
Barley, Maurice W., Nottingham
Barnea, Ion, București
Barone, Giulia, Roma
Barrière, Bernadette, Limoges
Barrow, Geoffrey W. S., Edinburgh
Barry, Terence B., Dublin
Barthélemy, Dominique, Paris
Batlle, Carmen, Barcelona
Batlle, Columba, OSB, Gerona

Baudot, Marcel, Paris
Bauer, Axel, Heidelberg
Baum, Hans-Peter, Würzburg
Baumeister, Theofried, Mainz
Bautier, Robert-Henri, Paris
Becker, Hans-Jürgen, Köln
Bedal, Konrad, Bad Windsheim
Bedini, Silvio A., Washington
Benati, Amedeo, Bologna
Berg, Dieter, Bochum
Berghaus, Peter, Münster (Westf.)
Berings, Geert, Gent
Berkhout, Carl T., Tuscon, AZ
Bermejo Cabrero, José L., Madrid
Bernt, Günter, München
Bertényi, Iván, Budapest
Bezzola, Reto R. †, Colombier
Biedermann, Hermenegild M., OSA, Würzburg
Bierbrauer, Katharina, Königswinter
Binding, Günther, Köln
Bitterling, Klaus, Berlin
Blagojević, Miloš, Beograd
Blake, Ernest O., Southampton
Blaschke, Karlheinz, Friedewald
Blasius, Andreas, Bochum
Blockmans, Willem P., Rotterdam
Blok, Dirk P., Amsterdam
Blom, Grethe Authén, Trondheim
Blomme, Raoul, Gent
Blum, Paul Richard, Berlin
Bocchi, Francesca, Bologna
Bockholdt, Rudolf, München
Boehm, Laetitia, München
von Bogyay, Thomas, München
Bohm, Eberhard, Berlin

Bónis, György, Budapest
Boockmann, Hartmut, Göttingen
Borgolte, Michael, Freiburg i. Br.
Borovi, József, Budapest
Bourgain, Pascale, Paris
Bournazel, Eric, Paris
Bradley, Rita M., Davenport, Iowa
Braun-Ronsdorf, Margarete, München
Braunstein, Philippe, Paris
Breidert, Wolfgang, Karlsruhe
Brett, Michael, London
Briesemeister, Dietrich, Mainz-Germersheim
Brisch, Klaus, Berlin
Brooks, Nicholas P., Birmingham
Brown, Alfred L., Glasgow
Browning, Robert, London
Bruckner, Albert †, Finkenberg
Brückner, Wolfgang, Würzburg
Brühl, Carlrichard, Gießen
Brunhölzl, Franz, München
Bruni, Francesco, Napoli
Buck, August, Marburg a. d. Lahn
Bullough, Donald A., St. Andrews
Bulst, Neithard, Bielefeld
Buma, Wybren J., Groningen
Bur, Michel, Nancy
Burgard, Friedhelm, Trier
Busard, Hubertus L. L., Venlo
Busetto, Giorgio, Venezia
Busse, Heribert, Kiel
Busse, Wilhelm G., Heiligenhaus
van Buuren, Alphonsus M. J., Amersfoort

Cabrera, Emilio, Córdoba
Cahen, Claude, Savigny-sur-Orge
Caliebe, Manfred, Kiel

Cameron, Alan, Nottingham
Canellas López, Angel, Zaragoza
Capitani, Ovidio, Bologna
Cardini, Franco, Firenze
Carile, Antonio, Bologna
Carlé, María del Carmen, Buenos Aires
Carlen, Louis, Fribourg
Cattana, Valerio, OSB, Abbazia di S. Benedetto, Seregno
Cattin, Paul, Bourg-en-Bresse
Cavanna, Adriano, Milano
Cazelles, Raymond †, Chantilly
Chacón, Francisco A., Cuenca
Charles-Edwards, Thomas M., Oxford
Chédeville, André, Rennes
Chittolini, Giorgio, Parma
Chodorow, Stanley, La Jolla, Calif.
Chomel, Vital, Grenoble
Ciccarelli, Diego, OFM, Palermo
Ćirković, Sima, Beograd
Claramunt, Salvador, Barcelona
Clarke, Howard B., Dublin
Claude, Dietrich, Marburg a. d. Lahn
Clauss, Manfred, Eichstätt
Colasanti, Francomario, Venezia
Colberg, Katharina, Hannover
Coleman, W. E., New York
Colliva, Paolo, Bologna
Contamine, Philippe, Paris
Conti, Pier M., Parma
Coppini, Donatella, Firenze
Corner, David J., St. Andrews
Cracco, Giorgio, Torino
Cramer, Winfrid, OSB, Münster (Westf.)
Cremonesi, Carla, Milano
Cristiani, Emilio, Pisa
Critchley, John S., Exeter

Csapodi, Csaba, Budapest
Csendes, Peter, Wien
Cuvillier, Jean-Pierre, Toulouse

Daiber, Hans, Amsterdam
Damblemont, Gerhard, Wiesbaden
Davidse, Jan, Amsterdam
Davies, Richard G., Manchester
Davies, Wendy, London
Daxelmüller, Christoph, Göttingen
De Capitani, François, Bern
Decker, Wolfgang, Köln
De Leo, Pietro, Roges di Rende/Cosenza
Dell'Omo, Mariano-Antimo, OSB, Abbazia di Montecassino
Delogu, Paolo, Roma
Demotz, Bernard, Lyon
Denton, Jeffrey H., Manchester
Devailly, Guy, Rennes
Díaz y Díaz, Manuel C., Santiago de Compostela
Dieckhoff, Reiner, Köln
Dilg, Peter, Marburg a. d. Lahn
Dilger, Konrad, Hamburg
Diller, Hans-Jürgen, Bochum
Dini, Bruno, Firenze
Dinzelbacher, Peter, Stuttgart
Dirks, Ansgar, OP, Venlo
Dirlmeier, Ulf, Siegen
Dittmann, Herbert, Bonn
Djurić, Ivan, Beograd
Djurić, Vojislav J., Beograd
Dobson, Richard B., Heslington, York
Doherty, Charles, Dublin
Dollinger, Philippe, Strasbourg
Dopsch, Heinz, Salzburg
Dörflinger, Johannes, Wien
Dossat, Yves, Toulouse
Dralle, Lothar, Gießen
Droege, Georg, Bonn
Drüppel, Herbert, Würzburg
Ducellier, Alain, Toulouse
Düchting, Reinhard, Heidelberg
Dufour, Jean, Paris
Dufournet, Jean, Paris
Dujčev, Ivan †, Sofija
Duran, Eulàlia, Barcelona
Dürig, Walter, München
Dyer, Christopher, Birmingham

Ebel, Friedrich, Berlin
Ebel, Uda, Würzburg
Eberl, Immo, Tübingen
Ebling, Horst, Bonn
Eckermann, Karl Willigis, Osnabrück
Eckhardt, Wilhelm A., Marburg a. d. Lahn
Edbury, Peter W., Cardiff
Ehbrecht, Wilfried, Münster (Westf.)
Ehlers, Joachim, Braunschweig
Ehrhardt, Harald, Frankfurt a. M.
Eichmann, Jacqueline, Zürich
Elbern, Victor H., Berlin
Ellmers, Detlev, Bremerhaven
Elm, Kaspar, Berlin
Elwert, Wilhelm Theodor, Mainz
Emminghaus, Johannes H., Wien
Engelbert, Pius, OSB, Abtei Gerleve
Engelhardt, Paulus, OP, Bottrop
Engels, Odilo, Köln
Engelsman-Siteur, Margot, Leiden
Engemann, Josef, Bonn
Ennen, Edith, Bonn
Enzensberger, Horst, Bamberg
Erfen-Hänsch, Irene, Berlin
Estal, Juan M. del, Alicante
von Euw, Anton, Köln
Ewert, Christian, Madrid
Ewig, Eugen, Bonn

Fábrega-Grau, Angel, Barcelona
Fahlbusch, Friedrich Bernward, Warendorf
Fantoni, Giuliana L., Milano
Faroqhi, Suraiya, Ankara
Fasola, Livia, Pisa
Fasoli, Gina, Bologna
Faucon, Jean-Claude, Toulouse
Fedalto, Giorgio, Padova
Feige, Peter, Berlin
Fell, Christine E., Nottingham
Felten, Franz J., Berlin
Fenning, Hugh, OP, Dublin
Feo, Michele, Pisa
Ferjančić, Božidar, Beograd
Ferluga, Jadran, Münster (Westf.)

Fernández Conde, Francisco J., Oviedo
Fischer, Balthasar, Trier
Flanagan, Marie-Thérèse, Belfast
Fleckenstein, Josef, Göttingen
Flemming, Barbara, Leiden
Fodale, Salvatore, Palermo
Folkerts, Menso, München
Fonseca, Luis Adão da, Pamplona
Fontanella, Lucia, Torino
Fourlas, Athanasios A., München
Fournier, Gabriel, Clermont-Ferrand
Frank, Karl Suso, OFM, Freiburg i. Br.
Frantzen, Allen J., Chicago, Ill.
Frenz, Thomas, Würzburg
Fried, Pankraz, Augsburg
Fritz, Johannes Michael, Heidelberg
Fügedi, Erik, Budapest
Fürst, Carl Gerold, Freiburg i. Br.

Gabriel, Erich, Wien
Gallén, Jarl, Esbo
Gamber, Ortwin, Wien
García de Cortázar y Ruiz de Aguirre, José A., Santander
García y García, Antonio, Salamanca
García de Valdeavellano, Luis, Madrid
Gasnault, Marie-Claire, Paris
Gawlik, Alfred, München
Geldner, Ferdinand, München
Genicot, Léopold, Louvain
Gerlich, Alois, Wiesbaden
Gerritsen, Willem P., Utrecht
Gerwing, Manfred, Bochum
Gier, Albert, Heidelberg
Gieysztor, Aleksander, Warszawa
van Gijsen, Johanna E., Taarlo
Gilomen, Hans-Jörg, Basel
Gilomen-Schenkel, Elsanne, Basel
Giordanengo, Gérard, Paris
Giunta, Francesco, Palermo

Given-Wilson, Christopher, St. Andrews
Gnädinger, Louise, Zürich
Göbbels, Joachim, Würzburg
Gockel, Michael, Marburg a. d. Lahn
Goetting, Hans, Göttingen
Goetze, Jochen, Heidelberg
Goldstein, Ivo, Zagreb
Golinelli, Paolo, Modena
Goñi Gaztambide, José, Pamplona
González Antón, Luis, Zaragoza
González Jiménez, Manuel, Sevilla
Gonzálvez, Ramón, Toledo
Grahn-Hoek, Heike, Braunschweig
Grant, Alexander, Lancaster
Grant, Edward, Bloomington, Ind.
Graus, František, Basel
Green, Judith A., Belfast
Greive, Hermann †, Köln
Griffiths, Ralph A., Swansea
Gruber, Joachim, Erlangen-Nürnberg
Gschwantler, Otto, Wien
Guillotel, Hubert, Paris
Güntert, Georges, Zürich
Gutkas, Karl, Wien
Guyotjeannin, Olivier, Roma
Györffy, György, Budapest

Haefele, Hans F., Zürich
Hagel, Bernhard, Augsburg
Hagemann, Hans-Rudolf, Basel
Hahn, Johannes, Heidelberg
Hahn, Karin, Uslar
Hamann, Günther, Wien
Hamilton, Bernhard, Nottingham
Hannick, Christian, Trier
Harbison, Peter, Dublin
Harding, Alan, Liverpool
Härtel, Hans-Joachim, München
Harvey, Paul D. A., Durham
Hatcher, John, Cambridge
Haubst, Rudolf, Mainz
Haupt, Herbert, Wien
Hauschild, Wolf-Dieter, Osnabrück
Haverkamp, Alfred, Trier

Hayez, Michel, Avignon
Heinzelmann, Martin, Paris
Heinzle, Joachim, Marburg a. d. Lahn
Heiser, Lothar, Münster (Westf.)
Heit, Alfred, Trier
Hellenkemper, Hansgerd, Köln
Hellmann, Manfred, München
de Hemptinne, Thérèse, Gent
Hennig, John, Basel
Herbert, Máire, Cork
Herde, Peter, Würzburg
Herding, Otto, Freiburg i. Br.
Hergemöller, Bernd-Ulrich, Münster (Westf.)
Herrmann, Hans-Walter, Riegelsberg
Hertz, Anselm, OP, Roma, Walberberg
d'Heur, Jean-Marie, Liège
Heyse, Elisabeth, München
Higounet, Charles, Bordeaux
Hild, Friedrich, Wien
Hilsch, Peter, Tübingen
Hinz, Hermann, Tübingen
Hlaváček, Ivan, Praha
Hödl, Günther, Klagenfurt
Hödl, Ludwig, Bochum
Hoffmann, Erich, Kiel
Hoffmann, Fritz, Erfurt
Hofmann-Rendtel, Constanze, Zürich
Holbach, Rudolf, Trier
Holter, Kurt, Wels
Holzhauer, Heinz, Münster (Westf.)
Hörandner, Wolfram, Wien
Hourlier, Jacques, OSB, Abbaye St-Pierre, Solesmes
van Houtte, Jan A., Leuven, Roma
Hucker, Bernd Ulrich, Bamberg
von Huebner, Dietmar, München
Hünemörder, Christian, Hamburg
Hunger, Herbert, Wien
Hunnisett, Roy F., London
Hütteroth, Wolf-Dieter, Erlangen-Nürnberg

Ilisch, Lutz, Münster (Westf.)
Imbach, Ruedi, Fribourg
Im Hof, Ulrich, Bern
Irsigler, Franz, Trier
Iserloh, Erwin, Münster (Westf.)

Jacobi, Renate, Saarbrücken
Jacobsen, Peter Christian, Köln
Jacquart, Danielle, Paris
Jäger, Helmut, Würzburg
Janssen, Walter, Würzburg
Jaritz, Gerhard, Krems a. d. Donau
Jarnut, Jörg, Bonn
Jeudy, Colette, Paris
Jexlev, Thelma, København
Jones, Michael, Nottingham
Jung, Marc-René, Zürich
Jüttner, Guido, Berlin

Kadlec, Jaroslav, Litoměřice
Kahl, Hans-Dietrich, Gießen
Kaiser, Reinhold, Essen
Kalić, Jovanka, Beograd
Kaminsky, Hans Heinrich, Gießen
Kampers, Gerd, Bonn
Karpf, Ernst, Marburg a. d. Lahn
Katičić, Radoslav, Wien
Katsanakis, Anastasios, Münster (Westf.)
Kazhdan, Alexander P., Washington
Keil, Gundolf, Würzburg
Keller, Hagen, Münster (Westf.)
Keller, Hans-Erich, Columbus, Ohio
Kellner-Heinkele, Barbara, Frankfurt a. M.
Kerff, Franz, Aachen
Kesting, Peter, Würzburg
Kettle, Ann J., St. Andrews
Keverling Buisman, F., An Assen
Kindermann, Udo, Erlangen-Nürnberg
King, Edmund J., Sheffield
Kislinger, Ewald, Wien
Klein, Peter K., Bamberg
Klein, Richard, Erlangen-Nürnberg
Klemm, Christian, Zürich
Knellwolf, Markus, Zürich
Knoch, Wendelin, Paderborn
Knowles, Clive H., Cardiff

Köbler, Gerhard, Gießen
Koch, Anton C. F., Deventer
Koch, Walter, München
Kocks, Dirk, Köln
Köhler, Ralf, Marburg a. d. Lahn
Koller, Heinrich, Salzburg
Kölzer, Theo, Gießen
Konstantinou, Evangelos, Würzburg
Korać, Vojislav, Zemun
Korn, Elisabeth, Münster (Westf.)
Korn, Hans-Enno †, Marburg a. d. Lahn
Kötting, Bernhard, Münster (Westf.)
Kottje, Raymund, Bonn
Kreiser, Klaus, Bamberg
Kreuzer, Gert, Kiel
Krieger, Karl-Friedrich, Mannheim
Kroeschell, Karl, Freiburg i. Br.
Kroll, W. Rainer, Valhalla, N.Y.
Kuhlen, Franz-Josef, Marburg a. d. Lahn
Kunze, Peter, Weil a. Rhein
Kupper, Jean-Louis, Liège
Kürbis, Brigida, Poznań
Kurz, Rainer, Mistelbach a. d. Zaya
Kurze, Dietrich, Berlin

Labib, Subhi, Kiel
Labuda, Gerhard, Poznań
Ladero Quesada, Miguel A., Madrid
Lalinde Abadía, Jesús, Barcelona
Lalou, Elisabeth, Paris
Lammers, Walther, Frankfurt a. M.
Landau, Peter, Regensburg
Lander, Jack R., London
Lange, Elisabeth, Bonn
Lange, Wolf-Dieter, Bonn
Langgärtner, Georg, Würzburg
Last, Martin †, Göttingen
Lauer, Hans Hugo, Marburg a. d. Lahn
Lauer, Rolf, Köln
de Lavigne, Richard, St. Andrews
Leguay, Jean-Pierre, Aix-les-Bains
Leissing-Giorgetti, Sonja, Zürich
Lengeling, Emil Joseph, Münster (Westf.)
van Lengen, Hajo, Aurich
Leonardi, Claudio, Firenze

Leuchtmann, Horst, München
de Libera, Alain, Paris
Lieberwirth, Rolf, Halle (Saale)
Lievens, Robrecht, Leuven
Linage Conde, Antonio, Madrid
Lindgren, Uta, München
Lohr, Charles H., Freiburg i. Br.
Lohrmann, Dietrich, Paris
von Looz-Corswarem, Clemens Graf, Köln
Löwe, Heinz, Tübingen
Lückerath, Carl A., Köln
Ludat, Herbert, Gießen
Lühr, Rosemarie, Regensburg
Lund, Niels, København
Lund-Hansen, Ulla, København
Luntowski, Gustav, Dortmund

Maaz, Wolfgang, Berlin
Macek, Josef, Praha
Maddicott, John R. L., Oxford
Maier, Johann, Köln
Maleczek, Werner, Innsbruck
Manselli, Raoul †, Roma
Marckhgott, Gerhart, Linz
Marinoni, M. Carla, Legnano
Mariotte, Jean-Yves, Strasbourg
Martin, Dennis D., Elkhart, Ind.
Martin, Thomas Michael, Gießen
Martín Duque, Angel J., Pamplona
Martínez Díez, Gonzalo, Valladolid
Mateu, Josefina, Barcelona
von Matuschka, Michael Graf, Erlangen-Nürnberg
Maurer, Helmut, Konstanz
Mayer-Rosa, Dieter, Zürich
Mazal, Otto, Wien
Meier, Fritz, Basel
Meinel, Gertraud, Freiburg i. Br.
Meinhardt, Helmut, Gießen
Mendonça de Albuquerque, Luís, Coimbra
Menniti Ippolito, Antonio, Roma
Mertens, Volker, Berlin
Metzner, Ernst E., Frankfurt a. M.

Meulengracht Sørensen, Preben, Århus
Meyer, Hans Bernhard, SJ, Innsbruck
Mihaljčić, Rade, Beograd
Militzer, Klaus, Köln
Miller, Larry, New York
Miller, William J., Ann Arbor, Mich.
Milz, Joseph, Duisburg
Minić, Dušica, Beograd
Misonne, Daniel, OSB, Abbaye de Maredsous, Denée
Mojsisch, Burkhard, Bochum
Mollat, Michel, Paris
Montanari, Massimo, Bologna
Moraw, Peter, Gießen
Mordek, Hubert, Freiburg i. Br.
Mörschel, Ulrike, Gießen
Mostert, Marco, Amsterdam
Mötsch, Johannes, Koblenz
Moxó, Francisco de, Madrid
Müller, Heribert, Köln
Müller, Irmgard, Bochum
Müller, Iso, OSB, Abtei Disentis
Mumcu, Ahmed, Ankara
Musset, Lucien, Caen
von Mutius, Hans-Georg, Köln

Nagel, Tilman, Göttingen
Nagorni, Dragan, München
von der Nahmer, Dieter, Hamburg
Neidiger, Bernhard, Köln
Newton, Stella M., London
Ní Chatháin, Próinseás, Dublin
Nicholson, Ranald G., Isle of Bute
Nicol, Donald M., London
Nobis, Heribert M., München
Nonn, Ulrich, Bonn
Nortier, Elisabeth, Amiens
Nössing, Josef, Bozen
Noth, Albrecht, Hamburg
Nový, Rostislav, Praha
Nyberg, Tore S., Odense

Ochsenbein, Peter, St. Gallen
Ó Corráin, Donnchádh, Cork
Ó Cróinín, Dáibhi, Galway
Odenius, Oloph, Stockholm
Oertli, Reinhard, Zürich
Oexle, Otto Gerhard, Münster (Westf.)
Olivieri, Achille, Padova
Ollich i Castanyer, Immaculada, Barcelona
Onasch, Konrad, Halle (Saale)
Orioli, Raniero, Roma
Ott, Ludwig †, Eichstätt
Ott, Norbert H., München
Ouy, Gilbert, Paris

Pabst, Angela, Erlangen-Nürnberg
Papacostea, Şerban, Bucureşti
Papadimitriu, Helena-Elli, München
Paravicini-Bagliani, Agostino, Lausanne
Parisse, Michel, Nancy, Göttingen
Pásztor, Edith, Roma
Patschovsky, Alexander, München
Patze, Hans, Göttingen
Pauler, Roland, München
Peña, Nicole de, Angers
Peppermüller, Rolf, Bochum
Pérez-Bustamante, Rogelio, Madrid
Pesez, Jean-Marie, Paris
Peter, Hans †, Zürich
Petit, Roger, Arlon
Petti Balbi, Giovanna, Genova
Pieler, Peter E., Wien
Piendl, Max, Regensburg
Pietschmann, Horst, Hamburg
Pinborg, Jan †, København
Pini, Antonio I., Bologna
Pistarino, Geo, Genova
Plank, Bernhard, OSA, Würzburg
Plotzek, Joachim M., Köln
Plotzek-Wederhake, Gisela, Köln
Plümer, Erich, Einbeck
Podskalsky, Gerhard, SJ, Frankfurt a. M.
Polica, Sante, Roma
Polla, Ermanno, Roma
Popa, Radu, Bucureşti
Poppe, Andrzej, Warszawa
Porsmose, Erland, Kerteminde

Poschmann, Brigitte, Bückeburg
Pototschnig, Franz, Salzburg
Poulin, Joseph-Claude, Quebec
Precht, G., Xanten
Prelog, Jan, München
Presedo Velo, Francisco J., Sevilla
Prestwich, Michael C., Durham
Preto, Paolo, Padova
Prevenier, Walter, Gent
Puig-Ustrell, Pere, Tarrasa
Puza, Richard, Tübingen

Quadlbauer, Franz, Kiel
Quaglioni, Diego, Roma

Rädle, Fidel, Göttingen
Rädlinger-Prömper, Christine, München
Rapanić, Željko, Split
Rauner, Erwin, München
Recuero-Astray, Manuel, Madrid
Reichl, Karl, Bonn
Reinle, Adolf, Zürich
Rendtel, Constanze s. Hofmann-Rendtel
Ribbe, Wolfgang, Berlin
Richard, Jean, Dijon
Richter, Michael, Dublin
Richter-Bergmeier, Reinhilt, Hannover
Riddle, John M., Raleigh, N.C.
Riedmann, Josef, Innsbruck
Riis, Thomas, København
Ringger, Kurt, Mainz
Ritter, Adolf Martin, Heidelberg
Riu Riu, Manuel, Barcelona
Robbins, Rossell Hope, Albany, N.Y.
Robinson, Pamela R., Oxford
Robles Sierra, Adolfo, OP, Valencia
Roesdahl, Else, Århus
Roger, Jean-Marc, Troyes
Rollason, David W., Durham
Rosário, António do, OP, Porto
Rösener, Werner, Göttingen
Roth, Klaus, München
Rouche, Michel, Paris
Rüegg, Walter, Bern
Ruh, Kurt, Würzburg
Rūķe-Draviņa, Velta, Stockholm

Rüß, Hartmut, Versmold
Russocki, Stanisław, Warszawa
Ryckaert, Marc, Gent

Sage, Walter, Bamberg
Sagú, Maria L., Roma
Samsonowicz, Henryk, Warszawa
Sand, Alexander, Bochum
Sauer, Hans, München
Sawyer, Birgit, Alingsås
Sawyer, Peter H., Alingsås
Schachten, Winfried, Schallstadt
Schäferdiek, Knut, Bonn
Schaller, Dieter, Bonn
Schaller, Hans Martin, München
Scheffczyk, Leo, München
Scheibelreiter, Georg, Wien
Schellenberg, Lisanne, Zürich
Schena, Olivetta, Cagliari
Scheps, Walter, New York
Schieffer, Rudolf, Bonn
Schieffer, Theodor, Bonn
Schiewer, Hans-Jochen, Berlin
Schimmelpfennig, Bernhard, Augsburg
Schindler, Alfred, Bern
Schipperges, Heinrich, Heidelberg
Schmale, Franz-Josef, Bochum
Schmalfeldt, Kristiane, Freiburg i. Br.
von Schmettow, Hildegard Gräfin, Kiel
Schmid, Alois, München
Schmid, Hans, München
Schmid, Karl, Freiburg i. Br.
Schmidinger, Heinrich, Salzburg
Schmidt, Margot, Eichstätt
Schmidt, Roderich, Marburg a. d. Lahn
Schminck, Andreas, Frankfurt a. M.
Schmitt, Peter, Berlin
Schmitt, Wolfram, Saarbrücken
Schmitz, Rolf P., Köln
Schmitz, Rudolf, Marburg a. d. Lahn
Schmucker, Werner, Bonn
Schnall, Uwe, Bremerhaven
Schnarr, Hermann, Trier
Schneider, Reinhard, Saarbrücken

Schneidmüller, Bernd, Braunschweig
Schnith, Karl, München
Scholl-Franchini, Maria-Pia, Zürich
Schöning, Brigitte, Berlin
Schoppmeyer, Heinrich, Bochum
Schott, Clausdieter, Zürich
Schottmann, Hans, Münster (Westf.)
Schreiner, Peter, Köln
Schroeder, Jean, Echternach
Schromm, Arnold, Augsburg
Schuh, Hans-Manfred, Bonn
Schuler, Peter-Johannes, Bochum
Schuller, Wolfgang, Konstanz
Schultz-Klinken, Karl-Rolf, Stuttgart-Hohenheim
Schulz, Knut, Berlin
Schulze, Ursula, Berlin
Schwaiger, Georg, München
Schwarz, Brigide, Hannover
Schwarzmaier, Hansmartin, Karlsruhe
Schwenk, Bernd, Niedererbach
Schwenk, Sigrid, Göttingen
Schwertl, Gerhard, München
Schwind, Fred, Marburg a. d. Lahn
von See, Klaus, Frankfurt a. M.
Segl, Peter, Bayreuth
Seibt, Werner, Wien
Seidler, Eduard, Freiburg i. Br.
Sellert, Wolfgang, Göttingen
von Severus, Emmanuel, OSB, Abtei Maria Laach
Sheridan Walker, Sue, Winnetka, Ill.
Silagi, Gabriel, München
Simek, Rudolf, Wien
Simms, Annegret, Dublin
Simms, Katherine, Dublin
Simoni Balis-Crema, Fiorella, Roma

Simpson, Grant G., Aberdeen
Singer, Hans-Rudolf, Mainz-Germersheim
Sittler, Lucien, Colmar
Skovgaard-Petersen, Inge, København
Smart, Veronica J., St. Andrews
Smith, Jenkyn B., Aberystwyth
Smith, John, T., London
Soldi Rondinini, Gigliola, Milano
Sosson, Jean-Pierre, Bruxelles
Sot, Michel, Paris
Speigl, Jakob, Würzburg
Spies, Hans-Bernd, Aschaffenburg
Spinelli, Giovanni, OSB, Badia S. Giacomo, Pontida
Sporrong, Ulf, Stockholm
Sprandel, Rolf, Würzburg
Spuler, Berthold, Hamburg
Stefánsson, Magnús, Bergen
Steinmann, Martin, Basel
Stockmeier, Peter, München
Stöhr, Johannes, Bamberg
Stolz, Susanne, Köln
Storey, Robin L., Nottingham
Störmer, Wilhelm, München
Storti Storchi, Claudia, Milano
Stotz, Peter, Zürich
Stouff, Louis, Aix-en-Provence
Streich, Gerhard, Göttingen
Struve, Tilman, Wuppertal
Strzelczyk, Jerzy, Poznán
Suárez Fernández, Luis, Madrid
Suttner, Ernst Christoph, Wien
Szklenar, Hans, Heidelberg

Tavard, Georges, Columbus, Ohio
Telle, Joachim, Heidelberg

Thoen, Erik, Gent
Thoss, Dagmar, Wien
Tietz, Manfred, Bochum
Tietze, Andreas, Wien
Toch, Michael, Jerusalem
Toth, Karl, München
Toubert, Pierre, Paris
Trapp, Erich, Bonn
Trapp, Joseph B., London
Trawkowski, Stanisław, Warszawa
Tuck, Anthony, Bailrigg, Lanc.

Udina, Federico, Barcelona
Uecker, Heiko, Bonn
Ulsig, Erik, Århus
von Ungern-Sternberg, Jürgen, Basel
Utz, Arthur F., Fribourg
van Uytven, Raymond, Antwerpen

Vandermaesen, Maurice, Brugge
Vasina, Augusto, Bologna
Vavra, Elisabeth, Krems a. d. Donau
Verger, Jacques, Paris
Verhulst, Adriaan, Gent
Vernet, André, Paris
Vicaire, Marie-Humbert, OP, Fribourg
Villata, Renzo di, M. Gigliola, Milano
Virgoe, Roger, Norwich
Vismara, Giulio, Milano
Visser, Jacobus C., Maasland
Vitale-Brovarone, Alessandro, Torino
Vogt, Hermann-Josef, Tübingen
Vollrath, Hanna, Köln
Volz, Ruprecht, München
Vones, Ludwig, Köln
Vones-Liebenstein, Ursula, Köln
Vuijlsteke, Marc, Brugge

Wachten, Johannes, Köln
van der Waerden, Bartel, Zürich
Walberg, Hartwig, Lippstadt
Wallace, Patrick F., Dublin
Weber, Gerd Wolfgang, Frankfurt a. M.

Wéber, Edouard-Henry, OP, Paris
Weigand, Rudolf, Würzburg
Weimar, Peter, Zürich
Weiß, Günter, Münster (Westf.)
Weißer, Christoph, Würzburg
Weitzel, Jürgen, Bayreuth
Wendehorst, Alfred, Erlangen-Nürnberg
Wensky, Margret, Bonn
Werner, Karl Ferdinand, Paris
Werner, Matthias, Köln
Wessel, Klaus, München
Westermann-Angerhausen, Hiltrud, Münster (Westf.)
Wetzel, Claus-Dieter, Göttingen
von Wilckens, Leonie, Nürnberg
Willoweit, Dietmar, Würzburg
Wimmer, Erich, Würzburg
Wirth, Gerhard, Bonn
Witthöft, Harald, Siegen
Wojtecki, Dieter, Osnabrück
Woldan, Erich, Wien
Wolf, Armin, Frankfurt a. M.
Wolter, Heinz, Köln
Wormald, C. Patrick, Oxford
Wormald, Jenny, Oxford
van de Wouw, Hans, Den Haag
Wülfing, Inge-Maren, Göttingen

Zacherl, Elisabeth, Salzburg
Zapp, Hartmut, Freiburg i. Br.
Zender, Matthias, Bonn
Zielinski, Herbert, Gießen
Zimmermann, Albert, Köln
Zimmermann, Harald, Tübingen
Zinsmeyer, Helga, Göttingen
Zotz, Thomas, Göttingen
Zumkeller, Adolar, OSA, Würzburg

ÜBERSETZER DES DRITTEN BANDES

Englisch, französisch: Mattejiet, Roswitha, München
Englisch (anglistische Beiträge): Steppe, Wolfhard, München
Italienisch: Avella, Antonio, München
Niederländisch: Kirchmeyr, Elsa, Horrem
Portugiesisch, spanisch: Heinz, Wolfgang, München;
Vones-Liebenstein, Ursula, Köln
Serbokroatisch: Steindorff, Ludwig, Münster
Skandinavische Sprachen: Ehrhardt, Harald, Frankfurt a. M.

Einzelne fachspezifische Beiträge aus verschiedenen
Sprachen wurden übersetzt von:
Bartl, Peter, München
Hannick, Christian, Trier
Nagorni, Dragan, München
Peters, Werner, Münster
Prelog, Jan, München
Prinzing, Günter, Münster
Sasse, Barbara, Freiburg i. Br.
Weimar-Danckelmann, Karin, Zürich
u. a.

ABBILDUNGEN

	Spalte
Die wichtigsten Dachteile	409
Wichtige Dachkonstruktionen	414
Beispiele besonderer Dachformen	423
Beispiele für Erntegeräte	2181

Die Strichzeichnungen fertigte Norbert H. Ott, München, an.